תלמוד בבלי

מהדורת שוטנשטין

תלמוד בבלי

הוצאת

ארטסקרול / מסורה

סדר נזיקין מהדורת אורי

מסכת בבא קמא

מהדורת
שוטנשטיין

תלמוד

סדר נזיקין מהדורת אורי

מסכת בבא קמא

כרך ג דפים פג-קיט

מבואר, בתוספת הערות והארות
עם תבנית ש״ס ווילנא מהדורת ״עוז והדר״*

*כולו מסודר מחדש בהגהה מדוייקת, בצירוף ״תורה אור השלם,״ ״לקוטי רש״י״, ועוד ע״י חברת הוצאת ספרים שע״י כולל אברכים ״עוז והדר״

כרך זה מופיע בסיוע
קרן "מסורה הריטג' פונדישון"
A PROJECT OF THE
Mesorah Heritage Foundation

בבלי

עורכים ראשיים

הרב חיים מלינוביץ   הרב יעקב דוד אילן
הרב יצחק גולדשטיין   הרב ישראל שמחה שארר
הרב מרדכי מרקוס

יו"ל ע"י
חברה הוצאת ספרים
ארטסקרול / מסורה

המשתתפים בכרך זה:

עורכים ראשיים

הרב חיים מלינוביץ   הרב יעקב דוד אילן
הרב יצחק גולדשטיין   הרב מרדכי מרקוס
הרב ישראל שמחה שארר

עורכים

הרב משה רוזנבלום   הרב פסח גולדמן   הרב יהודה דביר   הרב יעקב הלפרט
הרב מנחם זילבער   הרב שמואל אהרן זינגר   הרב ישעיהו לוי   הרב אפרים לנדי
הרב עקיבא בר־נתן   הרב שאול סאקס   הרב דוד סולומון   הרב יהושע פטרוב
הרב משה רפאלי   הרב יחזקאל דנציגר

הרב דוד ארץ   הרב שבתי בולמן   הרב אהרן פרטיג   הרב דוד קמנצקי
הרב משה ראק   הרב פנחס רבינוביץ   הרב אליהו קאהן   הרב אברהם יצחק דייטש
הרב ליפא זיכערמאן   הרב שלמה זלמן מלינוביץ   הרב אברהם יוסף רוזנברג

חברי המערכת

הרב יוסף דיוויס   הרב הלל דנציגר   הרב אברהם שמחה הרטמן   הרב אליעזר הערצקא
הרב נתן ברוך הרצקא   הרב פייוול וואהל   הרב מנחם וואקסמאן   הרב יוסף אשר ווייס
הרב הנוך משה לוין   הרב זאב מייזלס   הרב אבא צבי ניימאן   הרב נתנאל קזנט
הרב דוד קירזון   הרב אברהם שרשבסקי

מהדורה ראשונה
ארבע־עשרה הדפסות – אדר תשס״ט ... אדר־ראשון תשפ״ב
הדפסה חמש־עשרה – סיון תשפ״ג

המו״ל ומפיץ ראשי
חברת הוצאת ספרים ״מסורה־אַרטסקרול״ בע״מ

הפצה בארץ ישראל
״ספרייתי״ (גיטלר) בע״מ
ת.ד. 2351
בני ברק 51122

הפצה באירופה
בימ״ס י. לעהמאן
אזור תעשייה ווייקינג, רח׳ רולינג מיל
ג׳ארו, טיין ו־ויר NE32 3DP, אנגליה

הפצה בדרום אפריקה
בימ״ס ״הכולל״
נורתפילד סנטר, 17 שדרת נורתפילד
גלנהיזיל 2192 / יוהנסברג

הפצה באוסטרליה
בימ״ס גולד׳ס
3-13 רח׳ וויליאם
בלקלבה 3183, ויק.

מהדורת שוטנשטין – הוצאת ארטסקרול
תלמוד בבלי – מסכת בבא קמא כרך ג
COPYRIGHT 2009 / ALL INTERNATIONAL RIGHTS RESERVED © – כל הזכויות שמורות
MESORAH PUBLICATIONS LTD. – חברת הוצאת ספרים מסורה־ארטסקרול בע״מ
313 REGINA AVENUE, RAHWAY, N.J. 07065 — שדרת רג׳ינה 313, ראווי, נ.ג׳. 07065
TEL. 718/921-9000 טל׳ / FAX 718/680-1875 פקס

ITEM CODE: HTBK3
ISBN-10: 1-57819-239-0
ISBN-13: 978-1-57819-239-7

PRINTED IN THE UNITED STATES OF AMERICA

ספר זה מוקדש

לכבוד הורינו וזקנינו

ר' אפרים צבי הכהן ועלקא שיחיו לאוי"ט

מאליק

ולעילוי נשמות

ר' משה ב"ר יוסף יצחק ז"ל

וחנה בת ר' שאול נטע ע"ה

פרלה

תנצב"ה

הונצח על ידי

אלטר חיים דוד הכהן ופריידא מאליק

(ניו יארק)

ובניהם

מלכה וצבי נתן

משה דוב הכהן ואסתר מאליק

בילא וברוך סיגמן

ומשפחותיהם

פטרוני התלמוד

מהדורת שוטנשטיין
תלמוד בבלי

מוקדש על ידי מחזיקי תורה, ראשי וראשונים לכל דבר שבקדושה

יהושע אליעזר הכהן (ג'יי) ורעיתו מרת שמחה ברכה (ג'יני) שוטנשטין שיחיו

ובניהם אפרים יוסף ולביאה, יעקב מאיר, יונה יצחק, מרים

יהודה ובלימה איילת, אהובה שימון, דליה, אליאורה, יעל מאירה

אברהם יונה ואריאלה, יעקב מאיר

לכבוד אמו **מרת גיטל (ג'רלדין)** תחי'

ולכבוד הוריה **אריה (לנרד) והענדל (הדי) ראב** שיחי'

לעילוי נשמת אביו

יעקב מאיר חיים (ג'רום) בן אפרים אליעזר הכהן ז"ל

נפטר ה' אדר ב' תשנ"ב

זקניו

אפרים אליעזר בן יהושע הכהן שוטנשטין ז"ל

ורעיתו חנה בת צבי הירש ע"ה

יוסף בן מרדכי הלוי הורביץ ז"ל

ורעיתו חוה בת אליעזר הלוי ע"ה

וזקניה

שמעון בן לייבל רבינוביץ ז"ל

ורעיתו שטארקא בת דוד ע"ה

יהודה בן יהודה גומפרץ ז"ל

ורעיתו מרים בת יהודה ע"ה

This Hebrew edition of the Talmud Bavli is dedicated by

Jay and Jeanie Schottenstein

and their children

Joseph Aaron and Lindsay Brooke, Jacob Meir, Jonah Philip, Emma Blake

Jonathan Richard and Nicole Lauren, Winnie Simone, Teddi Isabella, Allegra Giselle, Elodie Yael

Jeffrey Adam and Ariella, Jerome Meir

— in honor of their cherished loved ones who have left indelible marks on their own lives and the lives of countless others, as models of inspiration, generosity, integrity, and devotion to the noblest causes in Jewish life:

his parents **JEROME ז"ל AND GERALDINE SCHOTTENSTEIN**,

her parents **LEONARD AND HEDDY RABE**

and their uncle and aunt **SAUL AND SONIA SCHOTTENSTEIN**

JAY AND JEANIE SCHOTTENSTEIN

have a perspective that transcends time and community.

Through their dedication of this Talmud, they spread Torah study

around the globe and across generations.

Multitudes yet unborn will be indebted to them for their vision and generosity.

סדר נזיקין מהדורת אורי

סדר זה מוקדש לזכר נשמות הורינו היקרים

אבינו היקר

הרב זלמן בן אברהם הלוי אורי ז״ל

נפטר כ״ה שבט תשס״ו

אמנו היקרה

ורעיתו מרת חוה בת מאיר ע״ה

נפטרה ט׳ אלול תשע״ט

בן עשר שנים היה אבא בעת נסעו לישיבה הגדולה בקלצק,
בה עמד תחת השפעתו המתמדת של ראש הישיבה,
הרה״ג רבי אהרן קוטלר זצ״ל, שהאציל עליו ממאור פניו,
ובה נאגד בעבותות אהבה אל המשגיח, **הר״ר יוסף אריה לייב ננדיק הי״ד**.
תורתו של הראש הישיבה ומוסרו של המשגיח שימשו כשני מאורות,
שהדריכו את נתיבות חייו והאירו לו בכל מקום ובכל עת.

לאחר המלחמה, נשאר שריד יחיד לכל משפחתו שנספתה באש התופת.
נשא את אמא ע״ה, והקדיש את ימי חייו לחינוך ילדי ישראל.

אבא השתדל בכל כוחו לשלב לימוד המוסר
בתוכנית הלימודים במוסדות התורה,
ללבות את הגחלת שירש מרבו הרוחני, **רבי ישראל סלנטר זצ״ל**,
ואכן שכנע רבים לעשות כן, לחנך את התלמידים במעלות המדות ובתיקונן.
הלא דבר הוא שפטירתו היתה ביום היאהרצייט של ר׳ ישראל.

אמנו היקרה, בהיותה עזר כנגדו, שותפת היתה בזכות הרבצת התורה
לאלפי תינוקות של בית רבן,
מרוסיא הסובייטות ועד לייקווד, סט. לואיס, ולוס אנג׳לס.

גם אנו, צאצאיהם הגשמיים זכינו לחיות ולגדול בנוכחותם של הורים
אשר אהבת ה׳, אהבת התורה, אהבת ישראל ואהבת ארץ ישראל
היתה יוקדת בקרבם, בהיותה משאת נפשם ומטרת חייהם.
אנו תקווה שיגיעו מעשינו למעשי אבותינו.

ישראל הלוי וחיה גיטל אורי

ומשפחתם

פטרוני הסדרים

אלה הפטרונים שבחזון לבם הבחינו בצו השעה: שיהא "ים התלמוד", שהוא מורשה קהלת יעקב,
בהישג ידם של המוני בית ישראל, על ידי ביאור השווה לכל נפש בלשוננו הקדושה.
בנדיבות לב ובנפש חפצה הקדישו הפטרונים אחד מששת הסדרים של תלמוד בבלי.
הודות להתמסרותם ולאומץ רוחם, יישמר הקשר הנצחי בין עם ישראל ותורתו בתוקף ובעוז,
כהבטחת ה' על ידי משה נביאו: "כי לא תשכח מפי זרעו", מעתה ועד עולם.

סדר זרעים מהדורת גֶז

לזכר נשמת אביהם

פליקס מזל בן אברהם גֶז ז"ל

ולכבוד אמם **הגב' מרגו אסתר שתחי'**

מוקדש על ידי בניהם **שלמה הי אברהם אבנר יהושע**

ובנותיהם **אביבה מיטה שמחה אורלי**

סדר מועד מהדורת גראף־ראנד

לעילוי נשמות

ר' מאיר חיים ב"ר יקותיאל ז"ל

ורעיתו פרידא ריקלא בת הרב משה נתן ע"ה

למשפחת גראף

לעילוי נשמות

ר' חיים בן יוסף משה ז"ל

ורעיתו ראניא בת ר' ישראל ע"ה

למשפחת ראנד

מוקדש על ידי בניהם ונכדיהם

יעקב משה מרדכי ופנינה גראף

מלכה איטה ואהרן יהודה ליב רובינשטיין חיה רבקה

מאירה חוה ואליעזר פארטנאי פרידא ריקלא וחיים אדם קושניר

מאיר ראובן יקותיאל ואיטה שרה גראף אהובה אסתר ויהודה פנחס אליהו לוין

ומשפחותיהם

הרב יוסף משה וחנה רבקה ראנד חנה קירש הרב יעקב וגרונה (גילדא) האכבוים

סדר נשים מהדורת רכורגר

לזכר נשמת אבינו היקר

יצחק טוביה בן נפתלי הערץ ז"ל רכורגר נפטר ו' חשון תשס"ט

לכבוד הורינו היקרים

אפרים ורעיתו ינטא סימא לאוי"ט עמו"ש קרלסון

פוליא צפורה פיגא לאוי"ט עמו"ש רכורגר

ולזכר נשמת זקנתנו

מרת רחל בת ר' שלום יונתן הלוי ע"ה

ולזכר נשמת אחותנו

מרת יוכבד זלאטא ע"ה בלסם בת יצחק טוביה ז"ל רכורגר

מוקדש על ידי נכדיה, בניהם, ואחיה

גרשון אברהם ומרים רכורגר

ובניהם **תהילה רבקה נפתלי צבי עטרה קילא אריה שלום דליה אליענה**

פטרוני הסדרים

אלה הפטרונים שבחזון לבם הבחינו בצו השעה: שיהא "ים התלמוד", שהוא מורשה קהלת יעקב,
בהישג ידם של המוני בית ישראל, על ידי ביאור השווה לכל נפש בלשוננו הקדושה.
בנדיבות לב ובנפש חפצה הקדישו הפטרונים אחד משׁשׁת הסדרים של תלמוד בבלי.
הודות להתמסרותם ולאומץ רוחם, יישמר הקשר הנצחי בין עם ישראל ותורתו בתוקף ובעוז,
כהבטחת ה׳ על ידי משה נביאו: "כי לא תשכח מפי זרעו", מעתה ועד עולם.

סדר נזיקין מהדורת אורי

לזכר נשמת אבינו היקר
הרב זלמן בן אברהם הלוי ז״ל אורי
נפטר כ״ה שבט תשס״ו

ולזכר נשמת אמנו היקרה
ורעיתו מרת חוה בת מאיר ע״ה
נפטרה ט׳ אלול תשע״ט

מוקדש על ידי בניהם
ישראל הלוי וחיה גיטל אורי
ומשפחתם

סדר קדשים מהדורת הרצוג

לעילוי נשמות הורינו
ר׳ אשר בן ר׳ יעקב ז״ל הרצוג (מונטריאל)
נפטר כ״ט סיון תשמ״ט
ורעיתו גיטא בינא בת ר׳ זאב וואלף יחיאל ע״ה
נפ׳ ט׳ אייר תשע״ו

מוקדש על ידי בנו
יעקב וחיה שולמית הרצוג (טורונטו)
ומשפחתם

סדר טהרות מהדורת זילבער

לכבוד אמנו
רחל שיינער שתחי׳

ולעילוי נשמות הורינו
שלמה בן אלטר יחיאל הלוי ז״ל שיינער
נפטר ר״ח אייר תש״ע
אברהם בן יהודה ז״ל זילבער
נפטר כ״ט אדר תשס״ד
ורעיתו שרה בת מנחם מנדל ע״ה
נפטרה ר״ח כסלו תש״ע

מוקדש על ידי בניהם
מנחם מנדל וברכה איטא זילבער
ומשפחתם

פטרוני התלמוד

בנדיבות ובהתמסרות הקדישו הפטרונים כרכים במפעל זה להגדיל תורה ולהאדירה
ולקיים מה שנאמר "לא ימושו מפיך ומפי זרעך ומפי זרע זרעך אמר ה׳ מעתה ועד עולם."

מבוא לתלמוד **רות ליבה וזאב אלחנן שימאף ומשפחתם**
לזכר נשמת הוריהם
ר׳ ישראל דוב ב"ר אהרן יעקב ז"ל שימאף – נפ׳ ה׳ אדר תשס"ב
מרת חיה רבקה לאה בת ר׳ אליעזר יהודה ע"ה – נפ׳ ט׳ אב תשמ"ח
ולזכר נשמת זקניהם
אהרן יעקב בן אברהם ז"ל שימאף – נפ׳ י"ד תשרי תשכ"ח
אסתר מירל בת אברהם יצחק ע"ה – נפ׳ כ"ד תשרי תשל"ב
אליעזר יהודה בן אלחנן ז"ל שטימלר – נפ׳ י"ג אלול תשמ"ז
גולדה בת זאב ע"ה – נפ׳ ג׳ אדר תשנ"ד

ברכות (א) מוקדש לעילוי נשמת הפטרון הראשוני של מפעל זה
יעקב מאיר חיים בן אפרים אליעזר הכהן שוטנשטין ע"ה
על ידי בנו
יהושע אליעזר הכהן ורעיתו שמחה ברכה שוטנשטין שיחי׳ (קולומבוס, אוהיו)
ונכדיו **אפרים יוסף ורעיתו לביאה, יהודה ורעיתו בלימה איילת, אברהם יונה ורעיתו אריאלה**

ברכות (ב) **צבי ובטי רייזמן** (לוס אנג׳לס)
ובניהם **משה ושלי פעניג – שרה עליזה, יששכר דוד, בת־שבע, אהרן יעקב, ואלעזר**
אליהו ועדינה רייזמן – שיינדל ליאורה, יונתן זאב, אהרן יעקב, ושמואל יחיאל
אבי וזהבה רייזמן – שרה, ואליענה שיינה
רפאל יוסף ואלימור רייזמן – אורה חיה, ונאוה מרים
לזכר נשמת הוריו
הרב יהושע השיל ב"ר חיים ז"ל רייזמן – נפ׳ עשרה בטבת תשס"ט
מרת הלינה שיינדל בת ר׳ צבי ע"ה – נפ׳ ה׳ מנחם אב תשנ"ז
לזכר נשמת אביה **הרב אהרן יעקב בן הרב אליעזר קורנווסר ז"ל** – נפ׳ ז׳ תמוז תשס"ב
ולכבוד תבלחט"א אמה **מרת מירל קורנווסר שתחי׳**

שבת (א) **מרת העסי ניימאן** (נוא יארק)
ובניה ובנותיה
צבי יצחק ורחל לאנגנער **דב מתתיהו ואסתר ליבאביק**
שלמה ורחל שבע ניימאן **מאיר צבי ורבקה קערן**
לכבוד בעלי־אבינו
הרב משה ניימאן שליט"א

שבת (ב) **דוד אליהו ועלקא רבקה רעטעער**
ובניהם **גרשון יצחק ופייגא אסתר וועסט ומשפחתם** **יחיאל ורבקה רעטעער ומשפחתם**
בן ציון אהרן וסימא שרה גיצא רעטעער ומשפחתם **יוסף וסימא אסתר רעטעער ומשפחתם**
קלונימוס ארי׳ וחי׳ צירל שרה רעטעער ומשפחתם
לזכר ולעילוי נשמת הוריה היקרים
הרה"ח ר׳ יוסף ב"ר אהרן הלוי לאווינגער ז"ל – נפ׳ י"ז אייר תשמ"ט
ורעיתו **מרת שלימא לאווינגער ע"ה בת הרה"ח ר׳ מנחם שלמה בערקאוויטש ז"ל** – נפ׳ ט׳ כסלו תשס"ד

This Hebrew edition of the Talmud owes its approach and much of its research to the monumental English-language Schottenstein Edition of the Talmud, that was dedicated and pays tribute to the memory of the unforgettable

Jerome Schottenstein ז"ל

whose wisdom, warmth, vision, and generosity wrote new chapters of Jewish life and learning in America and around the world. Generations from now, he will be remembered as the one whose enlightened support made the Talmud accessible to English-speaking Jews everywhere.
This Hebrew edition of the Talmud continues the work he inspired and supported.

Geraldine Schottenstein תחי׳

wears her mantle with unusual grace and firm adherence to the values that she poured to form the strong foundation of her family. Whether circumstances were tempting or trying, her character sees her through untainted, and sets a powerful and principled example for her children and grandchildren. She continues her support of this project with her children
JAY AND JEANIE SCHOTTENSTEIN, ANN AND ARI DESHE, SUSAN AND JON DIAMOND, AND LORI SCHOTTENSTEIN.
They bring energy, devotion, magnanimity, and graciousness to a host of vital Torah and chessed causes in their native Columbus and throughout the world.

פטרוני התלמוד

שבת (ג) **מנחם משה (מנדי) ואיטה קליין** (קליבלנד)
ובניהם
משפחת אמיר ועדנה בלומה יפה משפחת אשר יונה ושושנה קליין
משפחת שמואל יואב מיכאל ודינה אסתר היילפרין משפחת נתן בנימין זאב וחנה מליא קליין
לעילוי נשמת אביו והסבא **ר׳ נפתלי הירצקא ב״ר מנחם משה ז״ל – קליין**
ולעילוי נשמת אמו והסבתא **רבקה בת ר׳ יונה ע״ה – קליין**
ולעילוי נשמת אביה והסבא **ר׳ חיים ישראל ב״ר מאיר זאב ז״ל – פריד**
ולעילוי נשמת אמה והסבתא **אלטע ויטא בת ר׳ אשר זעליג ע״ה – פריד** – המכונה **ויקי**
ולכבוד הוריהם וזקניהם שיזכו לימים טובים וארוכים – בזכות הרבצת תורה זו
הרב בצלאל ורעיתו שרה יפה שיחי׳
ר׳ שמעון צבי ופראדל היילפרין שיחי׳
ר׳ ישראל ראובן וגיטל פרעשל שיחי׳
ר׳ נפתלי צבי וצירל שלעזינגער שיחי׳
ר׳ משה יפה שיחי׳ מרת ניחה קמנצקי שתחי׳
ר׳ יעקב יהושע ורחל בראנשטיין שיחי׳
ר׳ בנימין משה ונעמי שלעזינגער שיחי׳
ר׳ נחמן וברכה דב שיחי׳

שבת (ד) **מאיר ובתשבע גראס**
ובניהם
לעילוי נשמות הוריו
ר׳ ברוך בענדיט ב״ר מאיר גרוס ז״ל נפ׳ ט׳ סיון תשל״ז
מרת ברכה בת ר׳ משה יצחק ע״ה (למשפ׳ פיש) נפ׳ ה׳ טבת תשס״ה

עירובין מוקדש לעילוי נשמות
(ב׳ כרכים) **אפרים אליעזר בן יהושע הכהן שוטנשטין ע״ה**
ורעיתו חנה בת צבי הירש ע״ה
על ידי בניהם
יעקב מאיר חיים הכהן וגיטל שוטנשטין (קולומבוס, אוהיו)
ונכדיהם
יהושע אליעזר ושמחה שוטנשטין
יונתן וחיה שרה דיימנד
ארי וחנה דשא
לאה בילא שוטנשטין

פסחים (א) **שבתי ורעיתו פערל ברכה (נינה) מילר** (אנטוורפן)
לזכות בנם ובנותיהם היקרים
בנימין יואל שרה אלישבע רחל אביגיל מיכל לאה
לעילוי נשמות הוריו החשובים
מוה״ר שלום בן ר׳ צבי הירש ז״ל נלב״ע ביום י״ט שבט תשס״ו
מרת לאה בת ר׳ יצחק ע״ה נלבע״ה ביום ז״ך כסלו תנש״א

פסחים (ב) **האחים כהן**

The Edmond J. Safra Edition of the Talmud Bavli in French,
adapted from the Schottenstein Edition, is now in progress.
The Edmond J. Safra Edition
was dedicated by
Lily Safra לאה בת דוב הכהן וחנה ע״ה
in memory of her beloved husband
Edmond J. Safra רפאל אדמון עזרא בן אסתר ע״ה
His desire is in the Torah of HASHEM, and in His Torah he meditates day and night.
He shall be like a tree deeply rooted alongside brooks of water;
that yields its fruit in due season, and whose leaf never withers,
and everything that he does will succeed (Psalms 1:2-3).

פטרוני התלמוד

פסחים (ג) **משה יעקב ורעיתו דבורה מינדל סמיט** (ירושלים-ניו יורק)
לזכות בניהם היקרים
יאיר דוד ואריאל חוה יהודה שלמה, מתן ברוך, ארז לוי
טובה מרים ודניאל דב הלוי גאלדרינג ברוך אלכסנדר, יונתן רפאל, אריה אליקום שלו
רחל פרומה ושרגא פייוול אלישע אליקום, אריה לייב **מרדכי זלמן צבי ישראל**
לעילוי נשמות
אביו **ברוך בן אברהם דוד ז״ל**
אביה **הרב אריה אליקום בן יהושע מנחם הלוי ז״ל**
סבתה **ברכה בת משה ע״ה**
ולכבוד הוריהם שיחיו לאורך ימים טובים
אסתר בת יוסף יוזפא שתחי׳ – סמיט
חיה שרה לאה בת אורי שתחי׳ – שיינער

שקלים **שמואל יוסף ולאה שושנה ריעדער**
מרדכי ושרה וויזען
גרשון דוד ופעסיל מלכה קרסיק
לעילוי נשמת
ר׳ יעקב ב״ר שמואל יוסף ריעדער ז״ל
ולהבל״ח לכבוד אמנו
מרת חוה רבקה ריעדער שתחי׳ לאוי״ט

ולעילוי נשמת
ר׳ צבי ב״ר מרדכי וויזען ז״ל

ראש השנה **אבי ומאירה שנור** (סביון)
ובניהם **חנה ואלון וולקן רפאל ודויטל רחל תמרה ויהודה מורג איתן**
לעילוי נשמות הוריהם
ר׳ אברהם יצחק ב״ר אהרן הי״ד מרת חנה בת ר׳ חיים יעקב ע״ה
ר׳ חיים אהרן ב״ר ישראל יצחק ז״ל – ברלינר

יומא (א) **פרץ ופרידא פרידבערג** (טורונטו)
ובניהם
דוב וגיטל חיה פרידבערג יעקב זאב ושרה יעקבוביץ יעקב יוסף ודבורה ביסטריצר
ומשפחותיהם שיחי׳
לעילוי נשמת הוריהם וזקיניהם
אלתר מרדכי יהודה ב״ר דוב ז״ל – פרידבערג
רעכיל בת ר׳ שמואל מרדכי הכהן ע״ה – גאלדהירש
יונה ב״ר משה ז״ל – צאודערער
שרה בת ר׳ מאיר ע״ה – האבער

יומא (ב) **אברהם נח הלוי קליין ומשפחתו** (ניו יארק)
לעילוי נשמות הוריו
הרה״ח ר׳ אפרים חיים הלוי זצ״ל בהרה״ח ר׳ אברהם נח הי״ד
מרת מרים רחל ע״ה בת ר׳ חיים הכהן ז״ל
חמיו **הרה״ח ר׳ אברהם ישראל זצ״ל בהרה״ח ר׳ משה זאב הי״ד**
וחמותו **מרת קנדל ע״ה בת ר׳ יעקב הי״ד**

סוכה (א) לעילוי נשמות
ר׳ יהושע ב״ר דוד ז״ל – פריוועד (נלב״ע כ״ג טבת תשס״ו)
ורעיתו **חנה בת ר׳ יעקב ע״ה** (נלב״ע הושענא רבה תשע״א)
הונצח ע״י משפחתם

סוכה (ב) לעילוי נשמות
ר׳ יהודה מלך ב״ר משה ז״ל (נלב״ע ג׳ אב תשס״א)
ורעיתו **טויבא אסתר בת הרה״ח ר׳ משה מנחם הכהן ע״ה** (נלב״ע ה׳ כסלו תשמ״ו)
ובנם **הרה״ח ר׳ חנוך אליעזר ב״ר יהודה מלך ז״ל** (נלב״ע ח׳ סיון תשנ״ח)

פטרוני התלמוד

ביצה **חיים אליעזר וחוה פינק** (תל אביב)
ובניהם **שרון חיה ואיתמר הלוי שיינר** **הודיה גיטל ומיכאל יחיאל ישעיה (בר),**
שיינדל הלל, רננה רות, אוריה נחמה, רחל תהילה, עטרה דינה, צביה אדירה
אילינור אסתר וישראל אליעזר שופר **הילה שיינדל, יצחק דב אלחנן, תאיר חסידה, ענהאל רחל**
אודליה צפורה ושמואל יעקב מאירוביץ **אריאל דב, הלינה אילנה, אורלי, יהושע העשיל, מרדכי מנחם**
מוריאל מרים ואליהו יצחק וייס **שיינדל, יהושע העשיל, יהודה, רחל יקירה**
שיראל טובה וידידיה לאו **ישי יהושע העשל, נאוה שיינדל**
לכבוד חתונת הזהב של הוריהם וזקניהם
ר' צבי זאב ולאה פינק שיחי' (אנטוורפן)

תענית **מנחם משה (מנדי) ואיטה קליין** (קליבלנד)
ובניהם
משפחת אמיר ועדנה בלומה יפה **משפחת אשר יונה ושושנה קליין**
משפחת שמואל יואב מיכאל ודינה אסתר היילפרין **משפחת נתן בנימין זאב וחנה מליא קליין**
לעילוי נשמת אביה והסבא **ר' חיים ישראל ב"ר מאיר זאב ז"ל – פריד**
ולעילוי נשמת אמה והסבתא **אלטע ויטא בת ר' אשר זעליג ע"ה – פריד** – המכונה **ויקי**
לעילוי נשמת אביו והסבא **ר' נפתלי הירצקא ב"ר מנחם משה ז"ל – קליין**
ולעילוי נשמת אמו והסבתא **רבקה בת ר' יונה ע"ה – קליין**
ולעילוי נשמת **ר' יונה ב"ר נפתלי הירצקא ז"ל – קליין**
ולכבוד הוריהם וזקניהם שיזכו לימים טובים וארוכים – בזכות הרבצת תורה זו
הרב בצלאל ורעיתו שרה יפה שיחי'
ר' משה יפה שיחי' **מרת ניחה קמנצקי שתחי'**
ר' שמעון צבי ופראדל היילפרין שיחי' **ר' יעקב יהושע ורחל בראנשטיין שיחי'**
ר' ישראל ראובן וגיטל פרעשל שיחי' **ר' בנימין משה ונעמי שלעזינגער שיחי'**
ר' נפתלי צבי וצירל שלעזינגער שיחי' **ר' נחמן וברכה דב שיחי'**

מגילה מוקדש לעילוי נשמת הפטרון הראשוני של מפעל זה
יעקב מאיר חיים בן אפרים אליעזר הכהן שוטנשטין ע"ה

מועד קטן **שושנה לעפקאוויץ** (ניו יורק)
ובניה
יחזקאל ישעיה וצפורה נעמי פאנעט **הרב אברהם ואסתר דינה לעפקאוויץ**
שמעון אלעזר וחנה יהודית לעפקאוויץ **אברהם דוב ורחל אביגיל שערמאן**
חיים דוד ושרה שושנה לעפקאוויץ
לעילוי נשמות בעלה הוריהם וזקיניהם
ר' ישראל ב"ר יצחק דוב ע"ה – לעפקאוויץ
ר' יצחק דב ב"ר אברהם ז"ל ושרה בת ר' אברהם ע"ה – לעפקאוויץ
ר' אברהם ב"ר מרדכי הי"ד ופערל בת ר' שלמה ע"ה – ראזענבלום
ר' אברהם ב"ר ישראל הי"ד ומרים בת ר' עקיבא ע"ה – לעפקאוויץ
ר' יהושע אהרן ב"ר אלעזר ישכר דב ז"ל ופייגא בת ר' אשר חיים ע"ה – הערצבערג
ר' אשר חיים ז"ל ורייזל ע"ה – גליקמאן
ר' אלעזר ישכר דב ב"ר יהודה ז"ל וחיה בת ר' משה יהודה ע"ה – הערצבערג
ולעילוי נשמות **מירל בת ר' אברהם ע"ה – ראזענבלום** **מלכה בת ר' יהושע אהרן ע"ה – זאקס**

חגיגה **חנוך העניך הלוי והדסה ווייס** (ניו יורק)
לעילוי נשמות הוריו
ר' צבי בן ר' שמחה הלוי ז"ל – ווייס **מרת יענטא ע"ה בת ר' שלמה ז"ל – ווייס**
ולזכות בניהם ובנותיהם ונכדיהם היקרים
שמשון ברוך ומלכה גולדשטיין **יצחק** **אליענה עדינה**
צבי הלוי וכתר רינה שרה ווייס **ליארה רחל** **בנימין** **יוסף יהושע**
נעמי רחל ווייס **רפאל יהודה הלוי ווייס**

פטרוני התלמוד

יבמות (א) **פנחס יחזקאל ורות ווידסלבסקי** (סאו פאולו)
ובניהם
צבי וחיה צירל גמרמן יוסף זיסקינד דוד שניאור ואברהם מיכאל ווידסלבסקי
לעילוי נשמות הוריהם וזקיניהם
ר' אברהם מיכאל ב"ר פינחס ע"ה ואורה בת ר' צבי הירש – ווידסלבסקי

יבמות (ב) **פנחס יחזקאל ורות ווידסלבסקי** (סאו פאולו)
ובניהם
צבי וחיה צירל גמרמן יוסף זיסקינד דוד שניאור ואברהם מיכאל ווידסלבסקי
לעילוי נשמת אמה וזקנתם
חיה צירל בת ר' שלמה זלמן ע"ה – (ציטרין) וולט

יבמות (ג) **פנחס יחזקאל ורות ווידסלבסקי** (סאו פאולו)
ובניהם
צבי וחיה צירל גמרמן יוסף זיסקינד דוד שניאור ואברהם מיכאל ווידסלבסקי
לכבוד
יחיאל בנציון פישאהף לאוי"ט
עבור כלל הציבור הוא מנהיג מסור ונמרץ.
עבורנו הוא היה תמיד דוגמא למופת, אב רחום, ומקור השראה.

כתובות (א) **יחיאל בנציון פישאהף ומשפחתו** (ניו יורק)
לעילוי נשמת אשתו ואמם היקרה
מינדל בת ר' ישראל ע"ה
ולעילוי נשמות זקיניהם
ר' דוב ב"ר מנחם אשר ז"ל מירל בת ר' מנחם מענדל ע"ה – פישאהף
ר' ישראל ב"ר אברהם ז"ל מרת חיה זיסא בת ר' שרגא פייוול ע"ה – ניידער

כתובות (ב) **אסתר לאה גאלד** (ניו יורק)
ובניה
שמואל משה ושפרה רבקה גאלד שמחה אהרן והינדא מרים רייט נפתלי חיים ובריינדל רחל גאלד
לעילוי נשמת בעלה־אביהם
ר' יעקב ב"ר שמואל משה ז"ל (א' אדר תשס"א)
ולעילוי נשמות הוריהם, זקניהם, ומשפחתם הנאמנים לתורה ולמצוה, שקידשו את השם בשנות הזעם
שמואל משה ב"ר מרדכי יהודה הי"ד (ה' סיון תש"ג)
ורעיתו **אסתר הינדא בת ר' דוד הי"ד** (ה' סיון תש"ג)
ובתם **פייגע צירל בת ר' שמואל משה הי"ד** (ה' סיון תש"ג)
ובנם **יצחק שלמה ב"ר שמואל משה הי"ד** (ה' סיון תש"ג)

כתובות (ג) ר' **אליעזר דוד הלוי ורעיתו ראצא – לוי** (ניו יורק)
לעילוי נשמות הוריו
ר' משה ב"ר אברהם הלוי ז"ל – לוי (י"ב ניסן תשמ"ח)
גיטל שרה בת ר' יואל ע"ה – לוי (כ"ה אדר ב' תשל"ג)
ולעילוי נשמות הוריה
ר' חנוך זונדל ב"ר אברהם ניסן ז"ל – ניימן (י"ט טבת תשל"ט)
ריסא בת ר' אלתר יעקב ע"ה – ניימן (ד' אייר תש"ד)
ולעילוי נשמות בני משפחתה שנהרגו בימי הזעם (ג' סיון תש"ד)
אחיה ואחיותיה **אברהם ניסן ז"ל הי"ד רבקה ע"ה הי"ד טויבע ע"ה הי"ד**
דודתה **רייזה בת ר' אלטר יעקב ע"ה הי"ד**

נדרים (א) **נתן שלום (סולי) ודבורה (ורה) שפירא** (ניו יורק־ירושלים)
ובניהם
מאיר דוד וחנה בלזברג ברוך ונעמי שפירא מנחם חיים ורחל שפירא
שמואל ז"ק דוד וליאורה רוזנבלום משה אליהו ז"ק
לעילוי נשמות רבבות מאחינו בני ישראל, קדושים וטהורים
שנהרגו על ידי הגרמנים הרשעים הארורים בשנות הזעם בימי מלחמת העולם השניה
וקידשו שם שמים לעיני כל העמים. ה' ינקום דמם.

פטרוני התלמוד

נדרים (ב) מוקדש לכבוד הורינו היקרים שיחי׳ לאוי״ט
מו״ה אברהם דוד הלוי שליט״א ומרת בילא שתחי׳ קליין
ע״י בניהם
יהודה הלוי ויוטא קליין שמעון משה אײדל פערל מאיר הערש יעקב שרה עטל רחל יהודית
משה הלוי ושײנדל קליין מאיר הערש רחל פערל חיים מרדכי יעקב צירל פיגא

נזיר (א) **שלמה ואסתר פערל בן הרא״ש** (ירושלים)
ובניהם **מרים והרב דניאל כ״ץ ברוך ויערה אלעזר וטלי חיים**
לעילוי נשמת אבינו וסבנו היקר **שמעון בן יחייא ז״ל**
ולכבוד אמנו וסבתנו היקרה תבדל״ח **נדג׳מה (סוזן) שתחי׳** (נתניה)

נזיר (ב) **שלמה ואסתר פערל בן הרא״ש** (ירושלים)
ובניהם **מרים והרב דניאל כ״ץ ברוך ויערה אלעזר וטלי חיים**
לעילוי נשמת אבינו וסבנו היקר **שמעון בן יחייא ז״ל**
ולכבוד אמנו וסבתנו היקרה תבדל״ח **נדג׳מה (סוזן) שתחי׳** (נתניה)

סוטה **מרדכי הלוי ומלכה קליין** (ניו יורק) לזכות בניהם ובנותיהם היקרים
אסתר וחיים ברוך פוגל דוד וחוה מלכה בנימין צבי ז״ל
אילנה לאה ונתן מענדל גולדשטיין משה יוסף ובתיה רבקה יעקב אליהו וטעמא מירל
לכבוד אמו שתחי׳ לאורך ימים טובים
מרת שרה קליין שתחי׳
לעילוי נשמת אביו
ר׳ יהודה ב״ר דוד הלוי ז״ל – קליין נפ׳ כ״ז אדר ב׳ תשס״ג
לעילוי נשמות הוריה
ר׳ אשר אנשיל ב״ר משה יוסף ז״ל – גראס נפ׳ ג׳ שבט תשנ״ט
ורעיתו שרה בת ר׳ חיים אליהו ע״ה – גראס נפ׳ כ״ד סיון תשס״א
ולעילוי נשמות זקיניהם שנהרגו על קידוש השם הי״ד
ר׳ דוד ב״ר יעקב הלוי ע״ה ופערל בת ר׳ צבי ע״ה הי״ד – קליין
ר׳ מרדכי ב״ר דוד הלוי ע״ה ולאה בת ר׳ יעקב הלוי ע״ה הי״ד – קליין
ר׳ משה יוסף ב״ר בנימין צבי ע״ה ומלכה בת ר׳ יחיאל מיכל ע״ה הי״ד – גראס
ר׳ חיים אליהו ב״ר מרדכי ע״ה ויוטא בת ר׳ שלמה אליעזר ע״ה הי״ד – גארטענבערג

גיטין (א) **מרת קילה טננבאום**
שמואל ודבורה טננבאום יחזקאל ורבקה לאה זיזמור
ומשפחותיהם
לעילוי נשמת בעלה, אביהם, וסבם
ר׳ נפתלי ב״ר יהודה אריה ז״ל – טננבאום נפ׳ ח׳ ניסן תשנ״ב

גיטין (ב) **מרדכי אהרן ורעיתו דבורה גומבו** (ניו יורק)
ולזכותם של בנינו בנותינו ויוצאי חלציהם שיחי׳
אברהם ומירל וועבער בלומה הייטשה שרה מינדל ראובן יוסף פראדל גיטל ברכה אסתר משה מנחם בנימין צבי
ישעי׳ שלום ופייגא גומבו שרה אסתר מירל צבי יצחק יהודה שלמה בנציון לאה חנה רבקה פראדל גיטל
מרדכי שלום יוסף ומלכה טילא כהן ראובן יחיאל ארי׳ לייב צבי יקותיאל יהודה חנה רבקה
יצחק יהודה ודבורה שרה גומבו ראובן צבי מאיר יוסף שמואל פראדל גיטל מלכה
יוסף ומלכה גומבו פראדל גיטל אליהו חנה רבקה חיים גדלי׳ ראובן
יצחק דוד ושרה פריינד משה מנחם שמואל צבי חנה רבקה
ראובן וחוה גומבו זאב מאיר
ולע״נ אביו **הר׳ ראובן בן הרב צבי ז״ל – גומבו** נפ׳ בש״ט כ״ה אייר תשנ״ה
ואמו **מרת פראדל גיטל בת הרב שמואל ז״ל – פישער** נפ׳ בש״ט כ״ה ניסן תשס״א
וחמיו **ר׳ משה מנחם ב״ר יהודה מרדכי ז״ל – גראסס** נפ׳ בש״ט ח״י תמוז תש״ע
וזקנו **הרב צבי ב״ר משה דוב ז״ל – גומבו**
וזקנתו **מרת מירל בת הגה״צ יצחק יהודה ז״ל – שטרן**
וזקנו **הרב ר׳ שמואל ב״ר אליהו ז״ל הי״ד – פישער**
וזקנתו **מרת חי׳ רבקה בת ר׳ מרדכי ע״ה הי״ד – פישער**
ר׳ שמואל יצחק יהודה בן הר׳ ראובן ז״ל – גומבו נפ׳ בש״ט ט׳ אדר תשס״ז
ולעילוי נשמות כל קרובי משפחתנו שמסרו נפשם על קידוש ה׳ בימי השואה הי״ד
תנצב״ה

פטרוני התלמוד

קידושין (א) **ד"ר אברהם דן וד"ר חיה שרה נובצקי** (ירושלים) **ומשפחתם**
לכבוד אמה
מרת רות בת הרב אברהם לייב שתחי' לאוי"ט
ולעילוי נשמות הוריהם
ר' פסח ב"ר יעקב יצחק ז"ל
ר' שמואל דוד ב"ר פאלק ז"ל
מרת חיה רחל בת ר' שלמה זלמן ע"ה

קידושין (ב) **יעקב דוב ולאה אלטוסקי** (סביון)
ובניהם **צפורה דפנה פרסט** יונתן, רפאל וטליה **מרדכי ורחל אלטאלה שנורמכר** עמית ועומר **משה**
לעילוי נשמות הוריו
ר' משה ב"ר נחום ז"ל – נפ' כ' אדר תשל"ו
פרומט ב"ר גרשון הכהן ע"ה – נפ' כ"ז כסלו תשס"ט
ולכבוד חמיו **ר' אפרים וברכה בֶק שיחי' לאוי"ט**
ולעילוי נשמת החתן שלהם **ר' ישראל זלמן ב"ר שלמה הכהן ז"ל** – נפ' ה' סיון תשס"ח

בבא קמא (א) **אריה לייב והדסה קילסון** (ניו יורק) לזכות בניהם היקרים
אברהם שלום ואילנה צבי הירש ופערי יצחק דוב ורבקה יהונתן יאיר שרה רחל
ולעילוי נשמות
אביו **ר' יוסף ב"ר אברהם שמריהו ז"ל**
אמה **שרה רחל בת ר' צבי הירש ע"ה**

בבא קמא (ב) **שרגא ברוך ורויזא דבורה וויינרייך** (ניו יורק)
ובניהם **אלטער יצחק יהודה וחוה שטייערמאן** שלום, רחל דינה, יוחנן
שלום ותקוה לאה וויינרייך, יונתן מאיר וחיה רבקה צזנר שלום דניאל
אהרן, שרה עטל, שבע רחל, מחלה, חנה אידל
לעילוי נשמת הוריו
ר' שלום ב"ר שרגא ברוך וויינרייך ז"ל – נפ' פורים תשמ"ה
מרת פערל ב"ר אהרן (פלדר) וויינרייך ע"ה – נפ' א' דר"ח טבת ו' חנוכה תשס"ט
ולכבוד חמיו **ר' משה וליבא פערלמאן שיחי'**

בבא קמא (ג) **אלטר חיים דוד הכהן ופריידא מאליק** (ניו יורק)
ובניהם **מלכה וצבי נתן משה דוב הכהן ואסתר מאליק בילא וברוך סיגמן**
ומשפחותיהם
לכבוד הוריהם וזקניהם **אפרים צבי הכהן ועלקא שיחי' לאוי"ט – מאליק**
ולעילוי נשמות **ר' משה ב"ר יוסף יצחק ז"ל וחנה בת ר' שאול נטע ע"ה – פרלה**

בבא מציעא (א) **ר' אלטר יוסף ורעיתו רחל לאה ניימאן** (מונסי)
לעילוי נשמות
אביו **ר' זושא ב"ר משה ז"ל – ניימאן**
הוריה **ר' יעקב שמואל ב"ר משה הלוי ז"ל ומרת רבקה בת ר' יששכר דוב ע"ה – טויבער**
ולעילוי נשמות בניהם
יעקב שמואל ע"ה ישראל ע"ה יששכר דוב ע"ה חיים מאיר ע"ה

בבא מציעא (ב) **שלמה ותִרזה איזנברג** (בני-ברק)
לעלוי נשמות הוריו
ר' יצחק ב"ר מרדכי ז"ל – נפ' י"ח שבט תשנ"ז
מרת אלה בת ר' שלמה ע"ה – נפ' כ"ד אלול תשכ"ח

בבא מציעא (ג) **אהרן אשר זעליג ורעיתו צביה ריזל סאקס** (ניו יורק)
לעילוי נשמות
זאב בן דוד צבי ז"ל ורעיתו אסתר בת אשר זעליג ע"ה – גלאק
– ליבא, אשר זעליג, דוד צבי, שמואל, מנשה, יחזקאל שרגא גלאק ז"ל
יעקב יצחק בן זאב ז"ל ורעיתו מיימי בת זאב ע"ה – סאקס
זאב בן חיים דוד ז"ל ורעיתו חיה ביילע בת יצחק יעקב ע"ה – סאקס
רעלע ורבקה ע"ה – סאקס
יחיאל בן משה ז"ל – נוישטאדטער
פייוול בן אליה ז"ל ורעיתו מלכה בת ר' אברהם ע"ה – פיינס

פטרוני התלמוד

בבא בתרא (א)
לעילוי נשמת
חיה ליבאביימאן בת החבר שלמה ע"ה – נפ' ד' סיון תשמ"ט
ע"י משפחתה

בבא בתרא (ב)
לעילוי נשמת
ר' דוד בן ר' אברהם ביימאן ז"ל – נפ' ט' טבת תשס"ד
הוקדש ע"י
אסתר ביימאן משפחת ישעכר וועבר
משפחת ירחמיאל אליהו שלמה ביימאן משפחת אברהם יהודה ביימאן

בבא בתרא (ג)
ירחמיאל אליהו שלמה [„עזרא"] ודבורה ביימאן
לעילוי נשמת אחיה
שלמה זלמן ב"ר יצחק ז"ל – סאטינאוווסקי – נפ' א סוכות תשס"ד

סנהדרין (א)
אלימלך יצחק הכהן וחיה בילה רבקה רפפורט (ירושלים)
ובניהם
מרדכי עזריאל יהודה אריה מרים דרייזל שמשון
לאה פנינה אליהו מאיר ברכה
לעילוי נשמת אביהם וזקנם
ר' יהודה אריה ב"ר מרדכי הכהן ז"ל – רפפורט
ולעילוי נשמת אמם וזקנתם
חנה גיטל בת ר' עזריאל ע"ה – ברגר
ולעילוי נשמות כל קרוביהם שמסרו נפשם על קידוש השם בימי השואה הי"ד

סנהדרין (ב)
זאב אריה ופייגע מלכה לבוביק (טורונטו)
ובניהם
דבורה ודוד רייך דוב מתתיהו ואסתר לבוביק חנה דפנה ויהודה אריה רפאל בידרמן
שושנה רחל וזאב איסר קאראסיק
אברהם אלימלך ושרה רבקה לבוביק (טורונטו)
ובניהם
דניאל יצחק ועדינה לבוביק יונה לבוביק בצלאל יעקב והדסה תרצה לבוביק
נתנאל צבי לבוביק חנה לאה ויוסף צבי זמל שושנה רחל לבוביק
לעילוי נשמות הוריהם וזקניהם
מאיר בן אברהם אלימלך וסימא מינדל בת יצחק גרשון לבוביק ז"ל
ולעילוי נשמות
הרב אריה לייב בן מתתיהו ואסתר פערל בת הרב משה דוד ניומן ז"ל
ולעילוי נשמת
דוב בן נתן נטע וויס ז"ל

סנהדרין (ג)
מוקדש לכבוד
ר' יוסף ורעיתו אניטה לאיו"ט – וואלף (תל אביב)
ע"י בניהם ומשפחתם

שבועות
יעקב פינחס ומרים מאנדערער (אנטוורפן)
ובניהם
ישראל ויהודית קיילה מאנדערער איתמר שמחה ושרה רבקה לאה אקשטיין
לעילוי נשמות
ר' שמואל ב"ר פינחס מאנדערער ז"ל
שרה מאנדערער בת ר' יעקב ראבינוויץ ע"ה
ר' חיים אהרן ב"ר שמואל מאנדערער ז"ל
ר' ישראל ב"ר נתן שלום שטערן ז"ל
פראדל שטערן בת ר' יחזקאל הלוי פאסטאג ע"ה
ר' נתן שלום ב"ר ישראל שטערן ז"ל

מכות
ר' צבי יעקב (הרשל) ורעיתו רעכל וואלף (ניו יורק)
לעילוי נשמות
אביו **ר' חיים ב"ר ברוך מנחם מענדל ז"ל – וואלף**
אמו **מרת חיה בילא בת ר' נחמיה ע"ה – וואלף (לבית בראדט)**
זקינו **ר' ברוך מנחם מענדל ב"ר נתן אהרן הי"ד – וואלף, ורעיתו שיינדל בת ר' שאול הי"ד – קוראל**
זקינו **ר' נחמיה ב"ר צבי יעקב ז"ל – בראדט, ורעיתו לאה בת ר' איתמר ע"ה – פארטגאנג**
אביה **ר' ישראל ב"ר לוי יצחק ז"ל – זליחובסקי, ורעיתו חינקה בת ר' נתן נטע ע"ה – יהלום**

פטרוני התלמוד

עבודה זרה (א) **אלי ועלי קאופמן ובו"ב**
מוקדש לזכרם של זקניהם היקרים
ר' יעקב יצחק בן ר' חיים ז"ל – פיש נפ' י"ז תמוז תש"ן
וזוגתו **מרת רעכל בת ר' צבי ע"ה – אינפלד־פיש** נפ' ג' תמוז תשד"ם

עבודה זרה (ב) **חיים ורעיתו רבקה חנה שווייד** (בארא פארק, ניו יורק)
ובניהם
מרדכי יעקב ורחל מרים שווייד ומשפחתו | **בנימין זאב וטאבא אסתר אייזיקסאהן ומשפחתו**
לוי יצחק ומרים פעשא הערצאג ומשפחתו | **מאיר יצחק אייזיק ומרים לאה רבקה שווייד ומשפחתו**
שמעון וחי' שרה קילא ליפשיץ ומשפחתו | **דוד משה זכרי' וחוה רחל שארף ומשפחתו**
שמואל וברכה סימא שווייד | **מאיר לייב ולאה בריינדל רייכמאנן**
מוקדש לזכרון הוריהם היקרים
הרה"ח הישיש מוהר"ר ר' שלמה זלמן בן מוה"ר ר' משה דוב שווייד זצ"ל
מרת חנה רויזא ע"ה בת הגאון האדיר רבי מרדכי יעקב זצ"ל אבד"ק צירניך ובעל חלקת יעקב
ולזכר נשמות חותנו ואביה **הגה"צ מוה"ר ר' שמואל הלוי פרידמאן אב"ד אולם זצ"ל**
ואמה **פערל ז"ל בת הגה"ק ר' ישראל חיים זצוק"ל בן הגה"ק החקל יצחק מספינקא זצוק"ל**

הוריות־עדיות **זאב (וואלי) הלוי ורעיתו חיה שטרן** (סן פאולו, ברזיל)
לעילוי נשמות הוריו
ר' צבי בן ר' חיים הלוי ומרת מרים ז"ל – שטרן
מרת דאכא בת ר' פרץ ומרת ברכה ע"ה – טאגר
ולעילוי נשמות הוריה
ר' דוד אריה בן ר' יעקב ומרת שיינדל ז"ל – ברנר
מרת איטלה בת ר' חיים ומרת מדל ע"ה – שטרן
ולעילוי נשמות מחותניהם
ר' ישראל מרדכי ב"ר צבי יוסף סג"ל ז"ל – לנדא
ר' ישכר טוביה ב"ר יוסף ז"ל – ווייטמן
ר' שמואל עקיבא ב"ר שלמה צבי ז"ל – קירשנבוים
ולעילוי נשמות אחיהם וגיסתם
ר' אריה בן ר' צבי הלוי ומרת דאכא ז"ל – שטרן
מרת זלטה פסל בת ר' אברהם יעקב ומרת חנה גיטל ע"ה – שטרן
ולכבוד בניהם שיחיו לימים טובים וארוכים
יעקב וחנה פערל הלוי שטרן
חיים אהרן ואריאלה ברכה סג"ל לנדא
משה אפרים פישל ואילה קירשנבוים

זבחים (א־ג) מוקדש לעילוי נשמות
אבינו **ר' יוסף חיים בהרה"ח ר' שרגא יצחק ז"ל קאופמן**
אימנו **מרת רחל (Renée) ע"ה ב"ר יעקב יצחק פיש ז"ל**
ע"י ילדיו ונכדיו,
אלי ועלי וילדיהם
צבי ומיכל וילדיהם
יוסי ויעל וילדיהם

מנחות (א) **יעקב וחיה שולמית הרצוג** (טורונטו)
ומשפחתם
לזכר נשמת חמיו ואביה
ר' מאיר בנדיקט ז"ל (ווייצען – געגף)

מנחות (ב) **יעקב וחיה שולמית הרצוג** (טורונטו)
לכבוד ולזכות בניהם היקרים
פגית חנה | **נעמי דבורה** | **פיגא רבקה**
זאב יחיאל אלכסנדר | **אריה לייב אליהו**

פטרוני התלמוד

מנחות (ג) **יעקב וחיה שולמית הרצוג** (טורונטו)
ומשפחתם
לעילוי נשמות זקניהם
ר' יעקב ב"ר שרגא פייש ז"ל ורעיתו שרה בת ר' משה מרדכי ע"ה – הרצוג
ר' זאב וואָלף יחיאל ב"ר שמואל יצחק ז"ל ורעיתו טואבה בת ר' אהרן שלמה ע"ה – לאנדא
נכד לאדמו"ר מטשעכענאוו זצוק"ל
ר' שמואל חיים ב"ר גרשון בנימין זאב ז"ל ורעיתו שרה בת ר' מרדכי ע"ה – בנדיקט
ר' אריה לייב ב"ר יהושע הכהן ז"ל ורעיתו פיגא בת ר' מאיר זאב ע"ה – זילבר
ולעי"נ אחותו
יוטא שרה בת ר' אשר ע"ה – הרצוג

חולין (א) לעילוי נשמת
הרה"ח הנכבד ר' יצחק בן הרה"ח ר' שמואל יוסף פלוטשעניק ז"ל
מקראקא – אנטווערפען תלמיד ישיבת "חכמי לובלין"
נלב"ע בשם טוב, ח' תמוז תשנ"ז לפ"ק תנצב"ה

חולין (ב) **אברהם דוד הלוי ורעיתו חי' בילא קליין** (מאנסי)
לעילוי נשמת אבותיהם
ר' יעקב ב"ר דוד הלוי קליין ז"ל – נפ' י"א מרחשון תשס"ב

חולין (ג) **אברהם דוד הלוי ורעיתו חי' בילא קליין** (מאנסי)
לעילוי נשמות הוריה
ר' מאיר צבי בן הרב יהודא גאטטליעב ז"ל אב"ד מישקאלץ – נפ' ט"ז אדר ב' תשנ"ז
ורעיתו שרה רבקה בת ר' יחזקאל מנחם ע"ה – נפ' כ"ח טבת תשס"ד

חולין (ד) לזכרון הקדוש והטהור בהיכל ה'
הרהגה"צ מרן יוסף נחמיה בן הרב ר' עקיבא קארניצר זצוק"ל אבדק"ק קראקא
וזוג' הרבנית בריינדל ע"ה בת הרב פינחס חיים זצ"ל אבדק"ק סעליש
ולעילוי נשמות חתניו ובנותיו
הרה"ח ר' מתתיהו בן הרה"ח ר' חיים כ"ץ הי"ד וזוג' מרת דבורה גיטל הי"ד
הרה"ח ר' שבתי בן הרה"ח ר' יוסף ז"ל וזוג' מרת חנה שינדל ע"ה
ולעילוי נשמות
הרה"ח ר' חיים בן הרה"ח ר' משה מנחם כ"ץ הי"ד
וזוג' מרת פייגל בת הרה"ח ר' משה הי"ד
הונצח ע"י בנם ונכדם

בכורות (א) **מרדכי אהרן ורעיתו דבורה גומבו** (ניו יורק)
ולזכותם של בנינו בנותינו ויוצאי חלציהם שיחי'
אברהם ומירל וועבער בלומה חייטשה שרה מינדל ראובן יוסף פראדל גיטל ברכה אסתר משה מנחם בנימין צבי
ישעי' שלום ופייגא גומבו שרה אסתר מירל צבי יצחק יהודה שלמה בנציון לאה חנה רבקה פראדל גיטל
מרדכי שלום יוסף ומלכה טילא כהן ראובן יחיאל ארי' לייב צבי יקותיאל יהודה חנה רבקה
יצחק יהודה ודבורה שרה גומבו ראובן צבי מאיר יוסף שמואל פראדל גיטל מלכה
יוסף ומלכה גומבו פראדל גיטל אליהו חנה רבקה חיים גדלי' ראובן
יצחק דוד ושרה פריינד משה מנחם שמואל צבי חנה רבקה
ראובן וחוה גומבו זאב מאיר
ולע"נ אביו **הר' ראובן בן הרב צבי ז"ל – גומבו** נפ' בש"ט כ"ה אייר תשנ"ה
ואמו **מרת פראדל גיטל בת הרב שמואל ז"ל – פישער** נפ' בש"ט כ"ה ניסן תשס"א
וחמיו **ר' משה מנחם ב"ר יהודה מרדכי ז"ל – גראסס** נפ' בש"ט ח"י תמוז תש"ע
וזקנו **הרב צבי ב"ר משה דוב ז"ל – גומבו**
וזקנתו **מרת מירל בת הגה"צ יצחק יהודה ז"ל – שטרן**
וזקנו **הרב ר' שמואל ב"ר אליהו ז"ל הי"ד – פישער**
וזקנתו **מרת חי' רבקה בת ר' מרדכי ע"ה הי"ד – פישער**
ר' שמואל יצחק יהודה בן הר' ראובן ז"ל – גומבו נפ' בש"ט ט' אדר תשס"ז
ולעילוי נשמות כל קרובי משפחתנו שמסרו נפשם על קידוש ה' בימי השואה הי"ד
תנצב"ה

פטרוני התלמוד

בכורות (ב) **חיים שלמה וחיה בלטר** (ניו יורק)
ובניהם **נחום ופערל אויגענבוים גבריאל שמואל, רחל** **נפתלי ופערל בלטר** **אריה ליב** **עקיבא**
לעילוי נשמות הוריהם וזקניהם
ר׳ דוד זאב בן שלמה ז״ל – נפ׳ ז׳ תמוז תשס״ח
רחל בת ר׳ חיים ע״ה – נפ׳ ז׳ שבט תשנ״ט

ערכין לעילוי נשמת
הר״ר יוסף בונים ב״ר אליהו גוטטער (שיין) ז״ל (קראקא – אנטוורפן)
נפ׳ ט״ו תמוז תשמ״ג

תמורה **אברהם ובײלא סימה פלוק** (תל אביב)
וילדיהם
זרח אורי ופייגע ביילע פלוק ומשפ׳ **יחיאל ושרה טלי וינרוט ומשפ׳**
משה שלום וחסא רחל פלוק ומשפ׳ **שלמה יצחק וצינה ציפל ומשפ׳**

יוסף דוד וגאלדה בריינדל גולדשטיין (וינה)
וילדיהם
בנימין ואסתר זיסה גלאט ומשפ׳ **שמשון ברוך** **צבי אשר** **חנה**

לעילוי נשמות הוריהם
הר״ר זרח ב״ר מרדכי ומרת צינה בת ר׳ אברהם הכהן ז״ל פלוק
הר״ר יצחק ב״ר יוסף דוד ומרת חנה בת ר׳ שמשון ברוך הלוי ע״ה גולדשטיין
ולעילוי נשמות כל קרוביהם שנהרגו על קידוש השם בימי השואה הי״ד

כריתות לעילוי נשמת
מרת דבורה גוטטער ע״ה (אנטוורפן)
בת הר״ר אביגדור לעהרער ז״ל
אשת הרה״ח ר׳ יוסף בונם ז״ל
נפ׳ י״ד אב תשס״ו

מעילה, קנים, תמיד, מדות לעילוי נשמת
ר׳ אליהו אלעזר ב״ר יוסף ברוך ז״ל
נפ׳ כ״א אלול תשנ״ט
תנצב״ה

נדה (א) **דניאל ומרים אסתר רעטטער**
אריה צבי וברכה רעטטער
דוד אליהו ועלקא רבקה רעטטער
ומשפחותיהם
לזכר ולעילוי נשמת אאמו״ר היקר באנשים, בעל נפש טהורה ורוח אצילה, אהוב לשמים ונוח לבריות
הרה״ח ר׳ מרדכי ב״ר קלונימוס אריה רעטטער ז״ל – נפ׳ כ״ח אלול תשס״ז
ולזכר נשמת אמנו מורתנו האשה החשובה והיקרה
מרת בלימא רייזל רעטטער ע״ה בת הרה״ח ר׳ יחיאל הכהן ראזענבלאט ז״ל – נפ׳ כ׳ אדר תשס״א

נדה (ב) מוקדש לעילוי נשמת הפטרון הראשוני של מפעל זה
יעקב מאיר חיים בן אפרים אליעזר הכהן שוטנשטין ע״ה
על ידי בנו
יהושע אליעזר הכהן ורעיתו שמחה ברכה שוטנשטין שיחי׳ (קולומבוס, אוהיו)
ומשפחתם

עמודי התלמוד

חבורת אנשי רוח אשר נדבה לבם אותם להרביץ תורה ולהרחיב גבולה.

דוד, יעקב שמעון ואסתר אקשטיין

משה צבי בוננפלד

יעקב יצחק אברהם ורעיתו חיה שרה גאלד

הרב אברהם יהודה לעווי ורעיתו רייזי

אסתי ודוד מרטין וב״ב

יצחק אייזיק ויהודית חוה ניומאן,

אברהם לייב ושרה מאטיל, מרדכי שרגא וזיסל, שמואל שמעלקא ונחמה, רחל ברכה וישראל זכריהו, מנשה ברוך וחיה רחל

נחום סילברמן ורעיתו מלכה

משפחת פרייער ובלומנפרוכט

אהרן וקילא (ראצערסדורפער) ראנד בהכרת הטוב לכבוד הרב ר׳ חיים מרדכי בה״ר שמואל אבא קאץ

משפחת רֶבָאִי (קראקס, ונצואלה)

ברוך נפתלי ולאה שטיינמעץ

לעילוי נשמת ולזכרון עולם

אהרן חיים בן יעקב ז״ל – אַלְטְמָן

ר׳ יחזקאל ב״ר דוד ז״ל ורבקה בת ר׳ שמעון ע״ה – אקשטיין

דוד בן שלמה ע״ה וחיה אייגא בת שלום ע״ה – אתריג

ר׳ חיים ישראל דוד ב״ר משה צבי ז״ל – בוננפלד

דוד מאיר ב״ר דוד הכהן ז״ל

החבר אפרים בן רפאל ז״ל

הרב אהרן ב״ר מאיר יעקב והרבנית פרומא בת ר׳ חיים צבי ע״ה

ר׳ מנשה בן שמואל שמעלקא ז״ל והענצה רייזעל בת אברהם ארי׳ ע״ה – בערנאטה

ר׳ שמואל דוד ב״ר מאיר יעקב ז״ל – זלאטאוו

ר׳ אהרן ב״ר דוד הכהן ז״ל

הרב דוב ב״ר דוד מאיר ע״ה ור׳ דוד מאיר בן הרב יעקב יצחק ע״ה – גאלד

ר׳ אורי שרגא בן החבר ר׳ יהודה דוד ז״ל – גולדשמידט

ר׳ יוסף יואל ב״ר ישראל הכהן ז״ל ומרת באשא בת ר׳ זלמן דוב ע״ה

ר׳ שלמה ב״ר אברהם ז״ל ומרת חיה יענטא בת ר׳ צבי הירש ע״ה

יצחק הערש בן חיים שמחה ז״ל – לֶכְטִיג

מרדכי חיים ב״ר זבולן יצחק חייא ז״ל – מייזנער

ר׳ אברהם אבא ב״ר מרדכי ומרת חיה בת ר׳ ישראל מרדכי (לבית שפירא) ז״ל – מרטין

ר׳ דוד ב״ר שמעון ז״ל, ר׳ שמעון ב״ר אלעזר ז״ל, דבורה בת ר׳ אפרים יצחק ע״ה

ר׳ מרדכי אליעזר ב״ר בצלאל זלמן ז״ל, דינה בת ר׳ משה ע״ה

ר׳ יצחק אייזיק צבי בן מאיר אהרן ז״ל – ניומאן

ר׳ משה ב״ר יצחק אייזיק ז״ל ופייגא יכט בת שרגא פייבל ע״ה – ניומאן

רחל בת משה הכהן ע״ה – ניומאן

ר׳ צבי ב״ר זאב הלוי ז״ל ודבורה אסתר בת ישראל ע״ה – סילברמן

הרה״ג ר׳ דוד בן הרה״ג ר׳ משה זצ״ל – פיינשטיין

ר׳ יעקב עקיבא ב״ר אשר זעליג ז״ל ונפתלי בנימין ב״ר אברהם יצחק הכהן ז״ל – פערלמאנן

ר׳ ישעיה צבי ב״ר חיים אלכסנדר יוסף ז״ל ושיינדל בת ר׳ משה הלוי ז״ל – פרייער

הרב משה ב״ר אליעזר הלל ז״ל ודבורה גולדה בת ר׳ אברהם משה יוסף ע״ה – פרלוביץ

ר׳ חיים חייקל ב״ר שמואל ז״ל וחיה בת הרב ישראל יהודה ע״ה

ר׳ אברהם דוד ב״ר שמואל נטע ז״ל וליבא בת ר׳ זאב וואלף ע״ה

ר׳ משה ב״ר ברוך ז״ל ומרת רבקה נעכא בת ר׳ חיים צבי ע״ה

טויבא בת ר׳ אליהו שרגא ע״ה – פעלמאן

רויזא מינצא בת הרב ישראל יהודה ע״ה – קריגעל

ר׳ אשר זעליג ב״ר אברהם ז״ל

הרב ר׳ שמואל אבא בה״ר הג׳ ר׳ דוד זצ״ל קאץ – אבדק״ק באבאלאר

ר׳ עזריאל ב״ר פסח ז״ל – קרוין

אברהם בן בנימין ז״ל – רוֹט

שרגא פייבל ב״ר יעקב הכהן ז״ל ומאטל אסתר בת מרדכי הלוי ע״ה – שאהנברון

דוד בן ירמיהו ז״ל – שְׁוָורץ

כ״ק אדמו״ר יוסף יצחק בן כ״ק אדמו״ר שלום דובער זצ״ל – שניאורסאן

כ״ק אדמו״ר מנחם מענדל בן הרב לוי יצחק זצ״ל וחי׳ מושקא בת כ״ק אדמו״ר יוסף יצחק ע״ה – שניאורסאן

פטרוני התלמוד ❖ מהדורת "בכל דרכיך"

אנו מביעים הכרת טובה אל הפטרונים החשובים
אשר נדבה רוחם אותם להקדיש כרכים של

מהדורת שוטנשטין - "בכל דרכיך"

תלמוד בבלי

מוקדש על ידי מחזיקי תורה, ראשים וראשונים לכל דבר שבקדושה

יהושע אליעזר הכהן (ג'יי) ורעיתו מרת שמחה ברכה (ג'יני) שוטנשטין שיחיו

ובניהם

אפרים יוסף ולביאה, יהודה ובלימה איילת, אברהם יונה ואריאלה

יעקב מאיר, יונה יצחק, מרים | **אהובה שימון, דליה, אליאורה, יעל מאירה** | **יעקב מאיר**

מבוא לתלמוד	**רות ליבה וזאב אלחנן שימאף ומשפחתם**
ברכות (א)	**יהושע אליעזר הכהן ורעיתו שמחה ברכה שוטנשטין שיחי'** (קולומבוס, אוהיו)
ברכות (ב)	**צבי ובטי רייזמן** (לוס אנג'לס)
שבת (א)	**משה יוסף וזיסל עסטרייכער**
שבת (ב)	לזכר ולעילוי נשמת **ר' שמעון ב"ר שלמה זלמן ע"ה**
שבת (ג)	**מנחם משה (מנדי) ואיטה קליין** (קליבלנד)
שבת (ד)	**מאיר ובתשבע גרוס**
עירובין (א)	**יעקב מאיר חיים הכהן וגיטל שוטנשטין** (קולומבוס, אוהיו)
עירובין (ב)	**יעקב מאיר חיים הכהן וגיטל שוטנשטין** (קולומבוס, אוהיו)
פסחים (א)	**שבתי ורעיתו פערל ברכה (נינה) מילר** (אנטוורפן)
פסחים (ב)	**האחים כהן**
פסחים (ג)	**משה יעקב ורעיתו דבורה מינדל סמיט** (ירושלים-ניו יורק)
שקלים	**אברהם דוד הלוי ורעיתו חי' בילא קליין** (מאנסי)
יומא (א)	**ר' צבי יעקב (הרשל) ורעיתו רעכל וואלף**
יומא (ב)	**אברהם נח הלוי קליין ומשפחתו**
סוכה (א)	**אריה לייב והדסה קילסון**
סוכה (ב)	**הרב ישראל יעקב ויספה מרים ירמק**
ביצה	**בנימין זאב (בנג'י) ועדינה גולדשטין**
תענית	**מנחם משה (מנדי) ואיטה קליין** (קליבלנד)
ראש השנה	**משפחת שנקר**
מגילה	**הרב התמים ר' אריה לייב זיסמאן**
מועד קטן	**בנימין ודבורה חנה; משה רובינשטיין**
חגיגה	**חנוך העניך הלוי והדסה ווייס** (ניו יורק)
יבמות (א־ג)	**פנחס יחזקאל ורות ווידסלבסקי** (סאו פאולו)
כתובות (א)	**יחיאל בנציון פישאהף ומשפחתו**
כתובות (ב)	**ישראל יהודה ושרה בילא ספטימוס**
כתובות (ג)	**יפה, פונד ושות', עורכי דין** (ירושלים) **JAFFE, FUND & CO.**
נדרים (א)	**נתן שלום (סולי) ודבורה (ורה) שַׁפירא** (ניו יורק-ירושלים)
נדרים (ב)	**יהודה הלוי ויוטא קליין משה הלוי ושיינדל קליין**

פטרוני התלמוד ❖ מהדורת "בכל דרכיך"

נזיר (א־ב)	**שלמה ואסתר פערל בן הרא"ש** (ירושלים)
סוטה	**מרדכי הלוי ומלכה קליין**
גיטין (א)	**מרת קילה טננבאום**
	שמואל ודבורה טננבאום יחזקאל ורבקה לאה זיזמור
גיטין (ב)	**מרדכי אהרן ורעיתו דבורה גומבו**
קידושין (א)	**אלטר חיים דוד הכהן ופריידא מאליק**
קידושין (ב)	**אברהם (פיטר) ושרה נוחה (דבי) רעבענוווארצעל**
בבא קמא (א)	**יוסף ואסתר פעטמאן** (מיאמי ביץ')
בבא קמא (ב)	**שרגא ברוך ורויזא דבורה וויינרייך** (ניו יורק)
בבא קמא (ג)	**אלטר חיים דוד הכהן ופריידא מאליק** (ניו יורק)
בבא מציעא (א)	**אברהם חיים ורחל פרוכטהענדלער חיים פנחס גאלאמבעק**
בבא מציעא (ב)	**שלמה ותִרזה איזנברג** (בני ברק)
בבא מציעא (ג)	**אהרן אשר זעליג ורעיתו צביה ריזל סאקס**
בבא בתרא (א־ג)	**ירחמיאל אליהו שלמה [,,עזרא"] ודבורה ביימאן**
סנהדרין (א)	**אלימלך יצחק הכהן וחיה בילה רבקה רפפורט** (ירושלים)
סנהדרין (ב)	**זאב אריה ופייגע מלכה לבוביק אברהם אלימלך ושרה רבקה לבוביק** (טורונטו)
סנהדרין (ג)	**משפחת וואלף**
שבועות	**יעקב פינחס ומרים מאנדערער** (אנטוורפן)
מכות	**ר' צבי יעקב (הרשל) ורעיתו רעכל וואלף** (ניו יורק)
עבודה זרה (א)	**אלי ועלי קאופמאן וב"ב** (פתח תקוה)
עבודה זרה (ב)	**חיים ורעיתו רבקה חנה שווייד** (ניו יורק)
הוריות־עדיות	**זאב (וואלי) הלוי ורעיתו חיה שטרן** (סן פאולו, ברזיל)
זבחים (א־ג)	**אלי ועלי קאופמאן וב"ב** (פתח תקוה)
מנחות (א־ג)	**יעקב וחיה שולמית הרצוג** (טורונטו)
חולין (א)	לעי"נ **הרה"ח הנכבד ר' יצחק בן הרה"ח ר' שמואל יוסף פלוטשעניק ז"ל**
חולין (ב)	**אברהם דוד קליין**
חולין (ג)	**אברהם דוד קליין**
חולין (ד)	**משפחת לוין**
בכורות (א)	**מרדכי אהרן ורעיתו דבורה גומבו**
בכורות (ב)	**חיים שלמה וחיה בלטר** (ניו יורק)
ערכין	**אלי ועלי קאופמאן וב"ב** (פתח תקוה)
תמורה	**אברהם וביילא סימה פלוק** (תל אביב)
כריתות	**אלי ועלי קאופמאן וב"ב** (פתח תקוה)
מעילה, קנים, תמיד, מדות	לעילוי נשמת **ר' אליהו אלעזר ב"ר יוסף ברוך ז"ל**
נדה (א)	**מרת שושנה לעפקאוויץ וב"ב**
נדה (ב)	**יהושע אליעזר הכהן ורעיתו שמחה ברכה שוטנשטין שיחי'** (קולומבוס, אוהיו)

הסכמות ומכתבי ברכה – גדולי ארץ ישראל

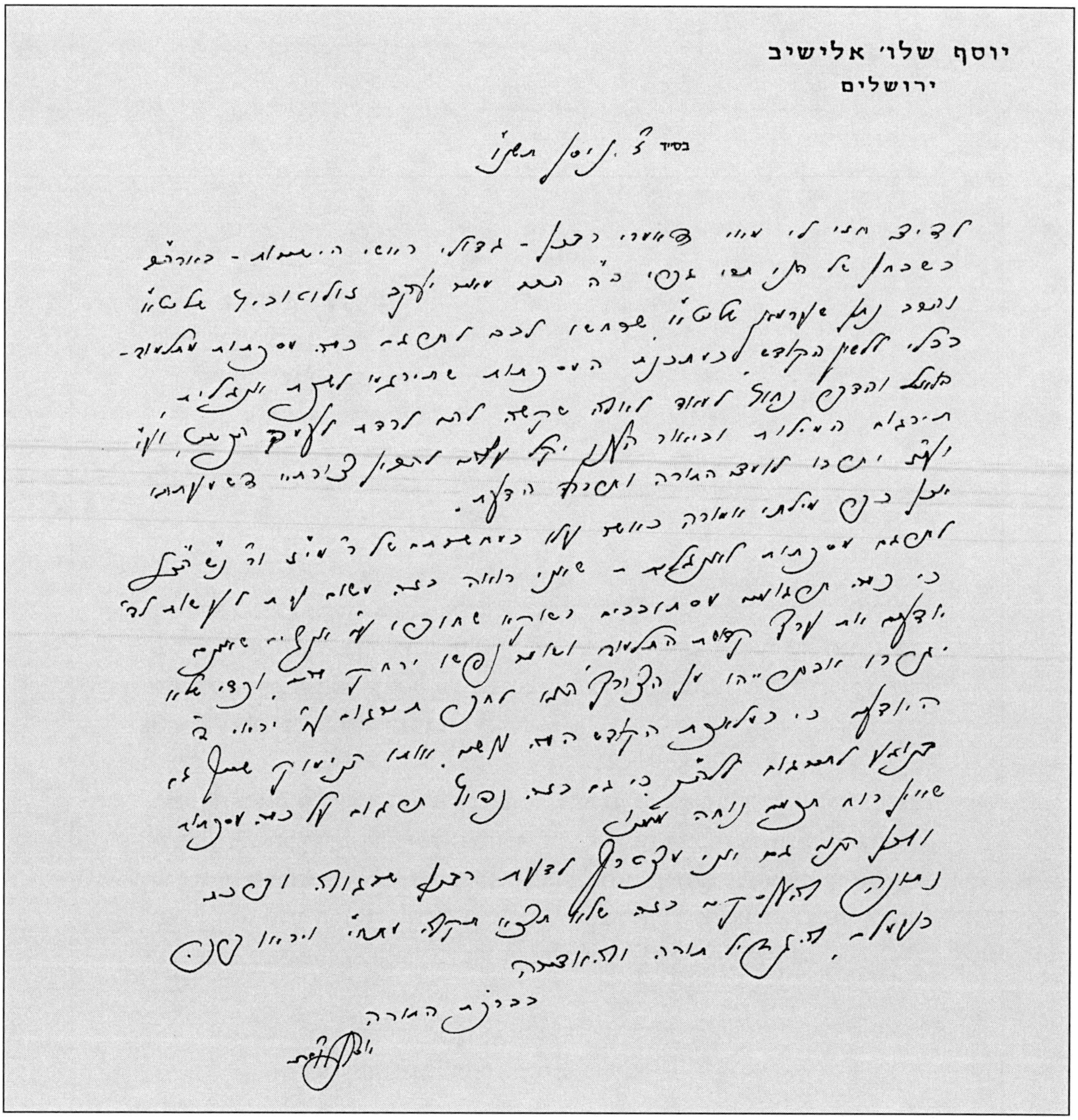

בס״ד ז׳ ניסן תשנ״ו

לדידי חזי לי מאי דאמרי רבנן – גדולי ראש הישיבות – בארה״ב בשבחן של הני תרי גברי ה״ה הרב מאיר יעקב זלוטוביץ שליט״א והרב נתן שערמאן שליט״א שרחש לבם לתרגם כמה מסכתות מתלמוד בבלי ללשון הקודש במתכונת המסכתות שתירגמו לשפת אנגלית הואיל והדבר נחוץ למאוד לאלה שקשה להם לרדת לעומק הפשט, וע״י תרגום המילות וביאור הענין יקל עליהם להבין צורתא דשמעתתא ועי״ז יתרבו לומדי התורה ותרבה הדעת.

אכן כבר מילתי אמורה כאשר עלה במחשבתם של ר׳ מ״ז ור׳ נ״ש הנ״ל לתרגם מסכתות לאנגלית – שאני רואה בזה משום עת לעשות לד׳ כי כמה תרגומים מסתובבים בשוקא שחוברו ע״י אנשים שאינם יודעים את ערך קדושת התלמוד, ושומר נפשו ירחק מהם. וכדי שלא יגררו אבתרייהו מן הצורך הוא לחבר תרגום ע״י יראי ד׳ היודעים כי במלאכת הקודש המה עושים. אותו הנימוק שייך גם בנוגע לתרגום ללה״ק כי גם בזה נפוץ תרגום על כמה מסכתות שאין רוח חכמים נוחה ממנו.

ולכן הנני גם אני מצטרף לדעת רבנן שבגולה וברכתי נתונה להעוסקים בזה שלא תצא תקלה מתח״י ויראו ברכה בעמלם להגדיל תורה ולהאדירה.

בברכת התורה

יוסף שלו׳ אלישיב

כשהבאנו כרך ראשון של מסכת ברכות **למרן הגאון רבי חיים קניבסקי שליט״א** עודד מאד את העבודה. בתוך דבריו אמר כי דבר נאה ויאה הוא, ונחוץ להרבות תורה בתוך אחינו בני ישראל. הגאון שליט״א הרשה לנו לפרסם בשמו את ברכתו למפעל זה.

משה יהושע הגר
בהרה"צ מוהרח"מ זצללה"ה מויזניץ
קרית ויזניץ - בני ברק
טל' 6748494 - 6749057

בס"ד אדר תשנ"ח

שמחתי לשמוע מפי הגאונים שליט"א מצדיקי הרבים העוסקים במלאכת הקודש של הדפסת הש"ס במקורו ולצדו תרגום ללשון הקודש בסגנון קל וצח אשר תועלתה מרובה מאד להקל על הצמאים לדבר ד' הכניסה להיכל הקודש של התלמוד לקרבם ללמוד הגמרא.

הנני לחזק את ידי עושי המלאכה ואומר תחזקנה ידיכם ויברך ד' חילכם ופועל ידכם ירצה, חפץ ד' בידכם יצליח ותזכו להוציא מתח"י דבר נאה ומתקבל לרומם קרן התורה ולהאיר לבות בני ישראל באור התוה"ק להגדיל תורה ולהאדירה. ונאמן הוא נותן התורה לשלם גמולכם להתברך בכל משאלות לבכם לטובה ולברכה, ונזכה כולנו לראות בישועתן של ישראל ובהרמת קרנם בב"א.

כ"ד הכו"ח למען כבוד התוה"ק ולומדיה
המצפה לישועת ד' ולרחמי שמים

הק' משה יהושע בהה"צ מוהרח"מ
זצללה"ה

שמואל אויערבאך
פעיה"ק ירושלים תובב"א

Rabbi Shmuel Auerbach
Jerusalem

ב"ה, ירושלים, כ"א אב תשנ"ז
יום ראשון לסדר ראה אנכי נותן לפניכם היום ברכה.

הנני גם אני בעניי להצטרף לברכה, אל ידידי משכבר הימים, אנשי רוח אשר באמונה הם עושים, הלוא המה כש"ת הרב נתן שרמן והרב מאיר יעקב זלוטוביץ שלומם ישגא ונעימות בימינם נצח.

וכבר איתמחו גברי וקמיעא במפעלם הכביר בהוצאת הש"ס בתרגום יפה וצח ומועיל בשפת המדינה. ודבר גדול עשו בזה להרחבת גבולי לומדי התורה להקל להבין ולהשכיל בצילותא דשמעתתא, ולמנוע שלא יצטרכו ח"ו לרעות בשדות זרים תרגומים שונים אשר לא ידעו ולא יבינו ברוממות קדושת התלמוד אשר לנו למורשה, וכאשר כבר כתב כן מרן הגרי"ש אלישיב שליט"א.

ועתה תלי"ת הולכים מחיל אל חיל, בתרגום הש"ס בלשון הקודש, אשר כאמור זה דבר גדול וחשוב לצורך השעה, ועת לעשות לד' להקל בעין יפה על המעיינים המבקשים דבר ה' להגדיל תורה ולהאדירה.

והנני בכל חותמי ברכה לידידי הרבנים הנ"ל שליט"א, אשר יזכו להמשיך ולהוסיף עצמה במלאכת הקודש תוך מנוחת הנפש והרחבת הדעת להרבות כבוד ה' ותורתו עם שובע נחת דקדושה מצאצאיהם שיחיו ויצליחו סלה.

שמואל בהגאון מו"ר שלמה זלמן זללה"ה אויערבאך

ישכר דוב רוקח
קרית בעלזא
ירושלים ת"ו

בס"ד, חודש אדר סמוך לניסן תשנ"ח לפ"ק

בואו ונחזיק טיבותא להני תרי צנתרא דדהבא, הרבנים החשובים, מזכי הרבים, ה"ה מוה"ר ר' **מאיר יעקב זלוטוביץ** שליט"א ומוה"ר ר' **נתן שרמן** שליט"א, שנטלו על עצמם לערוך את הש"ס תלמוד בבלי בתרגום ללשון הקודש ובביאור תמציתי ובהערות חשובות מלוקטות מגדולי המפרשים באופן השוה לכל נפש, וכבר קיבלו הסכמות ומכתבי חיזוק ועידוד מגדולי הרבנים וראשי הישיבות שליט"א.
וכידוע שקירוב הגאולה העתידה לבא במהרה בימינו תלוי' בעסק התורה, כדאי' בגמ' (בבא בתרא ח.) עה"כ (הושע ח, י) "גם כי יתנו בגוים עתה אקבצם ויחלו מעט ממשא מלך ושרים": "אי תנו כלהו" (וברש"י: וכן רובן יהיו שונין ועוסקים בתורה כשיגלו בעמים) – "עתה אקבצם" (בקרוב אקבצם), "ואם מעט מהם – יחלו ממשא מלך ושרים", (וברש"י: ואף אם מועטין הן השונין בעמים... יהיו בטלים מלשאת משא מלך ושרים), ושם בגמ': "פסוק זה בל' ארמית נאמר", והוא רמז למ"ש בגמ' (פסחים פז:): לא הגלה הקב"ה את ישראל לבבל אלא מפני שקרוב לשונם ללשון תורה, ע"כ.
על כן אף ידי תיכון עמהם ואמינא לפעלא טבא יישר כוחם וחילם, והשי"ת יעזור שיזכו להוציא את מחשבתם אל הפועל ולהו"ל את כל הש"ס בלי שו"מ, ולברך על המוגמר, להגדיל תורה ולהאדירה, מתוך רוב נחת והרה"ד בלי שו"מ.

הכו"ח למען כבוד התורה ולומדי'

הק' ישכר דוב

הסכמות ומכתבי ברכה – גדולי חו״ל

מרדכי ניפסטער
ישיבת טלז
RABBI MORDECAI GIFTER
28570 NUTWOOD LANE
WICKLIFFE, OHIO 44092

בע״ה

יום ג׳ לסדר ואתה תצוה את בני ישראל ז׳ אדר התשנ״ו

מע״כ ידינ״ע האהובים הרב ר׳ מאיר והרב ר׳ נתן, נר״ו

שלום וברכה נצח;

אחדשה״ט באהבה ויקר

לשמחה רבה היא לי להודע שעומדים אתם להרחיב גבול עבודתכם בקדש בהוספת טבעת חדשה באותה שלשלת זהב של הפצת תורת ה׳ בתורה שבע״פ בהוצאת הש״ס בביאור ותרגום בלשון הקדש. וב״ה שכבר הצלחתם במדה מרובה כפי התכנית שהתויתם לעצמכם בחברת ״ארטסקרול״ להגדיל תורה ולהאדירה.

בפנותכם למפעל זה בתורה שבע״פ יפתח אופק חדש בתורת ה׳ לאלה שקשה עליהם ללמוד הדברים במקורם, ומפני כן משתמשים בתרגומים שאינם מוסמכים, וע״כ רואה אני בעבודה זו משום קדוש שם שמים. ואני תפלה לה׳ שישמשו הדברים דחף ללימוד הש״ס, וכמו״כ ללימוד הש״ס במקורו, וגדול יהי׳ שכרכם.

אני תקוה שתשימו לב שיצאו הדברים מתוקנים מנקודת ההלכה, וחזקה עליכם שתוציאו דבר נאה ומתוקן, אחרי אשר המתרגמים הם יראי ה׳ העמלים בתורה רבות בשנים, ועוסקים בהפצת תורת ה׳ לעם ה׳, ולקרב לב ישראל לאבינו שבשמים בתורה ואמונה טהורה.

יהא ה׳ עמכם להגביר חילכם במפעל קדוש זה, שיש בו משום קירוב היעוד של ,,ומלאה הארץ דעה את ה׳ כמים לים מכסים״.

אוהבכם מלונ״ח דושה״ט כל הימים

מרדכי

אברהם פאם
RABBI ABRAHAM PAM
582 E. 7th STREET
BROOKLYN, N.Y. 11218

לכבוד ידידי היקרים ומאד נכבדים, הרב ר׳ מאיר זלאטאוויץ שליט״א והרב ר׳ נתן שערמאן שליט״א – שפע שלו׳ וברכה!

הנה זכיתם בס״ד להצלחה מרובה בהוצאת הש״ס בתרגום אנגלי וביאור תמציתי והערות חשובות מאירות עינים מגדולי המפרשים, כדי להקל על הלומדים הרגילים בשפת המדינה להבין ולהשכיל סוגיות הגמרא. ואמנם כן נתרבו הלומדים ע״י מהדורא חדשה ומפוארה זו. אשריכם ואשרי חלקכם!

והנה בעוד שעדיין עסוקים אתם בגמר הוצאה ראשונה של הש״ס, כבר עיניכם נשואות להוצאה שני׳ של הש״ס – בתרגום ללשון הקודש, וכמעשהו בראשון מעשהו בשני, בביאורים והערות הפותחים שערי בינה למעיינים.

תחזקנה ידיכם לבצע את כל העולה על רוחכם להגדיל תורה ולהאדירה ולזכות את הרבים, ותתברכו בתוך כל העושים מלאכת ד׳ באמונה, בבריאות הגוף ומנוחת הנפש ושמחת לבב.

אברהם יעקב הכהן פאם

ישיבה שער התורה-גרודנה

Yeshiva Shaar Hatorah-Grodno

בס"ד

אהרן זליג הלוי עפשטיין
ראש הישיבה

Rabbi Zelik Epstein
Rosh Hayeshiva

כ"ו אדר, ה'תשנ"ו

כבוד ידידי הדגולים, הרב ר' מאיר יעקב זלוטוביץ והרב ר' נתן שערמאן שליט"א.

שמחתי באומרים לי כי החלטתם לגשת אל הקודש ולהוציא לאור מהדורה של הש"ס עם תרגום ללשון הקודש ובתוספת ביאורים והערות בשקלא וטריא של הסוגיות. יהי רצון שמפעל נועז זה יצא מן הכוח אל הפועל. כבר התמחיתם בכגון זה במפעל הענקי שאתם עוסקים בו מזה שנים, והוא מהדורת הש"ס עם תרגום והערות נחוצות ומועילות בלשון המדינה, וכבר קניתם אימונם והוקרתם של גדולי התורה שבדורנו בזה. אשריכם שזכיתם לקנות אלפים ורבבות ללימוד התורה ולהרבות כבוד התורה וכבוד שמים. קבלו את ברכתי בזה שתראו ברכה בעמלכם הרב, ויהי נועם ה' עליכם להגדיל כבוד התורה וכבוד שמים.

בידידות ובהוקרה רבה

אהרן זליג הלוי עפשטיין

אהרן זליג הלוי עפשטיין

117-06 84th Avenue Kew Gardens, N.Y. 11418 (718) 864-1940

חיים קרייסווירטה
אבדק"ק אנטווערפען

RABBI CH. KREISWIRTH
CHIEF RABBI OF ANTWERP
QUINTEN MATSISSLEI 38
2018 ANTWERP, BELGIUM
TEL: 2343148

בשם ה׳ ובעזרתו ית״ש
ר״ח מנחם אב תשנ״ז

הן באו לפני מחברת ארטסקרול ותלמודם בידם אשר טרחו ועמלו לפרש מסכתות בלשון הקודש, וכבר התירו רבותינו דבר זה.

ואף שראיתי רק מעט, אך דפדפתי הנה והנה וראיתי שהיא לא רק מלאכה אלא גם חכמה, ואני בטוח שיהי׳ לתועלת גדולה לבע״ב הקובעים עתים לתורה, ובזה פתחו שער לדופקים על דלתות הגמרא.

ממני המצפה להרמת קרן התורה,

חיים קרייסווירטה
אבדקק אנטווערפען

אהרן משה שכטר　　Rabbi Aaron M. Schechter

ב״ה, כ״ח אדר תשנ״ו

ישמח לב מבקשי ה׳ – אֵלו אשר קנאו קנאת סופרים ברוב התועלת אשר רכשו הרגילים בשפת המדינה עם הוצאת הש״ס ע״י חברת ארטסקרול־מסורה – ועוררו הרב מאיר זלאטאוויץ שליט״א והרב נתן שערמאן שליט״א מנהלי ההוצאה, ובקשו מהם שכן יעשו להוציא הש״ס עם הרצאת דברי הגמ׳ בלשון קדש קל מסביב לה, שיהיה מלמד להועיל גם להם, באשר הם רגילים בלשון קדש וזקוקים לה, וידעו על ידה פי׳ כל דבריה בדיוק כמו שיוצא מפרש״י, וגם ההערות המוכרחות בכדי לתפוס כוונת הדברים ככל היוצא מגדולי המפרשים, ללמוד בה ולחזור בה עד שידעו ויבינו סוגית הגמ׳ – ויקוים בהם כל אחד לפי מדרגתו והאר עינינו בתורתך, וגם בניהם ילמדו.

ומתוך העלים לדוגמא ניכר יגיעת והצלחת הת״ח העובדים בזה שקלעו אל המטרה להאיר הדברים בעד הלומדים בהם בעוד שלא הזניחו נאמנותם להדברים במקורם.

ויש בכל זה צעד חדש – חכמי המסורה הכתיבו הש״ס בכדי שלא תשתכח תורה מישראל, וגדולי הדורות שנשאו ונתנו בדבריהם לפרשם נהגו ג״כ ככה אחריהם. וכל זה נעשה מצד מוסרי התורה – אבל אלו המבקשים הכתיבו ע״י בקשתם מלמד לעצמם. בטענת למה נגרע באו בני ישראל לומר רצוננו ללמוד לדעת התורה, הכינו לנו כלים לקבל אותה על ידם, וכאן יש תוצאת התעוררות מקבלי התורה.

ויש בזה חשיבות מיוחדת בזמננו. דמצב הגלות נשתנה מאד לאחרונה: במקום הריגות אכזריות מצד האומות, פעם מחמת שמד, ופעם מחמת שנאה וכוונה לאבד, הרי עיקר הצרה היום היא מהצרים מבפנים שבאים בזיופים ובסילופים עלינו. אמנם חידושם היום הוא כי אינם מסתפקים עוד בסילופי תורה כאומנותם מקדם, אלא רצים הם בזדונם אחר סילופי עם ישראל – והמתבונן ידע כי לא דבר קטן הוא מה שהחליפו והסירו שם ישראל מעם ה׳ והניחו אותו על הארץ, כאילו עיקר השם שלה היא – במקום שמעולם היה תפארת הארץ מה שהיא מתיחסת לעם, ארץ ישראל. וסימן הוא זה להחושך הנפשי שהורידו לעולם, כדוגמת הא דמעתה יתכן להיות ישראלי מבלי לידע ולהרגיש עצמיות האומה, בלי דעת דרכיה ומועדיה, בלי דעת דברי ימיה, בלי לדעת אבותיה הקדושים – ושוב מה איכפת בשמירת יחוסיה – ושוב מה איכפת כלל להיות ישראלי. והופעה אחת היא הסרת תפארת ישראל ויקרותה ועמידת המלשינים והזדים. סילוף השם הוא איבוד השם, ובאיבוד השם נעשה הגוף עצמו אבידה שאינה מתבקשת.

והרי בני ישראל נקראו לראשונה בהשם היקר ישראל על ים סוף: ,,וישע ה׳ ביום ההוא את ישראל וגו׳ וגו׳ ״, ומתוך כך שרו שירת הים עם משה עבדו. ואח״כ נקראו ישראל במדבר סיני: ,,ויחן שם ישראל נגד ההר״.

זהו סוד האומה וסוד שמם – ובזמנים אלו של החושך, נשמתה של האומה דורשת ומבקשת סוד עצמיותה ואור הויתה, והנפשות שבהם פועמת דרישה זו חוזרים מתוך כל מצבי הגלות לדרוש ולבקש שרשם בתורה, ומתיצבים תחת ההר.

מתוך ,,ויחן ישראל נגד ההר״ יתגלה שוב ,,וישע ה׳ ביום ההוא את ישראל מיד וגו׳ ״ ו,,אז ישיר משה ובני ישראל וגו׳ ״.

גדולה זכותה של הוצאת ארטסקרול בחלק שנטלה ונוטלת בדרישת העם את תורת ה׳, והיא שתעמוד להם שיזכו הלאה להגדיל התורה בתוך העם ולהאדירה, ויתגלה לעין כל כי ישראל ואורייתא חד הוא.

אהרן משה שכטר

Mesivta Yeshiva Rabbi Chaim Berlin
1605 Coney Island Avenue / Brooklyn, N.Y. 11230

מתיבתא תפארת ירושלים

Mesivtha Tifereth Jerusalem
of America

141-7 East Broadway / New York, N.Y. 10002
(212) 964-2830

הנה ראינו, בדוק ומנוסה, שמה ש„מסורה ארטסקראל" הוציאו התלמוד הבבלי מתורגם ומפורש בלשון אנגלית, הקריב כמה וכמה ללימוד הגמרא שהיתה כספר החתום להם, וממילא נתעלו גם כן ביראת שמים.

עכשיו רוצים הם להוציא גם לאלו שאינם מבינים לע"ז זה אלא לשון הקודש בצורת פירוש על הגמרא כרב מלמד לתלמידים, ותועלת גדולה היא לא רק להמון בית ישראל לקרבם ללימוד הגמרא, אלא אף לבני תורה, שיש מסכתות "יתומות" שלא הורגלו בלימודן משום שצריכות עמל רב, ובזה ילמדו ויבינו אף אותן הגמרות הסתומות להם.

ואומר להם – ובפרט לעמודי המוסד שהם ידידיי הרב מאיר יעקב זלאטאוויץ שליט"א והרב נתן שערמאן שליט"א והרב יעקב יהושע בראנדר שליט"א – חזקו ואמצו והצליחו, כמו שהצלחתם בגמרא שבלשון אנגלית.

ועל זה באתי על החתום

בפ' יהי רצון שתשרה [כבוד] שכינה במעשי ידיכם, תשנ"ו

דוד פיינשטיין

ישיבה דפילאדעלפיא

TALMUDICAL YESHIVA OF PHILADELPHIA

6063 Drexel Road
Philadelphia, Pennsylvania 19131
215-477-1000

בס"ד ד' לסדר יה"ר שתשרה שכינה במע"י תשנ"ו

מה טוב ומה נעים בשבת יחד במצות הרבצת התורה לרבים הני תרי גברי יקירי המסורים בלב ונפש להרבות כבוד שמים, כב' הרב ר' מאיר יעקב זלאטאוויץ שליט"א וכב' הרב ר' נתן שערמאן שליט"א.

מה מאד שמח לבי לשמוע שהיו בקשות הרבה לתרגם ולבאר תורה שבע"פ – תלמוד בבלי – בלשון הקודש לאחר שכבר תורגם ומבואר באנגלית. כל מה שאפשר להתאים בתורה תבלין ולהטעים לכל מאן דבעי, למצוה גדולה יחשב, וזהו תורה של חסד.

בטוח אני שיצא מידכם, יחד עם כל הצוות של תלמידי חכמים שליט"א, דבר מתוקן ומהודר, כי יש לכם חזקה ברורה כאשר עינינו רואות, ועי"ז יתרבה הלימוד.

תחזקנה ידיכם ותזכו להמנות ממזכי ומצדיקי הרבים ככוכבים לעולם ועד.

בידידות נאמנה,

שמואל קמנצקי

יעקב פרלוב
ביהמ״ד עדת יעקב נאוואמינסק
ברוקלין, נ.י.

RABBI YAAKOV PERLOW
1569 - 47TH STREET
BROOKLYN, N.Y. 11219

יום א׳ י״ט אדר תשנ״ו

כבוד ידידי היקרים והנעלים, מזכי הרבים בהפצת התורה והוגי דעות ביראת אלקים כש״ת הרה״ג ר׳ מאיר זלאטאוויץ שליט״א וכש״ת הרה״ג ר׳ נתן שערמאן שליט״א, שפעת שלומים וישע רב.

נתבשרתי מכם על המפעל החדש שהנכם מתכוננים לקראתו וגם ראיתי הקונטרס לדוגמא של תרגום סוגיית הגמרא ללשון הקודש עם ההערות המאירות. ואומר לכם עלו והצליחו במסלה העולה בית א-ל להגדיל תורה ולהאדירה.

מכבר חשבתי כי בהשגחת השם על עמו ועל מסירת התורה מדור לדור, מקום הניחו לכם מן השמים וזכות גדולה להתגדר בה ע״י מעשיכם הכבירים בספרי ארט-סקרול להרביץ אולפנא דאורייתא בקרב רבבות אלפי ישראל ולהשקות ממעיין היוצא מבית השם לכל הצמאים ללימוד ומבקשים להבין במקרא ולהשכיל בשמעתתא דמשנה וגמרא. וכעת כל רואה יראה ומעשים בכל יום לאלפים יוכיחו איך ספרי הגמרות ארט-סקרול מרחיבים את לבותיהם של אלה הזקוקים לעזר ותרגום, וע״י כך נכנסים בשערי התלמוד בהבנה ישרה ועונג רוח. ואין עמלה של תורה מתמעטת חלילה ע״י זה אלא אדרבה ע״י שטף הביאור וההערות המאליפות הצליחו רבים להוסיף חיל בלימודם ולחדור ביותר לסוגיא שלומדים מכח העזר היסודי שקיבלו מן התרגום וההערות המסדרים לפניהם את הפרק וההלכה עד שתהא סדורה בפיהם כמשנתם.

האומנם שעד עתה לא נהנו מזה רק אלה הרגילים בשפה האנגלית ועכשו נודע שיש צורך גם למביני לה״ק וכן בקשו הרבה מארצות אחרות להעניק גם להם ממיטב הגיון אשר הופיע בש״ס ארט-סקרול ולהציע להם את סוגיית הגמרא בסגנון צח וקל להקל עליהם את הכניסה להיכל הקדש של התלמוד, ולזאת אצרף גם דעתי לדעת הרבנים הגדולים במדינתנו שהסכימו ואמרו ברוך על המפעל להוציא לאור את מתכונת המסכתות של ארט-סקרול בתרגום והערות בלשון הקודש כדרך שנעשה בטוב טעם ודעת בקונטרס הדוגמא שהובא לפני.

ואני תפלה ותקוה כי חפץ השם יצליח בידי הרבנים המובהקים שבמערכת, תלמידי חכמים גדולים ובעלי דעה רחבה, ובראשם ידידי הנ״ל הרה״ג ר׳ מאיר שליט״א והרה״ג ר׳ נתן שליט״א להוציא יקרת מחשבתם מן הכח אל הפועל, להגביר חיילים בתורה ולעשות חסד עם אחינו הצמאים לדבר השם זו הלכה.

ויהי נעם השם עליכם ותתברכו ממעון הברכות בכל מעשה ידיכם לאורך ימים טובים, כעתירת ידידכם עוז בלונ״ח, הכותב לכבוד התורה ולומדיה

יעקב פרלוב

ב״ה

נפתלי צבי הלברשטאם
אבד״ק באבוב

לכבוד הרבנים החשובים מצדיקי הרבים
ומרביצי תורה מפי כתבם
כש״ת הרב ר׳ מאיר יעקב זלאטאוויץ שליט״א
והרב ר׳ נתן שערמאן שליט״א

תתחזקנה ידיכם במפעלכם הכביר אשר נתן השי״ת בלבכם לתרגם ולבאר את דברי חז״ל בתלמוד בבלי בלשון הקודש בסגנון קל וצח למען להקל על הלומדים להבין ולהשכיל לשמוע ללמוד וללמד את סוגיות הש״ס בבהירות נכונה. והלא שמעתתא בעי צילותא, ובעוה״ר מתמעטים הדורות והלבבות וכשל כח הסבל מרוב הטירדות ותלאות הזמן, ודין גרמא שהרבה מאחב״י אין לאל ידם לעבור על דף גמרא ולהתייגע לעמוד על דעת חז״ל והראשונים ללא עזר וסעד, והגיע עת לעשות לד׳ לעשות טצדקאות לסייע שיוכלו כל בית ישראל לשבוע ולהתענג מדברי אלקים חיים המרוממים והמעודדים והנותנים כח ועוז להחזיק מעמד בימי הגלות אשר אין לנו שיור רק התורה הזאת. ולפיכך אשריכם שבאתם לעזרת ד׳ בגבורים להושיט בקנה נופת צוף דבש דברי חכמינו ז״ל לכל החפץ חיים הצמא לדבר ד׳ מתוך עריכת פירוש וביאור מילות הש״ס כשולחן הערוך ומוכן לאכול, בצירוף הערות והארות שהן קילורין לעינים. ואוקמי לגברי יקירי אחזקתייכו שלא יצא מתחת ידכם דבר שאינו מתוקן, דכבר אתמחי גברי ואתמחי קמיעי.

יהי רצון שתשרה שכינה במעשי ידיכם, ותתגלגל זכות על ידיכם להרים קרן התורה הקדושה מתוך שיתרבו לומדי ומביני ש״ס ברחבי העולם. ובזכות תורה שבע״פ נזכה במהרה לקיבוץ גליות כמו שדרשו רז״ל מהפסוק גם כי יתנו בגוים עתה אקבצם, ומלאה הארץ דעה את ד׳ בב״א.

הכו״ח לכבוד התורה ומפיצי׳

הק׳ נפתלי צבי הלברשטאם

אפרים פישל הערשקאוויטש
אב"ד דק"ק האליין יע"א
כעת דומ"ץ דק"ק צאנז-קלויזענבורג

90 Ross Street Apt. 1-E
Brooklyn, N.Y. 11211
Tel. (718) 782-7135

בעזהשי"ת

לכו חזו המפעל הגדול והנשגב אשר נעשה ע"י כבוד הרבנים מצדיקי רבים עורכי מערכות גדולות עושים כוונים למלאכת שמים ה"ה הרב ר' מאיר יעקב זלאטאוויץ שליט"א והרב ר' נתן שערמאן שליט"א אשר סדרו ש"ס מבואר ובתוספות הערות והארות וכבר יצא לאור שני כרכים על מס' ברכות עם הביאור והערות דברים השוים לכל נפש כי כותלי בית המדרש יוכיח דבין לומדים ובין בעלי בתים בכל דבר הקשה יביאון ויחפשו בו וימצאו בו דברי חפץ ויגילו וישמחו להעביר מהם הדברות הקשות בהוויות אביי ורבא כי בדורנו קשה לשוטט בים התלמוד ונעשה עכשיו חבית של שייטין לחתור היבשה וכעת נסתמו מעיינות החכמה ובזה נעשה פתיחת החלונות להיות מציץ להבין אמרי בינה ונפתח לנו שערי אורה בתלמוד ועשו אזנים לתורה ועל זה נאמר אם חכם בני ישמח לבי גם אני ופועל ידיהם תרצה ונוצר תאנה יאכל פריו ויזכו לברך על המוגמר ולהוציא לאור הביאור הזה אבולי תלמודא.

הכו"ח ד' וירא תשנ"ח לפ"ק ברוקלין יע"א

אפרים פישל הערשקאוויטש
אבד"ק האליין יע"א

הרב לוי יצחק הלוי הורוויץ
דער באסטאנער רבי
Grand Rabbi Levi Y. Horowitz

ב"ה כסלו תשנ"ח

מצינו במדרש רבה (פר' כי תבוא פ"ז) "אמר רבי שמעון בר יוחאי, אילו היו חסרים אפילו אדם אחד לא היתה השכינה נגלית עליהם, דכתיב "כי ביום השלישי ירד ה' לעיני כל העם על הר סיני. – ומוסיף עוד המדרש ומספר: מעשה ברבי שהיה דורש בבית המדרש הגדול וכשהיה מבקש ליכנס לדרוש היה אומר ראו אם נתכנסו כל הקהל, ומסביר המדרש – ומהיכן אתה לומד – שצריכים להמתין לכולם – ממתן תורה, מנין שנאמר באמור אלי הקהל לי את העם ואשמיעם את דברי. ע"כ לשון המדרש.

לומדים אנו מכאן שצריכים לפעול – בקום ועשה – כדי שכל הקהל יבא ללמוד תורה, למשכם אל לימוד התורה, לעשות פעולות ותחבולות כדי שישמעו רחוקים ויבואו. ומכאן שזכות גדולה היא בידיהם של ראשי ומנהלי ארט-סקרול-מסורה ניו יורק, ידידי היקרים הרב מאיר זלטוביץ, והרב נתן שרמן הי"ו, אשר בזכות פעולתם מתרבים ספסלים בבתי המדרש.

ובי"ה, הנה זכינו להתגלות חדשה. בנוסף על כל מה שראינו בחדוות הלב ובתקוות קודש, במשך כל השנים, את התבססות פעולותיהם בהוצאת ארט סקרול, ויוזמותיהם המקוריות, לקרב בני ישראל להכרת התורה ללימודה ועיונה. ועתה הגדילו ועשו ביזמתם את מפעל תרגום הש"ס וסוגיותיו ללשון הקודש, וכמעשיהם בראשון, בהוצאה האנגלית של ש"ס זה, כן מעשיהם באחרון וכוונתם להרבות, להפיץ ולזרז לימוד התורה שבע"פ, בתוך הציבור הרחב, בקרב אותם האלפים אשר עמדו בפני הפתח הסתום של הבנה פשוטה של דברי התלמוד והנה במעשי זה פותחים מנהלי ארטסקרול – בפני כל האלפים – פתחים כאולם, להבין אפילו דברים הקשים כגידין, להשכיל בדברי חז"ל הקדושים.

זכורני כי עוד מאז הכינו את פירוש המשניות – ששה סדרי משנה בפירושם הנפלא באנגלית, פנינו והצענו כי יתרגמו ספרם גם ללשון הקודש וב"ה שזכינו, עתה, לראות בהתחלת המבצע. וכאן המקום להזכיר, כי בזמנו כתב המורה הגדול הרמב"ם זי"ע, את פירוש המשניות שלו, בשפת לע"ז, כדי שירוצו בו עמך ורק אח"כ באו המתרגמים והכינו את הפירוש גם בלשון הקודש, לתועלת הרבים.

כמי שתמך תמיד בפעולותיהם הנשגבות, בתרגום ספרי הקודש לשפה האנגלית, אמינא ישר כחכם ליזמה החדשה, להביא את סוגיות הגמרא בלה"ק, באופן צח וקל, עבור הציבור הרחב, לקרב אותם אל הקודש. וחפץ ה' בידם יצליח שלא תצא תקלה מתחת ידם, וכבר אתחזקו גברי ואחזקה ההוצאה להגיש מטעמים רוחניים, בדוקים ונקיים סולת נקיה.

ועז"ה בעה"ח המצפה לישועת השם ולהרמת קרן ישראל

הרב לוי יצחק הלוי הורוויץ מבוסטון

TEL. (718) 261-6144

בס"ד

אלתר חנוך הענאך כלאאמו"ר הגרח"ד הכהן לייבאוויטש

RABBI A. HENACH LEIBOWITZ

67-18 GROTON STREET

FOREST HILLS, N.Y. 11375

יום ב׳ לסדר דברים ר"ח מנחם אב תשנ"ז

לכבוד ידידים נאמנים העסוקים בלו"נ להרבצת תורה ויראת שמים לרבים, הרבנים המובהקים ר׳ מאיר יעקב זלוטוביץ ור׳ נתן שרמן שליט"א

נפלאים הם דברי הנביא אשר התקיימה והתאמתה בדורנו נבואתו באופן נדיר ומיוחד "הנה ימים באים נאום ה׳ והשלחתי רעב בארץ, לא רעב ללחם ולא צמא למים כי אם לשמוע את דברי ה׳" [עמוס ח:יא]. אי אפשר לתאר או להסביר את הכח הרוחני הכביר שנטע יוצרנו בקרב לב כל אחד מבני עמנו אחרי הסבל הנורא של אותה התקופה החשובה והמכאיבה אשר בה נספו רב מנין ובנין של קדושי וגאוני ישראל ונשארנו אבלים ועזובים כמעט מבלי לומדי ומלמדי תורתינו הק׳, ובכל זאת לא נפסק החבל הנצחי והנפלא שבין עמנו לתורתנו הק׳.

הרי היום נמצאים המוני צעירינו וגם מבוגרינו כן ירבו הצמאים לדבר ה׳ השואפים לחדור לתוך תוכם של דברי חכמינו ז"ל ומחפשים עצה לפתוח פתח לשערי התלמוד שבו טמונים יסודות ההלכה והשקפת תורתינו הק׳.

לעת כזאת ניתן להאמר השבח וההודי׳ לחברת "ארטסקרול" אשר שמו לבם להוציא לאור ולהמציא למבקשי השם הרבה ספרים בשפה המדוברת והצליחו להשפיע על ההמונים ולהראות להם את הדרך אשר ילכו בה ברוח ישראל סבא. כי זה ברור שאפילו תשובה שלמה מעומק הלב צריכה להיות רק ע"פ דרך המסורה לנו מאבותינו ורבותינו הקדושים, כמבואר בדברי רבינו בחיי פ׳ נצבים [ל:ח] שכתב שם וז"ל הקדוש "ועשית את כל מצותיו אשר אנכי מצוך היום. אחר שאמר ושבת, ואמר ואתה תשוב, הוסיף ואמר: אשר אנכי מצוך היום. וכן אמר למעלה ככל אשר אנכי מצוך היום. וזה לבאר כי עיקר התשובה אינו אלא לאחוז ולתמוך דרך תורת משה ולכך יזכיר עם התשובה בכל פעם ופעם: אשר אנכי מצוך היום. וזה דבר ירמיה: הלא זאת תעשה לך עזבך את ה׳ אלקיך בעת מוליכך בדרך [ירמיה ב:יז] כלומר בדרך הידוע הוא דרך תורת משה שהחזיקו בו אבותיך הראשונים."

ולכן באתי בשמחה לקראת המבצע הענקי של חברי ה"ארטסקרול", ת"ח מובהקים אשר עליהם נאמר חזקה על חבר וכו׳, שקבלו על עצמם לתרגם ולבאר את הש"ס בלשון הקודש בלשון צחה ובהירה בהסכמת גדולי דורנו, והנני מברך אותם שיצליחו בעבודתם — ולסיום הדברים אוסיף הערה עקרונית שעלינו לדעת שעיקר ההצלחה בלימוד התורה היתה תמיד על ידי תלמידי חכמים שעמדו תמיד על המשמר להדריך וליישר את סברות תלמידיהם על פי דברי הראשונים והאחרונים ביגיעה ועיון עמוק בדברי הקדמונים, ולכן לא יעלה על דעת התלמידים שספרים אלו יספיקו להגיעם לדרגה גבוהה בלימוד התורה כי אין תמורה לרבי מובהק אשר ממנו יוכל ללמוד רוב חכמתו ולהתעמק בהבנה ישרה בסוגיות הש"ס.

והנני חותם בברכת התורה ולומדי׳ להגדיל תורה ולהאדירה.

400 MT. WILSON LANE • BALTIMORE, MARYLAND 21208 • (410) 484-7200

FAX: (410) 484-3060

בס"ד, יג ניסן ה׳תשנו

בברכת הוקרה להני גברי מזכי הרבים שזוכים להרביץ תורה לרבים ה"ה מהור"ר מאיר זלוטוביץ ומהור"ר נתן שערמאן שליט"א.

אשרי העוסקים בעבודת שמים ועושים מלאכת ה׳ נאמנה — ומהות „מלאכת ה׳ בכל דור ודור מיום שחוברה הגמרא" הגדיר הרמב"ם ז"ל בהקדמתו לספר המצוות היא „ללמד דרך הגמרא להוציא לאור תעלומותיו וביאור ענייניו לפי שדרך עמוקה דרכו עד למאוד ועוד שהוא בלשון ארמי מעורב עם לשונות אחרות לפי שאותה הלשון היתה ברורה לכל אנשי שנער בעת שחוברה הגמרא". ואם בימיו כבר „אין אדם מכיר אותה לשון עד שמלמדים אותו" — בימינו על אחת כמה וכמה.

ובימינו הנכנסים בעובי הקורה ללמד בני יהודה קשת להרגילם ללשון חז"ל ולדרכי הגמרא הלא המה הנושאים עול יחדיו חברי "ארטסקרול", שתירגמו וגם ביארו את תלמוד הבבלי בלע"ז ולא הוסיפו ולא שינו מאומה לא מצורת הדף ולא מצורתא דשמעתתא, ובכך שמשו תועלת לאלפים ורבבות שבקשו לקבוע מקומם בבית המדרש. ועכשיו בראותם שגם בין דוברי העברית החדשה הפכה לשון רבותינו למשא כבד ולמגילת סתרים, ואין עזרה בלי קלקול בצדה — הנה נשאם לבם לבא לעזרת ה׳ בגיבורים לתרגם ולבאר את תלמוד הבבלי בלשון קלה ונקיה המדוברת, וגם בזה לא הוסיפו ולא שינו מאומה לא מצורת הדף ולא מצורתא דשמעתתא. יישר חילם לאורייתא וחפץ ה׳ בידם יצליח.

בתפלה לנותן התורה שיתרבה לומדי בית המדרש לזכותכם,

שמואל יעקב וינברג

ישיבת YESHIVAT
עטרת ATERET
תורה TORAH
ELLIS A. SAFDEYE ELEMENTARY SCHOOL

אל כבוד מעלת חברי מערכת ,,ארטסקרול מסורה״
העובמ״ש גברי דמראייהו סייעייהו ואין מו״מ
ה״ה כבוד הרה״ג מאיר יעקב זלוטוביץ
וכבוד הרה״ג נתן שרמן שליט״א יצ״ו

הנני נדרש לבקשתכם וענותכם תרבני מאד לבא בכתובים בנושא מאד רציני וחשוב. והנה ראיתי מכתבים מגדולי ת״ח ששבחו ועודדו וברכו אתכם על המפעל הכביר באיכותו וכמותו והוא הדפסת הש״ס במקורו ובצדו תרגום ללשון הקודש. ובודאי הגיעו למסקנא שהפסדו של התרגום יצא בשכרו הגדול לקרב מאחינו בני ישראל לתושבע״פ המקורית וחזקה עליהם שלהם הרבה סמוכים לדבר זה ולא נשאר לי עוד אלא להודות לכם שהדפסתם הש״ס במקורו עם צורת הדף המקובלת מכבר שהיא העיקר, ובצדו התרגום והפירוש, כפי שעשיתם.

ואני תפלה כי יערה ה׳ רוח על עמו ישראל ומלאה הארץ דעה כמים לים מכסים ויקוים בנו וכל בניך לימודי השם בתושבע״פ במקורה אמן. והנני בברכת הדיוט יהי רצון שתשכילו בכל אשר תעשון. ותזכו להגדיל תורה ולהאדירה ויקוים בכם כל המזכה את הרבים זכות הרבים תלויה בו.

המוקירכם מאד,

יוסף הררי רפול

דוד קאהן

ביהמ״ד גבול יעבץ
ברוקלין, נוא יארק

בס״ד

,,וכתבת על האבנים את כל דברי התורה הזאת באר היטב״ (דברים כז:ח) בשבעים לשון (רש״י שם מסוטה לב.)

יש לעמוד על שתי מטרות לתרגם בשבעים לשון. מלבד הטעם שלא יהא פתחון פה להאומות לומר לא היה לנו מהיכן ללומדה (רש״י לסוטה לה: ד״ה היאך) היה בזה ענין נוסף. מתורתו של הרמב״ן (במדבר יא:טז; ועיין בדברי סופרים לרב צדוק הכהן אות כט) למדנו ששבעים אומות ושבעים לשון ושבעים שבסנהדרין הם כנגד שבעים דעות וכוחות שסך הכל הוא מספר של שלימות, ועל ידי המשא ומתן של כוחות שונים אלו יוצאת ההלכה מפי הסנהדרין מחוורת ומלובנת. כנראה שלהגיע לשיא השגשוג של בהירות בתורה צריכים לתרגמה בשבעים לשון ורק על ידי זה זוכים לקיים ,,באר היטב״.

חברת ארטסקרול העומדת תחת הנהלת ידידיי הרבנים ר׳ נתן שערמאן שליט״א ר׳ מאיר יעקב זלאטאוויץ שליט״א ור׳ יעקב יהושע בראנדר שליט״א לקחה על שכמה עול של הרבצת תורה לקיים מצות ,,באר היטב״ לדורות, ועל ידי הצלחתה בביאור התלמוד באנגלית זכתה לבהירות בתורה באופן שמרגשת חובה נעימה לגלות מצפוניו ומכמניו גם בלשון הקודש, כדי לבארו היטב לאלו שאינם יכולים ללקוט בשדות אחרים בנקל. הרי כמה מאחינו רצונם העז לעסוק בתלמוד ונחוץ להם עזר לעסק זה, ולשון הקודש היא השפה שעל ידה יוכלו להגיע למחוז חפצם.

ולכן באתי לחזק ידים חזקות בעבודתם בקודש ללמד לבני יהודה קשת הלא הם כתובים במאות ספרים שחברת ארטסקרול הוציאה לאור.

החותם לכבוד לומדי תורה ומרביצי תורה

דוד קאהן

רב דביהמ״ד גבול יעבץ
שושן פורים תשנ״ו

הלל דייוויד
רב דקהל
ישיבה שערי תורה

Rabbi Hillel David
1118 East 12 Street
Brooklyn, NY 11230

בס״ד יום שהוכפל בו כי טוב כ״ח אדר תשנ״ו

כבוד ידידי ויקירי הה״ג ה״ה ר׳ מאיר זלאטאוויץ שליט״א ור׳ נתן שערמאן שליט״א

אחדשה״ט.

מאוד נתרגשתי על קבלת הידיעה אודות רעיונכם להוציא לאור סדרה חדשה של ספרים ספרי הש״ס תלמוד בבלי מוסברים בלשון הקודש, כמעשיכם בראשונה בסדרת ספרים של ש״ס המוסברים בל׳ אנגלית הוצאת ארטסקראל-מסורה אשר בהם מוסברים לא רק פירוש המלות ועצם המשא ומתן של סוגיות הש״ס עפ״י פירושי רש״י ועוד גדולי המפרשים ז״ל אלא גם בתוספת הגהות מועילות אשר בהן מובאים גם לקט פירושים שונים מגדולי הראשונים והאחרונים ז״ל בתוספת הרבה מראי מקומות לספרים המבארים כל חמירא, וגם עם ציורים רבים שנעשו בחכמה וכשרון רב, אשר תועלתם כבר ידוע בעולם לא רק אצל המונים שלא נתגדלו על ברכי התורה אלא גם אצל הרבה בני תורה. כי המלאכה יש בה גם הרבה חכמה ונעשית ע״י חבורת תלמידי חכמים ומנופה בי״ג נפה קודם שעולה על מזבח הדפוס.

ומשוכנע אני כי יש צורך גם לסדרה החדשה הנ״ל אצל יהודים רבים ברחבי העולם, ותזכו בעז״ה להמשיך עוד להגדיל תורה ולהאדירה.

וידועים דברי החי״ס ז״ל בשו״ת האו״ח סי׳ ר״ח שהיודע בעצמו כי כל מגמתו לשם הי״ת להגדיל תורה ולהאדירה ורק מונע בר מפני חשש מבקרי מומין וכו׳ עבירה הוא בידו וכו׳. ועל זה אני אומר כשם שקבלתם שכר על הדרישה כן תזכו לקבל עוד שכר ועוד שכר על תוספת דרישתכם כל הימים, ונזכה כולנו לברך על המוגמר גם יחד.

ידידכם

הלל דייוויד

שרגא פייוול כהן
בעמ״ח ספרי „בדי השולחן״

RABBI FEIVEL COHEN
1722 Avenue N
Brooklyn, NY 11230

בס״ד אדר, תשנ״ו

מעלת כבוד חברי מערכת „ארטסקרול-מסורה״ שליט״א
נעימות בימינכם נצח!

אמר הנביא „הנה ימים באים נאם ה׳ אלקים והשלחתי רעב בארץ לא רעב ללחם ולא צמא למים כי אם לשמוע את דברי ה׳״, זאת אומרת שיבאו ימים שתביא בהם ההשגחה רגשי מצוקה וכאב לנשמה היהודית כשחסרה לה התזונה של דברי תורה. ואמנם כשם שהכאבים הבאים לאדם מסיבת רעבון וצמאון טובה הם לאדם, דזולת זה מנין ידע שגופו צריך למזונות, והיה נמנע מאכילה ושתיה ובא בכך לידי חולשה בגופו, כן כאבי הנשמה מחוסר דברי תורה הם לטובת האדם שהוא מתדרבן על ידם ללימוד התורה ולהבנתה הראויה.

והנה עדים אנו כהיום בדורנו זה להתגשמותו של חזיון מרנין זה שרבים מאחינו בני ישראל מרגישים מצוקה זו בנפשם והם משתוקקים להשקיט רעבונם ולרוות צמאונם לדברי תורה, ונעלה מכל ספק שעל תופשי התורה למלא השתוקקות זו ולהשביעם דברי תורה ככל אוות נפשם.

ואמנם דא עקא שאחוז גדול של אחינו אלו המבקשים את דבר ה׳ עומדת לפניהם למניעה מיעוט הכרתם והבנתם בלשון שנמסרו לנו בה דברי חכמינו ז״ל בתלמוד, והרי מוטל עלינו לשים לפניהם דברי תורה „כשלחן ערוך ומוכן לאכול לפני האדם״ וכמו שכתב רש״י ריש פרשת משפטים.

והנה לפני שנים אחדות קמו מתוך העדה זוגא דרבנן ה״ה הרב ר׳ מאיר זלאטאוויץ שיחי׳ והרב ר׳ נתן שערמאן שיחי׳ ולבשו עוז דקדושה לקרבה אל המלאכה לעשות אותה, וזה מעשהו – לתרגם ולבאר את דברי התלמוד בשפה המדוברת פה במדינתנו, עד שעלה בידם כעת להוציא לאור עולם כעשרים מסכתות המתורגמות ומבוארות ע״י תלמידי חכמים מצויינים בשום שכל בבהירות ובדייקנות, ועם רב מאחינו בני ישראל – יחידים, קבוצות, ואבות עם ילדיהם – מרווים את צמאונם לדברי תורה ושקועים הם בים התלמוד הודות למלאכת הקודש של חברת „ארטסקרול-מסורה״.

והנה עכשיו נשאם לבם של הרבנים הנ״ל להוסיף עוד טבעת רבת-ערך לשלשלת קדושה זו, והוא לתרגם את התלמוד גם (להבדיל) ללשון הקודש ולבארו, והכל בלשון צח כמעשהו בראשון, ומטרתם בזה מכוונת כלפי אלו שנוח להם יותר השימוש בלשון הקודש ולהושיט גם להם יד עזרה להביא תאוותם על סיפוקה ללימוד התורה הקדושה והבנתה הנכונה.

ובברכת כהן הדיוט הנני מאחל לכם ולכל הצוות העוסק במלאכה כוננות למעשי ידיכם, וברצות ה׳ דרכיכם יתקבלו לרצון אצל עם קודש, וחפץ ה׳ בידכם יצלח להגדיל תורה ולהאדירה.

הכותב וחותם לכבוד התורה, מרביציה, ולומדיה

שרגא פייוול כהן

בס"ד

הרב אליעזר גינזבורג HARAV ELIEZER GINSBURG

מרא דאתרא, אגודת ישראל סניף זכרון שמואל

יום ה' לפרשת אשר תשים לפניהם, אדר שנת תשנ"ו

שלום רב לאוהבי תורתו הקדושה לשלשה אלופים שקבלו על שכמם עול הפצת התורה לרחבי תבל ע"י עט סופר מהיר וברור ה"ה הרב מאיר זלאטאוויץ שליט"א והרב נתן שערמאן שליט"א והרב יעקב יהושע בראנדר שליט"א, ה' יחנם מרב טוב.

הנני עומד כעת בפרשת „ואלה המשפטים אשר תשים לפניהם", והביא רש"י דברי חז"ל שאמר לו הקב"ה למשה, לא תעלה על דעתך לומר אשנה להם הפרק וההלכה ב' או ג' פעמים עד שתהא סדורה בפיהם כמשנתה, ואיני מטריח עצמי להבינם טעמי הדבר **"ופירושו"**, לכך נאמר אשר תשים לפניהם – כשולחן ערוך ומוכן לאכול לפני האדם.

ציוויו של הקב"ה לא למשה רבינו ע"ה לבד נאמר אלא לכל דור ודור, שהרי תורה היא נצח. וכל תיבה ותיבה תורת חיים היא. ואתם ידידי הדגולים שמעתם הציווי, ומרוב חשקכם להיות מזכי הרבים ולהרבות כבוד שמים וכבוד התורה בכל ארבע כנפות הארץ קבלתם עליכם משא כבד מאד מאד, ורק הקב"ה יכול להיות בעזרכם להוציא לאור עולם מחשבתכם לפרש בלשון הקודש את התלמוד הבבלי בלשון קלה, כדי להקל על אלו הרחוקים מלימוד תורה שבעל פה ומפחדים ליקרב אל הקודש פנימה מחמת אי ידיעתם וקושי הבנתם.

כשהלכו ישראל במדבר שלשה ימים בלי מים, והיינו בלי תורה, דאין מים אלא תורה, לא היתה למשה שום עצה אחרת רק ע"י „ויורהו ה' עץ וישלך אל המים וימתקו המים" וכך הוא בכל הדורות, שהעצה לקרב הלבבות לתורה היא רק להמתיק המים ולהקל כובד עול פירוש תורה שבעל פה, וביחוד בדור זה, הדור שאחרי החורבן הגדול והנורא שירדו פלאים וקצרו הלבבות מלהבין תורתנו הקדושה.

יהי רצון מלפני אבינו שבשמים, שתצליחו להוציא לאור עולם מחשבתכם לשם שמים, ותשרה השכינה במעשה ידיכם, ותזכו לקרב הלבבות של אחינו בני ישראל בכל אתר ואתר לתורה ולתעודה, ועל ידי זה תתקרב ותגיע במהרה הגאולה השלמה שכולנו מחכים לה.

ברגשי ידידות ואהבה

אליעזר גינזבורג

שלמי תודה

ראשי הישיבות וגדולי התורה מהדור שעבר ומדורנו, אשר מפיהם אנו חיים, נהגו בנו טובת עין, קרבונו והעניקו לנו עצה ותושיה בכל עת ובכל זמן. הם הורו לנו שוב ושוב כי צו השעה הוא שדברי תורתנו הקדושים יהיו בהישג ידם של בני דורנו בשפתם הם, וכפי שהתבטא פעם **מרן הגאון רבי יעקב קמנצקי זצ"ל**, "אם רוצים שדברי תורה יהיו דברים הנכנסים אל הלב – הם חייבים להיות בשפה שאותו לב מבין."

במשך שנים רבות הם הדריכו את עבודתנו בשפה האנגלית, ובשנים האחרונות הם עודדונו להמשיך עבודה זו גם בלשון הקודש. אנו אסירי תודה להדרכה ולתמיכה שקבלנו מגדולי הדור שעבר ובראשם **מרן הגאון רבי משה פיינשטיין זצ"ל ומרן הגאון רבי יעקב קמנצקי זצ"ל**, אשר בניהם הגאונים ה"ה **הגאון רבי דוד פיינשטיין שליט"א והגאון רבי שמואל קמנצקי שליט"א** ממשיכים להדריך אותנו בכל עת ובכל ענין כפי שעשו אבותיהם נ"ע. גם **מרן הגאון רבי מרדכי גיפטר זצ"ל** ראש ישיבת טעלז הדריך אותנו מאז, כאב רחמן וכמדריך ומכוון. הוא עיצב מפעל זה מתחילתו וכיוון אותו אל מתכונתו הסופית. מכתביהם מעטרים כרך ראשון של מהדורה זו.

מכתבו של **מרן הגאון רבי יוסף שלום אלישיב שליט"א** אינו צריך פירוש. אין עדות גדולה מזו על הצורך במפעל זה בזמנים אלה. **ממרן הגאון רבי אהרן זעליג עפשטיין זצ"ל** נהנינו תמיד עצה ותושיה. במשך השנים נעשה לנו למעין של דעת תורה והדרכה. אנחנו אסירי תודה גם **להגאון רבי חיים קנייבסקי שליט"א**, ו**להגאון רבי שמואל אויערבאך שליט"א** על עידודם האישי. והננו להודות **לכ"ק אדמו"ר מוויזניץ שליט"א** בבני ברק, **לכ"ק אדמו"ר מבעלזא שליט"א** ו**להגאון רבי משה שטרנבוך שליט"א** בירושלים, **ולהגאון רבי אפרים פישל הערשקאוויטש שליט"א** אבדק"ק האליין בברוקלין, על תמיכתם האישית למפעל זה.

במשך שנים עברו זכינו לקירוב ולהדרכה ממרנן ורבנן, קדושים אשר בארץ המה, **הגאונים רבי אלעזר שמחה ווסרמאן, רבי יוסף חיים שניאור קוטלר, רבי גדלי' שארר, ורבי שמעון שוואב זכר כולם לברכה.**

ידידותם של **הרב משה שרר זצ"ל והרב נפתלי נויברגר זצ"ל** היתה לנו לאחיעזר ולאחיסמך.

כמו כן אנו חייבים שלמי תודה **להגאון רבי דוד קאהן שליט"א ולהגאון רבי הלל דייוויד שליט"א** שעמדו תדיר לימיננו בהדרכה ועצה, למרות אחריותם לציבור הלומדים ושואלי הלכה למעשה.

אנו אסירי תודה לידידנו **הגאון רבי אליעזר גינזבורג שליט"א** אשר תמיד היה לצדנו בעידוד ובעזרה.

אנו מביעים הכרת הטוב לידידנו **הגאון רבי דוד וויינברגר שליט"א** העומד תמיד לידינו לאחיעזר ואחיסמך.

עוסקים רבים בצרכי ציבור, מנהיגי העדה ורבנים גאונים היו לנו למקור תמיכה ועזרה, וביניהם **הרב ישראל צבי אידלמאן, הרב ברוך בורכרדט ז"ל, הרב יצחק צבי (הערשל) בילעט, הרב יעקב בנדר, ר' יצחק הונליין, הרב בצלאל יפה, הרב פינחס ליפשיץ, הרב מיכאל לעווי, הרב דוד עוזרי, והרב שמשון זעליג שרר.**

עלינו להודות גם לידיד מפעלנו **הגאון רבי יוסף יקותיאל אפרתי שליט"א** מירושלים עיה"ק עבור עצתו ועזרתו.

כמו כן, אנו מביעים הכרת תודה לידידנו **הגאון רבי אליהו מאיר קלוגמן שליט"א**, ראש-ישיבה ועסקן בצרכי ציבור באמונה. עצותיו היו לנו לעזר ותמך פעם אחר פעם.

אנו מביעים הכרת תודה לאלו נדיבי לב שתרמו מהונם להקדיש סדרים במפעל זה. הרי הם **ר' שלמה הי גז, ר' יעקב משה מרדכי גראף, ר' גרשון אברהם רכורגר, ר' ישראל הלוי אורי, ר' יעקב הרצוג, ור' מנחם מנדל זילבער.** הודות להתמסרותם ולאומץ רוחם יישמר הקשר הנצחי בין עם ישראל ותורתו בתוקף ובעוז.

זכות גדולה נפלה בחלקם של אלו הראשונים לדבר שבקדושה, שנתנו מהונם להקדיש כרכים במפעל זה. הראשון בהם היה **ר' אבי שנור**, ואחריו, **ר' הירש וואלף ז"ל, ר' חנוך וייס, ר' שמואל (אליוט) טננבאום, ר' אהרן אשר זעליג סאקס, ר' חיים פינק, ר' בנציון יחיאל פישאהף, ר' אליהו (אליס) צפדייה ז"ל, ר' אריה לייב קילסון, ר' אברהם נח הלוי קליין, ר' מרדכי הלוי קליין, ור' צבי רייזמן**

שהקדישו כרכים, ושתרמו גם מזמנם להיות בעזרנו בכל עת, וחיזקו ואימצו אותנו בעבודת הקודש. אלו תמכין דאורייתא היו החלוצים במצוה זו, ושימשו מקור השראה לבאים אחריהם – שהנציחו כרכים נוספים בהוצאה זו, וששמותיהם נמנים ברשימת "פטרוני התלמוד", איש לפי מהללו.

עוד חייבים אנו הכרת הטוב לרבים שעזרתם ותמיכתם היו חיוניים. ביניהם נמנים **ר' אברהם בידרמן, ר' ראובן דסלר, ר' שמעון הורן, ר' מנחם מנדל יארמיש, ר' נחום סילברמן, ר' ישראל יהודה ספטימוס, ר' אברהם יוסף שטרן, ר' נתן שלום (סולי) שפירא, ור' שלמה שגב (שמוחה).**

אחרון אחרון חביב, **משפחת שוטנשטין.** תמיכתו של **ר' יעקב מאיר חיים שוטנשטין ע"ה** איפשרה את הוצאתו לאור של ביאור הש"ס בלשון האנגלית. המנוח היה אוהב תורה וחסד. שמו ייזכר לעד בדורות הבאים כמי שגרם ללימוד תורה בקנה מידה גדול. משפחת שוטנשטין ממשיכה לתמוך בהוצאתו לאור של הביאור בשפת האנגלית. אנו אסירי תודה למנהיגה הרוחני של משפחה זו, **הרב אליעזר גבריאל סינר**, מלפנים רב ומנהיג של ק"ק אגודת אחים בקולומבוס, על עזרתו במפעל זה באנגלית.

כעת, בנו **ר' יהושע אליעזר שוטנשטין נ"י** נדבה רוחו להיות הפטרון של מהדורת לשון הקודש הנוכחית, לעילוי נשמת אביו, ולכבוד אמו **מרת גיטל** שתבלח"א. יה"ר שהוא, יחד עם רעיתו **מרת שמחה שתחי'**, ירוו רוב נחת מצאצאיהם, ושיזכו לראות מתוך בריאות ואושר את ההשפעה הגדולה שתהיה למהדורה זו על לימוד התורה של רבבות מאחינו בני ישראל די בכל אתר ואתר.

התודה, ההערצה והברכה לרבנים, תלמידי חכמים מובהקים, שהשתתפו בעריכת הביאור של כרך זה. בנוסף ללימודם הם, זכו גם לשמש כרבותיהם של ציבור גדול, להגדיל תורה ולהאדירה.

מיומנותו ומסירותו של חברנו **ר' יעקב יהושע הכהן בראנדער** היא הסיבה לכך, שכרך זה ועוד מאות ספרים, יוצאים לאור ברוב פאר והדר. יוזמה זו בפרט חתומה בטביעתו, טביעת מכונן ומארגן, ששכלו הישר וחריצותו ללא־ליאות התמזגו בו להביא ספר זה לידי שכלולו המפואר. זכות הרבים תלויה בו, וזכות לימוד התורה של רבים תעמוד לו ולמסירותו בזה ובבא.

תודתנו נתונה לצוות של חברת "מסורה" ולעומדים בראש "מסורה הריטג' פאונדיישן" המאפשר את הוצאתם לאור של ספרים רבים. עלינו לציין במיוחד את **ר' שמואל בליץ**, מנהל משרדנו בירושלים; **ר' אליהו קרוין**, גרפיקאי מצויין **ר' משה דייטש, ר' מרדכי גוטמאן**, **ור' יחזקאל סאכאטשעוווסקי**, העובדים בנאמנות ובמסירות בהכנת הספר לדפוס; **ור' אברהם בידערמאן**, המטפל בכל שלבי הוצאתו לאור של ספר זה.

תודתנו לבורא עולם שהגיענו עד הלום, שהעניק לנו את הזכות להפיץ את דברו. יה"ר מלפני אבינו שבשמים שישים בלבנו אהבתו ויראתו שנוכל להמשיך בעבודתנו זו, כדי שהצמאים לדבר ה' יוכלו לרוות צמאונם מן המים החיים של תורתנו הקדושה.

מאיר יעקב זלטוביץ נתן שערמאן

אדר, תשס"ט

מסכת בבא קמא

עין משפט
נר מצוה

א א מיי' פ"א מהל' חובל ומזיק הלכה א סמג עשין ע טוש"ע ח"מ סי' תכ סעיף ג:
ב ב מיי' שם טוש"ע שם סעיף טו:
ג ג מיי' שם פ"ב הלכה ג סמג שם טוש"ע שם סעיף ט:
ד ד מיי' שם הלכה י טוש"ע שם סעיף טז:
ה ה ו ז מיי' שם הלכה יד והלכה יט טוש"ע שם סעיף יט:
ו ח מיי' שם הלכה יא טוש"ע שם סעיף יז:
ז ט מיי' שם פ"ג הלכה א טוש"ע שם סעיף כד:
ח י מיי' פ"א מהלכות חובל הלכה ג ד ה:
ט כ מיי' פ"א מהלכות רוצח הלכה ד סמג לאוין קסא:

ליקוטי רש"י

חמשה דברים. כולהו יליף מקראי (לקמן דף פה.) [לעיל ד:]. בנזק כיצד. סימא עין חבירו נותן לו דמי עינו כמה שפחתו דמיו למכור בשוק וכן כולם ועין תחת עין לא נטילת אבר ממש כמו שדרשו רבותינו בפרק החובל [שמות כא, כד]. בושת הכל לפי המבייש. אדם בינוני המבייש בושתו קשה מאדם זולל ומאדם חשוב. והמתבייש. לפי חשיבותו בושתו [כתובות מ.]. ולא תקחו כופר לנפש רוצח. לא יפטר בממון [במדבר לה, לא]. ואם נפשך לומר. ואם יש בידך להשיב על זה הרי ראיה אחרת [יומא עד:]. הכאה הכאה קאמרינן. ומום ע"י הכאה הוא ניתן [כתובות לה.]. ומאי אם נפשך לומר. מה היה לו להשיב על דרך הראשונה [שבועות ל.]. מה היה לו להקשות שהוזקק להביא מקרא זה [שם יד.]. משום רשעה אחת אתה מחייבו. ב"ד הוזהרו שהם לא יחייבוהו שתי רשעיות כגון ממון ומלקות או מיתה ומלקות או מיתה וממון [מכות יג:]. נהורא. אור [קידושין פא.].

לעזי רש"י

מלנ"ט. פירוש אבעבועות (רש"י סנהדרין דף קא ע"א ד"ה למחין ועיין רש"י קדושין דף פא סוע"א ד"ה וכיבי), מוגלא (רש"י חולין דף מח ע"א ד"ה למחין):

תוספות

החובל. מכה בהמה ישלמנה וסמיך ליה ואיש כי יתן. נראה לר"י דל"ג וסמיך ליה דהא מכח סמוכים לא דריש אלא מכח ג"ש כדאמר לקמן אגן הכאה הכאה קאמרינן ואמר נמי לקמן וכי מאחר דכתיב לא תקחו כופר לנפש רוצח האי מכה מכה למה לי משמע דג"ש היא ולא סמוכים ועוד כי פריך בסמוך מאי חזית דילפת ממכה בהמה נילף ממכה אדם ומאי קושיא והלא מכח סמוכים הוא בא ומכה אדם אין סמוך לאיש כי יתן מום וא"ת וכיון דמג"ש קא יליף למה הולרך לאתויי קרא דמכה נפש בהמה ישלמנה ושביק קרא דמכה בהמה דמייתי לעיל וי"ל דמכה בהמה איצטריך לתנא דבי חזקיה ומאן דלית ליה דרים ברים הנחנקין (סנהדרין דף פד:) מה מכה בהמה לרפואה פטור כו' א"נ כיון דהדר ליה ממכה אדם דהוי בקטלא הדר ביה לגמרי ונקט האי קרא דמכה נפש בהמה דסמיך לאיש כי יתן מום ולפי זה אגי למגרס וסמיך ליה דמשום דסמיך ליה נקט האי קרא ולא משום סמוכים:

אף הכאה האמורה באדם לתשלומין. י"ס דגרסי בתר הכי והכתיב איש כי יכה כל נפש אדם מות יומת פירוש שימיתו אברו תחת אברו של חבירו ומשני יומת בממון וממאי דבממון אימא מיתה ממש לא ס"ד חדא דהא איתקש למכה נפש בהמה ועוד דכתיב התם כאשר יתן מום באדם כן ינתן בו ש"מ ממון ואין נראה לר"י אותה גירסא כלל חדא דאיש כי יכה כל נפש אדם מוקמינן בהנשרפין (סנהדרין דף עח.) בקטלא גבי פלוגתא דרבי יהודה בן בתירה ורבנן גבי הכוהו י' בני אדם בי' מקלות ועוד דלממון לא אצטריך ועוד מאי פריך מעיקרא והכתיב איש כי יכה כל נפש אדם מי אלים מקרא דעין תחת עין דמוקמינן ליה בממון בג"ש דהכאה הכאה ועוד מכיון דכתיב כאשר יתן מום באדם כן ינתן בו למה לי הך ג"ש דהכאה הכאה ע"כ נראה דל"ג ליה כלל:

[ח] **מכדי** רשעתו נפקא. פירושו בסוף פ"ג (דף כו.[ט]):

מאי חזית דילפת ממכה בהמה נילף ממכה אדם. אע"ג דלהא לא איצטריך דממילא הוה אמרינן עין תחת עין ממש מ"מ איצטריך דלא נילף ממכה בהמה:

מכה מכה למ"ל. וא"ת דרבא דריש מיניה בפרק אלו נערות (כתובות דף לה.) בפירוש ריבתה תורה חייבי מלקיות כחייבי מיתות לתשלומין מג"ש דמכה מכה וי"ל דרבא לטעמיה דדריש לקמן עין תחת עין ממון מקרא אחרינא:

רב

רש"י

החובל. וכמה הוא יפה. שהרי הזיקו והפסידו ממון זה שאם היה נצרך היה מוכר עצמו בעבד עברי: במסמר. כאב המכה: כיוצא בזה. לפי מה שהוא מעונג רב צערו וכאיבו: צמחין. מלנ"ט: שבת. כל ימי החולי רואים אותו כאילו הוא שומר קישואין ונותן שכירתו של כל יום שהרי אין ראוי למלאכה כבידה אפילו בלא חולי שהרי נקטעה ידו ורגלו והוא כבר נתן לו דמיהן: הכל לפי המבייש. אדם קל שבייש בושתו מרובה: והמתבייש. אדם חשוב שנתבייש בושתו מרובה וכולהו חמשה דברים מקרא נפקי נזק דכתיב [י]עין תחת עין צער פצע תחת פצע דהכי דרשינן בגמ' ריפוי ושבת רק שבתו יתן ורפא ירפא בושת דכתיב [יא]וקצותה את כפה ממון: **גמ'** מכה אדם ומכה בהמה. לקמן מפרש לקראי הי נינהו קאמר: ואם נפשך לומר. ואם יש לך להשיב ולהקשות כלום על טעם זה לא ולמד ממדרש אחר: הרי הוא אומר כו'. ולקמן בעי מאי הוי ליה לאקשויי: שאין חוזרין. לאחר שנקטעו: בקטלא כתיב. ותשלומין אין שם: הכאה הכאה גמרינן. אע"ג דקראי לא דמו גמרינן ג"ש כדתנא דבי ר' ישמעאל ושב הכהן ובא הכהן בעירובין (דף נא.) ומכה אדם דקתני הכא הכאה הוא דקאמר ומכי יתן מום גמר דמום ע"י הכאה בא: והכתיב איש כי יכה כל נפש אדם. ולקטלא לא אתא קרא אלא לראשי אברים כדכתיב בתריה עין תחת עין וכתיב יומת כלומר ינטל אברו וימות אותו אבר: מאי אם נפשך לומר. מאי הוה ליה לאקשויי: נילף ממכה אדם. שנהרג ממש והכא נמי (ג) (כתיב) כי יתן מום מום ממש: אמרי דנין ניזקין כו'. כלומר משום האי פירכא לא הוה מדחיק תנא למילף מלא תקחו הא מצי לשנויי הכי דנין ניזקין מניזקין כו': ואכתי מבעי ליה לא תשקול ממונא ותפטריה. מקטלא ולגופיה אצטריך ולא למעוטי אחריני: לנפש רוצח. דלא אצטריך אתי למעוטי ראשי אברים שאינן נפש:

קטן

החובל בחבירו [א]חייב עליו משום חמשה דברים [ב]בנזק בצער בריפוי בשבת ובושת: בנזק כיצד סימא את עינו קטע את ידו שיבר את רגלו רואין אותו כאילו הוא עבד נמכר בשוק ושמין כמה היה יפה וכמה הוא יפה: צער [ג]כואו (או) בשפוד או במסמר ואפילו על ציפורנו מקום שאינו עושה חבורה [ד]אומדין כמה אדם כיוצא בזה רוצה ליטול להיות מצטער כך: [ה]ריפוי הכהו חייב לרפאותו (א) [ו]עלה בו צמחים אם מחמת המכה חייב שלא מחמת המכה פטור [ז]חייתה ונסתרה חייתה ונסתרה חייב לרפאותו חייתה כל צורכה אינו חייב לרפאותו: [ח]שבת רואין אותו כאילו הוא שומר קישואין שכבר נתן לו דמי ידו ודמי רגלו: [א][ט]בושת הכל לפי המבייש והמתבייש: **גמ'** אמאי [א]עין תחת עין אמר רחמנא אימא עין ממש לא סלקא דעתך דתניא יכול סימא את עינו מסמא את עינו קטע את ידו מקטע את ידו שיבר את רגלו משבר את רגלו ת"ל [ב]מכה אדם ומכה בהמה מה מכה בהמה לתשלומין [י]אף מכה אדם לתשלומין ואם נפשך לומר הרי הוא אומר [ג]לא תקחו כופר לנפש רוצח אשר הוא רשע למות לנפש רוצח אי אתה לוקח כופר אבל אתה לוקח כופר לראשי אברים שאין חוזרין [ב]הי מכה אילימא [ד]מכה בהמה ישלמנה ומכה אדם יומת ההוא בקטלא כתיב אלא מהכא [ה]מכה נפש בהמה ישלמנה נפש תחת נפש וסמיך ליה [ו]ואיש כי יתן מום בעמיתו כאשר עשה כן יעשה לו האי לאו מכה הוא (ג) הכאה הכאה קאמרינן מה הכאה האמורה בבהמה לתשלומין אף הכאה האמורה באדם לתשלומין והא כתיב [ז]ואיש כי יכה כל נפש אדם מות יומת בממון ממאי דבממון אימא במיתה ממש לא סלקא דעתך חדא דהא איתקש למכה בהמה ישלמנה ועוד כתיב בתריה כאשר יתן מום באדם כן ינתן בו ושמע מינה ממון ומאי אם נפשך לומר תו קא קשיא לתנא מאי חזית דילפת ממכה בהמה ליליף ממכה אדם אמרי דנין ניזקין מניזקין ואין דנין ניזקין ממיתה אדרבה דנין אדם מאדם ואין דנין אדם מבהמה היינו דקתני אם נפשך לומר הרי הוא אומר לא תקחו כופר לנפש רוצח אשר הוא רשע למות כי מות יומת לנפש רוצח אי אתה לוקח כופר אבל אתה לוקח כופר לראשי אברים שאינן חוזרין והאי לא תקחו כופר לנפש רוצח למעוטי ראשי אברים הוא דאתא האי מבעי ליה דאמר רחמנא לא תעביד ביה תרתי לא תשקול מיניה ממון ותקטליה האי [ח]מכדי רשעתו נפקא [ח]רשעה אחת אתה מחייבו ואי אתה מחייבו שתי רשעיות ואכתי מבעי ליה דקאמר רחמנא [ט]לא תשקול ממון ותפטריה א"כ לכתוב רחמנא לא תקחו כופר לאשר הוא רשע למות לנפש רוצח למה לי ש"מ לנפש רוצח אי אתה לוקח כופר אבל אתה לוקח כופר לראשי אברים שאינן חוזרין וכי מאחר דכתיב לא תקחו כופר מכה למה לי אמרי אי מהאי הוה אמינא [י]אי בעי עינו ניתיב ואי בעי דמי עינו ניתיב קמ"ל מבהמה מה מכה בהמה לתשלומין אף מכה אדם לתשלומין: תניא ר' דוסתאי בן יהודה אומר עין תחת עין ממון אתה אומר ממון או אינו אלא עין ממש אמרת הרי שהיתה עינו של זה גדולה ועינו של זה קטנה היאך אני קורא ביה עין תחת עין וכי תימא כל כי האי שקיל מיניה ממונא התורה אמרה [ט]משפט אחד יהיה לכם [י]משפט השוה לכולכם אמרי מאי קושיא דלמא נהורא שקיל מיניה נהורא אמר רחמנא נישקול מיניה דאי לא תימא הכי

קטן

מסורת הש"ס

א) [כתובות מ.], ב) שם לה., ג) [מכות ד: יג: כתובות לב: לז.], ד) אי בעית סיב דמי עינא ואי בעית עויר עינא לישנא אחרינא אי בעי כו' רש"ל, ה) [לקמן פד. כתובות לג. סנהדרין כח.], ו) [שמות כא], ז) [דברים כה], ח) [דיבור זה צ"ל אחר ד"ה מאי], ט) [ד"ה עליו].

הגהות הב"ח

(א) במשנה עלו בו צמחים: (ב) גמ' לאו מכה הוא אגן הכאה הכאה: (ג) רש"י ד"ה נילף וכו' והכא נמי כי כתיב כי יתן:

תורה אור השלם

א) עַיִן תַּחַת עַיִן שֵׁן תַּחַת שֵׁן יָד תַּחַת יָד רֶגֶל תַּחַת רָגֶל: [שמות כא, כד]
ב) [ויקרא כד]
ג) וְלֹא תִקְחוּ כֹפֶר לְנֶפֶשׁ רֹצֵחַ אֲשֶׁר הוּא רָשָׁע לָמוּת כִּי מוֹת יוּמָת: [במדבר לה, לא]
ד) וּמַכֵּה בְהֵמָה יְשַׁלְּמֶנָּה וּמַכֵּה אָדָם יוּמָת: [ויקרא כד, כא]
ה) וּמַכֵּה נֶפֶשׁ בְּהֵמָה יְשַׁלְּמֶנָּה נֶפֶשׁ תַּחַת נָפֶשׁ: [ויקרא כד, יח]
ו) וְאִישׁ כִּי יִתֵּן מוּם בַּעֲמִיתוֹ כַּאֲשֶׁר עָשָׂה כֵּן יֵעָשֶׂה לּוֹ: [ויקרא כד, יט]
ז) וְאִישׁ כִּי יַכֶּה כָּל נֶפֶשׁ אָדָם מוֹת יוּמָת: [ויקרא כד, יז]
ח) וְהָיָה אִם בִּן הַכּוֹת הָרָשָׁע וְהִפִּילוֹ הַשֹּׁפֵט וְהִכָּהוּ לְפָנָיו כְּדֵי רִשְׁעָתוֹ בְּמִסְפָּר: [דברים כה, ב]
ט) מִשְׁפַּט אֶחָד יִהְיֶה לָכֶם כַּגֵּר כָּאֶזְרָח יִהְיֶה כִּי אֲנִי יְיָ אֱלֹהֵיכֶם: [ויקרא כב, כב]

פרק שמיני

משנה פרק זה עוסק בתשלומים שחייב לשלם מי שפגע בחבירו דרך הכאה וחבלה[1]. משנתנו מפרטת חמשה דברים (דהיינו, נזקי ופגיעות החבלה לסוגיהם) שבעבורם חייב החובל לפצות את הנחבל:

הַחוֹבֵל בַּחֲבֵירוֹ, חַיָּיב עָלָיו מִשּׁוּם חֲמִשָּׁה דְּבָרִים — כלומר, אפשר לחייבו לשלם בגין הפגיעות והנזקים שנפגע מהם הנחבל[2], ואלו הם: **בְּנֶזֶק** — אם החבלה הזיקתו בגופו, חייב לשלם לו דמי הנזק. **בְּצַעַר** — אם הצטער וכאב מחמת החבלה, חייב לפצותו כפי ערך הצער. **בְּרִיפּוּי** — אם נזקק לריפוי החבלה, חייב לשלם לו הוצאות הריפוי. **בְּשֶׁבֶת** — אם לא יכול לעשות מלאכה עד שתתרפא המכה, חייב לשלם לו על שבתו בטל בביתו[3]. **וּבוֹשֶׁת** — אם התבייש מחמת פגיעתו בו, חייב לשלם לו על הבושה[4].

המשנה מרחיבה בכל אחד מחמשת הדברים:

בְּנֶזֶק כֵּיצַד — איך מעריכים את הנזק[5]? אם **סִימֵּא אֶת עֵינוֹ**, או **קָטַע אֶת יָדוֹ**, או **שִׁיבֵּר אֶת רַגְלוֹ**, **רוֹאִין אוֹתוֹ** (את הנחבל) **כְּאִילּוּ הוּא עֶבֶד הַנִּמְכָּר בַּשּׁוּק, וְשָׁמִין כַּמָּה הָיָה יָפֶה** (שוה) לפני שנחבל **וְכַמָּה הוּא יָפֶה** כעת, ועל החובל לשלם לו את ההפרש[6].

צַעַר — איך אומדים את התשלום עבור צער? אם **כְּוָאוֹ (אוֹ) בְּשַׁפּוּד** חם **אוֹ** פצע אותו **בְּמַסְמֵר**[7], **וַאֲפִילּוּ עַל צִיפּוֹרְנוֹ**, שהוא **מָקוֹם שֶׁאֵינוֹ עוֹשֶׂה חַבּוּרָה**[8], **אוֹמְדִין כַּמָּה** כסף **אָדָם כַּיּוֹצֵא בָּזֶה רוֹצֶה לִיטּוֹל לִהְיוֹת מִצְטַעֵר כָּךְ**[9].

הערות

1. [כלומר, אדם שדינו לשלם לחבירו מחמת שהזיקו בגופו או פגע בו באופנים שיפורטו להלן (להבדיל מתשלום על נזק שהזיק ממונו של אדם, או על ממון שהוזק בידי אדם).] ראה מאירי. ראה גם שיטה מקובצת בשם רבינו יהונתן, בתחילת הפרק הקודם, להסבר למה נסמך פרק זה לקודמו.

2. כלומר, אם קטע את ידו או רגלו, הרי יש בזה כל החמשה דברים דלהלן. וכן יש חבלות קלות שאין בהן אלא צער בלבד, ועליהן אינו משלם אלא צער, וכן אם ביישו ללא נזק, משלם בושת בלבד, וכל כיוצא בזה (פירוש המשנה לרמב״ם; ראה עוד להלן הערה 8).

החובל בחבירו עובר בלאו (״לֹא יֹסִיף״, ראה דברים כה, ג, וסנהדרין פה, ב), שחייבים עליו מלקות, אלא שאמרה התורה שהוא משלם ממון, ולכן כאשר החבלה היא שוה פרוטה ומעלה שאז עליו לשלם, הוא ממילא נפטר ממלקות, כי אין לחייבו ממון וגם מלקות [כמבואר להלן בעמוד זה] (ראה כתובות לב, ב; רמב״ם הלכות חובל ומזיק ד, ט; ה, א-ג).

3. ראה עוד להלן, הערות 16-17.

4. החיוב **בכל** חמשת הדברים נוהג רק אם עשה זאת **בכוונה**, שכן אינו משלם תשלום בושת אלא אם כן התכוון להזיק או לבייש. המקרים בהם אין משלמים בושת הם כדלהלן: (א) על חבלה שנעשתה בפשיעה גמורה אבל ללא כוונה להזיק — החובל חייב בתשלום הנזק, צער, ריפוי ושבת (שכן חיובים אלו חלים גם כשלא היתה כוונה להזיק), אך לא בבושת; (ב) בלי פשיעה, חייב רק בתשלום הנזק ולא באף אחד משאר ארבעת הדברים (שכן חיוב תשלום צער, ריפוי ושבת, אינו אלא בפשיעה, וחיוב בושת אינו אלא בכוונה); (ג) אונס גמור, בו הוא פטור אפילו מנזק (ראה לעיל כו, א — כז, א; רמב״ם ומגיד משנה, הלכות חובל ומזיק א, יב; ראה רמב״ן, בבא מציעא פב, ב ד״ה ומצאתי, שדעתו שאפילו באונס גמור חייב אדם המזיק לשלם; ראה לעיל כו, ב הערה 3).

כל חמשת התשלומים האלה נלמדים מן המקרא: חיוב ״נזק״ נדרש מהכתוב (שמות כא, כד): ״עַיִן תַּחַת עַיִן״ שהגמרא תפרשו להלן לענין תשלום ממוני. ״צער״ נדרש מהכתוב (שם כה): ״פֶּצַע תַּחַת פָּצַע״ (ראה להלן פד, א). ״ריפוי״ ו״שבת״ נלמדים מהכתוב (שם יט): ״רַק שִׁבְתּוֹ יִתֵּן וְרַפֹּא יְרַפֵּא״, ו״בושת״ נלמד מהכתוב (דברים כה, יא-יב): ״. . . וְהֶחֱזִיקָה בִּמְבֻשָׁיו — וְקַצֹּתָה אֶת כַּפָּהּ״ המתפרש גם כן לענין תשלום ממוני (רש״י ד״ה והמתבייש; ראה אמרי בינה).

[הצורך בלימודים מיוחדים הוא, לפי שהתשלום על חבלות אינו ככל נזק; כל שאר תשלומי נזק מטרתם להשלים לניזק דמי נזקו, אבל בתשלומי חבלות אנו רואים שחייבה התורה לשלם על צער ובושת, שאינם נזקים כספיים כלל, וכן חייבה התורה לשלם ״שבת״, דהיינו תשלום על מניעת ריוח ולא על נזק כספי ישיר [ואף תשלומי הנזק עצמו אין בהם כדי להשלים את כל חסרונו של הנחבל]. אלא, מגזירת הכתוב הוא לשלם חמשה דברים על חבלות, ואין עיקר חיובם כדי להשלים הפסדו של הנחבל (חידושי רבינו חיים הלוי, הלכות טוען ונטען, ד״ה אלא; חידושי רבי אריה לייב מאלין, עה).]

5. כלומר, וכי אפשר לחייב את המזיק לשלם כפי ערכו של הנזק בעיני הנחבל (כפי שמעריכים ״צער״, כמבואר להלן במשנה)? זה לא יתכן, שהרי הנחבל לא יסכים לחבלה של קטיעת אבר, למשל, אפילו תמורת סכום גדול ביותר, ואם נחייבו לשלם סכום שיניח את דעתו של הנחבל, הרי שהחובל משלם הרבה יותר מדי [ובגמרא לעיל (נח, ב) מבואר שמקילים בשומת הנזק כדי שלא לרושש את המזיק; הוא הדין שיש להקל בשומא ששמין לחבלות — רא״ש]. אלא ודאי שחיוב ״נזק״ הינו רק הנזק בפועל, שלשם חישובו שמים מהו הערך הכספי שהנחבל נעשה שוה פחות מחמת החבלה. המשנה תבאר לפי אילו ערכים שמים נזק זה (רבינו יהונתן, מובא בשיטה מקובצת, על פי הגמרא להלן פה, א; מאירי).

6. הערכה ראויה של הנזק הכספי הוא המחיר שהיה משיג אילו היה מתרושש ומוכר עצמו כעבד עברי (ראה שמות כא, ב והלאה). הערכת פחיתת שוויו של הנחבל [היינו, ההפרש בין המחיר שהיה משיג לפני החבלה ולאחריה] מבוססת אפוא על הפסד ממון אפשרי שיפסיד הנחבל (ראה רש״י, ורבינו יהונתן שם). [ראה תוספות רבי עקיבא איגר על המשניות כאן, וקצות החושן תכ, א.]

לדעת הרא״ש, אין לומר ששמין אותו לפי ערך של עבד עברי, שהרי החבלה הנידונה היא קבועה לעולם ואילו משך עבודתו של עבד עברי הוא רק עד שש שנים, ובכל פעם שמוכר עצמו לאחר שיצא לחפשי הרי ערכו משתנה. אלא, רואים את הנחבל כמי שנמכר כעבד **כנעני**, הנמכר לעולם. לביאורים שונים בדעתו של רש״י, ראה ב״ח חושן משפט תכ, יז, ים של שלמה א [המבאר שגם לדעת רש״י שמים בעבד כנעני] פלפולא חריפתא על הרא״ש, חידושי אנשי שם, מרומי שדה, נחלת משה, דבר משה ואילת השחר.

[שושנים לדוד מציין שלשון המשנה ״נמכר בשוק״ אכן מורה על עבד כנעני, שכן עבד עברי אינו נמכר בשוק בפומבי (ראה רמב״ם הלכות עבדים א, ה. אמת ליעקב מיישב, על פי נוסחאות שונות, כי רש״י לא גרס במשנה ״בשוק״.]

אין הכוונה ששמין כמה כסף ידרוש בעליו של עבד בעבור החבלה (כגון אם קטע את ידו, אין שמין את היד בפני עצמה, דהיינו כמה שוה קטיעת ידו של עבד בעיני בעליו, שכן גם תמורת סכום גדול אין אדם מסכים לזה); אלא שמין מחיר של עבד קטוע יד, לעומת מחיר אותו העבד לפני קטיעת ידו (רא״ש, [לפי שיטתו שהובאה בסוף הערה הקודמת, שהקילה התורה בדין שומת הנזק]).

השומא מבוססת על מלאכתו של הנחבל קודם החבלה. אם היה בעל אומנות חשובה שמשתכרים עליה שכר נאה, ועתה נקטעה ידו ושוב אינו יכול לעסוק באותה אומנות אלא במלאכה פחותה, הרי ירד הרבה מערכו, וכאשר שמין לפי שוויו של עבד, ממילא נלקח בחשבון מה שירד בערכו מבחינת מלאכתו (שכן שוויו של עבד בעל אומנות, גדול בהרבה משוויו של עבד שאינו ראוי אלא למלאכה פחותה). אולם, במקרה שמלאכתו של הנחבל אינה תלויה באבר שהחובל קטע לו, וממילא החבלה אינה גורעת מערכו, כגון שהוא נוקב מרגליות לפרנסתו, והחובל קטע את רגלו (שיכול הוא להמשיך באומנותו, ואין קטיעת רגל מפחיתה הרבה מערכו של עבד בעל אומנות כזו), שמין אותו כאילו הוא עבד רגיל (הנזקק לרגלו), והוא מקבל דמי נזק כפי הערך הנפחת מעבד רגיל עם קטיעת רגלו. לא יתכן שיפסיד מלקבל דמי נזק על רגלו, רק בגלל שהוא יכול להתפרנס גם ללא רגלו, שכן אינו חייב להמשיך דוקא במלאכה זו (רא״ש ד; ראה ים של שלמה יא החולק על חלק מדבריו, וראה ש״ך חושן משפט תכ, ג; להלן פה, ב הערה 18).

7. היינו, הוא כוואו בשפוד מלובן או הכאו במסמר (רש״י, כפי שפירשו תוספות יום טוב); לפירוש אחר ראה מלאכת שלמה.

8. המשנה נקטה כאן מקרה בו נגרם לנחבל רק צער אך לא היזק גופני, להשמיענו שמשלם דמי צער, אף במקרה בו אין תשלום ״נזק״, וכן בדרך כלל אין בו ״שבת״. מה שהמשנה אמרה לעיל שהחובל חייב משום ״חמשה דברים״, היינו, **שאפשר** לחובל להגיע עד חמשה סוגי תשלום — תלוי מה כוללת החבלה (פירוש המשנה לרמב״ם, מאירי, ורבינו יהונתן).

9. ככל שאדם מעונג ורך יותר, רב צערו וכאבו (רש״י; ראה רבינו יהונתן ורא״ש). [לכאורה, אם משערים לפי הנחבל, הרי היה צורך להעריך את נכונותו לצער שכזה, גם לפי מידת עשרו, שכן אינו דומה הסכום שידרוש אדם עשיר כדי להיות מצטער כך, לסכום שידרוש עני; ואכן הרמב״ם (הלכות חובל ומזיק ב, ט), הוסיף שמעריכים גם כפי **ממונו** של הנחבל; ראה רש״ש בביאור שיטת רש״י.] הגמרא (פה, א) תרחיב בדרך להעריך תשלום זה, בין בחבלה שיש בה צער בלבד, ובין בחבלה שיש בה גם נזק.

הגמרא להלן (פה, א) אומרת שלגבי מקרה של קטיעת ידו אין אומדים כמה אדם רוצה ליטול כדי שיהא מוכן שיקטעו את ידו, כי רק שוטה מוכן לדבר כזה [ועוד, שהרי הצער שסבל הנחבל כבר נעשה, ואילו אם נאמר לאדם לשער כמה יטול בשביל צער העתיד לבוא עליו, ידרוש סכום גדול יותר מהסכום שיפייס את מי שידו כבר נקטעה וכבר עבר את הצער; והרי בעניני שומות מקילים על החובל

החובל בחבירו א חייב עליו משום חמשה דברים ב בנזק בצער בריפוי בשבת ובושת: בנזק כיצד סימא את עינו קטע את ידו שיבר את רגלו רואין אותו כאילו הוא עבד נמכר בשוק ושמין כמה היה יפה וכמה הוא יפה: צער ג כואו (או) בשפוד או במסמר ואפילו על ציפורנו מקום שאינו עושה חבורה ד אומדין כמה אדם כיוצא בזה רוצה ליטול להיות מצטער כך: ה ריפוי הכהו חייב לרפאותו (א) ו עלה בו צמחים אם מחמת המכה חייב שלא מחמת המכה פטור ז חייתה ונסתרה חייתה ונסתרה חייב לרפאותו חייתה כל צורכה אינו חייב לרפאותו: ח שבת רואין אותו כאילו הוא שומר קישואין שכבר נתן לו דמי ידו ודמי רגלו: ט בושת הכל לפי המבייש והמתבייש: **גמ'** אמאי א עין תחת עין אמר רחמנא אימא עין ממש לא סלקא דעתך דתניא יכול סימא את עינו מסמא את עינו קטע את ידו מקטע את ידו שיבר את רגלו משבר את רגלו ת"ל ב מכה אדם ומכה בהמה מה מכה בהמה לתשלומין אף מכה אדם לתשלומין ואם נפשך לומר הרי הוא אומר ג לא תקחו כופר לנפש רוצח אשר הוא רשע למות לנפש רוצח אי אתה לוקח כופר אבל אתה לוקח כופר לראשי אברים שאין חוזרין ג הי מכה אילימא ד מכה בהמה ישלמנה ומכה אדם יומת ההוא בקטלא כתיב אלא מהכא ה מכה נפש בהמה ישלמנה נפש תחת נפש וסמיך ליה ו ואיש כי יתן מום בעמיתו כאשר עשה כן יעשה לו האי לאו מכה הוא (ב) הכאה הכאה קאמרינן מה הכאה האמורה בבהמה לתשלומין אף הכאה האמורה באדם לתשלומין והא כתיב ז ואיש כי יכה כל נפש אדם מות יומת ההוא בממון ממאי דבממון אימא במיתה ממש לא סלקא דעתך חדא דהא איתקש למכה בהמה ישלמנה ועוד כתיב בתריה כאשר יתן מום באדם כן ינתן בו ושמע מינה ממון ומאי אם נפשך לומר תו קא קשיא לתנא מאי חזית דילפת ממכה בהמה ליליף ממכה אדם אמרי דנין ניזקין מניזקין ואין דנין ניזקין ממיתה אדרבה דנין אדם מאדם ואין דנין אדם מבהמה היינו דקתני אם נפשך לומר הרי הוא אומר לא תקחו כופר לנפש רוצח אשר הוא רשע למות כי מות יומת לנפש רוצח אי אתה לוקח כופר אבל אתה לוקח כופר לראשי אברים שאינן חוזרין והאי לא תקחו כופר לנפש רוצח למעוטי ראשי אברים הוא דאתא האי מבעי ליה דאמר רחמנא לא תעביד ביה תרתי לא תשקול מיניה ממון ותקטליה האי ח מכדי רשעתו נפקא ט רשעה אחת אתה מחייבו ואי אתה מחייבו שתי רשעיות ואכתי מבעי ליה דקאמר רחמנא לא תשקול ממון ותפטריה א"כ לכתוב רחמנא לא תקחו כופר לאשר הוא רשע למות למה לי ש"מ לנפש רוצח אי אתה לוקח כופר אבל אתה לוקח כופר לראשי אברים שאינן חוזרין וכי מאחר דכתיב לא תקחו כופר מכה מכה למה לי אמרי אי מהאי הוה אמינא ד אי בעי עינו ניתיב ואי בעי דמי עינו ניתיב קמ"ל מבהמה מה מכה בהמה לתשלומין אף מכה אדם לתשלומין: תניא ר' דוסתאי בן יהודה אומר עין תחת עין ממון אתה אומר ממון או אינו אלא עין ממש אמרת הרי שהיתה עינו של זה גדולה ועינו של זה קטנה היאך אני קורא ביה עין תחת עין וכי תימא כל כי האי שקיל מיניה ממונא התורה אמרה ט משפט אחד יהיה לכם משפט השוה לכולכם אמרי מאי קושיא דלמא נהורא שקיל מיניה נהורא אמר רחמנא נישקול מיניה דאי לא תימא הכי

קטן

רש"י

החובל. וכמה הוא יפה. שהרי הזיקו והפסידו ממון זה שאם היה נצרך היה מוכר עצמו בעבד עברי: במסמר. כאב המכה: כיוצא בזה. לפי מה שהוא מעונג רב צערו וכאיבו: צמחין. מלנ"ט: שבת. כל ימי החולי רואים אותו כאילו הוא שומר קישואין ונותן שכירתו של כל יום שהרי אין ראוי למלאכה כבידה אפילו בלא חולי שהרי נקטעה ידו ורגלו והוא כבר נתן לו דמיהן: הכל לפי המבייש. אדם קל שבייש בושתו מרובה: והמתבייש. אדם חשוב שנתבייש בושתו מרובה וכולהו חמשה דברים מקרא נפקי נזק דכתיב י) עין תחת עין צער פצע תחת פצע דהכי דרשינן בגמ' ריפוי ושבת רק שבתו יתן ורפא ירפא בושת דכתיב ז) וקצותה את כפה ממון: **גמ'** מכה אדם ומכה בהמה. לקמן מפרש לקראי הי מכה קאמר: ואם נפשך לומר. ואם יש לך להשיב ולהקשות כלום על טעם זה לא ולמד ממדרש אחר: הרי הוא אומר כו'. ולקמן בעי מאי הוי ליה לאקשויי: שאין חוזרין. לאחר שנקטעו: בקטלא כתיב. ותשלומין אין שם: הכאה הכאה גמרינן. אע"ג דקראי לא דמו גמרינן ג"ש כדתנא דבי ר' ישמעאל ושב הכהן ובא הכהן בעירובין (דף נא.) ומכה אדם דקתני הכא הכאה הוא דקאמר ומכי יתן מום גמר דמום ע"י הכאה בא: והכתיב איש כי יכה כל נפש אדם. ולקטלא לא אתא קרא אלא לראשי אברים כדכתיב בתריה עין תחת עין וכתיב יומת כלומר ינטל אברו וימות אותו אבר: מאי אם נפשך לומר. מאי הוה ליה לאקשויי: נילף ממכה אדם. שנהרג ממש והכא נמי (ג) (כתיב) כי יתן מום מום ממש: אמרי דנין ניזקין כו'. כלומר משום האי פירכא לא הוה מדחיק תנא למילף מלא תקחו הא מצי לשנויי הכי דנין ניזקין מניזקין כו': ואכתי מבעי ליה לא תשקול ממונא ותפטריה. מקטלא ולגופיה אצטריך ולא למעוטי אחריני: לנפש רוצח. דלא אצטריך אתי למעוטי ראשי אברים שאין נפש:

קטן

תוספות

החובל. מכה בהמה ישלמנה וסמיך ליה ואיש כי יתן. נראה לר"י דל"ג וסמיך ליה דהא מכח סמוכים לא דריש אלא מכח ג"ש כדאמר לקמן אנן הכאה הכאה קאמרינן ואמר נמי לקמן וכי מאחר דכתיב לא תקחו כופר לנפש רוצח האי מכה מכה למה לי משמע דג"ש היא ולא סמוכים ועוד כי פריך בסמוך מאי חזית דילפת ממכה בהמה נילף ממכה אדם ומאי קושיא והלא מכח סמוכים הוא בא ומכה אדם אין סמוך לאיש כי יתן מום וא"ת וכיון דמג"ש קא יליף למה הוצרך לאתויי קרא דמכה נפש בהמה ישלמנה ושביק קרא דמכה בהמה דמייתי לעיל וי"ל דמכה בהמה איצטריך לתנא דבי חזקיה ומאן דלית ליה דריש בריש הנחנקין (סנהדרין דף פד:) מה מכה בהמה לרפואה פטור כו' א"נ כיון דהדר ליה ממכה אדם דהוי בקטלא הדר ביה לגמרי ונקט האי קרא דמכה נפש בהמה דסמיך לאיש כי יתן מום ולפי זה מצי למגרס וסמיך ליה דמשום דסמיך ליה נקט האי קרא ולא משום סמוכים: **אף** הכאה האמורה באדם לתשלומין. י"ס דגרסי בתר הכי והכתיב איש כי יכה כל נפש אדם מות יומת פירוש שימיתו אברו תחת אברו של חבירו ומשני יומת בממון ומאי דבממון אימא מיתה ממש לא ס"ד חדא דהא איתקש למכה נפש בהמה ועוד דכתיב התם כאשר יתן מום באדם כן ינתן בו ש"מ ממון ואין נראה לר"י אותה גירסא כלל חדא דאיש כי יכה כל נפש אדם מוקמינן בהנשרפין (סנהדרין דף עח.) בקטלא גבי פלוגתא דרבי יהודה בן בתירה ורבנן גבי הכוהו י' בני אדם בי' מקלות ועוד דלממון לא אצטריך ועוד מאי פריך מעיקרא והכתיב איש כי יכה כל נפש אדם מי אלים מקרא דעין תחת עין דמוקמינן ליה בממון בג"ש דהכאה הכאה ועוד מכיון דכתיב כאשר יתן מום באדם כן ינתן בו למה לי הך ג"ש דהכאה הכאה ע"כ נראה דל"ג ליה כלל:

ח) **מכדי** רשעתו נפקא. פירוש בסוף פ"ב (דף כו. ט):

מאי חזית דילפת ממכה בהמה נילף ממכה אדם. אע"ג דלהא לא איצטריך דממילא הוה אמרינן עין תחת עין ממש מ"מ איצטריך דלא נילף ממכה בהמה:

מכה מכה למ"ל. וא"ת דרבא דריש מיניה בפרק אלו נערות (כתובות דף לה.) בפירוש ריבתה תורה חייבי מלקיות כחייבי מיתות לתשלומין מג"ש דמכה מכה וי"ל דרבא לטעמיה דדריש לקמן עין תחת עין ממון מקרא אחרינא:

רב

עין משפט נר מצוה

א א מיי' פ"א מהל' חובל ומזיק הלכה א סמג עשין ע טוש"ע ח"מ סי' תכ סעיף ג:
ב ב מיי' שם טוש"ע שם סעיף טו:
ג ג מיי' שם פ"ב הלכה ג סמג שם טוש"ע שם סעיף ט:
ד ד מיי' שם הלכה י טוש"ע שם סעיף טז:
ה ה ו ז מיי' שם הלכה יד והלכה יט טוש"ע שם סעיף יט:
ו ח מיי' שם הלכה יא טוש"ע שם סעיף יז:
ז ט מיי' שם פ"ג הלכה א טוש"ע שם סעיף כד:
ח י מיי' פ"א מהלכות חובל הלכה ג ד ה:
ט כ מיי' פ"א מהלכות רוצח הלכה ד סמג לאוין קסא:

ליקוטי רש"י

חמשה דברים. כולהו יליף מקראי (לקמן דף פה.) [לעיל ד:]. **בנזק כיצד.** סימא עין חבירו נותן לו דמי עינו כמה שפחתו דמיו למכור בשוק וכן כולם ועין תחת עין לא נטילת אבר ממש כמו שדרשו רבותינו בפרק החובל [שמות כא, כד]. **בושת הכל לפי המבייש.** אדם בינוני המבייש בושתו קשה מאדם זולל ומאדם חשוב. **והמתבייש.** לפי חשיבותו בושתו [כתובות מ.]. **ולא תקחו כופר לנפש רוצח.** לא יפטר בממון [במדבר לה, לא]. **ואם נפשך לומר.** ואם יש בידך להשיב על זה הרי ראיה אחרת [יומא עד:]. **הכאה הכאה קאמרינן.** ומום ע"י הכאה הוא ניתן [כתובות לה.]. **ומאי אם נפשך לומר.** מה היה לו להשיב על דרך הראשונה [שבועות ל.]. מה היה לו להקשות שהוזקק להביא מקרא זה [שם יד.]. **משום רשעה אחת אתה מחייבו.** ב"ד הוזהרו שהם לא יחייבוהו שתי רשעיות כגון ממון ומלקות או מיתה ומלקות או מיתה וממון [מכות יג:]. **נהורא.** אור [קידושין פא.].

לעזי רש"י

מלנ"ט. פירוש אבעבועות (רש"י סנהדרין דף קא ע"א ד"ה למחין ועיין רש"י קדושין דף פא סוע"א ד"ה וכיבי), מוגלא (רש"י חולין דף מח ע"א ד"ה למחין):

מסורת הש"ס

א) [כתובות מ.], ב) שם לה., ג) [מכות ד: יג: כתובות לג: לז.], ד) אי בעית סיב דמי עינא ואי בעית עויר עינא לישנא אחרינא אי בעי כו' רש"ל, ה) [לקמן פד. כתובות לג. סנהדרין כח.], ו) [שמות כא], ז) [דברים כה], ח) [דיבור זה צ"ל אחר ד"ה מאי], ט) [ד"ה עליו].

הגהות הב"ח

(א) במשנה עלה בו צמחים: (ב) גמ' לאו מכה הוא אנן הכאה הכאה: (ג) רש"י ד"ה נילף וכו' והכא נמי כי כתיב כי יתן:

תורה אור השלם

א) עַיִן תַּחַת עַיִן שֵׁן תַּחַת שֵׁן יָד תַּחַת יָד רֶגֶל תַּחַת רָגֶל: [שמות כא, כד]
ב) [ויקרא כד]
ג) וְלֹא תִקְחוּ כֹפֶר לְנֶפֶשׁ רֹצֵחַ אֲשֶׁר הוּא רָשָׁע לָמוּת כִּי מוֹת יוּמָת: [במדבר לה, לא]
ד) וּמַכֵּה בְהֵמָה יְשַׁלְּמֶנָּה וּמַכֵּה אָדָם יוּמָת: [ויקרא כד, כא]
ה) וּמַכֵּה נֶפֶשׁ בְּהֵמָה יְשַׁלְּמֶנָּה נֶפֶשׁ תַּחַת נָפֶשׁ: [ויקרא כד, יח]
ו) וְאִישׁ כִּי יִתֵּן מוּם בַּעֲמִיתוֹ כַּאֲשֶׁר עָשָׂה כֵּן יֵעָשֶׂה לּוֹ: [ויקרא כד, יט]
ז) וְאִישׁ כִּי יַכֶּה כָּל נֶפֶשׁ אָדָם מוֹת יוּמָת: [ויקרא כד, יז]
ח) וְהָיָה אִם בִּן הַכּוֹת הָרָשָׁע וְהִפִּילוֹ הַשֹּׁפֵט וְהִכָּהוּ לְפָנָיו כְּדֵי רִשְׁעָתוֹ בְּמִסְפָּר: [דברים כה, ב]
ט) מִשְׁפַּט אֶחָד יִהְיֶה לָכֶם כַּגֵּר כָּאֶזְרָח יִהְיֶה כִּי אֲנִי יְיָ אֱלֹהֵיכֶם: [ויקרא כד, כב]

רִיפּוּי — מה הוא גדר התשלום? אם **הִכָּהוּ, חַיָּיב** המכה **לְרַפְּאוֹתוֹ** ממכתו[10]. **(עלה) [עָלוּ**[11]**] בוֹ** (בגוף הנחבל) **צְמָחִים** — אבעבועות סביבות המכה[12], הדבר תלוי: **אִם מֵחֲמַת הַמַּכָּה** עלו, החובל **חַיָּיב** בהוצאות ריפוי האבעבועות; אם **שֶׁלֹּא מֵחֲמַת הַמַּכָּה**, הרי הוא **פָּטוּר**[13]. **חָיְיתָה וְנִסְתְּרָה** — אם המכה נתרפאה ושוב חזרה, **חָיְיתָה וְנִסְתְּרָה** — שוב נתרפאה וחזרה[14], **חַיָּיב לְרַפְּאוֹתוֹ** לגמרי. **חָיְיתָה כָּל צוֹרְכָּהּ** — אם נתרפאה לגמרי, שוב **אֵינוֹ חַיָּיב לְרַפְּאוֹתוֹ** אם חזרה[15].

שֶׁבֶת — הפסד עבודה, כיצד שמים? **רוֹאִין אוֹתוֹ כְּאִילּוּ הוּא שׁוֹמֵר קִישׁוּאִין** (מלפפונים), ועל החובל לשלם לו שכר זה שהפסידו, על כל יום שהוא חולה ואינו יכול להשתכר מעבודת שומר קישואין[16], כיון **שֶׁכְּבָר נָתַן לוֹ** החובל **דְּמֵי יָדוֹ וּדְמֵי** (או דמי) **רַגְלוֹ**, כלומר, אין צריך לשלם לו את שבתו לפי מה שהיה משתכר קודם החבלה, שכן על זה שילם לו בתורת ה"נזק"[17].

בּוֹשֶׁת, כיצד מעריכים? **הַכֹּל לְפִי הַמְבַיֵּישׁ**[18] **וְהַמִּתְבַּיֵּישׁ**[19].

גמרא הגמרא מרחיבה בדבר הראשון עליו יתכן שהחובל חייב לשלם — הנזק:

אַמַּאי — למה משלם החובל ממון? **"עַיִן תַּחַת עַיִן" אָמַר רַחֲמָנָא** — הרי התורה אמרה (שמות כא, כד): "עַיִן תַּחַת עַיִן"; **אֵימָא** — אמור אם כן שייענש באיבוד **עַיִן מַמָּשׁ!**[20]

הגמרא משיבה:

לֹא סַלְקָא דַּעְתָּךְ — לא יעלה על דעתך לומר כן, **דְּתַנְיָא** בברייתא: **יָכוֹל** הייתי לחשוב שאם אדם **סִימֵּא אֶת עֵינוֹ** של חבירו, בית דין **מְסַמֵּא אֶת עֵינוֹ**; אם **קָטַע אֶת יָדוֹ** של חבירו, בית דין **מְקַטֵּעַ אֶת יָדוֹ**; או אם **שִׁיבֵּר אֶת רַגְלוֹ**, בית הדין **מְשַׁבֵּר אֶת רַגְלוֹ** [וכיוצא בזה בשאר חבלות]. **תַּלְמוּד לוֹמַר** — בא הכתוב ללמדנו: **"מַכֵּה אָדָם"** **וּ"מַכֵּה בְהֵמָה"**[21]. התורה מדמה הכאת אדם להכאת בהמה, ללמד: **מַה מַּכֵּה בְהֵמָה** נידון **לְתַשְׁלוּמִין** של ממון, **אַף מַכֵּה אָדָם** נידון **לְתַשְׁלוּמִין** של ממון. **וְאִם נַפְשְׁךָ לוֹמַר** — ואם תרצה לומר שאין לדמותן זו לזו[22], **הֲרֵי הוּא** (הכתוב) **אוֹמֵר** (במדבר לה, לא): **"לֹא תִקְחוּ כֹפֶר לְנֶפֶשׁ רֹצֵחַ אֲשֶׁר הוּא רָשָׁע לָמוּת"**, ונדייק מזה: **לְנֶפֶשׁ רוֹצֵחַ אִי** (אין) **אַתָּה לוֹקֵחַ כּוֹפֶר, אֲבָל אַתָּה לוֹקֵחַ כּוֹפֶר לְאִיבּוּד רָאשֵׁי אֵבָרִים שֶׁאֵין חוֹזְרִין**[23]. הרי לנו מקור מן הכתוב, שהחובל משלם את הנזק ואין חובלים בו כפי שחבל בחבירו.

הלימוד הראשון שהביאה הברייתא הוא מהשוואת "מַכֵּה אָדָם" ל"מַכֵּה בְהֵמָה". הגמרא מבררת מה הכוונה:

הֵי (איזה) **"מַכֵּה"**, כלומר, מאיזה כתוב בו נאמר "מכה", משמע

הערות

ולא מחמירים עליו (רא"ש, ראה לעיל הערה 5)], אלא, כדי לשער את ערך הצער שבקטיעת יד, אומדים לפי מקרה של אדם שהמלכות גזרה לקטוע את ידו, כמה הוא מוכן לשלם כדי שיקטעוה ללא צער. שונה הדבר כאן, במקרה של צער בלבד ללא נזק, שגם מי שאינו שוטה אפשר שיסכים תמורת סכום מסויים לקבל צער של כוויית ציפורנו למשל, וזהו סכום הצער שמקבל מי שחבירו כוואו בציפורנו (רבינו יהונתן, מובא בשיטה מקובצת; רא"ש, בפירוש הראשון, ועיין רמב"ם, חובל ומזיק ב, ט-י). דעה אחרת: גם במקרה של צער בלבד, אי אפשר להעריך ולקצוב דבר כזה, אלא אומדים לפי הדוגמא של אדם שבפקודת המלכות נגזר עליו צער זה, כגון כוויית ציפורנו, כמה יהא מוכן לשלם כדי שלא יעשו בו כגזירת המלכות (רא"ש, בפירוש השני; ראה ביאורנו להלן פה, א).

10. היינו, החובל חייב לשלם לו הוצאת ריפויו על ידי רופא. אפילו אם החובל הוא בעצמו רופא, חייב הוא לשכור אחר אם הנחבל עומד על כך. וכן אם הציע לו רופא שמרפא חנם, יכול הנחבל לסרב להתרפא על ידי רופא זה, כי רופא שמרפא בחנם אין ריפויו שוה כלום, לפי שאין לו מחוייבות כלפי החולה (רבינו יהונתן ורא"ש, על פי הגמרא לקמן פה, א). ראה נמוקי יוסף כאן ורש"י להלן צא, א (ד"ה ורפוי), מה כלול בתשלום זה. ראה גם רמב"ם, חובל ומזיק ב, יד-יח.

[להסבר בגדר חיוב "ריפוי", אם הוא חיוב ממון או שהוא חובה על החובל לדאוג לרפואת הנחבל, ראה קובץ שיעורים כתובות ריח.]

11. התיקון על פי הגהות הב"ח.

12. מאירי.

13. הגמרא לקמן (פה, א) תבאר למה נצרכה הוראה זו, הנראית פשוטה.

14. היינו, המכה נראית כנתרפאה לגמרי, אך באמת לא נתרפאה (מאירי).

15. כיון שהמכה לא חזרה מחמת החבלה הראשונה אלא מחמת גורם אחר, אין החובל חייב בריפויה (מאירי). [גם הוראה זו נראית כפשוטה; ראה מלאכת שלמה לביאור מה מוסיפה המשנה בזה; ראה גם תפארת ישראל י.]

16. במצבו זה — כגון שנקטעה ידו — עבודתו של הנחבל תהיה שמירת קישואין וכיוצא בה (ועל עצם ירידתו ממלאכה חשובה יותר לשמירת קישואין, על החובל לשלם לו בתור "נזק"; ראה הערה הבאה). בעת מחלתו עקב החבלה, אינו יכול אפילו לשמור קישואין, אלא הוא יושב בטל ("שבת"), ועל כן החובל משלם לו על הפסדו כשומר קישואין (ראה רש"י).

17. במה שמשלם עבור הנזק, החובל מפצה את הנחבל על מה שפיחתו מעבודתו הקודמת בעלת השכר הגבוה (אם היתה לו) לזו של שומר קישואין [או כל עבודה אחרת שיוכל לעשות לאחר החבלה, תלוי באומנותו של הנחבל ובמהות החבלה (רא"ש)]. לענין "שבת" (הפסד עבודה), אם כן, החובל חייב רק עבור הזמן שהוא מובטל לגמרי ואינו יכול לעבוד אפילו במלאכה שיוכל לעשות לאחר החבלה, לכשיתרפא (רש"י; ראה גם מאירי). דין זה יתבאר בהרחבה בגמרא להלן (פה, ב).

משנתנו עוסקת בדוגמא שהחבלה כללה גם נזק קבוע (כגון שקטע את ידו או רגלו) וגם ביטול מלאכה ("שבת") בזמן שהוא חולה ואינו יכול לעסוק בשום מלאכה. בגמרא להלן (פו, א) יבואר גם כיצד מעריכים "שבת" במקרה שהנחבל יוכל לחזור לעבודתו הקודמת.

18. אחד הדברים הקובעים מהי מידת הבושת שיש בכל מעשה של ביוש, הוא מעמדו של המבייש. הבושת שמבייש אדם קל ובזוי, גדולה מן הבושת שמבייש אדם נכבד [והתשלום הוא בהתאם לגודל הבושה] (רש"י). [עיין רש"י כתובות מ, א, שם משמע להיפך; ליישוב והרחבה עיין תוספות יום טוב שם; מהדורתנו שם הערה 15; ב"ח חושן משפט תכ ד"ה בושת; ערוך השלחן שם כט.]

19. מידת הבושת שיש בכל מעשה ביוש, תלוי גם במעמדו של המתבייש. ככל שהנחבל חשוב יותר בושתו מרובה [והתשלום הוא בהתאם] (רש"י).

לפי ערכם של המבייש והמתבייש, אומדים כמה אדם במעמדו של המתבייש, היה רוצה ליטול כדי להתבייש בושה זו ממבייש זה, וזהו הסכום שהמבייש משלם (רמ"ה, מובא בשיטה מקובצת). [הדברים אמורים רק במקרה של בושת בלבד, אבל במקרה שהיה גם נזק, יש להעריך כמה המתבייש היה **נותן** כדי שלא להתבייש; ראה גם רמב"ם הלכות נערה ב, ה; הלכות חובל ומזיק ב, ט-י).]

20. היינו, למה אין הדין כפי שמשמע לכאורה מלשון הכתוב, שכעונש על שחבל בחבירו, יש לחבול בו באותה מדה. [לסברת הדבר ראה רא"ש; רמב"ם חובל ומזיק א, ג; רמב"ן ואבן עזרא שמות כא, כד; ים של שלמה.]

אין הגמרא מסתפקת באמת שמא אין דינו של חובל בתשלום ממוני. שהרי דין זה נלמד מפי משה רבינו מהר סיני וכן ראו אבותינו דנים בכל בית דין ובית דין שעמדו מאז ועד עכשיו. הגמרא באה רק להוכיח מתוך התורה שבכתב עצמה שאת הפסוק המחייב "עַיִן תַּחַת עַיִן" אי אפשר להבינו כפשוטו (ראה רמב"ם הלכות חובל ומזיק א, ו, ובהקדמתו לפירוש המשנה; ראה גם להלן פד, א הערה 33; לביאור אחר ראה שיטה מקובצת בשם מהר"י כ"ץ).

21. הגמרא תדון לאילו פסוקים הכוונה (רש"י).

22. היינו, אם תקשה על הלימוד מ"מַכֵּה אָדָם" ו"מַכֵּה בְּהֵמָה" [בגמרא להלן יתבאר מה יש להקשות על לימוד זה], אביא לך מקור אחר ללימוד הוראה זו (רש"י).

23. כלומר, החובל בחבירו באמת ראוי שיחובל באופן דומה, אולם התורה נותנת לחובל לשלם כופר תמורת האבר שהיה ראוי שיאבד (רמב"ם הלכות חובל ומזיק א, ג; ראה גם תוספות פד, א ד"ה אלא; חידושי מרן ריי"ז הלוי, מכתבים עמוד 160 ד"ה והנה; חזון יחזקאל ט, י; חידושי רבי שמואל רוזובסקי ד). וכך מתבארת הדרשה: לנפש רוצח אשר הוא "רשע — למות" (שדינו מיתה) אין אתה לוקח כופר, אבל חובל שהוא "רשע — למלקות" (ראה לעיל הערה 2), הרי כאשר יש בחבלה שוה פרוטה, אתה לוקח כופר (משך חכמה על הפסוק). ראה רמב"ם, הלכות רוצח א, ד, לטעם הדבר שאין לקחת כופר על רציחה.

[ראשי (קצוות) אברים שאינם חוזרים הם עשרים וארבעה: ראשי עשרת אצבעות הידים, עשרת אצבעות הרגלים, שתי אזנים, האף וראש הגוויה (ראה משנה, נגעים ו, ז). ההבדל בין "ראשי" אברים לשאר מקומות בגוף, הוא לענין נגעי צרעת: כאשר נראה "מחית בשר חי" דהיינו, איזור בשר בריא, בתוך מראה צרעת, הרי זו סימן לצרעת ודאית. אולם, מִחְיָה המופיעה על אחד מעשרים וארבעה ראשי האברים **אינה** סימן לצרעת ודאית. שכן הדין הוא שמחיה אינה סימן אלא אם כן היא נראית כולה במבט אחד, וכשהיא בראש אבר, אי אפשר לראותה כולה במבט אחד אלא צריכה היא הסתכלות מכמה זויות שונות; לפיכך, אין היא נחשבת סימן צרעת (שם). אולם לענין חבלות הגוף, אדם חייב לא רק על איבוד **ראשי** אברים אלא על כל נזק קבוע או פציעה לגוף (ראה דברי אביי לקמן פו, א). ואכן הרמב"ם (שם) כותב: "**לחסרון אברים או לחבלות** יש בו כופר".]

החובל בחבירו [א]חייב עליו משום חמשה דברים [ב]בנזק בצער בריפוי בשבת ובושת: בנזק כיצד סימא את עינו קטע את ידו שיבר את רגלו רואין אותו כאילו הוא עבד נמכר בשוק ושמין כמה היה יפה וכמה הוא יפה: צער [ג]כואו (או) בשפוד או במסמר ואפילו על ציפורנו מקום שאינו עושה חבורה [ד]אומדין כמה אדם כיוצא בזה רוצה ליטול להיות מצטער כך: [ה]ריפוי הכהו חייב לרפאותו (א) [ו]עלה בו צמחים אם מחמת המכה חייב שלא מחמת המכה פטור [ז]חייתה ונסתרה חייתה ונסתרה חייב לרפאותו חייתה כל צורכה אינו חייב לרפאותו: [ח]שבת רואין אותו כאילו הוא שומר קישואין שכבר נתן לו דמי ידו ודמי רגלו: (א) [ט]בושת הכל לפי המבייש והמתבייש: **גמ'** אמאי (א) עין תחת עין אמר רחמנא אימא עין ממש לא סלקא דעתך דתניא יכול סימא את עינו מסמא את עינו קטע את ידו מקטע את ידו שיבר את רגלו משבר את רגלו ת"ל (ב) מכה אדם ומכה בהמה מה מכה בהמה לתשלומין [י]אף מכה אדם לתשלומין ואם נפשך לומר הרי הוא אומר (ג) לא תקחו כופר לנפש רוצח אשר הוא רשע למות לנפש רוצח אי אתה לוקח כופר אבל אתה לוקח כופר לראשי אברים שאין חוזרין [כ]הי מכה אילימא (ד) מכה בהמה ישלמנה ומכה אדם יומת ההוא בקטלא כתיב אלא מהכא (ה) מכה נפש בהמה ישלמנה נפש תחת נפש וסמיך ליה (ו) ואיש כי יתן מום בעמיתו כאשר עשה כן יעשה לו האי לאו מכה הוא (ב) הכאה הכאה קאמרינן מה הכאה האמורה בבהמה לתשלומין אף הכאה האמורה באדם לתשלומין והא כתיב (ז) ואיש כי יכה כל נפש אדם מות יומת בממון ממאי דבממון אימא במיתה ממש לא סלקא דעתך חדא דהא איתקש למכה בהמה ישלמנה ועוד כתיב בתריה כאשר יתן מום באדם כן ינתן בו ושמע מינה ממון ומאי אם נפשך לומר תו קא קשיא לתנא מאי חזית דילפת ממכה בהמה לילף ממכה אדם אמרי דנין ניזקין מניזקין ואין דנין ניזקין ממיתה אדרבה דנין אדם מאדם ואין דנין אדם מבהמה היינו דקתני אם נפשך לומר הרי הוא אומר לא תקחו כופר לנפש רוצח אשר הוא רשע למות כי מות יומת לנפש רוצח אי אתה לוקח כופר אבל אתה לוקח כופר לראשי אברים שאינן חוזרין והאי לא תקחו כופר לנפש רוצח למעוטי ראשי אברים הוא דאתא האי מבעי ליה דאמר רחמנא לא תעביד ביה תרתי לא תשקול מיניה ממון ותקטליה האי (ח) מכדי רשעתו נפקא [ל]רשעה אחת אתה מחייבו ואי אתה מחייבו שתי רשעיות ואכתי מבעי ליה דקאמר רחמנא [מ]לא תשקול ממון ותפטריה א"כ לכתוב רחמנא לא תקחו כופר לאשר הוא רשע למות לנפש רוצח למה לי ש"מ לנפש רוצח אי אתה לוקח כופר אבל אתה לוקח כופר לראשי אברים שאינן חוזרין וכי מאחר דכתיב לא תקחו כופר מכה מכה למה לי אמרי אי מהאי הוה אמינא [ד]אי בעי עינו ניתיב ואי בעי דמי עינו ניתיב קמ"ל מבהמה מה מכה בהמה לתשלומין אף מכה אדם לתשלומין: תניא ר' דוסתאי בן יהודה אומר עין תחת עין ממון אתה אומר ממון או אינו אלא עין ממש אמרת הרי שהיתה עינו של זה גדולה ועינו של זה קטנה היאך אני קורא ביה עין תחת עין וכי תימא כל כי האי שקיל מיניה ממונא התורה אמרה (ט) משפט אחד יהיה לכם [י]משפט השוה לכולכם אמרי מאי קושיא דלמא נהורא שקיל מיניה נהורא אמר רחמנא נישקול מיניה דאי לא תימא הכי

קטן

רש"י

החובל. וכמה הוא יפה. שהרי הזיקו והפסידו ממון זה שאם היה נצרך היה מוכר עצמו בעבד עברי: **במסמר.** כאב המכה: **כיוצא בזה.** לפי מה שהוא מעונג רב צערו וכאיבו: **צמחין.** מלנ"ט: **שבת.** כל ימי החולי רואים אותו כאילו הוא שומר קישואין ונותן שכירתו של כל יום שהרי אין ראוי למלאכה כבידה אפילו בלא חולי שהרי נקטעה ידו ורגלו והוא כבר נתן לו דמיהן: **הכל לפי המבייש.** אדם קל שבייש בושתו מרובה: **והמתבייש.** אדם חשוב שנתבייש בושתו מרובה וכולהו חמשה דברים מקרא נפקי נזק דכתיב (ו) עין תחת עין צער פצע תחת פצע דהכי דרשינן בגמ' ריפוי ושבת רק שבתו יתן ורפא ירפא בושת דכתיב (ז) וקצותה את כפה ממון: **גמ' מכה אדם ומכה בהמה.** לקמן מפרש לקראי הי מכה קאמר: **ואם נפשך לומר.** ואם יש לך להשיב ולהקשות כלום על טעם זה לא ולמד ממדרש אחר: **הרי הוא אומר כו'.** ולקמן בעי מאי הוי ליה לאקשויי: **שאין חוזרין.** לאחר שנקטעו: **בקטלא כתיב.** ותשלומין אין שם: **הכאה הכאה גמרינן.** אע"ג דקראי לא דמו גמרינן ג"ש כדתנא דבי ר' ישמעאל ושב הכהן ובא הכהן בעירובין (דף נא.) ומכה אדם דקתני הכא הכאה הוא דקאמר ומכי יתן מום גמר דמום ע"י הכאה בא: **והכתיב איש כי יכה כל נפש אדם.** ולקטלא לא אתא קרא אלא לראשי אברים כדכתיב בתריה עין תחת עין וכתיב יומת כלומר ינטל אברו וימות אותו אבר: **מאי אם נפשך לומר.** מאי הוה ליה לאקשויי: **נילף ממכה אדם.** שנהרג ממש והכא נמי (ג) (כתיב) כי יתן מום מום ממש: **אמרי דנין ניזקין כו'.** כלומר משום האי פירכא לא הוה מדחיק תנא למילף מלא תקחו הא מצי לשנויי הכי דנין ניזקין מניזקין כו': **ואכתי מבעי ליה לא תשקול ממונא ותפטריה.** מקטלא ולגופיה אצטריך ולא למעוטי אחריני: **לנפש רוצח.** דלא אצטריך אתי למעוטי ראשי אברים שאין נפש:

קטן

תוספות

החובל. מכה בהמה ישלמנה וסמיך ליה ואיש כי יתן. נראה לר"י דל"ג וסמיך ליה דהא מכח סמוכים לא דריש אלא מכח ג"ש כדאמר לקמן אנן הכאה הכאה קאמרינן ואמר נמי לקמן וכי מאחר דכתיב לא תקחו כופר לנפש רוצח האי מכה מכה למה לי משמע דג"ש היא ולא סמוכים ועוד כי פריך בסמוך מאי חזית דילפת ממכה בהמה נילף ממכה אדם ומאי קושיא והלא מכח סמוכים הוא בא ומכה אדם אין סמוך לאיש כי יתן מום וא"ת וכיון דמג"ש קא יליף למה הוצרך לאתויי קרא דמכה נפש בהמה ישלמנה ושביק קרא דמכה בהמה דמייתי לעיל וי"ל דמכה בהמה איצטריך לתנא דבי חזקיה ומאן דלית ליה דריש בריש הנחנקין (סנהדרין דף פד:) מה מכה בהמה לרפואה פטור כו' א"נ כיון דהדר ליה ממכה אדם דהוי בקטלא הדר ביה לגמרי ונקט האי קרא דמכה נפש בהמה דסמיך לאיש כי יתן מום ולפי זה מצי למגרס וסמיך ליה דמשום דסמיך ליה נקט האי קרא ולא משום סמוכים: **אף** הכאה האמורה באדם לתשלומין. י"ס דגרסי בתר הכי והכתיב איש כי יכה כל נפש אדם מות יומת פירוש שימיתו אברו תחת אברו של חבירו ומשני יומת בממון וממאי דבממון אימא מיתה ממש לא ס"ד חדא דהא איתקש למכה נפש בהמה ועוד דכתיב התם כאשר יתן מום באדם כן ינתן בו ש"מ ממון ואין נראה לר"י אותה גירסא כלל חדא דאיש כי יכה כל נפש אדם מוקמינן בהנשרפין (סנהדרין דף עח.) בקטלא גבי פלוגתא דרבי יהודה בן בתירה ורבנן גבי הכוהו י' בני אדם בי' מקלות ועוד דלממון לא אצטריך ועוד מאי פריך מעיקרא והכתיב איש כי יכה כל נפש אדם מי אלים מקרא דעין תחת עין דמוקמינן ליה בממון בג"ש דהכאה הכאה ועוד מכיון דכתיב כאשר יתן מום באדם כן ינתן בו למה לי הך ג"ש דהכאה הכאה ע"כ נראה דל"ג ליה כלל: (ח) **מכדי** רשעתו נפקא. פירושו בסוף פ"ב (דף כו.(ט)): **מאי** חזית דילפת ממכה בהמה נילף ממכה אדם. אע"ג דלהא לא איצטריך דממילא הוה אמרינן עין תחת עין ממש מ"מ איצטריך דלא נילף ממכה בהמה: **מכה** מכה למ"ל. וא"ת דרבא דריש מיניה בפרק אלו נערות (כתובות דף לה.) בפירוש ריבתה תורה חייבי מלקיות כחייבי מיתות לתשלומין מג"ש דמכה מכה וי"ל דרבא לטעמיה דדריש לקמן עין תחת עין ממון מקרא אחרינא:

רב

עין משפט נר מצוה

א א מיי' פ"א מהל' חובל ומזיק הלכה א סמג עשין ע טוש"ע ח"מ סי' תכ סעיף ג:
ב ב מיי' שם טוש"ע שם סעיף טו:
ג ג מיי' שם פ"ב הלכה ג סמג שם טוש"ע שם סעיף ט:
ד ד מיי' שם הלכה י טוש"ע שם סעיף טז:
ה ה ו ז מיי' שם הלכה יד והלכה יט טוש"ע שם סעיף יט:
ו ח מיי' שם הלכה יא טוש"ע שם סעיף יז:
ז ט מיי' שם פ"ג הלכה א טוש"ע שם סעיף כד:
ח י מיי' פ"א מהלכות חובל הלכה ג ד ה:
ט כ מיי' פ"א מהלכות רוצח הלכה ד סמג לאוין קסא:

ליקוטי רש"י

חמשה דברים. כולהו יליף מקראי (לקמן דף פה.) [לעיל ד:]. **בנזק כיצד.** סימא עין חבירו נותן לו דמי עינו כמה שפחתו דמיו למכור בשוק וכן כולם ועין תחת עין לא נטילת אבר ממש כמו שדרשו רבותינו בפרק החובל [שמות כא, כד]. **בושת הכל לפי המבייש.** אדם בינוני המבייש בושתו קשה מאדם זולל ומאדם חשוב. **והמתבייש.** לפי חשיבותו בושתו [כתובות מ.]. **ולא תקחו כופר לנפש רוצח.** לא יפטר בממון [במדבר לה, לא]. **ואם נפשך לומר.** ואם יש בידך להשיב על זה הרי ראיה אחרת [יומא עד:]. **הכאה הכאה קאמרינן.** ומום ע"י הכאה הוא ניתן [כתובות לה.]. **ומאי אם נפשך לומר.** מה היה לו להשיב על דרך הראשונה [שבועות ל.]. מה היה לו להקשות שהוזקק להביא מקרא זה [שם יד.]. **משום רשעה אחת אתה מחייבו.** ב"ד הוזהרו שהם לא יחייבוהו שתי רשעיות כגון ממון ומלקות או מיתה ומלקות או מיתה וממון [מכות יג:]. **נהורא.** אור [קידושין פא.].

לעזי רש"י

מלנ"ט. פירוש אבעבועות (רש"י סנהדרין דף קא ע"א ד"ה למחין ועיין רש"י קדושין דף פא סוע"א ד"ה וכיבי), מוגלא (רש"י חולין דף מח ע"א ד"ה למחין):

מסורת הש"ס

א) [כתובות מ.], ב) שם לה., ג) [מכות ד: יג: כתובות לב: לז.], ד) **אי בעית סיב דמי עינא ואי בעית עויר עינא לישנא אחרינא אי בעי** כו' רש"ל, ה) [לקמן פד. כתובות לג. סנהדרין כח.], ו) [שמות כא], ז) [דברים כה], ח) [דיבור זה נ"ל אחר ד"ה מאי], ט) [ד"ה עליו].

הגהות הב"ח

(א) במשנה עלו בו למחים: (ב) גמ' לאו מכה הוא אנן הכאה הכאה: (ג) רש"י ד"ה נילף וכו' והכא נמי כי כתיב כי יתן:

תורה אור השלם

א) עַיִן תַּחַת עַיִן שֵׁן תַּחַת שֵׁן יָד תַּחַת יָד רֶגֶל תַּחַת רָגֶל: [שמות כא, כד]

ב) [ויקרא כד]

ג) וְלֹא תִקְחוּ כֹפֶר לְנֶפֶשׁ רֹצֵחַ אֲשֶׁר הוּא רָשָׁע לָמוּת כִּי מוֹת יוּמָת: [במדבר לה, לא]

ד) וּמַכֵּה בְהֵמָה יְשַׁלְּמֶנָּה וּמַכֵּה אָדָם יוּמָת: [ויקרא כד, כא]

ה) וּמַכֵּה נֶפֶשׁ בְּהֵמָה יְשַׁלְּמֶנָּה נֶפֶשׁ תַּחַת נָפֶשׁ: [ויקרא כד, יח]

ו) וְאִישׁ כִּי יִתֵּן מוּם בַּעֲמִיתוֹ כַּאֲשֶׁר עָשָׂה כֵּן יֵעָשֶׂה לּוֹ: [ויקרא כד, יט]

ז) וְאִישׁ כִּי יַכֶּה כָּל נֶפֶשׁ אָדָם מוֹת יוּמָת: [ויקרא כד, יז]

ח) וְהָיָה אִם בִּן הַכּוֹת הָרָשָׁע וְהִפִּילוֹ הַשֹּׁפֵט וְהִכָּהוּ לְפָנָיו כְּדֵי רִשְׁעָתוֹ בְּמִסְפָּר: [דברים כה, ב]

ט) מִשְׁפַּט אֶחָד יִהְיֶה לָכֶם כַּגֵּר כָּאֶזְרָח יִהְיֶה כִּי אֲנִי יְיָ אֱלֹהֵיכֶם: [ויקרא כד, כב]

שמכה אדם נידון לתשלומים בלבד, כמכה בהמה? **אִילֵימָא** — אם נאמר שכוונת הברייתא היא לנאמר (ויקרא כד, כא): "**מַכֵּה בְהֵמָה יְשַׁלְּמֶנָּה וּמַכֵּה אָדָם יוּמָת**"[24], זה לא יתכן! **הַהוּא בִּקְטָלָא כְּתִיב** — הרי אותו פסוק נכתב לענין אדם הנידון למות, שהוא פטור מתשלום ממוני[25]!

הגמרא מזהה את המקור ללימוד:

אֶלָּא, הלימוד הוא **מֵהָכָא** — מכאן (שם פסוק יח): "**מַכֵּה נֶפֶשׁ בְּהֵמָה יְשַׁלְּמֶנָּה נֶפֶשׁ תַּחַת נָפֶשׁ**" **וּסְמִיךְ לֵיהּ** — ובסמוך לו נאמר (פסוק יט): "**וְאִישׁ כִּי יִתֵּן מוּם בַּעֲמִיתוֹ, כַּאֲשֶׁר עָשָׂה כֵּן יֵעָשֶׂה לּוֹ**". השוואת שני הכתובים מלמדת שבשניהם הדין שוה, שהחובל נפטר בתשלומין[26].

הגמרא מקשה:

הַאי לַאו מַכֵּה הוּא — הרי בפסוק זה אין את הביטוי "מכה"[27]!

הגמרא משיבה:

הַכָּאָה הַכָּאָה קָאַמְרִינָן — אף על פי שאין המלה "מַכֵּה" כתובה בשני הפסוקים, אנו למדים מהמושג המשותף "הכאה" שיש בשניהם, שכן בפסוק השני מדובר על מום, שבא על ידי הכאה[28]. על פי זה אומרים, **מַה הַכָּאָה הָאֲמוּרָה בִּבְהֵמָה** נידון **לְתַשְׁלוּמִין, אַף "הַכָּאָה" הָאֲמוּרָה בְּאָדָם,** כלומר, הכתוב (פסוק יט) העוסק במי שהכה את חבירו ונתן בו מום, מורה שהוא נידון **לְתַשְׁלוּמִין.**

הגמרא מקשה על מסקנא זו:

וְהָא כְּתִיב — והרי כתוב (קודם לכן, בפסוק יז): "**וְאִישׁ כִּי יַכֶּה כָּל נֶפֶשׁ אָדָם מוֹת יוּמָת**"[29]. פסוק זה מורה שאין די בתשלום ממון כאשר אדם מכה אדם אחר[30]!

הגמרא מתרצת:

בְּמָמוֹן — גם בפסוק זה, הכוונה לתשלום ממון[31].

הגמרא ממשיכה להקשות:

מִמַּאי דִּבְמָמוֹן — מנין אתה אומר שהכוונה לתשלום ממון? **אֵימָא** — אמור שהכתוב מדבר **בְּמִיתָה מַמָּשׁ** [היינו, שאברו של החובל יקטע[32]].

הגמרא מתרצת:

לֹא סַלְקָא דַּעְתָּךְ — לא יעלה על דעתך לומר כך. **חֲדָא דְּהָא אִיתְּקַשׁ** — ראשית, משום שחובל באדם הוקש (הושווה על ידי גזירה שוה) **לְ"מַכֵּה בְהֵמָה יְשַׁלְּמֶנָּה"**, כפי שנלמד למעלה[33]. **וְעוֹד, כְּתִיב בַּתְרֵיהּ** — כתוב אחריו (פסוק כ): "**כַּאֲשֶׁר יִתֵּן מוּם בָּאָדָם כֵּן יִנָּתֶן בּוֹ**"[34]. **(וּ)שְׁמַע**[35] **מִינָּהּ** — למוד מזה שפסוק יז ("מוֹת יוּמָת") גם כן מדבר מתשלום **מָמוֹן.**

אחר שהתבארה ההוכחה הראשונה של הברייתא לכך שהחובל בחבירו משלם ממון, הגמרא מבררת מדוע הוצרכה הברייתא להוכחה נוספת:

וּמַאי — ומה כוונת הברייתא שאמרה "**אִם נַפְשְׁךָ** (תרצה) **לוֹמַר**", דהיינו, שיש מה להשיב על הגזירה שוה "הכאה" "הכאה" [ולכן הביאה לימוד אחר]? מה קשה בהוכחה הראשונה?

הגמרא מבארת:

תּוּ קָא קַשְׁיָא לְתַנָּא — מעבר לקושיות שהעלתה הגמרא, היה קשה לתנא של הברייתא: **מַאי חָזִית דְּיָלְפַתְּ** — מה ראית ללמוד דין החובל בחבירו (הנאמר בפסוק יט): **מִ"מַּכֵּה בְהֵמָה"**[36]**? לֵילַף** — ילמד דין חובל **מִ"מַּכֵּה אָדָם"**[37]! כמו שבמקרה האחרון המכה נענש במיתה, כך במקרה של חובל, נאמר שהאבר המקביל של החובל יקטע ממש[38].

הערות

24. פסוק זה נראה כמדמה מכה אדם למכה בהמה. הלכך, כמו שחובל בבהמה משלם ממון, כך חובל באדם משלם ממון.

[הגמרא תביא כמה פסוקים של פרשה אחת בתורה (ויקרא כד, יז-כב). נביא כאן, בתחילת הסוגיא, את הפרשה במלואה: (יז) וְאִישׁ כִּי יַכֶּה כָּל־נֶפֶשׁ אָדָם מוֹת יוּמָת: (יח) וּמַכֵּה נֶפֶשׁ־בְּהֵמָה יְשַׁלְּמֶנָּה נֶפֶשׁ תַּחַת נָפֶשׁ: (יט) וְאִישׁ כִּי־יִתֵּן מוּם בַּעֲמִיתוֹ כַּאֲשֶׁר עָשָׂה כֵּן יֵעָשֶׂה לּוֹ: (כ) שֶׁבֶר תַּחַת שֶׁבֶר עַיִן תַּחַת עַיִן שֵׁן תַּחַת שֵׁן כַּאֲשֶׁר יִתֵּן מוּם בָּאָדָם כֵּן יִנָּתֶן בּוֹ: (כא) וּמַכֵּה בְהֵמָה יְשַׁלְּמֶנָּה וּמַכֵּה אָדָם יוּמָת: (כב) מִשְׁפַּט אֶחָד יִהְיֶה לָכֶם כַּגֵּר כָּאֶזְרָח יִהְיֶה כִּי אֲנִי ה׳ אֱלֹהֵיכֶם.]

25. "מַכֵּה אָדָם" בפסוק זה מתייחס במסויים לאדם המכה את אביו (ראה סנהדרין פד, ב), חטא שעונשו מות, כך שאין בו תשלום ממון (פני יהושע בביאור רש"י; ראה גם רש"ש ד"ה אמרי). הלכך, פסוק זה אינו יכול ללמד על העונש לחובל בחבירו בדרך כלל.

26. אף שמלשון הגמרא נראה שהיא דורשת סמיכות שני הפסוקים (על פי הכלל של "סמוכים"; ראה יבמות ד, א), באמת היא דורשת "גזירה שוה" להשוות את המקרים של מכה בהמה ושל מכה אדם, ללמוד מהראשון (בו כתוב בפירוש "יְשַׁלְּמֶנָּה") לאחרון שהחובל חייב רק בתשלום ממון, אלא שהסמיכות **מסייעת** לדרשת הגזירה שוה (ראה תוספות ד"ה החובל, בתירוץ השני; אבל ראה גם בתחילת הדיבור, שמוחקים את המלים "וּסְמִיךְ לֵיהּ" המורות על דרשת "סמוכים" [וכן גירסת כתב יד מינכן, ראה דקדוקי סופרים]).

[מרומי שדה מפרש את הלימוד ביתר ביאור: מה מכה בהמה, אף על פי שנאמר בזה "נֶפֶשׁ תַּחַת נָפֶשׁ", אינו נידון שיטלו את נפש בהמתו אלא הוא משלם ממון, כך מכה אדם, אף על פי שכתוב בו "עַיִן תַּחַת עַיִן", פרש זאת לענין תשלומים.]

27. המלה "מַכֵּה" אינה מוזכרת בפסוק השני. אלא, הפסוק אומר: "וְאִישׁ כִּי יִתֵּן מוּם..." הלכך, לכאורה אין כאן גזירה שוה להשוות מכה בהמה ומכה אדם, שהרי גזירה שוה מיוסדת על מלה משותפת בשתי פרשיות, ואילו המלה "מַכֵּה" כתובה רק בפסוק הראשון (להרחבה ראה רשב"א).

28. ניתן לדרוש גזירה שוה ממושג משותף כמו ממלה משותפת. דוגמא לכך מביאה הגמרא בעירובין (נא, א) בענין ביאת הכהן לראות נגע צרעת בבית. בפסוק אחד (ויקרא יד, לט) כתוב: "וְשָׁב" הַכֹּהֵן, ובפסוק אחר (שם מד): "וּבָא" הַכֹּהֵן. ואנו דורשים שסדר המעשים בשניהם דומה (ראה רש"י עירובין נא, א; ויקרא יד, מד). נמצא שעל ידי גזירה שוה לומדים "ביאה" מ"שיבה" כיון שהמושגים שווים. גם כאן, גזירה שוה נדרשת אף על פי שהפסוק השני אינו אומר בפירוש "מַכֵּה", כיון שהוא מדבר מחבלה הנעשה על ידי הכאה (רש"י).

ביארנו על פי רש"י שגרס: "הַכָּאָה הַכָּאָה **גַּמְרִינַן**" — למדים (דהיינו, אנו דורשים גזירה שוה מהמושג "הכאה" המשותף לשני הפסוקים). לגירסא אחרת ראה הגהות הב"ח, ודקדוקי סופרים. אין הבדל משמעותי בין הגירסאות.

29. אי אפשר להבין את הפסוק כפשוטו, כעוסק בהריגת אדם, שכן הפרשה ממשיכה (פסוקים יט-כ): "כַּאֲשֶׁר עָשָׂה כֵּן יֵעָשֶׂה לּוֹ: שֶׁבֶר תַּחַת שֶׁבֶר עַיִן תַּחַת עַיִן..." ובהכרח שהפסוק עוסק במי שקטע אברו של חבירו, והוא אומר שאברו של החובל "יוּמָת", כלומר יִקָּטַע (רש"י). ראה גם תוספות; ראה הערה הבאה.

30. קשה להבין את קושיית הגמרא, שהרי זה עתה הסקנו שהגזירה שוה מלמדת לא לפרש "עַיִן תַּחַת עַיִן" כפשוטו, אלא כמחייב תשלום ממוני. [הגמרא אכן תתרץ כך.] הלכך, על פי הגזירה שוה, הביטוי "מוֹת יוּמָת" (אם אכן מדובר במי שהכה את חבירו ולא המיתו) גם כן מתייחס לתשלום ממוני. בנוסף, הגמרא בסנהדרין (עח, א) מניחה שפסוק יז אכן עוסק ברציחה ועונש מות. מחמת כך, וקושיות נוספות, תוספות ורשב"א משמיטים לגמרי קושיא ותירוץ זה מהגמרא. ראה תורת חיים, פנים מאירות ופני יהושע ליישובים שונים לגירסא שלנו.

31. והביטוי "מוֹת יוּמָת" מורה שאם החובל הוא עני ביותר, תשלום זה יכול להוביל למותו — היינו שאין "מסדרים" לחובל, להשאיר בידו כדי צרכיו הבסיסיים, כמו שעושים בחובות כספיים אחרים (ראה משך חכמה על הפסוק; ראה גם לקח טוב כלל ב ד"ה וכן). [ראה גם נדרים ז, ב ועבודה זרה ה, א, שם נאמר שעני חשוב כמת.]

[לפי תירוץ זה נמצא שישנם שני כתובים לענין חיוב ממון על חבלה. להסבר מה צורך יש בשניהם, ראה ראב"ד (מובא גם ברשב"א בשמו).]

32. ראה הערה 29.

33. הכוונה היא לפסוק יח, "וּמַכֵּה **נֶפֶשׁ**־בְּהֵמָה יְשַׁלְּמֶנָּה", ממנו למדה הגמרא גזירה שוה "הכאה" "הכאה" (ואילו לגבי פסוק כא, בו נאמר "מַכֵּה בְהֵמָה יְשַׁלְּמֶנָּה" אמרה הגמרא שמדובר לענין עונש מיתה). ראה תוספות ד"ה אף, לגירסא "דהא איתקש למכה נפש בהמה ישלמנה".

34. הגמרא מתכוונת כנראה לדרשת תנא דבי רבי ישמעאל המובאת להלן (פד, א), שהמלה "יִנָּתֶן" מורה על נתינת ממון. ראה תוספות, סוף ד"ה אף, ונחלת משה; לביאור אחר ראה פני יהושע; תורת חיים.

35. תוקן על פי גירסת הראשונים (וכן בכל כתבי היד, ראה דקדוקי סופרים).

36. הגמרא לעיל הסיקה שישנה גזירה שוה (של מושג משותף) בין "מַכֵּה נֶפֶשׁ בְּהֵמָה יְשַׁלְּמֶנָּה" (פסוק יח) והפסוק שאחריו, "וְאִישׁ כִּי יִתֵּן מוּם בַּעֲמִיתוֹ כַּאֲשֶׁר עָשָׂה כֵּן יֵעָשֶׂה לּוֹ" (ראה הערות 26, 28). היינו, כמו שמכה בהמה משלם ממון כך החובל באדם משלם ממון [ואין הדין שחובלים בו כשם שחבל בחבירו].

37. פסוק כא; ראה לעיל הערה 25.

38. כיון שהפסוק (כא) מתייחס למיתה ממש, על ידי גזירה שוה זו, נאמר שהביטוי "כֵּן יֵעָשֶׂה לּוֹ" שנאמר בחובל, יתפרש כפשוטו, שהחובל ייענש באיבוד אברו ממש (רש"י).

[באמת, גזירה שוה זו לא היתה נצרכת ללמד שהחובל נענש בעונש גופני, שהרי

עין משפט
נר מצוה

א א מיי׳ פ״א מהל׳ חובל ומזיק הלכה א סמג עשין ע טוש״ע ח״מ סי׳ תכ סעיף ג:
ב ב מיי׳ שם טוש״ע שם סעיף טו:
ג ג מיי׳ שם פ״ב הלכה ג סמג שם טוש״ע שם סעיף ט:
ד ד מיי׳ שם הלכה י טוש״ע שם סעיף טז:
ה ה ו ז מיי׳ שם הלכה יד והלכה יט טוש״ע שם סעיף יט:
ו ח מיי׳ שם הלכה יא טוש״ע שם סעיף יז:
ז ט מיי׳ שם פ״ג הלכה א טוש״ע שם סעיף כד:
ח י מיי׳ פ״א מהלכות חובל הלכה ג ד ה:
ט כ מיי׳ פ״א מהלכות רוצח הלכה ד סמג לאוין קסא:

ליקוטי רש״י

חמשה דברים. כולהו יליף מקראי (לקמן דף פה.) [לעיל ד:]. בנזק כיצד. סימא עין חבירו נותן לו דמי עינו כמה שפחתו דמיו למכור בשוק וכן כולם ועין תחת עין לא נטילת אבר ממש כמו שדרשו רבותינו בפרק החובל [שמות כא, כד]. בושת הכל לפי המבייש. אדם בינוני המבייש בושתו קשה מאדם זולל ומאדם חשוב. והמתבייש. לפי חשיבותו בושתו [כתובות מ.]. ולא תקחו כופר לנפש רוצח. לא יפטר בממון [במדבר לה, לא]. ואם נפשך לומר. ואם יש בידך להשיב על זה הרי ראיה אחרת [יומא עד:]. הכאה הכאה קאמרינן. ומום ע״י הכאה הוא ניתן [כתובות לה.]. ומאי אם נפשך לומר. מה היה לו להשיב על דרך הראשונה [שבועות ל.]. מה היה לו להקשות שהוזקק להביא מקרא זה [שם יד.]. משום רשעה אחת אתה מחייבו. ב״ד הוזהרו שהם לא יחייבוהו שתי רשעיות כגון ממון ומלקות או מיתה ומלקות או מיתה וממון [מכות יג:]. נהורא. אור [קידושין פא.].

לעזי רש״י

מלנ״ט. פירוש אבעבועות (רש״י סנהדרין דף קא ע״א ד״ה למחין ועיין רש״י קדושין דף פא סוע״א ד״ה וכיבי), מוגלא (רש״י חולין דף מח ע״א ד״ה למחין):

החובל בחבירו [א] חייב עליו משום חמשה דברים [ב] בנזק בצער בריפוי בשבת ובושת: בנזק כיצד סימא את עינו קטע את ידו שיבר את רגלו רואין אותו כאילו הוא עבד נמכר בשוק ושמין כמה היה יפה וכמה הוא יפה: צער [ג] כואו (או) בשפוד או במסמר ואפילו על ציפורנו מקום שאינו עושה חבורה [ד] אומדין כמה אדם כיוצא בזה רוצה ליטול להיות מצטער כך: [ה] ריפוי הכהו חייב לרפאותו (א) [ו] עלה בו צמחים אם מחמת המכה חייב שלא מחמת המכה פטור [ז] חייתה ונסתרה חייתה ונסתרה חייב לרפאותו חייתה כל צורכה אינו חייב לרפאותו: [ח] שבת רואין אותו כאילו הוא שומר קישואין שכבר נתן לו דמי ידו ודמי רגלו: (א) [ט] בושת הכל לפי המבייש והמתבייש: **גמ׳** אמאי (א) עין תחת עין אמר רחמנא אימא עין ממש לא סלקא דעתך דתניא יכול סימא את עינו מסמא את עינו קטע את ידו מקטע את ידו שיבר את רגלו משבר את רגלו ת״ל (ב) מכה אדם ומכה בהמה מה מכה בהמה לתשלומין [י] אף מכה אדם לתשלומין ואם נפשך לומר הרי הוא אומר (ג) לא תקחו כופר לנפש רוצח אשר הוא רשע למות לנפש רוצח אי אתה לוקח כופר אבל אתה לוקח כופר לראשי אברים שאין חוזרין (ב) הי מכה אילימא (ד) מכה בהמה ישלמנה ומכה אדם יומת ההוא בקטלא כתיב אלא מהכא (ה) מכה נפש בהמה ישלמנה נפש תחת נפש וסמיך ליה (ו) ואיש כי יתן מום בעמיתו כאשר עשה כן יעשה לו האי לאו מכה הוא (ב) הכאה הכאה קאמרינן מה הכאה האמורה בבהמה לתשלומין אף הכאה האמורה באדם לתשלומין והא כתיב (ז) ואיש כי יכה כל נפש אדם מות יומת בממון ממאי דבממון אימא במיתה ממש לא סלקא דעתך חדא דהא איתקש למכה בהמה ישלמנה ועוד כתיב בתריה כאשר יתן מום באדם כן ינתן בו ושמע מינה ממון ומאי אם נפשך לומר תו קא קשיא לתנא מאי חזית דילפת ממכה בהמה ליליף ממכה אדם אמרי דנין ניזקין מניזקין ואין דנין ניזקין ממיתה אדרבה דנין אדם מאדם ואין דנין אדם מבהמה היינו דקתני אם נפשך לומר הרי הוא אומר לא תקחו כופר לנפש רוצח אשר הוא רשע למות כי מות יומת לנפש רוצח אי אתה לוקח כופר אבל אתה לוקח כופר לראשי אברים שאינן חוזרין והאי לא תקחו כופר לנפש רוצח למעוטי ראשי אברים הוא דאתא האי מבעי ליה דאמר רחמנא לא תעביד ביה תרתי לא תשקול מיניה ממון ותקטליה האי (ח) מכדי רשעתו נפקא (ג) רשעה אחת אתה מחייבו ואי אתה מחייבו שתי רשעיות ואכתי מבעי ליה דקאמר רחמנא (כ) לא תשקול ממון ותפטריה א״כ לכתוב רחמנא לא תקחו כופר לאשר הוא רשע למות לנפש רוצח למה לי ש״מ לנפש רוצח אי אתה לוקח כופר אבל אתה לוקח כופר לראשי אברים שאינן חוזרין וכי מאחר דכתיב לא תקחו כופר מכה מכה למה לי אמרי אי מהאי הוה אמינא (ד) אי בעי עינו ניתיב ואי בעי דמי עינו ניתיב קמ״ל מבהמה מה מכה בהמה לתשלומין אף מכה אדם לתשלומין: תניא ר׳ דוסתאי בן יהודה אומר עין תחת עין ממון אתה אומר ממון או אינו אלא עין ממש אמרת הרי שהיתה עינו של זה גדולה ועינו של זה קטנה היאך אני קורא ביה עין תחת עין וכי תימא כל כי האי שקיל מיניה ממונא התורה אמרה (ט) משפט אחד יהיה לכם (ה) משפט השוה לכולכם אמרי מאי קושיא דלמא נהורא שקיל מיניה נהורא אמר רחמנא נישקול מיניה דאי לא תימא הכי

קטן

החובל. וכמה הוא יפה. שהרי הזיקו והפסידו ממון זה שאם היה נמכר היה מוכר עצמו בעבד עברי: במסמר. כאב המכה: כיוצא בזה. לפי מה שהוא מעונג רב צערו וכאיבו: צמחין. מלנ״ט: שבת. כל ימי החולי רואים אותו כאילו הוא שומר קישואין ונותן שכירתו של כל יום שהרי אין ראוי למלאכה כבידה אפילו בלא חולי שהרי נקטעה ידו ורגלו והוא כבר נתן לו דמיהן: הכל לפי המבייש. אדם קל שבייש בושתו מרובה: והמתבייש. אדם חשוב שנתבייש בושתו מרובה וכולהו חמשה דברים מקרא נפקי נזק דכתיב [ו] עין תחת עין צער פצע תחת פצע דהכי דרשינן בגמ׳ ריפוי ושבת רק שבתו יתן ורפא ירפא בושת דכתיב [ז] וקצותה את כפה ממון: **גמ׳** מכה אדם ומכה בהמה. לקמן מפרש לקראי הי מכה קאמר: ואם נפשך לומר. ואם יש לך להשיב ולהקשות כלום על טעם זה בא ולמד ממדרש אחר: הרי הוא אומר כו׳. ולקמן בעי מאי הוי ליה לאקשויי: שאין חוזרין. לאחר שנקטעו: בקטלא כתיב. ותשלומין אין שם: הכאה הכאה גמרינן. אע״ג דקראי לא דמו גמרינן ג״ש כדתנא דבי ר׳ ישמעאל ושב הכהן ובא הכהן בעירובין (דף נא.) ומכה אדם דקתני הכא הכאה הוא דקאמר ומכי יתן מום גמר דמום ע״י הכאה בא: והכתיב איש כי יכה כל נפש אדם. ולקטלא לא אתא קרא אלא לראשי אברים כדכתיב בתריה עין תחת עין וכתיב יומת כלומר ינטל אברו וימות אותו אבר: מאי אם נפשך לומר. מאי הוה ליה לאקשויי: נילף ממכה אדם. שנהרג ממש והכא נמי (ג) (כתיב) כי יתן מום מום ממש: אמרי דנין ניזקין כו׳. כלומר משום האי פירכא לא הוה מדחיק תנא למילף מלא תקחו הא מצי לשנויי הכי דנין ניזקין מניזקין כו׳: ואכתי מבעי ליה לא תשקול ממונא ותפטריה. מקטלא ולגופיה אצטריך ולא למעוטי אחריני: לנפש רוצח. דלא אצטריך אתי למעוטי ראשי אברים שאינן נפש:

קטן

החובל. מכה בהמה ישלמנה וסמיך ליה ואיש כי יתן. נראה לר״י דל״ג וסמיך ליה דהא מכח סמוכים לא דריש אלא מכח ג״ש כדאמר לקמן אן הכאה הכאה קאמרינן ואמר נמי לקמן וכי מאחר דכתיב לא תקחו כופר לנפש רוצח האי מכה מכה למה לי משמע דג״ש היא ולא סמוכים ועוד כי פריך בסמוך מאי חזית דילפת ממכה בהמה נילף ממכה אדם ומאי קושיא והלא מכח סמוכים הוא בא ומכה אדם אין סמוך לאיש כי יתן מום וא״ת וכיון דמג״ש קא יליף למה הוצרך לאתויי קרא דמכה נפש בהמה ישלמנה ושביק קרא דמכה בהמה דמייתי לעיל וי״ל דמכה בהמה איצטריך לתנא דבי חזקיה ומאן דלית ליה דריש בריש הנחנקין (סנהדרין דף פד:) מה מכה בהמה לרפואה פטור כו׳ א״נ כיון דהדר ליה ממכה אדם דהוי בקטלא הדר ביה לגמרי ונקט האי קרא דמכה נפש בהמה דסמיך לאיש כי יתן מום ולפי זה מצי למגרס וסמיך ליה דמשום דסמיך ליה נקט האי קרא ולא משום סמוכים:

אף הכאה האמורה באדם לתשלומין. י״ס דגרסי בתר הכי והכתיב איש כי יכה כל נפש אדם מות יומת פירוש שימיתו אברו תחת אברו של חבירו ומשני יומת בממון וממאי דבממון אימא מיתה ממש לא ס״ד חדא דהא איתקש למכה נפש בהמה ועוד דכתיב התם כאשר יתן מום באדם כן ינתן בו ש״מ ממון ואין נראה לר״י אותה גירסא כלל חדא דאיש כי יכה כל נפש אדם מוקמינן בהנשרפין (סנהדרין דף עח.) בקטלא גבי פלוגתא דרבי יהודה בן בתירה ורבנן גבי הכוהו י׳ בני אדם בי׳ מקלות ועוד דלממון לא אצטריך ועוד מאי פריך מעיקרא והכתיב איש כי יכה כל נפש אדם מי אליס מקרא דעין תחת עין דמוקמינן ליה בממון בג״ש דהכאה הכאה ועוד מכיון דכתיב כאשר יתן מום באדם כן ינתן בו למה לי הך ג״ש דהכאה הכאה ע״כ נראה דל״ג ליה כלל:

(ח) **מכדי** רשעתו נפקא. פירושו בסוף פ״ג (דף כו.(ט)):

מאי חזית דילפת ממכה בהמה נילף ממכה אדם. אע״ג דלהא לא איצטריך דממילא הוה אמרינן עין תחת עין ממש מ״מ איצטריך דלא נילף ממכה בהמה:

מכה מכה למ״ל. וא״ת דרבא דריש מיניה בפרק אלו נערות (כתובות דף לה.) בפירוש ריבתה תורה חייבי מלקיות כחייבי מיתות לתשלומין מג״ש דמכה מכה וי״ל דרבא לטעמיה דדריש לקמן עין תחת עין ממון מקרא אחרינא:

רב

מסורת הש״ס

א) [כתובות מ.], ב) שם לה., ג) [מכות ד: יג: כתובות לב: לז.], ד) אי בעית סיב דמי עינא ואי בעית עויר עינא לישנא אחרינא אי בעי כו׳ רש״ל, ה) [לקמן פד. כתובות לג. סנהדרין כח.], ו) [שמות כא], ז) [דברים כה], ח) [דיבור זה צ״ל אחר ד״ה מאי], ט) [ד״ה עליו].

הגהות הב״ח

(א) במשנה עלו בו למחים: (ב) גמ׳ לאו מכה הוא אלא הכאה הכאה: (ג) רש״י ד״ה נילף וכו׳ והכא נמי כי כתיב כי יתן:

תורה אור השלם

א) עַיִן תַּחַת עַיִן שֵׁן תַּחַת שֵׁן יָד תַּחַת יָד רֶגֶל תַּחַת רָגֶל: [שמות כא, כד]
ב) [ויקרא כד]
ג) וְלֹא תִקְחוּ כֹפֶר לְנֶפֶשׁ רֹצֵחַ אֲשֶׁר הוּא רָשָׁע לָמוּת כִּי מוֹת יוּמָת: [במדבר לה, לא]
ד) וּמַכֵּה בְהֵמָה יְשַׁלְּמֶנָּה וּמַכֵּה אָדָם יוּמָת: [ויקרא כד, כא]
ה) וּמַכֵּה נֶפֶשׁ בְּהֵמָה יְשַׁלְּמֶנָּה נֶפֶשׁ תַּחַת נָפֶשׁ: [ויקרא כד, יח]
ו) וְאִישׁ כִּי יִתֵּן מוּם בַּעֲמִיתוֹ כַּאֲשֶׁר עָשָׂה כֵּן יֵעָשֶׂה לּוֹ: [ויקרא כד, יט]
ז) וְאִישׁ כִּי יַכֶּה כָּל נֶפֶשׁ אָדָם מוֹת יוּמָת: [ויקרא כד, יז]
ח) וְהָיָה אִם בִּן הַכּוֹת הָרָשָׁע וְהִפִּילוֹ הַשֹּׁפֵט וְהִכָּהוּ לְפָנָיו כְּדֵי רִשְׁעָתוֹ בְּמִסְפָּר: [דברים כה, ב]
ט) מִשְׁפַּט אֶחָד יִהְיֶה לָכֶם כַּגֵּר כָּאֶזְרָח יִהְיֶה כִּי אֲנִי יְיָ אֱלֹהֵיכֶם: [ויקרא כד, כב]

הגמרא מקשה על ביאור זה:

אָמְרֵי — אמרו: אין קושיא זו מספיקה להסביר למה נצרך התנא להביא דרשה אחרת, משום שאם יש לנו אפשרות ללמוד דין החובל בחבירו מ״מַכֵּה בְהֵמָה״ או לחילופין מ״מַכֵּה אָדָם״, הרי **דָּנִין נִיזָּקִין מִנִּיזָּקִין** — יש ללמוד דיני נזקי אדם (חבלות) מדיני נזקי בהמה, **וְאֵין דָּנִין** — ואין לנו ללמוד דיני **נִיזָּקִין מִדִּינֵי מִיתָה**[39]. כלומר, ודאי יש להעדיף את הלימוד מ״מַכֵּה בְהֵמָה״!

הגמרא דוחה את הקושיא:

אַדְּרַבָּה — להיפך! **דָּנִין אָדָם מֵאָדָם** — ראוי ללמוד דין החובל אדם מ״מַכֵּה אָדָם״ (חובל — ממכה אביו), **וְאֵין דָּנִין** — ואין לנו לדון **אָדָם מִבְּהֵמָה** — חובל אדם מ״מַכֵּה בְהֵמָה״. ולפי זה מובן, **הַיְינוּ דְּקָתָנֵי** — מטעם זה אמר התנא: **אִם נַפְשְׁךָ לוֹמַר** — אם תרצה לומר שאין לדון אדם מבהמה, יש דרשה אחרת ללמוד ממנה שהחובל אדם נידון לתשלומין, **שֶׁהֲרֵי הוּא** [פסוק אחר] **אוֹמֵר**: **״לֹא תִקְחוּ כֹפֶר לְנֶפֶשׁ רֹצֵחַ אֲשֶׁר הוּא רָשָׁע לָמוּת כִּי מוֹת יוּמָת״**, ונדייק מזה: **לְנֶפֶשׁ רוֹצֵחַ אִי** (אין) **אַתָּה לוֹקֵחַ כּוֹפֶר, אֲבָל אַתָּה לוֹקֵחַ כּוֹפֶר** לְאיבוד **רָאשֵׁי אֵבָרִים שֶׁאֵינָן חוֹזְרִין**[40].

הגמרא מקשה כעת על הלימוד השני של הברייתא:

וְהַאי — וכי פסוק זה, **״לֹא תִקְחוּ כֹפֶר לְנֶפֶשׁ רֹצֵחַ״, לְמַעוּטֵי רָאשֵׁי אֵבָרִים הוּא דְּאָתָא** — האם בא למעט ראשי אברים מאי לקיחת כופר (וכי בא להשמיענו דיוק זה שעל ראשי איברים לוקחים כופר)?! **הַאי מִבָּעֵי לֵיהּ** — הרי פסוק זה נצרך להשמיענו **דְּאָמַר רַחֲמָנָא לֹא תַעֲבֵיד בֵּיהּ תַּרְתֵּי** — שהתורה אמרה: אל תעשה בו שני דברים במשפט אחד: **לֹא תִשְׁקוֹל מִינֵּיהּ מָמוֹן וְתִקְטְלֵיהּ** — אל תקח ממנו ממון וגם תהרגנו[41]!

הגמרא מתרצת:

הַאי מִ״כְּדֵי רִשְׁעָתוֹ״ נַפְקָא — דין זה, שאין בית דין מחייב ממון כאשר הוא ממית, נלמד מהנאמר בענין עונש מלקות (דברים כה, ב): ״וְהִפִּילוֹ הַשֹּׁפֵט וְהִכָּהוּ לְפָנָיו ׳כְּדֵי רִשְׁעָתוֹ׳ ״. המלה ״רִשְׁעָתוֹ״, בלשון יחיד, מלמדת שמשום **רִשְׁעָה אַחַת אַתָּה מְחַיְּיבוֹ** (מענישו), **וְאִי** (ואין) **אַתָּה מְחַיְּיבוֹ** משום **שְׁתֵּי רִשְׁעִיּוֹת**, היינו, אין אתה יכול להענישו בשני עונשים — ממון ומלקות — על מעשה רשעה אחד[42]. כמו כן מי שיש עליו עונש מות אינו יכול להתחייב ממון על אותו מעשה. נמצא שהפסוק ״לֹא תִקְחוּ כֹפֶר לְנֶפֶשׁ רֹצֵחַ״ פנוי הוא לדרשת הברייתא.

הגמרא דוחה את התירוץ:

וְאַכַּתִּי מִבָּעֵי לֵיהּ — אך עדיין נצרך הפסוק (״לֹא תִקְחוּ כֹפֶר לְנֶפֶשׁ רֹצֵחַ״) ללמד את עצם הדין **דְּקָאָמַר רַחֲמָנָא** (שאמרה תורה): **לֹא תִשְׁקוֹל מָמוֹן וְתִפְטְרֵיהּ** — אל תקח ממון ותפטור אותו ממיתה. איך ניתן לדייק וללמוד דין חובל בחבירו מפסוק הנצרך לגופו[43]?

הגמרא מיישבת ומבארת מחדש את הלימוד:

אכן הפסוק נצרך לגופו, אבל **אִם כֵּן**, כלומר, אם זה כל מה שהפסוק מלמדנו, **לִכְתּוֹב רַחֲמָנָא** — שתכתוב התורה רק: **״לֹא תִקְחוּ כוֹפֶר לַאֲשֶׁר הוּא רָשָׁע לָמוּת״**, והיה די בזה כדי ללמדנו שהנידון למיתה אין לפוטרו בממון. המלים **״לְנֶפֶשׁ רֹצֵחַ״, לָמָּה לִי** — מה צורך בהן? **שְׁמַע מִינָּהּ** — למוד מכך: דוקא **לְנֶפֶשׁ רוֹצֵחַ אִי אַתָּה לוֹקֵחַ כּוֹפֶר, אֲבָל אַתָּה לוֹקֵחַ כּוֹפֶר לְרָאשֵׁי אֵבָרִים שֶׁאֵינָן חוֹזְרִין**[44].

הגמרא מקשה עוד על הברייתא:

וְכִי מֵאַחַר דִּכְתִיב — ומאחר שכתוב **״לֹא תִקְחוּ כֹפֶר** וגו׳ ״, הרי די בזה ללמדנו שהחובל בחבירו נידון לתשלום ממון. הגזירה שוה **״מַכֵּה״ ״מַכֵּה״ לָמָּה לִי** — מה צורך יש בה?

משיבה הגמרא:

אָמְרֵי — אמרו: **אִי מֵהַאי** — אילו המקור היחיד שחובל משלם ממון היה מפסוק זה בענין כופר, **הֲוָה אָמֵינָא** — הייתי אומר שהבחירה ביד החובל: **אִי בָּעֵי עֵינוֹ נֵיתִיב** — אם רוצה, יתן את עינו ממש, **וְאִי בָּעֵי דְּמֵי עֵינוֹ נֵיתִיב** — ואם רוצה, יתן את שווי עינו[45]. **קָא מַשְׁמַע לָן מִבְּהֵמָה** — הגזירה שוה מהכאת בהמה מלמדת אותנו: **מַה מַּכֵּה בְהֵמָה** נידון **לְתַשְׁלוּמִין, אַף מַכֵּה אָדָם** נידון **לְתַשְׁלוּמִין**[46].

בריתא נוספת באותו ענין:

תַּנְיָא בברייתא: **רַבִּי דּוֹסְתַּאי בֶּן יְהוּדָה אוֹמֵר: ״עַיִן תַּחַת עַיִן״** שאמרה תורה, היינו שהחובל ישלם **מָמוֹן. אַתָּה אוֹמֵר, מָמוֹן, אוֹ** שמא **אֵינוֹ** כך, **אֶלָּא** הכוונה **עַיִן מַמָּשׁ? אָמַרְתָּ** — להוציא מכך יש לך לומר: **הֲרֵי שֶׁהָיְתָה עֵינוֹ שֶׁל זֶה גְּדוֹלָה וְעֵינוֹ שֶׁל זֶה קְטַנָּה**, אם נחבול בעינו של החובל כעונש על שחבל בעין חבירו, **הֵיאַךְ אֲנִי קוֹרֵא בֵּיהּ** — איך אוכל לקרוא על מעשה זה **״עַיִן תַּחַת עַיִן״**[47]? בהכרח אפוא שהכוונה לתשלום ממון. **וְכִי תֵּימָא כָּל כִּי הַאי שָׁקִיל מִינֵּיהּ מָמוֹנָא** — ואם תאמר שבכל מקרה כזה הנחבל אכן לוקח ממון מהחובל, אבל כאשר העינים שוות, החובל אכן מאבד עינו, זה לא יתכן[48], שהרי **הַתּוֹרָה אָמְרָה** (בפרשת ״חובל״, ויקרא כד, כב): **״מִשְׁפַּט אֶחָד יִהְיֶה לָכֶם״**, להורות שיהיה **מִשְׁפָּט הַשָּׁוֶה לְכוּלְּכֶם**[49].

הגמרא מקשה על הברייתא:

אָמְרֵי — אמרו: **מַאי קוּשְׁיָא** — מה הקושיא במקרה שגודל עיניהם של החובל ושל הנחבל אינו שוה (שמחמת כן הוכיחה הברייתא שלא יתכן לומר שהחובל נידון ב״עַיִן תַּחַת עַיִן״ ממש)? **דִּלְמָא נְהוֹרָא שָׁקִיל מִינֵּיהּ** — אולי נאמר שלעולם יש לחייבו ב״עַיִן תַּחַת עַיִן״ ממש, שכן החובל לקח מן הנחבל את מאור עינו, **נְהוֹרָא אָמַר רַחֲמָנָא נִישְׁקוֹל מִינֵּיהּ** — והתורה אמרה ליטול מהחובל תמורת כך את מאור עינו[50]. **דְּאִי לֹא תֵּימָא הָכִי** — שאם לא תאמר כך,

הערות

זאת נוכל להבין מפשוטו של המקרא ״עַיִן תַּחַת עַיִן״. אך היא נצרכת להוציא מלימוד גזירה שוה מהפסוק ״מַכֵּה בְהֵמָה״ (תוספות).]

39. היינו, מ״מַכֵּה אָדָם״ (פסוק כא) המתייחס למכה אביו — שעונשו מות (ראה הערה 25). [יש שביאר: כאשר באים לדון האם לחייב את החובל בתשלום או בהטלת מום, ששניהם בגדר ״נזק״, אין לדונו ממקרה בו נאמר חיוב מיתה (רש״ש).]

40. לביאור הדרשה ראה לעיל הערה 23.

41. [כיון שהפסוק עוסק ברוצח, הרי שהוא מלמד שאין לחייבו עונש ממון בנוסף להריגתו, אלא, מטילים עליו רק את העונש היותר חמור ומחייבים אותו מיתה.]

42. ראה כתובות לז, א-ב, ותוספות רבינו פרץ כאן.

43. היינו, הפסוק נצרך ללמד דין בעונש המות עצמו — שאין אדם יכול לפדות עצמו מאותו עונש בנתינת כופר של ממון. על פי זה, אי אפשר להשתמש בפסוק זה למעט מקרים אחרים (כגון חבלה) מכלל זה (רש״י).

44. הלימוד הוא מ״נֶפֶשׁ רֹצֵחַ״; ראשי אברים, אף שאינם חוזרים [וכן כל נזק תמידי בגוף האדם], אינם בכלל ״נפש״ (אין חיים תלויים בהם), ובהם לא נאמר שאין לקחת כופר (ראה רש״י, ותורת חיים). אף על פי שראשי אברים שאינם חוזרים דומים למיתת אותם אברים, לא נאמר בהם אי לקיחת כופר (תוספות יום טוב; ראה גם מאירי).

45. פירשנו על פי המאירי. ראה מהרש״ל (מובא על הגליון) לגירסא אחרת, ממנה משמע שלפי ״הוה אמינא״ זה, הבחירה היתה של בית דין. ראה גם תוספות רבינו פרץ, המבאר שהיינו אומרים שיהא הדבר תלוי ברצונו של הנחבל.

46. לפיכך, אפילו במקרה שהחובל מבקש שיאבד עינו כעונש לאיבוד עין חבירו, אין עושים כדבריו (מאירי).

47. כלומר, אילו היה עלינו לקיים ״עַיִן תַּחַת עַיִן״ כמשמעותה הפשוטה, הרי במקרה שעין החובל אינה שוה לעין הנחבל [נראה שהכוונה: עינו של זה טובה ראייתה משל זה (ראה חדושים ובאורים)], אין זה נחשב ל״עַיִן תַּחַת עַיִן״ באופן מדוייק.

48. [נראה שהמשפט ״וכי תימא כל כי האי שקיל מיניה ממונא״, הוא הסבר שהוסיפה הגמרא בתוך דברי הברייתא, והברייתא המקורית המשיכה מיד (לאחר המלים ״עַיִן תַּחַת עַיִן״) ל״התורה אמרה״. עיין דקדוקי סופרים.]

49. היינו, העונש לכל מקרי חבלה צריך להיות שוה. כיון שאי אפשר לחבול עין החובל בכל המקרים (שהרי לא בכל המקרים יתקיים בזה ״עַיִן תַּחַת עַיִן״ ממש), צריכים אנו לחייב ממון בכל המקרים.

50. כלומר, אם החובל סובל הפסד דומה, הרי יכול העונש ״עַיִן תַּחַת עַיִן״ להתקיים כפשוטו, אף על פי שאין עיניהם שוות.

אזי במקרה של אדם **קָטָן** (ננס) **שֶׁהָרַג אֶת הַגָּדוֹל** בגופו, **וְכֵן** במקרה של אדם **גָּדוֹל שֶׁהָרַג אֶת הַקָּטָן** בגופו, שדינו מיתה, **הֵיכִי קַטְלִינַן לֵיהּ** — איך הורגים את הרוצח[1]? ואם תאמר שבמקרה כזה הרוצח אכן משלם ממון[2], הרי **הַתּוֹרָה אָמְרָה** (ויקרא כד, כב): **"מִשְׁפַּט אֶחָד יִהְיֶה לָכֶם"** להורות שיהיה **מִשְׁפָּט הַשָּׁוֶה לְכוּלְּכֶם**, ולא שזה יומת וזה ישלם ממון! **אֶלָּא** בהכרח שגם אם הרוצח וההרוג אינם שוים בגודלם, ממיתים את הרוצח, כי **נְשָׁמָה שָׁקִיל מִינֵּיהּ** — הרוצח נטל את הנשמה מהנרצח, **נְשָׁמָה אָמַר רַחֲמָנָא נִשְׁקוֹל מִינֵּיהּ** — ונשמה, אמרה תורה, שניקח מן הרוצח. [הרי שהעונש שוה למעשהו, ובזה מתקיים "נֶפֶשׁ תַּחַת נָפֶשׁ".] **הָכָא נַמִּי** — גם כאן, לענין "עַיִן תַּחַת עַיִן" אפשר להבין שכוונת התורה היא לחבול בעינו של מי שחבל בעין חבירו, שהרי **נְהוֹרָא שָׁקִיל מִינֵּיהּ** — החובל לקח מהנחבל את מאור עינו, **נְהוֹרָא אָמַר רַחֲמָנָא נִשְׁקוֹל מִינֵּיהּ** — והתורה אמרה שתמורת כך ניקח מהחובל את מאור עינו.

הגמרא הפריכה אפוא את הוכחת הברייתא. רבי דוסתאי בברייתא הניח כי אי אפשר לקיים "עַיִן תַּחַת עַיִן" ממש במקרה שאין עיני החובל והנחבל שוות, ומכך הוכיח, כי "עַיִן תַּחַת עַיִן" היינו ממון. הגמרא טוענת, כי אפשר לקיים "עַיִן תַּחַת עַיִן" גם במקרה שאין עיני החובל והנחבל שוות, וממילא אין הוכחה שכוונת הכתוב אינה כפשוטו[3].

ברייתא נוספת באותו ענין:

תַּנְיָא אִידָךְ — ברייתא אחרת: **רַבִּי שִׁמְעוֹן בֶּן יוֹחַי אוֹמֵר: "עַיִן תַּחַת עַיִן"** שאמרה תורה, היינו שהחובל ישלם **מָמוֹן. אַתָּה אוֹמֵר** שהכוונה **מָמוֹן, אוֹ** שמא **אֵינוֹ** כך, **אֶלָּא עַיִן מַמָּשׁ?** להוציא מכך יש לך לומר[4]: **הֲרֵי שֶׁהָיָה סוּמָא וְסִימֵּא** אדם אחר, או שהיה **קִיטֵּעַ** אבר, **וְקִיטֵּעַ** האבר המקביל של אדם אחר, או שהיה **חִיגֵּר** — נכה רגלים[5] **וְחִיגֵּר** — הטיל אותו מום בחבירו, **הֵיאַךְ אֲנִי מְקַיֵּים בָּזֶה** — איך אוכל לקיים בו **"עַיִן תַּחַת עַיִן"**, והרי האבר שיש לחבול בו כבר חבול ועומד? ואם תאמר שבמקרים יוצאי דופן אלה החובל משלם ממון[6], לא יתכן כך; **וְהַתּוֹרָה** — שהרי התורה **אָמְרָה: "מִשְׁפַּט אֶחָד יִהְיֶה לָכֶם"**, להורות שיהיה **מִשְׁפָּט הַשָּׁוֶה לְכוּלְּכֶם**, ולא שזה ייחבל וזה ישלם ממון!

הגמרא מפריכה את הוכחת הברייתא:

אָמְרֵי — אמרו: **וּמַאי קוּשְׁיָא** — מה קשה מדוגמא של סומא וסימא וכיוצא בזה, על הבנת הכתוב כפשוטו? **דִּלְמָא הֵיכָא דְּאֶפְשָׁר אֶפְשָׁר** — אולי רק במקרה שאפשר לחבול בגוף החובל כמו שחבל בחבירו, אפשר לקיים "עַיִן תַּחַת עַיִן" כפשוטו; **הֵיכָא דְּלֹא אֶפְשָׁר לֹא אֶפְשָׁר** — ואילו במקרה שאי אפשר לעשות כך, הרי אי אפשר לקיים את הכתוב **וּפַטְרִינַן לֵיהּ** — ופוטרים את החובל מכל עונש[7]. **דְּאִי לֹא תֵּימָא הָכִי** — שאם לא תאמר כך, אזי במקרה של אדם **טְרֵפָה**[8] **שֶׁהָרַג אֶת הַשָּׁלֵם** (אדם בריא), **מַאי עַבְדִינַן לֵיהּ** — מה עושים לו? הרי הדין הוא שאין הורגים אותו[9], וכיצד יתקיים "משפט השוה לכולכם"? **אֶלָּא**, בהכרח לומר, **הֵיכָא דְּאֶפְשָׁר אֶפְשָׁר** — במקום שאפשר להורגו, אפשר לעשות בו כמשפט הרוצח; **הֵיכָא דְּלֹא אֶפְשָׁר לֹא אֶפְשָׁר** — ואילו במקום שאי אפשר להורגו, אין עושים בו כמשפט רוצח, **וּפַטְרִינַן לֵיהּ** — ופוטרים את ההורג מן העונש. הרי לנו שאם מחמת סיבה כלשהי אי אפשר להטיל את העונש שנאמר בתורה, אין מטילים אותו, ואין זה נוגד את הכלל "משפט השוה לכולכם". מן הדוגמא של סומא שסימא וכיוצא בזה, אין אפוא ראיה ש"עַיִן תַּחַת עַיִן" פירושו עונש ממון; לעולם יתכן ש"עַיִן תַּחַת עַיִן" כפשוטו, אלא במקום שאי אפשר לקיימו הוא נפטר מעונש[10].

ברייתא נוספת באותו ענין:

דְּבֵי רַבִּי יִשְׁמָעֵאל תָּנָא — תנא של בית מדרשו של רבי ישמעאל שנה: **אָמַר קְרָא** — הכתוב אומר לענין חובל בחבירו (ויקרא כד, כ): "כַּאֲשֶׁר יִתֵּן מוּם בָּאָדָם **כֵּן יִנָּתֶן בּוֹ"**, **וְאֵין "נְתִינָה" אֶלָּא** של **מָמוֹן**. מכאן שחובל נותן ממון על החבלה.

הגמרא מקשה:

אֶלָּא מֵעַתָּה — לפי הבנה זו, וכי הנאמר (באותו פסוק): **"כַּאֲשֶׁר יִתֵּן מוּם בָּאָדָם", הָכִי נַמִּי דְּמָמוֹן הוּא** — גם כן מתייחס לממון?! ברור שהכוונה להטלת מום ממש! מנין לה לברייתא שהמונח "נתינה" בסוף הפסוק — "כֵּן יִנָּתֶן בּוֹ" — מתייחס לתשלום ממון?

הגמרא מיישבת:

אָמְרֵי — אמרו: אכן, מעצם משמעות המלה "נתינה" אין הוכחה שהכוונה לממון, אלא **דְּבֵי רַבִּי יִשְׁמָעֵאל קְרָא יְתֵירָא דָּרְשֵׁי** — חכמי בית מדרשו של רבי ישמעאל למדו זאת מכך שכתוב זה מיותר, כדלהלן: **מִכְּדִי כְּתִיב** — כיון שכתוב בפסוק הקודם (פסוק יט): **"וְאִישׁ כִּי יִתֵּן מוּם בַּעֲמִיתוֹ, כַּאֲשֶׁר עָשָׂה כֵּן יֵעָשֶׂה לוֹ"**. מה שחזרה התורה

הערות

1. כיון שהרוצח וההרוג אינם שווים בגודלם, לא נטיל על הרוצח העונש השוה למעשהו, המצווה בפסוק "נֶפֶשׁ תַּחַת נָפֶשׁ" (שמות כא, כג).

2. על פי רש"י להלן ד"ה קיטע, וראה אמרי בינה; אבל עיין מרומי שדה לביאור אחר בדעת רש"י (פג, ב ד"ה האיך).

3. לביאור אפשרי בדעתו של רבי דוסתאי, עיין מרומי שדה; חדושים ובאורים.

4. ראה הגהות הב"ח.

5. ראה רד"ק מלכים-ב כג, כט; פירוש רב האי גאון, זבים ג, א; ערוך ערך חגר; לחם שמים פאה ח, ט; מור וקציעה רכה. ראה גם תרגום יונתן שמות ד, י.

6. רש"י. ראה גם ספר שינויי נוסחאות.

7. בדרך זה, המשפט שוה לכל, דהיינו, בכל מקרה שמקיימים משפט בחובל, מקיימים אותו משפט, ואין עושים לפעמים עונש כזה ולפעמים עונש אחר (ראה רש"י).

הגמרא יכולה היתה לטעון גם בדיון המקביל לעיל (פג, ב) שאכן מאבדים עינו של חובל כאשר עינו ועין הנחבל שווים, וכשאינם שווים פוטרים את החובל לגמרי, ואז יהא המשפט שוה לכל. אך הגמרא שם העדיפה לתרץ אחרת, בסְבָרָה שאין זה מסתבר שהתורה תגזור עונש שלרוב לא ינהג (שכן בדרך כלל, מאור עיניהם של החובל ושל הנחבל אינם שוים). אבל לגבי המקרה הנידון, רוב בני אדם אינם חסרי אברים, כך שהגמרא יכולה לדון באפשרות שלא יהיה כל עונש במקרה שהחובל הוא קטוע אבר (יד דוד).

8. "טריפה" הוא מי שמותו קרב מחמת חבלות או חסרונות בגופו, שאין להם רפואה (כגון, נקב בוושט או בקרום המוח; ראה חולין מב, א). אדם "טריפה", לפי שהוא חשוב כמת, אין ההורגו חייב מיתה (סנהדרין עח, א). לגבי הדין במקרה בו אדם "טריפה" הרג אדם בריא, ראה הערה הבאה.

9. בסנהדרין (עח, א) מבואר שאם העידו על אדם טריפה שהרג, אין בית דין הורגים אותו, משום שבעדות כזו אי אפשר לקיים דין "הזמה". [הזמה היינו כאשר כת אחת של עדים מעידים על מעשה מסויים, וכת אחרת של עדים מעידים שהעדים הראשונים היו עמהם באותו זמן במקום אחר, כך שלא יכלו לראות את המעשה. העדים הראשונים נקראים "זוממים", שכן זממו שבית דין יעניש בלא צדק את האיש עליו העידו, ומשהוזמו, מטילים עליהם אותו העונש שהיו בית דין מטילים על מי שהעידו, אילולא הוזמה עדותם (ראה תחילת מסכת מכות).] במקרה שלנו, בו עדים העידו שטריפה הרג את הנפש, אין הם יכולים להיענש בעונש הורג את הנפש אפילו אם יִמָּצְאוּ זוממים, משום שזממו לחייב מיתה לאדם שכבר נחשב כמת. והנה הכלל הוא ש"עדות שאי אתה יכול להזימה" אינה מתקבלת בבית דין. לפיכך, אם העידו על טריפה שהרג, אין העדות מתקבלת ואין בית דין הורגים אותו (רש"י; ראה חידושי הרי"ם; ראה הערה הבאה, לביאור אחר בגמרא).

10. ביארנו לפי רש"י, שהגמרא מחשיבה טריפה שהרג, כמקרה בו אי אפשר להעניש את הרוצח בעונש הראוי לו. רבי עקיבא איגר (בגליון הש"ס) מקשה: הרי מחמת חוסר האפשרות להזימה, אין העדות הראשונה מתקבלת כלל; נמצא שאין כל הוכחה שהוא אכן הרג את הנפש. לפי זה, מן המקרה של טרפה שהרג, אין כל ראיה ש"היכא דלא אפשר לא אפשר", שהרי לא מדובר כאן על רוצח שפוטרים אותו מדינו, אלא על מי שאיננו יודעים שרצח כלל, אחר שהעדות על מעשהו אינה מתקבלת! לפיכך ר' עקיבא איגר (בחידושיו) מבאר את דברי הגמרא בפשטות, שהשאלה "מאי עבדינן ליה (מה נעשה לו)" היינו, שגם במקרה שהורגים אותו (כמבואר בסנהדרין עח, א שטריפה שהרג בפני בית דין הורגים אותו) אי אפשר לקיים בו "נֶפֶשׁ תַּחַת נָפֶשׁ" (ראה הערה 1), שהרי אין נפשו שקולה כנגד נפשו של ההרוג, שהיה אדם בריא (וראה קובץ שיעורים ב, לט שביאר, כי גם הרמב"ם בהלכות נזקי ממון י, ז, הבין את סוגייתנו בדרך זו). ליישוב קושיית רבי עקיבא איגר, ראה יד דוד, חזות קשה, חזון איש על בבא קמא, גידולי שמואל, אילת השחר ועוד.

קטן שהרג את הגדול וגדול שהרג את הקטן היכי קטלינן ליה התורה אמרה א) משפט אחד יהיה לכם משפט השוה לכולכם אלא נשמה שקיל מיניה נשמה אמר רחמנא נשקול מיניה ה"נ נהורא שקיל מיניה נהורא אמר רחמנא נשקול מיניה: תניא אידך רבי שמעון בן יוחי אומר עין תחת עין ממון אתה אומר ממון או אינו אלא עין ממש (א) הרי שהיה סומא וסימא קיטע וקיטע חיגר וחיגר היאך אני מקיים בזה עין תחת עין והתורה אמרה משפט אחד יהיה לכם משפט השוה לכולכם אמרי ומאי קושיא דלמא היכא דאפשר אפשר היכא דלא אפשר לא אפשר ופטרינן ליה דאי לא תימא הכי טרפה שהרג את השלם מאי עבדינן ליה אלא היכא דאפשר אפשר היכא דלא אפשר לא אפשר א ופטרינן ליה דבי רבי ישמעאל תנא אמר קרא ב) כן ינתן בו ואין נתינה אלא ממון אלא מעתה ב) כאשר יתן מום באדם הכי נמי דממון הוא אמרי דבי רבי ישמעאל קרא יתירא דרשי מכדי כתיב ג) ואיש כי יתן מום בעמיתו כאשר עשה כן יעשה לו כן ינתן בו למה לי ש"מ ממון כאשר יתן מום באדם למה לי א) איידי דבעי מיכתב כן ינתן בו כתב נמי כאשר יתן מום באדם דבי רבי חייא תנא אמר קרא ד) יד ביד דבר הניתן מיד ליד ומאי ניהו ממון אלא מעתה ד) רגל ברגל נמי הכי הוא אמרי דבי רבי חייא קרא יתירא קא דרשי מכדי כתיב ה) ועשיתם לו כאשר זמם לעשות לאחיו אי סלקא דעתך ממש יד ביד למה לי ש"מ ממון רגל ברגל למה לי איידי דכתיב יד ביד כתב נמי רגל ברגל אביי (ב) אומר אתיא מדתני דבי חזקיה ו) דתנא דבי חזקיה ו) עין תחת עין נפש תחת נפש ולא נפש ועין תחת עין ואי סלקא דעתך ממש זימנין דמשכחת לה עין ונפש תחת עין דבהדי דעויר ליה נפקא ליה נשמתיה ומאי קושיא דלמא מימד אמדינן ליה אי מצי מקבל עבדינן ואי לא מצי מקבל לא עבדינן ואי אמדינן דמצי מקבל ועבדינן ביה ונפק רוחיה אי מיית לימות מי לא תנן גבי מלקות ג) ב אמדוהו ומת תחת ידו פטור רב זביד משמיה ז) דרבה אמר אמר קרא ז) פצע תחת פצע ט) ליתן צער במקום נזק ואי סלקא דעתך ממש כי היכי דלהאי הוי ליה צערא להאי נמי אית ליה צערא ומאי קושיא דלמא איכא איניש דמפנק אית ליה צערא טפי ואיכא איניש דלא מפנק לית ליה צערא למאי נפקא מינה למתבי ליה היאך דביני ביני רב פפא משמיה דרבא אמר אמר קרא ח) ורפא ירפא ליתן רפואה במקום נזק ואי סלקא דעתך ממש כי היכי דהאי בעי אסייא האי נמי בעי אסייא מאי קושיא דלמא איכא דסליק בשריה הייא ואיכא דלא סליק בשריה הייא למאי נפקא מינה למיתב ליה היאך דביני ביני רב אשי אמר אתיא תחת תחת משור כתיב הכא ו) עין תחת עין וכתיב התם ט) שלם ישלם שור תחת השור מה להלן ממון אף כאן ממון מאי חזית דילפת תחת תחת משור נילף תחת תחת מאדם דכתיב י) ונתת נפש תחת נפש מה להלן ממש אף כאן ממש אמרי דנין נזקין מנזקין ואין דנין נזקין ממיתה אדרבה דנין אדם מאדם ואין דנין אדם מבהמה אלא אמר רב אשי כ) מתחת אשר ענה יליף ליה אדם מאדם ונזיקין מנזיקין תניא ר"א אומר עין תחת עין ממש ממש סלקא דעתך רבי אליעזר לית ליה ככל הני תנאי אמר י) רבה לומר שאין שמין אותו כעבד א"ל אביי אלא כמאן כבן חורין בן חורין מי אית ליה דמי אלא אמר רב אשי לומר שאין שמין אותו בניזק אלא במזיק: ההוא חמרא דקטע ידא דינוקא אתא לקמיה דרב פפא בר שמואל אמר להו זילו שומו ליה ארבעה דברים אמר ליה רבא והא אנן חמשה תנן א"ל לבר מנזק קאמינא אמר ליה אביי והא חמור הוא וחמור אינו משלם אלא נזק אמר להו זילו שומו ליה נזקיה והא כעבדא בעי למשיימיה אמר להו זילו שיימוהו כעבדא אמר להו אבוה דינוקא לא בעינא דזילא ביה מילתא אמרו ליה והא קא מחייבת ליה לינוקא אמר להו לכי גדיל מפייסנא ליה מדידי: ההוא תורא דאלם ידיה דינוקא אתא לקמיה דרבא אמר להו זילו שיימוהו כעבדא אמרו ליה והא מר הוא דאמר ג כל הנישום כעבד אין גובין אותו בבבל אמר להו לא צריכא ד דאי תפס רבא לטעמיה דאמר רבא נזקי שור בשור ונזקי שור באדם גובין אותו בבבל נזקי אדם באדם ונזקי אדם בשור אין גובין אותו בבבל מ"ש נזקי אדם באדם ונזקי אדם בשור דלא אלהים בעינן וליכא נזקי שור בשור ושור באדם נמי אלהים

רש"י

קטן שהרג. אדם ננס שהרג את הגדול: קיטע וקיטע היאך אני קורא כו'. וכי תימא הכא נשקול ממונא התורה אמרה משפט שוה: ופטרינן ליה. בולא כלום והוי משפט שוה או ליטול אבר ממש או לפטור לגמרי: מאי עבדינן ליה. הא גברא קטילא הוא והוה ליה ° עדות שאי אתה יכול להזימה דהא אי משתכחי עדים זוממים פטורים דגברי קטילא בעו למקטל והלכך איהו נמי פטור והכי אמרינן באלו הן הנשרפין (סנהדרין דף עח.): יד ביד. גבי עד זומם כתיב ואשמועינן דאם העיד באיש פלוני שקיטע יד חבירו משלם ממון הניתן מיד ליד: במקום נזק. ואע"פ שיש שם תשלומי הנזק משלם אף הצער ומקרא יתירא קדריש דהא כתיב כויה תחת כויה למה לי פצע תחת פצע וכויה וחבורה מדריש לקמן: ואיכא איניש דלא מפנק כו' נפקא מינה. מפצע תחת פצע למיתב ליה היאך דביני ביני: הייא. מהר כמו אסור הייא במסכת שבת (דף קיט.): אלא במזיק. עינו של מזיק שיימינן כמה הוא שוה לימכר עכשיו וכמה הוא יפה בלא עין והיינו ממש דקאמר עינו של מזיק נישומה תחת עינו של ניזק: וחמור אין משלם אלא נזק. כדאמרינן בפ' ב' (דף כו.) איש בעמיתו ולא שור בעמיתו: והא קמחייבת ליה לינוקא. אתה חב ומריע לו שמוחל אתה על חבלותיו דהא תשלומין של תינוק הן ולא שלך כדתניא לקמן (דף פז:) קטנים יעשה להם סגולה: דאלם. לעס וכסס: כל הנישום כעבד. הואיל ודבר שאין קבוע הוא אין גובין אותו בבבל וטעמא מפרש לקמן: דאי תפס. הכי אמר להו שומו ליה והיום או למחר אם יתפס משלו יעכבנו: נזקי שור בשור. נזקי שור שבאו לו על ידי השור: נזקי שור באדם. נזקין שבאו לשור על ידי אדם: נזקי אדם בשור. אדם שהוזק על ידי שור דבעי למשיימיה כעבדא: אלהים

תוספות

רב אשי אמר אתיא תחת תחת משור. ושאר אמוראי סברי דאותה ג"ש לענין מיטב ז) ואין להוציא מג"ש עין תחת עין מפשטיה דמשמע עין ממש אלא מדרשא אחריתא: אלא בדמזיק. דס"ל לרבי אליעזר דהוי ככופר ° דמשלם דמי מזיק דרחמנא קרייה כופר אבל אתה לוקח כופר כו' ח) ותנאי דלעיל ס"ל דדוקא בכופר משלם דמי מזיק משום פדיון נפשו: זילו שומו ליה ד' דברים. היה סבור דאדם הזיקו ואותו קטן כל כך גדול היה דמכלמי ליה ומכלם: קנסא

מסורת הש"ס

א) [לעיל נח. וש"נ], ב) כתובות לח., ג) מכות כב:, ד) [ס"א דרבא וכן הגיה יעב"ץ], ה) [לעיל כו: לקמן פה.], ו) גי' רש"ל רבא, ז) [לעיל ה.], ח) עיין רש"א.

תורה אור השלם

א) מִשְׁפַּט אֶחָד יִהְיֶה לָכֶם כַּגֵּר כָּאֶזְרָח יִהְיֶה כִּי אֲנִי יְיָ אֱלֹהֵיכֶם: [ויקרא כד, כב]

ב) שֶׁבֶר תַּחַת שֶׁבֶר עַיִן תַּחַת עַיִן שֵׁן תַּחַת שֵׁן כַּאֲשֶׁר יִתֵּן מוּם בָּאָדָם כֵּן יִנָּתֶן בּוֹ: [ויקרא כד, כ]

ג) וְאִישׁ כִּי יִתֵּן מוּם בַּעֲמִיתוֹ כַּאֲשֶׁר עָשָׂה כֵּן יֵעָשֶׂה לּוֹ: [ויקרא כד, יט]

ד) וְלֹא תָחוֹס עֵינֶךָ נֶפֶשׁ בְּנֶפֶשׁ עַיִן בְּעַיִן שֵׁן בְּשֵׁן יָד בְּיָד רֶגֶל בְּרָגֶל: [דברים יט, כא]

ה) וַעֲשִׂיתֶם לוֹ כַּאֲשֶׁר זָמַם לַעֲשׂוֹת לְאָחִיו וּבִעַרְתָּ הָרָע מִקִּרְבֶּךָ: [דברים יט, יט]

ו) עַיִן תַּחַת עַיִן שֵׁן תַּחַת שֵׁן יָד תַּחַת יָד רֶגֶל תַּחַת רָגֶל: [שמות כא, כד]

וְאִם אָסוֹן יִהְיֶה וְנָתַתָּה נֶפֶשׁ תַּחַת נָפֶשׁ: [שם, כג]

ז) כְּוִיָּה תַּחַת כְּוִיָּה פֶּצַע תַּחַת פָּצַע חַבּוּרָה תַּחַת חַבּוּרָה: [שמות כא, כה]

ח) אִם יָקוּם וְהִתְהַלֵּךְ בַּחוּץ עַל מִשְׁעַנְתּוֹ וְנִקָּה הַמַּכֶּה רַק שִׁבְתּוֹ יִתֵּן וְרַפֹּא יְרַפֵּא: [שמות כא, יט]

ט) אוֹ נוֹדַע כִּי שׁוֹר נַגָּח הוּא מִתְּמוֹל שִׁלְשֹׁם וְלֹא יִשְׁמְרֶנּוּ בְּעָלָיו שַׁלֵּם יְשַׁלֵּם שׁוֹר תַּחַת הַשּׁוֹר וְהַמֵּת יִהְיֶה לּוֹ: [שמות כא, לו]

י) וְאִם אָסוֹן יִהְיֶה וְנָתַתָּה נֶפֶשׁ תַּחַת נָפֶשׁ: [שמות כא, כג]

כ) וְנָתַן הָאִישׁ הַשֹּׁכֵב עִמָּהּ לַאֲבִי הַנַּעֲרָ חֲמִשִּׁים כָּסֶף וְלוֹ תִהְיֶה לְאִשָּׁה תַּחַת אֲשֶׁר עִנָּהּ לֹא יוּכַל שַׁלְּחָהּ כָּל יָמָיו: [דברים כב, כט]

עין משפט נר מצוה

י א מיי' פ"ב מהלכות רוצח הלכה ט ופ"כ מהל' עדות הלכה ז:

יא ב מיי' פט"ז מהלכות סנהדרין הלכה יב:

יב ג מיי' פ"ה מהלכות סנהדרין הלכה י סמג עשין לה טוש"מ סי' א:

יג ד מיי' שם הלכה יז סמג שם טוש"ע ח"מ סי' א סעיף ה:

הגהות הב"ח

(א) גמ' עין ממש אמרת הרי שהיה סומא:

(ב) שם אביי אמר אתיא:

גליון הש"ס

רש"י ד"ה מאי עבדינן ליה וכו' עדות שאי אתה יכול להזימה. ק"ל כיון דהוא עדות שא"א יכול להזימה לא מיקרי עדות ואמרי שמא באמת לא הרג א"כ מאי פרכינן הא שפיר מתקיים משפט אחד אלא דפטרינן ליה דליכא עדות דהרג ול"ע: תוד"ה אלא בדמזיק וכו' דמשלם דמי מזיק. לעיל דף מ ע"א:

ליקוטי רש"י

כן ינתן בו. פירשו רבותינו שאינו נתינת מום ממש אלא תשלומי ממון שמין אותו כעבד לכך כתוב בו לשון נתינה דבר הנתון מיד ליד [ויקרא כד, כ]. דבהדי דעויר ליה. בהדי דסמיין לעיניה. נפקא ליה נשמתיה. והוה ליה עין ונפש תחת עין [כתובות לח.]. אמדוהו ומת תחת ידו פטור. דשליח ב"ד הוא ואמרן לעיל (דף ח.) יצא האב המכה את בנו ושליח ב"ד [מכות כב:]. פצע תחת פצע ליתן צער במקום נזק. היכא דקטע את ידו ונתן לו דמיה [לקמן פה.]. מקרא זה יתר הוא ובהמוגל דרשוהו רבותינו לחייב על הצער אפילו במקום נזק שאף על פי שנותן לו דמי ידו אין פוטרין אותו מן הצער לומר הואיל וקנה ידו יש עליו לחתכה בכל מה שירצה אלא אומרים יש לו לחתכה בסם שאינו מצטער כל כך וזה חתכה בברזל וצערו [שמות כא כה]. דאפי' היכא דאיכא נזק משלם נמי צער דלא תימא צער דכתבה רחמנא היינו בדליכא נזק כגון כוואו בשפוד על צפרנו דלא אפחתיה מכספיה ולהך דרשה מפקינן ליה בהמוגל [לעיל כו:]. דמפנק. מעונג [שבת קט.]. סליק בשריה הייא. מכה שנבשרו מעלה ארוכה מהר [שבת קלד:]. דאלם. לעס בשיניו [גיטין ע.]. דאי תפס. ניזק בבבל לא מפקינן מיניה [לעיל טו:].

ואמרה "כֵּן יִנָּתֶן בּוֹ", **לָמָּה לִי?** לפי שהוא מיותר, **שְׁמַע מִינָּהּ** — למוד מהמלה "יִנָּתֶן" שהחובל משלם **מָמוֹן**[11].

הגמרא מקשה על ישוב זה:

אם כן, הקטע הקודם בפסוק כ, "**כַּאֲשֶׁר יִתֵּן מוּם בָּאָדָם**", **לָמָּה לִי** — מה צורך בו[12]?

מתרצת הגמרא:

אכן אין מזה לימוד מיוחד, אלא **אַיְּידֵי דְּבָעֵי מִיכְתַּב** — לפי שרצה לכתוב "**כֵּן יִנָּתֶן בּוֹ**" [ללמד שהתשלום לחבלה הוא בממון], **כְּתַב נַמִּי** (גם כן): "**כַּאֲשֶׁר יִתֵּן מוּם בָּאָדָם**" כהקדמה לכך.

ברייתא נוספת באותו ענין:

דְּבֵי רַבִּי חִיָּיא תָּנָא — תנא של בית מדרשו של רבי חייא שנה: **אָמַר קְרָא** (הכתוב) בענין חיוב התשלום של עדים זוממים, "**יָד בְּיָד**" (דברים יט, כא), המורה על **דָּבָר הַנִּיתָּן מִיָּד לְיָד. וּמַאי נִיהוּ** (ומה הוא)? **מָמוֹן**[13].

הגמרא מקשה:

אֶלָּא מֵעַתָּה, שאתה מדייק מ"יָד בְּיָד", "**רֶגֶל בְּרָגֶל**" **נַמִּי הָכִי הוּא** — וכי אפשר לדייק ולהבין כך גם את הביטוי "רֶגֶל בְּרָגֶל"? ברור שלא[14]!

הגמרא מיישבת:

אָמְרֵי — אמרו: אכן, עצם משמעות "יָד בְּיָד" אין בה כדי ללמד שהכוונה לממון, אלא **דְּבֵי רַבִּי חִיָּיא קְרָא יְתֵירָא קָא דָּרְשֵׁי** — חכמי בית מדרשו של רבי חייא למדו זאת מכך שכתוב זה מיותר, כדלהלן: **מִכְּדִי כְּתִיב** — כיון שכתוב לענין עד זומם (שם פסוק יט): "**וַעֲשִׂיתֶם לוֹ כַּאֲשֶׁר זָמַם לַעֲשׂוֹת לְאָחִיו**". **אִי סָלְקָא דַּעְתָּךְ מַמָּשׁ** — אם עולה על דעתך שהחובל נענש בעונש גופני [וממילא גם עד זומם נענש בגופו], "**יָד בְּיָד**" **לָמָּה לִי** — מה הצורך בכתוב "יָד בְּיָד"[15]? **שְׁמַע מִינָּהּ** — למוד ממנו שעד זומם משלם **מָמוֹן** כאשר העיד על חבלה ביד והוזם[16].

הגמרא מקשה על יישוב זה:

אם כן, מה שנאמר באותו הפסוק "**רֶגֶל בְּרָגֶל**" **לָמָּה לִי** — מה בא ללמדנו[17]?

הגמרא מתרצת:

אכן אין מזה לימוד מיוחד, אלא **אַיְּידֵי דִּכְתִיב** — לפי שכתוב "**יָד בְּיָד**", **כְּתַב נַמִּי** (גם כן) "**רֶגֶל בְּרָגֶל**".

הגמרא מביאה ברייתא אחרת באותו ענין:

אַבַּיֵּי (אומר) [אָמַר[18]**]: אַתְיָא מִדְּתָנֵי דְּבֵי חִזְקִיָּה** — הדבר (שהחובל משלם ממון) נלמד מן הברייתא שנשנתה בבית מדרשו של חזקיה, **דְּתָנָא דְּבֵי חִזְקִיָּה:** התורה אומרת (שמות כא, כד): "**עַיִן תַּחַת עַיִן**", וכן (שם פסוק כג) "**נֶפֶשׁ תַּחַת נָפֶשׁ**", ומובן מכך: **וְלֹא נֶפֶשׁ וְעַיִן תַּחַת עַיִן**, כלומר, לעולם אין החובל משלם על עין שסימא, גם בעין וגם בנפש, אלא על נפש משלם נפש, ועל עין משלם עין. **וְאִי סָלְקָא דַּעְתָּךְ** — ואם עולה על דעתך ש"עַיִן תַּחַת עַיִן" היינו **מַמָּשׁ**, שנסמא עינו של מי שסימא עין חבירו, הרי **זִימְנִין דְּמִשְׁתַּכְּחַת לָהּ עַיִן וְנֶפֶשׁ תַּחַת עַיִן** — לפעמים ימצא מקרה של איבוד עין ונפש כעונש על איבוד עין בלבד, **דְּבַהֲדֵי דְּעָוֵיר לֵיהּ נָפְקָא לֵיהּ נִשְׁמְתֵיהּ** — שתוך כדי שבית דין מסמא את עינו, עלולה נשמתו לצאת. מן "ולא נפש ועַיִן תַּחַת עַיִן" אנו למדים שלעולם לא ימצא מקרה שכזה. בהכרח אפוא ש"עַיִן תַּחַת עַיִן" הינו תשלום ממון.

הגמרא מפריכה הוכחה זו:

וּמַאי קוּשְׁיָא — ומה קשה? כלומר, לעולם יתכן ש"עַיִן תַּחַת עַיִן" ממש, ואין קשה על זה שמא תצא נפשו כאשר מסמאים את עינו וימצא ששילם "נפש ועַיִן תַּחַת עַיִן", כי **דִּלְמָא מֵימַד אָמְדִינַן לֵיהּ** — אפשר שאומדים את מצבו הגופני של החובל. **אִי מָצֵי מְקַבֵּל עָבְדִינַן** — אם הוא יכול לקבל (לסבול) את סימוי עינו, עושים כך; **וְאִי לָא מָצֵי מְקַבֵּל** — ואם אינו יכול לקבל (שיש חשש שתצא נפשו מחמת כך), **לָא עָבְדִינַן** — אין עושים כך[19]. **וְאִי אָמְדִינַן דְּמָצֵי מְקַבֵּל** — ואם אומדים שהוא יכול לקבל עונש זה, **וְעָבְדִינַן בֵּיהּ וּנְפַק רוּחֵיהּ** — ועשינו לו כך ומכל מקום יצאה נשמתו, **אִי מָיֵית לֵימוּת** — הרי אם הוא מת, שימות! כלומר, אין חשש כזה יכול לשנות את דינו. **מִי לָא תְּנַן גַּבֵּי מַלְקוּת** — וכי לא שנינו משנה לענין מלקות (מכות כב, ב): אם **אֲמָדוּהוּ** בית דין לחוטא שיכול לקבל מספר מסויים של מכות, **וּ**בכל זאת **מֵת** המולקה **תַּחַת יָדוֹ** של שליח בית דין (המלקה), הרי השליח **פָּטוּר** מן הגלות על ההריגה בשוגג[20]? נמצא שאין להביא מכאן כל הוכחה שעונש החובל הוא בתשלום ממון.

הגמרא מציעה הוכחה אחרת שעונש החובל הוא בממון:

רַב זְבִיד מִשְּׁמֵיהּ (משמו) **(דרבה) [דְּרָבָא**[21]**] אָמַר: אָמַר קְרָא** —

הערות

11. כלומר, בכתוב המיותר לדרשה, נקטה התורה לשון נתינה (ולא "כֵּן יֵעָשֶׂה לוֹ" כבפסוק יט) ללמדנו שהחובל נידון בדבר ששייך בו "נתינה" ליד הנחבל — דהיינו, ממון (גור אריה על הפסוק; ראה גם אמרי בינה). לביאור כל הפסוק בדרך זו, ראה הכתב והקבלה על הפסוק. [ראוי לציין שפסוק זה נדרש בדרך אחרת לעיל; ראה פג, ב הערה 34.]

12. נראה שהכוונה: אם שינוי הלשון בסוף הפסוק ללשון נתינה לא בא אלא ללמדנו שיתן לו ממון, לשם מה כתבה התורה לשון נתינה גם קודם לכן, במקום שאינו נצרך ללמדנו זאת? (ראה אמרי בינה). [אפשר גם לפרש: אם הכתוב הוא מיותר (ולכן ניתן ללמוד מ"כֵּן יִנָּתֶן בּוֹ" שיתן לו ממון), לשם מה נאמרו כל ארבעת המלים "כַּאֲשֶׁר יִתֵּן מוּם בָּאָדָם"?]

13. הכתוב במלואו מלמדנו שעדים שהעידו על פלוני שקטע יד חבירו, והוזמו, שהם נענשים באותו עונש שהיה הלה נענש אילולא הוזמו (ראה לעיל הערה 9), ומשלמים "יָד בְּיָד", דהיינו, יד תחת יד שהלה היה נדון בה. לפי שהכתוב לא אמר "יָד תַּחַת יָד", אלא "יָד בְּיָד", יש לפרשו לענין נתינת ממון, שדרכו לעבור מיד ליד (ראה רש"י). מזה נלמד שכאשר אדם באמת קוטע יד חבירו, חייב הוא בתשלום ממון ולא קוטעים את ידו, שהרי עדים זוממים נענשים באותו עונש עצמו שזממו לחייב את אלו שהעידו עליהם; כך שאם הם משלמים ממון כשנמצאו זוממים בעדות חבלה, בהכרח שחובל עצמו משלם ממון (פני יהושע; ראה גם חידושי הרי"ם).

14. [את הביטוי "רֶגֶל בְּרָגֶל", בהכרח צריך להבין כאילו נכתב "רגל תחת רגל" (שכן, בשונה מ"יָד בְּיָד", לגבי רגל אין משמעות מיוחדת לביטוי "רֶגֶל בְּרָגֶל"). אם כן, אולי גם את הכתוב "יָד בְּיָד" יש להבין כאילו נאמר "יד תחת יד" ולא נלמד מזה שהכוונה לתשלום ממון.]

15. אם חובל נענש בחבלה דומה, אזי עדים זוממים שהעידו על אחד שחבל בחבירו היו נענשים באותה החבלה, על פי הפסוק "ועשיתם לו כאשר זמם לעשות לאחיו". הפסוק "יָד בְּיָד" אינו נצרך אפוא ללמד שעדים זוממים יכולים להיענש בעונש גופני.

16. ומכך יש ללמוד שהחובל משלם ממון ואינו נענש בחבלה דומה (ראה הערה 13).

17. נראה שהכוונה: אם הלשון "יָד בְּיָד" (במקום "יד תחת יד") לא בא אלא ללמדנו שהחובל נותן ממון, לשם מה כתבה התורה לשון זה גם לגבי רגל ("רֶגֶל בְּרָגֶל" ולא "רגל תחת רגל"), והרי אין זה מלמדנו דבר [וכן לגבי נפש, עין ושן שהוזכרו באותו פסוק]? אפשר גם לפרש: אם הכתוב הוא מיותר (ולכן ניתן ללמוד מ"יָד בְּיָד" שיתן לו ממון), לשם מה נאמר כל הפסוק, היה די ב"יָד בְּיָד"? (ראה לעיל הערה 12).

18. תוקן על פי הגהות הב"ח (וכן בכל כתבי היד).

19. נמצא שאפילו אם העונש הראוי למי שסימא עין חבירו הוא לסמא את עינו, הוא לעולם לא יאבד חייו מתוך כך; שכן אם בית דין אומדים שלא יוכל לעמוד באיבוד עינו, הוא הרי לא יענש בכך.

20. בדרך כלל, רוצח בשוגג חייב גלות בעיר מקלט (ראה במדבר יט, א-י). אולם, כאשר אדם מת מחמת הלקאתו בבית דין, אין שליח בית דין חייב על מיתתו. אלא, רואים את מיתתו כאונס. כמו כן, אילו מת החובל מחמת חבלת גופו שהטיל בית הדין, שלא כפי שאמדוהו, לא היינו רואים את בית הדין כמי שלקח "נפש ועַיִן תַּחַת עַיִן", אלא מיתתו נחשבת כאונס. לכן, אילו כוונת התורה ב"עַיִן תַּחַת עַיִן" היא שיש לסמא את עינו של החובל, והיו אומדים אותו ומוצאים שיכול לעמוד בכך, לא היתה מניעה לכך מצד החשש שמא בכל זאת ימות. [להרחבה וביאור נוסף, ראה שו"ת אגרות משה, חושן משפט א, ג ד"ה וראיה.]

21. תוקן על פי מסורת הש"ס, וכן הוא בכל כתבי היד; עיין ספר שינויי נוסחאות.

מסורת הש"ס

א) [לעיל נא. וש"נ], ב) כתובות לח., ג) מכות כב:, ד) [ס"א דרבא וכן הגיה יעב"ץ], ה) [לעיל כו: לקמן פה.], ו) גי' רש"ל רבא, ז) [לעיל ה.], ח) עיין רש"א.

תורה אור השלם

א) מִשְׁפַּט אֶחָד יִהְיֶה לָכֶם כַּגֵּר כָּאֶזְרָח יִהְיֶה כִּי אֲנִי יְיָ אֱלֹהֵיכֶם: [ויקרא כד, כב]

ב) שֶׁבֶר תַּחַת שֶׁבֶר עַיִן תַּחַת עַיִן שֵׁן תַּחַת שֵׁן כַּאֲשֶׁר יִתֵּן מוּם בָּאָדָם כֵּן יִנָּתֶן בּוֹ: [ויקרא כד, כ]

ג) וְאִישׁ כִּי יִתֵּן מוּם בַּעֲמִיתוֹ כַּאֲשֶׁר עָשָׂה כֵּן יֵעָשֶׂה לּוֹ: [ויקרא כד, יט]

ד) וְלֹא תָחוֹס עֵינֶךָ נֶפֶשׁ בְּנֶפֶשׁ עַיִן בְּעַיִן שֵׁן בְּשֵׁן יָד בְּיָד רֶגֶל בְּרָגֶל: [דברים יט, כא]

ה) וַעֲשִׂיתֶם לוֹ כַּאֲשֶׁר זָמַם לַעֲשׂוֹת לְאָחִיו וּבִעַרְתָּ הָרָע מִקִּרְבֶּךָ: [דברים יט, יט]

ו) עַיִן תַּחַת עַיִן שֵׁן תַּחַת שֵׁן יָד תַּחַת יָד רֶגֶל תַּחַת רָגֶל: [שמות כא, כד]

וְאִם אָסוֹן יִהְיֶה וְנָתַתָּה נֶפֶשׁ תַּחַת נָפֶשׁ: [שם, כג]

ז) כְּוִיָּה תַּחַת כְּוִיָּה פֶּצַע תַּחַת פָּצַע חַבּוּרָה תַּחַת חַבּוּרָה: [שמות כא, כה]

ח) אִם יָקוּם וְהִתְהַלֵּךְ בַּחוּץ עַל מִשְׁעַנְתּוֹ וְנִקָּה הַמַּכֶּה רַק שִׁבְתּוֹ יִתֵּן וְרַפֹּא יְרַפֵּא: [שמות כא, יט]

ט) אוֹ נוֹדַע כִּי שׁוֹר נַגָּח הוּא מִתְּמוֹל שִׁלְשֹׁם וְלֹא יִשְׁמְרֶנּוּ בְּעָלָיו שַׁלֵּם יְשַׁלֵּם שׁוֹר תַּחַת הַשּׁוֹר וְהַמֵּת יִהְיֶה לּוֹ: [שמות כא, לו]

י) וְאִם אָסוֹן יִהְיֶה וְנָתַתָּה נֶפֶשׁ תַּחַת נָפֶשׁ: [שמות כא, כג]

כ) וְנָתַן הָאִישׁ הַשֹּׁכֵב עִמָּהּ לַאֲבִי הַנַּעֲרָ חֲמִשִּׁים כָּסֶף וְלוֹ תִהְיֶה לְאִשָּׁה תַּחַת אֲשֶׁר עִנָּהּ לֹא יוּכַל שַׁלְּחָהּ כָּל יָמָיו: [דברים כב, כט]

קטן שהרג את הגדול וגדול שהרג את הקטן היכי קטלינן ליה התורה אמרה (א) משפט אחד יהיה לכם משפט השוה לכולכם אלא נשמה שקיל מיניה נשמה אמר רחמנא נשקול מיניה ה"נ נהורא שקיל מיניה נהורא אמר רחמנא נשקול מיניה: תניא אידך רבי שמעון בן יוחי אומר עין תחת עין ממון אתה אומר ממון או אינו אלא עין ממש (א) הרי שהיה סומא וסימא קיטע וקיטע חיגר וחיגר היאך אני מקיים בזה עין תחת עין והתורה אמרה משפט אחד יהיה לכם משפט השוה לכולכם אמרי ומאי קושיא דלמא היכא דאפשר אפשר היכא דלא אפשר לא אפשר ופטרינן ליה דאי לא תימא הכי טרפה שהרג את השלם מאי עבדינן ליה אלא היכא דאפשר אפשר היכא דלא אפשר לא אפשר א ופטרינן ליה דבי רבי ישמעאל תנא אמר קרא (ב) כן ינתן בו ואין נתינה אלא ממון אלא מעתה (ב) כאשר יתן מום באדם הכי נמי דממון הוא אמרי דבי רבי ישמעאל קרא יתירא דרשי מכדי כתיב (ג) ואיש כי יתן מום בעמיתו כאשר עשה כן יעשה לו כן ינתן בו למה לי ש"מ ממון כאשר יתן מום באדם למה לי (א) איידי דבעי מיכתב כן ינתן בו כתב נמי כאשר יתן מום באדם דבי רבי חייא תנא אמר קרא (ד) יד ביד דבר הניתן מיד ליד ומאי ניהו ממון אלא מעתה (ד) רגל ברגל נמי הכי הוא אמרי דבי רבי חייא קרא יתירא קא דרשי מכדי כתיב (ה) ועשיתם לו כאשר זמם לעשות לאחיו אי סלקא דעתך ממש יד ביד למה לי ש"מ ממון רגל ברגל למה לי איידי דכתיב יד ביד כתב נמי רגל ברגל אביי (ב) אומר אתיא מדתני דבי חזקיה (ב) דתנא דבי חזקיה (ו) עין תחת עין נפש תחת נפש ולא נפש ועין תחת עין ואי סלקא דעתך ממש זימנין דמשכחת לה עין ונפש תחת עין דבהדי דעויר ליה נפקא ליה נשמתיה ומאי קושיא דלמא מימד אמדינן ליה אי מצי מקבל עבדינן ואי לא מצי מקבל לא עבדינן ואי אמדינן דמצי מקבל ועבדינן ביה ונפק רוחיה אי מיית לימות מי לא תנן גבי מלקות (ג) ב אמדוהו ומת תחת ידו פטור רב זביד משמיה (ד) דרבה אמר אמר קרא (ז) פצע תחת פצע (ה) ליתן צער במקום נזק ואי סלקא דעתך ממש כי היכי דלהאי הוי ליה צערא להאי נמי אית ליה צערא ומאי קושיא דלמא איכא איניש דמפנק אית ליה צערא טפי ואיכא איניש דלא מפנק לית ליה צערא למאי נפקא מינה למתבי ליה היאך דביני ביני רב פפא משמיה דרבא אמר אמר קרא (ח) ורפא ירפא ליתן רפואה במקום נזק ואי סלקא דעתך ממש כי היכי דהאי בעי אסייא האי נמי בעי אסייא מאי קושיא דלמא איכא דסליק בשריה הייא ואיכא דלא סליק בשריה הייא למאי נפקא מינה למיתב ליה היאך דביני ביני רב אשי אמר אתיא תחת תחת משור כתיב הכא (ו) עין תחת עין וכתיב התם (ט) שלם ישלם שור תחת השור מה להלן ממון אף כאן ממון מאי חזית דילפת תחת תחת משור נילף תחת תחת מאדם דכתיב (י) ונתת נפש תחת נפש מה להלן ממש אף כאן ממש אמרי דנין נזקין מנזקין ואין דנין נזקין ממיתה אדרבה דנין אדם מאדם ואין דנין אדם מבהמה אלא אמר רב אשי (כ) מתחת אשר ענה יליף ליה אדם מאדם ונזיקין מנזיקין תניא ר"א אומר עין תחת עין ממש סלקא דעתך רבי אליעזר לית ליה ככל הני תנאי אמר (ו) רבה לומר שאין שמין אותו כעבד א"ל אביי אלא כמאן כבן חורין בן חורין מי אית ליה דמי אלא אמר רב אשי לומר שאין שמין אותו בניזק אלא במזיק: ההוא חמרא דקטע ידא דינוקא אתא לקמיה דרב פפא בר שמואל אמר להו זילו שומו ליה ארבעה דברים אמר ליה רבא והא אנן חמשה תנן א"ל לבר מנזק קאמינא אמר ליה אביי והא חמור הוא וחמור אינו משלם אלא נזק אמר להו זילו שומו ליה נזקיה והא כעבדא בעי למשיימיה אמר להו זילו שיימוהו כעבדא אמר להו אבוה דינוקא לא בעינא דזילא ביה מילתא אמרו ליה והא קא מחייבת ליה לינוקא אמר להו לכי גדיל מפייסנא ליה מדידי: ההוא תורא דאלם ידיה דינוקא אתא לקמיה דרבא אמר להו זילו שיימוהו כעבדא אמרו ליה והא מר הוא דאמר ג כל הנישום כעבד אין גובין אותו בבבל אמר להו לא צריכא ד דאי תפס רבא לטעמיה דאמר רבא נזקי שור בשור ונזקי שור באדם גובין אותו בבבל נזקי אדם באדם ונזקי אדם בשור אין גובין אותו בבבל מ"ש נזקי אדם באדם ונזקי אדם בשור דלא אלהים בעינן וליכא נזקי שור בשור ושור באדם נמי אלהים

רש"י

קטן שהרג. אדם גנס שהרג את הגדול: קיטע וקיטע היאך אני קורא כו'. וכי תימא הכא נשקול ממונא התורה אמרה משפט שוה. ופטרינן ליה. בולא כלום והוי משפט שוה או ליטול אבר ממש או לפטור לגמרי: מאי עבדינן ליה. הא גברא קטילא הוא והוה ליה עדות שאי אתה יכול להזימה דהא אי משתכחי עדים זוממים פטורים דגברי קטילא בעו למקטל והלכך איהו נמי פטור והכי אמרינן באלו הן הנשרפין (סנהדרין דף עח.): יד ביד. גבי עד זומם כתיב ואשמועינן דאם העיד באיש פלוני שקיטע יד חבירו משלם ממון הניתן מיד ליד: במקום נזק. ואע"פ שיש שם תשלומי הנזק משלם אף הצער ומקרא יתירא קדריש דהא כתיב כויה תחת כויה למה לי פצע תחת פצע וכויה וחבורה מדריש לקמן: ואיכא איניש דלא מפנק כו' נפקא מינה. מפצע תחת פצע למיתב ליה היאך דביני ביני: הייא. מהר כמו אשור הייא במסכת שבת (דף קיט.): אלא במזיק. עינו של מזיק שיימינן כמה הוא שוה לימכר עכשיו וכמה הוא יפה בלא עין והיינו ממש דקאמר עינו של מזיק נישומה תחת עינו של ניזק: וחמור אין משלם אלא נזק. כדאמרינן בפ' ב' (דף כו.) איש בעמיתו ולא שור בעמיתו: והא קמחייבת ליה לינוקא. אתה חב ומריע לו שמוחל אתה על חבלותיו דהא תשלומין של תינוק הן ולא שלך כדתניא לקמן (דף פז:) קטנים יעשה להם סגולה: דאלם. לעם וכסם: כל הנישום כעבד. הואיל ודבר שאין קצוב הוא אין גובין אותו בבבל וטעמא מפרש לקמן: דאי תפס. הכי אמר להו שומו ליה והיום או למחר אם יתפס משלו יעכבנו: נזקי שור בשור. נזקי שור שבאו לו על ידי השור: נזקי שור באדם. נזקין שבאו לשור על ידי אדם: נזקי אדם בשור. אדם שהוזק על ידי שור דבעי למשיימיה כעבדא: אלהים

תוספות

רב אשי אמר אתיא תחת תחת משור. ושאר אמוראי סברי דאותה ג"ש לענין מיטב ז) ואין להוציא מג"ש עין תחת עין מפשטיה דמשמע עין ממש אלא מדרשא אחריתא: אלא בדמזיק. דס"ל לרבי אליעזר דהוי ככופר דמשלם דמי מזיק דרחמנא קרייה כופר אבל אתה לוקח כופר כו' ח) ותנאי דלעיל ס"ל דדוקא בכופר משלם דמי מזיק משום פדיון נפשו:

זילו שומו ליה ד' דברים. היה סבור דאדם הזיקו ואותו קטן כל כך גדול היה דמכלמי ליה ומכלם: קנסא

עין משפט נר מצוה

י א מיי' פ"ב מהלכות רוצח הלכה ט ופ"כ מהל' עדות הלכה ז:

יא ב מיי' פט"ז מהלכות סנהדרין הלכה יב:

יב ג מיי' פ"ה מהלכות סנהדרין הלכה י סמג עשין לה טוש"מ סי' א:

יג ד מיי' שם הלכה יו סמג שם טוש"ע ח"מ סי' א סעיף ה:

הגהות הב"ח

(א) גמ' עין ממש אמרת הרי שהיה סומא: (ב) שם אביי אמר אתיא:

גליון הש"ס

רש"י ד"ה מאי עבדינן ליה וכו' עדות שאי אתה יכול להזימה. ק"ל כיון דהוא עדות שא"א יכול להזימה לא מיקרי עדות ואמרי שמא באמת לא הרג א"כ מאי פרכינן הא שפיר מתקיים משפט אחד אלא דפטרינן ליה דליכא עדות דהרג ול"ע: תוד"ה אלא בדמזיק וכו' דמשלם דמי מזיק. לעיל דף מ ע"א:

ליקוטי רש"י

כן ינתן בו. פירשו רבותינו שאינו נתינת מום ממש אלא תשלומי ממון שמין אותו כעבד לכך כתוב בו לשון נתינה דבר הנתון מיד ליד [ויקרא כד, כ]. דבהדי דעויר ליה. בהדי דסמינן לעיניה. נפקא ליה נשמתיה. והוה ליה עין ונפש תחת עין [כתובות לח.]. אמדוהו ומת תחת ידו פטור. דשליח ב"ד הוא ואמרן לעיל (דף ח.) יצא האב המכה את בנו ושליח ב"ד [מכות כב:]. פצע תחת פצע ליתן צער במקום נזק. היכא דקטע את ידו ונתן לו דמיה [לקמן פה.]. מקרא זה יתר הוא ובהחובל דרשוהו רבותינו לחייב על הצער אפילו במקום נזק שאף על פי שנותן לו דמי ידו אין פוטרין אותו מן הצער לומר הואיל וקנה ידו יש עליו לחתכה בכל מה שירצה אלא אומרים יש לו לחתכה בסם שאינו מצטער כל כך וזה חתכה בברזל וצערו [שמות כא כה]. דאפי' היכא דאיכא נזק משלם נמי צער דלא תימא צער דכתבה רחמנא היינו בדליכא נזק כגון כוואו בשפוד על צפרנו דלא אפחתיה מכספיה ולהך דרשה מפקינן ליה בהחובל [לעיל כו:]. דמפנק. מעונג [שבת קט.]. סליק בשריה הייא. מכה שבבשרו מעלה ארוכה מהר [שבת קלד:]. דאלם. לעם בשיניו [גיטין ע.]. דאי תפס. ניזק בבבל לא מפקינן מיניה [לעיל טו:].

הכתוב (שמות כא, כה): "**פֶּצַע תַּחַת פָּצַע**"[22], **לִיתֵּן צַעַר בִּמְקוֹם נֶזֶק** — ללמד שהחובל חייב בתשלום עבור צער אף במקום שהוא חייב בתשלום נזק. **וְאִי סַלְקָא דַּעְתָּךְ מַמָּשׁ** — ואם עולה על דעתך שחובלים בפועל במי שחבל בחבירו ("עַיִן תַּחַת עַיִן" ממש), אין סיבה שישלם עבור צער כשכבר נענש על הנזק, הרי **כִּי הֵיכִי דִּלְהַאי הֲוֵי לֵיהּ צַעֲרָא** — כמו שהיה לזה (הנחבל) צער כשנחבל, **לְהַאי נַמִּי אִית לֵיהּ צַעֲרָא** — לזה (החובל) גם כן יש לו צער בחבלתו על ידי בית דין. במה שבית דין חובלים בו, הוא נענש אפוא גם על הצער שציער את הנחבל, ומה טעם יהא עליו בנוסף גם לשלם עבור אותו הצער? הדין שהחובל משלם צער במקום נזק, מוכיח שהחובל אינו נחבל, אלא הוא משלם ממון (ובממון יש טעם לשלם בנפרד על נזק ובנפרד על צער)[23].

הגמרא דוחה הוכחה זו:

וּמַאי קוּשְׁיָא — ומה קשה? כלומר, לעולם יתכן ש"עַיִן תַּחַת עַיִן" ממש, ואין קשה על זה למה יוסיף וישלם על הצער לאחר שציערוהו בחבלתו, כי נאמר שלכן נאמר דין זה שישלם צער במקום נזק: **דִּלְמָא** (שמא) **אִיכָּא אִינִישׁ דִּמְפַנַּק** — יש אדם שהוא מפונק, **אִית לֵיהּ צַעֲרָא טְפֵי** — יש לו צער יותר מחבלתו. **וְאִיכָּא אִינִישׁ דְּלָא מְפַנַּק, לֵית לֵיהּ צַעֲרָא** — ויש שאינו מפונק, כך שאין לו צער (הרבה). **לְמַאי נַפְקָא מִינָּהּ** — לענין איזה דין יוצא חילוק מכך? **לְמִתְבֵי לֵיהּ הַיאךְ דְּבֵינֵי בֵּינֵי** — לתת לנחבל את ההפרש, אם החובל נצטער פחות ממנו כשחבלוהו בית דין[24]. נמצא שמן הדין שמשלם צער במקום נזק, אין הכרח שעל הנזק הוא משלם ממון.

הגמרא מציעה הוכחה אחרת:

רַב פָּפָּא מִשְּׁמֵיהּ (משמו) **דְּרָבָא אָמַר: אָמַר קְרָא** (הכתוב) לענין חובל בחבירו (שם פסוק יט): "**וְרַפֹּא יְרַפֵּא**", **לִיתֵּן רְפוּאָה בִּמְקוֹם נֶזֶק** — ללמד שהחובל חייב לשלם את הוצאות הריפוי של הנחבל אפילו במקום שהוא חייב בתשלום הנזק[25]. **וְאִי סַלְקָא דַּעְתָּךְ מַמָּשׁ** — ואם עולה על דעתך שעונש החובל הוא חבלה דומה בגופו ממש, למה עליו לשלם גם ריפוי, הרי **כִּי הֵיכִי דְּהַאי בָּעֵי אַסְיָיא** — כמו שזה (הנחבל) צריך ריפוי, **הַאי נַמִּי בָּעֵי אַסְיָיא** — זה (החובל) גם כן צריך ריפוי אחר שבית דין חבל בו. כלומר, לפי שחובלים בו באותה מדה שחבל בחבירו, והוא זקוק לריפוי, הרי שנענש גם על הוצאות הריפוי שגרם לנחבל, ומה טעם יהא עליו בנוסף גם לשלם עבור ריפוי הנחבל[26]? הדין שהחובל משלם ריפוי במקום נזק, מוכיח שהחובל אינו נחבל, אלא הוא משלם ממון (ובממון יש טעם לשלם בנפרד על נזק ובנפרד על ריפוי).

הגמרא דוחה גם הוכחה זו:

מַאי קוּשְׁיָא — מה קשה? כלומר, לעולם יתכן ש"עַיִן תַּחַת עַיִן" ממש, ואין קשה על זה למה יוסיף וישלם על הריפוי אחר שגם על ריפוי עצמו הוא צריך לשלם, כי נאמר שלכן נאמר דין זה שישלם ריפוי במקום נזק: **דִּלְמָא** (שמא) **אִיכָּא דְּסָלִיק בִּשְׂרֵיהּ הַיָּיא** — יש שבשרו מתרפא מהר (ואין הוצאות רפואתו רבות), **וְאִיכָּא דְּלָא סָלִיק בִּשְׂרֵיהּ הַיָּיא** — ויש שאין בשרו מתרפא מהר (והוצאות רפואתו מרובות יותר). **לְמַאי נַפְקָא מִינָּהּ** — לענין איזה דין יוצא חילוק מכך? **לְמֵיתַב לֵיהּ הַיאךְ דְּבֵינֵי בֵּינֵי** — לתת לנחבל את ההפרש[27]. נמצא שמן הדין שמשלם ריפוי במקום נזק, אין הכרח שעל הנזק הוא משלם ממון.

הגמרא מביאה הוכחה אחרונה שעונש החבלה הוא בממון:

רַב אַשִׁי אָמַר: אָתְיָא — הדבר נלמד מגזירה שוה של "**תַּחַת**", "**תַּחַת**" **מִן** הנאמר בענין **שׁוֹר**, בדרך זה: **כְּתִיב הָכָא** — כאן, לענין חובל באדם (שם פסוק כד), כתוב שיתן "**עַיִן 'תַּחַת' עַיִן**"; **וּכְתִיב הָתָם** — ושם, לענין שור שהזיק שור (שם פסוק לו), כתוב: "**שַׁלֵּם יְשַׁלֵּם שׁוֹר 'תַּחַת' הַשּׁוֹר**". **מַה לְּהַלָּן** — שם, לגבי שור, התשלום הוא **מָמוֹן, אַף כָּאן** בחובל בחבירו, כוונת התורה שישלם **מָמוֹן**[28].

הגמרא מקשה:

מַאי חָזִית דְּיָלְפַתְּ "תַּחַת", "תַּחַת" מִשּׁוֹר — מה ראית ללמוד את הגזירה שוה "תַּחַת", "תַּחַת" מהנאמר בשור. **נֵילַף** — שנלמד במקום זה גזירה שוה "**תַּחַת**", "**תַּחַת**" **מֵ**הנאמר בהריגת **אָדָם, דִּכְתִיב** (שם פסוק כג): "**וְנָתַתָּ נֶפֶשׁ 'תַּחַת' נָפֶשׁ**". **מַה לְּהַלָּן** — שם לגבי הריגה, "נֶפֶשׁ תַּחַת נָפֶשׁ" היינו **מַמָּשׁ**[29], **אַף כָּאן** לענין חובל, נלמד "עַיִן תַּחַת עַיִן" **מַמָּשׁ!**

הגמרא מתרצת:

אָמְרֵי — אמרו, לכן למד רב אשי גזירה שוה משור ולא מאדם, כי: **דָּנִין נְזָקִין מִנְּזָקִין** — יש לנו ללמוד דיני נזקין (חבלות) מדינים אחרים של נזקין (נזקי אדם מנזקי בהמה), **וְאֵין דָּנִין נְזָקִין** (חבלות) **מִ**דיני **מִיתָה.** לפי שהחובל לא הרג אלא הזיק, יש ללמוד דינו מהנאמר לגבי נזקין.

הערות

[במקומות רבים בש"ס מביא רב זביד שמועות משמו של רבא, אך לא משמו של רבה (ראה הגהות רבי זאב באסקאוויץ).]

22. הפסוק במלואו: "כְּוִיָּה תַּחַת כְּוִיָּה פֶּצַע תַּחַת פָּצַע חַבּוּרָה תַּחַת חַבּוּרָה". משנאמר "כְּוִיָּה תַּחַת כְּוִיָּה" [ממנו למדים תשלום צער במקרה שאין עמו נזק; להלן עמוד ב], הרי הלשון "פֶּצַע תַּחַת פָּצַע" מיותר ללימוד הבא (רש"י; ראה גם רש"י לעיל כו, ב ד"ה פצע, שכתב טעם אחר למה מיותר "פֶּצַע תַּחַת פָּצַע").

[גם המלים "חַבּוּרָה תַּחַת חַבּוּרָה" מיותרות לדרשה אחר שכבר כתוב "כְּוִיָּה תַּחַת כְּוִיָּה"; הגמרא להלן (עמוד ב) תדרוש גם את הייתור הזה (רש"י).]

23. מזה שריבתה התורה "פֶּצַע תַּחַת פָּצַע", מוכח שהתשלום עבור הצער הוא בודאי ממון. אילו גם הנזק וגם הצער היו "ממש", דהיינו שקוטעים את ידו של מי שקטע יד חבירו, ברור שהתורה לא היתה צריכה להודיענו שאף במקום נזק (כגון כשקוטעים את ידו) יש לצערו לקטוע באותו אופן שקטע יד חבירו (ולא בסם). שהרי אין סברא לומר שכשהחובל קטע את יד חבירו בסייף יקטעו לו את ידו בסם. ריבוי זה שמשלמים צער במקום נזק נצרך רק אם התשלום עבור הצער הינו ממון (חידושי הרי"ם). לאור זאת מוכיח רב זביד, שאי אפשר לומר "עַיִן תַּחַת עַיִן — ממש" ובנוסף גם לשלם **ממון** עבור הצער.

24. היינו, אפשר לומר שהחובל נענש בחבלה דומה (כתשלום הנזק), וגם שהכתוב "פֶּצַע תַּחַת פָּצַע" מלמד על תשלום ממון עבור הצער שנגרם, ונאמר שלימוד זה נועד למקרה שהחובל מרגיש פחות צער מאשר הנחבל, שאז עליו לשלם את ההפרש שביניהם (ראה רש"י). [רש"י גרס (במקום "למאי נפקא מינה"): "ונפקא מינה, למיתב ליה..." כלומר, ויצא לנו מן הכתוב "פֶּצַע תַּחַת פָּצַע", שישלם את ההפרש; וכן גירסת כתב יד המבורג.]

25. דין זה נלמד מכפל הלשון "וְרַפֹּא — יְרַפֵּא" (ראה תורה תמימה על הפסוק אות קמו).

26. יש שביאר: אם לגבי נזק (על שחיסר בפועל מדמיו של הנחבל) אינו חייב לשלם ממון אלא נחבל באופן שוה, מסתבר שהתורה לא תטיל עליו לשלם ממון דוקא על הריפוי הכרוך בחבלה, אלא גם את ה"ריפוי" החובל "משלם" בכך שנופלת עליו הוצאה דומה בגין ריפויו שלו (חידושי הרי"ם).

27. היינו, אפשר לומר שהחובל נענש בחבלה דומה (כתשלום הנזק) ואם הוצאות ריפויו שלו שוות להוצאות ריפוי הנחבל, או שעולות עליהן, הרי הוא פטור מתשלום דמי ריפוי; אלא שהתורה לימדה ב"וְרַפֹּא יְרַפֵּא", שבמקרה שהוצאות ריפויו של החובל פחות מהוצאות ריפוי הנחבל, הרי הוא משלם לנחבל ממון בשווי ההפרש שביניהן (ליתר ביאור ראה אילת השחר).

28. [לגבי שור, ברור שהכוונה לתשלום ממון, שהרי נאמר שם בפירוש: "שַׁלֵּם יְשַׁלֵּם".]

לכאורה יש להקשות: למה הביא רב אשי גזירה שוה משור שנגח, בעוד שיכול היה להביא מן הפסוק שנאמר לענין **אדם** שחבל בהמה ("וּמַכֵּה נֶפֶשׁ־בְּהֵמָה יְשַׁלְּמֶנָּה נֶפֶשׁ **תַּחַת** נָפֶשׁ"; ויקרא כד, יח). ליישוב ראה פני יהושע.

[לביאור, מדוע נמנעו האמוראים שהובאו למעלה (אביי, רב זביד ורב פפא) מללמוד גזירה שוה זו, ראה תוספות; עיין פני יהושע.]

29. המדובר שם הוא בנתכוון להכות אדם זה והכה אדם אחר ומת. [ראה רש"י על הפסוק, שלמעשה נחלקו חכמים אם נידון למיתה או לתשלומים (ראה סנהדרין עט, א). מסתבר שהמקשן כאן סובר כדעה ש"נֶפֶשׁ תַּחַת נָפֶשׁ" שנאמר שם היינו ממש.]

רב אשי אמר אתיא תחת תחת משור. ואשר אמוראי סברי דאותה ג"ש לענין מיעוט [ז] ואין להוציא מג"ש עין תחת עין מפשטיה דמשמע עין ממש אלא מדרשא אחריתא: **אלא** בדמזיק. דס"ל לרבי אליעזר דהוי ככופר *דמשלם דמי מזיק דרחמנא קרייה כופר אבל אתה לוקח כופר כו' [ח] ותנאי דלעיל ס"ל דדוקא בכופר משלם דמי מזיק משום פדיון נפשו:

זילו שומו ליה ד' דברים. היה סבור דאדם הזיקו ואותו קטן כל כך גדול היה דמכלמי ליה ומכלם:

קנסא

קטן שהרג. אדם גנס שהרג את הגדול: קיטע וקיטע היאך אני קורא כו'. וכי תימא הכא נשקול ממונא התורה אמרה משפט שוה: ופטרינן ליה. בולא כלום והוי משפט שוה או ליטול אבר ממש או לפטור לגמרי: מאי עבדינן ליה. הא גברא קטילא הוא והוה ליה *עדות שאי אתה יכול להזימה דהא אי משתכחי עדים זוממים פטורים דגברי קטילא בעו למקטל והלכך איהו נמי פטור והכי אמרינן באלו הן הנשרפין (סנהדרין דף עח.): יד ביד. גבי עד זומם כתיב ואשמועינן דאם העיד באיש פלוני שקיטע יד חבירו משלם ממון הניתן מיד ליד: במקום נזק. ואע"פ שיש שם תשלומי הנזק משלם אף הצער ומקרא יתירא קדריש דהא כתיב כויה תחת כויה למה לי פצע תחת פצע וכויה וחבורה מדריש לקמן: ואיכא איניש דלא מפנק כו' נפקא מינה. מפצע תחת פצע למיתב ליה היאך דביני ביני: הייא. מהר כמו אשור הייא במסכת שבת (דף קיט.): אלא במזיק. עינו של מזיק שיימינן כמה הוא שוה לימכר עבדים וכמה הוא יפה בלא עין והיינו ממש דקאמר עינו של מזיק נישומה תחת עינו של ניזק: וחמור אין משלם אלא נזק. כדאמרינן בפ' ב' (דף כו.) איש בעמיתו ולא שור בעמיתו: והא קמחייבת ליה לינוקא. אתה חב ומריע לו שמוחל אתה על חבלותיו דהא תשלומין של תינוק הן ולא שלך כדתניא לקמן (דף פז:) קטנים יעשה להם סגולה: דאלס. לעם וכסם: כל הנישום כעבד. הואיל ודבר שאין קצוב הוא אין גובין אותו בבבל וטעמא מפרש לקמן: דאי תפס. הכי אמר להו שומו ליה והיום או למחר אם יתפס משלו יעכבנו: נזקי שור בשור. נזקי שור שבאו לו על ידי השור: נזקי שור באדם. נזקין שבאו לשור על ידי אדם: נזקי אדם בשור. אדם שהוזק על ידי שור דבעי למשיימיה כעבדא:

אלהים

קטן שהרג את הגדול וגדול שהרג את הקטן היכי קטלינן ליה התורה אמרה (א) משפט אחד יהיה לכם משפט השוה לכולכם אלא נשמה שקיל מיניה נשמה אמר רחמנא נשקול מיניה ה"נ נהורא שקיל מיניה נהורא אמר רחמנא נשקול מיניה: תניא אידך רבי שמעון בן יוחי אומר עין תחת עין ממון אתה אומר ממון או אינו אלא עין ממש (א) הרי שהיה סומא וסימא קיטע וקיטע חיגר וחיגר היאך אני מקיים בזה עין תחת עין והתורה אמרה משפט אחד יהיה לכם משפט השוה לכולכם אמרי ומאי קושיא דלמא היכא דאפשר אפשר היכא דלא אפשר לא אפשר ופטרינן ליה דאי לא תימא הכי טרפה שהרג את השלם מאי עבדינן ליה אלא היכא דאפשר אפשר היכא דלא אפשר לא אפשר *ופטרינן ליה דבי רבי ישמעאל תנא אמר קרא (ב) כן ינתן בו ואין נתינה אלא ממון אלא מעתה (ב) כאשר יתן מום באדם הכי נמי דממון הוא אמרי דבי רבי ישמעאל קרא יתירא דרשי מכדי כתיב (ג) ואיש כי יתן מום בעמיתו כאשר עשה כן יעשה לו כן ינתן בו למה לי ש"מ ממון כאשר יתן מום באדם למה לי (ד) איידי דבעי מיכתב כן ינתן בו כתב נמי כאשר יתן מום באדם דבי רבי חייא תנא אמר קרא (ד) יד ביד דבר הניתן מיד ליד ומאי ניהו ממון אלא מעתה (ה) רגל ברגל נמי הכי הוא אמרי דבי רבי חייא קרא יתירא קא דרשי מכדי כתיב (ה) ועשיתם לו כאשר זמם לעשות לאחיו אי סלקא דעתך ממש יד ביד למה לי ש"מ ממון רגל ברגל למה לי איידי דכתיב יד ביד כתב נמי רגל ברגל אביי (ב) אומר אתיא מדתני דבי חזקיה (ג) דתנא דבי חזקיה (ו) עין תחת עין נפש תחת נפש ולא נפש ועין תחת עין ואי סלקא דעתך ממש זימנין דמשכחת לה עין ונפש תחת עין דבהדי דעויר ליה נפקא ליה נשמתיה ומאי קושיא דלמא מימד אמדינן ליה אי מצי מקבל עבדינן ואי לא מצי מקבל לא עבדינן ואי אמדינן דמצי מקבל ועבדינן ביה ונפק רוחיה אי מיית לימות מי לא תנן גבי מלקות (ג) *אמדוהו ומת תחת ידו פטור רב זביד משמיה (ז) דרבה אמר אמר קרא (ז) פצע תחת פצע (ח) ליתן צער במקום נזק ואי סלקא דעתך ממש כי היכי דלהאי הוי ליה צערא להאי נמי אית ליה צערא ומאי קושיא דלמא איכא איניש דמפנק אית ליה צערא טפי ואיכא איניש דלא מפנק לית ליה צערא למאי נפקא מינה למתבי ליה היאך דביני ביני רב פפא משמיה דרבא אמר אמר קרא (ח) ורפא ירפא ליתן רפואה במקום נזק ואי סלקא דעתך ממש כי היכי דהאי בעי אסייא האי נמי בעי אסייא מאי קושיא דלמא איכא דסליק בשריה הייא ואיכא דלא סליק בשריה הייא למאי נפקא מינה למיתב ליה היאך דביני ביני רב אשי אמר אתיא תחת תחת משור כתיב הכא (ו) עין תחת עין וכתיב התם (ט) שלם ישלם שור תחת השור מה להלן ממון אף כאן ממון מאי חזית דילפת תחת תחת משור נילף תחת תחת מאדם דכתיב (י) ונתת נפש תחת נפש מה להלן ממש אף כאן ממש אמרי דנין נזקין מנזקין ואין דנין נזקין ממיתה אדרבה דנין אדם מאדם ואין דנין אדם מבהמה אלא אמר רב אשי (כ) מתחת אשר ענה יליף ליה אדם מאדם ונזיקין מנזיקין תניא ר"א אומר עין תחת עין ממש סלקא דעתך רבי אליעזר לית ליה ככל הני תנאי אמר (י) רבה לומר שאין שמין אותו כעבד א"ל אביי אלא כמאן כבן חורין בן חורין מי אית ליה דמי אלא אמר רב אשי לומר שאין שמין אותו בניזק אלא במזיק: ההוא חמרא דקטע ידא דינוקא אתא לקמיה דרב פפא בר שמואל אמר להו זילו שומו ליה ארבעה דברים אמר ליה רבא והא אנן חמשה תנן א"ל לבר מנזק קאמינא אמר ליה אביי והא חמור הוא וחמור אינו משלם אלא נזק אמר להו זילו שומו ליה נזקיה והא כעבדא בעי למשיימיה אמר להו זילו שיימוהו כעבדא אמר להו אבוה דינוקא לא בעינא דזילא ביה מילתא אמרו ליה והא קא מחייבת ליה לינוקא אמר להו לכי גדיל מפייסנא ליה מדידי: ההוא תורא דאלס ידיה דינוקא אתא לקמיה דרבא אמר להו זילו שיימוהו כעבדא אמרו ליה והא מר הוא דאמר (ג) כל הנישום כעבד אין גובין אותו בבבל אמר להו לא צריכא (ד) דאי תפס רבא לטעמיה דאמר רבא נזקי שור בשור ונזקי שור באדם גובין אותו בבבל נזקי אדם באדם ונזקי אדם בשור אין גובין אותו בבבל מ"ש נזקי אדם באדם ונזקי אדם בשור דלא אלהים בעינן וליכא נזקי שור בשור ושור באדם נמי

אלהים

מסורת הש"ם

א) [לעיל נא. וש"נ], ב) כתובות לח., ג) מכות כב:, ד) [ס"א דרבא וכן הגיה יעב"ץ], ה) [לעיל כו: לקמן פה.], ו) גי' רש"ל רבא, ז) [לעיל ה.], ח) עיין רש"א.

תורה אור השלם

א) מִשְׁפַּט אֶחָד יִהְיֶה לָכֶם כַּגֵּר כָּאֶזְרָח יִהְיֶה כִּי אֲנִי יְיָ אֱלֹהֵיכֶם: [ויקרא כד, כב]

ב) שֶׁבֶר תַּחַת שֶׁבֶר עַיִן תַּחַת עַיִן שֵׁן תַּחַת שֵׁן כַּאֲשֶׁר יִתֵּן מוּם בָּאָדָם כֵּן יִנָּתֶן בּוֹ: [ויקרא כד, כ]

ג) וְאִישׁ כִּי יִתֵּן מוּם בַּעֲמִיתוֹ כַּאֲשֶׁר עָשָׂה כֵּן יֵעָשֶׂה לּוֹ: [ויקרא כד, יט]

ד) וְלֹא תָחוֹס עֵינֶךָ נֶפֶשׁ בְּנֶפֶשׁ עַיִן בְּעַיִן שֵׁן בְּשֵׁן יָד בְּיָד רֶגֶל בְּרָגֶל: [דברים יט, כא]

ה) וַעֲשִׂיתֶם לוֹ כַּאֲשֶׁר זָמַם לַעֲשׂוֹת לְאָחִיו וּבִעַרְתָּ הָרָע מִקִּרְבֶּךָ: [דברים יט, יט]

ו) עַיִן תַּחַת עַיִן שֵׁן תַּחַת שֵׁן יָד תַּחַת יָד רֶגֶל תַּחַת רָגֶל: [שמות כא, כד]

וְאִם אָסוֹן יִהְיֶה וְנָתַתָּה נֶפֶשׁ תַּחַת נָפֶשׁ: [שם,כג]

ז) כְּוִיָּה תַּחַת כְּוִיָּה פֶּצַע תַּחַת פָּצַע חַבּוּרָה תַּחַת חַבּוּרָה: [שמות כא, כה]

ח) אִם יָקוּם וְהִתְהַלֵּךְ בַּחוּץ עַל מִשְׁעַנְתּוֹ וְנִקָּה הַמַּכֶּה רַק שִׁבְתּוֹ יִתֵּן וְרַפֹּא יְרַפֵּא: [שמות כא, יט]

ט) אוֹ נוֹדַע כִּי שׁוֹר נַגָּח הוּא מִתְּמוֹל שִׁלְשֹׁם וְלֹא יִשְׁמְרֶנּוּ בְּעָלָיו שַׁלֵּם יְשַׁלֵּם שׁוֹר תַּחַת הַשּׁוֹר וְהַמֵּת יִהְיֶה לּוֹ: [שמות כא, לו]

י) וְאִם אָסוֹן יִהְיֶה וְנָתַתָּה נֶפֶשׁ תַּחַת נָפֶשׁ: [שמות כא, כג]

כ) וְנָתַן הָאִישׁ הַשֹּׁכֵב עִמָּהּ לַאֲבִי הַנַּעֲרָ חֲמִשִּׁים כָּסֶף וְלוֹ תִהְיֶה לְאִשָּׁה תַּחַת אֲשֶׁר עִנָּהּ לֹא יוּכַל שַׁלְּחָהּ כָּל יָמָיו: [דברים כב, כט]

עין משפט נר מצוה

י א מיי' פ"ב מהלכות רוצח הלכה ט ופ"כ מהל' עדות הלכה ז:

יא ב מיי' פט"ז מהלכות סנהדרין הלכה יב:

יב ג מיי' פ"ה מהלכות סנהדרין הלכה י סמג עשין לה טוח"מ סי' א:

יג ד מיי' שם הלכה יז סמג שם טוש"ע ח"מ סי' א סעיף ה:

הגהות הב"ח

(א) גמ' עין ממש אמרת הרי שהיה סומא: (ב) שם אביי אמר אתיא:

גליון הש"ם

רש"י ד"ה מאי עבדינן ליה וכו' עדות שאי אתה יכול להזימה. ק"ל כיון דהוא עדות שא"א יכול להזימה לא מיקרי עדות ואמרי שמא באמת לא הרג א"כ מאי פרכינן הא שפיר מתקיים משפט אחד אלא דפטרינן ליה דליכא עדות דהרג ול"ע: תוד"ה אלא בדמזיק וכו' דמשלם דמי מזיק. לעיל דף מ ע"א:

ליקוטי רש"י

כן ינתן בו. פירשו רבותינו שאינו נתינת מום ממש אלא תשלומי ממון שמין אותו כעבד לכך כתוב בו לשון נתינה דבר הנתון מיד ליד [ויקרא כד, כ]. דבהדי דעויר ליה. בהדי דסמינן לעיניה. נפקא ליה נשמתיה. והוה ליה עין ונפש תחת עין [כתובות לח.]. אמדוהו ומת תחת ידו פטור. דשליח ב"ד הוא ואמרן לעיל (דף ח.) יצא האב המכה את בנו ושליח ב"ד [מכות כב:]. פצע תחת פצע ליתן צער במקום נזק. היכא דקטע את ידו ונתן לו דמיה [לקמן פה.]. מקרא זה יתר הוא ובהחובל דרשוהו רבותינו לחייב על הצער אפילו במקום נזק שאף על פי שנותן לו דמי ידו אין פוטרין אותו מן הצער לומר הואיל וקנה ידו יש עליו לחתכה בכל מה שירצה אלא אומרים יש לו לחתכה בסם שאינו מצטער כל כך וזה חתכה בברזל וצערו [שמות כא כה]. דאפי' היכא דאיכא נזק משלם נמי צער דלא תימא צער דכתבה רחמנא היינו בדליכא נזק כגון כוואו בשפוד על צפרנו דלא אפחתיה מכספיה ולהך דרשה מפקינן ליה בהחובל [לעיל כו:]. דמפנק. מעונג [שבת קט.]. סליק בשריה הייא. מכה שבבשרו מעלה ארוכה מהר [שבת קלד:]. דאלס. לעס בשיניו [גיטין ע.]. דאי תפס. ניזק בבבל לא מפקינן מיניה [לעיל טו:].

הגמרא דוחה סברא זו:

אַדְּרַבָּה — להיפך! **דָּנִין** — יש לנו ללמוד דין **אָדָם** שהזיק אדם, מֵדין **אָדָם** שהרג אדם (אף על פי שזה נזקין וזה מיתה) **וְאֵין דָּנִין אָדָם** שהזיק אדם, **מִבְּהֵמָה** שהזיקה בהמה! על פי זה, ראוי ללמוד מהכתוב בענין הריגה, שהחובל נענש ב"עַיִן תַּחַת עַיִן" ממש!

אחר שהופרכה הגזירה שוה משור, הגמרא מפרשת את הגזירה שוה באופן אחר:

אֶלָּא אָמַר[30] **רַב אַשִׁי, מִ"תַּחַת אֲשֶׁר עִנָּהּ" יָלֵיף לֵיהּ** — לומד את הגזירה שוה "תַּחַת", "תַּחַת" מהנאמר באונס נערה בתולה (דברים כב, כט): "וְנָתַן הָאִישׁ הַשֹּׁכֵב עִמָּהּ לַאֲבִי הַנַּעֲרָ חֲמִשִּׁים כָּסֶף... 'תַּחַת' אֲשֶׁר עִנָּהּ[31]". מה אונס משלם ממון, אף החובל משלם ממון. בדרשה זו נמצא שאנו למדים **אָדָם מֵאָדָם** (חובל מאונס) **וְכן נְזִיקִין** (חבלות) **מִנְּזִיקִין**[32].

הגמרא הביאה עד כה כמה הוכחות לכך ש"עַיִן תַּחַת עַיִן" אינו ממש. כעת היא מביאה ברייתא שמוצאת משמעות מסויימת בכך ש"עַיִן תַּחַת עַיִן" היינו "ממש":

תַּנְיָא — שנינו בברייתא: **רַבִּי אֱלִיעֶזֶר אוֹמֵר: "עַיִן תַּחַת עַיִן" הַיְינוּ מַמָּשׁ.**

הגמרא שואלת:

מַמָּשׁ סַלְקָא דַּעְתָּךְ — וכי עולה על דעתך שכוונת התורה היא שבית דין חובלים בגופו ממש?! **רַבִּי אֱלִיעֶזֶר לֵית לֵיהּ כְּכָל הָנֵי תַּנָּאֵי** — וכי רבי אליעזר אינו סובר ככל אלה התנאים שאמרו שהכוונה לתשלום ממוני[33]?

הגמרא מציעה הסבר:

אָמַר רַבָּה: רבי אליעזר מתכוון **לוֹמַר שֶׁאֵין שָׁמִין אוֹתוֹ** (את הנחבל) **כְּעֶבֶד,** לצורך קביעת תשלום הנזק.

הגמרא דוחה ביאור זה:

אָמַר לֵיהּ אַבַּיֵי לרבה: **אֶלָּא, כְּמַאן** — כמי שמים אותו? **כְּבֶן חוֹרִין? בֶּן חוֹרִין מִי אִית לֵיהּ דְּמֵי** — וכי יש לו לבן חורין ערך ממוני[34]?!

הגמרא מביאה הסבר אחר לברייתא:

אֶלָּא, אָמַר רַב אַשִׁי: רבי אליעזר מתכוון **לוֹמַר שֶׁאֵין שָׁמִין אוֹתוֹ** (את הנזק) **בַּנִּיזָּק אֶלָּא בַּמַּזִּיק**[35].

הגמרא מביאה מעשה בענין חבלה באדם:

הַהוּא חֲמָרָא דְּקָטַע יְדָא דִינוּקָא — מעשה בחמור שקטע ידו של ילד. **אָתָא לְקַמֵּיהּ** — בא הדבר להידון לפני **דְּרַב פָּפָּא בַּר שְׁמוּאֵל. אָמַר לְהוּ** — להם: **"זִילוּ שׁוּמוּ לֵיהּ** — לכו ושומו לו לילד **אַרְבָּעָה דְּבָרִים** שהחובל משלם עליהם"[36]. **אָמַר לֵיהּ רָבָא** לרב פפא בר שמואל: **"וְהָא אֲנַן חֲמִשָּׁה תְּנַן** — והרי שנינו במשנתינו שישנם חמשה דברים שעליהם משלם החובל"! **אָמַר לֵיהּ** (השיב לו): **"לְבַר מִנֶּזֶק קָאֲמִינָא** — לדברים שמלבד הנזק התכוונתי (שהרי ברור מאליו שעל הנזק חייבים לשלם)"[37]. **אָמַר לֵיהּ אַבַּיֵי** לרב פפא: **"וְהָא חֲמוֹר הוּא** — והרי חמור הוא זה שחבל בילד, ולא אדם, **וַחֲמוֹר** שחבל באדם, [בעליו] **אֵינוֹ מְשַׁלֵּם אֶלָּא נֶזֶק** ולא שאר ארבעה דברים"[38]. **אָמַר לְהוּ** (להם) רב פפא: **"זִילוּ שׁוּמוּ לֵיהּ נִזְקֵיהּ** — לכו, אם כן, והעריכו לו לילד רק את נזקו"[39]. אמרו לו: **"וְהָא כְּעַבְדָּא בָּעֵי לְמִשַׁיְימֵיהּ** — והרי צריכים תחילה להעריכו כעבד"! **אָמַר לְהוּ: "זִילוּ שַׁיְימוּהוּ כְּעַבְדָּא** — לכו העריכו אותו כאילו הוא עבד, כמה היה שוה עם יד וכמה הוא שוה ללא יד". **אָמַר לְהוּ אֲבוּהַ דִינוּקָא** — אמר להם אבי הילד: "אם כן, **לֹא בְעֵינָא** — אינני רוצה בכך, **דְּזִילָא בֵיהּ מִילְּתָא** — שזלזול הוא לו שיהא נערך כעבד"[40]. **אָמְרוּ לֵיהּ** לאביו: **"וְהָא** (והרי) **קָא מְחַיְּיבַתְּ לֵיהּ לִינוּקָא** — במה שאתה מונע את השומא אתה גורם הפסד לילד"[41]! **אָמַר לְהוּ** האב: **"לְכִי גָּדִיל מְפַיֵּיסְנָא לֵיהּ מִדִּידִי** — לכשיגדל אפצה אותו משלי"[42].

הערות

30. בכל כתבי היד אין מופיעה המלה "אָמַר" (וכן הגירסא הנכונה; ראה דקדוקי סופרים וספר שינויי נוסחאות). לפי גירסא זו, הגמרא היא שמפרשת את הגזירה שוה באופן אחר, ולא רב אשי עצמו.

31. הפסוק אומר שבאונס משלם קנס של חמשים שקל כסף, בנוסף לתשלומי נזק הרגילים, לאבי הנערה (ראה כתובות לג, א).

32. [הגמרא מתכוונת כנראה שהתשלום לנערה שנאנסה אינו על מיתה (שכן לא נהרגה) אלא על "פגם" המקביל ל"נזק".]

33. כפי שהערנו לעיל (פג, ב הערה 20) הגמרא מעולם לא הסתפקה בעצם הדין שהחובל משלם ממון לנחבל, שכן מימות משה עד היום לא היה בית דין שהטיל חבלה דומה בחובל. ההוכחות השונות שהביאה הגמרא, נועדו רק למצוא מקור מן המקרא לכלל הידוע והמקובל מסיני, שתשלום החבלה הוא בממון. שאלת הגמרא, אם כן, היא, מה התכוון רבי אליעזר, שהרי לא יתכן שסבר "עַיִן תַּחַת עַיִן — ממש" (מהר"ץ חיות).

34. בן חורין אינו מוצע למכירה בשוק, וממילא אי אפשר לקבוע לו ערך ממוני (שיטה מקובצת).

[ראה ב"ח חושן משפט תכ, יז, המוכיח מכאן שבהכרח שמים בעבד כנעני; ראה במקורות המובאים לעיל (פג, ב הערה 6) לדיון נוסף בדבר.]

35. היינו, שמים כמה **החובל** שוה להימכר כעבד עכשיו, וכמה היה שוה בלי עין [והחובל משלם את ההפרש בין שתי השומות]. וזוהי כוונת רבי אליעזר באמרו, "עַיִן תַּחַת עַיִן ממש" — היינו שהחובל משלם ב"עינו" שלו (דהיינו בדמי עינו) בעבור עינו של הנחבל (רש"י).

רבי אליעזר סובר שתשלום הנזק נקרא "כופר", וכברייתא שהובאה בעמוד הקודם לענין תשלום על חבלה, "אבל אתה לוקח כופר לראשי אברים שאינן חוזרין", והכופר (התשלום שמשלם בעל שור המועד ליורשי האדם שנהרג על ידי שורו), הרי [לדעה אחת] הוא מיוסד על שוויו של בעל השור (ראה לעיל מ, א). הלכך, גם שומת הנזק מיוסדת היא על שוויו של החובל. התנאים החולקים על רבי אליעזר סוברים שחישוב תשלום הכופר על פי שוויו של בעל השור המועד לא נאמר אלא ב"כופר" ממש, שבזה הוא פודה את נפשו (תוספות, וראה מהרש"א; ראה לעיל מ, א הערה 12; ראה עוד חידושי הראב"ד ושיטה מקובצת).

36. רק **חובל** חייב בכל סוגי התשלום הללו (ראה הערה 38); רב פפא היה סבור שהילד נחבל על ידי אדם. הוא גם העריך שהילד היה מבוגר דיו להרגיש בושת, שהיא אחת משאר ארבעת התשלומים (תוספות, ועוד; ראה מרומי שדה שדן איך ידע רב פפא שהיה ביוש). [מדברי התוספות, שכתבו שבהכרח שהקטן היה בגיל ששייך "בושת", נראה שלעולם אין משלמים בושת על כך שבעתיד יתבייש הנחבל עקב חסרון ידו, אלא החובל משלם רק על הבושת שבייש בשעת החבלה עצמה (דרכי דוד; ראה רא"ש פרק ו, יב, שהביא דעה כזאת לענין "צער").]

37. על פי מהדורא בתרא; לביאור אחר ראה מהרש"א.

38. כפי שדרשה הגמרא לעיל (כו, א): התורה אמרה לגבי חובל (ויקרא כד, יט): "וְאִישׁ כִּי יִתֵּן מוּם בַּעֲמִיתוֹ", ומדוקדק מכך: אך לא כאשר שור של איש יתן מום בעמיתו של בעליו (רש"י).

הגירסא שלפנינו ("והא חמור הוא...") מתפרשת, שכאן הודיעוהו שמדובר בחמור ולא באדם (כפי שהיה סבור בטעות). גירסת בעל הלכות גדולות היא: "והא חמור כשור [כלומר, הרי חמור זה דינו כשור שנגח בקרן; ראה הערה הבאה], ושור אינו משלם אלא חצי נזק", וכעין זה גירסת כתב יד המבורג. גירסת כל שאר כתבי היד: "והא **שור** הוא [כלומר, הרי דינו כשור], **ושור** אינו משלם אלא נזק" (ראה דקדוקי סופרים ש).]

39. כלומר, אכן יש להחשיב מעשה זה כתולדה של קרן (לפי שאין היזק שכזה מצוי, ואין לבהמה הנאה מכך — ראה לעיל ב, ב; רמב"ם נזקי ממון א, ח). לכן יש לשום את הנזק, על מנת שבעל החמור ישלם **חצי נזק** (ראה פני יהושע להרחבה; ראה גם ספר הלכות גדולות, הגורס: "זילו הבו ליה פלגו ניזקא" — לכו ותנו לו חצי נזק [ולפי גירסתו מובנת יותר השאלה שהגמרא תביא מיד]). אבל ראה ים של שלמה ב.

40. יש גורסים: דְּזִילָא **בִּי** (כלומר, לאב עצמו) מִילְּתָא (ראה דקדוקי סופרים).

41. תשלום הנזק שייך מן הדין לילד הנחבל (ראה בגמרא לקמן פז, ב). במה שמנע האב את השומא, האב למעשה מחל על התשלום, ובכך הפסיד לילד את זכותו (רש"י). אין זכות לאב לעשות כך (אור זרוע; ראה מאירי; לדעה אחרת ראה סוף הערה הבאה).

42. בדרך כלל, מי שחבל בילד, נותן לאביו את הסכום שהושת עליו לשלם, ואביו צריך לקנות בכסף זה נכס לילד (ראה פז, ב). במקרה שלנו, לא הורה רב פפא שהאב יקנה נכס בעבור הילד, אלא סמך על הבטחתו שיפייס את הילד לכשיגדיל. כנראה שיער רב פפא, שיש לו לאב הרצון והאמצעים לקיים הבטחתו, ולכן קיבל את רצונו של האב (ראה מאירי).

[כאשר יגדל הילד, אינו מחוייב להסתפק בפיצוי שיתן לו אביו, אלא — אם יסכים

קטן שהרג את הגדול וגדול שהרג את הקטן היכי קטלינן ליה התורה אמרה א) משפט אחד יהיה לכם משפט השוה לכולכם אלא נשמה שקיל מיניה נשמה אמר רחמנא נשקול מיניה ה"נ נהורא שקיל מיניה נהורא אמר רחמנא נשקול מיניה: תניא אידך רבי שמעון בן יוחי אומר עין תחת עין ממון אתה אומר ממון או אינו אלא עין ממש (א) הרי שהיה סומא וסימא קיטע וקיטע חיגר וחיגר היאך אני מקיים בזה עין תחת עין והתורה אמרה משפט אחד יהיה לכם משפט השוה לכולכם אמרי ומאי קושיא דלמא היכא דאפשר אפשר היכא דלא אפשר לא אפשר ופטרינן ליה דאי לא תימא הכי טרפה שהרג את השלם מאי עבדינן ליה אלא היכא דאפשר אפשר היכא דלא אפשר לא אפשר [א] ופטרינן ליה דבי רבי ישמעאל תנא אמר קרא ב) כן ינתן בו ואין נתינה אלא ממון אלא מעתה ב) כאשר יתן מום באדם הכי נמי דממון הוא אמרי דבי רבי ישמעאל קרא יתירא דרשי מכדי כתיב ג) ואיש כי יתן מום בעמיתו כאשר עשה כן יעשה לו כן ינתן בו למה לי ש"מ ממון כאשר יתן מום באדם למה לי א) איידי דבעי מיכתב כן ינתן בו כתב נמי כאשר יתן מום באדם דבי רבי חייא תנא אמר קרא ד) יד ביד דבר הניתן מיד ליד ומאי ניהו ממון אלא מעתה ד) רגל ברגל נמי הכי הוא אמרי דבי רבי חייא קרא יתירא קא דרשי מכדי כתיב ה) ועשיתם לו כאשר זמם לעשות לאחיו אי סלקא דעתך ממש יד ביד למה לי ש"מ ממון רגל ברגל למה לי איידי דכתיב יד ביד כתב נמי רגל ברגל אביי (ב) אומר אתיא מדתני דבי חזקיה ג) דתנא דבי חזקיה ו) עין תחת עין נפש תחת נפש ולא נפש ועין תחת עין ואי סלקא דעתך ממש זימנין דמשכחת לה עין ונפש תחת עין דבהדי דעויר ליה נפקא ליה נשמתיה ומאי קושיא דלמא מימד אמדינן ליה אי מצי מקבל עבדינן ואי לא מצי מקבל לא עבדינן ואי אמדינן דמצי מקבל ועבדינן ביה ונפק רוחיה אי מיית לימות מי לא תנן גבי מלקות ג) [ב] אמדוהו ומת תחת ידו פטור רב זביד משמיה ד) דרבה אמר אמר קרא ז) פצע תחת פצע ה) ליתן צער במקום נזק ואי סלקא דעתך ממש כי היכי דלהאי הוי ליה צערא להאי נמי אית ליה צערא ומאי קושיא דלמא איכא איניש דמפנק אית ליה צערא טפי ואיכא איניש דלא מפנק לית ליה צערא למאי נפקא מינה למתבי ליה היאך דביני ביני רב פפא משמיה דרבא אמר אמר קרא ח) ורפא ירפא ליתן רפואה במקום נזק ואי סלקא דעתך ממש כי היכי דהאי בעי אסייא האי נמי בעי אסייא מאי קושיא דלמא איכא דסליק בשריה הייא ואיכא דלא סליק בשריה הייא למאי נפקא מינה למיתב ליה היאך דביני ביני רב אשי אמר אתיא תחת תחת משור כתיב הכא ו) עין תחת עין וכתיב התם ט) שלם ישלם שור תחת השור מה להלן ממון אף כאן ממון מאי חזית דילפת תחת תחת משור נילף תחת תחת מאדם דכתיב י) ונתת נפש תחת נפש מה להלן ממש אף כאן ממש אמרי דנין נזקין מנזקין ואין דנין נזקין ממיתה אדרבה דנין אדם מאדם ואין דנין אדם מבהמה אלא אמר רב אשי כ) מתחת אשר ענה יליף ליה אדם מאדם ונזיקין מנזיקין תניא ר"א אומר עין תחת עין ממש ממש סלקא דעתך רבי אליעזר לית ליה ככל הני תנאי אמר ו) רבה לומר שאין שמין אותו כעבד א"ל אביי אלא כמאן כבן חורין מי אית ליה דמי אלא אמר רב אשי לומר שאין שמין אותו בניזק אלא במזיק: ההוא חמרא דקטע ידא דינוקא אתא לקמיה דרב פפא בר שמואל אמר להו זילו שומו ליה ארבעה דברים אמר ליה רבא והא אנן חמשה תנן א"ל לבר מנזק קאמינא אמר ליה אביי והא חמור הוא וחמור אינו משלם אלא נזק אמר להו זילו שומו ליה נזקיה והא כעבדא בעי למשיימיה אמר להו זילו שיימוהו כעבדא אמר להו אבוה דינוקא לא בעינא דזילא ביה מילתא אמרו ליה והא קא מחייבת ליה לינוקא אמר להו לכי גדיל מפייסנא ליה מדידי: ההוא תורא דאלם ידיה דינוקא אתא לקמיה דרבא אמר להו זילו שיימוהו כעבדא אמרו ליה והא מר הוא דאמר [ג] כל הנישום כעבד אין גובין אותו בבבל אמר להו לא צריכא [ד] דאי תפס רבא לטעמיה דאמר רבא נזקי שור בשור ונזקי שור באדם גובין אותו בבבל נזקי אדם באדם ונזקי אדם בשור אין גובין אותו בבבל מ"ש נזקי אדם באדם ונזקי אדם בשור דלא אלהים בעינן וליכא נזקי שור בשור ושור באדם נמי אלהים

קטן שהרג. אדם נגס שהרג את הגדול: קיטע וקיטע היאך אני קורא כו'. וכי תימא הכא נשקול ממונא התורה אמרה משפט שוה: ופטרינן ליה. בולא כלום והוי משפט שוה או ליטול אבר ממש או לפטור לגמרי: מאי עבדינן ליה. הא גברא קטילא הוא והוה ליה °עדות שאי אתה יכול להזימה דהא אי משתכחי עדים זוממים פטורים דגברי קטילא בעו למקטל והלכך איהו נמי פטור והכי אמרינן באלו הן הנשרפין (סנהדרין דף עח.): יד ביד. גבי עד זומם כתיב ואשמועינן דאם העיד באיש פלוני שקיטע יד חבירו משלם ממון הניתן מיד ליד: במקום נזק. ואע"פ שיש שם תשלומי הנזק משלם אף הצער ומקרא יתירא קדריש דהא כתיב כויה תחת כויה למה לי פצע תחת פצע וכויה וחבורה מדריש לקמן: ואיכא איניש דלא מפנק כו' נפקא מינה. מפצע תחת פצע למיתב ליה היאך דביני ביני: הייא. מהר כמו אשור הייא במסכת שבת (דף קיט.): אלא במזיק. עינו של מזיק שיימינן כמה הוא שוה לימכר עכשיו וכמה הוא יפה בלא עין והיינו ממש דקאמר עינו של מזיק נישומה תחת עינו של ניזק: וחמור אין משלם אלא נזק. כדאמרינן בפ' ב' (דף כו.) איש בעמיתו ולא שור בעמיתו: והא קמחייבת ליה לינוקא. אתה חב ומריע לו שמוחל אתה על חבלותיו דהא תשלומין של תינוק הן ולא שלך כדתניא לקמן (דף פז:) קטנים יעשה להם סגולה: דאלם. לעם וכסם: כל הנישום כעבד. הואיל ודבר שאין קצוב הוא אין גובין אותו בבבל וטעמא מפרש לקמן: דאי תפס. הכי אמר להו שומו ליה והיום או למחר אם יתפס משלו יעכבנו: נזקי שור בשור. נזקי שור שבאו לו על ידי השור: נזקי שור באדם. נזקין שבאו לשור על ידי אדם: נזקי אדם בשור. אדם שהוזק על ידי שור דבעי למשיימיה כעבדא: אלהים

רב אשי אמר אתיא תחת תחת משור. ושאר אמוראי סברי דאותה ג"ש לענין מיטב [ז] ואין להוציא מג"ש עין תחת עין מפשטיה דמשמע עין ממש אלא מדרשא אחריתא: אלא בדמזיק. דס"ל לרבי אליעזר דהוי ככופר °דמשלם דמי מזיק דרחמנא קרייה כופר אבל אתה לוקח כופר כו' [ח] ותנאי דלעיל ס"ל דדוקא בכופר משלם דמי מזיק משום פדיון נפשו: זילו שומו ליה ד' דברים. היה סבור דאדם הזיקו ואותו קטן כל כך גדול היה דמכלמי ליה ומכלם: קנסא

מסורת הש"ס

א) [לעיל נא. וש"נ], ב) כתובות לח., ג) מכות כב:, ד) [ס"א דרבא וכן הגיה יעב"ץ], ה) [לעיל כו: לקמן פה.], ו) גי' רש"ל רבא, ז) [לעיל ה.], ח) עיין רש"א.

תורה אור השלם

א) מִשְׁפַּט אֶחָד יִהְיֶה לָכֶם כַּגֵּר כָּאֶזְרָח יִהְיֶה כִּי אֲנִי יְיָ אֱלֹהֵיכֶם: [ויקרא כד, כב]

ב) שֶׁבֶר תַּחַת שֶׁבֶר עַיִן תַּחַת עַיִן שֵׁן תַּחַת שֵׁן כַּאֲשֶׁר יִתֵּן מוּם בָּאָדָם כֵּן יִנָּתֶן בּוֹ: [ויקרא כד, כ]

ג) וְאִישׁ כִּי יִתֵּן מוּם בַּעֲמִיתוֹ כַּאֲשֶׁר עָשָׂה כֵּן יֵעָשֶׂה לּוֹ: [ויקרא כד, יט]

ד) וְלֹא תָחוֹס עֵינֶךָ נֶפֶשׁ בְּנֶפֶשׁ עַיִן בְּעַיִן שֵׁן בְּשֵׁן יָד בְּיָד רֶגֶל בְּרָגֶל: [דברים יט, כא]

ה) וַעֲשִׂיתֶם לוֹ כַּאֲשֶׁר זָמַם לַעֲשׂוֹת לְאָחִיו וּבִעַרְתָּ הָרָע מִקִּרְבֶּךָ: [דברים יט, יט]

ו) עַיִן תַּחַת עַיִן שֵׁן תַּחַת שֵׁן יָד תַּחַת יָד רֶגֶל תַּחַת רָגֶל: [שמות כא, כד]

וְאִם אָסוֹן יִהְיֶה וְנָתַתָּה נֶפֶשׁ תַּחַת נָפֶשׁ: [שם, כג]

ז) כְּוִיָּה תַּחַת כְּוִיָּה פֶּצַע תַּחַת פָּצַע חַבּוּרָה תַּחַת חַבּוּרָה: [שמות כא, כה]

ח) אִם יָקוּם וְהִתְהַלֵּךְ בַּחוּץ עַל מִשְׁעַנְתּוֹ וְנִקָּה הַמַּכֶּה רַק שִׁבְתּוֹ יִתֵּן וְרַפֹּא יְרַפֵּא: [שמות כא, יט]

ט) אוֹ נוֹדַע כִּי שׁוֹר נַגָּח הוּא מִתְּמוֹל שִׁלְשֹׁם וְלֹא יִשְׁמְרֶנּוּ בְּעָלָיו שַׁלֵּם יְשַׁלֵּם שׁוֹר תַּחַת הַשּׁוֹר וְהַמֵּת יִהְיֶה לּוֹ: [שמות כא, לו]

י) וְאִם אָסוֹן יִהְיֶה וְנָתַתָּה נֶפֶשׁ תַּחַת נָפֶשׁ: [שמות כא, כג]

כ) וְנָתַן הָאִישׁ הַשֹּׁכֵב עִמָּהּ לַאֲבִי הַנַּעֲרָ חֲמִשִּׁים כָּסֶף וְלוֹ תִהְיֶה לְאִשָּׁה תַּחַת אֲשֶׁר עִנָּהּ לֹא יוּכַל שַׁלְּחָהּ כָּל יָמָיו: [דברים כב, כט]

עין משפט נר מצוה

י א מיי' פ"ב מהלכות רוצח הלכה ט ופ"כ מהל' עדות הלכה ז:
יא ב מיי' פט"ז מהלכות סנהדרין הלכה יב:
יב ג מיי' פ"ה מהלכות סנהדרין הלכה י סמג עשין לה טוח"מ סי' א:
יג ד מיי' שם הלכה יז סמג שם טוש"ע ח"מ סי' א סעיף ה:

הגהות הב"ח

(א) גמ' עין ממש אמרת הרי שהיה סומא:
(ב) שם אביי אמר אתיא:

גליון הש"ס

רש"י ד"ה מאי עבדינן ליה וכו' עדות שאי אתה יכול להזימה. ק"ל כיון דהוא עדות שא"א יכול להזימה לא מיקרי עדות ואמרי שמא באמת לא הרג א"כ מאי פרכינן הא שפיר מתקיים משפט אחד אלא דפטרינן ליה דליכא עדות דהרג ול"ע: תוד"ה אלא בדמזיק וכו' דמשלם דמי מזיק. לעיל דף מ ע"א:

ליקוטי רש"י

כן ינתן בו. פירשו רבותינו שאינו נתינת מום ממש אלא תשלומי ממון שמין אותו כעבד לכך כתוב בו לשון נתינה דבר הנתון מיד ליד [ויקרא כד, כ]. דבהדי דעויר ליה. בהדי דסמינן לעיניה. נפקא ליה נשמתיה. והוה ליה עין ונפש תחת עין [כתובות לח.]. אמדוהו ומת תחת ידו פטור. דשליח ב"ד הוא ואמרן לעיל (דף ח.) יצא האב המכה את בנו ושליח ב"ד [מכות כב:]. פצע תחת פצע ליתן צער במקום נזק. היכא דקטע את ידו ונתן לו דמיה [לקמן פה.]. מקרא זה יתר הוא ובמוכל דרשוהו רבותינו לחייב על הצער אפילו במקום נזק שאף על פי שנותן לו דמי ידו אין פוטרין אותו מן הצער לומר הואיל וקנה ידו יש עליו לחתכה בכל מה שירצה אלא אומרים יש לו לחתכה בסם שאינו מצטער כל כך וזה חתכה בברזל וצערו [שמות כא כה]. דאפי' היכא דאיכא נזק משלם נמי צער דלא תימא צער דכתבה רחמנא היינו בדליכא נזק כגון כוואו בשפוד על צפרנו דלא אפחתיה מכספיה ולהך דרשה מפקינן ליה בהחובל [לעיל כו:]. דמפנק. מעונג [שבת קט.]. סליק בשריה הייא. מכה שבבשרו מעלה ארוכה מהר [שבת קלד:]. דאלם. לעם בשינו [גיטין ע.]. דאי תפס. ניזק בבבל לא מפקינן מיניה [לעיל טו:].

הגמרא מביאה מעשה דומה:

הַהוּא תּוֹרָא דַּאֲלַס יְדֵיהּ דִּינוּקָא — מעשה בשור שלעס ידו של ילד ושברה[43]. **אָתָא לְקַמֵּיהּ דְּרָבָא** — בא הדבר להידון לפני רבא. **אָמַר לְהוּ** (להם): **זִילוּ שַׁיְימוּהוּ כְּעַבְדָּא** — לכו העריכו אותו כאילו הוא עבד, כמה היה שוה קודם החבלה וכמה הוא שוה עכשיו[44]. **אָמְרוּ לֵיהּ** לרבא: **וְהָא מַר הוּא דְּאָמַר** — והרי מר עצמו אמר כלל: **כָּל** מקרה של אדם **הַנִּישׁוֹם כְּעֶבֶד אֵין גּוֹבִין אוֹתוֹ בְּבָבֶל**[45]! לאיזה צורך יש לשום אותו כעבד? **אָמַר לְהוּ** (להם) רבא: **לֹא צְרִיכָא, דְּאִי תָּפַס** — השומא נצרכת רק למקרה שהניזק יתפוס נכסי בעל השור לפרעון. למקרה כזה צריך לשום את הנזק, שנדע כמה יכול להשאיר ברשותו ממה שיתפוס[46].

הגמרא מרחיבה כעת בכללו של רבא, שבתי הדין בבבל אינם דנים במקרים בו יש לשום אדם כעבד:

רָבָא לְטַעְמֵיהּ — רבא הולך בזה לשיטתו, **דְּאָמַר רָבָא: נִזְקֵי שׁוֹר בְּשׁוֹר** — נזקים שהוזק שור על ידי שור אחר, **וְנִזְקֵי שׁוֹר בְּאָדָם** — שהוזק שור על ידי אדם, **גּוֹבִין אוֹתוֹ** [את תשלום הנזק] **בְּבָבֶל**. ואילו **נִזְקֵי אָדָם בְּאָדָם וְנִזְקֵי אָדָם בְּשׁוֹר** — תשלום נזקים שהוזק אדם, בין על ידי אדם ובין על ידי שור, **אֵין גּוֹבִין אוֹתוֹ בְּבָבֶל**[47]. [אבל אם תפס הניזק, אין מוציאים מידו]. מובן, שמה שהורה רבא לשום את נזק הילד, היה רק למקרה שהניזק יתפוס מנכסי בעל השור.

הגמרא מבררת את הטעם לכללו של רבא:

מַאי שְׁנָא — מה שונה תשלום **נִזְקֵי אָדָם בְּאָדָם וְנִזְקֵי אָדָם בְּשׁוֹר** (כשהניזק הוא אדם) **דְּלֹא** — שאין גובים אותו בבבל? **"אֱלֹהִים" בְּעִינַן** — משום שצריכים דיינים סמוכים, **וְלֵיכָּא** — ואין כאלה בבבל[48]. אך לא יתכן שזה הטעם להבדל, שהרי **נִזְקֵי שׁוֹר בְּשׁוֹר וְשׁוֹר בְּאָדָם** — לענין נזקין לשור שבאו על ידי שור או נזקין לשור שבאו על ידי אדם **נַמִּי** — גם כן

הערות

להיות מוערך כעבד — יוכל לתבוע אז את החובל ולקבל תשלום מלא על החבלה, שהרי החיוב לא נמחל (חדושים ובאורים). ויש שביאר (שלא כפי שהתבאר בסוף הערה הקודמת), שהאב **יכול** למחול כי יש לו דין אפוטרופוס, אלא שכאשר יגדיל הקטן יכול למחות על כך ולטעון שאינו רוצה לוותר על זכותו, ועל זה הבטיח האב שיפייסנו עד שלא ירצה למחות (ברכת אברהם, וראה שם עוד).]

43. רבינו יהונתן, ופסקי הרי"ד; ראה גם ערוך, ערך אליס; בפירוש רבינו ברוך כתב: "לעסה וכססה וביטלה לגמרי". [נמוקי יוסף כתב: לעס **וקצץ**, אבל נראה שנפלה טעות בהעתקה, וצריך להיות "וכסס", כבפירוש רבינו ברוך.]

44. כדי שבעל השור ישלם חצי נזק (ראה פני יהושע; לעיל הערה 39).

45. למדנו לעיל (טו, ב) שבתי הדין בבבל לא היה בסמכותם לדון דיני קנסות כמו שדנו בתי הדין בארץ ישראל (ראה הערה 14 שם). הכלל של רבא מלמדנו הגבלה נוספת על בתי הדין בבבל: הם לא יכולים לדון [אפילו על נזקין שהם ממון ולא קנס], במקרה שהתשלום אינו קבוע, מהטעם שיבואר בגמרא להלן (ראה רש"י; ראה גם נחלת משה כאן; פני יהושע בעמוד הבא).

[מהדורא בתרא מציין שהיה זה רבא עצמו שחקשה על רב פפא בר שמואל במעשה הקודם, בטוענו שיש לחייב כל חמשת סוגי התשלומים עבור קטיעת יד הילד, אף על פי שגם אותו מעשה היה בבבל והנידון היה בתשלום נזק שלא היה קבוע! ומתרץ, כי דיון הקודם, אפשר שרבא רק אמר דבריו לפי דעת רב פפא, היינו, לדעתך, שאתה גובה כל תשלומי נזק בבבל, אזי ראוי לחייב את כל חמשת התשלומים של משנתינו. ראה פני יהושע לתירוץ אחר.]

כללו של רבא באמת נוהג בכל הארצות שמחוץ לארץ ישראל — ובזמן הזה אפילו בארץ ישראל עצמה (ראה עמוד ב הערה 2.) הגמרא מזכירה "בבל" משום שבזמן התלמוד בבל היתה המרכז לכל ארצות הגולה, ובתי הדין בארץ ישראל פעלו עדיין במלוא הסמכויות.

46. אף שבתי הדין בבבל אינם דנים דינים כאלה, מכל מקום אם הניזק בעצמו תפס נכסי המזיק עבור חבלותיו, מותר לו לעכב לעצמו כפי שומת הנזק שלו (ראה רש"י).

נמצא שלפי רש"י בית דין שמין מראש, והדבר יועיל למקרה שהנחבל יתפוס. הרא"ש (ב; ראה שם) חלק עליו, וכתב שהנחבל אינו יכול לבקש מראש שומא מבית הדין, אלא רק לאחר שנעשתה התפיסה יורו בית הדין לשום את הנזק כדי לדעת אם יכול לעכב אצלו מה שתפס. ראה אמת ליעקב לטעם הדבר שרש"י כאן אינו מפרש שהניזק כבר תפס את הנכסים (ראה גם ים של שלמה ב, ושיטה מקובצת; חזון איש אבן העזר כז, ח; דרכי דוד).

[ראה עוד טו, ב הערה 18, לדעות חלוקות בראשונים, האם הניזק יכול לתפוס רק את הבהמה עצמה שהזיקה או גם כל נכסים אחרים השייכים לבעליה (לדעת רש"י בזה ראה גם לעיל לו, ב הערות 17, 27). ראה שם עוד, למחלוקת ראשונים האם תקנת חכמים היא המתירה לתפוס נכסי הבעלים ולעכבם, או שאין צורך לתקנה מיוחדת והניזק יכול לעשות כך מעיקר הדין.]

47. בשני המקרים הללו שאדם נחבל, הוא נישום כעבד (ראה רש"י), ורבא הרי אמר שבתי הדין בבבל אינם יכולים לחייב תשלומים כאלה.

הגמרא תבאר מיד טעם ההבדל בין חבלות שנחבל אדם שאין דנים בבבל, לבין נזקי שור שדנים בבבל.

48. דין אדם החובל באדם כתוב בספר שמות (כא, יח): "וְכִי יְרִיבֻן אֲנָשִׁים וְהִכָּה אִישׁ אֶת רֵעֵהוּ". דין שור החובל באדם כתוב שם (פסוק כח): "וְכִי יִגַּח שׁוֹר אֶת אִישׁ". ושם באותה הפרשה כתוב (כב, ח): "עַד הָאֱלֹהִים יָבֹא דְּבַר שְׁנֵיהֶם". הגמרא מבינה שפסוק זה מתייחס לשני המקרים של חבלה, ושהמונח "אֱלֹהִים" [שמשמעה "שררה ורבנות" (סמכות מיוחדת) — ראה רש"י סנהדרין ב, ב סד"ה אי קסבר] מתייחס לדיינים מומחים ו"סמוכים". והנה, כיון שאין סומכים דיינים אלא בארץ ישראל (סנהדרין יד, א), אין דייני בבל יכולים לדון בשני סוגי החבלות (רש"י [נדפס בעמוד הבא]; ראה גם רש"י סנהדרין יג, ב ד"ה למידן).

סמיכת חכמים, או הרשות לדון, נקראת "סמיכה" על פי האמור במשה רבינו, שסמך את ידיו על יהושע כשמינהו במקומו לפני מותו (במדבר כז, כג). אולם לדורות אין צריך שיסמכו בית דין את ידיהם על ראש החכם הנסמך, אלא שקוראים לו "רבי", ואומרים לו: "הרי אתה סמוך, ויש לך רשות לדון אפילו דיני קנסות" (רמב"ם הלכות סנהדרין ד, א-ב; פרישה חושן משפט א, ג) [אין להחליף סמיכה זו עם מה שמכונה בימינו "סמיכה לרבנות" (או "היתר הוראה") שאינה אלא רשות שנותן רב לתלמידו להורות הלכה בכל מקום או במקצועות מסויימים בהלכה, אך אינה מסמיכה אותו לדון דינים הצריכים חכמים "סמוכים" (ראה רמ"א יורה דעה רמב, יד).]

קטן שהרג את הגדול וגדול שהרג את הקטן היכי קטלינן ליה התורה אמרה [א] משפט אחד יהיה לכם משפט השוה לכולכם אלא נשמה שקיל מיניה נשמה אמר רחמנא נשקול מיניה ה״נ נהורא שקיל מיניה נהורא אמר רחמנא נשקול מיניה: תניא אידך רבי שמעון בן יוחי אומר עין תחת עין ממון אתה אומר ממון או אינו אלא עין ממש (א) הרי שהיה סומא וסימא קיטע וקיטע חיגר וחיגר היאך אני מקיים בזה עין תחת עין והתורה אמרה משפט אחד יהיה לכם משפט השוה לכולכם אמרי ומאי קושיא דלמא היכא דאפשר אפשר היכא דלא אפשר לא אפשר ופטרינן ליה דאי לא תימא הכי טרפה שהרג את השלם מאי עבדינן ליה אלא היכא דאפשר אפשר היכא דלא אפשר לא אפשר [א] ופטרינן ליה דבי רבי ישמעאל תנא אמר קרא [ב] כן ינתן בו ואין נתינה אלא ממון אלא מעתה [ב] כאשר יתן מום באדם הכי נמי דממון הוא אמרי דבי רבי ישמעאל קרא יתירא דרשי מכדי כתיב [ג] ואיש כי יתן מום בעמיתו כאשר עשה כן יעשה לו כן ינתן בו למה לי ש״מ ממון כאשר יתן מום באדם למה לי [ח] אידי דבעי מיכתב כן ינתן בו כתב נמי כאשר יתן מום באדם דבי רבי חייא תנא אמר קרא [ד] יד ביד דבר הניתן מיד ליד ומאי ניהו ממון אלא מעתה [ד] רגל ברגל נמי הכי הוא אמרי דבי רבי חייא קרא יתירא קא דרשי מכדי כתיב [ה] ועשיתם לו כאשר זמם לעשות לאחיו אי סלקא דעתך ממש יד ביד למה לי ש״מ ממון רגל ברגל למה לי אידי דכתיב יד ביד כתב נמי רגל ברגל אביי (ב) אומר אתיא מדתני דבי חזקיה [ג] דתנא דבי חזקיה [ו] עין תחת עין נפש תחת נפש ולא נפש ועין תחת עין ואי סלקא דעתך ממש זימנין דמשכחת לה עין ונפש תחת עין דבהדי דעויר ליה נפקא ליה נשמתיה ומאי קושיא דלמא מימד אמדינן ליה אי מצי מקבל עבדינן ואי לא מצי מקבל לא עבדינן ואי אמדינן דמצי מקבל ועבדינן ביה ונפק רוחיה אי מיית לימות מי לא תנן גבי מלקות [ג] [ב] אמדוהו ומת תחת ידו פטור רב זביד משמיה [ד] דרבה אמר אמר קרא [ז] פצע תחת פצע [ה] ליתן צער במקום נזק ואי סלקא דעתך ממש כי היכי דלהאי הוי ליה צערא להאי נמי אית ליה צערא ומאי קושיא דלמא איכא איניש דמפנק אית ליה צערא טפי ואיכא איניש דלא מפנק לית ליה צערא למאי נפקא מינה למתבי ליה היאך דביני ביני רב פפא משמיה דרבא אמר אמר קרא [ח] ורפא ירפא ליתן רפואה במקום נזק ואי סלקא דעתך ממש כי היכי דהאי בעי אסייא האי נמי בעי אסייא מאי קושיא דלמא איכא דסליק בשריה הייא ואיכא דלא סליק בשריה הייא למאי נפקא מינה למיתב ליה היאך דביני ביני רב אשי אמר אתיא תחת תחת משור כתיב הכא [ו] עין תחת עין וכתיב התם [ט] שלם ישלם שור תחת השור מה להלן ממון אף כאן ממון מאי חזית דילפת תחת תחת משור נילף תחת תחת מאדם דכתיב [י] ונתת נפש תחת נפש מה להלן ממש אף כאן ממש אמרי דנין נזקין מנזקין ואין דנין נזקין ממיתה אדרבה דנין אדם מאדם ואין דנין אדם מבהמה אלא אמר רב אשי [כ] מתחת אשר ענה יליף ליה אדם מאדם ונזיקין מנזיקין תניא ר״א אומר עין תחת עין ממש ממש סלקא דעתך רבי אליעזר לית ליה ככל הני תנאי אמר [ו] רבה לומר שאין שמין אותו כעבד א״ל אביי אלא כמאן כבן חורין בן חורין מי אית ליה דמי אלא אמר רב אשי לומר שאין שמין אותו בניזק אלא במזיק: ההוא חמרא דקטע ידא דינוקא אתא לקמיה דרב פפא בר שמואל אמר להו זילו שומו ליה ארבעה דברים אמר ליה רבא והא אנן חמשה תנן א״ל לבר מנזק קאמינא אמר ליה אביי והא חמור הוא וחמור אינו משלם אלא נזק אמר להו זילו שומו ליה נזקיה והא כעבדא בעי למשיימיה אמר להו זילו שיימוהו כעבדא אמר להו אבוה דינוקא לא בעינא דזילא ביה מילתא אמרו ליה והא קא מחייבת ליה לינוקא אמר להו לכי גדיל מפייסנא ליה מדידי: ההוא תורא דאלס ידיה דינוקא אתא לקמיה דרבא אמר להו זילו שיימוהו כעבדא אמרו ליה והא מר הוא דאמר [ג] כל הנישום כעבד אין גובין אותו בבבל אמר להו לא צריכא [ד] דאי תפס רבא לטעמיה דאמר רבא נזקי שור בשור ונזקי שור באדם גובין אותו בבבל נזקי אדם באדם ונזקי אדם בשור אין גובין אותו בבבל מ״ש נזקי אדם באדם ונזקי אדם בשור דלא אלהים בעינן וליכא נזקי שור בשור ושור באדם נמי אלהים

קטן שהרג. אדם גנס שהרג את הגדול: קיטע וקיטע היאך אני קורא כו'. וכי תימא הכא נשקול ממונא התורה אמרה משפט שוה: ופטרינן ליה. בולא כלום והוי משפט שוה או ליטול אבר ממש או לפטור לגמרי: מאי עבדינן ליה. הא גברא קטילא הוא והוה ליה °עדות שאי אתה יכול להזימה דהא אי משתכחי עדים זוממים פטורים דגברי קטילא בעו למקטל והלכך איהו נמי פטור והכי אמרינן באלו הן הנשרפין (סנהדרין דף עח.): יד ביד. גבי עד זומם כתיב ואשמועינן דאם העיד באיש פלוני שקיטע יד חבירו משלם ממון הניתן מיד ליד: במקום נזק. ואע״פ שיש שם תשלומי הנזק משלם אף הצער ומקרא יתירא קדריש דהא כתיב כויה תחת כויה למה לי פצע תחת פצע וכויה וחבורה מדריש לקמן: ואיכא איניש דלא מפנק כו' נפקא מינה. מפצע תחת פצע למיתב ליה היאך דביני ביני: הייא. מהר כמו אשור הייא במסכת שבת (דף קיט.): אלא במזיק. עינו של מזיק שיימינן כמה הוא שוה לימכר עכשיו וכמה הוא יפה בלא עין והיינו ממש דקאמר עינו של מזיק נישומה תחת עינו של ניזק: וחמור אין משלם אלא נזק. כדאמרינן בפ' ב' (דף כו.) איש בעמיתו ולא שור בעמיתו: והא קמחייבת ליה לינוקא. אתה חב ומריע לו שמוחל אתה על חבלותיו דהא תשלומין של תינוק הן ולא שלך כדתניא לקמן (דף פז:) קטנים יעשה להם סגולה: דאלס. לעס וכסס: כל הנישום כעבד. הואיל ודבר שאין קצוב הוא אין גובין אותו בבבל וטעמא מפרש לקמן: דאי תפס. הכי אמר להו שומו ליה והיום או למחר אם יתפס משלו יעכבנו: נזקי שור בשור. נזקי שור שבאו לו על ידי השור: נזקי שור באדם. נזקין שבאו לשור על ידי אדם: נזקי אדם בשור. אדם שהוזק על ידי שור דבעי למשיימיה כעבדא: אלהים

רב אשי אמר אתיא תחת תחת משור. ושאר אמוראי סברי דאותה ג״ש לענין מיטב [ז] ואין להוציא מג״ש עין תחת עין מפשטיה דמשמע עין ממש אלא מדרשא אחריתא: אלא בדמזיק. דס״ל לרבי אליעזר דהוי ככופר °דמשלם דמי מזיק דרחמנא קרייה כופר אבל אתה לוקח כופר כו' [ח] ותנאי דלעיל ס״ל דדוקא בכופר משלם דמי מזיק משום פדיון נפשו: זילו שומו ליה ד' דברים. היה סבור דאדם הזיקו ואותו קטן כל כך גדול היה דמכלמי ליה ומכלם: קנסא

מסורת הש״ס

א) [לעיל נח. וש״נ], ב) כתובות לח., ג) מכות כב:, ד) [ס״א דרבא וכן הגיה יעב״ץ], ה) [לעיל כו: לקמן פה.], ו) ג' רש״ל רבא, ז) [לעיל ה.], ח) עיין רש״א.

תורה אור השלם

א) מִשְׁפַּט אֶחָד יִהְיֶה לָכֶם כַּגֵּר כָּאֶזְרָח יִהְיֶה כִּי אֲנִי יְיָ אֱלֹהֵיכֶם: [ויקרא כד, כב]

ב) שֶׁבֶר תַּחַת שֶׁבֶר עַיִן תַּחַת עַיִן שֵׁן תַּחַת שֵׁן כַּאֲשֶׁר יִתֵּן מוּם בָּאָדָם כֵּן יִנָּתֶן בּוֹ: [ויקרא כד, כ]

ג) וְאִישׁ כִּי יִתֵּן מוּם בַּעֲמִיתוֹ כַּאֲשֶׁר עָשָׂה כֵּן יֵעָשֶׂה לּוֹ: [ויקרא כד, יט]

ד) וְלֹא תָחוֹס עֵינֶךָ נֶפֶשׁ בְּנֶפֶשׁ עַיִן בְּעַיִן שֵׁן בְּשֵׁן יָד בְּיָד רֶגֶל בְּרָגֶל: [דברים יט, כא]

ה) וַעֲשִׂיתֶם לוֹ כַּאֲשֶׁר זָמַם לַעֲשׂוֹת לְאָחִיו וּבִעַרְתָּ הָרָע מִקִּרְבֶּךָ: [דברים יט, יט]

ו) עַיִן תַּחַת עַיִן שֵׁן תַּחַת שֵׁן יָד תַּחַת יָד רֶגֶל תַּחַת רָגֶל: [שמות כא, כד]

וְאִם אָסוֹן יִהְיֶה וְנָתַתָּה נֶפֶשׁ תַּחַת נָפֶשׁ: [שם, כג]

ז) כְּוִיָּה תַּחַת כְּוִיָּה פֶּצַע תַּחַת פָּצַע חַבּוּרָה תַּחַת חַבּוּרָה: [שמות כא, כה]

ח) אִם יָקוּם וְהִתְהַלֵּךְ בַּחוּץ עַל מִשְׁעַנְתּוֹ וְנִקָּה הַמַּכֶּה רַק שִׁבְתּוֹ יִתֵּן וְרַפֹּא יְרַפֵּא: [שמות כא, יט]

ט) אוֹ נוֹדַע כִּי שׁוֹר נַגָּח הוּא מִתְּמוֹל שִׁלְשֹׁם וְלֹא יִשְׁמְרֶנּוּ בְּעָלָיו שַׁלֵּם יְשַׁלֵּם שׁוֹר תַּחַת הַשּׁוֹר וְהַמֵּת יִהְיֶה לּוֹ: [שמות כא, לו]

י) וְאִם אָסוֹן יִהְיֶה וְנָתַתָּה נֶפֶשׁ תַּחַת נָפֶשׁ: [שמות כא, כג]

כ) וְנָתַן הָאִישׁ הַשֹּׁכֵב עִמָּהּ לַאֲבִי הַנַּעֲרָ חֲמִשִּׁים כָּסֶף וְלוֹ תִהְיֶה לְאִשָּׁה תַּחַת אֲשֶׁר עִנָּהּ לֹא יוּכַל שַׁלְּחָהּ כָּל יָמָיו: [דברים כב, כט]

עין משפט
נר מצוה

י א מיי' פ״ב מהלכות רוצח הלכה ט ופ״כ מהל' עדות הלכה ז:
יא ב מיי' פט״ז מהלכות סנהדרין הלכה יב:
יב ג מיי' פ״ה מהלכות סנהדרין הלכה י סמג עשין נה טוש״מ סי' א:
יג ד מיי' שם הלכה יז סמג שם טוש״ע ח״מ סי' א סעיף ה:

הגהות הב״ח

(א) גמ' עין ממש אמרת הרי שהיה סומא:
(ב) שם אביי אמר אתיא:

גליון הש״ס

רש״י ד״ה מאי עבדינן ליה וכו' עדות שאי אתה יכול להזימה. ק״ל כיון דהוא עדות שא״א יכול להזימה לא מיקרי עדות ואמרי שמא באמת לא הרג א״כ מאי פרכינן הא שפיר מתקיים משפט אחד אלא דפטרינן ליה דליכא עדות דהרג וצ״ע: תוד״ה אלא בדמזיק וכו' דמשלם דמי מזיק. לעיל דף מ ע״א:

ליקוטי רש״י

כן ינתן בו. פירשו רבותינו שאינו נתינת מום ממש אלא תשלומי ממון שמין אותו כעבד לכך כתוב בו לשון נתינה דבר הנתון מיד ליד [ויקרא כד, כ]. דבהדי דעויר ליה. בהדי דסמינן לעייניה. נפקא ליה נשמתיה. והוה ליה עין ונפש תחת עין [כתובות לח.]. אמדוהו ומת תחת ידו פטור. דשליח ב״ד הוא ואמרן לעיל (דף ח.) יצא האב המכה את בנו ושליח ב״ד [מכות כב:]. פצע תחת פצע ליתן צער במקום נזק. היכא דקטע את ידו ונתן לו דמיה [לקמן פה.]. מקרא זה יתר הוא ובהחובל דרשוהו רבותינו לחייב על הצער אפילו במקום נזק שאף על פי שנותן לו דמי ידו אין פוטרין אותו מן הצער לומר הואיל וקנה ידו יש עליו לחתכה בכל מה שירצה אלא אומרים יש לו לחתכה בסם שאינו מצטער כל כך וזה חתכה בברזל וצערו [שמות כא כה]. דאפי' היכא דאיכא נזק משלם נמי צער דלא תימא צער דכתבה רחמנא היינו בדליכא נזק כגון כוואו בשפוד על צפרנו דלא אפחתיה מכספיה ולהך דרשה מפקינן ליה בהחובל [לעיל כו:]. דמפנק. מעונג [שבת קט.]. סליק בשריה הייא. מכה שבבשרו מעלה ארוכה מהר [שבת קלד:]. דאלס. לעס בשיניו [גיטין ע.]. דאי תפס. ניזק בבבל לא מפקינן מיניה [לעיל טו:].

אלהים בעינן וליכא אלא מאי שנא שור בשור ושור באדם דשליחותייהו קא עבדינן מידי דהוה [א]אהודאות והלואות אדם באדם ואדם בשור נמי שליחותייהו קא עבדינן מידי דהוה אהודאות והלואות אמרי כי קא עבדינן שליחותייהו במידי דקים לן בגויה במידי דלא קים לן בגויה לא עבדינן שליחותייהו אמרי שור בשור ושור באדם נמי לא קים לן בגויה אלא פוק חזי (א) היכא מזדבני תורא בשוקא אדם באדם ואדם בשור נמי פוק חזי היכא מזדבני עבדי בשוקא ועוד תשלום כפל ותשלום ארבעה וחמשה דקיצי נעבד שליחותייהו אמרי כי קא עבדינן שליחותייהו בממונא [ב]בקנסא לא עבדינן שליחותייהו אדם באדם (ב) דממונא הוא נעבד שליחותייהו [א]כי קא עבדינן שליחותייהו במילתא דשכיחא אדם באדם דלא שכיחא לא עבדינן שליחותייהו הרי בושת (ג) ופגם דשכיח נעביד שליחותייהו אמרי הכי נמי דהא רב פפא אגבי ארבע מאה זוזי לבושת והא ליתיה לדרב פפא [ג]דשלח ליה רב חסדא לרב נחמן ושלח ליה חסדא חסדא קנסא קא מגבית בבבל [ג]אלא כי עבדינן שליחותייהו במילתא דשכיחא ואית ביה חסרון כיס אבל מילתא דשכיחא ולית ביה חסרון כיס אי נמי מילתא דלא שכיחא ואית ביה חסרון כיס לא עבדינן שליחותייהו [ד]הלכך אדם באדם אע"ג דאית ביה חסרון כיס כיון דלא שכיחא לא עבדינן שליחותייהו בושת אע"ג דשכיחא כיון דלית ביה חסרון כיס לא עבדינן שליחותייהו ושור בשור גובין בבבל והאמר רבא שור שהזיק אין גובין אותו בבבל דאזיק מאן דאזיק אילימא דאזיק אדם מאי איריא שור דאזיק אדם אפילו אדם דאזיק אדם נמי אין גובין אותו בבבל אלא פשיטא דאזיק שור וקתני אין גובין אותו בבבל אמרי התם בתם הכא במועד והאמר רבא [ה]אין מועד בבבל אמרי דאייעד התם ואייתוה להכא [ו]והא מילתא דלא שכיחא היא ומילתא דלא שכיחא הא אמרת דלא עבדינן שליחותייהו דאתו רבנן דהתם וייעדוה הכא [ז]סוף סוף מילתא דלא שכיחא היא ואת אמרת מילתא דלא שכיחא לא קא עבדינן שליחותייהו [ח]אלא כי קאמר רבא בשן ורגל דמועדין מתחילתן נינהו: צער כוואו בשפוד או במסמר וכו': צער שלא במקום נזק משתלם מאן תנא אמר רבא בן עזאי היא דתניא רבי אומר כויה נאמרה תחילה בן עזאי אומר חבורה נאמרה תחילה במאי קא מיפלגי רבי סבר כויה דלית בה חבורה משמע כתב רחמנא חבורה לגלויי עלה דכויה דאית בה חבורה אין אי לא לא ובן עזאי סבר כויה דאית בה חבורה משמע כתב רחמנא חבורה לגלויי עלה דכויה דלית בה חבורה מתקיף לה רב פפא אדרבה איפכא מסתברא רבי אומר כויה נאמרה תחילה סבר כויה דאית בה חבורה משמע כתב רחמנא חבורה לגלויי עלה דכויה דלית בה חבורה בן עזאי אומר חבורה נאמרה תחילה סבר כויה דלית בה חבורה משמע כתב רחמנא חבורה לגלויי עלה דכויה דאית בה חבורה אין אי לא לא ואמסקנא קיימי אי נמי דכולי עלמא כויה בין דאית בה חבורה בין דלית בה חבורה משמע והכא בכלל

אלהים בעינן. דהא כולהו בפרשת אלה המשפטים כתיבי אדם באדם וכי ירִיבֻן אדם בשור וכי יגח ובההיא פרשה כתיב עד האלהים יבא דבר שניהם וקסבר אכולהו קאי והיינו מומחין וסמוכין ובבבל אין סמיכה כדאמר בסנהדרין פ' קמא (דף יד.) שור בשור ושור באדם נמי התם כתיבי שור בשור וכי יגוף שור וגו' שור באדם ארבעה שומרים התם כתיבי ושליחות יד התם כתיב: **מידי דהוה אהודאות והלואות.** דאמר בפרק קמא דסנהדרין (ד' ג.) דלא בעינן מומחין שלא תנעול דלת בפני לווין הודאות הבא לידון בעדי הודאה שאמרו בפנינו הודה לו והלואות שבא לידון בעדי הלואה שאומרים בפנינו הלוה לו: **דלא קים לן.** כגון הכא דבעינן לשיימיה: **תשלומי כפל נעבד שליחותייהו.** אלמה קיימא לן דאין דנין דיני קנסות בבבל: **אדם באדם דממונא הוא.** דקא מפחתיה מדמיה: **ופגם.** שייך באונס ומפתה והוא במקום נזק דאומדים כמה אדם רוצה ליתן בין שפחה בתולה לבעולה להשיאה לעבדו שיש לו קורת רוח ממנו אלמא ממונא הוא דאפחתה מכספא בושת לאו קנס הוא שהרי אין קצוב אלא לפי המבייש והמתבייש: **ד' מאה זוזי.** כדתנן גרס באזנו תלש בשערו כו' במתני' (לקמן דף צ.): **דשלח ליה רב חסדא.** בהמניח את הכד (לעיל דף כז:): **חסרון כיס ושכיח.** הודאה והלואה: **מאי איריא שור דאזיק אדם.** דלא שכיח לגמרי: **אפילו אדם דאזיק אדם.** דשכיח טפי קאמר רבא דאין דנין: **בתם.** אין גובין דקיימא לן פלגא נזקא קנסא בפ"ק (ד' טו:): **אין מועד בבבל.** דכיון דמנגיחות דתמות לא מייתינן ליה לבי דינא היכי מייעד ליה: **והא לא שכיחא הוא.** לבא שור מועד מארץ ישראל לבבל ואמרינן לעיל במילתא דלא שכיח לא עבדינן שליחותייהו: **אלא כי קאמר רבא.** דשור בשור גובין בבבל: **בשן ורגל קאמר.** כגון שנתחכך בחבירו להנאתו והזיקו [ג](ואפילו על שור אחר) דהיינו תולדה דשן או שהזיק את שור חבירו בגופו דרך הילוכו שדחפו ולא כוון דהוי תולדה דרגל: **צער שלא במקום נזק.** כי מתניתי' על צפורנו דלא אפחתיה: ה"ג רבי אומר כויה נאמרה תחילה בן עזאי אומר חבורה נאמרה תחילה: **כויה דלית בה חבורה משמע.** והיינו דקאמר כויה לחודה נאמרה תחילה כלומר כויה שנאמר בפסוק תחילה היינו שומעין שיהא חייב על כויה גרידא אפילו בלא חבורה דליכא אלא צער לכך הוצרכה חבורה ללמד שאין חייב כלום עד שיהא חבורה עמה דכיון דמשלם רפוי משום חבורה משלם נמי צער אבל שלא במקום חבורה כגון על צפורן פטור דצער בלא נזק לא משלם דאי לאו משום הכי לא אצטריך חבורה דהשתא כויה בלא חבורה שמעינן דחייב כל שכן חבורה שיש בה נזק: **בן עזאי סבר כויה דאית בה חבורה משמע.** והיינו דקאמר חבורה נאמרה תחילה כלומר מכויה האמורה ראשונה היינו שומעין שאין חייב אלא במקום שיש בה חבורה דסתם כויה יש בה חבורה לפיכך הוצרכה תורה לכתוב חבורה בהדיא להשתא על כרחך כויה דרישא בלא חבורה היא וחייב בצער בלא נזק כמתניתין: **איפכא מסתברא.** ומתניתין רבי היא ולא בן עזאי דלא עקרינן ליה מרבי דהוא סדרה ועוד דהכי מסתברא טפי דהא נאמרה דקאמרי רבי ובן עזאי אמסקנא דמילתא קיימי דמתוקמא בה דרשא דקרא ולאו אמשמעות קמא קאי דסוף המקרא עתיד להוציאו והכי קאמר רבי סוף המקרא מוכיח לנו דכויה בלא חבורה חייב הכתוב בתחילתו וצער משתלם שלא במקום נזק מאי טעמא כויה דלית בה חבורה משמע כתב רחמנא כו' ובן עזאי אומר סוף המקרא מוכיח לנו דחבורה נאמרה תחילה כלומר מסוף המקרא אנו למדין שכויה שחייב הכתוב בתחלתו אינה אלא אם כן יש עמה חבורה מאי טעמא כויה [ז](נאמרה תחילה) דלית בה חבורה משמע כו': **ואמסקנא** קיימי. האי נאמרה דקאמרי אסוף הדרשה ועיקרה שהיא עומדת קיימי:

רבי

קנסא קמגבית בבבל. לאו דוקא קנס אלא משום דלית ביה חסרון כיס קרי ליה קנס: **אי** נמי אית ביה חסרון כיס ולא שכיח לא עבדינן שליחותייהו. וגזלות וחבלות דבעי מומחים כדאמר בפרק קמא דסנהדרין (דף ג:) איכא למימר דגזלות וחבלות מילתא דלא שכיח היא [ה](טפי) אבל הודאות והלואות שכיחי וכן יש בהמגרש (גיטין דף פח: ושם [ו]) ותימה דבכמה מקומות שהיו דנין דיני גזלות בהגוזל (לקמן דף צו:) ההוא גברא דגזל פדנא דתורא ובהגוזל בתרא (לקמן דף קטו.) נרשאה גנב ספרא וההוא דגנב גלימא ובהרבה מקומות יש לדחות דכל הנהו איירי בתפס או ע"י דא"ל אקבעו דינא לא"י כדאמר בפרק קמא (דף טו:) וי"מ דדוקא גזילות שע"י חבלות כגון דמנצו בי תרי ומחו אהדדי עד שתקף אחד מהן וגזל את חבירו דכי האי גוונא לא שכיח [ז][טפי] ולא עבדינן שליחותייהו ומעשים בכל יום שאנו דנין דיני גזילות: **צער** שלא במקום נזק דמשתלם מאן תנא. פירשתי בסוף פרק ב' (דף כו: ושם ד"ה האי):

כלל

עין משפט נר מצוה

יד א ב ג מיי' פ"ה מהלכות סנהדרין הלכה ח והלכה ט סמג עשין לה טוש"ע ח"מ סי' א סעיף א:

טו ד מיי' שם הלכה י ועיין בכ"מ ובל"מ טוש"ע שם סעיף ב:

טז ה ו ז מיי' שם הלכה יא סמג שם טוח"מ שם:

יז ח מיי' שם ועי' שם סמג שם טוש"ע שם סעיף ג:

ליקוטי רש"י

אלהים בעינן. דאלהים כתיב (שמות כב) דמשמע דייני מומחין והיינו סמוכין [סנהדרין יג:]. ובבבל אין סמיכה [שם לג:]. **דשליחותייהו.** דבני א"י. **קא עבדינן.** הם נתנו לנו רשות. **מידי דהוה אהודאות והלואות.** דעבדינן שליחותייהו כדאמרינן בסנהדרין (דף ג:) [גיטין פח:]. **אהודאות והלואות.** שניהן על עסקי מלוה הן הודאות שבא לדון בעדי הודאה שמביא עדים שאומרים בפנינו הודה לו הלואות שבא לדון בעדי הלואה שמעידין בפנינו הלוהו והלה כופר בשתיהן וכי האי לישנא טובא איכא בהך מכילתא הודאה אחר הודאה הלואה אחר הלואה מצטרפין בפרק ג' גבי עדים זוממין ואית דמפרשי הודאות שמודה במקצת הלוואות שכופר הכל וראשון עיקר דמכדי שניהן על עסקי מלוה הם כדאוקימנא טעמא לקמן משום נעילת דלת בפני לוין מאי שנא דהא קרי הלוואה והא לא קרי הלוואה הודאות וכפירות איבעי ליה למיתני [סנהדרין ב:]. **במילתא דשכיחא.** הלוואה וכן גט [גיטין שם]. **דמועדין מתחילתן נינהו.** לשלם נזק שלם דלא פליג רחמנא בין תם למועד אלא בנגיחה [לעיל ד.]. **כויה.** מכות אש. **חבורה.** היא מכה שהדם נצרר בה ואינו יוצא אלא שמאדים הבשר כנגדו [שמות כא, כה]. והוא לשון חבטה [שם יב, ז].

מסורת הש"ס

א) גיטין פח:, ב) לעיל כז:, ג) רש"ל מ"ז, ד) רש"ל מ"ז, ה) רש"ל מ"ז, ו) [ד"ה אין], ז) רש"ל.

הגהות הב"ח

(א) גמ' אלא פוק חזי (היכא). תז"מ ונ"ב ס"א כמה וכן בסמוך: (ב) שם אדם באדם ופגם דממונא הוא: (ג) שם הרי בושת דשכיח כצ"ל ותיבת ופגם נמחק:

״אֱלֹהִים״ בְּעִינַן וְלֵיכָּא — אנו צריכים דיינים מומחים וסמוכים ואין כאלה בבבל[1]. **אֶלָּא, מַאי שְׁנָא שׁוֹר בְּשׁוֹר וְשׁוֹר בְּאָדָם** — מאיזה טעם שונים הם נזקי שור שבאו לו על ידי שור ונזקי שור שבאו לו על ידי אדם, שדינים אלו דנים בבבל? **דִּשְׁלִיחוּתַיְיהוּ קָא עַבְדִינָן** — משום שאנו עושים את שליחותם של דייני ארץ ישראל[2], **מִידֵי דְּהָוֵה אַהוֹדָאוֹת וְהַלְוָאוֹת** — כפי שנוהג הדבר בעניני הודאות והלואות, שאנו דנים אותם בבבל בשליחותם[3]. אם כן, **אָדָם בְּאָדָם וְאָדָם בְּשׁוֹר** (נזקים שניזוק אדם, מאדם או משור) **נַמִּי** — גם כן ראוי שנדון אותם בבבל, מטעם **שְׁלִיחוּתַיְיהוּ קָא עַבְדִינָן** — שאנו עושים את שליחותם של דייני ארץ ישראל, **מִידֵי דְּהָוֵה אַהוֹדָאוֹת וְהַלְוָאוֹת** — כמו שנוהג הדבר לענין הודאות והלואות[4]!

הגמרא מציעה הסבר לחילוקו של רבא בין דין אדם שהוזק לבין דין שור שהוזק:

אָמְרֵי — אמרו בביאור הוראת רבא: **כִּי קָא עַבְדִינַן שְׁלִיחוּתַיְיהוּ** — מתי עושים אנו את שליחותם? **בְּמִידֵי דְּקִים לָן בְּגַוֵּיהּ** — בדבר שידיעתנו ברורה בו; **בְּמִידֵי דְּלֹא קִים לָן בְּגַוֵּיהּ** — אבל בדבר שאין ידיעתנו ברורה בו [כגון תשלומי חבלות התלויים בשומת הנחבל] **לֹא עַבְדִינַן שְׁלִיחוּתַיְיהוּ** — אין אנו עושים שליחותם ואין אנו דנים בבבל[5].

הגמרא מקשה על החילוק:

אָמְרֵי (אמרו — הקשו על כך): הרי **שׁוֹר בְּשׁוֹר וְשׁוֹר בְּאָדָם** (נזקים שניזוק שור, משור או מאדם) **נַמִּי לֹא קִים לָן בְּגַוֵּיהּ** — גם כן אין ידיעתנו ברורה בהם, שהרי התשלום תלוי בשומא; כיצד אנו דנים אותם בבבל? **אֶלָּא** ודאי שתשלום כזה נחשב כדבר שידיעתנו ברורה בו, כי **פּוּק חֲזֵי הֵיכָא**[6] **מִזְדַּבְּנֵי תּוֹרָא בְּשׁוּקָא** — צא וראה איך נמכר שור בשוק ותדע שוויו של כל נזק בשור[7]. אם כן, לגבי **אָדָם בְּאָדָם וְאָדָם בְּשׁוֹר** (נזקים שניזוק אדם, מאדם או משור) **נַמִּי** — גם כן נוכל לומר: **פּוּק חֲזֵי הֵיכָא מִזְדַּבְּנֵי עַבְדֵי בְּשׁוּקָא** — צא וראה איך נמכר עבד בשוק, ותדע מה שוויו של הנחבל קודם ואחרי החבלה, ותוכל לדון נזקים אלה בבבל[8]! **וְעוֹד** קשה על הנחה זו (שאנו דנים בבבל רק דברים שידיעתנו ברורה בהם), הרי **תַּשְׁלוּם כֶּפֶל וְתַשְׁלוּם אַרְבָּעָה וַחֲמִשָּׁה דְּקִיצֵי** — שהם קצובים[9], **נַעֲבֵד שְׁלִיחוּתַיְיהוּ** — ראוי שנעשה שליחותם, ומדוע אין תשלומים אלו נגבים בבבל?[10]

הגמרא מיישבת את החילוק באופן אחר[11]:

אָמְרֵי — אמרו: **כִּי קָא עַבְדִינַן שְׁלִיחוּתַיְיהוּ** — מתי עושים אנו שליחותם? **בְּמָמוֹנָא** — כאשר הנידון הוא תשלום של ״ממון״, **בִּקְנָסָא לֹא עַבְדִינַן שְׁלִיחוּתַיְיהוּ** — אבל כאשר הנידון הוא תשלום ״קנס״, אין עושים את שליחותם[12].

הגמרא מקשה על הנחה זו:

אם כן, **אָדָם בְּאָדָם דְּמָמוֹנָא הוּא** — במקרים של חבלות אדם על ידי אדם, שהתשלום עבורם הוא ״ממון״[13], **נַעֲבֵד שְׁלִיחוּתַיְיהוּ** — נעשה את שליחותם ונגבה אותם בבבל[14]!

הגמרא מיישבת ומוסיפה עוד הגבלה לדברים שדנים בבבל:

כִּי קָא עַבְדִינַן שְׁלִיחוּתַיְיהוּ — מתי עושים אנו שליחותם [וגובים בבבל תשלומי ״ממון״]? **בְּמִילְּתָא דִּשְׁכִיחָא** — בדבר המצוי (כגון שור שהוזק); חבלה של **אָדָם בְּאָדָם, דְּלֹא שְׁכִיחָא** — שאינו מצוי, **לֹא עַבְדִינַן שְׁלִיחוּתַיְיהוּ** — אין עושים שליחותם[15].

הערות

1. הפסוק בענין שור המזיק שור (שמות כא, לה): ״וְכִי יִגֹּף שׁוֹר אִישׁ אֶת שׁוֹר רֵעֵהוּ״, והפסוק בענין אדם המזיק שור (שם כב, ז): ״אִם לֹא שָׁלַח יָדוֹ בִּמְלֶאכֶת רֵעֵהוּ״, גם כן כתובים באותה הפרשה המצריכה דיינים מומחים וסמוכים (שם פסוק ח): ״עַד הָאֱלֹהִים יָבֹא דְּבַר שְׁנֵיהֶם״. לפי שאין סמיכה בבבל, ראוי שגם מקרים אלו של נזקי שור לא ידונו בבבל (רש״י; ראה עמוד א הערה 48).

2. היינו, הדיינים הסמוכים בארץ ישראל (שיכולים לדון דינים אלו) נתנו לנו (דייני חוץ לארץ) רשות לדון דינים אלו כשלוחיהם (רש״י גיטין פח, ב). אפילו היום, שאין דיינים סמוכים בארץ ישראל, הדיינים שלנו עדיין עושים שליחותם של אותם דיינים סמוכים הקדמונים [לפי שהרשות שנתנו לדון דינים אלו בחוץ לארץ, תקפה גם היום, כמו שהסיבה לרשות זו קיימת גם היום; ראה הערה הבאה] (תוספות שם ד״ה במילתא, ומאירי כאן).

לדיון, אם ״עשיית שליחותם״ של דייני ארץ ישראל הסמוכים, היא מן התורה או מדרבנן, ראה ר״ן סנהדרין ב, ב — ג, א רמב״ן יבמות מו, ב רשב״א שם וגיטין פב, ב, שו״ת ריב״ש רכח, נתיבות המשפט א, א, נחל יצחק א, ג.

3. ״הודאות והלואות״ הן בעניני הלואה שהלוה כופר בה. ״הודאות״ היינו מקרים שהמלוה מביא עדים שבפניהם הודה שהוא אכן הלוהו. ״הלואות״ היינו שיש עדים על עצם ההלואה שהלוה כופר בה (רש״י כאן ובסנהדרין ב, ב).

הגמרא בסנהדרין (ג, א) מבארת שחכמים הקילו לדון דיני הלואות על ידי דיינים שאינם מומחים (סמוכים), כדי שלא ימנעו אנשים מלהלוות כספם (אילו היו נצרכים דיינים סמוכים למקרים אלו, היו אנשים נמנעים מלהלוות, מחשש שיפסידו את כספם במקרה שהלוה יכפור את דבר ההלואה.] הלכך, כדי ״שלא תנעול דלת בפני לווים״, בתי הדין בבבל עושים שליחותם של דייני ארץ ישראל ודנים בעניני ״הודאות והלואות״ (רש״י כאן ובגיטין פח, ב). כמו כן תיקנו החכמים שידונו מקרים של נזקים לנכסים בבבל כדי שיהיו אנשים נזהרים שלא להזיק נכסי אחרים (ראה מאירי; סמ״ע חושן משפט א, ג). [ראה גם רש״י לסנהדרין יג, ב ד״ה למידן, ומה שביאר בדבריו נחל יצחק א, ג, להבדל אפשרי בין התקנה לדון דיני הלואות לבין התקנה לדון דיני נזקים לממון; לדיון נוסף בדבר, ראה ר״ן סנהדרין ג, א, נתיבות המשפט א, א; קצות החושן א, ג; רבי עקיבא איגר לסנהדרין ב, ב; דבר משה כאן.]

4. אמנם התורה מצריכה שכל דיני חבלות ידונו על ידי דיינים סמוכים; אך אם הטעם שהדיינים כאן עושים שליחותם של דייני ארץ ישראל הסמוכים, מספיק כדי לדון בבבל דיני חבלות של בהמה, למה לא יספיק טעם זה לגבי חבלות של אדם?

5. כלומר, דייני חוץ לארץ יכולים לדון רק בדברים ברורים וקבועים שאין בית הדין צריך לחדש ולהכריע בהם מדעתו (כגון נזקים שהוזק שור). בזה אינם אלא מבצעים את הדין שקבעו דייני ארץ ישראל הסמוכים (פירוש רבינו ברוך).

6. המלה ״הֵיכָא״ (איפה) אינה מתאימה לכאן. הגהות וציונים מגיה: ״הֵיכִי״ — איך (וכך נקטנו בביאורנו). גירסת רוב הספרים הישנים: כַּמָּה. [לבירור הגרסאות השונות והגהות המהרש״ל והב״ח כאן, ראה דקדוקי סופרים ה, וספר שינויי נוסחאות.]

7. היינו, אין צורך בדעתם או בשומתם של בית דין כדי להיוודע כמה שור כזה היה שוה להימכר בשוק, כשהוא שלם ולאחר שנחבל; אפשר לברר בקלות כמה הם מחירי השוורים והרי זה כאילו סכום הנזק קצוב ללא הכרעת בית הדין (פירוש רבינו ברוך; ראה גם דקדוקי סופרים שם).

8. לא יתכן אפוא שהטעם להוראת רבא שאין דנים בבבל חבלות של אדם, הוא משום שהדבר תלוי בשומא. [ראה כובע ישועה, לטעם שהגמרא סברה מתחילה ששומת אדם, שונה משומת בהמה.]

9. בדרך כלל גנב חייב לשלם כפל שוויו של הדבר שגנב. הגונב שה וטבחו או מכרו משלם פי ארבע משוויו; הגונב שור וטבחו או מכרו משלם פי חמש משווי (ראה לעיל עד, ב ואילך). לגבי חישוב כפל או ארבעה וחמשה של ערך הדבר שנגנב, אין צורך בשומא מיוחדת, שכן הדברים ידועים וברורים.

10. הגמרא פסקה לעיל (טו, ב) שתשלומים אלה אינם נגבים בבבל (רש״י). נמצא שאפילו בדבר שידיעתנו בו ברורה, אין דנים בבבל.

11. על פי פני יהושע; אבל ראה שיטה מקובצת ד״ה ורבא לטעמיה.

12. היינו, בתי הדין בבבל יכולים לדון רק מקרים של תביעת ״ממון״ — תשלום מדוייק של הנזק הכספי. אין הם דנים דיני ״קנסות״ — תשלומים שהם או פחות או יותר מהפסדו של הניזק. לענין תשלומים אלה לא נעשו דייני בבל שלוחים לדון ולחייב בהם. הלכך, אפילו תשלומי כפל ותשלומי ארבעה וחמשה, שאין בהם שומא, אין בתי הדין בבבל דנים בהם. וכמו כן נזקים שהוזק אדם על ידי שור, מובן שאינם נגבים בבבל, שכן שור תם משלם חצי נזק שהוא קנס (ראה פני יהושע).

13. שהרי הניזק מקבל תשלום עבור פחיתת שוויו אילו היה נמכר כעבד (רש״י). [ראה ב״ח (ב-ג) הגורס כאן ״וּפְגָם״ (ולהלן הוא משמיט זאת). אולם רש״י כנראה גורס כגירסא שלפנינו (ראה ד״ה ופגם שם הוא דן על ״פגם״ ו״בושת״ ביחד). ראה הערה 18.]

14. ההנחה האחרונה, שההבדל בין מה שדנים בבבל למה שאין דנים בבבל הוא האם מדובר בממון או בקנס, אכן מיישבת למה אין דנים בבבל נזקים שהוזק אדם על ידי שור, שכן על נזקים אלה, התשלום בדרך כלל הינו חצי נזק שהוא ״קנס״. אולם אין בה כדי ליישב למה לא נדון בבבל דיני חבלות שהתשלום הוא בגדר ״ממון״ (פני יהושע; לביאורים אחרים בקושיית הגמרא, ראה תורת חיים, ומרומי שדה).

15. היינו, בתי הדין בבבל קיבלו רשות לגבות רק תשלומי ״ממון״ בדברים שכיחים, כדי שלא ירבו מזיקים ועושי עולה בישראל (מאירי; סמ״ע א, ג).

לפי תירוץ זה, מה שאמר רבא לעיל (עמוד ב) שכל הנישום כעבד אין גובים אותו בבבל, הכוונה כנראה רק לגבי ה״נזק״ שמשלם החובל בחבירו וקלקל או קטע לו אבר [ששומת הנזק נעשה על ידי הערכת שווי העבד כפי שהיה נמכר בשוק], ולא לגבי שאר התשלומים שמשלם החובל, שכן חבלות אחרות שאין בהן תשלום על נזק קבוע (אלא רק שאר הדברים), הינן דבר שכיח (כפי שיתבאר בסמוך; ראה

אלהים בעינן וליכא אלא מאי שנא שור בשור ושור באדם דשליחותייהו קא עבדינן מידי דהוה [א]אהודאות והלואות אדם באדם ואדם בשור נמי שליחותייהו קא עבדינן מידי דהוה אהודאות והלואות אמרי כי קא עבדינן שליחותייהו במידי דקים לן בגויה במידי דלא קים לן בגויה לא עבדינן שליחותייהו אמרי שור בשור ושור באדם נמי לא קים לן בגויה אלא פוק חזי (א) היכא מזדבני תורא בשוקא אדם באדם ואדם בשור נמי פוק חזי היכא מזדבני עבדי בשוקא ועוד תשלום כפל ותשלום ארבעה וחמשה דקיצי נעבד שליחותייהו אמרי כי קא עבדינן שליחותייהו בממונא [ב]בקנסא לא עבדינן שליחותייהו אדם באדם (ב) דממונא הוא נעבד שליחותייהו [א]כי קא עבדינן שליחותייהו במילתא דשכיחא אדם באדם דלא שכיחא לא עבדינן שליחותייהו הרי בושת (ג) ופגם דשכיח נעביד שליחותייהו אמרי הכי נמי דהא רב פפא אגבי ארבע מאה זוזי לבושת והא ליתיה לדרב פפא [ג]דשלח ליה רב חסדא לרב נחמן ושלח ליה חסדא חסדא קנסא קא מגבית בבבל [ג]אלא כי עבדינן שליחותייהו במילתא דשכיחא ואית ביה חסרון כיס אבל מילתא דשכיחא ולית ביה חסרון כיס אי נמי מילתא דלא שכיחא ואית ביה חסרון כיס לא עבדינן שליחותייהו [ד]הלכך אדם באדם אע"ג דאית ביה חסרון כיס כיון דלא שכיחא לא עבדינן שליחותייהו בושת אע"ג דשכיחא כיון דלית ביה חסרון כיס לא עבדינן שליחותייהו ושור בשור גובין בבבל והאמר רבא שור שהזיק אין גובין אותו בבבל דאזיק מאן אילימא דאזיק אדם מאי איריא שור דאזיק אדם אפילו אדם דאזיק אדם נמי אין גובין אותו בבבל אלא פשיטא דאזיק שור וקתני אין גובין אותו בבבל אמרי התם בתם הכא במועד והאמר רבא [ה]אין מועד בבבל אמרי דאייעד התם ואייתוה להכא [ו]והא מילתא דלא שכיחא היא ומילתא דלא שכיחא הא אמרת דלא עבדינן שליחותייהו דאתו רבנן דהתם וייעדוה הכא [ז]סוף סוף מילתא דלא שכיחא היא ואת אמרת מילתא דלא שכיחא לא קא עבדינן שליחותייהו [ח]אלא כי קאמר רבא בשן ורגל דמועדין מתחילתן נינהו: צער כוואו בשפוד או במסמר וכו': צער שלא במקום נזק משתלם מאן תנא אמר רבא בן עזאי היא דתניא רבי אומר כויה נאמרה תחילה בן עזאי אומר חבורה נאמרה תחילה במאי קא מיפלגי רבי סבר כויה דלית בה חבורה משמע כתב רחמנא חבורה לגלויי עלה דכויה דאית בה חבורה אין אי לא לא ובן עזאי סבר כויה דאית בה חבורה משמע כתב רחמנא חבורה לגלויי עלה דכויה דלית בה חבורה מתקיף לה רב פפא אדרבה איפכא מסתברא רבי אומר כויה נאמרה תחילה סבר כויה דאית בה חבורה משמע כתב רחמנא חבורה לגלויי עלה דכויה דלית בה חבורה בן עזאי אומר חבורה נאמרה תחילה סבר כויה דלית בה חבורה משמע כתב רחמנא חבורה לגלויי עלה דכויה דאית בה חבורה אין אי לא לא ואמסקנא קיימי אי נמי דכולי עלמא כויה בין דאית בה בין דלית בה חבורה משמע והכא בבלל

רש"י

אלהים בעינן. דהא כולהו בפרשת אלה המשפטים כתיבי אדם באדם וכי יריבון אדם בשור וכי יגח ובההיא פרשה כתיב עד האלהים יבא דבר שניהם וקסבר אכולהו קאי והיינו מומחין וסמוכין ובבבל אין סמיכה כדאמר בסנהדרין פ' קמא (דף יד.) שור בשור ושור באדם נמי התם כתיבי שור בשור וכי יגוף שור וגו' שור באדם ארבעה שומרים התם כתיבי ושליחות יד התם כתיב: **מידי דהוה אהודאות והלואות.** דאמר בפרק קמא דסנהדרין (ד' ג.) דלא בעינן מומחין שלא תנעול דלת בפני לווין הודאות הבא לידון בעדי הודאה שאמרו בפנינו הודה לו והלואות שבא לידון בעדי הלואה שאומרים בפנינו הלוה לו: **דלא קים לן.** כגון הכא דבעינן לשיימיה: **תשלומי כפל נעבד שליחותייהו.** אלמה קיימא לן דאין דנין דיני קנסות בבבל: **אדם באדם דממונא הוא.** דקא מפחתיה מדמיה: **ופגם.** שייך באונס ומפתה והוא במקום נזק דאומדים כמה אדם רוצה ליתן בין שפחה בתולה לבעולה להשיאה לעבדו שיש לו קורת רוח ממנו אלמא ממונא הוא דאפחתה מכספא בושת לאו קנס הוא שהרי אין קצוב אלא לפי המבייש והמתבייש: **ד' מאה זוזי.** כדתנן גרס באזנו תלש בשערו כו' במתני' (לקמן דף צ.): **דשלח ליה רב חסדא.** בהמניח את הכד (לעיל דף כז:): **חסרון כיס ושכיח.** הודאה והלואה: **מאי איריא שור דאזיק אדם.** דלא שכיח לגמרי: **אפילו אדם דאזיק אדם.** דשכיח טפי קאמר רבא דאין דנין: **בתם.** אין גובין דקיימא לן פלגא נזקא קנסא בפ"ק (ד' טו:): **אין מועד בבבל.** דכיון דמנגיחות דתמות לא מייתינן ליה לבי דינא היכי מייעד ליה: **והא לא שכיחא הוא.** לבא שור מועד מארץ ישראל לבבל ואמרינן לעיל במילתא דלא שכיח לא עבדינן שליחותייהו: **אלא כי קאמר רבא.** דשור בשור גובין בבבל: **בשן ורגל קאמר.** כגון שנתחכך בחבירו להנאתו והזיקו [ג](ואפילו על שור אחר) דהיינו תולדה דשן או שהזיק את שור חבירו בגופו דרך הילוכו שדחפו ולא כוון דהוי תולדה דרגל: **צער שלא במקום נזק.** כי מתניתי' על צפורנו דלא אפחתיה: ה"ג רבי אומר כויה נאמרה תחילה בן עזאי אומר חבורה נאמרה תחילה: **כויה דלית בה חבורה משמע.** והיינו דקאמר כויה לחודה נאמרה תחילה כלומר כויה שנאמר בפסוק תחילה היינו שומעין שיהא חייב על כויה גרידא אפילו בלא חבורה דליכא אלא צער לכך הוצרכה חבורה ללמד שאין חייב כלום עד שיהא חבורה עמה דכיון דמשלם רפוי משום חבורה משלם נמי צער אבל שלא במקום חבורה כגון על צפורן פטור דצער בלא נזק לא משלם דאי לאו משום הכי לא אצטריך חבורה דהשתא כויה בלא חבורה שמעינן דחייב כל שכן חבורה שיש בה נזק: **בן עזאי סבר כויה דאית בה חבורה משמע.** והיינו דקאמר חבורה נאמרה תחילה כלומר מכויה האמורה ראשונה היינו שומעין שאין חייב אלא במקום שיש בה חבורה דסתם כויה יש בה חבורה לפיכך הוצרכה תורה לכתוב חבורה בהדיא דהשתא על כרחך כויה דרישא בלא חבורה היא וחייב בצער בלא נזק כמתניתין: **איפכא מסתברא.** ומתניתין רבי היא ולא בן עזאי דלא עקרינן ליה מרבי דהוא סדרה ועוד דהכי מסתברא טפי דהא נאמרה דקאמרי רבי ובן עזאי אמסקנא דמילתא קיימי דמתוקמא בה דרשא דקרא ולאו אמשמעות קמא קאי דסוף המקרא עתיד להוציאו והכי קאמר רבי סוף המקרא מוכיח לנו דכויה בלא חבורה חייב הכתוב בתחילתו וצער משתלם שלא במקום נזק מאי טעמא כויה דאית בה חבורה משמע כתב רחמנא כו' ובן עזאי אומר סוף המקרא מוכיח לנו דחבורה נאמרה תחילה כלומר מסוף המקרא אנו למדין שכויה שחייב הכתוב בתחלתו אינה אלא אם כן יש עמה חבורה מאי טעמא כויה [ז](נאמרה תחילה) דלית בה חבורה משמע כו': **ואמסקנא כו'.** קיימי. האי נאמרה דקאמרי אסוף הדרשה ועיקרה שהיא עומדת קיימי:

רבי

תוספות

קנסא קמגבית בבבל. לאו דוקא קנס אלא משום דלית ביה חסרון כיס קרי ליה קנס: **אי** נמי אית ביה חסרון כיס ולא שכיח לא עבדינן שליחותייהו. וגזלות וחבלות דבעי מומחים כדאמר בפרק קמא דסנהדרין (דף ג:) איכא למימר דגזלות וחבלות מילתא דלא שכיח היא [ה](טפי) אבל הודאות והלואות שכיחי וכן יש בהמגרש (גיטין דף פח: ושם [ו]) ותימה דבכמה מקומות שהיו דנין דיני גזלות בהגוזל (לקמן דף צו:) ההוא גברא דגזל פדנא דתורא ובהגוזל בתרא (לקמן דף קטו.) נרשאה גנב ספרא וההוא דגנב גלימא ובהרבה מקומות יש לדחות דכל הנהו איירי בתפס או ע"י דא"ל אקבעו דינא לא"י כדאמר בפרק קמא (דף טו:) וי"מ דדוקא גזילות שע"י חבלות כגון דמנצו בי תרי ומחו אהדדי עד שתקף אחד מהן וגזל את חבירו דכי האי גוונא לא שכיח [ז][טפי] ולא עבדינן שליחותייהו ומעשים בכל יום שאנו דנין דיני גזילות: **צער** שלא במקום נזק דמשתלם מאן תנא. פירשתי בסוף פרק ב' (דף כו: ושם ד"ה האי): כלל

עין משפט נר מצוה

יד א ב ג מיי' פ"ה מהלכות סנהדרין הלכה ח והלכה ט סמג עשין לה טוש"ע ח"מ סי' א סעיף א:

טו ד מיי' שם הלכה י ועיין בכ"מ ובל"מ טוש"ע שם סעיף ב:

טז ה ו ז מיי' שם הלכה יא סמג שם טוש"מ שם:

יז ח מיי' שם ועי' שם סמג שם טוש"ע שם סעיף ג:

ליקוטי רש"י

אלהים בעינן. דאלהים כתיב (שמות כב) דמשמע דייני מומחין והיינו סמוכין [סנהדרין יג:]. ובבבל אין סמיכה [שם לג:]. **דשליחותייהו.** דבני א"י. **קא עבדינן.** הם נתנו לנו רשות. **מידי דהוה אהודאות והלואות.** דעבדינן שליחותייהו כדאמרינן בסנהדרין (דף ג:) [גיטין פח:]. **אהודאות והלואות.** שניהן על עסקי מלוה הן הודאות שבא לדון בעדי הודאה שמביא עדים שאומרים בפנינו הודה לו הלואות שבא לדון בעדי הלואה שמעידין בפנינו הלוהו והלה כופר בשתיהן וכי האי לישנא טובא איכא בהך מכילתא הודאה אחר הודאה הלואה אחר הלואה מצטרפין בפרק ג' גבי עדים זוממין ואית דמפרשי הודאות שמודה במקצת הלוואות שכופר הכל וראשון עיקר דמכדי שניהן על עסקי מלוה הם כדאוקימנא טעמא לקמן משום נעילת דלת בפני לוין מאי שנא דהא קרי הלוואה והא לא קרי הלוואה הודאות וכפירות איבעי ליה למיתני [סנהדרין ב:]. **במילתא דשכיחא.** הלוואה וכן גט [גיטין שם]. **דמועדין מתחילתן נינהו.** לשלם נזק שלם דלא פליג רחמנא בין תם למועד אלא בנגיחה [לעיל ד.]. **כויה.** מכות אש. **חבורה.** היא מכה שהדם נצרר בה ואינו יוצא אלא שמאדים הבשר כנגדו [שמות כא, כה]. והוא לשון חבטה [שם יב, ז].

מסורת הש"ס

א) גיטין פח:, ב) לעיל כז:, ג) רש"ל מ"ז, ד) רש"ל מ"ז, ה) רש"ל מ"ז, ו) [ד"ה אין], ז) רש"ל.

הגהות הב"ח

(א) גמ' אלא פוק חזי (היכא). תז"מ ונ"ב ס"א כמה וכן בסמוך: (ב) שם אדם באדם ופגם דממונא הוא: (ג) שם הרי בושת דשכיח כצ"ל ותיבת ופגם נמחק:

הגמרא מקשה על ההנחה שגובים בבבל תשלומי ממון על מקרים שכיחים:

הֲרֵי מקרים של **בּוֹשֶׁת וּפְגָם**[16] **דִּשְׁכִיחַ** — שהם מצויים, **נַעֲבֵיד שְׁלִיחוּתַיְיהוּ** — נעשה שליחותם ונגבה בבבל תשלומים על בושת ופגם, [שהרי הם שכיחים, וגם הם בגדר "ממון" ולא "קנס"][17]!

מתרצת הגמרא:

אָמְרֵי: הָכִי נַמִּי — אכן כך! **דְּהָא רַב פָּפָּא אַגְבֵּי אַרְבַּע מְאָה זוּזֵי** — שהרי רב פפא אכן גבה ארבע מאות זוז **לְבוֹשֶׁת** בבבל[18].

הגמרא דוחה הוכחה זו:

וְהָא לֵיתֵיהּ לִדְרַב פָּפָּא — והרי אין הלכה כרב פפא, **דְּשָׁלַח לֵיהּ** — שהרי פעם שלח לו **רַב חִסְדָּא לְרַב נַחְמָן** שאלה בענין תשלום בושת, **וְשָׁלַח לֵיהּ** רב נחמן תשובה: "**חִסְדָּא, חִסְדָּא! קְנָסָא קָא מַגְבֵּית בְּבָבֶל** — וכי גובה אתה קנסות בבבל[19]?"

לפי שהגמרא דחתה את ההוכחה מרב פפא, חוזרת השאלה: היות ומקרי בושת מצויים הם, מדוע אין דנים אותם בבבל? הגמרא מוסיפה על כן הגבלה נוספת לסוג הדינים שדנים בבבל:

אֶלָּא, כִּי עַבְדִינַן שְׁלִיחוּתַיְיהוּ — מתי אנו עושים שליחותם לדון בבבל? **בְּמִילְּתָא דִּשְׁכִיחָא וְאִית בֵּיהּ חֶסְרוֹן כִּיס** — בדבר המצוי, ויש בו הפסד ממון לתובע[20]. **אֲבָל מִילְּתָא דִּשְׁכִיחָא וְלֵית בֵּיהּ חֶסְרוֹן כִּיס** — דבר המצוי, ואין בו הפסד ממון, **אִי נַמִּי מִילְּתָא דְּלֹא שְׁכִיחָא וְאִית בֵּיהּ חֶסְרוֹן כִּיס** — וכן דבר שאינו מצוי, ויש בו הפסד ממון, **לֹא עַבְדִינַן שְׁלִיחוּתַיְיהוּ** — אין אנו עושים שליחותם. **הִלְכָּךְ, אָדָם בְּאָדָם** — במקרה של חבלות לאדם על ידי אדם, **אַף עַל גַּב דְּאִית בֵּיהּ** (שיש בו) **חֶסְרוֹן כִּיס**[21], **כֵּיוָן דְּלֹא שְׁכִיחָא** — כיון שאינו מצוי, **לֹא עַבְדִינַן שְׁלִיחוּתַיְיהוּ** — אין אנו מוסמכים לעשות שליחותם. ולענין **בּוֹשֶׁת, אַף עַל גַּב דִּשְׁכִיחָא** — אף שהיא מצויה, **כֵּיוָן דְּלֵית בֵּיהּ** (שאין בזה) **חֶסְרוֹן כִּיס לֹא עַבְדִינַן שְׁלִיחוּתַיְיהוּ** — גם כן אין אנו מוסמכים לעשות שליחותם[22].

הגמרא מקשה על עצם ההוראה בענין שור שהוזק על ידי שור (שהובאה לעיל עמוד א בשם רבא):

וְכִי נזקי **שׁוֹר בְּשׁוֹר** (שור שהוזק על ידי שור) **גּוֹבִין בְּבָבֶל**?! **וְהָאָמַר רָבָא** עצמו: **שׁוֹר שֶׁהִזִּיק, אֵין גּוֹבִין אוֹתוֹ בְּבָבֶל**. ויש לברר: אותו שור שהזיק, **דְּאַזִּיק מַאן** — את מי הוא הזיק? **אִילֵימָא דְּאַזִּיק אָדָם** — אם תאמר שהזיק אדם [ובהתאם לשיטת רבא לעיל (עמוד א) שחבלות באדם אינן נידונות בבבל], קשה: **מַאי אִירְיָא שׁוֹר דְּאַזִּיק אָדָם** — מה טעם נקט "שור" שהזיק אדם, דבר שאינו מצוי כלל [ואין חידוש גדול בכך שאין גובים אותו בבבל]? הרי **אֲפִילּוּ אָדָם דְּאַזִּיק**

הערות

הערה 22). רבא בדבריו שכל הנישום כעבד אין גובים בבבל, לא התכוון לתת **טעם** לחילוק זה; שהרי חסיבה לכך שאין גובים את הנזק בבבל, אינה בגלל שהוא נישום כעבד, אלא הסיבה היא לפי שנזק על ידי חבלה אינו דבר מצוי (ראה פני יהושע באריכות).

16. "פגם" — נערה בתולה שנתפתתה או נאנסה, מלבד שאר התשלומים שהאונס או המפתה משלם לה (ובהם בושת, המוערכת לפי מעלת האנוסה ומשפחתה) הוא משלם לה דמי "פגם", לפי מה שנפחתה בערכה להימכר כשפחה בשוק בהיותה בעולה, לעומת ערכה להימכר בהיותה בתולה (כך שהוא דומה לתשלום "נזק"). שפחה בעולה שוה פחות, מאחר שמי שיש לו קורת רוח מעבדו ורוצה להשיאו אשה, ישלם יותר עבור שפחה בתולה (רש"י, על פי כתובות מ, ב; לכלל תשלומי אונס ומפתה, ראה רמב"ם, הלכות נערה בתולה פרק ב).

17. אילו היו בושת ופגם בגדר "קנס", מובן למה לא יגבו אותם בבבל (שאין דייני חוץ לארץ עושים שליחותם של דייני ארץ ישראל לענין גביית קנסות, כמבואר בגמרא לעיל). אולם פגם הוא בודאי תשלום "ממון" (ראה הערה הקודמת); ואף "בושת" הינה תשלום ממון, שכן אין התשלום קצוב, אלא הוא נקבע על פי מעמדם של המבייש והמתבייש (ראה רש"י). אם כן, מדוע אין מקרים אלה המצויים נידונים בבבל?

בענין שכיחות של "פגם", ראה מה שצויין בסוף הערה הבאה.

18. הוראתו היתה על פי המשנה (להלן צ, א) הקובעת ארבע מאות זוז למעשי ביוש שונים, ביניהם אם צרם באזנו (לפירוש, ראה רש"י שם) או תלש בשערו של חבירו (רש"י). [אך גם בזה, למעשה סכום התשלום הסופי תלוי במעמדם של המבייש והמתבייש — ראה להלן צ, ב, והערות 1, 2.]

[המפרשים מציינים שהגמרא תירצה את הקושיא בענין בושת, אך אינה מתייחסת כלל לקושיא בענין פגם. הם טוענים על כן שגרסת הגמרא שלפנינו מוטעית, ושהגמרא באמת מעולם לא טענה שראוי היה לגבות פגם בבבל, כיון שמקרים כאלה אכן אינם מצויים (ט"ז חשן משפט א, א; ראה גם הגהות הב"ח ב-ג ושו"ת נחלת דוד סי' יד). ראה מהרש"ל המגיה בדברי רש"י ד"ה ופגם. ראה הגהות יעב"ץ ומהדורא בתרא ליישוב גירסתנו.]

19. דין ודברים אלו שהיו בין רב נחמן לרב חסדא הובאו בגמרא לעיל כז, ב (רש"י). הגמרא מקבלת שהלכה כדעת רב נחמן שאין גובים "בושת" בבבל (כמו "קנס", ראה קטע הבא בהערה זו). לפי זה חוזרת אפוא הקושיא הקודמת: לא יתכן שהחילוק בין מה שאנו דנים בבבל למה שאין דנים בבבל הוא עד כמה המקרים מצויים, שהרי לפי זה היינו אמורים לגבות בבבל על מקרים של בושת, שמצויים הם!

עד כה הגבילה הגמרא את הדברים שנידונים בבבל **בשתי** הגבלות: (א) אין גובים בבבל אלא תשלומי "ממון" ולא "קנס"; (ב) אין דנים במקרים שאינם מצויים. לפי זה, אם הסיבה לאי גביית "בושת" בבבל היא משום שאין גובים **קנסות** בבבל (כלשונו של רב נחמן), הרי אין כאן כל קושיא על הנחותיה הקודמות של הגמרא; אכן כל תשלום של "ממון" על מקרה שהוא שכיח, גובים אותו בבבל, ומה שאין גובים "בושת" הוא לפי ש"בושת" היא בגדר קנס! תשובה: גם לדעת רב נחמן, התשלום על בושת הוא בגדר "ממון" (כמבואר בהערה 17), והוא רק **מכנה** תשלום בושת בשם "קנס", לפי שהוא **דומה** לקנס, כפי שיתבאר בגמרא מיד (ראה תוספות; ראה גם סמ"ע א, ה).

20. כלומר, אין דנים בבבל אלא דבר ש[מוגדר כ"ממון" והוא גם] עומד בשתי ההגבלות הבאות: (א) דבר המצוי; (ב) דבר שיש בו חסרון כיס אם לא יגבה. דיני הלוואות והודאות עומדים בתנאים הללו ולכן גובים אותם בבבל (ראה רש"י). כיון שיתכן בהם הפסד למלוה, אנשים היו נמנעים מלהלוות כספים אילולא האפשרות של תביעה בבית דין. לפיכך תיקנו חכמים שידונו דינים אלו בבבל (ראה לעיל הערה 3; פרישה חושן משפט א, ד).

[ביארנו על פי הרא"ש, ותורת חיים, שגם כעת אין הגמרא חוזרת בה מה שקבעה לעיל, שאין דנים דיני קנסות בבבל, אלא היא רק מוסיפה שצריך גם עוד שני תנאים כדי לדון בבבל (דבר המצוי, ויש בו חסרון כיס); אבל מלשון הרי"ף משמע, שלפי מסקנת הגמרא, אין דין מיוחד שאין דנים קנסות בבבל, אלא הכל תלוי רק בשני התנאים שהגמרא קובעת עתה, וכן משמע גם מרש"י בסנהדרין יג, ב, ורשב"א להלן קיז, א. עיין סמ"ע א, ה.]

21. פחיתת שוויו של הנחבל (ראה הערה 13).

22. ראוי לציין שאף על פי שבתי הדין בזמן הזה אין דנים דיני חבלות, הכוונה רק שאין בכחו של בית דין לחייב את החובל לשלם. אך מכל מקום כאשר אדם חובל בחבירו הרי החובל חייב לפייס (על ידי פיצוי כספי) את הנחבל לצאת ידי שמים [ואף תיקנו הגאונים לנדות את החייב עד שיפייס, וכן אם תפס הנפגע מנכסי החובל אין מוציאים מידו (ראה רמב"ם הלכות סנהדרין ה, יז; שלחן ערוך חושן משפט א, ה).] אין הדבר כך בדיני קנסות, בהם אין חובה כלל עד שבית דין פוסקים אותו (קצות החושן א, ז; ראה גם אמרי בינה דיני דיינים ג; אגרות משה חושן משפט א, פח).

הגמרא לימדה על שנים מתוך חמשת סוגי התשלום שחובל יכול להתחייב בהם (נזק ובושת), אך לא הזכירה דבר לענין שלושת הסוגים האחרים (צער, ריפוי ושבת). והנה, הכל מודים שאין גובים "צער" בבבל, שכן אין בו חסרון כיס. לגבי ריפוי ושבת נחלקו הראשונים. לדעה אחת, אף אחד מסוגי התשלומים אינו נגבה בבבל, כיון שהגמרא אומרת שמקרי חבלה אינם מצויים (רא"ש כפי שהבינו טור סי' א). אך הרמב"ם (סנהדרין ה, י) פסק שבתי דין בחוצה לארץ דנים על שבת וריפוי. רבים נחלקו על דעה זו, שכן הגמרא כעת הסיקה שחבלות אינן מצויות ולכן אין דנים אותן בבבל. אולם, המפרשים מציינים שהגמרא כאן עסקה במקרים של חבלות לאברים שאינם חוזרים (כדוגמת השור שלעס [וקצץ] את ידו של תינוק) ומסבירים שרק אותם המקרים אינם מצוים, אך מצוי היטב שאדם נחבל באופן שאינו סובל היזק לצמיתות. הלכך, כיון שדייני חוצה לארץ דנים על שבת וריפוי באותם המקרים (כיון שיש בהם חסרון כיס והם מצויים), הם יכולים לדון על שבת וריפוי **בכל** המקרים (סמ"ע א, יא ראה גם פני יהושע).

מתוך מחלוקת זו שבין הראשונים, ישנם שני דרכים לפרש כללו של רבא ("כל הנישום כעבד אין גובין אותו בבבל" — לעיל פד, א). לדעת הרמב"ם, רבא מתייחס רק למקרי חבלות קבועות כגון קטיעת אברים, שהוא מזכיר "הנישום כעבד" [וזה שייך רק בחבלה קבועה]. מתוך הבנה זו בדברי רבא יוצא שבמקרי חבלות המצויים, דהיינו אותם שאין בהם היזק קבוע, אכן נידונים בבבל, לענין אותם סוגי התשלומים שיש בהם חסרון כיס (ריפוי ושבת). אבל לדעת הרא"ש, רבא מתייחס לכל מקרי חבלות, ומלמד שלעולם אין דנים אף אחד מחמשת תשלומי החבלות — אפילו קבועה לעולם — משום שכל מקרי חבלות אינם מצויים. רבא מזכיר "שומא" רק כדוגמת לשון המשנה (שאמרה: "שמין כמה היה שוה וכו' ") ללמד שהוראת המשנה אינה נוהגת בבבל (דרישה חושן משפט א; ראה עוד פרישה שם).]

לדיון, האם דיני גזילות נידונים בבתי הדין בחוצה לארץ, ראה תוספות רבינו פרץ; ראה גם תוספות, רשב"א, רי"ף ומאירי.

אלהים בעינן וליכא אלא מאי שנא שור בשור ושור באדם דשליחותייהו קא עבדינן מידי דהוה [א]אהודאות והלואות אדם באדם ואדם בשור נמי שליחותייהו קא עבדינן מידי דהוה אהודאות והלואות אמרי כי קא עבדינן שליחותייהו במידי דקים לן בגויה במידי דלא קים לן בגויה לא עבדינן שליחותייהו אמרי שור בשור ושור באדם נמי לא קים לן בגויה אלא פוק חזי (א) היכא מזדבני תורא בשוקא אדם באדם ואדם בשור נמי פוק חזי היכא מזדבני עבדי בשוקא ועוד תשלום כפל ותשלום ארבעה וחמשה דקיצי נעבד שליחותייהו אמרי כי קא עבדינן שליחותייהו בממונא [ב]בקנסא לא עבדינן שליחותייהו אדם באדם (ב) דממונא הוא נעבד שליחותייהו [א)]כי קא עבדינן שליחותייהו במילתא דשכיחא אדם באדם דלא שכיחא לא עבדינן שליחותייהו הרי בושת (ג) ופגם דשכיח נעביד שליחותייהו אמרי הכי נמי דהא רב פפא אגבי ארבע מאה זוזי לבושת והא ליתיה לדרב פפא [ב)]דשלח ליה רב חסדא לרב נחמן ושלח ליה חסדא חסדא קנסא קא מגבית בבבל [ג]אלא כי עבדינן שליחותייהו במילתא דשכיחא ואית ביה חסרון כיס אבל מילתא דשכיחא ולית ביה חסרון כיס אי נמי מילתא דלא שכיחא ואית ביה חסרון כיס לא עבדינן שליחותייהו [ד]הלכך אדם באדם אע"ג דאית ביה חסרון כיס כיון דלא שכיחא לא עבדינן שליחותייהו בושת אע"ג דשכיחא כיון דלית ביה חסרון כיס לא עבדינן שליחותייהו ושור בשור גובין בבבל והאמר רבא שור שהזיק אין גובין אותו בבבל דאזיק מאן אילימא דאזיק אדם מאי איריא שור דאזיק אדם אפילו אדם דאזיק אדם נמי אין גובין אותו בבבל אלא פשיטא דאזיק שור וקתני אין גובין אותו בבבל אמרי התם בתם הכא במועד והאמר רבא [ה]אין מועד בבבל אמרי דאייעד התם ואייתוה להכא [ו]והא מילתא דלא שכיחא היא ומילתא דלא שכיחא הא אמרת דלא עבדינן שליחותייהו דאתו רבנן דהתם וייעדוה הכא [ז]סוף סוף מילתא דלא שכיחא היא ואת אמרת מילתא דלא שכיחא לא קא עבדינן שליחותייהו [ח]אלא כי קאמר רבא בשן ורגל דמועדין מתחילתן נינהו: צער כוואו בשפוד או במסמר וכו': צער שלא במקום נזק משתלם מאן תנא אמר רבא בן עזאי היא דתניא רבי אומר כויה נאמרה תחילה בן עזאי אומר חבורה נאמרה תחילה במאי קא מיפלגי רבי סבר כויה דלית בה חבורה משמע כתב רחמנא חבורה לגלויי עלה דכויה דאית בה חבורה אין אי לא לא ובן עזאי סבר כויה דאית בה חבורה משמע כתב רחמנא חבורה לגלויי עלה דכויה דלית בה חבורה מתקיף לה רב פפא אדרבה איפכא מסתברא רבי אומר כויה נאמרה תחילה סבר כויה דאית בה חבורה משמע כתב רחמנא חבורה לגלויי עלה דכויה דלית בה חבורה בן עזאי אומר חבורה נאמרה תחילה סבר כויה דלית בה חבורה משמע כתב רחמנא חבורה לגלויי עלה דכויה דאית בה חבורה אין אי לא לא ואמסקנא קיימי אי נמי דכולי עלמא כויה בין דאית בה חבורה בין דלית בה חבורה משמע והכא בכלל

אלהים בעינן. דהא כולהו בפרשת אלה המשפטים כתיבי אדם באדם וכי ירידון אדם בשור וכי יגח ובההיא פרשה כתיב עד האלהים יבא דבר שניהם וקסבר אכולהו קאי והיינו מומחין וסמוכין ובבבל אין סמיכה כדאמר בסנהדרין פ' קמא (דף יד.) שור בשור ושור באדם נמי התם כתיבי שור בשור וכי יגוף שור וגו' שור באדם ארבעה שומרים התם כתיבי ושליחות יד התם כתיב: מידי דהוה אהודאות והלואות. דאמר בפרק קמא דסנהדרין (ד' ג.) דלא בעינן מומחין שלא תנעול דלת בפני לווין הודאות הבא לידון בעדי הודאה שאמרו בפנינו הודה לו והלואות שבא לידון בעדי הלואה שאומרים בפנינו הלוה לו: דלא קים לן. כגון הכא דבעינן לשיימיה: תשלומי כפל נעבד שליחותייהו. אלמה קיימא לן דאין דנין דיני קנסות בבבל: אדם באדם דממונא הוא. דקא מפחתיה מדמיה: ופגם. שייך באונס ומפתה והוא במקום נזק דאומדים כמה אדם רוצה ליתן בין שפחה בתולה לבעולה להשיאה לעבדו שיש לו קורת רוח ממנו אלמא ממונא הוא דאפחתה מכספא בושת לאו קנס הוא שהרי אין קצוב אלא לפי המבייש והמתבייש: ד' מאה זוזי. כדתנן גרס באזנו תלש בשערו כו' במתני' (לקמן דף צ.): דשלח ליה רב חסדא. בהמניח את הכד (לעיל דף כז:): חסרון כיס ושכיח. הודאה והלואה: מאי איריא שור דאזיק אדם. דלא שכיח לגמרי: אפילו אדם דאזיק אדם. דשכיח טפי קאמר רבא דאין דנין: בתם. אין גובין דקיימא לן פלגא נזקא קנסא בפ"ק (ד' טו:): אין מועד בבבל. דכיון דמנגיחות דתמות לא מייתינן ליה לבי דינא היכי מייעד ליה: והא לא שכיחא הוא. לבא שור מועד מארץ ישראל לבבל ואמרינן לעיל במילתא דלא שכיח לא עבדינן שליחותייהו: אלא כי קאמר רבא. דשור בשור גובין בבבל: בשן ורגל קאמר. כגון שנתחכך בחבירו להנאתו והזיקו [ג)](והפילו על שור אחר) דהיינו תולדה דשן או שהזיק את שור חבירו בגופו דרך הילוכו שדחפו ולא כוון דהוי תולדה דרגל: צער שלא במקום נזק. כי מתניתי' על צפורנו דלא אפחתיה: ה"ג רבי אומר כויה נאמרה תחילה בן עזאי אומר חבורה נאמרה תחילה: כויה דלית בה חבורה משמע. והיינו דקאמר כויה לחודה נאמרה תחילה כלומר כויה שנאמר בפסוק תחילה היינו שומעין שיהא חייב על כויה גרידא אפילו בלא חבורה דליכא אלא צער לכך הוצרכה חבורה ללמד שאין חייב כלום עד שיהא חבורה עמה דכיון דמשלם רפוי משום חבורה משלם נמי צער אבל שלא במקום חבורה כגון על צפורן פטור דצער בלא נזק לא משלם דאי לאו משום הכי לא אצטריך חבורה דהשתא כויה בלא חבורה שמעינן דחייב כל שכן חבורה שיש בה נזק: בן עזאי סבר כויה דאית בה חבורה משמע. והיינו דקאמר חבורה נאמרה תחילה כלומר מכויה האמורה ראשונה היינו שומעין שאין חייב אלא במקום שיש בה חבורה דסתם כויה יש בה חבורה לפיכך הוצרכה תורה לכתוב חבורה בהדיא דהשתא על כרחך כויה דרישא בלא חבורה היא וחייב בצער בלא נזק כמתניתין: איפכא מסתברא. ומתניתין רבי היא ולא בן עזאי דלא עקרינן ליה מרבי דהוא סדרה ועוד דהכי מסתברא טפי דהא נאמרה דקאמרי רבי ובן עזאי אמסקנא דמילתא קיימי דמתוקמא בה דרשא דקרא ולאו אמשמעות קמא קאי דסוף המקרא עתיד להוציאו והכי קאמר רבי סוף המקרא מוכיח לנו דכויה בלא חבורה חייב הכתוב בתחילתו וצער משתלם שלא במקום נזק מאי טעמא כויה דלית בה חבורה משמע כתב רחמנא כו' ובן עזאי אומר סוף המקרא מוכיח לנו דחבורה נאמרה תחילה כלומר מסוף המקרא אנו למדין שכויה שחייב הכתוב בתחלתו אינה אלא אם כן יש עמה חבורה מאי טעמא כויה [ד)](נאמרה תחילה) דלית בה חבורה משמע כו': ואמסקנא קיימי. האי נאמרה דקאמרי אסוף הדרשה ועיקרה שהיא עומדת קיימי:

רבי

קנסא קמגבית בבבל. לאו דוקא קנס אלא משום דלית ביה חסרון כיס קרי ליה קנס: אי נמי אית ביה חסרון כיס ולא שכיח לא עבדינן שליחותייהו. וגזלות וחבלות דבעי מומחים כדאמר בפרק קמא דסנהדרין (דף ג:) איכא למימר דגזלות וחבלות מילתא דלא שכיח היא [ה)](טפי) אבל הודאות והלואות שכיחי וכן יש בהמגרש (גיטין דף פח: ושם [ו)]) ותימה דבכמה מקומות שהיו דנין דיני גזלות בהגוזל (לקמן דף צו:) ההוא גברא דגזל פדנא דתורא ובהגוזל בתרא (לקמן דף קטו.) נרשאה גנב ספרא וההוא דגנב גלימא ובהרבה מקומות יש לדחות דכל הנהו איירי בתפס או ע"י דא"ל אקבעו דינא לא"י כדאמר בפרק קמא (דף טו:) וי"מ דדוקא גזילות שע"י חבלות כגון דמנצו בי תרי ומחו אהדדי עד שתקף אחד מהן וגזל את חבירו דכי האי גוונא לא שכיח [ז)][טפי] ולא עבדינן שליחותייהו ומעשים בכל יום שאנו דנין דיני גזילות: צער שלא במקום נזק דמשתלם מאן תנא. פירשתי בסוף פרק ב' (דף כו: ושם ד"ה האי): כלל

עין משפט נר מצוה

יד א ב ג מיי' פ"ה מהלכות סנהדרין הלכה ח והלכה ט סמג עשין לה טוש"ע ח"מ סי' א סעיף א:
טו ד מיי' שם הלכה י ועיין בכ"מ ובל"מ טוש"ע שם סעיף ב:
טז ה ו ז מיי' שם הלכה יא סמג שם טוח"מ שם:
יז ח מיי' שם ועי' שם סמג שם טוש"ע שם סעיף ג:

ליקוטי רש"י

אלהים בעינן. דאלהים כתיב (שמות כב) דמשמע דייני מומחין והיינו סמוכין [סנהדרין יג:]. ובבבל אין סמיכה [שם לג:]. דשליחותייהו. דבני א"י. קא עבדינן. הם נתנו לנו רשות. מידי דהוה אהודאות והלואות. דעבדינן שליחותייהו כדאמרינן בסנהדרין (דף ג:) [גיטין פח:]. אהודאות והלואות. שניהן על עסקי מלוה הן הודאות שבא לדון בעדי הודאה שמביא עדים שאומרים בפנינו הודה לו הלואות שבא לדון בעדי הלואה שמעידין בפנינו הלוהו והלה כופר בשתיהן וכי האי לישנא טובא איכא בהך מכילתא הודאה אחר הודאה הלואה אחר הלואה מצטרפין בפרק ג' גבי עדים זוממין ואית דמפרשי הודאות שמודה במקצת הלואות שכופר הכל וראשון עיקר דמכדי שניהן על עסקי מלוה הם כדאוקימנא טעמא לקמן משום נעילת דלת בפני לוין מאי שנא דהא קרי הלואה והא לא קרי הלואה הודאות וכפירות איבעי ליה למיתני [סנהדרין ב:]. במילתא דשכיחא. הלואה וכן גט [גיטין שם]. דמועדין מתחילתן נינהו. לשלם נזק שלם דלא פליג רחמנא בין תם למועד אלא בנגיחה [לעיל ד.]. כויה. מכות אש. חבורה. היא מכה שהדם נצרר בה ואינו יוצא אלא שמאדים הבשר כנגדו [שמות כא, כה]. והוא לשון חבטה [שם יב, ז].

מסורת הש"ס

א) גיטין פח:, ב) לעיל כז:, ג) רש"ל מ"ז, ד) רש"ל מ"ז, ה) רש"ל מ"ז, ו) [ד"ה אין], ז) רש"ל.

הגהות הב"ח

(א) גמ' אלא פוק חזי (היכא). תז"מ ונ"ב ס"א כמה וכן בסמוך: (ב) שם אדם באדם ופגם דממונא הוא: (ג) שם הרי בושת דשכיח כצ"ל ותיבת ופגם נמחק:

אָדָם, נַמִּי — גם כן סבר רבא ש**אֵין גּוֹבִין אוֹתוֹ בְּבָבֶל**, אף על פי שהוא מצוי יותר[23]**! אֶלָּא, פְּשִׁיטָא דְּאַזִּיק שׁוֹר** — פשוט שרבא מתייחס לשור שהזיק שור אחר, **וְקָתָנֵי** — ומכל מקום הוא לימד ש**אֵין גּוֹבִין אוֹתוֹ בְּבָבֶל**. הרי זה שלא כפי שהובא בשמו לעיל, שנזקי שור בשור גובים בבבל!

הגמרא מיישבת את שתי ההוראות:

אָמְרֵי — אמרו תשובה לכך: **הָתָם** — שם, כשהורה רבא שאין גובים בבבל על שור שהזיק, מדובר **בְּתָם**, שהתשלום הוא בגדר קנס[24]. **הָכָא** — ואילו כאן, כשהורה ששור שהוזק על ידי שור, גובים דמי הנזק בבבל, מדובר **בְּמוּעָד**, שהתשלום הוא בגדר ממון[25].

הגמרא מקשה על היישוב:

וְהָאָמַר רָבָא: אֵין מוּעָד בְּבָבֶל[26]. איך יתכן אפוא שבהוראה אחרת עסק בדינו של שור מועד בבבל?

הגמרא מתרצת:

אָמְרֵי — אמרו, כך יתכן שיהיה מועד בבבל: **דְּאִיַּיעַד הָתָם וְאַיְיתוּהַ לְהָכָא** — שנעשה מועד שם (בארץ ישראל) והביאוהו לכאן (לבבל).

הגמרא מקשה עוד:

וְהָא מִילְּתָא דְּלֹא שְׁכִיחָא הִיא — והרי זה דבר בלתי מצוי הוא, שיובא שור מועד מארץ ישראל לבבל, **וּמִילְּתָא דְּלֹא שְׁכִיחָא** — ובדבר שאינו מצוי **הָא אָמַרְתְּ דְּלֹא עַבְדִינַן שְׁלִיחוּתַיְיהוּ** — הרי אמרת (בגמרא לעיל) שאין אנו עושים שליחותם לדון. הלכך, אף נזקי שור מועד שכזה, אין לנו לגבות בבבל!

הגמרא מתרצת באופן שונה מעט:

כך יתכן שיהיה שור מועד בבבל: **דְּאָתוּ רַבָּנָן דְּהָתָם וְיַעֲדוּהַ הָכָא** — שחכמי ארץ ישראל באו לכאן ועשו את השור למועד[27]. על שור כזה אמר רבא שגובים את דמי הנזק בבבל, שהרי התשלום הוא בגדר ממון ולא קנס.

הגמרא דוחה:

סוֹף סוֹף, מִילְּתָא דְּלֹא שְׁכִיחָא הִיא — דבר שאינו מצוי הוא. **וְאַתְּ אָמַרְתְּ מִילְּתָא דְּלֹא שְׁכִיחָא לֹא קָא עַבְדִינַן שְׁלִיחוּתַיְיהוּ** — והרי אמרת (בגמרא לעיל) שבדבר שאינו מצוי אין אנו עושים שליחותם[28]!

משנדחה היישוב שמדובר במועד, הגמרא הולכת בדרך אחרת ביישוב המאמרים הסותרים של רבא:

אֶלָּא, כִּי קָאָמַר רָבָא — לענין מה אמר רבא שגובים בבבל נזקי שור שהוזק על ידי שור? **בְּ**נזקי **שֵׁן וָרֶגֶל, דְּמוּעָדִין מִתְּחִילָּתָן נִינְהוּ** — שלגביהם כל השוורים מועדים מתחילתם[29]. על נזקים כאלה אמר רבא שגובים אותם בבבל, לפי שהם בגדר ממון, והיזקם מצוי[30]. ועל נזקי "קרן" אמר שאין דנים בבבל (על שור תם אין דנים לפי שהתשלום הוא בגדר קנס, ועל שור מועד אין דנים לפי שאין הדבר מצוי).

לאחר הדיון על תשלום "נזק", הגמרא דנה בתשלום השני הנזכר במשנה — צער. שנינו במשנה:

צַעַר — איך מעריכים תשלום הצער? אם החובל **כְּוָאוֹ בְּשַׁפּוּד אוֹ** פצע אותו **בְּמַסְמֵר וכו'** [ואפילו על ציפורנו, מקום שאינו עושה חבורה...]

הגמרא שואלת:

צַעַר שֶׁלֹּא בִּמְקוֹם נֶזֶק מְשַׁתֵּלֵּם, מַאן תַּנָּא — מי הוא התנא הסובר שיש לשלם על צער אפילו במקרה שהחבלה לא עשתה נזק[31]?

הגמרא עונה:

אָמַר רָבָא: משנתנו בשיטת **בֶּן עַזַּאי הִיא** שנויה, **דְּתַנְיָא** בברייתא: **רַבִּי אוֹמֵר: כְּוִיָּה נֶאֶמְרָה תְּחִילָּה**[32]. **בֶּן עַזַּאי אוֹמֵר: חַבּוּרָה נֶאֶמְרָה תְּחִילָּה.** והגמרא מפרש: **בְּמַאי קָא מִיפַּלְגֵי** — במה נחלקו? **רַבִּי סָבַר:** "**כְּוִיָּה**" שנאמרה בתחילת הפסוק, **דְּלֵית בָּהּ חַבּוּרָה מַשְׁמַע** —

הערות

23. אילו ביקש רבא ללמד שחבלות באדם אינן נידונות בבבל, היה לו להזכיר מקרה של אדם שנחבל על ידי אדם, שבזה החידוש גדול יותר שאין גובים בבבל, אף שהדבר מצוי יותר (על פי רש"י; עיין גם שיטה מקובצת, ותורת חיים).

24. לפי מסקנת הגמרא לעיל (טו, ב), תשלום חצי הנזק של תם הוא קנס, וקנס אינו נגבה בבבל (רש"י). הוראתו השניה של רבא שאסרה גבייה בבבל עסקה אפוא בשור תם שנגח. [גם לפי הדעה שחצי נזק של תם הוא ממון, הרי נגיחת שור תם נחשבת כדבר שאינו מצוי. לפיכך, אפילו לדעה זו אין לגבות נזקי תם בבבל, היות ואין בתי הדין בבבל דנים מקרים שאינם מצויים (תוספות רבינו פרץ); וכן לפי הסוברים שבמסקנת סוגייתנו אין דין מיוחד של אי גביית "קנס" בבבל (ראה סוף הערה 20), יש ליישב שכוונת הגמרא היא, שלפי שאין נגיחת תם שכיחא, אין גובין עליה בבבל.]

25. ולכן הורה רבא שגובים אותו בבבל. [לכל הדעות, התשלום על נגיחת שור מועד הוא בגדר ממון; ראה רש"י לעיל לט, א ד"ה שור.]

26. לפי שאין גובים נזקי תם בבבל (ראה הערה 24) אין הניזק מביא את בעל השור לבית דין להעיד בו, ונמצא שהשור אינו נעשה מועד (רש"י; ראה גם רש"י הנדפס על הרי"ף, ונמוקי יוסף; לביאור אחר ראה תוספות רי"ד; רמב"ם הלכות סנהדרין ה, יב).

27. אין מניעה בעצם לדון דיני קנסות בחוצה לארץ; רק שלדיני קנסות דרושים דיינים סמוכים, שבדרך כלל אינם מצויים מחוץ לארץ ישראל. אך אם באו דיינים כאלה לבבל, הם דנים כל דבר כמו בארץ ישראל (רמב"ם הלכות סנהדרין ד, יב; ה, יב). הלכך אפשר הדבר שייעשה שור למועד בבבל; ולאחר שנעשה מועד, דייני בבל יוכלו לדון את דינו.

28. [אין זה מצוי שיבואו דיינים סמוכים בבבל, וממילא שאין מצוי להיות שם שור מועד. לפי מה שהתבאר שדייני חוץ לארץ אין דנין בנזקים שאינם שכיחים, הרי גם במקרה שהשור הוא מועד, אין להם לגבות תשלום על נזקו.]

29. כגון בהמה שהזיקה כאשר נתחככה להנאתה, דהיינו תולדה של אב המזיק "שן" [לפי שיש לבהמה הנאה תוך כדי ההיזק ואין כוונתה להזיק]; או שהזיקה על ידי דחיפה דרך הילוכה, דהיינו תולדה של אב המזיק "רגל" [לפי שההיזק נעשה בלא כוונה להזיק, וההיזק הוא מצוי] (רש"י; ראה לעיל ג, א).

רק לענין "קרן" יש הבדל בין תם למועד; לגבי כל שאר הנזקים אין הבדל כזה (רש"י לעיל ד, א ד"ה רגל).

30. [מסתבר שכן הדבר לענין נזקי "בור" ו"אש" — אבות הנזיקין האחרים — כיון שגם הם מועדים מתחילתם, מצויים, ויש בהם חסרון כיס המתמלא על ידי תשלום "ממון", דנים אותם בחוץ לארץ (שיטה מקובצת בשם רמ"ה).]

לדיון בענין נזקי שן ורגל שיש בהם חבלה לאדם, ראה נחלת משה.

31. כגון המקרה של משנתינו, בו החובל כוואו על ציפורנו, מה שאינו פוחת את שוויו של הנחבל (רש"י).

במקומות אחרים (לעיל כו, ב; פד, א; להלן פה, א) הגמרא מצריכה דרשה (מהכתוב "פֶּצַע תַּחַת פָּצַע"; שמות כא, כה) כדי לחייב את החובל על צער **במקום** נזק (במקרה שגרם להיזק גופני קבוע בנחבל). מאותם המקומות משמע, שאין חידוש בכך שיש לשלם על חבלה שאינה כוללת נזק אלא צער בלבד, אלא החידוש הוא בחובת התשלום על צער **גם** במקום נזק. ואילו מסוגיתנו — שהגמרא שואלת מיהו אותו תנא המחייב על צער שלא במקום נזק — משמע שחידוש יש בחובת תשלום על צער **שלא** במקום נזק! (ראה תוספות רבינו פרץ כאן ותוספות לעיל כו, ב ד"ה האי, מה שיישבו בזה, אך פירושם אינו מתיישב יפה עם דברי רש"י כאן). נחלת דוד (על התוספות שם) מתרץ שיש חידוש מיוחד בכל אחד משני סוגי הצער: בצער שלא במקום נזק, החידוש הוא שיש לשלם אפילו על חבלה קטנה שאין בה נזק; בצער במקום נזק, החידוש הוא שאין החובל נפטר בתשלום הנזק אלא עליו לשלם בנוסף על הצער, ולכן צריך לימודים מן הכתוב לשני סוגי הצער.

מרומי שדה מתרץ (בשיטת רש"י): [באמת, החידוש הגדול יותר הוא, שיש לשלם על מקרה של צער בלבד, כשהחבלה לא כללה שום נזק, שאילולא חידוש זה היינו אומרים שאין מעשהו חמור כדי לחייבו בתשלום (כמשמעות סוגייתנו). אולם,] במקרה של צער במקום נזק (בו מובן שיש לשלם על הצער), הייתי מגביל חיוב זה ואומר שעליו לשלם רק במקרה שהנחבל מחל על זכותו לגבות דמי הזיקו (כגון שהתבייש להיות נישום כעבד), ונשאר אפוא לשלם דמי הצער; ואילו במקרה שהנחבל מקבל תשלומי נזק עבור חבלתו, היה עולה על דעתנו שהתשלום נחשב כ"קניית" אותו האבר, ואם כן יכול ה"קונה" לקוטעו בכל אופן שירצה, אפילו בדרך הגורמת צער, ולכן לא יצטרך לשלם בנוסף גם על הצער; לכן בא הכתוב "פֶּצַע תַּחַת פָּצַע" ללמדנו שהחובל חייב לשלם על הצער אפילו כששילם את הנזק, שאף ש"קנה" את האבר, לא קנה את הזכות לקוטעו בכל אופן שירצה (ראה רש"י שמות כא, כה ד"ה פצע; לעיל כו, ב הערה 4).

32. הברייתא מבארת את הפסוק (שמות כא, כה): "כְּוִיָּה תַּחַת כְּוִיָּה פֶּצַע תַּחַת פָּצַע חַבּוּרָה תַּחַת חַבּוּרָה" (שמתייחס לתשלום עבור צער; ראה רש"י על הפסוק). בעמוד הקודם, הגמרא דרשה את אמצע הפסוק, "פֶּצַע תַּחַת פָּצַע" ללמד שאדם חייב לשלם את הצער אפילו במקום נזק. הברייתא דנה מה נלמד מ"כְּוִיָּה" ו"חַבּוּרָה".

[רש"י על הפסוק מפרש ש"פֶּצַע" היינו מכה המוציאה דם, ו"חַבּוּרָה" היינו מכה בה הדם נצרר מתחת לעור ואינו יוצא. לענייננו, לפי שיש ייתור בכתוב (ראה עמוד

אלהים בעינן וליכא אלא מאי שנא שור בשור ושור באדם דשליחותייהו קא עבדינן מידי דהוה [א]אהודאות והלואות אדם באדם ואדם בשור נמי שליחותייהו קא עבדינן מידי דהוה אהודאות והלואות אמרי כי קא עבדינן שליחותייהו במידי דקים לן בגויה במידי דלא קים לן בגויה לא עבדינן שליחותייהו אמרי שור בשור ושור באדם נמי לא קים לן בגויה אלא פוק חזי (א) היכא מזדבני תורא בשוקא אדם באדם ואדם בשור נמי פוק חזי היכא מזדבני עבדי בשוקא ועוד תשלום כפל ותשלום ארבעה וחמשה דקיצי נעבד שליחותייהו אמרי כי קא עבדינן שליחותייהו בממונא [ב]בקנסא לא עבדינן שליחותייהו אדם באדם (ב) דממונא הוא נעבד שליחותייהו [א]כי קא עבדינן שליחותייהו במילתא דשכיחא אדם באדם דלא שכיחא לא עבדינן שליחותייהו הרי בושת (ג) ופגם דשכיח נעביד שליחותייהו אמרי הכי נמי דהא רב פפא אגבי ארבע מאה זוזי לבושת והא ליתיה לדרב פפא [ב]דשלח ליה רב חסדא לרב נחמן ושלח ליה חסדא חסדא קנסא קא מגבית בבבל [ג]אלא כי עבדינן שליחותייהו במילתא דשכיחא ואית ביה חסרון כיס אבל מילתא דשכיחא ולית ביה חסרון כיס אי נמי מילתא דלא שכיחא ואית ביה חסרון כיס לא עבדינן שליחותייהו [ד]הלכך אדם באדם אע"ג דאית ביה חסרון כיס כיון דלא שכיחא לא עבדינן שליחותייהו בושת אע"ג דשכיחא כיון דלית ביה חסרון כיס לא עבדינן שליחותייהו ושור בשור גובין בבבל והאמר רבא שור שהזיק אין גובין אותו בבבל דאזיק מאן אילימא דאזיק אדם מאי איריא שור דאזיק אדם אפילו אדם דאזיק אדם נמי אין גובין אותו בבבל אלא פשיטא דאזיק שור וקתני אין גובין אותו בבבל אמרי התם בתם הכא במועד והאמר רבא [ה]אין מועד בבבל אמרי דאייעד התם ואייתוה להכא [ו]והא מילתא דלא שכיחא היא ומילתא דלא שכיחא הא אמרת דלא עבדינן שליחותייהו דאתו רבנן דהתם ווייעדוה הכא [ז]סוף סוף מילתא דלא שכיחא היא ואת אמרת מילתא דלא שכיחא לא קא עבדינן שליחותייהו [ח]אלא כי קאמר רבא בשן ורגל דמועדין מתחילתן נינהו: צער כוואו בשפוד או במסמר וכו': צער שלא במקום נזק משתלם מאן תנא אמר רבא בן עזאי היא דתניא רבי אומר כויה נאמרה תחילה בן עזאי אומר חבורה נאמרה תחילה במאי קא מיפלגי רבי סבר כויה דלית בה חבורה משמע כתב רחמנא חבורה לגלויי עלה דכויה דאית בה חבורה אין אי לא לא ובן עזאי סבר כויה דאית בה חבורה משמע כתב רחמנא חבורה לגלויי עלה דכויה דלית בה חבורה מתקיף לה רב פפא אדרבה איפכא מסתברא רבי אומר כויה נאמרה תחילה סבר כויה דאית בה חבורה משמע כתב רחמנא חבורה לגלויי עלה דכויה דלית בה חבורה בן עזאי אומר חבורה נאמרה תחילה סבר כויה דלית בה חבורה משמע כתב רחמנא חבורה לגלויי עלה דכויה דאית בה חבורה אין אי לא לא ואמסקנא קיימי אי נמי דכולי עלמא כויה בין דאית בה חבורה בין דלית בה חבורה משמע והכא
בכלל

רש"י

אלהים בעינן. דהא כולהו בפרשת אלה המשפטים כתיבי אדם באדם וכי יריבון אדם בשור וכי יגח ובההיא פרשה כתיב עד האלהים יבא דבר שניהם וקסבר אכולהו קאי והיינו מומחין וסמוכין ובבבל אין סמיכה כדאמר בסנהדרין פ' קמא (דף יד.) **שור בשור ושור באדם** נמי התם כתיבי שור בשור וכי יגוף שור וגו' שור באדם ארבעה שומרים התם כתיבי ושליחות יד התם כתיב: **מידי דהוה אהודאות והלואות.** דאמר בפרק קמא דסנהדרין (ד' ג.) דלא בעינן מומחין שלא תנעול דלת בפני לווין הודאות הבא לידון בעדי הודאה שאמרו בפנינו הודה לו והלואות שבא לידון בעדי הלואה שאומרים בפנינו הלוה לו: **דלא קים לן.** כגון הכא דבעינן לשיימיה: **תשלומי כפל נעבד שליחותייהו.** אלמה קיימא לן דאין דנין דיני קנסות בבבל: **אדם באדם דממונא הוא.** דקא מפחתיה מדמיה: **ופגם.** שייך באונס ומפתה והוא במקום נזק דאומדים כמה אדם רוצה ליתן בין שפחה בתולה לבעולה להשיאה לעבדו שיש לו קורת רוח ממנו אלמא ממונא הוא דאפחתה מכספא בושת לאו קנס הוא שהרי אין קצוב אלא לפי המבייש והמתבייש: **ד' מאה זוזי.** כדתנן גרס באזנו תלש בשערו כו' במתני' (לקמן דף צ.): **דשלח ליה רב חסדא.** בהמניח את הכד (לעיל דף כז:): **חסרון כיס ושכיח.** הודאה והלואה: **מאי איריא שור דאזיק אדם.** דלא שכיח לגמרי: **אפילו אדם דאזיק אדם.** דשכיח טפי קאמר רבא דאין דנין: **בתם.** אין גובין דקיימא לן פלגא נזקא קנסא בפ"ק (ד' טו:): **אין מועד בבבל.** דכיון דמנגיחות דתמות לא מייתינן ליה לבי דינא היכי מייעד ליה: **והא לא שכיחא הוא.** לבא שור מועד מארץ ישראל לבבל ואמרינן לעיל במילתא דלא שכיח לא עבדינן שליחותייהו: **אלא כי קאמר רבא.** דשור בשור גובין בבבל: **בשן ורגל קאמר.** כגון שנתחכך בחבירו להנאתו והזיקו [ג](ואפילו על שור אחר) דהיינו תולדה דשן או שהזיק את שור חבירו בגופו דרך הילוכו שדחפו ולא כוון דהוי תולדה דרגל: **צער שלא במקום נזק.** כי מתניתי' על צפורנו דלא אפחתיה: ה"ג רבי אומר כויה נאמרה תחילה בן עזאי אומר חבורה נאמרה תחילה: **כויה דלית בה חבורה משמע.** והיינו דקאמר כויה לחודה נאמרה תחילה כלומר כויה שנאמר בפסוק תחילה היינו שומעין שיהא חייב על כויה גרידא אפילו בלא חבורה דליכא אלא צער לכך הוצרכה חבורה ללמד שאין חייב כלום עד שיהא חבורה עמה דכיון דמשלם רפוי משום חבורה משלם נמי צער אבל שלא במקום חבורה כגון על צפורן פטור דצער בלא נזק לא משלם דאי לאו משום הכי לא אצטריך חבורה דהשתא כויה בלא חבורה שמעינן דחייב כל שכן חבורה שיש בה נזק: **בן עזאי סבר כויה דאית בה חבורה משמע.** והיינו דקאמר חבורה נאמרה תחילה כלומר מכויה האמורה ראשונה היינו שומעין שאין חייב אלא במקום שיש בה חבורה דסתם כויה יש בה חבורה לפיכך הוצרכה תורה לכתוב חבורה בהדיא דהשתא על כרחך כויה דרישא בלא חבורה היא וחייב בצער בלא נזק כמתניתין: **איפכא מסתברא.** ומתניתין רבי היא ולא בן עזאי דלא עקרינן ליה מרבי דהוא סדרה ועוד דהכי מסתברא טפי דהא נאמרה דקאמרי רבי ובן עזאי אמסקנא דמילתא קיימי דמתוקמא בה דרשא דקרא ולאו אמשמעות קמא קאי דסוף המקרא עתיד להוציאו והכי קאמר רבי סוף המקרא מוכיח לנו דכויה בלא חבורה חייב הכתוב בתחילתו וצער משתלם שלא במקום נזק מאי טעמא כויה דלית בה חבורה משמע כתב רחמנא כו' ובן עזאי אומר סוף המקרא מוכיח לנו דחבורה נאמרה תחילה כלומר מסוף המקרא אנו למדין שכויה שחייב הכתוב בתחלתו אינה אלא אם כן יש עמה חבורה מאי טעמא כויה [ז](נאמרה תחילה) דלית בה חבורה משמע כו': **ואמסקנא קיימי.** האי נאמרה דקאמרי אסוף הדרשה ועיקרה שהיא עומדת קיימי:
רבי

תוספות

קנסא קמגבית בבבל. לאו דוקא קנס אלא משום דלית ביה חסרון כיס קרי ליה קנס: **אי** נמי אית ביה חסרון כיס ולא שכיח לא עבדינן שליחותייהו. וגזלות וחבלות דבעי מומחים כדאמר בפרק קמא דסנהדרין (דף ג:) איכא למימר דגזלות וחבלות מילתא דלא שכיח היא [ה](טפי) אבל הודאות והלואות שכיחי וכן יש בהמגרש (גיטין דף פח: ושם [ו]) ותימה דבכמה מקומות שהיו דנין דיני גזלות בהגוזל (לקמן דף צו:) ההוא גברא דגזל פדנא דתורא ובהגוזל בתרא (לקמן דף קטו.) נרשאה גנב ספרא וההוא דגנב גלימא ובהרבה מקומות יש לדחות דכל הנהו איירי בתפס או ע"י דא"ל אקבעו דינא לא"י כדאמר בפרק קמא (דף טו:) וי"מ דדוקא גזילות שע"י חבלות כגון דמנצו בי תרי ומחו אהדדי עד שתקף אחד מהן וגזל את חבירו דכי האי גוונא לא שכיח [ז][טפי] ולא עבדינן שליחותייהו ומעשים בכל יום שאנו דנין דיני גזילות: **צער** שלא במקום נזק דמשתלם מאן תנא. פירשתי בסוף פרק ב' (דף כו: ושם ד"ה הא):
כלל

עין משפט נר מצוה

יד א ב ג מיי' פ"ה מהלכות סנהדרין הלכה ח והלכה ט סמג עשין צה טוש"ע ח"מ סי' א סעיף א:
טו ד מיי' שם הלכה י ועיין בכ"מ ובל"מ טוש"ע שם סעיף ב:
טז ה ו ז מיי' שם הלכה יא סמג שם טוש"מ שם:
יז ח מיי' שם ועי' שם סמג שם טוש"ע שם סעיף ג:

ליקוטי רש"י

אלהים בעינן. דאלהים כתיב (שמות כב) דמשמע דייני מומחין והיינו סמוכין [סנהדרין יג:]. ובבבל אין סמיכה [שם לג:]. **דשליחותייהו.** דבני א"י. **קא עבדינן.** הם נתנו לנו רשות. **מידי דהוה אהודאות והלואות.** דעבדינן שליחותייהו כדאמרינן בסנהדרין (דף ג:) [גיטין פח:]. **אהודאות והלואות.** שניהן על עסקי מלוה הן הודאות שבא לדון בעדי הודאה שמביא עדים שאומרים בפנינו הודה לו הלואות שבא לדון בעדי הלואה שמעידין בפנינו הלוהו והלה כופר בשתיהן וכי האי לישנא טובא איכא בהך מכילתא הודאה אחר הודאה הלואה אחר הלואה מצטרפין בפרק ג' גבי עדים זוממין ואית דמפרשי הודאות שמודה במקצת הלוואות שכופר הכל וראשון עיקר דמכדי שניהן על עסקי מלוה הם כדאוקימנא טעמא לקמן משום נעילת דלת בפני לוין מאי שנא דהא קרי הלוואה והא לא קרי הלוואה הודאות וכפירות איבעי ליה למיתני [סנהדרין ב:]. **במילתא דשכיחא.** הלוואה וכן גט [גיטין שם]. **דמועדין מתחילתן נינהו.** לשלם נזק שלם דלא פליג רחמנא בין תם למועד אלא בנגיחה [לעיל ד.]. **כויה.** מכות אש. **חבורה.** היא מכה שהדם נצרר בה ואינו יוצא אלא שמאדים הבשר כנגדו [שמות כא, כה]. והוא לשון חבטה [שם יב, ז].

מסורת הש"ס

א) גיטין פח:, ב) לעיל כז:, ג) רש"ל מ"ז, ד) רש"ל מ"ז, ה) רש"ל מ"ז, ו) [ד"ה אין], ז) רש"ל.

הגהות הב"ח

(א) גמ' אלא פוק חזי (היכא). תז"מ ונ"ב ס"א כמה וכן בסמוך: (ב) שם אדם באדם ופגם דממונא הוא: (ג) שם הרי בושת דשכיח כצ"ל ותיבת ופגם נמחק:

משמעה רק כויה, שאין עמה חבורה (דהיינו נזק), ומזה הייתי למד שיש לשלם על צער אף על פי שאין עמו נזק; לכן **כָּתַב רַחֲמָנָא** (התורה) **"חַבּוּרָה" לְגַלּוּיֵי עֲלָהּ דִּ"כְוִיָּה"** — לגלות (לפרש) על התשלום בגין "כְּוִיָּה" כדלהלן: **דְּאִית בָּהּ חַבּוּרָה אֵין** — שאם יש עמה חבורה, אכן, החובל חייב לשלם על הצער, **אִי לֹא לֹא** — אך אם אין עמה חבורה, אין הוא חייב על הצער[33]. **וּבֶן עַזַּאי סָבַר** שהמושג "חַבּוּרָה" נאמר תחילה, כי **"כְּוִיָּה"** סתם, **דְּאִית בָּהּ חַבּוּרָה מַשְׁמַע** — משמעה שיש עמה חבורה[34]; לכן **כָּתַב רַחֲמָנָא** (התורה) **"חַבּוּרָה", לְגַלּוּיֵי עֲלָהּ דִּ"כְוִיָּה" דְּלֵית בָּהּ חַבּוּרָה** — לגלות על "כְּוִיָּה" שנאמרה בתחילת הפסוק, שמדובר בכויה שאין עמה חבורה[35]. נמצא שבן עזאי הוא הסובר שיש לשלם גם על צער שלא במקום נזק, ומשנתנו שנויה בשיטתו.

הגמרא מקשה על ביאור זה:

מַתְקִיף לָהּ (הקשה על כך) **רַב פָּפָּא: אַדְּרַבָּה** — להיפך! **אִיפְּכָא מִסְתַּבְּרָא** — ההיפך מסתבר יותר, שרבי הוא הסובר שיש לשלם צער במקום נזק, ובן עזאי הוא הסובר להיפך[36]! מה **שֶׁרַבִּי אוֹמֵר: "כְּוִיָּה" נֶאֶמְרָה תְּחִילָּה**, היינו **שֶׁסָּבַר: "כְּוִיָּה", דְּאִית בָּהּ חַבּוּרָה מַשְׁמַע** — משמעה שיש עמה חבורה[37]; לכן **כָּתַב רַחֲמָנָא** (התורה) **"חַבּוּרָה"** בסוף הפסוק **לְגַלּוּיֵי עֲלָהּ דִּ"כְוִיָּה" דְּלֵית בָּהּ חַבּוּרָה** — לגלות שבענייננו יש לפרש "כְּוִיָּה" כמתייחסת לכויה שאין עמה חבורה, והיינו שיש לשלם צער גם כשאין נזק[38]. ומה **שֶׁבֶּן עַזַּאי אוֹמֵר: חַבּוּרָה נֶאֶמְרָה תְּחִילָּה**, היינו **שֶׁסָּבַר: "כְּוִיָּה", דְּלֵית בָּהּ חַבּוּרָה מַשְׁמַע** — "כְּוִיָּה" משמעה כויה בלבד, שאין עמה חבורה; לכן **כָּתַב רַחֲמָנָא: "חַבּוּרָה", לְגַלּוּיֵי עֲלָהּ דִּ"כְוִיָּה"** — לגלות שהדין של "כְּוִיָּה" הוא: **דְּאִית בָּהּ חַבּוּרָה, אֵין** — שיש עמה חבורה, אכן, החובל חייב לשלם "צער"; **אִי לֹא, לֹא** — אם אין עמה חבורה, אינו חייב[39]. **וְזהו שאמרו:** "כְּוִיָּה נאמרה תחילה", "חַבּוּרָה נאמרה תחילה", **אַמַּסְקָנָא קַיְימֵי** — על מסקנת הפסוק למעשה אמרו כן, כפי שכל אחד מהם דורש אותו[40]. לפי זה, משנתנו שנויה כשיטת רבי, הסובר שיש לשלם גם על כויה שאין עמה חבורה.

ביאור אחר לברייתא, שגם לפיו, יוצא שרבי הוא הסובר שיש לשלם על צער שלא במקום נזק:

אִי נַמִּי — וכן אפשר לומר **דְּכוּלֵּי עָלְמָא** — שלדעת הכל (רבי ובן עזאי) **"כְּוִיָּה", בֵּין דְּאִית** (שיש) **בָּהּ חַבּוּרָה בֵּין דְּלֵית** (שאין) **בָּהּ חַבּוּרָה מַשְׁמַע** — כלומר, המלה "כְּוִיָּה" יכולה להתפרש בשני הדרכים. **וְהָכָא** — וכאן

הערות

א הערה 22), הגמרא דורשת אותו מתוך הנחה ששתי המלים מורות על מכה שיש בה נזק, או שזקוקה לריפוי (ראה ראב"ד; ראה הערה הבאה).]

33. לדעת רבי, "כְּוִיָּה" (שמתפרשת גם על כויית ציפורן וכיוצא בזה) משמעותה חבלה שאין בה אלא צער. ואילו "חַבּוּרָה" מתייחסת למכה הטעונה הוצאה כספית של ריפוי. הפסוק פתח ב"כְּוִיָּה" ("כְּוִיָּה נאמרה תחילה"), שמכך ניתן להבין שצריך לשלם גם אם החובל לא עשה אלא "כְּוִיָּה" בלבד (אף שיש מקום לומר שעל חבלה כזו שאין בה הוצאה כספית לנחבל, אף הצער אינו נחשב לדבר שצריך לשלם עליו; ראה הערה 31). והנה, לאחר מכן הוסיף הכתוב "חַבּוּרָה תַּחַת חַבּוּרָה", והמשמעות הפשוטה היא שצריך לשלם על צער של "חַבּוּרָה", אבל אם נפרש כן, נמצא שהכתוב הוא מיותר, שכן, אם צריך לשלם על "כְּוִיָּה" (צער בלבד), כל שכן שצריך לשלם על "חַבּוּרָה" (חבלה חמורה יותר, שטעונה ריפוי)! לפיכך, סובר רבי, שהכתוב "חַבּוּרָה תַּחַת חַבּוּרָה" מתפרש כהמשך ל"כְּוִיָּה", והוא בא לגלות שחובת התשלום על "כְּוִיָּה" מוגבלת רק למקרה שעם ה"כְּוִיָּה", יש גם "חַבּוּרָה" (דהיינו צער במקום שיש "נזק" — הוצאה כספית על ריפוי). נמצא שעל "כְּוִיָּה" בלבד (צער שלא במקום נזק), אין חובת תשלום בגין הצער של הנחבל, לפי שאין הכתוב מתיחס ל"כְּוִיָּה" שאין עמה "חַבּוּרָה" (ראה רש"י ד"ה כויה, ופני יהושע).

[ביארנו לפי הבנת פני יהושע, שמשמעות "צער במקום נזק" היינו שיש הוצאה כספית (ריפוי) בגין החבלה; אמנם מרש"י ד"ה צער, נראה שה"נזק" המדובר כאן היינו שהנחבל נפחת מכספו (דהיינו "נזק" ממש). לכן מבאר מרומי שדה בדעת רש"י, שלפי רבי, משמעות "חַבּוּרָה" היא שהחבלה כוללת גם "נזק" ממש (דהיינו שהנחבל נפחת משוויו), והברייתא עוסקת דוקא במקרה שהניזק מוותר על תשלום הנזק (ראה הערה 31), שתשלום ה"צער" במקרה זה נלמד ממשמעות "חַבּוּרָה תַּחַת חַבּוּרָה" (במקרה שהוא מקבל את תשלום הנזק, התשלום הנפרד על "צער" נלמד מ"פֶּצַע תַּחַת פָּצַע"). לדעת מרומי שדה, זו הסיבה שרש"י מזכיר את תשלום ה"ריפוי", לציין מקרה בו אין הנחבל מקבל תשלום "נזק" אלא "ריפוי".]

יש להקשות: לפי שיטת רבי, הרי די היה לכתוב "חַבּוּרָה תַּחַת חַבּוּרָה", ומה צורך יש ב"כְּוִיָּה תַּחַת כְּוִיָּה"? תשובה: מ"חַבּוּרָה" בלבד, לא הייתי מדייק שהכוונה לחבורה ממש, אלא הייתי אומר שהכוונה לכל מכה (אף שאין בה אלא צער בלבד), ומחמת דרך הלשון נקט הכתוב "חַבּוּרָה"; רק לפי שבתחילה נקט הכתוב "כְּוִיָּה" ולאחר מכן הוסיף "חַבּוּרָה", משמע שיש לדרוש את הייתור מתוך דיוק משמעות המלה "חַבּוּרָה" (תוספות רבינו פרץ; שיטה מקובצת בשם הרא"ש, התירוץ השני; עיין גם פני יהושע בעמוד הבא).

34. כלומר, הכתוב בתחילתו, באמרו "כְּוִיָּה תַּחַת כְּוִיָּה", השמיענו שאינו חייב אלא על כויה שיש עמה חבורה (צער במקום נזק), לפי שבדרך כלל, כויה יש עמה חבורה (רש"י).

35. לדעת בן עזאי, ש"כְּוִיָּה" משמע שיש עמה חבורה, הרי אם נאמר שאכן יש לשלם רק על כויה שיש עמה חבורה, נמצא שהוספת "חַבּוּרָה תַּחַת חַבּוּרָה" בפסוק, אינה מחדשת כלום; לכן סובר בן עזאי, שב"חַבּוּרָה" מגלה התורה שתפרש "כְּוִיָּה" שלא במשמעותה הרגילה, אלא במשמעות: כויה שאין עמה חבורה. נמצא שיש לשלם גם על צער שלא במקום נזק (ראה רש"י). [נמצא לדעת שניהם, הוספת "חַבּוּרָה" באה לגלות כיצד נפרש את ה"כְּוִיָּה" שבפסוק (ומכך, מה הדין למעשה); ומה שאמרו "כְּוִיָּה / חַבּוּרָה נאמרה **תחילה**", הכוונה, כיצד היו מפרשים "כְּוִיָּה" אילולא גילה הכתוב בסופו שיש לפרשה באופן אחר.]

36. משתי סיבות מסתבר יותר לומר כן: (א) לפי שרבי סידר את המשנה, עדיף לפרש את הברייתא באופן שתהא משנתנו (המחייבת על צער שלא במקום נזק) שנויה בשיטתו. (ב) לא מסתבר שדברי רבי "כויה נאמרה תחילה" ודברי בן עזאי "חבורה נאמרה תחילה" כוונתם למה שנראה במשמעות הראשונית (שאינה נשארת למסקנא, כפי שביארה הגמרא לעיל); מסתבר יותר, שהתכוונו בדבריהם למשמעותו המעשית של הכתוב, כל אחד לפי שיטתו (רש"י; רשב"א).

37. [לפי שכויה גורמת בדרך כלל לחבורה (ראה הערה 34).]

38. הכתוב בתחילתו מורה שיש לשלם על צער, וסוף הפסוק מוכיח שהכוונה לכויה בלבד, והיינו "כְּוִיָּה נאמרה תחילה".

39. הכתוב בתחילתו מורה שיש לשלם על צער, וסוף הפסוק מוכיח שהכוונה לכויה שיש עמה חבורה. והיינו "[כְּוִיָּה שיש עמה] חַבּוּרָה נאמרה תחילה".

40. לדעת רב פפא, כל אחד מהתנאים באמרו "כְּוִיָּה / חַבּוּרָה נאמרה תחילה", לא התכוון להבנתו הראשונה בלשון "כְּוִיָּה" (כפי שפירש רבא לעיל), אלא למשמעות המעשית של "כְּוִיָּה" על פי המסקנא (דהיינו לאחר ש"חַבּוּרָה" גילתה את כוונת הכתוב). רבי סובר שהכתוב מלמדנו שיש לשלם "צער" גם על כויה בלי חבורה, ואילו בן עזאי סובר שיש לשלם "צער" רק על כויה שיש עמה חבורה (ראה רש"י).

בִּכְלָל וּפְרָט הַמְרוּחָקִים זֶה מִזֶּה (היינו, שאינם סמוכים זה לזה) **קָמִפַּלְגִי** — נחלקו[1]. **רַבִּי סָבַר** (סובר): **אֵין דָּנִין אוֹתוֹ בִּ״כְלָל וּפְרָט״**; לפיכך בעניננו, אין אומרים ש״חַבּוּרָה״ (פרט) באה להגביל את ה״כְּוִיָּה״ (כלל) למקרה שעשה חבורה, אלא גם החובל שעשה רק ״כְּוִיָּה״ ללא חבורה, חייב לשלם עבור הצער[2]. **וּבֶן עַזַּאי סָבַר שֶׁדָּנִין אוֹתוֹ בִּכְלָל וּפְרָט**, ולעניננו, מה שנאמר ״חַבּוּרָה״ (פרט) בא להגביל את ה״כְּוִיָּה״ (כלל) רק למקרה שעשה חבורה, ולכן החובל שציער בלא לעשות חבורה פטור מלשלם עבור הצער[3]. **וְכִי תֵּימָא** — ואם תאמר: **״חַבּוּרָה״ לְרַבִּי לָמָּה לִי** — לדעת רבי ש״חַבּוּרָה תַּחַת חַבּוּרָה״ אינה נדרשת כ״פרט״, מה צורך לכתוב אותה[4]? אשיב: **לְדָמִים יְתֵירִים** — היא באה ללמדנו, שהחובל חייב תשלום נוסף, כאשר הכויה גרמה נזק בנוסף לצער[5].

המשנה מלמדת כעת איך בית דין מחשבים את תשלום הצער:

אוֹמְדִין כַּמָּה כסף **אָדָם כַּיּוֹצֵא בָּזֶה רוֹצֶה לִיטּוֹל וכו׳** על צער (כאב) כמו שהצטער זה הנחבל.

הגמרא שואלת:

צַעַר בִּמְקוֹם נֶזֶק הֵיכִי שָׁיְימִינַן — איך שמים כמה הוא רוצה ליטול על הצער, במקרה שיש גם נזק? במקרה שקטע את ידו ומשלם עליה, למה ישלם על הצער אם שילם על האפשרות לקוטעה[6]?

משיבה הגמרא:

אָמַר אֲבוּהַ (אביו) **דִּשְׁמוּאֵל: אוֹמְדִין כַּמָּה אָדָם רוֹצֶה לִיטּוֹל** בשביל **לִקְטוֹעַ לוֹ יָדוֹ**[7].

הגמרא מקשה על כך:

לִקְטוֹעַ לוֹ יָדוֹ? לָא צַעַר לְחוּדֵיהּ הוּא — אין זה צער בלבד שמשתלם במקרה כזה; **הָא כּוּלְהוּ חֲמִשָּׁה דְּבָרִים אִיכָּא** — הרי כל חמשת הדברים ישנם בקטיעת יד[8], כך שאי אפשר להעריך את הצער לעצמו. **וְעוֹד, בְּשׁוֹפְטָנֵי עַסְקִינַן** — וכי עוסקים אנו כאן בשוטים?! איזה בר דעת יסכים לקטוע ידו, אפילו תמורת כסף[9]? הלכך, אי אפשר להעריך את תשלום הצער בדרך שאמר אבוה דשמואל.

הגמרא מנסה להסביר כוונתו של אבוה דשמואל:

אֶלָּא, שמים כמה היה אדם רוצה ליטול בשביל **לִקְטוֹעַ יָדוֹ הַ**נחשבת **לִקְטוּעָה** — יד שאינה פועלת אבל עדיין מחוברת לבשרו, וקטיעתה יש בה צער בלבד[10]. כיון שבמקרה כזה אין נזק בקטיעה, אפשר להגיע לשומא מכוונת של שווי הצער.

הגמרא דוחה הסבר זה:

הרי בשומא כמה אדם רוצה ליטול עבור קטיעת **יָדוֹ הַ**דומה **לִקְטוּעָה, נַמִּי** (גם כן) **לָא צַעַר לְחוּדֵיהּ אִיכָּא** — אין כאן צער בלבד, **הָא צַעַר וּבוֹשֶׁת אִיכָּא** — הרי יש בזה צער וגם בושת, **דִּבְסִיפָא לֵיהּ מִילְּתָא לְמִשְׁקַל מִבְּשָׂרוֹ לְמִשְׁדְיֵיהּ לִכְלָבִים** — שבושה לו הדבר להסיר אבר מבשרו להשליכו לכלבים[11]. נמצא שגם בדרך זו אי אפשר לשום את צערו של הנחבל.

הגמרא מנסה שוב ליישב כוונתו של אבוה דשמואל:

אֶלָּא, אוֹמְדִין כַּמָּה אָדָם רוֹצֶה לִיטּוֹל, בשביל **לִקְטוֹעַ לוֹ יָדוֹ**

הערות

1. אחת מן המדות שהתורה נדרשת בהן (ברייתא של רבי ישמעאל, בפתיחה לתורת כהנים; נמצאת בסידורים קודם פסוקי דזמרה) היא: ״כלל ופרט, אין בכלל אלא מה שבפרט״ — כאשר נאמר כלל ואחריו פרט, הכלל כולל רק מה שנאמר בפרט, שאנו אומרים שהפירוט בא לפרש את הכוונה ב״כלל״. לעניננו, לפי ההנחה שנאמרה בגמרא ש״כְּוִיָּה״ יכולה להתפרש לשני פנים (אין עמה חבורה, ויש עמה חבורה), הרי ש״כְּוִיָּה״ היא ״כלל״ (כוללת שתי אפשרויות), ו״חַבּוּרָה״ היא ״פרט״ (יש בה אפשרות אחת בלבד). והנה, אילו נאמר בפסוק רק ״כְּוִיָּה תַּחַת כְּוִיָּה, חַבּוּרָה תַּחַת חַבּוּרָה״ בודאי היינו דורשים אותו ככלל ופרט, ולומדים שאדם חייב על הצער רק כאשר ישנה גם חבורה. אך לפי שה״כלל״ וה״פרט״ במקרא זה מרוחקים זה מזה, אחר שהביטוי ״פֶּצַע תַּחַת פָּצַע״ מפסיק ביניהם, נחלקו רבי ובן עזאי, האם זה עדיין נחשב ל״כלל ופרט״ כדי לקבוע ש״אין בכלל אלא מה שבפרט״, או לפי שמרוחקים זה מזה, אין הדבר בגדר ״כלל ופרט״ (רש״י).

[לכאורה, גם הלשון המפסיק, ״פֶּצַע תַּחַת פָּצַע״ (המורה על חבלה גופנית) יכול לשמש כ״פרט״ ללמד שחייבים על כויה רק במקום שיש עמה חבורה. הראב״ד מסביר שכיון ש״פֶּצַע תַּחַת פָּצַע״ בא ללמד שאדם חייב על צער אפילו במקום נזק (כפי שהתבאר לעיל פד, א; ראה גם סוף עמוד זה), אין הוא יכול לשמש כפרט ללמד דין אחר — שאין אדם חייב על צער במקום שאין נזק.]

2. רבי, באמרו בברייתא ״כְּוִיָּה נאמרה תחילה״, התכוון לומר: מתחילת הפסוק אנו למדים שאדם חייב אפילו כשגרם רק את הצער של כויה (כיון ש״כְּוִיָּה״ מורה גם על כויה בלבד בלא נזק). ואין אומרים ש״חַבּוּרָה תַּחַת חַבּוּרָה״ שבסוף הפסוק מגביל את תחילת הפסוק לכויה שעמה חבורה, משום שאין אנו דורשים כלל ופרט המרוחקים זה מזה (אלא, ״חַבּוּרָה תַּחַת חַבּוּרָה״ נצרכת לצורך אחר, כפי שהגמרא תבאר מיד). גם לביאור זה של הברייתא, יוצא שמשנתנו — המחייבת תשלום צער על כויית ציפורן — היא כדעת רבי (רש״י; ראה פני יהושע).

3. לדעת בן עזאי, מה שנאמר בסוף הפסוק ״חַבּוּרָה״, מגביל את הכלל (״כְּוִיָּה״) שבתחילת הפסוק. זוהי כונת מאמרו: ״חַבּוּרָה נאמרה תחילה״ — ה״כְּוִיָּה״ שנאמרה תחילה, מוגבלת רק למקרה שיש עמה חבורה (ראה רש״י ד״ה רבי).

4. כיון ש״כְּוִיָּה״ (הכלל) כוללת בין שיש עמה חבורה ובין שאין עמה חבורה, ולפי רבי נשארת משמעות זו גם במסקנא, שהרי אינו דורש את חַבּוּרָה תַּחַת חַבּוּרָה כ״פרט״ המגביל את ה״כְּוִיָּה״, מה הוא לומד מאותו לשון המיותר לכאורה? (ראה רש״י).

5. אילו נאמר רק ״כְּוִיָּה תַּחַת כְּוִיָּה״ [המורה בין על שיש עמה חבורה ובין על שאין עמה חבורה], היינו אומרים **שבשני המקרים**, החובל משלם **רק** עבור צער הכויה. הלשון ״חַבּוּרָה תַּחַת חַבּוּרָה״ בא על כן ללמד שהוא חייב בתשלום נוסף עבור הנזק שגרם (רש״י; ראה ראב״ד).

דברי רש״י צריכים ביאור, הרי הגמרא (פד, א, וכן להלן בעמוד זה) דורשת מ״פֶּצַע תַּחַת פָּצַע״ שאם משלם נזק, צריך לשלם **גם** צער; נמצא שלמעשה למדים כבר מ״פֶּצַע״ על חיוב תשלום צער וגם נזק, ומה צורך אפוא בלימוד ״דמים יתרים״ מ״חַבּוּרָה״? ועוד, כיצד יעלה על הדעת שתשלום עבור הצער יפטור מתשלום נזק [והרי הדרשה מ״פֶּצַע תַּחַת פָּצַע״ נצרכת להיפך, שלא נאמר שלפי שמשלם נזק יהא פטור מלשלם צער (מהדורא בתרא)]? ראה תוספות ורשב״א שמחמת קושיות אלו, מפרשים באופן אחר את ה״דמים יתרים״ (עיין גם שיטה מקובצת, תוספות יום טוב, דרכי דוד).

מרומי שדה מסביר שיטת רש״י בדרך הבאה: שיטת רבי (ומשנתנו) היא שמ״פֶּצַע תַּחַת פָּצַע״ למדים שחובל משלם בנפרד על הצער אפילו כשגרם נזק **מרובה** לנחבל וכשהוא משלם על הנזק עצמו (ראה פד, ב הערה 33). מהלשון חַבּוּרָה תַּחַת חַבּוּרָה למדים שאפילו כאשר הנזק הינו מועט והצער מרובה, עדיין חייב החובל להוסיף את התשלום הקטן עבור הנזק. [והלשון הראשון בפסוק, ״כְּוִיָּה תַּחַת כְּוִיָּה״, מלמד שהחובל חייב בצער אפילו כשלא גרם נזק כלל.]

[ראה פני יהושע, לטעם שבן עזאי אינו מפרש את הפסוק כרבי.]

6. השומא שנאמרה במשנה לענין צער, מתאימה למקרה שאין נזק, כגון כויה על צפורנו; במקרה כזה אפשר לשער כמה כסף אדם דורש על צער כזה. אך במקרה שיש גם נזק, הרי לפי שהחובל משלם על הנזק, בעצם ״קנה״ את היד שקטע; הצער שסובל הנחבל אינו יכול לעכבו מלקטוע את היד שקנה (ראה רש״י כאן, ולשמות כא, כה; מאירי כו, ב; לביאורים אחרים בשאלת הגמרא ראה שיטה מקובצת בשם גאון, וחדושי הראב״ד).

7. תירוץ זה של אבוה דשמואל נראה כאינו עונה לשאלה (שכן, מה יועיל אומד זה אם החובל ״קנה״ את האפשרות לקטוע את ידו בכל אופן שירצה?) להלן בגמרא יתבאר מה היתה כוונתו של אבוה דשמואל, אבל המקשן לא עמד על כוונתו ולכן מקשה עליו מיד (ראה לחם אבירים; ראה גם ים של שלמה ח).

8. כשמחשבים כמה אדם רוצה ליטול לקטוע את ידו, הרי יש לחשב את כל חמשת הדברים שיש בה (נזק, צער, ריפוי, שבת ובושת).

9. אדם בר דעת אינו מוכן בעד כל הון, להסכים לקטיעת ידו.

10. היינו, יד המחוברת על ידי גידים צמותים (מחוצים, מרוסקים) ואינה ראויה לשום מלאכה (רש״י; לפירוש אחר ראה שיטה מקובצת בשם גאון). הלכך, קטיעת היד לא היתה מפחיתה משוויו של הנחבל להימכר כעבד, כך שאין נזק בקטיעתה.
קושיות הגמרא הקודמת מיושבות כעת לכאורה: לפי הערכה כזו ניתן לדעת כמה הם דמי הצער בפני עצמם (שהרי שבמקרה כזה אין נזק בקטיעה), וכמו כן, גם אדם בר דעת מוכן לסבול צער שכזה תמורת כסף, שכן אין מדובר בקטיעת יד בריאה.

11. בשו״ת שבות יעקב ב, קא (וכן רש״ש בגיטין כא, ב) מדקדק מכאן שאין חובה לקבור אבר קטוע (ושלא כפי שמשמע לכאורה מכתובות כ, ב); אולם, שבות יעקב מציין כי חובה להיזהר שלא יישאר במקום בו כהן יכול להיכשל בטומאת מת, שחלה גם על אבר קטוע (להרחבה בדין זה ראה אגרות משה יורה דעה ג, קמא). אבל ראה ים של שלמה ח, המבאר בכוונת הגמרא, שעצם קטיעת היד מביישת את האדם **ודומה** עליו כאילו השליכוה לכלבים (ולפי פירוש זה אין ראיה מכאן לענין קבורת אבר קטוע).

בכלל ופרט המרוחקים זה מזה קמפלגי רבי סבר אין דנין אותו בכלל ופרט ובן עזאי סבר דנין אותו בכלל ופרט וכי תימא חבורה לרבי למה לי לדמים יתרים: אומדין כמה אדם כיוצא בזה רוצה ליטול וכו': צער במקום נזק היכי שיימינן אמר אבוה דשמואל אומדין כמה אדם רוצה ליטול לקטוע לו ידו לקטוע לו ידו לא צער לחודיה הוא הא כולהו חמשה דברים איכא ועוד בשופטני עסקינן אלא לקטוע ידו הקטועה ידו הקטועה נמי לא צער לחודיה איכא הא צער ובושת איכא דכסיפא ליה מילתא למשקל מבשרו למשדייה לכלבים אלא אומדין כמה אדם רוצה ליטול לקטוע לו ידו המוכתב למלכות בין סם לסייף אמרי הכא נמי לא שקיל ומצער נפשיה אלא [א]אומדין כמה אדם רוצה ליתן לקטוע לו ידו המוכתב למלכות בין סייף לסם האי ליטול ליתן מבעי ליה אמר רב הונא בריה דרב יהושע ליטול זה מזה מה שנתן זה: רפוי הכהו חייב לרפאותו וכו': [ת"ר] [ב]עלו בו צמחים מחמת המכה ונסתרה המכה חייב לרפאותו וחייב ליתן לו דמי שבתו שלא מחמת המכה אינו חייב לרפאותו ואינו חייב ליתן לו דמי שבתו ר' יהודה אומר אף מחמת המכה חייב לרפאותו ואינו חייב ליתן לו דמי שבתו וחכמים אומרים שבתו ורפואתו כל שחייב בשבת חייב בריפוי ושאינו חייב בשבת אינו חייב בריפוי במאי קא מיפלגי ° אמר רבה אשכחתינהו לרבנן בבי רב דיתבי וקאמרי הכא במכה ניתנה לאגד קמיפלגי רבנן סברי מכה ניתנה לאגד ורבי יהודה סבר מכה לא ניתנה לאגד ריפוי דתנא ביה קרא מיחייב שבת דלא תנא ביה קרא לא מיחייב ואמינא להו אנא אי מכה לא ניתנה לאגד ריפוי נמי לא מיחייב אלא דכולי עלמא מכה ניתנה לאגד ולא ניתנה לאגד יתירה ר' יהודה סבר כיון דלא ניתנה לאגד יתירה ריפוי דתנא ביה קרא מיחייב שבת דלא תנא ביה קרא לא מיחייב ורבנן סברי כיון דתנא ביה קרא בריפוי אשבת נמי מיחייב דאיתקש לריפוי ור' יהודה סבר שבת לא מיחייב דמעטיה רחמנא רק ורבנן רק לשלא מחמת המכה הוא דאתא ולרבנן בתראי דאמרי כל שחייב בשבת חייב בריפוי וכל שאינו חייב בשבת אינו חייב בריפוי ריפוי דתנא ביה קרא למה לי מיבעי ליה לכדתנא דבי ר' ישמעאל [א]דתניא דבי ר' ישמעאל אומר [א] ורפא ירפא [ג]מכאן שניתן רשות לרופא לרפאות ת"ר מנין שאם עלו בו צמחים מחמת המכה ונסתרה המכה שחייב לרפאותו וחייב ליתן לו שבתו ת"ל רק שבתו יתן ורפא ירפא יכול אפילו שלא מחמת המכה ת"ל רק ר' יוסי בר יהודה אומר אף מחמת המכה פטור שנאמר רק איכא דאמרי אף מחמת המכה פטור לגמרי כרבנן בתראי ואיכא דאמרי אף מחמת המכה פטור משבת וחייב בריפוי כמאן כאבוה: אמר מר יכול אפילו שלא מחמת המכה ת"ל רק שלא מחמת המכה בעי קרא אמרי מאי שלא מחמת המכה כדתניא [ד]הרי שעבר על דברי רופא ואכל דבש או כל מיני מתיקה מפני שדבש וכל מיני מתיקה קשין למכה והעלה מכתו גרגותני יכול יהא חייב לרפאותו ת"ל רק מאי גרגותני אמר אביי נאתא כריכתא מאי אסותיה אהלא וקירא וקלבא ואי א"ל אסייך אנא [א] א"ל [ג] [ה]דמית עלי כאריא ארבא ואי א"ל מייתינא אסיא דמגן במגן א"ל [ו]אסיא דמגן במגן מגן שוה ואי אמר מייתינא לך אסיא רחיקא אמר ליה [ז]אסיא רחיקא עינא עוירא ואי א"ל היאך הב לי לדידי ואנא מסינא נפשאי [ח]א"ל פשעת בנפשך ושקלת מינאי טפי ואי א"ל קוץ לי מקץ א"ל [ט]כל שכן דפשעת בנפשך וקרו לי שור המזיק תנא [י]וכולן משתלמין במקום נזק מנהני מילי אמר רב זביד משמיה דרבא אמר קרא [ב] פצע תחת פצע [ג] ליתן צער במקום נזק האי מבעי ליה לרבות

רש"י

רבי סבר אין דנין. הכא נמי כויה נאמרה תחילה כלל דכויה משמע בין שיש עמה חבורה בין שאין עמה חבורה ואי הוי חבורה סמיך ליה הוי דרשי חבורה פרט ואין בכלל אלא מה שבפרט יש עמה חבורה אין אין עמה חבורה לא השתא דכתיב פלע בינתים לא דיינין ולקמן פריך חבורה לרבי למה לי והיינו דקאמר כויה נאמרה תחילה כלומר מתחילת הפסוק אנו למדין שהוא חייב בכויה גרידא ולא נאמר סופו מוכיח שמתחילתו לא חייב אלא כשיש חבורה ואין דנין ומתני' רבי היא: למה לי. הואיל ומרישא שמעינן לתרוייהו: לדמים יתרים. דאי לא כתיב אלא כויה תחת כויה הוה אמרינן בין אית ביה חבורה בין לית ביה חבורה דמי כויה משלם אבל תרתי לא משלם קמ"ל דמשלם תרוייהו: צער במקום נזק. היכא דקטע את ידו ונתן לו דמיה: היכי שיימינן. את הצער הלא יש לו לקוצצה בשביל הדמים שנוטל: ידו הקטועה. ומחוברת בגידין למותין ואינה ראויה לו למלאכה: בין סם לסייף. ידו המוכתבת למלך לקוצצה בסם שאין שם צער כלל כמה רוצה ליטול לקוצצה בסייף: הא לא שקיל. כל ממון שבעולם לצער נפשיה לקוצצה וכאן כבר נעשה מעשה: כמה אדם רוצה ליתן. לשליח המלך מידו המוכתבת למלכות לקוטעה בסייף ויקטענה השליח בסם: ליטול. מן המזיק מה שנתן זה למלך: דמי שבתו. דמחמת הצמחים נפל למשכב: ה"ג וחכמים אומרים שבתו ורפואתו כל שישנו כו'. הקישן הכתוב וזה שאין חייב בשבת אינו חייב בריפוי ורבנן קמאי מחייבי ליה לתרוייהו: נתנה לאגד. נתנה רשות לנחבל לאוגדה ולעטפה מפני צער הצנה ועולין הצמחים מחמת הבל וחום האגד: לא נתנה. רשות לאגד וזה להנאתו אגד הלכך צמחים שעלו בה אין על המזיק להתחייב עליהן: דתנא ביה. דשנה עליו הכתוב: ורבנן. ת"ק: רק לשלא מחמת המכה אתא. שעבר על דברי רופא כדמפרש לקמן: נתנה רשות לרופאים לרפאות. ולא אמרינן רחמנא מחי ואיהו מסי: תלמוד לומר שבתו יתן ורפא ירפא. שינה הכתוב בריפוי לחייבו אף על הצמחים והקיש שבת לריפוי: נאתא כריכתא. בשר מת: אהלא. אהלמ"י בלע"ז: וקירא. שעוה: וקלבא. רשינ"א שבחביות של יין: ואי אמר ליה. מזיק אסייך אנא אני מרפא אותך ואיני נותן דמי אסייך: אסיא רחיקא. ומוזיל גבי: עינא עוירא. שעתיד לילך לדרכו ואין חושש אם עיור עינו של זה: (א) אסיא דמגן. שירפא בחנם וקרובו הוא: כ"ש. דלא ניחא לי בהכי דאי פשעת בנפשך גנאי גדול הוא לי דקרו לי שור המזיק:

תוספות

כלל ופרט המרוחקין זה מזה. נראה לר"י דבכלל ופרט המרוחקין זה מזה דפליגי תנאי דהכא וההוא דפליגי נמי אביי ורבא בריש בנות כותים (נדה דף לג.) היינו דוקא בחד ענינא אבל בתרי ענייני לכ"ע אין דנין כדמוכח בפ"ק דפסחים (דף ו: ושם) ובכל המנחות (מנחות נה: ושם) והיא דנגמר הדין (סנהדרין דף מו: ושם) גבי והומת ותלית אם נחשבנו כתרי ענייני לפי שמרוחקין יותר מאותם שבכאן ושבנדה אתיא ההיא דנגמר הדין ככ"ע אבל אם נחשביה כחד ענינא אתי סוגיא דהתם כמ"ד אין דנין: לדמים יתרים. פי' בקונטרס דאי לא כתיב אלא כויה ה"א אפילו אית ליה חבורה דמי כויה הוא דמשלם אבל תרתי לא משלם קמ"ל דמשלם תרוייהו [ד] צער במקום נזק ואין נראה לר"י דהא צער במקום נזק נפקא לן מפלע תחת פלע ועוד דלמה היה לנו לומר שהצער יפטור את הנזק ואת הרפוי ונראה לר"י לדמים יתרים שמשלם בצער שיש בו רושם יותר מבצער שאין בו רושם אע"פ שאין מצטער בזה יותר מבזה משלם יותר לפי שמתגנה מחמת הרושם: עלו בו צמחים כו'. כשלא אמדוהו איירי דאי באמדוהו הא אמרינן לקמן (דף צא.) אמדוהו והיה מתנונה והולך אין נותנין לו אלא כמו שאמדוהו: שניתנה רשות לרופא לרפאות. וא"ת והא מרפא לחודיה שמעינן ליה וי"ל דה"א ה"מ מכה בידי אדם אבל חולי הבא בידי שמים כשמרפא נראה כסותר גזירת המלך קמ"ל דשרי: עבר על דברי הרופא. לא חשיב ליה פושע כ"כ: פשעת בנפשך ומפסדת לי. היכא דלא אמדוהו:

עין משפט נר מצוה

יח א מיי' פ"ב מהל' חובל ומזיק הלכה י סמג עשין ע טוש"ע ח"מ סי' תכ סעיף טו:
יט ב מיי' שם הלכה יט ועיין בהשגות ובמ"מ טוש"ע שם סעיף יט:
כ ג טוש"ע י"ד סי' שלו סעיף א:
כא ד מיי' שם הלכה יט סמג שם טוש"ע ח"מ סי' תכ סעיף כ:
כב ה ו מיי' שם הלכה יח טוש"ע שם סעיף כא:
כג ז מיי' שם ועיין בל"מ טוש"ע שם סעיף כב:
כד ח ט מיי' שם הלכה יז טוש"ע שם סעיף כג:
כה י מיי' שם הלכה ט טוש"ע שם סעיף ג ד:

ליקוטי רש"י

בשופטני. שוטים [ב"מ מ.]. אומדין כמה אדם רוצה ליתן. אומדין כמה אדם העומד ידו ליקצץ ע"י מרב רוצה ליתן כדי שיתקצץ לו ע"י סם דלית ליה צער כולי האי [לעיל ד:]. אשכחתינהו לרבנן בבי רב. מצאתי התלמידים בבית המדרש דכל היכא דמיירי בבי רב לאו רב ממש הוא אלא בבית המדרש הוא [קדושין מז:]. דיתבי וקאמרי. משמיה דרב [סוכה יז.]. מכאן שניתן רשות לרופא לרפאות. דאל"ה לא היה להם לעסוק ברפואות אלא לבקש רחמים [ברכות ס.]. כאריא ארבא. כאריה אורב [ב"מ קא:]. קירא וקלבא רישינא. הוא זפת של עץ שמוציאים ממנו שלא על ידי האור והיא לבנה [שבת קלג:]. ליתן צער במקום נזק. היכא דקטע את ידו ונתן לו דמיה [לקמן פה.]. מקרא זה יתר הוא ובהמוכל דרשוהו רבותינו לחייב על הצער אפילו במקום נזק שאף על פי שנותן לו דמי ידו אין פוטרין אותו מן הצער לומר הואיל וקנה ידו יש עליו לחתכה בכל מה שירצה אלא אומרים יש לו לחתכה בסם שאינו מצטער כל כך וזה חתכה בברזל וצערו [שמות כא כה]. דלפי' היכא דליכא נזק משלם נמי צער דלא תימא צער דכתבה רחמנא היינו בדליכא נזק כגון כוואו בשפוד על צפרנו דלא אפחתיה מכספיה ולהכי דרשה מפקינן ליה בהחובל [לעיל כו:]. ואע"פ שיש שם תשלומי הנזק משלם אף הצער ומקרא יתירא קדריש דהא כתיב כויה תחת כויה למה לי פצע תחת פצע וכויה ומבורה מדריש לקמן [לעיל פד.].

מסורת הש"ס

א) ברכות ס., ב) [ב"מ קא: ב"ב קסח.], ג) לעיל כו: פד., ד) אין זה לשון הקונטרס ועיין רש"א.

הגהות הב"ח

(א) רש"י ד"ה אסיא דמגן נ"ל קודם ד"ה אסיא רחיקא:

גליון הש"ס

גמ' אמר רבה אשכחתי' לרבנן. סוכה יז ע"א וש"נ:

הגהות מהר"ב רנשבורג

א] גמ' א"ל דמית עלי כאריא ארבא כארי אורב. ועיין בערוך ערך ארב:

תורה אור השלם

א) אִם יָקוּם וְהִתְהַלֵּךְ בַּחוּץ עַל מִשְׁעַנְתּוֹ וְנִקָּה הַמַּכֶּה רַק שִׁבְתּוֹ יִתֵּן וְרַפֹּא יְרַפֵּא: [שמות כא, יט]

ב) כְּוִיָּה תַּחַת כְּוִיָּה פֶּצַע תַּחַת פָּצַע חַבּוּרָה תַּחַת חַבּוּרָה: [שמות כא, כה]

לעזי רש"י

אהלמ"י. פירוש הלמח אהל, אהלות (עיין רש"י ב"מ דף פא ע"א ד"ה אהלויי וערוך ערך אהל א' ומוסף הערוך ערך אלוא):
רשינ"א. פירוש שרף (של עץ) (עיין רש"י שבת דף קלג ע"ב ד"ה קירא וקלבא ורש"י ביצה דף לג ע"ב ד"ה במוססקי):

הַמּוּכְתָּב לַמַּלְכוּת — שגזרה עליו המלכות לקטוע ידו בסם, שאין בזה כאב, **בֵּין סַם לְסַיִף** (חרב), כלומר, כמה יטול על כך שיקטעו את ידו (האבודה ממילא) באופן שיש לו צער בקטיעה[12].

הגמרא מקשה שוב:

אָמְרֵי — אמרו: **הָכָא נַמִּי לֹא שָׁקֵיל וּמְצַעֵר נַפְשֵׁיהּ** — גם כאן אדם לא יטול כל ממון שבעולם ויסכים לצער שכזה[13]!

הגמרא מיישבת:

אֶלָּא, אוֹמְדִין כַּמָּה אָדָם רוֹצֶה לִיתֵּן לִקְטוֹעַ לוֹ יָדוֹ הַמּוּכְתָּב לַמַּלְכוּת — שגזרה עליו המלכות לקטוע ידו בסייף, **בֵּין סַיִיף לְסַם**, כלומר, כמה ישלם כדי שישליח המלך יקטע ידו בסם ולא בסייף. שומא זו מגלה מה ערכו של צער קטיעת יד בסייף, וזה מה שישלם חובל שקטע יד חברו בסייף, עבור "צער"[14].

הגמרא מקשה על ביאור זה בדברי אבוה דשמואל:

אם כן, שאומדים כמה אדם רוצה ליתן כדי למנוע מעצמו צער, **הַאי לִיטּוֹל** — זה שנקט אבוה דשמואל לשון "ליטול" אינו נכון, כי **"לִיתֵּן" מִבָּעֵי לֵיהּ** — ראוי היה לו לנקוט לשון "ליתן"[15]!

הגמרא משיבה:

אָמַר רַב הוּנָא בְּרֵיהּ (בנו) **דְּרַב יְהוֹשֻׁעַ:** הכוונה בלשון "ליטול" היא שיש **לִיטּוֹל זֶה מִזֶּה** (הנחבל מן החובל) **מַה שֶּׁנָּתַן זֶה** — מה שאדם זה (היינו, אדם כיוצא בו, שבו שמין) היה נותן לשליח המלך להינצל מצער כזה[16].

הגמרא עוברת לדון בתשלום הדבר השלישי מחמשת הדברים ששייכים בחבלה — ריפוי:

המשנה אמרה:

רִפּוּי — מה מתחייב החובל על ריפוי? אם **הִכָּהוּ, חַיָּיב** המכה **לְרַפְּאוֹתוֹ וכו'**.

הגמרא מרחיבה:

תָּנוּ רַבָּנָן בברייתא: אם **עָלוּ בוֹ צְמָחִים** (אבעבועות) **מֵחֲמַת הַמַּכָּה, וְנִסְתְּרָה הַמַּכָּה** — או אם נתרפאה המכה ושוב חזרה[17], **חַיָּיב** החובל **לְרַפְּאוֹתוֹ**, כלומר, עד שירפא לגמרי. **וְחַיָּיב לִיתֵּן לוֹ דְּמֵי שִׁבְתּוֹ** (הפסד עבודתו)[18]. אבל, אם עלו בו צמחים **שֶׁלֹּא מֵחֲמַת הַמַּכָּה, אֵינוֹ חַיָּיב לְרַפְּאוֹתוֹ וְאֵינוֹ חַיָּיב לִיתֵּן לוֹ דְּמֵי שִׁבְתּוֹ**[19]. **רַבִּי יְהוּדָה אוֹמֵר: אַף** אם **מֵחֲמַת הַמַּכָּה** עלו בו צמחים, **חַיָּיב** החובל רק **לְרַפְּאוֹתוֹ, וְאֵינוֹ חַיָּיב לִיתֵּן לוֹ דְּמֵי שִׁבְתּוֹ** — הפסד עבודתו מחמת אלו. **וַחֲכָמִים אוֹמְרִים:** הכתוב מקיש **שִׁבְתּוֹ וְרִפּוּאָתוֹ**[20] ללמד **שֶׁכָּל שֶׁחַיָּיב בְּשֶׁבֶת חַיָּיב בְּרִיפּוּי, וְשֶׁאֵינוֹ חַיָּיב בְּשֶׁבֶת אֵינוֹ חַיָּיב בְּרִיפּוּי**. במקרה שעלו בו צמחים מחמת המכה, הרי אינו חייב בשבת (כדעת רבי יהודה), ומן ההיקש אנו למדים שגם בריפוי אינו חייב[21].

הגמרא מעיינת במחלוקת:

בְּמַאי קָא מִיפַּלְגֵי — במה נחלקו התנאים בברייתא? מה טעם מחלוקתם? **אָמַר רָבָה: אַשְׁכַּחְתִּינְהוּ לְרַבָּנָן בְּבֵי רַב דְּיָתְבֵי וְקָאָמְרֵי** — מצאתי לתלמידים בבית המדרש[22] שישבו [ועיינו בדבר] ואמרו: **הָכָא** (כאן) **בְּדִין מַכָּה נִיתְּנָה לְאֶגֶד קָמִיפַּלְגֵי** — הם חולקים האם ניתנה רשות לנחבל לחבוש את המכה, אף שמכך עלולים לעלות צמחים[23]. במקרה זה הנחבל חבש את מכתו ועלו

הערות

12. כלומר, אם החובל קטע את ידו בחרב, ניתן לשום את מידת הצער שבקטיעה כזו, על פי מקרה של אדם שנגזר עליו שתיקטע ידו בסם, שאין בזה כאב (כנראה הכוונה לסם שמפיג את הכאב; ראה בבא מציעא פג, ב). לפי שידו אבודה ממילא, אפשר לשער בו כמה כסף יטול בכדי להסכים שידו תיקטע בחרב, שיש בזה צער. ההפרש בין קטיעה בסם לקטיעה בחרב, כולל אך ורק את הצער, שהרי נזק ובושת יש לו בכל מקרה [וגם אדם בר דעת יכול לאמוד את הכסף שידרוש תמורת הצער, שכן בהסכמתו לכך אינו מסכים לעצם קטיעת ידו, אלא לצער בלבד] (ראה רש"י).

[לעיל (ה, ב ד"ה צער) כתב רש"י שיש צער מועט גם בקטיעה על ידי סם, ואילו כאן כתב שאין צער כלל. ראה רש"ש לדיון בסתירה זו, ובטעם שפירושו של רש"י כאן מדוקדק יותר.]

13. הגמרא טוענת כעת ששיטת שומא זו אינה מעשית, שכן רק שוטה יסכים מלכתחילה לסבול צער גדול שכזה, ואף תמורת כסף; [ואף אם יסכים תמורת סכום גדול ביותר, הרי אין השומא מתאימה למה שמגיע לנחבל, כי האיש בו שמים, ינקוט סכום שהוא רוצה על צער העתיד לבוא עליו, שהוא סכום גדול ביותר, ואילו] במקרה החבלה הנידון, הצער כבר נעשה, ואם נשום לפי אדם שמוכן לכתחילה לסבול צער, הרי יהא תשלום הצער יותר מסבלו האמיתי של הנחבל (ראה רש"י; ראה גם רא"ש א, ופלפולא חריפתא ג; לעיל פג, ב הערות 5, 9).

[הגמרא אינה מקשה קושיא זו על המשנה שאמרה ששמים כמה אדם רוצה ליטול להיות מצטער כך. שכן המשנה מתייחסת למקרים של צער שאין עמו נזק, וגם אדם בר דעת יכול לקבל על עצמו צער קל תמורת כסף; אבל צער של קטיעת יד, אין אדם בר דעת שמוכן לקבל על עצמו בעד כל הון (ראה מרומי שדה, שיטה מקובצת למשנה בשם רבינו יהונתן, מובא לעיל פג, ב הערה 9; ראה עוד שם לדעה אחרת, וכן מבאר כאן ים של שלמה, עיקרי דבריו מובאים בסוף הערה 16).]

14. רש"י. בשומא זו ניתן להגיע לסכום המדוייק המגיע עבור צער קטיעת יד בסייף (במקרה שהחובל קטע בסייף, וכל כיוצא בזה). אדם שכבר נגזר עליו לקטוע ידו בסייף, יכול לדעת כמה יהיה מוכן **לשלם** בכדי למנוע מעצמו את צער הקטיעה. שומא כזו נישומה באדם בר דעת (בניגוד לשומא שהציעה הגמרא לעיל — כמה אדם רוצה **ליטול** כדי לקבל צער כזה — ששום בר דעת לא מוכן להסכים לכך; ראה הערה הקודמת).

15. [על המשנה עצמה אין קשה קושיא זו, שכן המשנה עוסקת במקרה של צער שלא במקום נזק, וצער כזה אכן שמין כמה אדם רוצה ליטול בשביל צער כזה. הקושיא היא רק על אבוה דשמואל, שנקט לשון "ליטול" בנוגע לשומת צער במקום שיש גם נזק, שכפי שהתברר בגמרא עד כה, בהכרח שהשומא נמדדת לפי כמה אדם רוצה "ליתן" ולא לפי כמה רוצה "ליטול" (על פי רא"ש א, הפירוש הראשון; אולם ראה שם גם בפירוש השני, וכן מבאר ים של שלמה, ראה סוף הערה הבאה).]

16. על פי רש"י; לביאור שונה מעט ראה תוספות רבינו פרץ.

למסקנת הגמרא, אם הנחבל מקבל תשלום נזק, הרי צערו נישום בכמה אדם היה **נותן** להינצל מצער כזה. אבל משנתנו, העוסקת בצער שלא במקום נזק, יכולה להתפרש כפשוטה: השומא היא על פי כמה אדם כזה היה **נוטל** לקבל אותו צער, שכן צער ללא נזק הוא דבר שגם אדם בר דעת מוכן לקבל תמורת כסף (מרומי שדה בדעת רש"י; ראה הערות 6, 13, 15). כן נראה גם בדעת הרמב"ם (הלכות חובל ומזיק ב, ט, כפי שהבינו ים של שלמה ח) ורא"ש א (הפירוש הראשון). אולם, הרא"ש כתב פירוש נוסף, לפיו כל מקרה של צער, אפילו במקום שאין נזק, שמין רק לפי מקרה של אדם **הנותן** בשביל להינצל מצער שנגזר עליו, וכן נפסק להלכה (ראה רמ"א חשן משפט תכ, טז).

פירשנו לפי הפירוש הראשון של הרא"ש, ומרומי שדה בדעת רש"י. ים של שלמה (ח) מבאר את כל הסוגיא לפי הפירוש השני של הרא"ש (ולדעתו, זוהי גם דעת רש"י). לפי זה, הגמרא אומרת שגם צער בלבד, אין לשום לפי אדם המשער כמה כסף **יטול** בשביל צער שיבוא עליו, שכן אדם בר דעת אינו מוכן לקבל עליו לסבול צער תמורת כסף. כמו כן, המשא ומתן האחרון בגמרא, אודות הביטוי "ליטול", נאמר גם בנוגע למשנתנו, שכן גם במקרה של צער שלא במקום נזק, שמין כמה אדם רוצה **ליתן** (ראה שם שמבאר באריכות את כל הסוגיא באופן זה; ראה חדושים ובאורים, שכתב שכן גם דעת הרמב"ם).

17. ראה אמרי הצבי, לביאור ההבדל בין לשון הברייתא ללשון משנתנו בדין זה.

18. אם נפל למשכב מחמת הצמחים [או מחמת המכה שחזרה לקדמותה] (רש"י).

[הברייתא עוסקת במקרה שלא נעשה אומדן מראש על הוצאות הריפוי והשבת; במקרה שנאמד מראש, החובל משלם רק את הסכום שאמדוהו לשלם, בין אם מתברר לאחר מכן שהריפוי והשבת היו יותר על האומדן או פחות ממנו (תוספות ועוד, על פי הגמרא לקמן צא, א; ראה גם רמב"ם הלכות חובל ומזיק ב, טו-יט).]

19. הגמרא להלן תבאר במה מדובר, שכן על צמחים שאינם קשורים למכה כלל, פשוט שאין החובל חייב.

20. הכתוב אומר (שמות כא, יט): "רַק שִׁבְתּוֹ יִתֵּן וְרַפֹּא יְרַפֵּא". במה שהזכיר אותם ביחד, הפסוק הקישם (השוה אותם) זה לזה (ראה רש"י).

21. רש"י. הברייתא מביאה אפוא שלש דעות בענין צמחים שעלו מחמת המכה: תנא קמא סובר שהחובל חייב בין בריפוי ובין בשבת; רבי יהודה סובר שהוא חייב בריפוי אך לא בשבת; וחכמים סוברים שהוא פטור משניהם (ראה רש"י). הגמרא תבאר את כל שלש הדעות.

22. על פי רש"י ביצה יט, א וקידושין מז, ב, ושיטה מקובצת כאן בשם גאון. אולם ראה רש"י סוכה יז, א ד"ה דיתבי, ממנו משמע ש"בי רב" הוא — כפשוטו — "בית מדרשו של רב".

23. פצע שאינו חבוש גורם צער מחמת הקור; מאידך חבישת הפצע מחממת את המכה ועלולים לעלות בה צמחים. הברייתא עוסקת במקרה שהצמחים עלו מחמת חבישת המכה, והתנאים נחלקו בדין זה האם הנחבל יכול לחבוש את המכה להנאתו, כאשר תשלום הוצאות ריפוי הצמחים חל על החובל (רש"י; ראה גם חידושי הראב"ד).

בכלל ופרט המרוחקים זה מזה קמפלגי רבי סבר אין דנין אותו בכלל ופרט ובן עזאי סבר דנין אותו בכלל ופרט וכי תימא חבורה לרבי למה לי לדמים יתרים: אומדין כמה אדם כיוצא בזה רוצה ליטול וכו': צער במקום נזק היכי שיימינן אמר אבוה דשמואל אומדין כמה אדם רוצה ליטול לקטוע לו ידו לקטוע לו ידו לא צער לחודיה הוא הא כולהו חמשה דברים איכא ועוד בשופטני עסקינן אלא לקטוע ידו הקטועה ידו הקטועה נמי לא צער לחודיה איכא הא צער ובושת איכא דכסיפא ליה מילתא למשקל מבשרו למשדייה לכלבים אלא אומדין כמה אדם רוצה ליטול לקטוע לו ידו המוכתב למלכות בין סם לסייף אמרי הכא נמי לא שקיל ומצער נפשיה אלא [א] אומדין כמה אדם רוצה ליתן לקטוע לו ידו המוכתב למלכות בין סייף לסם האי ליטול ליתן מבעי ליה אמר רב הונא בריה דרב יהושע ליטול זה מזה מה שנתן זה: רפוי הכהו חייב לרפאותו וכו': [ת"ר] [ב] עלו בו צמחים מחמת המכה ונסתרה המכה חייב לרפאותו וחייב ליתן לו דמי שבתו שלא מחמת המכה אינו חייב לרפאותו ואינו חייב ליתן לו דמי שבתו ר' יהודה אומר אף מחמת המכה חייב לרפאותו ואינו חייב ליתן לו דמי שבתו וחכמים אומרים שבתו ורפואתו כל שחייב בשבת חייב בריפוי ושאינו חייב בשבת אינו חייב בריפוי במאי קא מיפלגי [ה] אמר רבה אשכחתינהו לרבנן בבי רב דיתבי וקאמרי הכא במכה ניתנה לאגד קמיפלגי רבנן סברי מכה ניתנה לאגד ורבי יהודה סבר מכה לא ניתנה לאגד ריפוי דתנא ביה קרא מיחייב שבת דלא תנא ביה קרא לא מיחייב ואמינא להו אנא אי מכה לא ניתנה לאגד ריפוי נמי לא מיחייב אלא דכולי עלמא מכה ניתנה לאגד ולא ניתנה לאגד יתירה ר' יהודה סבר כיון דלא ניתנה לאגד יתירה ריפוי דתנא ביה קרא מיחייב שבת דלא תנא ביה קרא לא מיחייב ורבנן סברי כיון דתנא ביה קרא בריפוי אשבת נמי מיחייב דאיתקש לריפוי ור' יהודה סבר שבת לא מיחייב דמעטיה רחמנא רק ורבנן רק לשלא מחמת המכה הוא דאתא ולרבנן בתראי דאמרי כל שחייב בשבת חייב בריפוי וכל שאינו חייב בשבת אינו חייב בריפוי ריפוי דתנא ביה קרא למה לי מיבעי ליה לכדתנא דבי ר' ישמעאל דתניא [א] דבי ר' ישמעאל אומר [א] ורפא ירפא [ג] מכאן שניתן רשות לרופא לרפאות ת"ר מנין שאם עלו בו צמחים מחמת המכה ונסתרה המכה שחייב לרפאותו וחייב ליתן לו שבתו ת"ל רק שבתו יתן ורפא ירפא יכול אפילו שלא מחמת המכה ת"ל רק ר' יוסי בר יהודה אומר אף מחמת המכה פטור שנאמר רק איכא דאמרי אף מחמת המכה פטור לגמרי כרבנן בתראי ואיכא דאמרי אף מחמת המכה פטור משבת וחייב בריפוי כמאן כאבוה: אמר מר יכול אפילו שלא מחמת המכה ת"ל רק שלא מחמת המכה בעי קרא אמרי מאי שלא מחמת המכה כדתניא [ד] הרי שעבר על דברי רופא ואכל דבש או כל מיני מתיקה מפני שדבש וכל מיני מתיקה קשין למכה והעלה מכתו גרגותני יכול יהא חייב לרפאותו ת"ל רק מאי גרגותני אמר אביי נאתא כריכתא מאי אסותיה אהלא וקירא וקלבא ואי א"ל אסייך אנא [א] א"ל [ב] [ה] דמית עלי כאריא ארבא ואי א"ל מייתינא אסיא דמגן במגן א"ל [ו] אסיא דמגן במגן מגן שוה ואי אמר מייתינא לך אסיא רחיקא אמר ליה [ז] אסיא רחיקא עינא עוירא ואי א"ל היאך הב לי לדידי ואנא מסינא נפשאי [ח] א"ל פשעת בנפשך ושקלת מינאי טפי ואי א"ל קוץ לי מקץ א"ל [ט] כל שכן דפשעת בנפשך וקרו לי שור המזיק תנא [י] וכולן משתלמין במקום נזק מנהני מילי אמר רב זביד משמיה דרבא אמר קרא [ב] פצע תחת פצע [ג] ליתן צער במקום נזק האי מבעי ליה

לרבות

רש"י

רבי סבר אין דנין. הכא נמי כויה נאמרה תחילה כלל דכויה משמע בין שיש עמה חבורה בין שאין עמה חבורה ואי הוי חבורה סמיך ליה הוי דרשי חבורה פרט ואין בכלל אלא מה שבפרט יש עמה חבורה אין אין עמה חבורה לא השתא דכתיב פצע בינתים לא דיינינן ולקמן פריך חבורה לרבי למה לי והיינו דקאמר כויה נאמרה תחילה כלומר מתחילת הפסוק אנו למדין שהוא חייב בכויה גרידא ולא נאמר סופו מוכיח שמתחילתו לא חייב אלא כשיש חבורה ואין דנין ומתני' רבי היא: למה לי. הואיל ומרישא שמעינן לתרוייהו: לדמים יתרים. דאי לא כתיב אלא כויה תחת כויה הוה אמרינן בין אית ביה חבורה בין לית ביה חבורה דמי כויה משלם אבל תרתי לא משלם קמ"ל דמשלם תרוייהו: צער במקום נזק. היכא דקטע את ידו ונתן לו דמיה: היכי שיימינן. את הצער הלא יש לו לקוצצה בשביל הדמים שנוטל: ידו הקטועה. ומחוברת בגידין למותין ואינה ראויה לו למלאכה: בין סם לסייף. ידו המוכתבת למלך לקוצצה בסם שאין שם צער כלל כמה רוצה ליטול לקוצצה בסייף: הא לא שקיל. כל ממון שבעולם לצער נפשיה לקוצצה וכאן כבר נעשה מעשה: כמה אדם רוצה ליתן. לשליח המלך מידו המוכתבת למלכות לקוטעה בסייף ויקטענה השליח בסם: ליטול. מן המזיק מה שנתן זה למלך: דמי שבתו. דמחמת הצמחים נפל למשכב: ה"ג וחכמים אומרים שבתו ורפואתו כל שישנו כו'. הקישן הכתוב וזה שאין חייב בשבת אינו חייב בריפוי ורבנן קמאי מחייבי ליה לתרוייהו: נתנה לאגד. נתנה רשות לנחבל לאוגדה ולעטפה מפני צער הצנה ועולין הצמחים מחמת הבל וחום האגד: לא נתנה. רשות לאגד וזה להנאתו אגד הלכך צמחים שעלו בה אין על המזיק להתחייב עליהן: דתנא ביה. דשנה עליו הכתוב: ורבנן. ת"ק: רק לשלא מחמת המכה אתא. שעבר על דברי רופא כדמפרש לקמן: נתנה רשות לרופאים לרפאות. ולא אמרינן רחמנא מחי ואיהו מסי: תלמוד לומר שבתו יתן ורפא ירפא. שינה הכתוב בריפוי לחייבו אף על הצמחים והקיש שבת לריפוי: נאתא כריכתא. בשר מת: אהלא. אהלמ"י בלע"ז: וקירא. שעוה: וקלבא. רשינ"א שבחביות של יין: ואי אמר ליה. מזיק אסייך אנא אני מרפא אותך ואיני נותן דמי אסייך: אסיא רחיקא. ומוזיל גבי: עינא עוירא. שעתיד לילך לדרכו ואין חושש אם עיור עינו של זה: (א) אסיא דמגן. שירפא בחנם וקרובו הוא: כ"ש. דלא ניחא לי בהכי דאי פשעת בנפשך גנאי גדול הוא לי דקרו לי שור המזיק:

לרבות

תוספות

כלל ופרט המרוחקין זה מזה. נראה לר"י דבכלל ופרט המרוחקין זה מזה דפליגי תנאי דהכא וההוא דפליגי נמי אביי ורבא בריש בנות כותים (נדה דף לג.) היינו דוקא בחד ענינא אבל בתרי ענייני לכ"ע אין דנין כדמוכח בפ"ק דפסחים (דף ו: ושם) ובכל המנחות (מנחות נה: ושם) וההיא דנגמר הדין (סנהדרין דף מו: ושם) גבי והומת ותלית אם נחשבנו כתרי ענייני לפי שמרוחקין יותר מאותם שבכאן ושבנדה אתיא ההיא דנגמר הדין ככ"ע אבל אם נחשביה כחד ענינא אתי סוגיא דהתם כמ"ד אין דנין:

לדמים יתרים. פי' בקונטרס דאי לא כתיב אלא כויה ה"א אפילו אית ליה חבורה דמי כויה הוא דמשלם אבל תרתי לא משלם קמ"ל דמשלם תרוייהו [ד] צער במקום נזק ואין נראה לר"י דהא צער במקום נזק נפקא לן מפצע תחת פצע ועוד דלמה היה לנו לומר שהצער יפטור את הנזק ואת הרפוי ונראה לר"י לדמים יתרים שמשלם בצער שיש בו רושם יותר מבצער שאין בו רושם אע"פ שאין מצטער בזה יותר מבזה משלם יותר לפי שמתגנה מחמת הרושם:

עלו בו צמחים כו'. כשלא אמדוהו מיירי דאי באמדוהו הא אמרינן לקמן (דף צא.) אמדוהו והיה מתנונה והולך אין נותנין לו אלא כמו שאמדוהו:

שניתנה רשות לרופא לרפאות. וא"ת והא מרפא לחודיה שמעינן ליה וי"ל דה"א ה"מ מכה בידי אדם אבל חולי הבא בידי שמים כשמרפא נראה כסותר גזירת המלך קמ"ל דשרי:

עבר על דברי הרופא. לא חשיב ליה פושע כ"כ:

פשעת בנפשך ומפסדת לי. היכא דלא אמדוהו:

רואין

עין משפט נר מצוה

יח א מיי' פ"ב מהל' חובל ומזיק הלכה י סמג עשין ע טוש"ע ח"מ סי' תכ סעיף טז:

יט ב מיי' שם הלכה יט ועיין בהשגות ובמ"מ טוש"ע שם סעיף יט:

כ ג טוש"ע י"ד סי' שלו סעיף א:

כא ד מיי' שם הלכה יט סמג שם טוש"ע ח"מ סי' תכ סעיף כ:

כב ה ו מיי' שם הלכה יח טוש"ע שם סעיף כא:

כג ז מיי' שם ועיין בל"מ טוש"ע שם סעיף כב:

כד ח ט מיי' שם הלכה יז טוש"ע שם סעיף כג:

כה י מיי' שם הלכה ט טוש"ע שם סעיף ג ד:

ליקוטי רש"י

בשופטני. שוטים [ב"מ מ.]. אומדין כמה אדם רוצה ליתן. אומדין כמה אדם העומד ידו ליקצץ ע"י חרב רוצה ליתן כדי שיתקצץ לו ע"י סם דלית ליה צער כולי האי [לעיל ד:]. אשכחתינהו לרבנן בבי רב. מצאתי התלמידים בבית המדרש דכל היכא דמיירי בבי רב לאו רב ממש הוא אלא בבית המדרש הוא [קדושין מז:]. דיתבי וקאמרי. משמיה דרב [סוכה יז.]. מכאן שניתן רשות לרופא לרפאות. דאל"ה לא היה להם לעסוק ברפואות אלא לבקש רחמים [ברכות ס.]. כאריא ארבא. כאריה אורב [ב"מ קא:]. קירא וקלבא רישינא. הוא זפת של עץ שמוציאים ממנו שלא על ידי האור והיא לבנה [שבת קלג:]. ליתן צער במקום נזק. היכא דקטע את ידו ונתן לו דמיה [לקמן פה.]. מקרא זה יתר הוא ובהחובל דרשוהו רבותינו לחייב על הצער אפילו במקום נזק שאף על פי שנותן לו דמי ידו אין פוטרין אותו מן הצער לומר הואיל וקנה ידו יש עליו לחתכה בכל מה שירצה אלא אומרים יש לו לחתכה בסם שאינו מצטער כל כך וזה חתכה בברזל וצערו [שמות כא כה] דאפי' היכא דליכא נזק משלם נמי צער דלא תימא צער דכתבה רחמנא היינו בדליכא נזק כגון כוואו בשפוד על צפרנו דלא אפחתיה מכספיה ולהך דרשה מפקינן ליה בהחובל [לעיל כו:]. ואע"פ שיש שם תשלומי הנזק משלם אף הצער ומקרא יתירא קדריש דהא כתיב כויה תחת כויה למה לי פצע תחת פצע וכויה וחבורה מדריש לקמן [לעיל פד.].

מסורת הש"ס

א) ברכות ס., ב) [ב"מ קא: ב"ב קסח.], ג) לעיל כו: פד., ד) אין זה לשון הקונטרס ועיין רש"א.

הגהות הב"ח

(א) רש"י ד"ה אסיא דמגן נ"ל קודם ד"ה אסיא רחיקא:

גליון הש"ס

גמ' אמר רבה אשכחתי' לרבנן. סוכה יז ע"א וש"נ:

הגהות מהר"ב רנשבורג

א] גמ' א"ל דמית עלי כאריא ארבא כארי אורב. ועיין בערוך ערך ארב:

תורה אור השלם

א) אִם יָקוּם וְהִתְהַלֵּךְ בַּחוּץ עַל מִשְׁעַנְתּוֹ וְנִקָּה הַמַּכֶּה רַק שִׁבְתּוֹ יִתֵּן וְרַפֹּא יְרַפֵּא: [שמות כא, יט]

ב) כְּוִיָּה תַּחַת כְּוִיָּה פֶּצַע תַּחַת פָּצַע חַבּוּרָה תַּחַת חַבּוּרָה: [שמות כא, כה]

לעזי רש"י

אהלמ"י. פירוש הצמח אהל, אהלות (עיין רש"י ב"מ דף פא ע"א ד"ה אהלוי וערוך ערך אהל א' ומוסף הערוך ערך אלוי):

רשינ"א. פירוש שרף (של עץ) (עיין רש"י שבת דף קלג ע"ב ד"ה קירא וקלבא ורש"י ביצה דף לג ע"ב ד"ה במוסתקי):

בה צמחים. **רַבָּנָן** (תנא קמא) **סָבְרֵי, מַכָּה נִיתְּנָה לְאֶגֶד** — ניתנה לו רשות לחבוש את המכה. על פי זה, אם עלו צמחים מחמת החבישה, החובל חייב לשלם עבור רפואתם ועבור שבטל מחמת הצמחים. **וְרַבִּי יְהוּדָה סָבַר, מַכָּה לֹא נִיתְּנָה לְאֶגֶד** — לא ניתנה רשות לחבוש את המכה, ולפי שחבש להנאתו וגרם לכך שעלו צמחים, אין החובל חייב לשלם הכל[24], אלא **רִיפּוּי, דְּתָנָא בֵּיהּ קְרָא** — ששנה (חזר) עליו הכתוב בכפל לשון (שמות כא, יט): "וְרַפֹּא יְרַפֵּא", **מִיחַיַּיב** החובל לשלם[25]; ואילו **שֶׁבֶת, דְּלֹא תָּנָא בֵּיהּ קְרָא** — שלא חזר עליו הכתוב[26], **לֹא מִיחַיַּיב** החובל לשלם עליו, לפי שהנחבל שלא ברשות עשה[27].

רבה לא קיבל את ביאורם של התלמידים למחלוקת:

וַאֲמִינָא לְהוּ אֲנָא — ואמרתי להם אני: **אִי** (אם) **מַכָּה לֹא נִיתְּנָה לְאֶגֶד, רִיפּוּי נַמִּי לֹא מִיחַיַּיב** — גם בריפוי לא היה החובל מתחייב[28]. **אֶלָּא דְּכוּלֵּי עָלְמָא** — לדעת הכל **מַכָּה נִיתְּנָה לְאֶגֶד, וְלֹא נִיתְּנָה לְאֶגֶד יְתֵירָה** — אך לא ניתנה רשות לחבישה יתירה, ובמקרה זה הנחבל חבש את מכתו חבישה יתירה[29]. **רַבִּי יְהוּדָה סָבַר, כֵּיוָן דְּלֹא נִיתְּנָה לְאֶגֶד יְתֵירָה** — שלא ניתנה רשות לחבישה יתירה, אין החובל חייב לשלם הכל, אלא **רִיפּוּי, דְּתָנָא בֵּיהּ קְרָא** — שחזר עליו הכתוב, **מִיחַיַּיב** החובל לשלם[30]; ואילו **שֶׁבֶת דְּלֹא תָּנָא בֵּיהּ קְרָא** — שלא חזר עליו הכתוב, **לֹא מִיחַיַּיב** החובל לשלם. **וְרַבָּנָן** (תנא קמא) **סָבְרֵי, כֵּיוָן דְּתָנָא בֵּיהּ קְרָא בְּרִיפּוּי** — כיון ששנה בו הכתוב בריפוי [ומכך, שהחובל חייב בריפוי], **אַשֶּׁבֶת נַמִּי מִיחַיַּיב** — החובל מתחייב גם בשבת, **דְּאִיתְּקַשׁ לְרִיפּוּי** — שכן שבת הוקש לריפוי[31].

הגמרא מרחיבה בביאור המחלוקת לפי דברי רבה:

וְרַבִּי יְהוּדָה למה לא קיבל את ההיקש לחייב אותו גם בשבת? **סָבַר, שֶׁבֶת לֹא מִיחַיַּיב** — [ודאי ש]החובל אינו מתחייב בשבת, **דְּמַעֲטֵיהּ רַחֲמָנָא** — שהתורה מיעטה אותו בפירוש, באמרה "רַק" בענינו. מתוך כך, אין לנו להקיש שבת לריפוי[32]. **וְרַבָּנָן** — כלומר, איך יפרשו חכמים (תנא קמא) את המיעוט? הם סוברים שהמיעוט "רַק", **לְמַעֵט** צמחים שעלו **שֶׁלֹּא מֵחֲמַת הַמַּכָּה, הוּא דְּאָתָא** — הוא שבא[33]. אבל אם עלו מחמת שהנחבל חבש את המכה בחבישה יתירה, החובל חייב בשבת (לפי ששבת הוקש לריפוי, ועל ריפוי שנה הכתוב ללמדנו שחייב באופן כזה).

לפי מה שנתבאר שישנו ריבוי בכתוב בענין ריפוי, הגמרא מבארת לשם מה נצרך הריבוי לפי הדעה השלישית שבברייתא:

וּלְרַבָּנָן בַּתְרָאֵי — ולדעת החכמים המוזכרים באחרונה, **דְּאָמְרֵי: כָּל שֶׁחַיָּיב בְּשֶׁבֶת חַיָּיב בְּרִיפּוּי, וְכָל שֶׁאֵינוֹ חַיָּיב בְּשֶׁבֶת אֵינוֹ חַיָּיב בְּרִיפּוּי** (ולכן במקרה זה פטור החובל משניהם) קשה, **רִיפּוּי דְּתָנָא בֵּיהּ קְרָא** (ששנה עליו הכתוב) **לָמָּה לִי** — מה בא לרבות? הרי לדעתם, החובל אינו חייב בריפוי אפילו אם עלו הצמחים מחמת חבישה יתירה[34]! אלא, **מִיבָּעֵי לֵיהּ לְכִדְתָנָא דְּבֵי רַבִּי יִשְׁמָעֵאל** — הוא נצרך לזה שלימד תנא מבית מדרשו של רבי ישמעאל, **דְּתַנְיָא** בברייתא: **דְּבֵי** — [חכם] של בית מדרשו של **רַבִּי יִשְׁמָעֵאל אוֹמֵר:** הפסוק אומר: "**וְרַפֹּא יְרַפֵּא**". **מִכָּאן** נלמד **שֶׁנִּיתַּן רְשׁוּת לְרוֹפֵא לְרַפְּאוֹת**[35].

ברייתא נוספת הדנה בתשלום ריפוי:

תָּנוּ רַבָּנָן: מִנַּיִן לנו **שֶׁאִם עָלוּ בּוֹ** [בנחבל] **צְמָחִים מֵחֲמַת הַמַּכָּה, וְנִסְתְּרָה הַמַּכָּה** — או אם המכה נתרפאה ושוב חזרה, **שֶׁחַיָּיב לְרַפְּאוֹתוֹ** (היינו, גם פצעים אלו), **וְחַיָּיב לִיתֵּן לוֹ שִׁבְתּוֹ** — מה שמתבטל ממלאכתו בגין צמחים אלה? **תַּלְמוּד לוֹמַר** — הכתוב

הערות

24. רש"י. מרומי שדה מדקדק מזה שהחובל אינו אחראי על הצער שנגרם לנחבל מחמת הקור, אלא חייב רק עבור הצער המורגש בעת החבלה. ראה ים של שלמה (ח ד"ה וכתב האשר"י) לדיון נוסף בענין זה.

25. היינו, הוא חייב אף על פי שהנחבל בעצמו, ושלא ברשות, גרם להוסיף על הוצאות הריפוי לפי שחבש את המכה להנאתו.

26. הכתוב (שמות כא, יט) אומר רק "שִׁבְתּוֹ".

27. והחכמים שהוזכרו באחרונה (השיטה השלישית בברייתא) סוברים אף הם שאין רשות לחובל לחבוש את מכתו, ולכן פטור החובל מן השבת אם עלו בו צמחים מחמת החבישה והאריכו את הימים שהיה בטל ממלאכתו, ומחמת שהוקש ריפוי לשבת, פטור אף מן הריפוי. הגמרא להלן תבאר, לשם מה נצרך הריבוי שנאמר לגבי ריפוי (ששנה עליו הכתוב) לפי דעה זו.

28. לא מסתבר כלל לחייב את החובל בריפוי פצעים שנגרמו על ידי מה שעשה הנחבל שלא ברשות כלל, דהיינו פשיעה גמורה (ראה רשב"א). לא יתכן אפוא שדעת רבי יהודה המחייב את החובל בריפוי הצמחים שעלו מחמת החבישה — ודעת חכמים האחרונים בברייתא שהיו אף הם מחייבים בריפוי אילולא ההיקש "שבתו ורפואתו" — היא שאין רשות לנחבל כלל לחבוש את מכתו.

29. [חבישה יתירה מחממת עוד יותר את המכה ויכולה לגרום לעליית צמחים.] מאירי מפרש "אגד יתירא", שהאגד (התחבושת) מהודק ביותר. פירוש אחר: אגד המכסה שטח גדול יותר מהנצרך, מה שמעלה את החום יתר על המדה (שיטה מקובצת בשם גאון).

30. אף שהנחבל עשה שלא ברשות בחבישה יתירה של המכה, אין מעשהו נחשב לפשיעה גמורה. [שהרי עצם החבישה מותרת היא, וקשה לחבוש בדיוק כפי הראוי (חדושים ובאורים).] ומה שהתורה נקטה כפל לשון של ריפוי מורה שעדיין זכאי הוא לתשלום ריפוי אף שעשה שלא ברשות. אילו לא הותרה חבישה כלל, הרי כל חבישה נחשבת לפשיעה גמורה ועל כן לא היה ראוי לתשלום (רשב"א).

31. [לפי שהכתוב מלמדנו שגם במקרה שהנחבל חבש חבישה יתירה שלא ברשות, החובל חייב בריפוי, בהכרח שחייב גם בשבת, שכן אי אפשר לחלק בדיניהם אחר שהוקשו זה לזה.]

והחכמים שהוזכרו באחרונה (השיטה השלישית בברייתא) סוברים אף הם שאין רשות לחובל לחבוש את מכתו חבישה יתירה; ולכן פטור החובל מן השבת אם עלו בו צמחים מחמת החבישה היתירה והאריכו את ימי בטלתו ממלאכה, ומחמת שהוקש ריפוי לשבת, פטור אף מן הריפוי. הגמרא להלן תבאר לשיטת חכמים אלו, מה ריבה אפוא הכתוב במה ששנה על "ריפוי".

32. לדעת רבי יהודה, הכתוב "**רַק** שִׁבְתּוֹ יִתֵּן" ממעט חיוב של שבת במקרה של חבישה יתירה. [וממילא אין להקיש שבת לריפוי, שכן חלוקים הם זה מזה — לגבי שבת נכתב מיעוט ("רַק"), ולגבי ריפוי נכתב ריבוי (ששנה עליו הכתוב).]

33. לדעת תנא קמא, המיעוט "**רַק** שִׁבְתּוֹ יִתֵּן" מלמד על מקרה של צמחים שעלו שלא מחמת המכה, אלא מחמת שהנחבל עבר על דברי הרופא ובכך נתארכה מחלתו והתבטל ממלאכתו ימים נוספים (ראה להלן בגמרא); במקרה כזה אין החובל חייב לשלם עבור השבת שנגרמה עקב פשיעתו הגמורה של הנחבל [ולפי שהוקש ריפוי לשבת, פטור אף מן הריפוי] (ראה רש"י).

34. החכמים לומדים מההיקש שכמו שהחובל אינו חייב בשבת במקרה כזה (לפי שנאמר בו מיעוט "רַק"; מהרש"א) כך אינו חייב בריפוי (על אף כפל הלשון, "רַפֹּא יְרַפֵּא"). אך, מה הם כן לומדים מכפל לשון הריפוי?

35. הכתוב מלמד שאין לנו לומר שכיון שהקב"ה גרם לאדם זה שילקה בכך, אין לבני אדם לרפאותו אלא הקב"ה בלבד ירפאנו (רש"י). תוספות מקשים: זאת ניתן ללמוד כך מהלשון "רַפֹּא" לבד. מדוע הוצרכו החכמים לכפל הלשון? תוספות מתרצים שלשון אחד של ריפוי מלמד רק שהותר לרפאות מכות הבאות בידי אדם. אבל לרפאות חולי הבא בידי שמים היה נראה כסותר גזירת המלך. כפל לשון הריפוי מלמד שאין הדבר כך (ראה גם רשב"א; תורת חיים).

[הרמב"ן (ויקרא כו, יא) מבאר שאילולא לימוד זה, היינו אומרים שיש להימנע מנסיון לרפא, מחשש שמא יטעה הרופא ונמצא הורג נפשות בשוגג (ראה שם עוד לביאור נרחב בענין הרפואה בידי שמים ובידי אדם; ראה גם שו"ת הרשב"א א, תיג; חובות הלבבות שער הבטחון ד). יתר על כן, גם מצוה על הרופא לרפא (ראה רמב"ם בפירוש המשנה לנדרים ד, ד; רמב"ן בתורת האדם, ענין הסכנה). ואף על החולה מוטלת חובה לעסוק ברפואתו ואסור לו להימנע מכך (פסקי ריא"ז; ברכי יוסף יורה דעה שלו, ב). ראה עוד בפירוש אבן עזרא לשמות כא, יט, ותורת חיים כאן; תוספות רבי יהודה החסיד לברכות ס, א, ומה שצויין במהדורתנו שם הערה 26.]

בסיכום: לדעת רבה, התנאים בברייתא נחלקו במקרה של חבישה יתירה (שלדעת הכל אסורה). שני סוגי התשלום, שבת וריפוי, נכתבו בתורה בסמיכות, ולכן יש מקום להשוות דיניהם על ידי "היקש". תנא קמא מפרש היקש זה כמלמד שכשם שהחובל חייב בריפוי (דבר הנלמד מכפילותו בכתוב), כך הוא חייב בשבת (ומה שמיעט הכתוב "רַק" לענין שבת, בא ללמד שאין החובל משלם על שבת בגין צמחים שעלו שלא מחמת המכה [ובאופנים שיתבארו בגמרא להלן]). לרבי יהודה המיעוט "רַק" מלמד שאין ללמוד שבת מריפוי, אלא חייב רק בריפוי (דבר הנלמד מכפילותו בכתוב). ולפי הדעה השלישית (חכמים שנזכרו באחרונה), כשם שאין החובל חייב בשבת (ראה הערה 34), גם אין הוא חייב בריפוי; והם מוציאים את כפל הלשון לדרשה אחרת.

בכלל ופרט המרוחקים זה מזה קמפלגי רבי סבר אין דנין אותו בכלל ופרט ובן עזאי סבר דנין אותו בכלל ופרט וכי תימא חבורה לרבי למה לי לדמים יתרים: אומדין כמה אדם כיוצא בזה רוצה ליטול וכו': צער במקום נזק היכי שיימינן אמר אבוה דשמואל אומדין כמה אדם רוצה ליטול לקטוע לו ידו לקטוע לו ידו לא צער לחודיה הוא הא כולהו חמשה דברים איכא ועוד בשופטני עסקינן אלא לקטוע ידו הקטועה ידו הקטועה נמי לא צער לחודיה איכא הא צער ובושת איכא דכסיפא ליה מילתא למשקל מבשרו למשדייה לכלבים אלא אומדין כמה אדם רוצה ליטול לקטוע לו ידו המוכתב למלכות בין סם לסייף אמרי הכא נמי לא שקיל ומצער נפשיה אלא [א]אומדין כמה אדם רוצה ליתן לקטוע לו ידו המוכתב למלכות בין סייף לסם האי ליטול ליתן מבעי ליה אמר רב הונא בריה דרב יהושע ליטול זה מזה מה שנתן זה: רפוי הכהו חייב לרפאותו וכו': [ת"ר] [ב]עלו בו צמחים מחמת המכה ונסתרה המכה חייב לרפאותו וחייב ליתן לו דמי שבתו שלא מחמת המכה אינו חייב לרפאותו ואינו חייב ליתן לו דמי שבתו ר' יהודה אומר אף מחמת המכה חייב לרפאותו ואינו חייב ליתן לו דמי שבתו וחכמים אומרים שבתו ורפואתו כל שחייב בשבת חייב בריפוי ושאינו חייב בשבת אינו חייב בריפוי במאי קא מיפלגי ° אמר רבה אשכחתינהו לרבנן בבי רב דיתבי וקאמרי הכא במכה ניתנה לאגד קמיפלגי רבנן סברי מכה ניתנה לאגד ורבי יהודה סבר מכה לא ניתנה לאגד ריפוי דתנא ביה קרא מיחייב שבת דלא תנא ביה קרא לא מיחייב ואמינא להו אנא אי מכה לא ניתנה לאגד ריפוי נמי לא מיחייב אלא דכולי עלמא מכה ניתנה לאגד ולא ניתנה לאגד יתירה ר' יהודה סבר כיון דלא ניתנה לאגד יתירה ריפוי דתנא ביה קרא מיחייב שבת דלא תנא ביה קרא לא מיחייב ורבנן סברי כיון דתנא ביה קרא בריפוי אשבת נמי מיחייב דאיתקש לריפוי ור' יהודה סבר שבת לא מיחייב דמעטיה רחמנא רק ורבנן רק לשלא מחמת המכה הוא דאתא ולרבנן בתראי דאמרי כל שחייב בשבת חייב בריפוי וכל שאינו חייב בשבת אינו חייב בריפוי ריפוי דתנא ביה קרא למה לי מיבעי ליה לכדתנא דבי ר' ישמעאל (א) דתניא דבי ר' ישמעאל אומר [א] ורפא ירפא [ג]מכאן שניתן רשות לרופא לרפאות ת"ר מנין שאם עלו בו צמחים מחמת המכה ונסתרה המכה שחייב לרפאותו וחייב ליתן לו שבתו ת"ל רק שבתו יתן ורפא ירפא יכול אפילו שלא מחמת המכה ת"ל רק ר' יוסי בר יהודה אומר אף מחמת המכה פטור שנאמר רק איכא דאמרי אף מחמת המכה פטור לגמרי כרבנן בתראי ואיכא דאמרי אף מחמת המכה פטור משבת וחייב בריפוי כמאן כאבוה: אמר מר יכול אפילו שלא מחמת המכה ת"ל רק שלא מחמת המכה בעי קרא אמרי מאי שלא מחמת המכה כדתניא [ד]הרי שעבר על דברי רופא ואכל דבש או כל מיני מתיקה מפני שדבש וכל מיני מתיקה קשין למכה והעלה מכתו גרגותני יכול יהא חייב לרפאותו ת"ל רק מאי גרגותני אמר אביי נאתא כריכתא מאי אסותיה אהלא וקירא וקלבא ואי א"ל אסייך אנא [א] א"ל (ג) [ה]דמית עלי כאריא ארבא ואי א"ל מייתינא אסיא דמגן במגן א"ל [ו]אסיא דמגן במגן מגן שוה ואי אמר מייתינא לך אסיא רחיקא אמר ליה [ז]אסיא רחיקא עינא עוירא ואי א"ל היאך הב לי לדידי ואנא מסינא נפשאי [ח]א"ל פשעת בנפשך ושקלת מינאי טפי ואי א"ל קוץ לי מקץ א"ל [ט]כל שכן דפשעת בנפשך וקרו לי שור המזיק תנא [י]וכולן משתלמין במקום נזק מנהני מילי אמר רב זביד משמיה דרבא אמר קרא (ב) פצע תחת פצע (ג) ליתן צער במקום נזק האי מבעי ליה לרבות

לרבות

רבי סבר אין דנין. הכא נמי כויה נאמרה תחילה לכל דכויה משמע בין שיש עמה חבורה בין שאין עמה חבורה ואי הוי חבורה סמיך ליה הוי דרשי חבורה פרט ואין בכלל אלא מה שבפרט יש עמה חבורה אין אין עמה חבורה לא השתא דכתיב פצע בינתים לא דיינינן ולקמן פריך חבורה לרבי למה לי והיינו דקאמר כויה נאמרה תחילה כלומר מתחילת הפסוק אנו למדין שהוא חייב בכויה גרידא ולא נאמר סופו מוכיח שמתחילתו לא חייב אלא כשיש חבורה ואין דנין ומתני' רבי היא: למה לי. הואיל ומרישא שמעינן לתרוייהו: לדמים יתרים. דאי לא כתיב אלא כויה תחת כויה הוה אמרינן בין אית ביה חבורה בין לית ביה חבורה דמי כויה משלם אבל תרתי לא משלם קמ"ל דמשלם תרוייהו: צער במקום נזק. היכא דקטע את ידו ונתן לו דמיה: היכי שיימינן. את הצער הלא יש לו לקוצצה בשביל הדמים שנוטל: ידו הקטועה. ומחוברת בגידין למותין ואינה ראויה לו למלאכה: בין סם לסייף. ידו המוכתבת למלך לקוצצה בסם שאין שם צער כלל כמה רוצה ליטול לקוצצה בסייף: הא לא שקיל. כל ממון שבעולם לצער נפשיה לקוצצה וכאן כבר נעשה מעשה: כמה אדם רוצה ליתן. לשליח המלך מידו המוכתבת למלכות לקוטעה בסייף ויקטענה השליח בסם: ליטול. מן המזיק מה שנתן זה למלך: דמי שבתו. דמחמת הצמחים נפל למשכב: ה"ג וחכמים אומרים שבתו ורפואתו כל שישנו כו'. הקישן הכתוב וזה שאין חייב בשבת אינו חייב בריפוי ורבנן קמאי מחייבי ליה לתרוייהו: נתנה לאגד. נתנה רשות לנחבל לאוגדה ולעטפה מפני צער הצנה ועולין הצמחים מחמת הבל וחום האגד: לא נתנה. רשות לאגד וזה להנאתו אגד הלכך צמחים שעלו בה אין על המזיק להתחייב עליהן: דתנא ביה. דשנה עליו הכתוב: ורבנן. ת"ק: רק לשלא מחמת המכה אתא. שעבר על דברי רופא כדמפרש לקמן: נתנה רשות לרופאים לרפאות. ולא אמרינן רחמנא מחי ואיהו מסי: תלמוד לומר שבתו יתן ורפא ירפא. שינה הכתוב בריפוי לחייבו אף על הצמחים והקיש שבת לריפוי: נאתא כריכתא. בשר מת: אהלא. אהלמ"י בלע"ז: וקירא. שעוה: וקלבא. רשינ"א שבחביות של יין: ואי אמר ליה. מזיק אסייך אנא אני מרפא אותך ואיני נותן דמי אסייך: אסיא רחיקא. ומוזיל גבי: עינא עוירא. שעתיד לילך לדרכו ואין חושש אם עיור עינו של זה: (א) אסיא דמגן. שירפא בחנם וקרובו הוא: כ"ש. דלא ניחא לי בהכי דאי פשעת בנפשך גנאי גדול הוא לי דקרו לי שור המזיק:

כלל ופרט המרוחקין זה מזה. נראה לר"י דבכלל ופרט המרוחקין זה מזה דפליגי תנאי דהכא והוא דפליגי נמי אביי ורבא בריש בנות כותים (נדה דף לג.) היינו דוקא בחד ענינא אבל בתרי ענייני לכ"ע אין דנין כדמוכח בפ"ק דפסחים (דף ו: ושם) ובכל המנחות (מנחות נה: ושם) והיא דנגמר הדין (סנהדרין דף מו: ושם) גבי והומת ותלית אם נחשבנו כתרי ענייני לפי שמרוחקין יותר מאותם שבכאן ושבנדה אתיא ההיא דנגמר הדין ככ"ע אבל אם נחשביה כחד ענינא אתי סוגיא דהתם כמ"ד אין דנין:

לדמים יתרים. פי' בקונטרס דאי לא כתיב אלא כויה ה"א אפילו אית ליה חבורה דמי כויה הוא דמשלם אבל תרתי לא משלם קמ"ל דמשלם תרוייהו [ד] צער במקום נזק ואין נראה לר"י דהא צער במקום נזק נפקא לן מפצע תחת פצע ועוד דלמה היה לנו לומר שהצער יפטור את הנזק ואת הרפוי ונראה לר"י לדמים יתרים שמשלם בצער שיש בו רושם יותר מבצער שאין בו רושם אע"פ שאין מצטער בזה יותר מבזה משלם יותר לפי שמתגנה מחמת הרושם: עלו בו צמחים כו'. כשלא אמדוהו איירי דאי באמדוהו הא אמרינן לקמן (דף צא.) אמדוהו והיה מתנונה והולך אין נותנין לו אלא כמו שאמדוהו: שניתנה רשות לרופא לרפאות. וא"ת והא מרפא לחודיה שמעינן ליה וי"ל דה"א ה"מ מכה בידי אדם אבל חולי הבא בידי שמים כשמרפא נראה כסותר גזירת המלך קמ"ל דשרי: עבר על דברי הרופא. לא חשיב ליה פושע כ"כ: פשעת בנפשך ומפסדת לי. היכא דלא אמדוהו:

רואין

עין משפט
נר מצוה

יח א מיי' פ"ב מהל' חובל ומזיק הלכה י סמג עשין ע טוש"ע ח"מ סי' תכ סעיף טו:
יט ב מיי' שם הלכה יט ועיין בהשגות ובמ"מ טוש"ע שם סעיף יט:
כ ג טוש"ע י"ד סי' שלו סעיף א:
כא ד מיי' שם הלכה יט סמג שם טוש"ע ח"מ סי' תכ סעיף כ:
כב ה ו מיי' שם הלכה יח טוש"ע שם סעיף כא:
כג ז מיי' שם ועיין בל"מ טוש"ע שם סעיף כב:
כד ח ט מיי' שם הלכה יז טוש"ע שם סעיף כג:
כה י מיי' שם הלכה ט טוש"ע שם סעיף ג ד:

ליקוטי רש"י

בשופטני. שוטים [ב"מ מ.]. אומדין כמה אדם רוצה ליתן. אומדין כמה אדם העומד ידו ליקצץ ע"י חרב רוצה ליתן כדי שיתקצץ לו ע"י סם דלית ליה צער כולי האי [לעיל ד:]. אשכחתינהו לרבנן בבי רב. מצאתי התלמידים בבית המדרש דכל היכא דמיירי בבי רב לאו רב ממש הוא אלא בבית המדרש הוא [קדושין מז:]. דיתבי וקאמרי. משמיה דרב [סוכה יז.]. מכאן שניתן רשות לרופא לרפאות. דאל"ה לא היה להם לעסוק ברפואות אלא לבקש רחמים [ברכות ס.]. כאריא ארבא. כאריה אורב [ב"מ קא:]. קירא וקלבא רישינא. הוא זפת של עץ שמוציאים ממנו שלא על ידי האור והיא לבנה [שבת קלג:]. ליתן צער במקום נזק. היכא דקטע את ידו ונתן לו דמיה [לקמן פה.]. מקרא זה יתר הוא ובהחובל דרשוהו רבותינו לחייב על הצער אפילו במקום נזק שאף על פי שנותן לו דמי ידו אין פוטרין אותו מן הצער לומר הואיל וקנה ידו יש עליו לחתכה בכל מה שירצה אלא אומרים יש לו לחתכה בסם שאינו מצטער כל כך וזה חתכה בברזל וצערו [שמות כא כה] דאפי' היכא דאיכא נזק משלם נמי צער דלא תימא צער דכתבה רחמנא היינו בדליכא נזק כגון כוואו בשפוד על צפרנו דלא אפחתיה מכספיה ולהך דרשה מפקינן ליה בהחובל [לעיל כו:]. ואע"פ שיש שם תשלומי הנזק משלם אף הצער ומקרא יתירא קדריש דהא כתיב כויה תחת כויה למה לי פצע תחת פצע וכויה וחבורה מדריש לקמן [לעיל פד.].

מסורת הש"ס

א) ברכות ס., ב) [ב"מ קא: ב"ב קסח.], ג) לעיל כו: פד., ד) אין זה לשון הקונטרס ועיין רש"א.

הגהות הב"ח

(א) רש"י ד"ה אסיא דמגן נ"ל קודם ד"ה אסיא רחיקא:

גליון הש"ס

גמ' אמר רבה אשכחתי' לרבנן. סוכה יז ע"א וש"נ:

הגהות מהר"ב רנשבורג

א] גמ' א"ל דמית עלי כאריא ארבא כארי אורב. ועיין בערוך ערך ארב:

תורה אור השלם

א) אִם יָקוּם וְהִתְהַלֵּךְ בַּחוּץ עַל מִשְׁעַנְתּוֹ וְנִקָּה הַמַּכֶּה רַק שִׁבְתּוֹ יִתֵּן וְרַפֹּא יְרַפֵּא: [שמות כא, יט]

ב) כְּוִיָּה תַּחַת כְּוִיָּה פֶּצַע תַּחַת פָּצַע חַבּוּרָה תַּחַת חַבּוּרָה: [שמות כא, כה]

לעזי רש"י

אהלמ"י. פירוש הצמח אהל, אהלות (עיין רש"י ב"מ דף פא ע"א ד"ה אהלויי וערוך ערך אהל א' ומוסף הערוך ערך אלוו):

רשינ"א. פירוש שרף (של עץ) (עיין רש"י שבת דף קלג ע"ב ד"ה קירא וקלבא ורש"י ביצה דף לג ע"ב ד"ה במוספתקי):

מלמדנו (שמות כא, יט): "רַק שִׁבְתּוֹ יִתֵּן וְרַפֹּא יְרַפֵּא"[36]. יָכוֹל הייתי לחשוב שהוא חייב אֲפִילוּ אם עלו בו צמחים שֶׁלֹּא מֵחֲמַת הַמַּכָּה. תַּלְמוּד לוֹמַר — הפסוק אומר על כן בתחילתו, "רַק", לשון מיעוט, למעט מחיוב במקרה כזה[37]. אולם, רַבִּי יוֹסֵי בַּר יְהוּדָה אוֹמֵר: אַף אם עלו בו צמחים מֵחֲמַת הַמַּכָּה, החובל פָּטוּר, שֶׁנֶּאֱמַר "רַק"[38].

שני ביאורים שונים בדעתו של רבי יוסי בר יהודה:

אִיכָּא דְּאָמְרֵי — יש אומרים: מה שאמר רבי יוסי בר יהודה, "אַף מֵחֲמַת הַמַּכָּה, פָּטוּר" היינו שהוא פטור לְגַמְרֵי, כְּרַבָּנָן בַּתְרָאֵי — כדעת החכמים האחרונים בברייתא המובאת לעיל[39]. וְאִיכָּא דְּאָמְרֵי — ויש אומרים שבאמרו "אַף מֵחֲמַת הַמַּכָּה, פָּטוּר", התכוון שהוא פטור מִשֶּׁבֶת, וְחַיָּיב — אך הוא חייב בְּרִיפּוּי. כְּמַאן — כדעת מי הוא פוסק? כַּאֲבוּהָ — כדעת אביו, רבי יהודה, בברייתא הקודמת[40].

הגמרא מעיינת בדברי התנא קמא:

אָמַר מָר (התנא קמא בברייתא השניה): יָכוֹל הייתי לחשוב שהוא חייב אֲפִילוּ אם עלו בו צמחים שֶׁלֹּא מֵחֲמַת הַמַּכָּה. תַּלְמוּד לוֹמַר — הפסוק אומר על כן: "רַק". וקשה, וכי כדי ללמד שהחובל פטור על צמחים שעלו שֶׁלֹּא מֵחֲמַת הַמַּכָּה, בָּעֵי קְרָא — צריך מיעוט מן הכתוב[41]?!

הגמרא משיבה:

אָמְרֵי — אמרו: מַאי — מה פירוש "שֶׁלֹּא מֵחֲמַת הַמַּכָּה"? כִּדְתַנְיָא — כמו ששנינו בברייתא אחרת: הֲרֵי שֶׁעָבַר הנחבל עַל דִּבְרֵי (הוראת) רוֹפֵא וְאָכַל דְּבַשׁ אוֹ כָּל מִינֵי מְתִיקָה, שאותם אסר עליו הרופא מִפְּנֵי שֶׁדְּבַשׁ וְכָל מִינֵי מְתִיקָה קָשִׁין לַמַּכָּה, וְהֶעֱלָה מַכָּתוֹ מחמת כך "גַּרְגּוּתְנִי"[42], יָכוֹל הייתי לומר שֶׁיְּהֵא החובל חַיָּיב לְרַפְּאוֹתוֹ[43]. תַּלְמוּד לוֹמַר — מלמדנו הכתוב באמרו לשון מיעוט: "רַק", שהחובל פטור מלשלם במקרה כזה.

הגמרא מבררת:

מַאי מה פירוש "גַּרְגּוּתְנִי"? אָמַר אַבַּיֵי: נַאתָא כְּרִיכְתָּא — בשר מת (נמק). מַאי אַסּוּתֵיהּ — מהי רפואתו? אַהֲלָא (מין צמח) וְקִירָא (שעוה) וְקַלְבָּא — שרף (של עץ) שבתחתית חביות של יין[44].

הגמרא מגבילה את זכותו של החובל להביא רופא כפי רצונו:

וְאִי אָמַר לֵיהּ — ואם החובל אומר לנחבל: "אַסְיָיךְ אֲנָא — ארפא אותך אני, וכך לא אצטרך לשלם כסף על הריפוי", אין שומעים לדבריו, כי אָמַר לֵיהּ — הנחבל יכול לומר לו: "דָּמֵית עֲלַי כְּאַרְיָא אָרְבָא — דומה אתה בעיני כאריה האורב, ואיני רוצה להירפא על ידך"[45]. וְאִי (ואם) אָמַר לֵיהּ החובל לנחבל: "מַיְיתִינָא אַסְיָא דְּמַגָּן (במגן) — אביא לך רופא שירפא אותך בחנם"[46], אין שומעים לדבריו, כי אָמַר לֵיהּ — יכול הניזק לומר לו: אַסְיָא דְּמַגָּן (במגן) — רופא שמרפא חנם מַגָּן שָׁוֶה — אינו שוה כלום"[47]. וְאִי — וכן אם אָמַר המזיק לניזק: "מַיְיתִינָא לָךְ אַסְיָא רְחִיקָא — אביא לך רופא מרחוק"[48], אָמַר לֵיהּ הנחבל: "אַסְיָא רְחִיקָא עֵינָא עֲוִירָא — רופא מרחוק יעוור עין"[49].

הגמרא מגבילה את זכותו של הנחבל בדרישת הוצאות ריפויו:

וְאִי אָמַר לֵיהּ הָאִיךְ — ואם אומר לו הלה (הנחבל לחובל): "הַב לִי לְדִידִי וַאֲנָא מַסֵּינָא נַפְשַׁאי — תן לי ממון וארפא את עצמי"[50], אין שומעים לדבריו, כי אָמַר לֵיהּ — יכול החובל לומר לו: "פָּשְׁעַתְּ בְּנַפְשָׁךְ וְשָׁקְלַתְּ מִינַּאי טְפֵי — תפשע בעצמך (כלומר, חושש אני שלא תרפא עצמך כראוי[51]) ולבסוף תיקח ממני יותר לצורך רפואתך". וְאִי — וכן אם אָמַר לֵיהּ הנחבל: "[אם חושש אתה שירבו הוצאות הרפואה במקרה שאני ארפא עצמי כפי הבנתי] קוּץ לִי מִקָּץ — קצוב לי סכום קצוב לרפואתי [ואני ארפא עצמי, ולא אדרוש ממך יותר

הערות

36. חזרת הכתוב על לשון "ריפוי" מלמד שהחובל חייב גם על צמחים שעלו מחמת המכה (ולא רק על המכה עצמה), ומסמיכותו ל"שבת" לומדים שהוא חייב גם בשבת מלבד מה שהוא חייב בריפוי (ראה רש"י). [המקרה של הברייתא — אם חבש חבישה רגילה או חבישה יתירה — תלוי במחלוקת רבה והתלמידים לעיל.]

37. [המיעוט נאמר לגבי שבת, אך לפי שהוקש ריפוי לשבת, פטור אף מן הריפוי.]

הגמרא להלן תשאל על הצורך בפסוק; הרי הדבר פשוט שהחובל אינו חייב אם הצמחים עלו שלא מחמת החבלה.

38. כיון שהפצעים התפתחו מחמת החבישה (לדעת רבה: היתירה) שחבש הנחבל שלא ברשות, אי אפשר לראות את החובל כאחראי לגמרי עבורם. הגמרא תביא כעת מחלוקת עד היכן הוא פטור מאחריות.

39. לדעתם (הדעה השלישית שם) מכך שתשלומי הריפוי והשבת הוקשו זה לזה בסמיכותם בפסוק, אנו למדים שכמו שחובל אינו חייב בשבת שמחמת הצמחים, כך אינו חייב בריפויים.

40. הביאור השני בדברי רבי יוסי בר יהודה הוא כהוראת רבי יהודה בברייתא הראשונה. הגמרא לעיל הסבירה שרבי יהודה מחייב את החובל בריפוי מחמת חזרת לשון "ריפוי" בפסוק, אך מחמת המיעוט "רק", לא הקיש שבת לריפוי לחייב גם בשבת. [ראה פני יהושע, הדן מה משמעות המלה "אף" בדברי רבי יוסי בר יהודה.]

41. הגמרא מניחה שהתנא קמא מתייחס למקרה בו נתרפאה המכה לגמרי. היא שואלת על כן, מדוע יתחייב החובל לשלם עבור רפואת מכה חדשה לגמרי (שיטה מקובצת).

42. הגמרא תבאר להלן מהו "גרגותני".

דברי מתיקה מחממין את הגוף ויכולים להכביד את מצבו של הנחבל (רבינו יהונתן, מובא בשיטה מקובצת).

43. היה מקום לומר שאין זה נחשב פשיעה גמורה על ידי הנחבל, וראוי שיתחייב החובל לרפאותו (רשב"א; עיין גם תוספות), לפי שלולא המכה, לא היה הנחבל צריך להיזהר בדברים אלה (חידושי רבי משה קזיס, ותוספות יום טוב; עיין גם מלאכת שלמה על המשנה, ד"ה שלא).

44. [כנראה שרפואה על ידי חומרים אלה היא על ידי מריחתם על המכה.]

פירשנו על פי רש"י. לפירושים אחרים ב"אהלא" ו"קלבא" ראה ערוך, ערכים: אהל [א], קלבא.

[לסיכום הדינים בעלו בו צמחים מחמת המכה ושלא מחמת המכה, ולדיון בשיטת הרמב"ם בזה, ראה ים של שלמה ט; ראה גם במפרשים על הרמב"ם הלכות חובל ומזיק ב, יט.]

45. [כיון שהוא זה שחבל בו מתחילה.] לפיכך, אפילו אם המזיק הוא רופא ידוע, יכול הניזק לסרב להתרפא על ידו, שהמתרפא צריך שתהא לו נחת רוח מן הרופא (רא"ש על המשנה; ראה דבר משה, קעו).

46. כגון שהרופא הוא קרובו או ידידו הקרוב של המזיק (רש"י, רא"ש; ראה פלפולא חריפתא ז).

["מגן" הוא לשון "חנם"; "דְּמַגָּן בְּמַגָּן" הוא כפל לשון, ומופיע רק במהדורות הדפוס. בגירסת הרי"ף (וכן בכתבי היד), המלה "בְּמַגָּן" אינה מופיעה (ראה דקדוקי סופרים; הגהות וציונים ב).]

47. [אף שהרופא הוא מומחה ומוכן לטפל בנחבל כטובה לקרובו, הנחבל יכול לסרב.] שמכיון שאין הרופא מצפה לתשלום אין הוא נותן מלוא לבו ומחשבתו לצרכי החולה (רא"ש על המשנה). מאותו הטעם יכול הניזק לדחות רופא המוכן לרפא במחיר זול (ים של שלמה י).

[ראה גליוני הש"ס כאן ולברכות ס, א, האם יש ללמוד מכאן שרופא צריך לקחת תשלום; ראה גם שו"ת שבות יעקב א, פו.]

48. [כגון ש]לחובל יש ריוח מהבאת אותו הרופא מרחוק, שיודע שיוזיל את המחיר בעבורו (רש"י ורא"ש [לפי הבנת ים של שלמה י]; ראה הערה הבאה).

49. רופא ההולך למקומו המרוחק אחרי הטיפול, לא יחשוש במיוחד אם יעוור עינו של החולה ויתרשל במלאכתו (רש"י). רק רופא מקומי יחשוש מאיבוד המוניטין שלו כרופא מומחה (רא"ש). לטעמים אחרים לדחיית רופא הבא מרחוק ראה ערוך (אס, א), מאירי, ורש"ש.

באמת, הנחבל יכול לדחות רופא הבא ממרחקים אף אם הוא מקבל תשלום הגון (מחמת החשש שיש ברופא שכזה). רש"י כותב שהרופא ממרחקים מוזיל את המחיר, רק כדי להסביר את רצונו של החובל להביא רופא זה (ים של שלמה י).

בסיכום: הנחבל יכול לדחות ריפוי על ידי אדם מסויים מחמת אחת משלש סיבות: (א) כאשר הרופא הוא החובל עצמו, אינו חייב להתרפא על ידי מי שאין לו נחת רוח ממנו (ראה הערה 45); (ב) רופא שמרפא חנם (וכן אם מרפא בזול — ים של שלמה שם), לפי שאין ריפויו שוה כריפוי רופא רגיל; (ג) רופא הבא מרחוק (אף ששכרו מלא — ים של שלמה שם), לפי שעלול הנחבל להינזק אם יסמוך על רופא זה.

[נראה מסוגייתנו, שאם הרופא שמביא החובל אינו מוצא חן בעיני הנחבל, אין הנחבל יכול בשל כך לחייב את החובל להביא לו רופא אחר; אלא אם כן הוא טוען שאינו רופא מומחה ויש ממש בטענתו (ראה ערוך השלחן חושן משפט תכ, כו).]

50. היינו, הניזק מעדיף לקבל פיצוי כספי עבור רפואתו, במקום שהמזיק יביא לו רופא.

51. שמתוך שתחפוץ להשאיר הממון אצלך תקמץ בהוצאות הריפוי (מאירי).

בכלל ופרט המרוחקים זה מזה קמפלגי רבי סבר אין דנין אותו בכלל ופרט ובן עזאי סבר דנין אותו בכלל ופרט וכי תימא חבורה לרבי למה לי לדמים יתרים: אומדין כמה אדם כיוצא בזה רוצה ליטול וכו': צער במקום נזק היכי שיימינן אמר אבוה דשמואל אומדין כמה אדם רוצה ליטול לקטוע לו ידו לקטוע לו ידו לא צער לחודיה הוא הא כולהו חמשה דברים איכא ועוד בשופטני עסקינן אלא לקטוע ידו הקטועה ידו הקטועה נמי לא צער לחודיה איכא הא צער ובושת איכא דכסיפא ליה מילתא למשקל מבשרו למשדייה לכלבים אלא אומדין כמה אדם רוצה ליטול לקטוע לו ידו המוכתב למלכות בין סם לסייף אמרי הכא נמי לא שקיל ומצער נפשיה אלא א אומדין כמה אדם רוצה ליתן לקטוע לו ידו המוכתב למלכות בין סייף לסם האי ליטול ליתן מבעי ליה אמר רב הונא בריה דרב יהושע ליטול זה מזה מה שנתן זה: רפוי הכהו חייב לרפאותו וכו': [ת"ר] ב עלו בו צמחים מחמת המכה ונסתרה המכה חייב לרפאותו וחייב ליתן לו דמי שבתו שלא מחמת המכה אינו חייב לרפאותו ואינו חייב ליתן לו דמי שבתו ר' יהודה אומר אף מחמת המכה חייב לרפאותו ואינו חייב ליתן לו דמי שבתו וחכמים אומרים שבתו ורפואתו כל שחייב בשבת חייב בריפוי ושאינו חייב בשבת אינו חייב בריפוי במאי קא מיפלגי ◦ אמר רבה אשכחתינהו לרבנן בבי רב דיתבי וקאמרי הכא במכה ניתנה לאגד קמיפלגי רבנן סברי מכה ניתנה לאגד ורבי יהודה סבר מכה לא ניתנה לאגד ריפוי דתנא ביה קרא מיחייב שבת דלא תנא ביה קרא לא מיחייב ואמינא להו אנא אי מכה לא ניתנה לאגד ריפוי נמי לא מיחייב אלא דכולי עלמא מכה ניתנה לאגד ולא ניתנה לאגד יתירה ר' יהודה סבר כיון דלא ניתנה לאגד יתירה ריפוי דתנא ביה קרא מיחייב שבת דלא תנא ביה קרא לא מיחייב ורבנן סברי כיון דתנא ביה קרא בריפוי אשבת נמי מיחייב דאיתקש לריפוי ור' יהודה סבר שבת לא מיחייב דמעטיה רחמנא רק ורבנן רק לשלא מחמת המכה הוא דאתא ולרבנן בתראי דאמרי כל שחייב בשבת חייב בריפוי וכל שאינו חייב בשבת אינו חייב בריפוי ריפוי דתנא ביה קרא למה לי מיבעי ליה לכדתנא דבי ר' ישמעאל דתניא [א] דבי ר' ישמעאל אומר א) ורפא ירפא ג מכאן שניתן רשות לרופא לרפאות ת"ר מנין שאם עלו בו צמחים מחמת המכה ונסתרה המכה שחייב לרפאותו וחייב ליתן לו שבתו ת"ל רק שבתו יתן ורפא ירפא יכול אפילו שלא מחמת המכה ת"ל רק ר' יוסי בר יהודה אומר אף מחמת המכה פטור שנאמר רק איכא דאמרי אף מחמת המכה פטור לגמרי כרבנן בתראי ואיכא דאמרי אף מחמת המכה פטור משבת וחייב בריפוי כמאן כאבוה: אמר מר יכול אפילו שלא מחמת המכה ת"ל רק שלא מחמת המכה בעי קרא אמרי מאי שלא מחמת המכה כדתניא ד הרי שעבר על דברי רופא ואכל דבש או כל מיני מתיקה מפני שדבש וכל מיני מתיקה קשין למכה והעלה מכתו גרגותני יכול יהא חייב לרפאותו ת"ל רק מאי גרגותני אמר אביי נאתא כריכתא מאי אסותיה אהלא וקירא וקלבא ואי א"ל אסייך אנא א] א"ל ה) ה דמית עלי כאריא ארבא ואי א"ל מייתינא אסיא דמגן במגן א"ל ו אסיא דמגן במגן מגן שוה ואי אמר מייתינא לך אסיא רחיקא אמר ליה ז אסיא רחיקא עינא עוירא ואי א"ל היאך הב לי לדידי ואנא מסינא נפשאי ח א"ל פשעת בנפשך ושקלת מינאי טפי ואי א"ל קוץ לי מקץ א"ל ט כל שכן דפשעת בנפשך וקרו לי שור המזיק תנא י וכולן משתלמין במקום נזק מנהני מילי אמר רב זביד משמיה דרבא אמר קרא ב) פצע תחת פצע ג) ליתן צער במקום נזק האי מבעי ליה

לרבות

רש"י

רבי סבר אין דנין. הכא נמי כויה נאמרה תחילה כלל דכויה משמע בין שיש עמה חבורה בין שאין עמה חבורה ואי הוי חבורה סמיך ליה הוי דרשי חבורה פרט ואין בכלל אלא מה שבפרט יש עמה חבורה אין אין עמה חבורה לא השתא דכתיב פצע בינתים לא דיינין ולקמן פריך חבורה לרבי למה לי והיינו דקאמר כויה נאמרה תחילה כלומר מתחילת הפסוק אנו למדין שהוא חייב בכויה גרידא ולא נאמר סופו מוכיח שמתחילתו לא חייב אלא כשיש חבורה ואין דנין ומתני' רבי היא: למה לי. הואיל ומרישא שמעינן לתרוייהו: לדמים יתרים. דאי לא כתיב אלא כויה תחת כויה הוה אמרינן בין אית ביה חבורה בין לית ביה חבורה דמי כויה משלם אבל תרתי לא משלם קמ"ל דמשלם תרוייהו: צער במקום נזק. היכא דקטע את ידו ונתן לו דמיה: היכי שיימינן. את הצער הלא יש לו לקוצצה בשביל הדמים שנוטל: ידו הקטועה. ומחוברת בגידין למותין ואינה ראויה לו למלאכה: בין סם לסייף. ידו המוכתבת למלך לקוצצה בסם שאין שם צער כלל כמה רוצה ליטול לקוצצה בסייף: הא לא שקיל. כל ממון שבעולם לצער נפשיה לקוצצה וכאן כבר נעשה מעשה: כמה אדם רוצה ליתן. לשליח המלך נידו המוכתבת למלכות לקוטעה בסייף ויקטענה השליח בסם: ליטול. מן המזיק מה שנתן זה למלך: דמי שבתו. דמחמת הצמחים נפל למשכב: ה"ג וחכמים אומרים שבתו ורפואתו כל שישנו כו'. הקישן הכתוב וזה שאין חייב בשבת אינו חייב בריפוי ורבנן קמאי מחייבי ליה לתרוייהו: נתנה לאגד. נתנה רשות לנחבל לאוגדה ולעטפה מפני צער הצנה ועולין הצמחים מחמת הבל וחום האגד: לא נתנה. רשות לאגד וזה להנאתו אגד הלכך צמחים שעלו בה אין על המזיק להתחייב עליהן: דתנא ביה. דשנה עליו הכתוב: ורבנן. ת"ק: רק לשלא מחמת המכה אתא. שעבר על דברי רופא כדמפרש לקמן: נתנה רשות לרופאים לרפאות. ולא אמרינן רחמנא מחי ואיהו מסי: תלמוד לומר שבתו יתן ורפא ירפא. שינה הכתוב בריפוי לחייבו אף על הצמחים והקיש שבת לריפוי: נאתא כריכתא. בשר מת: אהלא. אהלמ"י בלע"ז: וקירא. שעוה: וקלבא. רשינ"א שבחביות של יין: ואי אמר ליה. מזיק אסייך אנא אני מרפא אותך ואיני נותן דמי אסייך: אסיא רחיקא. ומוזיל גבי: עינא עוירא. שעתיד לילך לדרכו ואין חושש אם עיור עינו של זה: (א) אסיא דמגן. שירפא בחנם וקרובו הוא: כ"ש. דלא ניחא לי בהכי דאי פשעת בנפשך גנאי גדול הוא לי דקרו לי שור המזיק:

לרבות

תוספות

כלל ופרט המרוחקין זה מזה. נראה לר"י דבכלל ופרט המרוחקין זה מזה דפליגי תנאי דהכא והוא דפליגי נמי אביי ורבא בריש בנות כותים (נדה דף לג.) היינו דוקא בחד ענינא אבל בתרי ענייני לכ"ע אין דנין כדמוכח בפ"ק דפסחים (דף ו: ושם) ובכל המנחות (מנחות נה: ושם) והיא דנגמר הדין (סנהדרין דף מו: ושם) גבי והומת ותלית אם נחשבנו כתרי ענייני לפי שמרוחקין יותר מאותם שבכאן ושבנדה אתיא ההיא דנגמר הדין ככ"ע אבל אם נחשביה כחד ענינא אתי סוגיא דהתם כמ"ד אין דנין:

לדמים יתרים. פי' בקונטרס דאי לא כתיב אלא כויה ה"א אפילו אית ליה חבורה דמי כויה הוא דמשלם אבל תרתי לא משלם קמ"ל דמשלם תרוייהו [7] צער במקום נזק ואין נראה לר"י דהא צער במקום נזק נפקא לן מפצע תחת פצע ועוד דלמה היה לנו לומר שהצער יפטר את הנזק ואת הרפוי ונראה לר"י לדמים יתרים שמשלם בצער שיש בו רושם יותר מבצער שאין בו רושם אע"פ שאין מצטער בזה יותר מבזה משלם יותר לפי שמתגנה מחמת הרושם: **עלו** בו צמחים כו'. כשלא אמדוהו מיירי דאי באמדוהו הא אמרינן לקמן (דף נא.) אמדוהו והיה מתנונה והולך אין נותנין לו אלא כמו שאמדוהו: **שניתנה** רשות לרופא לרפאות. וא"ת והא מרפא לחודיה שמעינן ליה וי"ל דה"א ה"מ מכה בידי אדם אבל חולי הבא בידי שמים כשמרפא נראה כסותר גזירת המלך קמ"ל דשרי: **עבר** על דברי הרופא. לא חשיב ליה פושע כ"כ: **פשעת** בנפשך ומפסדת לי. היכא דלא אמדוהו:

רואין

מסורת הש"ס

א) ברכות ס., ב) [ב"מ קא: ב"ב קסח.], ג) לעיל כו: פד., ד) אין זה לשון הקונטרס ועיין רש"א.

הגהות הב"ח

(א) רש"י ד"ה אסיא דמגן נ"ל קודם ד"ה אסיא רחיקא:

גליון הש"ס

גמ' אמר רבה אשכחתי' לרבנן. סוכה יז ע"א וש"נ:

הגהות מהר"ב רנשבורג

א] גמ' א"ל דמית עלי כאריא ארבא כארי אורב. ועיין בערוך ערך ארב:

תורה אור השלם

א) אִם יָקוּם וְהִתְהַלֵּךְ בַּחוּץ עַל מִשְׁעַנְתּוֹ וְנִקָּה הַמַּכֶּה רַק שִׁבְתּוֹ יִתֵּן וְרַפֹּא יְרַפֵּא: [שמות כא, יט]

ב) כְּוִיָּה תַּחַת כְּוִיָּה פֶּצַע תַּחַת פָּצַע חַבּוּרָה תַּחַת חַבּוּרָה: [שמות כא, כה]

לעזי רש"י

אהלמ"י. פירוש הצמח אהל, אהלות (עיין רש"י ב"מ דף פא ע"א ד"ה אהלויי וערוך ערך אהל א' ומוסף הערוך ערך אלוא):

רשינ"א. פירוש שרף (של עץ) (עיין רש"י שבת דף קלג ע"ב ד"ה קירא וקלבא ורש"י ביצה דף לג ע"ב ד"ה במוסתקי):

עין משפט נר מצוה

יח א מיי' פ"ב מהל' חובל ומזיק הלכה י סמג עשין ע טוש"ע ח"מ סי' תכ סעיף טז:

יט ב מיי' שם הלכה יט ועיין בהשגות ובמ"מ טוש"ע שם סעיף יט:

כ ג טוש"ע י"ד סי' שלו סעיף א:

כא ד מיי' שם הלכה יט סמג שם טוש"ע ח"מ סי' תכ סעיף כ:

כב ה ו מיי' שם הלכה יח טוש"ע שם סעיף כא:

כג ז מיי' שם ועיין בל"מ טוש"ע שם סעיף כב:

כד ח ט מיי' שם הלכה יז טוש"ע שם סעיף כג:

כה י מיי' שם הלכה ט טוש"ע שם סעיף ג ד:

ליקוטי רש"י

בשופטני. שוטים [ב"מ מ.]. אומדין כמה אדם רוצה ליתן. אומדין כמה אדם העומד ידו ליקצץ ע"י חרב רוצה ליתן כדי שיתקצץ לו ע"י סם דלית ליה צער כולי האי [לעיל ד:]. אשכחתינהו לרבנן בבי רב. מצאתי התלמידים בבית המדרש דכל היכא דמיירי בבי רב לאו רב ממש הוא אלא בבית המדרש הוא [קדושין מז:]. דיתבי וקאמרי. משמיה דרב [סוכה יז.]. מכאן שניתן רשות לרופא לרפאות. דאל"ה לא היה להם לעסוק ברפואות אלא לבקש רחמים [ברכות ס.]. כאריא ארבא. כארי אורב [ב"מ קא:]. קירא וקלבא רישינא. הוא זפת של עץ שמוציאים ממנו שלא על ידי האור והיא לבנה [שבת קלג:]. ליתן צער במקום נזק. היכא דקטע את ידו ונתן לו דמיה [לקמן פה.]. מקרא זה יתר הוא והמובל דרשוהו רבותינו לחייב על הצער אפילו במקום נזק שאף על פי שנותן לו דמי ידו אין פוטרין אותו מן הצער לומר הואיל וקנה ידו יש עליו לחתכה בכל מה שירצה אלא אומרים יש לו לחתכה בסם שאינו מצטער כל כך וזה חתכה בברזל וצערו [שמות כא כה] דאפי' היכא דאיכא נזק משלם נמי צער דלא תימא לצער דכתבה רחמנא היינו בדליכא נזק כגון כוותו בשפוד על צפרנו דלא מחסרי מכספיה ולהכי לא דרשה מפקינן ליה בהחובל [לעיל כו:]. ואע"פ שיש שם תשלומי המזיק משלם אף הצער ומקרא יתירא קדריש דהא כתיב כויה תחת כויה פצע תחת פצע וכויה וחבורה מדריש לקמן [לעיל פד.].

בשום אופן שיהיה]", אין שומעים לדבריו, כי **אָמַר לֵיהּ** המזיק: "**כָּל שֶׁכֵּן** שאיני מסכים לזה, **דְּפָשְׁעַתְּ בְּנַפְשָׁךְ** — שאם תפשע בעצמך ולא תתרפא יהיה לי גנאי גדול מזה **וְקָרוּ לִי** — ואנשים יקראו לי '**שׁוֹר הַמַּזִּיק**' (שאהיה מוחזק כמזיק)"[52].

הגמרא חוזרת לענין חיוב החובל בתשלומים השונים:

תָּנָא — שנה התנא (בברייתא): **וְכוּלָּן** — כל ארבעת הדברים (צער, ריפוי, שבת ובושת) **מִשְׁתַּלְּמִין** אפילו **בִּמְקוֹם** שמשולם **נֶזֶק**[53].

הגמרא שואלת:

מְנָהָנֵי מִילֵּי — מהיכן נלמד כלל זה?

משיבה הגמרא:

אָמַר רַב זְבִיד מִשְּׁמֵיהּ (משמו) **דְּרָבָא: אָמַר קְרָא** — הכתוב אומר (שמות כא, כה): "**פֶּצַע תַּחַת פָּצַע**" ללמד שאפשר שיהא חובל חייב **לִיתֵּן** תשלום עבור **צַעַר** אפילו **בִּמְקוֹם** שהוא חייב לשלם גם תשלום **הַנֶּזֶק**[54].

הגמרא מקשה:

הַאי מִבָּעֵי לֵיהּ — והרי זה (הכתוב) נצרך

הערות

52. על פי רש"י. ראה גם רמב"ם, חובל ומזיק ב, יז.

הגמרא עוסקת במקרה שבית דין לא העריך את עלות הריפוי. אך אם אכן עשו שומא, החובל חייב לשלם לנחבל את הסכום הקצוב. בכך הוא לא יתגנה אם לא יתרפא הנחבל, לפי שהכל ידעו שבית דין חישב תשלום מספיק לריפוי הניזק, כך שכל החמרה במצבו תיוחס רק לפשיעת הניזק עצמו (רשב"א להלן צא, א ד"ה חמשה דברים; ראה תוספות כאן).

[מסוגייתנו משמע שחיוב הריפוי הוא ריפוי ממש, דהיינו, ריפויו של הנחבל הוא באחריות החובל (כל עוד לא נעשתה שומא שהופכת את חיוב הריפוי בפועל — לחיוב תשלומים כמו כל חיוב תשלום. לדיון ולדעות שונות בזה, ראה מרומי שדה; קובץ שיעורים כתובות ריח; חזון יחזקאל ט, א; שיעורי רבי שמואל רוזובסקי גיטין יב, ב (אות רלד); אילת השחר שם; דבר משה לעיל לג, א אות תכא.]

53. היינו, אף שהחובל חייב לשלם ממון רב עבור נזק הגופני הקבוע שגרם, הוא יכול עדיין להתחייב בשאר ארבעת סוגי התשלום (שיטה מקובצת בשם רבינו יהונתן), ואין אומרים שלפי ש"קנה" את האבר שקטע אינו צריך לשלם שאר ארבעת הדברים (ראה לעיל הערה 6).

אף שמשנתנו כבר אמרה שחובל חייב בחמשה סוגי תשלום, היינו חושבים שהיא רק מונה את חמשת הסוגים האפשריים, אך לא שאפשר להתחייב בכולם כאחת. הברייתא מלמדת על כן שהמזיק חייב לשלם את כל סוגי התשלום השייכים בכל חבלה (חידושי הראב"ד; ראה שם עוד).

54. ושאר שלשת התשלומים (ריפוי, שבת ובושת) נלמדים מצער, שכשם שצער משולם במקום נזק, כך גם תשלומים הללו (תוספות רבינו פרץ; תוספות לעיל כו, ב ד"ה האי).

בכלל ופרט המרוחקים זה מזה קמפלגי רבי סבר אין דנין אותו בכלל ופרט ובן עזאי סבר דנין אותו בכלל ופרט וכי תימא חבורה לרבי למה לי לדמים יתרים: אומדין כמה אדם כיוצא בזה רוצה ליטול וכו': צער במקום נזק היכי שיימינן אמר אבוה דשמואל אומדין כמה אדם רוצה ליטול לקטוע לו ידו לקטוע לו ידו לא צער לחודיה הוא הא כולהו חמשה דברים איכא ועוד בשופטני עסקינן אלא לקטוע ידו הקטועה ידו הקטועה נמי לא צער לחודיה איכא הא צער ובושת איכא דכסיפא ליה מילתא למשקל מבשרו למשדייה לכלבים אלא אומדין כמה אדם רוצה ליטול לקטוע לו ידו המוכתב למלכות בין סם לסייף אמרי הכא נמי לא שקיל ומצער נפשיה אלא [א]אומדין כמה אדם רוצה ליתן לקטוע לו ידו המוכתב למלכות בין סייף לסם האי ליטול ליתן מבעי ליה אמר רב הונא בריה דרב יהושע ליטול זה מזה מה שנתן זה: רפוי הכהו חייב לרפאותו וכו': [ת"ר] [ב]עלו בו צמחים מחמת המכה ונסתרה המכה חייב לרפאותו וחייב ליתן לו דמי שבתו שלא מחמת המכה אינו חייב לרפאותו ואינו חייב ליתן לו דמי שבתו ר' יהודה אומר אף מחמת המכה חייב לרפאותו ואינו חייב ליתן לו דמי שבתו וחכמים אומרים שבתו ורפואתו כל שחייב בשבת חייב בריפוי ושאינו חייב בשבת אינו חייב בריפוי במאי קא מיפלגי [ה]אמר רבה אשכחתינהו לרבנן בבי רב דיתבי וקאמרי הכא במכה ניתנה לאגד קמיפלגי רבנן סברי מכה ניתנה לאגד ורבי יהודה סבר מכה לא ניתנה לאגד ריפוי דתנא ביה קרא מיחייב שבת דלא תנא ביה קרא לא מיחייב ואמינא להו אנא אי מכה לא ניתנה לאגד ריפוי נמי לא מיחייב אלא דכולי עלמא מכה ניתנה לאגד ולא ניתנה לאגד יתירה ר' יהודה סבר כיון דלא ניתנה לאגד יתירה ריפוי דתנא ביה קרא מיחייב שבת דלא תנא ביה קרא לא מיחייב ורבנן סברי כיון דתנא ביה קרא בריפוי אשבת נמי מיחייב דאיתקש לריפוי ור' יהודה סבר שבת לא מיחייב דמעטיה רחמנא רק ורבנן רק לשלא מחמת המכה הוא דאתא ולרבנן בתראי דאמרי כל שחייב בשבת חייב בריפוי וכל שאינו חייב בשבת אינו חייב בריפוי ריפוי דתנא ביה קרא למה לי מיבעי ליה לכדתנא דבי ר' ישמעאל [ו]דתניא דבי ר' ישמעאל אומר [א]ורפא ירפא [ג]מכאן שניתן רשות לרופא לרפאות ת"ר מנין שאם עלו בו צמחים מחמת המכה ונסתרה המכה שחייב לרפאותו וחייב ליתן לו שבתו ת"ל רק שבתו יתן ורפא ירפא יכול אפילו שלא מחמת המכה ת"ל רק ר' יוסי בר יהודה אומר אף מחמת המכה פטור שנאמר רק איכא דאמרי אף מחמת המכה פטור לגמרי כרבנן בתראי ואיכא דאמרי אף מחמת המכה פטור משבת וחייב בריפוי כמאן כאבוה: אמר מר יכול אפילו שלא מחמת המכה ת"ל רק שלא מחמת המכה בעי קרא אמרי מאי שלא מחמת המכה כדתניא [ד]הרי שעבר על דברי רופא ואכל דבש או כל מיני מתיקה מפני שדבש וכל מיני מתיקה קשין למכה והעלה מכתו גרגותני יכול יהא חייב לרפאותו ת"ל רק מאי גרגותני אמר אביי נאתא כריכתא מאי אסותיה אהלא וקירא וקלבא ואי א"ל אסייך אנא [א]א"ל [ב][ה]דמית עלי כאריא ארבא ואי א"ל מייתינא אסיא דמגן במגן א"ל [ו]אסיא דמגן במגן מגן שוה ואי אמר מייתינא לך אסיא רחיקא אמר ליה [ז]אסיא רחיקא עינא עוירא ואי א"ל היאך הב לי לדידי ואנא מסינא נפשאי [ח]א"ל פשעת בנפשך ושקלת מינאי טפי ואי א"ל קוץ לי מקץ א"ל [ט]כל שכן דפשעת בנפשך וקרו לי שור המזיק תנא [י]וכולן משתלמין במקום נזק מנהני מילי אמר רב זביד משמיה דרבא אמר קרא [ב]פצע תחת פצע [ג]ליתן צער במקום נזק האי מבעי ליה
לרבות

רבי סבר אין דנין. הכא נמי כויה נאמרה תחילה כלל דכויה משמע בין שיש עמה חבורה בין שאין עמה חבורה ואי הוי חבורה סמיך ליה הוי דרשי חבורה פרט ואין בכלל אלא מה שבפרט יש עמה חבורה אין אין עמה חבורה לא השתא דכתיב פלע בינתים לא דיינינן ולקמן פריך חבורה לרבי למה לי והיינו דקאמר כויה נאמרה תחילה כלומר מתחילת הפסוק אנו למדין שהוא חייב בכויה גרידא ולא נאמר סופו מוכיח שמתחילתו לא חייב אלא כשיש חבורה ואין דנין ומתני' רבי היא: למה לי. הואיל ומרישא שמעינן לתרוייהו: לדמים יתרים. דאי לא כתיב אלא כויה תחת כויה הוה אמרינן בין אית ביה חבורה בין לית ביה חבורה דמי כויה משלם אבל תרתי לא משלם קמ"ל דמשלם תרוייהו: צער במקום נזק. היכא דקטע את ידו ונתן לו דמיה: היכי שיימינן. את הצער הלא יש לו לקוצצה בשביל הדמים שנוטל: ידו הקטועה. ומחוברת בגידין למותין ואינה ראויה לו למלאכה: בין סם לסייף. ידו המוכתבת למלך לקוצצה בסם שאין שם צער כלל כמה רוצה ליטול לקוצצה בסייף: הא לא שקיל. כל ממון שבעולם לצער נפשיה לקוצצה וכאן כבר נעשה מעשה: כמה אדם רוצה ליתן. לשליח המלך מידו המוכתבת למלכות לקוטעה בסייף ויקטענה השליח בסם: ליטול. מן המזיק מה שנתן זה למלך: דמי שבתו. דמחמת הצמחים נפל למשכב: ה"ג וחכמים אומרים שבתו ורפואתו כל שישנו כו'. הקישן הכתוב וזה שאין חייב בשבת אינו חייב בריפוי ורבנן קמאי מחייבי ליה לתרוייהו: נתנה לאגד. נתנה רשות לנחבל לאוגדה ולעטפה מפני צער הצנה ועולין הצמחים מחמת הבל וחום האגד: לא נתנה. רשות לאגד וזה להנאתו אגד הלכך צמחים שעלו בה אין על המזיק להתחייב עליהן: דתנא ביה. דשנה עליו הכתוב: ורבנן. ת"ק: רק לשלא מחמת המכה אתא. שעבר על דברי רופא כדמפרש לקמן: נתנה רשות לרופאים לרפאות. ולא אמרינן רחמנא מחי ואיהו מסי: תלמוד לומר שבתו יתן ורפא ירפא. שנה הכתוב בריפוי לחייבו אף על הצמחים והקיש שבת לריפוי: נאתא כריכתא. בשר מת: אהלא. אהלמ"י בלע"ז: וקירא. שעוה: וקלבא. רשינ"א שבחביות של יין: ואי אמר ליה. מזיק אסייך אנא אני מרפא אותך ואיני נותן דמי אסייך: אסיא רחיקא. ומוחיל גבי: עינא עוירא. שעתיד לילך לדרכו ואין חושש אם עיור עינו של זה: (א) אסיא דמגן. שירפא בחנם וקרובו הוא: כ"ש. דלא ניחא לי בהכי דאי פשעת בנפשך גנאי גדול הוא לי דקרו לי שור המזיק:
לרבות

כלל ופרט המרוחקין זה מזה. נראה לר"י דבכלל ופרט המרוחקין זה מזה דפליגי תנאי דהכא וההוא דפליגי נמי אביי ורבא בריש בנות כותים (נדה דף לג.) היינו דוקא בחד ענינא אבל בתרי עניני לכ"ע אין דנין כדמוכח בפ"ק דפסחים (דף ו: ושם) ובכל המנחות (מנחות נה: ושם) והיא דנגמר הדין (סנהדרין דף מו: ושם) גבי והומת ותלית אם נחשבנו כתרי עניני לפי שמרוחקין יותר מאותם שבכאן ושבנדה אתיא ההיא דנגמר הדין ככ"ע אבל אם נחשביה כחד ענינא אתי סוגיא דהתם כמ"ד אין דנין:

לדמים יתרים. פי' בקונטרס דאי לא כתיב אלא כויה ה"א אפילו אית ליה חבורה דמי כויה הוא דמשלם אבל תרתי לא משלם קמ"ל דמשלם תרוייהו [ד]) צער במקום נזק ואין נראה לר"י דהא צער במקום נזק נפקא לן מפצע תחת פצע ועוד דלמה היה לנו לומר שהצער יפטר את הנזק ואת הרפוי ונראה לר"י לדמים יתרים שמשלם בצער שיש בו רושם יותר מבצער שאין בו רושם אע"פ שאין מצטער בזה יותר מבזה משלם יותר לפי שמתגנה מחמת הרושם: עלו בו צמחים כו'. כשלא אמדוהו מיירי דאי באמדוהו הא אמרינן לקמן (דף צא.) אמדוהו והיה מתנונה והולך אין נותנין לו אלא כמו שאמדוהו: שניתנה רשות לרופא לרפאות. וא"ת והא מרפא לחודיה שמעינן ליה וי"ל דה"א ה"מ מכה בידי אדם אבל חולי הבא בידי שמים כשמרפא נראה כסותר גזירת המלך קמ"ל דשרי: עבר על דברי הרופא. לא חשיב ליה פושע כ"כ: פשעת בנפשך ומפסדת לי. היכא דלא אמדוהו:
רואין

יח א מיי' פ"ב מהל' חובל ומזיק הלכה י סמג עשין ע טוש"ע ח"מ סי' תכ סעיף טז:
יט ב מיי' שם הלכה יט ועיין בהשגות ובמ"מ טוש"ע שם סעיף יט:
כ ג טוש"ע י"ד סי' שלו סעיף א:
כא ד מיי' שם הלכה יט סמג שם טוש"ע ח"מ סי' תכ סעיף כ:
כב ה ו מיי' שם הלכה יח טוש"ע שם סעיף כא:
כג ז מיי' שם ועיין בל"מ טוש"ע שם סעיף כב:
כד ח ט מיי' שם הלכה יז טוש"ע שם סעיף כג:
כה י מיי' שם הלכה ט טוש"ע שם סעיף ג ד:

ליקוטי רש"י

בשופטני. שוטים [ב"מ מ.]. אומדין כמה אדם רוצה ליתן. אומדין כמה אדם העומד ידו ליקצץ ע"י חרב רוצה ליתן כדי שיתקצץ לו ע"י סם דלית ליה צער כולי האי [לעיל ד:]. אשכחתינהו לרבנן בבי רב. מצאתי התלמידים בבית המדרש דכל היכא דמיירי בבי רב לאו רב ממש הוא אלא בבית המדרש הוא [קדושין מז:]. דיתבי וקאמרי. משמיה דרב [סוכה יז.]. מכאן שניתן רשות לרופא לרפאות. דאל"ה לא היה להם לעסוק ברפואות אלא לבקש רחמים [ברכות ס.]. כאריא ארבא. כארי אורב [ב"מ קא:]. קירא וקלבא רישינא. הוא זפת של עץ שמוציאים ממנו שלא על ידי האור והיא לבנה [שבת קלג:]. ליתן צער במקום נזק. היכא דקטע את ידו ונתן לו דמיה [לקמן פה.]. מקרא זה יתר הוא ובהחובל דרשוהו רבותינו לחייב על הצער אפילו במקום נזק שאף על פי שנותן לו דמי ידו אין פוטרין אותו מן הצער לומר הואיל וקנה ידו יש עליו לחתכה בכל מה שירצה אלא אומרים יש לו לחתכה בסם שאינו מצטער כל כך וזה חתכה בברזל וצערו [שמות כא כה] דאפי' היכא דאיכא נזק משלם נמי צער דלא תימא צער דכתבה רחמנא היינו בדליכא נזק כגון כוואו בשפוד על צפרנו דלא אפחתיה מכספיה ולהך דרשה מפקינן ליה בהחובל [לעיל כו:]. ואע"פ שיש שם תשלומי הנזק משלם אף הצער ומקרא יתירא קדריש דהא כתיב כויה תחת כויה למה לי פצע תחת פצע וכויה וחבורה מדריש לקמן [לעיל פד.].

מסורת הש"ס

א) ברכות ס., ב) [ב"מ קא:], ג) [ב"ב קסח.], ג) לעיל כו: פד., ד) אין זה לשון הקונטרס ועיין רש"א.

הגהות הב"ח

(א) רש"י ד"ה אסיא דמגן נ"ל קודם ד"ה אסיא רחיקא:

גליון הש"ס

גמ' אמר רבה אשכחתי' לרבנן. סוכה יז ע"א וש"נ:

הגהות מהר"ב רנשבורג

א] גמ' א"ל דמית עלי כאריא ארבא כארי אורב. ועיין בערוך ערך ארב:

תורה אור השלם

א) אִם יָקוּם וְהִתְהַלֵּךְ בַּחוּץ עַל מִשְׁעַנְתּוֹ וְנִקָּה הַמַּכֶּה רַק שִׁבְתּוֹ יִתֵּן וְרַפֹּא יְרַפֵּא: [שמות כא, יט]

ב) כְּוִיָּה תַּחַת כְּוִיָּה פֶּצַע תַּחַת פָּצַע חַבּוּרָה תַּחַת חַבּוּרָה: [שמות כא, כה]

לעזי רש"י

אהלמ"י. פירוש הצמח אהל, אהלות (עיין רש"י ב"מ דף פא ע"א ד"ה אהלויי וערוך ערך אהל א' ומוסף הערוך ערך אלוא):
רשינ"א. פירוש שרף (של עץ) (עיין רש"י שבת דף קלג ע"ב ד"ה קירא וקלבא ורש"י ביצה דף לג ע"ב ד"ה במוסתקי):

עין משפט נר מצוה

כו א מיי' פ"ב מהלכות חובל ומזיק הלכה ג סמג עשין ע טוש"ע ח"מ סי' תכ סעיף ט:
כז ב מיי' שם טוש"ע שם סעיף י:
כח ג מיי' שם טוש"ע שם סעיף יא:
כט ד מיי' פ"ג שם הלכה ט טוש"ע שם סעיף לא:
ל ה ו ז מיי' פ"ב שם הלכה יא יג טוש"ע שם סעיף יח:
לא ח מיי' שם הלכה יב טוש"ע שם סעיף כה:
לב ט מיי' שם הלכה יג טוש"ע שם סעיף כו בהג"ה:
לג י כ מיי' שם טוש"ע שם סעיף כו:
לד ל מיי' שם פ"ד הלכה ז סמג שם טוש"ע ח"מ סי' תכד סעיף א:
לה מ מיי' שם הלכה ט טוש"ע שם סעיף ב:

[א]לרבות שוגג כמזיד ואונס כרצון אם כן נכתוב קרא פצע בפצע מאי פצע תחת פצע ש"מ תרתי רב פפא משמיה דרבא אמר אמר קרא ורפא ירפא ליתן רפואה במקום נזק האי מבעי ליה לכדתנא דבי רבי ישמעאל דתנא דבי רבי ישמעאל ורפא ירפא מכאן שניתנה רשות לרופא לרפאות א"כ נכתוב קרא ורופא ירפא ש"מ ליתן רפואה במקום נזק ואכתי מבעי ליה לכדאמרן למיתני ביה קרא בריפוי ° א"כ לימא קרא או רפא רפא או ירפא ירפא מאי ורפא ירפא ש"מ ליתן רפואה במקום נזק מכלל דמשכחת להו שלא במקום נזק שלא במקום נזק היכי משכחת להו צער [א]כדקתני צער כוואו בשפוד או במסמר ואפילו על צפורנו מקום שאינו עושה חבורה ריפוי [ב]דהוה כאיב ליה מידי וסליק ואייתי ליה סמא חריפא ואחווריה לבישריה דצריך לאותבי ליה סמא לאנקוטיה גוונא דבישריה שבת [ג]דהדקיה באינדרונא ובטליה [ד]בושת דרק ליה באפיה: שבת רואין אותו כאילו הוא שומר קישואין: תנו רבנן שבת רואין אותו כאילו הוא שומר קישואין ואם תאמר לקתה מדת הדין דכי מיתפח האי גברא לאו אגרא דשומר קישואים הוא שקיל אלא דלי דוולא ושקיל אגרא אי נמי אזיל בשליח ושקיל אגרא מדת הדין לא לקתה שכבר נתן לו דמי ידו ודמי רגלו אמר רבא [ה]קטע את ידו נותן לו דמי ידו ושבת רואין אותו כאילו הוא שומר קישואין [ו]שיבר את רגלו נותן לו דמי רגלו ושבת רואין אותו כאילו הוא שומר את הפתח [ז]סימא את עינו נותן לו דמי עינו ושבת רואין אותו כאילו הוא מטחינו בריחים [ח]חירשו נותן לו דמי כולו בעי רבא קטע את ידו ולא אמדוהו שיבר את רגלו ולא אמדוהו סימא את עינו ולא אמדוהו ולבסוף חירשו מהו מי אמרינן כיון דלא אמדוהו בחד אומדנא סגי ליה ויהיב ליה דמי כוליה בהדי הדדי או דלמא חדא חדא אמדינן ויהבינן ליה נפקא מיניה [ט]דבעי למיתב ליה צער ובושת דכל חדא וחדא נהי דנזק וריפוי ושבת דכל חדא וחדא לא יהבינן ליה דכיון דקא יהיב ליה דמי כוליה כמאן דקטליה דמי והא יהיב ליה דמי כוליה צער ובושת מיהת דכל חדא וחדא יהיב דהא הוה ליה צער ובושת ואם תימצי לומר כיון דלא אמדוהו [י]קא יהיב ליה דמי כוליה בהדי הדדי אמדוהו מהו מי אמרינן כיון דאמדוהו חדא חדא בעי למיתב ליה או דלמא כיון דלא שלים יהיב ליה דמי כוליה [כ]תיקו בעי רבה שבת הפוחתתו בדמים מהו היכי דמי כגון שהכהו על ידו וצמתה ידו וסופה לחזור מאי כיון דסופה לחזור לא יהיב ליה ולא מידי או דלמא השתא מיהת אפחתיה תא שמע [ב][ל]המכה אביו ואמו ולא עשה בהן חבורה [מ]והחובל בחבירו ביום הכפורים חייב

רש"י

לרבות שוגג כמזיד. בפ' שני (דף כו:): דהוה כאיב ליה מידי וסליק. שהיה לו מכה בבשרו והיתה מתרפאה: ואחווריה לבשריה. הפכו למראה לרעת: דהדקיה. סגרו במסגר: לקתה מדת הדין. כלומר לא שלם לו כל צרכו דהא כי מתפח האי גברא מחולי זה שנקטע [ג](רגלו) לא אגרא דשומר קישואין שקיל אלא דויל דוולא ושקיל אגרא יתירא ונמלא שכל ימי חליו אבד את זאת: א"נ. כי נקטעה [ד](ידו): אזיל בשליחותא ושקיל אגרא. יתירא ואיגלאי מילתא דלאו בר שימור קישואין: מדת הדין לא לקתה שכבר נתן לו כו'. ולכשיתרפא (א) אינו ראוי לדלות ולילך בשליחות: קיטע ידו. עדיין הוא ראוי (ב) לשומר קישואין הלכך שבת כל ימי חליו נותן לו שכר שימור קישואין: שיבר את רגלו. ושוב אינו ראוי לשמור קישואין שצריך להלך סביב הגנה: חירשו. אין ראוי לכלום: קיטע את ידו ולא אמדוהו. בית דין ולא אמרו למזיק תן לו כך וכך ריפוי כך וכך שבת צער ובושת ואחרי כן שיבר את רגלו קודם שיתרפא: חדא חדא אמדינן. ואע"ג דבנזק לא נפקא לן מינה מידי דהא סוף סוף כל שעה הולכין ופוחתין את דמיו הלכך בין אומד כולה בין אומד כל אחד בפני עצמו מדה אחת היא: נפקא מינה למיתב ליה צער ובשת דכל אחד. אבל ריפוי לא שהרי לא נתרפא בינתים ושבת לא שהרי נותן לו דמי כל מה שהיה שוה מתחילה והרי הוא עבדו: שבת הפוחתתו מדמים. הכהו מכה שהוא צריך לשבות ממלאכתו וסופו להיות שלם כבתחילה ואין כאן אלא שבת אבל פוחתו עכשיו בדמים שאם היה בא לימכר עכשיו היו דמיו פוחתין: מהו. מי מחייב אפחת דמיו דהשתא או לא: צמתה. דשטריר"ט בלע"ז לשון צומת הגידין (חולין דף עו.) מקום שהגידין צומתין: כיון דסופה לחזור לא יהיב ליה. דמי ידו: ולא עשה בהן חבורה. דאין עליו חיוב מיתה עד שיעשה בהם חבורה באלו הן הנחנקין (סנהדרין דף פד:):

תוספות

רואין אותו כאילו שומר קישואין. שכבר נתן לו דמי ידו או דמי רגלו שומר קישואין לא קאי ארגל דברגלו קאמר בגמרא שבת כשומר הפתח אבל קישואין אין יכול לשמור א"נ בגמ' איירי בשיבר שני רגליו דומיא דסימא את עינו דאיירי בסימא שתי עיניו דאי עינו אחת עדיין הוא ראוי לכל זה שהיה ראוי בתחילה ובתוספתא (פ"ט) נמי קתני רואין אותו כאילו הוא שיגר שומר קישואין משמע דשיגר יכול לשמור ונראה דאם היה מלמד תינוקות לא נאמר כאילו הוא שומר קישואין ובשיבר רגלו אם היה עושה מעשה מחט או נוקב מרגליות לא נאמר כאילו הוא שומר הפתח דאם כן לקתה מדת הדין אלא הכא בסתם בני אדם שאין בעלי אומנות: **דכי** מתפח האי גברא. כלומר בתחילה כשהיה בריא: **חרשו** נותן לו דמי כולו. ע"כ לא מיירי באותו שקיטע את ידו ושיבר את רגלו וסימא עינו אלא אפילו באדם שלם דומיא דסימא עינו דלא איירי באותו שקיטע ידו ושיבר רגלו דהא בשיבר רגלו אין נותן אלא כשומר הפתח שהוא פחות מטחינת הריחים ותימה דמשמע הכא דחרש לא שוי מידי מדנותן לו דמי כולו ובפ"ק דערכין (דף ב. ושם [ה]) תנן הש"ו נידרין ונערכין ואור"ת דיש לחלק בין חרש בידי אדם לחרש בידי שמים ולר"י נראה דהכא באדם שאין בר אומנות כדפי' לעיל וכן משמע מדנקט דלי דוולא ואזיל בשליחות הלכך כשנתחרש אין שוה כלום והתם מיירי כשיש לו אומנות: **נהי** דנזק וריפוי ושבת דכל חדא וחדא לא יהיב ליה. תימה בשלמא נזק ושבת דין שלא יתן שכל זה בכלל דמי כולו אלא ריפוי למה פשיטא ליה שיהיה בכלל דמי כולו יותר מצער ובושת ונראה דגרס ריפוי בהדי צער ובושת ולא (הכא) בהדי נזק ושבת אך אכתי קשה דמאי קמיבעיא ליה דלמה יפטר מריפוי וצער ובושת דכל חדא וחדא בשביל שחרשו לבסוף ונותן לו דמי כולו מ"ש מקיטע ידו שאע"פ שהוא נותן נזק שהוא דמי ידו נותן ריפוי צער ובושת ועוד אטו אם חבל בחרש וכי יפטר מריפוי צער ובושת מיהו מהא דתנן לקמן (דף פו.) החובל בחרש חייב אין לדקדק דמנ"ל דהתם בחרש בידי שמים כדברי ר"ת או הוא בר אומנות ועוד דלעיל אשכחן דחייב ריפוי שלא במקום נזק ועוד תימה דפעמים מרויח במה שחרשו לבסוף כגון שהצער והריפוי היה עולה יותר מדמי כולו ונראה לר"י דפשיטא דמשלם צער ובושת וריפוי דכל חדא וחדא ומבעי ליה כגון שקיטע ידו יום ראשון ולא אמדוהו וביום שני שיבר רגלו ולא אמדוהו וביום השלישי חרשו מי אמרינן דחשיב כאילו עשה הכל בפעם אחת ואומדין הכל ביחד או דלמא כיון שהחבלות היו בזה אחר זה אומדין לכל אחת ריפוי וצער ובושת שלה בפני עצמה ונ"מ שאין עולה כ"כ כשאומדין הכל ביחד כמו שעולה כשאומדין כל אחת בפני עצמה: **שבת** הפוחתתו בדמים מהו. כגון שהכהו על ידו ולמתה וסופה לחזור שמלבד שבתו שבכל יום ויום עד שיתרפא נפחתו דמיו שאין בני אדם בקיאין להכיר בידו אם סופה לחזור ולא יכניסו עצמן בספק לקנותו כבריא ושולט בשתי ידיו וסבורין שלא יתרפא עוד אבל בדבר הידוע שסופו לחזור מודה אביי שאין נותן לו אלא שבת שבכל יום ויום:

מסורת הש"ס

א) [לעיל כו:], ב) לקמן פו., ג) נ"ל ידו. רש"ל, ד) נ"ל רגלו. רש"ל ועיין רש"א, ה) [ד"ה חרש].

הגהות הב"ח

(א) רש"י ד"ה מדת הדין וכו' ולכשיתרפא נמי אינו ראוי: (ב) ד"ה קיטע וכו' ראוי לשמור קישואין:

גליון הש"ס

גמ' א"כ לימא קרא או רפא רפא. וכן לעיל דף סה ע"א וש"נ:

לעזי רש"י

דשטריר"ט. פירוש התכווץ, התקלר (עיין רש"י נדה דף ג ע"א ד"ה כוין), יבשה (רש"י גיטין דף מב ע"ב וקידושין דף כד ע"ב ד"ה ולמתה), למקה (ערוך ערך למת):

ליקוטי רש"י

מיתפח. מתרפא [סנהדרין קז:]. דלי דוולא. דולה דליות מים [מו"ק ד.]. וצמתה. יבשה [גיטין מב:].

כגון

לְרַבּוֹת שהחובל חייב בנזק בכל אופן, **שׁוֹגֵג כְּמֵזִיד וְאוֹנֵס כְּרָצוֹן**[1]. נמצא שאין הכתוב מיותר ללמד על תשלום צער במקום נזק!

הגמרא משיבה:

אִם כֵּן שזה כל מה שנלמד ממנו, **נִכְתּוֹב קְרָא** — שיכתוב הכתוב: "**פֶּצַע בְּפָצַע**". **מַאי** — מהו שכתב, "**פֶּצַע תַּחַת פָּצַע**"? **שְׁמַע מִינָּהּ תַּרְתֵּי** — למוד מזה שני דברים, גם לרבות שוגג כמזיד, וגם שמשלם צער במקום נזק.

מקור אחר לכך שהחובל משלם שאר הדברים גם כשהוא משלם נזק:

רַב פָּפָּא מִשְּׁמֵיהּ (משמו) **דְּרָבָא אָמַר: אָמַר קְרָא** הכתוב אומר (שם פסוק יט): "**וְרַפֹּא יְרַפֵּא**", כפל הלשון מלמד שהחובל חייב **לִיתֵּן רְפוּאָה** (דמי ריפוי) **בִּמְקוֹם** שהוא חייב גם **בְּנֶזֶק**[2].

הגמרא מקשה:

הַאי מִבְּעֵי לֵיהּ — הרי הכפל בכתוב זה נצרך **לִכְדְתַנְיָא דְּבֵי רַבִּי יִשְׁמָעֵאל** — למה שלימד [חכם] מבית מדרשו של רבי ישמעאל, **דְּתָנָא דְּבֵי רַבִּי יִשְׁמָעֵאל: "וְרַפֹּא יְרַפֵּא", מִכָּאן שֶׁנִּיתְּנָה רְשׁוּת לְרוֹפֵא לְרַפְּאוֹת!?**

הגמרא משיבה:

אִם כֵּן שזה כל מה שנלמד ממנו, **נִכְתּוֹב קְרָא** — שיכתוב הכתוב "**וְרוֹפֵא יְרַפֵּא**". מדוע כתוב "רַפֹּא יְרַפֵּא"? **שְׁמַע מִינָּהּ** למוד מכפל הלשון, שהחובל חייב **לִיתֵּן רְפוּאָה** אפילו **בִּמְקוֹם נֶזֶק**[3].

הגמרא ממשיכה להקשות:

וְאַכַּתִּי מִבְּעֵי לֵיהּ לִכְדְאָמְרָן — אך הוא עדיין נצרך למה שאמרנו למעלה, **לְמִיתְנֵי בֵּיהּ קְרָא בְּרִיפּוּי** — כלומר, ששנה הכתוב בריפוי וכתב "וְרַפֹּא יְרַפֵּא", ומזה למדנו שחובל חייב על צמחים שעלו מחמת המכה[4]!?

הגמרא משיבה:

אִם כֵּן שהכתוב מלמד רק על תשלום ריפוי כשעלו בו צמחים מחמת המכה, **לֵימָא קְרָא** — שיאמר הכתוב אחד משני הלשונות, **אוֹ "רַפֹּא רַפֵּא"**, **אוֹ "יְרַפֵּא יְרַפֵּא"**[5]. **מַאי** — מהו שכפל בשינוי לשון ואמר "**וְרַפֹּא יְרַפֵּא**"? **שְׁמַע מִינָּהּ** — למוד מזה, שהחובל חייב **לִיתֵּן רְפוּאָה** אפילו **בִּמְקוֹם נֶזֶק**[6].

רבא דרש מן הכתוב שחובל חייב בארבעת התשלומים האחרים אפילו במקום שיש נזק. לפי זה מדקדקת הגמרא:

מִכְּלָל דְּמַשְׁכַּחַתְּ לְהוּ — יוצא מכך שתוכל למצוא את ארבעת התשלומים האלה גם **שֶׁלֹּא בִּמְקוֹם נֶזֶק**[7]. ארבעת הדברים **שֶׁלֹּא בִּמְקוֹם נֶזֶק, הֵיכִי מַשְׁכַּחַתְּ לְהוּ** — איך תמצא אותם, כלומר, כיצד תמצא שהחובל עשה רק צער, או רק גרם לנחבל הוצאות ריפוי, או רק שבת, או רק בושת?[8]

הגמרא נותנת דוגמא לכל אחד מארבעת הדברים שלא במקום נזק:

צַעַר, כִּדְקָתָנֵי — כפי ששנינו במשנתינו: "**צַעַר, אִם כְּוָאוֹ** החובל **בְּשַׁפּוּד אוֹ** הכהו **בְּמַסְמֵר, וַאֲפִילוּ עַל צִפָּרְנוֹ, מָקוֹם שֶׁאֵינוֹ עוֹשֶׂה חַבּוּרָה**". זהו מקרה שיש בו צער ללא נזק[9].

רִיפּוּי — מהי חבלה שיש בה ריפוי ללא נזק? כגון **דַּהֲוָה כָּאֵיב לֵיהּ מִידֵי וְסָלֵיק** — אדם שהיתה לו מכה בבשרו (מחמת סיבה כלשהי) והיתה מתרפאה[10] **וְאַיְיתֵי לֵיהּ סַמָּא חֲרִיפָא** — ואדם אחר הביא וסך על המכה סם חריף **וְאַחְווֹרֵיהּ לְבִישְׂרֵיהּ** — ולמעשה הסם הזיק והלבין את בשרו למראה צרעת. במקרה זה מי שנתן את הסם על המכה, עשה לו חבלה הצריכה ריפוי (בלבד), **דְּצָרִיךְ** (זה החובל) **לְאוֹתְבֵי לֵיהּ סַמָּא לְאַנְקוֹטֵיהּ גַּוְונָא דְּבִישְׂרֵיהּ** — לשים לו סם (אחר) כדי להחזיר את הצבע הרגיל לבשרו[11].

שֶׁבֶת — מהו מקרה של ביטול מלאכה ללא נזק? **דְּהַדְקֵיהּ בְּאִינְדְּרוֹנָא** — שנעל אדם בחדר[12] **וּבַטְלֵיהּ** — ובכך ביטלו ממלאכה. עליו לשלם לו עבור הפסד מלאכתו אף שהלה לא נחבל כלל[13].

הערות

1. דבר זה נלמד ונדרש לעיל כו, א-ב (ראה רש"י). "פֶּצַע תַּחַת פָּצַע", המיותר, בא ללמד שחובל חייב אפילו במקרים שהיה עולה על הדעת שיהא פטור — דהיינו, כשמעשהו היה בשוגג או באונס.

["מזיד" ו"רצון" פירושם אחד הוא, אלא שכלפי "שוגג" (דהיינו שלא בכוונה) נקטו את היפוכו שהוא "מזיד", וכלפי "אונס" (דהיינו שהדבר לא היה בשליטתו כלל) נקטו את היפוכו שהוא "רצון" (על פי רש"י פסחים טז, ב ד"ה בין ביחיד; ראה גם תוספות יבמות נג, ב ד"ה הבא, ורש"ש שם).]

חיוב זה נוהג רק בנזק ולא בשאר ארבעת התשלומים (ראה לעיל פג, ב הערה 4; ראה גם לעיל כו, א הערה 45). למחלוקת ראשונים האם חובל חייב במקרים של אונס גמור ראה לעיל כז, א הערה 3.

2. ושלשת התשלומים האחרים (צער, שבת ובושת) נלמדים מריפוי, כשם שריפוי משולם במקום נזק, כך גם תשלומים אלה (תוספות רבינו פרץ לעיל עמוד א; תוספות לעיל כו, ב ד"ה האי).

3. לפי רב פפא בשם רבא, כיון שלא נאמר בפירוש "ורופא ירפא" אין הפסוק בא ללמד שניתנה רשות לרופא לרפאות, כפי שלימד תנא דבי רבי ישמעאל. אלא, כפל הלשון בא ללמד שהחובל חייב בריפוי (ושלשת התשלומים האחרים) אפילו במקום הנזק (יבין שמועה [לרבי שלמה אלגאזי] על הליכות עולם, סוף שער ב; וחולק על לחם אבירים, המבין שלפי רב פפא אפשר ללמוד את שני הדברים מן הכתוב; עיין יד דוד).

4. דעה זו של רב פפא בשם רבא, צריכה בודאי לסבור כאחת מדעות התנאים בברייתא שהובאה לעיל (בעמוד הקודם). והנה, כיון שאין הוא דורש "וְרַפֹּא יְרַפֵּא" כמו תנא דבי רבי ישמעאל (כפי שדרשו החכמים האחרונים בברייתא), בהכרח שהוא סובר כאחת משתי הדעות הראשונות בברייתא, שמכפל הלשון למדים שחובל חייב לרפאות צמחים שעלו מחמת המכה. אם כן, איך דורש רבא מאותו הפסוק דרשה אחרת, שהחובל חייב בריפוי אף במקום שהוא משלם נזק? (יבין שמועה שם).

5. דברי הגמרא כאן מורים שחזרה על מלה, רגילה היא בתורה יותר מאשר שינוי של אותו שורש וחזרה עליו באופן אחר. לפיכך, כאשר התורה נוקטת חזרה על אותו שורש בשינוי, היא מורה על שתי הלכות (ראה תוספות לעיל סה, א ד"ה ליכתוב).

6. אפשר אפוא ללמוד שני דברים מ"רַפֹּא יְרַפֵּא": (א) מהחזרה למדים שחובל חייב לרפאות צמחים העולים מחמת המכה; (ב) כיון שהמלים הכפולות אינן שוות, אנו למדים שחובל חייב לשלם ריפוי (ושאר שלשת הדברים) אפילו במקרה שהחבלה כללה נזק (על פי יבין שמועה שם; להסבר אחר עיין לחם אבירים).

7. [כי לולא הדרשה המיוחדת ("פֶּצַע תַּחַת פָּצַע" לדעת רב זביד, או "וְרַפֹּא יְרַפֵּא" לדעת רב פפא), היינו אומרים שמה שאמרה התורה לשלם ארבעה דברים נאמר רק במקום שהחובל לא עשה בו חסרון קבוע (נזק).]

8. [חבלה שיש בה נזק, בדרך כלל יש בה גם שאר ארבעת הדברים או חלק מהם, אבל ארבעת הדברים ללא נזק, שכיחים פחות.]

9. [וכן כל כיוצא בזה.] הגמרא מביאה דוגמאות בהן החבלה כוללת רק אחד מארבעת הדברים, להשמיענו שאפילו על חבלה הזאת הכוללת **רק** צער, החובל משלם על הצער (וכן אם היא כוללת רק אחד משאר הדברים, כפי שיתבאר בגמרא מיד). ומזה נבין שהחובל משלם תמיד על הדברים שעשה, כגון אם חבלה כזאת שיש בה צער ללא נזק, טעונה גם ריפוי, או שהיא גורמת גם לבטלת הנחבל ממלאכתו (שבת), או שהיא גם מביישת את הנחבל (בושת), משלם החובל בדיוק על מה שעשה לנחבל מכל אותם הדברים (ראה מאירי).

10. רש"י. כלומר, המכה היתה בתהליך של ריפוי. ראה הערה הבאה.

11. הגמרא נקטה מקרה שכיח שאדם יסוך סם כלשהו לחבירו — דהיינו בכוונה לרפאותו (סמ"ג עשין ע), אלא שפשע ולא נזהר בטיבו של הסם (עיין אשל אברהם [ניימרק] עמוד תיב; שו"ת ציץ אליעזר ה, קונטרס רמת רחל כג). כמובן שהוא הדין אם סך לו סם שמזיק למראה בשרו, שלא במקום שהיתה בו מכה מקודם, וכן בכל מקרה בו אדם גרם לחבירו שיצטרך לריפוי, הרי הוא מתחייב בריפוי (ראה רמב"ם, הלכות חובל ומזיק ב, ג; עיין גם ביאור הגר"א חושן משפט תכ, טו). לפירוש אחר ראה רבינו יהונתן.

12. ראה תרגום אונקלוס למלה "החדרה" שבבראשית מג, ל (ערוך, הרזק א). ראה גם ר"ן נדרים צא, ב ד"ה מהרזיק.

13. רא"ש מסביר שהוא חייב רק אם הכניס את חבירו לחדר ונעלו. אבל אם חבירו היה כבר בחדר ובא זה ונעל הדלת לבל יוכל לצאת, אין זה אלא "גרמא" — גרם נזק שאינו חייב עליו בדיני אדם אלא בדיני שמים (ראה לעיל נה, ב והערה 40 שם; קצות החשן שסג, ג). [ואילו הכנסת אדם לחדר בידים ונעילת הדלת בפניו נחשבת "גרמי" (ראה לעיל סב, א והערה 18 שם; להלן צח, ב) עליו הוא חייב גם בדיני אדם (ראה שו"ת רמ"ע מפאנו פט ושו"ת משיב דבר ג, טז).] ראה גם ערוך השלחן חושן משפט תכ, יג.] אבל ראה חידושי רבי שמואל רוזובסקי (יח, ז) שמעלה כי דעת הרמ"ה (שהובאה בנמוקי יוסף, ח, ב מדפי הרי"ף) היא, שחייבים על שבת גם בדרך של

א) לרבות שוגג כמזיד ואונס כרצון אם כן נכתוב קרא פצע בפצע מאי פצע תחת פצע ש"מ תרתי רב פפא משמיה דרבא אמר קרא ורפא ירפא ליתן רפואה במקום נזק האי מבעי ליה לכדתנא דבי רבי ישמעאל דתנא דבי רבי ישמעאל ורפא ירפא מכאן שניתנה רשות לרופא לרפאות א"כ נכתוב קרא ורופא ירפא ש"מ ליתן רפואה במקום נזק ואכתי מבעי ליה לכדאמרן למיתני ביה קרא בריפוי ° א"כ לימא קרא או רפא רפא או ירפא ירפא מאי ורפא ירפא ש"מ ליתן רפואה במקום נזק מכלל דמשכחת להו שלא במקום נזק שלא במקום נזק היכי משכחת להו צער א כדקתני צער כוואו בשפוד או במסמר ואפילו על צפורנו מקום שאינו עושה חבורה ריפוי ב דהוה כאיב ליה מידי וסליק ואייתי ליה סמא חריפא ואחווריה לבישריה דצריך לאותבי ליה סמא לאנקוטיה גוונא דבישריה שבת ג דהדקיה באינדרונא ובטליה ד בושת דרק ליה באפיה: שבת רואין אותו כאילו הוא שומר קישואין: תנו רבנן שבת רואין אותו כאילו הוא שומר קישואין ואם תאמר לקתה מדת הדין דכי מיתפח האי גברא לאו אגרא דשומר קישואים הוא שקיל אלא דלי דוולא ושקיל אגרא אי נמי אזיל בשליח ושקיל אגרא מדת הדין לא לקתה שכבר נתן לו דמי ידו ודמי רגלו אמר רבא ה קטע את ידו נותן לו דמי ידו ושבת רואין אותו כאילו הוא שומר קישואין ו שיבר את רגלו נותן לו דמי רגלו ושבת רואין אותו כאילו הוא שומר את הפתח ז סימא את עינו נותן לו דמי עינו ושבת רואין אותו כאילו הוא מטחינו בריחים ח חירשו נותן לו דמי כולו בעי רבא קטע את ידו ולא אמדוהו שיבר את רגלו ולא אמדוהו סימא את עינו ולא אמדוהו ולבסוף חירשו מהו מי אמרינן כיון דלא אמדוהו בחד אומדנא סגי ליה ויהיב ליה דמי כוליה בהדי הדדי או דלמא חדא חדא אמדינן ויהבינן ליה נפקא מיניה ט דבעי למיתב ליה צער ובושת דכל חדא וחדא נהי דנזק וריפוי ושבת דכל חדא וחדא לא יהבינן ליה דכיון דקא יהיב ליה דמי כוליה כמאן דקטליה דמי והא יהיב ליה דמי כוליה צער ובושת מיהת דכל חדא וחדא יהיב דהא הוה ליה צער ובושת ואם תימצי לומר כיון דלא אמדוהו י קא יהיב ליה דמי כוליה בהדי הדדי אמדוהו מהו מי אמרינן כיון דאמדוהו חדא חדא בעי למיתב ליה או דלמא כיון דלא שלים יהיב ליה דמי כוליה כ תיקו בעי רבה שבת הפוחתתו בדמים מהו היכי דמי כגון שהכהו על ידו וצמתה ידו וסופה לחזור מאי כיון דסופה לחזור לא יהיב ליה ולא מידי או דלמא השתא מיהת אפחתיה תא שמע ג) ל המכה אביו ואמו ולא עשה בהן חבורה מ והחובל בחבירו ביום הכפורים חייב

לרבות שוגג כמזיד. בפ' שני (דף כו:): דהוה כאיב ליה מידי וסליק. שהיה לו מכה בבשרו והיתה מתרפאה: ואחווריה לבשריה. הפכו למראה צרעת: דהדקיה. סגרו במסגר: לקתה מדת הדין. כלומר לא שלם לו כל צרכו דהא כי מתפח האי גברא מחולי זה שנקטע ג) (רגלו) לא אגרא דשומר קישואין שקיל אלא דויל דוולא ושקיל אגרא יתירא ונמצא שכל ימי חליו אבד את זאת: א"נ. כי נקטעה ד) (ידו): אזיל בשליחותא ושקיל אגרא. יתירא ואיגלאי מילתא דלאו בר שימור קישואין: מדת הדין לא לקתה שכבר נתן לו כו'. ולכשיתרפא (א) אינו ראוי לדלות ולילך בשליחות: קיטע ידו. עדיין הוא ראוי (ב) לשומר קישואין הלכך שבת כל ימי חליו נותן לו שכר שימור קישואין: שיבר את רגלו. שוב אינו ראוי לשמור קישואין שצריך להלך סביב הגנה: חירשו. אין ראוי לכלום: קיטע את ידו ולא אמדוהו. בית דין ולא אמרו למזיק תן לו כך וכך ריפוי כך וכך שבת צער ובושת ואחרי כן שיבר את רגלו קודם שיתרפא: חדא חדא אמדינן. ואע"ג דבנזק לא נפקא לן מינה מידי דהא סוף סוף כל שעה הולכין ופוחתין את דמיו הלכך בין אומד כולה בין אומד כל אחד בפני עצמו מדה אחת היא: נפקא מינה למיתב ליה צער ובשת דכל אחד. אבל ריפוי לא שהרי לא נתרפא בינתים ושבת לא שהרי נותן לו דמי כל מה שהיה שוה מתחילה והרי הוא עבדו: שבת הפוחתתו מדמים. הכהו מכה שהוא צריך לשבות ממלאכתו וסופו להיות שלם כבתחילה ואין כאן אלא שבת אבל פוחתו עכשיו בדמים שאם היה בא לימכר עכשיו היו דמיו פוחתין: מהו. מי מחייב אפחת דמיו דהשתא או לא: צמתה. דשטריר"ט בלע"ז לשון צומת הגידין (חולין דף עו.) מקום שהגידין צומתין: כיון דסופה לחזור לא יהיב ליה. דמי ידו: ולא עשה בהן חבורה. דאין עליו חיוב מיתה עד שיעשה בהם חבורה באלו הן הנחנקין (סנהדרין דף פד:):

רואין אותו כאילו שומר קישואין. שכבר נתן לו דמי ידו או דמי רגלו שומר קישואין לא קאי ארגל דברגלו קאמר בגמרא שבת כשומר הפתח אבל קישואין אין יכול לשמור א"נ בגמ' איירי בשיבר שני רגליו דומיא דסימא את עינו דאיירי בסימא שתי עיניו דאי עינו אחת עדיין הוא ראוי לכל זה שהיה ראוי בתחילה ובתוספתא (פ"ט) נמי קתני רואין אותו כאילו הוא חיגר שומר קישואין משמע דחיגר יכול לשמור ונראה דאם היה מלמד תינוקות לא נאמר כאילו הוא שומר קישואין ובשיבר רגלו אם היה עושה מעשה מחט או נוקב מרגליות לא נאמר כאילו הוא שומר הפתח דאם כן לקתה מדת הדין אלא הכא בסתם בני אדם שאין בעלי אומנות: דכי מתפח האי גברא. כלומר בתחילה כשהיה בריא: חרשו נותן לו דמי כולו. ע"כ לא מיירי באותו שקיטע את ידו ושיבר את רגלו וסימא עינו אלא אפילו באדם שלם דומיא דסימא עינו דלא איירי באותו שקיטע ידו ושיבר רגלו דהא בשיבר רגלו אין נותן אלא כשומר הפתח שהוא פחות מטחינת הריחים ותימה דמשמע הכא דחרש לא שוי מידי מדנותן לו דמי כולו ובפ"ק דערכין (דף ב. ושם ס) תנן הכל נידרין ונערכין ואור"ת דיש לחלק בין חרש בידי אדם לחרש בידי שמים ולר"י נראה דהכא באדם שאין בר אומנות כדפי' לעיל וכן משמע מדנקט דלי דוולא ואזיל בשליחות הלכך כשנתחרש אין שוה כלום והתם מיירי כשיש לו אומנות: נהי דנזק וריפוי ושבת דכל חדא וחדא לא יהיב ליה. תימה בשלמא נזק ושבת דין שלא יתן שכל זה בכלל דמי כולו אלא ריפוי למה פשיטא ליה שיהיה בכלל דמי כולו יותר מצער ובושת ונראה דגרס ריפוי בהדי צער ובושת ולא (הכא) בהדי נזק ושבת אך אכתי קשה דמאי קמיבעיא ליה דלמה יפטר מריפוי וצער ובושת דכל חדא וחדא בשביל שחרשו לבסוף ונותן לו דמי כולו מ"ש מקיטע ידו שאע"פ שהוא נותן נזק שהוא דמי ידו נותן ריפוי צער ובושת ועוד אטו אם חבל בחרש וכי יפטר מריפוי צער ובושת מיהו מהא דתנן לקמן (דף פז.) החובל בחרש חייב אין לדקדק דמצ"ל דהתם בחרש בידי שמים כדברי ר"ת או הוא בר אומנות ועוד דלעיל אשכחן דחייב ריפוי שלא במקום נזק ועוד תימה דפעמים מרויח במה שחרשו לבסוף כגון שהצער והריפוי היה עולה יותר מדמי כולו ונראה לר"י דפשיטא דמשלם צער ובושת וריפוי דכל חדא וחדא ומבעי ליה כגון שקיטע ידו יום ראשון ולא אמדוהו וביום שני שיבר רגלו ולא אמדוהו וביום השלישי חרשו מי אמרינן דחשיב כאילו עשה הכל בפעם אחת ואומדין הכל ביחד או דלמא כיון שהחבלות היו בזה אחר זה אומדין לכל אחת ריפוי וצער ובושת שלה בפני עצמה ונ"מ שאין עולה כ"כ כשאומדין הכל ביחד כמו שעולה כשאומדין כל אחת בפני עצמה: שבת הפוחתתו בדמים מהו. כגון שהכהו על ידו ולמתה וסופה לחזור שמלבד שבתו שבכל יום ויום עד שיתרפא נפחתו דמיו שאין בני אדם בקיאין להכיר בידו אם סופה לחזור ולא יכניסו עצמן בספק לקנותו כבריא ושולט בשתי ידיו וסבורין שלא יתרפא עוד אבל בדבר הידוע שסופו לחזור מודה אביי שאין נותן לו אלא שבת שבכל יום ויום:

כגון

עין משפט נר מצוה

כו א מיי' פ"ב מהלכות חובל ומזיק הלכה ג סמג עשין ע טוש"ע ח"מ סי' תכ סעיף ט:
כז ב מיי' שם טוש"ע שם סעיף י:
כח ג מיי' שם טוש"ע שם סעיף יא:
כט ד מיי' פ"ג שם הלכה ט טוש"ע שם סעיף לח:
ל ה ו ז מיי' פ"ב שם הלכה יא יג טוש"ע שם סעיף יז:
לא ח מיי' שם הלכה יב טוש"ע שם סעיף כה:
לב ט מיי' שם הלכה יג טוש"ע שם סעיף כו בהג"ה:
לג י כ מיי' שם טוש"ע שם סעיף כו:
לד ל מיי' שם פ"ד הלכה ז סמג שם טוש"ע ח"מ סי' תכד סעיף א:
לה מ מיי' שם הלכה ט טוש"ע שם סעיף ב:

מסורת הש"ס

א) [לעיל כו:], ב) לקמן פז., ג) נ"ל ידו. רש"ל, ד) נ"ל רגלו. רש"ל ועיין רש"א, ה) [ד"ה חרש].

הגהות הב"ח

(א) רש"י ד"ה מדת הדין וכו' ולכשיתרפא נמי אינו ראוי: (ב) ד"ה קיטע וכו' ראוי לשמור קישואין:

גליון הש"ס

גמ' א"כ לימא קרא או רפא רפא. וכן לעיל דף סה ע"א וש"נ:

לעזי רש"י

דשטריר"ט. פירוש התכווץ, התקלר (עיין רש"י נדה דף ג ע"א ד"ה כויץ), יבשה (רש"י גיטין דף מב ע"ב וקידושין דף כד ע"ב ד"ה ולמתה), למקה (ערוך ערך למת):

ליקוטי רש"י

מיתפח. מתרפא [סנהדרין קז:]. דלי דוולא. דולה דליות מים [מו"ק ד.]. וצמתה. יבשה [גיטין מב:].

בּוֹשֶׁת שלא במקום נזק, יתכן במקרה **דְּרָק לֵיהּ בְּאַפֵּיהּ** — שירק בפניו, וחייב לשלם לו כפי בשתו[14].

הגמרא עוברת לדון בתשלום הדבר השלישי מחמשת הדברים ששייכים בחבלה — שבת. שנינו במשנה:

שֶׁבֶת כיצד מעריכים? **רוֹאִין אוֹתוֹ** בעת חוליו **כְּאִילּוּ הוּא שׁוֹמֵר קִישׁוּאִין** (מלפפונים) ועכשיו מחמת החולי הוא בטל ממלאכה זו, ועל החובל לשלם לו כהפסד מלאכה זו כל ימי חוליו.

ברייתא המרחיבה בענין:

תָּנוּ רַבָּנָן בברייתא: **שֶׁבֶת, רוֹאִין אוֹתוֹ כְּאִילּוּ הוּא שׁוֹמֵר קִישׁוּאִין. וְאִם תֹּאמַר:** הרי בכך **לָקְתָה מִדַּת הַדִּין**[15]?

הגמרא מפסיקה את הברייתא כדי לבאר את הטענה:

דְּכִי מִיתְפַּח הַאי גַּבְרָא — שכן כאשר אדם זה יתרפא מחליו **לַאו אַגְרָא דְּשׁוֹמֵר קִישׁוּאִים הוּא שָׁקִיל** — הוא לא יטול את השכר הנמוך של שומר קישואים; **אֶלָּא, דָּלֵי דַּוְולָא וְשָׁקִיל אַגְרָא** — הוא ידלה [מים] בדלי ויטול שכר גבוה יותר[16]; **אִי נַמִּי אָזִיל בְּשָׁלִיחַ וְשָׁקִיל אַגְרָא** — או ילך כשליח ויטול שכר גבוה יותר[17].

הגמרא חוזרת לברייתא, המתרצת:

מִדַּת הַדִּין לֹא לָקְתָה, אלא הגון הדבר שמשלם לו שבת רק כשומר קישואין, **שֶׁכְּבָר נָתַן לוֹ דְּמֵי יָדוֹ וּדְמֵי** (או דמי) **רַגְלוֹ**[18].

הגמרא מפרטת בענין שומת "שבת" במקרים שונים:

אָמַר רָבָא: אם **קָטַע אֶת יָדוֹ, נוֹתֵן לוֹ דְּמֵי יָדוֹ**[19]; **וְשֶׁבֶת** — ולענין ביטול מלאכתו, **רוֹאִין אוֹתוֹ כְּאִילּוּ הוּא שׁוֹמֵר קִישׁוּאִין**[20]. אם **שִׁיבֵּר אֶת רַגְלוֹ, נוֹתֵן לוֹ דְּמֵי רַגְלוֹ**[21]; **וְשֶׁבֶת, רוֹאִין אוֹתוֹ כְּאִילּוּ הוּא שׁוֹמֵר אֶת הַפֶּתַח**[22]. אם **סִימֵּא אֶת עֵינוֹ**[23], **נוֹתֵן לוֹ דְּמֵי עֵינוֹ; וְשֶׁבֶת, רוֹאִין אוֹתוֹ כְּאִילּוּ הוּא מַטְחִינוֹ בְּרֵיחַיִם**[24]. אם

הערות

גרמא. ומבאר את שיטתו: הרי כל החיוב של שבת הוא על כך שהחובל גרם לחברו הפסד כספי, ואם כן אין הבדל באיזו דרך גרם לו זאת (וראה שם עוד).

14. ראה במשנה לקמן צ, א ובסוגיית הגמרא שם, באיזה אופן מחוייב על רקיקה.

15. היינו, אין זה הגון שישולם לנחבל רק שכרו של שומר קישואים בעת חליו כאשר יוכל להשתכר יותר כשיתרפא (רש"י).

אנו מבארים את המשא ומתן בגמרא, כפי הגירסא שלפנינו בפירוש רש"י (וכן פירש הראב"ד) — שקושיית הגמרא היא לענין **העתיד**, שלאחר שיתרפא הנחבל יוכל לעסוק במלאכה בה ישתכר יותר משומר קישואין. אולם, מחמת כמה קושיות על ביאור זה, מהרש"ל מגיה בדברי רש"י באופן שמפרשים ראשונים אחרים (ראה תוספות ועוד) — שקושיית הברייתא עוסקת **בעבר**; הברייתא שואלת מדוע משתלם הנחבל כשומר קישואים בעת שבתו בטל מחמת מכתו, והרי עבודתו קודם שנחבל היתה חשובה יותר. ראה להלן הערה 18 כיצד מתבארת הסוגיא לפי הפירוש השני.

16. כלומר, אדם שנקטעה רגלו, עדיין ראוי לעבוד כשואב מים כשיתרפא מהחולי הנגרם מהחבלה. הלכך, תשלום כשומר קישואים בעת חליו אינו מפצה אותו לגמרי על הפסד מלאכתו באותו זמן (על פי רש"י; ראה הערה הקודמת).

17. כלומר, אדם שנקטעה ידו, עדיין ראוי לעבוד כשליח. כשיתרפא יתברר שתשלום כשומר קישואים על התקופה בה הוא יושב ובטל לגמרי, לא היה בו פיצוי מלא על הפסדו בעת בטלתו (רש"י).

18. היינו, אפילו כשיתרפא לא יוכל הנחבל לעבוד בעבודות שמשכורתן גבוהה יותר, אלא יצטרך לעבוד כשומר קישואים בעל משכורת נמוכה, והרי ההפרש הכספי בין מה שהיה משתכר קודם החבלה (שיכול היה לעסוק בכל דבר שאינו אומנות מיוחדת) לבין מה שיוכל להשתכר לאחר החבלה (שומר קישואין וכיוצא בזה, ראה בגמרא להלן) כבר שולם לו בתשלום ה"נזק" (בו שולם לו ההפרש שבין עבד שלם בגופו לעבד חבול, שיכול לעבוד רק כשומר קישואין). נמצא שעל הזמן בו הוא יושב בטל מחמת החבלה ואינו משתכר כלום, בדין הוא שישולם לו רק הפסד שכרו כשומר קישואין, שהרי זה מה שיעשה לאחר שיתרפא (ראה רש"י).

מלשון רש"י נראה, שתירוצה של הברייתא רק **דוחה** את ההנחה של השאלה. היינו, השאלה היתה שאין זו "מדת הדין" ראויה, לשלם על "שבת" פחות ממה שמפסיד הנחבל בפועל (שלאחר שירפא יוכל לדלות מים או ללכת בשליחות ולא רק לשמור קישואין), והתשובה קובעת שגם לאחר רפואתו לא יהיה אלא שומר קישואין. הקשו ראשונים (ראה רשב"א ותוספות רבינו פרץ): וכי מה תשובה היא זו? הרי ודאי אפשר שמי שנקטעה ידו יוכל להשתכר יותר משומר קישואין, ולמה ישלמו "שבת" רק כשומר קישואין? (ולכן פירשו חלק מהראשונים כפירוש התוספות; ראה הערה 15 ולהלן בהערה זו). הראב"ד (המפרש את השאלה כפי שפירש רש"י) מבאר כדלהלן: [הברייתא אינה קובעת מה ראוי הנחבל לעבוד **בפועל**, אלא] תשובת הברייתא היא, שכל מה שהנחבל הפסיד מחמת שכבר אינו יכול לעסוק בהרבה מלאכות, כבר שולם לו בתשלום ה"נזק", שהרי נישום לפי דוגמא של עבד, ומקבל את ההפרש שבין מחיר עבד שלם בגופו, למחיר עבד קטוע יד, וכל עבד קטוע יד מוערך בשוק כפי רוב עבודתו שתהיה שמירת קישואין וכיוצא בזה (אף על פי שלפעמים יוכל גם ללכת בשליחות וכיוצא בזה). זהו תירוצה של הברייתא: מידת הדין לא לקתה, שלפי שה"נזק" נישום כעבד, הרי כבר קיבל דמי **כל** הפסדו, כאילו שמהיום ואילך רק ישמור קישואין; ראוי אפוא שתשלום ה"שבת" יוערך לפי שמירת קישואין בלבד [שכן אם ישלם לו "שבת" לפי מה שישתכר יותר משומר קישואין, נמצא ששילם לו פעמיים על אותו הפסד]. ראה גם תוספות רבינו פרץ, וחידושי תלמיד הרשב"א והרא"ש; חידושי רבי שלמה יג, יא.

לפירוש התוספות, קושיית הגמרא היתה **שקודם** החבלה היה יכול הנחבל לדלות מים וללכת בשליחות (ורק לאחר החבלה אינו יכול אלא לשמור קישואין), ולמה מעריכים את השבת כאילו היה שומר קישואין? והתשובה היא פשוטה, שהפסד משכורתו הקודמת של הניזק כלולה היא בשומת הנזק. [ראה גם מהרש"א; להרחבה ולביאורים שונים לאורך כל הסוגיא, ראה תוספות, רשב"א, בעל המאור, מלחמות ה', תוספות רבינו פרץ, מאירי ועוד; מהרש"ל, מהדורא בתרא, פני יהושע, מרומי שדה ועוד; דבר משה.]

הברייתא עוסקת במי שאין לו אומנות מיוחדת אלא עוסק במלאכה פשוטה (ראה רשב"א); אדם כזה, עיקר הפסדו בקטיעת אבר הוא שמהיום הוא מוגבל רק למלאכות פשוטות עוד יותר ממה שעבר בהיותו שלם בגופו, ולכן די בהערכתו כשומר קישואין לענין "שבת". אולם, אנשים בעלי אומנות מיוחדת (כגון מלמד תינוקות, חייט או נוקב מרגליות), במקרים מסויימים אין קטיעת האבר מפריעה להם לחזור לעסוק באומנותם ולהשתכר שכר שוה למה שהשתכרו בעבר. בנוגע להם, ודאי שתשלום ה"שבת" אינו מוערך כשומר קישואין אלא לפי מה שישתכרו לאחר ריפויים (תוספות ועוד).

[היוצא מביאורו של רש"י, שבמקרה שהנחבל הוא בעל אומנות, כגון נוקב מרגליות, אפשר שהתשלום עבור הנזק (לדוגמא, רגל קטועה) יהיה קטן, כיון שיוכל לחזור לעבודתו לאחר שיתרפא (ושלא כדברי הרא"ש, שהובאו לעיל פג, ב סוף הערה 6); אולם, תשלום השבת לתקופת חליו יהיה גבוה, כיון שהוא מבוסס על הזמן שהפסיד מעבודתו המיוחדת. ואם אומנותו תלויה בידו וקטע את ידו, וכן כאשר הניזק הוא פועל פשוט, תשלום הנזק הוא גדול יחסית, כיון ששוויו כעת (כשומר קישואין) הוא קטן; אולם, תשלום השבת לתקופת חליו יהיה קטן, כיון שהוא מבוסס על איזה הכנסה מועטת שהניזק יוכל להפיק לאחר שיתרפא (ראה מרומי שדה; ראה גם תוספות; רשב"א; ים של שלמה יא; ראה שם גם אודות תשלום שבת למי שאינו עוסק במלאכה; דבר משה קפג).]

19. הנזק נערך על ידי חישוב כמה נפחת שווי הניזק להימכר כעבד כתוצאה מחבלה זו (ראה לעיל פג, ב הערה 6).

20. הואיל וכשיתרפא מחליו הוא יוכל לשמור שדה קישואים, תשלום השבת נערך על פי מלאכה זו (רש"י).

21. מדובר בשבר שלעולם לא יחזור לקדמותו, ושייך על כן תשלום "נזק", הנישום כאיבוד שוויו של אדם כזה אילו נמכר כעבד.

[מרש"י (ד"ה שיבר) נראה שמדובר באותו חובל ואותו נחבל, שלאחר שקטע את ידו, גם שיבר את ידו. ויש שפירש, שמדובר שלאחר שהתרפא מן החבלה הראשונה (קטיעת ידו) חבל בו בשנית ושבר את רגלו. יש גם שפירש שמדובר בשני מקרים שונים (ראה שיטה מקובצת בשם רמ"ה, ובשם רבינו יהונתן; תוספות תלמיד ר"י הזקן, ועוד).]

22. משנחבל בשבירת רגלו, אין הנחבל יכול לעבוד עוד כשומר קישואים, כיון שלכך צריך ללכת סביב הגינה (רש"י). אולם הוא היה יכול לעבוד כשומר הפתח, הנשאר על מקומו, ולכן תשלום השבת נערך על פי מלאכה זו [ששכרה פחות משכר שומר קישואין; ומובן שלנחבל זה שמין יותר בעבור "נזק" לעומת מי שעדיין יכול לעבוד גם כשומר קישואין].

הראשונים מקשים: משנתנו [והברייתא המובאת למעלה] אומרת שהשבת נערכת כאילו הנחבל היה שומר קישואים כיון שהחובל כבר נתן לו דמי ידו או דמי **רגלו**. מכך משמע שאדם שנשברה רגלו יכול אף הוא לעבוד כשומר קישואים! תוספות (ד"ה רואין) ורא"ש מתרצים, שהמשנה עוסקת במקרה בו שבר החובל רגל **אחת** ואילו רבא עוסק במקרה ששבר את **שתי** רגליו (ראה שם לפירוש אחר). [לפי זה, מה שאמר רבא "שיבר את **רגלו**" אינו מדוקדק, וכוונתו: "**רגליו**" (ים של שלמה יא).]

23. הכוונה, שסימא את שתי עיניו; שכן רבא יאמר מיד שבמקרה זה אין הנחבל יכול אלא לטחון בריחיים, ובהכרח היינו שנעשה סומא בשתי עיניו; אדם בעל עין אחת יכול לחזור בדרך כלל לעבודתו, ונזקו ושבתו היו נערכים בהתאם (ראה תוספות ד"ה רואין; ראה גם רשב"א, ותוספות רבינו פרץ).

24. כיון שסומא אינו יכול לעבוד כשומר פתח, עבודתו תהיה רק כטוחן בריחיים, ועל פי זה נערכת שבתו. [ראה שופטים טז, יא, שלאחר שהפלישתים ניקרו את עיניו של שמשון הגבור, העבידוהו כטוחן בריחיים.]

עין משפט
נר מצוה

כו א מיי' פ"ב מהלכות חובל ומזיק הלכה ג סמג עשין ע טוש"ע ח"מ סי' תכ סעיף ט:
כז ב מיי' שם טוש"ע שם סעיף י:
כח ג מיי' שם טוש"ע שם סעיף יא:
כט ד מיי' פ"ג שם הלכה ט טוש"ע שם סעיף לא:
ל ה ו ז מיי' פ"ב שם הלכה יא יג טוש"ע שם סעיף יז:
לא ח מיי' שם הלכה יב טוש"ע שם סעיף כה:
לב ט מיי' שם הלכה יג טוש"ע שם סעיף כו בהג"ה:
לג י כ מיי' שם טוש"ע שם סעיף כו:
לד ל מיי' שם פ"ד הלכה ז סמג שם טוש"ע ח"מ סי' תכד סעיף א:
לה מ מיי' שם הלכה ט טוש"ע שם סעיף ב:

מסורת הש"ס

א) [לעיל כו:], ב) לקמן פז., ג) צ"ל ידו. רש"ל, ד) צ"ל רגלו. רש"ל ועיין רש"א, ה) [ד"ה חרש].

הגהות הב"ח

(א) רש"י ד"ה מדת הדין וכו' ולכשיתרפא נמי אינו ראוי: (ב) ד"ה קיטע וכו' ראוי לשמור קישואין:

גליון הש"ס

גמ' א"כ לימא קרא או רפא רפא. וכן לעיל דף סה ע"א וש"נ:

לעזי רש"י

דשטריר"ט. פירוש התכווץ, התקלץ (עיין רש"י נדה דף ג ע"א ד"ה כויץ), יבשה (רש"י גיטין דף מב ע"ב וקידושין דף כד ע"ב ד"ה ולמתה), למקה (ערוך ערך למת):

ליקוטי רש"י

מיתפח. מתרפא [סנהדרין קז:]. דלי דוולא. דולה דליות מים [מו"ק ד.]. וצמתה. יבשה [גיטין מב:].

א) לרבות שוגג כמזיד ואונס כרצון אם כן נכתוב קרא פצע בפצע מאי פצע תחת פצע ש"מ תרתי רב פפא משמיה דרבא אמר קרא ורפא ירפא ליתן רפואה במקום נזק האי מבעי ליה לכדתנא דבי רבי ישמעאל דתנא דבי רבי ישמעאל ורפא ירפא מכאן שניתנה רשות לרופא לרפאות א"כ נכתוב קרא ורופא ירפא ש"מ ליתן רפואה במקום נזק ואכתי מבעי ליה לכדאמרן למיתני ביה קרא בריפוי ° א"כ לימא קרא או רפא רפא או ירפא ירפא מאי ורפא ירפא ש"מ ליתן רפואה במקום נזק מכלל דמשכחת להו שלא במקום נזק שלא במקום נזק היכי משכחת להו צער א כדקתני צער כוואו בשפוד או במסמר ואפילו על צפורנו מקום שאינו עושה חבורה ריפוי ב דהוה כאיב ליה מידי וסליק ואייתי ליה סמא חריפא ואחווריה לבישריה דצריך לאותבי ליה סמא לאנקוטיה גוונא דבישריה שבת ג דהדקיה באינדרונא ובטליה ד בושת דרק ליה באפיה: שבת רואין אותו כאילו הוא שומר קישואין: תנו רבנן שבת רואין אותו כאילו הוא שומר קישואין ואם תאמר לקתה מדת הדין דכי מיתפח האי גברא לאו אגרא דשומר קישואים הוא שקיל אלא דלי דוולא ושקיל אגרא אי נמי אזיל בשליח ושקיל אגרא מדת הדין לא לקתה שכבר נתן לו דמי ידו ודמי רגלו אמר רבא ה קטע את ידו נותן לו דמי ידו ושבת רואין אותו כאילו הוא שומר קישואין ו שיבר את רגלו נותן לו דמי רגלו ושבת רואין אותו כאילו הוא שומר את הפתח ז סימא את עינו נותן לו דמי עינו ושבת רואין אותו כאילו הוא מטחינו בריחים ח חירשו נותן לו דמי כולו בעי רבא קטע את ידו ולא אמדוהו שיבר את רגלו ולא אמדוהו סימא את עינו ולא אמדוהו ולבסוף חירשו מהו מי אמרינן כיון דלא אמדוהו בחד אומדנא סגי ליה ויהיב ליה דמי כוליה בהדי הדדי או דלמא חדא חדא אמדינן ויהבינן ליה נפקא מיניה ט דבעי למיתב ליה צער ובושת דכל חדא וחדא נהי דנזק וריפוי ושבת דכל חדא וחדא לא יהבינן ליה דכיון דקא יהיב ליה דמי כוליה כמאן דקטליה דמי והא יהיב ליה דמי כוליה צער ובושת מיהת דכל חדא וחדא יהיב דהא הוה ליה צער ובושת ואם תימצי לומר כיון דלא אמדוהו י קא יהיב ליה דמי כוליה בהדי הדדי אמדוהו מהו מי אמרינן כיון דאמדוהו חדא חדא בעי למיתב ליה או דלמא כיון דלא שלים יהיב ליה דמי כוליה כ תיקו בעי רבה שבת הפוחתתו בדמים מהו היכי דמי כגון שהכהו על ידו וצמתה ידו וסופה לחזור מאי כיון דסופה לחזור לא יהיב ליה ולא מידי או דלמא השתא מיהת אפחתיה תא שמע ג) ל המכה אביו ואמו ולא עשה בהן חבורה מ והחובל בחבירו ביום הכפורים חייב

לרבות שוגג כמזיד. בפ' שני (דף כו:): דהוה כאיב ליה מידי וסליק. שהיה לו מכה בבשרו והיתה מתרפאה: ואחווריה לבשריה. הפכו למראה לרעת: דהדקיה. סגרו במסגר: לקתה מדת הדין. כלומר לא שלם לו כל צרכו דהא כי מתפח האי גברא מחולי זה שנקטע ג) (רגלו) לא אגרא דשומר קישואין שקיל אלא דויל דוולא ושקיל אגרא יתירא ונמצא שכל ימי חליו אבד את זאת: א"נ. כי נקטעה ד) (ידו): אזיל בשליחותא ושקיל אגרא. יתירא ואיגלאי מילתא דלאו בר שימור קישואין: מדת הדין לא לקתה שכבר נתן לו כו'. ולכשיתרפא (א) אינו ראוי לדלות ולילך בשליחות: קיטע ידו. עדיין הוא ראוי (ב) לשומר קישואין הלכך שבת כל ימי חליו נותן לו שכר שימור קישואין: שיבר את רגלו. שוב אינו ראוי לשמור קישואין שצריך להלך סביב הגנה: חירשו. אין ראוי לכלום: קיטע את ידו ולא אמדוהו. בית דין ולא אמרו למזיק תן לו כך וכך ריפוי כך וכך שבת צער ובושת ואחרי כן שיבר את רגלו קודם שיתרפא: חדא חדא אמדינן. ואע"ג דבנזק לא נפקא לן מינה מידי דהא סוף סוף כל שעה הולכין ופוחתין את דמיו הלכך בין אומד כולה בין אומד כל אחד בפני עצמו מדה אחת היא: נפקא מינה למיתב ליה צער ובשת דכל אחד. אבל ריפוי לא שהרי לא נתרפא בינתים ושבת לא שהרי נותן לו דמי כל מה שהיה שוה מתחילה והרי הוא עבדו: שבת הפוחתתו מדמים. הכהו מכה שהוא צריך לשבות ממלאכתו וסופו להיות שלם כבתחילה ואין כאן אלא שבת אבל פוחתו עכשיו בדמים שאם היה בא לימכר עכשיו היו דמיו פוחתין: מהו. מי מחייב אפחת דמיו דהשתא או לא: צמתה. דשטריר"ט בלע"ז לשון צומת הגידין (חולין דף עו.) מקום שהגידין צומתין: כיון דסופה לחזור לא יהיב ליה. דמי ידו: ולא עשה בהן חבורה. דאין עליו חיוב מיתה עד שיעשה בהם חבורה באלו הן הנחנקין (סנהדרין דף פד:):

רואין אותו כאילו שומר קישואין. שכבר נתן לו דמי ידו או דמי רגלו שומר קישואין לא קאי ארגל דברגלו קאמר בגמרא שבת כשומר הפתח אבל קישואין אין יכול לשמור א"נ בגמ' איירי בשיבר שני רגליו דומיא דסימא את עינו דאיירי בסימא שתי עיניו דאי עינו אחת עדיין הוא ראוי לכל זה שהיה ראוי בתחילה ובתוספתא (פ"ט) נמי קתני רואין אותו כאילו הוא חיגר שומר קישואין משמע דחיגר יכול לשמור ונראה דאם היה מלמד תינוקות לא נאמר כאילו הוא שומר קישואין ושיבר רגלו אם היה עושה מעשה מחט או נוקב מרגליות לא נאמר כאילו הוא שומר הפתח דאם כן לקתה מדת הדין אלא הכא בסתם בני אדם שאין בעלי אומנות: דכי מתפח האי גברא. כלומר בתחילה כשהיה בריא: חרשו נותן לו דמי כולו. ע"כ לא מיירי באותו שקיטע את ידו ושיבר את רגלו וסימא עינו אלא אפילו באדם שלם דומיא דסימא עינו דלא איירי באותו שקיטע ידו ושיבר רגלו דהא בשיבר רגלו אין נותן אלא כשומר הפתח שהוא פחות מטוחינת הריחים ותימה דמשמע הכא דחרש לא שוי מידי מדנותן לו דמי כולו ובפ"ק דערכין (דף ב. ושם ה)) תנן חש"ו נידרין ונערכין ואור"ת דיש לחלק בין חרש בידי אדם לחרש בידי שמים ולר"י נראה דהכא באדם שאין בר אומנות כדפי' לעיל וכן משמע מדנקט דלי דוולא ואזיל בשליחות הלכך כשנתחרש אין שוה כלום והתם מיירי כשיש לו אומנות: נהי דנזק וריפוי ושבת דכל חדא וחדא לא יהיב ליה. תימה בשלמא נזק ושבת דין שלא יתן שכל זה בכלל דמי כולו אלא ריפוי למה פשיטא ליה שיהיה בכלל דמי כולו יותר מצער ובושת ונראה דגרס ריפוי בהדי צער ובושת ולא (הכא) בהדי נזק ושבת אך אכתי קשה דמאי קמיבעיא ליה דלמה יפטר מריפוי וצער ובושת דכל חדא וחדא בשביל שחרשו לבסוף ונותן לו דמי כולו מ"ש מקיטע ידו שאע"פ שהוא נותן נזק שהוא דמי ידו נותן ריפוי צער ובושת ועוד אטו אם חבל בחרש וכי יפטר מריפוי צער ובושת מיהו מהא דתנן לקמן (דף פו.) החובל בחרש חייב אין לדקדק דמצ"ל דהתם בחרש בידי שמים כדברי ר"ת או הוא בר אומנות ועוד דלעיל אשכחן דחייב ריפוי שלא במקום נזק ועוד תימה דפעמים מרויח במה שחרשו לבסוף כגון שהצער והריפוי היה עולה יותר מדמי כולו ונראה לר"י דפשיטא דמשלם צער ובושת וריפוי דכל חדא וחדא ומבעי ליה כגון שקיטע ידו יום ראשון ולא אמדוהו וביום שני שיבר רגלו ולא אמדוהו וביום השלישי חרשו מי אמרינן דחשיב כאילו עשה הכל בפעם אחת ואומדין הכל ביחד או דלמא כיון שהחבלות היו בזה אחר זה אומדין לכל אחת ריפוי וצער ובושת שלה בפני עצמה ונ"מ שאין עולה כ"כ כשאומדין הכל ביחד כמו שעולה כשאומדין כל אחת בפני עצמה: שבת הפוחתתו בדמים מהו. כגון שהכהו על ידו וצמתה וסופה לחזור שמלבד שבתו שבכל יום ויום עד שיתרפא נפחתו דמיו שאין בני אדם בקיאין להכיר בידו אם סופה לחזור ולא יכניסו עצמן בספק לקנותו כבריא ושולט בשתי ידיו וסבורין שלא יתרפא עוד אבל בדבר הידוע שסופו לחזור מודה אביי שאין נותן לו אלא שבת שבכל יום ויום:

כגון

חֵירְשׁוֹ[25], **נוֹתֵן לוֹ דְּמֵי כּוּלּוֹ**, ואין לו "שבת"[26].

לפי זה, עולה שאלה:

בָּעֵי (שאל) **רָבָא**: אם **קָטַע אֶת יָדוֹ וְלֹא אֲמָדוּהוּ** לדעת כמה דמי נזקו[27], ולפני שנתרפאה היד, **שִׁיבֵּר אֶת רַגְלוֹ וְלֹא אֲמָדוּהוּ**, ושוב, לפני שנתרפאו החבלות האלו, **סִימֵּא אֶת עֵינוֹ וְלֹא אֲמָדוּהוּ, וּלְבַסּוֹף חֵירְשׁוֹ, מַהוּ** — מה הדין? **מִי אַמְרִינַן כֵּיוָן דְּלֹא אֲמָדוּהוּ** — האם אומרים שכיון שעד כה לא אמדו את הנחבל כלל, **בְּחַד אוּמְדָּנָא סַגִּי לֵיהּ** — די לו בשומא אחת כוללת, **וְיָהֵיב לֵיהּ דְּמֵי כּוּלֵּיהּ בַּהֲדֵי הֲדָדֵי** — והחובל נותן לו תשלום כל שוויו כאחד; **אוֹ דִּלְמָא חֲדָא חֲדָא אַמְדִינַן וְיָהֲבִינַן לֵיהּ** — או שמא שמים את החבלות אחת אחת ונותנים לו?

ההבדל להלכה בין שני צדדי השאלה:

נַפְקָא מִינֵּיהּ — ההבדל היוצא מזה הוא, שאם ישומו את החבלות אחת אחת, **דְּבָעֵי לְמֵיתַב לֵיהּ צַעַר וּבוֹשֶׁת דְּכָל חֲדָא וַחֲדָא** — שהחובל יצטרך צריך לתת לניזק תשלומי הצער והבושת של כל חבלה וחבלה. **נְהִי דְּנֶזֶק וְרִיפּוּי וְשֶׁבֶת דְּכָל חֲדָא וַחֲדָא לֹא יָהֲבִינַן לֵיהּ** — אמנם הנזק, הריפוי והשבת של כל חבלה וחבלה לא נותנים לו לנחבל (אף אם ישומו את החבלות אחת אחת), **דְּכֵיוָן דְּקָא יָהֵיב לֵיהּ דְּמֵי כּוּלֵּיהּ** — שכיון שעכשיו החובל נותן לו תשלום כל שוויו, **כְּמַאן דְּקַטְלֵיהּ דָּמֵי** — הרי הוא כמי שהרגו **וְהָא יָהֵיב לֵיהּ דְּמֵי כּוּלֵּיהּ** — ונתן לו תשלום כל שוויו[28]. **צַעַר וּבוֹשֶׁת מִיהַת דְּכָל חֲדָא וַחֲדָא יָהֵיב** — אולם יתכן שהוא צריך לתת לו תשלום עבור הצער והבושת של כל חבלה וחבלה, **דְּהָא הֲוָה לֵיהּ** — שהרי היו לו **צַעַר וּבוֹשֶׁת** כל פעם[29].

הגמרא מרחיבה את השאלה:

וְאִם תִּימְצֵי לוֹמַר — כלומר, אם לאחר העיון בשאלה תסיק ותאמר **שכֵּיוָן דְּלֹא אֲמָדוּהוּ** אחרי כל חבלה, **קָא יָהֵיב לֵיהּ דְּמֵי כּוּלֵּיהּ בַּהֲדֵי הֲדָדֵי** — החובל נותן לו תשלום כל שוויו כאחד[30]; יש לברר, האם דינו של החובל לשלם באופן זה הוא משום שלא אמדוהו לנחבל בין חבלה לחבלה, או משום שהחובל לא שילם כלום עד שנתחייב בדמי כולו? ועולה השאלה הבאה: במקרה שבית דין **אֲמָדוּהוּ** אחרי כל חבלה, אך עדיין לא שילם החובל כל תשלום, **מַהוּ** — מה הדין? **מִי אַמְרִינַן כֵּיוָן דַּאֲמָדוּהוּ** — האם אומרים שכיון שאמדוהו אחרי כל חבלה, **חֲדָא חֲדָא בָּעֵי לְמֵיתַב לֵיהּ** — החובל חייב לתת לו אחד אחד (לפי שכך התחייב משעה שאמדוהו); **אוֹ דִּלְמָא כֵּיוָן דְּלֹא שַׁלֵּים** — או שמא כיון שהוא עוד לא שילם, ועכשו הוא כבר משלם לו דמי כולו, **יָהֵיב לֵיהּ דְּמֵי כּוּלֵּיהּ** — המזיק נותן לניזק תשלום כל שוויו בבת אחת ולא לפי השומות הקודמות[31]?

אין תשובה לשאלה:

תֵּיקוּ — תעמוד השאלה ללא הכרעה[32].

הערות

יש מפרשים שהכוונה לטחינה בפועל, ולפי זה, בהכרח שמדובר במקרה חדש, שהרי סומא שהוא גם קטוע יד ושבור רגליים, ודאי אינו יכול לטחון בריחיים (תוספות רבינו פרץ ועוד; גם תוספות מפרשים כך, מטעם שטחינה בריחיים היא מלאכה חשובה יותר משמירת הפתח). ויש שפירש שהכוונה לאותו נחבל, שעד עתה היה ראוי לשמירת הפתח ועתה כשהוא סומא עדיין יכול לעבוד כממונה על חמור שמפעיל את הריחיים; ולפי פירוש זה עולה יפה הלשון "**מטחינו** בריחיים", דהיינו שהסומא מטחין את החמור; מלאכה שכזו פחותה היא משמירת הפתח ושמירת קישואין (רבינו יהונתן, מובא בשיטה מקובצת).

25. שהכהו באזנו או על ידי שתקע והשמיע קול לתוך אזנו (מאירי). ונעשה אינו ראוי לכלום (רש"י).

תוספות מפרשים שהכוונה למקרה חדש, ולפי זה, גם אדם בריא בכל אבריו, אם נחרש אינו ראוי לכלום. ויש שפירש, שהכוונה דוקא לאותו אדם שכבר קטע ידו, שיבר רגלו וסימא את עינו, ורק עתה כשגם חירשו, אינו ראוי לכלום, שהרי אפילו להטחין את החמור בריחיים לא יוכל, כי לא ידע מתי עליו לומר לו להסתובב סביב הריחיים (רבינו יהונתן, מובא בשיטה מקובצת; ראה גם חידושי הראב"ד; אבל ראה מאירי). [לפי הפירוש הראשון נראה ש"חרשו" היינו שעשאו "חרש" לכל דבריו (הנידון כשוטה; ראה לעיל לט, א הערה 3); לפי הפירוש השני, אין הכוונה שנעשה "חרש" ממש, אלא לפי שכבר הוא קטוע יד ורגל וגם סומא, הרי אחר שחירשו ועשאו לאינו שומע, שוב לא ישכור אותו שום אדם למלאכה, אם אינו בעל אומנות מיוחדת שיכול לעשות גם במצב זה (ראה חדושים ובאורים; ראה גם סוף הערה הבאה).]

26. חרש אינו ראוי לשום מלאכה ולפיכך הוא נחשב כמת (רשב"א; ראה גם חידושי הראב"ד). כיון שאיבד הנחבל כל שוויו להימכר כעבד, החובל משלם כל שוויו שלפני חבלתו בתשלום הנזק, ואינו משלם שבת כלל. [אבל צער ובושת הוא משלם (ראה תוספות רי"ד).]

מדובר במי שאינו בעל אומנות מיוחדת, שהרי מי שיש לו אומנות, יכול להמשיך באומנותו גם לאחר שנתחרש, ואז שמין את הנזק באופן אחר, ויש לו "שבת" (ראה תוספות בשם ר"י; רשב"א; רא"ש ד [הובא לעיל פג, ב סוף הערה 6]; פלפולא חריפתא ה; ערוך השלחן חושן משפט תכ, לד.]

27. בית דין לא העריכו את החבלה ולא אמרו למזיק כמה לשלם עבור הנזק, וכמה עבור הריפוי, השבת, הצער והבושת (רש"י).

28. כלומר, לענין תשלום הנזק אין הבדל בין שומא כללית לשומות פרטיות, כי בכל אופן, הנחבל יקבל מלוא שוויו מחמת שנעשה חרש. כמו כן אין הבדל לענין שבת, שכיון שתשלום הנזק הוא מלוא שוויו של הניזק, הרי זה כאילו נעשה עבדו. היינו, החובל אינו משלם עבור הפסד עבודתו של הנחבל משום שבמובן מסויים, הוא קנה את הזכות לכל הכנסותיו של הנחבל, בתשלום הנזק של מלוא שוויו (רש"י; אבל ראה מה שהקשה מהדורא בתרא; והרא"ש (ה) כתב שלענין שבת אין ספק שמשלם לו על כל שבת של כל חבלה בנפרד [ובהכרח שלרא"ש היתה גירסא שונה בגמרא; ים של שלמה יג]). ולענין ריפוי, כיון שהנחבל לא נתרפא בין כל חבלה, אין החובל צריך לשלם על הריפוי (רש"י; ראה גם ים של שלמה יג, ומהדורא בתרא). בחידושי הראב"ד כתב, שלפי שחרשו ונותן לו דמי כולו, פטור **לגמרי** מריפוי; ונראה שכך הבינו גם התוספות בדעת רש"י (בית אהרן; וכן הבין הלחם משנה [הלכות חובל ומזיק ב, יג] בדעת רש"י).

תוספות מקשים: אפילו לאחר שנתחרש הנחבל, עדיין ראוי שיהא זכאי לריפוי ידו, רגלו ועיניו, ומדוע יפטר החובל מכך? מחמת קושיא זו, תוספות מוחקים המלה "ריפוי" מכאן (וגורסים אותה להלן, ראה הערה הבאה). מרומי שדה מיישב את הגירסה שלפנינו ומבאר את דעת רש"י כדלהלן: ודאי שהחובל חייב בכל הריפוי שהנחבל זקוק לו עכשיו, כולל ריפוי החבלות הקודמות, ואין הכוונה שהוא פטור לגמרי מריפוי. אלא שכאשר הריפוי נעשה בפעם אחת על כל החבלות, המחיר זול יותר, ואילו הנחבל רוצה לקבל כאילו היו בית דין אומדים ופוסקים בנפרד בין חבלה לחבלה כמה דמי ריפוי מגיעים לו. אולם לפי שלא אמדו ופסקו לאחר כל חבלה, אין הנחבל יכול לדרוש את הסכום הגדול שהיה מצטבר על ידי צירוף כל השומות הנפרדות, אלא כל שהחובל מרפאו מכל חבלותיו, אין זה הבדל לנחבל כמה החובל משלם. [לפי מרומי שדה בדעת רש"י, יוצא שהחיוב על "ריפוי" היינו ריפוי בפועל, ולא חיוב כספי (אבל ראה אילת השחר שדייק מרש"י להיפך); ונראה שלפי תוספות, חיוב "ריפוי" הוא חיוב כספי, ולכן אי אפשר שהחובל ירויח מכך שלא פסקו בית דין דמי ריפוי בנפרד על כל חבלה; ראה מה שצויין בענין זה בעמוד הקודם סוף הערה 52.]

29. לפי שבודאי סבל בושת וצער מכל חבלה, יתכן שראוי שיקבל אותם התשלומים, אף על פי שאחר כך הוא נעשה חרש. מצד שני אפשר לומר, שלפי שהחובל משלם דמי כולו לאחר שחירשו, אין הנחבל יכול לתבוע את שני התשלומים האלה (לחם משנה, הלכות חובל ומזיק ב, יג בביאור רש"י; ראה גם מאירי).

תוספות מקשים: הרי הנחבל אכן סבל בושת וצער בכל חבלה, וכן נזקק לריפוי (תוספות גורסים גם "ריפוי" בשאלת הגמרא כאן); כיצד יעלה על הדעת שלפי שנעשה חרש לא יוכל לגבות עליהם תשלום? לכן (ומכח קושיות נוספות) תוספות מבארים את שאלת הגמרא באופן אחר: אין ספק שהנחבל מקבל ריפוי, שבת ובושת גם על החבלות הקודמות. שאלת הגמרא היא האם נדרשות הערכות נפרדות לכל חבלה, כיון שהן באמת אירעו בזמנים שונים, או שמא נעשה הערכה אחת לכולן כאילו נעשו כל החבלות ביחד. בדרך האחרונה החובל ישלם פחות, כיון שהערכה אחת כוללת של צער ובושת תהיה קטנה מהערכות נפרדות.

30. [היינו, לפי רש"י, שהחובל אינו נותן לו דמי צער ובושת; לפי תוספות, ההפסד לנחבל בכך שאומדין אותו בפעם אחת הוא בכך שהתשלומים על ריפוי, צער ובושת קטנים יותר; ראה הערה הקודמת.]

31. היינו, האם אומרים שכל שומא הטילה עליו חיוב נפרד העומד במקומו, או שמא, כיון שחיובים אלה לא שולמו וכעת נתחייב החובל בדמי כולו, הרי זה כאילו הרגו החובל לנחבל מעט מעט [היינו, החבלות השונות נחשבות כתהליך הריגה מתמשך], ולפי שעתה עליו לשלם מלוא שוויו של הנחבל כאילו הרגו, לא יצטרך לשלם בהתאם להערכות הקודמות, שנערכו לפני שחל עליו לשלם דמי כולו (חידושי הראב"ד; לפירוש אחר ראה תוספות רי"ד).

32. כבכל דיני ממונות בהם לא נפסקה הלכה, הולכים לקולא לענין הוצאת ממון מן החייב, כך שבמקרה שהחובל משלם דמי כולו שמין הכל בפעם אחת. אולם, אם הנחבל תופס מנכסיו של החובל סכום גדול יותר המתאים לשומות נפרדות, אין בית דין מוציאים אותו מידו (מאירי; ראה גם ים של שלמה יג).

[א]לרבות שוגג כמזיד ואונס כרצון אם כן נכתוב קרא פצע בפצע מאי פצע תחת פצע ש"מ תרתי רב פפא משמיה דרבא אמר קרא ורפא ירפא ליתן רפואה במקום נזק האי מבעי ליה לכדתנא דבי רבי ישמעאל דתנא דבי רבי ישמעאל ורפא ירפא מכאן שניתנה רשות לרופא לרפאות א"כ נכתוב קרא ורופא ירפא ש"מ ליתן רפואה במקום נזק ואכתי מבעי ליה לכדאמרן למיתני ביה קרא בריפוי [ס]א"כ לימא קרא או רפא רפא או ירפא ירפא מאי ורפא ירפא ש"מ ליתן רפואה במקום נזק מכלל דמשכחת להו שלא במקום נזק שלא במקום נזק היכי משכחת להו צער [א]כדקתני צער כוואו בשפוד או במסמר ואפילו על צפורנו מקום שאינו עושה חבורה ריפוי [ב]דהוה כאיב ליה מידי וסליק ואייתי ליה סמא חריפא ואחווריה לבישריה דצריך לאותבי ליה סמא לאנקוטיה גוונא דבישריה שבת [ג]דהדקיה באינדרונא ובטליה [ד]בושת דרק ליה באפיה: שבת רואין אותו כאילו הוא שומר קישואין: תנו רבנן שבת רואין אותו כאילו הוא שומר קישואין ואם תאמר לקתה מדת הדין דכי מיתפח האי גברא לאו אגרא דשומר קישואים הוא שקיל אלא דלי דוולא ושקיל אגרא אי נמי אזיל בשליח ושקיל אגרא מדת הדין לא לקתה שכבר נתן לו דמי ידו ודמי רגלו אמר רבא [ה]קטע את ידו נותן לו דמי ידו ושבת רואין אותו כאילו הוא שומר קישואין [ו]שיבר את רגלו נותן לו דמי רגלו ושבת רואין אותו כאילו הוא שומר את הפתח [ז]סימא את עינו נותן לו דמי עינו ושבת רואין אותו כאילו הוא מטחינו בריחים [ח]חירשו נותן לו דמי כולו בעי רבא קטע את ידו ולא אמדוהו שיבר את רגלו ולא אמדוהו סימא את עינו ולא אמדוהו ולבסוף חירשו מהו מי אמרינן כיון דלא אמדוהו בחד אומדנא סגי ליה ויהיב ליה דמי כוליה בהדי הדדי או דלמא חדא חדא אמדינן ויהבינן ליה נפקא מיניה [ט]דבעי למיתב ליה צער ובושת דכל חדא וחדא נהי דנזק וריפוי ושבת דכל חדא וחדא לא יהבינן ליה דכיון דקא יהיב ליה דמי כוליה כמאן דקטליה דמי והא יהיב ליה דמי כוליה צער ובושת מיהת דכל חדא וחדא יהיב דהא הוה ליה צער ובושת ואם תימצי לומר כיון דלא אמדוהו [י]קא יהיב ליה דמי כוליה בהדי הדדי אמדוהו מהו מי אמרינן כיון דאמדוהו חדא חדא בעי למיתב ליה או דלמא כיון דלא שלים יהיב ליה דמי כוליה [כ]תיקו בעי רבה שבת הפוחתתו בדמים מהו היכי דמי כגון שהכהו על ידו וצמתה ידו וסופה לחזור מאי כיון דסופה לחזור לא יהיב ליה ולא מידי או דלמא השתא מיהת אפחתיה תא שמע [ג][ל]המכה אביו ואמו ולא עשה בהן חבורה [מ]והחובל בחבירו ביום הכפורים חייב

לרבות שוגג כמזיד. בפ' שני (דף כו:): דהוה כאיב ליה מידי וסליק. שהיה לו מכה בבשרו והיתה מתרפאה: ואחוורה לבשריה. הפכו למראה לרעת: דהדקיה. סגרו במסגר: לקתה מדת הדין. כלומר לא שלם לו כל צרכו דהא כי מתפח האי גברא מחולי זה שנקטע [ג](רגלו) לא אגרא דשומר קישואין שקיל אלא דויל דוולא ושקיל אגרא יתירא ונמצא שכל ימי חליו אבד את זאת: א"נ. כי נקטעה [ד](ידו): אזיל בשליחותא ושקיל אגרא. יתירא ואיגלאי מילתא דלאו בר שימור קישואין: מדת הדין לא לקתה שכבר נתן לו כו'. ולכשיתרפא (א) אינו ראוי לדלות ולילך בשליחות: קיטע ידו. עדיין הוא ראוי (ב) לשומר קישואין הלכך שבת כל ימי חליו נותן לו שכר שימור קישואין: שיבר את רגלו. ושוב אינו ראוי לשמור קישואין שצריך להלך סביב הגנה: חירשו. אין ראוי לכלום: קיטע את ידו ולא אמדוהו. בית דין ולא אמרו למזיק תן לו כך וכך ריפוי כך וכך שבת לער ובושת ואחרי כן שיבר את רגלו קודם שיתרפא: חדא חדא אמדינן. ואע"ג דבנזק לא נפקא לן מינה מידי דהא סוף סוף כל שעה הולכין ופוחתין את דמיו הלכך בין אומד כולה בין אומד כל אחד בפני עצמו מדה אחת היא: נפקא מינה למיתב ליה צער ובשת דכל אחד. אבל ריפוי לא שהרי לא נתרפא בינתים ושבת לא שהרי נותן לו דמי כל מה שהיה שוה מתחילה והרי הוא עבדו: שבת הפוחתתו מדמים. הכהו מכה שהוא צריך לשבות ממלאכתו וסופו להיות שלם כבתחילה ואין כאן אלא שבת אבל פוחתו עכשיו בדמים שאם היה בא לימכר עכשיו היו דמיו פוחתין: מהו. מי מחייב אפחת דמיו דהשתא או לא: צמתה. דשטריר"ט בלע"ז לשון צומת הגידין (חולין דף עו.) מקום שהגידין צומתין: כיון דסופה לחזור לא יהיב ליה. דמי ידו: ולא עשה בהן חבורה. דאין עליו חיוב מיתה עד שיעשה בהם חבורה באלו הן הנחנקין (סנהדרין דף פד:):

חייב

רואין אותו כאילו שומר קישואין. שכבר נתן לו דמי ידו או דמי רגלו שומר קישואין לא קאי ארגל דברגלו קאמר בגמרא שבת כשומר הפתח אבל קישואין אין יכול לשמור א"נ בגמ' איירי בשיבר שני רגליו דומיא דסימא את עינו דאיירי בסימא שתי עיניו דאי עינו אחת עדיין הוא ראוי לכל זה שהיה ראוי בתחילה ובתוספתא (פ"ט) נמי קתני רואין אותו כאילו הוא חיגר שומר קישואין משמע דחיגר יכול לשמור ונראה דאם היה מלמד תינוקות לא נאמר כאילו הוא שומר קישואין ושיבר רגלו אם היה עושה מעשה מחט או נוקב מרגליות לא נאמר כאילו הוא שומר הפתח דאם כן לקתה מדת הדין אלא הכא בסתם בני אדם שאין בעלי אומנות: דכי מתפח האי גברא. כלומר בתחילה כשהיה בריא: חרשו נותן לו דמי כולו. ע"כ לא מיירי באותו שקיטע את ידו ושיבר את רגלו וסימא עינו אלא אפילו באדם שלם דומיא דסימא עינו דלא איירי באותו שקיטע ידו ושיבר רגלו דהא בשיבר רגלו אין נותן אלא כשומר הפתח שהוא פחות מטחינת הריחים ותימה דמשמע הכא דחרש לא שוי מידי מדנותן לו דמי כולו ובפ"ק דערכין (דף ב. ושם [ה]) תנן הש"ו נידרין ונערכין ואור"ת דיש לחלק בין חרש בידי אדם לחרש בידי שמים ולר"י נראה דהכא באדם שאין בר אומנות כדפי' לעיל וכן משמע מדנקט דלי דוולא ואזיל בשליחות הלכך כשנתחרש אין שוה כלום והתם מיירי כשיש לו אומנות: נהי דנזק וריפוי ושבת דכל חדא וחדא לא יהיב ליה. תימה בשלמא נזק ושבת דין שלא יתן שכל זה בכלל דמי כולו אלא ריפוי למה פשיטא ליה שיהיה בכלל דמי כולו יותר מלער ובושת ונראה דגרס ריפוי בהדי לער ובושת ולא (הכא) בהדי נזק ושבת אך אכתי קשה דמאי קמיבעיא ליה דלמה יפטר מריפוי ולער ובושת דכל חדא וחדא בשביל שחרשו לבסוף ונותן לו דמי כולו מ"ש מקיטע ידו שאע"פ שהוא נותן נזק שהוא דמי ידו נותן ריפוי לער ובושת ועוד אטו אם חבל בחרש וכי יפטר מריפוי לער ובושת מיהו מהא דתנן לקמן (דף פז.) החובל בחרש חייב אין לדקדק דמצ"ל דהתם בחרש בידי שמים כדברי ר"ת או הוא בר אומנות ועוד דלעיל אשכחן דחייב ריפוי שלא במקום נזק ועוד תימה דפעמים מרויח במה שחרשו לבסוף כגון שהלער והריפוי היה עולה יותר מדמי כולו ונראה לר"י דפשיטא דמשלם לער ובושת וריפוי דכל חדא וחדא ומבעי ליה כגון שקיטע ידו יום ראשון ולא אמדוהו וביום שני שיבר רגלו ולא אמדוהו וביום השלישי חרשו מי אמרינן דחשיב כאילו עשה הכל בפעם אחת ואומדין הכל ביחד או דלמא כיון שהחבלות היו בזה אחר זה אומדין לכל אחת ריפוי ולער ובושת שלה בפני עצמה ונ"מ שאין עולה כ"כ כשאומדין הכל ביחד כמו שעולה כשאומדין כל אחת בפני עצמה: שבת הפוחתתו בדמים מהו. כגון שהכהו על ידו ולמתה וסופה לחזור שמלבד שבתו שבכל יום ויום עד שיתרפא נפחתו דמיו שאין בני אדם בקיאין להכיר בידו אם סופה לחזור ולא יכניסו עצמן בספק לקנותו כבריא ושולט בשתי ידיו וסבורין שלא יתרפא עוד אבל בדבר הידוע שסופו לחזור מודה אביי שאין נותן לו אלא שבת שבכל יום ויום:

כגון

עין משפט נר מצוה

כו א מיי' פ"ב מהלכות חובל ומזיק הלכה ג סמג עשין ע טוש"ע ח"מ סי' תכ סעיף ט:
כז ב מיי' שם טוש"ע שם סעיף י:
כח ג מיי' שם טוש"ע שם סעיף יא:
כט ד מיי' פ"ג שם הלכה ט טוש"ע שם סעיף לא:
ל ה ו ז מיי' פ"ב שם הלכה יא יג טוש"ע שם סעיף יז:
לא ח מיי' שם הלכה יב טוש"ע שם סעיף כה:
לב ט מיי' שם הלכה יג טוש"ע שם סעיף כו בהג"ה:
לג י כ מיי' שם טוש"ע שם סעיף כו:
לד ל מיי' שם פ"ד הלכה ז סמג שם טוש"ע ח"מ סי' תכד סעיף א:
לה מ מיי' שם הלכה ט טוש"ע שם סעיף ג:

מסורת הש"ס

א) [לעיל כו:], ב) לקמן פז., ג) צ"ל ידו. רש"ל, ד) צ"ל רגלו. רש"ל ועיין רש"א, ה) [ד"ה חרש].

הגהות הב"ח

(א) רש"י ד"ה מדת הדין וכו' ולכשיתרפא נמי אינו ראוי: (ב) ד"ה קיטע וכו' ראוי לשמור קישואין:

גליון הש"ם

גמ' א"כ לימא קרא או רפא רפא. וכן לעיל דף סה ע"א וש"נ:

לעזי רש"י

דשטריר"ט. פירוש התכווץ, התקנר (עיין רש"י נדה דף ג ע"א ד"ה כויץ), יבשה (רש"י גיטין דף מב ע"ב וקידושין דף כד ע"ב ד"ה ולמתה), למקה (ערוך ערך למת):

ליקוטי רש"י

מיתפח. מתרפא [סנהדרין קז:]. דלי דוולא. דולה דליות מים [מו"ק ד.]. וצמתה. יבשה [גיטין מב:].

הגמרא עוברת לדון בחבלות הפוחתות מערכו של הנחבל באופן זמני:

בָּעֵי (שאל) **רַבָּה: שֶׁבֶת הַפּוֹחַתְתּוֹ בְּדָמִים מַהוּ** — מה הדין לענין חבלה הגורמת ביטול מלאכה זמני והפוחתת לזמן את ערכו של הנחבל? האם [מלבד התשלום על "שבת"] חייב החובל לשלם גם על "נזק" זמני[33]?

הגמרא מבררת את השאלה:

הֵיכִי דָּמֵי — באיזה אופן יש פחת דמים לזמן? **כְּגוֹן שֶׁהִכָּהוּ עַל יָדוֹ וְצָמְתָה יָדוֹ** (נתכווצה[34]) ואינה ראויה לעבודה, **וְסוֹפָהּ לַחֲזוֹר** — אך היא עתידה לחזור לאיתנה. **מַאי** — מה הדין במקרה כזה? האם נאמר **שֶׁכֵּיוָן דְּסוֹפָהּ לַחֲזוֹר, לֹא יָהִיב לֵיהּ וְלֹא מִידֵי** — אין המזיק חייב לשלם בעבור ה"נזק", **אוֹ דִּלְמָא הַשְׁתָּא מִיהַת אַפְחַתֵיהּ** — או שמא נאמר שישלם על ה"נזק", לפי שעל כל פנים כעת, ערכו נפחת?

הגמרא משיבה:

תָּא (בא) **שְׁמַע** ראיה מן המשנה (לקמן פז, א): **הַמַּכֶּה אָבִיו וְאִמּוֹ וְלֹא עָשָׂה בָּהֶן חַבּוּרָה**[35], **וְהַחוֹבֵל בַּחֲבֵירוֹ בְּיוֹם הַכִּפּוּרִים**[36],

הערות

33. מדובר במקרה שהחבלה מונעת ממנו לעבוד לזמן מה, אך המכה עתידה להתרפא לגמרי (כלומר, הנחבל נעשה נכה באופן זמני). הלכך, הנחבל ניזוק רק ב"שבת" אבל אין לו נזק קבוע. אולם כל עוד לא נרפא, ערכו נפחת, שאילו נמכר אז כעבד היו דמיו פחותים מן הרגיל (רש"י). ברור שמגיע לו תשלום על שבת, ריפוי, צער ובושת; הנידון הוא האם פחיתות דמיו הזמנית נחשבת "נזק" שעליו חייב החובל לשלם (ראה ראב"ד).

[לפי תוספות, השאלה היא רק במקרה שאין ידוע אם סוף המכה להתרפא, ולכן לפי שהקונים אינם בקיאים לדעת אם יתרפא, ישלמו עבורו פחות מחמת הספק; במקרה בו ברור לכל שהחבלה היא רק זמנית, ודאי אין מקום לתשלום נזק, והחובל משלם רק שבת; אבל ראה רש"ש, מובא בעמוד הבא הערה 7.]

34. ראה רש"י, וערוך ערך צמת; ראה גם רש"י קידושין כד, ב ד"ה וצמתה.

35. נאמר בתורה (שמות כא, טו): "וּמַכֵּה אָבִיו וְאִמּוֹ מוֹת יוּמָת", אך הגמרא (סנהדרין פד, ב) מלמדת שאין עליו חיוב מיתה אלא אם כן עשה בו חבורה (רש"י).

36. חבלה נחשבת "מלאכה" ולכן החובל בשבת חייב מיתה (ראה שבת קו, א-ב), מה שאין כן ביום הכיפורים, שהעושה בו מלאכה ביום הכיפורים חייב כרת ולא מיתה (ראה כריתות ב, א).

חַיָּיב בְּכוּלָּן — בכל חמשת הדברים[1]. והנה, **הַאי** — מקרה זה של בן ש**לֹא עָשָׂה חַבּוּרָה** באביו **הֵיכִי דָּמֵי** — באיזה אופן מדובר[2]? **לַאו** (האין זה) **כְּגוֹן שֶׁהִכָּהוּ עַל יָדוֹ** וצמתה, **וְסוֹפוֹ לַחֲזוֹר** לאיתנו[3]? **וְקָתָנֵי** — ומכל מקום המשנה מלמדת: **חַיָּיב בְּכוּלָּן** — בכל חמשת הדברים, הרי שיש לשלם נזק על פחת לזמן בערכו של הנחבל!

הגמרא דוחה את הראיה ומבארת את המשנה באופן אחר:

אִמְרִי — אמרו: המקרה של המשנה אינו בהכרח יד שצמתה וסופה לחזור. אלא, **הָכָא בְּמַאי עַסְקִינָן** — במה עוסקים כאן? **כְּגוֹן שֶׁחֵירְשׁוֹ** הבן לאביו **וְלֹא עָשָׂה בּוֹ חַבּוּרָה**[4]. ואין זה מקרה של פחת דמים לזמן, שהרי הנזק הוא קבוע.

הגמרא דוחה את הביאור:

וְהָאָמַר רַבָּה עצמו: **הַחוֹרֵשׁ** (עושהו לחרש) **אֶת אָבִיו נֶהֱרָג** בבית דין, שכן עשה בו חבורה, **לְפִי שֶׁאִי אֶפְשָׁר לַחֲרִישָׁה** (לעשות אדם לחרש) **בְּלֹא חַבּוּרָה**, ואף אם לא ראינו חבורה, ברור שעל כל פנים **טִיפְּתָא דִּדְמָא נָפְלָה לֵיהּ בְּאוּדְנֵיהּ** — טיפה של דם נפלה לו בתוך אזנו[5]. המשנה העוסקת במכה אביו ואמו בלא חבורה, ודאי אינה מדברת במקרה שחירש אותם.

הגמרא מציעה ביאור אחר למשנה:

עדיין נוכל לומר שהמקרה של המשנה אינה שצמתה ידו. **אֶלָּא, הָכָא בְּמַאי עַסְקִינָן** — במה מדובר כאן? **כְּגוֹן שֶׁגִּילְּחוֹ** — שהבן גילח ראשו של אביו[6]. זהו המקרה עליו חייב חמשה דברים, ובהם נזק, אף שלא עשה בו חבורה.

הגמרא מעירה כי גם לפי ביאור זה יש ראיה מן המשנה לשאלה הנידונה:

אם **גִּילְּחוֹ**, הרי **מֶהְדַּר הָדַר** — החבלה סופה לחזור, דהיינו, השיער יגדל שוב, **וְהַיְינוּ בַּעְיָין** — והרי זוהי השאלה שלנו, האם החובל משלם על "נזק" של פחת דמים לזמן; אפשר לפשוט מן המשנה המחייבת תשלום נזק על גילוח ראש אביו, שיש לשלם על נזק של פחת דמים לזמן[7]!

הגמרא מבארת שאין ראיה מן המשנה:

אָמְרֵי — אמרו: **הָכָא בְּמַאי עַסְקִינָן** — במה מדובר כאן? כלומר, באיזה אופן "גילחו" וחייב עליו גם משום נזק? **כְּגוֹן שֶׁסָּכוֹ** לראשו של אביו **נָשָׁא** — סם המשיר את השיער, **דְּלֹא הָדַר** — כך שהשיער לא יחזור ויצמח[8]. נמצא שאין להביא ראיה מהמשנה לענין פחת דמים לזמן.

הגמרא מבארת כיצד כוללת השרת השיער באופן שהתבאר, את כל שאר ארבעת הדברים:

אם סכו לראשו בסם, אפשר שיש בזה גם **צַעַר**, כגון **דְּאִית לֵיהּ קַרְטוּפְנֵי בְּרֵישֵׁיהּ וְצָוְוחֵי**[9] **מֵהַנְהוּ קַרְטוּפְנֵי** — שיש לו בקעים ופצעים בראשו והוא צווח מצער אותם הבקעים[10]; באופן זה יש גם **רִיפּוּי, דְּבָעֲיָא אַסּוּיֵי** — משום שהוא צריך לרפא ולהפיג את הצער של אותם הבקעים. וכן יש בזה **שֶׁבֶת**, כגון **דַּהֲוָה מְרַקֵּיד בֵּי כּוּבֵי** — שהיה מרקד בין החנויות[11], **דְּבָעֲיָא מַחֲוֵי גַּוְנֵי אַרֵישָׁא** — שהוא צריך להראות כל מיני תנועות מבדחות בראשו, **וְלֹא מַחֲוֵי מֵהַנְהוּ קַרְטוּפְנֵי** — וכעת אינו יכול להראותם מחמת אותם הבקעים עד שיתרפאו[12]. והוא חייב ב**בּוֹשֶׁת**, ש**אֵין לְךָ בּוֹשֶׁת גָּדוֹל מִזֶּה** שהחובל השיר את שערו[13]. כיון שיתכן שהמשנה עוסקת במקרה כזה של מום קבוע, אין לה כל שייכות לנידון האם על פחת דמים לזמן משלם החובל "נזק".

הערות

1. בשני המקרים הללו אין החובל חייב מיתה, ולכן הוא חייב בתשלום ממוני ככל מזיק (מאירי; ראה בשתי ההערות הקודמות).

אילו היה החובל חייב מיתה במקרים אלו, היה חל עליו הכלל "קם ליה בדרבה מיניה" (במקרה שאדם ראוי להתחייב במעשה אחד שני עונשים, אחד קל ואחד חמור, פוטרים אותו מן העונש הקל כי די לו בעונש החמור; ראה כתובות לה, א — לו, ב; לעיל עד, ב הערה 14), ולפי זה היה נפטר מן התשלומים. [לשיטת משנה זו, נאמר הכלל רק אם חל עליו עונש חמור יותר בדיני אדם (בית דין); במקרה של יום הכפורים שנתחייב רק כרת בידי שמים, אינו נפטר מתשלום אלא חייב לשלם.]

2. [הרי המשנה אמרה שבמקרה זה החובל באביו "חייב בכולן", כולל גם "נזק"] באיזה מקרה של חבלה יש נזק בלא חבורה? (רש"י).

3. חבלה שאין בה חבורה, בהכרח שסופה לחזור (רש"י). חבלה שעשתה נזק קבוע, אף אם לא ראינו בה חבורה, אומרים כי ודאי היתה חבורה פנימית והיא שמעכבת את חזרת הנחבל לאיתנו (רשב"א).

4. דהיינו שהכה את אביו על אזנו, וחירשו מבלי לגרום חבורה (ראה מאירי פה, ב ד"ה כבר ביארנו במשנה).

[מכאן משמע שהחובל שחירש את חבירו, חייב בכל חמשת הדברים, ושלא כפי שביארו חלק מהראשונים בעמוד הקודם (ראה שם הערה 28) שאם חרשו פטור לגמרי מריפוי, צער ובושת (תוספות; עיין מרומי שדה).]

5. מכה באוזן ללא דם, אינה יכולה לעשות אדם לחרש גמור. נמצא שאם חירשו, בהכרח שעשה בו חבורה (מאירי).

[מלשון הגמרא משמע, ש"חבורה" היינו דוקא ביציאת דם (העמק שאלה ס, ט).]

6. אף על פי שגילוח השיער אינו גורם בדרך כלל הפסד כספי למגולח, עצם הדבר שאין לו שיער בראשו הוא מום, שמפחית את ערכו להימכר כעבד, ועל כל מום חייב החובל לשלם "נזק" (ראה הערה 8). [אמנם מהגמרא להלן יתברר כי במקרה שהשיער ישוב ויגדל אין זה נחשב מום; עיין גם לחם משנה הלכות חובל ומזיק ב, ד; יד דוד; חדושים ובאורים.]

7. כיון ששיער האב ישוב ויגדל, הרי שמקרה זה שוה הוא למכה ביד שתתרפא לגמרי (רש"י).

[התוספות לעיל (פה, ב ד"ה שבת) ביארו שהטעם שחבלה זמנית גורמת ירידת ערך זמנית הוא משום שהקונים **חוששים** שהחבלה לא תתרפא לגמרי, ועל כן משלמים עליו פחות; אבל מהגמרא כאן משמע שגם מקרה בו ברור לכל שסוף החבלה לחזור (כגון שיער שגולח) נחשב לפחת דמים לזמן (רש"ש; ליישוב ראה יד דוד, ברכת אברהם).]

8. דבר זה נחשב נזק קבוע, שהוא מום הפוחת לצמיתות את ערכו של האב להימכר כעבד (רש"י). יש שביאר, שהנזק הוא בכך שלעולם לא יהיה לו שיער לחמם את ראשו (סמ"ע תכ, יג). [יתכן גם שלדעת רש"י המום הוא בכך שנפגם מראהו ולכן ערכו נפחת; ראה להלן פח, א שפצע על הפנים מפחית מערכה של נערה להימכר — שלא כפצע במקום שאינו נראה; עיין גם מגיד משנה ולחם משנה, חובל ומזיק ב, ו, וביאור הגר"א חושן משפט תכ, טו.]

[אף על פי שהסם אינו משיר את השיער מיד אלא פועל לאחר זמן מה, השרת השיער נחשבת למעשהו של זה שסך את הסם (שו"ת קול מבשר א, יט, על פי תוספות להלן ק, א ד"ה שאני).]

9. יש לומר: וְצָוַוח, בלשון יחיד (ראה דקדוקי סופרים).

10. חוזק הסם גורם כאב לבקעים (רש"י; לפירושים אחר ראה מאירי, פרישה וסמ"ע תכ, יג-יד; לחם משנה, חובל ומזיק ב, ד; ים של שלמה יד). שמים על כן כמה היה אדם משלם שיוסר שערו בדרך שאין בה כאב (כגון בעת שאין לו פצעים בראשו, או שיתנו לו גם סם המפחית את הכאב) במקום שיוסר באופן שגורם כאב, ועליו לשלם סכום זה כתשלום הצער (ראה לעיל פה, א, והערה 14 שם).

11. ליצן שמרקד בתנועות מבדחות לפני החנויות ומקבל בשכרו יין לשתות (על פי רש"י פסחים מט, א, ובבא מציעא סד, ב; בדפוסים הראשונים מופיע גם ברש"י כאן "ליצן" במקום "לשון").

12. כיון שהסם גרם לבקעים לכאוב, אינו יכול לרקוד ריקודו, הכולל נענוע הראש, עד שירפא כאב הבקעים (ראה ים של שלמה יד). אף שחבלה זו אינה מעכבת מלעשות מלאכה אחרת, חייב עליה ב"שבת" לפי שמלאכתו תלויה בריקוד (רש"י).

[הוראה זו מתאימה למה שנתבאר לעיל (ראה פה, ב הערה 18, ובראיש ד) שתשלום השבת נקבעת על פי מקצועו של הנחבל. תשלום השבת תלוי גם במלאכה שיוכל הניזק לעשות לאחר שיתרפא (שכן אילו מחמת החבלה ירד למלאכה אחרת, צריך לשלם לו על כך בתורת "נזק"). כיון שקרחתו הקבועה לא תמנע ממנו להשתכר כליצן אצל החנויות לאחר שיתרפאו הבקעים, הוא מקבל כתשלום השבת את מה שמפסיד בתקופת מחלתו (ראה מהדורא בתרא; סמ"ע תכ, יד).]

[ביארנו לפי רש"י; אבל מהרמב"ם (הלכות חובל ומזיק ב, ד) משמע שמחמת שאין לו שיער אינו יכול להשתכר יותר מריקוד לעולם, ולכן משלם לו החובל "שבת" על ביטולו ממלאכה זו; אמנם לדעת הרא"ש (ד) ששמין את הנזק לפי מלאכתו, ביטול מלאכה קבוע כזה נכלל ב"נזק", אבל הרמב"ם לא כתב כן, ונראה שלפי דעתו, שומת ה"נזק" אינה מתחשבת באומנותו של הנחבל, אלא הוא תמיד נישום כעבד הנמכר בשוק; לפי זה, הוא משלם לו "נזק" לפי המום שעשה בו, וזה נישום כפי פחת דמיו של עבד מכך שאין לו שיער, ואילו שומת ה"שבת" היא לפי אומנותו, ולכן בנוסף משלם לו על כל יום שאינו יכול לרקוד מחמת שאין לו שיער (ראה ים של שלמה יא ד"ה והרא"ש; שם יד ד"ה דין).]

13. הנחבל התבייש גם בכך שהחובל סכו בסם בעל כרחו (כמו בהכהו), ובנוסף הוא יסבול תמיד הבושת של קרחותו (סמ"ע תכ, יג). ראה גם ים של שלמה (יד), המבאר כי הבושת של הסרת שיער גדולה יותר מבושת של מכה, לפי שכל כוונת החובל

חייב בכולן האי לא עשה חבורה היכי דמי לאו כגון שהכהו על ידו וסופו לחזור וקתני חייב בכולן אמרי הכא במאי עסקינן כגון שחירשו ולא עשה בו חבורה (א) והאמר רבה [א] החורש את אביו נהרג לפי שאי אפשר לחרישה בלא חבורה טיפתא דדמא נפלה ליה באודניה אלא הכא במאי עסקינן כגון שגילחו גילחו מהדר הדר [ב] והיינו בעיין אמרי הכא במאי עסקינן [ג] כגון שסכו (ג) נשא דלא הדר צער דאית ליה קרטופני ברישיה וצווחי מהנהו קרטופני ריפוי דבעיא אסויי שבת דהוה מרקיד בי כובי דבעיא מחוי גוני ארישא ולא מחוי מהנהו קרטופני בושת אין לך בושת גדול מזה ומילתא דבעיא ליה לרבה פשיטא ליה לאביי להך גיסא ולרבא להך גיסא דאתמר (ג) הכהו על ידו וצמתה וסופה לחזור אביי אמר נותן לו שבת גדולה ושבת קטנה ורבא אמר [ד] אינו נותן לו אלא דמי שבתו שבכל יום ויום איתמר הקוטע יד עבד עברי של חבירו אביי אמר נותן לו שבת גדולה לעבד ° ושבת קטנה לרב רבא אמר [ה] הכל ינתן לעבד וילקח בהן קרקע והרב אוכל פירות [ו] פשיטא פיחת אצל עצמו ואצל רבו לא פיחת היכי דמי דפסקיה לריש אוניה או לריש נחיריה הכל לעצמו פיחת אצל רבו פלוגתא דאביי ורבא: בושת הכל לפי המבייש והמתבייש: מני מתניתין לא רבי מאיר ולא ר' יהודה אלא ר' שמעון היא (ד) דתנן וכולן רואין אותן כאילו הם בני חורין שירדו מנכסיהם שהן בני אברהם יצחק ויעקב דברי ר' מאיר ר' יהודה אומר הגדול לפי גודלו והקטן לפי קטנו רבי שמעון אומר עשירים (ה) רואין אותן כאילו הם בני חורין שירדו מנכסיהם עניים כפחותין שבהן (א) מני (ו) (השתא) אי רבי מאיר מתניתין קתני הכל לפי המבייש והמתבייש ורבי מאיר כולהו בהדי הדדי נינהו ואי ר' יהודה מתניתין קתני המבייש את הסומא חייב ואילו ר' יהודה אומר סומא אין לו בושת אלא לאו רבי שמעון היא אפי' תימא ר' יהודה כי אמר ר' יהודה סומא אין לו בושת למשקל מיניה אבל למיתבא ליה יהבינן ליה והא מדקתני סיפא המבייש את הישן חייב וישן שבייש פטור ולא קתני סומא שבייש פטור מכלל דלא שנא הכי ולא שנא הכי אלא מחוורתא מתניתין רבי שמעון היא: מאן תנא להא דתנו רבנן [ז] נתכוון לבייש את הקטן ובייש את הגדול נותן לגדול דמי בושתו של קטן לבייש את העבד ובייש את בן חורין נותן לבן חורין דמי בושתו של עבד מני לא רבי מאיר ולא רבי יהודה ולא רבי שמעון קא סלקא דעתך קטן קטן בנכסים גדול גדול בנכסים אי רבי מאיר האמר כולהו בהדי הדדי נינהו ואי רבי יהודה האמר (ז) אין לעבדים בושת ואי ר"ש האמר נתכוון לבייש את זה ובייש את זה פטור מאי טעמא כקטלא מה קטלא עד דמתכוון ליה דכתיב (א) וארב לו וקם עליו עד שיתכוון לו (ח) בושת נמי עד דמיכוין ליה דכתיב (ב) ושלחה ידה והחזיקה במבושיו עד שיתכוון לו לעולם ר' יהודה וכי קאמר ר' יהודה אין לעבדים בושת למיתבא להו אבל למישם שיימינן בהו ואי בעית אימא אפילו תימא רבי מאיר מי סברת גדול גדול בנכסים קטן קטן בנכסים לא גדול גדול ממש וקטן קטן ממש וקטן בר בושת הוא אין כדאמר רב פפא דמיכלמו ליה ומיכלם הכא נמי

דמיכלמו

חייב בכולן. חמשה דברים: היכי דמי. שיהא היזק בלא חבורה: לאו כגון שהכהו כו'. דאין סופו לחזור ליכא למימר דכל בלא חבורה סופו לחזור הוא: שגלחו. דאפחתיה מכספיה בלא חבורה: ה"ג גלחו מהדר הדר היינו בעיין. כלומר מה לי שיער מה לי יד הא בסופו לחזור מחייבת ליה: נשא. סם המשיר את השער ואינו (ט) חוזר ואיכא נזק דהא אפחתיה מכספיה דמום הוא: קרטופני. בקעים בקעים קטנים: מצווחי ליה. מכאיבים לו מחמת חוזק הסם: דבעי לאסויי. לצערא דהנך קרטופני: שבת דהוי מרקד בי כובי. לשון מרקד בחנויות: דבעי אחוויי גוני. מראה ניענוע בראשו לאראות מיני שחוק כדרך הליצנים דהשתא עד שיתרפא הנך קרטופני לא מצי מחוי ואע"פ שלא בטלו משאר מלאכה נותן לו שבת זו הואיל ומלאכתו בכך: שבת גדולה. דמי ידו: ושבת קטנה. כל ימים שיפול למשכב רואין אותו כאילו הוא שומר קישואין: שבכל יום ויום. עד שיחזור לקדמותו נותן לו בכל יום כמו שנשכרים פועלים בשוק ולא כשומר קישואין דהא לרבא לא יהיב ליה דמי ידו: ה"ג הקוטע יד עבד עברי של חבירו. קוטע ממש דאין סופו לחזור: ואצל רבו לא פיחת. שלא בטלו ממלאכה: פיחת אצל רבו. אף אצל רבו כגון קיטע את ידו: וכולן. עניים ועשירים: רואין אותן. ואפילו את העשירים: כאילו ירדו כו'. ואין שמין את העני לפי עניותו להקל ולא את העשיר לפי עשרו שהרי אין לדמי בשתו סוף אלא כולן שוין בכך: כפחותים שבהן. פחותים שבעניים להקל דכיון דעני הוא בושתו קלה: סומא אין לו בושת. לקמן בשמעתין: אלא רבי שמעון היא. דאיהו נמי לאו כי הדדי משוי להו: אין לעבדים בושת. במתניתין היא (דף פז.): נתכוון לבייש את זה כו' פטור. מדשמעינן ליה לר' שמעון גבי קטלא באלו הן הנשרפין (סנהדרין דף עט.) נתכוון להרוג את זה והרג את זה פטור הכא נמי לא שנא דטעמא דהתם משום וארב לו הכא נמי כתיב במבושיו: שיימינן בהו. בכמה יתרצה עבד זה ויעשו לו בושת זה ואותו שומא יתן לבן חורין זה: כדאמר רב פפא. לקמן (ע"ב):

דמיכלמו

כגון שחרשו. וא"ת ואמאי חייב בכולן הא דמי כולו נותן ולפי' ר"י דלעיל ניחא דמכל מקום יש כאן צער בושת וריפוי אף על גב דשבת בכלל דמי כולו שייך לשנות חייב בכולן משום אחריני:

שבת גדולה לעבד. כדי שילא מבית רבו בידו שלימה ושבת קטנה לרב אע"פ שמפסיד הרב שאם לא נקטעה ידו או רגלו היה דלי דוולא ואזיל בשליחותיה ועכשיו אין יכול כי אם לשמור קישואין ופחת חשבינן ליה השתא כמו חלה דאמר בפרק קמא דקדושין (דף יז. ושם) דאין חייב להשלים דנסתחפה שדהו ואף על גב דחלה ארבע שנים חייב להשלים התם אין עושה שום מלאכה אבל הכא יכול לשמור קישואין או פתח:

רבא אמר ינתן הכל לרב. גרסינן וכן גרס ר"ח [א] ובספרים היה כתוב הכל לעבד וקשה שבת קטנה למה לא יהיה הכל לרב אלא הכל לרב גרסינן שבת קטנה הכל לעצמו ושבת גדולה ילקח קרקע והרב אוכל פירות שמפסיד הוא בקטיעת ידו דלא מצי למידלי דוולא ולמיזל בשליחותא אלא לשמור קישואין או פתח:

פיחת אצל רבו. ל"ג ואצל עצמו לא פיחת פלוגתא דאביי ורבא דהתם כ"ע מודו דינתן הכל לרב אלא גרסינן פיחת אצל עצמו ואצל רבו פלוגתא דאביי ורבא ומיהו גם אגירסא זו קשה לר"י דכבר אמר זה דפליגי בקוטע יד עבד עברי ואור"י דיש ליישב בדוחק אצל עצמו לא פיחת שהוא בזה פלוגתא דאביי ורבא כגון הכהו על ידו וצמתה וסופה לחזור קודם שילא לחירות דלאביי נותנין שבת קטנה לרב ושבת גדולה לעבד ואע"ג דלא מפסיד העבד מידי אלא כל ההפסד של הרב הוא מ"מ כיון דשם נזק הוא זה ובנזק של קטיעת ידו אין לרב אפי' פירות לאביי גם בהיזק זה לא יטול כלום ולרבא נותן הכל לרב שבתו שבכל יום ויום:

כאילו הן בני חורין שירדו מנכסיהם. כי יש עשירים שאין מתביישין יותר מבני חורין שירדו וכן עניים ואין יכולין לדקדק עליהם כ"כ איזה מהן מתבייש כאילו ירד ואיזה מתבייש יותר או פחות וכיוצא בזה מלינו במתניתין (י) גבי העביר טליתו ופרע ראש של אשה בשוק דאין מדקדקין בדבר אם היו שם בני אדם שרגיל להתבייש יותר מפניהם כגון בני אדם חשובים או לא אלא שוים לשומא אחת:

עד שיתכוין לו. וא"ת לרבנן במבושיו מאי דרשי ביה ושמא מבעי ליה לשום דרשה:

אבל למישם שיימינן בהו. ולא דמי לנתכוון להרוג את הבהמה והרג את האדם לכותי והרג את ישראל דהתם איכא קרא דדרשינן בפרק ב' דמכות (דף ז:) בבלי דעת פרט למתכוין להרוג את הבהמה כו' והכא ליכא קרא ולא ילפינן מהתם דהא מבעי לן קרא הכא לרבי שמעון לפטור נתכוון לבייש את זה ובייש את זה אף על גב דאיכא קרא בדיני נפשות:

ערוס

עין משפט נר מצוה

לו א מיי' פ"ה מהלכות ממרים הלכה ו סמג לאוין ריט טוש"ע י"ד סימן רמא סעיף ג:

לז ב ג מיי' פ"ג מהלכות חובל ומזיק הלכה ד סמג עשין ע טוש"ע ח"מ סימן תכ סעיף יב:

לח ד מיי' שם הלכה ב טוש"ע שם סעיף ה:

לט ה ו מיי' שם פ"ד הלכה יג סמג שם:

מ ז מיי' שם פ"א הלכה יד סמג שם טוש"ע ח"מ סימן תכא סעיף ג:

הגהות הב"ח

(א) גמ' כפחותין שבהן השתא מני אי ר"מ:

ליקוטי רש"י

כגון שסכו נשא. פירוש סם שמשיר את השיער והסך ממנו אינו צומח שיער בגופו [מכות כ:]. **נותן לו שבת גדולה ושבת קטנה.** שבת גדולה הן פחת דמיו לימכר עכשיו בשוק והוא נזק ולהכי קרי ליה שבת שפחת דמיו של עכשיו אינו אלא משום שבת שאינו ראוי לעשות מלאכה בשתי ידיו עד זמן שתחזור ידו אלא לשמור קישואים יהא ראוי לאחר שיקל ממנו כאב המכה קלת ושבת קטנה היינו כאילו הוא שומר קישואים שנותן לו כל ימי חליו שישכב במטה מחמת חולי זה שאינו יכול לשמור קישואים. **שבתו שבכל יום ויום.** ואין כאן פחת דמים הואיל וסופו לחזור אלא לפי שבת של כל יום יתן לו כל ימי נפילתו למטה יתן שכר אדם שלם לפי מלאכה שהיה רגיל בה וכשיעמוד ויהא ראוי לשמור קישואין ישמור קישואין וזה יתן לו פחת השכר [גיטין מב:]. **אין לעבדים בושת.** המבייש את העבד לא חייבתו תורה לתת דמי בשתו [סנהדרין פו:]. **וארב לו וקם עליו עד שיתכוין לו.** וארב לו קרא יתירא הוא נכתוב כי יהיה איש שונא לרעהו וקם עליו [שם עט.].

מסורת הש"ס

א) לקמן לח., ב) [מכות כ:], ג) [קדושין כד: גיטין מב:], ד) ל"ל **דתניא** רש"ל, ה) [לקמן ב:], ו) רש"ל מוחק זה, ז) [לקמן פז. סנהדרין פו.], ח) [יבמות נד.], ט) נ"א חוזר, י) [לקמן ב.].

גליון הש"ס

גמ' ושבת קטנה לרב. עיין כתובות דף סה ע"ב תוספות ד"ה שלה:

הגהות מהר"ב רנשבורג

א] **תוס' ד"ה רבא אמר וכו'** ובספרים היה כתוב הכל לעבד. והא דלא הקשו לגירסא זו ממתני' דלקמן דף פז ע"א דקתני חוץ מן השבת בזמן שהוא שלו י"ל כמ"ש התוספות לענין עבד כנעני בגיטין דף יב ע"ב ד"ה רפואתו וכו' יעוש"ה ודו"ק:

תורה אור השלם

א) וְכִי יִהְיֶה אִישׁ שֹׂנֵא לְרֵעֵהוּ וְאָרַב לוֹ וְקָם עָלָיו וְהִכָּהוּ נֶפֶשׁ וָמֵת וְנָס אֶל אַחַת הֶעָרִים הָאֵל: [דברים יט, יא]

ב) כִּי יִנָּצוּ אֲנָשִׁים יַחְדָּו אִישׁ וְאָחִיו וְקָרְבָה אֵשֶׁת הָאֶחָד לְהַצִּיל אֶת אִישָׁהּ מִיַּד מַכֵּהוּ וְשָׁלְחָה יָדָהּ וְהֶחֱזִיקָה בִּמְבֻשָׁיו: [דברים כה, יא]

הגמרא מביאה דעות אמוראים בנידון "שבת הפוחתת בדמים":

וּמִילְּתָא דְּבָעֲיָא לֵיהּ לְרַבָּה — והדבר שהיה רבה מסופק בו (ששאל מה דין פחת דמים לזמן אם משלם עליו "נזק"), **פְּשִׁיטָא לֵיהּ לְאַבַּיֵּי לְהַךְ גִּיסָא** — היה פשוט לו לאביי כצד אחד של הספק, **וּלְרָבָא לְהַךְ גִּיסָא** — ולרבא היה הדבר פשוט כצד השני. **דְּאִתְּמַר** — שנאמר (בבית המדרש): **הִכָּהוּ עַל יָדוֹ, וְצָמְתָה** (ונתכווצה) **וְסוֹפָהּ לַחֲזוֹר** לאיתנה, מה משלם לו? נחלקו בדבר אביי ורבא: **אַבַּיֵּי אָמַר: נוֹתֵן לוֹ שֶׁבֶת גְּדוֹלָה** — תשלום עבור מה שנפחת בדמיו בכך שאינו יכול לעשות מלאכה עד שתחזור היד לאיתנה[14] **וְגם שֶׁבֶת קְטַנָּה** — תשלום על זמן מחלתו מחמת המכה, שאינו יכול לעשות שום מלאכה[15]. **וְרָבָא אָמַר: אֵינוֹ נוֹתֵן לוֹ אֶלָּא דְּמֵי שִׁבְתּוֹ שֶׁבְּכָל יוֹם וָיוֹם**, עד שיתרפא[16]. אביי ורבא נחלקו אפוא בדבר האם החובל חייב לשלם על "שבת הפוחתת בדמים".

הגמרא דנה במקרה של חבלה בעבד עברי:

אִיתְּמַר — נאמר: **הַקּוֹטֵעַ יַד עֶבֶד עִבְרִי שֶׁל חֲבֵירוֹ**[17], נחלקו בדבר אביי ורבא: **אַבַּיֵּי אָמַר:** החובל **נוֹתֵן לוֹ שֶׁבֶת גְּדוֹלָה** (דמי ידו) **לָעֶבֶד**[18], **וְשֶׁבֶת קְטַנָּה** — ותשלום הפסד העבודה לה הוא ראוי לאחר החבלה, שאינו יכול לעשותה כל זמן מחלתו, נותן החובל **לָרַב** (לאדון)[19]. **רָבָא אָמַר: הַכֹּל** (דמי נזק ודמי שבת) **יִנָּתֵן לָעֶבֶד, וְיִלָּקַח בָּהֶן** (בכספים) **קַרְקַע** לעבד **וְהָרַב אוֹכֵל** את **הַפֵּירוֹת** שתצמיח קרקע זו עד לשחרור העבד[20].

הגמרא מבארת באיזה מקרה לא נחלקו אביי ורבא:

פְּשִׁיטָא — הדבר פשוט שאם **פִּיחֵת אֵצֶל עַצְמוֹ** — החובל הזיק לגוף העבד, **וְאֵצֶל רַבּוֹ לֹא פִּיחֵת** — והחבלה לא גרמה שום הפסד לאדון, **הֵיכִי דָּמֵי** — וכיצד זה יתכן, כגון **דְּפַסְקֵיהּ לְרֵישׁ אוּנֵיהּ אוֹ לְרֵישׁ נְחִירֵיהּ** — שקטע את ראש אזנו של העבד או ראש חוטמו[21], הרי **הַכֹּל** — כל התשלום מגיע **לְעַצְמוֹ** (לעבד); **פִּיחֵת** מערכו של העבד גם **אֵצֶל רַבּוֹ**, כגון שקטע את ידו בה עושה מלאכה לאדונו, **פְּלוּגְתָּא דְּאַבַּיֵּי וְרָבָא** — דבר זה הוא נידון מחלוקתם של אביי ורבא דלעיל[22].

הגמרא דנה בדבר האחרון שנמנה במשנתנו, שעל החובל לשלם — בושת. שנינו במשנה:

בּוֹשֶׁת כיצד מעריכים? **הַכֹּל** נישום **לְפִי** מעמדם של **הַמְבַיֵּישׁ וְהַמִּתְבַּיֵּישׁ.**

הגמרא מבררת:

מַנִּי מַתְנִיתִין — כדעת מי שנויה משנתנו, ששמים לבושת לפי מעמד המבייש והמתבייש? **לֹא רַבִּי מֵאִיר וְלֹא רַבִּי יְהוּדָה. אֶלָּא, רַבִּי שִׁמְעוֹן הִיא, דִּתְנַן**[23] בברייתא: **וְכוּלָּן**, עשיר ועני כאחד, **רוֹאִין**

הערות

היא לבייש, וראה שם עוד מה שמסיק להלכה מדברי הגמרא שזו הבושת הגדולה ביותר. [ואף על פי שאדם שמבזה עצמו מרצונו (כגון זה המרקד אצל החנויות) דמי בושתו מועטים (ראה רמב"ם חובל ומזיק ג, יא), הרי מדברי הגמרא נראה שהשרת שיערו נחשבת בושה גדולה גם לגביו.]

14. היינו דמי ידו [לפי פחת דמיו לזמן] (רש"י). כיון שערכו להימכר כעבד נפחת עד שתשוב ידו לאיתנה, הוא מקבל תשלום עבור אותה פחיתת ערך זמנית. [אף שתשלום זה הוא "נזק", הגמרא קוראת לו "שבת גדולה" משום שהפחת בשוויו אינו אלא מחמת זה שהוא יושב בטל ממלאכתו הרגילה (רש"י גיטין מב, ב); ראה גם בעל המאור לעיל פה, ב, ומאירי, המבארים כי "שבת גדולה" היינו תשלום ביטול מלאכתו הקודמת (שבמקום שיש נזק, הפסד זה כלול בתשלום ה"נזק"), ו"שבת קטנה" היינו תשלום ביטולו ממלאכתו העתידית שהיא שמירת קישואין.]

15. בתוך התקופה בה אינו ראוי לעשות את מלאכתו הרגילה בגלל ידו הצמותה (ויכול רק לשמור קישואין), ישנה גם תקופה (בדרך כלל קצרה יותר), בה הוא שוכב חולה על מטתו מחמת המכה, ואינו יכול אפילו לשמור קישואין. על תקופת מחלתו הוא מקבל כשומר קישואין (ראה רש"י). נמצא שההפסד על מה שבמשך התקופה (הארוכה יותר, עד שתשוב ידו לאיתנה) לא יוכל לעסוק במלאכתו הרגילה (הנכבדת משמירת קישואין) משולם לו בתור "שבת גדולה", המקבילה ל"נזק"; וב"שבת קטנה" (המקבילה ל"שבת" במקרה רגיל של חבלה) הוא מקבל פיצוי על הזמן בו לא יוכל אפילו לשמור קישואין (ראה מרומי שדה).

16. רבא סובר שהחובל אינו חייב לשלם "שבת גדולה" (נזק), כיון שהפחת בדמיו הוא רק זמני. אולם, כיון שהחובל אינו משלם עבור פחיתת שוויו של הנחבל, הוא חייב לשלם פיצוי מלא להפסד עבודתו על כל התקופה בה ידו צמותה, היינו, השבת המשולמת לנחבל הוא כגובה השכירות היומית לפועל כמותו, ולא כמשכורתו של שומר קישואים (רש"י; ראה מרומי שדה). [אמנם גם לרבא יש שני סוגי תשלום: בזמן שהוא חולה ממש, הוא מקבל על כל יום כפי מלאכתו הרגילה; לאחר שנתרפא אבל ידו עדיין צמותה, והוא יכול לשמור קישואין, אינו מקבל אלא את ההפרש שבין מלאכתו הרגילה לבין שמירת קישואין (רש"י גיטין מב, ב).] ראה פסקי הרי"ד, לפי איזו דעה משלם החובל יותר, לפי אביי או לפי רבא.

[לפי רש"י (לדעת רבא) הניזק מקבל משכורתו הרגילה בימי חליו, כאילו היה עושה מלאכתו כרגיל; לדעת ראשונים אחרים, אין ראוי שישולם לו מלוא משכורתו, כיון שלמעשה אינו עובד (רשב"א על פי בבא מציעא עו, ב; ראה גם רי"ף, רא"ש ונמוקי יוסף), אלא, הוא מקבל את מה שאדם בריא היה לוקח אילו ניתן לו לשבת בטל במקום לעבוד באותו יום (היינו "פועל בטל"). כדעה זו נפסק בשלחן ערוך (חושן משפט תכ, יז). אולם, מאירי סובר כדעת רש"י (ראה גם תוספות רבינו פרץ) משום שהניזק היה מעדיף לעבוד מאשר לשבת בטל מחמת חבלתו (ראה גם רשב"א להסבר דומה במקרים מסויימים בלבד). ים של שלמה (יד) מבאר שלדעת אותם ראשונים, הנחבל מקבל "שבת" כ"פועל בטל", רק כאשר הוא מקבל מלבד ה"שבת" גם דמי "נזק", אבל במקרה שאין "נזק" הוא מקבל "שבת" כאילו היה עוסק במלאכתו בפועל; ראה שם לטעם הדבר.]

17. היינו שקטעה ממש, ועליו לשלם "נזק" על ידו, לפי שהיד לא תחזור ומהיום ואילך לא יוכל אלא לעשות מלאכות קלות כגון שמירת קישואין (ראה רש"י).

[כל עבד עברי סופו להשתחרר (ראה שמות כא, ב), ועל כן, את עיקר הנזק סובל העבד, שכן ישאר קטוע יד לכשישתחרר; בעליו מפסיד בכך שבתקופת העבדות אינו ראוי לכל מלאכה לאחר חבלה כזו, ולכן מבחינת האדון הרי זה כעין "שבת".]

18. [אף על פי שגם האדון מפסיד מכך שעבדו קטוע יד, העבד מקבל את מלא דמי ידו לעצמו] כדי שבעת שיצא מתחת ידי רבו, יהא לו כדי נזקו (תוספות).

[הגמרא נוקטת כאן לשון "שבת גדולה" במשמעות "נזק", שכן בנוגע למעמדו עכשיו כעבד, ההפסד לאדונו הוא ב"שבתו" של העבד שלאחר החבלה אינו יכול לעסוק בכל מלאכה (ראה סוף הערה 14); אביי מורה שאת ה"שבת גדולה" (שיש מקום לומר שיתנוה לאדון; ראה להלן הערה 20) אין נותנים לרבו אלא לעבד עצמו; ראה חידושי הרי"ם להסבר אחר.]

19. עבודתו של העבד — שהיא, מקטיעת ידו ואילך, שמירת קישואין — שייכת לרבו, ולכן על תקופת מחלתו (בה אינו יכול אפילו לשמור קישואין) חייב החובל לשלם "שבת" לאדון, כפי דמי שמירת קישואין. האדון אינו מקבל "שבת" לפי מלאכתו הרגילה של העבד (שמקטיעת ידו ואילך לא יוכל לעשותה כלל), שכן הפחת הקבועה בערכו של העבד משולמת לעבד בתור "נזק", ואין החובל משלם פעמיים אותו תשלום, לעבד ולאדון, ומבחינת האדון הרי זה כאילו העבד חלה, שהדין הוא שההפסד נופל על האדון (ראה תוספות, חידושי הראב"ד, ורשב"א).

20. בדרך זה העבד מקבל כל המגיע לו כאילו היה בן חורין, ואילו האדון מקבל — עד לשחרורו של העבד — את פירות הקרקע, בעבור הפסד עבודתו של העבד, השייכת לו (ראה חידושי הראב"ד). לפי רבא, האדון מפסיד פחות (מאשר לפי אביי), שכן שווי הפירות שמצמיח קרקע ששוה כמו הנזק והשבת ביחד, גדול מתשלום "שבת" לפי שמירת קישואין (רשב"א; ראה ים התלמוד לדיון נוסף במחלוקת זו).

[תוספות, רשב"א ועוד ראשונים מתקשים בגירסתינו בדעת רבא, בטענה שאין זה הגון שיקבל העבד תשלום השבת, כאשר האדון כבר שילם לו עבור עבודתו. הם מעדיפים על כן גירסא אחרת האומרת שכל התשלום ניתן **לאדון**, הנוטל לעצמו את דמי השבת (דהיינו על תקופת מחלתו של העבד, כפי שמירת קישואין), ומתשלום הנזק הוא לוקח קרקע ומקבל את רווחי הקרקע (כפיצוי על כך שהפסיד את מלאכתו הרגילה של העבד שמעתה יכול רק לשמור קישואין) עד לשחרור העבד; פני יהושע (להלן פז, ב; ראה הערה 3 שם) מדקדק שגם לרש"י היתה גירסא זו; ראה רמ"ה, מובא בשיטה מקובצת, המסביר את גירסתנו.]

ראה מגיד משנה הלכות חובל ומזיק ד, יג לענין תשלומי הצער, הבושת והריפוי.

[כל הדיון הוא בנוגע לעבד עברי. ראה מאירי ושיטה מקובצת לדיון במקרה של חבלה בעבד כנעני. ראה גם נתיבות המשפט שסג, ב וגידולי שמואל כאן.]

21. חבלה זו אינה משפיעה על יכלתו של העבד לעבוד (רש"י), אך היא פוחתת את שוויו. ואף על פי שערכו שוה פחות בתור עבד, אין זה נחשב כהפסד בפועל לאדון, כל עוד הוא עושה מלאכתו כרגיל (נחלת משה). [מדובר כאן באופן שאין אפילו "שבת"; ראה סוף הערה הבאה.]

22. [תוספות שואלים מדוע מזכירה הגמרא שוב מקרה זה של המחלוקת. ראה שם לתשובה, ולגירסא אחרת בגמרא. ראה גם מהרש"א על התוספות.]

[כמו כן במקרה שקטע ראש אזנו או חוטמו, הרי אם נחלה העבד בשל כך, עליו לשלם דמי שבת לפי מלאכתו הרגילה, ואופן תשלום השבת תלוי במחלוקת אביי ורבא (ראה תוספות).]

23. מהרש"ל מגיה: דְּתַנְיָא — ששנינו ברייתא.

חייב בכולן האי לא עשה חבורה היכי דמי לאו כגון שהכהו על ידו וסופו לחזור וקתני חייב בכולן אמרי הכא במאי עסקינן כגון שחירשו ולא עשה בו חבורה (א) והאמר רבה [א]החורש את אביו נהרג לפי שאי אפשר לחרישה בלא חבורה טיפתא דדמא נפלה ליה באודניה אלא הכא במאי עסקינן כגון שגילחו גילחו מהדר הדר [ב]והיינו בעיין אמרי הכא במאי עסקינן [ג]כגון שסכו (ג) נשא דלא הדר צער דאית ליה קרטופני ברישיה וצווחי מהנהו קרטופני ריפוי דבעיא אסויי שבת דהוה מרקיד בי כובי דבעיא מחוי גוני ארישא ולא מחוי מהנהו קרטופני בושת אין לך בושת גדול מזה ומילתא דבעיא ליה לרבה פשיטא ליה לאביי להך גיסא ולרבא להך גיסא דאתמר (ד) הכהו על ידו וצמתה וסופה לחזור אביי אמר נותן לו שבת גדולה ושבת קטנה ורבא אמר [ד]אינו נותן לו אלא דמי שבתו שבכל יום ויום איתמר הקוטע יד עבד עברי של חבירו אביי אמר נותן לו שבת גדולה לעבד ° ושבת קטנה לרב רבא אמר [ה]הכל ינתן לעבד וילקח בהן קרקע והרב אוכל פירות [ו]פשיטא פיחת אצל עצמו ואצל רבו לא פיחת היכי דמי דפסקיה לריש אוניה או לריש נחיריה הכל לעצמו פיחת אצל רבו פלוגתא דאביי ורבא: בושת הכל לפי המבייש והמתבייש: מני מתניתין לא רבי מאיר ולא ר' יהודה אלא ר' שמעון היא (ז) דתנן וכולן רואין אותן כאילו הם בני חורין שירדו מנכסיהם שהן בני אברהם יצחק ויעקב דברי ר' מאיר ר' יהודה אומר הגדול לפי גודלו והקטן לפי קטנו רבי שמעון אומר עשירים (ח) רואין אותן כאילו הם בני חורין שירדו מנכסיהם עניים כפחותין שבהן (א) מני (ו) השתא) אי רבי מאיר מתניתין קתני הכל לפי המבייש והמתבייש ורבי מאיר כולהו בהדי הדדי נינהו ואי ר' יהודה מתניתין קתני המבייש את הסומא חייב ואילו ר' יהודה אומר סומא אין לו בושת אלא לאו רבי שמעון היא אפי' תימא ר' יהודה כי אמר ר' יהודה סומא אין לו בושת למשקל מיניה אבל למיתבא ליה יהבינן ליה והא מדקתני סיפא המבייש את הישן חייב וישן שבייש פטור ולא קתני סומא שבייש פטור מכלל דלא שנא הכי ולא שנא הכי אלא מחוורתא מתניתין רבי שמעון היא: מאן תנא להא דתנו רבנן [ז]נתכוון לבייש את הקטן ובייש את הגדול נותן לגדול דמי בושתו של קטן לבייש את העבד ובייש את בן חורין נותן לבן חורין דמי בושתו של עבד מני לא רבי מאיר ולא רבי יהודה ולא רבי שמעון קא סלקא דעתך קטן קטן בנכסים גדול גדול בנכסים אי רבי מאיר האמר כולהו בהדי הדדי נינהו ואי רבי יהודה האמר (ז) אין לעבדים בושת ואי ר"ש האמר נתכוון לבייש את זה ובייש את זה פטור מאי טעמא כקטלא מה קטלא עד דמתכוון ליה דכתיב (א) וארב לו וקם עליו עד שיתכוון לו (ט) בושת נמי עד דמיכוין ליה דכתיב (ב) ושלחה ידה והחזיקה במבושיו עד שיתכוון לו לעולם ר' יהודה וכי קאמר ר' יהודה אין לעבדים בושת למיתבא להו אבל למישם שיימינן בהו ואי בעית אימא אפילו תימא רבי מאיר מי סברת גדול גדול בנכסים קטן קטן בנכסים לא גדול גדול ממש וקטן קטן ממש וקטן בר בושת הוא אין כדאמר רב פפא דמיכלמו ליה ומיכלם הכא נמי דמיכלמו

רש"י

חייב בכולן. חמשה דברים: היכי דמי. שיהא היזק בלא חבורה: לאו כגון שהכהו כו'. דבאין סופו לחזור ליכא למימר דכל בלא חבורה סופו לחזור הוא: שגלחו. דאפחתיה מכספיה בלא חבורה: ה"ג גלחו מהדר הדר היינו בעיין. כלומר מה לי שיער מה לי יד הא בסופו לחזור מחייבת ליה: נשא. סם המשיר את השער ואינו (ט) חוזר ואיכא נזק דהא אפחתיה מכספיה דמום הוא: קרטופני. בקעים בקעים קטנים: מצווחי ליה. מכאיבים לו מחמת חוזק הסם: דבעי לאסויי. לצערא דהנך קרטופני: שבת דהוי מרקיד בי כובי. לשון מרקד בחנויות: דבעי אחוויי גווני. מראה ניענוע בראשו להראות מיני שחוק כדרך הליצנים דהשתא עד שיתרפא הנך קרטופני לא מצי מחוי ואע"פ שלא בטלו משאר מלאכה נותן לו שבת זו הואיל ומלאכתו בכך: שבת גדולה. דמי ידו: ושבת קטנה. כל ימים שיפול למשכב רואין אותו כאילו הוא שומר קישואין: שבכל יום ויום. עד שיחזור לקדמותו נותן לו בכל יום כמו שנשכרים פועלים בשוק ולא כשומר קישואין דהא לרבא לא יהיב ליה דמי ידו: ה"ג הקוטע יד עבד עברי של חבירו. קוטע ממש דאין סופו לחזור: ואצל רבו לא פיחת. שלא בטלו ממלאכה: פיחת אצל רבו. אף אצל רבו כגון קיטע את ידו: וכולן. עניים ועשירים: רואין אותן. ואפילו את העשירים: כאילו ירדו כו'. ואין שמין את העני לפי עניותו להקל ולא את העשיר לפי עשרו שהרי אין לדמי בשתו סוף אלא כולן שוין בכך: כפחותים שבהן. פחותים שבעניים להקל דכיון דעני הוא בושתו קלה: סומא אין לו בושת. לקמן בשמעתין: אלא רבי שמעון היא. דאיהו נמי לאו כי הדדי משוי להו: אין לעבדים בושת. במתניתין היא (דף פז.): נתכוון לבייש את זה כו' פטור. מדשמעינן ליה לר' שמעון גבי קטלא באלו הן הנשרפין (סנהדרין דף עט.) נתכוון להרוג את זה והרג את זה פטור הכא נמי לא שנא דטעמא דהתם משום וארב לו הכא נמי כתיב במבושיו: שיימינן בהו. בכמה יתרצה עבד זה ויעשו לו בושת זה ואותו שומא יתן לבן חורין זה: כדאמר רב פפא. לקמן (ע"ב):

דמיכלמו

תוספות

כגון שחרשו. וא"ת ואמאי חייב בכולן הא דמי כולו נותן ולפי' ר"י דלעיל ניחא דמכל מקום יש כאן צער בושת וריפוי אף על גב דשבת בכלל דמי כולו שייך לשנות חייב בכולן משום אחריני:

שבת גדולה לעבד. כדי שילא מבית רבו בידו שלימה ושבת קטנה לרב אע"פ שמפסיד הרב שאם לא נקטעה ידו או רגלו היה דלי דוולא ואזיל בשליחותיה ועכשיו אין יכול כי אם לשמור קישואין ופחת חשבינן ליה השתא כמו חלה דאמר בפרק קמא דקדושין (דף יז. ושם) דאין חייב להשלים דנסתחפה שדהו ואף על גב דחלה ארבע שנים חייב להשלים התם אין עושה שום מלאכה אבל הכא יכול לשמור קישואין או פתח:

רבא אמר ינתן הכל לרב. גרסינן וכן גרס ר"ח אן ובספרים היה כתוב הכל לעבד וקשה שבת קטנה למה לא יהיה הכל לרב אלא הכל לרב גרסינן שבת קטנה הכל לעצמו ושבת גדולה ילקח קרקע והרב אוכל פירות שמפסיד הוא בקטיעת ידו דלא מצי למידלי דוולא ולמיזל בשליחותא אלא לשמור קישואין או פתח:

פיחת אצל רבו. ל"ג ואצל עצמו לא פיחת פלוגתא דאביי ורבא דהתם כ"ע מודו דינתן הכל לרב אלא גרסינן פיחת אצל עצמו ואצל רבו פלוגתא דאביי ורבא ומיהו גם אגירסא זו קשה לר"י דכבר אמר זה דפליגי בקוטע יד עבד עברי ואור"י דיש ליישב בדוחק אצל עצמו לא פיחת שהוא בזה פלוגתא דאביי ורבא כגון הכהו על ידו ולמתה וסופה לחזור קודם שילא לחירות דלאביי נותנין שבת קטנה לרב ושבת גדולה לעבד ואע"ג דלא מפסיד העבד מידי אלא כל ההפסד של הרב הוא מ"מ כיון דשם נזק הוא זה ובנזק של קטיעת ידו אין לרב אפי' פירות לאביי גם בהיזק זה לא יטול כלום ולרבא נותן הכל לרב שבתו שבכל יום ויום:

כאילו הן בני חורין שירדו מנכסיהם. כי יש עשירים שאין מתביישין יותר מבני חורין שירדו וכן עניים ואין יכולין לדקדק עליהם כ"כ איזה מהן מתבייש כאילו ירד ואיזה מתבייש יותר או פחות וכיוצא בזה מלינו במתניתין (י) גבי העביר טליתו ופרע ראש של אשה בשוק דאין מדקדקין בדבר אם היו שם בני אדם שרגיל להתבייש יותר מפניהם כגון בני אדם חשובים או לא אלא שוים לשומא אחת:

עד שיתכוין לו. וא"ת לרבנן במבושיו מאי דרשי ביה ושמא מבעי ליה לשום דרשה:

אבל למישם שיימינן בהו. ולא דמי לנתכוון להרוג את הבהמה והרג את האדם לכותי והרג את ישראל דהתם איכא קרא דדרשינן בפרק ב' דמכות (דף ז:) בבלי דעת פרט למתכוין להרוג את הבהמה כו' והכא ליכא קרא ולא ילפינן מהתם דהא מבעי לן קרא הכא לרבי שמעון לפטור נתכוון לבייש את זה ובייש את זה אף על גב דאיכא קרא בדיני נפשות:

ערוס

מסורת הש"ס

א) לקמן לח., ב) [מכות ט:], ג) [קדושין כד: גיטין מב:], ד) נ"ל דתניא רש"ל, ה) [לקמן פ:], ו) רש"ל מוחק זה, ז) [לקמן פז. סנהדרין פו.], ח) [יבמות נד.], ט) נ"א חוזר, י) [לקמן צ.].

גליון הש"ס

גמ' ושבת קטנה לרב. עיין כתובות דף סה ע"ב תוספות ד"ה שלה:

הגהות מהר"ב רנשבורג

אן תוס' ד"ה רבא אמר וכו' ובספרים היה כתוב הכל לעבד. והא דלא הקשו לגירסא זו ממתני' דלקמן דף פז ע"א דקתני חוץ מן השבת בזמן שהוא שלו י"ל כמ"ש התוספות לענין עבד כנעני בגיטין דף יב ע"ב ד"ה רפואתו וכו' יעוש"ה ודו"ק:

תורה אור השלם

א) וְכִי יִהְיֶה אִישׁ שֹׂנֵא לְרֵעֵהוּ וְאָרַב לוֹ וְקָם עָלָיו וְהִכָּהוּ נֶפֶשׁ וָמֵת וְנָס אֶל אַחַת הֶעָרִים הָאֵל: [דברים יט, יא]

ב) כִּי יִנָּצוּ אֲנָשִׁים יַחְדָּו אִישׁ וְאָחִיו וְקָרְבָה אֵשֶׁת הָאֶחָד לְהַצִּיל אֶת אִישָׁהּ מִיַּד מַכֵּהוּ וְשָׁלְחָה יָדָהּ וְהֶחֱזִיקָה בִּמְבֻשָׁיו: [דברים כה, יא]

עין משפט נר מצוה

לו א מיי' פ"ה מהלכות ממרים הלכה ו סמג לאוין ריט טוש"ע י"ד סימן רמא סעיף ג:

לז ב ג מיי' פ"ב מהלכות חובל ומזיק הלכה ד סמג עשין ע טוש"ע ח"מ סימן תכ סעיף יג:

לח ד מיי' שם הלכה ג טוש"ע שם סעיף ה:

לט ה ו מיי' שם פ"ד הלכה יג סמג שם:

מ ז מיי' שם פ"א הלכה יד סמג שם טוש"ע ח"מ סימן תכא סעיף ג:

הגהות הב"ח

(א) גמ' כפחותין שבהן השתא מני אי ר"מ:

ליקוטי רש"י

כגון שסכו נשא. פירוש סם שמשיר את השיער והסך ממנו אינו לומח שיער בגופו [מכות ט:]. נותן לו שבת גדולה ושבת קטנה. שבת גדולה הן פחת דמיו לימכר עכשיו בשוק והוא נזק ולהכי קרי ליה שבת שפחת דמיו של עכשיו אינו אלא משום שבת שאינו ראוי לעשות מלאכה בשתי ידיו עד זמן שתחזור ידו אלא לשמור קישואים יהא ראוי לאחר שיקל ממנו כאב המכה קלת ושבת קטנה היינו כאילו הוא שומר קישואים שנותן לו כל ימי חליו שישכב במטה מחמת חולי זה שאינו יכול לשמור קישואים. שבתו שבכל יום ויום. ואין כאן פחת דמים הואיל וסופו לחזור אלא לפי שבת של כל יום יתן לו כל ימי נפילתו למטה יתן שכר אדם שלם לפי מלאכה שהיה רגיל בה וכשיעמוד ויהא ראוי לשמור קישואין ישמור קישואין וזה יתן לו פחת השכר [גיטין מב:]. אין לעבדים בושת. המבייש את העבד לא חייבתו תורה לתת דמי בשתו [סנהדרין פו:]. וארב לו וקם עליו עד שיתכוין לו. וארב לו קרא יתירא הוא נכתוב כי יהיה איש שונא לרעהו וקם עליו [שם עט.].

אוֹתָן לענין תשלום בושת **כְּאִילוּ הֵם בְּנֵי חוֹרִין שֶׁיָּרְדוּ מִנִּכְסֵיהֶם,** לפי **שֶׁהֵן בְּנֵי אַבְרָהָם יִצְחָק וְיַעֲקֹב**[24]**. דִּבְרֵי רַבִּי מֵאִיר. רַבִּי יְהוּדָה אוֹמֵר: הַגָּדוֹל** – אדם נכבד נישום לענין בושת **לְפִי גּוֹדְלוֹ** (מעלתו), **וְהַקָּטָן** – אדם בלתי נכבד נישום **לְפִי קָטְנוֹ** (שפלותו)[25]. **רַבִּי שִׁמְעוֹן אוֹמֵר: עֲשִׁירִים, רוֹאִין אוֹתָן כְּאִילוּ הֵם בְּנֵי חוֹרִין שֶׁיָּרְדוּ מִנִּכְסֵיהֶם, וַעֲנִיִּים,** רואים אותם **כְּפְּחוּתִין שֶׁבָּהֶן**[26].

הגמרא מבארת מה ההכרח להעמיד משנתנו כדעת רבי שמעון:

מַנִּי (השתא[27]**)** – כדעת מי שנויה משנתינו? **אִי** – אם תאמר שהיא כדעת **רַבִּי מֵאִיר,** זה לא יתכן: **מַתְנִיתִין קָתָנֵי** – שהרי משנתינו שונה: **הַכֹּל לְפִי** מעמדם של **הַמְבַיֵּישׁ וְהַמִּתְבַּיֵּישׁ, וְאִילוּ** לדעת **רַבִּי מֵאִיר כּוּלְּהוּ בַּהֲדֵי הֲדָדֵי נִינְהוּ** – כולם נישומים כאחד (בשוה)[28]. **וְאִי** – ואם תאמר שהיא כדעת **רַבִּי יְהוּדָה**[29], גם זה לא יתכן! **מַתְנִיתִין קָתָנֵי** – שהרי משנתינו מלמדת בהמשך (לקמן עמוד ב): **"הַמְבַיֵּישׁ אֶת הַסּוּמָא. . . חַיָּיב", וְאִילוּ רַבִּי יְהוּדָה אוֹמֵר** (בברייתא, שם): **"סוּמָא אֵין לוֹ בּוֹשֶׁת". אֶלָּא, לַאו** – וכי אין זה שמשנתינו כדעת **רַבִּי שִׁמְעוֹן הִיא**[30]**?**

הגמרא מנסה להעמיד את המשנה גם כשיטה אחרת:

אֲפִילוּ תֵּימָא – תוכל אפילו לומר שמשנתינו היא כדעת **רַבִּי יְהוּדָה,** שכן **כִּי** (מתי) **אָמַר רַבִּי יְהוּדָה "סוּמָא אֵין לוֹ בּוֹשֶׁת", לְמִשְׁקַל מִינֵּיהּ** – לענין ליטול ממנו תשלום בושת, כאשר הסומא הוא המבייש, **אֲבָל לְמֵיתְבָא לֵיהּ** – ליתן לו תשלום על בושתו, **יַהֲבִינַן לֵיהּ** – אנו נותנים לו. נמצא שאין סתירה בין דעת רבי יהודה לדעת המשנה שהמבייש את הסומא חייב[31].

הגמרא דוחה:

וְהָא מִדְקָתָנֵי סֵיפָא – והרי מתוך מה ששונה משנתנו בסיפא (עמוד ב): **"הַמְבַיֵּישׁ אֶת הַיָּשֵׁן חַיָּיב, וְיָשֵׁן שֶׁבִּיֵּישׁ** אדם אחר מתוך שנתו **פָּטוּר", וְלֹא קָתָנֵי** – ואינה שונה בסגנון זה גם לענין סומא: **"הַמְבַיֵּישׁ אֶת הַסּוּמָא. . . חַיָּיב וְסוּמָא שֶׁבִּיֵּישׁ פָּטוּר", מִכְּלָל דְּלֹא שְׁנָא הָכִי וְלֹא שְׁנָא הָכִי** – מדוקדק מכך לדעת המשנה אין הבדל בין אופן זה לאופן זה: סומא נוטל תשלום על בשתו כאשר ביישו אותו, ומשלם כאשר הוא מבייש אחרים. הלכך, לא יתכן שמשנתינו היא כדעת רבי יהודה (שאמרת בדעתו שהסומא על כל פנים אינו משלם אם בייש)[32].

הגמרא מסיקה על כן:

אֶלָּא, מְחַוַּורְתָּא – ההבנה הברורה היא **מַתְנִיתִין** (משנתנו) **רַבִּי שִׁמְעוֹן הִיא.**

הגמרא מבררת כעת כדעת מי נשנתה ברייתא אחרת בענין זה:

מַאן תָּנָא לְהָא דְּתָנוּ רַבָּנָן – מי שנה את מה ששנו חכמים בברייתא הבאה: **נִתְכַּוֵּון לְבַיֵּישׁ אֶת הַקָּטָן,** וטעה **וּבִיֵּישׁ אֶת הַגָּדוֹל**[33]**, נוֹתֵן לַגָּדוֹל** שהתבייש **דְּמֵי בּוֹשְׁתּוֹ שֶׁל קָטָן**[34]. אם נתכוון **לְבַיֵּישׁ אֶת הָעֶבֶד** וטעה **וּבִיֵּישׁ אֶת בֶּן חוֹרִין נוֹתֵן לְבֶן** החוֹרִין שהתבייש **דְּמֵי בּוֹשְׁתּוֹ שֶׁל עֶבֶד. מַנִּי** – מי הוא בעל ברייתא זו? לכאורה **לֹא רַבִּי מֵאִיר, וְלֹא רַבִּי יְהוּדָה וְלֹא רַבִּי שִׁמְעוֹן!**

הגמרא מסבירה את ההנחה הקודמת:

קָא סַלְקָא דַּעְתָּךְ – היית מניח ש"**קָטָן**" הנזכר בברייתא, היינו **קָטָן** (דל) **בִּנְכָסִים;** ו"**גָּדוֹל**" היינו **גָּדוֹל בִּנְכָסִים,** ומובן מזה שהמבייש את העני משלם פחות מהמבייש את העשיר. לפי זה, **אִי** – אם תאמר שהברייתא היא כדעת **רַבִּי מֵאִיר,** איך יתכן הדבר? **הָאָמַר כּוּלְּהוּ בַּהֲדֵי הֲדָדֵי נִינְהוּ** – הרי הוא אמר שכולם נישומים כאחד (בשוה), כבני חורין שירדו מנכסיהם, ואין הבדל בין עשיר ועני; **וְאִי** – ואם תבקש להעמיד את הברייתא כשיטת **רַבִּי יְהוּדָה** שחילק בין דמי בושת של "גדול" ו"קטן"[35], **הָאָמַר** – הרי הוא אמר (במשנה להלן פז, א): **אֵין לַעֲבָדִים** תשלום עבור **בּוֹשֶׁת** כלל. ואילו ברייתא זו עוסקת

הערות

24. כלומר, אומדים כמה אדם שירד מנכסיו מוכן ליטול כדי להיות מתבייש כך (ראה מאירי; ראה גם לעיל פג, ב הערה 19; פסקי ריא"ז). לפירוש "בני חורין" ראה מלאכת שלמה למשנה ו (להלן צ, ב).

לדעת רבי מאיר, אין שמים בושתו של עני לפי מעמדו הבלתי מכובד, שבכך היה המבייש משלם מעט; כמו כן אין שמים בושתו של עשיר לפי מעמדו המכובד, שהרי אין סוף למה שיבקש אדם עשיר תמורת בשתו. אלא הכל, אפילו העשירים – נישום להם כאילו הם אנשים מכובדים שירדו מנכסיהם. נמצא שלצורך שומת הבושת, מורידים מערכם של העשירים ומעלים בערכם של העניים. זהו דרך ממוצע מתאים כיון שכל ישראל הם בניהם של אברהם יצחק ויעקב (ראה רש"י, מאירי, וים של שלמה טז; אך ראה דברות משה נט, ג ד"ה ולאופן). ראה גם תוספות; שיטה מקובצת בשם גאון; להלן צ, ב הערה 2. [פירשנו לפי רש"י ש"כולן" המוזכר בברייתא, היינו עניים ועשירים, ונראה שלדעת רש"י הכוונה היא למתבייש בלבד; אבל ראה חידושי הראב"ד ורשב"א, שהוראת רבי מאיר לשום את כולן כאילו הם בני חורין וכו', נאמרה גם לענין המבייש.]

[כפי שנראה בגמרא להלן, רבי מאיר אכן מתחשב בהבדלים אחרים (בגיל ובמעמד) בשומת תשלום הבושת. אך הברייתא עוסקת רק במצב עשרו או עניותו של המתבייש, ורבי מאיר סובר, מהטעם שהזכרנו, שבענין זה שמים את הכל בשוה (ראה הערה 41).]

25. לדעת רבי יהודה, שמים את הבושים לפי מעמדו של הנחבל בעת שומת תשלום הבושת. על פי זה תשלום הבושת הוא פחות לנחבל עני, שהבושת לא הפחיתה הרבה מכבודו, ויותר לנחבל עשיר.

26. לדעת רבי שמעון, בכל מקרה מורידים מערכו של המתבייש לצורך שומת הביוש, כדי להקל על המבייש. לכן אין שמים את העשירים כפי עושרם אלא כאילו ירדו מנכסיהם, וגם את העניים אין שמים לפי מעמדם המדוייק אלא כאילו היו עניים פחותים ביותר, שבושתם אינה שוה הרבה (ראה רש"י; לפירושים אחרים ראה שיטה מקובצת בשם גאון, וחדושי הראב"ד). אבל את העניים הפחותים באמת, אין מורידים מדרגם עוד יותר כדי לשומם, כי אז לא תהא בושתם שוה כלום (ים של שלמה טז).

27. על פי הגהת מהרש"ל; ראה גם הגהות הב"ח.

28. היינו, אין שמין לפי מעמדם, אלא לכל אחד ניתן המעמד של בן חורין שירד מנכסיו.

[אף שהוראת רבי מאיר מתייחסת רק למעמד כלכלי (ראה סוף הערה 24), הגמרא מניחה שמאמר המשנה, הכל לפי [מעמדם של] המבייש והמתבייש מתייחס גם למעמדם הכלכלי.]

29. היינו, היה עולה על הדעת שמאמר המשנה, "הכל לפי המבייש והמתבייש" הוא כדעת רבי יהודה, שאמר בברייתא: "הגדול לפי גדלו והקטן לפי קטנו". אך בהכרח אין הדבר כן כפי שהגמרא תסביר מיד.

30. רבי שמעון, כמו משנתינו, מחלק בין עשיר לעני (רש"י).

אמנם רבי שמעון פיחת את תשלומי הבושת בין של עשיר ובין של עני, אבל הוא מבסס את התשלום על מעמדו הכלכלי של הנחבל. נוכל על כן לומר משנתנו, התולה את התשלום במעמדם של המבייש והמתבייש, מתאימה לדעתו של רבי שמעון (אמרי בינה).

31. אף שרבי יהודה פוטר סומא מתשלום כשהוא מבייש אחרים (מהטעם שיבואר להלן עמוד ב), הוא מודה שאחרים חייבים כאשר הם מביישים סומא (ראה הערה 34 שם). כיון שמשנתינו אומרת רק שהמבייש את הסומא חייב, היא יכולה להיות שנויה גם כשיטת רבי יהודה; ראה הערה 29.

32. [לכאורה אפשר היה לתרץ, שלעולם משנתנו היא כדעת רבי יהודה, וסוברת שסומא שבייש פטור, ומה שלא אמרה זאת הוא לפי שלדעת רבי יהודה (הסובר שסומא פטור גם מחובות אחרים; עמוד ב) אין כל חידוש בזה שפטור מן הבושת (ואין זה דומה לישן, שחייב לשלם נזקיו שעשה בשנתו ורק מן הבושת הוא פטור לפי שלא בייש בכוונה)! ליישוב ראה חדושי רבנו מאיר שמחה עמוד ב.]

33. [לדוגמא, התכוון לירוק על קטן אך פגע שלא בכוונה בגדול. הגמרא תפרש להלן משמעות "גדול" ו"קטן" בברייתא זו.]

34. המשנה להלן (עמוד ב) מורה שאין חובת תשלום בושת אלא על מעשה בכוונה. לפיכך, לדעת ברייתא זו, אדם חייב על הבושת רק כפי הכוונה שהיתה במעשהו, ואם התכוון לבייש קטן, דהיינו בושת במידה מועטת, הוא חייב רק כאילו בייש קטן, שהרי התוספת שהיתה בביושו בכך שבפועל בייש גדול, היתה ללא כוונה. וכן במקרה שתביא הברייתא מיד, שהתכוון לבייש עבד שבושתו מועטת, וטעה ובייש בן חורין.

הוראה זו נוהגת רק לענין בושת. על כל נזק חייב החובל לשלם אפילו לא התכוון כלל. כדי להתחייב על צער, ריפוי ושבת, צריך רק שהחובל התכוון לחבול באדם כלשהו (ראה חידושי הראב"ד; ראה גם חושן משפט תכא, ג וסמ"ע וביאור הגר"א שם; ראה גם לעיל פג, ב הערה 4, להבדלים במידת הכוונה הנדרשת לחייב בכל חמשת הדברים).

35. היינו, היה עולה על הדעת שהברייתא המורה שתשלום בשתו של עני פחות מתשלום בושתו של עשיר, מתאימה לשיטתו בברייתא שהובאה קודם לכן, שהגדול נישום לפי גדלו והקטן לפי קטנו. אך בהכרח אין הדבר כן כפי שהגמרא תסביר מיד.

חייב בכולן האי לא עשה חבורה היכי דמי לאו כגון שהכהו על ידו וסופו לחזור וקתני חייב בכולן אמרי הכא במאי עסקינן כגון שחירשו ולא עשה בו חבורה [א]והאמר רבה [א]החורש את אביו נהרג לפי שאי אפשר לחרישה בלא חבורה טיפתא דדמא נפלה ליה באודניה אלא הכא במאי עסקינן כגון שגילחו גילחו מהדר הדר [ב]והיינו בעיין אמרי הכא במאי עסקינן [ג]כגון שסכו [ג]נשא דלא הדר צער דאית ליה קרטופני ברישיה וצווחי מהנהו קרטופני ריפוי דבעיא אסויי שבת דהוה מרקיד בי כובי דבעיא מחוי גוני ארישא ולא מחוי מהנהו קרטופני בושת אין לך בושת גדול מזה ומילתא דבעיא ליה לרבה פשיטא ליה לאביי להך גיסא ולרבא להך גיסא דאתמר [ד]הכהו על ידו וצמתה וסופה לחזור אביי אמר נותן לו שבת גדולה ושבת קטנה ורבא אמר [ד]אינו נותן לו אלא דמי שבתו שבכל יום ויום איתמר הקוטע יד עבד עברי של חבירו אביי אמר נותן לו שבת גדולה לעבד [ה]ושבת קטנה לרב רבא אמר [ה]הכל ינתן לעבד וילקח בהן קרקע והרב אוכל פירות [ו]פשיטא פיחת אצל עצמו ואצל רבו לא פיחת היכי דמי דפסקיה לריש אוניה או לריש נחיריה הכל לעצמו פיחת אצל רבו פלוגתא דאביי ורבא: בושת הכל לפי המבייש והמתבייש: מני מתניתין לא רבי מאיר ולא ר' יהודה אלא ר' שמעון היא [ז]דתנן וכולן רואין אותן כאילו הם בני חורין שירדו מנכסיהם שהן בני אברהם יצחק ויעקב דברי ר' מאיר ר' יהודה אומר הגדול לפי גודלו והקטן לפי קטנו רבי שמעון אומר עשירים [ח]רואין אותן כאילו הם בני חורין שירדו מנכסיהם עניים כפחותין שבהן (א) מני ([ט]השתא) אי רבי מאיר מתניתין קתני הכל לפי המבייש והמתבייש ורבי מאיר כולהו בהדי הדדי נינהו ואי ר' יהודה מתניתין קתני המבייש את הסומא חייב ואילו ר' יהודה אומר סומא אין לו בושת אלא לאו רבי שמעון היא אפי' תימא ר' יהודה כי אמר ר' יהודה סומא אין לו בושת למשקל מיניה אבל למיתבא ליה יהבינן ליה והא מדקתני סיפא המבייש את הישן חייב וישן שבייש פטור ולא קתני סומא שבייש פטור מכלל דלא שנא הכי ולא שנא הכי אלא מחוורתא מתניתין רבי שמעון היא: מאן תנא להא דתנו רבנן [י]נתכוון לבייש את הקטן ובייש את הגדול נותן לגדול דמי בושתו של קטן לבייש את העבד ובייש את בן חורין נותן לבן חורין דמי בושתו של עבד מני לא רבי מאיר ולא רבי יהודה ולא רבי שמעון קא סלקא דעתך קטן קטן בנכסים גדול גדול בנכסים אי רבי מאיר האמר כולהו בהדי הדדי נינהו ואי רבי יהודה האמר [י]אין לעבדים בושת ואי ר"ש האמר נתכוון לבייש את זה ובייש את זה פטור מאי טעמא כקטלא מה קטלא עד דמתכוון ליה דכתיב [א]וארב לו וקם עליו עד שיתכוון לו [ט]בושת נמי עד דמיכוין ליה דכתיב [ב]ושלחה ידה והחזיקה במבושיו עד שיתכוון לו לעולם ר' יהודה וכי קאמר ר' יהודה אין לעבדים בושת למיתבא להו אבל למישם שיימינן בהו ואי בעית אימא אפילו תימא רבי מאיר מי סברת גדול גדול בנכסים קטן קטן בנכסים לא גדול גדול ממש וקטן קטן ממש וקטן בר בושת הוא אין כדאמר רב פפא דמיכלמו ליה ומיכלם הכא נמי דמיכלמו

רש"י

חייב בכולן. חמשה דברים: **היכי דמי.** שיהא היזק בלא חבורה: **לאו כגון שהכהו כו'.** דבאין סופו לחזור ליכא למימר דכל בלא חבורה סופו לחזור הוא: **שגלחו.** דאפחתיה מכספיה בלא חבורה: ה"ג **גלחו מהדר הדר היינו בעיין.** כלומר מה לי שיער מה לי יד הא בסופו לחזור מחייבת ליה: **נשא.** סם המשיר את השער ואינו [ט]חוזר ואיכא נזק דהא אפחתיה מכספיה דמום הוא: **קרטופני.** בקעים בקעים קטנים: **מצווחי ליה.** מכאיבים לו מחמת חוזק הסם: **דבעי לאסויי.** לצערא דהנך קרטופני: **שבת דהוי מרקד בי כובי.** לשון מרקד בחנויות: **דבעי אחוויי גווני.** מראה ניענוע בראשו לשחוק כדרך הליצנים והשתא עד שיתרפא הנך קרטופני לא מצי מחוי ואע"פ שלא בטלו משאר מלאכה נותן לו שבת זו הואיל ומלאכתו בכך: **שבת גדולה.** דמי ידו: **ושבת קטנה.** כל ימים שיפול למשכב רואין אותו כאילו הוא שומר קישואין: **שבכל יום ויום.** עד שיחזור לקדמותו נותן לו בכל יום כמו שנשכרים פועלים בשוק ולא כשומר קישואין דהא לרבא לא יהיב ליה דמי ידו: ה"ג **הקוטע יד עבד עברי של חבירו.** קוטע ממש דאין סופו לחזור: **ואצל רבו לא פיחת.** שלא בטלו ממלאכה: **פיחת אצל רבו.** אף אצל רבו כגון קיטע את ידו: **וכולן.** עניים ועשירים: **רואין אותן.** ואפילו את העשירים: **כאילו ירדו כו'.** ואין שמין את העני לפי עניותו להקל ולא את העשיר לפי עשרו שהרי אין לדמי בשתו סוף אלא כולן שוין בכך: **כפחותים שבהן.** פחותים שבעניים להקל דכיון דעני הוא בושתו קלה: **סומא אין לו בושת.** לקמן בשמעתין: **אלא רבי שמעון היא.** דאיהו נמי לאו כי הדדי משוי להו: **אין לעבדים בושת.** במתניתין היא (דף פז.): **נתכוון לבייש את זה כו' פטור.** מדשמעינן ליה לר' שמעון גבי קטלא באלו הן הנשרפין (סנהדרין דף עט.) נתכוון להרוג את זה והרג את זה פטור הכא נמי לא שנא דטעמא דהתם משום וארב לו הכא נמי כתיב במבושיו: **שיימינן בהו.** בכמה יתרצה עבד זה ויעשו לו בושת זה ואותו שומא יתן לבן חורין זה: **כדאמר רב פפא.** לקמן (ע"ב): דמיכלמו

תוספות

כגון שחרשו. וא"ת ואמאי חייב בכולן הא דמי כולו נותן ולפי' ר"י דלעיל ניחא דמכל מקום יש כאן צער בושת וריפוי אף על גב דשבת בכלל דמי כולו שייך לשנות חייב בכולן משום אחריני:

שבת גדולה לעבד. כדי שילא מבית רבו בידו שלימה ושבת קטנה לרב אע"פ שמפסיד הרב שאם לא נקטעה ידו או רגלו היה דלי דוולא ואזיל בשליחותיה ועכשיו אין יכול כי אם לשמור קישואין ופתח חשבינן ליה השתא כמו חולה דאמר בפרק קמא דקדושין (דף יז. ושם) דאין חייב להשלים דנסתחפה שדהו ואף על גב דחולה ארבע שנים חייב להשלים התם אין עושה שום מלאכה אבל הכא יכול לשמור קישואין או פתח:

רבא אמר ינתן הכל לרב. גרסינן וכן גרס ר"ח א] ובספרים היה כתוב הכל לעבד וקשה שבת קטנה למה לא יהיה הכל לרב אלא הכל לרב גרסינן שבת קטנה הכל לעצמו ושבת גדולה ילקח קרקע והרב אוכל פירות שמפסיד הוא בקטיעת ידו דלא מצי למידלי דוולא ולמיזל בשליחותא אלא לשמור קישואין או פתח:

פיחת אצל רבו. ל"ג ואצל עצמו לא פיחת פלוגתא דאביי ורבא דהתם כ"ע מודו דינתן הכל לרב אלא גרסינן פיחת אצל עצמו ואצל רבו פלוגתא דאביי ורבא ומיהו גם אגירסא זו קשה לר"י דכבר אמר זה דפליגי בקוטע יד עבד עברי ואור"י דיש ליישב בדוחק אצל עצמו לא פיחת שתהא בזה פלוגתא דאביי ורבא כגון הכהו על ידו ולמתה וסופה לחזור קודם שילא לחירות דלאביי נותנין שבת קטנה לרב ושבת גדולה לעבד ואע"ג דלא מפסיד העבד מידי אלא כל ההפסד של הרב הוא מ"מ כיון דשם נזק הוא זה ובנזק של קטיעת ידו אין לרב אפי' פירות לאביי גם בהיזק זה לא יטול כלום ולרבא נותן הכל לרב שבתו שבכל יום ויום:

כאילו הן בני חורין שירדו מנכסיהם. כי יש עשירים שאין מתביישין יותר מבני חורין שירדו וכן עניים ואין יכולין לדקדק עליהם כ"כ איזה מהן מתבייש כאילו ירד ואיזה מתבייש יותר או פחות וכיולא בזה מלינו במתניתין [י]גבי העביר טליתו ופרע ראש של אשה בשוק דאין מדקדקין בדבר אם היו שם בני אדם שרגיל להתבייש יותר מפניהם כגון בני אדם חשובים או לא אלא שוים לשומא אחת:

עד שיתכוין לו. וא"ת לרבנן במבושיו מאי דרשי ביה ושמא מבעי ליה לשום דרשה:

אבל למישם שיימינן בהו. ולא דמי לנתכוון להרוג את הבהמה והרג את האדם לכותי והרג את ישראל דהתם איכא קרא דדרשינן בפרק ב' דמכות (דף ז:) בבלי דעת פרט למתכוין להרוג את הבהמה כו' והכא ליכא קרא ולא ילפינן מהתם דהא מבעי לן קרא הכא לרבי שמעון לפטור נתכוון לבייש את זה ובייש את זה אף על גב דאיכא קרא בדיני נפשות:

ערום

מסורת הש"ס

א) לקמן לח., ב) [מכות כ:], ג) [קדושין כד: גיטין מב:], ד) ל"ל דתניא רש"ל, ה) [לקמן צ:], ו) רש"ל מוחק זה, ז) [לקמן פו. סנהדרין פו.], ח) [יבמות נד.], ט) נ"א חוזר, י) [לקמן צ.]

גליון הש"ס

גמ' ושבת קטנה לרב. עיין כתובות דף סה ע"ב תוספות ד"ה שלא:

הגהות מהר"ב רנשבורג

א] תוס' ד"ה רבא אמר וכו' ובספרים היה כתוב הכל לעבד. והא דלא הקשו לגירסא זו ממתני' דלקמן דף פז ע"א דקתני חוץ מן השבת בזמן שהוא שלו י"ל כמ"ש התוספות לענין עבד כנעני בגיטין דף יב ע"ב ד"ה רפואתו וכו' יעוש"ה ודו"ק:

תורה אור השלם

א) וְכִי יִהְיֶה אִישׁ שֹׂנֵא לְרֵעֵהוּ וְאָרַב לוֹ וְקָם עָלָיו וְהִכָּהוּ נֶפֶשׁ וָמֵת וְנָס אֶל אַחַת הֶעָרִים הָאֵל: [דברים יט, יא]

ב) כִּי יִנָּצוּ אֲנָשִׁים יַחְדָּו אִישׁ וְאָחִיו וְקָרְבָה אֵשֶׁת הָאֶחָד לְהַצִּיל אֶת אִישָׁהּ מִיַּד מַכֵּהוּ וְשָׁלְחָה יָדָהּ וְהֶחֱזִיקָה בִּמְבֻשָׁיו: [דברים כה, יא]

עין משפט נר מצוה

לו א מיי' פ"ה מהלכות ממרים הלכה ו סמג לאוין ריט טוש"ע י"ד סימן רמא סעיף ב:

לז ב ג מיי' פ"ב מהלכות חובל ומזיק הלכה ד סמג עשין ע טוש"ע ח"מ סימן תכ סעיף יב:

לח ד מיי' שם הלכה ב טוש"ע שם סעיף ה:

לט ה ו מיי' שם פ"ד הלכה יג סמג שם:

מ ז מיי' שם פ"א הלכה יד סמג שם טוש"ע ח"מ סימן תכא סעיף ב:

הגהות הב"ח

(א) גמ' כפחותין שבהן השתא מני אי ר"מ:

ליקוטי רש"י

כגון שסכו נשא. פירוש סם שמשיר את השיער והסך ממנו אינו לומח שיער בגופו [מכות כ:]. **נותן לו שבת גדולה ושבת קטנה.** שבת גדולה הן פחת דמיו לימכר עכשיו בשוק והוא נזק ולהכי קרי ליה שבת שפחת דמיו של עכשיו אינו אלא משום שבת שאינו ראוי לעשות מלאכה בשתי ידיו עד זמן שתחזור ידו אלא לשמור קישואים יהא ראוי לאחר שיקל ממנו כאב המכה קלת ושבת קטנה היינו כאילו הוא שומר קישואים שנותן לו כל ימי חליו שישכב במטה מחמת חולי זה שאינו יכול לשמור קישואים. **שבתו שבכל יום ויום.** ואין כאן פחת דמים הואיל וסופו לחזור אלא לפי שבת של כל יום יתן לו כל ימי נפילתו למטה יתן שכר אדם שלם לפי מלאכה שהיה רגיל בה וכשיעמוד ויהא ראוי לשמור קישואין ישמור קישואין וזה יתן לו פחת השכר [גיטין מב:]. **אין לעבדים בושת.** המבייש את העבד לא חייבתו תורה לתת דמי בשתו [סנהדרין פו:]. **וארב לו וקם עליו עד שיתכוין לו.** וארב לו קרא יתירא הוא נכתוב כי יהיה איש שונא לרעהו וקם עליו [שם עט.].

גם בדמי בשתו של עבד. לא יתכן שברייתא זו היא כשיטת רבי יהודה; **וְאִי רַבִּי שִׁמְעוֹן** שאף הוא חילק בין עניים לעשירים ואמר שעשירים נישומים כאילו היו בני חורין שירדו מנכסיהם ועניים נישומים כפחותים שבעניים, **הָאָמַר** — הרי בענין הנידון יש לו דעה אחרת, שאמר: "**נִתְכַּוֵּון לְבַיֵּישׁ אֶת זֶה וּבִיֵּישׁ אֶת זֶה** (אדם אחר), **פָּטוּר** לגמרי מתשלום בושת"[36]. **מַאי טַעְמָא** — ומה הטעם לכך? **כִּקְטָלָא** — דין בושת כדין הריגה: **מַה קְטָלָא עַד דְּמִתְכַּוֵּין לֵיהּ** — כמו שאין אדם חייב על הריגה אלא אם כן התכוון לאותו אדם שהרג, **דִּכְתִיב** (דברים יט, יא): "וְכִי יִהְיֶה אִישׁ שֹׂנֵא לְרֵעֵהוּ **וְאָרַב לוֹ וְקָם עָלָיו** וְהִכָּהוּ נֶפֶשׁ וָמֵת", מלמד שההורג אינו חייב **עַד שֶׁיִּתְכַּוֵּון לוֹ**, לזה האיש שהרג[37], **בּוֹשֶׁת נַמִּי עַד דְּמִיכַּוֵּין לֵיהּ** — כמו כן לענין בושת אין הוא חייב כלל אלא אם כן התכוון לאותו אדם שהתבייש, **דִּכְתִיב** במקור דין תשלום בושת (שם כה, יא): "**וְשָׁלְחָה יָדָהּ וְהֶחֱזִיקָה בִּמְבֻשָׁיו** (במקום בשתו)", והלשון "בִּמְבֻשָׁיו" מלמד שהמבייש אינו חייב **עַד שֶׁיִּתְכַּוֵּון לוֹ**, לזה האיש שהתבייש[38]. מי הוא, אם כן, בעל הברייתא?

הגמרא משיבה מיהו התנא של הברייתא:

לְעוֹלָם — באמת **כְּרַבִּי יְהוּדָה** היא, **וְ**אין קשה מכך שהברייתא עוסקת בדמי בשתו של עבד, **כִּי קָאָמַר** — מתי אמר **רַבִּי יְהוּדָה** **שְׁאֵין לַעֲבָדִים בּוֹשֶׁת, לְמֵיתְבָא לְהוּ** — לענין [לפטור את המביישם] מלשלם להם דמי בושת[39]. **אֲבָל לְמֵישַׁם** — להעריך כמה בושת סבל העבד, **שַׁיְימִינַן בְּהוּ** — נוכל לישום בהם, ואותו סכום ינתן לבן חורין שבייש בין חורין כאשר התכוון לבייש עבד[40].

הגמרא מיישבת את הברייתא גם כשיטתו של תנא נוסף:

וְאִי בָּעֵית אֵימָא — ואם תרצה, אמור כך: **אֲפִילוּ תֵּימָא** — תוכל לומר אפילו שהברייתא היא כדעת **רַבִּי מֵאִיר**. ולא קשה מכך שרבי מאיר לא חילק להלכה בין בושתו של עני ועשיר; **מִי סָבְרַתְּ** — וכי סבור אתה ש"**גָּדוֹל**" המוזכר בברייתא היינו **גָּדוֹל בִּנְכָסִים**, ו"**קָטָן**" היינו **קָטָן בִּנְכָסִים? לֹא!** אין זה הכוונה. אלא, "**גָּדוֹל**" פירושו **גָּדוֹל מַמָּשׁ** (אדם מבוגר), **וְ"קָטָן"** פירושו **קָטָן מַמָּשׁ** (ילד), שכן אף לרבי מאיר, אין בושתו של קטן שוה לבושתו של גדול[41].

הגמרא מקשה על ביאור זה:

וְקָטָן בַּר בּוֹשֶׁת הוּא — וכי יכול קטן להרגיש בושת כלל[42]?!

הגמרא מתרצת:

אִין — כן, **כִּדְאָמַר** — הרי זה כזה שאמר **רַב פָּפָּא**[43]: **דְּמִיכְלְמוּ**[44] **לֵיהּ וּמִיכַּלַּם** — כלומר, קטן המבוגר דיו שכאשר מביישים אותו הוא מתבייש[45]; **הָכָא נַמִּי** — גם כן אנו עוסקים בקטן המבוגר דיו

הערות

36. הברייתא שלנו אומרת רק שתשלום הבושת יכול להיות **פחות** ממה שמגיע לפי מעשה הבושת בפועל, לפי שהתשלום תלוי בכוונת המבייש; אולם, לדעת רבי שמעון החובל היה פטור **לגמרי** כשבייש אדם אחר מזה שהתכוון אליו. הגמרא תסביר מיד את טעמו.

37. היה די לומר: "וְקָם עָלָיו"; המלים "וְאָרַב לוֹ" מיותרות כדי ללמד שההורג חייב מיתה רק אם הרג את זה שאליו התכוון (רש"י סנהדרין עט, א ד"ה וארב לו; ראה גם רש"י כאן).

38. המשנה להלן (עמוד ב) מלמדת שאין אדם חייב בבושת אלא אם כן התכוון. דין זה נלמד מן הכתוב: "**וְשָׁלְחָה** יָדָהּ וְהֶחֱזִיקָה בִּמְבֻשָׁיו" (תוספות יום טוב שם ד"ה שנאמר; ראה פני יהושע). רבי שמעון, הלמד מ"וְאָרַב לוֹ" שההורג נידון רק אם התכוון לו, לומד אפוא גם מהמלה "בִּמְבֻשָׁיו" (מקום הבושת **שלו**) שחיוב הבושת תלוי בכך שהחובל בייש אדם שהתכוון לחבול בו (ראה רש"י; חידושי הראב"ד). [דברי רש"י מורים **שהגמרא** היא שאומרת מה דעתו של רבי שמעון לענין בושת, ואין הכוונה שיש לנו מסורת שרבי שמעון עצמו אמר כך.]

מקשים הראשונים: החכמים חולקים על רבי שמעון בסנהדרין עט, א רק משום שהם דרשו דין אחר מהלשון "וְאָרַב לוֹ". אולם, הם לא מעלים לימוד אחר ללשון "בִּמְבֻשָׁיו". מדוע אין הגמרא טוענת אם כן שהברייתא גם אינה כדעת החכמים? ומתרצים, שהחכמים כנראה למדו דין אחר מ"בִּמְבֻשָׁיו" שאינו ידוע לנו (ראה תוספות ורשב"א).

39. [רבי יהודה דורש מפסוק (להלן פח, א) שאין תשלום בושת לעבד. אך אין זה אומר שעבד אינו מתבייש.] ראה אור שמח הלכות חובל ומזיק א, יד וגידולי שמואל כאן.

40. היינו, שמים כמה העבד שאליו התכוון המבייש, היה רוצה לקבל כדי להתבייש בדרך זה (ראה עוד רמ"ה מובא בשיטה מקובצת למעלה פה, א; ראה גם מאירי וחידושי הראב"ד), וסכום זה משלם לבן החורין שבוייש בפועל (רש"י).

41. ביארנו לעיל (סוף הערה 24) שאף שרבי מאיר אומר שיש להשוות את תשלום הבושת לכל ישראל, הוא מתכוון רק לכך שחבדלים במעמד הכלכלי אינם נלקחים בחשבון. אולם, הוא אכן לוקח בחשבון גורמים אחרים — כגון גיל [ויחוס] של הנחבל — בבואו לקבוע סכום התשלום (חידושי הראב"ד; ראה גם מאירי).

42. קטן אין בו דעת, ודינו שוה לשל שוטה. הוא יכול על כן להתנהג באופן מבוזה מבלי להתבייש ואינו מרגיש בושת כאשר מבזים אותו (חידושי הראב"ד).

43. דברי רב פפא נאמרו ליישוב ברייתא המובאת להלן עמוד ב (רש"י). ישובו מתאים גם לענייננו.

44. כן הוא בכל ספרי הש"ס הישנים. במהדורת וילנא מופיע בטעות: דמיכלמו. [כן הוא גם בעמוד ב].

45. [אף שבעת מעשה הבושת עצמו אינו מתבייש, הרי] כאשר אחרים מזכירים לו את הדבר כדי להכלימו, הוא מצטער (רש"י להלן עמוד ב; ראה אילת השחר שם). אף שלא איכפת לו כשהוא בעצמו מתנהג בצורה מבוזה, הוא מבוגר דיו כדי להרגיש בושה כאשר אחרים מכלימים אותו (חידושי הראב"ד).

חייב בכולן האי לא עשה חבורה היכי דמי לאו כגון שהכהו על ידו וסופו לחזור וקתני חייב בכולן אמרי הכא במאי עסקינן כגון שחירשו ולא עשה בו חבורה [א] והאמר רבה [א] החורש את אביו נהרג לפי שאי אפשר לחרישה בלא חבורה טיפתא דדמא נפלה ליה באודניה אלא הכא במאי עסקינן כגון שגילחו גילחו מהדר הדר [ב] והיינו בעיין אמרי הכא במאי עסקינן [ג] כגון שסכו [ג] נשא דלא הדר צער דאית ליה קרטופני ברישיה וצווחי מהנהו קרטופני ריפוי דבעיא אסויי שבת דהוה מרקיד בי כובי דבעיא מחוי גוני ארישא ולא מחוי מהנהו קרטופני בושת אין לך בושת גדול מזה ומילתא דבעיא ליה לרבה פשיטא ליה לאביי להך גיסא ולרבא להך גיסא דאתמר [ג] הכהו על ידו וצמתה וסופה לחזור אביי אמר נותן לו שבת גדולה ושבת קטנה ורבא אמר [ד] אינו נותן לו אלא דמי שבתו שבכל יום ויום איתמר הקוטע יד עבד עברי של חבירו אביי אמר נותן לו שבת גדולה לעבד [ה] ושבת קטנה לרב רבא אמר [ה] הכל ינתן לעבד וילקח בהן קרקע והרב אוכל פירות [ו] פשיטא פיחת אצל עצמו ואצל רבו לא פיחת היכי דמי דפסקיה לריש אוניה או לריש נחיריה הכל לעצמו פיחת אצל רבו פלוגתא דאביי ורבא: בושת הכל לפי המבייש והמתבייש: מני מתניתין לא רבי מאיר ולא ר' יהודה אלא ר' שמעון היא [ז] דתנן וכולן רואין אותן כאילו הם בני חורין שירדו מנכסיהם שהן בני אברהם יצחק ויעקב דברי ר' מאיר ר' יהודה אומר הגדול לפי גודלו והקטן לפי קטנו רבי שמעון אומר עשירים [ח] רואין אותן כאילו הם בני חורין שירדו מנכסיהם עניים כפחותין שבהן (א) מני ([י] השתא) אי רבי מאיר מתניתין קתני הכל לפי המבייש והמתבייש ורבי מאיר כולהו בהדי הדדי נינהו ואי ר' יהודה מתניתין קתני המבייש את הסומא חייב ואילו ר' יהודה אומר סומא אין לו בושת אלא לאו רבי שמעון היא אפי' תימא ר' יהודה כי אמר ר' יהודה סומא אין לו בושת למשקל מיניה אבל למיתבא ליה יהבינן ליה והא מדקתני סיפא המבייש את הישן חייב וישן שבייש פטור ולא קתני סומא שבייש פטור מכלל דלא שנא הכי ולא שנא הכי אלא מחוורתא מתניתין רבי שמעון היא: מאן תנא להא דתנו רבנן [י] נתכוון לבייש את הקטן ובייש את הגדול נותן לגדול דמי בושתו של קטן לבייש את העבד ובייש את בן חורין נותן לבן חורין דמי בושתו של עבד מני לא רבי מאיר ולא רבי יהודה ולא רבי שמעון קא סלקא דעתך קטן קטן בנכסים גדול גדול בנכסים אי רבי מאיר האמר כולהו בהדי הדדי נינהו ואי רבי יהודה האמר [י] אין לעבדים בושת ואי ר"ש האמר נתכוון לבייש את זה ובייש את זה פטור מאי טעמא כקטלא מה קטלא עד דמתכוון ליה דכתיב [א] וארב לו וקם עליו עד שיתכוון לו [ט] בושת נמי עד דמיכוון ליה דכתיב [ב] ושלחה ידה והחזיקה במבושיו עד שיתכוון לו לעולם ר' יהודה וכי קאמר ר' יהודה אין לעבדים בושת למיתבא להו אבל למישם שיימינן בהו ואי בעית אימא אפילו תימא רבי מאיר מי סברת גדול גדול בנכסים קטן קטן בנכסים לא גדול גדול ממש וקטן קטן ממש וקטן בר בושת הוא אין כדאמר רב פפא דמיכלמו ליה ומיכלם הכא נמי

דמיכלמו

רש"י

חייב בכולן. חמשה דברים: היכי דמי. שיהא היזק בלא חבורה: לאו כגון שהכהו כו'. דבאין סופו לחזור ליכא למימר דכל בלא חבורה סופו לחזור הוא: שגלחו. דאפחתיה מכספיה בלא חבורה: ה"ג גלחו מהדר הדר היינו בעיין. כלומר מה לי שיער מה לי יד הא בסופו לחזור מחייבת ליה: נשא. סם המשיר את השער ואינו [ט] חוזר ואיכא נזק דהא אפחתיה מכספיה דמום הוא: קרטופני. בקעים בקעים קטנים: מצווחי ליה. מכאיבים לו מחמת חוזק הסם: דבעי לאסויי. לצערא דהנך קרטופני: שבת דהוי מרקד בי כובי. לשון מרקד בחנויות: דבעי אחויי גוני. מראה ניענוע בראשו להראות מיני שחוק כדרך הליצנים דהשתא עד שיתרפא הנך קרטופני לא מצי מחוי ואע"פ שלא בטלו משאר מלאכה נותן לו שבת זו הואיל ומלאכתו בכך: שבת גדולה. דמי ידו: ושבת קטנה. כל ימים שיפול למשכב רואין אותו כאילו הוא שומר קישואין: שבכל יום ויום. עד שיחזור לקדמותו נותן לו בכל יום כמו שנשכרים פועלים בשוק ולא כשומר קישואין דהא לרבא לא יהיב ליה דמי ידו: ה"ג הקוטע יד עבד עברי של חבירו. קוטע ממש דאין סופו לחזור: ואצל רבו לא פיחת. שלא בטלו ממלאכה: פיחת אצל רבו. אף אצל רבו כגון קיטע את ידו: וכולן. עניים ועשירים: רואין אותן. ואפילו את העשירים: כאילו ירדו כו'. ואין שמין את העני לפי עניותו להקל ולא את העשיר לפי עשרו שהרי אין לדמי בשתו סוף אלא כולן שוין בכך: כפחותים שבהן. פחותים שבעניים להקל דכיון דעני הוא בושתו קלה: סומא אין לו בושת. לקמן בשמעתין: אלא רבי שמעון היא. דאיהו נמי לאו כי הדדי משוי להו: אין לעבדים בושת. במתניתין היא (דף פז.): נתכוון לבייש את זה כו' פטור. מדשמעינן ליה לר' שמעון גבי קטלא באלו הן הנשרפין (סנהדרין דף עט.) נתכוון להרוג את זה והרג את זה פטור הכא נמי לא שנא דטעמא דהתם משום וארב לו הכא נמי כתיב במבושיו: שיימינן בהו. בכמה יתרצה עבד זה ויעשו לו בושת זה ואותו שומא יתן לבן חורין זה: כדאמר רב פפא. לקמן (ע"ב):

דמיכלמו

תוספות

כגון שחרשו. וא"ת ואמאי חייב בכולן הא דמי כולו נותן ולפי' ר"י דלעיל ניחא דמכל מקום יש כאן צער בושת וריפוי אף על גב דשבת בכלל דמי כולו שייך לשנות חייב בכולן משום אחריני:

שבת גדולה לעבד. כדי שילא מבית רבו בידו שלימה ושבת קטנה לרב אע"פ שמפסיד הרב שאם לא נקטעה ידו או רגלו היה דלי דוולא ואזיל בשליחותיה ועכשיו אין יכול כי אם לשמור קישואין ופתח חשבינן ליה השתא כמו חלה דאמר בפרק קמא דקדושין (דף יז. ושם) דאין חייב להשלים דנסתחפה שדהו ואף על גב דחלה ארבע שנים חייב להשלים התם אין עושה שום מלאכה אבל הכא יכול לשמור קישואין או פתח:

רבא אמר ינתן הכל לרב. גרסינן וכן גרס ר"ח א] ובספרים היה כתוב הכל לעבד וקשה שבת קטנה למה לא יהיה הכל לרב אלא הכל לרב גרסינן שבת קטנה הכל לעצמו ושבת גדולה ילקח קרקע והרב אוכל פירות שמפסיד הוא בקטיעת ידו דלא מצי למידלי דוולא ולמיזל בשליחותא אלא לשמור קישואין או פתח:

פיחת אצל רבו. ל"ג ואצל עצמו לא פיחת פלוגתא דאביי ורבא דהתם כ"ע מודו דינתן הכל לרב אלא גרסינן פיחת אצל עצמו ואצל רבו פלוגתא דאביי ורבא ומיהו גם אגירסא זו קשה לר"י דכבר אמר זה דפליגי בקוטע יד עבד עברי ואור"י דיש ליישב בדוחק אצל עצמו לא פיחת שהוא בזה פלוגתא דאביי ורבא כגון הכהו על ידו ולמתה וסופה לחזור קודם שילא לחירות דלאביי נותנין שבת קטנה לרב ושבת גדולה לעבד ואע"ג דלא מפסיד העבד מידי אלא כל ההפסד של הרב הוא מ"מ כיון דשם נזק הוא זה ובנזק של קטיעת ידו אין לרב אפי' פירות לאביי גם בהיזק זה לא יטול כלום ולרבא נותן הכל לרב שבתו שבכל יום ויום:

כאילו הן בני חורין שירדו מנכסיהם. כי יש עשירים שאין מתביישין יותר מבני חורין שירדו וכן עניים ואין יכולין לדקדק עליהם כ"כ איזה מהן מתבייש כאילו ירד ואיזה מתבייש יותר או פחות וכיולא בזה מלינו במתניתין [י] גבי העביר טליתו ופרע ראש של אשה בשוק דאין מדקדקין בדבר אם היו שם בני אדם שרגיל להתבייש יותר מפניהם כגון בני אדם חשובים או לא אלא שוים לשומא אחת:

עד שיתכוין לו. וא"ת לרבנן במבושיו מאי דרשי ביה ושמא מבעי ליה לשום דרשה:

אבל למישם שיימינן בהו. ולא דמי לנתכוון להרוג את הבהמה והרג את האדם לכותי והרג את ישראל דהתם איכא קרא דדרשינן בפרק ב' דמכות (דף ז:) בבלי דעת פרט למתכוין להרוג את הבהמה כו' והכא ליכא קרא ולא ילפינן מהתם דהא מבעי לן קרא הכא לרבי שמעון לפטור נתכוון לבייש את זה ובייש את זה אף על גב דאיכא קרא בדיני נפשות:

ערוס

מסורת הש"ס

א) לקמן לה., ב) [מכות כ:], ג) [קדושין כד: גיטין מב:], ד) ל"ל דתניא רש"ל, ה) [לקמן ל:], ו) רש"ל מוחק זה, ז) [לקמן פז. סנהדרין פו.], ח) [יבמות כד.], ט) כ"א חובל, י) [לקמן ל.].

גליון הש"ס

גמ' ושבת קטנה לרב. עיין כתובות דף סה ע"ב תוספות ד"ה שלה:

הגהות מהר"ב רנשבורג

א] תוס' ד"ה רבא אמר וכו' ובספרים היה כתוב הכל לעבד. והא דלא הקשו לגירסא זו ממתני' דלקמן דף פז ע"א דקתני חוץ מן השבת בזמן שהוא שלו י"ל כמ"ש התוספות לענין עבד כנעני בגיטין דף יב ע"ב ד"ה רפואתו וכו' יעוש"ה ודו"ק:

תורה אור השלם

א) וְכִי יִהְיֶה אִישׁ שֹׂנֵא לְרֵעֵהוּ וְאָרַב לוֹ וְקָם עָלָיו וְהִכָּהוּ נֶפֶשׁ וָמֵת וְנָס אֶל אַחַת הֶעָרִים הָאֵל: [דברים יט, יא]

ב) כִּי יִנָּצוּ אֲנָשִׁים יַחְדָּו אִישׁ וְאָחִיו וְקָרְבָה אֵשֶׁת הָאֶחָד לְהַצִּיל אֶת אִישָׁהּ מִיַּד מַכֵּהוּ וְשָׁלְחָה יָדָהּ וְהֶחֱזִיקָה בִּמְבֻשָׁיו: [דברים כה, יא]

עין משפט נר מצוה

לו א מיי' פ"ה מהלכות ממרים הלכה ו סמג לאוין ריט טוש"ע י"ד סימן רמא סעיף ב:

לז ב ג מיי' פ"ב מהלכות חובל ומזיק הלכה ד סמג עשין ע טוש"ע ח"מ סימן תכ סעיף יב:

לח ד מיי' שם הלכה ב טוש"ע שם סעיף ה:

לט ה ו מיי' שם פ"ד הלכה יג סמג שם:

מ ז מיי' שם פ"א הלכה יד סמג שם טוש"ע ח"מ סימן תכא סעיף ב:

הגהות הב"ח

(א) גמ' כפחותין שבהן השתא מני אי ר"מ:

ליקוטי רש"י

כגון שסכו נשא. פירוש סם שמשיר את השיער והסך ממנו אינו לומח שיער בגופו [מכות כ:]. נותן לו שבת גדולה ושבת קטנה. שבת גדולה הן פחת דמיו לימכר עכשיו בשוק והוא נזק ולהכי קרי ליה שבת שפחת דמיו של עכשיו אינו אלא משום שבת שאינו ראוי לעשות מלאכה בשתי ידיו עד זמן שתחזור ידו אלא לשמור קישואים יהא ראוי לאחר שיקל ממנו כאב המכה קלת ושבת קטנה היינו כאילו הוא שומר קישואים שנותן לו כל ימי חליו שישכב במטה מחמת חולי זה שאינו יכול לשמור קישואים. שבתו שבכל יום ויום. ואין כאן פחת דמים הואיל וסופו לחזור אלא לפי שבת של כל יום יתן לו כל ימי נפילתו למטה יתן שכר אדם שלם לפי מלאכה שהיה רגיל בה וכשיעמוד ויהא ראוי לשמור קישואין ישמור קישואין וזה יתן לו פחת השכר [גיטין מב:]. אין לעבדים בושת. המבייש את העבד לא חייבתו תורה לתת דמי בשתו [סנהדרין פו:]. וארב לו וקם עליו עד שיתכוין לו. וארב לו קרא יתירא הוא נכתוב כי יהיה איש שונא לרעהו וקם עליו [שם עט.].

דמיכלמו ליה ומיכלם: **מתני'** המבייש את הערום המבייש את הסומא והמבייש את הישן חייב [א] וישן שבייש פטור (א) נפל מן הגג והזיק ובייש חייב על הנזק ופטור על הבושת (א) (ב) עד שיהא מתכוין: **גמ'** ת"ר ביישו ערום חייב [ב] ואינו דומה ביישו ערום לביישו לבוש ביישו בבית המרחץ חייב ואינו דומה ביישו בבית המרחץ לביישו בשוק אמר מר ביישו ערום חייב ערום בר בושת הוא אמר רב פפא מאי ערום [ג] דאתא זיקא כרכינהו למאניה ואתא הוא דלינהו טפי ובײשיה ביישו בבית המרחץ חייב בית המרחץ בר בושת הוא אן] אמר רב פפא [ד] שביישו על גב הנהר [ה] בעי ר' אבא בר ממל (ג) ביישו ישן ומת מהו מאי קמבעיא ליה אמר רב זביד הכי קמבעיא ליה משום כיסופא הוא והא מית ליה ולית ליה כיסופא או דלמא משום זילותא הוא והא אוזליה ת"ש ר"מ אומר [ו] חרש וקטן יש להן בושת שוטה אין לו בושת אא"ב משום זילותא היינו דקתני קטן אלא אי אמרת משום כיסופא קטן בר בושת הוא אלא מאי משום זילותא אפילו שוטה נמי אמרי שוטה אין לך בושת גדולה מזו מכל מקום ניפשוט מינה דמשום זילותא הוא דאי משום כיסופא קטן בר כיסופא הוא כדאמר רב פפא דמיכלמו ליה ומיכלם הכא נמי [ז] דמיכלמו ליה ומיכלם רב פפא אמר הכי קמבעיא ליה משום כיסופא דידיה הוא והא מיית ליה או דלמא משום בושת משפחה תא שמע חרש וקטן יש לו בושת שוטה אין לו בושת אי אמרת בשלמא משום בושת משפחה היינו דקתני קטן אלא אי אמרת משום כיסופא דידיה קטן בר בושת הוא אלא מאי משום בושת דבני משפחה אפי' שוטה נמי שוטה אין לך בושת גדולה מזו מ"מ ניפשוט מינה דמשום בושת משפחה דאי משום כיסופא קטן בר כיסופא הוא אמר רב פפא אין דמיכלמו ליה ומיכלם והתניא ר' אומר חרש יש לו בושת שוטה אין לו בושת קטן פעמים יש לו פעמים אין לו (ד) הא דמיכלמו ליה ומיכלם הא דמיכלמו ליה ולא מיכלם: המבייש את הסומא וכו': מתניתין דלא כר' יהודה דתניא ר' יהודה אומר סומא אין לו בושת וכך היה ר' יהודה פוטר מחייבי גליות ומחייבי מלקיות ומחייבי מיתות ב"ד מ"ט דר' יהודה גמר עינך עינך מעדים זוממין מה התם סומין לא אף הכא סומין לא מחייבי גליות דתניא (ה) א) בלא ראות [ח] פרט לסומא דברי ר' יהודה ר' מאיר אומר לרבות את הסומא מ"ט דר' יהודה אמר לך ב) ואשר יבא את רעהו ביער לחטוב עצים ואפי' סומא כתב רחמנא בלא ראות למעוטי ור' מאיר כתב רחמנא בלא ראות למעוטי וכתב רחמנא ג) בבלי דעת למעוטי הוי מיעוט אחר מיעוט [י] ואין מיעוט אחר מיעוט אלא לרבות ור' יהודה ההוא בבלי דעת פרט למתכוין הוא דאתא חייבי מיתות ב"ד אתיא רוצח רוצח מחייבי גליות חייבי מלקיות אתיא רשע רשע מחייבי מיתות בית דין תניא אידך ר' יהודה אומר סומא אין לו בושת וכן

רש"י

דמיכלמו ליה ומיכלם. כשמזכירין לו בושת ומכלימין אותו בה מלטער: ערום בר בושת הוא. בתמיה כיון דאין מקפיד לילך ערום בפני בני אדם מי הוי בר בושת: בית המרחץ. בני אדם עומדים ערומים ואין להם בושת: ביישו ישן. בייש אדם ישן: ומת. מתוך שנתו ולא הכיר בבשתו שעשה לו זה מהו: כיסופא. חפיית פנים: זילותא. שמזלזל בו בפני רבים ואף על פי שאינו שם על לבו: והתניא. בניחותא: דלא כרבי יהודה. דאמר סומא אין לו בושת אם בייש חבירו פטור ומתניתין קתני ישן שבייש פטור ובסומא לא תנא הכי [ו] הלכך סומא חייב: בעדים זוממין כתיב (דברים יט) לא תחוס עינך עליו בבושת נמי כתיב (שם כה) וקצותה את כפה לא תחוס עינך עדים אי אפשר בסומין דבעינן ראייה דאם לא ראה שקטע ידו של חבירו [ס] היאך יעיד: בלא ראות. משמע שהוא רואה במקום אחר וכאן היה בלא ראות: אתיא רוצח רוצח מחייבי גליות. במיתה כתיב (במדבר לה) לא תקחו כופר לנפש רוצח ובגלות כתיב (שם) לנוס שמה רוצח: במלקות כתיב (דברים כה) אם בן הכות הרשע ובמיתה כתיב (במדבר לה) אשר הוא רשע למות:

תוספות

ערום בר בושת הוא. פי' בקונטרס כיון דאין מקפיד להלוך ערום בפני בני אדם מי הוי כלל בר בושת וק' לפירושו מ"ש דפריך אברייתא הוה ליה למפרך אמתניתין דקתני המבייש את הערום חייב ונראה לפרש דאמתניתין לא פריך דפשיטא דערום בר בושת הוא אם רוקק בו או סטרו אבל לשון הברייתא משמע ליה ביישו ערום שמביישו במה שמגלהו ומערימו ועוד דקתני אין דומה ביישו ערום לביישו לבוש ואם רוקק בו או סוטרו כך מתבייש כשהוא ערום כמו כשהוא לבוש ולכך פריך ערום בר בושת הוא אם הוא ערום היאך הערימו והא דקתני נמי בברייתא ביישו בבית המרחץ חייב אביישו ערום נמי קאי שהערימו בבית המרחץ והשתא א"ש הא דפריך בית המרחץ בר בושת הוא בערמומי' והלא דרך בני אדם להיות ערומים במרחץ:

דאתא זיקא כו'. אבל אם הוא עצמו דלינהו ובא חבירו ודלינהו טפי פטור כיון שזה אין מקפיד או שמא אורחא דמילתא נקט דאתא זיקא: **ביישו** ישן ומת מהו. תימה דלא מייתי הכא מילתיה דרב ששת דבריש הנחנקין (סנהדרין דף פה. ושם [ח]) פריך בפשיטות והאמר רב ששת ביישו ישן ומת חייב ויש ספרים שכתוב בהן והאמר רב ששת ביישו ישן חייב ול"ג ומת ולא נהירא כלל דמה ענין ישן לגברא קטילא שיוצא ליהרג ועוד מאי קמ"ל רב ששת מתניתין היא המבייש את הישן חייב [ס] ומיהו אין תימה כ"כ שלא הביא כאן מילתא דרב ששת למיפשט בעיין דכה"ג אשכחן באין בין המודר (נדרים דף לה: ושם [ט]) דאיבעיא הני כהני שלוחי דידן הוו או שלוחי דשמיא הוו ולא מייתי מילתיה דרב הונא בריה דרב יהושע דאמר בפרק קמא דקדושין (דף כג: ושם [י]) הני כהני שלוחי דרחמנא נינהו דאי שלוחי דידן מי איכא מידי דאנן לא מצי עבדי ואינהו מצו עבדי [כ] אך קשה דבמסקנא דהכא משמע דביישו ישן ומת פטור דמסיק דמשום כיסופא דידיה הוא ור"ת גרים התם והאמר רב ששת ביישו חייב ואיוצא ליהרג קאי: **סומא** אין לו בושת. דסומא שבייש פטור אבל המבייש את הסומא חייב דהא לא משתמע מעינך שיהא פטור וכן משמע מתוך פירוש הקונטרס דפי' דדייק מתניתין דלא כרבי יהודה מדלא קתני סומא שבייש פטור כדקתני ישן שבייש פטור משמע דלא מצי דייק מדקתני המבייש את הסומא חייב דמודה רבי יהודה דמבייש את הסומא חייב: **מה** להלן סומא לא. וא"ת אי מה להלן גזלנים ועבדים לא אף גבי בושת ליפטרו וכ"ת אשה תוכיח דפסולה לעדות וחייבת בבושת כדכתיב והחזיקה במבושיו א"כ סומא נמי לא אתי וי"ל כיון דעינך עינך גמר אע"ג דעינך אבית דין קאי סברא הוא דלענין דבר התלוי בראיה ניתנה ג"ש: **ואין** מיעוט אחר מיעוט אלא לרבות. תימה לא ליכתוב שום מיעוט וממילא אתרבי וכן יש להקשות גבי אין ריבוי אחר ריבוי אלא למעט [ל]: **חייבי** מלקיות מנין אתיא רשע רשע. רבי יהודה דריש הכא ג"ש דרשע רשע ורבנן לא פליגי אלא דלא פטרי סומא אפילו בחייבי גליות ובאחד דיני ממונות (סנהדרין דף לג: ושם ד"ה אתיא) גבי דיני נפשות מחזירין לזכות נמי אמר חייבי מלקיות מנין אתיא רשע רשע תניא נמי הכי כו' וסתמא דגמרא דריש לה בפ"ק דמכות (דף ה:) גבי אין העדים זוממין נהרגים עד שיגמר הדין על פיהם והא דאמר בפרק קמא דסנהדרין (דף י.) מאי טעמא דרבי ישמעאל דאמר מכות בכ"ג אמר אביי אתיא רשע רשע רבא אמר מלקות תחת מיתה עומדת לאו משום דלית ליה לרבא רשע רשע אלא משום דלא צריך דמגוף המלקות שמעינן דהוי בכ"ג דמלקות תחת מיתה ומיתה בכ"ג ולענין מחזירין לזכות ואין מחזירין לחובה לא שייך כל כך מלקות תחת מיתה עומדת דשמא במיתה דוקא משום ושפטו העדה והצילו העדה וכן בפרק קמא דמכות (דף ה.) גבי משלשים בממון ואין משלשים במכות דאמר מנא הני מילי אמר אביי אתיא רשע רשע רבא אמר בעינן כאשר זמם וליכא לאו משום

עין משפט נר מצוה

מא א מיי' פ"א מהל' חובל ומזיק הלכה יא סמג עשין ע טוש"ע ח"מ סימן תכ סעיף לו וסימן תכא סעיף א:

מב ב ג ד מיי' שם פ"ג הלכה ג ד ה סמג שם טוש"ע ח"מ סימן תכ סעיף לד:

מג ה מיי' שם הלכה ג טוש"ע שם סעי' לה:

מד ו ז מיי' שם הלכה ד טוש"ע שם סעיף לז:

מה ח מיי' פ"ו מהל' רוצח הלכה יד:

ליקוטי רש"י

דאתא זיקא כרכינהו למאניה. רוח נכרכה וגלגלה לבגדיו [עי' שבת קכט. יומא נב.]. **דלינהו.** הגביה [תענית כג:]. **בלא ראות פרט לסומא.** דמשמע כאן לא ראה אבל רואה במקום אחר פרט לסומא שאינו רואה בשום מקום [מכות ט:]. שהרג בשוגג שאינו גולה [והכי קאמר] בלא ראות זה שהרגו לא ראהו דאילו ראהו לא היה הורגו מכלל דיש ספק בידו לראות [פרט לסומא דאינו רואה] דאינו גולה [נדרים פז:]. **ואין מיעוט אחר מיעוט אלא לרבות.** כלומר מדה היא בתורה [סנהדרין מו.].

תורה אור השלם

א) אוֹ בְכָל אֶבֶן אֲשֶׁר יָמוּת בָּהּ בְּלֹא רְאוֹת וַיַּפֵּל עָלָיו וַיָּמֹת וְהוּא לֹא אוֹיֵב לוֹ וְלֹא מְבַקֵּשׁ רָעָתוֹ: [במדבר לה, כג]

ב) וַאֲשֶׁר יָבֹא אֶת רֵעֵהוּ בַיַּעַר לַחְטֹב עֵצִים וְנִדְּחָה יָדוֹ בַגַּרְזֶן לִכְרֹת הָעֵץ וְנָשַׁל הַבַּרְזֶל מִן הָעֵץ וּמָצָא אֶת רֵעֵהוּ וָמֵת הוּא יָנוּס אֶל אַחַת הֶעָרִים הָאֵלֶּה וָחָי: [דברים יט, ה]

ג) וְזֶה דְּבַר הָרֹצֵחַ אֲשֶׁר יָנוּס שָׁמָּה וָחָי אֲשֶׁר יַכֶּה אֶת רֵעֵהוּ בִּבְלִי דַעַת וְהוּא לֹא שֹׂנֵא לוֹ מִתְּמֹל שִׁלְשֹׁם: [דברים יט, ד]

מסורת הש"ס

א) לעיל כז., ב) שנאמר ושלחה ידה והחזיקה במבושיו אינו חייב על הבושת. רש"ל, ג) סנהדרין פה., ד) אין זה מברייתא אלא רב פפא הוא דמפ' הכי. העתק מחילופי גרסאות, ה) מכות ט: נדרים פז:, ו) [יומא מג. וש"נ], ז) ס"א אלמא, ח) [ד"ה והאמר], ט) [ד"ה א"ל], י) [ד"ה דאמר], כ) [ועי' היטב תוספות יומא יט: ד"ה מי ותוספו' ב"מ יז: ד"ה מן], ל) [גם במנחות ט: ד"ה אין הניחו בתימה וביומא ס. ד"ה תרי כתבו ישוב ע"ז ע"ש].

הגהות הב"ח

(א) במשנה ופטור על הבושת שנא' ושלחה ידה והחזיקה במבושיו אינו חייב על הבושת עד שיהא מתכוין:

גליון הש"ס

רש"י ד"ה בעדים זוממין וכו' היאך יעיד. תמוה לי הא יכול להעיד שראה קודם שנסתמא שזה קטע ידו והחיוב על מעשה שלו שהיה בעידן סומא וה"נ בבושת וצ"ע. ולמ"ש תוספות ב"ב דף קכט ע"א ד"ה אי דלמסקנא סומא פסול להעיד בהלואה ובהרא"ש שם דסומא פסול דכתיב או ראה פרט לסומא ניחא סוגיא דהכא: תוס' ד"ה ביישו וכו'. ומיהו אין תימה כ"כ. עי' ברמב"ן במלחמות פ"ג דברכות באיבעיא דנשים בבהמ"ז דאורייתא:

הגהות מהר"ב רנשבורג

אן] גמ' אמר רב פפא שביישו. עיין שיטה מקובלת:

דְּמִיכַלְמוּ לֵיהּ וּמִיכַּלַּם — שכאשר מביישים אותו הוא מתבייש[1].

משנה המשנה ממשיכה לדון בדין תשלום דמי בושת:

הַמְבַיֵּישׁ אֶת הֶעָרוֹם (אדם ערום)[2], או **הַמְבַיֵּישׁ אֶת הַסּוּמָא** (אדם עיור), **וְהַמְבַיֵּישׁ אֶת הַיָּשֵׁן, חַיָּיב** בדמי בושת[3]. **וְ**אילו אדם **יָשֵׁן שֶׁבִּיֵּישׁ** אדם אחר[4], הרי זה **פָּטוּר**[5]. אדם **שֶׁנָּפַל מִן הַגַּג וְהִזִּיק וּבִיֵּישׁ** אדם אחר בנפילתו, הרי זה **חַיָּיב עַל הַנֶּזֶק וּפָטוּר עַל הַבּוֹשֶׁת**[6], שאין אדם חייב בתשלומי בושת **עַד שֶׁיְּהֵא מִתְכַּוֵּין** להזיק[7].

גמרא הגמרא מביאה ברייתא:

תָּנוּ רַבָּנָן בברייתא: **בִּיְּישׁוֹ עָרוֹם** — המבייש אדם ערום, **חַיָּיב** בדמי בושתו. **וְ**אולם **אֵינוֹ דּוֹמֶה בִּיְּישׁוֹ עָרוֹם לְבִיְּישׁוֹ לָבוּשׁ** — למבייש אדם לבוש[8]. לכן תשלומי בושתו פחותים מאלו של לבוש. **בִּיְּישׁוֹ בְּבֵית הַמֶּרְחָץ, חַיָּיב. וְ**אולם **אֵינוֹ דּוֹמֶה בִּיְּישׁוֹ בְּבֵית הַמֶּרְחָץ לְבִיְּישׁוֹ בַּשּׁוּק**[9]. לכן תשלומי בושתו פחותים מאלו של לבוש בשוק.

הגמרא מקשה על הדין הראשון של הברייתא:

אָמַר מַר בברייתא: **בִּיְּישׁוֹ עָרוֹם חַיָּיב.** וכי אדם **עָרוֹם בַּר בּוֹשֶׁת הוּא**[10]!?

רב פפא מתרץ:

אָמַר רַב פָּפָּא: מַאי — מהי כוונת הברייתא באמרה "**עָרוֹם**"? לא שהמבוייש יצא לשוק כשהוא ערום ללא בושה, אלא **דְּאָתָא זִיקָא כַּרְכִינְהוּ לְמָאנֵיהּ** — שבאה רוח וכרכה את חלוקו והגביהה אותו עד שנראה ערום[11], **וְאָתָא הוּא דַּלִּינְהוּ טְפֵי וּבַיְּישֵׁיהּ** — ובא המבייש והגביה את החלוק יותר וביש אותו[12].

כעת מקשה הגמרא על הדין השני של הברייתא:

שנינו בברייתא: **בִּיְּישׁוֹ בְּבֵית הַמֶּרְחָץ חַיָּיב.**

והגמרא תמהה:

וכי אדם הנמצא ב**בֵית הַמֶּרְחָץ בַּר בּוֹשֶׁת הוּא**[13]?!

הערות

1. היינו, יתכן שהברייתא עוסקת בקטן שהגיע לגיל שהוא מרגיש בושת; מכל מקום אין בושתו גדולה כמו של גדול. הלכך, אם החובל התכוון לבייש קטן אך בפועל בייש גדול, הוא חייב רק בדמי בושתו של קטן (ראה הערה הקודמת).

2. באמת אדם שאינו מקפיד שלא ללכת ערום בפני בני אדם אינו בר בושת. וכוונת המשנה באמרה שהמבייש את הערום חייב, תבואר להלן בהערה 12 (עיין רש"י להלן ד"ה ערום בר בושת הוא; אולם לדעת התוספות אכן ערום בר בושת הוא אם ירק עליו או סטר לו. ולדעתם בבושת כזאת מדברת המשנה; וראה בהערה הנ"ל).

3. הסומא, אף על פי שאינו רואה, מכל מקום הוא מתבייש בלבו כשהוא יודע שנזדלזל בפני רבים. והישן, אף על פי שבשעת הביוש לא הרגיש, מכל מקום כשנודע לו המעשה לאחר שהתעורר משנתו הוא מתבייש (ר"י מלוניל ומאירי).

4. כגון שבתוך שנתו בעט באדם אחר, או שנפל ממיטתו עליו.

5. מהטעם שיתבאר במשנה במקרה הבא, שאין חיוב בושת אלא אם מבייש בכוונה, או לפחות מזיק בכוונה, והרי ישן אינו פועל בכוונה. ואפילו אם היה יודע שחבירו ישן סמוך לו, שאז הוא חייב על מה שהזיקו בשנתו (גם הוא חייב צער ריפוי ושבת) משום שבמקרה זה הוא נחשב מועד, מכל מקום הוא לא נחשב מתכוון (ר"י מלוניל; ועיין חידושי רבי מאיר שמחה). כמובן, מאותו טעם גם עֵר שלא התכוון פטור (ב"ח תכא, א).

6. הנופל ברוח מצויה (בפשיעה) חייב בנזק, צער, ריפוי, ושבת, אבל לא בבושת, משום שלחיוב בושת אין די בפשיעה, אלא צריך שיתכוון, כמו שביארנו בהערה הקודמת. אבל הנופל ברוח שאינה מצויה (ולא בפשיעה), אינו חייב אלא בנזק (תוספות רבי עקיבא איגר, מגמרא לעיל כז, א; ראה לעיל פג, ב הערה 1).

7. כגון שלאחר שהתחיל ליפול התהפך כדי לרכך את נפילתו בנפילה על אדם אחר. במקרה זה, מכיון שהתכוון למעשה זה שיש בו בושת, אף על פי שלא התכוון לביישו, חייב, כלשון הגמרא לעיל (כז, א) "שהמתכוון להזיק אף על פי שלא התכוון לבייש, חייב" (על פי חידושי רבי עקיבא איגר כאן).

במשנה שבמשניות [וכן בהגהות הב"ח כאן] המשנה מוסיפה מקור לדין זה, ואומרת: "שנאמר (דברים כה, יא) 'וְשָׁלְחָה יָדָהּ וְהֶחֱזִיקָה בִּמְבֻשָׁיו' ". וכוונת המשנה היא כפי שאומרת הברייתא לעיל כז, א: "ממשמע שנאמר וְשָׁלְחָה יָדָהּ איני יודע שהחזיקה, מה תלמוד לומר וְהֶחֱזִיקָה, לומר לך כיון שנתכוון להזיק אף על פי שלא נתכוון לבייש". דהיינו שמ"וְשָׁלְחָה יָדָהּ... בִּמְבֻשָׁיו" [במקום שגורם לו בושת] משמע שהתכוונה לביישו, ומ"וְהֶחֱזִיקָה" משמע שהתכוונה להזיקו [שבכח גדול אוחזתם למעך אותם או לעשותו פצוע דכא], והשמיענו הכתוב ב"וְהֶחֱזִיקָה" שמכיון שהתכוונה להזיק אף על פי שלא התכוונה לבייש חייבת (ר"י מלוניל; וראה תוספות יום טוב ורש"ש).

לעיל בעמוד א למדנו שרבי שמעון דורש מהכתוב "בִּמְבֻשָׁיו" (מקום בושת **שלו**) שאין המזיק חייב בתשלומי בושת אלא כשהתכוון לאותו אדם שהתבייש. אולם גם החולקים עליו לומדים מהמלה "וְהֶחֱזִיקָה" שאין המבייש חייב בתשלומי בושת אלא אם לפחות התכוון להזיק (כלומר, לעשות את המעשה) לאדם כל שהוא.

8. מכיון שהערום נמצא כבר במצב מזולזל, אין בושתו מרובה כשל אדם לבוש.

9. מכיון שהערום בבית המרחץ נמצא כבר במצב מזולזל, אין בושתו מרובה כשל אדם לבוש בשוק. [ראה להלן הערה 14.]

10. הרי אדם שאינו מקפיד שלא ללכת ערום בפני בני אדם אינו בר בושת (רש"י; אולם עיין תוספות; וראה להלן הערה 12).

11. באותם ימים אנשים הלכו בחלוקים ארוכים ללא מכנסים. לכן כאשר הרוח הגביהה את שפת חלוקו הוא נעשה ערום בחלקו (חסדי דוד ט, ד).

12. אדם זה הוא בר בושת, שכן לא הלך ערום בפני בני אדם מדעתו. לכן תוספת הבושה שנגרמה לו על ידי זה שהגביה את חלוקו יותר, מחייבת את המגביה בתשלומי בושת. אולם, כמובן, מכיון שכבר לפני ההגבהה הנוספת על ידי המבייש הוא היה ערום קצת ומזולזל, תוספת הבושה שגרם לו המבייש היא פחותה מזו של לבוש שעשאוהו ערום. לכן תשלומי בושתו פחותים מאלו של לבוש.

המאירי מוסיף שהמבייש חייב אפילו לא הגביה את החלוק יותר, אלא שמנע את כנפי הבגד מלחזור למקומם, ובכך השאירו ערום זמן נוסף על מה שגרמה הרוח. ובשיטה מקובצת מובא בשם גאון שהמבייש הגביה יותר את בגדיו ואמר "ראו את פלוני זה שעומד ערום".

גם המשנה שאמרה שהמבייש את הערום חייב, עוסקת במקרה זה שהרוח הגביהה את חלוקו מעט ובא זה והגביה את חלוקו יותר, ולא במבייש את ההולך ערום בפני בני אדם שאינו בר בושת (עיין רמב"ם הלכות חובל ומזיק ג, א-ב, ומגיד משנה ולחם משנה שם; ר"י מלוניל; מאירי). ומה שהגמרא לא הקשתה ותירצה כן על המשנה, זהו משום שאת המשנה היה אפשר להעמיד בערום בבית המרחץ, שדרך בני אדם לעמוד שם ערומים, ויש בושת לעומד שם ערום אם סטר לו או ירק עליו (ראה הערה הבאה). אבל את הברייתא אי אפשר להעמיד בערום בבית המרחץ, שהרי אחר כך מזכירה הברייתא ערום בבית המרחץ, ובעל כרחך שבתחילתה עוסקת הברייתא בערום בשוק. ולכן על הברייתא יש להקשות שערום אינו בר בושת אפילו אם יורקים עליו או סוטרים לו, שהרי להולך ערום בשוק אין הרגשי בושה כלל ואינו מזדלזל יותר ממה שהוא מזולזל כבר (כך כתבו בביאור דעת רש"י ב"ח חושן משפט תכ, כד; פני יהושע; יד דוד; מרומי שדה וכוס הישועות; דרך אחרת בדעת רש"י ראה בתורת חיים). אבל לאחר שהעמדנו את הברייתא באופן זה, שהרוח הגביהה את חלוקו מעט ובא זה והגביהו יותר, גם את המשנה יש להעמיד באופן זה (כמו שמוכח מהרמב"ם, הר"י מלוניל והמאירי הנזכרים).

[כל זה הוא לדעת רש"י. אבל לדעת התוספות (ראה לעיל, הערה 2) ערום הוא בר בושת, ואם ירק עליו או סטר לו, חייב על בושתו. ובזה עוסקת המשנה שאומרת ש"המבייש את הערום חייב". ולכן רק על הברייתא הקשתה הגמרא "ערום בר בושת הוא", כי מלשון הברייתא "ביישו ערום" ו"אינו דומה ביישו ערום לביישו לבוש" משמע שלא ביישו באופן הנ"ל, אלא על ידי שעשאו ערום, ועל זה תמהה הגמרא שמכיון שהיה ערום איך ביישו זה ועשאו ערום. ועל זה משיבה הגמרא שהוערם קצת על ידי הרוח ובא זה והוסיף להערימו. ועיין רשב"א.]

13. הרי בבית המרחץ בני אדם עומדים ערומים, ואין להם בושת (רש"י).

אמנם לעומד ערום בבית המרחץ יש בושת אם סוטרים לו או יורקים עליו, אולם מכיון שהעמדנו את הרישא של הברייתא במקרה שביישו על ידי שעשאו ערום, מבינה הגמרא שגם בהמשך הברייתא מדובר במקרה זה, ולכן הגמרא מקשה שלהפשיט אדם בבית המרחץ אין בזה בושת, שכן בבית המרחץ בני אדם עומדים ערומים, ואין אדם מקפיד על כך (כוס הישועות ויד דוד בדעת רש"י; ועיין גם פני יהושע; אולם הסמ"ע חושן משפט תכ, מא, והים של שלמה יט, סוברים שלדעת רש"י לעומד ערום אפילו בבית המרחץ אין בושת כלל, אפילו סטר לו או ירק עליו; וכן היא משמעות הרמב"ם הלכות חובל ומזיק ג, ב; וראה שיטה מקובצת בשם הרא"ש).

[אולם לדעת התוספות (ראה הערה הקודמת) התמיהה כאן היא מציאותית (כמו שפירשו תוספות את התמיהה הקודמת), שמכיון שהוא עומד בבית המרחץ ערום, איך ביישו זה ועשאו ערום (ואין לתרץ כאן שהרוח הגביהה את חלוקו מעט ובא זה והגביהו יותר, שבבית המרחץ הרי אינו לבוש). ואין לומר שמדובר בביישו על ידי סטירה או יריקה, שכן מלשון הברייתא משמע שמדובר בביישו על ידי שעשאו ערום, כמו שהתבאר בהערה הקודמת.]

דמיכלמו ליה ומיכלם: **מתני'** המבייש את הערום המבייש את הסומא והמבייש את הישן חייב [א]וישן שבייש פטור (א) נפל מן הגג והזיק ובייש חייב על הנזק ופטור על הבושת (א) [ג]עד שיהא מתכוין: **גמ'** ת"ר ביישו ערום חייב [ב]ואינו דומה ביישו ערום לביישו לבוש ביישו בבית המרחץ חייב ואינו דומה ביישו בבית המרחץ לביישו בשוק אמר מר ביישו ערום חייב ערום בר בושת הוא אמר רב פפא מאי ערום [ג]דאתא זיקא כרכינהו למאניה ואתא הוא דלינהו טפי ובייִשיה ביישו בבית המרחץ חייב בית המרחץ בר בושת הוא [אן] אמר רב פפא [ד]שביישו על גב הנהר [ה]בעי ר' אבא בר ממל [ג]ביישו ישן ומת מהו מאי קמבעיא ליה אמר רב זביד הכי קמבעיא ליה משום כיסופא הוא והא מית ליה ולית ליה כיסופא או דלמא משום זילותא הוא והא אוזליה ת"ש ר"מ אומר [ו]חרש וקטן יש להן בושת שוטה אין לו בושת אא"ב משום זילותא היינו דקתני קטן אלא אי אמרת משום כיסופא קטן בר בושת הוא אלא מאי משום זילותא אפילו שוטה נמי אמרי שוטה אין לך בושת גדולה מזו מכל מקום ניפשוט מינה דמשום זילותא הוא דאי משום כיסופא קטן בר כיסופא הוא כדאמר רב פפא דמיכלמו ליה ומיכלם הכא נמי [ז]דמיכלמו ליה ומיכלם רב פפא אמר הכי קמבעיא ליה משום כיסופא דידיה הוא והא מיית ליה או דלמא משום בושת משפחה תא שמע חרש וקטן יש לו בושת שוטה אין לו בושת אי אמרת בשלמא משום בושת משפחה היינו דקתני קטן אלא אי אמרת משום כיסופא דידיה קטן בר בושת הוא אלא מאי משום בושת דבני משפחה אפי' שוטה נמי שוטה אין לך בושת גדולה מזו מ"מ ניפשוט מינה דמשום בושת משפחה דאי משום כיסופא קטן בר כיסופא הוא אמר רב פפא אין דמיכלמו ליה ומיכלם והתניא ר' אומר חרש יש לו בושת שוטה אין לו בושת קטן פעמים יש לו פעמים אין לו [ד]הא דמיכלמו ליה ומיכלם הא דמיכלמו ליה ולא מיכלם: המבייש את הסומא וכו': מתניתין דלא כר' יהודה דתניא ר' יהודה אומר סומא אין לו בושת וכך היה ר' יהודה פוטר מחייבי גליות ומחייבי מלקיות ומחייבי מיתות ב"ד מ"ט דר' יהודה גמר עיניך עיניך מעדים זוממין מה התם סומין לא אף הכא סומין לא מחייבי גליות דתניא [ה][א]בלא ראות [ח]פרט לסומא דברי ר' יהודה ר' מאיר אומר לרבות את הסומא מ"ט דר' יהודה אמר לך [ב]ואשר יבא את רעהו ביער לחטוב עצים ואפי' סומא כתב רחמנא בלא ראות למעוטי ור' מאיר כתב רחמנא בלא ראות למעוטי וכתב רחמנא [ג]בבלי דעת למעוטי הוי מיעוט אחר מיעוט [י]ואין מיעוט אחר מיעוט אלא לרבות ור' יהודה ההוא בבלי דעת פרט למתכוין הוא דאתא חייבי מיתות ב"ד אתיא רוצח רוצח מחייבי גליות חייבי מלקיות אתיא רשע רשע מחייבי מיתות בית דין תניא אידך ר' יהודה אומר סומא אין לו בושת וכן

דמיכלמו ליה ומיכלם. כשמזכירין לו בושת ומכלימין אותו בה מלטער: **ערום בר בושת הוא.** בתמיה כיון דאין מקפיד לילך ערום בפני בני אדם מי הוי בר בושת: **בית המרחץ.** בני אדם עומדים ערומים ואין להם בושת: **ביישו ישן.** בייש אדם ישן: **ומת.** מתוך שנתו ולא הכיר בבשתו שעשה לו זה מהו: **כיסופא.** חפיית פנים: **זילותא.** שמזלזל בו בפני רבים ואף על פי שאינו שם על לבו: **והתניא.** בניחותא: **דלא כרבי יהודה.** דאמר סומא אין לו בושת אם בייש חבירו פטור ומתניתין קתני ישן שבייש פטור וגבי סומא לא תנא הכי [י]הלכך סומא חייב: **בעדים זוממין כתיב** (דברים יט) לא תחוס עינך עליו בבושת נמי כתיב (שם כה) וקצותה את כפה לא תחוס עינך עדים אי אפשר בסומין דבעינן ראייה דאם לא ראה שקטע ידו של חבירו [ס]היאך יעיד: **בלא ראות.** משמע שהוא רואה במקום אחר וכאן היה בלא ראות: **אתיא רוצח רוצח מחייבי גליות.** במיתה כתיב (במדבר לה) לא תקחו כופר לנפש רוצח ובגלות כתיב (שם) לנוס שמה רוצח: **במלקות כתיב** (דברים כה) אם בן הכות הרשע ובמיתה כתיב (במדבר לה) אשר הוא רשע למות:

ערום בר בושת הוא. פי' בקונטרס כיון דאין מקפיד להלוך ערום בפני בני אדם מי הוי כלל בר בושת וק' לפירושו מ"ש דפריך אברייתא הוה ליה למפרך אמתניתין דקתני המבייש את הערום חייב ונראה לפרש דאמתניתין לא פריך דפשיטא דערום בר בושת הוא אם רוקק בו או סטרו אבל לשון הברייתא משמע ליה ביישו ערום שמביישו במה שמגלהו ומערימו ועוד דקתני אין דומה ביישו ערום לביישו לבוש ואם רוקק בו או סוטרו כך מתבייש כשהוא ערום כמו כשהוא לבוש ולכך פריך ערום בר בושת הוא אם הוא ערום היאך הערימו והא דקתני נמי בברייתא ביישו בבית המרחץ חייב אביישו ערום נמי קאי שהערימו בבית המרחץ והשתא א"ש הא דפריך בית המרחץ בר בושת הוא בערמומי' והלא דרך בני אדם להיות ערומים במרחץ:

דאתא זיקא כו'. אבל אם הוא עצמו דלינהו ובא חבירו ודלינהו טפי פטור כיון שזה אין מקפיד או שמא אורחא דמילתא נקט דאתא זיקא: **ביישו** ישן ומת מהו. תימה דלא מייתי הכא מילתיה דרב ששת דבריש הנחנקין (סנהדרין דף פה. ושם [ח]) פריך בפשיטות והאמר רב ששת ביישו ישן ומת חייב ויש ספרים שכתוב בהן והאמר רב ששת ביישו ישן חייב ול"ג ומת ולא נהירא כלל דמה ענין ישן לגברא קטילא שיוצא ליהרג ועוד מאי קמ"ל רב ששת מתניתין היא המבייש את הישן חייב [ס]ומיהו אין תימה כ"כ שלא הביא כאן מילתא דרב ששת למיפשט בעיין דכה"ג אשכחן בא"ן בין המודר (נדרים דף לה: ושם [ט]) דאיבעיא הני כהני שלוחי דידן הוו או שלוחי דשמיא הוו ולא מייתי מילתיה דרב הונא בריה דרב יהושע דאמר בפרק קמא דקדושין (דף כג: ושם [י]) הני כהני שלוחי דרחמנא ניהו דאי שלוחי דידן מי איכא מידי דאנן לא מצי עבדי ואינהו מצו עבדי [כ]אך קשה דבמסקנא דהכא משמע דביישו ישן ומת פטור דמסיק דמשום כיסופא דידיה הוא ור"ת גרים התם והאמר רב ששת ביישו חייב ואיוצא ליהרג קאי: **סומא** אין לו בושת. דסומא שבייש פטור אבל המבייש את הסומא חייב דהא לא משתמע מעיניך שיהא פטור וכן משמע מתוך פירוש הקונטרס דפי' דדייק מתניתין דלא כרבי יהודה מדלא קתני סומא שבייש פטור כדקתני ישן שבייש פטור משמע דלא מצי דייק מדקתני המבייש את הסומא חייב דמודה רבי יהודה דמבייש את הסומא חייב:

מה להלן סומא לא. וא"ת אי מה להלן גזלנים ועבדים לא אף גבי בושת ליפטרו וכ"ת אשה תוכיח דפסולה לעדות וחייבת בבושת כדכתיב והחזיקה במבושיו א"כ סומא נמי לא אתי וי"ל כיון דעיניך עיניך גמר אע"ג דעיניך אבית דין קאי סברא הוא דלענין דבר התלוי בראיה ניתנה ג"ש: **ואין** מיעוט אחר מיעוט אלא לרבות. תימה לא ליכתוב שום מיעוט וממילא אתרבי וכן יש להקשות גבי אין ריבוי אחר ריבוי אלא למעט [ל]: **חייבי** מלקיות מנין אתיא רשע רשע. רבי יהודה דריש הכא ג"ש דרשע רשע ורבנן לא פליגי אלא דלא פטרי סומא אפילו בחייבי גליות ובאחד דיני ממונות (סנהדרין דף לג: ושם ד"ה אתיא) גבי דיני נפשות מחזירין לזכות נמי אמר חייבי מלקיות מנין אתיא רשע רשע תניא נמי הכי כו' וסתמא דגמרא דריש לה בפ"ק דמכות (דף ה:) גבי אין העדים זוממין נהרגים עד שיגמר הדין על פיהם והא דאמר בפרק קמא דסנהדרין (דף י.) מאי טעמא דרבי ישמעאל דאמר מכות בכ"ג אמר אביי אתיא רשע רשע רבא אמר מלקות תחת מיתה עומדת לאו משום דלית ליה לרבא רשע רשע אלא משום דלא צריך דמגופ המלקות שמעינן דהוי בכ"ג דמלקות תחת מיתה ומיתה בכ"ג ולענין מחזירין לזכות ואין מחזירין לחובה לא שייך כל כך מלקות תחת מיתה עומדת דשמא במיתה דוקא משום ושפטו העדה והצילו העדה וכן בפרק קמא דמכות (דף ה.) גבי משלשים בממון ואין משלשים במכות דאמר מנא הני מילי אמר אביי אתיא רשע רשע רבא אמר בעינן כאשר זמם וליכא לאו משום

עין משפט
נר מצוה

מא א מיי' פ"א מהל' חובל ומזיק הלכה יא סמג עשין ע טוש"ע ח"מ סימן תכ סעיף לו וסימן תכא סעיף א:

מב ב ג ד מיי' שם פ"ג הלכה ג ד ה סמג שם טוש"ע ח"מ סימן תכ סעיף לד:

מג ה מיי' שם הלכה ג טוש"ע שם סעי' לה:

מד ו ז מיי' שם הלכה ד טוש"ע שם סעיף לז:

מה ח מיי' פ"ו מהל' רוצח הלכה יד:

ליקוטי רש"י

דאתא זיקא כרכינהו למאניה. רוח נכרכה וגלגלה לבגדיו [עי' שבת קכט. יומא נב.]. **דלינהו.** הגביה [תענית כג:]. **בלא ראות פרט לסומא.** דמשמע כאן לא ראה אבל רואה במקום אחר פרט לסומא שאינו רואה בשום מקום [מכות ט:]. שהרג בשוגג שאינו גולה [והכי קאמר] בלא ראות זה שהרגו לא ראהו דאילו ראהו לא היה הורגו מכלל דיש ספק בידו לראות [פרט לסומא דאינו רואה] דאינו גולה [נדרים פז:]. **ואין מיעוט אחר מיעוט אלא לרבות.** כלומר מדה היא בתורה [סנהדרין מו.].

תורה אור השלם

א) אוֹ בְכָל אֶבֶן אֲשֶׁר יָמוּת בָּהּ בְּלֹא רְאוֹת וַיַּפֵּל עָלָיו וַיָּמֹת וְהוּא לֹא אוֹיֵב לוֹ וְלֹא מְבַקֵּשׁ רָעָתוֹ: [במדבר לה, כג]

ב) וַאֲשֶׁר יָבֹא אֶת רֵעֵהוּ בַיַּעַר לַחְטֹב עֵצִים וְנִדְּחָה יָדוֹ בַגַּרְזֶן לִכְרֹת הָעֵץ וְנָשַׁל הַבַּרְזֶל מִן הָעֵץ וּמָצָא אֶת רֵעֵהוּ וָמֵת הוּא יָנוּס אֶל אַחַת הֶעָרִים הָאֵלֶּה וָחָי: [דברים יט, ה]

ג) וְזֶה דְּבַר הָרֹצֵחַ אֲשֶׁר יָנוּס שָׁמָּה וָחָי אֲשֶׁר יַכֶּה אֶת רֵעֵהוּ בִּבְלִי דַעַת וְהוּא לֹא שֹׂנֵא לוֹ מִתְּמֹל שִׁלְשֹׁם: [דברים יט, ד]

מסורת הש"ס

א) לעיל כז., ב) שנאמר ושלחה ידה והחזיקה במבושיו אינו חייב על הבושת. רש"ל, ג) סנהדרין פה., ד) אין זה מברייתא אלא רב פפא הוא דמפ' הכי. העתק מחילופי גרסאות, ה) מכות ט: נדרים פז:, ו) [יומא מג. וש"נ], ז) ס"א אלמא, ח) [ד"ה והאמר], ט) [ד"ה א"ל], י) [ד"ה דאמר], כ) [ועי' היטב תוספות יומא יט: ד"ה מי ותוספו' ב"מ יז: ד"ה מן], ל) [גם במנחות ט: ד"ה אין הניחו בתימה וביומא ס. ד"ה תרי כתבו יישוב ע"ז ע"ש].

הגהות הב"ח

(א) במשנה ופטור על הבושת שנא' ושלחה ידה והחזיקה במבושיו אינו חייב על הבושת עד שיהא מתכוין:

גליון הש"ס

רש"י ד"ה בעדים זוממין וכו' היאך יעיד. תמוה לי הא יכול להעיד שראה קודם שנסתמא שזה קטע ידו והחיוב על מעשה שלו שהיה בעידן סומא וה"נ בבושת וצ"ע. ולמ"ש תוספות ב"ב דף קכט ע"א ד"ה אי דלמסקנא סומא פסול להעיד בהלואה ובהרא"ש שם דסומא פסול דכתיב או ראה פרט לסומא ניחא סוגיא דהכא: תוס' ד"ה ביישו וכו'. ומיהו אין תימה כ"כ. עי' ברמב"ן במלחמות פ"ג דברכות באיבעיא דנשים בבהמ"ז דאורייתא:

הגהות מהר"ב רנשבורג

אן גמ' אמר רב פפא שביישו. עיין שיטה מקובצת:

רב פפא מתרץ:

אָמַר רַב פָּפָּא: מדובר כאן במקרה **שֶׁבִּיְּישׁוֹ עַל גַּב הַנָּהָר,** שכאשר הגביה מעט את חלוקו כדי לרחוץ רגליו או שוקיו, בא זה והערימו[14].

הגמרא שואלת שאלה לגבי תשלומי דמי בושת:

בָּעֵי (שאל) **רַבִּי אַבָּא בַּר מָמָל: בִּיְּישׁוֹ יָשֵׁן** — מי שבייש אדם ישן[15], **וּמֵת** הישן מתוך שנתו ולא נודע לו ביושו[16], **מַהוּ** הדין, האם המבייש חייב לשלם דמי בושת לבניו[17]?

הגמרא שואלת:

מַאי קָמִבַּעְיָא לֵיהּ — מהי השאלה שלו[18]?

רב זביד מפרש את צדדי הספק:

אָמַר רַב זְבִיד: הָכִי קָמִבַּעְיָא לֵיהּ — כך היא שאלתו, **מִשּׁוּם כִּיסּוּפָא הוּא** — האם חיוב התשלומים של דמי בושת שחייבה תורה הוא משום הרגשת הבושה של המתבייש, שפניו חפו מחמת הבושה[19], **וְהָא מִית לֵיהּ וְלֵית לֵיהּ כִּיסּוּפָא** — והרי אדם זה מת בלי שיודע לו שביישוהו, ולא הרגיש בביושו כלל, **אוֹ דִּלְמָא** (אולי) **מִשּׁוּם זִילוּתָא הוּא** — חיוב התשלומים של דמי בושת הוא משום הזלזול בכבודו וביזויו בפני רבים, **וְהָא אוֹזְלֵיהּ** — והרי זה זלזלו, אף על פי שהוא לא הרגיש בדבר[20].

הגמרא מנסה לפשוט את הספק:

תָּא (בא) **שְׁמַע** ראיה מברייתא זו: **רַבִּי מֵאִיר אוֹמֵר: חֵרֵשׁ וְקָטָן יֵשׁ לָהֶן** דמי **בּוֹשֶׁת,** ואילו **שׁוֹטֶה**[21] **אֵין לוֹ** דמי **בּוֹשֶׁת. אִי אָמְרַתְּ בִּשְׁלָמָא** — הדבר מובן אם תאמר שהחיוב בדמי בושת הוא **מִשּׁוּם זִילוּתָא** — הזלזול בכבודו של המבויש, **הַיְינוּ דְּקָתָנֵי קָטָן** — משום כך שנינו בברייתא שקטן שביישוהו יש לו דמי בושת, שהרי המבייש אכן זלזל בכבודו. **אֶלָּא אִי אָמְרַתְּ** שהחיוב בדמי בושת הוא **מִשּׁוּם כִּיסּוּפָא** — הרגשת הבושה שמרגיש המתבייש, **קָטָן בַּר בּוֹשֶׁת הוּא** — וכי לקטן יש הרגשת בושה?! בודאי לא[22]! ואם כן מזה שהברייתא מחייבת על ביוש קטן מוכח שחיוב בושת הוא משום הזלזול בכבודו[23]. וממילא גם המבייש ישן, ומת מתוך שנתו, חייב משום הזלזול בכבודו אף על פי שלא הרגיש בביושו.

הגמרא מקשה על הראיה:

אֶלָּא מַאי — אלא לדעתך, מהו הטעם לחיוב בושת? **מִשּׁוּם זִילוּתָא** — הזלזול בכבודו? אם כן **אֲפִילוּ שׁוֹטֶה נַמִּי** — גם מי שבייש שוטה היה לו להתחייב בדמי בושת[24]! ומדוע פוטרת הברייתא את המבייש את שוטה?

הגמרא דוחה את הקושיא:

אָמְרֵי — אמרו: **שׁוֹטֶה אֵין לְךָ בּוֹשֶׁת גְּדוֹלָה מִזּוֹ** — שוטה הוא האדם המזולזל ביותר בעולם[25], ואי אפשר לזלזל בו יותר ממה שהוא מזולזל כבר[26].

הגמרא חוזרת לראיה שלה:

מִכָּל מָקוֹם נִיפְשׁוֹט מִינָּהּ (מהברייתא) **דְּמִשּׁוּם זִילוּתָא הוּא** — שחיוב בושת הוא משום הזלזול בכבודו של המבוייש, **דְּאִי מִשּׁוּם כִּיסּוּפָא** — שאם החיוב הוא משום הרגשת הבושה, **קָטָן בַּר כִּיסּוּפָא הוּא** — וכי לקטן יש הרגשת בושה?! בודאי לא! ואם כן נפשוט מזה ספיקו של רבי אבא בר ממל.

הגמרא דוחה את הראיה:

אפשר לפרש את הברייתא **כִּדְאָמַר רַב פָּפָּא** — כפי שאמר רב פפא להלן לגבי ספק אחר שרצינו לפשוט מהברייתא[27]: הברייתא מדברת בקטן **דְּמַכְלְמוּ לֵיהּ וּמִיכַּלַּם** — שכאשר מביישים אותו הוא מתבייש. כלומר, שהיה גדול קצת ובר דעת ומרגיש בבושתו[28], **הָכָא נַמִּי** — גם לגבי הספק שלנו, אי אפשר לפשוט מהברייתא שהחיוב הוא משום זילותא, שכן הברייתא מדברת בקטן **דְּמַכְלְמוּ לֵיהּ וּמִיכַּלַּם** — שהוא גדול קצת ובר דעת, וכאשר מביישים אותו הוא מתבייש[29].

רב פפא מבאר באופן אחר את צדדי הספק בשאלתו של רבי אבא בר ממל אודות מי שביישוהו כשהוא ישן ומת בתוך שנתו:

רַב פָּפָּא אָמַר: הָכִי קָמִבַּעְיָא לֵיהּ — כך היא שאלתו של רבי אבא בר ממל: **מִשּׁוּם כִּיסּוּפָא דִּידֵיהּ הוּא** — האם חיוב תשלומי בושת הוא משום הבושה של המתבייש עצמו, **וְהָא מָיֵית לֵיהּ** — והרי במקרה זה הוא מת בתוך שנתו ולא הרגיש כל בושה, **אוֹ דִּלְמָא** (אולי) חיוב תשלומי בושת הוא **מִשּׁוּם בּוֹשֶׁת מִשְׁפָּחָה,** ונמצא שאפילו אם זה שביישוהו לא הרגיש שום בושה, מכל מקום משום שמשפחתו התביישה יהיה המבייש חייב בתשלומים[30].

הגמרא מנסה לפשוט את הספק:

תָּא (בא) **שְׁמַע** ראיה שהמבייש חייב גם במקרה זה: **חֵרֵשׁ וְקָטָן יֵשׁ לוֹ** דמי **בּוֹשֶׁת,** אבל **שׁוֹטֶה אֵין לוֹ** דמי **בּוֹשֶׁת**[31]. **אִי אָמְרַתְּ בִּשְׁלָמָא** — הדבר מובן אם תאמר שהחיוב בדמי בושת הוא **מִשּׁוּם בּוֹשֶׁת מִשְׁפָּחָה, הַיְינוּ דְּקָתָנֵי קָטָן** — משום כך שנינו בברייתא שקטן שביישוהו יש לו בושת, משום שנגרמה בושה למשפחתו. **אֶלָּא אִי אָמְרַתְּ** שהחיוב של דמי בושת הוא **מִשּׁוּם כִּיסּוּפָא דִּידֵיהּ** — הבושה של המתבייש עצמו, וכי **קָטָן בַּר בּוֹשֶׁת הוּא?!** ודאי לא! ואיך איפוא מחייבת הברייתא את המבייש את הקטן בתשלום בושת[32]?

הערות

14. כלומר, אין הכוונה לבית המרחץ ממש, אלא לרוחץ על שפת הנהר, שהגביה את בגדיו כדי לרחוץ את רגליו או את שוקיו (רשב״א; ועיין מאירי; שיטה מקובצת; ים של שלמה). מכיון שבשפת הנהר אין הדרך לעמוד ערומים לגמרי, הרי זה חייב לשלם בושת [על אף שהמבוייש כבר בייש את עצמו קצת בהגביהו את חלוקו].

15. כגון, שהפשיטו, או ירק עליו.

16. רש״י.

17. ככל נזק שהתחייב מזיק לניזק, שאם מת הניזק לפני שהמזיק שילם לו, עליו לשלם את הנזק ליורשי הניזק.

18. כלומר, מה הם צדדי הספק, הרי מפורש במשנה שהמבייש את הישן חייב. ואם כן יצטרך המבייש לשלם דמי הבושת ליורשיו אף כשמת מתוך שנתו, כשם שהמבייש את הער ומת משלם ליורשיו (ראה יד רמה סנהדרין עח, ב).

19. רש״י.

20. ראה להלן הערה 22.

21. סימניו התפרשו בחגיגה ג, ב (מאירי; אולם עיין גם שאילת יעבץ א, ג, ויהודה יעלה ב, צג ד״ה תניא).

22. שהרי דרכו לבייש את עצמו ואינו מקפיד על מה שהוא עושה, וכך אין לו שום הרגשת בושה גם כשמביישים אותו (חידושי הראב״ד).

23. שאף על פי שאין לו הרגשת בושה, מכל מקום אין אדם רשאי לזלזל בכבודו מכיון שהוא ישראל [ומשום כך אפשר לחייבו על מה שזלזל בו] (חידושי הראב״ד).

24. אף על פי ששוטה אינו מרגיש בבושתו.

25. חידושי הראב״ד.

26. אף אם חיוב בושת אינו משום הרגשת הבושה אלא משום הזלזול בכבודו, חיוב זה אינו שייך במבייש שוטה, שכן אי אפשר לזלזל בכבודו של שוטה יותר ממה שהוא מזולזל מחמת היותו שוטה.

27. להלן בגמרא מבאר רב פפא באופן אחר את ספיקו של רבי אבא בר ממל, והוא גם דוחה את הראיה מברייתא זו לפשוט את הספק.

28. שאף על פי שאינו מקפיד על מעשה עצמו, מכל מקום כשמכלימים אותו אחרים הוא נכלם (חידושי הראב״ד). וראה לעיל עמוד א הערה 55.

29. נמצא שאי אפשר לפשוט את הספק אם חיוב בושת הוא משום כיסופא או משום זילותא, שכן אפשר לומר שהוא משום כיסופא, ולהעמיד את הברייתא בקטן כזה שהוא כבר בר כיסופא ולא בכל קטן (ואם כן הספק לגבי ישן שמת, במקומו עומד).

30. ומכל מקום תשלומי הבושת יהיו ליורשיו, כמו כל תשלומי בושת שהם לו אף על פי שהם משום פגם משפחה, והם ליורשיו כשמת (כן נראה לפי פשוטו; ועיין אילת השחר ודבר משה).

31. לכאורה זו היא הברייתא המובאת לעיל בשם רבי מאיר. ראה ביאור הגר״א תכ, לה; דקדוקי סופרים; שינויי נוסחאות (ר׳ שבתי פרנקל).

32. ומוכח, אם כן, שחיוב בושת הוא משום בושת משפחה. ואם כן גם בישן שמת מתוך שנתו יתחייב המבייש בתשלומי בושת משום בושת משפחה, אף על פי שהמבוייש לא ידע בכך כלל.

ערום בר בושת הוא. פי' בקונטרס כיון דאין מקפיד להלוך ערום בפני בני אדם מי הוי כלל בר בושת וק' לפירושו מ"ש דפריך אברייתא הוה ליה למפרך אמתניתין דקתני המבייש את הערום חייב ונראה לפרש דאמתניתין לא פריך דפשיטא דערום בר בושת הוא אם רוקק בו או סטרו אבל לשון הברייתא משמע ליה ביישו ערום שמביישו במה שמגלהו ומערימו ועוד דקתני אין דומה ביישו ערום לביישו לבוש ואם רוקק בו או סוטרו כך מתבייש כשהוא ערום כמו כשהוא לבוש ולכך פריך ערום בר בושת הוא אם הוא ערום היאך הערימו והא דקתני נמי בברייתא ביישו בבית המרחץ חייב אביישו ערום נמי קאי שהערימו בבית המרחץ והשתא א"ש הא דפריך בית המרחץ בר בושת הוא בערמומי' והלא דרך בני אדם להיות ערומים במרחץ: **דאתא** זיקא כו'. אבל אם הוא עצמו דלינהו ובא חבירו ודלינהו טפי פטור כיון שזה אין מקפיד או סומא אורחא דמילתא נקט דאתא זיקא: **ביישו** ישן ומת מהו. תימה דלא מייתי הכא מילתיה דרב ששת דבריש הנחנקין (סנהדרין דף פה. ושם ט) פריך בפשיטות והאמר רב ששת ביישו ישן ומת חייב ויש ספרים שכתוב בהן והאמר רב ששת ביישו ישן חייב ול"ג ומת ולא נהירא כלל דמה ענין ישן לגברא קטילא שיוצא ליהרג ועוד מאי קמ"ל רב ששת מתניתין היא המבייש את הישן חייב י) ומיהו אין תימה כ"כ שלא הביא כאן מילתא דרב ששת למיפשט בעיין דהכ"ג אשכחן דאין דין המודר (נדרים דף לה: ושם כ) דלאיבעיא הני כהני שלוחי דידן הוו או שלוחי דשמיא הוו ולא מייתי מילתיה דרב הונא בריה דרב יהושע דאמר בפרק קמא דקדושין (דף כג: ושם ל) הני כהני שלוחי דרחמנא נינהו דאי שלוחי דידן מי איכא מידי דאנן לא מצי עבדי ואינהו מצו עבדי ל) אך קשה דמסקנא דהכא משמע דביישו ישן ומת פטור דמסיק דמשום כיסופא דידיה הוא ור"ח גריס התם והאמר רב ששת ביישו חייב ואיוצא ליהרג קאי: **סומא** אין לו בושת. דסומא שבייש פטור אבל המבייש את הסומא חייב דהא לא משתמע מעיניך שיהא פטור וכן משמע מתוך פירוש הקונטרס דפי' דדייק מתניתין דלא כרבי יהודה מדלא קתני סומא שבייש פטור כדקתני ישן שבייש פטור משמע דלא מצי דייק מדקתני המבייש את הסומא חייב דמודה רבי יהודה דמבייש את הסומא חייב:

מה להלן סומא לא. וא"ת אי מה להלן גזלנים ועבדים לא אף גבי בושת ליפטרו וכ"ת אשה תוכיח דפסולה לעדות וחייבת בבושת דכתיב והחזיקה במבושיו א"כ סומא נמי לא אתי וי"ל כיון דעיניך עיניך גמר אע"ג דעיניך אבית דין קאי סברא הוא לענין דבר התלוי בראיה ניתנה ג"ש: **ואין** מיעוט אחר מיעוט אלא לרבות. תימה לא ליכתוב שום מיעוט וממילא אתרבי וכן יש להקשות גבי אין ריבוי אחר ריבוי אלא למעט מ): **חייבי** מלקיות מנין אתיא רשע רשע. רבי יהודה דריש הכא ג"ש דרשע רשע ורבנן לא פליגי אלא דלא פטרי סומא אפילו בחייבי גליות ובאחד דיני ממונות (סנהדרין דף לג: ושם ד"ה אתיא) גבי דיני נפשות מחזירין לזכות נמי אמר חייבי מלקיות מנין אתיא רשע רשע תניא נמי הכי כו' וסתמא דגמרא דריש לה בפ"ק דמכות (דף ה:) גבי אין העדים זוממין נהרגים עד שיגמר הדין על פיהם והא דאמר בפרק קמא דסנהדרין (דף י.) מאי טעמא דרבי ישמעאל דאמר מכות בכ"ג אמר אביי אתיא רשע רשע רבא אמר מלקות תחת מיתה עומדת לאו משום דלית ליה לרבא גזירה שוה דרשע רשע אלא משום דלא צריך דמגופי המלקות שמעינן דהוי בכ"ג דמלקות תחת מיתה ומיתה בכ"ג ולענין מחזירין לזכות ואין מחזירין לחובה לא שייך כל כך מלקות תחת מיתה עומדת דשאני מיתה דוקא משום ושפטו העדה והצילו העדה וכן בפרק קמא דמכות (דף ה.) גבי משלשים בממון ואין משלשים במכות דאמר מנא הני מילי אמר אביי אתיא רשע רשע רבא אמר בעינן כאשר זמם וליכא לאו משום

דמיכלמו ליה ומיכלם: **מתני'** המבייש את הערום המבייש את הסומא והמבייש את הישן חייב א וישן שבייש פטור א) נפל מן הגג והזיק ובייש חייב על הנזק ופטור על הבושת (א) ב) עד שיהא מתכוין: **גמ'** ת"ר ביישו ערום חייב ב ואינו דומה ביישו ערום לביישו לבוש ביישו בבית המרחץ חייב ואינו דומה ביישו בבית המרחץ לביישו בשוק אמר מר ביישו ערום חייב ערום בר בושת הוא אמר רב פפא מאי ערום ג דאתא זיקא כרכינהו למאניה ואתא הוא דלינהו טפי ובריישה ביישו בבית המרחץ חייב בית המרחץ בר בושת הוא א) אמר רב פפא ד שביישו על גב הנהר ה בעי ר' אבא בר ממל ג) ביישו ישן ומת מהו מאי קמבעיא ליה אמר רב זביד הכי קמבעיא ליה משום כיסופא הוא והא מית ליה ולית ליה כיסופא או דלמא משום זילותא הוא והא אזוליה ת"ש ר"מ אומר ו חרש וקטן יש להן בושת שוטה אין לו בושת אא"ב משום זילותא היינו דקתני קטן אלא אי אמרת משום כיסופא קטן בר בושת הוא אלא מאי משום זילותא אפילו שוטה נמי אמרי שוטה אין לך בושת גדולה מזו מכל מקום ניפשוט מינה דמשום זילותא הוא דאי משום כיסופא קטן בר כיסופא הוא כדאמר רב פפא דמיכלמו ליה ומיכלם הכא נמי ו) דמיכלמו ליה ומיכלם רב פפא אמר הכי קמבעיא ליה משום כיסופא דידיה הוא והא מיית ליה או דלמא משום בושת משפחה תא שמע חרש וקטן יש לו בושת שוטה אין לו בושת אי אמרת בשלמא משום בושת משפחה היינו דקתני קטן אלא אי אמרת משום כיסופא דידיה קטן בר בושת הוא אלא מאי משום בושת דבני משפחה אפי' שוטה נמי שוטה אין לך בושת גדולה מזו מ"מ ניפשוט מינה דמשום בושת משפחה דאי משום כיסופא קטן בר כיסופא הוא אמר רב פפא אין דמיכלמו ליה ומיכלם והתניא ר' אומר חרש יש לו בושת שוטה אין לו בושת קטן פעמים יש לו פעמים אין לו ז) הא דמיכלמו ליה הא דמיכלם ליה ולא מיכלם: המבייש את הסומא וכו': מתניתין דלא כר' יהודה דתניא ר' יהודה אומר סומא אין לו בושת וכך היה ר' יהודה פוטר מחייבי גליות ומחייבי מלקיות ומחייבי מיתות ב"ד מ"ט דר' יהודה גמר עיניך עיניך מעדים זוממין מה התם סומין לא אף הכא סומין לא מחייבי גליות דתניא ח) א) בלא ראות ח פרט לסומא דברי ר' יהודה ר' מאיר אומר לרבות את הסומא מ"ט דר' יהודה אמר לך ב) ואשר יבא את רעהו ביער לחטוב עצים ואפי' סומא כתב רחמנא בלא ראות למעוטי ור' מאיר כתב רחמנא בלא ראות למעוטי וכתב רחמנא ג) בבלי דעת למעוטי הוי מיעוט אחר מיעוט ט ואין מיעוט אחר מיעוט אלא לרבות ור' יהודה ההוא בבלי דעת פרט למתכוין הוא דאתא חייבי מיתות ב"ד אתיא רוצח רוצח מחייבי גליות מלקיות אתיא רשע רשע מחייבי מיתות בית דין תניא אידך ר' יהודה אומר סומא אין לו בושת וכן

דמיכלמו ליה ומיכלם. כשמזכירין לו בושת ומכלימין אותו בה מלמטער: **ערום** בר בושת הוא. בתמיה כיון דאין מקפיד לילך ערום בפני בני אדם מי הוי בר בושת: **בית המרחץ.** בני אדם עומדים ערומים ואין להם בושת: **ביישו ישן.** ביישו אדם ישן: **ומת.** מתוך שנתו ולא הכיר בבשתו שעשה לו זה מהו: **כיסופא.** חפיית פנים: **זילותא.** שמזלזל בו בפני רבים ואף על פי שאינו שם על לבו: **והתניא.** בניחותא: **דלא כרבי יהודה.** דאמר סומא אין לו בושת אם בייש חבירו פטור ומתניתין קתני ישן שבייש פטור ובסומא לא תנא הכי ט) הלכך סומא חייב: **בעדים** זוממין כתיב (דברים יט) לא תחוס עינך עליו ובבושת נמי כתיב (שם כה) וקצותה את כפה לא תחוס עינך עדים אי אפשר בסומין דבעינן ראיה דאם לא ראה שקטע ידו של חבירו י) היאך יעיד: **בלא ראות.** משמע שהוא רואה במקום אחר וכאן היה בלא ראות: **אתיא רוצח** רוצח מחייבי גליות. במיתה כתיב (במדבר לה) לא תקחו כופר לנפש רוצח ובגלות כתיב (שם) לנוס שמה רוצח: במלקות כתיב (דברים כה) אם בן הכות הרשע ובמיתה כתיב (במדבר לה) אשר הוא רשע למות:

עין משפט נר מצוה

מא א מיי' פ"ה מהל' חובל ומזיק הלכה יא סמג עשין ע טוש"ע ח"מ סימן תכ סעיף לו וסימן תכא סעיף א:

מב ב ג ד מיי' שם פ"ג הלכה ג ד ה סמג שם טוש"ע ח"מ סימן תכ סעיף לד:

מג ה מיי' שם הלכה ג טוש"ע שם סעי' לה:

מד ו ז מיי' שם הלכה ד טוש"ע שם סעיף לג:

מה ח מיי' פ"ו מהל' רוצח הלכה יד:

ליקוטי רש"י

דאתא זיקא כרכינהו למאניה. רוח נכרכה וגלגלה לבגדיו [עי' שבת קכט. יומא נב.]. **דלינהו.** הגביה [תענית כג.]. **בלא ראות פרט לסומא.** דמשמע כאן לא ראה אבל רואה במקום אחר פרט לסומא שאינו רואה בשום מקום [מכות ט:]. שהרג בשוגג שאינו גולה [והכי קאמר] בלא ראות זה שהרגו לא ראהו דאלו ראהו לא היה הורגו מכלל דיש ספק בידו לראות [פרט לסומא דאינו יכול] דאינו גולה [נדרים פז:]. **ואין מיעוט אחר מיעוט אלא לרבות.** כלומר מדה היא בתורה [סנהדרין מו.].

תורה אור השלם

א) אוֹ בְכָל אֶבֶן אֲשֶׁר יָמוּת בָּהּ בְּלֹא רְאוֹת וַיַּפֵּל עָלָיו וַיָּמֹת וְהוּא לֹא אוֹיֵב לוֹ וְלֹא מְבַקֵּשׁ רָעָתוֹ: [במדבר לה, כג]

ב) וַאֲשֶׁר יָבֹא אֶת רֵעֵהוּ בַיַּעַר לַחְטֹב עֵצִים וְנִדְּחָה יָדוֹ בַגַּרְזֶן לִכְרֹת הָעֵץ וְנָשַׁל הַבַּרְזֶל מִן הָעֵץ וּמָצָא אֶת רֵעֵהוּ וָמֵת הוּא יָנוּס אֶל אַחַת הֶעָרִים הָאֵלֶּה וָחָי: [דברים יט, ה]

ג) וְזֶה דְּבַר הָרֹצֵחַ אֲשֶׁר יָנוּס שָׁמָּה וָחָי אֲשֶׁר יַכֶּה אֶת רֵעֵהוּ בִּבְלִי דַעַת וְהוּא לֹא שֹׂנֵא לוֹ מִתְּמֹל שִׁלְשֹׁם: [דברים יט, ד]

מסורת הש"ס

א) לעיל כז., ב) שנאמר ושלחה ידה והחזיקה במבושיו אינו חייב על הבושת. רש"ל, ג) סנהדרין פה., ד) אין זו מברייתא אלא רב פפא הוא דמפ' הכי. העתק מחילופי גרסאות, ה) מכות ט:, ו) נדרים פז:, ז) [יומא מג. וש"נ], ח) ס"א אלמא, ט) [ד"ה והאמר], י) [ד"ה א"נ], כ) [ד"ה דאמר], ל) [עי' היטב תוספות יומא יט: ד"ה מי ותוספ' ב"מ יז: ד"ה מן], מ) [גם במנחות ט: ד"ה אין הניחו בתימה וביומא ס. ד"ה תרי כתבי ישוב ע"ז ע"ש].

הגהות הב"ח

(א) במשנה ופטור על הבושת שנא' ושלחה ידה והחזיקה במבושיו אינו חייב על הבושת עד שיהא מתכוין:

גליון הש"ס

רש"י ד"ה בעדים זוממין וכו' היאך יעיד. תמוה לי הא יכול להעיד שראה קודם שנסתמא שזה קטע ידו והחיוב על מעשה שלו שהיה בעינן סומא וע"כ בבושת וצ"ע. ועמ"ש תוספות ב"ב דף קכח ע"א ד"ה אי דאמסקנא סומא פסול להעיד בהלואה והגהות שם דסומא פסול דכתיב או ראה פרט לסומא ניחא סוגיא דהכא: תוס' ד"ה ביישו וכו'. ומיהו אין תימה כ"כ. עי' ר"מ בן במלאמות פ"ג דברכות באיבעיא דנשים בבהמ"ז דאורייתא:

הגהות מהר"ב רנשבורג

אן גמ' אמר רב פפא שביישו. עיין שיטה מקובצת:

הגמרא מקשה על הראיה:

אֶלָּא מַאי — אלא לדעתך מהו הטעם לחיוב בושת? **מִשּׁוּם בּוֹשֶׁת דִּבְנֵי מִשְׁפָּחָה?** אם כן, **אֲפִילּוּ שׁוֹטֶה נַמִּי** — גם מי שבייש שוטה היה לו להתחייב בדמי בושת מחמת בושת בני משפחתו, אף על פי שהוא עצמו אינו מרגיש בבושה! ומדוע פוטרת אותו הברייתא?

הגמרא דוחה את הקושיא:

שׁוֹטֶה אֵין לְךָ בּוֹשֶׁת גְּדוֹלָה מִזּוֹ, ואין בני משפחתו חוששים לזלזול בו[33].

הגמרא חוזרת לראיה שלה:

מִכָּל מָקוֹם נִיפְשׁוֹט מִינָּהּ (מהברייתא) **דְּמִשּׁוּם בּוֹשֶׁת מִשְׁפָּחָה** הוא החיוב לשלם דמי בושת, **דְּאִי מִשּׁוּם כִּיסוּפָא** — שאם החיוב הוא משום הרגשת הבושה של המתבייש עצמו, **קָטָן בַּר כִּיסוּפָא הוּא** — וכי לקטן יש הרגשת בושה?! בודאי לא! ואם כן נפשוט מזה ספיקו של רבי אבא בר ממל.

רב פפא דוחה את הראיה:

אָמַר רַב פָּפָּא: אֵין (כן), יש קטן המרגיש בבושתו, וכגון **דְּמִיכַלְמוּ לֵיהּ וּמִיכַּלַם** — שהיה גדול קצת ובר דעת, וכאשר מביישים אותו הוא מתבייש. ואפשר לפרש שעל קטן כזה מדברת הברייתא.

רב פפא מביא ראיה לדבריו:

וְהָתַנְיָא — וכך אכן שנינו בברייתא: **רַבִּי אוֹמֵר: חֵרֵשׁ יֵשׁ לוֹ** דמי **בּוֹשֶׁת; שׁוֹטֶה אֵין לוֹ** דמי **בּוֹשֶׁת.** ואילו **קָטָן, פְּעָמִים יֵשׁ לוֹ** דמי בושת, **פְּעָמִים אֵין לוֹ.**

רב פפא מבאר את דבריה האחרונים של הברייתא:

הָא — מה שאומרת הברייתא שיש לו לפעמים בושת, **דְּמִיכַלְמוּ לֵיהּ וּמִיכַּלַם** — היינו בקטן שהוא גדול בשיעור כזה שאם מביישים אותו הוא מתבייש, **הָא** — ומה שאומרת הברייתא שאין לו בושת, **דְּמַכְלְמוּ לֵיהּ וְלֹא מִיכַּלַם** — היינו בקטן כזה שאינו מתבייש כאשר מביישים אותו[34].

עוד שנינו במשנה:

הַמְבַיֵּישׁ אֶת הַסּוּמָא וכו' [והמבייש את הישן חייב. וישן שבייש פטור].

משמע מהמשנה שסומא המבייש אדם אחר חייב[35]. הגמרא מעירה על כך:

מַתְנִיתִין — משנתנו שנויה **דְּלֹא כְּדַעַת רַבִּי יְהוּדָה. דְּתַנְיָא** בברייתא: **רַבִּי יְהוּדָה אוֹמֵר: סוּמָא אֵין לוֹ בּוֹשֶׁת** — אם בייש הסומא אדם אחר אינו חייב[36]. **וְכָךְ** (וכמו כן) **הָיָה רַבִּי יְהוּדָה פּוֹטֵר** את הסומא **מֵחַיָּיבֵי גָּלֻיוֹת, וּמֵחַיָּיבֵי מַלְקִיּוֹת, וּמֵחַיָּיבֵי מִיתוֹת בֵּית דִּין.** ונמצא שמשנתנו, שמשמע ממנה שסומא חייב בדמי בושת, שנויה שלא כדעתו של רבי יהודה.

הגמרא מבארת את טעמו של רבי יהודה בדין הראשון:

מַאי טַעְמָא — מהו טעמו **דְּרַבִּי יְהוּדָה** שאמר שאין הסומא משלם דמי בושת? **גָּמַר** — משום שהוא לומד בגזירה שוה על ידי המלים "עֵינֶךָ" "עֵינֶךָ" **מֵעֵדִים זוֹמְמִין**[37], **מַה הָתָם** — כשם ששם, בעדים זוממים, **סוּמִין לֹא** — דין עדים זוממים אינו נוהג בסומים[38], **אַף הָכָא סוּמִין לֹא** — גם כאן, סומים אינם חייבים בתשלום דמי בושת[39].

הגמרא מבארת את טעמו של רבי יהודה בדין השני:

סומא נתמעט **מֵחַיָּיבֵי גָּלֻיוֹת**[40], **דְּתַנְיָא** — כפי ששנינו בשם רבי יהודה בברייתא אחרת: נאמר בתורה לגבי רוצח בשגגה (במדבר לה, כג): "אוֹ בְכָל אֶבֶן אֲשֶׁר יָמוּת בָּהּ **בְּלֹא רְאוֹת** וַיַּפֵּל עָלָיו וַיָּמֹת"[41], ומשמע שמדובר באדם שיכול לראות, אלא שבשעה שהפיל עליו את האבן לא ראה (דהיינו שלא בדק היטב לראות שאין איש באותו מקום), שאותו חייבה התורה בעונש גלות. מזה אנו למדים **פְּרָט** (למעט) **לְסוּמָא**, שאינו יכול לראות, שאם הרג בשוגג אינו חייב גלות. **דִּבְרֵי רַבִּי יְהוּדָה. רַבִּי מֵאִיר אוֹמֵר:** אדרבה, מהכתוב "בְּלֹא רְאוֹת" יש ללמוד **לְרַבּוֹת אֶת הַסּוּמָא** שהרג בשוגג שחייב גלות, כפי שיבואר בסמוך[42].

הגמרא מבארת את מחלוקתם:

מַאי טַעְמָא — מהו טעמו **דְּרַבִּי יְהוּדָה** הממעט סומא מעונש גלות? **אָמַר לָךְ** — הוא יאמר לך: נאמר בפסוק אחר העוסק בעונש גלות על הריגה בשוגג (דברים יט, ה): "**וַאֲשֶׁר יָבֹא אֶת רֵעֵהוּ בַיַּעַר לַחְטֹב עֵצִים. . .**"[43], ומפסוק זה יש לרבות שכל שיכול לבוא ביער גולה, **וַאֲפִילּוּ סוּמָא**, שהרי גם הוא יכול לבוא ליער[44]. לכן **כָּתַב רַחֲמָנָא** (התורה): "**בְּלֹא רְאוֹת**", **לְמַעוּטֵי** — למעט מי שאינו רואה[45].

הערות

33. ר"י מלוניל להלן פז, ב ד"ה וחרשת.

34. מברייתא זו מוכח שחיוב בושת אינו משום "בושת משפחה", וגם לא משום "זילותא" של המבוייש, שכן אם החיוב היה משום אחת הסיבות הללו, גם המבייש קטן שאין לו דעת כלל להרגיש בושה היה צריך להתחייב. אלא בעל כרחך חיוב בושת הוא משום "כיסופא" של המבוייש, ולכן הוא תלוי בהרגשת הבושה שלו. וממילא לגבי המקרה של רבי אבא בר ממל, בישן שביישוהו ומת מתוך שנתו, שלא הרגיש כלום, אין חיוב בושת (תוספות, סוף ד"ה ביישו — עיין פני יהושע, ורא"ש; ועיין גם כוס הישועות; אולם ראה תוספות רבינו פרץ; רשב"א; רמב"ם הלכות חובל ומזיק ג, ג; וראה ביאור הגר"א תכ, מא, ושאילת יעבץ ב; וראה עוד ים של שלמה יח).

35. מכך שבתחילה אמרה המשנה שהמבייש את הסומא או את הישן חייב, ואחר כך אמרה שישן שבייש פטור, ולא אמרה כך גם לגבי סומא, משמע שסומא שבייש חייב (רש"י).

36. רש"י. אבל המבייש את הסומא חייב אף לדעת רבי יהודה (תוספות, על פי טעמו של רבי יהודה בגמרא להלן, ועל פי רש"י; וראה מהרש"א ופני יהושע; אולם ראה חידושי הראב"ד; וראה גם כוס הישועות).

37. בחיוב תשלומי בושת נאמר בתורה (דברים כה, יב): "וְקַצֹּתָה אֶת כַּפָּהּ [הספרי שם לומד שהכוונה בזה היא לתשלומי בושת] לֹא תָחוֹס **עֵינֶךָ**", ובעדים זוממים נאמר (שם יט, כא) "וְלֹא תָחוֹס **עֵינֶךָ**".

38. שהרי לעדות יש צורך בראייה, שאם לא ראה שקטע ידו של חבירו היאך יעיד (רש"י).

[אולם בגליון הש"ס תמה רבי עקיבא איגר, שסיבה זו אינה מונעת סומא להעיד במקרה שראה את המעשה ונעשה סומא רק לאחר ראיית המעשה; ולכן הוא מבאר את הגמרא [שלא כרש"י] על פי הרא"ש בבא בתרא קכח, ב, שסומא בשעת הגדה פסול להעיד אף על פי שראה את המעשה, מגזירת הכתוב המצריכה שיהיה ראוי לראות בשעת הגדה; ועיין תוספתא שבועות ג, ו, ותוספות נדה נ, א ד"ה ורבי מאיר, וקושיות עצומות לרבי עקיבא איגר; וראה גם חידושי הראב"ד).

39. [ויש להקשות שלפי דרשה זו היה צריך לפטור גם גזלנים ועבדים וקרובים מתשלומי בושת, כשם שהם פסולים לעדות, ואם כן, מדוע פוטרת הברייתא דוקא את הסומין? והתירוץ, שמכיון שהגזירה שוה נדרשת מהמלים "עֵינֶךָ" "עֵינֶךָ", סברא היא שהגזירה שוה ניתנה רק לגבי דברים הנוגעים לראיית העינים, כסומא (תוספות, ותוספות רבינו פרץ; וראה כוס הישועות; וראה תירוץ נוסף ברשב"א, ורא"ש בשיטה מקובצת).]

40. שאינו חייב לגלות לעיר מקלט כשהרג בשוגג כשאר הורג בשוגג (ראה במדבר לה, י-טו, ודברים יט, א-ז).

41. כלומר, שהרגו באבן שראויה להמית, אולם עשה זאת בשוגג, שלא ראה אותו באותה שעה שהפיל עליו את האבן. [זוהי דוגמא של הורג בשוגג.]

42. על אף שאין הסומא יכול לדעת את מקומו המדוייק של הנהרג, מכל מקום יכול הוא להרגיש שעומד ההרוג בקרבתו (כגון על ידי חוש השמיעה). לכן אין הוא נחשב כאנוס אלא כשוגג, וגולה (ראה ר"ן נדרים פז, ב).

43. הפסוק במלואו אומר: "וַאֲשֶׁר יָבֹא אֶת רֵעֵהוּ בַיַּעַר לַחְטֹב עֵצִים וְנִדְּחָה יָדוֹ בַגַּרְזֶן לִכְרֹת הָעֵץ וְנָשַׁל הַבַּרְזֶל מִן־הָעֵץ וּמָצָא אֶת־רֵעֵהוּ וָמֵת, הוּא יָנוּס אֶל־אַחַת הֶעָרִים הָאֵלֶּה וָחָי".

44. נדרים פח, א.

45. ראה תורת חיים מדוע אין הגמרא אומרת בקצרה שטעמו של רבי יהודה הוא משום הכתוב "בְּלֹא רְאוֹת" שממעט סומא לדעתו. וגם איך דרשה זו תלויה בדרשת רבי יהודה לגבי בושת, כפי שמשמע מלשון הברייתא לעיל "**וכך** היה רבי יהודה פוטר [את הסומא] מחייבי גלויות".

מא א מיי׳ פ"ג מהל׳ חובל ומזיק הלכה יא סמג עשין ע טוש"ע ח"מ סימן תכ סעיף לט וסימן תכא סעיף א:
מב ב ג ד מיי׳ שם פ"ג הלכה ג ד ה סמג שם טוש"ע שם סעי׳ לט וטוש"ע ח"מ סימן תכ סעיף לד:
מג ה מיי׳ שם הלכה ג טוש"ע שם סעי׳ לה:
מד ו ז מיי׳ שם הלכה ד טוש"ע שם סעיף לו:
מה ח מיי׳ פ"ו מהל׳ רוצח הלכה יד:

ליקוטי רש"י

דאתא זיקא כרכינהו למאניה. רוח נכנסה וגלגלה לבגדיו [עי׳ שבת קכט. יומא נב.]. דלינהו. הגביה [תענית כג.]. בלא ראות פרט לסומא. דמשמע כאן לא ראהו אבל רואה במקום אחר פרט לסומא שאינו רואה בשום מקום [מכות ט.]. שהרג בשוגג שאינו גולה [וזהו קאמר] בלא ראות זה שהרגו לא ראהו לאלו ראהו לא היה הורגו מכלל דיש ספק בידו לראות [פרט לסומא דאינו רואה] דאינו גולה [נדרים פז:]. ואין מיעוט אחר מיעוט אלא לרבות. כלומר מדה היא בתורה [סנהדרין מו.].

תורה אור השלם

א) אוֹ בְכָל אֶבֶן אֲשֶׁר יָמוּת בָּהּ בְּלֹא רְאוֹת וַיַּפֵּל עָלָיו וַיָּמֹת וְהוּא לֹא אוֹיֵב לוֹ וְלֹא מְבַקֵּשׁ רָעָתוֹ: [במדבר לה, כג]

ב) וַאֲשֶׁר יָבֹא אֶת רֵעֵהוּ בַיַּעַר לַחְטֹב עֵצִים וְנִדְּחָה יָדוֹ בַגַּרְזֶן לִכְרֹת הָעֵץ וְנָשַׁל הַבַּרְזֶל מִן הָעֵץ וּמָצָא אֶת רֵעֵהוּ וָמֵת הוּא יָנוּס אֶל אַחַת הֶעָרִים הָאֵלֶּה וָחָי: [דברים יט, ה]

ג) וְזֶה דְּבַר הָרֹצֵחַ אֲשֶׁר יָנוּס שָׁמָּה וָחָי אֲשֶׁר יַכֶּה אֶת רֵעֵהוּ בִּבְלִי דַעַת וְהוּא לֹא שֹׂנֵא לוֹ מִתְּמֹל שִׁלְשֹׁם: [דברים יט, ד]

תוספות

ערום בר בושת הוא. פי׳ בקונטרס כיון דאין מקפיד להלוך ערום בפני בני אדם מי הוי כלל בר בושת וק׳ לפירושו מ"ש דפריך אברייתא הוה ליה למפרך אמתניתין דקתני המבייש את הערום חייב ונראה לפרש דלמתניתין לא פריך דפשיטא דערום בר בושת הוא אם רוקק בו או סטרו אבל לשון הברייתא משמע ליה ביישו ערום שמביישו במה שמגלהו ומערימו ועוד דקתני אין דומה ביישו ערום לביישו לבוש ואם רוקק בו או סוטרו כך מתבייש כשהוא ערום כמו כשהוא לבוש ולכך פריך ערום בר בושת הוא אם הוא ערום היאך הערימו והא דקתני נמי בברייתא ביישו בבית המרחץ חייב אביישו ערום נמי קאי שהערימו בבית המרחץ והשתא א"ש הא דפריך בית המרחץ בר בושת הוא בערמומי׳ והלא דרך בני אדם להיות ערומים במרחץ:

דאתא זיקא כו׳. אבל אם הוא עצמו דלינהו וכל שכן חבירו ודלינהו טפי פטור כיון שזה אין מקפיד או שמא אורחא דמילתא נקט דאתא זיקא: **ביישו** ישן ומת מהו. תימה דלא מייתי הכא מילתיה דרב ששת דבריש הנחנקין (סנהדרין דף פה. ושם ח) פריך בפשיטות והאמר רב ששת ביישו ישן ומת חייב ויש ספרים שכתוב בהן והאמר רב ששת ביישו ישן חייב ול"ג ומת ולא נהירא כלל דמה ענין ישן לגברא קטילא שיוצא ליהרג ועוד מאי קמ"ל רב ששת מתניתין היא המבייש את הישן חייב ט ומיהו אין תימה כ"כ שלא הביא כאן מילתא דרב ששת למיפשט בעיין דהכא אשכחן דאין דין המודר (נדרים דף לה: ושם ט) דלאיבעיא הני כהני שלוחי דידן הוו או שלוחי דשמיא הוו ולא מייתי מילתיה דרב הונא בריה דרב יהושע דאמר בפרק קמא דקדושין (דף כג: ושם י) הני כהני שלוחי דרחמנא נינהו דאי שלוחי דידן מי איכא מידי דאנן לא מצי עבדי ואינהו מצו עבדי י) אך קשה דבמסקנא דהכא משמע דביישו ישן ומת פטור דמסיק דמשום כיסופא דידיה הוא ור"ח גריס התם והאמר רב ששת ביישו חייב ויוצא ליהרג קאי:

סומא אין לו בושת. דסומא שבייש פטור אבל המבייש את הסומא חייב דהא לא משמע מעיניך שיהא פטור וכן משמע מתוך פירוש הקונטרס דפי׳ דדייק מתניתין דלא כרבי יהודה מדלא קתני סומא שבייש פטור כדקתני ישן שבייש פטור משמע דלא מצי דייק מדקתני המבייש את הסומא חייב דמודה רבי יהודה דמבייש את הסומא חייב:

גמרא

דמיכלמו ליה ומיכלם: **מתני׳** המבייש את הערום המבייש את הסומא והמבייש את הישן חייב א וישן שבייש פטור א) נפל מן הגג והזיק ובייש חייב על הנזק ופטור על הבושת (א) ג) עד שיהא מתכוין: **גמ׳** ת"ר בייש ערום חייב ב ואינו דומה בייש ערום לביישו לבוש ביישו בבית המרחץ חייב ואינו דומה ביישו בבית המרחץ לביישו בשוק אמר מר ביישו ערום חייב ערום בר בושת הוא אמר רב פפא מאי ערום ג דאתא זיקא כרכינהו למאניה ואתא הוא דלינהו טפי וביישיה ביישו בבית המרחץ חייב בית המרחץ בר בושת הוא אן אמר רב פפא ד שביישו על גב הנהר ה בעי ר׳ אבא בר ממל ג ביישו ישן ומת מהו מאי קמבעיא ליה אמר רב זביד הכי קמבעיא ליה משום כיסופא הוא והא מית ליה ולית ליה כיסופא או דלמא משום זילותא הוא והא אוזליה ת"ש ר"מ אומר ו חרש וקטן יש להן בושת שוטה אין לו בושת אא"ב משום זילותא היינו דקתני קטן אלא אי אמרת משום כיסופא קטן בר בושת הוא אלא מאי משום זילותא אפילו שוטה נמי אמרי שוטה אין לך בושת גדולה מזו מכל מקום ניפשוט מינה דמשום זילותא הוא דאי משום כיסופא קטן בר כיסופא הוא כדאמר רב פפא דמיכלמו ליה ומיכלם הכא נמי ז דמיכלמו ליה ומיכלם רב פפא אמר הכי קמבעיא ליה משום כיסופא דידיה הוא והא מיית ליה או דלמא משום בושת משפחה תא שמע חרש וקטן יש לו בושת שוטה אין לו בושת אי אמרת בשלמא משום בושת משפחה היינו דקתני קטן אלא אי אמרת משום כיסופא דידיה קטן בר בושת הוא אלא מאי משום בושת דבני משפחה אפי׳ שוטה נמי אפי׳ שוטה נמי אין לך בושת גדולה מזו מ"מ ניפשוט מינה דמשום בושת משפחה דאי משום כיסופא קטן בר כיסופא הוא אמר רב פפא אין דמיכלמו ליה ומיכלם והתניא ר׳ אומר חרש יש לו בושת שוטה אין לו בושת קטן פעמים יש לו פעמים אין לו ז הא דמיכלמו ליה הא דמיכלם ליה ולא מיכלם: המבייש את הסומא וכו׳: מתניתין דלא כר׳ יהודה דתניא ר׳ יהודה אומר סומא אין לו בושת וכך היה ר׳ יהודה פוטר מחייבי גליות ומחייבי מלקיות ומחייבי מיתות ב"ד מ"ט דר׳ יהודה גמר עינך עינך מעדים זוממין מה התם סומין לא אף הכא סומין לא מחייבי גליות דתניא ח א) בלא ראות ח פרט לסומא דברי ר׳ יהודה ר׳ מאיר אומר לרבות את הסומא מ"ט דר׳ יהודה אמר לך ב) ואשר יבא את רעהו ביער לחטוב עצים ואפי׳ סומא כתב רחמנא בלא ראות למעוטי ור׳ מאיר כתב רחמנא בלא ראות למעוטי וכתב רחמנא ג) בבלי דעת למעוטי הוי מיעוט אחר מיעוט ט ואין מיעוט אחר מיעוט אלא לרבות ור׳ יהודה ההוא בבלי דעת פרט למתכוין הוא דאתא חייבי מיתות ב"ד אתיא רוצח רוצח מחייבי גליות חייבי מלקיות אתיא רשע רשע מחייבי מיתות בית דין תניא אידך ר׳ יהודה אומר סומא אין לו בושת וכן

רש"י

דמיכלמו ליה ומיכלם. כשמזכירין לו בושת ומכלימין אותו בה מלמטער: ערום בר בושת הוא. בתמיה כיון דאין מקפיד לילך ערום בפני בני אדם מי הוי בר בושת: בית המרחץ. בני אדם עומדים ערומים ואין להם בושת: ביישו ישן. בייש אדם ישן: ומת. מתוך שנתו ולא הכיר בבשתו שעשה לו זה מהו: כיסופא. חפיית פנים: זילותא. שמזלזל בו בפני רבים ואף על פי שאינו שם על לבו: והתניא. בניחותא: דלא כרבי יהודה. דלאמר סומא אין לו בושת אם בייש את חבירו פטור ומתניתין קתני ישן שבייש פטור וסומא לא תנא הכי ט) הלכך סומא חייב: בעדים זוממין כתיב (דברים יט) לא תחוס עינך עליו ובבושת נמי כתיב (שם כה) וקצותה את כפה לא תחוס עינך עדים אי אפשר בסומין דבעינן ראיה דאם לא ראה שקטע ידו של חבירו היאך יעיד: בלא ראות. משמע שהוא רואה במקום אחר וכאן היה בלא ראות: אתיא רוצח רוצח מחייבי גליות. במיתה כתיב (במדבר לה) לא תקחו כופר לנפש רוצח ובגלות כתיב (שם) לנוס שמה רוצח: במלקות כתיב (דברים כה) אם בן הכות הרשע ובמיתה כתיב (במדבר לה) אשר הוא רשע למות:

תוספות

מה להלן סומא לא. וא"ת אי מה להלן גזלנים ועבדים לא אף גבי בושת ליפטרו וכ"ת אשה תוכיח דפסולה לעדות וחייבת בבושת דכתיב והחזיקה במבושיו א"כ סומא נמי לא אתי וי"ל כיון דעינך עינך גמר אע"ג דעינך אבית דין קאי סברא הוא לדענין דבר התלוי בראיה גמרינן ג"ש: **ואין** מיעוט אחר מיעוט אלא לרבות. תימה לא ליכתוב שום מיעוט וממילא אמרבי וכן יש להקשות גבי אין ריבוי אחר ריבוי אלא למעט ג): **חייבי** מלקיות מנין אתיא רשע רשע. רבי יהודה דריש הכא ג"ש דרשע רשע ורבנן לא פליגי אלא דלא פטרי סומא אפילו בחייבי גליות ובאחד דיני ממונות (סנהדרין דף לג: ושם ד"ה אתיא) גבי דיני נפשות מחזירין לזכות נמי אמר חייבי מלקיות מנין אתיא רשע רשע תניא נמי הכי כו׳ וסתמא דגמרא דריש לה בפ"ק דמכות (דף ה:) גבי אין העדים זוממין נהרגים עד שיגמר הדין על פיהם והא דאמר בפרק קמא דסנהדרין (דף י.) מאי טעמא דרבי ישמעאל דאמר מכות בכ"ג אמר אביי אתיא רשע רשע רבא אמר מלקות תחת מיתה עומדת לאו משום דלית ליה לרבא רשע רשע אלא משום דלא צריך דמגופו המלקות שמעינן דהוי בכ"ג דמלקות תחת מיתה ומיתה בכ"ג ולענין מחזירין לזכות ואין מחזירין לחובה לא שייך כל כך מלקות תחת מיתה עומדת דשמא במיתה דוקא משום ושפטו העדה והצילו העדה וכן בפרק קמא דמכות (דף ה.) גבי משלשים בממון ואין משלשים במכות דקאמר מנא הני מילי אמר אביי אתיא רשע רשע רבא אמר בעינן כאשר זמם וליכא לאו משום

מסורת הש"ס

א) לעיל כז., ב) שנאמר ושלחה ידה והחזיקה במבושיו אינו חייב על הבושת. רש"ל, ג) סנהדרין פה., ד) אין זה מברייתא אלא רב פפא הוא דמפ׳ הכי. העתק מחילופי גרסאות, ה) מכות ט: נדרים פז., ו) [יומא מג. וש"נ], ז) ס"א אלמא, ח) [ד"ה והאמר], ט) [ד"ה א"ל], י) [ד"ה דלמא], כ) [ועי׳ היטב תוספות יומא יט. ע"ש גם ותוספ׳ ב"מ יח: ד"ה מן], ל) [גם במנחות ע: ד"ה אין הניחו בתימה וביומא ס. ד"ה תרי כתבי ישוב ע"ש].

הגהות הב"ח

(א) במשנה ופטור על הבושת שנא׳ ושלחה ידה והחזיקה במבושיו אינו חייב על הבושת עד שיהא מתכוין:

גליון הש"ס

רש"י ד"ה בעדים זוממין וכו׳ היאך יעיד. תמוה לי הא יכול להעיד שראה קודם שנסתמא שזה קטע ידו והחיוב על מעשה שלו שהיה בעינו סומא וה"נ בבושת וצ"ע. ולמ"ש תוספות ב"ב דף קכח ע"א ד"ה אי דלמסקנא סומא פסול להעיד בכלולה והכלה"מ שם דקסומא פסול דכתיב או ראה פרט לסומא ניחא ודו"ק. תוס׳ ד"ה ביישו וכו׳. ומיהו אין תימה כ"כ. עי׳ ברמב"ן במלחמות פ"ג דברכות באיבעיא דנכנס בכהמ"ז דאורייתא:

הגהות מהר"ב רנשבורג

אן גמ׳ אמר רב פפא שביישו. עיין שיטה מקובצת:

הגמרא מבארת את טעמו של רבי מאיר:

וְרַבִּי מֵאִיר מהו טעמו? **כָּתַב רַחֲמָנָא** — אמרה התורה: **"בְּלֹא רְאוֹת"** **לְמַעוֹטֵי** — למעט סומא, כמו שאמר רבי יהודה. **וְכָתַב רַחֲמָנָא** — ועוד כתבה התורה (דברים יט, ד): **"בִּבְלִי דַעַת"**[46], שלפי פשוטו בא פסוק זה **לְמַעוֹטֵי** — למעט סומא, שכן הסומא לעולם אינו יכול לדעת את מקומו המדוייק של רעהו[47]. **הָוֵי** — נמצא שיש כאן **מִיעוּט אַחַר מִיעוּט** (שהן "בְּלֹא רְאוֹת", והן "בִּבְלִי דַעַת", באים למעט סומא), **וְ**הכלל הוא **שׁאֵין מִיעוּט אַחַר מִיעוּט אֶלָּא לְרַבּוֹת**[48]. ולכן סומא גולה.

הגמרא חוזרת לדון בדעת רבי יהודה:

וְרַבִּי יְהוּדָה, כיצד מבאר הוא את הפסוק שמביא רבי מאיר? לדעתו **הַהוּא "בִּבְלִי דַעַת"** אינו בא למעט סומא, אלא **פְּרָט לְמִתְכַּוֵּין הוּא דְּאָתָא** — הוא בא למעט מגלות מי שהרג בכוונה[49]. ולדעתו נאמר בתורה רק מיעוט אחד בענין סומא ("בְּלֹא רְאוֹת"), ולכן הוא לומד ממנו שסומא אינו גולה.

הגמרא מבארת מניין רבי יהודה לומד למעט סומא מחייבי מלקיות ומחייבי מיתות בית דין:

המיעוט לסומא מ**חַיָּיבֵי מִיתוֹת בֵּית דִּין, אַתְיָא** — בא על ידי גזירה שוה מהמלים **"רֹצֵחַ" "רוֹצֵחַ" מֵחַיָּיבֵי גָּלֻיוֹת**, שכשם שסומא שהרג בשגגה אינו חייב גלות, כך אינו חייב מיתת בית דין אם הרג במזיד[50]. והמיעוט לסומא מ**חַיָּיבֵי מַלְקִיּוֹת, אַתְיָא** — בא על ידי גזירה שוה מהמלים **"רָשָׁע" "רָשָׁע" מֵחַיָּיבֵי מִיתוֹת בֵּית דִּין**[51], שכשם שסומא שהרג במזיד אינו חייב מיתת בית דין, כך אינו חייב מלקות אם עבר במזיד עבירה שחייבים עליה מלקות.

הגמרא מביאה מימרא אחרת של רבי יהודה באותו ענין:

תַּנְיָא אִידָךְ — בברייתא אחרת שנינו: **רַבִּי יְהוּדָה אוֹמֵר: סוּמָא אֵין לוֹ** חיוב לשלם דמי **בּוֹשֶׁת.**

הערות

46. וכך נאמר שם בפסוק: "וְזֶה דְּבַר הָרוֹצֵחַ אֲשֶׁר יָנוּס שָׁמָּה וָחָי אֲשֶׁר יַכֶּה אֶת רֵעֵהוּ בִּבְלִי דַעַת. . .".

47. כלומר, המשמעות של "בִּבְלִי דַעַת" היא שהיתה לו אפשרות לדעת, אלא שהוא עשה זאת בבלי דעת. ואם כן מזה יש למעט סומא שאין לו האפשרות לדעת היכן בדיוק נמצא אדם אחר (נדרים פח, א על פי ר"ן).

48. זהו אחד מהכללים שהתורה נדרשת בהם (רש"י סנהדרין מו, א). יסוד כלל זה הוא שמכיון שהמיעוט השני לא הוצרך כדי למעט, שהרי כבר מהמיעוט הראשון יש למעט, לכן הוא מתפרש כבא לרבות. או ביאורו הוא שמכיון שהמיעוט השני לא הוצרך כדי למעט, בעל כרחך שהמיעוט השני בא לגלות על המיעוט הראשון, וללמד שכשם שהמיעוט השני לא בא למעט, גם המיעוט הראשון לא בא למעט, אלא הוא נכתב רק לדוגמא (יד רמה שם; עיין שם ביאור נוסף; ועיין עוד הליכות עולם, כללי הגמרא ד, ד, ומלבי"ם מלכים-א ח, ט, ושדי חמד מערכת א פאת השדה נו).

[התוספות הקשו על כלל זה, שלא תכתוב התורה שום מיעוט, וממילא היינו מרבים הכל. עיין מצפה איתן וכוס הישועות.]

49. כלומר, רוצח בשוגג שהתכוון להרוג, כגון שהתכוון להרוג את הבהמה והרג את האדם, או להרוג גוי והרג ישראל, או להרוג נפל והרג תינוק חי (רש"י מכות ט, ב ד"ה פרט למתכוון, על פי הגמרא שם ז, ב); והיינו שהיו שניהם לפניו, ונתכוון לאחד ופגע בשני (תוספות שם ט, א ד"ה האומר מותר). [ורבי מאיר סובר שמקרים אלו, מ"בִּשְׁגָגָה" (במדבר לה, יא, טו) יש למעטם (תוספות שם עמוד ב ד"ה ורבי יהודה).]

50. ברוצח במזיד, החייב מיתת בית דין, אמרה תורה (במדבר לה, לא): "וְלֹא תִקְחוּ כֹפֶר לְנֶפֶשׁ **רֹצֵחַ**", וברוצח בשוגג נאמר על הערים אשר הבדיל משה לערי מקלט (דברים ד, מב) "לָנֻס שָׁמָּה **רוֹצֵחַ**" (רש"י).

לפי מה שמבארת הגמרא שטעמו של רבי יהודה שממעט את הסומא מחיוב מיתת בית דין הוא מגזירה שוה "רוצח" "רוצח", רבי יהודה ממעטו רק מחיוב מיתת בית דין של רוצח במזיד, ולא משאר חיובי מיתת בית דין. וראה בגמרא להלן דעת רבי יהודה לפי ברייתא אחרת שמביאה הגמרא.

51. ברוצח במזיד, החייב מיתת בית דין, אמרה תורה (במדבר לה, לא): "וְלֹא תִקְחוּ כֹפֶר לְנֶפֶשׁ רֹצֵחַ אֲשֶׁר הוּא **רָשָׁע** לָמוּת", ובחיוב מלקות נאמר (דברים כה, ב): "וְהָיָה אִם בִּן הַכּוֹת **הָרָשָׁע**" (רש"י; ראה פני יהושע).

וְכֵן הָיָה רַבִּי יְהוּדָה פּוֹטְרוֹ (את הסומא) **מִכָּל הַדִּינִים** (דיני ממונות) **שֶׁבַּתּוֹרָה**[1].

הגמרא מבארת את טעמו של רבי יהודה:

מַאי טַעְמָא דְּרַבִּי יְהוּדָה — מהו טעמו של רבי יהודה הפוטר סומא מכל דיני ממונות שבתורה? **אָמַר קְרָא** (במדבר לה, כד): **"וְשָׁפְטוּ הָעֵדָה בֵּין הַמַּכֶּה וּבֵין גֹּאֵל הַדָּם עַל הַמִּשְׁפָּטִים הָאֵלֶּה"**[2]. בפסוק זה הוקשו משפטי התורה ("הַמִּשְׁפָּטִים הָאֵלֶּה") לדינו של הרוצח ("המכה וגואל הדם"). מזה אנו למדים ש**כֹּל שֶׁיֶּשְׁנוֹ בְּמַכֶּה וּבְגוֹאֵל הַדָּם** — כלומר, כל מי שהוא בכלל דיני רוצח במזיד [מיתת בית דין] ורוצח בשוגג [חיוב גלות], **יֶשְׁנוֹ בְּמִשְׁפָּטִים** — הרי הוא גם בכלל דיני ממונות שבתורה. ומכאן יש ללמוד ש**כֹּל שֶׁאֵינוֹ בְּמַכֶּה וּבְגוֹאֵל הַדָּם**, היינו שאינו בכלל מיתת בית דין וחיוב גלות, גם **אֵינוֹ בְּמִשְׁפָּטִים** — אינו בכלל דיני ממונות שבתורה. ומכיון שסומא התמעט מכלל חייבי מיתות בית דין וחיוב גלות, הרי הוא ממועט גם מכל דיני ממונות שבתורה[3].

הגמרא מביאה הוראה נוספת של רבי יהודה בענין סומא:

תַּנְיָא אִידָךְ — למדנו בברייתא אחרת: **רַבִּי יְהוּדָה אוֹמֵר: סוּמָא אֵין לוֹ** חיוב לשלם דמי **בּוֹשֶׁת. וְכֵן הָיָה רַבִּי יְהוּדָה פּוֹטְרוֹ** [את הסומא] **מִכָּל מִצְוֹת הָאֲמוּרוֹת בַּתּוֹרָה.**

הגמרא מבארת את טעמו של רבי יהודה:

אָמַר רַב שִׁישָׁא בְּרֵיהּ דְּרַב אִידִי: מַאי טַעְמָא דְּרַבִּי יְהוּדָה — מהו טעמו של רבי יהודה הפוטר סומא מכל המצוות? **אָמַר קְרָא** (דברים ו, א): **"(ואלה המצות) [וְזֹאת הַמִּצְוָה]**[4] **הַחֻקִּים וְהַמִּשְׁפָּטִים"**[5]. מפסוק זה למדנו ש**כֹּל שֶׁיֶּשְׁנוֹ בְּמִשְׁפָּטִים** — כל מי שהוא בכלל דיני ממונות של התורה, **יֶשְׁנוֹ בְּמִצְוֹת וְחֻקִּים** — הרי הוא גם בכלל החיוב לקיים את יתר המצות והחוקים. **וְכֹל שֶׁאֵינוֹ בְּמִשְׁפָּטִים**, יש ללמוד מכאן שגם **אֵינוֹ בְּמִצְוֹת וְחֻקִּים.** ומכיון שסומא אינו בכלל דיני ממונות של התורה[6], גם אינו בכלל שאר מצוות התורה[7].

הגמרא מספרת על התייחסותו של רב יוסף להוראתו האחרונה של רבי יהודה:

אָמַר רַב יוֹסֵף: מֵרֵישׁ הֲוָה אֲמִינָא — בתחילה הייתי אומר כך: **מַאן דְּאָמַר** — מי שיאמר לי ש**הֲלָכָה כְּרַבִּי יְהוּדָה דְּאָמַר "סוּמָא פָּטוּר מִן הַמִּצְוֹת"**, ונמצא איפוא שאני, שהנני סומא, פטור מכל המצוות, **קָא עַבְדִינָא יוֹמָא טָבָא לְרַבָּנָן** — אעשה לכבוד הבשורה "יום טוב", כלומר, סעודה, לתלמידים[8]. **מַאי טַעְמָא** — מהו הטעם? משום **דְּלֹא מִפַּקְדִינָא וְקָא עַבְדִינָא מִצְוֹת** — שהרי זה אומר שאיני מצווה בקיום המצוות, ומכל מקום אני מקיימן, ואם כן שכרי מרובה יותר, שהרי אני מקיים את המצוות ברצון אף על פי שאיני מצווה בהן. **וְ**אולם, **הַשְׁתָּא דְּשָׁמְעִית לְהָא דְּרַבִּי חֲנִינָא** — עכשיו ששמעתי את מה שאמר רבי חנינא, **דְּאָמַר רַבִּי חֲנִינָא: "גָּדוֹל** יותר זה **הַמְצֻוֶּה וְעוֹשֶׂה מִמִּי שֶׁאֵינוֹ מְצֻוֶּה וְעוֹשֶׂה** — עבודת ה' בעשיית המצוות על ידי מי שמחוייב בהן, חשובה יותר מזו של מי שאינו מחוייב בהן"[9], אזי אדרבה, **מַאן דְּאָמַר לִי** — מי שיאמר לי ש**אֵין הֲלָכָה כְּרַבִּי יְהוּדָה** הסובר שסומא פטור מן המצוות, אלא כחכמים הסוברים שחייב הוא בהן, **עַבְדִינָא יוֹמָא טָבָא לְרַבָּנָן** — אעשה לכבוד בשורה זו "יום טוב" לתלמידים. **מַאי טַעְמָא** — מהו הטעם? **דְּכִי מִפַּקְדִינָא אִית לִי אַגְרָא טְפֵי** — שאם אני מצווה במצוות שכרי גדול יותר[10]!

הערות

1. דהיינו, סומא אינו דן ואין דנים אותו, ואינו יכול להיות תובע או נתבע בשום דין תורה הנידון בפני בית דין (חידושי הראב"ד; ראה גם תוספות הרא"ש בשיטה מקובצת).

2. [כלומר, שדנים בית דין אם הרג במזיד וחייב מיתה (כפי שטוען גואל הדם — קרובו של ההרוג), או שהרג בשוגג או באונס ופטור ממיתת בית דין (כפי שטוען המכה).]

3. בברייתא שהובאה לעיל (פו, ב) פטר רבי יהודה סומא מגלות ומיתת בית דין. ובברייתא זו הוא הוסיף לפוטרו גם מכל דיני ממונות שבתורה הנידונים בפני בית דין.

[מכיון שרבי יהודה פוטר את הסומא מכל דיני ממונות שבתורה, אין הוא זקוק ללימוד מיוחד לפוטרו מחיוב תשלומי בושת, ולא הוצרך (בברייתא לעיל פו, א) ללימוד מיוחד מגזירה שוה ("עֵינֶיךָ" "עֵינֶךָ") לפוטרו מחיוב זה אלא לפני שמצא דרשה לפוטרו ממיתה וגלות [שמזה למד לפוטרו גם מדיני ממונות] (תוספות בתירוץ הראשון; עיין מהרש"א, ופני יהושע, וחידושי הרי"ם).

4. ההגהה על פי מסורת הש"ס; אבל ראה שינויי נוסחאות (ר' שבתי פרנקל).

5. כאן הוקשו שאר מצוות התורה ("הַמִּצְוָה הַחֻקִּים") לדיני ממונות ("הַמִּשְׁפָּטִים").

6. כפי שדרשה הגמרא מקודם לדעת רבי יהודה מהפסוק "וְשָׁפְטוּ הָעֵדָה וגו' ".

7. התוספות אומרים שמכל מקום הסומא חייב בכל המצוות מדרבנן, שלא יהא כגוי שאינו נוהג בתורת ישראל. אולם לדעת הרשב"א רבי יהודה פוטרו לגמרי, ואף מדרבנן אינו חייב בהם, וממדת חסידות בלבד חייב. וכן היא דעת התוספות בעירובין צו, א ד"ה דילמא, ובראש השנה לג, א ד"ה הא. ועיין בדבריהם במגילה כד, א ד"ה מי. ועיין חמדת ישראל (לבעל כלי חמדה) קיט, ב.

מדברי התוספות כאן, שכתבו שמכל מקום הוא חייב במצוות מדרבנן, שלא יהא כגוי שאינו נוהג בתורת ישראל, מוכח לכאורה שהם סוברים שמדאורייתא הוא פטור אף ממצוות לא תעשה (לדיון בענין ראה מהר"ץ חיות; פרי מגדים בהקדמה הכללית ג, כט; שו"ת רבי עקיבא איגר א, קסט ד"ה ועל; נודע ביהודה תניינא, אורח חיים קיב; מנחת חינוך כו, יג).

[על דברי התוספות שהוא חייב במצוות מדרבנן, יש מקשים, איך אפשר לחייבו במצוות מדרבנן, הרי אינו חייב במצוות "וְעָשִׂיתָ... כְּכָל אֲשֶׁר יוֹרוּךָ... לֹא תָסוּר מִן הַדָּבָר אֲשֶׁר יַגִּידוּ לְךָ יָמִין וּשְׂמֹאל", שהן המקור לחיוב לשמוע בקול חכמים (עיין טורי אבן מגילה כד, א ד"ה אינו, ונודע ביהודה שם; וראה קובץ שעורים ב, בקונטרס דברי סופרים א, טז-כה).]

8. רש"י קידושין לא, א.

9. בראשונים נאמרו כמה ביאורים בטעם הדבר:

(א) מי שמצווה דואג וחושש יותר שמא לא יקיים את חיובו, ומה שאין כן מי שאינו מצווה, שאין לו דאגה וחשש זה, משום שבידו שלא לעשות, ולכן שכרו של הראשון גדול יותר, ש"לפום צערא אגרא" (תוספות קידושין לא, א ד"ה גדול; ובעבודה זרה ג, א ד"ה גדול, בסגנון שונה קצת, שזה שמצווה דואג תמיד לבטל יצרו כדי לקיים מצות בוראו [ומה שאין כן מי שאינו מצווה, שאינו דואג על זה כל כך, משום שבידו שלא לעשות]; ובריטב"א ונמוקי יוסף בקידושין שם, ובדרשות הר"ן (מהדורת פלדמן עמודים פח ו־קטז) כתבו בסגנון שונה קצת, שיצרו של המצווה מתגבר עליו יותר להחטיאו).

(ב) עיקר שכר המצוות הוא על קיום רצון ה', שאין הקב"ה צריך את קיום המצוות, אלא שהמקיימן עושה נחת רוח לפניו, שהקב"ה אמר ונעשה רצונו. ומי שמצווה ועושה הוא עושה רצון קונו, אבל מי שאינו מצווה ועושה לא שייך לומר בו שהוא עושה רצון קונו, שהרי קונו לא ציוהו כלום. אלא שמכל מקום נוטל הוא שכר מסויים (רמב"ן ותוספות הרא"ש קידושין שם).

ובספר העיקרים ג, כח ביאר בסגנון שונה קצת. המקיים מצוה שהוא מצווה בה עושה שני דברים: עצם הענין הראוי להעשות, שיש בכל מצוה. ועוד, שעושה בזה נחת רוח ליוצרו שציוהו על כך. אבל האינו מצווה, אף על פי שעשה את המעשה הטוב, מכל מקום אין בעשייתו עשיית רצון קונו, שהרי לא נצטוה בכך. וראה עוד תוספות רבינו שמואל קידושין שם; דעת תבונות (עמודים קע-קעא); מהר"ל חידושי אגדות קידושין שם.

10. [אמנם שכרו של המצווה ועושה רב משכרו של זה שאינו מצווה ועושה, מה שרב יוסף תלה את השמחה ב"גדול" משניהם, אין זה משום שכרו המרובה יותר של ה"גדול" משניהם, שהרי במשנה באבות (א, ג) למדנו שאין להיות כעבדים המשמשים את הרב על מנת לקבל שכר. אלא תליית השמחה ב"גדול" משניהם היתה משום עצם הדבר שהגדול משניהם עבודתו משובחת יותר, והוא "גדול" יותר בעצם העבודה, שמשום כך שכרו רב יותר.]

נחלקו המפרשים כדעת מי סובר רב יוסף. הריטב"א נוקט שרב יוסף סובר כדעת חכמים שסומא חייב במצוות, ולכן אמר בתחילה שמי שיאמר לו שהלכה כרבי יהודה שסומא פטור מן המצוות, יעשה יום טוב לתלמידים. ומה שאמר לאחר ששמע שהמצווה ועושה גדול ממי שאינו מצווה ועושה, שמי שיאמר לו שהלכה כחכמים יעשה יום טוב לתלמידים, לא מפני שהפשטות אינה כן אמר זאת, שכן באמת כך הוא סובר, אלא אמר זאת רק כנגד מה שאמר בתחילה, אבל באמת סובר הוא שהלכה כחכמים. וכן כתבו רדב"ז ד, נט, וים של שלמה כ. אולם השאילת יעב"ץ ב, סז סובר שרב יוסף היה מסופק כמי ההלכה. וראה עוד שם א, עה. רוב הפוסקים נוקטים כדעת חכמים שסומא חייב בכל המצוות (ראה מגן אברהם נג, טז).

ים של שלמה (לעיל פרק ז, לז) מביא מכאן מקור לכך שסעודת בר מצוה היא סעודת מצוה, מזה שרב יוסף אמר שהיה עושה סעודה על בשורה שהוא חייב במצוות. וכל שכן שראוי לעשות סעודה על הגעת זמן ההתחייבות במצוות.

וכן היה רבי יהודה פוטרו מכל דינים שבתורה מ"ט דרבי יהודה אמר קרא [א] ושפטו העדה בין המכה ובין גואל הדם על המשפטים האלה כל שישנו במכה ובגואל הדם ישנו במשפטים כל שאינו במכה ובגואל הדם אינו במשפטים תניא אידך ר' יהודה אומר סומא אין לו בושת וכן היה רבי יהודה פוטרו מכל מצות האמורות בתורה אמר רב שישא בריה דרב אידי מאי טעמא דר' יהודה אמר קרא [ב] ואלה המצות החקים והמשפטים כל שישנו במשפטים ישנו במצות וחקים וכל שאינו במשפטים אינו במצות וחקים [ג] אמר רב יוסף מריש הוה אמינא מאן דאמר הלכה כר' יהודה דאמר סומא פטור מן המצות קא עבדינא יומא טבא לרבנן מ"ט דלא מפקדינא וקא עבדינא מצות והשתא דשמעית להא דר' חנינא [ג] דאמר ר' חנינא [ד] גדול המצווה ועושה ממי שאינו מצווה ועושה מאן דאמר לי אין הלכה כרבי יהודה עבדינא יומא טבא לרבנן מ"ט דכי מפקדינא אית לי אגרא טפי: **מתני'** זה חומר באדם מבשור שהאדם משלם נזק צער ריפוי שבת ובושת ומשלם דמי ולדות ושור אינו משלם אלא נזק ופטור מדמי ולדות [ה] המכה את אביו ואת אמו ולא עשה בהן חבורה והחובל בחבירו ביום הכפורים חייב בכולן [א] החובל בעבד עברי חייב בכולן חוץ מן השבת אן] בזמן שהוא שלו [ב] החובל בעבד כנעני של אחרים חייב בכולן [ו] רבי יהודה אומר אין לעבדים בושת [ג] חש"ו פגיעתן רעה [ה] החובל בהן חייב והם שחבלו באחרים פטורין [ד] העבד והאשה פגיעתן רעה החובל בהם חייב והם שחבלו באחרים פטורין אבל משלמין לאחר זמן [ז] [ה] נתגרשה האשה נשתחרר העבד חייבין לשלם [ו] המכה אביו ואמו ועשה בהן חבורה והחובל בחבירו בשבת פטור מכולן מפני שהוא נדון בנפשו [ז] והחובל בעבד כנעני שלו פטור מכולן: **גמ'** בעא מיניה רבי אלעזר מרב החובל בבת קטנה של אחרים חבלה למי מי אמרינן כיון דאקני ליה רחמנא שבח נעורים לאב חבלה נמי דאבוה הוי מאי טעמא דהא אפחתה מכספה או דילמא שבח נעורים הוא דאקני ליה רחמנא דאי בעי למימסר לה למוכה שחין מצי מסר אבל חבלה כיון דאי בעי מתחבל בה לא מצי חביל לא קנייה ליה רחמנא אמר

רש"י

כל שאינו במכה כו'. וסומא הא אפיקתיה מדין מיתת בית דין: כל שישנו במשפט כו'. דהא אפיקתיה מכלל ושפטו: רב יוסף. סגי נהור הוה: **מתני'** ושור אינו משלם אלא נזק. כדאמר בפ"ב (דף כו.) איש בעמיתו ולא שור בעמיתו: ופטור מדמי ולדות. כדאמר בשור שנגח את הפרה (לעיל דף מב.) אנשים ולא שוורים: מכה אביו ואמו אין חייב עד שיעשה בהן חבורה באלו הן הנחנקין (סנהדרין דף פה:): עבד ואשה שחבלו באחרים פטורים. שאין להם מה לשלם: נתגרשה האשה ונשתחרר העבד. וקנו נכסים: חייבין לשלם. שהרי מתחלה הן חייבין אלא שאין להם מה לשלם שנכסי מלוג של אשה משועבדים לבעל לפירות ולירושה: **גמ'** בבת קטנה של אחרים חבלה למי. גדולה ודאי דידה הויא: [שבח נעורים לאב. דכתיב] בנעוריה בית אביה כל שבח נעורים לאביה אפי' כסף קדושין שלו: דאי בעי מסר לה אביה למוכה שחין. דכתיב (דברים כב) את בתי נתתי לאיש הזה אלמא בידו לתתה למי שירצה הלכך כסף קדושין נמי לאביה: לא מצי חביל בה. דאין

תוספות

משום דלית ליה לרבא רשע רשע אלא משום שאין צריך דמגופיה דקרא שמעינן דאין משלשים במכות ובאלו נערות (כתובות דף לה. ושם) גבי חייבי מלקיות שוגגין ודבר אחר דאמר ר"ל בפירוש ריבתה תורה חייבי מלקיות כחייבי מיתות היכן ריבתה תורה אביי אמר רשע רשע רבא אמר מכה מכה התם ודאי לא דריש רבא רשע רשע וכן ר' יוחנן פליג אר"ל ומחייב חייבי מלקיות שוגגין בתשלומין לא דריש רשע רשע וכן בההוא פירקא (דף לז.) אמר גבי לא יהיה אסון ענוש יענש והא מהכא נפקא מהתם נפקא כדי רשעתו משום רשעה אחת אתה מחייבו כו' ומסיק חדא במיתה וממון וחדא במלקות וממון לא דריש רשע רשע והיינו טעמא דרבא ור' יוחנן והתם סוגיא סברי דלא דרשי רשע רשע אלא לענין דברים שהן בגוף המלקות דקרא דרשע בגוף המלקות כתיב והיה אם בן הכות הרשע אבל לפטור מממון שהוא בהדי מיתה ומלקות שאין בגוף המלקות לא דרשינן אבל ממכה יליף לה רבא שפיר דבתשלומין כתיב מכה בהמה ישלמנה ואביי אית ליה אפי' התם ג"ש דרשע רשע וסוגיא דהתם גבי רשעתו אליבא דרבא אתיא ואביי הוה מוקי כרבי מאיר במיתה ומלקות דמלקות וממון לא צריך קרא דאתיא רשע רשע:

וכן היה רבי יהודה פוטרו מכל דינים שבתורה. תימה א"כ מאי איריא דפטר ר' יהודה בבושת לעיל ולמה לי ג"ש דעיניך עיניך ונראה לר"י שלבסוף חזר בו ר' יהודה ממה שהיה פוטרו מבושת לבד כשמלא דרשה לפוטרו ממיתה וגלות א"נ אי לאו דגלי ג"ש דעיניך לפטור סומא הוה סברא למדרש גבי גלות כר' מאיר:

וכן היה ר' יהודה פוטרו מכל המצות [האמורות] בתורה. תימה הא דתנן בפרק הקורא את המגילה (מגילה דף כד. ושם [ח]) רבי יהודה אומר כל שלא ראה מאורות מימיו לא יפרוס על שמע אפי' ראה ונסמא נמי אמר הכא דפטור מכל המצות והיאך יפרוס על שמע להוציא אחרים ובירושלמי דמוקי שלא ראה מאורות מימיו ביושב בבית אפל [או] שנולד במערה ואינו סומא א"ש אבל בגמרא דידן משמע דמיירי בסומא ממש ומפרש טעמא דרבי יהודה דאמר אין פורס משום דאין נהנה מן המאורות ורבנן [סברי] אית ליה הנאה כר' יוסי שראה סומא ואבוקה בידו אמר ליה בני אבוקה זו למה אמר ליה כל זמן שאבוקה זו בידי בני אדם רואין אותי ומצילין אותי מן הפחתים והאי טעמא לא שייך אלא בסומא ממש ונראה דאף ע"ג דפטר ר' יהודה סומא מכל המצות מ"מ מדרבנן חייב דאע"ג דאשה מיפטרא במצות עשה שהזמן גרמא ולא מחייבינן אפילו מדרבנן משום שיש מצות הרבה דמחייבת בהו אבל סומא אי פטרת ליה מכל המצות אפי' מדרבנן א"כ ה"ל כמו נכרי שאין נוהג בתורת ישראל כלל ולכך אותו שלא ראה מאורות מימיו אפילו מדרבנן לא יפרוס על שמע כיון דלית ליה הנאה אבל אם ראה ונסתמא חייב מדרבנן ומוציא אחרים ידי חובתן דאחרים נמי לא מחייבי אלא מדרבנן דק"ש דרבנן היא כדאמר במי שמתו (ברכות דף כא.) ולא דמי חיוב דסומא לחיובא דקטן שהגיע לחינוך (א) שאין אלא לחנכו דאע"ג דחייב מדרבנן אין פורס על שמע להוציא אחרים ידי חובתן [ט]:

בעבד כנעני שלו פטור מכולם. וא"ת והא ברפואתו חייב כדקאמר בפ"ק דגיטין (דף יב: ושם [י]) גבי קיטע יד עבדו של חבירו נותן שבתו ורפואתו לרבו ופריך רפואתו דידיה היא דבעי איתסויי ביה ומשני לא צריכא דאמדוהו לה' יומי ועבדו סמא חריפא ואיתסי בתלתא יומי וי"ל דה"נ פטור מכולם היינו מן היתרון דאמדוהו בה' ואיתסי בג' ואם תאמר ותפשוט ממתני' דיכול הרב לומר לעבד עשה עמי ואיני זנך מדפטור משבת וי"ל דהכא מיירי בזן את העבד ומיהו קשה מאי קמ"ל רבי יוחנן שנותן רפואתו לרבו דהיינו היתרון דאתסי בג' מתני' היא דפטור מכולם ע"כ נראה שיש לחלק בין אחרים חובלין בו בין להרב עצמו חובל בו שכבר זכה בכל [כ]:

כיון דאקני ליה רחמנא שבח נעורים לאב. פי' בקונטרס דכתיב בנעוריה בית אביה כל שבח נעורים לאביה ובשניס אוחזין (ב"מ דף יב. ושם) גבי מציאת בנו ובתו הקטנים נמי פי' דבתו מציאתה לאביה משום דשבח נעורים לאביה וקשה לפירושו דבריש פרק קמא דקדושין (דף ג: ושם) ובאלו נערות (כתובות דף מ:) אמר דההוא בהפרת נדרים הוא דכתיב ולא ילפינן מהתם שאר דברים ונראה דבכל דוכתי דנקיט שבח נעורים לסימנא בעלמא נקטיה ולא משום דמפיק מבנעוריה ובשמעתין נמי פירש בקונטרס בסוף דבריו דכסף קדושין שלו דאי בעי מסר לה למנוול ומוכה שחין ומציאתה נמי לאב משום איבה כדמפרש גמרא בפרק נערה שנתפתתה (שם דף מו: ושם) דחיישינן שמא מתוך שנהנה שלא תתן לו מציאה ימסרנה למנוול ומוכה שחין ומבעיא ליה בחבלה לרבי אלעזר דאע"ג דאין שייך בה איבה דלא קפיד במידי דאית להו צערא בגופייהו כדאמר לקמן מ"מ ראוי הוא להיות של אב משום דאפחתה מכספה: א"ל

מסורת הש"ס

א) [נ"ל וזאת המצוה], ב) קדושין לא., ג) שם. לעיל לח. ע"ז ג., ד) [וע"ש בתוס' ע"ז ג. ובקדושין לא. ד"ה גדול], ה) לעיל פה., ו) סנהדרין פו., ז) ב"מ י:, ח) [ד"ה מי], ט) [ועיין תוספות עירובין לו. ד"ה דילמא], י) [ד"ה שבתו], כ) [ועי' תוספות גיטין יב: ד"ה רפואתו].

הגהות הב"ח

(א) תוס' ד"ה וכן וכו' שהגיע לחינוך שאינו אלא לחנכו:

גליון הש"ס

מתני' רי"א אין לעבדים בושת. עיין נדה דף מז ע"א תוספות ד"ה בדק: שם החובל בהן חייב. עיין לעיל דף פה ע"ב תוספות ד"ה נהי דנזק:

הגהות מהר"ב רנשבורג

א] מתני' בזמן שהוא שלו. עי' פני יהושע ולפמ"ש לעיל דף פו ע"א לק"מ יעוש"ה ודו"ק:

עין משפט נר מצוה

מו א מיי' פ"ד מהל' חובל ומזיק הל' י סמג עשין ע:

מז ב מיי' שם סמג שם טוש"ע ח"מ סימן תכד סעיף ג:

מח ג מיי' שם הלכה כ טוש"ע שם סע"ח:

מט ד ה מיי' שם הל' כא טוש"ע שם סעיף ט:

נ ו מיי' שם הלכה ז ועיין בהשגות ובמ"מ טוש"ע שם סעיף א ב:

נא ז מיי' שם הלכה י טוש"ע שם סע"ג:

ליקוטי רש"י

אמר רב יוסף. רב יוסף סגי נהור הוה [עירובין נד.]. **יומא טבא לרבנן.** סעודה לתלמידים [קידושין לא.]. **ולא עשה בהן חבורה.** דאין עליו חיוב מיתה עד שיעשה בהן חבורה [לעיל פה:]. **אין לעבדים בושת.** סמכיים את העבד לא חייבתו תורה לתת דמי בשתו [סנהדרין פו:].

תורה אור השלם

א) וְשָׁפְטוּ הָעֵדָה בֵּין הַמַּכֶּה וּבֵין גֹּאֵל הַדָּם עַל הַמִּשְׁפָּטִים הָאֵלֶּה: [במדבר לה, כד]

ב) וְזֹאת הַמִּצְוָה הַחֻקִּים וְהַמִּשְׁפָּטִים אֲשֶׁר צִוָּה יְיָ אֱלֹהֵיכֶם לְלַמֵּד אֶתְכֶם לַעֲשׂוֹת בָּאָרֶץ אֲשֶׁר אַתֶּם עֹבְרִים שָׁמָּה לְרִשְׁתָּהּ: [דברים ו, א]

משנה **זֶה חוֹמֶר בְּאָדָם מִבְּשׁוֹר** – בדבר זה חמור יותר דינו של אדם המזיק אדם אחר מדינו של שור המזיק אדם, והוא: **שֶׁהָאָדָם** המזיק אדם אחר **מְשַׁלֵּם נֶזֶק, צַעַר, רִיפּוּי, שֶׁבֶת וּבוֹשֶׁת**[11]; **וּ**במקרה שהזיק אשה מעוברת וזו הפילה אותם מחמתו, **מְשַׁלֵּם** בנוסף לכך גם **דְּמֵי וְלָדוֹת**[12]. **וְ**אילו בעל **הַשּׁוֹר אֵינוֹ מְשַׁלֵּם אֶלָּא** דמי **נֶזֶק** בלבד אבל לא שאר ארבעת הדברים[13], **וּפָטוּר** גם **מִדְּמֵי וְלָדוֹת** במקרה ששורו נגח אשה מעוברת וזו הפילה את ולדותיה[14].

ממשיכה המשנה:

הַמַּכֶּה אֶת אָבִיו וְאֶת אִמּוֹ, וְלֹא עָשָׂה בָּהֶן חַבּוּרָה[15], **וְהַחוֹבֵל בַּחֲבֵירוֹ בְּיוֹם הַכִּפּוּרִים**[16], **חַיָּיב בְּכוּלָּן** (בכל חמשת הדברים שהחובל חייב בהם)[17]. **הַחוֹבֵל בְּעֶבֶד עִבְרִי, חַיָּיב בְּכוּלָּן**[18], **חוּץ מִן הַשֶּׁבֶת בִּזְמַן שֶׁהוּא** (העבד) **שֶׁלּוֹ**[19]. **הַחוֹבֵל בְּעֶבֶד כְּנַעֲנִי שֶׁל אֲחֵרִים חַיָּיב בְּכוּלָּן**[20]. **רַבִּי יְהוּדָה אוֹמֵר: אֵין לַעֲבָדִים בּוֹשֶׁת** – לא זיכתה להם התורה תשלום עבור בושת[21].

ממשיכה המשנה:

חֵרֵשׁ[22] **שׁוֹטֶה וְקָטָן, פְּגִיעָתָן רָעָה** – הבא במגע עמם לעולם מפסיד: **הַחוֹבֵל בָּהֶן חַיָּיב**[23], **וְ**אילו **הֵם שֶׁחָבְלוּ בַּאֲחֵרִים פְּטוּרִין**[24]. **הָעֶבֶד** הכנעני **וְהָאִשָּׁה פְּגִיעָתָן רָעָה** – הבא במגע עמם לעולם מפסיד: **הַחוֹבֵל בָּהֶם חַיָּיב**[25], **וְ**אילו **הֵם שֶׁחָבְלוּ בַּאֲחֵרִים פְּטוּרִין**[26]; **אֲבָל מְשַׁלְּמִין** – חייבים הם לשלם **לְאַחַר זְמַן**, שאם **נִתְגָּרְשָׁה הָאִשָּׁה** או **שֶׁנִּשְׁתַּחְרֵר הָעֶבֶד, חַיָּיבִין לְשַׁלֵּם** כאשר יבואו לידם נכסים[27].

המשנה מסיימת במקרים מסויימים שאין בהם חיוב תשלומים כלל:

הַמַּכֶּה אָבִיו וְאִמּוֹ וְעָשָׂה בָּהֶן חַבּוּרָה[28], **וְהַחוֹבֵל בַּחֲבֵירוֹ בְּשַׁבָּת**[29], **פָּטוּר מִכּוּלָּן**, דהיינו, מכל חמשת הדברים, **מִפְּנֵי שֶׁהוּא נִדּוֹן בְּנַפְשׁוֹ** – שהוא חייב מיתה[30]. **וְהַחוֹבֵל בְּעֶבֶד כְּנַעֲנִי שֶׁלּוֹ** גם כן **פָּטוּר מִכּוּלָּן**[31].

הערות

11. כפי שהתבאר במשנה הראשונה בפרקנו (פג, ב).

12. כאמור בתורה (שמות כא, כב): "וְכִי יִנָּצוּ אֲנָשִׁים וְנָגְפוּ אִשָּׁה הָרָה וְיָצְאוּ יְלָדֶיהָ וְלֹא יִהְיֶה אָסוֹן [באשה, שלא מתה האשה אלא הולדות בלבד הם שמתו], עָנוֹשׁ יֵעָנֵשׁ [הנוגף לשלם דמי הולדות] כַּאֲשֶׁר יָשִׁית עָלָיו בַּעַל הָאִשָּׁה וְנָתַן [תשלום זה] בִּפְלִלִים [על ידי בית דין]". לפרטי הדין ראה לעיל מח, ב – מט, א.

13. דין זה נדרש לעיל (כו, א) מהכתוב (ויקרא כד, יט): "**וְאִישׁ** כִּי יִתֵּן מוּם בַּעֲמִיתוֹ, כַּאֲשֶׁר עָשָׂה כֵּן יֵעָשֶׂה לּוֹ", ומשמע: אבל לא כאשר שור נותן מום בעמיתו של בעליו (רש"י), דהיינו, שרק באדם החובל באדם נוהג חוב תשלומים של "נתינת מומים", היינו כל חמשת הדברים, ולא בשור שחבל באדם (רש"י לעיל כו, א). [התוספות יום טוב מעיר שבגמרא לעיל לג, א מבואר שרק רבי עקיבא הוא שלומד דין זה מדרשה זו, אבל חכמים לומדים דין זה ממקרא אחר; ראה גמרא שם.]

14. המקור לפטור זה שנוי במחלוקת לעיל מב, א. לפי דעת אחת הוא נלמד מתחילת הפסוק בשמות כא, כב; שם נאמר: "וְכִי יִנָּצוּ **אֲנָשִׁים** וְנָגְפוּ אִשָּׁה הָרָה", שרק אנשים שנגפו אשה הרה חייבים בדמי ולדות שהופלו, ולא שוורים שנגפו (רש"י).

15. המכה את אביו או את אמו אינו חייב מיתת בית דין אלא כשעשה בהם חבורה והוציא דם (בין אם יצא הדם מחוץ לגוף ובין אם נעקר ממקומו ונצרר מתחת לעור), כפי שלמדנו בסנהדרין פד, ב ו־פה, ב (רש"י; ראה לעיל פה, ב הערה 36).

16. כפי שהתבאר לעיל (פה, ב הערה 36), העושה מלאכה ביום הכפורים (כגון החובל) חייב כרת, ולא מיתת בית דין.

17. מכיון שבשני המקרים החובל אינו חייב מיתת בית דין, אין הוא פטור מתשלומים מדין "קם ליה בדרבה מיניה" (ראה להלן הערה 30), אלא חייב הוא בכל התשלומים שחייב בהם כל חובל אחר.

18. כלומר, חייב אפילו בבושת, ואין אומרים שהניזק אינו בן בושת מכיון שמכר את עצמו לעבד. וכל שכן שחייב בשאר תשלומים (ר"י מלוניל).

19. החובל בעבדו העברי אינו צריך לשלם לו "שבת", מכיון שהאדון בעצמו הוא הניזוק מזה שאין העבד יכול לעבוד. אולם צריך הוא לשלם לו את יתר ארבעת הדברים של תשלומי חבלה. אבל זהו רק "שבת" של הזמן שהוא שלו, אבל "שבת" של הזמן שאינו שלו (שחבל בו סמוך ליציאתו לחירות), ודאי צריך הוא לשלם לעבד (חידושי הרי"ם; וראה מלאכת שלמה; וראה עוד הגהות מהר"ב רנשבורג לעיל פו, א, ופני יהושע כאן).

ראה לעיל (פו, א) ולהלן (עמוד ב) מה דינו של החובל בעבד עברי של חבירו.

20. מכיון שהעבד נימול וטבל במקוה על מנת להיות עבד כנעני, שדינו במקצת כישראל, לכן החובל בו חייב ב"חמשה דברים" (חמשת התשלומים של חבלה). תשלומים אלו ניתנים לאדון, מכיון שהעבד שייך לו.

[בגיטין יב, ב אומרת הגמרא שתשלומי "ריפוי" של עבד כנעני שחבלו בו שייכים לעבד, שהרי זקוק הוא להם כדי לתיתם לרופא שירפאהו. אלא שאם העבד התרפא במהרה על ידי סם חריף וכואב, העודף של תשלומי הריפוי שייך לאדון (מנחת חינוך מט, מז; ראה תוספות ד"ה עבד, ולהלן הערה 31).

21. טעמי המחלוקת יתבארו בגמרא להלן פח, א.

המחלוקת היא רק בעבד שמל וטבל לשם עבדות, אבל כשלא עשה כן הכל מודים שאין בו חיוב בושת, כמו שאין בו שאר חיובי חבלה (ר"י מלוניל).

22. בדרך כלל כאשר התנא כולל ביחד חרש שוטה וקטן, כוונתו היא לחרש שאינו שומע ואינו מדבר (אִלֵּם), שגם הוא נחשב לאינו בר דעת. חרש המדבר ואינו שומע נחשב בר דעת לכל הדינים (חגיגה ב, ב וברש"י שם). ראה גם פרי מגדים (הקדמה כללית ב, ד-ה), ודרכי דוד (לעיל פה, ב).

23. החובל בהם יכול להתחייב בכל החמשה דברים, והדבר תלוי בסוג הניזק: לחרש משלמים את כל התשלומים, דהיינו גם שבת, שאף הוא יכול לעשות מלאכות מסויימות. לשוטה משלמים נזק צער וריפוי, אבל שבת אין משלמים, שאינו בר מלאכה, וכן בושת אין משלמים לו, שאינו בר בושת. וגם למשפחתו אין משלמים בושת, שמכיון שנשתטה אין לך בושת גדולה מזו. וכן לקטן אין משלמים שבת, שהרי אינו בטל ממלאכה. אבל חיוב בושת תלוי בגילו ובדעתו (ר"י מלוניל ומאירי, על פי הגמרא לעיל פו, ב).

24. אף לאחר שהתרפאו החרש והשוטה והגדיל הקטן, אין הם חייבים לשלם את הנזק שעשו בשעת חליים או קוטנם (רמב"ם הלכות חובל ומזיק ד, כ), משום שהם נידונים כאנוסים על מה שעשו אז (ר"י מלוניל ומאירי; וראה קובץ שעורים ב, מד, ב), או משום שלא היו בני עונשים בשעת המעשה (רא"ש). אבל האור זרוע (מובא בהגהות אשר"י) מוכיח מרש"י להלן צח, ב ד"ה דאכפייה, ומהגמרא לעיל לט, א-ב, שחייבים לשלם כשהתרפאו וכשהגדילו. [ועיין ב"ח אורח חיים שמג שדוחה הראיה מהגמרא לעיל, וט"ז שם שדוחה הראיה מרש"י, ומבאר שכוונת רש"י היא שיש חיוב לצאת ידי שמים כשהתרפאו וכשהגדילו. לדיון בענין ראה ערך שי, חושן משפט שמט, ג; נחל יצחק ז, ב; שבות יעקב קעז; משנה ברורה שמג, ט.]

25. ככל חובל בחבירו, שאין שום טעם לפטור מי שחבל בהם. [ראה כרם שלמה, אבן העזר צא.]

26. הם אינם משלמים משום שאין להם מה לשלם (רש"י), שכן כל מה שזוכה בו העבד זכה בו רבו. וכן נכסיה של האשה משועבדים לבעלה לאכילת פירותיהם, ולירושתם אם תמות לפניו [ואינה יכולה למוכרם כדי לשלם את חובותיה] (רש"י להלן ד"ה חייבין לשלם). אבל הרא"ש (ט) כתב על פי הגמרא להלן פט, א שמדובר כאן באשה שאין לה נכסים (וראה תוספות יום טוב; תוספות רבי עקיבא איגר; דרכי דוד). וראה להלן פט, ב הערה 4.

27. מכיון שהם היו בני חיוב בשעה שהזיקו, אלא שלא היה להם מה לשלם, עליהם לשלם בשעה שיהיה להם מה לשלם (רש"י). לכן בית דין שמים את כל התשלומים שעליהם לשלם, וכותבים את השומא, ונותנים את הכתב ביד הנחבל, כך שכאשר יבואו נכסים לידי האשה או העבד, יוכל הנחבל לגבותם מהם (רא"ש; וערוך השלחן חושן משפט תכד, יד, כתב שהעבד או האשה צריכים לתת לניזק שטר חוב).

28. שהוא חייב מיתת בית דין.

29. שהוא חייב מיתת בית דין על עשיית מלאכה בשבת. [ראה גמרא שבת קו, א ורש"י שם ד"ה חוץ, מדוע הוא חייב אף על פי שכל המקלקלין בשבת פטורים; וראה תוספות הרא"ש שם ומאירי כאן.]

30. דין זה נקרא בלשון הגמרא "קם ליה בדרבה מיניה" (כלומר, עמד לו ב[עונש] הגדול מביניהם). והיינו, שאם אדם מתחייב מיתה וממון באותה שעה, הוא נידון במיתה בלבד. ראה, לדוגמא, לעיל עד, א.

31. אף על פי שאדון שהרג את עבדו חייב מיתת בית דין, מכל מקום כשחבל בו אינו חייב כלום, שהרי גם אם אחר חבל בו הוא משלם לאדון (מאירי).

לגבי "ריפוי" דנים התוספות אם חייב לתת ריפוי לעבדו כמו באדם שחבל בעבד כנעני של אחר (ואם אכן חייב, מה שאמרה המשנה "פטור מכולן" היינו רק שבמקרה שהתרפא במהרה על ידי סם חריף ומכאיב, העודף של תשלומי הריפוי שייך לרבו). עיין שם הטעם לחלק ולפטור בעבדו לגמרי. וראה ברכת שמואל גיטין כב, וחזון יחזקאל לתוספתא ט, א.

וכן היה רבי יהודה פוטרו מכל דינים שבתורה מ"ט דרבי יהודה אמר קרא א) ושפטו העדה בין המכה ובין גואל הדם על המשפטים האלה כל שישנו במכה ובגואל הדם ישנו במשפטים כל שאינו במכה ובגואל הדם אינו במשפטים תניא אידך ר' יהודה אומר סומא אין לו בושת וכן היה רבי יהודה פוטרו מכל מצות האמורות בתורה אמר רב שישא בריה דרב אידי מאי טעמא דר' יהודה אמר קרא ב) א) ואלה המצות החקים והמשפטים כל שישנו במשפטים ישנו במצות וחקים וכל שאינו במשפטים אינו במצות וחקים ג) אמר רב יוסף מריש הוה אמינא מאן דאמר הלכה כר' יהודה דאמר סומא פטור מן המצות קא עבדינא יומא טבא לרבנן מ"ט דלא מפקדינא וקא עבדינא מצות והשתא דשמעית להא דר' חנינא ג) דאמר ר' חנינא ד) גדול המצווה ועושה ממי שאינו מצווה ועושה מאן דאמר לי אין הלכה כרבי יהודה עבדינא יומא טבא לרבנן מ"ט דכי מפקדינא אית לי אגרא טפי: **מתני'** זה חומר באדם מבשור שהאדם משלם נזק צער ריפוי שבת ובושת ומשלם דמי ולדות ושור אינו משלם אלא נזק ופטור מדמי ולדות ה) המכה את אביו ואת אמו ולא עשה בהן חבורה וחובל בחבירו ביום הכפורים חייב בכולן א החובל בעבד עברי חייב בכולן חוץ מן השבת אן בזמן שהוא שלו ב החובל בעבד כנעני של אחרים חייב בכולן ו) רבי יהודה אומר אין לעבדים בושת ג חש"ו פגיעתן רעה ה החובל בהן חייב והם שחבלו באחרים פטורין ד העבד והאשה פגיעתן רעה החובל בהם חייב והם שחבלו באחרים פטורין אבל משלמין לאחר זמן ז) ה נתגרשה האשה נשתחרר העבד חייבין לשלם ו המכה אביו ואמו ועשה בהן חבורה והחובל בחבירו בשבת פטור מכולן מפני שהוא נדון בנפשו ז והחובל בעבד כנעני שלו פטור מכולן: **גמ'** בעא מיניה רבי אלעזר מרב החובל בבת קטנה של אחרים חבלה למי מי אמרינן כיון דאקני ליה רחמנא שבח נעורים לאב חבלה נמי דאבוה הוי מאי טעמא דהא אפחתה מכספה או דילמא שבח נעורים הוא דאקני ליה רחמנא דאי בעי למימסר לה למוכה שחין מצי מסר אבל חבלה כיון דאי בעי מתחבל בה לא מצי חביל לא קנייה ליה רחמנא אמר

כל שאינו במכה כו'. וסומא הא אפיקתיה מדין מיתת בית דין: כל שישנו במשפט כו'. דהא אפיקתיה מכלל ושפטו: רב יוסף. סגי נהור הוה: **מתני'** ושור אינו משלם אלא נזק. כדאמר בפ"ב (דף כו.) איש בעמיתו ולא שור בעמיתו: ופטור מדמי ולדות. כדאמר בשור שנגח את הפרה (לעיל דף מב.) אנשים ולא שוורים: מכה אביו ואמו אין חייב עד שיעשה בהן חבורה באלו הן הנחנקין (סנהדרין דף פה:): עבד ואשה שחבלו באחרים פטורים. שאין להם מה לשלם: נתגרשה האשה ונשתחרר העבד. וקנו נכסים: חייבין לשלם. שהרי מתחלה הן חייבין אלא שאין להם מה לשלם שנכסי מלוג של אשה משועבדים לבעל לפירות ולירושה: **גמ'** בבת קטנה של אחרים חבלה למי. גדולה ודאי דידה הויא: [שבח נעורים לאב. דכתיב] בנעוריה בית אביה כל שבח נעורים לאביה אפי' כסף קדושין שלו: דאי בעי מסר לה אביה למוכה שחין. דכתיב (דברים כב) את בתי נתתי לאיש הזה אלמא בידו לתתה למי שירצה הלכך כסף קדושין נמי לאביה: לא מצי חביל בה. דאין

מסוס דלית ליה לרבא רשע רשע אלא משום שאין צריך דמגופיה דקרא שמעינן דאין משלשים במכות ובאלו נערות (כתובות דף לה. ושם) גבי חייבי מלקיות שוגגין ודבר אחר דאמר ר"ל בפירוש ריבתה תורה חייבי מלקיות כחייבי מיתות היכן ריבתה תורה אביי אמר רשע רשע רבא אמר מכה מכה התם ודאי לא דריש רבא רשע רשע וכן ר' יוחנן פליג אר"ל ומחייב חייבי מלקיות שוגגין בתשלומין לא דריש רשע רשע וכן בההוא פירקא (דף לז.) אמר גבי לא יהיה אסון ענוש יענש והא מהכא נפקא מהתם נפקא כדי רשעתו משום רשעה אחת אתה מחייבו כו' ומסיק חדא במיתה וממון וחדא במלקות וממון לא דריש רשע רשע והיינו טעמא דרבא ור' יוחנן והאי סוגיא סברי דלא דרשי רשע רשע אלא לענין דברים שהן בגוף המלקות דקרא דרשע בגוף המלקות כתיב והיה אם בן הכות הרשע אבל לפטור ממון שהוא בהדי מיתה ומלקות שאין בגוף המלקות לא דרשינן אבל ממכה יליף לה רבא שפיר דבתשלומין כתיב מכה בהמה ישלמנה ואביי אית ליה אפי' התם ג"ש דרשע רשע וסוגיא דהתם גבי רשעתו אליבא דרבא אתיא ואביי הוה מוקי כרבי מאיר במיתה ומלקות דמלקות וממון לא צריך קרא דאתיא רשע רשע:

וכן היה רבי יהודה פוטרו מכל דינים שבתורה. תימה א"כ מאי איריא דפטר ר' יהודה בבושת לעיל ולמה לי ג"ש דעיניך עיניך ונראה לר"י שלבסוף חזר בו ר' יהודה ממה שהיה פוטרו מבושת לבד כשמלא דרשה לפוטרו ממיתה וגלות א"נ אי לאו דגלי ג"ש דעיניך לפטור סומא הוה סברא למדרש גבי גלות כר' מאיר:

וכן היה ר' יהודה פוטרו מכל המצות [האמורות] בתורה. תימה הא דתנן בפרק הקורא את המגילה (מגילה דף כד. ושם ח) רבי יהודה אומר כל שלא ראה מאורות מימיו לא יפרוס על שמע אפי' ראה ונסמא נמי אמר הכא דפטור מכל המצות והיאך יפרוס על שמע להוציא אחרים ובירושלמי דמוקי שלא ראה מאורות מימיו ביושב בבית אפל [או] שנולד במערה ולאו סומא א"ש אבל בגמרא דידן משמע דמיירי בסומא ממש ומפרש טעמא דרבי יהודה דאמר אין פורס משום דאין נהנה מן המאורות ורבנן [סברי] אית ליה הנאה כר' יוסי שראה סומא ואבוקה בידו אמר ליה בני אבוקה זו למה אמר ליה כל זמן שאבוקה זו בידי בני אדם רואין אותי ומצילין אותי מן הפחתים והאי טעמא לא שייך אלא בסומא ממש ונראה דאף ע"ג דפטר ר' יהודה סומא מכל המצות מ"מ מדרבנן חייב דאע"ג דאשה מיפטרא במצות עשה שהזמן גרמא ולא מחייבינן אפילו מדרבנן משום שיש מצות הרבה דמחייבת בהו אבל סומא אי פטרת ליה מכל המצות אפי' מדרבנן א"כ ה"ל כמו נכרי שאין נוהג בתורת ישראל כלל ולכך אותו שלא ראה מאורות מימיו אפילו מדרבנן לא יפרוס על שמע כיון דלית ליה הנאה אבל אם ראה ונסתמא חייב מדרבנן ומוציא אחרים ידי חובתן דאחרים נמי לא מחייבי אלא מדרבנן דק"ש דרבנן היא כדאמר במי שמתו (ברכות דף כא.) ולא דמי חיוב דסומא לחיובא דקטן שהגיע לחינוך (א) שאין אלא לחנכו דאע"ג דחייב מדרבנן אין פורס על שמע להוציא אחרים ידי חובתן ט):

בעבד כנעני שלו פטור מכולם. וא"ת והא ברפואתו חייב כדקאמר בפ"ק דגיטין (דף יב: ושם י) גבי קיטע יד עבדו של חבירו נותן שבתו ורפואתו לרבו ופריך רפואתו דידיה היא דבעי איתסויי ביה ומשני לא צריכא דאמדוהו לה' יומי ועבדו סמא חריפא ואיתסי בתלתא יומי וי"ל דה"נ פטור מכולם היינו מן היתרון דאמדוהו בה' ואיתסי בג' ואם תאמר ותפשוט ממתני' דיכול הרב לומר לעבד עשה עמי ואיני זנך מדפטור משבת וי"ל דהכא מיירי בזן את העבד ומיהו קשה מאי קמ"ל רבי יוחנן שנותן רפואתו לרבו דהיינו היתרון דאתסי בג' מתני' היא דפטור מכולם ע"כ נראה שיש לחלק בין אחרים חובלין בו בין להרב עצמו חובל בו שכבר זכה בכל כ):

כיון דאקני ליה רחמנא שבח נעורים לאב. פי' בקונטרס דכתיב בנעוריה בית אביה כל שבח נעורים לאביה ובשנים אוחזין (ב"מ דף יב. ושם) גבי מציאת בנו ובתו הקטנים נמי פי' דבתו מציאתה לאביה משום דשבח נעורים לאביה וקשה לפירושו דבריש פרק קמא דקדושין (דף ג: ושם) ובאלו נערות (כתובות דף מ:) אמר דההוא בהפרת נדרים הוא דכתיב ולא ילפינן מהתם שאר דברים ונראה דבכל דוכתי דנקיט שבח נעורים לסימנא בעלמא נקטיה ולא משום דמפיק מבנעוריה ובשמעתין נמי פירש בקונטרס בסוף דבריו דכסף קדושין שלו דאי בעי מסר לה למנוול ומוכה שחין ומציאתה נמי לאב משום איבה כדמפרש גמרא בפרק נערה שנתפתתה (שם דף מו: ושם) דחיישינן שמא מתוך שנאה שלא תתן לו מציאה ימסרנה למנוול ומוכה שחין ומבעיא ליה בחבלה לרבי אלעזר דאע"ג דאין שייך בה איבה דלא קפיד במידי דלית להו נערה בגופייהו כדאמר לקמן מ"מ ראוי הוא להיות של אב משום דאפחתה מכספה:

א"ל

א) [נ"ל וזאת המצוה], ב) קדושין לא., ג) שם. לעיל לח. ע"ז ג., ד) [וע"ש בתוס' ע"ז ג. ובקדושין לא. ד"ה גדול], ה) לעיל פה:, ו) סנהדרין פו., ז) ב"מ י:, ח) [ד"ה מי], ט) [ועיין תוספות עירובין לו. ד"ה דילמא], י) [ד"ה שבתו], כ) [ועי' תוספות גיטין יב: ד"ה רפואתו].

הגהות הב"ח

(א) תוס' ד"ה וכן וכו' שהגיע לחינוך שאינו אלא לחנכו:

גליון הש"ס

מתני' רי"א אין לעבדים בושת. עיין נדה דף מז ע"א תוספות ד"ה בדק: שם החובל בהן חייב. עיין לעיל דף פה ע"ב תוספות ד"ה נהי דנזק:

הגהות מהר"ב רנשבורג

אן מתני' בזמן שהוא שלו. עי' פני יהושע ולפמ"ש לעיל דף פו ע"א לק"מ יעוש"ה ודו"ק:

עין משפט נר מצוה

מו א מיי' פ"ד מהל' חובל ומזיק הל' י סמג עשין ע:
מז ב מיי' שם סמג שם טוש"ע ח"מ סימן תכד סעיף ג:
מח ג מיי' שם הלכה כ טוש"ע שם סע"ח:
מט ד ה מיי' שם הל' כא טוש"ע שם סעיף ט:
נ ו מיי' שם הלכה ז ועיין בהשגות ובמ"מ טוש"ע שם סעיף א ב:
נא ז מיי' שם הלכה י טוש"ע שם סע"ג:

ליקוטי רש"י

אמר רב יוסף. רב יוסף סגי נהור הוה [עירובין נד.]. **יומא טבא לרבנן.** סעודה לתלמידים [קידושין לא.]. **ולא עשה בהן חבורה.** דאין עליו חיוב מיתה עד שיעשה בהן חבורה [לעיל פה:]. **אין לעבדים בושת.** המביישים את העבד לא חייבתו תורה לתת דמי בשתו [סנהדרין פו:].

תורה אור השלם

א) וְשָׁפְטוּ הָעֵדָה בֵּין הַמַּכֶּה וּבֵין גֹּאֵל הַדָּם עַל הַמִּשְׁפָּטִים הָאֵלֶּה: [במדבר לה, כד]

ב) וְזֹאת הַמִּצְוָה הַחֻקִּים וְהַמִּשְׁפָּטִים אֲשֶׁר צִוָּה יְיָ אֱלֹהֵיכֶם לְלַמֵּד אֶתְכֶם לַעֲשׂוֹת בָּאָרֶץ אֲשֶׁר אַתֶּם עֹבְרִים שָׁמָּה לְרִשְׁתָּהּ: [דברים ו, א]

גמרא הגמרא דנה במקרה של חבלה הקשורה למשנה:

בְּעָא מִינֵּיהּ — שאל ממנו **רַבִּי אֶלְעָזָר מֵרַב: הַחוֹבֵל בְּבַת קְטַנָּה שֶׁל אֲחֵרִים, חַבָּלָה לְמִי** — למי הוא משלם את דמי חבלתה[32]? **מִי אַמְרִינַן** — האם אנו אומרים שמֵּ**כֵּיוָן דְּאַקְנֵי לֵיהּ רַחֲמָנָא שֶׁבַח נְעוּרִים לְאָב** — שמאחר שהקנתה התורה לאב את כל מה שבתו זוכה בפרק הנעורים[33], **חַבָּלָה נַמִּי דַּאֲבוּהָ הָוֵי** — גם דמי חבלתה שייכים לאביה? **מַאי טַעְמָא** — ומהו הטעם? **דְּהָא אַפְחֲתָהּ מִכַּסְפָּהּ** — שהרי החובל הפחית את דמיה[34]. **אוֹ דִילְמָא** (אולי) דוקא "**שֶׁבַח נְעוּרִים**" **הוּא דְּאַקְנֵי לֵיהּ רַחֲמָנָא** — זהו מה שהקנתה התורה לאב, **דְּאִי בָּעֵי לְמִמְסַר לָהּ לְמוּכֵּה שְׁחִין** — שאם הוא רוצה למסור אותה בקידושין לאדם הלקוי בשחין, **מָצֵי מָסַר** — הוא אכן יכול למסרה[35], **אֲבָל** לענין דמי **חַבָּלָה,** מכֵּיוָן **דְּאִי בָּעֵי מִתְחַבֵּל בָּהּ** — מאחר שאם היה רוצה לחבול בבתו, **לֹא מָצֵי חָבִיל** — אין הוא יכול לחבול בה[36], **לֹא קַנְיֵיהּ לֵיהּ רַחֲמָנָא** — התורה לא הקנתה לו את התשלומים עבור חבלתה[37].

הערות

32. [שלשה שלבים יש בהתבגרותה של אשה: קַטְנוּת, נַעֲרוּת וּבַגְרוּת. מלידתה עד מלאת לה שתים עשרה שנה והבאת שתי שערות, היא נחשבת "קטנה". ומאז, במשך ששה חדשים, היא נחשבת "נערה". ואחר כך היא "בוגרת". בקטנותה היא ברשות אביה לגמרי, לענין מעשה ידיה וכסף קידושיה (וגם לקדשה בשאר אופנים), וכן למוכרה לאָמָה. גם בנערותה היא ברשותו לכל זה, חוץ מלמוכרה. ואילו הבוגרת אינה ברשותו לשום דבר.] שאלת רבי אלעזר מתייחסת לקטנה [שהיא ברשות אביה, ולכן יש מקום לומר שאביה זוכה בכסף תשלומי חחבלה בה] ולא לבוגרת [שכן בוגרת היא ברשות עצמה לכל, ובודאי דמי חבלתה הם לעצמה] (רש"י; ולגבי נערה ראה להלן הערה 34).

33. בפסוק (במדבר ל, יז) המסיים את פרשת הפרת נדרי הבת על ידי אביה, ושל אשה על ידי בעלה, נאמר: "אֵלֶּה הַחֻקִּים אֲשֶׁר צִוָּה ה' אֶת מֹשֶׁה בֵּין אִישׁ לְאִשְׁתּוֹ בֵּין אָב לְבִתּוֹ בִּנְעֻרֶיהָ בֵּית אָבִיהָ". הגמרא (כתובות מו, ב) דורשת את הפסוק כך: [כל עוד הבת היא] בִּנְעֻרֶיהָ [היא ב]בֵּית אָבִיהָ, כלומר, ברשותו וכאילו היא שלו, שכל שבח המגיע אליה בפרק זה, אפילו כסף קידושיה, הוא של אביה (רש"י כאן ובקידושין ג, ב; אולם ראה תוספות ורשב"א; וראה בית אהרן).

34. מכיון שהתורה נתנה לאב את הזכות למכור את בתו לאמה, הוא זוכה גם בתשלומי הנזק על מה שנפחתו דמיה למכרה (רש"י להלן פח, א ד"ה דאפחתיה, ורמב"ם הלכות חובל ומזיק ד, יד), מדין "שבח נעורים" שהוא של אב, כמו שכסף קידושי הבת הוא של אב מדין "שבח נעורים" (רש"י; ראה הערה הקודמת). [כלומר, שאין כוונת רבי אלעזר שמדין ניזק יזכה האב בדמי החבלה מכיון שמחמת החבלה פחתו דמיה למכירה. שכן הפחתת דמיה למכירה אינה נחשבת לנזק לממונו, משום שהבת אינה ממונו. ואף על פי שהוא יכול לקבל דמים עבורה, זוהי רק זכות שיש לו בה. אלא כוונת רבי אלעזר היא שהפסדו הוא סיבה להחשיב את דמי החבלה ל"שבח נעורים" שהאב זכאי בו. שאילולי הפסדו לא היתה לו שום שייכות לדמי החבלה, ולא היה יכול לזכות בהם מדין "שבח נעורים" (אולם ראה תוספות ד"ה כיון, ובעמוד ב ד"ה א"ל, ורשב"א).]

[ביארנו על פי רש"י והרמב"ם שסברת "אפחתה מכספה" היינו הפחתת דמיה למכירה, מחמת החבלה. אולם בתוספות בעמוד ב ד"ה א"ל, נחלקו בזה שני התירוצים, ולדעת התירוץ השני היינו הפחתת דמיה לקידושין.

במחלוקת זו תולה הפני יהושע את השאלה אם הספק של רבי אלעזר הוא רק בקטנה או גם בנערה (ראה לעיל הערה 32), שכן בנערה יש לאב זכות רק לקדשה ולא למוכרה, ואם כן בנערה לא שייכת סברת "אפחתה מכספה" לגבי האב אם דנים מצד ירידת ערכה למכירה, אלא רק אם דנים מצד ירידת ערכה לקידושין.]

35. כלומר, זכיית האב בכסף קידושי בתו אינו מגזירת הכתוב [שנתבארה לעיל בהערה 33] שכל שבח נעורים לאביה, אלא היא משום שהתורה עשתה אותו בעלים גמור על קידושיה, שהוא רשאי לקדשה למי שירצה (אפילו למוכה שחין), כפי שנלמד מהפסוק (דברים כב, טו) "אֶת בִּתִּי נָתַתִּי לָאִישׁ הַזֶּה" [כתובות מו, ב וקידושין ג, ב] (רש"י, על פי ב"ח חושן משפט תכד, י). ואם כן אין לדמות דמי חבלה לכסף קידושין כפי שיתבאר. ראה להלן הערה 37.

36. אסור לאדם לחבול בבתו כשם שאסור לו לחבול בכל בן ישראל אחר. דבר זה נדרש מהכתוב בדברים כה, ג האומר לגבי שליח בית דין המכה את החוטא: "אַרְבָּעִים [מלקות] יַכֶּנּוּ לֹא יֹסִיף". מכיון שאיסור זה אוסר להכות אדם החייב מלקות [יותר מהמגיע לו], כל שכן שהוא אוסר להכות אדם שאינו חייב מלקות כלל (ראה רש"י, ורמב"ם הלכות חובל ומזיק ה, א).

37. מכיון שאין לאב בעלות לחבול בבתו, יתכן שאינו זכאי בתשלומי חבלות שחבלו בה אחרים. שלא ככסף קידושיה שהוא לאביה משום שהוא בעלים גמור על קידושיה.

נמצא שיסוד שאלת רבי אלעזר (לדעת רש"י) הוא, מהו המקור לכך שהאב זכאי בכסף קידושי בתו. האם המקור הוא גזירת הכתוב "בנעוריה בית אביה", שכל שבח נעורים לאביה, ואם כן גם דמי חבלתה הם לאביה משום היותם שבח נעורים, מכיון שהוא מפסיד בחבלתה לענין דמי מכירתה. או האם זכותו בכסף קידושי בתו היא מסברא, שמכיון שהתורה ייפתה את כוחו לקדשה לכל מי שירצה, הסברא נותנת שגם כסף הקידושין שלו. ואם כן בחבלה שלא שייכת בה סברא זו, שהרי אין בידו לחבול בה, דמי חבלתה לא יהיו לאב (ב"ח שם). [באמת, בשאלה זו לגבי מקור הדין שכסף קידושי הבת לאב, דנה הגמרא בכתובות מו, ב וקידושין ג. תוספות (ד"ה כיון) מקשים על פירושו של רש"י שדבריו אינם לפי מסקנת הגמרא שם. אלא שרש"י כנראה מפרש שרבי אלעזר סבר כפי הסברות הראשונות של הגמרא שם ולא כפי המסקנא, ומכח זה שאל את שאלתו.]

וכן היה רבי יהודה פוטרו מכל דינים שבתורה מ"ט דרבי יהודה אמר קרא א) ושפטו העדה בין המכה ובין גואל הדם על המשפטים האלה כל שישנו במכה ובגואל הדם ישנו במשפטים כל שאינו במכה ובגואל הדם אינו במשפטים תניא אידך ר' יהודה אומר סומא אין לו בושת וכן היה רבי יהודה פוטרו מכל מצות האמורות בתורה אמר רב שישא בריה דרב אידי מאי טעמא דר' יהודה אמר קרא ב) א) ואלה המצות החקים והמשפטים כל שישנו במשפטים ישנו במצות וחקים וכל שאינו במשפטים אינו במצות וחקים ג) אמר רב יוסף מריש הוה אמינא מאן דאמר הלכה כר' יהודה דאמר סומא פטור מן המצות קא עבדינא יומא טבא לרבנן מ"ט דלא מפקדינא וקא עבדינא מצות והשתא דשמעית להא דר' חנינא ג) דאמר ר' חנינא ד) גדול המצווה ועושה ממי שאינו מצווה ועושה מאן דאמר לי אין הלכה כרבי יהודה עבדינא יומא טבא לרבנן מ"ט דכי מפקדינא אית לי אגרא טפי: **מתני'** זה חומר באדם מבשור שהאדם משלם נזק צער ריפוי שבת ובושת ומשלם דמי ולדות ושור אינו משלם אלא נזק ופטור מדמי ולדות ה) המכה את אביו ואת אמו ולא עשה בהן חבורה וחובל בחבירו ביום הכפורים חייב בכולן א החובל בעבד עברי חייב בכולן חוץ מן השבת א] בזמן שהוא שלו ב החובל בעבד כנעני של אחרים חייב בכולן ו) רבי יהודה אומר אין לעבדים בושת ג חש"ו פגיעתן רעה ה החובל בהן חייב והם שחבלו באחרים פטורין ד העבד והאשה פגיעתן רעה החובל בהם חייב והם שחבלו באחרים פטורין אבל משלמין לאחר זמן ז) ה נתגרשה האשה נשתחרר העבד חייבין לשלם ו המכה אביו ואמו ועשה בהן חבורה והחובל בחבירו בשבת פטור מכולן מפני שהוא נדון בנפשו ז והחובל בעבד כנעני שלו פטור מכולן: **גמ'** בעא מיניה רבי אלעזר מרב החובל בבת קטנה של אחרים חבלה למי מי אמרינן כיון דאקני ליה רחמנא שבח נעורים לאב חבלה נמי דאבוה הוי מאי טעמא דהא אפחתה מכספה או דילמא שבח נעורים הוא דאקני ליה רחמנא דאי בעי לממסר לה למוכה שחין מצי מסר אבל חבלה כיון דאי בעי מתחבל בה לא מצי חביל לא קנייה ליה רחמנא
אמר

רש"י

כל שאינו במכה כו'. וסומא הא אפיקתיה מדין מיתת בית דין: כל שישנו במשפט כו'. דהא אפיקתיה מכלל ושפטו: רב יוסף. סגי נהור הוה: **מתני'** ושור אינו משלם **אלא** נזק. כדאמר בפ"ב (דף כו.) איש בעמיתו ולא שור בעמיתו: ופטור מדמי ולדות. כדאמר בשור שנגח את הפרה (לעיל דף מב.) אנשים ולא שוורים: מכה אביו ואמו אין חייב עד שיעשה בהן חבורה באלו הן הנחנקין (סנהדרין דף פה:): עבד ואשה שחבלו באחרים פטורים. שאין להם מה לשלם: נתגרשה האשה ונשתחרר העבד. וקנו נכסים: חייבין לשלם. שהרי מתחלה הן חייבין אלא שאין להם מה לשלם שנכסי מלוג של אשה משועבדים לבעל לפירות ולירושה: **גמ'** בבת קטנה של אחרים חבלה למי. גדולה ודאי דידה הויא: [שבח נעורים לאב. דכתיב] בנעוריה בית אביה כל שבח נעורים לאביה אפי' כסף קדושין שלו: דאי בעי מסר לה אביה למוכה שחין. דכתיב (דברים כב) את בתי נתתי לאיש הזה אלמא בידו לתתה למי שירצה הלכך כסף קדושין נמי לאביה: לא מצי חביל בה.
דאין

תוספות

משום דלית ליה לרבא רשע רשע אלא משום שאין צריך דמגופיה דקרא שמעינן דאין משלשים במכות ובאלו נערות (כתובות דף לה. ושם) גבי חייבי מלקיות שוגגין ודבר אחר דאמר ר"ל בפירוש ריבתה תורה חייבי מלקיות כחייבי מיתות היכן ריבתה תורה אביי אמר רשע רשע רבא אמר מכה מכה התם ודאי לא דריש רבא רשע רשע וכן ר' יוחנן פליג אר"ל ומחייב חייבי מלקיות שוגגין בתשלומין לא דריש רשע רשע וכן בההוא פירקא (דף לז.) אמר גבי לא יהיה אסון ענוש יענש והא מהכא נפקא מהתם נפקא כדי רשעתו משום רשעה אחת אתה מחייבו כו' ומסיק חדא במיתה וממון וחדא במלקות וממון לא דריש רשע רשע והיינו טעמא דרבא ור' יוחנן וההיא סוגיא סברי דלא דרשי רשע רשע אלא לענין דברים שהן בגוף המלקות דקרא דרשע בגוף המלקות כתיב והיה אם בן הכות הרשע אבל לפטור מממון שהוא בהדי מיתה ומלקות שאין בגוף המלקות לא דרשינן אבל ממכה יליף לה רבא שפיר דבתשלומין כתיב מכה בהמה ישלמנה ואביי אית ליה אפי' התם ג"ש דרשע רשע וסוגיא דהתם גבי רשעתו אליבא דרבא אתיא ואביי הוה מוקי כרבי מאיר במיתה ומלקות דמלקות וממון לא צריך קרא דאתיא רשע רשע:

וכן היה רבי יהודה פוטרו מכל דינים שבתורה. תימה א"כ מאי איריא דפטר ר' יהודה בבושת לעיל ולמה לי ג"ש דעיניך עיניך ונראה לר"י שלבסוף חזר בו ר' יהודה ממה שהיה פוטרו מבושת לבד כשמלא דרשה לפוטרו ממיתה וגלות א"נ אי לאו דגלי ג"ש דעיניך לפטור סומא הוה סברא למדרש גבי גלות כר' מאיר:

וכן היה ר' יהודה פוטרו מכל המצות [האמורות] בתורה. תימה הא דתנן בפרק הקורא את המגילה (מגילה דף כד. ושם ח) רבי יהודה אומר כל שלא ראה מאורות מימיו לא יפרוס על שמע אפי' ראה ונסמא נמי אמר הכא דפטור מכל המצות והיאך יפרוס על שמע להוציא אחרים ובירושלמי דמוקי שלא ראה מאורות מימיו ביושב בבית אפל [או] שנולד במערה ואינו סומא א"ש אבל בגמרא דידן משמע דמיירי בסומא ממש ומפרש טעמא דרבי יהודה דאמר אין פורס משום דאין נהנה מן המאורות ורבנן [סברי] אית ליה הנאה כר' יוסי שראה סומא ואבוקה בידו אמר ליה בני אבוקה זו למה אמר ליה כל זמן שאבוקה זו בידי בני אדם רואין אותי ומצילין אותי מן הפחתים והאי טעמא לא שייך אלא בסומא ממש ונראה דאף ע"ג דפטר ר' יהודה סומא מכל המצות מ"מ מדרבנן חייב דאע"ג דאשה מיפטרא במצות עשה שהזמן גרמא ולא מחייבינן אפילו מדרבנן משום שיש מצות הרבה דמחייבת בהו אבל סומא אי פטרת ליה מכל המצות אפי' מדרבנן א"כ ה"ל כמו נכרי שאין נוהג בתורת ישראל כלל ולכך אותו שלא ראה מאורות מימיו אפילו מדרבנן לא יפרוס על שמע כיון דלית ליה הנאה אבל אם ראה ונסתמא חייב מדרבנן ומוציא אחרים ידי חובתן דאחרים נמי לא מחייבי אלא מדרבנן דק"ש דרבנן היא כדאמר במי שמתו (ברכות דף כא.) ולא דמי חיוב דסומא לחיובא דקטן שהגיע לחינוך (א) שאין אלא לחנכו דאע"ג דחייב מדרבנן אין פורס על שמע להוציא אחרים ידי חובתן ט):

בעבד כנעני שלו פטור מכולם. וא"ת והא ברפואתו חייב כדקאמר בפ"ק דגיטין (דף יב: ושם י) גבי קיטע יד עבדו של חבירו נותן שבתו ורפואתו לרבו ופריך רפואתו דידיה היא דבעי איתסויי ביה ומשני לא צריכא דאמדוהו לה' יומי ועבדו סמא חריפא ואיתסי בתלתא יומי וי"ל דה"נ פטור מכולם היינו מן היתרון דאמדוהו בה' ואיתסי בג' ואם תאמר ותפשוט ממתני' דיכול הרב לומר לעבד עשה עמי ואיני זנך מדפטור משבת וי"ל דהכא מיירי בזן את העבד ומיהו קשה מאי קמ"ל רבי יוחנן שנותן רפואתו לרבו דהיינו היתרון דאתסי בג' מתני' היא דפטור מכולם ע"כ נראה שיש לחלק בין אחרים חובלין בו בין להרב עצמו חובל בו שכבר זכה בכל כ):

כיון דאקני ליה רחמנא שבח נעורים לאב. פי' בקונטרס דכתיב בנעוריה בית אביה כל שבח נעורים לאביה ובשנים אוחזין (ב"מ דף יב. ושם) גבי מציאת בנו ובתו הקטנים נמי פי' דבתו מציאתה לאביה משום דשבח נעורים לאביה וקשה לפירושו דבריש פרק קמא דקדושין (דף ג: ושם) ובאלו נערות (כתובות דף מ:) אמר דההוא בהפרת נדרים הוא דכתיב ולא ילפינן מהתם שאר דברים ונראה דבכל דוכתי דנקיט שבח נעורים לסימנא בעלמא נקטיה ולא משום דמפיק מבנעוריה ובשמעתין נמי פירש בקונטרס בסוף דבריו דכסף קדושין שלו דאי בעי מסר לה למנוול ומוכה שחין ומציאתה נמי לאב משום איבה כדמפרש גמרא בפרק נערה שנתפתתה (שם דף מו: ושם) דחיישינן שמא מתוך שנאה שלא תתן לו מציאה ימסרנה למנוול ומוכה שחין ומבעיא ליה בחבלה לרבי אלעזר דאע"ג דאין שייך בה איבה דלא קפיד במידי דאית להו צערא בגופייהו כדאמר לקמן מ"מ ראוי הוא להיות של אב משום דאפחתה מכספה:
א"ל

מסורת הש"ס

א) [נ"ל וזאת המצוה], ב) קדושין לא., ג) שם. לעיל לח. ע"ז ג., ד) [וע"ש בתוס' ע"ז ג. ובקדושין לא. ד"ה גדול], ה) לעיל פה:, ו) סנהדרין פו., ז) ב"מ י:, ח) [ד"ה מי], ט) [ועיין תוספות עירובין לו. ד"ה דילמא], י) [ד"ה שבתו], כ) [ועי' תוספות גיטין יב: ד"ה רפואתו].

הגהות הב"ח

(א) תוס' ד"ה וכן וכו' שהגיע לחינוך שאינו אלא לחנכו:

גליון הש"ס

מתני' רי"א אין לעבדים בושת. עיין נדה דף מז ע"א תוספות ד"ה בדק: שם החובל בהן חייב. עיין לעיל דף פה ע"ב תוספות ד"ה נהי דנזק:

הגהות מהר"ב רנשבורג

א] מתני' בזמן שהוא שלו. עי' פני יהושע ולפמ"ש לעיל דף פו ע"א לק"מ יעוש"ה ודו"ק:

עין משפט נר מצוה

מו א מיי' פ"ד מהל' חובל ומזיק הל' י סמג עשין ע:
מז ב מיי' שם סמג שם טוש"ע ח"מ סימן תכד סעיף ג:
מח ג מיי' שם הלכה כ טוש"ע שם סע"ח:
מט ד ה מיי' שם הל' כא טוש"ע שם סעיף ט:
נ ו מיי' שם הלכה ז ועיין בהשגות ובמ"מ טוש"ע שם סעיף א ב:
נא ז מיי' שם הלכה י טוש"ע שם סע"ג:

ליקוטי רש"י

אמר רב יוסף. רב יוסף סגי נהור הוה [עירובין נד.]. **יומא טבא לרבנן.** סעודה לתלמידים [קידושין לא.]. **ולא עשה בהן חבורה.** דאין עליו חיוב מיתה עד שיעשה בהן חבורה [לעיל פה:]. **אין לעבדים בושת.** המבייש את העבד לא חייבתו תורה לתת דמי בשתו [סנהדרין פו:].

תורה אור השלם

א) וְשָׁפְטוּ הָעֵדָה בֵּין הַמַּכֶּה וּבֵין גֹּאֵל הַדָּם עַל הַמִּשְׁפָּטִים הָאֵלֶּה: [במדבר לה, כד]

ב) וְזֹאת הַמִּצְוָה הַחֻקִּים וְהַמִּשְׁפָּטִים אֲשֶׁר צִוָּה יְיָ אֱלֹהֵיכֶם לְלַמֵּד אֶתְכֶם לַעֲשׂוֹת בָּאָרֶץ אֲשֶׁר אַתֶּם עֹבְרִים שָׁמָּה לְרִשְׁתָּהּ: [דברים ו, א]

אמר ליה לא זכתה התורה לאב אלא שבח נעורים בלבד איתיביה החובל בעבד עברי חייב בכולן חוץ מן השבת בזמן שהוא שלו אמר אביי [א]מודה רב בשבת דמעשה ידיה עד שעת בגרות דאבוה הוי איתיביה [ב]החובל בבנו גדול יתן לו מיד בבנו קטן יעשה לו סגולה החובל בבתו קטנה פטור ולא עוד אלא אחרים שחבלו בה חייבין ליתן לאביה ה"נ בשבת: ובבנו גדול יתן לו מיד ורמינהו החובל בבניו ובבנותיו של אחרים גדולים יתן להם מיד קטנים יעשה להם סגולה בבניו ובבנותיו שלו פטור אמרי לא קשיא [ג]כאן כשסמוכים על שלחנו כאן כשאין סמוכין על שלחנו במאי אוקימתא לקמייתא בשאין סמוכין על שלחנו אי הכי אימא סיפא החובל בבתו הקטנה פטור ולא עוד אלא אחרים שחבלו בה חייבין ליתן לאביה לדידה בעי למיתב לה דבעיא מזוני ואפי' למ"ד [א] [ד]יכול הרב לומר לעבד עשה עמי ואיני זנך הני מילי בעבד כנעני דאמר ליה עביד עבידתא כולי יומא ולאורתא זיל סחר ואכול אבל עבד עברי דכתיב [א] כי טוב לו עמך [ה]עמך במאכל עמך במשתה לא כל שכן בתו [ב] כדאמר רבא בריה דרב עולא לא נצרכה אלא להעדפה ה"נ לא נצרכה אלא להעדפה במאי אוקימתא לבתרייתא בסמוכין על שלחנו גדולים יתן להם מיד קטנים יעשה להם סגולה אמאי לאביהם בעי למיתבי אמרי כי קא קפיד במידי דקא חסר במידי דאתא מעלמא לא קפיד והא מציאה דמעלמא קאתי להו וקא קפיד אמרי רווחא דקאתי להו מעלמא ולית להו צערא דגופייהו בגווה קפיד אבל חבלה דאית להו צערא דגופייהו ומעלמא קאתי להו לא קפיד והא התם דאית לה צערא דגופא ומעלמא קאתי לה וקא קפיד דקתני ולא עוד אלא (אפילו) אחרים שחבלו בה חייבין ליתן לאביה אמרי התם דגברא קפדנא הוא דהא אין סמוכין על שלחנו אפילו במידי דאתי להו מעלמא קפיד הכא דלאו גברא קפדנא הוא דהא סמוכין על שלחנו כי קא קפיד במידי דקא חסר ליה במידי דאתי להו מעלמא לא קפיד [ג] מאי סגולה רב חסדא אמר ספר תורה רבה בר רב הונא אמר [ו]דיקלא דאכיל מיניה תמרי וכן אמר ריש לקיש לא זכתה תורה לאב אלא שבח נעורים בלבד ורבי יוחנן אמר [ז]אפילו פציעה פציעה ס"ד אפילו רבי אלעזר לא קמיבעיא ליה אלא חבלה דאפחתה

דאין אדם רשאי לחבול בבתו דהא ישראלית היא ועבר על לא יוסיף פן יוסיף (דברים כה): מן השבת בזמן שהעבד שלו. ולא בעבד דאחר דנותן שבתו לרבו קתני מיהת דעבד עברי שלו פטור הואיל ומעשה ידיו שלו וה"נ כיון דבתו מעשה ידיה שלו לשקול שבת דידיה וקשה לרב דאמר לא זיכתה תורה לאב אלא שבח נעורים בלבד דודאי אפי' חבלות זיכתה לו: מודה רב בשבת. דיהבינן ליה לאב: בבנו. לא זכי ליה רחמנא מידי אבל בבתו קטנה זכי ליה: אפי' למ"ד יכול הרב כו'. פלוגתא במסכת גיטין [ד]בפרק שני: סחר. סבב ואכול חזור על הפתחים ל"א סחר סבב לפתחי העיר: להעדפה. המותר על מזונותיה: דרבא בריה דרב עולא. בפ' נערה שנתפתתה (דף מג.): לאבוה בעי למיתבא ליה. דמאי שנא כי חבל בהו איהו דמפטר משבת משום דסמוכין על שולחנו כי חבלי בהו אחריני נמי ליתבו ליה: במידי דחסר ביה. ממונא כגון היכא דחבל בהו איהו דנימא ליה אנן זיל שלים: והרי מציאה. דתנן בשנים אוחזין (ב"מ דף יב:) מציאת בנו ובתו הקטנים הרי אלו שלו ואוקימנא התם גדול וסמוך על שולחנו זהו קטן: דאפחתיה

א"ל לא זיכתה תורה לאב אלא שבח נעורים בלבד. לסימנא בעלמא נקט האי לישנא כדפי' ואפי' פלעה בפניה דאפחתה מכספה קסבר רב דלית ליה לאב מידי וכן ר"ל לקמן ור"י פליג וס"ל דאם פלעה בפניה חבלתה של אב וא"ת והיכי פליגי רב ור"ל אר' יוחנן והא בריש נערה [שנתפתתה] (כתובות ד' מג: ושם [ה]) משמע בברייתא דחבלה דפלעה בפניה הויא לאב וי"ל דהתם מיירי בפחיתת כסף שעד ימי [ו]בגרות שתלא מרשות אב שהיתה נפחתה דבר מועט אם היה רוצה למוכרה אותו דבר מועט כ"ע מודו דלאב הויא דהיינו שבח נעורים גמורים והכא נחלקו בכל הפחיתה שהיא נפחתת כל ימיה בפליעה זו אף לאחר שכלו ימי הנעורים דס"ל לרב ולר"ל דדידה הוי ור' יוחנן סבר דהואיל ואירע פחיתה זו בנערותה תהא כולה לאב א"נ הכא במה שהיא נפחתת לקדושין דס"ל לרב ולר"ל דלא זכי ליה אלא קדושין ממש והתם בהפסד מעשה ידיה דלא תמלא לה קונים:

כאן בסמוכין על שלחנו כו'. אור"י למ"ד בפרק קמא דב"מ (ד' יב: ושם) גבי מציאת בנו ובתו הקטנים שהוא לאב לא גדול גדול ממש ולא קטן קטן ממש אלא גדול וסמוך על שלחן אביו זהו קטן וקטן שאין סמוך על שלחן אביו זהו גדול אין חילוק בין חבלה שהאב חובל בו למציאה אבל חבלה שאחרים חובלין בהן הוי דידהו ואפילו בסמוכים כדמפרש לקמן דכיון דאית להו צערא דגופייהו ולא חסר לא קפיד אבל לשמואל דאמר התם קטן קטן ממש הוי מציאת קטן לאביו אפי' אין סמוך על שולחנו כדמפרש טעמא התם שבשעה שמוצאה מריצה אצל אביו וגדול אפי' סמוך על שלחנו מציאתו לעצמו דכיון דלא חסר לא קפיד וגם אין מריצה אצלו אבל הכא שהאב חובל אם הוא סמוך אפי' גדול הוי לאב דכיון דחסר קפיד ואם אין סמוך אפי' קטן הוי לעצמו דכיון דאית ליה צערא דגופא אין מריצה לאביו ובחבלו בהן אחרים אפי' סמוכים וקטנים הוי דידהו כיון דלא חסר וגם אין מריצין:

דכתיב כי טוב לו עמך. הרר"א בהר"י היה גורס כשכיר כתושב יהיה עמך (ויקרא כה) דמהאי קרא דריש ליה בספרי וכן נראה דההוא קרא בלווי כתיב אבל כי טוב לו עמך אינו אלא סיפור דברים בעלמא כדכתיב והיה כי יאמר העבד לא אצא מעמך כי אהבך ואת ביתך כי טוב לו עמך ור"י אומר דאפילו גרסי כי טוב לו עמך ניחא דמדקאמר כי טוב לו עמך ש"מ שכך צריך לעשות [ז]:

והא מציאה דמעלמא קאתי וקפיד. האי פירכא לא הוי אלא למ"ד לא גדול גדול ממש אבל לשמואל איכא טעמי טובא גבי מציאה דמריצה אצל אביו דגבי חבלה לא שייך האי טעמא א"נ אפי' לשמואל בעי אמאי לא אמר בחבלה שמריצה אצל אביו ומשני כיון דאית ליה צערא דגופא לא קפיד אב וקטן נמי לא ירצנה אצלו:

וקתני ולא עוד אלא אחרים שחבלו בה חייבין ליתן לאביה. וא"ת מאי קושיא הא אוקמא קמייתא בשבת ובתרייתא דקתני בבנותיו של אחרים קטנים יעשה להם סגולה דילמא מיירי בשאר דברים כגון נזק וצער וי"ל דמסתמא הוי דומיא דזכרים דיעשה להם סגולה דידהו מיירי אפי' בשבת שאין מעשה ידיהם לאב ועוד נוכל לפרש דהא דקתני בבניו ובבנותיו פטור היינו דוקא בשבת וסברא הוא דלית לן למפטריה משום דסמוכים על שולחנו אלא משבת ולא משאר דברים דבכל מקום מעשה ידיה לאב תחת מזונות דגבי אשה ועבד עברי וכנעני ובתו שמזכיר בכל מקום עשה עמי ואיני זנך ולפ"ז א"ש דלא מצי לאוקמא בתרייתא בשאר דברים דבשאר דברים אפי' בניו ובנותיו שלו חייב וכן משמע דמטעם סמוכים על שולחנו אין לפוטרו אלא משבת דפריך לעיל אי בסמוכים גדולים יתן להם מיד וכו' לאביהן בעי למיתב משמע דמשום דאוקמא בסמוך פריך דלאבוהון בעי למיתב ומנין לו זה אי משום דמדמה ליה למציאה הא לשמואל אין מציאת גדול לאב אבל אי מיירי בשבת ניחא דסברא הוא כיון שהוא זן אותן דשבת שלהם יהיה לאב כדפרישית וסבור המקשה דאפי' לא יהיו מעשה גדולים לאב אע"פ שהוא זן אותן מ"מ היכא דאתי מעלמא כשבת סברא הוא שיהיה לאב והא דפריך והא מציאה דמשמע דאי הו"א דשבת לאב הוה ניחא ולא הוה קשה ליה ממציאה אנזק וצער וריפוי ובשת דלא הוי לאב משום דמציאה דמיא טפי למעשה ידיה כדאמר בריש מציאת האשה (כתובות דף סו. ושם) מציאתה כהעדפה שע"י הדחק דמי אך מצי למימר דהא דקאמר אי בסמוכים היינו אליבא דמ"ד לאו גדול גדול ממש ומדמי למציאה:

הכא דלאו איניש דקפיד כו'. וא"ת וכיון דמן הדין שבת לאב כדקאמר דבאינש קפדנא חייבין ליתן שבת לאב אפילו כשאינם סמוכים לפחות להעדפה ומן התורה היא של אב כדדרשינן בריש קדושין (ד' ג:) ובסוף אלו נערות (כתובות ד' מ:) ובנערה שנתפתתה (שם ד' מו:) כי ימכור איש את בתו לאמה מה אמה מעשה ידיה לרבה אף בת מעשה ידיה לאביה א"כ מה ראו חכמים דבגברא דלא קפדן אמר בבת קטנה של אחרים יעשה לה סגולה אפילו בשבת ושמא אמדו חכמים דעתו של אב ויודעים שמוחל להם משום צערה דגופייהו במידי דלא חסר ביה ואתו להו מעלמא:

יצא

עין משפט נר מצוה

נב א מיי' פ"ד מהל' חובל ומזיק הלכה יד וע"ש סמג עשין ע טוש"ע ח"מ סימן תכד סעיף ו:
נג ב ג מיי' שם הלכה יט טוש"ע שם סעיף ז:
נד ד מיי' פ"ט מהל' עבדים הלכה ז ועיין שם סמג עשין פב טוש"ע י"ד סימן רסז סעיף כ כא:
נה ה מיי' שם פ"א הלכה ט סמג שם:
נו ו מיי' פ"ד מהלכות חובל ומזיק הלכה יט ועיין בהשגות ובמ"מ סמג עשין ע טוש"ע ח"מ סימן תכד סעיף ז:
נז ז מיי' שם הלכה יד טוש"ע שם סעיף ו:

ליקוטי רש"י

יכול הרב לומר לעבד. כנעני. עשה עמי. מלאכה ואיני זנך אלא חזור על הפתחים [גיטין יב.]. להעדפה. שמעשה ידיה עודף על מזונותיה [כתובות מג.]. רב חסדא אמר ספר תורה. ללמוד בו הרי פירות והקרן קיים. דאכיל מיניה. הקטן תמרי והקרן קיים אבל בעיסקא לא שמא יארע בה דבר תקלה ותאבד [רשב"ם ב"ב נב.].

מסורת הש"ס

א) כתובות מג. נח: גיטין יב. [ב"מ לג.], ב) כתובות מג., ג) ב"ב נב., ד) [ל"ל בפ"ק יב.], ה) [ד"ה שפלעה], ו) [בכתובות מג: תוספות ד"ה שפלעה איתא שעד ימי נערות והוא נכון], ז) [ועי' בתוספות כתובות מג. קדושין טו. ד"ה כי טוב].

תורה אור השלם

א) וְהָיָה כִּי יֹאמַר אֵלֶיךָ לֹא אֵצֵא מֵעִמָּךְ כִּי אֲהֵבְךָ וְאֶת בֵּיתֶךָ כִּי טוֹב לוֹ עִמָּךְ: [דברים טו, טז]

אָמַר לֵיהּ רב לרבי אלעזר: **לֹא זִכְּתָה הַתּוֹרָה לָאָב אֶלָּא שֶׁבַח נְעוּרִים בִּלְבָד**[1], אבל תשלומי נזק משתלמים לקטנה עצמה.

רבי אלעזר מקשה על תשובה זו:

אֵיתִיבֵיהּ — הקשה רבי אלעזר לרב ממשנתנו[2]: המשנה אומרת ש**הַחוֹבֵל בְּעֶבֶד עִבְרִי חַיָּיב בְּכוּלָּן** — בכל חמשת הדברים, **חוּץ מִן הַשֶּׁבֶת בִּזְמַן שֶׁהוּא** (העבד הניזק) **שֶׁלּוֹ**, משום שמעשי ידי העבד שלו הם[3]. מאותו טעם גם האב היה צריך לקבל את דמי השבת של בתו, מכיון שמעשי ידיה שלו הם[4].

אביי מתרץ:

אָמַר אַבַּיֵי: מוֹדֶה רַב בְּשֶׁבֶת — רב מודה בתשלום השבת שהוא שייך לאביה, **דְּמַעֲשֵׂה יָדֶיהָ עַד שְׁעַת בַּגְרוּת דַּאֲבוּהָ הָוֵי** — מכיון שמעשה ידיה עד שעת בגרותה שייכים לו[5]. ורק על תשלומי הנזק אמר רב שהם לבת[6].

רבי אלעזר ממשיך להקשות על רב:

אֵיתִיבֵיהּ — הקשה רבי אלעזר לרב מברייתא: **הַחוֹבֵל בִּבְנוֹ גָּדוֹל, יִתֵּן לוֹ** את כל התשלומים המגיעים לנחבל **מִיָּד**[7], ואם חבל **בִּבְנוֹ קָטָן, יַעֲשֶׂה לוֹ סְגוּלָּה** — יקים לו קרן [נושאת רווחים], ויפקיד בה את התשלומים[8]. **הַחוֹבֵל בְּבִתּוֹ קְטַנָּה**, הרי זה **פָּטוּר. וְלֹא עוֹד, אֶלָּא** אפילו **אֲחֵרִים שֶׁחָבְלוּ בָּהּ, חַיָּיבִין לִיתֵּן** את התשלומים **לְאָבִיהָ**. הנה מבואר כאן שהאב זוכה בתשלומי חבלה בבתו, שלא כהוראת רב.

מתרצת הגמרא:

הָכָא נַמִּי — גם כאן מדובר **בְּ**תשלום דמי **שֶׁבֶת**[9]. אבל ביתר התשלומים המגיעים לבתו אין האב זכאי.

מכיון שהביאה הגמרא את הברייתא, היא מעירה עליה[10]:

וּבִבְנוֹ הַגָּדוֹל, אם חבל בו אביו האם **יִתֵּן לוֹ מִיָּד** — עליו לתת לו מיד את תשלומי הנזק!? **וּרְמִינְהוּ** — והקשו על זה מברייתא אחרת האומרת: **הַחוֹבֵל בְּבָנָיו וּבִבְנוֹתָיו שֶׁל אֲחֵרִים**, אם היו הבנים והבנות **גְּדוֹלִים, יִתֵּן לָהֶם מִיָּד** את כל התשלומים המגיעים להם[11]. ואם היו הבנים והבנות **קְטַנִּים, יַעֲשֶׂה לָהֶם סְגוּלָּה** (קרן)[12]. אבל אם חבל **בְּבָנָיו וּבִבְנוֹתָיו שֶׁלּוֹ**, הרי זה **פָּטוּר**, בין שהיו קטנים ובין שהיו גדולים. הנה מבואר בברייתא זו שאף החובל בבנו גדול פטור, והרי זה סותר לדברי הברייתא הקודמת, האומרת שהחובל בבנו גדול יתן לו מיד[13].

מתרצת הגמרא:

אָמְרֵי — אמרו: **לֹא קַשְׁיָא, כָּאן**, בברייתא השניה, מדובר **כְּשֶׁ**הבנים **סְמוּכִים עַל שֻׁלְחָנוֹ** של אביהם, כלומר, שהוא מפרנס אותם ומספק להם מזונות, ולכן אין האב חייב לשלם להם אפילו כאשר חבל בבניו הגדולים[14], ואילו **כָּאן**, בברייתא הראשונה, מדובר **כְּשֶׁאֵין** הבנים **סְמוּכִין עַל שֻׁלְחָנוֹ** של אביהם, ולכן האב חייב לשלם להם מיד על חבלתם ככל חובל בחבירו.

הגמרא מקשה על ביאור זה:

בְּמַאי אוֹקִימְתָּא לְקַמַּיְיתָא — באיזה מקרה העמדת את הברייתא הראשונה? **בְּ**מקרה **שֶׁאֵין** הם **סְמוּכִין עַל שֻׁלְחָנוֹ** של אביהם. **אִי הָכִי אֵימָא סֵיפָא** — אם כן, אמור את סוף הברייתא ההיא: **הַחוֹבֵל בְּבִתּוֹ הַקְּטַנָּה פָּטוּר. וְלֹא עוֹד, אֶלָּא אֲחֵרִים שֶׁחָבְלוּ בָּהּ חַיָּיבִין לִיתֵּן** את התשלומים **לְאָבִיהָ**. ואם מדובר באינה סמוכה על שלחן אביה, **לְדִידָהּ בָּעֵי לְמֵיתַב לָהּ** — לה היה צריך לתת את הדמים של **שֶׁבֶת, דְּבָעְיָא מְזוֹנֵי** — שהרי צריכה היא מזונות[15]. **וַאֲפִילּוּ לְמַאן דְּאָמַר** — למי שאומר ש**יָכוֹל הָרַב** (האדון) **לוֹמַר לָעֶבֶד** כנעני שלו, **"עֲשֵׂה עִמִּי** עבודתך כעבד **וְאֵינִי זָנְךָ** — איני מפרנס אותך"[16], **הָנֵי מִילֵּי**

הערות

1. ואפילו כסף קידושיה אינו בכלל פסוק זה, ומה שהוא לאביה נלמד ממקור אחר, שאינו שייך לדמי חבלה (ב"ח שם, בפירוש דברי רש"י). [וכן היא מסקנת הגמרא בקידושין בכתובות שם.]

2. אף על פי שרבי אלעזר בעצמו הוא ששאל את רב מהי ההלכה בענין זה, מכל מקום הוא מקשה על תשובתו ממשנה, שכך היא דרכם של האמוראים, שהתלמיד שואל את רבו אם יש לו קבלה באותו ענין, ואחר כך מקשה עליו ממשנה או מברייתא כדי לברר את דבריו (ריטב"א כתובות מב, א ד"ה איתיביה אביי; ראה גם תשובות מהרשד"ם, יורה דעה רלד, ויד דוד כאן).

3. כשם שהחובל בעבד עברי של אחרים משלם שבת לאדון [ולא לעבד] על ביטול מלאכתו של העבד, משום שהאדון זכאי למעשי ידיו של העבד, כך כשהאדון חובל בעבדו העברי אין הוא משלם לעבד שבת, משום שמעשי ידי העבד שייכים לו.

4. רש"י. וראה ברכת שמואל כתובות סימן מג, ב, ר־מד, א.

5. ראה לעיל עמוד א הערה 33.

6. רק לגבי תשלומי נזק אמר רב שאין האב זכאי בהן. אבל שבת ודאי שייך לאב, שהרי הוא זכאי במעשי ידיה עד שתתבגר.

[גם בצער וריפוי ובושת אין האב זכאי (ועליהם לא שאל רבי אלעזר כלל), שכן היא בלבד ניזוקה בצער ובושת, והאב אינו מפסיד כלום מזה שהיא מקבלת תשלומים אלה, וממילא אינו מקפיד על נתינתם לה (ראה גמרא להלן). וגם ריפוי, פשוט שהוא שלה, שהרי היא צריכה לתיתו לרופא. ואם נתרפאה במהרה על ידי סם חריף ומכאיב, ודאי העודף שלה משום צער (נמוקי יוסף).]

7. רק בבתו כשהיא קטנה או נערה נתנה התורה לאב זכויות, אבל בבנו אין לו שום זכויות (רש"י). ולכן הוא חייב לשלם לבנו מיד את כל החמשה דברים, כפי שצריך לשלם כשחובל בכל אדם אחר. [וגם לבתו הבוגרת צריך לשלם דמי חבלתה מיד.]

8. גם במקרה זה הוא חייב לשלם לבנו את כל החמשה דברים. אולם במקרה זה מכיון שהבן עדיין קטן, חייבים לדאוג שכסף התשלומים יתקיים ויתרבה ("יעשה פירות"). עד שיגדל הבן ויוכל לעסוק בזה בעצמו באופן אחראי, על האב לטפל בזה.

פירוש המלה "סגולה" הוא אוצר. כמו שאוצר מקיים את הניתן בתוכו, כך על האב להקים קרן שתקיים את התשלומים [ואף תשא פירות] (תורת חיים), וראה להלן בסוף העמוד מה היא ה"סגולה" שיקנה להם.

מלשון הברייתא "יעשה לו סגולה" משמע שהאב שחבל בבנו הוא עצמו יעשה לו סגולה, ולא בית דין (תשובות הרא"ש פז, א, וים של שלמה כד ד"ה ואסקינן). אולם המאירי (ד"ה זה שאמרנו) מביא שיש אומרים שזה מוסב על בית דין (וקוראים "יֵעָשֶׂה" במקום "יַעֲשֶׂה").

ראה פתחי תשובה (חושן משפט תכד, ד) אם האב חייב בתשלומין כשחבל בבנו כדי לחנכו.

9. בין במה שאומרת הברייתא שאחרים שחבלו בהם חייבים ליתן לאביה, ובין במה שאומרת הברייתא לפני זה שהחובל בבתו קטנה פטור (פני יהושע, עיין שם).

10. הגמרא מקשה סתירה בין ברייתא זו לאחרת. [לפי פשוטו נראה שאין לזה קשר למה שהעמידה הגמרא את הברייתא לענין שֶׁבֶת. אולם ראה תורת חיים; פנים מאירות; ים התלמוד; כוס הישועות.] ובסוף העמוד תחזור הגמרא לדון בשאלתו של רבי אלעזר בבת קטנה.

11. שדינם ככל נחבל, וזכאים לחמשה דברים, ואין אביהם זוכה באף אחד מהתשלומים.

12. בין לבנים ובין לבנות, מכל התשלומים, אף משבת, אף על פי שמעשי ידי הבת הקטנה לאביה (תוספות; ראה להלן הערה 25). הגמרא להלן תבאר מדוע תשלומים אלה מגיעים לבנים ולבנות.

13. הגמרא היתה יכולה להקשות סתירה בין הברייתות גם לגבי בנו קטן, שבברייתא הקודמת מבואר שחייב האב לשלם לו, אלא שיעשה לו סגולה, ואילו בברייתא זו נאמר שפטור. ועיין תלמיד הרשב"א והרא"ש, והפלאה.

14. והכוונה, שפטור מלשלם להם שבת [אבל שאר ארבעת הדברים חייב לשלם להם] (ראה רש"י להלן ד"ה לאבוה, ותוספות ד"ה וקתני, בתירוץ שני, ורא"ש), כי אחרי שהם סמוכים על שלחנו והוא מפרנסם, מעשי ידיהם שלו, כשם שמצאנו במקומות אחרים שתיקנו חכמים מעשה ידים תחת מזונות (ראה קידושין ד, א, ותוספות גיטין מז, ב ד"ה ולביתך). ומכיון שמעשי ידיהם שלו לכן השבת שלו. אבל שאר ארבעת הדברים, צריך הוא לשלם להם, שאין לשאר התשלומים שום קשר עם זה שהאב מפרנסם (תוספות ד"ה וקתני; וראה מאירי ד"ה יש שואלין).

אבל בבתו קטנה, מבואר בברייתא הראשונה שכאשר אחרים חבלו בה הם משלמים את השבת לאביה, אף על פי שהברייתא הראשונה עוסקת בבנים שאינם סמוכים על שלחן אביהם. וזהו משום שמעשי ידיה של בתו הקטנה שייכים לו מן התורה אף כשאינה סמוכה על שלחנו.

[פירשנו על פי רש"י, ותוספות בתירוצם השני (ד"ה וקתני) והרא"ש. אולם הרמב"ם (הלכות חובל ומזיק ד, יט) ותוספות בתירוצם הראשון סוברים שבסמוכים על שלחנו האב פטור מכל חמשת הדברים (ראה ביאור הגר"א חושן משפט תכד, יד, ורמב"ן במלחמת ה'). שתי הדעות מובאות בשלחן ערוך, חושן משפט תכד, ז.]

15. מכיון שהאב אינו מפרנס אותה, הבת צריכה לקבל את דמי השבת שלה, שכן במקרה כזה מעשי ידיה אינם שייכים לו אף אם מעשי ידיה של בת הם של אביה מדאורייתא, כפי שתבאר הגמרא (שלא כמו שנתבאר בהערה הקודמת שמעשי ידי בתו שייכים לו מן התורה אף כשאינה סמוכה על שלחנו).

16. בגיטין יב, א-ב נחלקו אמוראים בזה.

אמר ליה לא זכתה התורה לאב אלא שבח נעורים בלבד איתיביה החובל בעבד עברי חייב בכולן חוץ מן השבת בזמן שהוא שלו אמר אביי [א]מודה רב בשבת דמעשה ידיה עד שעת בגרות דאבוה הוי איתיביה [ב]החובל בבנו גדול יתן לו מיד בבנו קטן יעשה לו סגולה החובל בבתו קטנה פטור ולא עוד אלא אחרים שחבלו בה חייבין ליתן לאביה ה"נ בשבת: ובבנו גדול יתן לו מיד ורמינהו החובל בבניו ובבנותיו של אחרים גדולים יתן להם מיד קטנים יעשה להם סגולה בבניו ובבנותיו שלו פטור אמרי לא קשיא [ג]כאן כשסמוכים על שלחנו כאן כשאין סמוכין על שלחנו במאי אוקימתא לקמייתא בשאין סמוכין על שלחנו אי הכי אימא סיפא החובל בבתו הקטנה פטור ולא עוד אלא אחרים שחבלו בה חייבין ליתן לאביה לדידה בעי למיתב לה דבעיא מזוני ואפי' למ"ד א) [ד]יכול הרב לומר לעבד עשה עמי ואיני זנך הני מילי בעבד כנעני דאמר ליה עביד עבידתא כולי יומא ולאורתא זיל סחר ואכול אבל עבד עברי דכתיב א) כי טוב לו עמך [ה]עמך במאכל עמך במשתה לא כל שכן בתו ב) כדאמר רבא בריה דרב עולא לא נצרכה אלא להעדפה ה"נ לא נצרכה אלא להעדפה במאי אוקימתא לבתרייתא בסמוכין על שלחנו גדולים יתן להם מיד קטנים יעשה להם סגולה אמאי לאביהם בעי למיתבי אמרי כי קא קפיד במידי דקא חסר במידי דאתא מעלמא לא קפיד והא מציאה דמעלמא קאתי להו וקא קפיד אמרי רווחא דקאתי להו מעלמא ולית להו צערא דגופייהו בגווה קפיד אבל חבלה דאית להו צערא דגופייהו ומעלמא קאתי להו לא קפיד והא התם דאית לה צערא דגופא ומעלמא קאתי לה וקא קפיד דקתני ולא עוד אלא (אפילו) אחרים שחבלו בה חייבין ליתן לאביה אמרי התם דגברא קפדנא הוא דהא אין סמוכין על שלחנו אפילו במידי דאתי להו מעלמא קפיד הכא דלאו גברא קפדנא הוא דהא סמוכין על שלחנו כי קא קפיד במידי דקא חסר ליה במידי דאתי להו מעלמא לא קפיד [ו]מאי סגולה רב חסדא אמר ספר תורה רבה בר רב הונא אמר [ז]דיקלא דאכיל מיניה תמרי וכן אמר ריש לקיש לא זכתה תורה לאב אלא שבח נעורים בלבד ורבי יוחנן אמר [ח]אפילו פציעה פציעה ס"ד אפילו רבי אלעזר לא קמיבעיא ליה אלא חבלה דאפחתה

דאין אדם רשאי לחבול בבתו דהא ישראלית היא ועבר על לא יוסיף פן יוסיף (דברים כה): **מן השבת בזמן שהעבד שלו.** ולא בעבד דאחר דנותן שבתו לרבו קתני מיהא דעבד עברי שלו פטור הואיל ומעשה ידיו שלו וה"נ כיון דבתו מעשה ידיה שלו לשקול שבת דידה וקשה לרב דאמר לא זיכתה תורה לאב אלא שבח נעורים בלבד דודאי אפי' חבלות זיכתה לו: **מודה רב בשבת.** דיהבינן ליה לאב: **בבנו.** לא זכי ליה רחמנא מידי אבל בבתו קטנה זכי ליה: **אפי' למ"ד יכול הרב כו'.** פלוגתא במסכת גיטין ד) בפרק שני: **סחר.** סבב ואכול חזור על הפתחים ל"א סחר סבב לפתחי העיר: **להעדפה.** המותר על מזונותיה: **דרבא בריה דרב עולא.** בפ' נערה שנתפתתה (דף מג.): **לאבוה בעי למיתבא ליה.** דמאי שנא כי חבל בהו איהו דמפטר משבת משום דסמוכין על שולחנו כי חבלי בהו אחריני נמי ליתבו ליה: **במידי דחסר ביה.** ממונא כגון היכא דחבל בהו איהו דנימא ליה אנן זיל שלים: **והרי מציאה.** דתנן בשנים אוחזין (ב"מ דף יב:) מציאת בנו ובתו הקטנים הרי אלו שלו ואוקימנא התם גדול וסמוך על שולחנו זהו קטן:
דאפחתיה

א"ל לא זיכתה תורה לאב אלא שבח נעורים בלבד. לסימנא בעלמא נקט האי לישנא כדפי' ואפי' פלעה בפניה דאפחתה מכספה קסבר רב דלית ליה לאב מידי וכן ר"ל לקמן ור"י פליג וס"ל דאם פלעה בפניה חבלתה של אב וא"ת והיכי פליגי רב ור"ל אר' יוחנן והא בריש נערה [שנתפתתה] (כתובות ד' מג: ושם ה) משמע בברייתא דחבלה דפלעה בפניה הויא לאב וי"ל דהתם מיירי בפחיתת כסף שעד ימי ו) בגרות שתלא מרשות אב שהיתה נפחתה דבר מועט אם היה רוצה למוכרה אותו דבר מועט כ"ע מודו דלאב הויא דהיינו שבח נעורים גמורים והכא נחלקו בכל הפחיתה שהיא נפחתת כל ימיה בפליעה זו אף לאחר שכלו ימי הנעורים דס"ל לרב ולר"ל דדידה הוי ור' יוחנן סבר דהואיל ואירע פחיתה זו בנערותה תהא כולה לאב א"נ הכא במה שהיא נפחתת לקדושין דס"ל לרב ולר"ל דלא זכי ליה אלא קדושין ממש והתם בהפסד מעשה ידיה דלא תמצא לה קונים:

כאן בסמוכין על שלחנו כו'. אור"י למ"ד בפרק קמא דב"מ (ד' יב: ושם) גבי מציאת בנו ובתו הקטנים שהוא לאב לא גדול גדול ממש ולא קטן קטן ממש אלא גדול וסמוך על שלחן אביו זהו קטן וקטן שאין סמוך על שלחן אביו זהו גדול אין חילוק בין חבלה שהאב חובל בו למציאה אבל חבלה שאחרים חובלין בהן הוי דידהו ואפילו בסמוכים כדמפרש לקמן דכיון דאית להו צערא דגופייהו ולא חסר לא קפיד אבל לשמואל דאמר התם קטן קטן ממש הוי מציאת קטן לאביו אפי' אין סמוך על שולחנו כדמפרש טעמא התם שבשעה שמוצאה מריצה אצל אביו וגדול אפי' סמוך על שלחנו מציאתו לעצמו דכיון דלא חסר לא קפיד וגם אין מריצה אצלו אבל הכא שהאב חובל אם הוא סמוך אפי' גדול הוי לאב דכיון דחסר קפיד ואם אין סמוך אפי' קטן הוי לעצמו דכיון דאית ליה צערא דגופא אין מריצה לאביו ובחבלו בהן אחרים אפי' סמוכים וקטנים הוי דידהו כיון דלא חסר וגם אין מריצין:

דכתיב כי טוב לו עמך. הרר"א בהר"י היה גורס כשכיר כתושב יהיה עמך (ויקרא כה) דמהאי קרא דריש ליה בספרי וכן נראה דההוא קרא בלווי כתיב אבל כי טוב לו עמך אינו אלא סיפור דברים בעלמא כדכתיב והיה כי יאמר העבד לא אצא מעמך כי אהבך ואת ביתך כי טוב לו עמך ור"י אומר דאפילו גרסי כי טוב לו עמך ניחא דמדקאמר כי טוב לו עמך ש"מ שכך צריך לעשות ז):

והא מציאה דמעלמא קאתי וקפיד. האי פירכא לא הוי אלא למ"ד לא גדול גדול ממש אבל לשמואל איכא טעמי טובא גבי מציאה דמריצה אצל אביו דגבי חבלה לא שייך האי טעמא א"נ אפי' לשמואל בעי אמאי לא אמר בחבלה שמריצה אצל אביו ומשני כיון דאית ליה צערא דגופא לא קפיד אב וקטן נמי לא ירצנה אצלו: **וקתני** ולא עוד אלא אחרים שחבלו בה חייבין ליתן לאביה. וא"ת מאי קושיא הא אוקמא קמייתא בשבת ובתרייתא דקתני בבנותיו של אחרים קטנים יעשה להם סגולה דילמא מיירי בשאר דברים כגון נזק וצער וי"ל דמסתמא הוי דומיא דזכרים דיעשה להם סגולה דידהו מיירי אפי' בשבת שאין מעשה ידיהם לאב ועוד נוכל לפרש דהא דקתני בבניו ובבנותיו פטור היינו דוקא בשבת וסברא הוא דלית לן למפטריה משום דסמוכים על שולחנו אלא משבת ולא משאר דברים דבכל מקום מעשה ידיה לאב תחת מזונות דגבי אשה ועבד עברי וכנעני ובתו שמזכיר בכל מקום עשה עמי ואיני זנך ולפ"ז א"ש דלא מצי לאוקמא בתרייתא בשאר דברים חוץ משבת דבשאר דברים אפי' בניו ובנותיו שלו חייב וכן משמע דמטעם סמוכים על שולחנו אין לפוטרו אלא משבת דפריך לעיל אי בסמוכים גדולים יתן להם מיד וכו' לאביהן בעי למיתב משמע דמשום דאוקמא בסמוך פריך דלאבוהון בעי למיתב ומנין לו זה אי משום דמדמה ליה למציאה הא לשמואל אין מציאת גדול לאב אבל אי מיירי בשבת ניחא דסברא הוא כיון שהוא זן אותו דשבת שלהם יהיה לאב כדפרישית וסבור המקשה דאפי' לא יהיו מעשה גדולים לאב אע"פ שהוא זן אותן מ"מ היכא דאתי מעלמא כשבת סברא הוא שיהיה לאב והא דפריך והא מציאה דמשמע דאי הו"א דשבת לאב הוה ניחא ולא הוה קשה ליה ממציאה אנזק וצער וריפוי ובשת דלא הוי לאב משום דמציאה דמיא טפי למעשה ידיה כדאמר בריש מציאת האשה (כתובות דף סו. ושם) מציאתה כהעדפה שע"י הדחק דמי אך מצי למימר דהא דקאמר אי בסמוכים היינו אליבא דמ"ד לאו גדול גדול ממש ומדמי למציאה:

הכא דלאו איניש דקפיד כו'. וא"ת וכיון דמן הדין שבת לאב כדקאמר דבאיניש קפדנא חייבין ליתן שבת לאב אפילו כשאינם סמוכים לפחות להעדפה ומן התורה היא של אב כדדרשינן בריש קדושין (ד' ג:) ובסוף אלו נערות (כתובות ד' מ:) ובנערה שנתפתתה (שם ד' מו:) כי ימכור איש את בתו לאמה מה אמה מעשה ידיה לרבה אף בת מעשה ידיה לאביה א"כ מה ראו חכמים דבגברא דלא קפדן אמר בבת קטנה של אחרים יעשה לה סגולה אפילו בשבת ושמא אמדו חכמים דעתו של אב ויודעים שמוחל להם משום צערה דגופייהו במידי דלא חסר ביה ואתו להו מעלמא:

עין משפט
נר מצוה

נב א מיי' פ"ד מהל' חובל ומזיק הלכה יד וע"ש סמג עשין ע טוש"ע ח"מ סימן תכד סעיף ו:
נג ב ג מיי' שם הלכה יט טוש"ע שם סעיף ז:
נד ד מיי' פ"ט מהל' עבדים הלכה ז ועיין שם סמג עשין פב טוש"ע י"ד סימן רסז סעיף כ כא:
נה ה מיי' שם פ"א הלכה ט סמג שם:
נו ו מיי' פ"ד מהלכות חובל ומזיק הלכה יט ועיין בהשגות ובמ"מ סמג עשין ע טוש"ע ח"מ סימן תכד סעיף ז:
נז ז מיי' שם הלכה יד טוש"ע שם סעיף ו:

ליקוטי רש"י

יכול הרב לומר לעבד. **כנעני.** **עשה עמי.** מלאכה ואיני זנך אלא חזור על הפתחים [גיטין יב.]. **להעדפה.** שמעשה ידיה עודף על מזונותיה [כתובות מג.]. **רב חסדא אמר ספר תורה.** ללמוד בו הרי פירות והקרן קיים. **דאכיל מיניה.** הקטן תמרי והקרן קיים אבל בעיסקא לא שמא יארע בה דבר תקלה ותאבד [רשב"ם ב"ב נב.].

מסורת הש"ם

א) כתובות מג. נח: גיטין יב. [ב"מ לג.], ב) כתובות מג., ג) ב"ב נב., ד) [ל"ל בפ"ק יב.], ה) [ד"ה שפלעה], ו) [בכתובות מג: תוספות ד"ה שפלעה איתא שעד ימי נערות והוא נכון], ז) [ועי' בתוספות כתובות מג. קדושין טו. ד"ה כי טוב].

תורה אור השלם

א) וְהָיָה כִּי יֹאמַר אֵלֶיךָ לֹא אֵצֵא מֵעִמָּךְ כִּי אֲהֵבְךָ וְאֶת בֵּיתֶךָ כִּי טוֹב לוֹ עִמָּךְ: [דברים טו, טז]

— דברים אלו לא נאמרו אלא **בְּעֶבֶד כְּנַעֲנִי, דְּאָמַר לֵיהּ** — שיכול האדון לומר לו, "**עֲבֵיד עֲבִידְתָּא כּוּלֵּי יוֹמָא** — עשה עמי עבודה כל היום, **וּלְאוּרְתָּא זִיל סְחַר וֶאֱכוֹל** — ובערב לך סבב ואכול"[17]. **אֲבָל** לגבי **עֶבֶד עִבְרִי, דִּכְתִיב** — שעליו כתבה התורה (דברים טו, טז): "**כִּי טוֹב לוֹ עִמָּךְ**"[18], שמשמע, שיהיה "**עִמְּךָ**" (שוה לך) **בְּמַאֲכָל** ו"**עִמְּךָ**" (שוה לך) **בְּמִשְׁתֶּה, לֹא** — אין האדון יכול לומר לו "עשה עמי ואיני זנך"[19]. ואם לעבד עברי אינו יכול לומר כך, **כָּל שֶׁכֵּן בִּתּוֹ** שאינו יכול לומר לה כך, ואם כן כשאינו מפרנסה מעשי ידיה אינם שלו. ומדוע, אם כן, אין השבת שלה במקרה זה?

מתרצת הגמרא:

הרי זה **כִּדְאָמַר** (כפי שאמר) **רָבָא בְּרֵיהּ דְּרַב עוּלָּא** במקום אחר, שמדובר בקטנה שאין אביה מפרנס אותה, **וְלֹא נִצְרְכָה** המשנה ללמדנו את ההוראה שלה **אֶלָּא לְהַעֲדָפָה** — כאשר מעשה ידיה עודף על מזונותיה[20], **הָכָא נַמִּי** (גם כאן) **לֹא נִצְרְכָה** הברייתא הראשונה ללמדנו את הוראתה לגבי הבת הקטנה **אֶלָּא לְהַעֲדָפָה** — כאשר מעשה ידיה עודף על מזונותיה, שבמקרה זה מקבל האב מתוך השבת את אותו עודף[21], אבל את הסכום הנצרך לה למזונותיה אכן מקבלת הבת[22].

כעת הגמרא מקשה על פירושו בברייתא השניה:

בְּמַאי אוֹקִימְתָּא לְבַתְרַיְיתָא — באיזה מקרה העמדת את הברייתא השניה? **בִּסְמוּכִין** בניו ובנותיו **עַל שֻׁלְחָנוֹ**, ולכן אין האב חייב לשלם להם שבת אם חבל הוא בהם. אבל כשאחרים חבלו בהם אומרת הברייתא שאם הם **גְּדוֹלִים, יִתֵּן לָהֶם** את התשלומים **מִיָּד**, ואם הם **קְטַנִּים יַעֲשֶׂה לָהֶם סְגוּלָּה** — יקים עבורם קרן, **אַמַּאי** — מדוע הבנים והבנות מקבלים את תשלומי השבת? **לַאֲבִיהֶם בָּעֵי לְמֵיתְבֵי** — הרי לאביהם יש ליתנם, מכיון שהם סמוכים על שלחנו[23]!

מתרצת הגמרא:

אָמְרֵי (אמרו): **כִּי קָא קָפִיד** — מתי מקפיד האב על בנו שלא יטול את דמי שבתו? **בְּמִידֵי דְּקָא חָסַר** — בדבר שבו הוא חסר ממון[24], דהיינו, כאשר הוא חבל בבנו; אבל **בְּמִידֵי דְּאָתָא מֵעָלְמָא** — בדבר הבא מבחוץ, דהיינו, כאשר אחרים חבלו בבנו ומשלמים לו דמי שבתו, **לֹא קָפִיד** — אין הוא מקפיד[25].

מקשה הגמרא:

וְהָא מְצִיאָה — והלא במקרה של מציאה שמצא בנו, **דְּמֵעָלְמָא קָאָתֵי לְהוּ** — הבאה לבן מבחוץ, **וְקָא קָפִיד** — ואף על פי כן האב מקפיד על כך אם יטלנה הבן לעצמו[26]!

הגמרא מחלקת, ומפרשת מה הם התנאים המשפיעים על הקפדתו של האב:

אָמְרֵי (אמרו): **רַוְוחָא דְּקָאָתֵי לְהוּ מֵעָלְמָא** — לגבי רווח הבא לבנים מבחוץ, **וְלֵית לְהוּ צַעֲרָא דְּגוּפַיְיהוּ בְּגַוֵּוהּ** — ולא היה להם כל צער הגוף בענין, כמו מציאה, **קָפִיד** — האב מקפיד אם יטלנו הבן לעצמו, ולכן מציאתם לאביהם. **אֲבָל** לגבי דמי **חַבָּלָה, דְּאִית לְהוּ צַעֲרָא דְּגוּפַיְיהוּ** — שהיה להם צער הגוף בענין, **וּמֵעָלְמָא קָאָתֵי לְהוּ** — ורווח זה בא להם מבחוץ, **לֹא קָפִיד** — אין האב מקפיד אם יטלנו הבן לעצמו[27].

הגמרא חוזרת ומקשה:

וְהָא הָתָם — והלא שם (בברייתא הראשונה), במקרה של קטנה שחבלו בה אחרים, **דְּאִית לָהּ צַעֲרָא דְּגוּפָא** — שיש לה צער הגוף, **וּמֵעָלְמָא קָאָתֵי לָהּ** — והתשלומים באים לה מבחוץ, **וְקָא קָפִיד**

הערות

17. המלה "סְחַר" בלשון ארמי פירושה "סַבֵּב", [כמו "סְחוֹר סְחוֹר" (שבת יג, א, וראה תרגום אונקלוס לבראשית מט, יא)]. האדון אומר לו שילך ויסבב לפתחי העיר, היינו יחזור על הפתחים, ויאכל (רש"י; אבל ראה רש"ש שמפרש את רש"י באופן אחר, ולדעתו "סבב" הראשון שברש"י הוא לשון הסבה לסעודה).

18. עבד עברי יוצא לחירות לאחר שעבד שש שנים. ואם אינו רוצה לצאת אלא רוצה להמשיך בעבודתו אצל אדונו, הוא יכול לעשות כן על ידי "רציעה". התורה מתארת בקשתו להשאר אצל אדונו כך: "וְהָיָה כִּי יֹאמַר אֵלֶיךָ לֹא אֵצֵא מֵעִמָּךְ... כִּי טוֹב לוֹ עִמָּךְ".

19. מהייתור "עִמָּךְ" דורשת הגמרא בקידושין (כ, א) שצריך שיהיה לעבד טוב כמותך, בשוה לך; שצריך להאכילו מאותו מאכל ולהשקותו מאותו משקה שהאדון אוכל ושותה, ולהשכיבו על מצעים הדומים לאלה שעליהם שוכב האדון. ואם כן בודאי אין האדון רשאי לומר לו "עשה עמי ואיני זנך". [אף על פי שפסוק זה **מתאר** עבד עברי הרוצה להישאר אצל אדונו ואינו **מצוה** על האדון לנהוג כן עם עבדו, מכל מקום משמעות הכתוב היא שכך צריך להתנהג עמו (תוספות ורשב"א; ראה שם, ובמצפה איתן ויד דוד).]

20. מימרא זו של רבא בר רב עולא מובאת בכתובות מג, א (רש"י), והיא באה לבאר את המשנה שם. מה שנוגע לנו מדבריו שם הוא שאף על פי שהאב אינו זכאי במעשי ידי בתו אם אין הוא מפרנס אותה, מכל מקום הוא זכאי לעודף של מעשי ידיה על המזונות הנצרכים לה.

21. במקרה שחבלו בה אחרים. וכשהוא חבל בה אינו משלם לה את העודף, אלא רק שבת בשיעור המזונות הנצרכים לה.

22. נמצא שהברייתא הראשונה מלמדת שכאשר האב אינו מפרנס את בניו ואת בנותיו, הם מקבלים לעצמם את כל החמשה דברים — בין שחבל בהם אחר ובין שאביהם חבל בהם, בין שהם גדולים ובין שהם קטנים. יוצאת מן הכלל היא בת קטנה, שמכיון שהאב זכאי במעשי ידיה, אין היא מקבלת אלא את דמי שבתה הנצרכים לה למזונותיה. אבל את העודף על מעשי ידיה משלמים לאב אם אחרים חבלו בה, ואם האב חבל בה הוא פטור מלשלם את העודף. לגבי דמי הנזק של הבת הקטנה, מי מקבלם, זוהי שאלתו של רבי אלעזר, שעדיין לא נפשטה (ראה ביאור הגר"א חושן משפט תכד, יד).

23. מאותו טעם שכאשר האב חבל בהם הוא פטור מתשלומי שבת, משום שהם סמוכים על שלחנו (ראה לעיל הערה 13), היה צריך להיות הדין שכאשר אחרים חבלו בהם יהא השבת לאב (רש"י).

[כפי שהערנו לעיל, ברור שהבנים והבנות מקבלים לעצמם את דמי הצער והריפוי והבושת מכיון שהם הניזוקים. הדיון הוא רק לגבי דמי שבת כאשר הם סמוכים על שלחן אביהם, ולגבי דמי נזק בבת קטנה, שהאב רשאי למוכרה.]

24. אם היינו מחייבים את האב לשלם תשלומי שבת לבנו [במקרה שהוא מפרנס את בנו] היה האב נחסר ממון (רש"י). ואין האב מוותר לו תשלום זה. ולכן הברייתא השניה פוטרת אותו מתשלומי שבת במקרה שהוא חבל בבנו.

25. אם אחר חבל בבנו, אין האב מקפיד שיקבל הוא את דמי שבתו ולא הבן, מכיון שאין הוא צריך להוציא מכיסו כלום. לכן אומרת הברייתא שבמקרה שאחר חבל בבנו הוא משלם לבן את שבתו.

נמצא שהברייתא השניה מלמדת שכאשר הבנים והבנות סמוכים על שלחן אביהם, ואדם אחר חבל בהם, אף על פי שהאב היה זכאי לקבל את דמי השבת שלהם (מכיון שהם סמוכים על שלחנו ומעשה ידיהם שלו), החובל משלם לבנים את דמי שבתם ולא לאב, משום שאמדו חכמים דעת האב שבמקרה זה אינו מקפיד, אלא מוותר להם שיגבו הם את תשלומי השבת. רק אם הוא עצמו חבל בהם אין הוא משלם להם שבת, מפני הקפדתו שהוא לא יחסר ממון. [אבל תשלומי צער ריפוי ובושת משולמים לבנים.]

ונמצא שלגבי דינו של אדם אחר החובל בהם, אין חילוק בין בת קטנה לכל בן או בת אחרים. דהיינו, שאף על פי שמן התורה שִׁבתה לאביה משום שמעשי ידיה לאביה, השבת ינתן לה משום האומד הנ"ל שהאב אינו מקפיד, ומוותר לה שתגבה היא את שבתה, מכיון שאין הוא נחסר ממון בזה שהיא תגבה מהחובל את שבתה (תוספות ד"ה הכא).

[מסקנה זו חולקת על תשובתו של אביי לעיל שהאב מקבל את דמי השבת של בתו עד שתעשה בוגרת לפי שהתורה זיכתה לו את מעשה ידיה. הגמרא כאן אומרת שאף על פי שכך הוא עיקר הדין מן התורה (כמו בעבד עברי, שהשבת לאדון), מכל מקום למעשה הבת מקבלת את שבתה, משום שבבתו האב אינו מקפיד על כך ומוותר לה, מכיון שאינו מפסיד כלום מכיסו (ראה רא"ש, וביאור הגר"א תכד, יא; אבל ראה טור תכד בביאור דעת הרמב"ם).

26. המשנה בבבא מציעא יב, א אומרת שמציאת בנו ובתו הקטנים היא שלו. [ולפי דעה אחת] הגמרא שם מגדירה "קטן" האמור בענין זה, כבן ובת הסמוכים על שלחן אביהם, אפילו גדולים (רש"י). [ולדעה זו הטעם שמציאתם לאביהם הוא משום איבת אביהם אם יטלו את המציאה לעצמם, אחרי שהוא מפרנסם (רש"י שם)]. הגמרא מקשה ששם אנו רואים שאף בדבר שבא לבנים בלא חסרון כיס של האב, האב מקפיד ואינו מוותר לבניו, מכיון שהוא מפרנסם. [ועיין תוספות לגבי הדעה האחרת בגמרא בבבא מציעא, ופני יהושע.]

27. דהיינו, שרק בהתקיים שני תנאים הרווח לבן ולא לאב, משום אומד חכמים שבמקרה זה האב אינו מקפיד אלא מוותר לבן: (א) שהרווח בא מחמת צער הגוף; (ב) האב לא יחסר כלום אם יטלהו הבן. שני תנאים אלו מתקיימים רק בחבלה שחבלו בהם אחרים, ואינם מתקיימים בחבלה שחבל בהם הוא עצמו (שם יש לו חסרון ממון), ובמציאה (שם אין לבן צער הגוף).

אמר ליה לא זכתה התורה לאב אלא שבח נעורים בלבד איתיביה החובל בעבד עברי חייב בכולן חוץ מן השבת בזמן שהוא שלו אמר אביי [א]מודה רב בשבת דמעשה ידיה עד שעת בגרות דאבוה הוי איתיביה [ב]החובל בבנו גדול יתן לו מיד בבנו קטן יעשה לו סגולה החובל בבתו קטנה פטור ולא עוד אלא אחרים שחבלו בה חייבין ליתן לאביה ה"נ בשבת: ובבנו גדול יתן לו מיד ורמינהו החובל בבניו ובבנותיו של אחרים גדולים יתן להם מיד קטנים יעשה להם סגולה בבניו ובבנותיו שלו פטור אמרי לא קשיא [ג]כאן כשסמוכים על שלחנו כאן כשאין סמוכין על שלחנו במאי אוקימתא לקמייתא בשאין סמוכין על שלחנו אי הכי אימא סיפא החובל בבתו הקטנה פטור ולא עוד אלא אחרים שחבלו בה חייבין ליתן לאביה לדידה בעי למיתב לה דבעיא מזוני ואפי' למ"ד [א][ד]יכול הרב לומר לעבד עשה עמי ואיני זנך הני מילי בעבד כנעני דאמר ליה עביד עבידתא כולי יומא ולאורתא זיל סחר ואכול אבל עבד עברי דכתיב [א]כי טוב לו עמך [ה]עמך במאכל עמך במשתה לא כל שכן בתו [ב]כדאמר רבא בריה דרב עולא לא נצרכה אלא להעדפה ה"נ לא נצרכה אלא להעדפה במאי אוקימתא לבתרייתא בסמוכין על שלחנו גדולים יתן להם מיד קטנים יעשה להם סגולה אמאי לאביהם בעי למיתבי אמרי כי קא קפיד במידי דקא חסר במידי דאתא מעלמא לא קפיד והא מציאה דמעלמא קאתי להו וקא קפיד אמרי רווחא דקאתי להו מעלמא ולית להו צערא דגופייהו בגווה קפיד אבל חבלה דאית להו צערא דגופייהו ומעלמא קאתי להו לא קפיד והא התם דאית לה צערא דגופא ומעלמא קאתי לה וקא קפיד דקתני ולא עוד אלא (אפילו) אחרים שחבלו בה חייבין ליתן לאביה אמרי התם דגברא קפדנא הוא דהא אין סמוכין על שלחנו אפילו במידי דאתי להו מעלמא קפיד הכא דלאו גברא קפדנא הוא דהא סמוכין על שלחנו כי קא קפיד במידי דקא חסר ליה במידי דאתי להו מעלמא לא קפיד [ג]מאי סגולה רב חסדא אמר ספר תורה רבה בר רב הונא אמר [ו]דיקלא דאכיל מיניה תמרי וכן אמר ריש לקיש לא זכתה תורה לאב אלא שבח נעורים בלבד ורבי יוחנן אמר [ז]אפילו פציעה פציעה ס"ד אפילו רבי אלעזר לא קמיבעיא ליה אלא חבלה דאפחתה

א"ל לא זיכתה תורה לאב אלא שבח נעורים בלבד. לסימנא בעלמא נקט האי לישנא כדפי' ואפי' פלעה בפניה לאפחתה מכספה קסבר רב דלית ליה לאב מידי וכן ר"ל לקמן ור"י פליג וס"ל דאם פלעה בפניה חבלתה של אב וא"ת והיכי פליגי רב ור"ל אר' יוחנן והא בריש נערה [שנתפתתה] (כתובות ד' מג: ושם [ה]) משמע בברייתא דחבלה דפלעה בפניה הויא לאב וי"ל דהתם מיירי בפחיתת כסף שעד ימי [ו]בגרות שתלא מרשות אב שהיתה נפחתה דבר מועט אם היה רוצה למוכרה אותו דבר מועט כ"ע מודו דלאב הויא דהיינו שבח נעורים גמורים והכא נחלקו בכל הפחיתה שהיא נפחתת כל ימיה בפליעה זו אף לאחר שכלו ימי הנעורים דס"ל לרב ולר"ל דדידה הוי ור' יוחנן סבר דהואיל ואירע פחיתה זו בנערותה תהא כולה לאב א"נ הכא במה שהיא נפחתת לקדושין דס"ל לרב ולר"ל דלא זכי ליה אלא קדושין ממש והתם בהפסד מעשה ידיה דלא תמצא לה קונים:

כאן בסמוכין על שלחנו כו'. אור"י למ"ד בפרק קמא דב"מ (ד' יב: ושם) גבי מציאת בנו ובתו הקטנים שהוא לאב לא גדול גדול ממש ולא קטן קטן ממש אלא גדול וסמוך על שלחן אביו זהו קטן וקטן שאין סמוך על שלחן אביו זהו גדול אין חילוק בין חבלה שהאב חובל בו למציאה אבל חבלה שאחרים חובלין בהן הוי דידהו ואפילו בסמוכים כדמפרש לקמן דכיון דאית להו צערא דגופייהו ולא חסר לא קפיד אבל לשמואל דאמר התם קטן קטן ממש הוי מציאת קטן לאביו אפי' אין סמוך על שולחנו כדמפרש טעמא התם שבשעה שמוצאה מריצה אצל אביו וגדול אפי' סמוך על שלחנו מציאתו לעצמו דכיון דלא חסר לא קפיד וגם אין מריצה אצלו אבל הכא שהאב חובל אם הוא סמוך אפי' גדול הוי לאב דכיון דחסר קפיד ואם אין סמוך אפי' קטן הוי לעצמו דכיון דאית ליה צערא דגופא אין מריצה לאביו ובחבלו בהן אחרים אפי' סמוכים וקטנים הוי דידהו כיון דלא חסר וגם אין מריצין:

דאין אדם רשאי לחבול בבתו דהא ישראלית היא ועבר על לא יוסיף פן יוסיף (דברים כה): מן השבת בזמן שהעבד שלו. ולא בעבד דאחר דנותן שבתו לרבו קתני מיהת דעבד עברי שלו פטור הואיל ומעשה ידיו שלו וה"נ כיון דבתו מעשה ידיה שלו לשקול שבת דידה וקשה לרב דאמר לא זיכתה תורה לאב אלא שבח נעורים בלבד דודאי אפי' חבלות זיכתה לו: מודה רב בשבת. דיהבינן ליה לאב: בבנו. לא זכי ליה רחמנא מידי אבל בבתו קטנה זכי ליה: אפי' למ"ד יכול הרב כו'. פלוגתא במסכת גיטין [ד]בפרק שני: סחר. סבב ואכול חזור על הפתחים ל"א סחר סבב לפתחי העיר: להעדפה. המותר על מזונותיה: דרבא בריה דרב עולא. בפ' נערה שנתפתתה (דף מג.): לאבוה בעי למיתבא ליה. דמאי שנא כי חבל בהו איהו דמפטר משבת משום דסמוכין על שולחנו כי חבלי בהו אחריני נמי ליתבו ליה: במידי דחסר ביה. ממונא כגון היכא דחבל בהו איהו דנימא ליה אנן זיל שליס: והרי מציאה. דתנן בשנים אוחזין (ב"מ דף יב:) מציאת בנו ובתו הקטנים הרי אלו שלו ואוקימנא התם גדול וסמוך על שולחנו זהו קטן:

דאפחתיה

דכתיב כי טוב לו עמך. הרר"א בהר"י היה גורס כשכיר כתושב יהיה עמך (ויקרא כה) דמהאי קרא דריש ליה בספרי וכן נראה דההוא קרא בלווי כתיב אבל כי טוב לו עמך אינו אלא סיפור דברים בעלמא כדכתיב והיה כי יאמר העבד לא אצא מעמך כי אהבך ואת ביתך כי טוב לו עמך ור"י אומר דאפילו גרסי כי טוב לו עמך ניחא דמדקאמר כי טוב לו עמך ש"מ שכך צריך לעשות [ז]:

והא מציאה דמעלמא קאתי וקפיד. האי פירכא לא הוי אלא למ"ד לא גדול גדול ממש אבל לשמואל איכא טעמי טובא גבי מציאה דמריצה אצל אביו דגבי חבלה לא שייך האי טעמא א"נ אפי' לשמואל בעי אמאי לא אמר בחבלה שמריצה אצל אביו ומשני כיון דאית ליה צערא דגופא לא קפיד אב וקטן נמי לא ירצנה אצלו: **וקתני** ולא עוד אלא אחרים שחבלו בה חייבין ליתן לאביה. וא"ת מאי קושיא הא אוקמא קמייתא בשבת ובתרייתא דקתני בבנותיו של אחרים קטנים יעשה להם סגולה דילמא מיירי בשאר דברים כגון נזק וצער וי"ל דמסתמא הוי דומיא דזכרים דיעשה להם סגולה דידהו מיירי אפי' בשבת שאין מעשה ידיהם לאב ועוד נוכל לפרש דהא דקתני בבניו ובבנותיו פטור היינו דוקא בשבת וסברא הוא דלית לן למפטריה משום דסמוכים על שולחנו אלא משבת ולא משאר דברים דבכל מקום מעשה ידיה לאב תחת מזונות דגבי אשה ועבד עברי וכנעני ובתו שמזכיר בכל מקום עשה עמי ואיני זנך ולפ"ז א"ש דלא מצי לאוקמא בתרייתא בשאר דברים חוץ משבת דבשאר דברים אפי' בניו ובנותיו שלו חייב וכן משמע דמטעם סמוכים על שולחנו אין לפוטרו אלא משבת דפריך לעיל אי בסמוכים גדולים יתן להם מיד וכו' לאביהן בעי למיתב משמע דמשום דאוקמא בסמוך פריך דלאבוהון בעי למיתב ומנין לו זה אי משום דמדמה ליה למציאה הא לשמואל אין מציאת גדול לאב אבל אי מיירי בשבת ניחא דסברא הוא כיון שהוא זן אותן דשבת שלהם יהיה לאב כדפרישית וסבור המקשה דאפי' לא יהיו מעשה גדולים לאב אע"פ שהוא זן אותן מ"מ היכא דאתי מעלמא כשבת סברא הוא שיהיה לאב והא דפריך והא מציאה דמשמע דאי הו"א דשבת לאב הוה ניחא ולא הוה קשה ליה ממציאה אנזק וצער וריפוי ובשת דלא הוי לאב משום דמציאה דמיא טפי למעשה ידיה כדאמר בריש מציאת האשה (כתובות דף סו. ושם) מציאתה כהעדפה שע"י הדחק דמי אך מצי למימר דהא דקאמר אי בסמוכים היינו אליבא דמ"ד לאו גדול גדול ממש ומדמי למציאה:

הכא דלאו איניש דקפיד כו'. וא"ת וכיון דמן הדין שבת לאב כדקאמר דבאיניש קפדנא חייבין ליתן שבת לאב אפילו כשאינם סמוכים לפחות להעדפה ומן התורה היא של אב כדדרשינן בריש קדושין (ד' ג:) ובסוף אלו נערות (כתובות ד' מ:) ובנערה שנתפתתה (שם ד' מו:) כי ימכור איש את בתו לאמה מה אמה מעשה ידיה לרבה אף בת מעשה ידיה לאביה א"כ מה ראו חכמים דבגברא דלא קפדן אמר בבת קטנה של אחרים יעשה לה סגולה אפילו בשבת ושמא אמדו חכמים דעתו של אב ויודעים שמוחל להם משום צערה דגופייהו במידי דלא חסר ביה ואתו להו מעלמא:

יגא

עין משפט נר מצוה

נב א מיי' פ"ד מהל' חובל ומזיק הלכה יד וע"ש סמג עשין ע טוש"ע ח"מ סימן תכד סעיף ו:
נג ב ג מיי' שם הלכה יט טוש"ע שם סעיף ז:
נד ד מיי' פ"ט מהל' עבדים הלכה ז ועיין שם סמג עשין פב טוש"ע י"ד סימן רסז סעיף כ כא:
נה ה מיי' שם פ"א הלכה ט סמג שם:
נו ו מיי' פ"ד מהלכות חובל ומזיק הלכה יט ועיין בהשגות ובמ"מ סמג עשין ע טוש"ע ח"מ סימן תכד סעיף ז:
נז ז מיי' שם הלכה יד טוש"ע שם סעיף ו:

ליקוטי רש"י

יכול הרב לומר לעבד. כנעני. עשה עמי. מלאכה ואיני זנך אלא חזור על הפתחים [גיטין יב.]. להעדפה. שמעשה ידיה עודף על מזונותיה [כתובות מג.]. רב חסדא אמר ספר תורה. ללמוד בו הרי פירות והקרן קיים. דאכיל מיניה. הקטן תמרי והקרן קיים אבל בעיסקא לא שמא יארע בה דבר תקלה ותאבד [רשב"ם ב"ב נב.].

מסורת הש"ס

א) כתובות מג. נח: גיטין יב. [ב"מ לג.], ב) כתובות מג., ג) ב"ב נב., ד) [ל"ל בפ"ק יב.], ה) [ד"ה שפלעה], ו) [בכתובות מג: תוספות ד"ה שפלעה איתא שעד ימי נערות והוא נכון], ז) [ועי' בתוספות כתובות מג. קדושין טו. ד"ה כי טוב].

תורה אור השלם

א) וְהָיָה כִּי יֹאמַר אֵלֶיךָ לֹא אֵצֵא מֵעִמָּךְ כִּי אֲהֵבְךָ וְאֶת בֵּיתֶךָ כִּי טוֹב לוֹ עִמָּךְ: [דברים טו, טז]

— ואף על פי כן האב מקפיד שלא תיקח אותם לעצמה, **דְּקָתָנֵי** — שהרי כך שנינו בברייתא הראשונה: **וְלֹא עוֹד, אֶלָּא (אפילו) אֲחֵרִים שֶׁחָבְלוּ בָּהּ חַיָּיבִין לִיתֵּן לְאָבִיהָ**[28]**!**

הגמרא משיבה:

אָמְרֵי, הָתָם דְּגַבְרָא קַפְּדָנָא הוּא — שם, שמדובר באדם קפדן, **דְּהָא אֵין סְמוּכִין עַל שֻׁלְחָנוֹ** — שהרי מדובר בבנים ובנות שאינם סמוכים על שלחנו[29], אב כזה **אֲפִילוּ בְּמִידִי דְּאָתֵי לְהוּ מֵעָלְמָא קָפִיד** — אפילו על דבר שבא להם מבחוץ מקפיד[30]. אבל **הָכָא** (כאן) בברייתא השניה **דְּלַאו גַּבְרָא קַפְּדָנָא הוּא** — שמדובר במי שאינו קפדן, **דְּהָא סְמוּכִין עַל שֻׁלְחָנוֹ** — שהרי בניו ובנותיו סמוכים על שלחנו, **כִּי קָא קָפִיד** — במה מקפיד האב אם יטלו הם את התשלומים, **בְּמִידִי דְּקָא חָסַר לֵיהּ** — רק בדבר שבו הוא יחסר[31], אבל **בְּמִידִי דְּאָתֵי לְהוּ מֵעָלְמָא** — בדבר הבא להם מבחוץ, **לֹא קָפִיד** — אין הוא מקפיד[32].

הגמרא מבררת מהי סגולה שהוזכרה בברייתות לעיל:

מַאי סְגוּלָּה — מהו אוצר[33]? **רַב חִסְדָּא אָמַר: סֵפֶר תּוֹרָה**, דהיינו, החובל יקנה ספר תורה שבו ילמד הקטן שנחבל[34]. **רַבָּה בַּר רַב הוּנָא אָמַר: דִּיקְלָא** (עץ דקל) **דְּאָכִיל מִינֵיהּ תַּמְרֵי** — שממנו יאכל הקטן פירות[35].

הגמרא חוזרת לדון בשאלה מי מקבל את תשלומי חבלתה של קטנה:

וְכֵן אָמַר רֵישׁ לָקִישׁ: לֹא זִכְּתָה תּוֹרָה לָאָב אֶלָּא שֶׁבַח נְעוּרִים של הנערה **בִּלְבָד**[36]; ונמצא שאין האב מקבל את התשלומים על חבלתה[37]. **וְרַבִּי יוֹחָנָן אָמַר: אֲפִילוּ פְּצִיעָה** — האב זכאי לתשלומים גם על פציעה שלה.

הגמרא מקשה על הוראתו של רבי יוחנן:

פְּצִיעָה סַלְקָא דַּעְתָּךְ — וכי יעלה על דעתך שהאב זכאי לתשלומים על פציעתה[38]!? הלא **אֲפִילוּ רַבִּי אֶלְעָזָר לֹא קָמִיבַּעְיָא לֵיהּ** — לא שאל את שאלתו **אֶלָּא** לגבי **חַבָּלָה** קשה

הערות

28. את העודף על מזונותיה, כמו שביארה הגמרא שם.

29. [כפי שאמרה הגמרא לעיל, שבברייתא הראשונה מדובר שאין הבנים סמוכים על שלחנו, ואפילו הקטנים. ובודאי, מי שאינו מפרנס אפילו בניו ובנותיו הקטנים עושה כן מתוך קפדנותו.]

30. ולכן במקרה זה הוא זוכה בשבת של בתו [כלומר, בעודף על מזונותיה], כפי דינו מן התורה שזיכתה אותו במעשי ידיה עד שתתבגר (תוספות ד״ה הכא; אולם ראה רמב״ן במלחמת ה׳). [אבל בבניו, ובבנותיו הגדולות, אין קפדנותו מועילה (כשאינם סמוכים על שלחנו) שיזכה בשבת שלהם, שכן אין לו בזה שום זכות מן התורה, וכן בשאר ארבעת הדברים של תשלומי חבלתם.]

31. ולכן הברייתא השניה פוטרת את האב מתשלומי שבת במקרה שהוא בעצמו חבל בהם אף על פי שהם סמוכים על שלחנו, משום הקפדתו במקרה זה, מכיון שהוא יחסר ממון אם יצטרך לשלם להם.

32. ולכן אומרת הברייתא השניה שבמקרה שאחרים חבלו בהם, אם הם סמוכים על שלחן אביהם [שזה מלמד שאינו אדם קפדן], השבת שלהם, ואפילו בבתו הקטנה, משום שבמקרה זה אין הוא מקפיד, מכיון שהוא לא נחסר ממון בזה שהם מקבלים את השבת [והרווח בא מצער הגוף].

[כך אמדו חכמים את דעתו של אב שבניו סמוכים על שלחנו, כאשר האב אינו בפנינו או שאינו אומר כלום. אבל כשהוא מביע הקפדה בענין, אכן התשלומים שלו (חידושי הראב״ד; אולם המאירי הביא בזה מחלוקת; וראה שו״ת רבי בצלאל אשכנזי לה).]

ראה טבלא לסיכום דיני דמי שבת (ראה גם להלן פח, א הערה 4).

33. כלומר, במה עליו להשקיע את דמי החבלה עבור הקטן?

34. זוהי השקעה שמתקיימת ויש לה פירות — הלימוד (רשב״ם בבא בתרא נב, א, וסמ״ע תכד, טו). ולאו דוקא ספר תורה, אלא ספרים (ריטב״א בבא בתרא שם).

35. גם זו היא השקעה שמתקיימת ויש לה פירות. אבל בסחורה אין לו להשקיע, משום שבזה אפשר לאבד את הקרן (רשב״ם בבא בתרא שם). ולאו דוקא דקל, אלא כל שהקרן קיימת ויש לו קצת פירות (ריטב״א שם; דקלים היו מצויים הרבה בבבל — ראה תענית ט, ב). וראה סמ״ע וט״ז שם, וים של שלמה כד, אם רבה בר רב הונא חולק על רב חסדא בספר תורה. וראה גם שיטה מקובצת בשם הרמ״ה.

36. ראה לעיל עמוד א הערה 32.

37. כהוראת רב לעיל.

38. הגמרא סוברת כעת שמדובר בפציעה במקום שאינו נראה, שלא הפחיתה בזה מדמיה אף אם נשארת צלקת (ר״י מלוניל; אף על פי שלעיל פד, ב למדנו ש״פצע״ היינו פציעה שיורד ממנה דם, אין פציעה מפחיתה בדמי הנחבל בהכרח; וראה ביאור הגר״א תכד, יא).

א. חיובו של האב לדמי שבת

	אין סמוכים על שלחנו (ברייתא ראשונה)	סמוכים על שלחנו (ברייתא שניה)
בנים ובנות גדולים	משלם מיד	אינו חייב
בן קטן	עושה לו סגולה	אינו חייב
בת קטנה	משלם מזונות/ אינו משלם עודף	אינו חייב

ב. חיובו של אדם אחר לדמי שבת

	אין סמוכים על שלחנו (ברייתא ראשונה)	סמוכים על שלחנו (ברייתא שניה)
בנים ובנות גדולים	משלם מיד	משלם מיד
בן קטן	עושה לו סגולה	עושה לו סגולה
בת קטנה	עושה לה סגולה למזונותיה/ משלם את העודף לאב	עושה לה סגולה

דְּאַפְחֲתָהּ מִכַּסְפָּהּ — שהפחיתה מדמיה[1], **אֲבָל פְּצִיעָה דְּלֹא אַפְחֲתָהּ מִכַּסְפָּהּ** — שלא הפחיתה מדמיה, **לֹא קָמִיבַּעְיָא לֵיהּ** — הוא לא שאל עליה כלל[2].

רבי יוסי בר חנינא מבאר את הוראתו של רבי יוחנן:

אָמַר רַבִּי יוֹסֵי בַּר חֲנִינָא: רבי יוחנן עוסק במקרה **שֶׁפְּצָעָהּ** המזיק **בְּפָנֶיהָ, וְאַפְחֲתָהּ מִכַּסְפָּהּ** — והפחיתה מדמיה[3]. לכן תשלומי הנזק הם לאב[4].

הגמרא עוברת לדון בבבא אחרת של המשנה:

הַחוֹבֵל בְּעֶבֶד כְּנַעֲנִי שֶׁל אֲחֵרִים חַיָּיב וכו' [בכולם (בכל חמשת הדברים); רבי יהודה אומר: אין לעבדים (דמי) בושת].

הגמרא מבררת את טעמיהם של רבי יהודה וחכמים:

מַאי טַעְמָא — מהו טעמו **דְּרַבִּי יְהוּדָה** הפוטר את החובל בעבד כנעני של אחרים מדמי בושת, הרי גם עבד כנעני מתבייש כשמביישים אותו? **אָמַר קְרָא** לענין תשלום בושת (דברים כה, יא): **"כִּי יִנָּצוּ אֲנָשִׁים יַחְדָּו אִישׁ וְאָחִיו"**[5], מהמלה "וְאָחִיו" משמע שאין הפסוק מדבר אלא **בְּמִי שֶׁיֵּשׁ לוֹ אַחֲוָה** — שיכול להיות באחוה עם ישראל גמור; **יָצָא** (נתמעט) **עֶבֶד** כנעני מדין תשלומי בושת, **שֶׁכֵּן אֵין לוֹ אַחֲוָה** — אינו יכול להיות אחיו של ישראל גמור[6]. **וְרַבָּנָן** סוברים: עבד, **אָחִיו הוּא** של ישראל גמור **בְּמִצְוֹת,** שכן חייב הוא במצוות שהאשה חייבת בהן[7], לפיכך גם בו נוהג דין דמי בושת.

הגמרא מקשה על הוראתו של רבי יהודה לפי מה שהתבאר בטעמו:

אֶלָּא מֵעַתָּה, לְרַבִּי יְהוּדָה הדורש מהמלה "אחיו" למעט עבדים כנענים, **זוֹמְמֵי עֶבֶד לֹא יֵהָרוֹגוּ** — אין לבית דין להרוג עדים זוממים שהעידו עדות שקר על עבד כנעני, **דִּכְתִיב** (דברים יט, יט): **"וַעֲשִׂיתֶם לוֹ כַּאֲשֶׁר זָמַם לַעֲשׂוֹת לְאָחִיו"**, ועבד כנעני אינו בכלל "אחיו" לדעת רבי יהודה[8]!

רב ששת מתרץ:

אָמַר רָבָא אָמַר רַב שֵׁשֶׁת: אָמַר קְרָא — נאמר בסוף אותו פסוק: **"וּבִעַרְתָּ הָרָע מִקִּרְבֶּךָ"**, ומשמע מהכתוב שעדים זוממים חייבים בעונשם **מִכָּל מָקוֹם** — בכל המקרים, אפילו כאשר העידו על עבד כנעני, שאינו בכלל "אחיו"[9].

הגמרא מקשה על דעת תנא קמא:

אֶלָּא מֵעַתָּה, לְרַבָּנָן, הסוברים שעבדים כנענים הם בכלל "אחיו" מכיון שהם חייבים במצוות, **עֶבֶד** כנעני **יְהֵא כָּשֵׁר לְמַלְכוּת** (להיות מלך) אף על פי שהכתוב (דברים יז, טו) מצריך שהמלך יהיה "מקרב אחיך". ומדוע באמת אינו כשר להיות מלך על ישראל?

הגמרא מתרצת על ידי קושיא:

אָמְרֵי — אמרו: **וּלְטַעְמֵיךְ** — גם לשיטתך, **תִּיקְשֵׁי לָךְ גֵּר לְדִבְרֵי הַכֹּל** — דין בנו של גר, שפסול למלכות, יהיה קשה לפי דברי הכל, שהרי גם רבי יהודה מסכים שבנו של גר הוא בכלל "אַחֶיךָ"[10]. **אֶלָּא**

הערות

1. שמכיון שיש לאב זכות למכור את בתו הקטנה לאמה, אם פחתו דמיה מחמת החבלה בזמן שהיא ברשותו למכרה, מן הראוי שיקבל הוא את דמי נזקה, מכיון שהחבלה הפחיתה משוויה למכירה (רש"י; ראה לעיל פז, א הערה 34).

2. מכיון שפציעה זו אין פוגעת כלל בדמי מכירתה אין לאב שום שייכות לתשלום הניתן לה מחמת הפציעה. ואיך איפוא אמר רבי יוחנן שהוא של אביה.

[בפשטות נראה שבלא "אפחתה מכספה" אין נזק כלל, וממילא אין תשלומי נזק, ויש רק תשלומי צער וריפוי ובושת. ולפי זה הגמרא מתבארת כך, שהגמרא סברה שרבי יוחנן מדבר בפציעה שלא הפחיתה מדמיה, שאין בה נזק אלא צער וריפוי ובושת, ועל זה אמר רבי יוחנן שתשלומים אלה הם של אביה. ולכן מקשה הגמרא שמכיון שאין כאן נזק אלא צער וריפוי ובושת, מדוע הם של אביה. אולם ברמב"ם (הלכות חובל ומזיק ד, יד) ובטור (תכד, ו) מבואר שיש חיוב תשלומי נזק גם בחבלה שלא הפחיתה מדמיה, אלא שבמקרה כזה תשלומי הנזק אינם לאב אלא לבת. ונמצא שלפי הרמב"ם כל הגמרא מתפרשת על תשלומי נזק, שאף כשסברה הגמרא שרבי יוחנן מדבר בפציעה שלא הפחיתה מדמיה, הבינה הגמרא שרבי יוחנן מדבר על תשלומי נזק, אלא שהגמרא מקשה שלא יתכן שבמקרה כזה תשלומי הנזק יהיו לאביה ולא לה (עיין לחם משנה שם ב, ו). וראה חידושי רבי חיים הלוי על הרמב"ם (הלכות טוען ונטען) בגדר תשלומי נזק כשלא הפחיתה מדמיה, שהחיוב של חבלה הוא דין תשלומים על ההיזק ולא על הפסד הממון. וראה בזה עוד באבן האזל שם, ובחזון יחזקאל לתוספתא ט, י, ואבי עזרי הלכות חובל ומזיק ה, ו. וצריך ביאור כיצד שמים נזק שאין בו הפחתה בדמים. וראה עוד בחזון איש על הרמב"ם הלכות חובל ומזיק ד, יד.]

3. דהיינו, אף על פי שלא חיסר לה אבר, מכל מקום דמיה נפחתו, שאף לאחר שתתרפא נשאר רושם המכה בפניה ונמאסת בו (סמ"ע חושן משפט תכד, ח), ולכן אביה נוטל את תשלומי הנזק (לדעת רבי יוחנן, ורב חולק על כך).

4. לפי מסקנת הגמרא, אם אדם חבל בבת גדולה או בכל בן של חבירו, הבן והבת מקבלים את כל חמשת הדברים, גם אם הם סמוכים על שלחן אביהם.

וכאשר הוא חובל בבתו הגדולה או בכל בן שלו, הוא משלם להם נזק וצער וריפוי ובושת. ולגבי שבת, הדבר תלוי: אם הוא מפרנס אותם, אין הוא חייב לשלם להם דמי שבת, מכיון שהוא זכאי למעשי ידיהם תחת זה שהוא מפרנס אותם; ואם אינו מפרנסם, הוא צריך לשלם להם גם שבת.

דינה של בת קטנה שונה, משום שהאב זכאי במעשי ידיה מן התורה, ורשאי למכרה. לכן סובר רבי יוחנן שהוא זכאי לכל דמי הנזק של הבת כאשר אדם אחר חבל בה [נוסף לדמי שבתה], והוא פטור מלשלם לה תשלום זה כשהוא חבל בה [ורק צער וריפוי ובושת הם שלה]. אלא אם כן היא סמוכה על שלחן אביה, שאז כשאחרים חבלו בה, הנזק והשבת ניתנים לה [משום מחילת האב, שאין לו הפסד ממון, ויש לה צער הגוף]. אולם לדעת רב וריש לקיש התשלום על מה שנפחתו דמיה ניתן לבת, ורק דמי השבת שייכים לאב.

זכותו של האב במעשה ידיה של בתו הקטנה משפיעה על תשלום דמי השבת כדלהלן: אם היא אינה סמוכה על שלחן אביה, ואדם אחר חבל בה, האב מקבל את דמי השבת העודפים על הסכום שהיא צריכה למזונותיה; ואם הוא חבל בה, אין הוא משלם אותו עודף. ואם היא סמוכה על שלחן אביה, אנו מניחים שהוא מוותר לה על דמי שבתה כאשר אדם אחר חובל בה; אולם אם הוא חובל בה, אנו מניחים שאינו מוותר על זכותו, מכיון שאם יצטרך לשלם לה יהא לו חסרון כיס. ראה טבלא לעיל עמוד א הערה 32.

5. הפסוק ממשיך: "וְקָרְבָה אֵשֶׁת הָאֶחָד לְהַצִּיל אֶת אִישָׁהּ מִיַּד מַכֵּהוּ וְשָׁלְחָה יָדָהּ וְהֶחֱזִיקָה בִּמְבֻשָׁיו". נמצא שהפסוק עוסק בחיוב בושת שביישה האשה את זה שרב עם בעלה, בכך שתפסה בו במקום המבייש (ראה גמרא לעיל פו, א).

6. מכיון שעבד כנעני אסור להתחתן עם אשה ישראלית (ראה קידושין סח, א), וכן בתו עם בן ישראל, ממילא לעולם לא יתכן שיהיה לעבד אח ישראל, שהרי לעולם לא יהיה לבנו או לבן בתו אח מאם ישראלית (רש"י, על פי פני יהושע; לפי פירוש זה "אחיו" בענין זה היינו אחיו ממש; ואף על פי שחיוב בושת הוא אפילו אם הניצים לא היו אחים, מכל מקום נאמר כאן תנאי בחיוב בושת, שהמבוייש צריך להיות אדם שהוא יכול להיות אחיו של ישראל; וראה פירוש שני של רש"י המובא במסורת הש"ס). תוספות מפרשים שאין לו "אחוה" לפי שאין יוצאי חלציו מתייחסים אחריו ולכן אינם נחשבים בדיני התורה אחים מחמתו. והראב"ד מפרש ש"אחוה" לאו דוקא, והכוונה היא "קורבה", שאין לעבד כנעני דיני קירבת איש ואשה ואב לבן.

7. כפי שנלמד בגמרא חגיגה (ד, א) מגזירה שוה (רש"י). ונמצא שלדעת תנא קמא עבד נכלל בגדר "אחוה" משום שהוא שוה לשאר ישראל בחיוב לקיים מצוות מסויימות. [ראה פרי מגדים בהקדמה הכללית ב, יח לגבי דינו של עבד כנעני לענין שאר הלכות לפי דעת תנא קמא.]

8. עדים שבאו לחייב אדם בעדות שקר, והוזמו על ידי שני עדים (ראה לעיל עב, ב, הערה 4), נענשים בעונש שהם זממו לחייב את הנידון בעדותם (דברים יט, טז-כא, ומכות ה, א-ב). ולכן אם באו עדים והעידו בשקר על עבד כנעני עדות המחייבתו מיתה, והוזמו, הם נהרגים. אולם לפי רבי יהודה הממעט עבד כנעני מ"אחיו", היה לנו לומר שאין לקיים בהם דין עדים זוממים ולהורגם, שכן גם בחיוב של עדים זוממים נאמר "אחיו", ולדעת רבי יהודה המלה "אחיו" ממעטת עבד כנעני. ואילו במכות (ח, ב) שנינו (לפי ביאורו של רב אחא בר יעקב שם) שישראל שבא לחייב עבד כנעני בעדות שקר והוזם, נענש בעונש "כַּאֲשֶׁר זָמַם לַעֲשׂוֹת לְאָחִיו" האמור בעדים זוממים (רש"י, על פי הגהת וביאור הרש"ש; אבל עיין תוספות ד"ה זוממי; וראה חידושי רבי עקיבא איגר).

לכאורה כקושיא זו מדין עדים זוממים אפשר היה להקשות על רבי יהודה גם מדינים אחרים שנאמר בהם "אחיו"; רבית, ואונאה, וגניבת נפשות וצדקה (עיין תוספות ד"ה דכתיב).

9. ולפי זה יתכן ש"אחיו" בא למעט עובד כוכבים (נחלת משה).

10. בן גרים, שהורתו ולידתו היתה בקדושה, לאחר שהתגיירו הוריו, פסול לכל מינוי של שררה, בין להיות מלך ובין להיות שוטר (יבמות מה, ב). והרי גם לדעת רבי יהודה, בן גרים יש לו "אחוה", שכן אפשר שיהיו אחים לבן גרים (ורק לגר עצמו לא שייך שיהיו לו אחים, משום שאין לו יחוס לאביו ולאחיו), ומדוע איפוא אסור למנותו למינוי של מלכות ושררה?

[הפסול של גר לשררה הוא רק כששני הוריו גרים, אבל אם אמו מישראל, כשר הוא לשררה (רש"י מיבמות מה, ב, וראה קידושין עו, ב, ומנחת חינוך תצז), וכל שכן

דאפחתה מכספה אבל פציעה דלא אפחתה מכספה לא קמיבעיא ליה (א) א"ר יוסי בר חנינא (א) שפצעה בפניה ואפחתה מכספה: החובל בעבד כנעני של אחרים חייב וכו': (ג) מאי טעמא דרבי יהודה אמר קרא (א) כי ינצו אנשים יחדיו איש ואחיו במי שיש לו אחוה יצא עבד (ב) שאין לו אחוה ° ורבנן אחיו הוא במצות אלא מעתה לר' יהודה זוממי עבד לא יהרוגו דכתיב (ב) ועשיתם לו כאשר זמם לעשות לאחיו אמר רבא אמר רב ששת אמר קרא (ב) ובערת הרע מקרבך מכל מקום אלא מעתה לרבנן עבד יהא כשר למלכות אמרי ולטעמיך תיקשי לך גר לדברי הכל אלא אמר קרא (ג) מקרב אחיך (ג) ממובחר שבאחיך אלא מעתה לרבנן יהא עבד כשר לעדות דכתיב (ד) והנה עד שקר העד שקר ענה באחיו אמר עולא עדות לא מצית אמרת אתיא עדות בקל וחומר מאשה ומה אשה שהיא ראויה לבא בקהל (ד) פסולה לעדות עבד שאינו ראוי לבא בקהל אינו דין (ה) שפסול לעדות מה לאשה שכן אינה ראויה למילה תאמר בעבד שהוא ראוי למילה קטן יוכיח שישנו במילה ופסול לעדות מה לקטן שאינו במצות תאמר בעבד שהוא במצות אשה תוכיח שישנה במצות ופסולה לעדות וחזר הדין לא ראי זה כראי זה ולא ראי זה כראי זה הצד השוה שבהן שכן אינן בכל המצות ופסולין להעיד אף אני אביא את העבד שאינו בכל המצות ופסול להעיד מה להצד השוה שבהם שכן אינו איש תאמר בעבד שהוא איש אלא תיתי מגזלן מה לגזלן שכן מעשיו גרמו לו תאמר בעבד שאין מעשיו גרמו לו אלא תיתי מגזלן ומחד מהנך מר בריה דרבינא אמר אמר קרא (ה) לא יומתו אבות על בנים לא יומתו על פי אבות שאין להם חיים בנים דאי ס"ד כדאמרינן לא יומתו אבות על בנים (ג) בעדות בנים לכתוב רחמנא לא יומתו אבות על בניהם מאי בנים ש"מ דלא יומתו ע"פ אבות שאין להם חיים בנים אלא מעתה ובנים לא יומתו על אבות ה"נ לא יומתו ע"פ בנים שאין להם חיים אבות אלא גר ה"נ דפסול לעדות אמרי הכי השתא גר נהי דאין לו חיים למעלה למטה יש לו חיים לאפוקי עבד דאין לו חיים לא למעלה ולא למטה דאי סלקא דעתך גר פסול לעדות לכתוב רחמנא לא יומתו אבות על בניהם לכדאמרינן לא יומתו בעדות בנים ונכתוב רחמנא ובנים לא יומתו על אבות דשמעת מינה תרי חדא לא יומתו בנים בעדות אבות ואידך לא יומתו על פי בנים שאין להם חיים אבות ועבד נפקא ליה בקל וחומר מגר ומה גר דלמעלה הוא דאין לו חיים אבל למטה יש לו חיים פסול לעדות עבד שאין לו חיים לא למעלה ולא למטה אינו דין שיהא פסול לעדות אלא מדכתב רחמנא לא יומתו אבות על בנים דמשמע לא יומתו על פי אבות שאין לו חיים בנים שמע מינה עבד שאין לו חיים לא למעלה ולא למטה הוא דפסול לעדות אבל גר (י) כיון דיש לו חיים למטה כשר לעדות וכ"ת לכתוב רחמנא ובנים לא יומתו על אבותיהם למה לי דכתב רחמנא ובנים לא יומתו על אבות דמשמע לא יומתו על פי בנים שאין להם חיים אבות (ד) אידי דכתב לא יומתו אבות על בנים כתב נמי ובנים לא יומתו על אבות: חרש שוטה וקטן פגיעתן רעה: אימיה דרב שמואל בר אבא מהגרוניא הות נסיבא ליה לר' אבא כתבתינהו לנכסי לרב שמואל בר אבא ברה בתר דשכיבא אזל

רש"י

דאפחתיה מכספיה. והרי בידו למוכרה: יצא עבד שאין לו אחוה. עם ישראל שאין בא בקהל (ה): במצות. כל מצוה שאשה חייבת בה עבד חייב בה דגמר לה לה מאשה: זוממי עבד. עדים שחייבוהו מיתת בית דין ונמצאו זוממין לא יהרגו אלמה קים לן דעבד כישראל לענין מיתת (ו) ב"ד דתנן במסכת מכות (דף ח:) וישראל לוקה [וגולה] על ידי עבד: תיקשי לך גר. שלידתו והורתו בקדושה אפילו לרבי יהודה יש לו אחוה ופסול למלכות ואפילו לשוטר בעלמא אא"כ אמו מישראל בפרק החולץ ביבמות (דף מה:): עדות לא מצית אמרת. דאי לא נפקא לן פסולא מאחיך תיתי מק"ו: פסולה לעדות. דכתיב גבי עדים זוממין ועמדו שני האנשים ותניא בשבועות (דף ל.) בעדים זוממין הכתוב מדבר דמשמע אנשים ולא נשים ° קטן נמי מהכא נפקא לן דכתיב אנשים ולא קטנים ועוד דעדות שאי אתה יכול להזימה היא דלאו בר עונשין הוא: אינן בכל המצות. אלא במקצת דהא אשה מחוייבת בלאוין ועונשין וקטן ישנו במילה: שאין איש. ולא קרינא בהו שני אנשים: מגזלן. דראוי לבא בקהל ופסול לעדות דכתיב (שמות כג) אל תשת ידך וגו' כלומר אל תשת רשע דחמס עד: מגזלן וחד מהנך. והצד השוה שבהן שאינם זהירים בכל המצות זה מפני רשעו וזה מפני שלא נצטוה: חיים בנים. יחס בנים: לא יומתו אבות על בנים. לא יומת שום אדם על פי מי שאין בנו מיוחס ונקרא על שם אביו והיינו עבד: דאי ס"ד. כוליה קרא לכדאמר בסנהדרין (דף כז:) אתא לפסול קרובים: לכתוב על בניהם. מדשני למכתב בנים סתמא ש"מ תרתי: גר אין לו חיים דכתיב וזרמת סוסים זרמתם. ואע"ג דכתיב בלאדן בן בלאדן ה"מ בגיותן אבל נתגיירו הבנים לא נתיחסו אחר אביהם בפרק הבא על יבמתו (יבמות דף סב.): יש לו חיים למטה. בנו נקרא על שמו: דאי ס"ד גר נמי פסול. דדרשינן על אבות על בנים שאין להם חיים אבות למה לי לאשתנויי בתרוייהו לכתוב ברישיה על בניהם לפסול קרובים ובסיפיה לישתני ולכתוב סתמא על אבות ושמעינן תרתי מדלא כתיב על אבותיהם: אלא מדכתב רחמנא על בנים. למפסל לעבד שמע מינה גר כשר דתו ליכא קל וחומר: כתבתינהו לנכסי מלוג. לאחר שניסאת לר' אבא: בתר דשכיבא אזל רב שמואל כו': הבעל

תוספות

יצא עבד שאין לו אחוה. פי' אין יוצאי חלציו קרויין אחים מה שאין כן בגר (ז) ביוצא מחלציו רוצה הקונטרס לפרש: זוממי עבד לא יהרוגו. וכיון דהם לא יהרוגו גם העבד לא יהרג דה"ל עדות שאין אתה יכול להזימה: דכתיב כאשר זמם לעשות לאחיו. תימה דתקשה ליה לרבי יהודה מרבית ואונאה וגונב נפש דבכולהו כתיב אחיו ובצדקה נמי כתיב אחיך האביון ומיהו קצת משמע בפרק קמא דגיטין (דף יב.) דאין כל כך חובה ליתן צדקה לעבד דאמר דרשב"ג סבר יכול העבד לומר לרבו בשני בצורת או פרנסני או הוציאני לחירות כי היכי דחזו לי אינשי ומרחמי עלאי וגונב נפש נמי לא מחייב בעבד אפי' לרבנן דמבני ישראל כתיב ובהנחנקין (סנהדרין דף פו.) מייתי התם פלוגתא דר' יהודה ורבנן דהכא ורבית ואונאה נמי אין קנין לעבד בלא רבו: יהא עבד כשר לעדות. תימה הא ילפינן בכל דוכתא ג"ש דלה לה מאשה וכ"ת דאתי (ח) אחין ומרבה עבד ומפיק מג"ש א"כ גם מק"ו דקאמר נפיק (ט) וי"ל דכי גמרינן לה לה מאשה היינו להחמיר על העבד לעשותו כישראל לכל הפחות במצות שהאשה חייבת אבל לגרעו מאיש ולפוסלו לעדות כאשה לא נלמוד דמן הדין כשר הוא לעדות דכתיב ועמדו שני האנשים והאי איש הוא ועובד כוכבים אע"ג דאיש הוא מ"מ אין אחיו אבל עבד שהוא איש ואחיו במצות ליתכשר א] ורש"י פירש בפ"ק דגיטין (דף יא) גבי שטרות העולין בערכאות של נכרים כשרים לעדות מן התורה ושמעתין לא מוכחא הכי: שכן אינה במילה. אע"ג דלא שייכא במילה פירכא היא (י) וי"מ דאין מצווה למול את בנה וליתא דא"כ מאי קאמר קטן יוכיח: אלא תיתי מגזלן ומחד מהנך. אין להקשות נילף דממזר ופצוע דכא וכרות שפכה שפסולים לקהל שיהיו פסולין לעדות מגזלן וחד מהנך דמה להצד השוה שבהן שאין זהירים בכל המצות זה מפני רשעו וזה מפני שאין מצווה: ועבד נפקא לן מק"ו. נראה דלרווחא דמילתא נקטיה כלומר דאפי' תמצא לומר דלא נפיק מגופא דקרא מ"מ אתי בק"ו: רבי

מסורת הש"ס

א) כתובות מג., ב) סנהדרין פו., ג) [שם כז:], ד) [לעיל נח. וש"נ], ה) ל"א עבד אין לו אחוה שמותר באחותו ובאשת אחיו דכתיב עם החמור וזה שמעתי, ו) ס"א מיתת זוממין בב"ד, ז) ואע"פ שבקונט' פי' אין לו אחוה שמותר באחותו ובאשת אחיו דכתיב עם החמור עם הדומה לחמור, ח) [נ"ל אחיו], ט) [ועיין תוספות זבחים קג. ד"ה אין], י) [ועיין לעיל ה: תוספות ד"ה כי שדית].

גליון הש"ס

גמ' ורבנן אחיו הוא במצות. עי' רש"י סוטה דף מא ע"א ד"ה אחינו אתה ולע"ק: רש"י ד"ה פסולה. קטן נמי מהכא נפקא. כדאיתא ב"ב דף קנה ע"ב והא דלא נקט בב"ב שם טעם הב' דרש"י דהוא עדות שא"א יכול להזימה י"ל דכיון דתיקנו חז"ל דדיני ממונות ל"צ דרישה וחקירה נכלל בזה דבממון ל"צ שיהא יכול להזימה עי' סמ"ע ח"מ סימן ל"ג ס"ק כ"ו א"כ לאחר תקנת חז"ל דל"צ בממון עדות שיכול להזימה גם קטן ראוי לעדות מש"ה נקט הטעם רק דקטן בעצמותו פסול דאנשים כתיב אבל הכא דמיירי בדאורייתא שפיר נקט רש"י דיש עוד טעם דהוא עדות שאי אתה יכול להזימה ואולם ק"ל דעל טעם שני האיך שייך לומר קטן יוכיח הא אין הפסול בעצמותו משום קטנות אלא מטעם דא"א יכול להזימה וזה הכלל בעדות דצריך יכול להזימה ובאא"י להזימה גם בגדולים פסול וא"כ לא שייך לומר קטן יוכיח וצ"ע:

תורה אור השלם

א) כִּי יִנָּצוּ אֲנָשִׁים יַחְדָּו אִישׁ וְאָחִיו וְקָרְבָה אֵשֶׁת הָאֶחָד לְהַצִּיל אֶת אִישָׁהּ מִיַּד מַכֵּהוּ וְשָׁלְחָה יָדָהּ וְהֶחֱזִיקָה בִּמְבֻשָׁיו: [דברים כה, יא]

ב) וַעֲשִׂיתֶם לוֹ כַּאֲשֶׁר זָמַם לַעֲשׂוֹת לְאָחִיו וּבִעַרְתָּ הָרָע מִקִּרְבֶּךָ: [דברים יט, יט]

ג) שׂוֹם תָּשִׂים עָלֶיךָ מֶלֶךְ אֲשֶׁר יִבְחַר יְיָ אֱלֹהֶיךָ בּוֹ מִקֶּרֶב אַחֶיךָ תָּשִׂים עָלֶיךָ מֶלֶךְ לֹא תוּכַל לָתֵת עָלֶיךָ אִישׁ נָכְרִי אֲשֶׁר לֹא אָחִיךָ הוּא: [דברים יז, טו]

ד) וְדָרְשׁוּ הַשֹּׁפְטִים הֵיטֵב וְהִנֵּה עֵד שֶׁקֶר הָעֵד שֶׁקֶר עָנָה בְאָחִיו: [דברים יט, יח]

ה) לֹא יוּמְתוּ אָבוֹת עַל בָּנִים וּבָנִים לֹא יוּמְתוּ עַל אָבוֹת אִישׁ בְּחֶטְאוֹ יוּמָתוּ: [דברים כד, טז]

עין משפט נר מצוה

נח א מיי' פ"ד מהל' חובל ומזיק הלכה יד ועיין בהשגות ובמ"מ סמג עשין ע טוש"ע ח"מ סי' תכד סעיף ו:

נט ב מיי' פי"ד מהל' איסורי ביאה הלכה יז:

ס ג מיי' פ"א מהלכות מלכים הלכה ד סמג לאוין קכא:

סא ד מיי' פ"ט מהל' עדות הל' א סמג לאוין רד טוש"ע ח"מ סימן לה סעיף יד:

סב ה מיי' שם סמג שם טוש"ע ח"מ סימן לד סעיף יט:

סג ו טוש"ע שם סימן לג סעיף יא:

הגהות מהר"ב רנשבורג

א] תוס' ד"ה יהא עבד וכו'. ורש"י פירש בפ"ק דגיטין דף יא נמחק ד' יא ונ"ב דף ט ע"ב ד"ה כשרין וכו' ובד"ה פסולא דרבנן:

ליקוטי רש"י

שפצעה בפניה ואפחתה מכספה. דאי איתיה לאב דיליה הוא דהא יש לו בה מכר [כתובות מג:]. אמר קרא כי ינצו אנשים יחדיו. מהתם נפקא לן חיוב בשת דכתיב וקצותה את כפה ממון אתה אומר ממון או אינו אלא ממש נאמר כאן לא תחוס עינך ונאמר להלן בעדים זוממין (דברים יט) לא תחוס עינך מה להלן ממון אף כאן ממון. עבד שאין לו אחוה. ואפי' עם אחיו בני אביו דכתיב (בראשית כב) עם החמור עם הדומה לחמור אינו אלא כבהמה. אחיו הוא במצות. בכל מצות שהאשה חייבת בהן עבד חייב בהן דגמר לה לה מאשה [סנהדרין פו.]. דשכיבא. מתה [ב"מ לט:].

הטעם שבנו של גר פסול למלכות הוא משום ש**אָמַר קְרָא "מִקֶּרֶב אַחֶיךָ"**, דהיינו שאת המלך יש למנות **מִמּוּבְחָר שֶׁבְּאַחֶיךָ**[11]. ומטעם זה גם עבד פסול למלכות.

הגמרא ממשיכה להקשות על דעת תנא קמא:

אֶלָּא מֵעַתָּה, לְרַבָּנָן, הסוברים שעבד כנעני הוא בכלל "אחווה", **יְהֵא עֶבֶד כָּשֵׁר לְעֵדוּת, דִּכְתִיב** (דברים יט, יח): **"וְהִנֵּה עֵד שֶׁקֶר הָעֵד שֶׁקֶר עָנָה בְאָחִיו"**. ומדוע אם כן עבד פסול לעדות[12]?

עולא מתרץ:

אָמַר עוּלָּא: עֵדוּת לֹא מָצֵית אָמְרַתְּ — אין אתה יכול לומר שעבד יהיה כשר לעדות. כי אף על פי שהוא נחשב "אחיך", הוא פסול לעדות, משום **שֶׁאַתְיָא עֵדוּת** — לומדים שהוא פסול לעדות **בְּקַל וָחוֹמֶר מֵאִשָּׁה**, כדלהלן: **וּמָה אִשָּׁה שֶׁהִיא רְאוּיָה לָבֹא בַּקָּהָל** — שהיא כשרה ומותרת להינשא לישראל, **פְּסוּלָה לְעֵדוּת**[13], **עֶבֶד שֶׁאֵינוֹ רָאוּי לָבֹא בַּקָּהָל**[14], **אֵינוֹ דִּין** — האם לא קל וחומר הוא **שֶׁיְּהֵא פָּסוּל לְעֵדוּת?!**

הגמרא מנסה לדחות את הקל וחומר:

מַה לְאִשָּׁה שיש בה חסרון אחר, והוא, **שֶׁכֵּן אֵינָהּ רְאוּיָה לְמִילָה**, ויש לומר שמשום כך היא גם פסולה לעדות[15], וכי **תֹּאמַר** כן גם **בְּעֶבֶד שֶׁהוּא רָאוּי לְמִילָה**[16]?!

הגמרא דוחה את הדחיה ובזה היא מקיימת את הקל וחומר:

קָטָן יוֹכִיחַ שמה שאשה פסולה לעדות אין זה משום שאינה ראויה למילה, **שֶׁ**הרי קטן **יֶשְׁנוֹ בְּמִילָה, וּפָסוּל** הוא אף על פי כן **לְעֵדוּת**[17].

הדחיה האחרונה נדחית:

מַה לְקָטָן שיש בו חסרון אחר, והוא, **שֶׁאֵינוֹ** חייב **בְּמִצְוֹת**, ויש לומר שמשום כך גם פסול הוא לעדות, וכי **תֹּאמַר** כן גם **בְּעֶבֶד, שֶׁהוּא** חייב **בְּמִצְוֹת** רבות[18]?!

הגמרא מקיימת את הדחיה לדחיה:

אִשָּׁה תּוֹכִיחַ שאין החיוב במצוות סיבה להיות כשר לעדות, **שֶׁ**הרי **יֶשְׁנָהּ בְּמִצְוֹת, וּפְסוּלָה** היא אף על פי כן **לְעֵדוּת**[19].

מסיקה הגמרא:

וְחָזַר הַדִּין — והטענות חוזרות על עצמן[20]. אלא, **לֹא רְאִי זֶה כִּרְאִי זֶה** — אין מדתו של זה כמדתו של זה, **וְלֹא רְאִי זֶה כִּרְאִי זֶה** — ואין מדתו של זה כמדתו של זה[21]. **הַצַּד הַשָּׁוֶה שֶׁבָּהֶן** — המדה השוה שבהם [באשה ובקטן] היא **שֶׁכֵּן אֵינָן** חייבים **בְּכָל הַמִּצְוֹת** אלא במקצתן[22], **וּפְסוּלִין** הם **לְהָעִיד, אַף אֲנִי אָבִיא אֶת הָעֶבֶד**, שגם בו יש צד שוה זה **שֶׁאֵינוֹ בְּכָל הַמִּצְוֹת**[23], ולפיכך גם הוא **פָּסוּל לְהָעִיד**.

גם על דרשה זו מקשה הגמרא:

מַה לְהַצַּד הַשָּׁוֶה שֶׁבָּהֶם — שבאשה וקטן, שיש בהם חסרון נוסף משותף, **שֶׁכֵּן** אף אחד מהם **אֵינוֹ אִישׁ**, ויש לומר שהוא הגורם להם להיפסל לעדות[24], וכי **תֹּאמַר** כן גם **בְּעֶבֶד, שֶׁהוּא אִישׁ?** ואם כן אי אפשר ללמוד מפסולם לעדות של אשה וקטן שגם עבד פסול!

הגמרא מנסה להביא לימוד אחר:

אֶלָּא, שעבד פסול לעדות **תֵּיתֵי** (יש ללמוד) **מִגַּזְלָן**, בקל וחומר[25].

הגמרא דוחה את הקל וחומר:

מַה לְגַזְלָן שֶׁכֵּן פסולו לעדות הוא משום **שֶׁמַּעֲשָׂיו** הרעים **גָּרְמוּ לוֹ** לכך, וכי **תֹּאמַר** כן גם **בְּעֶבֶד, שֶׁ**הלה **אֵין מַעֲשָׂיו** הרעים **גָּרְמוּ לוֹ**, ואין איפוא ללמוד דינו מגזלן ולפסלו כמותו.

מכיון שהקל וחומר נדחה מסיקה הגמרא:

אֶלָּא תֵּיתֵי — יש ללמוד שעבד פסול לעדות **מִגַּזְלָן וּמֵחַד מֵהָנָךְ** — ומאחד מאלו האחרים [אשה או קטן], על ידי "צד השוה"[26].

הגמרא מביאה מקור אחר לפסולו של עבד לעדות:

מַר בְּרֵיהּ דְּרָבִינָא אָמַר: אָמַר קְרָא (דברים כד, טז): **"לֹא יוּמְתוּ אָבוֹת עַל בָּנִים"**. פסוק זה מלמדנו ש**לֹא יוּמְתוּ** אנשים **עַל פִּי** עדותם של **אָבוֹת שֶׁאֵין לָהֶם חַיִיס בָּנִים** — שאין בניהם מיוחסים אחריהם, כלומר, שאין להם דיני קרבת אב ובן עם בניהם[27]. **דְּאִי סַלְקָא דַּעְתָּךְ**

הערות

כשאביו מישראל (כסף משנה הלכות מלכים א, ד, על פי תוספות יבמות קב, א ד"ה לענין; ועיין עוד תוספות סוטה מא, ב ד"ה אותו, ומנחת חינוך שם).]

11. מכיון שהתורה היתה יכולה לכתוב "מאחיך", ובכל זאת היא כתבה "מִקֶּרֶב אַחֶיךָ", אנו לומדים מכך שאין למנות מלך אלא מהייחוס המעולה שבאחיך (אמרי בינה; ראה כובע ישועה).

12. אף על פי שדינו של עבד כנעני לענין מצוות נלמד מדינה של אשה בגזירה שוה (ראה לעיל הערה 7), אין לומר שמשום גזירה שוה זו יהא פסול לעדות כאשה (ראה שבועות ל, א והערה הבאה), שכן גזירה שוה זו ניתנה רק להחמיר על העבד, ללמד שיהא חייב במצוות לפחות כאשה [שלולא הגזירה שוה לא היינו יודעים שחייב במצוות כלל], אבל לא באה הגזירה שוה לגרעו מאיש, שלא יהא כשר לעדות כאשה (תוספות; אולם ראה תוספות רבינו פרץ ד"ה מה לאשה; וראה פני יהושע).

13. כמו שדורשת הגמרא בשבועות (ל, א) מהפסוק בדברים יט, יז: "וְעָמְדוּ שְׁנֵי הָאֲנָשִׁים [לפני בית דין]", שהמלה "אֲנָשִׁים" באה למעט נשים, שאינן כשרות לעדות (ראה רש"י).

14. כפי שהוזכר לעיל הערה 6 שעבד כנעני אסור לשאת אשה ישראלית.

15. התוספות גורסים "מה לאשה שכן אינה במילה". ואומרים התוספות שאף על פי שלא שייכת מילה באשה, זוהי פירכא. והשיטה מקובצת מביא מהרא"ש בשם ה"ר ישעיה שהפירכא היא ממה שלא ציותה התורה באשה הטפת דם ברית. והתוספות הביאו שיש מפרשים שכוונת הגמרא היא שאשה אינה מצווה למול את בנה, אולם התוספות סתרו פירוש זה מהמשך הגמרא, וראה שיטה מקובצת. וראה גם חידושי הגר"ח, וגנזי הגר"ח, ואילת השחר.

16. דהיינו, שיתכן שמה שאשה פסולה לעדות זהו משום שאינה במילה, שזהו תנאי בכשרות לעדות, שיהא שייך במילה. ואם כן עבד ששייך במילה, אין ללמוד בקל וחומר מאשה שיהא פסול לעדות.

[מילת עבד כנעני היינו מילתו לשם עבדות, שעל ידי מילה וטבילה הוא יוצא מכלל גוי ונעשה עבד כנעני החייב במצוות כאשה (ראה רמב"ם הלכות מילה א, א); ולגבי העבד, אם הוא חייב במילת עצמו ובמילת בנו, ראה שער המלך הלכות מילה, וחידושי רבי עקיבא איגר, ומנחת חינוך ב, ג, ואבי עזרי תליתאה, סוף הלכות מילה.]

17. פסולו של קטן לעדות נלמד מאותו כתוב הפוסל נשים לעדות (ראה לעיל הערה 13), שהמלה "אֲנָשִׁים" ממעטת גם קטנים שאינם נקראים אנשים (רש"י ד"ה פסולה, מבבא בתרא קנה, ב; ועיין ברש"י שמוסיף מקור אחר, וראה מה שהקשו עליו גליון הש"ס ומצפה איתן ואחרים).

18. דהיינו, שיתכן שמה שקטן פסול לעדות זהו משום שאינו חייב במצוות, שזהו תנאי בכשרות לעדות, שיהא שייך במצוות. ואם כן אין ללמוד מקטן שגם עבד יהיה פסול לעדות (בקל וחומר, כמו שרצינו ללמוד מאשה), שהרי עבד כן שייך במצוות. וראה אילת השחר.

19. ואם כן שוב נלמד מאשה בקל וחומר שעבד פסול לעדות.

20. דהיינו, שכעת שחזרנו ללימוד מאשה, תחזור הטענה שמאשה אין ללמוד משום שאשה אינה ראויה למילה ואילו עבד ראוי. ושוב תבוא על זה הטענה מקטן שאף על פי שהוא ראוי למילה הוא פסול לעדות. ושוב תבוא על זה הטענה שמקטן אין ללמוד משום שאינו חייב במצוות. ועל זה תחזור הטענה מאשה שאף על פי שהיא חייבת במצוות היא פסולה לעדות. וכך יחזרו הטענות לעולם. מצב זה מביא ללימוד "הצד השוה", כפי שיבואר בהערה הבאה.

21. כלומר, אנו מניחים שלא התכונות המיוחדות שיש בכל אחד מהם הן הגורמות לאותו דין, אלא תכונה מסויימת המשותפת לשניהם ("צד השוה") היא הגורמת לכך.

22. שאשה חייבת במצוות לא תעשה ובעונשיהן, וקטן ישנו במילה (רש"י; וראה חמדת ישראל עמוד יב, ב, וזרע אברהם חלק ב סח, א).

23. אלא הוא חייב במצוות שהאשה חייבת בהן ובעונשיהן, וישנו במילה.

24. כי הכתוב "שני האנשים" אינו שייך באף אחד מהם, ולכן הם פסולים לעדות [ראה לעיל הערות 13 ו־17] (רש"י; אולם ראה תורת חיים).

25. כמו שרצינו ללמוד מאשה; ומה גזלן שכשר לבוא בקהל (שמותר לישא ישראלית) פסול לעדות, עבד שפסול לבוא בקהל כל שכן שפסול לעדות. הפסול של גזלן לעדות נלמד מהפסוק (שמות כג, א): "אַל תָּשֶׁת יָדְךָ עִם רָשָׁע לִהְיֹת עֵד חָמָס", שהגמרא בסנהדרין (כז, א) מפרשת שכוונת הכתוב היא שרשע מחמת החמס שבידו, לא יהא עד (רש"י).

26. דהיינו שאינם זהירים בכל המצוות, הגזלן משום רשעו, והאחר משום שלא נצטוה (רש"י; אולם עיין רשב"א), ופסולים לעדות. אף אני אביא עבד, שאינו זהיר בכל המצוות (שלא נצטוה במצוות אלא כאשה), שגם הוא יהיה פסול לעדות.

27. והיינו עבד, שאין בנו מיוחס אחריו ונקרא על שמו (רש"י; ישראל נקרא על שם אביו, כגון יעקב בן יצחק, אבל עבד אינו נקרא על שם אביו). ראה יבמות סב, א למקור דין זה. [לביאור הדרשה ראה להלן, הערה 30.]

דאפחתה מכספה אבל פציעה דלא אפחתה מכספה לא קמיבעיא ליה א״ר יוסי בר חנינא שפצעה בפניה ואפחתה מכספה:

החובל בעבד כנעני של אחרים חייב וכו': מאי טעמא דרבי יהודה אמר קרא כי ינצו אנשים יחדיו איש ואחיו במי שיש לו אחוה יצא עבד שאין לו אחוה ורבנן אחיו הוא במצות אלא מעתה לר' יהודה זוממי עבד לא יהרוגו דכתיב ועשיתם לו כאשר זמם לעשות לאחיו אמר רבא אמר רב ששת אמר קרא ובערת הרע מקרבך מכל מקום אלא מעתה לרבנן עבד יהא כשר למלכות אמרי ולטעמיך תיקשי לך גר הכל אלא אמר קרא מקרב אחיך ממובחר שבאחיך אלא מעתה לרבנן יהא עבד כשר לעדות דכתיב והנה עד שקר העד שקר ענה באחיו אמר עולא עדות לא מצית אמרת אתיא עדות בקל וחומר מאשה ומה אשה שהיא ראויה לבא בקהל פסולה לעדות עבד שאינו ראוי לבא בקהל אינו דין שפסול לעדות מה לאשה שכן אינה ראויה למילה תאמר בעבד שהוא ראוי למילה קטן יוכיח שישנו במילה ופסול לעדות מה לקטן שאינו במצות תאמר בעבד שהוא במצות אשה תוכיח שישנה במצות ופסולה לעדות וחזר הדין לא ראי זה כראי זה ולא ראי זה כראי זה הצד השוה שבהן שכן אינן בכל המצות ופסולין להעיד אף אני אביא את העבד שאינו בכל המצות ופסול להעיד מה להצד השוה שבהם שכן אינו איש תאמר בעבד שהוא איש אלא תיתי מגזלן מה לגזלן שכן מעשיו גרמו לו תאמר בעבד שאין מעשיו גרמו לו אלא תיתי מגזלן ומחד מהנך מר בריה דרבינא אמר אמר קרא לא יומתו אבות על בנים לא יומתו על פי אבות שאין להם חיים בנים דאי ס״ד כדאמרינן לא יומתו אבות על בנים בעדות בנים לכתוב רחמנא לא יומתו אבות על בניהם מאי בנים ש״מ דלא יומתו ע״פ אבות שאין להם חיים בנים אלא מעתה ובנים לא יומתו על אבות ה״נ לא יומתו ע״פ בנים שאין להם חיים אבות אלא גר ה״נ דפסול לעדות אמרי הכי השתא גר נהי דאין לו חיים למעלה למטה יש לו חיים לאפוקי עבד דאין לו חיים לא למעלה ולא למטה דאי סלקא דעתך גר פסול לעדות לכתוב רחמנא לא יומתו אבות על בניהם לכדאמרינן לא יומתו בעדות בנים ונכתוב רחמנא ובנים לא יומתו על אבות דשמעת מינה תרי חדא לא יומתו בנים בעדות אבות ואידך לא יומתו על פי בנים שאין להם חיים אבות ועבד נפקא ליה בקל וחומר מגר ומה גר דלמעלה הוא דאין לו חיים אבל למטה יש לו חיים פסול לעדות עבד שאין לו חיים לא למעלה ולא למטה אינו דין שיהא פסול לעדות אלא מדכתב רחמנא לא יומתו אבות על בנים דמשמע לא יומתו על פי אבות שאין לו חיים בנים שמע מינה עבד שאין לו חיים לא למעלה ולא למטה הוא דפסול לעדות אבל גר כיון דיש לו חיים למטה כשר לעדות וכ״ת לכתוב רחמנא ובנים לא יומתו על אבותיהם למה לי דכתב רחמנא ובנים לא יומתו על אבות דמשמע לא יומתו על פי בנים שאין להם חיים אבות אידי דכתב לא יומתו אבות על בנים כתב נמי ובנים לא יומתו על אבות: חרש שוטה וקטן פגיעתן רעה: אימיה דרב שמואל בר אבא מהגרוניא הות נסיבא ליה לר' אבא כתבתינהו לנכסי לרב שמואל בר אבא ברה בתר דשכיבא אזל

רש"י

דאפחתיה מכספיה. והרי בידו למוכרה: יצא עבד שאין לו אחוה. עם ישראל שאין בא בקהל: במצות. כל מצוה שאשה חייבת בה עבד חייב בה דגמר לה לה מאשה: זוממי עבד. עדים שחייבוהו מיתת בית דין ונמצאו זוממין לא יהרוגו אלמה קים לן דעבד כישראל לענין מיתת ב״ד דתנן במסכת מכות (דף ח:) וישראל לוקה [וגולה] על ידי עבד: תיקשי לך גר. שלידתו והורתו בקדושה אפילו לרבי יהודה יש לו אחוה ופסול למלכות ואפילו לשוטר בעלמא אא״כ אמו מישראל בפרק החולץ ביבמות (דף מה:): עדות לא מצית אמרת. דאי לא נפקא לן פסולא מאחיך תיתי מק״ו: פסולה לעדות. דכתיב גבי עדים זוממין ועמדו שני האנשים ותניא בשבועות (דף ל.) בעדים זוממין הכתוב מדבר דמשמע אנשים ולא נשים קטן נמי מהכא נפקא לן דכתיב אנשים ולא קטנים ועוד דעדות שאי אתה יכול להזימה היא דלאו בר עונשין הוא: אינן בכל המצות. אלא במקצת דהא אשה מחוייבת בלאוין ועונשין וקטן ישנו במילה: שאין איש. ולא קרינא בהו שני אנשים: מגזלן. דראוי לבא בקהל ופסול לעדות דכתיב (שמות כג) אל תשת ידך וגו' כלומר אל תשת רשע דחמס עד: מגזלן וחד מהנך. והצד השוה שבהן שאינם זהירים בכל המצות זה מפני רשעו וזה מפני שלא נצטוה: חיים בנים. יחס בנים: לא יומתו אבות על בנים. לא יומת שום אדם על פי מי שאין בנו מיוחס ונקרא על שם אביו והיינו עבד: דאי ס״ד. כוליה קרא לכדאמר בסנהדרין (דף כז:) אתא לפסול קרובים: לכתוב על בניהם. מדשני למכתב בנים סתמא ש״מ תרתי: גר אין לו חיים דכתיב וזרמת סוסים זרמתם. ואע״ג דכתיב בלאדן בן בלאדן ה״מ בגיותן אבל נתגיירו הבנים לא נתיחסו אחר אביהם בפרק הבא על יבמתו (יבמות דף סב.): יש לו חיים למטה. בנו נקרא על שמו: דאי ס״ד גר נמי פסול. דדרשינן על אבות על בנים שאין להם חיים אבות למה לי לאשתנוי בתרוייהו לכתוב ברישיה על בניהם לפסול קרובים ובסיפיה לישתני ולכתוב סתמא על אבות ושמעינן תרתי מדלא כתיב על אבותיהם: אלא מדכתב רחמנא על בנים. למפסל לעבד שמע מינה גר כשר דתו ליכא קל וחומר: כתבתינהו לנכסי מלוג. לאחר שניסאת לר' אבא: בתר דשכיבא אזל רב שמואל כו': הבעל

תוספות

יצא עבד שאין לו אחוה. פי' אין יואלי חלליו קרויין אחים מה שאין כן בגר ביואל מחלליו רוצה הקונטרס לפרש:

זוממי עבד לא יהרוגו. וכיון דהם לא יהרוגו גם העבד לא יהרג דה״ל עדות שאין אתה יכול להזימה:

דכתיב כאשר זמם לעשות לאחיו. תימה דתקשה ליה לרבי יהודה מרבית ואונאה וגונב נפש דבכולהו כתיב אחיו ובצדקה נמי כתיב אחיך האביון ומיהו קצת משמע בפרק קמא דגיטין (דף יב.) דאין כל כך חובה ליתן צדקה לעבד דאמר דרשב״ג סבר יכול העבד לומר לרבו בשני בצורת או פרנסני או הוציאני לחירות כי היכי דחזו לי אינשי ומרחמי עלאי וגונב נפש נמי לא מחייב בעבד אפי' לרבנן דמבני ישראל כתיב ובהנחנקין (סנהדרין דף פו.) מייתי התם פלוגתא דר' יהודה ורבנן דהכא ורבית ואונאה נמי אין קנין לעבד בלא רבו:

יהא עבד כשר לעדות. תימה הא ילפינן בכל דוכתא ג״ש דלה לה מאשה וכ״ת דאתי אחין ומרבה עבד ומפיק מג״ש א״כ גם מק״ו דקאמר נפיק וי״ל דכי גמרינן לה לה מאשה היינו להחמיר על העבד לעשותו כישראל לכל הפחות במצות שהאשה חייבת אבל לגרעו מאיש ולפוסלו לעדות כאשה לא נלמוד דמן הדין כשר הוא לעדות דכתיב ועמדו שני האנשים והאי איש הוא ועובד כוכבים אע״ג דאיש הוא מ״מ אין אחיו אבל עבד שהוא איש ואחיו במצות ליתכשר או ורש״י פירש בפ״ק דגיטין (דף יא) גבי שטרות העולין בערכאות של נכרים כשרים לעדות מן התורה ושמעתין לא מוכחא הכי:

שכן אינה במילה. אע״ג דלא שייכא במילה פירכא היא וי״מ דאין מצווה למול את בנה וליתא דא״כ מאי קאמר קטן יוכיח:

אלא תיתי מגזלן ומחד מהנך. אין להקשות נילף דממזר ופצוע דכא וכרות שפכה שפסולים לקהל שיהיו פסולין לעדות מגזלן וחד מהנך דמה להצד השוה שבהן שאין זהירים בכל המצות זה מפני רשעו וזה מפני שאין מצווה:

ועבד נפקא לן מק״ו. נראה דלרווחא דמילתא נקטיה כלומר דאפי' תמצא לומר דלא נפיק מגופא דקרא מ״מ אתי בק״ו: רבי

מסורת הש"ס

א) כתובות מג., ב) סנהדרין פו., ג) [שם כז:], ד) [לעיל נא. וש״נ], ה) ל״א עבד אין לו אחוה שמותר באחותו ובאשת אחיו דכתיב עם החמור וזה שמעתי, ו) ס״א מיתת זוממין בב״ד, ז) ולע״פ שבקונט' פי' אין לו אחוה שמותר באחותו ובאשת אחיו דכתיב עם החמור עם הדומה לחמור, ח) [צ״ל אחיו], ט) [ועיין תוספות זבחים קג. ד״ה אין], י) [ועיין לעיל ה: תוספות ד״ה כי שדית].

גליון הש"ס

גמ' ורבנן אחיו הוא במצות. עי' רש״י סוטה דף מג ע״א ד״ה אחינו אתה ולע״ק: רש״י ד״ה פסולה. קטן נמי מהכא נפקא. כדאיתא ב״ב דף קנה ע״ב והא דלא נקט בב״ב שם טעם הב' דרש״י דהוא עדות שא״א יכול להזימה י״ל דכיון דתיקנו חז״ל דדיני ממונות ל״צ דרישה וחקירה נכלל בזה דבממון ל״צ שיהא יכול להזימה עי' סמ״ע ח״מ סימן ל״ג ס״ק כ״ו א״כ לאחר תקנת חז״ל דל״צ בממון עדות שיכול להזימה גם קטן ראוי לעדות מש״ה נקט הטעם רק דקטן בעצמותו פסול דאנשים כתיב אבל הכא דמיירי בדאורייתא שפיר נקט רש״י דיש עוד טעם דהוא עדות שאי אתה יכול להזימה ואולם ק״ל דעל טעם שני האיך שייך לומר קטן יוכיח הא אין הפסול בעצמותו משום קטנות אלא מטעם דא״א יכול להזימה וזה הכלל בעדות דצריך יכול להזימה ובא״י להזימה גם בגדולים פסול וא״כ לא שייך לומר קטן יוכיח וצ״ע:

תורה אור השלם

א) כִּי יִנָּצוּ אֲנָשִׁים יַחְדָּו אִישׁ וְאָחִיו וְקָרְבָה אֵשֶׁת הָאֶחָד לְהַצִּיל אֶת אִישָׁהּ מִיַּד מַכֵּהוּ וְשָׁלְחָה יָדָהּ וְהֶחֱזִיקָה בִּמְבֻשָׁיו: [דברים כה, יא]

ב) וַעֲשִׂיתֶם לוֹ כַּאֲשֶׁר זָמַם לַעֲשׂוֹת לְאָחִיו וּבִעַרְתָּ הָרָע מִקִּרְבֶּךָ: [דברים יט, יט]

ג) שׂוֹם תָּשִׂים עָלֶיךָ מֶלֶךְ אֲשֶׁר יִבְחַר יְיָ אֱלֹהֶיךָ בּוֹ מִקֶּרֶב אַחֶיךָ תָּשִׂים עָלֶיךָ מֶלֶךְ לֹא תוּכַל לָתֵת עָלֶיךָ אִישׁ נָכְרִי אֲשֶׁר לֹא אָחִיךָ הוּא: [דברים יז, טו]

ד) וְדָרְשׁוּ הַשֹּׁפְטִים הֵיטֵב וְהִנֵּה עֵד שֶׁקֶר הָעֵד שֶׁקֶר עָנָה בְאָחִיו: [דברים יט, יח]

ה) לֹא יוּמְתוּ אָבוֹת עַל בָּנִים וּבָנִים לֹא יוּמְתוּ עַל אָבוֹת אִישׁ בְּחֶטְאוֹ יוּמָתוּ: [דברים כד, טז]

עין משפט נר מצוה

נח א מיי' פ״ד מהל' חובל ומזיק הלכה יד ועיין בהשגות ובמ״מ סמג עשין ע טוש״ע ח״מ סי' תכד סעיף ו:

נט ב מיי' פי״ד מהל' איסורי ביאה הלכה יח:

ס ג מיי' פ״א מהלכות מלכים הלכה ד סמג לאוין קכא:

סא ד מיי' פ״ט מהל' עדות הל' א סמג לאוין רד טוש״ע ח״מ סימן לה סעיף יד:

סב ה מיי' שם סמג שם טוש״ע ח״מ סימן לד סעיף יט:

סג ו טוש״ע שם סימן לג סעיף יא:

הגהות מהר"ב רנשבורג

א] תוס' ד״ה יהא עבד וכו'. ורש״י פירש בפ״ק דגיטין דף יא נמחק ד' יא ונ״ב דף ט ע״ב ד״ה כשרין וכו' ובד״ה פסולה דרבנן:

ליקוטי רש"י

שפצעה בפניה ואפחתה מכספה. דאי אימיה לאב דיליה הוא דהא יש לו בה מכר [כתובות מג:]. אמר קרא כי ינצו אנשים יחדיו. מהתם נפקא לן חיוב בשת דכתיב וקצותה את כפה ממון אתה אומר ממון או אינו אלא ממש נאמר כאן לא תחוס עינך ונאמר להלן בעדים זוממין (דברים יט) לא תחוס עינך מה להלן ממון אף כאן ממון. עבד שאין לו אחוה. ואפי' עם אחיו בני אביו דכתיב (בראשית כב) עם החמור עם הדומה לחמור אינו אלא כבהמה. אחיו הוא במצות. בכל מצות שהאשה חייבת בהן עבד חייב בהן דגמר לה לה מאשה [סנהדרין פו.]. דשכיבא. מתה [ב״מ לט:].

כִּדְאָמְרִינַן – שאם יעלה על דעתך לומר שהפסוק בא ללמד רק מה שאמרנו במסכת סנהדרין, ש"**לֹא יוּמְתוּ אָבוֹת עַל בָּנִים**" פירושו **בְּעֵדוּת בָּנִים**[28], **לִכְתּוֹב רַחֲמָנָא** – היה לה לתורה לכתוב: "**לֹא יוּמְתוּ אָבוֹת עַל בְּנֵיהֶם**"[29], **מַאי** – מדוע כתבה התורה "**בָּנִים**" סתם? **שְׁמַע מִינָּהּ** – יש ללמוד מכאן גם **דְּלֹא יוּמְתוּ** אנשים **עַל פִּי** עדותם של **אָבוֹת שֶׁאֵין לָהֶם חַיִיס בָּנִים** – שאין בניהם מיוחסים אחריהם[30]. ואם כן עבד, שאין לו חייס בנים, פסול לעדות.

הגמרא מקשה על פירוש זה:

אֶלָּא מֵעַתָּה, מה שהפסוק הנזכר מסיים: "**וּבָנִים לֹא יוּמְתוּ עַל אָבוֹת**", **הָכִי נַמִּי** – האם גם כאן תדרוש ש**לֹא יוּמְתוּ** אנשים **עַל פִּי בָּנִים שֶׁאֵין לָהֶם חַיִיס אָבוֹת** – שאין להם יחוס לאבותיהם? **אֶלָּא גֵּר**, שאין לו יחוס לאביו[31], **הָכִי נַמִּי דְּפָסוּל לְעֵדוּת** – וכי אמת הדבר שגם הוא פסול לעדות[32]?!

מתרצת הגמרא:

אָמְרֵי – אמרו: **הָכִי הַשְׁתָּא** – איזה דמיון יש בין הדברים. במקרה של **גֵּר**, **נְהִי דְּאֵין לוֹ חַיִיס לְמַעְלָה** – אמנם אין לו יחוס למעלה, לאביו, מכל מקום **לְמַטָּה**, לבנו, **יֵשׁ לוֹ חַיִיס**, שבנו נקרא על שמו[33]. **לְאַפּוּקֵי** (למעט) **עֶבֶד**, **דְּאֵין לוֹ חַיִיס לֹא לְמַעְלָה** (לאביו) **וְלֹא לְמַטָּה** (לבנו). ולכן אף על פי שחלקו הראשון של הפסוק נדרש לפסול עבד לעדות, חלקו האחרון אינו נדרש באותה דרך לפסול גר לעדות[34].

הגמרא מוכיחה את החילוק:

דְּאִי סָלְקָא דַּעְתָּךְ – שאם יעלה על דעתך לומר שחלקו השני של הפסוק בא ללמד ש**גֵּר פָּסוּל לְעֵדוּת** משום שאין לו יחוס לאביו[35], מדוע הוצרכה התורה לכתוב את שתי הדרשות[36]? **לִכְתּוֹב רַחֲמָנָא** – היה לה לתורה לכתוב בתחילת הפסוק: "**לֹא יוּמְתוּ אָבוֹת עַל בְּנֵיהֶם**", **לְכִדְאָמְרִינַן** – בשביל מה שאמרנו במסכת סנהדרין: **לֹא יוּמְתוּ** אבות **בְּעֵדוּת הַבָּנִים** שלהם[37], **וְנִכְתּוֹב רַחֲמָנָא** – ולאחר מכן לכתוב: "**וּבָנִים לֹא יוּמְתוּ עַל אָבוֹת**", **דְּשָׁמְעַתְּ מִינָּהּ תְּרֵי** – והיית לומד משם שתי הלכות: **חֲדָא** (אחת) ש**לֹא יוּמְתוּ בָּנִים בְּעֵדוּת** של **הָאָבוֹת** שלהם, **וְאִידָךְ** (והאחרת), ש**לֹא יוּמְתוּ** אנשים **עַל פִּי בָּנִים שֶׁאֵין לָהֶם חַיִיס אָבוֹת** – שאין להם יחוס לאביהם – דהיינו גרים[38], **וְעֶבֶד**, שהוא פסול לעדות, **נַפְקָא לֵיהּ בְּקַל וָחוֹמֶר מִגֵּר** – נלמד בקל וחומר מגר: **וּמַה גֵּר דִּלְמַעְלָה הוּא דְּאֵין לוֹ חַיִיס** – שרק למעלה, לגבי אביו, הוא שאין לו יחוס, **אֲבָל לְמַטָּה**, לגבי בנו, **יֵשׁ לוֹ חַיִיס**, ובכל זאת הרי הוא **פָּסוּל לְעֵדוּת**, אם כן **עֶבֶד**, **שֶׁאֵין לוֹ חַיִיס לֹא לְמַעְלָה** לאביו **וְלֹא לְמַטָּה** לבנו, **אֵינוֹ דִּין שֶׁיְּהֵא פָּסוּל לְעֵדוּת**[39]?! **אֶלָּא מִדִּכְתַב רַחֲמָנָא** – מזה שכתבה התורה בתחילת הפסוק: "**לֹא יוּמְתוּ אָבוֹת עַל בָּנִים**"[40], **דְּמַשְׁמַע** – שמשמעו ש**לֹא יוּמְתוּ** אנשים **עַל פִּי** עדותם של **אָבוֹת שֶׁאֵין לוֹ חַיִיס בָּנִים** – שאין לו ייחוס לבניו (דהיינו, עבדים בלבד), **שְׁמַע מִינָּהּ** – נלמד מכאן שדווקא **עֶבֶד שֶׁאֵין לוֹ חַיִיס לֹא לְמַעְלָה** לאביו **וְלֹא לְמַטָּה** לבנו, **הוּא דְּפָסוּל לְעֵדוּת**; **אֲבָל גֵּר**, **כֵּיוָן דְּיֵשׁ לוֹ חַיִיס לְמַטָּה** לבנו, הרי הוא **כָּשֵׁר לְעֵדוּת**[41].

הגמרא מיישבת קושיא אחרונה שעדיין נשארה:

וְכִי תֵּימָא – ואם תאמר: **לִכְתּוֹב רַחֲמָנָא** – היה לה לתורה לכתוב בסוף הפסוק: "**וּבָנִים לֹא יוּמְתוּ עַל אֲבוֹתֵיהֶם**". **לָמָּה לִי דִּכְתַב רַחֲמָנָא** – לשם מה כתבה התורה "**וּבָנִים לֹא יוּמְתוּ עַל אָבוֹת**", **דְּמַשְׁמַע** (שמשמעו הוא) ש**לֹא יוּמְתוּ** אנשים **עַל פִּי** עדותם של **בָּנִים שֶׁאֵין לָהֶם חַיִיס אָבוֹת** – יחוס לאבותיהם[42]? התשובה היא: **אַיְּידֵי דִּכְתַב** – אגב זה שכתבה התורה בתחילת הפסוק: "**לֹא יוּמְתוּ אָבוֹת עַל בָּנִים**" [ולא על "בניהם"][43], **כְּתַב נַמִּי** – היא כתבה גם כן "**וּבָנִים לֹא יוּמְתוּ עַל אָבוֹת**", כדי שהפסוק יהיה מנוסח בסגנון שוה, ואין ללמוד מניסוח זה שום דבר.

שנינו במשנה:

חֵרֵשׁ שׁוֹטֶה וְקָטָן פְּגִיעָתָן רָעָה וכו'.

הגמרא מביאה מעשה:

אִימֵּיהּ (אמו) **דְּרַב שְׁמוּאֵל בַּר אַבָּא מֵהַגְרוֹנְיָא הֲוָת נְסִיבָא לֵיהּ** – היתה נשואה לו **לְרַבִּי אַבָּא**. **כְּתַבְתִּינְהוּ לְנִיכְסֵי** – היא כתבה את כל נכסיה **לְרַב שְׁמוּאֵל בַּר אַבָּא בְּרַהּ** (הבן שלה)[44]. **בָּתַר דִּשְׁכִיבָא** – לאחר שמתה

הערות

28. הגמרא בסנהדרין (כז, ב) לומדת מפסוק זה שקרובים פסולים להעיד זה על זה (רש"י).

29. מכיון שהפסוק בא לפסול קרובים לעדות משום קורבתם, היה הפסוק צריך לומר "בניהם", שזהו הטעם לפסולם לעדות, משום שהם בניהם, ולא היה לו לומר "בנים" סתם שמשמעותו שהם בנים סתם ולא בניהם (תורת חיים).

30. שכך נדרש הפסוק: לא יומתו אנשים על פי אבות שהבנים שלהם אינם בניהם אלא סתם בנים, שאין לבניהם קרבת בנים (תורת חיים). ונמצא שעיקר הפסוק בא ללמד שלא יומתו אבות בעדות בניהם [שקרובים פסולים לעדות], אלא שמכיון שהתורה לא כתבה "בניהם" אלא "בנים" סתם, נלמד מהפסוק גם שלא יומתו אנשים על פי עדות מי שבניו אינם קרויים בניו אלא בנים סתם [דהיינו שעבד פסול לעדות] (עיין רש"י). [לביאור אחר בדרשה, ראה חידושי הראב"ד ושיטה מקובצת.]

31. אף על פי שבנו של עובד כוכבים מתייחס אחריו ונקרא על שמו (כאמור במלכים־ב כ, יב: "בַּלְאֲדָן בֶּן בַּלְאֲדָן"), מכל מקום משנתגיירו הבנים אין להם ייחוס עם אביהם, דהיינו שאין להם דיני קרבת אב ובן עם אביהם העובד כוכבים, משום שגר נחשב "כקטן שנולד" (רש"י, על פי יחזקאל כג, כ ויבמות סב, א; וראה אילת השחר בענין המקור שהביא רש"י מיחזקאל).

32. הרי במשנה בנדה (מט, ב) שנינו שכל הכשר לדון כשר להעיד, ובגמרא שם (על המשנה הקודמת) נלמד מהמשנה שגר כשר לדון (משמרות כהונה).

33. רש"י.

34. ולהלן תבאר הגמרא מה, אם כן, מלמד חלקו האחרון של הפסוק.

35. רש"י.

36. כלומר, מדוע שינתה התורה את הלשון בשני חלקי הפסוק (שברישא כתבה "בנים" במקום "בניהם", ובסיפא "אבות" במקום "אבותיהם"), כדי ללמוד הן מהרישא והן מהסיפא את הדין של מי שאין לו חייס (רש"י).

37. כך שחלקו הראשון של הפסוק ילמד רק שקרובים פסולים לעדות (רש"י).

38. שמכיון שלא נכתב "אביהם" אלא "אבות" סתם, בעל כרחך הפסוק בא ללמד גם שמי שאינו מתייחס לאביו פסול לעדות [ראה לעיל הערה 29] (רש"י).

39. הראשונים מקשים: הרי גם לעבד אין יחוס לאביו (כמו שאין לו יחוס לבנו), ואם כן מאותו לימוד שלומדים מהפסוק לפסול גר לעדות, משום שאין לו יחוס לאביו, אפשר ללמוד לפסול גם עבד, ומהו איפוא הצורך בקל וחומר לכך? והתוספות מתרצים שאכן הגמרא באה מצד קל וחומר רק לחיזוק, שאף אם תאמר מכל טעם שהוא [ראה תוספות רבינו פרץ, ושיטה מקובצת בשם תוספות שאנץ] שאי אפשר ללמוד דין עבד מהפסוק עצמו, מכל מקום אפשר ללמוד את דינו בקל וחומר מגר.

40. ולא כתבה "על בניהם".

41. מכך שהתורה כתבה בחלקו הראשון של הפסוק לפסול עבדים לעדות (שמזה אי אפשר לפסול גרים בקל וחומר), יש ללמוד שגרים כשרים לעדות (רש"י).

42. מכיון שחלקו השני של הפסוק בא רק ללמד פסול קרובים, היה לו לכתוב "על אבותיהם" ולא "על אבות", שכן מהשינוי בכתיבת "על אבות" סתם משמע שהפסוק בא ללמד גם שמי שאין לו יחוס אבות (גר) פסול לעדות, והרי הוכחנו מהדרשה מחלקו הראשון של הפסוק שבאה לפסול עבד, שגר כשר לעדות.

43. כדי ללמד שעבד פסול לעדות.

44. לאחר שהיא נישאה לרבי אבא היא כתבה את נכסי מלוג שלה לבנה רב שמואל בר אבא (רש"י). בן זה נולד לה מנישואיה הקודמים לאדם שגם שמו היה אבא. היא רצתה שבנה זה יקבל את כל נכסיה בחייה כדי שבעלה השני, רבי אבא, לא יירש אותם לאחר מותה (שיטה מקובצת בשם גאון, בפירוש ראשון; ראה גם פני יהושע להלן עמוד ב ד"ה אמר רב יוסף).

דאפחתה מכספה אבל פציעה דלא אפחתה מכספה לא קמיבעיא ליה א) א"ר יוסי בר חנינא [א]שפצעה בפניה ואפחתה מכספה: החובל בעבד כנעני של אחרים חייב וכו': ג) מאי טעמא דרבי יהודה אמר קרא א) כי ינצו אנשים יחדיו איש ואחיו במי שיש לו אחוה יצא עבד [ב]שאין לו אחוה ° ורבנן אחיו הוא במצות אלא מעתה לר' יהודה זוממי עבד לא יהרוגו דכתיב ב) ועשיתם לו כאשר זמם לעשות לאחיו אמר רבא אמר רב ששת אמר קרא ב) ובערת הרע מקרבך מכל מקום אלא מעתה לרבנן עבד יהא כשר למלכות אמרי ולטעמיך תיקשי לך גר לדברי הכל אלא אמר קרא ג) מקרב אחיך [ג]ממובחר שבאחיך אלא מעתה לרבנן יהא עבד כשר לעדות דכתיב ד) והנה עד שקר העד שקר ענה באחיו אמר עולא עדות לא מצית אמרת אתיא עדות בקל וחומר מאשה ומה אשה שהיא ראויה לבא בקהל [ד]פסולה לעדות עבד שאינו ראוי לבא בקהל אינו דין [ה]שפסול לעדות מה לאשה שכן אינה ראויה למילה תאמר בעבד שהוא ראוי למילה קטן יוכיח שישנו במילה ופסול לעדות מה לקטן שאינו במצות תאמר בעבד שהוא במצות אשה תוכיח שישנה במצות ופסולה לעדות וחזר הדין לא ראי זה כראי זה ולא ראי זה כראי זה הצד השוה שבהן שכן אינן בכל המצות ופסולין להעיד אף אני אביא את העבד שאינו בכל המצות ופסול להעיד מה להצד השוה שבהם שכן אינו איש תאמר בעבד שהוא איש אלא תיתי מגזלן מה לגזלן שכן מעשיו גרמו לו תאמר בעבד שאין מעשיו גרמו לו אלא תיתי מגזלן ומחד מהנך מר בריה דרבינא אמר אמר קרא ה) לא יומתו אבות על בנים לא יומתו על פי אבות שאין להם חיים בנים דאי ס"ד כדאמרינן לא יומתו אבות על בנים ו) בעדות בנים לכתוב רחמנא לא יומתו אבות על בניהם מאי בנים ש"מ דלא יומתו ע"פ אבות שאין להם חיים בנים אלא מעתה ובנים לא יומתו על אבות ה"נ לא יומתו ע"פ בנים שאין להם חיים אבות אלא גר ה"נ דפסול לעדות אמרי הכי השתא גר נהי דאין לו חיים למעלה למטה יש לו חיים לאפוקי עבד דאין לו חיים לא למעלה ולא למטה דאי סלקא דעתך גר פסול לעדות לכתוב רחמנא לא יומתו אבות על בניהם לכדאמרינן לא יומתו בעדות בנים ונכתוב רחמנא ובנים לא יומתו על אבות דשמעת מינה תרי חדא לא יומתו בנים בעדות אבות ואידך לא יומתו על פי בנים שאין להם חיים אבות ועבד נפקא ליה בקל וחומר מגר ומה גר דלמעלה הוא דאין לו חיים אבל למטה יש לו חיים פסול לעדות עבד שאין לו חיים לא למעלה ולא למטה אינו דין שיהא פסול לעדות אלא מדכתב רחמנא לא יומתו אבות על בנים דמשמע לא יומתו על פי אבות שאין לו חיים בנים שמע מינה עבד שאין לו חיים לא למעלה ולא למטה הוא דפסול לעדות אבל גר [ו]כיון דיש לו חיים למטה כשר לעדות וכ"ת לכתוב רחמנא ובנים לא יומתו על אבותיהם למה לי דכתב רחמנא ובנים לא יומתו על אבות דמשמע לא יומתו על פי בנים שאין להם חיים אבות ז) איידי דכתב לא יומתו אבות על בנים כתב נמי ובנים לא יומתו על אבות: חרש שוטה וקטן פגיעתן רעה: אימיה דרב שמואל בר אבא מהגרוניא הות נסיבא ליה לר' אבא כתבתינהו לנכסי לרב שמואל בר אבא ברה בתר דשכיבא
אזל

רש"י

דאפחתיה מכספיה. והרי בידו למוכרה: יצא עבד שאין לו אחוה. עם ישראל שאין בא בקהל ה): במצות. כל מצוה שאשה חייבת בה עבד חייב בה דגמר לה לה מאשה: זוממי עבד. עדים שחייבוהו מיתת בית דין ונמצאו זוממין לא יהרוגו אלמה קים לן דעבד כישראל לענין מיתת ו) ב"ד דתנן במסכת מכות (דף ח:) וישראל לוקה [וגולה] על ידי עבד: תיקשי לך גר. שלידתו והורתו בקדושה אפילו לרבי יהודה יש לו אחוה ופסול למלכות ואפילו לשוטר בעלמא אא"כ אמו מישראל בפרק החולץ ביבמות (דף מה:): עדות לא מצית אמרת. דאי לא נפקא לן פסולא מאחיך תיתי מק"ו: פסולה לעדות. דכתיב גבי עדים זוממין ועמדו שני האנשים ותניא בשבועות (דף ל.) בעדים זוממין הכתוב מדבר דמשמע אנשים ולא נשים ° קטן נמי מהכא נפקא לן דכתיב אנשים ולא קטנים ועוד דעדות שאי אתה יכול להזימה היא דלאו בר עונשין הוא: אינן בכל המצות. אלא במקצת דהא אשה מחוייבת בלאוין ועונשין וקטן ישנו במילה: שאין איש. ולא קרינא בהו שני אנשים: מגזלן. דראוי לבא בקהל ופסול לעדות דכתיב (שמות כג) אל תשת ידך וגו' כלומר אל תשת רשע דחמס עד: מגזלן וחד מהנך. והצד השוה שבהן שאינם זהירים בכל המצות זה מפני רשעו וזה מפני שלא נצטוה: חיים בנים. יחס בנים: לא יומתו אבות על בנים. לא יומת שום אדם על פי מי שאין בנו מיוחס ונקרא על שם אביו והיינו עבד: דאי ס"ד. כוליה קרא לכדאמר בסנהדרין (דף כז:) אתא לפסול קרובים: לכתוב על בניהם. מדשני למכתב בנים סתמא ש"מ תרתי: גר אין לו חיים דכתיב וזרמת סוסים זרמתם. ואע"ג דכתיב בלאדן בן בלאדן ה"מ בגיותן אבל נתגיירו הבנים לא נתיחסו אחר אביהם בפרק הבא על יבמתו (יבמות דף סב.): יש לו חיים למטה. בנו נקרא על שמו: דאי ס"ד גר נמי פסול. דדרשינן על אבות על בנים שאין להם חיים אבות למה לי לאשתנויי בתרוייהו לכתוב ברישיה על בניהם לפסול קרובים ובסיפיה לישתני ולכתוב סתמא על אבות ושמעינן תרתי מדלא כתיב על אבותיהם: אלא מדכתב רחמנא על בנים. למפסל לעבד שמע מינה גר כשר דתו ליכא קל וחומר: כתבתינהו לנכסי מלוג. לאחר שנישאת לר' אבא: בתר דשכיבא אזל רב שמואל כו':
הבעל

תוספות

יצא עבד שאין לו אחוה. פי' אין יוצאי חלציו קרויין אחים מה שאין כן בגר ז) ביוצא מחלציו רוצה הקונטרס לפרש: זוממי עבד לא יהרוגו. וכיון דהם לא יהרוגו גם העבד לא יהרג דה"ל עדות שאין אתה יכול להזימה: דכתיב כאשר זמם לעשות לאחיו. תימה דתקשה ליה לרבי יהודה מרבית ואונאה וגונב נפש דבכולהו כתיב אחיו ובצדקה נמי כתיב אחיך האביון ומיהו קצת משמע בפרק קמא דגיטין (דף יב.) דאין כל כך חובה ליתן צדקה לעבד דאמר דרשב"ג סבר יכול העבד לומר לרבו בשני בצורת או פרנסני או הוציאני לחירות כי היכי דחזו לי אינשי ומרחמי עלאי וגונב נפש נמי לא מחייב בעבד אפי' לרבנן דמבני ישראל כתיב ובהנחנקין (סנהדרין דף פו.) מייתי התם פלוגתא דר' יהודה ורבנן דהכא ורבית ואונאה נמי אין קנין לעבד בלא רבו: יהא עבד כשר לעדות. תימה הא ילפינן בכל דוכתא ג"ש דלה לה מאשה וכ"ת דאתי ח) אחין ומרבה עבד ומפיק מג"ש א"כ גם מק"ו דקאמר נפיק ט) וי"ל דכי גמרינן לה לה מאשה היינו להחמיר על העבד לעשותו כישראל לכל הפחות במצות שהאשה חייבת אבל לגרעו מאיש ולפוסלו לעדות כאשה לא נלמוד דמן הדין כשר הוא לעדות דכתיב ועמדו שני האנשים והאי איש הוא ועובד כוכבים אע"ג דאיש הוא מ"מ אין אחיו אבל עבד שהוא איש ואחיו במצות ליתכשר אן ורש"י פירש בפ"ק דגיטין (דף יא) גבי שטרות העולין בערכאות של נכרים כשרים לעדות מן התורה ושמעתין לא מוכחא הכי: שכן אינה במילה. אע"ג דלא שייכא במילה פירכא היא י) וי"מ דאין מצווה למול את בנה וליתא דא"כ מאי קאמר קטן יוכיח: אלא תיתי מגזלן ומחד מהנך. אין להקשות נילף דממזר ופצוע דכא וכרות שפכה שפסולים לקהל שיהיו פסולין לעדות מגזלן וחד מהנך דמה להצד השוה שבהן שאין זהירים בכל המצות זה מפני רשעו וזה מפני שאין מצווה: ועבד נפקא לן מק"ו. נראה דלרווחא דמילתא נקטיה כלומר דאפי' תמצא לומר דלא נפיק מגופא דקרא מ"מ אתי בק"ו:
רבי

מסורת הש"ס

א) כתובות מג., ב) סנהדרין פו., ג) [שם כז:], ד) [לעיל נא. וש"נ], ה) ל"א עבד אין לו אחוה שמותר באחותו ובאשת אחיו דכתיב עם החמור וזה שמעתי, ו) ס"א מיתת זוממין בב"ד, ז) ואע"פ שבקונט' פי' אין לו אחוה שמותר באחותו ובאשת אחיו דכתיב עם החמור עם הדומה לחמור, ח) [צ"ל אחיו], ט) [ועיין תוספות זבחים קג. ד"ה אין], י) [ועיין לעיל ה: תוספות ד"ה כי שדית].

גליון הש"ס

גמ' ורבנן אחיו הוא במצות. עי' רש"י סוטה דף מא ע"א ד"ה אחינו אתה ולע"ק: רש"י ד"ה פסולה. קטן נמי מהכא נפקא. כדאיתא ב"ב דף קנה ע"ב והא דלא נקט בב"ב שם טעם סב' דרש"י דהוא עדות שא"א יכול להזימה י"ל דכיון דתיקנו חז"ל דדיני ממונות ל"צ דרישה וחקירה נכלל בזה דבממון ל"צ שיהא יכול להזימה עי' סמ"ע ח"מ סימן ל"ג ס"ק כ"ו א"כ לאחר תקנת חז"ל דל"צ בממון עדות שיכול להזימה גם קטן ראוי לעדות מש"ה נקט הטעם רק דקטן בעצמותו פסול דאנשים כתיב אבל הכא דמיירי בדאורייתא שפיר נקט רש"י דיש עוד טעם דהוא עדות שאי אתה יכול להזימה ואולם ק"ל דעל טעם שני האיך שייך לומר קטן יוכיח הא אין הפסול בעצמותו משום קטנות אלא מטעם דא"א יכול להזימה וזה הכלל בעדות דצריך יכול להזימה ובאא"י להזימה גם בגדולים פסול וא"כ לא שייך לומר קטן יוכיח וצ"ע:

תורה אור השלם

א) כִּי יִנָּצוּ אֲנָשִׁים יַחְדָּו אִישׁ וְאָחִיו וְקָרְבָה אֵשֶׁת הָאֶחָד לְהַצִּיל אֶת אִישָׁהּ מִיַּד מַכֵּהוּ וְשָׁלְחָה יָדָהּ וְהֶחֱזִיקָה בִּמְבֻשָׁיו: [דברים כה, יא]

ב) וַעֲשִׂיתֶם לוֹ כַּאֲשֶׁר זָמַם לַעֲשׂוֹת לְאָחִיו וּבִעַרְתָּ הָרָע מִקִּרְבֶּךָ: [דברים יט, יט]

ג) שׂוֹם תָּשִׂים עָלֶיךָ מֶלֶךְ אֲשֶׁר יִבְחַר יְיָ אֱלֹהֶיךָ בּוֹ מִקֶּרֶב אַחֶיךָ תָּשִׂים עָלֶיךָ מֶלֶךְ לֹא תוּכַל לָתֵת עָלֶיךָ אִישׁ נָכְרִי אֲשֶׁר לֹא אָחִיךָ הוּא: [דברים יז, טו]

ד) וְדָרְשׁוּ הַשֹּׁפְטִים הֵיטֵב וְהִנֵּה עֵד שֶׁקֶר הָעֵד שֶׁקֶר עָנָה בְאָחִיו: [דברים יט, יח]

ה) לֹא יוּמְתוּ אָבוֹת עַל בָּנִים וּבָנִים לֹא יוּמְתוּ עַל אָבוֹת אִישׁ בְּחֶטְאוֹ יוּמָתוּ: [דברים כד, טז]

עין משפט נר מצוה

נח א מיי' פ"ד מהל' חובל ומזיק הלכה יד ועיין בהשגות ובמ"מ סמג עשין ע טוש"ע ח"מ סי' תכד סעיף ו:

נט ב מיי' פי"ד מהל' איסורי ביאה הלכה יח:

ס ג מיי' פ"א מהלכות מלכים הלכה ד סמג לאוין קכא:

סא ד מיי' פ"ט מהל' עדות הל' א סמג לאוין רד טוש"ע ח"מ סימן לה סעיף יד:

סב ה מיי' שם סמג שם טוש"ע ח"מ סימן לד סעיף יט:

סג ו טוש"ע שם סימן לג סעיף יא:

הגהות מהר"ב רנשבורג

א] תוס' ד"ה יהא עבד וכו'. ורש"י פירש בפ"ק דגיטין דף יא נמחק ד' יא וצ"ב דף ט ע"ב ד"ה כשרין וכו' ובד"ה פסולא דרבנן:

ליקוטי רש"י

שפצעה בפניה ואפחתה מכספה. דאי איתיה לאב דיליה הוא דהא יש לו בה מכר [כתובות מג:]. אמר קרא כי ינצו אנשים יחדיו. מהתם נפקא לן חיוב בשת דכתיב וקצותה את כפה ממון אתה אומר ממון או אינו אלא ממש נאמר כאן לא תחוס עינך ונאמר להלן בעדים זוממין (דברים יט) לא תחוס עינך מה להלן ממון אף כאן ממון. עבד שאין לו אחוה. ואפי' עם אחיו בני אביו דכתיב (בראשית כב) עם החמור עם הדומה לחמור אינו אלא כבהמה. אחיו הוא במצות. בכל מצות שהאשה חייבת בהן עבד חייב בהן דגמר לה לה מאשה [סנהדרין פו.]. דשכיבא. מתה [ב"מ לט:].

עין משפט
נר מצוה

סד א מיי' פכ"ב מהל' אישות הלכה ז סמג עשין מח טוש"ע אה"ע סימן צ סעיף ט:
סה ב מיי' פי"ב מהל' זכיה ומתנה הלכה יג סמג עשין פב טוש"ע ח"מ סימן רנז סעיף א:
סו ג מיי' שם טוש"ע שם סעיף ג:
סז ד מיי' שם טוש"ע שם סעיף ד:
סח ה ו מיי' שם טוש"ע שם סעיף ה:

מסורת הש"ס

א) יבמות לו: ב"ב קלו., ב) [שבת קלה: וש"נ], ג) כתובות נ. עח: ב"מ לה. לו: ב"ב נ. קלט:, ד) [ד"ה אי], ה) [ועיין תוספות יבמות לו: ד"ה קנין. ותוס' כתובות נ. ד"ה הבעל], ו) נ"ל ולא נתן לה כתובה.

אזל רב שמואל בר אבא קמיה דרבי ירמיה בר אבא אוקמיה בנכסי אזל ר' אבא אמרה למילתא קמיה דרב הושעיא אזל רב הושעיא אמרה קמיה דרב יהודה א"ל הכי אמר שמואל [א] האשה שמכרה בנכסי מלוג בחיי בעלה ומתה הבעל מוציא מיד הלקוחות אמרוה קמיה דרבי ירמיה בר אבא אמר להו אנא מתניתא ידענא דתנן [א)] הכותב [ב] נכסיו לבנו לאחר מותו הבן אינו יכול למכור מפני שהן ברשות האב והאב אינו יכול למכור מפני שהן כתובין לבן [ג] מכר האב מכורים עד שימות [ד] מכר הבן אין לו ללוקח עד שימות האב כי מיית אב מיהא אית ליה ללוקח ואע"ג דמת הבן בחיי אב דלא אתו לידי הבן כרבי שמעון בן לקיש דאמר לא שנא מת הבן בחיי האב דלא אתו לידיה דבן לא שנא מת האב בחיי הבן דאתו לידיה דבן קנה לוקח דאתמר מכר הבן בחיי האב ומת הבן בחיי האב רבי יוחנן אמר לא קנה לוקח ר"ל אמר [ה] קנה לוקח ר"י אמר לא קנה לוקח אמר לך כי קתני מתני' מכר הבן לא קנה לוקח עד שימות האב וכי מיית האב אית ליה ללוקח דלא מת הבן בחיי האב דאתו לידי הבן אבל מת הבן בחיי האב דלא אתו לידיה דבן כי מיית אב נמי לית ליה ללוקח אלמא קא סבר [ב)] קנין פירות כקנין הגוף דמי וכי זבין לאו דידיה זבין ר' שמעון בן לקיש אומר קנה לוקח כי קתני מתני' מכר הבן אין לו ללוקח עד שימות האב כי מיית אב מיהת אית ליה ללוקח לא שנא לא מת הבן בחיי האב דאתו לידיה דבן ולא שנא מת הבן בחיי האב דלא אתו לידיה דבן קנה לוקח אלמא קסבר קנין פירות [ו] לאו כקנין הגוף דמי וכי קא זבין דידיה קא זבין ואנן השתא בין ר' ירמיה בר אבא ובין רב יהודה כר' שמעון בן לקיש סבירא להו וקאמר ר' ירמיה בר אבא אי סלקא דעתך קנין פירות כקנין הגוף דמי כי מיית אב ומיית הבן בחיי האב אמאי אית ליה ללוקח כי קא זבין האי לאו דידיה קא זבין אלא לאו שמע מינה קנין פירות לאו כקנין הגוף דמי אהדרוה לקמיה דרב יהודה אמר להו הכי אמר שמואל זו אינה דומה למשנתנו מאי טעמא אמר רב יוסף בשלמא אי תני איפכא הכותב נכסיו לאביו איכא למפשט מינה דקנין פירות לאו כקנין הגוף דמי אלא השתא דקתני הכותב נכסיו לבנו משום דראוי ליורשו הוא אמר ליה אביי אטו ברא ירית אבא אבא לא ירית ברא אלא לאברוחינהו לנכסי מבריה קא אתי הכא נמי לאברוחינהו לנכסי מאחוה אתי אלא מאי אינה דומה למשנתנו משום תקנת אושא [ג)] דאמר רבי יוסי בר חנינא באושא התקינו האשה שמכרה בנכסי מלוג בחיי בעלה ומתה הבעל מוציא מיד הלקוחות אמר רב אידי בר אבין אף אנן נמי תנינא מעידים אנו באיש פלוני שגירש את אשתו ונתן כתובתה

הבעל מוציא. שהבעל יורש את אשתו והוא היה לוקח ראשון: **לאחר מותו.** מהיום ולאחר מותו שהגוף קנוי לבן מהיום אלא שהאב אוכל הפירות עד יום מותו: **מכורין עד שימות.** לוקח אוכל פירות עד שימות האב וכשימות האב הולך הבן ומוציא מיד הלקוחות: **דלא מת הבן בחיי האב דאתו ליד הבן.** דמה מכר לו ראשון לשני כל זכות שתבא לידו: **קנין פירות.** שהיו קנוין לאב לפירות: **כריש לקיש סבירא לן.** דפסקינן הלכתא כריש לקיש בתלת חדא הא והחולץ למעוברת ומתנה באמצע בפרק החולץ (יבמות דף לו.): **אלא לאו שמע מינה [כו'] לאו כקנין הגוף דמי.** הני נכסי מלוג הקנויין בחייה לבעל לפירות לאו כקנין הגוף דמי ומתנתה מתנה ואע"ג דמתה בחייו: **הכותב נכסיו לאביו.** לאחר מותו ומכר האב בחיי הבן ומת האב בחיי הבן ואמר לן ריש לקיש דקנה לוקח שמעינן מינה משום דקנין פירות שהן קנויין לבן לאו כקנין הגוף דמי אבל השתא דלמא היינו טעמא דקנה לוקח אע"ג דלא אתי לידי דבן משום דראוי ליורשו הוא ואע"ג דבעלמא כקנין הגוף דמי הכא גופא ודאי אקני אב לבן בחייו למוכרן כשירצה דאי משום לאחר מיתה בלאו הכי הוה ירית ליה אבל רב שמואל בר אבא לא היה ראוי לירש את אמו אלא רבי אבא בעלה היה ראוי ליורשה: **אבא לא ירית ברא.** ואי הוה תני נמי איפכא הוה אמרת נמי טעמא משום דראוי ליורשו הוא: **אלא.** על כרחך ברא דכתב נכסי לאבוה בני אית ליה והאי דכתב נכסי לאבוה לאברוחינהו מבני קאתי דכי מיית לא ירתו ליה בני אלא אבוה וכי הוה תני איפכא הוה אמרת התם דקני לוקח שלקחו מן האב הוה טעמא משום דקנין פירות שיש לו לבן לאו כקנין הגוף הוא וכי זבין אב דידיה קזבין: **הכא נמי.** הכותב נכסיו לבנו ודאי בני אחריני אית ליה ולאברוחינהו מאחיו משאר בניו של אב הוא דכתב ליה ומדאמרינן קנה לוקח שמע מינה קנין פירות לאו כקנין הגוף דמי: **באושא התקינו.** דאע"ג דבעלמא לאו כקנין הגוף דמי בעל בנכסי אשתו אלמוה רבנן לשעבודיה משום איבה והוי כלוקח ראשון:
והרי

רבי ירמיה בר אבא ורב יהודה כר"ל ס"ל. דכותיה פסקינן בריש החולץ (יבמות דף לו:): **הכי** אמר שמואל זו אינו דומה למשנתנו. כדמסיק משום תקנת אושא משמע דאי לאו תקנת אושא מודה שמואל דאין הבעל מוציא מיד הלקוחות דקנין פירות לאו כקנין הגוף דמי וא"ת והיאך מלא ידיו ורגליו דס"ל לעיל פ"ק (דף ט.) האחין שחלקו לקוחות הן וס"ל הכא דלאו כקנין הגוף דמי א"כ לא משכחת דמייתי ביכורים אלא חד בר חד עד יהושע בן נון כדקאמר בסוף השולח (גיטין דף מח. ושם ד)) וכן קשה לרבא דפסק כר"ל בריש החולץ (יבמות דף לו. ושם) דקנין פירות לאו כקנין הגוף דמי וס"ל האחין שחלקו לקוחות הן בפרק ב' דקדושין (דף מב:) והיאך מלא ידיו ורגליו וגם אנו היאך מלאנו ידינו ורגלינו דקיי"ל כר"ל וקיי"ל דאין ברירה דבסוף ביצה (דף לח.) פסקינן כר' אושעיא דבדאורייתא אין ברירה ומפרש ר"י דכל הנהו דאית להו דאין ברירה לא יאמרו דהאחין שחלקו מחזירין זה לזה ביובל רק ר' יוחנן לחודיה להכי דייק עלה רבי יוחנן דלא מלא ידיו ורגליו אבל אנן לא ס"ל שיהא תלוי חזרת יובל בכך דהא רבי יוחנן גופיה מודה דבימי יהושע היו מביאין ביכורים אפילו אמרינן דלאו כקנין הגוף דמי כדאמרינן אלא חד בר חד עד יהושע בן נון וחלוקת יהושע נמי אמר ביש נוחלין (ב"ב דף קיט:) דירושה היא להם מאבותיהם ואפ"ה לא חזרה אותה חלוקה ביובל דסברא הוא כיון שחלקו על פי נביא ואורים ותומים ובגזירת הכתוב ולפיכך הביאו ביכורים והשתא בהא סברא פליגי ר' יוחנן ושאר אמוראי דרבי יוחנן סבר דמההיא לא ילפינן דגזירת הכתוב היתה ושאר אמוראי סברי דמהתם ילפינן בכל חלוקת ירושה דאין מחזירין ביובל אף על גב דלקוחות הן:

באושא התקינו האשה שמכרה. וא"ת לר' יוחנן למה הוצרך לתקן כיון דקנין הגוף דמי וי"ל דאצטריך להיכא דכתב לה דין ודברים אין לי בנכסיך ובפירותיהן ובפירי פירותיהן עד סוף העולם דאין זה אוכל פירות כדאמר בהכותב (כתובות דף פג.) ומיהו אם לא כתב אלא דין ודברים אין לי בנכסיך ובפירותיהן לא סגי בהכי דאכתי בפירות עצמן ילקח בהן קרקע והוא אוכל פירות ה):

אמר רב אידי בר אבין אף אנן נמי כו'. תימה לר"י דשביק מתניתין דמסכת מכות (דף ג. ושם) ומייתי ברייתא דתנן מעידין אנו את איש פלוני שגירש את אשתו ו) והלא בין היום בין מחר סופו ליתן לה כתובה (ולא נתן לה כתובה) אומדין כמה אדם רוצה ליתן בכתובתה של זו שאם נתארמלה או נתגרשה ואם מתה ירשנה בעלה ופליגי אמוראי בגמרא דאיכא מ"ד שמין באשה כמה אדם רוצה ליתן על זכות ספיקה של אשה והמותר ישלמו העדים ואיכא למ"ד שמין בבעל כמה היה אדם נותן על זכות ספיקו של בעל ומ"מ לכולהו יש לדקדק אמאי בטובת הנאה דאם מתה ירשנה בעלה דשמא היא תמכור ולא ירשנה וי"ל דהיא אמנה ואמאתים קאמר דפשיטא בהנהו דאפי' מכרה אין הלקוחות גובין מנה או מאתים מבעל מאחר שמתה בחיי בעלה אבל הך דהכא אין לחוש דאמנה ומאתים קאי
דיש

ליקוטי רש"י

דתנן הכותב נכסיו לבנו. הוא הדין לאחר [רשב"ם ב"ב קלו.]. **לאחר מותו.** שכתב מהיום ולאחר מיתה ואין לאב בהן אלא אכילת פירות בחייו [יבמות לו:]. **הבן אינו יכול למכור.** לגמרי בחיי האב. **מפני שהן ברשות האב.** לאכול פירות אלא בין שניהן יכולין למכרן לגמרי מעכשיו שהאב ימכור פירות והבן ימכור הגוף. **והאב אינו יכול למכור.** לאחר הגוף והפירות לגמרי מפני שכתובין לבן הגוף מעכשיו ופירות לאחר מיתה [רשב"ם שם]. לאכול הלוקח פירות כל ימי חיי האב שזכה בזכות שהיה לו לזה בהן [יבמות לו:]. **מכר האב.** סתמא מכורין לפירותיהן ללוקח עד שימות האב אבל לכשימות האב יטול הבן גם גוף גם פירות או הוא או הבא מכחו ל"ש מת האב בחיי הבן ול"ש מת הבן בחיי האב שהפירות מכר האב אבל הגוף קנוי לגמרי לבן משעה שכתב לו האב וכשמת הבן ואח"כ האב ויש לו בנים לאותו הבן הן יורשין את כחו. **מכר הבן.** בחיי האב אין ללוקח פירות עד שימות האב שהרי הוא כבן אבל כשימות האב יש לו מיהת ללוקח גוף ופירות וכגון שהבן קיים אבל מת הבן ואח"כ מת האב פלוגתא היא בגמרא אם קנה לוקח אם לאו [רשב"ם שם]. **רבי יוחנן אמר לא קנה לוקח.** אפילו לכשימות האב אחר כך שמעולם לא היו ראויין לבא לידי הבן אלא יחזרו לשאר יורשי האב ומיהו אם לא מכרן הבן בחיי האב היה מודה רבי יוחנן שאף על פי שמת הבן ואחר כך מת האב אפילו הכי יורשי הבן יורשין את מתנתו ולא יורשי האב אבל גבי מכירה הרי סילק נפשו משעת מכירה וגם לא בא לידו שיוכל הלוקח לזכות מכחו [רשב"ם שם:] אפילו לכשימות האב דקנין פירות שהיה לו לאב בנכסים הללו כקנין הגוף דמי ואין מכירת הבן מכירה ומתניתין דקתני אין ללוקח בהן כלום עד שימות האב הא כשימות האב יש לו התם דמית האב בחיי הבן ונתקיימה המתנה ומה מכר ראשון לשני כל זכות שתבא לידו אבל מת הבן לא בא זכות לידו [יבמות שם]. **קנין פירות בקנין הגוף.** כלומר כאילו קנה גופו [רשב"ם ב"ב נ.]. **קנין פירות.** שיש לו לאב כאילו הגוף קנוי לו דמי ולא היה הבן יכול למכור אלא ע"מ דאתו לידיה וכיון דלא אתו לידיה לא קני לוקח ומיהו אם לא מכרן הבן ולא סילק נפשו מהם ומת הבן בחיי האב לכשימות האב יירש בן הבן את זכות אביו שהיה לו בקרקע [רשב"ם ב"ב קלו.]. **באושא התקינו.** כשהיתה סנהדרין באושא שגלתה וישבה שם סנהדרי גדולה כדאמרינן בר"ה (דף לא.) גבי עשרה מסעות [ב"מ לה.]. **האשה שמכרה בנכסי מלוג.** הקרן [כתובות נ.]. להיות הבעל אוכל פירות בחייה וגוף הקרקע יהיה ללוקח לכשתמות ומתה [ב"מ לה.] שאם ימות בעלה יזכה בהן ואם תמות היא ויירשה בעל יפסידו ונכסי מלוג הן נכסים שנפלו לה מבית אביה או שהכניסה קרקעות שלא נשומו בכתובתה ולא קיבל בעל עליו אחריות ואוכל פירותיהן בחייה כתקנת חכמים תחת פרקונה. ולהכי מיקרי מלוג שמולגן ומחסרן בעל שאוכל הפירות כמליגת הראש [רשב"ם ב"ב קלט:]. **ומתה.** ובעל יורש אשתו דבר תורה [ב"מ צו:]. **הבעל מוציא מיד הלקוחות.** גוף הקרקע מיד הלקוחות והכי מוקי לה בפרק האשה בכתובות (דף עח:) תקנת אושא בגופה של קרקע לאחר מיתה [שם לה.] דשויוהו רבנן כלוקח והוא לוקח ראשון [כתובות נ.] כדמפרש טעמא בב"ק (דף ל.) דאלמוהו רבנן לשעבודא דבעל משום איבה לוקח ראשון ומיהו להכי אהני מכירת האשה שאם ימות בעלה בחייה יטלם הלוקח [רשב"ם ב"ב נ.]. **שגירש את אשתו.** בפנינו ביום פלוני וזה אומר לא גרשתי [מכות ג.].

אָזַל — הלך **רַב שְׁמוּאֵל בַּר אַבָּא קַמֵּיהּ** (לפני) **דְּרַבִּי יִרְמְיָה בַּר אַבָּא** שיורה לו כיצד עליו לנהוג. **אוֹקְמֵיהּ בְּנִכְסֵי** — העמידו רבי ירמיה בר אבא כבעלים על הנכסים[1].

התגובה של הבעל:

אָזַל (הלך) **רַבִּי אַבָּא אָמְרָהּ לְמִילְתָא קַמֵּיהּ דְּרַב הוֹשַׁעְיָא** — ואמר את דברי רבי ירמיה בר אבא לפני רב הושעיא. **אָזַל** (הלך) **רַב הוֹשַׁעְיָא אָמְרָהּ קַמֵּיהּ דְּרַב יְהוּדָה** — ואמר את הדברים לפני רב יהודה. **אָמַר לֵיהּ** (לו) רב יהודה: **הָכִי** (כך) **אָמַר שְׁמוּאֵל: הָאִשָּׁה שֶׁמָּכְרָה בְּנִכְסֵי מְלוֹג בְּחַיֵּי בַּעְלָהּ,** ולאחר מכן **מֵתָה, הַבַּעַל מוֹצִיא** את הנכסים **מִיַּד הַלָּקוֹחוֹת**[2]. ולכן יכול רבי אבא להוציא את הנכסים מידיו של רב שמואל בר אבא.

רבי ירמיה בר אבא מיישב את הוראתו:

אַמְרוּהָ קַמֵּיהּ דְּרַבִּי יִרְמְיָה בַּר אַבָּא — אמרו את הוראתו של רב יהודה לרבי ירמיה בר אבא, **אָמַר לְהוּ** (להם): **אֲנָא מַתְנִיתָא יָדַעְנָא** — אני יודע משנה שממנה מוכח כדברי, נגד דברי שמואל[3]: **דִּתְנַן** במשנה (בבא בתרא קלו, א): **הַכּוֹתֵב נְכָסָיו לִבְנוֹ לְאַחַר מוֹתוֹ,** כלומר, שכתב: "נכסי קנויים לך מהיום ולאחר מיתה", שהדין הוא שכל עוד האב חי, זכות אכילת פירות היא שלו[4], **הַבֵּן אֵינוֹ יָכוֹל לִמְכּוֹר** את הנכסים במכירה מוחלטת בחיי האב, **מִפְּנֵי שֶׁהֵן** עדיין **בִּרְשׁוּת הָאָב** לאכילת פירות[5], **וְכֵן הָאָב אֵינוֹ יָכוֹל לִמְכּוֹר** את הנכסים במכירה מוחלטת, **מִפְּנֵי שֶׁהֵן כְּתוּבִין לַבֵּן,** דהיינו, משום שאת גוף הנכסים כתב לבן כבר מעכשיו[6]. ואם **מָכַר הָאָב** את הנכסים סתם, הרי הם **מְכוּרִים** לענין זכות אכילת הפירות, שהלוקח אוכל את הפירות **עַד שֶׁיָּמוּת** האב, מכיון שזכה בזכות שהיתה לאב בנכסים האלו[7]. ואם **מָכַר הַבֵּן** את הנכסים בחיי האב, **אֵין לוֹ לַלּוֹקֵחַ** כלום בנכסים אלו **עַד שֶׁיָּמוּת הָאָב,** שהרי הלוקח עומד במקום הבן. אולם, כשימות האב יש ללוקח גוף וזכות אכילת פירות[8].

רבי ירמיה בר אבא מבאר את הראיה ממשנה זו לדעתו:

מהמקרה האחרון של המשנה משמע **שכִּי מָיֵית אָב מִיהָא** — שמכל מקום, לאחר מות האב, **אִית לֵיהּ לְלוֹקֵחַ** — יש לו ללוקח קנין בנכסים, ואז הם עוברים לרשותו, **וְ**היינו, **אַף עַל גַּב דְּמֵת הַבֵּן בְּחַיֵּי הָאָב, דְּלֹא אָתוּ לִידֵי הַבֵּן** — כך שזכות אכילת הפירות מעולם לא באה לידו של הבן[9].

הגמרא מפסיקה את ראיתו של רבי ירמיה בר אבא כדי להתייחס להבנתו במשנה[10]:

רבי ירמיה בר אבא מפרש את המשנה **כְּ**פירושו של **רַבִּי שִׁמְעוֹן בֶּן לָקִישׁ, דְּאָמַר: לֹא שְׁנָא** — אין זה משנה אם **מֵת הַבֵּן בְּחַיֵּי הָאָב, דְּלֹא אָתוּ לִידֵיהּ דְּבֵן** — שבמקרה זה לעולם לא באו הנכסים לידו של הבן, **וְלֹא שְׁנָא** — ואין זה משנה אם **מֵת הָאָב בְּחַיֵּי הַבֵּן, דְּאָתוּ לִידֵיהּ דְּבֵן** — שבמקרה זה באו הנכסים לידו של הבן. בשני המקרים **קָנָה הַלּוֹקֵחַ** את הנכסים לאחר מיתת האב.

הגמרא ממשיכה את ההפסקה, ומביאה שיש בזה מחלוקת:

דְּאִתְּמַר — שנאמר לגבי המקרה האחרון של המשנה הנזכרת: אם **מָכַר הַבֵּן** את הנכסים **בְּחַיֵּי הָאָב, וּ**לאחר המכירה **מֵת הַבֵּן בְּחַיֵּי הָאָב, רַבִּי יוֹחָנָן אָמַר: לֹא קָנָה הַלּוֹקֵחַ** את הנכסים אפילו לאחר מיתת האב[11], ואילו **רֵישׁ לָקִישׁ אָמַר: קָנָה לוֹקֵחַ** את הנכסים לאחר מיתת האב[12].

הגמרא מפרשת את מחלוקתם, ומתחילה בדעתו של רבי יוחנן:

רַבִּי יוֹחָנָן אָמַר: לֹא קָנָה לוֹקֵחַ את הנכסים. ואין זה סותר את המשנה הנזכרת לעיל, **אָמַר לָךְ** — שכן הוא יאמר לך: **כִּי קָתָנֵי מַתְנִיתִין** — מה שנאמר במשנה שאם **מָכַר הַבֵּן** את הנכסים, **לֹא קָנָה לוֹקֵחַ** מהם כלום **עַד שֶׁיָּמוּת הָאָב,** ומשמע, **וְכִי מָיֵית הָאָב אִית לֵיהּ לְלוֹקֵחַ** — שלאחר שמת האב זוכה הלוקח בנכסים, היינו דוקא במקרה **דְּלֹא מֵת הַבֵּן בְּחַיֵּי הָאָב, דְּאָתוּ לִידֵי הַבֵּן** — שאז באה זכות אכילת הפירות לידי הבן[13]. **אֲבָל** כאשר **מֵת הַבֵּן בְּחַיֵּי הָאָב, דְּלֹא אָתוּ לִידֵיהּ דְּבֵן** — שזכות אכילת הפירות מעולם לא באה לרשותו של הבן, **כִּי מָיֵית אָב נַמִּי לֵית לֵיהּ לְלוֹקֵחַ** — גם לאחר שמת האב, לא זכה הלוקח בנכסים. **אַלְמָא קָא סָבַר** — רואים מכאן שרבי יוחנן סובר ש**קִנְיַן פֵּירוֹת** שיש לאדם בקרקע, **כְּקִנְיַן הַגּוּף דָּמֵי** — הרי זה כאילו גוף הקרקע קנוי לו[14]. נמצא שגם גוף הנכסים נחשב כאילו הוא של האב, שהרי זכות אכילת הפירות היא שלו עד שימות, **וְכִי זַבִּין** — וכאשר מכר הבן את הנכסים בחיי האב, **לַאו דִּידֵיהּ זַבִּין** — הרי מכר דבר שאינו שייך לו[15].

הערות

1. הדין הוא שהבעל יורש את אשתו (בבא בתרא קיא, ב). אולם, כמו בכל ירושה, דין זה נוהג רק בנכסים שהיו בבעלותו של הנפטר בשעת מיתתו, אבל ודאי שהוא יכול לחלק את נכסיו בחייו כרצונו, אף על פי שמחמת זה לא ירשו אותם יורשיו. לכן הורה רבי ירמיה בר אבא שהמתנה של אמו של רב שמואל בר אבא לבנה בחייה — חלה והוא זכה בנכסים (ראה שאילתות דרב אחאי גאון קלה).

2. טעמו של שמואל יתבאר בגמרא בהמשך.

3. רבי ירמיה בר אבא היה סבור שטעמו של שמואל הוא שמכיון שלבעל יש זכות אכילת פירות נכסי מלוג של אשתו בחייה, זכות זו מונעת מהאשה את הכח לתת את הנכסים במתנה לאדם אחר. ועל כך הביא רבי ירמיה בר אבא ראיה ממשנה, שזכות אכילת פירות של אדם אינה מונעת מבעל הנכסים למכור או לתת את נכסיו לאחר באופן שאינו פוגע בזכות זו.

4. רש"י. והיינו שהלשון "מהיום ולאחר מיתה" פירושה הוא שגוף הקרקע קנוי למקבל מהיום, וזכות אכילת הפירות תהיה קנויה לו רק לאחר מיתה (רשב"ם בבא בתרא קלו, א).

5. רשב"ם שם.

6. ורק שניהם ביחד יכולים למכרם במכירה מוחלטת, על ידי שהאב ימכור את זכות אכילת הפירות, והבן ימכור את גוף הנכסים (רשב"ם שם). [אולם יכול האב למכרם במכירה מוגבלת (לאכול הפירות), כפי שיתבאר במשנה בסמוך.]

7. ולאחר שימות האב יוציא הבן את הנכסים מהלוקח (רש"י), מכיון שהן הגוף והן זכות אכילת הפירות שלו הן מכאן ואילך.

אף על פי שהאב התכוון למכור ללוקח גוף ופירות, בכל זאת מועילה מכירתו לגבי הפירות (ר"י מלוניל; עיין שם).

8. שבגוף זכה מיד כשקנה את הנכסים, ובזכות אכילת פירות זכה כשמת האב.

9. מסתימת המשנה משמע לרבי ירמיה בר אבא שכך הוא הדין בכל המקרים, אף כשהבן מת בחיי האב (חידושי הראב"ד). ואם כן, כשהבן מת בחיי האב, קנין הגוף שהיה לבן בקרקע מעולם לא נתן לו בקרקע שום זכויות. ואף על פי כן קנין הגוף שהיה לו בקרקע נתן לו את הכח למכור את הקרקע ללוקח, שיזכה בה כשתגמר זכותו של האב בה.

10. מאוחר יותר יסביר רבי ירמיה את ראיתו מהמשנה לפי הבנתו שהמשנה עוסקת בכל מקרה, גם כשהבן מת בחיי האב. כעת הגמרא מפסיקה את דברי רבי ירמיה הפסקה ארוכה, כדי להתייחס להבנתו במשנה. הגמרא מראה שהבנה זו במשנה, שנויה במחלוקת (תורת חיים).

11. אלא כאשר האב מת חוזרים הנכסים לשאר יורשי האב ולא ליורשי הבן (רשב"ם שם; עיין שם הטעם; אולם ריב"ם בתוספות שם סובר שהם חוזרים ליורשי הבן).

12. בגוף זכה מיד בשעת המכירה, ובזכות אכילת הפירות זכה כשמת האב.

13. במקרה זה זכיית הבן באכילת פירות מקיימת למפרע את המתנה שקיבל הבן בגוף הקרקע (רמב"ן בבא בתרא שם; וראה גם תוספות יבמות לו, ב ד"ה ורבי יוחנן), ולכן זוכה הלוקח אז בכל זה, משום שקנה את הקרקע עם כל הזכויות בקרקע שעתידות להגיע למוכר (רש"י כאן ורמב"ן שם).

14. כאשר יש לאדם קנין על "גוף" חפץ, ולאחֵר יש קנין על "פירות" החפץ, יש לדון מי נחשב אז כבעליו העיקריים של החפץ לענין כל הדינים התלויים בבעלים. מצד אחד יש לומר שמכיון שעיקר תכליתו של החפץ הוא לפירותיו, לכן מי שיש לו קנין פירות הוא נחשב לבעלים העיקרי (ראה רשב"ם בבא בתרא נ, א ד"ה כקנין הגוף דמי). אולם מצד שני יש לומר שהבעלים העיקרי הוא זה שיש לו קנין הגוף, שכן יש לו את עצם החפץ [עיין ברכת שמואל בבא בתרא סימן ס, ב, ומערכת הקנינים ט, ושיעורי רבי שמעון שקאפ גיטין ו].

רבי יוחנן סובר שהבעלים העיקרי נחשב מי שיש לו קנין פירות — "קנין פירות כקנין הגוף דמי".

15. מכיון שלאב יש את קנין הפירות, הרי זה נחשב כאילו הגוף שלו, והבן אינו יכול למכור אלא אם כן יגיע לידו אחר כך קנין הפירות, וכיון שלא בא לידו, לא קנה הלוקח (רשב"ם בבא בתרא שם).

סד א מיי׳ פכ״ב מהל׳ אישות הלכה ז סמג עשין מח טוש״ע אה״ע סימן צ סעיף ט:
סה ב מיי׳ פי״ב מהל׳ זכיה ומתנה הלכה יג סמג עשין פב טוש״ע ח״מ סימן רנז סעיף א:
סו ג מיי׳ שם טוש״ע שם סעיף ג:
סז ד מיי׳ שם טוש״ע שם סעיף ד:
סח ה ו מיי׳ שם טוש״ע שם סעיף ה:

אזל רב שמואל בר אבא קמיה דרבי ירמיה בר אבא אוקמיה בנכסי אזל ר׳ אבא אמרה למילתא קמיה דרב הושעיא אזל רב הושעיא אמרה קמיה דרב יהודה א״ל הכי אמר שמואל [א]האשה שמכרה בנכסי מלוג בחיי בעלה ומתה הבעל מוציא מיד הלקוחות אמרוה קמיה דרבי ירמיה בר אבא אמר להו אנא מתניתא ידענא דתנן [א] הכותב [ב]נכסיו לבנו לאחר מותו הבן אינו יכול למכור מפני שהן ברשות האב והאב אינו יכול למכור מפני שהן כתובין לבן [ג]מכר האב מכורים עד שימות [ד]מכר הבן אין לו ללוקח עד שימות האב כי מיית אב מיהא אית ליה ללוקח ואע״ג דמת הבן בחיי אב דלא אתו לידי הבן כרבי שמעון בן לקיש דאמר לא שנא מת הבן בחיי האב דלא אתו לידיה דבן לא שנא מת האב בחיי הבן דאתו לידיה דבן קנה לוקח דאתמר מכר הבן בחיי האב ומת הבן בחיי האב רבי יוחנן אמר לא קנה לוקח ר״ל אמר [ה]קנה לוקח ר״י אמר לא קנה לוקח אמר לך כי קתני מתני׳ מכר הבן לא קנה לוקח עד שימות האב וכי מיית האב אית ליה ללוקח דלא מת הבן בחיי האב דאתו לידי הבן אבל מת הבן בחיי האב דלא אתו לידיה דבן כי מיית אב נמי לית ליה ללוקח אלמא קא סבר [ב]קנין פירות כקנין הגוף דמי וכי זבין לאו דידיה זבין ר׳ שמעון בן לקיש אומר קנה לוקח כי קתני מתני׳ מכר הבן אין ללוקח עד שימות האב כי מיית אב מיהת אית ליה ללוקח לא שנא לא מת הבן בחיי האב דאתו לידיה דבן ולא שנא מת הבן בחיי האב דלא אתו לידיה דבן קנה לוקח אלמא קסבר קנין פירות [ו]לאו כקנין הגוף דמי וכי קא זבין דידיה קא זבין ואנן השתא בין ר׳ ירמיה בר אבא ובין רב יהודה כר׳ שמעון בן לקיש סבירא להו וקאמר ר׳ ירמיה בר אבא אי סלקא דעתך קנין פירות כקנין הגוף דמי כי מיית אב ומיית הבן בחיי האב אמאי אית ליה ללוקח כי קא זבין האי לאו דידיה קא זבין אלא לאו שמע מינה קנין פירות לאו כקנין הגוף דמי אהדרוה לקמיה דרב יהודה אמר להו הכי אמר שמואל זו אינה דומה למשנתנו מאי טעמא אמר רב יוסף בשלמא אי תני איפכא הכותב נכסיו לאביו איכא למפשט מינה דקנין פירות לאו כקנין הגוף דמי אלא השתא דקתני הכותב נכסיו לבנו משום דראוי ליורשו הוא אמר ליה אביי אטו ברא ירית אבא אבא לא ירית ברא אלא לאברוחינהו לנכסי מבריה קא אתי הכא נמי לאברוחינהו לנכסי מאחוה אתי אלא מאי אינה דומה למשנתנו משום תקנת אושא [ג]דאמר רבי יוסי בר חנינא באושא התקינו האשה שמכרה בנכסי מלוג בחיי בעלה ומתה הבעל מוציא מיד הלקוחות אמר רב אידי בר אבין אף אנן נמי תנינא מעידים אנו באיש פלוני שגירש את אשתו ונתן כתובתה

הבעל מוציא. שהבעל יורש את אשתו והוא היה לוקח ראשון: לאחר מותו. מהיום ולאחר מותו שהגוף קנוי לבן מהיום אלא שהאב אוכל הפירות עד יום מותו: מכורין עד שימות. לוקח אוכל פירות עד שימות האב וכשימות האב הולך הבן ומוציא מיד הלקוחות: דלא מת הבן בחיי האב דאתו ליד הבן. דמה מכר לו ראשון לשני כל זכות שתבא לידו: קנין פירות. שהיו קונין לאב לפירות: כריש לקיש סבירא לן. דפסקינן הלכתא כריש לקיש בתלת חדא הא והחולץ למעוברת ומתנה באמצע בפרק החולץ (יבמות דף לו.): אלא לאו שמע מינה [כו׳] לאו כקנין הגוף דמי. הכי נכסי מלוג הקנויין בחייה לבעל לפירות לאו כקנין הגוף דמי ומתנתה מתנה ואע״ג דמתה בחייו: הכותב נכסיו לאביו. לאחר מותו ומכר האב בחיי הבן ומת האב בחיי הבן ואמר לן ריש לקיש דקנה לוקח שמעינן מינה משום דקנין פירות שהן קנויין לבן לאו כקנין הגוף דמי אבל השתא דלמא היינו טעמא דקנה לוקח אע״ג דלא אתי לידי דבן משום דראוי ליורשו הוא ואע״ג דבעלמא כקנין הגוף דמי הכא גופא ודאי אקני אב לבן בחייו למוכרן כשירצה דאי משום לאחר מיתה בלאו הכי הוה ירית ליה אבל רב שמואל בר אבא לא היה ראוי לירש את אמו אלא רבי אבא בעלה היה ראוי ליורשה: אבא לא ירית ברא. ואי הוה תני נמי איפכא הוה אמרת נמי טעמא משום דראוי ליורשו הוא: אלא. על כרחך ברא דכתב נכסי לאבוה בני אית ליה והאי דכתב נכסי לאבוה לאברוחינהו מבני קאתי דכי מיית לא ירתו ליה בני אלא אבוה וכי הוה תני איפכא הוה אמרת התם דקני לוקח שלקחו מן האב הוה טעמא משום דקנין פירות שיש לו לבן לאו כקנין הגוף הוא וכי זבין אב דידיה קזבין: הכא נמי. הכותב נכסיו לבנו ודאי בני אחריני אית ליה ולאברוחינהו מאחיו משאר בניו של אב הוא דכתב ליה ומדאמרינן קנה לוקח שמע מינה קנין פירות לאו כקנין הגוף דמי: באושא התקינו. דאע״ג דבעלמא לאו כקנין הגוף דמי בעל בנכסי אשתו אלמוה רבנן לשעבודיה משום איבה והוי כלוקח ראשון:
והרי

רבי ירמיה בר אבא ורב יהודה כר״ל ס״ל. דכותיה פסקינן בריש החולץ (יבמות דף לו:): הכי אמר שמואל זו אינו דומה למשנתנו. כדמסיק משום תקנת אושא משמע דאי לאו תקנת אושא מודה שמואל דאין הבעל מוציא מיד הלקוחות דקנין פירות לאו כקנין הגוף דמי וא״ת והיאך מלא ידיו ורגליו דס״ל לעיל פ״ק (דף ט.) האחין שחלקו לקוחות הן וס״ל הכא דלאו כקנין הגוף דמי א״כ לא משכחת דמייתי ביכורים אלא חד בר חד עד יהושע בן נון כדקאמר בסוף השולח (גיטין דף מח. ושם [ד]) וכן קשה לרבא דפסק כר״ל בריש החולץ (יבמות דף לו. ושם) דקנין פירות לאו כקנין הגוף דמי וס״ל האחין שחלקו לקוחות הן בפרק ב׳ דקדושין (דף מב:) והיאך מלא ידיו ורגליו וגם אנו היאך מלאנו ידינו ורגלינו דקיי״ל כר״ל וקיי״ל דאין ברירה דבסוף ביצה (דף לח.) פסקינן כר׳ אושעיא דבדאורייתא אין ברירה ומפרש ר״י דכל הנהו דאית להו דאין ברירה לא יאמרו דהאחין שחלקו מחזירין זה לזה ביובל רק ר׳ יוחנן לחודיה להכי דייק עלה רבי יוחנן דלא מלא ידיו ורגליו אבל אנן לא ס״ל שיהא תלוי חזרת יובל בכך דהא רבי יוחנן גופיה מודה דבימי יהושע היו מביאין ביכורים אפילו אמרינן דלאו כקנין הגוף דמי כדאמרינן אלא חד בר חד עד יהושע בן נון וחלוקת יהושע נמי אמר ביש נוחלין (ב״ב דף קיט:) דירושה היא להם מאבותיהם ואפ״ה לא חזרה אותה חלוקה ביובל דסברא הוא כיון שחלקו על פי נביא ואורים ותומים ובגזירת הכתוב ולפיכך הביאו ביכורים והשתא בהא סברא פליגי ר׳ יוחנן ושאר אמוראי דרבי יוחנן סבר דמההיא לא ילפינן דגזירת הכתוב היתה ושאר אמוראי סברי דמהתם ילפינן בכל חלוקת ירושה דאין מחזירין ביובל אף על גב דלקוחות הן: באושא התקינו האשה שמכרה. וא״ת לר׳ יוחנן למה הוצרך לתקן כיון דקנין הגוף דמי וי״ל דאצטריך להיכא דכתב לה דין ודברים אין לי בנכסיך ובפירותיהן ובפירי פירותיהן עד סוף העולם דאין זה אוכל פירות כדאמר בהכותב (כתובות דף פג.) ומיהו אם לא כתב אלא דין ודברים אין לי בנכסיך ובפירותיהן לא סגי בהכי דאכתי בפירות עצמן ילקח בהן קרקע והוא אוכל פירות [ה]: אמר רב אידי בר אבין אף אנן נמי כו׳. תימה לר״י דשביק מתניתין דמסכת מכות (דף ג. ושם) ומייתי ברייתא דתנן מעידין אנו את איש פלוני שגירש את אשתו [ו] והלא בין היום בין מחר סופו ליתן לה כתובה (ולא נתן לה כתובה) אומדין כמה אדם רוצה ליתן בכתובתה של זו שאם נתארמלה או נתגרשה ואם מתה ירשנה בעלה ופליגי אמוראי בגמרא דאיכא מ״ד שמין באשה כמה אדם רוצה ליתן על זכות ספיקה של אשה והמותר ישלמו העדים ואיכא למ״ד שמין בבעל כמה היה אדם נותן על זכות ספיקו של בעל ומ״מ לכולהו יש לדקדק אמאי בטובת הנאה דאם מתה ירשנה בעלה דשמא היא תמכור ולא ירשנה וי״ל דההיא אמנה ואמאתים קאמר דפשיטא בהנהו דאפי׳ מכרה אין הלקוחות גובין מנה או מאתים מבעל מאחר שמתה בחיי בעלה אבל הך דהכא אין לדחות דאמנה ומאתים קאי
דיש

א) יבמות לו: ב״ב קלו., ב) [שבת קלה: וש״נ], ג) כתובות נ. עח: ב״מ לה. לו: ב״ב נ. קלט:, ד) [ד״ה אין], ה) [ועיין תוספות יבמות לו: ד״ה קנין. ותוס׳ כתובות נ. ד״ה הבעל], ו) צ״ל ולא נתן לה כתובה.

ליקוטי רש״י

דתנן הכותב נכסיו לבנו. הוא הדין לאחר [רשב״ם ב״ב קלו.]. לאחר מותו. שכתב מהיום ולאחר מיתה ואין לאב בהן אלא אכילת פירות בחייו [יבמות לו:]. הבן אינו יכול למכור. לגמרי בחיי האב. מפני שהן ברשות האב. לאכול פירות אלא בין שניהן יכולין למכרן לגמרי מעכשיו שהאב ימכור פירות והבן ימכור הגוף. והאב אינו יכול למכור. לאחר הגוף והפירות לגמרי מפני שכתובין לבן הגוף מעכשיו ופירות לאחר מיתה [רשב״ם שם]. לאכול הלוקח פירות כל ימי חיי האב שזכה בזכות שהיה לו לזה בהן [יבמות לו:]. מכר האב. סתמא מכורין לפירותיהן ללוקח עד שימות האב אבל לכשימות האב יטול הבן גם גוף גם פירות או הוא או הבא מכחו ל״ש מת האב בחיי הבן ול״ש מת הבן בחיי האב שהפירות מכר האב אבל הגוף קנוי לגמרי לבן משעה שכתב לו האב וכשמת הבן ואח״כ האב ויש לו בנים לאותו הבן הן יורשין את כחו. מכר הבן. בחיי האב אין ללוקח פירות עד שימות האב שהרי הוא כבן אבל כשימות האב יש לו מיהת ללוקח גוף ופירות וכגון שהבן קיים אבל מת הבן ואח״כ מת האב פלוגתא היא בגמרא אם קנה לוקח אם לאו [רשב״ם שם]. רבי יוחנן אמר לא קנה לוקח. אפילו לכשימות האב אחר כך שמעולם לא היו ראויין לבא לידי הבן אלא יחזרו לשאר יורשי האב ומיהו אם לא מכרן הבן בחיי האב היה מודה רבי יוחנן שאף על פי שמת הבן ואחר כך מת האב אפילו הכי יורשי הבן יורשין את מתנתו ולא יורשי האב אבל גבי מכירה הרי סילק נפשו משעת מכירה וגם לא בא לידו שיוכל הלוקח לזכות מכחו [רשב״ם שם:]. אפילו לכשימות האב דקנין פירות שהיה לו לאב בנכסים הללו כקנין הגוף דמי ואין מכירת הבן מכירה ומתניתין דקתני אין ללוקח בהן כלום עד שימות האב הא כשימות האב יש לו התם דמית האב בחיי הבן ונתקיימה המתנה ומה מכר ראשון לשני כל זכות שתבא לידו אבל מת הבן לא בא זכות לידו [יבמות שם]. קנין פירות בקנין הגוף. כלומר כאילו קנה גופו [רשב״ם ב״ב נ.]. קנין פירות. שיש לו לאב כאילו הגוף קנוי לו דמי ולא היה הבן יכול למכור אלא ע״מ דאתו לידיה וכיון דלא אתו לידיה לא קני לוקח ומיהו אם לא מכרן הבן ולא סילק נפשו מהם ומת הבן בחיי האב לכשימות האב יירש בן הבן את זכות אביו שהיה לו בקרקע [רשב״ם ב״ב קלו.]. באושא התקינו. כשהיתה סנהדרין באושא שגלתה וישבה שם סנהדרי גדולה כדאמרינן בר״ה (דף לא.) גבי עשרה מסעות [ב״מ לה.]. האשה שמכרה בנכסי מלוג. הקרן [כתובות נ.]. להיות הבעל אוכל פירות בחייה וגוף הקרקע יהיה ללוקח לכשתמות ומתה [ב״מ לה.] שאם ימות בעלה יזכה בהן ואם תמות היא ויירשה בעל יפסידו ונכסי מלוג הן נכסים שנפלו לה מבית אביה או שהכניסה קרקעות שלא נשומו בכתובתה ולא קיבל בעל עליו אחריות ואוכל פירותיהן בחייה ותקנת חכמים תחת פרקונה. ולהכי מיקרי מלוג שמולגן ומחסרן בעל שאוכל הפירות כמליגת הראש [רשב״ם ב״ב קלט:]. ומתה. ובעל יורש אשתו דבר תורה [ב״מ צו:]. הבעל מוציא מיד הלקוחות. גוף הקרקע מיד הלקוחות והכי מוקי לה בפרק האשה בכתובות (דף עח:) תקנת אושא בגופה של קרקע לאחר מיתה [שם לה.] דשויוהו רבנן כלוקח והוא לוקח ראשון [כתובות נ.] כדמפרש טעמא בב״ק (דף ל.) דאלמוהו רבנן לשעבודא דבעל משום איבה ועשאוהו לוקח ראשון ומיהו להכי אהני מכירת האשה שאם ימות בעלה בחייה יטלם הלוקח [רשב״ם ב״ב נ.]. שגירש את אשתו. בפנינו ביום פלוני וזה אומר לא גרשתי [מכות ג.].

הגמרא מפרשת את דעת ריש לקיש:

רַבִּי שִׁמְעוֹן בֶּן לָקִישׁ אוֹמֵר: קָנָה לוֹקֵחַ — הלוקח קונה את הנכסים לאחר מיתת האב, שכן הוא סובר **כִּי קָתָנֵי מַתְנִיתִין** — שמה שנאמר במשנה שאם **מָכַר הַבֵּן** את הנכסים **אֵין לַלוֹקֵחַ** בהם קנין **עַד שֶׁיָּמוּת הָאָב, וּכִי מָיֵית אָב מִיהַת** — ומכל מקום, לאחר מיתת האב, **אִית לֵיהּ לְלוֹקֵחַ** — יש לו ללוקח קנין בנכסים, **לֹא שְׁנָא** — אין זה משנה אם **לֹא מֵת הַבֵּן בְּחַיֵּי הָאָב, דְּאָתוּ לִידֵיהּ דְּבֵן** — שבמקרה זה באו הנכסים לרשותו של הבן, **וְלֹא שְׁנָא** — ואין זה משנה אם **מֵת הַבֵּן בְּחַיֵּי הָאָב, דְּלֹא אָתוּ לִידֵיהּ דְּבֵן** — שבמקרה זה מעולם לא באו הנכסים לרשותו של הבן, בכל מקרה **קָנָה הַלּוֹקֵחַ** את הנכסים. **אַלְמָא** — רואים מכאן **שֶׁקָּסָבַר** ריש לקיש **שֶׁקִּנְיַן פֵּירוֹת** שהיה לו לאב בנכסים האלו, **לַאו כְּקִנְיַן הַגּוּף דָּמֵי** — אינו נחשב כקנין של גוף הנכסים, ואם כן, בכל מקרה הנכסים הללו היו בבעלות הבן למכרם[16], **וְכִי קָא זַבִּין דִּידֵיהּ קָא זַבִּין** — וכאשר הוא מכרם, את שלו הוא מכר.

הגמרא מסיימת את דברי ההסבר שלה:

וַאֲנַן הַשְׁתָּא — ואנו סבורים כעת **שֶׁבֵּין רַבִּי יִרְמְיָה בַּר אַבָּא וּבֵין רַב יְהוּדָה כְּרַבִּי שִׁמְעוֹן בֶּן לָקִישׁ סְבִירָא לְהוּ** — סוברים כדעתו של ריש לקיש שהמשנה עוסקת גם במקרה שהבן מת בחיי האב[17].

כעת חוזרת הגמרא לראייתו של רבי ירמיה בר אבא ממשנה זו:

וְקָאָמַר רַבִּי יִרְמְיָה בַּר אַבָּא על המשנה שהביא: **אִי סַלְקָא דַּעְתָּךְ** — אם יעלה על דעתך לומר **שֶׁקִּנְיַן פֵּירוֹת** שהיה לו לאב בנכסים האלו **כְּקִנְיַן הַגּוּף דָּמֵי** — נחשב כקנין גוף הנכסים, **כִּי מָיֵית אָב וּמָיֵית הַבֵּן בְּחַיֵּי הָאָב** — כאשר מת האב, וקודם לכך מת הבן בחיי האב, **אַמַּאי אִית לֵיהּ לְלוֹקֵחַ** — מדוע יש לו ללוקח קנין בנכסים? **כִּי קָא זַבִּין הַאי** — הלא מה שמכר זה (הבן), **לַאו דִּידֵיהּ קָא זַבִּין** — דבר שאינו שלו הוא מכר. **אֶלָּא לַאו שְׁמַע מִינָּהּ** — האם לא נשמע מכאן **שֶׁקִּנְיַן פֵּירוֹת** שיש לו לאדם בדבר, **לַאו כְּקִנְיַן הַגּוּף דָּמֵי** — אינו נחשב כקנין גוף הנכסים[18]? ואם כן גם בענייננו, זכותו של רבי אבא בנכסי המלוג של אשתו אינה מונעת ממנה להקנות את גוף הנכסים במתנה לרב שמואל בר אבא[19].

רב יהודה משיב על ראייתו של רבי ירמיה בר אבא:

אַהַדְרוּהָ לְקַמֵּיהּ דְּרַב יְהוּדָה — הם החזירו את הראיה לרב יהודה, **אֲמַר לְהוּ** (להם): **הָכִי** (כך) **אָמַר שְׁמוּאֵל: זוֹ** — מקרה זה של אשה הנותנת מנכסיה, **אֵינָהּ דּוֹמָה לְמִשְׁנָתֵנוּ. מַאי טַעְמָא** — מהו הטעם? מדוע אינו דומה? **אָמַר רַב יוֹסֵף: בִּשְׁלָמָא אִי תָּנֵי אִיפְּכָא** — ההשוואה למשנה היתה נכונה אילו המשנה היתה מדברת במקרה הפוך: **"הַכּוֹתֵב נְכָסָיו לְאָבִיו,** שיקנה אותם לאחר מיתת הבן"[20], **אִיכָּא לְמִפְשַׁט מִינָּהּ** — אז היינו יכולים לפשוט משם **דְּקִנְיַן פֵּירוֹת** שיש לו לאדם בדבר, **לַאו כְּקִנְיַן הַגּוּף דָּמֵי** — אינו נחשב כקנין בגוף הנכסים[21]. **אֶלָּא הַשְׁתָּא דְּקָתָנֵי** — אבל עכשיו שהמשנה מדברת במקרה של **"הַכּוֹתֵב נְכָסָיו לִבְנוֹ** וכו'"[22], יש לומר שהטעם שהמכר קיים הוא **מִשּׁוּם דְּרָאוּי לְיוֹרְשׁוֹ הוּא** — שהבן ראוי לרשת את אביו[23].

אביי מקשה לרב יוסף:

אָמַר לֵיהּ אַבַּיֵּי לרב יוסף: **אָטוּ בְּרָא יָרֵית אַבָּא** — וכי רק בן יורש את אביו, אבל **אַבָּא לֹא יָרֵית בְּרָא** — אינו יורש את בנו כאשר הוא מת בלא צאצאים? וכיון שאפשר שגם האב יהיה היורש של בנו, גם אם המשנה היתה מדברת במקרה הפוך, אי אפשר היה להסיק ממנה שקנין פירות אינו כקנין הגוף[24]? **אֶלָּא** בודאי כוונתך לומר שאם המשנה היתה מדברת במקרה ההפוך היינו אומרים שזה שכתב הבן את נכסיו לאביו, **לְאַבְרוּחִינְהוּ לְנִכְסֵי מִבְּרֵיהּ קָא אָתֵי** — הוא בא להבריח את הנכסים מבניו (של הבן)[25], ולפיכך אין ראיה ממתנתו שהוא ביקש לחזק את קנין הגוף של הנכסים שנתן לאביו כדי שיוכל למכרם[26]. אם כן, **הָכָא נַמִּי** — גם כאן, במקרה שאכן אמרה המשנה (שהאב כתב את נכסיו לבנו)[27], יש לומר שלא בא לחזק את קנינו, אלא **לְאַבְרוּחִינְהוּ לְנִכְסֵי מֵאֲחוּהַ אָתֵי** — האב בא להבריח את הנכסים מאחיו של בנו[28], ואין ממתנתו ראיה שהתכוון לתת לו

הערות

16. היינו את גוף הקרקע, שקנין הפירות של האב בקרקע אינו שולל מהבן את כח המכירה של גוף הקרקע. [אבל את זכות אכילת הפירות בחיי האב ודאי אין הבן יכול למכור.]

17. משום שהלכה נפסקה כדעת ריש לקיש. שמחלוקת זו בין ריש לקיש לרבי יוחנן היא אחת משלש מחלוקות שביניהם בש"ס שהלכה בהן היא כריש לקיש (רש"י, על פי יבמות לו, א-ב).

18. דברים אלו הם בדיוק מה שביארה הגמרא לעיל בדעת ריש לקיש. הגמרא כעת אומרת שזהו מה שטען רבי ירמיה בר אבא לאחר שביאר שהמשנה עוסקת גם במת הבן בחיי האב, כמו שאמר ריש לקיש.

19. כשם שבמשנה זכות הפירות של האב בנכסים ("קנין פירות") אינה שוללת מהבן (שיש לו בנכסים "קנין הגוף") את הכח למכור את הנכסים גם אם הבן ימות בחייו, כך זכותו של רבי אבא בנכסי מלוג של אשתו ("קנין פירות") אינה שוללת מאשתו (שיש לה בנכסים "קנין הגוף") את הכח לתת את הנכסים במתנה לבנה, אף על פי שמתה בחיי בעלה (רש"י).

20. דהיינו שהבן כתב לאביו "קנה את הנכסים מהיום ולאחר מותי", שבמקרה זה הבן שייר אצלו את קנין הפירות של הנכסים בעודו חי, אבל את קנין הגוף הקנה לאביו מיד. והמשנה היתה מורה שאם האב מכר את הנכסים, אין ללוקח כלום עד מות הבן, ומזה היינו למדים שלאחר מות הבן זוכה הלוקח בנכסים, ועל זה היה אומר ריש לקיש שכך הוא הדין גם אם מת האב בחיי הבן (רש"י).

21. מכך שמכירת האב חלה גם אם מת בחיי הבן [שמעולם לא בא גוף הנכסים לידו], מוכח שקנין פירות (של הבן) אינו כקנין הגוף [שהרי לא מנע את זכותו של האב למכור] ומזה אפשר לפשוט את הדין שהאשה יכולה למכור נכסי מלוג או לתתם במתנה לאחרים (רש"י).

22. דהיינו, שלבן יש קנין הגוף ולאב קנין פירות.

23. כי גם אם נאמר שקנין הפירות נחשב כקנין הגוף, והוא מונע מכירת גוף הנכסים, בכל זאת, שונה הדבר במקרה שהאב הקנה את גוף נכסיו לבנו הראוי ליורשו. והיינו משום שאף בלא הקנאת האב לבן עמד הבן לירש את האב, ומשום כך, יש להניח שכוונת האב בהקנאתו את קנין הגוף לבן בחייו היתה להקנות לבן את הגוף בהקנאה חזקה יותר, באופן שיוכל למכור את הנכסים גם בחיי האב. ולכן אף על פי שהבן לא קיבל מאביו אלא גוף הקרקע, והאב שייר לעצמו את זכות הפירות, ובדרך כלל במצב כזה, זה שיש לו רק קנין הגוף אינו יכול למכור את הנכסים (משום שקנין פירות הוא כקנין הגוף), כאן הבן יכול למכור את הנכסים, והמכר חל אף אם מת הבן בחיי האב, משום שבמקרה זה קנינו של הבן בגוף חזק יותר. אבל במקרה של רב שמואל בר אבא, שאמו הנשואה נתנה לו במתנה את נכסי המלוג שלה, מכיון שקנין הגוף שלה הוא קנין הגוף רגיל, אין היא יכולה למכור ולתת במתנה את הנכסים. משום שקנין הפירות של בעלה שהוא כקנין הגוף מונע ממנה לעשות כן במקרה שהיא מתה בחיי בעלה (על פי רש"י; אולם ראה תוספות רבינו פרץ).

[מה שכתבנו כאן הוא בשינוי קצת מדברי רש"י. שכן רש"י כתב שהסיבה שהמקרה של אמו של רב שמואל בר אבא אינו דומה למשנה, היא משום שרב שמואל בר אבא לא היה ראוי לירש את אמו, אלא רבי אבא בעלה היה ראוי לרשת אותה. אולם דברים אלה לכאורה תמוהים מאוד, שהרי אין אנו דנים כאן על חוזק הקנין שהיה לרב שמואל בנכסי מלוג שנתנה לו אמו, אלא על חוזק קנין הגוף של אמו (ראה רש"ש). ואכן בשינויי נוסחאות (ר' שבתי פרנקל) מציין שבמקצת כתבי יד של רש"י, מלים אלו אינן מופיעות. וראה חתם סופר בסוף תשובות מוצל מאש, ותשובות שואל ומשיב, מהדורא תליתאה, חלק ב רא, ותשובות הרי בשמים מהדורא קמא פג.]

24. משום שגם אז היה אפשר לומר שמה שהמכירה של האב חלה, אין זה משום שקנין פירות אינו כקנין הגוף, אלא משום שמתנתו של הבן לאב כוללת בתוכה גם את הזכות של האב למכור את הנכסים, מכיון שאף ללא מתנת הבן היה האב יורש את הנכסים (רש"י).

25. כלומר, מזה שאמר רב יוסף שאם המשנה היתה מדברת במקרה הפוך היה אפשר להוכיח ממנה שקנין פירות אינו כקנין הגוף, מבואר שהוא סובר שהמשנה מדברת במקרה שיש לבן בנים שלו, והאב לא היה יורשו אלא בניו היו יורשים אותו. ובמקרה כזה, הבן כותב את נכסיו לאביו כדי להבריח אותם מבניו, שלא יירשום הם אלא אביו יקבלם. לפיכך, אין שום ראיה מהקנאתו שכוונתו לחזק את כוחו של האב שיוכל למוכרם בחיי הבן, אלא מתנתו היא ככל קנין הגוף.

26. ולכן, אם היתה המשנה אומרת שאם מכר האב מכרו קיים אף כשמת האב בחיי הבן, היה אפשר ללמוד מהוראה זו שקנין פירות (של הבן) אינו כקנין הגוף.

27. דהיינו, שלאב נשאר קנין פירות ולבן שייך קנין הגוף.

28. דהיינו, שבמקרה שבו מדברת המשנה, היו לאב בנים נוספים, וכוונתו בכתיבת הנכסים לאחד מהם היא להבריחם מאחיו, שלא יירשום עמו אלא הוא יקבל את כולם.

עין משפט
נר מצוה

סד א מיי' פכ"ב מהל' אישות הלכה ז סמג עשין מח טוש"ע אה"ע סימן צ סעיף ט:
סה ב מיי' פי"ב מהל' זכיה ומתנה הלכה יג סמג עשין פב טוש"ע ח"מ סימן רנז סעיף א:
סו ג מיי' שם טוש"ע שם סעיף ג:
סז ד מיי' שם טוש"ע שם סעיף ד:
סח ה ו מיי' שם טוש"ע שם סעיף ה:

אזל רב שמואל בר אבא קמיה דרבי ירמיה בר אבא אוקמיה בנכסי אזל ר' אבא אמרה למילתא קמיה דרב הושעיא אזל רב הושעיא אמרה קמיה דרב יהודה א"ל הכי אמר שמואל [א] האשה שמכרה בנכסי מלוג בחיי בעלה ומתה הבעל מוציא מיד הלקוחות אמרוה קמיה דרבי ירמיה בר אבא אמר להו אנא מתניתא ידענא דתנן [א] הכותב [ב] נכסיו לבנו לאחר מותו הבן אינו יכול למכור מפני שהן ברשות האב והאב אינו יכול למכור מפני שהן כתובין לבן [ג] מכר האב מכורים עד שימות [ד] מכר הבן אין לו ללוקח עד שימות האב כי מיית אב מיהא אית ליה ללוקח ואע"ג דמת הבן בחיי אב דלא אתו לידי הבן כרבי שמעון בן לקיש דאמר לא שנא מת הבן בחיי האב דלא אתו לידיה דבן לא שנא מת האב בחיי הבן דאתו לידיה דבן קנה לוקח דאתמר מכר הבן בחיי האב ומת הבן בחיי האב רבי יוחנן אמר לא קנה לוקח ר"ל אמר [ה] קנה לוקח ר"י אמר לא קנה לוקח אמר לך כי קתני מתני' מכר הבן לא קנה לוקח עד שימות האב וכי מיית האב אית ליה ללוקח דלא מת הבן בחיי האב דאתו לידי הבן אבל מת הבן בחיי האב דלא אתו לידיה דבן כי מיית אב נמי לית ליה ללוקח אלמא קא סבר [ו] קנין פירות כקנין הגוף דמי וכי זבין לאו דידיה זבין ר' שמעון בן לקיש אומר קנה לוקח כי קתני מתני' מכר הבן אין ללוקח עד שימות האב כי מיית אב מיהת אית ליה ללוקח לא שנא לא מת הבן בחיי האב דאתו לידיה דבן ולא שנא מת הבן בחיי האב דלא אתו לידיה דבן קנה לוקח אלמא קסבר קנין פירות [ז] לאו כקנין הגוף דמי וכי קא זבין דידיה קא זבין ואנן השתא בין ר' ירמיה בר אבא ובין רב יהודה כר' שמעון בן לקיש סבירא להו וקאמר ר' ירמיה בר אבא אי סלקא דעתך קנין פירות כקנין הגוף דמי כי מיית אב ומיית הבן בחיי האב אמאי אית ליה ללוקח כי קא זבין האי לאו דידיה קא זבין אלא לאו שמע מינה קנין פירות לאו כקנין הגוף דמי אהדרוה לקמיה דרב יהודה אמר להו הכי אמר שמואל זו אינה דומה למשנתנו מאי טעמא אמר רב יוסף בשלמא אי תני איפכא הכותב נכסיו לאביו איכא למפשט מינה דקנין פירות לאו כקנין הגוף דמי אלא השתא דקתני הכותב נכסיו לבנו משום דראוי ליורשו הוא אמר ליה אביי אטו ברא ירית אבא אבא לא ירית ברא אלא לאברוחינהו לנכסי מבריה קא אתי הכא נמי לאברוחינהו לנכסי מאחוה אתי אלא מאי אינה דומה למשנתנו משום תקנת אושא [ג] דאמר רבי יוסי בר חנינא באושא התקינו האשה שמכרה בנכסי מלוג בחיי בעלה ומתה הבעל מוציא מיד הלקוחות אמר רב אידי בר אבין אף אנן נמי תנינא מעידים אנו באיש פלוני שגירש את אשתו ונתן כתובתה

הבעל מוציא. שהבעל יורש את אשתו והוא היה לוקח ראשון: **לאחר מותו.** מהיום ולאחר מותו שהגוף קנוי לבן מהיום אלא שהאב אוכל הפירות עד יום מותו: **מכורין עד שימות.** לוקח אוכל פירות עד שימות האב וכשימות האב הולך הבן ומוציא מיד הלקוחות: **דלא מת הבן בחיי האב** דאתו ליד הבן. דמה מכר לו ראשון לשני כל זכות שתבא לידו: **קנין פירות.** שהיו קנוין לאב לפירות: **כריש לקיש סבירא ל'.** דפסקינן הלכתא כריש לקיש בתלת חדא הא והחולץ למעוברת ומתנה באמצע בפרק החולץ (יבמות דף לו.): **אלא לאו שמע מינה [כו'] לאו כקנין הגוף דמי.** הני נכסי מלוג הקנויין בחייה לבעל לפירות לאו כקנין הגוף דמי ומתנתה מתנה ואע"ג דמתה בחייו: **הכותב נכסיו לאביו.** לאחר מותו ומכר האב בחיי הבן ומת האב בחיי הבן ואמר לן ריש לקיש דקנה לוקח שמעינן מינה משום דקנין פירות שהן קנויין לבן לאו כקנין הגוף דמי אבל השתא דלמא היינו טעמא דקנה לוקח אע"ג דלא אתי לידי דבן משום דראוי ליורשו הוא ואע"ג דבעלמא כקנין הגוף דמי הכא גופא ודאי אקני אב לבן בחייו למוכרן כשירצה דאי משום לאחר מיתה בלאו הכי הוה ירית ליה אבל רב שמואל בר אבא לא היה ראוי לירש את אמו אלא רבי אבא בעלה היה ראוי ליורשה: **אבא לא ירית ברא.** ואי הוה תני נמי איפכא הוה אמרת נמי טעמא משום דראוי ליורשו הוא: **אלא.** על כרחך ברא דכתב נכסי לאבוה בני אית ליה והאי דכתב נכסי לאבוה לאברוחינהו מבני קאתי דכי מיית לא ירתו ליה בני אלא אבוה וכי הוה תני איפכא הוה אמרת התם דקני לוקח שלקחו מן האב הוה טעמא משום דקנין פירות שיש לו לבן לאו כקנין הגוף הוא וכי זבין אב דידיה קזבין: **הכא נמי.** הכותב נכסיו לבנו ודאי בני אחריני אית ליה ולאברוחינהו מאחיו משאר בניו של אב הוא דכתב ליה ומדאמרינן קנה לוקח שמע מינה קנין פירות לאו כקנין הגוף דמי: **באושא התקינו.** דאע"ג דבעלמא לאו כקנין הגוף דמי בעל בנכסי אשתו אלמוה רבנן לשעבודיה משום איבה והוי כלוקח ראשון:
והרי

רבי ירמיה בר אבא ורב יהודה כר"ל ס"ל. דכותיה פסקינן בריש החולץ (יבמות דף לו:): **הכי אמר שמואל זו אינו דומה למשנתנו.** כדמסיק משום תקנת אושא משמע דאי לאו תקנת אושא מודה שמואל דאין הבעל מוציא מיד הלקוחות דקנין פירות לאו כקנין הגוף דמי וא"ת והיאך מלא ידיו ורגליו דס"ל לעיל פ"ק (דף ט.) האחין שחלקו לקוחות הן וס"ל הכא דלאו כקנין הגוף דמי א"כ לא משכחת דמייתי ביכורים אלא חד בר חד עד יהושע בן נון כדקאמר בסוף השולח (גיטין דף מח. ושם [ד]) וכן קשה לרבא דפסק כר"ל בריש החולץ (יבמות דף לו. ושם) דקנין פירות לאו כקנין הגוף דמי וס"ל האחין שחלקו לקוחות הן בפרק ב' דקדושין (דף מב:) והיאך מלא ידיו ורגליו וגם אנו היאך מלאנו ידינו ורגלינו דקיי"ל כר"ל וקיי"ל דאין ברירה דבסוף ביצה (דף לח.) פסקינן כר' אושעיא דבדאורייתא אין ברירה ומפרש ר"י דכל הנהו דאית להו דאין ברירה לא יאמרו דהאחין שחלקו מחזירין זה לזה ביובל רק ר' יוחנן לחודיה להכי דייק עלה רבי יוחנן דלא מלא ידיו ורגליו אבל אנן לא ס"ל שיהא תלוי חזרת יובל בכך דהא רבי יוחנן גופיה מודה דבימי יהושע היו מביאין ביכורים אפילו אמרינן דלאו כקנין הגוף דמי כדאמרינן אלא חד בר חד עד יהושע בן נון וחלוקת יהושע נמי אמר ביש נוחלין (ב"ב דף קיט:) דירושה היא להם מאבותיהם ואפ"ה לא חזרה אותה חלוקה ביובל דסברא הוא כיון שחלקו על פי נביא ואורים ותומים ובגזירת הכתוב ולפיכך הביאו ביכורים והשתא בהא סברא פליגי ר' יוחנן ושאר אמוראי דרבי יוחנן סבר דמההיא לא ילפינן דגזירת הכתוב היתה ושאר אמוראי סברי דמהתם ילפינן בכל חלוקת ירושה דאין מחזירין ביובל אף על גב דלקוחות הן:

באושא התקינו האשה שמכרה. וא"ת לר' יוחנן למה הוצרך לתקן כיון דקנין הגוף דמי וי"ל דאצטריך להיכא דכתב לה דין ודברים אין לי בנכסיך ובפירותיהן ובפירי פירותיהן עד סוף העולם דאין זה אוכל פירות כדאמר בהכותב (כתובות דף פג.) ומיהו אם לא כתב אלא דין ודברים אין לי בנכסיך ובפירותיהן לא סגי בהכי דאכתי בפירות עצמן ילקח בהן קרקע והוא אוכל פירות [ה]:

אמר רב אידי בר אבין אף אנן נמי כו'. תימה לר"י דשביק מתניתין דמסכת מכות (דף ג. ושם) ומייתי ברייתא דתנן מעידין אנו את איש פלוני שגירש את אשתו [ו] והלא בין היום בין מחר סופו ליתן לה כתובה (ולא נתן לה כתובה) אומדין כמה אדם רוצה ליתן בכתובתה של זו שאם נתארמלה או נתגרשה ואם מתה ירשנה בעלה ופליגי אמוראי בגמרא דאיכא מ"ד שמין באשה כמה אדם רוצה ליתן על זכות ספיקה של אשה והמותר ישלמו העדים ואיכא למ"ד שמין בבעל כמה היה אדם נותן על זכות ספיקו של בעל ומ"מ לכולהו יש לדקדק אמאי בטובת הנאה דאם מתה ירשנה בעלה דשמא היא תמכור ולא ירשנה וי"ל דההיא אמנה ומאתים קאמר דפשיטא בהנהו דאפי' מכרה אין הלקוחות גובין מנה או מאתים מבעל מאחר שמתה בחיי בעלה אבל הך דהכא אין לדחות דאמנה ומאתים קאי
דיש

ליקוטי רש"י

דתנן הכותב נכסיו לבנו. הוא הדין לאחר [רשב"ם ב"ב קלו.]. **לאחר מותו.** שכתב מהיום ולאחר מיתה ואין לאב בהן אלא אכילת פירות בחייו [יבמות לו:]. **הבן אינו יכול למכור.** לגמרי בחיי האב. **מפני שהן ברשות האב.** לאכול פירות אלא בין שניהן יכולין למכרן לגמרי מעכשיו שהאב ימכור פירות והבן ימכור הגוף. **והאב אינו יכול למכור.** לאחר הגוף והפירות לגמרי מפני שכתובין לבן הגוף מעכשיו ופירות לאחר מיתה [רשב"ם שם]. לאכול הלוקח פירות כל ימי חיי האב שזכה בזכות שהיה לו לזה בהן [יבמות לו:]. **מכר האב.** סתמא מכורין לפירותיהן ללוקח עד שימות האב אבל לכשימות האב יטול הבן גם גוף גם פירות או הוא או הבא מכחו ל"ש מת האב בחיי הבן ול"ש מת הבן בחיי האב שהפירות מכר האב אבל הגוף קנוי לגמרי לבן משעה שכתב לו האב וכשמת הבן ואח"כ האב ויש לו בנים לאותו הבן הן יורשין את כחו. **מכר הבן.** בחיי האב אין ללוקח פירות עד שימות האב שהרי הוא כבן אבל כשימות האב יש לו מיהת ללוקח גוף ופירות וכגון שהבן קיים אבל מת הבן ואח"כ מת האב פלוגתא היא בגמרא אם קנה לוקח אם לאו [רשב"ם שם]. **רבי יוחנן אמר לא קנה לוקח.** אפילו לכשימות האב אחר כך שמעולם לא היו ראויין לבא לידי הבן אלא יחזרו לשאר יורשי האב ומיהו אם לא מכרן הבן בחיי האב היה מודה רבי יוחנן שאף על פי שמת הבן ואחר כך מת האב אפילו הכי יורשי הבן יורשין את מתנתו ולא יורשי האב אבל גבי מכירה הרי סילק נפשו משעת מכירה וגם לא בא לידו שיוכל הלוקח לזכות מכחו [רשב"ם שם:] אפילו לכשימות האב דקנין פירות שהיה לו לאב בנכסים הללו כקנין הגוף דמי ואין מכירת הבן מכירה ומתניתין דקתני אין ללוקח בהן כלום עד שימות האב הא כשימות האב יש לו התם דמית האב בחיי הבן ונתקיימה המתנה ומה מכר ראשון לשני כל זכות שתבא לידו אבל מת הבן לא בא זכות לידו [יבמות שם]. **קנין פירות כקנין הגוף.** כלומר כאילו קנה גופו [רשב"ם ב"ב נ.]. **קנין פירות.** שיש לו לאב כאילו הגוף קנוי לו דמי ולא היה הבן יכול למכור אלא ע"מ דאתו לידיה וכיון דלא אתו לידיה לא קני לוקח ומיהו אם לא מכרן הבן ולא סילק נפשו מהם ומת הבן בחיי האב לכשימות האב יירש בן הבן את זכות אביו שהיה לו בקרקע [רשב"ם ב"ב קלו.]. **באושא התקינו.** כשהיתה סנהדרין באושא שגלתה וישבה שם סנהדרי גדולה כדאמרינן בר"ה (דף לא.) גבי עשרה מסעות [ב"מ לה.]. **האשה שמכרה בנכסי מלוג.** הקרן [כתובות נ.]. להיות הבעל אוכל פירות בחייה וגוף הקרקע יהיה ללוקח לכשתמות ומתה [ב"מ לה.] שאם ימות בעלה יזכה בהן ואם תמות היא ויירשה בעל יפסידו ונכסי מלוג הן נכסים שנפלו לה מבית אביה או שהכניסה קרקעות שלא נשומו בכתובתה ולא קיבל בעל עליו אחריות ואוכל פירותיהן בחייה כתקנת חכמים תחת פרקונה. ולהכי מיקרי מלוג שמולגן ומחסרן בעל שאוכל הפירות כמליגת הראש [רשב"ם ב"ב קלט:]. **ומתה.** ובעל יורש אשתו דבר תורה [ב"מ צו:]. **הבעל מוציא מיד הלקוחות.** גוף הקרקע מיד הלקוחות והכי מוקי לה בפרק האשה בכתובות (דף עח:) תקנת אושא בגופה של קרקע לאחר מיתה [שם לה.] דשויוהו רבנן כלוקח והוא לוקח ראשון [כתובות נ.] כדמפרש טעמא בב"ק (דף ל.) דאלמוהו רבנן לשעבודא דבעל משום איבה ועשאוהו לוקח ראשון ומיהו להכי אהני מכירת האשה שאם ימות בעלה בחייה יטלם הלוקח [רשב"ם ב"ב נ.]. **שגירש את אשתו.** בפנינו ביום פלוני וזה אומר לא גרשתי [מכות ג.].

מסורת הש"ס

א) יבמות לו: ב"ב קלו., ב) [שבת קלה: וש"נ], ג) כתובות נ. עח: ב"מ לה. לו: ב"ב נ. קלט:, ד) [ד"ה אי], ה) [ועיין תוספות יבמות לו: ד"ה קנין. ותוס' כתובות נ. ד"ה הבעל], ו) צ"ל ולא נתן לה כתובה.

בנכסים זכויות מיוחדות שיהיה יכול למכרם. ואם כן, קנין הגוף שקיבל הבן אינו שונה מכל קנין הגוף, שלא כדברי רב יוסף[29].

נמצא שראיתו של רבי ירמיה בר אבא חוזרת למקומה[30], ואם כן, חוזרת גם השאלה: מה התכוון שמואל כאשר אמר שהמקרה של מכירת האשה בנכסי מלוג שלה אינו דומה למקרה של המשנה:

אֶלָּא מַאי — מהי הכוונה של "**אֵינָהּ דּוֹמָה לְמִשְׁנָתֵנוּ**"? **מִשּׁוּם תַּקָּנַת אוּשָׁא**[31]. **דְּאָמַר רַבִּי יוֹסֵי בַּר חֲנִינָא: בְּאוּשָׁא הִתְקִינוּ** חכמים ש**הָאִשָּׁה שֶׁמָּכְרָה** את הקרן **בְּנִכְסֵי מְלוֹג** שלה **בְּחַיֵּי בַּעְלָהּ,** שלכשתמות תהא הקרקע ללוקח, **וּמֵתָה** האשה בחיי בעלה, **הַבַּעַל מוֹצִיא** את הנכסים **מִיַּד הַלָּקוֹחוֹת**[32]. מכיון שתקנה זו נותנת לבעל קנין חזק יותר בפירות, שנחשב כאילו גם הגוף שלו, לכן קנין הפירות שלו מונע אשתו מלתת את הקרקע במתנה לבנה. ואין זה דומה למשנתנו, בה זכות האב בפירות אינה מונעת מהבן למכור את הנכסים, משום שבדרך כלל קנין פירות אינו כקנין הגוף.

רב אידי בר אבין מביא מברייתא מקור לתקנת אושא[33]:

אָמַר רַב אִידִי בַּר אָבִין: אַף אֲנַן נַמִּי תָּנֵינָא — גם אנו למדנו בברייתא שחכמים תיקנו כך[34], שכך שנינו: אם באו עדים ואמרו: "**מְעִידִים אָנוּ בְּאִישׁ פְּלוֹנִי שֶׁגֵּירַשׁ אֶת אִשְׁתּוֹ וְנָתַן כְּתוּבָּתָהּ**",

הערות

29. וכיון שנדחה הסברו של רב יוסף, מוכח איפוא מהמשנה שקנין פירות אינו כקנין הגוף, כמו שהוכיח רבי ירמיה בר אבא, שהרי קנין הפירות של האב [שהוא קנין פירות רגיל] אינו מונע את הקנאת הנכסים על ידי הבן, אף כשהבן מת בחיי האב (רש"י).

30. רבי ירמיה בר אבא הביא ראיה (לעיל) ממשנה זו ("הכותב נכסיו לבנו לאחר מותו וכו' ") שקנין פירות אינו כקנין הגוף. על פי זה קִיֵּם את המתנה שנתנה אמו של רב שמואל בר אבא לבנה, אף שנתנה לו בזמן שבעלה השני (רבי אבא) היה לו קנין פירות בנכסים.

31. אושא הוא אחד מעשרה מקומות שאליהם גלתה הסנהדרין בסוף ימי הבית השני ואחריהם (רש"י בבא מציעא לה, א ד"ה באושא על פי ראש השנה לא, א-ב).

[תקנות רבות תיקנו הסנהדרין במקומות שונים שאליהם גלו, ולא הוזכר עליהן מקום התקנה. רק לתקנות שלא נרמזו במשנה או בברייתא, אלא היו קבלה ביד האמוראים, הוזכר עליהן מקום התקנה (חתם סופר בסוף ספר תשובות מוצל מאש). וראה להלן הערה 33.]

32. דהיינו, מעיקר הדין קנין פירות אינו כקנין הגוף, וקנין הפירות שיש לבעל בנכסי מלוג של אשתו אינו יכול למנוע את מכירתם על ידי האשה. אולם חכמים חששו שמאחר שהבעל בנושאו אותה ציפה לרשת את נכסי המלוג, אם תמכרם האשה לאחר תהא לבעל איבה כלפיה, ולכן חיזקו חכמים את שעבוד הבעל, שקנין הפירות שלו יחשב כקנין הגוף (ראה רש"י כאן ולהלן פט, ב ד"ה סברוה). ומשום כך הורה רב יהודה ששעבודו של רבי אבא על נכסי המלוג של אשתו מנע ממנה לתת את הנכסים לבנה רב שמואל בר אבא. [ורבי ירמיה בר אבא, שהעמיד את הנכסים ביד רב שמואל בר אבא, סובר שלא תיקנו חכמים כך באושא. אלא בחיי האשה יש לבעל רק קנין פירות רגיל, וכשהיא מתה הבעל יורש רק את מה שלא מכרה או נתנה (ר"י מלוניל).]

[רש"י מוסיף כאן "והוי כלוקח ראשון", וכן לעיל בראש העמוד, וצריך עיון מדוע הוצרך לזה; וראה בשינויי נוסחאות [ר' שבתי פרנקל] שבכל כתבי היד אין תוספת זו, וכן ברש"י שעל הרי"ף; וראה להלן צ, א הערה 4; וראה קצות החושן קג, ט, ואבני מילואים צ, יא, והעמק שאלה קלה, ז, ותשובות כתב סופר חושן משפט כט, ב; אבל ראה נחל יצחק קג, א, ואילת השחר להלן פט, ב).]

[לדעת רבי יוחנן הסובר שמעיקר הדין קנין פירות הוא כקנין הגוף, אי אפשר לומר שתקנת אושא היתה לחזק את קנין הפירות של הבעל בנכסי מלוג של אשתו שיהא כקנין הגוף, שהרי לדעתו אף בלא התקנה הוא כקנין הגוף. ולדעתו צריך לומר שהתקנה היתה שיהיה לו קנין בגוף עצמו לענין למנוע את האפשרות של האשה למכור את הנכסים אף במקרה שאין לו קנין פירות כלל, כגון שהסתלק מהזכות של אכילת פירות הנכסים ופירי הפירות עד עולם (תוספות; אולם עיין גם תוספות ביבמות לו, ב ד"ה קנין, ובכתובות נ, א ד"ה בעל); וראה קצות החושן שם ואבני מילואים שם.]

33. אולם החתם סופר (הנ"ל בהערה 31) מפרש שזוהי קושיא, שכן הסגנון "באושא התקינו וכו' " רומז שתקנה זו לא נרמזה, במשנה או בברייתא, והרי באמת תקנה זו נרמזה בברייתא דלהלן.

34. להבנת הסוגיא שלפנינו נקדים כמה הלכות הנוגעות ליחסים הממוניים שבין בעל לאשתו.

כאשר אדם נושא אשה הוא חייב לכתוב לאשתו כתובה שבה הוא מתחייב, בין השאר, שאם הוא ימות בחייה או יגרשנה, הוא (או יורשיו) ישלמו לה מאתיים זוז (אם היתה בתולה בשעה שנשאה), או מאה זוז (אם היתה בעולה). בנוסף לכך יש בידו להוסיף לה על הסכום הקבוע ולהגדיל את סכום הכתובה כפי שירצה. הסכום הקבוע נקרא "עיקר כתובה", והסכום הנוסף "תוספת כתובה".

בנוסף, יכולה האשה לדרוש לשום את נכסי הנדוניא שהיא מביאה כשהיא נשאת, כולם או מקצתם, ולכתוב את ערכם ולהוסיפו לכתובתה, והם נקראים "נכסי צאן ברזל". במקרה כזה, כשמת הבעל או גירשה היא מקבלת בנוסף לעיקר כתובתה ולתוספת גם את השומא ששמו לה, בלא התחשבות בערכם של הנכסים בשעת המיתה או הגירושין. כל החלקים הללו ביחד, עיקר הכתובה, והתוספת, ונכסי הצאן ברזל, כולם נקראים "כתובה". (לפעמים הלשון "כתובה" מתייחסת רק לעיקר כתובה ולתוספת, ולפעמים לעיקר בלבד).

כל הנכסים האחרים שמכניסה האשה לבעלה — בין שהיו אלה נכסים שהביאה עמה מבית אביה ולא דרשה לכתוב את שוויים בכתובה, ובין אם היו נכסים שקיבלה לאחר הנישואין, שירשה אותם או שקיבלה אותם במתנה — נקראים "נכסי מלוג". נכסים אלה שייכים לה, אלא שהבעל רשאי לאכול פירותיהם כל זמן שהאשה נשואה לו.

וַהֲרֵי הִיא יושבת **תַּחְתָּיו וּמְשַׁמַּשְׁתּוֹ**[1], **וְנִמְצְאוּ** שהם **זוֹמְמִין**[2], **אֵין אוֹמְרִים** **שֶׁיְּשַׁלְּמוּ** לה העדים הזוממים את **כָּל כְּתוּבָּתָהּ**[3], **אֶלָּא** משלמים לה רק **טוֹבַת הֲנָאַת כְּתוּבָּתָהּ**[4]. **אֵיזֶהוּ טוֹבַת הֲנָאַת כְּתוּבָּתָהּ? אוֹמְדִין כַּמָּה אָדָם רוֹצֶה לִיתֵּן** כדי לזכות **בִּכְתוּבָּה שֶׁל זוֹ שֶׁאִם נִתְאַרְמְלָה אוֹ נִתְגָּרְשָׁה** יגבה הוא את הכתובה במקומה או במקום יורשיה, **וְאִם מֵתָה** בחיי בעלה **יִירָשֶׁנָּה בַּעְלָהּ** ולא יצטרך לשלם את כתובתה כלל, ויפסיד הלוקח את מעותיו[5].

רב אידי בר אבין מפרש את ראייתו:

וְאִי סָלְקָא דַּעְתָּךְ לֵיתָא לְתַקָּנַת אוּשָׁא — ואם יעלה על דעתך שאין תקנה כזו (תקנת אושא), **אַמַּאי** — מדוע אומרת המשנה שאם מתה בחיי בעלה **יִירָשֶׁנָּה בַּעְלָהּ** והלוקח מפסיד את מעותיו? **תְּזַבֵּין כְּתוּבָּתָהּ** — הרי אפשר לה שתמכור את כתובתה **לְגַמְרֵי**, גם על הצד שהיא תמות בחיי בעלה[6]!

אביי דוחה את הראיה:

אָמַר אַבַּיֵי: אִם אָמְרוּ בְּנִכְסֵי מְלוֹג שמכרה מכר וקנה הלוקח, **יֹאמְרוּ** כן גם **בְּ**נוגע **לְנִכְסֵי צֹאן בַּרְזֶל**[7]?

חידוש היוצא מהברייתא בענין ה״טובת הנאה״ שיש לאשה בכתובתה:

אָמַר אַבַּיֵי: טוֹבַת הֲנָאָה — הדמים המועטים שמקבלת האשה עבור מכירת כתובתה, **הוֹאִיל וְאָתָא לִידָן נֵימָא בָּהּ מִילְּתָא** — מכיון שבאה לידינו, נאמר בזה דבר. אשה המוכרת כתובתה, **טוֹבַת הֲנָאָה** — אותם דמים מועטים שהיא מקבלת מהלוקח עבור הכתובה, **לְאִשָּׁה הַוְיָא** — שייכים לאשה, ואין לבעל בהם כלום[8]. **דְּאִי סָלְקָא דַּעְתָּךְ לְבַעַל הַוְיָא** — שאם יעלה על דעתך שהבעל נוטלם, מדוע חייבים העדים הזוממים לשלם לאשה ״טובת הנאה״ של הכתובה, **לֵימְרוּ לָהּ עֵדִים** — יאמרו לה העדים הזוממים, **״מַאי אַפְסְדִינָךְ** — מה הפסדנו לך? שהרי **אִי הֲוַת מְזַבְּנַתְּ לָהּ לְטוֹבַת הֲנָאָה** — גם אם היית מוכרת את הכתובה בדמים מועטים, **בַּעַל הֲוָה שָׁקִיל מִינָּךְ** — היה הבעל נוטלם ממך״[9]!

רב שלמן דוחה את הראיה:

אָמַר רַב שַׁלְמָן[10]: זו אינה ראיה, שכן גם אם הבעל נוטל את דמי המכירה של הכתובה, עדיין יתחייבו העדים לשלם לאשה עבורם, **מִשּׁוּם** שהאשה נהנית מהם, **דְּאִיכָּא רֶוַוח בֵּיתָא** — שיש לה ממכירה זו הרווחה בביתה, שעל ידי אותם דמים תהיה פרנסתה של האשה מצויה בביתה בריוח, ואותה הרווחה עמדו להפסידה בעדותם[11].

רבא פוסק הלכה, ומבאר את טעמה:

אָמַר רָבָא: הִלְכְתָא — ההלכה היא **שֶׁטּוֹבַת הֲנָאָה לָאִשָּׁה, וְאֵין הַבַּעַל אוֹכֵל** אפילו **פֵּירוֹת** של אותם דמים[12]. **מַאי טַעְמָא** — מהו

הערות

1. אנו רואים שהיא יושבת עם בעלה ומשמשת אותו כאשה נשואה [והיא טוענת שמעולם לא התגרשה (חזון יחזקאל תוספתא מכות א, ד)]. אולם העדים טוענים שבעלה גרשה, ואף שילם לה כתובתה. לפי עדותם שהתקבלה בבית דין, אם בעלה יגרשנה אחר כך, לא תוכל עוד לגבות את כתובתה.

2. על ידי שני עדים אחרים שבאו והעידו שהעדים הראשונים היו עמהם במקום אחר בזמן שלפי עדותם התגרשה ונתן לה את כתובתה. נמצא שעדי הכת הראשונה שהוזמו נענשים ומתחייבים במה שבית דין פסק לחייב את הנידון על פי עדותם [כמו שנאמר (דברים יט, יט): ״וַעֲשִׂיתֶם לוֹ כַּאֲשֶׁר זָמַם לַעֲשׂוֹת לְאָחִיו״]. ובמקרה שלנו, מכיון שבעדותם שהתקבלה בבית דין היו גורמים שלא תוכל האשה לגבות את כתובתה אם יגרשנה הבעל או ימות, עליהם לשלם לאשה את מה שעמדו להפסידה בעדותם.

3. אילו היה מתברר על פי עדים אחרים שאכן גירשה בעלה, והשקר של הראשונים לא היה אלא בעדותם שכבר קיבלה את כתובתה, במקרה זה ודאי היו העדים הזוממים חייבים לשלם לה את כל דמי כתובתה, שהרי זה הוא מה שעמדו להפסידה בעדותם. אולם במקרה שלנו, שגם עדותם על הגירושין הוזמה והיא עדיין נשואה לבעלה, הרי יתכן שלעולם לא תבוא לגבות כתובתה, שהיא לא תתגרש, ולא ימות בעלה בחייה אלא היא תמות בחייו והוא יירשנה. נמצא שעדותם של העדים המוזמים שהיא כבר קיבלה את כתובתה, לא גרמה לה הפסד ודאי, ולכן אי אפשר לחייבם לשלם לה את כל דמי כתובתה (רש״י).

4. [הלשון ״טובת הנאה״ משמשת בדרך כלל לדבר מועט שיכול אדם לקבל כדי שיתן את מתנות הכהונה שבידו, כגון תרומה וחלה, לכהן שירצה הנותן (ראה לדוגמא פסחים מו, ב וקידושין נח, א). כאן מופיע לשון זו בהשאלה, כשהכוונה היא לתשלום של דמים מועטים (רש״י כאן ובכתובות פה, ב).] הברייתא מבארת מיד מהי הכוונה.

5. אשה נשואה יכולה למכור את כתובתה על תנאי שאם בעלה ימות בחייה או יגרשנה, הלוקח יגבה את כל דמי הכתובה (עיקר הכתובה, ותוספת, ונכסי צאן ברזל), ואם היא תמות בחיי בעלה לא יקבל הקונה כלום (משום שאז הבעל אינו צריך לשלם לה את דמי כתובתה, והוא יורש את נכסי הצאן ברזל שלה). מכיון שבמקח זה הלוקח מטיל מעותיו על הספק, המחיר למכר זה הוא הרבה יותר קטן מהסכום הכתוב בכתובה. את הסכום הקטן הזה חייבים העדים הזוממים לשלם לה, שכן עדותם עמדה להפסיד לה מיד את האפשרות למכור כתובתה עבור סכום זה (רש״י).

6. שאמנם אם היא תמות בחיי בעלה, לא יצטרך הבעל לשלם לה עיקר כתובה (מנה או מאתיים) ולא תוספת כתובה (שאת אלו לא התחייב עצמו לשלם לה אלא אם יגרשנה או ימות בחייה), אולם מדוע לא תוכל למכור על כל פנים את נכסי צאן הברזל שלה? הרי אילולא תקנת אושא ודאי שאשה יכולה למכור לגמרי את נכסי צאן הברזל שלה גם על הצד שהיא תמות בחיי בעלה. ואילו מהברייתא משמע שגם את אלו אין היא יכולה למכור, שהרי הברייתא אומרת שאם תמות קודם בעלה, ״יירשנה״, ולשון ירושה שייכת דוקא לנכסיה, ולא לחיובי הכתובה (שהם רק התחייבויות שהוא נפטר מהן, ולא נכסים שהוא יורש ממנה — ראה חזון יחזקאל על התוספתא א, ד).

7. לעולם אפשר לומר שאין תקנת אושא, ומכל מקום אי אפשר לה למכור את כל כתובתה, שהרי רק את נכסי המלוג היתה אשה יכולה למכור גם אם היא תמות בחיי בעלה, מכיון שגוף הנכסים הוא שלה, כפי שמוכח מכך שאם נכסים אלו הותירו או פחתו, הם הותירו או פחתו לה. אבל את נכסי צאן הברזל [שלהם מתכוונת הברייתא בדבריה על מכירת ה״כתובה״, שהרי ערכם של נכסי המלוג אינו כתוב בכתובה], אף אילולא תקנת אושא אין אשה יכולה למכור אותם בהחלט (כלומר, גם על הצד שהיא תמות בחיי בעלה), משום שגוף נכסים אלו שייך לבעל, כפי שמוכח מכך שאם הנכסים הותירו או פחתו, הותירו או פחתו לו. ומשום כך הם נקראים ״צאן ברזל״, משום שהם עומדים באחריות המקבל לשלם כעין ברזל שבלתי מצוי שיפחת. כי בשעת הנישואין מקבל הבעל אחריות על הנכסים הללו, שגם אם יפחתו או יוזלו היא תקבל את דמיהם כפי שהיו שוים בשעת הנישואין, אם ימות בחייה או יגרשנה (רש״י).

מכיון שגם אילולא תקנת אושא אין אשה יכולה למכור בהחלט את נכסי צאן הברזל שבכתובתה, אין העדים זוממים צריכים לשלם לה אלא ״טובת הנאתה״ מאותם נכסים [מה שלוקח מוכן לשלם כדי לגבות אותם אם ימות הבעל בחיי אשתו, או יגרשנה]. ונמצא שאי אפשר להוכיח מהברייתא שיש תקנת אושא, שכן תקנת אושא עוסקת רק בנכסי מלוג. [אבל רב אידי בר אבין סבר שרק מכח תקנת אושא אינה יכולה למכור נכסי צאן ברזל אם תמות בחיי בעלה, כמו בנכסי מלוג. וראה חזון איש, אבן העזר סג, ה לביאור דעתו.]

[לשון ירושה לגבי נכסי צאן ברזל, אינו בא לומר שאכן מתורת ירושה זוכה הבעל בנכסים אלו כשמתה אשתו, כי באמת אין הוא זוכה בהם עכשיו בתורת ירושה, אלא הם נעשים שלו למפרע משעה שהכניסתם לו בשומא מבית אביה. רק מכיון שלאחר מיתה הוא שהם נעשים שלו למפרע, הם נקראים ירושה (חזון יחזקאל שם; ועיין חזון איש שם; אולם ראה אילת השחר ד״ה אם אמרו, שיש חולקים וסוברים שכאשר מתה זוכה בהם מדין ירושה).]

8. רש״י. דהיינו שאין לבעל בהם זכות אכילת פירות, כמו שיבאר רבא להלן (חידושי הראב״ד).

9. אלא בעל כרחך דמי מכירת הכתובה שייכים לאשה, ונמצא שבעדותם שכבר קיבלה את כתובתה באו להפסידה את טובת ההנאה שהיתה יכולה להשיג במכירת כתובתה.

[נתיבות המשפט קמח, א מוכיח מטענת אביי שאין המזיק חייב על היזק אלא אם הניזק היה יכול למכור את הדבר, שאם לא כן מהי טענתם שאם היא תמכור את הכתובה בטובת הנאה הדמים יהיו שייכים לבעל, הרי על כל פנים הם הפסידוה את החפץ (״טובת הנאה״) שהיה בידה. וראה קהילות יעקב לט.]

10. ראה ברכות לט, ב ורש״ש שם.

11. רש״י. דהיינו, שאף על פי שהדמים שייכים לבעל, מכל מקום **בפועל** האשה נהנית ממכירה זו. ולכן על העדים זוממים לשלם לאשה מה שעמדו להפסידה.

[דחיית רב שלמן צריכה ביאור, שכן עדיין קשה, מדוע הם משלמים לה את **כל** דמי טובת ההנאה של מכירת הכתובה, היה עליהם לשלם **רק** את שווי ההרווחה של הפרנסה שהיה לה ממכירת הכתובה. ראה תורת חיים ואילת השחר.]

12. אין אומרים שיקנו קרקע באותם דמים, והבעל יאכל את פירותיה (רש״י).

כשלאשה נשואה יש נכסי מלוג שאינם עושים פירות, יש לקנות קרקע באותם נכסים כדי שהבעל יוכל לאכול מהם את פירותיהם המגיעים לו. את הפירות אוכל הבעל, וגוף הקרקע שייך לאשה כקרן של הנכסים (משנה כתובות עט, א). היה מקום לחשוב שכך יש לעשות עם דמי טובת ההנאה שמקבלת האשה ממכירת הכתובה.

והרי היא תחתיו ומשמשתו ונמצאו זוממין אין אומרים ישלמו כל כתובתה אלא טובת הנאת כתובתה איזהו טובת הנאת כתובתה א) א אומדין כמה אדם רוצה ליתן בכתובה של זו שאם נתארמלה או נתגרשה ואם מתה יירשנה בעלה ואי סלקא דעתך ליתא לתקנת אושא אמאי יירשנה בעלה תזבין כתובתה לגמרי אמר אביי אם אמרו בנכסי מלוג יאמרו בנכסי צאן ברזל אמר אביי טובת הנאה ° הואיל ואתא לידן נימא בה מילתא טובת הנאה לאשה הויא דאי ס"ד לבעל הויא לימרו לה עדים מאי אפסדינך אי הות מזבנת לה לטובת הנאה בעל הוה שקיל מינך אמר רב שלמן משום דאיכא רווח ביתא אמר רבא ב הלכתא טובת הנאה לאשה ואין הבעל אוכל פירות מאי טעמא ב) פירא תקינו ליה רבנן פירא דפירא לא תקינו ליה רבנן כי אתא רב פפא ורב הונא בריה דרב יהושע מבי רב אמרי תנינא לתקנת אושא העבד והאשה פגיעתן רעה החובל בהן חייב והם שחבלו באחרים פטורין ג) ואי ס"ד ליתא לתקנת אושא תזבין נכסי מלוג ותתן ליה ולטעמיך נהי נמי דאיתיה לתקנת אושא ולא מצי מזבנה לגמרי תזבין לנכסי מלוג בטובת הנאה ותתן ליה אלא דלית לה ה"נ דלית לה ותזבין כתובתה בטובת הנאה ותתן ליה הא מני רבי מאיר היא דאמר ד) ג אסור לו לאדם שישהא את אשתו אפילו שעה אחת בלא כתובה וטעמא מאי כדי שלא תהא קלה בעיניו להוציאה הכא לא מגרש לה דאי מגרש לה אתו הנך דזבני גבו לה לכתובתה מיניה אלא טובת הנאה מילי נינהו ומילי לא משתעבדי אלמה לא מילי דמזדבני בדינרי נינהו אלא משום דשמואל ה) דאמר שמואל ד המוכר שטר חוב לחבירו וחזר ומחלו מחול ואפי' יורש מוחל אמרי זבוני זבין ותתן ליה ואי מחלה ליה לגבי בעל ודאי מחלה ליה ואפסדיניה להחוא זבינא בידים לא אפסדינהו וכי תימא זבינא ניהליה להחוא דחבלה ביה בטובת הנאה דאי

והרי היא תחתיו. דאי ודאי נתגרשה ע"י עדים אחרים כי משתכחי הנך עדים זוממין הוו משלמין לה כל כתובתה דהא בעו לאפסודי כולה מינה דקאמרי נתן לה אבל השתא שמא אינה עתידה ליטול כתובתה לעולם שמא תמות ויירשנה בעלה ונמצא שלא היו מפסידין אותה כלום לפיכך אין אומרים ישלמו לה כתובתה אלא אומדים כמה אדם רוצה ליתן לה מיד בכתובתה על הספק שאם נתארמלה או נתגרשה יטלנה הוא ואם תמות יירשנה בעלה והוא יפסיד מה שנתן ודמים הללו יתנו לה העדים דטובת הנאה זו מפסידין אותה מיד שאם תבא למוכרה בטובת הנאה זו לא תוכל. טובת הנאה כלומר דבר מועט: אם אמרו בנכסי מלוג. שתוכל למוכרן ואין הבעל מוציא מיד הלקוחות שהרי אם פיחתו פיחתו לה ואם הותירו הותירו לה: יאמרו בנכסי צאן ברזל. בכתובתה דהיינו נדוניא שהכניסה לו בשומא מבית אביה וכותבין אותה בכתובתה ומקבל עליו חתן אחריות ואם פיחתו פיחתו לו ואם הותירו הותירו לו כדאמרינן [ביבמות באלמנה לכהן גדול (דף סו.)] נכסי צאן ברזל נכסים העומדים באחריות המקבל לשלם כעין ברזל זה שהוא קשה להיות פוחת והתם ודאי לא מצי מזבנה: טובת הנאה. אשה המוכרת כתובתה לאחרים בטובת הנאה והדמים שלה הן ואין לבעל בהן כלום: רווח ביתא. אפילו אם הבעל נוטלן נוח לאשה למוכרה בחייה כדי שתהא פרנסתה מצויה בביתה בריוח: ואין הבעל אוכל פירות. לא אמרינן יקח בהן קרקע והוא אוכל פירות: ומילי לא משתעבדי. לניזק: וחזר המוכר ומחל לו מחול. הלכך אי אמרינן לה תזבן מפסדינן ליה ללוקח דהיא הדרה ומחלה לכתובתה לבעל הואיל ועל כרחה היא מוכרתה:

ה"ג

דיש לו לתנא לשנות ריבוי תשלומין גבי עדים זוממין כמו שיכול להרבות אלא וא"ל דנכסי צאן ברזל יכולה למכור אם כן יותר היו מפסידים הזוממין לאשה כשהיו אומרין שגירשה ונתן לה כתובתה על נכסי צאן ברזל שהיתה יכולה למכור לגמרי מעל מנה ומאתים שאין יכולה למכור לגמרי אבל בההיא [דמכות] (דמכורה) שבאין להעיד ולהפסיד לבעל שאומרין שגירשה ולא נתן כתובה יותר היו מפסידין לו על מנה ומאתים שהיו מחייבין אותו ליתן ושמא היה נפטר מליתן אם תמות האשה בחייו מעל נכסי צאן ברזל דשמא תמכור האשה ולא יפטר במיתתה ולכך נקט הזומתן על דבר שיש בו ריבוי תשלומין אלאס:

פירא דפירא לא תקינו ליה רבנן. היינו במילי דאתו מעלמא כגון טובת הנאה דכתובה וכגון גונב ולד בהמת מלוג דמשלם כפל לאשה כדאמרינן בריש האשה שנפלו לה נכסים (כתובות דף עט:) משום דלא תקינו ליה רבנן פירא דפירא אבל פירא דפירא דאתי מגופיה כגון ולד ולדות בהמת מלוג פשיטא דתקינו ליה רבנן כדתנן לעולם הוא אוכל פירי פירות ונראה דפירי דפירי לא תקינו ליה רבנן דהתם לא הוי כי האי דהכא דנהי דמשלם כפל לאשה נראה דבאותו כפל ילקח קרקע והוא אוכל פירות ונראה נמי דכ"ש גונב בהמת מלוג עצמה דמשלם כפל לאשה:

טעמא מאי שלא תהא קלה בעיניו להוציאה. ותימה דבריש אע"פ (כתובות ד' נד:) משמע דלאו היינו טעמא דר"מ גבי הא דתנן רבי מאיר אומר כל הפוחת לבתולה ממאתים ולאלמנה ממנה הרי זה בעילתו בעילת זנות ודייק בגמרא כל הפוחת אפילו בתנאה אלמא קסבר תנאו בטל ואית לה וכיון דאמר לה לית לך אלא מנה לא סמכה דעתה והוי בעילתו בעילת זנות הא שמעינן ליה לר"מ דבדרבנן תנאו קיים משמע דמשום שיש לה ולא סמכה דעתה כשאמר לה לית לך אלא מנה הוא דהויא בעילתו בעילת זנות הא אם הוה תנאו קיים ולא היה לה כלל לא היה בעילתו בעילת זנות וי"ל דכ"ש אי תנאו קיים ולית לה דהויא בעילתו בעילת זנות אלא התם דייק דקסבר תנאו בטל מדלא קתני בתולה שאין לה מאתים ואלמנה שאין לה מנה כו' ש"מ דה"ק כל הפוחת אפי' באותו ענין שיש לה אפי' הכי הויא בעילתו בעילת זנות וא"ת מנא ליה דמיירי בתנאה דלמא מודה ר"מ דתנאו קיים וה"ק כל הפוחת אפי' באותו ענין שיש לה כגון בסוף ביאה דאמר התם בסוף שמעתין דדברי הכל אינה מוחלת וי"ל דלשון כל הפוחת משמע שהוא פוחת לה ובסוף ביאה אין יכול לפחות אלא היא פוחתת לעצמה ולא שייך לשון פוחת אלא בתנאה אי נמי מדנקט כל דייק:

כל לגבי בעלה ודאי מחלה. וא"ת ותזבין לבעל גופיה ותיתיב ליה לנחבל וי"ל שהבעל לא ירצה לקנות שלא להפסיד לאשתו א"נ הא מוקמי לה בסמוך כר"מ דאמר לשהות עם אשתו בלא כתובה אסור וא"ת והיאך יכולה למחול האמר בריש אע"פ (כתובות דף נז.) דבסוף ביאה אינה יכולה למחול וכ"ת דכתבה ליה התקבלתי הא משמע בפרק נערה (שם דף נג.) דלר"מ אפי' בהתקבלתי אין יכולה למחול וי"ל ה"מ בתחילת הסוגיא אבל לפי המסקנא דהתם דמפליג ר' יהודה בין כתבה ליה התקבלתי ובין לא כתבה ליה התקבלתי ה"ה לר"מ וא"ת ואכתי היאך תמחול הא מוקמינן לה כר"מ דאמר אסור לשהות עם אשתו בלא כתובה וי"ל לאחר שתמחול יחזור ויכתוב לה כתובה ועי"ל דאפילו את"ל שאין יכולה למחול בעודה תחתיו אכתי יעשה קנוניא ויגרשנה ותמחול לו ואח"כ יחזירנה וא"ת כיון דאתיא כר"מ דדאין דינא דגרמי א"כ לא תהא רשאה למחול מפני שתצטרך לשלם ללקוחות כדאמר בהמוכר שטר חוב לחבירו וחזר ומחלו מחול ואמרינן התם (כתובות דף פו.) דלמאן דדאין דינא דגרמי מגבי ביה דמי שטרא מעליא ומיהו מצי למימר דאפ"ה לא תחוש ותמחול כיון דהשתא לית לה מידי לשלומי אע"ג דלכשתתאלמן תצטרך לשלם יותר מ"מ חשיב ליה אטרוחי בי דינא בכדי כיון דסוף סוף השתא מיהא לא משלמין מידי ולמאי דרגיל ר"ת לפרש דאין חייבת לשלם אפילו לר"מ אלא מה שקבלה א"ש טפי ואין להאריך כאן בדבר זה הקשה הר"ר שמואל ב"ר חיים ותזבין כתובתה במעמד שלשתן דהא אין יכולה למחול כמו שרגיל ר"י לדקדק מההיא דתניא בהאיש מקדש (קדושין דף מז:) התקדשי לי בשטר חוב או שהיה לו מלוה ביד אחרים והירשה עליהם רבי מאיר אומר מקודשת וחכמים אומרים אינה מקודשת ומסיק דבמלוה בשטר קמפלגי באשה סמכה דעתה ודכולי עלמא אית להו דשמואל דאמר המוכר שטר חוב לחבירו וחזר ומחלו מחול ובמלוה על פה פליגי בדרב הונא דאמר תנהו לפלוני במעמד שלשתן קנה דרבנן לית להו שיועיל מעמד שלשתן במלוה אלא בפקדון ואם היה יכול למחול מהו חושש אי אית להו דרב הונא במלוה כיון דסבירא ליה דלא סמכה דעתה ותירץ ר"י ° דמעמד שלשתן אין מועיל בכתובה בעודה תחת בעלה כיון דעדיין לא ניתנה לגבות וא"ת וניכתוב שטרא בשמיה דאז לא מצי מחלה כדאמר בהכותב (כתובות דף פו.) והכא ניחא דשמא הבעל לא ירצה אבל בסמוך גבי היא

סט א מיי' פכ"א מהל' עדות הלכה א סמג עשין קי טוש"מ סימן לח:
ע ב טוש"ע אה"ע סימן פה סעיף ז:
עא ג מיי' פ"י מהלכות אישות הלכה י ופ"ד מהלכות חובל ומזיק הלכה יח סמג עשין מח וסימן ע טוש"ע אה"ע סימן סו סעיף ג וסימן קה סעיף א וטוש"ע ח"מ סימן תכד סעיף י:
עב ד מיי' פ"ו מהלכות מכירה הלכה יב וע"ש סמג עשין פב טוש"ע ח"מ סימן סו סעיף כג:

ליקוטי רש"י

ונמצאו זוממין. אמרו להם המזימים היאך אתם מעידים עדות זה והלא הייתם עמנו אותו היום במקום פלוני [מכות ב.]. טובת הנאת כתובתה. דבר מועט שאינו אלא כחיזוק טובה שקורין גרי"ד מפיק רצון ולפי שהלוקח מטיל מעותיו בספק שמא תמות היא בחיי בעלה מפחד ואינו לוקחה אלא בדמים מועטים [כתובות פה:]. אסור לו לאדם שישהא את אשתו. שאבדה שטר כתובתה ואפי' אית לה דלא מפסדא בהכי דגביא בתנאי ב"ד מיהא לא סמכא דעתה דאמרה כי תבענא ליה אמר פרעתיך הלכך בעילת זנות היא [כתובות נז.]. אומדין כמה אדם רוצה ליתן בכתובתה של זו. מספק שאם נתארמלה או נתגרשה יטלנה לוקח ואם מתה יירשנה בעלה ויפסיד מעותיו שנתן [מכות ג.]. מילי נינהו. דברים ולא ממון ממש [רשב"ם ב"ב עז.]. המוכר שטר חוב לחבירו. שחייב לו לוה למלוה ממון ומסר לו המלוה את השטר ליד לוקח ומכרו לו וכתב לו קני לך [איהו] וכל שעבודיה אי נמי כדפסקינן התם (ב"ב עז.) הלכתא אותיות נקנות במסירה בפרק המוכר את הספינה [רשב"ם שם קמז:]. וחזר ומחלו. המוכר שהוא מלוה מחלו ללוה. מחול. הוא אבל הלוה [ב"מ כ.]. דאמר ליה לוה ללוקח לאו בעל דברים דידי את [כתובות פה:]. דלא מכר לו ראשון לשני אלא כל זכות שתבא לידו ולא עדיף האי לוקח ממלוה דאתי מחמתיה דמלוה ומיהו מעותיו יחזיר לו מוכר ללוקח דהא הלכתא היא דדיינין דינא דגרמי וזה הפסיד מעותיו כשורף שטרותיו של חבירו דקיימא לן (כתובות פו.) דחייב מההוא עובדא דכפייה רפרם לרב אשי ואגבי מיניה כי כשורא ללמי [רשב"ם ב"ב שם]. ואפילו יורש. של מלוה: מוחל. שהלוה לא נתחייב ללוקח כלום אלא מחמת המוכר והרי מחלו אללו [קדושין מח.]. וסברא הוא דלא אלים כח של לוקח במה שנמסר לו שטר המלוה אלא לזכות בחוב הכתוב [בו] במקום המלוה או היורש אך לא נעקר שעבודו מן המלוה וקרינא ביה עבד לוה לאיש מלוה ויכול למחול שעבודו [רשב"ם ב"ב שם].

א) [מכות ג.], ב) [כתובות עט:], ג) [עי' תוספות ב"ב קלט: ד"ה התם], ד) [כתובות נז.], ה) ב"מ כ. כתובות פה: פו. קדושין מח. ב"ב קמז:

גליון הש"ס

גמ' הואיל ואתא לידן. שבת דף פא ע"ב וש"נ: תוס' ד"ה כל וכו' דמעמד ג' אינו מועיל בכתובה. עיין לעיל דף ע ע"א תוספות ד"ה אמטלטלין:

הטעם? **פֵּירָא תַּקִּינוּ לֵיהּ רַבָּנָן** — חכמים תיקנו שהבעל יטול את הפירות של נכסי מלוג אשתו, אבל **פֵּירָא דְפֵירָא לֹא תַּקִּינוּ לֵיהּ רַבָּנָן** — אבל שיטול את הפירות של הפירות, לא תיקנו לו חכמים[13].

הגמרא ממשיכה לדון בתקנת אושא:

כִּי אֲתָא — כאשר באו **רַב פָּפָּא וְרַב הוּנָא בְּרֵיהּ דְּרַב יְהוֹשֻׁעַ מִבֵּי רַב** — מבית המדרש[14], **אָמְרֵי** (אמרו): **תָּנֵינָא לְתַקָּנַת אוּשָׁא** — שנינו את תקנת אושא במשנה (לעיל פז, א)[15]: **הָעֶבֶד וְהָאִשָּׁה פְּגִיעָתָן רָעָה** — הבא במגע עמם לעולם מפסיד, **הַחוֹבֵל בָּהֶן חַיָּיב**, וְאילו **הֵם שֶׁחָבְלוּ בַּאֲחֵרִים פְּטוּרִין**, מכיון שאין להם ממה לשלם לניזק. **וְאִי סַלְקָא דַעְתָּךְ לֵיתָא לְתַקָּנַת אוּשָׁא** — ואם יעלה על דעתך לומר שאין תקנת אושא, מדוע אתה אומר שאין לאשה ממה לשלם? **תְּזַבֵּין** — תמכור את **נִכְסֵי הַמְּלוֹג** שלה **וְתִתֵּן** את דמי המכירה **לֵיהּ** — לניזק! אלא בודאי יש תקנת חכמים שמחמתה אינה יכולה למכרם.

הגמרא דוחה את הראיה:

וּלְטַעְמֵיךְ — גם לפי שיטתך, **נְהִי נַמִּי דְּאִיתֵיהּ לְתַקָּנַת אוּשָׁא** — אף אם נאמר שיש תקנת אושא, **וְלֹא מָצֵי מְזַבְּנָה לְגַמְרֵי** — ואינה יכולה למכור את נכסי המלוג שלה לגמרי (דהיינו, שגם במקרה שהיא תמות בחיי בעלה יזכה בהם הלוקח), מכל מקום, **תְּזַבֵּין לְנִכְסֵי מְלוֹג בְּטוֹבַת הֲנָאָה** — לפחות תמכור את נכסי המלוג שלה בדמים מועטים, **וְתִתֵּן לֵיהּ** — ותתן את הדמים האלו לניזק[16]. **אֶלָּא** בודאי צריך לומר שהמשנה מדברת במקרה **דְּלֵית לָהּ** — שאין לה נכסי מלוג[17]. **הָכָא נַמִּי דְּלֵית לָהּ** — גם כאן לענין ראייתך, אם אין תקנת אושא הוראת המשנה מיושבת, שכן המשנה מדברת במקרה שאין לה נכסי מלוג.

הגמרא ממשיכה להקשות על המשנה:

וּתְזַבֵּין כְּתוּבָּתָהּ בְּטוֹבַת הֲנָאָה — ותמכור את עיקר כתובתה, דהיינו, את הזכות למנה (מאה) או למאתיים זוז, בדמים מועטים, **וְתִתֵּן לֵיהּ** לניזק את הדמים[18]!

מתרצת הגמרא:

הָא מַנִּי — מי הוא התנא ששנה את משנתנו? **רַבִּי מֵאִיר הִיא, דְּאָמַר: אָסוּר לוֹ לְאָדָם שֶׁיַּשְׁהֶא אֶת אִשְׁתּוֹ אֲפִילוּ שָׁעָה אַחַת בְּלֹא כְּתוּבָּה**. לכן האשה אינה יכולה למכור את עיקר כתובתה.

מקשה הגמרא:

וְטַעְמָא מַאי — והרי מהו טעם דין זה? **כְּדֵי שֶׁלֹּא תְּהֵא** האשה **קַלָּה בְּעֵינָיו** (בעיני הבעל) **לְהוֹצִיאָהּ** (לגרשה)[19], **הָכָא לֹא מְגָרֵשׁ לָהּ** — והלא כאן, גם אם היא תמכור את כתובתה, זה לא יגרום שהיא תהא קלה בעיניו לגרש אותה, **דְּאִי מְגָרֵשׁ לָהּ** — שכן אם הוא יגרש אותה, **אָתוּ הָנָךְ דְּזָבְנֵי** — יבואו אלו שקנו את הכתובה ממנה, **גָּבוּ לָהּ לִכְתוּבָּתָהּ מִינֵּיהּ** — ויגבו את כתובתה ממנו[20]!

הגמרא נותנת טעם אחר לכך שאין אנו כופים את האשה למכור את כתובתה כדי לשלם את הנזק:

אֶלָּא מכירת כתובה **בְּטוֹבַת הֲנָאָה, מִילֵּי נִינְהוּ** — היא מכירת מלים[21], **וּמִילֵּי לֹא מִשְׁתַּעְבְּדֵי** — ומלים אינם משתעבדים לניזק, ולכן אי אפשר לחייבה למכור את כתובתה בטובת הנאה כדי לשלם לו את דמי החבלה[22].

הגמרא מקשה:

אַלְמָה לֹא — מדוע לא? **מִילֵּי דְּמִזְדַּבְּנִי בְּדִינָרֵי נִינְהוּ** — הלא אלו מלים הנמכרות בדינרים[23]. ומדוע, אם כן, אין מצריכים אותה למכור כתובתה בטובת הנאה כדי לפרוע את חובה לניזק?

הגמרא נותנת טעם אחר לכך שאין כופים את האשה למכור את כתובתה כדי לשלם את הנזק:

אֶלָּא הטעם הוא **מִשּׁוּם דִּשְׁמוּאֵל** — משום דינו של שמואל, **דְּאָמַר שְׁמוּאֵל: הַמּוֹכֵר שְׁטַר חוֹב לַחֲבֵירוֹ**, דהיינו, מי שהלוה מעותיו לאחר וקיבל ממנו שטר חוב, ומכר את השטר לאדם שלישי כדי שהקונה יגבה את החוב לעצמו[24], **וְחָזַר** אותו מלוה לאחר זמן **וּמְחָלוֹ** — מחל ללוה על החוב, החוב **מָחוּל**, וקונה השטר אינו יכול לגבות את החוב מהלוה[25], **וַאֲפִילוּ הַיּוֹרֵשׁ** של המלוה **מוֹחֵל** (יכול למחול) את

הערות

לכן רבא אומר שדמי טובת ההנאה אינם לבעל, והבעל אינו אוכל פירותיהם כנכסי מלוג. וכך היא גם כוונת אביי (חידושי הראב״ד).

13. דהיינו, שאף שחכמים תיקנו שיהא הבעל אוכל פירות נכסי מלוג של אשתו, אם בעודו אוכל פירותיהם הזדמן לאשה רווח כל שהוא מאותם נכסים, ונטילת רווח זה ופירותיו על ידי האשה אינה פוגעת כלל באכילת הפירות שאוכל הבעל מאותם נכסים, כגון במקרה של מכירת הנכסים בטובת הנאה, שהבעל ממשיך לאכול את פירות הנכסים (שהרי מכירת כתובתה בטובת הנאה נוגעת רק לזכייתם על ידי הלוקח לאחר שתתגרש או שימות בעלה לפניה), רווחים אלו ופירותיהם לא תיקנו חכמים שיהיו לבעל, אלא הם של האשה (ר״י מלוניל; אולם ראה תוספות, וחידושי הראב״ד, ור״ן כתובות לח, א מדפי הרי״ף ד״ה ורבי חנניה).

[לפי זה משמעות לשון "פירא דפירא" אינה פירות הבאים מפירות אחרים, אלא היינו פירות הבאים **בנוסף** לפירות אחרים. (יש גורסים: חד פירא [סוג אחד של פירות] תקינו ליה רבנן, פירא דפירא [שני סוגי פירות] לא תקינו ליה רבנן (רי״ף, ור״י מלוניל).]

14. ראה רש״י עירובין עג, א ד״ה בבי רב. [ולא יתכן לומר שהכוונה מבית מדרשו של רב, שהרי רב פפא ורב הונא בריה דרבי יהושע היו כמה דורות אחרי רב.]

15. [נראה שזו היא הסיבה שהדיון בתקנת אושא מופיע כאן (אף על פי שעיקרה של התקנה שייך למסכת כתובות, בה נידונות זכויות הבעל והאשה), משום הראיה לתקנה זו ממשנתנו.]

16. דהיינו, שאפשר לה שתמכור את נכסי המלוג שלה ללוקח בדמים מועטים, שאם ימות בעלה בחייה או שיגרש אותה, יקנה אותם הלוקח. [מכירה כזו אינה מתבטלת מכח תקנת אושא, משום שהתקנה היתה כדי למנוע איבת בעלה ממנה על זה שהיא מפסידה לו את האפשרות לרשת אותה (ראה רש״י לעיל פח, ב ד״ה באושא), ואפשרות זו קיימת רק אם היא תמות בחיי בעלה, ולכן כשהיא מוכרת את הנכסים רק בתנאי שאם הבעל ימות קודם או יגרשנה יקנה הלוקח, שאז לא שייך חשש איבה, לא קיימת תקנת אושא המבטלת את המכירה.]

17. וכן גם נכסי צאן ברזל אין לה, שאילו היו לה היתה יכולה למכרם בטובת הנאה (כפי שלמדנו לעיל), ולשלם מדמיהם לניזק (רא״ש; וראה ביאור הגר״א חושן משפט תכד, טז).

18. אף על פי שאין לה נכסים למכרם, מכל מקום עדיין היא יכולה למכור את זכותה לקבל מאתיים זוז (לבתולה) או מאה זוז (לבעולה) במקרה שתתאלמן או שיגרשנה בעלה, ואם כן עליה לעשות כן כדי לשלם לניזק. [כמובן שבמכירה זו היא לא תקבל את הסכום המלא של הכתובה, מכיון שהמכירה היא על הספק, שכן יתכן שהלוקח לא יקבל כלום, במקרה שהיא תמות בחיי בעלה. אבל יכולה היא למכור זכות הספק הזה בדמים מועטים, על הצד שאכן הכתובה תבוא לידי גבייה.]

19. שמכיון שהבעל יודע שאם יגרש את אשתו יצטרך לשלם לה מאה או מאתיים זוז, לא ימהר לגרשה.

20. ונמצא שגם אם תמכור את כתובתה, לא תהא קלה בעיניו להוציאה. ואם כן חוזרת הקושיא, שתמכור ותשלם.

21. כלומר, מכירת "טובת הנאה" אינה מכירה של הכתובה עצמה אלא מכירת ה"ספק", דהיינו הזכות לגבות את הכתובה על הצד שבעלה ימות בחייה או יגרשנה (עיין רשב״א וריטב״א, כתובות סוף יט, א; חזון איש, בבא קמא טו, טו).

22. [מכיון שמכירת כתובה בטובת הנאה אינה מכירה של חפץ או חוב ממש שיש לאשה, אלא היא רק מכירת עצם הספק לזכות בגביית הכתובה, אי אפשר לחייבה למכור את כתובתה בטובת הנאה כדי לשלם לנחבל את דמי החבלה, משום שעצם הספק אינו ממון ואינו משתעבד לנחבל.]

23. [כלומר, שכיון שעל כל פנים ספק זה הוא דבר שנמכר ונקנה בשוק תדיר, הוא נחשב כחפץ שוה כסף שיש לה, שהיא מחוייבת למכרו כדי לשלם לנחבל את דמי החבלה.]

24. ראה בבא בתרא עו, ב — עז, א כיצד קונים שטר חוב.

25. הר״ן והריטב״א (כתובות פה, ב, בשם רבינו תם) מבארים את טעם דינו של שמואל כך: בכל חוב יש שני שעבודים: (א) **שעבוד הגוף**, שהוא חיוב אישי של הלוה כלפי המלוה לפרוע את החוב. (ב) **שעבוד נכסים**, שהוא זכות ממונית של המלוה בנכסי הלוה לגבות מהם את חובו. נכסי הלוה נחשבים כערֵבים לפריעת חובו של הלוה (ראה בבא בתרא קעד, א). כאשר המלוה מוכר את חובו לאחר, רק **שעבוד הנכסים**, שהוא הזכות הממונית בנכסי הלוה, ניתנת למכירה, והקונה זוכה בו. אבל **שעבוד הגוף** של הלוה למלוה, הנובע ממה שהלוה לו את הכסף, אינו ניתן למכירה, ואינו עובר לקונה אלא נשאר אצל המלוה. נמצא שלאחר המכירה יכול אמנם הקונה לגבות את נכסי הלוה מכח חוב זה, אבל מכיון שהמלוה נשאר בעל

גמרא

והרי היא תחתיו ומשמשתו ונמצאו זוממין אין אומרים ישלמו כל כתובתה אלא טובת הנאת כתובתה איזהו טובת הנאת כתובתה א) א אומדין כמה אדם רוצה ליתן בכתובה של זו שאם נתארמלה או נתגרשה ואם מתה יירשנה בעלה ואי סלקא דעתך ליתא לתקנת אושא אמאי יירשנה בעלה תזבין כתובתה לגמרי אמר אביי אם אמרו בנכסי מלוג יאמרו בנכסי צאן ברזל אמר אביי טובת הנאה ° הואיל ואתא לידן נימא בה מילתא טובת הנאה לאשה הויא דאי ס"ד לבעל הויא לימרו לה עדים מאי אפסדינך אי הות מזבנת לה לטובת הנאה בעל הוה שקיל מינך אמר רב שלמן משום דאיכא רווח ביתא אמר רבא ב הלכתא טובת הנאה לאשה ואין הבעל אוכל פירות מאי טעמא ב) פירא תקינו ליה רבנן פירא דפירא לא תקינו ליה רבנן כי אתא רב פפא ורב הונא בריה דרב יהושע מבי רב אמרי תנינא לתקנת אושא העבד והאשה פגיעתן רעה החובל בהן חייב והם שחבלו באחרים פטורין ג) ואי ס"ד ליתא לתקנת אושא תזבין נכסי מלוג ותתן ליה ולטעמיך נהי נמי דאיתיה לתקנת אושא ולא מצי מזבנה לגמרי תזבין לנכסי מלוג בטובת הנאה ותתן ליה אלא דלית לה ה"נ דלית לה ותזבין כתובתה בטובת הנאה ותתן ליה הא מני רבי מאיר היא דאמר ד) ג אסור לו לאדם שישהא את אשתו אפילו שעה אחת בלא כתובה וטעמא מאי כדי שלא תהא קלה בעיניו להוציאה הכא לא מגרש לה דאי מגרש לה אתו הנך דזבני גבו לה לכתובתה מיניה אלא טובת הנאה מילי נינהו ומילי לא משתעבדי אלמה לא מילי דמזדבני בדינרי נינהו אלא משום דשמואל ה) דאמר שמואל ד המוכר שטר חוב לחבירו וחזר ומחלו מחול ואפי' יורש מוחל אמרי זבוני זבין ותתן ליה ואי מחלה ליה לגבי בעל תמחלה אמרי כל לגבי בעל ודאי מחלה ליה ואפסדיניה להוא זבינא בידים לא אפסדינהו וכי תימא זבינא ניהליה להוא דחבלה ביה בטובת הנאה דאי

רש"י

והרי היא תחתיו. דאי ולאי נתגרשה ע"י עדים אחרים כי משתכחי הנך עדים זוממין הוו משלמין לה כל כתובתה דהא בעו לאפסודי כולה מינה דקאמרי נתן לה אבל השתא שמא אינה עתידה ליטול כתובתה לעולם שמא תמות ויירשנה בעלה ונמצא שלא היו מפסידין אותה כלום לפיכך אין אומרים ישלמו לה כתובתה אלא אומדים כמה אדם רוצה ליתן לה מיד בכתובתה על הספק שאם נתארמלה או נתגרשה יטלנה הוא ואם תמות יירשנה בעלה והוא יפסיד מה שנתן ודמים הללו יתנו לה העדים דטובת הנאה זו מפסידין אותה מיד שאם תבא למוכרה בטובת הנאה זו לא תוכל. טובת הנאה כלומר דבר מועט: אם אמרו בנכסי מלוג. שתוכל למוכרן ואין הבעל מוציא מיד הלקוחות שהרי אם פיחתו פיחתו לה ואם הותירו הותירו לה: יאמרו בנכסי צאן ברזל. בכתובתה דהיינו נדוניא שהכניסה לו בשומא מבית אביה וכותבין אותה בכתובתה ומקבל עליו חתן אחריות ואם פיחתו פיחתו לו ואם הותירו הותירו לו כדאמרינן [ביבמות באלמנה לכהן גדול (דף סו.)] נכסי צאן ברזל נכסים העומדים באחריות המקבל לשלם כעין ברזל זה שהוא קשה להיות פוחת והתם ודאי לא מצי מזבנה: טובת הנאה. אשה המוכרת כתובתה לאחרים בטובת הנאה והדמים שלה הן ואין לבעל בהן כלום: רווח ביתא. אפילו אם הבעל נוטלן נוח לאשה למוכרה בחייה כדי שתהא פרנסתה מצויה בביתה בריוח: ואין הבעל אוכל פירות. לא אמרינן יקח בהן קרקע והוא אוכל פירות: ומילי לא משתעבדי. לניזק: וחזר המוכר ומחל לו מחול. הלכך אי אמרינן לה תזבן מפסדינן ליה ללוקח דהיא הדרה ומחלה לכתובתה לבעל הואיל ועל כרחה היא מוכרתה:

ה"ג

תוספות

דיש לו לתנא לשנות ריבוי תשלומין גבי עדים זוממין כמו שיכול להרבות אלא ואת"ל דנכסי צאן ברזל יכולה למכור אם כן יותר היו מפסידים הזוממין לאשה כשהיו אומרין שגירשה ונתן לה כתובתה על נכסי צאן ברזל שהיתה יכולה למכור לגמרי מעל מנה ומאתים שאין יכולה למכור לגמרי אבל בההיא [דמכות] (דמכורה) שבאין להעיד ולהפסיד לבעל שאומרין שגירשה ולא נתן כתובה יותר היו מפסידין לו על מנה ומאתים שהיו מחייבין אותו ליתן ושמא היה נפטר מליתן אם תמות האשה בחייו מעל נכסי צאן ברזל דשמא תמכור האשה ולא יפטר במיתתה ולכך נקט הזמתן על דבר שיש בו ריבוי תשלומין אלא:

פירא דפירא לא תקינו ליה רבנן. היינו במילי דאתו מעלמא כגון טובת הנאה דכתובה וכגון גונב ולד בהמת מלוג דמשלם כפל לאשה כדאמרינן בריש האשה שנפלו לה נכסים (כתובות דף עט:) משום דלא תקינו ליה רבנן פירא דפירא אבל פירא דפירא דאתי מגופיה כגון ולד ולדות בהמת מלוג פשיטא דתקינו ליה רבנן כדתנן לעולם הוא אוכל פירי פירות ונראה דפירי דפירי לא תקינו ליה רבנן דהתם לא הוי כי האי דהכא דנהי דמשלם כפל לאשה נראה דבאותו כפל ילקח קרקע והוא אוכל פירות ונראה נמי דכ"ש גונב בהמת מלוג עצמה דמשלם כפל לאשה:

טעמא מאי שלא תהא קלה בעיניו להוציאה. ותימה דבריש אע"פ (כתובות ד' נד:) משמע דלאו היינו טעמא דר"מ גבי הא דתנן רבי מאיר אומר כל הפוחת לבתולה ממאתים ולאלמנה ממנה הרי זה בעילתו בעילת זנות ודייק בגמרא כל הפוחת אפילו בתנאה אלמא קסבר תנאו בטל ואית לה וכיון דאמר לה לית לך אלא מנה לא סמכה דעתה והוי בעילתו בעילת זנות הא שמעינן ליה לר"מ דדרבנן תנאו קיים משמע דמשום שיש לה ולא סמכה דעתה כשאמר לה לית לך אלא מנה הוא דהויא בעילתו בעילת זנות הא אם הוה תנאו קיים ולא היה לה כלל לא היה בעילתו בעילת זנות וי"ל דכ"ש אי תנאו קיים ולית לה דהויא בעילתו בעילת זנות אלא התם דייק דקסבר תנאו בטל מדלא קתני בתולה שאין לה מאתים ואלמנה שאין לה מנה כו' ש"מ דה"ק כל הפוחת אפי' בלאותו ענין שיש לה אפי' הכי הויא בעילתו בעילת זנות וא"ת מנא ליה דמיירי בתנאה דלמא מודה ר"מ דתנאו קיים וה"ק כל הפוחת אפי' בלאותו ענין שיש לה כגון בסוף ביאה דאמר התם בסוף שמעתין דדברי הכל אינה מוחלת וי"ל דלשון כל הפוחת משמע שהוא פוחת לה ובסוף ביאה אין יכול לפחות אלא היא פוחתת לעצמה ולא שייך לשון פוחת אלא בתנאה אי נמי מדנקט כל דייק:

כל לגבי בעלה ודאי מחלה. וא"ת ותזבין לבעל גופיה ותיתיב ליה לנחבל וי"ל שהבעל לא ירצה לקנות שלא להפסיד לאשתו א"נ הא מוקמי לה בסמוך כר"מ דאמר לשהות עם אשתו בלא כתובה אסור וא"ת והיאך יכולה למחול האמר בריש אע"פ (כתובות דף נז.) דבסוף ביאה אינה יכולה למחול וכ"ת דכתבה ליה התקבלתי הא משמע בפרק נערה (שם דף נו.) דלר"מ אפי' בהתקבלתי אין יכולה למחול וי"ל ה"מ בתחילת הסוגיא אבל לפי המסקנא דהתם דמפליג ר' יהודה בין כתבה ליה התקבלתי ובין לא כתבה ליה התקבלתי ה"ה לר"מ וא"ת ואכתי היאך תמחול הא מוקמינן לה כר"מ דאמר אסור לשהות עם אשתו בלא כתובה וי"ל לאחר שתמחול יחזור ויכתוב לה כתובה ועי"ל דאפילו את"ל שאין יכולה למחול בעודה תחתיו אכתי יעשה קנוניא ויגרשנה ותמחול לו ואח"כ יחזירנה וא"ת כיון דאתיא כר"מ דדאין דינא דגרמי א"כ לא תהא רשאה למחול מפני שתצטרך לשלם ללקוחות כדאמר בהמוכר שטר חוב לחבירו וחזר ומחלו מחול ואמרינן התם (כתובות דף פו.) דלמאן דדאין דינא דגרמי מגבי ביה דמי שטרא מעליא ומיהו מצי למימר דאפ"ה לא תחוש ותמחול כיון דהשתא לית לה מידי לשלומי אע"ג דלכשתתאלמן תצטרך לשלם יותר מ"מ חשיב ליה אטרוחי בי דינא בכדי כיון דסוף סוף השתא מיהא לא משלמין מידי ולמאי דרגיל ר"ת לפרש דאין חייבת לשלם אפילו לר"מ אלא מה שקבלה א"ש טפי ואין להאריך כאן בדבר זה הקשה הר"ר שמואל ב"ר חיים ותזבין כתובתה במעמד שלשתן דאז אין יכולה למחול כמו שרגיל ר"י לדקדק מההיא דתניא בהאיש מקדש (קדושין דף מז:) התקדשי לי בשטר חוב או שהיה לו מלוה ביד אחרים והירשה עליהם רבי מאיר אומר מקודשת וחכמים אומרים אינה מקודשת ומסיק דבמלוה בשטר קמפלגי באשה סמכה דעתה ודכולי עלמא אית להו דשמואל דאמר המוכר שטר חוב לחבירו וחזר ומחלו מחול ובמלוה על פה פליגי בדרב הונא דאמר תנהו לפלוני במעמד שלשתן קנה דרבנן לית להו שיועיל מעמד שלשתן במלוה אלא בפקדון ואם היה יכול למחול מהו חושש אי אית להו דרב הונא במלוה כיון דסבירא ליה דלא סמכה דעתה ותירץ ר"י ° דמעמד שלשתן אין מועיל בכתובה בעודה תחת בעלה כיון דעדיין לא ניתנה לגבות וא"ת וניכתוב שטרא בשמיה דאז לא מצי מחלה כדאמר בהכותב (כתובות דף פו.) והכא ניחא דשמא הבעל לא ירצה אבל בסמוך גבי היא

מסורת הש"ס

א) [מכות ג.], ב) [כתובות עט:], ג) [עי' תוספות ב"ב קלט: ד"ה התם], ד) [כתובות נז.], ה) ב"מ כ. כתובות פה: פו. קדושין מח. ב"ב קמז:

גליון הש"ס

גמ' הואיל ואתא לידן. שבת דף פא ע"ב וש"נ: תוס' ד"ה כל וכו' דמעמד ג' אינו מועיל בכתובה. עיין לעיל דף ע ע"א תוספות ד"ה אמטלטלין:

עין משפט נר מצוה

סט א מיי' פכ"א מהל' עדות הלכה א סמג עשין קי טוש"ע ח"מ סימן לח: ע ב טוש"ע אה"ע סימן פה סעיף ז:

עא ג מיי' פ"י מהלכות אישות הלכה י ופ"ד מהלכות חובל ומזיק הלכה יח סמג עשין מח וסימן ע טוש"ע אה"ע סימן סו סעיף ג וסימן קה סעיף א וטוש"ע ח"מ סימן תכד סעיף י:

עב ד מיי' פ"ו מהלכות מכירה הלכה יב וע"ש סמג עשין פב טוש"ע ח"מ סימן סו סעיף כג:

ליקוטי רש"י

ונמצאו זוממין. אמרו להם המזימים היאך אתם מעידים עדות זה והלא הייתם עמנו אותו היום במקום פלוני [מכות ב.]. **טובת הנאת כתובתה.** דבר מועט שאינו אלא כחיזוק טובה שקורין גרי"ד מפיק רצון ולפי שהלוקח מטיל מעותיו בספק שמא תמות היא בחיי בעלה מפחד ואינו לוקחה אלא בדמים מועטים [כתובות פה:]. **אסור לו לאדם שישהא את אשתו.** שאבדה שטר כתובתה ואפי' אית לה דלא מפסדא בהכי דגביא בתנאי ב"ד מיהא לא סמכא דעתה דאמרה כי תבענא ליה אמר פרעתיך הלכך בעילת זנות היא [כתובות נז.]. **אומדין כמה אדם רוצה ליתן בכתובתה של זו.** מספק שאם נתארמלה או נתגרשה יטלנה לוקח ואם מתה יירשנה בעלה ויפסיד מעותיו שנתן [מכות ג.]. **מילי נינהו.** דברים ולא ממון ממש [רשב"ם ב"ב עז.]. **המוכר שטר חוב לחבירו.** שחייב לו לוה למלוה ממון ומסר לו המלוה את השטר ליד לוקח ומכרו לו וכתב לו קני לך [איהו] וכל שעבודיה אי נמי כדפסקינן התם (ב"ב עז.) הלכתא אותיות נקנות במסירה בפרק המוכר את הספינה [רשב"ם שם קמז:]. **וחזר ומחלו.** המוכר שהוא מלוה מחלו ללוה. **מחול.** הוא אצל הלוה [ב"מ כ.]. דאמר ליה לוה ללוקח לאו בעל דברים דידי את [כתובות פה:]. דלא מכר לו ראשון לשני אלא כל זכות שתבא לידו ולא עדיף האי לוקח ממלוה דאתי מחמתיה דמלוה ומיהו מעותיו יחזיר לו מוכר ללוקח דהא הלכתא היא דדיינינן דינא דגרמי וזה הפסיד מעותיו כשורף שטרותיו של חבירו דקיימא לן (כתובות פו.) דחייב מהשוא עודא דכפייה רפרם לרב אשי ואגבי מיניה כי כשורא ללגמי [רשב"ם ב"ב שם]. **ואפילו יורש.** של מלוה: **מוחל.** שהלוה לא נתחייב ללוקח כלום אלא מחמת המוכר והרי מחלו אצלו [קדושין מח.]. וסברא הוא דלא אלים כח של לוקח במה שנמסר לו שטר המלוה אלא לזכות בחוב הכתוב [בו] במקום המלוה או היורש אך לא נעקר שעבודו מן המלוה וקרינא ביה עבד לוה לאיש מלוה ויכול למחול שעבודו [רשב"ם ב"ב שם].

החוב ללוה לאחר מיתת אביו, והחוב נמחל[26]. לכן אין אנו מצריכים את האשה למכור את כתובתה בטובת הנאה כדי לשלם לניזק מדמי מכירת כתובתה, לפי שהיא תלך ותמחול את חוב כתובתה לבעלה[27], ונמצא שגרמנו הפסד ללוקח.

גם על תירוץ זה מקשה הגמרא:

אָמְרֵי — אמרו: **זַבּוּנֵי זַבֵּין** — תמכור את כתובתה, **וְתִתֵּן לֵיהּ** לניזק את דמי המכירה, **וְאִי מָחֲלָה לֵיהּ לְגַבֵּי בַּעַל** — ואם תמחול את כתובתה לבעלה, **תִּמְחֲלָהּ** — תמחול אותה[28]?

מתרצת הגמרא:

אָמְרֵי — אמרו: **כָּל לְגַבֵּי בַּעַל** — בכל דבר הנוגע לבעלה, **וַדַּאי מָחֲלָה לֵיהּ** — היא בודאי תמחול לו, **וְאַפְסְדֵינֵיהּ לְהַהוּא זָבִינָא בְּיָדַיִם לֹא אַפְסְדִינְהוּ** — ואין אנו רוצים להפסיד לאותו לוקח בידים[29].

הגמרא דוחה עוד אפשרות לאשה להשיג ממון כדי לשלם לניזק:

וְכִי תֵּימָא — ואם תאמר: **זַבִּינָא נִיהֲלֵיהּ לְהַהוּא דְּחָבְלָה בֵּיהּ** — תמכור את כתובתה לניזק עצמו **בְּטוֹבַת הֲנָאָה**[30],

הערות

החוב גם לאחר מכירת השטר, יש בידו הכח והאפשרות למחול את החוב. כאשר מוחל הוא את החוב נפקע גם השעבוד שנוצר מחמתו על נכסי הלוה, שהרי הנכסים אינם אלא ערבים לפריעת החוב, וכשהחוב נפקע בטל ממילא השעבוד של הערב. לכן לאחר המחילה אין הקונה יכול לגבות את הנכסים. [להסברים אחרים בדינו של שמואל, ראה תוספות ורי״ף בכתובות שם; קצות החושן סו, כו; לסיכום פירושים אלו ראה מהדורתנו, כתובות פה, ב הערה 22.]

[הגמרא בכתובות (פו, א) דנה בחיובו של המלוה לשלם לקונה את הנזק שגרם לו במחילת החוב ללוה. וראה רשב״ם ותוספות בבא בתרא קמז, ב כמה משלם לדעת הסובר שצריך לשלם.]

26. יורשי המלוה יורשים במותו את החובות שחייבים לו, והלוִים נעשים משועבדים שעבוד הגוף ליורשים. ולכן יש כח ליורשים למחול על החוב כמו שהיה לאביהם המלוה. [ועיין ר״י מלוניל לביאור החידוש שבזה.]

27. מכיון שהיא מכרה את הכתובה בעל כרחה (רש״י ור״י מלוניל).

[אף אם מוכר שטר חוב שמחל את חובו חייב לשלם ללוקח את מה שהפסידו מחמת המחילה (ראה לעיל סוף הערה 25), האשה לא תמנע מלמחול לבעלה את כתובתה ולהפסיד בכך ללוקח, מכיון שאין לה כעת מה לשלם ללוקח. גם האיסור להשהות את אשתו בלא כתובה לא ימנע אותה למחול לבעלה את כתובתה, משום שהוא יכול לכתוב לה כתובה חדשה מיד לאחר המחילה.]

28. כלומר, מדוע אנו חוששים להפסד הלוקח מחמת אפשרות מחילתה, ולכן אין אנו מחייבים אותה למכור את כתובתה בטובת הנאה, הרי היא חייבת לניזק בודאי, ואין להימנע מלחייבה למכור את כתובתה בטובת הנאה משום ספק מחילה. [ואילו הלוקח יודע שאפשר לה למחול, ומשום כך הוא משלם לה רק דמים מועטים.]

29. דהיינו, האשה בודאי תמחול לבעלה, ובודאי איפוא יפסיד הלוקח, ואין אנו רוצים לגרום ללוקח הפסד ודאי.

[לעיל אמרה הגמרא שעדים זוממים שבאו להפסיד לאשה את כתובתה בעדותם, צריכים לשלם לה את הדמים שהיתה יכולה לקבל מלוקח שהיה קונה את כתובתה על הצד שבעתיד הוא יוכל לגבות את כתובתה (אם תתאלמן או תתגרש). לאור דברי הגמרא כאן מקשים התוספות, הרי שום אדם לא ירצה לקנות ממנה את כתובתה, מכיון שהיא בודאי תמחול לבעלה את חוב כתובתה, ונמצא, אם כן, שהעדים הזוממים לא הפסידוה בעדותם כלום. עיין תירוצם. אולם מדברי רש״י כאן (ראה לעיל הערה 27) נראה שרק בענייננו אנו אומרים שהאשה בודאי תמחול לבעלה, מכיון שחייבנו אותה למכור כתובתה בעל כרחה כדי לשלם לניזק. אבל בסתם אשה המוכרת כתובתה מרצונה כדי להשיג לעצמה כסף, אין סיבה לומר שהיא תפסיד ללוקח ותמחול לבעלה את כתובתה (פנים מאירות).]

30. במקרה זה הקונה אינו משלם בפועל שום דמים, אלא הוא זוכה בכתובתה כתשלום על הנזק.

והרי היא תחתיו ומשמשתו ונמצאו זוממין אין אומרים ישלמו כל כתובתה אלא טובת הנאת כתובתה איזהו טובת הנאת כתובתה א) [א] אומדין כמה אדם רוצה ליתן בכתובה של זו שאם נתארמלה או נתגרשה ואם מתה יירשנה בעלה ואי סלקא דעתך ליתא לתקנת אושא אמאי יירשנה בעלה תזבין כתובתה לגמרי אמר אביי אם אמרו בנכסי מלוג יאמרו בנכסי צאן ברזל אמר אביי טובת הנאה °הואיל ואתא לידן נימא בה מילתא טובת הנאה לאשה הויא דאי ס"ד לבעל הויא לימרו לה עדים מאי אפסדינך אי הות מזבנת לה לטובת הנאה בעל הוה שקיל מינך אמר רב שלמן משום דאיכא רווח ביתא אמר רבא [ב] הלכתא טובת הנאה לאשה ואין הבעל אוכל פירות מאי טעמא ג) פירא תקינו ליה רבנן פירא דפירא לא תקינו ליה רבנן כי אתא רב פפא ורב הונא בריה דרב יהושע מבי רב אמרי תנינא לתקנת אושא העבד והאשה פגיעתן רעה החובל בהן חייב והם שחבלו באחרים פטורין ג) ואי ס"ד ליתא לתקנת אושא תזבין נכסי מלוג ותתן ליה ולטעמיך נהי נמי דאיתיה לתקנת אושא ולא מצי מזבנה לגמרי תזבין לנכסי מלוג בטובת הנאה ותתן ליה אלא דלית לה ה"נ דלית לה ותזבין כתובתה בטובת הנאה ותתן ליה הא מני רבי מאיר היא דאמר ד) [ג] אסור לו לאדם שישהא את אשתו אפילו שעה אחת בלא כתובה וטעמא מאי כדי שלא תהא קלה בעיניו להוציאה הכא לא מגרש לה דאי מגרש לה אתו הנך דזבני גבו לה לכתובתה מיניה אלא טובת הנאה מילי נינהו ומילי לא משתעבדי אלמה לא מילי דמזדבני בדינרי נינהו אלא משום דשמואל ה) דאמר שמואל [ד] המוכר שטר חוב לחבירו וחזר ומחלו מחול ואפי' יורש מוחל אמרי זבוני זבין ותתן ליה ואי מחלה ליה לגבי בעל תמחלה אמרי כל לגבי בעל ודאי מחלה ליה ואפסדיניה להוא זבינא בידים לא אפסדינהו וכי תימא זבינא ניהליה להוא דחבלה ביה בטובת הנאה דאי

רש"י

והרי היא תחתיו. דאי ודאי נתגרשה ע"י עדים אחרים כי משתכחי הנך עדים זוממין הוו משלמין לה כל כתובתה דהא בעו לאפסודי כולה מינה דקאמרי נתן לה אבל השתא שמא אינה עתידה ליטול כתובתה לעולם שמא תמות ויירשנה בעלה ונמצא שלא היו מפסידין אותה כלום לפיכך אין אומרים ישלמו לה כתובתה אלא אומדים כמה אדם רוצה ליתן לה מיד בכתובתה על הספק שאם נתארמלה או נתגרשה יטלנה הוא ואם תמות יירשנה בעלה והוא יפסיד מה שנתן ודמים הללו יתנו לה העדים דטובת הנאה זו מפסידין אותה מיד שאם תבא למוכרה בטובת הנאה זו לא תוכל. טובת הנאה כלומר דבר מועט: אם אמרו בנכסי מלוג. שתוכל למוכרן ואין הבעל מוציא מיד הלקוחות שהרי אם פיחתו פיחתו לה ואם הותירו הותירו לה: יאמרו בנכסי צאן ברזל. בכתובתה דהיינו נדוניא שהכניסה לו בשומא מבית אביה וכותבין אותה בכתובתה ומקבל עליו חתן אחריות ואם פיחתו פיחתו לו ואם הותירו הותירו לו כדאמרינן [ביבמות באלמנה לכהן גדול (דף סו.)] נכסי צאן ברזל נכסים העומדים באחריות המקבל לשלם כעין ברזל זה שהוא קשה להיות פוחת והתם ודאי לא מצי מזבנה: טובת הנאה. אשה המוכרת כתובתה לאחרים בטובת הנאה והדמים שלה הן ואין לבעל בהן כלום: רווח ביתא. אפילו אם הבעל נוטלן נוח לאשה למוכרה בחייה כדי שתהא פרנסתה מצויה בביתה בריוח: ואין הבעל אוכל פירות. לא אמרינן יקח בהן קרקע והוא אוכל פירות: ומילי לא משתעבדי. לניזק: וחזר המוכר ומחל לו מחול. הלכך אי אמרינן לה תזבן מפסדינן ליה ללוקח דהיא הדרה ומחלה לכתובתה לבעל הואיל ועל כרחה היא מוכרתה:

ה"ג

תוספות

דיש לו לתנא לשנות ריבוי תשלומין גבי עדים זוממין כמו שיכול להרבות אלאם ואת"ל דנכסי צאן ברזל יכולה למכור אם כן יותר היו מפסידים הזוממין לאשה כשהיו אומרין שגירשה ונתן לה כתובתה על נכסי צאן ברזל שהיתה יכולה למכור לגמרי מעל מנה ומאתים שאין יכולה למכור לגמרי אבל בההיא [דמכות] (דמכורה) שבאין להעיד ולהפסיד לבעל שאומרין שגירשה ולא נתן כתובה יותר היו מפסידין לו על מנה ומאתים שהיו מחייבין אותו ליתן ושמא היה נפטר מליתן אם תמות האשה בחייו מעל נכסי צאן ברזל דשמא תמכור האשה ולא יפטר במיתתה ולכך נקט הזמתן על דבר שיש בו ריבוי תשלומין אלאם:

פירא דפירא לא תקינו ליה רבנן. היינו במילי דאתו מעלמא כגון טובת הנאה דכתובה וכגון גונב ולד בהמת מלוג דמשלם כפל לאשה כדאמרינן בריש האשה שנפלו לה נכסים (כתובות דף עט:) משום דלא תקינו ליה רבנן פירא דפירא אבל פירא דפירא דאתי מגופיה כגון ולד ולדות בהמת מלוג פשיטא דתקינו ליה רבנן כדתנן לעולם הוא אוכל פירי פירות ונראה דפירי דפירי לא תקינו ליה רבנן דהתם לא הוי כי האי דהכא דנהי דמשלם כפל לאשה נראה דבאותו כפל ילקח קרקע והוא אוכל פירות ונראה נמי דכ"ש גונב בהמת מלוג עצמה דמשלם כפל לאשה:

טעמא מאי שלא תהא קלה בעיניו להוציאה. ותימה דברים אע"פ (כתובות ד' נד:) משמע דלאו היינו טעמא דר"מ גבי הא דתנן רבי מאיר אומר כל הפוחת לבתולה ממאתים ולאלמנה ממנה הרי זה בעילתו בעילת זנות ודייק בגמרא כל הפוחת אפילו בתנאה אלמא קסבר תנאו בטל ואית לה וכיון דאמר לה לית לך אלא מנה לא סמכה דעתה והוי בעילתו בעילת זנות הא שמעינן ליה לר"מ דבדרבנן תנאו קיים משמע דמשום שיש לה ולא סמכה דעתה כשאמר לה לית לך אלא מנה הוא דהויא בעילתו בעילת זנות הא אם הוה תנאו קיים ולא היה לה כלל לא היה בעילתו בעילת זנות וי"ל דכ"ש אי תנאו קיים ולית לה דהויא בעילתו בעילת זנות אלא התם דייק דקסבר תנאו בטל מדלא קתני בתולה שאין לה מאתים ואלמנה שאין לה מנה כו' ש"מ דה"ק כל הפוחת אפי' באותו ענין שיש לה אפי' הכי הויא בעילתו בעילת זנות וא"ת מנא ליה דמיירי בתנאה דלמא מודה ר"מ דתנאו קיים וה"ק כל הפוחת אפי' באותו ענין שיש לה כגון בסוף ביאה דאמר התם בסוף שמעתין דדברי הכל אינה מוחלת וי"ל דלשון כל הפוחת משמע שהוא פוחת לה ובסוף ביאה אין יכול לפחות אלא היא פוחתת לעצמה ולא שייך לשון פוחת אלא בתנאה אי נמי מדנקט כל דייק:

כל לגבי בעלה ודאי מחלה. וא"ת ותזבין לבעל גופיה ותיתיב ליה לנחבל וי"ל שהבעל לא ירצה לקנות שלא להפסיד לאשתו א"נ הא מוקמי לה בסמוך כר"מ דאמר לשהות עם אשתו בלא כתובה אסור וא"ת והיאך יכולה למחול האמר בריש אע"פ (כתובות דף נז.) דבסוף ביאה אינה יכולה למחול וכ"ת דכתבה ליה התקבלתי הא משמע בפרק נערה (שם דף נג.) דלר"מ אפי' בהתקבלתי אין יכולה למחול וי"ל ה"מ בתחילת הסוגיא אבל לפי המסקנא דהתם דמפליג ר' יהודה בין כתבה ליה התקבלתי ובין לא כתבה ליה התקבלתי ה"ה לר"מ וא"ת ואכתי היאך תמחול הא מוקמינן לה כר"מ דאמר אסור לשהות עם אשתו בלא כתובה וי"ל לאחר שתמחול יחזור ויכתוב לה כתובה ועי"ל דאפילו את"ל שאין יכולה למחול בעודה תחתיו אכתי יעשה קנוניא ויגרשנה ותמחול לו ואח"כ יחזירנה וא"ת כיון דאתיא כר"מ דדאין דינא דגרמי א"כ לא תהא רשאה למחול מפני שתצטרך לשלם ללקוחות כדאמר בהמוכר שטר חוב לחבירו וחזר ומחלו מחול ואמרינן התם (כתובות דף פו.) דלמאן דדאין דינא דגרמי מגבי ביה דמי שטרא מעליא ומיהו מצי למימר דאפ"ה לא תחוש ותמחול כיון דהשתא לית לה מידי לשלומי אע"ג דלכשתתאלמן תצטרך לשלם יותר מ"מ חשיב ליה אטרוחי בי דינא בכדי כיון דסוף סוף השתא מיהא לא משלמין מידי ולמאי דרגיל ר"ת לפרש דאין חייבת לשלם אפילו לר"מ אלא מה שקבלה א"ש טפי ואין להאריך כאן בדבר זה הקשה הר"ר שמואל ב"ר חיים ותזבין כתובתה במעמד שלשתן דהא אין יכולה למחול כמו שרגיל ר"י לדקדק מההיא דתניא בהאיש מקדש (קדושין דף מז:) התקדשי לי בשטר חוב או שהיה לו מלוה ביד אחרים והירשה עליהם רבי מאיר אומר מקודשת וחכמים אומרים אינה מקודשת ומסיק דבמלוה בשטר קמפלגי באשה סמכה דעתה ודכולי עלמא אית להו דשמואל דאמר המוכר שטר חוב לחבירו וחזר ומחלו מחול ובמלוה על פה פליגי בדרב הונא דאמר תנהו לפלוני במעמד שלשתן קנה דרבנן לית להו שיועיל מעמד שלשתן במלוה אלא בפקדון ואם היה יכול למחול מהו חושש אי אית להו דרב הונא במלוה כיון דסבירא ליה דלא סמכה דעתה ותירץ ר"י °דמעמד שלשתן אין מועיל בכתובה בעודה תחת בעלה כיון דעדיין לא ניתנה לגבות וא"ת וניכתוב שטרא בשמיה דהא לא מצי מחלה כדאמר בהכותב (כתובות דף פו.) והכא ניחא דשמא הבעל לא ירצה אבל בסמוך גבי היא

מסורת הש"ס

א) [מכות ג.], ב) [כתובות עט:], ג) [עי' תוספות ב"ב קלט: ד"ה התם], ד) [כתובות נז.], ה) ב"מ כ. כתובות פה: פו. קדושין מח. ב"ב קמז:

גליון הש"ס

גמ' הואיל ואתא לידן. שבת דף פא ע"ב וש"נ: תוס' ד"ה כל וכו' דמעמד ג' אינו מועיל בכתובה. עיין לעיל דף ע ע"א תוספות ד"ה אמטלטלין:

עין משפט נר מצוה

סט א מיי' פכ"א מהל' עדות הלכה א סמג עשין קי טוח"מ סימן לח:
ע ב טוש"ע אה"ע סימן פה סעיף ז:
עא ג מיי' פ"י מהלכות אישות הלכה י ופ"ד מהלכות חובל ומזיק הלכה יח סמג עשין מח וסימן ע טוש"ע אה"ע סימן סו סעיף ג וסימן קה סעיף א וטוש"ע ח"מ סימן תכד סעיף י:
עב ד מיי' פ"ו מהלכות מכירה הלכה יב וע"ש סמג עשין פב טוש"ע ח"מ סימן סו סעיף כג:

ליקוטי רש"י

ונמצאו זוממין. אמרו להם המזימים היאך אתם מעידים עדות זה והלא הייתם עמנו אותו היום במקום פלוני [מכות ב.]. טובת הנאת כתובתה. דבר מועט שאינו אלא כחיזוק טובה שקורין גרי"ד מפיק רצון ולפי שהלוקח מטיל מעותיו בספק שמא תמות היא בחיי בעלה מפחד ואינו לוקחה אלא בדמים מועטים [כתובות פה:]. אסור לו לאדם שישהא את אשתו. שאבדה שטר כתובתה ואפי' אית לה דלא מפסדא בהכי דגביא בתנאי ב"ד מיהא לא סמכא דעתה דאמרה כי תבענא ליה אמר פרעתיך הלכך בעילת זנות היא [כתובות נז.]. אומדין כמה אדם רוצה ליתן בכתובתה של זו. מספק שאם נתארמלה או נתגרשה יטלנה לוקח ואם מתה יירשנה בעלה ויפסיד מעותיו שנתן [מכות ג.]. מילי נינהו. דברים ולא ממון ממש [רשב"ם ב"ב עז.]. המוכר שטר חוב לחבירו. שחייב לו לוה למלוה ממון ומסר לו המלוה את השטר ליד לוקח ומכרו לו וכתב לו קני לך [איהו] וכל שעבודיה אי נמי כדפסקינן התם (ב"ב עז.) הלכתא אותיות נקנות במסירה בפרק המוכר את הספינה [רשב"ם שם קמז:]. וחזר ומחלו. המוכר שהוא מלוה מחלו ללוה. מחול. הוא אבל הלוה [ב"מ כ.]. דאמר ליה לוה ללוקח לאו בעל דברים דידי את [כתובות פה:]. דלא מכר לו ראשון לשני אלא כל זכות שתבא לידו ולא עדיף האי לוקח ממלוה דאתי מחמתיה דמלוה ומיהו מעותיו יחזיר לו מוכר ללוקח דהא הלכתא היא דדיינין דינא דגרמי וזה הפסיד מעותיו כשורף שטרותיו של חבירו דקיימא לן (כתובות פו.) דחייב מההוא עובדא דכפייה רפרם לרב אשי ואגבי מיניה כי כשורא לגלמי [רשב"ם ב"ב שם]. ואפילו יורש. של מלוה: מוחל. שהלוה לא נתחייב ללוקח כלום אלא מחמת המוכר והרי מחלו אצלו [קדושין מח.]. וסברא הוא דלא אלים כח של לוקח במה שנמסר לו שטר המלוה אלא לזכות בחוב הכתוב [בו] במקום המלוה או היורש אך לא נעקר שעבודו מן המלוה וקרינא ביה עבד לוה לאיש מלוה ויכול למחול שעבודו [רשב"ם ב"ב שם].

דאי מחלה לגבי בעל לא קא מפסיד דהשתא נמי לא מידי קא יהבה ליה סוף סוף כל לגבי בעל ודאי מחלה ואטרוחי בי דינא בכדי לא מטרחינן אלא הא דתניא [א] וכן היא שחבלה בבעלה לא הפסידה כתובתה אמאי תזבנינה ניהליה לכתובתה לבעלה בטובת הנאה בהא חבלה דאי מחלה לגבי בעל ליכא פסידא הא ודאי ר"מ היא [ב] דאמר [ג] אסור לאדם שישהא את אשתו אפילו שעה אחת בלא כתובה וטעמא מאי כדי שלא תהא קלה בעיניו להוציאה הכא מגרש לה וגבי ליה בחבליה מינה אי הכי השתא נמי [א] מגרש לה וגבי ליה בחבליה מינה כגון דנפיש כתובתה דמשום ההוא פורתא לא מפסיד טובא ואי דנפישא כתובתה מכתובה דאורייתא נוקמא אכתובה דאורייתא ואידך [ב] תזבנה ניהליה בחבליה כגון דלא נפישא כתובתה מכתובה דאורייתא דהוי חבליה ארבעה זוזי דמשום ארבעה זוזי לא מפסיד עשרים וחמשה אלא הא דתניא [ג] כשם שלא תמכור והיא תחתיו כך לא תפסיד והיא תחתיו והא זימנין משכח לה דמפסדא והיכי דמי כגון דנפישא כתובתה מכתובה דאורייתא אמר רבא סיפא אתאן לכתובת בנין דכרין והכי קתני כשם שהמוכרת כתובתה לאחרים [ג] לא הפסידה כתובת בנין דכרין מאי טעמא זוזי הוא דאנסוה [ד] כך מוכרת כתובתה לבעלה לא הפסידה כתובת בנין דכרין מ"ט זוזי הוא דאנסוה לימא תקנת אושא תנאי היא דתני חדא עבדי מלוג יוצאין בשן ועין לאשה אבל לא לאיש ותניא אידך [ה] לא לאיש ולא לאשה סברוה דכולי עלמא קנין פירות לאו כקנין הגוף דמי מאי לאו בהא קא מיפלגי דמאן דאמר לאשה לית ליה תקנת אושא ומ"ד לא לאיש ולא לאשה אית ליה תקנת אושא לא דכולי עלמא אית להו תקנת אושא אלא כאן קודם תקנה כאן לאחר תקנה ואי בעית אימא אידי ואידי לאחר תקנה ואית להו תקנת אושא אלא למאן דאמר לאשה ולא לאיש מאי טעמא כדרבא דאמר רבא

הקדש

רש"י

ה"ג דהשתא נמי לא מידי קא יהבה ליה: **אי דנפישא כתובתה מכתובה דאורייתא.** שכתב לבתולה יותר ממאתים ולאלמנה יותר ממאה הראויה לה מן התורה אמאי לא הפסידה: **נוקמא אכתובה דאורייתא.** משום דרבי מאיר אסר לשהות עם אשתו אפילו שעה אחת בלא כתובה ותוספת תזבין לבעלה בטובת הנאה ותיתב ליה בחבליה: **כ"ה.** סלעים והוא מנה מאה זוז כתובת אלמנה ופחותה שבכתובות נקט: **כשם שלא תמכור.** קס"ד הכי קאמר כשם שאינה יכולה למכור בעודה תחתיו כך לא תפסיד מכתובתה כלום בשביל שום חבלה ונזק שתזיק בעודה תחתיו: **כתובת בנין דכרין.** בפרק נערה שנתפתתה (כתובות ד' נב:) בנין דכרין דיהוו ליכי מנאי אינון ירתון כסף כתובתיך יתר על חולקיהון דעם אחוהון היו לו שתי נשים וכתובת האחת גדולה משל חבירתה ומתו שתיהן בחייו וירשן או אחת בחייו וירשה אעפ"כ לא בטלה כתובתה אלא בניה אם יש לה בן זכר הימנו וכשבאין לחלוק בניו בנכסיו אחר מותו נוטלין אלו כתובת אמן ואלו כתובת אמן והשאר חולקין בשוה ואין יכולין בני הקיימת לומר אנו ניטול כתובת אמנו שהיא כבעלת חוב ואתם אל תטלו שאין לאמכם כתובה שהרי בעלה ירשה וקיי"ל התם דהמוכרת כתובתה לאחר בטובת הנאה ומתה בחיי בעלה וירשה מפסיד הלוקח אעפ"כ לא הפסידו בניה כתובת בנין דכרין ולא יאמרו בני חבירתה אמכם פשעה בה שאילו היתה קיימת לא היתה גובה שהרי לקוחות היו גובין אותה משום דאמרי להו זוזי אנסוה שהיתה צריכה למעות ולא לאפסדינהו נתכוונה: **בשן ועין לאשה.** הפילה היא את שינו וסימאה את עינו: **אבל לא לאיש.** סימא בעלה את עין העבד או הפיל את שינו לא יצא לחירות לפי שאין גופו קנוי לו: **סברוה.** בעלמא תרוייהו הני תנאי סבירא להו קנין פירות לאו כקנין הגוף דמי והכא היינו טעמא דמאן דאמר לא לאיש ולא לאשה דאית ליה תקנת אושא הלכך משום איש לא נפקי דלא קני להם לגופייהו ממש משום אשה נמי לא נפקי דאלים שעבודיה למהוי כקנין הגוף: **קודם תקנה.** הוי שעבודיה קיל כשאר קנין פירות דקים לן דלאו כקנין הגוף דמי:

הקדש

תוספות

היא שחבלה בבעלה קשה דתזבין לאחר והבעל יכתוב ברצון שטר בשמו כדי שיגבה חבלתו ותירץ ר"י דכיון שאין הכתובה בשם האשה הרי הוא כאילו משהה אשתו בלא כתובה אע"פ שאין קלה בעיניו להוציאה וא"ת כיון דכל גבי בעלה ודאי מחלה מאי קאמר לעיל אומדין כמה אדם רוצה ליתן בכתובה של זו כו' שום אדם לא יקנה אותה כיון דודאי מחלה ויכולין עדים לומר מאי אפסדינך כדקאמר לעיל אם טובת הנאה לבעל וי"ל דיכולה לעשות קיום במשכונות או בערבות או בנדר או בשבועה שלא תמחול אבל כאן אם יש לה תשלם ואם אין לה אין משועבדת לניזק לעשות לו קיומים נ"ע:

ואפי' מחלה לגבי בעל לא מיפסד קמפסיד. וא"ת והא ודאי מיפסד קמפסיד דכי לא תמכור יגבה חבלתו אם תתאלמן או תתגרש וכשתמכור ותמחול לבעלה יפסיד הכל וי"ל כיון שעכשיו לא היתה נותנת לו כלום אפילו לא מחלה ממה שמחלה אינו כל כך הפסד כיון שלא יהיה לו כלום עכשיו ולאחר זמן נמי שמא תמות וירשנה בעלה:

בדנפישא כתובתה מחבלה. וא"ת מעיקרא נמי איירי בנפישא כתובתה מחבלה דקאמר תזבין כתובתה בטובת הנאה ותיתיב ליה בחבלה וי"ל דמקצת חבלה קאמר ואם תתאלמן או תתגרש יגבה השאר ממקום אחר:

כגון דלא נפישא כתובתה מכתובה דאורייתא. וא"ת והשתא היכי מתוקמא כר"מ והלא פוחת לה ממנה או ממאתים ובעילתו בעילת זנות לרבי מאיר (כתובות דף נד:) וי"ל (כגון) דהיא גורמת להפסיד לעצמה:

לא מפסיד עשרים וחמשה זוזי. ל"ג זוזי דלמאי דגרס זוזי צ"ל דאיירי בכתובת בתולה וכ"ה זוזי צוריים הם מאתים זוז מדינה וליתא דבריש ארבעה וחמשה (לעיל ד' לו: ושם [ז]) הוכחנו דמאתים של בתולה הם מאתים זוזי צורי ([ה] והכא ל"ג זוזי) ולא מפסיד כ"ה היינו כ"ה סלעים של אלמנה ואף על גב דכתובתה דרבנן אין להקפיד על הא דנקט כתובה דאורייתא:

כשם שלא תמכור והיא תחתיו. פרש"י כשם שאין יכולה למכור כתובתה בעודה תחתיו כך לא תפסיד מכתובתה כלום בשביל שום חבלה ונזק שתזיק בעודה תחתיו ואין נראה לר"י דהא לעיל אמר ובכל דוכת' תזבין לכתובתה בטובת הנאה ואפילו כשהיא תחת בעלה ונראה לר"י כשם שלא תמכור בשביל שחבלה באחרים בעודה תחתיו כדאמר לעיל דלגבי בעלה ודאי מחלה כך לא תפסיד והיא תחתיו כלומר לא תמכור כתובתה לבעלה בשביל שחבלה בו והא דנקט מכירה גבי אחרים והפסד גבי בעלה משום דלגבי אחרים אין יכולה להפסיד כשמוכרת להן בטובת הנאה של כתובה אבל לגבי בעל שמכרה לבעלה בטובת הנאה יגרשנה מיד וירויח הכל והיא תפסיד: **אמר רבא סיפא אתאן לכתובת בנין דכרין.** תימה דלא מייתי הך ברייתא בסוף נערה שנתפתתה (כתובות דף נג.) דבעי רבא מוכרת כתובתה לבעלה כמוכרת לאחרים דמי או לא מיהו התם נמי קאמר בתר דבעי הדר פשטה דכמוכרת לאחרים דמי ושמא מתוך ברייתא זו פשטה ולפי שאין כ"כ פשוטה לא הביאה שם: **כך מוכרת כתובתה לבעלה לא הפסידה כתובת בנין דיכרין.** אע"ג דאינה יכולה למחול כתובתה לבעלה לרבי מאיר מ"מ יכולה היא למכור ואע"ג דאסור להשהותה לרבי מאיר בלא כתובה וכן קי"ל מ"מ השמיענו בברייתא את הדין דאם אירע כן שמכרתה לבעלה לא הפסידה כתובת בנין דכרין א"נ במכרה התוספת איירי:

מאי טעמא כדרבא כו'. השתא משמע דשחרור דשן ועין מפקיע מידי שעבוד כמו שטר שחרור ותימה דביבמות פרק אלמנה (דף סו: ושם) פליגי במכנסת שום לבעלה היא אומרת כלי אני נוטלת והוא אומר דמים אני נותן רב יהודה אמר הדין עמה משום שבח בית אביה רבי אמי אומר הדין עמו וקאמר תניא כוותיה דרבי אמי עבדי צאן ברזל יוצאין בשן ועין לאיש אבל לא לאשה ומה ראיה היא לר' אמי בהא אפי' רב יהודה מודה כיון דמחוסרת גוביינא אתי שחרור מפקיע מידי שעבוד כדאמר התם גבי איצטלא דמילתא דפרסוה אמיתנא דמודה רב יהודה דקנייה מיתנא דכיון דמחסרא גוביינא אתי הקדש מפקיע שעבוד ושמא אותו שהביא תניא כוותיה דר' אמי היה (א) בנאה בריה דרבא שלא היה חושבה מחוסרת גוביינא כיון דאין יכול לסלקה במילתא אחריתי:

הקדש

עין משפט נר מצוה

עג א ב מיי' פ"ד מהלכות חובל ומזיק הלכה יח סמג עשין ע טוש"ע ח"מ סימן תכד סעיף י:

עד ג ד מיי' פי"ז מהלכות אישות הלכה יט סמג עשין מח טוש"ע אה"ע סימן קה סעיף ד:

עה ה מיי' פ"ה מהל' עבדים הלכה טז סמג עשין כו טוש"ע י"ד סימן רסז סעיף לח:

הגהות הב"ח

(א) תוס' ד"ה מאי טעמא וכו' כוותיה דר' אמי היה סבור כנאנאי בריה דר' יוסף בריה דרבא שלא:

מסורת הש"ס

א) [תוספתא פרק ט' ה"ח], ב) [כתובות נז.], ג) [תוספתא פרק ט'], ד) [ד"ה ושם], ה) כ"א וה"ג.

גליון הש"ס

גמ' דאמר אסור לאדם שישהא. עיין כתובות דף לט ע"ב תוד"ה טעמא:

ליקוטי רש"י

אסור לו לאדם שישהא את אשתו. שאבדה שטר כתובתה ואפי' אית לה דלא מפסקא בהכי דגביא בתנאי ב"ד מיהא לא סמכא דעתה דאמרה כי תבענא ליה אמר פרעתיך הלכך בעילת זנות היא [כתובות נז.]. **כתובת בנין דכרין.** דיהוו ליכי מינאי אינון ירתון כסף כתובתיך יתר על חולקהון דעם אחוהון. בני אשה אחרת אם תמותי בחיי ואירשך יטלו בניך כתובתיך ונפקא מינה שמא מרובה היא או שמא יהו בני אשה האחרת מרובים ובניך מועטים וטוב להן שיטלו כתובת אמן והמרובים כתובת אמן ואפי' הכתובות שוות [כתובות נב:]. **קנין פירות לאו כקנין הגוף.** כלומר לאו כאילו קנה גופו [רשב"ם ב"ב נ.]. **בכדי.** בחנם [תענית ה:].

דְּאִי מָחֲלָה לְגַבֵּי בַּעַל — שגם אם האשה תמחול את כתובתה לבעלה, **לֹא קָא מַפְסִיד** — לא יפסיד הקונה (דהיינו, הניזק), **דְּהַשְׁתָּא נַמִּי לֹא מִידֵי קָא יַהֲבָה לֵיהּ** — שהרי גם כעת אין היא נותנת לו דבר[1]. **סוֹף סוֹף, כָּל לְגַבֵּי בַּעַל** — בכל דבר הנוגע לבעלה, **וַדַּאי מָחֲלָה** — היא בודאי תמחל לו[2], **וְאַטְרוּחֵי בֵּי דִינָא בִּכְדִי לֹא מַטְרְחִינַן** — ואין אנו מטריחים בית דין בחינם שיכופו אותה למכור כתובתה לנחבל. לכן, אין אנו מצריכים אשה שחבלה באדם אחר למכור את כתובתה כדי לשלם לניזק[3].

הגמרא מקשה על הדין שאין האשה צריכה למכור כתובתה אף פעם כדי לשלם דמי חבלתה:

אֶלָּא הָא דְּתַנְיָא בברייתא (תוספתא ט, ח): **וְכֵן הִיא שֶׁחָבְלָה בְּבַעְלָהּ לֹא הִפְסִידָה כְּתוּבָּתָהּ**, דהיינו, אין היא צריכה להפסיד את כתובתה כדי לשלם לו את הנזק. **אַמַּאי** — מדוע כך הוא הדין? **תִּזַבְּנִינָהּ נִיהֲלֵיהּ לִכְתוּבָּתָהּ לְבַעְלָהּ בְּטוֹבַת הֲנָאָה בְּהָא חֲבָלָה** — תמכור, דהיינו, תַּקְנֶה[4], את כתובתה לבעלה בטובת הנאה עבור התשלום על חבלה זו, **דְּאִי מָחֲלָה לְגַבֵּי בַּעַל לֵיכָּא פְּסֵידָא** — שגם אם תמחל את כתובתה לבעלה, אין לו שום הפסד[5]!

מתרצת הגמרא:

הָא וַדַּאי רַבִּי מֵאִיר הִיא — ברייתא זו בודאי שנויה כדעת רבי מאיר, **דְּאָמַר: אָסוּר לְאָדָם שֶׁיַּשְׁהֶא אֶת אִשְׁתּוֹ אֲפִילּוּ שָׁעָה אַחַת בְּלֹא כְּתוּבָּה**. לכן אין לה למכור את כתובתה לבעלה כדי לשלם לו את דמי החבלה[6].

מקשה הגמרא:

וְטַעְמָא מַאי — והרי מהו הטעם של הוראת רבי מאיר? **כְּדֵי שֶׁלֹּא תְּהֵא** האשה **קַלָּה בְּעֵינָיו** (בעיני הבעל) **לְהוֹצִיאָהּ** — שלא ימהר לגרשה, ביודעו שאם יעשה כן יהא חייב לשלם לה את כתובתה[7], ולכן **הָכָא** (כאן) שחבלה בבעלה, אם נאמר שצריכה למכור כתובתה לבעלה, בקל הוא **מְגָרֵשׁ לָהּ, וְגָבֵי לֵיהּ בַּחֲבָלֵיהּ מִינָּהּ** — וגובה דמי חבלתו ממנה; כלומר, מאחר שכבר גבה ממנה כתובתה עבור דמי חבלתו, יהא קל לו להוציאה. ומשום כך אתה אומר שאין לה להקנות את כתובתה לבעלה בתשלום דמי החבלה. **אִי הָכִי** — אם כן, **הַשְׁתָּא נַמִּי** — גם כעת, שאתה אומר שאינה מקנה לו את כתובתה בתשלום דמי החבלה, מה הרווחת? הרי גם עכשיו בקל הוא **מְגָרֵשׁ לָהּ** — יכול לגרש אותה, **וְגָבֵי לֵיהּ בַּחֲבָלֵיהּ מִינָּהּ** — ויגבה ממנה את דמי כתובתה עבור חבלתו[8]. מכיון שבכל מקרה תהא קלה בעיניו לגרשה, חוזרת השאלה, מדוע לא נחייב את האשה להקנות את כתובתה לבעלה כדי לשלם לו את הנזק[9]?

מתרצת הגמרא:

כְּגוֹן דִּנְפִישׁ כְּתוּבָּתָהּ — הברייתא עוסקת במקרה שבו דמי כתובתה מרובים, **דְּמִשּׁוּם הַהוּא פּוּרְתָּא** — שעבור הסכום הקטן של דמי נזקו, **לֹא מַפְסִיד טוּבָא** — הוא לא ירצה להפסיד דמים מרובים[10].

הגמרא חוזרת ומקשה:

וְאִי דִּנְפִישָׁא כְּתוּבָּתָהּ מִכְּתוּבָּה דְּאוֹרַיְיתָא — ואם כתובתה מרובה מכתובה של התורה, **נוֹקְמָא אַכְּתוּבָּה דְּאוֹרַיְיתָא** — נעמיד אותה על הדמים של כתובה של התורה, **וְאִידָךְ תְּזַבְּנָהּ נִיהֲלֵיהּ בַּחֲבָלֵיהּ** — ואת היתר תמכור כדי לשלם לו את דמי חבלתו[11]!

הערות

1. דהיינו, לניזק אין מה להפסיד אם יקנה את כתובתה בטובת הנאה כתשלום על הנזק, שכן גם אם תמחול לבעלה את כתובתה, אין הוא מפסיד כלום, שהרי לא הוציא כלום על קניית הכתובה, ולא הורע מצבו כלל לעומת מה שהיה לפני הקנייה, שלא שולם לו הנזק. ואם כן, מכיון שיתכן שלא תמחול לבעלה, נחייב אותה למכור לו את כתובתה בטובת הנאה (ר״י מלוניל).

2. מכיון שמכרה את הכתובה בעל כרחה (ר״י מלוניל).

3. **לסיכום**: כשאשה נשואה חבלה באדם אחר, אין אנו מחייבים אותה למכור את עיקר כתובתה (דהיינו, את הזכות לגבות מאה או מאתיים זוז) ולתת את דמי המכירה לניזק, משום שבודאי תחזור ותמחול את כתובתה לבעלה, ונמצא שבית דין הפסידו ללוקח. יתירה מזאת, אף לניזק עצמו אין אנו מחייבים אותה להקנות את זכות גביית דמי הכתובה, אף על פי שבדרך זו אין שום חשש הפסד ללוקח, משום שעל כל פנים אין בזה שום תועלת, שכן גם במקרה זה בודאי תמחול את הכתובה לבעלה. אולם אם יש לאשה נכסי מלוג (או נכסי צאן ברזל), מחייבים אותה למכור את הנכסים הללו ולשלם לניזק בדמיהם עבור הנזק. במקרה זה אין היא יכולה למכור את הנכסים בערכם המלא, מפני ששום לוקח לא ישלם עבורם סכום כזה, מכיון שפירותיהם של נכסי מלוג שייכים לבעל כל זמן שהיא נשואה לו. גם את גוף הקרקע אינה יכולה למכור כך שהלוקח בודאי יקבל את פירות הקרקע לאחר מותה (אפילו אם תמות בחיי בעלה), שכן מכח תקנת אושא אין מכר כזה חל. מה שהיא יכולה וחייבת לעשות הוא, למכור את הנכסים **על הצד** שתתאלמן או תתגרש. את הדמים המועטים (״טובת הנאה״) שהיא מקבלת עבור מכירה זו, עליה לתת לניזק. ומה שאמרה המשנה שהאשה שהזיקה אינה משלמת את דמי הנזק כל זמן שהיא נשואה, היינו במקרה שאין לה נכסי מלוג (או נכסי צאן ברזל).

[כך יוצא מסוגייתנו. אולם רש״י במשנה כתב שמה שאינה משלמת בעודה נשואה היינו משום ״שנכסי מלוג של אשה משועבדים לבעל לפירות ולירושה״. ומשמע שאף על פי שיש לה נכסי מלוג אינה משלמת לניזק (ראה אור זרוע שנ, והגהות אשר״י על הרא״ש ט ד״ה וכן). לביאור דעת רש״י ראה ים של שלמה כז; תוספות יום טוב; תוספות רבי עקיבא איגר; ואבי עזרי הלכות חובל ומזיק ד, כא.]

4. ראה לעיל עמוד א הערה 30.

5. לעיל הסקנו שאין אנו מחייבים את האשה למכור את כתובתה כדי לפרוע את דמי החבלה שחבלה באדם אחר, מכיון שאנו מניחים שהיא בודאי תמחול לבעלה את כתובתה ותגרום ללוקח הפסד. ועוד הסקנו שהיא גם אינה חייבת להקנות את הכתובה לניזק עצמו אף על פי שבזה אין שום חשש הפסד, שמכיון שהיא בודאי תמחול לבעלה את כתובתה, לא תהיה בכך שום תועלת, ואין להטריח בית דין בחנם. אולם אם הניזק הוא בעלה, והיא מקנה לו את כתובתה, לא קיימות שתי סיבות אלו, שכן הקנאת הכתובה לבעלה אינה יכולה לגרום לו הפסד ויש בה תועלת, שהבעל לא יצטרך לשלם לה את כתובתה אף אם הכתובה תבוא לידי פרעון. מדוע אם כן אומרת הברייתא שאין האשה מפסידה את כתובתה?

6. מכיון שלבעלה היא מקנה את כתובתה, לא יצטרך אף פעם לשלם את כתובתה גם אם יגרשנה, וממילא תהא קלה בעיניו להוציאה.

7. ראה לעיל עמוד א הערה 17.

8. הבעל יודע שגם אם יגרשנה ויתחייב לשלם לה דמי כתובתה, מכל מקום לא יצטרך להוציא ממון על כך, שהרי יוכל לגבות את דמי הכתובה לעצמו כתשלום על החבלה. נמצא שבמקרה שהאשה חבלה בבעלה ונתחייבה לשלם לו דמי חבלתו, אין הכתובה גורמת לכך שבעלה לא יגרשנה בקלות.

[פירשנו את הגמרא לפי הגירסא שלפנינו, אולם נראה שיש כאן באמת יתור לשון. ועיין יד דוד המציע למחוק את המלים ״הכא מגרש לה וגבי ליה חבליה מינה״ שבתחילת הקטע. וכן משמע קצת ברא״ש ט. לגירסאות אחרות מכתבי יד ראה דקדוקי סופרים (אות נ), ובשינויי נוסחאות לר׳ שבתי פרנקל. וראה פירוש אחר בגירסתנו בדקדוקי סופרים שם.]

9. כלומר, כיון שבמקרה זה אין הכתובה משמשת להקשות על גירושיה, אי אפשר לומר שאין האשה חייבת למכור לו את כתובתה משום דינו של רבי מאיר, שהרי במקרה זה לא שייכת הוראתו. קושית הגמרא מבוססת על ההנחה שכל זמן שלא גבה הבעל ממנה את כתובתה, מותר לו להשהות אותה (גם לדעת רבי מאיר), ואף על פי שקל בעיניו לגרשה. וכן פסקו הרמב״ם (חובל ומזיק ד, יח) והטור (חושן משפט שכד, י). [ועיין מאירי שהביא דעות אחרות בזה.] לפי זה יש לשאול, מדוע באמת מותר לו להשהות אותה, אחרי שהיא קלה בעיניו להוציאה? אבל עיין תוספות להלן (ד״ה כגון), שמדבריהם יוצא שאיסורו של רבי מאיר אינו קיים במקרה שהיא גרמה את ההפסד לעצמה, כגון כאן שחבלה בבעלה. וראה להלן, הערה 12.

10. כעת מבינה הגמרא שהכוונה היא שהבעל חייב את עצמו בתוספת כתובה, דהיינו, בסכום נוסף על החיוב העיקרי של מאה או מאתיים זוז. במקרה שדמי החבלה פחותים מדמי הכתובה (עיקר כתובה עם התוספת), זכותו לקבל ממנה את דמי החבלה המועטים לא תגרום שיהא קל בעיניו לגרשה, משום שעל כל פנים הוא יפסיד בגירושיה הרבה, שיצטרך לפרוע לה את כתובתה המרובה. ונמצא שבמקרה כזה מכירת הכתובה ב״טובת הנאה״ (דהיינו, בדמים מועטים) לבעל הנחבל אכן גורמת לה להיות קלה בעיניו לגרשה. ולכן במקרה זה אין מחייבין אותה למכור את כתובתה לבעלה.

11. אם הבעל התחייב תוספת כתובה, אפשר לחייב אותה למכור לו את זכותה לתוספת הכתובה בטובת הנאה כדי לשלם לו את דמי החבלה. בכל זאת, כיון שסכום הכתובה הקבוע שהוא חייב בו מעיקר הדין (עיקר כתובה, מאה זוז או מאתיים) ישאר במקומו, לא תהא קלה בעיניו להוציאה (רש״י). ומדוע איפוא אומרת הברייתא שאינה מוכרת כתובתה כדי לשלם לבעלה את דמי החבלה?

[אף על פי שהגמרא קוראת לסכום הקבוע של הכתובה חיוב מהתורה, באמת דבר זה שנוי במחלוקת בכתובות (י, א). וצריך איפוא לומר שכוונת הגמרא כאן היא שגם אם אינה מן התורה, מכל מקום חכמים תיקנו אותה כאילו היא של תורה, שלא

דאי מחלה לגבי בעל לא קא מפסיד דהשתא נמי לא מידי קא יהבה ליה סוף סוף כל לגבי בעל ודאי מחלה ואטרוחי בי דינא בכדי לא מטרחינן אלא הא דתניא [א] וכן היא שחבלה בבעלה לא הפסידה כתובתה אמאי תזבינה ניהליה לכתובתה לבעלה בטובת הנאה בהא חבלה דאי מחלה לגבי בעל ליכא פסידא הא ודאי ר"מ היא [ה] דאמר [ג] אסור לאדם שישהא את אשתו אפילו שעה אחת בלא כתובה וטעמא מאי כדי שלא תהא קלה בעיניו להוציאה הכא מגרש לה וגבי ליה בחבליה מינה אי הכי השתא נמי [א] מגרש לה וגבי ליה בחבליה מינה כגון דנפיש כתובתה דמשום ההוא פורתא לא מפסיד טובא ואי דנפישא כתובתה מכתובה דאורייתא נוקמא אכתובה דאורייתא ואידך [ב] תזבנה ניהליה בחבליה כגון דלא נפישא כתובתה מכתובה דאורייתא דהוי חבליה ארבעה זוזי דמשום ארבעה זוזי לא מפסיד עשרים וחמשה אלא הא דתניא [ג] כשם שלא תמכור והיא תחתיו כך לא תפסיד והיא תחתיו והא זימנין משכח לה דמפסדא והיכי דמי כגון דנפישא כתובתה מכתובה דאורייתא אמר רבא סיפא אתאן לכתובת בנין דכרין והכי קתני כשם שהמוכרת כתובתה לאחרים [ג] לא הפסידה כתובת בנין דכרין מאי טעמא זוזי הוא דאנסוה [ד] כך מוכרת כתובתה לבעלה לא הפסידה כתובת בנין דכרין מ"ט זוזי הוא דאנסוה לימא תקנת אושא תנאי היא דתני חדא עבדי מלוג יוצאין בשן ועין לאשה אבל לא לאיש ותניא אידך [ה] לא לאיש ולא לאשה סברוה דכולי עלמא קנין פירות לאו כקנין הגוף דמי מאי לאו בהא קא מיפלגי דמאן דאמר לאשה לית ליה תקנת אושא ומ"ד לא לאיש ולא לאשה אית ליה תקנת אושא לא דכולי עלמא אית להו תקנת אושא אלא כאן קודם תקנה כאן לאחר תקנה ואי בעית אימא אידי ואידי לאחר תקנה ואית להו תקנת אושא אלא למאן דאמר לאשה ולא לאיש מאי טעמא כדרבא דאמר רבא
הקדש

ה"ג דהשתא נמי לא מידי קא יהבה ליה: **אי דנפישא כתובתה מכתובה דאורייתא.** שכתב לבתולה יותר ממאתים ולאלמנה יותר ממנה הראויה לה מן התורה אמאי לא הפסידה: **נוקמא אכתובה דאורייתא.** משום דרבי מאיר אסר לשהות עם אשתו אפילו שעה אחת בלא כתובה ותוספת תזבין לבעלה בטובת הנאה ותיתב ליה בחבליה: **כ"ה.** סלעים והוא מנה מאה זוז כתובת אלמנה ופחותה שבכתובות נקט: **כשם שלא תמכור.** קס"ד הכי קאמר כשם שאינה יכולה למכור בעודה תחתיו כך לא תפסיד מכתובתה כלום בשביל שום חבלה ונזק שתזיק בעודה תחתיו: **כתובת בנין דכרין.** בפרק נערה שנתפתתה (כתובות ד' נב:) בנין דכרין דיהוו ליכי מנאי אינון יהוין ירתון כסף כתובתיך יתר על חולקיהון דעם אחוהון היו לו שתי נשים וכתובת האחת גדולה משל חבירתה ומתו שתיהן בחייו וירשן או אחת בחייו וירשה אעפ"כ לא בטלה כתובתה אלא בניה אם יש לה בן זכר הימנו וכשבאין לחלוק בניו בנכסיו אחר מותו נוטלין אלו כתובת אמן ואלו כתובת אמן והשאר חולקין בשוה ואין יכולין בני הקיימת לומר אנו ניטול כתובת אמנו שהיא כבעלת חוב ואתם אל תטלו שאין לאמכם כתובה שהרי בעלה ירשה וקיי"ל התם דהמוכרת כתובתה לאחר בטובת הנאה ומתה בחיי בעלה וירשה מפסיד הלוקח אעפ"כ לא הפסידו בניה כתובת בנין דכרין ולא יאמרו בני חבירתה אמכם פשעה בה שאילו היתה קיימת לא היתה גובה שהרי לקוחות היו גובין אותה משום דאמרי להו זוזי אנסוה שהיתה צריכה למעות ולא לאפסדינהו נתכוונה: **בשן ועין לאשה.** הפילה היא את שינו וסימאה את עינו: **אבל לא לאיש.** סימא בעלה את עין העבד או הפיל את שינו לא יצא לחירות לפי שאין גופו קנוי לו: **סברוה.** בעלמא תרוייהו הני תנאי סבירא להו קנין פירות לאו כקנין הגוף דמי והכא היינו טעמא דמאן דאמר לא לאיש ולא לאשה דאית ליה תקנת אושא הלכך משום איש לא נפקי דלא קני להם לגופייהו ממש משום אשה נמי לא נפקי דאלים שעבודיה למהוי כקנין הגוף: **קודם תקנה.** הוי שעבודיה קיל כשאר קנין פירות דקים לן דלאו כקנין הגוף דמי:
הקדש

היא שחבלה בבעלה קשה דתזבין לאחר והבעל יכתוב ברצון שטר בשמו כדי שיגבה חבלתו ותירץ ר"י דכיון שאין הכתובה בשם האשה הרי הוא כאילו משהה אשתו בלא כתובה אע"פ שאין קלה בעיניו להוציאה וא"ת כיון דכל גבי בעלה ודאי מחלה מאי קאמר לעיל אומדין כמה אדם רוצה ליתן בכתובה של זו כו' שום אדם לא יקנה אותה כיון דודאי מחלה ויכולין עדים לומר מאי אפסדינך כדקאמר לעיל אם טובת הנאה לבעל וי"ל דיכולה לעשות קיום במשכונות או בערבות או בנדר או בשבועה שלא תמחול אבל כאן אם יש לה תשלם ואם אין לה אין משועבדת לניזק לעשות לו קיומים כ"ע:

ואפי' מחלה לגבי בעל לא מיפסד קמפסיד. וא"ת והא ודאי מיפסד קמפסיד דכי לא תמכור יגבה חבלתו אם תתאלמן או תתגרש וכשתמכור ותמחול לבעלה יפסיד הכל וי"ל כיון שעכשיו לא היתה נותנת לו כלום אפילו לא מחלה ממה שמחלה אינו כל כך הפסד כיון שלא יהיה לו כלום עכשיו ולאחר זמן נמי שמא תמות וירשנה בעלה:

בדנפישא כתובתה מחבלה. וא"ת מעיקרא נמי איירי בנפישא כתובתה מחבלה דקאמר תזבין כתובתה בטובת הנאה ותיתיב ליה בחבלה וי"ל דבמקלת חבלה קאמר ואם תתאלמן או תתגרש יגבה השאר ממקום אחר:

כגון דלא נפישא כתובתה מכתובה דאורייתא. וא"ת והשתא היכי מתוקמא כר"מ והלא פוחת לה ממנה או ממאתים ובעילתו בעילת זנות לרבי מאיר (כתובות דף נד:) וי"ל (כגון) דהיא גורמת להפסיד לעצמה:

לא מפסיד עשרים וחמשה זוזי. ל"ג זוזי דלמאי דגרס זוזי צ"ל דאיירי בכתובת בתולה וכ"ה זוזי צוריים הם מאתים זוז מדינה וליתא דברים ארבעה וחמשה (לעיל ד' לו: ושם [ז]) הוכחנו דמאתים של בתולה הם מאתים זוזי צורי ([ה] והכא ל"ג זוזי) ולא מפסיד כ"ה היינו כ"ה סלעים של אלמנה ואף על גב דכתובתה דרבנן אין להקפיד על הא דנקט כתובה דאורייתא:

כשם שלא תמכור והיא תחתיו. פרש"י כשם שאין יכולה למכור כתובתה בעודה תחתיו כך לא תפסיד מכתובתה כלום בשביל שום חבלה ונזק שתזיק בעודה תחתיו ואין נראה לר"י דהא לעיל אמר ובכל דוכת' תזבין לכתובתה בטובת הנאה ואפילו כשהיא תחת בעלה ונראה לר"י כשם שלא תמכור בשביל שחבלה באחרים בעודה תחתיו כדקאמר לעיל דלגבי בעלה ודאי מחלה כך לא תפסיד והיא תחתיו כלומר לא תמכור כתובתה לבעלה בשביל שחבלה בו והא דנקט מכירה גבי אחרים והפסד גבי בעלה משום דלגבי אחרים אין יכולה להפסיד כשמוכרת להן בטובת הנאה של כתובה אבל לגבי בעל שמכרה לבעלה בטובת הנאה יגרשנה מיד ויורש הכל והיא תפסיד: **אמר רבא סיפא אתאן לכתובת בנין דכרין.** תימה דלא מייתי הך ברייתא בסוף נערה שנתפתתה (כתובות דף נג.) דבעי רבא מוכרת כתובתה לבעלה כמוכרת לאחרים דמי או לא מיהו התם נמי קאמר בתר דבעי הדר פשטה דכמוכרת לאחרים דמי ושמא מתוך ברייתא זו פשטה ולפי שאין כ"כ פשוטה לא הביאה שם: **כך** מוכרת כתובתה לבעלה לא הפסידה כתובת בנין דיכרין. אע"ג דאינה יכולה למחול כתובתה לבעלה לרבי מאיר מ"מ יכולה היא למכור ואע"ג דאסור להשהותה לרבי מאיר בלא כתובה וכן קי"ל מ"מ השמיענו בברייתא את הדין דאם אירע כן שמכרתה לבעלה לא הפסידה כתובת בנין דכרין א"נ במכרה התוספת איירי:

מאי טעמא כדרבא כו'. השתא משמע דשחרור דשן ועין מפקיע מידי שעבוד כמו שטר שחרור ותימה דביבמות פרק אלמנה (דף סו: ושם) פליגי במכנסת שום לבעלה היא אומרת כלי אני נוטלת והוא אומר דמים אני נותן רב יהודה אמר הדין עמה משום שבח בית אביה רבי אמי אומר הדין עמו וקאמר תניא כוותיה דרבי אמי עבדי צאן ברזל יוצאין בשן ועין לאיש אבל לא לאשה ומה ראיה היא לר' אמי בהא אפי' רב יהודה מודה כיון דמתוסרת גוביינא אתי שחרור מפקיע מידי שעבוד כדאמר התם גבי איצטלא דמילתא דפרסוה אמיתנא דמודה רב יהודה דקנייה מיתנא דכיון דמתסרא גוביינא אתי הקדש מפקיע שעבוד ושמא אותו שהביא תניא כוותיה דר' אמי היה (א) בנאה בריה דרבא שלא היה חושבה מתוסרת גוביינא כיון דאין יכול לסלקה במילתא אחריתי:
הקדש

עין משפט נר מצוה

עג א ב מיי' פ"ד מהלכות חובל ומזיק הלכה יח סמג עשין ע טוש"ע ח"מ סימן תכד סעיף י:

עד ג ד מיי' פי"ז מהלכות אישות הלכה יט סמג עשין מח טוש"ע אה"ע סימן קה סעיף ד:

עה ה מיי' פ"ה מהל' עבדים הלכה טז סמג עשין פו טוש"ע י"ד סימן רסז סעיף לח:

הגהות הב"ח

(א) **תוס'** ד"ה מאי טעמא וכו' כוותיה דר' אמי היה סבור כנאנאי בריה דר' יוסף בריה דרבא שלא:

מסורת הש"ס

א) [תוספתא פרק ט' ה"ח], ב) [כתובות נז.], ג) [תוספתא פרק ט'], ד) [ד"ה ושלן], ה) נ"א וה"ג.

גליון הש"ס

גמ' דאמר אסור לאדם שישהא. עיין כתובות דף נט ע"ב תוד"ה טעמא:

ליקוטי רש"י

אסור לו לאדם שישהא את אשתו. שאבדה שטר כתובתה ואפי' אית לה דלא מפסדא בהכי דגביא בתנאי ב"ד מיהא לא סמכא דעתה דאמרה כי תבענא ליה אמר פרעתיך הלכך בעילת זנות היא [כתובות נז.]. **כתובות בנין דכרין.** דיהוו ליכי מינאי אינון ירתון כסף כתובתיך יתר על חולקהון דעם אחוהון. בני אשה אחרת אם תמותי בחיי ואירשך יטלו בניך כתובתיך ונפקא מינה שמא מרובה היא או שמא יהו בני אשה האחרת מרובים ובניך מועטים וטוב להן שיטלו כתובת אמן והמרובים כתובת אמן ואפי' הכתובות שוות [כתובות נב:]. **קנין פירות לאו כקנין הגוף.** כלומר לאו כאילו קנה גופו [רשב"ם ב"ב נ.]. **בכדי.** בחנם [תענית ה:].

מתרצת הגמרא:

כְּגוֹן דְּלֹא נְפִישָׁא כְּתוּבָּה מִכְּתוּבָּה דְּאוֹרַיְיתָא — הברייתא עוסקת במקרה שבו כתובתה לא היתה מרובה מהכתובה של התורה, אלא שהנזק היה מועט מאוד, כגון, **דְּהָוֵי חֲבָלֵיהּ אַרְבְּעָה זוּזֵי** — שדמי חבלתו היו ארבעה זוזים, **דְּמִשּׁוּם** רווח של **אַרְבְּעָה זוּזֵי, לֹא מַפְסִיד** — הבעל לא יפסיד לעצמו **עֶשְׂרִים וַחֲמִשָּׁה** סלעים [מאה זוז] כדי לשלם לה את כתובתה[12].

הגמרא מקשה על מה שאמרה למעלה, שאם כתובתה מרובה מכתובה של תורה, צריכה היא למכור את התוספת כדי לשלם לו דמי חבלתו:

אֶלָּא כיצד תסביר את **הָא דְּתַנְיָא** — מה ששנינו בברייתא: **כְּשֵׁם שֶׁלֹּא תִּמְכּוֹר** האשה את כתובתה **וְהִיא תַּחְתָּיו** (נשואה לו), **כָּךְ לֹא תַּפְסִיד** את כתובתה **וְהִיא תַּחְתָּיו**[13]? **וְהָא** — והרי לפי דבריך, **זִמְנִין מַשְׁכַּח לָהּ דְּמַפְסְדָא** — לפעמים נמצא שהיא כן מפסידה את כתובתה כדי לשלם על הנזק שעשתה, **וְהֵיכִי דָּמֵי** — ובאיזה מקרה? **כְּגוֹן דִּנְפִישָׁא כְּתוּבָּתָהּ מִכְּתוּבָּה דְּאוֹרַיְיתָא** — כאשר היא חבלה בבעלה, וכתובתה מרובה מכתובה של תורה[14]. כיצד אם כן אומרת הברייתא שלעולם אין האשה מפסידה את כתובתה כדי לשלם את דמי חבלתה?

מכח קושיא זו, הגמרא מפרשת את הברייתא בדרך אחרת:

אָמַר רָבָא: סֵיפָא אֲתָאן לִכְתוּבַּת בְּנִין דִּכְרִין — בסיפא של הברייתא באנו לדיון בכתובת בנים זכרים[15]. **וְהָכִי קָתָנֵי** — וזהו מה שהברייתא באה ללמדנו: **כְּשֵׁם שֶׁאשה הַמּוֹכֶרֶת כְּתוּבָּתָהּ לַאֲחֵרִים לֹא הִפְסִידָה כְּתוּבַּת בְּנִין דִּכְרִין**[16], **מַאי טַעְמָא** — מהו הטעם? **זוּזֵי הוּא דְּאַנְסוּהָ** — מפני שהזוזים, דהיינו, הצורך שלה למעות, אנסו אותה למכרה, ולא התכוונה לוותר על זכותה שבניה יירשו את כתובתה אחרי מות בעלה[17], **כָּךְ מוֹכֶרֶת כְּתוּבָּתָהּ לְבַעְלָהּ**, גם היא **לֹא הִפְסִידָה כְּתוּבַּת בְּנִין דִּכְרִין, מַאי טַעְמָא** — מהו הטעם? **זוּזֵי הוּא דְּאַנְסוּהָ** — מפני שגם בזה יש לומר שהזוזים, דהיינו, הצורך שלה למעות, אנסו אותה למכרה, ולא התכוונה לוותר על זכותה שבניה יירשו את כתובתה[18].

נמצא שאין שום ראיה מהברייתא שאין האשה מפסידה את כתובתה במקרה שחבלה בבעלה[19].

הערות

לפחות ממנה בשום אופן, כדי שלא תהא קלה בעיניו להוציאה (חידושי הראב"ד ורשב"א).]

12. עשרים וחמשה סלעים שוים מנה אחד, שהוא הסכום של כתובת בעולה. הגמרא נוקטת לדוגמא את דמי הכתובה הפחותים ביותר (רש"י; אבל עיין רשב"א).

מכיון שאם יגרש אותה יצטרך לשלם לה עשרים וחמשה סלעים כדי לגבות מהם ארבעה זוזים בלבד, לכן אין היא קלה בעיניו להוציאה. משום כך, אין לחייב אותה להקנות את כתובתה לו בטובת הנאה, שבכך היינו גורמים שאכן תהא קלה בעיניו להוציאה. [אף על פי שאמרנו לעיל (הערה 9) שכל שהיא גרמה את ההפסד לעצמה אין איסור לקיימה גם אם לא יהיה לה תשלום הכתובה, בכל זאת אין בית דין מחייבים אותה לעשות מה שיגרום לה להיות יותר קלה בעיניו להוציאה. לכן במקרה זה האחרון של הגמרא, אין מחייבים אותה למכור לבעלה את כתובתה, משום שאז תהיה קלה בעיניו לגמרי להוציאה, ואילו עכשיו אין היא קלה לגמרי להוציאה, שהרי אם יגרשנה יצטרך לשלם לה רוב כתובתה.]

הגמרא נוקטת דוגמא שבה דמי החבלה היו מועטים מאוד (ארבעה זוזים) ביחס לעיקר הכתובה (מאה זוז). על פי זה היה נראה שאם חבלתה מרובה יותר, אף על פי שהיא פחותה מעיקר כתובתה, עליה למכור את כתובתה לבעלה בטובת הנאה, משום שגם אם לא תמכרנה לבעלה היא קלה בעיניו להוציאה, אחרי שאינו צריך להוציא סכום כל כך גדול כדי לגרשה (ראה מאירי בשם יש חולקים, כעין זה). אולם הרמ"ה (מובא בשיטה מקובצת) כתב שכל שהחבלה פחותה מהכתובה אין מחייבין אותה למכור כתובתה לבעלה בטובת הנאה, כדי שלא תהא קלה בעיניו להוציאה. שכל שהכתובה מרובה מהחבלה אינה קלה בעיניו להוציאה, ורק כשהחבלה שוה לכתובה, שגם אם לא תמכרנה לבעלה היא קלה בעיניו להוציאה, אז מחייבין אותה למכור את כתובתה לבעלה בטובת הנאה (וראה רא"ש). אולם דעת המאירי היא שרק בחבלה מועטת מאוד, בשיעור שנקטה הגמרא (אחד מעשרים וחמשה), אין היא קלה בעיניו להוציאה. אלא, שמכיון שבמקרה זה אין מחייבין אותה למכור את כתובתה לבעלה בטובת הנאה, לכן אף במקרה שהחבלה מרובה אפילו בשיעור הכתובה, אין מחייבין אותה למכור, שאין עושים תקנות לשיעורין. ורק אם יש תוספת או נדוניא, אז מחייבין אותה למכור את התוספת או הנדוניא בטובת הנאה (וראה רמב"ם הלכות חובל ומזיק ד, יח).

13. הגמרא מבינה כעת שהכוונה היא שכשם שאשה נשואה אינה יכולה למכור את כתובתה לגמרי [שהלוקח יגבה את הכתובה גם אם האשה תמות בחיי בעלה], כך אי אפשר לחייב אותה להפסיד את כתובתה [על ידי מכירתה בטובת הנאה] כדי לשלם מה שהזיקה (רש"י, על פי קיקיון דיונה; וראה כוס הישועות ונחלת ישראל לפירושים אחרים ברש"י).

14. [הגמרא היתה יכולה להקשות קושיא זו גם ממקרה שדמי החבלה שוים לדמי הכתובה או יתירים עליה, שכן גם במקרה זה הסקנו לעיל שמחייבים אותה למכור את הכתובה לבעלה (כובע ישועה).]

15. [קטע זה של הברייתא שהובא בקושיית הגמרא הוא הסיפא של ברייתא שהובאה בתחילת העמוד: "וכן היא שחבלה בבעלה לא הפסידה כתובתה".] רבא משיב שהקטע האחרון של הברייתא אינו עוסק באותו מקרה שקודמו עוסק, אלא במקרה אחר — בכתובת בנים זכרים.

אחד מתנאי הכתובה הוא "כתובת בנין דכרין". תנאי זה מחייב שאם תמות האשה בחיי בעלה, והבעל יירש את כתובתה, כשימות הבעל בניה יירשו את כתובתה [עיקר הכתובה, והתוספת, ונכסי צאן ברזל] מנכסיו לפני שיחלקו את שאר הנכסים עם אחיהם מנשים אחרות (משנה, כתובות נב, ב, הובאה ברש"י כאן בלשונה). תנאי זה נוגע לאיש שנשא שתי נשים, באחד מהמקרים הבאים: (א) שכתובתה של אשה אחת מרובה משל חברתה. אם מתו שתי הנשים בחיי הבעל, וירש הבעל את כתובתן, אין הכתובות בטלות, אלא כאשר מת הבעל, הבנים של כל אחת מהנשים נוטלים את כתובת אמם ואת נדונייתה, ואחר כך מחלקים את שאר הנכסים בשוה. נמצא שאם כתובת האחת היתה מרובה משל חברתה, יטלו בניה בירושה מנכסי אביהם יותר מבני האשה האחרת. [לדוגמא, אם כתובתה של האשה הראשונה היתה אלף זוז, ושל השניה מאתיים זוז, ובשעת מיתתו של הבעל הניח לבניו אלפיים זוז, בני הראשונה יטלו אלף זוז, ובני השניה מאתיים זוז, ושמנה מאות זוז יחלקו כל הבנים בשוה.] (ב) שאחת מהן מתה בחיי בעלה, והשניה אחריו. במקרה זה בני השניה אינם יכולים לטעון שרק להם יש זכות לגבות את כתובת אמם, משום שאמם התאלמנה ומגיעה לה כתובתה והם יורשים זכות זו, ואילו בני הראשונה לא יגבו את כתובת אמם, משום שמעולם לא היתה לה זכות לגבות את כתובתה. אלא גם בני הראשונה גובים את כתובת אמם. [נפקא מינה זו נוגעת גם כשדמי הכתובות שוים] (רש"י).

במשנה בכתובות (שם) מביא רש"י עוד נפקא מינה, דהיינו, כששתי הכתובות שוות, אלא שבניה של אחת מהנשים מרובים משל חברתה. כיון שמדין כתובת בנין דכרין כתובתה של כל אחת מהן נופל רק לבניה, כל אחד מהקבוצה הקטנה יירש חלק גדול יותר משל בניה של האשה השניה.

16. כפי שלמדנו לעיל, אשה שמכרה כתובתה בטובת הנאה, ומתה בחיי בעלה, בעלה יורשה והלוקח מפסיד (וזוהי תקנת אושא). ופסק רבא (בכתובות נג, א) שלאחר שמת הבעל, בניה יורשים את כתובתה, ואין בני השניה יכולים לומר שבזה שאמם מכרה את כתובתה היא פשעה בה, וויתרה מדעתה על כל זכויותיה בכתובתה [וביניהן, כתובת בנין דכרין].

17. כלומר, בניה יכולים להשיב שאמם נאלצה למכור את כתובתה משום שהיתה צריכה למעות, ולכן, אף על פי שויתרה במכירתה על זכותה לגבות את כתובתה במקרה שבעלה ימות בחייה או יגרשנה, לא התכוונה באותה מכירה לוותר על זכות בניה לירש כתובתה במקרה שהיא תמות בחיי בעלה, והלוקח יפסיד (רש"י; וראה רש"י כתובות שם ד"ה יש לבניה כתובת בנין דכרין; וראה מאירי כאן).

18. היה מקום לומר שמכיון שהכתובה בידו, והוקל בעיניה להחליטו בה, שלעולם לא יצטרך לשלם את כתובתה, לא לה ולא לאחרים, לכן ויתרה בזה על כל זכויותיה בכתובתה, ואין לה כתובת בנין דכרין (ראה רש"י כתובות שם ד"ה או כמוחלת; וראה גם תוספות רבינו פרץ כאן). משום כך באה הברייתא ללמדנו שהדין אינו כן, אלא גם במכירה לבעלה אנו אומרים שאף על פי שויתרה על זכותה לגבות את כתובתה במקרה שתתאלמן או תתגרש, לא ויתרה על שום זכות אחרת, שכן לא מכרה את כתובתה אלא משום שנאלצה לכך, מחמת חסרון מעות.

[אף על פי שאין אשה רשאית למכור את כתובתה לבעלה לפי רבי מאיר, שלא תהא קלה בעיניו להוציאה, הברייתא מלמדת שאם עברה ומכרה לו, אין היא מפסידה את כתובת בנין דכרין שלה (תוספות בפירוש ראשון).]

19. בזה מסתיים הדיון באשה שחבלה בבעלה.

לסיכום: (א) אם יש לכתובתה תוספת על עיקר הכתובה, מחייבים את האשה למכור לבעלה את התוספת בטובת הנאה, כדי לפרוע את דמי חבלתה. כיון שעיקר הכתובה לא נמכר, ואם יגרשנה בעלה יצטרך לשלם אותה, אין היא קלה בעיניו לגרשה.

(ב) אם אין בכתובתה תוספת, לדעת הרמ"ה הדין תלוי בסכום דמי החבלה: אם דמי החבלה שוים לדמי הכתובה או יתרים עליהם, אנו מחייבים אותה להקנות את כתובתה לבעלה בטובת הנאה, מכיון שגם אם לא תעשה כן תהא קלה בעיניו לגרשה. ורק אם דמי החבלה פחותים מכתובתה, אין היא משלמת כלום ומחזיקה בכתובתה (עד שתתגרש או תתאלמן). אולם לדעת הרמב"ם והמאירי אם אין בכתובה תוספת

דאי מחלה לגבי בעל לא קא מפסיד דהשתא נמי לא מידי קא יהבה ליה סוף סוף כל לגבי בעל ודאי מחלה ואטרוחי בי דינא בכדי לא מטרחינן אלא הא דתניא [א] וכן היא שחבלה בבעלה לא הפסידה כתובתה אמאי תזבנינה ניהליה לכתובתה לבעלה בטובת הנאה בהא חבלה דאי מחלה לגבי בעל ליכא פסידא הא ודאי ר"מ היא [ב] דאמר [ג] אסור לאדם שישהא את אשתו אפילו שעה אחת בלא כתובה וטעמא מאי כדי שלא תהא קלה בעיניו להוציאה הכא מגרש לה וגבי ליה בחבליה מינה אי הכי השתא נמי [א] מגרש לה וגבי ליה בחבליה מינה כגון דנפיש כתובתה דמשום ההוא פורתא לא מפסיד טובא ואי דנפישא כתובתה מכתובה דאורייתא נוקמא אכתובה דאורייתא ואידך [ב] תזבנה ניהליה בחבליה כגון דלא נפישא כתובתה מכתובה דאורייתא דהוי חבליה ארבעה זוזי דמשום ארבעה זוזי לא מפסיד עשרים וחמשה אלא הא דתניא [ג] כשם שלא תמכור והיא תחתיו כך לא תפסיד והיא תחתיו והא זימנין משכח לה דמפסדא והיכי דמי כגון דנפישא כתובתה מכתובה דאורייתא אמר רבא סיפא אתאן לכתובת בנין דכרין והכי קתני כשם שהמוכרת כתובתה לאחרים [ג] לא הפסידה כתובת בנין דכרין מאי טעמא זוזי הוא דאנסוה [ד] כך מוכרת כתובתה לבעלה לא הפסידה כתובת בנין דכרין מ"ט זוזי הוא דאנסוה לימא תקנת אושא תנאי היא דתני חדא עבדי מלוג יוצאין בשן ועין לאשה אבל לא לאיש ותניא אידך [ה] לא לאיש ולא לאשה סברוה דכולי עלמא קנין פירות לאו כקנין הגוף דמי מאי לאו בהא קא מיפלגי דמאן דאמר לאשה לית ליה תקנת אושא ומ"ד לא לאיש ולא לאשה אית ליה תקנת אושא לא דכולי עלמא אית להו תקנת אושא אלא כאן קודם תקנה כאן לאחר תקנה ואי בעית אימא אידי ואידי לאחר תקנה ואית להו תקנת אושא אלא למאן דאמר לאשה ולא לאיש מאי טעמא כדרבא דאמר רבא

הקדש

רש"י

ה"ג דהשתא נמי לא מידי קא יהבה ליה: אי דנפישא כתובתה מכתובה דאורייתא. שכתב לבתולה יותר ממאתים ולאלמנה יותר ממאה הראויה לה מן התורה אמאי לא הפסידה: נוקמא אכתובה דאורייתא. משום דרבי מאיר אסר לשהות עם אשתו אפילו שעה אחת בלא כתובה ותוספת תזבין לבעלה בטובת הנאה ותיתב ליה בחבליה: כ"ה. סלעים והוא מנה מאה זוז כתובת אלמנה ופחותה שבכתובות נקט: כשם שלא תמכור. קס"ד הכי קאמר כשם שאינה יכולה למכור בעודה תחתיו כך לא תפסיד מכתובתה כלום בשביל שום חבלה ונזק שתזיק בעודה תחתיו: כתובת בנין דכרין. בפרק נערה שנתפתתה (כתובות ד' נב:) בנין דכרין דיהוו ליכי מנאי אינון יהוון ירתון כסף כתובתיך יתר על חולקיהון דעם אחוהון היו לו שתי נשים וכתובת האחת גדולה משל חבירתה ומתו שתיהן בחייו וירשן או אחת בחייו וירשה אעפ"כ לא בטלה כתובתה אלא בניה אם יש לה בן זכר הימנו וכשבאין לחלוק בניו בנכסיו אחר מותו נוטלין אלו כתובת אמן ואלו כתובת אמן והשאר חולקין בשוה ואין יכולין בני הקיימת לומר אנו ניטול כתובת אמנו שהיא כבעלת חוב ואתם אל תטלו שאין לאמכם כתובה שהרי בעלה ירשה וקיי"ל התם דהמוכרת כתובתה לאחר בטובת הנאה ומתה בחיי בעלה וירשה מפסיד הלוקח אעפ"כ לא הפסידו בניה כתובת בנין דכרין ולא יאמרו בני חבירתה אמכם פשעה בה שאילו היתה קיימת לא היתה גובה שהרי לקוחות היו גובין אותה משום דאמרי להו זוזי אנסוה שהיתה צריכה למעות ולא לאפסדינהו נתכוונה: בשן ועין לאשה. הפילה היא את שינו וסימאה את עינו: אבל לא לאיש. סימא בעלה את עין העבד או הפיל את שינו לא יצא לחירות לפי שאין גופו קנוי לו: סברוה. בעלמא תרוייהו הני תנאי סבירא להו קנין פירות לאו כקנין הגוף דמי והכא היינו טעמא דמאן דאמר לא לאיש ולא לאשה דאית ליה תקנת אושא הלכך משום איש לא נפקי דלא קני להם לגופייהו ממש משום אשה נמי לא נפקי דאלים שעבודיה למהוי כקנין הגוף: קודם תקנה. הוי שעבודיה קיל כשאר קנין פירות דקיס לן דלאו כקנין הגוף דמי:

הקדש

תוספות

היא שחבלה בבעלה קשה דתזבין לאחר והבעל יכתוב ברצון שטר בשמו כדי שיגבה חבלתו ותירץ ר"י דכיון שאין הכתובה בשם האשה הרי הוא כאילו משהה אשתו בלא כתובה אע"פ שאין קלה בעיניו להוציאה וא"ת כיון דכל גבי בעלה ודאי מחלה מאי קאמר לעיל אומדין כמה אדם רוצה ליתן בכתובה של זו כו' שום אדם לא יקנה אותה כיון דודאי מחלה ויכולין עדים לומר מאי אפסדינך כדקאמר לעיל אם טובת הנאה לבעל וי"ל דיכולה לעשות קיום במשכונות או בערבות או בנדר או בשבועה שלא תמחול אבל כאן אם יש לה תשלם ואם אין לה אין משועבדת לניזק לעשות לו קיומים כ"ע:

ואפי' מחלה לגבי בעל לא מיפסד קמפסיד. וא"ת והא ודאי מיפסד קמפסיד דכי לא תמכור יגבה חבלתו אם תתאלמן או תתגרש וכשתמכור ותמחול לבעלה יפסיד הכל וי"ל כיון שעכשיו לא היתה נותנת לו כלום אפילו לא מחלה ממה שמחלה אינו כל כך הפסד כיון שלא יהיה לו כלום עכשיו ולאחר זמן נמי שמא תמות וירשנה בעלה:

בדנפישא כתובתה מחבלה. וא"ת מעיקרא נמי איירי בנפישא כתובתה מחבלה דקאמר תזבין כתובתה בטובת הנאה ותיתיב ליה בחבלה וי"ל דמקלת חבלה קאמר ואם תתאלמן או תתגרש יגבה השאר ממקום אחר:

כגון דלא נפישא כתובתה מכתובה דאורייתא. וא"ת והשתא היכי מתוקמא כר"מ והלא פוחת לה ממנה או ממאתים ובעילתו בעילת זנות לרבי מאיר (כתובות דף נד:) וי"ל (כגון) דהיא גורמת להפסיד לעצמה:

לא מפסיד עשרים וחמשה זוזי. ל"ג זוזי דלמאי דגרס זוזי צ"ל דאיירי בכתובת בתולה וכ"ה זוזי צוריים הם מאתים זוז מדינה וליתא דבריש ארבעה וחמשה (לעיל ד' לו: ושם [ד]) הוכחנו דמאתים של בתולה הם מאתים זוזי צורי ([ה] והכא ל"ג זוזי) ולא מפסיד כ"ה היינו כ"ה סלעים של אלמנה ואף על גב דכתובתה דרבנן אין להקפיד על הא דנקט כתובה דאורייתא:

כשם שלא תמכור והיא תחתיו. פרש"י כשם שאין יכולה למכור כתובתה בעודה תחתיו כך לא תפסיד מכתובתה כלום בשביל שום חבלה ונזק שתזיק בעודה תחתיו ואין נראה לר"י דהא לעיל אמר ובכל דוכת' תזבין לכתובתה בטובת הנאה ואפילו כשהיא תחת בעלה ונראה לר"י כשם שלא תמכור בשביל שחבלה באחרים בעודה תחתיו כדאמר לעיל דלגבי בעלה ודאי מחלה כך לא תפסיד והיא תחתיו כלומר לא תמכור כתובתה לבעלה בשביל שחבלה בו והא דנקט מכירה גבי אחרים והפסד גבי בעלה משום דלגבי אחרים אין יכולה להפסיד כשמוכרת להן בטובת הנאה של כתובה אבל לגבי בעל שמכרה לבעלה בטובת הנאה יגרשנה מיד וירויח הכל והיא תפסיד: **אמר** רבא סיפא אתאן לכתובת בנין דכרין. תימה דלא מייתי הך ברייתא בסוף נערה שנתפתתה (כתובות דף נג.) דבעי רבא מוכרת כתובתה לבעלה כמוכרת לאחרים דמי או לא מיהו התם נמי קאמר בתר דבעי הדר פשטה דכמוכרת לאחרים דמי ושמא מתוך ברייתא זו פשטה ולפי שאין כ"כ פשוטה לא הביאה שם: **כך** מוכרת כתובתה לבעלה לא הפסידה כתובת בנין דיכרין. אע"ג דאינה יכולה למחול כתובתה לבעלה לרבי מאיר מ"מ יכולה היא למכור ואע"ג דאסור להשהותה לרבי מאיר בלא כתובה וכן קי"ל מ"מ השמיענו בברייתא את הדין דאם אירע כן שמכרתה לבעלה לא הפסידה כתובת בנין דכרין א"נ במכרה התוספת איירי:

מאי טעמא כדרבא כו'. השתא משמע דשחרור דשן ועין מפקיע מידי שעבוד כמו שטר שחרור ותימה דביבמות פרק אלמנה (דף סו: ושם) פליגי במכנסת שום לבעלה היא אומרת כלי אני נוטלת והוא אומר דמים אני נותן רב יהודה אמר הדין עמה משום שבח בית אביה רבי אמי אומר הדין עמו וקאמר תניא כוותיה דרבי אמי עבדי צאן ברזל יוצאין בשן ועין לאיש אבל לא לאשה ומה ראיה היא לר' אמי בהא אפי' רב יהודה מודה כיון דמחוסרת גוביינא אתי שחרור מפקיע מידי שעבוד כדאמר התם גבי איצטלא דמילתא דפרסוה אמיתנא דמודה רב יהודה דקנייה מיתנא דכיון דמחסרא גוביינא אתי הקדש מפקיע שעבוד ושמא אותו שהביא תניא כוותיה דר' אמי היה (א) בנאה בריה דרבא שלא היה חושבה מחוסרת גוביינא כיון דאין יכול לסלקה במילתא אחריתי:

הקדש

עין משפט נר מצוה

עג א ב מיי' פ"ד מהלכות חובל ומזיק הלכה יח סמג עשין ע טוש"ע ח"מ סימן תכד סעיף י:

עד ג ד מיי' פי"ז מהלכות אישות הלכה יט סמג עשין מח טוש"ע אה"ע סימן קה סעיף ד:

עה ה מיי' פ"ה מהל' עבדים הלכה טז סמג עשין כז טוש"ע י"ד סימן רסז סעיף לח:

הגהות הב"ח

(א) תוס' ד"ה מאי טעמא וכו' כוותיה דר' אמי היה סבור כנאנאי בריה דר' יוסף בריה דרבא שלא:

מסורת הש"ס

א) [תוספתא פרק ט' ה"ח], ב) [כתובות נז.], ג) [תוספתא פרק ט'], ד) [ד"ה ושם], ה) נ"א וה"ג.

גליון הש"ס

גמ' דאמר אסור לאדם שישהא. עיין כתובות דף לט ע"ב תוד"ה טעמא:

ליקוטי רש"י

אסור לו לאדם שישהא את אשתו. שאבדה שטר כתובתה ואפי' אית לה דלא מפסדא בהכי דגביא בתנאי ב"ד מיהא לא סמכא דעתה דאמרה כי תבענא ליה אמר פרעתיך הלכך בעילת זנות היא [כתובות נז.]. **כתובות בנין דכרין.** דיהוו ליכי מינאי אינון ירתון כסף כתובתיך יתר על חולקהון דעם אחוהון. בני אשה אחרת אם תמותי בחיי ואירשך יטלו בניך כתובתיך ונפקא מינה שמא מרובה היא או שמא יהו בני אשה האחרת מרובים ובניך מועטים וטוב להן שיטלו כתובת אמן והמרובים כתובת אמן ואפי' הכתובות שוות [כתובות נב:]. **קנין פירות לאו כקנין הגוף.** כלומר לאו כאילו קנה גופו [רשב"ם ב"ב נ.]. **בכדי.** בחנם [תענית ה:].

הגמרא ממשיכה לדון בתקנת אושא:

לֵימָא תַּקָּנַת אוּשָׁא תַּנָּאֵי הִיא — האם נאמר שתקנת אושא שנויה במחלוקת תנאים? **דְּתָנֵי חֲדָא** — ששנינו בברייתא אחת: **עַבְדֵי מְלוֹג יוֹצְאִין** לחירות **בְּ**הפלת **שֵׁן וְעַיִן לְאִשָּׁה** — על ידי האשה, שאם האשה הפילה להם את השן או את העין הם יוצאים לחירות, **אֲבָל לֹא לְאִישׁ** — אבל אינם יוצאים לחירות אם האיש הפיל להם את השן או את העין[20]. **וְתַנְיָא אִידָךְ** — ושנינו בברייתא אחרת: **לֹא לְאִישׁ וְלֹא לְאִשָּׁה** — עבדי מלוג אינם יוצאים לחירות בין כשהפיל האיש את השן או את העין ובין כשהפילה אותה האשה[21]. **סַבְרוּהָ** — אלו שהביאו את הברייתות להוכיח שתקנת אושא שנויה במחלוקת סברו, **דְּכוּלֵּי עָלְמָא** — שהכל [שני התנאים] סוברים שבדרך כלל **קִנְיַן פֵּירוֹת** שיש לאדם בנכסים **לַאו כְּקִנְיַן הַגּוּף דָּמֵי** — אינו נחשב כקנין גוף הנכסים[22]. **מַאי לַאו בְּהָא קָא מִיפְלְגֵי** — ואם כן, האם לא בדבר זה נחלקו? **דְּמַאן דְּאָמַר לְאִשָּׁה** — שהתנא האומר שהעבד יוצא לחירות כשהפילה האשה את השן או את העין, **לֵית לֵיהּ תַּקָּנַת אוּשָׁא** — אינו סובר כתקנת אושא, ולכן קנין הפירות של הבעל אינו שונה מכל קנין פירות, ואין דינו כקנין הגוף. **וּמַאן דְּאָמַר** — ומי שאומר שאין העבד יוצא לחירות **לֹא לְאִישׁ וְלֹא לְאִשָּׁה** — בין שהפיל האיש את השן או את העין ובין שהפילה אותה האשה, **אִית לֵיהּ תַּקָּנַת אוּשָׁא** — סובר כתקנת אושא, שלפיה חיזקו חכמים קנינו של הבעל שיהא כקנין הגוף[23]?

הגמרא חולקת וסוברת שאין זה מוכרח שבזה נחלקו:

לֹא, יתכן **דְּכוּלֵּי עָלְמָא אִית לְהוּ תַּקָּנַת אוּשָׁא** — שהכל סוברים כתקנת אושא. **אֶלָּא כָּאן**, בברייתא הראשונה מתייחס התנא לתקופה ש**קוֹדֶם הַתַּקָּנָה**, ואילו **כָּאן** — בברייתא השניה מתייחס התנא לתקופה ש**לְאַחַר הַתַּקָּנָה**.

אפשרות נוספת:

וְאִי בָּעֵית אֵימָא — ואם תרצה אמור: **אִידִי וְאִידִי** — שני התנאים מתייחסים לתקופה ש**לְאַחַר הַתַּקָּנָה, וְאִית לְהוּ תַּקָּנַת אוּשָׁא** — ושניהם סוברים כתקנת אושא. **אֶלָּא, לְמַאן דְּאָמַר "לְאִשָּׁה וְלֹא לְאִישׁ", מַאי טַעְמָא** — מה טעמו? משום שאותו תנא סובר **כִּדְרָבָא. דְּאָמַר רָבָא:**

הערות

20. אם אדונו של עבד כנעני או שפחה כנענית הוציא את שינו או עינו של עבדו או שפחתו, הם יוצאים לחירות (שמות כא, כו-כז). הברייתא מלמדת שאם הכניסה אשה לבעלה עבד כנכסי מלוג, שבמקרה זה הוא עובד לבעל וגופו שייך לאשה, אם הפילה האשה את שינו או סימאה את עינו, יוצא העבד לחירות, אולם אם הפיל הבעל את שינו או סימא את עינו, אין העבד יוצא בכך לחירות, לפי שאין גופו קנוי לו [אלא לאשה] (רש״י).

21. אף על פי שגופו של העבד שייך לאשה, סוברת ברייתא זו שזכות ה״פירות״ שיש לבעל בעבד גורמת שהמעשה של האשה בעבד אינו מוציאו לחירות.

22. כפי שסובר ריש לקיש (ראה לעיל פח, ב הערה 17).

23. הברייתא שאומרת שאין העבד יוצא לחירות ״לא לאיש ולא לאשה״ סוברת שאף על פי שבדרך כלל קנין פירות אינו כקנין הגוף, מכל מקום קנין הפירות של בעל בנכסי מלוג אשתו נחשב כקנין הגוף מכח תקנת אושא, שחיזקו את קנינו שיהיה כקנין הגוף (״אלמוה רבנן לשיעבודיה״). ולכן אומרת הברייתא שאין העבד יוצא לחירות לא לאיש ולא לאשה — לא לאיש, משום שאין גוף העבד קנוי לו ממש אלא לאשה (ראה תוספות להלן צ, א ד״ה רבי בפירושו הראשון; ראה גם תוספות רבינו פרץ כאן ד״ה קסבר), ולא לאשה, משום שקנין הפירות של האיש, שחוזק בתקנת אושא ונחשב כקנין הגוף (רש״י על פי קצות החושן קג, ט, וחידושי הראב״ד; וראה לעיל פח, ב הערה 23). אולם הברייתא שאומרת שהעבד יוצא לחירות ״לאשה ולא לאיש״ אינה סוברת את תקנת אושא, אלא סוברת שקנין פירות של בעל בנכסי מלוג אינה שונה מסתם קנין פירות שאינו כקנין הגוף, ולכן קנין הגוף של העבד שייך רק לאשה, ורק היא מוציאה את העבד לחירות בשן ועין (רש״י). וראה תוספות רי״ד.

אינה מוכרת את כתובתה (ראה לעיל הערה 14).

(ג) אכן כל זה הוא במקרה שאין לה נכסי מלוג או נכסי צאן ברזל. אולם אם יש לה, עליה למכרם בטובת הנאה (לבעלה או לקונה אחר) כדי לשלם את מה שהיא חייבת (וראה שלחן ערוך חושן משפט תכד, י, ורמ״א שם, וסמ״ע שם יח).

הֶקְדֵּשׁ חָמֵץ וְשִׁחְרוּר מַפְקִיעִין מִידֵי שִׁיעְבּוּד — מי שעשה את שורו, או חמצו, או עבדו "אפותיקי" (שייחדם שיגבה מהם המלוה את חובו, אם לא יפרע לו ממקום אחר), ואחר כך הקדיש את שורו לקרבן, או הגיע ערב פסח האוסר חמץ בהנאה, או שחרר את עבדו, חל ההקדש על השור, והאיסור על החמץ, והשחרור על העבד, ומפקיעים את השיעבוד, ולא יוכל המלוה לגבות מהם את חובו[1]. לכן בענינינו, כיון ששחרור עבד כנעני מפקיע מידי שיעבוד, מעשה האשה המוציא את העבד לחפשי מפקיע את שיעבודו של הבעל על העבד[2].

שואלת הגמרא:

לֵימָא דְּרָבָא תַּנָּאֵי הִיא — האם נאמר שהוראת רבא שנויה במחלוקת תנאים[3]?

משיבה הגמרא:

לֹא, דְּכוּלֵּי עָלְמָא אִית לְהוּ דְּרָבָא — יתכן שהכל סוברים כהוראת רבא, **וְהָכָא אַלִּמוּהָ רַבָּנָן לְשִׁיעְבּוּדָא דְּבַעַל** — אבל כאן חיזקו חכמים את שיעבודו של הבעל על ידי תקנת אושא, כך שאינו נפקע על ידי שחרור[4].

אפשרות שלישית:

וְאִיבָּעִית אֵימָא — ואם תרצה אמור **דְּכוּלֵּי עָלְמָא לֵית לְהוּ לְהָנֵי תַּנָּאֵי תַּקָּנַת אוּשָׁא** — שהכל מודים שאותם תנאים אינם סוברים את תקנת אושא[5], **וְהָכָא בְּקִנְיַן פֵּירוֹת כְּקִנְיַן הַגּוּף דָּמֵי קָמִיפַּלְגֵי** — וכאן נחלקו אם קנין פירות הוא כקנין הגוף או לא[6].

הגמרא מביאה מחלוקת דומה:

וּבִפְלוּגְתָּא דְּהָנֵי תַּנָּאֵי — והם נחלקו באותה מחלוקת שבה נחלקו התנאים האלו: **דְּתַנְיָא** בברייתא: **הַמּוֹכֵר** את **עַבְדּוֹ** הכנעני **לְאַחֵר, וּפָסַק** המוכר **עִמּוֹ** — עם הקונה **עַל מְנָת שֶׁיְּשַׁמְּשֶׁנּוּ** — שימשיך העבד לשמש את המוכר **שְׁלֹשִׁים יוֹם**[7], **רַבִּי מֵאִיר אוֹמֵר:** אם הכהו האדון **הָרִאשׁוֹן** בתוך אותם שלושים יום, ולא מת העבד תחת ידו מיד, אלא לאחר עשרים וארבע שעות משעת ההכאה, הרי זה **יֶשְׁנוֹ בְּדִין "יוֹם אוֹ יוֹמַיִם"**, ואינו נהרג עליו[8], **מִפְּנֵי שֶׁהוּא** [העבד] עדיין **תַּחְתָּיו**[9].

הגמרא מפסיקה את הברייתא כדי לבאר את דעתו של רבי מאיר:

קָסָבַר רבי מאיר שקִנְיַן **פֵּירוֹת** שיש לאדם בחפץ מסויים, **כְּקִנְיַן הַגּוּף דָּמֵי** — הרי זה כאילו יש לו קנין בגוף החפץ עצמו[10].

הברייתא ממשיכה:

רַבִּי יְהוּדָה אוֹמֵר: שֵׁנִי יֶשְׁנוֹ בְּדִין "יוֹם אוֹ יוֹמַיִם", מִפְּנֵי שֶׁהוּא כַּסְפּוֹ[11].

הערות

1. אפילו כשעושה הלוה חפץ אפותיקי, אין הוא שייך למלוה עד שיגבנו, ולפני כן הוא רק משועבד למלוה לגביית חובו. ולכן השיעבוד נפקע מהחפץ בשלשת המקרים הבאים אף על פי שהחוב עדיין קיים. [תוספות (גיטין מ, ב ד"ה הקדש) מבארים שרבא הולך בזה לשיטתו בפסחים (ל, ב — לא, א) שהחפץ המשועבד למלוה נעשה של המלוה רק משעת גבייתו ואילך, ולא למפרע.]

(א) **הקדש**. אם אדם שִׁיעבד את שורו לבעל חובו, ואחר כך הקדישו למזבח, הקדושה חלה ומפקיעה את שיעבודו של בעל החוב מהשור, וגובה הוא את חובו מנכסים אחרים שביד הלוה. השור אינו נחשב כגזול מבעל החוב [שייפסל למזבח מחמת זה], משום שלא היה שייך למלוה אלא רק משועבד לו.

[רש"י מבאר שהקדשת החפץ מפקיעה מידי שיעבוד רק כשהוקדש קדושת הגוף, דהיינו למזבח. אבל קדושת דמים (כגון, קדושת בדק הבית, או קדושה להימכר ולהביא בדמיו קרבן) אינה מפקיעה את שיעבודו, כפי ששנינו בערכין כג, ב (אולם ראה רבינו תם בתוספות גיטין שם, ורמב"ם הלכות ערכין ז, יד, והלכות מלוה ולוה יח, ז). בטעם החילוק בין קדושת דמים לקדושת הגוף, עיין תוספות כאן ובגיטין שם, ובביאור דבריהם בקהלות יעקב גיטין לא וערכין י; אולם ראה קובץ הערות, יבמות נב, ה, י. ועיין עוד רש"י פסחים ל, ב ד"ה כולי, וערכין כג, ב ד"ה אלא; קצות החושן קיז, ב; אחיעזר ג, מא, ב. וראה עוד נקודות הכסף על טורי זהב יורה דעה רלד, נט.

רש"י מוסיף שאיסור הנאה של תכריכי המת נחשב כקדושת הגוף בהקדש, ואם הלוה פרס על המת את תכריכי המת המשועבדים לבעל חוב, נאסרים הם בהנאה, ושיעבוד המלוה נפקע מהם (עיין יבמות סו, ב).]

(ב) **חמץ**. חמץ של ישראל שעבר עליו הפסח נאסר בהנאה לעולם, ואילו חמצו של נכרי מותר לאחר הפסח (עיין משנה פסחים כח, א). אם ישראל לוה מנכרי, וייחד לו חמץ לאפותיקי, כשמגיע זמן איסור ההנאה של החמץ, מפקיע האיסור את השיעבוד, והישראל חייב לבערו (רש"י).

אולם זהו רק במקרה שהחמץ נשאר אצל הישראל, שאז הוא רק משועבד לנכרי מכיון שהוא מחוסר גבייה. אבל כשמסרו הישראל לנכרי כמשכון, שאינו מחוסר גבייה, והוא קנוי לגוי לגמרי ולא משועבד, אין הוא נאסר בפסח בהנאה, והוא מותר לגמרי לאחר הפסח (רש"י; ראה פסחים ל, ב לפרטים נוספים).

(ג) **שחרור**. לוה שעשה את עבדו אפותיקי לבעל חובו, ואחר כך שחרר את עבדו, הריהו משוחרר, והמלוה גובה חובו מנכסים אחרים (רש"י).

2. אף על פי שתקנת אושא חיזקה את שיעבודו של הבעל בנכסי מלוג של אשתו, שהקנין פירות שלו יחשב כקנין הגוף, מכל מקום אם האשה הוציאה לעבד שן או עין, שיעבודו של הבעל נפקע והעבד יוצא לחירות, כמו שהלוה יכול לשחרר בגט שחרור את עבדו המשועבד למלוה.

3. שכן הברייתא השניה, שאומרת שאין העבד משתחרר על ידי מעשיה של האשה, לכאורה חולקת על דבריו ששחרור מפקיע מידי שיעבוד.

4. הברייתא השניה, שאומרת שאין העבד משתחרר על ידי מעשיה של האשה, סוברת שתקנת אושא חיזקה את כוחו של הבעל כך שלא רק שקנין הפירות שלו יחשב כקנין הגוף, אלא שגם יחשב כלוקח ראשון על הגוף בחייה, ולכן אין האשה יכולה לשחרר את העבד (פני יהושע על פי רש"י כתובות נט, ב ד"ה אלמוה; וראה לעיל פח, ב הערה 28; וראה חידושי חתם סופר, בסוף ספר מוצל מאש).

5. ושיעבודו של בעל הוא כשאר קנין פירות שיש לאדם בנכסי חבירו (רש"י).

6. הברייתא הראשונה סוברת שהעבד יוצא לחירות על ידי האשה ולא על ידי הבעל, משום שלבעל יש רק קנין פירות, וקנין פירות אינו כקנין הגוף ואינו פוגם בקנינה של האשה, שקנין הגוף שלה הוא, וחכמים לא חיזקו את כוחו. אבל הברייתא השניה סוברת שקנין פירות של הבעל כקנין הגוף, ולכן קנינו פוגם בקנין הגוף של האשה, ואין העבד יוצא על ידה לחירות. וגם על ידי הבעל אינו יוצא, אף על פי שקנין הפירות שלו נחשב כקנין הגוף, מכיון שאין לו קנין הגוף ממש.

7. נמצא שבשלשים יום אלו הקונה הינו הבעלים על גוף העבד, ואילו המוכר הינו הבעלים על עבודתו, דהיינו קנין הפירות שלו.

8. נאמר בתורה (שמות כא, כ-כא): "וְכִי יַכֶּה אִישׁ אֶת עַבְדּוֹ אוֹ אֶת אֲמָתוֹ בַּשֵּׁבֶט וּמֵת תַּחַת יָדוֹ נָקֹם יִנָּקֵם. אַךְ אִם יוֹם אוֹ יוֹמַיִם יַעֲמֹד לֹא יֻקַּם כִּי כַסְפּוֹ הוּא". פסוק זה עוסק בעבד כנעני, ומלמד שאם האדון הישראלי הכה את עבדו והרגו, הוא חייב מיתה. אולם, שלא כמו אדם אחר ההורג את חבירו, שחייב מיתה גם כשהנהרג לא מת מיד אלא לאחר זמן [כל שמחמת המכה מת (ראה סנהדרין עח, ב)], אדון ההורג את עבדו חייב מיתה רק כשהעבד מת בתוך עשרים וארבע שעות משעת הכאתו. [המלים "יוֹם אוֹ יוֹמַיִם" מלמדות שה"יום" המדובר כאן היינו מעת לעת שלם (עשרים וארבע שעות), אפילו הוא נמשך על פני שני ימים של השבוע (ראה רש"י על הפסוק בשם המכילתא; רמב"ם הלכות רוצח ב, יב).] פטור זה נוהג רק באדון, אבל אחר שהכה את העבד, הריהו חייב מיתה אף כשהעבד מת רק לאחר עשרים וארבע שעות מאז שהוכה.

במקרה שלנו, שמכר עבדו לאחֵר ושייר לעצמו עבודת העבד לשלשים יום, לדעת רבי מאיר אם הכהו המוכר בתוך שלשים יום הללו, ולא מת תחת ידו אלא עמד יום או יומים חי, אינו נהרג עליו. אבל אם הקונה הכהו בתוך שלשים יום הללו שהיה בבית המוכר, אין למכה פטור של "יום או יומים", ונהרג עליו אפילו אם מת מחמת הכאה זו לאחר זמן מרובה (רש"י).

9. דהיינו, שכל שלשים יום הוא עדיין ברשותו, והפטור של "יום או יומים" תלוי במי שהוא תחתיו, כלשון הכתוב "וּמֵת תַּחַת יָדוֹ", והרי בשלשים יום הללו הוא תחת המוכר ולא תחת הקונה, ולכן רק הראשון ישנו בדין "יום או יומיים", ולא השני (רשב"ם בבא בתרא נ, א ד"ה מפני שהוא תחתיו). [לפי פשוטו של המקרא "וּמֵת תַּחַת יָדוֹ" היינו שמת מיד, באותו היום (ראה רש"י לפסוק, וכן תחילת דבריו כאן). אולם רבי מאיר דורש את הפסוק ללמד שהפטור של "יום או יומיים" עולה על ה"אדון" שהעבד תחתיו (על פי רשב"ם שם ותוספות כאן; אולם עיין רש"ש שם). וראה הערה הבאה מה בדיוק נלמד מפסוק זה.]

10. ומכיון שלמוכר יש קנין פירות בעבד, הרי זה כיש לו בו קנין הגוף, ולכן העבד עדיין אינו נחשב כשל הקונה (רש"י), כלומר, אין הקונה נחשב עדיין האדון לענין זה (רשב"ם בבא בתרא נ, א ד"ה כקנין הגוף דמי). לכן אין לקונה פטור של "יום או יומים", ורק למוכר יש דין "יום או יומים" משום שהעבד "תחתיו".

ואף על פי שלגבי יציאה בשן ועין, אמרנו (לעיל עמוד א) שאף אם קנין פירות הוא כקנין הגוף, אין העבד יוצא לחירות על ידי האיש, ואין קנין הפירות שלו מועיל אלא רק למנוע שהעבד לא יצא על ידי האשה, זהו משום שמכל מקום אין לבעל קנין הגוף ממש בעבד זה, אלא לאשה, ואין מעשה שלו יכול לשחרר קנין הגוף של האשה. אבל לגבי דין "יום או יומים", כיון שהכתוב תלאו בהיותו "תחתיו", הסברא נותנת שהראשון — שיש לו קנין פירות, שהוא כקנין הגוף — יחשב כאדוניו לדין "יום או יומים", מכיון שהוא **תחת** ידו ויש לו הזכות לרדותו לעשות מלאכתו (תוספות ד"ה רבי מאיר בתירוץ ראשון, ותוספות רבנו פרץ בהרחבה קצת; לתירוצים נוספים לקושיא זו עיין חידושי הראב"ד, ורשב"א; ועיין עוד אבני מילואים, תשובה יז ד"ה הנה [נדפסה בסוף הספר], ורש"ש על התוספות בבא בתרא נ, א ד"ה קסבר).

11. בסוף המקרא, התורה נותנת את הטעם לפטור זה: "כִּי כַסְפּוֹ הוּא".

גמרא

א) [א] הקדש חמץ [ב] ושחרור מפקיעין מידי שיעבוד לימא דרבא תנאי היא לא דכולי עלמא אית להו דרבא והכא אלמוה רבנן לשיעבודא דבעל ואיבעית אימא דכולי עלמא לית להו להני תנאי תקנת אושא והכא בקנין פירות כקנין הגוף דמי קמיפלגי ובפלוגתא דהני תנאי דתניא ג) המוכר עבדו לאחר ופסק עמו על מנת שישמשנו שלשים יום ר"מ אומר ראשון ישנו בדין יום או יומים מפני שהוא תחתיו קסבר קנין פירות כקנין הגוף דמי רבי יהודה אומר שני ישנו בדין יום או יומים מפני שהוא כספו קסבר [ג] קנין פירות לאו כקנין הגוף דמי רבי יוסי אומר שניהם ישנן בדין יום או יומים זה מפני שהוא תחתיו וזה מפני שהוא כספו מספקא ליה קנין פירות אי כקנין הגוף דמי אי לאו כקנין הגוף דמי ד) וספק נפשות להקל רבי אליעזר אומר [ג] שניהם אינן בדין יום או יומים זה לפי שאינו תחתיו וזה לפי שאינו כספו אמר רבא מ"ט דרבי אליעזר אמר קרא א) כי כספו הוא כספו המיוחד לו כמאן אזלא הא ה) דאמר אמימר [ד] איש ואשה שמכרו בנכסי מלוג לא עשו ולא כלום כמאן כרבי אליעזר מאן תנא להא דת"ר [ה] מי שחציו עבד וחציו בן חורין וכן עבד של שני שותפין אין יוצאין בראשי אברים שאינן חוזרין אמר ליה רב מרדכי לרב אשי הכי אמרי משמיה דרבא ר' אליעזר היא מי לא אמר ר' אליעזר כספו המיוחד לו הכא נמי [י] עבדו המיוחד לו: **מתני'** ו) [ז] התוקע לחבירו נותן לו סלע רבי יהודה אומר משום ר' יוסי הגלילי מנה [ח] סטרו נותן לו מאתים זוז לאחר ידו נותן לו ארבע מאות זוז צרם באזנו תלש בשערו ז) רקק והגיע בו רוקו העביר טליתו ממנו פרע ראש האשה בשוק נותן לו ארבע מאות זוז

זה

רש"י

הקדש. עשה שורו אפותיקי לבעל חובו וחזר לוה זה והקדישו קדושת הגוף למזבח הפקיע שיעבודיה דמלוה ומותר למזבח ואין בו משום גזל (א) שבשעה הקדש מפקיעו הואיל ולא היה קנוי לו ממש אלא עומד לגבות הימנו ודוקא קדושת הגוף אבל קדושת דמים לא אלימי לאפקועי שיעבוד מלוה דתנן מוסיף מלוה עוד דינר ופודה את הנכסים האלו על מנת לשלם לאשה את כתובתה כו' במסכת ערכין (דף כג:) ותכריכי המת כקדושת הגוף דמי ומפקעי ונאסרין בהנאה: חמץ. נכרי שהלוה את ישראל על חמצו ולא הרהינו אצלו דמחוסר גוביינא שהיה עומד החמץ בביתו של ישראל ואין לנכרי עליו אלא שיעבוד כשבא עת ביעורו מפקיע איסור החמץ את שיעבוד הנכרי וחייב ישראל לבערו והא דתנן בפסחים (דף ל:) נכרי שהלוה לישראל על חמצו מותר בהנאה לאחר הפסח מוקי לה רבא התם ח) בשהרהינו אצלו שנתנו במשכון ביד נכרי דלא מחוסר גוביינא ולאו שיעבוד אלא קנייה ממש: שחרור. עשה עבדו אפותיקי ושחררו הלוה משוחרר וגובה זה חובו ממקום אחר: לית להו תקנתא דאושא. ושיעבודיה דבעל כשאר קנין פירות דעלמא הוא ובקנין פירות דעלמא פליגי: המוכר עבדו. עבד כנעני לאחר: ופסק. המוכר עם הלוקח ע"מ שישמשנו עוד שלשים יום: ראשון ישנו בדין יום או יומים. אם הכהו בתוך שלשים יום הללו ולא מת תחת ידו אלא עמד יום או יומים חי אינו נהרג דכתיב (שמות כא) אך אם יום או יומים וגו' אבל שני אם הכהו בתוך שלשים יום הללו שהיה בבית ראשון אינו בדין יום או יומים ונהרג עליו אפי' מת מחולי זה לסוף שלש שנים דקנין פירות שהוא קנין לראשון כקנין הגוף דמי ולאו דשני הוא: איש ואשה. אפי' מכרו שניהם כאחד: לא עשו ולא כלום. שאינו לא לזה ולא לזה ואם מת אחד מהם זה הנשאר מוציא מידי הלקוחות ולא דמו לשותפין דעלמא דהתם יש לזה חלק בכולו ליטול חצי וכן לזה אבל הכא כולן קויין לה לגוף וכולן קויין לו לפירות וליכא מיוחד לא לזה ולא לזה: ראשי אברים. כ"ד הן שהעבד יוצא בהן לחירות בפ"ק דקדושין (דף כה.): **מתני'** התוקע לחבירו. הכהו על אזנו לשון מורי ל"א תוקע ממש: נותן לו סלע. משום בושת: סטרו. על הלחי כמו הסוטר לועו של ישראל בסנהדרין (דף נח:): צרם. משך ובבכורות (דף לז.) שמעתי לשון פוגס:

זה

תוספות

הקדש חמץ ושחרור מפקיעין מידי שיעבוד. אם עשה שורו אפותיקי והקדישו למזבח ולאו דוקא הקדש דה"ה כל איסורין שהן ראויים לפקוע כגון איצטלא דמילתא דפרסוה אמיתנא דיבמות (ד' סו: ושם ט) וכגון קונמות דפרק אע"פ (כתובות ד' נט: ושם י) דכיון שיש לאיסור כח לחול שעה אחת דרבא לטעמיה דאמר בפרק כל שעה (פסחים ד' ל:) ב"ח מכאן ולהבא הוא גובה ושפיר מקדיש [הלוה] ותו לא פקע בטריפת ב"ח אבל קדושת דמים כי היכי דפקעה על ידי פדיון פקע נמי בטריפת ב"ח כדאשכחן בשדה [מקנה] כשהקדישה לוקח חוזרת לבעלים ביובל שאין כח להקדש בקדושת דמים יותר מן המקדיש וכי פקע כח מקדיש פקע כח הקדש והיינו טעמא דחמץ והיינו טעמא דשחרור וריב"א מביא ראיה מירושלמי דקאמר לא מלינו עבד משתחרר וחוזר ומשתעבד ובשעת איסור חמץ ושחרור היה החמץ והעבד ברשות בעלים ותו לא פקע ובכלל הקדש הוי קונמות ודבר המקלה למת וכן עשה ביתו אפותיקי והשתחוה לו בכלל הקדש הוא והא דלא חשיב רבא מכר שמפקיע מידי שיעבוד בעשה שורו אפותיקי ומכרו כדאמר לעיל בפ"ק (דף יא:) משום דלא הוי כטעמא דאחריני דמן הדין לא מפקע אלא תקנתא דרבנן הוא משום פסידא דלקוחות דלית ליה קלא דהא עשה עבדו אפותיקי דאית ליה קלא אם מכרו ב"ח גובה ממנו אי נמי לא חשיב רבא אלא הני תלת דשנויים במתני' או בברייתא דהקדש איתמר אברייתא דקונמות באף על פי כ) ושיחרור אמתניתין דהשולח ל) דשורת הדין אין העבד חייב כלום לרבו וחמץ אמתני' דכל שעה מ) דנכרי שהלוה את ישראל על חמצו אחר הפסח מותר בהנאה דמהאי טעמא מוקמינן לה בשהרהינו אצלו הלכך לא חש למנות לא איסור מת ולא איסור ע"ז ולא איסור (ב) קונמות ומכר נ):

אלמוה רבנן לשיעבודיה דבעל הכא הוי פלוגתא בהכי ובפרק אע"פ (כתובות דף נט: ושם ס) אמר דאין קונמות מפקיעין מידי שיעבוד דבעל דאלמוה וכן בריש המדיר (שם דף ע.) אלמוה רבנן לשיעבודה דאשה ואין יכול להדירה דפריך וכיון דמשועבד לה היכי מצי מדיר לה והתנן קונם שאני עושה לפיך כו' וביבמות פרק אלמנה (דף סו:) גבי איצטלא דמילתא לא אלמוה רבנן לשיעבודה דאשה אלא אמרינן דנאסר כי פרסוה אמיתנא וי"ל דיש מקומות שצריך לאלם כח הבעל וכח האשה יותר ממקום אחר: **רבי** מאיר אומר ראשון ישנו בדין יום או יומים קסבר קנין פירות כקנין הגוף דמי. ואע"ג דגבי שן ועין אין יוצא לא לאיש ולא לאשה משום דאין לו כח לשחרר קנין הגוף של אשה אבל בדין יום או יומים שהוא תחתיו ויש לו כח לרדותו לעשות מלאכתו סברא הוא שיהא בדין יום או יומים מאחר דקנין פירות כקנין הגוף דמי והר"ר יצחק בר' ברוך מפרש דלר"מ נמי יוצא בשן ועין לאיש ולעיל גרסי' ואיבעית אימא דכ"ע לית להו תקנתא דאושא ובפלוגתא דהני תנאי כו' ע) והאיך דקתני לאשה ולא לאיש כר' יהודה והאיך דקתני לא לאיש ולא לאשה כר"א דאמר שניהם אינן בדין יום או יומים דדריש כספו המיוחד לו וה"נ עבד המיוחד לו ועבד מלוג אין מיוחד לשניהם שלזה יש פירות ולזה יש גוף ואין זה קרוי בעלים ואפילו שניהם יחד אינם יכולין למוכרו וכמו כן אין יכולין לשחררו ומשום ה"ק פ) דלית להו תקנה דאושא דאפי' מכרו שניהם יחד אין מכירה כלל ואם מכרה האשה ונתגרשה אע"פ שהכל לאשה אין ללוקח כלום בה שהרי כשמכרה הוי כאדם המוכר דבר שאין שלו הלכך לא שייך אליבא דר"א כלל תקנה דאושא דלר"א לא צריכא לתקנה דאושא דלא שייך תקנת אושא אלא היכא שאם מכרה ונתגרשה הוה ללוקח ואם מתה הבעל מוציא דשוינהו קודם ללוקחים כדאיתא ביש נוחלין (ב"ב דף קלט: ושם צ):

כמאן אזלא הא דאמר אמימר כו'. נראה דמכירה יליף משחרור דשחרור הוא כעין מכירה דאי מדין יום או יומים יליף אמאי איצטריך בסמוך גבי שחרור עבדו המיוחד לו: **איש** ואשה שמכרו בנכסי מלוג. פירש בקונטרס דלא דמי לשותפות דעלמא דהתם יש לזה חלק בכולו ליטול חצי וכן לזה אבל הכא כולן קויין לה לגוף וכולן קויין לו לפירות וליכא מיוחד לא לו ולא לה ובענין זה י"ל עבד של שני שותפין דבסמוך שלזה הגוף ולזה הפירות וכן חציו עבד וחציו בן חורין נמי כגון שנתן לו כל דמיו ואין מעוכב אלא גט שחרור להיות מותר בבת חורין:

כגון

מסורת הש"ס

א) יבמות מו. סו: כתובות נט: גיטין מ: נדרים פו:, ב) בבא בתרא נ., ג) [שבת קלה: וש"נ], ד) [שבת קכט. וש"נ], ה) [ב"ב נ.], ו) לעיל לו: קדושין יא: בכורות נ:, ז) כתובות סו., ח) [דף לא.], ט) [ד"ה עבדי], י) [ד"ה קונמות], כ) [כתובות דף נט:], ל) [גיטין דף מ:], מ) [פסחים דף ל:], נ) [וע"ע תוס' גיטין מ: ד"ה הקדש], ס) [ד"ה קונמות], ע) ולא גרס והכא בקנין פירות כו'. העתק מח"ג, פ) אליבא דר"א והיה יכול לומר דינו אף אם אית ליה תקנת אושא. העתק מחלופי גרסאות, צ) [ד"ה התם].

הגהות הב"ח

(א) רש"י ד"ה הקדש וכו' משום גזל שבא הקדש מפקיע: (ב) תוס' ד"ה הקדש וכו' ולא איסור ע"ז ולא איסור אחר הס"ד:

תורה אור השלם

א) אַךְ אִם יוֹם אוֹ יוֹמַיִם יַעֲמֹד לֹא יֻקַּם כִּי כַסְפּוֹ הוּא: [שמות כא, כא]

עין משפט נר מצוה

עו א מיי' פ"ז מהלכות ערכין הל' יד ופי"ח מהלכות מלוה ולוה הל' ו ז ופי"ב מהלכות נדרים הלכה י סמג עשין לד קלב טוש"ע ח"מ סי' קיז סעיף ז:

עז ב מיי' פ"ח מהלכות עבדים הלכה טז סמג עשין פז טוש"ע שם סעיף ו וטוש"ע י"ד סי' רסז סעיף סח:

עח ג מיי' פ"ח מהל' רוצח הלכה טו:

עט ד מיי' פכ"ב מהל' אישות הלכה טז ופוסק מכהן קיים וע"ש סמג עשין מח טוש"ע אה"ע סי' צ סעיף יג:

פ ה ו מיי' פ"ח מהל' עבדים הלכה טו סמג עשין פז טוש"ע י"ד סי' רסז סעיף לז:

פא ז ח מיי' פ"ג מהל' חובל ומזיק הלכה ט סמג עשין ע טוש"ע ח"מ סי' תכ סעיף מא:

ליקוטי רש"י

הקדש. עשה שורו אפותיקי והקדישו למזבח דסויא קדושת הגוף פקע שיעבודא דקמא אבל קדושת בדק הבית לא מפקעא כדתנן בערכין (דף כג:) מוסיף עוד דינר ופודה הנכסים כולן [יבמות סו:]. כגון שעבד שורו לבעל חוב וחזר והקדישו מפקיע שעבוד המלוה וגובה חובו ממקום אחר וזה כשר לקרבן ואינו גזול דלא הוה קני ליה אלא לגוביינא בעלמא ודוקא קדושת הגוף אבל קדושת דמים דבדק הבית לא מפקיע שעבוד כדתנן בערכין (דף כג:) מוסיף עוד דינר ופודה את הנכסים הללו כו'. חמץ. עשה חמצו אפותיקי לעובד כוכבים והגיע הפסח איסור חמץ מפקיעו משעבוד העובד כוכבים ונאסר בהנאה והא דתנן (פסחים דף ל:) עובד כוכבים שהלוה לישראל על חמצו אחר הפסח מותר בהנאה אוקמינן לה התם כשהרהינו אצלו שמסרו בידו משכון [כתובות נט:]. דההוא לא מיחסר גוביינא [יבמות סו:]. אם עשה חמצו אפותיקי לעובד כוכבים והרי הוא מונח בידו של ישראל ובאו שש שעות של ערב הפסח פקע שעבוד העכו"ם הואיל ולא הוי ממש דידיה וחייב לבערו [יבמות מו.]. ושחרור. עשה עבדו אפותיקי ושחררו הלוה משוחרר וזה גובה חובו ממקום אחר [כתובות שם]. עשה עבדו אפותיקי לחבירו ושחררו משוחרר ופקע ממונו של מלוה [יבמות שם]. שישמשנו. למוכר. ראשון. אם הכהו ומת לסוף שני ימים מחמת הכאה זו. ישנו בדין יום או יומים. יעמוד לא יוקם (שמות כא) ופטור דאילו מכה לישראל חבירו אם מחמת מכה זו מת אפילו לסוף שנה נהרג כדנפקא לן (סנהדרין דף עח:) מונקה המכה מלמד שחובשין אותו כו'. מפני שהוא תחתיו. עדיין כל ל' יום וכתיב ומת תחת ידו (שם) ותחת קרינא ביה אבל השני הלוקח אינו בדין יום או יומים אם הכהו ומת אלא הורגין אותו דעבד כנעני ככר ישראל הוא לכל דבריו דגמר לה לה מאשה. קסבר. רבי מאיר קנין פירות דהיינו תשמיש דעבד כל שלשים יום. כקנין הגוף דמי. כלומר כאילו קנה גופו ואותו שאין לו פירות אין קנין הגוף שיש לו בעבד כלום דאין גופו עומד לפירותיו והלכך ראשון קרוי אדון. רבי יהודה. דייק סיפיה דקרא לא יוקם כי כספו הוא למי שהוא קנוי לגופו הוי עבד. שניהם ישנן כו'. ופטורין דספק נפשות דבעלים שהכוהו ומי נהרג מהם להקל דנפקא לן מושפטו העדה והצילו העדה. שניהם אינן. כלומר שניהם שהכוהו נהרגין. זה. אחרון לפי שאינו תחתיו. וזה. הראשון לפי שאינו עכשיו כספו שהרי מכרו. כי כספו הוא. מיותר הוא דמה נתינת טעם היה צריך ליתן בדבר ולומר לא יוקם לפי שכספו הוא אי נמי מדמצי למיכתב כי כסף הוא [רשב"ם ב"ב נ:]. דאמר אמימר כרבי אליעזר. [אפילו] כשמכרו שניהם ביחד לאדם אחד קאמר דלא עשו ולא כלום ואפילו לקח תחלה מן האיש וחזר ולקח מן האשה וכ"ש היכא דמכרה היא לבעלה דלא הויא מכר דלמימר דאמר כר' אלעזר ויליף טעמא מקראי דדבר של שני שותפין שהגוף לזה והפירות לזה אין כח לשניהם למכור דלא זה קרוי בעליו ולא זה קרוי בעליו [שם נ.]. וספק דיני נפשות להקל. דרחמנא אמר (במדבר לה) ושפטו העדה והצילו העדה [לעיל מד:]. יהפכו בזכותו [ראש השנה כו.]. איש ואשה שמכרו בנכסי מלוג. איש שמכר ואחריו האשה [ב"ב שם]. התוקע. המכהו כנגד אזנו לשון מורי. ל"א תקיעה ממש [לעיל לו:]. המכה את חבירו באזנו לשון מורי בבבא קמא וכאן שמעתי תוקע ממש שתקע בפיו באזנו ורואה ללשון מורי בב"ק ולכאן שמעתי אל תהי בתוקעי כף (משלי כב כו) שמכין בכפם על כף חביריהם להיות ערבים בשביל אחרים [בכורות נ:]. באזנו לשון רבינו הלוי ורבינו הזקן למדנו שהכהו אצל האוזן [קדושין יא:]. נותן לו סלע. דמי בושתו לבד לער ונזק ורפוי אם ישנם שם [לעיל שם]. כך שיערו דמי בושתו לאדם בינוני [קדושין שם].

הגמרא מבארת את דעתו של רבי יהודה:

קָסָבַר רבי יהודה **קִנְיַן פֵּירוֹת** שיש לאדם בחפץ מסויים, **לַאו כְּקִנְיַן הַגּוּף דָּמֵי** — אינו נחשב כאילו יש לו קנין בגוף החפץ עצמו[12].

הברייתא ממשיכה:

רַבִּי יוֹסֵי אוֹמֵר: שְׁנֵיהֶם יֶשְׁנָן בְּדִין "יוֹם אוֹ יוֹמַיִם"[13]**; זֶה** (האדון הראשון) **מִפְּנֵי שֶׁהוּא** (העבד) **תַּחְתָּיו** וברשותו, **וְזֶה** (הקונה) **מִפְּנֵי שֶׁהוּא** (העבד) **כַּסְפּוֹ.**

הגמרא מבארת את טעמו של רבי יוסי:

מְסַפְּקָא לֵיהּ — רבי יוסי מסתפק לגבי **קִנְיַן פֵּירוֹת, אִי כְּקִנְיַן הַגּוּף דָּמֵי אִי לַאו כְּקִנְיַן הַגּוּף דָּמֵי** — האם הוא כקנין הגוף, או שאינו כקנין הגוף. **וְ**כיון שכלל הוא ש**סָפֵק נְפָשׁוֹת לְהָקֵל**, לפיכך הן האדון הראשון והן הקונה אינם נהרגים עליו[14].

הברייתא מסיימת:

רַבִּי אֱלִיעֶזֶר[15] **אוֹמֵר: שְׁנֵיהֶם אֵינָן בְּדִין "יוֹם אוֹ יוֹמַיִם"**[16], **זֶה** (הלוקח) **לְפִי שֶׁ**העבד **אֵינוֹ תַּחְתָּיו, וְזֶה** (האדון הראשון) **לְפִי שֶׁ**העבד **אֵינוֹ כַּסְפּוֹ.**

רבא מבאר את טעמו של רבי אליעזר:

אָמַר רָבָא: מַאי טַעְמָא — מהו טעמו **דְּרַבִּי אֱלִיעֶזֶר**[17]**? אָמַר קְרָא** — לפי שבכתוב העוסק בפטור של "יום או יומים" נאמר (שמות כא, כא): "**כִּי כַסְפּוֹ הוּא**". מהמלים "כַּסְפּוֹ הוּא" יש לדרוש שהעבד צריך להיות **כַּסְפּוֹ הַמְיוּחָד** רק **לוֹ**[18]. ומכיון שבמקרה זה העבד אינו שייך לגמרי לא לאדון הראשון ולא ללוקח, שניהם אינם בכלל דין "יום או יומים"[19].

נמצא שרבי מאיר ורבי יהודה נחלקו אם קנין הפירות שיש לאדון הראשון בעבודתו של העבד הוא כקנין בגופו של העבד. ובמחלוקת זו נחלקו הברייתות הנ"ל לגבי יציאה לחירות של עבדי מלוג על ידי האשה שהפילה את שינו וסימאה את עינו, כמו שהתבאר לעיל[20].

הגמרא מביאה שתי הלכות היוצאות מדינו של רבי אליעזר:

כְּמַאן אַזְלָא הָא דְּאָמַר אֲמֵימַר — כדעת איזה תנא שנויים דברי אמימר שאמר: **אִישׁ וְאִשָּׁה שֶׁמָּכְרוּ בְּנִכְסֵי מְלוֹג לֹא עָשׂוּ וְלֹא כְּלוּם**, דהיינו, מכירתם בטלה[21]?

משיבה הגמרא:

כְּמַאן — כמו מי? הרי הם שנויים **כְּ**דעת **רַבִּי אֱלִיעֶזֶר**[22].

עוד הלכה:

מַאן תָּנָא לְהָא דְּתָנוּ רַבָּנָן — מי הוא התנא ששנה ברייתא זו: **מִי שֶׁחֶצְיוֹ עֶבֶד וְחֶצְיוֹ בֶּן חוֹרִין, וְכֵן עֶבֶד שֶׁל שְׁנֵי שׁוּתָּפִין, אֵין יוֹצְאִין** לחירות **בְּרָאשֵׁי אֵבָרִים שֶׁאֵינָן חוֹזְרִין**[23]**?**

משיבה הגמרא:

אָמַר לֵיהּ רַב מָרְדְּכַי לְרַב אַשִׁי: הָכִי אָמְרֵי מִשְּׁמֵיהּ דְּרָבָא — כך אמרו משמו של רבא: **רַבִּי אֱלִיעֶזֶר הִיא. מִי** (וכי) **לֹא אָמַר רַבִּי אֱלִיעֶזֶר** שכאשר אמרה התורה לגבי דין יום או יומים "**כַּסְפּוֹ**" הכוונה היא לכספו **הַמְיוּחָד לוֹ? הָכָא נַמִּי** — אף כאן, לגבי יציאת העבד לחירות בהוצאת אחד מראשי האיברים, כאשר אמרה התורה (שמות כא, כו): "**עַבְדּוֹ**" הכוונה היא לעבדו **הַמְיוּחָד לוֹ**[24].

הערות

12. המלה "כַּסְפּוֹ" משמעה של מי שהוא קנוי לו לגופו שהוא שנחשב לעבדו (רשב"ם בבא בתרא שם ד"ה רבי יהודה). ולכן, כיון שלדעת רבי יהודה קנין פירות אינו כקנין הגוף, הפטור של "יום או יומים" שייך לגבי הקונה שיש לו קנין הגוף בעבד, ולא לגבי המוכר שיש לו בעבד רק קנין פירות.

13. דהיינו, ששניהם אינם נהרגים עליו אם הוא חי יותר מעשרים וארבע שעות לאחר שהוכה על ידם.

14. רבי יוסי מסתפק אם קנין פירות הוא כקנין הגוף, ומשום שהעבד "תחת" המוכר יש למוכר דין "יום או יומים", או קנין פירות אינו כקנין הגוף, והעבד הוא "כספו" של הלוקח, בעל קנין הגוף, ולו יש דין "יום או יומים" בעבד. ומספק הוא פוטר את שניהם, משום שספק נפשות להקל.

15. [בכל כתבי היד הגירסא היא: "רבי אלעזר", וכן הוא בבבא בתרא נ, ב, ובחידושי הראב"ד והרשב"א כאן.]

16. אלא שניהם נהרגים על העבד אף אם הוא חי לאחר הכאתו יותר מעשרים וארבע שעות.

17. הרי לא יתכן שהוראתו נובעת מדרשת הפסוקים, שכן אפשר לדורשם לקולא במקום לדורשם לחומרא [שהראשון פטור משום שהוא **תחתיו**, והשני פטור מפני שהוא **כספו**] (תורת חיים).

18. מכיון שהיה די לכתוב "כי כסף הוא", רבי אליעזר לומד מהדגשת הכתוב "כי כספו הוא" שהפטור של "יום או יומים" נוהג רק באדון שיש לו קנין גמור בעבד. או משום שכל הכתוב מיותר, שלא היתה התורה צריכה ליתן טעם בדבר, לכן רבי אליעזר לומד מסיום זה שהפטור נאמר רק במי שיש לו בעלות גמורה (רשב"ם בבא בתרא נ, ב ד"ה כי כספו הוא; וראה קובץ שעורים בבא בתרא רכ-רכא).

[מיעוט זה ממעט רק שנים שיש להם בעבד לזה קנין הגוף בלבד ולזה קנין פירות בלבד, ואינו ממעט סתם שני שותפים. סתם שני שותפים, יש לכל אחד הן קנין פירות והן קנין הגוף, ולכן שניהם בדין "יום או יומים" אף על פי שאין העבד שייך לאחד מהם לבדו. לגבי הפטור של "יום או יומים" אין התורה מצריכה שיהא כל העבד שלו, אלא רק שיהיה לאדון חלק בכל העבד, הן בגוף והן בפירות (תוספות בבא בתרא שם ד"ה רבי אליעזר; וראה גם תוספות רי"ד; וראה עוד מנחת חינוך ג, ה ו־ט).]

19. "כספו — המיוחד לו" מצריך שהעבד יהא גם "כספו" וגם "תחתיו". ומכיון שלא מתקיימים שני תנאים אלה במוכר ובלוקח, שניהם אינם בדין יום "או יומים", "זה לפי שאינו תחתיו וזה לפי שאינו כספו".

20. דהיינו, שהברייתא האומרת שהעבד יוצא בשן ועין לאשה ולא לאיש, היא כדעת רבי יהודה הסובר שקנין פירות אינו כקנין הגוף. לכן רק האשה, שיש לה קנין הגוף, נחשבת האדון לגבי דין זה. והברייתא האומרת שאין העבד יוצא בשן ועין, לא לאיש ולא לאשה, היא כדעת רבי מאיר הסובר שקנין פירות הוא כקנין הגוף, ולכן קנינו של הבעל שהוא כקנין הגוף מונע יציאת העבד על ידי מעשה אשתו, וכן להיפך (תוספות ד"ה רבי מאיר; חידושי הראב"ד). וראה לעיל, הערה 10. [לפירוש אחר בתלייה, עיין רשב"א.]

21. מכיון שהעבד אינו שייך לגמרי לא לאיש ולא לאשה, אין המכר חל אפילו אם מכרוהו ביחד [ראה בבא בתרא נ, א; וראה פני יהושע], ואם מת אחד מהם, זה שנשאר מוציאו מידי הלקוחות (רש"י).

22. כמו שרבי אליעזר אומר שאם יש לאחד קנין פירות בחפץ מסויים, ולאחר יש בו קנין הגוף, אין החפץ נחשב מיוחד לא לזה ולא לזה, ולכן בעבד כזה לשניהם אין פטור יום או יומים, כך אומר אמימר בנכסי מלוג של אשה, שאין אחד מהם יכול למוכרו, ואפילו שניהם ביחד אינם יכולים למכרו, מכיון שלאשה יש רק קנין הגוף, ולבעל יש רק קנין פירות, ואינו מיוחד לא לזה ולא לזה (ראה רשב"ם בבא בתרא נ, א ד"ה ואיבעית אימא אמימר, ושם עמוד ב ד"ה כי כספו הוא).

[דבר זה שונה משותפות רגילה שבה הכל מודים שכל אחד מהשותפים יכול למכור את חלקו. בשותפות רגילה לכל אחד מהשותפים יש בעלות גמורה, בין בגוף ובין בפירות, על חלקו בחפץ, ולכן כל אחד מהשותפים יכול למכור את חלקו בחפץ. לעומת זאת בנכסי מלוג וכיוצא בזה, בעלות הבעל מוגבלת לפירות בלבד, ואין לו כלום בגוף הנכסים, ובעלות האשה מוגבלת לגוף הנכסים, ואין לה כלום בפירות, כך שלאף אחד מהם אין בעלות גמורה בחפץ, ולכן הנכסים אינם נחשבים מיוחדים לאף אחד מהם, ואין אחד מהם יכול למכור את חלקו (רש"י; ראה לעיל הערה 18 לגבי דין "יום או יומים" בשם התוספות).]

אף על פי שאת דינו בענין "יום או יומים" למד רבי אליעזר מדרשת הכתוב "כספו — המיוחד לו", ובמכירת עבד אין דרשה כזו, מכל מקום מכיון שמכירת עבד דומה לשחרורו, ולגבי שחרורו (על ידי הפלת שינו או עינו) יש דרשה המצריכה שיהא מיוחד לו, כפי שתבאר הגמרא בסמוך, לכן גם במכירת עבד הדומה לשחרור יש צורך בעבד המיוחד לו לדעת רבי אליעזר (תוספות; אולם ראה תוספות בבא בתרא נה, ב ד"ה רבי אליעזר).

23. דהיינו, אחד מעשרים וארבעה ראשי איברים שבהם עבד יוצא לחירות, כפי שהם מנויים בקידושין כה, א (רש"י). [אף על פי שהתורה הזכירה רק שן ועין, הגמרא בקידושין (שם) מבארת שאלו הן רק דוגמאות, והעבד יוצא לחירות גם אם הוציאו לו אחד משאר עשרים וארבעה ראשי איברים שאינם חוזרים.]

24. בפסוק העוסק ביציאת עבד לחירות בראשי איברים (שמות כא, כו) נאמר: "וְכִי יַכֶּה אִישׁ אֶת עֵין עַבְדּוֹ". מלשון "עַבְדּוֹ" לומדת הברייתא שדין יציאה בראשי איברים נאמר רק בעבד המיוחד לו (ראה תוספות ד"ה כמאן; אולם ראה תוספות בבא בתרא שם).

גם כאן הברייתא אינה עוסקת בשותפות רגילה, שכן בשותפות רגילה העבד נקרא "עבדו — המיוחד לו" לגבי כל אחד מהשותפים, כמו שהתבאר לעיל בהערות 18 ו־22. אלא כאן אנו עוסקים במקרה שלאחד יש קנין פירות ולשני קנין הגוף. ובמקרה של חציו עבד וחציו בן חורין אנו עוסקים בעבד שכבר נתן לאדון את כל דמיו, אלא שמחוסר גט שחרור מאדונו להתירו בבת חורין, שאין לאדוניו בגופו כלום (תוספות; ראה קובץ שעורים בבא בתרא רכז-רכח).

[א] [א]הקדש חמץ [ב]ושחרור מפקיעין מידי שיעבוד לימא דרבא תנאי היא לא דכולי עלמא אית להו דרבא והכא אלמוה רבנן לשיעבודא דבעל ואיבעית אימא דכולי עלמא לית להו להני תנאי תקנת אושא והכא בקנין פירות כקנין הגוף דמי קמיפלגי ובפלוגתא דהני תנאי דתניא [ג]המוכר עבדו לאחר ופסק עמו על מנת שישמשנו שלשים יום ר"מ אומר ראשון ישנו בדין יום או יומים מפני שהוא תחתיו קסבר קנין פירות כקנין הגוף דמי רבי יהודה אומר שני ישנו בדין יום או יומים מפני שהוא כספו קסבר [ג]קנין פירות לאו כקנין הגוף דמי רבי יוסי אומר שניהם ישנן בדין יום או יומים זה מפני שהוא תחתיו וזה מפני שהוא כספו מספקא ליה קנין פירות אי כקנין הגוף דמי אי לאו כקנין הגוף דמי [ד]וספק נפשות להקל רבי אליעזר אומר [ג]שניהם אינן בדין יום או יומים זה לפי שאינו תחתיו וזה לפי שאינו כספו אמר רבא מ"ט דרבי אליעזר אמר קרא [א]כי כספו הוא כספו המיוחד לו כמאן אזלא הא [ה]דאמר אמימר [ד]איש ואשה שמכרו בנכסי מלוג לא עשו ולא כלום כמאן כרבי אליעזר מאן תנא להא דת"ר [ה]מי שחציו עבד וחציו בן חורין וכן עבד של שני שותפין אין יוצאין בראשי אברים שאינן חוזרין אמר ליה רב מרדכי לרב אשי הכי אמרי משמיה דרבא ר' אליעזר היא מי לא אמר ר' אליעזר כספו המיוחד לו הכא נמי [ו]עבדו המיוחד לו: **מתני'** [ו][ז]התוקע לחבירו נותן לו סלע רבי יהודה אומר משום ר' יוסי הגלילי מנה [ח]סטרו נותן לו מאתים זוז לאחר ידו נותן לו ארבע מאות זוז צרם באזנו תלש בשערו [ז]רקק והגיע בו רוקו העביר טליתו ממנו פרע ראש האשה בשוק נותן לו ארבע מאות זוז

זה

רש"י

הקדש. עשה שורו אפותיקי לבעל חובו וחזר לוה זה והקדישו קדושת הגוף למזבח הפקיע שיעבודיה דמלוה ומותר למזבח ואין בו משום גזל (א) שכבר הקדש מפקיעו הואיל ולא היה קנוי לו ממש אלא עומד לגבות הימנו ודוקא קדושת הגוף אבל קדושת דמים לא אלימי לאפקועי שיעבוד מלוה דתנן מוסיף מלוה עוד דינר ופודה את הנכסים האלו על מנת לשלם לאשה את כתובתה כו' במסכת ערכין (דף כג:) ותכריכי המת כקדושת הגוף דמי ומפקעי ונאסרין בהנאה: חמץ. נכרי שהלוה את ישראל על חמצו ולא הרהינו אצלו דמחוסר גוביינא שהיה עומד החמץ בביתו של ישראל ואין לנכרי עליו אלא שיעבוד כשבא עת ביעורו מפקיע איסור החמץ את שיעבוד הנכרי וחייב ישראל לבערו והא דתנן בפסחים (דף ל:) נכרי שהלוה לישראל על חמצו מותר בהנאה לאחר הפסח מוקי לה רבא התם [ח] בשהרהינו אצלו שנתנו במשכון ביד נכרי דלא מחוסר גוביינא ולאו שיעבוד אלא קנייה ממש: שחרור. עשה עבדו אפותיקי ושחררו הלוה משוחרר וגובה זה חובו ממקום אחר: לית להו תקנתא דאושא. ושיעבודיה דבעל כשאר קנין פירות דעלמא הוא ובקנין פירות דעלמא פליגי: המוכר עבדו. עבד כנעני לאחר: ופסק. המוכר עם הלוקח ע"מ שישמשנו עוד שלשים יום: ראשון ישנו בדין יום או יומים. אם הכהו בתוך שלשים יום הללו ולא מת תחת ידו אלא עמד יום או יומים חי אינו נהרג דכתיב (שמות כא) אך אם יום או יומים וגו' אבל שני אם הכהו בתוך שלשים יום הללו שהיה בבית ראשון אינו בדין יום או יומים ונהרג עליו אפי' מת מחולי זה לסוף שלש שנים דקנין פירות שהוא קנין לראשון כקנין הגוף דמי ולאו דשני הוא: איש ואשה. אפי' מכרו שניהם כאחד: לא עשו ולא כלום. שאינו לא לזה ולא לזה ואם מת אחד מהם זה הנשאר מוציא מידי הלקוחות ולא דמו לשותפין דעלמא דהתם יש לזה חלק בכולו ליטול חצי וכן לזה אבל הכא כולן קנויין לה לגוף וכולן קנויין לו לפירות וליכא מיוחד לא לזה ולא לזה: ראשי אברים. כ"ד הן שהעבד יוצא בהן לחירות בפ"ק דקדושין (דף כה.): **מתני'** התוקע לחבירו. הכהו על אזנו לשון מורי ל"א תוקע ממש: נותן לו סלע. משום בושת: סטרו. על הלחי כמו הסוטר לועו של ישראל בסנהדרין (דף נח:): צרם. משך ובבכורות (דף לד.) שמעתי לשון פוגס:

זה

תוספות

הקדש חמץ ושחרור מפקיעין מידי שיעבוד. אם עשה שורו אפותיקי והקדישו למזבח ולאו דוקא הקדש דה"ה כל איסורין שהן ראויים לפקוע כגון איצטלא דמילתא דפרסוה אמיתנא דיבמות (ד' סו: ושם [ט]) וכגון קונמות דפרק אע"פ (כתובות ד' נט: ושם [י]) דכיון שיש לאיסור כח לחול שעה אחת דרבא לטעמיה דאמר בפרק כל שעה (פסחים ד' ל:) ב"ח מכאן ולהבא הוא גובה ושפיר מקדיש [הלוה] ותו לא פקע בטריפת ב"ח אבל קדושת דמים כי היכי דפקעה על ידי פדיון פקע נמי בטריפת ב"ח כדאשכחן בשדה [מקנה] כשהקדישה לוקח חוזרת לבעלים ביובל שאין כח להקדש בקדושת דמים יותר מן המקדיש וכי פקע כח מקדיש פקע כח הקדש והיינו טעמא דחמץ והיינו טעמא דשחרור וריב"א מביא ראיה מירושלמי דקאמר לא מצינו עבד משתחרר וחוזר ומשתעבד ובשעת איסור חמץ ושחרור היה החמץ והעבד ברשות בעלים ותו לא פקע ובכלל הקדש הוי קונמות ודבר המקנה למת וכן עשה ביתו אפותיקי והשתחוה לו בכלל הקדש הוא והא דלא חשיב רבא מכר שמפקיע מידי שיעבוד בעשה שורו אפותיקי ומכרו כדאמר לעיל בפ"ק (דף יא:) משום דלא הוי כטעמא דאחריני דמן הדין לא מפקע אלא תקנתא דרבנן הוא משום פסידא דלקוחות דלית ליה קלא דהא עשה עבדו אפותיקי דאית ליה קלא אם מכרו ב"ח גובה ממנו אי נמי לא חשיב רבא אלא הני תלת דשנויים במתני' או בברייתא דהקדש איתמר אברייתא דקונמות באף על פי [כ] ושחרור אמתניתין דהשולח [ל] דשורת הדין אין העבד חייב כלום לרבו וחמץ אמתני' דכל שעה [מ] דנכרי שהלוה את ישראל על חמצו אחר הפסח מותר בהנאה דמהאי טעמא מוקמינן לה בשהרהינו אצלו הלכך לא חש למנות לא איסור מת ולא איסור ע"ז ולא איסור (ב) קונמות ומכר [נ]:

אלמוה רבנן לשיעבודיה דבעל הכא הוי פלוגתא בהכי ובפרק אע"פ (כתובות דף נט: ושם [ס]) אמר דאין קונמות מפקיעין מידי שיעבוד דבעל דאלמוה וכן בריש המדיר (שם דף ע.) אלמוה רבנן לשיעבודה דאשה ואין יכול להדירה דפריך וכיון דמשועבד לה היכי מצי מדיר לה והתנן קונם שאני עושה לפיך כו' וביבמות פרק אלמנה (דף סו:) גבי איצטלא דמילתא לא אלמוה רבנן לשיעבודה דאשה אלא אמרינן דנאסר כי פרסוה אמיתנא וצ"ל דיש מקומות שצריך לאלם כח הבעל וכח האשה יותר ממקום אחר:

רבי מאיר אומר ראשון ישנו בדין יום או יומים קסבר קנין פירות כקנין הגוף דמי. ואע"ג דגבי שן ועין אין יוצא לא לאיש ולא לאשה משום דאין לו כח לשחרר קנין הגוף של אשה אבל בדין יום או יומים שהוא תחתיו ויש לו כח לרדותו לעשות מלאכתו סברא הוא שיהא בדין יום או יומים מאחר דקנין פירות כקנין הגוף דמי והר"ר יצחק בר' ברוך מפרש דלר"מ נמי יוצא בשן ועין לאיש ולעיל גרסי' ואיבעית אימא דכ"ע לית להו תקנתא דאושא ובפלוגתא דהני תנאי כו' [ע] והיא דקתני לאשה ולא לאיש כר' יהודה והיא דקתני לא לאיש ולא לאשה כר"א דאמר שניהם אינן בדין יום או יומים דדריש כספו המיוחד לו וה"נ עבד מלוג אין מיוחד לשניהם שלזה יש פירות ולזה יש גוף ואין זה קרוי בעלים ואפילו שניהם יחד אינם יכולין למוכרו וכמו כן אין יכולין לשחררו ומשום ה"ק [פ] דלית להו תקנה דאושא דאפי' מכרו שניהם יחד אין מכירה כלל ואם מכרה האשה ונתגרשה אע"פ שהכל לאשה אין ללוקח כלום בה שהרי כשמכרה הוי כאדם המוכר דבר שאין שלו הלכך לא שייך אליבא דר"א כלל תקנה דאושא דלר"א לא צריכא לתקנה דאושא דלא שייך תקנת אושא אלא היכא שאם מכרה ונתגרשה הוה ללוקח ואם מתה הבעל מוציא דשויהו קודם ללוקחים כדאיתא בפ' יש נוחלין (ב"ב דף קלט: ושם [צ]):

כמאן אזלא הא דאמר אמימר כו'. נראה דמכירה יליף משחרור דשחרור הוא כעין מכירה דאי מדין יום או יומים יליף אמאי אצטריך בסמוך גבי שחרור עבדו המיוחד לו: **איש** ואשה שמכרו בנכסי מלוג. פירש בקונטרס דלא דמי לשותפות דעלמא דהתם יש לזה חלק בכולו ליטול חצי וכן לזה אבל הכא כולן קנויין לה לגוף וכולן קנויין לו לפירות וליכא מיוחד לא לו ולא לה ובענין זה י"ל עבד של שני שותפין דבסמוך שלזה הגוף ולזה הפירות וכן חציו עבד וחציו בן חורין נמי כגון שנתן לו כל דמיו ואין מעוכב אלא גט שחרור להיות מותר בבת חורין:

כגון

מסורת הש"ס

א) יבמות מו. סו: כתובות נט: גיטין מ: נדרים פו:, ב) בבא בתרא נ., ג) [שבת קלה: וש"נ], ד) [שבת קכט. וש"נ], ה) [ב"ב נ.], ו) לעיל לו: קדושין יא: בכורות נ:, ז) כתובות סו., ח) [דף לא.], ט) [ד"ה עבדין], י) [ד"ה קונמות], כ) [כתובות דף נט:], ל) [גיטין דף מ:], מ) [פסחים דף ל:], נ) [וע"ע תוס' גיטין מ: ד"ה הקדש], ס) [ד"ה קונמות], ע) ולא גרס והכא בקנין פירות כו'. העתק מח"ג, פ) אליבא דר"א והיה יכול לומר דינו אף אם אית ליה תקנת אושא. העתק מחלופי גרסאות, צ) [ד"ה התם].

הגהות הב"ח

(א) רש"י ד"ה הקדש וכו' משום גזל שכח הקדש מפקיע: (ב) תוס' ד"ה הקדש וכו' ולא איסור ע"ז ולא איסור אחר הס"ד:

תורה אור השלם

א) אַךְ אִם יוֹם אוֹ יוֹמַיִם יַעֲמֹד לֹא יֻקַּם כִּי כַסְפּוֹ הוּא: [שמות כא, כא]

עין משפט נר מצוה

עו א מיי' פ"ז מהלכות ערכין הל' יד ופי"ח מהלכות מלוה ולוה הל' ו ז ופי"ב מהלכות נדרים הלכה י סמג עשין לד קלב טוש"ע ח"מ סי' קיז סעיף ז:

עז ב מיי' פ"ח מהלכות עבדים הלכה טז סמג עשין פז טוש"ע שם סעיף ו וטוש"ע י"ד סי' רסז סעיף סח:

עח ג מיי' פ"ח מהל' רוצח הלכה טו:

עט ד מיי' פכ"ב מהל' אישות הלכה טז ופוסק מכאן קיים וע"ש סמג עשין מח טוש"ע אה"ע סי' צ סעיף יג:

פ ה ו מיי' פ"ה מהל' עבדים הלכה טו סמג עשין פז טוש"ע י"ד סי' רסז סעיף לז:

פא ז ח מיי' פ"ג מהל' חובל ומזיק הלכה ט סמג עשין ע טוש"ע ח"מ סי' תכ סעיף מא:

ליקוטי רש"י

הקדש. עשה שורו אפותיקי והקדישו למזבח דהויא קדושת הגוף פקע שיעבודא דקמא אבל קדושת בדק הבית לא מפקעא כדתנן בערכין (דף כג:) מוסיף עוד דינר ופודה הנכסים כולן [יבמות סו:]. כגון ששיעבד שורו לבעל חוב וחזר והקדישו מפקיע שעבוד המלוה וגובה חובו ממקום אחר וזה כשר לקרבן ואינו גזול דלא הוה קני ליה אלא לגוביינא בעלמא ודוקא קדושת הגוף אבל קדושת דמים דבדק הבית לא מפקיע שעבוד כדתנן בערכין (דף כג:) מוסיף עוד דינר ופודה את הנכסים הללו כו'. חמץ. עשה חמצו אפותיקי לעובד כוכבים והגיע הפסח איסור חמץ מפקיעו משעבוד העובד כוכבים ונאסר בהנאה והא דתנן (פסחים דף ל:) עובד כוכבים שהלוה לישראל על חמצו אחר הפסח מותר בהנאה אוקמינן לה התם כשהרהינו אצלו שמסרו בידו משכון [כתובות נט:]. דהוא לא מיחסר גוביינא [יבמות סו:]. אם עשה חמצו אפותיקי לעובד כוכבים והרי הוא מונח בידו של ישראל ובאו שש שעות של ערב הפסח פקע שעבוד העכו"ם הואיל ולא הוי ממש דידיה וחייב לבערו [יבמות מו.]. ושחרור. עשה עבדו אפותיקי ושחררו הלוה משוחרר וזה גובה חובו ממקום אחר [כתובות שם]. עשה עבדו אפותיקי לחבירו ושחררו משוחרר ופקע ממונו של מלוה [יבמות שם]. שישמשנו. למוכר. ראשון. אם הכהו ומת לסוף שני ימים מחמת הכאה זו. ישנו בדין יום או יומים. יעמוד לא יוקם (שמות כא) ופטור דאילו מכה לישראל חבירו אם מחמת מכה זו מת אפילו לסוף שנה נהרג כדנפקא לן (סנהדרין דף עח:) מונקה המכה מלמד שחובשין אותו כו'. מפני שהוא תחתיו. עדיין כל ל' יום וכתיב ומת תחת ידו (שם) ותחת קרינא ביה אבל השני הלוקח אינו בדין יום או יומים אם הכהו ומת אלא הורגין אותו דעבד כנעני כבר ישראל הוא לכל דבריו דגמר לה לה מאשה. קסבר. רבי מאיר קנין פירות דהיינו תשמיש דעבד כל שלשים יום. כקנין הגוף דמי. כלומר כאילו קנה גופו ואותו שאין לו פירות אין קנין הגוף שיש לו בעבד כלום דאין גופו עומד לפירותיו והלכך לראשון קרוי אדון. רבי יהודה. דייק סיפיה דקרא לא יוקם כי כספו הוא למי שהוא קנוי לגופו הוי עבד. שניהם ישנן כו'. ופטורין דספק נפשות דבעלים שהכוהו ומי נהרג מהם להקל דנפקא לן מושפטו העדה והצילו העדה. שניהם אינן. כלומר שניהם שהכוהו נהרגין. זה. אחרון לפי שאינו תחתיו. וזה. הראשון לפי שאינו עכשיו כספו שהרי מכרו. כי כספו הוא. מיותר הוא דמה נתינת טעם היה צריך ליתן בדבר ולומר לא יוקם לפי שכספו הוא אי נמי מדמצי למיכתב כי כסף הוא [רשב"ם ב"ב נ:]. דאמר אמימר כרבי אליעזר. [אפילו] כשמכרו שניהם ביחד לאדם אחד קאמר דלא עשו ולא כלום ואפילו לקח תחלה מן האיש וחזר ולקח מן האשה וכ"ש היכא דמכרה היא לבעלה דלא הויא מכר דלאמימר דאמר כר' אלעזר ויליף טעמא מקראי דדבר של שני שותפין שהגוף לזה והפירות לזה אין כח לשניהם למכור דלא זה קרוי בעליו ולא זה קרוי בעליו [שם נ.]. וספק דיני נפשות להקל. דרחמנא אמר (במדבר לה) ושפטו העדה והצילו העדה [לעיל מד:]. יהפכו בזכותו [ראש השנה כו.]. איש ואשה שמכרו בנכסי מלוג. איש שמכר ואחריו האשה [ב"ב שם]. התוקע. המכהו כנגד אזנו לשון מורי. ל"א תקיעה ממש [לעיל לו:]. המכה את חבירו באזנו לשון מורי בבבא קמא וכאן שמעתי תוקע ממש שתקע בפיו באזנו וראיה ללשון מורי בב"ק וכאן שמעתי אל תהי בתוקעי כף (משלי כב כו) שמכין בכפם על כף חביריהם להיות ערבים בשביל אחרים [בכורות נ:]. באזנו לשון רבינו הלוי ורבינו הזקן למדנו שהכהו אצל האוזן [קדושין יא:]. נותן לו סלע. דמי בושתו לבד לצער ונזק ורפוי אם ישנם שם [לעיל שם]. כך שיערו דמי בושתו לאדם בינוני [קדושין שם].

משנה המשנה מונה דוגמאות של תשלומים על חבלות שונות:

הַתּוֹקֵעַ לַחֲבֵירוֹ – מי שהכה את חבירו על אזנו[25], **נוֹתֵן לוֹ סֶלַע. רַבִּי יְהוּדָה אוֹמֵר מִשּׁוּם רַבִּי יוֹסֵי הַגְּלִילִי:** נותן לו **מָנֶה**[26]. אם **סְטָרוֹ** על פניו, **נוֹתֵן לוֹ מָאתַיִם זוּז;** ואם עשה כן **לְאַחַר יָדוֹ**, שיש בזה זלזול גדול יותר[27], **נוֹתֵן לוֹ אַרְבַּע מֵאוֹת זוּז.** אם **צָרַם** – משך[28] **בְּאָזְנוֹ**, או **שֶׁתָּלַשׁ בִּשְׂעָרוֹ**, או **שֶׁרָקַק וְהִגִּיעַ בּוֹ רוּקוֹ**[29], או **שֶׁהֶעֱבִיר טַלִּיתוֹ מִמֶּנּוּ**[30], או **שֶׁפָּרַע רֹאשׁ הָאִשָּׁה בַּשּׁוּק**[31], **נוֹתֵן לוֹ** (או לה) **אַרְבַּע מֵאוֹת זוּז.**

הערות

25. או: צעק באזנו (רש״י בפירוש שני), או שהכהו באגרופו בערפו (רמב״ם בפירוש המשניות; וראה מגיד משנה הלכות חובל ומזיק ג, ט, ומאירי).

26. מנה הוא מאה זוז, וסלע הוא ארבעה זוזים. נמצא שבמנה יש עשרים וחמשה סלעים.
תשלומים אלו [וכן אלו שבהמשך] הם עבור בושת. אם אירע גם נזק לגופו של הנחבל, או צער, או שהוצרך לריפוי, החובל חייב לשלם לו גם אלו (רש״י כאן ולעיל לו, ב ד״ה נותן; אולם ראה רמב״ם שם ח, ורי״ף ורא״ש לעיל כז, ב; ראה גם תורת חיים, וחידושי רבי משה קזיס). ראה להלן עמוד ב הערה 13.

27. רמב״ם בפירוש המשניות.

28. או שפגם אותה (רש״י בפירוש השני), או שסיבב את אזנו והכאיבה (רמב״ם שם; המלה ״שפסל״ שבפירוש המשניות הנדפס בסוף הגמרא היא טעות, וצריך לומר ״שפתל״, כמו שמופיע בפירוש המשנה של הרמב״ם במאירי).

29. דהיינו, שהרוק נגע בגופו. אבל אם נגע רק בבגדיו, הרוקק פטור (ראה להלן צא, א).

30. דהיינו, שהסיר את בגדו העליון והשאיר אותו עומד ברשות הרבים בלעדיו. וכל שכן אם גילה את בשרו (ר״י מלוניל ומאירי; אבל ראה לחם שמים).

31. דהיינו, שהסיר הכובע מעל ראשה ונראה שערה (ר״י מלוניל ומאירי).

א) יבמות מו. סו: כתובות נט: גיטין מ: נדרים פו., ב) בבא בתרא נ., ג) [שבת קלה: וש"נ], ד) [שבת קכט. וש"נ], ה) [ב"ב נ.], ו) לעיל לו: קדושין יא: בכורות נ:, ז) כתובות סו., ח) [דף לא.], ט) [ד"ה עבדין], י) [ד"ה קונמות], כ) [כתובות דף נט:], ל) [גיטין דף מ:], מ) [פסחים דף ל:], נ) [וע"ע תוס' גיטין מ: ד"ה הקדש], ס) [ד"ה קונמות], ע) ולא גרס והכא בקנין פירות כו'. העתק מח"ג, פ) אליבא דר"א והיה יכול לומר דינו אף אם אית ליה תקנת אושא. העתק מחלופי גרסאות, ל) [ד"ה התם].

עו א מיי' פ"ז מהלכות ערכין הל' יד ופי"ח מהלכות מלוה ולוה הל' ו ז ופי"ב מהלכות נדרים הלכה י סמג עשין לד קלב טוש"ע ח"מ סי' קיז סעיף ז:

עז ב מיי' פ"ח מהלכות עבדים הלכה טז סמג עשין פז טוש"ע שם סעיף ו וטוש"ע י"ד סי' רסז סעיף סח:

עח ג מיי' פ"ח מהל' רוצח הלכה טו:

עט ד מיי' פכ"ב מהל' אישות הלכה טז ופוסק מכרן קיים וע"ש סמג עשין מח טוש"ע אה"ע סי' צ סעיף יג:

פ ה ו מיי' פ"ה מהל' עבדים הלכה טו סמג עשין פז טוש"ע י"ד סי' רסז סעיף לז:

פא ז ח מיי' פ"ג מהל' חובל ומזיק הלכה ט סמג עשין ע טוש"ע ח"מ סי' תכ סעיף מא:

א) הקדש חמץ ב ושחרור מפקיעין מידי שיעבוד לימא דרבא תנאי היא לא דכולי עלמא אית להו דרבא והכא אלמוה רבנן לשיעבודא דבעל ואיבעית אימא דכולי עלמא לית להו להני תנאי תקנת אושא והכא בקנין פירות כקנין הגוף דמי קמיפלגי ובפלוגתא דהני תנאי דתניא ג) המוכר עבדו לאחר ופסק עמו על מנת שישמשנו שלשים יום ר"מ אומר ראשון ישנו בדין יום או יומים מפני שהוא תחתיו קסבר קנין פירות כקנין הגוף דמי רבי יהודה אומר שני ישנו בדין יום או יומים מפני שהוא כספו קסבר ג) קנין פירות לאו כקנין הגוף דמי רבי יוסי אומר שניהם ישנן בדין יום או יומים זה מפני שהוא תחתיו וזה מפני שהוא כספו מספקא ליה קנין פירות אי כקנין הגוף דמי אי לאו כקנין הגוף דמי ד) וספק נפשות להקל רבי אליעזר אומר ג שניהם אינן בדין יום או יומים זה לפי שאינו תחתיו וזה לפי שאינו כספו אמר רבא מ"ט דרבי אליעזר אמר קרא א) כי כספו הוא כספו המיוחד לו כמאן אזלא הא ה) דאמר אמימר ד איש ואשה שמכרו בנכסי מלוג לא עשו ולא כלום כמאן כרבי אליעזר מאן תנא להא דת"ר ה מי שחציו עבד וחציו בן חורין וכן עבד של שני שותפין אין יוצאין בראשי אברים שאינן חוזרין אמר ליה רב מרדכי לרב אשי הכי אמרי משמיה דרבא ר' אליעזר היא מי לא אמר ר' אליעזר כספו המיוחד לו הכא נמי ו עבדו המיוחד לו: **מתני'** ו) ז התוקע לחבירו נותן לו סלע רבי יהודה אומר משום ר' יוסי הגלילי מנה ח סטרו נותן לו מאתים זוז לאחר ידו נותן לו ארבע מאות זוז צרם באזנו תלש בשערו ז) רקק והגיע בו רוקו העביר טליתו ממנו פרע ראש האשה בשוק נותן לו ארבע מאות זוז זה

רש"י

הקדש. עשה שורו אפותיקי לבעל חובו וחזר לוה זה והקדישו קדושת הגוף למזבח הפקיע שיעבודיה דמלוה ומותר למזבח ואין בו משום גזל (א) שבח הקדש מפקיעו הואיל ולא היה קנוי לו ממש אלא עומד לגבות הימנו ודוקא קדושת הגוף אבל קדושת דמים לא אלימי לאפקועי שיעבוד מלוה דתנן מוסיף מלוה עוד דינר ופודה את הנכסים האלו על מנת לשלם לאשה את כתובתה כו' במסכת ערכין (דף כג:) ותכריכי המת כקדושת הגוף דמי ומפקעי ונאסרין בהנאה: חמץ. נכרי שהלוה את ישראל על חמצו ולא הרהינו אצלו דמחוסר גוביינא שהיה עומד החמץ בביתו של ישראל ואין לנכרי עליו אלא שיעבוד כשבא עת ביעורו מפקיע איסור החמץ את שיעבוד הנכרי וחייב ישראל לבערו והא דתנן בפסחים (דף ל:) נכרי שהלוה לישראל על חמצו מותר בהנאה לאחר הפסח מוקי לה רבא התם מ) בשהרהינו אצלו שנתנו במשכון ביד נכרי דלא מחוסר גוביינא ולאו שיעבוד אלא קנייה ממש: שחרור. עשה עבדו אפותיקי ושחררו הלוה משוחרר וגובה זה חובו ממקום אחר: לית להו תקנתא דאושא. ושיעבודיה דבעל כשאר קנין פירות דעלמא הוא ובקנין פירות דעלמא פליגי: המוכר עבדו. עבד כנעני לאחר: ופסק. המוכר עם הלוקח ע"מ שישמשנו עוד שלשים יום: ראשון ישנו בדין יום או יומים. אם הכהו בתוך שלשים יום הללו ולא מת תחת ידו אלא עמד יום או יומים חי אינו נהרג דכתיב (שמות כא) אך אם יום או יומים וגו' אבל שני אם הכהו בתוך שלשים יום הללו שהיה בבית ראשון אינו בדין יום או יומים ונהרג עליו אפי' מת מחולי זה לסוף שלש שנים דקנין פירות שהוא קנין לראשון כקנין הגוף דמי ולאו דשני הוא: איש ואשה. אפי' מכרו שניהם כאחד: לא עשו ולא כלום. שאינו לא לזה ולא לזה ואם מת אחד מהם זה הנשאר מוציא מידי הלקוחות ולא דמו לשותפין דעלמא דהתם יש לזה חלק בכולו ליטול חצי וכן לזה אבל הכא כולן קנויין לה לגוף וכולן קנויין לו לפירות וליכא מיוחד לא לזה ולא לזה: ראשי אברים. כ"ד הן שהעבד יוצא בהן לחירות בפ"ק דקדושין (דף כה.): **מתני'** התוקע לחבירו. הכהו על אזנו לשון מורי ל"א תוקע ממש: נותן לו סלע. משום בושת: סטרו. על הלחי כמו הסוטר לועו של ישראל בסנהדרין (דף נח:): צרם. משך ובבכורות (דף לז.) שמעתי לשון פוגס: זה

תוספות

הקדש חמץ ושחרור מפקיעין מידי שיעבוד. אם עשה שורו אפותיקי והקדישו למזבח ולאו דוקא הקדש דה"ה כל איסורין שהן ראויים לפקוע כגון איטלא דמילתא דפרסוה אמיתנא דיבמות (ד' סו: ושם ט) וכגון קונמות דפרק אע"פ (כתובות ד' נט: ושם י) דכיון שיש לאיסור כח לחול שעה אחת דרבא לטעמיה דאמר בפרק כל שעה (פסחים ד' ל:) ב"ח מכאן ולהבא הוא גובה ושפיר מקדיש [הלוה] ותו לא פקע בטריפת ב"ח אבל קדושת דמים כי היכי דפקעה על ידי פדיון פקע נמי בטריפת ב"ח כדאשכחן בשדה [מקנה] כשהקדישה לוקח חוזרת לבעלים ביובל שאין כח להקדש בקדושת דמים יותר מן המקדיש וכי פקע כח מקדיש פקע כח הקדש והיינו טעמא דחמץ והיינו טעמא דשחרור וריב"א מביא ראיה מירושלמי דקאמר לא מצינו עבד משתחרר וחוזר ומשתעבד ובשעת איסור חמץ ושחרור היה החמץ והעבד ברשות בעלים ותו לא פקע ובכלל הקדש הוי קונמות ודבר המקלה למת וכן עשה ביתו אפותיקי והשתחוה לו בכלל הקדש הוא והא דלא חשיב רבא מכר שמפקיע מידי שיעבוד בעשה שורו אפותיקי ומכרו כדאמר לעיל בפ"ק (דף יא:) משום דלא הוי כטעמא דאחריני דמן הדין לא מפקע אלא תקנתא דרבנן הוא משום פסידא דלקוחות דלית ליה קלא דהא עשה עבדו אפותיקי דאית ליה קלא אם מכרו ב"ח גובה ממנו אי נמי לא חשיב רבא אלא הני תלת דשנויים במתני' או בברייתא דהקדש איתמר אברייתא דקונמות באף על פי ס) ושיחרור אמתניתין דהשולח ע) דשורת הדין אין העבד חייב כלום לרבו וחמץ אמתני' דכל שעה מ) דנכרי שהלוה את ישראל על חמצו אחר הפסח מותר בהנאה דמהאי טעמא מוקמינן לה בשהרהינו אצלו הלכך לא חש למנות לא איסור מת ולא איסור ע"ז ולא איסור (ב) קונמות ומכר י): **אלמוה** רבנן לשיעבודיה דבעל. הכא הוי פלוגתא בהכי ובפרק אע"פ (כתובות דף נט: ושם ק) אמר דאין קונמות מפקיעין מידי שיעבוד דבעל דאלמוה וכן בריש המדיר (שם דף ע.) אלמוה רבנן לשיעבודה דאשה ואין יכול להדירה דפריך וכיון דמשועבד לה היכי מצי מדיר לה והתנן קונם שאני עושה לפיך כו' וביבמות פרק אלמנה (דף סו:) גבי איטלא דמילתא לא אלמוה רבנן לשיעבודה דאשה אלא אמרינן דנאסר כי פרסוה אמיתנא וצ"ל דיש מקומות שצריך לאלם כח הבעל וכח האשה יותר ממקום אחר: **רבי** מאיר אומר ראשון ישנו בדין יום או יומים קסבר קנין פירות כקנין הגוף דמי. ואע"ג דגבי שן ועין אין יוצא לא לאיש ולא לאשה משום דאין לו כח לשחרר קנין הגוף של אשה אבל בדין יום או יומים שהוא תחתיו ויש לו כח לרדותו לעשות מלאכתו סברא הוא שיהא בדין יום או יומים מאחר דקנין פירות כקנין הגוף דמי והר"ר יצחק בר' ברוך מפרש דלר"מ נמי יוצא בשן ועין לאיש ולעיל גרסי' ואיבעית אימא דכ"ע לית להו תקנתא דאושא ובפלוגתא דהני תנאי כו' ע) והיא דקתני לאשה ולא לאיש כר' יהודה והיא דקתני לא לאיש ולא לאשה כר"א דאמר שניהם אינן בדין יום או יומים דדריש כספו המיוחד לו וה"נ עבד מלוג אין מיוחד לשניהם שלזה יש פירות ולזה יש גוף ואין זה קרוי בעלים ואפילו שניהם יחד אינם יכולין למוכרו וכמו כן אין יכולין לשחררו ומשום ה"ק פ) דלית להו תקנה דאושא דאפי' מכרו שניהם יחד אין מכירה כלל ואם מכרה האשה ונתגרשה אע"פ שהכל לאשה אין ללוקח כלום בה שהרי כשמכרה הוי כאדם המוכר דבר שאין שלו הלכך לא שייך אליבא דר"א כלל תקנה דאושא דלר"א לא צריכא לתקנה דאושא דלא שייך תקנת אושא אלא היכא שאם מכרה ונתגרשה הוה ללוקח ואם מתה הבעל מוציא דשוינהו קודם ללוקחים כדאיתא ביש נוחלין (ב"ב דף קלט: ושם ל): **כמאן** אזלא הא דאמר אמימר כו'. נראה דמכירה יליף משחרור דשחרור הוא כעין מכירה דאי מדין יום או יומים יליף אמאי איצטריך בסמוך גבי שחרור עבדו המיוחד לו: **איש** ואשה שמכרו בנכסי מלוג. פירש בקונטרס דלא דמי לשותפות דעלמא דהתם יש לזה חלק בכולו ליטול חצי וכן לזה אבל הכא כולן קנויין לה לגוף וכולן קנויין לו לפירות וליכא מיוחד לא לו ולא לה ובענין זה י"ל עבד של שני שותפין דבסמוך שלזה הגוף ולזה הפירות וכן חציו עבד וחציו בן חורין נמי כגון שנתן לו כל דמיו ואין מעוכב אלא גט שחרור להיות מותר בבת חורין:

כגון

הגהות הב"ח

(א) רש"י ד"ה הקדש וכו' משום גזל שבח הקדש מפקיע: (ב) תום' ד"ה הקדש וכו' ולא איסור ע"ז ולא איסור אחר הס"ד:

תורה אור השלם

א) אַךְ אִם יוֹם אוֹ יוֹמַיִם יַעֲמֹד לֹא יֻקַּם כִּי כַסְפּוֹ הוּא: [שמות כא, כא]

ליקוטי רש"י

הקדש. עשה שורו אפותיקי והקדישו למזבח דהוא קדושת הגוף פקע שיעבודא דקמא אבל קדושת בדק הבית לא מפקעא כדתנן בערכין (דף כג:) מוסיף עוד דינר ופודה הנכסים כולן [יבמות סו:]. כגון שעבד שורו לבעל חוב וחזר והקדישו מפקיע שעבוד המלוה וגובה חובו ממקום אחר וזה כשר לקרבן ואינו גזול דלא הוה קני ליה אלא לגוביינא בעלמא ודוקא קדושת הגוף אבל קדושת דמים דבדק הבית לא מפקיע שעבוד כדתנן בערכין (דף כג:) מוסיף עוד דינר ופודה את הנכסים הללו כו'. חמץ. עשה חמצו אפותיקי ונכרי עובדי כוכבים והגיע הפסח איסור חמץ מפקיעו משעבוד עובדי כוכבים ואסור בהנאה דתנן (פסחים דף ל:) עובד כוכבים שהלוה לישראל על חמצו אחר הפסח מותר בהנאה אוקמינן לה התם כשהרהינו אצלו שמכרו בידו משכון [כתובות נט:] דהכא לא מיחסר גוביינא [יבמות סו:]. אם חמצו אפותיקי לעובד כוכבים והרי הוא מונח בידו של ישראל ובאו שם שעות של ערב הפסח פקע שעבוד העכו"ם הואיל ולא הוי ממש דידיה וחייב לבערו [יבמות מו:]. ושחרור. עשה עבדו אפותיקי ושחררו הלוה משוחרר וזה גובה חובו ממקום אחר [כתובות שם]. עשה עבדו אפותיקי לחבירו ושחררו משוחרר ופקע ממונו של מלוה [יבמות שם]. שישמשנו. למוכר. ראשון. אם הכהו ומת לסוף שני ימים מחמת הכאה זו. ישנו בדין יום או יומים. יעמוד לא יוקם (שמות כא) ופטור דאילו מכה לישראל חבירו אם מחמת מכה זו מת אפילו לסוף שנה נהרג כדנפקא לן (סנהדרין דף עח:) מונקה המכה מלמד שחובשין אותו כו'. מפני שהוא תחתיו. עדיין כל ל' יום וכתיב ומת תחת ידו (שם) ותחת קרינא ביה אבל השני הלוקח אינו בדין יום או יומים אם הכהו ומת אלא הורגין אותו דעבד כנעני ככר ישראל הוא לכל דבריו דגמר לה לה מאשה. קסבר. רבי מאיר קנין פירות דהיינו תשמיש דעבד כל שלשים יום. כקנין הגוף דמי. כלומר כאילו קנה גופו ואותו שאין לו פירות אין קנין הגוף שיש לו בעבד כלום דאין גופו עומד לפירותיו והלכך ראשון קרוי אדון. רבי יהודה. דייק סיפיה דקרא לא יוקם כי כספו הוא למי שהוא קנוי לגופו הוי עבד. שניהם ישנן כו'. ופטורין דספק נפשות דבעלים שהכוהו ומי נהרג מהם להקל דנפקא לן מושפטו העדה והצילו העדה. שניהם אינן. כלומר שניהם שהכוהו נהרגין. זה. אחרון לפי שאינו תחתיו. וזה. הראשון לפי שאינו עכשיו כספו שהרי מכרו. כי כספו הוא. מיותר הוא דמה נתינת טעם היה צריך ליתן בדבר ולומר לא יוקם לפי שכספו הוא אי נמי מדמצי למיכתב כי כסף הוא [רשב"ם ב"ב נ:]. [אפילו] כשמכרו שניהם ביחד לאדם אחד קאמר דלא עשו ולא כלום ואפילו לקח תחלה מן האיש וחזר ולקח מן האשה וכ"ש היכא דמכרה היא לבעלה דלא הויא מכר דאמימר לטעמיה דאמר כר' אליעזר ויליף טעמא מקראי דדבר של שני שותפין שהגוף לזה והפירות לזה אין כח לשניהם למכור דלא זה קרוי בעליו ולא זה קרוי בעליו [שם נ.]. וספק דיני נפשות להקל. דרחמנא אמר (במדבר לה) ושפטו העדה והצילו העדה [לעיל מד:]. יהפכו בזכותו [ראש השנה כו.]. איש ואשה שמכרו בנכסי מלוג. איש שמכר ואחריו האשה [ב"ב שם]. התוקע. המכהו כנגד אזנו לשון מורי. ל"א תקיעה ממש [לעיל לו:]. המכה את חבירו באזנו לשון מורי בבבא קמא וכאן שמעתי מוקע ממש שתקע בפיו באזנו וראיה ללשון מורי בב"ק וכאן שמעתי אל תהי בתוקעי כף (משלי כב כו) שמכין בכפם על כף חביריהם להיות ערבים בשביל אחרים [בכורות נ:]. באזנו לשון רבינו הלוי ורבינו הזקן למדנו שהכהו אצל האוזן [קדושין יא:]. נותן לו סלע. דמי בושתו לבד לצער ונזק ורפוי אם ישנם שם [לעיל שם]. כך שיערו דמי בושתו לאדם בינוני [קדושין שם].

זה הכלל הכל לפי כבודו אמר ר' עקיבא אפי' עניים שבישראל (א) רואין אותם כאילו הם בני חורין שירדו מנכסיהם שהם בני אברהם יצחק ויעקב (ב) ומעשה באחד שפרע ראש האשה בשוק באת לפני רבי עקיבא וחייבו ליתן לה ארבע מאות זוז אמר לו רבי תן לי זמן ונתן לו זמן שמרה עומדת על פתח חצרה ושבר את הכד בפניה ובו כאיסר שמן גילתה את ראשה והיתה מטפחת ומנחת ידה על ראשה העמיד עליה עדים ובא לפני רבי עקיבא א"ל (א) לזו אני נותן ד' מאות זוז א"ל לא אמרת כלום (ג) החובל בעצמו אף על פי (א) שאינו רשאי פטור אחרים שחבלו בו חייבים והקוצץ נטיעותיו אף על פי שאינו רשאי פטור אחרים חייבין:

גמ' איבעיא להו מנה צורי תנן או מנה מדינה תנן תא שמע דההוא גברא דתקע ליה לחבריה אתא לקמיה דר' יהודה נשיאה אמר ליה הא אנא הא ר' יוסי הגלילי הב ליה מנה צורי ש"מ מנה צורי תנן ש"מ מאי הא אנא הא רבי יוסי הגלילי אילימא ה"ק ליה הא אנא דחזיתך והא ר' יוסי הגלילי דאמר מנה צורי זיל הב ליה מנה צורי למימרא דעד נעשה דיין והתניא (ד) סנהדרין שראו אחד שהרג את הנפש מקצתן נעשו עדים ומקצתן נעשו דיינין דברי רבי טרפון ר' עקיבא אומר כולם עדים הם (ה) (ב) ואין עד נעשה דיין עד כאן לא קאמר ר' טרפון אלא דמקצתן נעשו עדים ומקצתן נעשו דיינין אבל עד נעשה דיין לא קאמר כי תניא ההיא (ג) כגון שראו בלילה דלא למעבד דינא נינהו ואיבעית אימא הכי קאמר ליה הא אנא דסבירא לי כרבי יוסי הגלילי דאמר מנה צורי והא סהדי דמסהדי בך זיל הב ליה מנה צורי וסבר רבי עקיבא דאין עד נעשה דיין והתניא (א) והכה איש את רעהו באבן או באגרוף (ו) שמעון התימני אומר מה אגרוף מיוחד שמסור לעדה ולעדים אף כל שמסור לעדה ולעדים פרט לשיצתה מתחת יד העדים אמר לו ר"ע וכי בפני ב"ד הכהו שיודעין כמה הכהו ועל מה הכהו אם על שוקו או ציפר נפשו ועוד הרי שדחף את חבירו מראש הגג או מראש הבירה ומת בית דין הולכין אצל בירה או בירה הולכת אצל בית דין ועוד אם נפלה חוזר ובונה אלא מה אגרוף מיוחד שהוא מסור לעדים אף כל שהוא מסור לעדים פרט לכשיצתה אבן מתחת ידו של מכה פטור קתני מיהת אמר לו רבי עקיבא וכי בפני ב"ד הכהו שיודעין כמה הכהו הא הכהו בפניהם עד נעשה דיין לדבריו דרבי שמעון התימני קאמר וליה לא סבירא ליה: (ד) תנו רבנן שור תם שהמית והזיק דנין אותו דיני נפשות ואין דנין אותו דיני ממונות מועד שהמית והזיק דנין אותו דיני ממונות וחוזרין ודנין אותו דיני נפשות קדמו ודנוהו דיני נפשות אין חוזרין ודנין אותו דיני ממונות וכי קדמו ודנוהו דיני נפשות (ס) מאי הוי ליהדר ולידייניה נמי ממונות אמר רבא אשכחתינהו לרבנן דבי רב דיתבי וקאמרי הא מני ר"ש התימני היא דאמר מה אגרוף מיוחד שמסור לעדה ולעדים אלמא

זה הכלל הכל לפי כבודו. בגמרא מפרש קולא היא או חומרא: שמרה. המתין לה עד שראתה עומדת על פתח חצירה: ובו כאיסר שמן. שמן קנוי באיסר: אע"פ שאינו רשאי. כדמפרש טעמא בגמרא וכן קוצץ בנטיעות אין רשאי דעובר בבל תשחית (דברים כ): חייבין. נטיעה בת שנה שתי כסף כדאמר בהכונס (לעיל נח:): גמ' מנה צורי. כ"ה סלעים ק' זוז: מנה מדינה. שמינית שבמנה צורי סלע של מדינה חצי זוז כדאמר בשור שנגח (לעיל ד' לו.) חנן בישא תקע ליה כו': שראו בלילה. ולמחרת כשבאין לדון אין דנין אלא ע"פ שמועה לפיכך צריך למקצתן להעיד ואם אין שם אלא ג' צריך להושיב אחרים ולהעיד בפניהם אבל ראו ביום עושין ע"פ הראייה לרבי טרפון מיד ורבי יהודה (ז) הנשיא כרבי טרפון ס"ל: שמסור לעדה ולעדים. שיכול להביאו לב"ד לאומדו אם ראוי אגרוף זה לעשות חבלה זו ואם אין ראוי לא ישלם שמחמת חלשותו של זה ורכותו נחבל: לשיצתה אבן מתחת ידי עדים. שנאבדה מהן וב"ד לא ראוה אע"פ שראוה עדים פטור דבעינן אומדנא בב"ד: א"ל ר"ע. ונהי נמי דאבן בא בב"ד: וכי בפני ב"ד הכהו שיודעין כמה הכהו. כלומר חשבון המכות שהכהו שיכול לאמוד: או על מה. על איזה מאבריו: ציפר נפשו. תנוך שכנגד הלב ונוח הוא לחבל משם: ב"ד הולכין אצל בירה. בתמיה וכי הטריח הכתוב ב"ד לצאת מלשכה ולראות אותה: או אם נפלה הבירה. קודם שראוה בית דין כלום מצריך הכתוב לחזור ולבנות להראות גבהה לב"ד אלא אעדים סמכינן וכיון דראו עדים סמכינן אעדותייהו שאומרים לנו כך וכך היה ולא בעינן מסור לעדה אלא לעדים: פרט לשיצתה אבן מתחת ידי מכה. כלומר שנאבד מיד ולא ראוה עדים: והוציא הלה את ראשו וקבלה ל"ג: שהמית אדם. ואחר כך הזיק: ואין דנין אותו דיני ממונות. דתם אין משלם אלא מגופו והרי הוא נסקל: וחוזרין ודנין אותו דיני נפשות. ומשלם מן העלייה:

כגון שראוה בלילה. אם ראוה ביום דנין ע"פ ראיה דלא תהא שמיעה גדולה מראייה אבל ראו בלילה אין יכולין לדון ע"פ ראיית לילה דראייה כקבלת עדות וקבלת עדות כתחילת דין כדמוכח בר"ה (ד' כה: ושם ד"ה כגון) ותחילת דין ביום אפי' בדיני ממונות כדאמר בפ' אחד דיני ממונות (סנהדרין ד' לד:) הלכך צריכין לחזור ולהעיד ביום וכיון שצריכין להעיד אין המעיד נעשה דיין אבל עד הרואה שאין מעיד כגון שיש עדים אחרים מעידין לפניהם נעשה דיין אפי' בדיני נפשות לרבנן ולא כרשב"ם שפירש ביש נוחלין (ב"ב ד' קיג: ושם) ג' שנכנסו לבקר דוקא לבקר אבל אם נתכוונו להעיד כותבין ואין עושין דין דהוו ליה עדים ואין עד נעשה דיין ולר"ע אפי' עד הרואה אין נעשה דיין בדיני נפשות כדמשמע הכא וטעמא כדמפרש בפ"ב דמכות (ד' יב.) ר"ע אומר מנין לסנהדרין שראו באחד שהרג את הנפש שאין ממיתין אותו מיד עד שיעמוד בב"ד ת"ל עד עמדו לפני העדה למשפט עד שיעמוד בב"ד אחר וא"ת והא בפרק ראוהו (ר"ה ד' כו. ושם) מפרש טעמא משום דכתיב ושפטו העדה והצילו העדה וכיון דחזו ליה דקטליה לא חזו ליה זכותא וי"ל דההיא דמכות עיקר אבל בר"ה בא לפרש דלא גמרינן מינה דשאני דיני נפשות דבעינן והצילו העדה ובדרבנן אפילו עד המעיד נעשה דיין כדמוכח בפ"ק דגיטין (ד' ה:) ובפרק שני דכתובות (ד' כא: ושם (ח)) וטעם דאין המעיד נעשה דיין יש מפרשים משום דה"ל עדות שאין אתה יכול להזימה דכיון שהוא עצמו עד ודיין לא יקבל הזמה על עצמו ועל טעם זה קשה להר"י דאורליינש דהא מעתה עדים הקרובים לדיינים לא יעידו בפניהם דה"ל עדות שאי אתה יכול להזימה אלא ע"כ יכולין להזימם בב"ד אחר ה"נ בני הזמה נינהו בב"ד אחר ורשב"ם מפרש משום דכתיב ועמדו שני האנשים דאמרינן בשבועות (ד' ל.) אלו העדים לפני ה' אלו דיינין משמע שיעמדו העדים לפני הדיינין ולא שיהיו עדים בעצמן יושבין ודנין ועוד פי' ר"י טעם אחר דאין עד נעשה דיין משום דנפקא לן מביום הנחילו את בניו דע"פ (ב) הנחלת יום ששמעו מבקרי החולה שנתן לכל אחד מבניו יעמידו כל אחד בחלקו אבל ע"פ שמועתו בלילה לא יעמידו כל אחד בחלקו לפי ששמיעתו בלילה אין ראויה לדון על פיהם כדפי' וכיון שאין יכול לדון ע"פ ראיית לילה עד שיעידו עליהם ביום ה"ל עדים ולכך אין יכול לדון דאין עד נעשה דיין אלמא מהכא הוא דשמעינן דאין עד נעשה דיין והיינו דקאמר בפרק אחד דיני ממונות (סנהדרין ד' לד:) ור"מ דנפקא ליה שאין דנין אפי' גמר דין אלא ביום מדאיתקש דינין לנגעים ביום הנחילו מאי עביד ביה ומוקי ליה ביום אתה מפיל נחלות ואי אתה מפיל נחלות בלילה דבלילה כותבין ואין עושין דין ומסיק ואזיל כולה סוגיא עד ה"ל עדים ואין עד נעשה דיין ולהכי איצטריך לאתויי עלה אמר רב חסדא דכל עיקר לא מייתי דרשה דביום הנחילו אלא משום דבעי לאפוקי מינה דאין עד נעשה דיין כדמפרש רב חסדא דאי לאו להכי אתא אמאי איצטריך כלל [ביום הנחילו] לר"מ וא"ש הא דמייתי עלה ואמר רב חסדא ולא קאמר אמר רב חסדא בלא וי"ו: כגון שראוה בלילה. פי' בקונטרס ורבי יהודה נשיאה כרבי טרפון ס"ל ובחנם פירש כן דאפילו כרבי עקיבא ניחא דלא גמר (ט) מדיני נפשות כדפירשתי לעיל:

מסורת הש"ס

א) [לעיל פו.], ב) [אדר"נ פ"ג ע"ש], ג) [עי' לקמן צא: תוספות ד"ה החובל], ד) ר"ה כה:, ה) שם כו. גיטין ה: כתובות כא: סנהדרין לד: ב"ב קיד:, ו) [תוספתא דסנהדרין פי"ב ה"א, לקמן צא.], ז) ל"ל נשיאה, ח) [ד"ה הנח], ט) והתלמוד מוכרח לאוקמי כשראוה בלילה כדי ליתוקם לר' יהודה נשיאה גם כר' טרפון ולר' טרפון אין חילוק בין דיני ממונות לדיני נפשות. העתק מחלופי גרסאות.

הגהות הב"ח

(א) גמ' א"ל רבי לזו אני נותן ד': (ב) תום' ד"ה כגון וכו' דע"פ הנחלתו ביום ששמעו מבקרי החולה:

גליון הש"ס

גמ' מאי הוי ליהדר ולדייניה. ק"ל הא מבואר בפ"ק דף יג ע"ב דלר"י נגח ואח"כ הפקיר או הקדיש פטור דבעי' שיהא מיתה והעמדה בדין כאחד ועי' בהרא"ש דרבנן פליגי רק במיתה אבל בנזקים מודים אח"כ אחר שנגמר דינו הוי הפקר וכדאיתא בכריתות דף כד ע"א וא"א למיהדר למידייניה אח"כ. גם יש לעיין בסוגיא דלעיל דף לג ע"ב מכרו מכור לרדיא נימא דמכור לגמרי דהא בעי' בשעת העמדה בדין הבעלים הראשונים. ואולם דעת הרבה ראשונים דבעי' רק שיהיו לו בעלים לאפוקי הפקר והקדש ולדעת רש"י דמשמע דבעי' בעלים ראשונים י"ל דס"ל כהפוסקים דלרבנן דר"י גם בנזקים לא בעי' שיהא הכל כאחד. אולם עדיין במה דאיתא שם הקדישו מוקדש משום דרבי אבהו הא כיון דהקדישו פקע חיובו לגמרי כמו נגח ואח"כ הקדיש ולא מצי טריף מהקדש ועע"ג:

תורה אור השלם

א) וְכִי יְרִיבֻן אֲנָשִׁים וְהִכָּה אִישׁ אֶת רֵעֵהוּ בְּאֶבֶן אוֹ בְאֶגְרֹף וְלֹא יָמוּת וְנָפַל לְמִשְׁכָּב: [שמות כא, יח]

עין משפט נר מצוה

פב א מיי' פ"ה מהל' חובל ומזיק הל' א:

פג ב מיי' פ"ה מהלכות עדות הלכה ח סמג עשין קט טוש"ע ח"מ סי' ז סעיף ה:

פד ג מיי' פ"ב מהל' קידוש החדש הל' ט טוש"ע שם:

פה ד מיי' פי"א מהל' מקי ממון הלכה ז:

ליקוטי רש"י

רואין אותם כאילו הם בני חורין. ואין שמין את העני לפי עניותו להקל ולא את העשיר לפי עשרו שהרי אין לדמי בשתו סוף אלא כולן שוין בכך [לעיל פו.]. מקצתן נעשו עדים. ויעידו בפני חבריהם דגבי דיני נפשות עדות בעינן דכתיב (דברים יז) על פי שנים עדים יומת המת לא יומת וגו'. ומקצתן נעשו דיינין. אבל המעידים לא ישבו וידונו עמהם דהראוי להעיד אית ליה לרבי טרפון נעשה דיין אבל עד עצמו לית ליה דנעשה דיין. כולן עדים הם. ראוים להעיד [ר"ה כו.]. ואין עד נעשה דיין. המעיד על הדבר אין נעשה עוד דיין באותו דבר וגם אם ראה את הדבר ונעשה עד אין נעשה עליה עוד דיין בעדות עצמו אלא אם כן מעידין אחרים בפניו ונראה בעיני דגזירת הכתוב היא דכתיב ועמדו שני האנשים וגו' בעדים הכתוב מדבר (שבועות דף ל.) לפני ה' היינו לפני הדיינים אשמועינן קרא דצריך להעיד שנים לפני הדיינין אבל העדים אינן חוזרין ויושבין ודנין [רשב"ם ב"ב קיד.]. שמעון התימני. מתמנת היה כדכתיב (שופטים טו) שמשון חתן התימני מתמנת [ביצה כא.].

זֶה הַכְּלָל: הַכֹּל לְפִי כְּבוֹדוֹ של המתבייש[1]. **אָמַר רַבִּי עֲקִיבָא: אֲפִילוּ עֲנִיִּים שֶׁבְּיִשְׂרָאֵל רוֹאִין אוֹתָם כְּאִילוּ הֵם בְּנֵי חוֹרִין שֶׁיָּרְדוּ מִנִּכְסֵיהֶם, שֶׁהֵם בְּנֵי אַבְרָהָם יִצְחָק וְיַעֲקֹב**[2].

המשנה ממשיכה במעשה הקשור להוראת המשנה:

וּמַעֲשֶׂה בְּאֶחָד שֶׁפָּרַע (גילה) **רֹאשׁ הָאִשָּׁה בַּשּׁוּק, בָּאת לִפְנֵי רַבִּי עֲקִיבָא, וְחִיְּיבוֹ** למבייש **לִיתֵּן לָהּ אַרְבַּע מֵאוֹת זוּז**[3]. **אָמַר לוֹ** המבייש לרבי עקיבא: **"רַבִּי, תֶּן לִי זְמַן"**[4]! **וְנָתַן לוֹ** רבי עקיבא **זְמַן. שְׁמָרָהּ** — המתין לה עד שראה אותה **עוֹמֶדֶת עַל פֶּתַח חֲצֵרָהּ**[5], וכאשר ראה אותה, **שִׁבֵּר אֶת הַכַּד** שלו[6] **בְּפָנֶיהָ וּבוֹ כְּאִיסָּר שֶׁמֶן** — שמן מועט שקונים אותו באיסר. **גִּילְּתָה** האשה **אֶת רֹאשָׁהּ, וְהָיְתָה מְטַפַּחַת** בידיה בשמן, **וּמַנַּחַת יָדָהּ עַל רֹאשָׁהּ**, כדי לסוך את שערותיה בשמן[7]. **הֶעֱמִיד עָלֶיהָ עֵדִים, וּבָא לִפְנֵי רַבִּי עֲקִיבָא. אָמַר לוֹ** המבייש לרבי עקיבא: **"לָזוֹ** שזלזלה בעצמה לגלות ראשה עבור שמן כאיסר **אֲנִי נוֹתֵן אַרְבַּע מֵאוֹת זוּז?"**[8] הרי עבור דבר מועט כאיסר שמן זלזלה בעצמה לגלות ראשה, ובזה גילתה שאינה מקפדת על בושת זו. **אָמַר לוֹ** רבי עקיבא: **"לֹא אָמַרְתָּ כְּלוּם. הַחוֹבֵל בְּעַצְמוֹ אַף עַל פִּי שֶׁאֵינוֹ רַשַּׁאי**[9], מכל מקום הוא **פָּטוּר** מתשלומים, ואילו **אֲחֵרִים שֶׁחָבְלוּ בּוֹ, חַיָּיבִים**[10]. וְכֵן **הַקּוֹצֵץ נְטִיעוֹתָיו, אַף עַל פִּי שֶׁאֵינוֹ רַשַּׁאי** לעשות כן[11], הרי הוא **פָּטוּר** מתשלומים, ואילו **אֲחֵרִים** שעשו לו כן, **חַיָּיבִין"**[12]. לכן, אף על פי שהאשה ביישה את עצמה ברבים, אתה שביישת אותה חייב לשלם לה תשלומים מלאים.

גמרא המשנה אמרה שהתוקע לחבירו באזנו, לדעת רבי יוסי חייב לשלם לניזק מנה. הגמרא דנה בהוראתו:

אִיבַּעְיָא לְהוּ — שאלו: **מָנֶה צוֹרִי תְּנַן אוֹ מָנֶה מְדִינָה תְּנַן** — האם מנה צורי שנינו במשנתנו או מנה מדינה[13]?

משיבה הגמרא:

תָּא (בא) **שְׁמַע** תשובה: **דְּהַהוּא גַּבְרָא דְּתָקַע לֵיהּ לְחַבְרֵיהּ** — אדם אחד הכה את חבירו באזנו, **אָתָא לְקַמֵּיהּ דְּרַבִּי יְהוּדָה נְשִׂיאָה** — ובא הניזק לפני רבי יהודה נשיאה (נכדו של רבי), **אָמַר לֵיהּ** רבי יהודה למזיק: **"הָא אֲנָא הָא רַבִּי יוֹסֵי הַגְּלִילִי** — הנה אני והנה רבי יוסי הגלילי[14], **הַב לֵיהּ** — תן לו **מָנֶה צוֹרִי"**. **שְׁמַע מִינָּהּ מָנֶה צוֹרִי תְּנַן** — נשמע מכאן שהמנה השנוי במשנתנו היינו מנה צורי.

מסיקה הגמרא:

שְׁמַע מִינָּהּ — אכן יש לשמוע זאת מכאן[15].

לאחר שפשטה הגמרא את שאלתה, עוברת הגמרא לשאול על דברי רבי יהודה עצמו:

מַאי הָא אֲנָא הָא רַבִּי יוֹסֵי הַגְּלִילִי — מה היתה כוונת רבי יהודה באמרו "הנה אני והנה רבי יוסי הגלילי"?

הגמרא מציעה פירוש ומקשה עליו:

אִילֵימָא הָכִי קָאָמַר לֵיהּ — אם תאמר שכך אמר רבי יהודה למכה: **"הָא אֲנָא דַּחֲזִיתָךְ** — הנה אני שראיתיך מכה את חברך[16], **וְהָא** — והנה יש את **רַבִּי יוֹסֵי הַגְּלִילִי דְּאָמַר** שהתשלום צריך להיות **בְּמָנֶה צוֹרִי; זִיל הַב לֵיהּ** — לך תן לו **מָנֶה צוֹרִי"**. אי אפשר לומר שכך היתה כוונתו של רבי יהודה נשיאה, שכן, לפי זה **לְמֵימְרָא** — נמצא **דְּעֵד נַעֲשֶׂה דַּיָּין**, דהיינו, שדיין יכול לדון על פי מה שראו עיניו? **וְהָתַנְיָא** בברייתא: **סַנְהֶדְרִין**[17] **שֶׁרָאוּ אֶחָד שֶׁהָרַג אֶת הַנֶּפֶשׁ**[18], וצריכים לדון אותו, **מִקְצָתָן** של הדיינים **נַעֲשׂוּ עֵדִים** ועומדים

הערות

1. ככל שהמתבייש מכובד יותר, דמי בושתו מרובים יותר.

הגמרא להלן (צא, א) תבאר אם כוונת המשנה בזה היא שדמי הבושת הקצובים במשנה לעיל מתייחסים לאנשים מכובדים ביותר, אבל אנשים פחותים, דמי בושתם פחותים יותר, או הם מתייחסים לאנשים הפחותים, אבל לאנשים מכובדים, דמי בושתם מרובים יותר (רש"י).

2. לדעת רבי עקיבא המבייש אדם עני, שָׁמים את דמי בושתו כאילו בייש אדם עשיר שירד מנכסיו. רבי עקיבא מחמיר על המבייש יותר מתנא קמא, שכן לדעת רבי עקיבא כל עני בישראל דינו לענין בושת כדין עני שהיה פעם עשיר וירד מנכסיו, שבושתו מרובה יותר מבושתו של עני מעולם (מאירי).

[לשון "בן חורין" כאן כוונתה היא אנשים מכובדים, כמו בקהלת י, יז: "אַשְׁרֵיךְ אֶרֶץ שֶׁמַּלְכֵּךְ בֶּן חוֹרִים (אדם מכובד)". ראה מלאכת שלמה.]

3. הסכום הקצוב במשנה לעיל עבור זה.

4. להשיג את הכסף ולשלם.

5. רש"י. אבל ראה שיטה מקובצת בשם גאון.

6. מאירי. ראה שם פירוש אחר. וראה תוספות יום טוב.

7. לשם כך הוא שבר את כדו בפניה, משום שהיה מכיר בַּבִּילוּת שהיתה נטועה בלבה, וידע שבעבור דבר מועט כזה תבזה את עצמה ותגלה את ראשה (ר"י מלוניל).

8. רע"ב.

9. להלן צא, ב תבאר הגמרא את מקור האיסור.

10. [לשון "פטור" לגבי אדם החובל בעצמו אינה שייכת, אלא הכוונה היא שאף על פי שהחובל בעצמו אינו חס על עצמו, אחרים שחבלו בו חייבים (תוספות להלן צא, ב ד"ה החובל; וראה מאירי במשנה).]

11. המשחית עצי פרי ללא צורך עובר על איסור (דברים כ, יט): "לֹא תַשְׁחִית אֶת עֵצָהּ" (רש"י; אולם ראה תוספות יום טוב).

12. הקוצץ נטיעה בת שנתה של חבירו, חייב לשלם לו שני כסף (רש"י, על פי גמרא לעיל נח, ב).

13. שני סוגי מטבעות היו בזמן הגמרא. (א) כסף צורי, (ב) כסף מדינה. כסף צורי היה שוה פי שמונה מכסף מדינה, מכיון שהוא הכיל כסף פי שמונה מכסף מדינה. כסף מדינה היה עשוי חלק אחד כסף ושבעה חלקים נחושת, ואילו כסף צורי היה עשוי כולו כסף (רמב"ם הלכות חובל ומזיק ג, י; אבל ראה רש"ש). ובכן, אם כוונת משנתנו היא למנה צורי, יצטרך המזיק לשלם מאה זוז. ואם כוונתה היא למנה מדינה הוא יצטרך לשלם רק שנים עשר וחצי זוזים (ראה רש"י).

14. בסמוך תבאר הגמרא את כוונת רבי יהודה בממאמר זה.

15. בשאלתה ובתשובתה מתייחסת הגמרא רק למנה, שהוא התשלום שצריך לשלם התוקע באוזן חבירו לדעת רבי יוסי הגלילי, ואינה שואלת מהי כוונת תנא קמא שמחייב סלע, משום שכבר הסיקה הגמרא לעיל (לו, ב) שכוונת תנא קמא היא לסלע מדינה (ראב"ד ורשב"א; וראה מאירי במשנה).

נמצא שיש הפרש עצום בגובה התשלום בין רבי יוסי הגלילי לתנא קמא, שכן אם שניהם היו מדברים על מטבע ממין אחד, אז גובה התשלום לפי רבי יוסי הגלילי היה פי עשרים וחמש, שכן במנה יש עשרים וחמשה סלעים. אולם מכיון שהמנה שעליו דיבר רבי יוסי הגלילי הוא מנה צורי, והסלע שעליו דיבר תנא קמא הוא סלע מדינה, נמצא שהסכום שרבי יוסי מחייב אותו הוא פי מאתיים מזה שתנא קמא מחייבו, שהרי מטבע צורי הוא פי שמונה מהמטבע המקבילה לה בכסף מדינה.

מכח קושי זה מסיק רבינו תם (בתוספות לעיל לו, ב ד"ה נותן) שתנא קמא ורבי יוסי הגלילי אינם חולקים, אלא תנא קמא התייחס לבושת של עני, ואילו רבי יוסי הגלילי התייחס לבושת של עשיר.

אולם התוספות מעירים שמלשון רבי יהודה "הא אנא הא רבי יוסי הגלילי", כפי שתבאר הגמרא להלן, משמע קצת שאכן תנא קמא ורבי יוסי הגלילי חולקים בשיעור התשלומים במקרה זה. ומכל מקום גם לדעת התוספות המחלוקת אינה קיצונית כל כך, אלא זה נקט שיעור של עני וזה נקט שיעור של עשיר. לביאור דבריהם ראה מהר"ם ומהר"ם שיף שם, וים של שלמה כאן לח.

16. ואם כן איני צריך לקבל עדות בדבר, אלא אדון אותך על פי ראייתי (תוספות רבינו פרץ; וכן משמע מרש"י להלן ד"ה שראו בלילה; אולם ראה גם ראב"ד ורשב"א).

[אף על פי שלדיני ממונות יש צורך בשלשה דיינים, צריך לומר לפי פירוש זה, שרבי יהודה נשיאה היה מומחה לרבים, שיכול לדון יחידי (ראה סנהדרין ה, א). אולם יש לעיין איך היה רבי יהודה נשיאה יכול לדון על פי ראייתו, הרי יש צורך בשני עדים, והוא עד אחד בלבד (רשב"א; וראה קצות החושן ז, ה, ואמרי בינה הלכות דיינים יא, ושערי יושר ז, א).]

17. אין הכוונה דוקא ל"סנהדרין גדולה" של שבעים ואחד, אלא לבית דין של עשרים ושלשה דיינים ("סנהדרין קטנה"), שכשרה לדון דיני נפשות (ראה משנה סנהדרין ב, א).

18. והוא הדין כשראוהו עובר עבירה אחרת שחייבים עליה מיתת בית דין, שכן מחלוקת רבי עקיבא ורבי טרפון בדין "אין עד נעשה דיין" (דהיינו אם עד הרואה

זה הכלל הכל לפי כבודו אמר ר' עקיבא אפי' עניים שבישראל [א] רואין אותם כאילו הם בני חורין שירדו מנכסיהם שהם בני אברהם יצחק ויעקב [ב] ומעשה באחד שפרע ראש האשה בשוק באת לפני רבי עקיבא וחייבו ליתן לה ארבע מאות זוז אמר לו רבי תן לי זמן ונתן לו זמן שמרה עומדת על פתח חצרה ושבר את הכד בפניה ובו כאיסר שמן גילתה את ראשה והיתה מטפחת ומנחת ידה על ראשה העמיד עליה עדים ובא לפני רבי עקיבא א"ל (א) לזו אני נותן ד' מאות זוז א"ל לא אמרת כלום [ג] החובל בעצמו אף על פי [א] שאינו רשאי פטור אחרים שחבלו בו חייבים והקוצץ נטיעותיו אף על פי שאינו רשאי פטור אחרים חייבין:

גמ' איבעיא להו מנה צורי תנן או מנה מדינה תנן תא שמע דההוא גברא דתקע ליה לחבריה אתא לקמיה דר' יהודה נשיאה אמר ליה הא אנא הא ר' יוסי הגלילי הב ליה מנה צורי ש"מ מנה צורי תנן ש"מ מאי הא אנא הא רבי יוסי הגלילי אילימא ה"ק ליה הא אנא דחזיתך והא ר' יוסי הגלילי דאמר מנה צורי זיל הב ליה מנה צורי למימרא דעד נעשה דיין והתניא [ד] סנהדרין שראו אחד שהרג את הנפש מקצתן נעשו עדים ומקצתן נעשו דיינין דברי רבי טרפון ר' עקיבא אומר כולם עדים הם [ה] [ב] ואין עד נעשה דיין עד כאן לא קאמר ר' טרפון אלא דמקצתן נעשו עדים ומקצתן נעשו דיינין אבל עד נעשה דיין לא קאמר כי תניא ההיא [ג] כגון שראו בלילה דלא למעבד דינא נינהו ואיבעית אימא הכי קאמר ליה הא אנא דסבירא לי כרבי יוסי הגלילי דאמר מנה צורי והא סהדי דמסהדי בך זיל הב ליה מנה צורי וסבר רבי עקיבא דאין עד נעשה דיין והתניא [א] והכה איש את רעהו באבן או באגרוף [ו] שמעון התימני אומר מה אגרוף מיוחד שמסור לעדה ולעדים אף כל שמסור לעדה ולעדים פרט לשיצתה מתחת יד העדים אמר לו ר"ע וכי בפני ב"ד הכהו שיודעין כמה הכהו ועל מה הכהו אם על שוקו או ציפר נפשו ועוד הרי שדחף את חבירו מראש הגג או מראש הבירה ומת בית דין הולכין אצל בירה או בירה הולכת אצל בית דין ועוד אם נפלה חוזר ובונה אלא מה אגרוף מיוחד שהוא מסור לעדים אף כל שהוא מסור לעדים פרט לכשיצתה אבן מתחת ידו של מכה פטור קתני מיהת אמר לו רבי עקיבא וכי בפני ב"ד הכהו שיודעין כמה הכהו הא הכהו בפניהם עד נעשה דיין לדבריו דרבי שמעון התימני קאמר וליה לא סבירא ליה: [ד] תנו רבנן שור תם שהמית והזיק דנין אותו דיני נפשות ואין דנין אותו דיני ממונות מועד שהמית והזיק דנין אותו דיני ממונות וחוזרין ודנין אותו דיני נפשות קדמו ודנוהו דיני נפשות אין חוזרין ודנין אותו דיני ממונות וכי קדמו ודנוהו דיני נפשות [ט] מאי הוי ליהדר ולידייניה נמי ממונות אמר רבא אשכחתינהו לרבנן דבי רב דיתבי וקאמרי הא מני ר"ש התימני היא דאמר מה אגרוף מיוחד שמסור לעדה ולעדים

אלמא

זה הכלל הכל לפי כבודו. בגמרא מפרש קולא היא או חומרא: שמרה. המתין לה עד שראתה עומדת על פתח חצירה: ובו כאיסר שמן. שמן קנוי באיסר: אע"פ שאינו רשאי. כדמפרש טעמא בגמרא וכן קוצץ בנטיעות אין רשאי דעובר בבל תשחית (דברים כ): חייבין. נטיעה בת שנה שתי כסף כדאמר בהכונס (לעיל נח:): גמ' מנה צורי. כ"ה סלעים ק' זוז: מנה מדינה. שמינית שבמנה צורי סלע של מדינה חצי זוז כדאמר בשור שנגח (לעיל ד' לו.) חנן בישא תקע ליה כו': שראו בלילה. ולמחרת כשבאין לדון אין דנין אלא ע"פ שמועה לפיכך צריך למקצתן להעיד ואם אין שם אלא ג' צריך להושיב אחרים ולהעיד בפניהם אבל ראו ביום עושין ע"פ הראייה לרבי טרפון מיד ורבי יהודה [ז] הנשיא כרבי טרפון ס"ל: שמסור לעדה ולעדים. שיכול להביאו לב"ד לאומדו אם ראוי אגרוף זה לעשות חבלה זו ואם אין ראוי לא ישלם שמחמת חלשותו של זה ורכותו נחבל: לשיצתה אבן מתחת ידי עדים. שנאבדה מהן וב"ד לא ראוה אע"פ שראוה עדים פטור דבעינן אומדנא בב"ד: א"ל ר"ע. ונהי נמי דאבן לא בב"ד: וכי בפני ב"ד הכהו שיודעין כמה הכהו. כלומר חשבון המכות שהכהו שיכול לאמוד: או על מה. על איזה מאבריו: ציפר נפשו. תנוך שכנגד הלב ונוח הוא לחבל משם: ב"ד הולכין אצל בירה. בתמיה וכי הטריח הכתוב ב"ד לצאת מלשכה ולראות אותה: או אם נפלה הבירה. קודם שראוה בית דין כלום מצריך הכתוב לחזור ולבנות להראות גבהה לב"ד אלא אעדים סמכינן וכיון דראו עדים סמכינן אעדותייהו שאומרים לנו כך וכך היה ולא בעינן מסור לעדה אלא לעדים: פרט לשיצתה אבן מתחת ידי מכה. כלומר שנאבד מיד ולא ראוה עדים: והוליא הלה את ראשו וקבלה ל"ג: שהמית אדם. ואחר כך הזיק: ואין דנין אותו דיני ממונות. דתם אין משלם אלא מגופו והרי הוא נסקל: וחוזרין ודנין אותו דיני נפשות. ומשלם מן העלייה:

כגון שראוה בלילה. אם ראוה ביום דנין ע"פ ראיה דלא תהא שמיעה גדולה מראייה אבל ראו בלילה אין יכולין לדון ע"פ ראיית לילה דראייה כקבלת עדות וקבלת עדות כתחילת דין כדמוכח בר"ה (ד' כה: ושם ד"ה כגון) ותחילת דין ביום אפי' בדיני ממונות כדאמר בפ' אחד דיני ממונות (סנהדרין ד' לד:) הלכך צריכין לחזור ולהעיד ביום וכיון שצריכין להעיד אין המעיד נעשה דיין אבל עד הרואה שאין מעיד כגון שיש עדים אחרים מעידין לפניהם נעשה דיין אפי' בדיני נפשות לרבנן ולא כרשב"ס שפירש ביש נוחלין (ב"ב ד' קיג: ושם) ג' שנכנסו לבקר דוקא לבקר אבל אם נתכוונו להעיד כותבין ואין עושין דין דהוו ליה עדים ואין עד נעשה דיין ולר"ע אפי' עד הרואה אין נעשה דיין בדיני נפשות כדמשמע הכא וטעמא כדמפרש בפ"ק דמכות (ד' יב.) ר"ע אומר מנין לסנהדרין שראו באחד שהרג את הנפש שאין ממיתין אותו מיד עד שיעמוד בב"ד ת"ל עד עמדו לפני העדה למשפט עד שיעמוד בב"ד אחר וא"ת והא בפרק ראוהו (ר"ה ד' כו. ושם) מפרש טעמא משום דכתיב ושפטו העדה והצילו העדה וכיון דחזו ליה דקטליה לא חזו ליה זכותא וי"ל דההיא דמכות עיקר אבל בר"ה בא לפרש דלא גמרינן מינה דשאני דיני נפשות דבעינן והצילו העדה ובדרבנן אפילו עד המעיד נעשה דיין כדמוכח בפ"ק דגיטין (ד' ה:) ובפרק שני דכתובות (ד' כא: ושם [ח]) וטעם דאין המעיד נעשה דיין יש מפרשים משום דה"ל עדות שאין אתה יכול להזימה דכיון שהוא עצמו עד ודיין לא יקבל הזמה על עצמו ועל טעם זה קשה להר"י דאורליינש דאלא מעתה עדים הקרובים לדיינים לא יעידו בפניהם דה"ל עדות שאי אתה יכול להזימה אלא ע"כ יכולין להזימם בב"ד אחר ה"נ בני הזמה נינהו בב"ד אחר ורשב"ם מפרש משום דכתיב ועמדו שני האנשים דאמרינן בשבועות (ד' ל.) אלו העדים לפני ה' אלו דיינין משמע שיעמדו העדים לפני הדיינין ולא שיהיו עדים בעצמן יושבין ודנין ועוד פי' ר"י טעם אחר דאין עד נעשה דיין משום דנפקא לן מביום הנחילו את בניו דע"פ (ב) הנחלת יום ששמעו מבקרי החולה שנתן לכל אחד מבניו יעמידו כל אחד בחלקו אבל ע"פ שמועתו בלילה לא יעמידו כל אחד בחלקו לפי שמיעתו בלילה אין ראויה לדון על פיהם כדפי' וכיון שאין יכול לדון ע"פ ראיית לילה עד שיעידו עליהם ביום ה"ל עדים ולכך אין יכול לדון דאין עד נעשה דיין אלמא מהכא הוא דשמעינן דאין עד נעשה דיין והיינו דקאמר בפרק אחד דיני ממונות (סנהדרין ד' לד:) ור"מ דנפקא ליה שאין דנין אפי' גמר דין אלא ביום מדאיתקש דיינין לנגעים ביום הנחילו מאי עביד ביה ומוקי ליה ביום אתה מפיל נחלות ואי אתה מפיל נחלות בלילה דבלילה כותבין ואין עושין דין ומסיק ואזיל כולה סוגיא עד ה"ל עדים ואין עד נעשה דיין ולהכי איצטריך לאתויי עלה אמר רב חסדא דכל עיקר לא מייתי דרשה דביום הנחילו אלא משום דבעי לאפוקי מינה דאין עד נעשה דיין כדמפרש רב חסדא דאי לאו להכי אתא אמאי איצטריך כלל [ביום הנחילו] לר"מ וא"ש הא דמייתי עלה ואמר רב חסדא ולא קאמר אמר רב חסדא בלא וי"ו: כגון שראוה בלילה. פי' בקונטרס ורבי יהודה נשיאה כרבי טרפון ס"ל ובחנם פירש כן דאפילו כרבי עקיבא ניחא דלא גמר [ט] מדיני נפשות כדפירשתי לעיל:

עין משפט נר מצוה

פב א מיי' פ"ה מהל' חובל ומזיק הל' א:
פג ב מיי' פ"ה מהלכות עדות הלכה ח סמג עשין קטו טוש"ע ח"מ סי' ז סעיף ה:
פד ג מיי' פ"ב מהל' קידוש החדש הל' ט טוש"ע שם:
פה ד מיי' פי"א מהל' נזקי ממון הלכה ז:

ליקוטי רש"י

רואין אותם כאילו הם בני חורין. ואין שמין את העני לפי עניותו להקל ולא את העשיר לפי עשרו שהרי אין לדמי בשתו סוף אלא כולן שוין בכך [לעיל פו.]. מקצתן נעשו עדים. ויעידו בפני חבריהם דגבי דיני נפשות ועדות בעינן דכתיב (דברים יז) על פי שנים עדים יומת המת לא יומת וגו'. ומקצתן נעשו דיינין. אבל המעידים לא ישבו וידונו עמהם דהראוי להעיד אית ליה לרבי טרפון נעשה דיין אבל עד עצמו לית ליה דנעשה דיין. כולן עדים הם. ראוים להעיד [ר"ה כו.]. ואין עד נעשה דיין. המעיד על הדבר אין נעשה עוד דיין באותו דבר וגם אם ראה את הדבר ונעשה עד אין נעשה עליה עוד דיין בעדות עצמו אלא אם כן מעידין אחרים בפניו ונראה בעיני דגזירת הכתוב היא דכתיב ועמדו שני האנשים וגו' בעדים הכתוב מדבר (שבועות דף ל.) לפני ה' היינו לפני הדיינים אשמועינן קרא דצריך להעיד שנים לפני הדיינין אבל העדים אינן חוזרין ויושבין ודנין [רשב"ם ב"ב קיד.]. שמעון התימני. מתמנת היה כדכתיב (שופטים טו) שמשון חתן התימני מתמנת [ביצה כא.].

מסורת הש"ס

א) [לעיל פו.], ב) [אדר"נ פ"ג ע"ש], ג) [עי' לקמן לא: תוספות ד"ה החובל], ד) ר"ה כה:, ה) שם כו. גיטין ה: כתובות כא: סנהדרין לד: ב"ב קיד:, ו) [תוספתא דסנהדרין פי"ב ה"א, לקמן לא.], ז) נ"ל נשיאה, ח) [ד"ה הנח], ט) והתלמוד מוכרח לאוקמי כשראוה בלילה כדי ליתוקם לר' יהודה נשיאה גם כר' טרפון ולר' טרפון אין חילוק בין דיני ממונות לדיני נפשות. העתק מחלופי גרסאות.

הגהות הב"ח

(א) גמ' א"ל רבי לזו אני נותן ד': (ב) תוס' ד"ה כגון וכו' דע"פ הנחלתו ביום ששמעו מבקרי החולה:

גליון הש"ס

גמ' מאי הוי ליהדר ולידייניה. ק"ל הא מבואר בפ"ק דף יג ע"ב דלר"י נגח ואח"כ הפקיר או הקדיש פטור דבעי' שיהא מיתה והעמדה בדין כאחד ועי' בהרא"ש דרבנן פליגי רק במיתה אבל בנזקים מודים א"כ אחר שנגמר דינו הוי הפקר וכדאיתא בכריתות דף כד ע"א וא"כ למיהדר ולמידייניה אח"כ. גם יש לעיין בסוגיא דלעיל דף לג ע"ב מכרו מכור לרדיא נימא דמכור לגמרי דהא בעי' בשעת העמדה בדין הבעלים הראשונים. ואולם דעת הרבה ראשונים דבעי' רק שיהיו לו בעלים לאפוקי הפקר והקדש ולדעת רש"י דמשמע דבעי' בעלים ראשונים י"ל דס"ל כהפוסקים דלרבנן דר"י גם בנזקים לא בעי' שיהא הכל כאחד. אולם עדיין במה דאיתא שם הקדישו מוקדש משום דרבי אבהו הא כיון דהקדישו פקע חיובו לגמרי כמו נגח ואח"כ הקדיש ולא מאי טריף מהקדש וצע"ג:

תורה אור השלם

א) וְכִי יְרִיבֻן אֲנָשִׁים וְהִכָּה אִישׁ אֶת רֵעֵהוּ בְּאֶבֶן אוֹ בְאֶגְרֹף וְלֹא יָמוּת וְנָפַל לְמִשְׁכָּב: [שמות כא, יח]

ומעידים בפני האחרים, **וּמִקְצָתָן נַעֲשׂוּ דַּיָּינִין**, ומוסיפים עליהם עוד אחרים להשלים את מנין הדיינים, ומקבלים את עדות האחרים, **דִּבְרֵי רַבִּי טַרְפוֹן**[19]. **רַבִּי עֲקִיבָא אוֹמֵר: כּוּלָּם עֵדִים הֵם** — כולם ראויים להעיד ונחשבים כעדים, **וְאֵין עֵד נַעֲשֶׂה דַּיָּין**[20], ולפיכך אין הדיינים האלה יכולים לדון כלל במעשה זה, וצריכים להעיד על המעשה בפני דיינים אחרים שלא ראו את המעשה. **וְעַד כָּאן לֹא קָאָמַר רַבִּי טַרְפוֹן** שעד נעשה דיין **אֶלָּא דְּמִקְצָתָן נַעֲשׂוּ עֵדִים וּמִקְצָתָן נַעֲשׂוּ דַּיָּינִין**, וזה שגם הדיינים בעצמם ראו את הרציחה אינו פוסלם מלשבת ולדון במעשה, אם ישמעו את העדות מפי עדים. **אֲבָל עֵד נַעֲשֶׂה דַּיָּין** — זה שעד ייעשה דיין וידון על פי הראייה שלו עצמו, אפילו רבי טרפון **לֹא קָאָמַר** (אמר). ואם כן, כיצד דן רבי יהודה נשיאה על פי מה שראה את המעשה בעצמו[21]?

הגמרא משיבה:

כִּי תַּנְיָא הַהִיא — לגבי איזה מקרה שנינו כן בברייתא? **כְּגוֹן שֶׁרָאוּ** הדיינים את המעשה **בַּלַּיְלָה, דְּלָא לְמֶעֱבַד דִּינָא נִינְהוּ** — שבאותה שעה אינם יכולים לדון[22].

הגמרא מציעה פירוש אחר לדבריו של רבי יהודה:

וְאִיבָּעֵית אֵימָא — ואם תרצה אמור, **הָכִי קָאָמַר לֵיהּ** — כך אמר רבי יהודה נשיאה למכה: "**הָא אֲנָא דִּסְבִירָא לִי כְּרַבִּי יוֹסֵי הַגְּלִילִי**" — הנה אני הסובר כדעת רבי יוסי הגלילי[23], **דְּאָמַר** שהתשלום הוא **מָנֶה צוּרִי, וְהָא סַהֲדֵי דְּמַסְהֲדֵי בָּךְ** — והנה עדים המעידים על מעשיך, **זִיל הַב לֵיהּ** — לך תן לניזק **מָנֶה צוּרִי**. ונמצא שרבי יהודה נשיאה לא היה עד כלל, אלא רק דיין[24].

הגמרא עוברת לדון במחלוקת השנויה בברייתא הנזכרת:

וְכִי באמת **סָבַר רַבִּי עֲקִיבָא דְּאֵין עֵד נַעֲשֶׂה דַּיָּין**[25]? **וְהָתַנְיָא** בברייתא: נאמר בתורה (שמות כא, יח): "**וְהִכָּה אִישׁ אֶת רֵעֵהוּ בְּאֶבֶן אוֹ בְאֶגְרֹף**", **שִׁמְעוֹן הַתִּימְנִי**[26] **אוֹמֵר**: מזה שהתורה הזכירה אגרוף לדוגמת דבר הראוי לעשות חבלה כמו שנעשתה, אנו למדים: **מָה אֶגְרוֹף מְיוּחָד שֶׁמָּסוּר לָעֵדָה** (לבית דין) **וְכֵן לָעֵדִים** לאומדו אם הוא ראוי לעשות אותה חבלה[27], **אַף כֹּל** — כל מקרה של חבלה אין בית דין דנים בו אלא בזמן **שֶׁ**החפץ שחבל בו **מָסוּר לָעֵדָה וְלָעֵדִים** לאומדו אם הוא ראוי לעשות אותה חבלה; **פְּרָט לְשֶׁיָּצְתָה מִתַּחַת יַד הָעֵדִים** — נתמעט מפסוק זה מקרה שבו אבד החפץ מהעדים ובית דין לא ראוהו[28]. **אָמַר לוֹ רַבִּי עֲקִיבָא** לשמעון התימני: אפילו אם יביאו את החפץ המזיק בפני בית דין, הרי בית דין עדיין יצטרכו

הערות

משהו יכול להיעשות דיין בדבר — ראה להלן הערה 22) היא בכל דיני נפשות (שפתי חכמים ראש השנה כה, ב; עיין שם מדוע, אם כן, נקטה הברייתא רציחה).

19. שני דיינים עומדים ומעידים בפני חבריהם על מעשה הרציחה, ושאר הדיינים דנים את הרוצח. [אבל הדיינים שהעידו אינם יכולים להצטרף לבית דין לדון את הרוצח, לאחר עדותם. שאף על פי שדעת רבי טרפון היא שאף בדיני נפשות עד נעשה דיין, היינו רק **עד הרואה** (שלא העיד אלא רק ראה את המעשה והיה ראוי אז להעיד), אבל **עד המעיד** בפועל אינו יכול לדון בדבר (אף בדיני ממונות). ורק הדיינים האחרים שלא העידו בדבר יכולים לדון בדבר אף על פי שגם הם ראו את המעשה והיו יכולים להעיד בדבר (רש"י, ראש השנה כו, א ד"ה מקצתן וד"ה ומקצתן).]

[בטעם הדבר שעד המעיד בפועל אינו נעשה דיין, כתב הרשב"ם (בבא בתרא קיד, א ד"ה ואין עד) שלומדים זאת מהכתוב (דברים יט, יז) "וְעָמְדוּ שְׁנֵי הָאֲנָשִׁים" — העדים, "לִפְנֵי ה' " — לפני הדיינים, שמשמע שיעמדו העדים לפני הדיינים, ולא שהעדים עצמם ישבו וידונו. וראה חידושי רבי אריה לייב מאלין א, לה ד"ה והנראה. ועיין תוספות כאן למקורות אחרים; וראה קצות החושן ז, ד, וקהלות יעקב ראש השנה כ.]

20. רבי עקיבא סובר שבדיני נפשות כל אדם שראה מעשה והוא ראוי להעיד עליו, פסול לדון בו אף על פי שלא העיד עליו בפועל. הגמרא במכות (יב, א) אומרת שהמקור של רבי עקיבא לדין זה הוא מהכתוב (במדבר לה, יב) "עַד עָמְדוֹ לִפְנֵי הָעֵדָה לַמִּשְׁפָּט", שלדעת רבי עקיבא מדובר בדיינים שראו את הרציחה, והכתוב אומר שלא יומת הרוצח עד עמדו למשפט בבית דין אחר. וראה תוספות כאן ובראש השנה כו, א ד"ה דרחמנא, לגבי דרשה אחרת המובאת בגמרא שם בענין זה.

נמצא שמחלוקת רבי טרפון ורבי עקיבא היא בדיני נפשות, אם עד הרואה נעשה דיין. אבל עיין להלן הערה 22.

21. כלומר, אמנם רבי טרפון סובר שעד הרואה ולא העיד נעשה דיין, אולם הרי רק לדון על פי עדות אחרים הוא מכשירו, ולא לדון על פי ראיית עצמו, כמבואר בדברי רבי טרפון עצמו. ואיך איפוא דן רבי יהודה נשיאה על פי ראיית עצמו (תוספות רבינו פרץ; אולם ראה גם רשב"א).

קושיית הגמרא היא גם לפי רבי עקיבא, שכן רבי עקיבא אינו חולק אלא בעֵד הרואה בדיני נפשות, שלדעתו בדיני נפשות יש דין מיוחד שאף **עד הרואה ואינו מעיד** אינו נעשה דיין, ואילו רבי טרפון סובר שדינם של דיני נפשות בענין זה הוא כדינם של דיני ממונות. אולם בדיני ממונות אין שום מחלוקת ביניהם (ראה ראש השנה כו, א). וזוהי איפוא כוונת הגמרא בקושייתה, שבדיני ממונות רבי עקיבא מודה לרבי טרפון, והרי אף רבי טרפון אינו מכשיר עד הרואה אלא כשהוא דן על פי עדים אחרים, ולא כשהוא דן על פי ראיית עצמו, שכאשר הוא דן על פי ראיית עצמו הרי הוא כעד המעיד, ועד המעיד אינו נעשה דיין אף בדיני ממונות (תוספות רבינו פרץ; אולם ראה גם רשב"א; וראה הערה הבאה).

22. הגמרא משיבה שבאמת רבי טרפון (וכן רבי עקיבא בדיני ממונות) סובר שעד הרואה ולא העיד נעשה דיין, לא רק לדון על פי עדות אחרים, אלא אף על פי ראיית עצמו. ומה שאמר "מקצתן נעשו עדים ומקצתן נעשו דיינין", ואין הדיינים דנים על פי ראיית עצמם, היינו דוקא כשראו בלילה, שאז אינם יכולים לדון [שכן בית דין דנים רק ביום — משנה סנהדרין לב, א]. אבל כשראו ביום [שאז יכולים לדון מיד על מה שראו], אכן יכולים לדון על פי ראיית עצמם, וראייתם משמשת כקבלת עדות. המעשה שראה רבי יהודה נשיאה באחד שתקע באוזן חבירו אירע ביום, ולכן דן רבי יהודה נשיאה על פי ראיית עצמו (עיין רש"י). [אבל במקרה שהדיינים ראו את המעשה בלילה, בשעה שאינה ראויה לדין, והיו צריכים להמתין עד הבוקר כדי לדון במעשה, צריכים הם לקבל עדות מפי עדים (שכן במקרה זה ראיית הלילה אינה נחשבת לקבלת עדות). ומכיון **שעד המעיד** אינו נעשה דיין (אף בדיני ממונות), לכן חלק מהדיינים צריכים לעמוד ולהעיד על המעשה בפני האחרים (תוספות, בפירושם הראשון, וכן משמע מרש"י; וראה תוספות לטעמים מדוע ראייה בלילה אינה מועילה כקבלת עדות, ותוספות רבי עקיבא איגר על המשנה ראש השנה ג, א ושפת אמת לראש השנה כה, ב לנפקא מינה בין הטעמים; וראה קובץ שעורים בבא בתרא שכט וחזון איש אבן העזר קא, ל מדוע הידיעה ביום של מה שראו בלילה לא תיחשב כקבלת עדות ביום).

[רש"י כותב שרבי יהודה נשיאה סובר כרבי טרפון. ודבריו צריכים עיון, שכן בדיני ממונות אין ביניהם מחלוקת (תוספות).]

טעם הדבר שדיינים יכולים לדון על פי ראיית עצמם הוא משום "שלא תהא שמיעה גדולה מראייה" (ראש השנה כה, ב), כלומר, שמכיון שדיינים דנים על פי מה שהם שומעים מעדים, כל שכן שהם יכולים לדון על פי מה שראו בעצמם (תוספות).

[מרש"י משמע שאם חמשה דיינים ראו את מעשה הרציחה שנים מהם מעידים, ושלשה מקבלים את העדות, ורק בפחות מזה צריך להוסיף על הדיינים. ואף על פי שלדון בדיני נפשות צריך בית דין של עשרים ושלשה דיינים, צריך לומר שלדעת רש"י היינו דוקא לדון, אבל לקבלת עדות, לעולם די בשלשה, אף בדיני נפשות (אמרי בינה, דיני עדות יב ד"ה והנה). וכן כתב הר"ן בסנהדרין יז, ב בדעת רש"י שם. וראה בענין זה רמב"ן על התורה דברים יז, ו; חידושי הר"ן סנהדרין שם; ומנחת חינוך תט, ג; אור שמח הלכות סנהדרין יג, ז].

23. [זו היתה כוונתו בדבריו "הא אנא והא רבי יוסי הגלילי".]

24. [לעיל אמרנו שהברייתא האומרת שעד אינו נעשה דיין לדעת רבי טרפון, עוסקת דוקא בעדות שראה בלילה, לפי שצריך להעיד עליה למחר, אבל בעדות שראה ביום, שאין הוא צריך להעיד עליה, יכול הוא לדון. אולם חילוק זה נאמר רק מכח הקושיא על רבי יהודה נשיאה שדן על פי ראייתו. ואם כן לפי הביאור השני בדבריו, שבאמת לא דן על פי ראייתו, אין שום הכרח לחילוק זה, ויתכן שרבי טרפון סובר שאף בראייה ביום אין דיין יכול לדון על פי ראיית עצמו. ולא נחלקו רבי עקיבא ורבי טרפון אלא אם עד הרואה יכול להיות דיין במעשה שראה כאשר יקבל עדות מאחרים, שלדעת רבי עקיבא אפילו על ידי קבלת עדות מאחרים אינו יכול להיות דיין (ראה רשב"א ראש השנה כה, ב ד"ה הא).]

25. דהיינו, שהרואה מעשה, פסול לדון עליו אף אם הוא שומע את העדות על המעשה מאחרים.

26. מהעיר תמנת (או תמנה), כמו שכתוב (שופטים טו, ו) "שִׁמְשׁוֹן חֲתַן הַתִּמְנִי" (רש"י ביצה כא, א ד"ה התימני, ותענית יט, א ד"ה שמעון התימני; אבל ראה הגהות יעב"ץ בשני המקומות; סדר הדורות).

27. שאפשר להביא את האגרוף (דהיינו, החובל עם אגרופו) לבית דין לאומדו, אם ראוי אגרוף זה לעשות חבלה זו (כפי שאמדו אותו העדים בשעת החבלה), ואם אינו ראוי לא ישלם החובל, שכן מחמת חולשתו ורכותו נחבל (רש"י). [ראה להלן צא, א.]

28. שאף על פי שהעדים ראוהו [ויכולים לתאר אותו בפני בית דין], פטור, משום שאין בית דין דנים דיני חבלות אלא כשהחפץ שבו חבל החובל הובא בפניהם לאמדו אם הוא ראוי לעשות חבלה זו (רש"י).

שמעון התימני מתייחס רק לחפץ שבו חבל החובל, ומצריך שהדיינים יראוהו

זה הכלל הכל לפי כבודו אמר ר' עקיבא אפי' עניים שבישראל א) רואין אותם כאילו הם בני חורין שירדו מנכסיהם שהם בני אברהם יצחק ויעקב ג) ומעשה באחד שפרע ראש האשה בשוק באת לפני רבי עקיבא וחייבו ליתן לה ארבע מאות זוז אמר לו רבי תן לי זמן ונתן לו זמן שמרה עומדת על פתח חצרה ושבר את הכד בפניה ובו כאיסר שמן גילתה את ראשה והיתה מטפחת ומנחת ידה על ראשה העמיד עליה עדים ובא לפני רבי עקיבא א"ל (א) לזו אני נותן ד' מאות זוז א"ל לא אמרת כלום ג) החובל בעצמו אף על פי א שאינו רשאי פטור אחרים שחבלו בו חייבים והקוצץ נטיעותיו אף על פי שאינו רשאי פטור אחרים חייבין:

גמ' איבעיא להו מנה צורי תנן או מנה מדינה תנן תא שמע דההוא גברא דתקע ליה לחבריה אתא לקמיה דר' יהודה נשיאה אמר ליה הא אנא הא ר' יוסי הגלילי הב ליה מנה צורי ש"מ מנה צורי תנן ש"מ מאי הא אנא הא רבי יוסי הגלילי אילימא ה"ק ליה הא אנא דחזיתך והא ר' יוסי הגלילי דאמר מנה צורי זיל הב ליה מנה צורי למימרא דעד נעשה דיין והתניא ד) סנהדרין שראו אחד שהרג את הנפש מקצתן נעשו עדים ומקצתן נעשו דיינין דברי רבי טרפון ר' עקיבא אומר כולם עדים הם ה) ב ואין עד נעשה דיין עד כאן לא קאמר ר' טרפון אלא דמקצתן נעשו עדים ומקצתן נעשו דיינין אבל עד נעשה דיין לא קאמר כי תניא ההיא ג כגון שראו בלילה דלא למעבד דינא נינהו ואיבעית אימא הכי קאמר ליה הא אנא דסבירא לי כרבי יוסי הגלילי דאמר מנה צורי והא סהדי דמסהדי בך זיל הב ליה מנה צורי וסבר רבי עקיבא דאין עד נעשה דיין והתניא א) והכה איש את רעהו באבן או באגרוף ו) שמעון התימני אומר מה אגרוף מיוחד שמסור לעדה ולעדים אף כל שמסור לעדה ולעדים פרט לשיצתה מתחת יד העדים אמר לו ר"ע וכי בפני ב"ד הכהו שיודעין כמה הכהו ועל מה הכהו אם על שוקו או ציפר נפשו ועוד הרי שדחף את חבירו מראש הגג או מראש הבירה ומת בית דין הולכין אצל בירה או בירה הולכת אצל בית דין ועוד אם נפלה חוזר ובונה אלא מה אגרוף מיוחד שהוא מסור לעדים אף כל שהוא מסור לעדים פרט לכשיצתה אבן מתחת ידו של מכה פטור קתני מיהת אמר לו רבי עקיבא וכי בפני ב"ד הכהו שיודעין כמה הכהו הא הכהו בפניהם עד נעשה דיין לדבריו דרבי שמעון התימני קאמר וליה לא סבירא ליה: ד תנו רבנן שור תם שהמית והזיק דנין אותו דיני נפשות ואין דנין אותו דיני ממונות מועד שהמית והזיק דנין אותו דיני ממונות וחוזרין ודנין אותו דיני נפשות קדמו ודנוהו דיני נפשות אין חוזרין ודנין אותו דיני ממונות וכי קדמו ודנוהו דיני נפשות ט) מאי הוי ליהדר ולידייניה נמי ממונות אמר רבא אשכחתינהו לרבנן דבי רב דיתבי וקאמרי הא מני ר"ש התימני היא דאמר מה אגרוף מיוחד שמסור לעדה ולעדים אלמא

רש"י

זה הכלל הכל לפי כבודו. בגמרא מפרש קולא היא או חומרא: שמרה. המתין לה עד שראתה עומדת על פתח חצירה: ובו כאיסר שמן. שמן קנוי באיסר: אע"פ שאינו רשאי. כדמפרש טעמא בגמרא וכן קוצץ בנטיעות אין רשאי דעובר בבל תשחית (דברים כ): חייבין. נטיעה בת שנה שתי כסף כדאמר בהכונס (לעיל נח:): גמ' מנה צורי. כ"ה סלעים ק' זוז: מנה מדינה. שמינית שבמנה צורי סלע של מדינה חצי זוז כדאמר בשור שנגח (לעיל ד' לו.) תנן בישא תקע ליה כו': שראו בלילה. ולמחרת כשבאין לדון אין דנין אלא ע"פ שמועה לפיכך צריך למקצתן להעיד ואם אין שם אלא ג' צריך להושיב אחרים ולהעיד בפניהם אבל ראו ביום עושין ע"פ ראייה לרבי טרפון מיד ורבי יהודה ז) הנשיא כרבי טרפון ס"ל: שמסור לעדה ולעדים. שיכול להביאו לב"ד לאומדו אם ראוי אגרוף זה לעשות חבלה זו ואם אין ראוי לא ישלם שמחמת חלשותו של זה ורכותו נחבל: לשיצתה אבן מתחת ידי עדים. שנאבדה מהן וב"ד לא ראוה אע"פ שראוה עדים פטור דבעינן אומדנא בב"ד: א"ל ר"ע. ונהי נמי דאבן בא בב"ד: וכי בפני ב"ד הכהו שיודעין כמה הכהו. כלומר חשבון המכות שהכהו שיכול לאמוד: או על מה. על איזה מאבריו: ציפר נפשו. תנוך שכנגד הלב ונוח הוא לחבל משם: ב"ד הולכין אצל בירה. בתמיה וכי הטריח הכתוב ב"ד לצאת מלשכה ולראות אותה: או אם נפלה הבירה. קודם שראוה בית דין כלום מצריך הכתוב לחזור ולבנות להראות גבהה לב"ד אלא אעדים סמכינן וכיון דראו עדים סמכינן אעדותייהו שאומרים לנו כך וכך היה ולא בעינן מסור לעדה אלא לעדים: פרט לשיצתה אבן מתחת ידי מכה. כלומר שנאבד מיד ולא ראוה עדים: והוציא הלה את ראשו וקבלה ל"ג: שהמית אדם. ואחר כך הזיק: ואין דנין אותו דיני ממונות. דתם אין משלם אלא מגופו והרי הוא נסקל: וחוזרין ודנין אותו דיני נפשות. ומשלם מן העלייה:

תוספות

כגון שראוה בלילה. אם ראוה ביום דנין ע"פ ראיה דלא תהא שמיעה גדולה מראייה אבל ראו בלילה אין יכולין לדון ע"פ ראיית לילה דראייה כקבלת עדות וקבלת עדות כתחילת דין כדמוכח בר"ה (ד' כה: ושם ד"ה כגון) ותחילת דין ביום אפי' בדיני ממונות כדאמר בפ' אחד דיני ממונות (סנהדרין ד' לד:) הלכך צריכין לחזור ולהעיד ביום וכיון שצריכין להעיד אין המעיד נעשה דיין אבל עד הרואה שאין מעיד כגון שיש עדים אחרים מעידין לפניהם נעשה דיין אפי' בדיני נפשות לרבנן ודלא כרשב"ם שפירש ביש נוחלין (ב"ב ד' קיג: ושם) ג' שנכנסו לבקר דוקא לבקר אבל אם נתכוונו להעיד כותבין ואין עושין דין דהוו ליה עדים ואין עד נעשה דיין ולר"ע אפי' עד הרואה אין נעשה דיין בדיני נפשות כדמשמע הכא וטעמא כדמפרש בפ"ב דמכות (ד' יב.) ר"ע אומר מנין לסנהדרין שראו באחד שהרג את הנפש שאין ממיתין אותו מיד עד שיעמוד בב"ד ת"ל עד עמדו לפני העדה למשפט עד שיעמוד בב"ד אחר וא"ת והא בפרק ראוהו (ר"ה ד' כו. ושם) מפרש טעמא משום דכתיב ושפטו העדה והצילו העדה וכיון דחזו ליה דקטליה לא חזו ליה זכותא וי"ל דההיא דמכות עיקר אבל בר"ה בא לפרש דלא גמרינן מינה דשאני דיני נפשות דבעינן והצילו העדה ובדרבנן אפילו עד המעיד נעשה דיין כדמוכח בפ"ק דגיטין (ד' ה:) ובפרק שני דכתובות (ד' כא: ושם ח)) וטעם דאין המעיד נעשה דיין יש מפרשים משום דה"ל עדות שאין אתה יכול להזימה דכיון שהוא עצמו עד ודיין לא יקבל הזמה על עצמו ועל טעם זה קשה להר"י דאורליינש דהא מעתה עדים הקרובים לדיינים לא יעידו בפניהם דה"ל עדות שאי אתה יכול להזימה אלא ע"כ יכולין להזימם בב"ד אחר ה"נ בני הזמה נינהו בב"ד אחר ורשב"ם מפרש משום דכתיב ועמדו שני האנשים דאמרינן בשבועות (ד' ל.) אלו העדים לפני ה' אלו דיינין משמע שיעמדו העדים לפני הדיינין ולא שיהיו עדים בעצמן יושבין ודנין ועוד פי' ר"י טעם אחר דאין עד נעשה דיין משום דנפקא לן מביום הנחילו את בניו דע"פ (ב) הנחלת יום ששמעו מבקרי החולה שנתן לכל אחד מבניו יעמידו כל אחד בחלקו אבל ע"פ שמועתו בלילה לא יעמידו כל אחד בחלקו לפי ששמיעתו בלילה אין ראויה לדון על פיהם כדפי' וכיון שאין יכול לדון ע"פ ראיית לילה עד שיעידו עליהם ביום ה"ל עדים ולכך אין יכול לדון דאין עד נעשה דיין אלמא מהכא הוא דשמעינן דאין עד נעשה דיין והיינו דקאמר בפרק אחד דיני ממונות (סנהדרין ד' לד:) ור"מ דנפקא ליה שאין דנין אפי' גמר דין אלא ביום מדאיתקש דיינין לנגעים ביום הנחילו מאי עביד ביה ומוקי ליה ביום אתה מפיל נחלות ואי אתה מפיל נחלות בלילה דבלילה כותבין ואין עושין דין ומסיק והזיל כולה סוגיא עד ה"ל עדים ואין עד נעשה דיין ולהכי איצטריך לאתויי עלה אמר רב חסדא דכל עיקר לא מייתי דרשה דביום הנחילו אלא משום דבעי לאפוקי מינה דאין עד נעשה דיין כדמפרש רב חסדא דאי לאו להכי אתא אמאי איצטריך כלל [ביום הנחילו] לר"מ וא"ש הא דמייתי עלה ואמר רב חסדא ולא קאמר אמר רב חסדא בלא וי"ו: כגון שראוה בלילה. פי' בקונטרס ורבי יהודה נשיאה כרבי טרפון ס"ל ובחנם פירש כן דאפילו כרבי עקיבא ניחא דלא גמר ט) מדיני נפשות כדפירשתי לעיל:

עין משפט נר מצוה

פב א מיי' פ"ה מהל' חובל ומזיק הל' א:
פג ב מיי' פ"ה מהלכות עדות הלכה ח סמג עשין קט טוש"ע ח"מ סי' ז סעיף ה:
פד ג מיי' פ"ב מהל' קידוש החדש הל' ט טוש"ע שם:
פה ד מיי' פי"א מהל' נזקי ממון הלכה ז:

ליקוטי רש"י

רואין אותם כאילו הם בני חורין. ואין שמין את העני לפי עניותו להקל ולא את העשיר לפי עשרו שהרי אין לדמי בשתו סוף אלא כולן שוין בכך [לעיל פו.]. מקצתן נעשו עדים. ויעידו בפני חבריהם דגבי דיני נפשות עדות בעינן דכתיב (דברים יז) על פי שנים עדים יומת המת לא יומת וגו'. ומקצתן נעשו דיינין. אבל המעידים לא ישבו וידונו עמהם דהראוי להעיד אית ליה לרבי טרפון נעשה דיין אבל עד עצמו לית ליה דנעשה דיין. כולן עדים הם. ראוים להעיד [ר"ה כו.]. ואין עד נעשה דיין. המעיד על הדבר אין נעשה עוד דיין באותו דבר וגם אם ראה את הדבר ונעשה עד אין נעשה עליה עוד דיין בעדות עצמו אלא אם כן מעידין אחרים בפניו ונראה בעיני דגזירת הכתוב היא דכתיב ועמדו שני האנשים וגו' בעדים הכתוב מדבר (שבועות דף ל.) לפני ה' היינו לפני הדיינים אשמועינן קרא דצריך להעיד שנים לפני הדיינין אבל העדים אינן חוזרין ויושבין ודנין [רשב"ם ב"ב קיד.]. שמעון התימני. מתמנת היה כדכתיב (שופטים טו) שמשון חתן התימני מתמנת [ביצה כא.].

מסורת הש"ס

א) [לעיל פו.], ב) [אדר"נ פ"ג ע"ש], ג) [עי' לקמן צא: תוספות ד"ה החובל], ד) ר"ה כה:, ה) שם כו. גיטין ה: כתובות כא: סנהדרין לד: ב"ב קיד:, ו) [תוספתא דסנהדרין פי"ב ה"א, לקמן צא.], ז) צ"ל נשיאה, ח) [ד"ה הנח], ט) והתלמוד מוכרח לאוקמי כשראוה בלילה כדי ליתוקם לר' יהודה נשיאה גם כר' טרפון ולר' טרפון אין חילוק בין דיני ממונות לדיני נפשות. העתק מחלופי גרסאות.

הגהות הב"ח

(א) גמ' א"ל רבי לזו אני נותן ד': (ב) תוס' ד"ה כגן וכו' דע"פ הנחלתו ביום ששמעו מבקרי החולה:

גליון הש"ס

גמ' מאי הוי ליהדר ולדייניה. ק"ל הא מבואר בפ"ק דף יג ע"ב דלר"י נגח ואח"כ הפקיר או הקדיש פטור דבעי' שיהא מיתה והעמדה בדין כאחד ועי' בהרא"ש דרבנן פליגי רק במיתה אבל בנזקים מודים א"כ אחר שנגמר דינו הוי הפקר וכדאיתא בכריתות דף כד ע"א וא"א למיהדר למדייניה אח"כ. גם יש לעיין בסוגיא דלעיל דף לג ע"ב מכרו מכור לרדיא נימא דמכור לגמרי דהא בעי' בשעת העמדה בדין הבעלים הראשונים. ואולם לדעת הרבה ראשונים דבעי' רק שיהיו לו בעלים לאפוקי הפקר והקדש ולדעת רש"י דמשמע דבעי' בעלים ראשונים י"ל דס"ל כהפוסקים דלרבנן דר"י גם בנזקים לא בעי' שיהא הכל כאחד. אולם עדיין במה דאיתא שם הקדישו מוקדש משום דרבי אבהו הא כיון דהקדישו פקע מיניה לגמרי כמו נגח ואח"כ הקדיש ולא מלי טריף מהקדש ולע"ג:

תורה אור השלם

א) וְכִי יְרִיבֻן אֲנָשִׁים וְהִכָּה אִישׁ אֶת רֵעֵהוּ בְּאֶבֶן אוֹ בְאֶגְרֹף וְלֹא יָמוּת וְנָפַל לְמִשְׁכָּב: [שמות כא, יח]

לסמוך על עדותם של העדים כדי לאמוד את החבלה, שהרי **וְכִי בִּפְנֵי בֵּית דִּין הִכָּהוּ** החובל לנחבל **שֶׁיּוֹדְעִין כַּמָּה** מכות **הִכָּהוּ, וְעַל מָה** – על איזה חלק מגופו **הִכָּהוּ, אִם עַל שׁוֹקוֹ אוֹ צִיפַּר נַפְשׁוֹ** (תנוך שכנגד לבו)[29]? **וְעוֹד, הֲרֵי שֶׁדָּחַף אֶת חֲבֵירוֹ מֵרֹאשׁ הַגַּג אוֹ מֵרֹאשׁ הַבִּירָה** (בית גדול), **וּמֵת**, וכי **בֵּית דִּין הוֹלְכִין אֵצֶל בִּירָה**[30], **אוֹ בִּירָה הוֹלֶכֶת אֵצֶל בֵּית דִּין**[31]? **וְעוֹד** אפילו תאמר שאכן בית דין הולכים לאמוד את הבירה, מה היה קורה **אִם נָפְלָה** הבירה לפני שהספיקו בית דין לאמוד אותה? האם **חוֹזֵר וּבוֹנֶהָ** – וכי הוא חייב לחזור ולבנותה כדי שבית דין יוכלו לאמוד את גובהה? בודאי לא! נמצא שבכל המקרים האלו אנו סומכים על העדים! **אֶלָּא** כך יש לדרוש את הכתוב: **מָה אֶגְרוֹף מְיוּחָד שֶׁהוּא מָסוּר לָעֵדִים** לאומדו אם הוא ראוי לעשות את אותה החבלה, **אַף כֹּל** – כל מקרה של חבלה אין בית דין דנים עליה אלא במקרה **שֶׁהוּא** (החפץ שחבל בו) **מָסוּר לָעֵדִים** לאומדו, דהיינו, שהעדים צריכים לראות את החפץ כדי שיוכלו לתאר אותו בפני בית דין אם הוא ראוי לעשות אותה חבלה. **פְּרָט לִכְשֶׁיָּצְתָה אֶבֶן מִתַּחַת יָדוֹ שֶׁל מַכֶּה** – נתמעט מפסוק זה מקרה שבו אבדה האבן לאחר שיצאתה מתחת יד המכה, דהיינו שהיא אבדה מיד לאחר שנעשתה החבלה, לפני שראוה העדים, שבמקרה זה המכה **פָּטוּר**[32].

הגמרא מפרשת את שאלתה:

קָתָנֵי מִיהַת – מכל מקום שנינו בברייתא: **אָמַר לוֹ רַבִּי עֲקִיבָא: וְכִי בִּפְנֵי בֵּית דִּין הִכָּהוּ שֶׁיּוֹדְעִין כַּמָּה** פעמים **הִכָּהוּ?** ומשמע, **הָא** אילו **הִכָּהוּ בִּפְנֵיהֶם, עַד נַעֲשֶׂה דַּיָּין**, דהיינו, הדיינים היו יכולים לדון על המקרה אף על פי שהם בעצמם ראו את המעשה. וזה סותר לדברי רבי עקיבא עצמו בברייתא הקודמת, שדיין שראה את המעשה בעצמו אינו יכול לדון עליו[33]!

מתרצת הגמרא:

לְדְבָרָיו דְּרַבִּי שִׁמְעוֹן הַתִּימְנִי קָאָמַר – רבי עקיבא לא אמר את דבריו אלא לשיטת רבי שמעון התימני, **וְלֵיהּ לֹא סְבִירָא לֵיהּ** – אבל הוא עצמו אינו סובר כן, אלא לדעתו, גם במקרה זה אין הדיינים יכולים לדון על פי ראייתם[34].

הגמרא מביאה ברייתא שבדיון עליה מובאת מחלוקת התנאים הנזכרת לעיל אם הדיינים בעצמם צריכים לאמוד את החפץ[35]:

תָּנוּ רַבָּנָן בברייתא: **שׁוֹר תָּם שֶׁהֵמִית** אדם **וְגם הִזִּיק**[36], בית דין **דָּנִין אוֹתוֹ דִּינֵי נְפָשׁוֹת, וְאֵין דָּנִין אוֹתוֹ דִּינֵי מָמוֹנוֹת**[37]. שור **מוּעָד שֶׁהֵמִית** אדם **וְגם הִזִּיק, דָּנִין אוֹתוֹ** תחילה **דִּינֵי מָמוֹנוֹת, וְחוֹזְרִין וְדָנִין אוֹתוֹ דִּינֵי נְפָשׁוֹת**[38]. ואם **קָדְמוּ וְדָנוּהוּ דִּינֵי נְפָשׁוֹת, אֵין חוֹזְרִין וְדָנִין אוֹתוֹ דִּינֵי מָמוֹנוֹת.**

הגמרא מקשה על הוראתה האחרונה של הברייתא:

וְכִי קָדְמוּ וְדָנוּהוּ דִּינֵי נְפָשׁוֹת, מַאי הָוֵי – מה קרה? **לֶיהְדַּר וְלִידַיְינֵיהּ נַמִּי מָמוֹנוֹת** – יחזרו וידונו אותו דיני ממונות על הנזק שעשה[39]!

מתרצת הגמרא:

אָמַר רָבָא: אַשְׁכַּחְתִּינְהוּ לְרַבָּנָן דְּבֵי רַב דְּיָתְבֵי וְקָאָמְרֵי – מצאתי את חכמי בית המדרש שהיו יושבים ואומרים: **הָא מַנִּי** – מיהו התנא ששנה את הברייתא הזו? **רַבִּי שִׁמְעוֹן הַתִּימְנִי הִיא, דְּאָמַר: מָה אֶגְרוֹף מְיוּחָד שֶׁמָּסוּר לָעֵדָה וְלָעֵדִים. . .**[40]

הערות

בעצמם ויבחנוהו אם הוא ראוי לעשות אותה חבלה. אבל מודה הוא שלגבי שאר פרטי המעשה הטעונים אומדן (המפורטים בהמשך הברייתא), בית דין סומכים על העדים (חזון איש בבא קמא יד, א). כעת מביאה הברייתא את דעת רבי עקיבא שלא נראה לו חילוק זה.

29. [מספר המכות שהכה המכה את הנחבל, ומקום ההכאה בגוף, כולם נצרכים כדי לקבוע אם ההכאה עצמה לבדה גרמה את החבלה, או חולשתו ורכותו של הנחבל הם שגרמו אותה. לדוגמא:] מַכָּה על התנוך שכנגד הלב גורמת לחבלה חמורה (רש״י), ואילו מַכָּה על השוק אינה גורמת לכך. לכן, במקרה האחרון יש לתלות את החבלה החמורה בחולשתו של הנחבל. ונמצא שכדי לאמוד את יכולת החפץ לחבול בו חבלה זו, אין די בראיית החפץ אלא צריך גם לסמוך על העדים לגבי פרטים נוספים שעל ידם ניתן יהיה לעשות אומד זה.

פירשנו ש״ציפר נפשו״ היינו ״תנוך שכנגד הלב״ על פי רש״י. הערוך (ערך צפור א) אומר ש״צפור נפשו״ היינו מתחת לצוארו ומעל בית החזה שלו.

30. וכי הטריח הכתוב את בית הדין לצאת מהלשכה שלהם לראות את הבירה (רש״י).

31. כלומר, הרי ודאי שסומכים על עדותם של העדים.

32. רבי עקיבא דורש מהכתוב שאין בית דין יכולים לחייב את החובל אלא אם הם יכולים לאמוד, על פי תיאורם של העדים על כל פנים, שהחפץ שבו נחבל הנחבל אכן היה ראוי לחבול בו חבלה זו (מאירי). שלא כשמעון התימני שדורש מהכתוב שהדיינים עצמם צריכים לראות את החפץ ועל פי זה לאמדו, ואינם יכולים לסמוך בזה על תיאור העדים.

33. ואף על פי שרק בדיני נפשות סובר רבי עקיבא שעד הרואה אינו נעשה דיין (ראה לעיל הערה 20), ואילו הפסוק שעליו דנה ברייתא זו עוסק בדיני ממונות, כאמור בסופו ״רַק שִׁבְתּוֹ יִתֵּן וְרַפֹּא יְרַפֵּא״, הגמרא מקשה מהברייתא סתירה בדעת רבי עקיבא, משום שהברייתא מתייחסת גם למיתה, באמרה ״הרי שדחף את חבירו מראש הגג או מראש הבירה ומת״ (רא״ש בשיטה מקובצת; וראה תוספות רבינו פרץ, תוספות ראש השנה כו, א ד״ה דרחמנא, ופני יהושע).

34. רבי עקיבא לא בא אלא להוכיח לשמעון התימני שאי אפשר לומר שהכתוב בא להצריך את בית דין לאמוד בעצמו את החפץ, שאם כן בית דין היה צריך לראות בעצמו כל מעשה שעליו הוא בא לדון. ומכיון שאי אפשר לומר כן, בודאי אין לומר כשמעון התימני בדין אומד. ומכל מקום, באמת סובר רבי עקיבא שאילו היו הדיינים רואים את המעשה לא היו יכולים לדון בו, משום שלדעתו אין עד נעשה דיין.

[בנוסחאות אחרות אין גורסים כאן ולהלן ״רבי״ שמעון התימני, אלא ״שמעון התימני״ בלבד (שינויי נוסחאות).]

35. להבנת הברייתא כראוי נחזור בקיצור על דיניו של שור שנגח: כאשר שור תם נוגח ומזיק, בעל השור משלם חצי נזק מגופו, ואם השור אינו שוה חצי מהנזק, הניזק מפסיד את ההפרש שבין דמי השור לחצי נזק. וכאשר שור מועד נוגח, בעליו משלם נזק שלם מכיסו [מעלִיָּה], כך שגם אם השור שוה פחות מהנזק, הוא משלם את כל הנזק מכיסו (משנה לעיל טז, ב).

כל שור, בין מועד ובין תם, ההורג אדם, חייב סקילה (משנה לעיל יד, ב), ובשרו אסור בהנאה.

36. שהמית ואחר כך הזיק (רש״י; אולם ראה תוספתא ה, ב; וראה חסדי דוד על התוספתא שם, וחזון יחזקאל בביאורים).

37. דנים את השור למיתה על הריגת האדם, ואין דנים אותו על היזק הממון, משום שבשור תם הנזק משתלם רק מגופו, ובמקרה זה אין גופו שוה כלום מכיון שהוא עומד לסקילה [ונבלתו תהא אסורה בהנאה] (רש״י).

38. שהרי את הנזק משלם בעליו מן העליה [מכיסו] (רש״י).

39. מכיון שבעל שור מועד משלם מן העליה ולא מגופו, מה זה משנה אם כבר גמרו את דינו של השור למיתה?

40. כפי שלמדנו לעיל, שמעון התימני מצריך שבית הדין יבדקו בעצמם את החפץ שגרם לחבלה, כדי לאמוד אם אכן הוא ראוי לעשות חבלה זו.

אַלְמָא בְּעִינַן אוּמְדָּנָא דְּבֵי דִינָא — מוכח מדרשה זו שבית דין צריכים לעשות אומד גם לנזקין (לאמוד אם אבן זה או אגרוף זה ראוי לעשות חבלה זו) קודם שיוכלו לחייב את המזיק לשלם תשלומי נזק[1]. ואם כן, גם בשור שנגח צריך לאמדו אם הוא ראוי לַנזק שגרמו נגיחותיו[2]. **וְהָא** — ולפיכך, לגבי שור זה שבברייתא, **כֵּיוָן דְּגָמַר דִּינָא לִקְטָלָא** — מאחר שנגמר דינו למיתה, **לֹא מַשְׁהִינַן לֵיהּ לְאוּמְדָּנָא דְּבֵי דִינָא** — אין אנו משאירים אותו בחיים כדי שיוכלו בית דין לאמוד אותו, **וְלֹא מְעַנִּינַן לְדִינֵיהּ** — ואין אנו מענים (מעכבים) את דינו[3]. ומאחר שאי אפשר לאמוד את השור, אי אפשר לחייב את בעליו בתשלומי נזק.

רבא מספר על תשובותו לאותו פירוש:

וַאֲמִינָא לְהוּ אֲנָא — ואני אמרתי להם [לאותם חכמים שהציעו פירוש זה]: **אֲפִילּוּ תֵּימָא רַבִּי עֲקִיבָא** — יש ליישב את הברייתא אפילו אם תאמר שהיא שנויה כדעת רבי עקיבא, שאינו מצריך אומד על ידי בית דין. ואף על פי כן אי אפשר לדונו על הנזק אחרי שדנים אותו למיתה, שכן, **הָכָא בְּמַאי עַסְקִינָן** — במה אנו עוסקים כאן? **כְּגוֹן שֶׁבָּרַח** בעל השור[4].

מקשה הגמרא:

אִי (אם) **בָּרַח, כִּי לֹא דָּנוּהוּ דִּינֵי נְפָשׁוֹת** — גם אם לא דנוהו דיני נפשות תחילה, **הֵיכִי דַּיְינִינָא לֵיהּ** — כיצד אפשר לדון אותו **דִּינֵי מָמוֹנוֹת בְּלֹא בְּעָלִים**[5]?

מתרצת הגמרא:

הברייתא עוסקת במקרה **דְּקַבִּיל סַהֲדֵי וּבָרַח** — שבית דין קיבלו את העדות על הנגיחות כאשר בעל השור היה כאן, ורק אחר כך ברח[6]. אלא שמדובר כאן במקרה שבעל השור ברח ולא השאיר נכסים אחרים לגבות מהם, כך שאין לניזק ממה לגבות את דמי נזקו מלבד מהשור עצמו. ומכיון שכבר דנו את השור דיני נפשות אי אפשר לשוב ולדונו דיני ממונות לגבות את דמי נזקו מהשור[7].

הגמרא ממשיכה להקשות:

סוֹף סוֹף, גם אם לא דנו את השור דיני נפשות תחילה, **מֵהֵיכָא מִשְׁתַּלֵּם** — מהיכן גובה הניזק את דמי נזקו[8]?

משיבה הגמרא:

מֵרִידְיָא — מחרישה, כלומר, משכירים את השור לחרישה, ומדמי השכירות נוטל הניזק את דמי נזקו[9].

הגמרא מקשה:

אִי הָכִי — אם כן, לגבי שור **תָּם** גם כן **נְדַיְינֵיהּ דִּינֵי מָמוֹנוֹת בְּרֵישָׁא** — תחילה נדון אותו דיני ממונות, **וְנִשְׁתַּלַּם מֵרִידְיָא** — ונשלם לניזק את דמי נזקו מדמי השכירות לחרישה, **וַהֲדַר נְדַיְינֵיהּ** — ואחר כך נדון אותו **דִּינֵי נְפָשׁוֹת**. ומדוע אומרת הברייתא ששור תם לעולם אין דנים אותו דיני ממונות[10]?

משיבה הגמרא:

אָמַר רַב מָרִי בְּרֵיהּ דְּרַב כַּהֲנָא: זֹאת אוֹמֶרֶת רִידְיָיא — דמי חרישה, **עֲלִיָּיה דְּמָרָה הוּא** — נחשבים כשאר נכסיו של בעל השור, ואין בעל שור תם משלם משאר נכסיו, אלא מגופו בלבד[11].

הגמרא דנה בדין אומד:

אִיבַּעְיָא לְהוּ — שאלו: **יֵשׁ אוֹמֶד לִנְזָקִין** — האם עושים אומד לנזיקין, **אוֹ** שאֵין עושים **אוֹמֶד לִנְזָקִין**[12]? **מִי אַמְרִינַן לִקְטָלָא הוּא**

הערות

1. [דהיינו, שיראו בעצמם את האבן או את האגרוף שבו נעשה הנזק ויאמדוהו. שכן הכתוב שממנו לומד שמעון התימני את דינו, עוסק בנזקין [ולא במיתה], שהרי כך אומר הכתוב (שמות כא, יח): "וְהִכָּה אִישׁ אֶת רֵעֵהוּ בְּאֶבֶן אוֹ בְאֶגְרֹף **וְלֹא יָמוּת**" (רש"י).

2. רש"י.

3. לאחר שנפסק דינו של אדם בבית דין למיתה, חייבים לבצע את גזר דינו באותו יום, שלא "לענות דינו" של הנידון, דהיינו שלא לגרום לו להיות מעונה בכך שהוא ממתין למיתה במשך זמן ממושך (ראה רש"י סנהדרין לה, א ד"ה לידייניה; ראה יד רמה שם, ורמב"ם הלכות סנהדרין כ, ו, למקור האיסור). ומטעם זה, גם בשור אין לעכב את ביצוע גזר דינו של השור שחייב סקילה, ויש להמיתו מיד לאחר שנגמר דינו למיתה. [ואף שטעם הדין אינו שייך בשור, שהרי אין בו דעת ואינו מתענה בכך שממתינין להמיתו, בכל זאת נוהג דין זה גם בשור, משום ההיקש שבין הריגת השור על ידי בית דין להריגת אדם על ידם ("כמיתת בעלים כך מיתת השור" — לעיל מד, ב), המלמדנו שיש להשוות את דיניהם (חידושי הראב"ד, ים של שלמה לז; אולם ראה דבר אברהם ב, לד, ב).] ולכן אי אפשר לעכב את סקילת השור עד שבית דין יאמדו את השור עבור הנגיחה השניה, לראות אם אכן היתה ראויה לעשות אותו נזק שנעשה.

[ואין לשאול מדוע צריכים בית דין לאומדו לנזק אחרי שכבר אמדו את השור שהיה ראוי לנגיחת מיתה. שכן כשבית הדין אמדוהו למיתה כשהובא בפניהם, היה זה על פי הגדת העדים כמה פעמים נגחו, או במה נגחו (בקרניו או בגופו), או באיזה מקום בגוף (במוחו או בלבו), כדי לאמוד על פי כל הפרטים הללו אם אכן נגיחה **זו** היתה ראויה להמית. ואילו לגבי ההיזק צריך אומדנה נפרדת, לברר אם אופן ההיזק היה ראוי להזיק, שעל פי כל הפרטים של אופן ההיזק שישמעו בית הדין מהעדים יאמדו אם שור זה שהובא בפניהם היה ראוי להזיק היזק זה בנגיחה **זו** (ים של שלמה לז).

4. הגמרא מבינה כעת שכוונת רבא היא שכיון שברח בעל השור, אי אפשר לדון אותו על מעשה שורו, שאין חבין לאדם אלא בפניו, וצריך הוא להיות נוכח בבית הדין כשמחייבים אותו (רש"י; וראה צמח דוד קה, וחזון איש יד, ב).

[מהרמב"ם (הלכות נזקי ממון יא, ז-ח) משמע שהוא מפרש שכוונת הגמרא היא **שהשור** ברח ולא הבעלים. לביאור דעת הרמב"ם ראה מגיד משנה; כסף משנה; מרכבת המשנה; אבן האזל; דבר אברהם ב, לד.]

5. כלומר, הרי הברייתא אומרת שאם קדמו ודנוהו דיני נפשות אין חוזרין ודנים אותו דיני ממונות, ואם הסיבה היא מחמת שברח אזי אף אם עדיין לא דנוהו דיני נפשות אין דנים אותו דיני ממונות, משום שכשבעל השור אינו לפנינו אי אפשר לדונו כלל.

6. מכיון שקיבלו עדות בפני בעל השור, אפשר לגמור דינו אף שלא בפניו, שבדיני ממונות גומרים דין שלא בפני בעל דין (ראה שלחן ערוך חושן משפט יח, ו, וש"ך שם יג, ח; אולם ראה חידושי הראב"ד).

7. רש"י.

8. הרי אם אין לבעל השור נכסים אחרים, איזו תועלת תצא מזה שנָדון את השור דיני ממונות תחילה וניתן את השור לניזק כתשלום על הנזק [כאמור בברייתא שדנים אותו דיני ממונות וחוזרים ודנים אותו דיני נפשות], כיון שלאחר שנדון את השור דיני נפשות הוא ייסקל, ושוב ישאר הניזק בלא כלום.

9. אנו משכירים את השור לחרישה עד שדמי השכירות יספיקו לתשלום דמי הנזק, ורק אחר כך דנים את השור דיני נפשות. אולם אם קדמו ודנו את השור דיני נפשות ודנוהו למיתה, אין מענים את דינו להשהותו לחרישה (רש"י).

[נמצא לפי תירוצו של רבא שאמנם לפי רבי עקיבא בדרך כלל אנו יכולים לדון שור מועד דיני ממונות גם לאחר שדנו אותו למיתה. שמכיון שלדעת רבי עקיבא אין בית דין צריכים לראות את החפץ המזיק כדי לאמוד את יכלתו להזיק, לכן אפשר לדון את השור דיני ממונות אף לאחר שהשור נסקל. אולם הברייתא עוסקת במקרה מיוחד, שבו בעל השור ברח לאחר שבית הדין קיבל עדות על הנגיחה, ולא השאיר שום נכסים מלבד השור. במקרה זה, אם בית דין עדיין לא דנו את השור דיני נפשות, הם יכולים לדון אותו דיני ממונות, ולהשכיר את השור לחרישה, כדי שהניזק יגבה את נזקו מדמי השכירות. אבל אם כבר דנו אותו למיתה אין מענים את דינו, אלא סוקלים אותו מיד.]

10. הלא אם נדון אותו דיני ממונות תחילה, נוכל לשלם לניזק את דמי נזקו על ידי השכרת השור לחרישה לפני שנדון אותו דיני נפשות, כפי שנוהגים בשור מועד.

11. נטילת דמי שימוש בשור אינם נחשבים גבייה מגוף השור אלא משאר נכסיו של בעל השור. ולכן, בשור תם, שאפשר לגבות את הנזק רק מגופו של השור, אי אפשר לגבותו מדמי השכרת השור (רש"י). ואף השימוש עצמו בשור אינו נחשב גבייה מגופו, ולכן גם אי אפשר לתת אותו לניזק שישתמש בו לחרישה בשווי הנזק (ר"י מלוניל; וראה קהלות יעקב לבבא מציעא לז, ה).

[אין להקשות שיַגבו את השור לניזק לגמרי עבור הנזק, כך שזו תיחשב גבייה מגופו, ולאחר שישתמש בו לחרישה בשיעור דמי הנזק ידונו אותו דיני נפשות ויסקלוהו. כי אם הוא גובה אותו לגמרי, הוא נעשה בעלים עליו, ואין ממתינים לו עד שישתלם מהחרישה, כמו שאין ממתינים לבעלים שאומר המתינו לי עד שאחרוש בו מעט ואחר כך תסקלוהו (תוספות; וראה מלחמת ה' להרמב"ן דף יז, ב מדפי הרי"ף; ברכת שמואל כה; חזון איש יד, ב).]

12. דהיינו, האם בית דין אינם מחייבים בתשלומי נזק אלא לאחר בדיקה שהחפץ המזיק וכיוצא בזה אכן היה ראוי לעשות היזק זה, או שאין צורך בבדיקה כזו, ובכל אופן שהוזק על ידי חבירו או ממון חבירו חייב המזיק בתשלומין.

[כמובן ששאלה זו קשורה למחלוקת שמעון התימני ורבי עקיבא הנזכרת, אולם השואלים לא ידעו ברייתא זו, כפי שמתברר מהמשך הסוגיא.]

אלמא בעינן אומדנא דבי דינא והא כיון דגמר דינא לקטלא לא משהינן ליה לאומדנא דבי דינא ולא מענינן לדיניה ואמינא להו אנא אפילו תימא רבי עקיבא הכא במאי עסקינן כגון שברח אי ברח כי לא דנוהו דיני נפשות היכי דיינינא ליה דיני ממונות בלא בעלים דקביל סהדי וברח סוף סוף מהיכא משתלם [א]מרידיא אי הכי תם נדייניה דיני ממונות ברישא ונשתלם מרידיא והדר נדייניה דיני נפשות אמר רב מרי בריה דרב כהנא זאת אומרת רידייא עלייה דמרה הוא: איבעיא להו יש אומד לנזקין או אין אומד לנזקין מי אמרינן לקטלא הוא [ב]דאמדינן בהכי נפקא נשמה בהכי לא נפקא נשמה אבל לנזקין כל דהו או דלמא לא שנא ת"ש [א]מה בור שיש בו כדי להמית עשרה טפחים אף כל שיש בו כדי להמית עשרה טפחים היו פחותין מעשרה טפחים ונפל לתוכו שור או חמור ומת פטור הוזק בו חייב מאי לאו ממטה למעלה קא חשיב והכי קאמר מטפח ועד עשרה מיתה ליכא נזקין איכא אלמא לנזקין כל דהו שמע מינה אין אומדין לנזקין לא ממעלה למטה קא חשיב והכי קאמר עשרה מיתה איכא פחות מעשרה פורתא נזקין איתא מיתה ליכא ולעולם אימא לך יש אומד לנזקין וכל מידי ומידי כי היכי דמיתזקה ביה בעינן תא שמע [ב] [ג]הכהו על עינו וסימאו על אזנו וחירשו עבד יוצא בהן לחירות כנגד עינו ואינו רואה כנגד אזנו ואינו שומע אין עבד יוצא בהן לחירות מאי טעמא לאו משום דבעינן אומדנא ושמע מינה יש אומדנא לנזקין לא משום דאמרינן הוא (א) דאבעית נפשיה כדתניא [ג] [ד]המבעית את חבירו פטור מדיני אדם וחייב בדיני שמים כיצד תקע באזנו וחירשו פטור [ה]אחזו ותקע באזנו וחירשו חייב ת"ש [ו]חמשה דברים אומדין אותו ונותנין לו מיד ריפוי ושבת עד שיתרפא (ב) אמדוהו והיה מתנונה והולך אין נותנין לו אלא כמו שאמדוהו אמדוהו והבריא נותנין לו כל מה שאמדוהו ש"מ יש אומד לנזקין למימד גברא כמה ליקצר מיהא מכה כמה לא מקצר לא קא מבעי לן דודאי אמדינן כי קא מבעיא לן למימד חפצא אי עביד האי נזקא או לא מאי ת"ש [ד]שמעון התימני אומר מה אגרוף מיוחד שמסור לעדה ולעדים אף כל מיוחד שמסור לעדה ולעדים שמע מינה [ז]יש אומד לנזקין שמע מינה: אמר מר [ח]אמדוהו והבריא נותנין לו כל מה שאמדוהו מסייע ליה לרבא דאמר רבא האי מאן דאמדוהו לכולי יומא ואיתפח לפלגא דיומא וקא עביד עבידתא יהבינן ליה דכולי יומא מן שמיא הוא דרחמי עליה: רקק והגיע בו הרוק והעביר כו': אמר רב פפא [ה]לא שנו אלא בו [ט]אבל בבגדו לא וניהוי כי בייש בדברים אמרי במערבא [א] משמיה דרבי יוסי בר אבין זאת אומרת [י]ביישו בדברים פטור מכלום: הכל לפי כבודו [וכו']: איבעיא להו תנא קמא לקולא קאמר או לחומרא קאמר [כ]לקולא קאמר דאיכא עני דלא בעי למשקל כולי האי או דלמא לחומרא קאמר דאיכא עשיר דבעי למיתב ליה טפי תא שמע מדקאמר ר' עקיבא אפילו עניים שבישראל רואין אותן כאילו הן בני חורין שירדו מנכסיהם שהם בני אברהם יצחק ויעקב שמע מינה תנא קמא לקולא קאמר ש"מ: ומעשה באחד שפרע ראש האשה [וכו']: ומי יהבינן זמן והאמר רבי [ו]חנינא [ל]אין נותנין זמן לחבלות כי לא יהבינן ליה זמן לחבלה דחסריה ממונא [מ]אבל לבושת דלא חסריה ממונא יהבינן: שמרה עומדת על פתח חצירה וכו': והתניא אמר לו ר' עקיבא צללת במים אדירים והעלית חרס בידך אדם רשאי לחבל בעצמו אמר רבא לא קשיא כאן בחבלה כאן בבושת והא מתניתין בבושת הוא וקתני

רש"י

אלמא בעינן אומדנא דב"ד. אף לנזקין דהא האי קרא בנזקין קאי דכתיב והכה איש את רעהו באבן או באגרוף ולא ימות וה"נ צריך לאומדו אם ראוי לנגיחות זו: כגון שברח. בעליו ואין חבין לו לאדם שלא בפניו: דקביל סהדי. על נגיחות וברח הלכך אין לנו ממה לשלם וכגון דלית ליה נכסי: סוף סוף. כי לא דנוהו דיני נפשות מהיכא משתלם הואיל וברח: ומשני מרידיא. משהין את השור לחרישה לשכירות ומשלם לניזק ואחרי כן ידינוהו דיני נפשות אבל קדמו ודנוהו ליסקל לא מענינן בדיניה לשהויי לרידיא: עלייה דמרה הוא. ואין בגופו של שור אלא כשאר נכסי בעליו ותם אין משלם מן העלייה: לקטלא הוא דאמדינן. דכתיב באבן יד אשר ימות בה הכהו (במדבר לה): אבל לנזקין. אין אומדין דאפי' אין חפץ זה ראוי להיזק זה חייב דזמנין דאתזק בכל דהו: [מה בור]. סתם בור י' טפחים: מאי לאו. הא דקתני אם היו פחותים אם הוזק בו חייב: מלמטה למעלה קחשיב. אלמא בטפח הוי היזק: כנגד עינו. הכהו בכותל כנגד עינו של זה: דבעינן אומדנא. ובהכי לא בעי לאסתמויי אלא מזליה הוא דאתרע ליה: אחזו. מעשה דידיה הוא: ת"ש חמשה דברים אומדין ונותנין לו כו'. לא גרסינן נזק וצער ובושת: וריפוי ושבת עד שיתרפא. כלומר צריכין ב"ד לאמוד כמה ראוי להיות נופל למשכב בחולי זה ומחייבין את זה ליתן לו מיד כל ריפוי ושבתו ומזונות הצריכין לו עד שיתרפא: והבריא. לזמן מועט והם אמדוהו לזמן מרובה: נותן לו כל מה שאמדוהו. דמשמיא רחימו עליה: מקצר. נופל למשכב כמו אקלירי (ר"ה דף טז.): אתפח. נתרפא: מדקאמר ר"ע אפי' לעניים כו'. וחזינא דלא חייב לתת לפורע ראש האשה אלא ארבע מאות זוז כת"ק שמע מינה תנא קמא לקולא קאמר דלעני לא יהבינא כולי האי וקאמר ליה ר' עקיבא לעני נמי יהבינא הכי ומעשה באחד שפרע ראש האשה עניה כו' דאי ס"ד האי שיעורא דארבע מאות דת"ק אפחות שבעניים קאמר והכל לפי כבודו לחומרא קאמר למיתב טפי לעשירים וקאתי ר"ע למימר אפילו עני שבישראל יטול יותר מארבע מאות זוז אמאי לא מחייב ליה לפורע ראש האשה למיתב טפי: צללת במים אדירים. כלו' יגעת לפטור עצמך ולא העלית בידך כלום שברי חרסים אין ראוים לכלום: חבלה. אין רשאי: לא

תוספות

זאת אומרת רידייא עלייה דמרה הוא. תימה ליגבו את השור לגמרי לניזק ולא תקרי יותר עלייה דמרה וי"ל דאם הוא גובהו לגמרי לא היו ממתינין לו עד שישלם מן הרידיא כמו שאין ממתינין לבעלים אם היו אומרים המתינו לי עד שאחרוש בו מעט ואח"כ תסקלוהו: **לא** משום דאמרי' איהו דאבעית אנפשיה. תימה א"כ אמאי נקט על עינו ועל אזנו אפילו כנגד עינו ואזנו נמי אם אחזו ועוד תניא בתוספתא (פ"ט) הכהו כנגד אזנו ועינו לא יצא בן חורין שנאמר והכה עד שיעשה בו מעשה משמע דטעם משום גזירת הכתוב היא ולא משום דאיבעית אנפשיה:

חמשה דברים אומדים (ג) ונותנין לו מיד רפוי ושבת עד שיתרפא. זו היא גירסא נכונה וקמ"ל שאומדים אותו כמה ראוי לעלות שבתו ורפואתו עד שיתרפא ונותנין לו מיד וכן ה' דברים כמו שפי' בקונטרס [ז]וכן מוכיח בתוספתא (פ"ט) דתני אמדוהו והיה מתנונה והולך אלמא יש אומד בריפוי:

החובל

מסורת הש"ס

א) לעיל ג: סנהדרין מה., ב) לקמן לח. קדושין כד:, ג) [לעיל נו. קדושין כד:], ד) [לעיל ג:], ה) [כתובות סו.], ו) [ברא"ש איתא רבי יוחנן], ז) וכן מוכיח בתוספות מדתני אמדוהו כו' כצ"ל רש"א וע"ש.

הגהות הב"ח

(א) גמ' הוא ניהו דאבעית נפשיה: (ב) שם עד שיתרפא (אמדוהו והיה מתנונה וכו' כמו שאמדוהו). תא"מ ונ"ב התוס' ל"ג להך בבא בגמרא: (ג) תוס' ד"ה חמשה דברים אומדים אותו ונותנין:

הגהות הגר"א

[א] גמ' משמיה דר"י בר אבין (זאת אומרת) תא"מ (דמתני' דקתני בו לאפוקי בגדו י"ל רק דאין לחייבו ד' מאות זוז):

גליון הש"ס

גמ' אין נותנין זמן לחבלות. עיין לעיל דף מו ע"ב תוס' ד"ה שאין:

עין משפט נר מצוה

פו א מיי' פי"א מהל' נזקי ממון הלכה ח:
פז ב מיי' פ"ג מהלכות רוצח הלכה א סמג לאוין קסח:
פח ג מיי' פ"ה מהל' עבדים הל' ז טוש"ע י"ד סי' רסז סעיף לה:
פט ד ה מיי' פ"ב מהל' חובל ומזיק הלכה ז סמג עשין ע טוש"ע ח"מ סי' תכ סעיף כה וסעיף לב:
צ ו מיי' שם הלכה יד והלכה טו טוש"ע שם סעיף יח:
צא ז מיי' שם פ"א הלכה יח ועיין בהשגות ובמ"מ סמג שם טוש"ע שם סעיף כח:
צב ח מיי' שם פ"ב הלכה טו טוש"ע שם סעיף יח:
צג ט מיי' שם פ"ג הלכה ה סמג שם טוש"ע שם סעיף לח:
צד י מיי' שם טוש"ע שם וסעיף לט:
צה כ מיי' שם הל' יא טוש"ע שם סעיף כד וסעיף מג:
צו ל מ מיי' שם פ"ב הלכה כ סמג שם טוש"ע שם סעיף כז:

ליקוטי רש"י

ולא מענינן לדיניה. דכי לא אמרו ליה דינו לאלתר דעייני ביה הוה ליה עינוי הדין [מועד קטן יד:]. מה בור שיש בו כדי להמית. משנה היא בבבא קמא (נג:) אחד החופר בור ואחד החופר שיח ומערה חייב בנפילת שור וחמור אם כן למה נאמר בור מה בור שיש בו כדי להמית והיינו עשרה טפחים דסתם בור אינו פחות מעשרה טפחים אף כל שיש בו כדי להמית ואמאי ניהו עשרה טפחים היו פחותין מכאן ונפל לתוכן שור וחמור ומת פטור [סנהדרין מה.]. כנגד עינו. שהכה בכותל והבעיתו בקול ואינו רואה או נתחרש [קדושין כד:]. המבעית. תקע לו באזנו פתאום ובעתו דלא עבד ביה מעשה בגופו [לעיל נו.]. פטור מדיני אדם. לשלם [גיטין נג.]. שאין כח בב"ד לענשו. וחייב בדיני שמים. ידי שמים לא יצא עד שישלם [ב"מ צא.]. פורענות לשלם לרשעים שנתכוין להפסיד את ישראל [גיטין שם]. שמעון התימני. מתמנת היה כדכתיב (שופטים טו) שמשון חתן התימני מתמנת [ביצה כא.]. שמסור לעדה ולעדים. שיכול להביאו לב"ד לאומדו אם ראוי אגרוף זה לעשות חבלה זו ואם אין ראוי לא ישלם שמתמת חלשותו של זה ורכותו נחבל [לעיל צ:].

דְּאַמְדִינַן — האם אנו אומרים שדוקא לגבי מיתה אנו זקוקים לאומד כדי לקבוע ש**בְּהָכִי נַפְקָא נְשָׁמָה** — שעל ידי מכה בחפץ כזה יוצאת נשמה [דהיינו, אדם יכול למות מחמתו], ואילו **בְּהָכִי** — על ידי מכה בחפץ כזה **לֹא נַפְקָא נְשָׁמָה** — אין נשמה יוצאת, ואין מחייבים מיתה בלא אומד שאכן חפץ זה היה ראוי להמית, **אֲבָל לִנְזָקִין** אין צורך באומד, אלא גם מכה בחפץ **כָּל דְּהוּ** (כל שהוא) מחייבת בתשלומי נזקין. **אוֹ דִּלְמָא לֹא שְׁנָא** — או אולי, אין חילוק ביניהם, ויש צורך באומד גם לנזקין[13].

הגמרא מנסה לפשוט את הספק ממשנה לעיל:

תָּא (בא) **שְׁמַע** ראיה ממשנה (לעיל נ, ב)[14]: התורה פירטה "בור" כדי ללמדנו, **מַה בּוֹר** — כשם ש"בור" שהזכירה התורה מדובר בבור **שֶׁיֵּשׁ בּוֹ כְּדֵי לְהָמִית**, דהיינו שהוא עמוק **עֲשָׂרָה טְפָחִים** (שכן בכל מקום שנאמר סתם "בור" הכוונה לבור שיש בו עשרה טפחים)[15], **אַף כֹּל** — כל סוג אחר של חפירה, רק במקרה **שֶׁיֵּשׁ בּוֹ כְּדֵי לְהָמִית**, דהיינו, שיש בו עומק **עֲשָׂרָה טְפָחִים**, נאמר הדין שאם נפלה שם בהמה ומתה, החופר חייב. **הָיוּ** הבורות **פְּחוּתִין מֵעֲשָׂרָה טְפָחִים, וְנָפַל לְתוֹכוֹ שׁוֹר אוֹ חֲמוֹר וּמֵת**, החופר **פָּטוּר**. אבל אם **הוּזַּק בּוֹ** השור או החמור, החופר **חַיָּיב**. והנה, כאשר המשנה אומרת שהחופר חייב על נזק שנגרם מבור שעומקו פחות מעשרה טפחים, **מַאי לַאו מִמַּטָּה לְמַעְלָה קָא חָשֵׁיב** — האם אין התנא נוקט בורות מעומק נמוך לעומק גבוה[16], כאשר המשנה מדברת על עומק הבור, **וְהָכִי קָאָמַר** — כך כוונת המשנה לומר: **מִטֶּפַח וְעַד עֲשָׂרָה, מִיתָה לֵיכָּא** — אין חיוב על מיתה, אבל **נְזָקִין אִיכָּא** — אבל יש חיוב על נזקים. **אַלְמָא לִנְזָקִין כָּל דְּהוּ** — רואים מכאן שלענין נזקים יש חיוב על היזק בחפץ כל שהוא[17]. **שְׁמַע מִינָּהּ** — נלמד מכאן ש**אֵין אוֹמְדִין לִנְזָקִין**.

הגמרא דוחה את הראיה:

לֹא, יתכן ש**מִמַּעְלָה לְמַטָּה קָא חָשֵׁיב** — התנא נוקט בורות מעומק רב לעומק מועט, **וְהָכִי קָאָמַר** — וכך כוונתו לומר: אם הבור עמוק הרבה, עד לעומק של לפחות **עֲשָׂרָה** טפחים, **מִיתָה אִיכָּא** — יש חיוב על מיתה, אבל אם הבור **פָּחוֹת מֵעֲשָׂרָה פּוּרְתָּא** — מעט פחות מעשרה טפחים, **נְזָקִין אִיתָא** — יש חיוב על נזקים, אבל **מִיתָה לֵיכָּא** — אין חיוב על מיתה. **וּלְעוֹלָם אֵימָא** (אומר) **לָךְ** ש**יֵּשׁ** לעשות **אוֹמֶד לִנְזָקִין, וְכָל מִידֵי וּמִידֵי כִּי הֵיכִי דְּמִיתַּזְּקָה בֵּיהּ בְּעִינַן** — ובכל דבר ודבר שהוזקה בו, צריך שיהיה הדבר ראוי לאותו נזק[18].

הגמרא מנסה לפשוט את השאלה מברייתא:

תָּא (בא) **שְׁמַע** ראיה מברייתא: **הִכָּהוּ** האדון לעבדו **עַל עֵינוֹ וְסִימְּאוֹ**, או שהכהו **עַל אָזְנוֹ וְחֵירְשׁוֹ, עֶבֶד יוֹצֵא בָּהֶן לְחֵירוּת**[19]. אולם, אם הכהו **כְּנֶגֶד עֵינוֹ**, כלומר שהכה בכותל כנגד עינו של העבד, והשמיע בכך קול שהבעית את העבד, **וְ**גרם בכך שהעבד **אֵינוֹ רוֹאֶה**, או אם הכה בכותל **כְּנֶגֶד אָזְנוֹ**, והשמיע בכך קול שהבעית את העבד, **וְ**גרם בכך שהעבד **אֵינוֹ שׁוֹמֵעַ**[20], **אֵין עֶבֶד יוֹצֵא בָּהֶן לְחֵירוּת. מַאי טַעְמָא** — מהו טעם לדין האחרון? **לַאו מִשּׁוּם דִּבְעִינַן אוּמְדָּנָא** — האם אין זה משום שאנו צריכים אומדנא, וכיון שאנו אומדים שמכה על הכותל אין בה כדי לסמא או להחריש את העבד[21], אין העבד יוצא לחירות מחמתה? **וּשְׁמַע מִינָּהּ** — ונלמד מהברייתא ש**יֵּשׁ אוּמְדָּנָא לִנְזָקִין**.

הגמרא דוחה את הראיה:

לֹא! הטעם הוא **מִשּׁוּם דְּאַמְרִינַן הוּא דְּאַבְעִית נַפְשֵׁיהּ** — שאנו אומרים שהוא הבעית את עצמו, כלומר, מה שהוא נבעת וניזוק, זהו מחמת עצמו, שנתן אל לבו להיבהל מהקול הפתאומי[22]. **כִּדְתַנְיָא** בברייתא: **הַמַּבְעִית אֶת חֲבֵירוֹ** באופן שנעשה נזק בגופו, **פָּטוּר מִדִּינֵי אָדָם וְחַיָּיב בְּדִינֵי שָׁמַיִם** — אין בית דין יכולים לכופו לשלם, אך הוא יענש בעונשי שמים על כך כל זמן שאינו משלם[23]. **כֵּיצַד**? אם **תָּקַע** אדם **בְּאָזְנוֹ** של חבירו **וְחֵירְשׁוֹ**[24], **פָּטוּר** מדיני אדם, שמכיון שהוא לא נתחרש אלא על ידי שנתן אל לבו את פחד הקול, אין מעשה התקיעה אלא "גרמא" לגבי החירוש, וגרמא בנזקין פטור מדיני אדם וחייב בדיני שמים[25]. אולם, אם **אֲחָזוֹ** חבירו **וְתָקַע בְּאָזְנוֹ וְחֵירְשׁוֹ, חַיָּיב** לשלם אפילו בדיני אדם, שמכיון שעשה מעשה בגופו, שתפסו, אין זה "גרמא" בלבד, אלא מעשה גמור בגופו[26].

הערות

13. לגבי עונש מיתה על ההורג אדם נאמר בתורה (במדבר לה, יז): "וְאִם בְּאֶבֶן יָד **אֲשֶׁר יָמוּת בָּהּ** הִכָּהוּ וַיָּמֹת רֹצֵחַ הוּא...", דהיינו, שהכהו באבן שראויה להמית, שאין ההורג חייב מיתה אלא אם כן האבן שנהרג בה היתה ראויה להמיתו (רש"י שם על פי הספרי). [אבל בנזקין נאמר בפסוק (שמות כא, יח) וְהִכָּה אִישׁ אֶת רֵעֵהוּ בְּאֶבֶן אוֹ בְאֶגְרֹף וְלֹא יָמוּת...", ולא נאמר "באבן או באגרוף **אשר יוזק בהם**".] ולכן יש להסתפק אם גם בנזיקין נוהג דין אומד, שאין מחייבים בתשלומי נזקים אלא באומד שאכן החפץ המזיק היה ראוי להזיק. או אולי בנזיקין אין צורך באומד, משום שבנזיקין אפילו כשהחפץ אינו ראוי להיזק זה חייב, מכיון שלפעמים ניזוקים אפילו בחפץ כל שהוא, ולכן בנזקים תמיד אנו תולים שהחפץ הזה הוא שגרם את הנזק (רש"י). ויסוד הספק הוא אם בענין זה לומדים נזקים ממיתה, שכשם שלגבי מיתה הצריכה התורה אומד, וכשלא היה ראוי למות מחמת חפץ זה, המכה פטור, כך בנזקים (ר"י מלוניל; וראה חידושי רבי אריה לייב א, נא).

14. [התורה אומרת (שמות כא, לג) שאם אדם חפר בור ברשות הרבים ונפלה לתוכו בהמה ומתה, בעל הבור חייב. והנה, בור כפי הגדרתו הוא עגול. אולם המשנה שם אומרת שלמעשה אין זה משנה מהי צורת הבור, וגם החופר שיח ומערה, שצורתם שונה מבור, חייב. ומתעוררת, אם כן, השאלה, מדוע הזכירה התורה דוקא בור שהוא חפירה עגולה?]

15. רש"י; ראה לעיל נ, ב הערה 9 לשיטת התוספות בזה.

16. דהיינו, שבאומרו שאם "היו פחותין מעשרה, אם הוזק בו חייב", מתכוון התנא שעומקו היה מהעומק הקטן ביותר עד עשרה (רש"י). וראה פני יהושע.

17. ממה שהמשנה אומרת "הוזק בו חייב", ואינה מחלקת בין נזק של בור שעומקו טפח לנזק של בור שעומקו תשעה טפחים, משמע שחיוב אחד לכולם, דהיינו שעל כל נזק שאירע צריך לשלם את הנזק, מבלי להתחשב בעומק הבור (חידושי הראב"ד).

[מזה שהגמרא באה לפשוט את הספק אם יש אומד לנזקין מבור שנפל שם שור או חמור מוכח שהספק של הגמרא בענין זה הוא בכל ענייני נזיקין, גם כשממונו הזיק וגם כשממון הוזק, ולא רק בחבלה של אדם באדם (שיטה מקובצת בשם רמ"ה ומאירי; ראה להלן הערה 33).

18. רק בבור תשעה אומרת המשנה שאם "היו פחותים מעשרה, אם הוזק בו חייב", בלי לאמוד אם הבור ראוי לאותו היזק, שבור תשעה אכן ראוי הוא לכל נזק, אבל בפחות מזה, צריך אומד על כל עומק אם הוא ראוי לנזק זה (חידושי הראב"ד). וכן בכל דבר שהוזקו בו יתכן שצריך אומד לדעת אם ראוי לכך.

19. ראה לעיל פט, ב הערה 20.

20. רש"י קידושין כד, ב ד"ה כנגד. ויש מפרשים שהעין או האוזן של העבד היו כנגד הכותל, והאדון הכה על הכותל בצדו השני, מול האבר של העבד (שיטה מקובצת בשם גאון).

21. ורק מזלו שהורע הוא שגרם לו את הנזק על ידי הכאה זו (רש"י; אולם ראה חידושי הראב"ד).

22. רש"י קידושין כד, ב ד"ה שאני אדם. וברש"י להלן צח, א ד"ה רבה לטעמיה: שלא היה לו להתפעל מאותו קול.

הגמרא דוחה ואומרת שהברייתא סוברת שאין אומד לנזקין ובחפץ כל שהוא חייב בנזקין), ואף על פי כן במקרה זה אין העבד יוצא לחירות, משום שגם אם היינו אומדים שמכה על הכותל ראויה לגרום נזק כזה, לא היה העבד יוצא לחירות, משום שמעשה זה של האדון אינו אלא גרמא בנזקין. שכן, אדם המתחרש או המסתמא מחמת קול, אין הפגיעה נפעלת בו על ידי עצם חקול אלא על ידי התבהלותו מהקול. ומכיון שהתבהלותו באה מחמת עצמו, שהוא נתן אל לבו להיבהל, נמצא שמשמיע הקול אינו עושה את החירוש והסימוי באופן ישיר, אלא בסיוע הניזק שנתן אל לבו להיבהל. לכן השמעת הקול לגבי נזק חרשות ועוורון אינה נחשבת אלא "גרמא", שאין אדם חייב עליה, ואין עבד יוצא לחירות מכחה (ראה רש"י להלן צח, א ד"ה רבה לטעמיה).

[תוספות מקשים על ביאור זה של הגמרא, שבתוספתא (ט, ט) מבואר שהפטור הוא משום גזירת הכתוב לגבי יציאת עבד, שאינו יוצא אלא על ידי מעשה בגופו. וראה חזון יחזקאל שם בביאורים ובחידושים; ברכת שמואל לט; ים של שלמה לט.]

23. רש"י גיטין נג, א ד"ה וחייב. וראה לעיל נה, ב הערה 40.

24. הבהלה מהצעקה הפתאומית גרמה לו להתחרש.

25. ולכן במקרה כזה גם בעבד אינו יוצא לחירות משום שזהו גרמא בנזקין, ולא משום שצריך אומד לנזקין.

26. רש"י כאן ולעיל נ, א ד"ה המבעית. והיינו שבאחזו, לא הניזק הוא שהבהיל את עצמו, אלא הכל נעשה בגרמת הצועק או המכה, ולכן אין זה גרמא אלא זהו מעשה

אלמא בעינן אומדנא דבי דינא והא כיון דגמר דינא לקטלא לא משהינן ליה לאומדנא דבי דינא ולא מענינן לדיניה ואמינא להו אנא אפילו תימא רבי עקיבא הכא במאי עסקינן כגון שברח אי ברח כי לא דנוהו דיני נפשות היכי דיינינא ליה דיני ממונות בלא בעלים דקביל סהדי וברח סוף סוף מהיכא משתלם [א]מרידיא אי הכי תם נדייניה דיני ממונות ברישא ונשתלם מרידיא והדר נדייניה דיני נפשות אמר רב מרי בריה דרב כהנא זאת אומרת רידייא עלייה דמרה הוא: איבעיא להו יש אומד לנזקין או אין אומד לנזקין מי אמרינן לקטלא הוא [ב]דאמדינן בהכי נפקא נשמה בהכי לא נפקא נשמה אבל לנזקין כל דהו או דלמא לא שנא ת"ש (א) מה בור שיש בו כדי להמית עשרה טפחים אף כל שיש בו כדי להמית עשרה טפחים היו פחותין מעשרה טפחים ונפל לתוכו שור או חמור ומת פטור הוזק בו חייב מאי לאו ממטה למעלה קא חשיב והכי קאמר מטפח ועד עשרה מיתה ליכא נזקין איכא אלמא לנזקין כל דהו שמע מינה אין אומדין לנזקין לא ממעלה למטה קא חשיב והכי קאמר עשרה מיתה איכא פחות מעשרה פורתא נזקין איתא מיתה ליכא ולעולם אימא לך יש אומד לנזקין וכל מידי ומידי כי היכי דמיתזקה ביה בעינן תא שמע (ב) [ג]הכהו על עינו וסימאו על אזנו וחירשו עבד יוצא בהן לחירות כנגד עינו ואינו רואה כנגד אזנו ואינו שומע אין עבד יוצא בהן לחירות מאי טעמא לאו משום דבעינן אומדנא ושמע מינה יש אומדנא לנזקין לא משום דאמרינן הוא (א) דאבעית נפשיה כדתניא (ג) [ד]המבעית את חבירו פטור מדיני אדם וחייב בדיני שמים כיצד תקע באזנו וחירשו פטור [ה]אחזו ותקע באזנו וחירשו חייב ת"ש [ו]חמשה דברים אומדין אותו ונותנין לו מיד ריפוי ושבת עד שיתרפא (ב) אמדוהו והיה מתנונה והולך אין נותנין לו אלא כמו שאמדוהו אמדוהו והבריא נותנין לו כל מה שאמדוהו ש"מ יש אומד לנזקין למימד גברא כמה ליקצר מיהא מכה כמה לא מקצר לא קא מבעי לן דודאי אמדינן כי קא מבעיא לן למימד חפצא אי עביד האי נזקא או לא מאי ת"ש (ד) שמעון התימני אומר מה אגרוף מיוחד שמסור לעדה ולעדים אף כל מיוחד שמסור לעדה ולעדים שמע מינה [ז]יש אומד לנזקין שמע מינה: אמר מר [ח]אמדוהו והבריא נותנין לו כל מה שאמדוהו מסייע ליה לרבא דאמר רבא האי מאן דאמדוהו לכולי יומא ואיתפח לפלגא דיומא וקא עביד עבידתא יהבינן ליה דכולי יומא מן שמיא הוא דרחמי עליה: רקק והגיע בו הרוק והעביר כו': אמר רב פפא (ה) לא שנו אלא בו [ט]אבל בבגדו לא וניהוי כי בייש בדברים אמרי במערבא [א] משמיה דרבי יוסי בר אבין זאת אומרת [י]ביישו בדברים פטור מכלום: הכל לפי כבודו [וכו']: איבעיא להו תנא קמא לקולא קאמר או לחומרא קאמר [כ]לקולא קאמר דאיכא עני דלא בעי למשקל כולי האי או דלמא לחומרא קאמר דאיכא עשיר דבעי למיתב ליה טפי תא שמע מדקאמר ר' עקיבא אפילו עניים שבישראל רואין אותן כאילו הן בני חורין שירדו מנכסיהם שהם בני אברהם יצחק ויעקב שמע מינה תנא קמא לקולא קאמר ש"מ: ומעשה באחד שפרע ראש האשה [וכו']: ומי יהבינן זמן והאמר רבי (ו) חנינא [ל]אין נותנין זמן לחבלות כי לא יהבינן ליה זמן לחבלה דחסריה ממונא [מ]אבל לבושת דלא חסריה ממונא יהבינן: שמרה עומדת על פתח חצירה וכו': והתניא אמר לו ר' עקיבא צללת במים אדירים והעלית חרס בידך אדם רשאי לחבל בעצמו אמר רבא לא קשיא כאן בחבלה כאן בבושת והא מתניתין בבושת הוא וקתני

אלמא בעינן אומדנא דב"ד. אף לנזקין דהא האי קרא בנזקין קאי דכתיב והכה איש את רעהו באבן או באגרוף ולא ימות וה"נ צריך לאומדו אם ראוי לנגיחות זו: **כגון שברח.** בעליו ואין תבין לו לאדם שלא בפניו: **דקביל סהדי.** על נגיחות וברח הלכך אין לנו ממה לשלם וכגון דלית ליה נכסי: **סוף סוף.** כי לא דנוהו דיני נפשות מהיכא משתלם הואיל וברח: **ומשני מרידיא.** משכין את השור לחרישה לשכירות ומשלם לניזק ואחרי כן ידינוהו דיני נפשות אבל קדמו ודנוהו ליסקל לא מענינן בדיניה לשהויי לרידיא: **עלייה דמרה הוא.** ואין בגופו של שור אלא כשאר נכסי בעליו ותם אין משלם מן העלייה: **לקטלא הוא דאמדינן.** דכתיב באבן יד אשר ימות בה הכהו (במדבר לה): **אבל לנזקין.** אין אומדין דאפי' אין חפץ זה ראוי להיזק זה חייב דזמנין דאתזק בכל דהו: **[מה בור].** סתם בור י' טפחים: **מאי לאו.** הא דקתני אם היו פחותים אם הוזק בו חייב: מלמטה למעלה קחשיב. אלמא בטפח הוי היזק: **כנגד עינו.** הכהו בכותל כנגד עינו של זה: **דבעינן אומדנא.** ובהכי לא בעי לאסתמויי אלא מזליה הוא דאתרע ליה: **אחזו.** מעשה דידיה הוא: **ת"ש חמשה דברים אומדין ונותנין לו כו'.** לא גרסינן נזק וצער ובושת: **וריפוי ושבת עד שיתרפא.** כלומר צריכין ב"ד לאמוד כמה ראוי להיות נופל למשכב בחולי זה ומחייבין את זה ליתן לו מיד כל ריפוי ושבתו ומזונות הצריכין לו עד שיתרפא: **והבריא.** לזמן מועט והם אמדוהו לזמן מרובה: **נותן לו כל מה שאמדוהו.** דמשמיא רחימו עליה: **מקצר.** נופל למשכב כמו אקצירי (ר"ה דף טז.): **אתפח.** נתרפא: **מדקאמר ר"ע אפי' לעניים כו'.** וחזינא דלא חייב לתת לפורע ראש האשה אלא ארבע מאות זוז כת"ק שמע מינה תנא קמא לקולא קאמר דלעני לא יהבינא כולי האי וקאמר ליה ר' עקיבא לעני נמי יהבינא הכי ומעשה באחד שפרע ראש האשה עניה כו' דאי ס"ד האי שיעורא דארבע מאות דת"ק אפחות שבעניים קאמר והכל לפי כבודו לחומרא קאמר למיתב טפי לעשירים וקאתי ר"ע למימר אפילו עני שבישראל יטול יותר מארבע מאות זוז אמאי לא מחייב ליה לפורע ראש האשה למיתב טפי: **צללת במים אדירים.** כלו' יגעת לפטור עצמך ולא העלית בידך כלום שברי חרסים אין ראוים לכלום: **חבלה.** אין רשאי: לא

זאת אומרת רידייא עלייה דמרה הוא. תימה ליגבו את השור לגמרי לניזק ולא תקרי יותר עלייה דמרה וי"ל דאם הוא גופו לגמרי לא היו ממתינין לו עד שישלם מן הרידיא כמו שאין ממתינין לבעלים אם היו אומרים המתינו לי עד שאחרוש בו מעט ואח"כ תסקלוהו: **לא** משום דאמרי' איהו דאבעית אנפשיה. תימה א"כ אמאי נקט על עינו ועל אזנו אפילו כנגד עינו ואזנו נמי אם אחזו ועוד תניא בתוספתא (פ"ט) הכהו כנגד אזנו ועינו לא יצא בן חורין שנאמר והכה עד שיעשה בו מעשה משמע דטעם משום גזירת הכתוב היא ולא משום דאיבעית אנפשיה:

חמשה דברים אומדים (ג) ונותנין לו מיד רפוי ושבת עד שיתרפא. זו היא גירסא נכונה וקמ"ל שאומדים אותו כמה ראוי לעלות שבתו ורפואתו עד שיתרפא ונותנין לו מיד וכן ה' דברים כמו שפי' בקונטרס [ז]וכן מוכיח בתוספתא (פ"ט) דתני אמדוהו והיה מתנונה והולך אלמא יש אומד בריפוי:

החובל

מסורת הש"ס

א) לעיל נ: סנהדרין מה., ב) לקמן צח. קדושין כד:, ג) [לעיל נו. קדושין כד:], ד) [לעיל נ:], ה) [כתובות סו.], ו) [ברא"ש איתא רבי יוחנן], ז) וכן מוכיח בתוספות מדתני אמדוהו כו' כצ"ל רש"א וע"ש.

הגהות הב"ח

(א) גמ' הוא ניהו דאבעית נפשיה: (ב) שם עד שיתרפא (אמדוהו והיה מתנונה וכו' כמו שאמדוהו). תא"מ ונ"ב התוס' ל"ג להך בבא בגמרא: (ג) תוס' ד"ה חמשה דברים אומדים אותו ונותנין:

הגהות הגר"א

[א] גמ' משמיה דר"י בר אבין (זאת אומרת) תא"מ (דמתני' דקתני בו לאפוקי בגדו י"ל רק דאין לחייבו ד' מאות זוז):

גליון הש"ס

גמ' אין נותנין זמן לחבלות. עיין לעיל דף מו ע"ב תוס' ד"ה שאין:

עין משפט נר מצוה

פו א מיי' פי"א מהל' נזקי ממון הלכה ח:

פז ב מיי' פ"ג מהלכות רוצח הלכה א סמג לאוין קסח:

פח ג מיי' פ"ה מהל' עבדים הל' ז טוש"ע י"ד סי' רסז סעיף לה:

פט ד ה מיי' פ"ב מהל' חובל ומזיק הלכה ז סמג עשין ע טוש"ע ח"מ סי' תכ סעיף כה וסעיף לב:

צ ו מיי' שם הלכה יד והלכה טו טוש"ע שם סעיף יח:

צא ז מיי' שם פ"א הלכה יח ועיין בהשגות ובמ"מ סמג שם טוש"ע שם סעיף כח:

צב ח מיי' שם פ"ב הלכה טו טוש"ע שם סעיף יח:

צג ט מיי' שם פ"ג הלכה ה סמג שם טוש"ע שם סעיף לח:

צד י מיי' שם טוש"ע שם וסעיף לט:

צה כ מיי' שם הל' יא טוש"ע שם סעיף כד וסעיף מג:

צו ל מ מיי' שם פ"ב הלכה כ סמג שם טוש"ע שם סעיף כז:

ליקוטי רש"י

ולא מענינן לדיניה. דכי לא אמרו ליה דינו לאלתר דעייני ביה הוה ליה עינוי הדין [מועד קטן יד:]. **מה בור שיש בו כדי להמית.** משנה היא בבבא קמא (נג:) אחד החופר בור ואחד החופר שיח ומערה חייב בנפילת שור וחמור אם כן למה נאמר בור מה בור שיש בו כדי להמית והיינו עשרה טפחים דסתם בור אינו פחות מעשרה טפחים אף כל שיש בו כדי להמית ואי ניהו עשרה טפחים היו פחותין מכאן ונפל לתוכן שור וחמור ומת פטור [סנהדרין מה.]. **כנגד עינו.** שהכה בכותל והבעיתו בקול ואינו רואה או נתחרש [קדושין כד:]. **המבעית.** תקע לו באזנו פתאום ובעתו דלא עבד ביה מעשה בגופו [לעיל נו.]. **פטור מדיני אדם.** לשלם [גיטין נג.]. שאין כח בב"ד לענשו. **וחייב בדיני שמים.** ידי שמים לא יצא עד שישלם [ב"מ צא.]. פורענות לשלם לרשעים שנתכוין להפסיד את ישראל [גיטין שם]. **שמעון התימני.** מתמנת היה כדכתיב (שופטים טו) שמשון חתן התימני מתמנת [ביצה כא.]. **שמסור לעדה ולעדים.** שיכול להביאו לב"ד לאומדו אם ראוי אגרוף זה לעשות חבלה זו ואם אין ראוי לא ישלם שמתמת חלשותו של זה ורכותו נחבל [לעיל צ:].

הגמרא מנסה לפשוט את השאלה מברייתא אחרת:

תָּא (בא) **שְׁמַע** ראיה מברייתא: **חֲמִשָּׁה דְּבָרִים** [חמשת התשלומים שחייב בהם החובל בחבירו] **אוֹמְדִין אוֹתוֹ** (את הנחבל) **וְנוֹתְנִין לוֹ** את המעות **מִיָּד** — החובל חייב לשלם אותם לניזק מיד לאחר שנגמר הדין. לגבי שלשת התשלומים של נזק צער ובושת, אפשר לשום את דמיהם מיד, וקיום הדין איפוא הוא פשוט. אבל לגבי התשלומים של **רִיפּוּי וְשֶׁבֶת**, שעדיין אין דמיהם ידועים, אומדים את דמיהם על פי צרכיו העתידיים של הנחבל **עַד שֶׁיִּתְרַפֵּא**[27]. אם **אֲמָדוּהוּ, וְהָיָה מִתְנַוְּנֶה** (מכחיש) **וְהוֹלֵךְ**, דהיינו, הריפוי ארך זמן רב יותר ממה שאמדוהו, כך שדמי רפואתו ושבתו היו מרובים יותר, **אֵין נוֹתְנִין לוֹ אֶלָּא** את הסכום **כְּמוֹ שֶׁאֲמָדוּהוּ** מתחילה[28]. ואם **אֲמָדוּהוּ וְהִבְרִיא** יותר מהר ממה שאמדוהו, **נוֹתְנִין לוֹ כָּל מַה שֶּׁאֲמָדוּהוּ**[29]. **שְׁמַע מִינָּהּ** — מכאן יש ללמוד **שֶׁיֵּשׁ אוֹמֵד לִנְזָקִין**.

הגמרא משיבה שברייתא זו אינה קשורה לדיון שלנו:

לְמֵימַד גַּבְרָא — לאמוד את האיש, דהיינו, לאמדו **כַּמָּה לִיקְצַר מֵיהָא מַכָּה** — כמה זמן יפול למשכב מחמת אותה מכה, **כַּמָּה לָא מִקְּצַר** — וכמה זמן לא יפול למשכב, **לָא קָא מִבָּעֵי לָן** — אין לנו שאלה, **דְּוַדַּאי אַמְדִינַן** — שבודאי צריך לעשות אומדן כזה[30]. **כִּי קָא מִבַּעְיָא לָן** — לגבי מה שאלנו? **לְמֵימַד חֶפְצָא** — האם צריך לאמוד את החפץ, שבו הוזק הנחבל, לראות **אִי עָבֵיד הַאי נִזְקָא אוֹ לָא** — אם הוא ראוי לעשות אותו נזק, או לא[31]. **מַאי** — מהו הדין לגבי אומד זה?

הגמרא מביאה ראיה אחרונה, בה היא פושטת את הספק:

תָּא (בא) **שְׁמַע** ראיה מהברייתא השנויה לעיל צ, ב: **שִׁמְעוֹן הַתִּימְנִי אוֹמֵר: מָה אֶגְרוֹף מְיוּחָד** בזה **שֶׁ**הוא **מָסוּר לָעֵדָה וְכֵן לָעֵדִים** לאומדו אם הוא ראוי לעשות אותה החבלה, **אַף כֹּל** — כל מקרה של חבלה אין בית דין דנים בו אלא במקרה (**מיוחד**)[32] **שֶׁ**החפץ שחבל בו **מָסוּר לָעֵדָה וְלָעֵדִים** לאומדו אם הוא ראוי לעשות אותה חבלה. **שְׁמַע מִינָּהּ** — מכאן יש ללמוד שאכן **יֵשׁ אוֹמֵד לִנְזָקִין**[33].

מסיקה הגמרא:

שְׁמַע מִינָּהּ — אכן יש ללמוד זאת מכאן.

הגמרא מתייחסת לאחת הברייתות הנזכרות לעיל:

אָמַר מָר: אם **אֲמָדוּהוּ וְהִבְרִיא** יותר מהר ממה שאמדוהו, **נוֹתְנִין לוֹ כָּל מַה שֶּׁאֲמָדוּהוּ. מְסַיַּיע לֵיהּ** — ברייתא זו מסייעת לְהוראתו של **רָבָא, דְּאָמַר רָבָא: הַאי מַאן דְּאַמְדוּהוּ לְכוּלֵּי יוֹמָא** — מישהו [דהיינו, נחבל] שאמדוהו שיפול למשכב כל היום, **וְאִיתְפַּח לְפַלְגָא דְּיוֹמָא** — ונתרפא בחצי היום, **וְקָא עָבֵיד עֲבִידְתָּא** — ועושה מלאכה, **יַהֲבִינַן לֵיהּ דְּכוּלֵּי יוֹמָא** — נותנים לו דמי שבת וריפוי[34] של כל היום, שכן, **מִן שְׁמַיָּא הוּא דְּרַחֲמֵי עֲלֵיהּ** — מן השמים ריחמו עליו.

הגמרא חוזרת למשנתנו:

רָקַק וְהִגִּיעַ בּוֹ הָרוֹק וְהֶעֱבִיר כו' [העביר טליתו ממנו... משלם ארבע מאות זוז].

הגמרא דנה במקרה הראשון:

אָמַר רַב פָּפָּא: לֹא שָׁנוּ במשנה שהרוקק חייב **אֶלָּא** כאשר הגיע הרוק **בּוֹ** ממש, דהיינו, בגופו של הניזק. **אֲבָל** אם נגע הרוק רק **בִּבְגָדוֹ, לֹא** — אינו חייב[35].

מקשה הגמרא:

מדוע כשהרוק נגע רק בבגדו פטור הרוקק, **וְנֶיהֱוֵי כִּי בִּיֵּישׁ בִּדְבָרִים** — שיהיה דינו כאילו ביישו בדברים, כי גם כשמביישו בדברים אינו עושה שום פעולה בגופו.

הערות

גמור שעשה המזיק בגופו (ראה ים של שלמה לט, וחזון יחזקאל על התוספתא ו, ה). וראה בשיטה מקובצת בשם הרמ"ה ביאור אחר בכוונת הגמרא "הוא דאבעית אנפשיה", וביסוד החיוב באחזו. וראה גם חזון יחזקאל שם. וראה קידושין כד, ב ובמהדורתנו שם הערה 27.

27. תשלומיהם של נזק וצער ובושת אינם תלויים במצבו העתידי, ולכן פשוט שמצריכים את המזיק לשלם את תשלומיהם מיד (אולם ראה מהרש"א מהדורא בתרא לגבי צער). אבל תשלומי ריפוי ושבת מצריכים אומד בית דין על העתיד כדי לחייב את החובל לשלמם מיד. בית דין אומדים כמה זמן ראוי לאדם ליפול למשכב מחמת חבלה כזו, וכמה ראויים להיות שכרו של הרופא ודמי שבתו, ותוספת המזונות שיצטרך עד שיתרפא, והחובל משלם תשלומים אלו מיד (רש"י ותוספות; אולם ראה שיטה מקובצת בשם גאון; ועיין נמוקי יוסף במשנה בתחילת הפרק ד"ה ריפוי בשם הירושלמי, ורמ"א חושן משפט תכ, ג).

אומדנא זו מראש, נעשית כדי שהנחבל לא יצטרך לבקש מהחובל בכל יום דמי שבתו ורפואתו עד שיתרפא. בית דין אומדים מהו הסכום הכללי שיצטרך הנחבל, והחובל צריך לשלם את כל הסכום מראש (ערוך השלחן, חושן משפט תכ, כג בדעת רש"י, שזוהי תקנה לטובת הנחבל; אולם ראה טעם אחר לאומדן זה ברמב"ם הלכות חובל ומזיק ב, יד-טו; שלחן ערוך חושן משפט תכ, יח וסמ"ע שם כא).

[לעיל פה, א למדנו שהנחבל אינו יכול לתבוע שיתנו לו מראש סכום מסויים עבור ריפויו. מימרא זו אינה סותרת לגמרתנו, שכן אותה מימרא עוסקת בתביעת הנחבל לתת **לו** מראש את דמי הריפוי. במקרה זה יכול החובל להתנגד לתביעת הנחבל, בטענה שמא הנחבל ימעט בהוצאות רפואתו ולא ירפא עצמו כראוי, ומחמת זה אנשים שיראו את הנחבל סובל סבל מתמשך יקראו לחובל "שור המזיק". ואילו כוונת הגמרא כאן היא שכסף הריפוי והשבת יינתן לבית דין, שהם ישתמשו בו לצרכי הריפוי והשבת, או שיינתן לרופא (רמ"ה בשיטה מקובצת, ומאירי, וים של שלמה; אולם ראה רשב"א כאן ותוספות לעיל פה, ב ד"ה פשעת).

28. משום שיש להניח שזמן ריפויו התארך מחמת פשיעתו בריפויו (מאירי), או מחמת שהורע מזלו (ים של שלמה מ).

[בתחילת הפרק (פג, ב) שנינו במשנה שאם עלו צמחים (אבעבועות) במכה מחמת החבלה, החובל צריך לשלם תשלום נוסף עבור ריפויים. לכאורה הלכה זו סותרת לברייתא שלנו המגבילה את התשלום לאומדנא הראשונה של בית הדין. אולם התוספות (לעיל פה, א ד"ה על) מיישבים שהמשנה בתחילת הפרק עוסקת במקרה שבית דין לא אמדו את הנזק (מסיבה כל שהיא). במקרה זה החובל צריך לשלם כל הוצאה לריפוי, אף אם היא לא היתה צפויה מראש. ועוד יש לומר שצמחים אינם בכלל האומדנא הראשונה כלל, שכן לא כל מכה מעלה צמחים, ואין בית דין יכולים לאמוד אם המכה תעלה צמחים. ולכן על צמחים שעלו אחר כך מחמת המכה צריך לשלם, אף על פי שהיתה אומדנא בתחילה שלא כללה צמחים. והדין של אומדנא, שאומר שאינו משלם הוצאות רפואיות שנוספו אחר כך, מתייחס להוצאות רפואיות מחמת המכה עצמה בלבד (ערוך השלחן תכ, כה).]

29. משום שאנו מניחים שהאומדנא היתה נכונה, אלא שמן השמים ריחמו עליו (רש"י ומאירי).

30. שכן אומדנא זו נצרכת כדי לקבוע כמה דמי ריפוי ושבת צריך החובל לשלם לנחבל.

31. כמו שאומדים בדיני נפשות אם החפץ שבו מת המוכה אכן היה ראוי להמיתו, ואם לפי האומדן לא היה החפץ ראוי להמיתו אין ההורג חייב מיתה (ראה לעיל הערה 13). וכמו כן בנזקים לא יצטרך לשלם אם לא היה בו כדי לעשות חבלה זו.

32. [נראה שהמלה "מיוחד" נכתבה כאן בטעות, כפי שאכן היא לא נמצאת בברייתא לעיל צ, ב (וראה דקדוקי סופרים).]

33. שכן מה שהצריכה התורה, לדעת שמעון התימני, שהחפץ שחבל בו יובא בפני בית דין, זהו לאמוד אם אותו חפץ ראוי לעשות אותו נזק, משום שאם אינו ראוי לעשות אותו נזק, החובל פטור. ואף לדעת רבי עקיבא יש צורך באומד לנזקין, ואם על פי האומד החפץ אינו ראוי לאותו נזק, החובל פטור. אלא שלדעת רבי עקיבא האומד יכול להיעשות על פי תיאורם של העדים, בלי הבאתו לבית דין [ראה לעיל צ, ב הערה 32] (חידושי הראב"ד, וים של שלמה לח).

[לעיל רצתה הגמרא לפשוט את השאלה אם יש אומד לנזקין מדין בור. ומזה הוכיחו הרמ"ה בשיטה מקובצת והמאירי שהספק של הגמרא היה בכל סוגי נזקין, אף בממונו שהזיק ממון חבירו (ראה לעיל הערה 17). ולפי זה כתבו שלמסקנת הגמרא שיש אומד, כך הדין בכל הנזקים. אולם הרמב"ם כתב דין אומד לנזקין רק לגבי חבלת אדם באדם (הלכות חובל ומזיק א, יח). לדעתו, מכיון שלמסקנת הגמרא הדין של אומד לנזקין נלמד מדינם של שמעון התימני ורבי עקיבא, הדין נוהג רק בחבלת אדם באדם, בה מדבר הפסוק שממנו למדו שמעון התימני ורבי עקיבא את דינם (אבי עזרי הלכות חובל ומזיק ה, ו).]

34. מאירי.

35. אפילו אם הוא לבוש באותו בגד בשעה שהמבייש רקק עליו (שיטה מקובצת כתובות סו, א ד"ה וסוס, ומאירי שם; אך ראה מאירי שם בשם קצת מפרשים, המבארים שמדובר כשהבעלים אינם לובשים את הבגד).

אלמא בעינן אומדנא דבי דינא והא כיון דגמר דינא לקטלא לא משהינן ליה לאומדנא דבי דינא ולא מענינן לדיניה ואמינא להו אנא אפילו תימא רבי עקיבא הכא במאי עסקינן כגון שברח אי ברח כי לא דנוהו דיני נפשות היכי דיינינא ליה דיני ממונות בלא בעלים דקביל סהדי וברח סוף סוף מהיכא משתלם [א]מרידיא אי הכי תם נדייניה דיני ממונות ברישא ונשתלם מרידיא והדר נדייניה דיני נפשות אמר רב מרי בריה דרב כהנא זאת אומרת רידייא עלייה דמרה הוא: איבעיא להו יש אומד לנזקין או אין אומד לנזקין מי אמרינן לקטלא הוא [ב]דאמדינן בהכי נפקא נשמה בהכי לא נפקא נשמה אבל לנזקין כל דהו או דלמא לא שנא ת"ש (א) מה בור שיש בו כדי להמית עשרה טפחים אף כל שיש בו כדי להמית עשרה טפחים היו פחותין מעשרה טפחים ונפל לתוכו שור או חמור ומת פטור הוזק בו חייב מאי לאו ממטה למעלה קא חשיב והכי קאמר מטפח ועד עשרה מיתה ליכא נזקין איכא אלמא לנזקין כל דהו שמע מינה אין אומדין לנזקין לא ממעלה למטה קא חשיב והכי קאמר עשרה מיתה איכא פחות מעשרה פורתא נזקין איתא מיתה ליכא ולעולם אימא לך יש אומד לנזקין וכל מידי ומידי כי היכי דמיתזקה ביה בעינן תא שמע (ב) [ג]הכהו על עינו וסימאו על אזנו וחירשו עבד יוצא בהן לחירות כנגד עינו ואינו רואה כנגד אזנו ואינו שומע אין עבד יוצא בהן לחירות מאי טעמא לאו משום דבעינן אומדנא ושמע מינה יש אומדנא לנזקין לא משום דאמרינן הוא (א) דאבעית נפשיה כדתניא (ג) [ד]המבעית את חבירו פטור מדיני אדם וחייב בדיני שמים כיצד תקע באזנו וחירשו פטור [ה]אחזו ותקע באזנו וחירשו חייב ת"ש [ו]חמשה דברים אומדין אותו ונותנין לו מיד ריפוי ושבת עד שיתרפא (ב) אמדוהו והיה מתנונה והולך אין נותנין לו אלא כמו שאמדוהו אמדוהו והבריא נותנין לו כל מה שאמדוהו ש"מ יש אומד לנזקין למימד גברא כמה ליקצר מיהא מכה כמה לא מקצר לא קא מבעי לן דודאי אמדינן כי קא מבעיא לן למימד חפצא אי עביד האי נזקא או לא מאי ת"ש (ד) שמעון התימני אומר מה אגרוף מיוחד שמסור לעדה ולעדים אף כל מיוחד שמסור לעדה ולעדים שמע מינה [ז]יש אומד לנזקין שמע מינה: אמר מר [ח]אמדוהו והבריא נותנין לו כל מה שאמדוהו מסייע ליה לרבא דאמר רבא האי מאן דאמדוהו לכולי יומא ואיתפח לפלגא דיומא וקא עביד עבידתא יהבינן ליה דכולי יומא מן שמיא הוא דרחמי עליה: רקק והגיע בו הרוק והעביר כו': אמר רב פפא (ה) לא שנו אלא בו [ט]אבל בבגדו לא וניהוי כי בייש בדברים אמרי במערבא [א] משמיה דרבי יוסי בר אבין זאת אומרת [י]ביישו בדברים פטור מכלום: הכל לפי כבודו [וכו']: איבעיא להו תנא קמא לקולא קאמר או לחומרא קאמר [כ]לקולא קאמר דאיכא עני דלא בעי למשקל כולי האי או דלמא לחומרא קאמר דאיכא עשיר דבעי למיתב ליה טפי תא שמע מדקאמר ר' עקיבא אפילו עניים שבישראל רואין אותן כאילו הן בני חורין שירדו מנכסיהם שהם בני אברהם יצחק ויעקב שמע מינה תנא קמא לקולא קאמר ש"מ: ומעשה באחד שפרע ראש האשה [וכו']: ומי יהבינן זמן והאמר רבי (ו) חנינא [ל]אין נותנין זמן לחבלות כי לא יהבינן ליה זמן לחבלה דחסריה ממונא [מ]אבל לבושת דלא חסריה ממונא יהבינן: שמרה עומדת על פתח חצירה וכו': והתניא אמר לו ר' עקיבא צללת במים אדירים והעלית חרס בידך אדם רשאי לחבל בעצמו אמר רבא לא קשיא כאן בחבלה כאן בבושת והא מתניתין בבושת הוא וקתני

רש"י

אלמא בעינן אומדנא דב"ד. אף לנזקין דהא האי קרא בנזקין קאי דכתיב והכה איש את רעהו באבן או באגרוף ולא ימות וה"נ צריך לאומדו אם ראוי לנגיחות זו: **כגון שברח.** בעליו ואין תבין לו לאדם שלא בפניו: **דקביל סהדי.** על נגיחות וברח הלכך אין לנו ממה לשלם וכגון דלית ליה נכסי: **סוף סוף.** כי לא דנוהו דיני נפשות מהיכא משתלם הואיל וברח: **ומשני מרידיא.** משהין את השור לחרישה לשכירות ומשלם לניזק ואחרי כן ידינוהו דיני נפשות אבל קדמו ודנוהו ליסקל לא מענינן בדיניה לשהויי לרידיא: **עלייה דמרה הוא.** ואין בגופו של שור אלא כשאר נכסי בעליו ותם אין משלם מן העלייה: **לקטלא הוא דאמדינן.** דכתיב באבן יד אשר ימות בה הכהו (במדבר לה): **אבל לנזקין.** אין אומדין דאפי' אין חפץ זה ראוי להזיק זה חייב דזמנין דאתזק בכל דהו: **[מה בור].** סתם בור י' טפחים: **מאי לאו.** הא דקתני אם היו פחותים אם הוזק בו חייב: **מלמטה למעלה קחשיב.** אלמא בטפח הוי היזק: **כנגד עינו.** הכהו בכותל כנגד עינו של זה: **דבעינן אומדנא.** ובהכי לא בעי לאסתמויי אלא מזליה הוא דאתרע ליה: **אחזו.** מעשה דידיה הוא: **ת"ש חמשה דברים אומדין ונותנין לו כו'.** לא גרסינן נזק וצער ובושת: **וריפוי ושבת עד שיתרפא.** כלומר צריכין ב"ד לאמוד כמה ראוי להיות נופל למשכב בחולי זה ומחייבין את זה ליתן לו מיד כל ריפוי ושבתו ומזונות הצריכין לו עד שיתרפא: **והבריא.** לזמן מועט והם אמדוהו לזמן מרובה: **נותן לו כל מה שאמדוהו.** דמשמיא רחימו עליה: **מקצר.** נופל למשכב כמו אקצירי (ר"ה דף טז.): **אתפח.** נתרפא: **מדקאמר ר"ע אפי' לעניים כו'.** וחזינא דלא חייב לתת לפורע ראש האשה אלא ארבע מאות זוז כת"ק שמע מינה תנא קמא לקולא קאמר דלעני לא יהבינא כולי האי וקאמר ליה ר' עקיבא לעני נמי יהבינא הכי ומעשה באחד שפרע ראש האשה עניה כו' דאי ס"ד האי שיעורא דארבע מאות דת"ק אפחות שבעניים קאמר והכל לפי כבודו לחומרא קאמר למיתב טפי לעשירים וקאתי ר"ע למימר אפילו עני שבישראל יטול יותר מארבע מאות זוז אמאי לא מחייב ליה לפורע ראש האשה למיתב טפי: **צללת במים אדירים.** כלו' יגעת לפטור עצמך ולא העלית בידך כלום שברי חרסים אין ראוים לכלום: **חבלה.** אין רשאי: לא

תוספות

זאת אומרת רידייא עלייה דמרה הוא. תימה ליגבו את השור לגמרי לניזק ולא תקרי יותר עלייה דמרה וי"ל דאם הוא גופו לגמרי לא היו ממתינין לו עד שישלם מן הרידיא כמו שאין ממתינין לבעלים אם היו אומרים המתינו לי עד שאחרוש בו מעט ואח"כ תסקלוהו: **לא** משום דאמרי' איהו דאבעית אנפשיה. תימה א"כ אמאי נקט על עינו ועל אזנו אפילו כנגד עינו ואזנו נמי אם אחזו ועוד תניא בתוספתא (פ"ט) הכהו כנגד אזנו ועינו לא יצא בן חורין שנאמר והכה עד שיעשה בו מעשה משמע דטעם משום גזירת הכתוב היא ולא משום דאיבעית אנפשיה:

חמשה דברים אומדים (ג) ונותנין לו מיד רפוי ושבת עד שיתרפא. זו היא גירסא נכונה וקמ"ל שאומדים אותו כמה ראוי לעלות שבתו ורפואתו עד שיתרפא ונותנין לו מיד וכן ה' דברים כמו שפי' בקונטרס [ז]וכן מוכיח בתוספתא (פ"ט) דתני אמדוהו והיה מתנונה והולך אלמא יש אומד בריפוי:

מסורת הש"ס

א) לעיל נ: סנהדרין מה., ב) לקמן לא. קדושין כד:, ג) [לעיל נו. קדושין כד:], ד) [לעיל נ:], ה) [כתובות סו.], ו) [ברא"ש איתא רבי יוחנן], ז) וכן מוכיח בתוספות מדתני אמדוהו כו' כצ"ל רש"א וע"ש.

הגהות הב"ח

(א) גמ' הוא ניהו דאבעית נפשיה: (ב) שם עד שיתרפא (אמדוהו והיה מתנונה וכו' כמו שאמדוהו). תא"מ ונ"ב התוס' ל"ג להך בבא בגמרא: (ג) תוס' ד"ה חמשה דברים אומדים אותו ונותנין:

הגהות הגר"א

[א] גמ' משמיה דר"י בר אבין (זאת אומרת) תא"מ (דמתני' דקתני בו לאפוקי בגדו י"ל רק דאין לחייבו ד' מאות זוז):

גליון הש"ס

גמ' אין נותנין זמן לחבלות. עיין לעיל דף מו ע"ב תוס' ד"ה שאין:

עין משפט נר מצוה

פו א מיי' פי"א מהל' נזקי ממון הלכה ח:

פז ב מיי' פ"ג מהלכות רוצח הלכה א סמג לאוין קסח:

פח ג מיי' פ"ה מהל' עבדים הל' ז טוש"ע י"ד סי' רסז סעיף לה:

פט ד ה מיי' פ"ב מהל' חובל ומזיק הלכה ז סמג עשין ע טוש"ע ח"מ סי' תכ סעיף כה וסעיף לב:

צ ו מיי' שם הלכה יד והלכה טו טוש"ע שם סעיף יח:

צא ז מיי' שם פ"א הלכה יח ועיין בהשגות ובמ"מ סמג שם טוש"ע שם סעיף כח:

צב ח מיי' שם פ"ב הלכה טו טוש"ע שם סעיף יח:

צג ט מיי' שם פ"ג הלכה ה סמג שם טוש"ע שם סעיף לח:

צד י מיי' שם טוש"ע שם וסעיף לט:

צה כ מיי' שם הל' יא טוש"ע שם סעיף כד וסעיף מג:

צו ל מ מיי' שם פ"ב הלכה כ סמג שם טוש"ע שם סעיף כז:

ליקוטי רש"י

ולא מענינן לדיניה. דכי לא אמרו ליה דינו לאלתר דעייני ביה הוה ליה עינוי הדין [מועד קטן יד:]. **מה בור שיש בו כדי להמית.** משנה היא בבבא קמא (נג:) אחד החופר בור ואחד החופר שיח ומערה חייב בנפילת שור וחמור אם כן למה נאמר בור מה בור שיש בו כדי להמית והיינו עשרה טפחים דסתם בור אינו פחות מעשרה טפחים אף כל שיש בו כדי להמית ומאי ניהו עשרה טפחים היו פחותין מכאן ונפל לתוכן שור וחמור ומת פטור [סנהדרין מה.]. **כנגד עינו.** שהכה בכותל והבעיתו בקול ואינו רואה או נתחרש [קדושין כד:]. **המבעית.** תקע לו באזנו פתאום ובעתו דלא עבד ביה מעשה בגופו [לעיל נו.]. **פטור מדיני אדם.** לשלם [גיטין נג.]. שאין כח בב"ד לענשו. **וחייב בדיני שמים.** ידי שמים לא יצא עד שישלם [ב"מ צא.]. פורענות לשלם לרשעים שנתכוין להפסיד את ישראל [גיטין שם]. **שמעון התימני.** מתמנת היה כדכתיב (שופטים טו) שמשון חתן התימני מתמנת [ביצה כא.]. **שמסור לעדה ולעדים.** שיכול להביאו לב"ד לאומדו אם ראוי אגרוף זה לעשות חבלה זו ואם אין ראוי לא ישלם שמחמת חלשותו של זה ורכותו נחבל [לעיל צ:].

מתרצת הגמרא:

אָמְרֵי בְּמַעֲרְבָא מִשְּׁמֵיהּ דְּרַבִּי יוֹסֵי בַּר אָבִין — אמרו במערב (בארץ ישראל) בשמו של רבי יוסי בר אבין, **זֹאת אוֹמֶרֶת, בִּיְּישׁוֹ בִּדְבָרִים** — אדם שבייש את חבירו במלים, הרי הוא **פָּטוּר מִכְּלוּם**[36].

לאחר הפירוט במשנה של התשלומים המיוחדים למעשי ביוש שונים, מסיים התנא:

הַכֹּל לְפִי כְּבוֹדוֹ [וכו'] של המתבייש.

הגמרא מסתפקת בכוונת התנא בכלל זה:

אִיבַּעְיָא לְהוּ — שאלו: **תַּנָּא קַמָּא לְקוּלָּא קָאָמַר** — האם להקל על המבייש אמר תנא קמא את דבריו, **אוֹ לְחוּמְרָא קָאָמַר** — או להחמיר על המבייש אמר את דבריו? **לְקוּלָּא קָאָמַר** — האם להקל על המבייש הוא אמר את דבריו, וכוונתו לומר **דְּאִיכָּא עָנִי דְּלָא בָּעֵי לְמִשְׁקַל כּוּלֵּי הַאי** — שיש אדם עני שאינו מתבייש כל כך ואין לו ליטול כל כך הרבה דמים כפי הסכומים המפורטים לעיל במשנה, **אוֹ דִּלְמָא** (אולי) **לְחוּמְרָא קָאָמַר**, וכוונתו לומר **דְּאִיכָּא עָשִׁיר דְּבָעֵי לְמֵיתַב לֵיהּ טְפֵי** — שיש עשיר שמתבייש יותר וצריך לתת לו יותר מהסכומים המפורטים[37]?

הגמרא משיבה:

תָּא (בא) **שְׁמַע** תשובה ממשנתנו: **מִדְּקָאָמַר** — מזה שאמר **רַבִּי עֲקִיבָא אֲפִילוּ עֲנִיִּים שֶׁבְּיִשְׂרָאֵל רוֹאִין אוֹתָן כְּאִילוּ הֵן בְּנֵי חוֹרִין שֶׁיָּרְדוּ מִנִּכְסֵיהֶם שֶׁהֵם בְּנֵי אַבְרָהָם יִצְחָק וְיַעֲקֹב**, והמשנה ממשיכה לספר כיצד פעם אחת חייב רבי עקיבא אדם שגילה ראשה של אשה ארבע מאות זוז, שהוא הסכום שמחייב התנא קמא על מעשה כזה, **שְׁמַע מִינָּהּ** — נלמד מכאן **שֶׁתַּנָּא קַמָּא לְקוּלָּא קָאָמַר** — אמר את דבריו להקל על המבייש[38].

מסיקה הגמרא:

שְׁמַע מִינָּהּ — אכן יש ללמוד זאת מכאן.

ממשיכה המשנה:

וּמַעֲשֶׂה בְּאֶחָד שֶׁפָּרַע רֹאשׁ הָאִשָּׁה [וכו'] וחייבו (רבי עקיבא) ליתן לה ארבע מאות זוז. וכאשר ביקש זמן לשלם, רבי עקיבא נתן לו.

מקשה הגמרא:

וּמִי יַהֲבִינַן זְמַן — וכי בית דין נותנים למזיק זמן לשלם לניזק? **וְהָאָמַר רַבִּי חֲנִינָא: אֵין נוֹתְנִין זְמַן לַחֲבָלוֹת**[39]!

מתרצת הגמרא:

כִּי לָא יַהֲבִינַן לֵיהּ זְמַן — מתי אין נותנים למזיק זמן? **לַחֲבָלָה, דְּחַסְרֵיהּ מָמוֹנָא** — שהחובל חיסר את ממונו של הנחבל. **אֲבָל לְתַשְׁלוּמֵי בּוֹשֶׁת, דְּלָא חַסְרֵיהּ מָמוֹנָא** — שהמבייש לא חיסרו ממון, **יַהֲבִינַן** — נותנים לו זמן[40].

המשנה ממשיכה לספר את המעשה שקרה:

המבייש **שְׁמָרָהּ עוֹמֶדֶת עַל פֶּתַח חֲצֵירָהּ וכו'** והראה כיצד היא ביישה את עצמה ברבים.

רבי עקיבא דחה את הטענה, והשיב לו שאף על פי שהחובל בעצמו, שאינו רשאי לעשות כן, פטור, מכל מקום אדם אחר שעושה כן לאותו אדם, חייב. מקשה הגמרא סתירה בדברי רבי עקיבא:

וְהַתַנְיָא בברייתא: **אָמַר לוֹ רַבִּי עֲקִיבָא: צָלַלְתָּ בְּמַיִם אַדִּירִים וְהֶעֱלֵיתָ חֶרֶס בְּיָדְךָ**[41]. **אָדָם רַשַּׁאי לַחֲבֹל בְּעַצְמוֹ**[42]. הנה בברייתא זו אומר רבי עקיבא שמותר לאדם לחבול בעצמו, ואילו במשנתנו הוא אומר שאסור לו לעשות כן!

רבא מתרץ:

אָמַר רָבָא: לָא קַשְׁיָא — אין כאן קושיא, **כָּאן** במשנה מדובר **בַּחֲבָלָה**, ואילו **כָּאן** בברייתא מדובר **בְּבוֹשֶׁת**[43].

מקשה הגמרא:

וְהָא מַתְנִיתִין בְּבוֹשֶׁת הוּא — והלא גם משנתנו עוסקת בדמי בושת[44],

---

חערות

36. משום שהמקור של חיוב בושת הוא מהכתוב (דברים כה, יא-יב): "... וְשָׁלְחָה יָדָהּ וְהֶחֱזִיקָה בִּמְבֻשָׁיו. וְקַצֹּתָה אֶת כַּפָּהּ...", ומשמע שלא חייבה תורה אלא על בושת גופו, אבל לא על בושת דברים או רקיקה על בגדו (רא"ש יד; וראה שיטה מקובצת כתובות סו, א ד"ה וסוס, ושם בשם הרא"ה).

[כמובן, הפטור מתשלומי בושת על בושת דברים, אינו מלמד על היתר הדבר, ואף לא על קולתו. וכבר אמרו חכמים (בבא מציעא נט, א) שהמבייש את חבירו ברבים אין לו חלק לעולם הבא. והרא"ש (יד) מביא מרב שרירא גאון שבית דין מנדים על בושת דברים עד שיפייסנו כראוי לפי כבודו. ומוסיף הרא"ש שמסתבר שבושת בדברים היא עַוְלָה גדולה יותר מבושת של חבלה, שאין לך דבר גדול כלשון הרע ודיבה שאדם מוציא על חבירו. וראה רמב"ם הלכות חובל ומזיק ג, ה-ז, ורמ"א חושן משפט תכ, לח, וים של שלמה מח-נא.]

37. דהיינו, האם הסכומים המפורטים במשנה הם הגבוהים ביותר, שאותם משלם המבייש עשיר גדול, או הם הנמוכים ביותר, שאותם משלם המבייש את העני ביותר (ראה רש"י להלן ד"ה מדקאמר, ור"י מלוניל).

38. שהרי רבי עקיבא מחמיר על המבייש. ועל זה מספרת המשנה מעשה באחד שפרע ראש אשה עניה, שרבי עקיבא חייבו על כך ארבע מאות זוז. ובעל כרחך, שתנא קמא מחייב לשלם לעני פחות מזה, והסכום שאמר תנא קמא במשנה (ארבע מאות זוז) הוא הסכום הגבוה ביותר שיש לשלם לדעתו עבור מעשים אלו. שאם לא כן, אלא הוא הסכום הנמוך ביותר, רבי עקיבא היה צריך לחייב עבור פריעת הראש יותר מארבע מאות זוז (רש"י).

39. אלא גובים ממנו מיד, ואף אם מחמת זה יצטרך למכור את שדותיו בפחות משוויין כדי להשיג כסף (ר"י מלוניל).

40. רק בתשלומי נזק, ריפוי ושבת, שבכל אחד מהם יש חסרון ממון, אמר רבי חנינא שהם נגבים מהחובל מיד ואין נותנים לו זמן לשלמם. אבל במקרה של אותה אשה, שלא נגרם לה שום חסרון ממון אלא בושת בלבד, בית דין נותנים לו זמן לשלם.

[הראשונים דנו אם דין זה של נתינת זמן לתשלומי בושת נוהג רק במקרה שהמזיק גרם רק בושת, או אף במקרה שהתחייב בתשלומי חבלה נוספים, שמכל מקום לתשלומי הבושת נותנים זמן. ראה רמב"ם הלכות חובל ומזיק ב, ה; ר"י מלוניל; מאירי. וראה גם פרישה תכ, יח וסמ"ע שם לא, לגבי תשלומי צער, שגם בהם אין חסרון ממון.]

41. כלומר, יגעת לפטור עצמך, ולא העלית בידך כלום, כשברי חרסים שאינם ראויים לכלום (רש"י). שאף על פי שאשה זו אינה מקפידה שלא לבייש עצמה בפריעת ראשה עבור ריוח מועט, מכל מקום היא מתביישת כשאחרים פורעים את ראשה, ומקפידה על כך.

[תוספות בבבא מציעא (יז, ב ד"ה אי) כותבים שבקרקעית הים יש אבנים רחבות שנראות כחרסים, ותחתיהן נמצאות מרגליות. ורבי עקיבא אמר לו שאף על פי שהוא התאמץ למצוא "מרגלית" לפטור את עצמו, הוא לא העלה בידו אלא חרס. וראה תורת חיים.]

42. ולכן, מזה שהיא ביישה את עצמה אין להוכיח כלום לגבי החיוב של מי שבייש אותה.

43. [לשון חבלה שאומר רבי עקיבא בברייתא, היינו בושת. רק עליה אמר רבי עקיבא שאדם רשאי לחבול בעצמו. אבל לחבול בעצמו ממש, אינו רשאי, כפי שמובא במשנה שאמר רבי עקיבא.]

44. שאותו איש רק ביישה בזמן שפרע את ראשה, ולא חבל בה כלל.

אלמא בעינן אומדנא דבי דינא והא כיון דגמר דינא לקטלא לא משהינן ליה לאומדנא דבי דינא ולא מענינן לדיניה ואמינא להו אנא אפילו תימא רבי עקיבא הכא במאי עסקינן כגון שברח אי ברח כי לא דנוהו דיני נפשות היכי דיינינא ליה דיני ממונות בלא בעלים דקביל סהדי וברח סוף סוף מהיכא משתלם [א] מרידיא אי הכי תם נדייניה דיני ממונות ברישא ונשתלם מרידיא והדר נדייניה דיני נפשות אמר רב מרי בריה דרב כהנא זאת אומרת רידייא עלייה דמרה הוא: איבעיא להו יש אומד לנזקין או אין אומד לנזקין מי אמרינן לקטלא הוא [ב] דאמדינן בהכי נפקא נשמה בהכי לא נפקא נשמה אבל לנזקין כל דהו או דלמא לא שנא ת"ש [א] מה בור שיש בו כדי להמית עשרה טפחים אף כל שיש בו כדי להמית עשרה טפחים היו פחותין מעשרה טפחים ונפל לתוכו שור או חמור ומת פטור הוזק בו חייב מאי לאו ממטה למעלה קא חשיב והכי קאמר מטפח ועד עשרה מיתה ליכא נזקין איכא אלמא לנזקין כל דהו שמע מינה אין אומדין לנזקין לא ממעלה למטה קא חשיב והכי קאמר עשרה מיתה איכא פחות מעשרה פורתא נזקין איתא מיתה ליכא ולעולם אימא לך יש אומד לנזקין וכל מידי ומידי כי היכי דמיתזקה ביה בעינן תא שמע [ב] [ג] הכהו על עינו וסימאו על אזנו וחירשו עבד יוצא בהן לחירות כנגד עינו ואינו רואה כנגד אזנו ואינו שומע אין עבד יוצא בהן לחירות מאי טעמא לאו משום דבעינן אומדנא ושמע מינה יש אומדנא לנזקין לא משום דאמרינן הוא (א) דאבעית נפשיה כדתניא [ג] [ד] המבעית את חבירו פטור מדיני אדם וחייב בדיני שמים כיצד תקע באזנו וחירשו פטור [ה] אחזו ותקע באזנו וחירשו חייב ת"ש [ו] חמשה דברים אומדין אותו ונותנין לו מיד ריפוי ושבת עד שיתרפא (ב) אמדוהו והיה מתנונה והולך אין נותנין לו אלא כמו שאמדוהו אמדוהו והבריא נותנין לו כל מה שאמדוהו ש"מ יש אומד לנזקין למימד גברא כמה ליקצר מיהא מכה כמה לא מקצר לא קא מבעי לן דודאי אמדינן כי קא מבעיא לן למימד חפצא אי עביד האי נזקא או לא מאי ת"ש [ד] שמעון התימני אומר מה אגרוף מיוחד שמסור לעדה ולעדים אף כל מיוחד שמסור לעדה ולעדים שמע מינה [ז] יש אומד לנזקין שמע מינה: אמר מר [ח] אמדוהו והבריא נותנין לו כל מה שאמדוהו מסייע ליה לרבא דאמר רבא האי מאן דאמדוהו לכולי יומא ואיתפח לפלגא דיומא וקא עביד עבידתא יהבינן ליה דכולי יומא מן שמיא הוא דרחמי עליה: רקק והגיע בו הרוק והעביר כו': אמר רב פפא [ה] לא שנו אלא בו [ט] אבל בבגדו לא ונիהוי כי ביישו בדברים אמרי במערבא [א] משמיה דרבי יוסי בר אבין זאת אומרת [י] ביישו בדברים פטור מכלום: הכל לפי כבודו [וכו']: איבעיא להו תנא קמא לקולא קאמר או לחומרא קאמר [כ] לקולא קאמר דאיכא עני דלא בעי למשקל כולי האי או דלמא לחומרא קאמר דאיכא עשיר דבעי למיתב ליה טפי תא שמע מדקאמר ר' עקיבא אפילו עניים שבישראל רואין אותן כאילו הן בני חורין שירדו מנכסיהם שהם בני אברהם יצחק ויעקב שמע מינה תנא קמא לקולא קאמר ש"מ: ומעשה באחד שפרע ראש האשה [וכו']: ומי יהבינן זמן והאמר רבי [ו] חנינא [ל] אין נותנין זמן לחבלות כי לא יהבינן ליה זמן לחבלה דחסריה ממונא [מ] אבל לבושת דלא חסריה ממונא יהבינן: שמרה עומדת על פתח חצירה וכו': והתניא אמר לו ר' עקיבא צללת במים אדירים והעלית חרס בידך אדם רשאי לחבל בעצמו אמר רבא לא קשיא כאן בחבלה כאן בבושת והא מתניתין בבושת הוא וקתני

אלמא בעינן אומדנא דב"ד. אף לנזקין דהא האי קרא בנזקין קאי דכתיב והכה איש את רעהו באבן או באגרוף ולא ימות וה"נ צריך לאומדו אם ראוי לנגיחות זו: כגון שברח. בעליו ואין תבין לו לאדם שלא בפניו: דקביל סהדי. על נגיחות וברח הלכך אין לנו ממה לשלם וכגון דלית ליה נכסי: סוף סוף. כי לא דנוהו דיני נפשות מהיכא משתלם הואיל וברח: ומשני מרידיא. משהין את השור לחרישה לשכירות ומשלם לניזק ואחרי כן ידינוהו דיני נפשות אבל קדמו ודנוהו ליסקל לא מענינן בדיניה לשהויי לרידיא: עלייה דמרה הוא. ואין בגופו של שור אלא כשאר נכסי בעליו ותם אין משלם מן העלייה: לקטלא הוא דאמדינן. דכתיב באבן יד אשר ימות בה הכהו (במדבר לה): אבל לנזקין. אין אומדין דאפי' אין חפץ זה ראוי להיזק זה חייב דזמנין דאתזק בכל דהו: [מה בור]. סתם בור י' טפחים: מאי לאו. הא דקתני אם היו פחותים אם הוזק בו חייב: מלמטה למעלה קחשיב. אלמא בטפח הוי היזק: כנגד עינו. הכהו בכותל כנגד עינו של זה: דבעינן אומדנא. ובהכי לא בעי לאסתמויי אלא מזליה הוא דאתרע ליה: אחזו. מעשה דידיה הוא: ת"ש חמשה דברים אומדין ונותנין לו כו'. לא גרסינן נזק וצער ובושת: וריפוי ושבת עד שיתרפא. כלומר צריכין ב"ד לאמוד כמה ראוי להיות נופל למשכב בחולי זה ומחייבין את זה ליתן לו מיד כל ריפוי ושבתו ומזונות הצריכין לו עד שיתרפא: והבריא. לזמן מועט והם אמדוהו לזמן מרובה: נותן לו כל מה שאמדוהו. דמשמיא רחימו עליה: מקצר. נופל למשכב כמו אקלירי (ר"ה דף טז.): אתפח. נתרפא: מדקאמר ר"ע אפי' לעניים כו'. וחזינא דלא חייב לתת לפורע ראש האשה אלא ארבע מאות זוז כת"ק שמע מינה תנא קמא לקולא קאמר דלעני לא יהבינא כולי האי וקאמר ליה ר' עקיבא לעני נמי יהבינא הכי ומעשה באחד שפרע ראש האשה עניה כו' דאי ס"ד האי שיעורא דארבע מאות דת"ק אפחות שבעניים קאמר והכל לפי כבודו לחומרא קאמר למיתב טפי לעשירים וקאתי ר"ע למימר אפילו עני שבישראל יטול יותר מארבע מאות זוז אמאי לא מחייב ליה לפורע ראש האשה למיתב טפי: צללת במים אדירים. כלו' יגעת לפטור עצמך ולא העלית בידך כלום שברי חרסים אין ראויס לכלום: חבלה. אין רשאי:

לא

זאת אומרת רידייא עלייה דמרה הוא. תימה ליגבו את השור לגמרי לניזק ולא תקרי יותר עלייה דמרה וי"ל דאם הוא גובהו לגמרי לא היו ממתינין לו עד שישלם מן הרידיא כמו שאין ממתינין לבעלים אם היו אומרים המתינו לי עד שאחרוש בו מעט ואח"כ תסקלוהו: **לא** משום דאמרי' איהו דאבעית אנפשיה. תימה א"כ אמאי נקט על עינו ועל אזנו אפילו כנגד עינו ואזנו נמי אם אחזו ועוד תניא בתוספתא (פ"ט) הכהו כנגד אזנו ועינו לא יצא בן חורין שנאמר והכה עד שיעשה בו מעשה משמע דטעם משום גזירת הכתוב היא ולא משום דאיבעית אנפשיה:

חמשה דברים אומדים (ג) ונותנין לו מיד רפוי ושבת עד שיתרפא. זו היא גירסא נכונה וקמ"ל שאומדים אותו כמה ראוי לעלות שבתו ורפואתו עד שיתרפא ונותנין לו מיד וכן ה' דברים כמו שפי' בקונטרס [ז] וכן מוכיח בתוספתא (פ"ט) דתני אמדוהו והיה מתנונה והולך אלמא יש אומד בריפוי:

החובל

מסורת הש"ס

א) לעיל ג: סנהדרין מה., ב) לקמן לח. קדושין כד:, ג) [לעיל נו. קדושין כד:], ד) [לעיל נ:], ה) [כתובות סו.], ו) [ברא"ש איתא רבי יוחנן], ז) וכן מוכיח בתוספות מדתני אמדוהו כו' כצ"ל רש"א וע"ש.

הגהות הב"ח

(א) גמ' הוא ניהו דאבעית נפשיה: (ב) שם עד שיתרפא (אמדוהו והיה מתנונה וכו' כמו שאמדוהו). תא"מ ונ"ב התוס' ל"ג להך בבא בגמרא: (ג) תוס' ד"ה חמשה דברים אומדים אותו ונותנין:

הגהות הגר"א

[א] גמ' משמיה דר"י בר אבין (זאת אומרת) תא"מ (דמתני' דקתני בו לאפוקי בגדו י"ל רק דאין לחייבו ד' מאות זוז):

גליון הש"ס

גמ' אין נותנין זמן לחבלות. עיין לעיל דף מו ע"ב תוס' ד"ה שאין:

עין משפט נר מצוה

פו א מיי' פ"א מהל' נזקי ממון הלכה ח:
פז ב מיי' פ"ג מהלכות רוצח הלכה א סמג לאוין קסח:
פח ג מיי' פ"ה מהל' עבדים הל' ז טוש"ע י"ד סי' רסז סעיף לה:
פט ד ה מיי' פ"ב מהל' חובל ומזיק הלכה ז סמג עשין ע טוש"ע ח"מ סי' תכ סעיף כה וסעיף לב:
צ ו מיי' שם הלכה יד והלכה טו טוש"ע שם סעיף יח:
צא ז מיי' שם פ"א הלכה יח ועיין בהשגות ובכ"מ סמג שם טוש"ע שם סעיף כח:
צב ח מיי' שם פ"ב הלכה טו טוש"ע שם סעיף יח:
צג ט מיי' שם פ"ג הלכה ה סמג שם טוש"ע שם סעיף לח:
צד י מיי' שם טוש"ע שם וסעיף לט:
צה כ מיי' שם הל' יא טוש"ע שם סעיף כד וסעיף מג:
צו ל מ מיי' שם פ"ב הלכה כ סמג שם טוש"ע שם סעיף כז:

ליקוטי רש"י

ולא מענינן לדיניה. דכי לא אמרו ליה דינו לאלתר דעייני ביה הוה ליה עינוי הדין [מועד קטן יד:]. מה בור שיש בו כדי להמית. משנה היא בבבא קמא (נג:) אחד החופר בור ואחד החופר שיח ומערה חייב בנפילת שור וחמור אם כן למה נאמר בור מה בור שיש בו כדי להמית והיינו עשרה טפחים דסתם בור אינו פחות מעשרה טפחים אף כל שיש בו כדי להמית ומאי ניהו עשרה טפחים היו פחותין מכאן ונפל לתוכן שור וחמור ומת פטור [סנהדרין מה.]. כנגד עינו. שהכה בכותל והבעיתו בקול ואינו רואה או נתחרש [קדושין כד:]. המבעית. תקע לו באזנו פתאום ובעתו דלא עבד ביה מעשה בגופו [לעיל נו.]. פטור מדיני אדם. לשלם [גיטין נג.]. שאין כח בב"ד לענשו. וחייב בדיני שמים. ידי שמים לא יצא עד שישלם [ב"מ צא.]. פורענות לשלם לרשעים שנתכוין להפסיד את ישראל [גיטין שם]. שמעון התימני. מתמנת היה כדכתיב (שופטים טו) שמשון חתן התימני מתמנת [ביצה כא.]. שמסור לעדה ולעדים. שיכול להביאו לב"ד לאומדו אם ראוי אגרוף זה לעשות חבלה זו ואם אין ראוי לא ישלם שמחמת חלשותו של זה ורכותו נחבל [לעיל צ:].

וקתני החובל בעצמו אע"פ שאינו רשאי פטור הכי קאמר ליה לא מבעיא בושת דאדם רשאי לבייש את עצמו אלא אפי' חבלה דאין אדם רשאי לחבל בעצמו אחרים שחבלו בו חייבין ואין אדם רשאי לחבל בעצמו והתניא (א) יכול נשבע להרע בעצמו ולא הרע יהא פטור ת"ל א) להרע או להטיב מה הטבה רשות אף הרעה רשות [א] אביא נשבע להרע בעצמו ולא הרע (ב) אמר שמואל באשב בתענית דכוותה גבי הרעת אחרים להשיבם בתענית אחרים מי מותיב להו בתעניתא אין דמהדק להו באנדרונא והתניא איזהו (ג) הרעת אחרים אכה פלוני ואפצע את מוחו אלא תנאי היא דאיכא למ"ד [ב] אין אדם רשאי לחבל בעצמו ואיכא מ"ד אדם רשאי לחבל בעצמו מאן תנא דשמעת ליה דאמר אין אדם רשאי לחבל בעצמו אילימא האי תנא הוא דתניא ב) ואך את דמכם לנפשותיכם אדרש ר' אלעזר אומר מיד נפשותיכם אדרש את דמכם ודלמא קטלא שאני אלא האי תנא הוא דתניא [ג] מקרעין על המת ולא מדרכי האמורי אמר רבי אלעזר שמעתי שהמקרע על המת יותר מדאי (ג) לוקה משום בל תשחית וכ"ש גופו ודלמא בגדים שאני דפסידא דלא הדר הוא כי הא דרבי יוחנן (ד) קרי למאני מכבדותא ורב חסדא כד הוה מסגי ביני היזמי והגא מדלי להו למאניה אמר (ה) זה מעלה ארוכה וזה אינו מעלה ארוכה אלא האי תנא הוא דתניא (ו) אמר ר"א הקפר ברבי מה ת"ל ג) וכפר עליו מאשר חטא על הנפש וכי באיזה נפש חטא זה אלא שציער עצמו מן היין והלא דברים ק"ו ומה זה שלא ציער עצמו אלא מן היין נקרא חוטא המצער עצמו מכל דבר על אחת כמה וכמה: הקוצץ נטיעותיו [וכו']: תני רבה בר בר חנה קמיה דרב [ד] שורי הרגת נטיעותי קצצת אתה אמרת לי להורגו אתה אמרת לי לקוצצו פטור א"ל א"כ לא שבקת חיי לברייתא כל כמיניה א"ל איסמייה א"ל לא תתרגם מתניתך [ה] בשור העומד להריגה ובאילן העומד לקציצה אי הכי מאי קא טעין ליה דא"ל [ו] אנא בעינא למיעבד הא מצוה (ז) דתניא ד) ושפך וכסה מי ששפך יכסה ומעשה באחד ששחט וקדם חבירו וכסה [ז] וחייבו ר"ג ליתן לו עשרה זהובים: א] אמר רב דיקלא דטען קבא אסור למקציה מיתיבי (ח) [ח] כמה יהא בזית ולא יקצצו רובע שאני זיתים דחשיבי א"ר חנינא לא (ט) שכיב שיבחת ברי אלא דקץ תאינתא בלא זמנה אמר רבינא [ט] ואם היה מעולה בדמים מותר תניא נמי הכי ה) רק עץ אשר תדע זה אילן מאכל כי לא עץ מאכל הוא [י] זה אילן סרק וכי מאחר (א) שסופו לרבות כל דבר מה ת"ל כי לא עץ מאכל להקדים סרק למאכל יכול

רש"י

לא מבעיא בושת. דהואיל ואדם רשאי לחבול בעצמו כי בייש בעצמו ובייש ביה אחרים לא מפטרי בהכי: **אלא אפי' החובל בעצמו.** חבלה ממש דאין רשאי בה ואיכא למימר הואיל ומקולקל הוא דאין מקפיד לא נחייבו אחריני עלוי' אפ"ה חייבין: **מה הטבה רשות.** בשבועות (דף כ.) מפרש ליה לקרא דלא מתוקם אלא בדבר הרשות: **דכוותיה גבי הרעת אחרים.** דקתני התם יכול נשבע להרע לאחרים ולא עשה יהא חייב ת"ל להרע או להטיב מה הטבה רשות בשבועות (שם) כו': **דמהדק להו.** סוגרן בחדר ואין להם מה לאכול: **לנפשותיכם אדרוש.** מיד עצמכם אדרוש: **וכפר עליו.** בנזיר כתיב: **על הנפש.** משמע שחטא בנפש אדם: **מכל דבר. המסגף** עצמו בתענית: **עומד להריגה.** שור שהמית: **עומד לקציצה.** אשירה או כל עץ הנוטה לרה"ר ומתיירא שמא יפול על אדם וימות: **אנא בעינא למיעבד הא מצוה.** וכי טעין ליה היאך אתה אמרת לי להרגו מסתמא קושטא קאמר דכיון דלהכי קאי לא קפיד כולי האי ואינשי הוא דאינשי: **רובע.** הקב: **ואם היה מעולה בדמים.** דמיו יקרים לבנין יותר משבח פירותיו: **רק עץ אשר תדע.** קרא יתירא הוא דהוה לי' למכתב רק אשר לא הוא מאכל: **זה עץ מאכל.** וה"ק רק עץ אשר תדע אם אינך יודע קרוב למאור אלא הוא קאמו ואפילו הוא של מאכל: יכול

תוספות

החובל בעצמו אע"פ שאין רשאי פטור. תימה מאי חיוב שייך ואי פטור ממלקות קאמר ע"כ הקוצץ נטיעותיו אע"פ שאין רשאי פטור לאו היינו פטור ממלקות דהא חייב משום קוצץ אילנות טובות ואזהרתיה מואותו לא תכרות כדאיתא בפ' בתרא דמכות (דף כב.) וצריך לדחוק ולומר (ב) פטור אע"פ שאין בו צד חיוב שאין חס על גופו אחרים שחבלו בו חייבין ואחרים שקצצו נטיעה חייבין צריך לאוקמה כר"מ דאמר (כתובות דף לג:) לוקה ומשלם דלוקה משום לא תכרות אי נמי בדלא אתרו ביה:

אלא תנאי היא. כלומר ר' עקיבא דמתני' ורבי עקיבא דברייתא פליגי ושנויי דלעיל ליתנהו והשתא ניחא דמשום דאמר תרי תנאי ואליבא דרבי עקיבא קבעי מאן תנא דמתני' דאמר אליבא דר' עקיבא אין אדם רשאי לחבול בעצמו:

אלא האי תנא הוא דתניא מקרעין כו'. וא"ת ומאי ס"ד השתא וכי על זה צריך להביא ראיה דמקרע בגדים עובר משום בל תשחית ואור"י דאין מביא ראיה אלא שאסור לחבול אפי' לצורך כגון אשה שטפחה על ראשה וכן ההיא דאך את דמכם שהרג את עצמו בשביל שום דבר שירא וכן מקרע על המת זהו לצורך:

עובר משום בל תשחית. והא דאמר במו"ק (דף כד.) שמואל קרע עליה דרב (ס) תליסר אצטלי דמילתא יש לומר דלורבא מדרבנן שאני ולא היה יותר מדאי:

אלא שציער עצמו מן היין. לכאורה משמע דבנזיר טהור נמי קאמר דנקרא חוטא בפרק מי שאמר הריני נזיר מגלח (נזיר דף יט.) קסבר רבי אליעזר הקפר נזיר טהור חוטא והיינו טעמא דכתיב קרא בנזיר טמא מפני ששנה בחטא וכן בפ"ק דנדרים (דף י.) ותימה דבפ"ק דנזיר (דף ג.) פריך נזירות מילתא דעבירה ואמרינן ליה נהי ומשני אפי' לרבי אליעזר הקפר דאמר נזיר חוטא הוא ה"מ טמא דאיידי דבעי מיסתר דלמא אתי למעבר על נזירותיה אבל נזיר טהור לאו חוטא קרי ליה ואור"ת דהא דקאמר דלא הוי חוטא היינו שמצוה גדולה מן העבירה דמצוה לידור כדאמר (ריש סוטה) הרואה סוטה בקלקולה יזיר עצמו מן היין ומכל מקום קצת יש חטא מידי דהוי (ס) אמתענה תענית חלום בשבת שקורעין גזר דינו (ג) ונפרעין ממנו תענית של שבת מאי תקנתיה ליתיב תענית לתעניתא שהמצוה גדולה מן העבירה וה"ק בנזיר אפי' ר' אליעזר דאמר נזיר חוטא ה"מ נזיר טמא שהוא עיקר חוטא אבל נזיר טהור לא חשיב רבי אליעזר כ"כ חוטא:

כל כמיניה כו'. והא דאמר בחזקת הבתים (ב"ב דף לו.) האי מאן דנקט מגלא ותובילא ואמר איזיל ואגזריה לדיקלא דפלניא דזבניה ניהלי מהימן דלא חציף איניש למיגזר דיקלא דלאו דיליה התם בלקיטת פירות איירי מדנקט גזירה ונקט נמי מגלא ותובילא שהם כלי אומנות של לוקטי תמרים ודרך אדם למכור פירות אבל אין דרך למכור הדקל לקוץ ואם בקציצת הדקל היה מדבר הוה ליה למינקט נרגא וה"ל למימר ואקטליה כדאמר התם בפרק כל הנשבעין (שבועות דף מו: ושם (ס)) דאמר רב נחמן האי מאן דנקט נרגא ואמר איזיל ואקטליה לדיקלא דפלניא ואשכח דקטיל ושדי לא אמרינן ההוא קטליה דעביד איניש דגזים ולא עביד:

וחייבו רבן גמליאל ליתן י' זהובים. בפרק כסוי הדם (חולין דף פז. ושם) מוכח שזהו שכר ברכה ואם תאמר שכר דמצוה עצמה היכא אזיל וי"ל דמצוה וברכה הכל אחד ואע"ג דשור העומד להריגה ואילן העומד לקציצה יש שכר מצוה אע"פ שאין ברכה מכל מקום התם שכר מצות כיסוי וברכה לא היה כי אם י' זהובים ושכר ברכת המזון ארבע ברכות מ' זהובים ומעשה באחד שקראו ש"צ לקרות בס"ת ובא אחר וקדם וקרא ושאל לר"ת ואמר לו שיתן לו תרנגולת לשחוט תחת אותם שתי ברכות ואין נראה לר"י טעם זה דאם כן למה חייבו ר"ג עשרה זהובים ועוד פטרו ר"ת משום שיענה אמן וגדול העונה אמן יותר מן המברך ועוד אמר ר"ת דבבבל אין דנין מילתא דלית ביה חסרון כיס כדאמר לעיל (דף פד:):

למחר

מסורת הש"ס

א) שבועות כז., ב) שבועות שם, ג) [הגי' בתוס' עובר והוא הנכון], ד) [שבת קיג: סנהדרין לד.], ה) [תענית כג.], ו) נזיר יט. כב. נדרים י. תענית יא. שבועות ח. סוטה טו. [כריתות כו.], ז) חולין פז., ח) שביעית פ"ד מ"י, ט) ב"ב כו., י) [שם איתא תריסר מני ור' יוחנן קרע עליה דר' חנינא תליסר אילטלי], כ) ברכות לא:, ל) [ד"ה עביד].

הגהות הב"ח

(א) גמ' וכי מאחר שסופו לרבות כל דבר: (ב) תוס' ד"ה החובל וכו' לדחוק ולומר דפטור ה"ק אע"פ שאין בו צד: (ג) ד"ה אלא שציער וכו' גזר דינו של ע' שנה ונפרעין ממנו:

גליון הש"ס

גמ' אמר שמואל באשב בתענית. עיין סוטה דף טו ע"א תוס' ד"ה ס"ל:

הגהות מהר"ב רנשבורג

א] גמ' אמר רב דיקלא דטעין קבא אסור. תימה לי שלא נזכר דין זה בטור וש"ע ושוב ראיתי להט"ז בי"ד סי' קטז ס"ק ז נרגש מזה ויעוש"ה:

ליקוטי רש"י

ואך את דמכם. אף על פי שהתרתי לכם נטילת נשמה בבהמה את דמכם אדרוש מהשופך דם עצמו. **לנפשותיכם.** אף החונק עצמו אע"פ שלא יצא ממנו דם [בראשית ט, ה]. **למאני.** בגדים [ברכות ו.]. **מכבדותא.** שמכבדין בעליהן [שבת קיג.]. **מסגי.** עובר [ברכות נד:]. **היזמי והגא.** מיני סנה [סוכה יג.]. קוצים ודרקנים [ע"ז מז:]. **מדלי להו למאניה.** הגביה בגדיו אחר כתיפיו כדי שלא יקרעו [תענית כג:]. **וכי באיזה נפש חטא זה.** מי הרג שנקרא חוטא. **שציער עצמו מן היין.** שאין מצוה לצער עצמו כדאמרינן לדיקי [אי] אכלי האי עלמא (והאיך) מי סני להו במס' הוריות (דף י':) [תענית יא.]. **איסמייה.** אסיר ברייתא זו מגירסתי [ב"מ כז.]. **וחייבו ר"ג ליתן לו.** מפני שהפסידו שכר ולקמן בעי שכר מצות מעשה או שכר הברכה [חולין פז.]. **שיבחת ברי.** כך שמו [בבא בתרא כו.].

עין משפט נר מצוה

צז א מיי' פ"ה מהלכות שבועות הלכה יז סמג לאוין רלח:

צח ב מיי' שם ופ"ה מהל' חובל ומזיק הל' א סמג שם וסי' ע:

צט ג מיי' פ"ח מהלכות אבל הלכה א סמג עשין ב טוש"ע י"ד סי' שמ:

ק ד ה ו ז מיי' פ"ז מהלכות חובל ומזיק הל' יג והל' יד סמג עשין ע טוש"ע ח"מ סי' שפב סעיף א:

קא ח מיי' פ"ו מהלכות מלכים הל' ט סמג לאוין רכט:

קב ט מיי' שם הל' ח:

קג י מיי' שם הל' ט:

תורה אור השלם

א) אוֹ נֶפֶשׁ כִּי תִשָּׁבַע לְבַטֵּא בִשְׂפָתַיִם לְהָרַע אוֹ לְהֵיטִיב לְכֹל אֲשֶׁר יְבַטֵּא הָאָדָם בִּשְׁבֻעָה וְנֶעְלַם מִמֶּנּוּ וְהוּא יָדַע וְאָשֵׁם לְאַחַת מֵאֵלֶּה: [ויקרא ה, ד]

ב) וְאַךְ אֶת דִּמְכֶם לְנַפְשֹׁתֵיכֶם אֶדְרֹשׁ מִיַּד כָּל חַיָּה אֶדְרְשֶׁנּוּ וּמִיַּד הָאָדָם מִיַּד אִישׁ אָחִיו אֶדְרֹשׁ אֶת נֶפֶשׁ הָאָדָם: [בראשית ט, ה]

ג) וְעָשָׂה הַכֹּהֵן אֶחָד לְחַטָּאת וְאֶחָד לְעֹלָה וְכִפֶּר עָלָיו מֵאֲשֶׁר חָטָא עַל הַנָּפֶשׁ וְקִדַּשׁ אֶת רֹאשׁוֹ בַּיּוֹם הַהוּא: [במדבר ו, יא]

ד) וְאִישׁ אִישׁ מִבְּנֵי יִשְׂרָאֵל וּמִן הַגֵּר הַגָּר בְּתוֹכָם אֲשֶׁר יָצוּד צֵיד חַיָּה אוֹ עוֹף אֲשֶׁר יֵאָכֵל וְשָׁפַךְ אֶת דָּמוֹ וְכִסָּהוּ בֶּעָפָר: [ויקרא יז, יג]

ה) רַק עֵץ אֲשֶׁר תֵּדַע כִּי לֹא עֵץ מַאֲכָל הוּא אֹתוֹ תַשְׁחִית וְכָרָתָּ וּבָנִיתָ מָצוֹר עַל הָעִיר אֲשֶׁר הִוא עֹשָׂה עִמְּךָ מִלְחָמָה עַד רִדְתָּהּ: [דברים כ, כ]

וְקָתָנֵי — ועל זה שנינו: **הַחוֹבֵל בְּעַצְמוֹ אַף עַל פִּי שֶׁאֵינוֹ רַשַּׁאי, פָּטוּר.** ומשמע מזה שגם לבייש את עצמו אסור!

מתרצת הגמרא:

הָכִי קָאָמַר לֵיהּ — כך אמר רבי עקיבא לאותו אדם: **לֹא מִבַּעְיָא בּוֹשֶׁת** — אין צריך לומר לגבי בושת, שאף **דְּאָדָם רַשַּׁאי לְבַיֵּישׁ אֶת עַצְמוֹ**, וגם ראינו שלא איכפת לו לבייש את עצמו, בכל זאת, אחרים שביישוהו חייבים. ולכן בודאי שאין לפטור אותך מלשלם על שביישת את האשה. **אֶלָּא אֲפִילּוּ** לגבי **חַבָלָה, דְּאֵין אָדָם רַשַּׁאי לַחֲבֹל בְּעַצְמוֹ**, מכל מקום אף כשאדם חבל בעצמו, **אֲחֵרִים שֶׁחָבְלוּ בּוֹ חַיָּיבִין**[1].

מקשה הגמרא:

וְכִי **אֵין אָדָם רַשַּׁאי לַחֲבֹל בְּעַצְמוֹ? וְהָתַנְיָא** בברייתא[2]: **יָכוֹל,** שמא תאמר שאם אדם **נִשְׁבַּע לְהָרַע בְּעַצְמוֹ** (לעצמו), ואולם בסוף **לֹא הֵרַע, יְהֵא פָּטוּר**[3], **תַּלְמוּד לוֹמַר** (ויקרא ה, ד): "**לְהָרַע אוֹ לְהֵיטִיב**", מזה שהקישם הכתוב זה לזה למדנו: **מָה הֲטָבָה** — כשם ששבועת ביטוי להיטיב האמורה כאן היא להיטיב הטבה של **רְשׁוּת, אַף הֲרָעָה** — שבועת ביטוי להרע האמורה כאן, היא להרע הרעה של **רְשׁוּת**[4]. **אָבִיא** — ונמצא שאני מרבה מי **שֶׁנִּשְׁבַּע לְהָרַע בְּעַצְמוֹ וְלֹא הֵרַע**, שגם הוא חייב. הנה מפורש בברייתא שאדם רשאי לחבול בעצמו[5]!

שמואל מתרץ:

אָמַר שְׁמוּאֵל: כוונת הלשון "להרע בעצמו" שבברייתא אינה לחבול בעצמו, אלא הברייתא מדברת **בְּ**מקרה שנשבע ש"**אֵשֵׁב בְּתַעֲנִית**", שהיא הרעה של רשות[6].

הגמרא מקשה על תשובה זו מחלק אחר של הברייתא:

אם אכן ב"להרע לעצמו" מדברת הברייתא על מי שנשבע לשבת בתענית, אם כן **דִּכְוָותָהּ גַּבֵּי הֲרָעַת אֲחֵרִים** — גם במקרה המקביל בברייתא לגבי הרעה לאחרים, צריך לומר שגם שם הכוונה היא שנשבע **לְהוֹשִׁיבָם בְּתַעֲנִית**[7]. והרי, **אֲחֵרִים מִי מוֹתִיב לְהוּ בְּתַעֲנִיתָא** — האם בידו של אדם להושיב אנשים אחרים בתענית[8]?

מתרצת הגמרא:

אִין — כן, יכול הוא, **דִּמְהַדֵּק לְהוּ בְּאִנְדְּרוֹנָא** — הוא יכול לנעול אותם בחדר, שלא יהיה להם מה לאכול. ולכן, אילולא הלימוד מהיקש היתה חלה שבועה לעשות להם כזאת.

הגמרא דוחה את התירוץ:

וְהָתַנְיָא בבבא אחרת באותה ברייתא: **אֵיזֶהוּ** מקרה של "**הֲרָעַת אֲחֵרִים**"? כגון שנשבע: "**אַכֶּה פְּלוֹנִי וְאֶפְצַע אֶת מוֹחוֹ**". ואם כן, צריך לומר שגם הבבא הראשונה של הברייתא עוסקת בחבלה בגופו. ולמדנו אם כן מהברייתא שמותר לאדם לחבול בעצמו, ובזה הברייתא סותרת את משנתנו!

הגמרא מודה לכך, ואומרת תירוץ אחר:

אֶלָּא, תַּנָּאֵי הִיא — דין זה שנוי במחלוקת תנאים, **דְּאִיכָּא לְמַאן דְּאָמַר** — שיש תנא האומר שלפי רבי עקיבא **אֵין אָדָם רַשַּׁאי לַחֲבֹל בְּעַצְמוֹ, וְאִיכָּא מַאן דְּאָמַר** — ויש תנא האומר שלפי רבי עקיבא **אָדָם רַשַּׁאי לַחֲבֹל בְּעַצְמוֹ**[9].

שואלת הגמרא:

מַאן תַּנָּא דִּשְׁמַעְתְּ לֵיהּ — מי הוא התנא ששמעת **דְּאָמַר אֵין אָדָם רַשַּׁאי לַחֲבֹל בְּעַצְמוֹ?**

הגמרא מציעה אפשרות אחת, אך דוחה אותה מיד:

אִילֵימָא הַאי תַּנָּא הוּא — אם תאמר שזהו התנא ששנה הברייתא הבאה, **דְּתַנְיָא** בברייתא: נאמר בתורה (בראשית ט, ה): "**וְאַךְ אֶת דִּמְכֶם לְנַפְשֹׁתֵיכֶם אֶדְרֹשׁ**", **רַבִּי אֶלְעָזָר אוֹמֵר: מִיַּד נַפְשׁוֹתֵיכֶם אֶדְרֹשׁ אֶת דִּמְכֶם**, דהיינו, אני אעניש לאחר מיתה את נפשו של מי ששפך את דם עצמו[10]. הרי משם אין ראיה שאסור לאדם לחבול עצמו, **וְדִלְמָא קְטָלָא שָׁאנֵי** — שכן יתכן שהריגה שונה היא מחבלה, ורק עליה נאמר כן, ולא על חבלה שאדם חובל בעצמו.

הגמרא מציעה אפשרות אחרת:

אֶלָּא הַאי תַּנָּא הוּא — אלא זהו התנא: **דְּתַנְיָא** בברייתא: **מְקָרְעִין** בגדים **עַל הַמֵּת, וְלֹא** — ואין בזה איסור **מִשּׁוּם דַּרְכֵי הָאֱמוֹרִי**[11]. **אָמַר רַבִּי אֶלְעָזָר: שָׁמַעְתִּי שֶׁהַמְקָרֵעַ** בגדיו **עַל הַמֵּת יוֹתֵר מִדַּאי** — יותר מהנצרך על פי הדין, **לוֹקֶה, מִשּׁוּם** שעבר על איסור "**בַּל תַּשְׁחִית**"[12]. ונמצא שרבי אליעזר סובר שהמשחית בגדיו עובר על

הערות

1. היה מקום לומר שמכיון שלא איכפת לאותו אדם אם תארע לו חבלה — עד כדי כך שהוא עצמו חובל בגופו אף על פי שאסור לעשות כך — אם אחרים חבלו בו לא יהיו חייבים. לכן לימד רבי עקיבא שאין הדין כן, אלא החובלים בו חייבים (רש"י).

[נמצא שדברי רבי עקיבא בתשובתו במשנתנו אינם רק לזה שפרע ראש האשה, אלא ניצל רבי עקיבא הזדמנות זו ללמד גם על דין החובל במי שדרכו לחבול בעצמו.]

2. ברייתא זו, המובאת בשלימות בשבועות כז, א, דנה בדיני שבועת ביטוי. הכתוב (ויקרא ה, ד) מגדיר שבועה זו כך: "אוֹ נֶפֶשׁ כִּי תִשָּׁבַע לְבַטֵּא בִשְׂפָתַיִם לְהָרַע אוֹ לְהֵיטִיב לְכֹל אֲשֶׁר יְבַטֵּא הָאָדָם בִּשְׁבֻעָה". מוזכרים כאן שני סוגים של שבועת ביטוי, "לְהָרַע" ו"לְהֵיטִיב", והתורה אומרת שכל העובר על אחת משבועות אלה בשוגג חייב קרבן חטאת עולה ויורד.

3. מכח מה שאמרה הברייתא בחלקה הראשון, שאינו מובא כאן, היה אפשר לחשוב שהנשבע להרע לעצמו ולא הרע, יהא פטור מקרבן שבועת ביטוי (ראה מלבי"ם על תורת כהנים לפסוק זה; אבל ראה גם תוספות שבועות כז, א ד"ה אביא).

4. [הנשבע שבועת ביטוי להיטיב ועבר על שבועתו אינו חייב אלא אם הדבר שנשבע עליו אינו מצוה כי אם רשות. הגמרא בשבועות (שם) מבארת את המקור לזה (רש"י). ומכיון שהתורה הקישה שבועת "להרע" לשבועת "להיטיב", גם שבועת "להרע" לעצמו אינה חלה אלא על דבר הרשות.

5. [יש לעיין מדוע הגמרא אינה משיבה שלא מדובר בברייתא בשבועה לחבול בעצמו אלא לבייש את עצמו, כמו שחילקה הגמרא לעיל (כוס ישועות).]

6. ולכן השבועה חלה. אבל שבועה לחבול בעצמו באמת היא הרעה אסורה, ואין השבועה חלה עליה.

7. בבבא אחרת באותה ברייתא אומר התנא ששבועה להרע לאחרים אינה חלה, משום שרק על הרעה של רשות חלה שבועה, ואין אדם רשאי להרע לאחרים. ואם במקרה של הרעה לעצמו מדובר בישיבה בתענית, הרי צריך לומר שגם במקרה של הרעה לאחרים מדובר בזה, דהיינו בשבועה להושיב אחרים בתענית.

8. ומכיון שאין זה בידו, פשוט שלא חלה שבועתו, ואין צריך על זה לימוד (ואדרבה, הוא עובר בזה על שבועת שוא). ואילו התנא בברייתא למד זאת מהיקש.

9. בתחילה סברה הגמרא שלדעת רבי עקיבא אסור לאדם לחבול בעצמו, כפי שאומרת משנתנו בשמו. והברייתא שהובאה לעיל סוף עמוד א, שאומרת בשמו שמותר לאדם לחבול בעצמו, כוונתה לבייש את עצמו, ואין מחלוקת בין הברייתא למשנה, שלחבול אסור ולבייש מותר. אולם לאחר שהביאה הגמרא ברייתא נוספת שממנה מוכח שאדם רשאי לחבול בעצמו, מסתבר לומר שגם הברייתא הנ"ל סוברת כן, כפי פשטות לשונה, ואין לדחוק שהיא מדברת על ביוש ולא על חבלה, אלא זוהי מחלוקת תנאים בדעת רבי עקיבא, אם מותר לאדם לחבול בעצמו (תוספות; ראה מהרש"א שם).

10. אף על פי שעשה זאת לצורך, כגון מפני איזה פחד. והוא הדין לחובל בעצמו, שאף על פי שעושה זאת לצורך (כמו אשה זו שביישה עצמה לצורך, כדי לנצל את השמן ההולך לאיבוד, לסוך את ראשה), הדבר אסור (תוספות להלן ד"ה אלא האי תנא).

11. האיסור ללכת בדרכי האמורי נלמד מהפסוק (ויקרא יח, ג): "וּבְחֻקֹּתֵיהֶם (של הכנענים) לֹא תֵלֵכוּ" (רש"י שבת סז, א), ומהפסוק (שמות כג, כד): "וְלֹא תַעֲשֶׂה כְּמַעֲשֵׂיהֶם (של הכנענים)" (רש"י חולין עז, א; ראה רמב"ן על התורה שם). אף על פי שעל הגדרים המדוייקים של איסור זה יש דיונים (ראה, לדוגמא, שבת שם), מכל מקום באופן כללי הכוונה היא שאסור לנהוג כמנהגי העובדי כוכבים (בדברים שאין בהם משום עבודה זרה — תוספות סנהדרין נב, ב ד"ה אלא, ועבודה זרה יא, א ד"ה ואי). אמנם האיסור נקרא "הליכה בדרכי האמורי" (שהוא אחד מהעמים הכנעניים), אולם באמת הוא כולל את כל האומות, והוא נקרא "דרכי האמורי" רק משום הזכרתו של האמורי בתחילת הענין שממנו נלמד האיסור (שמות כג, כג).

הברייתא אומרת שקריעת בגדים על המת אינה אסורה משום דרכי האמורי. ואכן, יש מצוה מדרבנן לאָבֵל לקרוע את בגדיו על המת (ראה תורת חיים).

12. בדיני מלחמה נאמר בתורה (דברים כ, יט): "כִּי תָצוּר אֶל עִיר יָמִים רַבִּים לְהִלָּחֵם עָלֶיהָ לְתָפְשָׂהּ לֹא תַשְׁחִית אֶת עֵצָהּ". בגמרא מבואר שאיסור "בל תשחית" נוהג גם שלא בשעת מלחמה, ולא רק בעצים, אלא בכל דבר הראוי לשימוש (ראה רמב"ם הלכות מלכים ו, ח וכסף משנה שם).

אָבֵל שקורע את בגדיו על קרובו המת יותר ממה שנצרך לקיום המצוה, עובר על איסור "בל תשחית". [לדעת הרמב"ם (שם ו, י) אין לוקים מהתורה אלא על השחתת עצים. לפי זה המלקות הנזכרות כאן הן מדרבנן (מכת מרדות). אבל ראה מסורת הש"ס.]

וקתני החובל בעצמו אע"פ שאינו רשאי פטור הכי קאמר ליה לא מבעיא בושת דאדם רשאי לבייש את עצמו אלא אפי' חבלה דאין אדם רשאי לחבל בעצמו אחרים שחבלו בו חייבין ואין אדם רשאי לחבל בעצמו והתניא (א) יכול נשבע להרע בעצמו ולא הרע יהא פטור ת"ל (א) להרע או להטיב מה הטבה רשות אף הרעה רשות [א]אביא נשבע להרע בעצמו ולא הרע (ב) אמר שמואל באשב בתעניח דכוותה גבי הרעת אחרים להשיבם בתענית אחרים מי מותיב להו בתעניתא אין דמהדק להו באנדרונא והתניא איזהו (ג) הרעת אחרים אכה פלוני ואפצע את מוחו אלא תנאי היא דאיכא למ"ד [ב]אין אדם רשאי לחבל בעצמו ואיכא מ"ד אדם רשאי לחבל בעצמו מאן תנא דשמעת ליה דאמר אין אדם רשאי לחבל בעצמו אילימא האי תנא הוא דתניא (ב) ואך את דמכם לנפשותיכם אדרש ר' אלעזר אומר מיד נפשותיכם אדרוש את דמכם ודלמא קטלא שאני אלא האי תנא הוא דתניא [ג]מקרעין על המת ולא מדרכי האמורי אמר רבי אלעזר שמעתי שהמקרע על המת יותר מדאי (ג) לוקה משום בל תשחית וכ"ש גופו ודלמא בגדים שאני דפסידא דלא הדר הוא כי הא דרבי יוחנן (ד) קרי למאני מכבדותא ורב חסדא כד הוה מסגי ביני היזמי והגא מדלי להו למאניה אמר (ה) זה מעלה ארוכה וזה אינו מעלה ארוכה אלא האי תנא הוא דתניא (ו) אמר ר"א הקפר ברבי מה ת"ל (ג) וכפר עליו מאשר חטא על הנפש וכי באיזה נפש חטא זה אלא שציער עצמו מן היין והלא דברים ק"ו ומה זה שלא ציער עצמו אלא מן היין נקרא חוטא המצער עצמו מכל דבר על אחת כמה וכמה: הקוצץ נטיעותיו [וכו']: תני רבה בר בר חנה קמיה דרב [ד]שורי הרגת נטיעותי קצצת אתה אמרת לי להורגו אתה אמרת לי לקוצצו פטור א"ל א"כ לא שבקת חיי לברייתא כל כמיניה א"ל איסמייה א"ל לא תתרגם מתניתך [ה]בשור העומד להריגה ובאילן העומד לקציצה אי הכי מאי קא טעין ליה דא"ל [ו]אנא בעינא למיעבד הא מצוה (ז) דתניא (ד) ושפך וכסה מי ששפך יכסה ומעשה באחד ששחט וקדם חבירו וכסה [ז]וחייבו ר"ג ליתן לו עשרה זהובים: א] אמר רב דיקלא דטעין קבא אסור למקצציה מיתיבי (ח) [ח]כמה יהא בזית ולא יקצצו רובע שאני זיתים דחשיבי א"ר חנינא לא (ט) שכיב שיבחת ברי אלא דקץ תאינתא בלא זמנה אמר רבינא [ט]ואם היה מעולה בדמים מותר תניא נמי הכי (ה) רק עץ אשר תדע זה אילן מאכל כי לא עץ מאכל הוא [י]זה אילן סרק וכי מאחר (א) שסופו לרבות כל דבר מה ת"ל כי לא עץ מאכל להקדים סרק למאכל יכול

לא מבעיא בושת. דהואיל ואדם רשאי לחבול בעצמו כי בייש בעצמו ובייש ביה אחרים לא מפטרי בהכי: אלא אפי' החובל בעצמו. חבלה ממש דאין רשאי בה ואיכא למימר הואיל ומקולקל הוא דאין מקפיד לא נחייבו אחריני עלוי' אפ"ה חייבין: מה הטבה רשות. בשבועות (דף כ.) מפרש ליה לקרא דלא מתוקם אלא בדבר הרשות: דכוותיה גבי הרעת אחרים. דקתני התם יכול נשבע להרע לאחרים ולא עשה יהא חייב ת"ל להרע או להטיב מה הטבה רשות בשבועות (שם) כו': דמהדק להו. סוגרן בחדר ואין להם מה לאכול: לנפשותיכם אדרוש. מיד עצמכם אדרוש: וכפר עליו. בנזיר כתיב: על הנפש. משמע שחטא בנפש אדם: מכל דבר. המסגף עצמו בתענית: עומד להריגה. שור שהמית: עומד לקציצה. אשירה או כל עץ הנוטה לרה"ר ומתיירא שמא יפול על אדם וימות: אנא בעינא למיעבד הא מצוה. וכי טעין ליה היאך אתה אמרת לי להרגו מסתמא קושטא קאמר דכיון דלהכי קאי לא קפיד כולי האי ואינשי הוא דאינשי: רובע. הקב: ואם היה מעולה בדמים. דמיו יקרים לבנין יותר משבח פירותיו: רק עץ אשר תדע. קרא יתירא הוא דהוה לי' למכתב רק אשר לא הוא מאכל: זה עץ מאכל. וה"ק רק עץ אשר תדע אם אינך יודע קרוב למאור אלא הוא קחנו ואפילו הוא של מאכל: יכול

החובל בעצמו אע"פ שאין רשאי פטור. תימה מאי חיוב שייך ואי פטור ממלקות קאמר ע"כ הקוצץ נטיעותיו אע"פ שאין רשאי פטור לאו היינו פטור ממלקות דהא חייב משום קוצץ אילנות טובות ואזהרתיה מואותו לא תכרות כדאיתא בפ' בתרא דמכות (דף כב.) וצריך לדחוק ולומר (ב) פטור אע"פ שאין בו צד חיוב שאין חס על גופו אחרים שחבלו בו חייבין ואחרים שקצצו נטיעה חייבין צריך לאוקמה כר"מ דאמר (כתובות דף לג:) לוקה ומשלם דלוקה משום לא תכרות אי נמי בדלא אתרו ביה:

אלא תנאי היא. כלומר ר' עקיבא דמתני' ורבי עקיבא דברייתא פליגי ושנויי דלעיל ליתנהו והשתא ניחא דמשום דאמר תרי תנאי ואליבא דרבי עקיבא קבעי מאן תנא דמתני' דאמר אליבא דר' עקיבא אין אדם רשאי לחבול בעצמו:

אלא האי תנא הוא דתניא מקרעין כו'. וא"ת ומאי ס"ד השתא וכי על זה צריך להביא ראיה דמקרע בגדים עובר משום בל תשחית ואור"י דאין מביא ראיה אלא שאסור לחבול אפי' לצורך כגון אשה שטפחה על ראשה וכן ההיא דאך את דמכם שהרג את עצמו בשביל שום דבר שירא וכן מקרע על המת זהו לצורך:

עובר משום בל תשחית. והא דאמר במו"ק (דף כד.) שמואל קרע עליה דרב (כ) תליסר אצטלי דמילתא יש לומר דלורבא מדרבנן שאני ולא היה יותר מדאי:

אלא שציער עצמו מן היין. לכאורה משמע דבנזיר טהור נמי קאמר דנקרא חוטא בפרק מי שאמר הריני נזיר מגלח (נזיר דף יט.) קסבר רבי אליעזר הקפר נזיר טהור חוטא והיינו טעמא דכתיב קרא בנזיר טמא מפני ששנה בחטא וכן בפ"ק דנדרים (דף י.) ותימה דבפ"ק דנזיר (דף ג.) פריך נזירות מילתא דעבירה ואמרינן ליה נהי ומשני אפי' לרבי אליעזר הקפר דאמר נזיר חוטא הוא ה"מ טמא דאיידי דבעי מיסתר דלמא אתי למעבר על נזירותיה אבל נזיר טהור לאו חוטא קרי ליה ואור"ת דהא דקאמר דלא הוי חוטא היינו שמצוה גדולה מן העבירה דמצוה לידור כדאמר (ריש סוטה) הרואה סוטה בקלקולה יזיר עצמו מן היין ומכל מקום קצת יש חטא מידי דהוי (ל) אמתענה תענית חלום בשבת שקורעין גזר דינו (ג) ונפרעין ממנו תענית של שבת מאי תקנתיה ליתיב תענית לתעניתא שהמצוה גדולה מן העבירה וה"ק בנזיר אפי' ר' אליעזר דאמר נזיר חוטא ה"מ נזיר טמא שהוא עיקר חוטא אבל נזיר טהור לא חשיב רבי אליעזר כ"כ חוטא: כל כמיניה כו'. והא דאמר בחזקת הבתים (ב"ב דף לו.) האי מאן דנקט מגלא ותובילא ואמר איזיל ואגזריה לדיקלא דפלניא דזבניה ניהלי מהימן דלא חציף איניש למיגזר דיקלא דלאו דיליה התם בלקיטת פירות איירי מדנקט גזירה ונקט נמי מגלא ותובילא שהם כלי אומנות של לוקטי תמרים ודרך אדם למכור פירות אבל אין דרך למכור הדקל לקוץ ואם בקציצת הדקל היה מדבר הוה ליה למינקט נרגא וה"ל למימר ואקטליה כדאמר התם בפרק כל הנשבעין (שבועות דף מו: ושם (ל)) דאמר רב נחמן האי מאן דנקט נרגא ואמר איזיל ואקטליה לדיקלא דפלניא ואשכח דקטיל ושדי לא אמרינן ההוא קטליה דעביד איניש דגזים ולא עביד: וחייבו רבן גמליאל ליתן י' זהובים. בפרק כסוי הדם (חולין דף פז. ושם) מוכח שזהו שכר ברכה ואם תאמר שכר דמצוה עצמה היכא אזיל וי"ל דמצוה וברכה הכל אחד ואע"ג דשור העומד להריגה ואילן העומד לקציצה יש שכר מצוה אע"פ שאין ברכה מכל מקום התם שכר מצות כיסוי וברכה לא היה כי אם י' זהובים ושכר ברכת המזון ארבע ברכות מ' זהובים ומעשה באחד שקראו ש"צ לקרות בס"ת ובא אחר וקדם וקרא ושאל לר"ת ואמר לו שיתן לו תרנגולת לשחוט תחת אותם שתי ברכות ואין נראה לר"י טעם זה דאם כן למה חייבו ר"ג עשרה זהובים ועוד פטרו ר"ת משום שיענה אמן וגדול העונה אמן יותר מן המברך ועוד אמר ר"ת דבבבל אין דנין מילתא דלית ביה חסרון כיס כדאמר לעיל (דף פד:): למחר

עין משפט נר מצוה

צז א מיי' פ"ה מהלכות שבועות הלכה יז סמג לאוין רלח:
צח ב מיי' שם ופ"ה מהל' חובל ומזיק הל' א סמג שם וסי' ע:
צט ג מיי' פ"ח מהלכות אבל הלכה א סמג עשין ב טוש"ע י"ד סי' שמ:
ק ד ה ו ז מיי' פ"ז מהלכות חובל ומזיק הל' יג והל' יד סמג עשין ע טוש"ע ח"מ סי' שפב סעיף א:
קא ח מיי' פ"ו מהלכות מלכים הל' ט סמג לאוין רכט:
קב ט מיי' שם הל' ח:
קג י מיי' שם הל' ט:

תורה אור השלם

א) אוֹ נֶפֶשׁ כִּי תִשָּׁבַע לְבַטֵּא בִשְׂפָתַיִם לְהָרַע אוֹ לְהֵיטִיב לְכֹל אֲשֶׁר יְבַטֵּא הָאָדָם בִּשְׁבֻעָה וְנֶעְלַם מִמֶּנּוּ וְהוּא יָדַע וְאָשֵׁם לְאַחַת מֵאֵלֶּה: [ויקרא ה, ד]

ב) וְאַךְ אֶת דִּמְכֶם לְנַפְשֹׁתֵיכֶם אֶדְרֹשׁ מִיַּד כָּל חַיָּה אֶדְרְשֶׁנּוּ וּמִיַּד הָאָדָם מִיַּד אִישׁ אָחִיו אֶדְרֹשׁ אֶת נֶפֶשׁ הָאָדָם: [בראשית ט, ה]

ג) וְעָשָׂה הַכֹּהֵן אֶחָד לְחַטָּאת וְאֶחָד לְעֹלָה וְכִפֶּר עָלָיו מֵאֲשֶׁר חָטָא עַל הַנָּפֶשׁ וְקִדַּשׁ אֶת רֹאשׁוֹ בַּיּוֹם הַהוּא: [במדבר ו, יא]

ד) וְאִישׁ אִישׁ מִבְּנֵי יִשְׂרָאֵל וּמִן הַגֵּר הַגָּר בְּתוֹכָם אֲשֶׁר יָצוּד צֵיד חַיָּה אוֹ עוֹף אֲשֶׁר יֵאָכֵל וְשָׁפַךְ אֶת דָּמוֹ וְכִסָּהוּ בֶּעָפָר: [ויקרא יז, יג]

ה) רַק עֵץ אֲשֶׁר תֵּדַע כִּי לֹא עֵץ מַאֲכָל הוּא אֹתוֹ תַשְׁחִית וְכָרָתָּ וּבָנִיתָ מָצוֹר עַל הָעִיר אֲשֶׁר הִוא עֹשָׂה עִמְּךָ מִלְחָמָה עַד רִדְתָּהּ: [דברים כ, כ]

מסורת הש"ס

א) שבועות כז., ב) שבועות שם, ג) [הגי' בתוס' עובר והוא הנכון], ד) [שבת קיג: סנהדרין לד.], ה) [תענית כג.], ו) נזיר יט. כב. נדרים י. תענית יא. שבועות ח. סוטה טו. [כריתות כו.], ז) חולין פז., ח) שביעית פ"ד מ"י, ט) ב"ב כו., י) [שם איתא תריסר מני ור' יוחנן קרע עליה דר' חנינא תליסר אילטלי], כ) ברכות לא:, ל) [ד"ה עביד].

הגהות הב"ח

(א) גמ' וכי מאחר שסופו לרבות כל דבר: (ב) תוס' ד"ה החובל וכו' לדחוק ולומר דפטור ה"ק אע"פ שאין בו צד: (ג) ד"ה אלא שציער וכו' גזר דינו של ע' שנה ונפרעין ממנו:

גליון הש"ס

גמ' אמר שמואל באשב בתענית. עיין סוטה דף טו ע"א תוס' ד"ה ס"ל:

הגהות מהר"ב רנשבורג

א] גמ' אמר רב דיקלא דטעין קבא אסור. תימה לי שלא נזכר דין זה בטור ושו"ע ושוב ראיתי להט"ז בי"ד סי' קטז ס"ק ז נרגש מזה ויעוש"ה:

ליקוטי רש"י

ואך את דמכם. אף על פי שהתרתי לכם נטילת נשמה בבהמה את דמכם אדרוש מהשופך דם עצמו. לנפשותיכם. אף החונק עצמו אע"פ שלא יצא ממנו דם [בראשית ט, ה]. למאני. בגדים [ברכות ו.]. מכבדותא. שמכבדין בעליהן [שבת קיג.]. מסגי. עובר [ברכות נד:]. היזמי והגא. מיני סנה [סוכה יג.]. קוצים וברקנים [ע"ז מז:]. מדלי להו למאניה. הגביה בגדיו אחר כתיפיו כדי שלא יקרעו [תענית כג:]. וכי באיזה נפש חטא זה. מי הרג שנקרא חוטא. שציער עצמו מן היין. שאין מצוה לצער עצמו כדאמרינן לדיקי [אי] אכלי האי עלמא (והאיך) מי סני להו במס' הוריות (דף י':) [תענית יא.]. איסמייה. אסיר ברייתא זו מגירסתי [ב"מ כז.]. וחייבו ר"ג ליתן לו. מפני שהפסידו שכר ולקמן בעי שכר מצות מעשה או שכר הברכה [חולין פז.]. שיבחת ברי. כך שמו [בבא בתרא כו.].

איסור "בל תשחית", **וְכָל שֶׁכֵּן** שהוא סובר שהחובל **בגּוּפוֹ** עובר על איסור "בל תשחית"[13]!

גם את ההצעה הזאת דוחה הגמרא:

וְדִלְמָא בְּגָדִים שַׁאנֵי — ואולי קריעת בגדים שונה היא מחבלה בגופו, **דִּפְסֵידָא דְּלֹא הָדַר הוּא** — שהרי הפסד שאינו חוזר הוא זה, ולכן קריעת בגדים היא בכלל איסור "בל תשחית". אבל חבלה בעצמו באופן שעתיד להתרפא יתכן שאינה בכלל איסור השחתה.

הגמרא מביאה ראיה לדחייה זו:

כִּי הָא דְּרַבִּי יוֹחָנָן קָרֵי לְמָאנֵי מְכַבְּדוּתָא — כפי שהיה מנהגו של רבי יוחנן לקרוא לבגדיו "מְכַבְּדַי"[14], **וְרַב חִסְדָּא כַּד הֲוָה מְסַגֵּי בֵּינֵי הִיזְמֵי וְהִגֵּא** — כאשר היה הולך בין הקוצים **מַדְלֵי לְהוּ לְמָאנֵיהּ** — היה מרים את שולי בגדיו כדי שלא יקרעו מן הקוצים, אף על פי שבזה היה חושף את רגליו לפגיעות הקוצים. **אָמַר:** "**זֶה**, נזק לרגל, **מַעֲלֶה אֲרוּכָה** — מתרפא, **וְאִילּוּ זֶה**, נזק לבגד, **אֵינוֹ מַעֲלֶה אֲרוּכָה**".

לכן הגמרא מציעה תנא אחר כמקור לדעה שאסור לאדם לחבול בעצמו:

אֶלָּא הַאי תַּנָּא הוּא — אלא זהו התנא: **דְּתַנְיָא** בברייתא: **אָמַר רַבִּי אֶלְעָזָר הַקַּפָּר בְּרַבִּי**[15]: **מַה תַּלְמוּד לוֹמַר** — מפני מה אמרה התורה לגבי נזיר שנטמא (במדבר ו, יא): "**וְכִפֶּר עָלָיו** [הכהן] **מֵאֲשֶׁר חָטָא עַל הַנָּפֶשׁ**"? **וְכִי בְּאֵיזֶה נֶפֶשׁ חָטָא** נזיר **זֶה**? **אֶלָּא** מפני **שֶׁצִּיעֵר עַצְמוֹ מִן הַיַּיִן** הוא נקרא חוטא על נפשו[16].

רבי אלעזר הקפר ממשיך:

וַהֲלֹא דְּבָרִים קַל וָחוֹמֶר — והרי יש ללמוד מכאן את הדברים הבאים בקל וחומר. **וּמַה** נזיר **זֶה שֶׁלֹּא צִיעֵר עַצְמוֹ אֶלָּא** בהמנעות **מִן הַיַּיִן** בלבד **נִקְרָא חוֹטֵא, הַמְצַעֵר עַצְמוֹ מִכָּל דָּבָר**, דהיינו, שיושב בתענית, **עַל אַחַת כַּמָּה וְכַמָּה** שנקרא חוטא[17]!

מכיון שהחובל בעצמו מצער עצמו, הרי ודאי שכמו שלדעת רבי אלעזר הקפר אסור לאדם לצער עצמו, כך אסור לו לחבול בעצמו. ונמצא שהתנא של משנתנו, שאמר בשם רבי עקיבא שאסור לאדם לחבול בעצמו, הוא רבי אלעזר הקפר[18].

רבי עקיבא הביא דוגמה נוספת במשנה:

הַקּוֹצֵץ נְטִיעוֹתָיו [וכו'] אף על פי שאינו רשאי, פטור. [ואילו] אחרים [שעשו לו כן], חייבין.

הגמרא דנה בחיובו של הקוצץ נטיעותיו של חבירו:

תָּנֵי רַבָּה בַּר בַּר חָנָה ברייתא **קַמֵּיהּ** (לפני) **דְּרַב:** אם אדם אומר לחבירו: "**שׁוֹרִי הָרַגְתָּ**", או "**נְטִיעוֹתַי קָצַצְתָּ**", ואתה צריך לשלם לי על הנזק שהזקת את ממוני, והנתבע אומר לו: "הרי **אַתָּה אָמַרְתָּ לִי לְהוֹרְגוֹ**", או, "הרי **אַתָּה אָמַרְתָּ לִי לְקוֹצְצוֹ**", הנתבע **פָּטוּר**[19].

רב מקשה על הברייתא:

אָמַר לֵיהּ רב לרבה בר בר חנה, **אִם כֵּן** הוא שאדם נאמן להשיב כך על טענת התובע[20], **לֹא שָׁבְקַתְּ חַיֵּי לִבְרִיָּתָא** — לא הנחת חיים לבריות. שכל אחד שירצה להזיק את חבירו, יכול להזיק ולא יצטרך לשלם, שיטען שהבעלים אמרו לו לעשות זאת[21]! **כָּל כְּמִינֵיהּ** — וכי אדם נאמן לטעון שהבעלים אמרו לו לעשות כך? ודאי שלא, שכן יש ללכת אחר אומד הדעת שאין אדם אומר לחבירו לעשות כן[22]!

רבה בר בר חנה שואל:

אָמַר לֵיהּ רבה בר בר חנה לרב: **אֶיסְמְיֵיהּ** — האם אמחק ברייתא זו מגירסת הברייתות שלי, משום שדבריה אינם נכונים?

רב משיב:

אָמַר לֵיהּ לרבה בר בר חנה: **לֹא**, אל תמחקנה, אלא **תְּתַרְגֵּם מַתְנִיתָךְ** — תפרש את הברייתא שלך **בְּשׁוֹר הָעוֹמֵד לַהֲרִיגָה, וּבְאִילָן הָעוֹמֵד לִקְצִיצָה**[23].

הגמרא מקשה על פירוש זה:

אִי הָכִי (אם כן) **מַאי קָא טָעִין לֵיהּ** — מה הניזק תובע מהמזיק? הרי לא הפסיד כלום!

מתרצת הגמרא:

כך היא כוונת הברייתא: **דְּאָמַר לֵיהּ** בעל החפץ לנתבע: "**אֲנָא בְּעֵינָא לְמֵיעֲבַד הָא מִצְוָה** — אני רציתי לקיים מצוה זו בעצמי[24], ועליך לשלם לי על שגנבת ממנה את עשיית המצוה"[25], שכן אדם זכאי לתשלום כספי מאדם שגנב ממנו עשיית מצוה. **דְּתַנְיָא** בברייתא: נאמר בתורה לגבי שחיטת חיה או עוף (ויקרא יז, יג): "וְשָׁפַךְ אֶת דָּמוֹ וְכִסָּהוּ בֶּעָפָר"[26]. סמיכות "**וְשָׁפַךְ**" ל"**וְכִסָּה**" מלמדת **שֶׁמִּי שֶׁשָּׁפַךְ** את הדם, דהיינו, השוחט, הוא עצמו **יְכַסֶּה** אותו. **וּמַעֲשֶׂה בְּאֶחָד שֶׁשָּׁחַט** חיה או עוף, **וְקָדַם חֲבֵירוֹ וְכִסָּה** את הדם, **וְחִיְּיבוֹ רַבָּן גַּמְלִיאֵל** את המכסה **לִיתֵּן לוֹ** לשוחט **עֲשָׂרָה זְהוּבִים** על שגנב ממנו את עשיית המצוה. ודין זה נוהג בכל המצוות, ולא רק בכיסוי הדם[27].

הערות

13. דין זה, שהמקרע בגדים עובר על בל תשחית, הוא פשוט. כוונת הגמרא היא להביא ראיה שאף בהשחתה לצורך יש איסור בל תשחית, כפי שרואים במקרע על המת, שזוהי קריעה לצורך. ומזה לומדת הגמרא בקל וחומר שאסור לחבול בעצמו אף לצורך, כמו באשה זו שביישה עצמה (בפריעת ראשה) לצורך, כדי לנצל את השמן ההולך לאיבוד לסוף את ראשה (תוספות).

14. שהבגדים מכבדים את בעליהם (רש"י שבת קיג, א). מכיון שחשיבותם של בגדים כה רבה, ודאי יתכן שיהיה איסור על השחתתם אף אם נאמר שמותר לאדם לחבול בעצמו. אבל ראה תורת חיים.

15. זהו כינוי לאדם גדול מאוד בתורה (רש"י עבודה זרה מג, א וחולין נו, ב ד"ה בריבי).

16. דהיינו, שגם נזיר טהור נקרא חוטא, מפני שציער את עצמו מן היין. ומה שכתבה התורה דבר זה בנזיר שנטמא, זהו משום שנזיר שנטמא שנה בחטא (גמרא נדרים י, א ונזיר יט, א), שכבר הזיר עצמו מן היין, ועכשיו שונה בחטאו, שלא נזהר מטומאה והאריך את צערו שלא ליהנות מיין (תוספות נזיר שם ד"ה והיינו). ומשום שתולים את הקלקלה במקולקל, כתבה התורה חטא זה בנזיר שנטמא (רש"י נדרים שם ד"ה משום). וראה תוספות.

17. משום שאין אדם יכול למלא את חובותיו בתורה ובמצוות אלא כשהוא אוכל ושותה כראוי, כמו שאמרו חכמים (תענית יא, ב) שאין תלמיד חכם רשאי לישב בתענית מפני שממעט מלאכת שמים (תורת חיים; וראה רמב"ם הלכות דעות ג, ג).

18. וכן פוסקים הרמב"ם הלכות חובל ומזיק ה, א, והשלחן ערוך חושן משפט תכ, לא.

19. אפילו כשיש לתובע עדים שהלה עשה זאת. [כשאין לו עדים, פשוט שיש לפוטרו מכח "מיגו", משום שהיה יכול שלא להודות כלל שעשה זאת. הברייתא מחדשת שאף על פי שיש לתובע עדים על המעשה, הנתבע פטור. על הפטור במקרה זה דנה הגמרא להלן] (רמ"ה בשיטה מקובצת; אולם ראה רשב"א ונמוקי יוסף).

20. אף על פי שיש לתובע עדים שחבירו עשה זאת (ראה הערה הקודמת).

21. נמוקי יוסף.

22. רא"ש טו.

23. השור הרג אדם [והיה חייב מיתה], והאילן נעבד כאשירה, או שהיה נוטה לרשות הרבים והיה חשש שיפול על אדם ויהרגנו [והיה חיוב לקוצצו] (רש"י). במקרה כזה הנתבע נאמן לומר שהבעלים ביקש ממנו להרוג את השור ולקצוץ את האילן.

[אמנם שור שהרג אדם צריך לדונו בבית דין של עשרים ושלשה, ולסוקלו בבית דין. אולם כאן מדובר בזמן הזה, שאין בית דין של עשרים ושלשה, אלא שמכל מקום אסור להשהותו, משום (דברים כב, ח) "וְלֹא תָשִׂים דָּמִים בְּבֵיתֶךָ", ובעליו חייב להורגו.

ים של שלמה (ס) מעיר, שלפי זה אין צורך להעמיד את הגמרא דוקא בשור שהמית, אלא אפשר להעמידה אף בשור שהוא נגחן ומועד להזיק את הבריות, שגם שור כזה אסור להשהותו. ואכן כן ביארו הרמב"ם (הלכות חובל ומזיק ז, יג) והרא"ש (טו).]

24. דהיינו מצות "וּבִעַרְתָּ הָרַע מִקִּרְבֶּךָ" [דברים יט, יט] (ר"י מלוניל).

25. והברייתא מלמדת שהנתבע נאמן באומרו שהבעלים הוא שאמר לו להרוג את השור או לקצוץ את האילן, שמכיון שלכך הם עומדים, אין הבעלים מקפיד כל כך אם מישהו אחר יעשה זאת, ומסתמא הבעלים אמר לו לעשות כן ואחר כך שכח (רש"י).

26. התורה מצוה על השוחט חיה או עוף טהורים, לכסות את דמו בעפר.

27. רי"ף. [הרי"ף משיג מסוגייתנו על מי שאמר שמה שרבן גמליאל חייב את המכסה עשרה זהובים זהו קנס, ואין למדים מזה למקרה אחר. והרי"ף השיג עליו, שמסוגייתנו מוכח שלמדים מזה למקרים אחרים (שהרי אילולא טענתו "אתה אמרת לי" היה

וקתני החובל בעצמו אע"פ שאינו רשאי פטור הכי קאמר ליה לא מבעיא בושת דאדם רשאי לבייש את עצמו אלא אפי' חבלה דאין אדם רשאי לחבל בעצמו אחרים שחבלו בו חייבין ואין אדם רשאי לחבל בעצמו והתניא (א) יכול נשבע להרע בעצמו ולא הרע יהא פטור ת"ל (א) להרע או להטיב מה הטבה רשות אף הרעה רשות א אביא נשבע להרע בעצמו ולא הרע (ב) אמר שמואל באשב בתענית דכוותה גבי הרעת אחרים להשיבם בתענית אחרים מי מותיב להו בתעניתא אין דמהדק להו באנדרונא והתניא איזהו (ג) הרעת אחרים אכה פלוני ואפצע את מוחו אלא תנאי היא דאיכא למ"ד ב אין אדם רשאי לחבל בעצמו ואיכא מ"ד אדם רשאי לחבל בעצמו מאן תנא דשמעת ליה דאמר אין אדם רשאי לחבל בעצמו אילימא האי תנא הוא דתניא (ב) ואך את דמכם לנפשותיכם אדרש ר' אלעזר אומר מיד נפשותיכם אדרש את דמכם ודלמא קטלא שאני אלא האי תנא הוא דתניא ג מקרעין על המת ולא מדרכי האמורי אמר רבי אלעזר שמעתי שהמקרע על המת יותר מדאי (ד) לוקה משום בל תשחית וכ"ש גופו ודלמא בגדים שאני דפסידא דלא הדר הוא כי הא דרבי יוחנן (ה) קרי למאני מכבדותא ורב חסדא כד הוה מסגי ביני היזמי והגא מדלי להו למאניה אמר (ו) זה מעלה ארוכה וזה אינו מעלה ארוכה אלא האי תנא הוא דתניא (ז) אמר ר"א הקפר ברבי מה ת"ל (ג) וכפר עליו מאשר חטא על הנפש וכי באיזה נפש חטא זה אלא שציער עצמו מן היין והלא דברים ק"ו ומה זה שלא ציער עצמו אלא מן היין נקרא חוטא המצער עצמו מכל דבר על אחת כמה וכמה: הקוצץ נטיעותיו [וכו']: תני רבה בר בר חנה קמיה דרב ד שורי הרגת נטיעותי קצצת אתה אמרת לי להורגו אתה אמרת לי לקוצצו פטור א"ל א"כ לא שבקת חיי לברייתא כל כמיניה א"ל איסמייה א"ל לא תתרגם מתניתך ה בשור העומד להריגה ובאילן העומד לקציצה אי הכי מאי קא טעין ליה דא"ל ו אנא בעינא למיעבד הא מצוה (ח) דתניא (ד) ושפך וכסה מי ששפך יכסה ומעשה באחד ששחט וקדם חבירו וכסה ז וחייבו ר"ג ליתן לו עשרה זהובים: אן אמר רב דיקלא דטעין קבא אסור למקציציה מיתיבי (ט) ח כמה יהא בזית ולא יקצצו רובע שאני זיתים דחשיבי א"ר חנינא לא (י) שכיב שיבחת ברי אלא דקץ תאינתא בלא זמנה אמר רבינא ט ואם היה מעולה בדמים מותר תניא נמי הכי (ה) רק עץ אשר תדע זה אילן מאכל כי לא עץ מאכל הוא י זה אילן סרק וכי מאחר (א) שסופו לרבות כל דבר מה ת"ל כי לא עץ מאכל להקדים סרק למאכל

יכול

לא מבעיא בושת. דהואיל ואדם רשאי לחבול בעצמו כי בייש בעצמו ובייש ביה אחרים לא מפטרי בהכי: אלא אפי' החובל בעצמו. חבלה ממש דאין רשאי בה ואיכא למימר הואיל ומקולקל הוא דאין מקפיד לא נחייבו אחריני עלוי' אפ"ה חייבין: מה הטבה רשות. בשבועות (דף כז.) מפרש ליה לקרא דלא מתוקם אלא בדבר הרשות: דכוותיה גבי הרעת אחרים. דקתני התם יכול נשבע להרע לאחרים ולא עשה יהא חייב ת"ל להרע או להטיב מה הטבה רשות בשבועות (שם) כו': דמהדק להו. סוגרן בחדר ואין להם מה לאכול: לנפשותיכם אדרוש. מיד עצמכם אדרוש: וכפר עליו. בנזיר כתיב: על הנפש. משמע שחטא בנפש אדם: מכל דבר. המסגף עצמו בתענית: עומד להריגה. שור שהמית: עומד לקציצה. אשירה או כל עץ הנוטה לרה"ר ומתיירא שמא יפול על אדם וימות: אנא בעינא למיעבד הא מצוה. וכי טעין ליה היאך אתה אמרת לי להרגו מסתמא קושטא קאמר דכיון דלהכי קאי לא קפיד כולי האי ואינשי הוא דאינשי: רובע. הקב: ואם היה מעולה בדמים. דמיו יקרים לבנין יותר משבח פירותיו: רק עץ אשר תדע. קרא יתירא הוא דהוה לי' למכתב רק אשר לא הוא מאכל: זה עץ מאכל. וה"ק רק עץ אשר תדע אם אינך יודע קרוב למאור אלא הוא קחנו ואפילו הוא של מאכל:

יכול

החובל בעצמו אע"פ שאין רשאי פטור. תימה מאי חיוב שייך ואי פטור ממלקות קאמר ע"כ הקוצץ נטיעותיו אע"פ שאין רשאי פטור לאו היינו פטור ממלקות דהא חייב משום קוצץ אילנות טובות ואזהרתיה מואותו לא תכרות כדאיתא בפ' בתרא דמכות (דף כב.) וצריך לדחוק ולומר (ב) פטור אע"פ שאין בו צד חיוב שאין חס על גופו אחרים שחבלו בו חייבין ואחרים שקצצו נטיעה חייבין צריך לאוקמה כר"מ דאמר (כתובות דף לג:) לוקה ומשלם דלוקה משום לא תכרות אי נמי בדלא אתרו ביה:

אלא תנאי היא. כלומר ר' עקיבא דמתני' ורבי עקיבא דברייתא פליגי ושנויי דלעיל ליתנהו והשתא ניחא דמשום דאמר תרי תנאי ואליבא דרבי עקיבא קבעי מאן תנא דמתני' דאמר אליבא דר' עקיבא אין אדם רשאי לחבול בעצמו:

אלא האי תנא הוא דתניא מקרעין כו'. וא"ת ומאי ס"ד השתא וכי על זה צריך להביא ראיה דמקרע בגדים עובר משום בל תשחית ואור"י דאין מביא ראיה אלא שאסור לחבול אפי' לצורך כגון אשה שטפחה על ראשה וכן ההיא דאך את דמכם שהרג את עצמו בשביל שום דבר שירא וכן מקרע על המת זהו לצורך:

עובר משום בל תשחית. והא דאמר במו"ק (דף כד.) שמואל קרע עליה דרב (י) תליסר אצטלי דמילתא יש לומר דלורבא מדרבנן שאני ולא היה יותר מדאי:

אלא שציער עצמו מן היין. לכאורה משמע דנזיר טהור נמי קאמר דנקרא חוטא בפרק מי שאמר הריני נזיר מגלח (נזיר דף יט.) קסבר רבי אליעזר הקפר נזיר טהור חוטא והיינו טעמא דכתיב קרא בנזיר טמא מפני ששנה בחטא וכן בפ"ק דנדרים (דף י.) ותימה דבפ"ק דנזיר (דף ג.) פריך נזירות מילתא דעבירה ואמרינן ליה נהא ומשני אפי' לרבי אליעזר הקפר דאמר נזיר חוטא הוא ה"מ טמא דאידי דבעי מיסתר דלמא אתי למעבר על נזירותיה אבל נזיר טהור לאו חוטא קרי ליה ואור"ת דהא דקאמר דלא הוי חוטא היינו שמצוה גדולה מן העבירה דמצוה לידור כדאמר (ריש סוטה) הרואה סוטה בקלקולה יזיר עצמו מן היין ומכל מקום קצת יש חטא מידי דהוי (כ) אמתענה תענית חלום בשבת שקורעין גזר דינו (ג) ונפרעין ממנו תענית של שבת מאי תקנתיה ליתיב תענית לתעניתא שהמצוה גדולה מן העבירה וה"ק בנזיר אפי' ר' אליעזר דאמר נזיר חוטא ה"מ נזיר טמא שהוא עיקר חוטא אבל נזיר טהור לא חשיב רבי אליעזר כ"כ חוטא: כל כמיניה כו'. והא דאמר בחזקת הבתים (ב"ב דף לו.) האי מאן דנקט מגלא ותובילא ואמר איזיל ואגזריה לדיקלא דפלניא דזבניה ניהלי מהימן דלא חציף איניש למיגזר דיקלא דלאו דיליה התם בלקיטת פירות איירי מדנקט גזירה ונקט נמי מגלא ותובילא שהם כלי אומנות של לוקטי תמרים ודרך אדם למכור פירות אבל אין דרך למכור הדקל לקוץ ואם בקציצת הדקל היה מדבר הוה ליה למינקט נרגא וה"ל למימר ואקטליה כדאמר התם בפרק כל הנשבעין (שבועות דף מו: ושם (ל)) דאמר רב נחמן האי מאן דנקט נרגא ואמר איזיל ואקטליה לדיקלא דפלניא ואשכח דקטיל ושדי לא אמרינן ההוא קטליה דעביד איניש דגזים ולא עביד: וחייבו רבן גמליאל ליתן י' זהובים. בפרק כסוי הדם (חולין דף פז. ושם) מוכח שזהו שכר ברכה ואם תאמר שכר דמצוה עצמה היכא אזיל וי"ל דמצוה וברכה הכל אחד ואע"ג דשור העומד להריגה ואילן העומד לקציצה יש שכר מצוה אע"פ שאין ברכה מכל מקום התם שכר מצות כיסוי וברכה לא היה כי אם י' זהובים ושכר ברכת המזון ארבע ברכות מ' זהובים ומעשה באחד שקראו ש"ל לקרות בס"ת ובא אחר וקדם וקרא ושאל לר"ת ואמר לו שיתן לו תרנגולת לשחוט תחת אותם שתי ברכות ואין נראה לר"י טעם זה דאם כן למה חייבו ר"ג עשרה זהובים ועוד פטרו ר"ת משום שיענה אמן וגדול העונה אמן יותר מן המברך ועוד אמר ר"ת דבבבל אין דנין מילתא דלית ביה חסרון כיס כדאמר לעיל (דף פד:):

למחר

עין משפט נר מצוה

צז א מיי' פ"ה מהלכות שבועות הלכה יז סמג לאוין רלח:
צח ב מיי' שם ופ"ה מהל' חובל ומזיק הל' א סמג שם וסי' ע:
צט ג מיי' פ"ח מהלכות אבל הלכה א סמג עשין ב טוש"ע י"ד סי' שמ:
ק ד ה ו ז מיי' פ"ז מהלכות חובל ומזיק הל' יג והל' יד סמג עשין ע טוש"ע ח"מ סי' שפג סעיף א:
קא ח מיי' פ"ו מהלכות מלכים הל' ט סמג לאוין רכט:
קב ט מיי' שם הל' ח:
קג י מיי' שם הל' ט:

תורה אור השלם

א) אוֹ נֶפֶשׁ כִּי תִשָּׁבַע לְבַטֵּא בִשְׂפָתַיִם לְהָרַע אוֹ לְהֵיטִיב לְכֹל אֲשֶׁר יְבַטֵּא הָאָדָם בִּשְׁבֻעָה וְנֶעְלַם מִמֶּנּוּ וְהוּא יָדַע וְאָשֵׁם לְאַחַת מֵאֵלֶּה: [ויקרא ה, ד]
ב) וְאַךְ אֶת דִּמְכֶם לְנַפְשֹׁתֵיכֶם אֶדְרֹשׁ מִיַּד כָּל חַיָּה אֶדְרְשֶׁנּוּ וּמִיַּד הָאָדָם מִיַּד אִישׁ אָחִיו אֶדְרֹשׁ אֶת נֶפֶשׁ הָאָדָם: [בראשית ט, ה]
ג) וְעָשָׂה הַכֹּהֵן אֶחָד לְחַטָּאת וְאֶחָד לְעֹלָה וְכִפֶּר עָלָיו מֵאֲשֶׁר חָטָא עַל הַנָּפֶשׁ וְקִדַּשׁ אֶת רֹאשׁוֹ בַּיּוֹם הַהוּא: [במדבר ו, יא]
ד) וְאִישׁ אִישׁ מִבְּנֵי יִשְׂרָאֵל וּמִן הַגֵּר הַגָּר בְּתוֹכָם אֲשֶׁר יָצוּד צֵיד חַיָּה אוֹ עוֹף אֲשֶׁר יֵאָכֵל וְשָׁפַךְ אֶת דָּמוֹ וְכִסָּהוּ בֶּעָפָר: [ויקרא יז, יג]
ה) רַק עֵץ אֲשֶׁר תֵּדַע כִּי לֹא עֵץ מַאֲכָל הוּא אֹתוֹ תַשְׁחִית וְכָרָתָּ וּבָנִיתָ מָצוֹר עַל הָעִיר אֲשֶׁר הִוא עֹשָׂה עִמְּךָ מִלְחָמָה עַד רִדְתָּהּ: [דברים כ, כ]

מסורת הש"ס

א) שבועות כז., ב) שבועות שם, ג) [הגי' בתוס' עובר והוא הנכון], ד) [שבת קיג: סנהדרין לד.], ה) [תענית כג.], ו) נזיר יט. כב. נדרים י. תענית יא. שבועות ח. סוטה טו. [כריתות כו.], ז) חולין פז., ח) שביעית פ"ד מ"י, ט) ב"ב כו., י) [שם איתא תריסר מני ור' יוחנן קרע עליה דר' חנינא תליסר אילטלי], כ) ברכות לא:, ל) [ד"ה עביד].

הגהות הב"ח

(א) גמ' וכי מאחר שסופו לרבות כל דבר: (ב) תוס' ד"ה החובל וכו' לדחוק ולומר דפטור ה"ק אע"פ שאין בו צד: (ג) ד"ה אלא שציער וכו' גזר דינו של ע' שנה ונפרעין ממנו:

גליון הש"ס

גמ' אמר שמואל באשב בתענית. עיין סוטה דף טו ע"א תוס' ד"ה ס"ל:

הגהות מהר"ב רנשבורג

א] גמ' אמר רב דיקלא דטעין קבא אסור. תימה לי שלא נזכר דין זה בטור וש"ע ושוב ראיתי להט"ז בי"ד סי' קטז ס"ק ז נרגש מזה ויעוש"ה:

ליקוטי רש"י

ואך את דמכם. אף על פי שהתרתי לכם נטילת נשמה בבהמה את דמכם אדרוש מהשופך דם עצמו. לנפשותיכם. אף החונק עצמו אע"פ שלא יצא ממנו דם [בראשית ט, ה]. למאני. בגדים [ברכות ו.]. מכבדותא. שמכבדין בעליהן [שבת קיג.]. מסגי. עובר [ברכות נד:]. היזמי והגא. מיני סנה [סוכה יג.]. קוצים וברקנים [ע"ז מז:]. מדלי להו למאניה. הגביה בגדיו אחר כתיפיו כדי שלא יקרעו [תענית כג:]. וכי באיזה נפש חטא זה. מי הרג שנקרא חוטא. שציער עצמו מן היין. שאין מצוה לצער עצמו כדאמרינן לדיקי [אי] אכלי האי עלמא (והאיך) מי סני להו במס' הוריות (דף י':) [תענית יא.]. איסמייה. אסיר ברייתא זו מגירסתי [ב"מ כז.]. וחייבו ר"ג ליתן לו. מפני שהפסידו שכר ולקמן בעי שכר מצות מעשה או שכר הברכה [חולין פז.]. שיבחת ברי. כך שמו [בבא בתרא כו.].

הגמרא דנה באיסור קציצת עצים:

אָמַר רַב: דִּיקְלָא דְּטָעַן קַבָּא אָסוּר לְמִקְצְצֵיהּ — דקל הטוען קב תמרים בשנה[28] אסור לקצצו.

מקשה הגמרא:

מֵיתִיבֵי — הקשו על הוראה זו ממשנה (שביעית ד, י): **כַּמָּה יְהֵא בְּזַיִת וְלֹא יְקַצְּצוֹ**, כלומר, ויהיה אסור לקוצצו? **רוֹבַע** (רבע) הקב. ומדוע, אם כן, אומר רב שרק דקל שטוען קב שלם אסור לקצצו?

מתרצת הגמרא:

שָׁאנֵי זֵיתִים דַּחֲשִׁיבֵי — עצי זית שונים הם מדקלים, שהם חשובים[29].

רבי חנינא מבאר גודל הסכנה בקציצת עץ פרי:

אָמַר רַבִּי חֲנִינָא: "לֹא שָׁכִיב שִׁיבְחַת בְּרִי — לא היתה סיבה אחרת למיתתו של שיבחת בני שלא בזמנו **אֶלָּא דְּקָץ תְּאֵינָתָא בְּלֹא זִמְנָהּ** — אלא משום שקצץ עץ תאנה לפני זמנו, כאשר היה עדיין טוען פירות"[30].

רבינא מגביל את האיסור:

אָמַר רָבִינָא: וְאִם הָיָה העץ **מְעוּלֶּה בְּדָמִים**, דהיינו, שהיו דמיו של העץ לקורותיו יקרים יותר משבח פירותיו, **מוּתָּר** לקצצו[31].

הגמרא מביאה ראיה להוראה זו:

תַּנְיָא נַמִּי הָכִי — וכך אכן שנינו בברייתא: נאמר בפסוק (דברים כ, יט)[32]: "**רַק עֵץ אֲשֶׁר תֵּדַע**" — **זֶה אִילָן מַאֲכָל**[33], "**כִּי לֹא עֵץ מַאֲכָל הוּא**" — **זֶה אִילָן סְרָק. וְכִי מֵאַחַר שֶׁסּוֹפוֹ** של הכתוב **לְרַבּוֹת כָּל דָּבָר**, דהיינו, לכלול גם עצי מאכל בהיתר של כריתת עצים, **מַה תַּלְמוּד לוֹמַר** — מה מלמדנו הכתוב בהזכירו עצי סרק במלים: "**כִּי לֹא עֵץ מַאֲכָל**"? **לְהַקְדִּים** כריתת עצי **סְרָק לְעֲצֵי מַאֲכָל**[34].

הערות

מתחייב), והיינו משום שהוא חיוב מן הדין ולא מקנס. אולם הרמב"ם (הלכות חובל ומזיק ז, יג) סובר שהוא קנס התלוי בכל מקרה לפי ראות עיני הדיינים. וראה ר"י מלוניל; רשב"א; מאירי; ים של שלמה; קצות החושן שפח, יא; וראה תוספות.]

28. ר"מ מסרקסטה בשיטה מקובצת. [יש גורסים: "תרקבא", דהיינו שלשה קבים (שיטה מקובצת).]

29. האיסור לקצוץ עץ מאכל נוהג רק כאשר העץ עושה פירות בשיעור ששוה להחזיקו ולטפל בו. לכן כל עץ נישום בפני עצמו, לפי חשיבותו. ומכיון ששוויים של זיתים מרובה (לפי שהשמן ביוקר — ר"י מלוניל), לכן אף אם העץ טוען רק רבע הקב כדאי לקיימו ולטפל בו, ואסור לקוצצו (מאירי ורא"ש). ומסתבר שזהו כשעושים כשיעור זה מלבד מה שעושים לכיסוי ההוצאות (ר"מ מסרקסטה בשיטה מקובצת).

30. גאון בשיטה מקובצת. [הפוסקים נחלקו אם הסכנה קיימת רק במקרה שאסור לקצוץ, או אף במקרה שמותר; ראה להלן צב, א הערה 3.]

פירשנו ש"שיבחת ברי" הוא בנו של רבי חנינא, שהיה שמו "שיבחת", על פי הרשב"ם בבא בתרא קכו, ב ד"ה שכחת. אולם אחרים מפרשים שהוא שם בן שתי תיבות של אדם אחר (סדר הדורות, ערך שבחת, בדעת רש"י בבבא בתרא כו, א ד"ה שכחת).

31. משום שבמקרה כזה הקציצה אינה השחתה.

32. לאחר שלמדנו (דברים כ, יט) את האיסור לכרות עצים כאשר צרים על עיר בעת מלחמה, אומרת התורה: "רַק עֵץ אֲשֶׁר תֵּדַע כִּי לֹא עֵץ מַאֲכָל הוּא אֹתוֹ תַשְׁחִית וְכָרָתָּ וּבָנִיתָ מָצוֹר עַל הָעִיר אֲשֶׁר הִוא עֹשָׂה עִמְּךָ מִלְחָמָה עַד רִדְתָּהּ", דהיינו, שעץ כזה מותר לכרות כדי לבנות בקורותיו מצור על עיר שצרים עליה. מכיון שתחילת הפסוק "עֵץ אֲשֶׁר תֵּדַע" מיותרת, שהיה די לכתוב "רק אשר לא עץ מאכל הוא...", הברייתא דורשת את הייתור (רש"י, וכסף משנה הלכות מלכים ו, ט; אבל ראה חידושי הראב"ד).

33. וכך מתפרשות המלים "עֵץ אֲשֶׁר תֵּדַע": רק עץ (מאכל) אשר תדע שרק הוא קרוב למצור, שלא ידוע לך על עץ אחר (סרק) קרוב למצור, מותר לך לכורתו למצור אף על פי שהוא עץ מאכל (רש"י; אבל ראה חידושי הראב"ד).

34. שכאשר יש שם עצי סרק, יש לכרות אותם לצורך המצור ולא לכרות עצי פרי [אף על פי שעצי הסרק רחוקים יותר] (מאירי; אבל ראה רמב"ם הלכות מלכים ו, ט, וכסף משנה ולחם משנה שם).

יָכוֹל – האם נוכל לומר לפי זה שיש להקדים עץ סרק לעץ מאכל **אֲפִילּוּ** כשעץ המאכל **מְעוּלֶּה בְּדָמִים** לקורות בנין יותר מאשר לפירותיו? **תַּלְמוּד לוֹמַר** "רַק", מיעוט זה מלמד שלא תמיד מקדימים את עץ הסרק, וכגון במקרה כזה, שאז אפשר להקדים ולהשתמש בעץ המאכל, וזאת משום שבמקרה זה אין איסור "בל תשחית" על קציצת עץ המאכל, כהוראת רבינא.

הגמרא מביאה מקרה המלמד על הגבלה נוספת של איסור קציצת עץ מאכל:

שְׁמוּאֵל, אַיְיתֵי לֵיהּ אֲרִיסֵיהּ תַּמְרֵי – אריסו הביא לו תמרים. **אָכִיל** – הוא אכל אותם, **טָעִים בְּהוּ טַעְמָא דְּחַמְרָא** – וטעם בהם טעם של יין. **אָמַר לֵיהּ** לאריסו: "**מַאי הַאי** – מה זה?" **אָמַר לֵיהּ** האריס, "**בֵּינֵי גוּפְנֵי קַיְימִי** – דקלים אלו עומדים בין הגפנים".

אָמַר לו שמואל: "**מַכְחֲשֵׁי בְּחַמְרָא כּוּלֵּי הַאי** – הם מכחישים את הגפנים כל כך הרבה עד כדי כך שמורגש בהם טעם הגפנים[1]? **לְמָחָר אַיְיתֵי לִי מְקוֹרַיְיהוּ** – הבא לי את השרשים שלהם". דהיינו, עקור את הדקלים משום הנזק שהם גורמים לגפנים, שהם יונקים מכחם של הגפנים שהם יקרים מהדקלים[2]!

מקרה נוסף:

רַב חִסְדָּא חֲזָא תָּאלֵי בֵּי גוּפְנֵי – ראה נטיעות של דקל בין הגפנים שלו, **אָמַר לֵיהּ לַאֲרִיסֵיהּ** (לאריס שלו), "**עַקְרִינְהוּ** – עקור אותם, שכן **גּוּפְנֵי קָנֵי דִּקְלֵי** – גפנים יכולים לקנות דקלים, ואילו **דִּקְלֵי לֹא קָנֵי גּוּפְנֵי** – דקלים אינם יכולים לקנות גפנים". כלומר, מדמי היין אנו יכולים לקנות קרקעות [ולנטוע שם דקלים], אבל פירותיו של הדקל אינם שוים הרבה [ואי אפשר לקנות בדמיהם קרקע לנטוע שם גפנים[3].

משנה עוד בענין החובל בחבירו:

אַף עַל פִּי שֶׁהוּא (החובל או המבייש את חבירו) **נוֹתֵן לוֹ** לניזק את דמי חבלתו או בושתו, **אֵין נִמְחָל לוֹ** משמים **עַד שֶׁיְּבַקֵּשׁ מִמֶּנּוּ** מחילה[4]. **שֶׁנֶּאֱמַר** (בראשית כ, ז): "**וְעַתָּה הָשֵׁב אֵשֶׁת** הָאִישׁ... וְיִתְפַּלֵּל בַּעַדְךָ וֶחְיֵה **וגו'** "[5]. הרי שלא די היה לאבימלך להשיב את שרה, אלא נצרך גם שימחול לו אברהם ואף יתפלל עליו[6], ואלמלא המחילה היה מת[7].

וּמִנַּיִן שֶׁאִם לֹא מָחַל לוֹ הניזק, לאחר ששילם המבייש וביקש מחילה כהוגן, **שֶׁהוּא אַכְזָרִי** (קשה לב)? **שֶׁנֶּאֱמַר** (שם, יז): "**וַיִּתְפַּלֵּל אַבְרָהָם אֶל הָאֱלֹהִים וַיִּרְפָּא אֱלֹהִים אֶת אֲבִימֶלֶךְ וגו'** ". הרי שמחל אברהם לאבימלך, וכך ראוי שיעשו שאר המבויישים או הנחבלים. ואילו המונע עצמו מלמחול הרי מתאכזר הוא על המבייש, כאילו רוצה שיפגע בו עונש שמים[8].

הערות

1. על פי תוספות לעיל כו, א ד"ה אנא, שאומרים שרק בנזק בשיעור כזה מותר לקצוץ את הדקלים.

2. ראה תוספות. שכל שיש הפסד בעמידת האילן, אף על פי שהוא עץ מאכל מותר לקוצצו (מאירי).

ויש מפרשים שיש לנקד "מְקוֹרַיְיהוּ", דהיינו מה"קור" שלהם. ה"קור" הוא דבר רך וראוי למאכל, הגדל סביב שרשי הדקל. באמרו לסריסו הבא לי את הקור שלהם לאוכלו, היתה כוונתו שיכרות את העץ, שכן אי אפשר להגיע אל הקור אלא אם כן עוקרים את השרשים (רש"י בפירוש שני; אבל ראה הגהות הב"ח; וראה עוד שיטה מקובצת בשם גאון).

[החתם סופר (יורה דעה קב) מפרש שכוונת שמואל היתה לומר לו שיעקור את העץ עם שרשיו וקרקע יניקתו, כך שיהיה אפשר לחזור ולנטוע אותו במקום אחר. שאף כשיש צורך לעקור עץ פרי ממקום מסויים, אם אפשר, יש להעבירו למקום אחר ולא להשחיתו.]

3. עיין רש"י.

נמצא למסקנת הגמרא, שמותר לכרות עץ מאכל כאשר הכריתה נעשית שלא בדרך השחתה, אלא כשימוש המעולה ביותר של העץ, דהיינו כשדמיו יקרים יותר לקורותיו מאשר לפירותיו. ואף אם כריתת העץ אינה השימוש הטוב ביותר לעץ עצמו, אלא שהעץ מזיק לסביבתו, כגון שהוא מזיק לעצים אחרים היקרים ממנו, מותר לעקור אותו. והרא"ש מוסיף שכמו כן מותר לכרתו אם הוא צריך למקומו.

[מלבד האיסור, יש בדבר גם סכנת מיתה, כפי שהזכירה הגמרא את המעשה של בנו של רבי חנינא. יש סוברים שסכנה זו קיימת גם במקרה שמותר לכרות את העץ, כגון, כאשר העץ מעולה בדמים לקורותיו יותר מאשר לפירותיו. לדעתם, בנו של רבי חנינא מת מחמת קציצת האילן אף על פי שהיה זה אילן שמותר לקצצו (ראה שאילת יעבץ א, עו). אף על פי שפוסקים רבים חולקים על כך (ראה שו"ת בני ציון א, סא, וחתם סופר יורה דעה קב), מצאנו שהאחרונים חוששים להתיר לקצוץ עצי מאכל מפני הסכנה (ראה לדוגמה, שו"ת שבט חלוי ה, צה).]

4. זהו מאמר חדש מוסכם על הכל, ואינו המשך מדברי רבי עקיבא, אשר בהם הסתיימה המשנה הקודמת שבדף צ, ב (רש"י; ראה יד דוד).

5. מסופר בבראשית פרק כ איך נסעו אברהם ושרה אל גרר שבארץ הנגב. בהגיעם שאלו אנשי גרר את אברהם לא על צרכיו כאורח במקומם, אלא על אודות שרה: אם אשתו היא או אחותו (ראה בגמרא להלן). הסיק אברהם כי "רַק אֵין יִרְאַת אֱלֹקִים בַּמָּקוֹם הַזֶּה", ולכן ירא שאם יודה שאשתו היא, "וַהֲרָגוּנִי עַל דְּבַר אִשְׁתִּי" כדי לקחתה להם. אברהם השיב איפוא ששרה "'אֲחֹתִי הִוא', וַיִּשְׁלַח אֲבִימֶלֶךְ מֶלֶךְ גְּרָר וַיִּקַּח [לו] אֶת שָׂרָה". אלא שמנע הקב"ה את אבימלך מלגעת בשרה, שכן בא "אֱלֹקִים אֶל אֲבִימֶלֶךְ בַּחֲלוֹם הַלָּיְלָה וַיֹּאמֶר לוֹ, 'הִנְּךָ מֵת עַל הָאִשָּׁה אֲשֶׁר לָקַחְתָּ, וְהִוא בְּעֻלַת בָּעַל'". ועוד "עָצֹר עָצַר ה' בְּעַד כָּל רֶחֶם לְבֵית אֲבִימֶלֶךְ עַל דְּבַר שָׂרָה אֵשֶׁת אַבְרָהָם", ולא נרפאו, אפילו לאחר שהשיב אבימלך את שרה, עד שהתפלל אברהם בעדם. אופי העצירה המוזכרת יודן בגמרא.

6. נצרך שימחול לו אברהם בלב שלם כל כך שישוב אפילו ויתפלל בעבורו (מאירי, ובתוספות יום טוב דרך שונה מעט; אך ראה הערה 19).

7. מתוך שאמר הקב"ה לאבימלך שאברהם יתפלל, ולא אמר לאברהם עצמו שיתפלל, מדקדקת המשנה שהתפלה והרפואה שבכנפיה היו תלויות באבימלך, ולימדו הקב"ה בכך שעליו לפייס את אברהם עד שימחל לו ויתפלל בעדו, ואמר לו שישיב לו את אשתו באופן שיתרצה לו ויואיל להתפלל בעדו (מהרש"א). ואמנם בהשיבו את שרה לקח "אֲבִימֶלֶךְ צֹאן וּבָקָר וַעֲבָדִים וּשְׁפָחֹת וַיִּתֵּן לְאַבְרָהָם" (שם, יד) כדי לפייסו (רש"י שם)", וַיִּתְפַּלֵּל אַבְרָהָם אֶל הָאֱלֹהִים וַיִּרְפָּא אֱלֹהִים אֶת אֲבִימֶלֶךְ וְאֶת אִשְׁתּוֹ וְאַמְהֹתָיו וַיֵּלֵדוּ" (שם, יז; הפסוק יובא בחלקו להלן במשנה). [ואף את שרה פייס אבימלך, ככתוב (שם, טז): "וּלְשָׂרָה אָמַר, 'הִנֵּה נָתַתִּי אֶלֶף כֶּסֶף לְאָחִיךְ (לאברהם שאמרת עליו, 'אָחִי הוּא'); הִנֵּה הוּא לָךְ כְּסוּת עֵינַיִם לְכֹל אֲשֶׁר אִתָּךְ וְאֵת כֹּל וְנֹכָחַת'" שיהיה לך פתחון פה להוכיח לנמצאים עמך ולכל באי עולם שלא התעללתי בך, והם יודו לך ויכסו עיניהם לבל יזלזלו בך, שהרי הוצרכתי לבזבז ממון לפייסך, וניכר איפוא שעל כרחי השיבותיך, על ידי נס – ע"פ רש"י שם.)]

הוראת משנתנו מקבילה לשנוי במשנה יומא פה, ב: "[על] עבירות שבין אדם למקום, יום הכפורים מכפר [עם התשובה]; עבירות שבין אדם לחבירו, אין יום הכפורים מכפר עד שירצה את חבירו." ועל פי שתי המשניות יחד פסק רמב"ם בהל' תשובה ב, ט: "אין התשובה ולא יום הכפורים מכפרין אלא על עבירות שבין אדם למקום, כגון מי שאכל דבר אסור או בעל בעילה אסורה וכיוצא בהן. אבל עבירות שבין אדם לחבירו, כגון החובל את חבירו או המקלל חבירו או גוזלו וכיוצא בהן, אינו נמחל לו לעולם עד שיתן לחבירו מה שהוא חייב לו וירצהו. [והריצוי נוסף על הנתינה, שכן] אף על פי שהחזיר לו ממון שהוא חייב לו צריך לרצותו ולשאול ממנו שימחול לו. אפילו לא הקניט את חבירו אלא בדברים צריך לפייסו ולִפְגֹּעַ (להפציר – ראה ירמיה ז, טז, ורות א, טז) בו עד שימחול לו." הדברים הובאו להלכה בטור ושלחן ערוך אורח חיים תרו, א. אלא שבהלכות חובל ומזיק ב, ט, מבדיל רמב"ם בין חבלה גופנית לחבלה ממונית: "אינו דומה מזיק חבירו בגופו למזיק ממונו. שהמזיק ממון חבירו, כיון ששלם מה שהוא חייב לשלם נתכפר לו. אבל חובל בחבירו, אף על פי שנתן לו חמשה דברים (נזק, צער, ריפוי, שבת, ובושת) אין מתכפר... ולא נמחל עונו עד שיבקש מן הנחבל וימחול לו." מסתבר שצערו של נחבל אינו נפרע בכסף, כי מי יעריך את גופו וכאבו בדמים (ראה שיטה מקובצת בשם גאון), וכמוהו נגזל מצטער הרבה על שחדר זר לרשותו וחטף את שלו, ואף הגזלן מצידו זדה ליהנות מחסרונו של חבירו. לפיכך זקוקים חובל וגזלן למחילת הנחבל או הנגזל אף שכבר שילמו. אבל הניזוק בממונו לא ספג אלא הפסד דמים, ומעת ששילם לו המזיק כבר נתמלא חסרונו, ודי לו למזיק בכך (ע"פ לחם משנה להלכות חובל ומזיק על אתר; הקולא נוהגת כנראה רק במזיק בשוגג שלא מכוונה להקניט את הניזוק, כי המזיק להקניט בודאי לא גרע מן המקניט את חבירו בדברים שצריך לפייסו).

8. מאירי. "כל המרחם על הבריות, בידוע שהוא מזרעו של אברהם אבינו" (ביצה לב, ב; ואמרו ביבמות עט, א, שאחד מסימני האומה הישראלית הוא שהם רחמנים), אשר ריחם על הסדומיים והפציר בעדם (בראשית יח, כג-לג), ואשר ריחם על אבימלך ומחל לו והתפלל בעדו. ואילו המסרב להתפייס הינו אכזרי, והוא זונח את מידת אברהם כאילו אינו מזרעו (מאירי ומהרש"א; ובלשון רמב"ם הלכות חובל ומזיק ה,

יכול אפילו מעולה בדמים ת"ל רק שמואל אייתי ליה אריסיה תמרי אכיל טעים בהו טעמא דחמרא א"ל מאי האי א"ל ביני גופני קיימי אמר [א]מכחשי בחמרא כולי האי למחר אייתי לי מקורייהו: רב חסדא חזא תאלי בי גופני אמר ליה לאריסיה עקרינהו גופני קני דקלי דקלי לא קני גופני: מתני' [ב]אע"פ שהוא נותן לו אין נמחל לו עד שיבקש ממנו שנאמר (א) ועתה השב אשת וגו' ומנין [ג]שאם לא מחל לו שהוא אכזרי שנאמר (ב) ויתפלל אברהם אל האלהים וירפא אלהים את אבימלך וגו' [ד]האומר סמא את עיני קטע את ידי שבר את רגלי חייב [ה]ע"מ לפטור חייב (א) [ו]קרע את כסותי שבר את כדי חייב (ב) [ז]ע"מ לפטור פטור [ח]עשה כן לאיש פלוני על מנת לפטור חייב בין בגופו בין בממונו: גמ' ת"ר כל אלו שאמרו דמי בושתו אבל צערו אפי' הביא כל אילי נביות שבעולם אין נמחל לו עד שיבקש ממנו שנאמר (א) השב אשת האיש כי נביא הוא ויתפלל בעדך (ג) דאשת נביא בעי אהדורי אשת אחר לא בעי אהדורי אמר רבי שמואל בר נחמני אמר ר' יונתן השב אשת האיש מכל מקום ודקא אמרת (ג) הגוי גם צדיק תהרוג הלא הוא אמר לי אחותי היא והיא גם היא אמרה אחי הוא נביא הוא וכבר לימד אכסנאי שבא לעיר על עסקי אכילה ושתיה שואלין אותו או על עסקי אשתו שואלין אותו אשתך היא אחותך היא מכאן לבן נח [ט]שנהרג שהיה לו ללמוד ולא למד: (ד) כי עצר עצר ה' אמר ר' אלעזר שתי עצירות הללו למה אחת באיש שכבת זרע ולידה במתניתא תנא שתים באיש שכבת זרע וקטנים שלשה באשה שכבת זרע וקטנים ולידה רבינא אמר שלש באיש שכבת זרע וקטנים ופי טבעת ארבעה באשה שכבת זרע ולידה וקטנים ופי טבעת: (ד) בעד כל רחם אמרי דבי ר' ינאי אפילו תרנגולת של בית אבימלך לא הטילה ביצתה א"ל רבא לרבה בר מרי מנא הא מילתא דאמור רבנן כל המבקש רחמים על חבירו והוא צריך לאותו דבר הוא נענה תחילה א"ל דכתיב (ה) וה' שב את שבות איוב בהתפללו בעד רעהו אמר ליה את אמרת מהתם ואנא אמינא מהכא (ב) ויתפלל אברהם אל האלהים וירפא אלהים את אבימלך ואת אשתו ואמהותיו [וגו'] וכתיב (ו) וה' פקד את שרה כאשר אמר וגו' כאשר אמר אברהם (ז) אל אבימלך אמר ליה רבא לרבה בר מרי מנא הא מילתא דאמרי אינשי בהדי הוצא לקי כרבא א"ל דכתיב (ז) למה תריבו אלי כלכם פשעתם בי נאם ה' אמר ליה את אמרת מהתם ואנא אמינא מהכא (ח) עד אנה מאנתם לשמור מצותי ותורותי אמר ליה רבא לרבה בר מרי כתיב (ט) ומקצה אחיו לקח חמשה אנשים מאן נינהו חמשה א"ל הכי א"ר יוחנן אותן שהוכפלו בשמות יהודה נמי איכפולי מיכפל אמר ליה למילתיה הוא דאיכפל (ט) דאמר ר' שמואל בר נחמני אמר רבי יונתן מאי דכתיב (י) יחי ראובן ואל ימות ויהי מתיו מספר וזאת ליהודה כל אותן ארבעים שנה שהיו ישראל במדבר היו עצמותיו של יהודה מגולגלין בארון עד שבא משה ובקש רחמים אמר לפניו רבונו של עולם מי גרם לראובן שיודה יהודה (א) מיד שמע ה' קול יהודה על איבריה לשפא לא הוו קא מסקי למתיבתא דרקיעא (כ) ואל עמו תביאנו לא הוה ידע מאי קאמרי רבנן ולמשקל ומיטרח בהדי רבנן (כ) ידיו רב לו לא הוה סליק ליה שמעתתא אליבא דהלכתא (כ) ועזר מצריו תהיה אמר ליה רבא לרבה בר מרי מנא הא מילתא (י) דאמרי אינשי בתר עניא אזלא עניותא אמר ליה דתנן (ז) [י]עשירים מביאין בכורים בקלתות של זהב ושל כסף ועניים בסלי נצרים של ערבה קלופה והסלים והבכורים נותנים לכהנים אמר ליה את אמרת מהתם ואנא אמינא מהכא

וטמא

רש"י

יכול אפי' מעולה בדמים. לקורה יותר מפירות יהא סרק קודם לו: ת"ל רק. מיעט הקדמה: מקורייהו. מקור שלהן ועיקרן (ב) ל"א הבא לי קור שהוא רך לאכול וגדל סביב שרשיו כלומר כלה עיקרם מפני שמפסיד ונאכל את הקור: גופני קני דיקלי. מדמי היין יכולין אנו לקנות קרקעות ואילו דקלי לא קני גופני אין שבהן עולה אלא לדבר מועט: מתני' אע"פ שהוא נותן לו כו'. סתמא היא ולא ר' עקיבא קאמר לה: על מנת לפטור. בגמ' מפרש לה: גמ' כל אלו שאמרו. סלע מנה ומאתים וד' מאות דמי בושת הן: אבל צער. שדואג על בושתו אינו נמחל לו: שהיה לו ללמוד. דרך ארץ ולא למד מדקאמר ליה רחמנא נביא הוא דמשמע אין ממש בדבריך וראוי אתה ליהרג: שכבת זרע. שבמעי אשה לא יכולה לפלוט: פי טבעת. נקב הגדולים לפנות: פקד. מדלא כתיב ויפקוד את שרה וכתיב פקד משמע פקד כבר תחילה לאבימלך: בהדי הוצא לקי כרבא. קוץ הגדל אצל הכרוב כשבא לעקרו פעמים שנעקר הכרוב עמו ונמצא לוקה בשבילו כלומר שכיני רשע לוקין עמו: כולכם פשעתם. אף הנביא במשמע: עד אנה מאנתם. ומשה ואהרן בכלל: אותם שהוכפלו שמותם. בברכת משה דן זבולון גד ואשר ונפתלי הודיעך הכתוב שחלשים שבכולן היו וצריכין חיזוק לפיכך כפל את שמם לחזקם ואותן הביא יוסף לפני פרעה כדי שלא יברור אותם להיות ראשי גייסות ולהטריחם: כל השבטים יצאו עצמותיהם ממצרים ונקברו בארץ ישראל שנאמר והעליתם את עצמותי מזה אתכם (שמות יג) משמע שאף עצמותם העלו ולא נכתב יוסף אלא להודיעך שבחו של משה שכל ישראל נתעסקו בביזה והוא עסק במצוה: מגולגלין בארון. לא היה שלדו קיימת ומחוברת מפני נידוי דקאמר ליה ליעקב אם לא (ט) אביאנו אליך וחטאתי לך כל הימים (בראשית מג) ואע"פ שנתקיים התנאי נפקא לן במסכת מכות (דף יא:) (ט) קללת חכם אפי' על תנאי היא באה: מי גרם לראובן כו'. מדרש אגדה הוא בתנחומא מכיון שהודה יהודה ואמר צדקה ממני עמד ראובן ואמר אני בלבלתי יצועי אבי: לשפא. נכנס כל עצם ונתחבר למקומו שסף משם. לשפא אשלוייה שדוגא בלע"ז כמו שף מדוכתיה (חולין דף מג:): אליבא דהלכתא. לא הוה מסתייעא מילתא למימר מילתא דתהוי הלכתא כוותיה: לא הוה סלקא ליה. כלומר לא היה עולה בידו למימר שמעתתא אליבא דהלכתא: הסלין והבכורין נותנין לכהן. והעשירים לא היו נותנין קלתותיהן לכהן: נצרים. שבטים: וטמא

תוספות

למחר אייתי לי מקורייהו. משמע דגופני עדיפי מדיקלי ותימה דבהאשה שנפלו לה נכסים (כתובות עט. ושם ד"ה אילני) אמר גבי נפלו לה כספים ילקח בהן קרקע דיקלי ואילני דקלי אילני וגופני אילני אלמא גופני גריעי אפילו מאילני דגריעי מדיקלי וי"ל דבגפנים כשאדם טורח לזמר ולתקן הכרם יש בהן ריוח גדול אבל בנכסי אשתו אם היה קונה גפנים מתוך שצריכים הוצאה מרובה לא היה הבעל חושש להוציא על נכסי' והיו הולכין לאיבוד לפיכך טוב לקנות דקלים שאין צריכין יציאה וממילא אתי בהו שבחא וטוב הוא לשניהם ועוד מפרש ר"ת בהמוכר את הספינה (ב"ב פב. ושם ד"ה מתקיף) דפירי דדיקלא מתקיימין טפי מאילני וגופני ובנכסי מלוג של אשה בעינן דבר המתקיים יותר:

כאשר אמר אברהם אל אבימלך. לאו בהריון משתעי שהרי המלאכים בישרו את שרה מפסח שלפניו אלא ילדה בריוח כמו שהתפלל על אבימלך: אלו הנכפלין בשמות. בבראשית רבה יש איפכא שהנכפלים גבורים היו כמו יהודה שנכפל: מי גרם לראובן שהודה יהודה. אע"ג דאמר במדרש וישב ראובן אל הבור מלמד ששב משקו ומתעניתו שבלבל יצועי אביו וזה היה קודם למעשה תמר מכל מקום לא הודה ברבים עד אחר שהודה יהודה:

מסורת הש"ס

א) לעיל כה., ב) [עי' תוס' גיטין פד: ד"ה ותיפוק, כתובות נו. ד"ה הרי], ג) מכות ט:, ד) נ"א על, ה) מכות יא: סוטה ז: [ע"ש], ו) ב"ב קעד: [חולין קס:] ערכין כג., ז) בכורים פ"ג מ"ח, ח) [נ"ל הביאתיו], ט) [נידוי על תנאי צריך הפרה כצ"ל].

הגהות הב"ח

(א) גמ' לראובן שיודה יהודה שמע כצ"ל ותיבת מיד נמחק: (ב) רש"י ד"ה מקורייהו מקור שלהן ועיקרן כלומר כלה עיקרם מפני שמפסיד ל"א הבא לי וכו' שרשיו ונאכל את הקור כצ"ל:

תורה אור השלם

א) וְעַתָּה הָשֵׁב אֵשֶׁת הָאִישׁ כִּי נָבִיא הוּא וְיִתְפַּלֵּל בַּעַדְךָ וֶחְיֵה וְאִם אֵינְךָ מֵשִׁיב דַּע כִּי מוֹת תָּמוּת אַתָּה וְכָל אֲשֶׁר לָךְ: [בראשית כ, ז]

ב) וַיִּתְפַּלֵּל אַבְרָהָם אֶל הָאֱלֹהִים וַיִּרְפָּא אֱלֹהִים אֶת אֲבִימֶלֶךְ וְאֶת אִשְׁתּוֹ וְאַמְהֹתָיו וַיֵּלֵדוּ: [בראשית כ, יז]

ג) וַאֲבִימֶלֶךְ לֹא קָרַב אֵלֶיהָ וַיֹּאמַר אֲדֹנָי הֲגוֹי גַּם צַדִּיק תַּהֲרֹג: [בראשית כ, ד]

הֲלֹא הוּא אָמַר לִי אֲחֹתִי הִוא וְהִיא גַם הִוא אָמְרָה אָחִי הוּא בְּתָם לְבָבִי וּבְנִקְיֹן כַּפַּי עָשִׂיתִי זֹאת: [בראשית כ, ה]

ד) כִּי עָצֹר עָצַר יְיָ בְּעַד כָּל רֶחֶם לְבֵית אֲבִימֶלֶךְ עַל דְּבַר שָׂרָה אֵשֶׁת אַבְרָהָם: [בראשית כ, יח]

ה) וַייָ שָׁב אֶת שְׁבוּת אִיּוֹב בְּהִתְפַּלְלוֹ בְּעַד רֵעֵהוּ וַיֹּסֶף יְיָ אֶת כָּל אֲשֶׁר לְאִיּוֹב לְמִשְׁנֶה: [איוב מב, י]

ו) וַייָ פָּקַד אֶת שָׂרָה כַּאֲשֶׁר אָמָר וַיַּעַשׂ יְיָ לְשָׂרָה כַּאֲשֶׁר דִּבֵּר: [בראשית כא, א]

ז) לָמָּה תָרִיבוּ אֵלָי כֻּלְּכֶם פְּשַׁעְתֶּם בִּי נְאֻם יְיָ: [ירמיה ב, כט]

ח) וַיֹּאמֶר יְיָ אֶל מֹשֶׁה עַד אָנָה מֵאַנְתֶּם לִשְׁמֹר מִצְוֺתַי וְתוֹרֹתָי: [שמות טז, כח]

ט) וּמִקְצֵה אֶחָיו לָקַח חֲמִשָּׁה אֲנָשִׁים וַיַּצִּגֵם לִפְנֵי פַרְעֹה: [בראשית מז, ב]

י) יְחִי רְאוּבֵן וְאַל יָמֹת וִיהִי מְתָיו מִסְפָּר: [דברים לג, ו]

כ) וְזֹאת לִיהוּדָה וַיֹּאמַר שְׁמַע יְיָ קוֹל יְהוּדָה וְאֶל עַמּוֹ תְּבִיאֶנּוּ יָדָיו רָב לוֹ וְעֵזֶר מִצָּרָיו תִּהְיֶה: [דברים לג, ז]

עין משפט נר מצוה

קד א מיי' פ"ו מהל' מלכים הלכה ח סמג לאוין רכט:
קה ב מיי' פ"ה מהל' חובל ומזיק הל' ט ופ"ב מהל' תשובה הל' ט סמג עשין ע טוש"ע ח"מ סי' תכב סעיף א:
קו ג מיי' שם הלכה י ופ"ו מהלכות דעות הלכה ו ופ"ב מהלכות תשובה הלכה י טוש"ע שם וטוש"ע א"ח סי' תרו סעיף א בהג"ה:
קז ד ה מיי' פ"ה מהל' חובל ומזיק הלכה יא סמג עשין ע טוש"ע ח"מ סי' תכא סעיף יב:
קח ו ז מיי' שם סמג שם טוש"ע ח"מ סי' שפ סעיף א:
קט ח מיי' שם הלכה יג טוש"ע שם סעיף ב:
קי ט מיי' פ"י מהלכות מלכים הל' א סמג לאוין רלב רלג:
קיא י מיי' פ"ג מהל' בכורים הל' ח סמג עשין קלט:

לעזי רש"י

אשלויי"ה שדונ"א. פירוש פרק (של עצם) (עיין רש"י מכות דף יא ע"ב ד"ה על איבריה לשפא ורש"י שבת דף קמז ע"א ד"ה נפרקה):

ליקוטי רש"י

מקורייהו. רך של דקל כשענפיו גדלים בכל שנה ושנה כדרך כל האילנות הנוסף בשנה זו רך ובשנה שניה מתקשה ונעשה עץ [ברכות לו.]. תאלי. דקלים קטנים [ב"ב כב:]. קרע את כסותי שבר את כדי חייב. דס"ק ליה אם תרצה קרע ושלם אבל פירש לו ע"מ פטור [לעיל כז.]. אילי נביות. דכרי נביות [ישעיה ס, ז]. בהתפללו בעד רעהו. בזכות שהתפלל על כל ריע וריע שלו [איוב מב, י]. וה' פקד את שרה. סמך פרשה זו לכאן ללמדך שכל המבקש רחמים על חבירו והוא צריך לאותו דבר הוא נענה תחילה שנאמר ויתפלל וגו' וסמיך ליה וה' פקד את שרה שפקד כבר קודם שרפא את אבימלך [בראשית כא, א]. כלכם פשעתם בי. אף הצדיקים במשמע היינו דאמרי אינשי בהדי הוצא לקי כרבא [ירמיה ב, כט]. עד אנה מאנתם. משל הדיוט הוא בהדי הוצא לקי כרבא ע"י הרשעים מתגנין הכשרין [שמות טז, כח]. ומקצה אחיו. מן הפחותים שבהם לגבורה שאין נראים גבורים שאם יראה אותם גבורים יעשה אותם אנשי מלחמתו. ואלה הם ראובן שמעון לוי יששכר ובנימין. אותן שלא כפל משה שמותם כשברכם אבל שמות הגבורים כפל וזאת ליהודה ויאמר שמע ה' קול יהודה ולגד אמר ברוך מרחיב גד ולנפתלי אמר נפתלי ולדן אמר דן וכן לזבולן וכן לאשר וזהו לשון בראשית רבה שהיא אגדת א"י. אבל בגמרא בבלית שלנו מצינו שאותם שכפל משה שמותם הם החלשים ואותן הביא לפני פרעה ויהודה שהוכפל שמו לא הוכפל משום חלשות אלא טעם יש בדבר כדאיתא בב"ק. ובברייתא דספרי שנינו בה בואת הברכה כמו בגמרא שלנו [בראשית מז, ב]. יחי ראובן וזאת ליהודה. סמך יהודה לראובן מפני ששניהם הודו על קלקול שבידם (מכות יא) שנאמר אשר חכמים יגידו וגו' להם לבדם וגו' ולא עבר זר בתוכם (איוב טו) ועוד פירשו רבותינו שכל מ' שנה שהיו ישראל במדבר היו עצמות יהודה מתגלגלין בארון מפני נדוי שקבל עליו שנאמר וחטאתי לאבי כל הימים (בראשית מד) אמר משה מי גרם לראובן שיודה יהודה וכו' [דברים לג, ז]. אין לך בברכת כל השבטים מתחלת וזאת חוץ מזו [סוטה ז:]. מה ראה לסמוך יהודה לראובן ומה ראה להתחיל בברכת יהודה בלשון וזאת ליהודה אלא לפי שהיו עצמות כל השבטים שלדן קיים ושל יהודה מגולגלין אמר לשון זה יחי ראובן כלומר ראובן שלדו קיימת כאילו הוא חי וזאת תהיה ליהודה שהם מגולגלין. עצמות כל השבטים יצאו ממצרים ונשאום בניהם במדבר וזהו שאמר יוסף לאחיו (שמות יג) והעליתם [את] עצמותי מזה אתכם עם עצמותיכם [מכות יא:]. היו עצמותיו של יהודה מגולגלין בארון. ושלדו. דפוס צורתו. אינה קיימת נשבר ונתפזר [נדה נו.]. עצמות כל השבטים העלו ממצרים והוא שאמר יוסף והעליתם את עצמותי מזה אתכם (שמות יג) עם עצמותיכם והיו עצמות כל השבטים שלדן קיימת ויהודה איבריו מתפרקין ומתגלגלין בארונו מפני שנידה את עצמו בערבונו של בנימין וחטאתי לך כל הימים (בראשית מג) אפי' לעולם הבא ומהכא נפקא לן (מכות דף יא:) (נידוי של חכם אפילו על תנאי הוא בא) [נידוי על תנאי צריך הפרה]. מי גרם לראובן שיודה. במעשה יצועי אביו. יהודה. שהודה במעשה תמר וכן היה מסורת בידיהם ומדרש אגדה דר' תנחומא כשאמר יהודה צדקה ממני עמד ראובן ואמר בלבלתי יצועי אבי ועכשיו יחי ראובן שלדו קיימת כאילו הוא חי וזאת ליהודה שהוא מתגלגל [סוטה ז:]. על אבריה לשפא. נכנסו עצמותיו למקום חיבורם ששפו משם כמו דשף מדוכתיה (חולין דף מג: נד.:) לשפא אישלויי"ש דורא [מכות שם]. למתיבתא דרקיעא. לישא וליתן עם שאר החכמים. ולמשקל ומיטרח. לישא וליתן. ידיו רב לו. יהא לו נלחם לריב ריבו והאי דכתיב ידיו לשון מלחמה הוא מלחמתה של תורה [סוטה שם]. יהי בו כח לריב ריבו לעצמו נגד חביריו [מכות שם]. אליבא דהלכתא. לא היה זוכה לומר דבר המתקבל [סוטה שם].

המשנה פונה לעסוק במקרים שבהם מזמין אדם את זולתו להזיק לו:

הָאוֹמֵר לחבירו: "**סַמֵּא** (עַוֵּר) **אֶת עֵינִי**", "**קְטַע אֶת יָדִי**, או "**שְׁבֹר אֶת רַגְלִי**", ועשה החבר כבקשתו, **חַיָּיב** החובל בכל זאת בדמי חבלתו[9]. ואפילו אם אמר, "סמא את עיני", "קטע את ידי", או "שבור את רגלי", והוסיף: "**עַל מְנָת לִפְטוֹר**" (על מנת שתפטר מתשלומים)[10], **חַיָּיב**[11]. ואילו אם אמר: "**קְרַע אֶת כְּסוּתִי**", או "**שַׁבֵּר אֶת כַּדִּי**", ועשה החבר כבקשתו, **חַיָּיב** אמנם המזיק לשלם[12], אבל אם אמר: "קרע את כסותי", או "שבר את כדי", והוסיף: "**עַל מְנָת לִפְטוֹר**", **פָּטוּר** המזיק[13].

מסיימת המשנה:

ואם אמר: "**עֲשֵׂה כֵּן** (הַזֵּק) **לְאִישׁ פְּלוֹנִי** (לאדם שלישי מלבד המצַוה והמצווה) **עַל מְנָת לִפְטוֹר**", ועשה החבר כבקשתו, **חַיָּיב, בֵּין בְּגוּפוֹ בֵּין בְּמָמוֹנוֹ** — בין שהורה המצַוה לחבול בגופו של פלוני, כגון שאמר: "סמא את עינו", או "קטע את ידו", ובין שהורה להזיק את ממונו, כגון שאמר: "קרע את כסותו", או, "שבר את כדו"[14].

גמרא ברייתא מרחיבה על המאמר הפותח של משנתנו:

תָּנוּ רַבָּנָן בברייתא: **כָּל אֵלּוּ** הקנסות **שֶׁאָמְרוּ** במשנה למעלה[15] אינם אלא **דְּמֵי בּוֹשְׁתּוֹ** של הניזק[16], פירעון פיחות הכבוד שפיחתו המבייש. **אֲבָל צַעֲרוֹ** — כאב הלב שלו על

הערות

י: "ואסור לנחבל להיות אכזרי ולא ימחול לו ואין זו דרך זרע ישראל", וראה שגם בהלכה מהלכות תשובה שהבאנו בפיסקה הבאה הזכיר רמב"ם שלמחול בלב שלם הוא דרך זרע ישראל).

כותב רמב"ם בהלכות תשובה ב, י, על פי משנתנו: "אסור לאדם להיות אכזרי ולא יתפייס, אלא יהא נוח לרצות וקשה לכעוס (מן אבות ה, יא), ובשעה שמבקש ממנו החוטא למחול מוחל בלב שלם ובנפש חפיצה. ואפילו הצר לו וחטא לו הרבה לא יקום ולא יטור (מן ויקרא יט, יח), וזהו דרכם של זרע ישראל, ולבם הנכון". אולם נאמר בירושלמי כאן (פרקנו הלכה ז) שבניגוד למי שנפגע מאחת משאר העבירות שבין אדם לחבירו, הרי מי שהוציאו עליו שם רע אינו צריך למחול למוציא. המאמר הועתק במקורות רבים, ביניהם מרדכי ליומא תשכג, ראבי"ה יומא תקלא, אור זרוע פסקי בבא קמא שעח, סמ"ג עשין טז, ובים של שלמה כאן בשם תרומת הדשן (תשובה שז ופסקים ריב; הובא גם בבית יוסף, חושן משפט תכ), אשר נתן טעם מפני שעשויים להיות כאלה שישמעו את הלעז אך לא ישמעו שהמלעיז חזר והודה ששקר ענה באחיו, ובעוד מוציא השם הרע עומד ומפייס את חבירו על הנעשה כבר, הולכת שמועתו הרעה ומתפשטת. הרי שאין בכוחו של מוציא שם רע לתקן את העוול או אפילו לפעול שלא ילך ויגדל. אך אף על פי כן, מסיים ים של שלמה, מידת חסידות ודרך ענוה היא שלאחר שנתחרט מוציא השם הרע יכוף הנפגע את יצרו וימחל לו במחילה גמורה. וראה רמ"א אורח חיים תרו, א, שאמנם פסק שמוציא שם רע אין צריכים למחול לו, ומגן אברהם ומשנה ברורה שם שהכריעו כים של שלמה שמידת ענוה היא למחול אף על כך.

מי שחטא לחבירו וביקש מחילה כהוגן ולא נתפייס חבירו בראשונה, יחזור וילך ויפייסנו פעם שנייה ושלישית, ובכל פעם מן השלש יקח עמו שלשה אנשים (אם פיוס בפני רבים עשוי להועיל יותר, ולפי רמב"ם הל' תשובה ב, ט, וטור אורח חיים תרו, השלשה אף הם מפצירים בנפגע שימחל; ובמשנה ברורה שם, ג, הביא שבכל פעם יְרַצֶה את הנפגע במין ריצוי אחר). לא נתפייס הנפגע בשלש פעמים, שוב אין החוטא זקוק לו (טור ושלחן ערוך שם, א, מיומא פז, א, אולם ראה מה שהעיר רמ"א שם בשם מרדכי ומהרי"ל), אלא מניחו והולך לו, וזה שסירב להתפייס נקרא אכזרי והוא מעתה החוטא (רמב"ם שם). כך לגבי החוטא בחבירו, אבל הפוגע ברבו צריך ללכת ולבוא אליו אפילו אלף פעמים (רמב"ם שם ושלחן ערוך שם ורי"ף ורא"ש ליומא שם) ולהרבות עליו רעים (טור שם) עד שיתפייס.

מסופר במגילה כח, א, על מר זוטרא שלא היה שוכב לישון כל לילה עד שסילק קפידא מליבו ומחל לכל מי שציערו, ועל רבי נחוניא בן הקנה שזכה לאריכות ימים בזכות עשייתו כך [והובאה במשנה ברורה רלט, ט]. ומשם למד ריטב"א ליומא כג, א, שלמרות שמעיקר הדין אין אדם חייב למחול לחוטא כנגדו עד שהלה בא ומפייסו, מכל מקום המוחל מאליו — משובח (וראה סוף הערה 19).

9. חייב בכל חמשה הדברים (רמב"ם הל' חובל ומזיק ה, יא). שכן אפילו המזמין אחר להזיק את ממונו, כגון שאמר, "קרע את כסותי!", לא נתכוון אלא לומר לו שאם תרצה קרע ושלם (ראה רש"י למעלה כז, א, ד"ה חייב [ב]; וראה להלן הערה 12) אבל לא נתכוון לפוטרו. כל שכן בהיזק גופני, כי הדבר ידוע שאין אדם מוותר על גופו שייחבל (ע"פ רמב"ם שם ובפירושו למשנתנו).

10. ע"פ רש"י להלן צג, א, ד"ה על מנת לפטור, רמב"ם הל' חובל ומזיק ה, יא, ושלחן ערוך חושן משפט שפ, א. אלא שנחלקו שם בגמרא אם אמנם הניזק הוא שהוסיף "על מנת לפטור", או שלאחר שאמר הניזק "סמא את עיני" וכו', הגיב המזיק בלשון שאלה, "על מנת לפטור?" (רוצה לומר, התסכים להתנות שאחבול בך ואפטר?), והשיב הניזק, "הן!" רש"י כאן רומז למחלוקת בכתבו בד"ה על מנת לפטור: "בגמרא מפרש לה". ראה לקמן שם הערה 23 ובהערה הבאה.

11. שכן כאמור למעלה הערה 9, אין אדם מוותר על גופו שייחבל, ואפילו אם הצהיר שהוא יפטור את החובל לא היה לחובל לקבל את דבריו (רמב"ם שם ובפירושו למשנתנו), כי מתוך צערו או כעסו דיבר הנחבל ולא בדעת גמורה (רשב"א להלן צג, א, ד"ה לפי).

פירשנו לפי מאן דאמר ש"על מנת לפטור" הוא מדברי הנחבל (ראה ההערה הקודמת). אבל לרבי יוחנן להלן צג, א, מדובר שהחובל הוא ששאל, "על מנת לפטור?", והשיבו הנחבל, "הן". אז חייב החובל, כי את ה"הן" לא השיב החובל אלא כמתמה, "היעלה על דעתך שאמחלך על חבלת גופי?" אך אם הנחבל הוא שהוסיף בסיום דבריו, "על מנת לפטור", אז אמנם פטור החובל. ראה שם. [נעיר שאפילו במקום שפטור החובל בדיעבד, אסור לחבול לכתחילה, שכן רשות הנחבל אינה מועילה לעבור על הלאו של הכאת חבירו, שאזהרתו מן "אַרְבָּעִים יַכֶּנּוּ (שליח בית דין את המחוייב מלקות) לֹא יֹסִיף פֶּן יֹסִיף לְהַכֹּתוֹ וגו'" בדברים כה, ג (שו"ת ריב"ש תפד; ראה כתובות לג, א).]

12. שלא נתכוון הניזק אלא לומר, "אם תרצה קרע ושלם", כפי שכבר הזכרנו בהערה 9. אלא שלפי כמה ראשונים בפירושם לגמרא להלן צג, א, לא דיברה משנתנו אלא במי שהופקדה אצלו כסות או כד לשמור, ושוב נמלך המפקיד ונתן רשות לנפקד לקרוע את הכסות ולשבור את הכד, שמאחר שמתחילה קיבל עליו הנפקד לשמור היה צריך להבין שלא נתכוון המפקיד אלא לשַׁטוֹת בו, ולא לאבד את פקדונו, ולפיכך חייב. אבל בכסות או כד שלא נמסרו לשמירה, אלא שאמר הניזק לאדם פלוני, "קרע את כסותי המונחת לפניך", או, "שבור את כדי המונח לפניך", ועשה כהוראתו, פטור. ובאשר לדעתו של רש"י, ראה לקמן שם הערה 23.

13. אדם עשוי לוותר על ממונו, ולכן רשאי היה המזיק לקבל את דברי הניזק כמשמעם. שוב פירשנו בהנחה ש"על מנת לפטור" הוא מדברי הניזק. אבל לפי רבי יוחנן להלן צג, א, יתפרשו האמירה ותועלתה בדרך אחרת. עוד יתברר שם שלרש"י בדעת רבי יוחנן, ובניגוד לעולה בפשטות ממשנתנו, אין למעשה הבדל בין חבלת גוף להיזק ממון, כי בשניהם אם שאל המזיק, "על מנת לפטור?", והשיב הניזק, "הן", תלוי הכל בנעימה שבה השיב: אם בניחותא, פטור המזיק בשניהם; ואם כמתמה, חייב בשניהם. ראה שם.

14. ברור שאין אדם מוסמך לוותר על גופו או ממונו של זולתו, ולכן פשוט שאין ממש בתנאי שמתנה זר לפטור את המזיק מדמי עינו או כסותו של אדם שלישי. אבל כוונת המשנה היא שהמצַוה אמר, "על מנת שאשלם [ומתוך כך תיפטר]", אלא שנקטה המשנה "על מנת לפטור" להשתוות לסיגנון הבבות הקודמות. משנתנו מחדשת שאף על פי כן לא נחשב המזיק עושה דברו של המצַוה, אלא דין הניזק עם המזיק, ולא עוד אלא שאף לאחר שישלם המזיק אינו חוזר וגובה את הדמים מן המצַוה. שכן "אין שליח לדבר עבירה" (קידושין מב, ב, ולמעלה נא, א) — מעשה איסור או היזק מיוחס לעושה ולא למשלחו, כי צו משלח בשר ודם אין בתוקפו להניע שליח היכן שהצו האלוקי מונעו, ושליח הבוחר להפר את מצוות האלוקים פועל איפוא מדעת עצמו (ע"פ קידושין שם). לפיכך בנידוננו פטור המצַוה וחייב המזיק (תוספות יום טוב). זאת בנוגע לתשלומים, אבל באשר לרוע המעשה "הרי זה האומר לו [למזיק להזיק לשלישי הוא] שותפו בעון, ורשע הוא, שהרי הכשיל עוֵּר (ועבר על "לִפְנֵי עִוֵּר לֹא תִתֵּן מִכְשֹׁל" בויקרא יט, יד, אזהרה שלא לסייע בביצוע חטא) וחיזק ידי עוברי עבירה" (לשון רמב"ם הל' חובל ומזיק ה, יג, וראה ביאור הגר"א חושן משפט שפ, ג, שהראה מקור מקידושין מג, א; השווה פירוש המשנה לרמב"ם תרומות ו, ג).

15. הסלע שהתוקע לחבירו נותן לו, או המנה לפי רבי יהודה משום רבי יוסי הגלילי; מאתיים הזוז שנותן הסוטר לחבירו; וארבע מאות הזוז שנותן הסוטרו לאחר יד, הצורם אזנו, התולש בשערו, הרוקק בחבירו והגיע בו הרוק, והפורע ראש אשה בשוק (רש"י). כולם שנויים למעלה צ, א, ואת כולם, יחד עם עוד מספר גביות המנויות בדף כז ,ב, קצבו חכמים על מיני הכאות שכיחות אשר יש בהן ביזוי וגם צער מעט אך לרוב אין בהם נזק (ע"פ רמב"ם הל' חובל ומזיק ג, ח).

לדעת רש"י למעלה כז, ב, ד"ה שלש עשרה, אלו הקיצבות משתלמות בעבור הבושת לבדה, אבל אם גרמה ההכאה צער גופני, או שסיבבה שֶׁבֶת ודמי ריפוי, משלם עליהם המכה בנפרד. לעומתו סובר רמב"ם (שם, הועתק בשלחן ערוך חושן משפט תכ, מא) שהקיצבות כוללות את דמי הצער, ואף את צורכי הרפואה והשבת אם ישנם כאלה. ואילו לרא"ש (ג, ב, וראה שם שהבין את רי"ף כדבריו, אך ראה בית יוסף חושן משפט שם ד"ה ומ"ש רבינו ורב אלפס כתב) ולטור (חושן משפט שם) דרך אמצעית: הקיצבות כוללות את דמי הצער עם הבושת, אבל לא את הריפוי והשבת. מסתבר שלגבי הנזק כולם מודים שהמכה משלם עליו בנפרד לפי אומדו, אלא שכאמור למעלה לרוב אין נזק בהכאות מהמין הזה. וראה ההערה הבאה.

16. לפי רש"י, דמי בושתו בלבד, ועליהם יש להוסיף את ארבעה הדברים האחרים. ולפי רא"ש הכוונה לדמי בושת ומעט הצער הגופני שכרגיל כרוך במכה המביישת.

יכול אפילו מעולה בדמים ת"ל רק שמואל אייתי ליה אריסיה תמרי אכיל טעים בהו טעמא דחמרא א"ל מאי האי א"ל ביני גופני קיימי אמר [א]מכחשי בחמרא כולי האי למחר אייתי לי מקורייהו: רב חסדא חזא תאלי בי גופני אמר ליה לאריסיה עקרינהו גופני קני דקלי דקלי לא קני גופני:

מתני' [ב]אע"פ שהוא נותן לו אין נמחל לו עד שיבקש ממנו שנאמר א) ועתה השב אשת וגו' ומנין [ג]שאם לא מחל לו שהוא אכזרי שנאמר ב) ויתפלל אברהם אל האלהים וירפא אלהים את אבימלך וגו' [ד]האומר סמא את עיני קטע את ידי שבר את רגלי חייב [ה]ע"מ לפטור חייב (א) [ו]קרע את כסותי שבר את כדי חייב ג) [ז]ע"מ לפטור פטור [ח]עשה כן לאיש פלוני על מנת לפטור חייב בין בגופו בין בממונו:

גמ' ת"ר כל אלו שאמרו דמי בושתו אבל צערו אפי' הביא כל אילי נביות שבעולם אין נמחל לו עד שיבקש ממנו שנאמר א) השב אשת האיש כי נביא הוא ויתפלל בעדך ג) דאשת נביא בעי אהדורי אשת אחר לא בעי אהדורי אמר רבי שמואל בר נחמני אמר ר' יונתן השב אשת האיש מכל מקום ודקא אמרת ג) הגוי גם צדיק תהרוג הלא הוא אמר לי אחותי היא והיא גם היא אמרה אחי הוא נביא הוא וכבר לימד אכסנאי שבא לעיר על עסקי אכילה ושתיה שואלין אותו או על עסקי אשתו שואלין אותו אשתך היא אחותך היא מכאן לבן נח [ט]שנהרג שהיה לו ללמוד ולא למד: ד) כי עצר עצר ה' אמר ר' אלעזר שתי עצירות הללו למה אחת באיש שכבת זרע שתים באשה שכבת זרע ולידה במתניתא תנא שתים באיש שכבת זרע וקטנים שלשה באשה שכבת זרע וקטנים ולידה רבינא אמר שלש באיש שכבת זרע וקטנים ופי טבעת ארבעה באשה שכבת זרע ולידה וקטנים ופי טבעת: ד) בעד כל רחם אמרי דבי ר' ינאי אפילו תרנגולת של בית אבימלך לא הטילה ביצתה א"ל רבא לרבה בר מרי מנא הא מילתא דאמור רבנן כל המבקש רחמים על חבירו והוא צריך לאותו דבר הוא נענה תחילה א"ל דכתיב ה) וה' שב את שבות איוב בהתפללו בעד רעהו אמר ליה את אמרת מהתם ואנא אמינא מהכא ב) ויתפלל אברהם אל האלהים וירפא אלהים את אבימלך ואת אשתו ואמהותיו [וגו'] וכתיב ו) וה' פקד את שרה כאשר אמר וגו' כאשר אמר אברהם [ה]אל אבימלך אמר ליה רבא לרבה בר מרי מנא הא מילתא דאמרי אינשי בהדי הוצא לקי כרבא א"ל דכתיב ז) למה תריבו אלי כלכם פשעתם בי נאם ה' אמר ליה את אמרת מהתם ואנא אמינא מהכא ח) עד אנה מאנתם לשמור מצותי ותורותי אמר ליה רבא לרבה בר מרי כתיב ט) ומקצה אחיו לקח חמשה אנשים מאן נינהו חמשה א"ל הכי א"ר יוחנן אותן שהוכפלו בשמות יהודה נמי איכפולי מיכפל אמר ליה למילתיה הוא דאיכפל [ט]דאמר ר' שמואל בר נחמני אמר רבי יונתן מאי דכתיב י) יחי ראובן ואל ימות ויהי מתיו מספר וזאת ליהודה כל אותן ארבעים שנה שהיו ישראל במדבר היו עצמותיו של יהודה מגולגלין בארון עד שבא משה ובקש רחמים אמר לפניו רבונו של עולם מי גרם לראובן שיודה יהודה (א) מיד שמע ה' קול יהודה על איבריה לשפא לא הוו קא מסקי למתיבתא דרקיעא כ) ואל עמו תביאנו לא הוה ידע מאי קאמרי רבנן ולמשקל ומיטרח בהדי רבנן כ) ידיו רב לו לא הוה סליק ליה שמעתתא אליבא דהלכתא כ) ועזר מצריו תהיה אמר ליה רבא לרבה בר מרי מנא הא מילתא [י]דאמרי אינשי בתר עניא אזלא עניותא אמר ליה דתנן [י]עשירים מביאין בכורים בקלתות של זהב ושל כסף ועניים בסלי נצרים של ערבה קלופה הסלים והבכורים נותנים לכהנים אמר ליה את אמרת מהתם ואנא אמינא מהכא

וטמא

רש"י

יכול אפי' מעולה בדמים. לקורה יותר מפירות יהא סרק קודש לו: **ת"ל רק.** מיעט הקדמה: **מקורייהו.** מקור שלהן ועיקרן (ב) ל"א הבא לי קור שהוא רך לאכול וגדל סביב שרשיו כלומר כלה עיקרם מפני שמפסיד ונאכל את הקור: **גופני קני דיקלי.** מדמי היין יכולין אנו לקנות קרקעות ואילו דקלי לא קני גופני אין שבחן עולה אלא לדבר מועט: **מתני' אע"פ שהוא נותן לו כו'.** סתמא היא ולא ר' עקיבא קאמר לה: **על מנת לפטור.** בגמ' מפרש לה: **גמ' כל אלו שאמרו.** סלע מנה ומאתים וד' מאות דמי בושת הן: **אבל צער.** שדואג על בושתו אינו נמחל לו: **שהיה לו ללמוד.** דרך ארץ ולא לגנב מדקאמר ליה רחמנא נביא הוא דמשמע אין ממש בדבריך וראוי אתה ליהרג: **שכבת זרע.** שבמעי אשה לא יכולה לפלוט: **פי טבעת.** נקב הגדולים לפנות: **פקד.** מדלא כתיב ויפקוד את שרה וכתיב פקד משמע פקד כבר תחילה לאבימלך: **בהדי הוצא לקי כרבא.** קוץ הגדל אצל הכרוב כשבא לעקרו פעמים שנעקר הכרוב עמו ונמצא לוקה בשבילו כלומר שכיני רשע לוקין עמו: **כולכם פשעתם.** אף הנביא במשמע: **עד אנה מאנתם.** ומשה ואהרן בכלל: **אותם שהוכפלו שמותם.** בברכת משה דן וזבולון גד ואשר ונפתלי הודיעך הכתוב שחלשים שבכולן היו וצריכין חיזוק לפיכך כפל את שמם לחזקם ואותן הביא יוסף לפני פרעה כדי שלא יברור אותם להיות ראשי גייסות ולהטריחם: **כל השבטים** יצאו עצמותיהם ממצרים ונקברו בארץ ישראל שנאמר והעליתם את עצמותי מזה אתכם (שמות יג) משמע שאף עצמותם העלו ולא נכתב יוסף אלא להודיעך שבחו של משה שכל ישראל נתעסקו בביזה והוא עסק במצוה: **מגולגלין בארון.** לא היה שלדו קיימת ומחוברת מפני נידוי דקאמר ליה ליעקב אם לא [ח]אביאנו אליך וחטאתי לך כל הימים (בראשית מג) ואע"פ שנתקיים התנאי נפקא לן במסכת מכות (דף יא:) [ט]קללת חכם אפי' על תנאי היא באה: **מי גרם לראובן כו'.** מדרש אגדה הוא בתנחומא מכיון שהודה יהודה ואמר צדקה ממני עמד ראובן ואמר אני בלבלתי יצועי אבי: **לשפא.** נכנס כל עצם ונתחבר למקומו ששף משם. לשפא אשלוייה שדונא בלע"ז כמו שף מדוכתיה (חולין דף מב:): **אליבא דהלכתא.** לא הוה מסתייעא מילתא למימר מילתא דתהוי הלכתא כוותיה: **לא הוה סלקא ליה.** כלומר לא היה עולה בידו למימר שמעתתא אליבא דהלכתא: **הסלין והבכורין נותנין לכהן.** והעשירים לא היו נותנין קלתותיהן לכהן: **נצרים.** שבטים:

וטמא

תוספות

למחר אייתי לי מקורייהו. משמע דגופני עדיפי מדיקלי ותימה דבהאשה שנפלו לה נכסים (כתובות עט. ושם ד"ה אילני) אמר גבי נפלו לה כספים ילקח בהן קרקע דיקלי ואילני דקלי אילני וגופני אילני אלמא גופני גריעי אפילו מאילני דגריעי מדיקלי וי"ל דבגפנים כשאדם טורח לזמר ולתקן הכרם יש בהן ריוח גדול אבל בנכסי אשתו אם היה קונה גפנים מתוך שצריכים הוצאה מרובה לא היה הבעל חושש להוציא על נכסי' והיו הולכין לאיבוד לפיכך טוב לקנות דקלים שאין צריכין יציאה וממילא אתי בהו שבחא וטוב הוא לשניהם ועוד מפרש ר"ת בהמוכר את הספינה (ב"ב פב. ושם ד"ה מתקיף) דפירי דדיקלא מתקיימין טפי מאילני וגופני ובנכסי מלוג של אשה בעינן דבר המתקיים יותר:

כאשר אמר אברהם אל אבימלך. לאו בהריון משתעי שהרי המלאכים בישרו את שרה מפסח שלפניו אלא ילדה בריות כמו שהתפלל על אבימלך: **אלו** הנכפלין בשמות. בבראשית רבה יש איפכא שהנכפלים גבורים היו כמו יהודה שנכפל: **מי** גרם לראובן שהודה יהודה. אע"ג דאמר במדרש וישב ראובן אל הבור מלמד ששב משקו ומתעניתו שבלבל יצועי אביו וזה היה קודם למעשה תמר מכל מקום לא הודה ברבים עד אחר שהודה יהודה:

מסורת הש"ס

א) לעיל כז., ב) [עי' תוס' גיטין פד: ד"ה ותיפוק, כתובות נו. ד"ה הרי], ג) מכות ט:, ד) נ"א על, ה) מכות יא: סוטה ז: [ע"ש], ו) ב"ב קעד: [חולין קה:] ערכין כג., ז) בכורים פ"ג מ"ח, ח) [צ"ל הביאותיו], ט) [נידוי על תנאי צריך הפרה כצ"ל].

הגהות הב"ח

(א) גמ' לראובן שיודה יהודה שמע כצ"ל ותיבת מיד נמחק: (ב) רש"י ד"ה מקורייהו מקור שלהן ועיקרן כלומר כלה עיקרם מפני שמפסיד ל"א הבא לי וכו' שרשיו ונאכל את הקור כצ"ל:

תורה אור השלם

א) וְעַתָּה הָשֵׁב אֵשֶׁת הָאִישׁ כִּי נָבִיא הוּא וְיִתְפַּלֵּל בַּעַדְךָ וֶחְיֵה וְאִם אֵינְךָ מֵשִׁיב דַּע כִּי מוֹת תָּמוּת אַתָּה וְכָל אֲשֶׁר לָךְ: [בראשית כ, ז]

ב) וַיִּתְפַּלֵּל אַבְרָהָם אֶל הָאֱלֹהִים וַיִּרְפָּא אֱלֹהִים אֶת אֲבִימֶלֶךְ וְאֶת אִשְׁתּוֹ וְאַמְהֹתָיו וַיֵּלֵדוּ: [בראשית כ, יז]

ג) וַאֲבִימֶלֶךְ לֹא קָרַב אֵלֶיהָ וַיֹּאמַר אֲדֹנָי הֲגוֹי גַּם צַדִּיק תַּהֲרֹג: [בראשית כ, ד]

הֲלֹא הוּא אָמַר לִי אֲחֹתִי הִוא וְהִיא גַם הִוא אָמְרָה אָחִי הוּא בְּתָם לְבָבִי וּבְנִקְיֹן כַּפַּי עָשִׂיתִי זֹאת: [בראשית כ, ה]

ד) כִּי עָצֹר עָצַר יְיָ בְּעַד כָּל רֶחֶם לְבֵית אֲבִימֶלֶךְ עַל דְּבַר שָׂרָה אֵשֶׁת אַבְרָהָם: [בראשית כ, יח]

ה) וַייָ שָׁב אֶת שְׁבוּת אִיּוֹב בְּהִתְפַּלְלוֹ בְּעַד רֵעֵהוּ וַיֹּסֶף יְיָ אֶת כָּל אֲשֶׁר לְאִיּוֹב לְמִשְׁנֶה: [איוב מב, י]

ו) וַייָ פָּקַד אֶת שָׂרָה כַּאֲשֶׁר אָמָר וַיַּעַשׂ יְיָ לְשָׂרָה כַּאֲשֶׁר דִּבֵּר: [בראשית כא, א]

ז) לָמָּה תָרִיבוּ אֵלָי כֻּלְּכֶם פְּשַׁעְתֶּם בִּי נְאֻם יְיָ: [ירמיה ב, כט]

ח) וַיֹּאמֶר יְיָ אֶל מֹשֶׁה עַד אָנָה מֵאַנְתֶּם לִשְׁמֹר מִצְוֹתַי וְתוֹרֹתָי: [שמות טז, כח]

ט) וּמִקְצֵה אֶחָיו לָקַח חֲמִשָּׁה אֲנָשִׁים וַיַּצִּגֵם לִפְנֵי פַרְעֹה: [בראשית מז, ב]

י) יְחִי רְאוּבֵן וְאַל יָמֹת וִיהִי מְתָיו מִסְפָּר: [דברים לג, ו]

כ) וְזֹאת לִיהוּדָה וַיֹּאמַר שְׁמַע יְיָ קוֹל יְהוּדָה וְאֶל עַמּוֹ תְּבִיאֶנּוּ יָדָיו רָב לוֹ וְעֵזֶר מִצָּרָיו תִּהְיֶה: [דברים לג, ז]

עין משפט נר מצוה

קד א מיי' פ"ו מהל' מלכים הלכה ח סמג לאוין רכט:

קה ב מיי' פ"ה מהל' חובל ומזיק הל' ט ופ"ב מהל' תשובה הל' ט סמג עשין ע טוש"ע ח"מ סי' תכב סעיף א:

קו ג מיי' שם הלכה י ופ"ו מהלכות דעות הלכה ו ופ"ב מהלכות תשובה הלכה י טוש"ע שם וטוש"ע א"ח סי' תרו סעיף א בהג"ה:

קז ד ה מיי' פ"ה מהל' חובל ומזיק הלכה יא סמג עשין ע טוש"ע ח"מ סי' תכא סעיף יב:

קח ו ז מיי' שם סמג שם טוש"ע ח"מ סי' שפ סעיף א:

קט ח מיי' שם הלכה יג טוש"ע שם סעיף ב:

קי ט מיי' פ"י מהלכות מלכים הל' א סמג לאוין רלב רלג:

קיא י מיי' פ"ג מהל' בכורים הל' ח סמג עשין קמט:

לעזי רש"י

אשלויי"ה שדונ"א. פירוק פרק (של עצם) (עיין רש"י מכות דף יא ע"ב ד"ה על איבריה לשפא ורש"י שבת דף קמז ע"א ד"ה נפרקה):

ליקוטי רש"י

מקורייהו. רך של דקל כשענפיו גדלים בכל שנה ושנה כדרך כל האילנות הנוסף בשנה זו רך ובשנה שניה מתקשה ונעשה עץ [ברכות לו.]. **תאלי.** דקלים קטנים [ב"ב כב:]. **קרע את כסותי שבר את כדי חייב.** דס"ד ליה אם תרצה קרע ושלם אבל פירש לו ע"מ פטור [לעיל כז.]. **אילי נביות.** דכרי נביות [ישעיה ס, ז]. **בהתפללו בעד רעהו.** בזכות שהתפלל על כל ריע וריע שלו [איוב מב, י]. **וה' פקד את שרה.** סמך פרשה זו לכאן ללמדך שכל המבקש רחמים על חבירו והוא צריך לאותו דבר הוא נענה תחילה שנאמר ויתפלל וגו' וסמיך ליה וה' פקד את שרה שפקד כבר קודם שרפא את אבימלך [בראשית כא, א]. **כלכם פשעתם בי.** אף הצדיקים במשמע היינו דאמרי אינשי בהדי הוצא לקי כרבא [ירמיה ב, כט]. **עד אנה מאנתם.** משל הדיוט הוא בהדי הוצא לקי כרבא ע"י הרשעים מתגנין הכשרין [שמות טז, כח]. **ומקצה אחיו.** מן הפחותים שבהם לגבורה שאין נראים גבורים שאם יראה אותם גבורים יעשה אותם אנשי מלחמתו. ואלה הם ראובן שמעון לוי יששכר ובנימין. אותן שלא כפל משה שמותם כשברכם אבל שמות הגבורים כפל וזאת ליהודה ויאמר שמע ה' קול יהודה ולגד אמר ברוך מרחיב גד ולנפתלי אמר נפתלי ולדן אמר דן וכן לזבולון וכן לאשר וזהו לשון בראשית רבה שהיא אגדת א"י. אבל בגמרא בבלית שלנו מצינו שאותם שכפל משה שמותם הם החלשים ואותן הביא לפני פרעה ויהודה שהוכפל שמו לא הוכפל משום חלשות אלא טעם יש בדבר כדאיתא בב"ק. ובברייתא דספרי שנינו בה בזאת הברכה כמו בגמרא שלנו [בראשית מז, ב]. **יחי ראובן וזאת ליהודה.** סמך יהודה לראובן מפני שניהם הודו על קלקול שבידם (מכות יא) שנאמר אשר חכמים יגידו וגו' להם לבדם וגו' ולא עבר זר בתוכם (איוב טו) ועוד פירשו רבותינו שכל מ' שנה שהיו ישראל במדבר היו עצמות יהודה מתגלגלין בארון מפני נדוי שקבל עליו שנאמר וחטאתי לאבי כל הימים (בראשית מד) אמר משה מי גרם לראובן שיודה יהודה וכו' [דברים לג, ז]. אין לך בברכת כל השבטים מתחלת וזאת חוץ מזו [סוטה ז:]. מה ראה לסמוך יהודה לראובן ומה ראה להתחיל בברכת יהודה בלשון וזאת ליהודה אלא לפי שהיו עצמות כל השבטים שלדן קיים ושל יהודה מגולגלין אמר לשון זה יחי ראובן כלומר ראובן שלדו קיימת כאילו הוא חי וזאת תהיה ליהודה שהם מגולגלין. עצמות כל השבטים יצאו ממצרים ונשאום בניהם במדבר וזהו שאמר יוסף לאחיו (שמות יג) והעליתם [את] עצמותי מזה אתכם עם עצמותיכם [מכות יא:]. **היו עצמותיו של יהודה מגולגלין בארון.** ושלדו. דפוס צורתו. אינה קיימת נשבר ונתפזר [נדה נו.]. עצמות כל השבטים העלו ממצרים והוא שאמר יוסף והעליתם את עצמותי מזה אתכם (שמות יג) עם עצמותיכם והיו עצמות כל השבטים שלדן קיימת ויהודה איבריו מתפרקין ומתגלגלין בארונו מפני שנידה את עצמו בערבונו של בנימין וחטאתי לך כל הימים (בראשית מג) אפי' לעולם הבא ומהכא נפקא לן (מכות דף יא:) (נידוי של חכם אפילו על תנאי הוא בא) [נידוי על תנאי צריך הפרה]. **מי גרם לראובן שיודה.** במעשה יצועי אביו. יהודה. שהודה במעשה תמר וכן היה מסורת בידיהם ומדרש אגדה דר' תנחומא כשאמר יהודה צדקה ממני עמד ראובן ואמר בלבלתי יצועי אבי ועכשיו יחי ראובן שלדו קיימת כאילו הוא חי וזאת ליהודה שהוא מתגלגל [סוטה ז:]. **על אבריה לשפא.** נכנסו עצמותיו למקום חיבורם ששפו משם כמו דשף מדוכתיה (חולין דף מב: נד.:) לשפא אישלוייי"ש דורא [מכות שם]. **למתיבתא דרקיעא.** לישא וליתן עם שאר החכמים. **ולמשקל ומיטרח.** לישא וליתן. **ידיו רב לו.** יהא לו נצחון לריב ריבו והאי דכתיב ידיו לשון מלחמה הוא מלחמתה של תורה [סוטה שם]. יהי בו כח לריב ריבו לעצמו נגד חביריו [מכות שם]. **אליבא דהלכתא.** לא היה זוכה לומר דבר המתקבל [סוטה שם].

שבוייש[17], **אֲפִילּוּ הֵבִיא** המבייש **כָּל אֵילֵי נְבָיוֹת**[18] **שֶׁבָּעוֹלָם** כקרבנות לכפרתו, **אֵין נִמְחָל לוֹ** משמים **עַד שֶׁיְּבַקֵּשׁ** מחילה **מִמֶּנּוּ** (מן המתבייש). **שֶׁנֶּאֱמַר: "הָשֵׁב אֵשֶׁת הָאִישׁ כִּי נָבִיא הוּא וְיִתְפַּלֵּל בַּעַדְךָ"**[19].

שאלה במאמר מוסגר[20] על המקרא שהביאה הברייתא:

נתינת טעם זו, "כִּי נָבִיא הוּא", מה משמעה; **דְּאֵשֶׁת נָבִיא בָּעֵי אַהְדּוּרֵי** — וכי רק אשתו של נביא צריך להחזיר, ואילו **אֵשֶׁת אַחֵר לֹא בָּעֵי אַהְדּוּרֵי** — לא היה צריך אבימלך להחזיר? הלא די היה בכך שהיתה נשואה לאיש כלשהו כדי לאוסרה על זרים![21]

משיבה הגמרא:

אָמַר רַבִּי שְׁמוּאֵל בַּר נַחְמָנִי אָמַר רַבִּי יוֹנָתָן: משקל הכתוב הוא, **"הָשֵׁב אֵשֶׁת הָאִישׁ", מִכָּל מָקוֹם** — מבלי להתחשב מי הוא האיש, כי אמנם די בכך שהיא נשואה לאיש כלשהו. **וּדְקָא אָמַרְתְּ** — אך באשר לטיעון שטענת להגנתך (בראשית כ, ד-ה): **"הֲגוֹי גַּם צַדִּיק תַּהֲרֹג** (התהרוג עם על אף שהוא צדיק)? **הֲלֹא הוּא** (אברהם) **אָמַר לִי 'אֲחֹתִי הִוא', וְהִיא גַם הִוא אָמְרָה 'אָחִי הוּא'**[22], וכי אמות על אשה שהיא ובעלה הטעוני?" אשיבך: **"נָבִיא הוּא"** אברהם, ומתפקידו להורות תורה ודרך ארץ לרבים[23], **וּכְבָר לִימֵּד: אַכְסְנַאי** (אורח זקוק לאכסניא) **שֶׁבָּא לָעִיר, עַל עִסְקֵי אֲכִילָה וּשְׁתִיָּה שׁוֹאֲלִין אוֹתוֹ**, שמא רעב הוא או צמא, **אוֹ עַל עִסְקֵי אִשְׁתּוֹ שׁוֹאֲלִין אוֹתוֹ:** 'האם **אִשְׁתְּךָ הִיא**, או שמא **אֲחוֹתְךָ הִיא?**' ברור, הורה אברהם, שיש להתענין בצרכי האכסנאי, ולא להקיפו בשאלות שמולדן בתשוקה לנצל לרעה אותו ואת הנלוות לו! אבל אתה לא פעלת כפי שלימד אברהם, אלא הקדמת לחקור אודות שרה ויחסה אליו[24]. ומכך הבין אברהם ש"אֵין יִרְאַת אֱלֹהִים בַּמָּקוֹם הַזֶּה" (שם, יא)[25], ושאם ישיב כָּאמת ששרה היא אשתו, עלולים להורגו כדי לקחתה למלך. לכן אנוס היה להטעותכם. בך, אבימלך, תלויה איפוא האשמה, ולא באברהם, שכן חוסר דרך הארץ שבשאלותיך הוא שגרם שתילקח לביתך אשת איש[26].

הערות

ואילו לרמב"ם הוזכרה בושת כאן מפני שהיא ההיזק העיקרי והמצוי תמיד בהכאות המוזכרות, ולפי מידתה קצבו את הקנסות. ראה ההערה הקודמת.

17. רש"י, ובטור חושן משפט תכב: "הצער של הבושת שביישו". אין כוונת הברייתא לצער הגופני מן המכה, שהרי גם עליו, כמו על הבושת, משלם המכֶּה (מהרש"א; לרש"י משתלם הצער הגופני בנוסף לבושת, ולרמב"ם ורא"ש משתלם הצער בכלל הקנס הקצוב המכונה כאן 'דמי בושתו' — ראה שתי ההערות הקודמות). אלא, כל אדם הוא בעל כבוד, וניתן להעריך את כבודו בדמים ופעמים אף למוכרו כאחד משאר הקנינים (ראה כתובות מ, ב, עם רש"י ד"ה למנוול, וקידושין ג, ב, עם רש"י ד"ה דאבוה). המבייש את חבירו מזלזלו ונוטל כבודו וכאילו גזלו, וכמו שגזלן משיב את הגזילה או משלם עליה, כך המבייש משלם דמי בושת לפצות את המתבייש על אבדן כבודו. אבל כמו שאין בדמי גזילה תמורה לצער שחש נגזל על שחדר זר לרשותו ועיכבו בזדון מליהנות מרכושו, ולכן אפילו שלבסוף שילם הגזלן עדיין צריך הוא לפייס את הנגזל (ראה הערה 7), כך אין בדמי בושת פירעון על הצער הנפשי מן העלבון שבביוש.

ראב"ד, מובא בשיטה מקובצת, מפרש אחרת. לדעתו יש בדמי בושת פירעון על הצער הנפשי, אשר ראב"ד מתארו "כמו חולי הוא שהוריקו פניו ונעכר דמו וכל איבריו נתרופפו ולבו דואג". שהרי לקצוב דמי בושת אמדו כמה היה נוטל אדם כדי לסבול את אותה הבושה, ואדם המחשב אם כדאית לו הבושה תמורת סכום כלשהו הלא מכניס לחשבון גם את הצער הנפשי. ובכל זאת לא נפטר המבייש מדין שמים על שנתכוון להרֵע לחבירו. 'צערו' האמור כאן משמעו איפוא: כוונת המבייש לצערו.

בניגוד לרש"י וראב"ד, גאון המובא אף הוא בשיטה מקובצת סובר ש'צערו' הוא אמנם צער הגוף. על בושתו, מלמדת הברייתא, יתכן שימחול אדם בעבור תשלום כסף, אבל על צער הגוף אין אדם מוחל אפילו כנגד כל ממון שבעולם.

18. השוה ראש השנה יז, ב. הביטוי לקוח מישעיה ס, ז: "כָּל צֹאן קֵדָר יִקָּבְצוּ לָךְ, אֵילֵי נְבָיוֹת יְשָׁרְתוּנֶךְ; יַעֲלוּ עַל רָצוֹן מִזְבְּחִי (יעלו לרצון על מזבחי), וּבֵית תִּפְאַרְתִּי אֲפָאֵר". נביות היה בכור ישמעאל וקדר אחיו הצעיר (בראשית כה, יג). צאצאיהם נעשו אומות שנקראו בשמם, והיו נוודים מגדלי צאן לרוב (רד"ק שם). אפשר גם שאיליהם (זכרי הצאן) היו מפורסמים לשבח והפכו דוגמא לבהמות מובחרות (ראה ספר העיקרים ג, טו, ובן יהוידע לראש השנה שם).

19. כמו במשנה, מובא הפסוק להוכיח שאבימלך נצרך לפייס את אברהם עד שמחל לו בלב שלם כל כך שאף התפלל בעדו (ראה הערה 6). וכן כל מבייש צריך למחילת המתבייש, ולא די לו בתשובה ודורונות לאביו שבשמים, כי על עבירות שבין אדם לחבירו צריך גם לרצות את החבר. ואפילו שכבר שילם המבייש על החבלה או ההכאה, לא תיקן את המעוות עד שיפייס את המוכה על צער נפשו, שהרי אברהם לא נחבל ולא הוכה כלל אלא סבל רק צער נפשי, ובכל זאת הוזקק אבימלך לפייסו (ע"פ מהרש"א; וראה רי"ף שהביא כאן ש"המגביה ידו על חבירו אף על פי שלא הכהו נקרא רשע", אולי מפני שענין גמרתנו הוא כאב העלבון שבהכאה — וכזה יתכן שיהיה גם בהנפת אגרוף שלא פגע בפועל — מלבד הקלון והזלזול שבמכה עצמה).

כך לרש"י, אשר לדעתו משתלמים דמי בושת על אבדן הכבוד, ואילו כאב העלבון מפוצה בפיוסים (הערה 17). אבל לראב"ד יש בדמים פיצוי מושלם אף על העלבון (שם), והפיוס אינו נצרך איפוא לתיקון העוול. אלא שגם אם בדיעבד כבר תוקנו נזקיה של פגיעה בזולת, עדיין לא נפטר הפוגע מדין שמים על חטאו שחטא בצַערו את חבירו. ואפילו אם שב ונתוודה לפני האלוקים, הוא יתברך לא ינקה את המרשיע כנגד אחרים, עד שיביא הפוגע את הנפגע בעצמו שיעתיר בעדו, ובעבורו ינוקה. הרי שזקוק החוטא בחבירו — כאבימלך בשעתו — לפייס את מי שחטא כנגדו ולחלות פניו שיתפלל בעדו, לא רק כדי שתשמש התפילה מודד לשלמות המחילה, אלא כדי שבַתפילה יתכפר (ראה דברי ראב"ד בחידושיו ובשיטה מקובצת).

נאמר בתוספתא למסכתנו (ט, כט) ש"החובל בחבירו, אף על פי שלא בקש החובל מן הנחבל, הנחבל צריך שיבקש עליו רחמים". [ויתכן שזה אמור רק כשעל כל פנים שילם מה שחייב לו עבור החבלה.]

20. ראה סוף הערה 26.

21. לפי פשוטו יכולנו לפרש כרש"י לבראשית על אתר, שחשש אבימלך שמא יסבור אברהם ששרה נטמאה והיא תתגנה בעיניו ולא יקבלנה, או שישנא את אבימלך ולא יתפלל עליו, ולכן הודיע הקדוש ברוך הוא לאבימלך שאברהם נביא הוא ויודע שאבימלך לא נגע בה. אלא שהמשנה והברייתא כבר דרשו את המקרא ללמד שאבימלך נזקק לפייס את אברהם, ועיקר הפיוס לכאורה היה להפיס דעתו ולשכנעו שלא נעשה לאשתו דבר (תוספות יום טוב ע"פ בראשית רבה נב, ח). לכן תציע הגמרא פירוש אשר לפיו לא מוכח שאברהם ידע ששרה לא הוטמאה, או אשר מותיר מקום לפיוס אפילו אם אמנם ידע.

22. במילים האלה הצטדק אבימלך כאשר בא אליו אלקים "בַּחֲלוֹם הַלָּיְלָה וַיֹּאמֶר לוֹ, 'הִנְּךָ מֵת עַל הָאִשָּׁה אֲשֶׁר לָקַחְתָּ, וְהִוא בְּעֻלַת בָּעַל'" (סיפור המעשה בקצרה נמצא למעלה הערה 5). ענה אבימלך: אברהם הלא אמר ששרה היא אחותו, ושרה אישרה אחריו שהוא אחיה, ומה יכולתי להסיק אלא שהם אינם נשואים וששרה פנויה; צדיק אני, כי "בְּתָם לְבָבִי וּבְנִקְיֹן כַּפַּי עָשִׂיתִי זֹאת" (המשך המקרא שהביאה הגמרא), ומדוע איפוא תהרגני? (אבימלך כינה את המסוכנים למות "גוֹי", בפסוק ד שם, מפני שהעונש פגע בו ובאנשי ביתו ובממלכתו — ראה אבן עזרא ושאר מפרשים על אתר).

23. הוראתו היסודית של המונח "נביא" היא אדם המכריז ומשמיע לרבים דברי תוכחות, מגזירת "נִיב (ביטוי) שְׂפָתָיִם" שבישעיה נז, יט (רש"י לשמות ז, א, צויין כאן על ידי תורת חיים).

24. מתוך שנאלץ אברהם לומר "אֶל (על) שָׂרָה אִשְׁתּוֹ, 'אֲחֹתִי הִוא' " (בראשית כ, ב), משתמע ששאלו עליה עבדי המלך במצוות המלך. ואכן, מיד שלח "אֲבִימֶלֶךְ מֶלֶךְ גְּרָר וַיִּקַּח אֶת שָׂרָה" (שם; ואף מהדגשת הכתוב להלן פסוק ה — "הֲלֹא הוּא אָמַר לִי, 'אֲחֹתִי הִוא' — עולה שתשובת אברהם על אודות שרה הופנתה לאבימלך, ומכאן שאבימלך הוא זה שבשמו שאלו).

תחת "וכבר לימד" שבמסכתנו בדפוסים המצויים, מופיע בקטע המקביל שבמסכת מכות ט, ב, "וממך למד", ובשיטה מקובצת הובאו כמה מפרשים שגורסים כך גם כאן; ראה עוד בדקדוקי סופרים. לפי הגירסה החילופית יש לפרש: "נָבִיא הוּא" אברהם, כלומר חכם (ראב"ד בשיטה מקובצת; וראה העמק שאלה לבראשית על אתר) המבין את שלפניו. ומה הבין? ממך, ממעשיך, למד לחשש מפניך, ולכן הוכרח להטעותך. שכן אַכְסְנַאי שֶׁבָּא לָעִיר, עַל עִסְקֵי אֲכִילָה וּשְׁתִיָּה שׁוֹאֲלִין אוֹתוֹ, אוֹ עַל עִסְקֵי אִשְׁתּוֹ שׁוֹאֲלִין אוֹתוֹ? אותם השואלים על אשתו בודאי חורשים מחשבות און לאורח (על פי גאון, מובא בשיטה מקובצת).

25. על פי רש"י לבראשית שם.

26. לפי זה, המלים "כִּי נָבִיא הוּא" אינן מוסבות על "הָשֵׁב אֵשֶׁת הָאִישׁ", אלא לפניו על "הִנְּךָ מֵת עַל הָאִשָּׁה אֲשֶׁר לָקַחְתָּ", ולאחריו על "וְיִתְפַּלֵּל בַּעַדְךָ וֶחְיֵה", לנמק שבחטיפת שרה, על אף שלא נגע בה, כבר חטא אבימלך במיעוט דרך ארץ והסב על עצמו אשמת מות והוזקק לתשובה ולתפילה. מעתה, אין מ"כִּי נָבִיא הוּא" הכרח שאברהם ידע ששרה לא הוטמאה, אלא נשאר מוטל על אבימלך לפייסו ולהודיעו (תוספות יום טוב; ראה הערה 21). או אפילו אם באמת ידע אברהם ברוח קדשו, בכל זאת נצרך אבימלך לפייסו על שציער אותו בעצם לקיחת אשתו ממנו — לקיחה שנעשתה, כמתבאר, לא בתום לב אלא בהעלמת עין מרושעת מחובת דרך ארץ (העמק דבר לבראשית כ, ז).

באנו עד כה בהערה הנוכחית, ולמעלה בהערה 21, לקשר את דרשת רבי יונתן אל האמור בברייתא; ראה דרך נוספת בפני יהושע. אבל לדעת מהרש"א הדרשה היא ענין בפני עצמו, ועל פיו הגדרנו בכותרת את שאלת הגמרא כ'מאמר מוסגר'.

יכול אפילו מעולה בדמים ת"ל רק שמואל אייתי ליה אריסיה תמרי אכיל טעים בהו טעמא דחמרא א"ל מאי האי א"ל ביני גופני קיימי אמר [א]מכחשי בחמרא כולי האי למחר אייתי לי מקורייהו: רב חסדא חזא תאלי בי גופני אמר ליה לאריסיה עקרינהו גופני קני דקלי דקלי לא קני גופני:

מתני' [ב]אע"פ שהוא נותן לו אין נמחל לו עד שיבקש ממנו שנאמר (א) ועתה השב אשת וגו' ומנין [ג]שאם לא מחל לו שהוא אכזרי שנאמר (ב) ויתפלל אברהם אל האלהים וירפא אלהים את אבימלך וגו' [ד]האומר סמא את עיני קטע את ידי שבר את רגלי חייב [ה]ע"מ לפטור חייב (א) [ו]קרע את כסותי שבר את כדי חייב (ב) [ז]ע"מ לפטור פטור [ח]עשה כן לאיש פלוני על מנת לפטור חייב בין בגופו בין בממונו:

גמ' ת"ר כל אלו שאמרו דמי בושתו אבל צערו אפי' הביא כל אילי נביות שבעולם אין נמחל לו עד שיבקש ממנו שנאמר (א) השב אשת האיש כי נביא הוא ויתפלל בעדך (ג) דאשת נביא בעי אהדורי אשת אחר לא בעי אהדורי אמר רבי שמואל בר נחמני אמר ר' יונתן השב אשת האיש מכל מקום ודקא אמרת (ג) הגוי גם צדיק תהרוג הלא הוא אמר לי אחותי היא והיא גם היא אמרה אחי הוא נביא הוא וכבר לימד אכסנאי שבא לעיר על עסקי אכילה ושתיה שואלין אותו או על עסקי אשתו שואלין אותו אשתך היא אחותך היא מכאן לבן נח [ט]שנהרג שהיה לו ללמוד ולא למד: (ד) כי עצר עצר ה' אמר ר' אלעזר שתי עצירות הללו למה אחת באיש שכבת זרע שתים באשה שכבת זרע ולידה במתניתא תנא שתים באיש שכבת זרע וקטנים שלשה באשה שכבת זרע וקטנים ולידה רבינא אמר שלש באיש שכבת זרע וקטנים ופי טבעת ארבעה באשה שכבת זרע ולידה וקטנים ופי טבעת: (ד) בעד כל רחם אמרי דבי ר' ינאי אפילו תרנגולת של בית אבימלך לא הטילה ביצתה א"ל רבא לרבה בר מרי מנא הא מילתא דאמור רבנן כל המבקש רחמים על חבירו והוא צריך לאותו דבר הוא נענה תחילה א"ל דכתיב (ה) וה' שב את שבות איוב בהתפללו בעד רעהו אמר ליה את אמרת מהתם ואנא אמינא מהכא (ב) ויתפלל אברהם אל האלהים וירפא אלהים את אבימלך ואת אשתו ואמהותיו [וגו'] וכתיב (ו) וה' פקד את שרה כאשר אמר וגו' כאשר אמר אברהם (ד) אל אבימלך אמר ליה רבא לרבה בר מרי מנא הא מילתא דאמרי אינשי בהדי הוצא לקי כרבא א"ל דכתיב (ז) למה תריבו אלי כלכם פשעתם בי נאם ה' אמר ליה את אמרת מהתם ואנא אמינא מהכא (ח) עד אנה מאנתם לשמור מצותי ותורותי אמר ליה רבא לרבה בר מרי כתיב (ט) ומקצה אחיו לקח חמשה אנשים מאן נינהו חמשה א"ל הכי א"ר יוחנן אותן שהוכפלו בשמות יהודה נמי איכפולי מיכפל אמר ליה למילתיה הוא דאיכפל (ה) דאמר ר' שמואל בר נחמני אמר רבי יונתן מאי דכתיב (י) יחי ראובן ואל ימות ויהי מתיו מספר וזאת ליהודה כל אותן ארבעים שנה שהיו ישראל במדבר היו עצמותיו של יהודה מגולגלין בארון עד שבא משה ובקש רחמים אמר לפניו רבונו של עולם מי גרם לראובן שיודה יהודה (א) מיד שמע ה' קול יהודה על איבריה לשפא לא הוו קא מסקי למתיבתא דרקיעא (כ) ואל עמו תביאנו לא הוה ידע מאי קאמרי רבנן ולמשקל ומיטרח בהדי רבנן (כ) ידיו רב לו לא הוה סליק ליה שמעתתא אליבא דהלכתא (כ) ועזר מצריו תהיה אמר ליה רבא לרבה בר מרי מנא הא מילתא (ו) דאמרי אינשי בתר עניא אזלא עניותא אמר ליה דתנן (ז) [י]עשירים מביאין בכורים בקלתות של זהב ושל כסף ועניים בסלי נצרים של ערבה קלופה הסלים והבכורים נותנים לכהנים אמר ליה את אמרת מהתם ואנא אמינא מהכא וטמא

רש"י

יכול אפי' מעולה בדמים. לקורה יותר מפירות יהא סרק קודם לו: **ת"ל רק.** מיעט הקדמה: **מקורייהו.** מקור שלהן ועיקרן (ב) ל"א הבא לי קור שהוא רך לאכול וגדל סביב שרשיו כלומר כלה עיקרם מפני שמפסיד ונאכל את הקור: **גופני קני דיקלי.** מדמי היין יכולין אנו לקנות קרקעות ואילו דקלי לא קני גופני אין שבהן עולה אלא לדבר מועט: **מתני' אע"פ שהוא נותן לו כו'.** סתמא היא ולא ר' עקיבא קאמר לה: **על מנת לפטור.** בגמ' מפרש לה: **גמ' כל אלו שאמרו.** סלע מנה ומאתים וד' מאות דמי בושת הן: **אבל צער.** שדואג על בושתו אינו נמחל לו: **שהיה לו ללמוד.** דרך ארץ ולא למד מדקאמר ליה רחמנא נביא הוא דמשמע אין ממש בדבריך וראוי אתה ליהרג: **שכבת זרע.** שבמעי אשה לא יכולה לפלוט: **פי טבעת.** נקב הגדולים לפנות: **פקד.** מדלא כתיב ויפקוד את שרה וכתיב פקד משמע פקד כבר תחילה לאבימלך: **בהדי הוצא לקי כרבא.** קוץ הגדל אצל הכרוב כשבא לעקרו פעמים שנעקר הכרוב עמו ונמצא לוקה בשבילו כלומר שכיני רשע לוקין עמו: **כולכם פשעתם.** אף הנביא במשמע: **עד אנה מאנתם.** ומשה ואהרן בכלל: **אותם שהוכפלו שמותם.** בברכת משה דן וזבולון גד ואשר ונפתלי הודיעך הכתוב שחלשים שבכולן היו וצריכין חיזוק לפיכך כפל את שמם לחזקם ואותן הביא יוסף לפני פרעה כדי שלא יברור אותם להיות ראשי גייסות ולהטריחם: **כל השבטים** יצאו עצמותיהם ממצרים ונקברו בארץ ישראל שנאמר והעליתם את עצמותי מזה אתכם (שמות יג) משמע שאף עצמותם העלו ולא נכתב יוסף אלא להודיעך שבחו של משה שכל ישראל נתעסקו בביזה והוא עסק במצוה: **מגולגלין בארון.** לא היה שלדו קיימת ומחוברת מפני נידוי דקאמר ליה ליעקב אם לא (ח) אביאנו אליך וחטאתי לך כל הימים (בראשית מג) ואע"פ שנתקיים התנאי נפקא לן במסכת מכות (דף יא:) (ט) קללת חכם אפי' על תנאי היא באה: **מי גרם לראובן כו'.** מדרש אגדה הוא בתנחומא מכיון שהודה יהודה ואמר צדקה ממני עמד ראובן ואמר אני בלבלתי יצועי אבי: **לשפא.** נכנס כל עצם ונתחבר למקומו שסף משם. לשפא אשלוייה שדונא בלע"ז כמו שף מדוכתיה (חולין דף מב:): **אליבא דהלכתא.** לא הוה מסתייעא מילתא למימר מילתא דתהוי הלכתא כוותיה: **לא הוה סלקא ליה.** כלומר לא היה עולה בידו למימר שמעתתא אליבא דהלכתא: **הסלין והבכורין** נותנין לכהן. והעשירים לא היו נותנין קלתותיהן לכהן: **נצרים.** שבטים: וטמא

תוספות

למחר אייתי לי מקורייהו. משמע דגופני עדיפי מדיקלי ותימה דבהאשה שנפלו לה נכסים (כתובות עט. ושם ד"ה אילני) אמר גבי נפלו לה כספים ילקח בהן קרקע דיקלי ואילני דקלי אילני וגופני אילני אלמא גופני גריעי אפילו מאילני דגריעי מדיקלי וי"ל דבגפנים כשאדם טורח לזמר ולתקן הכרם יש בהן ריוח גדול אבל בנכסי אשתו אם היה קונה גפנים מתוך שצריכים הוצאה מרובה לא היה הבעל חושש להוציא על נכסי' והיו הולכין לאיבוד לפיכך טוב לקנות דקלים שאין צריכין יציאה וממילא אתי בהו שבחא וטוב הוא לשניהם ועוד מפרש ר"ת בהמוכר את הספינה (ב"ב פב. ושם ד"ה מתקיף) דפירי דדיקלא מתקיימין טפי מאילני וגופני ובנכסי מלוג של אשה בעינן דבר המתקיים יותר:

כאשר אמר אברהם אל אבימלך. לאו בהריון משתעי שהרי המלאכים בישרו את שרה מפסח שלפניו אלא ילדה בריות כמו שהתפלל על אבימלך:

אלו הנכפלין בשמות. בבראשית רבה יש איפכא שהנכפלים גבורים היו כמו יהודה שנכפל:

מי גרם לראובן שהודה יהודה. אע"ג דאמר במדרש וישב ראובן אל הבור מלמד ששב משקו ומתעניתו שבלבל יצועי אביו וזה היה קודם למעשה תמר מכל מקום לא הודה ברבים עד אחר שהודה יהודה:

מסורת הש"ס

א) לעיל כז., ב) [עי' תוס' גיטין פד: ד"ה ותיפוק, כתובות ע. ד"ה הרי], ג) מכות ט:, ד) ג"א על, ה) מכות יא: סוטה ז: [ע"ש], ו) ב"ב קעד: [חולין קה:] ערכין כג., ז) בכורים פ"ג מ"ח, ח) [צ"ל הביאתיו], ט) [נידוי על תנאי צריך הפרה כצ"ל].

הגהות הב"ח

(א) גמ' לראובן שיודה יהודה שמע כצ"ל ותיבת מיד נמחק: (ב) רש"י ד"ה מקורייהו מקור שלהן ועיקרן כלומר כלה עיקרם מפני שמפסיד ל"א הבא לי וכו' שרשיו ונאכל את הקור כצ"ל:

תורה אור השלם

א) וְעַתָּה הָשֵׁב אֵשֶׁת הָאִישׁ כִּי נָבִיא הוּא וְיִתְפַּלֵּל בַּעַדְךָ וֶחְיֵה וְאִם אֵינְךָ מֵשִׁיב דַּע כִּי מוֹת תָּמוּת אַתָּה וְכָל אֲשֶׁר לָךְ: [בראשית כ, ז]

ב) וַיִּתְפַּלֵּל אַבְרָהָם אֶל הָאֱלֹהִים וַיִּרְפָּא אֱלֹהִים אֶת אֲבִימֶלֶךְ וְאֶת אִשְׁתּוֹ וְאַמְהֹתָיו וַיֵּלֵדוּ: [בראשית כ, יז]

ג) וַאֲבִימֶלֶךְ לֹא קָרַב אֵלֶיהָ וַיֹּאמַר אֲדֹנָי הֲגוֹי גַּם צַדִּיק תַּהֲרֹג: [בראשית כ, ד] הֲלֹא הוּא אָמַר לִי אֲחֹתִי הִוא וְהִיא גַם הִוא אָמְרָה אָחִי הוּא בְּתָם לְבָבִי וּבְנִקְיֹן כַּפַּי עָשִׂיתִי זֹאת: [בראשית כ, ה]

ד) כִּי עָצֹר עָצַר יְיָ בְּעַד כָּל רֶחֶם לְבֵית אֲבִימֶלֶךְ עַל דְּבַר שָׂרָה אֵשֶׁת אַבְרָהָם: [בראשית כ, יח]

ה) וַייָ שָׁב אֶת שְׁבוּת אִיּוֹב בְּהִתְפַּלְלוֹ בְּעַד רֵעֵהוּ וַיֹּסֶף יְיָ אֶת כָּל אֲשֶׁר לְאִיּוֹב לְמִשְׁנֶה: [איוב מב, י]

ו) וַייָ פָּקַד אֶת שָׂרָה כַּאֲשֶׁר אָמָר וַיַּעַשׂ יְיָ לְשָׂרָה כַּאֲשֶׁר דִּבֵּר: [בראשית כא, א]

ז) לָמָּה תָרִיבוּ אֵלָי כֻּלְּכֶם פְּשַׁעְתֶּם בִּי נְאֻם יְיָ: [ירמיה ב, כט]

ח) וַיֹּאמֶר יְיָ אֶל מֹשֶׁה עַד אָנָה מֵאַנְתֶּם לִשְׁמֹר מִצְוֹתַי וְתוֹרֹתָי: [שמות טז, כח]

ט) וּמִקְצֵה אֶחָיו לָקַח חֲמִשָּׁה אֲנָשִׁים וַיַּצִּגֵם לִפְנֵי פַרְעֹה: [בראשית מז, ב]

י) יְחִי רְאוּבֵן וְאַל יָמֹת וִיהִי מְתָיו מִסְפָּר: [דברים לג, ו]

כ) וְזֹאת לִיהוּדָה וַיֹּאמַר שְׁמַע יְיָ קוֹל יְהוּדָה וְאֶל עַמּוֹ תְּבִיאֶנּוּ יָדָיו רָב לוֹ וְעֵזֶר מִצָּרָיו תִּהְיֶה: [דברים לג, ז]

עין משפט נר מצוה

קד א מיי' פ"ו מהל' מלכים הלכה ח סמג לאוין רכט:

קה ב מיי' פ"ה מהל' חובל ומזיק הל' ט ופ"ב מהל' תשובה הל' ט סמג עשין ע טוש"ע ח"מ סי' תכב סעיף א:

קו ג מיי' שם הלכה י ופ"ו מהלכות דעות הלכה ו ופ"ב מהלכות תשובה הלכה י טוש"ע שם וטוש"ע א"ח סי' תרו סעיף א בהג"ה:

קז ד ה מיי' פ"ה מהל' חובל ומזיק הלכה יא סמג עשין ע טוש"ע ח"מ סי' תכא סעיף יב:

קח ו ז מיי' שם סמג שם טוש"ע ח"מ סי' שפ סעיף א:

קט ח מיי' שם הלכה יג טוש"ע שם סעיף ב:

קי ט מיי' פ"י מהלכות מלכים הל' א סמג לאוין רלב רלג:

קיא י מיי' פ"ג מהל' בכורים הל' ח סמג עשין קלט:

לעזי רש"י

אשלויי"ה שדונ"א. פירוק פרק (של עצם) (עיין רש"י מכות דף יא ע"ב ד"ה על איבריה לשפא ורש"י שבת דף קמז ע"א ד"ה נפרקה):

ליקוטי רש"י

מקורייהו. רך של דקל כשענפיו גדלים בכל שנה ושנה כדרך כל האילנות הנוסף בשנה זו רך ובשנה שניה מתקשה ונעשה עץ [ברכות לו.]. **תאלי.** דקלים קטנים [ב"ב כב:]. **קרע את כסותי שבר את כדי חייב.** דה"ק ליה אם תרצה קרע ושלם אבל פירש לו ע"מ פטור [לעיל כז.]. **אילי נביות.** דכרי נביות [ישעיה ס, ז]. **בהתפללו בעד רעהו.** בזכות שהתפלל על כל ריע וריע שלו [איוב מב, י]. **וה' פקד את שרה.** סמך פרשה זו לכאן ללמדך שכל המבקש רחמים על חבירו והוא צריך לאותו דבר הוא נענה תחילה שנאמר ויתפלל וגו' וסמיך ליה וה' פקד את שרה שפקד כבר קודם שרפא את אבימלך [בראשית כא, א]. **כלכם פשעתם בי.** אף הצדיקים במשמע היינו דאמרי אינשי בהדי הוצא לקי כרבא [ירמיה ב, כט]. **עד אנה מאנתם.** משל הדיוט הוא בהדי הוצא לקי כרבא ע"י הרשעים מתגנין הכשרין [שמות טז, כח]. **ומקצה אחיו.** מן הפחותים שבהם לגבורה שאין נראים גבורים שאם יראה אותם גבורים יעשה אותם אנשי מלחמתו. ואלה הם ראובן שמעון לוי יששכר ובנימין. אותן שלא כפל משה שמותם כשברכם אבל שמות הגבורים כפל וזאת ליהודה ויאמר שמע ה' קול יהודה ולגד אמר ברוך מרחיב גד ולנפתלי אמר נפתלי ולדן אמר דן וכן לזבולן וכן לאשר וזהו לשון בראשית רבה שהיא אגדת א"י. אבל בגמרא בבלית שלנו מצינו שאותם שכפל משה שמותם הם החלשים ואותן הביא לפני פרעה ויהודה שהוכפל שמו לא הוכפל משום חלשות אלא טעם יש בדבר כדאיתא בב"ק. ובברייתא דספרי שנינו בה בזאת הברכה כמו בגמרא שלנו [בראשית מז, ב]. **יחי ראובן וזאת ליהודה.** סמך יהודה לראובן מפני ששניהם הודו על קלקול שבידם (מכות יא) שנאמר אשר חכמים יגידו וגו' להם לבדם וגו' ולא עבר זר בתוכם (איוב טו) ועוד פירשו רבותינו שכל מ' שנה שהיו ישראל במדבר היו עצמות יהודה מתגלגלין בארון מפני נדוי שקבל עליו שנאמר וחטאתי לאבי כל הימים (בראשית מד) אמר משה מי גרם לראובן שיודה יהודה וכו' [דברים לג, ז]. אין לך בברכת כל השבטים מתחלת וזאת חוץ מזו [סוטה ז:]. מה ראה לסמוך יהודה לראובן ומה ראה להתחיל בברכת יהודה בלשון וזאת ליהודה אלא לפי שהיו עצמות כל השבטים שלדן קיים ושל יהודה מגולגלין אמר לשון זה יחי ראובן כלומר ראובן שלדו קיימת כאילו הוא חי וזאת תהיה ליהודה שהם מגולגלין. עצמות כל השבטים יצאו ממצרים ונשאום בניהם במדבר וזהו שאמר יוסף לאחיו (שמות יג) והעליתם [את] עצמותי מזה אתכם עם עצמותיכם [מכות יא:]. **היו עצמותיו של יהודה מגולגלין בארון.** ושלדו. דפוס צורתו. אינה קיימת נשבר ונתפזר [נדה נו.]. עצמות כל השבטים העלו ממצרים והוא שאמר יוסף והעליתם את עצמותי מזה אתכם (שמות יג) עם עצמותיכם והיו עצמות כל השבטים שלדן קיימת ויהודה איבריו מתפרקין ומתגלגלין בארונו מפני שנידה את עצמו בערבונו של בנימין וחטאתי לך כל הימים (בראשית מג) אפי' לעולם הבא ומהכא נפקא לן (מכות דף יא:) (נידוי של חכם אפילו על תנאי הוא בא) [נידוי על תנאי צריך הפרה]. **מי גרם לראובן שיודה.** במעשה יצועי אביו. יהודה. שהודה במעשה תמר וכן היה מסורת בידיהם ומדרש אגדה דר' תנחומא כשאמר יהודה צדקה ממני עמד ראובן ואמר בלבלתי יצועי אבי ועכשיו יחי ראובן שלדו קיימת כאילו הוא חי וזאת ליהודה שהוא מתגלגל [סוטה ז:]. **על אבריה לשפא.** נכנסו עצמותיו למקום חיבורם ששפו משם כמו דשף מדוכתיה (חולין דף מב: נד.:) לשפא אישלויי"ש דורא [מכות שם]. **למתיבתא דרקיעא.** לישא וליתן עם שאר החכמים. **ולמשקל ומיטרח.** לישא וליתן. **ידיו רב לו.** יהא לו נלחון לריב ריבו והאי דכתיב ידיו לשון מלחמה הוא מלחמתה של תורה [סוטה שם]. יהי בו כח לריב ריבו לעצמו נגד חביריו [מכות שם]. **אליבא דהלכתא.** לא היה זוכה לומר דבר המתקבל [סוטה שם].

מעיר רבי יונתן לסיום:

מִכָּאן לְבֶן נֹחַ שֶׁנֶּהֱרָג אפילו על עבירה שלא ידע שהיא אסורה, מפני **שֶׁהָיָה לוֹ לִלְמוֹד וְלֹא לָמַד**, ומחדלו מללמוד נחשב זדון. שהרי התנצל אבימלך שאברהם ושרה העמידו פנים כאח ואחות, אך הקדוש ברוך הוא דחה את דבריו, והשיבו שהוא אכן ראוי ליהרג[27], מפני שהיה לו ללמוד דרך ארץ ולא למד[28]. אילו למד, היה אבימלך שואל כראוי אודות צרכיו של אברהם, והיה אברהם משיבו כהוגן אף בענין אשתו. אבל כיון שלא למד נתחייב מיתה, אלמלא תשובתו ותפילת אברהם בעדו.

אגב הזכרת מעשה אבימלך ושרה דורשת הגמרא מקראות מן הפרשה:

נאמר (שם, יח): "**כִּי עָצֹר עָצַר ה'** בְּעַד כָּל רֶחֶם לְבֵית אֲבִימֶלֶךְ". **אָמַר רַבִּי אֶלְעָזָר: שְׁתֵּי עֲצִירוֹת הַלָּלוּ**, כפל התיבות "עָצֹר עָצַר", **לָמָּה?** עצירה **אַחַת בְּאִישׁ: שִׁכְבַת זֶרַע**, שנסתמו זכרי בית אבימלך מלהזריע[29]; **שְׁתַּיִם בְּאִשָּׁה: שִׁכְבַת זֶרַע**, שלא יכל הזרע להיפלט ממיעי הנשים[30] **וְלֵידָה**, שהנשים ההרות שעמדו ללדת לא הוציאו את הוולד[31].

דעה אחרת:

בְּמַתְנִיתָא (בברייתא) **תָּנָא: שְׁתַּיִם** (שתי עצירות) **בְּאִישׁ: שִׁכְבַת זֶרַע, וּקְטַנִּים** — מי רגלים, שנעצר להם השתן; **שְׁלֹשָׁה בְּאִשָּׁה: שִׁכְבַת זֶרַע, וּקְטַנִּים, וְלֵידָה**[32].

דעה שלישית:

רָבִינָא אָמַר: שָׁלֹשׁ בְּאִישׁ: שִׁכְבַת זֶרַע, וּקְטַנִּים, וּפִי טַבַּעַת — נקב הרעי, שלא יכלו להיפנות; **אַרְבָּעָה בְּאִשָּׁה: שִׁכְבַת זֶרַע, וְלֵידָה, וּקְטַנִּים, וּפִי טַבַּעַת**[33].

דרשה נוספת על אותו הפסוק:

על האמור, "**בְּעַד כָּל רֶחֶם**", **אָמְרֵי דְּבֵי** (אמרו חכמי בית מדרשו של) **רַבִּי יַנַּאי:** הריבוי "כָּל" מלמד שלא רק רחמי בנות אנוש נסתמו, אלא **אֲפִילוּ תַּרְנְגוֹלֶת** (התרנגולות) **שֶׁל בֵּית אֲבִימֶלֶךְ לֹא הֵטִילָה בֵּיצָתָהּ**[34].

דיון בין אמוראים, שיתגלגל לתוכו אותו מקרא מפרשת אבימלך ושרה שהוזכר במשנה:

אָמַר לֵיהּ רָבָא לְרַבָּה בַּר מָרִי: מְנָא הָא מִילְּתָא דְּאָמוּר רַבָּנָן — מנין מקור לדבר הזה שאמרו חכמינו: **כָּל הַמְבַקֵּשׁ רַחֲמִים** (מתפלל) **עַל חֲבֵירוֹ וְהוּא** (בעוד הוא), המבקש עצמו, **צָרִיךְ לְאוֹתוֹ דָּבָר** שביקש בעבור חבירו, **הוּא** (המבקש) **נַעֲנֶה** משמים **תְּחִילָּה?**[35] **אָמַר לֵיהּ** רבה בר מרי: **דִּכְתִיב** (איוב מב, י): "**וַה' שָׁב אֶת שְׁבוּת אִיּוֹב**

הערות

27. תשובת האלוקים, "כִּי נָבִיא הוּא", נועדה לבטל את הטענה "הֲגוֹי גַּם צַדִּיק תַּהֲרֹג?", כאשר דרש רבי יונתן למעלה.

28. רש"י. אבימלך שגג לכאורה בלקיחת שרה, ולא עוד אלא שכמעט אנוס היה, שהרי אברהם הטעהו. אך כיון שמחדלו של אבימלך מללמוד דרך ארץ הוא שסיבב שיוטעה, כבר לא נחשב "צַדִּיק" בדבר אלא קרוב למזיד וראוי ליהרג (על פי רש"י למכות ט, א, ד"ה כדקא מהדרי וריטב"א שם ט, ב; השווה מאירי שם).

נחלקו אמוראים במכות ט, א-ב אודות בן נח שעבר על אחת משבע מצוותיו (כגון שרצח או נאף) מתוך מחשבה שהמעשה מותר. לדעת רבא "אומר מותר" כזה הוא "קרוב למזיד" וחייב מיתה ככל בן נח העובר בזדון, ואילו לדעת אביי ורב חסדא "אומר מותר אנוס הוא" ופטור. רבא מקשה לרב חסדא מן הכתוב, "הִנְּךָ מֵת עַל הָאִשָּׁה אֲשֶׁר לָקַחְתָּ", אשר משמעו לפי רבא שאילו לא מנע הקדוש ברוך הוא את אבימלך מליקרב אל שרה היה מתחייב אבימלך הריגה בידי אדם. והרי דומה היה אבימלך ל"אומר מותר", שכן סבר ששרה היתה אחות אברהם ולא אשתו. רב חסדא משיב שאבימלך היה "מֵת עַל הָאִשָּׁה" לא בידי אדם אלא בידי שמים: אם משום ניאוף, כי האלקים הרואה ללבב היה מדקדק עם אבימלך — על שפשע בשאלותיו וגרם טעות לעצמו — יותר משיכולים לדקדק דייני בשר ודם; אם משום הפגיעה באברהם ועל אף שאמנם לא נגע בשרה כלל. שוב מקשה אביי לרבא מן "הֲגוֹי גַּם צַדִּיק תַּהֲרֹג?", ומתוך הנחה שהודה הקדוש ברוך הוא לאבימלך שאף אילו קרב לשרה היה נידון כ"צַדִּיק" ופטור מליהרג (כאמור להלן פסוק ו, "גַּם אָנֹכִי יָדַעְתִּי כִּי בְתָם לְבָבְךָ עָשִׂיתָ זֹּאת"), משום ש"אומר מותר" פטור. רבא משיב שלא הודה הקדוש ברוך לאבימלך אלא דחה את דבריו, כאשר דרש רבי יונתן (על פי רש"י לחרות שם; אך ראה תוספות שם ד"ה התם אשר צידדו שרבא הוכיח שנדחתה טענת אבימלך לא מדרשת רבי יונתן אלא ממקום אחר).

שם במכות, כבגמרתנו, מסיק רבי יונתן ש"מכאן שבן נח נהרג שהיה לו ללמוד ולא למד". רבא יפרש שכל בן נח האומר מותר נהרג על עבירתו בידי אדם, מפני שהיה לו ללמוד ולדעת את האסור והמותר, ומחדל מללמוד עולה לו זדון (ואבימלך אמנם פעל איפוא "בְתָם לְבָב[וֹ]", שלא בידיעת האיסור, אבל לא "בְנִקְיֹן" הכפיים שבו השתבח בפסוק ה). ואף רב חסדא ואביי, הסוברים שבעלמא בן נח האומר מותר פטור, אפשר שיודו שעובר כעין אבימלך חייב, שכן המחדל מללמוד דרך ארץ — היינו ההתעלמות מדרכי אנוש ומכל הטמון באמריהם (כתשובת אברהם הכפויה ששרה היתה אחותו, תשובה שאך בקושי הסתירה את האמת) — הוא כעצימת עינים רצונית לנוכח החטא (על פי תוספות שם). או שלרב חסדא ואביי בן נח שהיה לו ללמוד דרך ארץ ולא למד אמנם פטור הוא מדיני אדם, אבל חייב בדיני שמים, ו"נהרג" שאמר רבי יונתן משמעו ביד ה' (כדרך שפירש רב חסדא את הכתוב, "הִנְּךָ מֵת עַל הָאִשָּׁה"; ראה ראב"ד מובא בשיטה מקובצת כאן ד"ה ודקא אמרת; וראה מהרש"א למכות שם ד"ה התם).

עוד יתכן שרבי יונתן לא התכוון לומר שאבימלך היה מתחייב רק אילו קרב לשרה, אלא שעמד אבימלך ליהרג בידי שמים אף שלא נגע בה, משום שחטא נגד אברהם בקחתו את אשתו. והנה הגמרא כאן אינה מזכירה את מצוות בני נח ועבירותיהם, ורש"י כאן בד"ה שהיה לו ללמוד כותב סתמית שאבימלך "ראוי" היה "ליהרג", כאילו הסיבה ידועה. משמע שאבימלך עמד למות משום הפגיעה באברהם, חטא שכבר דנו בו משנתנו והברייתא המלמדות שאבימלך נזקק למחילת אברהם ותפלתו, ככתוב, "וְיִתְפַּלֵּל בַּעַדְךָ וֶחְיֵה." אף לשון גאון המובא בשיטה מקובצת מטה שבלי עבירה נוספת על עצם חטיפת שרה כבר נסתכן אבימלך למות. וכך מוכח ממפרשי המקרא לבראשית (סוף הערה 22) אשר הבינו מן "הֲגוֹי גַּם צַדִּיק תַּהֲרֹג" שאנשי אבימלך עמדו ליהרג עמו, ואם אמנם היתה ידם מעורבת בלקיחת שרה, בודאי לא היו נידונים משום ניאוף. ועל פי רש"י וגאון והמפרשים פירשנו בפנים כאן ולמעלה על המשנה.

29. על אף שהמקרא מזכיר "כָּל רֶחֶם", דרשו מן הכפל "עָצֹר עָצַר" שלא הרחם בלבד נעצר אלא אף נקב שכבת הזרע. לפיכך פירש רש"י על הפסוק את המילה "רֶחֶם" בהוראה הרחבה של "פתח" (לשונו שם), ובמקביל כתב למעלה אצל רפואתם, בד"ה וילדו (שם, יז): "נפתחו נקביהם והוציאו מה שצריך לצאת והיא לידה שלהם" (מהרש"א). ובמקרא שם אמנם נאמר, "וַיִּרְפָּא ה' אֶת אֲבִימֶלֶךְ", מכלל שאף האנשים נעצרו ונזקקו לרפואה (עיון יעקב).

30. רש"י. לעומתו מפרש תוספות רי"ד ש'שכבת זרע' האמורה כאן באשה היא מה שאשה מפיקה מרחמה שיתהווה ממנו חלקה בוולד, כמו שאמרו בנדה לא, א, "אביו מזריע [את] הלובן [שבוולד]. . . אמו מזרעת אודם" (וראה רמב"ן לויקרא יב, ב). כמו שנעצרו האנשים מלהזריע כך נעצרו הנשים.

31. "עָצֹר" מורה על "כָּל רֶחֶם", המפורש בכתוב, ואחריו נכפל "עָצַר" לרבות עצירת שכבת זרע. עצירת רחם מיוחדת לאשה, בניגוד לעצירת שכבת זרע אשר שייכת באשה כבאיש (אם כרש"י, אם כרי"ד — ראה הערה הקודמת). הרי אחת באיש ושתים באשה (על פי מהרש"א).

או: "עָצֹר" רומז לעצירת שכבת זרע באיש, ו"עָצַר" רומז לאותה עצירה באשה. שוב בא "בְּעַד כָּל רֶחֶם" לרבות עצירת לידה (גר"א, מובא בענף יוסף שבעין יעקב).

32. לפי הברייתא שכבת זרע (של איש על כל פנים) וקטנים הם עצירה אחת, מפני ששניהם מאותו הנקב, ולכן רומז "עָצַר" על שניהם יחד. נוספה עליהם עצירת לידה שמִן "עָצֹר", והרי שתים באיש ושלש באשה (על פי דרכו של מהרש"א). או: הכפל "עָצֹר עָצַר" רומז לשתי עצירות באיש וכמוהו באשה, היינו שכבת זרע וקטנים. נוספה עליהם עצירת לידה מן "בְּעַד כָּל רֶחֶם" (גר"א שם; וראה פסיקתא זוטרתא לבראשית על אתר; ראה דרך שלישית בפני יהושע).

33. לדעת רבינא "בְּעַד כָּל רֶחֶם" ילמד שנעצרו מללדת, ולפיכך מופנים "עָצֹר" ו"עָצַר" לרבות שתי עצירות נוספות. שכבת זרע וקטנים נחשבים אחת, אליה רומז "עָצֹר", באיש וכמוהו באשה; נותר "עָצַר "לרמז על עצירת פי טבעת באיש ובאשה. הרי שלוש באיש וארבע באשה (גר"א שם; ואף מהרש"א מסתבר שיפרש בדעת רבינא ש"עָצֹר עָצַר" מופנה לשתי עצירות, או שרבינא מרבה פי טבעת מן "כָּל רֶחֶם", כעין שידרשו דבי רבי ינאי בסמוך).

34. הדרשה מובאת גם בפסיקתא זוטרתא לבראשית כ, יח, ומיד אחריה נדרש המשך הפסוק, "עַל דְּבַר שָׂרָה אֵשֶׁת אַבְרָהָם", ללמד "שהיו הכל אומרים, 'זה (מכת העצירות) על דבר שרה אשת אברהם; ראויה זאת (שרה) לזה (אברהם)!'" יתכן איפוא שהעצירה פשטה לבעלי החיים כדי לפרסם את הנס גם מחוץ לבית אבימלך (כי עצירה באדם מטבע העצור להסתיר), עד שהוכחה צדקת שרה לכל ושאבימלך לא יכל לנגוע בה ועל כן ראויה היא לחזור לבעלה בטהרתה.

35. הרוצה בטובת חבירו ורודפה ראוי שישיג טובה דומה, כי "במדה שאדם מודד בה מודדין לו" משמים (מגילה יב, ב). אך כאשר ביקוש הטובה הוא על ידי תפלה, לא די לו למתפלל שאף הוא נענה, אלא שהוא נענה תחלה. שכן אדם קרוב אצל עצמו (יבמות כה, ב), וצרכיו שלו קרובים לו איפוא מצרכי אחרים. כאשר אדם נענה

מסורת הש"ס

א) לעיל כז., ב) [עי' תוס' גיטין פד: ד"ה ותיפוק, כתובות נו. ד"ה הרי], ג) מכות ט:, ד) נ"א על, ה) מכות יא: סוטה ז: [ע"ש], ו) ב"ב קעד: [חולין קה:] ערכין כג., ז) בכורים פ"ג מ"ח, ח) [נ"ל הביאתיו], ט) [נידוי על תנאי צריך הפרה כצ"ל].

הגהות הב"ח

(א) גמ' לראובן שיודה יהודה שמע כצ"ל ותיבת מיד נמחק: (ב) רש"י ד"ה מקורייהו מקור שלהן ועיקרן כלומר כלה עיקרם מפני שמפסיד ל"א הכא לי וכו' שרשיו ונאכל את הקור כצ"ל:

תורה אור השלם

א) וְעַתָּה הָשֵׁב אֵשֶׁת הָאִישׁ כִּי נָבִיא הוּא וְיִתְפַּלֵּל בַּעַדְךָ וֶחְיֵה וְאִם אֵינְךָ מֵשִׁיב דַּע כִּי מוֹת תָּמוּת אַתָּה וְכָל אֲשֶׁר לָךְ: [בראשית כ, ז]

ב) וַיִּתְפַּלֵּל אַבְרָהָם אֶל הָאֱלֹהִים וַיִּרְפָּא אֱלֹהִים אֶת אֲבִימֶלֶךְ וְאֶת אִשְׁתּוֹ וְאַמְהֹתָיו וַיֵּלֵדוּ: [בראשית כ, יז]

ג) וַאֲבִימֶלֶךְ לֹא קָרַב אֵלֶיהָ וַיֹּאמַר אֲדֹנָי הֲגוֹי גַּם צַדִּיק תַּהֲרֹג: [בראשית כ, ד]

הֲלֹא הוּא אָמַר לִי אֲחֹתִי הִוא וְהִיא גַם הִוא אָמְרָה אָחִי הוּא בְּתָם לְבָבִי וּבְנִקְיֹן כַּפַּי עָשִׂיתִי זֹאת: [בראשית כ, ה]

ד) כִּי עָצֹר עָצַר יְיָ בְּעַד כָּל רֶחֶם לְבֵית אֲבִימֶלֶךְ עַל דְּבַר שָׂרָה אֵשֶׁת אַבְרָהָם: [בראשית כ, יח]

ה) וַייָ שָׁב אֶת שְׁבוּת אִיּוֹב בְּהִתְפַּלְלוֹ בְּעַד רֵעֵהוּ וַיֹּסֶף יְיָ אֶת כָּל אֲשֶׁר לְאִיּוֹב לְמִשְׁנֶה: [איוב מב, י]

ו) וַייָ פָּקַד אֶת שָׂרָה כַּאֲשֶׁר אָמָר וַיַּעַשׂ יְיָ לְשָׂרָה כַּאֲשֶׁר דִּבֵּר: [בראשית כא, א]

ז) לָמָּה תָרִיבוּ אֵלָי כֻּלְּכֶם פְּשַׁעְתֶּם בִּי נְאֻם יְיָ: [ירמיה ב, כט]

ח) וַיֹּאמֶר יְיָ אֶל מֹשֶׁה עַד אָנָה מֵאַנְתֶּם לִשְׁמֹר מִצְוֹתַי וְתוֹרֹתָי: [שמות טז, כח]

ט) וּמִקְצֵה אֶחָיו לָקַח חֲמִשָּׁה אֲנָשִׁים וַיַּצִּגֵם לִפְנֵי פַרְעֹה: [בראשית מז, ב]

י) יְחִי רְאוּבֵן וְאַל יָמֹת וִיהִי מְתָיו מִסְפָּר: [דברים לג, ו]

כ) וְזֹאת לִיהוּדָה וַיֹּאמַר שְׁמַע יְיָ קוֹל יְהוּדָה וְאֶל עַמּוֹ תְּבִיאֶנּוּ יָדָיו רָב לוֹ וְעֵזֶר מִצָּרָיו תִּהְיֶה: [דברים לג, ז]

גמרא

יכול אפילו מעולה בדמים ת"ל רק שמואל אייתי ליה אריסיה תמרי אכיל טעים בהו טעמא דחמרא א"ל מאי האי א"ל ביני גופני קיימי אמר [א]מכחשי בחמרא כולי האי למחר אייתי לי מקורייהו: רב חסדא חזא תאלי בי גופני אמר ליה לאריסיה עקרינהו גופני קני דקלי דקלי לא קני גופני:

מתני' [ב]אע"פ שהוא נותן לו אין נמחל לו עד שיבקש ממנו שנאמר (א) ועתה השב אשת וגו' ומנין [ג]שאם לא מחל לו שהוא אכזרי שנאמר (ב) ויתפלל אברהם אל האלהים וירפא אלהים את אבימלך וגו' [ד]האומר סמא את עיני קטע את ידי שבר את רגלי חייב [ה]ע"מ לפטור חייב (א) [ו]קרע את כסותי שבר את כדי חייב (ב) [ז]ע"מ לפטור פטור [ח]עשה כן לאיש פלוני על מנת לפטור חייב בין בגופו בין בממונו:

גמ' ת"ר כל אלו שאמרו דמי בושתו אבל צערו אפי' הביא כל אילי נביות שבעולם אין נמחל לו עד שיבקש ממנו שנאמר (א) השב אשת האיש כי נביא הוא ויתפלל בעדך (ג) דאשת נביא בעי אהדורי אשת אחר לא בעי אהדורי אמר רבי שמואל בר נחמני אמר ר' יונתן השב אשת האיש מכל מקום ודקא אמרת (ג) הגוי גם צדיק תהרוג הלא הוא אמר לי אחותי היא והיא גם היא אמרה אחי הוא נביא הוא וכבר לימד אכסנאי שבא לעיר על עסקי אכילה ושתיה שואלין אותו או על עסקי אשתו שואלין אותו אשתך היא אחותך היא מכאן לבן נח [ט]שנהרג שהיה לו ללמוד ולא למד: (ד) כי עצר עצר ה' אמר ר' אלעזר שתי עצירות הללו למה אחת באיש שכבת זרע שתים באשה שכבת זרע ולידה במתניתא תנא שתים באיש שכבת זרע וקטנים שלשה באשה שכבת זרע וקטנים ולידה רבינא אמר שלש באיש שכבת זרע וקטנים ופי טבעת ארבעה באשה שכבת זרע ולידה וקטנים ופי טבעת: (ד) בעד כל רחם אמרי דבי ר' ינאי אפילו תרנגולת של בית אבימלך לא הטילה ביצתה א"ל רבא לרבה בר מרי מנא הא מילתא דאמור רבנן כל המבקש רחמים על חבירו והוא צריך לאותו דבר הוא נענה תחילה א"ל דכתיב (ה) וה' שב את שבות איוב בהתפללו בעד רעהו אמר ליה את אמרת מהתם ואנא אמינא מהכא (ב) ויתפלל אברהם אל האלהים וירפא אלהים את אבימלך ואת אשתו ואמהותיו [וגו'] וכתיב (ו) וה' פקד את שרה כאשר אמר וגו' כאשר אמר אברהם (ד) אל אבימלך אמר ליה רבא לרבה בר מרי מנא הא מילתא דאמרי אינשי בהדי הוצא לקי כרבא א"ל דכתיב (ז) למה תריבו אלי כלכם פשעתם בי נאם ה' אמר ליה את אמרת מהתם ואנא אמינא מהכא (ח) עד אנה מאנתם לשמור מצותי ותורותי אמר ליה רבא לרבה בר מרי כתיב (ט) ומקצה אחיו לקח חמשה אנשים מאן נינהו חמשה א"ל הכי א"ר יוחנן אותן שהוכפלו בשמות יהודה נמי איכפולי מיכפל אמר ליה למילתיה הוא דאיכפל (ה)דאמר ר' שמואל בר נחמני אמר רבי יונתן מאי דכתיב (י) יחי ראובן ואל ימות ויהי מתיו מספר וזאת ליהודה כל אותן ארבעים שנה שהיו ישראל במדבר היו עצמותיו של יהודה מגולגלין בארון עד שבא משה ובקש רחמים אמר לפניו רבונו של עולם מי גרם לראובן שיודה יהודה (א) מיד שמע ה' קול יהודה על איבריה לשפא לא הוו קא מסקי למתיבתא דרקיעא (כ) ואל עמו תביאנו לא הוה ידע מאי קאמרי רבנן ולמשקל ומיטרח בהדי רבנן (כ) ידיו רב לו לא הוה סליק ליה שמעתתא אליבא דהלכתא (כ) ועזר מצריו תהיה אמר ליה רבא לרבה בר מרי מנא הא מילתא (ו)דאמרי אינשי בתר עניא אזלא עניותא אמר ליה דתנן (ז) [י]עשירים מביאין בכורים בקלתות של זהב ושל כסף ועניים בסלי נצרים של ערבה קלופה הסלים והבכורים נותנים לכהנים אמר ליה את אמרת מהתם ואנא אמינא מהכא

וטמא

רש"י

יכול אפי' מעולה בדמים. לקורה יותר מפירות יהא סרך קודם לו: **ת"ל רק.** מיעט הקדמה: **מקורייהו.** מקור שלהן ועיקרן (ב) ל"א הכא לי קור שהוא רך לאכול וגדל סביב שרשיו כלומר כלה עיקרם מפני שמפסיד ונאכל את הקור: **גופני קני דיקלי.** מדמי היין יכולין אנו לקנות קרקעות ואילו דקלי לא קני גופני אין שבחן עולה אלא לדבר מועט: **מתני' אע"פ שהוא נותן לו כו'.** סתמא היא ולא ר' עקיבא קאמר לה: **על מנת לפטור.** בגמ' מפרש לה: **גמ' כל אלו שאמרו.** סלע מנה ומאתים וד' מאות דמי בושת הן: **אבל צער.** שדואג על בושתו אינו נמחל לו: **שהיה לו ללמוד.** דרך ארץ ולא לגנב מדקאמר ליה רחמנא נביא הוא דמשמע אין ממש בדבריך וראוי אתה ליהרג: **שכבת זרע.** שבמעי אשה לא יכולה לפלוט: **פי טבעת.** נקב הגדולים לפנות: **פקד.** מדלא כתיב ויפקוד את שרה וכתיב פקד משמע פקד כבר תחילה לאבימלך: **בהדי הוצא לקי כרבא.** קוץ הגדל אצל הכרוב כשבא לעקרו פעמים שנעקר הכרוב עמו ונמצא לוקה בשבילו כלומר שכיני רשע לוקין עמו: **כולכם פשעתם.** אף הנביא במשמע: **עד אנה מאנתם.** ומשה ואהרן בכלל: **אותם שהוכפלו שמותם.** בברכת משה דן זבולון גד ואשר ונפתלי הודיעך הכתוב שחלשים שבכולן היו וצריכין חיזוק לפיכך כפל את שמם לחזקם ואותן הביא יוסף לפני פרעה כדי שלא יברור אותם להיות ראשי גייסות ולהטריחם: כל השבטים יצאו עצמותיהם ממצרים ונקברו בארץ ישראל שנאמר והעליתם את עצמותי מזה אתכם (שמות יג) משמע שאף עצמותם העלו ולא נכתב יוסף אלא להודיעך שבחו של משה שכל ישראל נתעסקו בביזה והוא עסק במצוה: **מגולגלין בארון.** לא היה שלדו קיימת ומחוברת מפני נידוי דקאמר ליה ליעקב אם לא (ח) אביאנו אליך וחטאתי לך כל הימים (בראשית מג) ואע"פ שנתקיים התנאי נפקא לן במסכת מכות (דף יא:) (ט) קללת חכם אפי' על תנאי היא באה: **מי גרם לראובן כו'.** מדרש אגדה הוא בתנחומא מכיון שהודה יהודה ואמר צדקה ממני עמד ראובן ואמר אני בלבלתי יצועי אבי: **לשפא.** נכנס כל עצם ונתחבר למקומו שסף משם. לשפא אשלוייה שדונא בלע"ז כמו שף מדוכתיה (חולין דף מג:): **אליבא דהלכתא.** לא הוה מסתייעא מילתא למימר מילתא דתהוי הלכתא כוותיה: **לא הוה סלקא ליה.** כלומר לא היה עולה בידו למימר שמעתתא אליבא דהלכתא: **הסלין והבכורין** נותנין לכהן. והעשירים לא היו נותנין קלתותיהן לכהן: **נצרים.** שבטים: וטמא

תוספות

למחר אייתי לי מקורייהו. משמע דגופני עדיפי מדיקלי ותימה דבהאשה שנפלו לה נכסים (כתובות עט. ושם ד"ה אילני) אמר גבי נפלו לה כספים ילקח בהן קרקע דיקלי ואילני דקלי אילני וגופני אילני אלמא גופני גריעי אפילו מאילני דגריעי מדיקלי וי"ל דבגפנים כשאדם טורח לזמר ולתקן הכרם יש בהן ריוח גדול אבל בנכסי אשתו אם היה קונה גפנים מתוך שצריכים הוצאה מרובה לא היה הבעל חושש להוציא על נכסי' והיו הולכין לאיבוד לפיכך טוב לקנות דקלים שאין צריכין יציאה וממילא אתי בהו שבחא וטוב הוא לשניהם ועוד מפרש ר"ת בהמוכר את הספינה (ב"ב פב. ושם ד"ה מתקיף) דפירי דדיקלא מתקיימין טפי מאילני וגופני ובנכסי מלוג של אשה בעינן דבר המתקיים יותר:

כאשר אמר אברהם אל אבימלך. לאו בהריון משתעי שהרי המלאכים בישרו את שרה מפסח שלפניו אלא ילדה בריוח כמו שהתפלל על אבימלך:

אלו הנכפלין בשמות. בבראשית רבה יש איפכא שהנכפלים גבורים היו כמו יהודה שנכפל:

מי גרם לראובן שהודה יהודה. אע"ג דאמר במדרש וישב ראובן אל הבור מלמד ששב משקו ומתעניתו שבלבל יצועי אביו וזה היה קודם למעשה תמר מכל מקום לא הודה ברבים עד אחר שהודה יהודה:

עין משפט נר מצוה

קד א מיי' פ"ו מהל' מלכים הלכה ח סמג לאוין רכט:

קה ב מיי' פ"ה מהל' חובל ומזיק הל' ט ופ"ב מהל' תשובה הל' ט סמג עשין ע טוש"ע ח"מ סי' תכב סעיף א:

קו ג מיי' שם הלכה י ופ"ו מהלכות דעות הלכה ו ופ"ב מהלכות תשובה הלכה י טוש"ע שם וטוש"ע א"ח סי' תרו סעיף א בהג"ה:

קז ד ה מיי' פ"ה מהל' חובל ומזיק הלכה יא סמג עשין ע טוש"ע ח"מ סי' תכא סעיף יב:

קח ו ז מיי' שם סמג שם טוש"ע ח"מ סי' שפ סעיף א:

קט ח מיי' שם הלכה יג טוש"ע שם סעיף ב:

קי ט מיי' פ"י מהלכות מלכים הל' א סמג לאוין רלב רלג:

קיא י מיי' פ"ג מהל' בכורים הל' ח סמג עשין קלט:

לעזי רש"י

אשלוייה שדונ"א. פירוק פרק (של עצם) (עיין רש"י מכות דף יא ע"ב ד"ה על איבריה לשפא ורש"י שבת דף קמז ע"א ד"ה נפרקה):

ליקוטי רש"י

מקורייהו. רך של דקל כשענפיו גדלים בכל שנה ושנה כדרך כל האילנות הנוסף בשנה זו רך ובשנה שניה מתקשה ונעשה עץ [ברכות לו.]. **תאלי.** דקלים קטנים [ב"ב כב:]. **קרע את כסותי שבר את כדי חייב.** דה"ק ליה אם תרצה קרע ושלם אבל פירש לו ע"מ פטור [לעיל כז.]. **אילי נביות.** דכרי נביות [ישעיה ס, ז]. **בהתפללו בעד רעהו.** בזכות שהתפלל על כל ריע וריע שלו [איוב מב, י]. **וה' פקד את שרה.** סמך פרשה זו לכאן ללמדך שכל המבקש רחמים על חבירו והוא צריך לאותו דבר הוא נענה תחילה שנאמר ויתפלל וגו' וסמיך ליה וה' פקד את שרה שפקד כבר קודם שרפא את אבימלך [בראשית כא, א]. **כלכם פשעתם בי.** אף הצדיקים במשמע היינו דאמרי אינשי בהדי הוצא לקי כרבא [ירמיה ב, כט]. **עד אנה מאנתם.** משל הדיוט הוא בהדי הוצא לקי כרבא ע"י הרשעים מתגנין הכשרין [שמות טז, כח]. **ומקצה אחיו.** מן הפחותים שבהם לגבורה שאין נראים גבורים שאם יראה אותם גבורים יעשה אותם אנשי מלחמתו. ואלה הם ראובן שמעון לוי יששכר ובנימין. אותן שלא כפל משה שמותם כשברכם אבל שמות הגבורים כפל וזאת ליהודה ויאמר שמע ה' קול יהודה ולגד אמר ברוך מרחיב גד ולנפתלי אמר נפתלי ולדן אמר דן וכן לזבולן וכן לאשר זהו לשון בראשית רבה שהיא אגדת א"י. אבל בגמרא בבלית שלנו מצינו שאותם שכפל משה שמותם הם החלשים ואותן הביא לפני פרעה ויהודה שהוכפל שמו לא הוכפל משום חלשות אלא טעם יש בדבר כדאיתא בב"ק. ובברייתא דספרי שנינו בה בזאת הברכה כמו בגמרא שלנו [בראשית מז, ב]. **יחי ראובן וזאת ליהודה.** סמך יהודה לראובן מפני ששניהם הודו על קלקול שבידם (מכות יא) שנאמר אשר חכמים יגידו וגו' להם לבדם וגו' ולא עבר זר בתוכם (איוב טו) ועוד פירשו רבותינו שכל מ' שנה שהיו ישראל במדבר היו עצמות יהודה מתגלגלין בארון מפני נדוי שקבל עליו שנאמר וחטאתי לאבי כל הימים (בראשית מד) אמר משה מי גרם לראובן שיודה יהודה וכו' [דברים לג, ז]. אין לך בברכת כל השבטים מתחלת וזאת חוץ מזו [סוטה ז:]. מה ראה לסמוך יהודה לראובן ומה ראה להתחיל בברכת יהודה בלשון וזאת ליהודה אלא לפי שהיו עצמות כל השבטים שלהן קיים ושל יהודה מגולגלין אמר לשון זה יחי ראובן כלומר ראובן שלדו קיימת כאילו הוא חי וזאת תהיה ליהודה שהם מגולגלין. עצמות כל השבטים יצאו ממצרים ונשאום בניהם במדבר וזהו שאמר יוסף לאחיו (שמות יג) והעליתם [את] עצמותי מזה אתכם עם עצמותיכם [מכות יא:]. **היו עצמותיו של יהודה מגולגלין בארון.** ושלדו. דפוס צורתו. אינה קיימת נשבר ונתפזר [נדה נו.]. עצמות כל השבטים העלו ממצרים והוא שאמר יוסף והעליתם את עצמותי מזה אתכם (שמות יג) עם עצמותיכם והיו עצמות כל השבטים שלדן קיימת ויהודה איבריו מתפרקין ומתגלגלין בארונו מפני שנידה את עצמו בערבונו של בנימין וחטאתי לך כל הימים (בראשית מג) אפי' לעולם הבא ומהכא נפקא לן (מכות דף יא:) (נידוי של חכם אפילו על תנאי הוא בא) [נידוי על תנאי צריך הפרה]. **מי גרם לראובן שיודה.** במעשה יצועי אביו. יהודה. שהודה במעשה תמר וכן היה מסורת בידיהם ומדרש אגדה דר' תנחומא כשאמר יהודה צדקה ממני עמד ראובן ואמר בלבלתי יצועי אבי ועכשיו יחי ראובן שלדו קיימת כאילו הוא חי וזאת ליהודה שהוא מתגלגל [סוטה ז:]. **על אבריה לשפא.** נכנסו עצמותיו למקום חיבורם ששפו משם כמו דשף מדוכתיה (חולין דף מג: נד.:) לשפא אישלויי"ש דורא [מכות שם]. **למתיבתא דרקיעא.** לישא וליתן עם שאר החכמים. **ולמשקל ומיטרח.** לישא וליתן. **ידיו רב לו.** יהא לו נצחון לריב ריבו והאי דכתיב ידיו לשון מלחמה הוא מלחמתה של תורה [סוטה שם]. יהי בו כח לריב ריבו לעצמו נגד חביריו [מכות שם]. **אליבא דהלכתא.** לא היה זוכה לומר דבר המתקבל [סוטה שם].

(השיב את הזקוק להשבה, הבנים והמקנה שאבדו לאיוב) **בְּהִתְפַּלְלוֹ בְּעַד רֵעֵהוּ**". אליפז התימני, בלדד השוחי, וצופר הנעמתי, שלשה מריעי איוב, חרה בהם אף ה׳ על שהקניטו את איוב ואונו אותו בהחזיקם אותו רשע ובצדקם בכך את צרותיו שבאו עליו, וקרובים היו להתנבל ביסורים. אלא שאיוב התפלל בעדם ונשא ה׳ פניו ולבסוף ניצולו. ואילו איוב, שנצרך בעצמו לרפואה ולקימום משפחתו וממונו, נרפא על עמדו ["בְּהִתְפַּלְלוֹ"] ונגזר משמים מיד להשיב את שבות בניו ומקנהו[36].

מגיב רבא:

אָמַר לֵיהּ רבא: **אַתְּ** — אתה, רבה בר מרי, **אָמְרַתְּ מֵהָתָם** — משם, מהכתוב באיוב, **וַאֲנָא אֲמִינָא מֵהָכָא** — אבל אני אומר שיש מקור מהמקרא הזה (בראשית כ, יז-יח): "**וַיִּתְפַּלֵּל אַבְרָהָם אֶל הָאֱלֹהִים, וַיִּרְפָּא אֱלֹהִים אֶת אֲבִימֶלֶךְ וְאֶת אִשְׁתּוֹ וְאַמְהֹתָיו** וַיֵּלֵדוּ. כִּי עָצֹר עָצַר **[וגו׳]**". **וּכְתִיב** בסמוך (שם כא, א): "**וַה׳ פָּקַד** (זכר) **אֶת שָׂרָה כַּאֲשֶׁר אָמָר וגו׳** ". לא נאמר ׳ויפקוד ה׳׳, שהיה משמע לפי סדר הכתוב שאחר שנתרפאו אבימלך וביתו נפקדה שרה בהריון, אלא "וַה׳ פָּקַד", שעד שריפא אותם כבר פקד מקודם את שרה[37]. ולפיכך יידרש "כַּאֲשֶׁר אָמַר" — **כַּאֲשֶׁר אָמַר** (התפלל) **אַבְרָהָם אֶל** (על) **אֲבִימֶלֶךְ**, שעם הריונה של שרה נמצא אברהם נענה באותה הישועה שהוא ביקש בעבור נשות בית אבימלך[38].

שאלה נוספת על מוצאו של מאמר:

אָמַר לֵיהּ רָבָא לְרַבָּה בַּר מָרִי: מְנָא הָא מִילְּתָא דְּאָמְרֵי אִינְשֵׁי — מנין מקור לדבר הזה שאומרים הבריות, '**בַּהֲדֵי הוּצָא לָקֵי כְּרָבָא**' — עם הקוץ לוקה הכרוב; המתכוון לעקור קוץ שגדל לצד כרוב לפעמים עוקר עמו גם את הכרוב. משל הוא, ונמשלו: שכיני רשע עלולים לפעמים להיפגע מפורענות שבאה בגינו. מנין?[39] **אָמַר לֵיהּ, דִּכְתִיב** (ירמיה ב, כט): "**לָמָּה תָרִיבוּ אֵלָי** (איך תתווכחו עמי לומר, ׳לא חטאנו׳)**? כֻּלְּכֶם פְּשַׁעְתֶּם בִּי, נְאֻם ה׳** ". "כֻּלְּכֶם" כולל במשמעו אפילו את ירמיה הנביא מקבל הנבואה[40], כי הפשע מיוחס לעם כאחד. הרי שלוקה צדיק בשביל עמיתיו הרשעים.

מגיב רבא:

אָמַר לֵיהּ: אַתְּ אָמְרַתְּ מֵהָתָם, וַאֲנָא אֲמִינָא מֵהָכָא — מן הנאמר למשה אחר שיצאו כמה מבני ישראל במדבר ללקוט מן ביום השבת (שמות טז, כח): "**עַד אָנָה מֵאַנְתֶּם** (תסרבו) **לִשְׁמֹר מִצְוֹתַי וְתוֹרֹתָי**". "מֵאַנְתֶּם" כולל במשמעו אפילו את משה ואהרן הצדיקים הגמורים, אליהם מדבר ה׳ בהיותם מנהיגי העם, והם בכלל התוכחה על עון אנשים מהעם[41].

אגב ביקוש הביסוס למאמרים, עוד שאלה ששאל רבא מרבה מר מרי:

אָמַר לֵיהּ רָבָא לְרַבָּה בַּר מָרִי: כְּתִיב אצל יוסף, כאשר באו יעקב

הערות

ממרומים הוא נענה תחלה לענין הדבר שהוא היותר קרוב לו (מהר"ל). ועוד, אדם הזוכה בתפלתו להוריד ישועה מלמעלה, נעשית נשמתו צינור להשפיע את הטובה לאחרים, אך עוד בטרם תגיע הטובה חוצה כבר היא ממלאה את הצינור עצמו (עיון יעקב).

36. לפי פשוטו מתפרש "בְּהִתְפַּלְלוֹ" - בזכות שהתפלל (רש"י לאיוב על אתר), אבל לפי מדרשו של רבה בר מרי - מיד בעת שהתפלל (מהרש"א, פירוש שני).

"וַיְהִי אַחַר דִּבֶּר ה׳ אֶת הַדְּבָרִים הָאֵלֶּה (שבאיוב פרקים לח-מב) אֶל אִיּוֹב, וַיֹּאמֶר ה׳ אֶל אֱלִיפַז הַתֵּימָנִי, ׳חָרָה אַפִּי בְךָ וּבִשְׁנֵי רֵעֶיךָ כִּי לֹא דִבַּרְתֶּם אֵלַי נְכוֹנָה כְּעַבְדִּי אִיּוֹב׳ " (שם מב, ז). לפי רש"י על אתר, פשעם של שלשה ריעי איוב היה שהחזיקו אותו רשע, באמרם לו (שם ד, ו): "הֲלֹא יִרְאָתְךָ כִּסְלָתֶךָ" — סופך, שאתה נלאה מיסוריך ובועט, מוכיח על תחלתך, שיראת השמים שהפגנת בהיותך שרוי בטוב, ומילות העידוד בהן אימצת אחרים, מתוך כסילות נבעו ולא מדעה שלמה (ובבבא מציעא נח, ב, תופסת ברייתא את האמירה "הֲלֹא יִרְאָתְךָ וגו׳ " כדוגמא לאונאת דברים האסורה). היה להם לנחם את איוב כהוגן כאשר עשה אליהוא בן ברכאל הבוזי (איוב פרקים לב-לז). לכן, הוסיף ה׳ לדבר אל הריעים (שם מב, ח), "וְעַתָּה קְחוּ לָכֶם שִׁבְעָה פָרִים וְשִׁבְעָה אֵילִים וּלְכוּ אֶל עַבְדִּי אִיּוֹב וְהַעֲלִיתֶם עוֹלָה בַּעַדְכֶם, וְאִיּוֹב עַבְדִּי יִתְפַּלֵּל עֲלֵיכֶם, כִּי אִם פָּנָיו אֶשָּׂא (שהרי את פניו אשא — רש"י שם) לְבִלְתִּי עֲשׂוֹת עִמָּכֶם נְבָלָה (שלא אייסר אתכם ביסורים מכוערים), כִּי לֹא דִבַּרְתֶּם אֵלַי נְכוֹנָה כְּעַבְדִּי אִיּוֹב". ואמנם הלכו "אֱלִיפַז הַתֵּימָנִי וּבִלְדַּד הַשּׁוּחִי צֹפַר הַנַּעֲמָתִי, וַיַּעֲשׂוּ כַּאֲשֶׁר דִּבֶּר אֲלֵיהֶם ה׳, וַיִּשָּׂא ה׳ אֶת פְּנֵי אִיּוֹב" (שם, ט) וריעיו ניצולו. הרי שעמדו השלשה לחלות ביסורי גוף המכערים, כשחין הרע שבו לקה איוב (שם ב, ז; ואמנם ראויים היו השלשה ליסורים, כדרך שאמר ריש לקיש בשבת צז, א, "החושד בכשרים לוקה בגופו"), אלמלא התפלל עליהם איוב ונושעו. אלא שהוא נענה תחלה ומיד נתרפא (מהרש"א; אולם ראה חדושי גאונים שבעין יעקב).

37. רש"י כאן ולבראשית על אתר. ׳ויפקוד׳ היה משמש לשון עבר פשוט, לעומת "פָּקַד" אשר לפי ההקשר הוא ׳עבר דעבר׳ או ׳עבר מושלם׳, פעולה שאפילו בזמן שהתרחש הסיפור כבר הייתה שייכת לעבר. השוה רש"י לבראשית ד, א, ולויקרא א, טו, ובאריכות בספר מודע לבינה (לרב וואלף היידנהיים) לבראשית שם.

38. הפסוק במלואו הוא, "וַה׳ פָּקַד אֶת שָׂרָה כַּאֲשֶׁר אָמָר, וַיַּעַשׂ ה׳ לְשָׂרָה כַּאֲשֶׁר דִּבֵּר. על הכפל "כַּאֲשֶׁר אָמָר" ו"כַּאֲשֶׁר דִּבֵּר", מפרש רש"י (על אתר) לפשוטו של מקרא: " ׳כאשר אמר׳ — בהריון (רוצה לומר לקיים הבטחתו על ההריון); ׳כאשר דבר׳ — בלידה. והיכן היא (היתה) אמירה והיכן הוא דבור? אמירה: ׳וַיֹּאמֶר אֱלֹקִים, אֲבָל שָׂרָה אִשְׁתְּךָ יֹלֶדֶת לְךָ בֵּן׳ (בראשית יז, יט); דבור: ׳הָיָה דְבַר ה׳ אֶל אַבְרָם׳ (שם טו, א), בברית בין הבתרים, ושם נאמר,׳ לֹא יִירָשְׁךָ זֶה (ישמעאל בן הגר), כִּי אִם אֲשֶׁר יֵצֵא מִמֵּעֶיךָ הוּא יִירָשֶׁךָ׳ (שם, ד), והביא היורש משרה." ולפיכך "כַּאֲשֶׁר אָמָר" פירושו ׳כאשר אמר ה׳ לאברהם׳, כמו ש"כַּאֲשֶׁר דִּבֵּר" מתפרש ׳כאשר דיבר ה׳ לאברהם׳. אבל רבא דורש את הכפל כך שנושאו של "אָמָר" הוא אברהם ומושאו הוא אבימלך. יתכן גם שלפי הדרשה מתפרש "כַּאֲשֶׁר" (הראשון) לא ׳כמו ש׳ אלא ׳בעת ש׳, כי מיד עם תפלתו נענה אברהם.

בניגוד לרש"י, שלפיו למדים מ"פָּקַד" שעל ידי תפלתו נענה אברהם בעצם הריונה של שרה (בפנים והערה 35), סוברים תוספות (ד"ה כאשר) שאברהם נענה בכך ששרה ילדה ברווח ללא צער, שכן "כַּאֲשֶׁר אָמָר" נדרש: כמו שהתפלל אברהם על נשות בית אבימלך, לרפאות כליל את עצירת רחמן כדי שתלדנה בנקל. אבל על עצם ההריון של שרה לא נצרך אברהם לתפלה — לא בעד עצמו ולא בעד אחרים — כי בין כה וכה היתה הרה אז ויולדת, שהרי בפסח שלפני מעשה אבימלך כבר בישרו המלאכים את אברהם: "שׁוֹב אָשׁוּב אֵלֶיךָ כָּעֵת חַיָּה (כעת הזאת לשנה הבאה; רש"י על אתר) וְהִנֵּה בֵן לְשָׂרָה אִשְׁתֶּךָ" (בראשית יח, י), ו"לַמּוֹעֵד אָשׁוּב אֵלֶיךָ כָּעֵת חַיָּה וּלְשָׂרָה בֵן" (שם, יד; קביעת התוספות שאברהם נתבשר בפסח מקבילה לדברי רש"י לבראשית שם, י, ומקורה בסדר עולם ה ובמכילתא דרבי ישמעאל ב, מסכתא דפסחא יד; לפי ראש השנה יא, א, נתבשר בסוכות, אבל איך שיהיה מוכח מסדר המקראות שקדמה הבשורה למעשה אבימלך; וראה פני יהושע).

מהר"ל מיישב את הבנתו של רש"י בשני אופנים. (א) אלמלא התפלל אברהם על אבימלך, היתה מתנת הבן שנתן ה׳ לאברהם עשויה למעט מזכויותיו של אברהם. אבל מאחר שזכה לַבן בזכות תפלתו על אבימלך נותרו זכויותיו שלמות כבתחלה. (ב) אף שדבר שהובטח מפי ה׳ עומד לבוא ובודאי יבוא, ממתין הדבר לסיבה שתוציא את ההבטחה לפועל, והקדוש ברוך הוא מכין את הסיבה כדי שתתקיים הבטחתו. במקרה של הבטחת הבן לאברהם סיבב ה׳ שיתפלל אברהם על אבימלך, וזו היתה סיבה ראויה לסבב הריון לשרה, מפני שהמתפלל בעד חברו הוא נענה תחלה.

39. המאמר הוא לא יותר מפתגם עממי, אולם רבא מניח שכל דבר חכמה אמיתי יימצא לו בית אב או בתורה שבכתב או בתורה שעל פה, שכן "תּוֹרַת ה׳ תְּמִימָה" (תהלים יט, ח) והכל מרומז בה, על דרך שאמרו חכמים (תענית ט, א): "מי איכא מידי דכתיב בכתובי דלא רמיזי באורייתא" (פתח עינים לחיד"א; מהר"ץ חיות לקמן צד, א על התוספות ד"ה דאיכא). ולא רק דבר חכמה, אלא כל עניני העולם ומאורעותיו מרומזים בה, וכמו שכתוב בספר הזוהר (ב, קסא, א): "אסתכל [הקב"ה] באורייתא וברא עלמא" (ביאור הגר"א לזוהר ספרא דצניעותא פ"ה ד"ה והכלל; ראה גם ספר התועדיות תשמה, עמודים 8-487). וראה גם הקדמת הרמב"ן לפירושו לתורה באורך.

40. רש"י. ובפירושו לירמיה כתב על "כֻּלְּכֶם פְּשַׁעְתֶּם בִּי": "אף הצדיקים במשמע", אולי מפני שהנבואה שמשמיע נביא לעם אינה מופנית בהכרח אל הנביא עצמו, כאשר העיר כאן מהרש"א.

41. על פי רש"י. ובפירושו לשמות על אתר, כתב בד"ה עד אנה מאנתם: "משל הדיוט (עממי) הוא, בהדי הוצא לקי כרבא — על ידי הרשעים מתגנין הכשרין". שם, כמו בירמיה אצל "כֻּלְּכֶם פְּשַׁעְתֶּם בִּי" (ראה ההערה הקודמת), רש"י אינו מייחד את מקבלי הדיבור האלוקי כמי שהתוכחה מופנית גם אליהם, אלא מסביר שה"כשרין" שבעם נתגנו, למרות שלא יצאו ללקוט מָן בשבת אלא רשעים מעטים, ככתוב (שמות טז, כז): "וַיְהִי בַּיּוֹם הַשְּׁבִיעִי יָצְאוּ מִן הָעָם לִלְקֹט וגו׳ ". "מִן הָעָם" משמעו — מקצתם (רש"י לסנהדרין יא, א, ד"ה מאנתם, הביאו מהרש"א כאן).

צדיקים כמשה ואהרן בודאי נבדלים משאר אישים שבעם, כל שכן שהם אינם שוים חס ושלום לרשעים שבו. אך מכל מקום לצד היות כל יחיד פריט לעצמו הרי הוא גם חלק מעמו, והתורה ניתנה לא ליחידים אלא לעם ככלל. לכן אם נפגמה שמירת התורה בעם אין לומר שהצדיקים ממשיכים לקיימה כיחידים, אלא ראוי להוכיח את העם בכללותו עם הצדיקים שבקרבו (מהר"ל).

מסורת הש"ס

א) לעיל כז., ג) [עי' תוס' גיטין פד: ד"ה ותיפוק, כתובות נו. ד"ה הרי], ג) מכות ט:, ד) כ"א על, ה) מכות יא: סוטה ז: [ע"ש], ו) ב"ב קעד: [חולין קה:] ערכין כג., ז) בכורים פ"ג מ"ח, ח) [נ"ל הביאתיו], ט) [נידוי על תנאי צריך הפרה כצ"ל].

הגהות הב"ח

(א) גמ' לראובן שיודה יהודה שמע כצ"ל ותיבת מיד נמחק: (ב) רש"י ד"ה מקורייהו מקור שלהן ועיקרן כלומר כלה עיקרם מפני שמפסיד ל"א הכא לי וכו' שרשיו ונאכל את הקור כצ"ל:

תורה אור השלם

א) וְעַתָּה הָשֵׁב אֵשֶׁת הָאִישׁ כִּי נָבִיא הוּא וְיִתְפַּלֵּל בַּעַדְךָ וֶחְיֵה וְאִם אֵינְךָ מֵשִׁיב דַּע כִּי מוֹת תָּמוּת אַתָּה וְכָל אֲשֶׁר לָךְ: [בראשית כ, ז]

ב) וַיִּתְפַּלֵּל אַבְרָהָם אֶל הָאֱלֹהִים וַיִּרְפָּא אֱלֹהִים אֶת אֲבִימֶלֶךְ וְאֶת אִשְׁתּוֹ וְאַמְהֹתָיו וַיֵּלֵדוּ: [בראשית כ, יז]

ג) וַאֲבִימֶלֶךְ לֹא קָרַב אֵלֶיהָ וַיֹּאמַר אֲדֹנָי הֲגוֹי גַּם צַדִּיק תַּהֲרֹג: [בראשית כ, ד]

הֲלֹא הוּא אָמַר לִי אֲחֹתִי הִוא וְהִיא גַם הִוא אָמְרָה אָחִי הוּא בְּתָם לְבָבִי וּבְנִקְיֹן כַּפַּי עָשִׂיתִי זֹאת: [בראשית כ, ה]

ד) כִּי עָצֹר עָצַר יְיָ בְּעַד כָּל רֶחֶם לְבֵית אֲבִימֶלֶךְ עַל דְּבַר שָׂרָה אֵשֶׁת אַבְרָהָם: [בראשית כ, יח]

ה) וַייָ שָׁב אֶת שְׁבוּת אִיּוֹב בְּהִתְפַּלְלוֹ בְּעַד רֵעֵהוּ וַיֹּסֶף יְיָ אֶת כָּל אֲשֶׁר לְאִיּוֹב לְמִשְׁנֶה: [איוב מב, י]

ו) וַייָ פָּקַד אֶת שָׂרָה כַּאֲשֶׁר אָמָר וַיַּעַשׂ יְיָ לְשָׂרָה כַּאֲשֶׁר דִּבֵּר: [בראשית כא, א]

ז) לָמָּה תָרִיבוּ אֵלָי כֻּלְּכֶם פְּשַׁעְתֶּם בִּי נְאֻם יְיָ: [ירמיה ב, כט]

ח) וַיֹּאמֶר יְיָ אֶל מֹשֶׁה עַד אָנָה מֵאַנְתֶּם לִשְׁמֹר מִצְוֹתַי וְתוֹרֹתָי: [שמות טז, כח]

ט) וּמִקְצֵה אֶחָיו לָקַח חֲמִשָּׁה אֲנָשִׁים וַיַּצִּגֵם לִפְנֵי פַרְעֹה: [בראשית מז, ב]

י) יְחִי רְאוּבֵן וְאַל יָמֹת וִיהִי מְתָיו מִסְפָּר: [דברים לג, ו]

כ) וְזֹאת לִיהוּדָה וַיֹּאמַר שְׁמַע יְיָ קוֹל יְהוּדָה וְאֶל עַמּוֹ תְּבִיאֶנּוּ יָדָיו רָב לוֹ וְעֵזֶר מִצָּרָיו תִּהְיֶה: [דברים לג, ז]

רש"י

יכול אפי' מעולה בדמים. לקורה יותר מפירות יהא סרק קודם לו: ת"ל רק. מיעט הקדמה: מקורייהו. מקור שלהן ועיקרן (ב) ל"א הכא לי קור שהוא רך לאכול וגדל סביב שרשיו כלומר כלה עיקרם מפני שמפסיד ונאכל את הקור: גופני קני דיקלי. מדמי היין יכולין אנו לקנות קרקעות ואילו דקלי לא קני גופני אין שבהן עולה אלא לדבר מועט: מתני' אע"פ שהוא נותן לו כו'. סתמא היא ולא ר' עקיבא קאמר לה: על מנת לפטור. בגמ' מפרש לה: גמ' כל אלו שאמרו. סלע מנה ומאתים וד' מאות דמי בושת הן: אבל צער. שדואג על בושתו אינו נמחל לו: שהיה לו ללמוד. דרך ארץ ולא למד מדקאמר ליה רחמנא נביא הוא דמשמע אין ממש בדבריך וראוי אתה ליהרג: שכבת זרע. שבמעי אשה לא יכולה לפלוט: פי טבעת. נקב הגדולים לפנות: פקד. מדלא כתיב ויפקוד את שרה וכתיב פקד משמע פקד כבר תחילה לאבימלך: בהדי הוצא לקי כרבא. קוץ הגדל אצל הכרוב כשבא לעקרו פעמים שנעקר הכרוב עמו ונמצא לוקה בשבילו כלומר שכיני רשע לוקין עמו: כולכם פשעתם. אף הנביא במשמע: עד אנה מאנתם. ומשה ואהרן בכלל: אותם שהוכפלו שמותם. בברכת משה דן זבולון גד ואשר ונפתלי הודיעך הכתוב שחלשים שבכולן היו וצריכין חיזוק לפיכך כפל את שמם לחזקם ואותן הביא יוסף לפני פרעה כדי שלא יברור אותם להיות ראשי גייסות ולהטריחם: כל השבטים יצאו עצמותיהם ממצרים ונקברו בארץ ישראל שנאמר והעליתם את עצמותי מזה אתכם (שמות יג) משמע שאף עצמותם העלו ולא נכתב יוסף אלא להודיעך שבחו של משה שכל ישראל נתעסקו בביזה והוא עסק במצוה: מגולגלין בארון. לא היה שלדו קיימת ומחוברת מפני נידוי דקאמר ליה ליעקב אם לא (ח) הביאתו אליך וחטאתי לך כל הימים (בראשית מג) ואע"פ שנתקיים התנאי נפקא לן במסכת מכות (דף יא:) (ט) קללת חכם אפי' על תנאי היא באה: מי גרם לראובן כו'. מדרש אגדה הוא בתנחומא מכיון שהודה יהודה ואמר צדקה ממני עמד ראובן ואמר אני בלבלתי יצועי אבי: לשפא. נכנס כל עצם ונתחבר למקומו שסף מסם. לשפא אשלוייה שדונא בלע"ז כמו שף מדוכתיה (חולין דף מג:): אליבא דהלכתא. לא הוה מסתייעא מילתא למימר מילתא דתהוי הלכתא כוותיה: לא הוה סלקא ליה. כלומר לא היה עולה בידו למימר שמעתתא אליבא דהלכתא: הסלין והבכורין נותנין לכהן. והעשירים לא היו נותנין קלתותיהן לכהן: נצרים. שבטים: וטמא

גמרא

יכול אפילו מעולה בדמים ת"ל רק שמואל אייתי ליה אריסיה תמרי אכיל טעים בהו טעמא דחמרא א"ל מאי האי א"ל ביני גופני קיימי אמר [א]מכחשי בחמרא כולי האי למחר אייתי לי מקורייהו: רב חסדא חזא תאלי בי גופני אמר ליה לאריסיה עקרינהו גופני קני דקלי דקלי לא קני גופני: מתני' [ב]אע"פ שהוא נותן לו אין נמחל לו עד שיבקש ממנו שנאמר א) ועתה השב אשת וגו' ומנין [ג]שאם לא מחל לו שהוא אכזרי שנאמר ב) ויתפלל אברהם אל האלהים וירפא אלהים את אבימלך וגו' [ד]האומר סמא את עיני קטע את ידי שבר את רגלי חייב [ה]ע"מ לפטור חייב (א) [ו]קרע את כסותי שבר את כדי חייב (ב) [ז]ע"מ לפטור פטור [ח]עשה כן לאיש פלוני על מנת לפטור חייב בין בגופו בין בממונו: גמ' ת"ר כל אלו שאמרו דמי בושתו אבל צערו אפי' הביא כל אילי נביות שבעולם אין נמחל לו עד שיבקש ממנו שנאמר א) השב אשת האיש כי נביא הוא ויתפלל בעדך (ג) דאשת נביא בעי אהדורי אשת אחר לא בעי אהדורי אמר רבי שמואל בר נחמני אמר ר' יונתן השב אשת האיש מכל מקום ודקא אמרת ג) הגוי גם צדיק תהרוג הלא הוא אמר לי אחותי היא והיא גם היא אמרה אחי הוא נביא הוא וכבר לימד אכסנאי שבא לעיר על עסקי אכילה ושתיה שואלין אותו או על עסקי אשתו שואלין אותו אשתך היא אחותך היא מכאן לבן נח [ט]שנהרג שהיה לו ללמוד ולא למד: ד) כי עצר עצר ה' אמר ר' אלעזר שתי עצירות הללו למה אחת באיש שכבת זרע ולידה במתניתא תנא שתים באיש שכבת זרע וקטנים שלשה באשה שכבת זרע וקטנים ולידה רבינא אמר שלש באיש שכבת זרע וקטנים ופי טבעת ארבעה באשה שכבת זרע ולידה וקטנים ופי טבעת: ד) בעד כל רחם אמרי דבי ר' ינאי אפילו תרנגולת של בית אבימלך לא הטילה ביצתה א"ל רבא לרבה בר מרי מנא הא מילתא דאמור רבנן כל המבקש רחמים על חבירו והוא צריך לאותו דבר הוא נענה תחילה א"ל דכתיב ה) וה' שב את שבות איוב בהתפללו בעד רעהו אמר ליה את אמרת מהתם ואנא אמינא מהכא ב) ויתפלל אברהם אל האלהים וירפא אלהים את אבימלך ואת אשתו ואמהותיו [וגו'] וכתיב ו) וה' פקד את שרה כאשר אמר וגו' כאשר אמר אברהם ז) אל אבימלך אמר ליה רבא לרבה בר מרי מנא הא מילתא דאמרי אינשי בהדי הוצא לקי כרבא א"ל דכתיב ז) למה תריבו אלי כלכם פשעתם בי נאם ה' אמר ליה את אמרת מהתם ואנא אמינא מהכא ח) עד אנה מאנתם לשמור מצותי ותורותי אמר ליה רבא לרבה בר מרי כתיב ט) ומקצה אחיו לקח חמשה אנשים מאן נינהו חמשה א"ל הכי א"ר יוחנן אותן שהוכפלו בשמות יהודה נמי איכפולי מיכפל אמר ליה למילתיה הוא דאיכפל [ט]דאמר ר' שמואל בר נחמני אמר רבי יונתן מאי דכתיב י) יחי ראובן ואל ימות ויהי מתיו מספר וזאת ליהודה כל אותן ארבעים שנה שהיו ישראל במדבר היו עצמותיו של יהודה מגולגלין בארון עד שבא משה ובקש רחמים אמר לפניו רבונו של עולם מי גרם לראובן שיודה יהודה (א) מיד שמע ה' קול יהודה על איבריה לשפא לא הוו קא מסקי למתיבתא דרקיעא כ) ואל עמו תביאנו לא הוה ידע מאי קאמרי רבנן ולמשקל ומיטרח בהדי רבנן כ) ידיו רב לו לא הוה סליק ליה שמעתתא אליבא דהלכתא כ) ועזר מצריו תהיה אמר ליה רבא לרבה בר מרי מנא הא מילתא [י]דאמרי אינשי בתר עניא אזלא עניותא אמר ליה דתנן [ז]עשירים מביאין בכורים בקלתות של זהב ושל כסף ועניים בסלי נצרים של ערבה קלופה הסלים והבכורים נותנים לכהנים אמר ליה את אמרת מהתם ואנא אמינא מהכא וטמא

תוספות

למחר אייתי לי מקורייהו. משמע דגופני עדיפי מדיקלי ותימה דבהאשה שנפלו לה נכסים (כתובות עט. ושם ד"ה אילני) אמר גבי נפלו לה כספים ילקח בהן קרקע דיקלי ואילני דקלי אילני וגופני אילני אלמא גופני גריעי אפילו מאילני דגריעי מדיקלי וי"ל דבגפנים כשאדם טורח לזמר ולתקן הכרם יש בהן ריוח גדול אבל בנכסי אשתו אם היה קונה גפנים מתוך שצריכים הוצאה מרובה לא היה הבעל חושש להוציא על נכסי' והיו הולכין לאיבוד לפיכך טוב לקנות דקלים שאין צריכין יציאה וממילא אתי בהו שבחא וטוב הוא לשניהם ועוד מפרש ר"ת בהמוכר את הספינה (ב"ב פג. ושם ד"ה מתקיף) דפירי דדיקלא מתקיימין טפי מאילני וגופני ובנכסי מלוג של אשה בעינן דבר המתקיים יותר: כאשר אמר אברהם אל אבימלך. לאו בהריון משתעי שהרי המלאכים בישרו את שרה מפסח שלפניו אלא ילדה בריות כמו שהתפלל על אבימלך: אלו הנכפלין בשמות. בבראשית רבה יש איפכא שהנכפלים גבורים היו כמו יהודה שנכפל: מי גרם לראובן שהודה יהודה. אע"ג דאמר במדרש וישב ראובן אל הבור מלמד ששב משקו ומתעניתו שבלבל יצועי אביו וזה היה קודם למעשה תמר מכל מקום לא הודה ברבים עד אחר שהודה יהודה:

עין משפט נר מצוה

קד א מיי' פ"ו מהל' מלכים הלכה ח סמג לאוין רכט:

קה ב מיי' פ"ה מהל' חובל ומזיק הל' ט ופ"ב מהל' תשובה הל' ט סמג עשין ע טוש"ע ח"מ סי' תכב סעיף א:

קו ג מיי' שם הלכה י ופ"ו מהלכות דעות הלכה ו ופ"ב מהלכות תשובה הלכה י טוש"ע שם וטוש"ע א"ח סי' תרו סעיף א בהג"ה:

קז ד ה מיי' פ"ה מהל' חובל ומזיק הלכה יא סמג עשין ע טוש"ע ח"מ סי' תכא סעיף יב:

קח ו ז מיי' שם סמג שם טוש"ע ח"מ סי' שפ סעיף א:

קט ח מיי' שם הלכה יג טוש"ע שם סעיף ב:

קי ט מיי' פ"י מהלכות מלכים הל' א סמג לאוין רלב רלג:

קיא י מיי' פ"ג מהל' בכורים הל' ח סמג עשין קלט:

לעזי רש"י

אשלויי"ה שדונ"א. פירוש פרק (של עצם) (עיין רש"י מכות דף יא ע"ב ד"ה על איבריה לשפא ורש"י שבת דף קמז ע"א ד"ה נפרקה):

ליקוטי רש"י

מקורייהו. רך של דקל כשענפיו גדלים בכל שנה ושנה כדרך כל האילנות הנוסף בשנה זו רך ובשנה שניה מתקשה ונעשה עץ [ברכות לו.]. תאלי. דקלים קטנים [ב"ב כב:]. קרע את כסותי שבר את כדי חייב. דה"ק ליה אם תרצה קרע ושלם אבל פירש לו ע"מ פטור [לעיל כז.]. אילי נביות. דכרי נביות [ישעיה ס, ז]. בהתפללו בעד רעהו. בזכות שהתפלל על כל ריע וריע שלו [איוב מב, י]. וה' פקד את שרה. סמך פרשה זו לכאן ללמדך שכל המבקש רחמים על חבירו והוא צריך לאותו דבר הוא נענה תחלה שנאמר ויתפלל וגו' וסמיך ליה וה' פקד את שרה שפקד כבר קודם שרפא את אבימלך [בראשית כא, א]. כלכם פשעתם בי. אף הצדיקים במשמע היינו דאמרי אינשי בהדי הוצא לקי כרבא [ירמיה ב, כט]. עד אנה מאנתם. משל הדיוט הוא בהדי הוצא לקי כרבא ע"י הרשעים מתגנין הכשרין [שמות טז, כח]. ומקצה אחיו. מן הפחותים שבהם לגבורה שאין נראים גבורים שאם יראה אותם גבורים יעשה אותם אנשי מלחמתו. ואלה הם ראובן שמעון לוי יששכר ובנימין. אותן שלא כפל משה שמותם כשברכם אבל שמות הגבורים כפל וזאת ליהודה ויאמר שמע ה' קול יהודה ולגד אמר ברוך מרחיב גד ולנפתלי אמר נפתלי ולדן אמר דן וכן לזבולן וכן לאשר זהו לשון בראשית רבה שהיא אגדת א"י. אבל בגמרא בבלית שלנו מצינו שאותם שכפל משה שמותם הם החלשים ואותן הביא לפני פרעה ויהודה שהוכפל שמו לא הוכפל משום חלשות אלא טעם יש בדבר

כדאיתא בב"ק. ובברייתא דספרי שנינו כה כבואת הברכה כמו בגמרא שלנו [בראשית מז, ב]. יחי ראובן וזאת ליהודה. סמך יהודה לראובן מפני ששניהם הודו על קלקול שבידם (מכות יא) שנאמר אשר חכמים יגידו וגו' להם לבדם וגו' ולא עבר זר בתוכם (איוב טו) ועוד פירשו רבותינו שכל מ' שנה שהיו ישראל במדבר היו עצמות יהודה מתגלגלין בארון מפני נדוי שקבל עליו שנאמר וחטאתי לאבי כל הימים (בראשית מד) אמר משה מי גרם לראובן שיודה יהודה וכו' [דברים לג, ז]. אין לך בברכת כל השבטים מתחלת וזאת חוץ מזו [סוטה ז:]. מה ראה לסמוך יהודה לראובן ומה ראה להתחיל בברכת יהודה בלשון וזאת ליהודה אלא לפי שהיו עצמות כל השבטים שלהן קיים ושל יהודה מגולגלין אמר לשון זה יחי ראובן כלומר ראובן שלדו קיימת כאילו הוא חי וזאת תהיה ליהודה שהם מגולגלין. עצמות כל השבטים יצאו ממצרים ונשאום בניהם במדבר וזהו שאמר יוסף לאחיו (שמות יג) והעליתם [את] עצמותי מזה אתכם [עם] עצמותיכם [מכות יא:]. היו עצמותיו של יהודה מגולגלין בארון. ושלדו. דפוס צורתו. אינה קיימת נשבר ונתפזר [נדה נו.]. עצמות כל השבטים העלו ממצרים והוא שאמר יוסף והעליתם את עצמותי מזה אתכם (שמות יג) עם עצמותיכם והיו עצמות כל השבטים שלהן קיימת ויהודה איבריו מתפרקין ומתגלגלין בארונו מפני שנידה את עצמו בערבונו של בנימין וחטאתי לך כל הימים (בראשית מג) אפי' לעולם הבא ומהכא נפקא לן (מכות דף יא:) (נידוי של חכם אפילו על תנאי הוא בא) [נידוי על תנאי צריך הפרה]. מי גרם לראובן שיודה. במעשה תמר וכן היה מסורת בידיהם ומדרש אגדה דר' תנחומא כשאמר יהודה צדקה ממני עמד ראובן ואמר בלבלתי יצועי אבי ועכשיו יחי ראובן שלדו קיימת כאילו הוא חי וזאת ליהודה שהוא מגלגל [סוטה ז:]. על איבריה לשפא. נכנסו עצמותיו למקום חיבורם שספו משם כמו דשף מדוכתיה (חולין דף מג: נד.) לשפא אישלויי"ש דורא [מכות שם]. למתיבתא דרקיעא. לישא וליתן עם שאר החכמים. ולמשקל ומיטרח. לישא וליתן. ידיו רב לו. יהא לו נלחם לריב ריבו והאי דכתיב ידיו לשון מלחמה הוא מלחמתה של תורה [סוטה שם]. יהי בו כח לריב ריבו לעצמו נגד חביריו [מכות שם]. אליבא דהלכתא. לא היה זוכה לומר דבר המתקבל [סוטה שם].

וביתו אליו מצרימה (בראשית מז, ב): **"וּמִקְצֵה אֶחָיו** (מן הצדדיים שבאחים, כלומר הפחות גיבורים)[42] **לָקַח** [יוסף] **חֲמִשָּׁה אֲנָשִׁים וַיַּצִּגֵם לִפְנֵי פַרְעֹה". מַאן נִינְהוּ חֲמִשָּׁה** – מי הם החמשה? **אָמַר לֵיהּ: הָכִי** (כך) **אָמַר רַבִּי יוֹחָנָן: אוֹתָן שֶׁהוּכְפְּלוּ בְּשֵׁמוֹת** (שהוזכרו שמותיהם פעמיים) בברכותיו של משה לשבטים לפני מותו. והם: זבולון, ככתוב (דברים לג, יח): "וְלִזְבוּלֻן אָמַר, 'שְׂמַח זְבוּלֻן בְּצֵאתֶךָ' ", הרי שלאחר שנקרא שמו בפתיחה לברכה הוזכר השם שנית בגוף הברכה; כמוהו גד, ככתוב (שם, כ): "וּלְגָד אָמַר, 'בָּרוּךְ מַרְחִיב גָּד' "; דן, ככתוב (שם, כב): "וּלְדָן אָמַר, 'דָּן גּוּר אַרְיֵה' "; נפתלי, ככתוב (שם, כג): "וּלְנַפְתָּלִי אָמַר, 'נַפְתָּלִי שְׂבַע רָצוֹן' "; ואשר, ככתוב (שם, כד): "וּלְאָשֵׁר אָמַר, 'בָּרוּךְ מִבָּנִים אָשֵׁר' ". אלו היו החלשים שבאחים, ומאוחר יותר החלשים שבשבטים צאצאי האחים, ולכן כפל משה את שמם, לחזקם. אותם הביא יוסף לפני פרעה, שלא יברור אותם להיות לו ראשי גייסות, אלא יניח להם[43].

מקשה רבא:

יְהוּדָה נַמִּי אִיכַּפּוּלֵי מִיכְפַּל – יהודה גם הוא נכפל שמו, ככתוב (שם, ז): "וְזֹאת לִיהוּדָה, וַיֹּאמַר, 'שְׁמַע ה' קוֹל יְהוּדָה' ", ועם יהודה יש כבר ששה שהוכפלו בשמות![44] ועוד, על יהודה, מלך באֶחיו ומי שאביהם יעקב כינה אותו "גּוּר אַרְיֵה" ודימהו "כְּאַרְיֵה וּכְלָבִיא" (בראשית מט, ט), לא ניתן לומר שהוא היה מן החלשים![45]

משיב רבה בר מרי:

אָמַר לֵיהּ: לְמִילְּתֵיהּ הוּא דְּאִיכְּפַל – יהודה נכפל לענין מיוחד לו, ולא משום חולשתו. **דְּאָמַר רַבִּי שְׁמוּאֵל בַּר נַחְמָנִי, אָמַר רַבִּי יוֹנָתָן: מַאי דִּכְתִיב** בברכות משה (דברים לג, ו-ז): **"יְחִי רְאוּבֵן וְאַל יָמֹת, וִיהִי מְתָיו מִסְפָּר** (ואַל יהיו אוכלוסיו מעטים)[46]. **וְזֹאת לִיהוּדָה** וגו' "; מדוע נסמכה ברכת יהודה לזו של ראובן, והרי לפי סדר תולדותם היה ראוי להקדים את לוי ליהודה[47], ועוד מה פשר הפתיחה המשונה, "וְזֹאת"[48]? אלא, **כָּל אוֹתָן אַרְבָּעִים שָׁנָה שֶׁהָיוּ יִשְׂרָאֵל בַּמִּדְבָּר, הָיוּ עַצְמוֹתָיו שֶׁל יְהוּדָה מְגוּלְגָּלִין** (מפורקות ומתנודדות) **בָּאָרוֹן**[49], שלא הייתה שלדו מחוברת[50], **עַד שֶׁבָּא מֹשֶׁה וּבִקֵּשׁ** עליהן **רַחֲמִים** שתתחברנה זו לזו ותנוחנה. כיצד ביקש? **אָמַר לְפָנָיו** (לפני בעל הרחמים): **"רִבּוֹנוֹ שֶׁל עוֹלָם! מִי גָּרַם לִרְאוּבֵן שֶׁיּוֹדֶה** על שבלבל יצועי אביו[51]? **יְהוּדָה**, בכך שקדם והודה שממנו הרתה תמר[52], ומיהודה למד ראובן להודות

הערות

42. ראה רש"י על אתר. ובבמדבר יא, א, על הכתוב "וַתֹּאכַל בִּקְצֵה הַמַּחֲנֶה", פירש רש"י על פי ספרי: "במוקצין שבהם לשפלות" (צויין כאן בעץ יוסף שבעין יעקב).

43. רש"י. לפי גמרתנו החלשים שבאחים היו איפוא בני השפחות (דן ונפתלי בני בלהה וגד ואשר בני זלפה, והם בלשון רש"י לשמות לה, לד, "הירודין שבשבטים"; וראה רמב"ן לבמדבר ב, ב), עם זבולון, הצעיר מבני לאה (ביאורי הגר"א). משה כפל את שמותיהם בברכותיו כאילו בירך אותם פעמיים לחזקם (תורת חיים), או מפני שכל כפל מורה על תוקף וקיום, ואלה הוצרכו לקיום (מהר"ל).

בראשית רבה צה, ד, חלוקה על הגמרא שלנו, כפי שמעירים רש"י לבראשית מז, ב, ותוספות כאן ד"ה אלו. לימדו שם להיפך, שאותם שהוכפלו בשמות היו הגיבורים, כי הכפל בא לא לחיזוק אלא אדרבא, כאות שכבר היו חזקים. לפיכך לקח יוסף את החמשה שלא הוכפלו שמותיהם, והם ראובן שמעון לוי יששכר ובנימין. אך בספרי לדברים (שנד-שנה) כבגמרא שלנו.

44. גם שמו של יוסף נכפל, בדברים לג, טז, והוא איפוא שביעי. אלא שאת יוסף אין להכניס, כמובן, במנין" חֲמִשָּׁה [ה]אֲנָשִׁים", שכן יוסף הוא שלקח את האחרים והציגם לפני פרעה.

45. דן אף הוא אמנם נקרא "גּוּר אַרְיֵה", בברכתו של משה (שם לג, כב), אלא ששבט דן נעשה גיבור כארי רק מכח אותה ברכה של משה, אשר בה נכפל שמו. ואילו יהודה כונה "גּוּר אַרְיֵה" עוד מזמן יעקב, ולכן אין לומר שמשה הוצרך לחזקו.

והנה לפי בראשית רבה צג, ז, יהודה ודן שניהם היו גבורים כאריות עוד מימי יעקב, אולם המדרש חלוק על גמרתנו (להלן שם צה, ד, כאמור בהערה 40) וסבור ש"מִקְצֵה אֶחָיו", החלשים שבהם, הם אלו שלא הוכפלו שמותיהם בברכות משה, היינו ראובן, שמעון, לוי, יששכר, ובנימין.

46. על פי ראב"ע לדברים על אתר, וראה שאר המפרשים שם.

47. רש"י למכות יא, ב, ד"ה מאי דכתיב, כפי שהסבירו שם מהרש"א, המעיר שבברכות יעקב בפרשת ויחי אמנם קודם לוי (בראשית מט, ה; כדברי מהרש"א עולה מרש"י לדברים לג, ז, הובא להלן הערה 51). ואילו בברכות משה בא לוי מיד אחר יהודה, בדברים לג, ח. [שמעון אף הוא נולד לפני יהודה, אלא שאין לשמעון איזכור מפורש בברכות משה. וראה רש"י שם, ז, ד"ה ועזר.]

48. "אין לך בברכת כל השבטים [ברכה] מתחלת [עם] 'וְזֹאת' חוץ מזו" (לשון רש"י לסוטה ז, ב, ד"ה יחי).

49. כמו כל אחד משאר בני יעקב, עצמותיו של יהודה הוצאו ממצרים להיקבר בארץ ישראל. ואף שיוסף לבדו הוא שהשביע את אחיו שיעלו את עצמותיו לארץ, ככתוב (בראשית נ, כה), "וַיַּשְׁבַּע יוֹסֵף אֶת בְּנֵי יִשְׂרָאֵל לֵאמֹר, 'פָּקֹד יִפְקֹד אֱלֹהִים אֶתְכֶם וְהַעֲלִתֶם אֶת עַצְמֹתַי מִזֶּה' ", מכל מקום אצל קיום השבועה נאמר (שמות יג, יט), "וַיִּקַּח מֹשֶׁה אֶת עַצְמוֹת יוֹסֵף עִמּוֹ, כִּי הַשְׁבֵּעַ הִשְׁבִּיעַ אֶת בְּנֵי יִשְׂרָאֵל לֵאמֹר, 'פָּקֹד יִפְקֹד אֱלֹהִים אֶתְכֶם וְהַעֲלִיתֶם אֶת עַצְמֹתַי מִזֶּה אִתְּכֶם' ". משמעו של "אִתְּכֶם" הוא שגם גופותיהם של שאר בני יעקב יעלו עם יוסף. אלא שהפסוק מספר רק שמשה לקח את עצמות יוסף, ואינו מזכיר שלקח את עצמות שאר השבטים, כי כל עיקרו לא נכתב אלא להודיעך שבחו של משה, שבזמן שכל ישראל נתעסקו בביזת מצרים (כנאמר בסמוך למעלה, "וַחֲמֻשִׁים עָלוּ בְנֵי יִשְׂרָאֵל מֵאֶרֶץ מִצְרָיִם", שהוראתו מלאים הון – אבן עזרא שם – מכלי הכסף וכלי הזהב והשמלות ששאלו מן המצרים) הוא עסק במצוה (רש"י, על פי סוטה יג, א). והרי בהעלאת עצמות יוסף היה קיום השבועה והמצוה, אבל על עצמות שאר השבטים לא נשבעו. וראה עוד בסוטה (שם) ובתורת חיים (כאן) איך העסק שהוצרך משה לעסוק בארון יוסף היה קשה ומרובה מִשל ארונות האחרים.

50. מפני הנידוי שבו קילל יהודה את עצמו כאשר אמר ליעקב, אגב דרישתו לשלוח אתו את בנימין למצרים (בראשית מג, ט), "אָנֹכִי אֶעֶרְבֶנּוּ, מִיָּדִי תְּבַקְשֶׁנּוּ; אִם לֹא הֲבִיאֹתִיו אֵלֶיךָ וְהִצַּגְתִּיו לְפָנֶיךָ וְחָטָאתִי לְךָ כָּל הַיָּמִים". "וְחָטָאתִי" פירושו אהיה מנודה, ו"כָּל הַיָּמִים" משמעו בעולם הזה ובעולם הבא, ולכן גם לאחר מותו נותרה נפשו של יהודה בנידויה, וכסימן לכך היתה שלדתו מפורקת ומתגלגלת (ראה סוף ההערה). ואף שקיים יהודה את שהתחייב לאביו, שהרי שב בנימין אליו בשלום, מכל מקום למדנו במסכת מכות (יא, א-ב) שקללת חכם (במקרה דנן, יהודה) חלה אפילו אם נתלתה בתליה ("אִם לֹא הֲבִיאֹתִיו אֵלֶיךָ") שלא התממשה (רש"י; אמרו שם במכות ש"קללת חכם אפילו על תנאי היא באה", אבל גם ש"נידוי על תנאי צריך הפרה", ולא ברור לגמרי לאיזה משני המאמרים רש"י כאן מפנה; וראה רש"י לסוטה ז, ב, ד"ה עצמותיו, המרכיב את המאמרים יחד ומביא ממכות ש"נידוי של חכם אפילו על תנאי הוא בא"; מיגבלות לאמור בענין נידוי על תנאי, ראה בריטב"א למכות יא, ב, ובהערות למהדורתנו שם).

'חרם' עולה רמ"ח בגימטריא, ועל כן מלמד ריש לקיש במועד קטן יז, א, ששמתא (נידוי בארמית, כעין חרם) "נכנסת במאתיים וארבעים ושמונה [ה]איברים" של אדם. לפיכך, מפרש תורת חיים כאן, מתפרקין רמ"ח האיברים מחמת חרם ולכן היו עצמותיו של יהודה מתגלגלין. ולפי רש"י למכות יא, ב, ד"ה מאי דכתיב, מסתבר שאילו נותרה שלדו של יהודה קיימת כאילו הוא בחיים, היתה זאת לאות שאף לאחר מות הגוף נפשו אמנם צרורה בצרור החיים, אך מאחר שנתנדה מעולם הנפשות נתפרקה שלדתו כמת מזמן. וראה הערה 48.

51. "וַיְהִי בִּשְׁכֹּן יִשְׂרָאֵל בָּאָרֶץ הַהִוא וַיֵּלֶךְ רְאוּבֵן וַיִּשְׁכַּב אֶת בִּלְהָה פִּילֶגֶשׁ אָבִיו וגו' " (בראשית לה, כב). רבי שמואל בר נחמני מלמד בשם רבי יונתן, בשבת נה, ב, ש"כל האומר, 'ראובן חטא!' (בחטא המיוחס לו לפי משמעו הפשוט של המקרא), אינו אלא טועה, ש[הרי] נאמר (בסופו של אותו הפסוק), 'וַיִּהְיוּ בְנֵי יַעֲקֹב שְׁנֵים עָשָׂר', מלמד שכולן שקולים (שוים לצדקות) כאחת. אלא...שבלבל מצעו של אביו (התערב להעביר את משכבו), ומעלה עליו הכתוב (מתוך שמדקדק הקדוש ברוך הוא עם צדיקים) כאילו שכב עמה." בהמשך מסבירה שם ברייתא שראובן "עלבון אמו (לאה) תבע. אמר, 'אם אחות אמי (רחל) היתה צרה לאמי (שמיטתו של יעקב היתה נתונה תדיר באוהל רחל בחייה), שפחת אחות אמי תהא צרה לאמי' (שכשמתה רחל נטל יעקב את מטתו ונתנה באוהל בלהה)? עמד ובלבל את מצעה (הוציא את מטת יעקב אל אוהל לאה)."

ראובן שב מעצמו בתשובה על שבלבל יצועי אביו, כפי שדרשו בבראשית רבה על "וַיָּשָׁב רְאוּבֵן אֶל הַבּוֹר" (בראשית לז, כט): "והיכן היה [כשמכרו אחיו את יוסף]?... רבי אליעזר אומר, בשקו ובתעניתו...אמר לו הקדוש ברוך הוא, 'מעולם לא חטא אדם לפני ועשה תשובה, ואתה פתחת בתשובה תחלה' ". אבל מכל מקום לא הודה ברבים על חטאו עד שיהודה גרם לו, כבסמוך בגמרא (תוספות). וראה בסוטה ז, ב, מדוע היה נחוץ שראובן יפרסם את החטא.

52. מסופר בבראשית פרק לח איך השיא יהודה את בנו בכורו, ער, עם אשה "וּשְׁמָהּ תָּמָר. וַיְהִי עֵר בְּכוֹר יְהוּדָה רַע בְּעֵינֵי ה', וַיְמִתֵהוּ ה'. וַיֹּאמֶר יְהוּדָה לְאוֹנָן (בנו השני), 'בֹּא אֶל אֵשֶׁת אָחִיךָ וְיַבֵּם אֹתָהּ, וְהָקֵם זֶרַע לְאָחִיךָ!' " אלא שאונן אף הוא הֵרע בעיני ה', "וַיָּמֶת גַּם אֹתוֹ". אז אמר "יְהוּדָה לְתָמָר כַּלָּתוֹ, 'שְׁבִי אַלְמָנָה בֵית אָבִיךְ עַד יִגְדַּל שֵׁלָה בְנִי' (השלישי), כִּי אָמַר (יהודה בלבו), 'פֶּן יָמוּת גַּם הוּא (שלה) כְּאֶחָיו' (ובחושבו את תמר לקטלנית היה יהודה דוחה אותה), וַתֵּלֶךְ תָּמָר וַתֵּשֶׁב בֵּית אָבִיהָ". אבל ברבות הימים, ומרצונה להקים זרע מיהודה, הלכה תמר "וַתָּסַר בִּגְדֵי אַלְמְנוּתָהּ מֵעָלֶיהָ וַתְּכַס בַּצָּעִיף וַתִּתְעַלָּף (כמנהג זונה), וַתֵּשֶׁב בְּפֶתַח עֵינַיִם אֲשֶׁר עַל דֶּרֶךְ תִּמְנָתָה (הדרך שידעה תמר שיהודה עומד לעלות בה לגזוז צאנו), כִּי רָאֲתָה כִּי גָדַל שֵׁלָה וְהִוא לֹא נִתְּנָה לוֹ לְאִשָּׁה. וַיִּרְאֶהָ יְהוּדָה וַיַּחְשְׁבֶהָ לְזוֹנָה כִּי כִסְּתָה פָּנֶיהָ. וַיֵּט אֵלֶיהָ אֶל הַדֶּרֶךְ וַיֹּאמֶר, 'הָבָה

יכול אפילו מעולה בדמים ת"ל רק שמואל אייתי ליה אריסיה תמרי אכיל טעים בהו טעמא דחמרא א"ל מאי האי א"ל ביני גופני קיימי אמר א מכחשי בחמרא כולי האי למחר אייתי לי מקורייהו: רב חסדא חזא תאלי בי גופני אמר ליה לאריסיה עקרינהו גופני קני דקלי דקלי לא קני גופני:

מתני' ב אע"פ שהוא נותן לו אין נמחל לו עד שיבקש ממנו שנאמר א) ועתה השב אשת וגו' ומנין ג שאם לא מחל לו שהוא אכזרי שנאמר ב) ויתפלל אברהם אל האלהים וירפא אלהים את אבימלך וגו' ד האומר סמא את עיני קטע את ידי שבר את רגלי חייב ה ע"מ לפטור חייב (א) ו קרע את כסותי שבר את כדי חייב ב) ז ע"מ לפטור פטור ח עשה כן לאיש פלוני על מנת לפטור חייב בין בגופו בין בממונו: גמ' ת"ר כל אלו שאמרו דמי בושתו אבל צערו אפי' הביא כל אילי נביות שבעולם אין נמחל לו עד שיבקש ממנו שנאמר א) השב אשת האיש כי נביא הוא ויתפלל בעדך ג) דאשת נביא בעי אהדורי אשת אחר לא בעי אהדורי אמר רבי שמואל בר נחמני אמר ר' יונתן השב אשת האיש מכל מקום ודקא אמרת ג) הגוי גם צדיק תהרוג הלא הוא אמר לי אחותי היא והיא גם היא אמרה אחי הוא נביא הוא וכבר לימד אכסנאי שבא לעיר על עסקי אכילה ושתיה שואלין אותו או על עסקי אשתו שואלין אותו אשתך היא אחותך היא מכאן לבן נח ט שנהרג שהיה לו ללמוד ולא למד: ד) כי עצר עצר ה' אמר ר' אלעזר שתי עצירות הללו למה אחת באיש שכבת זרע שתים באשה שכבת זרע ולידה במתניתא תנא שתים באיש שכבת זרע וקטנים שלשה באשה שכבת זרע וקטנים ולידה רבינא אמר שלש באיש שכבת זרע וקטנים ופי טבעת ארבעה באשה שכבת זרע ולידה וקטנים ופי טבעת: ד) בעד כל רחם אמרי דבי ר' ינאי אפילו תרנגולת של בית אבימלך לא הטילה ביצתה א"ל רבא לרבה בר מרי מנא הא מילתא דאמור רבנן כל המבקש רחמים על חבירו והוא צריך לאותו דבר הוא נענה תחילה א"ל דכתיב ה) וה' שב את שבות איוב בהתפללו בעד רעהו אמר ליה את אמרת מהתם ואנא אמינא מהכא ב) ויתפלל אברהם אל האלהים וירפא אלהים את אבימלך ואת אשתו ואמהותיו [וגו'] וכתיב ו) וה' פקד את שרה כאשר אמר וגו' כאשר אמר אברהם ז אל אבימלך אמר ליה רבא לרבה בר מרי מנא הא מילתא דאמרי אינשי בהדי הוצא לקי כרבא א"ל דכתיב ז) למה תריבו אלי כלכם פשעתם בי נאם ה' אמר ליה את אמרת מהתם ואנא אמינא מהכא ח) עד אנה מאנתם לשמור מצותי ותורותי אמר ליה רבא לרבה בר מרי כתיב ט) ומקצה אחיו לקח חמשה אנשים מאן נינהו חמשה א"ל הכי א"ר יוחנן אותן שהוכפלו בשמות יהודה נמי איכפולי מיכפל אמר ליה למילתיה הוא דאיכפל ט דאמר ר' שמואל בר נחמני אמר רבי יונתן מאי דכתיב י) יחי ראובן ואל ימות ויהי מתיו מספר וזאת ליהודה כל אותן ארבעים שנה שהיו ישראל במדבר היו עצמותיו של יהודה מגולגלין בארון עד שבא משה ובקש רחמים אמר לפניו רבונו של עולם מי גרם לראובן שיודה יהודה (א) מיד שמע ה' קול יהודה על איבריה לשפא לא הוו קא מסקי למתיבתא דרקיעא כ) ואל עמו תביאנו לא הוה ידע מאי קאמרי רבנן ולמשקל ומיטרח בהדי רבנן כ) ידיו רב לו לא הוה סליק ליה שמעתתא אליבא דהלכתא כ) ועזר מצריו תהיה אמר ליה רבא לרבה בר מרי מנא הא מילתא י דאמרי אינשי בתר עניא אזלא עניותא אמר ליה דתנן י עשירים מביאין בכורים בקלתות של זהב ושל כסף ועניים בסלי נצרים של ערבה קלופה הסלים והבכורים נותנים לכהנים אמר ליה את אמרת מהתם ואנא אמינא מהכא

וטמא

יכול אפי' מעולה בדמים. לקורה יותר מפירות יהא סרק קודם לו: ת"ל רק. מיעט הקדמה: מקורייהו. מקור שלהן ועיקרן (ב) ל"א הבא לי קור שהוא רך לאכול וגדל סביב שרשיו כלומר כלה עיקרם מפני שמפסיד ונאכל את הקור: גופני קני דיקלי. מדמי היין יכולין אנו לקנות קרקעות ואילו דקלי לא קני גופני אין שבחן עולה אלא לדבר מועט: מתני' אע"פ שהוא נותן לו כו'. סתמא היא ולא ר' עקיבא קאמר לה: על מנת לפטור. בגמ' מפרש לה: גמ' כל אלו שאמרו. סלע מנה ומאתים וד' מאות דמי בושת הן: אבל צער. שדואג על בושתו אינו נמחל לו: שהיה לו ללמוד. דרך ארץ ולא למד מדקאמר ליה רחמנא נביא הוא דמשמע אין ממש בדבריך וראוי אתה ליהרג: שכבת זרע. שבמעי אשה לא יכולה לפלוט: פי טבעת. נקב הגדולים לפנות: פקד. מדלא כתיב ויפקוד את שרה וכתיב פקד משמע פקד כבר תחילה לאבימלך: בהדי הוצא לקי כרבא. קוץ הגדל אצל הכרוב כשבא לעקרו פעמים שנעקר הכרוב עמו ונמצא לוקה בשבילו כלומר שכיני רשע לוקין עמו: כולכם פשעתם. אף הנביא במשמע: עד אנה מאנתם. ומשה ואהרן בכלל: אותם שהוכפלו שמותם. בברכת משה דן זבולון גד ואשר ונפתלי הודיעך הכתוב שחלשים שבכולן היו וצריכין חיזוק לפיכך כפל את שמם לחזקם ואותן הביא יוסף לפני פרעה כדי שלא יברור אותם להיות ראשי גייסות ולהטריחם: כל השבטים יצאו עצמותיהם ממצרים ונקברו בארץ ישראל שנאמר והעליתם את עצמותי מזה אתכם (שמות יג) משמע שאף עצמותם העלו ולא נכתב יוסף אלא להודיעך שבחו של משה שכל ישראל נתעסקו בביזה והוא עסק במצוה: מגולגלין בארון. לא היה שלדו קיימת ומחוברת מפני נידוי דקאמר ליה ליעקב אם לא ח) אביאנו אליך וחטאתי לך כל הימים (בראשית מג) ואע"פ שנתקיים התנאי נפקא לן במסכת מכות (דף יא:) ט) קללת חכם אפי' על תנאי היא באה: מי גרם לראובן כו'. מדרש אגדה הוא בתנחומא מכיון שהודה יהודה ואמר צדקה ממני עמד ראובן ואמר אני בלבלתי יצועי אבי: לשפא. נכנס כל עצם ונתחבר למקומו שסף משם. לשפא אשלוייה שדונא בלע"ז כמו שף מדוכתיה (חולין דף מג:): אליבא דהלכתא. לא הוה מסתייעא מילתא למימר מילתא דתהוי הלכתא כוותיה: לא הוה סלקא ליה. כלומר לא היה עולה בידו למימר שמעתתא אליבא דהלכתא: הסלין והבכורין נותנין לכהן. והעשירים לא היו נותנין קלתותיהן לכהן: נצרים. שבטים:

וטמא

למחר אייתי לי מקורייהו. משמע דגופני עדיפי מדיקלי ותימה דבהאשה שנפלו לה נכסים (כתובות עט. ושם ד"ה אילני) אמר גבי נפלו לה כספים ילקח בהן קרקע דיקלי ואילני דקלי אילני וגופני אילני אלמא גופני גריעי אפילו מאילני דגריעי מדיקלי וי"ל דבגפנים כשאדם טורח לזמר ולתקן הכרם יש בהן ריוח גדול אבל בנכסי אשתו אם היה קונה גפנים מתוך שצריכים הוצאה מרובה לא היה הבעל חושש להוציא על נכסי' והיו הולכין לאיבוד לפיכך טוב לקנות דקלים שאין צריכין יציאה וממילא אתי בהו שבחא וטוב הוא לשניהם ועוד מפרש ר"ת בהמוכר את הספינה (ב"ב פג. ושם ד"ה מתקיף) דפירי דדיקלא מתקיימין טפי מאילני וגופני ובנכסי מלוג של אשה בעינן דבר המתקיים יותר:

כאשר אמר אברהם אל אבימלך. לאו בהריון משתעי שהרי המלאכים בישרו את שרה מפסח שלפניו אלא ילדה בריוח כמו שהתפלל על אבימלך:

אלו הנכפלין בשמות. בבראשית רבה יש איפכא שהנכפלים גבורים היו כמו יהודה שנכפל:

מי גרם לראובן שהודה יהודה. אע"ג דאמר במדרש וישב ראובן אל הבור מלמד ששב משקו ומתעניתו שבלבל יצועי אביו וזה היה קודם למעשה תמר מכל מקום לא הודה ברבים עד אחר שהודה יהודה:

מסורת הש"ס

א) לעיל כז., ב) [עי' תוס' גיטין פד: ד"ה ותיפוק, כתובות נו. ד"ה הרי], ג) מכות ט:, ד) נ"א על, ה) מכות יא: סוטה ז: [ע"ש], ו) ב"ב קעד: [חולין קה:] ערכין כג., ז) בכורים פ"ג מ"ח, ח) [צ"ל הביאתיו], ט) [נידוי על תנאי צריך הפרה כצ"ל].

הגהות הב"ח

(א) גמ' לראובן שיודה יהודה שמע כצ"ל ותיבת מיד נמחק: (ב) רש"י ד"ה מקורייהו מקור שלהן ועיקרן כלומר כלה עיקרם מפני שמפסיד ל"א הבא לי וכו' שרשיו ונאכל את הקור כצ"ל:

תורה אור השלם

א) וְעַתָּה הָשֵׁב אֵשֶׁת הָאִישׁ כִּי נָבִיא הוּא וְיִתְפַּלֵּל בַּעַדְךָ וֶחְיֵה וְאִם אֵינְךָ מֵשִׁיב דַּע כִּי מוֹת תָּמוּת אַתָּה וְכָל אֲשֶׁר לָךְ: [בראשית כ, ז]

ב) וַיִּתְפַּלֵּל אַבְרָהָם אֶל הָאֱלֹהִים וַיִּרְפָּא אֱלֹהִים אֶת אֲבִימֶלֶךְ וְאֶת אִשְׁתּוֹ וְאַמְהֹתָיו וַיֵּלֵדוּ: [בראשית כ, יז]

ג) וַאֲבִימֶלֶךְ לֹא קָרַב אֵלֶיהָ וַיֹּאמַר אֲדֹנָי הֲגוֹי גַּם צַדִּיק תַּהֲרֹג: [בראשית כ, ד] הֲלֹא הוּא אָמַר לִי אֲחֹתִי הִוא וְהִיא גַם הִוא אָמְרָה אָחִי הוּא בְּתָם לְבָבִי וּבְנִקְיֹן כַּפַּי עָשִׂיתִי זֹאת: [בראשית כ, ה]

ד) כִּי עָצֹר עָצַר יְיָ בְּעַד כָּל רֶחֶם לְבֵית אֲבִימֶלֶךְ עַל דְּבַר שָׂרָה אֵשֶׁת אַבְרָהָם: [בראשית כ, יח]

ה) וַייָ שָׁב אֶת שְׁבוּת אִיּוֹב בְּהִתְפַּלְלוֹ בְּעַד רֵעֵהוּ וַיֹּסֶף יְיָ אֶת כָּל אֲשֶׁר לְאִיּוֹב לְמִשְׁנֶה: [איוב מב, י]

ו) וַייָ פָּקַד אֶת שָׂרָה כַּאֲשֶׁר אָמָר וַיַּעַשׂ יְיָ לְשָׂרָה כַּאֲשֶׁר דִּבֵּר: [בראשית כא, א]

ז) לָמָּה תָרִיבוּ אֵלָי כֻּלְּכֶם פְּשַׁעְתֶּם בִּי נְאֻם יְיָ: [ירמיה ב, כט]

ח) וַיֹּאמֶר יְיָ אֶל מֹשֶׁה עַד אָנָה מֵאַנְתֶּם לִשְׁמֹר מִצְוֹתַי וְתוֹרֹתָי: [שמות טז, כח]

ט) וּמִקְצֵה אֶחָיו לָקַח חֲמִשָּׁה אֲנָשִׁים וַיַּצִּגֵם לִפְנֵי פַרְעֹה: [בראשית מז, ב]

י) יְחִי רְאוּבֵן וְאַל יָמֹת וִיהִי מְתָיו מִסְפָּר: [דברים לג, ו]

כ) וְזֹאת לִיהוּדָה וַיֹּאמַר שְׁמַע יְיָ קוֹל יְהוּדָה וְאֶל עַמּוֹ תְּבִיאֶנּוּ יָדָיו רָב לוֹ וְעֵזֶר מִצָּרָיו תִּהְיֶה: [דברים לג, ז]

עין משפט נר מצוה

קד א מיי' פ"ו מהל' מלכים הלכה ח סמג לאוין רכט:

קה ב מיי' פ"ה מהל' חובל ומזיק הל' ט ופ"ב מהל' תשובה הל' ט סמג עשין ע טוש"ע ח"מ סי' תכב סעיף א:

קו ג מיי' שם הלכה י ופ"ו מהלכות דעות הלכה ו ופ"ב מהלכות תשובה הלכה י טוש"ע שם וטוש"ע א"ח סי' תרו סעיף א בהג"ה:

קז ד ה מיי' פ"ה מהל' חובל ומזיק הלכה יא סמג עשין ע טוש"ע ח"מ סי' תכא סעיף יב:

קח ו ז מיי' שם סמג שם טוש"ע ח"מ סי' שפ סעיף א:

קט ח מיי' שם הלכה יג טוש"ע שם סעיף ב:

קי ט מיי' פ"י מהלכות מלכים הל' א סמג לאוין רלב רלג:

קיא י מיי' פ"ג מהל' בכורים הל' ח סמג עשין קלט:

לעזי רש"י

אשלוי"ה שדונ"א. פירוק פרק (של עצם) (עיין רש"י מכות דף יא ע"ב ד"ה על איבריה לשפא ורש"י שבת דף קמז ע"א ד"ה נפרקה):

ליקוטי רש"י

מקורייהו. רך של דקל כשענפיו גדלים בכל שנה ושנה כדרך כל האילנות הנוסף בשנה זו רך ובשנה שניה מתקשה ונעשה עץ [ברכות לו.]. תאלי. דקלים קטנים [ב"ב כב:]. קרע את כסותי שבר את כדי חייב. דס"ק ליה אם תרצה קרע ושלם אבל פירש לו ע"מ פטור [לעיל כז.]. אילי נביות. דכרי נביות [ישעיה ס, ז]. בהתפללו בעד רעהו. בזכות שהתפלל על כל ריע וריע שלו [איוב מב, י]. וה' פקד את שרה. סמך פרשה זו לכאן ללמדך שכל המבקש רחמים על חבירו והוא צריך לאותו דבר הוא נענה תחלה שנאמר ויתפלל וגו' וסמיך ליה וה' פקד את שרה שפקד כבר קודם שרפא את אבימלך [בראשית כא, א]. כלכם פשעתם בי. אף הצדיקים במשמע היינו דאמרי אינשי בהדי הוצא לקי כרבא [ירמיה ב, כט]. עד אנה מאנתם. משל הדיוט הוא בהדי הוצא לקי כרבא ע"י הרשעים מתגנין הכשרין [שמות טז, כח]. ומקצה אחיו. מן הפחותים שבהם לגבורה שאין נראים גבורים שאם יראה אותם גבורים יעשה אותם אנשי מלחמתו. ואלה הם ראובן שמעון לוי יששכר ובנימין. אותן שלא כפל משה שמותם כשברכם אבל שמות הגבורים כפל וזאת ליהודה ויאמר שמע ה' קול יהודה ולגד אמר ברוך מרחיב גד ולנפתלי אמר נפתלי ולדן אמר דן וכן לזבולן וכן לאשר זהו לשון בראשית רבה שהיא אגדת א"י. אבל בגמרא בבלית שלנו מצינו שאותם שכפל משה שמותם הם החלשים ואותן הביא לפני פרעה ויהודה שהוכפל שמו לא הוכפל משום חלשות אלא טעם יש בדבר כדאיתא בב"ק. ובברייתא דספרי שנינו בה בזאת הברכה כמו בגמרא שלנו [בראשית מז, ב]. יחי ראובן וזאת ליהודה. סמך יהודה לראובן מפני ששניהם הודו על קלקול שבידם (מכות יא) שנאמר אשר חכמים יגידו וגו' להם לבדם וגו' ולא עבר זר בתוכם (איוב טו) ועוד פירשו רבותינו שכל מ' שנה שהיו ישראל במדבר היו עצמות יהודה מתגלגלין בארון מפני נדוי שקבל עליו שנאמר וחטאתי לאבי כל הימים (בראשית מד) אמר משה מי גרם לראובן שיודה יהודה וכו' [דברים לג, ז]. אין לך בברכת כל השבטים מתחלת וזאת חוץ מזו [סוטה ז:]. מה ראה לסמוך יהודה לראובן ומה ראה להתחיל בברכת יהודה בלשון וזאת ליהודה אלא לפי שהיו עצמות כל השבטים שלהן קיים ושל יהודה מגולגלין אמר לשון זה יחי ראובן כלומר ראובן שלו קיימת כאילו הוא חי וזאת תהיה ליהודה שהם מגולגלין. עצמות כל השבטים יצאו ממצרים ונשאום בניהם במדבר וזהו שאמר יוסף לאחיו והעליתם [את] עצמותי מזה אתכם (שמות יג) עם עצמותיכם [מכות יא:]. היו עצמותיו של יהודה מגולגלין בארון. ושלדו. דפוס צורתו. אינה קיימת נשבר ונתפזר [נדה נו.]. עצמות כל השבטים העלו ממצרים והוא שאמר יוסף והעליתם את עצמותי מזה אתכם (שמות יג) עם עצמותיכם והיו עצמות כל השבטים שלהן קיימת ויהודה איבריו מתפרקין ומתגלגלין בארונו מפני שנידה את עצמו בערבונו של בנימין וחטאתי לך כל הימים (בראשית מג) אפי' לעולם הבא ומהכא נפקא לן (מכות דף יא:) (נידוי של חכם אפילו על תנאי הוא בא) [נידוי על תנאי צריך הפרה]. מי גרם לראובן שיודה. במעשה יצועי אביו. יהודה. שהודה במעשה תמר וכן היא מסורת בידיהם ומדרש אגדה דר' תנחומא כשאמר יהודה צדקה ממני עמד ראובן ואמר בלבלתי יצועי אבי ועכשיו יחי ראובן שלו קיימת כאילו הוא חי וזאת ליהודה שהוא מתגלגל [סוטה ז:]. על איבריה לשפא. נכנסו עצמותיו למקום חיבורם ששפו משם כמו דשף מדוכתיה (חולין דף מג: נד.:) לשפא אישלוייש דורא [מכות שם]. למתיבתא דרקיעא. לישא וליתן עם שאר החכמים. ולמשקל ומיטרח. לישא וליתן. ידיו רב לו. יהא לו נלחון לריב ריבו והאי דכתיב ידיו לשון מלחמה הוא מלחמתה של תורה [סוטה שם]. יהי בו כח לריב ריבו לעצמו נגד חביריו [מכות שם]. אליבא דהלכתא. לא היה זוכה לומר דבר המתקבל [סוטה שם].

על כשלונו שלו[53]. 'וְזֹאת לִיהוּדָה', כלומר: היצדק איפוא שכזאת תקרה ליהודה, שעצמותיו תתגלגלנה בעוד שלדו של ראובן שלמה וקיימת?[54] "**מִיָּד**[55]" נתקבל המשך תפלתו של משה (פסוק ז שם): "**שְׁמַע ה' קוֹל יְהוּדָה**" (כאילו יהודה עצמו משווע לשוב ולהיבנות), **וְעַל אֵיבָרֵיהּ לְשָׁפָא** — נכנסו איבריו (נכנסה כל עצם ועצם) של יהודה לתושבות שמהן ניתקו[56]. אבל עדיין **לֹא הֲוו קָא מַסְּקֵי לִמְתִיבְתָּא דִרְקִיעָא** — לא העלו את יהודה לישיבה של מעלה[57], עד שהוסיף משה לבקש: "**וְאֶל עַמּוֹ** (אל חכמים כמותו שמתו לפניו)[58] **תְּבִיאֶנּוּ**" (שם)[59]. אך גם בישיבה של מעלה **לֹא הֲוָה יָדַע מַאי קָאָמְרֵי רַבָּנָן** — לא היה יהודה יודע (מבין) מה אומרים החכמים, **וּלְמִשְׁקַל וּמִיטְרַח בַּהֲדֵי רַבָּנָן** — או לשאת ולתת עם החכמים. על כן ביקש משה: "**יָדָיו רָב לוֹ**" (שם) — יהא בו כח לריב את ריבו במלחמתה של תורה[60]. ועם זאת, עוד **לֹא הֲוָה סָלִיק לֵיהּ שְׁמַעְתָּתָא אַלִּיבָּא דְהִלְכְתָא** — לא עלתה שמועתו כהלכה; לא זכה יהודה לומר דבר שיתקבל ויאומת אצל שאר החכמים[61], עד שסיים משה (שם) וביקש: "**וְעֵזֶר מִצָּרָיו תִּהְיֶה**" — סייענו משמים להכריע בהלכה את בני מחלוקתו.

שוב שאלה, שלישית, על מוצאו של מאמר:

אָמַר לֵיהּ רָבָא לְרַבָּה בַּר מָרִי: מְנָא הָא מִילְּתָא דְאָמְרֵי אִינְשֵׁי — מנין מקור לדבר הזה שאומרים הבריות, '**בָּתַר עַנְיָא אַזְלָא עֲנִיּוּתָא**' — אחר העני הולכת העניות; משהֶעני אדם, רודף אותו העוני ומתעמק, ועלול הֶעני לאבד את המעט שבידו יותר ממה שעשוי עשיר להפסיד מעושרו[62]? **אָמַר לֵיהּ, דִּתְנַן** (ביכורים ג, ח): **עֲשִׁירִים מְבִיאִין בִּכּוּרִים**[63] **בְּקַלָתוֹת** (סלים כעין קערות) **שֶׁל זָהָב וְשֶׁל כֶּסֶף** (מצופים בזהב או כסף)[64], **וַעֲנִיִּים בְּסַלֵּי נְצָרִים** (קלועים מבדים דקים) **שֶׁל עֲרָבָה קְלוּפָה**[65]. את **הַסַּלִּים וְהַבִּכּוּרִים נוֹתְנִים** העניים **לַכֹּהֲנִים**, אבל את הקלתות של זהב וכסף מחזירים הכהנים לעשירים לאחר שנטלו מתוכן את הביכורים[66] (עד כאן המשנה). הרי שמעני

הערות

נָא אָבוֹא אֵלַיִךְ,' כִּי לֹא יָדַע כִּי כַלָּתוֹ הִוא. וַתֹּאמֶר, 'מַה תִּתֶּן לִי כִּי תָבוֹא אֵלָי?' וַיֹּאמֶר, 'אָנֹכִי אֲשַׁלַּח גְּדִי עִזִּים מִן הַצֹּאן' ". כערבון לגדי ביקשה תמר את "'חֹתָמְךָ, וּפְתִילֶךָ, וּמַטְּךָ אֲשֶׁר בְּיָדֶךָ'. וַיִּתֶּן לָהּ וַיָּבֹא אֵלֶיהָ וַתַּהַר לוֹ". יהודה ותמר נפרדו לדרכיהם, "וַיְהִי כְּמִשְׁלֹשׁ חֳדָשִׁים וַיֻּגַּד לִיהוּדָה לֵאמֹר, 'זָנְתָה תָּמָר כַּלָּתֶךָ, וְגַם הִנֵּה הָרָה לִזְנוּנִים'! וַיֹּאמֶר יְהוּדָה, 'הוֹצִיאוּהָ וְתִשָּׂרֵף'. הִוא מוּצֵאת, וְהִיא שָׁלְחָה אֶל חָמִיהָ לֵאמֹר, 'לְאִישׁ אֲשֶׁר אֵלֶּה לּוֹ אָנֹכִי הָרָה;' וַתֹּאמֶר, 'הַכֶּר נָא לְמִי הַחֹתֶמֶת וְהַפְּתִילִים וְהַמַּטֶּה הָאֵלֶּה' ". ובכל זאת לא גילתה תמר מי הוא האב. אך משהכיר את הערבון, מיד הודה יהודה "וַיֹּאמֶר [בפני הנאספים], 'צָדְקָה [תמר]; מִמֶּנִּי [היא הרה]!' "

53. לשון רש"י: "מדרש אגדה הוא בתנחומא (וישב סי' יז, לפנינו בשינויים קלים): 'מכיון שהודה יהודה ואמר, צדקה ממני! עמד ראובן ואמר, אני בלבלתי יצועי אבי!'" כוונת רש"י היא כנראה שכך היתה קבלה אצל חכמינו. אבל התוספות למכות יא, ב, ד"ה מי גרם (ב) הביאו סמך מן המקרא. נאמר בברכות יעקב (בראשית מט, ח), "יְהוּדָה אַתָּה יוֹדוּךָ אַחֶיךָ", ותרגומו (בתרגום שהיה לפני התוספות אך לא באונקלוס שלפנינו), "יהודה את הודית כך יודוך אחיך". פירוש: אתה הודית תחילה על קלקולך וכך, בסיבתך ('יוֹדוּךָ' היינו: יודו בגללך), יודו אחיך על שלהם. וראה עוד בפני יהושע ענין משותף למעשיהם של ראובן ויהודה ולהודאות עליהם.

54. בסוטה ז, ב, ד"ה יהודה, ובמכות יא, ב, ד"ה מאי דכתיב, מסביר רש"י (וכך גם המאירי כאן) שחוץ משל יהודה היו השלדים של כל בני יעקב שלמים. עוד פירש שם שהאמור במקרא בסמוך למעלה, "יְחִי רְאוּבֵן וְאַל יָמֹת", אף הוא יידרש לרבי יונתן בלשון תמיה: היצדק ששלדו של ראובן תהא קיימת כאילו הוא חי ומעולם לא מת, בעוד עצמותיו של יהודה מגולגלין?

בדברים לג, ז, מוסיף רש"י שאפילו אילולי הדרשה המחברת את "יְחִי רְאוּבֵן" אל "וְזֹאת לִיהוּדָה", סמך הכתוב את יהודה לראובן מפני ששניהם הודו על קלקול שבידם. ועליהם אמר אליפז התימני (איוב טו, יח-יט), "אֲשֶׁר חֲכָמִים יַגִּידוּ (יודו פשעם) וְלֹא כִחֲדוּ מֵאֲבוֹתָם. . .וְלֹא עָבַר זָר בְּתוֹכָם". "זָר" רומז ללוי, שהוא משונה מראובן ויהודה בכך שלא מצינו שהודה כמותם, ולכן, על אף שנולד בין ראובן ליהודה, לא הפרידה ברכתו בין ברכותיהם ("בְּתוֹכָם" יתפרש איפוא, ביניהם, כמו "יְהִי רָקִיעַ 'בְּתוֹךְ' הַמָּיִם" בבראשית א, ו — ראה רש"י על אתר; ובסוטה שם אמנם דרשו את המקרא שבאיוב על ראובן ויהודה, אבל לא משום הסמיכות בברכות).

55. ב"ח מוחק את התיבה "מיד", אך היא מופיעה בקטע המקביל בסוטה ז, ב, ואמנם גם שם מגיה ב"ח כבכאן. וראה דקדוקי סופרים.

56. 'שפא' הוא שם עצם נגזר מן הפועל הארמי 'שף', שמשמעו קפץ או נעתק; ראה חולין מב, ב, עם רש"י שם ד"ה דשף. שפא הוא איפוא המקום שממנו נעתק דבר (על פי רש"י).

מעתה מצא רבה מר מרי טעם להכפלת שם יהודה ולא משום חולשה, אלא איזכור ראשון כמתמה איך אירעה כזאת ליהודה, והשני דרך תפלה עליו שישָׁמע קולו וישוב וייבנה.

57. "לישא וליתן [בתורה] עם שאר החכמים" (לשון רש"י לסוטה ז, ב, ד"ה למתיבתא), כי אף שהועילה תפלתו של משה להשקיט את הגוף, לא יצאה הנפש מידי נידויה. אמרו בברכות יז, א, ש"העולם הבא אין בו לא אכילה ולא שתיה. . .אלא צדיקים יושבין ועטרותיהם בראשיהם ונהנים מזיו השכינה", רצו לומר שהם יושבים בישיבה של מעלה מעוטרים בכתר תורה ומשיגים את צפונותיה. וכשם שבעולם הזה מרוחק המנודה מלאכול ולשתות במחיצת אחרים (מועד קטן טז, א, ויורה דעה שלד, ב), כך בעולם הנפשות מרוחקת נפשו מלהשתתף עם אחרים בַּדבר שהוא שם תחת אכילה ושתיה, היינו עסק התורה (מהרש"א למכות יא, ב).

58. כלשון "וַיֵּאָסֶף אֶל עַמָּיו" בבראשית כה, ח, ועוד. ובפרקי דרבי אליעזר לג: "רבי עזריה אומר: כל הנפשות חוזרות ונאספות איש אל דור אבותיו ואל עמיו, צדיקים עם הצדיקים ורשעים עם הרשעים. שכן אמר הקדוש ברוך הוא לאברהם אבינו (בראשית טו, טו), 'וְאַתָּה תָּבוֹא אֶל אֲבֹתֶיךָ בְּשָׁלוֹם [תִּקָּבֵר בְּשֵׂיבָה טוֹבָה]' ".

59. כאן ואילך דורש רבי יונתן לפי דרכו את הפסוק הפותח ב"וְזֹאת לִיהוּדָה".

60. על פי רש"י לסוטה ז, ב, ולמכות יא, ב, ד"ה ידיו.

61. על פי רש"י כאן ולסוטה ז, ב, ד"ה אליבא. ובמכות יא, ב, לשון הגמרא בקטע המקביל הוא: "לא הוה ידע לפרוקי קושיא" — לא היה יודע יהודה ליישב קושיה, וגם שם הכוונה כנראה לקושיות שהקשו עליו שאר החכמים ושבגינן נדחו דעותיו מלהתקבל להלכה.

62. ראה הערה 39.

63. 'ביכורים' הם הפירות שהקדימו ('ביכרו') להבשיל מיבול כל שנה ושנה. את הביכורים משבעת המינים שנשתבחה בהם ארץ ישראל (חטים, שעורים, ענבים, תאנים, רימונים, זיתים, ותמרים) מביא בעל השדה אל המקדש ומוסרם לכהן. בעוד הבעלים והכהן שניהם אוחזים בסל הביכורים, מניפים את הסל והבעלים נותנים הודיה לה' בלשון המפורש בדברים כו, ה-י. מניחים את הביכורים אצל המזבח והם נאכלים לכהנים בירושלים. ראה דברים שם, א-יא, ורמב"ם הלכות ביכורים פרקים ב-ד.

64. 'קלתות' הן סלים, כבפירוש רמב"ם לביכורים על אתר וכפי שגם רש"י רגיל לפרש, כגון בכתובות פב, ב, ובסוטה יד, ב. הקלתות משונות כנראה משאר סלים ומשוטחות כעין קערות אכילה; ראה רמב"ם בפירושו לכלים ז, א, ו־טז, ג. ושם כתב רמב"ם שקלתות עשויות גומֶא בדומה לסלים אחרים, ולכן "של זהב וכסף" שבמשנה בביכורים מתפרש בהכרח: מצופים זהב או כסף, כפי שאמנם פירש רמב"ם על אתר. אבל בהל' ביכורים ג, ח, סיכם רמב"ם את הוראת המשנה כנוגעת ל"כלי מתכות", וראה הערה 63. ובירושלמי ביכורים ג, ד, ומגילה ד, א, נסתפק רבי יונה אם רשאים להביא ביכורים "בתמחויין (קערות) של כסף", או ש"טֶנֶא" האמור בביכורים (דברים כו, ב) משמעו סל דוקא; ראה ההערה הבאה.

65. אלו ואלו לקיים את מה שנאמר (דברים כו, ב, ד), "וְלָקַחְתָּ מֵרֵאשִׁית כָּל פְּרִי הָאֲדָמָה. . .וְשַׂמְתָּ בַטֶּנֶא (בסל). . .וְלָקַח הַכֹּהֵן הַטֶּנֶא מִיָּדֶךָ", מלמד שטעונים הביכורים כלי (ספרי לשָם; רמב"ם הל' ביכורים ג, ז), מדרך כבוד.

66. זהו אינו תיאור מנהג שנהגו אלא הלכה מחייבת, נדרשת מן האיזכור השני של "טֶנֶא" אצל "וְלָקַח הַכֹּהֵן הַטֶּנֶא מִיָּדֶךָ", הבא ללמד שאם הובאו הביכורים בסל פשוט (מקליעת נצרים או גומא ללא ציפוי) לוקח הכהן את הסל לו. בלשון ספרי דברים ש, ד: "'וְלָקַח הַכֹּהֵן הַטֶּנֶא מִיָּדֶךָ'; מכאן אמרו, העשירים מביאים ביכוריהם בקלתות של כסף ושל זהב, והעניים מביאים בסלי נצרים של ערבה קלופה, והסלים והבכורים ניתנים לכהנים בשביל לרבות (להרבות) מתנה לכהנים". וכך פסק רמב"ם בהלכות ביכורים ג, ח: "הביאם (את הביכורים) בכלי מתכות, נוטל הכהן הבכורים וחוזר הכלי לבעליו. ואם הביאם בכלי ערבה וחֵלֶף (מין עשב בר — ראה כלים יז, יז) וכיוצא בהן, הרי הבכורים והסלים לכהנים".

ביכורים טעונים כלי (ראה ההערה הקודמת) להידור וִיקר, וביכורים הבאים ומוגשים בכלי חשוב כבר נתעטרו מן הכלי בעצם הבאתם. ואילו סל פשוט אינו מעניק מעלה לביכורים הנתונים בו, כי על כרחו נזקק הבעלים לכלי כלשהו לשאת את ביכוריו אל המקדש (כמשמעו הפשוט של "וְשַׂמְתָּ בַטֶּנֶא וְהָלַכְתָּ אֶל הַמָּקוֹם וגו' " בדברים כו, ב), אלא אם מבטל הבעלים את הסל לגבי הפירות ומצרפו למתנה שהוא נותן לכהן ("לרבות מתנה לכהנים"), שאז נעשים הפירות עם הסל מתנה שלמה, ומתכבדים הביכורים מן הכלי שלהם, ואף מכבדים את הכהן המקבל שלא יצטרך לפרקם להחזיר את הכלי לבעלים (על פי מהרש"א).

תוספות יום טוב לביכורים על אתר מציע טעם אחר להבדל בין קלתות העשירים לסלי העניים, שהעשירים מביאים הרבה גם מלבד הכלי (נכסיהם מרובים ולכן פירותיהם מרובים, ועוד שהביכורים הם מן הדברים שאין להם שיעור — פאה א, א — ויכול העשיר להביא הרבה אפילו משדה אחד), אבל עניים מביאים מעט, ורק עם הסל תיחשב מתנתם מתנה ראויה. [אלא שכמובא למעלה תולה רמב"ם את ההבדל לא בטיב המביא אלא באיכות הכלי, ואפילו עשיר המביא פירות רבים בסל נצרים משאיר את הסל לכהנים. ועוד קשה, שלדבריו אין העני נותן את סלו אלא כדי שתתרבה מתנתו ותתקרב מעט אל מתנת העשיר, אבל עם כלי או בלעדיו בודאי

יכול אפילו מעולה בדמים ת"ל רק שמואל אייתי ליה אריסיה תמרי אכיל טעים בהו טעמא דחמרא א"ל מאי האי א"ל ביני גופני קיימי אמר [א]מכחשי בחמרא כולי האי למחר אייתי לי מקורייהו: רב חסדא חזא תאלי בי גופני אמר ליה לאריסיה עקרינהו גופני קני דקלי דקלי לא קני גופני:

מתני' [ב]אע"פ שהוא נותן לו אין נמחל לו עד שיבקש ממנו שנאמר (א) ועתה השב אשת וגו' ומנין [ג]שאם לא מחל לו שהוא אכזרי שנאמר (ב) ויתפלל אברהם אל האלהים וירפא אלהים את אבימלך וגו' [ד]האומר סמא את עיני קטע את ידי שבר את רגלי חייב [ה]ע"מ לפטור חייב (א) [ו]קרע את כסותי שבר את כדי חייב (ב) [ז]ע"מ לפטור פטור [ח]עשה כן לאיש פלוני על מנת לפטור חייב בין בגופו בין בממונו: **גמ'** ת"ר כל אלו שאמרו דמי בושתו אבל צערו אפי' הביא כל אילי נביות שבעולם אין נמחל לו עד שיבקש ממנו שנאמר (א) השב אשת האיש כי נביא הוא ויתפלל בעדך (ג) דאשת נביא בעי אהדורי אשת אחר לא בעי אהדורי אמר רבי שמואל בר נחמני אמר ר' יונתן השב אשת האיש מכל מקום ודקא אמרת (ג) הגוי גם צדיק תהרוג הלא הוא אמר לי אחותי היא והיא גם היא אמרה אחי הוא נביא הוא וכבר לימד אכסנאי שבא לעיר על עסקי אכילה ושתיה שואלין אותו או על עסקי אשתו שואלין אותו אשתך היא אחותך היא מכאן לבן נח [ט]שנהרג שהיה לו ללמוד ולא למד: (ד) כי עצר עצר ה' אמר ר' אלעזר שתי עצירות הללו למה אחת באיש שכבת זרע שתים באשה שכבת זרע ולידה במתניתא תנא שתים באיש שכבת זרע וקטנים שלשה באשה שכבת זרע וקטנים ולידה רבינא אמר שלש באיש שכבת זרע וקטנים ופי טבעת ארבעה באשה שכבת זרע ולידה וקטנים ופי טבעת: (ד) בעד כל רחם אמרי דבי ר' ינאי אפילו תרנגולת של בית אבימלך לא הטילה ביצתה א"ל רבא לרבה בר מרי מנא הא מילתא דאמור רבנן כל המבקש רחמים על חבירו והוא צריך לאותו דבר הוא נענה תחילה א"ל דכתיב (ה) וה' שב את שבות איוב בהתפללו בעד רעהו אמר ליה את אמרת מהתם ואנא אמינא מהכא (ב) ויתפלל אברהם אל האלהים וירפא אלהים את אבימלך ואת אשתו ואמהותיו [וגו'] וכתיב (ו) וה' פקד את שרה כאשר אמר וגו' כאשר אמר אברהם (ד) אל אבימלך אמר ליה רבא לרבה בר מרי מנא הא מילתא דאמרי אינשי בהדי הוצא לקי כרבא א"ל דכתיב (ז) למה תריבו אלי כלכם פשעתם בי נאם ה' אמר ליה את אמרת מהתם ואנא אמינא מהכא (ח) עד אנה מאנתם לשמור מצותי ותורותי אמר ליה רבא לרבה בר מרי כתיב (ט) ומקצה אחיו לקח חמשה אנשים מאן נינהו חמשה א"ל הכי א"ר יוחנן אותן שהוכפלו בשמות יהודה נמי איכפולי מיכפל אמר ליה למילתיה הוא דאיכפל (ה) דאמר ר' שמואל בר נחמני אמר רבי יונתן מאי דכתיב (י) יחי ראובן ואל ימות ויהי מתיו מספר וזאת ליהודה כל אותן ארבעים שנה שהיו ישראל במדבר היו עצמותיו של יהודה מגולגלין בארון עד שבא משה ובקש רחמים אמר לפניו רבונו של עולם מי גרם לראובן שיודה יהודה (א) מיד שמע ה' קול יהודה על איבריה לשפא לא הוו קא מסקי למתיבתא דרקיעא (כ) ואל עמו תביאנו לא הוה ידע מאי קאמרי רבנן ולמשקל ומיטרח בהדי רבנן (כ) ידיו רב לו לא הוה סליק ליה שמעתתא אליבא דהלכתא (כ) ועזר מצריו תהיה אמר ליה רבא לרבה בר מרי מנא הא מילתא (י) דאמרי אינשי בתר עניא אזלא עניותא אמר ליה דתנן (י) עשירים מביאין בכורים בקלתות של זהב ושל כסף ועניים בסלי נצרים של ערבה קלופה הסלים והבכורים נותנים לכהנים אמר ליה את אמרת מהתם ואנא אמינא מהכא

ומטא

רש"י

יכול **אפי' מעולה בדמים.** לקורה יותר מפירות יהא סרך קודש לו: ת"ל רק. מיעט הקדמה: **מקורייהו.** מקור שלהן ועיקרן (ב) ל"א הבא לי קור שהוא רך לאכול וגדל סביב שרשיו כלומר כלה עיקרם מפני שמפסיד ונאכל את הקור: **גופני קני דיקלי.** מדמי היין יכולין אנו לקנות קרקעות ואילו דקלי לא קני גופני אין שבהן עולה אלא לדבר מועט: **מתני' אע"פ שהוא נותן** לו כו'. סתמא היא ולא ר' עקיבא קאמר לה: **על מנת לפטור.** בגמ' מפרש לה: **גמ' כל אלו שאמרו.** סלע מנה ומאתים וד' מאות דמי בושת הן: **אבל צער.** שדואג על בושתו אינו נמחל לו: **שהיה לו ללמוד.** דרך ארץ ולא למנוד מדקאמר ליה רחמנא נביא הוא דמשמע אין ממש בדבריך וראוי אתה ליהרג: **שכבת זרע.** שבמעי אשה לא יכולה לפלוט: **פי טבעת.** נקב הגדולים לפנות: **פקד.** מדלא כתיב ויפקוד את שרה וכתיב פקד משמע פקד כבר תחילה לאבימלך: **בהדי הוצא לקי כרבא.** קוץ הגדל אצל הכרוב כשבא לעקרו פעמים שנעקר הכרוב עמו ונמצא לוקה בשבילו כלומר שכיני רשע לוקין עמו: **כולכם פשעתם.** אף הנביא במשמע: **עד אנה מאנתם.** ומשה ואהרן בכלל: **אותם שהוכפלו שמותם.** בברכת משה דן זבולון גד ואשר ונפתלי הודיעך הכתוב שחלשים שבכולן היו וצריכין חיזוק לפיכך כפל את שמם לחזקם ואותן הביא יוסף לפני פרעה כדי שלא יבחור אותם להיות ראשי גייסות ולהטריחם: כל השבטים יצאו עצמותיהם ממצרים ונקברו בארץ ישראל שנאמר והעליתם את עצמותי מזה אתכם (שמות יג) משמע שאף עצמותם העלו ולא נכתב יוסף אלא להודיעך שבחו של משה שכל ישראל נתעסקו בביזה והוא עסק במצוה: **מגולגלין בארון.** לא היה שלדו קיימת ומחוברת מפני נידוי דקאמר ליה ליעקב אם לא (ח) הביאנו אליך וחטאתי לך כל הימים (בראשית מג) ואע"פ שנתקיים התנאי נפקא לן במסכת מכות (דף יא:) (ט) קללת חכם אפי' על תנאי היא באה: **מי גרם לראובן כו'.** מדרש אגדה הוא בתנחומא מכיון שהודה יהודה ואמר צדקה ממני עמד ראובן ואמר אני בלבלתי יצועי אבי: **לשפא.** נכנס כל אבר ונתחבר למקומו שפף משם. לשפא אשלוייה שדונא בלע"ז כמו שף מדוכתיה (חולין דף מג:): **אליבא דהלכתא.** לא הוה מסתייעא מילתא למימר מילתא דתהוי הלכתא כוותיה: **לא הוה סלקא ליה.** כלומר לא היה עולה בידו למימר שמעתתא אליבא דהלכתא: **הסלין והבכורין** נותנין לכהן. והעשירים לא היו נותנין קלתותיהן לכהן: **נצרים.** שבטים:

תוספות

למחר אייתי לי מקורייהו. משמע דגופני עדיפי מדיקלי ותימה דבהאשה שנפלו לה נכסים (כתובות עט. ושם ד"ה אילני) אמר גבי נפלו לה כספים ילקח בהן קרקע דיקלי ואילני דקלי אילני וגופני אילני אלמא גופני גריעי אפילו מאילני דגריעי מדיקלי וי"ל דבגפנים כשאדם טורח לזמר ולתקן הכרם יש בהן ריוח גדול אבל בנכסי אשתו אם היה קונה גפנים מתוך שצריכים הוצאה מרובה לא היה הבעל חושש להוציא על נכסי' והיו הולכין לאיבוד לפיכך טוב לקנות דקלים שאין צריכין יציאה וממילא אתי בהו שבחא וטוב הוא לשניהם ועוד מפרש ר"ת בהמוכר את הספינה (ב"ב פב. ושם ד"ה מתקיף) דפירי דדיקלא מתקיימין טפי מאילני וגופני ובנכסי מלוג של אשה בעינן דבר המתקיים יותר:

כאשר אמר אברהם אל אבימלך. לאו בהריון משתעי שהרי המלאכים בישרו את שרה מפסח שלפניו אלא ילדה בריוח כמו שהתפלל על אבימלך: **אלו** הנכפלין בשמות. בבראשית רבה יש איפכא שהנכפלים גבורים היו כמו יהודה שנכפל: **מי** גרם לראובן שהודה יהודה. אע"ג דאמר במדרש וישב ראובן אל הבור מלמד שבא משקו ומתעניתו שבלבל יצועי אביו וזה היה קודם למעשה תמר מכל מקום לא הודה ברבים עד אחר שהודה יהודה:

עין משפט נר מצוה

קד א מיי' פ"ו מהל' מלכים הלכה ח סמג לאוין רכט:

קה ב מיי' פ"ה מהל' חובל ומזיק הל' ט ופ"ב מהל' תשובה הל' ט סמג עשין ע טוש"ע ח"מ סי' תכב סעיף א:

קו ג מיי' שם הלכה י ופ"ו מהלכות דעות הלכה ו ופ"ב מהלכות תשובה הלכה י טוש"ע שם וטוש"ע א"ח סי' תרו סעיף א בהג"ה:

קז ד ה מיי' פ"ה מהל' חובל ומזיק הלכה יא סמג עשין ע טוש"ע ח"מ סי' תכא סעיף יב:

קח ו ז מיי' שם סמג שם טוש"ע ח"מ סי' שפ סעיף א:

קט ח מיי' שם הלכה יג טוש"ע שם סעיף ב:

קי ט מיי' פ"י מהלכות מלכים הל' א סמג לאוין רלב רלג:

קיא י מיי' פ"ג מהל' בכורים הל' ח סמג עשין קלט:

לעזי רש"י

אשלויי"ה שדונ"א. פירוק פרק (של עלס) (עיין רש"י מכות דף יא ע"ב ד"ה על איבריה לשפא ורש"י שבת דף קמז ע"א ד"ה נפרקה):

ליקוטי רש"י

מקורייהו. רך של דקל כשענפיו גדלים בכל שנה ושנה כדרך כל האילנות הנוסף בשנה זו רך ובשנה שניה מתקשה ונעשה עץ [ברכות לו.]. **תאלי.** דקלים קטנים [ב"ב כב:]. **קרע את כסותי שבר את כדי חייב.** דס"ק ליה אם תרצה קרע ושלם אבל פירש לו ע"מ פטור [לעיל כז.]. **אילי נביות.** דכרי נביות [ישעיה ס, ז]. **בהתפללו בעד רעהו.** בזכות שהתפלל על כל ריע וריע שלו [איוב מב, י]. **וה' פקד את שרה.** סמך פרשה זו לכאן ללמדך שכל המבקש רחמים על חבירו והוא צריך לאותו דבר הוא נענה תחילה שנאמר ויתפלל וגו' וסמיך ליה וה' פקד את שרה שפקד כבר קודם שרפא את אבימלך [בראשית כא, א]. **כלכם פשעתם בי.** אף הצדיקים במשמע היינו דאמרי אינשי בהדי הוצא לקי כרבא [ירמיה ב, כט]. **עד אנה מאנתם.** משל הדיוט הוא בהדי הוצא לקי כרבא ע"י הרשעים מתגנין הכשרין [שמות טז, כח]. **ומקצה אחיו.** מן הפחותים שבהם לגבורה שאין נראים גבורים שאם יראה אותם גבורים יעשה אותם אנשי מלחמתו. ואלה הם ראובן שמעון לוי יששכר ובנימין. אותן שלא כפל משה שמותם כשברכם אבל שמות הגבורים כפל וזאת ליהודה ויאמר שמע ה' קול יהודה ולגד אמר ברוך מרחיב גד ולנפתלי אמר נפתלי ולדן אמר דן וכן לזבולן וכן לאשר זהו לשון בראשית רבה שהיא אגדת א"י. אבל בגמרא בבלית שלנו מצינו שאותם שכפל משה שמותם הם החלשים ואותן הביא לפני פרעה ויהודה שהוכפל שמו לא הוכפל משום חלשות אלא טעם יש בדבר כדאיתא בב"ק. ובברייתא דספרי שנינו בה בזאת הברכה כמו בגמרא שלנו [בראשית מז, ב]. **יחי ראובן וזאת ליהודה.** סמך יהודה לראובן מפני ששניהם הודו על קלקול שבידם (מכות יא) שנאמר אשר חכמים יגידו וגו' להם לבדם וגו' ולא עבר זר בתוכם (איוב טו) ועוד פירשו רבותינו שכל מ' שנה שהיו ישראל במדבר היו עצמות יהודה מתגלגלין בארון מפני נדוי שקבל עליו שנאמר וחטאתי לאבי כל הימים (בראשית מד) אמר משה מי גרם לראובן שיודה יהודה וכו' [דברים לג, ז]. אין לך בברכת כל השבטים מתחלת וזאת חוץ מזו [סוטה ז:]. מה ראה לסמוך יהודה לראובן ומה ראה להתחיל בברכת יהודה בלשון וזאת ליהודה אלא לפי שהיו עצמות כל השבטים שלדן קיים ושל יהודה מגולגלין אמר לשון זה יחי ראובן כלומר ראובן שלדו קיימת כאילו הוא חי וזאת תהיה ליהודה שהם מגולגלין. עצמות כל השבטים יצאו ממצרים ונשאום בניהם במדבר וזהו שאמר יוסף לאחיו (שמות יג) והעליתם [את] עצמותי מזה אתכם עם עצמותיכם [מכות יא:]. **היו עצמותיו של יהודה מגולגלין בארון.** ושלדו. דפוס צורתו. אינה קיימת נשבר ונתפזר [נדה נו.]. עצמות כל השבטים העלו ממצרים והוא שאמר יוסף והעליתם את עצמותי מזה אתכם (שמות יג) עם עצמותיכם והיו עצמות כל השבטים שלדן קיימת ויהודה איבריו מתפרקין ומתגלגלין בארונו מפני שנידה את עצמו בערבונו של בנימין וחטאתי לך כל הימים (בראשית מג) אפי' לעולם הבא ומהכא נפקא לן (מכות דף יא:) (נידוי של חכם אפילו על תנאי הוא בא) [נידוי על תנאי צריך הפרה]. **מי גרם לראובן שיודה.** יהודה. שהודה במעשה תמר וכן היה מסורת בידיהם ומדרש אגדה דר' תנחומא כשאמר יהודה צדקה ממני עמד ראובן ואמר בלבלתי יצועי אבי ועכשיו יחי ראובן שלדו קיימת כאילו הוא חי וזאת ליהודה שהוא מתגלגל [סוטה ז:]. **על אבריה לשפא.** נכנסו עצמותיו למקום חיבורם ששפו משם כמו דשף מדוכתיה (חולין דף מג: נד.:) לשפא אישלויי"ש דורא [מכות שם]. **למתיבתא דרקיעא.** לישא וליתן עם שאר החכמים. **ולמשקל ומיטרח.** לישא וליתן. **ידיו רב לו.** יהא לו נצחון לריב ריבו והאי דכתיב ידיו לשון מלחמה הוא מלחמתה של תורה [סוטה שם]. יהי בו כח לריב ריבו לעצמו נגד חביריו [מכות שם]. **אליבא דהלכתא.** לא היה זוכה לומר דבר המתקבל [סוטה שם].

מסורת הש"ס

א) לעיל כז., ב) [עי' תוס' גיטין פד: ד"ה ותיפוק, כתובות נו. ד"ה הרי], ג) מכות ט:, ד) נ"א על, ה) מכות יא: סוטה ז: [ע"ש], ו) ב"ב קעד: [חולין קה:] ערכין כג., ז) בכורים פ"ג מ"ח, ח) [נ"ל הביאתיו], ט) [נידוי על תנאי צריך הפרה כצ"ל].

הגהות הב"ח

(א) גמ' לראובן שיודה יהודה שמע כצ"ל ותיבת מיד נמחק: (ב) רש"י ד"ה מקורייהו מקור שלהן ועיקרן כלומר כלה עיקרם מפני שמפסיד ל"א הבא לי וכו' שרשיו ונאכל את הקור כצ"ל:

תורה אור השלם

א) וְעַתָּה הָשֵׁב אֵשֶׁת הָאִישׁ כִּי נָבִיא הוּא וְיִתְפַּלֵּל בַּעַדְךָ וֶחְיֵה וְאִם אֵינְךָ מֵשִׁיב דַּע כִּי מוֹת תָּמוּת אַתָּה וְכָל אֲשֶׁר לָךְ: [בראשית כ, ז]

ב) וַיִּתְפַּלֵּל אַבְרָהָם אֶל הָאֱלֹהִים וַיִּרְפָּא אֱלֹהִים אֶת אֲבִימֶלֶךְ וְאֶת אִשְׁתּוֹ וְאַמְהֹתָיו וַיֵּלֵדוּ: [בראשית כ, יז]

ג) וַאֲבִימֶלֶךְ לֹא קָרַב אֵלֶיהָ וַיֹּאמַר אֲדֹנָי הֲגוֹי גַּם צַדִּיק תַּהֲרֹג: [בראשית כ, ד]

הֲלֹא הוּא אָמַר לִי אֲחֹתִי הִוא וְהִיא גַם הוּא אָמְרָה אָחִי הוּא בְּתָם לְבָבִי וּבְנִקְיֹן כַּפַּי עָשִׂיתִי זֹאת: [בראשית כ, ה]

ד) כִּי עָצֹר עָצַר יְיָ בְּעַד כָּל רֶחֶם לְבֵית אֲבִימֶלֶךְ עַל דְּבַר שָׂרָה אֵשֶׁת אַבְרָהָם: [בראשית כ, יח]

ה) וַייָ שָׁב אֶת שְׁבוּת אִיּוֹב בְּהִתְפַּלְלוֹ בְּעַד רֵעֵהוּ וַיֹּסֶף יְיָ אֶת כָּל אֲשֶׁר לְאִיּוֹב לְמִשְׁנֶה: [איוב מב, י]

ו) וַייָ פָּקַד אֶת שָׂרָה כַּאֲשֶׁר אָמָר וַיַּעַשׂ יְיָ לְשָׂרָה כַּאֲשֶׁר דִּבֵּר: [בראשית כא, א]

ז) לָמָּה תָרִיבוּ אֵלָי כֻּלְּכֶם פְּשַׁעְתֶּם בִּי נְאֻם יְיָ: [ירמיה ב, כט]

ח) וַיֹּאמֶר יְיָ אֶל מֹשֶׁה עַד אָנָה מֵאַנְתֶּם לִשְׁמֹר מִצְוֹתַי וְתוֹרֹתָי: [שמות טז, כח]

ט) וּמִקְצֵה אֶחָיו לָקַח חֲמִשָּׁה אֲנָשִׁים וַיַּצִּגֵם לִפְנֵי פַרְעֹה: [בראשית מז, ב]

י) יְחִי רְאוּבֵן וְאַל יָמֹת וִיהִי מְתָיו מִסְפָּר: [דברים לג, ו]

כ) וְזֹאת לִיהוּדָה וַיֹּאמַר שְׁמַע יְיָ קוֹל יְהוּדָה וְאֶל עַמּוֹ תְּבִיאֶנּוּ יָדָיו רָב לוֹ וְעֵזֶר מִצָּרָיו תִּהְיֶה: [דברים לג, ז]

נלקחים כליו השפלים, ולעומתו העשיר חוסך את זהבו וכספו[67].

מגיב רבא:

אָמַר לֵיהּ: אַתְּ אָמְרַתְּ מֵהָתָם, וַאֲנָא אֲמִינָא מֵהָכָא — מן המצווה על המנוגע בצרעת (ויקרא יג, מה):

הערות

מוציא עשיר על ביכוריו יותר משמוציא עני, ואין זו דוגמא מוכיחה לעניות הרודפת את העני? ראה גם מלבי״ם לדברים כו, ד.

67. על פי רש״י, ורע״ב לביכורים שם. אבל גאון, מובא בשיטה מקובצת, כותב בביאור שני משֵׁם ״יש מפרשים״ שההוכחה אינה ממה שנותנים את הסלים לכהנים, אלא מעצם העובדה שעניים מסתפקים בסלי נצרים פשוטים, כי לא הטריחו אותם חכמים להביא את ביכוריהם בקלתות של זהב וכסף (אפילו לא בשאולות). לדבריו לא למד רמי בר חמא מן המשנה שעני עלול להפסדים יותר מעשיר, אלא שבכל מעשיו ניכרת שיפלותו של דל. ואולי כוונת הגאון היא שמן הטעם הזה בעצמו אמנם לא הטריחום, כי במה תתייפה מתנת העני אם תבוא בקלת של עשירים, הרי עמה או בלעדיה הוא במלבושיו הבלים וביכוריו המעטים והשדופים לא יצאו מכלל דלות. לפיכך יתפרש ״בתר עניא אזלא עניותא״ — אחר העני הולכת העניות ומכרזת על עצמה.

יכול אפילו מעולה בדמים ת"ל רק שמואל אייתי ליה אריסיה תמרי אכיל טעים בהו טעמא דחמרא א"ל מאי האי א"ל ביני גופני קיימי אמר [א]מכחשי בחמרא כולי האי למחר אייתי לי מקורייהו: רב חסדא חזא תאלי בי גופני אמר ליה לאריסיה עקרינהו גופני קני דקלי דקלי לא קני גופני:

מתני' [ב]אע"פ שהוא נותן לו אין נמחל לו עד שיבקש ממנו שנאמר (א) ועתה השב אשת וגו' ומנין [ג]שאם לא מחל לו שהוא אכזרי שנאמר (ב) ויתפלל אברהם אל האלהים וירפא אלהים את אבימלך וגו' [ד]האומר סמא את עיני קטע את ידי שבר את רגלי חייב [ה]ע"מ לפטור חייב (א) [ו]קרע את כסותי שבר את כדי חייב (ב) [ז]ע"מ לפטור פטור [ח]עשה כן לאיש פלוני על מנת לפטור חייב בין בגופו בין בממונו:

גמ' ת"ר כל אלו שאמרו דמי בושתו אבל צערו אפי' הביא כל אילי נביות שבעולם אין נמחל לו עד שיבקש ממנו שנאמר (א) השב אשת האיש כי נביא הוא ויתפלל בעדך (ג) דאשת נביא בעי אהדורי אשת אחר לא בעי אהדורי אמר רבי שמואל בר נחמני אמר ר' יונתן השב אשת האיש מכל מקום ודקא אמרת (ג) הגוי גם צדיק תהרוג הלא הוא אמר לי אחותי היא והיא גם היא אמרה אחי הוא נביא הוא וכבר לימד אכסנאי שבא לעיר על עסקי אכילה ושתיה שואלין אותו או על עסקי אשתו שואלין אותו אשתך היא אחותך היא מכאן לבן נח [ט]שנהרג שהיה לו ללמוד ולא למד: (ד) כי עצר עצר ה' אמר ר' אלעזר שתי עצירות הללו למה אחת באיש שכבת זרע שתים באשה שכבת זרע ולידה במתניתא תנא שתים באיש שכבת זרע וקטנים שלשה באשה שכבת זרע וקטנים ולידה רבינא אמר שלש באיש שכבת זרע וקטנים ופי טבעת ארבעה באשה שכבת זרע ולידה וקטנים ופי טבעת: (ד) בעד כל רחם אמרי דבי ר' ינאי אפילו תרנגולת של בית אבימלך לא הטילה ביצתה א"ל רבא לרבה בר מרי מנא הא מילתא דאמור רבנן כל המבקש רחמים על חבירו והוא צריך לאותו דבר הוא נענה תחילה א"ל דכתיב (ה) וה' שב את שבות איוב בהתפללו בעד רעהו אמר ליה את אמרת מהתם ואנא אמינא מהכא (ב) ויתפלל אברהם אל האלהים וירפא אלהים את אבימלך ואת אשתו ואמהותיו [וגו'] וכתיב (ו) וה' פקד את שרה כאשר אמר וגו' כאשר אמר אברהם (ד) אל אבימלך אמר ליה רבא לרבה בר מרי מנא הא מילתא דאמרי אינשי בהדי הוצא לקי כרבא א"ל דכתיב (ז) למה תריבו אלי כלכם פשעתם בי נאם ה' אמר ליה את אמרת מהתם ואנא אמינא מהכא (ח) עד אנה מאנתם לשמור מצותי ותורותי אמר ליה רבא לרבה בר מרי כתיב (ט) ומקצה אחיו לקח חמשה אנשים מאן נינהו חמשה א"ל הכי א"ר יוחנן אותן שהוכפלו בשמות יהודה נמי איכפולי מיכפל אמר ליה למילתיה הוא דאיכפל (ה)דאמר ר' שמואל בר נחמני אמר רבי יונתן מאי דכתיב (י) יחי ראובן ואל ימות ויהי מתיו מספר וזאת ליהודה כל אותן ארבעים שנה שהיו ישראל במדבר היו עצמותיו של יהודה מגולגלין בארון עד שבא משה ובקש רחמים אמר לפניו רבונו של עולם מי גרם לראובן שיודה יהודה (א) מיד שמע ה' קול יהודה על איבריה לשפא לא הוו קא מסקי למתיבתא דרקיעא (כ) ואל עמו תביאנו לא הוה ידע מאי קאמרי רבנן ולמשקל ומיטרח בהדי רבנן (כ) ידיו רב לו לא הוה סליק ליה שמעתא אליבא דהלכתא (כ) ועזר מצריו תהיה אמר ליה רבא לרבה בר מרי מנא הא מילתא (ו)דאמרי אינשי בתר עניא אזלא עניותא אמר ליה דתנן (ז) [י]עשירים מביאין בכורים בקלתות של זהב ושל כסף ועניים בסלי נצרים של ערבה קלופה הסלים והבכורים נותנים לכהנים אמר ליה את אמרת מהתם ואנא אמינא מהכא
וטמא

רש"י

יכול אפי' מעולה בדמים. לקורה יותר מפירות יהא סרך קודש לו: **ת"ל רק.** מיעט הקדמה: **מקורייהו.** מקור שלהן ועיקרן (ב) ל"א הבא לי קור שהוא רך לאכול וגדל סביב שרשיו כלומר כלה עיקרם מפני שמפסיד ונאכל את הקור: **גופני קני דיקלי.** מדמי היין יכולין אנו לקנות קרקעות ואילו דקלי לא קני גופני אין שבחן עולה אלא לדבר מועט: **מתני' אע"פ שהוא נותן לו כו'.** סתמא היא ולא ר' עקיבא קאמר לה: **על מנת לפטור.** בגמ' מפרש לה: **גמ' כל אלו שאמרו.** סלע מנה ומאתים וד' מאות דמי בושת הן: **אבל צער.** שדואג על בושתו אינו נמחל לו: **שהיה לו ללמוד.** דרך ארץ ולא למד מדקאמר ליה רחמנא נביא הוא דמשמע אין ממש בדבריך וראוי אתה ליהרג: **שכבת זרע.** שבמעי אשה לא יכולה לפלוט: **פי טבעת.** נקב הגדולים לפנות: **פקד.** מדלא כתיב ויפקוד את שרה וכתיב פקד משמע פקד כבר תחילה לאבימלך: **בהדי הוצא לקי כרבא.** קוץ הגדל אצל הכרוב כשבא לעקרו פעמים שנעקר הכרוב עמו ונמצא לוקה בשבילו כלומר שכיני רשע לוקין עמו: **כולכם פשעתם.** אף הנביא במשמע: **עד אנה מאנתם.** ומשה ואהרן בכלל: **אותם שהוכפלו שמותם.** בברכת משה דן זבולון גד ואשר ונפתלי הודיעך הכתוב שחלשים שבכולן היו וצריכין חיזוק לפיכך כפל את שמם לחזקם ואותן הביא יוסף לפני פרעה כדי שלא יברור אותם להיות ראשי גייסות והטריסם: כל השבטים יצאו עצמותיהם ממצרים ונקברו בארץ ישראל שנאמר והעליתם את עצמותי מזה אתכם (שמות יג) משמע שאף עצמותם העלו ולא נכתב יוסף אלא להודיעך שבחו של משה שכל ישראל נתעסקו בביזה והוא עסק במצוה: **מגולגלין בארון.** לא היה שלדו קיימת ומחוברת מפני נידוי דקאמר ליה ליעקב אם לא (ח) הביאתו אליך וחטאתי לך כל הימים (בראשית מג) ואע"פ שנתקיים התנאי נפקא לן במסכת מכות (דף יא:) (ט) קללת חכם אפי' על תנאי היא באה: **מי גרם לראובן כו'.** מדרש אגדה הוא בתנחומא מכיון שהודה יהודה ואמר צדקה ממני עמד ראובן ואמר אני בלבלתי יצועי אבי: **לשפא.** נכנס כל עצם ונתחבר למקומו ששף משם. לשפא אשלוייה שדונא בלע"ז כמו שף מדוכתיה (חולין דף מג:): **אליבא דהלכתא.** לא הוה מסתייעא מילתא למימר מילתא דתהוי הלכתא כוותיה: **לא הוה סלקא ליה.** כלומר לא היה עולה בידו למימר שמעתא אליבא דהלכתא: **הסלין והבכורין נותנין לכהן.** והעשירים לא היו נותנין קלתותיהן לכהן: **נצרים.** שבטים:
וטמא

תוספות

למחר אייתי לי מקורייהו. משמע דגופני עדיפי מדיקלי ותימה דבהאשה שנפלו לה נכסים (כתובות עט. ושם ד"ה אילני) אמר גבי נפלו לה כספים ילקח בהן קרקע דיקלי ואילני דקלי אילני וגופני אילני אלמא גופני גריעי אפילו מאילני דגריעי מדיקלי וי"ל דבגפנים כשאדם טורח לזמר ולתקן הכרם יש בהן ריוח גדול אבל בנכסי אשתו אם היה קונה גפנים מתוך שצריכים הוצאה מרובה לא היה הבעל חושש להוציא על נכסי' והיו הולכין לאיבוד לפיכך טוב לקנות דקלים שאין צריכין יציאה וממילא אתי בהו שבחא וטוב הוא לשניהם ועוד מפרש ר"ת בהמוכר את הספינה (ב"ב פב. ושם ד"ה מתקיף) דפירי דדיקלא מתקיימין טפי מאילני וגופני ובנכסי מלוג של אשה בעינן דבר המתקיים יותר:

כאשר אמר אברהם אל אבימלך. לאו בהריון משתעי שהרי המלאכים בישרו את שרה מפסח שלפניו אלא ילדה בריוח כמו שהתפלל על אבימלך: **אלו** הנכפלין בשמות. בבראשית רבה יש איפכא שהנכפלים גבורים היו כמו יהודה שנכפל: **מי** גרם לראובן שהודה יהודה. אע"ג דאמר במדרש וישב ראובן אל הבור מלמד ששב משקו ומתעניתו שבלבל יצועי אביו וזה היה קודם למעשה תמר מכל מקום לא הודה ברבים עד אחר שהודה יהודה:

מסורת הש"ס

א) לעיל מ., ב) [עי' תוס' גיטין פד: ד"ה ותיפוק, כתובות ו. ד"ה הרי], ג) מכות ע:, ד) נ"א על, ה) מכות יא: סוטה ז: [ע"ש], ו) ב"ב קעד:, ז) [חולין קה:] ערכין כג., ח) בכורים פ"ג מ"ח, ט) [צ"ל הביאותיו], י) [נידוי על תנאי צריך הפרה כצ"ל].

הגהות הב"ח

(א) גמ' לראובן שיודה יהודה שמע כצ"ל ותיבת מיד נמחק: (ב) רש"י ד"ה מקורייהו מקור שלהן ועיקרן כלומר כלה עיקרס מפני שמפסיד ל"א הבא לי קור שהוא רך וכו' שרשיו ונאכל את הקור כצ"ל:

תורה אור השלם

א) וְעַתָּה הָשֵׁב אֵשֶׁת הָאִישׁ כִּי נָבִיא הוּא וְיִתְפַּלֵּל בַּעַדְךָ וֶחְיֵה וְאִם אֵינְךָ מֵשִׁיב דַּע כִּי מוֹת תָּמוּת אַתָּה וְכָל אֲשֶׁר לָךְ: [בראשית כ, ז]

ב) וַיִּתְפַּלֵּל אַבְרָהָם אֶל הָאֱלֹהִים וַיִּרְפָּא אֱלֹהִים אֶת אֲבִימֶלֶךְ וְאֶת אִשְׁתּוֹ וְאַמְהֹתָיו וַיֵּלֵדוּ: [בראשית כ, יז]

ג) וַאֲבִימֶלֶךְ לֹא קָרַב אֵלֶיהָ וַיֹּאמַר אֲדֹנָי הֲגוֹי גַּם צַדִּיק תַּהֲרֹג: [בראשית כ, ד]
הֲלֹא הוּא אָמַר לִי אֲחֹתִי הִוא וְהִיא גַם הִוא אָמְרָה אָחִי הוּא בְּתָם לְבָבִי וּבְנִקְיֹן כַּפַּי עָשִׂיתִי זֹאת: [בראשית כ, ה]

ד) כִּי עָצֹר עָצַר יְיָ בְּעַד כָּל רֶחֶם לְבֵית אֲבִימֶלֶךְ עַל דְּבַר שָׂרָה אֵשֶׁת אַבְרָהָם: [בראשית כ, יח]

ה) וַיְיָ שָׁב אֶת שְׁבוּת אִיּוֹב בְּהִתְפַּלְלוֹ בְּעַד רֵעֵהוּ וַיֹּסֶף יְיָ אֶת כָּל אֲשֶׁר לְאִיּוֹב לְמִשְׁנֶה: [איוב מב, י]

ו) וַיְיָ פָּקַד אֶת שָׂרָה כַּאֲשֶׁר אָמָר וַיַּעַשׂ יְיָ לְשָׂרָה כַּאֲשֶׁר דִּבֵּר: [בראשית כא, א]

ז) לָמָּה תָרִיבוּ אֵלָי כֻּלְּכֶם פְּשַׁעְתֶּם בִּי נְאֻם יְיָ: [ירמיה ב, כט]

ח) וַיֹּאמֶר יְיָ אֶל מֹשֶׁה עַד אָנָה מֵאַנְתֶּם לִשְׁמֹר מִצְוֹתַי וְתוֹרֹתָי: [שמות טז, כח]

ט) וּמִקְצֵה אֶחָיו לָקַח חֲמִשָּׁה אֲנָשִׁים וַיַּצִּגֵם לִפְנֵי פַרְעֹה: [בראשית מז, ב]

י) יְחִי רְאוּבֵן וְאַל יָמֹת וִיהִי מְתָיו מִסְפָּר: [דברים לג, ו]

כ) וְזֹאת לִיהוּדָה וַיֹּאמַר שְׁמַע יְיָ קוֹל יְהוּדָה וְאֶל עַמּוֹ תְּבִיאֶנּוּ יָדָיו רָב לוֹ וְעֵזֶר מִצָּרָיו תִּהְיֶה: [דברים לג, ז]

עין משפט נר מצוה

קד א מיי' פ"ו מהל' מלכים הלכה ח סמג לאוין רכט:
קה ב מיי' פ"ה מהל' חובל ומזיק הל' ט ופ"ב מהל' תשובה הל' ט סמג עשין ע טוש"ע ח"מ סי' תכב סעיף א:
קו ג מיי' שם הלכה י ופ"ו מהלכות דעות הלכה ו ופ"ב מהלכות תשובה הלכה י טוש"ע שם וטוש"ע א"ח סי' תרו סעיף א בהג"ה:
קז ד ה מיי' פ"ה מהל' חובל ומזיק הלכה יא סמג עשין ע טוש"ע ח"מ סי' תכא סעיף יב:
קח ו ז מיי' שם הלכה יג טוש"ע ח"מ סי' שם סעיף א:
קט ח מיי' שם הלכה יג טוש"ע שם סעיף ב:
קי ט מיי' פ"ט מהל' מלכים הל' יד סמג לאוין רלב:
קיא י מיי' פ"ג מהל' בכורים הל' ח סמג עשין קמג:

לעזי רש"י

אשלוי"ה שדונ"א. פירוש פרק (של עלם) (עיין רש"י מכות דף יא ע"ב ד"ה אישלוי לשפא ורש"י שבת דף קמז ע"א ד"ה נפרקו):

ליקוטי רש"י

מקורייהו. רך של דקל כשנקפוהו גדלים בכל שנה ושנה כדרך כל האילנות הנוסף בשנה זו רך ובשנה שניה מתקשה ונעשה עץ [ברכות לו.]. תאלי. דקלים קטנים [ב"ב כב:]. קרע את כסותי שבר את כדי חייב. דה"ק ליה אם תרצה קרע ושלם אבל פירש לו ע"מ לפטור [לעיל כז.]. אילי נביות. דכרי נביות [ישעיה ס, ז]. בהתפללו בעד רעהו. בזכות שהתפלל על רעיו וריע שלו [איוב מב, י]. וה' פקד את שרה. סמך פרשה זו לכאן ללמדך שכל המבקש רחמים על חבירו והוא צריך לאותו דבר הוא נענה תחלה שנאמר ויתפלל וגו' וסמיך ליה וה' פקד את שרה שפקד כבר קודם שריפא את אבימלך [בראשית כא, א]. כלכם פשעתם בי. אף הצדיקים במשמע היינו דאמרי אינשי בהדי הוצא לקי כרבא [ירמיה ב, כט]. עד אנה מאנתם. משל הדיוט הוא בהדי הוצא לקי כרבא ע"י הרשעים מתגנין הכשרין [שמות טז, כח]. ומקצה אחיו. מן הפחותים שבהם לגבורה שאין נראים גבורים שאם יראה אותם גבורים יעשה אותם אנשי מלחמתו. ואלה הם ראובן שמעון לוי יששכר ובנימין. אותן שלא כפל משה שמותם כשברכם אבל שמות הגבורים כפל וזאת ליהודה ויאמר שמע ה' קול יהודה ולגד אמר ברוך מרחיב גד ולנפתלי אמר נפתלי ולדן אמר דן וכן לזבולן וכן לאשר זהו לשון בראשית רבה שהיא אגדת א"י. אבל בגמרא בבלית שלנו מלינו שאותם שכפל משה שמותם הם החלשים ואותן הביא לפני פרעה ויהודה שהוכפל שמו לא הוכפל משום חלשות אלא טעם יש בדבר כדאיתא בב"ק. ובברייתא דספרי שנינו בה בזאת הברכה כמו בגמרא שלנו [בראשית מז, ב]. יחי ראובן וזאת ליהודה. סמך יהודה לראובן מפני ששניהם הודו על קלקול שבידם (מכות יא) שנאמר אשר חכמים יגידו וגו' להם לבדם וגו' ולא עבר זר בתוכם (איוב טו) ועוד פירשו רבותינו שכל מ' שנה שהיו ישראל במדבר היו עצמות יהודה מתגלגלין בארון מפני נדוי שקבל עליו שנאמר וחטאתי לאבי כל הימים (בראשית מד) אמר משה מי גרם לראובן שיודה יהודה וכו' [דברים לג, ז]. אין לך בברכת כל השבטים מתחלת וזאת חוץ מזו [סוטה ז:]. מה ראה לסמוך יהודה לראובן ומה ראה להתחיל בברכת יהודה בלשון וזאת ליהודה אלא לפי שהיו עצמות כל השבטים שלהן קיים ושל יהודה מגולגלין אמר לשון זה יחי ראובן כלומר ראובן שלו קיימת כאילו הוא חי וזאת תהיה ליהודה שהם מגולגלין. עצמות כל השבטים יצאו ממצרים ונשאום בניהם במדבר וזהו שאמר יוסף לאחיו (שמות יג) והעליתם [את] עצמותי מזה אתכם עם עצמותיכם [מכות יא:]. **היו עצמותיו של יהודה מגולגלין בארון.** ושלדו. דפוס צורתו. אינה קיימת נשבר ונתפזר [נדה נו.]. עצמות כל השבטים העלו ממצרים והוא שאמר יוסף והעליתם את עצמותי מזה אתכם (שמות יג) עם עצמותיכם והיו עצמות כל השבטים שלהן קיימת ויהודה איבריו מתפרקין ומתגלגלין בארונו מפני שנידה את עצמו בערבונו של בנימין וחטאתי לך כל הימים (בראשית מג) אפי' לעולם הבא ומהכא נפקא לן (מכות דף יא:) (נידוי של חכם אפילו על תנאי הוא בא) [נידוי על תנאי צריך הפרה]. **מי גרם לראובן שיודה.** במעשה יצועי אביו. יהודה. שהודה במעשה תמר וכן היה מסורת בידיהם ומדרש אגדה דר' תנחומא כשאמר יהודה צדקה ממני עמד ראובן ואמר בלבלתי יצועי אבי ועכשיו יחי ראובן שלו קיימת כאילו הוא חי וזאת ליהודה שהוא מתגלגל [סוטה ז:]. **על אבריה לשפא.** נכנסו עצמותיו למקום חיבורם ששפו משם כמו דשף מדוכתיה (חולין דף מג: נד.:) לשפא אישלוי"ש דורא [מכות שם]. **למתיבתא דרקיעא.** לישא וליתן עם שאר החכמים. **ולמשקל ומיטרח.** לישא וליתן. **ידיו רב לו.** יהא לו נלחם לריב ריבו והאי דכתיב ידיו לשון מלחמה הוא מלחמתה של תורה [סוטה שם]. יהי בו כח לריב ריבו לעצמו נגד חביריו [מכות שם]. **אליבא דהלכתא.** לא היה זוכה לומר דבר המתקבל [סוטה שם].

א) וטמא טמא יקרא א"ל רבא לרבה בר מרי מנא הא מילתא א) דאמור רבנן א) השכם ואכול בקיץ מפני החמה ובחורף מפני הצינה ואמרי אינשי שיתין רהוטי רהוט ולא מטו לגברא דמצפרא כרך ב) דכתיב ב) לא ירעבו ולא יצמאו ולא יכם שרב ושמש א"ל את אמרת מהתם ואנא אמינא מהכא ג) ועבדתם את ה' אלהיכם זו קרית שמע ותפלה וברך [את] לחמך ואת מימיך זו פת במלח וקיתון של מים מכאן ואילך והסירותי מחלה מקרבך ותניא ג) מחלה זו מרה ולמה נקרא שמה מחלה ששמונים ושלשה חלאין יש בה מחלה בגימטריא הכי הוו וכולן פת במלח שחרית וקיתון של מים מבטלן א"ל רבא לרבה בר מרי מנא הא מילתא ד) דאמור רבנן חברך קרייך חמרא אוכפא לגביך מוש א"ל דכתיב ד) ויאמר הגר שפחת שרי אי מזה באת ואנה תלכי ותאמר מפני שרי גברתי אנכי בורחת אמר ליה רבא לרבה בר מרי מנא הא מילתא דאמרי אינשי מילתא גנאה דאית ביך קדים אמרה א"ל דכתיב ה) ויאמר עבד אברהם אנכי א"ל רבא לרבה בר מרי מנא הא מילתא דאמרי אינשי ו) שפיל ואזיל בר אווזא ועייניה מטייפי אמר ליה דכתיב ו) והטיב ה' לאדני וזכרת [את] אמתך אמר ליה רבא לרבה בר מרי מנא הא מילתא דאמרי אינשי שיתין תכלי מטייה ז) לככא דקל חבריה שמע ולא אכל אמר ליה דכתיב ז) ולי אני עבדך ולצדוק הכהן ולבניהו בן יהוידע ולשלמה עבדך לא קרא א"ל את אמרת מהתם ואנא אמינא מהכא ח) ויבאה יצחק האהלה שרה אמו ויקח את רבקה ותהי לו לאשה ויאהבה וינחם יצחק אחרי אמו וכתיב בתריה ט) ויוסף אברהם ויקח אשה ושמה קטורה אמר ליה רבא לרבה בר מרי מנא הא מילתא דאמרי אינשי חמרא למריה טיבותא לשקיה אמר ליה דכתיב י) וסמכת את ידך עליו כ) למען (א) ישמעון ויראון כל עדת בני ישראל וכתיב ל) ויהושע בן נון מלא רוח חכמה כי סמך משה את ידיו עליו וישמעו אליו (ב) כל בני ישראל וגו' אמר ליה רבא לרבה בר מרי מנא הא מילתא דאמרי אינשי כלבא בכפניה גללי מבלע י) דכתיב מ) נפש שבעה תבוס נופת ונפש רעבה כל מר מתוק א"ל רבא לרבה בר מרי מנא הא מילתא דאמרי אינשי מטייל ואזיל דיקלא בישא גבי קינא דשרכי ח) אמר ליה דבר זה כתוב בתורה שנוי בנביאים ומשולש בכתובים ותנן במתניתין ותנינא בברייתא כתוב בתורה דכתיב נ) וילך עשו אל ישמעאל שנוי בנביאים דכתיב ס) ויתלקטו אל יפתח אנשים רקים ט) ויהיו עמו ומשולש בכתובים דכתיב י) כל עוף למינו ישכון ובני אדם לדומה לו תנן במתני' כ) כל המחובר לטמא טמא כל המחובר לטהור טהור ותנינא בברייתא ל) רבי אליעזר אומר לא לחנם הלך זרזיר אצל עורב אלא מפני שהוא מינו אמר ליה רבא לרבה בר מרי מנא הא מילתא דאמרי אינשי קרית חברך ולא ענך מ) רמי גודא רבה שדי ביה א"ל נ) ע) יען טהרתיך ולא טהרת מטומאתך לא תטהרי עוד אמר ליה רבא לרבה בר מרי מנא הא מילתא דאמרי אינשי בירא דשתית מיניה לא תשדי ביה קלא א"ל דכתיב פ) לא תתעב אדומי כי אחיך הוא ולא תתעב מצרי כי גר היית בארצו אמר ליה רבא לרבה בר מרי מנא הא מילתא דאמרי אינשי אי דלית דורא דלינא ואי לא לא דלינא אמר ליה דכתיב צ) ויאמר אליה ברק אם תלכי עמי והלכתי ואם לא תלכי עמי לא אלך א"ל רבא לרבה בר מרי מנא הא מילתא דאמרי אינשי כד הוינן זוטרי לגברי השתא דקשישנא לדרדקי אמר ליה מעיקרא כתיב ק) וה' הולך לפניהם יומם בעמוד ענן לנחותם הדרך ולילה בעמוד אש להאיר להם ולבסוף כתיב הנה

שיתין רהוטי רהוט. פירש הר"ר משולם שיש בשנה ששה עתים זרע וקציר וקור וחום וקיץ וחורף ומפרש בפרק המקבל (ב"מ דף קו:) שכל אחד שני חדשים והם ס' יום ובחנם דחק דאורחא דגמרא בהכי כמו שיתין תיכלי מטי לככא דבסמוך ובאלו טריפות (חולין דף נח:) שיתין מאני דפרזלא תלו ליה בקורנסיה פ): **חמרא** למריה וטיבותא לשקייה. כלומר המשקה נותן בעין יפה למי שהוא רוצה כדאמר במדרש טוב עין יבורך זה משה רבינו ע"ה שא"ל הקב"ה וסמכת ידך והוא סמך בב' ידיו כדכתיב ויסמוך ידיו עליו ובקונטרס פי' בע"א: **גבי** קינא דשרכי. כלומר מקום הבצלים ופי' קינא היינו מקום כמו תלתא תאלי בחדא קינא דהכונס (לעיל דף נח:) וכן מפרש בסוכה (דף לג: ושם ל) תלתא טרפי בחד קינא במקום אחד שלשה עלין סמוכין זה על זה שכן דרך ההדסים ובקונט' פי' שכל ג' עלים (ה) בקנה אחד ואם כן לא ימצא לעולם הדס כשר: **דשרכי.** בצלים וכן בשרכא בסוף יש נוחלין (ב"ב דף קלט. ושם ק) כמו איש יודע ציד (בראשית כה) ומתרגמינן גברא נחשירכן ומפ' ר"ת נח ובטל ובערוך גורס שידכן בדלי"ת ומפרש לשון שקט ותשקוט הארץ תרגומו ושדוכת ארעא (שופטים ה): [עי' תוס' ב"ב קלט. ר] : **משולש** בכתובים. כל עוף כנף למינהו ישכון אין זה מקרא בכל התורה ושמא בספר בן סירא הוא וכן ש) סלסלה ותרוממך ובין נדיבים תושיבך: דליכא

וטמא טמא. לא די לו שנגעו אלא שמבייש את עצמו על כרחו הטיל עליו הכתוב חובה: שיתין רהוטי רהוט. ששים איש רצו ולא הגיעו לאוכל שחרית: אוכפא לגביך מוש. כלומר טול אוכף של חמור והסירהו אליך ושים אותו על גביך כלומר הודה לדבריו ואל תענהו. מוש לשון לא ימיש (שמות יג) כלומר הסירהו אליך כמו סורו נא (בראשית יט): שפחת שרי. אמר לה והיא ענתה שרי גברתי: ועייניה מטייפי. עיניו מצפות למעלה למרחוק למזונותיו וחבירו בכתובות (דף ס.) נטוף עייניך: שפיל ואזיל. כלומר מחמת ענותנותו של אדם לא יהא בוש מלשאול דבר הצריך לו בין לתורה בין לפרנסתו ולתבוע חובו: ס) כאשר ייטב וגו'. באביגיל כתיב שהיתה מתנבאה שימות נבל בעלה ובתוך דבריה מרמזת לדוד שיזכיר את יפיה: תכלי. אבלות ומכאובות: ולי אני עבדך. אלמא קובל היה עליו שלא זימנו למשתה: שיתין. לאו מקרא נפקי אלא מילתא בעלמא הוא דקאמרי אינשי ולאו דוקא הוא: ויוסף אברהם. נתקנא ביצחק: חמרא למריה וטיבותא לשקייה. היין של מלך הוא והשותין אותו מחזיקין טובה לשר המשקה ולא למלך (ג): ויסמוך את ידיו. תלה החכמה והגדולה במשה כאילו הוא נותנה ליהושע והיא אינה אלא מפי הקב"ה: גללי. אבנים לשון מורי ל"א גללים ממש ורא"ש ישר דגללים ממש אורחיה הוא: קינא דשרכי. אילנות בטלים ואין עושים פרי כמו ע) גברא דשרכא בטל כלומר דרך דקל רע ליגדל בצד אילן סרק: המחובר לטמא טמא כו'. במסכת כלים היא בפרק טבעת אדם דקתני אונקלי של דרגש ושל שולחן טמאה ושל מנורת עץ טהורה זה הכלל המחובר לטמא טמא לטהור טהור אונקלי מסמר של מתכת עשוי כמזלג לתלות שם בהמה בשעת הפשטה ותחוב בכותל כדאמרינן בתמיד נשחט (פסחים סד.) אונקליות של ברזל היו תחובין בעמודים כו' ואם תחבו במנורת עץ דפשוטי כלי עץ (ד) בטל מסמר לגבה ואינה מקבלת טומאה ואפי' נגעה בו טומאה אבל בדרגש ובשולחן שמקבלין טומאה הן אף הוא מקבל טומאה: לא לחנם הלך זרזיר. רבי אליעזר סבר זרזיר עוף טמא הוא ורבנן פליגי עליה בשחיטת חולין באלו טריפות (ד' סה.): זרזיר. אשטורוני"ל: קרית חברך. להוכיחו ולא ענך: דחי גודא. כותל הפל עליו כלומר הניחו ויפול ברשעו דחהו בידים: דשתית מיניה. ששתית מינה כבר בצמא: לא תשדי ביה קלא. מוט"א בלע"ז כלומר דבר הנצרך לך פעם אחת שוב לא תבזהו: אי דלית דורא דלינא. אם תדלה ותגביה המשוי עמי דלינא. דורא משוי משל הוא שאין אדם רוצה ליכנס בסכנת היזק ממון ותחת עול דבר אלא אם כן משתתף חבירו עמו: כי הוינן זוטרי לגברי. כשהיינו קטנים היינו חשובים כגברי: השתא דקשישנא. עכשיו שהזקנו הננו שפלים כתינוקות: אחד

עין משפט
נר מצוה

קיב א טוש"ע א"ח סי' קנה סעיף ב:

תורה אור השלם

א) וְהַצָּרוּעַ אֲשֶׁר בּוֹ הַנֶּגַע בְּגָדָיו יִהְיוּ פְרֻמִים וְרֹאשׁוֹ יִהְיֶה פָרוּעַ וְעַל שָׂפָם יַעְטֶה וְטָמֵא טָמֵא יִקְרָא: [ויקרא יג, מה]

ב) לֹא יִרְעָבוּ וְלֹא יִצְמָאוּ וְלֹא יַכֵּם שָׁרָב וָשָׁמֶשׁ כִּי מְרַחֲמָם יְנַהֲגֵם וְעַל מַבּוּעֵי מַיִם יְנַהֲלֵם: [ישעיה מט, י]

ג) וַעֲבַדְתֶּם אֵת יְיָ אֱלֹהֵיכֶם וּבֵרַךְ אֶת לַחְמְךָ וְאֶת מֵימֶיךָ וַהֲסִרֹתִי מַחֲלָה מִקִּרְבֶּךָ: [שמות כג, כה]

ד) וַיֹּאמַר הָגָר שִׁפְחַת שָׂרַי אֵי מִזֶּה בָאת וְאָנָה תֵלֵכִי וַתֹּאמֶר מִפְּנֵי שָׂרַי גְּבִרְתִּי אָנֹכִי בֹּרַחַת: [בראשית טז, ח]

ה) וַיֹּאמַר עֶבֶד אַבְרָהָם אָנֹכִי: [בראשית כד, לד]

ו) וְלֹא תִהְיֶה זֹאת לְךָ לְפוּקָה וּלְמִכְשׁוֹל לֵב לַאדֹנִי וְלִשְׁפָּךְ דָּם חִנָּם וּלְהוֹשִׁיעַ אֲדֹנִי לוֹ וְהֵיטִב יְיָ לַאדֹנִי וְזָכַרְתָּ אֶת אֲמָתֶךָ: [שמואל א כה, לא]

ז) וְלִי אֲנִי עַבְדֶּךָ וּלְצָדֹק הַכֹּהֵן וְלִבְנָיָהוּ בֶן יְהוֹיָדָע וְלִשְׁלֹמֹה עַבְדְּךָ לֹא קָרָא: [מלכים א א, כו]

ח) וַיְבִאֶהָ יִצְחָק הָאֹהֱלָה שָׂרָה אִמּוֹ וַיִּקַּח אֶת רִבְקָה וַתְּהִי לוֹ לְאִשָּׁה וַיֶּאֱהָבֶהָ וַיִּנָּחֵם יִצְחָק אַחֲרֵי אִמּוֹ: [בראשית כד, סז]

ט) וַיֹּסֶף אַבְרָהָם וַיִּקַּח אִשָּׁה וּשְׁמָהּ קְטוּרָה: [בראשית כה, א]

י) וַיֹּאמֶר יְיָ אֶל מֹשֶׁה קַח לְךָ אֶת יְהוֹשֻׁעַ בִּן נוּן אִישׁ אֲשֶׁר רוּחַ בּוֹ וְסָמַכְתָּ אֶת יָדְךָ עָלָיו: [במדבר כז, יח]

כ) וְנָתַתָּה מֵהוֹדְךָ עָלָיו לְמַעַן יִשְׁמְעוּ כָּל עֲדַת בְּנֵי יִשְׂרָאֵל: [במדבר כז, כ]

ל) וִיהוֹשֻׁעַ בִּן נוּן מָלֵא רוּחַ חָכְמָה כִּי סָמַךְ מֹשֶׁה אֶת יָדָיו עָלָיו וַיִּשְׁמְעוּ אֵלָיו בְּנֵי יִשְׂרָאֵל וַיַּעֲשׂוּ כַּאֲשֶׁר צִוָּה יְיָ אֶת מֹשֶׁה: [דברים לד, ט]

מ) נֶפֶשׁ שְׂבֵעָה תָּבוּס נֹפֶת וְנֶפֶשׁ רְעֵבָה כָּל מַר מָתוֹק: [משלי כז, ז]

נ) וַיֵּלֶךְ עֵשָׂו אֶל יִשְׁמָעֵאל וַיִּקַּח אֶת מַחֲלַת בַּת יִשְׁמָעֵאל בֶּן אַבְרָהָם אֲחוֹת נְבָיוֹת עַל נָשָׁיו לוֹ לְאִשָּׁה: [בראשית כח, ט]

ס) וַיִּבְרַח יִפְתָּח מִפְּנֵי אֶחָיו וַיֵּשֶׁב בְּאֶרֶץ טוֹב וַיִּתְלַקְּטוּ אֶל יִפְתָּח אֲנָשִׁים רֵיקִים וַיֵּצְאוּ עִמּוֹ: [שופטים יא, ג]

ע) בְּטֻמְאָתֵךְ זִמָּה יַעַן טִהַרְתִּיךְ וְלֹא טָהַרְתְּ מִטֻּמְאָתֵךְ לֹא תִטְהֲרִי עוֹד עַד הֲנִיחִי אֶת חֲמָתִי בָּךְ: [יחזקאל כד, יג]

פ) לֹא תְתַעֵב אֲדֹמִי כִּי אָחִיךָ הוּא לֹא תְתַעֵב מִצְרִי כִּי גֵר הָיִיתָ בְאַרְצוֹ: [דברים כג, ח]. צ) וַיֹּאמֶר אֵלֶיהָ בָּרָק אִם תֵּלְכִי עִמִּי וְהָלָכְתִּי וְאִם לֹא תֵלְכִי עִמִּי לֹא אֵלֵךְ: [שופטים ד, ח]. ק) וַיְיָ הֹלֵךְ לִפְנֵיהֶם יוֹמָם בְּעַמּוּד עָנָן לַנְחֹתָם הַדֶּרֶךְ וְלַיְלָה בְּעַמּוּד אֵשׁ לְהָאִיר לָהֶם לָלֶכֶת יוֹמָם וָלָיְלָה: [שמות יג, כא]

מסורת הש"ס

א) [פסחים קיב. ב"מ קז: ע"ש], ב) [אמר ליה דכתיב כצ"ל], ג) [ב"מ קז: ע"ש], ד) דאמרי אינשי כו' כצ"ל ת"א בשם ס"א וע"ש, ה) מגילה יד:, ו) [עי' תוס' ע"ז כח. ד"ה ככין], ז) [א"ל דכתיב כצ"ל], ח) [הערוך בערך שדך א' גרס דשדכי בדל"ת], ט) [ויצאו עמו כצ"ל], י) בן סירא יג, כ) כלים פי"ב מ"ב, ל) חולין סה., מ) נ"א דחי גודא, נ) [דכתיב יען כצ"ל], ס) [צ"ל והטיב], ע) ב"ב קלט., פ) [ועי' רש"י שבת ל: ד"ה שיתין], צ) [ד"ה תלתא], ק) [ד"ה מתניתין], ר) [ד"ה מתניתין], ש) [ברכות מח. ע"ש ובתוס' עירובין סה. ד"ה בצר].

הגהות הב"ח

(א) גמ' למען ישמעו כל עדת כצ"ל ותיבת ויראון נמחק: (ב) שם וישמעו אליו בני כצ"ל ותיבת כל נמחק: (ג) רש"י ד"ה חמרא וכו' למלך הס"ד ואח"כ מ"ה כי סמך משה את ידיו עליו תלה החכמה: (ד) ד"ה המחובר וכו' כלי עץ הוא בטל: (ה) תוס' ד"ה גבי וכו' ובקונטרס פי' שכל ג' עלים בעוקץ אחד:

לעזי רש"י

אשטורוני"ל. פירוש זרזיר, מין צפור הדומה לעורב (עיין ערוך ערך זרזר):

מוט"א. פירוש גושה של קרקע (רש"י תענית דף ד ע"א ד"ה אפי'), פיסת רגבים (רש"י ע"ז דף יח ע"ב ד"ה שקל קלא).

ליקוטי רש"י

וטמא טמא יקרא. משמיע שהוא טמא ויפרשו ממנו [ויקרא יג, מה]. דאמור רבנן השכם ואכול. בערבי פסחים (דף קיב.) בדברים שצוה [רבי עקיבא] לבניו. מחלה זו מרה. שהמרירה שבה גדולה ונובעת ומתפשטת בגידין ובעצמות. וקיתון של מים. למי שאין לו יין [ב"מ קז:]. מטייפי. צופין למרחוק ודוגמתו במס' כתובות (דף ס.) נטוף עייניך [מגילה יד:]. לככא. שן [שבת פט:]. כפניה. רעב [תענית יט:]. דכתיב נפש שבעה תבוס נופת. תרמוס ברגל כמו יבוס קמינו (תהלים נד). כל מר מתוק. כל דבר מר מתוק לה [משלי כז, ז]. לא תתעב אדומי. לגמרי ואע"פ שראוי לך לתעבו שיצא בחרב לקראתך. לא תתעב מצרי. מכל וכל אע"פ שזרקו זכוריכם ליאור מה טעם שהיו לכם אכסניא בשעת הדחק [דברים כג, ח].

״**וְטָמֵא טָמֵא יִקְרָא**״ — הוא חייב להכריז בקול: ״טמא! טמא!״ להזהיר בני אדם לבל יתקרבו אליו וייטמאו[1]. לא די לו למצורע מה שנתנגע בצרעת, אלא שבעקבות צרעתו הוא גם חייב לבייש את עצמו. הרי שפלות רודפת אחר שפל[2].

שאלה רביעית:

אֲמַר לֵיהּ רָבָא לְרַבָּה בַּר מָרִי: מְנָא הָא מִילְּתָא דְּאָמוּר רַבָּנָן — מנין מקור לדבר הזה שאמרו חכמינו: ״**הַשְׁכֵּם וֶאֱכוֹל** — הקפד לאכול ארוחה מוקדם בבוקר, שעל ידי זה יתחזק גופך ותינצל **בַּקַּיִץ מִפְּנֵי הַחַמָּה וּבַחוֹרֶף מִפְּנֵי הַצִּינָּה**״[3]? **וְאָמְרֵי אִינְשֵׁי** — וגם אומרות הבריות, במאמר הכופל את אזהרת החכמים: ״**שִׁיתִּין רָהוֹטֵי רָהוּט וְלָא מָטוּ לְגַבְרָא דְּמִצַּפְּרָא כָּרֵךְ** — ששים רצים ירוצו ולא ישיגו איש שאוכל את פתו מוקדם בבוקר״[4].

תשובת רבה מר מרי:

דִּכְתִיב על בני ישראל באחרית הימים, כשהם בדרכם לארץ ישראל (ישעיהו מט, י): ״**לֹא יִרְעָבוּ וְלֹא יִצְמָאוּ וְלֹא יַכֵּם שָׁרָב וָשָׁמֶשׁ**״. סוף המקרא נדרש כתלוי בראשו, ומשמעו: אם לא ירעבו ולא יצמאו, אלא יאכלו וישבעו מבוקר, אזי לא יכם שרב ושמש[5].

מקור אחר:

אֲמַר לֵיהּ רבא לרבה בר מרי: **אַתְּ אָמְרַתְּ מֵהָתָם** — אתה אומר שהמקור הוא משם, **וַאֲנָא אֲמִינָא מֵהָכָא** — ואני אומר שהמקור הוא מכאן, שנאמר (שמות כג, כה): ״וַעֲבַדְתֶּם אֵת ה׳ אֱלֹהֵיכֶם וּבֵרַךְ אֶת לַחְמְךָ וְאֶת מֵימֶיךָ וַהֲסִרֹתִי מַחֲלָה מִקִּרְבֶּךָ״. הכתוב נדרש כך: ״**וַעֲבַדְתֶּם אֵת ה׳ אֱלֹהֵיכֶם**״, **זוֹ קְרִיַּת שְׁמַע וּתְפִלָּה**, הנקראות ״עבודה שבלב״[6]. ״**וּבֵרַךְ [אֶת] לַחְמְךָ וְאֶת מֵימֶיךָ**״, **זוֹ** סעודת הבוקר של **פַּת בְּמֶלַח** לאכילה[7] **וְקִיתוֹן** (כד קטן) **שֶׁל מַיִם** לשתיה[8], שהאדם אוכל ושותה אותם בבוקר לאחר שקרא קריאת שמע והתפלל; הכתוב אומר שאם יקום בבוקר ויקרא קריאת שמע ויתפלל, יברך ה׳ את הלחם ואת המים שאוכל ושותה אחר כך. **מִכָּאן וְאֵילָךְ**, לאחר שעשה את כל מה שהזכרנו, ״**וַהֲסִרֹתִי מַחֲלָה מִקִּרְבֶּךָ**״. נמצינו למדים שאכילת פת שחרית מסירה מחלות[9].

הגמרא מביאה סיוע מברייתא לחשיבות ההקפדה על ארוחת הבוקר:

וְתַנְיָא בברייתא: הכתוב אומר: ״וַהֲסִרֹתִי **מַחֲלָה** מִקִּרְבֶּךָ״, במלה **זוֹ** מתכוונת התורה למרירות **הַמָּרָה**. ה׳ יגן על האדם מפני מחלה הנגרמת על ידי הפרשה יתירה של בלוטת המרה[10]. **וְלָמָּה נִקְרָא שְׁמָהּ ״מַחֲלָה״?** משום **שֶׁשְּׁמוֹנִים וּשְׁלֹשָׁה חֳלָאִין יֵשׁ בָּהּ**, במרה, הקשורים אליה.

הגמרא מפסיקה את מהלך הברייתא כדי להסביר:

״**מַחֲלָה**״ **בְּגִימַטְרִיָּא הָכִי הָווּ** — הערך בגימטריא של המלה ״מַחֲלָה״ כך הוא: שמונים ושלש.

והברייתא מסיימת:

וְכוּלָּן — וכל אותם חלאים, **פַּת בְּמֶלַח** שאוכלה **בְּשַׁחֲרִית**[11] **וְקִיתוֹן שֶׁל מַיִם** ששותה עמה[12], **מְבַטְּלָן** — מבטלים את אותם חלאים[13].

שאלה חמישית:

אֲמַר לֵיהּ רָבָא לְרַבָּה בַּר מָרִי: מְנָא הָא מִילְּתָא דְּאָמוּר רַבָּנָן — מנין המקור לדבר הזה שאמרו חכמים[14]: ״**חַבְרָךְ קַרְיָיךְ ׳חֲמָרָא׳, אוּכָּפָא לְגַבָּיךְ מוּשׁ** — אם חברך קרא לך ׳חמור׳, הסר (העבר) אל גבך את האוכף, כלומר: הודה לו ואל תתווכח אתו״[15]?

הערות

1. רש״י לפסוק.

2. רש״י.

המהרש״א מעיר, שבכמה מקומות בתלמוד (מועד קטן ה, א ועוד) מבואר שהכרזת המצורע לטובתו היא, להודיע את צערו לרבים ולבקש עליו רחמים, ואם כן אין בכך תוספת של שפלות [ראה גם תורת חיים]. ולכן הוא מפרש שהכוונה למה שהגמרא (שם) לומדת מפסוק זה שחייבים לבנות ציון על מקום קבר כדי שיבחינו בו אנשים ויפרשו ממנו [וכן לכל שאר דבר טומאה — ראה מאירי כאן]. כך שמי שיש לו קבר לא די לו בטומאתו אלא חייב עוד להוציא הוצאות על בניית ציון; וזוהי תוספת הפסד על הפסדו הראשון. אבל ראה בארות המים.

3. זה אחד משבעה דברים שרבי עקיבא ציוה את רבי יהושע בנו (ראה פסחים קיב, א).

4. כלומר, אפילו אם רצים אחריו מכמה כיוונים ומנסים להקיף אותו (עין אליהו, ביישוב קושיית פני יהושע). ועוד, כשרצים אחריו הרבה אנשים האדם מפחד יותר וחושב כי לפחות אחד מהם ישיגהו (בן יהוידע).

המספר ״ששים״ הוא לאו דוקא (רש״י להלן ד״ה שיתין). דרך הגמרא בכמה מקומות להשתמש ב״ששים״ כדי לבטא מספר רב (תוספות כאן; ראה גם רש״י שבת צ, ב ד״ה שיתין וסנהדרין ז, ב ד״ה ששים; תוספות מועד קטן כח, א ד״ה שתין).

הגמרא נוקטת מספר זה משום ש״אחד בששים״ הוא השיעור שבו מתבטל דבר במיעוטו [חולין צח, א-ב]. והכוונה כאן שכוחו של זה האוכל פת שחרית לא ייבטל אפילו לגבי כוחם של ששים אנשים אחרים (תורת חיים). אבל ראה תוספות בשם רבינו משולם שפירש את המספר ששים בדווקא; וראה פני יהושע בהסבר דבריו. וראה עוד לקמן הערה 22.

5. כך מבואר בגמרא בסוגיא המקבילה בבבא מציעא קז, ב.

הפסוק אינו מבטיח שלא **יהיה** שרב ושמש, אלא ״וְלֹא **יַכֵּם** שָׁרָב וָשָׁמֶשׁ״. ועל כרחך צריך לומר שלא יכם מכיון שלא ירעבו ולא יצמאו (תורת חיים בבא מציעא שם ד״ה ולא יכם).

לכאורה אין מכאן ראיה אלא שלא יזיקם שרב ושמש, ומניין לנו שפת שחרית מצילה אף מהצינה? אלא, ה״שמש״ המוזכר בפסוק הוא השמש של החורף שבאה ללא חום (שהרי חום [״שָׁרָב״] כבר מוזכר בפסוק). וידוע שהשעה הקרה ביותר ביום היא שעת זריחת השמש. ונמצא אם כן, שמהמילה ״שָׁרָב״ אנו לומדים שפת שחרית מצילה מהחום, ומהמילה ״וָשָׁמֶשׁ״ לומדים שמצילה מצינה הבאה בחורף בעת זריחת השמש (מהרש״א בבא מציעא שם ד״ה ומ״ש ובחורף).

6. הגמרא במסכת תענית ב, א אומרת: ״עבודה שבלב — זו תפלה״ (מהר״ץ חיות). קריאת שמע קוראים אמנם בבוקר ובערב, אולם כאן מדובר דווקא בקריאה שבבוקר, שכן היא מוזכרת כאן יחד עם תפילה, ועיקר חיוב התפילה הוא ביום [שכן תפילת ערבית רשות — ברכות כז, ב] וממילא גם קריאת שמע היא זו של הבוקר (תורה תמימה לפסוק, אות קנט; וראה עוד פני יהושע).

הרמב״ם (תחלת הלכות תפלה) מביא פסוק זה כמקור שיש חיוב להתפלל מן התורה בכל יום. ההוכחה שהחיוב הוא בכל יום, הוא ממה שמדובר בפסוק — כפי שהגמרא אומרת מיד — באכילת לחם ושתיית מים, שהם דברים שאדם זקוק להם מדי יום ביומו (קרית ספר ולחם משנה על הרמב״ם שם).

7. גם מלח רמוז כאן בפסוק שכן המילה ״לַחְמְךָ״ היא גם האותיות של המלה ״מלחך״ (מהרש״א בבא מציעא שם ד״ה ומ״ש ועבדתם).

8. וכן מצינו בברכות מ, א: ״אחר כל אכילתך אכול מלח, ואחר כל שתייתך שתה מים, ואי אתה ניזוק״ (יד אליהו).

9. ויש לנו ללמוד מכאן שהעוסק בתורה אינו מן הראוי שיסגף את גופו בתענית ללא צורך [אלא יאכל סעודה רגילה בכל יום] (מאירי).

10. כאשר בלוטת המרה מפרישה יותר מדי, המרירות מתפשטת בגידיו ובעצמותיו של האדם וגורמת לו חולשה (ראה רש״י בבא מציעא שם, א ד״ה זו מרה, ובסוטה ה, א ד״ה אדם).

11. מלח נחוץ ללחם רק אם לא השתמשו בו בלישת הבצק, אבל אם כבר הוסיפו מלח ללחם אין צורך לאכול את הפת ״במלח״ כדי לקבל את התוצאות הטובות של הרגל זה (כף החיים קנה, כג).

12. היינו למי שאין לו יין [שכן אם יש לו, תביא לו שתיית יין תועלת מרובה עוד יותר] (רש״י בבא מציעא שם ד״ה וקיתון). ואכן, הגמרא בעירובין סה, א דורשת את המלה ״מֵימֶיךָ״ שבכתוב, שהכוונה ליין (מצפה איתן בבא מציעא שם; ראה גם תורה תמימה שם; אבל ראה מהרש״א בבא מציעא שם ד״ה וקיתון).

[לדעת אשל אברהם (בוטשאטש) קנה, ב, כל עניני אכילה ושתיה הנותנים כח לגוף, ומפייסים את דעתו של אדם עד לשעת הסעודה הקבועה, נכללים בכלל הברכה האמורה כאן. וראה עוד פרי מגדים שם, משבצות זהב ב-ג.]

13. ברייתא אחרת המובאת בבבא מציעא שם מונה שלש עשרה מעלות לאכילת ״פת שחרית״.

14. תורת חיים מעדיף לגרוס: ״דאמרי אינשי״, מאחר שזוהי אימרה נפוצה ולאו דוקא אימרת חכמים (מסורת הש״ס), וכן הגירסא בכמה מכתבי היד (ספר שינויי נוסחאות); אבל ראה מהרש״א המסביר את הגמרא לפי הגירסא שלפנינו.

15. רש״י. וראה שיטה מקובצת בשם גאון לפירוש אחר.

בדרך כלל אמרו חכמים, ״עלובין ואינן עולבין, שומעין חרפתן ואינן משיבין... עליהן הכתוב אומר (שופטים ה, לא): ׳וְאֹהֲבָיו כְּצֵאת הַשֶּׁמֶשׁ בִּגְבֻרָתוֹ׳ ״ (שבת פח, ב; ראה רמב״ם הלכות דעות ה, יג). כאן מדובר במקרה שזה שאמר כך לחבירו מכיר את אופיו; במקרה כזה יש לה לביקורת ערך מסויים מאחר שנאמרה לצורך ולתועלת, ולכן על האדם לא רק לשתוק, אלא אף יודה לחבירו שהוא צודק בתוכחתו, ולא יתווכח עמו (מאירי).

הסבר שונה: על האדם לראות את כל העלבונות שבהם מעליבים אותו, שמקורם

א) וטמא טמא יקרא א"ל רבא לרבה בר מרי מנא הא מילתא א) דאמור רבנן א השכם ואכול בקיץ מפני החמה ובחורף מפני הצינה ואמרי אינשי שיתין רהוטי רהוט ולא מטו לגברא דמצפרא כרך ב) דכתיב ב) לא ירעבו ולא יצמאו ולא יכם שרב ושמש א"ל את אמרת מהתם ואנא אמינא מהכא ג) ועבדתם את ה' אלהיכם זו קרית שמע ותפלה וברך [את] לחמך ואת מימיך זו פת במלח וקיתון של מים מכאן ואילך והסירותי מחלה מקרבך ותניא ג) מחלה זו מרה ולמה נקרא שמה מחלה ששמונים ושלשה חלאין יש בה מחלה בגימטריא הכי הוו וכולן פת במלח שחרית וקיתון של מים מבטלן א"ל רבא לרבה בר מרי מנא הא מילתא ד) דאמור רבנן חברך קרייך חמרא אוכפא לגביך מוש א"ל דכתיב ד) ויאמר הגר שפחת שרי אי מזה באת ואנה תלכי ותאמר מפני שרי גברתי אנכי בורחת אמר ליה רבא לרבה בר מרי מנא הא מילתא דאמרי אינשי מילתא גנאה דאית ביך קדים אמרה א"ל דכתיב ה) ויאמר עבד אברהם אנכי א"ל רבא לרבה בר מרי מנא הא מילתא דאמרי אינשי ה) שפיל ואזיל בר אווזא ועיניה מטייפי אמר ליה דכתיב ו) והטיב ה' לאדני וזכרת [את] אמתך אמר ליה רבא לרבה בר מרי מנא הא מילתא דאמרי אינשי שיתין תכלי מטייה ו) לכבא דקל חבריה שמע ולא אכל אמר ליה דכתיב ז) ולי אני עבדך ולצדוק הכהן ולבניהו בן יהוידע ולשלמה עבדך לא קרא א"ל את אמרת מהתם ואנא אמינא מהכא ח) ויבאה יצחק האהלה שרה אמו ויקח את רבקה ותהי לו לאשה ויאהבה וינחם יצחק אחרי אמו וכתיב בתריה ט) ויוסף אברהם ויקח אשה ושמה קטורה אמר ליה רבא לרבה בר מרי מנא הא מילתא דאמרי אינשי חמרא למריה טיבותא לשקייה אמר ליה דכתיב י) וסמכת את ידך עליו (א) למען כ) ישמעו ויראון כל עדת בני ישראל וכתיב ל) ויהושע בן נון מלא רוח חכמה כי סמך משה את ידיו עליו וישמעו אליו (ב) כל בני ישראל וגו' אמר ליה רבא לרבה בר מרי מנא הא מילתא דאמרי אינשי כלבא בכפניה גללי מבלע ז) דכתיב מ) נפש שבעה תבוס נופת ונפש רעבה כל מר מתוק א"ל רבא לרבה בר מרי מנא הא מילתא דאמרי אינשי מטייל ואזיל דיקלא בישא גבי קינא דשרכי ח) אמר ליה דבר זה כתוב בתורה שנוי בנביאים ומשולש בכתובים ותנן במתניתין ותנינא בברייתא כתוב בתורה דכתיב נ) וילך עשו אל ישמעאל שנוי בנביאים דכתיב ס) ויתלקטו אל יפתח אנשים רקים ט) ויהיו עמו ומשולש בכתובים דכתיב י) כל עוף למינו ישכון ובני אדם לדומה לו תנן במתני' כ) כל המחובר לטמא טמא כל המחובר לטהור טהור ותנינא בברייתא ל) רבי אליעזר אומר לא לחנם הלך זרזיר אצל עורב אלא מפני שהוא מינו אמר ליה רבא לרבה בר מרי מנא הא מילתא דאמרי אינשי חברך ולא ענך מ) רמי גודא רבה שדי ביה א"ל נ) ע) יען טהרתיך ולא טהרת מטומאתך לא תטהרי עוד אמר ליה רבא לרבה בר מרי מנא הא מילתא דאמרי אינשי בירא דשתית מיניה לא תשדי ביה קלא א"ל דכתיב פ) לא תתעב אדומי כי אחיך הוא ולא תתעב מצרי כי גר היית בארצו אמר ליה רבא לרבה בר מרי מנא הא מילתא דאמרי אינשי אי דלית דורא דלינא ואי לא לא דלינא אמר ליה דכתיב צ) ויאמר אליה ברק אם תלכי עמי והלכתי ואם לא תלכי עמי לא אלך א"ל רבא לרבה בר מרי מנא הא מילתא דאמרי אינשי כד הוינן זוטרי לגברי השתא דקשישנא לדרדקי אמר ליה מעיקרא כתיב ק) וה' הולך לפניהם יומם בעמוד ענן לנחותם הדרך ולילה בעמוד אש להאיר להם ולבסוף כתיב הנה

שיתין רהוטי רהוט. פירש הר"ר משולם שיש בשנה ששה עתים זרע וקציר וקור וחום וקיץ וחורף ומפרש בפרק המקבל (ב"מ דף קו:) שכל אחד שני חדשים והם ס' יום ובחנם דחק דאורחא דגמרא בהכי כמו שיתין תיכלי מטי לככא דבסמוך ובאלו טריפות (חולין דף נח:) שיתין מאני דפרזלא תלו ליה בקורנסיה פ):

חמרא למריה וטיבותא לשקייה. כלומר המשקה נותן בעין יפה למי שהוא רוצה כדאמר במדרש טוב עין יבורך זה משה רבינו ע"ה שא"ל הקב"ה וסמכת ידך והוא סמך בב' ידיו כדכתיב ויסמוך ידיו עליו ובקונטרס פי' בע"א: **גבי** קינא דשרכי. כלומר מקום הבטלנים ופי' קינא היינו מקום כמו תלתא תאלי בחדא קינא דהכונס (לעיל דף נח:) וכן מפרש בסוכה (דף לב: ושם צ) תלתא טרפי בחד קינא במקום אחד שלשה עלין סמוכין זה על זה שכן דרך ההדסים ובקונט' פי' שכל ג' עלים (ה) בקנה אחד ואם כן לא ימצא לעולם הדס כשר:

דשרכי. בטלנים וכן בשרכא בסוף יש נוחלין (ב"ב דף קלט. ושם ק) כמו איש יודע ציד (בראשית כה) ומתרגמינן גברא נחשירכן ומפ' ר"ת נח ובטל ובערוך גורס שידכן בדלי"ת ומפרש לשון שקט ותשקוט הארץ תרגומו ושדוכת ארעא (שופטים ה): [עי' תוס' ב"ב קלט. ר]:

משולש בכתובים. כל עוף כנף למינהו ישכון אין זה מקרא בכל התורה ושמא בספר בן סירא הוא וכן ש) סלסלה ותרוממך ובין נגידים תושיבך: דליכא

וטמא טמא. לא די לו נגעו אלא שמבייש את עצמו על כרחו הטיל עליו הכתוב חובה: שיתין רהוטי רהוט. ששים איש רצו ולא הגיעו לאוכל שחרית: **אוכפא** לגביך מוש. כלומר טול אוכף של חמור והסירהו אליך ושים אותו על גביך כלומר הודה לדבריו ואל תענהו. מוש לשון לא ימיש (שמות יג) כלומר הסירהו אליך כמו סורו נא (בראשית יט): **שפחת שרי.** אמר לה והיא ענתה שרי גברתי: **ועיניה מטייפי.** עיניו מצפות למעלה למרחוק למזונותיו וחבירו בכתובות (דף ס.) נטוף עיניך: **שפיל ואזיל.** כלומר מחמת ענותנותו של אדם לא יהא בוש מלשאול דבר הצריך לו בין לתורה בין לפרנסתו ולתבוע חובו: ס) **כאשר** ייטב וגו'. באביגיל כתיב שהיתה מתנבאה שימות נבל בעלה ובתוך דבריה מרמזת לדוד שיזכיר את יפיה: **תכלי.** אבלות ומכאובות: **ולי אני עבדך.** אלמא קובל היה עליו שלא זימנו למשתה: **שיתין.** לאו מקרא נפקי אלא מילתא בעלמא הוא דקאמרי אינשי ולאו דוקא הוא: **ויוסף אברהם.** נתקנא ביצחק: **חמרא למריה וטיבותא לשקייה.** היין של מלך הוא והשותין אותו מחזיקין טובה לשר המשקה ולא למלך (ג): **ויסמוך את ידיו.** תלה החכמה והגדולה במשה כאילו הוא נותנה ליהושע והיא אינה אלא מפי הקב"ה: **גללי.** אבנים לשון מורי ל"א גללים ממש ולשון ישר דגללים ממש אורחיה הוא: **קינא דשרכי.** אילנות בטלים ואין עושים פרי כמו ע) גברא דשרכא בטל כלומר דרך דקל רע ליגדל בצד אילן סרק: **המחובר לטמא טמא** כו'. במסכת כלים היא בפרק טבעת אדם דקתני אונקלי של דרגש ושל שולחן טמאה ושל מנורת עץ טהורה זה הכלל המחובר לטמא טמא לטהור טהור אונקלי מסמר של מתכת עשוי כמזלג לתלות שם בהמה בשעת הפשטה ותחוב בכותל כדאמרינן בתמיד נשחט (פסחים סד.) אונקליות של ברזל היו תחובין בעמודים כו' ואם תחבו במנורת עץ דפשוטי כלי עץ (ד) בטל מסמר לגבה ואינה מקבלת טומאה ואפי' נגעה בו טומאה אבל בדרגש ובשולחן שמקבלין טומאה הן אף הוא מקבל טומאה: **לא לחנם הלך זרזיר.** רבי אליעזר סבר זרזיר עוף טמא הוא ורבנן פליגי עליה בשחיטת חולין באלו טריפות (ד' סה.): זרזיר. אשטורוני"ל: **קרית חברך.** להוכיחו ולא ענך: **דחי גודא.** כותל הפל עליו כלומר הניחו ויפול ברשעו דחהו בידים: **דשתית מיניה.** ששתית מינה כבר בצמא: **לא תשדי ביה קלא.** מוט"א בלע"ז כלומר דבר הנצרך לך פעם אחת שוב לא תבזהו: **אי דלית דורא דלינא.** אם תדלה ותגביה המשוי עמי דלינא. דורא משוי משל הוא שאין אדם רוצה ליכנס בסכנת היזק ממון ותחת עול דבר אלא אם כן משתתף חבירו עמו: **כי הוינן זוטרי לגברי.** כשהיינו קטנים היינו חשובים כגברי: **השתא דקשישנא.** עכשיו שהזקננו הננו שפלים כתינוקות: אחד

עין משפט
נר מצוה

קיב א טוש"ע א"ח סי' קנה סעיף ב:

תורה אור השלם

א) וְהַצָּרוּעַ אֲשֶׁר בּוֹ הַנֶּגַע בְּגָדָיו יִהְיוּ פְרֻמִים וְרֹאשׁוֹ יִהְיֶה פָרוּעַ וְעַל שָׂפָם יַעְטֶה וְטָמֵא טָמֵא יִקְרָא: [ויקרא יג, מה]

ב) לֹא יִרְעָבוּ וְלֹא יִצְמָאוּ וְלֹא יַכֵּם שָׁרָב וָשָׁמֶשׁ כִּי מְרַחֲמָם יְנַהֲגֵם וְעַל מַבּוּעֵי מַיִם יְנַהֲלֵם: [ישעיה מט, י]

ג) וַעֲבַדְתֶּם אֵת יְיָ אֱלֹהֵיכֶם וּבֵרַךְ אֶת לַחְמְךָ וְאֶת מֵימֶיךָ וַהֲסִרֹתִי מַחֲלָה מִקִּרְבֶּךָ: [שמות כג, כה]

ד) וַיֹּאמַר הָגָר שִׁפְחַת שָׂרַי אֵי מִזֶּה בָאת וְאָנָה תֵלֵכִי וַתֹּאמֶר מִפְּנֵי שָׂרַי גְּבִרְתִּי אָנֹכִי בֹּרַחַת: [בראשית טז, ח]

ה) וַיֹּאמַר עֶבֶד אַבְרָהָם אָנֹכִי: [בראשית כד, לד]

ו) וְלֹא תִהְיֶה זֹאת לְךָ לְפוּקָה וּלְמִכְשׁוֹל לֵב לַאדֹנִי וְלִשְׁפָּךְ דָּם חִנָּם וּלְהוֹשִׁיעַ אֲדֹנִי לוֹ וְהֵיטִב יְיָ לַאדֹנִי וְזָכַרְתָּ אֶת אֲמָתֶךָ: [שמואל א כה, לא]

ז) וְלִי אֲנִי עַבְדֶּךָ וּלְצָדֹק הַכֹּהֵן וְלִבְנָיָהוּ בֶן יְהוֹיָדָע וְלִשְׁלֹמֹה עַבְדְּךָ לֹא קָרָא: [מלכים א א, כו]

ח) וַיְבִאֶהָ יִצְחָק הָאֹהֱלָה שָׂרָה אִמּוֹ וַיִּקַּח אֶת רִבְקָה וַתְּהִי לוֹ לְאִשָּׁה וַיֶּאֱהָבֶהָ וַיִּנָּחֵם יִצְחָק אַחֲרֵי אִמּוֹ: [בראשית כד, סז]

ט) וַיֹּסֶף אַבְרָהָם וַיִּקַּח אִשָּׁה וּשְׁמָהּ קְטוּרָה: [בראשית כה, א]

י) וַיֹּאמֶר יְיָ אֶל מֹשֶׁה קַח לְךָ אֶת יְהוֹשֻׁעַ בִּן נוּן אִישׁ אֲשֶׁר רוּחַ בּוֹ וְסָמַכְתָּ אֶת יָדְךָ עָלָיו: [במדבר כז, יח]

כ) וְנָתַתָּה מֵהוֹדְךָ עָלָיו לְמַעַן יִשְׁמְעוּ כָּל עֲדַת בְּנֵי יִשְׂרָאֵל: [במדבר כז, כ]

ל) וִיהוֹשֻׁעַ בִּן נוּן מָלֵא רוּחַ חָכְמָה כִּי סָמַךְ מֹשֶׁה אֶת יָדָיו עָלָיו וַיִּשְׁמְעוּ אֵלָיו בְּנֵי יִשְׂרָאֵל וַיַּעֲשׂוּ כַּאֲשֶׁר צִוָּה יְיָ אֶת מֹשֶׁה: [דברים לד, ט]

מ) נֶפֶשׁ שְׂבֵעָה תָּבוּס נֹפֶת וְנֶפֶשׁ רְעֵבָה כָּל מַר מָתוֹק: [משלי כז, ז]

נ) וַיֵּלֶךְ עֵשָׂו אֶל יִשְׁמָעֵאל וַיִּקַּח אֶת מָחֲלַת בַּת יִשְׁמָעֵאל בֶּן אַבְרָהָם אֲחוֹת נְבָיוֹת עַל נָשָׁיו לוֹ לְאִשָּׁה: [בראשית כח, ט]

ס) וַיִּבְרַח יִפְתָּח מִפְּנֵי אֶחָיו וַיֵּשֶׁב בְּאֶרֶץ טוֹב וַיִּתְלַקְּטוּ אֶל יִפְתָּח אֲנָשִׁים רֵיקִים וַיֵּצְאוּ עִמּוֹ: [שופטים יא, ג]

ע) בְּטֻמְאָתֵךְ זִמָּה יַעַן טִהַרְתִּיךְ וְלֹא טָהַרְתְּ מִטֻּמְאָתֵךְ לֹא תִטְהֲרִי עוֹד עַד הֲנִיחִי אֶת חֲמָתִי בָּךְ: [יחזקאל כד, יג]

פ) לֹא תְתַעֵב אֲדֹמִי כִּי אָחִיךָ הוּא לֹא תְתַעֵב מִצְרִי כִּי גֵר הָיִיתָ בְאַרְצוֹ: [דברים כג, ח] צ) וַיֹּאמֶר אֵלֶיהָ בָּרָק אִם תֵּלְכִי עִמִּי וְהָלָכְתִּי וְאִם לֹא תֵלְכִי עִמִּי לֹא אֵלֵךְ: [שופטים ד, ח] ק) וַייָ הֹלֵךְ לִפְנֵיהֶם יוֹמָם בְּעַמּוּד עָנָן לַנְחֹתָם הַדֶּרֶךְ וְלַיְלָה בְּעַמּוּד אֵשׁ לְהָאִיר לָהֶם לָלֶכֶת יוֹמָם וָלָיְלָה: [שמות יג, כא]

מסורת הש"ס

א) [פסחים קיב. ב"מ קז: ע"ש], ב) [אמר ליה דכתיב כצ"ל], ג) [ב"מ קז: ע"ש], ד) דאמרי אינשי כו' כצ"ל ת"ח בשם ס"א וע"ש, ה) מגילה יד:, ו) [עי' תוס' ע"ז כח. ד"ה ככין], ז) [א"ל דכתיב כצ"ל], ח) [הערוך בערך שדך א' גרס דשדכי בדל"ת], ט) [ויצאו עמו כצ"ל], י) בן סירא יג, כ) כלים פי"ב מ"ב, ל) חולין סה., מ) נ"א דחי גודא, נ) [דכתיב יען כצ"ל], ס) [צ"ל והטיב], ע) ב"ב קלט., פ) [ועי' רש"י שבת ל: ד"ה שיתין], צ) [ד"ה תלתא], ק) [ד"ה מתניתין], ר) [ד"ה מתניתין], ש) [ברכות מח. ע"ש ובתוס' עירובין סה. ד"ה בצר].

הגהות הב"ח

(א) גמ' למען ישמעו כל עדת כצ"ל ותיבת ויראון נמחק: (ב) שם וישמעו אליו בני כצ"ל ותיבת כל נמחק: (ג) רש"י ד"ה חמרא וכו' למלך הס"ד ואח"כ מ"ה כי סמך משה את ידיו עליו תלה החכמה: (ד) ד"ה המחובר וכו' כלי עץ הוא בטל: (ה) תוס' ד"ה גבי וכו' ובקונטרס פי' שכל ג' עלים בעוקץ אחד:

לעזי רש"י

אשטורוני"ל. פירוש זרזיר, מין צפור הדומה לעורב (עיין ערוך ערך זרזר):
מוט"א. פירוש גושה של קרקע (רש"י תענית דף ד ע"א ד"ה אפי'), פיסת רגבים (רש"י ע"ז דף יח ע"ב ד"ה שקל קלא).

ליקוטי רש"י

וטמא טמא יקרא. משמיע שהוא טמא ויפרשו ממנו [ויקרא יג, מה]. **דאמור רבנן השכם ואכול.** בערבי פסחים (דף קיב.) בדברים שצוה [רבי עקיבא] לבניו. **מחלה זו מרה.** שהמרירה שנה גדולה ונובעת ומתפשטת בגידין ובעצמות. **וקיתון של מים.** למי שאין לו יין [ב"מ קז:]. **מטייפי.** צופין למרחוק ודוגמתו במס' כתובות (דף ס.) נטוף עיניך [מגילה יד:]. **לככא.** שן [שבת פט:]. **כפניה.** רעב [תענית יט:]. **דכתיב נפש שבעה תבוס נופת.** תרמוס ברגל כמו יבוס קמינו (תהלים נד). **כל מר מתוק.** כל דבר מר מתוק לה [משלי כז, ז]. **לא תתעב אדומי.** לגמרי ואע"פ שראוי לך לתעבו שיצא בחרב לקראתך. **לא תתעב מצרי.** מכל וכל אע"פ שזרקו זכוריכם ליאור מה טעם שהיו לכם אכסניא בשעת הדחק [דברים כג, ח].

תשובת רבה בר מרי:

אָמַר לֵיהּ לרבא: **דִּכְתִיב** בדברי המלאך שנגלה להגר, כשברחה מביתו של אברהם (בראשית טז, ח): "**וַיֹּאמַר: הָגָר שִׁפְחַת שָׂרַי, אֵי מִזֶּה בָאת וְאָנָה תֵלֵכִי, וַתֹּאמֶר: מִפְּנֵי שָׂרַי גְּבִרְתִּי אָנֹכִי בֹּרַחַת**". כאן פנה המלאך אל הגר בתואר "שפחה". הגר יכלה להתנגד לתואר זה ולמחות על כך, שהרי ברחה משרי ומלהיות לה שפחה. במקום זה היא קיבלה את התואר בהכנעה, כפי שנראה בבירור מתשובתה, בה היא מכנה את שרי כגבירתה.

שאלה ששית:

אָמַר לֵיהּ רָבָא לְרַבָּה בַּר מָרִי: מְנָא הָא מִילְּתָא דְּאָמְרֵי אִינְשֵׁי — מנין המקור לדבר הזה שאומרים האנשים: "**מִילְּתָא גְּנָאָה דְּאִית בִּיךְ קַדֵּים אַמְרָהּ** — דבר גנאי שיש בך, קדם ואמור (גלה) אותו, בטרם יאמרוהו אחרים"[16]?

תשובת רבה בר מרי:

אָמַר לֵיהּ לרבא: **דִּכְתִיב** לגבי אליעזר עבד אברהם, כשהתחיל לדבר עם לבן ובתואל, לשכנע אותם שיואילו לתת את רבקה לאשה ליצחק (בראשית כד, לד): "**וַיֹּאמַר, עֶבֶד אַבְרָהָם אָנֹכִי**". אליעזר כלל לא ניסה להסתיר את העובדה שהוא עבד, ופתח את דבריו בעובדה זו[17].

שאלה שביעית:

אָמַר לֵיהּ רָבָא לְרַבָּה בַּר מָרִי: מְנָא הָא מִילְּתָא דְּאָמְרֵי אִינְשֵׁי — מנין המקור לדבר זה שאומרים האנשים: "**שָׁפִיל וְאָזִיל בַּר אַוָּזָא** — האווז כפוף ושחוח בלכתו, **וְעֵינֵיהּ מְטַיְּפֵי** — אולם עיניו צופות למעלה למרחוק, ומחפשות מזון בלי הרף; כלומר: ענוותנותו של אדם אינה צריכה למנוע ממנו לבקש מאחרים את צרכיו, בין אם הם נוגעים לתורה או לפרנסה או לתבוע חוב ממי שחייב לו"[18]?

תשובת רבה בר מרי:

אָמַר לֵיהּ לרבא: **דִּכְתִיב** אצל אביגיל אשת נבל הכרמלי, שאחרי שהצליחה לשכך את כעסו של דוד על בעלה, אמרה לדוד (שמואל־א כה, לא): "**וְהֵיטִב ה' לַאדֹנִי וְזָכַרְתָּ [אֶת] אֲמָתֶךָ**". בדבריה הקודמים לדוד, היא ניבאה שבעלה הנבל, שעשה עוול לדוד, ימות, וכאן היא רומזת, שכאשר זה יקרה, שדוד ישקול את האפשרות לשאתה לאשה[19].

שאלה שמינית:

אָמַר לֵיהּ רָבָא לְרַבָּה בַּר מָרִי: מְנָא הָא מִילְּתָא דְּאָמְרֵי אִינְשֵׁי — מנין המקור לדבר הזה שאומרים האנשים: "**שִׁיתִּין תִּכְלֵי מַטְיֵיהּ לְכָכָא** — שישים סוגי מכאובים[20] באים על שיניו של אדם **דְּקָל חַבְרֵיהּ שָׁמַע** — שאת קול חבירו האוכל הוא שומע, **וְ**אילו הוא עצמו **לֹא אָכַל** (אינו אוכל); כלומר, כאב גדול הוא לאדם הנשאר מבחוץ כאשר האחרים נהנים"?

תשובת רבה בר מרי:

אָמַר לֵיהּ לרבא: **דִּכְתִיב** שאמר נתן הנביא לדוד המלך (מלכים־א א, כד-כו): "אֲדֹנִי הַמֶּלֶךְ, [האם] אַתָּה אָמַרְתָּ אֲדֹנִיָּהוּ יִמְלֹךְ אַחֲרָי, וְהוּא יֵשֵׁב עַל כִּסְאִי? כִּי יָרַד הַיּוֹם וַיִּזְבַּח שׁוֹר וּמְרִיא וְצֹאן לָרֹב, וַיִּקְרָא לְכָל בְּנֵי הַמֶּלֶךְ וּלְשָׂרֵי הַצָּבָא וּלְאֶבְיָתָר הַכֹּהֵן וְהִנָּם אֹכְלִים וְשֹׁתִים לְפָנָיו, וַיֹּאמְרוּ 'יְחִי הַמֶּלֶךְ אֲדֹנִיָּהוּ'. **וְלִי אֲנִי עַבְדֶּךָ וּלְצָדֹק הַכֹּהֵן וְלִבְנָיָהוּ בֶן יְהוֹיָדָע וְלִשְׁלֹמֹה עַבְדְּךָ לֹא קָרָא**". דברי נתן הנביא מורים שהוא התלונן בפני דוד המלך על שלא הוזמן לסעודתו של אדוניהו ולא התייחסו אליו כראוי[21].

מקור אחר:

אָמַר לֵיהּ רבא לרבה בר מרי: **אַתְּ אָמְרַתְּ מֵהָתָם** — אתה אומר שהמקור הוא משם; **וַאֲנָא אֲמִינָא מֵהָכָא** — ואני אומר שהמקור הוא מכאן (בראשית כד, סז): "**וַיְבִאֶהָ יִצְחָק הָאֹהֱלָה שָׂרָה אִמּוֹ וַיִּקַּח אֶת רִבְקָה וַתְּהִי לוֹ לְאִשָּׁה וַיֶּאֱהָבֶהָ, וַיִּנָּחֵם יִצְחָק אַחֲרֵי אִמּוֹ**". **וּכְתִיב בַּתְרֵיהּ** — וכתוב בפסוק הבא (שם כה, א): "**וַיֹּסֶף אַבְרָהָם**

הערות

בה' ולא באדם המעליב. כאשר דוד מלך ישראל ברח מפני אבשלום בנו, ויצא שמעי בן גרא וחרפו וגדפו, ואבישי בן צרויה בקש רשות להרגו, אמר לו דוד (שמואל־ב טז, י-יב): "כֹּה יְקַלֵּל כִּי ה' אָמַר לוֹ קַלֵּל אֶת דָּוִד... הַנִּחוּ לוֹ וִיקַלֵּל, כִּי אָמַר לוֹ ה'. אוּלַי יִרְאֶה ה' בְּ[דמע] עֵינִי וְהֵשִׁיב ה' לִי טוֹבָה תַּחַת קִלְלָתוֹ הַיּוֹם הַזֶּה". הסיבה לכך היא, שאין זה האדם המעליב את חבירו; חטאיו של האדם הם המעליבים אותו [ראה גם יבמות קכא, א]. לפיכך ראוי שאדם יקבל בשתיקה את העלבונות הניטחים כלפיו, ובכך יביא להפסקת החירופים ולהיעלמותו של המחרף. וכן אמר הנביא ישעיהו (נג, י): "וַה' חָפֵץ דַּכְּאוֹ הֶחֱלִי, אִם תָּשִׂים אָשָׁם נַפְשׁוֹ, יִרְאֶה זֶרַע יַאֲרִיךְ יָמִים וְחֵפֶץ ה' בְּיָדוֹ יִצְלָח"; דהיינו, הדיכוי והחולי בא ברצון הקב"ה, אך אם ישים את נפשו לקבל אותם עבור אשמתו, יזכה לבנים ואריכות ימים והצלחה [ראה רש"י לפסוק]. וכן מצינו ביבמות (קכא, א), ברבי עקיבא שהיה בספינה שנשברה, שהסביר לרבן גמליאל איך ניצל: "דף של ספינה נזדמן לי [במים], וכל גל וגל שבא עלי נענעתי לו ראשי". והגמרא מסיימת שם: "מכאן אמרו חכמים: אם יבואו רשעים על אדם, ינענע לו ראשו" (גר"א, מובא בענף יוסף).

[על אף כל האמור לעיל, ברור שאין אדם מחוייב — ואף אין ראוי לו — לזמן את עצמו להתעללות מילולית של אחרים, כשם שאין ראוי לו לעשות זאת לגבי פציעה גופנית. ואכן, המשנה בפרק שלנו מפרטת מקרים בהם יכול אדם שהושפל ובוזה לתבוע תשלומים ממבזהו.]

16. שכן "אינו דומה מתבייש מעצמו למתבייש מאחרים" [תענית טו, ב — טז, א] (עיון יעקב). אם אנשים מחזיקים בטעות אדם מסויים לבעל מעלה ומכבדים אותו בשל כך, ולאחר מכן הם מגלים שיש בו חסרון ומורידים אותו ממעלתו, מצבו הרבה יותר גרוע מאשר אילו לא החזיקוהו לבעל מעלה מלכתחילה. אין זו חרפה לא להיות חשוב, אולם להפסיק להיות חשוב זוהי אכן חרפה (ראה מהר"ל). [אולם, אם אדם אכן ראוי למעלה ולכבוד שמציעים לו, כדאי לו לקבלם אף על פי שהוא יודע שיהיה עליו לרדת ממעלתו לאחר זמן קצר; ראה ברכות כח, א.]

17. מימרא זאת סותרת לכאורה לקודמתה: כאן אומרים לנו להכריז על חסרון שיש בנו לפני שיכריזוהו אחרים, ואילו לעיל אמרו לנו שאם מישהו מוצא בנו חסרון אנו צריכים להודות בו, ומשמע, שאין לנו חובה להכריז על חסרונותיו. אולם באמת מדובר כאן על שני מצבים שונים: מי שמאמין שיש לו באמת חסרון, ברור שיש לו להכריז עליו ראשון. ומי שמאמין שאין לו חסרון, ברור באותה מדה שאין לו על מה להכריז. אולם אם חבירו מאשים אותו בחסרון שהוא מאמין שאין לו, על כך אמרו שעליו לקבל את משפט חבירו ולהודות בחסרון אף על פי שאינו מאמין בו (מהרש"א). אבל ראה עיון יעקב וענף יוסף לפירושים אחרים.

18. רש"י; שיטה מקובצת. [לאווז רגליים קצרות וצוואר ארוך, כך שבהליכתו הוא נראה כרוחש קרוב לארץ עם עיניים זקופות ומורמות לראייה מקיפה יותר.]

19. כשהיה דוד בורח מפני שאול, שלח דוד עשרה אנשים לעשיר גדול ששמו נבל, כדי לבקש ממנו שיספק מזון לו ולאנשיו. אולם נבל השיב בסירוב מוחלט וביזה את דוד באמרו (שמואל־א כה, י), "מִי דָוִד וּמִי בֶן יִשָׁי?" וקרא לו עבד שמרד באדוניו. כשמוע דוד על כך, חרה אפו ואמר לאנשיו (שם פסוק יג): "חִגְרוּ אִישׁ אֶת חַרְבּוֹ". דוד לקח את אנשיו ויצא לחפש את נבל ולהרגו, כדין כל המבזה מלך שחייב מיתה [ראה רמב"ם הלכות מלכים ג, ח]. כאשר שמעה אביגיל אשת נבל שדוד מגיע להרוג את בעלה, היא אספה כמות גדולה של אוכל ומשקה, ויצאה לקראתו לפייסו.

בנאום ארוך ומנומק היטב (ראה שמואל־א כה, כד-לא, ומגילה יד, א-ב), היא הצליחה להשפיע על דוד שלא יהרוג את נבל. היא ציינה (על פי נבואה) שיהיה זה ה' שיביא את חיי נבל לקיצם. בהיפרדהּ מדוד, רמזה לו בדקות, שכאשר יגיע הזמן ההוא, יזכור דוד את יפיה (רש"י) ויקחה לאשה [וכך אכן עשה (ראה שמואל־א כה, לח-מב).]

תשובת רבה בר מרי מתייחסת לדרשת רבי יצחק במדרש שמואל לפסוק (ובירושלמי סנהדרין ב, ג): "לפי שנתנה עיניה בו כשהיתה אשת איש, לפיכך פגמה הכתוב: 'אביגיל' תניינא [האיזכור השני של השֵם, שם פסוק לב; ראה מנחת שי לפסוק], 'לַאֲבִיגַל' כתיב [חסר יו"ד; פגם שמה רומז לפגם בהתנהגותה]". רבה בר מרי חולק על רבי יצחק, ומלמד שאין בכך פגם לפי שכן נוהגם של אנשים (עיון יעקב). אבל ראה כובע ישועה המדייק מדברי רש"י [לעיל בהערה הקודמת] שאין לעשות כן אלא לצורך ראוי והגון, ואין ללמוד מנוהגהּ של אביגיל.

20. כאבים וסיבות לאבילות (רש"י). המלה "תכלא" הוא לשון שיכול [ראה בראשית מג, יד, ואונקלוס שם] וריעותא (רש"י חולין סד, ב ד"ה תיכלא).

21. רש"י.

הוכחת רבה בר מרי אינה מגוף סיפורו של נתן הנביא לדוד, שהרי בוודאי הוצרך נתן לתאר לדוד את שיעור מרידתו של אדוניהו. אלא, מאחר שעיקר התרעומת היה שהמליך אדוניהו את עצמו נגד רצון דוד, היה לו להתחיל ולומר "וְלִשְׁלֹמֹה עַבְדְּךָ לֹא קָרָא" ולאחר מכן להזכיר גם את עצמו (רי"ף בעין יעקב). ועוד, הגמרא בהוריות יג, א קובעת: "כהן גדול קודם לנביא, שנאמר (מלכים־א א, לד): 'וּמָשַׁח אֹתוֹ שָׁם צָדוֹק הַכֹּהֵן וְנָתָן הַנָּבִיא' ". אם כן, היה לו לנתן לומר לדוד "ולצדוק הכהן ולי אני עבדך...". זה שהקדים נתן והזכיר את שמו שלו לשמו של הכהן הגדול, מוכיח שעלבון זה נגע בו אישית (ענף יוסף, בפירושו השני).

עין משפט
נר מצוה

קיב א טוש"ע ח"מ סי' קנה סעיף ב:

תורה אור השלם

א) וְהַצָּרוּעַ אֲשֶׁר בּוֹ הַנֶּגַע בְּגָדָיו יִהְיוּ פְרֻמִים וְרֹאשׁוֹ יִהְיֶה פָרוּעַ וְעַל שָׂפָם יַעְטֶה וְטָמֵא טָמֵא יִקְרָא: [ויקרא יג, מה]

ב) לֹא יִרְעָבוּ וְלֹא יִצְמָאוּ וְלֹא יַכֵּם שָׁרָב וָשָׁמֶשׁ כִּי מְרַחֲמָם יְנַהֲגֵם וְעַל מַבּוּעֵי מַיִם יְנַהֲלֵם: [ישעיה מט, י]

ג) וַעֲבַדְתֶּם אֵת יְיָ אֱלֹהֵיכֶם וּבֵרַךְ אֶת לַחְמְךָ וְאֶת מֵימֶיךָ וַהֲסִרֹתִי מַחֲלָה מִקִּרְבֶּךָ: [שמות כג, כה]

ד) וַיֹּאמַר הָגָר שִׁפְחַת שָׂרַי אֵי מִזֶּה בָאת וְאָנָה תֵלֵכִי וַתֹּאמֶר מִפְּנֵי שָׂרַי גְּבִרְתִּי אָנֹכִי בֹּרַחַת: [בראשית טז, ח]

ה) וַיֹּאמַר עֶבֶד אַבְרָהָם אָנֹכִי: [בראשית כד, לד]

ו) וְלֹא תִהְיֶה זֹאת לְךָ לְפוּקָה וּלְמִכְשׁוֹל לֵב לַאדֹנִי וְלִשְׁפָּךְ דָּם חִנָּם וּלְהוֹשִׁיעַ אֲדֹנִי לוֹ וְהֵיטִב יְיָ לַאדֹנִי וְזָכַרְתָּ אֶת אֲמָתֶךָ: [שמואל א כה, לא]

ז) וְלִי אֲנִי עַבְדֶּךָ וּלְצָדֹק הַכֹּהֵן וְלִבְנָיָהוּ בֶן יְהוֹיָדָע וְלִשְׁלֹמֹה עַבְדְּךָ לֹא קָרָא: [מלכים א א, כו]

ח) וַיְבִאֶהָ יִצְחָק הָאֹהֱלָה שָׂרָה אִמּוֹ וַיִּקַּח אֶת רִבְקָה וַתְּהִי לוֹ לְאִשָּׁה וַיֶּאֱהָבֶהָ וַיִּנָּחֵם יִצְחָק אַחֲרֵי אִמּוֹ: [בראשית כד, סז]

ט) וַיֹּסֶף אַבְרָהָם וַיִּקַּח אִשָּׁה וּשְׁמָהּ קְטוּרָה: [בראשית כה, א]

י) וַיֹּאמֶר יְיָ אֶל מֹשֶׁה קַח לְךָ אֶת יְהוֹשֻׁעַ בִּן נוּן אִישׁ אֲשֶׁר רוּחַ בּוֹ וְסָמַכְתָּ אֶת יָדְךָ עָלָיו: [במדבר כז, יח]

כ) וְנָתַתָּה מֵהוֹדְךָ עָלָיו לְמַעַן יִשְׁמְעוּ כָּל עֲדַת בְּנֵי יִשְׂרָאֵל: [במדבר כז, כ]

ל) וִיהוֹשֻׁעַ בִּן נוּן מָלֵא רוּחַ חָכְמָה כִּי סָמַךְ מֹשֶׁה אֶת יָדָיו עָלָיו וַיִּשְׁמְעוּ אֵלָיו בְּנֵי יִשְׂרָאֵל וַיַּעֲשׂוּ כַּאֲשֶׁר צִוָּה יְיָ אֶת מֹשֶׁה: [דברים לד, ט]

מ) נֶפֶשׁ שְׂבֵעָה תָּבוּס נֹפֶת וְנֶפֶשׁ רְעֵבָה כָּל מַר מָתוֹק: [משלי כז, ז]

נ) וַיֵּלֶךְ עֵשָׂו אֶל יִשְׁמָעֵאל וַיִּקַּח אֶת מָחֲלַת בַּת יִשְׁמָעֵאל בֶּן אַבְרָהָם אֲחוֹת נְבָיוֹת עַל נָשָׁיו לוֹ לְאִשָּׁה: [בראשית כח, ט]

ס) וַיִּבְרַח יִפְתָּח מִפְּנֵי אֶחָיו וַיֵּשֶׁב בְּאֶרֶץ טוֹב וַיִּתְלַקְּטוּ אֶל יִפְתָּח אֲנָשִׁים רֵיקִים וַיֵּצְאוּ עִמּוֹ: [שופטים יא, ג]

ע) בְּטֻמְאָתֵךְ זִמָּה יַעַן טִהַרְתִּיךְ וְלֹא טָהַרְתְּ מִטֻּמְאָתֵךְ לֹא תִטְהֲרִי עוֹד עַד הֲנִיחִי אֶת חֲמָתִי בָּךְ: [יחזקאל כד, יג]

פ) לֹא תְתַעֵב אֲדֹמִי כִּי אָחִיךָ הוּא לֹא תְתַעֵב מִצְרִי כִּי גֵר הָיִיתָ בְאַרְצוֹ: [דברים כג, ח] צ) וַיֹּאמֶר אֵלֶיהָ בָּרָק אִם תֵּלְכִי עִמִּי וְהָלָכְתִּי וְאִם לֹא תֵלְכִי עִמִּי לֹא אֵלֵךְ: [שופטים ד, ח] ק) וַיְיָ הֹלֵךְ לִפְנֵיהֶם יוֹמָם בְּעַמּוּד עָנָן לַנְחֹתָם הַדֶּרֶךְ וְלַיְלָה בְּעַמּוּד אֵשׁ לְהָאִיר לָהֶם לָלֶכֶת יוֹמָם וָלָיְלָה: [שמות יג, כא]

(א) וטמא טמא יקרא א"ל רבא לרבה בר מרי מנא הא מילתא [א] דאמור רבנן השכם ואכול בקיץ מפני החמה ובחורף מפני הצינה ואמרי אינשי שיתין רהוטי רהוט ולא מטו לגברא דמצפרא כרך [ב] דכתיב (ב) לא ירעבו ולא יצמאו ולא יכם שרב ושמש א"ל את אמרת מהתם ואנא אמינא מהכא (ג) ועבדתם את ה' אלהיכם זו קרית שמע ותפלה וברך [את] לחמך ואת מימיך זו פת במלח וקיתון של מים מכאן ואילך והסירותי מחלה מקרבך ותניא [ג] מחלה זו מרה ולמה נקרא שמה מחלה ששמונים ושלשה חלאין יש בה מחלה בגימטריא הכי הוו וכולן פת במלח שחרית וקיתון של מים מבטלן א"ל רבא לרבה בר מרי מנא הא מילתא [ד] דאמור רבנן חברך קרייך חמרא אוכפא לגביך מוש א"ל דכתיב (ד) ויאמר הגר שפחת שרי אי מזה באת ואנה תלכי ותאמר מפני שרי גברתי אנכי בורחת אמר ליה רבא לרבה בר מרי מנא הא מילתא דאמרי אינשי מילתא גנאה דאית ביך קדים אמרה א"ל דכתיב (ה) ויאמר עבד אברהם אנכי א"ל רבא לרבה בר מרי מנא הא מילתא דאמרי אינשי [ה] שפיל ואזיל בר אווזא ועיניה מטייפי אמר ליה דכתיב (ו) והטיב ה' לאדני וזכרת [את] אמתך אמר ליה רבא לרבה בר מרי מנא הא מילתא דאמרי אינשי שיתין תכלי מטייה [ו] לככא דקל חבריה שמע ולא אכל אמר ליה דכתיב [ז] (ז) ולי אני עבדך ולצדוק הכהן ולבניהו בן יהוידע ולשלמה עבדך לא קרא א"ל את אמרת מהתם ואנא אמינא מהכא (ח) ויבאה יצחק האהלה שרה אמו ויקח את רבקה ותהי לו לאשה ויאהבה וינחם יצחק אחרי אמו וכתיב בתריה (ט) ויוסף אברהם ויקח אשה ושמה קטורה אמר ליה רבא לרבה בר מרי מנא הא מילתא דאמרי אינשי חמרא למריה טיבותא לשקייה אמר ליה דכתיב (י) וסמכת את ידך עליו (כ) למען (א) ישמעון ויראון כל עדת בני ישראל וכתיב (ל) ויהושע בן נון מלא רוח חכמה כי סמך משה את ידיו עליו וישמעו אליו (ב) כל בני ישראל וגו' אמר ליה רבא לרבה בר מרי מנא הא מילתא דאמרי אינשי כלבא בכפניה גללי מבלע [ט] דכתיב (מ) נפש שבעה תבוס נופת ונפש רעבה כל מר מתוק א"ל רבא לרבה בר מרי מנא הא מילתא דאמרי אינשי מטייל ואזיל דיקלא בישא גבי קינא דשרכי [ח] אמר ליה דבר זה כתוב בתורה שנוי בנביאים ומשולש בכתובים ותנן במתניתין ותנינא בברייתא כתוב בתורה דכתיב (נ) וילך עשו אל ישמעאל שנוי בנביאים דכתיב (ס) ויתלקטו אל יפתח אנשים רקים [ט] ויהיו עמו ומשולש בכתובים דכתיב [י] כל עוף למינו ישכון ובני אדם לדומה לו תנן במתני' [כ] כל המחובר לטמא טמא כל המחובר לטהור טהור ותנינא בברייתא [ל] רבי אליעזר אומר לא לחנם הלך זרזיר אצל עורב אלא מפני שהוא מינו אמר ליה רבא לרבה בר מרי מנא הא מילתא דאמרי אינשי קרית חברך ולא ענך [מ] רמי גודא רבה שדי ביה א"ל [נ] (ע) יען טהרתיך ולא טהרת מטומאתך לא תטהרי עוד אמר ליה רבא לרבה בר מרי מנא הא מילתא דאמרי אינשי בירא דשתית מיניה לא תשדי ביה קלא א"ל דכתיב (פ) לא תתעב אדומי כי אחיך הוא ולא תתעב מצרי כי גר היית בארצו אמר ליה רבא לרבה בר מרי מנא הא מילתא דאמרי אינשי אי דלית דורא דלינא ואי לא לא דלינא אמר ליה דכתיב (צ) ויאמר אליה ברק אם תלכי עמי והלכתי ואם לא תלכי עמי לא אלך א"ל רבא לרבה בר מרי מנא הא מילתא דאמרי אינשי כד הוינן זוטרי לגברי השתא דקשישנא לדרדקי אמר ליה מעיקרא כתיב (ק) וה' הולך לפניהם יומם בעמוד ענן לנחותם הדרך ולילה בעמוד אש להאיר להם ולבסוף כתיב
הנה

רש"י

וטמא טמא. לא די לו נגעו אלא שמבייש את עצמו על כרחו הטיל עליו הכתוב חובה: שיתין רהוטי רהוט. ששים איש רצו ולא הגיעו לאוכל שחרית: אוכפא לגביך מוש. כלומר טול אוכף של חמור והסירהו אליך ושים אותו על גביך כלומר הודה לדבריו ואל תענהו. מוש לשון לא ימיש (שמות יג) כלומר הסירהו אליך כמו סורו נא (בראשית יט): שפחת שרי. אמר לה והיא ענתה שרי גברתי: ועיניה מטייפי. עיניו מצפות למעלה למרחוק למזונותיו וחבירו בכתובות (דף ס.) נטוף עיניך: שפיל ואזיל. כלומר מחמת ענותנותו של אדם לא יהא בוש מלשאול דבר הצריך לו בין לתורה בין לפרנסתו ולתבוע חובו: [ס] כאשר ייטב וגו'. באביגיל כתיב שהיתה מתנבאה שימות נבל בעלה ובתוך דבריה מרמזת לדוד שיזכיר את יפיה: תכלי. אבלות ומכאובות: ולי אני עבדך. אלמא קובל היה עליו שלא זימנו למשתה: שיתין. לאו מקרא נפקי אלא מילתא בעלמא הוא דקאמרי אינשי ולאו דוקא הוא: ויוסף אברהם. נתקנא ביצחק: חמרא למריה וטיבותא לשקייה. היין של מלך הוא והשותין אותו מחזיקין טובה לשר המשקה ולא למלך (ג): ויסמוך את ידיו. תלה החכמה והגדולה במשה כאילו הוא נותנה ליהושע והיא אינה אלא מפי הקב"ה: גללי. אבנים לשון מורי ל"א גללים ממש ורחשון ישר דגללים ממש אורחיה הוא: קינא דשרכי. אילנות בטלים ואין עושים פרי כמו [ע] גברא דשרכא בטל כלומר דרך דקל רע ליגדל בצד אילן סרק: המחובר לטמא טמא כו'. במסכת כלים היא בפרק טבעת אדם דקתני אונקלי של דרגש ושל שולחן טמאה ושל מנורת עץ טהורה זה הכלל המחובר לטמא טמא לטהור טהור אונקלי מסמר של מתכת עשוי כמזלג לתלות שם בהמה בשעת הפשטה ותחוב בכותל כדאמרינן בתמיד נשחט (פסחים סד.) אונקליות של ברזל היו תחובין בעמודים כו' ואם תחבו במנורת עץ לפשוטי כלי עץ (ד) בטל מסמר לגבה ואינה מקבלת טומאה ואפי' נגעה בו טומאה אבל בדרגש ובשולחן שמקבלין טומאה הן אף הוא מקבל טומאה: לא לחנם הלך זרזיר. רבי אליעזר סבר זרזיר עוף טמא הוא ורבנן פליגי עליה בשחיטת חולין באלו טריפות (ד' סה.): זרזיר. אסטורוני"ל: קרית חברך. להוכיחו ולא ענך: דחי גודא. כותל הפל עליו כלומר הניחו ויפול ברשעו דחהו בידים: דשתית מיניה. ששתית מינה כבר באמא: לא תשדי ביה קלא. מוט"א בלע"ז כלומר דבר הנצרך לך פעם אחת שוב לא תבזהו: אי דלית דורא דלינא. אם תלה ותגביה המשוי עמי דלינא. דורא משוי משל הוא שאין אדם רוצה ליכנס בסכנת היזק ממון ותחת עול דבר אלא אם כן משתתף חבירו עמו: כי הוינן זוטרי לגברי. כשהיינו קטנים היינו חשובים כגברי: השתא דקשישנא. עכשיו שהזקנו הננו שפלים כתינוקות:
אחד

תוספות

שיתין רהוטי רהוט. פירש הר"ר משולם שיש בשנה ששה עתים זרע וקציר וקור וחום וקיץ וחורף ומפרש בפרק המקבל (ב"מ דף קז:) שכל אחד שני חדשים והם ס' יום ובחנם דחק לאורחא דגמרא בהכי כמו שיתין תיכלי מטי לככא דבסמוך ובאלו טריפות (חולין דף נח:) שיתין מאני דפרזלא תלו ליה בקורנסיה [פ]:

חמרא למריה וטיבותא לשקייה. כלומר המשקה נותן בעין יפה למי שהוא רוצה כדאמר במדרש טוב עין יבורך זה משה רבינו ע"ה שא"ל הקב"ה וסמכת ידך והוא סמך בב' ידיו כדכתיב ויסמוך ידיו עליו ובקונטרס פי' בע"א: גבי קינא דשרכי. כלומר מקום הבטלים ופי' קינא היינו מקום כמו תלתא תאלי בחדא קינא דהכונס (לעיל דף נח:) וכן מפרש בסוכה (דף לג: ושם [ל]) תלתא טרפי בחד קינא במקום אחד שלשה עלין סמוכין זה על זה שכן דרך ההדסים ובקונט' פי' שכל ג' עלים (ה) בקנה אחד ואם כן לא ימלא לעולם הדס כשר:

דשרכי. בטלים וכן בשרכא בסוף יש נוחלין (ב"ב דף קלט. ושם [ק]) כמו איש יודע ציד (בראשית כה) ומתרגמינן גברא נחשירכן ומפ' ר"ת נח ובטל ובערוך גורס שידכן בדלי"ת ומפרש לשון שקט ותשקוט הארץ תרגומו ושדוכת ארעא (שופטים ה): [עי' תוס' ב"ב קלט. [ר]]:

משולש בכתובים. כל עוף כנף למינהו ישכון אין זה מקרא בכל התורה ושמא בספר בן סירא הוא וכן [ש] סלסלה ותרוממך ובין נדיבים תושיבך:
דאיכא

מסורת הש"ס

א) [פסחים קיב. ב"מ קז: ע"ש], ב) [אמר ליה דכתיב כצ"ל], ג) [ב"מ קז: ע"ש], ד) דאמרי אינשי כו' כצ"ל ת"ח בשם ס"א וע"ש, ה) מגילה יד:, ו) [עי' תוס' ע"ז כח. ד"ה ככי], ז) [א"ל דכתיב כצ"ל], ח) [הערוך בערך שדך א' גרס דשדכי בדל"ת], ט) [ויצאו עמו כצ"ל], י) בן סירא יג, כ) כלים פי"ב מ"ב, ל) חולין סה., מ) נ"א דחי גודא, נ) [דכתיב יען כצ"ל], ס) [צ"ל והטיב], ע) ב"ב קלט., פ) [ועי' רש"י שבת ל: ד"ה שיתין], צ) [ד"ה תלתא], ק) [ד"ה מתניתין], ר) [ד"ה מתניתין], ש) [ברכות מח. ע"ש ובתוס' עירובין סה. ד"ה בצר].

הגהות הב"ח

(א) גמ' למען ישמעו כל עדת כצ"ל ותיבת ויראון נמחק: (ב) שם וישמעו אליו בני כצ"ל ותיבת כל נמחק: (ג) רש"י ד"ה חמרא וכו' למלך הס"ד ואח"כ מ"ה כי סמך משה את ידיו עליו תלה החכמה: (ד) ד"ה המחובר וכו' כלי עץ הוא בטל: (ה) תוס' ד"ה גבי וכו' ובקונטרס פי' שכל ג' עלים בעוקץ אחד:

לעזי רש"י

אשטורוני"ל. פירוש זרזיר, מין צפור הדומה לעורב (עיין ערוך ערך זרזר):
מוט"א. פירוש גושה של קרקע (רש"י תענית דף ד ע"א ד"ה אפי'), פיסת רגבים (רש"י ע"ז דף יח ע"ב ד"ה שקל קלא).

ליקוטי רש"י

וטמא טמא יקרא. משמיע שהוא טמא ויפרשו ממנו [ויקרא יג, מה]. דאמור רבנן השכם ואכול. בערבי פסחים (דף קיב.) בדברים שלוה [רבי עקיבא] לבניו. מחלה זו מרה. שהמרירה שבה גדולה ונובעת ומתפשטת בגידין ובעצמות. וקיתון של מים. למי שאין לו יין [ב"מ קז:]. מטייפי. צופין למרחוק ודוגמתו במס' כתובות (דף ס.) נטוף עייך [מגילה יד:]. לככא. שן [שבת פט:]. כפניה. רעב [תענית יט:]. דכתיב נפש שבעה תבוס נופת. תרמוס ברגל כמו יבוס קמינו (תהלים נד). כל מר מתוק. כל דבר מר מתוק לה [משלי כז, ז]. לא תתעב אדומי. לגמרי ואע"פ שראוי לך לתעבו שיצא בחרב לקראתך. לא תתעב מצרי. מכל וכל אע"פ שזרקו זכוריכם ליאור מה טעם שהיו לכם אכסניא בשעת הדחק [דברים כג, ח].

וַיִּקַּח אִשָּׁה וּשְׁמָהּ קְטוּרָה". מכך נראה שאברהם נשא אשה בגלל שהתקנא ביצחק[22].

שאלה תשיעית:

אֲמַר לֵיהּ רָבָא לְרַבָּה בַּר מָרִי מְנָא הָא מִילְּתָא דְּאָמְרֵי אִינְשֵׁי — מנין המקור לדבר הזה שאומרים אנשים: "**חַמְרָא לְמָרֵיהּ, טִיבוּתָא לְשָׁקְיֵיהּ** — היין לבעליו, אבל הטובה למי שמוזגו; כלומר, לעיתים קרובות אנשים מפנים את הערכתם לזה שממנו קיבלו את הטובה מיידית, ולא למקורו הראשון, כגון אלה השותים יין בארמון המלך מודים למלצר ולא למלך, אף על פי שהיין שייך למלך"[23]?

תשובת רבה בר מרי:

אֲמַר לֵיהּ לרבא: **דִּכְתִיב** בציוויו של ה' למשה למנות את יהושע למנהיג אחריו (במדבר כז, יח-כ): "**וְסָמַכְתָּ אֶת יָדְךָ עָלָיו. . . לְמַעַן יִשְׁמְעוּ(ן ויראון) כָּל עֲדַת בְּנֵי יִשְׂרָאֵל**". **וּכְתִיב** עוד (דברים לד, ט): "**וִיהוֹשֻׁעַ בִּן נוּן מָלֵא רוּחַ חָכְמָה כִּי סָמַךְ מֹשֶׁה אֶת יָדָיו עָלָיו וַיִּשְׁמְעוּ אֵלָיו (כל) בְּנֵי יִשְׂרָאֵל וגו'** ". פסוקים אלה מייחסים למשה את נתינת החכמה והגדולה ליהושע, ובאמת היתה הנתינה מפי ה'[24].

שאלה עשירית:

אֲמַר לֵיהּ רָבָא לְרַבָּה בַּר מָרִי: מְנָא הָא מִילְּתָא דְּאָמְרֵי אִינְשֵׁי — מנין המקור לדבר הזה שאומרים האנשים: "**כַּלְבָּא בְּכַפְנֵיהּ גְּלָלֵי מִבְלַע** — כלב ברעבונו יבלע אבנים[25]; כלומר: אפילו דבר קשה כאבן, שקשה לעכל"[26]?

תשובת רבה בר מרי:

דִּכְתִיב (משלי כז, ז): "**נֶפֶשׁ שְׂבֵעָה תָּבוּס** (תרמוס) **נֹפֶת** [מתיקות], **וְנֶפֶשׁ רְעֵבָה כָּל מַר מָתוֹק** [לה]"[27].

שאלה אחת עשרה:

אֲמַר לֵיהּ רָבָא לְרַבָּה בַּר מָרִי: מְנָא הָא מִילְּתָא דְּאָמְרֵי אִינְשֵׁי — מנין המקור לדבר הזה שאומרים האנשים: "**מְטַיֵּיל וְאָזִיל דִּיקְלָא בִּישָׁא גַּבֵּי קִינָא דִּשְׁרָכֵי** — מטייל והולך דקל רע על יד עצים בטלים (אילני סרק); כלומר: רשע בוחר לו חברת רשעים"?[28]

תשובת רבה בר מרי:

אֲמַר לֵיהּ לרבא: **דָּבָר זֶה כָּתוּב בַּתּוֹרָה, שָׁנוּי** (כתוב שנית) **בַּנְּבִיאִים, וּמְשׁוּלָּשׁ** (כתוב פעם שלישית) **בַּכְּתוּבִים, וּתְנַן בְּמַתְנִיתִין** — ושנינו אותו במשנה, **וְתָנֵינָא** (ולמדנו אותו) **בְּבָרַיְיתָא**.

רבה בר מרי מבאר כל אחד מהמקורות:

כָּתוּב בַּתּוֹרָה, דִּכְתִיב (בראשית כח, ט), "**וַיֵּלֶךְ עֵשָׂו אֶל יִשְׁמָעֵאל** וַיִּקַּח אֶת מַחֲלַת בַּת יִשְׁמָעֵאל. . . לוֹ לְאִשָּׁה"[29]. **שָׁנוּי** (נזכר שנית) **בַּנְּבִיאִים, דִּכְתִיב** (שופטים יא, ג), "**וַיִּתְלַקְּטוּ אֶל יִפְתָּח אֲנָשִׁים**

הערות

22. רש"י; אבל ראה חתם סופר לפירוש אחר.

רבא דורש את המלה "וַיֹּסֶף", שנשיאת קטורה היתה תוספת עבור אברהם [ולא נשא אותה מחמת הצורך, שהרי כבר קיים מצות פריה ורביה — ראה בסמוך]. ובהתאם לכלל (פסחים ה, א ועוד): "וי"ו מוסיף על ענין ראשון", למד רבא שסיבת נשיאת קטורה היתה נשיאת יצחק את רבקה (מהרש"א). וראה עוד עיון יעקב.

מן הכתובים אין שום הוכחה שקנאה כזאת מעוררת **ששים** סוגי מכאובים; המספר ששים אינו אלא ביטוי שכיח בתלמוד [המבטא "מספר רב"] ואין בו כוונה מיוחדת בדוקא (רש"י; ראה לעיל הערה 4; וראה כובע ישועה, הדן בשאלה מדוע לא ציין זאת רש"י לעיל).

המספר ששים מציין שיעור ביטול [ראה לעיל שם]; כוונת הגמרא היא שהכאב האחד שהוא כואב, שחבירו אוכל והוא אינו אוכל, יתבטל בששים בכאבים אחרים שיבואו עליו [כתוצאה מהתאכזבותו וממפח נפשו] (תורת חיים למעלה שם).

הפני יהושע מבאר, שהאימרה "שיתין תכלי מטייה. . ." עוסקת במי שבאמת אינו צריך לאכול, שאפילו אדם שאוכל רק כדי צרכו ואינו משתדל למלאות כריסו, בכל זאת יגיע לידי סכנה כאשר רואה את חבירו אוכל והוא אינו אוכל. ענין זה יש ללמוד מנתן הנביא שבוודאי לא הוצרך לאכילת יתר, וגם לא היה משתתף בסעודה אפילו הוזמן — שהרי הוא צידד במלוכת שלמה ולא במרידת אדוניהו — עם כל זה התקנא באותם שכן הוזמנו וכן השתתפו. וכן בנוגע לאברהם אבינו, אף על פי שכבר קיים מצות פריה ורביה ולא היה מחפש לישא אשה, עשה כן כשראה יצחק נושא אשה.

23. רש"י. אבל ראה הערה הבאה.

24. בדברי ה' למשה לא נאמר שסמיכות הידיים תמלאהו רוח חכמה [אף על פי שבוודאי כן היה, ומאת ה' היתה זאת], ובכל זאת כתוב בפסוק השני שזכה לכך על ידי סמיכת ידי משה. נמצינו למדים שהטובה מתייחסת לנותנה המיידי, דהיינו למשה (הרי"ף בעין יעקב, בביאור דעת רש"י). שכן טובה זו מאת ה' באה לו, אלא שעברה אליו דרך משה (שיחות מוסר לרבי חיים שמולביץ תשלב, לה, על פי רש"י).

מכאן המקור למה שאמר בעל חובות הלבבות (שער הבטחון ד, הפירוש השלישי; ראה גם חידושי אגדות למהר"ל כאן), שאף על פי שטובתו של אדם באה לו מאת ה', בכל זאת יש לו להכיר טובה לאיש שבאה לו הטובה על ידו ששימש שלוחו של ה' לכך, ועל שהתרצה האיש מטוב לבו להיטיב לו, וכמו שאמרו חכמים (בבא בתרא קיט, ב): "מגלגלין זכות על ידי זכאי" (שפתי חיים לרב חיים פרידלנדר, מועדים ב, רעב).

פירוש אחר: "חמרא למריה וטיבותא לשקייה" — היין שייך לאדון, אבל המוזג נותן למי שהוא רוצה ובעין יפה, על פי מה שאמרו חכמים (במדבר רבה כא, טו; אבל ראה מהר"ץ חיות על פי סנהדרין קה, ב): "ועשה משה בטוב עין, שנאמר (משלי כב, ט): 'טוֹב עַיִן הוּא יְבֹרָךְ', משל למלך שאמר לבן ביתו: 'תן לפלוני סאה של חטים', הלך ונתן לו סאתים, אמר לו: 'הרי סאה של מלך, וסאה משלי', כך אמר הקב"ה למשה: 'וְסָמַכְתָּ אֶת יָדְךָ עָלָיו', יד אחת [הרומזת על כח הנהגה במלחמה, כמו שנאמר (שמות יז, יא): "וְהָיָה כַּאֲשֶׁר יָרִים מֹשֶׁה יָדוֹ וְגָבַר יִשְׂרָאֵל. . .", וזו היתה בקשת משה אל ה', שיעמיד לבני ישראל (במדבר כז, טז-יז): "אִישׁ עַל הָעֵדָה, אֲשֶׁר יֵצֵא לִפְנֵיהֶם וַאֲשֶׁר יָבֹא לִפְנֵיהֶם וַאֲשֶׁר יוֹצִיאֵם וַאֲשֶׁר יְבִיאֵם" (מהרש"א)], מה עשה? "וַיִּסְמֹךְ אֶת יָדָיו עָלָיו וַיְצַוֵּהוּ" (שם פסוק כג) [בשתי ידים, המרמזות על התורה והחכמה בנוסף לגדולה, כמו שנאמר (דברים ט, טו): "וּשְׁנֵי לוּחֹת הַבְּרִית עַל שְׁתֵּי יָדָי" (מהרש"א)] (תוספות, וכן מבואר בשיטה מקובצת בשם גאון, וברש"י לפסוק, ובסנהדרין שם וברש"י). ומשמע מדבריהם שלא גרסו בגמרא את הפסוק "וִיהוֹשֻׁעַ בִּן נוּן. . ." אלא הפסוק "וַיִּסְמֹךְ אֶת יָדָיו. . .", וכן הגירסא ברש"י לפנינו — ואף על פי שפירושו של רש"י מתאים יותר לגירסא שלנו (תורת חיים). וכן הגירסא גם בשיטה מקובצת שם, ובכל כתבי היד (ספר שינויי נוסחאות). אולם לגירסא שלפנינו יש לומר שהפסוק "וִיהוֹשֻׁעַ בִּן נוּן. . ." מלמד שסמיכת הידים היא שגרמה ליהושע להיות מלא רוח חכמה (קיקיון דיונה). וראה מהר"ם שיף לפירוש נוסף.

25. רש"י בפירושו הראשון, בשם מורו, שהוא מעדיף; וראה הערה 27.

גלל הוא אבן שיש — ראה עזרא ו, ד ובמפרשים; רש"י שבת טז, ב ד"ה גללים וראש השנה ד, א ד"ה נדבכין.

26. מהרש"א; וראה הערה הבאה. ויש לנו ללמוד מכאן שאם אכל כלב אבנים השייכים לאיש, חייב בעל הכלב לשלם נזק שלם ולא חצי נזק, וכמו שמצינו לעיל יט, ב שבעל-חי האוכל דבר שאין דרכו לאכול אלא על ידי הדחק הריהו נחשב "אורחיה" ומשלם נזק שלם (עין אליהו).

27. הגמרא במסכת שבת קנה, ב אומרת: "יודע הקב"ה בכלב שמזונותיו מועטין, לפיכך שוהה אכילתו במעיו שלשה ימים. . . אמר רב פפא: לית דעניא מכלבא [אין בעל חיים עני יותר מכלב, שאין אדם חס עליו לתת לו מזונות כל צרכו] ולית דעתיר מחזירא [ואין בעל חיים עשיר יותר מחזיר, שכל מאכל ראוי לו ואף מאכילים אותו הרבה]". בהתאם לכך, הפסוק אומר, שנפש שבעה, כגון החזיר, תתייחס בבוז אפילו לדברים מתוקים [שכן היא מתגוללת תמיד באשפה], ואילו נפש רעבה, כגון הכלב [כמו שנאמר (ישעיהו נו, יא): "וְהַכְּלָבִים עַזֵּי נֶפֶשׁ לֹא יָדְעוּ שָׂבְעָה" (עיון יעקב, תורת חיים)], אוכלת כל דבר מר וקשה לעכל והיא נהנית ממנו (מהרש"א).

[רש"י מביא פירוש שני, לפיו "גללי" מתפרשת כפשוטה (צואה), והוא דוחה פירוש זה, שכן אכילת גללים היא דבר רגיל בכלב ואף כשאינו רעב [ראה שבת קכא, ב]. העיון יעקב מוסיף לפי פירוש זה, שיש לנו ללמוד מכאן שבשעת רעב מותר אדם לאכול אפילו דבר מאוס, ואינו עובר על כך באיסור "בל תשקצו". אבל ראה פתח עינים לחיד"א.]

28. אדם צריך לשאוף להתחבר לאנשים טובים. כי אם יתחבר לאדם רע, יחשבו אחרים שגם הוא רע כמותו (מאירי).

המלה "דשרכי" פירושה: הבטלנים, והגמרא בבבא בתרא קלט, א, משתמשת במלה זו לתאר אדם בטל המוציא זמנו לריק (רש"י; תוספות כאן ובבבא בתרא). והמלה "קינא" פירושה: מקום (תוספות). לפירושים אחרים על פי גירסאות אחרות, ראה תוספות בשם הערוך; שיטה מקובצת בשם גאון; ערוך ערך שדך (ג).

רבא נקט "דקלא בישא", משום שבניגוד לשאר אילנות, דקל שנתייבש שוב אין לו תקנה [ומשום כך הוא מתחבר לאילנות שלעולם לא יוציאו פירות], כמו שמבואר במסכת בבא בתרא פב, א וברשב"ם שם ד"ה אסוחי (עין אליהו).

29. עשו הוא הדקל הרע, וישמעאל הוא עץ הסרק. יחוסו של עשו היה מעולה, והיתה אפשרות בידו להתעלות ולהגיע לגדולה רוחנית, שכן הוריו היו יצחק ורבקה, והיה ברחם אחד עם אחיו הצדיק יעקב. אולם, במעשיו הרעים הצמיח עשו פירות גרועים. ישמעאל, לעומת זאת, מעולם לא היה לו הכח הזה — הוא היה בנה של הגר השפחה, לכן דומה הוא לאילן סרק, שמתחילה אין לו ערך. נישואי עשו לבתו של ישמעאל וכניסתו לאותה משפחה מתבארים על ידי הדימוי של הדקל הרע הגדל ליד אילני סרק (מהרש"א).

עין משפט
נר מצוה

קיב א טוש"ע א"ח סי' קנה סעיף ב:

תורה אור השלם

א) וְהַצָּרוּעַ אֲשֶׁר בּוֹ הַנֶּגַע בְּגָדָיו יִהְיוּ פְרֻמִים וְרֹאשׁוֹ יִהְיֶה פָרוּעַ וְעַל שָׂפָם יַעְטֶה וְטָמֵא טָמֵא יִקְרָא: [ויקרא יג, מה]

ב) לֹא יִרְעָבוּ וְלֹא יִצְמָאוּ וְלֹא יַכֵּם שָׁרָב וָשָׁמֶשׁ כִּי מְרַחֲמָם יְנַהֲגֵם וְעַל מַבּוּעֵי מַיִם יְנַהֲלֵם: [ישעיה מט, י]

ג) וַעֲבַדְתֶּם אֵת יְיָ אֱלֹהֵיכֶם וּבֵרַךְ אֶת לַחְמְךָ וְאֶת מֵימֶיךָ וַהֲסִרֹתִי מַחֲלָה מִקִּרְבֶּךָ: [שמות כג, כה]

ד) וַיֹּאמַר הָגָר שִׁפְחַת שָׂרַי אֵי מִזֶּה בָאת וְאָנָה תֵלֵכִי וַתֹּאמֶר מִפְּנֵי שָׂרַי גְּבִרְתִּי אָנֹכִי בֹּרַחַת: [בראשית טז, ח]

ה) וַיֹּאמַר עֶבֶד אַבְרָהָם אָנֹכִי: [בראשית כד, לד]

ו) וְלֹא תִהְיֶה זֹאת לְךָ לְפוּקָה וּלְמִכְשׁוֹל לֵב לַאדֹנִי וְלִשְׁפָּךְ דָּם חִנָּם וּלְהוֹשִׁיעַ אֲדֹנִי לוֹ וְהֵיטִב יְיָ לַאדֹנִי וְזָכַרְתָּ אֶת אֲמָתֶךָ: [שמואל א כה, לא]

ז) וְלִי אֲנִי עַבְדֶּךָ וּלְצָדֹק הַכֹּהֵן וְלִבְנָיָהוּ בֶן יְהוֹיָדָע וְלִשְׁלֹמֹה עַבְדְּךָ לֹא קָרָא: [מלכים א א, כו]

ח) וַיְבִאֶהָ יִצְחָק הָאֹהֱלָה שָׂרָה אִמּוֹ וַיִּקַּח אֶת רִבְקָה וַתְּהִי לוֹ לְאִשָּׁה וַיֶּאֱהָבֶהָ וַיִּנָּחֵם יִצְחָק אַחֲרֵי אִמּוֹ: [בראשית כד, סז]

ט) וַיֹּסֶף אַבְרָהָם וַיִּקַּח אִשָּׁה וּשְׁמָהּ קְטוּרָה: [בראשית כה, א]

י) וַיֹּאמֶר יְיָ אֶל מֹשֶׁה קַח לְךָ אֶת יְהוֹשֻׁעַ בִּן נוּן אִישׁ אֲשֶׁר רוּחַ בּוֹ וְסָמַכְתָּ אֶת יָדְךָ עָלָיו: [במדבר כז, יח]

כ) וְנָתַתָּה מֵהוֹדְךָ עָלָיו לְמַעַן יִשְׁמְעוּ כָּל עֲדַת בְּנֵי יִשְׂרָאֵל: [במדבר כז, כ]

ל) וִיהוֹשֻׁעַ בִּן נוּן מָלֵא רוּחַ חָכְמָה כִּי סָמַךְ מֹשֶׁה אֶת יָדָיו עָלָיו וַיִּשְׁמְעוּ אֵלָיו בְּנֵי יִשְׂרָאֵל וַיַּעֲשׂוּ כַּאֲשֶׁר צִוָּה יְיָ אֶת מֹשֶׁה: [דברים לד, ט]

מ) נֶפֶשׁ שְׂבֵעָה תָּבוּס נֹפֶת וְנֶפֶשׁ רְעֵבָה כָּל מַר מָתוֹק: [משלי כז, ז]

נ) וַיֵּלֶךְ עֵשָׂו אֶל יִשְׁמָעֵאל וַיִּקַּח אֶת מָחֲלַת בַּת יִשְׁמָעֵאל בֶּן אַבְרָהָם אֲחוֹת נְבָיוֹת עַל נָשָׁיו לוֹ לְאִשָּׁה: [בראשית כח, ט]

ס) וַיִּבְרַח יִפְתָּח מִפְּנֵי אֶחָיו וַיֵּשֶׁב בְּאֶרֶץ טוֹב וַיִּתְלַקְּטוּ אֶל יִפְתָּח אֲנָשִׁים רֵיקִים וַיֵּצְאוּ עִמּוֹ: [שופטים יא, ג]

ע) בְּטֻמְאָתֵךְ זִמָּה יַעַן טִהַרְתִּיךְ וְלֹא טָהַרְתְּ מִטֻּמְאָתֵךְ לֹא תִטְהֲרִי עוֹד עַד הֲנִיחִי אֶת חֲמָתִי בָּךְ: [יחזקאל כד, יג]

שיתין רהוטי רהוט. פירש הר"ר משולם שיש בשנה ששה עתים זרע וקציר וקור וחום וקיץ וחורף ומפרש בפרק המקבל (ב"מ דף קו:) שכל אחד שני חדשים והם ס' יום ובחנם דחק לאורחא דגמרא בהכי כמו שיתין תיכלי מטי לככא דבסמוך ובאלו טריפות (חולין דף נח:) שיתין מאני דפרזלא תלו ליה בקורנסיה [פ]:

חמרא למריה וטיבותא לשקייה. כלומר המשקה נותן בעין יפה למי שהוא רוצה כדאמר במדרש טוב עין יבורך זה משה רבינו ע"ה שא"ל הקב"ה וסמכת ידך והוא סמך בב' ידיו כדכתיב ויסמוך ידיו עליו ובקונטרס פי' בע"א: **גבי** קינא דשרכי. כלומר מקום הבטלנים ופי' קינא היינו מקום כמו תלתא תאלי בחדא קינא דהכונס (לעיל דף נח:) וכן מפרש בסוכה (דף לג: ושם [ל]) תלתא טרפי בחד קינא במקום אחד שלשה עלין סמוכין זה על זה שכן דרך ההדסים ובקונט' פי' שכל ג' עלים (ה) בקנה אחד ואם כן לא ימצא לעולם הדס כשר:

דשרכי. בטלנים וכן בשרכא בסוף יש נוחלין (ב"ב דף קלט. ושם [ק]) כמו איש יודע ציד (בראשית כה) ומתרגמינן גברא נחשירכן ומפ' ר"ת נח ובטל ובערוך גורס שידכן בדלי"ת ומפרש לשון שקט ותשקוט הארץ תרגומו ושדוכת ארעא (שופטים ה): [עי' תוס' ב"ב קלט.[ר]]:

משולש בכתובים. כל עוף כנף למינהו ישכון אין זה מקרא בכל התורה ושמא בספר בן סירא הוא וכן [ש] סלסלה ותרוממך ובין נדיבים תושיבך: דאיכא

וטמא טמא. לא די לו נגעו אלא שמבייש את עצמו על כרחו הטיל עליו הכתוב חובה: **שיתין רהוטי רהוט.** ששים איש רצו ולא הגיעו לאוכל שחרית: **אוכפא לגביך מוש.** כלומר טול אוכף של חמור והסירהו אליך ושים אותו על גביך כלומר הודה לדבריו ואל תענהו. מוש לשון לא ימיש (שמות יג) כלומר הסירהו אליך כמו סורו נא (בראשית יט): **שפחת שרי.** אמר לה והיא ענתה שרי גברתי: **ועיניה מטייפי.** עיניו מצפות למעלה למרחוק למזונותיו וחבירו בכתובות (דף ס.) נטוף עיניך: **שפיל ואזיל.** כלומר מחמת ענותנותו של אדם לא יהא בוש מלשאול דבר הצריך לו בין לתורה בין לפרנסתו ולתבוע חובו: [ס] **באשר ייטב וגו'.** באביגיל כתיב שהיתה מתנבאה שימות נבל בעלה ובתוך דבריה מרמזת לדוד שיזכיר את יפיה: **תכלי.** אבלות ומכאובות: **ולי אני עבדך.** אלמא קובל היה עליו שלא זימנו למשתה: **שיתין.** לאו מקרא נפקי אלא מילתא בעלמא הוא דקאמרי אינשי ולאו דוקא הוא: **ויוסף אברהם.** נתקנא ביצחק: **חמרא למריה וטיבותא לשקייה.** היין של מלך הוא והשותין אותו מחזיקין טובה לשר המשקה ולא למלך (ג): **ויסמוך את ידיו.** תלה החכמה והגדולה במשה כאילו הוא נותנה ליהושע והיא אינה אלא מפי הקב"ה: **גללי.** אבנים לשון מורי ל"א גללים ממש ורגשון ישר דגללים ממש אורחיה הוא: **קינא דשרכי.** אילנות בטלים ואין עושים פרי כמו [ע] גברא דשרכא בטל כלומר דרך דקל רע ליגדל בצד אילן סרק: **המחובר לטמא טמא כו'.** במסכת כלים היא בפרק טבעת אדם דקתני אונקלי של דרגש ושל שולחן טמאה ושל מנורת עץ טהורה זה הכלל המחובר לטמא טמא לטהור טהור אונקלי מסמר של מתכת עשוי כמזלג לתלות שם בהמה בשעת הפשטה ותחוב בכותל כדאמרינן בתמיד נשחט (פסחים סד.) אונקליות של ברזל היו תחובין בעמודים כו' ואם תחבו במנורת עץ דפשוטי כלי עץ (ד) בטל מסמר לגבה ואינה מקבלת טומאה ואפי' נגעה בו טומאה אבל בדרגש ובשולחן שמקבלין טומאה הן אף הוא מקבל טומאה: **לא לחנם הלך זרזיר.** רבי אליעזר סבר זרזיר עוף טמא הוא ורבנן פליגי עליה בשחיטת חולין באלו טריפות (ד' סה.): **זרזיר.** אשטורוני"ל: **קרית חברך.** להוכיחו ולא ענך: **דחי גודא.** כותל הפל עליו כלומר הניחו ויפול ברשעו דחהו בידים: **דשתית מיניה.** ששתית מינה כבר בצמא: **לא תשדי ביה קלא.** מוט"א בלע"ז כלומר דבר הנצרך לך פעם אחת שוב לא תבזהו: **אי דלית דורא דלינא.** אם תדלה ותגביה המשוי עמי דלינא. דורא משוי משל הוא שאין אדם רוצה ליכנס בסכנת היזק ממון ותחת עול דבר אלא אם כן משתתף חבירו עמו: **כי הוינן זוטרי לגברי.** כשהיינו קטנים היינו חשובים כגברי: **השתא דקשישנא.** עכשיו שהזקננו הננו שפלים כתינוקות: אחד

א) וטמא טמא יקרא א"ל רבא לרבה בר מרי מנא הא מילתא [א] דאמור רבנן השכם ואכול בקיץ מפני החמה ובחורף מפני הצינה ואמרי אינשי שיתין רהוטי רהוט ולא מטו לגברא דמצפרא כרך [ב] דכתיב ב) לא ירעבו ולא יצמאו ולא יכם שרב ושמש א"ל את אמרת מהתם ואנא אמינא מהכא ג) ועבדתם את ה' אלהיכם זו קרית שמע ותפלה וברך [את] לחמך ואת מימיך זו פת במלח וקיתון של מים מכאן ואילך והסירותי מחלה מקרבך ותניא [ג] מחלה זו מרה ולמה נקרא שמה מחלה ששמונים ושלשה חלאין יש בה מחלה בגימטריא הכי הוו וכולן פת במלח שחרית וקיתון של מים מבטלן א"ל רבא לרבה בר מרי מנא הא מילתא [ד] דאמור רבנן חברך קרייך חמרא אוכפא לגביך מוש א"ל דכתיב ד) ויאמר הגר שפחת שרי אי מזה באת ואנה תלכי ותאמר מפני שרי גברתי אנכי בורחת אמר ליה רבא לרבה בר מרי מנא הא מילתא דאמרי אינשי מילתא גנאה דאית ביך קדים אמרה א"ל דכתיב ה) ויאמר עבד אברהם אנכי א"ל רבא לרבה בר מרי מנא הא מילתא דאמרי אינשי [ה] שפיל ואזיל בר אווזא ועיניה מטייפי אמר ליה דכתיב ו) והטיב ה' לאדני וזכרת [את] אמתך אמר ליה רבא לרבה בר מרי מנא הא מילתא דאמרי אינשי שיתין תכלי מטייה [ו] לככא דקל חבריה שמע ולא אכל אמר ליה דכתיב ז) ולי אני עבדך ולצדוק הכהן ולבניהו בן יהוידע ולשלמה עבדך לא קרא א"ל את אמרת מהתם ואנא אמינא מהכא ח) ויבאה יצחק האהלה שרה אמו ויקח את רבקה ותהי לו לאשה ויאהבה וינחם יצחק אחרי אמו וכתיב בתריה ט) ויוסף אברהם ויקח אשה ושמה קטורה אמר ליה רבא לרבה בר מרי מנא הא מילתא דאמרי אינשי חמרא למריה טיבותא לשקייה אמר ליה דכתיב י) וסמכת את ידך עליו כ) למען (א) ישמעון ויראון כל עדת בני ישראל וכתיב ל) ויהושע בן נון מלא רוח חכמה כי סמך משה את ידיו עליו וישמעו אליו (ב) כל בני ישראל וגו' אמר ליה רבא לרבה בר מרי מנא הא מילתא דאמרי אינשי כלבא בכפניה גללי מבלע [ז] דכתיב מ) נפש שבעה תבוס נופת ונפש רעבה כל מר מתוק א"ל רבא לרבה בר מרי מנא הא מילתא דאמרי אינשי מטייל ואזיל דיקלא בישא גבי קינא דשרכי [ח] אמר ליה דבר זה כתוב בתורה שנוי בנביאים ומשולש בכתובים ותנן במתניתין ותנינא בברייתא כתוב בתורה דכתיב נ) וילך עשו אל ישמעאל שנוי בנביאים דכתיב ס) ויתלקטו אל יפתח אנשים רקים [ט] ויהיו עמו ומשולש בכתובים דכתיב [י] כל עוף למינו ישכון ובני אדם לדומה לו תנן במתני' [כ] כל המחובר לטמא טמא כל המחובר לטהור טהור ותנינא בברייתא [ל] רבי אליעזר אומר לא לחנם הלך זרזיר אצל עורב אלא מפני שהוא מינו אמר ליה רבא לרבה בר מרי מנא הא מילתא דאמרי אינשי קרית חברך ולא ענך [מ] רמי גודא רבה שדי ביה א"ל [נ] ע) יען טהרתיך ולא טהרת מטומאתך לא תטהרי עוד אמר ליה רבא לרבה בר מרי מנא הא מילתא דאמרי אינשי בירא דשתית מיניה לא תשדי ביה קלא א"ל דכתיב פ) לא תתעב אדומי כי אחיך הוא ולא תתעב מצרי כי גר היית בארצו אמר ליה רבא לרבה בר מרי מנא הא מילתא דאמרי אינשי אי דלית דורא דלינא ואי לא לא דלינא אמר ליה דכתיב צ) ויאמר אליה ברק אם תלכי עמי והלכתי ואם לא תלכי עמי לא אלך א"ל רבא לרבה בר מרי מנא הא מילתא דאמרי אינשי כד הוינן זוטרי לגברי השתא דקשישנא לדרדקי אמר ליה מעיקרא כתיב ק) וה' הולך לפניהם יומם בעמוד ענן לנחותם הדרך ולילה בעמוד אש להאיר להם ולבסוף כתיב הנה

פ) לֹא תְתַעֵב אֲדֹמִי כִּי אָחִיךָ הוּא לֹא תְתַעֵב מִצְרִי כִּי גֵר הָיִיתָ בְאַרְצוֹ: [דברים כג, ח]. צ) וַתֹּאמֶר אֵלֶיהָ בָּרָק אִם תֵּלְכִי עִמִּי וְהָלָכְתִּי וְאִם לֹא תֵלְכִי עִמִּי לֹא אֵלֵךְ: [שופטים ד, ח]. ק) וַיְיָ הֹלֵךְ לִפְנֵיהֶם יוֹמָם בְּעַמּוּד עָנָן לַנְחֹתָם הַדֶּרֶךְ וְלַיְלָה בְּעַמּוּד אֵשׁ לְהָאִיר לָהֶם לָלֶכֶת יוֹמָם וָלָיְלָה: [שמות יג, כא]

מסורת הש"ס

א) [פסחים קיב. ב"מ קז: ע"ש], ב) [אמר ליה דכתיב כצ"ל], ג) [ב"מ קז: ע"ש], ד) דאמרי אינשי כו' כצ"ל ת"ח בשם ס"א וע"ש, ה) מגילה יד:, ו) [עי' תוס' ע"ז כח. ד"ה ככי], ז) [א"ל דכתיב כצ"ל], ח) [הערוך בערך שדך א' גרס דשדכי בדל"ת], ט) [ויצאו עמו כצ"ל], י) בן סירא יג, כ) כלים פי"ב מ"ב, ל) חולין סה., מ) נ"א דחי גודא, נ) [דכתיב יען כצ"ל], ס) [צ"ל והטיב], ע) ב"ב קלט., פ) [ועי' רש"י שבת ל: ד"ה שיתין], צ) [ד"ה תלתא], ק) [ד"ה מתניתין], ר) [ד"ה מתניתין], ש) [ברכות מח. ע"ש ובתוס' עירובין סה. ד"ה בצר].

הגהות הב"ח

(א) גמ' למען ישמעו כל עדת כצ"ל ותיבת ויראון נמחק: (ב) שם וישמעו אליו בני כצ"ל ותיבת כל נמחק: (ג) רש"י ד"ה חמרא וכו' למלך הס"ד ואח"כ מ"ה כי סמך משה את ידיו עליו תלה החכמה: (ד) ד"ה המחובר וכו' כלי עץ הוא בטל: (ה) תוס' ד"ה גבי וכו' ובקונטרס פי' שכל ג' עלים בעוקץ אחד:

לעזי רש"י

אשטורוני"ל. פירוש זרזיר, מין צפור הדומה לעורב (עיין ערוך ערך זרזר):
מוט"א. פירוש גושה של קרקע (רש"י תענית דף ד ע"א ד"ה אפי'), פיסת רגבים (רש"י ע"ז דף יח ע"ב ד"ה שקל קלא).

ליקוטי רש"י

וטמא טמא יקרא. משמיע שהוא טמא ויפרשו ממנו [ויקרא יג, מה]. **דאמור רבנן השכם ואכול.** בערבי פסחים (דף קיב.) בדברים שצוה [רבי עקיבא] לבניו. **מחלה זו מרה.** שהמרירה שבה גדולה ונובעת ומתפשטת בגידין ובעצמות. **וקיתון של מים.** למי שאין לו יין [ב"מ קז:]. **מטייפי.** צופין למרחוק ודוגמתו במס' כתובות (דף ס.) נטוף עייניך [מגילה יד:]. **לככא.** שן [שבת פט:]. **כפניה.** רעב [תענית יט:]. **דכתיב נפש שבעה תבוס נופת.** תרמוס ברגל כמו יבוס קמינו (תהלים נד). **כל מר מתוק.** כל דבר מר מתוק לה [משלי כז, ז]. **לא תתעב אדומי.** לגמרי ואע"פ שראוי לך לתעבו שיצא בחרב לקראתך. **לא תתעב מצרי.** מכל וכל אע"פ שזרקו זכוריכם ליאור מה טעם שהיו לכם אכסניא בשעת הדחק [דברים כג, ח].

רֵיקִים (ויהיו) **[וַיֵּצְאוּ] עִמּוֹ״**[30]. **וּמְשׁוּלָּשׁ** (פעם שלישית) **בַּכְּתוּבִים,** היינו בספר בן סירא[31], **דִּכְתִיב: ״כָּל עוֹף לְמִינוֹ יִשְׁכּוֹן (ובני) [וּבֶן]**[32] **אָדָם לַדּוֹמֶה לוֹ״**[33]. **תְּנַן בְּמַתְנִיתִין** — שנינו אותו במשנה (כלים יב, ב): **כָּל הַמְחוּבָּר** לְדבר **טָמֵא** הרי הוא עצמו **טָמֵא, וְכָל הַמְחוּבָּר** לְדבר **טָהוֹר** הרי הוא עצמו **טָהוֹר**[34]. **וְתָנֵינָא** (ולמדנו) **בְּבָרַיְיתָא: רַבִּי אֱלִיעֶזֶר אוֹמֵר: לֹא לְחִנָּם הָלַךְ הַזַּרְזִיר**[35] **אֵצֶל הָעוֹרֵב, אֶלָּא מִפְּנֵי שֶׁהוּא מִינוֹ**[36]. כל המקורות הללו מצביעים על רעיון כללי אחד, שמטיבם של חביריו של אדם יש ללמוד על טיבו של האדם עצמו.

שאלה שתים עשרה:

אָמַר לֵיהּ רָבָא לְרַבָּה בַּר מָרִי: מְנָא הָא מִילְּתָא דְּאָמְרֵי אִינְשֵׁי — מנין המקור לדבר הזה שאומרים האנשים: **״קָרִית חַבְרָךְ וְלֹא עָנָךְ** — אם קראת לחברך כדי להוכיחו על מעשה רע שעשה, והוא לא טרח לענות לך, **רְמֵי גּוּדָא רַבָּה שְׁדֵי בֵּיהּ** — טול כותל גדול והפל עליו; כלומר: אם נסית להוכיחו כראוי, והוא התעלם ממך בכוונה, עליך להניח לו ליפול ברשעתו, ודחהו בשתי ידים״[37]?

תשובת רבה בר מרי:

אָמַר לֵיהּ לרבא: שנאמר בתוכחות הנביא לבני ישראל (יחזקאל כד, יג): **״יַעַן טִהַרְתִּיךְ וְלֹא טָהַרְתְּ** [סרבת להיטהר] **מִטֻּמְאָתֵךְ,** [לפיכך] **לֹא תִטְהֲרִי עוֹד** [ממנה] עַד הֲנִיחִי אֶת חֲמָתִי בָּךְ״. הפסוק מלמד שלאחר כמה נסיונות לשנות את נוהגם של בני ישראל, מגיע זמן שבו כבר ניתן להתייאש מתקוה שדברי התוכחה ישפיעו על שומעיהם[38].

שאלה שלש עשרה:

אָמַר לֵיהּ רָבָא לְרַבָּה בַּר מָרִי: מְנָא הָא מִילְּתָא דְּאָמְרֵי אִינְשֵׁי — מנין המקור לדבר הזה שאומרים האנשים: **״בֵּירָא דְּשָׁתִית מִינֵּיהּ לֹא תִשְׁדֵּי בֵּיהּ קָלָא** — בור ששתית ממנו אל תזרוק בו צרור עפר; כלומר: אם דבר מסויים עזר לך בעבר, אל תבזהו אחרי כן״[39]?

הערות

30. הגמרא דורשת את המלה ״עִמּוֹ״, שגם יפתח היה דומה לאנשים הריקים [ראה הוריות ד, ב], וכמו שאמרו חכמים (תנחומא בחוקותי, ה) שיפתח היה עם הארץ (הגהות יעב״ץ). יפתח נחשב לאילן סרק, בדומה לישמעאל, בהיותו בן של פילגש (שופטים יא, א). וסביבו התאספו אנשים ריקים ופוחזים, שהיו רעים במעשיהם [על אף ייחוסם הטוב], בדומה לדקל הרע (מהרש״א).

31. רשב״א, וראה תוספות. בן סירא היה סופר שחי בתחילת תקופת בית המקדש השני (באשר ללידתו, ראה חלקת מחוקק אבן העזר א, ח; משנה למלך הלכות אישות טו, ד). ספר בן סירא הוא אוסף משלי חכמה, אשר נחשב מן ״הספרים החיצונים״. במספר מקומות מצטטת הגמרא מתוך הספר. [כמה מן הקטעים שמביאה הגמרא אינם מופיעים בספר בן סירא שבידינו, אלא שספר בן סירא המקורי, אשר נכתב בלשון הקודש, אבד במרוצת הדורות (בתקופה האחרונה נמצאו בגניזה הקהירית ובמצדה קטעים ממנו בנוסח המקורי, המהווים רובו של הספר), ואילו הנוסח שלפנינו תורגם לעברית מתוך תרגום יווני שנעשה על ידי נכדו של בן סירא, אשר חי במצרים. לפרטים נוספים ראה בספר ״בינו שנות דור ודור״ מאת הרב נתן דוד רבינוביץ, ירושלים תשמו, עמודים רצג-שיד.] הגמרא בסנהדרין ק, ב דנה אם ספר בן סירא נכלל בין הספרים שאסור לקרוא בהם, משום שנמצאים בו דברי הבאי (רש״י שם סד״ה כולי עלמא, וראה פירושי הראשונים שם).

את הקטעים ממנו המובאים בגמרא מותר ואף ראוי ללומדם בעיון; וכדברי רב יוסף בסנהדרין שם: ״מילי מעלייתא דאית ביה — דרשינן להו״. להרחבה בענין זה, ראה מהדורתנו שם, הערה 7.

הגמרא בודאי אינה מייחסת לספר בן־סירא חשיבות של ״כתבי הקודש״ (אוצר הגאונים; ראה מרגליות הים סנהדרין שם, אות ד). היא מצביעה על הספר בביטוי ״בכתובים״, וכן ״דכתיב״, משום שבניגוד לתורה שבעל פה, שלא ניתן להיכתב [גיטין ס, ב], ספר בן סירא היה כתוב מזמן קדום, ולכן אין מזכירים ממנו בלשון ״דתנן״ או ״דתניא״ אלא בלשון ״דכתיב״, על דרך שמצינו במגילת תענית שהיא מוזכרת בלשון ״דכתיב״ [שבת יג, ב; תענית יב, א ו־טו, ב] משום שהיתה כתובה מזמן קדום [ראה רש״י שבת ותענית שם, ובעירובין סג, ב ד״ה כגון] (מהר״ץ חיות).

32. כן הגירסא בכמה מכתבי היד ובילקוט שמעוני (דקדוקי סופרים, ז).

33. בספר בן סירא שלפנינו מופיעים שני חלקי המשפט בשני פסוקים שונים: במקום אחד (יג, יז; מהדורת סגל, ירושלים תשיג, עמוד פב) כתוב: ״כל הבשר יאהב מינו, וכל אדם את הדומה לו״, ובמקום השני (כז, ט; שם עמוד קסז) כתוב: ״כל עוף למינו ישכן, ואמת לעושֶׂיהָ תבוא״.

34. מדובר כאן בווים של מתכת העשויים לתלות עליהם דבר מה, כגון ווי הברזל (אונקליות) שהיו נעוצים בקירות ובעמודים שבחצר בית המקדש, ושעליהם היו תולים את הבהמות השחוטות כדי להפשיט את עורן (ראה משנה פסחים סד, א). וו כזה אינו אלא טפל לכלי שבו הוא נעוץ ודינו כדין הכלי: אם הוו מחובר לכלי טהור, גם הוא טהור, ואם הוא מחובר לכלי טמא הרי גם הוא טמא.

המשנה נותנת דוגמאות לכך: כידוע, כלי עץ מקבלים טומאה רק אם יש להם בית קיבול, אבל פשוטי כלי עץ אינם מקבלים טומאה [ראה שבת קכג, ב]. לכן, אם וו מתכת נעוץ במנורת עץ שאין לה בית קיבול, אין הוו נטמא אפילו כאשר הוא נוגע בדבר טמא. אולם אם הוו נעוץ בשולחן או בספסל שהם כלים המקבלים טומאה [ראה כלים יז, טו ו־כב, א], גם הוו מקבל טומאה (רש״י).

35. הוא העוף הידוע אף בימינו בשם זה, וכן שמו גם בערבית (ראה אוצר לעזי רש״י, בביאור הלעז של רש״י, ורמב״ן חולין סב, ב ד״ה ושוב בדקתי) ובאנגלית: Starling. אבל ראה חידושי הר״ן שם ד״ה והלא.

36. במסכת חולין סה, א נחלקו חכמים בדבר: רבי אליעזר סובר שהזרזיר הוא עוף טמא, ואילו חכמים חולקים וסוברים שהוא עוף טהור. לדעת חכמים אין לזרזיר תכונות של עוף טמא ולכן הם אומרים שהוא טהור. אולם רבי אליעזר מסיק שהוא טמא מכך שהוא מתחבר לעורב ממה שדרכו לשכון ולקנן יחד עם העורבים, ולכן הוא נחשב בן מינו של העורב.

גם במקרה זה ״יחוסו״ של הזרזיר הוא טוב, שכן יש לו סימן טהרה שאינו נמצא בעורב [ראה רש״י חולין סב, א ד״ה מפני], ורק התחברותו לעוף טמא מוכיחה עליו שאף הוא אינו טהור (מהרש״א).

37. רש״י. והוא על דרך שמצינו למעלה סט, א: ״הלעיטהו לרשע וימות״. באופן דומה מובע רעיון זה על ידי רבי אלעזר ברבי שמעון במסכת יבמות סה, ב: ״כשם שמצוה על אדם לומר דבר [תוכחה] הנשמע (שיתקבל), כך מצוה על אדם שלא לומר דבר [תוכחה] שאינו נשמע (שאינו נתקבל)״.

פתגם זה מתייחס רק למקרה של כשלון בתהליך ארוך של תוכחה חוזרת פעמים רבות, ולא לאחר נסיון אחד בלבד, וכמו שמצינו בספר הזוהר (ראה חלק ג, פה, ב — פו, א) שאין להוכיח את האדם יותר משלש פעמים, על דרך שנאמר (עמוס ב, ו): ״עַל שְׁלֹשָׁה פִּשְׁעֵי יִשְׂרָאֵל, וְעַל אַרְבָּעָה לֹא אֲשִׁיבֶנּוּ״ (הגר״א, מובא בענף יוסף).

המפרשים מציינים שדברי הגמרא כאן סותרים לכאורה את דברי הגמרא בערכין (טז, ב), המחייבת להוכיח את החוטא ולהמשיך בתוכחה — לדעת רב ״עד כדי הכאה״, עד שיקצוף החוטא ויכה את המוכיח, לדעת שמואל ״עד כדי קללה״, עד שיקלל אותו, ולדעת רבי יוחנן ״עד כדי נזיפה״, עד שינזוף בו. והרי אם הגיב החוטא בחריפות כזו, מסתמא כבר לפני כן היה ברור שלא ישמעו לו, ובכל זאת עליו להמשיך בתוכחתו. ואילו הגמרא כאן אומרת שכאשר רואה המוכיח שדבריו לא יתקבלו, עליו לחדול מיד מתוכחתו! לדיון מורחב ביישובים השונים שניתנו לסתירה זו על ידי ראשונים ואחרונים, ראה יבמות שם במהדורתנו, הערה 13.

הרא״ש מביא בשם רב פלטאי [הוא רב פלטוי בר אביי, גאון ישיבת פומבדיתא] הוראה אחרת הנלמדת מאימרה זו, הקשורה ל״ערכאות של עכו״ם״ (בתי דינים של נכרים): בדרך כלל אסור ליהודים להביא את דיניהם לפני בית דין של נכרים אפילו אם באותו ענין הוא פוסק כמו דין תורה, כמו שדרשו חכמים (גיטין פח, ב): ״ ׳וְאֵלֶּה הַמִּשְׁפָּטִים אֲשֶׁר תָּשִׂים לִפְנֵיהֶם׳ (שמות כא, א), ׳לִפְנֵיהֶם׳ ולא לפני עובדי כוכבים״. אם בכל זאת תבע יהודי את חבירו שם, וזכה בדין, בשעה שעל פי דין תורה לא היה זוכה, נחשב הממון שהוא מקבל כגנוב בידו, והוא עצמו נחשב לגנב (רבי עקיבא איגר לשלחן ערוך חושן משפט כו, א). אולם מדברי הגמרא כאן יש ללמוד, שאם אדם מסרב ללכת לבית דין לדון על פי דין תורה [ואפילו לא הזמינוהו לדין אלא פעם אחת בלבד (גליוני הש״ס)], יכול בית הדין להרשות לו להגיש את תביעתו בפני ערכאות. [במקרה כזה לא אסרה תורה להתדיין לפני נכרים (בית יוסף חושן משפט שם בשם ספר התרומות), שכן הדיון אינו נקרא על שם הנכרים אלא על שם בית הדין שנתנו לו רשות על זה, על דרך שאמרו חכמים (גיטין שם) לגבי ״גט מעושה״ שבמקרה שהנכרים כופים אדם לקיים דין ישראל הרי הגט כשר (שו״ת חתם סופר חושן משפט ג, ד״ה ע״כ)]. להרחבה בפרטי דין זה, ראה טור ושלחן ערוך חושן משפט שם ובנושאי כלים).

אימרה זו משמשת סמך להוראה נוספת, שפסק בעל תרומת הדשן (פסקים, קלח) והובאה ברמ״א (שלחן ערוך יורה דעה שלד, ג) שיש לנדות למי שחייב נידוי ואפילו אם יש חשש שעל ידי כך יצא לתרבות רעה (שו״ת חתם סופר יורה דעה, סוף שכב).

38. סיום הפסוק, ״עַד הֲנִיחִי אֶת חֲמָתִי בָּךְ״, מלמד שיש להניחו ליפול ולהיכשל, וכדברי רש״י שהובאו למעלה (מהרש״א).

39. רש״י. אימרה זו נאמרה לענין התנהגות כלפי אנשים. אמנם אסור לבזות כל אדם בעולם, אולם ביזוי מישהו שעשה לאדם טובה היא התנהגות פחותה ומאוסה במיוחד, וצריך האדם להיזהר ולהתרחק מזה ביותר.

בשיטה מקובצת (ד״ה וכתב תלמיד אחד, והובא גם בשו״ת ר״י מיגאש, רב) מובא מה שסיפר הר״י מיגאש על רבו הרי״ף, שחלה ונכנס לרחוץ במרחץ שהיה בביתו של אדם אחד, ואותו אדם הזמינו לביתו וישב אצלו עד שהבריא. במשך הזמן ירד בעל המרחץ מנכסיו והוצרך למכור את המרחץ כדי לשלם את חובותיו. וסרב הרי״ף לשבת בדין ולהורות בענין המרחץ, לא במכר ולא בשומא ולא בשום דבר הקשור בכך, לפי שהיתה לו הנאה ממנו. הר״י מיגאש ממשיך ואומר שאם זה כך

עין משפט נר מצוה

קיב א טוש"ע א"ח סי' קנה סעיף ב:

תורה אור השלם

א) וְהַצָּרוּעַ אֲשֶׁר בּוֹ הַנֶּגַע בְּגָדָיו יִהְיוּ פְרֻמִים וְרֹאשׁוֹ יִהְיֶה פָרוּעַ וְעַל שָׂפָם יַעְטֶה וְטָמֵא טָמֵא יִקְרָא: [ויקרא יג, מה]

ב) לֹא יִרְעָבוּ וְלֹא יִצְמָאוּ וְלֹא יַכֵּם שָׁרָב וָשָׁמֶשׁ כִּי מְרַחֲמָם יְנַהֲגֵם וְעַל מַבּוּעֵי מַיִם יְנַהֲלֵם: [ישעיה מט, י]

ג) וַעֲבַדְתֶּם אֵת יְיָ אֱלֹהֵיכֶם וּבֵרַךְ אֶת לַחְמְךָ וְאֶת מֵימֶיךָ וַהֲסִרֹתִי מַחֲלָה מִקִּרְבֶּךָ: [שמות כג, כה]

ד) וַיֹּאמַר הָגָר שִׁפְחַת שָׂרַי אֵי מִזֶּה בָאת וְאָנָה תֵלֵכִי וַתֹּאמֶר מִפְּנֵי שָׂרַי גְּבִרְתִּי אָנֹכִי בֹּרַחַת: [בראשית טז, ח]

ה) וַיֹּאמַר עֶבֶד אַבְרָהָם אָנֹכִי: [בראשית כד, לד]

ו) וְלֹא תִהְיֶה זֹאת לְךָ לְפוּקָה וּלְמִכְשׁוֹל לֵב לַאדֹנִי וְלִשְׁפָּךְ דָּם חִנָּם וּלְהוֹשִׁיעַ אֲדֹנִי לוֹ וְהֵיטִב יְיָ לַאדֹנִי וְזָכַרְתָּ אֶת אֲמָתֶךָ: [שמואל א כה, לא]

ז) וְלִי אֲנִי עַבְדֶּךָ וּלְצָדֹק הַכֹּהֵן וְלִבְנָיָהוּ בֶן יְהוֹיָדָע וְלִשְׁלֹמֹה עַבְדְּךָ לֹא קָרָא: [מלכים א א, כו]

ח) וַיְבִאֶהָ יִצְחָק הָאֹהֱלָה שָׂרָה אִמּוֹ וַיִּקַּח אֶת רִבְקָה וַתְּהִי לוֹ לְאִשָּׁה וַיֶּאֱהָבֶהָ וַיִּנָּחֵם יִצְחָק אַחֲרֵי אִמּוֹ: [בראשית כד, סז]

ט) וַיֹּסֶף אַבְרָהָם וַיִּקַּח אִשָּׁה וּשְׁמָהּ קְטוּרָה: [בראשית כה, א]

י) וַיֹּאמֶר יְיָ אֶל מֹשֶׁה קַח לְךָ אֶת יְהוֹשֻׁעַ בִּן נוּן אִישׁ אֲשֶׁר רוּחַ בּוֹ וְסָמַכְתָּ אֶת יָדְךָ עָלָיו: [במדבר כז, יח]

כ) וְנָתַתָּה מֵהוֹדְךָ עָלָיו לְמַעַן יִשְׁמְעוּ כָּל עֲדַת בְּנֵי יִשְׂרָאֵל: [במדבר כז, כ]

ל) וִיהוֹשֻׁעַ בִּן נוּן מָלֵא רוּחַ חָכְמָה כִּי סָמַךְ מֹשֶׁה אֶת יָדָיו עָלָיו וַיִּשְׁמְעוּ אֵלָיו בְּנֵי יִשְׂרָאֵל וַיַּעֲשׂוּ כַּאֲשֶׁר צִוָּה יְיָ אֶת מֹשֶׁה: [דברים לד, ט]

מ) נֶפֶשׁ שְׂבֵעָה תָּבוּס נֹפֶת וְנֶפֶשׁ רְעֵבָה כָּל מַר מָתוֹק: [משלי כז, ז]

נ) וַיֵּלֶךְ עֵשָׂו אֶל יִשְׁמָעֵאל וַיִּקַּח אֶת מָחֲלַת בַּת יִשְׁמָעֵאל בֶּן אַבְרָהָם אֲחוֹת נְבָיוֹת עַל נָשָׁיו לוֹ לְאִשָּׁה: [בראשית כח, ט]

ס) וַיִּבְרַח יִפְתָּח מִפְּנֵי אֶחָיו וַיֵּשֶׁב בְּאֶרֶץ טוֹב וַיִּתְלַקְּטוּ אֶל יִפְתָּח אֲנָשִׁים רֵיקִים וַיֵּצְאוּ עִמּוֹ: [שופטים יא, ג]

ע) בְּטֻמְאָתֵךְ זִמָּה יַעַן טִהַרְתִּיךְ וְלֹא טָהַרְתְּ מִטֻּמְאָתֵךְ לֹא תִטְהֲרִי עוֹד עַד הֲנִיחִי אֶת חֲמָתִי בָּךְ: [יחזקאל כד, יג]

גמרא

א) וטמא טמא יקרא א"ל רבא לרבה בר מרי מנא הא מילתא א) דאמור רבנן א השכם ואכול בקיץ מפני החמה ובחורף מפני הצינה ואמרי אינשי שיתין רהוטי רהוט ולא מטו לגברא דמצפרא כרך ב) דכתיב ב) לא ירעבו ולא יצמאו ולא יכם שרב ושמש א"ל את אמרת מהתם ואנא אמינא מהכא ג) ועבדתם את ה' אלהיכם זו קרית שמע ותפלה וברך [את] לחמך ואת מימיך זו פת במלח וקיתון של מים מכאן ואילך והסירותי מחלה מקרבך ותניא ג) מחלה זו מרה ולמה נקרא שמה מחלה ששמונים ושלשה חלאין יש בה מחלה בגימטריא הכי הוו וכולן פת במלח שחרית וקיתון של מים מבטלן א"ל רבא לרבה בר מרי מנא הא מילתא ד) דאמור רבנן חברך קרייך חמרא אוכפא לגביך מוש א"ל דכתיב ד) ויאמר הגר שפחת שרי אי מזה באת ואנה תלכי ותאמר מפני שרי גברתי אנכי בורחת אמר ליה רבא לרבה בר מרי מנא הא מילתא דאמרי אינשי מילתא גנאה דאית ביך קדים אמרה א"ל דכתיב ה) ויאמר עבד אברהם אנכי א"ל רבא לרבה בר מרי מנא הא מילתא דאמרי אינשי ה) שפיל ואזיל בר אווזא ועיניה מטייפי אמר ליה דכתיב ו) והטיב ה' לאדני וזכרת [את] אמתך אמר ליה רבא לרבה בר מרי מנא הא מילתא דאמרי אינשי שיתין תכלי מטייה ו) לככא דקל חבריה שמע ולא אכל אמר ליה דכתיב ז) ולי אני עבדך ולצדוק הכהן ולבניהו בן יהוידע ולשלמה עבדך לא קרא א"ל את אמרת מהתם ואנא אמינא מהכא ח) ויבאה יצחק האהלה שרה אמו ויקח את רבקה ותהי לו לאשה ויאהבה וינחם יצחק אחרי אמו וכתיב בתריה ט) ויוסף אברהם ויקח אשה ושמה קטורה אמר ליה רבא לרבה בר מרי מנא הא מילתא דאמרי אינשי חמרא למריה טיבותא לשקייה אמר ליה דכתיב י) וסמכת את ידך עליו כ) למען (א) ישמעון ויראון כל עדת בני ישראל וכתיב ל) ויהושע בן נון מלא רוח חכמה כי סמך משה את ידיו עליו וישמעו אליו (ב) כל בני ישראל וגו' אמר ליה רבא לרבה בר מרי מנא הא מילתא דאמרי אינשי כלבא בכפניה גללי מבלע ז) דכתיב מ) נפש שבעה תבוס נופת ונפש רעבה כל מר מתוק א"ל רבא לרבה בר מרי מנא הא מילתא דאמרי אינשי מטייל ואזיל דיקלא בישא גבי קינא דשרכי ח) אמר ליה דבר זה כתוב בתורה שנוי בנביאים ומשולש בכתובים ותנן במתניתין ותנינא בברייתא כתוב בתורה דכתיב נ) וילך עשו אל ישמעאל שנוי בנביאים דכתיב ס) ויתלקטו אל יפתח אנשים רקים ט) ויהיו עמו ומשולש בכתובים דכתיב י) כל עוף למינו ישכון ובני אדם לדומה לו תנן במתני' כ) כל המחובר לטמא טמא כל המחובר לטהור טהור ותנינא בברייתא ל) רבי אליעזר אומר לא לחנם הלך זרזיר אצל עורב אלא מפני שהוא מינו אמר ליה רבא לרבה בר מרי מנא הא מילתא דאמרי אינשי קרית חברך ולא ענך מ) רמי גודא רבה שדי ביה א"ל נ) ע) יען טהרתיך ולא טהרת מטומאתך לא תטהרי עוד אמר ליה רבא לרבה בר מרי מנא הא מילתא דאמרי אינשי בירא דשתית מיניה לא תשדי ביה קלא א"ל דכתיב פ) לא תתעב אדומי כי אחיך הוא ולא תתעב מצרי כי גר היית בארצו אמר ליה רבא לרבה בר מרי מנא הא מילתא דאמרי אינשי אי דלית דורא דלינא ואי לא לא דלינא אמר ליה דכתיב צ) ויאמר אליה ברק אם תלכי עמי והלכתי ואם לא תלכי עמי לא אלך א"ל רבא לרבה בר מרי מנא הא מילתא דאמרי אינשי כד הוינן זוטרי לגברי השתא דקשישנא לדרדקי אמר ליה מעיקרא כתיב ק) וה' הולך לפניהם יומם בעמוד ענן לנחותם הדרך ולילה בעמוד אש להאיר להם ולבסוף כתיב

הנה

רש"י

וטמא טמא. לא די לו נגעו אלא שמבייש את עצמו על כרחו הטיל עליו הכתוב חובה: שיתין רהוטי רהוט. ששים איש רצו ולא הגיעו לאוכל שחרית: אוכפא לגביך מוש. כלומר טול אוכף של חמור והסירהו אליך ושים אותו על גביך כלומר הודה לדבריו ואל תענהו. מוש לשון לא ימיש (שמות יג) כלומר הסירהו אליך כמו סורו נא (בראשית יט): שפחת שרי. אמר לה והיא ענתה שרי גברתי: ועיניה מטייפי. עיניו מצפות למעלה למרחוק למזונותיו וחבירו בכתובות (דף ס.) נטוף עיניך: שפיל ואזיל. כלומר מחמת ענותנותו של אדם לא יהא בוש מלשאול דבר הצריך לו בין לתורה בין לפרנסתו ולתבוע חובו: ס) כאשר ייטב וגו'. באביגיל כתיב שהיתה מתנבאה שימות נבל בעלה ובתוך דבריה מרמזת לדוד שיזכיר את יפיה: תכלי. אבלות ומכאובות: ולי אני עבדך. אלמא קובל היה עליו שלא זימנו למשתה: שיתין. לאו מקרא נפקי אלא מילתא בעלמא הוא דקאמרי אינשי ולאו דוקא הוא: ויוסף אברהם. נתקנא ביצחק: חמרא למריה וטיבותא לשקייה. היין של מלך הוא והשותין אותו מחזיקין טובה לשר המשקה ולא למלך (ג): ויסמוך את ידיו. תלה החכמה והגדולה במשה כאילו הוא נותנה ליהושע והיא אינה אלא מפי הקב"ה: גללי. אבנים לשון מורי ל"א גללים ממש ולשון ישר דגללים ממש אורחיה הוא: קינא דשרכי. אילנות בטלים ואין עושים פרי כמו ע) גברא דשרכא בטל כלומר דרך דקל רע ליגדל בלד אילן סרק: המחובר לטמא טמא כו'. במסכת כלים היא בפרק טבעת אדם דקתני אונקלי של דרגש ושל שולחן טמאה ושל מנורת עץ טהורה זה הכלל המחובר לטמא טמא לטהור טהור אונקלי מסמר של מתכת עשוי כמזלג לתלות שם בהמה בשעת הפשטה ותחוב בכותל כדאמרינן בתמיד נשחט (פסחים סד.) אונקליות של ברזל היו תחובין בעמודים כו' ואם תחבו במנורת עץ דפשוטי כלי עץ (ד) בטל מסמר לגבה ואינה מקבלת טומאה ואפי' נגעה בו טומאה אבל בדרגש ובשולחן שמקבלין טומאה הן אף הוא מקבל טומאה: לא לחנם הלך זרזיר. רבי אליעזר סבר זרזיר עוף טמא הוא ורבנן פליגי עליה בשחיטת חולין באלו טריפות (ד' סה.): זרזיר. אשטורוני"ל: קרית חברך. להוכיחו ולא ענך: דחי גודא. כותל הפל עליו כלומר הניחו ויפול ברשעו דחהו בידים: דשתית מיניה. ששתית מינה כבר בצמא: לא תשדי ביה קלא. מוט"א בלע"ז כלומר דבר הנצרך לך פעם אחת שוב לא תבזהו: אי דלית דורא דלינא. אם תדלה ותגביה המשוי עמי דלינא. דורא משוי משל הוא שאין אדם רוצה ליכנס בסכנת היזק ממון ותחת עול דבר אלא אם כן משתתף חבירו עמו: כי הוינן זוטרי לגברי. כשהיינו קטנים היינו חשובים כגברי: השתא דקשישנא. עכשיו שהזקננו הננו שפלים כתינוקות:

אחד

תוספות

שיתין רהוטי רהוט. פירש הר"ר משולם שיש בשנה ששה עתים זרע וקציר וקור וחום וקיץ וחורף ומפרש בפרק המקבל (ב"מ דף קו:) שכל אחד שני חדשים והם ס' יום ובחנם דחק דאורחא דגמרא בהכי כמו שיתין תיכלי מטי לככא דבסמוך ובאלו טריפות (חולין דף נח:) שיתין מאני דפרזלא תלו ליה בקורנסיה פ):

חמרא למריה וטיבותא לשקייה. כלומר המשקה נותן בעין יפה למי שהוא רוצה כדאמר במדרש טוב עין יבורך זה משה רבינו ע"ה שא"ל הקב"ה וסמכת ידך והוא סמך בב' ידיו כדכתיב ויסמוך ידיו עליו ובקונטרס פי' בע"א: גבי קינא דשרכי. כלומר מקום הבטלנים ופי' קינא היינו מקום כמו תלתא תאלי בחדא קינא דהכונס (לעיל דף נה:) וכן מפרש בסוכה (דף לב: ושם צ)) תלתא טרפי בחד קינא במקום אחד שלשה עלין סמוכין זה על זה שכן דרך ההדסים ובקונט' פי' שכל ג' עלים (ה) בקנה אחד ואם כן לא ימצא לעולם הדס כשר:

דשרכי. בטלנים וכן בשרכא בסוף יש נוחלין (ב"ב דף קלט. ושם ק)) כמו איש יודע ציד (בראשית כה) ומתרגמינן גברא נחשירכן ומפ' ר"ת נח ובטל ובערוך גורס שידכן בדלי"ת ומפרש לשון שקט ותשקוט הארץ תרגומו ושדוכת ארעא (שופטים ה): [עי' תוס' ב"ב קלט. ר)]:

משולש בכתובים. כל עוף כנף למינהו ישכון אין זה מקרא בכל התורה ושמא בספר בן סירא הוא וכן ש) סלסלה ותרוממך ובין נדיבים תושיבך:

דאיכא

מסורת הש"ס

א) [פסחים קיב. ב"מ קז: ע"ש], ב) [אמר ליה דכתיב כצ"ל], ג) [ב"מ קז: ע"ש], ד) דאמרי אינשי כו' כצ"ל ת"ח בשם ס"א וע"ש, ה) מגילה יד:, ו) [עי' תוס' ע"ז כח. ד"ה ככין], ז) [א"ל דכתיב כצ"ל], ח) [הערוך בערך שדך א' גרס דשדכי בדל"ת], ט) [ויצאו עמו כצ"ל], י) בן סירא יג, כ) כלים פי"ב מ"ב, ל) חולין סה., מ) נ"א דחי גודא, נ) [דכתיב יען כצ"ל], ס) [צ"ל והטיב], ע) ב"ב קלט., פ) [ועי' רש"י שבת ל: ד"ה שיתין], צ) [ד"ה תלתא], ק) [ד"ה מתניתין], ר) [ד"ה מתניתין], ש) [ברכות מח. ע"ש ובתוס' עירובין סה. ד"ה בלר].

הגהות הב"ח

(א) גמ' למען ישמעו כל עדת כצ"ל ותיבת ויראון נמחק: (ב) שם וישמעו אליו בני כצ"ל ותיבת כל נמחק: (ג) רש"י ד"ה חמרא וכו' למלך הס"ד ואח"כ מ"ה כי סמך משה את ידיו עליו תלה החכמה: (ד) ד"ה המחובר וכו' כלי עץ הוא בטל: (ה) תוס' ד"ה גבי וכו' ובקונטרס פי' שכל ג' עלים בעוקץ אחד:

לעזי רש"י

אשטורוני"ל. פירוש זרזיר, מין צפור הדומה לעורב (עיין ערוך ערך זרזר):

מוט"א. פירוש גושה של קרקע (רש"י תענית דף ד ע"א ד"ה אפי'), פיסת רגבים (רש"י ע"ז דף יח ע"ב ד"ה שקל קלא).

ליקוטי רש"י

וטמא טמא יקרא. משמיע שהוא טמא ויפרשו ממנו [ויקרא יג, מה]. דאמור רבנן השכם ואכול. בערבי פסחים (דף קיב.) בדברים שצוה [רבי עקיבא] לבניו. מחלה זו מרה. שהמרירה שבה גדולה ונובעת ומתפשטת בגידין ובעצמות. וקיתון של מים. למי שאין לו יין [ב"מ קז:]. מטייפי. צופין למרחוק ודוגמתו במס' כתובות (דף ס.) נטוף עייך [מגילה יד:]. לככא. שן [שבת פט:]. כפניה. רעב [תענית יט:]. דכתיב נפש שבעה תבוס נופת. תרמוס ברגל כמו יבוס קמינו (תהלים ס). כל מר מתוק. כל דבר מר מתוק לה [משלי כז, ז]. לא תתעב אדומי. לגמרי ואע"פ שראוי לך לתעבו שיצא בחרב לקראתך. לא תתעב מצרי. מכל וכל אע"פ שזרקו זכוריכם ליאור מה טעם שהיו לכם אכסניא בשעת הדחק [דברים כג, ח].

פ) לֹא תְתַעֵב אֲדֹמִי כִּי אָחִיךָ הוּא לֹא תְתַעֵב מִצְרִי כִּי גֵר הָיִיתָ בְאַרְצוֹ: [דברים כג, ח]. צ) וַיֹּאמֶר אֵלֶיהָ בָּרָק אִם תֵּלְכִי עִמִּי וְהָלָכְתִּי וְאִם לֹא תֵלְכִי עִמִּי לֹא אֵלֵךְ: [שופטים ד, ח]. ק) וַיְיָ הֹלֵךְ לִפְנֵיהֶם יוֹמָם בְּעַמּוּד עָנָן לַנְחֹתָם הַדֶּרֶךְ וְלַיְלָה בְּעַמּוּד אֵשׁ לְהָאִיר לָהֶם לָלֶכֶת יוֹמָם וָלָיְלָה: [שמות יג, כא]

תשובת רבה בר מרי:

אָמַר לֵיהּ לרבא: **דִּכְתִיב** (דברים כג, ח): **״לֹא תְתַעֵב אֲדֹמִי כִּי אָחִיךָ הוּא, (ו)לֹא תְתַעֵב מִצְרִי כִּי גֵר הָיִיתָ בְאַרְצוֹ״**. הפסוק מלמד שמצרי [וכן אדומי] הבא להתגייר אינו אסור לישא בת ישראל אלא שני הדורות הראשונים [הוא ובנו] בלבד, ואף על פי שהם השליכו ילדי בני ישראל ליאור. והטעם, לפי ששימשו מקום מגורים לישראל בשעת הרעב בימי יעקב ויוסף[40].

שאלה ארבע עשרה:

אָמַר לֵיהּ רָבָא לְרַבָּה בַּר מָרִי: מְנָא הָא מִילְּתָא דְּאָמְרֵי אִינְשֵׁי — מנין המקור לדבר הזה שאומרים האנשים: **״אִי דָּלֵית דוּרָא, דָּלֵינָא** — אם תרים את המשא איתי, ארים אותו גם אני, **וְאִי** (ואם) **לֹא** תרים עמי, **לֹא דָלֵינָא** — לא ארימנו לבדי; כלומר: אדם אינו מוכן ליטול על עצמו סיכון ממונו או לקחת אחריות לדבר מזה, אלא אם כן מוכן חבירו להשתתף עמו בכך״[41]?

תשובת רבה בר מרי:

אָמַר לֵיהּ לרבא: **דִּכְתִיב** (שופטים ד, ח): **״וַיֹּאמֶר אֵלֶיהָ** (לדבורה הנביאה) **בָּרָק, אִם תֵּלְכִי עִמִּי** [להנהיג את הצבא להתקפה על האויב] **וְהָלָכְתִּי, וְאִם לֹא תֵלְכִי עִמִּי לֹא אֵלֵךְ״**[42].

שאלה חמש עשרה:

אָמַר לֵיהּ רָבָא לְרַבָּה בַּר מָרִי: מְנָא הָא מִילְּתָא דְּאָמְרֵי אִינְשֵׁי — מנין המקור לדבר הזה שאומרים האנשים: **״כַּד הֲוֵינַן זוּטְרֵי לְגַבְרֵי** — כאשר היינו קטנים, החשיבו אותנו אנשים כאילו אנחנו מבוגרים; **הַשְׁתָּא דְּקַשִּׁישְׁנָא לְדַרְדְּקֵי** — ועתה שזקננו אנו שפלים כילדים; כלומר: בני אדם מעריכים את ימי הנעורים יותר מאשר ימי הזקנה?[43]

תשובת רבה בר מרי:

אָמַר לֵיהּ לרבא: מקורו מכאן: **מֵעִיקָּרָא** (בתחילה) **כְּתִיב** לגבי בני ישראל בהיותם במדבר (שמות יג, כא): **״וַה׳ הֹלֵךְ לִפְנֵיהֶם יוֹמָם בְּעַמּוּד עָנָן לַנְחֹתָם הַדֶּרֶךְ וְלַיְלָה בְּעַמּוּד אֵשׁ לְהָאִיר לָהֶם״**. **וּלְבַסּוֹף כְּתִיב** (שמות כג, כ):

הערות

בדבר דומם (מרחץ) שאין לו רגשות, כל שכן שראוי לנהוג כך לגבי בני אדם בעלי רגשות, שאין לעשות דבר שעלול לפגוע ברגשותיהם. ואם דרגה כזאת של הכרת הטוב ראויה לגבי בשר ודם, קל וחומר שראוי לנהוג כך לגבי הקדוש ברוך הוא המשפיע עלינו מטובו, שעלינו להכיר לו טובה ולא לעשות שום דבר השנוא עליו ושהוא נגד רצונו.

40. רש״י לפסוק.

דוגמא נוספת לנוהג זה מובא ברש״י שמות ז, יט ו־ח, יב [ומקורו בתנחומא וארא, יד; ראה גם שמות רבה ותרגום המיוחס ליונתן לפסוקים אלו], ששלש המכות הראשונות: דם, צפרדע וכינים, הובאו על המצרים על ידי אהרן ולא על ידי משה, משום שהמים הצילוהו כשהושלך ליאור ועפר הארץ כיסה על המצרי שהרג. וראה ר״י מיגאש (בשיטה מקובצת שם) שכנראה גרס ענין זה לפנינו בגמרא.

אף על פי שדבר דומם לא נתכוין להיטיב לאדם, בכל זאת על האדם להכיר לו טובה. שכן חיוב הכרת הטוב אינו מותנה בטרחו של המיטיב או בכוונתו, אלא חובה היא על מקבל הטובה שיתמלא לבו בהרגשת תודה על שנהנה מזולתו, ולכן לא יזרוק עפר אפילו לבאר מים כדי שיתרגל להרגשה זו (מכתב מאליהו (ג, 98-100; אבל ראה שעורי דעת להגר״י בלוך ב, סה).

הר״י מיגאש (בשיטה מקובצת שם) כתב על מה שאמרו חכמים (כתובות קה, ב) שאוהבו של אדם פסול להיות דיין עבורו משום חשש שיַטֶּה לזכותו, שהוא פסול על כך גם מטעם האמור כאן: שאם ידון את אוהבו לכף חובה הריהו משלם רעה תחת טובה.

דוגמא נוספת לנוהג זה, היא מה שכתב הרמב״ם בספרו מורה נבוכים [לא נמצא לפנינו] שהמוצא דבר טוב אחד בספר לא ילעיג עליו בשאר דברים שימצא בו (ענף יוסף בשם הגר״א).

41. רש״י. כלומר, אפילו במקרה שאין האדם צריך לסיוע, נוח לו שיעזרוהו אחרים (שיטה מקובצת בשם גאון). ההסבר לכך הוא על פי מה שאמרו חכמים (בבא מציעא קה, א): ״מזלא דבי תרי עדיף״ (פני יהושע).

42. לא היתה לברק שום תועלת בהליכת דבורה עמו, שהרי אין דרך אשה להשתתף במלחמה [יבמות סה, ב], ועוד שכבר אמרה לו דבורה מפי ה׳ (שופטים ד, ו-ז) שתפקיד זה הוטל עליו, וגם הובטח שינצח. ובכל זאת לא רצה ללכת בלעדה (פני יהושע). ולמדנו מכאן שאפילו מי שהולך לדבר מצוה מותר לו לבקש סיוע אם יש חשש סכנה [ראה פסחים ח, ב] (עיון יעקב).

43. יש בזה רמז מוסרי: בימי נעוריו אין האדם מרגיש בטוח בעצמו והוא משליך את יהבו על ה׳, ואז ה׳ שומר עליו בהשגחה פרטית ודואג לכל צרכיו [והאדם מצליח במעשיו כאדם מבוגר]. ואילו בימי העמידה האדם מרגיש בטוח בעצמו ושוכח מלבטוח בה׳, אז השגחת ה׳ סרה מאליו [והוא נכשל במעשיו כילד] (הגר״א, הובא בענף יוסף). שכן דרגת ההשגחה הפרטית אליה זוכה האדם, תלויה במדת בטחונו בה׳ ודבקותו בו (ראה מכתב מאליהו ה, 459-461).

הִנֵּה אָנֹכִי שֹׁלֵחַ מַלְאָךְ לְפָנֶיךָ לִשְׁמָרְךָ בַּדָּרֶךְ". כשעם ישראל היה בנערותו, מיד ביציאתו ממצרים, הראה לו ה׳ את אהבתו וזכה להיות מונהג על ידי ה׳ בעצמו. אבל בתקופה מאוחרת [לאחר חטא העגל] הונהג על ידי מלאך[1].

השאלה השש עשרה והאחרונה:

אֲמַר לֵיהּ רָבָא לְרַבָּה בַּר מָרִי: מְנָא הָא מִילְּתָא דְּאָמְרֵי אִינְשֵׁי — מנין המקור לדבר הזה שאומרים האנשים: "**בָּתַר מָרֵי נִיכְסֵי, צִיבֵי מְשַׁךְ** — בהליכה אחרי בעל נכסים, תוכל למשוך לעצמך רצועות דקות[2]? כלומר, המתחבר לעשירים קצת מעשירותם נדבקת בו"[3].

תשובת רבה בר מרי:

אֲמַר לֵיהּ לרבא: **דִּכְתִיב** (בראשית יג, ב-ה) "וְאַבְרָם כָּבֵד מְאֹד בַּמִּקְנֶה בַּכֶּסֶף וּבַזָּהָב. . . **וְגַם לְלוֹט הַהֹלֵךְ אֶת אַבְרָם הָיָה צֹאן וּבָקָר וְאֹהָלִים**". מה גרם ללוט להיות כל כך עשיר? הליכתו עם אברם[4].

הגמרא חוזרת למאמר החכמים שהיה נושאה של השאלה הראשונה ששאל רבא את רבה בר מרי (למעלה צב, א), שכל המבקש רחמים על חבירו והוא צריך לאותו דבר הוא נענה תחילה. כעת מביאה הגמרא הוראה דומה למי שמנסה להביא עונש מן השמים על חבירו[5]:

אֲמַר רַב חָנָן: הַמּוֹסֵר לשמים **דִּין עַל חֲבֵירוֹ**, שהוא תובע מבית דין של מעלה שישפטו בינו לבין חבירו במקום להתדיין בבית דין של מטה, **הוּא נֶעֱנָשׁ** על חטאיו **תְּחִילָּה**, שכן הוא גורם שיאמרו עליו בשמים: "האם באמת ראוי הוא שייענש חבירו על ידו?"[6], **שֶׁנֶּאֱמַר** (בראשית טז, ה): "**וַתֹּאמֶר שָׂרַי אֶל אַבְרָם, חֲמָסִי עָלֶיךָ**. . . יִשְׁפֹּט ה׳ בֵּינִי וּבֵינֶיךָ"[7]. **וּכְתִיב** לאחר מכן (בראשית כג, ב): "**וַיָּבֹא אַבְרָהָם לִסְפֹּד לְשָׂרָה וְלִבְכֹּתָהּ**", הרי שהקדימה שרה למות זמן רב לפני אברהם[8].

הגמרא מגבילה את ההוראה:

וְהָנֵי מִילֵּי דְּאִית לֵיהּ דִּינָא בְּאַרְעָא — דברים אלה נאמרו רק כאשר יש לו אפשרות להשיג דין בארץ. שמאחר שיש לניזק בית דין שאליו הוא יכול לפנות, אין לו למסור את הדין לשמים[9]. אך כאשר אין לאדם בית דין שלפניו הוא יכול לטעון, אין לו ברירה אלא לפנות לשמים, ואין להאשימו במאומה אם הוא עושה זאת[10].

הגמרא מרחיבה עוד בענין מסירת דין חבירו לשמים:

אֲמַר רַבִּי יִצְחָק: אוֹי לוֹ לְצוֹעֵק לשמים **יוֹתֵר מִן הַנִּצְעָק** — מזה שצועקים בגללו.

הגמרא מביאה ראיה לכך:

תַּנְיָא נַמִּי הָכִי — שנינו כן גם בברייתא: נאמר בתורה (שמות כב, כב-כג): "כִּי אִם צָעֹק יִצְעַק אֵלַי שָׁמֹעַ אֶשְׁמַע צַעֲקָתוֹ. וְחָרָה אַפִּי וְהָרַגְתִּי אֶתְכֶם בֶּחָרֶב". מאחר שהעונש נאמר בלשון רבים ("אֶתְכֶם"), **אֶחָד הַצּוֹעֵק וְאֶחָד הַנִּצְעָק בְּמַשְׁמַע**, דהיינו: גם מי שצעק והתלונן אל ה׳, וגם זה שגרם לו לצעוק, שניהם ייענשו[11]. **אֶלָּא שֶׁמְּמַהֲרִין** להעניש **לַצּוֹעֵק יוֹתֵר מִן הַנִּצְעָק**, כפי שאנו למדים משרה, אשר מתה לפני אברהם, כפי שהתבאר למעלה, בגלל שהתלוננה עליו לשמים[12].

הערות

1. הכוונה היא למה שאמרו חכמים במכילתא לפסוק הראשון: "אמר רבי: אנטונינוס המלך פעמים שהיה דן על הבימה ומחשיך, והיו בניו מחשיכין אצלו, אחר שנפטר מן הבימה הוא היה נוטל את הפנס ומאיר לבניו, והיו גדולי מלכות קריבין אצלו ואומרים לו: ׳אנו נוטלין את הפנס ונאיר לבניך׳, והוא אומר להם: ׳לאו, לא מפני שאין לי מי שיטול את הפנס ויאיר לבני, אלא הרי אני מודיע לכם חבתם של בני שתהיו נוהגים עמהם בכבוד׳, וכך הודיע הקב״ה חבתם של ישראל לאומות העולם שיהיו נוהגים עמהם בכבוד" [ראה גם עבודה זרה יא, א]. וכן לגבי בני ישראל, הקב״ה היה דן את מצרים ומחשיך להם ומאיר לישראל [שמות יד, כ] בעצמו מפני שהם בניו. ואילו לאחר מכן לא האיר להם בעצמו אלא על ידי מלאך (מהרש״א).

אף על פי שמשמע מן הגמרא שמכאן ואילך הונהגו ישראל על ידי מלאך, לא היה הדבר כן. לאמיתו של דבר, התנגד משה להורדה זו בדרגת עם ישראל, והתפלל לה׳ שימשיך להנהיגם בעצמו. ה׳ קיבל את תפילתו והסיר את המלאך מלפניהם עד שחזר בימי יהושע (ראה רמב״ן ורבנו בחיי לפסוק השני).

2. על פי רש״י חולין קכד, א ד״ה ציב; ראה גם ערוך ומוסף הערוך, ערך צב [ד]. פירוש אחר: "ציב" היינו שומן או ריר היוצא מן הבשר (ערוך, ערך צב [א], הובא במהרש״א).

3. שיש לו לאדם להשתתף עם עסק העשיר המצליח במעשיו כדי שירוויח גם הוא יחד עמו (שיטה מקובצת בשם גאון). והוא על דרך שציווה רבי עקיבא לבנו רבי יהושע (פסחים קיב, א) וכמו שאמר רבי יוחנן בשם אנשי ירושלים (שם קיג, א): "הוי משתדל [בעסק] עם מי שהשעה משחקת לו [שמזלו טוב והוא מצליח בכל מעשיו]" (עיון יעקב).

4. רש״י לפסוק. המלים המיותרות לכאורה, "הַהֹלֵךְ אֶת אַבְרָם", באות ללמד על כך (מהרש״א).

דוגמא לרעיון זה מצינו במסכת שבועות (מז, ב): " ׳עַד הַנָּהָר הַגָּדֹל נְהַר פְּרָת׳, שמעון בן טרפון אומר: קרב לגבי דהינא ואידהן [גע באדם המשוח בשמן ותהא משוח גם אתה, שנהר פרת נקרא "גדול" משום שנזכר בגבולות ארץ ישראל (רש״י שם)]. דבי רבי ישמעאל תנא: עבד מלך [נוהגים בו חשיבות] כמלך" (מהרש״א).

5. ים של שלמה, סד; תורת חיים.

6. רש״י ראש השנה טז, ב ד״ה מוסר דין; ראה גם ברכות נה, א וברש״י ד״ה מוסר דין. שבבית דין של מטה לא יגבו מחבירו אלא את הממון שהוא חייב לתת, אבל בית דין של מעלה יצרפו עוון זה לעוונותיו האחרות ויכול להיענש במיתה או בכריתת זרעו וכדומה. הלכך, מאחר שזה המוסר דין מתאכזר כל כך על חבירו, מזכירים לו משמים גם שאר עוונותיו שלו והוא נענש עליהן (רבנו יהונתן, וכעין זה במאירי). ומשום כך הוא נענש תחלה, שכן חבירו יכול לרצות אותו בדמים או בדיבור, ואילו לעוונו שלו אין שום תקנה (ריטב״א ראש השנה טז, ב ד״ה ומוסר). וכן אמרו חכמים במסכת שבת (קמט, ב): "כל שחבירו נענש על ידו אין מכניסין אותו במחיצתו של הקדוש ברוך הוא"; והיינו כשמסר את דינו לשמים עד שנענש חבירו על ידי זה, אבל אם לא מסר דינו לשמים, אף על פי שנענש חבירו על העוול שעשה לו אין לזה עוון על כך ואפילו אם לא מחל לו, שהיה לו לחבירו לפייסו (רבנו יהונתן, וכעין זה במאירי).

7. אברהם ושרה היו עקרים מטבעם. אברהם התפלל שה׳ יזכה אותו בזרע על אף עקרותו, וה׳ שמע לתפילתו והגר הרתה. לשרה היו אפוא שתי טענות נגד אברהם: אחת, שאברהם התפלל רק על עצמו במקום שיתפלל על שניהם, ולכן היא נשארה עקרה. ושנית, שהגר, שפחתה לשעבר, דיברה אליה בבזיון בנוכחות אברהם והוא שמע בזיונה ושתק (בראשית רבה מה, ה הובא ברש״י לפסוק).

8. רש״י שם. שרה היתה אמורה למות באותה שנה שמת אברהם. אולם היא נפטרה שלשים ושמונה שנה לפני כן, משום שמסרה את דינה לשמים נגד אברהם (בראשית רבה מה, ה ומהרז״ו שם). דבר זה מבואר מן הלשון "וַיָּבֹא אַבְרָהָם. . ." שהוא לכאורה מיותר, אלא שבא ללמד ששרה גרמה לכך שיחיה אברהם יותר ממנה (פני יהושע ראש השנה שם ד״ה ואמר ר״י שלשה, וכעין זה ביפה תואר לבראשית רבה מה, ז ד״ה להגיע; ראה שם עוד, וראה שפת אמת ראש השנה שם ד״ה דאר״א).

העונש שקיבלה שרה היה מדה כנגד מדה במה שחטאה. שהרי מאחר שהאיש מצווה בפריה ורביה ולא האשה, לכאורה צודק אברהם במה שהתפלל רק על עצמו ולא עליה. אך במסכת יבמות (סה, ב) מבואר שאשה שלא ילדה יכולה לטעון בבית דין שעליה להתגרש מבעלה ולהינשא לאחר משום שהיא רוצה בנים שישמשוה בזקנותה, "חוטרא לידה ומרא לקבורה" [משענת לידים ואֵת לחפור את קברה]. אולם טענה זו נכונה דוקא אם הבעל מת מקודם והאשה נשארת גלמודה, אבל אם האשה תמות מקודם אין שום טענה, שהלא הבעל יתמוך בה וחייב הוא בקבורתה. הלכך, מאחר שהתרעמה שרה עבור החשש שמא ימות אברהם בחייה, נענשה ומתה היא בחייו (פנים יפות לפסוק).

9. כמו שהיה במקרה של שרה, היה עליה להביא את טענותיה לבית דינו של שם בן נח שהיה אז קיים (תוספות). פירוש אחר: אפילו כאשר אין בית דין בנמצא, מכל מקום על הניזק להודיע לבעל דינו [את תרעומתו] (ר״ן ראש השנה שם [בדפי הרי״ף ג, ב] ד״ה ומוסר, הובא ברמ״א חושן משפט תכב, א), ורק לאחר שזה יסרב ללכת להתדיין לפני בית דין אז ימסור הניזק את דינו לשמים (ערוך השלחן שם, יג).

10. והוא הדין אם הנתבע אינו שומע לקול הדיינים, או שהדיינים מעַוְּתים את הדין שלא כראוי, אינו נענש אם מוסר הוא את דינו לשמים, שהרי אין לו שום עצה אחרת (רמ״ה בשיטה מקובצת; ריטב״א ראש השנה שם ד״ה ומוסר).

11. רש״י. הצועק משום שהטריח את הקב״ה שלא לצורך [שהרי יכול היה לפנות לבית דין], והנצעק משום צעקת הצועק שאינה חוזרת ריקם (רבנו ברוך). ולפיכך אמר רבי יצחק: "אוי לו לצועק יותר מן הנצעק", שכן לא אמר הכתוב שיושיע ה׳ את הניזק, אלא שיעניש את שניהם, ונמצא הניזק לוקה מאת חבירו, וגם לוקה מן השמים. אך אם היה סובל את צרותיו בשתיקה, או היה מבקש מה׳ שיושיענו מצרותיו, אז היה ה׳ מושיעו ולא היה נענש עם חבירו (ראב״ד בשיטה מקובצת, לפי גירסתו בגמרא המשמיטה את הקטע הבא, "אלא שממהרין. . .").

12. רש״י. וראה תוספות לפירוש אחר על פי גירסא אחרת בגמרא; וראה גם רש״י דברים כד, טו, ותורת חיים כאן.

דאיכא דיינא בארעא אמר רבי יצחק אוי לו לצועק יותר מן הנצעק תניא נמי הכי **אחד** הצועק ואחד הנצעק במשמע אלא שממהרין לצועק יותר מן הנצעק ואמר רבי יצחק לעולם אל תהי קללת הדיוט קלה בעיניך שהרי אבימלך קלל את שרה ונתקיים בזרעה שנאמר הנה הוא לך כסות עינים אמר לה הואיל וכסית ממני ולא גילית שהוא אישך וגרמת אלי הצער הזה יהי רצון (ב) שיהו לך בני כסויי עינים ונתקיים בזרעה דכתיב ויהי כי זקן יצחק ותכהין עיניו מראות אמר רבי אבהו לעולם יהא אדם מן הנרדפין ולא מן הרודפין שאין לך נרדף בעופות יותר מתורים ובני יונה והכשירן הכתוב לגבי מזבח:

הנה אנכי שולח מלאך לפניך לשמרך בדרך א"ל רבא לרבה בר מרי מנא הא מילתא דאמרי אינשי בתר מרי ניכסי (א) ציבי משך א"ל דכתיב וגם ללוט ההולך את אברם היה צאן ובקר ואהלים אמר רב חנן המוסר דין על חבירו הוא נענש תחילה שנאמר ותאמר שרי אל אברם חמסי עליך וכתיב ויבא אברהם לספוד לשרה ולבכותה והני מילי דאית ליה דינא בארעא אמר רבי יצחק אוי לו לצועק יותר מן הנצעק תניא נמי הכי אחד הצועק ואחד הנצעק במשמע אלא שממהרין לצועק יותר מן הנצעק ואמר רבי יצחק לעולם אל תהי קללת הדיוט קלה בעיניך שהרי אבימלך קלל את שרה ונתקיים בזרעה שנאמר הנה הוא לך כסות עינים אמר לה הואיל וכסית ממני ולא גילית שהוא אישך וגרמת אלי הצער הזה יהי רצון (ב) שיהו לך בני כסויי עינים ונתקיים בזרעה דכתיב ויהי כי זקן יצחק ותכהין עיניו מראות אמר רבי אבהו לעולם יהא אדם מן הנרדפין ולא מן הרודפין שאין לך נרדף בעופות יותר מתורים ובני יונה והכשירן הכתוב לגבי מזבח:

האומר סמא את עיני כו': א"ל רב אסי בר חמא (ג) לרבא מאי שנא רישא ומאי שנא סיפא אמר ליה רישא לפי שאין אדם מוחל על ראשי אברים א"ל וכי אדם מוחל על צערו דתניא הכני פצעני על מנת לפטור פטור אישתיק אמר מידי שמיע לך בהא אמר ליה הכי אמר רב ששת משום פגם משפחה איתמר ר' אושעיא אמר משום פגם משפחה רבא אמר משום שאין אדם מוחל על ראשי אברים שלו רבי יוחנן אמר יש הן שהוא כלאו ויש לאו שהוא כהן תניא נמי הכי הכני פצעני על מנת לפטור ואמר לו הן הרי יש הן שהוא כלאו קרע את כסותי על מנת לפטור ואמר לו לאו הרי לאו שהוא כהן: שבר את כדי קרע את כסותי חייב: ורמינהי לשמור ולא לאבד לשמור ולא לקרוע לשמור ולא לחלק לעניים אמר רב הונא לא קשיא הא דאתי לידיה הא דלא אתי לידיה אמר ליה רבה לשמור דאתי לידיה משמע אלא אמר רבה הא והא דאתא לידיה ולא קשיא הא דאתא לידיה בתורת שמירה הא דאתא לידיה בתורת קריעה ההוא ארנקא דצדקה דאתי לפומבדיתא אפקדה רב יוסף גבי ההוא גברא פשע בה אתו גנבי גנבוה חייביה רב יוסף א"ל אביי והתניא לשמור ולא לחלק לעניים אמר ליה עניי דפומבדיתא מיקץ קיץ להו ולשמור הוא:

הדרן עלך החובל

רש"י

אחד הצועק ואחד הנצעק במשמע. וקרא אפי והרגתי אתכם (שמות כב) שניהם במשמע: אלא שממהרין מן הצועק תחילה. כדאשכחן בשרה: על מנת לפטור. על מנת שתהא פטור: רבא אמר לפי שאין אדם מוחל על ראשי אבריו. וברייתא לא תקשי דעל צערו מוחל אדם: צערו. כאב מכה: ורבי יוחנן אמר. אדם מוחל על הכל ומתניתין לאו דא"ל נחבל לחובל קטע את ידי על מנת שתהא פטור אלא קטע את ידי סתמא וא"ל חובל על מנת לפטור כלומר אמור לי אתה על מנת שאהיה פטור וא"ל היאך הן וקמ"ל מתני' דיש הן שהוא כלאו וכגון דמתמה אתמוהי: הכני פצעני. וא"ל זה ע"מ לפטור ואמר נחבל הן יש הן שהוא כלאו אי אתמה חייב ואי בניחותא אהדריה פטור וברייתא דלעיל דקתני הכני ופצעני ע"מ לפטור פטור בדאמר נחבל כולה מילתא הכני ופצעני ע"מ לפטור דהא ודאי דוקא אמר ליה: יש לאו שהוא כהן. אי אתמה פטור והאי דנקט חיובא לגבי מכה ופוצע ופטורה לגבי ממונא אורחיה דמילתא נקט דמחיל איניש אממוניה טפי מגופיה: לשמור ולא לאבד. כי יתן וגו' לשמור דהפקידו אצלו לשמור חייב בפשיעה ולא כשהפקידו אצלו ע"מ לאבד או ע"מ לחלק לעניים דלא קרינא ביה לשמור דכיון דאמר ליה חלקהו תו לא דמפקיד נינהו ומאן קתבע ועניים לא מצו תבעי דלכל חד וחד מצי אמר לאו לדידך יהיבנא אלא לאחריני: דאתא לידיה. וקרע בידי' חייב אי לא א"ל על מנת לפטור ואפילו אתא לידיה מעיקרא ע"מ לאבד: לשמור דאתא לידיה משמע. דכתיב (ד) וכי יתן ואפי' הכי קממעט ליה: הא דאתא לידיה. מעיקרא בתורת שמירה והדר אמר ליה קרע חייב אי לא אמר ליה ע"מ לפטור: רב יוסף. גבאי הוה: קיץ להו. ממון כך וכך לשבת לכל אחד הוה ליה ממון שיש לו תובעין וקרינא ביה לשמור:

הדרן עלך החובל

תוספות

דאיכא דיינא בארעא. ובימי שרה היה ב"ד של שם קיים: **אחד** הצועק ואחד הנצעק. אמר רבינו שמואל דבסיפרי מתני בע"א אחד הצועק ואחד שאין צועק במשמע פירוש בין אותו שהעני צועק עליו בין אותו שאין העני צועק עליו שניהם נענשים עליו מסתברא כיון שאין מחזיר עבוטו זה כמו זה אלא (י) להכי כתיב שמוע אשמע (את) צעקתו וחרה אפי שממהרי' לצועק יותר ממי שאינו צועק ולפי גירסא זו לא נפק משרה כמו שפי' בקונטרס לפי גירסת הספרים:

משום פגם משפחה. ומשלם הכל אפילו צער:

ורבי יוחנן אמר יש לאו שהוא כהן ויש הן שהוא כלאו. לשנויי מתני' קאתי מ"ש רישא ומ"ש סיפא ופירש בקונט' בין רישא ובין סיפא אם א"ל לאו בתמיה הוי כהן ואם א"ל הן בתמיה הוא כלאו והו"מ למיתני ברישא תרוייהו נזקי גופו וממונו וכן בסיפא אלא אורחא דמילתא נקט שדרך למחול על נזקי ממון ואין דרך למחול על נזקי גוף ודוחק הוא אלא נראה לפרש דנזקי גופו אפי' א"ל הן שדומה כאומר בניחותא מסתמא בתמיה קאמר ובנזקי ממונא אמר ליה לאו ודומה כאומר בניחותא מסתמא בתמיה קאמר כיון שמתחילה א"ל קרע את כסותי ושבור את כדי וי"ס שכתוב בהן כילד ול"ג ליה:

ורמינהי לשמור ולא לאבד לשמור ולא לקרוע. תימה מאי קפריך נהי דפטר ליה קרא מפשיעה לא מצינו שפטרו אם קרע ואיבד בידים וי"ל דדייק מדקתני ולא לקרוע דאי לא בעי אלא לפטור כשנאבד בפשיעה מאי אריא דא"ל ע"מ לקרוע אפילו לא א"ל ע"מ לקרוע אלא שלא אמר ליה בלשון שמירה פטור כדדריש במכלתין לשמור ר"ש אומר עד שיפקיד אצלו ויאמר הילך ושמור לי אבל אם אמר ליה עיניך בו פטור ומשני מתני' בדאתא לידיה וכי קתני ע"מ לפטור פטור ה"ה בלא על מנת הו"מ לאשמועינן דפטור בדלא אתא לידיה אלא כל עיקר התנא לא בא אלא להשמיענו דבנזקי ממונו מהני ע"מ לפטור ובנזקי גופו לא מהני ור"י מפ' דה"פ לשמור ולא לקרוע פי' כשנתן לו לשמור ולא הרשהו לא לקרוע ולא לאבד אז חייב בכל דין שומר אבל אם הרשהו לקרוע ולאבד אם ירצה אין עליו דין שומר להתחייב בכולם במה שמקבלו לשמור כיון שנותן לו רשות גם לקרוע ולאבד אם ירצה ואם נתינת רשות לקרוע אין פוטרתו מן הקריעה א"כ היה לו ליחשב שומר כשנתן לו רשות גם לקרוע כאילו לא נתן לו אלא לשמור סתם (ה): **הא** דאתא לידיה. פי' מתני' שנתן לידו וא"ל שמור ואם תרצה לקרוע עשה כרצונך דכיון שתם על החפץ שלא א"ל קרעו עד שבא לידו שהפקידו אצלו תחילה מה שנותן לו רשות לקרעו בסיום דבריו אין אומר כן כדי לפטרו אלא פטומי מילי הוא דהוי כדי שישמור לו ברצון ולא ידאג שמא ידקדק עמו יותר מדאי אם תקרע ויעמוד בדין הוא דקא"ל ואע"ג דאתא לידיה בתורת קריעה שא"ל בשעת נתינה חייב על הקריעה וברייתא בדלא אתא לידיה שא"ל טול חפץ פלוני המונח שם תשמרהו לי ואם רצונך תקרעהו ואח"כ נטלו וקרעו דכיון שאינו תם עליו אלא שנותן לו רשות קודם שיתנהו לידו אם כן אין חושש אם יאבדהו ולפוטרו לגמרי נתן לו רשות א"ל רבה לשמור דאתא לידיה משמע דהכי משמע קרא שנתן לו רשות לשמור בלבד אבל נתן לו גם לאבד אין עליו דין שומר אלא אמר רבה מתני' בדאתא לידיה בתורת שמירה בלבד ושוב נמלך ונתן לו רשות לקרוע שכיון שמתחילת נתינתו נתנו לו לשמור ולא לקרוע והנפקד קיבל עליו מה שאומר אח"כ לקרוע אם ירצה אינו אלא משטה ופטומי מילי וברייתא בדאתא לידיה בתורת קריעה שמשעת נתינה א"ל כן דכיון שאומר לו כן קודם שנעשה שומר אין חושש אם יקרע וכ"ש אם לא עשאו שומר אלא א"ל קרע כסותי ושבור כדי המונח לפניך שהוא פטור:

הדרן עלך החובל

מסורת הש"ס

א) [פי' ליבי מל' שומן כמו הנוגע בליב היוצא ממנו בחולין קכד. וע"ד שאמרו שבועות מז: קרב לגבי דסינא ואידהן. מהרש"א בח"א], ב) [ר"ה טז: וע"ש], ג) [מגילה טו. כח. ע"ש], ד) [בהרא"ש אית' לרב ובזה ניחא דרב אישתיק ובסמוך אמר רבא משום שאין אדם מוחל כו' ועי' רש"י ד"ה רבא מיהו מדהשיב לו הכי א"ר ששת נראה דטוב לגרוס לרבה בה"א וכן ברב אלפס ז"ל לרבה], ה) [עי' תשו' מ"י סי' קלט], ו) צ"ל דלאסי כתיב והיה כי יצעק אלי ושמעתי שממהרין כו' ת"ח ובספ' (כ"י) [כוס ישועות].

תורה אור השלם

א) הִנֵּה אָנֹכִי שֹׁלֵחַ מַלְאָךְ לְפָנֶיךָ לִשְׁמָרְךָ בַּדָּרֶךְ וְלַהֲבִיאֲךָ אֶל הַמָּקוֹם אֲשֶׁר הֲכִנֹתִי: [שמות כג, כ]

ב) וְגַם לְלוֹט הַהֹלֵךְ אֶת אַבְרָם הָיָה צֹאן וּבָקָר וְאֹהָלִים: [בראשית יג, ה]

ג) וַתֹּאמֶר שָׂרַי אֶל אַבְרָם חֲמָסִי עָלֶיךָ אָנֹכִי נָתַתִּי שִׁפְחָתִי בְּחֵיקֶךָ וַתֵּרֶא כִּי הָרָתָה וָאֵקַל בְּעֵינֶיהָ יִשְׁפֹּט יְיָ בֵּינִי וּבֵינֶיךָ: [בראשית טז, ה]

ד) וַתָּמָת שָׂרָה בְּקִרְיַת אַרְבַּע הִוא חֶבְרוֹן בְּאֶרֶץ כְּנָעַן וַיָּבֹא אַבְרָהָם לִסְפֹּד לְשָׂרָה וְלִבְכֹּתָהּ: [בראשית כג, ב]

ה) וּלְשָׂרָה אָמַר הִנֵּה נָתַתִּי אֶלֶף כֶּסֶף לְאָחִיךְ הִנֵּה הוּא לָךְ כְּסוּת עֵינַיִם לְכֹל אֲשֶׁר אִתָּךְ וְאֵת כֹּל וְנֹכָחַת: [בראשית כ, טז]

ו) וַיְהִי כִּי זָקֵן יִצְחָק וַתִּכְהֶיןָ עֵינָיו מֵרְאֹת וַיִּקְרָא אֶת עֵשָׂו בְּנוֹ הַגָּדֹל וַיֹּאמֶר אֵלָיו בְּנִי וַיֹּאמֶר אֵלָיו הִנֵּנִי: [בראשית כז, א]

ז) כִּי יִתֵּן אִישׁ אֶל רֵעֵהוּ חֲמוֹר אוֹ שׁוֹר אוֹ שֶׂה וְכָל בְּהֵמָה לִשְׁמֹר וּמֵת אוֹ נִשְׁבַּר אוֹ נִשְׁבָּה אֵין רֹאֶה: [שמות כב, ט]

עין משפט נר מצוה

קיג א ב ג טוש"ע ח"מ סי' תכב סעיף א בהג"ה:
קיד ד מיי' פ"ה מהל' דעות הלכה יג:
קטו ה מיי' פ"ה מהל' חובל ומזיק הלכה יא סמג עשין ע טוש"ע ח"מ סי' תכא סעיף יב:
קטז ו מיי' שם ועיין במ"מ טור ש"ע שם בהג"ה:
קיז ז ח מיי' שם הלכה יב סמג שם טוש"ע ח"מ סי' שפ סעיף א:
קיח ט י מיי' פ"ה מהל' שאלה ופקדון הלכה א סמג עשין פח טוש"ע ח"מ סי' שא סעיף ו:
[רב אלפס כאן ובב"מ פרק ג' דף פו]:

הגהות הב"ח

(א) גמ' ליבי משוך: (ב) שם יהי רצון שיהא לך כסיות עינים ונתקיים בזרעה כצ"ל: (ג) שם א"ל ר' אסי בר חמא לרבה מאי שנא רישא ומ"ש סיפא (א"ל רישא וכו' דתניא) תא"מ ונ"ב ס"א א"ל רישא לפי שאין אדם מוחל על צערו והתניא: (ד) רש"י ד"ה לשמור וכו' דכתיב כי יתן: (ה) תוס' ד"ה ורמינהו וד"ה הא הד"א:

ליקוטי רש"י

ציבי משוך. ליב רלועה ותלתל היוצא מבשר ותלוי ודבוק במקלת [חולין קכד.]. ההולך את אברהם. מי גרס שהיה לו זאת הליכתו עם אברהם [בראשית יג, ה]. המוסר דין. כמו ישפוט ה' ביני וביניך (בראשית טז) אומרים כלום ראוי הוא שיענש חבירו על ידו [ר"ה טז:]. חמסי עליך. חמס העשוי לי עליך אני מטיל העונש כשהתפללת להקב"ה מה תתן לי ואנכי הולך ערירי לא התפללת אלא עליך והיה לך להתפלל על שנינו והייתי אני נפקדת עמך. ועוד דבריך אתה חומס ממני שאתה שומע בזיוני ושותק [בראשית טז, ה]. ויבא אברהם וגו'. הוא קבר אותה [ר"ה שם].

הגמרא מביאה הוראה נוספת של רבי יצחק, הנוגעת לסיפור שהובא למעלה (צב, א) על שרה ואבימלך, ונוגעת גם לכוחה של בקשת עונש משמים:

וְאָמַר רַבִּי יִצְחָק: לְעוֹלָם אַל תְּהִי קִלְלַת הֶדְיוֹט (אדם פשוט) **קַלָּה בְּעֵינֶיךָ, שֶׁהֲרֵי אֲבִימֶלֶךְ** מלך פלשתים **קִלֵּל אֶת שָׂרָה** כשהכיר בה שהיא אשת אברהם ושמחמתה לקו הוא ועמו, **וְנִתְקַיֵּים בְּזַרְעָהּ** מה שקילל. **שֶׁנֶּאֱמַר** בדברי אבימלך לשרה כשנתן מתנה של אלף כסף לאברהם (בראשית כ, טז): **"הִנֵּה הוּא לָךְ כְּסוּת עֵינַיִם"**[13]. וכך **אָמַר לָהּ** אבימלך: **"הוֹאִיל וְכִסִּית מִמֶּנִּי** את האמת, **וְלֹא גִּילִּית שֶׁ**אברהם **הוּא אִישֵׁךְ, וְגָרַמְתְּ** שיבוא **אֵלַי הַצַּעַר הַזֶּה, יְהִי רָצוֹן** מלפני ה' **שֶׁיְּהוּ** (שיהיו) **לָךְ בְּנֵי כְּסוּיֵי עֵינַיִם"** — בנים עוורים[14]. **וְנִתְקַיֵּים בְּזַרְעָהּ** מה שקילל, **דִּכְתִיב** (בראשית כז, א): **"וַיְהִי כִּי זָקֵן יִצְחָק וַתִּכְהֶיןָ עֵינָיו מֵרְאֹת"**[15].

הגמרא מביאה הוראה אחרונה בענין היחס שבין הפוגע באחר לבין זה שנפגע ממנו:

אָמַר רַבִּי אַבָּהוּ: לְעוֹלָם יְהֵא אָדָם מִן הַנִּרְדָּפִין וְלֹא מִן הָרוֹדְפִין[16]. **שֶׁאֵין לְךָ נִרְדָּף בְּעוֹפוֹת יוֹתֵר מִתּוֹרִים וּבְנֵי יוֹנָה,** מפני קוטנם וחולשתם[17], **וְהִכְשִׁירָן הַכָּתוּב,** רק אותם מכל העופות, **לְגַבֵּי מִזְבֵּחַ** — להקריבם על המזבח.

שנינו במשנתנו:

הָאוֹמֵר: "סַמֵּא אֶת עֵינִי" כּוּ', "קטע את ידי", "שבר את רגלי" חייב. "על מנת לפטור", חייב. "קרע את כסותי", "שבר את כדי", חייב. "על מנת לפטור", פטור.

שואלת הגמרא:

אֲמַר לֵיהּ רַב אַסִּי בַּר חָמָא לְרָבָא[18]: **מַאי שְׁנָא רֵישָׁא וּמַאי שְׁנָא סֵיפָא** — מה ההבדל בין הרישא של המשנה לסיפא שלה? מדוע לענין נזקי ממונו מועיל תנאי מפורש של הניזק לפטור את המזיק מתשלומים, ואילו לענין נזקי גופו אין תנאי כזה מועיל לפטרו?

משיבה הגמרא:

אֲמַר לֵיהּ רבא לרב אסי בר חמא: **בְּרֵישָׁא,** כשאמר כן בנוגע לנזקי גופו, אין התנאי מועיל לפטור את המזיק **לְפִי שֶׁאֵין אָדָם מוֹחֵל עַל** היזק **רָאשֵׁי אֵבָרִים** שלו, ודבריו לפטור את הניזק מתשלומים נאמרו בהכרח מתוך כעס או מתוך צער, לא בדיעה צלולה[19].

הגמרא מקשה על הסבר זה:

אֲמַר לֵיהּ רב אסי בר חמא לרבא: **וְכִי אָדָם מוֹחֵל עַל צַעֲרוֹ** — על הכאב שבא מחמת פציעה? בודאי שלא! ואף על פי כן, ידוע לנו שתנאי על כך מועיל, **דְּתַנְיָא** בברייתא: אם אדם אומר לחבירו: **"הַכֵּנִי. . ."**, או: **"פְּצָעֵנִי. . ."**, והוסיף: **"עַל מְנָת לִפְטוֹר"**, כלומר: בתנאי שלא תהיה חייב בנזק, **פָּטוּר** המזיק מתשלומים. מדברי הברייתא מוכח שאפילו בפגיעה שבדרך כלל אין אדם מוחל על תשלומיה, אם אמר במפורש שהפוגע בו פטור, אנו מתחשבים בדבריו והמזיק אכן פטור מלשלם!

תגובת רבא:

אִישְׁתִּיק — שתק. לאחר מכן **אֲמַר** רבא לרב אסי בר חמא: **מִידִי שְׁמִיעַ לָךְ בְּהָא** — האם שמעת איזה הסבר בענין זה[20]?

רב אסי בר חמא עונה:

אֲמַר לֵיהּ לרבא: **הָכִי** (כך) **אָמַר רַב שֵׁשֶׁת:** המזיק חייב על הפגיעה בגוף הניזק על אף שהניזק פטר אותו במפורש, **מִשּׁוּם פְּגַם מִשְׁפָּחָה** — הואיל וסימוי העין, קטיעת היד או שבירת הרגל גורם חרפה

הערות

13. המובן הפשוט בדברי אבימלך הוא שהמתנה לאברהם תמנע מבטי זלזול אפשריים מצד האנשים. שכן אילו היה אבימלך משיב את שרה לאברהם ריקם, היו הרואים אומרים שאבימלך החזירה לאחר שגמר להתעלל בה. עכשיו שהוא נצרך להוציא ממון רב כדי לפייסה, ידעו כולם שהשיבה לאברהם בעל כורחו, על ידי נס (רש"י לפסוק; אבל ראה תרגום אונקלוס שם לפירוש אחר). הגמרא דורשת את המלים "הִנֵּה הוּא לָךְ כְּסוּת עֵינַיִם" באופן אחר, כאילו שיש בהן מובן נסתר המבשר רעות.

14. שכן גניבת דעת דומה לעוורון עינים (יפה תואר בראשית רבה נב, יב ד"ה אתם, הובא בעץ יוסף כאן).

15. לשון זה אינו מדוייק, שלא קילל אבימלך את שרה ונתקיימה הקללה בזרעה, אלא הוא קילל את זרעה והקללה נתקיימה. אבל במסכת מגילה כח, א [ראה גם שם טו, א] הגירסא: "אל תקרי 'כְּסוּת' אלא 'כְּסַיַּית עיניים'" [עוורון]. נוסח זה עדיף, שכן לפיו קילל אבימלך ששרה תתעוור ולא נתקיימה בה הקללה אלא בזרעה (מהרש"א). וכן הגירסא בכתב־יד מינכן כאן, אלא שהוא גורס: "כֵּהוּת עיניים" במקום "כסיית עיניים" (ספר שינויי נוסחאות; וכן גירסתו במגילה שם — ראה דקדוקי סופרים שם). ליישוב דברי הגמרא לפי גירסתנו, ראה בן יהוידע ובארות המים.

לענין הכללי של כוח הדיבור, הפועל לפעמים בעוצמה מרובה יותר ממה שאומרו התכוון אליו, ראה מועד קטן יח, א במהדורתנו, הערה 7; כתובות סב, ב במהדורתנו, הערה 15; גיטין ז, א במהדורתנו, הערה 10.

16. כלומר, אם מישהו רודף אחריך לפגוע בך, ואתה יכול להימלט מפגיעתו על ידי שתהפוך את הקערה על פיה ותרדוף אותו, עליך להתנגד לפיתוי לעשות זאת (מהרש"א ועין יעקב בפירושם השני).

הלשון "לעולם יהא אדם. . ." מורה שאין זה חיוב גמור, אלא מדת חסידות. וכן מצינו במסכת גיטין (ז, א): "שלח ליה מר עוקבא לרבי אלעזר: 'בני אדם העומדים עלי ובידי למסרם למלכות, מהו?'. . . שלח ליה: 'דּוֹם לַה' וְהִתְחוֹלֵל לוֹ' (תהלים לז, ז), דום לה' והוא יפילם לך חללים חללים, השכם והערב עליהן לבית המדרש והן כלין מאליהן' ". ובוודאי אין כל אדם חייב לסבול מרודפיו באופן כזה, אלא רבי אלעזר הורה לו כן על פי מדת חסידות (יד דוד). ואילו מעיקר הדין, "אם בא להורגך, השכם להורגו" (סנהדרין עב, א).

הלשון "יהא אדם מן הנרדפין" מורה שמדובר [אפילו] במי שאינו נרדף ולא רודף, שיעמוד לצד הנרדפין וישתדל להצילם מרודפיהם (מהרש"א, בפירושו הראשון). ועוד, הלשון "לעולם" בא לרמז על מה ששנינו במדרש (ויקרא רבה כז, ה), שאפילו אם צדיק רודף רשע [היינו כשאינו רודפו מפני רשעתו, אלא שרודפו להנאתו — יפה תואר למדרש שם], "וְהָאֱלֹהִים יְבַקֵּשׁ אֶת נִרְדָּף" [קהלת ג, טו] (עין אליהו). וכן אמרו חכמים במדרש שם [וכעין זה בקהלת רבה לפסוק]: "רב הונא בשם רב יוסף אמר: לעולם 'וְהָאֱלֹהִים יְבַקֵּשׁ אֶת נִרְדָּף': אתה מוצא צדיק רודף צדיק — 'וְהָאֱלֹהִים יְבַקֵּשׁ אֶת נִרְדָּף'; רשע רודף צדיק — 'וְהָאֱלֹהִים יְבַקֵּשׁ אֶת נִרְדָּף'; רשע רודף רשע — 'וְהָאֱלֹהִים יְבַקֵּשׁ אֶת נִרְדָּף'; אפילו צדיק רודף רשע — 'וְהָאֱלֹהִים יְבַקֵּשׁ אֶת נִרְדָּף'; מכל מקום — 'וְהָאֱלֹהִים יְבַקֵּשׁ אֶת נִרְדָּף'. רבי יהודה ברבי סימון אמר בשם רבי יוסי ברבי נהוראי: לעולם הקב"ה תובע דמן של נרדפין מן הרודפין תדע לך שכן הוא, שכן הבל נרדף מפני קין ובחר הקדוש ברוך הוא בהבל, שנאמר (בראשית ד): 'וַיִּשַׁע ה' אֶל הֶבֶל וְאֶל מִנְחָתוֹ'; נח נרדף מפני דורו ולא בחר הקב"ה אלא בנח, שנאמר (שם ז): 'כִּי אֹתְךָ רָאִיתִי צַדִּיק לְפָנַי בַּדּוֹר הַזֶּה'; אברהם נרדף מפני נמרוד ובחר הקדוש ברוך הוא באברהם, שנאמר (נחמיה ט): 'אַתָּה הוּא ה' הָאֱלֹהִים אֲשֶׁר בָּחַרְתָּ בְּאַבְרָם'; יצחק נרדף מפני פלשתים ובחר הקב"ה ביצחק, שנאמר (בראשית כו): 'רָאוֹ רָאִינוּ כִּי הָיָה ה' עִמָּךְ'; יעקב נרדף מפני עשו ובחר הקדוש ברוך הוא ביעקב, שנאמר (תהלים קלה): 'כִּי יַעֲקֹב בָּחַר לוֹ יָהּ'; יוסף נרדף מפני אחיו ובחר הקב"ה ביוסף, שנאמר (שם פא): 'עֵדוּת בִּיהוֹסֵף שָׂמוֹ'; משה נרדף מפני פרעה ובחר הקדוש ברוך הוא במשה, שנאמר (שם קו): 'לוּלֵי מֹשֶׁה בְחִירוֹ'; דוד נרדף מפני שאול ובחר הקב"ה בדוד, שנאמר (שם עח): 'וַיִּבְחַר בְּדָוִד עַבְדּוֹ'; שאול נרדף מפני פלשתים ובחר הקדוש ברוך הוא בשאול, שנאמר (שמואל א יב): 'הַרְאִיתֶם אֲשֶׁר בָּחַר בּוֹ ה' '; ישראל נרדפין מפני האומות ובחר הקב"ה בישראל, שנאמר (דברים יד): 'וּבְךָ בָּחַר ה' לִהְיוֹת לוֹ לְעַם סְגֻלָּה'. רבי אליעזר ברבי יוסי בן זמרא אמר: אף בקרבנות כך [ראה בגמרא לפנינו מיד], אמר הקדוש ברוך הוא: 'שור נרדף מפני ארי, עז נרדף מפני נמר, כבש מפני זאב, לא תקריבו לפני מן הרודפים אלא מן הנרדפין; הדא הוא דכתיב (ויקרא כג): 'שׁוֹר אוֹ כֶשֶׂב אוֹ עֵז כִּי יִוָּלֵד' ".

וראה עוד אמונה ובטחון (לבעל חזון איש) ג, ב.

17. הגהות יעב"ץ. שכן כל נרדף הוא חסר־חשיבות בעולם הזה, וככל שהאדם בדול ומרוחק מן העולם הריהו מתקרב להקב"ה שגם הוא מרוחק מן העולם (נצח ישראל למהר"ל טו, ד"ה והנה בארו; ראה גם חדושי אגדות למהר"ל כאן).

18. ראה לקמן הערה 22.

19. רשב"א.

פירוש אחר: הויתור שלו נחשב כמחילה בטעות; משום שחשב שלא יחבול בו (סמ"ע חושן משפט תכא, כא), או משום שחשב שיוכל לסבול את הפגיעה ולבסוף התברר לו שאינו יכול לסבלה (לבוש שם, יב).

מכאן מוכח שבכל מקום שאמרו חכמים עומק דעתו של אדם, אפילו אם האדם אומר בפירוש שלא התכוון לכך אין בדבריו כלום, ולכן במקרה שלפנינו, אפילו כאשר אומר "על מנת לפטור" אנו משערים שלא אמר כן אלא מן השפה ולחוץ אבל בלבו אינו מוחל על החבלה, ואין זה נחשב "דברים שבלב", משום שהדבר ברור לכל שאין אדם מוחל על כך (בית האוצר לרב יוסף ענגיל א, לב).

20. [השאלה לכאורה תמוהה: אם חשב רבא שרב אסי בר חמא שמע הסבר לדין המשנה, מדוע בא לרבא ושאלו על כך. ראה כוס הישועות מה שכתב ליישב.]

הנה אנכי שולח מלאך לפניך לשמרך בדרך א"ל רבא לרבה בר מרי מנא הא מילתא דאמרי אינשי בתר מרי ניכסי (א) ציבי משך א"ל דכתיב וגם ללוט ההולך את אברם היה צאן ובקר ואהלים אמר רב חנן המוסר דין על חבירו הוא נענש תחילה שנאמר ותאמר שרי אל אברם חמסי עליך וכתיב ויבא אברהם לספוד לשרה ולבכותה והני מילי דאית ליה דינא בארעא אמר רבי יצחק אוי לו לצועק יותר מן הנצעק תניא נמי הכי אחד הצועק ואחד הנצעק במשמע אלא שממהרין לצועק יותר מן הנצעק ואמר רבי יצחק לעולם אל תהי קללת הדיוט קלה בעיניך שהרי אבימלך קלל את שרה ונתקיים בזרעה שנאמר הנה הוא לך כסות עינים אמר לה הואיל וכסית ממני ולא גילית שהוא אישך וגרמת אלי הצער הזה יהי רצון (ב) שיהו לך בני כסויי עינים ונתקיים בזרעה דכתיב ויהי כי זקן יצחק ותכהין עיניו מראות אמר רבי אבהו לעולם יהא אדם מן הנרדפין ולא מן הרודפין שאין לך נרדף בעופות יותר מתורים ובני יונה והכשירן הכתוב לגבי מזבח: האומר סמא את עיני כו': א"ל רב אסי בר חמא (ג) לרבא מאי שנא רישא ומאי שנא סיפא אמר ליה רישא לפי שאין אדם מוחל על ראשי אברים א"ל וכי אדם מוחל על צערו דתניא הכני פצעני על מנת לפטור פטור אישתיק אמר מידי שמיע לך בהא אמר ליה הכי אמר רב ששת משום פגם משפחה איתמר ר' אושעיא אמר משום פגם משפחה רבא אמר משום שאין אדם מוחל על ראשי אברים שלו רבי יוחנן אמר יש הן שהוא כלאו ויש לאו שהוא כהן תניא נמי הכי הכני פצעני על מנת לפטור ואמר לו הן הרי יש הן שהוא כלאו קרע את כסותי על מנת לפטור ואמר לו לאו הרי לאו שהוא כהן: שבר את כדי קרע את כסותי חייב: ורמינהי לשמור ולא לאבד לשמור ולא לקרוע לשמור ולא לחלק לעניים אמר רב הונא לא קשיא הא דאתי לידיה הא דלא אתי לידיה אמר ליה רבה לשמור דאתי לידיה משמע אלא אמר רבה הא והא דאתא לידיה ולא קשיא הא דאתא לידיה בתורת שמירה הא דאתא לידיה בתורת קריעה ההוא ארנקא דצדקה דאתי לפומבדיתא אפקדה רב יוסף גבי ההוא גברא פשע בה אתו גנבי גנבוה חייביה רב יוסף א"ל אביי והתניא לשמור ולא לחלק לעניים אמר ליה עניי דפומבדיתא מיקץ קיץ להו ולשמור הוא:

הדרן עלך החובל

רש"י

אחד הצועק ואחד הנצעק במשמע. והרה אפי והרגתי אתכם (שמות כב) שניהם במשמע: אלא שממהרין מן הצועק תחילה. כדאשכחן בשרה: על מנת לפטור. על מנת שתהא פטור: רבא אמר לפי שאין אדם מוחל על ראשי אבריו. וברייתא לא תקשי דעל צערו מוחל אדם: צערו. כאב מכה: ורבי יוחנן אמר. אדם מוחל על הכל ומתניתין לאו דא"ל נחבל לחובל קטע את ידי על מנת שתהא פטור אלא קטע את ידי סתמא וא"ל חובל על מנת לפטור כלומר אמור לי אתה על מנת שאהיה פטור וא"ל היאך הן וקמ"ל מתני' דיש הן שהוא כלאו וכגון דמתמה אתמוהי: הכני פצעני. וא"ל זה ע"מ לפטור ואמר נחבל הן יש הן שהוא כלאו אי אתמה חייב ואי בניחותא אהדריה פטור וברייתא דלעיל דקתני הכני ופצעני ע"מ לפטור פטור בדאמר נחבל כולה מילתא הכני ופצעני ע"מ לפטור דהא ודאי דוקא אמר ליה: יש לאו שהוא כהן. אי אתמה פטור והאי דנקט חובלא לגבי מכה ופוצע ופטורה לגבי ממונא אורחיה דמילתא נקט דמחיל איניש אממוניה טפי מגופיה: לשמור ולא לאבד. כי יתן וגו' לשמור דהפקידו אצלו לשמור חייב בפשיעה ולא כשהפקידו אצלו ע"מ לאבד או ע"מ לחלק לעניים דלא קרינא ביה לשמור דכיון דאמר ליה חלקהו תו לא דמפקיד נינהו ומאן קתבע ועניים לא מצו תבעי דלכל חד וחד מצי אמר לאו לדידך יהיבנא אלא לאחריני: דאתא לידיה. וקרע בידי' חייב אי לא א"ל על מנת לפטור ואפילו אתא לידיה מעיקרא ע"מ לאבד: לשמור דאתא לידיה משמע. דכתיב (ד) וכי יתן ואפי' הכי קממעט ליה: הא דאתא לידיה. מעיקרא בתורת שמירה והדר אמר ליה קרע חייב אי לא אמר ליה ע"מ לפטור: רב יוסף. גבאי הוה: קיץ להו. ממון כך וכך לשבת לכל אחד הוה ליה ממון שיש לו תובעין וקרינא ביה לשמור:

הדרן עלך החובל

תוספות

דאיכא דיינא בארעא. ובימי שרה היה ב"ד של שם קיים: אחד הצועק ואחד הנצעק. אמר רבינו שמואל דבסיפרי מתני בע"א אחד הצועק ואחד שאין צועק במשמע פירוש בין אותו שהעני צועק עליו בין אותו שאין העני צועק עליו שניהם נענשים עליו מסתברא כיון שאין מחזיר עבוטו זה כמו זה אלא (ו) להכי כתיב שמוע אשמע (את) צעקתו והרה אפי שממהרי' לצועק יותר ממי שאינו צועק ולפי גירסא זו לא נפק מהרה כמו שפי' בקונטרס לפי גירסת הספרים:

משום פגם משפחה. ומשלם הכל אפילו צער:

ורבי יוחנן אמר יש לאו שהוא כהן ויש הן שהוא כלאו. לשנויי מתני' קאתי מ"ש רישא ומ"ש סיפא ופירש בקונט' בין רישא ובין סיפא אם א"ל לאו בתמיה הוי כהן ואם א"ל הן בתמיה הוא כלאו והו"מ למיתני ברישא תרוייהו נזקי גופו וממונו וכן בסיפא אלא אורחא דמילתא נקט שדרך למחול על נזקי ממון ואין דרך למחול על נזקי גוף ודוחק הוא אלא נראה לפרש דנזקי גופו אפי' א"ל הן שדומה כאומר בניחותא מסתמא בתמיה קאמר ובנזקי ממונא אמר ליה לאו ודומה כאומר בניחותא מסתמא בתמיה קאמר כיון שמתחילה א"ל קרע את כסותי ושבור את כדי וי"ס שכתוב בהן כילד ול"ג ליה:

ורמינהי לשמור ולא לאבד לשמור ולא לקרוע. תימה מאי קפריך נהי דפטר ליה קרא מפשיעה לא מלינו שפטרו אם קרע ואיבד בידים וי"ל דדייק מדקתני ולא לקרוע דאי לא בעי אלא לפטור כשנאבד בפשיעה מאי אריא דא"ל ע"מ לקרוע אפילו לא א"ל ע"מ לקרוע אלא שלא אמר ליה בלשון שמירה פטור כדדריש במכלתין לשמור ר"ש אומר עד שיפקיד אצלו ויאמר הילך ושמור לי אבל אם אמר ליה עיניך בו פטור ומשני מתני' בדאתא לידיה וכי קתני ע"מ לפטור פטור ה"ה בלא על מנת הו"מ לאשמועינן דפטור בדלא אתא לידיה אלא כל עיקר התנא לא בא אלא להשמיענו דבנזקי ממונו מהני ע"מ לפטור ובנזקי גופו לא מהני ור"י מפ' דה"פ לשמור ולא לקרוע פי' כשנתן לו לשמור ולא הרשהו לא לקרוע ולא לאבד אז חייב בכל דין שומר אבל אם הרשהו לקרוע ולאבד אם ירצה אין עליו דין שומר להתחייב בכולם במה שמקבלו לשמור כיון שנותן לו רשות גם לקרוע ולאבד אם ירצה ואם נתינת רשות לקרוע אין פוטרתו מן הקריעה א"כ היה לו ליחשב שומר כשנתן לו רשות גם לקרוע כאילו לא נתן לו אלא לשמור סתם (ה): הא דאתא לידיה. פי' מתני' שנתן לידו וא"ל שמור ואם תרצה לקרוע עשה כרצונך דכיון שתם על החפץ שלא א"ל קרעו עד שבא לידו שהפקידו אצלו תחילה מה שנותן לו רשות לקרעו בסיום דבריו אין אומר כן כדי לפטרו אלא פטומי מילי הוא דהוי כדי שישמור לו ברצון ולא ידאג שמא ידקדק עמו יותר מדאי אם תקרע ויעמוד בדין הוא דקא"ל ואע"ג דאתא לידיה בתורת קריעה שא"ל בשעת נתינה חייב על הקריעה וברייתא בדלא אתא לידיה שא"ל טול חפץ פלוני המונח שם תשמרהו לי ואם רצונך תקרעהו ואח"כ נטלו וקרעו דכיון שאינו תם עליו אלא שנותן לו רשות קודם שיתנהו לידו אם כן אין חושש אם יאבדהו ולפוטרו לגמרי נתן לו רשות א"ל רבה לשמור דאתא לידיה משמע דהכי משמע קרא שנתן לו רשות לשמור בלבד אבל נתן לו גם לאבד אין עליו דין שומר אלא אמר רבה מתני' בדאתא לידיה בתורת שמירה בלבד ושוב נמלך ונתן לו רשות לקרוע שכיון שמתחילת נתינתו נתנו לו לשמור ולא לקרוע והנפקד קיבל עליו מה שאומר אח"כ לקרוע אם ירצה אינו אלא משטה ופטומי מילי וברייתא בדאתא לידיה בתורת קריעה שמשעת נתינה א"ל כן דכיון שאומר לו כן קודם שנעשה שומר אין חושש אם יקרע וכ"ש אם לא עשאו שומר אלא א"ל קרע כסותי ושבור כדי המונח לפניך שהוא פטור:

הדרן עלך החובל

מסורת הש"ס

א) [פי' ליזי מל' שומן כמו הנוגע בליב היוצא ממנו בחולין קכד. וע"ד שאמרו שבועות מז: קרב לגבי דסינא ואידהן. מהרש"א בח"א], ב) [ר"ה טז: וע"ש], ג) [מגילה טו. כח. ע"ש], ד) [בהרא"ש אית' לרב ובזה ניחא דרב אישתיק ובסמוך אמר רבא משום שאין אדם מוחל כו' ועי' רש"י ד"ה רבא מיהו מדהשיב לו הכי א"ר ששת נראה דטוב לגרוס לרבה בה"א וכן ברב אלפס ג"ל לרבה], ה) [עי' תשו' מ"י סי' קלטן], ו) צ"ל להכי כתיב והיה כי יצעק אלי ושמעתי שממהרין כו' ת"מ ובספ' (כ"י) [כום ישועות].

תורה אור השלם

א) הִנֵּה אָנֹכִי שֹׁלֵחַ מַלְאָךְ לְפָנֶיךָ לִשְׁמָרְךָ בַּדָּרֶךְ וְלַהֲבִיאֲךָ אֶל הַמָּקוֹם אֲשֶׁר הֲכִנֹתִי: [שמות כג, כ]

ב) וְגַם לְלוֹט הַהֹלֵךְ אֶת אַבְרָם הָיָה צֹאן וּבָקָר וְאֹהָלִים: [בראשית יג, ה]

ג) וַתֹּאמֶר שָׂרַי אֶל אַבְרָם חֲמָסִי עָלֶיךָ אָנֹכִי נָתַתִּי שִׁפְחָתִי בְּחֵיקֶךָ וַתֵּרֶא כִּי הָרָתָה וָאֵקַל בְּעֵינֶיהָ יִשְׁפֹּט יְיָ בֵּינִי וּבֵינֶיךָ: [בראשית טז, ה]

ד) וַתָּמָת שָׂרָה בְּקִרְיַת אַרְבַּע הִוא חֶבְרוֹן בְּאֶרֶץ כְּנָעַן וַיָּבֹא אַבְרָהָם לִסְפֹּד לְשָׂרָה וְלִבְכֹּתָהּ: [בראשית כג, ב]

ה) וּלְשָׂרָה אָמַר הִנֵּה נָתַתִּי אֶלֶף כֶּסֶף לְאָחִיךְ הִנֵּה הוּא לָךְ כְּסוּת עֵינַיִם לְכֹל אֲשֶׁר אִתָּךְ וְאֵת כֹּל וְנֹכָחַת: [בראשית כ, טז]

ו) וַיְהִי כִּי זָקֵן יִצְחָק וַתִּכְהֶיןָ עֵינָיו מֵרְאֹת וַיִּקְרָא אֶת עֵשָׂו בְּנוֹ הַגָּדֹל וַיֹּאמֶר אֵלָיו בְּנִי וַיֹּאמֶר אֵלָיו הִנֵּנִי: [בראשית כז, א]

ז) כִּי יִתֵּן אִישׁ אֶל רֵעֵהוּ חֲמוֹר אוֹ שׁוֹר אוֹ שֶׂה וְכָל בְּהֵמָה לִשְׁמֹר וּמֵת אוֹ נִשְׁבַּר אוֹ נִשְׁבָּה אֵין רֹאֶה: [שמות כב, ט]

עין משפט נר מצוה

קיג א ב ג טוש"ע ח"מ סי' תכב סעיף א בהג"ה:

קיד ד מיי' פ"ה מהל' דעות הלכה יג:

קטו ה מיי' פ"ה מהל' חובל ומזיק הלכה יא סמג עשין ע טוש"ע ח"מ סי' תכא סעיף יב:

קטז ו מיי' שם ועיין בכ"מ טור ש"ע שם בהג"ה:

קיז ז ח מיי' שם הלכה יב סמג שם טוש"ע ח"מ סי' שפ סעיף א:

קיח ט י מיי' פ"ה מהל' שאלה ופקדון הלכה א סמג עשין פח טוש"ע ח"מ סי' שא סעיף ו:

[רב אלפס כאן ובב"מ פרק ג' דף פו]:

הגהות הב"ח

(א) גמ' ליבי משוך: (ב) שם יהי רצון שיהא לך כסיות עינים ונתקיים בזרעה כצ"ל: (ג) שם א"ל ר' אסי בר חמא לרבה מאי שנא רישא ומ"ש סיפא (א"ל רישא וכו' דתניא) תא"מ ונ"ב ס"א א"ל רישא לפי שאין אדם מוחל על צערו והתניא: (ד) רש"י ד"ה לשמור וכו' דכתיב כי יתן: (ה) תוס' ד"ה ורמינהו וד"ה הא הד"א:

ליקוטי רש"י

ציבי משוך. ליב רצועה ותלתל היוצא מבשר ותלוי ודבוק במקצת [חולין קכד.]. ההולך את אברהם. מי גרם שהיה לו זאת הליכתו עם אברהם [בראשית יג, ה]. המוסר דין. כמו ישפוט ה' ביני וביניך (בראשית טז) אומרים כלום ראוי הוא שיענש חבירו על ידו [ר"ה טז:]. חמסי עליך. חמס העשוי לי עליך אני מטיל העונש כשהתפללת להקב"ה מה תתן לי ואנכי הולך ערירי לא התפללת אלא עליך והיה לך להתפלל על שנינו והייתי אני נפקדת עמך. ועוד דבריך אתה חומס ממני שאתה שומע בזיוני ושותק [בראשית טז, ה]. ויבא אברהם וגו'. הוא קבר אותה [ר"ה שם].

למשפחתו של הניזק, ואין לו רשות לפטור את המזיק מכך. אולם יש לאדם רשות לוותר על תשלום עבור כאב של מכה, הואיל ואין בכך חרפה למשפחה[21].

הגמרא מביאה מחלוקת משולשת בביאור ההבדל שבין הרישא לסיפא במשנתנו:

אִיתְּמַר – נאמרה מחלוקת זו בבית המדרש: **רַבִּי אוֹשַׁעְיָא אָמַר:** תנאי אין מועיל מצד הניזק לפטור את המזיק על נזקי גופו, **מִשּׁוּם** שכרוך בזה **פְּגַם מִשְׁפָּחָה**, שלניזק אין רשות לוותר עליו. **רָבָא אָמַר:** התנאי אינו מועיל **מִשּׁוּם שֶׁאֵין אָדָם מוֹחֵל עַל** נזק **לְרָאשֵׁי אֵבָרִים שֶׁלּוֹ**, ואין זה משנה מה שהוא אומר[22].

רַבִּי יוֹחָנָן אָמַר: תנאי שאדם עושה לפטור את המזיק מחיוב יוכל להועיל בכל סוג של נזק, ואפילו בגרימת מום קבוע; אולם לא תמיד אפשר להבין תנאו של אדם במשמעותו הפשוטה: **יֵשׁ "הֵן" שֶׁהוּא כְּ"לַאו", וְיֵשׁ "לַאו" שֶׁהוּא כְּ"הֵן"**. אם אדם אומר "כן" בתמיהה כוונתו באמת ל"לא", ואם הוא אומר "לא" בתמיהה הרי זה באמת "כן". ודין המשנה תלוי אפוא באופן שבו ויתר הניזק על חיוב התשלום. וכך מתפרשים דברי המשנה. הנחבל אמר תחילה: "קטע את ידי", והחובל שאל: "[האם אני יכול לעשות זאת] על מנת לפטור?" ועל כך ענה הנחבל "הן?!" בניגון של תמיהה, במשמעות של "האם אתה באמת סובר שתהיה פטור?". המשנה מלמדת אותנו ש"הן" זה, אינו אלא "לאו", ואם קטע החובל את ידו הריהו חייב בתשלומים. בדומה לכך, אם הניזק אמר: "קרע את כסותי", והמזיק שאל "[האם אני יכול לעשות זאת] על מנת לפטור?" והניזק ענה "לאו?!" בתמיהה, גם "לאו" זה אינו אלא "הן", ואם קרע המזיק את הכסות הוא פטור מתשלומים[23].

הגמרא מביאה ברייתא המסייעת לפירושו של רבי יוחנן:

תַּנְיָא נַמִּי הָכִי – שנינו גם בברייתא כך: אם אדם אמר לחבירו: **"הַכֵּנִי"**, או: **"פְּצָעֵנִי"**, והלה שאל: "האם אני יכול לעשות זאת **עַל מְנָת לִפְטוֹר?"**, **וְאָמַר לוֹ** האדם: **"הֵן?!"**, בתמיהה, **הֲרֵי יֵשׁ** לנו **"הֵן" שֶׁהוּא כְּ"לַאו"**, וחייב המזיק בתשלומים. אבל אם אמר אדם לחבירו: **"קְרַע אֶת כְּסוּתִי"**, והלה שאל: "האם אני יכול לעשות זאת **עַל מְנָת לִפְטוֹר?"**, **וְאָמַר לוֹ** האדם: **"לַאו?!"** בתמיהה, **הֲרֵי** לנו **"לַאו" שֶׁהוּא כְּ"הֵן"**, ופטור המזיק מתשלומים[24].

שנינו במשנתנו:

[האומר לחבירו:] **"שַׁבֵּר אֶת כַּדִּי"**, **"קְרַע אֶת כְּסוּתִי"**, **חַיָּיב** [בתשלומי הנזק].

שואלת הגמרא:

וּרְמִינְהִי – והרי יש לכך סתירה מהברייתא הבאה: נאמר בתורה בדיני שומרים (שמות כב, ו): "כִּי יִתֵּן אִישׁ אֶל רֵעֵהוּ כֶּסֶף אוֹ כֵלִים לִשְׁמֹר..." . ויש לנו לדייק: דיני שומרים חלים רק במקרה שהבעלים מסרו את החפץ לשומר כדי **"לִשְׁמֹר"**, **וְלֹא** אם מסרוהו לו כדי **לְאַבֵּד** אותו[25]. ועוד, כשהבעלים מסרוהו **"לִשְׁמֹר"** אותו, **וְלֹא** כדי **לִקְרוֹעַ** אותו. כלומר: כאשר הבעלים אכן מסרו את החפץ לשומר כדי לאבדו או לקורעו, אין למקבל החפץ דין "שומר" כלל, ולכן אם הוא באמת מאבד את החפץ או קורעו, פטור[26]. ועוד, דיני שומרים חלים רק כשמסרו הבעלים את החפץ כדי **"לִשְׁמֹר"**, **וְלֹא** במקרה שמסרוהו

הערות

21. ראב"ד בפירושו הראשון. פירוש אחר: מאחר שנזקים אלו מביאים לידי פגם משפחה, אין הניזק מתכוון באמת לפטור את המזיק מתשלומים, ואפילו כשאומר לו בפירוש "על מנת לפטור" (שם, בפירושו השני).

במקרה שבמשנה, כשמדובר בנזקי הגוף, חייב המזיק לשלם גם תשלומי צער (תוספות). ואף על פי שאין שום פגם משפחה בצער, מכל מקום מאחר שאינו יכול למחול על עצם ההיזק נמצא שאין בדבריו כלום, וממילא חייב המזיק על הכל (כוס הישועות). דברים אלו מתאימים לפירוש השני של הראב"ד, שמטעם פגם משפחה לא התכוון הניזק לדבריו ברצינות, אולם לטעם הראשון בוודאי אין המזיק חייב לשלם על הצער, שכן על זה מחל לו המזיק (נחלת משה).

22. רבא דוחה את הנחתו של רב אסי בר חמא לעיל, שויתור על תשלום עבור כאב דומה לויתור על תשלום עבור נזק גופני: הוא סובר שאדם עשוי לוותר ברצינות על חיוב תשלום עבור כאב, אולם לא על גרימת מום קבוע (רש"י).

רבא לא חשש לקושיית אביו [היינו רב יוסף (אסי) בר חמא – ראה לקמן צז, א ו־קד, ב] (ראב"ד). שאף על פי שמתחילה שתק כשהקשה לו רב אסי בר חמא על סברתו מן הברייתא, ושאל אותו להסבר אחר למשנה, לבסוף התיישב והחליט שאכן יש הבדל בין נכונות האדם לוותר על צער לבין נכונותו לוותר על נזק גמור (רשב"א; אך הוא גורס כאן ולעיל **רבה**; ויש הגורסים למעלה **רב** או **רבה** וגורסים כאן **רבא** – ראה הגהות הב"ח ומסורת הש"ס).

23. רבי יוחנן מבין את דברי המשנה באופן אחר ממה שהבנו אותה עד עתה: בתחילה חשבנו שהנחבל ביטא את בקשתו לחבלה ואת התנאי במשפט אחד שלם: "קטע את ידי על מנת לפטור". אולם רבי יוחנן סובר שמדובר כאן בשני משפטים: הניזק אמר: "קטע את עיני" או "קרע את כסותי", והמזיק שאל "על מנת לפטור", והניזק השיב "הן" או "לאו" וכפי שהתבאר (רש"י, כפי שנתבאר בתוספות ובפני יהושע).

ועוד סובר רבי יוחנן, שאם הניזק באמת פטר את המזיק מתשלומים, כגון שאמר: "פצעני על מנת לפטור", יהיה המזיק באמת פטור אם עשה כבקשתו, מאחר שבמקרה זה ברור שהניזק התכוון למה שאמר. וזהו המקרה בו מדובר בברייתא לעיל, הפוטרת את המזיק מתשלומים על נזקי הגוף (רש"י). לדיון מדוע לא פירש רש"י שגם ברייתא זו עוסקת במקרה שאמר הניזק "על מנת לפטור" בתמיהה של "לאו", ראה מהרש"א, פני יהושע וכוס הישועות.

24. אולם אם הניזק אמר "הן" בניחותא, הרי התכוון למשמעותה הרגילה של המלה והחובל פטור. וכן אם אמר "לאו" בניחותא, הרי התכוון למשמעותה הרגילה של המלה והמזיק חייב. נמצא, שהברייתא [וכן המשנה (תוספות)] יכלה ללמד באותה מדה שהחובל פטור על קטיעת ידו של הנחבל, והמזיק חייב על קריעת בגדו של הניזק; שכן ההבדל בין שני הדינים אינו קשור להבדל שבין נזקי הגוף לנזקי ממון, אלא להבדל בין תגובת הניזק, אם אמר "הן" בתמיהה לבין אם אמר "לאו" בתמיהה. הסיבה שבחרה הברייתא דוקא במקרים שבחרה היא התחשבות בהתנהגות רגילה של אנשים: אדם עשוי בדרך כלל לוותר על תשלומי נזק לרכושו ולא על חבלה בגופו (רש"י).

לסיכום: ישנן שלש דיעות בנוגע לויתור על חיוב תשלומים בגלל חבלה בגוף מצד אחד, ועל נזק לרכוש מצד שני:

(א) דעת רבי אושעיא ורב ששת: אין אדם **מורשה** לוותר על תשלומים עבור פגיעה קבועה בגופו, לפי שהטלת מום באדם היא חרפה לכל משפחתו, ואין לו רשות לוותר על כבוד משפחתו. אולם יש לו רשות לוותר על חיוב עבור נזק לרכושו וכן עבור גרימת כאב גופני.

(ב) דעת רבא: אין אדם **מוכן** לוותר על חיוב עבור פגיעה גופנית קבועה, אפילו אם אמר שמוכן לוותר; אבל מסכים אדם לוותר על גרימת כאב ועל נזק לרכוש. הלכך, אם אדם השתמש בדיוק באותן מלים של פטור בין לגבי קטיעת ידו ובין לגבי פציעת גופו או קריעת כסותו, יהיה החובל חייב על החבלה בגופו, ופטור על הכאב ועל הנזק לבגדו.

(ג) דעת רבי יוחנן: אדם יכול לוותר הן על הטלת מום בגופו והן על נזק לרכושו, אלא שמשמעות הוויתור מוגדרת על ידי האופן שהיא נאמרה על ידי הנפגע: אם הוא ביטא תנאי מפורש של ויתור מלא על התשלום, כגון שאמר: "פגע בי – או ברכושי – על מנת לפטור", הרי ויתורו ויתור ואין לחובל שום חיוב. ואילו אם התבקש לוותר, וענה "הן" בלשון של תמיהה, אין זה ויתור אמיתי והמזיק חייב; וכן להיפך, אם אמר "לאו" בלשון של תמיהה, הרי זה ויתור אמיתי והמזיק פטור.

פירשנו את דעת רבי יוחנן לפי ביאורו של רש"י. אולם התוספות [ראה גם תוספות רבנו פרץ] כתבו שדוחק לומר שהמשנה נקטה מקרה של חיוב תשלומים בנזקי הגוף ומקרה של פטור תשלומים בנזקי ממון רק משום שכך הדרך להגיב. [ועוד קשה, שאם הנפגע עונה בבירור בדרך של תמיהה, הרי שני הדינים פשוטים ואין בהם שום חידוש (רבנו משה קזיס; ראה גם ים של שלמה, סז).] ולכן הם מפרשים שתשובת הנפגע "הן" או "לאו" נאמרה בניחותא, ולא בתמיהה. המשנה מלמדת אפוא שלענין נזקי גופו – אפילו אם אומר "הן" ונראה כאומרה בניחותא אנו מפרשים את דבריו כאילו אמרו בתמיהה, שכן מסתמא אין אדם מוחל על נזק גופו [והוא הדין לענין היזק של צער (ים של שלמה שם; סמ"ע חושן משפט תכא, כב; אבל ראה נימוקי יוסף בשם רא"ה, ומאירי בשם קצת מפרשים)]; ולענין נזקי ממונו – אפילו אם אומר "לאו" ונראה כאומרה בניחותא, יש לנו לפרש את דבריו כאילו אמרו בתמיהה, שמאחר שבתחילה הציע לחבירו שיפגע ברכושו, מסתבר שתשובתו לשאלת חבירו מתאימה לדבריו הראשונים, שהרי אדם מוחל על נזקי ממונו. לפירושים נוספים, ראה רא"ש, יח ופלפולא חריפתא, ס; ר"מ מסרקסטה בשיטה מקובצת.

[לדעת ראשונים אחרים לא בא רבי יוחנן לפרש את דברי המשנה, אלא בא להוסיף הוראה אחרת. דהיינו, רבי יוחנן מסכים לחילוק שבפשטות דברי המשנה, שמוחל אדם על נזקי ממונו אבל אינו מוחל על נזקי גופו; אלא שבא להוסיף, שלענין צער, או לענין נזקי ממון, יש הן שהוא כלאו ויש לאו שהוא כהן. ראה ראב"ד, ורשב"א בשמו; רמב"ם הלכות חובל ה, יא ובמגיד משנה שם.]

25. רש"י. כלומר: שנתן לו רשות לאבד אותו אם ירצה (נמוקי יוסף, מהרש"ל; וראה מהרש"א).

26. ר"י המובא בתוספות.

הפסוק הנזכר עוסק בשומר חנם, שחייב לשלם את דמי החפץ אם פשע בשמירתו, ומלמד שאם לא נתן לו את החפץ "לִשְׁמֹר" אינו חייב על כך (רש"י). אך

אהנה אנכי שולח מלאך לפניך לשמרך בדרך א"ל רבא לרבה בר מרי מנא הא מילתא דאמרי אינשי בתר מרי ניכסי א) ציבי (א) משך א"ל דכתיב ב) וגם ללוט ההולך את אברם היה צאן ובקר ואהלים אמר רב חנן ב) אהמוסר דין על חבירו הוא נענש תחילה שנאמר ג) ותאמר שרי אל אברם חמסי עליך וכתיב ד) ויבא אברהם לספוד לשרה ולבכותה והני מילי בדאית ליה דינא בארעא אמר רבי יצחק גאוי לו לצועק יותר מן הנצעק תניא נמי הכי אחד הצועק ואחד הנצעק במשמע אלא שממהרין לצועק יותר מן הנצעק ג) ואמר רבי יצחק לעולם אל תהי קללת הדיוט קלה בעיניך שהרי אבימלך קלל את שרה ונתקיים בזרעה שנאמר ה) הנה הוא לך כסות עינים אמר לה הואיל וכסית ממני ולא גילית שהוא אישך וגרמת אלי הצער הזה יהי רצון (ב) שיהו לך בני כסויי עינים ונתקיים בזרעה דכתיב ו) ויהי כי זקן יצחק ותכהין עיניו מראות אמר רבי אבהו דלעולם יהא אדם מן הנרדפין ולא מן הרודפין שאין לך נרדף בעופות יותר מתורים ובני יונה והכשירן הכתוב לגבי מזבח: האומר סמא את עיני כו': א"ל רב אסי בר חמא (ג) ד) לרבא מאי שנא רישא ומאי שנא סיפא אמר ליה רישא הלפי שאין אדם מוחל על ראשי אברים א"ל וכי אדם מוחל על צערו דתניא הכני פצעני על מנת לפטור פטור אישתיק אמר מידי שמיע לך בהא אמר ליה הכי אמר רב ששת משום פגם משפחה איתמר ר' אושעיא אמר משום פגם משפחה רבא אמר משום שאין אדם מוחל על ראשי אברים שלו רבי יוחנן אמר יש הן שהוא כלאו ויש לאו שהוא כהן תניא נמי הכי והכני פצעני על מנת לפטור ואמר לו הן הרי יש הן שהוא כלאו קרע את כסותי על מנת לפטור ואמר לו לאו הרי לאו שהוא כהן: שבר את כדי קרע את כסותי חייב: ורמינהי ז) לשמור זולא לאבד לשמור ולא לקרוע לשמור ולא לחלק לעניים אמר רב הונא לא קשיא הא דאתי לידיה הא דלא אתי לידיה אמר ליה רבה לשמור דאתי לידיה משמע אלא אמר רבה הא והא דאתא לידיה ולא קשיא חהא דאתא לידיה בתורת שמירה הא דאתא לידיה בתורת קריעה ה) ההוא ארנקא דצדקה דאתי לפומבדיתא אפקדה רב יוסף גבי ההוא גברא פשע בה אתו גנבי גנבוה חייביה רב יוסף א"ל אביי והתניא לשמור טולא לחלק לעניים אמר ליה יעניי דפומבדיתא מיקץ קיץ להו ולשמור הוא:

הדרן עלך החובל

אחד הצועק ואחד הנצעק במשמע. וקרה אפי והרגתי אתכם (שמות כב) שניס במשמע: אלא שממהרין מן הצועק תחילה. כדאשכחן בשרה: על מנת לפטור. על מנת שתהא פטור: רבא אמר לפי שאין אדם מוחל על ראשי אבריו. וברייתא לא תקשי דעל לערו מוחל אדם: צערו. כאב מכה: ורבי יוחנן אמר. אדם מוחל על הכל ומתניתין לאו דא"ל נחבל לחובל קטע את ידי על מנת שתהא פטור אלא קטע את ידי סתמא וא"ל חובל על מנת לפטור כלומר אמור לי אתה על מנת שאהיה פטור וא"ל היאך הן וקמ"ל מתני' דיש הן שהוא כלאו וכגון דמתמה אתמוהי: הכני פצעני. וא"ל זה ע"מ לפטור ואמר נחבל הן יש הן שהוא כלאו אי אתמה חייב ואי בניחותא אהדריה פטור וברייתא דלעיל דקתני הכני ופצעני ע"מ לפטור פטור בדאמר נחבל כולה מילתא הכי ופצעני ע"מ לפטור דהא ודאי דוקא אמר ליה: יש לאו שהוא כהן. אי אתמה פטור והאי דנקט חיובא לגבי מכה ופוצע ופטורה לגבי ממונא אורחיה דמילתא נקט דמחיל איניש אממוניה טפי מגופיה: לשמור ולא לאבד. כי יתן וגו' לשמור דהפקידו אצלו לשמור חייב בפשיעה ולא כשהפקידו אצלו ע"מ לאבד או ע"מ לחלק לעניים דלא קרינא ביה לשמור דכיון דאמר ליה חלקהו תו לא דמפקיד נינהו ומאן קתבע ועניים לא מצו תבעי דלכל חד וחד מצי אמר לאו לדידך יהיבנא אלא לאחריני: דאתא לידיה. וקרע בידי' חייב אי לא א"ל על מנת לפטור ואפילו אתא לידיה מעיקרא ע"מ לאבד: לשמור דאתא לידיה משמע. דכתיב (ד) וכי יתן ואפי' הכי קממעט ליה: הא דאתא לידיה. מעיקרא בתורת שמירה והדר אמר ליה קרע חייב אי לא אמר ליה ע"מ לפטור: רב יוסף. גבאי הוה: קיץ להו. ממון כך וכך לשבת לכל אחד הוה ליה ממון שיש לו תובעין וקרינא ביה לשמור:

הדרן עלך החובל

דאיכא דיינא בארעא. ובימי שרה היה ב"ד של שם קיים:

אחד הצועק ואחד הנצעק. אמר רבינו שמואל דבסיפרי מתני בע"א אחד הצועק ואחד שאין צועק במשמע פירוש בין אותו שהעני צועק עליו בין אותו שאין העני צועק עליו שניהם נענשים עליו מסתברא כיון שאין מחזיר עבוטו זה כמו זה אלא י) להכי כתיב שמוע אשמע (את) צעקתו וקרה אפי שממהרי' לצועק יותר ממי שאינו צועק ולפי גירסא זו לא נפק משרה כמו שפי' בקונטרס לפי גירסת הספרים:

משום פגם משפחה. ומשלם הכל אפילו צער:

ורבי יוחנן אמר יש לאו שהוא כהן ויש הן שהוא כלאו. לשנויי מתני' קאתי מ"ש רישא ומ"ש סיפא ופירש בקונט' בין רישא ובין סיפא אם א"ל לאו בתמיה הוי כהן ואם א"ל הן בתמיה הוא כלאו והו"מ למיתני ברישא תרוייהו נזקי גופו וממונו וכן בסיפא אלא אורחא דמילתא נקט שדרך למחול על נזקי ממון ואין דרך למחול על נזקי גוף ודוחק הוא אלא נראה לפרש דנזקי גופו אפי' א"ל הן שדומה כאומר בניחותא מסתמא בתמיה קאמר ובנזקי ממונא אמר ליה לאו ודומה כאומר בניחותא מסתמא בתמיה קאמר כיון שמתחילה א"ל קרע את כסותי ושבור את כדי וי"ס שכתוב בהן כילד ול"ג ליה:

ורמינהי לשמור ולא לאבד לשמור ולא לקרוע. תימה מאי קפריך נהי דפטר ליה קרא מפשיעה לא מצינו שפטרו אם קרע ואיבד בידים וי"ל דדייק מדקתני ולא לקרוע דאי לא בעי אלא לפטור כשנאבד בפשיעה מאי אריא דא"ל ע"מ לקרוע אפילו לא א"ל ע"מ לקרוע אלא שלא אמר ליה בלשון שמירה פטור כדדריש במכלתין לשמור ר"ש אומר עד שיפקיד אצלו ויאמר הילך ושמור לי אבל אם אמר ליה עייך בו פטור ומשני מתני' בדאתא לידיה וכי קתני ע"מ לפטור פטור ה"ה בלא על מנת הו"מ לאשמועינן דפטור בדלא אתא לידיה אלא כל עיקר התנא לא בא אלא להשמיענו דבנזקי ממונו מהני ע"מ לפטור ובנזקי גופו לא מהני ור"י מפ' דה"פ לשמור ולא לקרוע פי' כשנתן לו לשמור ולא הרשהו לא לקרוע ולא לאבד אז חייב בכל דין שומר אבל אם הרשהו לקרוע ולאבד אם ירצה אין עליו דין שומר להתחייב בכולם במה שמקבלו לשמור כיון שנותן לו רשות גם לקרוע ולאבד אם ירצה ואם נתינת רשות לקרוע אין פוטרתו מן הקריעה א"כ היה לו ליחשב שומר כשנתן לו רשות גם לקרוע כאילו לא נתן לו אלא לשמור סתם (ה):

הא דאתא לידיה. פי' מתני' שנתן לידו וא"ל שמור ואם תרצה לקרוע עשה כרצונך דכיון שתם על התפץ שלא א"ל קרעו עד שבא לידו שהפקידו אצלו תחילה מה שנותן לו רשות לקרעו בסיום דבריו אין אומר כן כדי לפטרו אלא פטומי מילי הוא דהוי כדי שישמור לו ברצון ולא ידאג שמא ידקדק עמו יותר מדאי אם תקרע ויעמוד בדין הוא דקא"ל ואע"ג דאתא לידיה בתורת קריעה שא"ל בשעת נתינה חייב על הקריעה וברייתא בדלא אתא לידיה שא"ל טול חפץ פלוני המונח שם תשמרהו לי ואם רצונך תקרעהו ואח"כ נטלו וקרעו דכיון שאינו חס עליו אלא שנותן לו רשות קודם שיתנהו לידו אם כן אין חושש אם יאבדהו ולפוטרו לגמרי נתן לו רשות א"ל רבה לשמור דאתא לידיה משמע דהכי משמע קרא שנתן לו רשות לשמור בלבד אבל נתן לו גם לאבד אין עליו דין שומר אלא אמר רבה מתני' בדאתא לידיה בתורת שמירה בלבד ושוב נמלך ונתן לו רשות לקרוע שכיון שמתחילת נתינתו נתנו לו לשמור ולא לקרוע והנפקד קיבל עליו מה שאומר אח"כ לקרוע אם ירצה אינו אלא משטה ופטומי מילי וברייתא בדאתא לידיה בתורת קריעה שמשעת נתינה א"ל כן דכיון שאומר לו כן קודם שנעשה שומר אין חושש אם יקרע וכ"ש אם לא עשאו שומר אלא א"ל קרע כסותי ושבור כדי המונח לפניך שהוא פטור:

הדרן עלך החובל

מסורת הש"ס

א) [פי' ליבי מל' שומן כמו הנוגע בליב היולא ממנו בחולין קכד. וע"ד שאמרו שבועות מז: קרב לגבי דהינא ואידהן. מהרש"א במ"א], ב) [ר"ה טז: וע"ש], ג) [מגילה טו. כח. ע"ש], ד) [בהרא"ש אית' לרב וכזה ניתא דרב אישתיק ובסמוך אמר רבא משום שאין אדם מוחל כו' ועי' רש"י ד"ה רבא מיהו מדהשיב לו הכי א"ר ששת נראה דטוב לגרוס לרבה בה"א וכן ברב אלפס צ"ל לרבה], ה) [עי' תשו' ח"י סי' קלט], ו) צ"ל דלהכי כתיב והיה כי יצעק אלי ושמעתי שממהרין כו' ת"ח ובספ' (כ"י) [כוס ישועות].

תורה אור השלם

א) הִנֵּה אָנֹכִי שֹׁלֵחַ מַלְאָךְ לְפָנֶיךָ לִשְׁמָרְךָ בַּדָּרֶךְ וְלַהֲבִיאֲךָ אֶל הַמָּקוֹם אֲשֶׁר הֲכִנֹתִי: [שמות כג, כ]

ב) וְגַם לְלוֹט הַהֹלֵךְ אֶת אַבְרָם הָיָה צֹאן וּבָקָר וְאֹהָלִים: [בראשית יג, ה]

ג) וַתֹּאמֶר שָׂרַי אֶל אַבְרָם חֲמָסִי עָלֶיךָ אָנֹכִי נָתַתִּי שִׁפְחָתִי בְּחֵיקֶךָ וַתֵּרֶא כִּי הָרָתָה וָאֵקַל בְּעֵינֶיהָ יִשְׁפֹּט יְיָ בֵּינִי וּבֵינֶיךָ: [בראשית טז, ה]

ד) וַתָּמָת שָׂרָה בְּקִרְיַת אַרְבַּע הִוא חֶבְרוֹן בְּאֶרֶץ כְּנָעַן וַיָּבֹא אַבְרָהָם לִסְפֹּד לְשָׂרָה וְלִבְכֹּתָהּ: [בראשית כג, ב]

ה) וּלְשָׂרָה אָמַר הִנֵּה נָתַתִּי אֶלֶף כֶּסֶף לְאָחִיךְ הִנֵּה הוּא לָךְ כְּסוּת עֵינַיִם לְכֹל אֲשֶׁר אִתָּךְ וְאֵת כֹּל וְנֹכָחַת: [בראשית כ, טז]

ו) וַיְהִי כִּי זָקֵן יִצְחָק וַתִּכְהֶיןָ עֵינָיו מֵרְאֹת וַיִּקְרָא אֶת עֵשָׂו בְּנוֹ הַגָּדֹל וַיֹּאמֶר אֵלָיו בְּנִי וַיֹּאמֶר אֵלָיו הִנֵּנִי: [בראשית כז, א]

ז) כִּי יִתֵּן אִישׁ אֶל רֵעֵהוּ חֲמוֹר אוֹ שׁוֹר אוֹ שֶׂה וְכָל בְּהֵמָה לִשְׁמֹר וּמֵת אוֹ נִשְׁבַּר אוֹ נִשְׁבָּה אֵין רֹאֶה: [שמות כב, ט]

עין משפט נר מצוה

קיג א ב ג טוש"ע ח"מ סי' תכב סעיף א בהג"ה:

קיד ד מיי' פ"ה מהל' דעות הלכה יג:

קטו ה מיי' פ"ה מהל' חובל ומזיק הלכה יא סמג עשין ע טוש"ע ח"מ סי' תכא סעיף יב:

קטז ו מיי' שם ועיין במ"מ טור ש"ע שם בהג"ה:

קיז ז ח מיי' שם הלכה יג סמג שם טוש"ע ח"מ סי' שפ סעיף א:

קיח ט י מיי' פ"ה מהל' שאלה ופקדון הלכה א סמג עשין פח טוש"ע ח"מ סי' שא סעיף ו:

[רב אלפס כאן ובב"מ פרק ג' דף פו]:

הגהות הב"ח

(א) גמ' ליבי משוך: (ב) שם יהי רלון שיהא לך כסיות עינים ונתקיים בזרעה כל"ל: (ג) שם א"ל ר' אסי בר חמא לרבה מאי שנא רישא ומ"ש סיפא (א"ל רישא וכו' דתניא) תא"מ ונ"ב ס"א א"ל רישא לפי שאין אדם מוחל על לערו והתניא: (ד) רש"י ד"ה לשמור וכו' דכתיב כי יתן: (ה) תוס' ד"ה ורמינהו וד"ה הא הד"א:

ליקוטי רש"י

ציבי משוך. ליב רלועה ותלתל היולא מבשר ותלוי ודבוק במקלת [חולין קכד.]. ההולך את אברהם. מי גרם שהיה לו זאת הליכתו עם אברהם [בראשית יג, ה]. המוסר דין. כמו ישפוט ה' ביני וביניך (בראשית טז) אומרים כלום ראוי הוא שיענש חבירו על ידו [ר"ה טז:]. חמסי עליך. חמס העשוי לי עליך אני מטיל העונש כשהתפללת להקב"ה מה תתן לי ואנכי הולך ערירי לא התפללת אלא עליך והיה לך להתפלל על שנינו והייתי אני נפקדת עמך. ועוד דבריך אתה חומס ממני שאתה שומע בזיוני ושותק [בראשית טז, ה]. ויבא אברהם וגו'. הוא קבר אותה [ר"ה שם].

לו כדי **לְחַלֵּק** אותו **לַעֲנִיִּים**. אם הבעלים הורו לשומר לחלק לעניים את החפצים שהפקידו אצלו, אין החפצים נחשבים כממונו של הבעלים, ואינם יכולים לתבוע את השומר אם פשע בהם, או אפילו אם איבדם בידים[27]. ויתירה מזאת, אף העניים אינם יכולים לתבוע ממנו מאומה, לפי שהוא יכול לומר לכל עני שיבוא: "אינני חייב לתת אותם דוקא לך, והתכוננתי לתת אותם לעני אחר"[28]. למדנו אפוא מדברי הברייתא, שאם בעלי החפץ נתנו אותו לאחר כדי שיקרענו, אם קרעו הריהו פטור. מדוע, אם כן, אומרת משנתנו שאם אומר אדם לחבירו "קרע את כסותי", אם חבירו קרעו הריהו חייב?

משיבה הגמרא:

אָמַר רַב הוּנָא: לֹא קַשְׁיָא — אין זה קשה: גם במשנתנו וגם בברייתא מדובר שהבעלים מסרו את החפץ (הכד או הכסות) לחבירו והורו לו גם לשמור אותו וגם לקורעו. אולם **הָא, דְּאָתֵי לִידֵיהּ** — משנתנו עוסקת במקרה שהחפץ הגיע ליד השומר לפני שהבעלים התירו לו לקורעו. כלומר, שנתנו הבעלים את החפץ ביד השומר, ואמרו לו: "שמור לי חפץ זה, ואם תרצה לאבדו תוכל לעשות כן". במקרה כזה, חלו על המקבל דיני שומרים כשקיבל אותו, וחייב בתשלומים אם פשע בשמירתו, וכל שכן אם השחיתו בידים; ואף על פי שלאחר מכן הרשוהו הבעלים לאבדו, אין השומר פטור, אלא אם כן, כפי שהמשנה ממשיכה, ציינו הבעלים במפורש "על מנת לפטור". שכן אם הקפידו הבעלים לתת את החפץ לשומר לפני שהרשוהו לו לאבדו, אין הם מתכוונים באמת להרשות לו לעשות כן: הם רוצים רק להבטיח שהשומר יקבל את החפץ לשמירה ברצון טוב, ולכן הם מרגיעים אותו ומודיעים לו שאינם מתכוננים לדקדק בכל דבר קטן שיקרה לחפץ, לכן הם אומרים לשומר בהגזמה יתירה: "אתה יכול אפילו לקרוע אותו". ועל כן, אם השומר אכן קרע אותו, חייב לשלם. ואילו **הָא** — הברייתא עוסקת במקרה **דְּלֹא אָתֵי לִידֵיהּ** — שהחפץ לא הגיע ליד השומר לפני שהורשה לקורעו; דהיינו, שהבעלים אמרו לשומר: "קח את החפץ המונח במקום פלוני ושמור אותו, ואם אתה רוצה, קרע אותו!", ורק לאחר מכן נטלו השומר בידו. במקרה כזה, מאחר שהבעלים הרשוהו לקרוע את החפץ לפני שנתנוהו ליד השומר, יש להניח שלא איכפת להם אם ייקרע, והם באמת התכוונו לפטור את השומר מחיוב תשלומים[29].

הגמרא דוחה את התשובה:

אָמַר לֵיהּ רַבָּה לרב הונא: המלים בכתוב "כִּי יִתֵּן אִישׁ אֶל רֵעֵהוּ... **לִשְׁמֹר**", **דְּאָתֵי לִידֵיהּ מַשְׁמַע** — משמעותן היא שהחפץ בא כבר לידו של השומר, לפני שקיבל את הוראותיו! כלומר, הלשון מורה שמסירת החפץ נעשתה רק כדי "לִשְׁמֹר", ולא שהרשהו גם לאבדו[30]. ואף על פי כן, פוטרת אותו הברייתא מחיוב תשלומים אם הבעלים אמרו לו לקרוע את החפץ!

הגמרא מציעה תשובה אחרת:

אֶלָּא אָמַר רַבָּה: הָא וְהָא דְּאָתָא לִידֵיהּ — גם המשנה וגם ברייתא עוסקות שתיהן במקרים שהחפץ כבר בא ליד השומר, **וְלֹא קַשְׁיָא** — ובכל זאת לא קשה מאומה: **הָא**, משנתנו, עוסקת במקרה **דְּאָתָא לִידֵיהּ בְּתוֹרַת שְׁמִירָה** — שהחפץ בא לידו מתחילה לשם שמירה, ואחרי כן שינו הבעלים את דעתם והרשו לשומר לקרוע אותו. מאחר שמתחילה נתנו הבעלים לשומר את החפץ לשם שמירה, והשומר קיבל על עצמו אחריות עליו, אי אפשר לקבל ברצינות את נתינת הרשות לקרוע אותו אלא אם כן, כפי שהמשנה מסיימת, התנו הבעלים במפורש "על מנת לפטור". ולכן אם השומר קורעו חייב לשלם, ואילו **הָא** — הברייתא, עוסקת במקרה **דְּאָתָא לִידֵיהּ בְּתוֹרַת קְרִיעָה** — שהחפץ בא לידו מתחילה לשם קריעה. מאחר והבעלים הרשו לו לקרוע את החפץ לפני שנעשה "שומר", יש להניח שבאמת לא איכפת להם אם החפץ ייקרע; ולכן הוא פטור מתשלומין אם קרעו. וכל שכן אם כלל לא עשאוהו שומר, אלא אמרו לו: "קרע את החפץ המונח לפניך", שהוא פטור[31].

הגמרא מביאה מקרה הקשור לסוף הברייתא שהובאה לעיל:

הַהוּא אַרְנְקָא דִּצְדָקָה דְּאָתֵי לְפוּמְבְּדִיתָא — היה ארנק מלא בכספי

הערות

יש לנו ללמוד מדברי הברייתא שהיא סוברת שאפילו אם יאבד או יקרע את החפץ בידים פטור מלשלם. שכן אם נתינת רשות לאבד את החפץ או לקרעו אינה מועילה לפוטרו מתשלומין, נמצא שאין בדבריהם של הבעלים כלום, והרי זה כאילו נתנו את החפץ לשומר בסתם, כדי לשמרו, ויחולו עליו דיני שומרים כמו על כל שומר. מאחר שנתינת רשות לאבד או לקרוע מונעת את חלות דין שומרים על מקבל החפץ, מוכח שאמירת הבעלים אכן פוטרת את המאבד או הקורע מתשלומין (ר"י שם). ועוד, הברייתא ממעטת מפרשת שומרים גם פקדון הניתן לחלק לעניים, ובמקרה זה ברור שאפילו אם איבדו בידים פטור — מטעם האמור בהערה הבאה — ואם כן מסתבר שגם המקרה האחר המוזכר בברייתא, בפקדון שניתן לאיבוד, שהדין כן (מלחמות, פני יהושע).

פירוש אחר: בפרשת שומר חנם מדובר גם במקרה שהשומר שולח יד בחפץ [וכן במקרה שהוא טוען שנגנב ממנו ובאמת נטלו לעצמו (מלחמות)], וגם על כך נאמר הדיוק מן הפסוק, שהחיוב לשלם עבור זה אינו אמור כשהרשוהו הבעלים לקרוע או לאבד; ומוכח איפוא שנתינת הרשות פוטרת גם מאיבוד בידים (ראב"ד, מלחמות; אבל ראה כובע ישועה וחידושי רבי מאיר שמחה).

27. מאירי; ראה גם פני יהושע.

28. רש"י; ראה לעיל לט תחלת עמוד א וברש"י שם.

זה שאין העניים יכולים לתבוע את הפקדון מן השומר אינו נלמד מן הפסוק, שכן אין צורך בלימוד מיוחד על כך, מאחר וכל "ממון שאין לו תובעים" אין המזיקו או מאבדו חייב בתשלומין, ומטעם האמור. אלא, הפסוק בא למעט חיוב תשלומין למפקיד, שיכול היה לתבוע את השומר שהפסיד ממנו את הצדקה שנדב לתת לעניים, כמו שמצינו לענין כהן שפיגל קרבן במזיד, שאפילו אם היה קרבן נדבה שאין הבעלים חייבים באחריותו, שהכהן חייב לשלם משום שהפסיד להם את הדורון שהתכוננו להביא לגבוה, כמו שמבואר בגיטין נג, א וברש"י שם ד"ה חייבין — ועל כך בא הפסוק לפוטרו מתשלומין. אבל אם נתנו הבעלים את הפקדון לשומר כדי לשומרו [ולהחזירו להם] ולא כדי לחלקו לעניים, אף על פי שכבר נדבוהו הבעלים לצדקה, יכולים הבעלים לתבוע את דמי הפקדון מן השומר, שכן יש להם לבעלים טובת הנאה בפקדון זה, שכל זמן שלא הגיע ליד הגבאי המחלק אותו לעניים, יכולים הבעלים להשתמש בו לצורך אחר כמו שמבואר בערכין ו, א, ומאחר ש"טובת הנאה — ממון" [ראה נדרים פד, ב — פה, א ועוד] חייב השומר בתשלומין (מחנה אפרים, הלכות שומרים טז, בביאור דעת רש"י; ראה גם פרישה חושן משפט שא, ה ובסמ"ע שם; אבל ראה יד דוד להסבר אחר בדעת רש"י).

אבל לדעת ראשונים אחרים, מדובר כאן במקרה שהפקדון הופקד לשומר כדי להחזירו להם ולא כדי לחלקו לעניים, כך שהשומר אחראי בהשבתו למפקיד ונמצא שהוא ממון שיש לו תובעים, ועל כך בא הלימוד מן הפסוק שמאחר שפקדון זה עומד להתחלק לעניים אין השומר חייב בתשלומים (ראב"ן, רשב"א ורבינו שמשון, הובאו במחנה אפרים שם; וראה שם דיעה שלישית, היא דעת הרמב"ם בהלכות שאלה ופקדון ה, א).

[ומכל מקום, חייב השומר לשלם לעניים כדי לצאת ידי שמים, ככל מפסיד ממון שאין לו תובעים (שו"ת חוות יאיר קצט, הובא בפתחי תשובה חושן משפט שא, ו; מחנה אפרים, הלכות טובת הנאה, ד"ה ונראה). ראה בענין זה באורך חולין קל, ב במהדורתנו, הערה 4.]

29. תוספות ד"ה ורמינהי וד"ה הא; וראה גם רש"י.

30. תוספות ד"ה הא.

31. תוספות שם. להסברים אחרים להבדל בין אם הרשוהו הבעלים לאבדו טרם שנעשה שומר או לאחר מכן, ראה קצות החושן רמו, א [ומה שדן בדבריו באמרי הצבי מא, ח-יב]; נתיבות המשפט שדמ, א וביאור הגר"א שם, ד [ומה שדן בדבר באמרי הצבי מג, ד-ז].

רבנו יהונתן מקשה על פירוש זה, שאם כן מדוע חילקה המשנה בין נזק הגוף לנזק ממון, ולא חילקה בנזק ממון עצמו בין נתינת רשות לפני שנעשה שומר או לאחר מכן [ראה תוספות ד"ה ורמינהי מה שכתבו על קושיא זו]. ולכן הוא מפרש כפירושו של בעל המאור [לא נמצא לפנינו, אבל מובא במלחמות ובמאירי] שהגמרא מחלקת בין פשיעה בשמירה לבין קריעה בידים, כלומר: הברייתא עוסקת לענין חיוב שמירה, ועל זה היא דורשת מן הפסוק שאם הרשהו לקורעו אין עליו חיובי שמירה ואם פשע בפקדון פטור, שכוונת המפקיד היא רק שאינו חושש על שמירה מעולה ויתכן שבאמת לא יקרה לפקדונו כלום. אבל אם קרעו בידים ודאי חייב לשלם ואף על פי שהרשהו — כל שלא אמר לו "על מנת לפטור" — ובמקרה זה מדובר במשנתנו. אבל הרמב"ן במלחמות מקשה על פירוש זה [והיא גם קושיית התוספות לפנינו], שכדי לפטור מחיובי שמירה אין צורך ללימוד מיוחד, שאפילו אם לא הרשהו במפורש לאבדו, כל שלא אמר לו בפירוש שישמרהו עבורו פטור הוא. וראה עוד אמרי הצבי באריכות.

דאיכא דיינא בארעא. **אחד** הצועק ואחד הנצעק.

א) הנה אנכי שולח מלאך לפניך לשמרך בדרך א"ל רבא לרבה בר מרי מנא הא מילתא דאמרי אינשי בתר מרי ניכסי א) ציבי (א) משך א"ל דכתיב ב) וגם ללוט ההולך את אברם היה צאן ובקר ואהלים אמר רב חנן ב) א המוסר דין על חבירו הוא נענש תחילה שנאמר ג) ותאמר שרי אל אברם חמסי עליך וכתיב ד) ויבא אברהם לספוד לשרה ולבכותה והני מילי ב דאית ליה דינא בארעא אמר רבי יצחק ג אוי לו לצועק יותר מן הנצעק תניא נמי הכי אחד הצועק ואחד הנצעק במשמע אלא שממהרין לצועק יותר מן הנצעק ג) ואמר רבי יצחק לעולם אל תהי קללת הדיוט קלה בעיניך שהרי אבימלך קלל את שרה ונתקיים בזרעה שנאמר ה) הנה הוא לך כסות עינים אמר לה הואיל וכסית ממני ולא גילית שהוא אישך וגרמת אלי הצער הזה יהי רצון (ב) שיהו לך בני כסויי עינים ונתקיים בזרעה דכתיב ו) ויהי כי זקן יצחק ותכהין עיניו מראות אמר רבי אבהו ד לעולם יהא אדם מן הנרדפין ולא מן הרודפין שאין לך נרדף בעופות יותר מתורים ובני יונה והכשירן הכתוב לגבי מזבח: האומר סמא את עיני כו': א"ל רב אסי בר חמא (ג) ד) לרבא מאי שנא רישא ומאי שנא סיפא אמר ליה רישא ה לפי שאין אדם מוחל על ראשי אברים א"ל וכי אדם מוחל על צערו דתניא הכני פצעני על מנת לפטור פטור אישתיק אמר מידי שמיע לך בהא אמר ליה הכי אמר רב ששת משום פגם משפחה איתמר ר' אושעיא אמר משום פגם משפחה רבא אמר משום שאין אדם מוחל על ראשי אברים שלו רבי יוחנן אמר יש הן שהוא כלאו ויש לאו שהוא כהן תניא נמי הכי ו הכני פצעני על מנת לפטור ואמר לו הן הרי יש הן שהוא כלאו קרע את כסותי על מנת לפטור ואמר לו לאו הרי לאו שהוא כהן: שבר את כדי קרע את כסותי חייב: ורמינהי ז) לשמור ז ולא לאבד לשמור ולא לקרוע לשמור ולא לחלק לעניים אמר רב הונא לא קשיא הא דאתי לידיה הא דלא אתי לידיה אמר ליה רבה לשמור דאתי לידיה משמע אלא אמר רבה הא והא דאתא לידיה ולא קשיא ח הא דאתא לידיה בתורת שמירה הא דאתא לידיה בתורת קריעה ה) ההוא ארנקא דצדקה דאתי לפומבדיתא אפקדה רב יוסף גבי ההוא גברא פשע בה אתו גנבי גנבוה חייביה רב יוסף א"ל אביי והתניא לשמור ט ולא לחלק לעניים אמר ליה י עניי דפומבדיתא מיקץ קיץ להו ולשמור הוא:

הדרן עלך החובל

רש"י

אחד הצועק ואחד הנצעק במשמע. וחרה אפי והרגתי אתכם (שמות כב) שניהם במשמע: **אלא** שממהרין מן הצועק תחילה. כדאשכחן בשרה: **על מנת לפטור.** על מנת שתהא פטור: **רבא אמר לפי שאין אדם מוחל על ראשי אבריו.** וברייתא לא תקשי דעל צערו מוחל אדם: **צערו.** כאב מכה: **ורבי יוחנן אמר.** אדם מוחל על הכל ומתניתין לאו דא"ל נחבל לחובל קטע את ידי על מנת שתהא פטור אלא קטע את ידי סתמא וא"ל חובל על מנת לפטור כלומר אמור לי אתה על מנת שאהיה פטור וא"ל היאך הן וקמ"ל מתני' דיש הן שהוא כלאו וכגון דמתמה אתמוהי: **הכני פצעני.** וא"ל זה ע"מ לפטור ואמר נחבל הן יש הן שהוא כלאו אי אתמה חייב ואי בניחותא אהדריה פטור וברייתא דלעיל דקתני הכני ופצעני ע"מ לפטור פטור בדאמר נחבל כולה מילתא הכני ופצעני ע"מ לפטור דהא ולאי דוקא אמר ליה: **יש לאו שהוא כהן.** אי אתמה פטור והאי דנקט חיובא לגבי מכה ופוצע ופטורה לגבי ממונא אורחיה דמילתא נקט דמחיל איניש אממוניה טפי מגופיה: **לשמור ולא לאבד.** כי יתן וגו' לשמור דהפקידו אצלו לשמור חייב בפשיעה ולא כשהפקידו אצלו ע"מ לאבד או ע"מ לחלק לעניים דלא קרינא ביה לשמור דכיון דאמר ליה חלקהו תו לא דמפקיד נינהו ומאן קתבע ועניים לא מצו תבעי דלכל חד וחד מצי אמר לאו לדידך יהיבנא אלא לאחריני: **דאתא לידיה.** וקרע בידי' חייב אי לא א"ל על מנת לפטור ואפילו אתא לידיה מעיקרא ע"מ לאבד: **לשמור דאתא לידיה משמע.** דכתיב (ד) וכי יתן ואפי' הכי קממעט ליה: **הא דאתא לידיה.** מעיקרא בתורת שמירה והדר אמר ליה קרע חייב אי לא אמר ליה ע"מ לפטור: **רב יוסף.** גבאי הוה: **קיץ להו.** ממון כך וכך לשבת לכל אחד הוה ליה ממון שיש לו תובעין וקרינא ביה לשמור:

הדרן עלך החובל

תוספות

דאיכא דיינא בארעא. ובימי שרה היה ב"ד של שם קיים: **אחד** הצועק ואחד הנצעק. אמר רבינו שמואל דבסיפרי מתני בע"א אחד הצועק ואחד שאין צועק במשמע פירוש בין אותו שהעני צועק עליו בין אותו שאין העני צועק עליו שניהם נענשים עליו מסתברא כיון שאין מחזיר עבוטו זה כמו זה אלא י) להכי כתיב שמוע אשמע (את) צעקתו וחרה אפי שממהרי' לצועק יותר ממי שאינו צועק ולפי גירסא זו לא נפק משרה כמו שפי' בקונטרס לפי גירסת הספרים:

משום פגם משפחה. ומשלם הכל אפילו צער:

ורבי יוחנן אמר יש לאו שהוא כהן ויש הן שהוא כלאו. לשנויי מתני' קאתי מ"ש רישא ומ"ש סיפא ופירש בקונט' בין רישא ובין סיפא אם א"ל לאו בתמיה הוי כהן ואם א"ל הן בתמיה הוא כלאו והו"מ למיתני ברישא תרוייהו נזקי גופו וממונו וכן בסיפא אלא אורחא דמילתא נקט שדרך למחול על נזקי ממון ואין דרך למחול על נזקי גוף ודוחק הוא אלא נראה לפרש דנזקי גופו אפי' א"ל הן שדומה כאומר בניחותא מסתמא בתמיה קאמר ובנזקי ממונא אמר ליה לאו ודומה כאומר בניחותא מסתמא בתמיה קאמר כיון שמתחילה א"ל קרע את כסותי ושבור את כדי וי"ס שכתוב בהן כילד ול"ג ליה:

ורמינהי לשמור ולא לאבד לשמור ולא לקרוע. תימה מאי קפריך נהי דפטור ליה קרא מפשיעה לא מצינו שפטרו אם קרע ואיבד בידים וי"ל דדייק מדקתני ולא לקרוע דאי לא בעי אלא לפטור כשנאבד בפשיעה מאי אריא דא"ל ע"מ לקרוע אפילו לא א"ל ע"מ לקרוע אלא שלא אמר ליה בלשון שמירה פטור כדדריש במכלתין לשמור ר"ש אומר עד שיפקיד אצלו ויאמר הילך ושמור לי אבל אם אמר ליה עיינך בו פטור ומשני מתני' בדאתא לידיה וכי קתני ע"מ לפטור פטור ה"ה בלא על מנת הו"מ לאשמועינן דפטור בדלא אתא לידיה אלא כל עיקר התנא לא בא אלא להשמיענו דבנזקי ממונו מהני ע"מ לפטור ובנזקי גופו לא מהני ור"י מפ' דה"פ לשמור ולא לקרוע פי' כשנתן לו לשמור ולא הרשהו לא לקרוע ולא לאבד אז חייב בכל דין שומר אבל אם הרשהו לקרוע ולאבד אם ירצה אין עליו דין שומר להתחייב בכולם במה שמקבלו לשמור כיון שנותן לו רשות גם לקרוע ולאבד אם ירצה ואם נתינת רשות לקרוע אין פוטרתו מן הקריעה א"כ היה לו ליחשב שומר כשנתן לו רשות גם לקרוע כאילו לא נתן לו אלא לשמור סתם (ה): **הא** דאתא לידיה. פי' מתני' שנתן לידו וא"ל שמור ואם תרצה לקרוע עשה כרצונך דכיון שסם על החפץ שלא א"ל קרעו עד שבא לידו שהפקידו אצלו תחילה מה שנותן לו רשות לקרעו בסיום דבריו אין אומר כן כדי לפטרו אלא פטומי מילי הוא דהוי כדי שישמור לו ברצון ולא ידאג שמא ידקדק עמו יותר מדאי אם תקרע ויעמוד בדין הוא דקא"ל ואע"ג דאתא לידיה בתורת קריעה שא"ל בשעת נתינה חייב על הקריעה וברייתא בדלא אתא לידיה שא"ל טול חפץ פלוני המונח שם תשמרהו לי ואם רצונך תקרעהו ואח"כ נטלו וקרעו דכיון שאינו חס עליו אלא שנותן לו רשות קודם שיתנהו לידו אם כן אין חושש אם יאבדהו ולפוטרו לגמרי נתן לו רשות א"ל רבה לשמור דאתא לידיה משמע דהכי משמע קרא שנתן לו רשות לשמור בלבד אבל נתן לו גם לאבד אין עליו דין שומר אלא אמר רבה מתני' בדאתא לידיה בתורת שמירה בלבד ושוב נמלך ונתן לו רשות לקרוע שכיון שמתחילת נתינתו נתנו לו לשמור ולא לקרוע והנפקד קיבל עליו מה שאומר אח"כ לקרוע אם ירצה אינו אלא משטה ופטומי מילי וברייתא בדאתא לידיה בתורת קריעה שמשעת נתינה א"ל כן דכיון שאומר לו כן קודם שנעשה שומר אין חושש אם יקרע וכ"ש אם לא עשאו שומר אלא א"ל קרע כסותי ושבור כדי המונח לפניך שהוא פטור:

הדרן עלך החובל

מסורת הש"ס

א) [פי' ליבי מל' שומן כמו הנוגע בליב היוצא ממנו בחולין קכד. וע"ד שאמרו שבועות מז: קרב לגבי דהינא ואידהן. מהרש"א בח"א], ב) [ר"ה טז: וע"ש], ג) [מגילה טו. כח. ע"ש], ד) [בהרא"ש אית' לרב ובזה ניחא דרב אישתיק ובסמוך אמר רבא משום שאין אדם מוחל כו' ועי' רש"י ד"ה רבא מיהו מדהשיב לו הכי א"ר ששת נראה דטוב לגרוס לרבה בה"א וכן ברב אלפס נ"ל לרבה], ה) [עי' תשו' ח"י סי' קלט], ו) נ"ל דלהכי כתיב והיה כי יצעק אלי ושמעתי שממהרין כו' ת"ח ובספ' (כ"י) [כוס ישועות].

תורה אור השלם

א) הִנֵּה אָנֹכִי שֹׁלֵחַ מַלְאָךְ לְפָנֶיךָ לִשְׁמָרְךָ בַּדָּרֶךְ וְלַהֲבִיאֲךָ אֶל הַמָּקוֹם אֲשֶׁר הֲכִנֹתִי: [שמות כג, כ]

ב) וְגַם לְלוֹט הַהֹלֵךְ אֶת אַבְרָם הָיָה צֹאן וּבָקָר וְאֹהָלִים: [בראשית יג, ה]

ג) וַתֹּאמֶר שָׂרַי אֶל אַבְרָם חֲמָסִי עָלֶיךָ אָנֹכִי נָתַתִּי שִׁפְחָתִי בְּחֵיקֶךָ וַתֵּרֶא כִּי הָרָתָה וָאֵקַל בְּעֵינֶיהָ יִשְׁפֹּט יְיָ בֵּינִי וּבֵינֶיךָ: [בראשית טז, ה]

ד) וַתָּמָת שָׂרָה בְּקִרְיַת אַרְבַּע הִוא חֶבְרוֹן בְּאֶרֶץ כְּנָעַן וַיָּבֹא אַבְרָהָם לִסְפֹּד לְשָׂרָה וְלִבְכֹּתָהּ: [בראשית כג, ב]

ה) וּלְשָׂרָה אָמַר הִנֵּה נָתַתִּי אֶלֶף כֶּסֶף לְאָחִיךְ הִנֵּה הוּא לָךְ כְּסוּת עֵינַיִם לְכֹל אֲשֶׁר אִתָּךְ וְאֵת כֹּל וְנֹכָחַת: [בראשית כ, טז]

ו) וַיְהִי כִּי זָקֵן יִצְחָק וַתִּכְהֶיןָ עֵינָיו מֵרְאֹת וַיִּקְרָא אֶת עֵשָׂו בְּנוֹ הַגָּדֹל וַיֹּאמֶר אֵלָיו בְּנִי וַיֹּאמֶר אֵלָיו הִנֵּנִי: [בראשית כז, א]

ז) כִּי יִתֵּן אִישׁ אֶל רֵעֵהוּ חֲמוֹר אוֹ שׁוֹר אוֹ שֶׂה וְכָל בְּהֵמָה לִשְׁמֹר וּמֵת אוֹ נִשְׁבַּר אוֹ נִשְׁבָּה אֵין רֹאֶה: [שמות כב, ט]

עין משפט נר מצוה

קיג א ב ג טוש"ע ח"מ סי' תכב סעיף א בהג"ה:

קיד ד מיי' פ"ה מהל' דעות הלכה יג:

קטו ה מיי' פ"ה מהל' חובל ומזיק הלכה יא סמג עשין ע טוש"ע ח"מ סי' תכא סעיף יב:

קטז ו מיי' שם ועיין במ"מ טור ש"ע שם בהג"ה:

קיז ז ח מיי' שם הלכה יג סמג שם טוש"ע ח"מ סי' שפ סעיף א:

קיח ט י מיי' פ"ה מהל' שאלה ופקדון הלכה א סמג עשין פח טוש"ע ח"מ סי' שא סעיף ו:

[רב אלפס כאן ובב"מ פרק ג' דף פו]:

הגהות הב"ח

(א) גמ' ליבי משוך: (ב) שם יהי רצון שיהא לך כסות עינים ונתקיים בזרעה כצ"ל: (ג) שם א"ל ר' אסי בר חמא לרבה מאי שנא רישא ומ"ש סיפא (א"ל רישא וכו' דתניא) תא"מ ונ"ב ס"א א"ל רישא לפי שאין אדם מוחל על צערו והתניא: (ד) רש"י ד"ה לשמור וכו' דכתיב כי יתן: (ה) תוס' ד"ה ורמינהו וד"ה הא הד"א:

ליקוטי רש"י

ציבי משוך. ליב רטובה ותלתל היוצא מבשר ותלוי ודבוק במקצת [חולין קכד.]. **ההולך את אברהם.** מי גרם שהיה לו זאת הליכתו עם אברהם [בראשית יג, ה]. **המוסר דין.** כמו ישפוט ה' ביני וביניך (בראשית טז) אומרים כלום ראוי הוא שיענש חבירו על ידו [ר"ה טז:]. **חמסי עליך.** חמס העשוי לי עליך אני מטיל העונש כשהתפללת להקב"ה מה תתן לי ואנכי הולך ערירי לא התפללת אלא עליך והיה לך להתפלל על שנינו והייתי אני נפקדת עמך. ועוד דבריך אתה חומס ממני שאתה שומע בזיוני ושותק [בראשית טז, ה]. **ויבא אברהם וגו'.** הוא קבר אותה [ר"ה שם].

צדקה שהגיע לפומבדיתא. **אַפְקְדֵהּ רַב יוֹסֵף גַּבֵּי הַהוּא גַּבְרָא** — רב יוסף, שהיה גזבר הצדקה בעיר[32], הפקידו אצל אדם מסויים, כדי שיחלק את הכספים בין עניי פומבדיתא[33]. אולם אותו השומר **פָּשַׁע בֵּהּ** (בשמירתו), **אָתוּ גַּנָּבֵי גַּנְבוּהַ** — ובאו גנבים וגנבו אותו. **חַיְּיבֵיהּ רַב יוֹסֵף** — חייב רב יוסף את השומר לשלם[34]. **אָמַר לֵיהּ אַבַּיֵי** לרב יוסף: **וְהָתַנְיָא** בברייתא: **"לִשְׁמֹר" וְלֹא לְחַלֵּק לַעֲנִיִּים**; ואם כן, אין לו לשומר של כספי צדקה להתחייב בתשלומים על פשיעתו[35]! **אָמַר לֵיהּ** רב יוסף לאביי: מקרה זה שונה מן המקרה עליו מדובר בברייתא: **עֲנִיֵּי דְּפוּמְבְּדִיתָא, מֵיקָץ קִיץ לְהוּ** — מקבלים מכספי הצדקה סכום קבוע בכל שבוע. כספים אלה מוחזקים אפוא עבור עניים מסויימים אלה בסכומים מסויימים אלה[36], ולכן נחשב כאילו כל עני הפקיד את כספו אצל השומר הזה[37] וכסף זה נחשב "ממון שיש לו תובעים", **וְ**אם כן, **"לִשְׁמֹר" הוּא** — המלה "לִשְׁמֹר" שבתורה, מתייחסת אפוא גם לכספים אלה.

הדרן עלך החובל

הערות

32. ראה למעלה לו, ב: "אמר ליה רב יוסף... אנן יד עניים אנן"; וראה רש"י גיטין ס, ב ד"ה והא, בפירושו השני.

33. רבנו יהונתן, מאירי.

בדרך כלל אין גבאי צדקה רשאי להפקיד כספי צדקה אצל אחר. אכן במקרה שלפנינו נשלחו הכספים לאנשי פומבדיתא בסתם [ולא הקפידו השולחים שיישארו דוקא ביד רב יוסף], ואפילו אם נאמר ששלחום לרב יוסף במיוחד, מסתבר ששלחוהו לו כדי שיפקידם אצל כל מי שירצה, ואפילו אם נאמר ששלחום לו בתורת שמירה, הרי פומבדיתא היתה עירו של רב יוסף כמו שמצינו בסנהדרין יז, ב, והוא היה האחראי על כספי הצדקה, וכל המביא צדקה לעיר מביאו על דעתו של רב יוסף שיוכל לעשות בהם כל מה שירצה, כדברי רב אשי בבבא בתרא ט, א (שו"ת מהרי"ק שורש ו; ראה ט"ז יורה דעה רנז, ו ונקודות הכסף שם).

34. רב יוסף בעצמו לא היה יכול לפסוק כאן פסק דין מחייב ולכפות על השומר לשלם, משום שרב יוסף נחשב כאן לבעל דין ולכן לא היה יכול להיות דיין. אלא כוונת הגמרא היא שרב יוסף הודיע לשומר שהוא מחוייב לשלם את ההפסד (רמ"ה בשיטה מקובצת; וראה עוד שיטת מהריק"ש ויד דוד).

35. ומדובר כאן שהשומר קיבל את כספי הצדקה מרב יוסף כדי לחלקם בין עניי העיר ולכן יש לפוטרו מטעם הלימוד שבברייתא כמו שמבואר למעלה הערה 28 (רבינו יהונתן, מאירי; מחנה אפרים הלכות שומרים טז, בביאור דעת רש"י). ולפי הדיעה השניה שם, מדובר כאן במקרה שהופקדו הכספים אצל השומר לשמירה בלבד, וממון זה יש לו תובעים, ועל מקרה כזה צריכים אנו את הלימוד שבברייתא לפוטרו מתשלומין, כמו שמבואר שם (רבינו שמשון משאנץ, הובא במרדכי בבא בתרא תקג, הובא במחנה אפרים שם).

לפירושים נוספים, ראה שו"ת מהרי"ט ב, יורה דעה לט, ד"ה ועל אותם, הובא במחנה אפרים שם; שו"ת חוות יאיר, קצט — וראה יד דוד מה שדן בדבריו.

36. רש"י. כלומר, צריך שיתקיימו שני תנאים: שהכסף מיועד לאנשים מבוררים, וסכום הכסף מבורר לכל אחד מהם (מגיד משנה על הרמב"ם הלכות שאלה ופקדון ה, א בביאור דברי רש"י).

37. רא"ש, נמוקי יוסף. כך שאין זה נחשב כסף של צדקה, אלא הנפקד נחשב שומרם של כל אחד מן העניים על כספם (שו"ת חוות יאיר שם; פרישה חושן משפט שא, ה ובסמ"ע שם, ט).

הנה אנכי שולח מלאך לפניך לשמרך בדרך א"ל רבא לרבה בר מרי מנא הא מילתא דאמרי אינשי בתר מרי ניכסי (א) ציבי משך א"ל דכתיב וגם ללוט ההולך את אברם היה צאן ובקר ואהלים אמר רב חנן המוסר דין על חבירו הוא נענש תחילה שנאמר ותאמר שרי אל אברם חמסי עליך וכתיב ויבא אברהם לספוד לשרה ולבכותה והני מילי דאית ליה דינא בארעא אמר רבי יצחק אוי לו לצועק יותר מן הנצעק תניא נמי הכי אחד הצועק ואחד הנצעק במשמע אלא שממהרין לצועק יותר מן הנצעק ואמר רבי יצחק לעולם אל תהי קללת הדיוט קלה בעיניך שהרי אבימלך קלל את שרה ונתקיים בזרעה שנאמר הנה הוא לך כסות עינים אמר לה הואיל וכסית ממני ולא גילית שהוא אישך וגרמת אלי הצער הזה יהי רצון (ב) שיהו לך בני כסויי עינים ונתקיים בזרעה דכתיב ויהי כי זקן יצחק ותכהין עיניו מראות אמר רבי אבהו לעולם יהא אדם מן הנרדפין ולא מן הרודפין שאין לך נרדף בעופות יותר מתורים ובני יונה והכשירן הכתוב לגבי מזבח: האומר סמא את עיני כו': א"ל רב אסי בר חמא (ג) לרבא מאי שנא רישא ומאי שנא סיפא אמר ליה רישא לפי שאין אדם מוחל על ראשי אברים א"ל וכי אדם מוחל על צערו דתניא הכני פצעני על מנת לפטור פטור אישתיק אמר מידי שמיע לך בהא אמר ליה הכי אמר רב ששת משום פגם משפחה איתמר ר' אושעיא אמר משום פגם משפחה רבא אמר משום שאין אדם מוחל על ראשי אברים שלו רבי יוחנן אמר יש הן שהוא כלאו ויש לאו שהוא כהן תניא נמי הכי הכני פצעני על מנת לפטור ואמר לו הן הרי יש הן שהוא כלאו קרע את כסותי על מנת לפטור ואמר לו לאו הרי לאו שהוא כהן: שבר את כדי קרע את כסותי חייב: ורמינהו לשמור ולא לאבד לשמור ולא לקרוע לשמור ולא לחלק לעניים אמר רב הונא לא קשיא הא דאתי לידיה הא דלא אתי לידיה אמר ליה רבה לשמור דאתי לידיה משמע אלא אמר רבה הא והא דאתא לידיה ולא קשיא הא דאתא לידיה בתורת שמירה הא דאתא לידיה בתורת קריעה ההוא ארנקא דצדקה דאתי לפומבדיתא אפקדה רב יוסף גבי ההוא גברא פשע בה אתו גנבי גנבוה חייביה רב יוסף א"ל אביי והתניא לשמור ולא לחלק לעניים אמר ליה עניי דפומבדיתא מיקץ קיץ להו ולשמור הוא:

הדרן עלך החובל

רש"י

אחד הצועק ואחד הנצעק במשמע. וחרס אפי והרגתי אתכס (שמות כב) שניס במשמע: אלא שממהרין מן הצועק תחילה. כדאשכחן בשרה: על מנת לפטור. על מנת שתהא פטור: רבא אמר לפי שאין אדם מוחל על ראשי אבריו. וברייתא לא תקשי דעל צערו מוחל אדם: צערו. כאב מכה: ורבי יוחנן אמר. אדס מוחל על הכל ומתניתין לאו דא"ל נחבל לחובל קטע את ידי על מנת שתהא פטור אלא קטע את ידי סתמא וא"ל חובל על מנת לפטור כלומר אמור לי אתה על מנת שאהיה פטור וא"ל היאך הן וקמ"ל מתני' דיש הן שהוא כלאו וכגון דמתמה אתמוהי: הכני פצעני. וא"ל זה ע"מ לפטור ואמר נחבל הן יש הן שהוא כלאו אי אתמה חייב ואי בניחותא אהדריה פטור וברייתא דלעיל דקתני הכני ופלעני ע"מ לפטור פטור בדאמר נחבל כולה מילתא הכני ופלעני ע"מ לפטור דהא ודאי דוקא אמר ליה: יש לאו שהוא כהן. אי אתמה פטור והאי דנקט חיובא לגבי מכה ופולע ופטורה לגבי ממונא אורחיה דמילתא נקט דמחיל איניש אממוניה טפי מגופיה: לשמור ולא לאבד. כי יתן וגו' לשמור דהפקידו אצלו לשמור חייב בפשיעה ולא כשהפקידו אצלו ע"מ לאבד או ע"מ לחלק לעניים דלא קרינא ביה לשמור דכיון דאמר ליה חלקהו תו לא דמפקיד נינהו ומאן קתבע ועניים לא מצו תבעי דלכל חד וחד מצי אמר לאו לדידך יהיבנא אלא לאחריני: דאתא לידיה. וקרע בידי' חייב אי לא א"ל על מנת לפטור ואפילו אתא לידיה מעיקרא ע"מ לאבד: לשמור דאתא לידיה משמע. דכתיב (ד) וכי יתן ואפי' הכי קממעט ליה: הא דאתא לידיה. מעיקרא בתורת שמירה והדר אמר ליה קרע חייב אי לא אמר ליה ע"מ לפטור: רב יוסף. גבאי הוה: קיץ להו. ממון כך וכך לשבת לכל אחד הוה ליה ממון שיש לו תובעין וקרינא ביה לשמור:

הדרן עלך החובל

תוספות

דאיכא דיינא בארעא. ובימי שרה היה ב"ד של שם קיים: **אחד** הצועק ואחד הנצעק. אמר רבינו שמואל דבסיפרי מתני בע"א אחד הצועק ואחד שאין צועק במשמע פירוש בין אותו שהעני צועק עליו בין אותו שאין העני צועק עליו שניהם נענשים עליו מסתברא כיון שאין מחזיר עבוטו זה כמו זה אלא (ו) להכי כתיב שמוע אשמע (את) צעקתו וחרה אפי שממהרי' לצועק יותר ממי שאינו צועק ולפי גירסא זו לא נפק משרה כמו שפי' בקונטרס לפי גירסת הספרים:

משום פגם משפחה. ומשלם הכל אפילו צער:

ורבי יוחנן אמר יש לאו שהוא כהן ויש הן שהוא כלאו. לשנויי מתני' קאתי מ"ש רישא ומ"ש סיפא ופירש בקונט' בין רישא ובין סיפא אם א"ל לאו בתמיה הוי כהן ואם א"ל הן בתמיה הוא כלאו והו"מ למיתני ברישא תרוייהו נזקי גופו וממונו וכן בסיפא אלא אורחא דמילתא נקט שדרך למחול על נזקי ממון ואין דרך למחול על נזקי גוף ודוחק הוא אלא נראה לפרש דנזקי גופו אפי' א"ל הן שדומה כאומר בניחותא מסתמא בתמיה קאמר ובנזקי ממונא אמר ליה לאו ודומה כאומר בניחותא מסתמא בתמיה קאמר כיון שמתחילה א"ל קרע את כסותי ושבור את כדי וי"ס שכתוב בהן כילד ול"ג ליה:

ורמינהי לשמור ולא לאבד לשמור ולא לקרוע. תימה מאי קפריך נהי דפטור ליה קרא מפשיעה לא מלינו שפטרו אם קרע ואיבד בידים וי"ל דדייק מדקתני ולא לקרוע דאי לא בעי אלא לפטור כשנאבד בפשיעה מאי אריא דא"ל ע"מ לקרוע אפילו לא א"ל ע"מ לקרוע אלא שלא אמר ליה בלשון שמירה פטור כדדריש במכלתין לשמור ר"ש אומר עד שיפקיד אצלו ויאמר הילך ושמור לי אבל אם אמר ליה עיניך בו פטור ומשני מתני' בדאתא לידיה וכי קתני ע"מ לפטור פטור ה"ה בלא על מנת הו"מ לאשמועינן דפטור בדלא אתא לידיה אלא כל עיקר התנא לא בא אלא להשמיענו דבנזקי ממונו מהני ע"מ לפטור ובנזקי גופו לא מהני ור"י מפ' דה"פ לשמור ולא לקרוע פי' כשנתן לו לשמור ולא הרשהו לא לקרוע ולא לאבד אז חייב בכל דין שומר אבל אם הרשהו לקרוע ולאבד אם ירצה אין עליו דין שומר להתחייב בכולם במה שמקבלו לשמור כיון שנותן לו רשות גם לקרוע ולאבד אם ירצה ואם נתינת רשות לקרוע אין פוטרתו מן הקריעה א"כ היה לו ליחשב שומר כשנתן לו רשות גם לקרוע כאילו לא נתן לו אלא לשמור סתם (ה): **הא** דאתא לידיה. פי' מתני' שנתן לידו וא"ל שמור ואם תרצה לקרוע עשה כרצונך דכיון שחס על החפץ שלא א"ל קרעו עד שבא לידו שהפקידו אצלו תחילה מה שנותן לו רשות לקרעו בסיום דבריו אין אומר כן כדי לפטרו אלא פטומי מילי הוא דהוי כדי שישמור לו ברצון ולא ידאג שמא ידקדק עמו יותר מדאי אם תקרע ויעמוד בדין הוא דקא"ל ואע"ג דאתא לידיה בתורת קריעה שא"ל בשעת נתינה חייב על הקריעה וברייתא בדלא אתא לידיה שא"ל טול חפץ פלוני המונח שם תשמרהו לי ואם רצונך תקרעהו ואח"כ נטלו וקרעו דכיון שאינו חס עליו אלא שנותן לו רשות קודם שיתנהו לידו אם כן אין חושש אם יאבדהו ולפוטרו לגמרי נתן לו רשות א"ל רבה לשמור דאתא לידיה משמע דהכי משמע קרא שנתן לו רשות לשמור בלבד אבל נתן לו גם לאבד אין עליו דין שומר אלא אמר רבה מתני' בדאתא לידיה בתורת שמירה בלבד ושוב נמלך ונתן לו רשות לקרוע שכיון שמתחילת נתינתו נתנו לו לשמור ולא לקרוע והנפקד קיבל עליו מה שאומר אח"כ לקרוע אם ירצה אינו אלא משטה ופטומי מילי וברייתא בדאתא לידיה בתורת קריעה שמשעת נתינה א"ל כן דכיון שאומר לו כן קודם שנעשה שומר אין חושש אם יקרע וכ"ש אם לא עשאו שומר אלא א"ל קרע כסותי ושבור כדי המונח לפניך שהוא פטור:

הדרן עלך החובל

מסורת הש"ס

א) [פי' ליבי מל' שומן כמו הנוגע בליב היולא ממנו בחולין קכד. וע"ד שאמרו שבועות מז: קרב לגבי דהינא ואידהן. מהרש"א בח"א], ב) [ר"ה טז: וע"ש], ג) [מגילה טו. כח. ע"ש], ד) [בהרא"ש אית' לרב וכזה ניחא דרב אישתיק ובסמוך אמר רבא משום שאין אדם מוחל כו' ועי' רש"י ד"ה רבא מיהו מדהשיב לו הכי א"ר ששת נראה דטוב לגרוס לרבה בה"א וכן ברב אלפס ז"ל לרבה], ה) [עי' תשו' מ"י סי' קלט], ו) ז"ל דלהכי כתיב והיה כי יצעק אלי ושמעתי שממהרין כו' ת"ח ובספ' (כ"י) [כוס ישועות].

תורה אור השלם

א) הִנֵּה אָנֹכִי שֹׁלֵחַ מַלְאָךְ לְפָנֶיךָ לִשְׁמָרְךָ בַּדָּרֶךְ וְלַהֲבִיאֲךָ אֶל הַמָּקוֹם אֲשֶׁר הֲכִנֹתִי: [שמות כג, כ]

ב) וְגַם לְלוֹט הַהֹלֵךְ אֶת אַבְרָם הָיָה צֹאן וּבָקָר וְאֹהָלִים: [בראשית יג, ה]

ג) וַתֹּאמֶר שָׂרַי אֶל אַבְרָם חֲמָסִי עָלֶיךָ אָנֹכִי נָתַתִּי שִׁפְחָתִי בְּחֵיקֶךָ וַתֵּרֶא כִּי הָרָתָה וָאֵקַל בְּעֵינֶיהָ יִשְׁפֹּט יְיָ בֵּינִי וּבֵינֶיךָ: [בראשית טז, ה]

ד) וַתָּמָת שָׂרָה בְּקִרְיַת אַרְבַּע הִוא חֶבְרוֹן בְּאֶרֶץ כְּנָעַן וַיָּבֹא אַבְרָהָם לִסְפֹּד לְשָׂרָה וְלִבְכֹּתָהּ: [בראשית כג, ב]

ה) וּלְשָׂרָה אָמַר הִנֵּה נָתַתִּי אֶלֶף כֶּסֶף לְאָחִיךְ הִנֵּה הוּא לָךְ כְּסוּת עֵינַיִם לְכֹל אֲשֶׁר אִתָּךְ וְאֵת כֹּל וְנֹכָחַת: [בראשית כ, טז]

ו) וַיְהִי כִּי זָקֵן יִצְחָק וַתִּכְהֶיןָ עֵינָיו מֵרְאֹת וַיִּקְרָא אֶת עֵשָׂו בְּנוֹ הַגָּדֹל וַיֹּאמֶר אֵלָיו בְּנִי וַיֹּאמֶר אֵלָיו הִנֵּנִי: [בראשית כז, א]

ז) כִּי יִתֵּן אִישׁ אֶל רֵעֵהוּ חֲמוֹר אוֹ שׁוֹר אוֹ שֶׂה וְכָל בְּהֵמָה לִשְׁמֹר וּמֵת אוֹ נִשְׁבַּר אוֹ נִשְׁבָּה אֵין רֹאֶה: [שמות כב, ט]

עין משפט נר מצוה

קיג א ב ג טוש"ע ח"מ סי' תכב סעיף א בהג"ה:
קיד ד מיי' פ"ה מהל' דעות הלכה יג:
קטו ה מיי' פ"ה מהל' חובל ומזיק הלכה יא סמג עשין ע טוש"ע ח"מ סי' תכא סעיף יב:
קטז ו מיי' שם ועיין בח"מ טור ש"ע שם בהג"ה:
קיז ז ח מיי' שם הלכה יב סמג שם טוש"ע ח"מ סי' שפ סעיף א:
קיח ט י מיי' פ"ה מהל' שאלה ופקדון הלכה א סמג עשין פח טוש"ע ח"מ סי' שא סעיף ו:
[רב אלפס כאן ובב"מ פרק ג' דף פו]:

הגהות הב"ח

(א) גמ' ליבי משוך: (ב) שם יהי רצון שיהא לך כסות עינים ונתקיים בזרעה כצ"ל: (ג) שם א"ל ר' אסי בר חמא לרבה מאי שנא רישא ומ"ש סיפא (א"ל רישא וכו' דתניא) תא"מ ונ"ב ס"א א"ל רישא לפי שאין אדם מוחל על צערו והתניא: (ד) רש"י ד"ה לשמור וכו' דכתיב כי יתן: (ה) תוס' ד"ה ורמינהו וד"ה הא הד"א:

ליקוטי רש"י

ציבי משוך. ליב רלועה ותלתל היולא מבשר ותלוי ודבוק במקלת [חולין קכד.]. ההולך את אברהם. מי גרם שהיה לו זאת הליכתו עם אברהם [בראשית יג, ה]. המוסר דין. כמו ישפוט ה' ביני וביניך (בראשית טז) אומרים כלום ראוי הוא שיענש חבירו על ידו [ר"ה טז:]. חמסי עליך. חמס העשוי לי עליך אני מטיל העונש כשהתפללת להקב"ה מה תתן לי ואנכי הולך ערירי לא התפללת אלא עליך והיה לך להתפלל על שנינו והייתי אני נפקדת עמך. ועוד דבריך אתה חומס ממני שאתה שומע בזיוני ושותק [בראשית טז, ה]. ויבא אברהם וגו'. הוא קבר אותה [ר"ה שם].

הגוזל (א) עצים ועשאן כלים צמר ועשאן בגדים א משלם כשעת הגזלה ב גזל פרה מעוברת וילדה רחל טעונה וגזזה משלם דמי פרה העומדת לילד ודמי רחל העומדת ליגזז (ב) ג גזל פרה ונתעברה אצלו וילדה רחל ונטענה אצלו וגזזה משלם כשעת הגזלה ד זה הכלל (ג) כל הגזלנים משלמין כשעת הגזלה: גמ' אמרי עצים ועשאן כלים אין שיפן לא צמר ועשאן בגדים אין ליבנן לא ורמינהי ה גזל עצים ושיפן אבנים וסיתתן צמר וליבנן פשתן ונקהו משלם כשעת הגזלה אמר אביי תנא דידן קתני שינוי דרבנן דהדרא וכל שכן שינוי דאורייתא עצים ועשאן כלים בעצים משופין ומאי נינהו נסרים דשינוי דהדר לברייתא הוא דאי בעי משליף להו צמר ועשאן בגדים בצמר טווי דשינוי דהדר לברייתא הוא דאי בעי סתר ליה וכל שכן שינוי דאורייתא ותנא ברא שינוי דאורייתא קתני ושינוי דרבנן לא קתני רב אשי אמר ו תנא דידן נמי שינוי דאורייתא קתני עצים ועשאן כלים בוכאני דהיינו שיפן צמר ועשאן בגדים נמטי דהיינו שינוי דלא הדר וליבון מי הוי שינוי ורמינהי (ד) ז לא הספיק ליתנו לו עד שצבעו פטור לבנו ולא צבעו חייב אמר אביי לא קשיא הא רבי שמעון הא רבנן דתניא גזזו טוואו וארגו אין מצטרף לבנו רבי שמעון אומר אין מצטרף וחכמים אומרים מצטרף רבא אמר הא והא רבי שמעון ולא קשיא ח הא דנפציה נפוצי הא דסרקיה סרוקי רבי חייא בר אבין אמר הא דחווריה חוורי הא דכבריה כברויי השתא (א) יש לומר צבע לרבי שמעון לא הוי שינוי ליבון הוי שינוי דתניא (ה) גזז ראשון ראשון וצבעו ראשון ראשון וטוואו ראשון ראשון וארגו אין מצטרף רבי שמעון בן יהודה אומר משום ר' שמעון צבעו מצטרף אמר אביי לא קשיא הא רבנן אליבא דר"ש הא ר"ש בן יהודה אליבא דר"ש רבא אמר לעולם לא פליגי רבנן עליה דרבי שמעון בן יהודה ושאני צבע הואיל ויכול להעבירו ע"י צפון וכי קתני התם לא הספיק ליתנו לו עד שצבעו פטור ואוקימנא כדברי הכל בקלא אילן דלא עבר אמר אביי ר' שמעון בן יהודה ובית שמאי ור' אליעזר בן יעקב ור"ש בן אלעזר ורבי ישמעאל כולהו סבירא להו שינוי במקומו עומד רבי שמעון בן יהודה הא דאמרן ב"ש מאי היא דתני' (ו) נתן לה חטין באתננה ועשאן סולת זיתים ועשאן שמן ענבים ועשאן יין תני חדא אסור ותניא אידך מותר ואמר רב יוסף תני גוריון דמאספורק

הגוזל עצים. משלם כשעת הגזילה. דמי עצים וצמר ואין חייב להחזיר לו כלים דקני בשינוי: ודמי רחל הטעונה ליגזז. והעודף ששוה עכשיו הולד והגיזה יותר שלו הוא דקננהו בשינוי: גמ' שפוי שייך בעצים וסתיתה באבנים ושניהן לשון תיקון שמתקנן ומחליקן: ונקהו. מן הנעורת: משלם כשעת הגזלה. ומתניתין אמאי נקט כלים ובגדים הא אינו קוקס עד שישפם תחלה וכן צמר מלבנו תחילה ואחרי כן טווהו ומשעת שפוי וליבון קנה מיד ולמה לי כולי האי: ה"ג אמר אביי תנא דידן תני שינוי דרבנן. עצים ועשאן כלים בעצים משופים ומאי נינהו כו': וכ"ש שינוי דאורייתא. כלומר להכי נקט כלים לאשמועינן דהני עצים דקתני בנסרים משופים עסקינן ועשאן תיבות וקתדראות דהוי שינוי קל שחוזר לברייתו דאי בעי משליף ומנתק הנסרים זו מזו והרי הן נסרים כבתחילה ואפי' הכי קני וכ"ש עצים ושיפן דהוי שינוי גמור ומדאורייתא קני כדאמר במרובה (לעיל דף סו.) שינוי קונה כתיבא ותניא והשיב את הגזלה מה תלמוד לומר אשר גזל אם כעין שגזל יחזיר ואם לאו דמי בעלמא בעי לשלומי: צמר ועשאן בגדים. להכי לא נקט ליבנו דלא מבעי' צמר וליבנו דשינוי שאין חוזר הוא אלא אפילו גזל צמר טווי וארגו דהדר לברייתו דאי בעי סתר לה והוי חוטין כמעיקרא אפי' הכי קני: נמי שינוי דאורייתא. דלא הדר קתני דקני אבל שינוי דרבנן לא קני ודקשיא לך משיפוי וליבון הוא דקנה וכלים ובגדים למה לי הכי נמי קאמר: כלים בוכאני. לכתוש דהיינו שיפן וליכא חקיקה: בגדים נמטי. פלטי"ר בלע"ז דאין מלבנים אותו הצמר אבל היכא דלבנן קנייה: נמטי. אין הצמר חוזר עוד לברייתו להיות כל נימא ונימא בפני עצמה: לא הספיק ליתנו. לראשית הגז לכהן עד שצבעו: פטור. דקנייה בשינוי ודמים נמי לא משלם דלאו גזל גמור הוא דלא מטא לידיה: אין מצטרף. דתנן בשחיטת חולין חמש רחלות גוזזות כל אחת מנה ופרס חייבות בראשית הגז וראשית הגז מהו הגוזז רחל לאחר שגזזה נותן מן הגיזה לכהן לפי מה שירצה ובלבד שתהא נתינה חשובה וקתני דאם גזז אחת ז) וצבעה וכן שניה וכן שלישית אין מצטרפות למנה ופרס להתחייב דקננהו בשינוי: נפציה. ביד ירפי"ר בלע"ז ולא הוי שינוי כולי האי: סרקיה. במסרק: דכבריה. בגפרית להתלבן יפה: גזז ראשון ראשון וצבעו. לבד או שגזז ראשון וטוואו וכל שעה כשהוא גוזז היה משנהו: צפון. שיו"ן אבל ליבון לא הדר לברייתו: קלא אילן. דומה לתכלת: במקומו עומד. אין זו מרשות בעלים הראשונים ואפילו נשתנה: אסור. למזבח:
מאספורק

הגוזל עצים. תנא דידן תנא שינוי דרבנן. וא"ת ולרבה דאית ליה אפילו שינוי החוזר לברייתו הוי דאורייתא כדפי' במרובה (לעיל דף סה: ושם) היכי משני מתניתין כדאביי לא מצי לשנויי וכרב אשי נמי לא דרב אשי מוקי לה דוקא בשינוי שאין חוזר ויש לומר דהוה משני דמתני' לרבותא נקט עצים משופים ועשאן כלים לאשמועינן דאפי' שינוי החוזר לברייתו קני וברייתא קמשמע לן דשינוי בעלמא הוי שינוי אף על פי שאין שם כלי עליהן:

עצים ועשאן כלים בוכני. דוקא שיפוי כי האי שנעשה בכך בוכני מועיל דחשיב שינוי מעשה וכן (ב) עבדיה נסרים נמי מהני אבל שיפוי שאין משתנה שמו בכך לא מהני וכן אמרינן לקמן (דף צו.) גזל דיקלא וקטליה לא קני דיקלא ועבדיה גודי לא קני דגודי דדיקלא מקרי אבל גודי ועבדינהו כשורי קני מעיקרא גודי והשתא כשורי:

לא הספיק ליתנו לו עד שצבעו. פירשתי במרובה (לעיל דף סו.):

טוואו וארגו. וא"ת ארגו תיפוק ליה משום טוויה וי"ל מאי אריגה תיכי דכה"ג מפרש בסוף מכילתין (דף קיט:):

הא דחווריה חוורי והא דכווריה כוורי. ותרווייהו אליבא דכ"ע דחווריה חוורי אפילו לר"ש לא הוי שינוי וכווריה כוורי אפי' לרבנן הוי שינוי ורבא לא רצה לתרץ כן דקסבר כווריה כוורי לא מקרי ליבון אלא צביעה והא דלא נקט רבי חייא בר אבין הא דנפליה נפולי הא דכווריה כוורי דהא בנפילה אפילו ר"ש מודה דלא הוי שינוי כדמוכח במילתיה דרבא יש לומר אורחא דמילתא נקט כל חד וחד דקודם סירוק עושין ניפוץ ואין משהין זה אחר זה אלא מיד מסרקין וקודם כווריה עושין חיוורי והשתא בנפולי וחיוורי לכ"ע לא הוי שינוי ובכוורי לכולי עלמא הוי שינוי ובסירוק פליגי וי"ס שכתוב בהן במילתיה דרבי חייא בר אבין הא והא רבנן ולגיר' זו צריך לומר דבחיוורי נמי פליגי כמו בסרוקי ותימה למה לא העמיד תרוייהו ככ"ע והא דנפליה נפולי והא דכווריה כוורי ושמא קסבר רבי חייא בר אבין בדנפולי נמי פליגי:

השתא צבעו לר"ש לא הוי שינוי. לרבא דשני הא והא כר"ש הוי מצי למיפרך מצבע אצבע:

בקלא אילן דלא עבר. והא דמפליג בין ליבון לצביעה בצביעה גופא הו"מ לפלוגי בין עוברת לשאין עוברת אלא דעדיפא ליה לאיפלוגי בין קלא אילן לליבון דתרוייהו לא הדרי לברייתן ולרבא לרבי שמעון עדיף ליבון דלא הדר מצבע דהדר ורבנן עדיף להו צבע אע"ג דהדרא לפי שהוא שינוי מרובה מליבון שהוא שינוי מועט אע"ג דלא הדר:

רבי שמעון בן יהודה הא דאמרן. תימה הא בטוואו וארגו מודה ולא פליג אלא בצבעו משום דלא חשיב ליה שינוי לפי שלא נשתנה גוף הצמר וי"ל דלאו דוקא אמרו דבר אחד אלא כלומר בשיטה אחת הן וכה"ג איכא בכמה דוכתי:
ואפאה

עין משפט נר מצוה

א א מיי' פ"ב מהלכות גזילה הלכה יב סמג לאוין סי' קנו קנז טור ש"ע ח"מ סי' שם סעיף ה:
ב ב מיי' שם הל' ז ועי' בהשגות ובמ"מ סמג שם טוש"ע ח"מ סי' שסב סעיף ח:
ג ג מיי' שם טוש"ע שם סעיף ז:
ד ד מיי' שם הלכה א טוש"ע שם סעיף א וסי' שם סעיף ה וסי' שנג סעיף א:
ה ה ו מיי' שם הל' יב סמג שם טוש"ע ח"מ סי' שם סעיף ו:
ו ז מיי' פ"י מהלכות בכורים הלכה ו סמג עשין קמג טוש"ע י"ד סי' שלג סעיף ג:
ז ח מיי' פ"ב מהלכות גזילה ואבידה הל' יב סמג עשין קנז טוש"ע ח"מ סי' שם סעיף ו וע"ש:

ליקוטי רש"י

משלם כשעת הגזילה. צמר ועצים בעלמא אבל הכלים והבגדים קנה בשינוי [תמורה ו.]. כל הגזלנים משלמין כשעת הגזילה. כדכתיב (ויקרא ה) אשר גזל כמה שגזל [פסחים לב.]. וכגון שהגזילה שאינה בעין אבל אם ישנה בעין כמות שגזלה אומר לו הרי שלך לפניך כדאמרינן (לקמן דף צו:) גבי מטבע ונפסל תרומה ונטמאת [ב"מ מג.]. נמטי. לבדין פליטר"ש בלע"ז ואין שם טווי [לקמן קיט:]. לא הספיק ליתנו לו. לראשית הגז לכהן [לעיל סו.]. עד שצבעו. ישראל זה. פטור. דקנייה בשינוי דהוה ליה כמזיק מתנות כהונה או שאכלן [חולין קלה.]. מראשית הגז דקנייה בשינוי ואפי' דמים לא משלם דאין כהן יכול להזמינו בדין דיכול לומר לאחר אתננו אבל קודם שצבעו מי שחטפו זכה בו [לעיל שם]. לבנו ולא צבעו. אין זה שינוי ואכתי בעיניה הוא [חולין שם]. תנא חדא אסור. לקרבן [לעיל סה:].

מסורת הש"ס

א) לעיל סו. [תמורה ו.], ב) [לקמן לה:], ג) [פסחים לב. לקמן קג. ב"מ מג.], ד) לעיל סו. [לקמן לד:] חולין קלה., ה) [עי' תוספות לעיל סו. ד"ה לא], ו) לעיל סה: תמורה ל:, ז) [צ"ל וטוואה מהרנ"ש].

הגהות הב"ח

(א) גמ' השתא (יש לומר). תא"מ ונ"ב התוס' לא גרסי ליה: (ב) תוס' ד"ה עצים וכו' וכן כשורא ועבדיה נסרים:

לעזי רש"י

פלטי"ר. פירוש לבדים, צמר כבוש יחד שנהיה בגד בלי טויה ואריגה (עיין רש"י שבת דף מח ע"א ד"ה מוכין ורש"י בכורות דף כט ע"ב ד"ה נמטי):
ירפי"ר. פירוש מפריד ומנער הצמר ביד (מוסף הערוך ערך נפס ב'):
שיו"ן. פירוש בורית (עיין רש"י ישעיה א, כה):

פרק תשיעי

משנה **הַגּוֹזֵל עֵצִים וַעֲשָׂאָן כֵּלִים**, או שגזל **צֶמֶר וַעֲשָׂאָן**[1] **בְּגָדִים, מְשַׁלֵּם** לנגזל את שוויים **כִּשְׁעַת הַגְּזֵלָה**[2]. אם **גָּזַל פָּרָה מְעוּבֶּרֶת** וְאחר כך **יָלְדָה**, או **רָחֵל טְעוּנָה** צמר **וּגְזָזָהּ, מְשַׁלֵּם דְּמֵי פָּרָה הָעוֹמֶדֶת לֵילֵד, וּדְמֵי רָחֵל הָעוֹמֶדֶת לִיגָּזֵז**[3]. **גָּזַל פָּרָה וְנִתְעַבְּרָה** בהיותה **אֶצְלוֹ** וְאחר כך **יָלְדָה**, או שגזל **רָחֵל וְנִטְעֲנָה** צמר בהיותה **אֶצְלוֹ וּ**לאחר מכן **גְּזָזָהּ, מְשַׁלֵּם** את שוויים **כִּשְׁעַת הַגְּזֵלָה**[4]. **זֶה הַכְּלָל: כָּל הַגַּזְלָנִים מְשַׁלְּמִין** את שווי החפץ שגזלו, **כִּשְׁעַת הַגְּזֵלָה**[5].

גמרא הגמרא מקשה על משמעות המשנה: **אָמְרֵי** (אמרו): מהדוגמאות שהביאה המשנה, משמע שדוקא אם גזל **עֵצִים וַעֲשָׂאָן כֵּלִים, אֵין** — אכן קנה אותם, אבל אם רק **שִׁיְּפָן** — שייף והחליק את העצים, **לֹא** קנה אותם; כמו כן,

הערות

1. [בכמה כתבי יד של התלמוד, ובספרי הירושלמי, הגירסא היא "וַעֲשָׂאוֹ" בלשון יחיד (ראה דקדוקי סופרים).]

2. גזלן חייב להשיב את מה שגזל, שנאמר (ויקרא ה, כג): "וְהֵשִׁיב אֶת הַגְּזֵלָה אֲשֶׁר גָּזָל". המשנה מלמדת שבמקרה שלנו, הוא רק משלם את שוויים של העצים או הצמר שגזל, כפי שהיו שוים בשעת הגזילה, אך אינו חייב להשיב את עצם הכלים או הבגדים שעשה מהחומרים הגזולים, משום שקנה אותם בשינוי מעשה (רש״י).

זה שגזלן קונה את הגזילה בשינוי מעשה, נלמד (לעיל סו, א ו־סז, א) מהפסוק הנזכר; שכן התיבות "אֲשֶׁר גָּזָל" מיותרות לכאורה, ועל כן הן נדרשות ללמד שהחובה להשיב את הגזילה עצמה נוהגת רק במקרה שהגזילה היא אותו חפץ "אֲשֶׁר גָּזָל", דהיינו, שהיא עדיין קיימת באותה צורה שהיתה בשעה שגזל אותה. אבל אם נעשה בה שינוי מעשה ושוב אין הגזילה אותו חפץ "אֲשֶׁר גָּזָל", אינו צריך להשיב לבעלים את החפץ עצמו, אלא הוא רשאי לעכבו לעצמו, רק שעליו לשלם את ערכו הממוני בשעת הגזילה (רש״י לקמן, ד״ה וכל שכן שינוי דאורייתא; עיין עוד תוספות לעיל סה, ב ד״ה הן; ועיין במהדורתנו למכות טז, א הערה 33 ובמקורות המובאים שם, אם גם התשלום [במקרה שהשתנה החפץ] נחשב כקיום העשה של "וְהֵשִׁיב. . .").

כפי שמוכח בהמשך המשנה, הגזילה נקנית לגזלן בשינוי מעשה, אף אם השינוי נעשה מאליו ולא על ידי הגזלן עצמו. ומכאן, שהשינוי אינו "מעשה הקנין"; אלא, שמעשה הגזילה המקורי נותן לגזלן "קניני גזלה" בחפץ, שהיו מספיקים לו לקנות את החפץ לגמרי [רק כמובן היה צריך לשלם את דמיו], אלמלא חייבתו התורה להשיב את הגזילה לבעליה. הוי אומר, חיוב ההשבה הוא שמונע מהגזלן לקנות את הגזילה. אולם, כאמור לעיל, חיוב ההשבה קיים רק כל זמן שהגזילה קיימת בעין, כפי שהיתה בשעה שגזלה; אם השתנה החפץ, הרי הוא נחשב כאילו עבר מן העולם, ואין הגזלן חייב אלא לשלם את דמיו. ומכיון ששוב אין לו חיוב להשיב את החפץ עצמו לבעלים, הרי נשלמו "קניני הגזלה" שלו, והחפץ הופך להיות שלו מכח מעשה הגזילה המקורי (עיין קובץ שיעורים לעיל סו, א בהרחבה; ראה במהדורתנו שם, הערה 12; עיין עוד קצות החשן לד, ג, נתיבות המשפט שם, ה ומשובב נתיבות שם, לדיון בנקודה זו; עיין גם שו״ת עונג יום טוב, כט, חידושי רבינו חיים הלוי על הרמב״ם הלכות גזילה ואבידה ט, א ואמרי משה לב, ג ו־יז; ועיין חידושי רבי שמעון שקאפ לט, ה, אם יש לבאר שעל ידי השינוי הוא קונה למפרע משעת הגזילה, או שקונה רק מכאן ולהבא מכח הגזילה הראשונה; אך עיין אבן האזל הלכות נזקי ממון ז, יב ד״ה והנראה בזה).

אף שדינים אלה נלמדים מן הכתוב לענין גזילה, הוא הדין לגבי גניבה: גם הגנב צריך להשיב את החפץ שגנב אם לא השתנה, ואם השתנה עליו לשלם את דמיו כפי שוויו בשעת הגניבה [בנוסף לקנסות האחרים שהוא מתחייב בהם כתוצאה מן הגניבה] (עיין מגיד משנה, הלכות גניבה א, יב).

הענין של קנין על ידי שינוי נידון בהרחבה גם לעיל בפרק שביעי; ראה שם סה, ב — סז, א.

3. והתוספת שנוספה על דמי העגל או הצמר עד עתה שייכת לגזלן, שהרי הוא קנה אותם בשינוי מעשה, ואין לו לשלם אלא את דמיהם בשעת הגזילה (רש״י; ראה סוף ההערה).

מדברי רש״י שהבאנו מוכח שהגזלן קונה רק את העגל שנולד או את הצמר שנגזז, ולא את הפרה או הרחל עצמן. לפי זה, כאשר אומרת המשנה שהוא משלם דמי פרה העומדת לילד ודמי רחל העומדת להיגזז, אין כוונתה לומר שהוא משלם את כל הסכום הזה במעות; אלא, הוא משיב את הבהמה הריקנית עצמה כמות שהיא, ומוסיף מעות כדי להשלים עד לשוויה של הפרה המעוברת או הרחל הטעונה צמר (ראה סוף ההערה). לדוגמא: אם פרה ריקנית שוה מאה זוז, פרה מעוברת מאה ושלשים, ועגל חמשים זוז, הגזלן שגזל פרה מעוברת וילדה בהיותה ברשותו, משיב את הפרה עצמה (השוה כעת מאה זוז), משלם שלשים זוז להשלים לערכה של פרה מעוברת, ומחזיק בעגל השוה חמשים זוז לעצמו [ונמצא שהרויח עשרים זוז]. הטעם לכך הוא, שרק לגבי העגל נחשבת הלידה "שינוי מעשה" (שבה נשתנה מעובר לעגל), ואילו הפרה היא אותה פרה כפי שהיתה קודם. העובדה שבשעת הגזילה היא נשאה בגופה משא (העובר) וכעת אינה נושאת אותו, אינה נחשבת שינוי בגוף הפרה. כמו כן, גזיזת הרחל אינה נחשבת שינוי ברחל עצמה, אלא רק בצמרה, שמתחילה היה חלק מגוף הרחל ועתה הוא צמר נפרד. לפיכך, הגזלן משיב את הרחל עצמה ומשאיר את הצמר הגזוז לעצמו, ומשלם רק את דמי הצמר בהיותו מחובר (עיין גם נמוקי יוסף ורמב״ן במלחמות, לג, ב - לד, ב בדפי הרי״ף).

[אמנם, בעל המאור (מובא ברמב״ן שם) והרא״ש (סימן ג) סוברים שהלידה או הגזיזה נחשבות שינויים גם בגוף הפרה או הרחל עצמן. לדעתם, לשון המשנה מתפרש כפשוטו, שהגזלן משאיר בידו הן את הפרה והן את העגל, ומשלם את כל דמי הפרה המעוברת (שהם בדוגמא שלנו מאה ושלשים זוז). כמו כן במקרה של הרחל, הוא קונה הן את הרחל והן את צמרה הגזוז, ומשלם את כל דמי הרחל הטעונה.]

עוד יש לציין, שפשטות לשון המשנה שהגזלן משלם "דמי פרה העומדת לילד", ו"דמי רחל העומדת ליגזז", מורה שהוא משלם את דמי הפרה ברגע שלפני הלידה, ואת דמי הרחל ברגע שלפני הגזיזה, ולא את דמיהם בשעת הגזילה ממש. ונמצא, שהשבח שהשביחו העובר או הצמר המחובר משעת הגזילה עד לשעת הלידה או הגזיזה, מגיע לנגזל. הטעם לכך הוא, ששבח זה בא בשעה שהעובר או הצמר היו עדיין בבעלותו, לפני שקנאם הגזלן בשינוי (תוספות ד״ה משלם [נדפס לקמן צה, א], על פי הגהות הגר״א שם; ראה גם תוספות בבא מציעא מג, ב ד״ה רבי עקיבא, ופני יהושע שם; רשב״א לקמן צה, א ד״ה הגוזל את הרחל; לחם משנה הלכות גניבה א, יא בדעת הראב״ד שם; ספר יראים השלם, קסט, מובא בקובץ שיעורים, קכא).

[אולם, הרא״ש (שם) טוען שהגזלן משלם רק את דמי העובר או הצמר המחובר בשעת הגזילה, וכל השבח שהשביחו משעת הגזילה והלאה שייך לגזלן; שבכל מקרה שהגזלן קונה לבסוף את החפץ הנגזל בשינוי, חיוב התשלומין שלו חוזר לשעת הגזילה (והוא מובן על פי המבואר בהערה הקודמת, שהשינוי אינו הקנין בעצמו אלא משלים את קניני הגזילה). ומה שאמרה המשנה שהוא משלם דמי "פרה העומדת לילד" ו"רחל העומדת ליגזז", ולא אמרה בפשטות "פרה מעוברת" ו"רחל טעונה", יש לבאר כדלהלן: לפעמים אדם קונה פרה מעוברת כדי לשוחטה כמות שהיא ולהשתמש בעור ובבשר של העובר. כמו כן, יש אדם הקונה רחל טעונה צמר כדי להשתמש בצמר שלה מיד, אף על פי שלא נגמר גידולו. אדם הקונה פרה מעוברת או רחל טעונה למטרה כזו, ישלם עליהם פחות ממה שישלם אדם הקונה בהמות כאלה על מנת לגדלן ולהפיק מהן לאחר זמן ולדות חיים או צמר מרובה. לפיכך מלמדת המשנה, שכאשר מעריכים את שוויה של הפרה המעוברת או של הרחל הטעונה צמר בשעת הגזילה, עושים כן לפי המחיר הגבוה יותר, של פרה העומדת לילד לאחר זמן, ושל רחל העומדת להיגזז לאחר שיגדל צמרה כל צרכו (רא״ש; ראה גם חידושי תלמיד הרשב״א לקמן צה, א ד״ה ועלה בידינו; עיין גם רמב״ן במלחמות, "כתוב שם" להראב״ד וים של שלמה, ד, הנוקטים כדעה זו ומציעים הסברים נוספים ללשון המשנה; ועיין רש״ש התולה מחלוקת זו במחלוקת הקודמת).

אלא שלכאורה יש לדמות את הגזיזה לאחר שנתוסף הצמר, למקרה של אדם הגוזל חבית יין ונתייקרה, ולאחר מכן שבר את החבית או שתה את יינה, שבזה הורה רבה (לעיל סה, א) שהוא משלם לפי המחיר הגבוה של שעת השבירה או השתיה, כיון שמעשים אלה נחשבים כגזילה חדשה; ומדוע איפוא לא ישלם גם כאן לפי הערך הגבוה של שעת הגזיזה מאותו הטעם? על כך משיב הרא״ש, שיש חילוק בין הענינים: שם, שהוא מאבד את החפץ הנגזל מהעולם, הרי הוא כגוזל גזילה חדשה, ועל כן עליו לשלם כפי היוקר של אותה שעה; מה שאין כן כאן, שהחפץ הנגזל ישנו בעולם רק שהוא נשתנה, אף על פי שעל ידי השינוי נשלם הקנין, אין לראותו כגזילה חדשה אלא רק כהשלמה לגזילה הראשונה, ועל כן חוזר התשלום לשעת הגזילה הראשונה (אך עיין חידושי רבי שמעון שקאפ לט, ה).]

4. היינו, הוא משיב לנגזל את הפרה עצמה או את הרחל עצמה, שהן כעת באותו מצב שהיו בשעת הגזילה (ראה תוספות יום טוב).

[כן הוא לפי רש״י המובא בהערה הקודמת. לפי הרא״ש ובעל המאור (המובאים שם), לשון המשנה כאן מתפרש כפשוטו, שגם הפרה או הרחל שייכות לגזלן, כיון שקנה אותן בשינוי, ועליו רק לשלם **דמי** פרה שאינה מעוברת או רחל שאינה טעונה צמר, כפי שהיו בשעת הגזילה. ועיין ברא״ש, מהו החידוש בבבא זו, אחרי האמור בבבא הקודמת שאפילו הלידה או הגיזה לבדן נחשבות לשינוי.]

מקרה של פרה שנתעברה ברשות הגזלן ועדיין לא ילדה, או רחל שנטענה צמר ברשות הגזלן ועדיין לא נגזזה, יידון בגמרא (לקמן צה, ב).

5. בגמרא (לקמן צו, ב) יתבאר מה בא כלל זה לרבות.

[אף על פי שכל המקרים הנזכרים במשנה הם מקרים של שינוי מעשה (וגם מה שתציין הגמרא לקמן הוא מקרה של שינוי מעשה), מכל מקום הכלל האמור כאן מתייחס גם למקרה שהשתנה מחירו של החפץ, והוא מלמד שאם אבד החפץ הגזול מהעולם צריך לשלם את ערכו בשעת הגזילה ולא לפי ערכו בשעת התשלום (ראה פסחים לב, א ולקמן קג, א).]

הגוזל (א) עצים ועשאן כלים צמר ועשאן בגדים א משלם כשעת הגזלה ב גזל פרה מעוברת וילדה רחל טעונה וגזזה משלם דמי פרה העומדת לילד ודמי רחל העומדת ליגזז (ב) ג גזל פרה ונתעברה אצלו וילדה רחל ונטענה אצלו וגזזה משלם כשעת הגזלה ד זה הכלל (ג) כל הגזלנים משלמין כשעת הגזלה: **גמ'** אמרי עצים ועשאן כלים אין שיפן לא צמר ועשאן בגדים אין ליבנן לא ורמינהי ה גזל עצים ושיפן אבנים וסיתתן צמר וליבנן פשתן ונקהו משלם כשעת הגזלה אמר אביי תנא דידן קתני שינוי דרבנן דהדרא וכל שכן שינוי דאורייתא עצים ועשאן כלים בעצים משופין ומאי נינהו נסרים דשינוי דהדר לברייתא הוא דאי בעי משליף להו צמר ועשאן בגדים בצמר טווי דשינוי דהדר לברייתא הוא דאי בעי סתר ליה וכל שכן שינוי דאורייתא ותנא ברא שינוי דאורייתא קתני ושינוי דרבנן לא קתני רב אשי אמר ו תנא דידן נמי שינוי דאורייתא קתני עצים ועשאן כלים בוכאני דהיינו שיפן צמר ועשאן בגדים נמטי דהיינו שינוי דלא הדר וליבון מי הוי שינוי ורמינהי (ד) ז לא הספיק ליתנו לו עד שצבעו פטור לבנו ולא צבעו חייב אמר אביי לא קשיא הא רבי שמעון הא רבנן דתניא גזזו טוואו וארגו אין מצטרף לבנו רבי שמעון אומר אין מצטרף וחכמים אומרים מצטרף רבא אמר הא והא רבי שמעון ולא קשיא ח הא דנפציה נפוצי הא דסרקיה סרוקי רבי חייא בר אבין אמר הא דחווריה חוורי הא דכבריה כברויי השתא (א) יש לומר צבע לרבי שמעון לא הוי שינוי ליבון הוי שינוי דתניא (ה) ט גזז ראשון ראשון וצבעו ראשון ראשון וטוואו ראשון ראשון וארגו אין מצטרף רבי שמעון בן יהודה אומר משום ר' שמעון צבעו מצטרף אמר אביי לא קשיא הא רבנן אליבא דר"ש הא ר"ש בן יהודה אליבא דר"ש רבא אמר לעולם לא פליגי רבנן עליה דרבי שמעון בן יהודה ושאני צבע הואיל ויכול להעבירו ע"י צפון וכי קתני התם לא הספיק ליתנו לו עד שצבעו פטור ואוקימנא כדברי הכל בקלא אילן דלא עבר אמר אביי ר' שמעון בן יהודה ובית שמאי ור' אליעזר בן יעקב ור"ש בן אלעזר ורבי ישמעאל כולהו סבירא להו שינוי במקומו עומד רבי שמעון בן יהודה הא דאמרן ב"ש מאי היא דתני' (ו) י נתן לה חטין באתנה ועשאן סולת זיתים ועשאן שמן ענבים ועשאן יין תני חדא אסור ותניא אידך מותר ואמר רב יוסף תני גוריון דמאספורק

רש"י

הגוזל עצים. משלם כשעת הגזילה. דמי עלים ולמר ולאין חייב להחזיר לו כלים דקני בשינוי: ודמי רחל הטעונה ליגזז. והעודף ששוה עכשיו הולד והגיזה יותר שלו הוא דקנהו בשינוי: גמ' שפוי שייך בעלים וסתיתה באבנים ושניהן לשון תיקון שמתקנן ומחליקן: ונקהו. מן הנעורת: משלם כשעת הגזלה. ומתניתין אמאי נקט כלים ובגדים הא אינו מוקקס עד שישפם תחלה וכן למר מלבנו תחילה ואחרי כן טוווהו ומשעת שפוי וליבון קנה מיד ולמה לי כולי האי: ה"ג אמר אביי תנא דידן תני שינוי דרבנן. עלים ועשאן כלים בעלים משופים ומאי נינהו כו': וכ"ש שינוי דאורייתא. כלומר להכי נקט כלים לאשמועינן דהני עלים דקתני בנסרים משופים עסקינן ועשאן תיבות וקתדראות דהוי שינוי קל שחוזר לברייתו דאי בעי משליף ומנתק הנסרים זו מזו והרי הן נסרים כבתחילה ואפי' הכי קני וכ"ש עלים ושיפן דהוי שינוי גמור ומדאורייתא קני כדאמר במרובה (לעיל דף סו.) שינוי קונה כתיבא ותנינא והשיב את הגזלה מה תלמוד לומר אשר גזל אם כעין שגזל יחזיר ואם לאו דמי בעלמא בעי לשלומי: צמר ועשאן בגדים. להכי לא נקט ליבנו דלא מבעי' למר וליבנו דשינוי שאין חוזר הוא אלא אפילו גזל למר טווי וארגו דהדר לברייתו דאי בעי סתר לה והוי חוטין כמעיקרא אפי' הכי קני: נמי שינוי דאורייתא. דלא הדר קתני דקני אבל שינוי דרבנן לא קני ודקשיא לך משיפוי וליבון הוא דקנה וכלים ובגדים למה לי הכי נמי קאמר: כלים בוכאני. לכתוש דהיינו שיפן וליכא חקיקה: בגדים נמטי. פלטי"ר בלע"ז דאין מלבנים אותו הלמר אבל היכא דלבנן קנייה: נמטי. אין הלמר חוזר עוד לברייתו להיות כל נימא ונימא בפני עלמה: לא הספיק ליתנו. לראשית הגז לכהן עד שלבעו: פטור. דקנייה בשינוי ודמים נמי לא משלם דלאו גזל גמור הוא דלא מטא לידיה: אין מצטרף. דתנן בשחיטת חולין חמש רחלות גוזזות כל אחת מנה ופרס חייבות בראשית הגז וראשית הגז מהו הגוזז רחל לאחר שגוזזה נותן מן הגיזה לכהן לפי מה שירלה ובלבד שתהא נתינה חשובה וקתני דאם גזז אחת ז) ולבעה וכן שניה וכן שלישית אין מלטרפות למנה ופרס להתחייב דקנהו בשינוי: נפציה. ביד ירפי"ר בלע"ז ולא הוי שינוי כולי האי: סרקיה. במסרק: דכבריה. בגפרית להתלבן יפה: גזז ראשון ראשון וצבעו. לבד או שגזז ראשון ראשון וטוואו וכל שעה כשהוא גוזז היה משנהו: צפון. סיו"ן אבל ליבון לא הדר לברייתו: קלא אילן. דומה לתכלת: במקומו עומד. אין זו מרשות בעלים הראשונים ואפילו נשתנה: אסור. למזבח: מאספורק

תוספות

הגוזל עצים. תנא דידן תנא שינוי דרבנן. וא"ת ולרבה דאית ליה אפילו שינוי החוזר לברייתו הוי דאורייתא כדפי' במרובה (לעיל דף סה: ושם) היכי משני מתניתין כדאביי לא מצי לשנויי וכרב אשי נמי לא דרב אשי מוקי לה דוקא בשינוי שאין חוזר ויש לומר דהוה משני דמתני' לרבותא נקט עלים משופים ועשאן כלים לאשמועינן דאפי' שינוי החוזר לברייתו קני וברייתא קמשמע לן דשינוי בעלמא הוי שינוי אף על פי שאין שם כלי עליהן:

עצים ועשאן כלים בוכני. דוקא שיפוי כי האי שנעשה בכך בוכני מועיל דחשיב שינוי מעשה וכן (ב) עבדיה נסרים נמי מהני אבל שיפוי שאין משתנה שמו בכך לא מהני וכן אמרינן לקמן (דף צו.) גזל דיקלא וקטליה לא קני דיקלא ועבדיה גודי לא קני דגודי דדיקלא מקרי אבל גודי ועבדינהו כשורי קני מעיקרא גודי והשתא כשורי:

לא הספיק ליתנו לו עד שצבעו. פירשתי במרובה (לעיל דף סו.):

טוואו וארגו. וא"ת ארגו תיפוק ליה משום טוויה וי"ל מאי אריגה תיכי דכה"ג מפרש בסוף מכילתין (דף קיט:): **הא** דחווריה חוורי והא דכווריה כוורויי. ותרוייהו אליבא דכ"ע דחוריה חורי אפילו לר"ש לא הוי שינוי וכווריה כוורי אפי' לרבנן הוי שינוי ורבא לא רצה לתרץ כן דקסבר כווריה כוורי לא מקרי ליבון אלא לביעה והא דלא נקט רבי חייא בר אבין הא דנפליה נפולי הא דכווריה כוורי דהא בנפילה אפילו ר"ש מודה דלא הוי שינוי כדמוכח במילתיה דרבא יש לומר אורחא דמילתא נקט כל חד וחד דקודם סירוק עושין ניפוץ ואין משהין זה אחר זה אלא מיד מסרקין וקודם כווריה עושין חיוורי והשתא בנפולי וחיוורי לכ"ע לא הוי שינוי ובכוורי לכולי עלמא הוי שינוי ובסירוק פליגי וי"ס שכתוב בהן במילתיה דרבי חייא בר אבין הא והא רבנן ולגיר' זו לריך לומר דבחיוורי נמי פליגי כמו בסרוקי ותימה למה לא העמיד תרוייהו ככ"ע והא דנפליה נפולי והא דכווריה כוורי ושמא קסבר רבי חייא בר אבין בדנפולי נמי פליגי:

השתא צבעו לר"ש לא הוי שינוי. לרבא דשני הא והא כר"ש הוי מצי למיפרך מלבע אלבע:

בקלא אילן דלא עבר. והא דמפליג בין ליבון ללביעה בלביעה גופא הו"מ לפלוגי בין עוברת לשאין עוברת אלא דעדיפא ליה לאיפלוגי בין קלא אילן לליבון דתרוייהו לא הדרי לברייתן ולרבא לרבי שמעון עדיף ליבון דלא הדר מלבע דהדר ורבנן עדיף להו לבע אע"ג דהדרא לפי שהוא שינוי מרובה מליבון שהוא שינוי מועט אע"ג דלא הדר:

רבי שמעון בן יהודה הא דאמרן. תימה הא בטוואו וארגו מודה ולא פליג אלא בלבעו משום דלא חשיב ליה שינוי לפי שלא נשתנה גוף הצמר וי"ל דלאו דוקא אמרו דבר אחד אלא כלומר בשיטה אחת הן וכה"ג איכא בכמה דוכתי:

ואפאה

עין משפט נר מצוה

א א מיי' פ"ב מהלכות גזילה הלכה יב סמג לאוין סי' קנו קנז טור ש"ע ח"מ סי' שם סעיף ה:
ב ב מיי' שם הל' ז ועי' בהשגות ובמ"מ סמג שם טוש"ע ח"מ סי' שסב סעיף ח:
ג ג מיי' שם טוש"ע שם סעיף ז:
ד ד מיי' שם הלכה א טוש"ע שם סעיף א וסי' שם סעיף ה וסי' שנג סעיף א:
ה ה ו מיי' שם הל' יב סמג שם טוש"ע ח"מ סי' שם סעיף ו:
ו ז מיי' פ"י מהלכות בכורים הלכה ו סמג עשין קמג טוש"ע י"ד סי' שלג סעיף ג:
ז ח מיי' פ"ב מהלכות גזילה ואבידה הל' יב סמג עשין קמז טוש"ע ח"מ סי' שם סעיף ו וע"ש:

ליקוטי רש"י

משלם כשעת הגזילה. למר ועלים בעלמא אבל הכלים והבגדים קנה בשינוי [תמורה ו.]. כל הגזלנים משלמין כשעת הגזילה. כדכתיב (ויקרא ה) אשר גזל כמה שגזל [פסחים לב.]. וכגון שהוזילה שאינה בעין אבל אם ישנה בעין כמות שגזלה אומר לו הרי שלך לפניך כדאמרינן (לקמן דף לו:) גבי מטבע ונפסל תרומה ונטמאת [ב"מ מג.]. נמטי. לבדין פליטור"ש בלע"ז ואין שם טווי [לקמן קיט:]. לא הספיק ליתנו לו. לראשית הגז לכהן [לעיל סו.]. עד שצבעו. ישראל זה. פטור. דקנייה בשינוי דהוה ליה כמזיק מתנות כהונה או שאכלן [חולין קלה.]. מראשית הגז דקנייה בשינוי ואפי' דמים לא משלם דאין כהן יכול להזמינו בדין דיכול לומר לאחר אתננו אבל קודם שלבעו מי שחטפו זכה בו [לעיל שם]. לבנו ולא צבעו. אין זה שינוי ואכתי בעיניה הוא [חולין שם]. תנא חדא אסור. לקרבן [לעיל סה:].

מסורת הש"ס

א) לעיל סו. [תמורה ו.], ב) [לקמן לה:], ג) [פסחים לב. לקמן קג. ב"מ מג.], ד) לעיל סו. [לקמן לד:] חולין קלה., ה) [עי' תוספות לעיל סו. ד"ה לא], ו) לעיל סה: תמורה ל:, ז) [נ"ל וטוואה מהרנ"ש].

הגהות הב"ח

(א) גמ' השתא (יש לומר). תא"מ ונ"ב התוס' לא גרסי ליה: (ב) תוס' ד"ה עלים וכו' וכן כשורא ועבדיה נסרים:

לעזי רש"י

פלטי"ר. פירוש לבדים, למר כבוש יחד שנהיה בגד בלי טויה ואריגה (עיין רש"י שבת דף מח ע"א ד"ה מוכין ורש"י בכורות דף כט ע"ב ד"ה נמטין): ירפי"ר. פירוש מפריד ומנער הלמר ביד (מוסף הערוך ערך נפס ב'): שיו"ן. פירוש בורית (עיין רש"י ישעיה א, כה):

אם גזל גיזי **צֶמֶר וַעֲשָׂאָן בְּגָדִים, אֵין** — אכן קנה אותם, אבל אם רק **לִיבְּנָן** — ניקה והלבין את גיזי הצמר, **לֹא** קנה אותם; שהרי כל אדם העושה כלים מעצים משייף אותם מתחילה, וכמו כן כל אדם האורג בגד מצמר מלבן אותו מתחילה[6], ואם נאמר במשנה שקונה את העצים בעשיית הכלי ואת הצמר באריגת הבגד משמע שלא קנה אותם בשלבים הקודמים. **וּרְמִינְהִי** — אבל הקשו סתירה לכך מן הברייתא הבאה: אם **גָּזַל עֵצִים וְשִׁיפָּן**, או **אֲבָנִים וְסִיתְּתָן** — הקציע והחליק אותן[7], או גיזי **צֶמֶר וְלִיבְּנָן**, או **פִּשְׁתָּן וְנִקְּהוּ**[8], **מְשַׁלֵּם** את שוויים **כִּשְׁעַת הַגְּזֵלָה**, ואינו חייב להחזיר אותם בעינם. הרי ששיוף עצים וליבון צמר גורמים לגזלן לקנותם, אפילו מבלי לעשות מהם כלים או בגדים!

מתרצת הגמרא:

אָמַר אַבַּיֵי: באמת, אין מחלוקת בין המשנה לברייתא, וגם המשנה מודה ששיוף עצים או ליבון צמר לבד קונים את הגזילה. אלא **שתַּנָּא דִּידָן** — התנא של משנתנו, **קָתָנֵי** — שונה מקרה של **שִׁינּוּי** שאיננו נחשב כשינוי אלא **מִדְּרַבָּנָן**, דהיינו, שינוי **דְּהַדְרָא** — החוזר לברייתו[9], והוא מלמד שגם שינוי קל כזה קונה (מדרבנן); **וְכָל שֶׁכֵּן** **ששִׁינּוּי דְּאוֹרַיְיתָא**, היינו שינוי שאינו חוזר לברייתו, קונה. וכך מתפרשת המשנה: הגוזל **עֵצִים וַעֲשָׂאָן כֵּלִים**, לא מדובר במי שגזל בולי עץ גלמיים, שייף אותם ואחר כך חקק בהם צורת כלים; אלא, מדובר **בְּ**מי שגזל **עֵצִים מְשׁוּפִּין** (חלקים), **וּמַאי נִינְהוּ** — ומה הם? **נְסָרִים** מעובדים, והגזלן הרכיבם לעשות מהם תיבה או כסא וכדומה, **דְּשִׁינּוּי דְּהָדַר לִבְרִיָּיתָא הוּא** — שהוא שינוי החוזר לברייתו, **דְּאִי בָּעֵי מְשַׁלֵּיף לְהוּ** — שהרי אם ירצה יוכל לפרק את הכלי שעשה על ידי ניתוק הנסרים זה מזה, והרי הם חוזרים להיות נסרים כפי שהיו. כמו כן במקרה השני במשנה, של הגוזל **צֶמֶר וַעֲשָׂאָן בְּגָדִים**, לא מדובר במי שגזל גיזי צמר גלמי, ליבן אותם, טוואם לחוטים וארג מהם בגד; אלא, מדובר **בְּ**מי שגזל **צֶמֶר הַטָּווּי** לחוטים וארג מהם בגד, **דְּשִׁינּוּי דְּהָדַר לִבְרִיָּיתָא הוּא** — שהוא שינוי החוזר לברייתו, **דְּאִי בָּעֵי סָתַר לֵיהּ** — שהרי אם ירצה יוכל לסתור את האריגה, והרי הוא חוזר להיות חוטים כפי שהיה, והתנא מלמד שגם שינוי כזה קונה. **וְכָל שֶׁכֵּן** **ששִׁינּוּי דְּאוֹרַיְיתָא**, כגון שיוף או ליבון, שאינו חוזר לברייתו, קונה. על כן לא הזכיר התנא מקרה שגזל עצים ושיפן או צמר וליבנו, כי רצה ללמד שאפילו אם עשה כלים מבלי שיוף או בגד מבלי ליבון, כגון באופנים הנזכרים, והוא שינוי החוזר לברייתו, מכל מקום הוא קונה את הגזילה ואינו חייב להחזירה בעצמה אלא את דמיה[10]. **וְתַנָּא בָּרָא** ואילו התנא החיצוני, התנא של הברייתא, רק **שִׁינּוּי דְּאוֹרַיְיתָא קָתָנֵי** — הוא שונה, **וְ**אילו **שִׁינּוּי דְּרַבָּנָן לֹא קָתָנֵי** — אינו שונה. על כן הזכיר דוקא את המקרים של שיוף עצים או ליבון צמר, שהם שינויים שאינם חוזרים לברייתם ומועילים לקנות מן התורה[11].

תירוץ אחר:

רַב אַשִׁי אָמַר: תַּנָּא דִּידָן נַמִּי שִׁינּוּי דְּאוֹרַיְיתָא קָתָנֵי — גם התנא של משנתנו, שונה רק שינויים המועילים מדאורייתא, היינו שינויים שאינם חוזרים, והוא עוסק במי שגזל בולי עץ או גיזי צמר גלמיים כפי שהבינו מתחילה, ולא במי שגזל נסרים והרכיבם לכלי או גזל חוטי צמר וארגם לבגד, ששינויים כאלה החוזרים לברייתם אין המשנה מזכירה[12]. ומה שהקשית שהיה לגזלן לקנות בשלבים הקודמים, של שיוף העץ או ליבון הצמר, כפי שנאמר בברייתא, אשיב לך: המקרה של הגוזל **עֵצִים וַעֲשָׂאָן כֵּלִים** הנזכר במשנה, מדובר במי שעשה את העצים **לְבוּכָאנֵי** — עלי המכתש, **דְּהַיְינוּ שִׁיפָּן** — שהוא נעשה על ידי שיוף לבד מבלי חקיקת צורה אחר כך, ונמצא שהוא זהה למקרה של "שיפן" הנזכר בברייתא[13]; והמקרה של הגוזל גיזי **צֶמֶר וַעֲשָׂאָן בְּגָדִים**, מדובר במי שעשה את הצמר **לְנַמְטֵי** — לְבָדִים, שהוא נעשה

הערות

6. הגמרא מבינה ש"עצים" הנזכרים במשנה הם בולי עץ גלמיים, הטעונים שיוף והחלקה לפני שיהיה אפשר לחקוק בהם צורת כלי. כמו כן "צמר" הנזכר במשנה הם גיזי צמר גלמיים, שכדי לעשות מהם בגד יש צורך ללבנם, לטוותם לחוטים ולארוג מהם בגד (ראה רש"י).

7. הוא תיקון הדומה לשיוף עצים והחלקתם, אלא שבאבנים התיקון נעשה על ידי סיתות (רש"י). ועל ידי הסיתות האבנים נעשות ראויות לבנין (רא"ש).

8. דהיינו, שסרק את הפשתן כדי להסיר את הנעורת [שברי גבעולים המעורבים בין סיבי הפשתן] (ראה רש"י).

9. כשלימדה התורה ששינוי מעשה קונה (ראה לעיל, הערה 2), היא התייחסה רק לשינוי שאינו חוזר לברייתו. מכיון שאי אפשר לעולם להשיב את החפץ לבעליו בצורתו המקורית, אין הגזלן יכול לקיים את הציווי להשיב את הגזילה "אֲשֶׁר גָּזָל", וממילא קנאו ועליו לשלם את דמיו. אבל בשינוי החוזר לברייתו, כגון אם גזל אדם נסרים משופים ועשה מהם תיבה או כסא, שהוא עדיין יכול להשיב את הגזילה "אֲשֶׁר גָּזָל" על ידי פירוק הכלי והחזרת העצים למצבם המקורי, אינו קונה את הגזילה מדין תורה. התנא של משנתנו בא ללמד שמכל מקום הוא קונה אותה מדרבנן. [חכמים תיקנו שאפילו שינוי כזה קונה, משום תקנת השבים. היינו, כדי להקל על גזלן הבא לחזור בתשובה, שאולי היה נמנע מלעשות כן אילו היה צריך להחזיר בעין חפצים גזולים שהוא טרח בהם והשביחם על ידי שינויים החוזרים (ראה לקמן צד, ב; עיין גם תוספות סוכה ל, ב ד"ה שינוי החוזר).]

[אמנם עיין תוספות לקמן צו, ב ד"ה ועבדיה, הנוקטים ששינוי חשוב קונה גם אם הוא חוזר לברייתו, ומשמע שהחסרון בשינוי החוזר לברייתו הוא שאין זה שינוי חשוב; אך ראה רשב"א שם החולק עליהם; עיין עוד תוספות בעמוד זה, ד"ה בקלא אילן, ש"ך שס, ב בשם רבינו ירוחם, וחזון איש יז, כב.]

10. כלומר: מה שנקטה המשנה מקרה שגזל עצים ועשאן כלים, ולא מקרה ששיפן, אינו משום ששיוף לבד אינו קונה; אלא אדרבה, אם שיפן פשוט הדבר שהוא קונה, שהרי הוא שינוי גמור שאינו חוזר לברייתו, והוא קונה מן התורה מכח הדרשה שהבאנו לעיל (הערה 2), רק המשנה רצתה לחדש חידוש גדול יותר שאפילו שינוי החוזר לברייתו קונה. בזה שהזכירה המשנה שקנה כשעשאם כלים, מוכח בודאי שמדובר בנסרים שלא הוצרך לשייפם, ועשיית הכלים היא שינוי החוזר לברייתו, ובזה רמזה המשנה שאפילו שינוי כזה קונה. כמו כן במקרה השני, בזה שהזכירה המשנה שקנה את הצמר כשעשה ממנו בגדים, מוכח בודאי שמדובר בצמר טווי שלא הוצרך ללבנו, ועשיית הבגדים היא שינוי החוזר לברייתו, ובזה רמזה המשנה שאפילו שינוי כזה קונה, מדרבנן (רש"י).

11. ונמצא שאין כל סתירה בין משנתנו לברייתא, כי כל אחת מסכימה שגם סוגי השינויים הנזכרים בחברתה קונים. אלא, משנתנו לא הזכירה את השינויים שנזכרו בברייתא, משום שהיא רצתה ללמד את החידוש שאפילו שינויים החוזרים קונים מדרבנן; והברייתא לא הזכירה את השינויים שנזכרו במשנה, משום שהיא דנה רק בשינויים המועילים מן התורה. [עיין חידושי הרי"ם, המציע טעם מדוע לא רצה התנא של הברייתא למנות שינויים דרבנן.]

12. [ברש"י לפנינו כתוב שלדעתו שינוי דרבנן (היינו שינוי החוזר לברייתו) "לא קני". אולם גירסא זו מוטעית בעליל, שהרי אם שינוי כזה אינו קונה כלל, אי אפשר להגדירו כ"שינוי דרבנן". ובדפוסים ישנים (ויניציאה; באסיליאה) הגירסא "לא קתני", היינו שהתנא אינו מלמד את דינם (ראה הגהות וציונים).

אמנם מכל מקום, הרא"ש (סימן א) אכן אומר שלדעת רב אשי שינוי החוזר אינו קונה אפילו מדרבנן. וביאר הב"ח (אות ב) ראייתו, שאם לא כן אין לרב אשי לכאורה כל סיבה ליישב את הסתירה בין המשנה לברייתא בדרך שונה מאביי, כאשר לשם כך הוא צריך להידחק ולהעמיד את המשנה במקרים מיוחדים כפי שנראה בהמשך. ראה גם רי"ף לד, א מדפיו, רשב"א לקמן צו, ב ד"ה נסכא ופני יהושע כאן ד"ה וליבון; אך עיין ביאור הגר"א חושן משפט שנג, ו שנד, ב בליקוט השני, המציין שנחלקו בכך הראשונים, ולדעת תוספות בכמה מקומות אף רב אשי מודה ששינוי החוזר קונה מדרבנן; עיין גם חזון איש יז, א.]

13. המשנה אינה עוסקת במי שגזל עצים משופים והרכיב אותם לכלים, כי שינוי כזה חוזר לברייתו ואינו קונה מן התורה (עיין עוד בהערה הקודמת). כמו כן אינה עוסקת במי שגזל בולי עץ גלמיים, שייף אותם וחקק בהם צורת כלים, כי באופן זה היה קונה כבר משעת השיוף (כמו שנאמר בברייתא) ולא רק בשעה שנעשה כלי. אלא, היא עוסקת במי שגזל בולי עץ גלמיים ושייף אותם באופן שעשה מהם עֱלִי (כמין מקל קצר ועבה, המשמש לכתישת גרגרי תבואה ותבלינים במכתשת), שעצם השיוף עושה את חתיכת העץ לכלי גמור ואין כל צורך לעשות בו פעולה נוספת (עיין רש"י).

אלא שצריך ביאור: אם אכן שיוף לבד קונה, כפי שנאמר בברייתא, מדוע נקטה המשנה דוקא מקרה שהשיוף עושה את חתיכת העץ לכלי? תאמר המשנה בפשטות שהגוזל עצים ושיפם קנה אותם [אפילו לא עשה מהם כלים], והוא משלם את שוויים של העצים בשעת הגזילה! תוספות והרא"ש (סימן א) מבארים (על פי הגמרא לקמן צו, א), שלדעת רב אשי, המשנה באה להדגיש שלא כל שיוף נחשב לשינוי מעשה שיקנה הגזלן את העצים על ידו, אלא דוקא שיוף כזה הגורם שישתנה שם העץ, כגון כשהוא משייף עצים לנסרים או לעלי. [וכמו כן בברייתא שאמרה סתם שאם

הגוזל (א) עצים ועשאן כלים צמר ועשאן בגדים [א] משלם כשעת הגזלה [ב] גזל פרה מעוברת וילדה רחל טעונה וגזזה משלם דמי פרה העומדת לילד ודמי רחל העומדת ליגזז (ב) [ג] גזל פרה ונתעברה אצלו וילדה רחל ונטענה אצלו וגזזה משלם כשעת הגזלה [ד] זה הכלל (ג) כל הגזלנים משלמין כשעת הגזלה: גמ' אמרי עצים ועשאן כלים אין שיפן לא צמר ועשאן בגדים אין ליבנן לא ורמינהי [ה] גזל עצים ושיפן אבנים וסיתתן צמר וליבנן פשתן ונקהו משלם כשעת הגזלה אמר אביי תנא דידן קתני שינוי דרבנן דהדרא וכל שכן שינוי דאורייתא עצים ועשאן כלים בעצים משופין ומאי נינהו נסרים דשינוי דהדר לברייתא הוא דאי בעי משליף להו צמר ועשאן בגדים בצמר טווי דשינוי דהדר לברייתא הוא דאי בעי סתר ליה וכל שכן שינוי דאורייתא ותנא ברא שינוי דאורייתא קתני ושינוי דרבנן לא קתני רב אשי אמר [י] תנא דידן נמי שינוי דאורייתא קתני עצים ועשאן כלים בוכאני דהיינו שיפן צמר ועשאן בגדים נמטי דהיינו שינוי דלא הדר וליבון מי הוי שינוי ורמינהי (ד) [ז] לא הספיק ליתנו לו עד שצבעו פטור לבנו ולא צבעו חייב אמר אביי לא קשיא הא רבי שמעון הא רבנן דתניא גזזו טוואו וארגו אין מצטרף לבנו רבי שמעון אומר אין מצטרף וחכמים אומרים מצטרף רבא אמר הא והא רבי שמעון ולא קשיא [ח] הא דנפציה נפוצי הא דסרקיה סרוקי רבי חייא בר אבין אמר הא דחווריה חוורי הא דכבריה כברויי השתא (א) יש לומר צבע לרבי שמעון לא הוי שינוי ליבון הוי שינוי דתניא (ה) גזז ראשון ראשון וצבעו ראשון ראשון וטוואו ראשון ראשון וארגו אין מצטרף רבי שמעון בן יהודה אומר משום ר' שמעון צבעו מצטרף אמר אביי לא קשיא הא רבנן אליבא דר"ש הא ר"ש בן יהודה אליבא דר"ש רבא אמר לעולם לא פליגי רבנן עליה דרבי שמעון בן יהודה ושאני צבע הואיל ויכול להעבירו ע"י צפון וכי קתני התם לא הספיק ליתנו לו עד שצבעו פטור ואוקימנא כדברי הכל בקלא אילן דלא עבר אמר אביי ר' שמעון בן יהודה ובית שמאי ור' אליעזר בן יעקב ור"ש בן אלעזר ורבי ישמעאל כולהו סבירא להו שינוי במקומו עומד רבי שמעון בן יהודה הא דאמרן ב"ש מאי היא דתני' (ו) נתן לה חטין באתננה ועשאן סולת זיתים ועשאן שמן ענבים ועשאן יין תני חדא אסור ותניא אידך מותר ואמר רב יוסף תני גוריון

דמאספורק

הגוזל עצים. משלם כשעת הגזילה. דמי עצים וצמר ואין חייב להחזיר לו כלים דקני בשינוי: ודמי רחל הטעונה ליגזז. והעודף ששוה עכשיו הולד והגיזה יותר שלו הוא דקנהו בשינוי: גמ' שפוי שייך בעצים וסתיתה באבנים ושניהן לשון תיקון שמתקנן ומחליקן: ונקהו. מן הנעורת: משלם כשעת הגזלה. ומתניתין אמאי נקט כלים ובגדים הא אינו חוקקס עד שישפס תחלה וכן צמר מלבנו תחילה ואחרי כן טווהו ומשעת שפוי וליבון קנה מיד ולמה לי כולי האי: ה"ג אמר אביי תנא דידן תני שינוי דרבנן. עצים ועשאן כלים בעצים משופים ומאי נינהו כו': וכ"ש שינוי דאורייתא. כלומר להכי נקט כלים לאשמועינן דהני עצים דקתני בנסרים משופים עסקינן ועשאן תיבות וקתדראות דהוי שינוי קל שחוזר לברייתו דאי בעי משליף ומנתק הנסרים זו מזו והרי הן נסרים כבתחילה ואפי' הכי קני וכ"ש עצים ושיפן דהוי שינוי גמור ומדאורייתא קני כדאמר במרובה (לעיל דף סו.) שינוי קונה כתיבא ותניא והשיב את הגזלה מה תלמוד לומר אשר גזל אם כעין שגזל יחזיר ואם לאו דמי בעלמא בעי לשלומי: צמר ועשאן בגדים. להכי לא נקט ליבנו דלא מבעי' צמר וליבנו דשינוי שאין חוזר הוא אלא אפילו גזל צמר טווי וארגו דהדר לברייתו דאי בעי סתר לה והוי חוטין כמעיקרא אפי' הכי קני: נמי שינוי דאורייתא. דלא הדר קתני דקני אבל שינוי דרבנן לא קני ודקשיא לך משיפוי וליבון הוא דקנה וכלים ובגדים למה לי הכי נמי קאמר: כלים בוכאני. לכתוש דהיינו שיפן וליכא חקיקה: בגדים נמטי. פלטי"ר בלע"ז דאין מלבנים אותו הצמר אבל היכא דלבנן קנייה: נמטי. אין הצמר חוזר עוד לברייתו להיות כל נימא ונימא בפני עצמה: לא הספיק ליתנו. לראשית הגז לכהן עד שצבעו: פטור. דקנייה בשינוי ודמים נמי לא משלם דלאו גזל גמור הוא דלא מטא לידיה: אין מצטרף. דתנן בשחיטת חולין חמש רחלות גוזזות כל אחת מנה ופרס חייבות בראשית הגז וראשית הגז מהו הגוזז רחל לאחר שגוזזה נותן מן הגיזה לכהן לפי מה שירצה ובלבד שתהא נתינה חשובה וקתני דאם גזז אחת (ז) וצבעה וכן שניה וכן שלישית אין מצטרפות למנה ופרס להתחייב דקנינהו בשינוי: נפציה. ביד ירפי"ר בלע"ז ולא הוי שינוי כולי האי: סרקיה. במסרק: דכבריה. בגפרית להתלבן יפה: גזז ראשון ראשון וצבעו. לבד או שגזז ראשון וטוואו וכל שעה כשהוא גוזז היה משנהו: צפון. שיו"ן אבל ליבון לא הדר לברייתו: קלא אילן. דומה לתכלת: במקומו עומד. אין זו מרשות בעלים הראשונים ואפילו נשתנה: אסור. למזבח:

מאספורק

הגוזל עצים. תנא דידן תנא שינוי דרבנן. וא"ת ולרבה דאית ליה אפילו שינוי החוזר לברייתו הוי דאורייתא כדפי' במרובה (לעיל דף סה: ושם) היכי משני מתניתין כדאביי לא מצי לשנויי וכרב אשי נמי לא דרב אשי מוקי לה דוקא בשינוי שאין חוזר ויש לומר דהוה משני דמתני' לרבותא נקט עצים משופים ועשאן כלים לאשמועינן דאפי' שינוי החוזר לברייתו קני וברייתא קמשמע לן דשינוי בעלמא הוי שינוי אף על פי שאין שם כלי עליהן:

עצים ועשאן כלים בוכני. דוקא שיפוי כי האי שנעשה בכך בוכני מועיל דחשיב שינוי מעשה וכן (ב) עבדיה נסרים נמי מהני אבל שיפוי שאין משתנה שמו בכך לא מהני וכן אמרינן לקמן (דף צו.) גזל דיקלא וקטליה לא קני דיקלא ועבדיה גושי לא קני דגושי דדיקלא מקרי אבל גושי ועבדינהו כשורי קני מעיקרא גושי והשתא כשורי:

לא הספיק ליתנו לו עד שצבעו. פירשתי במרובה (לעיל דף סו.):

טוואו וארגו. וא"ת ארגו תיפוק ליה משום טוויה וי"ל מאי אריגה תיכי דכה"ג מפרש בסוף מכילתין (דף קיט:):

הא דחווריה חוורי והא דכווריה כוורויי. ותרוייהו אליבא דכ"ע דחווריה חוורי אפילו לר"ש לא הוי שינוי וכווריה כוורויי אפי' לרבנן הוי שינוי ורבא לא רצה לתרץ כן דקסבר כווריה כוורויי לא מקרי ליבון אלא צביעה והא דלא נקט רבי חייא בר אבין הא דנפליה נפולי הא דכווריה כוורויי דהא בנפילה אפילו ר"ש מודה דלא הוי שינוי כדמוכח במילתיה דרבא יש לומר אורחא דמילתא נקט כל חד וחד דקודם סירוק עושין ניפוץ ואין משהין זה אחר זה אלא מיד מסרקין וקודם כווריה עושין חיוורי והשתא בנפולי וחיוורי לכ"ע לא הוי שינוי ובכוורי לכולי עלמא הוי שינוי ובסירוק פליגי וי"ס שכתוב בהן במילתיה דרבי חייא בר אבין הא והא רבנן ולגיר' זו צריך לומר דבחיוורי נמי פליגי כמו בסרוקי ותימה למה לא העמיד תרוייהו ככ"ע והא דנפליה נפולי והא דכווריה כוורויי ושמא קסבר רבי חייא בר אבין בדנפולי נמי פליגי:

השתא צבעו לר"ש לא הוי שינוי. לרבא דשני הא והא כר"ש הוי מצי למיפרך מצבע אצבע:

בקלא אילן דלא עבר. והא דמפליג בין ליבון לצביעה בצביעה גופא הו"מ לפלוגי בין עוברת לשאין עוברת אלא דעדיפא ליה לאיפלוגי בין קלא אילן לליבון דתרוייהו לא הדרי לברייתן ולרבא לרבי שמעון עדיף ליבון דלא הדר מצבע דהדר ורבנן עדיף להו צבע אע"ג דהדרא לפי שהוא שינוי מרובה מליבון שהוא שינוי מועט אע"ג דלא הדר:

רבי שמעון בן יהודה הא דאמרן. תימה הא בטוואו וארגו מודה ולא פליג אלא בצבעו משום דלא חשיב ליה שינוי לפי שלא נשתנה גוף הצמר וי"ל דלאו דוקא אמרו דבר אחד אלא כלומר בשיטה אחת הן וכה"ג איכא בכמה דוכתי:

ואפאה

עין משפט
נר מצוה

א א מיי' פ"ב מהלכות גזילה הלכה יב סמג לאוין סי' קנו קנז טור ש"ע ח"מ סי' שם סעיף ה:
ב ב מיי' שם הל' ז ועי' בהשגות ובמ"מ סמג שם טוש"ע ח"מ סי' שסב סעיף ח:
ג ג מיי' שם טוש"ע שם סעיף ז:
ד ד מיי' שם הלכה א טוש"ע שם סעיף א וסי' שם סעיף ה וסי' שנג סעיף א:
ה ה ו מיי' שם הל' יב סמג שם טוש"ע ח"מ סי' שם סעיף ו:
ו ז מיי' פ"י מהלכות בכורים הלכה ו סמג עשין קמג טוש"ע י"ד סי' שלג סעיף ג:
ז ח מיי' פ"ב מהלכות גזילה ואבידה הל' יב סמג עשין קנז טוש"ע ח"מ סי' שם סעיף ו וע"ש:

ליקוטי רש"י

משלם כשעת הגזילה. צמר ועצים בעלמא אבל הכלים והבגדים קנה בשינוי [תמורה ו.]. כל הגזלנים משלמין כשעת הגזילה. כדכתיב (ויקרא ה) אשר גזל כמה שגזל [פסחים לב.]. וכגון שהוליאה שאינה בעין אבל אם ישנה בעין כמות שגזלה אומר לו הרי שלך לפניך כדאמרינן (לקמן דף צו:) גבי מטבע ונפסל תרומה ונטמאת [ב"מ מג.]. נמטי. לבדין פליטר"ש בלע"ז ואין שם טווי [לקמן קיט:]. לא הספיק ליתנו לו. לראשית הגז לכהן [לעיל סו.]. עד שצבעו. ישראל זה. פטור. דקנייה בשינוי דהוה ליה כמזיק מתנות כהונה או שאכלן [חולין קלה.]. מראשית הגז דקנייה בשינוי ואפי' דמים לא משלם דאין כהן יכול להזמינו בדין דיכול לומר לאחר אתננו אבל קודם שצבעו מי שחטפו זכה בו [לעיל שם]. לבנו ולא צבעו. אין זה שינוי ואכתי בעיניה הוא [חולין שם]. תנא חדא אסור. לקרבן [לעיל סה:].

מסורת הש"ס

א) לעיל סו. [תמורה ו.], ב) [לקמן לה:], ג) [פסחים לב. לקמן קג. ב"מ מג.], ד) לעיל סו. [לקמן לד:] חולין קלה., ה) [עי' תוספות לעיל סו. ד"ה לא], ו) לעיל סה: תמורה ל:, ז) [צ"ל וטוואה מהרנ"ש].

הגהות הב"ח

(א) גמ' השתא (יש לומר). תא"מ ונ"ב התוס' לא גרסי ליה: (ב) תוס' ד"ה עצים וכו' וכן כשורא ועבדיה נסרים:

לעזי רש"י

פלטי"ר. פירוש לבדים, צמר כבוש יחד שנהיה בגד בלי טויה ואריגה (עיין רש"י שבת דף מח ע"א ד"ה מוכין ורש"י בכורות דף כט ע"ב ד"ה נמטי): ירפי"ר. פירוש מפריד ומנער הצמר ביד (מוסף הערוך ערך נפס ב'): שיו"ן. פירוש בורית (עיין רש"י ישעיה א, כה):

על ידי כבישת הצמר במכבש עד שהסיבים נדבקים זה לזה, ומבלי ללבנו לפני כן, **דְּהַיְינוּ שִׁינּוּי דְּלֹא הָדַר** — שאף הוא שינוי שאינו חוזר לברייתו, שכן אי אפשר לפרק את הלבד שיחזור כל סיב להיות בפני עצמו[14]. ובאמת, אם נעשתה פעולת שיוף בעצים או ליבון בצמר, גם המשנה מודה לברייתא שקנה, אף על פי שהגזלן לא עשה מהם כלים או בגדים.

הגמרא מקשה על הוראת הברייתא (המוסכמת גם על המשנה) שליבון נחשב שינוי מעשה שעל ידו הגזלן קונה את הצמר:

וְלִיבּוּן, מִי הָוֵי — האמנם נחשב הוא **שִׁינּוּי? וּרְמִינְהִי** — והרי יש להקשות סתירה לכך מן המשנה הבאה, השנויה לענין "ראשית הגז" (חולין קלה, א)[15]: אם **לֹא הִסְפִּיק** בעל הצמר **לִיתְּנוֹ לוֹ** — לתת את ראשית הגז לכהן, **עַד שֶׁצְּבָעוֹ**, הרי הוא **פָּטוּר** מלתתו לכהן, אלא הוא רשאי לעכבו לעצמו, כיון שקנאו בשינוי מעשה, והרי הוא כמזיק מתנות כהונה או אוכלן שהוא פטור מלשלם עליהם[16]. אולם אם רק **לִבְּנוֹ וְלֹא צְבָעוֹ**, הרי הוא עדיין **חַיָּיב** לתתו לכהן בתורת ראשית הגז. הרי שליבון איננו שינוי המועיל לקנות!

מתרצת הגמרא:

אָמַר אַבַּיֵי: לֹא קַשְׁיָא — אין זה קשה: **הָא** — זו, הברייתא (לענין גזילה) שאמרה שליבון נחשב שינוי, שנויה כדעת **רַבִּי שִׁמְעוֹן**; ואילו **הָא** — זו, המשנה (לענין ראשית הגז) שאמרה שליבון אינו נחשב שינוי, שנויה כדעת **רַבָּנָן** החולקים עליו[17].

הגמרא מביאה את מחלוקת רבי שמעון וחכמים בענין זה:

דְּתַנְיָא בברייתא אחרת לענין ראשית הגז: **גְּזָזוֹ** — אם גזז את הצמר מרחל אחת, ואחר כך **טְוָואוֹ וַאֲרָגוֹ** (או ארגו[18]) לפני שגזז רחלות נוספות, **אֵין** הצמר הראשון **מִצְטָרֵף** עם הצמר שיגזז לאחר מכן לשיעור המחייב לתת ראשית הגז, כיון שכבר קנה את הצמר הראשון בשינוי מעשה[19]. אולם, אם רק **לִבְּנוֹ, רַבִּי שִׁמְעוֹן אוֹמֵר: אֵין מִצְטָרֵף**, כיון שגם ליבון נחשב שינוי, **וַחֲכָמִים אוֹמְרִים:** הוא **מִצְטָרֵף**, שליבון איננו נחשב שינוי.

תירוץ נוסף ליישב את הסתירה בין הברייתא הראשונה והמשנה בחולין:

רָבָא אָמַר: הָא וְהָא — הן הברייתא (לענין גזילה) והן המשנה (לענין ראשית הגז) שנויות כדעת **רַבִּי שִׁמְעוֹן** הסובר שליבון נחשב שינוי. **וְלֹא קַשְׁיָא** — ומכל מקום אין קושי בסתירה ביניהן. כי **הָא** — זו, המשנה המלמדת שליבון אינו נחשב שינוי, מתייחסת למקרה **דְּנַפְּצֵיהּ נַפּוּצֵי** — שניפץ את הצמר, כלומר הפריד את הסיבים שלו ביד והסיר בכך את חלקי הלכלוך, שניקוי כזה איננו נחשב שינוי גדול כל כך שיקנה, אפילו לרבי שמעון; ואילו **הָא** — זו, הברייתא המלמדת שליבון כן נחשב שינוי, מתייחסת למקרה **דְּסָרְקֵיהּ סָרוּקֵי** — שסרק את הצמר במסרק, שהניקוי באופן זה ניכר יותר והוא כן נחשב שינוי לדעתו[20].

הערות

"שיפן" קנה, הכוונה למקרה ששיפן לנסרים או לעלי וכדומה (תורת חיים; ועיין שם שהתקשה בדברי התוספות, וציין שדעתם אינה מוסכמת; אך עיין ש"ך חושן משפט שס, ד שדחה את דבריו).]

אמנם אין זה כלל בכל שינוי מעשה, שאינו מועיל אלא אם כן נשתנה השם על ידו, שהרי במקרים של "צמר וליבנן, פשתן וניקהו", לא מסתבר שמשתנה השם, ואף על פי כן קונה בשינוי מעשה. [וכמו כן נלמד במשנה לקמן (צו, ב) שאם גזל בהמה או עבדים והזקינו קנאם בשינוי מעשה, אף על פי שבודאי לא נשתנה שמם; וכן מפורש לעיל (סה, ב), שגזל טלה ונעשה איל אין בו שינוי השם ואף על פי כן קנאו בשינוי מעשה.] רק לגבי שיוף עצים (וכדומה) סוברים תוספות שאין בו חשיבות של שינוי מעשה אם לא נשתנה השם על ידו (חזון איש יז, כא; עיין שם להרחבה בענין זה; עיין גם ביאור הגר"א לשלחן ערוך חושן משפט שס, י וקובץ שיעורים, קכ; ועיין חזון יחזקאל על התוספתא י, ב). ובכל אופן, אין כוונת התוספות שצריך שינוי השם גמור, שהרי שינוי כזה קונה גם בלי שינוי מעשה; אלא, כוונתם שהוא קונה מכח שינוי מעשה, אם על כל פנים נשתנה שמו שינוי כלשהו מחמת זה (פני יהושע; עיין גם קצות החושן שם, ה; אך עיין נתיבות המשפט שסא, א).

[וכל זה בדעת רב אשי. אולם בדעת רבה (לעיל סה, ב) אומרים תוספות עצמם (כאן, ד"ה הגוזל) שהברייתא מלמדת שגם שיוף בעלמא מועיל אף על פי שאין על העץ עתה שם כלי (מהרש"א). וכמו כן הם אומרים במסכת סוכה (ל, ב ד"ה שינוי החוזר) על אותו מקרה של עצים ושיפן וכו', שהוא נחשב שינוי מעשה ומועיל לקנות אף על פי שלא נשתנה שמם.]

14. ראה רש"י.

15. כל אדם הגוזז את הצמר מהכבשים שלו, חייב לתת את ראשית הגז לכהן (ראה דברים יח, ד). לא קבעה התורה שיעור למתנה זו, ובלבד שתהיה בה חשיבות מסויימת (עיין רש"י לקמן, ד"ה אין מצטרף; וראה במשנה בחולין, שם). [אמנם, תיקנו חכמים שיש לתת לכהן לכל הפחות אחד מששים מהצמר, כדרך שקבעו בתרומה ובפאה (עיין גמרא שם קלז, ב).]

16. מלשון רש"י כאן ולעיל סו, א, נראה קצת שלדעתו מדובר באדם שהפריש מעט צמר לתתו לכהן בתורת "ראשית הגז", ואחר כך צבע את הצמר שהפריש. [ויתכן שהוא בהתאם לדעת רש"י בחולין קלו, א ד"ה אין לך בו, ששֵׁם ראשית הגז נקבע בהפרשה.] אמנם תוספות לעיל (שם) טוענים שאין דין הפרשה בראשית הגז, וכל זמן שלא נתן את הצמר לכהן הרי הוא כשאר הצמר של הבעלים. לדעתם, צריך לפרש שהבעלים צבעו את **כל** הצמר, וממילא כלול בזה גם חלקו של הכהן (עיין במהדורתנו שם, הערה 14, להרחבה בענין זה; עיין עוד במהדורתנו לחולין קלה, א הערה 19 ובמקורות המצויינים שם; עיין גם דרך אמונה על הרמב"ם הלכות בכורים י, א ד"ה מצות עשה; וראה תוספות הנדפס שם קלז, ב ד"ה עד, שהביאו בשם רש"י מכתב יד פירוש שונה, אך ציינו שרש"י עצמו חזר בו ומחק אותו פירוש). על כל פנים, על ידי הצביעה קנה הבעלים את צמרו של הכהן בשינוי, ועל כן הוא פטור מלתתו לכהן.

ואמנם כל גזלן הקונה את החפץ הנגזל בשינוי חייב לשלם לנגזל את דמיו, אך כאן גם בזה אין לחייבו, כיון שנטילתו את הצמר לעצמו אינה נחשבת גזל גמור, היות שמעולם לא היה שייך לכהן מסויים, וכל כהן שהיה תובע אותו לדין היה הבעלים יכול להשיב לו שברצונו לתת את הצמר לכהן אחר (על פי רש"י כאן ולעיל סו, א ד"ה עד שצבעו; עיין עוד תוספות רי"ד לקמן צד, ב). ומשום כך אמרו (חולין קל, ב) שכל המזיק מתנות כהונה או אוכלן פטור, משום שהוא "ממון שאין לו תובעים". [ראה בגמרא שם טעם נוסף; וראה תוספות שם, ד"ה ואי בעית אימא, אם חייב לשלם בדיני שמים.]

[מה שפירשנו שהוא נפטר משום שקנה את הצמר בשינוי, הוא על פי רש"י כאן, לעיל סו, א ועל המשנה בחולין. והיות ששינוי אינו "מעשה קנין" אלא מועיל רק בגזילה (עיין לעיל, הערה 2), יש לבאר בהכרח שמדובר באופן שאכן התכוון לגזלו מן הכהן (רא"ש חולין יא, ב ובתוספותיו שם קלח, א; ריטב"א שם קלז, ב ועוד). אמנם יש אומרים שאין הפטור מתורת גזילה, אלא שהמצוה נאמרה על "גז", היינו הצמר הנגזז כמות שהוא; והואיל ועתה הצמר נשתנה מכפי שהיה, פקעה ממנו המצוה (ראה תפארת יעקב חולין קלה, א; חידושי מרן רי"ז הלוי הלכות גזילה ואבידה, ד"ה ובעיקר שיטת הרמב"ם). לדעה זו, אף אם צבעו שלא מתוך כוונה לגזול הרי הוא נפטר מראשית הגז, וכמשמעות הפשוטה של הלשון "לא הספיק ליתנו לו עד שצבעו", שמשמע שלא צבעו בכוונה כדי להיפטר (תפארת יעקב שם קלז, ב, וכן נראה מדברי הרמב"ם בפירוש המשניות שם [במהדורת קאפח, ומובא במאירי]). ומה שהגמרא דנה להוכיח מראשית הגז לגזילה, הוא משום שיסוד הדין בשניהם שוה, שהרי גם מה ששינוי מעשה קונה בגזילה הוא משום שאחרי השינוי נחשב החפץ כחפץ אחר וכאילו איננו אותו החפץ "אֲשֶׁר גָּזָל". עיין גם מאירי כאן המביא מחלוקת אם דיני השינוי בגזילה ובראשית הגז שוים לגמרי; עיין עוד במהדורתנו לחולין קלה, א הערה 20, להרחבה בענין זה.]

17. עיין מהדורא בתרא למהרש"א ופני יהושע, מדוע לא תירץ אביי אותו תירוץ לעיל, על הסתירה בין משנתנו לברייתא בשאלה אם ליבון נחשב שינוי.

18. במובנה המצומצם, "אריגה" מציינת שילוב של חוטים בצורת שתי וערב לעשות מהם אריג. אולם, בהוראתה המורחבת היא כוללת חיבור ושילוב חומרים לעשיית בד גם בשיטות אחרות. כאן, הכוונה לקליעת סיבי צמר שלא נטוו קודם, ונמצא שלא נעשה בהם השינוי של "טויה" לפני "אריגה" (ראה תוספות, על פי הגמרא לקמן קיט, ב). [ולא יתכן לפרש שטוואו **וגם** ארגו, כי הנידון כאן הוא לקנות בשינוי (ראה להלן), וגם טויה לבד היא בודאי שינוי מספיק.]

19. המשנה בחולין קלה, א מלמדת שהחיוב לתת ראשית הגז לכהן, חל על מי שגוזז לכל הפחות חמש רחלות (או כבשים זכרים) שמשקל הצמר הנגזז מכל אחת מהן הוא לכל הפחות מנה וחצי [משקל השוה למאה וחמשים זוזי כסף. במדות של זמננו, הוא משוער ב־600 גרם ויש אומרים 720 גרם לכל אחת; ראה מהדורתנו לכתובות סז, א הערה 43]. הברייתא מלמדת שאם גזז בעל הרחלות וטווה [או "ארג"] את הצמר של כל רחל בנפרד, לפני שגזז את הרחל הבאה, אין הגיזות מצטרפות להשלים לשיעור הנדרש; שכן כל גיזה נקנתה לבעלים בשינוי מעשה, וממילא נפטרה מחיוב ראשית הגז ושוב אינה מצטרפת לגיזות האחרות (ראה רש"י ומהרש"ל).

20. רש"י. [אך עיין לחם משנה הלכות גזילה ואבידה ב, יב בדעת הרמב"ם שם.]

לכאורה היה אפשר באותה מדה לתרץ בצורה הפוכה, שבדברי חכמים שלבנו מצטרף הכוונה ל"ליבון" על ידי ניפוץ, אבל הם מסכימים ש"ליבון" על ידי סירוק כן נחשב שינוי, וליבון כזה מתכוונת הברייתא בענין גזילה, ונמצא שהן הברייתא והן המשנה שנויות כדעת חכמים, והוא עדיף מאשר להעמיד את שתיהן כדעת יחיד. עיין פני יהושע מדוע אכן לא תירצה הגמרא כך.

הגוזל [א] עצים ועשאן כלים צמר ועשאן בגדים [א]משלם כשעת הגזלה [ב]גזל פרה מעוברת וילדה רחל טעונה וגזזה משלם דמי פרה העומדת לילד ודמי רחל העומדת ליגזז [ב] [ג]גזל פרה ונתעברה אצלו וילדה רחל ונטענה אצלו וגזזה משלם כשעת הגזלה [ד]זה הכלל [ג]כל הגזלנים משלמין כשעת הגזלה: **גמ'** אמרי עצים ועשאן כלים אין שיפן לא צמר ועשאן בגדים אין ליבנן לא ורמינהי [ה]גזל עצים ושיפן אבנים וסיתתן צמר וליבנן פשתן ונקהו משלם כשעת הגזלה אמר אביי תנא דידן קתני שינוי דרבנן דהדרא וכל שכן שינוי דאורייתא עצים ועשאן כלים בעצים משופין ומאי נינהו נסרים דשינוי דהדר לברייתא הוא דאי בעי משליף להו צמר ועשאן בגדים בצמר טווי דשינוי דהדר לברייתא הוא דאי בעי סתר ליה וכל שכן שינוי דאורייתא ותנא ברא שינוי דאורייתא קתני ושינוי דרבנן לא קתני רב אשי אמר [ו]תנא דידן נמי שינוי דאורייתא קתני עצים ועשאן כלים בוכאני דהיינו שיפן צמר ועשאן בגדים נמטי דהיינו שינוי דלא הדר וליבון מי הוי שינוי ורמינהי [ד] [ז]לא הספיק ליתנו לו עד שצבעו פטור לבנו ולא צבעו חייב אמר אביי לא קשיא הא רבי שמעון הא רבנן דתניא גזזו טוואו וארגו אין מצטרף לבנו רבי שמעון אומר אין מצטרף וחכמים אומרים מצטרף רבא אמר הא והא רבי שמעון ולא קשיא [ח]הא דנפציה נפוצי הא דסרקיה סרוקי רבי חייא בר אבין אמר הא דחווריה חוורי הא דכבריה כברויי השתא (א) יש לומר צבע לרבי שמעון לא הוי שינוי ליבון הוי שינוי דתניא [ט]גזז ראשון ראשון וצבעו ראשון ראשון וטוואו ראשון ראשון וארגו אין מצטרף רבי שמעון בן יהודה אומר משום ר' שמעון צבעו מצטרף אמר אביי לא קשיא הא רבנן אליבא דר"ש הא ר"ש בן יהודה אליבא דר"ש רבא אמר לעולם לא פליגי רבנן עליה דרבי שמעון בן יהודה ושאני צבע הואיל ויכול להעבירו ע"י צפון וכי קתני התם לא הספיק ליתנו לו עד שצבעו פטור ואוקימנא כדברי הכל בקלא אילן דלא עבר אמר אביי ר' שמעון בן יהודה ובית שמאי ור' אליעזר בן יעקב ור"ש בן אלעזר ורבי ישמעאל כולהו סבירא להו שינוי במקומו עומד רבי שמעון בן יהודה הא דאמרן ב"ש מאי היא דתני' [י]נתן לה חטין באתננה ועשאן סולת זיתים ועשאן שמן ענבים ועשאן יין תני חדא אסור ותניא אידך מותר ואמר רב יוסף תני גוריון

דמאספורק

הגוזל עצים. משלם כשעת הגזילה. דמי עצים וצמר ואין חייב להחזיר לו כלים דקני בשינוי: ודמי רחל הטעונה ליגזז. והעודף ששוה עכשיו הולד והגיזה יותר שלו הוא דקננהו בשינוי: גמ' שפוי שייך בעצים וספיתה באבנים ושניהן לשון תיקון שמתקנן ומחליקן: ונקהו. מן הנעורת: משלם כשעת הגזלה. ומתניתין אמאי נקט כלים ובגדים הא אינו חוקקס עד שיספס תחלה וכן צמר מלבנו תחילה ואחרי כן טוווהו ומשעת שפוי וליבון קנה מיד ולמה לי כולי האי: ה"ג אמר אביי תנא דידן תני שינוי דרבנן. עצים ועשאן כלים בעצים משופים ומאי נינהו כו': וכ"ש שינוי דאורייתא. כלומר להכי נקט כלים לאשמועינן דהני עצים דקתני בנסרים משופים עסקינן ועשאן תיבות וקתדראות דהוי שינוי קל שחוזר לברייתו דאי בעי משליף ומנתק הנסרים זו מזו והרי הן נסרים כבתחילה ואפי' הכי קני וכ"ש עצים ושיפן דהוי שינוי גמור ומדאורייתא קני כדאמר במרובה (לעיל דף סו.) שינוי קונה כתיבא ותנינא והשיב את הגזלה מה תלמוד לומר אשר גזל אם כעין שגזל יחזיר ואם לאו דמי בעלמא בעי לשלומי: צמר ועשאן בגדים. להכי לא נקט ליבנו דלא מבעי' צמר וליבנו דשינוי שאין חוזר הוא אלא אפילו גזל צמר טווי וארגו דהדר לברייתו דאי בעי סתר לה והוי חוטין כמעיקרא אפי' הכי קני: נמי שינוי דאורייתא. דלא הדר קתני דקני אבל שינוי דרבנן לא קני ודקשיא לך משיפוי וליבון הוא דקנה וכלים ובגדים למה לי הכי נמי קאמר: כלים בוכאני. לכתוש דהיינו שיפן וליכא חקיקה: בגדים נמטי. פלטי"ר בלע"ז דאין מלבנים אותו הצמר אבל היכא דלבנן קנייה: נמטי. אין הצמר חוזר עוד לברייתו להיות כל נימא ונימא בפני עצמה: לא הספיק ליתנו. לראשית הגז לכהן עד שצבעו: פטור. דקנייה בשינוי ודמים נמי לא משלם דלאו גזל גמור הוא דלא מטא לידיה: אין מצטרף. דתנן בשחיטת חולין חמש רחלות גוזזות כל אחת מנה ופרס חייבות בראשית הגז וראשית הגז מהו הגוזז רחל לאחר שגזזה נותן מן הגיזה לכהן לפי מה שירצה ובלבד שתהא נתינה חשובה וקתני דאם גזז אחת [ז] וצבעה וכן שניה וכן שלישית אין מצטרפות למנה ופרס להתחייב דקננהו בשינוי: נפציה. ביד ירפי"ר בלע"ז ולא הוי שינוי כולי האי: סרקיה. במסרק: דכבריה. בגפרית להתלבן יפה: גזז ראשון ראשון וצבעו. לבד או שגזז ראשון ראשון וטוואו וכל שעה כשהוא גוזז היה משנהו: צפון. שיו"ן אבל ליבון לא הדר לברייתו: קלא אילן. דומה לתכלת: במקומו עומד. אין זו מרשות בעלים הראשונים ואפילו נשתנה: אסור. למזבח:

מאספורק

הגוזל עצים. תנא דידן תנא שינוי דרבנן. וא"ת ולרבה דאית ליה אפילו שינוי החוזר לברייתו הוי דאורייתא כדפי' במרובה (לעיל דף סה: ושם) היכי משני מתניתין כדאביי לא מצי לשנויי וכרב אשי נמי לא דרב אשי מוקי לה דוקא בשינוי שאין חוזר ויש לומר דהוה משני דמתני' לרבותא נקט עצים משופים ועשאן כלים לאשמועינן דאפי' שינוי החוזר לברייתו קני וברייתא קמשמע לן דשינוי בעלמא הוי שינוי אף על פי שאין שם כלי עליהן:

עצים ועשאן כלים בוכני. דוקא שיפוי כי האי שנעשה בכך בוכני מועיל דחשיב שינוי מעשה וכן (ב) עבדיה נסרים נמי מהני אבל שיפוי שאין משתנה שמו בכך לא מהני וכן אמרינן לקמן (דף צו.) גזל דיקלא וקטליה לא קני דיקלא ועבדיה גודי לא קני דגודי דדיקלא מקרי אבל גודי ועבדינהו כשורי קני מעיקרא גודי והשתא כשורי:

לא הספיק ליתנו לו עד שצבעו. פירשתי במרובה (לעיל דף סו.):

טוואו וארגו. וא"ת ארגו תיפוק ליה משום טוויה וי"ל מאי אריגה תיכי דכה"ג מפרש בסוף מכילתין (דף קיט:): **הא** דחווריה חוורי והא דכווריה כוורויי. ותרוייהו אליבא דכ"ע דחוריה חוורי אפילו לר"ש לא הוי שינוי וכווריה כוורי אפי' לרבנן הוי שינוי ורבא לא רצה לתרץ כן דקסבר כווריה כוורי לא מקרי ליבון אלא צביעה והא דלא נקט רבי חייא בר אבין הא דנפציה נפוצי הא דכווריה כוורי דהא בנפיצה אפילו ר"ש מודה דלא הוי שינוי כדמוכח במילתיה דרבא יש לומר אורחא דמילתא נקט כל חד וחד דקודם סירוק עושין ניפוץ ואין משהין זה אחר זה אלא מיד מסרקין וקודם כווריה עושין חיוורי והשתא בנפוצי וחיוורי לכ"ע לא הוי שינוי ובכוורי לכולי עלמא הוי שינוי ובסירוק פליגי וי"ס שכתוב בהן במילתיה דרבי חייא בר אבין הא והא רבנן ולגיר' זו צריך לומר דבחיוורי נמי פליגי כמו בסרוקי ותימה למה לא העמיד תרוייהו ככ"ע והא דנפציה נפוצי והא דכווריה כוורי ושמא קסבר רבי חייא בר אבין בדנפוצי נמי פליגי:

השתא צבעו לר"ש לא הוי שינוי. לרבא דשני הא והא כר"ש הוי מצי למיפרך מצבע אצבע:

בקלא אילן דלא עבר. והא דמפליג בין ליבון לצביעה בצביעה גופא הו"מ לפלוגי בין עוברת לשאין עוברת אלא דעדיפא ליה לאיפלוגי בין קלא אילן לליבון דתרוייהו לא הדרי לברייתן ולרבא לרבי שמעון עדיף ליבון דלא הדר מצבע דהדר ורבנן עדיף להו צבע אע"ג דהדרא לפי שהוא שינוי מרובה מליבון שהוא שינוי מועט אע"ג דלא הדר:

רבי שמעון בן יהודה הא דאמרן. תימה הא בטוואו וארגו מודה ולא פליג אלא בצבעו משום דלא חשיב ליה שינוי לפי שלא נשתנה גוף הצמר וי"ל דלאו דוקא אמרו דבר אחד אלא כלומר בשיטה אחת הן וכה"ג איכא בכמה דוכתי:

ואפאה

עין משפט נר מצוה

א א מיי' פ"ב מהלכות גזילה הלכה יב סמג לאוין סי' קנו קנז טור ש"ע ח"מ סי' שם סעיף ה:

ב ב מיי' שם הל' ז ועי' בהשגות ובמ"מ סמג שם טוש"ע ח"מ סי' שסב סעיף ח:

ג ג מיי' שם טוש"ע שם סעיף ז:

ד ד מיי' שם הלכה א טוש"ע שם סעיף א וסי' שם סעיף ה וסי' שנג סעיף א:

ה ה ו מיי' שם הל' יב סמג שם טוש"ע ח"מ סי' שם סעיף ו:

ו ז מיי' פ"י מהלכות בכורים הלכה ו סמג עשין קמג טוש"ע י"ד סי' שלג סעיף ג:

ז ח מיי' פ"ב מהלכות גזילה ואבידה הל' יב סמג עשין קנז טוש"ע ח"מ סי' שם סעיף ו וע"ש:

ליקוטי רש"י

משלם כשעת הגזילה. צמר ועצים בעלמא אבל הכלים והבגדים קנה בשינוי [תמורה ו.]. **כל הגזלנים משלמין כשעת הגזילה.** כדכתיב (ויקרא ה) אשר גזל כמה שגזל [פסחים לב.]. וכגון שהוליאה שאינה בעין אבל אם ישנה בעין כמות שגזלה אומר לו הרי שלך לפניך כדאמרינן (לקמן דף לו:) גבי מטבע ונפסל תרומה ונטמאת [ב"מ מג.]. **נמטי.** לבדין פליטר"ש בלע"ז ואין שם טווי [לקמן קיט:]. **לא הספיק ליתנו לו.** לראשית הגז לכהן [לעיל סו.]. **עד שצבעו.** ישראל זה. **פטור.** דקנייה בשינוי דהוה ליה כמזיק מתנות כהונה או שאכלן [חולין קלה.]. מראשית הגז דקנייה בשינוי ואפי' דמים לא משלם דאין כהן יכול להזמינו בדין דיכול לומר לאחר אתננו אבל קודם שלבעו מי שחטפו זכה בו [לעיל שם]. **לבנו ולא צבעו.** אין זה שינוי ואכתי בעיניה הוא [חולין שם]. **תנא חדא אסור.** לקרבן [לעיל סה:].

מסורת הש"ס

א) לעיל סו. [תמורה ו.], ב) [לקמן לה:], ג) [פסחים לב. לקמן קג. ב"מ מג.], ד) לעיל סו. [לקמן לד:] חולין קלה., ה) [עי' תוספות לעיל סו. ד"ה לא], ו) לעיל סה: תמורה ל:, ז) [צ"ל וטוואה מהרל"ש].

הגהות הב"ח

(א) גמ' השתא (יש לומר). תא"מ ונ"ב התוס' לא גרסי ליה: (ב) תוס' ד"ה עצים וכו' וכן כשורא ועבדיה נסרים:

לעזי רש"י

פלטי"ר. פירוש לבדים, צמר כבוש יחד שנהיה בגד בלי טויה ואריגה (עיין רש"י שבת דף מח ע"א ד"ה מוכין ורש"י בכורות דף כט ע"ב ד"ה נמטי): ירפי"ר. פירוש מפריד ומנער הצמר ביד (מוסף הערוך ערך נפס ב'): שיו"ן. פירוש בורית (עיין רש"י ישעיה א, כה):

תירוץ שלישי:

רַבִּי חִיָּיא בַּר אָבִין אָמַר: הָא — זו, המשנה המלמדת שליבון איננו נחשב שינוי, עוסקת במקרה **דְּחַוְּורֵיהּ חִוּוּרֵי** — שרק שטף את הצמר במים, ואין ההבדל ניכר כל כך; ואילו **הָא** — זו, הברייתא המלמדת שליבון כן נחשב שינוי, עוסקת במקרה **דְּכַבְּרֵיהּ כַּבְּרוּיֵי** — שהלבין את הצמר על ידי עישונו בגפרית[21], שהוא מלבנו יפה וההבדל ניכר יותר[22].

הגמרא מעלה קושי בדעת רבי שמעון שליבון נחשב שינוי:

הַשְׁתָּא — עתה, שֶׁיֵּשׁ לנו **לוֹמַר** שאפילו **צֶבַע**, שהוא בודאי שינוי גדול יותר מליבון [כפי שמוכח מהמשנה בראשית הגז שהובאה לעיל], **לְ**דעת **רַבִּי שִׁמְעוֹן לֹא הָוֵי** — אינו נחשב **שִׁינּוּי**, כפי שנראה בברייתא שתובא מיד, היתכן ש**לִיבּוּן** כן **הָוֵי שִׁינּוּי** לדעתו?!

הגמרא מציינת היכן מצינו שלדעת רבי שמעון צבע אינו נחשב שינוי.

דְּתַנְיָא בברייתא אחרת לענין ראשית הגז: **גָּזַז רִאשׁוֹן רִאשׁוֹן וּצְבָעוֹ** — אם גזז אדם את הכבשים שלו אחד אחד, וצבע את הצמר של כל אחד מהם מיד לאחר הגיזה; **רִאשׁוֹן רִאשׁוֹן וּטְוָואוֹ** — או שגזז אותם אחד אחד וטווה את הצמר של כל אחד מהם מיד; **רִאשׁוֹן רִאשׁוֹן וַאֲרָגוֹ** — או שגזז אותם אחד אחד וארג את הצמר של כל אחד מהם מיד; **אֵין** הצמר של הכבשים הראשונים **מִצְטָרֵף** לשיעור הנדרש להתחייב בראשית הגז, כיון שהבעלים קנה את צמרם בשינוי לפני שהשלים לשיעור[23]. **רַבִּי שִׁמְעוֹן בֶּן יְהוּדָה אוֹמֵר מִשּׁוּם** (בשם) **רַבִּי שִׁמְעוֹן**[24]: במקרה שרק **צְבָעוֹ**, את הצמר של כל אחד מהם, הוא **מִצְטָרֵף**. הרי שלרבי שמעון אפילו צביעה אינה נחשבת שינוי; כיצד יתכן איפוא שהוא מורה בברייתא הראשונה שליבון כן נחשב שינוי?

מתרצת הגמרא:

אָמַר אַבַּיֵי: לֹא קַשְׁיָא — אין זה קשה: **הָא** — זו, הברייתא הראשונה, המלמדת שליבון נחשב שינוי, שנויה לפי **רַבָּנָן אַלִּיבָּא דְּרַבִּי שִׁמְעוֹן** — גירסת חכמים בדעת רבי שמעון; ואילו **הָא** — זו, הברייתא השניה, המלמדת שאפילו צביעה אינה נחשבת שינוי [וכל שכן ליבון], שנויה לפי גירסת **רַבִּי שִׁמְעוֹן בֶּן יְהוּדָה אַלִּיבָּא דְּרַבִּי שִׁמְעוֹן**. היינו, חכמים ורבי שמעון בן יהודה נחלקו מהי דעת רבי שמעון בענין זה.

תירוץ נוסף:

רָבָא אָמַר: לְעוֹלָם לֹא פְּלִיגֵי רַבָּנָן עֲלֵיהּ דְּרַבִּי שִׁמְעוֹן בֶּן יְהוּדָה — באמת אין חכמים חולקים על רבי שמעון בן יהודה בביאור דעת רבי שמעון, אלא גם הם מודים שלדעת רבי שמעון צביעה אינה נחשבת שינוי, למרות שליבון כן נחשב שינוי לדעתו. **וְשַׁאנִי צֶבַע** — שהרי צביעה שונה מליבון, **הוֹאִיל וְיָכוֹל לְהַעֲבִירוֹ** — להסיר את הצבע, **עַל יְדֵי צְפּוֹן** — ניקוי בסבון[25]. הלכך, הצביעה היא שינוי החוזר לברייתו, שאינו קונה. ליבון, לעומת זאת, הוא שינוי שאינו חוזר לברייתו, ולכן הוא קונה. **וְכִי קָתָנֵי הָתָם** — ומה ששנינו שם במשנה (שהובאה לעיל): אם **לֹא הִסְפִּיק** בעל הצמר **לִיתְּנוֹ לוֹ** — לתת את ראשית הגז לכהן, **עַד שֶׁצְּבָעוֹ**, הרי הוא **פָּטוּר** מלתתו אחר כך, משום שקנאו בשינוי, **וְאוֹקִימְנָא** — והעמדתי משנה זו לעיל **כְּדִבְרֵי הַכֹּל**, אפילו כדעת רבי שמעון, והרי שצביעה כן נחשבת שינוי לדעתו[26], שם מדובר בצביעת צמר **בְּקָלָא אִילָן** (אינדיגו, צבע כחול הדומה לתכלת של ציצית) **דְּלֹא עָבַר** — שאינו עובר על ידי צפון[27].

הערות

21. ראה רש"י ברכות כז, ב ד"ה לכברויי.

22. כלומר: הן הברייתא [שאמרה שליבון קונה] והן המשנה [שאמרה שאינו קונה], שנויות בין לדעת רבי שמעון ובין לדעת חכמים; שהרי לא נחלקו התנאים אלא לענין "ליבון" על ידי סירוק, אבל שניהם מסכימים ששטיפת הצמר במים לבד אינה קונה, וכמו כן שניהם מסכימים שעישונו בגפרית כן קונה. והמשנה עוסקת בשטיפה במים, ואילו הברייתא בעישון בגפרית (תוספות).

[תוספות מעירים שבפשטות, רבא מסכים לדברי רבי חייא בר אבין שליבון בגפרית נחשב שינוי אפילו לדעת חכמים. מכל מקום, רבא לא תירץ כפי שתירץ רבי חייא בר אבין, משום שלדעתו התנא לא היה קורא לעישון הצמר בגפרית "ליבון" אלא "צביעה". עיין בדבריהם שהציעו הצעות נוספות ליישב את הסתירה בין הברייתא למשנה על ידי חילוק הפעולות, וביארו מדוע אכן לא העלתה אותן הגמרא.]

23. ראה לעיל, הערה 19.

לכאורה לא הוצרכה הברייתא לומר שעשה את השינוי בצמר של כל כבש לפני שהצטרף לשיעור, שהרי במשנה שהובאה לעיל למדנו שאפילו אם צבעו (והוא הדין אם עשה בו שינוי אחר) **אחרי** שהתחייב בראשית הגז הרי הוא נפטר מחיובו. אלא שעל פי המבואר לעיל (הערה 16) בשם תוספות (לעיל סו, א ד"ה לא הספיק), כדי להיפטר לאחר שנתחייב, צריך לצבוע את **כל** הצמר; ואילו כאן, אף על פי שלא צבע את הצמר של [ארבעת] הכבשים האחרונים, מכל מקום הוא פטור כיון שהצמר של הכבשים הקודמים נקנה לו בשינוי ושוב אינו מצטרף לשיעור (תוספות, שם).

24. [רבי שמעון סתם הוא רבי שמעון בר יוחאי (רש"י חולין מט, ב ד"ה אודי לי).]

25. רש"י, על פי אוצר לעזי רש"י; ערוך, ערך ספן, ד.

26. בניגוד לאביי, שפירש לעיל שהמשנה בראשית הגז — המלמדת שצביעה נחשבת שינוי אבל לא ליבון — שנויה כדעת חכמים החולקים על רבי שמעון, רבא פירש לעיל שהיא תואמת גם לדעת רבי שמעון [והיא מתייחסת ל"ליבון" שעל ידי ניפוץ, היינו, הפרדת הסיבים והסרת חלקי הלכלוך ביד]. אבל אם היא אכן שנויה כדעת רבי שמעון, יצטרך רבא לבאר עתה איך הוראתה הראשונה של המשנה — שצביעה כן נחשבת שינוי — תואמת אף היא לדעת רבי שמעון, אחרי שבברייתא השלישית שנינו בשם רבי שמעון שצביעה **אינה** נחשבת שינוי, ורבא עצמו הסיק שאין מחלוקת שאכן כך היא דעתו, והוא משום שצבע עובר על ידי צפון (ניקוי בסבון).

27. **לסיכום:** רבא סובר שלדעת רבי שמעון: (א) "ליבון" על ידי הסרת הלכלוך ביד בלבד ("נפציה נפוצי"), אינו נחשב שינוי ; (ב) "ליבון" על ידי סירוק, נחשב שינוי; (ג) צביעה בצבע שניתן להעבירו על ידי צפון, אינה נחשבת שינוי; (ד) צביעה בקלא אילן שאינו עובר, נחשבת שינוי. אולם, לדעת חכמים: (א) ליבון, אף שאינו חוזר לברייתו, אינו נחשב שינוי גדול מספיק שיועיל לקנות; (ב) צביעה, אף כזו שניתן להעבירה על ידי צפון, מועילה לקנות כיון שבעת על כל פנים יש בה שינוי גדול (תוספות; עיין חזון איש יז, כב). ליבון על ידי ניפוץ ביד, הכל מודים שאינו נחשב שינוי; צביעה בקלא אילן, לעומת זאת, הכל מודים שהיא כן נחשבת שינוי.

משום כך, בברייתא השניה ["גזזו, טואו וארגו..."] העוסקת בליבון על ידי סירוק (על פי פירושו של רבא), רבי שמעון מורה שאינו מצטרף לחיוב ראשית הגז ואילו חכמים מורים שכן, ולעומת זאת בברייתא השלישית ["גזז ראשון ראשון..."] העוסקת בצביעה שניתן להעבירה על ידי צפון, רבי שמעון מורה שמצטרף וחכמים מורים שלא. המשנה בראשית הגז המורה שאם צבעו הוא פטור מראשית הגז ואילו אם לבנו הוא עדיין חייב, לדעת רבנן מתפרשת כפשוטה, בכל צביעה ובכל ליבון, ואילו לרבי שמעון היא עוסקת דוקא בצביעה של קלא אילן ובליבון של ניפוץ ביד. הברייתא הראשונה המורה שגזל צמר ולבנו משלם כשעת הגזילה [וקנה את הצמר עצמו], עוסקת בליבון שעל ידי סירוק, ושנויה כדעת רבי שמעון ולא כדעת חכמים.

ראה טבלא לסיכום ביאור הברייתות השונות והמשנה בראשית הגז לפי האמוראים השונים.

	אביי	רבא	רבי חייא בר אבין
ברייתא (א): צמר ולבנו משלם כשעת הגזילה (שינוי)	כדעת רבי שמעון (בברייתא ב)	מדובר בסירוק, וכדעת רבי שמעון	עישון בגפרית, ולדעת הכל
המשנה בחולין (ראשית הגז): צבעו פטור (שינוי) ליבנו חייב (אינו שינוי)	חכמים (בברייתא ב)	לדעת חכמים מדובר בכל צביעה ובכל ליבון, ולדעת רבי שמעון מדובר בצביעה של קלא אילן ובליבון של ניפוץ ביד.	הליבון הוא שטיפה במים, ולדעת הכל
ברייתא (ב): **רבי שמעון:** ליבנו אינו מצטרף (שינוי)	חכמים בדעת רבי שמעון	מדובר בסירוק	סירוק (ראה הערה 22)
ברייתא (ב): **חכמים:** ליבנו מצטרף (אינו שינוי)		אפילו בסירוק (וכל שכן בנ יפוץ ביד)	סירוק
ברייתא (ג): **חכמים:** צבעו אינו מצטרף (שינוי)		אפילו צביעה שיכולה לעבור על ידי צפון	
ברייתא (ג): **רבי שמעון בן יהודה בשם רבי שמעון:** צבעו מצטרף (אינו שינוי)	רבי שמעון בן יהודה בדעת רבי שמעון	דוקא צביעה שיכולה לעבור על ידי צפון	

הגוזל (א) עצים ועשאן כלים צמר ועשאן בגדים א משלם כשעת הגזילה ב גזל פרה מעוברת וילדה רחל טעונה וגזזה משלם דמי פרה העומדת לילד ודמי רחל העומדת ליגזז (ב) ג גזל פרה ונתעברה אצלו וילדה רחל ונטענה אצלו וגזזה משלם כשעת הגזילה ד זה הכלל (ג) כל הגזלנים משלמין כשעת הגזילה: **גמ'** אמרי עצים ועשאן כלים אין שיפן לא צמר ועשאן בגדים אין ליבנן לא ורמינהי ה גזל עצים ושיפן אבנים וסיתתן צמר וליבנן פשתן ונקהו משלם כשעת הגזילה אמר אביי תנא דידן קתני שינוי דרבנן דהדרא וכל שכן שינוי דאורייתא עצים ועשאן כלים בעצים משופין ומאי נינהו נסרים דשינוי דהדר לברייתא הוא דאי בעי משליף להו צמר ועשאן בגדים בצמר טווי דשינוי דהדר לברייתא הוא דאי בעי סתר ליה וכל שכן שינוי דאורייתא ותנא ברא שינוי דאורייתא קתני ושינוי דרבנן לא קתני רב אשי אמר ו תנא דידן נמי שינוי דאורייתא קתני עצים ועשאן כלים בוכאני דהיינו שיפן צמר ועשאן בגדים נמטי דהיינו שינוי דלא הדר וליבון מי הוי שינוי ורמינהי (ד) ז לא הספיק ליתנו לו עד שצבעו פטור לבנו ולא צבעו חייב אמר אביי לא קשיא הא רבי שמעון הא רבנן דתניא גזזו טוואו וארגו אין מצטרף לבנו רבי שמעון אומר אין מצטרף וחכמים אומרים מצטרף רבא אמר הא והא רבי שמעון ולא קשיא ח הא דנפציה נפוצי הא דסרקיה סרוקי רבי חייא בר אבין אמר הא דחווריה חוורי הא דכבריה כברויי השתא (א) יש לומר צבע לרבי שמעון לא הוי שינוי ליבון הוי שינוי דתניא (ה) גזז ראשון ראשון וצבעו ראשון ראשון וטוואו ראשון ראשון וארגו אין מצטרף רבי שמעון בן יהודה אומר משום ר' שמעון צבעו מצטרף אמר אביי לא קשיא הא רבנן אליבא דר"ש הא ר"ש בן יהודה אליבא דר"ש רבא אמר לעולם לא פליגי רבנן עליה דרבי שמעון בן יהודה ושאני צבע הואיל ויכול להעבירו ע"י צפון וכי קתני התם לא הספיק ליתנו לו עד שצבעו פטור ואוקימנא כדברי הכל בקלא אילן דלא עבר אמר אביי ר' שמעון בן יהודה ובית שמאי ור' אליעזר בן יעקב ור"ש בן אלעזר ורבי ישמעאל כולהו סבירא להו שינוי במקומו עומד רבי שמעון בן יהודה הא דאמרן ב"ש מאי היא דתני' (ו) נתן לה חטין באתננה ועשאן סולת זיתים ועשאן שמן ענבים ועשאן יין תני חדא אסור ותניא אידך מותר ואמר רב יוסף תני גוריון

דמאספורק

הגוזל עצים. משלם כשעת הגזילה. דמי עצים וצמר ואין חייב להחזיר לו כלים דקני בשינוי: ודמי רחל הטעונה ליגזז. והעודף ששוה עכשיו הולד והגיזה יותר שלו הוא דקנהו בשינוי: **גמ'** שפוי שייך בעצים וסתיתה באבנים ושניהן לשון תיקון שמתקנן ומחליקן: ונקהו. מן הנעורת: משלם כשעת הגזלה. ומתניתין אמאי נקט כלים ובגדים הא אינו חוקקם עד שישפם תחלה וכן צמר מלבנו תחילה ואחרי כן טוווהו ומשעת שפוי וליבון קנה מיד ולמה לי כולי האי: ה"ג אמר אביי תנא דידן תני שינוי דרבנן. עצים ועשאן כלים בעצים משופים ומאי נינהו כו': וכ"ש שינוי דאורייתא. כלומר להכי נקט כלים לאשמועינן דהני עצים דקתני בנסרים משופים עסקינן ועשאן תיבות וקתדראות דהוי שינוי קל שחוזר לברייתו דאי בעי משליף ומנתק הנסרים זו מזו והרי הן נסרים כבתחילה ואפי' הכי קני וכ"ש עצים ושיפן דהוי שינוי גמור ומדאורייתא קני כדאמר במרובה (לעיל דף סו.) שינוי קונה כתיבא ותניא והשיב את הגזלה מה תלמוד לומר אשר גזל אם כעין שגזל יחזיר ואם לאו דמי בעלמא בעי לשלומי: צמר ועשאן בגדים. להכי לא נקט ליבנו דלא מבעי' צמר וליבנו דשינוי שאין חוזר הוא אלא אפילו גזל צמר טווי וארגו דהדר לברייתו דאי בעי סתר לה והוי חוטין כמעיקרא אפי' הכי קני: נמי שינוי דאורייתא. דלא הדר קתני דקני אבל שינוי דרבנן לא קני ודקשיא לך משיפוי וליבון הוא דקנה וכלים ובגדים למה לי הכי נמי קאמר: כלים בוכאני. לכתוש דהיינו שיפן וליכא חקיקה: בגדים נמטי. פלטי"ר בלע"ז דאין מלבנים אותו הצמר אבל היכא דלבנן קנייה: נמטי. אין הצמר חוזר עוד לברייתו להיות כל נימא ונימא בפני עצמה: לא הספיק ליתנו. לראשית הגז לכהן עד שצבעו: פטור. דקנייה בשינוי ודמים נמי לא משלם דלאו גזל גמור הוא דלא מטא לידיה: אין מצטרף. דתנן בשחיטת חולין חמש רחלות גוזזות כל אחת מנה ופרס חייבות בראשית הגז וראשית הגז מהו הגוזז רחל לאחר שגוזזה נותן מן הגיזה לכהן לפי מה שירצה ובלבד שתהא נתינה חשובה וקתני דאם גזז אחת (ז) וצבעה וכן שניה וכן שלישית אין מצטרפות למנה ופרס להתחייב דקננהו בשינוי: נפציה. ביד ירפי"ר בלע"ז ולא הוי שינוי כולי האי: סרקיה. במסרק: דכבריה. בגפרית להתלבן יפה: גזז ראשון ראשון וצבעו. לבד או שגזז ראשון ראשון וטוואו וכל שעה כשהוא גוזז היה משנהו: צפון. שיו"ן אבל ליבון לא הדר לברייתו: קלא אילן. דומה לתכלת: במקומו עומד. אין זו מרשות בעלים הראשונים ואפילו נשתנה: אסור. למזבח:

מאספורק

הגוזל עצים. תנא דידן תנא שינוי דרבנן. וא"ת ולרבה דאית ליה אפילו שינוי החוזר לברייתו הוי דאורייתא כדפי' במרובה (לעיל דף סה: ושם) היכי משני מתניתין כדאביי לא מצי לשנויי וכרב אשי נמי לא דרב אשי מוקי לה דוקא בשינוי שאין חוזר ויש לומר דהוה משני דמתני' לרבותא נקט עצים משופים ועשאן כלים לאשמועינן דאפי' שינוי החוזר לברייתו קני וברייתא קמשמע לן דשינוי בעלמא הוי שינוי אף על פי שאין שם כלי עליהן:

עצים ועשאן כלים בוכני. דוקא שיפוי כי האי שנעשה בכך בוכני מועיל דחשיב שינוי מעשה וכן (ב) עבדיה נסרים נמי מהני אבל שיפוי שאין משתנה שמו בכך לא מהני וכן אמרינן לקמן (דף צו.) גזל דיקלא וקטליה לא קני דיקלא ועבדיה גודי לא קני דגודי דדיקלא מקרי אבל גודי ועבדינהו כשורי קני מעיקרא גודי והשתא כשורי:

לא הספיק ליתנו לו עד שצבעו. פירשתי במרובה (לעיל דף סו.):

טוואו וארגו. וא"ת ארגו תיפוק ליה משום טוויה וי"ל מאי אריגה תיכי דכה"ג מפרש בסוף מכילתין (דף קיט:):

הא דחווריה חוורי והא דכווריה כוורויי. ותרווייהו אליבא דכ"ע דחוריה חוורי אפילו לר"ש לא הוי שינוי וכוריה כוריי אפי' לרבנן הוי שינוי ורבא לא רצה לתרץ כן דקסבר כוריה כוריי לא מקרי ליבון אלא צביעה והא דלא נקט רבי חייא בר אבין הא דנפציה נפוצי הא דכוריה כוריי דהא בנפיצה אפילו ר"ש מודה דלא הוי שינוי כדמוכח במילתיה דרבא יש לומר אורחא דמילתא נקט כל חד וחד דקודם סירוק עושין ניפוץ ואין משהין זה אחר זה אלא מיד מסרקין וקודם כוריה עושין חיוורי והשתא בנפוצי וחיוורי לכ"ע לא הוי שינוי ובכוורי לכולי עלמא הוי שינוי ובסירוק פליגי וי"ס שכתוב בהן במילתיה דרבי חייא בר אבין הא והא רבנן ולגיר' זו צריך לומר דבחיוורי נמי פליגי כמו בסרוקי ותימה למה לא העמיד תרוייהו ככ"ע והא דנפליה נפולי והא דכווריה כוורייי ושמא קסבר רבי חייא בר אבין בדנפולי נמי פליגי:

השתא צבעו לר"ש לא הוי שינוי. לרבא דשני הא והא כר"ש הוי מצי למיפרך מצבע אצבע:

בקלא אילן דלא עבר. והא דמפליג בין ליבון לצביעה בצביעה גופא הו"מ לפלוגי בין עוברת לשאין עוברת אלא דעדיפא ליה לאיפלוגי בין קלא אילן לליבון דתרוייהו לא הדרי לברייתן ולרבא לרבי שמעון עדיף ליבון דלא הדר מצבע דהדר ורבנן עדיף להו צבע אע"ג דהדרא לפי שהוא שינוי מרובה מליבון שהוא שינוי מועט אע"ג דלא הדר:

רבי שמעון בן יהודה הא דאמרן. תימה הא בטוואו וארגו מודה ולא פליג אלא בצבעו משום דלא חשיב ליה שינוי לפי שלא נשתנה גוף הצמר וי"ל דלאו דוקא אמרו דבר אחד אלא כלומר בשיטה אחת הן וכה"ג איכא בכמה דוכתי:

ואפאה

עין משפט
נר מצוה

א א מיי' פ"ב מהלכות גזילה הלכה יב סמג לאוין סי' קנו קנז טור ש"ע ח"מ סי' שם סעיף ה:
ב ב מיי' שם הל' ז ועי' בהשגות ובמ"מ סמג שם טוש"ע ח"מ סי' שסב סעיף ח:
ג ג מיי' שם טוש"ע שם סעיף ז:
ד ד מיי' שם הלכה א טוש"ע שם סעיף א וסי' שם סעיף ה וסי' שנג סעיף א:
ה ה ו מיי' שם הל' יב סמג שם טוש"ע ח"מ סי' שם סעיף ו:
ו ז מיי' פ"י מהלכות בכורים הלכה ו סמג עשין קמג טוש"ע י"ד סי' שלג סעיף ג:
ז ח מיי' פ"ב מהלכות גזילה ואבידה הל' יב סמג עשין קמ טוש"ע ח"מ סי' שם סעיף ו וע"ש:

ליקוטי רש"י

משלם כשעת הגזילה. צמר ועצים בעלמא אבל הכלים והבגדים קנה בשינוי [תמורה ו.]. כל הגזלנים משלמין כשעת הגזילה. כדכתיב (ויקרא ה) אשר גזל כמה שגזל [פסחים לב.]. וכגון שהוליאה שאינה בעין אבל אם ישנה בעין כמות שגזלה אומר לו הרי שלך לפניך כדאמרינן (לקמן דף לו:) גבי מטבע ונפסל תרומה ונטמאת [ב"מ מג.]. נמטי. לבדין פליטר"ש בלע"ז ואין שם טווי [לקמן קיט:]. לא הספיק ליתנו לו. לראשית הגז לכהן [לעיל סו.]. עד שצבעו. ישראל זה. פטור. דקנייה בשינוי דהוה ליה כמזיק מתנות כהונה או שאכלן [חולין קלה.]. מראשית הגז דקנייה בשינוי ואפי' דמים לא משלם דאין כהן יכול להזמינו בדין דיכול לומר לאחר אתננו אבל קודם שצבעו מי שחטפו זכה בו [לעיל שם]. לבנו ולא צבעו. אין זה שינוי ואכתי בעיניה הוא [חולין שם]. תנא חדא אסור. לקרבן [לעיל סה:].

מסורת הש"ס

א) לעיל סו. [תמורה ו.], ב) [לקמן לה:], ג) [פסחים לב. לקמן קג. ב"מ מג.], ד) לעיל סו. [לקמן לד:] חולין קלה., ה) [עי' תוספות לעיל סו. ד"ה לא], ו) לעיל סה: תמורה ל:, ז) [צ"ל וטוואה מהרנ"ש].

הגהות הב"ח

(א) גמ' השתא (יש לומר). תא"מ ונ"ב התוס' לא גרסי ליה: (ב) תוס' ד"ה עצים וכו' וכן כשורא ועבדיה נסרים:

לעזי רש"י

פלטי"ר. פירוש לבדים, צמר כבוש יחד שנהיה בגד בלי טויה ואריגה (עיין רש"י שבת דף מח ע"א ד"ה מוכין ורש"י בכורות דף כט ע"ב ד"ה נמטי):
ירפי"ר. פירוש מפריד ומנער הצמר ביד (מוסף הערוך ערך נפס ג'):
שיו"ן. פירוש בורית (עיין רש"י ישעיה א, כה):

הגמרא מציגה רשימה של תנאים הסוברים ששינוי אינו קונה:

אָמַר אַבַּיֵי: רַבִּי שִׁמְעוֹן בֶּן יְהוּדָה וּבֵית שַׁמַּאי וְרַבִּי אֱלִיעֶזֶר בֶּן יַעֲקֹב וְרַבִּי שִׁמְעוֹן בֶּן אֶלְעָזָר וְרַבִּי יִשְׁמָעֵאל, כּוּלְּהוּ סְבִירָא לְהוּ — סוברים כולם[28] שחפץ שעבר עליו **שִׁינּוּי, בִּמְקוֹמוֹ עוֹמֵד**; דהיינו, שאף שהחפץ נשתנה מכפי שהיה בתחילה, אינו נחשב כחפץ אחר ואינו יוצא מרשות בעליו הראשונים.

אביי מפרט כיצד מוכח כן מדברי כל אחד מהתנאים הנזכרים:

ש**רַבִּי שִׁמְעוֹן בֶּן יְהוּדָה** סובר כן, מוכח מ**הָא דַּאֲמָרָן** — ממה שאמרנו זה עתה בשמו, שאם גזז ראשון ראשון וצבע את הצמר הוא עדיין מצטרף לחיוב ראשית הגז, ולא קנאוהו הבעלים בשינוי מעשה[29].

התנא השני:

המקור לכך שלדעת **בֵּית שַׁמַּאי** שינוי מעשה אינו קונה, **מַאי הִיא? דְּתַנְיָא** בברייתא: **נָתַן לָהּ חִטִּין בְּאֶתְנַנָּהּ** — אם נתן אדם חטים לזונה בכדי לבוא עליה[30], **וַעֲשָׂאָן**[31] **סוֹלֶת**; או שנתן לה **זֵיתִים וַעֲשָׂאָן שֶׁמֶן**; או שנתן לה **עֲנָבִים וַעֲשָׂאָן יַיִן, תָּנֵי חֲדָא** — ברייתא אחת מלמדת שהאתנן עדיין **אָסוּר** להקרבה, שאף על פי שנשתנה הוא עדיין נחשב אותו חפץ[32], **וְתַנְיָא אִידָךְ** — ואילו ברייתא אחרת מלמדת שכעת הוא **מוּתָּר** להקרבה, כי מכיון שנשתנה הרי הוא כחפץ אחר[33]. **וְאָמַר רַב יוֹסֵף** ביישוב הסתירה בין שתי ברייתות אלו: **תָּנֵי גּוּרְיוֹן**

הערות

28. בניגוד לביטוי "אמרו דבר אחד", המציין שהתנאים המנויים מסכימים זה עם זה לגמרי, הלשון "כולהו סבירא להו" משמשת במקרים שכל התנאים המנויים מקבלים עיקרון מסויים, אבל חולקים לגבי פרטי הדברים (עיין רשב"ם בבא בתרא עח, ב ד"ה כולהו סבירא להו, ותוספות סוכה ז, ב ד"ה כולהו). הכללה כזו נקראת "שיטה"; כלומר, כולם הולכים באותה שיטה בצורה כללית (ראה תוספות לקמן, ד"ה רבי; ועיין בהערה הבאה).

[יש כלל המקובל בידינו מן הגאונים, מובא ברי"ף (סוכה ג, ב מדפיו) ואחרים, ומבוסס על הגמרא בבבא מציעא סט, א (עיין במהדורתנו שם, הערה 3), שאין הלכה כ"שיטה". ויש אומרים שהכוונה רק לאופן כזה שאין כולם מסכימים זה לזה לגמרי, כי היות שכך, כל אחד מהם הוא דעת יחיד ואינם מצטרפים לרוב (ראה ר"ן סוכה ג, א מדפי הרי"ף, ד"ה אמר אביי; אך עיין תשובות הגאונים החדשות [אופק], שמא, ותשובות הרשב"א א, תלא). עיין עוד הליכות עולם, שער ה, ג, ז לדיון בענין זה.]

29. הוא על פי הבנת אביי עצמו לעיל, שרבי שמעון בן יהודה סובר בדעת רבי שמעון שאחרי **כל** סוג של צביעה הצמר עדיין מצטרף לחיוב ראשית הגז, ואפילו בצביעה שאינה עוברת.

אלא שלכאורה הדברים תמוהים: הרי באותה ברייתא עצמה, רבי שמעון בן יהודה מסכים להוראת תנא קמא שאם טוה או ארג את הצמר שנגזז מכל רחל לפני גזיזת הרחל הבאה, אין הגיזות מצטרפות להשלים את השיעור הנדרש; והרי שרבי שמעון בן יהודה סובר גם כן ששינוי קונה, ומה שהורה שצביעה אינה קונה הוא רק משום שאינו מחשיב את הצביעה לשינוי, כיון שלא נשתנה גוף הצמר! אם כן, כיצד מסיק אביי מדבריו שלדעתו "שינוי במקומו עומד"? אלא, שכפי שנתבאר בהערה הקודמת, אין כוונת אביי לומר שכל התנאים האלה סוברים שאין שינוי קונה כלל, אלא שכולם סוברים **במדה מסויימת** ששינוי אינו קונה. ואכן, רבי שמעון בן יהודה סובר ששינוי שאינו משנה את גוף הגזילה (כגון צביעה) אינו קונה, בניגוד לדעות אחרות הסוברות שגם שינוי כזה קונה (תוספות).

30. נאמר בתורה (דברים כג, יט): "לֹא תָבִיא אֶתְנַן זוֹנָה וּמְחִיר כֶּלֶב בֵּית ה' אֱלֹהֶיךָ לְכָל נֶדֶר כִּי תוֹעֲבַת ה' אֱלֹהֶיךָ גַּם שְׁנֵיהֶם". היינו, אסור להקריב לה' כל דבר שניתן כתשלום לזונה כדי שתיבעל באיסור, או שניתן לאדם בתמורה לכלבו. האיסור כולל כל בהמה ועוף הראויים להקרבה, וכן סולת, יין ושמן, הראויים להקרבה כמנחות ונסכים.

הברייתא המובאת כאן דנה במקרים שהחפץ שניתן לזונה לא היה ראוי להקרבה כמות שהוא, אלא רק לאחר שנעשה בו שינוי, כגון שנתן לה חטים ואחר כך טחנה אותם ועשתה מהם סולת הראוי להקרבה כמנחה, האם הוא עדיין אסור בתורת "אתנן".

31. במסכת תמורה (ל, ב) הגירסא היא "וַעֲשָׂאָתָן" — **היא** עשתה אותן, וכן בהמשך, והיא גירסא נוחה יותר (רש"ש לעיל סה, ב). [אלא שבאמת אין נפקא מינה להלכה מי עשה את השינוי, ובלבד שהוא נעשה אחרי שהאשה קיבלה את החפץ כאתנן.]

32. ובדומה לכך, חפץ שנגזל ואחר כך נשתנה, נחשב עדיין "כַּאֲשֶׁר גָּזָל", ולכן הגזלן חייב להשיבו בעין (עיין לעיל הערה 2 והערה 16, ותוספות לעיל סה, ב ד"ה הא).

33. ובדומה לכך, כאשר חפץ שנגזל עובר שינוי מעשה, שוב אינו נחשב כאותו חפץ שנגזל, אלא כחפץ אחר, וממילא אין הגזלן יכול לקיים בו את הציווי (ויקרא ה, כג): "וְהֵשִׁיב אֶת הַגְּזֵלָה אֲשֶׁר גָּזָל", אלא עליו לשלם לנגזל את דמיו (עיין תוספות, שם).

דְּמֵאַסְפּוֹרַק (שם מקום) את הברייתא הבאה: **בֵּית שַׁמַּאי אוֹסְרִין** את הסולת, השמן והיין להקרבה, כיון שלדעתם גם אחרי השינוי נחשב החפץ כחפץ המקורי ונשאר עליו שם "אתנן", **וּבֵית הִלֵּל מַתִּירִין** אותם, כיון שלדעתם על ידי שינוי המעשה נחשב החפץ כחפץ אחר וממילא בטלו דיניו[1]. והברייתות שנחלקו בזה, שנויות האחת כדעת בית שמאי והאחרת כדעת בית הלל. הרי נמצאנו למדים, שלדעת בית שמאי "שינוי במקומו עומד"; היינו, שאף שהחפץ נשתנה, הוא עדיין נחשב אותו חפץ ולא נשתנה דינו.

הגמרא מבארת את טעם המחלוקת בדין אתנן שנשתנה:

מַאי טַעְמֵיהּ — מהו טעמם **דְּבֵית שַׁמַּאי** לאסור אותם להקרבה אפילו לאחר שנשתנו? **אָמַר קְרָא** — משום שהכתוב המלמד שאסור להקריב אתנן זונה ומחיר כלב אומר (דברים כג, יט): "כִּי תוֹעֲבַת ה' אֱלֹהֶיךָ **גַּם שְׁנֵיהֶם**". התיבה "גַּם" שהיא לשון ריבוי באה **לְרַבּוֹת** את **שִׁינּוּיֵיהֶם**, כלומר, ללמדנו שאתנן זונה ומחיר כלב נשארים באיסורם למזבח אפילו לאחר שנשתנו, כגון שהחטים נעשו סולת, הזיתים שמן או הענבים יין. **וּבֵית הִלֵּל** משיבים: **אָמַר קְרָא** — הכתוב אומר שהאיסור הוא על "שְׁנֵיהֶם", ומשמע שרק "**הֵם**" עצמם, היינו אתנן הזונה ומחיר הכלב במצבם המקורי, אסורים להקרבה, **וְלֹא שִׁינּוּיֵיהֶם**.

כעת פונה הגמרא לבית שמאי ומקשה:

וּבֵית שַׁמַּאי, מה ישיבו על כך? **הָא** (הרי) **כְּתִיב "הֵם"**, ולכאורה משמעו מיעוט כפי שדורשים בית הלל!

תשובת בית שמאי:

הַהוּא מִיבָּעֵי לֵיהּ — מיעוט זה נצרך ללמד שרק **הֵם** עצמם אסורים, **וְלֹא וְלָדוֹתֵיהֶם**. היינו, שאם נתן לה באתננה (או לאדם במחיר כלבו) בהמה וילדה, הולד כשר לקרבן[2]. אבל אותו חפץ עצמו שניתן לאתנן, נשאר באיסורו גם לאחר שנשתנה.

כעת פונה הגמרא לבית הלל:

וּבֵית הִלֵּל, מה ישיבו על כך? כיצד הם יכולים לדרוש מן המיעוט "הֵם" למעט שינוייהם, אחרי שהוא נצרך למעט ולדותיהם[3]?

תשובת בית הלל:

כיון שהלשון "הם" משמע שרק הם עצמם אסורים כמות שהם, על כן **תַּרְתֵּי שָׁמְעַתְּ מִינָּהּ** — ניתן ללמוד ממנה מיעוט לשני הדברים: (א) רק "**הֵם**" במצבם המקורי אסורים **וְלֹא שִׁינּוּיֵיהֶם**; (ב) רק "**הֵם**" עצמם אסורים **וְלֹא וְלָדוֹתֵיהֶם**[4].

שוב מקשה הגמרא לבית הלל:

וּלְבֵית הִלֵּל נַמִּי — גם כן, **הָכְתִיב "גַּם"**! היות שבית הלל ממעטים מן האיסור בין את שינוייהם ובין את ולדותיהם, מה הם לומדים מן הריבוי "גַּם", שלדעת בית שמאי נדרש לרבות שינוייהם?

הגמרא מסיקה:

התיבה "**גַּם**" **לְפִי בֵּית הִלֵּל, קַשְׁיָא** — אכן קשה היא[5].

התנא השלישי ברשימת אביי:

הוראת **רַבִּי אֱלִיעֶזֶר בֶּן יַעֲקֹב** המוכיחה שלדעתו שינוי אינו קונה, **מַאי הִיא? דְּתַנְיָא** בברייתא: **רַבִּי אֱלִיעֶזֶר בֶּן יַעֲקֹב אוֹמֵר: הֲרֵי שֶׁגָּזַל** אדם **סְאָה** (מדת נפח מסויימת) **שֶׁל חִטִּין, וּטְחָנָהּ, לָשָׁהּ וַאֲפָאָהּ וְהִפְרִישׁ מִמֶּנָּה חַלָּה**[6], **כֵּיצַד מְבָרֵךְ** — איך יתכן שיברך על הפרשת חלה זו[7]? הלא **אֵין זֶה מְבָרֵךְ** את ה' **אֶלָּא מְנָאֵץ** אותו בברכתו! **וְעַל זֶה נֶאֱמַר** (תהלים י, ג): "**וּבֹצֵעַ בֵּרֵךְ נִאֵץ ה'** ", שגזלן ("בוצע") המברך על מה שגזל, מנאץ בזה את ה'[8]. הרי מוכח איפוא

הערות

1. ראה תוספות לעיל סה, ב ד"ה הא.

[עיין לעיל סו, א הערה 4, אם דברי בית הלל אמורים דוקא בשינוי שעשה הגזלן בידים, או גם בשינוי הנעשה מאליו, כגון שנתן לה טלה ונעשה איל.]

2. ראה תוספות לעיל סו, א (ד"ה הם), שהולד מותר אפילו אִם האֵם ניתנה לאתנן כשהיתה כבר מעוברת; ועיין שם, מדוע מסתבר לבית שמאי למעט את ולדותיהם יותר מאשר את שינוייהם.

3. ולא יתכן שבית הלל חולקים על כך ואכן אוסרים את ולדותיהם, שהרי שנינו ב"סתם משנה" (בתמורה ל, א ושם, ב) שהם מותרים למזבח. [וכמו כן לא מסתבר שיחלקו בסברות הפוכות, שבית שמאי אוסרים את שינוייהם ומתירים ולדותיהם, ובית הלל להיפך.]

4. על פי פני יהושע לעיל סו, א ד"ה תרתי; עיין מהר"ץ חיות שם לביאור אחר.

5. משמעות הלשון "קַשְׁיָא" היא, שעל אף הקושי אין לדחות את הדעה המוקשית לגמרי. הגמרא יודעת שניתן לתרץ את הקושיא, אף שהתירוץ דחוק (רש"י סנהדרין עב, א ד"ה קשיא), או לא היה ברור באותה שעה (רבינו חננאל, מובא ברשב"ם בבא בתרא נב, ב ד"ה קשיא). רק כאשר אומרת הגמרא "תיובתא", כוונתה לומר שהדעה המוקשית נדחית לגמרי (רש"י שם). ואכן, כך פסק הרמב"ם (בהלכות איסורי מזבח ד, טו ו־יח) ששינוייהם מותרים למזבח, וכפי הכלל הידוע שהלכה כבית הלל כנגד בית שמאי. ועיין תורת חיים ופני יהושע לעיל סו, א המציעים ריבויים לתיבת "גַּם" לפי בית הלל.

[אמנם ראה רש"י על הפסוק המביא את דרשת בית שמאי: "גַּם שְׁנֵיהֶם" לרבות שינוייהם; עיין רמב"ן שם שהקשה עליו, כיצד נקט כשיטת בית שמאי כנגד בית הלל, והציע שני ביאורים על דרך הפשט לתיבת "גַּם", לפיהם אין צורך לדורשה כריבוי; ועיין מזרחי וגור אריה שם לדיון בענין.]

על כל פנים, נמצאנו למדים שמחלוקת בית שמאי ובית הלל, אם אתנן שנשתנה מותר או אסור למזבח, תלוי בדרשת הכתובים.

אלא שלפי זה צריך ביאור: אם כן, מדוע נוקטת הגמרא בפשטות שבית שמאי יסברו גם לגבי גזילה ששינוי אינו קונה? הרי יתכן שהם מודים ששינוי קונה, מכח דרשת הגמרא לעיל סו, א (הובאה בעמוד הקודם, הערה 2), ורק לגבי המזבח אין השינוי מועיל כיון שיש דרשה מיוחדת לרבות את שינוייהם!

ויש לומר שאם היו בית שמאי סוברים ששינוי קונה בגזילה, היו מסיקים מכאן שחפץ שנשתנה מחשיבה אותו התורה כחפץ אחר, וממילא היו דורשים את הפסוק באתנן כבית הלל, שגם שינוייהם מותרים. ואם מצינו שלא דרשו כך, אלא דרשו לרבות את שינוייהם לאיסור, בהכרח הם סוברים שגם לגבי גזילה אין התורה מחשיבה את החפץ שנשתנה כחפץ אחר (עיין לעיל סו, א הערה 4 להרחבה בענין זה). [ואמנם הגמרא לקמן תקשה שמא יש לחלק בין אתנן לגזילה, אך הוא מכח סברא שהיא תעלה; אולם כל זמן שלא מצינו סברא לחלק ביניהם, מסתבר לתלות את שני הדינים זה בזה, כפי שנתבאר, אם אין הכרח גמור לחלק ביניהם מכח דרשת הכתובים.]

6. הלש עיסה (משיעור מסויים ומעלה) לשם אפיית לחם, חייב להפריש ממנה "חלה" (במדבר טו, יז-כא), ומברך: "אֲשֶׁר קִדְּשָׁנוּ בְּמִצְוֹתָיו וְצִוָּנוּ לְהַפְרִישׁ חַלָּה" (ראה שלחן ערוך יורה דעה שכח, א עם ט"ז וש"ך, לנוסחאות שונות בברכה זו). כל זמן שלא הופרשה החלה, העיסה אסורה באכילה כדין "טֶבֶל". החלה קדושה בקדושת תרומה וניתנת לכהן. [בזמננו, שכולנו בחזקת טמאי מתים ואין הכהן רשאי לאכול את התרומה, שורפים אותה לאחר ההפרשה.]

עיין בהערה הבאה, מדוע מזכירה הברייתא את הפרשת החלה אחרי האפייה, כאשר חיובה הוא כבר משעת הלישה.

7. בפשטות, מזה שהברייתא מזכירה את הפרשת החלה, משמע שכוונתה לברכת המצוה של הפרשת החלה, וכפי שפרשנו בפנים. וראה תוספות שביארו לפי זה, שמה שהברייתא הזכירה את הפרשת החלה אחר האפיה ולא מיד אחר הלישה, הוא כדי להדגיש שאף על פי שהגזלן עשה בה את כל השינויים הללו: טחינה, לישה ואפיה, ורק אחר כך הפריש ממנה חלה וברך על כך, מכל מקום היא נחשבת הגזלה המקורית והמברך עליה אינו אלא מנאץ (אך ראה שם טעם נוסף). אולם, לפני רש"י בברכות (מז, א ד"ה הא לא חזי ליה) ותוספות שם (מה, א ד"ה אכל) היו כנראה גירסאות אחרות, לפיהן הכוונה לברכות הנהנין שמברכים על האכילה [ראה גליון הש"ס על תוספות שם], וכן משמע בירושלמי (סנהדרין א, א). עיין עוד בהערה הבאה.

8. רבי אליעזר בן יעקב מפרש ש"בֹּצֵעַ" היינו גזלן, כמו בפסוק (משלי א, יט): "כֵּן אָרְחוֹת כָּל בֹּצֵעַ בָּצַע אֶת נֶפֶשׁ בְּעָלָיו יִקָּח" (רש"י; אך עיין מהרש"א כאן והלכות גדולות ברכות, תחילת פרק ז, לביאורים אחרים).

יש מן הראשונים שלמדו מדברי רבי אליעזר בן יעקב, שאכן אין לו לגזלן לברך על הפת הגזולה, וכמו כן כל האוכל דבר איסור אסור לו לברך עליו (ראה רשב"א, רא"ה ומיוחס לריטב"א, ברכות מה, א; ראה גם רמב"ם הלכות ברכות א, יט; ועיין תוספות גיטין נה, א ד"ה מאי טעמא). ויש סוברים שחייב לברך, שלא אמרו אלא שברכתו היא ניאוץ, אך מאידך גם אינו רשאי לאכול או להפריש חלה מבלי לברך (ראה השגות הראב"ד על הרמב"ם, שם; עיין גם רא"ש ברכות ז, ב; ועיין שו"ת הרשב"א א, תתקסח). ויש מחלקים בין ברכת הנהנין לברכת המצוות: בברכת הנהנין, כיון שאסור לאדם ליהנות מהעולם הזה ללא ברכה, אסור לו לאכול מבלי לברך תחילה וסוף, ואף על פי שברכתו היא "קללה ותועבה וניאוץ"; מה שאין כן בברכת המצוות, כיון שאין הברכה על הנאה אלא על עשיית המצוה, אין מקום לברך כאשר המצוה באה בעבירה (מאירי כאן ובסנהדרין ו, ב). עיין טור ושלחן ערוך אורח חיים קצו, א ונושאי כליהם לדיון נרחב בענין זה.

מסורת הש"ס

א) סנהדרין ו: [ע"ש], ב) שם פח. מכות טז: תמורה ו., ג) [שבת מב. קלה. סוכה טו. יבמות כח.], ד) [ברכות מז: וש"נ], ה) לעיל כח. נדרים מד: חולין קלד: תמורה ו. נדה נא., ו) לעיל יא., ז) [כדתני בירושלמי במס' מעשרות פ"ג כל"ל וכן הגיה מהרש"א בסנהדרין פח. ד"ה מרחו].

גליון הש"ס

גמ' גם לב"ה קשיא. עיין לעיל דף נד ע"א תוספות ד"ה חמור: שם והפריש ממנה חלה. עיין ברכות דף מה ע"א תוס' ד"ה אכל טבל:

תורה אור השלם

א) לֹא תָבִיא אֶתְנַן זוֹנָה וּמְחִיר כֶּלֶב בֵּית יְיָ אֱלֹהֶיךָ לְכָל נֶדֶר כִּי תוֹעֲבַת יְיָ אֱלֹהֶיךָ גַּם שְׁנֵיהֶם: [דברים כג, יט]

ב) כִּי הִלֵּל רָשָׁע עַל תַּאֲוַת נַפְשׁוֹ וּבֹצֵעַ בֵּרֵךְ נִאֵץ יְיָ: [תהלים י, ג]

ג) וְכַרְמְךָ לֹא תְעוֹלֵל וּפֶרֶט כַּרְמְךָ לֹא תְלַקֵּט לֶעָנִי וְלַגֵּר תַּעֲזֹב אֹתָם אֲנִי יְיָ אֱלֹהֵיכֶם: [ויקרא יט, י]

ד) וּבְקֻצְרְכֶם אֶת קְצִיר אַרְצְכֶם לֹא תְכַלֶּה פְּאַת שָׂדְךָ בְּקֻצְרֶךָ וְלֶקֶט קְצִירְךָ לֹא תְלַקֵּט לֶעָנִי וְלַגֵּר תַּעֲזֹב אֹתָם אֲנִי יְיָ אֱלֹהֵיכֶם: [ויקרא כג, כב]

לעזי רש"י

אישקוביי"ר. פירוש לטאטא, לכבד (את הבית) (עיין רש"י ורד"ק ישעיה יד, כג ור"ה דף כו ע"ב):

רש"י

מאספורק. שם מקום: בוצע ברך. גוזל ומברך בוצע כמו כל בוצע בצע (משלי א): מאי קאמר. איירי בשבחה וקתני הרי שלך לפניך והאי לישנא לא שייך למימר אלא בדבר שכיחש מקדמותו שאמר לו טלנו כמות שהוא כחוש: מצות פאה להפריש מן הקמה. דכתיב לא תכלה פאת שדך לקצור (ויקרא יט): מרחו. מחליק את הכרי ברחת ומירוח הוי גמר מלאכה למעשר הלכך מעשר כל מעשרותיו תחלה ואחר כך נותן לו פאה כדי שלא יפסיד עני שאילו היה נותנו קודם מירוח אע"פ שעני מגרף לקט שכחה ופאה הרבה ועושה מהן כרי פטור מן המעשר שהרי הפקר הוא אבל עכשיו שנתמרח ביד בעל הבית נתחייב במעשר דהכי אמרינן במסכת ברכות (דף מ:) לקט שכחה ופאה שעשאן בגורן הוקבעו: אף מפריש מן העיסה. פאה אם לא נתנה כבר ואילו לת"ק מן העיסה לא דקנייה בשינוי והוי ממון שאין לו תובעים דעד השתא דישה לאו שינוי הוא דאוכל הוא כמו שהיה: איכפל תנאי. טרחו ועמלו ונתקבצו לכך: בהכחשה דהדר. מפטמו וחוזר לקדמותו: תעזוב יתירא. בקדושים תהיו כתיב לא תכלה פאת שדך לקצור ובשור או כשב כתיב לא תכלה פאת שדך בקוצרך תרי קראי תעזוב אותו למה לי שמע מינה לאתויי שינוי דלא קני הכא: תעזוב יתירא למה לי. הא בעלמא נמי לא קני שינוי: ה"ג ותו לרבנן תעזוב יתירא למה לי: המפקיר והשכים לבקר. קודם שיבאו עניים לבצרה שיזכו בהפקר אם היו קודמין: פרט בכרם ולקט בקמה: חייב בפרט כו'. דאע"ג דהפקר פטור מכולם דכתיב ארצך שדך וכרמך מהני תעזוב יתירא למעוטי כי האי גוונא דלא הוי הפקר לפטור ואע"ג שפטור מן המעשר ובכל הני כתיב תעזוב יתירא בקדושים כתיב כרמך לא תעולל ופרט כו' ובמשנה תורה (כד) כתיב כי תבצור כרמך לא תעולל וכן לא תפאר אחריך דהיינו פרט תפאר אישקוביי"ר ופאה נמי מהכא משמע דתנא דבי ר' ישמעאל (חולין דף קלא.) שלא תטול תפארתו ממנו שכחה כתיב במשנה תורה (שם) לא תשוב לקחתו וגו' ובאילן כתיב לא תפאר אחריך ואמר מר בפרק י' דחולין (שם) אחריך זו שכחה ולא בעי למיהדר ומכתב באילן לגר ליתום אלא לא תפאר אחריך ואנא ידענא דלעניים הוא כדאשכחן בעמרים אבל במעשר לא כתיב תעזוב יתירא: אין שמין. בפרק ראשון (דף יא.) גבי בעלים מטפלין בנבילה אמר שמואל דלנזקין הוא דשמין את הנבילה לניזק ומוסיף עליה מזיק עד שמשלים לו נזקו אבל גנב וגזלן שנטלו בהמה ומתה או כחשה אין שמין את הנבילה אלא שלהם תהא והם ישלמו בהמה מעליא אלמא שינוי קני: פלוגתא דאביי ורבא לעיל בשמעתין: בהכחשה דלא הדר. כגון מתה או נשברה רגלה:

אמרו

גמרא

דמאספורק בית שמאי אוסרין וב"ה מתירין מאי טעמיה דבית שמאי אמר קרא א) גם שניהם לרבות שינוייהם ובית הלל אמר קרא הם ולא שינוייהם ובית שמאי הא כתיב הם ההוא מיבעי ליה הם ולא ולדותיהם ובית הלל תרתי שמעת מינה הם ולא שינוייהם הם ולא ולדותיהם ובית הלל נמי הכתיב גם גם לב"ה קשיא רבי אליעזר בן יעקב מאי היא דתניא א) ר' אליעזר בן יעקב אומר הרי שגזל סאה של חטין טחנה לשה ואפאה והפריש ממנה חלה כיצד מברך אאין זה מברך אלא מנאץ ועל זה נאמר ב) בוצע ברך נאץ ה' ר' שמעון בן אלעזר מאי היא דתניא כלל זה אמר ר' שמעון בן אלעזר כל שבח שהשביח גזלן ידו על העליונה רצה נוטל שבחו רצה אומר לו הרי שלך לפניך מאי קאמר אמר רב ששת ה"ק בהשביחה נוטל שבחו כחש אומר לו הרי שלך לפניך דשינוי במקומו עומד אי הכי אפילו השביח נמי אמרי גמפני תקנת השבים ר' ישמעאל מאי היא דתניא ג) דמצות פאה להפריש מן הקמה לא הפריש מן הקמה מפריש מן העומרים לא הפריש מן העומרים מפריש מן הכרי עד שלא מרחו מרחו מעשר ונותן לו משום ר' ישמעאל אמרו האף מפריש מן העיסה ונותן לו א"ל רב פפא לאביי איכפל כל הני תנאי לאשמועינן כב"ש א"ל הכי קאמרי ג) לא נחלקו בית שמאי וב"ה בדבר זה אמר רבא ממאי דלמא עד כאן לא קאמר רבי שמעון בן יהודה התם אלא בצבע הואיל ויכול להעבירו על ידי צפון ועד כאן לא קאמרי ב"ש התם אלא לגבוה משום דאימאיס ועד כאן לא קאמר ר' אליעזר בן יעקב התם אלא לענין ברכה משום ז) דהוה ליה מצוה הבאה בעבירה ועד כאן לא קאמר ר"ש בן אלעזר התם אלא בהכחשה דהדר ועד כאן לא קאמר ר' ישמעאל התם אלא לענין פאה משום דכתיב ג) ד) תעזוב יתירא וכי תימא ליגמר מיניה מתנות עניים שאני כדבעי ר' יונתן דבעי ר' יונתן מאי טעמא דר' ישמעאל משום דקסבר שינוי אינו קונה או דלמא בעלמא קסבר שינוי קונה והכא משום דכתיב תעזוב יתירא ואם תמצי לומר טעמא דר' ישמעאל משום דקסבר שינוי אינו קונה תעזוב יתירא דכתב רחמנא למה לי ותו לרבנן תעזוב יתירא דכתב רחמנא למה לי מבעי ליה לכדתניא ה) המפקיר כרמו והשכים לבקר ובצרו חייב בפרט ובעוללות ובשכחה ובפאה ופטור מן המעשר אמר רב יהודה אמר שמואל הלכה כרבי שמעון בן אלעזר ומי אמר שמואל הכי ו) והאמר שמואל אין שמין לא לגנב ולא לגזלן אלא לנזקין בשלמא לרבא דאמר כי קאמר ר' שמעון בן אלעזר התם בהכחשה דהדר לא קשיא כי קאמר הלכה כרבי שמעון בן אלעזר דשינוי במקומו עומד בהכחשה דהדר וכי קאמר שמואל התם אין שמין לא לגנב ולא לגזלן אלא לנזקין בהכחשה דלא הדר אלא לאביי דאמר כי קאמר רשב"א בהכחשה דלא הדר קאמר מאי איכא למימר אביי מתני הכי אמר רב יהודה אמר שמואל

אמרו

תוספות

ואפאה (והרים) [והפריש] ממנה חלה. משעת גלגול מתחייב בחלה אלא רבותא קמ"ל דאע"פ שעשה כל השינויים הללו אין אלא מנאץ א"נ משום דהיכא דאין תחילתו עיסה אין מתחייב בחלה עד אחר אפייה נקטה הכי:

לא הפריש מן הקמה יפריש מן העומרים. אביי לטעמי' דאמר בריש תמורה (ד' ו. ושם ד"ה אמר) כל דאמר רחמנא לא תעביד אי עביד מהני ומפרש התם דטעמא דיפריש מן העומרים משום תעזוב יתירא דבלא תעזוב יתירא לא היה מיחייב דכיון דעבר על לא תכלה הוה אמינא דאהני ופטור ולהכי אצטריך אביי בשמעתין ע"כ לר' ישמעאל למימר שינוי במקומה עומדת אבל לרבא דאמר התם כל דאמר רחמנא לא תעביד כי עביד לא מהני בלא תעזוב יתירא מפריש מן העומרין ולא מבעי ליה תעזוב יתירא אלא למפקיר כרמו או לרבי ישמעאל אי שינוי קונה אצטריך דמפריש מן העיסה ואם תאמר לאביי דאצטריך תעזוב יתירא לחייב מן העומרים מפקיר כרמו מנליה דחייב בפאה וי"ל דתרתי ש"מ וכן צ"ל לרבא אליבא דרבי ישמעאל אי סבר רבי ישמעאל דשינוי קונה ודריש תעזוב יתירא לחייב מן העיסה אם כן המפקיר כרמו מנליה דמשמע דההיא דרשה אתיא ככ"ע מדדייק בפרק בא סימן (נדה ד' נא. ושם ד"ה מין) דהא דתנן התם כל שחייב בפאה חייב במעשר היינו כל מין שחייב בפאה חייב במעשר דאי לאו הכי הרי מפקיר כרמו דחייב בפאה ופטור מן המעשר ומאי ראיה היא דלמא מתני' כרבי ישמעאל דמוקי תעזוב יתירא לחייב מן העיסה ולא מייתי למדרש שיתחייב בפאה אלא ודאי ליכא דפליג אההוא תנא דמפקיר כרמו ותרתי ש"מ כדפרישית: **מרחו** מעשר ונותן לו. ואפילו למאן דאית ליה ברירה כל זמן שלא הפריש פאה ולא בררה היה הכל שלו ונתחייב הכל במעשר ושוב לא יפטר ואם תאמר תרומה נמי לתני שתורם ונותן לו ואין לומר דתרומה בלאו הכי יפריש העני וכל פאה חייבת בתרומה חדא דא"כ מקדים מעשר לתרומה גדולה ועוד דתנן במסכת תרומות בפ"ק (מ"ה) אין תורמין מן הלקט ומן השכחה כו' ונראה לפרש משום דתרומה דבר קל לתרום לא חש להזכיר ויש מפרשים דלהכי אין תורם משום דבגורן רגילין לתרוס ז) כדתנן במסכת מעשר (פ"ג) מלא פירות ממורחין בשדה מכונסין אסורים משום גזל מפוחרין מותרין משום גזל בין כך ובין כך חייבין במעשר ופטורין מן התרומה לפי שאי אפשר לגורן שתעקר אלא אם כן ניטלה תרומה גדולה:

ותנן

עין משפט נר מצוה

ח א מיי' פ"א מהל' ברכות הל' יט וע"ש בכ"מ סמג עשין כז טוש"ע א"ח סי' קצו סעיף א:

ט ב ג מיי' פ"ב מהל' גזילה ואבידה הל' ב ועיין בהשגות ובמ"מ סמג עשין עג טוש"ע ח"מ סי' שסב סעי' ב:

י ד ה מיי' פ"א מהל' מתנות עניים הל' א והלכה ב:

ליקוטי רש"י

הרי שגזל כו'. ובוצע לשון גזילה דכתיב (משלי א) כן ארחות כל בוצע בצע את נפש בעליו יקח [סנהדרין ו:]. **בוצע ברך נאץ ה'**. והגזלן שבח את עצמו לאמר נאץ ה' ושלום יהיה לו [תהילים י ג]. **מצות פיאה להפריש מן הקמה**. דכתיב לא תכלה אלא הנח לפניהם והם יקצרוהו: מרחו. דאיקבע למעשר ולתרומה. **מעשר**. תחילה ואח"כ נותן פאה [תמורה ו.]. **מעשר ונותן לו**. בכרי נתחייב במעשר דנגמרה מלאכתו הלכך מעשר תחילה את הכרי מכל מעשרותיו ונותן לו את הפאה שאילו הפרישה לא היו עניים צריכין לעשרה דלקט שכחה פאה פטורין מן המעשר [סנהדרין פח.] ונתחייב במעשר מעשר תחלה את הכרי ואחר כך נותן לו את הפאה שלא להפסיד את העני שהלקט והשכחה והפאה פטורין מן המעשר וזה הביאן לידי חיוב [מכות טז:]. **אף מפריש מן העיסה**. אם טחנה ולשה ולת"ק טחנה פטור דקנייה בשינוי ואם בא עני ונטל כדי פאה משטחנה לר' ישמעאל לא הוי גזל לרבנן הוי גזל [סנהדרין שם]. **והשכים לבקר ובצרו**. וזכה ביה איהו עצמו. **חייב בפרט ועוללות**. כמו משאר כרם [נדרים מד:]. **ופטור מן המעשר**. דלא כתיב ביה תעזוב יתירא אלמא הפקר כל דהוא פטור ממעשר כדתנן כל שהוא אוכל ונשמר חייב במעשר [לעיל כח.] פטור מדאורייתא אבל מדרבנן חייב [נדרים מד:]. דבמעשר לא כתיב תעזוב יתירא ולרבויי האי הפקר אתא תעזוב ולא לרבויי שינוי דהא בעלמא נמי לא מהני [תמורה ו.]. אע"ג דהפקר פטור מכולם דבכולהו כתיב קצירך כרמך ולא של הפקר ובכולהו תנן כל שהוא אוכל ונשמר פרט לשל הפקר להכי אהני תעזוב יתירא דכתיב בכולהו לאתויי הפקר כי האי גוונא דהדר איהו וזכה ביה [חולין קלד:]. דהפקר פטור מן המעשר ובפרט ובפאה להכי מחייב כדאמרינן בהגוזל בבבא קמא משום תעזוב יתירא דכתיב במשנה תורה לא תפאר אחריך ואמר מר (חולין דף קלא.) לא תטול תפארתו ממנו והיינו פאה ודרשינן בספרי אחריך זו שכחה וכתיב לגר ליתום ולאלמנה יהיה וכתיב בתריה כי תבצור כרמך לא תעולל אחריך לגר ליתום ולאלמנה יהיה הרי פאה ושכחה ועוללות ל"ל למהדר ומכתב בפרשה קדושים בכולהו לעני ולגר תעזוב אותם לרבות הפקר כי האי גוונא אבל הפקר גמור פטור מכולם כדתנן

לעיל ונשמר פרט להפקר [נדה נא.]. **אמר שמואל**. מנהג דיינין הוא שאין שמין לא לגנב ולא לגזלן שאם גנב וגזל בהמה או כלים ונפחתו אנלו אין שמין הנבילה והשברים לבעלים שיחזיר גנב הפחת אלא ישלם בהמה וכלים מעולים והשברים שלו. **אלא לנזקין**. שמין כדכתיב והמת יהיה לו [לעיל יא.].

שרבי אליעזר בן יעקב סובר ששינוי אינו קונה; כי אילו היה קונה, לא היה הלחם נחשב כחפץ גזול, אלא כחפץ חדש שהוא ממונו של הגזלן (רק שנותר עליו חוב ממוני לשלם את הגזילה), ולא היתה ברכתו על לחם זה נחשבת ניאוץ[9].

התנא הרביעי:

הוראת **רַבִּי שִׁמְעוֹן בֶּן אֶלְעָזָר** המוכיחה שלדעתו שינוי אינו קונה, **מַאי הִיא? דְּתַנְיָא** בברייתא: **כְּלָל זֶה אָמַר רַבִּי שִׁמְעוֹן בֶּן אֶלְעָזָר: כָּל שֶׁבַח שֶׁהִשְׁבִּיחַ הַגַּזְלָן** בחפץ הגזול, כגון שגזל בהמה ופיטם אותה[10], **יָדוֹ עַל הָעֶלְיוֹנָה** בנוגע לשבח זה. דהיינו, הברירה בידו: אם **רָצָה, נוֹטֵל שִׁבְחוֹ**; ואם **רָצָה**, הרי הוא מחזיר את החפץ הגזול לנגזל **ואוֹמֵר לוֹ: "הֲרֵי שֶׁלְּךָ לְפָנֶיךָ**, קבל אותו כמות שהוא"[11].

הגמרא מבארת את דברי הברייתא:

מַאי קָאָמַר רבי שמעון בן אלעזר? מה טעם להזכיר אמירת "הרי שלך לפניך" כאשר החפץ הגזול השביח[12]? **אָמַר רַב שֵׁשֶׁת: הָכִי קָאָמַר** — כך כוונתו לומר: אם **הִשְׁבִּיחָה**, את הגזילה, הרי הגזלן **נוֹטֵל שִׁבְחוֹ**; אולם, אם **כָּחַשׁ** — התקלקל ונפחת מכפי שהיה, **אוֹמֵר לוֹ** הגזלן לבעלים: "**הֲרֵי שֶׁלְּךָ לְפָנֶיךָ**, קבל אותו כמות שהוא", ואינו חייב לשלם לו את דמיו כפי שהיה שוה מתחילה. הטעם לכך הוא, **דְּשִׁינּוּי בִּמְקוֹמוֹ עוֹמֵד**, ונמצא שהוא עדיין נשאר ברשות בעליו הראשונים ולא נקנה לגזלן, ובהשבתו לבעלים מקיים הגזלן את חיובו "וְהֵשִׁיב אֶת הַגְּזֵלָה אֲשֶׁר גָּזָל"[13].

הגמרא מקשה על כך:

אִי הָכִי — אבל אם כן הוא, שרבי שמעון בן אלעזר סובר ששינוי אינו קונה, **אֲפִילּוּ** אם **הִשְׁבִּיחַ, נַמִּי** — גם כן היה צריך להיות חייב להשיב את החפץ הגזול עצמו עם שבחו, שהרי החפץ לא יצא מעולם מרשות הנגזל! מדוע במקרה זה מורה רבי שמעון בן אלעזר שהגזלן נוטל את השבח לעצמו?

מתרצת הגמרא:

אָמְרֵי: אמנם מעיקר הדין, גם במקרה שהחפץ הגזול השביח היה הגזלן חייב להשיבו לנגזל כמות שהוא עם כל שבחו; אך מכל מקום קבעו חכמים שבמקרה זה נוטל הגזלן את השבח[14], **מִפְּנֵי תַּקָּנַת הַשָּׁבִים** — כדי לסייע לגזלנים המבקשים לעזוב את מעשיהם הרעים ולשוב בתשובה, שהיו עלולים להימנע מכך אילו היו מפסידים את השבח שהשביחו[15].

התנא האחרון ברשימת אביי:

ההוכחה לכך **שֶׁרַבִּי יִשְׁמָעֵאל** סובר ששינוי אינו קונה, **מַאי הִיא? דְּתַנְיָא** בברייתא: **מִצְוַת פֵּאָה**[16] כתיקונה היא **לְהַפְרִישׁ** אותה **מִן הַקָּמָה** — להניח לעניים מן התבואה בקצה שדהו כשהיא מחוברת ועומדת בקמותיה[17]. אם עבר **וְלֹא הִפְרִישׁ מִן הַקָּמָה** אלא קצר את כל שדהו, לא נפטר בזה מחיובו, אלא הרי הוא **מַפְרִישׁ** חלק **מִן הָעוֹמָרִים** של התבואה הקצורה ומניחם לעניים. אם **לֹא הִפְרִישׁ** גם **מִן הָעוֹמָרִים**, אלא דש את התבואה והפריד את הגרגרים מן הפסולת, **מַפְרִישׁ מִן הַכְּרִי** — מערימת הגרגרים **עַד שֶׁלֹּא מֵרְחוֹ** — כל זמן שלא החליק את פני הכרי, שלא נגמרה מלאכתו, ולא נתחייבה התבואה עדיין בתרומות ומעשרות[18]. אם כבר **מֵרְחוֹ** לכרי קודם שהפריש פאה, ונמצא שהתבואה נתחייבה כבר בתרומות ומעשרות,

הערות

9. לכאורה צריך ביאור: אם אכן אין השינוי קונה, הרי עצם הפרשת החלה של הגזלן לא חלה כלל לכאורה, שהרי אין אדם יכול להפריש תרומה או חלה מתבואה ופירות שאינם שלו; אם כן, ברכתו היא ברכה לבטלה, ואין צורך בפסוק מיוחד ללמד שהיא ניאוץ! לדיון בקושיא זו, עיין שו"ת הב"ח החדשות קונטרס אחרון, א; חידושי רבי עקיבא איגר ברכות מה, ב; חתם סופר סוכה ל, א ד"ה והנה מה שיש להקשות; שו"ת עונג יום טוב, לט; אחיעזר ב, לז, ג; קובץ שיעורים כאן, צט; חזון יחזקאל, לקוטי הש"ס; עיין עוד רמב"ן במלחמות סוכה יד, ב — טו, א.

10. עיין רמב"ן במלחמות, לד, א-ב מדפי הרי"ף; אך עיין להלן, הערה 15.

11. כלומר: מאחר שהגזילה עדיין קיימת בעיניה, זכותו של הגזלן להשיב אותה לנגזל כמות שהיא ואינו חייב לשלם ממון.

[המשנה לקמן (צו, ב) מלמדת שיש לגזלן זכות זו בנוגע לגזילה שלא נעשה בה שינוי מעשה ומכל מקום פחתו דמיה (כגון שנאסרה בהנאה מסיבה כלשהי). הטעם לכך הוא, שהתורה ציותה שהגזלן ישיב "אֶת הַגְּזֵלָה אֲשֶׁר גָּזָל" (ויקרא ה, כג), ורק אם אינו יכול לעשות זאת עליו לשלם את דמיה (ראה לעיל צג, ב הערה 2). ומכיון שהחפץ הנגזל עדיין קיים בעינו כפי שהיה בשעת הגזילה, הרי הגזלן רשאי להחזירו לנגזל כמות שהוא (מבלי לפצותו על הירידה בערכו הממוני), ולומר לו: "הרי שלך לפניך"; כלומר, בכך יצאתי ידי חובתי להשיב לך את חפצך הגזול, ואיני חייב לפצות אותך על הפסדך.] הגמרא תקשה מיד שלכאורה אין טעם בהזכרת אפשרות זו כאן; עיין גם בהערה הבאה.

12. כפי שנתבאר בהערה הקודמת, טענת "הרי שלך לפניך" מתאימה במקרה שפחתו דמיה של הגזילה בהיותה ברשות הגזלן, שבטענה זו הוא פוטר את עצמו מלשלם לנגזל את דמיה המלאים (או להשיבה ולהשלים את הדמים שנחסרו). אולם, הברייתא דנה במקרה שהגזילה השביחה, ובמקרה זה אין כל צורך לגזלן בטענה זו, ואין הגיון שישתמש בה (רש"י).

13. ומכל מקום, אם הכחישה הגזלן בידים עליו לשלם את הכחש, שהרי לא גרע מכל מזיק (ראה אור שמח הלכות גזילה ואבידה ג, ח).

14. כגון: אם גזל בהמה שהיתה שוה מאה זוז, ופיטם אותה עד שהיא שוה כעת מאה וחמשים זוז, הרי הוא משיב את הבהמה לבעליה, והבעלים משלמים לו חמשים זוז עבור השבח (רמב"ם הלכות גזלה ואבדה ב, ב; אך עיין השגות הראב"ד שם הסובר שהוא נוטל את גוף השבח [כאשר אפשר להפרידו]; עיין עוד לקמן צה, ב והערה 18 שם).

15. לכאורה, אחרי שהגענו לסברא זו, היה אפשר להסביר את שיטת רבי שמעון בן אלעזר בצורה הפוכה: באמת שינוי קונה, ועל כן אם השביח הגזלן את הגזילה הרי הוא נוטל את שבחו; ומה שבמקרה שכחש הוא יכול לומר לנגזל "הרי שלך לפניך", הוא מפני תקנת השבים, שהקילו על הגזלן שיחזיר רק את הבהמה הנגזלת כמות שהיא ולא יצטרך להוסיף עליה מעות! אלא שאין בכך טעם, כי לא מסתבר שמפני תקנת השבים יגרמו הפסד לנגזל שיקבל פחות משווי בהמתו בשעה שנגזלה, אם אכן היה ראוי לו מן הדין לקבל את מלא שוויה. רק במקרה שהשביחה, יש מקום לתקן מפני תקנת השבים שלא יקבל הנגזל את השבח, כיון שבזה רק נמנע ממנו ריוח אך אינו מפסיד (עיין תוספות רי"ד).

הרמב"ן במלחמות (לד, א-ב בדפי הרי"ף) והראב"ד (בספר "כתוב שם") לומדים מלשונו של רבי שמעון בן אלעזר: "כל שבח שהשביח גזלן. . .", שתקנה זו נוהגת רק במקרה שהגזלן הוא שהביא לידי השבחת הבהמה, כגון על ידי פיטומה. אולם, אם השמינה הבהמה והשביחה מעצמה, כגון מחמת מרעה שמן וטוב במקומות הפקר, אין הגזלן נוטל שבח זה. וגם סברא יש בדבר, שכאשר השביחה הגזלן בעצמו, אם לא יטול את השבח יש חשש שיימנע מלחזור בתשובה כיון שיפסיד את הוצאותיו, מה שאין כן כשהשביחה הבהמה שלא מחמתו שאינו מפסיד דבר. אולם, בעל המאור (שם) והרשב"א סוברים שהתקנה נתקנה בכל מקרה, אפילו כאשר השביחה הבהמה מאליה; ואדרבה, במקרה שהגזלן עצמו השביח את הבהמה הרי השבח שייך לו מעיקר הדין, כי לא יתכן שהוא יפטם את הבהמה והנגזל יטול את השבח בחינם (כטענת הגמרא לעיל סה, א). אולם, לדברי הכל, אין הדברים אמורים אלא במקרה של שבח בגוף הבהמה; אבל אם נתייקרה כתוצאה משינויי מחירים, בודאי כל השבח לנגזל, וכפי שלמדנו לעיל (סה, א) בדין הגוזל חבית ונתייקרה (רשב"א, מאירי ועוד).

16. התורה ציותה לבעל שדה לא לקצור את כל תבואתו לעצמו, אלא להניח חלק מן התבואה לעניים (ויקרא יט, ט ו־כג, כב). חלק זה נקרא "פֵּאָה".

[מן התורה אין לה שיעור, אלא די להניח משהו. אולם מדרבנן קבעו שיניח לכל הפחות אחד משישים מן התבואה (ראה משנה פאה א, א-ב; גמרא חולין קלז, ב).]

17. לשון הכתוב (ויקרא יט, ט וכעין זה שם כג, כב) הוא: "וּבְקֻצְרְכֶם אֶת קְצִיר אַרְצְכֶם, לֹא תְכַלֶּה פְּאַת שָׂדְךָ לִקְצֹר", אלא תשאיר חלק מן היבול בשדה שיקצרוהו העניים (ראה רש"י כאן ובסנהדרין פח, א).

[ראה משנה פאה א, ג, אם המצוה היא להניח את הפאה דוקא בסוף השדה, כפשטות הפסוק, או שאפשר גם להניח בתחילתה או באמצעה; עיין במפרשים שם (רמב"ם, ר"ש, רע"ב ותוספות יום טוב) לביאור הדעות השונות; ראה גמרא שבת כג, א-ב, שם נתנו כמה טעמים לדעה שהפאה צריכה להינתן דוקא בסוף השדה.]

18. לפני הקצירה קושרים את התבואה ב"עומרים" (אלומות), כדי להקל על הקצירה ועל הובלת התבואה הקצורה. לאחר הקצירה מביאים את התבואה לגורן. שם דשים אותה על ידי הולכת בהמות עליה, כדי להפריד את הגרגרים מהקש; לאחר מכן זורים אותה ברוח, כדי להרחיק את הקש והפסולת מהגרגרים, ואת הגרגרים הנקיים עורמים יחד ב"כרי" (ערימה). בגמר העמדת הכרי מחליקים ומשַׁוים את פניו, והחלקה זו, הקרויה "מירוח", היא גמר מלאכת התבואה בשדה. חיוב תרומות ומעשרות חל רק משעת המירוח, שאז נעשית התבואה "טֶבֶל" ואסור לאכול ממנה אפילו אכילת עראי בלא להפריש ממנה תרומות ומעשרות (ראה מעשרות א, ה-ו).

דמאספורק בית שמאי אוסרין וב"ה מתירין מאי טעמיה דבית שמאי אמר קרא [א] גם שניהם לרבות שינוייהם ובית הלל אמר קרא הם ולא שינוייהם ובית שמאי הא כתיב הם ההוא מיבעי ליה הם ולא ולדותיהם ובית הלל תרתי שמעת מינה הם ולא שינוייהם הם ולא ולדותיהם ובית הלל נמי הכתיב גם °גם לב"ה קשיא רבי אליעזר בן יעקב מאי היא דתניא [א] ר' אליעזר בן יעקב אומר הרי שגזל סאה של חטין טחנה לשה ואפאה °והפריש ממנה חלה כיצד מברך [א] אין זה מברך אלא מנאץ ועל זה נאמר [ב] בוצע ברך נאץ ה' ר' שמעון בן אלעזר מאי היא דתניא כלל זה אמר ר' שמעון בן אלעזר כל שבח שהשביח גזלן ידו על העליונה רצה נוטל שבחו רצה אומר לו הרי שלך לפניך מאי קאמר אמר רב ששת ה"ק [ב] השביחה נוטל שבחו כחש אומר לו הרי שלך לפניך דשינוי במקומו עומד אי הכי אפילו השביחה נמי אמרי [ג] מפני תקנת השבים ר' ישמעאל מאי היא דתניא [ג] [ד] מצות פאה להפריש מן הקמה לא הפריש מן הקמה מפריש מן העומרים לא הפריש מן העומרים מפריש מן הכרי עד שלא מרחו מרחו מעשר ונותן לו משום ר' ישמעאל אמרו [ה] אף מפריש מן העיסה ונותן לו א"ל רב פפא לאביי איכפל כל הני תנאי לאשמועינן כב"ש א"ל הכי קאמרי [ו] לא נחלקו בית שמאי וב"ה בדבר זה אמר רבא ממאי דלמא עד כאן לא קאמר רבי שמעון בן יהודה התם אלא בצבע הואיל ויכול להעבירו על ידי צפון ועד כאן לא קאמרי ב"ש התם אלא לגבוה משום דאימאים ועד כאן לא קאמר ר' אליעזר בן יעקב התם אלא לענין ברכה משום [ז] דהוה ליה מצוה הבאה בעבירה ועד כאן לא קאמר ר"ש בן אלעזר התם אלא בהכחשה דהדר ועד כאן לא קאמר ר' ישמעאל התם אלא לענין פאה משום דכתיב [ג] [ד] תעזוב יתירא וכי תימא ליגמר מיניה מתנות עניים שאני כדבעי ר' יונתן דבעי ר' יונתן מאי טעמא דר' ישמעאל משום דקסבר שינוי אינו קונה או דלמא בעלמא קסבר שינוי קונה והכא משום דכתיב תעזוב יתירא ואם תמצי לומר טעמא דר' ישמעאל משום דקסבר שינוי אינו קונה תעזוב יתירא דכתב רחמנא למה לי ותו לרבנן תעזוב יתירא דכתב רחמנא למה לי מבעי ליה לכדתניא [ח] המפקיר כרמו והשכים לבקר ובצרו חייב בפרט ובעוללות ובשכחה ובפאה ופטור מן המעשר אמר רב יהודה אמר שמואל הלכה כרבי שמעון בן אלעזר ומי אמר שמואל הכי [ט] והאמר שמואל אין שמין לא לגנב ולא לגזלן אלא לנוקין בשלמא לרבא דאמר כי קאמר ר' שמעון בן אלעזר התם בהכחשה דהדר לא קשיא כי קאמר הלכה כרבי שמעון בן אלעזר דשינוי במקומו עומד בהכחשה דהדר וכי קאמר שמואל התם אין שמין לא לגנב ולא לגזלן אלא לנוקין בהכחשה דלא הדר אלא לאביי דאמר כי קאמר רשב"א בהכחשה דלא הדר קאמר מאי איכא למימר אביי מתני הכי אמר רב יהודה אמר שמואל אמרו

רש"י

מאספורק. שם מקום: **בוצע ברך.** גוזל ומברך בוצע כמו כל בוצע בצע (משלי א): **מאי קאמר.** איירי בשבחה וקתני הרי שלך לפניך והאי לישנא לא שייך למימר אלא בדבר שכיחש מקדמותו שאמר לו טלנו כמות שהוא כחוש: **מצות פאה להפריש מן הקמה.** דכתיב לא תכלה פאת שדך לקצור (ויקרא יט): **מרחו.** מחליק את הכרי ברחת ומירוח הוי גמר מלאכה למעשר הלכך מעשר כל מעשרותיו תחלה ואחר כך נותן לו פאה כדי שלא יפסיד עני שאילו היה נותנו קודם מירוח אע"פ שעני מלרף לקט שכחה ופאה הרבה ועושה מהן כרי פטור מן המעשר שהרי הפקר הוא אבל עכשיו שנתמרח ביד בעל הבית נתחייב במעשר דהכי אמרינן במסכת ברכות (דף מ:) לקט שכחה ופאה שעשאן בגורן הוקבעו: **אף מפריש מן העיסה.** פאה אם לא נתנה כבר ואילו לת"ק מן העיסה לא דקנייה בשינוי והוי ממון שאין לו תובעים דעד השתא דישה לאו שינוי הוא דאוכל הוא כמו שהיה: **איכפל תנאי.** טרחו ועמלו ונתקבצו לכך: **בהכחשה דהדר.** מפטמו וחוזר לקדמותו: **תעזוב יתירא.** בקדושים תהיו כתיב לא תכלה פאת שדך לקצור ובשור או כשב כתיב לא תכלה פאת שדך בקוצרך תרי קראי תעזוב אותו למה לי שמע מינה לאתויי שינוי דלא קני הכא: **תעזוב יתירא למה לי.** הא בעלמא נמי לא קני שינוי: ה"ג ותו לרבנן תעזוב יתירא למה לי: **המפקיר והשכים לבקר.** קודם שיבאו עניים לבצרה שיזכו בהפקר אם היו קודמין: פרט בכרם ולקט בקמה: **חייב בפרט כו'.** דאע"ג דהפקר פטור מכולם דכתיב ארצך שדך וכרמך מהני תעזוב יתירא למעוטי כי האי גוונא דלא הוי הפקר לפטור ואע"ג שפטור מן המעשר ובכל הני כתיב תעזוב יתירא בקדושים כתיב כרמך לא תעולל ופרט כו' ובמשנה תורה (כד) כתיב כי תבצור כרמך לא תעולל וכן לא תפאר אחריך דהיינו פרט תפאר אישקוביי"ר ופאה נמי מהכא משמע לתנא דבי ר' ישמעאל (חולין דף קלא.) שלא תטול תפארתו ממנו שכחה כתיב במשנה תורה (שם) לא תשוב לקחתו וגו' ובאילן כתיב לא תפאר אחריך ואמר מר בפרק י' דחולין (שם) אחריך זו שכחה ולא בעי למיהדר ומכתב באילן לגר ליתום אלא לא תפאר אחריך ואנא ידענא דלעניים הוא כדאשכחן בעמרים אבל במעשר לא כתיב תעזוב יתירא: **אין שמין.** בפרק ראשון (דף יא.) גבי בעלים מטפלין בנבילה אמר שמואל דלנזקין הוא דשמין את הנבילה לניזק ומוסיף עליה מזיק עד שמשלים לו נזקו אבל גנב וגזלן שנטלו בהמה ומתה או כחשה אין שמין את הנבילה אלא שלהם תהא והם ישלמו בהמה מעליא אלמא שינוי קני: **פלוגתא דאביי** ורבא לעיל בשמעתין: **בהכחשה דלא הדר.** כגון מתה או נשברה רגלה: אמרו

תוספות

ואפאה (והרים) [והפריש] ממנה חלה. משעת גלגול מתחייב בחלה אלא רבותא קמ"ל דאע"פ שעשה כל השינויים הללו אין אלא מנאץ א"נ משום דהיכא דאין תחילתו עיסה אין מתחייב בחלה עד אחר אפייה נקטה הכי:

לא הפריש מן הקמה יפריש מן העומרים. אביי לטעמי' דאמר בריש תמורה (ד' ו. ושם ד"ה אמר) כל דאמר רחמנא לא תעביד אי עביד מהני ומפרש התם דטעמא דיפריש מן העומרים משום תעזוב יתירא דבלא תעזוב יתירא לא היה מיחייב דכיון דעבר על לא תכלה הוה אמינא דאהני ופטור ולהכי אצטריך אביי בשמעתין ע"כ לר' ישמעאל למימר שינוי במקומה עומדת אבל לרבא דאמר התם כל דאמר רחמנא לא תעביד כי עביד לא מהני בלא תעזוב יתירא מפריש מן העומרין ולא מבעי ליה תעזוב יתירא אלא למפקיר כרמו או לרבי ישמעאל אי שינוי קונה אצטריך דמפריש מן העיסה ואם תאמר לאביי דאצטריך תעזוב יתירא לחייב מן העומרים מפקיר כרמו מנליה דחייב בפאה וי"ל דתרתי ש"מ וכן צ"ל לרבא אליבא דרבי ישמעאל אי סבר רבי ישמעאל דשינוי קונה ודריש תעזוב יתירא לחייב מן העיסה אם כן המפקיר כרמו מנליה דמשמע דההיא דרשה אתיא ככ"ע מדדייק בפרק בא סימן (נדה ד' נא. ושם ד"ה מין) דהא דתנן התם כל שחייב בפאה חייב במעשר היינו כל מין שחייב בפאה חייב במעשר דאי לאו הכי הרי מפקיר כרמו דחייב בפאה ופטור מן המעשר ומאי ראיה היא דלמא מתני' כרבי ישמעאל דמוקי תעזוב יתירא לחייב מן העיסה ולא מייתי למדרש שיתחייב בפאה אלא ודאי ליכא דפליג אההוא תנא דמפקיר כרמו ותרתי ש"מ כדפרישית:

מרחו מעשר ונותן לו. ואפילו למאן דלית ליה ברירה כל זמן שלא הפריש פאה ולא ברירה היה הכל שלו ונתחייב הכל במעשר ושוב לא יפטר ואם תאמר תרומה נמי לתני שתורם ונותן לו ואין לומר דתרומה בלאו הכי יפריש העני וכל פאה חייבת בתרומה חדא דא"כ מקדים מעשר לתרומה גדולה ועוד דתנן במסכת תרומות בפ"ק (מ"ה) אין תורמין מן הלקט ומן השכחה כו' ונראה לפרש משום דתרומה דבר קל לתרום לא חש להזכיר ויש מפרשים דלהכי אין תורם משום דבגורן רגילין לתרום [ז] כדתנן במסכת מעשר (פ"ב) מלא פירות ממורחין בשדה מכונסין אסורים משום גזל מפוזרין מותרין משום גזל בין כך ובין כך חייבין במעשר ופטורין מן התרומה לפי שאי אפשר לגורן שתעקר אלא אם כן ניטלה תרומה גדולה: ותנן

מסורת הש"ס

א) סנהדרין ו: [ע"ש], ב) שם פח. מכות טז: תמורה ו., ג) [שבת מב. קלה. סוכה טו. יבמות כח.], ד) [ברכות מז: וש"נ], ה) לעיל כח. נדרים מד: חולין קלד: תמורה ו. נדה נא., ו) לעיל יא., ז) [כדתני בירושלמי במס' מעשרות פ"ג כצ"ל וכן הגיה מהרש"א בסנהדרין פח. ד"ה מרחו].

גליון הש"ס

גמ' גם לב"ה קשיא. עיין לעיל דף נד ע"א תוספות ד"ה חמור: שם והפריש ממנה חלה. עיין ברכות דף מה ע"א תוס' ד"ה אכל טבל:

תורה אור השלם

א) לֹא תָבִיא אֶתְנַן זוֹנָה וּמְחִיר כֶּלֶב בֵּית יְיָ אֱלֹהֶיךָ לְכָל נֶדֶר כִּי תוֹעֲבַת יְיָ אֱלֹהֶיךָ גַּם שְׁנֵיהֶם: [דברים כג, יט]

ב) כִּי הִלֵּל רָשָׁע עַל תַּאֲוַת נַפְשׁוֹ וּבֹצֵעַ בֵּרֵךְ נִאֵץ יְיָ: [תהלים י, ג]

ג) וְכַרְמְךָ לֹא תְעוֹלֵל וּפֶרֶט כַּרְמְךָ לֹא תְלַקֵּט לֶעָנִי וְלַגֵּר תַּעֲזֹב אֹתָם אֲנִי יְיָ אֱלֹהֵיכֶם: [ויקרא יט, י]

ד) וּבְקֻצְרְכֶם אֶת קְצִיר אַרְצְכֶם לֹא תְכַלֶּה פְּאַת שָׂדְךָ בְּקֻצְרֶךָ וְלֶקֶט קְצִירְךָ לֹא תְלַקֵּט לֶעָנִי וְלַגֵּר תַּעֲזֹב אֹתָם אֲנִי יְיָ אֱלֹהֵיכֶם: [ויקרא כג, כב]

לעזי רש"י

אישקוביי"ר. פירוש לטאטא, לכבד (את הבית) (עיין רש"י ורד"ק ישעיה יד, כג ור"ה דף כו ע"ב):

עין משפט נר מצוה

ח א מיי' פ"א מהל' ברכות הל' יט וע"ש בכ"מ סמג עשין כז טוש"ע א"ח סי' קצו סעיף א:

ט ב ג מיי' פ"ב מהל' גזילה ואבידה הל' ב ועיין בהשגות ובמ"מ סמג עשין עג טוש"ע ח"מ סי' שסב סעי' ב:

י ד ה מיי' פ"א מהל' מתנות עניים הל' א והלכה ב:

ליקוטי רש"י

הרי שגזל כו'. ובולע לשון גזילה דכתיב (משלי א) כן ארחות כל בוצע בצע את נפש בעליו יקח [סנהדרין ו:]. **בוצע ברך נאץ ה'.** והגזלן שבח את עצמו לאמר נאץ ה' ושלום יהיה לו [תהלים י, ג]. **מצות פיאה להפריש מן הקמה.** דכתיב לא תכלה אלא הנח לפניהם והם יקצרוהו: **מרחו.** דאיקבע למעשר ולתרומה. **מעשר.** תחילה ואח"כ **נותן פאה** [תמורה ו.]. **מעשר ונותן לו.** בכרי נתחייב במעשר דנגמרה מלאכתו הלכך מעשר תחילה את הכרי מכל מעשרותיו ונותן לו את הפאה שאילו הפרישה לא היו עניים צריכין לעשרה דלקט שכחה פאה פטורין מן המעשר [סנהדרין פח.] ונתחייב במעשר מעשר תחלה את הכרי ואחר כך נותן לו את הפאה שלא להפסיד את העני שהלקט והשכחה והפאה פטורין מן המעשר וזה הביאן לידי חיוב [מכות טז:]. **אף מפריש מן העיסה.** אם טחנה ולשה ולת"ק טחנה פטור דקנייה בשינוי ואם בא עני ונטל כדי פאה משטחנה לר' ישמעאל לא הוי גזל לרבנן הוי גזל [סנהדרין שם]. **והשכים לבקר ובצרו.** וזכה ביה איהו עצמו. **חייב בפרט ועוללות.** כמו משאר כרם [נדרים מד:]. **ופטור מן המעשר.** דלא כתיב ביה תעזוב יתירא אלמא הפקר כל דהוא פטור ממעשר כדתנן כל שהוא אוכל ונשמר חייב במעשר [לעיל כח.] פטור מדאורייתא אבל מדרבנן חייב [נדרים מד:]. דבמעשר לא כתיב תעזוב יתירא ולרבויי האי הפקר אתא תעזוב ולא לרבויי שינוי דהא בעלמא נמי לא מהני [תמורה ו.]. אע"ג דהפקר פטור מכולם דבכולהו כתיב קצירך כרמך ולא של הפקר ובכולהו תנן כל שהוא אוכל ונשמר פרט לשל הפקר להכי אהני תעזוב יתירא דכתיב בכולהו לאתויי הפקר כי האי גוונא דהדר איהו וזכה ביה [חולין קלד:]. דהפקר פטור מן המעשר ובפרט ובפאה להכי מחייב כדאמרינן בהגוזל בבבא קמא משום תעזוב יתירתא דכתיב במשנה תורה לא תפאר אחריך ואמר מר (חולין דף קלא.) לא תטול תפארתו ממנו והיינו פאה ודרשינן בספרי אחריך זו שכחה וכתיב לגר ליתום ולאלמנה יהיה וכתיב בתריה כי תבצור כרמך לא תעולל אחריך לגר ליתום ולאלמנה יהיה הרי פאה ושכחה ועוללות ל"ל למהדר ומכתב בפרשה קדושים בכולהו לעני ולגר תעזוב אותם לרבות הפקר כי האי גוונא אבל הפקר גמור פטור מכולם כדתנן לעיל ונשמר פרט להפקר [נדה נא.]. **אמר שמואל.** מנהג דיינין הוא שאין שמין לא לגנב ולא לגזלן שאם גנב וגזל בהמה או כלים ונפחתו אלו אין שמין הנבילה והשברים לבעלים שיחזיר בהמה וכלים מעולים והשברים שלו. **אלא לנזקין.** שמין כדכתיב והמת יהיה לו [לעיל יא.].

אינו רשאי לתת לעני פאה מן התבואה מבלי להפריש ממנה תרומות ומעשרות, אלא **מְעַשֵּׂר** את התבואה **וְנוֹתֵן לוֹ** לעני פאה מן התבואה המתוקנת[19]. אולם אם המשיך וטחן את התבואה, ובזה שינה את החטים לקמח, הרי קנה את התבואה בשינוי מעשה ואינו חייב להניח ממנה לעניים[20]. ומכיון שמלכתחילה לא היה חייב לתת את הפאה לעני מסויים, הרי זה "ממון שאין לו תובעים" והוא פטור אף מלשלם את תמורתה[21]. **מִשּׁוּם** (בשם) **רַבִּי יִשְׁמָעֵאל אָמְרוּ: אַף** אם המשיך וגם לש עיסה מהקמח, הרי הוא **מַפְרִישׁ** פאה **מִן הָעִיסָּה וְנוֹתֵן לוֹ** לעני, שלא נפטר מחיובו. הרי שלדעת רבי ישמעאל לא קנה את התבואה שהיה חייב להשאיר לעניים, למרות שנשתנית.

אביי מנה כמה תנאים הסוברים כולם ששינוי במקומו עומד. על כך מקשה הגמרא:

אֲמַר לֵיהּ רַב פָּפָּא לְאַבַּיֵי: אִיכַּפַּל כָּל הָנֵי תַּנָּאֵי — האמנם טרחו כל התנאים האלה שמנית, להתאסף יחד **לְאַשְׁמוּעִינַן** — להשמיענו שהלכה **כְּבֵית שַׁמַּאי** הסוברים ששינוי במקומו עומד? כלומר: הרי במחלוקת שהבאת בדין אתנן, למדנו שבית שמאי הם הסוברים ששינוי במקומו עומד, ובית הלל חולקים עליהם; אם כן, האם יתכן שכל התנאים שמנית סוברים כבית שמאי, כאשר כלל בידינו שאין הלכה כבית שמאי במקום שבית הלל חולקים עליהם?

אביי משיב:

אֲמַר לֵיהּ לרב פפא: היות שלא יתכן שתנאים אלה יורו כבית שמאי כנגד בית הלל, כפי שהקשית, על כרחך **הָכִי קָאָמְרֵי** — כך התכוונו לומר: **לֹא נֶחְלְקוּ בֵּית שַׁמַּאי וּבֵית הִלֵּל בְּדָבָר זֶה** כדברי גוריון מאספורק, אלא שניהם מודים ששינוי במקומו עומד, ובהתאם להבנה זו הורו את הוראותיהם[22].

רבא מערער על קביעת אביי שכל התנאים הנזכרים סוברים ששינוי במקומו עומד:

אֲמַר רָבָא: מִמַּאי — על פי מה קבעת בוודאות שכל התנאים שמנית סוברים כך?

רבא מראה איך ניתן לפרש בדעת כל אחד מהתנאים הנזכרים, שהוא סובר באמת ששינוי מעשה קונה:

דִּלְמָא — שמא **עַד כָּאן לֹא קָאָמַר רַבִּי שִׁמְעוֹן בֶּן יְהוּדָה הָתָם** — שם בברייתא (לעיל צג, ב) לגבי ראשית הגז, שאם גזז ראשון ראשון וצבעו עדיין מצטרף הצמר לחיוב ראשית הגז לפי רבי שמעון, **אֶלָּא בְּ**מקרה שצבעו **בְּצֶבַע** רגיל, שבאופן זה לא קנה את הצמר בשינוי, **הוֹאִיל וְיָכוֹל לְהַעֲבִירוֹ עַל יְדֵי צְפוֹן** (סבון), והרי הוא שינוי החוזר לברייתו; אבל בצבע שאינו יורד, כגון בקלא אילן, יתכן שגם הוא מודה שקנה[23]. **וְעַד כָּאן לֹא קָאָמְרֵי בֵּית שַׁמַּאי הָתָם** — שם בברייתא של גוריון דמאספורק, שהאתנן נשאר באיסורו גם לאחר שנשתנה, **אֶלָּא לְעִנְיַן** הקרבת קרבן **לְגָבוֹהַּ** (לה'), **מִשּׁוּם דְּאִימְאִיס** — שדבר מאוס הוא להקריב לגבוה אתנן זונה ומחיר כלב אפילו לאחר שנשתנו, ולפיכך החמירה בהם התורה והוציאה אותם מן הכלל; אבל בדרך כלל, יתכן שגם בית שמאי מודים שחפץ שנשתנה נחשב כחפץ חדש[24]. **וְעַד כָּאן לֹא קָאָמַר רַבִּי אֱלִיעֶזֶר בֶּן יַעֲקֹב הָתָם** — שם, בברייתא לגבי הגוזל חטים וטחנם וכו' והפריש חלה, ששינוי במקומו עומד, **אֶלָּא לְעִנְיַן בְּרָכָה, מִשּׁוּם דְּהָוֵה לֵיהּ** — שהדבר נחשב **מִצְוָה הַבָּאָה בַּעֲבֵירָה**, שהוא מברך את ה' על דבר הבא מחמת עבירה[25], ודבר מאוס הוא לפני הקדוש ברוך הוא, ועל כן הוא עדיין נחשב כמנאץ את ה'; אבל בדרך כלל הוא סובר ששינוי מעשה כן קונה. **וְעַד כָּאן לֹא קָאָמַר רַבִּי שִׁמְעוֹן בֶּן אֶלְעָזָר הָתָם** — שם, בברייתא לעיל לגבי גזלן, שהגזלן יכול לומר לנגזל "הרי שלך לפניך" גם לאחר

הערות

[ביארנו כאן את הדברים בקצרה כפי הנצרך לסוגייתנו. אמנם יש בזה עוד חילוקי דינים ושיטות שונות. ועיין בארוכה רמב"ם הלכות מעשר ג, א-ד וראב"ד שם; דרך אמונה, שם; ערוך השלחן העתיד, צו; עיין גם חידושי מרן רי"ז הלוי על הרמב"ם שם.]

הברייתא מלמדת שכל זמן שלא מירח את הכרי, הוא עדיין רשאי להפריש פאה מבלי לעשר את התבואה קודם, כפי שהיה עושה אילו היה מפריש פאה מן הקמה או מן העומרים.

19. פאה ושאר מתנות העניים [כגון לקט ושכחה] פטורות בדרך כלל מתרומות ומעשרות (ראה פאה א, ו, תרומות א, ה וחלה א, ג). דהיינו, שאפילו אם צירף העני כמות גדולה של תבואה ממתנות אלו ועשה מהן כרי ומירחו, אינו חייב להפריש ממנו מעשר. טעם הדבר הוא, משום שמתנות העניים הפקר הן (לפני שזכו בהן העניים), ותבואת הפקר פטורה מן המעשר (אך עיין תוספות לעיל כח, א ד"ה זה ומנחות עא, ב ד"ה ונותנין). אולם, אם בעל הבית מירח את התבואה שהיה צריך לתת לעניים, נתחייבה התבואה מעתה בתרומות ומעשרות (רש"י, על פי הגמרא ברכות מ, ב; אך ראה רש"י שם שפירש בדרך אחרת; עיין רש"ש כאן שעמד על כך; ועיין מקדש דוד זרעים סב, ג ד"ה כתב רש"י ואפיקי ים ב, כח בהג"ה המיישבים את הסתירה), ואף אם יתננה לעניים לא תיפטר (עיין תוספות לטעם הדבר). הלכך, כדי שלא יפסיד העני מזה שבעל הבית מירח את התבואה, חייב בעל הבית לעשר קודם שיתן לו את הפאה, ולתת לעני מלא שיעור פאה כשהוא מעושר, שהרי הוא שגרם לפאה זו את החיוב במעשרות (רש"י כאן ובמכות טז, ב).

[עיין תוספות, מדוע מזכירה הברייתא רק את הפרשת המעשרות ולא את הפרשת התרומה; אך עיין רשב"א.]

20. כל זמן שלא טחן את התבואה, אף על פי שקצרה, דשה וזרה אותה, לא קנאה בשינוי, כיון שעיקר התבואה הוא הגרגרים הנאכלים ממנה, ואלו לא השתנו מכפי שהיו. אולם על ידי הטחינה נשתנו גרגרי התבואה לקמח, וממילא קנאם מרשות העניים בשינוי מעשה (ראה רש"י, ד"ה אף מפריש).

[מה שכתבנו שקנאם כבר משעת הטחינה (ולא רק משעת הלישה שמזכיר רש"י בסמוך), הוא מרש"י סנהדרין פח, א ד"ה אף מפריש ומכות טז, ב ד"ה משכחת לה.]

21. רש"י, ד"ה אף מפריש; עיין גם רש"י לעיל סו, א ד"ה עד שצבעו; רש"י לעיל צג, ב ד"ה פטור, והערה 16 שם.

22. כלומר: תנאים אלה חולקים על קביעת גוריון מאספורק לעיל, שהברייתא המלמדת שאתנן זונה או מחיר כלב שנשתנו מותרים בהקרבה על גבי המזבח, שנויה כדעת בית הלל החולקים על בית שמאי. לדעת תנאים אלה, מעולם לא נחלקו בית שמאי ובית הלל בענין זה, ולדברי שניהם אתנן זונה ומחיר כלב נשארים אסורים להקרבה אפילו לאחר שנשתנו, כיון ששינוי במקומו עומד [והברייתא המלמדת שהם מותרים להקרבה, שנויה כפי הנראה כדעת תנא אחר שאין הכרח לפסוק כמותו] (ראה מהרש"א במהדורא בתרא; וראה תורת חיים המציע להגיה בגמרא: "הָנֵי קָאָמְרֵי" — אלה אומרים).

[ומה שאביי מנה דוקא את בית שמאי בין התנאים הסוברים ששינוי במקומו עומד, כאשר לפי דבריו גם בית הלל מודים לכך, הוא משום שרצה לומר את דבריו בנוסח שיהיה נכון לדברי הכל, אפילו לדעת גוריון מאספורק, הקובע שרק בית שמאי סוברים כך ואילו בית הלל חולקים עליהם (שם).]

23. כזכור, אביי ורבא נחלקו בהבנת שיטת רבי שמעון בן יהודה בשם רבי שמעון: אביי הבין שכן הוא בכל צביעה, שלדעתו כל צביעה אינה נחשבת שינוי בצמר כיון שלא נשתנה במהותו, ואילו רבא הבין שכוונתו רק לצביעה כזו שהיא שינוי החוזר, היינו בצבע כזה שניתן להעבירו על ידי ניקוי בסבון. והנה, אביי על פי שיטתו, מנה את רבי שמעון בן יהודה בין הסוברים ששינוי במקומו עומד, כיון שכך הוא סובר על כל פנים לגבי שינוי של צביעה (אף על פי שלגבי טויה ואריגה גם הוא מודה ששינוי קונה; עיין לעיל צג, ב הערה 29). רבא מקשה עליו שאין הכרח לכך, כי ניתן להבין את שיטת רבי שמעון בן יהודה כפי שרבא הבין אותה, שאין כוונתו אלא לצביעה כזו שהיא שינוי החוזר, שאינו נחשב שינוי בשום מקום. אבל צביעה שאינה עוברת, כגון בקלא אילן, גם הוא מודה שהיא קונה ככל שינוי מעשה אחר.

24. ובית הלל סוברים, שאם על ידי השינוי נחשב החפץ כחפץ אחר, שוב אינו מאוס גם לגבוה. ואביי טוען שגם בית שמאי מודים לסברא זו, ואם הם אוסרים את האתנן לגבוה גם אחר השינוי, על כרחך לדעתם שינוי במקומו עומד (רמב"ן במלחמות סוכה טו, א בדפי הרי"ף; עיין עוד בהערה הבאה).

25. אף ששינוי מעשה קונה, ומשום כך אין העיסה נחשבת "גזל" אלא כחפץ חדש, היא עדיין פסולה למצוה, משום שמצוה הבאה בעבירה שנואה לפני הקדוש ברוך הוא ואיננה נחשבת מצוה (עיין שיטת רבינו תם לגבי יאוש, בתוספות לעיל סז, א ד"ה אמר, ובעל המאור סוכה יד, ב בדפי הרי"ף).

[אמנם, ר"י (בתוספות שם) סובר שבדרך כלל, אם קנה את החפץ הגזול לגמרי לפני תחילת המצוה, שוב אין נוהג בו הפסול של מצוה הבאה בעבירה. רק לגבי ברכה טוענת הגמרא כאן שיש להחמיר אף אם נקנה בשינוי מתחילה, כיון שברכה יש בה הזכרת שם ה', ולא ראוי להזכיר שם שמים על חפץ גזול, אף אחרי שנקנה לגזלן לגמרי. עיין גם רמב"ן במלחמות בסוכה, שם.]

דמאספורק בית שמאי אוסרין וב"ה מתירין מאי טעמיה דבית שמאי אמר קרא א) גם שניהם לרבות שינוייהם ובית הלל אמר קרא הם ולא שינוייהם ובית שמאי הא כתיב הם ההוא מיבעי ליה הם ולא ולדותיהם ובית הלל תרתי שמעת מינה הם ולא שינוייהם הם ולא ולדותיהם ובית הלל נמי הכתיב גם ° גם לב"ה קשיא רבי אליעזר בן יעקב מאי היא דתניא א) ר' אליעזר בן יעקב אומר הרי שגזל סאה של חטין טחנה לשה ואפאה ° והפריש ממנה חלה כיצד מברך ח אין זה מברך אלא מנאץ ועל זה נאמר ב) בוצע ברך נאץ ה' ר' שמעון בן אלעזר מאי היא דתניא כלל זה אמר ר' שמעון בן אלעזר כל שבח שהשביח גזלן ידו על העליונה רצה נוטל שבחו רצה אומר לו הרי שלך לפניך מאי קאמר אמר רב ששת ה"ק ב השביחה נוטל שבחו כחש אומר לו הרי שלך לפניך דשינוי במקומו עומד אי הכי אפילו השביח נמי אמרי ג מפני תקנת השבים ר' ישמעאל מאי היא דתניא ג) ד מצות פאה להפריש מן הקמה לא הפריש מן הקמה מפריש מן העומרים לא הפריש מן העומרים מפריש מן הכרי עד שלא מרחו מרחו מעשר ונותן לו משום ר' ישמעאל אמרו ה אף מפריש מן העיסה ונותן לו א"ל רב פפא לאביי איכפל כל הני תנאי לאשמועינן כב"ש א"ל הכי קאמרי ג) לא נחלקו בית שמאי וב"ה בדבר זה אמר רבא ממאי דלמא עד כאן לא קאמר רבי שמעון בן יהודה התם אלא בצבע הואיל ויכול להעבירו על ידי צפון ועד כאן לא קאמרי ב"ש התם אלא לגבוה משום דאימאים ועד כאן לא קאמר ר' אליעזר בן יעקב התם אלא לענין ברכה משום ד) דהוה ליה מצוה הבאה בעבירה ועד כאן לא קאמר ר"ש בן אלעזר התם אלא בהכחשה דהדר ועד כאן לא קאמר ר' ישמעאל התם אלא לענין פאה משום דכתיב ג) ד) תעזוב יתירא וכי תימא ליגמר מיניה מתנות עניים שאני כדבעי ר' יונתן דבעי ר' יונתן מאי טעמא דר' ישמעאל משום דקסבר שינוי אינו קונה או דלמא בעלמא קסבר שינוי קונה והכא משום דכתיב תעזוב יתירא ואם תמצי לומר טעמא דר' ישמעאל משום דקסבר שינוי אינו קונה תעזוב יתירא דכתב רחמנא למה לי ותו לרבנן תעזוב יתירא דכתב רחמנא למה לי מבעי ליה לכדתניא ה) המפקיר כרמו והשכים לבקר ובצרו חייב בפרט ובעוללות ובשכחה ובפאה ופטור מן המעשר אמר רב יהודה אמר שמואל הלכה כרבי שמעון בן אלעזר ומי אמר שמואל הכי ו) והאמר שמואל אין שמין לא לגנב ולא לגזלן אלא לנזקין בשלמא לרבא דאמר כי קאמר ר' שמעון בן אלעזר התם בהכחשה דהדר לא קשיא כי קאמר הלכה כרבי שמעון בן אלעזר דשינוי במקומו עומד בהכחשה דהדר וכי קאמר שמואל התם אין שמין לא לגנב ולא לגזלן אלא לנזקין בהכחשה דלא הדר אלא לאביי דאמר כי קאמר רשב"א בהכחשה דלא הדר קאמר מאי איכא למימר אביי מתני הכי אמר רב יהודה אמר שמואל

אמרו

רש"י

מאספורק. שם מקום: **בוצע ברך.** גוזל ומברך בוצע כמו כל בוצע בלע (משלי א): **מאי קאמר.** איירי בשבחה וקתני הרי שלך לפניך והאי לישנא לא שייך למימר אלא בדבר שכיחש מקדמותו שאמר לו טלנו כמות שהוא כחוש: **מצות פאה להפריש מן הקמה.** דכתיב לא תכלה פאת שדך לקצור (ויקרא יט): **מרחו.** מחליק את הכרי ברחת ומירוח הוי גמר מלאכה למעשר הלכך מעשר כל מעשרותיו תחלה ואחר כך נותן לו פאה כדי שלא יפסיד עני שאילו היה נותנו קודם מירוח אע"פ שעני מלרף לקט שכחה ופאה הרבה ועושה מהן כרי פטור מן המעשר שהרי הפקר הוא אבל עכשיו שנתמרח ביד בעל הבית נתחייב במעשר דהכי אמרינן במסכת ברכות (דף מ:) לקט שכחה ופאה שעשאן בגורן הוקבעו: **אף מפריש מן העיסה.** פאה אם לא נתנה ככר ואילו לת"ק מן העיסה לא דקנייה בשינוי והוי ממון שאין לו תובעים דעד השתא דישה לאו שינוי הוא דאוכל הוא כמו שהיה: **איכפל תנאי.** טרחו ועמלו ונתקבלו לכך: **בהכחשה דהדר.** מפטמו וחוזר לקדמותו: **תעזוב יתירא.** בקדושים תהיו כתיב לא תכלה פאת שדך לקצור ובשור או כשב כתיב לא תכלה פאת שדך בקוצרך תרי קראי תעזוב אותו למה לי שמע מינה לאתויי שינוי דלא קני הכא: **תעזוב יתירא למה לי.** הא בעלמא נמי לא קני שינוי: ה"ג ותו לרבנן תעזוב יתירא למה לי: **המפקיר והשכים לבקר.** קודם שיבאו עניים לבצרה שיזכו בהפקר אם היו קודמין: פרט בכרם ולקט בקמה: **חייב בפרט כו'.** דאע"ג דהפקר פטור מכולם דכתיב ארצך שדך וכרמך מהני תעזוב יתירא למעוטי כי האי גוונא דלא הוי הפקר לפטור ואע"ג שפטור מן המעשר ובכל הני כתיב תעזוב יתירא בקדושים כתיב כרמך לא תעולל ופרט כו' ובמשנה תורה (כד) כתיב כי תבצור כרמך לא תעולל וכן לא תפאר אחריך דהיינו פרט תפאר אישקוביי"ר ופאה נמי מהכא משמע דתנא דבי ר' ישמעאל (חולין דף קלא.) שלא תטול תפארתו ממנו שכחה כתיב במשנה תורה (שם) לא תשוב לקחתו וגו' ובאילן כתיב לא תפאר אחריך ואמר מר בפרק י' דחולין (שם) אחריך זו שכחה ולא בעי למיהדר ומכתב באילן לגר ליתום אלא לא תפאר אחריך ואנא ידענא דלעניים הוא כדאשכחן בעמרים אבל במעשר לא כתיב תעזוב יתירא: **אין שמין.** בפרק ראשון (דף יא.) גבי בעלים מטפלין בנבילה אמר שמואל דלנזקין הוא דשמין את הנבילה לניזק ומוסיף עליה מזיק עד שמשלים לו נזקו אבל גנב וגזלן שנטלו בהמה ומתה או כחשה אין שמין את הנבילה אלא שלהם תהא והם ישלמו בהמה מעליא אלמא שינוי קני: **פלוגתא דאביי** ורבא לעיל בשמעתין: **בהכחשה דלא הדר.** כגון מתה או נשברה רגלה:

אמרו

תוספות

ואפאה (והרים) [והפריש] ממנה חלה. משעת גלגול מתחייב בחלה אלא רבותא קמ"ל דאע"פ שעשה כל השינויים הללו אין אלא מנאץ א"נ משום דהיכא דאין תחילתו עיסה אין מתחייב בחלה עד אחר אפייה נקטה הכי:

לא הפריש מן הקמה יפריש מן העומרים. אביי לטעמי' דאמר בריש תמורה (ד' ו. ושם ד"ה אמר) כל דאמר רחמנא לא תעביד אי עביד מהני ומפרש התם דטעמא דיפריש מן העומרים משום תעזוב יתירא דבלא תעזוב יתירא לא היה מיחייב דכיון דעבר על לא תכלה הוה אמינא דאהני ופטור ולהכי אצטריך אביי בשמעתין ע"כ לר' ישמעאל למימר שינוי במקומה עומדת אבל לרבא דאמר התם כל דאמר רחמנא לא תעביד כי עביד לא מהני בלא תעזוב יתירא מפריש מן העומרין ולא מבעי ליה תעזוב יתירא אלא למפקיר כרמו או לרבי ישמעאל אי שינוי קונה אצטריך דמפריש מן העיסה ואם תאמר לאביי דאצטריך תעזוב יתירא לחייב מן העומרים מפקיר כרמו מנליה דחייב בפאה וי"ל דתרתי ש"מ וכן צ"ל לרבא אליבא דרבי ישמעאל אי סבר רבי ישמעאל דשינוי קונה ודריש תעזוב יתירא לחייב מן העיסה אם כן המפקיר כרמו מנליה דמשמע דההיא דרשה אתיא ככ"ע מדדייק בפרק בא סימן (נדה ד' נא. ושם ד"ה מין) דהא דתנן התם כל שחייב בפאה חייב במעשר היינו כל מין שחייב בפאה חייב במעשר דאי לאו הכי הרי מפקיר כרמו דחייב בפאה ופטור מן המעשר ומאי ראיה היא דלמא מתני' כרבי ישמעאל דמוקי תעזוב יתירא לחייב מן העיסה ולא מייתי למדרש שיתחייב בפאה אלא ודאי ליכא דפליג אההוא תנא דמפקיר כרמו ותרתי ש"מ כדפרישית: **מרחו** מעשר ונותן לו. ואפילו למאן דאית ליה ברירה כל זמן שלא הפריש פאה ולא ברירה היה הכל שלו ונתחייב הכל במעשר ושוב לא יפטר ואם תאמר תרומה נמי לתני שתורם ונותן לו ואין לומר דתרומה בלאו הכי יפריש העני וכל פאה חייבת בתרומה חדא דא"כ מקדים מעשר לתרומה גדולה ועוד דתנן במסכת תרומות בפ"ק (מ"ה) אין תורמין מן הלקט ומן השכחה כו' ונראה לפרש משום דתרומה דבר קל לתרום לא חש להזכיר ויש מפרשים דלהכי אין תורם משום דבגורן רגילין לתרום ז) כדתנן במסכת מעשר (פ"ג) מלא פירות ממורחין בשדה מכונסין אסורים משום גזל מפוזרין מותרין משום גזל בין כך ובין כך חייבין במעשר ופטורין מן התרומה לפי שאי אפשר לגורן שתעקר אלא אם כן ניטלה תרומה גדולה:

ותנן

מסורת הש"ס

א) סנהדרין ו: [ע"ש], ב) שם פח. מכות טז: תמורה ו., ג) [שבת מג. קלה. סוכה טו. יבמות כח.], ד) [ברכות מז: וש"נ], ה) לעיל כח. נדרים מד: חולין קלד: תמורה ו. נדה נא., ו) לעיל יא., ז) [כדתני בירושלמי במס' מעשרות פ"ג כצ"ל וכן הגיה מהרש"א בסנהדרין פח. ד"ה מרחו].

גליון הש"ס

גמ' גם לב"ה קשיא. עיין לעיל דף נד ע"א תוספות ד"ה חמור: שם והפריש ממנה חלה. עיין ברכות דף מה ע"א תוס' ד"ה אכל טבל:

תורה אור השלם

א) לֹא תָבִיא אֶתְנַן זוֹנָה וּמְחִיר כֶּלֶב בֵּית יְיָ אֱלֹהֶיךָ לְכָל נֶדֶר כִּי תוֹעֲבַת יְיָ אֱלֹהֶיךָ גַּם שְׁנֵיהֶם: [דברים כג, יט]

ב) כִּי הִלֵּל רָשָׁע עַל תַּאֲוַת נַפְשׁוֹ וּבֹצֵעַ בֵּרֵךְ נִאֵץ יְיָ: [תהלים י, ג]

ג) וְכַרְמְךָ לֹא תְעוֹלֵל וּפֶרֶט כַּרְמְךָ לֹא תְלַקֵּט לֶעָנִי וְלַגֵּר תַּעֲזֹב אֹתָם אֲנִי יְיָ אֱלֹהֵיכֶם: [ויקרא יט, י]

ד) וּבְקֻצְרְכֶם אֶת קְצִיר אַרְצְכֶם לֹא תְכַלֶּה פְּאַת שָׂדְךָ בְּקֻצְרֶךָ וְלֶקֶט קְצִירְךָ לֹא תְלַקֵּט לֶעָנִי וְלַגֵּר תַּעֲזֹב אֹתָם אֲנִי יְיָ אֱלֹהֵיכֶם: [ויקרא כג, כב]

לעזי רש"י

אישקוביי"ר. פירוש לטאטא, לכבד (את הבית) (עיין רש"י ורד"ק ישעיה יד, כג ור"ה דף כו ע"ב):

עין משפט נר מצוה

ח א מיי' פ"א מהל' ברכות הל' יט וע"ש בכ"מ סמג עשין כז טוש"ע א"ח סי' קצו סעיף א:
ט ב ג מיי' פ"ב מהל' גזילה ואבידה הל' ב ועיין בהשגות ובמ"מ סמג עשין עג טוש"ע ח"מ סי' שסב סעי' ב:
י ד ה מיי' פ"א מהל' מתנות עניים הל' א והלכה ב:

ליקוטי רש"י

הרי שגזל כו'. ובוצע לשון גזילה דכתיב (משלי א) כן ארחות כל בוצע בצע את נפש בעליו יקח [סנהדרין ו:]. **בוצע ברך נאץ ה'.** והגוזל שבח את עצמו לאמר נאץ ה' ושלום יהיה לו [תהלים י ג]. **מצות פיאה להפריש מן הקמה.** דכתיב לא תכלה אלא הנח לפניהם והם יקצרוהו: **מרחו.** דאיקבע למעשר ולתרומה. **מעשר.** תחלה ואח"כ נותן פאה [תמורה ו.]. **מעשר ונותן לו.** בכרי נתחייב במעשר דנגמרה מלאכתו הלכך מעשר תחלה את הכרי מכל מעשרותיו ונותן לו את הפאה שאילו הפרישה לא היו עניים צריכין לעשרה דלקט שכחה פאה פטורין מן המעשר [סנהדרין פח.] ונתחייב במעשר מעשר תחלה את הכרי ואחר כך נותן לו את הפאה שלא להפסיד את העני שהלקט והשכחה והפאה פטורין מן המעשר וזה הביאן לידי חיוב [מכות טז:]. **אף מפריש מן העיסה.** אם טחנה ולשה ולת"ק טחנה פטור דקנייה בשינוי ואם בא עני ונטל כדי פאה משטחנה לר' ישמעאל לא הוי גזל לרבנן הוי גזל [סנהדרין שם]. **והשכים לבקר ובצרו.** וזכה ביה איהו עלמו. **חייב בפרט ועוללות.** כמו מאמר כרם [נדרים מד:]. **ופטור מן המעשר.** דלא כתיב ביה תעזוב יתירא אלמא הפקר כל דהוא פטור ממעשר כדתנן כל שהוא אוכל ונשמר חייב במעשר [לעיל כח.] פטור מדאורייתא אבל מדרבנן חייב [נדרים מד:]. דבמעשר לא כתיב תעזוב יתירא ולרבויי האי הפקר אתא תעזוב ולא לרבויי שינוי דהא בעלמא נמי לא מהני [תמורה ו.]. אע"ג דהפקר פטור מכולם דבכולהו כתיב קצירך כרמך ולא של הפקר ובכולהו תנן כל שהוא אוכל ונשמר פרט לשל הפקר להכי אהני תעזוב יתירא דכתיב בכולהו לאתויי הפקר כי האי גוונא דהדר איהו וזכה ביה [חולין קלד:]. דהפקר פטור מן המעשר ובפרט ובפאה להכי מחייב כדאמרינן בהגוזל בבבא קמא משום תעזוב יתירא דכתיב במשנה תורה לא תפאר אחריך ואמר מר (חולין דף קלא.) לא תטול תפארתו ממנו והיינו פאה ודרשינן בספרי אחריך זו שכחה וכתיב לגר ליתום ולאלמנה יהיה וכתיב בתריה כי תבצור כרמך לא תעולל אחריך לגר ליתום ולאלמנה יהיה הרי פאה ושכחה ועוללות ל"ל למהדר ומכתב בפרשה קדושים בכולהו לעני ולגר תעזוב אותם לרבות הפקר כי האי גוונא אבל הפקר גמור פטור מכולם כדתנן לעיל ונשמר פרט להפקר [נדה נא.]. **אמר שמואל.** מנהג דיינין הוא שאין שמין לא לגנב ולא לגזלן שאם גנב וגזל בהמה או כלים ונפחתו אצלו אין שמין הנבילה והשברים לבעלים שיחזיר גנב הפחת אלא ישלם בהמה וכלים מעולים והשברים שלו. **אלא לנזקין.** שמין כדכתיב והמת יהיה לו [לעיל יא.].

שהגוזלה הכחישה ונשתנית, **אֶלָּא בְּהַכְחָשָׁה דְּהָדַר** — במקרה שהבהמה הגזולה הכחישה מחמת חוסר מזון, וניתן להחזירה למצבה הקודם על ידי פיטום, שהכחשה כזו אינה קונה כיון שהיא שינוי החוזר לברייתו[26]; אבל בשינוי שאינו חוזר לברייתו, גם הוא יודה שקונה. **וְעַד כָּאן לֹא קָאָמַר רַבִּי יִשְׁמָעֵאל הָתָם** — שם, בברייתא לעיל, שחייב להפריש פאה אפילו לאחר שעשה עיסה מהתבואה, ולא נפטר מחיובו על ידי השינוי שעשה, **אֶלָּא לְעִנְיַן פֵּאָה, מִשּׁוּם דִּכְתִיב ״תַּעֲזֹב״ יְתֵירָא** — שכתוב בענינה את הציווי ״לֶעָנִי וְלַגֵּר תַּעֲזֹב אֹתָם״ פעם יתירה[27], ועל כן הוא נדרש ללמד שהחיוב נשאר גם לאחר שנשתנית התבואה; אבל בשאר מקומות שאין ריבוי מיוחד, הוא יסבור ששינוי מעשה כן קונה[28].

רבא מעלה תשובה אפשרית לדבריו האחרונים, אך דוחה אותה מיד:

וְכִי תֵּימָא לִיגְמַר מִינֵּיהּ — ואם תרצה להשיב על דברי ולומר: אמנם בפאה נאמר פסוק מיוחד; אך אחרי שנאמר הפסוק יש לנו ללמוד ממנו ב״בנין אב״ גם לשאר מקומות, ששינוי במקומו עומד, וממילא צודק אביי בקביעתו לכל הפחות בדעת רבי ישמעאל, שגם בשאר מקומות הוא סובר כפי הנראה ששינוי במקומו עומד? אומר לך: **מַתְּנוֹת עֲנִיִּים שָׁאנֵי** — שונות הן משאר ענינים, שכן בהן התורה מחמירה יותר, ואי אפשר ללמוד מהן לדברים אחרים[29].

רבא מסייע להצעתו בהבנת דעת רבי ישמעאל מדברי אמורא קדום:

והרי זה **כִּדְבָעֵי** — כפי ששאל **רַבִּי יוֹנָתָן. דְּבָעֵי רַבִּי יוֹנָתָן: מַאי טַעְמָא** — מהו טעמו **דְּרַבִּי יִשְׁמָעֵאל** להורות שחייבים להפריש פאה אפילו מן העיסה? האם זה **מִשּׁוּם דְּקָסָבַר** — שהוא סובר שבכל דיני התורה **שִׁינּוּי אֵינוֹ קוֹנֶה, אוֹ דִּלְמָא בְּעָלְמָא קָסָבַר** — שמא בדרך כלל הוא סובר **שֶׁשִּׁינּוּי קוֹנֶה, וְהָכָא** — אלא שכאן, בפאה, הדין שונה **מִשּׁוּם דִּכְתִיב ״תַּעֲזֹב״ יְתֵירָא**? הרי שגם רבי יונתן העלה אפשרות זו בדעת רבי ישמעאל.

הגמרא מקשה על הצד הראשון של רבי יונתן[30]:

וְאִם תִּמְצֵי לוֹמַר — ואם תכריע בספק הנזכר, **שֶׁטַּעְמָא דְּרַבִּי יִשְׁמָעֵאל** הוא **מִשּׁוּם דְּקָסָבַר** שבכל דיני התורה **שִׁינּוּי אֵינוֹ קוֹנֶה**, אם כן, **״תַּעֲזֹב״ יְתֵירָא דִּכְתַב רַחֲמָנָא לָמָּה לִי** — הציווי ״לֶעָנִי וְלַגֵּר תַּעֲזֹב אֹתָם״ שנכתב בתורה פעם יתירה, לשם מה נכתב? הרי גם בלי יתור זה היינו יודעים שצריך להפריש פאה אפילו אחרי שינוי, כיון שבכל מקום אין שינוי קונה[31]! **וְתוּ** — ועוד יש להקשות: **לְרַבָּנָן** — לדעת חכמים (תנא קמא) החולקים על רבי ישמעאל וסוברים שאכן אין חיוב להפריש פאה מהתבואה לאחר שנעשה בה שינוי מעשה, **״תַּעֲזֹב״ יְתֵירָא דִּכְתַב רַחֲמָנָא לָמָּה לִי** — מדוע כתבה התורה את הציווי המיותר ״לֶעָנִי וְלַגֵּר תַּעֲזֹב אֹתָם״? מה נלמד מכפילות ציווי זה?

מתרצת הגמרא:

מִבְּעֵי לֵיהּ לִכְדְתַנְיָא — ציווי נוסף זה נצרך ללמד את הדין ששנינו בברייתא הבאה: **הַמַּפְקִיר** את **כַּרְמוֹ, וּ**למחרת **הִשְׁכִּים לַבֹּקֶר** לפני שבאו אחרים לבצור את הכרם שהופקר, וזכה בכרמו מחדש מן ההפקר[32] **וּבְצָרוֹ** ולקח את הענבים לעצמו, הרי הוא **חַיָּיב בְּפֶרֶט וּבְעוֹלֵלוֹת וּבְשִׁכְחָה וּבְפֵאָה**[33], למרות שהלוקט מן ההפקר במקרה

הערות

26. כלומר: כאשר אמר רבי שמעון בן אלעזר שאם הכחישה הבהמה הגזולה יכול הגזלן להשיבה כמות שהיא ולומר לנגזל ״הרי שלך לפניך״, שמא לא התייחס למקרה שההכחשה אינה חוזרת [ראה דוגמאות להלן, הערה 38], אלא דוקא למקרה שההכחשה חוזרת, כגון שהבהמה הכחישה מחמת חוסר תזונה, שבמקרה כזה ניתן להחזירה למצבה הקודם על ידי פיטומה כראוי, וממילא הוא ״שינוי החוזר״ (ראה רש״י).

27. מצות התורה לגבי פאה ושאר מתנות עניים: ״לֶעָנִי וְלַגֵּר תַּעֲזֹב אֹתָם״, נאמרה פעמיים: פעם אחת בויקרא יט, י, ופעם שניה שם כג, כב. ומכיון שהציווי השני מיותר, הרי הוא נדרש ללמד שחייבים להשאיר פאה לעניים אפילו לאחר שנעשה בתבואה שינוי מעשה (רש״י). ובכן, יתכן שרבי ישמעאל סובר בדרך כלל ששינוי קונה, ורק פאה יצאה מן הכלל משום גזירת הכתוב.

28. [גם טענה זו של רבא כנגד אביי תלויה בשיטותיהם במקום אחר, כדלהלן: נחלקו אביי ורבא במסכת תמורה (ד, ב) בכל מקום שמזהירה התורה שלא לעשות פעולה מסויימת, אם עבר אדם ועשאה, האם מועיל מעשהו להחיל ״חלות״ חדשה [או לשנות דינו של חפץ וכדומה]: אביי סובר שמעשהו מועיל (״כל מילתא דאמר רחמנא לא תעביד, אי עביד מהני״), ורבא סובר שאינו מועיל. בהמשך הסוגיא (שם ו, א) מקשה הגמרא על אביי, שלפי דבריו היה צריך להיות שאם אדם לא הניח פאה בשעת הקצירה אלא קצר את כל תבואתו, ועבר בכך על האיסור של ״לֹא תְכַלֶּה פְּאַת שָׂדְךָ לִקְצֹר״, הועיל מעשהו שייפטר מן המצוה; ומדוע שנינו שיפריש מן העומרים? והיא מתרצת שלדעת אביי דבר זה נלמד מ״תעזוב יתירא״. על פי זה טוען אביי כאן, שכאשר רבי ישמעאל מוסיף ומלמד שהאדם חייב להפריש פאה אפילו מן העיסה, בודאי אינו לומד גם את זה מ״תעזוב יתירא״, אלא שהוא סובר בכל התורה כולה ששינוי במקומו עומד. רבא, לעומתו, נוקט שזה שצריך להפריש פאה אפילו מן העומרים הוא פשוט, כי הקצירה לא הועילה להפקיע את חיוב הפרשת הפאה, ואין צורך בלימוד מיוחד ללמדנו כך; רק במקרה שעשה עיסה מן התבואה (או כשטחנה לקמח) היה מקום לפטרו מחמת השינוי, על הצד ששינוי קונה, וכפי שתנא קמא אכן פוטרו. ומכיון שהריבוי של ״תעזוב יתירא״ אין בו צורך, טוען רבא, יש לומר שגם רבי ישמעאל מודה לעיקרון ששינוי קונה, ומה שהוא מחייב להפריש פאה אפילו מן העיסה אחר השינוי אינו אלא מחמת ריבוי זה (תוספות כאן ובתמורה ו, א ד״ה אמר אביי; אך עיין רש״י שם, ד״ה תעזוב תעזוב).]

29. בדין מתנות עניים מצינו שהחמירה תורה יותר מבשאר חיובי ממון, כגון בזה שקבעה שיש להחמיר בספיקו, כפי שדרשו (בחולין קלד, א) מהפסוק (תהלים פב, ג): ״עָנִי וָרָשׁ הַצְדִּיקוּ״ — צַדֵּק מִשֶּׁלְּךָ ותן לו. על כן, אם מצינו שהחמירה תורה גם שצריך לתתו לעני אפילו אחרי שינוי, יש לומר שהיא חומרא מיוחדת במתנות עניים ואין ללמוד ממנה לשאר מקומות (חידושי הרי״ם; עיין שם לתוספת ביאור; ועיין שם ובדבר אברהם א, יג, ג לביאורים נוספים).

[אמנם ראה רשב״א המוחק את כל השאלה והתשובה מנוסח הגמרא; וראה תורת חיים שביאר טעמו, שטענת רבא היתה שמא בשאר מקומות מודה רבי ישמעאל ששינוי קונה מכח דרשת הפסוק שהובאה לעיל סו, א, וממילא אם מצינו פסוק בפאה ששינוי במקומו עומד הרי זה בודאי דין מיוחד במתנות עניים, ואין מקום להקשות שנלמד משם למקומות אחרים.]

30. ראה רשב״א.

31. כיצד יכול רבי יונתן להעלות על הדעת שרבי ישמעאל סובר בדרך כלל ששינוי במקומו עומד? הרי אם כן, לא היתה התורה צריכה לכתוב את הציווי ״תַּעֲזֹב״ לענין פאה פעם נוספת; כי היות שבכל התורה כולה אין שינוי קונה, פשוט הוא שבעל השדה לא נפטר מחיובו להפריש פאה מן התבואה, אפילו אם שינה אותה ועשה ממנה עיסה! (עיין רש״י).

[קושיא זו קשה רק על רבי יונתן, ולא על אביי שביאר אף הוא בדעת רבי ישמעאל ששינוי במקומו עומד; שהרי, כפי שנתבאר לעיל (הערה 28), לדעת אביי יש צורך בייתור זה ללמדנו שצריך להפריש פאה מן העומרים, ולא נאמר שנפטר מחיובו כבר משעת הקצירה (אף על פי שאין בה שינוי) משום ש״אי עביד מהני״.]

32. ראה תוספות תמורה ו, א ד״ה המפקיר, האומרים שמדובר דוקא באופן זה, ולא במקרה שהתכוון לזכות רק בענבים (ועיין שיטה מקובצת שם); עיין עוד ריטב״א שבת סח, א שהביא בשמם, שהוא הדין אם הפקיר מתחילה רק את הפירות ועכשיו חזר וזכה בהם; אך עיין תוספות יום טוב פאה ה, ה; עיין עוד חזון איש שביעית ב, ג.

33. אלה הן מתנות העניים שנותנים מיבול הענבים: ״פֶּרֶט״ המקביל ל״לֶקֶט״ בתבואה, שמשאירים לעניים ענבים בודדים (אחד או שנים) שנשרו מהאשכול בשעת בצירת הכרם; ״עוללות״ הן אשכולות הענבים הדלים שלא התפתחו כל צרכם ואין בהם אלא ענבים בודדים, המסודרים באופן מסויים המוגדר בהלכה (ראה פאה ז, ד; רמב״ם הלכות מתנות עניים ד, יז-יח; עיין גם במהדורתנו לחולין קלא, א הערה 19); ״שכחה״ בכרם מקבילה לעומרים או לשבלים שנשכחו על ידי הקוצרים והושארו בשדה. חיובים אלו אינם נוהגים באדם הלוקט יבול של הפקר, משום שהתורה כתבה בנוגע למתנות אלו: ״אַרְצְכֶם״, ״שָׂדְךָ״, ״כַּרְמְךָ״ (רש״י עם הגהת רש״ש; ראה ויקרא יט, ט-י; דברים כד, יט-כא). הברייתא מלמדת שמכל מקום, אם הפקיר אדם את כרמו ולאחר מכן זכה בו הוא עצמו שוב מן ההפקר ובצר את הכרם, הרי הוא חייב בכל מתנות אלה. [וטעם הדבר, שמאחר שהוא עצמו זוכה בו יאמרו ששלו הוא וקוצר בלא פאה, וכן שלא ליתן מקום להערמות (מאירי שבת סח, א; עיין עוד יראים השלם, קכב, מובא בגליוני הש״ס כאן; ועיין דבר אברהם א, יג, ג להרחבה ביסוד הדין).] הגמרא מבארת שמקור דין זה הוא ממה שחוזרה התורה על הציווי להניח מתנות אלו לעניים [בנוסף למה שכתבה ״תעזוב יתירא״ לגבי לקט שכחה ופאה בתבואה, כפי שנזכר לעיל], כדלהלן: לגבי פרט ועוללות אומרת התורה (ויקרא יט, י): ״וְכַרְמְךָ לֹא תְעוֹלֵל וּפֶרֶט כַּרְמְךָ לֹא תְלַקֵּט״, וחוזרת על ציוויים אלה בדברים (כד, כ-כא): ״כִּי תַחְבֹּט זֵיתְךָ לֹא תְפַאֵר אַחֲרֶיךָ, לַגֵּר לַיָּתוֹם וְלָאַלְמָנָה יִהְיֶה. כִּי תִבְצֹר כַּרְמְךָ לֹא תְעוֹלֵל אַחֲרֶיךָ, לַגֵּר לַיָּתוֹם וְלָאַלְמָנָה יִהְיֶה״. כאן, הציווי להשאיר עוללות נאמר בפירוש בפסוק כא; ה״פאר״ הנזכר בפסוק כ רומז לפרט וגם לפאה של עצי זית (אך עיין רש״ש על רש״י כאן), ואנו למדים שהוא הדין לענבים על

דמאספורק בית שמאי אוסרין וב"ה מתירין מאי טעמיה דבית שמאי אמר קרא [א] גם שניהם לרבות שינוייהם ובית הלל אמר קרא הם ולא שינוייהם ובית שמאי הא כתיב הם ההוא מיבעי ליה הם ולא ולדותיהם ובית הלל תרתי שמעת מינה הם ולא שינוייהם הם ולא ולדותיהם ובית הלל נמי הכתיב גם גם לב"ה קשיא רבי אליעזר בן יעקב מאי היא דתניא [א] ר' אליעזר בן יעקב אומר הרי שגזל סאה של חטין טחנה לשה ואפאה והפריש ממנה חלה כיצד מברך [א] אין זה מברך אלא מנאץ ועל זה נאמר [ב] בוצע ברך נאץ ה' ר' שמעון בן אלעזר מאי היא דתניא כלל זה אמר ר' שמעון בן אלעזר כל שבח שהשביח גזלן ידו על העליונה רצה נוטל שבחו רצה אומר לו הרי שלך לפניך מאי קאמר אמר רב ששת ה"ק [ב] השביחה נוטל שבחו כחש אומר לו הרי שלך לפניך דשינוי במקומו עומד אי הכי אפילו השביח נמי אמרי [ג] מפני תקנת השבים ר' ישמעאל מאי היא דתניא [ג] [ד] מצות פאה להפריש מן הקמה לא הפריש מן הקמה מפריש מן העומרים לא הפריש מן העומרים מפריש מן הכרי עד שלא מרחו מרחו מעשר ונותן לו משום ר' ישמעאל אמרו [ה] אף מפריש מן העיסה ונותן לו א"ל רב פפא לאביי איכפל כל הני תנאי לאשמועינן כב"ש א"ל הכי קאמרי [ג] לא נחלקו בית שמאי וב"ה בדבר זה אמר רבא ממאי דלמא עד כאן לא קאמר רבי שמעון בן יהודה התם אלא בצבע הואיל ויכול להעבירו על ידי צפון ועד כאן לא קאמרי ב"ש התם אלא לגבוה משום דאימאים ועד כאן לא קאמר ר' אליעזר בן יעקב התם אלא לענין ברכה משום [ד] דהוה ליה מצוה הבאה בעבירה ועד כאן לא קאמר ר"ש בן אלעזר התם אלא בהכחשה דהדר ועד כאן לא קאמר ר' ישמעאל התם אלא לענין פאה משום דכתיב [ג] [ד] תעזוב יתירא וכי תימא ליגמר מיניה מתנות עניים שאני כדבעי ר' יונתן דבעי ר' יונתן מאי טעמא דר' ישמעאל משום דקסבר שינוי אינו קונה או דלמא בעלמא קסבר שינוי קונה והכא משום דכתיב תעזוב יתירא ואם תמצי לומר טעמא דר' ישמעאל משום דקסבר שינוי אינו קונה תעזוב יתירא דכתב רחמנא למה לי ותו לרבנן תעזוב יתירא דכתב רחמנא למה לי מבעי ליה לכדתניא [ה] המפקיר כרמו והשכים לבקר ובצרו חייב בפרט ובעוללות ובשכחה ובפאה ופטור מן המעשר אמר רב יהודה אמר שמואל הלכה כרבי שמעון בן אלעזר ומי אמר שמואל הכי [ו] והאמר שמואל אין שמין לא לגנב ולא לגזלן אלא לנזקין בשלמא לרבא דאמר כי קאמר ר' שמעון בן אלעזר התם בהכחשה דהדר לא קשיא כי קאמר הלכה כרבי שמעון בן אלעזר דשינוי במקומו עומד בהכחשה דהדר וכי קאמר שמואל התם אין שמין לא לגנב ולא לגזלן אלא לנזקין בהכחשה דלא הדר אלא לאביי דאמר כי קאמר רשב"א בהכחשה דלא הדר קאמר מאי איכא למימר אביי מתני הכי אמר רב יהודה אמר שמואל

אמרו

מאספורק. שם מקום: בוצע ברך. גוזל ומברך בוצע כמו כל בוצע בצע (משלי א): מאי קאמר. איירי בשבחה וקתני הרי שלך לפניך והאי לישנא לא שייך למימר אלא בדבר שכיחש מקדמותו שאמר לו טלנו כמות שהוא כחוש: מצות פאה להפריש מן הקמה. דכתיב לא תכלה פאת שדך לקצור (ויקרא יט): מרחו. מחליק את הכרי ברחת ומירוח הוי גמר מלאכה למעשר הלכך מעשר כל מעשרותיו תחלה ואחר כך נותן לו פאה כדי שלא יפסיד עני שאילו היה נותנו קודם מירוח אע"פ שעני מגרף לקט שכחה ופאה הרבה ועושה מהן כרי פטור מן המעשר שהרי הפקר הוא אבל עכשיו שנתמרח ביד בעל הבית נתחייב במעשר דהכי אמרינן במסכת ברכות (דף מז:) לקט שכחה ופאה שעשאן בגורן הוקבעו: אף מפריש מן העיסה. פאה אם לא נתנה כבר ואילו לת"ק מן העיסה לא דקנייה בשינוי והוי ממון שאין לו תובעים דעד השתא דישה לאו שינוי הוא דאוכל הוא כמו שהיה: איכפל תנאי. טרחו ועמלו ונתקבצו לכך: בהכחשה דהדר. מפטמו וחוזר לקדמותו: תעזוב יתירא. בקדושים תהיו כתיב לא תכלה פאת שדך לקצור ובשור או כשב כתיב לא תכלה פאת שדך בקוצרך תרי קראי תעזוב אותו למה לי שמע מינה לאתויי שינוי דלא קני הכא: תעזוב יתירא למה לי. הא בעלמא נמי לא קני שינוי: ה"ג ותו לרבנן תעזוב יתירא למה לי: המפקיר והשכים לבקר. קודם שיבאו עניים לבצרה שיזכו בהפקר אם היו קודמין: פרט בכרם ולקט בקמה: חייב בפרט כו'. דאע"ג דהפקר פטור מכולם דכתיב ארצך שדך וכרמך מהני תעזוב יתירא למעוטי כי האי גוונא דלא הוי הפקר לפטור ואע"ג שפטור מן המעשר ובכל הני כתיב תעזוב יתירא בקדושים כתיב כרמך לא תעולל ופרט כו' ובמשנה תורה (כד) כתיב כי תבצור כרמך לא תעולל וכן לא תפאר אחריך דהיינו פרט תפאר אישקוביי"ר ופאה נמי מהכא משמע דתנא דבי ר' ישמעאל (חולין דף קלא.) שלא תטול תפארתו ממנו שכחה כתיב במשנה תורה (שם) לא תשוב לקחתו וגו' ובאילן כתיב לא תפאר אחריך ואמר מר בפרק י' דחולין (שם) אחריך זו שכחה ולא בעי למיהדר ומכתב באילן לגר ליתום אלא לא תפאר אחריך ואנא ידענא דלעניים הוא כדאשכחן בעמרים אבל במעשר לא כתיב תעזוב יתירא: אין שמין. בפרק ראשון (דף יא.) גבי בעלים מטפלין בנבילה אמר שמואל דלנזקין הוא דשמין את הנבילה לניזק ומוסיף עליה מזיק עד שמשלים לו נזקו אבל גנב וגזלן שנטלו בהמה ומתה או כחשה אין שמין את הנבילה אלא שלהם תהא והם ישלמו בהמה מעליא אלמא שינוי קני: פלוגתא דאביי ורבא לעיל בשמעתין: בהכחשה דלא הדר. כגון מתה או נשברה רגלה:

אמרו

ואפאה (והרים) [והפריש] ממנה חלה. משעת גלגול מתחייב בחלה אלא רבותא קמ"ל דאע"פ שעשה כל השינויים הללו אין אלא מנאץ א"נ משום דהיכא דאין תחילתו עיסה אין מתחייב בחלה עד אחר אפייה נקטה הכי:

לא הפריש מן הקמה יפריש מן העומרים. אביי לטעמי' דאמר בריש תמורה (ד' ו. ושם ד"ה אמר) כל דאמר רחמנא לא תעביד אי עביד מהני ומפרש התם דטעמא דיפריש מן העומרים משום תעזוב יתירא דבלא תעזוב יתירא לא היה מיחייב דכיון דעבר על לא תכלה הוה אמינא דאהני ופטור ולהכי אצטריך אביי בשמעתין ע"כ לר' ישמעאל למימר שינוי במקומה עומדת אבל לרבא דאמר התם כל דאמר רחמנא לא תעביד כי עביד לא מהני בלא תעזוב יתירא מפריש מן העומרין ולא מבעי ליה תעזוב יתירא אלא למפקיר כרמו או לרבי ישמעאל אי שינוי קונה אצטריך דמפריש מן העיסה ואם תאמר לאביי דאצטריך תעזוב יתירא לחייב מן העומרים מפקיר כרמו מנליה דחייב בפאה וי"ל דתרתי ש"מ וכן צ"ל לרבא אליבא דרבי ישמעאל אי סבר רבי ישמעאל דשינוי קונה ודריש תעזוב יתירא לחייב מן העיסה אם כן המפקיר כרמו מנליה דמשמע דההיא דרשה אתיא ככ"ע מדדייק בפרק בא סימן (נדה ד' נא. ושם ד"ה מין) דהא דתנן התם כל שחייב בפאה חייב במעשר היינו כל מין שחייב בפאה חייב במעשר דאי לאו הכי הרי מפקיר כרמו דחייב בפאה ופטור מן המעשר ומאי ראיה היא דלמא מתני' כרבי ישמעאל דמוקי תעזוב יתירא לחייב מן העיסה ולא מייתי למדרש שיתחייב בפאה אלא ודאי ליכא דפליג אההוא תנא דמפקיר כרמו ותרתי ש"מ כדפרישית: מרחו מעשר ונותן לו. ואפילו למאן דאית ליה ברירה כל זמן שלא הפריש פאה ולא בררה היה הכל שלו ונתחייב הכל במעשר ושוב לא יפטר ואם תאמר תרומה נמי לתני שתורם ונותן לו ואין לומר דתרומה בלאו הכי יפריש העני וכל פאה חייבת בתרומה חדא דא"כ מקדים מעשר לתרומה גדולה ועוד דתנן במסכת תרומות בפ"ק (מ"ה) אין תורמין מן הלקט ומן השכחה כו' ונראה לפרש משום דתרומה דבר קל לתרום לא חש להזכיר ויש מפרשים דלהכי אין תורם משום דבגורן רגילין לתרום [ז] כדתנן במסכת מעשר (פ"ג) מלא פירות ממורחין בשדה מכונסין אסורים משום גזל מפוזרין מותרין משום גזל בין כך ובין כך חייבין במעשר ופטורין מן התרומה לפי שאי אפשר לגורן שתעקר אלא אם כן ניטלה תרומה גדולה:

ותנן

מסורת הש"ס

א) סנהדרין ו: [ע"ש], ב) שם פח. מכות טז: תמורה ו., ג) [שבת מב. קלה. סוכה טו. יבמות כח.], ד) [ברכות מז: וש"נ], ה) לעיל כח. נדרים מד: חולין קלד: תמורה ו. נדה נא., ו) לעיל יא., ז) [כדתני בירושלמי במס' מעשרות פ"ג כצ"ל וכן הגיה מהרש"א בסנהדרין פח. ד"ה מרחו].

גליון הש"ס

גמ' גם לב"ה קשיא. עיין לעיל דף נד ע"א תוספות ד"ה חמור: שם והפריש ממנה חלה. עיין ברכות דף מה ע"א תוס' ד"ה אכל טבל:

תורה אור השלם

א) לֹא תָבִיא אֶתְנַן זוֹנָה וּמְחִיר כֶּלֶב בֵּית יְיָ אֱלֹהֶיךָ לְכָל נֶדֶר כִּי תוֹעֲבַת יְיָ אֱלֹהֶיךָ גַּם שְׁנֵיהֶם: [דברים כג, יט]

ב) כִּי הִלֵּל רָשָׁע עַל תַּאֲוַת נַפְשׁוֹ וּבֹצֵעַ בֵּרֵךְ נִאֵץ יְיָ: [תהלים י, ג]

ג) וְכַרְמְךָ לֹא תְעוֹלֵל וּפֶרֶט כַּרְמְךָ לֹא תְלַקֵּט לֶעָנִי וְלַגֵּר תַּעֲזֹב אֹתָם אֲנִי יְיָ אֱלֹהֵיכֶם: [ויקרא יט, י]

ד) וּבְקֻצְרְכֶם אֶת קְצִיר אַרְצְכֶם לֹא תְכַלֶּה פְּאַת שָׂדְךָ בְּקֻצְרֶךָ וְלֶקֶט קְצִירְךָ לֹא תְלַקֵּט לֶעָנִי וְלַגֵּר תַּעֲזֹב אֹתָם אֲנִי יְיָ אֱלֹהֵיכֶם: [ויקרא כג, כב]

לעזי רש"י

אישקוביי"ר. פירוש לטאטא, לכבד (את הבית) (עיין רש"י ורד"ק ישעיה יד, כג ור"ה דף כו ע"ב):

עין משפט נר מצוה

ח א מיי' פ"א מהל' ברכות הל' יט וע"ש בכ"מ סמג עשין כז טוש"ע א"ח סי' קצו סעיף א:

ט ב ג מיי' פ"ב מהל' גזילה ואבידה הל' ב ועיין בהשגות ובמ"מ סמג עשין עג טוש"ע ח"מ סי' שסב סעי' ב:

י ד ה מיי' פ"א מהל' מתנות עניים הל' א והלכה ב:

ליקוטי רש"י

הרי שגזל כו'. ובוצע לשון גזילה דכתיב (משלי א) כן ארחות כל בוצע בצע את נפש בעליו יקח [סנהדרין ו:]. בוצע ברך נאץ ה'. והגזלן שבח את עצמו לאמר נאץ ה' ושלום יהיה לו [תהילים י ג]. מצות פיאה להפריש מן הקמה. דכתיב לא תכלה אלא הנח לפניהם והם יקצרוהו: מרחו. דאיקבע למעשר ולתרומה. מעשר. תחילה ואח"כ נותן פאה [תמורה ו.]. מעשר ונותן לו. בכרי נתחייב במעשר דנגמרה מלאכתו הלכך מעשר תחילה את הכרי מכל מעשרותיו ונותן לו את הפאה שאילו הפרישה לא היו עניים צריכין לעשרה דלקט שכחה פאה פטורין מן המעשר [סנהדרין פח.] ונתחייב במעשר מעשר תחלה את הכרי ואחר כך נותן לו את הפאה שלא להפסיד את העני שהלקט והשכחה והפאה פטורין מן המעשר וזה הביאן לידי חיוב [מכות טז:]. אף מפריש מן העיסה. אם טחנה ולשה ולת"ק טחנה פטור דקנייה בשינוי ואם בא עני ונטל כדי פאה משטחנה לר' ישמעאל לא הוי גזל לרבנן הוי גזל [סנהדרין שם]. והשכים לבקר ובצרו. וזכה ביה איהו עלמו. חייב בפרט ועוללות. כמו מאמר כרם [נדרים מד:]. ופטור מן המעשר. דלא כתיב ביה תעזוב יתירא אלמא הפקר כל דהוא פטור ממעשר כדתנן כל שהוא אוכל ונשמר חייב במעשר [לעיל כח.] פטור מדאורייתא אבל מדרבנן חייב [נדרים מד:]. דבמעשר לא כתיב תעזוב יתירא ולרבויי האי הפקר אתא תעזוב ולא לרבויי שינוי דהא בעלמא נמי לא מהני [תמורה ו.]. אע"ג דהפקר פטור מכולם דבכולהו כתיב קצירך כרמך ולא של הפקר ובכולהו תנן כל שהוא אוכל ונשמר פרט לשל הפקר להכי אהני תעזוב יתירא דכתיב בכולהו לאתויי הפקר כי האי גוונא דהדר איהו וזכה ביה [חולין קלד:]. דהפקר פטור מן המעשר ובפרט ובפאה להכי מחייב כדאמרינן בהגוזל בבבא קמא משום תעזוב יתירתא דכתיב במשנה תורה לא תפאר אחריך ואמר מר (חולין דף קלא.) לא תטול תפארתו ממנו והיינו פאה ודרשינן בספרי אחריך זו שכחה וכתיב לגר ליתום ולאלמנה יהיה וכתיב בתריה כי תבצור כרמך לא תעולל אחריך לגר ליתום ולאלמנה יהיה הרי פאה ושכחה ועוללות ל"ל למהדר ומכתב בפרשה קדושים בכולהו לעני ולגר תעזוב אותם לרבות הפקר כי האי גוונא אבל הפקר גמור פטור מכולם כדתנן לעיל ונשמר פרט להפקר [נדה נא.]. אמר שמואל. מנהג דיינין הוא שאין שמין לא לגנב ולא לגזלן שאם גנב וגזל בהמה או כלים ונפחתו אלו אין שמין הנבילה והשברים לבעלים שיחזיר גנב הפחת אלא ישלם בהמה וכלים מעולים והשברים שלו. אלא לנזקין. שמין כדכתיב והמת יהיה לו [לעיל יא.].

רגיל אינו חייב בהם, **וּפָטוּר מִן הַמַּעֲשֵׂר**. מקור החילוק הוא, שלגבי מתנות העניים הנזכרות נאמר "תעזוב יתירא", והוא נדרש לרבות חיוב להניחם לעניים גם במקרה כזה, ואילו לגבי מעשר לא נאמר יתור זה[34].

פסק הלכה:

אָמַר רַב יְהוּדָה אָמַר שְׁמוּאֵל: הֲלָכָה כְּרַבִּי שִׁמְעוֹן בֶּן אֶלְעָזָר, שאם הכחישה הבהמה הגזולה בבית הגזלן הוא רשאי להחזירה לנגזל כמות שהיא ולומר לו "הרי שלך לפניך", כיון שגם אחרי ההכחשה והשינוי שנעשה בה לא יצאה מרשות הבעלים[35].

הגמרא מקשה על כך:

וּמִי אָמַר שְׁמוּאֵל הָכִי — האמנם אמר שמואל כך? **וְהָאָמַר שְׁמוּאֵל: אֵין שָׁמִין** את הנבילה **לֹא לַגַּנָּב וְלֹא לַגַּזְלָן** — אם מתה הבהמה הגנובה או הגזולה או שכחשה ברשותו, אין מעריכים את שווי הנבילה ונותנים לו להשיבה לבעלים ולהוסיף מעות רק בשיעור הפחת שפחתה במיתתה, אלא עליו לשלם לבעלים בהמה שלמה או דמיה כפי שהיתה שוה בשעת הגזילה, ואת הנבילה יטול לעצמו; **אֶלָּא לִנְזָקִין** — רק במקרה של נזקין שמים לבעלים את הנבילה, והמזיק משלם רק את ההפרש[36]. הרי שבגנב או גזלן, אם כחשה הבהמה אינו יכול להחזירה לבעלים אפילו בתוספת דמים להשלים את הפחת, לדעת שמואל, כיון שקנאה בשינוי; כיצד יתכן אפוא שהוא עצמו יורה שיכול להחזירה כמות שהיא ואפילו ללא תוספת דמים ולומר לנגזל "הרי שלך לפניך"?

הגמרא מגבילה את הקושיא:

בִּשְׁלָמָא לְרָבָא — הדברים מובנים היטב לדעת רבא, **דְּאָמַר** לעיל, **כִּי קָאָמַר** — שכאשר אמר **רַבִּי שִׁמְעוֹן בֶּן אֶלְעָזָר הָתָם** — שם בברייתא, שהגזלן יכול להשיב את הבהמה שהכחישה, הוא אמר כן רק **בְּהַכְחָשָׁה דְּהָדַר** — בהכחשה החוזרת, היינו באופן שהבהמה הכחישה אך יכולה לחזור למצבה הקודם[37]. לפי דבריו **לֹא קַשְׁיָא** הסתירה בין שני מאמרי שמואל, כי יש לחלק כך: **כִּי קָאָמַר** — כאשר אמר שמואל ש**הֲלָכָה כְּרַבִּי שִׁמְעוֹן בֶּן אֶלְעָזָר דְּשִׁינּוּי בִּמְקוֹמוֹ עוֹמֵד,** הוא אמר כן רק **בְּ**נוגע ל**הַכְחָשָׁה דְּהָדַר** — הכחשה החוזרת. כיון שהכחשה כזו היא שינוי החוזר לברייתו, אינה מועילה לקנות את הגזילה לגזלן. **וְכִי קָאָמַר שְׁמוּאֵל הָתָם** — שם, ש**אֵין שָׁמִין לֹא לַגַּנָּב וְלֹא לַגַּזְלָן אֶלָּא לִנְזָקִין,** הוא אמר כן **בְּ**נוגע ל**הַכְחָשָׁה דְּלֹא הָדַר** — שאינה חוזרת[38]. שינוי כזה שהוא שינוי גמור אכן קונה לגזלן, ושוב אינו יכול להחזיר את הבהמה הגזולה לנגזל ולומר לו "הרי שלך לפניך", כיון ששוב אינה שלו, ועל כן עליו לשלם את מלא דמיה. **אֶלָּא לְאַבַּיֵּי דְּאָמַר** לעיל, **כִּי קָאָמַר** — שכאשר אמר **רַבִּי שִׁמְעוֹן בֶּן אֶלְעָזָר** שהגזלן יכול להשיב את הבהמה שהכחישה, אפילו **בְּ**מקרה של **הַכְחָשָׁה דְּלָא הָדַר קָאָמַר** כן[39], שהרי בודאי רק מתוך הבנה זו מנאו אביי בין הסוברים ששינוי במקומו עומד, **מַאי אִיכָּא לְמֵימַר** — מה יש לומר כדי לתרץ את הסתירה בדברי שמואל? כיצד יתכן ששמואל פסק להלכה כרבי שמעון בן אלעזר שגזלן יכול להחזיר לבעלים בהמה שהכחישה ולהיפטר, כאשר מאידך הורה שאין שמין לגנב ולגזלן אלא עליו לשלם דמים?

מתרצת הגמרא:

אַבַּיֵּי מַתְנֵי הָכִי — אביי שונה את הוראת רב יהודה בשם שמואל כדלהלן: **אָמַר רַב יְהוּדָה אָמַר שְׁמוּאֵל:**

הערות

ידי גזירה שוה מהתיבה הזהה "אַחֲרֶיךָ" המופיעה בשני הפסוקים (ראה חולין קלא, א). המצוה להשאיר לעניים שכחה מן הענבים ומשאר פירות האילן נלמדת גם כן מהלשון "אַחֲרֶיךָ" [כיון שמצות שכחה היא לא לחזור לאחוריו למקום שהיה בו ושכח שם פירות, ואילו שאר המתנות הן בשעת הלקיטה עצמה ולא שייכת בהם הלשון "אַחֲרֶיךָ"] (חולין שם; עיין רש"י שם עמוד ב, ד"ה אחריך זו שכחה), וסיומו של הפסוק ההוא: "לַגֵּר לַיָּתוֹם וְלָאַלְמָנָה יִהְיֶה" מיותר, שכן אחרי שנאמר "לֹא תְפַאֵר אַחֲרֶיךָ" ברור שהכוונה היא שיניח דברים אלה לעניים, כמו בשכחת עומרים הנזכרת לפני כן, בפסוק יט. הלכך, הסיום המיותר של הפסוק נחשב מצוה נוספת "לעזוב" מתנה זו לעניים (ראה רש"י). [ואף על פי שהזכירה הגמרא "**תעזוב** יתירא", לא התכוונה בדוקא לתיבה זו, אלא לציווי מיותר לעזוב את הפירות לעניים, גם אם הוא כתוב בלשון שונה.]

34. יבול של הפקר, אף אם בעליו המקוריים זוכים בו מחדש, אינו חייב במעשר. כי מאחר שהתורה פטרה את הזוכה ביבול של הפקר מלהפריש ממנו מעשר, זה שהוא עצמו היה בעליו מקודם, לא מעלה ולא מוריד. ואלמלא ריבוי מיוחד, גם במתנות עניים היה ראוי שיהיה הדין כך. הגמרא מבארת שלפי הצד ש"תעזוב יתירא" לא בא ללמדנו שחייבים במתנות אלה גם לאחר שינוי מעשה, יש לומר שהוא נכתב כדי ללמדנו שהבעלים חייבים במתנות אלה גם במקרה הנזכר, שתחילה הפקירו את הכרם רק אחר כך זכו בו מחדש ובצרו את פירותיו (רש"י).

35. ראה רמב"ן במלחמות לד, ב מדפי הרי"ף סוף הדיבור הראשון; אך עיין בעל המאור שם בעמוד א, הטוען שפסק הלכה זה נאמר גם בייחס להוראתו הראשונה של רבי שמעון בן אלעזר, שאם השביחה הבהמה נוטל הגזלן את השבח.

על כל פנים, המשך המשא ומתן בגמרא ידון רק בפסק ההלכה בהוראה השניה, לגבי גזילה שהכחישה.

36. הגמרא לעיל (י, ב — יא, א) דרשה מפסוקים, שהמזיק חפץ של חבירו אינו חייב לשלם את דמי כל החפץ שהזיק; אלא, הבעלים נוטלים את מה שנותר מהחפץ, והמזיק רק משלים את ההפרש בין ערך השברים לערך החפץ השלם לפני הנזק. לדוגמא: ההורג שור חבירו שהיה שוה מאה זוז, והנבילה שוה שלשים זוז, הרי המזיק משיב את הנבילה לבעליה ומשלם רק את ההפרש, שהוא שבעים זוז. [עיין לעיל י, ב הערה 29, לדיון במהות דין זה.] שמואל מלמד שדין זה נוהג דוקא בנזיקין. אבל במקרים של גניבה וגזילה, אם אדם גנב או גזל בהמה (והוא הדין לשאר חפצים), וזו מתה או כחשה ברשותו, אינו יכול להשיב את הנבילה או הבהמה הכחושה ולהשלים במעות עד דמיה בשעת הגזילה; אלא, עליו לשלם לבעלים את מלוא שוויה של הבהמה, ואת הנבילה יטול לעצמו. טעם הדבר הוא, שגנב וגזלן קנו את הבהמה בשינוי מעשה, ומעתה הם חייבים לשלם את תמורת הבהמה, ועל כן אינם יכולים לכוף את הבעלים לקבל את הנבילה שעתה אינה שלהם, אלא עליהם לשלם את כל דמי הבהמה במעות או לתת בהמה דומה. [מה שאין כן במזיק שלא זכה מעולם בחפץ שהוזק על ידו, אלא רק התחייב לשלם את הנזק.] הרי ששינוי מעשה קונה (רש"י).

[ביארנו את הדין של "אין שמין לגנב ולגזלן" על פי רש"י כאן ולעיל יא, א; ועיין שם הערה 11 לתוספת ביאור; אך עיין שם הערה 20 לביאור שונה.]

37. כגון שהכחישה הבהמה מחמת חוסר תזונה, ואפשר להחזירה למצבה הקודם על ידי פיטום (ראה לעיל, הערה 26).

38. כגון שמתה הבהמה הגזולה, או שנשברה רגלה (רש"י; ועיין בהערה הבאה), או שחלתה במחלה שאין לה רפואה (רמב"ם, הלכות גזלה ג, ד).

39. מדברי רש"י שהובאו בהערה הקודמת, נראה לכאורה שלדעה זו אפילו אם מתה הבהמה הגזולה יכול הגזלן להשיב את הנבילה לנגזל ולומר לו: "הרי שלך לפניך", ובזה ייפטר מחיובו. וראה חזון איש (ז, ה) שתמה על כך, שהוא דבר שאינו מסתבר כלל. [כי אף אם תאמר שהגזלן לא קנה את הבהמה במיתתה אלא הנבילה עדיין שייכת לבעלים, כיון ששינוי במקומו עומד, מכל מקום לא מסתבר שבהשבתה לבעלים ייחשב כאילו השיב את כל הבהמה שגזל; עיין עוד חידושי רבינו חיים הלוי הלכות גזילה ואבידה ב, טו עם גליונות חזון איש, וחידושי מרן רי"ז הלוי שם; אך עיין אחיעזר ג, פב, א.] עוד העיר, שבודאי יש שלב מסויים שבו ההרעה במצב הגזילה היא כה גדולה, עד שאין הגזלן יכול לצאת ידי חובתו להשיב את הגזילה על ידי שייריה המקולקלים, אפילו לדעה ששינוי במקומו עומד, ואפילו במקום שלא נשחתה הגזילה לגמרי כבהמה שמתה, אלא שלא נתפרשו בגמרא גדרי הלכה זו.

דמאספורק בית שמאי אוסרין וב"ה מתירין מאי טעמיה דבית שמאי אמר קרא א) גם שניהם לרבות שינוייהם ובית הלל אמר קרא הם ולא שינוייהם ובית שמאי הא כתיב הם ההוא מיבעי ליה הם ולא ולדותיהם ובית הלל תרתי שמעת מינה הם ולא שינוייהם הם ולא ולדותיהם ובית הלל נמי הכתיב גם *גם לב"ה קשיא רבי אליעזר בן יעקב מאי היא דתניא ה) ר' אליעזר בן יעקב אומר הרי שגזל סאה של חטין טחנה לשה ואפאה *והפריש ממנה חלה כיצד מברך *אין זה מברך אלא מנאץ ועל זה נאמר ב) בוצע ברך נאץ ה' ר' שמעון בן אלעזר מאי היא דתניא כלל זה אמר ר' שמעון בן אלעזר כל שבח שהשביח גזלן ידו על העליונה רצה נוטל שבחו רצה אומר לו הרי שלך לפניך מאי קאמר אמר רב ששת ה"ק *השביחה נוטל שבחו כחש אומר לו הרי שלך לפניך דשינוי במקומו עומד אי הכי אפילו השביח נמי אמרי *מפני תקנת השבים ר' ישמעאל מאי היא דתניא ו) *מצות פאה להפריש מן הקמה לא הפריש מן הקמה מפריש מן העומרים לא הפריש מן העומרים מפריש מן הכרי עד שלא מרחו מרחו מעשר ונותן לו משום ר' ישמעאל אמרו *אף מפריש מן העיסה ונותן לו א"ל רב פפא לאביי איכפל כל הני תנאי לאשמועינן כב"ש א"ל הכי קאמרי *לא נחלקו בית שמאי וב"ה בדבר זה אמר רבא ממאי דלמא עד כאן לא קאמר רבי שמעון בן יהודה התם אלא בצבע הואיל ויכול להעבירו על ידי צפון ועד כאן לא קאמרי ב"ש התם אלא לגבוה משום דאימאיס ועד כאן לא קאמר ר' אליעזר בן יעקב התם אלא לענין ברכה משום ז) דהוה ליה מצוה הבאה בעבירה ועד כאן לא קאמר ר"ש בן אלעזר התם אלא בהכחשה דהדר ועד כאן לא קאמר ר' ישמעאל התם אלא לענין פאה משום דכתיב ג ד) תעזוב יתירא וכי תימא ליגמר מיניה מתנות עניים שאני כדבעי ר' יונתן דבעי ר' יונתן מאי טעמא דר' ישמעאל משום דקסבר שינוי אינו קונה או דלמא בעלמא קסבר שינוי קונה והכא משום דכתיב תעזוב יתירא ואם תמצי לומר טעמא דר' ישמעאל משום דקסבר שינוי אינו קונה תעזוב יתירא דכתב רחמנא למה לי ותו לרבנן תעזוב יתירא דכתב רחמנא למה לי מבעי ליה לכדתניא ה) המפקיר כרמו והשכים לבקר ובצרו חייב בפרט ובעוללות ובשכחה ובפאה ופטור מן המעשר אמר רב יהודה אמר שמואל הלכה כרבי שמעון בן אלעזר ומי אמר שמואל הכי ו) והאמר שמואל אין שמין לא לגנב ולא לגזלן אלא לנזקין בשלמא לרבא דאמר כי קאמר ר' שמעון בן אלעזר התם בהכחשה דהדר לא קשיא כי קאמר הלכה כרבי שמעון בן אלעזר דשינוי במקומו עומד בהכחשה דהדר וכי קאמר שמואל התם אין שמין לא לגנב ולא לגזלן אלא לנזקין בהכחשה דלא הדר אלא לאביי דאמר כי קאמר רשב"א בהכחשה דלא הדר קאמר מאי איכא למימר אביי מתני הכי אמר רב יהודה אמר שמואל אמרו

רש"י

מאספורק. שם מקום: בוצע ברך. גוזל ומברך בוצע כמו כל בוצע בצע (משלי א): מאי קאמר. איירי בשבחא וקתני הרי שלך לפניך והאי לישנא לא שייך למימר אלא בדבר שכחש מקדמותו שאמר לו טלנו כמות שהוא כחוש: מצות פאה להפריש מן הקמה. דכתיב לא תכלה פאת שדך לקצור (ויקרא יט): מרחו. מחליק את הכרי ברחת ומירוח הוי גמר מלאכה למעשר הלכך מעשר כל מעשרותיו תחלה ואחר כך נותן לו פאה כדי שלא יפסיד עני שאילו היה נותנו קודם מירוח אע"פ שעני מגרף לקט שכחה ופאה הרבה ועושה מהן כרי פטור מן המעשר שהרי הפקר הוא אבל עכשיו שנתמרח ביד בעל הבית נתחייב במעשר דהכי אמרינן במסכת ברכות (דף מ:) לקט שכחה ופאה שעשאן בגורן הוקבעו: אף מפריש מן העיסה. פאה אם לא נתנה כבר ואילו לת"ק מן העיסה לא דקנייה בשינוי והוי ממון שאין לו תובעים דעד השתא דישה לאו שינוי הוא דאוכל הוא כמו שהיה: איכפל תנאי. טרחו ועמלו ונתקבצו לכך: בהכחשה דהדר. מפטמו וחוזר לקדמותו: תעזוב יתירא. בקדושים תהיו כתיב לא תכלה פאת שדך לקצור ובשור או כשב כתיב לא תכלה פאת שדך בקוצרך תרי קראי תעזוב אותו למה לי שמע מינה לאתויי שינוי דלא קני הכא: תעזוב יתירא למה לי. הא בעלמא נמי לא קני שינוי: ה"ג ותו לרבנן תעזוב יתירא למה לי: המפקיר והשכים לבקר. קודם שיבאו עניים לבצרה שיזכו בהפקר אם היו קודמין: פרט בכרם ולקט בקמה: חייב בפרט כו'. דאע"ג דהפקר פטור מכולם דכתיב ארצך שדך וכרמך מהני תעזוב יתירא למעוטי כי האי גוונא דלא הוי הפקר לפטור ואע"ג שפטור מן המעשר ובכל הני כתיב תעזוב יתירא בקדושים כתיב כרמך לא תעולל ופרט כו' ובמשנה תורה (כד) כתיב כי תבצור כרמך לא תעולל וכן לא תפאר אחריך דהיינו פרט תפאר אישקוביי"ר ופאה נמי מהכא משמע דתנא דבי ר' ישמעאל (חולין דף קלא.) שלא תטול תפארתו ממנו שכחה כתיב במשנה תורה (שם) לא תשוב לקחתו וגו' ובאילן כתיב לא תפאר אחריך ואמר מר בפרק י' דחולין (שם) אחריך זו שכחה ולא בעי למיהדר ומכתב באילן לגר ליתום אלא לא תפאר אחריך ואנא ידענא דלעניים הוא כדאשכחן בעמרים אבל במעשר לא כתיב תעזוב יתירא: אין שמין. בפרק ראשון (דף יא.) גבי בעלים מטפלין בנבילה אמר שמואל דלנזקין הוא דשמין את הנבילה לניזק ומוסיף עליה מזיק עד שמשלים לו נזקו אבל גנב וגזלן שנטלו בהמה ומתה או כחשה אין שמין את הנבילה אלא שלהם תהא והם ישלמו בהמה מעליא אלמא שינוי קני: פלוגתא דאביי ורבא לעיל בשמעתין: בהכחשה דלא הדר. כגון מתה או נשברה רגלה: אמרו

תוספות

ואפאה (והרים) [והפריש] ממנה חלה. משעת גלגול מתחייב בחלה אלא רבותא קמ"ל דאע"פ שעשה כל השינויים הללו אין אלא מנאץ א"נ משום דהיכא דאין תחילתו עיסה אין מתחייב בחלה עד אחר אפייה נקטה הכי:

לא הפריש מן הקמה יפריש מן העומרים. אביי לטעמי' דאמר בריש תמורה (ד' ו. ושם ד"ה אמר) כל דאמר רחמנא לא תעביד אי עביד מהני ומפרש התם דטעמא דיפריש מן העומרים משום תעזוב יתירא דבלא תעזוב יתירא לא היה מיחייב דכיון דעבר על לא תכלה הוה אמינא דאהני ופטור ולהכי אצטריך אביי בשמעתין ע"כ לר' ישמעאל למימר שינוי במקומה עומדת אבל לרבא דאמר התם כל דאמר רחמנא לא תעביד כי עביד לא מהני בלא תעזוב יתירא מפריש מן העומרין ולא מבעי ליה תעזוב יתירא אלא למפקיר כרמו או לרבי ישמעאל אי שינוי קונה אצטריך דמפריש מן העיסה ואם תאמר לאביי דאצטריך תעזוב יתירא לחייב מן העומרים מפקיר כרמו מנליה דחייב בפאה וי"ל דתרתי ש"מ וכן צ"ל לרבא אליבא דרבי ישמעאל אי סבר רבי ישמעאל דשינוי קונה ודריש תעזוב יתירא לחייב מן העיסה אם כן המפקיר כרמו מנליה דמשמע דההיא דרשה אתיא כ"ע מדדייק בפרק בא סימן (נדה ד' נא. ושם ד"ה מין) דהא דתנן התם כל שחייב בפאה חייב במעשר היינו כל מין שחייב בפאה חייב במעשר דאי לאו הכי הרי מפקיר כרמו דחייב בפאה ופטור מן המעשר ומאי ראיה היא דלמא מתני' כרבי ישמעאל דמוקי תעזוב יתירא לחייב מן העיסה ולא מייתי למדרש שיתחייב בפאה אלא ודאי ליכא דפליג אההוא תנא דמפקיר כרמו ותרתי ש"מ כדפרישית: מרחו מעשר ונותן לו. ואפילו למאן דאית ליה ברירה כל זמן שלא הפריש פאה ולא בררה היה הכל שלו ונתחייב הכל במעשר ושוב לא יפטר ואם תאמר תרומה נמי לתני שתורם ונותן לו ואין לומר דתרומה בלאו הכי יפריש העני וכל פאה חייבת בתרומה חדא דא"כ מקדים מעשר לתרומה גדולה ועוד דתנן במסכת תרומות בפ"ק (מ"ה) אין תורמין מן הלקט ומן השכחה כו' ונראה לפרש משום דתרומה דבר קל לתרום לא חש להזכיר ויש מפרשים דלהכי אין תורם משום דבגורן רגילין לתרוס ז) כדתנן במסכת מעשר (פ"ג) מלא פירות ממורחין בשדה מכונסין אסורים משום גזל מפוזרין מותרין משום גזל בין כך ובין כך חייבין במעשר ופטורין מן התרומה לפי שאי אפשר לגורן שתעקר אלא אם כן ניטלה תרומה גדולה: ותנן

מסורת הש"ס

א) סנהדרין ו: [ע"ש], ב) שם פח. מכות טז: תמורה ו., ג) [שבת מב. קלה. סוכה טו. יבמות כח.], ד) [ברכות מז: וש"נ], ה) לעיל כח. נדרים מד: חולין קלד: תמורה ו. נדה נא., ו) לעיל יא., ז) [כדתני בירושלמי במס' מעשרות פ"ג כצ"ל וכן הגיה מהרש"א בסנהדרין פח. ד"ה מרחו].

גליון הש"ס

גמ' גם לב"ה קשיא. עיין לעיל דף נד ע"א תוספות ד"ה חמור: שם והפריש ממנה חלה. עיין ברכות דף מה ע"א תוס' ד"ה אכל טבל:

תורה אור השלם

א) לֹא תָבִיא אֶתְנַן זוֹנָה וּמְחִיר כֶּלֶב בֵּית יְיָ אֱלֹהֶיךָ לְכָל נֶדֶר כִּי תוֹעֲבַת יְיָ אֱלֹהֶיךָ גַּם שְׁנֵיהֶם: [דברים כג, יט]

ב) כִּי הִלֵּל רָשָׁע עַל תַּאֲוַת נַפְשׁוֹ וּבֹצֵעַ בֵּרֵךְ נִאֵץ יְיָ: [תהלים י, ג]

ג) וְכַרְמְךָ לֹא תְעוֹלֵל וּפֶרֶט כַּרְמְךָ לֹא תְלַקֵּט לֶעָנִי וְלַגֵּר תַּעֲזֹב אֹתָם אֲנִי יְיָ אֱלֹהֵיכֶם: [ויקרא יט, י]

ד) וּבְקֻצְרְכֶם אֶת קְצִיר אַרְצְכֶם לֹא תְכַלֶּה פְּאַת שָׂדְךָ בְּקֻצְרֶךָ וְלֶקֶט קְצִירְךָ לֹא תְלַקֵּט לֶעָנִי וְלַגֵּר תַּעֲזֹב אֹתָם אֲנִי יְיָ אֱלֹהֵיכֶם: [ויקרא כג, כב]

לעזי רש"י

אישקוביי"ר. פירוש לטאטא, לכבד (את הבית) (עיין רש"י ורד"ק ישעיה יד, כג ורש"י לקמן דף כו ע"ב):

עין משפט נר מצוה

ח א מיי' פ"א מהל' ברכות הל' יט וע"ש בכ"מ סמג עשין כז טוש"ע א"ח סי' קצו סעיף א:

ט ב ג מיי' פ"ב מהל' גזילה ואבידה הל' ב ועיין בהשגות ובמ"מ סמג עשין עג טוש"ע ח"מ סי' שסב סעי' ב:

י ד ה מיי' פ"א מהל' מתנות עניים הל' א והלכה ב:

ליקוטי רש"י

הרי שגזל כו'. ובוצע לשון גזילה דכתיב (משלי א) כן ארחות כל בוצע בצע את נפש בעליו יקח [סנהדרין ו:]. בוצע ברך נאץ ה'. והגזלן שבח את עצמו לאמר נאץ ה' ושלום יהיה לו [תהילים י ג]. מצות פיאה להפריש מן הקמה. דכתיב לא תכלה אלא הנח לפניהם והם יקצרוהו: מרחו. דאיקבע למעשר ולתרומה. מעשר. תחילה ואח"כ נותן פאה [תמורה ו.]. מעשר ונותן לו. בכרי נתחייב במעשר דנגמרה מלאכתו הלכך מעשר תחילה את הכרי מכל מעשרותיו ונותן לו את הפאה שאילו הפרישה לא היו עניים צריכין לעשרה דלקט שכחה פאה פטורין מן המעשר [סנהדרין פח.] ונתחייב במעשר מעשר תחלה את הכרי ואחר כך נותן לו את הפאה שלא להפסיד את העני שהלקט והשכחה והפאה פטורין מן המעשר וזה הביאן לידי חיוב [מכות טז:]. אף מפריש מן העיסה. אם טחנה ולשה ולת"ק טחנה פטור דקנייה בשינוי ואם בא עני ונטל כדי פאה משטחנה לר' ישמעאל לא הוי גזל לרבנן הוי גזל [סנהדרין שם]. והשכים לבקר ובצרו. וזכה ביה איהו עצמו. חייב בפרט ועוללות. כמו משאר כרם [נדרים מד:]. ופטור מן המעשר. דלא כתיב ביה תעזוב יתירא אלמא הפקר כל דהוא פטור ממעשר כדתנן כל שהוא אוכל ונשמר חייב במעשר [לעיל כח.] פטור מדאורייתא אבל מדרבנן חייב [נדרים מד:]. דבמעשר לא כתיב תעזוב יתירא ולרבויי האי הפקר אתא תעזוב ולא לרבויי שינוי דהא בעלמא נמי לא מהני [תמורה ו.]. אע"ג דהפקר פטור מכולם דבכולהו כתיב קצירך כרמך ולא של הפקר ובכולהו תנן כל שהוא אוכל ונשמר פרט לשל הפקר להכי אהני תעזוב יתירא דכתיב בכולהו לאתויי הפקר כי האי גוונא דהדר איהו וזכה ביה [חולין קלד:]. דהפקר פטור מן המעשר ובפרט ובפאה להכי מחייב כדאמרינן בהגוזל בבבא קמא משום תעזוב יתירא דכתיב במשנה תורה לא תפאר אחריך ואמר מר (חולין דף קלא.) לא תטול תפארתו ממנו והיינו פאה ודרשינן בספרי אחריך זו שכחה וכתיב לגר ליתום ולאלמנה יהיה וכתיב בתריה כי תבצור כרמך לא תעולל אחריך לגר ליתום ולאלמנה יהיה הרי פאה ושכחה ועוללות ל"ל למהדר ומכתב בפרשה קדושים בכולהו לעני ולגר תעזוב אותם לרבות הפקר כי האי גוונא אבל הפקר גמור פטור מכולם כדתנן לעיל ונשמר פרט להפקר [נדה נא.]. אמר שמואל. מנהג דיינין הוא שאין שמין לא לגנב ולא לגזלן שאם גנב וגזל בהמה או כלים ונפחתו אצלו אין שמין הנבילה והשברים לבעלים שיחזיר גנב הפחת אלא ישלם בהמה וכלים מעולים והשברים שלו. אלא לנזקין. שמין כדכתיב והמת יהיה לו [לעיל יא.].

עין משפט
נר מצוה

יא א מיי' פ"ב מהל' גזלה ואבדה הלכה ב ועיין בהשגות ובמ"מ סמג עשין עג טוש"ע ח"מ סי' שסב סעי' ב:
יב ב מיי' שם הל' י סמג שם טוש"ע ח"מ סי' שם סעי' ה:
יג ג מיי' פ"א מהל' גזלה ואבידה הלכה יג ופ"ד מהל' מלוה ולוה הלכה ה סמג לאוין קכג ועשין עג טוש"ע ח"מ סי' שסו סעי' א:
יד ד מיי' פ"ד מהל' מלוה ולוה הלכה ה סמג לאוין קנג טוש"ע י"ד סי' קסא סעי' ז:
טו ה ו ז טוש"ע ח"מ סי' שסו סעיף ב:
טז ח מיי' פ"א מהל' גזלה ואבדה הל' יג סמג עשין עג טוש"ע ח"מ סי' שסו סעיף א:

ליקוטי רש"י

הלכה כסתם משנה. רבי הוא סדר המשנה וכשראה דברי חכם וישרו בעיניו שנאן סתם ולא הזכיר שם אומרו עליהן כדי שלא יהו שנויה מפי יחיד ונראין כאילו נשנו מפי המרובים ויעשו כמותן [ביצה ב:]. וסתם נמי במשנה דברי יחידים שראה רבי את דבריהם ושנאן סתם כדי לקבוע הלכה כמותם [ב"מ לג:]. **לא הספיק ליתנו וכו'.** לראשית הגז לכהן [לעיל סו.]. **עד שצבעו.** ישראל זה. **פטור.** דקנייה בשינוי דהוה ליה כמזיק מתנות כהונה או שאכלן [חולין קלה.]. **אין רוח חכמים נוחה הימנו.** אין נחת רוח לחכמי ישראל במעשיו של זה אין דעתם נוחה עליהם הימנו על ידו [ב"מ מח.]. **אינהו הוא דלא הא אביהם חייב להחזיר.** כדתנא רבה בהגוזל בתרא (דף קיב.) ומי אחיך עמך לדידיה הוא דאזהריה רחמנא אהדר ליה דניחי בהדך דסיפיה דקרא ארישיה קאי אל תקח ואם לקחת החזר אבל לבריה לא אזהר [ב"מ סב.]. **בעושה מעשה עמך.** בעמך דרשינן הכי [ב"מ מח:]. **ושאין מכירין.** שאין יודע למי גזל שגזל אנשים הרבה. **בורות שיחין ומערות.** שמתכנסין בהן מים ושותין מהן ובב"ק (לעיל נ:) מפרש מאי בור ומאי שיח ומאי מערה [ביצה כט.]. בור עגול הוא שיח ארוכה וקצרה מערה מרובעת ומכוסה בקרוי אלא שיש לה פה [לעיל נ:]. ואע"ג דקיימא לן יתקן בהם צרכי רבים לאו תשובה מעלייתא הוא [יבמות כא.].

ותנן לא הספיק ליתנו לו כו'. תימה דלא מייתי מתני' דבהמה והזקינה עבדים והזקינו דמשלם כשעת הגזילה לקמן (דף צו:) ואפי' ר"מ לא פליג אלא בעבדים דליכא למימר דלדבריהם דרבנן קאמר להו כדבעי למימר לקמן (דף צה.) דהא ר"מ אית ליה דשינוי קונה גבי נותן צמר לצבע (לקמן ק:) ועוד הא קתני גזל מטבע ונסדק משלם כשעת הגזילה (לקמן צו:) וי"ל דכל הני הוי מצי למימר דהוה סתם ואח"כ מחלוקת דפליגי לקמן (ק:) ר"מ ור"י בצבעו לו אדום וצבעו שחור ואע"ג דטעמא דר' יהודה לא משום דסבר שינוי אין קונה כמו שאפרש לקמן (ב) מ"מ היינו יכולים לדחות כן אבל ההיא דלא הספיק ליתנו אין לדחות דאפי' הוי סתם בחדא מסכת ומחלוקת במסכת אחריתי אית ליה לר' יוחנן הלכה כסתם משנה:

בימי רבי נשנית משנה זו. אור"ת דלא לפניו ולא לאחריו אלא לדורו דוקא תקן משום מעשה שהיה ולא לדורות הבאין דהא מעשים בכל יום שמקבלים מן הגזלנים ודנין דיני גזילות כי ההוא דגזל פדנא דתורא לקמן (דף צו:) וההוא נרשאה דגנב סיפרא (לקמן דף קטו.) וההוא רעיא דבפ"ק דב"מ (דף ה.) ונסכא דרבי אבא (ב"ב דף לג:) ואמר נמי באיזהו נשך (ב"מ דף סא:) דרבית קצוצה יוצאה בדיינין ולכך לא פריך לקמן אלא מברייתות דהוה שונה ר' חייא שהיה תלמידו של רבי ולא הקשה ממתני' דקתני משלם כשעת הגזילה לפי שהמשניות היו קודם רבי אלא שרבי סדרם אבל ברייתות היה שונה ר' חייא מה שהיה מוסיף רבי על המשניות ור"י אומר דממתני' לא ה"מ למפרך דלא תקן רבי דאין מקבלים אלא מאותן בני אדם שרוב עסקם ומחייתם בכך והיו ניזונים בגזל ורבית ומתפרנסים בכך כל ימיהם כדקתני הגזלנין ומלוי ברבית דמשמע שאומנותם בכך וכן רועים וכל הנהו דמייתי אבל ממתניתין לא פריך שלא עשו תקנה מלקבל מאדם שגוזל ומלוה ברבית באקראי בעלמא אבל אין לפרש דלהכי לא פריך ממתני' משום דרבי לא תיקן אלא באותם שעשו תשובה וברייתא דמוכח מינה מיירי בעבד תשובה מדקתני וחייבים להחזיר מפני כבוד אביהם מכ"מ ההיא דגזלנים ומלוי ברבית לא משמע דאיירי בעבדי תשובה ועוד שכל אדם יכול להערים שיעשה תשובה ויחזור מעצמו ולא יקבלו ממנו וכן ההיא דכל הכלים (שבת דף קכג:) דאמר ר' חנינא בימי נחמיה בן חכליה נשנית משנה זו וההיא דסוף אלו מציאות (ב"מ דף לג:) דקאמר בימי רבי נשנית משנה זו הכל מפרש ר"ת דלא נשנית אלא להוות דרא וכן ההיא דהוריות (דף יג:) ואין להאריך:

הא אביהם חייב להחזיר. ואם תאמר לצאת ידי שמים קאמר ויש לומר דדייק מדנקט לשון חייבין דהוה ליה למימר אין מחזירין דהוה משמע הא אביהן מחזיר לצאת ידי שמים: **אי** עשה תשובה כו'. וא"ת ולימא כגון שלא קיבלו ממנו דאין מקבלין מהם וי"ל דאם החזיר ולא קיבלו ממנו לא מחייבין בנים להחזיר מפני כבוד אביהן דתו ליכא גנאי א"נ בדבר המסוים ומקבלין מהן מפני כבודו ומשני בשלא הספיק להחזיר עד שמת לפיכך חייבים בנים להחזיר מפני כבוד אביהן ומקבלין מהן דלא שייכא תקנה גבי בנים ועי"ל מאי בעי גביה דאיבעי ליה למוכרו או להוציא מתחת ידו ומדלא חשש לכבודו א"כ אמאי חייבין בנים להחזיר וכן נ"ל באיזהו נשך (ב"מ דף סב. ושם ד"ה תנאי) דשם לא יתכן לפרש בע"א דפריך מהא ברייתא למ"ד רבית קצוצה אין יוצאה בדיינין דמשמע הא אביהן חייב להחזיר ומשני כי הכא ופריך אי עבד תשובה מאי בעי גביה ומאי קושיא אי רבית קצוצה אין יוצאה בדיינין אין חייב להחזירה אפילו לצאת ידי שמים כדמוכח התם דפריך מההיא דמייתי בסמוך הגזלנים ומלוי רביות אע"פ שגבו מחזירין ומשני תנאי היא ולא משני בבא לצאת ידי שמים כדמשני הכא בסמוך דכיון דדרשינן למיתה ניתן ולא להשבון או למורא ניתן ולא להשבון אפי' לצאת ידי שמים לא מחייב ולא כפי' ריב"ן שפירש למורא ניתן (ג) שירא את ה' ויחזיר מיראתו ולא להשבון על פי ב"ד אלא נ"ל דהכי פריך מאי בעי גביה דכיון דלא חשש למוכרה ולהוציאה או להחזירה מפני כבודו תו לא מחייבי בנים משום כבוד אביהן: **לצאת** ידי שמים. בפרק איזהו נשך לא ה"מ לשנויי הכי למ"ד רבית קצוצה אינה יוצאה בדיינין דלדידיה אפי' לצאת ידי שמים לא מחייב כדפרישית וסוגיא דהכא כמ"ד רבית קצוצה יוצאה בדיינין אלא דתיקנו דאין מקבלין מדרבנן ולא שייך לשנויי הכא כדמשני התם דהנהו תנאי היא דהתם קדמו:

אמרו הלכה כרבי שמעון בן אלעזר וליה לא סבירא ליה א"ר חייא בר אבא אמר רבי יוחנן דבר תורה גזילה הנשתנית חוזרת בעיניה [א] שנאמר (א) והשיב את הגזלה אשר גזל מכל מקום ואם תאמר משנתנו [א] משום תקנת השבים ומי אמר ר' יוחנן הכי (ב) והאמר רבי יוחנן הלכה כסתם משנה ותנן (ג) לא הספיק ליתנו לו עד שצבעו פטור אמר להו ההוא מדרבנן ורבי יעקב שמיה לדידי מפרשא לי מיניה דרבי יוחנן כגון שגזל עצים משופין ועשאן כלים [ב] דהוה ליה שינוי החוזר לברייתו: (ד) תנו רבנן [ג] הגזלנין [ד] ומלוי ברבית שהחזירו אין מקבלין מהן והמקבל מהן אין רוח חכמים נוחה הימנו אמר רבי יוחנן בימי רבי נשנית משנה זו דתניא מעשה באדם אחד שבקש לעשות תשובה א"ל אשתו ריקה אם אתה עושה תשובה אפילו אבנט אינו שלך ונמנע ולא עשה תשובה באותה שעה אמרו הגזלנין ומלוי רביות שהחזירו אין מקבלין מהם והמקבל מהם אין רוח חכמים נוחה הימנו מיתיבי (ה) הניח להם אביהם מעות של רבית אע"פ שהן יודעין שהן רבית אין חייבין להחזיר אינהו הוא דלא הא אביהם חייב להחזיר בדין הוא דאביהם נמי אינו חייב להחזיר והא דקתני בדידהו (ו) משום דקא בעי למתני סיפא הניח להם אביהם פרה וטלית וכל דבר המסויים חייבין להחזיר מפני כבוד אביהם תנא רישא נמי בדידהו ומפני כבוד אביהם חייבין להחזיר אקרי כאן (ב) ונשיא בעמך לא תאור (ז) בעושה מעשה עמך (ח) כדאמר רב פנחס בשעשה תשובה הכא נמי בשעשה תשובה אי עשה תשובה מאי בעי גביה איבעי ליה לאהדורי שלא הספיק להחזיר עד שמת תא שמע (ט) הגזלנים ומלוי ברבית אע"פ שגבו מחזירין גזלנין מאי שגבו איכא אי גזול גזול ואי לא גזול לא גזול אלא אימא הגזלנין ומאי ניהו מלוי רביות אע"פ שגבו מחזירין אמרי מחזירין ואין מקבלין מהם אלא למה מחזירין לצאת ידי שמים ת"ש (י) [ה] הרועים והגבאין והמוכסין תשובתן קשה ומחזירין למכירין אמרי מחזירין ואין מקבלין מהם ואלא למה מחזירין לצאת ידי שמים אי הכי אמאי תשובתן קשה ועוד אימא סיפא (כ) [ו] ושאין מכירין יעשה בהן צרכי ציבור ואמר רב חסדא [ז] בורות שיחין ומערות אלא לא קשיא כאן קודם תקנה כאן לאחר תקנה והשתא דאמר רב נחמן [ח] בשאין גזילה קיימת אפילו תימא אידי ואידי לאחר תקנה ולא קשיא כאן

אמרו הלכה כרבי שמעון בן אלעזר. כלומר הכי אמר שמואל יש שאומר הלכה כרבי שמעון בן אלעזר וליה לא סבירא ליה: **הנשתנית.** אע"פ שנשתנה חוזרת בעיניה כמות שהיא עכשיו ואפי' השביחה דשינוי לא קני: **וא"ת משנתנו.** דקתני דלא משלם כלים אלא דמי עצים אלמא קני בשינוי: **עד שצבעו פטור.** לגמרי והכא תקנת השבים אינה ואפי' הכי קני בשינוי: **מתניתין מוקי לה רבי יוחנן בגוזל עצים משופים כו'.** משום הכי קאמר רבי יוחנן דטעמא משום תקנת השבים הוא דשינוי כי האי לאו שינוי הוא: **אין רוח חכמים נוחה הימנו.** ° אין רוח חכמה וחסידות בקרבו: **אין חייבין להחזיר.** דכתיב והשיב את הגזלה אשר גזל והני לא גזול מידי דקנינהו בשינוי רשות וקסבר רשות (א) יורש כרשות לוקח דמי: **המסויים.** דבר הניכר לרבים זו היא שגזל פלוני והניחה ליורשיו: **בעושה מעשה עמך.** וזה לא עשה מעשה עמו ואין חייבין בכבודו: **רב פנחס.** בחומר בקודש (חגיגה כו.): **ואי לא גזול לא גזול.** ואמאי קרי להו גזלנין: **אע"פ שגבו.** וכל שכן לא גבו דמקרעינא שטרא: **הרועים.** גזלנים הם לרעות בהמות בשדות אחרים: **גבאים.** של מלך לגבות כסף גולגלתא וארנונא ושקלי טפי: **תשובתם קשה.** שגזלו הרבים ואין יודעים למי להחזיר: **ומחזירין למכירין.** למי שמכיר שלו שגזלוהו: **בורות שיחין ומערות.** להכניס בהן מים לשתות דהוי דבר הצריך לכל ויהנו מהן הנגזלים אלמא אהדורי בעי: **קודם תקנה.** שבימי רבי נשנית משנה זו דמחייב למהדר: גזילה

כאן

מסורת הש"ס

א) לעיל סז., ב) [שבת מו. וש"נ], ג) [חולין קלה. לעיל סו. לג:], ד) [תוס' שביעית פ"ח הי"ב], ה) ב"מ סב. [תוס' דב"מ ספ"ה] לקמן קיב., ו) [שבת ל. וש"נ נדרים כח: וש"נ], ז) ב"מ [מח:] סב. יבמות כב: סנהדרין פה. [ב"ב ד. מכות ח:], ח) חגיגה כו., ט) ב"מ סב., י) [תוספתא דב"מ פ"ח ה"ט], כ) ביצה כט. ע"ש.

הגהות הב"ח

(א) רש"י ד"ה אין חייבין וכו' וקסבר רשות. נ"ב ע"ל בפ' בתרא ריש דף קיב: (ב) תוס' ד"ה ותנן וכו' שאפרש לקמן. נ"ב בדף לה ע"ב בד"ה בשבת לפי פר"ת: (ג) ד"ה אי עשה וכו' כפי' ריב"ן שפירש למורא ניתן לירא את ה' שיש לו להחזיר מיראתו:

גליון הש"ס

רש"י ד"ה אין רוח חכמים כו' אין רוח חכמה. עי' תוי"ט פ"ג משנה י' דאבות:

תורה אור השלם

א) וְהָיָה כִּי יֶחֱטָא וְאָשֵׁם וְהֵשִׁיב אֶת הַגְּזֵלָה אֲשֶׁר גָּזָל אוֹ אֶת הָעֹשֶׁק אֲשֶׁר עָשָׁק אוֹ אֶת הַפִּקָּדוֹן אֲשֶׁר הָפְקַד אִתּוֹ אוֹ אֶת הָאֲבֵדָה אֲשֶׁר מָצָא: [ויקרא ה, כג]

ב) אֱלֹהִים לֹא תְקַלֵּל וְנָשִׂיא בְעַמְּךָ לֹא תָאֹר: [שמות כב, כז]

כאן

יש חכמים שׁ**אָמְרוּ: הֲלָכָה כְּרַבִּי שִׁמְעוֹן בֶּן אֶלְעָזָר. וְלֵיהּ לֹא סְבִירָא לֵיהּ** – אולם, שמואל עצמו אינו סובר כן[1].

מימרא של אמורא לגבי מקור הדין שהגזילה נקנית בשינוי:

אָמַר רַבִּי חִיָּיא בַּר אַבָּא אָמַר רַבִּי יוֹחָנָן: דְּבַר תּוֹרָה, גְּזֵילָה הַנִּשְׁתַּנֵּית חוֹזֶרֶת בְּעֵינֶיהָ – מדין תורה, גזילה שנעשה בה שינוי מעשה חוזרת לבעליה על ידי הגזלן כמות שהיא, ואפילו השביחה מקבל הנגזל את השבח, **שֶׁנֶּאֱמַר** (ויקרא ה, כג): "**וְהֵשִׁיב אֶת הַגְּזֵלָה אֲשֶׁר גָּזָל**", ומשמע שהגזלן צריך להשיב את החפץ שגזל **מִכָּל מָקוֹם** – בכל מקרה, אפילו אינו בצורתו המקורית, ולא קנאו בשינוי. **וְאִם תֹּאמַר מִשְׁנָתֵנוּ** – ואם תקשה עלי שמשנתנו סותרת לדברי, שהרי היא מלמדת שאם גזל עצים ועשאן כלים או צמר ועשאו בגדים אינו צריך לתת לנגזל את הכלים או הבגדים העשויים מחפציו הגזולים, אלא עליו רק לשלם דמים כשעת הגזילה, משום שאת הגזלה עצמה קנה בשינוי, אשיב לך: הוראת המשנה היא **מִשּׁוּם תַּקָּנַת הַשָּׁבִים,** שתיקנו חכמים כדי לסייע לגזלנים המבקשים לעזוב את מעשיהם הרעים ולשוב בתשובה, שהיו עלולים להימנע מכך אילו היו מפסידים את הטירחא וההוצאות שהיו להם בעשיית הכלים או הבגדים[2]; אבל מדאורייתא, אכן היה צריך להשיב את הכלים או הבגדים לנגזל כמות שהם.

מקשה הגמרא:

וּמִי אָמַר רַבִּי יוֹחָנָן הָכִי – האמנם אמר רבי יוחנן כן, ששינוי אינו קונה מדין תורה? **וְהָאָמַר רַבִּי יוֹחָנָן: הֲלָכָה כִּסְתַם מִשְׁנָה** – משנה שנשנית בסתם ללא הזכרת שם אומרה, הלכה כמותה, שעל כן קבעה רבי בסדר המשנה בסתם כאילו נאמרה על דעת כל החכמים; **וּתְנַן** בסתם משנה לענין ראשית הגז (חולין קלה, א)[3]: אם **לֹא הִסְפִּיק** בעל הצמר **לִיתְּנוֹ לוֹ** – לתת את ראשית הגז לכהן, **עַד שֶׁצְּבָעוֹ,** הרי הוא **פָּטוּר** מלתתו לכהן, ורשאי לעכבו לעצמו, כיון שקנאו בשינוי מעשה. הרי מוכח איפוא ששינוי מעשה קונה מן התורה[4]!

מתרצת הגמרא:

אָמַר לְהוּ הַהוּא מִדְּרַבָּנָן – אחד החכמים, **וְרַבִּי יַעֲקֹב שְׁמֵיהּ** (שמו): **לְדִידִי מִפָּרְשָׁא לִי מִינֵּיהּ דְּרַבִּי יוֹחָנָן** – לי התפרש דבר זה על ידי רבי יוחנן עצמו, כדלהלן: כאשר אמרתי ששינוי אינו קונה מדין תורה, כוונתי היתה למקרה **כְּגוֹן שֶׁגָּזַל** אדם **עֵצִים מְשׁוּפִּין** – נסרים חלקים **וַעֲשָׂאָן כֵּלִים** על ידי הרכבתם זה בזה, **דְּהָוֵה לֵיהּ** – שהוא **שִׁינּוּי הַחוֹזֵר לִבְרִיָּיתוֹ,** שהרי אפשר לפרק את הכלים על ידי ניתוק הנסרים, ואף משנתנו מדברת באופן זה[5]. אבל בשינוי גמור, כמו במקרה של צביעת ראשית הגז, הרי הגזלן קונה את הגזילה מדאורייתא כפי שהוכחתם מהמשנה בחולין[6].

הגמרא מביאה תקנה נוספת שתיקנו חכמים כדי לעודד גזלנים המבקשים לחזור בתשובה:

תָּנוּ רַבָּנָן בברייתא: **הַגַּזְלָנִין וּמַלְוֵי בְּרִבִּית**[7] **שֶׁהֶחֱזִירוּ** – שבאו מעצמם להחזיר[8] לנגזל או ללוה את המעות שקיבלו מהם שלא כדין, **אֵין** הנגזלים או הלוים **מְקַבְּלִין מֵהֶן** את המעות שהביאו. **וְהַמְקַבֵּל מֵהֶן, אֵין רוּחַ חֲכָמִים נוֹחָה הֵימֶנּוּ** – אין רוח חכמה וחסידות בקרבו[9].

הגמרא מציינת את מקור תקנה זו וטעמה:

אָמַר רַבִּי יוֹחָנָן: בִּימֵי רַבִּי נִשְׁנֵית מִשְׁנָה זוֹ. דְּתַנְיָא בברייתא: **מַעֲשֶׂה בְּאָדָם אֶחָד** בימי רבי שהיה גזלן או מלוה ברבית, **שֶׁבִּקֵּשׁ לַעֲשׂוֹת תְּשׁוּבָה** ולחדול ממעשיו הרעים, ולהחזיר את הממון שלקח שלא כדין. **אָמְרָה לוֹ אִשְׁתּוֹ: "רֵיקָה! אִם אַתָּה עוֹשֶׂה תְּשׁוּבָה, אֲפִילּוּ הָאַבְנֵט** (החגורה) שאתה חוגר **אֵינוֹ שֶׁלָּךְ,** כיון שרוב ממונך הוא מאיסור, ואם תחזיר את כל הממון שנטלת שלא כדין תישאר בעירום ובחוסר כל!"[10], **וְנִמְנַע** האיש **וְלֹא עָשָׂה תְּשׁוּבָה** ואף המשיך במעשיו הרעים. **בְּאוֹתָהּ שָׁעָה אָמְרוּ** חכמים: **הַגַּזְלָנִין וּמַלְוֵי רִבִּיּוֹת שֶׁהֶחֱזִירוּ** – שבאו להחזיר את המעות שקיבלו שלא כדין, **אֵין** הנגזלים או הלוים **מְקַבְּלִין** אותן **מֵהֶם,** כדי להקל עליהם לחזור בתשובה[11]. **וְהַמְקַבֵּל מֵהֶם, אֵין רוּחַ חֲכָמִים נוֹחָה הֵימֶנּוּ.**

הערות

1. לדעת אביי, שמואל לא אמר בסתם שהלכה כרבי שמעון בן אלעזר, שגזלן יכול להשיב בהמה שהכחישה; אלא אדרבה, הוא אמר שיש אומרים שכך הלכה, אבל הוא עצמו אינו מסכים עמהם (רש"י).

2. ראה דברי רב ששת לעיל, עמוד א.

3. הובאה לעיל צג, ב; ראה שם, הערות 15-16.

4. וכאן אין לומר שהיא תקנת חכמים מפני תקנת השבים, שהקילו עליו שיוכל לשלם לכהן את דמי הצמר המקורי בלבד ולא יצטרך לתת לו את הצמר הצבוע [שהרי מתנת ראשית הגז היא חולין, ואינה אלא כשאר דיני ממונות שיכולים חכמים להפקיעם על ידי "הפקר בית דין" אם הם רואים צורך לכך]; שהרי המשנה מלמדת בסתם שהוא פטור, ומשמע שאינו צריך לתת לכהן אפילו את דמי הצמר המקורי (עיין רש"י ותוספות רי"ד; וראה לעיל צג, ב הערה 16).

[לכאורה היה אפשר להקשות על רבי יוחנן גם מצד אחר, שהוראתו מתאימה לשיטת בית שמאי לגבי אתנן, בניגוד לדעת בית הלל (ראה לעיל צג, ב – צד, א), והרי כלל הוא בידינו "בית שמאי במקום בית הלל אינה משנה" (יבמות ט, א ועוד). אלא שיתכן שרבי יוחנן נוקט כדעת אביי לעיל, שהסיק ש"לא נחלקו בית שמאי ובית הלל בדבר זה" (פני יהושע).]

5. כביאורו של אביי לעיל צג, ב; ראה שם, הערה 9.

6. ובכן, רבי יוחנן מסכים ששינוי קונה מדין תורה. דבריו ששינוי מעשה **אינו** קונה מן התורה, נאמרו רק בייחס לשינוי החוזר לברייתו, כגון הגוזל עצים משופין ועשאם כלים, שאפשר לפרקם ולהחזירם למצבם המקורי. לדעתו, גם משנתנו עוסקת באופן זה, ועל כן ביאר שדינה הוא רק מדרבנן מפני תקנת השבים, ואילו מדאורייתא לא קנה הגזלן את הגזילה בשינויים אלה. אילו היה מעמידה בשינוי גמור שאינו חוזר (כפי שהעמידה רב אשי לעיל צג, ב), היה מבאר בפשטות שהקנין הוא אכן מדאורייתא (עיין רש"י).

7. אסור לאדם להלוות מעות לחבירו ברבית (שמות כב, כד; ויקרא כה, לה-לז; דברים כג, כ-כא). העובר על איסור זה ומקבל רבית האסורה מדאורייתא ["רבית קצוצה", היינו שהתוספת נקצבה מראש בעת ההלואה], חייב מדין תורה להחזיר את מעות הרבית (עיין בבא מציעא סא, ב – סב, א; וראה להלן הערה 25).

8. ראה להלן, הערה 11.

9. רש"י. [במקום אחר (בבא מציעא מח, א) מפרש רש"י שמשמעות ביטוי זה היא: אין לחכמי ישראל נחת רוח במעשיו. ועיין מהרש"א כאן ותוספות יום טוב אבות ג, י (צויין בגליון הש"ס כאן), שתמהו על פירוש רש"י כאן. אמנם בכתב יד מינכן כאן גירסת הגמרא היא "אין רוח **חכמה** נוחה הימנו", וראה בתוספות יום טוב שם, שציין שגם במשנה במסכת שביעית י, ט ישנה גירסא כזו, ויתכן שרש"י פירש על פי גירסא זו (ראה גם דקדוקי סופרים).]

עיין שיטה מקובצת בשם הרמ"ה, הסובר שלא תיקנו בזה איסור ממש, רק אמרו שאינו ראוי ממידת חסידות; ראה גם מאירי, שו"ת הריב"ש תיז, וגידולי תרומה מו, ד, ד ד"ה ואף על פי [וכדעה זו ננקוט בהמשך הסוגיא]; וראה ש"ך חושן משפט שסו, א בשם ספר חסידים (סימן תתרפב), שאם יש לנגזל חובות ואין לו במה לפרעם יש לו להסכים לקבל את המעות מהגזלן כדי לפרוע את חובותיו; עיין גם מגיד משנה הלכות גזילה ואבידה א, יג, הסובר שאם אין הנגזל מוכן לוותר על ממונו בית דין אף מסייעים בידו לגבות את הממון; אך עיין להלן הערה 32, לדעות שונות.]

10. בפשטות, כוונתה היתה שאפילו החגורה ושאר הבגדים שלו היו גזולים (או שקיבל אותם ברבית), ואם יחזור בתשובה יצטרך להחזיר גם אותם; אך עיין לקמן צה, א.

[ראה מהרש"א המציע הסבר למה הזכירה דוקא "אבנט". וראה משנה ברורה מו, ח.]

11. מעיקר הדין, ברור שחזרה בתשובה מגזילה והלואה ברבית כוללת החזרת הממון האסור. כיון שכך, גזלן המתעורר לחזור בתשובה עלול להימנע מכך, כיון שיקשה לו מאד להשיב את כל גזילותיו, ומבלי להשיבם הוא יודע שאין תשובתו מתקבלת. על כן הוא גם לא יראה טעם לחדול ממעשיו, היות שגם אם יעשה כן ימשיך להיחשב רשע. כדי לעודד את הגזלנים לחדול ממעשיהם, הורו חכמים לנגזלים שלא לקבל מהם את הממון המוחזר, וממילא גזלן שיתעורר לחדול ממעשיו יעשה כן מתוך ידיעה שתשובתו תתקבל ומעתה ואילך לא יחשיבוהו לרשע.

הראשונים מעירים שמצאנו במקומות רבים בתלמוד שבית דין כפו גזלנים ומלוי ברבית להחזיר את המעות שקיבלו שלא כדין, והוא סותר לכאורה לתקנה זו. התירוץ המובא בהרבה ראשונים הוא, כפי שרמזנו בפנים, שהתקנה היתה רק לגבי גזלן או מלוה ברבית המתחרטים על מעשיהם הרעים ובאים **מעצמם** להחזיר את המעות

אמרו הלכה כרבי שמעון בן אלעזר וליה לא סבירא ליה א"ר חייא בר אבא אמר רבי יוחנן דבר תורה גזילה הנשתנית חוזרת בעיניה א) שנאמר א) והשיב את הגזלה אשר גזל מכל מקום ואם תאמר משנתנו א משום תקנת השבים ומי אמר ר' יוחנן הכי ב) והאמר רבי יוחנן הלכה כסתם משנה ותנן ג) לא הספיק ליתנו לו עד שצבעו פטור אמר להו ההוא מדרבנן ורבי יעקב שמיה לדידי מפרשא לי מיניה דרבי יוחנן כגון שגזל עצים משופין ועשאן כלים ב דהוה ליה שינוי החוזר לברייתו: ד) תנו רבנן ג הגזלנין ד ומלוי ברבית שהחזירו אין מקבלין מהן והמקבל מהן אין רוח חכמים נוחה הימנו אמר רבי יוחנן בימי רבי נשנית משנה זו דתניא מעשה באדם אחד שבקש לעשות תשובה א"ל אשתו ריקה אם אתה עושה תשובה אפילו אבנט אינו שלך ונמנע ולא עשה תשובה באותה שעה אמרו הגזלנין ומלוי רביות שהחזירו אין מקבלין מהם והמקבל מהם אין רוח חכמים נוחה הימנו מיתיבי ה) הניח להם אביהם מעות של רבית אע"פ שהן יודעין שהן רבית אין חייבין להחזיר אינהו הוא דלא הא אביהם חייב להחזיר בדין הוא דאביהם נמי אינו חייב להחזיר והא דקתני בדידהו ו) משום דקא בעי למתני סיפא הניח להם אביהם פרה וטלית וכל דבר המסויים חייבין להחזיר מפני כבוד אביהם תנא רישא נמי בדידהו ומפני כבוד אביהם חייבין להחזיר אקרי כאן ב) ונשיא בעמך לא תאור ו בעושה מעשה עמך ז) כדאמר רב פנחס בשעשה תשובה הכא נמי בשעשה תשובה אי עשה תשובה מאי בעי גביה איבעי ליה לאהדורי שלא הספיק להחזיר עד שמת תא שמע ח) הגזלנים ומלוי ברבית אע"פ שגבו מחזירין גזלנין מאי שגבו איכא אי גזול גזול ואי לא גזול לא גזול אלא אימא הגזלנין ומאי ניהו מלוי רביות אע"פ שגבו מחזירין ואין מקבלין מהם אלא למה מחזירין לצאת ידי שמים ת"ש ט) ה הרועים והגבאין והמוכסין תשובתן קשה ומחזירין למכירין אמרי מחזירין ואין מקבלין מהם ואלא למה מחזירין לצאת ידי שמים אי הכי אמאי תשובתן קשה ועוד אימא סיפא י) ו ושאין מכירין יעשה בהן צרכי ציבור ואמר רב חסדא ז בורות שיחין ומערות אלא לא קשיא כאן קודם תקנה כאן לאחר תקנה והשתא דאמר רב נחמן ח בשאין גזילה קיימת אפילו תימא אידי ואידי לאחר תקנה ולא קשיא כאן

רש"י

אמרו הלכה כרבי שמעון בן אלעזר. כלומר הכי אמר שמואל יש שאומר הלכה כרבי שמעון בן אלעזר וליה לא סבירא ליה: הנשתנית. אע"פ שנשתנה חוזרת בעיניה כמות שהיא עכשיו ואפי' השביחה דשינוי לא קני: וא"ת משנתנו. דקתני דלא משלם כלים אלא דמי עצים אלמא קני בשינוי: עד שצבעו פטור. לגמרי והכא תקנת השבים אינה ואפי' הכי קני בשינוי: מתניתין מוקי לה רבי יוחנן בגוזל עצים משופים כו'. משום הכי קאמר רבי יוחנן דטעמא משום תקנת השבים הוא דשינוי כי האי לאו שינוי הוא: אין רוח חכמים נוחה הימנו. ט אין רוח חכמה וחסידות בקרבו: אין חייבין להחזיר. דכתיב והשיב את הגזלה אשר גזל והני לא גזול מידי דקנינהו בשינוי רשות וקסבר רשות (א) יורש כרשות לוקח דמי: המסויים. דבר הניכר לרבים זו היא שגזל פלוני והניחה ליורשיו: בעושה מעשה עמך. וזה לא עשה מעשה עמו ואין חייבין בכבודו: רב פנחס. בחומר בקודש (חגיגה כו.): ואי לא גזול לא גזול. ואמאי קרי להו גזלנין: אע"פ שגבו. וכל שכן לא גבו דמקרעינא שטרא: הרועים. גזלנים הם לרעות בהמות בשדות אחרים: גבאים. של מלך לגבות כסף גולגלתא וארנונא ושקלי טפי: תשובתם קשה. שגזלו הרבים ואין יודעים למי להחזיר: ומחזירין למכירין. למי שמכיר שלו שגזלוהו: בורות שיחין ומערות. להכניס בהן מים לשתות דהוי דבר הצריך לכל ויהנו מהן הנגזלים אלמא אהדורי בעי: קודם תקנה. שבימי רבי נשנית משנה זו דמחייב למהדר: גזילה

תוספות

ותנן לא הספיק ליתנו לו כו'. תימה דלא מייתי מתני' דבהמה והזקינה עבדים והזקינו דמשלם כשעת הגזילה לקמן (דף צו:) ואפי' ר"מ לא פליג אלא בעבדים דליכא למימר דלדבריהם דרבנן קאמר להו כדבעי למימר לקמן (דף צה.) דהא ר"מ אית ליה דשינוי קונה גבי נותן צמר לצבע (לקמן ק:) ועוד הא קתני גזל מטבע ונסדק משלם כשעת הגזילה (לקמן צו:) וי"ל דכל הני הוי מצי למימר דהוה סתם ואח"כ מחלוקת דפליגי לקמן (ק:) ר"מ ור"י בצבעו לו אדום וצבעו שחור ואע"ג דטעמא דר' יהודה לא משום דסבר שינוי אין קונה כמו שאפרש לקמן (ב) מ"מ היינו יכולים לדחות כן אבל ההיא דלא הספיק ליתנו אין לדחות דאפי' הוי סתם בחדא מסכת ומחלוקת במסכת אחריתי אית ליה לר' יוחנן הלכה כסתם משנה:

בימי רבי נשנית משנה זו. אור"ת דלא לפניו ולא לאחריו אלא לדורו דוקא תקן משום מעשה שהיה ולא לדורות הבאין דהא מעשים בכל יום שמקבלים מן הגזלנים ודנין דיני גזילות כי ההוא דגזל פדנא דתורא לקמן (דף צו:) וההוא נרשאה דגנב סיפרא (לקמן דף קטו.) וההוא רעיא דבפ"ק דב"מ (דף ה.) ונסכא דרבי אבא (ב"ב דף לג:) ואמר נמי באיזהו נשך (ב"מ דף סא:) דרבית קצוצה יוצאה בדיינין ולכך לא פריך לקמן אלא מברייתות דהוה שונה ר' חייא שהיה תלמידו של רבי ולא הקשה ממתני' דקתני משלם כשעת הגזילה לפי שהמשניות היו קודם רבי אלא שרבי סדרם אבל ברייתות היה שונה ר' חייא מה שהיה מוסיף רבי על המשניות ור"י אומר דממתני' לא ה"מ למפרך דלא תקן רבי דאין מקבלים אלא מאותן בני אדם שרוב עסקם ומחייתם בכך והיו ניזונים בגזל ורבית ומתפרנסים בכך כל ימיהם כדקתני הגזלנין ומלוי ברבית דמשמע שאומנותם בכך וכן רועים וכל הנהו דמייתי אבל ממתניתין לא פריך שלא עשו תקנה מלקבל מאדם שגוזל ומלוה ברבית באקראי בעלמא אבל אין לפרש דלהכי לא פריך ממתני' משום דרבי לא תיקן אלא באותם שעשו תשובה וברייתא דמוכח מינה מיירי בעבד תשובה מדקתני וחייבים להחזיר מפני כבוד אביהם מכ"מ ההיא דגזלנים ומלוי ברבית לא משמע דאיירי בעבדי תשובה ועוד שכל אדם יכול להעריס שיעשה תשובה ויחזור מעצמו ולא יקבלו ממנו וכן ההיא דכל הכלים (שבת דף קכג:) דאמר ר' חנינא בימי נחמיה בן חכליה נשנית משנה זו וההיא דסוף אלו מציאות (ב"מ דף לג:) דקאמר בימי רבי נשנית משנה זו הכל מפרש ר"ת דלא נשנית אלא להוא דרא וכן ההיא דהוריות (דף יג:) ואין להאריך:

הא אביהם חייב להחזיר. ואם תאמר לצאת ידי שמים קאמר ויש לומר דדייק מדנקט לשון חייבין דהוה ליה למימר אין מחזירין דהוה משמע הא אביהן מחזיר לצאת ידי שמים: **אי** עשה תשובה כו'. וא"ת ולימא כגון שלא קיבלו ממנו דאין מקבלין מהם וי"ל דאם החזיר ולא קיבלו ממנו לא מחייבין בנים להחזיר מפני כבוד אביהן דתו ליכא גנאי א"נ בדבר המסוים ומקבלין מהן מפני כבודו ומשני בשלא הספיק להחזיר עד שמת לפיכך חייבים בנים להחזיר מפני כבוד אביהן ומקבלין מהן דלא שייכא תקנה גבי בנים ועי"ל מאי בעי גביה דאיבעי ליה למוכרו או להוציא מתחת ידו ומדלא חשש לכבודו א"כ אמאי חייבין בנים להחזיר וכן נ"ל באיזהו נשך (ב"מ דף סב. ושם ד"ה תנאי) דשם לא יתכן לפרש בע"א דפריך מהא ברייתא למ"ד רבית קצוצה אין יוצאה בדיינין דמשמע הא אביהן חייב להחזיר ומשני כי הכא ופריך אי עבד תשובה מאי בעי גביה ומאי קושיא אי רבית קצוצה אין יוצאה בדיינין אין חייב להחזירה אפילו לצאת ידי שמים כדמוכח התם דפריך מההיא דמייתי בסמוך הגזלנים ומלוי רביות אע"פ שגבו מחזירין ומשני תנאי היא ולא משני בבא לצאת ידי שמים כדמשני הכא בסמוך דכיון דדרשינן למיתה ניתן ולא להשבון או למורא ניתן ולא להשבון אפי' לצאת ידי שמים לא מחייב ולא כפי' ריב"ן שפירש למורא ניתן (ג) יירא את ה' והחזיר מיראתו ולא להשבון על פי ב"ד אלא נ"ל דהכי פריך מאי בעי גביה דכיון דלא חשש למוכרה ולהוציאה או להחזירה מפני כבודו תו לא מחייבי בנים משום כבוד אביהן: **לצאת** ידי שמים. בפרק איזהו נשך לא ה"מ לשנויי הכי למ"ד רבית קצוצה אינה יוצאה בדיינין דלדידיה אפי' לצאת ידי שמים לא מחייב כדפרישית וסוגיא דהכא כמ"ד רבית קצוצה יוצאה בדיינין אלא דתיקנו דאין מקבלין מדרבנן ולא שייך לשנויי הכא תנאי היא כדמשני התם דהנהו תנאי דהתם קדמו:
כאן

עין משפט נר מצוה

יא א מיי' פ"ב מהל' גזלה ואבדה הלכה ב ועיין בהשגות ובמ"מ סמג עשין עג טוש"ע ח"מ סי' שסב סעי' ב:
יב ב מיי' שם הל' י סמג שם טוש"ע ח"מ סי' שם סעי' ה:
יג ג מיי' פ"א מהל' גזלה ואבידה הלכה יג ופ"ד מהל' מלוה ולוה הלכה ה סמג לאוין קצג ועשין עג טוש"ע ח"מ סי' שסו סעי' א:
יד ד מיי' פ"ד מהל' מלוה ולוה הלכה ה סמג לאוין קצג טוש"ע י"ד סי' קסא סעי' ז:
טו ה ו ז טוש"ע ח"מ סי' שסו סעיף ב:
טז ח מיי' פ"א מהל' גזלה ואבדה הל' יג סמג עשין עג טוש"ע ח"מ סי' שסו סעיף א:

ליקוטי רש"י

הלכה כסתם משנה. רבי הוא סדר המשנה וכשראה דברי חכם וישרו בעיניו שנאן סתם ולא הזכיר שם אומרו עליהן כדי שלא יהו שנויה מפי יחיד ונראין כאילו נשנו מפי המרובים ויעשו כמותן [ביצה ב:]. וסתם נמי במשנה דברי יחידים שראה רבי את דבריהם ושנאן סתם כדי לקבוע הלכה כמותם [ב"מ לג:]. **לא הספיק ליתנו וכו'.** לראשית הגז לכהן [לעיל סו.]. **עד שצבעו.** ישראל זה. **פטור.** דקנייה בשינוי דהוה ליה כמזיק מתנות כהונה או שאכלן [חולין קלה.]. **אין רוח חכמים נוחה הימנו.** אין נחת רוח לחכמי ישראל במעשיו של זה אין דעתם נוחה עליהם הימנו על ידו [ב"מ מח.]. **אינהו הוא דלא הא אביהם חייב להחזיר.** כדתניא רבה בהגוזל בתרא (דף קיב.) ומי אמיך עמך לדידיה הוא דאזהריה רחמנא אהדר ליה דניחי בהדן דסיפיה דקרא ארישיה קאי אל תקח ואם לקחת החזר אבל לבריה לא אזהר [ב"מ סב.]. **בעושה מעשה עמך.** בעמך דרשינן הכי [ב"מ מח:]. **ושאין מכירין.** שאין יודע למי גזל שגזל אנשים הרבה. **בורות שיחין ומערות.** שמתכנסין בהן מים ושותין מהן ובב"ק (לעיל נ:) מפרש מאי בור ומאי שיח ומאי מערה [ביצה כט.]. בור עגול הוא שיח ארוכה וקצרה מערה מרובעת ומכוסה בקרוי אלא שיש לה פה [לעיל נ:]. ואע"ג דקיימא לן יתקן בהם צרכי רבים לאו תשובה מעלייתא הוא [יבמות כא.].

מסורת הש"ס

א) לעיל סו., ב) [שבת מו. וש"נ], ג) [חולין קלה. לעיל סו. לג:], ד) [תוס' שביעית פ"ח הי"ב], ה) ב"מ סב. [תוס' דב"מ ספ"ה] לקמן קיב., ו) [שבת ל. וש"נ נדרים כח: וש"נ], ז) ב"מ [מח:] סב. יבמות כב: סנהדרין פה. [ב"ב ד. מכות ח:], ח) חגיגה כו., ט) ב"מ סב., י) [תוספתא דב"מ פ"ח ה"ט], כ) ביצה כט. ע"ש.

הגהות הב"ח

(א) רש"י ד"ה אין חייבין וכו' וקסבר רשות. נ"ב ע"ל בפ' בתרא ריש דף קיב: (ב) תוס' ד"ה ותנן וכו' שאפרש לקמן. נ"ב בדף לה ע"ב בד"ה בשבת לפי פר"ת: (ג) ד"ה אי עשה וכו' כפי' ריב"ן שפירש למורא ניתן לירא את ה' שיש לו להחזיר מיראתו:

גליון הש"ס

רש"י ד"ה אין רוח חכמים כו' אין רוח חכמה. עי' תוי"ט פ"ג משנה י' דאבות:

תורה אור השלם

א) וְהָיָה כִּי יֶחֱטָא וְאָשֵׁם וְהֵשִׁיב אֶת הַגְּזֵלָה אֲשֶׁר גָּזָל אוֹ אֶת הָעֹשֶׁק אֲשֶׁר עָשָׁק אוֹ אֶת הַפִּקָּדוֹן אֲשֶׁר הָפְקַד אִתּוֹ אוֹ אֶת הָאֲבֵדָה אֲשֶׁר מָצָא: [ויקרא ה, כג]
ב) אֱלֹהִים לֹא תְקַלֵּל וְנָשִׂיא בְעַמְּךָ לֹא תָאֹר: [שמות כב, כז]

מקשה הגמרא:

מֵיתִיבֵי — הקשו על כך מהברייתא הבאה[12]: יורשים ש**הִנִּיחַ לָהֶם אֲבִיהֶם** בירושה **מָעוֹת שֶׁל רִבִּית** שקיבל שלא כדין, **אַף עַל פִּי שֶׁהֵן יוֹדְעִין** בודאי **שֶׁ**מעות אלה **הֵן** של **רִבִּית, אֵין חַיָּבִין לְהַחֲזִיר** אותן[13]. ויש לדייק מהברייתא: **אִינְהוּ הוּא דְּלֹא** — הבנים, הם שאינם חייבים להחזיר את מעות הרבית שירשו מאביהם; **הָא** — אבל **אֲבִיהֶם** עצמו, אילו היה עדיין בחיים, היה **חַיָּב לְהַחֲזִיר** אותן. והרי מכאן סתירה לברייתא הקודמת, המלמדת שאם המלוה ברבית בא להחזיר את המעות של רבית שקיבל, אין מקבלים אותן ממנו[14]!

מתרצת הגמרא:

בְּדִין הוּא דַּאֲבִיהֶם נַמִּי אֵינוֹ חַיָּב לְהַחֲזִיר — האמת היא שגם אביהם, בעודו בחיים, לא היה חייב להחזיר את הרבית, כפי שנתקן בימי רבי. **וְהָא דְּקָתָנֵי בְּדִידְהוּ** — ומה ששנה התנא של הברייתא את הפטור לגביהם, היינו לגבי בני המלוה, ולא לגבי אביהם, הוא **מִשּׁוּם דְּקָא בָּעֵי לְמִתְנֵי סֵיפָא** — שרצה לִשְׁנות בסיפא של הברייתא את הדין הבא: אם **הִנִּיחַ לָהֶם אֲבִיהֶם** ממה שקיבל ברבית **פָּרָה וְטַלִּית** (או טלית) **וְכָל דָּבָר הַמְסוּיָּים** — דבר חשוב הניכר לרבים שהוא החפץ שהיה של פלוני, הרי הם **חַיָּיבִין לְהַחֲזִיר** אותו לבעליו **מִפְּנֵי כְּבוֹד אֲבִיהֶם**, שלא יראו אנשים את החפץ אצלם ויזכירו שהאב קיבל אותו מחמת הלואה אסורה ברבית[15]. ואגב דין זה שנוגע לבנים, **תָּנָא רֵישָׁא נַמִּי בְּדִידְהוּ** — שנה התנא גם את הדין של הרישא לגביהם[16].

כיון שהוזכרה הברייתא, מפסיקה הגמרא כדי להקשות על הוראתה האחרונה:

וּמִפְּנֵי כְּבוֹד אֲבִיהֶם, האמנם **חַיָּיבִים** הם **לְהַחֲזִיר** את הרבית? **אִקְרֵי כָּאן** — הרי יש לקרוא כאן את הפסוק (שמות כב, כז): "**וְנָשִׂיא בְעַמְּךָ לֹא תָאֹר**". לשון הכתוב "בְעַמְּךָ", מלמד שהאיסור לקלל את הנשיא נוהג רק **בְּ**מקרה שהוא **עוֹשֶׂה מַעֲשֵׂה עַמְּךָ**, היינו שהוא נוהג על פי דת ישראל ומקיים את התורה והמצוות. אבל נשיא בעל עבירות, אין כל איסור לקללו ובודאי אין חיוב לכבדו. כמו כן באב שהתורה ציותה לכבדו, אין החיוב נוהג אלא באב השומר תורה ומצוות, ולא בחוטא כגון המלוה ברבית שלא כדין[17]!

מתרצת הגמרא:

יש לתרץ את הקושיא **כִּדְאָמַר רַב פִּנְחָס** (בחגיגה כו, א) בתירוץ קושיא אחרת: דין מסויים הנאמר (במשנה שם) בגנב, עוסק **בְּ**גנב **שֶׁעָשָׂה תְּשׁוּבָה. הָכָא נַמִּי** — גם כאן, בענין הברייתא שלנו, יש לומר שהיא עוסקת **בְּ**מקרה **שֶׁעָשָׂה** האב **תְּשׁוּבָה** לפני מותו, ולפיכך חייבים בניו לכבדו[18].

הערות

שלקחו שלא כדין. במקרה כזה הורו חכמים לנגזל שימחל על מעותיו, כדי לסייע לעבריין לשוב לדרך הישרה (ראה גם רמב"ם הלכות מלוה ולוה ד, יג). מה שאין כן במי שעומד במרדו ולא התעורר להחזיר את הממון האסור שבידו עד שהנגזל תבעו לדין, לא תיקנו חכמים שום תקנה לטובתו, ובודאי בית דין אף יכופו אותו להחזיר את מה שלקח שלא כדין (ראה רמ"ה ורבינו יהונתן מלוניל, מובאים בשיטה מקובצת; רא"ש, ב; נמוקי יוסף לג, ב מדפי הרי"ף בשם הרא"ה; רמב"ם הלכות גזלה ואבדה א, יג עם מגיד משנה; עיין גם רמב"ם הלכות מלוה ולוה ד, יג עם השגות הראב"ד ומגיד משנה; אך עיין תוספות בסוף דבריהם). בהתאם לחילוק זה נבאר גם את המשך הסוגיא; ועיין להלן, הערה 32 לחילוקים נוספים. [גם דברי המגיד משנה שהובאו לעיל (הערה 9) נאמרו כתירוץ לקושיא זו, שלמרות התקנה יתכן שיכופו בית דין את הגזלן לשלם, אם הנגזל דורש זאת.]

12. לכאורה, כוונת הגמרא היא להקשות סתירה בין הברייתא שהובאה זה עתה, לבין הברייתא הבאה. רק שאם כן, השימוש בלשון "מֵיתִיבֵי" כאן הוא חריג, שכן בדרך כלל הגמרא משתמשת בה כשהיא באה להקשות מברייתא על מימרא של **אמורא**, כיון שדברי אמורא דינם להידחות מפני הברייתא. מה שאין כן כשהיא רוצה להקשות סתירה בין שני מאמרים של תנאים, שאין האחד עדיף על חבירו, משתמשת הגמרא בלשון "וּרְמִינְהוּ", שמשמעו: והטילו אותם זה מול זה. עיין כללי הגמרא לבית יוסף ב, א, א, הדן במקרה חריג זה; אך עיין יבין שמועה שם.

13. [כלומר: הדין שאינם חייבים להחזיר את המעות, נוהג לא רק כאשר יש **להניח** שהמעות הן של רבית, כגון כאשר עיקר פרנסתו של האב היתה מהלוואות ברבית, אלא אפילו כאשר ידוע להם **בודאי** שהאב קיבל מעות מסויימות אלה ברבית (תורת חיים).]

הטעם שהיורשים אינם חייבים להחזיר את הגזילה הוא, שלגבי הגזלן נאמר (ויקרא ה, כג): "וְהֵשִׁיב אֶת הַגְּזֵלָה אֲשֶׁר גָּזָל", והרי יורשיו לא גזלו דבר. ואין לטעון שמכל מקום עליהם להשיב את החפץ עצמו כיון שהוא שייך עדיין לנגזל ונמצא שהיורשים עצמם גוזלים אותו; שכן תנא זה סובר שרשות היורש אינה נחשבת כהמשך רשות המוריש אלא כרשות נפרדת, והרי הוא כאדם זר שקנה את החפץ מהגזלן לאחר יאוש הבעלים ("רשות יורש כרשות לוקח"), שהוא זוכה בחפץ מכח הצירוף של יאוש ושינוי רשות (רש"י, על פי דעת רמי בר חמא לקמן קיא, ב — קיב, א; ראה להלן בסוף ההערה).

[אף שהברייתא עוסקת ברבית ולא בגזילה, מביא רש"י את הפסוק ואת הדין השייכים לגזילה, משום שהם שייכים גם לרבית.]

[הגמרא לקמן (קיב, א) מביאה מחלוקת אמוראים מדוע אין היורשים חייבים להחזיר את מעות הרבית: רמי בר חמא נותן את הטעם שהובא ברש"י כאן, שהיורשים קונים את הרבית בייאוש ושינוי רשות. אולם, רבא סובר שכאשר נכסים עוברים מאדם ליורשיו במותו, אין הם נחשבים כעוברים מרשות לרשות, אלא היורש נחשב כממשיך רשות המוריש ("רשות יורש **לאו** כרשות לוקח"). הלכך, היורש חפץ גזול מאביו אינו קונה אותו בשינוי רשות, וכל זמן שהחפץ קיים הוא חייב להשיבו לבעליו. [אם איננו קיים, אף אם היורש עצמו אכלו, אינו חייב לשלם את דמיו לבעלים, שכן חיוב זה הוא בודאי חיוב אישי החל רק על הגזלן עצמו ולא על אדם אחר (ראה לקמן קיא, ב ורש"י שם, ד"ה כשאכלום).] לדעתו, הטעם שאין היורשים חייבים להחזיר את מעות הרבית הוא, שלמעשה הלוה נתן מעות אלה למלוה מרצון, ועל כן המלוה קונה אותן קנין גמור, ואין עליו חיוב ממוני להחזירן. ואף שהתורה ציותה את המלוה להחזיר את הרבית (כפי שנדרש בגמרא שם מפסוק), אין להגדיר את הרבית כממון שאינו שלו [שאם כן, גם היורשים היו חייבים להשיבו, כפי שנתבאר לעיל], אלא היא מצוה מיוחדת שהתורה ציותה את המלוה שקיבל את הרבית, ומצוה זו לא נצטוה בה אלא הוא עצמו ולא יורשיו (עיין ריטב"א קידושין ו, ב ומשנה למלך, הלכות מלוה ולוה ד, ג). היות שפסקו הפוסקים כרבא, שרשות יורש **לאו** כרשות לוקח, תמהים האחרונים מדוע בחר רש"י לפרש את הברייתא דוקא על פי דרכו של רמי בר חמא, ולא כפירושו של רבא. לדיון בשאלה זו, עיין גידולי תרומה מו, ד, א; משנה למלך, הלכות מלוה ולוה ד, ד; שער המלך, הלכות גזילה ואבידה א, יג; חידושי רבי עקיבא איגר וחדושי הרי"ם, כאן.]

14. לכאורה באותה מדה היתה הגמרא יכולה להקשות ממשנתנו המלמדת שהגוזל עצים וכו׳ משלם כשעת הגזילה, והרי שמקבלים ממנו! אלא שיש חילוק בין הלשונות: המשנה המשתמשת בלשון "משלם", יש לפרשה שהכוונה לגזלן שתובעים אותו בדין ובית דין כופים אותו לשלם. כפי שנתבאר לעיל (הערה 11), לגבי אדם כזה לא נתקנה התקנה האוסרת לקבל ממנו. מה שאין כן בברייתא המשתמשת בלשון "להחזיר", מבינה הגמרא בפשטות שהכוונה ליורשים הבאים מעצמם להחזיר את הממון האסור שקיבלו שלא כדין, וממילא גם הדיוק לגבי אביהם מתייחס למקרה שהאב היה בא מעצמו להחזיר את הממון, ועל כן היא מקשה שעל פי התקנה היה ראוי שלא לקבל ממנו. גם כל הקושיות שתעלה הגמרא בהמשך, הן מברייתות המשתמשות בלשון "החזרה", ומאותו הטעם (רמ"ה, מובא בשיטה מקובצת).

15. מכיון שהטלית, הפרה או שאר דברים המסויימים, ניכרים כחפצים שנלקחו ברבית, כאשר אנשים יראו חפצים אלה ברשות הבנים יזכר אביהם על ידיהם לקלון. כדי למנוע קלון זה, קבעו חכמים שאם החזירו הבנים חפצים אלה מקבלים מהם, ומלבד זאת הבנים אף **חייבים** להחזיר את החפצים כמפורש בברייתא (ראה רש"י בבא מציעא סב, א ד"ה המסויים; עיין גם תוספות כתובות פו, א ד"ה פריעת, ומשנה למלך הלכות מלוה ולוה ד, ד).

16. כאשר אמר התנא במקרה הראשון שהבנים אינם חייבים להחזיר את הרבית, הוא לא התכוון לרמז שהאב כן היה חייב להחזירה; אלא, כיון שהתנא רצה להשמיענו בסיפא שאם האב קיבל ברבית דבר מסויים ומת, חייבים הבנים להחזירו מפני כבוד אביהם [והוא דבר שאי אפשר ללמדו לגבי האב עצמו, שהרי אם הוא פטור מלהחזירו מן הדין אי אפשר לחייבו לעשות כן מפני כבוד עצמו], על כן נקט גם ברישא מקרה שהאב מת והוריש את הרבית לבניו. יתר על כן, כיון שבסיפא מלמד התנא שבדבר המסויים חייבים הבנים להחזירו מפני כבוד אביהם, על כן הדגיש ברישא שבדבר שאינו מסויים אפילו הבנים אינם חייבים להחזירו מאותו הטעם (מהדורא בתרא למהרש"א).

17. הביטוי "בְעַמְּךָ" מיותר (מכילתא), שהרי מובן מאליו שהתורה מתייחסת לנשיא ישראל. לפיכך, ניתן לדרוש אותו כהגבלת הדין לנשיא שלא יצא מכלל עם ישראל הכשרים השומרים את התורה והמצוות כראוי. ואף שתנאי זה נאמר לגבי האיסור לקלל נשיא, מבינה הגמרא בפשטות שהוא הדין לכל מצוה שמטרתה לנהוג כבוד באדם כלשהו מישראל. ואף קל וחומר הוא, שהרי כבודו של נשיא חמור יותר משל אב, שהרי אב שמחל על כבודו כבודו מחול, ואילו נשיא שמחל על כבודו אין כבודו מחול (ראה קידושין לב, א-ב), ואם נשיא אין חייבים לכבדו כשאינו "עושה מעשה עמך", כל שכן באב (עיין שיטה למהריק"ש).

18. מתשובת הגמרא כאן משמע שמצות כיבוד אב אכן אינה נוהגת באב בעל עבירות שלא עשה תשובה. ואכן, כך פוסקים הסמ"ג (עשה קיב) והטור (יורה דעה רמ, קרוב לסופו) על פי גמרתנו, ודעה זו מובאת על ידי הרמ"א (שם, יח). אולם, הרמב"ם (הלכות ממרים ו, יא) פוסק שחייב אדם לכבד את אביו החוטא [אף על פי שאינו

אמרו הלכה כרבי שמעון בן אלעזר וליה לא סבירא ליה א"ר חייא בר אבא אמר רבי יוחנן דבר תורה גזילה הנשתנית חוזרת בעיניה א) שנאמר א) והשיב את הגזילה אשר גזל מכל מקום ואם תאמר משנתנו א משום תקנת השבים ומי אמר ר' יוחנן הכי ב) והאמר רבי יוחנן הלכה כסתם משנה ותנן ג) לא הספיק ליתנו לו עד שצבעו פטור אמר להו ההוא מדרבנן ורבי יעקב שמיה לדידי מפרשא לי מיניה דרבי יוחנן כגון שגזל עצים משופין ועשאן כלים ב דהוה ליה שינוי החוזר לברייתו: ד) תנו רבנן ג הגזלנין ד ומלוי ברבית שהחזירו אין מקבלין מהן והמקבל מהן אין רוח חכמים נוחה הימנו אמר רבי יוחנן בימי רבי נשנית משנה זו דתניא מעשה באדם אחד שבקש לעשות תשובה א"ל אשתו ריקה אם אתה עושה תשובה אפילו אבנט אינו שלך ונמנע ולא עשה תשובה באותה שעה אמרו הגזלנין ומלוי רביות שהחזירו אין מקבלין מהם והמקבל מהם אין רוח חכמים נוחה הימנו מיתיבי ה) הניח להם אביהם מעות של רבית אע"פ שהן יודעין שהן רבית אין חייבין להחזיר אינהו הוא דלא הא אביהם חייב להחזיר בדין הוא דאביהם נמי אינו חייב להחזיר והא דקתני בדידהו ו) משום דקא בעי למתני סיפא הניח להם אביהם פרה וטלית וכל דבר המסויים חייבין להחזיר מפני כבוד אביהם תנא רישא נמי בדידהו ומפני כבוד אביהם חייבין להחזיר אקרי כאן ב) ונשיא בעמך לא תאור ז) בעושה מעשה עמך ח) כדאמר רב פנחס בשעשה תשובה הכא נמי בשעשה תשובה אי עשה תשובה מאי בעי גביה איבעי ליה לאהדורי שלא הספיק להחזיר עד שמת תא שמע ט) הגזלנים ומלוי ברבית אע"פ שגבו מחזירין גזלנין מאי שגבו איכא אי גזול גזול ואי לא גזול לא גזול אלא אימא הגזלנין ומאי ניהו מלוי רביות אע"פ שגבו מחזירין אמרי מחזירין ואין מקבלין מהם אלא למה מחזירין לצאת ידי שמים ת"ש י) ה הרועים והגבאין והמוכסין תשובתן קשה ומחזירין למכירין אמרי מחזירין ואין מקבלין מהם ואלא למה מחזירין לצאת ידי שמים אי הכי אמאי תשובתן קשה ועוד אימא סיפא כ) ו ושאין מכירין יעשה בהן צרכי ציבור ואמר רב חסדא ז בורות שיחין ומערות אלא לא קשיא כאן קודם תקנה כאן לאחר תקנה והשתא דאמר רב נחמן ח בשאין גזילה קיימת אפילו תימא אידי ואידי לאחר תקנה ולא קשיא
כאן

רש"י

אמרו הלכה כרבי שמעון בן אלעזר. כלומר הכי אמר שמואל יש שאומר הלכה כרבי שמעון בן אלעזר וליה לא סבירא ליה: הנשתנית. אע"פ שנשתנה חוזרת בעיניה כמות שהיא עכשיו ואפי' השביחה דשינוי לא קני: וא"ת משנתנו. דקתני דלא משלם כלים אלא דמי עצים אלמא קני בשינוי: עד שצבעו פטור. לגמרי והכא תקנת השבים אינה ואפי' הכי קני בשינוי: מתניתין מוקי לה רבי יוחנן בגוזל עצים משופים כו'. משום הכי קאמר רבי יוחנן דטעמא משום תקנת השבים הוא דשינוי כי האי לאו שינוי הוא: אין רוח חכמים נוחה הימנו. ט אין רוח חכמה וחסידות בקרבו: אין חייבין להחזיר. דכתיב והשיב את הגזלה אשר גזל והני לא גזול מידי דקנינהו בשינוי רשות וקסבר רשות (א) יורש כרשות לוקח דמי: המסויים. דבר הניכר לרבים זו היא שגזל פלוני והניחה ליורשיו: בעושה מעשה עמך. וזה לא עשה מעשה עמו ואין חייבין בכבודו: רב פנחס. בחומר בקודש (חגיגה כו.): ואי לא גזול לא גזול. ואמאי קרי להו גזלנין: אע"פ שגבו. וכל שכן לא גבו דמקרעינא שטרא: הרועים. גזלנים הם לרעות בהמות בשדות אחרים: גבאים. של מלך לגבות כסף גולגלתא וארנונא ושקלי טפי: תשובתם קשה. שגזלו הרבים ואין יודעים למי להחזיר: ומחזירין למכירין. למי שמכיר שלו שגזלוהו: בורות שיחין ומערות. להכניס בהן מים לשתות דהוי דבר הצריך לכל ויהנו מהן הנגזלים אלמא אהדורי בעי: קודם תקנה. שבימי רבי נשנית משנה זו דמחייב למהדר:
גזילה

תוספות

ותנן לא הספיק ליתנו לו כו'. תימה דלא מייתי מתני' דבהמה והזקינה עבדים והזקינו דמשלם כשעת הגזילה לקמן (דף צו:) ואפי' ר"מ לא פליג אלא בעבדים דליכא למימר דלדבריהם דרבנן קאמר להו כדבעי למימר לקמן (דף צה.) דהא ר"מ אית ליה דשינוי קונה גבי נותן צמר לצבע (לקמן ק:) ועוד הא קתני גזל מטבע ונסדק משלם כשעת הגזילה (לקמן צו:) וי"ל דכל הני הוי מצי למימר דהוה סתם ואח"כ מחלוקת דפליגי לקמן (ק:) ר"מ ור"י בצבעו לו אדום וצבעו שחור ואע"ג דטעמא דר' יהודה לא משום דסבר שינוי אין קונה כמו שאפרש לקמן (ב) מ"מ הייתי יכולים לדחות כן אבל ההיא דלא הספיק ליתנו אין לדחות דאפי' הוי סתם בחדא מסכת ומחלוקת במסכת אחריתי אית ליה לר' יוחנן הלכה כסתם משנה:

בימי רבי נשנית משנה זו. אור"ת דלא לפניו ולא לאחריו אלא לדורו דוקא תקן משום מעשה שהיה ולא לדורות הבאין דהא מעשים בכל יום שמקבלים מן הגזלנים ודנין דיני גזילות כי ההוא דגזל פדנא דתורא לקמן (דף צו:) וההוא נרשאה דגנב סיפרא (לקמן דף קטו.) וההוא רעיא דפ"ק דב"מ (דף ה.) ונסכא דרבי אבא (ב"ב דף לג:) ואמר נמי באיזהו נשך (ב"מ דף סא:) דרבית קצוצה יוצאה בדיינין ולכך לא פריך לקמן אלא מברייתות דהוה שונה ר' חייא שהיה תלמידו של רבי ולא הקשה ממתני' דקתני משלם כשעת הגזילה לפי שהמשניות היו קודם רבי אלא שרבי סדרם אבל ברייתות היה שונה ר' חייא מה שהיה מוסיף רבי על המשניות ור"י אומר דממתני' לא ה"מ למפרך דלא תקן רבי דאין מקבלים אלא מאותן בני אדם שרוב עסקם ומחייתם בכך והיו ניזונים בגזל ורבית ומתפרנסים בכך כל ימיהם כדקתני הגזלנין ומלוי ברבית דמשמע שאומנותם בכך וכן רועים וכל הנהו דמייתי אבל ממתניתין לא פריך שלא עשו תקנה מלקבל מאדם שגוזל ומלוה ברבית באקראי בעלמא אבל אין לפרש דלהכי לא פריך ממתני' משום דרבי לא תיקן אלא באותם שעשו תשובה ובריית' דמוכח מינה מיירי בעבד תשובה מדקתני וחייבים להחזיר מפני כבוד אביהם מכ"מ ההיא דגזלנים ומלוי ברבית לא משמע דאיירי בעבדי תשובה ועוד שכל אדם יכול להערים שיעשה תשובה ויחזור מעצמו ולא יקבלו ממנו וכן ההיא דכל הכלים (שבת דף קכג:) דאמר ר' חנינא בימי נחמיה בן חכליה נשנית משנה זו וההיא דסוף אלו מציאות (ב"מ דף לג:) דקאמר בימי רבי נשנית משנה זו הכל מפרש ר"ת דלא נשנית אלא להוא דרא וכן ההיא דהוריות (דף יג:) ואין להאריך:

הא אביהם חייב להחזיר. ואם תאמר לצאת ידי שמים קאמר ויש לומר דדייק מדנקט לשון חייבין דהוה ליה למימר אין מחזירין דהוה משמע הא אביהן מחזיר לצאת ידי שמים: אי עשה תשובה כו'. וא"ת ולימא כגון שלא קיבלו ממנו דאין מקבלין מהם וי"ל דאם החזיר ולא קיבלו ממנו לא מחייבין בנים להחזיר מפני כבוד אביהן דתו ליכא גנאי א"נ בדבר המסוים ומקבלין מהן מפני כבודו ומשני בשלא הספיק להחזיר עד שמת לפיכך חייבים בנים להחזיר מפני כבוד אביהן ומקבלין מהן דלא שייכא תקנה גבי בנים ועי"ל מאי בעי גביה דאיבעי ליה למוכרו או להוציא מתחת ידו ומדלא חשש לכבודו א"כ אמאי חייבין בנים להחזיר וכן נ"ל באיזהו נשך (ב"מ דף סב. ושם ד"ה תנאי) דשם לא יתכן לפרש בע"א דפריך מהא ברייתא למ"ד רבית קצוצה אין יוצאה בדיינין דמשמע הא אביהן חייב להחזיר ומשני כי הכא ופריך אי עבד תשובה מאי בעי גביה ומאי קושיא אי רבית קצוצה אין יוצאה בדיינין אין חייב להחזירה אפילו לצאת ידי שמים כדמוכח התם דפריך מההיא דמייתי בסמוך הגזלנים ומלוי רביות אע"פ שגבו מחזירין ומשני תנאי היא ולא משני בבא לצאת ידי שמים כדמשני הכא בסמוך דכיון דדרשינן למיתה ניתן ולא להשבון או למורא ניתן ולא להשבון אפי' לצאת ידי שמים לא מחייב ולא כפי' ריב"ן שפירש למורא ניתן (ג) הירא את ה' והחרד מיראתו ולא להשבון על פי ב"ד אלא נ"ל דהכי פריך מאי בעי גביה דכיון דלא חשש למוכרה ולהוציאה או להחזירה מפני כבודו תו לא מחייבי בנים משום כבוד אביהן: לצאת ידי שמים. בפרק איזהו נשך לא ה"מ לשנויי הכי למ"ד רבית קצוצה אינה יוצאה בדיינין דלדידיה אפי' לצאת ידי שמים לא מחייב כדפרישית וסוגיא דהכא כמ"ד רבית קצוצה יוצאה בדיינין אלא דתיקנו דאין מקבלין מדרבנן ולא שייך לשנויי הכא תנאי היא כדמשני התם דהנהו תנאי דהתם קדמו:
כאן

עין משפט נר מצוה

יא א מיי' פ"ב מהל' גזלה ואבדה הלכה ב ועיין בהשגות ובמ"מ סמג עשין עג טוש"ע ח"מ סי' שסב סעי' ב:
יב ב מיי' שם הל' י סמג שם טוש"ע ח"מ סי' שם סעי' ה:
יג ג מיי' פ"א מהל' גזלה ואבידה הלכה יג ופ"ד מהל' מלוה ולוה הלכה ה סמג לאוין קצג ועשין עג טוש"ע ח"מ סי' שסו סעי' א:
יד ד מיי' פ"ד מהל' מלוה ולוה הלכה ה סמג לאוין קצג טוש"ע י"ד סי' קסא סעי' ז:
טו ה ו ז טוש"ע ח"מ סי' שסו סעיף ב:
טז ח מיי' פ"א מהל' גזלה ואבדה הל' יג סמג עשין עג טוש"ע ח"מ סי' שסו סעיף א:

ליקוטי רש"י

הלכה כסתם משנה. רבי הוא סדר המשנה וכשראה דברי חכם וישרו בעיניו שנאן סתם ולא הזכיר שם אומרו עליהן כדי שלא יהו שנויה מפי יחיד ונראין כאילו נשנו מפי המרובים ויעשו כמותן [ביצה ב:]. וסתם נמי במשנה דברי יחידים שראה רבי את דבריהם ושנאן סתם כדי לקבוע הלכה כמותם [ב"מ לג:]. לא הספיק ליתנו וכו'. לראשית הגז לכהן [לעיל סו.]. עד שצבעו. ישראל זה. פטור. דקנייה בשינוי דהוה ליה כמזיק מתנות כהונה או שאכלן [חולין קלה.]. אין רוח חכמים נוחה הימנו. אין נחת רוח לחכמי ישראל במעשיו של זה אין דעתם נוחה עליהם הימנו על ידו [ב"מ מח.]. אינהו הוא דלא הא אביהם חייב להחזיר. כדתניא רבה בהגוזל בתרא (דף קיב.) ומי אחיך עמך לדידיה הוא דאזהריה רחמנא אהדר ליה דניחי בהדך דסיפיה דקרא ארישיה קאי אל תקח ואם לקחת החזר אבל לבריה לא אזהר [ב"מ סב.]. בעושה מעשה עמך. בעמך דרשינן הכי [ב"מ מח:]. ושאין מכירין. שאין יודע למי גזל שגזל אנשים הרבה. בורות שיחין ומערות. שמתכנסין בהן מים ושותין מהן ובב"ק (לעיל נ:) מפרש מאי בור ומאי שיח ומאי מערה [ביצה כט.]. בור עגול הוא שיח ארוכה וקצרה מערה מרובעת ומכוסה בקרוי אלא שיש לה פה [לעיל נ:]. ואע"ג דקיימא לן יתקן בהם צרכי רבים לאו תשובה מעלייתא הוא [יבמות כא.].

מסורת הש"ס

א) לעיל סז., ב) [שבת מו. וש"נ], ג) [חולין קלה. לעיל סו. לג:], ד) [תוס' שביעית פ"ח הי"ב], ה) ב"מ סב. [תוס' דב"מ ספ"ה] לקמן קיב., ו) [שבת ל. וש"נ נדרים כח: וש"נ], ז) ב"מ [מח:] סב. יבמות כב: סנהדרין פה. [ב"ב ד. מכות ח:], ח) חגיגה כו., ט) ב"מ סב., י) [תוספתא דב"מ פ"ח ה"ט], כ) ביצה כט. ע"ש.

הגהות הב"ח

(א) רש"י ד"ה אין חייבין וכו' וקסבר רשות. נ"ב ע"ל בפ' בתרא ריש דף קיב: (ב) תוס' ד"ה ותנן וכו' שאפרש לקמן. נ"ב בדף לה ע"ב בד"ה בשבת לפי פר"ת: (ג) ד"ה אי עשה וכו' כפי' ריב"ן שפירש למורא ניתן לירא את ה' שיש לו להחזיר מיראתו:

גליון הש"ס

רש"י ד"ה אין רוח חכמים כו' אין רוח חכמה. עי' תוי"ט פ"ג משנה י' דאבות:

תורה אור השלם

א) וְהָיָה כִּי יֶחֱטָא וְאָשֵׁם וְהֵשִׁיב אֶת הַגְּזֵלָה אֲשֶׁר גָּזָל אוֹ אֶת הָעֹשֶׁק אֲשֶׁר עָשָׁק אוֹ אֶת הַפִּקָּדוֹן אֲשֶׁר הָפְקַד אִתּוֹ אוֹ אֶת הָאֲבֵדָה אֲשֶׁר מָצָא: [ויקרא ה, כג]

ב) אֱלֹהִים לֹא תְקַלֵּל וְנָשִׂיא בְעַמְּךָ לֹא תָאֹר: [שמות כב, כז]

הגמרא תמהה על תירוץ זה:

אִי — אם מדובר במקרה ש**עָשָׂה תְּשׁוּבָה, מַאי בָּעֵי גַּבֵּיהּ** — מה עושה אצלו אותו חפץ שנלקח ברבית? **אִיבָּעֵי לֵיהּ לְאַהֲדוּרֵי** — הרי היה צריך להחזירו הוא עצמו כשעשה תשובה, שהרי הלכה היא שהמלוה ברבית האסורה מן התורה חייב להחזירה[19]!

מתרצת הגמרא:

הברייתא אכן עוסקת במקרה שחזר בתשובה והתכונן להחזיר את הדבר המסויים שקיבל ברבית, רק **שֶׁלֹּא הִסְפִּיק לְהַחֲזִיר** אותו **עַד שֶׁמֵּת.** רק במקרה כזה לימדה הברייתא שחייבים הבנים להחזירו לאחר מות האב מפני כבודו[20].

הגמרא חוזרת לנושא העיקרי, שהוא הוראת הברייתא הראשונה שאין מקבלים מעות מגזלנים או ממלוי ברבית שבאו להחזיר את הממון שקיבלו באיסור:

תָּא שְׁמַע סתירה[21] מברייתא אחרת: **הַגַּזְלָנִין וּמַלְוֵי בְּרִבִּית, אַף עַל פִּי שֶׁכבר גָּבוּ, מַחֲזִירִין.**

הגמרא מבהירה את כוונת הברייתא:

בנוגע ל**גַזְלָנִין, מַאי "שֶׁגָּבוּ" אִיכָּא** — מה שייך לומר: "אף על פי שגבו"? וכי כיצד יתכן מקרה שלא גבו? ממה נפשך: **אִי גָּזוּל** — אם גזלו, **גָּזוּל** — הרי כבר גזלו ו"גבו" את הגזילה; **וְאִי לֹא גָּזוּל** — ואם עדיין לא "גבו", היינו שלא גזלו, **לֹא גָּזוּל** — הרי לא גזלו דבר, ואי אפשר לקרוא להם "גזלנים"[22]! **אֶלָּא אֵימָא** — אמור שכוונת הברייתא היא כך: **הַגַּזְלָנִין, וּמַאי נִיהוּ** — ומי הם, כלומר לאילו "גזלנים" הכוונה? אלו **מַלְוֵי רִבִּיּוֹת**[23], לא זו בלבד שאם עדיין לא גבו מהלוים את הרבית שאלו התחייבו להם אינם רשאים לגבותה, אלא **אַף עַל פִּי שֶׁכבר גָּבוּ** מהם את הרבית, הרי הם **מַחֲזִירִין** את מה שגבו[24]. על כל פנים, הברייתא מלמדת שמלוי רביות כן מחזירים את הרבית, בניגוד לדברי הברייתא הראשונה!

מתרצת הגמרא:

אָמְרֵי — אמרו בתירוץ הקושיא: כוונת הברייתא היא שהם **מַחֲזִירִין** את מעות הרבית שגבו, היינו הם פונים ללוים שלהם ומציעים להחזיר להם את המעות, **וְ**הלוים שלהם **אֵין מְקַבְּלִין** אותם **מֵהֶם.**

שואלת הגמרא:

אֶלָּא — אבל אם אין הלוים מקבלים מהם את מעות הרבית שגבו, **לָמָּה** המלוים **מַחֲזִירִין** אותן? מדוע צריך המלוה להציע להחזיר את המעות, אם הלוה מצווֶה שלא לקבלם?

והיא משיבה:

הם מחזירים אותם כדי **לָצֵאת יְדֵי שָׁמַיִם.** כלומר, המלוה מצד עצמו צריך להשתדל להחזיר את מעות הרבית, כדי לתקן את עוונו ולהיפטר מהעונש המוטל עליו משמים; רק הלוים צריכים שלא להסכים לקבלם, מתקנת רבי[25].

הערות

חייב מיתה על הכאתו או קללתו, כמבואר ביבמות כב, ב], וכן פסק השלחן ערוך (שם). עיין במפרשי הרמב"ם (רדב"ז, כסף משנה ולחם משנה) ובט"ז (על השלחן ערוך שם, יז), לדיון כיצד יפרש הרמב"ם את דברי הגמרא כאן; עיין גם פני יהושע, ד"ה בגמרא ומפני כבוד אביהם, ומחנה אפרים הלכות מלוה ולוה, דיני ריבית, ח.

19. ראה לעיל הערה 7.

אלא שקושיית הגמרא אינה מובנת לכאורה, כי הרי יש לתרץ בפשטות: מדובר במקרה שהאב אכן בא להחזיר את החפץ שקיבל ברבית, רק שהלוה לא הסכים לקבלו מחמת תקנת רבי! אמנם יש לומר שבמקרה כזה, שהאב השתדל להחזיר את החפץ בחייו רק הלוה סירב לקבלו, שוב אין גנאי לאב בזה שהחפץ נשאר אצלו, וממילא גם הבנים פטורים מלהשיבו. עוד יש לומר, שבמקרה של "דבר מסויים", התיר רבי ללוה לקבלו גם מהמלוה עצמו, כדי שלא ימשיך המלוה להתגנות על ידו. עוד יש לבאר את קושיית הגמרא, שאילו האב היה מחשיב זאת לגנאי להשאיר ברשותו את הדבר המסויים שקיבל ברבית (לאחר שחזר בתשובה), אף אחרי שהלוה סירב לקבלו חזרה מחמת התקנה, היה לו לאב לכל הפחות למכרו לאחר או להוציאו מתחת ידו. אם לא עשה כן אלא השאיר את החפץ אצלו עד יום מותו, נראה שאינו חושש לגנאי זה, ואם כן אין סיבה לחייב את הבנים להוציאו משום כבוד האב (תוספות; ועיין בדבריהם שסייעו לפירוש האחרון).

20. ואף על פי שהחזרה בתשובה אינה מושלמת כל זמן שלא החזיר את הרבית, מכל מקום כיון שחדל ממעשיו הרעים וקיבל על עצמו לחזור בתשובה הרי הוא מעתה ואילך בכלל "עושה מעשה עמך" (עיין יבמות כב, ב).

21. [בכתבי יד ישנים, לשון הגמרא הוא: "מֵיתִיבֵי (הקשו)", וכן לקמן (ראה דקדוקי סופרים).]

22. משמעות הלשון "אף על פי שגבו" היא, שלמרות שכבר גבו (כלומר נטלו) את החפצים הם חייבים להחזירם, וכל שכן שאם עדיין לא גבו אותם יש להם להימנע מליטלם. אולם כיצד יתכן מקרה של גזלנים שעדיין לא גבו? אם עדיין לא לקחו דבר לעצמם, הרי עדיין אינם "גזלנים"! (ראה רש"י).

[בכתבי יד ישנים (מינכן ועוד) לשון הגמרא בקושיא הוא: "מַאי **אַף עַל פִּי שֶׁגָּבוּ** אִיכָּא" (ראה דקדוקי סופרים), וכן הוא בבבא מציעא סב, א גם בספרינו. והיא גירסא נוחה יותר, שהרי אין קושיית הגמרא כיצד יתכן מקרה שגבו, אלא כיצד יתכן מקרה של גזלנים **שלא גבו**, שהוא הנרמז בלשון "אף על פי". כמו כן בהמשך, לשון הגמרא בבבא מציעא הוא: "אִי גָּזוּל, גָּזוּל; וְאִי לֹא גָּזוּל, גַּזְלָנִין קָרֵית לְהוּ (האם אתה קורה להם גזלנים)?!", ובהתאם לפירוש רש"י שהבאנו; ראה גם דקדוקי סופרים בהגהות; וראה תורת חיים.]

23. כלומר, הברייתא אינה מתייחסת לשני נושאים נפרדים: גזלנים **ו**מלוים ברבית. אלא, היא מתייחסת רק למלוים ברבית, והיא מכנה אותם בלשון גנאי "גזלנים". [עיין פנים מאירות המציע הסבר מדוע הוצרכה הברייתא לכנותם כך; עיין גם שער דעה (בספר שער משפט) יורה דעה קסא, ו.]

[כפי שמשתמע מכאן, איסור רבית, אף על פי שהוא נעשה בהסכמת הלוה, הרי הוא בגדר איסור "גזל". עיין עוד בבא מציעא סא, א, שם אמרו לגבי איסור רבית "שכן גוזלו"; ועיין במהדורתנו שם, הערה 15, להרחבה בענין זה.]

לכאורה היתה הגמרא יכולה לתרץ בצורה פשוטה יותר, שאמנם בגזלנים לא שייכת הלשון "אף על פי שגבו", רק מכל מקום השתמשה הברייתא בלשון זו כיון שהוזכרו **גם** מלוי ברבית. אלא שאם כן, לא מובן מדוע הוצרכה הברייתא להזכיר את הגזלנים בכלל, שהרי פשוט הוא שעליהם להחזיר את גזילתם (באותם אופנים שמלוי ברבית חייבים לעשות כן)! משום כך מסיקה הגמרא שאכן אין כוונת הברייתא לגזלנים אלא למלוי ברבית לבדם, שבהם הוצרכה הברייתא לחדש שאף על פי שגבו מחזירים, כפי שיתבאר בהערה הבאה (תוספות בבא מציעא סב, א ד"ה גזלן). עוד יש לומר, שאילו הלשון "אף על פי שגבו" היתה מתייחסת למלוים ברבית בלבד, היתה הברייתא צריכה לשנות את סדר דבריה ולומר: "המלוים ברבית אף על פי שגבו, והגזלנין, מחזירין" (תוספות רי"ד כאן).

24. הלשון "אף על פי שגבו" שייכת רק לגבי מלוי ברבית, שמשעת ההלואה הרי הם בכלל "מלוי ברבית", עוד לפני שגבו את המעות. [וגם חלק מאיסורי הרבית קיימים כבר משעת ההלואה, היינו האיסורים: "לֹא תְשִׂימוּן עָלָיו נֶשֶׁךְ" (שמות כב, כד), ו"אֶת כַּסְפְּךָ לֹא תִתֵּן לוֹ בְּנֶשֶׁךְ" (ויקרא כה, לז).] וכוונת הברייתא היא, שמלוי ברבית, אף על פי שגבו את הרבית הם חייבים להחזירה, למרות שהיא ניתנה מדעתו של הלוה, וכל שכן שאם עדיין לא גבו אותה הרינו קורעים את שטר החוב שבידם ואין מרשים להם לגבותה (רש"י).

[עיין פנים מאירות המציע ביאור, לפיו התיקון בנוסח הברייתא "הגזלנין ומאי ניהו מלוי ברבית" נצרך לעצם קושיית הגמרא.]

25. לא תיקנו חכמים שהמלוה ברבית (או הגזלן) ייפטר מחובתו מדין תורה להחזיר את המעות. אלא, הם רק הורו ללוה (או לנגזל) שימחל לו על המעות ולא יקבלם ממנו, כדי להקל על עוברי עבירה הרוצים לעזוב את דרכיהם הרעים ולחזור לדרך הישר. כל זמן שהלוה לא מחל למלוה על המעות, הרי הוא חייב להחזירם מן הדין. על כן מלמדת הברייתא, שאם המלוה ברבית רוצה לצאת ידי שמים ולהיפטר מהעונש המוטל עליו, עליו לבוא אל הלוה ולהציע להחזיר לו את המעות שקיבל ממנו שלא כדין, ומתוך החלטה שאם הלה לא יחשוש ל"דעת חכמים נוחה" ויסכים לקבל ממנו את המעות, הוא אכן יחזירם לו (כפי שנתבאר לעיל, הערה 9). רק אחרי שהציע למלוה את המעות והלה הסכים למחול לו עליהם, כתקנת חכמים, יצא המלוה ידי שמים (על פי הרמ"ה המובא בשיטה מקובצת; עיין גם שו"ת הריב"ש, תיז, ושו"ת שיבת ציון, קיב; אך עיין להלן, הערה 32).

[יש לציין שבזה שהמלוה ברבית או הגזלן מציע להחזיר את המעות, מלבד זאת שהוא נפטר מחיוב הממון המוטל עליו, הרי הוא גם מקיים את מצות ההשבה, אף על פי שהלוה או הנגזל מסרב לקבלם (ראה דמשק אליעזר אורח חיים ח, ב; שער משפט ט, א; וראה מנחת יצחק ב, עט בהרחבה).]

[הגמרא בבבא מציעא (סא, ב) מביאה מחלוקת אמוראים אם "רבית קצוצה" האסורה מן התורה יוצאה מהמלוה בדיינים. בהמשך (שם סב, א) היא מקשה מהברייתא המובאת כאן, המלמדת שמלוי ברבית מחזירים את הרבית, והיא מסיקה שנושא זה שנוי במחלוקת תנאים, והברייתא סוברת כמו הדעה שהיא יוצאה בדיינים. אמנם בסוגייתנו אי אפשר לתרץ בצורה דומה; שכן גם הברייתא הראשונה המלמדת שאם החזיר את הרבית אין מקבלים ממנו, לא אמרה כן אלא מכח תקנת חכמים מיוחדת מפני תקנת השבים, אך מעיקר הדין היא מודה שעליו להחזיר וגם יוצאה בדיינים, ואילו מחלוקת התנאים המובאת שם עוסקת בחיוב ההשבה מעיקר

אמרו הלכה כרבי שמעון בן אלעזר וליה לא סבירא ליה א"ר חייא בר אבא אמר רבי יוחנן דבר תורה גזילה הנשתנית חוזרת בעיניה (א) שנאמר (א) והשיב את הגזלה אשר גזל מכל מקום ואם תאמר משנתנו א משום תקנת השבים ומי אמר ר' יוחנן הכי (ב) והאמר רבי יוחנן הלכה כסתם משנה ותנן (ג) לא הספיק ליתנו לו עד שצבעו פטור אמר להו ההוא מדרבנן ורבי יעקב שמיה לדידי מפרשא לי מיניה דרבי יוחנן כגון שגזל עצים משופין ועשאן כלים ב דהוה ליה שינוי החוזר לברייתו: (ד) תנו רבנן ג הגזלנין ד ומלוי ברבית שהחזירו אין מקבלין מהן והמקבל מהן אין רוח חכמים נוחה הימנו אמר רבי יוחנן בימי רבי נשנית משנה זו דתניא מעשה באדם אחד שבקש לעשות תשובה א"ל אשתו ריקה אם אתה עושה תשובה אפילו אבנט אינו שלך ונמנע ולא עשה תשובה באותה שעה אמרו הגזלנין ומלוי רביות שהחזירו אין מקבלין מהם והמקבל מהם אין רוח חכמים נוחה הימנו מיתיבי (ה) הניח להם אביהם מעות של רבית אע"פ שהן יודעין שהן רבית אין חייבין להחזיר אינהו הוא דלא הא אביהם חייב להחזיר בדין הוא דאביהם נמי אינו חייב להחזיר והא דקתני בדידהו (ו) משום דקא בעי למתני סיפא הניח להם אביהם פרה וטלית וכל דבר המסויים חייבין להחזיר מפני כבוד אביהם תנא רישא נמי בדידהו ומפני כבוד אביהם חייבין להחזיר אקרי כאן (ב) ונשיא בעמך לא תאור ז בעושה מעשה עמך (ז) כדאמר רב פנחס בשעשה תשובה הכא נמי בשעשה תשובה אי עשה תשובה מאי בעי גביה איבעי ליה לאהדורי שלא הספיק להחזיר עד שמת תא שמע (ח) הגזלנים ומלוי ברבית אע"פ שגבו מחזירין גזלנין מאי שגבו איכא אי גזול גזול ואי לא גזול לא גזול אלא אימא הגזלנין ומאי ניהו מלוי רביות אע"פ שגבו מחזירין אמרי מחזירין ואין מקבלין מהם אלא למה מחזירין לצאת ידי שמים ת"ש (ט) ה הרועים והגבאין והמוכסין תשובתן קשה ומחזירין למכירין אמרי מחזירין ואין מקבלין מהם ואלא למה מחזירין לצאת ידי שמים אי הכי אמאי תשובתן קשה ועוד אימא סיפא (י) ו ושאין מכירין יעשה בהן צרכי ציבור ואמר רב חסדא ז בורות שיחין ומערות אלא לא קשיא כאן קודם תקנה כאן לאחר תקנה והשתא דאמר רב נחמן ח בשאין גזילה קיימת אפילו תימא אידי ואידי לאחר תקנה ולא קשיא כאן

אמרו הלכה כרבי שמעון בן אלעזר. כלומר הכי אמר שמואל יש שאומר הלכה כרבי שמעון בן אלעזר וליה לא סבירא ליה: הנשתנית. אע"פ שנשתנה חוזרת בעייניה כמות שהיא עכשיו ואפי' השביחה דשינוי לא קני: וא"ת משנתנו. דקתני דלא משלם כלים אלא דמי עצים אלמא קני בשינוי: עד שצבעו פטור. לגמרי והכא תקנת השבים אינה ואפי' הכי קני בשינוי: מתניתין מוקי לה רבי יוחנן בגוזל עצים משופים כו'. משום הכי קאמר רבי יוחנן דטעמא משום תקנת השבים הוא דשינוי כי האי לאו שינוי הוא: אין רוח חכמים נוחה הימנו. (ט) אין רוח חכמה וחסידות בקרבו: אין חייבין להחזיר. דכתיב והשיב את הגזלה אשר גזל והני לא גזול מידי דקנינהו בשינוי רשות וקסבר רשות (א) יורש כרשות לוקח דמי: המסויים. דבר הניכר לרבים זו היא שגזל פלוני והניחה ליורשיו: בעושה מעשה עמך. וזה לא עשה מעשה עמו ואינן חייבין בכבודו: רב פנחס. בחומר בקודש (חגיגה כו.): ואי לא גזול לא גזול. ואמאי קרי להו גזלנין: אע"פ שגבו. וכל שכן לא גבו דמקרעינא שטרא: הרועים. גזלנים הם לרעות בהמות בשדות אחרים: גבאים. של מלך לגבות כסף גולגלתא וארנונא ושקלי טפי: תשובתם קשה. שגזלו הרבים ואין יודעים למי להחזיר: ומחזירין למכירין. למי שמכיר שלו שגזלוהו: בורות שיחין ומערות. להכניס בהן מים לשתות דהוי דבר הצריך לכל ויהנו מהן הנגזלים אלמא אהדורי בעי: קודם תקנה. שבימי רבי נשנית משנה זו דמחייב למהדר: גזילה

ותנן לא הספיק ליתנו לו כו'. תימה דלא מייתי מתני' דבהמה והזקינה עבדים והזקינו דמשלם כשעת הגזילה לקמן (דף צו:) ואפי' ר"מ לא פליג אלא בעבדים דליכא למימר דלדבריהם דרבנן קאמר להו כדבעי למימר לקמן (דף נה.) דהא ר"מ אית ליה דשינוי קונה גבי נותן למר לצבע (לקמן ק:) ועוד הא קתני גזל מטבע ונסדק משלם כשעת הגזילה (לקמן צו:) וי"ל דכל הני הוי מלי למימר דהוה סתם ואח"כ מחלוקת דפליגי לקמן (ק:) ר"מ ור"י בצבעו לו אדום וצבעו שחור ואע"ג דטעמא דר' יהודה לא משום דסבר שינוי אין קונה כמו שאפרש לקמן (ב) מ"מ היינו יכולים לדחות כן אבל ההיא דלא הספיק ליתנו אין לדחות דאפי' הוי סתם בחדא מסכת ומחלוקת במסכת אחריתי אית ליה לר' יוחנן הלכה כסתם משנה:

בימי רבי נשנית משנה זו. אור"ת דלא לפניו ולא לאחריו אלא לדורו דוקא תקן משום מעשה שהיה ולא לדורות הבאין דהא מעשים בכל יום שמקבלים מן הגזלנים ודנין דיני גזילות כי ההוא דגזל פדנא דתורא לקמן (דף צו:) וההוא נרשאה דגנב סיפרא (לקמן דף קטו.) וההוא רעיא דבפ"ק דב"מ (דף ה.) ונסכא דרבי אבא (ב"ב דף לג:) ואמר נמי באיזהו נשך (ב"מ דף סא:) דרבית קצוצה יוצאה בדיינין ולכך לא פריך לקמן אלא מברייתות דהוה שונה ר' חייא שהיה תלמידו של רבי ולא הקשה ממתני' דקתני משלם כשעת הגזילה לפי שהמשניות היו קודם רבי אלא שרבי סדרם אבל ברייתות היה שונה ר' חייא מה שהיה מוסיף רבי על המשניות ור"י אומר דממתני' לא ה"מ למפרך דלא תקן רבי דאין מקבלים אלא מאותן בני אדם שרוב עסקם ומחייתם בכך והיו ניזונים בגזל ורבית ומתפרנסים בכך כל ימיהם כדקתני הגזלנין ומלוי ברבית דמשמע שאומנותם בכך וכן רועים וכל הנהו דמייתי אבל ממתניתין לא פריך שלא עשו תקנה מלקבל מאדם שגוזל ומלוה ברבית באקראי בעלמא אבל אין לפרש דלהכי לא פריך ממתני' משום דרבי לא תיקן אלא באותם שעשו תשובה וברייתא דמוכח מינה מיירי בעבד תשובה מדקתני וחייבים להחזיר מפני כבוד אביהם מכ"מ ההיא דגזלנים ומלוי ברבית לא משמע דאיירי בעבדי תשובה ועוד שכל אדם יכול להערים שיעשה תשובה ויחזור מעצמו ולא יקבלו ממנו וכן ההיא דכל הכלים (שבת דף קכג:) דאמר ר' חנינא בימי נחמיה בן חכליה נשנית משנה זו וההיא דסוף אלו מציאות (ב"מ דף לג:) דקאמר בימי רבי נשנית משנה זו הכל מפרש ר"ת דלא נשנית אלא להוות דרא וכן ההיא דהוריות (דף יג:) ואין להאריך:

הא אביהם חייב להחזיר. ואם תאמר לצאת ידי שמים קאמר ויש לומר דדייק מדנקט לשון חייבין דהוה ליה למימר אין מחזירין דהוה משמע הא אביהן מחזיר לצאת ידי שמים: אי עשה תשובה כו'. וא"ת ולימא כגון שלא קיבלו ממנו דאין מקבלין מהם וי"ל דאם החזיר ולא קיבלו ממנו לא מחייבין בנים להחזיר מפני כבוד אביהן דתו ליכא גנאי א"נ בדבר המסוים ומקבלין מהן מפני כבודו ומשני בשלא הספיק להחזיר עד שמת לפיכך חייבים בנים לחזיר מפני כבוד אביהן ומקבלין מהן דלא שייכא תקנה גבי בנים ועי"ל מאי בעי גביה דאיבעי ליה למוכרו או להוציא מתחת ידו ומדלא חשש לכבודו א"כ אמאי חייבין בנים להחזיר וכן נ"ל באיזהו נשך (ב"מ דף סב. ושם ד"ה תנאי) דשם לא יתכן לפרש בע"א דפריך מהא ברייתא למ"ד רבית קצוצה אין יוצאה בדיינין דמשמע הא אביהן חייב להחזיר ומשני כי הכא ופריך אי עבד תשובה מאי בעי גביה ומאי קושיא אי רבית קצוצה אין יוצאה בדיינין אין חייב להחזירה אפילו לצאת ידי שמים כדמוכח התם דפריך מההיא דמייתי בסמוך הגזלנים ומלוי רביות אע"פ שגבו מחזירין ומשני תנאי היא ולא משני בבא לצאת ידי שמים כדמשני הכא בסמוך דכיון דדרשינן למיתה ניתן ולא להשבון או למורא ניתן ולא להשבון אפי' לצאת ידי שמים לא מחייב ולא כפי' ריב"ן שפירש למורא ניתן (ג) שירא את ה' והחזיר מיראתו ולא להשבון על פי ב"ד אלא נ"ל דהכי פריך מאי בעי גביה דכיון דלא חשש למוכרה ולהוציאה או להחזירה מפני כבודו תו לא מחייבי בנים משום כבוד אביהן: לצאת ידי שמים. בפרק איזהו נשך לא ה"מ לשנויי הכי למ"ד רבית קצוצה אינה יוצאה בדיינין דלדידיה אפי' לצאת ידי שמים לא מחייב כדפרישית וסוגיא דהכא כמ"ד רבית קצוצה יוצאה בדיינין אלא דתיקנו דאין מקבלין מדרבנן ולא שייך לשנויי הכא תנאי היא כדמשני התם דהנהו תנאי דהתם קדמו:

כאן

עין משפט
נר מצוה

יא א מיי' פ"ב מהל' גזלה ואבדה הלכה ב ועיין בהשגות ובמ"מ סמג עשין עג טוש"ע ח"מ סי' שסב סעי' ב:

יב ב מיי' שם הל' י סמג שם טוש"ע ח"מ סי' שם סעי' ה:

יג ג מיי' פ"א מהל' גזלה ואבדה הלכה יג ופ"ד מהל' מלוה ולוה הלכה ה סמג לאוין קצג ועשין עג טוש"ע ח"מ סי' שסו סעי' א:

יד ד מיי' פ"ד מהל' מלוה ולוה הלכה ה סמג לאוין קצג טוש"ע י"ד סי' קסא סעי' ז:

טו ה ו ז טוש"ע ח"מ סי' שסו סעיף ב:

טז ח מיי' פ"א מהל' גזלה ואבדה הל' יג סמג עשין עג טוש"ע ח"מ סי' שסו סעיף א:

ליקוטי רש"י

הלכה כסתם משנה. רבי הוא סדר המשנה וכשראה דברי חכם וישרו בעיניו שנאן סתם ולא הזכיר שם אומרו עליהן כדי שלא יהו שנויה מפי יחיד ונראין כאילו נשנו מפי המרובים ויעשו כמותן [ביצה ב:]. וסתם נמי במשנה דברי יחידים שראה רבי את דבריהם ושנאן סתם כדי לקבוע הלכה כמותם [ב"מ לג:]. לא הספיק ליתנו וכו'. לראשית הגז לכהן [לעיל סו.]. עד שצבעו. ישראל זה. פטור. דקנייה בשינוי דהוה ליה כמזיק מתנות כהונה או שאכלן [חולין קלה.]. אין רוח חכמים נוחה הימנו. אין נחת רוח לחכמי ישראל במעשיו של זה אין דעתם נוחה עליהם הימנו על ידו [ב"מ מח.]. אינהו הוא דלא הא אביהם חייב להחזיר. כדתניא רבה בהגוזל בתרא (דף קיב.) ומי אחיך עמך לדידיה הוא דאזהריה רחמנא אהדר ליה דניחי בהדך דסיפיה דקרא ארישיה קאי אל תקח ואם לקחת החזר אבל לבריה לא אזהר [ב"מ סב.]. בעושה מעשה עמך. בעמך דרשינן הכי [ב"מ מח:]. ושאין מכירין. שאין יודע למי גזל שגזל אנשים הרבה. בורות שיחין ומערות. שמתכנסין בהן מים ושותין מהן ובב"ק (לעיל נ:) מפרש מאי בור ומאי שיח ומאי מערה [ביצה כט.]. בור עגול הוא שיח ארוכה וקצרה מערה מרובעת ומכוסה בקרוי אלא שיש לה פה [לעיל נ:]. ואע"ג דקיימא לן יתקן בהם לרבי רבים לאו תשובה מעלייתא הוא [יבמות כא.].

מסורת הש"ס

א) לעיל סז., ב) [שבת מו. וש"נ], ג) [חולין קלה. לעיל סו. לג:], ד) [תוס' שביעית פ"ח הי"ב], ה) ב"מ סב. [תוס' דב"מ ספ"ה] לקמן קיב., ו) [שבת ל. וש"נ נדרים כח: וש"נ], ז) ב"מ [מח:] סב. יבמות כב: סנהדרין פה. [ב"ב ד. מכות ח:], ח) חגיגה כו., ט) ב"מ סב., י) [תוספתא דב"מ פ"ח ה"ט], כ) ביצה כט. ע"ש.

הגהות הב"ח

(א) רש"י ד"ה אין חייבין וכו' וקסבר רשות. נ"ב ע"ל בפ' בתרא ריש דף קיב: (ב) תוס' ד"ה ותנן וכו' שאפרש לקמן. נ"ב בדף לה ע"ב בד"ה בשבת לפי פר"ת: (ג) ד"ה אי עשה וכו' כפי' ריב"ן שפירש למורא ניתן לירא את ה' שיש לו להחזיר מיראתו:

גליון הש"ס

רש"י ד"ה אין רוח חכמים כו' אין רוח חכמה. עי' תוי"ט פ"ג משנה י' דאבות:

תורה אור השלם

א) וְהָיָה כִּי יֶחֱטָא וְאָשֵׁם וְהֵשִׁיב אֶת הַגְּזֵלָה אֲשֶׁר גָּזָל אוֹ אֶת הָעֹשֶׁק אֲשֶׁר עָשָׁק אוֹ אֶת הַפִּקָּדוֹן אֲשֶׁר הָפְקַד אִתּוֹ אוֹ אֶת הָאֲבֵדָה אֲשֶׁר מָצָא: [ויקרא ה, כג]

ב) אֱלֹהִים לֹא תְקַלֵּל וְנָשִׂיא בְעַמְּךָ לֹא תָאֹר: [שמות כב, כז]

קושיא נוספת על הוראת הברייתא הראשונה:

תָּא שְׁמַע סתירה מן הברייתא הבאה: **הָרוֹעִים** את הבהמות שברשותם בשדות אחרים[26], **וְהַגַּבָּאִין** — פקידי המלך שהתמנו לגבות מיסי גולגולת וארנונות, ונטלו ממשלמי המיסים יותר ממה שהיו צריכים לגבות מהם מן הדין, **וְהַמּוֹכְסִין** — גובי המכס שגבו לפי ראות עיניהם ולא לפי סכום שנקצב להם ליטול[27], **תְּשׁוּבָתָן קָשָׁה** — קשה להם לשוב בתשובה על גזילותיהם, כיון שגזלו מאנשים רבים ואינם יודעים למי עליהם להחזיר; **וּמַחֲזִירִין** את מה שגזלו **לַמַּכִּירִין** — למי שמזהה אצלם ממון שלו שגזלוהו ממנו[28]. הרי שהם כן חייבים להחזיר את מה שגזלו!

מתרצת הגמרא:

אָמְרֵי בתירוץ הקושיא: גם כאן הכוונה היא **שֶׁמַּחֲזִירִין** את מה שגזלו, **וְ**הנגזלים **אֵין מְקַבְּלִין** אותו **מֵהֶם**.

שואלת הגמרא:

וְאֶלָּא — אבל אם כן, **לָמָּה מַחֲזִירִין** את הגזילה?

והיא משיבה כדרך שהשיבה לעיל:

הם מחזירים כדי **לָצֵאת יְדֵי שָׁמַיִם**.

הגמרא ממשיכה להקשות:

אִי הָכִי — אבל אם כן הוא, שאינם חייבים להחזיר בדיני אדם, **אַמַּאי** — למה **תְּשׁוּבָתָן קָשָׁה**[29]? **וְעוֹד**, לפי דבריך, **אֵימָא סֵיפָא** — אמור את הסיפא של הברייתא, המלמדת: **וְשֶׁאֵין מַכִּירִין** — אותם דברים שנגזלו ואין שם נגזל המזהה אותם, **יַעֲשֶׂה בָּהֶן** הגזלן **צָרְכֵי צִיבּוּר**. **וְאָמַר רַב חִסְדָּא** בביאור הוראה זו: יש להם להוציא את המעות בחפירת **בּוֹרוֹת, שִׁיחִין וּמְעָרוֹת**[30] שישמשו מאגרי מים לציבור, כדי שגם הנגזלים יהנו מאותן מעות[31]. הרי שהברייתא מחייבת להחזיר את המעות שנגזלו[32]!

הערות

דין תורה. מצד שני, שם לא יכלה הגמרא לתרץ כמו כאן, שהברייתא מתכוונת רק שמחזירים כדי לצאת ידי שמים; שכן גם החיוב לצאת ידי שמים הוא מכח חיוב ממוני גמור כפי שנתבאר, ולפי הדעה שאינה יוצאה בדיינים הכוונה היא שאינו חייב להחזיר את הממון כלל כיון שהלוה נתנו מרצונו, והעבירה שנעשתה בגביית הרבית אינה ניתנת לתיקון (עיין תוספות כאן ושם סב, א ד״ה תנאי היא; אך עיין שם בשם ריב״ן; עיין עוד במהדורתנו שם סא, ב הערה 38).]

26. רש״י; אך עיין לקמן צה, א הערה 1.

27. ראה לקמן קיג, א.

28. רש״י. [ולפי הבנת הגמרא בשלב זה, הוא הדין לאדם שיבוא ויטען שהגבאי או המוכס נטלו ממנו כך וכך מעות שלא כדין, למרות שאין המעות הגזולות קיימות.]

[היות שהגזלן מודה שהחפץ שבידו גזול ואינו שלו, והתובע טוען בטענת ברי שהוא מכיר את החפץ ויודע שהוא שלו (והוא הדין לאדם הטוען בברי שהלה גזל ממנו סך מסויים של מעות), ואין שום אדם מכחישו, על כן חייב הגזלן להשיבו לו ואינו יכול אפילו להשביעו על טענתו. ואם יבואו שני אנשים ויטענו על אותו חפץ שהוא נגזל מהם, והגזלן יודע בודאי שלא גזל אלא חפץ אחד כזה ולא שנים, יתבאר דינו לקמן קג, ב.]

ולגבי מה שגזלו מאנשים שאינם מכירים את שלהם, יתבאר בסמוך שגם לכך ישנה תקנה מסויימת.

29. הברייתא אמרה שתשובתם קשה משום שאינם יודעים למי להחזיר את המעות שגזלו. אבל אם תיקנו חכמים שכאשר הם באים להחזיר את המעות הגזולות יש לנגזלים לסרב לקבלן, יש להסיק שבמקרה שהנגזלים אינם ידועים, תשובתם מתקיימת בשלמות אפילו בלי החזרת הגזילה. מדוע, אם כן, תשובתם קשה? (עיין יד דוד).

[אמנם אין הדברים ברורים לגמרי, שהרי (על פי הפירוש שנקטנו במהלך הסוגיא) תקנת חכמים לא היתה שהגזלן ייפטר מלהחזיר, אלא שהנגזל ימחול לו ויסרב לקבל את המעות; אם כן, במקום שגזל מרבים ואינו יודע מי הם, ומעולם לא פנה לנגזלים והציע להחזיר להם את גזילתם, נמצא שהנגזלים לא מחלו לו, ולכאורה באופן כזה אין תשובתו מתקבלת, וברור שתשובתו קשה! לדיון בקושי זה, עיין שו״ת שיבת ציון, קיב; אתוון דאורייתא, כלל יג; כלי חמדה דברים כב, כה-כו, אות ה; ברכת אברהם.]

30. [כפי שנתבאר בגמרא וברש״י לעיל (נ, ב), ״בור״ הוא חפירה עגולה, ״שיח״ הוא חפירה מלבנית, ו״מערה״ היא חפירה מרובעת המקורה בגג.]

31. כדי שהנגזלים הבלתי ידועים יבואו לשתות מן המים, ובכך יקבלו פיצוי מסויים (רש״י). אמנם, כמובן אין זו השבה מושלמת (ראה רש״י יבמות כא, א ד״ה עריות; תוספות בבא בתרא לה, ב ד״ה דתני, פח, ב ד״ה התם; ראה גם פתחי תשובה חושן משפט שסו, א).

[יש לבאר יסוד תקנה זו, על פי ההלכה המובאת בבבא מציעא (לז, א; ראה רמב״ם הלכות גזלה ד, י), שאם אדם אומר לכמה אנשים: ״גזלתי מאחד מכם, או מאביו של אחד מכם, ואינני יודע איזהו״, וגם הם אינם יודעים ואינם תובעים אותו בודאי, אם רוצה לצאת ידי שמים ישלם את ערך הגזילה כולה לכל אחד ואחד, אולם מן הדין אינו נותן את ערך הגזילה אלא פעם אחת והם חולקים אותה ביניהם. כך גם כאן, כיון שגזל מהרבים ואיננו יודע ממי, ואף הם אינם מכירים את שלהם ואינם תובעים אותו, נמצא שכל ישראל (או לפחות כל אנשי אותו מקום) בכלל הספק שמא גזל מהם, ועל כן עליו להוציא את סכום הגזילה ולהניח בפני כל ישראל באופן שכולם יוכלו ליהנות ממנו. אמנם, כאמור, אינו יוצא ידי שמים עד שישלם את מלא ערך הגזילה לנגזל (ברכת אברהם).]

32. וכאן אין לתרץ כדרך שתירצה הגמרא לעיל, שהחיוב לעשות בהם צרכי רבים הוא לצאת ידי שמים; שהרי, כפי שנתבאר בהערה הקודמת, אינו יוצא ידי שמים בהשבה זו, כיון שלא השיב את מלא ערך הגזילה לנגזל עצמו. על כן ברור שהחיוב האמור כאן הוא בדיני אדם, ושפיר טוענת הגמרא שאם תיקנו חכמים שלא יקבלו ממנו את הגזילה ראוי לומר שכאשר אין הנגזלים ידועים ייפטר לגמרי מלהשיב בדיני אדם (עיין לעיל, הערה 29). [עיין שו״ת שיבת ציון, המצויין בהערה שם, המבאר את קושיית הגמרא בדרך אחרת.]

ביארנו את מהלך הסוגיא על פי כמה ראשונים שצויינו לעיל (הערות 9 ו־11), הסוברים שתקנת החכמים היתה להורות לנגזל שימחול לגזלן הבא לעשות תשובה מעצמו, ובפרט על פי הרמ״ה המובא בשיטה מקובצת. אמנם, לגבי השאלה היסודית מדוע מצינו בתלמוד שחייבו גזלנים לשלם את גזילותיהם, וכמו כן לגבי השאלה מדוע לא הקשתה הגמרא על תקנה זו ממשנתנו המלמדת שהגוזל עצים ועשאן כלים משלם כשעת הגזילה, נאמרו גם תירוצים אחרים: ר״י (מובא בתוספות ורא״ש (סימן ב) מוהר״צ), שתקנת רבי נתקנה רק בייחס לגזלנים ומלוי ברבית שרוב עסקם בכך ושעיקר פרנסתם היא מאיסורים אלה, בדומה לאותו אדם שמסופר עליו בגמרא, שמחמתו נתקנה התקנה. [וכן משמעות לשון הברייתא: ״הגזלנין ומלוי ברבית״, שאומנותם בכך.] אנשים כאלה שגזלו והלוו ברבית במשך שנים רבות, היו יורדים מנכסיהם לגמרי אילו היו צריכים להחזיר את כל מה שקיבלו שלא כדין, וכדי שלא יימנעו מלחזור בתשובה הוצרכו חכמים לתקן שלא יקבלו מהם. מה שאין כן באדם שגזל או הלוה ברבית באקראי, שלא יתרושש אם יחזיר את הגזילה או את הרבית, אין לחשוש שהצורך בהחזרת הממון האסור ימנע ממנו לחזור בתשובה אם הוא אכן נוטה לחזור ולחדול ממעשיו הרעים, ועל כן אין תקנת רבי נוהגת בו. בהתאם לכך, כל הקושיות שהגמרא מעלה הן מברייתות שמשתמע מהן שהן עוסקות בגזלנים שאומנותם בכך. [כן משמעות הלשונות: ״הגזלנין ומלוי ברבית״; ״הרועים והגבאין והמוכסים״. ולגבי הברייתא של ״הניח להם אביהם מעות של רבית, אף על פי שיודעין שהן של רבית. . .״, יש לומר שמציאות זו שמציגה הברייתא עוסקת מן הסתם באדם שהלוה ברבית כל ימיו, ולא שהזדמן במקרה שהִלְוָה פעם אחת ברבית סמוך למותו ונשארו בידו המעות שקיבל (עיין רא״ש; עיין גם פני יהושע וגידולי תרומה, שער מו, ד, ד ד״ה אלא שיש לנו לתרץ; וראה פני יהושע שהוסיף הוכחה לכך; עיין רשב״א לתירוץ אחר). ויש מצרפים את שני התירוצים, ולפיהם התקנה היתה רק לגבי גזלן שאומנותו בכך וגם בא לחזור בתשובה מעצמו (טור ושלחן ערוך חושן משפט שסו, א; נמוקי יוסף לג, ב מדפי הרי״ף).

רבינו תם (מובא בתוספות ובספר הישר חלק החידושים, תקנא) נוקט בשיטה אחרת לגמרי: לדעתו, תקנת חכמים היתה להפקיע לגמרי את ממון הנגזל ולפטור את הגזלן מהשבה (ראה גם סמ״ג עשה קצא, דף סב, ד מדפי הספר, והגהות מיימוניות הלכות מלוה ולוה ד, יג, אות ע), ותקנה זו קיימת בכל מקרה. רק שהתקנה נתקנה כ״הוראת שעה״ לזמן רבי בלבד. על כן, אין להקשות מכל המקרים בתלמוד שחייבו וכפו גזלנים להשיב את גזילותיהם, כיון שבזמן הגמרא בטלה כבר התקנה. כמו כן, לא יכלה הגמרא להקשות ממשנתנו המלמדת שהגזלן משלם כשעת הגזילה, כיון שהמשניות היו קיימות לפני זמנו של רבי ונשנו לפני התקנה. מה שאין כן הברייתות, שנשנו בעיקרן על ידי רבי חייא תלמידו של רבי, שכלל בברייתות תוספות שהוסיף רבי על המשניות (ראה עירובין צב, א). משום כך מקשה הגמרא בפשיטות, שלא יתכן שהברייתות לא תהיינה תואמות לתקנה של רבי. [ונראה שגם הרשב״א מקבל תירוץ זה.] לפי דבריו, מה שתירצה הגמרא לגבי הברייתא של ״הגזלנין ומלוי רביות. . . מחזירין״, שהכוונה היא שמחזירין ואין מקבלים מהם, ומה שמחזירים הוא כדי לצאת ידי שמים, יש לפרשו כך: אם באו להחזיר את המעות משום שהם חושבים שהם חייבים בכך בדיני אדם, אסור לקבלו מהן [ובודאי אין בית דין יכולים לכוף אותם לשלם אף אם הנגזל דורש זאת], כיון שהם באמת פטורים; אולם אם הם חוזרים ואומרים שאף על פי כן הם רוצים להשיב את הממון האסור כדי לצאת ידי שמים, מקבלים מהם (על פי טור חושן משפט שסו, עם ב״ח ודרישה; ראה גם פרישה יורה דעה קסא, י; עיין עוד מאירי; אך עיין ים של שלמה, ג, שהקשה על פירוש זה שאינו מתאים לסדר דברי הגמרא). לפי זה, מה שהקשתה הגמרא על הברייתא של ״הרועים והגבאים. . .״ מדוע תשובתם קשה ומדוע חייבים לעשות צרכי רבים במקרה שאין הנגזלים ידועים, מובן בפשטות, כיון שחכמים פטרו אותם לגמרי מן הדין, בין אם הנגזלים מוחלים להם ובין אם לא.

אמנם ראה בעל המאור (לג, ב מדפי הרי״ף) המקשה על רבינו תם וסובר שהתקנה נתקנה גם לדורות הבאים, וגם הפוסקים הביאוה להלכה (ראה רי״ף שם; רא״ש, ב;

אמרו הלכה כרבי שמעון בן אלעזר וליה לא סבירא ליה א"ר חייא בר אבא אמר רבי יוחנן דבר תורה גזילה הנשתנית חוזרת בעיניה שנאמר והשיב את הגזלה אשר גזל מכל מקום ואם תאמר משנתנו משום תקנת השבים ומי אמר ר' יוחנן הכי והאמר רבי יוחנן הלכה כסתם משנה ותנן לא הספיק ליתנו לו עד שצבעו פטור אמר להו ההוא מדרבנן ורבי יעקב שמיה לדידי מפרשא לי מיניה דרבי יוחנן כגון שגזל עצים משופין ועשאן כלים דהוה ליה שינוי החוזר לברייתו: תנו רבנן הגזלנין ומלוי ברבית שהחזירו אין מקבלין מהן והמקבל מהן אין רוח חכמים נוחה הימנו אמר רבי יוחנן בימי רבי נשנית משנה זו דתניא מעשה באדם אחד שבקש לעשות תשובה א"ל אשתו ריקה אם אתה עושה תשובה אפילו אבנט אינו שלך ונמנע ולא עשה תשובה באותה שעה אמרו הגזלנין ומלוי רביות שהחזירו אין מקבלין מהם והמקבל מהם אין רוח חכמים נוחה הימנו מיתיבי הניח להם אביהם מעות של רבית אע"פ שהן יודעין שהן רבית אין חייבין להחזיר אינהו הוא דלא הא אביהם חייב להחזיר בדין הוא דאביהם נמי אינו חייב להחזיר והא דקתני בדידהו משום דקא בעי למתני סיפא הניח להם אביהם פרה וטלית וכל דבר המסויים חייבין להחזיר מפני כבוד אביהם תנא רישא נמי בדידהו ומפני כבוד אביהם חייבין להחזיר אקרי כאן ונשיא בעמך לא תאור בעושה מעשה עמך כדאמר רב פנחס בשעשה תשובה הכא נמי בשעשה תשובה אי עשה תשובה מאי בעי גביה איבעי ליה לאהדורי שלא הספיק להחזיר עד שמת תא שמע הגזלנים ומלוי ברבית אע"פ שגבו מחזירין גזלנין מאי שגבו איכא אי גזול גזול ואי לא גזול לא גזול אלא אימא הגזלנין ומאי ניהו מלוי רביות אע"פ שגבו מחזירין אמרי מחזירין ואין מקבלין מהם אלא למה מחזירין לצאת ידי שמים ת"ש הרועים והגבאין והמוכסין תשובתן קשה ומחזירין למכירין אמרי מחזירין ואין מקבלין מהם ואלא למה מחזירין לצאת ידי שמים אי הכי אמאי תשובתן קשה ועוד אימא סיפא ושאין מכירין יעשה בהן צרכי ציבור ואמר רב חסדא בורות שיחין ומערות אלא לא קשיא כאן קודם תקנה כאן לאחר תקנה והשתא דאמר רב נחמן בשאין גזילה קיימת אפילו תימא אידי ואידי לאחר תקנה ולא קשיא כאן

רש"י

אמרו הלכה כרבי שמעון בן אלעזר. כלומר הכי אמר שמואל יש שאומר הלכה כרבי שמעון בן אלעזר וליה לא סבירא ליה: **הנשתנית.** אע"פ שנשתנה חוזרת בעיניה כמות שהיא עכשיו ואפי' השביחה דשינוי לא קני: **וא"ת משנתנו.** דקתני דלא משלם כלים אלא דמי עצים אלמא קני בשינוי: **עד שצבעו פטור.** לגמרי והכא תקנת השבים אינה ואפי' הכי קני בשינוי: מתניתין מוקי לה רבי יוחנן בגוזל עצים משופים כו'. משום הכי קאמר רבי יוחנן דטעמא משום תקנת השבים הוא דשינוי כי האי לאו שינוי הוא: **אין רוח חכמים נוחה הימנו.** אין רוח חכמה וחסידות בקרבו: **אין חייבין להחזיר.** דכתיב והשיב את הגזלה אשר גזל והני לא גזול מידי דקנינהו בשינוי רשות וקסבר רשות (א) יורש כרשות לוקח דמי: **המסויים.** דבר הניכר לרבים זו היא שגזל פלוני והניחה ליורשיו: **בעושה מעשה עמך.** וזה לא עשה מעשה עמו ואין חייבין בכבודו: **רב פנחס.** בחומר בקודש (חגיגה כו.): **ואי לא גזול לא גזול.** ואמאי קרי להו גזלנין: **אע"פ שגבו.** וכל שכן לא גבו דמקרעינא שטרא: **הרועים.** גזלנים הם לרעות בהמות בשדות אחרים: **גבאים.** של מלך לגבות כסף גולגלתא וארנונא ושקלי טפי: **תשובתם קשה.** שגזלו הרבים ואין יודעים למי להחזיר: **ומחזירין למכירין.** למי שמכיר שלו שגזלוהו: **בורות שיחין ומערות.** להכניס בהן מים לשתות דהוי דבר הצריך לכל ויהנו מהן הנגזלים אלמא אהדורי בעי: **קודם תקנה.** שבימי רבי נשנית משנה זו דמחייב למהדר: גזילה

תוספות

ותנן לא הספיק ליתנו לו כו'. תימה דלא מייתי מתני' דבהמה והזקינה עבדים והזקינו דמשלם כשעת הגזילה לקמן (דף צו:) ואפי' ר"מ לא פליג אלא בעבדים דליכא למימר דלדבריהם דרבנן קאמר להו כדבעי למימר לקמן (דף צה.) דהא ר"מ אית ליה דשינוי קונה גבי נותן למר לצבע (לקמן ק:) ועוד הא קתני גזל מטבע ונסדק משלם כשעת הגזילה (לקמן צו:) וי"ל דכל הני הוי מצי למימר דהוה סתם ואח"כ מחלוקת דפליגי לקמן (ק:) ר"מ ור"י בצבעו לו אדום וצבעו שחור ואע"ג דטעמא דר' יהודה לא משום דסבר שינוי אין קונה כמו שאפרש לקמן (ב) מ"מ היינו יכולים לדחות כן אבל ההיא דלא הספיק ליתנו אין לדחות דאפי' הוי סתם בחדא מסכת ומחלוקת במסכת אחריתי אית ליה לר' יוחנן הלכה כסתם משנה:

בימי רבי נשנית משנה זו. אור"ת דלא לפניו ולא לאחריו אלא לדורו דוקא תקן משום מעשה שהיה ולא לדורות הבאין דהא מעשים בכל יום שמקבלים מן הגזלנים ודנין דיני גזילות כי ההוא דגזל פדנא דתורא לקמן (דף צו:) וההוא נרשאה דגנב סיפרא (לקמן דף קטו.) וההוא רעיא דפ"ק דב"מ (דף ה.) ונסבא דרבי אבא (ב"ב דף לג:) ואמר נמי באיזהו נשך (ב"מ דף סא:) דרבית קצוצה יוצאה בדיינין ולכך לא פריך לקמן אלא מברייתות דהוה שונה ר' חייא שהיה תלמידו של רבי ולא הקשה ממתני' דקתני משלם כשעת הגזילה לפי שהמשניות היו קודם רבי אלא שרבי סדרם אבל ברייתות היה שונה ר' חייא מה שהיה מוסיף רבי על המשניות ור"י אומר דממתני' לא ה"מ למפרך דלא תקן רבי דאין מקבלים אלא מאותן בני אדם שרוב עסקם ומחייתם בכך והיו ניזונים בגזל ורבית ומתפרנסים בכך כל ימיהם כדקתני הגזלנין ומלוי ברבית דמשמע שאומנותם בכך וכן רועים וכל הנהו דמייתי אבל ממתניתין לא פריך שלא עשו תקנה מלקבל מאדם שגוזל ומלוה ברבית באקראי בעלמא אבל אין לפרש דלהכי לא פריך ממתני' משום דרבי לא תיקן אלא באותם שעשו תשובה וברייתא דמוכח מינה מיירי בעבד תשובה מדקתני וחייבים להחזיר מפני כבוד אביהם מכ"מ ההיא דגזלנים ומלוי ברבית לא משמע דאיירי בעבדי תשובה ועוד שכל אדם יכול להערים שיעשה תשובה ויחזור מעצמו ולא יקבלו ממנו וכן ההיא דכל הכלים (שבת דף קכג:) דאמר ר' חנינא בימי נחמיה בן חכליה נשנית משנה זו וההיא דסוף אלו מציאות (ב"מ דף לג:) דקאמר בימי רבי נשנית משנה זו הכל מפרש ר"ת דלא נשנית אלא לההוא דרא וכן ההיא דהוריות (דף יג:) ואין להאריך:

הא אביהם חייב להחזיר. ואם תאמר לצאת ידי שמים קאמר ויש לומר דדייק מדנקט לשון חייבין דהוה ליה למימר אין מחזירין דהוה משמע הא אביהן מחזיר לצאת ידי שמים: **אי** עשה תשובה כו'. וא"ת ולימא כגון שלא קיבלו ממנו דאין מקבלין מהם וי"ל דאם החזיר ולא קיבלו ממנו לא מחייבין בנים להחזיר מפני כבוד אביהן דתו ליכא גנאי א"נ בדבר המסוים ומקבלין מהן מפני כבודו ומשני בשלא הספיק להחזיר עד שמת לפיכך חייבים בנים להחזיר ומפני כבוד אביהן ומקבלין מהן דלא שייכא תקנה גבי בנים ועי"ל מאי בעי גביה דאיבעי ליה למוכרו או להוציא מתחת ידו ומדלא חשש לכבודו א"כ אמאי חייבין בנים להחזיר וכן נ"ל באיזהו נשך (ב"מ דף סב. ושם ד"ה תנאי) דשם לא יתכן לפרש בע"א דפריך מהא ברייתא למ"ד רבית קצוצה אין יוצאה בדיינין דמשמע הא אביהן חייב להחזיר ומשני כי הכא ופריך אי עבד תשובה מאי בעי גביה ומאי קושיא אי רבית קצוצה אין יוצאה בדיינין אין חייב להחזירה אפילו לצאת ידי שמים כדמוכח התם דפריך מההיא דמייתי בסמוך הגזלנים ומלוי רביות אע"פ שגבו מחזירין ומשני תנאי היא ולא משני בבא לצאת ידי שמים כדמשני הכא בסמוך דכיון דדרשינן למיתה ניתן ולא להשבון או למורא ניתן ולא להשבון אפי' לצאת ידי שמים לא מחייב ולא כפי' ריב"ן שפירש למורא ניתן (ג) הירא את ה' והחרד מיראתו ולא להשבון על פי ב"ד אלא נ"ל דהכי פריך מאי בעי גביה דכיון דלא חשש למוכרה ולהוציאה או להחזירה מפני כבודו תו לא מחייבי בנים משום כבוד אביהן: **לצאת** ידי שמים. בפרק איזהו נשך לא ה"מ לשנויי הכי למ"ד רבית קצוצה אינה יוצאה בדיינין דלדידיה אפי' לצאת ידי שמים לא מחייב כדפרישית וסוגיא דהכא כמ"ד רבית קצוצה יוצאה בדיינין אלא דתיקנו דאין מקבלין מדרבנן ולא שייך לשנויי הכא תנאי היא כדמשני התם דהנהו תנאי דהתם קדמו: כאן

עין משפט נר מצוה

יא א מיי' פ"ב מהל' גזלה ואבדה הלכה ב ועיין בהשגות ובמ"מ סמג עשין עג טוש"ע ח"מ סי' שסב סעי' ב:

יב ב מיי' שם הל' י סמג שם טוש"ע ח"מ סי' שם סעי' ה:

יג ג מיי' פ"א מהל' גזלה ואבידה הלכה יג ופ"ד מהל' מלוה ולוה הלכה ה סמג לאוין קצג ועשין עג טוש"ע ח"מ סי' שסו סעי' א:

יד ד מיי' פ"ד מהל' מלוה ולוה הלכה ה סמג לאוין קצג טוש"ע י"ד סי' קסא סעי' ז:

טו ה ו ז טוש"ע ח"מ סי' שסו סעיף ב:

טז ח מיי' פ"א מהל' גזלה ואבדה הל' יג סמג עשין עג טוש"ע ח"מ סי' שסו סעיף א:

ליקוטי רש"י

הלכה כסתם משנה. רבי הוא סדר המשנה וכשראה דברי חכם ישרו בעיניו שנאן סתם ולא הזכיר שם אומרו עליהן כדי שלא יהו שנויה מפי יחיד ונראין כאילו נשנו מפי המרובים ויעשו כמותן [ביצה ב:]. וסתם נמי במשנה דברי יחידים שראה רבי את דבריהם ושנאן סתם כדי לקבוע הלכה כמותם [ב"מ לג:]. **לא הספיק ליתנו וכו'.** לראשית הגז לכהן [לעיל סו.]. **עד שצבעו.** ישראל זה. **פטור.** דקנייה בשינוי דהוה ליה כמזיק מתנות כהונה או שאכלן [חולין קלה.]. **אין רוח חכמים נוחה הימנו.** אין נחת רוח לחכמי ישראל במעשיו של זה אין דעתם נוחה עליהם הימנו על ידו [ב"מ מח.]. **אינהו הוא דלא הא אביהם חייב להחזיר.** כדתניא רבה בהגוזל בתרא (דף קיב.) ומי אחיך עמך לדידיה הוא דאזהריה רחמנא אהדר ליה דניחי בהדך דסיפיה דקרא ארישיה קאי אל תקח ואם לקחת החזר אבל לבריה לא אזהר [ב"מ סב.]. **בעושה מעשה עמך.** בעמך דרשינן הכי [ב"מ מח:]. **ושאין מכירין.** שאין יודע למי גזל שגזל אנשים הרבה. **בורות שיחין ומערות.** שמתכנסין בהן מים ושותין מהן ובב"ק (לעיל נ:) מפרש מאי בור ומאי שיח ומאי מערה [ביצה כט.]. בור עגול הוא שיח ארוכה וקצרה מערה מרובעת ומכוסה בקרוי אלא שיש לה פה [לעיל נ:]. ואע"ג דקיימא לן יתקן בהם צרכי רבים לאו תשובה מעלייתא הוא [יבמות כא.].

מסורת הש"ס

א) לעיל סז., ב) [שבת מו. וש"נ], ג) [חולין קלה. לעיל סו. לג:], ד) [תוס' שביעית פ"ח הי"ב], ה) ב"מ סב. [תוס' דב"מ ספ"ה] לקמן קיב., ו) [שבת ל. וש"נ נדרים כח: וש"נ], ז) ב"מ [מח:] סב. יבמות כב: סנהדרין פה. [ב"ב ד. מכות ח:], ח) חגיגה כו., ט) ב"מ סב., י) [תוספתא דב"מ פ"ח ה"ט], כ) ביצה כט. ע"ש.

הגהות הב"ח

(א) רש"י ד"ה אין חייבין וכו' וקסבר רשות. נ"ב ע"ל בפ' בתרא ריש דף קיב: (ב) תוס' ד"ה ותנן וכו' שאפרש לקמן. נ"ב בדף צה ע"ב בד"ה בשבח לפי פר"ת: (ג) ד"ה אי עשה וכו' כפי' ריב"ן שפירש למורא ניתן לירא את ה' שיש לו להחזיר מיראתו:

גליון הש"ס

רש"י ד"ה אין רוח חכמים כו' אין רוח חכמה. עי' תוי"ט פ"ג משנה י' דאבות:

תורה אור השלם

א) וְהָיָה כִּי יֶחֱטָא וְאָשֵׁם וְהֵשִׁיב אֶת הַגְּזֵלָה אֲשֶׁר גָּזָל אוֹ אֶת הָעֹשֶׁק אֲשֶׁר עָשָׁק אוֹ אֶת הַפִּקָּדוֹן אֲשֶׁר הָפְקַד אִתּוֹ אוֹ אֶת הָאֲבֵדָה אֲשֶׁר מָצָא: [ויקרא ה, כג]

ב) אֱלֹהִים לֹא תְקַלֵּל וְנָשִׂיא בְעַמְּךָ לֹא תָאֹר: [שמות כב, כז]

מחמת הקושיא חוזרת בה הגמרא מתירוצה הקודם, ומציעה תירוץ אחר:

אֶלָּא, לֹא קַשְׁיָא — אין סתירה בין שתי הברייתות: **כָּאן,** בברייתא האחרונה, המלמדת שהגזלן צריך לשלם בפועל, מדובר בהוראה שנהגה **קוֹדֶם הַתַּקָּנָה** שנתקנה בימי רבי; ואילו **כָּאן,** בברייתא הראשונה שהובאה לעיל, המלמדת שגזלן המציע להחזיר את מעות הגזילה אין מקבלים מידו, מדובר בהוראה הנוהגת **לְאַחַר** שנתקנה **הַתַּקָּנָה** הנזכרת.

הגמרא מציעה דרך אחרת ליישב את שתי הברייתות:

וְהַשְׁתָּא (עכשיו) **דְּאָמַר רַב נַחְמָן:** התקנה שנתקנה בימי רבי נוהגת רק **בְּ**מקרה **שֶׁאֵין הַגְּזֵילָה** עצמה **קַיֶּימֶת,** שבמקרה כזה שהגזלן יצטרך לשלם מכיסו יקשה עליו הדבר והוא עלול להימנע מלחזור בתשובה, אבל במקרה שהגזילה עצמה קיימת הרי הוא חייב גם לאחר התקנה להחזירה לנגזל[33], **אֲפִילּוּ תֵּימָא** — תוכל אפילו לומר, **שֶׁאִידִי וְאִידִי** — הן ברייתא זו והן זו שנויות **לְאַחַר הַתַּקָּנָה, וְלֹא קַשְׁיָא** — ומכל מקום אין סתירה ביניהן, כי יש לחלק כך:

הערות

רמב״ם הלכות גזלה ואבדה א, יג והלכות מלוה ולוה ד, ה; טור ושלחן ערוך חושן משפט שסו, א ויורה דעה קסא, ז).]

33. במקרה שהגזילה כבר לא קיימת, אם ירצה הגזלן להחזירה יצטרך לשלם מעות מכיסו ואולי אף למכור את נכסיו כדי להשיבה. באופן כזה יקשה עליו מאד לשוב בתשובה [וכפי שאמרו חכמים (חולין פט, א): קשה גזל הנאכל, שאפילו צדיקים גמורים אינם יכולים להחזירו], ועל כן הוא עלול להימנע מכך ולהמשיך במעשיו הרעים. לעומת זאת, במקרה שהגזילה עדיין קיימת, אין בהחזרתה קושי גדול מדי העלול למנוע את הגזלן מלשוב, שהרי אינו מחזיר אלא דבר שאינו שלו ולא היה רשאי לקחתו מלכתחילה. לפיכך, במקרה כזה לא הורו לנגזל שלא יקבלנו (עיין רבינו יהונתן מלוניל, קעב; עיין גם רמ״ה, מובא בשיטה מקובצת כאן ולקמן צה, א).

אפילו אם נעשה בחפץ הגזול שינוי מעשה, הוא עדיין נחשב ״גזילה קיימת״ לענין תקנה זו. ואף שהגזלן קנה את החפץ, ואינו חייב להחזירו בעינו אלא את דמיו, ואת הדמים יצטרך לשלם מכיסו, מכל מקום החפץ עצמו קיים, ואם יקשה לגזלן לשלם את דמיו יוכל להשיבו בעצמו (ואם השביחו אף יטול מהנגזל את ערך השבח, כפי שלמדנו לעיל). על כן לא תיקנו חכמים שלא לקבל ממנו. רק במקרה שהגזילה נאכלה ואינה קיימת כלל, וכדי לשלמה יהיה הגזלן **חייב** להוציא מעות משלו, הבינו חכמים שיקשה עליו הדבר ותיקנו שלא לקבל ממנו כדי להקל עליו (עיין רמ״ה שם; וראה ראב״ד ומאירי לקמן צה, א, הסוברים שאף אם הגזילה עצמה אינה קיימת כלל רק שיש בידו דבר אחר שקיבל תמורת הגזילה הרי זה כגזילה קיימת; אך עיין משנה למלך הלכות מלוה ולוה ד, ה הסובר שאם קנאו בשינוי נחשב כבר כאין גזילה קיימת; ועיין חידושי רבי עקיבא איגר כאן לדיון בענין זה).

כָּאן, בברייתא האומרת שהרועים והגבאים והמוכסים צריכים להחזיר את מה שגזלו, מדובר **בִּגְזֵילָה קַיֶּימֶת**; ואילו **כָּאן**, בברייתא הראשונה האומרת שהגזלנים ומלוי רביות שהחזירו אין מקבלים מהם מתקנת חכמים, מדובר **בְּ**מקרה **שֶׁאֵין** הַ**גְּזֵילָה קַיֶּימֶת**[1].

הגמרא מקשה על הגבלתו של רב נחמן, שהתקנה שלא לקבל מגזלנים נתקנה רק במקרה שאין הגזילה קיימת:

וְהָא אַבְנֵט — והרי האבנט, במקרה של אותו אדם שאמרה לו אשתו שאם יחזיר את גזילותיו לא ישאר לו אפילו האבנט שעליו, **דִּגְזֵילָה קַיֶּימֶת הִיא**, ומקרה זה הוא שעורר את חכמי דורו של רבי לתקן שאין מקבלים מן הגזלן הבא להחזיר את מה שגזל[2]; הרי מוכח איפוא שהתקנה נתקנה אפילו למקרים שבהם הגזילה קיימת!

מתרצת הגמרא:

מַאי "אַבְנֵט" שאמרה עליו האשה שאינו שלו? אין הכוונה לאבנט גזול, אלא כוונתה היתה **לִדְמֵי הָאַבְנֵט**, היינו שהאבנט נקנה ממעות גזולים, ואלה אינם קיימים. וזו היתה כוונת האשה: "אם תרצה להחזיר את כל גזילותיך, תצטרך למסור גם את כל המטלטלין שלך, ואפילו את האבנט שעליך, כיון שאת הכל קנית ממעות גזולים". ואכן, רק לגבי מקרה כזה שהגזילה עצמה איננה קיימת, תיקנו את התקנה שלא לקבל ממנו[3].

הגמרא מקשה קושיא נוספת על הגבלתו של רב נחמן:

וְכָל הֵיכָא דִּגְזֵילָה קַיֶּימֶת לֹא עָבוּד רַבָּנָן תַּקַּנְתָּא — והאם אכן בכל מקרה שבו הגזילה קיימת, לא עשו חכמים תקנה לפטור את הגזלן מלהשיבה? **וַהֲרֵי** יש המקרה של **מָרִישׁ** — קורה גזולה שבנה אותה הגזלן בתוך בנין גדול, **דִּגְזֵילָה קַיֶּימֶת הִיא, וּתְנַן** — ומכל מקום שנינו במשנה (גיטין נה, א)[4]: העיד רבי יוחנן בן גודגדא... **עַל הַמָּרִישׁ הַגָּזוּל שֶׁבְּנָאוֹ** הגזלן **בְּבִירָה** (בנין גדול), **שֶׁיִּטּוֹל** הנגזל מהגזלן רק את **דָּמָיו** של המריש, ואין הגזלן חייב לפרק את בירתו ולהחזיר את המריש עצמו כעיקר דינו[5], **מִפְּנֵי תַּקָּנַת הַשָּׁבִים** — כדי להקל על הגזלנים המבקשים לשוב מדרכם הרעה; שאם תחייבנו להרוס את בירתו ולהחזיר את המריש עצמו כעיקר דינו, יימנע הגזלן מלעשות תשובה מחמת ההפסד הגדול הכרוך בכך. הרי לנו שחכמים תיקנו תקנה כדי לסייע לגזלן הבא לחזור בתשובה, ופטרו אותו מלהשיב אפילו גזילה קיימת[6]!

מתרצת הגמרא:

שָׁאנֵי הָתָם — שונה הדבר שם, **דְּכֵיוָן דְּאִיכָּא פְּסֵידָא דְּבִירָה** — שמכיון שהיה נגרם הפסד גדול לבירה אם היה צורך להוציא את המריש, **שַׁוְּיוּהָ רַבָּנָן כִּדְלֵיתָא** — דנו חכמים את המריש כאילו אינו קיים. מה שאין כן בשאר גזילות שאין קושי להשיבן, כל זמן שהגזילה קיימת לא תיקנו חכמים לפטור את הגזלן מלהשיבה[7].

שנינו במשנתנו:

גָּזַל פָּרָה מְעוּבֶּרֶת וְיָלְדָה וכו' או רחל טעונה צמר וגזזה, משלם דמי פרה העומדת לילד, ודמי רחל העומדת ליגזז[8].

הגמרא מביאה ברייתא הקשורה לענין זה:

תָּנוּ רַבָּנָן בברייתא: **הַגּוֹזֵל רָחֵל** טעונה **וּגְזָזָהּ**, או **פָּרָה** מעוברת **וְיָלְדָה**[9], **מְשַׁלֵּם אוֹתָהּ**, כלומר הוא מחזיר לנגזל את הבהמה עצמה, **וְאֶת גִּיזּוֹתֶיהָ וְאֶת וְלָדוֹתֶיהָ**, שגם כל מה שהשביחה ברשותו ואף נטל ממנה עליו לתתו לנגזל[10]; אלה **דִּבְרֵי רַבִּי מֵאִיר. רַבִּי יְהוּדָה אוֹמֵר: הַגְּזֵילָה** — הבהמה הגזולה לבדה **חוֹזֶרֶת** לבעליה המקוריים **בְּעֵינֶיהָ**, ואילו על הצמר והולד עליו לשלם בכסף כפי שוויים בשעת הגזילה[11]. **רַבִּי שִׁמְעוֹן אוֹמֵר: רוֹאִין אוֹתָהּ** (את הבהמה) **כְּאִילּוּ הִיא שׁוּמָא אֶצְלוֹ בְּכֶסֶף** — כאילו הוערכה בשעת הגזילה בכסף

הערות

1. תירוץ זה נראה תמוה; שהרי הברייתא העוסקת במקרה של גזילה קיימת לפי תירוץ הגמרא, כוללת ברשימת הגזלנים שלה גם "רועים", והרי הצמחים שנאכלו על ידי הבהמות הרועות בודאי כבר אינם קיימים! מכח קושי זה מפרשים תוספות, שלפי התירוץ של הגמרא המקרה של "רועים" אינו מתייחס למי שרעו את בהמותיהם בשדות אחרים, אלא לרועה בהמות של אחרים שהיה רגיל לגנוב את גיזותיהן וחלבן, שעדיין קיימים. בדומה לזה מפרש הרשב"א, שמדובר ברועה שגנב מספוא לתת לפני בהמתו, והמספוא עדיין קיים. אך עיין בדבריו בשם הראב"ד.

[לפי תירוץ זה של הגמרא, שנשאר למסקנא (כפי שנראה בסמוך), נראה שגם הדין השנוי בסוף הברייתא, שבממון שנגזל מאלו שאינם מכירים יעשה בהם צרכי רבים, קיים רק במקרה שהגזילה קיימת. וראה רמ"ה המובא בשיטה מקובצת, הכותב שאם הגזילה אינה קיימת, עליו להציע לטובי העיר במעמד אנשי העיר למסור להם את דמי הגזילה על מנת שיעשו בהם צרכי רבים (כגון חפירת מאגרי מים כפי שנזכר לעיל), אך ראוי שאלו יסרבו לקבלם מכח התקנה. אמנם מדברי הטור והשלחן ערוך (חושן משפט שסו, ב) נראה שמחיוב זה אינו נפטר, ושמא הוא מחמת הטעם שנתבאר לעיל (צד, ב הערה 29), שאין כאן מחילה מכל הנגזלים (עיין שו"ת שיבת ציון, קיב).]

2. כפי שמספרת הברייתא שהובאה לעיל (צד, ב) על ידי רבי יוחנן, התקנה שלא לקבל מגזלן הבא להחזיר את גזילתו, נתקנה לאור המעשה של האשה שריפתה את ידי בעלה הגזלן מלעשות תשובה, כשאמרה לו: "ריקה! אם אתה עושה תשובה, אפילו האבנט [שאתה חוגר] אינו שלך!".

3. ים של שלמה, ג; עיין רש"ש לפירושים אחרים.

4. משנה זו שנויה בפרק חמישי של מסכת גיטין, שם נשנו תקנות דרבנן רבות שנתקנו מפני תיקון העולם (ראה רש"י כאן ולעיל סו, ב). [הוראה זו מובאת גם במסכת עדיות (ז, ט), שנשנתה ביום בו נתמנה רבי אלעזר בן עזריה לנשיא הסנהדרין. באותה מסכת, בפרט בשלשת פרקיה האחרונים (ו-ח), מובאות עדיות רבות של תנאים יחידים שהעידו בפני בני הישיבה ביבנה על הלכות שהיו מקובלות בידיהם מחכמי הדורות הקודמים. ביניהן נשנית משנה זו, המביאה כמה הוראות שהעיד עליהן רבי יוחנן בן גודגדא, ופה הובאה רק אחת הנוגעת לענייננו.]

5. שהרי המריש הגזול עדיין קיים. ועיין לעיל סו, ב — סז, א, לדיון מדוע אין להחשיב את בניית המריש בבירה ל"שינוי השם", שמכחו יקנה הגזלן את המריש ויוכל לשלם את דמיו מעיקר הדין.

6. תקנה זו, שהעיד עליה רבי יוחנן בן גודגדא, נתקנה כמה דורות לפני ימי רבי. מלבד זאת, היא שונה בצורה מהותית מהתקנה שנתקנה בימי רבי, שהרי בתקנה זו פטרו את הגזלן רק מהשבת הגזילה עצמה, ואילו בימי רבי פטרוהו אפילו מתשלום הדמים. אם כן, בודאי אין להוכיח מאותה משנה מה היתה התקנה בימי רבי. מכל מקום מקשה הגמרא, שכאן אנו מוצאים שכדי לעודד את הגזלן הבא לעשות תשובה, תיקנו חכמים במקרה מסויים שאינו צריך להשיב את הגזילה עצמה אלא רק לשלם את דמיה, למרות שהגזילה עצמה קיימת והוא יכול להשיבה; אם כן, מסתבר שגם בימי רבי כשתיקנו לצורך אותה מטרה את התקנה השניה שלא לקבל כל גזילה שהגזלן מחזיר (ואפילו את דמיה), תיקנו כן גם לגבי מקרה שהגזילה עצמה קיימת, שלא כדברי רב נחמן (ספר הישר, חלק החידושים, תקנא; אך עיין רמ"ה, מובא בשיטה מקובצת).

7. יסוד החילוק בין מקרה שהגזילה קיימת לבין מקרה שאינה קיימת הוא, שבמקרה שהיא קיימת אין הגזלן צריך להוציא מכיסו דבר, אלא משיב לנגזל רק את עצם החפץ שלו, ואילו במקרה שאינה קיימת יצטרך הגזלן לשלם מכיסו וזה עלול להיות קשה לו. על כן אמר רב נחמן, שכאשר תיקנו חכמים את התקנה השניה הפוטרת את הגזלן מלהשיב את הגזילה ואת דמיה, לא תיקנו כן אלא במקרה שאיננה קיימת. במקרה של מריש, לעומת זאת, אף על פי שהגזילה עצמה קיימת, מכל מקום אם ירצה הגזלן להשיבה בעיניה ייגרם לו הפסד ממוני גדול, שהרי יפסיד גם את בירתו. משום כך ראו חכמים (מתקני התקנה הראשונה) צורך להקל גם עליו, ואף על פי שהגזילה קיימת פטרו אותו מלהשיבה בעיניה.

אמנם, כיון שהמריש באמת עדיין קיים בבירה, ולא התכלה, חייב הגזלן על כל פנים לשלם את דמי המריש לבעליו (רש"י, רשב"א ועוד). [רש"י לא בא לבאר מדוע אמרה המשנה שהגזלן צריך לשלם את דמי המריש לבעליו, שהרי המשנה מלמדת על התקנה הקדומה שהעיד עליה רבי יוחנן בן גודגדא, בזמן שעדיין לא נתקנה התקנה השניה (בימי רבי) הפוטרת את הגזלן מלשלם לגמרי, והתקנה הראשונה לא פטרה שום גזלן מלשלם את דמי גזילתו. אלא, רש"י בא לציין נקודה אמיתית, שהוראת המשנה שהגזלן צריך לשלם את דמי המריש נשארה בתוקף גם לאחר שנתקנה התקנה השניה, כפי שמוכח מסוכה לא, א שגם בזמן האמוראים דנו על פיה. וזאת משום שהגזילה על כל פנים קיימת, ולא יתכן להתיר לגזלן להמשיך ולהחזיק בגוף הגזילה מבלי לשלם אפילו את דמיה (עיין פני יהושע).]

8. עיין לעיל צג, ב הערה 3, לביאור הלכה זו בהרחבה.

9. פירשנו על פי רש"י (ד"ה גזילה חוזרת בעיניה) ורבינו חננאל (מובא ברשב"א), ועל פיהם נבאר את ההמשך; אך עיין רשב"א הסובר שמדובר בבהמה ריקנית; עיין עוד רמב"ם הלכות גניבה א, יא עם השגות הראב"ד, מגיד משנה ולחם משנה.

10. רש"י. הגמרא תבאר מיד את הטעם לכך.

11. הבהמה הגזולה מוחזרת לנגזל כמות שהיא, גזוזה או ריקנית. בנוסף לכך, הגזלן משלם לו את דמי הצמר או העובר כפי שהיו שוים בשעת הגזילה [אף על פי שפרט

כאן בגזילה קיימת כאן בשאין גזילה קיימת והא אבנט דגזילה קיימת היא מאי אבנט דמי אבנט וכל היכא דגזילה קיימת לא עבוד רבנן תקנתא והרי מריש דגזילה קיימת היא ותנן [א] על המריש הגזול שבנאו בבירה שיטול דמיו מפני תקנת השבים שאני התם דכיון דאיכא פסידא דבירה שויוה רבנן כדליתא: גזל פרה מעוברת וילדה וכו': [ב] תנו רבנן הגוזל רחל (א) וגזזה פרה וילדה משלם אותה ואת גיזותיה ואת ולדותיה דברי רבי מאיר [ג] ר' יהודה אומר גזילה חוזרת בעיניה רבי שמעון אומר רואין אותה כאילו היא שומא אצלו בכסף איבעיא להו מאי טעמיה דרבי מאיר (ב) משום דקסבר שינוי במקומו עומד או דילמא בעלמא שינוי קונה והכא קנסא הוא דקא קניס למאי נפקא מינה להיכא דכחשא מכחש תא שמע [ד] גזל בהמה והזקינה עבדים והזקינו משלם כשעת הגזילה רבי מאיר אומר בעבדים אומר לו הרי שלך לפניך ואילו בהמה כשעת הגזילה ואי סלקא דעתך סבר רבי מאיר שינוי במקומו עומד אפי' בהמה נמי אלא לאו ש"מ קסבר ר' מאיר שינוי קונה והכא קנסא הוא דקא קניס אמרי רבי מאיר לדבריהם דרבנן קאמר להו לדידי שינוי אין קונה ואפילו בהמה נמי אלא לדידכו דאמריתו שינוי קונה אודו לי מיהת בעבדא דכמקרקעי דמי [ה] וקרקע אינה נגזלת ואמרי ליה רבנן לא עבדא כמטלטלי דמי ת"ש [ו] לצבוע לו אדום וצבעו שחור שחור וצבעו אדום ר' מאיר אומר נותן לו דמי צמרו דמי צמרו אין דמי צמרו ושבחו לא ואי סלקא דעתך סבר רבי מאיר שינוי אין קונה דמי צמרו ושבחו בעי למיתב ליה אלא לאו ש"מ קסבר ר"מ שינוי קונה והכא קנסא הוא דקא קניס שמע מינה איכא דאמרי הא לא איבעי לן מדאפיך רב ותני גזל [ז] פרה והזקינה עבדים והזקינו משלם כשעת הגזילה דברי רבי מאיר וחכמים אומרים בעבדים אומר לו הרי שלך לפניך ודאי לרבי מאיר שינוי קונה והכא קנסא הוא דקא קניס ליה כי קא איבעי לן הכי איבעי לן כי קא קניס במזיד אבל בשוגג לא קניס או דילמא אפי' בשוגג נמי קניס תא שמע [ח] חמשה גובין מן המחוררין ואלו הן [א] פירות [ב] ושבח פירות [ג] והמקבל עליו לזון בן אשתו ובת אשתו וגט חוב שאין בו אחריות וכתובת אשה שאין בה אחריות מאן שמעת ליה דאמר [ט] אחריות לאו טעות סופר הוא רבי מאיר וקתני פירות ושבח פירות שבח פירות היכי דמי [ד] כגון שגזל שדה מחבירו ומכרה לאחר והשביחה והרי היא יוצאה מתחת ידו כשהוא גובה

גובה

רש"י

גזילה קיימת. חייב להחזירה: והא אבנט דגזילה קיימת הוא. ועליו נשנית תקנה שבימי רבי שלא להחזירו: ועל המריש. מסכת גיטין. מריש קורה: משום פסידא דבירה שויוה רבנן כדליתא. ומיהו דמי בעי לאהדורי הואיל וגזילה קיימת בבירה: משלם אותה ואת (ג) גיזותיה. כל מה שנטל ממנה ומה ששביחה: גזילה חוזרת בעיניה. כמות שהיא עכשיו ריקנית יחזירנה והדר משלם דמי גיזות ועובר כמו שהיה בשעת הגזילה ולא שבח הגיזה ששביחה אצלו ולא שבח הולד דלא קנים רבי יהודה אבל דמים שבשעת הגזילה משלם דליכא למאן דאמר כל הגזלנים בגיר משעת הגזילה ישלמו: רואים אותה כאילו היא שומא אצלו בכסף. משעת הגזילה ומשלם דמים כשעת הגזילה ולקמן מפרש במאי פליגי ר' יהודה ור"ש: קנסא קנים. שלא יהא חוטא נשכר בגזילה ליטול את השבח: ונפקא מינה. להיכא דלא השביחה אלא כחשה אי אמרת טעמא משום דשינוי במקומו עומד כחשה נמי הדר כדאיתא השתא ואי טעמא משום קנס' הוא ושינוי קני משלם כדמעיקר' [י] (היכא דליכא קנסא ה"נ איכא שינוי ומשלם כמעיקרא): והזקינה. דאשתני לגריעותא והיינו כחשה: בעבדים אומר לו הרי שלך לפניך. דעבדא כמקרקעי דמי וקרקע הדרא בעינה ואינה נגזלת לקנות לגזלן בשינוי ולהיות ברשותו: דמי צמרו. כדמעיקרא ואע"פ דמהשתא שוי טפי לצריכים למר אדום: והכא קנסא קא קנים. במתני' ובצבע דלאו גזלן הוא ולאו חוטא הוא לא קניס דהא שוגג הוא: מדאפיך רב. לקמן בפרקין (דף צו:): בשוגג. כגון לוקח שלקח מגזלן והשביחה ולא ידע שהיא גזולה: מן המחוררין. מנכסים בני חורין ולא מנכסים משועבדים: פירות ושבח פירות. תנן במסכת גיטין (דף מח:) אין מוציאין לאכילת פירות ולשבח קרקעות מנכסים משועבדים מפני תקון העולם הפסד לקוחות אכילת פירות ושבח קרקעו' מפרש להו בשנים אוחזין (ב"מ ד' יד:): גט חוב. שטר חוב: שאין בו אחריות. שלא שיעבד לו לוה בשעת הלואה את נכסיו ולא כתב לו כל נכסי אחראין לך לפרוע מלוה זה: לאו טעות סופר הוא. ואינו גובה מנכסי' משועבדים ולא אמרינן אין לך אדם המלוה מעותיו בלא שעבוד נכסי לוה והסופר טעה ולא כתב בו אחריות אלא דוקא אזלינן בתר שטר: רבי מאיר. בשנים אוחזין (שם דף יג:) מלא שטרי חוב אין בהן אחריות נכסים יחזיר לפי שאין ב"ד נפרעין מהן: כשהוא גובה. הלוקח חוזר על הגזלן שהנגזל בא ונוטל שדהו כמות שהוא והלוקח חוזר על הגזלן שמכרה לו באחריות:

גובה

תוספות

כאן בגזילה קיימת. תימה רועים מאי גזלה קיימת איכא וי"ל דאיירי ברועה בהמה של אחרים וגנב מהן גיזה וחלב ולאו משום דחשוד להרעות בשדות של אחרים דכיון שאין הבהמה שלו אין אדם חוטא ולא לו כדאמר בפרק קמא דבבא מציעא (דף ה:):

[כ] משלם דמי פרה העומדת לילד. (ד) וכל שבח שמשעת גזלה עד שתלד [א] לגזלן:

חמשה גובין מן המחוררים. אע"ג דתנא מנינא תנא ושייר הנך דתנן בהניזקין (גיטין דף מח: ושם נ.) אין מוציאין למזון האשה והבנות מנכסים משועבדים מפני תיקון העולם והתם נמי שייר המקבל עליו לזון בן אשתו ובת אשתו וגט חוב שאין בו אחריות ומהכא קשה לשמואל דאמר בפ"ק דב"מ (דף יג.) אומר היה ר"מ שטר חוב שאין בו אחריות נכסים אין גובה לא מנכסים משועבדים ולא מבני חורין והכא משמע דגבי מבני חורין ומיהו בלאו הכי איתותב שמואל התם מברייתא אחריתי ויש לדחות דשמואל הוה מפרש שאין בו אחריות היינו שמפורש שלא קבל עליו אחריות והא דמוקי לה הכא כר"מ משום דלכאורה כוותיה אתיא:

מאן שמעת ליה דאמר אחריות לאו טעות סופר כו'. וא"ת [ב] בלאו האי טעמא ה"מ למפרך מאן שמעת ליה דקניס ר"מ וש"מ דבשוגג קניס ואז לא הוה צריך לאתויי ברייתא אלא מתני' דהניזקין (גיטין דף מח: ושם) דאין מוציאין לאכילת פירות וי"ל דמכח זה לא ה"מ לאוכוחי דאתיא כר"מ דהא רבי יהודה נמי מלינן למימר דקניס לרב זביד דאמר דלרבי יהודה שבח שעל גבי הגזילה הוי דנגזל אע"ג דנשתנית ע"י כגון נטענה או נתעברה אצל גזלן והאי שבח שהשביח הלוקח היינו נמי שבח שעל גבי הגזילה ויקנוס בו ר' יהודה כמו בההיא דלקמן (ע"ב) לרב זביד ואע"ג דכי נוקי לה נמי כרבי יהודה אכתי מצי לאוכוחי דהשתא ר' יהודה דלא קניס ליה כולי האי קניס בשבח זה שע"ג קרקע ר"מ דקניס טפי לא כ"ש מכל מקום טפי ניחא ליה לאוכוחי מר' מאיר גופיה ר"י:

[ל] דאתא בעל ארעא ושקיל ארעא ושבחא ש"מ בשוגג נמי קניס. ה"מ לשנויי דשבח היתר על היציאה מיירי דההוא לא הוה קנס דכיון דקרקע אין נגזלת ברשותיה דמריה אשבחיה ולא דמי למטלטלי ואפילו לשמואל דאמר בפ"ק דב"מ (דף יד: ושם) דלוקח מגזלן לית ליה שבחא איכא לאוקמי כגון שקנו מידו כדאמר התם אלא דבלאו הכי משני שפיר [ג] אבל ליכא למימר דסתם שבח משמע הכל בין כנגד היציאה בין מה שיתר על היציאה דהא התם גבי פלוגתא דרב ושמואל במוכר שדה לחבירו ונמצאת שאינה שלו דפליגי אם יש לו שבח אם לאו היינו ע"כ בשבח היתר על היציאה דיציאה למה לא יטול מן הנגזל מי גרע מיורד בשדה חבירו שלא ברשות ועוד דעדיפא מיניה משנינן בפ' מי שמת (ב"ב דף קנז:) מאי שבח חצי שבח ומיהו המקשה ודאי ס"ד דטריף כל השבח אף שכנגד היציאה ולפי סברתו הא דתניא בפ"ק דב"מ (דף טו.) אם השבח יותר על היציאה נוטל השבח מבעל הקרקע והיציאה מב"ח ואוקמינן בגזל ונגזל לא אתיא כר' מאיר דלר"מ אפי' יציאה מנגזל לית ליה משום דקניס א"כ יש לחלק דהתם איירי בלא ידע שהיא גזולה דבשוגג כי האי לא קניס:

דילמא

מסורת הש"ס

א) לעיל סו: גיטין נה. [עדיות פ"ז מ"ט], ב) ב"מ מג: ע"ש, ג) [עי' תוס' ע"ז ז. ד"ה ר"מ], ד) לקמן צו: ב"מ ק:, ה) [סוכה ל: לא.], ו) לקמן ק: וש"נ, ז) גי' רש"ל בהמה, ח) כתובות נא:, ט) [שם וב"ב קסט:], י) רש"ל מוחק זה, כ) [שייך למתני' בדף לג:], ל) שייך לע"ב.

הגהות הב"ח

(א) גמ' ת"ר הגוזל רחל וגזזה וילדה כצ"ל ותיבת פרה נמחק: (ב) שם משום דקסבר שינוי במקומו עומד. בע"ז מז ע"א משמע דילדה לא מקרי שינוי כלל. (והשאר חסר): (ג) רש"י ד"ה משלם אותה ואת גיזותיה ואת ולדותיה כל כו' כצ"ל: (ד) תוד"ה משלם כו' וכל שבח. וכ"כ האשר"י וע"ש שהאריך:

הגהות הגר"א

[א] תוס' ד"ה משלם כו' לגזלן (רשום קו על תיבת לגזלן). נ"ב לנגזל כצ"ל דלא כרא"ש: [ב] ד"ה מאן כו' וא"ת כו'. נ"ב אבל להרמב"ם ניחא דס"ל דוקא לאחר יאוש לר"י וקרקע אין לה יאוש דר"י ס"ל דשינוי אינו קונה כאן וכמש"ל ק"ב ב וז"ש ת"ש לצבוע כו' ואולי לשיטתייהו (ועבהגר"א סימן שנ"ד ס"ק א'): [ג] ד"ה דאתא כו' אבל ליכא למימר כו'. נ"ב אבל הרי"ף והרמב"ם מפרשים הכל בשבחא דממילא וניחא דסתם שבח משמע כל השבח ולכן לא פריך לר"י משום דלדידיה לא קני אלא לאחר יאוש בשבחא דממילא כנ"ל:

עין משפט נר מצוה

יז א מיי' פ"ט מהל' גזילה הל' ז ופכ"א מהלכות מלוה הלכה א סמג עשין עג טוש"ע ח"מ סי' שעב סעי' א:

יח ב מיי' וסמג שם טור ש"ע ח"מ שעג סעי' א וסי' קטו סעי' א:

יט ג מיי' פכ"ג מהל' אישות הל' יח סמג עשין מח טוש"ע אה"ע סי' קיד סעיף ד:

כ ד מיי' פ"ט מהלכות גזילה ואבידה הלכה ו סמג עשין עג טוש"ע ח"מ סי' שעג סעיף א:

ליקוטי רש"י

על המריש. קורה ותקנות קמשיב ואזיל במס' גיטין [לעיל סו:]. בבירה. בית גדול. מפני תקנת השבים. שאם אתה מצריכו לקעקע בירתו ולהחזיר מריש עצמו ימנע מלעשות תשובה [גיטין נה.]. ר' יהודה אומר גזילה חוזרת בעיניה. כשעת הולאה מבית הבעלים [ב"מ מג:]. בעבדים אומר לו הרי שלך לפניך. דכקרקע דמי וברשותיה דמריה קיימי [לקמן צו:]. דקיימא לן קרקע אינה נגזלת וכל מקום שהיא ברשות בעליה עומדת ועבד כמקרקעי דמי ואינו נגזל להיות נקנה לגזלן לשלם דמים הלכך כי אזקין ברשותיה דמריה אזקין [ב"מ ק:]. וקרקע אינה נגזלת. כלומר אינה קנויה לגזלן בשום יאוש לעולם בחזקת בעליה היא דמקראי נפקא לן בהגוזל בתרא (ב"ק קיז:) [סוכה ל:]. לצבוע לו אדום. קני בשינוי לר"מ. נותן לו דמי צמרו. ולא יהיב ליה אלא דמי למרו אבל לא דמי שבחו או זה יתן שכרו משלם ויקח הלמר [לקמן ק:]. בדמים שאמר לבן נמכר בשוק דקנייה בגזלו לשלם כשעת הגזילה [ב"מ עח:]. דמי למר לבן כמו שמסר לו דקניה בשינוי ונתחייב מעות [ב"מ קיז:] נותן לו לבע זה דמי למר לבן כבתחילה אם ירלה דסבירא ליה לר"מ כל המשנה מדעת בעליו נקרא גזלן וקנאו בשינוי וכדמפרש בבבא קמא בהגוזל עלים ונוטל הלמר לעלמו אע"פ שהוא מעולה עכשיו בדמים [ע"ז ז.]. גובין מן המחוררין. אם יש נכסים בני חורין אלל החייב נגבין ואם לאו אין נגבין מן המשועבדין. פירות ושבח פירות. כדתנן במס' גיטין (מח:) אין מוליאין לאכילת פירות ולשבח קרקעות מנכסים משועבדים מפני תיקון העולם ובשנים אוחזין בטלית (ב"מ יד:) מפרש לאכילת פירות ולשבח קרקעות כילד הרי שגזל שדה מחבירו ומכרה לאחר והשביחה והרי היא יולאה בדין מתחת יד הלוקח עם שבח שהשביח הלוקח בזבל ובניר ועם פירות שבה שהנגזל טורפה ממנו כשהוא חוזר על המוכר שמכרה לו באחריות גובה קרן מנכסים משועבדין ושבח מנכסים בני חורין ולא מן המשועבדין מפני תיקון העולם לפי שאין קלובין ואין הלוקח יודע בכמה להזהר [כתובות נא:].

והמקבל עליו לזון בן אשתו ובת אשתו. תנאי כתובה שמקבל עליו את תהא יתבא בביתי ומיתזנא מנכסי וכן הבנות בנן נוקבן דיהוו ליכי מינאי אינון יהון יתבן בביתי ומיתזנן מנכסי עד דתלקחן לגוברין אין מוליאין לאחד מכל אלו מנכסים משועבדים [ב"מ יד:]. אף הוא אין גובה מן המשועבדים לפי שאין קלובין ואין כתובים והא דתנן בהנושא והיא נזונית מנכסים משועבדין מפני שהיא כבעל חוב מוקמינן לה התם (דף קב:) בשקנו לה מידו דהתם קנין לכתיבה עומד [כתובות שם]. מפני תיקון העולם שאם אתה אומר יטרפו לקוחות על כך אין לך אדם שלוקח שדה מחבירו דהא אין לך אדם שאין חוב זה מוטל עליו ודבר שאין לו קלבה היא ואכילת פירות ושבח קרקעות נמי דבר שאינו ידוע הוא ואין הלקוחות יודעין להזהר בכך [ב"מ שם]. וגט חוב. כל שטרות נקראין גט [כתובות שם]. אחריות לאו טעות סופר הוא. אחריות שאינו כתוב בשטר אלא נכתב השטר סתם (לאו) טעות ושגגת הסופר הוא וכמי שכתב בו אחריות דמי ופלוגתא הוא בשנים אוחזין (ב"מ דף יז.) [רשב"ם ב"ב קסט:].

ונמסרה לגזלן על מנת שבכל מקרה יהיה עליו לשלם אותו סכום, ונמצא שעליו לשלם לנגזל את שוויה בשעת הגזילה[12].

הגמרא מבקשת להבהיר את דעת רבי מאיר:

אִיבַּעְיָא לְהוּ — שאלו: **מַאי טַעְמֵיהּ** — מהו טעמו **דְּרַבִּי מֵאִיר**, המורה שהגזלן צריך להחזיר גם את הולד ואת הגיזה? האם זה **מִשּׁוּם דְּקָסָבַר** ש**שִׁינּוּי בִּמְקוֹמוֹ עוֹמֵד**, היינו ששינוי אינו קונה? **אוֹ דִּילְמָא** — שמא הוא סובר **בְּעָלְמָא** — שבדרך כלל **שִׁינּוּי קוֹנֶה, וְהָכָא קְנָסָא הוּא דְּקָא קָנִיס** — אלא שכאן הוא מטיל קנס על הגזלן שלא יטול את השבח שהשביחה הגזילה ברשותו, כדי שלא יהיה חוטא נשכר[13]? ואם תשאל: **לְמַאי נַפְקָא מִינָּהּ** — מהי התוצאה המעשית מספק זה? אשיבך: ישנה תוצאה מעשית מכך **לְהֵיכָא דְּכַחֲשָׁא מִכְחַשׁ** — לגבי מקרה שנעשה בבהמה שינוי מעשה והיא הכחישה. שאם תאמר ששינוי במקומו עומד, יוכל הגזלן להחזירה כמות שהיא ולומר לנגזל "הרי שלך לפניך", ולא יצטרך לשלם את הפחת[14]; ואילו אם תאמר ששינוי קונה, ורק במקרה שהשביחה אין הגזלן נוטל את השבח מחמת קנס, אם כחשה יקנה את הגזילה בשינוי ויצטרך לשלם את מלא דמיה בשעת הגזילה[15].

הגמרא מנסה לפשוט את הספק:

תָּא שְׁמַע ראיה מן המשנה הבאה (לקמן צו, ב): **גָּזַל בְּהֵמָה וְהִזְקִינָה** או **עֲבָדִים וְהִזְקִינוּ** ובכך נפחת ערכם, הרי הוא קונה אותם בשינוי **וּמְשַׁלֵּם** את דמיהם **כִּשְׁעַת הַגְּזֵילָה**[16]. **רַבִּי מֵאִיר אוֹמֵר: בַּעֲבָדִים, אוֹמֵר לוֹ** הגזלן לנגזל: "**הֲרֵי שֶׁלְּךָ לְפָנֶיךָ**, טול אותם כמות שהם", כיון שעבדים דינם כקרקעות וקרקע אינה נגזלת[17]. והנה, רבי מאיר לא נחלק על הוראת תנא קמא אלא לגבי עבדים; **וְאִילּוּ** לגבי **בְּהֵמָה** שהזקינה, משמע שהוא מסכים לדעת תנא קמא שהגזלן משלם את דמיה **כִּשְׁעַת הַגְּזֵילָה. וְאִי סַלְקָא דַּעְתָּךְ** — ואם יעלה על דעתך לומר ש**סָבַר רַבִּי מֵאִיר** בכל מקום ש**שִׁינּוּי בִּמְקוֹמוֹ עוֹמֵד, אֲפִילּוּ** במקרה של **בְּהֵמָה** שהזקינה **נַמִּי** — גם כן, היה לו לומר שהגזלן יכול להשיבה לנגזל כמות שהיא מוכחשת, ולומר לו: "הרי שלך לפניך"!

אֶלָּא לַאו שְׁמַע מִינָּהּ — האם אין להסיק מכאן, ש**קָסָבַר רַבִּי מֵאִיר** בדרך כלל ש**שִׁינּוּי קוֹנֶה**, ועל כן בבהמה שהזקינה קנאה הגזלן בשינוי מעשה והוא חייב לשלם את דמיה כשעת הגזילה, **וְהָכָא** — ומה שהורה כאן שהגזלן צריך להשיב את הולדות ואת הגיזה, **קְנָסָא הוּא דְּקָא קָנִיס** — הוא רק בתורת קנס שהוא מטיל על הגזלן כדי שלא ירויח מגזילתו ולא יהא חוטא נשכר?

הגמרא דוחה את הראיה:

אָמְרֵי (אמרו): יתכן ש**רַבִּי מֵאִיר**, בדבריו לגבי עבדים, לא הביע את דעת עצמו, אלא **לְדִבְרֵיהֶם דְּרַבָּנָן קָאָמַר לְהוּ** — אמר את דבריו לחכמים רק בהתאם לשיטתם, וזו היתה כוונתו: **לְדִידִי** — לשיטתי, **שִׁינּוּי אֵין קוֹנֶה, וַאֲפִילּוּ בְּהֵמָה** גזולה שהזקינה והכחישה מחמת שינוי מעשה **נַמִּי** — גם כן יכול הגזלן להחזירה כמות שהיא מוכחשת; **אֶלָּא לְדִידְכוּ** — לשיטתכם, **דְּאָמְרִיתוּ** — שאתם אומרים ש**שִׁינּוּי קוֹנֶה**, ולכן בגזל בהמה והזקינה עליו לשלם כשעת הגזילה, **אוֹדוּ לִי מִיהַת** — הודו לי לכל הפחות **בְּעַבְדָּא** — במקרה שגזל עבד והזקין, שיכול הגזלן להשיבו כמות שהוא ולומר לנגזל "הרי שלך לפניך", כיון **דְּכִמְקַרְקְעֵי דָּמֵי** — שהעבד דומה בדינו לקרקע, **וְקַרְקַע אֵינָהּ נִגְזֶלֶת** — אינה נקנית לגזלן בקניני גזילה בשום אופן שהוא, ואפילו בשינוי, ולכן העבד לא יצא מעולם מרשות הנגזל[18]. **וְאָמְרֵי לֵיהּ רַבָּנָן** — אולם חכמים לא הסכימו עם רבי מאיר, אלא אמרו לו: **לֹא! עַבְדָּא כִּמְטַלְטְלֵי דָּמֵי** — עבד דינו כמטלטלין, ושייכים בו קניני גזילה, ולכן אף הוא כשהזקין ונשתנה הוא נקנה לגזלן בשינוי מעשה, ועליו לשלם לנגזל את דמיו כשעת הגזילה. כיון שאפשר לפרש כך את דברי רבי מאיר, עדיין אין לנו הכרעה אם הוא סובר בדרך כלל ששינוי קונה.

הגמרא מציעה ראיה אחרת לפשוט את הספק:

תָּא שְׁמַע ראיה מן המשנה הבאה (לקמן ק, ב): הנותן צמר לצַבָּע והורה לו **לִצְבּוֹעַ לוֹ** אותו **אָדוֹם, וּצְבָעוֹ** הצַבָּע **שָׁחוֹר**; או שהורה לו לצבוע אותו **שָׁחוֹר, וּצְבָעוֹ אָדוֹם, רַבִּי מֵאִיר אוֹמֵר:** הצַבָּע **נוֹתֵן לוֹ** לבעל הצמר את **דְּמֵי צַמְרוֹ**[19]. משמע, ש**דְּמֵי צַמְרוֹ** הגלמי כפי שהיה

הערות

זה אינו מפורש בברייתא], שכן הלכה פשוטה היא שבכל מקרה שהגזלן אינו משיב את הגזילה עצמה הוא חייב לשלם את דמיה כשעת הגזילה. אולם, לגבי השבח שהשביחה הבהמה ברשותו, שאותו קנה הגזלן בשינוי, סובר רבי יהודה שאין קונסים אותו לתתו לנגזל [כפי שסובר רבי מאיר — ראה לקמן] (רש"י).

[כפי שנתבאר לעיל (צג, ב הערה 3) בדעת רש"י, כאשר פרה יולדת, רואים רק את העובר כמי שנעשה בו שינוי מעשה, אך לא את הפרה עצמה. כמו כן כאשר גוזזים רחל, רואים רק את הצמר כמי שנעשה בו שינוי מעשה, אך לא את הרחל עצמה. בהתאם לכך, הגזלן קונה בשינוי רק את הולד או את הצמר הגזוז, אך לא את הפרה או הרחל עצמן. על פי זה, הוראת רבי יהודה מובנת היטב: הפרה שילדה והרחל שנגזזה עצמן, שלא נשתנו, חוזרות לנגזל; אולם, הולד והצמר הגזוז, שנשתנו, נקנו לגזלן בשינוי, ועליו רק לשלם תמורתם את שוויים בשעת הגזילה.

עוד משמע לכאורה מדברי רש"י כאן, שבמקרה שהשביחו העובר או הצמר בין שעת הגזילה לשעת הלידה או הגזיזה, השבח שייך לגזלן, ועליו לשלם רק את דמיהם בשעת הגזילה (כדעת הרא"ש שהובאה בהמשך ההערה הנזכרת). אולם, הרש"ש (על המשנה) טוען שרש"י **אינו** מסכים לכך, אלא נוקט כפשטות לשון המשנה, שהוא משלם דמי פרה העומדת לילד ודמי רחל העומדת ליגז, היינו כשוויים רגע אחד לפני הלידה או הגזיזה. לפי זה, יתכן שהברייתא אינה דנה במקרה שהעובר או הצמר השביחו בין שעת הגזילה לשעת הלידה או הגזיזה, ודברי רש"י כאן מתייחסים רק לשבח הבא מחמת עצם הלידה או הגזיזה, שהוא בודאי שייך לגזלן על הצד ששינוי קונה. עיין עוד שער המלך הלכות גזילה ב, ו סוף ד"ה הנה מבואר.]

12. היינו, מעריכים מה היה ערכה בשעת הגזילה, וסכום זה משלם הגזלן לנגזל. ["שומא אצלו בכסף" הוא הסדר שעל פיו מעריכים חפץ ומוסרים אותו לאחר, על מנת שיחזיר לבעלים בעתיד את השווי הנערך, בין אם החפץ ישביח ובין אם יפסיד מערכו בינתיים, ואף על פי שהמקבל אינו קונה כעת את החפץ. דוגמא מצויה לכך היא "נכסי צאן ברזל" שאשה מכניסה עמה לבית בעלה בנישואיה. מעריכים אותם לפי שוויים כעת בשוק והם נמסרים לבעל, על מנת שיחזיר לה את הערך שנקבע במקרה שיגרשנה או ימות בחייה. ומכל מקום הנכסים אינם נעשים שלו מיד, ואם הם קיימים בשעת סיום הנישואין עליו להחזירם בעצמם לאשה, רק שאם עלה ערכם עליה לשלם לו את ההפרש (ראה יבמות סו, א-ב). כך גם כאן, אף על פי שהגזלן לא קנה את הגזילה מיד, מכל מקום הוא מתחייב לשלם לנגזל כפי ערכה בשעת הגזילה.] הגמרא לקמן (עמוד ב) תבאר באיזו נקודה נחלקו רבי יהודה ורבי שמעון [שהרי עצם הגזילה חוזרת בעיניה גם לרבי שמעון כיון שלא נשתנית, ועל הגיזות או הולדות שנשתנו הוא משלם לפי ערכם בשעת הגזילה גם לרבי יהודה, כפי שנתבאר] (רש"י).

13. כלומר: שמא רבי מאיר מודה שמדין תורה הגזלן קונה את הולד ואת הגיזה, רק הוא סובר שיש לקנסו מדרבנן ולחייבו לתתם לנגזל כדי שלא ירויח מהעבירה שעשה.

14. רש"י; עיין לעיל צד, א הערה 11.

15. רש"י. והיינו במקרה שכחשה בכחש שאינו יכול לחזור לקדמותו על ידי פיטום, שרק באופן זה קונה בשינוי (רשב"א, על פי הגמרא לעיל צד, א).

16. הזדקנות היא שינוי שיש בו הכחשה ואינו חוזר לברייתו. על כן, הגזלן קונה את הבהמה או את העבדים שגזל בשינוי זה, ועליו לשלם לנגזל את דמיהם כשעת הגזילה.

17. כפי שיתבאר בגמרא בסמוך, קרקע אינה "נגזלת"; כלומר, היא נשארת תמיד ברשות בעליה ואינה יוצאת מרשותו ועוברת לרשות הגזלן. [אולם מכל מקום יש אומרים שהגזלן עובר באיסור "לֹא תִגְזֹל" (ראה רש"י דברים יט, יד; רמב"ם הלכות גנבה ז, יא; אך עיין תוספות בבא מציעא סא, א ד"ה אלא).] הלכך, אפילו אם יזויק בה גזלן והיא תעבור שינוי מעשה ותיפסד, יכול הגזלן לומר לבעליה "הרי שלך לפניך" ואינו חייב לפצותו עבור הפחת (ראה משנה לקמן קיז, ב). ואין זה מחמת המציאות שאין הגזלן יכול להזיזה ממקומה, אלא כך דורשים חכמים לקמן (קיז, ב) מכלל ופרט וכלל. [אמנם עיין תוספות בבא מציעא שם, שנראה שהם נוקטים שהוא מסברא בלבד מחמת המציאות; ועיין מהרש"א, מהר"ם ופני יהושע שם, ליישוב דבריהם שלא יקשה עליהם מסוגייתנו הדנה להשוות עבדים לקרקעות, למרות שעבדים אפשר להזיזם.] והנה, רבי מאיר סובר שעבדים הוקשו לקרקעות (ראה לעיל סב, ב; קידושין כב, ב). על כן, לדעתו, גם עבד אינו "נגזל" על פי דין, ואם ייגזל ויעבור שינוי מעשה (כגון שיזקין), אין הגזלן קונה אותו. אלא, רואים את העבד כאילו הזקין והכחיש כשהוא ברשות הבעלים, וממילא יכול הגזלן להשיבו כמות שהוא ולומר לנגזל "הרי שלך לפניך" (עיין רש"י; ועיין גמרא לקמן צו, ב).

18. עיין בהערה הקודמת.

19. רבי מאיר סובר שמי שנמסר לו חפץ על מנת שינהג בו בצורה מסויימת, ושינה מהוראותיו של בעל החפץ ["מעביר על דעת בעל הבית"], רואים אותו מבחינות

מסורת הש"ס

א) לעיל סו: גיטין נה. [עדיות פ"ז מ"ט], ב) ב"מ מג: ע"ש, ג) [עי' תוס' ע"ז ז. ד"ה ר"מ], ד) לקמן צו: ב"מ ק:, ה) [סוכה ל: לא.], ו) לקמן ק: וש"נ, ז) גי' רש"ל בהמה, ח) כתובות נא:, ט) [שם וב"ב קסט:], י) רש"ל מוחק זה, כ) [שייך למתני' בדף לג:], ל) שייך לע"ב.

הגהות הב"ח

(א) גמ' ת"ר הגוזל רחל וגזזה וילדה כצ"ל ותיבת פרה נמחק: (ב) שם משום דקסבר שינוי במקומו עומד. בע"ז מז ע"א משמע דילדה לא מקרי שינוי כלל. (והשאר חסר): (ג) רש"י ד"ה משלם אותה ואת גיזותיה ואת ולדותיה כל כו' כצ"ל: (ד) תוד"ה משלם כו' וכל שבח. וכ"כ האשר"י וע"ש שהאריך:

הגהות הגר"א

[א] תוס' ד"ה משלם כו' לגזלן (רשום קו על תיבת לגזלן). נ"ב לנגזל כצ"ל דלא כרא"ש: [ב] ד"ה מאן כו' וא"ת כו'. נ"ב אבל להרמב"ם ניחא דס"ל דוקא לאחר יאוש לר"י וקרקע אין לה יאוש דר"י ס"ל דשינוי אינו קונה כאן וכמש"ל ק"ב ב וח"ש ת"ש לצבוע כו' ואזלי לשיטתייהו (ועבהגר"א סימן שנ"ד ס"ק א'): [ג] ד"ה דאתא כו' אבל ליכא למימר כו'. נ"ב אבל הרי"ף והרמב"ם מפרשים הכל בשבחא דממילא וניחא דסתם שבח משמע כל השבח ולכן לא פריך לר"י משום דלדידיה לא קני אלא לאחר יאוש בשבחא דממילא כנ"ל:

גמרא

כאן בגזילה קיימת כאן בשאין גזילה קיימת והא אבנט דגזילה קיימת היא מאי אבנט דמי אבנט וכל היכא דגזילה קיימת לא עבוד רבנן תקנתא והרי מריש דגזילה קיימת היא ותנן א) על המריש הגזול שבנאו בבירה שיטול דמיו מפני תקנת השבים שאני התם דכיון דאיכא פסידא דבירה שויוה רבנן כדליתא: גזל פרה מעוברת וילדה וכו': ב) תנו רבנן הגוזל רחל (א) וגזזה פרה וילדה משלם אותה ואת גיזותיה ואת ולדותיה דברי רבי מאיר ג) ר' יהודה אומר גזילה חוזרת בעיניה רבי שמעון אומר רואין אותה כאילו היא שומא אצלו בכסף איבעיא להו מאי טעמיה דרבי מאיר (ב) משום דקסבר שינוי במקומו עומד או דילמא בעלמא שינוי קונה והכא קנסא הוא דקא קניס למאי נפקא מינה להיכא דכחשא מכחש תא שמע ד) גזל בהמה והזקינה עבדים והזקינו משלם כשעת הגזילה רבי מאיר אומר בעבדים אומר לו הרי שלך לפניך ואילו בהמה כשעת הגזילה ואי סלקא דעתך סבר רבי מאיר שינוי במקומו עומד אפי' בהמה נמי אלא לאו ש"מ קסבר ר' מאיר שינוי קונה והכא קנסא הוא דקא קניס אמרי רבי מאיר לדבריהם דרבנן קאמר להו לדידי שינוי אין קונה ואפילו בהמה נמי אלא לדידכו דאמריתו שינוי קונה אודו לי מיהת בעבדא דכמקרקעי דמי ה) וקרקע אינה נגזלת ואמרי ליה רבנן לא עבדא כמטלטלי דמי ת"ש ו) לצבוע לו אדום וצבעו שחור שחור וצבעו אדום ר' מאיר אומר נותן לו דמי צמרו דמי צמרו אין דמי צמרו ושבחו לא ואי סלקא דעתך סבר רבי מאיר שינוי אין קונה דמי צמרו ושבחו בעי למיתב ליה אלא לאו ש"מ קסבר ר"מ שינוי קונה והכא קנסא הוא דקא קניס שמע מינה איכא דאמרי הא לא איבעי' לן מדאפיך רב ותני גזל ז) פרה והזקינה עבדים והזקינו משלם כשעת הגזילה דברי רבי מאיר וחכמים אומרים בעבדים אומר לו הרי שלך לפניך ודאי לרבי מאיר שינוי קונה והכא קנסא הוא דקא קניס ליה כי קא איבעי לן הכי איבעי' לן כי קא קניס במזיד אבל בשוגג לא קניס או דילמא אפי' בשוגג נמי קניס תא שמע ח) חמשה גובין מן המחוררין ואלו הן א פירות ב ושבח פירות ג והמקבל עליו לזון בן אשתו ובת אשתו וגט חוב שאין בו אחריות וכתובת אשה שאין בה אחריות מאן שמעת ליה דאמר ט) אחריות לאו טעות סופר הוא רבי מאיר וקתני פירות ושבח פירות שבח פירות היכי דמי ד כגון שגזל שדה מחבירו ומכרה לאחר והשביחה והרי היא יוצאה מתחת ידו כשהוא גובה

גובה

רש"י

גזילה קיימת. חייב להחזירה: והא אבנט דגזילה קיימת הוא. ועליו נשנית תקנה שבימי רבי שלא להחזירו: ועל המריש. מסכת גיטין. מריש קורה: משום פסידא דבירה שויוה רבנן כדליתא. ומיהו דמי בעי לאהדורי הואיל וגזילה קיימת בבירה: משלם אותה ואת (ג) גיזותיה. כל מה שנטל ממנה ומה שהשביחה: גזילה חוזרת בעיניה. כמות שהיא עכשיו ריקנית יחזירנה והדר משלם דמי גיזות ועובר כמו שהיה בשעת הגזילה ולא שבח הגיזה שהשביחה אצלו ולא שבח הולד דלא קניס רבי יהודה אבל דמים שבשעת הגזילה משלם דליכא למאן דאמר כל הגזלנים בציר משעת הגזילה ישלמו: רואים אותה כאילו היא שומא אצלו בכסף. משעת הגזילה ומשלם דמים כשעת הגזילה ולקמן מפרש במאי פליגי ר' יהודה ור"ש: קנסא קנים. שלא יהא חוטא נשכר בגזילה ליטול את השבח: ונפקא מינה. להיכא דלא השביחה אלא כחשה אי אמרת טעמא משום דשינוי במקומו עומד כחשה נמי הדר כדאיתא השתא ואי טעמא משום קנס' הוא ושינוי קני משלם כדמעיקר' י) (היכא דליכא קנסא ה"נ איכא שינוי ומשלם כמעיקרא): והזקינה. דאשתני לגריעותא והיינו כחשה: בעבדים אומר לו הרי שלך לפניך. דעבדא כמקרקעי דמי וקרקע הדרא בעינה ואינה נגזלת לקנות לגזלן בשינוי ולהיות ברשותו: דמי צמרו. כדמעיקרא ואע"פ דמהשתא שוי טפי לצריכים למר אדום: והכא קנסא קא קניס. במתני' ובצבע דלאו גזלן הוא ולאו חוטא הוא לא קניס דהא שוגג הוא: מדאפיך רב. לקמן בפרקין (דף צו:): בשוגג. כגון לוקח שלקח מגזלן והשביחה ולא ידע שהיא גזולה: מן המחוררין. מנכסים בני חורין ולא מנכסים משועבדים: פירות ושבח פירות. תנן במסכת גיטין (דף מח:) אין מוציאין לאכילת פירות ולשבח קרקעות מנכסים משועבדים מפני תקון העולם הפסד לקוחות אכילת פירות ושבח קרקעו' מפרש להו בשנים אוחזין (ב"מ ד' יד:): גט חוב. שטר חוב: שאין בו אחריות. שלא שיעבד לו לוה בשעת הלואה את נכסיו ולא כתב לו כל נכסי אחראין לך לפרוע מלוה זה: לאו טעות סופר הוא. ואינו גובה מנכסי' משועבדים ולא אמרינן אין לך אדם המלוה מעותיו בלא שעבוד נכסי לוה והסופר טעה ולא כתב בו אחריות אלא דוקא אזלינן בתר שטר: רבי מאיר. בשנים אוחזין (שם דף יג:) מלא שטרי חוב אין בהן אחריות נכסים יחזיר לפי שאין ב"ד נפרעין מהן: כשהוא גובה. הלוקח חוזר על הגזלן שהנגזל בא ונוטל שדהו כמות שהוא והלוקח חוזר על הגזלן שמכרה לו באחריות:

גובה

תוספות

כאן בגזילה קיימת. תימה רועים מאי גזלה קיימת איכא וי"ל דאיירי ברועה בהמה של אחרים וגנב מהן גיזה וחלב ולאו משום דחשוד להרעות בשדות של אחרים דכיון שאין הבהמה שלו אין אדם חוטא ולא לו כדאמר בפרק קמא דבבא מציעא (דף ה:):

כ) משלם דמי פרה העומדת לילד. (ד) וכל שבח שמשעת גזלה עד שתלד [א] לגזלן:

חמשה גובין מן המחוררים. אע"ג דתנא מניינא תנא ושייר הנך דתנן בהניזקין (גיטין דף מח: ושם נ:) אין מוציאין למזון האשה והבנות מנכסים משועבדים מפני תיקון העולם והתם נמי שייר המקבל עליו לזון בן אשתו ובת אשתו וגט חוב שאין בו אחריות ומהכא קשה לשמואל דאמר בפ"ק דב"מ (דף יג.) אומר היה ר"מ שטר חוב שאין בו אחריות נכסים אין גובה לא מנכסים משועבדים ולא מבני חורין והכא משמע דגבי מבני חורין ומיהו בלאו הכי איתותב שמואל התם מברייתא אחריתי ויש לדחות דשמואל הוה מפרש שאין בו אחריות היינו שמפורש שלא קבל עליו אחריות והא דמוקי לה הכא כר"מ משום דלכאורה כוותיה אתיא:

מאן שמעת ליה דאמר אחריות לאו טעות סופר כו'. וא"ת [ב] בלאו האי טעמא ה"מ למפרך מאן שמעת ליה דקניס ר"מ וש"מ דבשוגג קניס ואז לא הוה צריך לאתויי ברייתא אלא מתני' דהניזקין (גיטין דף מח: ושם) דאין מוציאין לאכילת פירות וי"ל דמכח זה לא ה"מ לאוכוחי דאתיא כר"מ דהא רבי יהודה נמי מצינן למימר דקניס לרב זביד דאמר דלרבי יהודה שבח שעל גבי הגזילה הוי דנגזל אע"ג דנשתנית ע"י כגון נטענה או נתעברה אצל גזלן והאי שבח שהשביח הלוקח היינו נמי שבח שעל גבי הגזילה ויקנוס בו ר' יהודה כמו בההיא דלקמן (ע"ב) לרב זביד ואע"ג דכי נוקי לה נמי כרבי יהודה אכתי מצי לאוכוחי דהשתא ר' יהודה דלא קניס ליה כולי האי קניס בשבח זה שע"ג קרקע ר"מ דקניס טפי לא כ"ש מכל מקום טפי ניחא ליה לאוכוחי מר' מאיר גופיה ר"י:

ל) דאתא בעל ארעא ושקיל ארעא ושבחא ש"מ בשוגג נמי קנים. ה"מ לשנויי דשבח היתר על היציאה מיירי דההוא לא הוה קנס דכיון דקרקע אין נגזלת ברשותיה דמריה אשבחיה ולא דמי למטלטלי ואפילו לשמואל דאמר בפ"ק דב"מ (דף יד: ושם) דלוקח מגזלן לית ליה שבחא איכא לאוקמי כגון שקנו מידו כדאמר התם אלא דבלאו הכי משני שפיר [ג] אבל ליכא למימר דסתם שבח משמע הכל בין כנגד היציאה בין מה שיתר על היציאה דהא התם גבי פלוגתא דרב ושמואל במוכר שדה לחבירו ונמצאת שאינה שלו דפליגי אם יש לו שבח אם לאו היינו ע"כ בשבח היתר על היציאה דיציאה למה לא יטול מן הנגזל מי גרע מיורד בשדה חבירו שלא ברשות ועוד דעדיפא מיניה משנינן בפ' מי שמת (ב"ב דף קנז:) מאי שבח חצי שבח ומיהו המקשה ודאי ס"ד דטריף כל השבח אף שכנגד היציאה ולפי סברתו הא דתניא בפ"ק דב"מ (דף טו.) אם השבח יותר על היציאה נוטל השבח מבעל הקרקע והיציאה מב"ח ואוקמינן בגוזל ונגזל לא אתיא כר' מאיר דלר"מ אפי' יציאה מנגזל לית ליה משום דקנים א"נ יש לחלק דהתם איירי בלא ידע שהיא גזולה דבשוגג כי האי לא קנים:

דילמא

עין משפט נר מצוה

יז א מיי' פ"ט מהל' גזילה הל' ז ופכ"א מהלכות מלוה הלכה א סמג עשין עג טוש"ע ח"מ סי' שעב סעי' א:

יח ב מיי' וסמג שם טור ש"ע ח"מ שעג סעי' א וסי' קטו סעי' א:

יט ג מיי' פכ"ג מהל' אישות הל' יח סמג עשין מח טוש"ע אה"ע סי' קיד סעיף ד:

כ ד מיי' פ"ט מהלכות גזילה ואבידה הלכה ו סמג עשין עג טוש"ע ח"מ סי' שעג סעיף א:

ליקוטי רש"י

על המריש. קורה ותקנות קתניב ואזיל במס' גיטין [לעיל סו:]. בבירה. בית גדול. מפני תקנת השבים. שאם אתה מצריכו לקעקע בירתו ולהחזיר מריש עצמו ימנע מלעשות תשובה [גיטין נה.]. ר' יהודה אומר גזילה חוזרת בעיניה. כשעת הולאה מבית הבעלים [ב"מ מג:]. בעבדים אומר לו הרי שלך לפניך. דכקרקע דמי וברשותיה דמריה קיימי [לקמן צו:]. דקיימא לן קרקע אינה נגזלת וכל מקום שהיא ברשות בעליה עומדת ועבד כמקרקעי דמי ואינו נגזל להיות נקנה לגזלן לשלם דמים הלכך כי אזקין ברשותיה דמריה אזקין [ב"מ ק:]. וקרקע אינה נגזלת. כלומר אינה קנויה לגזלן בשום יאוש לעולם בחזקת בעליה היא דמקראי נפקא לן בהגוזל בתרא (ב"ק קיז:) [סוכה ל:]. לצבוע לו אדום. קני בשינוי לר"מ. נותן לו דמי צמרו. ולא יהיב ליה אלא דמי צמרו אבל לא דמי שבחו או זה יתן שכרו משלם ויקח האמר [לקמן ק:]. בדמים שאמר לבן נמכר בשוק דקנייה בגזלו לשלם כשעת הגזילה [ב"מ עח:]. דמי צמר לבן כמו שמסר לו דקנייה בשינוי ונתחייב מעות [ב"מ קיז:] נותן לו לצבע זה דמי צמר לבן כבתחילה אם ירצה דסבירא ליה לר"מ כל המשנה מדעת בעליו נקרא גזלן וקנאו בשינוי וכדמפרש בבבא קמא בהגוזל עצים ונוטל הצמר לעצמו אע"פ שהוא מעולה עכשיו בדמים [ע"ז ז.]. גובין מן המחוררין. אם יש נכסים בני חורין אצל החייב נגבין ואם לאו אין נגבין מן המשועבדין. פירות ושבח פירות. כדתנן במס' גיטין (מח:) אין מוציאין לאכילת פירות ולשבח קרקעות מנכסים משועבדים מפני תיקון העולם ובשנים אוחזין בטלית (ב"מ יד:) מפרש לאכילת פירות ולשבח קרקעות כיצד הרי שגזל שדה מחבירו ומכרה לאחר והשביחה והרי היא יוצאה בדין מתחת יד הלוקח עם שבח שהשביח הלוקח בזבל ובניר ועם פירות שבה שהנגזל טורפה ממנו כשהוא חוזר על המוכר שמכרה לו באחריות גובה קרן מנכסים משועבדין ושבח מנכסים בני חורין ולא מן המשועבדין מפני תיקון העולם לפי שאין קצובין ואין הלוקח יודע בכמה להזהר [כתובות נא:].

והמקבל עליו לזון בן אשתו ובת אשתו. תנאי כתובה שמקבל עליו את תהא יתבא בביתי ומיתזנא מנכסי וכן הבנות בנן נוקבן דיהוו ליכי מינאי אינון יהון יתבן בביתי ומיתזנן מנכסי עד דתלקחן לגוברין אין מוציאין לאחד מכל אלו מנכסים משועבדים [ב"מ יד:]. אף הוא אין גובה מן המשועבדים לפי שאין קצובין ואין כתובים והא דתנן בהנושא והיא נזונית מנכסים משועבדין מפני שהיא כבעל חוב מוקמינן לה התם (דף קב:) בשקנו לה מידו דהתם קנין לכתיבה עומד [כתובות שם]. מפני תיקון העולם שאם אתה אומר יטרפו לקוחות על כך אין לך אדם שלוקח שדה מחבירו דהא אין לך אדם שאין חוב זה מוטל עליו ודבר שאין לו קצבה היא ואכילת פירות ושבח קרקעות נמי דבר שאינו ידוע הוא ואין הלקוחות יודעין להזהר בכך [ב"מ שם]. וגט חוב. כל שטרות נקראין גט [כתובות שם]. אחריות לאו טעות סופר הוא. אחריות שאינו כתוב בשטר אלא נכתב השטר סתם (לאו) טעות ושגגת הסופר הוא וכמי שכתב בו אחריות דמי ופלוגתא הוא בשנים אוחזין (ב"מ דף יד.) [רשב"ם ב"ב קסט:].

שוה לפני הצביעה, **אֵין** — הוא אכן חייב לשלם; אבל **דְּמֵי צַמְרוֹ וּשְׁבָחוֹ** — ערך הצמר הצבוע, שעתה הוא יכול להימכר יותר ביוקר למי שמעוניין בצמר בצבע כזה, **לֹא** — אינו צריך לשלם. **וְאִי סַלְקָא דַּעְתָּךְ** — ואם יעלה על דעתך לומר ש**סָבַר רַבִּי מֵאִיר שִׁינּוּי אֵין קוֹנֶה, דְּמֵי צַמְרוֹ וּשְׁבָחוֹ בָּעֵי לְמֵיתַב לֵיהּ** — היה לו לומר שהצַבָּע חייב להחזיר לבעל הצמר את צמרו הצבוע, כיון שהצמר לא יצא מרשותו, ונמצא שהוא נותן לו את ערך הצמר יחד עם שבחו[20]! **אֶלָּא לַאו שְׁמַע מִינָּהּ** — האם אין להסיק מכאן ש**קָסָבַר רַבִּי מֵאִיר** בדרך כלל ש**שִׁינּוּי קוֹנֶה, וְהָכָא** — והוראתו כאן, בברייתא שהובאה לעיל, שהגזלן צריך להשיב את הולדות ואת הגיזה לנגזל, **קְנָסָא הוּא דְּקָא קָנִיס** — היא רק מחמת קנס שהטיל עליו[21]?

הגמרא מקבלת את הראיה:

שְׁמַע מִינָּהּ — אכן, יש להסיק כן מכח המשנה הנזכרת.

גירסא אחרת של הדיון הקודם:

אִיכָּא דְּאָמְרֵי — יש אומרים, **הָא לֹא אִיבָּעֵי לָן** — שמעולם לא הסתפקנו בדבר זה, אם לדעת רבי מאיר שינוי קונה או לא. **מִדְּאַפִּיךְ רַב וְתָנֵי** — כי מכיון שרב הפך (בגמרא לקמן צו, ב) את דעות התנאים הנזכרות במשנה (שם) לענין בהמות ועבדים שנגזלו והזקינו[22], ושנה את המשנה כדלהלן: **גָּזַל פָּרָה**[23] **וְהִזְקִינָה, או עֲבָדִים וְהִזְקִינוּ, מְשַׁלֵּם** את דמיהם **כִּשְׁעַת הַגְּזֵילָה**; אלה **דִּבְרֵי רַבִּי מֵאִיר. וַחֲכָמִים אוֹמְרִים: בַּעֲבָדִים, אוֹמֵר לוֹ** הגזלן לנגזל: **"הֲרֵי שֶׁלְּךָ לְפָנֶיךָ"** [כיון שעבדים דינם כקרקעות ואינם נגזלים], הרי **וַדַּאי** שלְדעת **רַבִּי מֵאִיר שִׁינּוּי קוֹנֶה** בדרך כלל, **וְהָכָא** — וכאן, בברייתא המובאת לעיל, כשהוא אומר שהגזלן צריך להשיב לנגזל גם את הולד ואת הגיזות, בודאי **קְנָסָא הוּא דְּקָא קָנִיס לֵיהּ** — אין זה אלא בתורת קנס שהוא מטיל עליו. **כִּי קָא אִיבָּעֵי לָן** — כאשר הסתפקנו בדעת רבי מאיר, **הָכִי אִיבָּעֵי לָן** — כך הסתפקנו: **כִּי קָא קָנִיס** — כאשר קנס רבי מאיר את הגזלן כדי שלא יהנה מכך שהוא קונה את הגזילה בשינוי, האם זה רק כאשר הגזלן פעל **בְּמֵזִיד**, כמו במקרה הפשוט הנזכר בברייתא, שגזל מהבעלים את הרחל או הפרה, **אֲבָל** כאשר פעל **בְּשׁוֹגֵג**[24], **לֹא קָנִיס** — לא הטיל עליו רבי מאיר קנס זה? **אוֹ דִּילְמָא אֲפִילּוּ בְּשׁוֹגֵג נַמִּי קָנִיס** — שמא גם כאשר פעל בשוגג קנס אותו רבי מאיר שישיב את השבח לבעלים כדי שלא ירויח מגזילתו[25]?

הגמרא מנסה לפשוט את הספק:

תָּא שְׁמַע ראיה מן הברייתא הבאה: **חֲמִשָּׁה** בעלי חוב **גּוֹבִין** רק **מִן הַמְּחוֹרָרִין** — מנכסים בני חורין שלא נמכרו על ידי הלוה או החייב, והם עדיין ברשותו[26], **וְאֵלּוּ הֵן:** (א) התובע **פֵּירוֹת**, (ב) **וּשְׁבַח פֵּירוֹת**[27]; (ג) **וְהַמְקַבֵּל עָלָיו** בשעה שנשא אשה **לָזוּן** את **בֶּן אִשְׁתּוֹ וּבַת** (או בת) **אִשְׁתּוֹ** שיש לה מבעל קודם[28]; (ד) **וְהַבָּא לִגְבּוֹת בְּגֵט**

הערות

מסויימות כגזלן (עיין בבא מציעא עח, א-ב). במקרה שלנו, כשהצַבָּע צָבַע את הצמר בצֶבַע השונה מזה שהתנה בעליו, הרי זה כאילו גזל את הצמר. הלכך, הוא קונה את הצמר בשינוי שנעשה על ידי הצביעה (ואף על פי שה"גזילה" והשינוי אירעו בבת אחת — עיין לקמן צו, א הערה 21), וחייב לשלם את דמי הצמר כשעת ה"גזילה", דהיינו, שוויו ברגע שלפני הצביעה. [אלמלא היה נחשב כגזלן, היה דינו כ"יורד לשדה חבירו ונטעה שלא ברשות", כיון שלא פעל כפי שסיכמו עמו הבעלים, והיה מחזיר לבעלים את הצמר ומקבל מהם את הוצאותיו מתוך השבח. וכן דעת רבי יהודה שם במשנה (לקמן ק, ב); עיין שם, הערה 15.]

20. לשון הגמרא שהיה לו לתת את "**דמי** צמרו ושבחו" אינה בדוקא; כי אם שינוי אינו קונה, הוא היה צריך להשיב את הצמר הצבוע עצמו, ולא את דמיו (רשב"א).

[עוד יש לציין, שאם נֹאמר שלא קנה את הצמר בשינוי ועליו להחזירו לבעליו, יהיה בעל הצמר חייב לשלם לו את שכרו כדין "היורד לשדה חבירו ונטעה שלא ברשות" (ראה בבא מציעא קא, א), ועל כן יצטרך לשלם לו מתוך השבח את הוצאותיו, וכדעת רבי יהודה החולק על רבי מאיר במשנה הנזכרת, ונמצא שאין הבעלים מקבלים מהגזלן את כל השבח. לא התכוונה הגמרא לומר אלא שעצם השבח יינתן לבעלים, כיון שהצַבָּע יחזיר לו את הצמר הצבוע שלא יצא מרשותו (שם).]

21. דהיינו, בברייתא לעיל העוסקת בגזלן ממש, רבי מאיר קונס את הגזלן ומחייב אותו להשיב גם את השבח שנקנה לו על ידי השינוי, כדי שלא יהא חוטא נשכר. ואילו במקרה של הצַבָּע שלא התכוון לחטוא, אלא נעשה "גזלן" מחמת שגיאתו שצבע את הצמר בצבע הלא נכון, אין רבי מאיר קונס אותו. הלכך, אחרי שקנה את הצמר על ידי שינוי, הוא רשאי ליטול את השבח לעצמו ולשלם לבעלים רק את דמי הצמר הגלמי שקיבל ממנו (רש"י).

22. בגמרא שם יתבאר טעם ההיפוך.

23. [מהרש"ל גורס "**בְּהֵמָה**" כלשון המשנה שם.]

24. כגון באדם שקנה מן הגזלן רחל טעונה צמר או פרה מעוברת, מבלי לדעת שהן גזולות, והן השביחו [על ידי שינוי מעשה; דהיינו, שצמרה נגזז או שילדה] בעודן ברשותו (רש"י; ועיין פני יהושע לדיון בדבריו שאינם תואמים לכאורה לגמרא לקמן, עמוד ב, המציינת דוקא שגגה מסוג אחר; עיין שם, הערה 3).

25. כפי שהיערנו לעיל (הערה 21), המשנה שהובאה בגמרא לעיל, לגבי הצַבָּע שצָבַע את הצמר בטעות בצֶבַע הלא נכון, מורה שרבי מאיר לא הטיל את הקנס על הגוזל בשוגג. אולם, בגירסא הנוכחית של הדיון, משנה זו אינה מוצגת עד סוף הדיון (לקמן, עמוד ב), שם היא אכן תשמש לפשוט את הספק.

26. כלומר: חובות אלו אינם יוצרים שיעבוד על נכסי הלוה או החייב, שהיה מייפה את כחו של בעל החוב לגבות מהם אפילו לאחר שנמכרו לאחר. אלא, גובים חובות אלו רק מבני חורין, היינו, מן הנכסים הנמצאים ברשות החייב בשעת הגבייה.

27. הלכה זו מבוססת על המשנה בגיטין (מח, ב): "אין מוציאין לאכילת פירות ולשבח קרקעות. . . מנכסים משועבדים, מפני תיקון העולם". הגמרא בבבא מציעא (יד, ב, בפירוש אחד; ראה להלן עמוד ב, הערה 2) מבארת שהמשנה מתייחסת למי שקנה מחבירו קרקע גזולה, וזו נטרפה ממנו לאחר זמן על ידי בעליה. ההלכה היא, שאף אם יש עתה בשדה פירות שהלוקח זרע וגידל, הנגזל מוציא ממנו את השדה עם פירותיה, כיון שהם צמחו משדהו [שמעולם לא יצאה מרשותו, שהרי קרקע אינה נגזלת], ואינו משלם לו עבור הפירות. על כך מלמדות המשנה והברייתא, שכאשר הלוקח חוזר ובא לגבות מהגזלן שמכר לו את השדה באחריות, את דמי השדה והפירות שנטרפו ממנו, אינו גובה את דמי הפירות אלא מנכסים הנמצאים ברשות הגזלן ("נכסים בני חורין"), ולא מקרקעות שמכר לאחרים ("נכסים משועבדים"). זהו המקרה של "פירות" הנזכר בברייתא. המקרה של "שבח פירות", שהוא הנזכר במשנה כ"שבח קרקעות", יתבאר בגמרא בסמוך.

[הטעם שאינו גובה את הפירות (וכן שבח פירות) מנכסים משועבדים, מפורש במשנה בגיטין, שהוא "מפני תיקון העולם", היינו מפני תקנת הלקוחות שקנו מנכסי הגזלן לאחר מכירה זו. הגמרא שם (נ, ב — נא, א) מבארת טעם זה בשני דרכים: (א) בדרך כלל, מכירה או חוב שיש עליהם שטר, יש להם קול ומתפרסמים לרבים. הלכך, כאשר אדם בא לקנות קרקע מחבירו, הוא יכול לברר ולשמוע שנכסי המוכר משועבדים למלוה פלוני, או ללקוח קודם שקנה ממנו שדה באחריות. ואם אף על פי כן קנה השני את הקרקע ולבסוף יצאה מתחת ידו, הרי הוא הזיק לעצמו. מה שאין כן בחוב בעל פה, כיון שאין לו קול, יתכן שהלוקח השני לא יָדע מכך ולא יוכל להיזהר, ואם לבסוף יוציאו ממנו את הקרקע הרי הוא נפסד שלא כדין. יתר על כן, אם תאמר שאכן אפשר להוציא ממנו את הקרקע גם עבור חובות שלא היה יכול לברר עליהם, אין לך אדם שקונה קרקע מחבירו. אף במקרה של מכירת שדה באחריות, האחריות על עצם השדה היא דבר המפורש בשטר ויש לו קול; מה שאין כן האחריות על הפירות היא דבר שאינו כתוב בשטר, ועל כן אין לו קול ואין הלוקח יכול להיזהר ממנו. ואף אם כתב בשטר בפירוש שהוא מקבל אחריות גם על הפירות (ראה נוסחו בבבא מציעא טו, א), מכל מקום אינו מתפרסם, כיון שבאותה שעה לא היו בשדה פירות שתתייחס אליהם האחריות (רש"י גיטין, שם); (ב) חוב רגיל, והוא הדין למכירה קודמת שהיתה באחריות, דמיהם קצובים. על כן, כאשר בא אדם לקנות קרקע, אם הוא רוצה להיות בטוח שלא יטרפו ממנו קרקע זו, הרי הוא יכול לבדוק שנשארה אצל המוכר קרקע אחרת בשווי החוב שהקרקע משועבדת לו, ודי בכך. [שכל זמן שישארו נכסים בידי המוכר, לא יגבו מהלקוחות, כפי ששנינו (גיטין מח, ב): אין נפרעים מנכסים משועבדים במקום שיש נכסים בני חורין. ואף אם המוכר ימכור אחר כך גם את כל הקרקעות הנותרות, יגבו תחילה מהלוקח האחרון, וזה הזיק לעצמו (ראה לעיל ח, א).] מה שאין כן בחוב של פירות שאינו קצוב, שהרי אין אדם יודע כמה פירות עשויים להיות בשדה בשעה שיטרפו אותה, אין הלוקח השני יכול להיזהר מכך ולהניח אצל המוכר נכסים באותו ערך, ושוב אין זה הוגן שיוציאו ממנו ויפסיד. ועיין בגמרא שם לדיון, אם לפי התירוץ השני מועיל "קצובים" לבד כדי שיוכלו לגבות ממשועבדים, או דוקא אם החוב גם קצוב וגם כתוב בשטר; עיין רש"י שם נא, א ד"ה קצובין ותוספות שם, ד"ה או דלמא קצובין.]

28. גם חוב זה אינו נגבה מן המשועבדים משני הטעמים המובאים בהערה הקודמת: (א) מפני שגם חוב זה אינו קצוב; (ב) שגם חוב זה אינו נכתב בשטר (רש"י כתובות, שם; עיין גיטין נ, ב — נא, א).

[אמנם לגבי חוב זה, נאמר במשנה בכתובות (קא, ב) שהבת (והוא הדין לבן) כן גובה מנכסים משועבדים. ובגמרא שם (קב, ב) וכן בגיטין (נא, א) ביארו שמדובר במקרה שקנו מידו על חוב זה, והוא הדין במקרה שכתבו שטר על כך (ראה רש"י גיטין שם; אך עיין תוספות שם; עיין עוד תוספות בכתובות שם, ד"ה הכא במאי

כאן בגזילה קיימת כאן בשאין גזילה קיימת והא אבנט דגזילה קיימת היא מאי אבנט דמי אבנט וכל היכא דגזילה קיימת לא עבוד רבנן תקנתא והרי מריש דגזילה קיימת היא ותנן [א] על המריש הגזול שבנאו בבירה שיטול דמיו מפני תקנת השבים שאני התם דכיון דאיכא פסידא דבירה שויוה רבנן כדליתא: גזל פרה מעוברת וילדה וכו': [ב] תנו רבנן הגוזל רחל (א) וגזזה פרה וילדה משלם אותה ואת גיזותיה ואת ולדותיה דברי רבי מאיר [ג] ר' יהודה אומר גזילה חוזרת בעיניה רבי שמעון אומר רואין אותה כאילו היא שומא אצלו בכסף איבעיא להו מאי טעמיה דרבי מאיר (ב) משום דקסבר שינוי במקומו עומד או דילמא בעלמא שינוי קונה והכא קנסא הוא דקא קניס למאי נפקא מינה להיכא דכחשא מכחש תא שמע [ד] גזל בהמה והזקינה עבדים והזקינו משלם כשעת הגזילה רבי מאיר אומר בעבדים אומר לו הרי שלך לפניך ואילו בהמה כשעת הגזילה ואי סלקא דעתך סבר רבי מאיר שינוי במקומו עומד אפי' בהמה נמי אלא לאו ש"מ קסבר ר' מאיר שינוי קונה והכא קנסא הוא דקא קניס אמרי רבי מאיר לדבריהם דרבנן קאמר להו לדידי שינוי אין קונה ואפילו בהמה נמי אלא לדידכו דאמריתו שינוי קונה אודו לי מיהת בעבדא דכמקרקעי דמי [ה] וקרקע אינה נגזלת ואמרי ליה רבנן לא עבדא כמטלטלי דמי ת"ש [ו] לצבוע לו אדום וצבעו שחור שחור וצבעו אדום ר' מאיר אומר נותן לו דמי צמרו דמי צמרו אין דמי צמרו ושבחו לא ואי סלקא דעתך סבר רבי מאיר שינוי אין קונה דמי צמרו ושבחו בעי למיתב ליה אלא לאו ש"מ קסבר ר"מ שינוי קונה והכא קנסא הוא דקא קניס שמע מינה איכא דאמרי הא לא איבעי לן מדאפיך רב ותני גזל [ז] פרה והזקינה עבדים והזקינו משלם כשעת הגזילה דברי רבי מאיר וחכמים אומרים בעבדים אומר לו הרי שלך לפניך ודאי לרבי מאיר שינוי קונה והכא קנסא הוא דקא קניס ליה כי קא איבעי לן הכי איבעי לן כי קא קניס במזיד אבל בשוגג לא קניס או דילמא אפי' בשוגג נמי קניס תא שמע [ח] חמשה גובין מן המחוררין ואלו הן [א] פירות [ב] ושבח פירות [ג] והמקבל עליו לזון בן אשתו ובת אשתו וגט חוב שאין בו אחריות וכתובת אשה שאין בה אחריות מאן שמעת ליה דאמר [ט] אחריות לאו טעות סופר הוא רבי מאיר וקתני פירות ושבח פירות שבח פירות היכי דמי [ד] כגון שגזל שדה מחבירו ומכרה לאחר והשביחה והרי היא יוצאה מתחת ידו כשהוא גובה גובה

רש"י

גזילה קיימת. חייב להחזירה: והא אבנט דגזילה קיימת הוא. ועליו נשנית תקנה שבימי רבי שלא להחזירו: ועל המריש. מסכת גיטין. מריש קורה: משום פסידא דבירה שויוה רבנן כדליתא. ומיהו דמי בעי לאהדורי הואיל וגזילה קיימת בבירה: משלם אותה ואת (ג) גיזותיה. כל מה שנטל ממנה ומה שהשביחה: גזילה חוזרת בעיניה. כמות שהיא עכשיו ריקנית יחזירנה והדר משלם דמי גיזות ועובר כמו שהיה בשעת הגזילה ולא שבח הגיזה שהשביחה אצלו ולא שבח הולד דלא קניס רבי יהודה אבל דמים שבשעת הגזילה משלם דליכא למאן דאמר כל הגזלנים כליר משעת הגזילה ישלמו: רואים אותה כאילו היא שומא אצלו בכסף. משעת הגזילה ומשלם דמים כשעת הגזילה ולקמן מפרש במאי פליגי ר' יהודה ור"ש: קנסא קנים. שלא יהא חוטא נשכר בגזילה ליטול את השבח: ונפקא מינה. להיכא דלא השביחה אלא כחשה אי אמרת טעמא משום דשינוי במקומו עומד כחשה נמי הדר כדאיתא השתא ואי טעמא משום קנס' הוא ושינוי קני משלם כדמעיקר' [י] (היכא דליכא קנסא ה"נ איכא שינוי ומשלם כמעיקרא): והזקינה. דאשתני לגריעותא והיינו כחשה: בעבדים אומר לו הרי שלך לפניך. דעבדא כמקרקעי דמי וקרקע הדרא בעינה ואינה נגזלת לקנות לגזלן בשינוי ולהיות ברשותו: דמי צמרו. כדמעיקרא ואע"פ דמהשתא שוי טפי לצריכים למר אדום: והכא קנסא קא קניס. במתני' ובלבע דלאו גזלן הוא ולאו חוטא הוא לא קניס דהא שוגג הוא: מדאפיך רב. לקמן בפרקין (דף צו:): בשוגג. כגון לוקח שלקח מגזלן והשביחה ולא ידע שהיא גזולה: מן המחוררין. מנכסים בני חורין ולא מנכסים משועבדים: פירות ושבח פירות. תנן במסכת גיטין (דף מח:) אין מוציאין לאכילת פירות ולשבח קרקעות מנכסים משועבדים מפני תקון העולם הפסד לקוחות אכילת פירות ושבח קרקעו' מפרש להו בשנים אוחזין (ב"מ ד' יד:): גט חוב. שטר חוב: שאין בו אחריות. שלא שיעבד לו לוה בשעת הלואה את נכסיו ולא כתב לו כל נכסי אחראין לך לפרוע מלוה זה: לאו טעות סופר הוא. ואינו גובה מנכסי' משועבדים ולא אמרינן אין לך אדם המלוה מעותיו בלא שעבוד נכסי לוה והסופר טעה ולא כתב בו אחריות אלא דוקא אזלינן בתר שטר: רבי מאיר. בשנים אוחזין (שם דף יג:) מלא שטרי חוב אין בהן אחריות נכסים יחזיר לפי שאין ב"ד נפרעין מהן: כשהוא גובה. הלוקח חוזר על הגזלן שהנגזל בא ונוטל שדהו כמות שהוא והלוקח חוזר על הגזלן שמכרה לו באחריות: גובה

תוספות

כאן בגזילה קיימת. תימה רועים מאי גזלה קיימת איכא וי"ל דאיירי ברועה בהמה של אחרים וגנב מהן גיזה וחלב ולאו משום דחשוד להרעות בשדות של אחרים דכיון שאין הבהמה שלו אין אדם חוטא ולא לו כדאמר בפרק קמא דבבא מציעא (דף ה:):

[כ] משלם דמי פרה העומדת לילד. (ד) וכל שבח שמשעת גזלה עד שתלד [א] לגזלן:

חמשה גובין מן המחוררים. אע"ג דתנא מנינא תנא ושייר הנך דתנן בהניזקין (גיטין דף מח: ושם נ:) אין מוציאין למזון האשה והבנות מנכסים משועבדים מפני תיקון העולם והתם נמי שייר המקבל עליו לזון בן אשתו ובת אשתו וגט חוב שאין בו אחריות ומהכא קשה לשמואל דאמר בפ"ק דב"מ (דף יג.) אומר היה ר"מ שטר חוב שאין בו אחריות נכסים אין גובה לא מנכסים משועבדים ולא מבני חורין והכא משמע דגבי מבני חורין ומיהו בלאו הכי איתותב שמואל התם מברייתא אחריתי ויש לדחות דשמואל הוה מפרש שאין בו אחריות היינו שמפורש שלא קבל עליו אחריות והא דמוקי לה הכא כר"מ משום דלכאורה כוותיה אתיא:

מאן שמעת ליה דאמר אחריות לאו טעות סופר כו'. וא"ת [ב] בלאו האי טעמא ה"מ למפרך מאן שמעת ליה דקניס ר"מ וש"מ דבשוגג קניס ואז לא הוה צריך לאתויי ברייתא אלא מתני' דהניזקין (גיטין דף מח: ושם) דאין מוציאין לאכילת פירות וי"ל דמכח זה לא ה"מ לאוכוחי דאתיא כר"מ דהא רבי יהודה נמי מלינן למימר דקניס לרב זביד דאמר דלרבי יהודה שבח שעל גבי הגזילה הוי דנגזל אע"ג דנשתנית ע"י כגון נטענה או נתעברה אצל גזלן והאי שבח שהשביח הלוקח היינו נמי שבח שעל גבי הגזלה ויקנוס בו ר' יהודה כמו בההיא דלקמן (ע"ב) לרב זביד ואע"ג דכי נוקי לה נמי כרבי יהודה אכתי מלי לאוכוחי דהשתא ר' יהודה דלא קניס ליה כולי האי קניס בשבח זה שע"ג קרקע ר"מ דקניס טפי לא כ"ש מכל מקום טפי ניחא ליה לאוכוחי מר' מאיר גופיה ר"י:

[ל] דאתא בעל ארעא ושקיל ארעא ושבחא ש"מ בשוגג נמי קנים. ה"מ לשנויי דשבח היתר על היציאה מיירי דההוא לא הוה קנס דכיון דקרקע אין נגזלת ברשותיה דמריה אשבחיה ולא דמי למטלטלי ואפילו לשמואל דאמר בפ"ק דב"מ (דף יד: ושם) דלוקח מגזלן לית ליה שבחא איכא לאוקמי כגון שקנו מידו כדאמר התם אלא דבלאו הכי משני שפיר [ג] אבל ליכא למימר דסתם שבח משמע הכל בין כנגד היציאה בין מה שיתר על היציאה דהא התם גבי פלוגתא דרב ושמואל במוכר שדה לחבירו ונמצאת שאינה שלו דפליגי אם יש לו שבח אם לאו היינו ע"כ בשבח היתר על היציאה דיציאה למה לא יטול מן הנגזל מי גרע מיורד בשדה חבירו שלא ברשות ועוד דעדיפא מיניה משנינן בפ' מי שמת (ב"ב דף קנז:) מאי שבח חצי שבח ומיהו המקשה ודאי ס"ד דטריף כל השבח אף שכנגד היציאה ולפי סברתו הא דתניא בפ"ק דב"מ (דף טו.) אם השבח יותר על היציאה נוטל השבח מבעל הקרקע והיציאה מב"ח ואוקמינן בגזול ונגזל לא אתיא כר' מאיר דלר"מ אפי' יציאה מנגזל לית ליה משום דקניס א"נ יש לחלק דהתם איירי בלא ידע שהיא גזולה דבשוגג כי האי לא קניס:
דילמא

עין משפט נר מצוה

יז א מיי' פ"ט מהל' גזילה הל' ז ופכ"א מהלכות מלוה הלכה א סמג עשין עג טוש"ע ח"מ סי' שעב סעי' א:
יח ב מיי' וסמג שם טור ש"ע ח"מ שעג סעי' א וסי' קטו סעי' א:
יט ג מיי' פכ"ג מהל' אישות הל' יח סמג עשין מח טוש"ע אה"ע סי' קיד סעיף ד:
כ ד מיי' פ"ט מהלכות גזילה ואבידה הלכה ו סמג עשין עג טוש"ע ח"מ סי' שעג סעיף א:

ליקוטי רש"י

על המריש. קורה ותקנות קחשיב ואזיל במס' גיטין [לעיל סו:]. בבירה. בית גדול. מפני תקנת השבים. שאם אתה מצריכו לקעקע בירתו ולהחזיר מריש עלמו ימנע מלעשות תשובה [גיטין נה.]. ר' יהודה אומר גזילה חוזרת בעיניה. כשעת סולאה מבית הבעלים [ב"מ מג:]. בעבדים אומר לו הרי שלך לפניך. דקרקע דמי וברשותיה דמריה קיימי [לקמן צו:]. דקיימא לן קרקע אינה נגזלת וכל מקום שהיא ברשות בעליה עומדת ועבד כמקרקעי דמי ואינו נגזל להיות נקנה לגזלן לשלם דמים הלכך כי אזקין ברשותיה דמריה אזקין [ב"מ ק:]. וקרקע אינה נגזלת. כלומר אינה קנויה לגזלן בשום יאוש לעולם בחזקת בעליה היא דמקראי נפקא לן בהגוזל בתרא (ב"ק קיז:) [סוכה ל:]. לצבוע לו אדום. קני בשינוי לר"מ. נותן לו דמי צמרו. ולא יהיב ליה אלא דמי למרו אבל לא דמי שבחו או זה יתן שכרו משלם ויקח הלמר [לקמן ק:]. בדמים שלמר לבן נמכר בשוק דקנייה בגזלו לשלם כשעת הגזילה [ב"מ עח:]. דמי למר לבן כמו שמסר לו דקנייה בשינוי ונתחייב מעות [ב"מ קיז:] נותן לו לבע זה דמי למר לבן כבתחילה אם ירלה דסבירא ליה לר"מ כל המשנה מדעת בעליו נקרא גזלן וקנאו בשינוי וכדמפרש בבבא קמא בהגוזל עלים ונוטל הלמר לעלמו אע"פ שהוא מעולה עכשיו בדמים [ע"ז ז.]. גובין מן המחוררין. אם יש נכסים בני חורין אבל החייב נגבין ואם לאו אין נגבין מן המשועבדין. פירות ושבח פירות. כדתנן במס' גיטין (מח:) אין מוציאין לאכילת פירות ולשבח קרקעות מנכסים משועבדים מפני תיקון העולם ובשנים אוחזין בטלית (ב"מ יד:) מפרש לאכילת פירות ולשבח קרקעות כילד הרי שגזל שדה מחבירו ומכרה לאחר והשביחה והרי היא יולאה בדין מתחת יד הלוקח עם שבח שהשביח הלוקח בזבל ובניר ועם פירות שבה שהנגזל טורפה ממנו כשהוא חוזר על המוכר שמכרה לו באחריות גובה קרן מנכסים משועבדין ושבח מנכסים בני חורין ולא מן המשועבדין מפני תיקון העולם לפי שאין קלובין ואין הלוקח יודע בכמה להזהר [כתובות נא:].
והמקבל עליו לזון בן אשתו ובת אשתו. תנאי כתובה שמקבל עליו את תהא יתבא בביתי ומיתזנא מנכסי וכן הבנות בנן נוקבן דיהוו ליכי מינאי אינון יהון יתבן בביתי ומיתזנן מנכסי עד דתלקחן לגוברין אין מוציאין לאחד מכל אלו מנכסים משועבדים [ב"מ יד:]. אף הוא אין גובה מן המשועבדים לפי שאין קצובין ואין כתובים והא דתנן בהנושא והיא נזונית מנכסים משועבדין מפני שהיא כבעל חוב מוקמינן לה התם (דף קב:) בשקנו לה מידו דמתם קנין לכתיבה עומד [כתובות שם]. מפני תיקון העולם שאם אתה אומר יטרפו לקוחות על כך אין לך אדם שלוקח שדה מחבירו דהא אין לך אדם שאין חוב זה מוטל עליו ודבר שאין לו קצבה היא ואכילת פירות ושבח קרקעות נמי דבר שאינו ידוע הוא ואין הלקוחות יודעין להזהר בכך [ב"מ שם]. וגט חוב. כל שטרות נקראין גט [כתובות שם]. אחריות לאו טעות סופר הוא. אחריות שאינו כתוב בשטר אלא נכתב השטר סתם (לאו) טעות ושגגת הסופר הוא וכמי שכתב בו אחריות דמי ופלוגתא הוא בשנים אוחזין (ב"מ דף יד.) [רשב"ם ב"ב קסט:].

מסורת הש"ס

א) לעיל סו: גיטין נה. [עדיות פ"ז מ"ט], ב) ב"מ מג: ע"ש, ג) [עי' תוס' ע"ז ז. ד"ה ר"מ], ד) לקמן צו: ב"מ ק., ה) [סוכה ל: לא.], ו) לקמן ק: וש"נ, ז) גי' רש"ל בהמה, ח) כתובות נא., ט) [שם וב"ב קסט:], י) רש"ל מוחק זה, כ) [שייך למתני' בדף לג:], ל) שייך לע"ב.

הגהות הב"ח

(א) גמ' ת"ר הגוזל רחל וגוזה וילדה הנ"ל ותיבת פרה נמחק: (ב) שם משום דקסבר שינוי במקומו עומד. בע"ז מז ע"א משמע דילדה לא מקרי שינוי כלל. (והשאר חסר): (ג) רש"י ד"ה משלם אותה ואת גיזותיה ואת ולדותיה כל כו' כנ"ל: (ד) תוד"ה משלם כו' וכל שבח. וכ"כ האשר"י וע"ש שהאריך:

הגהות הגר"א

[א] תוס' ד"ה משלם כו' לגזלן (רשום קו על תיבת לגזלן). נ"ב לנגזל כצ"ל דלא כרא"ש: [ב] ד"ה מאן כו' וא"ת כו'. נ"ב אבל להרמב"ם ניחא דס"ל דוקא לאחר יאוש לר"י וקרקע אין לה יאוש דר"י ס"ל דשינוי אינו קונה כאן וכמש"ל ק"ב ב וח"ש ת"ש לצבוע כו' ואזלי לשיטתייהו (ועבהגר"א סימן שנ"ד ס"ק א'): [ג] ד"ה דאתא כו' אבל ליכא למימר כו'. נ"ב אבל הרי"ף והרמב"ם מפרשים הכל בשבחא דממילא וניחא דסתם שבח משמע כל השבח ולכן לא פריך לר"י משום דלדידיה לא קני אלא לאחר יאוש בשבחא דממילא כנ"ל:

(שטר) **חוֹב שֶׁאֵין בּוֹ אַחֲרָיוּת** – שלא נכתב בו שיעבוד נכסים[29]; (ה) **וּכְתוּבַּת אִשָּׁה שֶׁאֵין** כתוב **בָּהּ** בשטר הכתובה **אַחֲרָיוּת** נכסים[30]. והנה, **מַאן שָׁמַעְתְּ לֵיהּ** – מי הוא התנא ששמעת ממנו **דְּאָמַר: אַחֲרָיוּת לַאו טָעוּת סוֹפֵר הוּא** – שאם לא נכתבה האחריות בשטר, איננו תולים זאת בטעות הסופר, אלא מניחים שבעל השטר השמיט את האחריות בכוונה, ועל כן לא גובים את החוב מנכסים משועבדים[31]? הרי זה **רַבִּי מֵאִיר**[32]! ובכן, רבי מאיר הוא ששנה ברייתא זו; **וְקָתָנֵי** – והרי הברייתא מלמדת על מקרה שאדם גובה מחבירו "**פֵּירוֹת וּשְׁבַח פֵּירוֹת**". והנה, המקרה של "**שְׁבַח פֵּירוֹת**", **הֵיכִי דָּמֵי** – במה מדובר? **כְּגוֹן שֶׁגָּזַל** אדם **שָׂדֶה מֵחֲבֵירוֹ וּמְכָרָהּ לְאַחֵר, וְהִשְׁבִּיחָהּ** הלוקח, על ידי זיבול וחרישה, נטיעת עצים וכדומה, **וַהֲרֵי הִיא יוֹצְאָה** כעת **מִתַּחַת יָדוֹ** כשהיא מושבחת, על ידי פסק בית דין המחייב אותו להשיבה לנגזל. ועל כך מלמדת הברייתא, **שֶׁכְּשֶׁהוּא גּוֹבֶה** – שכאשר הלוקח גובה את הפיצוי על הפסדו מן המוכר, היינו מהגזלן שמכר לו את השדה באחריות, והתחייב לפצותו במקרה שהשדה תיטרף ממנו,

---

הערות

עסקינן, הראשון), ואילו הברייתא שלנו המלמדת שאין גובים אותו אלא מבני חורין עוסקת במקרה שלא קנו מידו. והסיבה שכאן מועיל קנין או כתיבה (שלא כמקרה של "פירות" הנידון בהערה הקודמת), הוא משום שהבת קיימת באותה שעה (עיין גמרא בשני המקומות). ולפי הדעה שהדבר תלוי בקצבה לבד (עיין בהערה הקודמת), יש לומר שהברייתא שלנו עוסקת במקרה שהתחייב לזון אותה לזמן בלתי מוגבל, כגון עד שתינשא, ואילו המשנה בכתובות עוסקת במקרה שקצב את הזמן, כגון שהתחייב לזון אותה למשך חמש שנים, כפי הדוגמא הכתובה שם (תוספות כתובות שם, ד"ה הכא במאי עסקינן, השני).]

29. דהיינו, שלא שיעבד הלוה את נכסיו למלוה בשעת ההלואה, ולא כתב בתוך שטר החוב: "כל נכסי אחראין לך לפרוע מְלוה זה" (רש"י). מכיון שהנכסים לא השתעבדו לחוב, אין המַלוה יכול לגבות את חובו מנכסים אלו אם נמכרו לאחר.

30. [עיין תורת חיים, המבאר מדוע הזכירה הברייתא מקרה זה, שלכאורה אין בו שינוי משמעותי מהמקרה הקודם.]

31. ישנה סברא לומר, שאין אדם מלוה את מעותיו אלא אם כן הבטיח הלוה את החוב על ידי שיעבוד נכסיו לפרעון. משום כך, אפילו אם נראה שטר חוב שלא מוזכר בו שכל נכסי הלוה אחראים לפרעונו, נניח שבאמת סוכם בין המלוה והלוה שגם הנכסים ישתעבדו, רק הסופר טעה והשמיט פרט זה, ועל כן יהיה אפשר לגבות את החוב גם מנכסים משועבדים. אולם, הברייתא שלפנינו אומרת שבשטר כזה אין המלוה יכול לגבות מנכסים משועבדים. ומוכח איפוא שהיא נשנית על ידי תנא הסובר שאין מניחים בתורת ודאי שאף אחד לא היה מלוה מעות בלי אחריות, ואין תולים את העדר האחריות בשטר ב"טעות סופר" (רש"י).

32. מקור דין זה הוא במסכת בבא מציעא (יב, ב). במשנה שם נאמר, שהמוצא שטר חוב שאין כתוב בו אחריות נכסים, יחזירנו למלוה. ואם כתוב בו אחריות נכסים, לא יחזירנו. אלו דברי רבי מאיר. חכמים חולקים עליו וסוברים שאפילו אם אין בו אחריות נכסים לא יחזירנו למלוה. כפי שנתבאר במסקנת הסוגיא שם (דף יד, א), מדובר במקרה שהלוה מודה שעדיין לא פרע את החוב והשטר נפל מהמלוה, ובזה נחלקו: רבי מאיר סובר ששטר שלא כתוב בו אחריות נכסים אין גובים בו אלא מנכסים בני חורין, היינו מנכסים הנמצאים עדיין ברשות הלוה, ומכיון שהלוה מודה שלא פרע את החוב אין כל חשש בהחזרתו למלוה. חכמים, לעומת זאת, סוברים ש"אחריות טעות סופר", ועל כן גם אם לא כתוב בו אחריות נכסים אפשר לגבות בו מנכסים משועבדים. ומכיון שהשטר נפל, יש לנו לחשוש שהמלוה לא שמר עליו מכיון שהוא באמת נפרע, ומה שהלוה מודה שהוא לא נפרע הוא משום שעשה "קנוניא" של רמאות עם המלוה, שיגבה את החוב פעם שניה ממי שקנה ממנו קרקע, והם יתחלקו ביניהם בריוח. הרי שרבי מאיר הוא הסובר ש"אחריות **לאו** טעות סופר" (רש"י).

כאן בגזילה קיימת כאן בשאין גזילה קיימת והא אבנט דגזילה קיימת היא מאי אבנט דמי אבנט וכל היכא דגזילה קיימת לא עבוד רבנן תקנתא והרי מריש דגזילה קיימת היא ותנן [א] על המריש הגזול שבנאו בבירה שיטול דמיו מפני תקנת השבים שאני התם דכיון דאיכא פסידא דבירה שויוה רבנן כדליתא: גזל פרה מעוברת וילדה וכו': [ב] תנו רבנן הגוזל רחל (א) וגזזה פרה וילדה משלם אותה ואת גיזותיה ואת ולדותיה דברי רבי מאיר [ג] ר' יהודה אומר גזילה חוזרת בעיניה רבי שמעון אומר רואין אותה כאילו היא שומא אצלו בכסף איבעיא להו מאי טעמיה דרבי מאיר (ב) משום דקסבר שינוי במקומו עומד או דילמא בעלמא שינוי קונה והכא קנסא הוא דקא קניס למאי נפקא מינה להיכא דכחשא מכחש תא שמע [ד] גזל בהמה והזקינה עבדים והזקינו משלם כשעת הגזילה רבי מאיר אומר בעבדים אומר לו הרי שלך לפניך ואילו בהמה כשעת הגזילה ואי סלקא דעתך סבר רבי מאיר שינוי במקומו עומד אפי' בהמה נמי אלא לאו ש"מ קסבר ר' מאיר שינוי קונה והכא קנסא הוא דקא קניס אמרי רבי מאיר לדבריהם דרבנן קאמר להו לדידי שינוי אין קונה ואפילו בהמה נמי אלא לדידכו דאמריתו שינוי קונה אודו לי מיהת בעבדא דכמקרקעי דמי [ה] וקרקע אינה נגזלת ואמרי ליה רבנן לא עבדא כמטלטלי דמי ת"ש [ו] לצבוע לו אדום וצבעו שחור שחור וצבעו אדום ר' מאיר אומר נותן לו דמי צמרו דמי צמרו אין דמי צמרו ושבחו לא ואי סלקא דעתך סבר רבי מאיר שינוי אין קונה דמי צמרו ושבחו בעי למיתב ליה אלא לאו ש"מ קסבר ר"מ שינוי קונה והכא קנסא הוא דקא קניס שמע מינה איכא דאמרי הא לא איבעי לן מדאפיך רב ותני גזל [ז] פרה והזקינה עבדים והזקינו משלם כשעת הגזילה דברי רבי מאיר וחכמים אומרים בעבדים אומר לו הרי שלך לפניך ודאי לרבי מאיר שינוי קונה והכא קנסא הוא דקא קניס ליה כי קא איבעי לן הכי איבעי לן כי קא קניס במזיד אבל בשוגג לא קניס או דילמא אפי' בשוגג נמי קניס תא שמע [ח] חמשה גובין מן המחוררין ואלו הן [א] פירות [ב] ושבח פירות [ג] והמקבל עליו לזון בן אשתו ובת אשתו וגט חוב שאין בו אחריות וכתובת אשה שאין בה אחריות מאן שמעת ליה דאמר [ט] אחריות לאו טעות סופר הוא רבי מאיר וקתני פירות ושבח פירות שבח פירות היכי דמי [ד] כגון שגזל שדה מחבירו ומכרה לאחר והשביחה והרי היא יוצאה מתחת ידו כשהוא גובה

גובה

רש"י

גזילה קיימת. חייב להחזירה: והא אבנט דגזילה קיימת הוא. ועליו נשנית תקנה שבימי רבי שלא להחזירו: ועל המריש. מסכת גיטין. מריש קורה: משום פסידא דבירה שויוה רבנן כדליתא. ומיהו דמי בעי לאהדורי הואיל וגזילה קיימת בבירה: משלם אותה ואת (ג) גיזותיה. כל מה שנטל ממנה ומה שהשביחה: גזילה חוזרת בעיניה. כמות שהיא עכשיו ריקנית יחזירנה והדר משלם דמי גיזות ועובר כמו שהיה בשעת הגזילה ולא שבח הגיזה שהשביחה אצלו ולא שבח הולד דלא קניס רבי יהודה אבל דמים שבשעת הגזילה משלם דליכא למאן דאמר כל הגזלנים בציר משעת הגזילה ישלמו: רואים אותה כאילו היא שומא אצלו בכסף. משעת הגזילה ומשלם דמים כשעת הגזילה ולקמן מפרש במאי פליגי ר' יהודה ור"ש: קנסא קנים. שלא יהא חוטא נשכר בגזילה ליטול את השבח: ונפקא מינה. להיכא דלא השביחה אלא כחשה אי אמרת טעמא משום דשינוי במקומו עומד כחשה נמי הדר כדאיתא השתא ואי טעמא משום קנס' הוא ושינוי קני משלם כדמעיקר' [י] (היכא דליכא קנסא ה"נ איכא שינוי ומשלם כמעיקרא): והזקינה. דאשתני לגריעותא והיינו כחשה: בעבדים אומר לו הרי שלך לפניך. דעבדא כמקרקעי דמי וקרקע הדרא בעינה ואינה נגזלת לקנות לגזלן בשינוי ולהיות ברשותו: דמי צמרו. כדמעיקרא ואע"פ דמהשתא שוי טפי לצריכים למר אדום: והכא קנסא קא קניס. במתני' ובצבע דלאו גזלן הוא ולאו חוטא הוא לא קניס דהא שוגג הוא: מדאפיך רב. לקמן בפרקין (דף צו:): בשוגג. כגון לוקח שלקח מגזלן והשביחה ולא ידע שהיא גזולה: מן המחוררין. מנכסים בני חורין ולא מנכסים משועבדים: פירות ושבח פירות. תנן במסכת גיטין (דף מח:) אין מוציאין לאכילת פירות ולשבח קרקעות מנכסים משועבדים מפני תקון העולם הפסד לקוחות אכילת פירות ושבח קרקעו' מפרש להו בשנים אוחזין (ב"מ ד' יד:): גט חוב. שטר חוב: שאין בו אחריות. שלא שיעבד לו לוה בשעת הלואה את נכסיו ולא כתב לו כל נכסי אחראין לך לפרוע מלוה זה: לאו טעות סופר הוא. ואינו גובה מנכסי' משועבדים ולא אמרינן אין לך אדם המלוה מעותיו בלא שעבוד נכסי לוה והסופר טעה ולא כתב בו אחריות אלא דוקא אזלינן בתר שטר: רבי מאיר. בשנים אוחזין (שם דף יג:) מלא שטרי חוב אין בהן אחריות נכסים יחזיר לפי שאין ב"ד נפרעין מהן: כשהוא גובה. הלוקח חוזר על הגזלן שהנגזל בא ונוטל שדהו כמות שהוא והלוקח חוזר על הגזלן שמכרה לו באחריות:

גובה

תוספות

כאן בגזילה קיימת. תימה רועים מאי גזלה קיימת איכא וי"ל דאיירי ברועה בהמה של אחרים וגנב מהן גיזה וחלב ולאו משום דחשוד להרעות בשדות של אחרים דכיון שאין הבהמה שלו אין אדם חוטא ולא לו כדאמר בפרק קמא דבבא מציעא (דף ה:):

[כ] משלם דמי פרה העומדת לילד. (ד) וכל שבח שמשעת גזלה עד שתלד [א] לגזלן:

חמשה גובין מן המחוררים. אע"ג דתנא מינא תנא ושייר הנך דתנן בהניזקין (גיטין דף מח: ושם נ.) אין מוציאין למזון האשה והבנות מנכסים משועבדים מפני תיקון העולם והתם נמי שייר המקבל עליו לזון בן אשתו ובת אשתו וגט חוב שאין בו אחריות ומהכא קשה לשמואל דאמר בפ"ק דב"מ (דף יג.) אומר היה ר"מ שטר חוב שאין בו אחריות נכסים אין גובה לא מנכסים משועבדים ולא מבני חורין והכא משמע דגבי מבני חורין ומיהו בלאו הכי איתותב שמואל התם מברייתא אחריתי ויש לדחות דשמואל הוה מפרש שאין בו אחריות היינו שמפורש שלא קבל עליו אחריות והא דמוקי לה הכא כר"מ משום דלכאורה כוותיה אתיא:

מאן שמעת ליה דאמר אחריות לאו טעות סופר כו'. וא"ת [ב] בלאו האי טעמא ה"מ למפרך מאן שמעת ליה דקניס ר"מ וש"מ דבשוגג קניס ואז לא הוה צריך לאתויי ברייתא אלא מתני' דהניזקין (גיטין דף מח: ושם) דאין מוציאין לאכילת פירות וי"ל דמכח זה לא ה"מ לאוכוחי דאתיא כר"מ דהא רבי יהודה נמי מלינן למימר דקניס לרב זביד דאמר דלרבי יהודה שבח שעל גבי הגזילה הוי דנגזל אע"ג דנשתנית ע"י כגון נטענה או נתעברה אצל גזלן והאי שבח שהשביח הלוקח היינו נמי שבח שעל גבי הגזלה ויקנוס בו ר' יהודה כמו בההיא דלקמן (ע"ב) לרב זביד ואע"ג דכי נוקי לה נמי כרבי יהודה אכתי מלי לאוכוחי דהשתא ר' יהודה דלא קניס ליה כולי האי קניס בשבח זה שע"ג קרקע ר"מ דקניס טפי לא כ"ש מכל מקום טפי ניחא ליה לאוכוחי מר' מאיר גופיה ר"י:

[ל] דאתא בעל ארעא ושקיל ארעא ושבחא ש"מ בשוגג נמי קנים. ה"מ לשנויי דשבח היתר על היציאה מיירי דההוא לא הוה קנס דכיון דקרקע אין נגזלת ברשותיה דמריה אשבחיה ולא דמי למטלטלי ואפילו לשמואל דאמר בפ"ק דב"מ (דף יד: ושם) דלוקח מגזלן לית ליה שבחא איכא לאוקמי כגון שקנו מידו כדאמר התם אלא דבלאו הכי משני שפיר [ג] אבל ליכא למימר דסתם שבח משמע הכל בין כנגד היציאה בין מה שיתר על היציאה דהא התם גבי פלוגתא דרב ושמואל במוכר שדה לחבירו ונמצאת שאינה שלו דפליגי אם יש לו שבח אם לאו היינו ע"כ בשבח היתר על היציאה דיציאה למה לא יטול מן הנגזל מי גרע מיורד בשדה חבירו שלא ברשות ועוד דעדיפא מיניה משנינן בפ' מי שמת (ב"ב דף קמ:) מאי שבח חצי שבח ומיהו המקשה ודאי ס"ד דטריף כל השבח אף שכנגד היציאה ולפי סברתו הא דתניא בפ"ק דב"מ (דף טו.) אם השבח יותר על היציאה נוטל השבח מבעל הקרקע והיציאה מב"ח ואוקמינן בגזל ונגזל לא אתיא כר' מאיר דלר"מ אפי' יציאה מנגזל לית ליה משום דקניס א"כ יש לחלק דהתם איירי בלא ידע שהיא גזולה דבשוגג כי האי לא קניס:

דילמא

מסורת הש"ס

א) לעיל סו: גיטין נה. [עדיות פ"ז מ"ט], ב) ב"מ מג: ע"ש, ג) [עי' תוס' ע"ז ז. ד"ה ר"מ], ד) לקמן לו: ב"מ ק:, ה) [סוכה ל: לא.], ו) לקמן ק: וש"נ, ז) גי' רש"ל בהמה, ח) כתובות נא:, ט) [שם וב"ב קסט:], י) רש"ל מוחק זה, כ) [שייך למתני' בדף לג:], ל) שייך לע"ב.

הגהות הב"ח

(א) גמ' ת"ר הגוזל רחל וגזזה וילדה כצ"ל ותיבת פרה נמחק: (ב) שם משום דקסבר שינוי במקומו עומד. בע"ז מז ע"א משמע דילדה לא מקרי שינוי כלל. (והשאר חסר): (ג) רש"י ד"ה משלם אותה ואת גיזותיה ואת ולדותיה כל כו' כצ"ל: (ד) תוד"ה משלם כו' וכל שבח. וכ"כ האשר"י וע"ש שהאריך:

הגהות הגר"א

[א] תוס' ד"ה משלם כו' לגזלן (רשום קו על תיבת לגזלן). נ"ב לנגזל כצ"ל דלא כרא"ש: [ב] ד"ה מאן כו' וא"ת כו'. נ"ב אבל להרמב"ם ניחא דס"ל דוקא לאחר יאוש לר"י וקרקע אין לה יאוש דר"י ס"ל דשינוי אינו קונה כאן וכמש"ל ק"ב ב וח"ש ת"ש לצבוע כו' ואולי לשיטתייהו (ועבהגר"א סימן שנ"ד ס"ק א'): [ג] ד"ה דאתא כו' אבל ליכא למימר כו'. נ"ב אבל הרי"ף והרמב"ם מפרשים הכל בשבחא דממילא וניחא דסתם שבח משמע כל השבח ולכן לא פריך לר"י משום דלדידיה לא קני אלא לאחר יאוש בשבחא דממילא כצ"ל:

עין משפט נר מצוה

יז א מיי' פ"ט מהל' גזילה הל' ז ופכ"א מהלכות מלוה הלכה א סמג עשין עג טוש"ע ח"מ סי' שעב סעי' א:

יח ב מיי' וסמג שם טוש"ע ח"מ שעג סעי' א וסי' קטו סעי' א:

יט ג מיי' פכ"ג מהל' אישות הל' יח סמג עשין מח טוש"ע אה"ע סי' קיד סעיף ד:

כ ד מיי' פ"ט מהלכות גזילה ואבידה הלכה ו סמג עשין עג טוש"ע ח"מ סי' שעג סעיף א:

ליקוטי רש"י

על המריש. קורה ותקנות קתשיב ואזיל במס' גיטין [לעיל סו:]. בבירה. בית גדול. מפני תקנת השבים. שאם אתה מצריכו לקעקע בירתו ולהחזיר מריש עצמו ימנע מלעשות תשובה [גיטין נה.]. ר' יהודה אומר גזילה חוזרת בעיניה. כשעת הוצאה מבית הבעלים [ב"מ מג:]. בעבדים אומר לו הרי שלך לפניך. דכקרקע דמי וברשותיה דמריה קיימי [לקמן צו:]. דקיימא לן קרקע אינה נגזלת וכל מקום שהיא ברשות בעליה עומדת ועבד כמקרקעי דמי ואינו נגזל להיות נקנה לגזלן לשלם דמים הלכך כי אזקין ברשותיה דמריה אזקין [ב"מ ק:]. וקרקע אינה נגזלת. כלומר אינה קנויה לגזלן בשום יאוש לעולם בחזקת בעליה היא דמקראי נפקא לן בהגוזל בתרא (ב"ק קיז:) [סוכה ל:]. לצבוע לו אדום. קני בשינוי לר"מ. נותן לו דמי צמרו. ולא יהיב ליה אלא דמי גמרו אבל לא דמי שבחו או זה יתן שכרו משלם ויקח הצמר [לקמן ק:]. בדמים שאמר לבן נמכר בשוק דקנייה בגזלו לשלם כשעת הגזילה [ב"מ עח:]. דמי למר לבן כמו שמסר לו דקנייה בשינוי ונתחייב מעות [ב"מ קיז:] נותן לו צבע זה דמי למר לבן כבתחילה אם ירצה דסבירא ליה לר"מ כל המשנה מדעת בעליו נקרא גזלן וקנאו בשינוי וכדמפרש בבבא קמא בהגוזל עצים ונוטל הצמר לעצמו אע"פ שהוא מעולה עכשיו בדמים [ע"ז ז.]. גובין מן המחוררין. אם יש נכסים בני חורין אבל החייב נגבין ואם לאו אין נגבין מן המשועבדין. פירות ושבח פירות. כדתנן במס' גיטין (מח:) אין מוציאין לאכילת פירות ולשבח קרקעות מנכסים משועבדים מפני תיקון העולם ובשנים אוחזין בטלית (ב"מ יד:) מפרש לאכילת פירות ולשבח קרקעות כיצד הרי שגזל שדה מחבירו ומכרה לאחר והשביחה והרי היא יוצאה בדין מתחת יד הלוקח עם שבח שהשביח הלוקח בזבל ובניר ועם פירות שבה שהנגזל טורפה ממנו כשהוא חוזר על המוכר שמכרה לו באחריות גובה קרן מנכסים משועבדין ושבח מנכסים בני חורין ולא מן המשועבדין מפני תיקון העולם לפי שאין קצובין ואין הלוקח יודע בכמה להזהר [כתובות נא:].

והמקבל עליו לזון בן אשתו ובת אשתו. תנאי כתובה שמקבל עליו את תהא יתבא בביתי ומיתזנא מנכסי וכן הבנות בנן נוקבן דיהוו ליכי מינאי איגון יהון יתבן בביתי ומיתזנן מנכסי עד דתלקחן לגוברין אין מוציאין לאחד מכל אלו מנכסים משועבדים [ב"מ יד:]. אף הוא אין גובה מן המשועבדים לפי שאין קצובין ואין כתובים והא דתנן בהגושא והיא נזונית מנכסים משועבדין מפני שהיא כבעל חוב מוקמינן לה התם (דף קב:) בשקנו לה מידו דהתם קנין לכתיבה עומד [כתובות שם]. מפני תיקון העולם שאם אתה אומר יטרפו לקוחות על כך אין לך אדם שלוקח שדה מחבירו דהא אין לך אדם שאין חוב זה מוטל עליו ודבר שאין לו קצבה הוא ואכילת פירות ושבח קרקעות נמי דבר שאינו ידוע הוא ואין הלקוחות יודעין להזהר בכך [ב"מ שם]. וגט חוב. כל שטרות נקראין גט [כתובות שם]. אחריות לאו טעות סופר הוא. אחריות שאינו כתוב בשטר אלא נכתב השטר סתם (לאו) טעות ושגגת הסופר הוא וכמי שכתב בו אחריות דמי ופלוגתא הוא בשנים אוחזין (ב"מ דף יז.) [רשב"ם ב"ב קסט:].

עין משפט
נר מצוה

כא א מיי' פ"ט מהל' גזילה ואבידה הל' ו ז וע"ש וסמג עשין עג טוש"ע ח"מ סימן שעג ס"א ובהג"ה:
כב ב ג ד מיי' פ"ג מהל' גזילה ואבידה הל' ו סמג עשין עג טוש"ע ח"מ סי' שסב סעי' ג וסעי' ז:
כג ה מיי' פ"ג מהל' נחלות הל' ד סמג עשין נו טוש"ע ח"מ סי' רעח סעיף ו:
כד ו מיי' פכ"א מהל' מלוה ולוה הל' ז וע"ש סמג עשין נד טוש"ע ח"מ סי' קטו סעיף ה:
כה ז מיי' שם הלכה א טוש"ע שם סעי' א:

גובה את הקרן מנכסים משועבדים ואת השבח מנכסים בני חורין דאתא בעל ארעא ושקיל (א) ארעיה ושבחיה מאי לאו בעם הארץ דלא ידע דקרקע נגזלת או אינה נגזלת ואפי' הכי קאתי בעל קרקע ושקיל לארעא ושבחה ושמע מינה בשוגג נמי קנים אמרי [א] לא בלוקח תלמיד חכם וידע תא שמע [א] לצבוע לו אדום וצבעו שחור שחור וצבעו אדום ר' מאיר אומר נותן לו דמי צמרו דמי צמרו אין דמי צמרו ושבחו לא ואי סלקא דעתך בשוגג נמי קנים דמי צמרו ושבחו בעי למיתבא ליה אלא לאו ש"מ במזיד קנים בשוגג לא קנים ש"מ: רבי יהודה אומר גזילה חוזרת בעיניה ר"ש אומר רואין אותה כאילו היא שומא אצלו בכסף [ב] מאי בינייהו אמר רב זביד בשבח שעל גבי גזילה קמיפלגי ר' יהודה סבר דנגזל הוי ור"ש סבר דגזלן הוי רב פפא אמר דכ"ע [ב] שבח שעל גבי גזילה דגזלן הוי והכא למחצה לשליש ולרביע קמיפלגי רבי יהודה סבר שבח שעל גבי גזילה [ג] כוליה דגזלן הוי ורבי שמעון סבר למחצה לשליש ולרביע הוא דשקיל גזלן תנן [ג] גזל פרה ונתעברה אצלו וילדה רחל ונטענה אצלו וגזזה משלם כשעת הגזילה ילדה אין לא ילדה הדרא בעינא בשלמא לרב זביד דאמר שבח שעל גבי גזילה דנגזל הוי לר' יהודה הא מני רבי יהודה היא אלא לרב פפא דאמר דגזלן הוי הא מני לא רבי יהודה ולא ר"ש אמר לך רב פפא הוא הדין [ד] אפילו לא ילדה נמי כשעת הגזילה הוא דמשלם והא דקתני ילדה איידי דנסיב רישא ילדה נסיב סיפא נמי ילדה תניא כוותיה דרב פפא ר' שמעון אומר רואין אותה כאילו היא שומא אצלו בכסף למחצה לשליש ולרביע אמר רב אשי כי הוינן בי רב כהנא איבעיא לן לר' שמעון דאמר למחצה לשליש ולרביע הוא דשקיל גזלן כי מסלקינן ליה בדמי מסלקינן ליה או דילמא מבשרא שקול ופשטנא מהא [ד] דאמר רב נחמן אמר שמואל שלשה שמין להן השבח ומעלין אותן בדמים ואלו הן [ה] בכור לפשוט ובעל חוב ללוקח [ו] ובעל חוב ליתומים אמר ליה רבינא לרב אשי מי אמר שמואל בעל חוב ללוקח יהיב ליה שבח [ה] והאמר שמואל [ז] בעל חוב גובה את השבח א"ל לא קשיא כאן בשבח המגיע לכתפים וכאן בשבח שאין מגיע לכתפים אמר ליה [ו] והא מעשים בכל יום וקא מגבי שמואל אפי' שבח המגיע לכתפים אמר ליה לא קשיא הא

דילמא בלוקח ת"ח דידע. וא"ת ואמאי גובה שבח מנכסים בני חורין דפ"ק דב"מ (דף טו:) איפליגו בהכיר בה שאין שלו ולקחה אם מעות מתנה או פקדון אבל לכ"ע אין לו שבח וי"ל דהתם שלא באחריות והכא באחריות דבאחריות לא שייך למימר לא מתנה ולא פקדון:

בשבח שעל גבי גזילה קמפלגי דרבי יהודה סבר דנגזל הוי. אבל שבח שלא ע"ג גזילה הוי דגזלן או משום דהוי שינוי גמור או משום תקנת השבים ואם גזל עצים ועשאן כלים או אפי' נסרים ועשאן כלים דהוי שינוי דהדר שמא מודה ר' יהודה דמשלם כשעת הגזילה אף על גב דהוי שבח שע"ג הגזילה דכיון דטרח בהאי שינוי שייך ביה תקנת השבים ואף על גב דגבי נתן לצבוע לו אדום וצבעו שחור קאמר רבי יהודה דאם השבח יתר על היציאה כו' התם דלא נחת בתורת גזילה לא שייך תקנת השבים וכן צ"ל לרב פפא ע"כ דאמר לרבי יהודה שבח שעל גבי גזילה דגזלן הוי דהיינו משום תקנת השבים דהא ס"ל בההיא דצבוע לו אדום שינוי לא קני ובההיא לא שייך תקנת השבים כדפי' [א] והשתא הוי סברא הפוכה דר' יהודה מדר"מ דבצבע לר"מ שינוי קונה ובגזלן אין קונה משום דקנים ולרבי יהודה בצבע שינוי לא קני ובגזלן קני משום תקנת השבים ור"ת מפרש דאין אנו צריכים לר' יהודה טעמא דתקנת השבים אלא סברא דר"י שינוי קונה ולרב זביד שבח שלא ע"ג גזילה דלא הדרא הוי דגזלן אבל שבח שע"ג גזילה דשינוי דהדר הוא ולא קני הוי דנגזל ולרב פפא אפי' דע"ג גזילה דשינוי דהדר הוא קני והוי דגזלן והא דלא קני בצבע לפי שאין מתכוין לקנותו וכן נראה דלא צריכי השתא לאוקמא ר"י כב"ש וא"ש נמי דלא חשיב ר' יהודה לעיל (דף צג:) בהדי הני תנאי דסברי שינוי אין קונה כי היכי דחשיב ר"ש דלביעא:

מני לא ר' יהודה ולא ר"ש. וא"ת לעולם ר"ש היא לרב פפא ונימא הכי ילדה אין לא ילדה לא אלא הוי למחצה לשליש ולרביע וי"ל דלר"ש אפילו ילדה קאמר דלמחצה ושליש ורביע קשקיל גזלן דקאי אר"מ דאיירי בילדה:

לר"ש כי מסלק כו'. לא בעי לר' יהודה כיון דמתקנת השבים מוקמי' לה כולה שבחא ביד גזלן פשיטא דמגופיה שקיל (ג):

שלשה שמין להן השבח. אע"ג דקתני ג' תנא ושייר [ז] גזלן ושייר נמי אריס שאם בא לסלקו מאריסותו מסלקו מן השבח בדמים:

שבח המגיע לכתפים. כאן פ"ה כגון תבואה שגדלה כל צרכה ושאין מגיע לכתפים שצריכה לקרקע וקשה דאם כן לפירושו גבי ב"ח אפי' מתבואה שאין צריכה לקרקע כדאמר והא מעשים בכל יום וקמגבי שמואל אפי' בשבח המגיע לכתפים ובפרק נערה שנתפתתה (כתובות דף נ:) משמע דלא גבי ב"ח אלא ממידי דצריכא לקרקע גבי הא דקאמר זיל הב ליה מתמרי דעל בודיא דפריך לא יהא אלא ב"ח וכה"ג מי הוי שקיל אלא דחזו לבודיא קאמינא סוף סוף כל העומד ליגזז כגזוז דמי דצריכי לדיקלא קאמינא וי"ל דשבח המגיע לכתפים קורא דבר שסופו ליתלש ולישא בכתפים אפי' כגון פגין או בוסר דצריכי לארעא ור"ת מפרש דשבח המגיע לכתפים כגון דבר הבא בטורח ובחזקת הבתים (ב"ב דף מב: ושם ד"ה שבח) מפורש:

גובה מנכסים משועבדים. שהוא קדם והויא כמלוה בשטר שהרי כתב לו בשטר המכירה שאם יטרפוה ממנו יחזור ויגבה מנכסיו: קנים. להדר שבח לנגזל: צבעו. שוגג חשיב ליה דאיכא אינשי טובא דלא ידעי דאסור לשנות בדבור של בעל הבית: **בשבח שעל גבי גזילה.** כגון שהשביחה אצלו ועדיין לא נטלה הימנו כגון (ב) ריקנית ונתעברה או טעונה גיזה: **דרבי יהודה סבר דנגזל הוי.** והכי קאמר רבי יהודה גזלה חוזרת בעיניה לבעליה בין לשבח בין לגריעותא כמו שהיא בשעת תביעה בב"ד היא חוזרת והיכא דגרעה כגון גזזה וילדה משלם פחתה ודאי דהדר קתבע ליה נגזל דמי גיזה ועובר שגזל ממנו ופליגא אדר' מאיר דאמר כוליה שבחא יהיב ליה ואע"ג דקנה גיזה וולד בשינוי חזינא ליה כמאן דכוליה שבחא אכתי עלה כמי שלא נגזזה ומשלם כולה משום קנסא וקאמר ליה רבי יהודה כדאיתא השתא הדרא ואי הדר תבע נמי מיניה גיזה וולד יהיב ליה דמי דמעיקר' דקנה גיזה וולד בשינוי והיכא דעדיין כל השבח עליה חוזרת כמות שהיא ואתא ר"ש למימר אפילו שבחא עליה נוטלו גזלן דשינוי קונה ולא ישלם אלא דמים ראשונים כאילו היא שומא אצלו בכסף: **דכ"ע שבח גזילה דגזלן הוי.** ובעינייה דקאמר ר' יהודה כדמעיקרא קאמר: **למחצה לשליש** כו'. כדרך מנהג המדינה למקבלי בהמות להשביחן לזמן גדול כזה: **לא ר' יהודה ולא ר"ש.** וכ"ש דכר"מ לא מתוקמא דקתני רישא גזל פרה מעוברת וילדה רחל טעונה וגזזה משלם דמי פרה העומדת לילד כו' ולר"מ משלם גיזות וולדות כדהשתא: **איידי דנסב רישא ילדה.** לאשמועינן דלא משלם גיזות וולדות כדהשתא אלא דמי פרה העומדת לילד נקט נמי סיפא ילדה: **בכור לפשוט.** שהשביחו את הנכסים קודם חלוקה ובשעת חלוקה נוטל הבכור פי שנים בקרקעות צריך להחזיר לפשוט רביע השבח של חלק בכורה במעות שאין לו ליטול פי שנים במה שהשביח זה ואם השביח בי"ב זוז כשנטל זה פי שנים בקרקע נוטל מן השבח ח' זוזים צריך להחזיר לו ב' זוזים ומעלה לו בדמים ואין נותן לו מן הקרקע אלא אם רצה מסלקו בדמים ונותן לו שני זוזים ואין יכול לומר לו הפשוט תן לי קרקע כזה שוה ב' זוזים: **ובעל חוב ללוקח.** ב"ח הטורף לקוחות בשביל חוב שיש לו על המוכר אין לו כח במה שהשביח לוקח ומסלקו ב"ח בדמים ונותן לו דמי שבחו ואין נותן לו קרקע בשיעור שבחו: **וב"ח ליתומים.** ב"ח שיורד לנכסי יתומים בשביל חוב אביהן אין לו במה שהשביחו נכסים לאחר מיתת אביהן כלום ומעלה להן לשבחן בדמים ונותן מעות אם ירצה: **גובה את השבח.** ואינו מחזיר ללוקח כלום: **המגיע לכתפים.** כגון תבואה שגדלה כל צרכה נותנה ללוקח או דמיה:

ליקוטי רש"י

לצבוע לו אדום. ראה ליקוטי רש"י בעמוד א. **ומעלין אותן.** מן הקרקע בדמים ולא שקלי בארעא גופיה. **בכור לפשוט.** בכור ופשוט שהשביחו קרקע קודם שחלקו וקי"ל (ב"ב קכד.) שאין הבכור נוטל פי שנים בשבח שהשביחו נכסים לאחר מיתת אביהן דהוה ליה ראוי ואין הבכור נוטל הבכורה בראוי דכתיב בכל אשר ימצא לו וכשהן באין לחלוק נוטל בכור פי שנים בקרקע שהיא משובחת ושמין את השבח ונותן לפשוט רביע שהוא מגיע לו בשבח שבתוך חלקו של זה. **ובעל חוב ליתומים.** וכן בעל חוב שקדם שטר הלואתו לשטר מקח של לקוחות טורפה מהן עם מה שהשביחו ושם להן שבח ונותן דמים וטעמא דכולהו משום דמעיקרא ארעא דידיה הוא ואין לנו לכופו למכור להן קרקע שלו בשביל השבח אם יש בידו מעות ולקמן מוקי לה בקרקע שנעשית לו אפותיקי. **שבח המגיע לכתפים.** צריכין לקרקע דבר מועט דאילו אין צריכין לקרקע הוו להו פירות ולא מיקרו שבח ובעל חוב גובה השבח קאמר ולא פירות גמורין כדאמרינן בפ"ק [ב"מ קי:]. **בעל חוב גובה את השבח.** שהלוה לחבירו מעות ומכר לוה הנכסים והשביחום לקוחות טורף בעל חוב הגוף והשבח והכן אשה נמי בעלת חוב היא [בכורות נב.]. וכל הקרקע טורף מיד הלוקח כמו שהיא משובחת ע"י הלוקח [ב"מ יד:]. **שבח המגיע לכתפים.** קרוב ליקצר אלא שעדיין צריכין לקרקע הוי להו כפירות גמורין ואין בעל חוב גובה אותו בלא יציאה [ב"מ טו:]. גמר פירי כגון קמה לקצור וענבים לבצור [רשב"ם ב"ב מב:]. **והא מעשים בכל יום.** דיני טורפי מקח באין לפני שמואל ומגבי לבעל חוב כל השבח עם הקרקע ואפילו מגיע לכתפים כל זמן שצריכין לקרקע [ב"מ טו:].

מסורת הש"ס

א) [לקמן ק: וש"נ], ב) [ברי"ף וברא"ש איתא במאי קמיפלגי], ג) לעיל לג:, ד) ב"מ קי:, ה) שם יד: טו. [קי: בכורות נב.], ו) [סוכה מד. כתובות סח: לה: ב"מ טו: קי: ב"ב קעג:], ז) [עי' מ"ש על הגליון תוס' יבמות ג: ד"ה למעוטי].

הגהות הב"ח

(א) גמ' ארעא ושבחא כו' לארעא ושבחא כו' למיתב ליה: (ב) רש"י ד"ה בשבח כו' כגון שגזלה ריקנית כצ"ל: (ג) תוס' סד"ה לר"ש כו' דמגופיה שקיל. עי' באשר"י כתב בהיפך:

הגהות הגר"א

[א] תד"ה בשבח כו' והשתא הוי סברא כו'. נ"ב אבל להרמב"ם ניחא ואולי לשיטתייהו כנ"ל:

הרי הוא **גּוֹבֶה אֶת הַקֶּרֶן** — את דמי השדה עצמה, אפילו **מִנְּכָסִים מְשׁוּעְבָּדִים** שמכר הגזלן לאחרים אחרי שמכר ללוקח שדה זו[1], וְאילו **אֶת הַשֶּׁבַח** אינו גובה אלא **מִנְּכָסִים בְּנֵי חוֹרִין** שנמצאים בידי הגזלן כעת[2]. והנה, אם הלוקח גובה את הקרן ואת השבח מן המוכר (הגזלן), הרי מוכח **דְּאָתָא בַּעַל אַרְעָא וְשָׁקִיל אַרְעֵיהּ וּשְׁבָחֵיהּ** — שבעל הקרקע (הנגזל) בא אל הלוקח ונוטל ממנו את הקרקע שלו עם השבח שהשביחה, ואינו משלם ללוקח את ערך השבח, שעל כן בא הלוקח לגבות זאת מן הגזלן. **מַאי לַאו** — והאם אין אנו עוסקים אפילו בְּלוקח שהוא **עַם הָאָרֶץ, דְּלֹא יָדַע דְּקַרְקַע נִגְזֶלֶת אוֹ אֵינָהּ נִגְזֶלֶת** — שאינו יודע אם מצד הדין קרקע "נגזלת" ושייכים בה קניני גזילה או לא, ויתכן שחשב שגם קרקע נגזלת וממילא כאשר הוא לוקח את הקרקע מהגזלן הרי הוא קונה אותה בייאוש ושינוי רשות ומעתה הוא יושב בה ומשנה אותה בהיתר[3]? הרי מסתבר שאנו עוסקים גם בלוקח כזה, **וַאֲפִילוּ הָכִי קָאָתֵי בַּעַל קַרְקַע וְשָׁקִיל לְאַרְעָא וְשִׁבְחָהּ** — ואף על פי כן, בא בעל הקרקע המקורי ונוטל מן הלוקח את הקרקע שלו וגם את שבחה! **וּשְׁמַע מִינָּהּ** — והרי ניתן ללמוד מכאן **שֶׁבְּשׁוֹגֵג נַמִּי קָנִיס** — שאף באדם הפועל בשוגג מטיל עליו רבי מאיר קנס שיחזיר לנגזל גם את השבח שהשביחה גזילתו[4]!

הגמרא דוחה את הראיה:

אָמְרֵי: לֹא! אין הכרח שהברייתא עוסקת גם בעם הארץ שהוא שוגג. יתכן שהיא עוסקת דוקא **בְּלוֹקֵחַ** שהוא **תַּלְמִיד חָכָם, וְיָדַע** שקרקע אינה נגזלת, ונמצא שכאשר קנה את הקרקע הגזולה מהגזלן והשביח אותה לצורך עצמו, הוא ידע שלא קנה את הקרקע על פי הדין והשתמש בנכסי אחר באיסור. לפי זה, יתכן שרבי מאיר הטיל את הקנס רק במקרים כאלה, כאשר הלוקח פעל במזיד, אבל כאשר הוא פועל בשוגג אין רבי מאיר קונס אותו.

הגמרא מציעה ראיה אחרת לפשוט את הספק:

תָּא שְׁמַע ראיה מן המשנה שהובאה לעיל (בעמוד א): הנותן צמר לצַבָּע והורה לו **לִצְבּוֹעַ לוֹ** אותו **אָדוֹם, וּצְבָעוֹ** הצַבָּע **שָׁחוֹר**; או שהורה לו לצבוע אותו **שָׁחוֹר, וּצְבָעוֹ אָדוֹם, רַבִּי מֵאִיר אוֹמֵר:** הצַבָּע **נוֹתֵן לוֹ** לבעל הצמר את **דְּמֵי צַמְרוֹ**, כיון שהוא נחשב כגזלן בזה שעבר על דעת בעל הצמר, ועל כן הוא קונה את הצמר בשינוי מעשה וצריך לשלם את דמיו. ומשמע, שדְּמֵי צַמְרוֹ הגלמי כפי שהיה שוה לפני הצביעה, **אִין** — הוא אכן חייב לשלם; אבל **דְּמֵי צַמְרוֹ וּשְׁבָחוֹ** — ערך הצמר הצבוע, שעתה יכול להימכר יותר ביוקר, **לֹא** — אינו חייב לשלם. **וְאִי סַלְקָא דַּעְתָּךְ** — ואם יעלה על דעתך לומר שרבי מאיר **בְּשׁוֹגֵג נַמִּי קָנִיס** — מטיל קנס על הגזלן (או על הקונה ממנו) שיתן לנגזל את השבח שהשביחה גזילתו, גם במקרה שפעל בשוגג, **דְּמֵי צַמְרוֹ וּשְׁבָחוֹ בָּעֵי לְמֵיתְבָא לֵיהּ** — היה לו לומר שהצַבָּע חייב לתת לבעל הצמר את דמי צמרו וגם את דמי שבחו! **אֶלָא לַאו שְׁמַע מִינָּהּ** — האם אין להסיק מכאן **שֶׁבְּמֵזִיד קָנִיס, בְּשׁוֹגֵג לֹא קָנִיס** — שרבי מאיר קונס רק את הפועל במזיד, ולא את הפועל בשוגג[5]?

הגמרא מקבלת את הראיה:

שְׁמַע מִינָּהּ — אכן, יש להסיק כן מכח משנה זו.

לאחר שביארה הגמרא את דעת רבי מאיר בברייתא (המובאת לעיל, עמוד א), היא עוברת לבאר את דעותיהם של התנאים האחרים שם. שנינו בברייתא:

הגוזל רחל וגזזה, פרה וילדה... **רַבִּי יְהוּדָה אוֹמֵר: הַגְּזֵילָה** — הבהמה הגזולה לבדה **חוֹזֶרֶת** לבעליה המקוריים **בְּעֵינֶיהָ**[6]. **רַבִּי**

הערות

1. כיון שהמוכר כותב ללוקח בשטר המכירה של השדה, שאם יטרפו ממנו את השדה הוא מתחייב להחזיר לו את דמיה, הרי התחייבות זו דינה כמִלוה בשטר, שאפשר לגבותה גם מנכסים משועבדים, היינו מנכסים שהיו בידי המוכר (הגזלן במקרה שלנו) בזמן מכירת שדה זו ונמכרו אחר כך לאחרים (רש"י; ראה בבא מציעא עב, ב). [ועיין בגמרא שם, מדוע לא נֹאמר ששטר זה עם האחריות שבו אין לו תוקף, שהרי עיקרו שטר מכירה על השדה, והמוכר מעולם לא התכוון שתחול מכירה זו שהרי ידע שהשדה אינה שלו.]

2. הטעמים לכך נתבארו לעיל עמוד א, הערה 27.

[כפי שצויין לעיל (באותה הערה), פירוש הגמרא כאן תואם לפירוש אחד בבבא מציעא (יד, ב). ואמנם הגמרא שם מעלה פירושים אחרים [וגם בבבא בתרא קנז, ב היא מביאה את הברייתא בנוסח התואם לפירוש אחר שם, לפיו לא מדובר בגזלן אלא בבעל חוב], אולם זאת כדי ליישב את הברייתא עם דעת שמואל הסובר שלוקח מגזלן אינו גובה מהגזלן את השבח כלל; מה שאין כן סוגייתנו הנוקטת שכן גובה את השבח, ובהתאם למסקנת רבא בסוגיא שם (טו, ב), מפרשת את הברייתא בלוקח מגזלן שהוא הפירוש הפשוט יותר (פני יהושע לעיל עמוד א, ד"ה שבח פירות).]

3. כלומר: אפילו אם תאמר שמדובר במקרה שידע הלוקח שהשדה היתה גזולה, האם אין הברייתא מתייחסת גם למקרה שהוא עם הארץ? עם הארץ סבור שכשם שמטלטלין נקנים ללוקח מן הגזלן בייאוש ושינוי רשות (ראה לקמן קיא, ב), הוא הדין לקרקע גזולה. לפיכך, כשהוא משתמש בקרקע לאחר מכן ומשביח אותה לצרכיו, אינו מבחין שהוא משנה שלא כדין קרקע שלא יצאה מרשות בעליה הראשונים, כיון שקרקע אינה נגזלת, אלא חושב שהוא עוסק בהיתר בקרקע הקנויה לו, ונמצא שהוא שוגג באיסור זה (ראה לעיל עמוד א, הערה 17).

[ומה שלא שאלה הגמרא בפשיטות: האם אין אנו עוסקים אפילו במקרה שהלוקח לא ידע שהשדה היתה גזולה? יש לבאר שבמקרה של שגגה כזו פשוט לגמרא שגם לרבי מאיר אין קונסים אותו, כיון שלא היה לו להעלות על דעתו כלל שאינו נוהג כהוגן, והרי הוא כאנוס. רק במקום שידע שהשדה גזולה אלא שסבר שאף על פי כן אין איסור במעשיו, דנה הגמרא אם רבי מאיר קונס אותו (על פי תוספות הנדפס לעיל עמוד א, ד"ה דאתא; שיטה מקובצת בשם הרא"ש; עיין עוד תורת חיים; אך עיין רשב"א).]

4. לכאורה יכלה הגמרא להגיע לאותה מסקנא בדרך קצרה ופשוטה יותר: כפי שנתבאר לעיל (בעמוד א), רבי מאיר הוא היחיד הקונס את הגזלן להחזיר לנגזל גם את השבח שהשביחה שדהו. אם כן, כשנאמר במשנה בגיטין שהקונה מן הגזלן גובה ממנו שבח קרקעות, ומכאן שהנגזל הוציא מהלוקח את השדה עם השבח, הרי זה בודאי לפי שיטת רבי מאיר; ומכיון שלא נזכר חילוק בין תלמיד חכם לעם הארץ, מוכח שהוא קונס את הלוקח אף אם הוא עם הארץ ופעל בשוגג! מדוע הוצרכה הגמרא להביא את הברייתא כדי להגיע לאותה קושיא? ליישוב קושי זה, עיין תוספות לעיל עמוד א, ד"ה מאן שמעת, והגהות הגר"א שם.

עוד יש להעיר, שלכאורה יכלה הגמרא לדחות את הראיה בפשטות, ולחלק כדלהלן: השבח הנזכר כאן, שהנגזל גבה אותו מהלוקח, הוא השבח **שמעבר** להוצאות שהוציא הלוקח לצורך ההשבחה. שבח זה יוצא מידי הלוקח מעיקר הדין, כיון שקרקע אינה נגזלת ונמצא שהשביחה ברשות בעליה [שלא כמטלטלין, שבזה נחלקו התנאים בברייתא, כיון שהגזלן קנה את החפץ הנגזל בשינוי מעשה וראוי לו ליטול את השבח]. לעומת זאת, מה שקנס רבי מאיר את הגזלן בברייתא, מדובר בשבח **שכנגד** הוצאותיו של הגזלן, שמעיקר הדין היה ראוי אפילו לגזלן עצמו ליטלו, כדין "היורד לשדה חבירו ונטעה שלא ברשות" שמקבל את הוצאותיו מתוך השבח (ראה בבא מציעא קא, א), ובזה קנס אותו רבי מאיר שיחזיר את כל השבח ויפסיד אפילו את הוצאותיו, וקנס זה אכן מוטל רק על הפועל במזיד ולא על השוגג! ויש לומר שאכן יכלה הגמרא לדחות כך, אך גם הדחיה שדחתה הגמרא דחיה טובה היא, שלא מדובר בשוגג אלא במזיד (עיין תוספות הנדפס לעיל עמוד א, ד"ה דאתא; עיין גם רשב"א; אך עיין תוספות רי"ד והגהות הגר"א על התוספות).

על כל פנים, המקשן הבין בודאי שלדעת רבי מאיר הלוקח מפסיד גם את השבח שכנגד היציאה, שאם לא כן אין כאן קנס כפי שנתבאר. ולפי דבריו, מה ששנינו בברייתא (בבבא מציעא טו, א, על פי מסקנת הגמרא שם) שאם השבח יתר על היציאה הוא גובה את ההוצאות מהנגזל ואת השבח היתר עליו מהגזלן (ראה גם רש"י שם יד, ב ד"ה בגוזל ונגזל, ובגיטין מח, ב ד"ה אין מוציאין), אינו שנוי כשיטת רבי מאיר, שכן לשיטתו אינו גובה מהנגזל כלום מחמת הקנס (תוספות שם; וראה שם תירוץ נוסף; אך עיין הפלאה).

5. כפי שנתבאר לעיל (עמוד א, הערה 19), הטעם להוראת רבי מאיר שהצַבָּע חייב לשלם את דמי הצמר לבעלים [ולא מחזיר את הצמר עצמו לבעלים ומקבל מהם שכר כ"יורד שלא ברשות"] הוא, שלדעתו המקבל חפץ על מנת שינהג בו בצורה מסויימת ושינה מהוראותיו של בעל הבית, נחשב כגזלן (לגבי כמה דברים). הלכך, כאשר הצַבָּע צָבַע את הצמר בצֶבַע השונה מזה שהורו לו הבעלים, הרי זה כאילו גזל את הצמר, ולפיכך הוא קונה אותו בשינוי מעשה. אולם מאידך, מכח הוראה זו הצַבָּע מרויח מה"גזילה" שלו, שהרי הוא מקבל את הצמר המושבח ומשלם לבעלים דמי צמר גלמי בלבד, בניגוד לגזלן רגיל שרבי מאיר קונסו ומחייב אותו לתת גם את השבח לבעלים. ועל כרחך הטעם לכך הוא, שיש לנו להניח ש"גזילת" הצַבָּע היתה בשוגג, כי אנשים רבים אינם יודעים שפעולה בחפץ בשינוי מדעת בעליו נחשבת גזילה. הרי מוכח איפוא שאין רבי מאיר מטיל את הקנס שלו על מי שפעל בשוגג (עיין רש"י).

6. היינו, הגזלן מחזיר את הפרה שילדה או את הרחל הגזוזה לבעליהן המקוריים כמות שהן. את הולד או את הגיזה נוטל הגזלן לעצמו (כיון שקנאם בשינוי), ומשלם לנגזל את דמיהם כשעת הגזילה (ראה לעיל עמוד א, הערה 11).

גובה את הקרן מנכסים משועבדים ואת השבח מנכסים בני חורין דאתא בעל ארעא ושקיל (א) ארעיה ושבחיה מאי לאו בעם הארץ דלא ידע דקרקע נגזלת או אינה נגזלת ואפי' הכי קאתי בעל קרקע ושקיל לארעא ושבחה ושמע מינה בשוגג נמי קנים אמרי [א] לא בלוקח תלמיד חכם וידע תא שמע [א] לצבוע לו אדום וצבעו שחור שחור וצבעו אדום ר' מאיר אומר נותן לו דמי צמרו דמי צמרו אין דמי צמרו ושבחו לא ואי סלקא דעתך בשוגג נמי קנים דמי צמרו ושבחו בעי למיתבא ליה אלא לאו ש"מ במזיד קנים בשוגג לא קנים ש"מ: רבי יהודה אומר גזילה חוזרת בעיניה ר"ש אומר רואין אותה כאילו היא שומא אצלו בכסף [ב] מאי בינייהו אמר רב זביד בשבח שעל גבי גזילה קמיפלגי ר' יהודה סבר דנגזל הוי ור"ש סבר דגזלן הוי רב פפא אמר דכ"ע [ב] שבח שעל גבי גזילה דגזלן הוי והכא למחצה לשליש ולרביע קמיפלגי רבי יהודה סבר שבח שעל גבי גזילה [ג] כוליה דגזלן הוי ורבי שמעון סבר למחצה לשליש ולרביע הוא דשקיל גזלן תנן [ג] גזל פרה ונתעברה אצלו וילדה רחל ונטענה אצלו וגזזה משלם כשעת הגזילה ילדה אין לא ילדה הדרא בעינא בשלמא לרב זביד דאמר שבח שעל גבי גזילה דנגזל הוי לר' יהודה הא מני רבי יהודה היא אלא לרב פפא דאמר דגזלן הוי הא מני לא רבי יהודה ולא ר"ש אמר לך רב פפא הוא הדין [ד] אפילו לא ילדה נמי כשעת הגזילה הוא דמשלם והא דקתני ילדה איידי דנסיב רישא ילדה נסיב סיפא נמי ילדה תניא כוותיה דרב פפא ר' שמעון אומר רואין אותה כאילו היא שומא אצלו בכסף למחצה לשליש ולרביע אמר רב אשי כי הוינן בי רב כהנא איבעיא לן לר' שמעון דאמר למחצה לשליש ולרביע הוא דשקיל גזלן כי מסלקינן ליה בדמי מסלקינן ליה או דילמא מבשרא שקול ופשטנא מהא [ד] דאמר רב נחמן אמר שמואל שלשה שמין להן השבח ומעלין אותן בדמים ואלו הן [ה] בכור לפשוט ובעל חוב ללוקח [ו] ובעל חוב ליתומים אמר ליה רבינא לרב אשי מי אמר שמואל בעל חוב ללוקח יהיב ליה שבח [ה] והאמר שמואל [ז] בעל חוב גובה את השבח א"ל לא קשיא כאן בשבח המגיע לכתפים וכאן בשבח שאין מגיע לכתפים אמר ליה [ו] והא מעשים בכל יום וקא מגבי שמואל אפי' שבח המגיע לכתפים אמר ליה לא קשיא הא

רש"י

גובה מנכסים משועבדים. שהוא קדם והוא כמלוה בשטר שהרי כתב לו בשטר המכירה שאם יטרפוה ממנו יחזור ויגבה מנכסיו: קנים. דלהדר שבח לנגזל: צבעו. שוגג חשיב ליה דאיכא אינשי טובא דלא ידעי דאסור לשנות בדבור של בעל הבית: בשבח שעל גבי גזילה. כגון שהשביחה אצלו ועדיין לא נטלה הימנו כגון (ב) ריקנית ונתעברה או טעונה גיזה: דרבי יהודה סבר דנגזל הוי. והכי קאמר רבי יהודה גזלה חוזרת בעיניה לבעליה בין לשבח בין לגריעותא כמו שהיא בשעת תביעה בב"ד היא חוזרת והיכא דגרעה כגון גזזה וילדה משלם פחתה ודאי דהדר קתבע ליה נגזל דמי גיזה ועובר שגזל ממנו ופליגא אדר' מאיר דאמר כוליה שבחא יהיב ליה ואע"ג דקנה גיזה וולד בשינוי חזינא ליה כמאן דכוליה שבחא אכתי עלה כמי שלא נגזזה ומשלם כולה משום קנסא וקאמר ליה רבי יהודה כדאיתא השתא הדרא ואי הדר תבע נמי מיניה גיזה וולד יהיב ליה דמי דמעיקר' דקנה גיזה וולד בשינוי והיכא דעדיין כל השבח עליה חוזרת כמות שהיא ואתא ר"ש למימר אפילו שבחא עליה נוטלו גזלן דשינוי קונה ולא ישלם אלא דמים ראשונים כאילו היא שומא אצלו בכסף: דכ"ע שבח גזילה דגזלן הוי. ובעיניה דקאמר ר' יהודה כדמעיקרא קאמר: למחצה לשליש כו'. כדרך מנהג המדינה למקבלי בהמות להשביחן לזמן גדול כזה: לא ר' יהודה ולא ר"ש. וכ"ש דכר"מ לא מתוקמא דקתני רישא גזל פרה מעוברת וילדה רחל טעונה וגזזה משלם דמי פרה העומדת לילד כו' ולר"מ משלם גיזות וולדות כדהשתא: איידי דנסב רישא ילדה. לאשמועינן דלא משלם גיזות וולדות כדהשתא אלא דמי פרה העומדת לילד נקט נמי סיפא ילדה: בכור לפשוט. שהשביחו את הנכסים קודם חלוקה ובשעת חלוקה נוטל הבכור פי שנים בקרקעות צריך להחזיר לפשוט רביע השבח של חלק בכורה במעות שאין לו ליטול פי שנים במה שהשביח זה ואם השביח בי"ב זוז כשנטל זה פי שנים בקרקע נוטל מן השבח ח' זוזים צריך להחזיר לו ב' זוזים ומעלה לו בדמים ואין נותן לו מן הקרקע אלא אם רצה מסלקו בדמים ונותן לו שני זוזים ואין יכול לומר לו הפשוט תן לי קרקע כזה שוה ב' זוזים: ובעל חוב ללוקח. ב"ח הטורף לקוחות בשביל חוב שיש לו על המוכר אין לו כח במה שהשביח לוקח ומסלקו ב"ח בדמים ונותן לו דמי שבחו ואין נותן לו קרקע בשיעור שבחו: ובב"ח ליתומים. ב"ח שיורד לנכסי יתומים בשביל חוב אביהן אין לו במה שהשביחו נכסים לאחר מיתת אביהן כלום ומעלה להן לשבחן בדמים ונותן מעות אם ירצה: גובה את השבח. ואינו מחזיר ללוקח כלום: המגיע לכתפים. כגון תבואה שגדלה כל צרכה נותנה ללוקח או דמיה:

תוספות

דילמא בלוקח ת"ח דידע. וא"ת ואמאי גובה שבח מנכסים בני חורין דבפ"ק דב"מ (דף טו:) איפליגו בהכיר בה שאין שלו ולקחה אם מעות מתנה או פקדון אבל לכ"ע אין לו שבח וי"ל דהתם שלא באחריות והכא באחריות דבאחריות לא שייך למימר לא מתנה ולא פקדון:

בשבח שעל גבי גזילה קמפלגי דרבי יהודה סבר דנגזל הוי. אבל שבח שלא ע"ג גזילה הוי דגזלן או משום דהוי שינוי גמור או משום תקנת השבים ואם גזל עצים ועשאן כלים או אפי' נסרים ועשאן כלים דהוי שינוי דהדר שמא מודה ר' יהודה דמשלם כשעת הגזילה אף על גב דהוי שבח שע"ג הגזילה דכיון דטרח בהאי שינוי שייך ביה תקנת השבים ואף על גב דגבי נתן לצבוע לו אדום וצבעו שחור קאמר רבי יהודה דאם השבח יתר על היציאה כו' התם דלא נחת בתורת גזילה לא שייך תקנת השבים וכן צ"ל לרב פפא ע"כ דאמר לרבי יהודה שבח שעל גבי גזילה דגזלן הוי דהיינו משום תקנת השבים דהא ס"ל בההיא דלצבוע לו אדום שינוי לא קני ובההיא לא שייך תקנת השבים כדפי' [א] והשתא הוי סברא הפוכה דר' יהודה מדר"מ דבצבע לר"מ שינוי קונה ובגזלן אין קונה משום דקנים ולרבי יהודה בצבע שינוי לא קני ובגזלן קני משום תקנת השבים ור"ת מפרש דאין אנו צריכים לר' יהודה טעמא דתקנת השבים אלא סברא דר"י שינוי קונה ולרב זביד שבח שלא ע"ג גזילה דלא הדרא הוי דגזלן אבל שבח שע"ג גזילה דשינוי דהדר הוא ולא קני הוי דנגזל ולרב פפא אפי' דע"ג גזילה דשינוי דהדר הוא קני והוי דגזלן והא דלא קני בצבע לפי שאין מתכוין לקנותו וכן נראה דלא צריכי השתא לאוקמא ר"י כב"ש וא"ש נמי דלא חשיב ר' יהודה לעיל (דף צג:) בהדי הני תנאי דסברי שינוי אין קונה כי היכי דחשיב ר"ש דלביעא:

מני לא ר' יהודה ולא ר"ש. וא"ת לעולם ר"ש היא לרב פפא ונימא הכי ילדה אין לא ילדה לא אלא הוי למחצה לשליש ולרביע וי"ל דלר"ש אפילו ילדה קאמר דלמחצה ושליש ורביע קשקיל גזלן דקאי אר"מ דאיירי בילדה:

לר"ש כי מסלק כו'. לא בעי לר' יהודה כיון דמתקנת השבים מוקמי' לה כולה שבחא ביד גזלן פשיטא דמגופיה שקיל (ג):

שלשה שמין להן השבח. אע"ג דקתני ג' תנא ושייר [ז] גזלן ושייר נמי אריס שאם בא לסלקו מאריסותו מסלקו מן השבח בדמים:

שבח המגיע לכתפים. כאן פ"ה כגון תבואה שגדלה כל צרכה ושאין מגיע לכתפים שצריכה לקרקע וקשה דאם כן לפירושו גבי ב"ח אפי' מתבואה שאין צריכה לקרקע כדאמר והא מעשים בכל יום וקמגבי שמואל אפי' בשבח המגיע לכתפים ובפרק נערה שנתפתתה (כתובות דף נ:) משמע דלא גבי ב"ח אלא ממידי דצריכא לקרקע גבי הא דקאמר זיל הב ליה מתמרי דעל בודיא דפריך לא יהא אלא ב"ח וכה"ג מי הוי שקיל אלא דחזו לבודיא קאמינא סוף סוף כל העומד ליגזז כגזוז דמי דצריכי לדיקלא קאמינא וי"ל דשבח המגיע לכתפים קורא דבר שסופו ליתלש ולישא בכתפים אפי' כגון פגין או בוסר דצריכי לארעא ור"ת מפרש דשבח המגיע לכתפים כגון דבר הבא בטורח ובחזקת הבתים (ב"ב דף מב: ושם ד"ה שבח) מפורש: הא

עין משפט נר מצוה

כא א מיי' פ"ט מהל' גזילה ואבידה הל' ו ז וע"ש וסמג עשין עג טוש"ע ח"מ סימן שעג ס"א ובהג"ה:

כב ב ג ד מיי' פ"ב מהל' גזילה ואבידה הל' ו סמג עשין עג טוש"ע ח"מ סי' שסב סעי' ב וסעי' ז:

כג ה מיי' פ"ג מהל' נחלות הל' ד סמג עשין נו טוש"ע ח"מ סי' רעח סעיף ו:

כד ו מיי' פכ"א מהל' מלוה ולוה הל' ז וע"ש סמג עשין לד טוש"ע ח"מ סי' קטו סעיף ה:

כה ז מיי' שם הלכה א טוש"ע שם סעי' א:

ליקוטי רש"י

לצבוע לו אדום. ראה ליקוטי רש"י בעמוד א. ומעלין אותן. מן הקרקע בדמים ולא שקלי בארעא גופיה. בכור לפשוט. בכור ופשוט שהשביחו קרקע קודם שחלקו וקי"ל (ב"ב קכד.) שאין הבכור נוטל פי שנים בשבח שהשביחו נכסים לאחר מיתת אביהן דהוה ליה ראוי ואין הבכור נוטל הבכורה בראוי דכתיב בכל אשר ימצא לו וכשהן באין לחלוק נוטל בכור פי שנים בקרקע שהיא משובחת ושמין את השבח ונותן לפשוט רביע שהוא מגיע לו בשבח שבתוך חלקו של זה. ובעל חוב ליתומים. וכן בעל חוב שקדם שטר הלואתו לשטר מקח של לקוחות טורפה מהן עם מה שהשביחו ושם להן שבח ונותן דמים וטעמא דכולהו משום דמעיקרא ארעא דידיה הוא ואין לנו לכופו למכור להן קרקע שלו בשביל השבח אם יש בידו מעות ולקמן מוקי לה בקרקע שנעשית לו אפותיקי. שבח המגיע לכתפים. צריכין לקרקע דבר מועט דאילו אין צריכין לקרקע הוו להו פירות ולא מיקרו שבח ובעל חוב גובה השבח קאמר ולא פירות גמורין כדאמרינן בפ"ק [ב"מ קי:]. בעל חוב גובה את השבח. שהלוה לחבירו מעות ומכר לוה הנכסים והשביחום לקוחות טורף בעל חוב הגוף והשבח והך אשה נמי בעלת חוב היא [בכורות נב.]. וכל הקרקע טורף מיד הלוקח כמו שהיא משובחת ע"י הלוקח [ב"מ יד:]. שבח המגיע לכתפים. קרוב ליקצר אלא שעדיין צריכין לקרקע הוי להו כפירות גמורין ואין בעל חוב גובה אותו בלא יציאה [ב"מ טו:]. גמר פירי כגון קמה לקצור וענבים לבצור [רשב"ם ב"ב מב:]. והא מעשים בכל יום. דיני טורפי מקח באין לפני שמואל ומגבי לבעל חוב כל השבח עם הקרקע ואפילו מגיע לכתפים כל זמן שצריכין לקרקע [ב"מ טו:].

מסורת הש"ס

א) [לקמן ק: וש"נ], ב) [ברי"ף וברא"ש איתא במאי קמיפלגי], ג) לעיל צג:, ד) ב"מ קי:, ה) שם יד: טו. [קי: בכורות נב.], ו) [סוכה מד. כתובות סח: לה: ב"מ טו: קי: ב"ב קעג:], ז) [עי' מ"ש על הגליון תוס' יבמות ג: ד"ה למעוטי].

הגהות הב"ח

(א) גמ' ארעא ושבחא כו' לארעא ושבחא כו' למיתב ליה: (ב) רש"י ד"ה בשבח כו' כגון שגזלה ריקנית כצ"ל: (ג) תום' סד"ה לר"ש כו' דמגופיה שקיל. עי' באשר"י כתב בהיפך:

הגהות הגר"א

[א] תד"ה בשבח כו' והשתא הוי סברא כו'. נ"ב אבל להרמב"ם ניחא ואולי לשיטתייהו כנ"ל:

שִׁמְעוֹן אוֹמֵר: רוֹאִין אוֹתָהּ, את הבהמה, **כְּאִילוּ הִיא שׁוּמָא אֶצְלוֹ בְּכֶסֶף** – כאילו הוערכה בשעת הגזילה בכסף ונמסרה לגזלן על מנת שבכל מקרה יהיה עליו לשלם אותם דמים, ונמצא שעליו לשלם לנגזל את שוויה בשעת הגזילה.

הגמרא מבקשת לברר במה הם חולקים:

מַאי בֵּינַיְיהוּ – מהו החילוק להלכה בין רבי יהודה לרבי שמעון? הרי לדעת שניהם הגזלן משיב את הפרה או הרחל לבעלים ומשלם להם את ערך העובר או הצמר בשעת הגזילה, ואת השבח שבא על ידי הלידה או הגיזה הוא נוטל לעצמו[7]!

משיבה הגמרא:

אָמַר רַב זְבִיד: בְּשֶׁבַח שֶׁעַל גַּבֵּי גְּזֵילָה קָמִיפַּלְגֵי – הם נחלקו לגבי שבח שהשביחה הגזילה והוא עדיין נמצא עליה בשעת העמדה בדין, כגון שגזל פרה ונתעברה ועדיין לא ילדה, או גזל רחל ונטענה אצלו צמר ועדיין לא גזזה[8]: **רַבִּי יְהוּדָה סָבַר דְּנִגְזָל הָוֵי** – ששבח זה הוא של הנגזל, וזו כוונתו שהגזילה חוזרת לבעליה בעיניה, כמות שהיא עכשיו עם כל השבח שעליה[9]; **וְאילו רַבִּי שִׁמְעוֹן סָבַר דְּגַזְלָן הָוֵי** – ששבח זה הוא של הגזלן, וגם במקרה זה אינו מחזיר לנגזל אלא את ערך הבהמה בשעת הגזילה ללא השבח[10].

ביאור אחר במחלוקת התנאים:

רַב פָּפָּא אָמַר: דְּכוּלֵּי עָלְמָא – לדברי הכל, כלומר, בין לרבי יהודה ובין לרבי שמעון, ה**שֶּׁבַח שֶׁעַל גַּבֵּי** הגְּזֵילָה, **דְּגַזְלָן הָוֵי** – הוא של הגזלן, שכן גם רבי יהודה שאמר שהגזילה חוזרת בעיניה התכוון לכפי שהיתה בשעת הגזילה ולא למצבה כעת[11]. **וְהָכָא** – וכאן בברייתא, **לְמֶחֱצָה, לִשְׁלִישׁ וְלִרְבִיעַ, קָמִיפַּלְגֵי** – מה שנחלקו התנאים הוא בשאלה האם הגזלן נוטל את כל השבח, או שהוא נוטלו רק למחצה לשליש או לרביע, כמנהג המקבלים בהמות של אחרים על מנת לגדלם במשך זמן רב ולהתחלק עם הבעלים בשבח: **רַבִּי יְהוּדָה סָבַר** שה**שֶּׁבַח שֶׁעַל גַּבֵּי** הגְּזֵילָה, **כּוּלֵּיהּ** (כולו) **דְּגַזְלָן הָוֵי**, ואינו מחזיר לבעלים אלא את ערך בהמתם בשעת הגזילה לבד; **וְאילו רַבִּי שִׁמְעוֹן סָבַר** שרק **לְמֶחֱצָה, לִשְׁלִישׁ וְלִרְבִיעַ, הוּא דְּשָׁקִיל** (שנוטל) **הַגַּזְלָן** מהשבח שעל גבי הגזילה, ואת השאר מחזיר לבעלים. ומה שאמר "רואין אותה כאילו היא שומא אצלו בכסף", כוונתו שמעריכים אותה כמה היתה שוה בשעת הגזילה וכמה היא שוה כעת, ומתוך הערך שנתווסף בדמי הבהמה מקבל הגזלן את חלקו כפי שנהוג לגבי מגדלי בהמות באותו מקום[12].

הגמרא מקשה על ביאור זה ממשנתנו:

תְּנַן במשנה: **גָּזַל פָּרָה וְנִתְעַבְּרָה אֶצְלוֹ וְיָלְדָה**, או שגזל **רָחֵל וְנִטְעֲנָה אֶצְלוֹ** בצמר **וּגְזָזָהּ, מְשַׁלֵּם כִּשְׁעַת הַגְּזֵילָה**[13]. ומשמע שאם **יָלְדָה**

הערות

7. [אין לומר שלדעת רבי שמעון רשאי הגזלן להשאיר אצלו גם את הבהמה הגזולה עצמה, ואינו חייב אלא לשלם את דמיה כשעת הגזילה; שהרי בבהמה עצמה לא חל שינוי, ועל כן פשוט שעליו להחזירה לנגזל. כמו כן, אין לומר שיש חילוק ביניהם לגבי מקרה שהבהמה הגזולה התייקרה או הוזלה, שכן גם בזה הלכה פשוטה היא שמחזירה לנגזל כמות שהיא, ואינו צריך לפצותו על ירידת ערכה (ואפילו במקרה שעתה איננה שוה כלום יכול לומר לנגזל "הרי שלך לפניך" אם לא נשתנית; ראה משנה לקמן צו, ב), וכמו כן אינו נוטל את ההפרש במקרה שהתייקרה. וכל ההלכה של "שומא אצלו בכסף", נוגעת למקרה שלא יוכל להשיבה בעיניה לבעלים; ראה לעיל עמוד א, הערה 12.]

8. כלומר: לגבי המקרה של הברייתא עצמו, שהגזלן גזז את הרחל או שהפרה ילדה, אכן אין כל מחלוקת ביניהם: לדעת שניהם הגזלן קונה את הגיזה או את הולד בשינוי, ומשלם רק את דמיהם כשעת הגזילה, ואילו הבהמה עצמה חוזרת לנגזל. ומה שניסחו את דבריהם בצורה שונה זה מזה, בא ללמד על דעותיהם לגבי מקרה אחר, דהיינו, כאשר הגזילה השביחה ברשות הגזלן, והשבח עדיין מחובר לגוף הגזילה בשעת ההעמדה בדין. כגון, שהגזלן גזל רחל גזוזה ונטענה בצמר בהיותה ברשותו, ועתה תבעו הנגזל לדין לפני שהספיק לגזוז אותה; או שגזל פרה ריקנית ונתעברה ברשותו, ועתה תבעו הנגזל לדין לפני שילדה (רש"י).

9. כזכור, הברייתא עסקה במקרה שהגזלן גזל רחל טעונה צמר וגזזה או פרה מעוברת וילדה ברשותו (ראה לעיל עמוד א, בביאורנו ובהערה 9). לגבי מקרה זה אמר רבי מאיר שעליו לשלם לנגזל את הבהמה עם כל השבח שהשביחה (הצמר או הולד). כפי שנתבאר בגמרא לעיל (בעמוד א), רבי מאיר מודה שהגזלן קנה את הצמר או הולד בשינוי, ומעיקר הדין היה ראוי שישלם רק את ערכם בשעת הגזילה; אלא שבתורת קנס הוא מחשיב את השבח כאילו הוא עדיין מחובר בגוף הבהמה ולא נשתנה, והוא מחייב את הגזלן לתת את השבח לבעלים. רבי יהודה חולק על רבי מאיר, ואומר שהגזילה חוזרת לבעליה בעיניה, היינו כמות שהיא בשעת התביעה בבית דין, בין אם השביחה משעת הגזילה ובין אם נגרעה מאותה שעה. הלכך, במקרה הנזכר שהרחל נגזזה או הפרה ילדה, הרי הוא מחזיר את הבהמה ריקנית, ואינו מחזיר את הצמר או הולד, כיון שקנאם בשינוי [ולדעת רבי יהודה אין מטילים עליו את הקנס שאמר רבי מאיר]. ומכל מקום, בודאי עליו לשלם לנגזל את **ערכם** בשעת הגזילה (כצמר מחובר או כעובר), כדין כל גזלן הקונה את גזילתו בשינוי. ואילו במקרה הפוך, שהגזילה השביחה ברשות הגזלן ולא הספיק ליטול את השבח לפני שהועמד בדין, כגון שהפרה נתעברה אצלו ועדיין לא ילדה, או שהרחל נטענה אצלו בצמר ועדיין לא גזזה, הרי הבהמה חוזרת לנגזל כמות שהיא, עם השבח שעליה (עיין רש"י).

[לדעת רבי יהודה, הצמר או העובר שנוצרו משנגזלה הבהמה אינם נחשבים כדבר ש"נשתנה"; שכן כל זמן שהם מחוברים בגוף הבהמה אין דנים אותם בפני עצמם אלא כחלק מן הבהמה, ולגבי הבהמה אין בכך שינוי כשהיא נטענת בצמר או מתעברת, שהרי הוא שינוי החוזר לברייתו כשתיגזז או כשתלד. רק משעה שהצמר או העובר נפרדו מגוף הבהמה יש לדון אותם בפני עצמם, ועל כן הגזלן קונה אותם בשינוי, שהרי כלפיהם הוא שינוי שאינו חוזר (עיין תוספות רבינו פרץ; בעל המאור ורמב"ן במלחמות לג, ב מדפי הרי"ף; עיין גם רבינו תם, מובא בתוספות, ורשב"א בפירוש שני; אך עיין תוספות ורשב"א בפירושיהם הראשונים).]

10. רבי שמעון חולק על הוראת רבי יהודה שהגזלן נוטל את הצמר או העובר רק אם הופרדו מן הבהמה, אבל לא אם הם עדיין מחוברים לה. לדעת רבי שמעון, משעה שנוצר הצמר או הולד אנו דנים אותם בפני עצמם, והרי הם כדברים שנשתנו ממצבם הקודם (שלא היו בעולם), והגזלן קונה אותם בשינוי. הלכך, אף אם הם עדיין מחוברים בגוף הבהמה אין הגזלן צריך לתתם לנגזל, ואפילו את דמיהם (כיון שקנאם מתחילת יצירתם), אלא עליו להחזיר רק את ערך הבהמה כפי שהיתה בשעת הגזילה. וזהו שאמר רבי שמעון: "רואין אותה כאילו היא שומא אצלו בכסף".

11. לדעת רב פפא, כאשר אמר רבי יהודה שהגזלן מחזיר את הבהמה "בעיניה", כוונתו היתה: כמות שהיתה בשעת הגזילה. הלכך, אם גזל רחל גזוזה והיא נטענה צמר ברשותו, או פרה ריקנית ונתעברה ברשותו, אפילו אם הרחל עדיין טעונה צמר והפרה עדיין מעוברת, הוא משיב רק את הבהמה עצמה, אך הוא זכאי ליטול לעצמו את הצמר או את העובר, כדעת רבי שמעון לפי הבנת רב זביד (ראה רש"י). [וגם טעמו הוא כפי שנתבאר לעיל בדעת רבי שמעון, שלדעתו דנים את העובר או הצמר בפני עצמם משעה שנוצרו, אף על פי שהם עדיין מחוברים בגוף הבהמה, וממילא הגזלן קונה אותם בשינוי (עיין פני יהושע לקמן צו, א על רש"י ד"ה מה שהשביח; עיין תוספות ורשב"א לביאורים שונים).]

12. כאשר אמר רבי שמעון ש"רואים אותה כאילו היא שומא אצלו בכסף", לא התכוון לומר שהגזלן משלם רק את ערך הבהמה בשעת הגזילה, ושכל השבח שמעבר לסכום זה שייך לגזלן, שהרי זו דעת רבי יהודה. אלא, הוא התכוון לומר, שאמנם מעיקר הדין השבח שייך לנגזל, אך מכיון שהגזלן על כל פנים טרח וטיפל בבהמה הגזולה בהיותה ברשותו, הרינו רואים אותו כאילו עשה הסכם עם בעל הבהמה, שיטפל בבהמתו למשך זמן קצוב בתמורה לקבלת חלק מתוצרתה (הגיזה או הולדות). בהסכם כזה, שָׁמים את הבהמה בזמן מסירתה למטפל, על מנת שהוא מתחייב להשיב את הבהמה או את דמיה בסוף הזמן הקצוב בכל אופן. המקבל את הבהמה מטפל בה ובולדותיה וגוזז את צמרה וכו׳, ומקבל חלק מסויים מתוצרת הבהמה, שהוא יכול להיות מחצה, שליש או רביע, בהתאם למנהג המקום (עיין רש"י). [ואף על פי שבמקרה שלנו הגזלן טיפל בבהמה שלא מדעת בעליה, מכל מקום הרי הוא כ"יורד לשדה חברו ונטעה שלא ברשות בשדה העשויה ליטע", שדינו לקבל כמנהג שאר אריסי העיר, אם בלעדיו היו הבעלים נצרכים לקחת אדם אחר שיעשה כן בשכר דומה (עיין בבא מציעא קא, א; ועיין חידושי רבי משה קזיס וחזון איש יז, יד, אם במקרה שלנו הגזלן זכאי לשכר זה מעיקר הדין או רק מפני תקנת השבים).]

[לפי רב פפא נמצא, שרבי יהודה סובר שהצמר או העובר שנוצרו לאחר הגזילה שייכים לגמרי לגזלן, בין אם הם עדיין מחוברים לגוף הבהמה הגזולה ובין אם נפרדו ממנה, ואילו רבי שמעון סובר שהגזלן זכאי ליטול מהם (אפילו נפרדו מגוף הבהמה; עיין להלן, סוף הערה 14) רק כשיעור הגיזות או הולדות שנוהגים לתת למגדלי הבהמות באותו מקום. לפי זה, לשון הגמרא: "דכולי עלמא שבח שעל גבי גזילה דגזלן הוי", אינו בדוקא, אלא הכוונה היא שיש לו לכל הפחות חלק בשבח זה (רשב"א). מעבר לכך, לדעת רבי שמעון, שבח זה שייך בעיקרו לנגזל, רק שהוא צריך לפצות את הגזלן עבור טירחתו כמנהג המדינה. אלא, שרב פפא רצה להדגיש את הצד השוה שבין דעותיהם של רבי יהודה ורבי שמעון (בניגוד להבנת רב זביד שהם חולקים אם השבח הולך כולו לגזלן או כולו לנגזל), ומכיון שרבי יהודה סובר שהכל לגזלן הוכרח לנסח את דבריו בצורה זו (ראה רא"ש).]

13. כלומר, הוא משיב לנגזל את הפרה או הרחל שגזל, ונוטל את הולד או הגיזה לעצמו (עיין לעיל צג, ב הערה 4).

גמרא

גובה את הקרן מנכסים משועבדים ואת השבח מנכסים בני חורין דאתא בעל ארעא ושקיל (א) ארעיה ושבחיה מאי לאו בעם הארץ דלא ידע דקרקע נגזלת או אינה נגזלת ואפי' הכי קאתי בעל קרקע ושקיל לארעא ושבחה ושמע מינה בשוגג נמי קנים אמרי [א]לא בלוקח תלמיד חכם וידע תא שמע [ב]לצבוע לו אדום וצבעו שחור שחור וצבעו אדום ר' מאיר אומר נותן לו דמי צמרו דמי צמרו אין דמי צמרו ושבחו לא ואי סלקא דעתך בשוגג נמי קנים דמי צמרו ושבחו בעי למיתבא ליה אלא לאו ש"מ במזיד קנים בשוגג לא קנים ש"מ: רבי יהודה אומר גזילה חוזרת בעיניה ר"ש אומר רואין אותה כאילו היא שומא אצלו בכסף [ג]מאי בינייהו אמר רב זביד בשבח שעל גבי גזילה קמיפלגי ר' יהודה סבר דנגזל הוי ור"ש סבר דגזלן הוי רב פפא אמר דכ"ע [ב]שבח שעל גבי גזילה דגזלן הוי והכא למחצה לשליש ולרביע קמיפלגי רבי יהודה סבר שבח שעל גבי גזילה [ג]כוליה דגזלן הוי ורבי שמעון סבר למחצה לשליש ולרביע הוא דשקיל גזלן תנן [ד]גזל פרה ונתעברה אצלו וילדה רחל ונטענה אצלו וגזזה משלם כשעת הגזילה ילדה אין לא ילדה הדרא בעינא בשלמא לרב זביד דאמר שבח שעל גבי גזילה דנגזל הוי לר' יהודה הא מני רבי יהודה היא אלא לרב פפא דאמר דגזלן הוי הא מני לא רבי יהודה ולא ר"ש אמר לך רב פפא הוא הדין [ד]אפילו לא ילדה נמי כשעת הגזילה הוא דמשלם והא דקתני ילדה איידי דנסיב רישא ילדה נסיב סיפא נמי ילדה תניא כוותיה דרב פפא ר' שמעון אומר רואין אותה כאילו היא שומא אצלו בכסף למחצה לשליש ולרביע אמר רב אשי כי הוינן בי רב כהנא איבעיא לן לר' שמעון דאמר למחצה לשליש ולרביע הוא דשקיל גזלן כי מסלקינן ליה בדמי מסלקינן ליה או דילמא מבשרא שקול ופשטנא מהא [ז]דאמר רב נחמן אמר שמואל שלשה שמין להן השבח ומעלין אותן בדמים ואלו הן [ה]בכור לפשוט ובעל חוב ללוקח [ו]ובעל חוב ליתומים אמר ליה רבינא לרב אשי מי אמר שמואל בעל חוב ללוקח יהיב ליה שבח [ט]והאמר שמואל [ז]בעל חוב גובה את השבח א"ל לא קשיא כאן בשבח המגיע לכתפים וכאן בשבח שאין מגיע לכתפים אמר ליה [י]והא מעשים בכל יום וקא מגבי שמואל אפי' שבח המגיע לכתפים אמר ליה לא קשיא הא

רש"י

גובה מנכסים משועבדים. שהוא קדם והויא כמלוה בשטר שהרי כתב לו בשטר המכירה שאם יטרפוה ממנו יחזור ויגבה מנכסיו: קנים. דלהדר שבח לנגזל: צבעו. שוגג חשיב ליה דאיכא אינשי טועא דלא ידעי דאסור לשנות בדבור של בעל הבית: בשבח שעל גבי גזילה. כגון שהשביחה אצלו ועדיין לא נטלה הימנו כגון (ב) ריקנית ונתעברה או טעונה גיזה: דרבי יהודה סבר דנגזל הוי. והכי קאמר רבי יהודה גזלה חוזרת בעיניה לבעליה בין לשבח בין לגריעותא כמו שהיא בשעת תביעה בב"ד היא חוזרת והיכא דגרעה כגון גזזה וילדה משלם פחתה ודאי דהדר קתבע ליה נגזל דמי גיזה ועובר שגזל ממנו ופליגא אדר' מאיר דאמר כוליה שבחא יהיב ליה ואע"ג דקנה גיזה וולד בשינוי חזינא ליה כמאן דכוליה שבחא אכתי עלה כמי שלא נגזזה ומשלם כולה משום קנסא וקאמר ליה רבי יהודה כדאיתא השתא הדרא ואי הדר תבע נמי מיניה גיזה וולד יהיב ליה דמי דמעיקר' דקנה גיזה וולד בשינוי והיכא דעדיין כל השבח עליה חוזרת כמות שהיא ואתא ר"ש למימר אפילו שבחא עליה נוטלו גזלן דשינוי קונה ולא ישלם אלא דמים ראשונים כאילו היא שומא אצלו בכסף: דכ"ע שבח גזילה דגזלן הוי. ובעיניה דקאמר ר' יהודה כדמעיקרא קאמר: למחצה לשליש כו'. כדרך מנהג המדינה למקבלי בהמות להשביחן לזמן גדול כזה: לא ר' יהודה ולא ר"ש. וכ"ש דכר"מ לא מתוקמא דקתני רישא גזל פרה מעוברת וילדה רחל טעונה וגזזה משלם דמי פרה העומדת לילד כו' ולר"מ משלם גיזות וולדות כדהשתא: איידי דנסב רישא ילדה. לאשמועינן דלא משלם גיזות וולדות כדהשתא אלא דמי פרה העומדת לילד נקט נמי סיפא ילדה: בכור לפשוט. שהשביחו את הנכסים קודם חלוקה ובשעת חלוקה נוטל הבכור פי שנים בקרקעות צריך להחזיר לפשוט רביע השבח של חלק בכורה במעות שאין לו ליטול פי שנים במה שהשביח זה ואם השביח בי"ב זוז כשנטל זה פי שנים בקרקע נוטל מן השבח ח' זוזים צריך להחזיר לו ב' זוזים ומעלה לו בדמים ואין נותן לו מן הקרקע אלא אם רצה מסלקו בדמים ונותן לו שני זוזים ואין יכול לומר לו הפשוט תן לי קרקע כזה שוה ב' זוזים: ובעל חוב ללוקח. ב"ח הטורף לקוחות בשביל חוב שיש לו על המוכר אין לו כח במה שהשביח לוקח ומסלקו ב"ח בדמים ונותן לו דמי שבחו ואין נותן לו קרקע בשיעור שבחו: וב"ח ליתומים. ב"ח שיורד לנכסי יתומים בשביל חוב אביהן אין לו במה שהשביחו נכסים לאחר מיתת אביהן כלום ומעלה להן לשבחן בדמים ונותן מעות אם ירצה: גובה את השבח. ואינו מחזיר ללוקח כלום: המגיע לכתפים. כגון תבואה שגדלה כל צרכה נותנה ללוקח או דמיה:

תוספות

דילמא בלוקח ת"ח דידע. וא"ת ואמאי גובה שבח מנכסים בני חורין דבפ"ק דב"מ (דף טו:) איפליגו בהכיר בה שאין שלו ולקחה אם מעות מתנה או פקדון אבל לכ"ע אין לו שבח וי"ל דהתם שלא באחריות והכא באחריות דבאחריות לא שייך למימר לא מתנה ולא פקדון:

בשבח שעל גבי גזילה קמפלגי דרבי יהודה סבר דנגזל הוי. אבל שבח שלא ע"ג גזילה הוי דגזלן או משום דהוי שינוי גמור או משום תקנת השבים ואם גזל עצים ועשאן כלים או אפי' נסרים ועשאן כלים דהוי שינוי דהדר שמא מודה ר' יהודה דמשלם כשעת הגזילה אף על גב דהוי שבח שע"ג הגזילה דכיון דטרח בהאי שינוי שייך ביה תקנת השבים ואף על גב דגבי נתן לצבוע לו אדום וצבעו שחור קאמר רבי יהודה דאם השבח יתר על היציאה כו' התם דלא נחת בתורת גזילה לא שייך תקנת השבים וכן צ"ל לרב פפא ע"כ דאמר לרבי יהודה שבח שעל גבי גזילה דגזלן הוי דהיינו משום תקנת השבים דהא ס"ל בההיא דצבוע לו אדום שינוי לא קני ובההיא לא שייך תקנת השבים כדפי' [א] והשתא הוי סברא הפוכה דר' יהודה מדר"מ דבצבע לר"מ שינוי קונה ובגזלן אין קונה משום דקנים ולרבי יהודה בצבע שינוי לא קני ובגזלן קני משום תקנת השבים ור"ת מפרש דאין אנו צריכים לר' יהודה טעמא דתקנת השבים אלא סברא דר"י שינוי קונה ולרב זביד שבח שלא ע"ג גזילה דלא הדרא הוי דגזלן אבל שבח שע"ג גזילה דשינוי דהדר הוא ולא קני הוי דנגזל ולרב פפא אפי' דע"ג גזילה דשינוי דהדר הוא קני והוי דגזלן והא דלא קני בצבע לפי שאין מתכוין לקנותו וכן נראה דלא צריכי השתא לאוקמא ר"י כב"ש וא"ש נמי דלא חשיב ר' יהודה לעיל (דף סג:) בהדי הני תנאי דסברי שינוי אין קונה כי היכי דחשיב ר"ש דצביעה:

מני לא ר' יהודה ולא ר"ש. וא"ת לעולם ר"ש היא לרב פפא ונימא הכי ילדה אין לא ילדה לא אלא הוי למחצה לשליש ולרביע וי"ל דלר"ש אפילו ילדה קאמר דלמחצה ושליש ורביע קשקיל גזלן דקאי אר"מ דאיירי בילדה:

לר"ש כי מסלק כו'. לא בעי לר' יהודה כיון דמתקנת השבים מוקמי' לה כולה שבחא ביד גזלן פשיטא דמגופיה שקיל (ג):

שלשה שמין להן השבח. אע"ג דקתני ג' תנא ושייר [ז]גזלן ושייר נמי אריס שאם בא לסלקו מאריסותו מסלקו מן השבח בדמים:

שבח המגיע לכתפים. כאן פ"ה כגון תבואה שגדלה כל צרכה ושאין מגיע לכתפים שצריכה לקרקע וקשה דאם כן לפירושו גבי ב"ח אפי' מתבואה שאין צריכה לקרקע כדאמר והא מעשים בכל יום וקמגבי שמואל אפי' בשבח המגיע לכתפים ובפרק נערה שנתפתתה (כתובות דף נ:) משמע דלא גבי ב"ח אלא ממידי דצריכא לקרקע גבי הא דקאמר זיל הב ליה מתמרי דעל בודיא דפריך לא יהא אלא ב"ח וכה"ג מי הוי שקיל אלא דחזו לבודיא קאמינא סוף סוף כל העומד ליגזז כגזוז דמי דצריכי לדיקלא קאמינא וי"ל דשבח המגיע לכתפים קורא דבר שסופו ליתלש ולישא בכתפים אפי' כגון פגין או בוסר דצריכי לארעא ור"ת מפרש דשבח המגיע לכתפים כגון דבר הבא בטורח ובחזקת הבתים (ב"ב דף מב: ושם ד"ה שבח) מפורש:

עין משפט נר מצוה

כא א מיי' פ"ט מהל' גזילה ואבידה הל' ו ז וע"ש וסמג עשין עג טוש"ע ח"מ סימן שעג ס"א ובהג"ה:

כב ב ג ד מיי' פ"ב מהל' גזילה ואבידה הל' ו סמג עשין עג טוש"ע ח"מ סי' שסב סעי' ב וסעי' ז:

כג ה מיי' פ"ג מהל' נחלות הל' ד סמג עשין צו טוש"ע ח"מ סי' רעח סעיף ו:

כד ו מיי' פכ"א מהל' מלוה ולוה הל' ז וע"ש סמג עשין צד טוש"ע ח"מ סי' קטו סעיף ה:

כה ז מיי' שם הלכה א טוש"ע שם סעי' א:

ליקוטי רש"י

לצבוע לו אדום. ראה ליקוטי רש"י בעמוד א. **ומעלין אותן.** מן הקרקע בדמים ולא שקלי בארעא גופיה. **בכור לפשוט.** בכור ופשוט שהשביחו קרקע קודם שחלקו וקי"ל (ב"ב קכד.) שאין הבכור נוטל פי שנים בשבח שהשביחו נכסים לאחר מיתת אביהן דהוה ליה ראוי ואין הבכור נוטל הבכורה בראוי דכתיב בכל אשר ימצא לו וכשהן באין לחלוק נוטל בכור פי שנים בקרקע שהיא משובחת ושמין את השבח ונותן לפשוט רביע שהוא מגיע לו בשבח שבתוך חלקו של זה. **ובעל חוב ליתומים.** וכן בעל חוב שקדם שטר הלואתו לשטר מקח של לקוחות טורפה מהן עם מה שהשביחו ושם להן שבח ונותן דמים וטעמא דכולהו משום דמעיקרא ארעא דידיה הוא ואין לנו לכופו למכור להן קרקע שלו בשביל השבח אם יש בידו מעות ולקמן מוקי לה בקרקע שנעשית לו אפותיקי. **שבח המגיע לכתפים.** צריכין לקרקע דבר מועט דאילו אין צריכין לקרקע הוו להו פירות ולא מיקרו שבח ובעל חוב גובה השבח קאמר ולא פירות גמורין כדאמרינן בפ"ק [ב"מ קי:]. **בעל חוב גובה את השבח.** שהלוה לחבירו מעות ומכר לוה הנכסים והשביחום לקוחות טורף בעל חוב הגוף והשבח והך אשה נמי בעלת חוב היא [בכורות נב.]. וכל הקרקע טורף מיד הלוקח כמו שהיא משובחת ע"י הלוקח [ב"מ יד:]. **שבח המגיע לכתפים.** קרוב ליקצר אלא שעדיין צריכין לקרקע הוי להו כפירות גמורין ואין בעל חוב גובה אותו בלא יציאה [ב"מ טו:]. גמר פירי כגון קמה לקצור וענבים לבצור [רשב"ם ב"ב מב:]. **והא מעשים בכל יום.** דיני טורפי מקח באין לפני שמואל ומגבי לבעל חוב כל השבח עם הקרקע ואפילו מגיע לכתפים כל זמן שצריכין לקרקע [ב"מ טו:].

מסורת הש"ס

א) [לקמן ק: וש"נ], ב) [ברי"ף וברא"ש איתא במאי קמיפלגי], ג) לעיל לג:, ד) ב"מ קי:, ה) שם יד: טו. [קי: בכורות נב.], ו) [סוכה מד. כתובות סח: לה: ב"מ טו: קי: ב"ב קעג:], ז) [עי' מ"ש על הגליון תוס' יבמות ג: ד"ה למעוטי].

הגהות הב"ח

(א) גמ' ארעא ושבחא כו' לארעא ושבחא כו' למיתב ליה: (ב) רש"י ד"ה בשבח כו' כגון שגזלה ריקנית כצ"ל: (ג) תוס' סד"ה לר"ש כו' דמגופיה שקיל. עי' באשר"י כתב בהיפך:

הגהות הגר"א

[א] תד"ה בשבח כו' והשתא הוי סברא כו'. נ"ב אבל להרמב"ם ניחא ואזלי לשיטתייהו כנ"ל:

הפרה (או נגזזה הרחל), **אֵין** — הגזלן אכן קונה את הולד, ומשלם רק את ערך האם בשעת הגזילה; אבל אם עדיין **לֹא יָלְדָה, הַדְרָא בְּעֵינָא** — הרי היא חוזרת לבעליה כמות שהיא, עם העובר שבמעיה.

והנה, **בִּשְׁלָמָא** — המשנה מובנת היטב **לְרַב זְבִיד, דְּאָמַר** שה**שֶּׁבַח שֶׁעַל גַּבֵּי** ה**גְּזֵילָה דְּנִגְזָל הָוֵי** — הוא של הנגזל **לְ**דעת **רַבִּי יְהוּדָה**; כי לדבריו ניתן לומר, **הָא מַנִּי** — משנה זו כדעת מי היא שנויה? כדעת **רַבִּי יְהוּדָה הִיא** שנויה, ועל כן היא מלמדת שאם עדיין לא ילדה מקבל הנגזל את בהמתו עם העובר. **אֶלָּא לְרַב פָּפָּא, דְּאָמַר** שגם לדעת רבי יהודה השבח שעל גבי הגזילה **דְּגַזְלָן הָוֵי**, יקשה: **הָא מַנִּי** — משנה זו כדעת מי שנויה? לכאורה, **לֹא כְּרַבִּי יְהוּדָה וְלֹא כְּרַבִּי שִׁמְעוֹן**[14]**!**

מתרצת הגמרא:

אָמַר לָךְ רַב פָּפָּא — רב פפא יכול לומר לך: אף שהמשנה אמרה שהגזלן נוטל לעצמו את העובר שנוצר במעי הבהמה בהיותה ברשותו, במקרה שהבהמה ילדה לפני שתבעו הנגזל, **הוּא הַדִּין** ש**אֲפִילּוּ** אם **לֹא יָלְדָה, נַמִּי** (גם כן) **כִּשְׁעַת הַגְּזֵילָה הוּא דִּמְשַׁלֵּם** הגזלן, ואילו את העובר הוא נוטל לעצמו, והמשנה שנויה כדעת רבי יהודה הסובר כן. **וְהָא דְּקָתָנֵי** — ומה שלימדה המשנה דין זה רק במקרה שהבהמה **יָלְדָה**, הוא **אַיְּידֵי דְּנָסֵיב רֵישָׁא יָלְדָה** — אגב זה שנקט התנא ברישא מקרה שהבהמה ילדה, כדי ללמדנו שבמקרה זה קנה הגזלן את הולד ומשלם רק דמי פרה העומדת לילד, ושם מדובר במקרה שגזל את הפרה כשהיתה מעוברת ולא חל בה שינוי אלא בלידה, **נָסֵיב סֵיפָא נַמִּי** — הוא נקט בסיפא גם כן מקרה שהבהמה **יָלְדָה**, רק כדי להשוות את הסגנון בין הרישא לסיפא[15].

הגמרא מביאה סיוע לביאורו של רב פפא במחלוקת התנאים:

תַּנְיָא כְּוָותֵיהּ דְּרַב פָּפָּא — שנינו ברייתא המסייעת לביאורו של רב פפא: **רַבִּי שִׁמְעוֹן אוֹמֵר: רוֹאִין אוֹתָהּ**, את הבהמה הגזולה, **כְּאִילּוּ הִיא שׁוּמָא אֶצְלוֹ** (אצל הגזלן) **בְּכֶסֶף** משעת הגזילה, והרי הוא נוטל מהשבח שמעבר לסכום זה **לְמֶחֱצָה, לִשְׁלִישׁ וְלִרְבִיעַ**[16].

הגמרא מביאה דיון בדעת רבי שמעון כפי שנתבארה כעת:

אָמַר רַב אַשִׁי: כִּי הֲוֵינַן בֵּי רַב כַּהֲנָא אִיבַּעְיָא לָן — כאשר היינו לומדים בישיבתו של רב כהנא, הסתפקנו בשאלה הבאה: **לְ**דעת **רַבִּי שִׁמְעוֹן דְּאָמַר** ש**לְמֶחֱצָה, לִשְׁלִישׁ וְלִרְבִיעַ, הוּא דְּשָׁקִיל** (שנוטל) **הַגַּזְלָן, כִּי מְסַלְּקִינַן לֵיהּ** — כאשר מסלקים אותו מן השבח על ידי תשלום חלקו, **בִּדְמֵי מְסַלְּקִינַן לֵיהּ** — האם מסלקים אותו בתשלום דמים, **אוֹ דִּילְמָא מִבִּשְׂרָא (שקול) [שָׁקִיל]**[17] — שמא הוא נוטל את החלק המגיע לו מבשר הולד עצמו[18]? **וּפָשַׁטְנָא מֵהָא** — ופשטנו את הספק מכח הוראה זו **דְּאָמַר רַב נַחְמָן אָמַר שְׁמוּאֵל: שְׁלֹשָׁה** אנשים **שָׁמִין לָהֶן** את **הַשֶּׁבַח** שהשביחו את הקרקע של אחרים שהיתה ברשותם, **וּמַעֲלִין אוֹתָן** — ומסלקים אותם מן הקרקע על ידי תשלום אותה שומא **בְּדָמִים**, ואין להם זכות לתבוע את חלקם מגוף הקרקע.

הערות

14. שהרי מן המשנה משמע, שאם הצמר או העובר מחוברים עדיין בגוף הבהמה הגזולה, הרי הם חוזרים עמה לבעלים המקוריים. אין זה מתאים לדעת רבי יהודה הסובר שהם של הגזלן לגמרי, ולא לדעת רבי שמעון הסובר שהגזלן זכאי לקבל את חלקם (מחצה, שליש או רביע). ואמנם משמעות זו של המשנה מתאימה לכאורה לדעת רבי מאיר, האומר שכל השבח חוזר לבעלים המקוריים, ואפילו הופרד כבר מגוף הבהמה, וכל שכן השבח המחובר עדיין לגופה. אך מכל מקום לא יתכן לייחס את המשנה לרבי מאיר; שהרי ברישא של המשנה נאמר שאם גזל פרה מעוברת וילדה או רחל טעונה וגזזה הגזלן זוכה בשבח הלידה או הגזיזה, והוראה זו סותרת בפירוש לדברי רבי מאיר בברייתא שבמקרה כזה הוא משלם אותה ואת גיזותיה ואת ולדותיה! (רש״י).

[לכאורה היה רש״י יכול להעלות הוכחה דומה מהסיפא, בה אנו עוסקים כעת, המלמדת גם היא שהגזלן קונה את הולדות או הגיזות שנוצרו במלואם אחרי הגזילה, ואילו רבי מאיר לכאורה היה קונס את הגזלן ומחייב אותו להשיבם לנגזל! (פנים מאירות). ושמא אין בכך הוכחה ברורה; כי יתכן לומר שעובר או צמר שנוצרו מתחילתם אצל הגזלן נחשבים כדבר חדש שאין לבעלים כל חלק בו (עיין תוספות רי״ד), ואין מחייבים את הגזלן לתתם לו אפילו בתורת קנס. משום כך הביא רש״י את הרישא של המשנה, העוסקת באותו מקרה בו עוסק רבי מאיר בברייתא, וסותרת לדבריו בפירוש.]

[לכאורה היה רב פפא יכול לפרש את המשנה בהתאם לדעת רבי שמעון, כדלהלן: אם גזל פרה ריקנית ונתעברה אצלו וילדה, הרי הוא משלם כשעת הגזילה ונוטל את העובר לעצמו, כיון שקנאו בשינוי; מה שאין כן אם עדיין לא ילדה והעובר שייך לנגזל מעיקר הדין, הגזלן נוטל למחצה לשליש ולרביע כשכר עבור טירחתו. מדוע אין הגמרא מציעה הסבר כזה? אלא שאין זה נכון; שהרי דברי רבי שמעון נאמרו בברייתא העוסקת במקרה שגזל רחל וגזזה או פרה וילדה, ומכאן שגם באופן זה אמר רבי שמעון שהגזלן נוטל רק למחצה לשליש ולרביע ולא את כל הולד או הצמר (על פי הבנת רב פפא בדבריו). ואמנם נתבאר בגמרא שנוסח דברי רבי יהודה ורבי שמעון בא ללמד על דעתם לגבי מקרה שהשבח עדיין מחובר בגוף הבהמה, אולם בודאי שדבריהם נכונים גם לגבי המקרה הנזכר בברייתא בפירוש (ראה תוספות, ד״ה מני; עיין מהרש״ל, מהרש״א ופנים מאירות, לדיון בדבריהם).]

15. ברישא של המשנה, העוסקת במקרה של הגוזל פרה מעוברת או רחל טעונה צמר, הוצרך התנא לומר שהפרה ילדה והרחל נגזזה, כדי ללמדנו שלידה וגזיזה נחשבות שינוי בעובר ובצמר, ושמשום כך הגזלן קונה את הולד ואת הגיזה, ומשלם רק דמי פרה העומדת לילד או רחל העומדת ליגזז (רש״י). במקרים אלו, כל זמן שהעובר לא נולד והצמר לא נגזז, אף על פי שנתגדלו לאחר הגזילה אין זה נחשב שינוי, והגזלן חייב להשיבם כמות שהם (עיין רמב״ן במלחמות לד, ב מדפי הרי״ף). משום כך, גם במקרה של הסיפא, שגזל פרה ריקנית ונתעברה אצלו או רחל ריקנית ונטענה אצלו בצמר, כשרצה התנא ללמד שהגזלן משלם כשעת הגזילה נקט מקרה שהפרה ילדה והרחל נגזזה, כדי להשוות את הסיפא לרישא, ואף על פי שבמקרה זה חל השינוי כבר משעת העיבור או הטעינה בצמר ונמצא שהדין היה שוה גם לפני הלידה או הגזיזה.

16. לכאורה אין מכאן סיוע אלא להבנת רב פפא בדעת רבי שמעון, אך לא להבנתו בדעת רבי יהודה [שהרי לכאורה אין כל מניעה לומר שרבי יהודה סובר שהשבח הוא של הנגזל (כרב זביד) ורבי שמעון סובר שהגזלן נוטל בו חלק כאריס (כרב פפא)]. אולם עיין חידושי רבי משה קזיס; עיין גם מהרש״א, על תוספות ד״ה מני.

[נקודה חשובה שלא עסקנו בה היא, האם המחלוקת בדין שבח גזילה עוסקת בשבח שלפני יאוש או שלאחר יאוש. רק נציין בקצרה שנחלקו בזה ראשונים: הרמב״ם (הלכות גניבה ואבידה א, יא והלכות גזילה ב, א-ט) סובר שבין בשבח שעל גבי גזילה (נתעברה ועדיין מעוברת) ובין בשבח שלא על גבי גזילה (כגון שילדה), אם היה הדבר לפני יאוש חוזר הכל לבעלים, ואם היה לאחר יאוש נוטל הגזלן את השבח (כרבי יהודה לפי הבנת רב פפא). הראב״ד (בהלכות גניבה שם ובהלכות גזילה ב, ד ו-ז) סובר שבשבח שעל גבי גזילה אכן אין הגזלן נוטל אלא לאחר יאוש, אך בשבח שלא על גבי גזילה נוטל הגזלן גם קודם יאוש, כיון שהוא קונה אותו בשינוי על ידי הלידה או הגיזה [וכפי שהרמב״ם עצמו כותב (בהלכות גניבה א, יב, ובהלכות גזילה ב, ו) שאם השביחה לאחר שינוי הרי השבח של הגזלן, אפילו לפני יאוש]. אולם המגיד משנה (הלכות גזילה ב, ב) מעיר ששאר הראשונים סתמו בזה, ונראה מדבריהם שהגזלן קונה את השבח אפילו לפני יאוש, מפני תקנת השבים. לדיון נרחב במחלוקת זו, עיין לחם משנה, שער המלך ואבן האזל בשני המקומות; טור חושן משפט שנד, א-ב עם בית יוסף ושאר המפרשים; שלחן ערוך שם, א עם ש״ך וביאור הגר״א; חידושי רבי מאיר שמחה לעיל, עמוד א, ובאור שמח הלכות גניבה שם.

וכל זה בשבח הבא מאליו, כגון לידה וגיזה; אבל שבח שהשביח הגזלן עצמו על ידי הוצאה, הרי השבח שלו אפילו לפני יאוש לדעת הכל, מפני תקנת השבים, על פי מה שלמדנו לעיל צד, א (ראה רמב״ם הלכות גניבה, שם; הלכות גזילה שם, ט; ועיין מגיד משנה בשני המקומות ולחם משנה בהלכות גניבה למקור דינו).]

17. ההגהה על פי דפוסים ישנים (ויניציאה; באסיליאה).

18. כלומר: האם זכאי הגזלן לתבוע מהנגזל חלק מגוף הולד, או שמא רשאי הנגזל לסלקו במעות?

[בפשטות צריך לבאר, שהספק הוא האם יש לו זכות בגוף השבח, או שאין לו על הנגזל אלא תביעה ממונית מכח זה שהשביח את ממונו, וכן נראה מדברי התוספות רי״ד. אמנם עיין קובץ שיעורים (אות קז) הדוחה הסבר זה, ומסיק (מכח המשך הגמרא) שבודאי יש לו זכות בגוף השבח; רק מכיון שאי אפשר להפריד את חלקו בשבח מגוף הבהמה, וגוף הבהמה שייך לאדם אחר (לנגזל), על כן דנה הגמרא שהלה יוכל לסלקו במעות. עיין גם רש״י בבא מציעא קי, ב ד״ה וכן בעל חוב; ועיין שיטה למהריק״ש לביאורים אחרים.]

כפי שנאמר בגמרא, ספק זה קיים רק לפי רבי שמעון הסובר שהגזלן נוטל חלק מהשבח כדין אריס. לדעת רבי יהודה (להבנת רב פפא), שהוא נוטל את כל השבח, על פי מה שביארנו לעיל (הערה 11) שהוא משום שהגזלן קנה שבח זה בשינוי, פשוט שהוא רשאי ליטול את השבח עצמו [העובר לכשיוולד או הצמר לכשיגזז] (ראה שיטה מקובצת בשם הרמ״ה; ראה תוספות הנוקטים כך גם על פי פירוש אחר לעיל; עיין פני יהושע בביאור דבריהם; ראה גם רשב״א בשם הראב״ד; אך ראה רמב״ם הלכות גזילה ב, ב הנוקט שלפי רבי יהודה הגזלן נוטל את השבח רק מפני תקנת השבים, ועל כן רשאי הנגזל לסלקו בדמים; וראה מגיד משנה ולחם משנה שם).

גובה את הקרן מנכסים משועבדים ואת השבח מנכסים בני חורין דאתא בעל ארעא ושקיל (א) ארעיה ושבחיה מאי לאו בעם הארץ דלא ידע דקרקע נגזלת או אינה נגזלת ואפי' הכי קאתי בעל קרקע ושקיל לארעא ושבחה ושמע מינה בשוגג נמי קנים אמרי א לא בלוקח תלמיד חכם וידע תא שמע א) לצבוע לו אדום וצבעו שחור שחור וצבעו אדום ר' מאיר אומר נותן לו דמי צמרו דמי צמרו אין דמי צמרו ושבחו לא ואי סלקא דעתך בשוגג נמי קנים דמי צמרו ושבחו בעי למיתבא ליה אלא לאו ש"מ במזיד קנים בשוגג לא קנים ש"מ: רבי יהודה אומר גזילה חוזרת בעיניה ר"ש אומר רואין אותה כאילו היא שומא אצלו בכסף ב) מאי בינייהו אמר רב זביד בשבח שעל גבי גזילה קמיפלגי ר' יהודה סבר דנגזל הוי ור"ש סבר דגזלן הוי רב פפא אמר דכ"ע ב שבח שעל גבי גזילה דגזלן הוי והכא למחצה לשליש ולרביע קמיפלגי רבי יהודה סבר שבח שעל גבי גזילה ג כוליה דגזלן הוי ורבי שמעון סבר למחצה לשליש ולרביע הוא דשקיל גזלן תנן ג) גזל פרה ונתעברה אצלו וילדה רחל ונטענה אצלו וגזזה משלם כשעת הגזילה ילדה אין לא ילדה הדרא בעינא בשלמא לרב זביד דאמר שבח שעל גבי גזילה דנגזל הוי לר' יהודה הא מני רבי יהודה היא אלא לרב פפא דאמר דגזלן הוי הא מני לא רבי יהודה ולא ר"ש אמר לך רב פפא הוא הדין ד אפילו לא ילדה נמי כשעת הגזילה הוא דמשלם והא דקתני ילדה איידי דנסיב רישא ילדה נסיב סיפא נמי ילדה תניא כוותיה דרב פפא ר' שמעון אומר רואין אותה כאילו היא שומא אצלו בכסף למחצה לשליש ולרביע אמר רב אשי כי הוינן בי רב כהנא איבעיא לן לר' שמעון דאמר למחצה לשליש ולרביע הוא דשקיל גזלן כי מסלקינן ליה בדמי מסלקינן ליה או דילמא מבשרא שקול ופשטנא מהא ד) דאמר רב נחמן אמר שמואל שלשה שמין להן השבח ומעלין אותן בדמים ואלו הן ה בכור לפשוט ובעל חוב ללוקח ו ובעל חוב ליתומים אמר ליה רבינא לרב אשי מי אמר שמואל בעל חוב ללוקח יהיב ליה שבח ה) והאמר שמואל ז בעל חוב גובה את השבח א"ל לא קשיא כאן בשבח המגיע לכתפים וכאן בשבח שאין מגיע לכתפים אמר ליה ו) והא מעשים בכל יום וקא מגבי שמואל אפי' שבח המגיע לכתפים אמר ליה לא קשיא הא

הא

דילמא בלוקח ת"ח דידע. וא"ת ואמאי גובה שבח מנכסים בני חורין דבפ"ק דב"מ (דף טו:) איפליגו בהכיר בה שאין שלו ולקחה אם מעות מתנה או פקדון אבל לכ"ע אין לו שבח וי"ל דהתם שלא באחריות והכא באחריות דבאחריות לא שייך למימר לא מתנה ולא פקדון:

בשבח שעל גבי גזילה קמפלגי דרבי יהודה סבר דנגזל הוי. אבל שבח שלא ע"ג גזילה הוי דגזלן או משום דהוי שינוי גמור או משום תקנת השבים ואם גזל עצים ועשאן כלים או אפי' נסרים ועשאן כלים דהוי שינוי דהדר שמא מודה ר' יהודה דמשלם כשעת הגזילה אף על גב דהוי שבח שע"ג הגזילה דכיון דטרח בהאי שינוי שייך ביה תקנת השבים ואף על גב דגבי נתן לצבוע לו אדום וצבעו שחור קאמר רבי יהודה דאם השבח יתר על היציאה כו' התם דלא נחת בתורת גזילה לא שייך תקנת השבים וכן צ"ל לרב פפא ע"כ דאמר לרבי יהודה שבח שעל גבי גזילה דגזלן הוי דהיינו משום תקנת השבים דהא ס"ל בההיא דצבוע לו אדום שינוי לא קני ובההיא לא שייך תקנת השבים כדפי' [א] והשתא הוי סברא הפוכה דר' יהודה מדר"מ דבצבע לר"מ שינוי קונה ובגזלן אין קונה משום דקנים ולרבי יהודה בצבע שינוי לא קני ובגזלן קני משום תקנת השבים ור"ת מפרש דאין אנו צריכים לר' יהודה טעמא דתקנת השבים אלא סברא דר"י שינוי קונה ולרב זביד שבח שלא ע"ג גזילה דלא הדרא הוי דגזלן אבל שבח שע"ג גזילה דשינוי דהדר הוא ולא קני הוי דנגזל ולרב פפא אפי' דע"ג גזילה דשינוי דהדר הוא קני והוי דגזלן והא דלא קני בצבע לפי שאין מתכוין לקנותו וכן נראה דלא צריכי השתא לאוקמא ר"י כב"ש וא"ש נמי דלא חשיב ר' יהודה לעיל (דף צג:) בהדי הני תנאי דסברי שינוי אין קונה כי היכי דחשיב ר"ש דצביעה:

מני לא ר' יהודה ולא ר"ש. וא"ת לעולם ר"ש היא לרב פפא ונימא הכי ילדה אין לא ילדה לא אלא הוי למחצה לשליש ולרביע וי"ל דלר"ש אפילו ילדה קאמר דלמחצה ושליש ורביע קשקיל גזלן דקאי אר"מ דאיירי בילדה:

לר"ש כי מסלק כו'. לא בעי לר' יהודה כיון דמתקנת השבים מוקמי' לה כולה שבחא ביד גזלן פשיטא דמגופיה שקיל (ג):

שלשה שמין להן השבח. אע"ג דקתני ג' תנא ושייר ז) גזלן ושייר נמי אריס שאם בא לסלקו מאריסותו מסלקו מן השבח בדמים:

שבח המגיע לכתפים. כאן פ"ה כגון תבואה שגדלה כל צרכה ושאין מגיע לכתפים שצריכה לקרקע וקשה דאם כן לפירושו גבי ב"ח אפי' מתבואה שאין צריכה לקרקע כדאמר והא מעשים בכל יום וקמגבי שמואל אפי' בשבח המגיע לכתפים ובפרק נערה שנתפתתה (כתובות דף נ:) משמע דלא גבי ב"ח אלא ממידי דצריכא לקרקע גבי הא דקאמר זיל הב ליה מתמרי דעל בודיא דפריך לא יהא אלא ב"ח וכה"ג מי הוי שקיל אלא דחזו לבודיא קאמינא סוף סוף כל העומד ליגזז כגזוז דמי דצריכי לדיקלא קאמינא וי"ל דשבח המגיע לכתפים קורא דבר שסופו ליתלש ולישא בכתפים אפי' כגון פגין או בוסר דצריכי לארעא ור"ת מפרש דשבח המגיע לכתפים כגון דבר הבא בטורח ובחזקת הבתים (ב"ב דף מב: ושם ד"ה שבח) מפורש:

הא

גובה מנכסים משועבדים. שהוא קדם והויא כמלוה בשטר שהרי כתב לו בשטר המכירה שאם יטרפוה ממנו יחזור ויגבה מנכסיו: קנים. דלהדר שבח לנגזל: צבעו. שוגג חשיב ליה דאיכא אינשי טובא דלא ידעי דאסור לשנות בדבור של בעל הבית: בשבח שעל גבי גזילה. כגון שהשביחה אצלו ועדיין לא נטלה הימנו כגון (ב) ריקנית ונתעברה או טעונה גיזה: דרבי יהודה סבר דנגזל הוי. והכי קאמר רבי יהודה גזלה חוזרת בעיניה לבעליה בין לשבח בין לגריעותא כמו שהיא בשעת תביעה בב"ד היא חוזרת והיכא דגרעה כגון גזזה וילדה משלם פחתה ודאי דהדר קתבע ליה נגזל דמי גזיזה ועובר שגזל ממנו ופליגא אדר' מאיר דאמר כוליה שבחא יהיב ליה ואע"ג דקנה גיזה וולד בשינוי חזינא ליה כמאן דכוליה שבחא אכתי עלה כמי שלא נגזזה ומשלם כולה משום קנסא וקאמר ליה רבי יהודה כדאיתא השתא הדרא ואי הדר תבע נמי מיניה גיזה וולד יהיב ליה דמי דמעיקר' דקנה גיזה וולד בשינוי והיכא דעדיין כל השבח עליה חוזרת כמות שהיא ואתא ר"ש למימר אפילו שבחא עליה נוטלו גזלן דשינוי קונה ולא ישלם אלא דמים ראשונים כאילו היא שומא אצלו בכסף: דכ"ע שבח גזילה דגזלן הוי. ובעיניה דקאמר ר' יהודה כדמעיקרא קאמר: למחצה לשליש כו'. כדרך מנהג המדינה למקבלי בהמות להשביחן לזמן גדול כזה: לא ר' יהודה ולא ר"ש. וכ"ש דכר"מ לא מתוקמא דקתני רישא גזל פרה מעוברת וילדה רחל טעונה וגזזה משלם דמי פרה העומדת לילד כו' ולר"מ משלם גיזות וולדות כדהשתא: איידי דנסב רישא ילדה. לאשמועינן דלא משלם גיזות וולדות כדהשתא אלא דמי פרה העומדת לילד נקט נמי סיפא ילדה: בכור לפשוט. שהשביחו את הנכסים קודם חלוקה ובשעת חלוקה נוטל הבכור פי שנים בקרקעות צריך להחזיר לפשוט רביע השבח של חלק בכורה במעות שאין לו ליטול פי שנים במה שהשביח זה ואם השביח בי"ב זוז כשנטל זה פי שנים בקרקע נוטל מן השבח ח' זוזים צריך להחזיר לו ב' זוזים ומעלה לו בדמים ואין נותן לו מן הקרקע אלא אם רצה מסלקו בדמים ונותן לו שני זוזים ואין יכול לומר לו הפשוט תן לי קרקע כזה שוה ב' זוזים: ובעל חוב ללוקח. ב"ח הטורף לקוחות בשביל חוב שיש לו על המוכר אין לו כח במה שהשביח לוקח ומסלקו ב"ח בדמים ונותן לו דמי שבחו ואין נותן לו קרקע בשיעור שבחו: וב"ח ליתומים. ב"ח שיורד לנכסי יתומים בשביל חוב אביהן אין לו במה שהשביחו נכסים לאחר מיתת אביהן כלום ומעלה להן לשבחן בדמים ונותן מעות אם ירצה: גובה את השבח. ואינו מחזיר ללוקח כלום: המגיע לכתפים. כגון תבואה שגדלה כל צרכה נותנה ללוקח או דמיה:

עין משפט נר מצוה

כא א מיי' פ"ט מהל' גזילה ואבידה הל' ו ז וע"ש וסמג עשין עג טוש"ע ח"מ סימן שעג ס"א ובהג"ה:

כב ב ג ד מיי' פ"ב מהל' גזילה ואבידה הל' ו סמג עשין עג טוש"ע ח"מ סי' שסב סעי' ב וסעי' ז:

כג ה מיי' פ"ג מהל' נחלות הל' ד סמג עשין צו טוש"ע ח"מ סי' רעח סעיף ו:

כד ו מיי' פכ"א מהל' מלוה ולוה הל' ז וע"ש סמג עשין צד טוש"ע ח"מ סי' קטו סעיף ה:

כה ז מיי' שם הלכה א טוש"ע שם סעי' א:

ליקוטי רש"י

לצבוע לו אדום. ראה ליקוטי רש"י בעמוד א. ומעלין אותן. מן הקרקע בדמים ולא שקלי בארעא גופיה. בכור לפשוט. בכור ופשוט שהשביחו קרקע קודם שחלקו וקי"ל (ב"ב קכד.) שאין הבכור נוטל פי שנים בשבח שהשביחו נכסים לאחר מיתת אביהן דהוה ליה ראוי ואין הבכור נוטל הבכורה בראוי דכתיב בכל אשר ימצא לו וכשהן באין לחלוק נוטל בכור פי שנים בקרקע שהיא משובחת ושמין את השבח ונותן לפשוט רביע שהוא מגיע לו בשבח שבתוך חלקו של זה. ובעל חוב ליתומים. וכן בעל חוב שקדם שטר הלואתו לשטר מקח של לקוחות טורפה מהן עם מה שהשביחו ושם להן שבח ונותן דמים וטעמא דכולהו משום דמעיקרא ארעא דידיה הוא ואין לנו לכופו למכור להן קרקע שלו בשביל השבח אם יש בידו מעות ולקמן מוקי לה בקרקע שנעשית לו אפותיקי. שבח המגיע לכתפים. צריכין לקרקע דבר מועט דאילו אין צריכין לקרקע הוו להו פירות ולא מיקרו שבח ובעל חוב גובה השבח קאמר ולא פירות גמורין כדאמרינן בפ"ק [ב"מ קי:]. בעל חוב גובה את השבח. שהלוה לחבירו מעות ומכר לוה הנכסים והשביחום לקוחות טורף בעל חוב הגוף והשבח והך אשה נמי בעלת חוב היא [בכורות נב.]. וכל הקרקע טורף מיד הלוקח כמו שהיא משובחת ע"י הלוקח [ב"מ יד:]. שבח המגיע לכתפים. קרוב ליקצר אלא שעדיין צריכין לקרקע הוי להו כפירות גמורין ואין בעל חוב גובה אותו בלא יליאה [ב"מ טו:]. גמר פירי כגון קמה לקצור וענבים לבצור [רשב"ם ב"ב מב:]. והא מעשים בכל יום. דיני טורפי מקח באין לפני שמואל ומגבי לבעל חוב כל השבח עם הקרקע ואפילו מגיע לכתפים כל זמן שצריכין לקרקע [ב"מ טו:].

מסורת הש"ס

א) [לקמן ק: וש"נ], ב) [ברי"ף וברא"ש איתא במאי קמיפלגי], ג) לעיל צג:, ד) ב"מ קי., ה) שם יד: טו. [קי: בכורות נב.], ו) [סוכה מד. כתובות סח: לה: ב"מ טו: קי: ב"ב קעג:], ז) [עי' מ"ש על הגליון תוס' יבמות ג: ד"ה למעוטי].

הגהות הב"ח

(א) גמ' ארעא ושבחא כו' לארעא ושבחא כו' למיתב ליה: (ב) רש"י ד"ה בשבח כו' כגון שגזלה ריקנית כצ"ל: (ג) תוס' סד"ה לר"ש כו' דמגופיה שקיל. עי' באשר"י כתב בהיפך:

הגהות הגר"א

[א] תד"ה בשבח כו' והשתא הוי סברא כו'. נ"ב אבל להרמב"ם ניחא ואזלי לשיטתייהו כנ"ל:

וְאֵלּוּ הֵן: בְּכוֹר משלם דמים **לְ**אחיו **הַפָּשׁוּט** (שאינו בכור) בשעת חלוקת נכסי האב, עבור חלקו בשבח שהשביחו בירושה[19]; **וּבַעַל חוֹב** שגובה קרקע מנכסים משועבדים, משלם דמים **לְלוֹקֵחַ** עבור השבח שהשביח באותם נכסים[20]; **וּבַעַל חוֹב** הגובה קרקע מיתומים מחמת חוב של אביהם, משלם דמים **לִיתוֹמִים** עבור השבח שהשביחו בקרקע[21]. ואם אפשר לסלק לוקח או יתומים בדמים, אף על פי שגוף הקרקע היתה שלהם והשביחו אותה כדין, בודאי אפשר לסלק בדמים את הגזלן שהשביח את הנכסים באיסור[22].

הגמרא עוברת להקשות על הוראת שמואל שהובאה זה עתה:

אֲמַר לֵיהּ רָבִינָא לְרַב אַשִׁי: מִי — האם אכן **אָמַר שְׁמוּאֵל: בַּעַל חוֹב לְלוֹקֵחַ יָהִיב לֵיהּ שֶׁבַח** — שכאשר בעל חוב גובה קרקע מלוקח, הוא משלם לו עבור השבח שהשביח אותה? **וְהָאָמַר שְׁמוּאֵל: בַּעַל חוֹב גּוֹבֶה אֶת הַשֶּׁבַח** ביחד עם השדה שמוציא מן הלקוחות, ואינו צריך לשלם להם דבר!

רב אשי משיב:

אֲמַר לֵיהּ לרבינא: **לֹא קַשְׁיָא** — אין זה קשה: **כָּאן**, בהוראה שהובאה על ידי רב נחמן בשם שמואל, שבעל החוב צריך לשלם ללוקח עבור השבח, מדובר **בְּשֶׁבַח הַמַּגִּיעַ לִכְתֵפַיִם** — בפירות הקרובים להיתלש ולהינטל על הכתפים מן השדה, שהם נחשבים מבחינה מסויימת כפירות תלושים הנפרדים מן הקרקע[23]; **וְ**אילו **כָּאן**, בהוראה שהבאת אתה בשם שמואל, שבעל החוב גובה גם את השבח מבלי לשלם עבורו, מדובר **בְּשֶׁבַח שֶׁאֵין מַגִּיעַ לִכְתֵפַיִם** — בפירות שלא נגמרו עדיין, שאלו נחשבים כקרקע עצמה[24].

רבינא דוחה תירוץ זה:

אֲמַר לֵיהּ לרב אשי: **וְהָא מַעֲשִׂים בְּכָל יוֹם** שבאים לפני שמואל לדין בעלי חובות המבקשים לטרוף נכסים משועבדים מלקוחות של החייבים להם, **וְקָא מַגְּבֵי שְׁמוּאֵל** — ושמואל פוסק להגבות להם את הקרקע המשועבדת עם השבח, **אֲפִילּוּ** בְּ**שֶׁבַח הַמַּגִּיעַ לִכְתֵפַיִם**, מבלי לחייב את בעל החוב בתשלום ההוצאות!

משום כך מתרץ רב אשי באופן אחר[25]:

אֲמַר לֵיהּ לרבינא: **לֹא קַשְׁיָא** — אין סתירה בין שתי הוראותיו של שמואל, כיון שמדובר בשני אופנים שונים:

הערות

19. נאמר בתורה (דברים כא, יז) שבכור נוטל פי שנים מכל אחד מאחיו בירושת אביהם. [כגון: אם הם שני אחים בלבד, מחלקים את הנכסים לשלשה חלקים, הבכור נוטל שני חלקים והפשוט חלק אחד. אם הם שלשה, מחלקים את הנכסים לארבעה חלקים, הבכור נוטל שנים וכל אחד מהפשוטים נוטל חלק אחד.] אמנם, הגמרא בבבא בתרא (קכד, א-ב) דורשת מלשון הפסוק הנזכר, שאין הבכור נוטל פי שנים אלא בנכסים המצויים ברשות האב ("מוחזקים") בשעת פטירתו. משום כך, אם השביחו היתומים את הנכסים לאחר מות אביהם, לפני חלוקת הנכסים, אין הבכור מקבל מהשבח אלא חלק אחד כשאר אחיו, כיון שהשבח לא היה קיים בזמן מות האב. קביעה זו גורמת קושי מסויים בחלוקת הנכסים. לדוגמא: אם היו שני אחים בלבד, בכור ופשוט, ושניהם ירשו שדה השוה ששים זוז והשביחוה בערך שנים עשר זוז לאחר מות האב. אם יטול הבכור שני שלישים של השדה כעיקר דינו, נמצא שהוא מקבל גם שני שלישי השבח (שמונה זוזים), כאשר למעשה הוא זכאי רק לחצי השבח (ששה זוזים). והנה, אפשרות אחת שיקבל האח הפשוט את שני הזוזים המגיעים לו, היא לתת לו חלק גדול יותר בשדה. דהיינו, במקום שיטול האח הפשוט שליש בשדה המשובחת (24/72), הוא יטול מעט יותר משליש השדה (26/72), והבכור יטול מעט פחות משני שלישים (46/72). שמואל מלמד שאין עושים כן; האח הפשוט אינו יכול לתבוע חלק גדול יותר בקרקע כדי לקבל בכך את שני הזוזים הנוספים המגיעים לו. אלא, הבכור זכאי לקבל שני שלישי השדה (48/72), להשאיר לאחיו שליש (24/72), ואת ערך שני הזוזים לשלם לו במעות אם ירצה (עיין רש"י). [בגמרא שם מובאת מחלוקת תנאים בענין זה, ולדעת חכמים שהלכה כמותם אין הבכור נוטל פי שנים אפילו בשבח שהשביחו הנכסים **מאליהם** לאחר מות האב. כפי הנראה, רש"י העדיף לנקוט מקרה שהיתומים עצמם השביחו את השדה, שבאופן זה הכל מודים שאין הבכור נוטל פי שנים בשבח.]

20. כאשר לוה מוכר קרקע המשועבדת לבעל חובו, והלוקח משביח את הקרקע, השיעבוד של בעל החוב מוגבל לקרקע המקורית ואינו חל על השבח. הלכך, לדוגמא, אם הקרקע היתה שוה מתחילה מאה זוז, והלוקח השביח אותה עד שהיא שוה כעת מאה וחמשים זוז, בעל החוב זכאי לגבות מן הקרקע רק ערך של מאה זוז. והנה, היה מקום לומר שבעל החוב יוכל לגבות שני שלישים של הקרקע המושבחת (השוים כעת מאה זוז כערך השעבוד שחל על השדה), והלוקח יטול לעצמו את השליש האחר. שמואל מלמד שאין זה נכון; אלא, בעל החוב רשאי לגבות את כל השדה (שהיתה משועבדת לפרעון חובו) אם ירצה, וישלם ללוקח חמשים זוז במעות עבור השבח שהשביח (ראה רש"י). הגמרא בסמוך תדון באיזה מקרה מדובר.

21. מקרה זה דומה למקרה הקודם. כאשר יתומים יורשים נכסי אביהם, ומשביחים קרקע שהיתה משועבדת לבעל חוב של אביהם, השיעבוד של בעל החוב אינו חל על השבח. הלכך, לדוגמא, אם הקרקע היתה שוה מתחילה מאה זוז והשביחוה היתומים עד שהיא שוה כעת מאה וחמשים זוז, בעל החוב זכאי לגבות מן הקרקע רק מאה זוז. שמואל מלמד שגם במקרה זה, אין היתומים רשאים לתת לבעל חוב רק שני שליש של הקרקע המושבחת וליטול לעצמם את השליש האחר. אלא, בעל החוב רשאי לגבות את כל השדה (שהיתה משועבדת לפרעון חובו) אם ירצה, ולשלם ליתומים חמשים זוז במעות עבור השבח (עיין רש"י).

בכל שלשת המקרים, הטעם שאפשר לסלקם במעות הוא, שהקרקע נחשבת מלכתחילה בבעלות הגובה אותה (בעל החוב או הבכור), ואין לנו לכופו למסור מקרקעו עבור השבח, אם יש לו אפשרות לשלם את השבח בדמים. ואף בעל חוב נחשב כבעל הקרקע מתחילה, כיון שמדובר באופן שהלוה ייחד שדה זו לגביית החוב, כפי שיתבאר בגמרא בסמוך [צו, א] (רש"י בבא מציעא קי, ב ד"ה וכן בעל חוב).

22. על פי תוספות, רשב"א ושיטה מקובצת בשם הרמ"ה (ד"ה שלשה). [וראה בתוספות שהוסיפו, שאף על פי שרב נחמן מנה שדין זה קיים **בשלשה** אנשים, אין זה אומר בהכרח שלא שייר אנשים נוספים; ראה גם תוספות מנחות יח, ב ד"ה מנין.] אמנם ראה רשב"א בשם רבינו חננאל המפרש להיפך, שמהוראת רב נחמן בשם שמואל משמע שרק השלשה שהזכיר אפשר לסלקם בדמים, אך לא גזלן; ראה גם השגות הראב"ד להלכות גזילה ואבידה ב, ב שהביא פירוש זה בשם יש אומרים; וראה רשב"א שהקשה על פירוש זה.

23. כגון תבואה שגדלה כל צרכה. מכיון שהתבואה עומדת להיקצר בקרוב, אינה נחשבת כל כך חלק מן השדה כמו סוגים אחרים של שבח (ראה הערה הבאה). לפיכך, זכאי הלוקח לקבל תבואה זו או את דמיה (רש"י).

[מפשטות לשון רש"י משמע שמדובר בתבואה שהבשילה כל צרכה ואינה צריכה לקרקע כלל. כן נראה גם מדברי רבינו חננאל בבא מציעא טו, ב ורי"ף שם (ח, ב מדפיו), רשב"ם בבא בתרא מב, ב ד"ה לומר שנוטל, ורמב"ם הלכות מלוה ולוה כא, ב והלכות נחלות ד, ט. אמנם ראה תוספות שהקשו על כך מהגמרא בכתובות (נ, ב — נא, א) האומרת בפירוש שאין בעל חוב גובה כלל מפירות שאינם צריכים לקרקע, אף על פי שעדיין לא נתלשו. ואכן, הפני יהושע והש"ך (חושן משפט קטו, יח) מעירים שרש"י עצמו בבבא מציעא (טו, ב ו־קי, ב) אומר בפירוש שהכוונה לתבואה הקרובה להיגמר אך עדיין צריכה לקרקע במידה מועטת (היינו שהיא ראויה להיתלש כמות שהיא, אך אם תמשיך להישאר בקרקע תשביח עוד — ריטב"א שם טו, א); שאם היתה מוכנה לגמרי להיקצר, היתה נחשבת כפירות גמורים שכבר נקצרו, ולא כשבח שעל גבי קרקע, ולא היתה עומדת לגבייה כלל על ידי בעל החוב. על פי זה טוענים הפני יהושע והש"ך, שגם כאשר אומר רש"י כאן "תבואה שגדלה כל צרכה", התכוון לתבואה שעדיין צריכה קצת לקרקע. כך מבאר גם הרא"ש (בבא מציעא א, לט), וכך מבארים הרמב"ן והרשב"א (שם טו, א) גם בדעת הרי"ף.

אלא שצריך ביאור, כי ממה נפשך: אם תבואה כזו נחשבת כתלושה, היה ראוי שלא יוכל בעל החוב לגבותה כלל; ואם היא נחשבת כמחוברת וכחלק מהקרקע, מדוע צריך בעל החוב לפצות את הלוקח עליה? ואכן, ראה רשב"א בבא מציעא טו, א הדוחה את פירוש רש"י מכח קושיא זו. לביאורים אחרים בביטוי "שבח המגיע לכתפים", עיין רשב"א שם; בעל המאור ורמב"ן במלחמות שם ז, א מדפי הרי"ף; תוספות כאן ובבבא בתרא מב, ב ד"ה שבח; מאירי כאן.]

24. תבואה שלא הבשילה ועדיין אינה עומדת להיקצר נחשבת כחלק מן הקרקע, ואותה התיר שמואל לבעל חוב לגבות מבלי לשלם ללוקח את דמיה.

לפי פירוש זה, בדרך כלל דעת שמואל היא, שבעל חוב זכאי לגבות קרקע המשועבדת לו עם השבח שלה, ואינו צריך לפצות את הלוקח עבור השבח. רק במקרה של תבואה כמעט בשלה, הנידונה במדה מסויימת כדבר נפרד מן הקרקע, סובר שמואל שבעל החוב צריך לשלם עבורה ללוקח. [נמצא שיש שלשה סוגים של שבח: (א) תבואה שהבשילה כל צרכה, וכל שכן אם נתלשה, אין בעל החוב זכאי לגבותה כלל (עיין בהערה הקודמת); (ב) תבואה שהבשילה כמעט כל צרכה, זכאי בעל החוב לגבותה אך צריך לשלם ללוקח את דמיה; (ג) כל שבח אחר שאינו עומד להיפרד מן הקרקע, בעל החוב גובה אותו מבלי לשלם עליו ללוקח (והלה יצטרך לתבוע את הפיצוי שלו מן המוכר).]

25. עיין לקמן צו, א הערה 9, אם כעת חוזר בו רב אשי מתירוצו הקודם, או מגביל אותו.

הָא — הוראה זו שהורה שמואל שבעל חוב גובה את השבח מן הלוקח מבלי לשלם עבורו, עוסקת במקרה **דְּמַסִּיק בֵּיהּ כְּשִׁיעוּר אַרְעָא וְשִׁבְחָא** — שהמלוה נושה בו במוכר הקרקע כשיעור שוויה של הקרקע עם השבח[1]. במקרה כזה, בעל החוב גובה את הקרקע עם השבח שלה בחובו, ואינו צריך לשלם ללוקח עבור השבח, שכן גם השבח הבא מהקרקע נחשב כגוף הקרקע ומשתעבד עמה[2]. ואילו **הָא** — הוראה זו שאמר רב נחמן בשם שמואל שהמלוה צריך לשלם ללוקח עבור השבח, עוסקת במקרה **דְּלֹא מַסִּיק בֵּיהּ אֶלָּא כְּשִׁיעוּר אַרְעָא** — שהמלוה אינו נושה בו אלא כשיעור שוויה של הקרקע בלבד בלי השבח[3]. ואמנם גם במקרה זה הוא נוטל את הקרקע עם השבח, כיון שהשבח בא מהקרקע המשועבדת לו שהוא רשאי לגבותה, אך מכיון שערך שבח זה הוא מעבר לסכום המגיע לו, הרי הוא חייב להחזיר את דמיו ללוקח[4].

רבינא מקשה על כך:

אֲמַר לֵיהּ לרב אשי: **הָנִיחָא לְמַאן דְּאָמַר** — אמנם תירוץ זה נוח ומתקבל לפי מי שסובר **שֶׁאִי אִית לֵיהּ זוּזֵי לַלּוֹקֵחַ לֹא מָצֵי מְסַלֵּק לֵיהּ לְבַעַל חוֹב** — שאפילו אם יש לו ללוקח מעות, אינו יכול לסלק את בעל החוב מן הקרקע המשועבדת לו על ידי פרעון החוב במעותיו במקום הלוה[5], **שַׁפִּיר** — שלדבריו יפה הורה שמואל, שאף על פי שסכום החוב שוה רק לערך הקרקע בלי השבח, מכל מקום רשאי בעל החוב לגבות את כל הקרקע המשועבדת לו ולשלם ללוקח את ערך השבח במעות, ואין הלוקח יכול לומר לו שיגבה רק חלק קטן יותר מהקרקע השוה יחד עם השבח שבו לשיעור חובו, כיון שכל הקרקע משועבדת לו וזכותו בקרקע קודמת לזכותו של הלוקח[6]. **אֶלָּא לְמַאן דְּאָמַר** — לפי מי שסובר **שֶׁאִי אִית לֵיהּ זוּזֵי לַלּוֹקֵחַ מָצֵי מְסַלֵּק לֵיהּ לְבַעַל חוֹב** — שאם יש לו ללוקח מעות הוא יכול לשלם את החוב במעותיו ובזה לסלק את בעל החוב מהקרקע המשועבדת לו, מדוע כאן יטרוף בעל החוב את השדה כולה עם השבח? **לֵימָא לֵיהּ** — יאמר לו הלוקח כך: "**אִי הֲווּ לִי זוּזֵי** — אילו היו לי מעות כשיעור חובך, **הֲוָה מְסַלְּקִינָא לָךְ מִכּוּלֵּיהּ אַרְעָא** — הרי הייתי יכול לסלקך במעות מכל הקרקע, שלא תוכל לטרפה; הוי אומר, שהקרקע בעיקרה שייכת לי, ובודאי כל השבח שייך לי, ואין לך אלא זכות ממונית לגבות את סכום חובך ממחזיק הקרקע. אם כן, **הַשְׁתָּא** — גם עכשיו שאין לי מעות ואינני יכול לסלקך לגמרי, **הַב לִי גְּרִיוָא דְּאַרְעָא שִׁיעוּר שִׁבְחָאִי** — תן לי לכל הפחות חלקת אדמה בקרקע זו כשיעור השבח שהשבחתי, והשבח שלי הנמצא בחלק הקרקע שתגבה יצטרף להשלים את פרעון חובך"![7]

רב אשי משיב:

אֲמַר לֵיהּ לרבינא: **הָכָא בְּמַאי עַסְקִינָן** — כאן, בהוראת רב נחמן בשם שמואל, במה אנו עוסקים? **כְּגוֹן** במקרה **דְּשַׁוְיָהּ נִיהֲלֵיהּ** — שהלוה העמיד שדה זו אצל המלוה **לְאַפּוֹתִיקִי**, כלומר **דְּאָמַר לֵיהּ: "לֹא יְהֵא לְךָ פֵּרָעוֹן אֶלָּא מִזֶּה"**[8]. הואיל והתנו כן, הכל מודים שאין הלוקח יכול לסלק את המלוה במעותיו. לפיכך, זכאי המלוה לטרוף מיד הלוקח את כל הקרקע בחובו, רק שצריך להחזיר לו את ערך שבחו במעות[9].

הערות

1. לדוגמא: אדם שהיה חייב לחבירו סך מאה וחמשים זוז, מכר שדה השוה מאה זוז, והלוקח השביחה בשיעור של חמשים זוז, עד שעתה היא שוה מאה וחמשים זוז כערך כל החוב.

2. ואין לנו לחוש להפסידו של הלוקח, שהוציא הוצאות בהשבחת הקרקע ועכשיו יפסידם; כי בודאי נודע לו סכום החוב, והוא ידע מלכתחילה שבעל החוב עלול להוציא ממנו את השדה עם כל שבחה בחובו, ולא היה לו לקנות שדה כזו. ועוד, שהלוקח יכול לחזור אל המוכר ולתבוע ממנו שיפצה אותו גם עבור השבח שהוציאו ממנו, שהרי בזה פרע את חובו של המוכר, וכן בנוסח האחריות על מכירת שדה (המובא בבבא מציעא טו, א) מתחייב המוכר בפירוש ללוקח שאם יוציאו את הקרקע מידו הוא יפצה אותו על ערך הקרקע והשבח, ונמצא שאינו מפסיד מכך. על כן חשו יותר להפסדו של המלוה ותיקנו שיגבה גם את השבח, "כדי שלא תנעול דלת בפני לווים" (גמרא שם, על פי ביאורים שונים בראשונים; עיין רשב"א וחידושים המיוחסים לריטב"א שם; ועיין במהדורתנו שם, הערה 31).

[כפי שמבואר בגמרא שם, ממקבל מתנה אין בעל החוב גובה את השבח, כיון ששני הטעמים הנזכרים אינם קיימים בו (שהרי הוא לא פשע בקניית השדה אלא קיבלה בחינם, וגם אין הנותן מתחייב לו באחריות בדרך כלל). ומכל מקום הוא בודאי גובה ממנו את עצם הקרקע (רש"י שם, ד"ה יפה ויפה; עיין שם לטעם הדבר). ולגבי בעל חוב הגובה מהיתומים, נחלקו הראשונים אם הוא גובה גם את השבח שהשביחו היתומים; ראה תוספות כאן, בבבא מציעא שם ובכתובות נה, ב ד"ה לשבח; רשב"א, מאירי ושאר ראשונים בבבא מציעא קי, ב.]

3. כגון שהלוה היה חייב לבעל חובו רק מאה זוז, שהוא שוויה של הקרקע עצמה מבלי השבח שהשביחה הלוקח (בדוגמא שהבאנו לעיל, הערה 1).

4. במקרה זה, בעל החוב זכאי רק למאה זוז. והנה, למעשה השיעבוד שלו חל על כל הקרקע, שהרי הקרקע עצמה (ללא השבח) שוה מאה זוז בלבד כסכום חובו. על כן הוא זכאי לגבות את כולה. יתר על כן, כיון שהשבח נוצר מהשדה המשועבדת לו, הרי הוא רשאי ליטול אף את השבח, וכפי שלמדנו במקרה הקודם. רק מכיון שבמקרה שלנו ערך השדה לבד הוא כנגד כל חובו, והשבח בא על ידי מעשיו של הלוקח, הרי הגובה חייב להחזיר לו את ערך השבח. עיין בבא מציעא טו, א-ב להרחבה בענין זה.

5. ראה הערה הבאה.

6. נחלקו אמוראים (בכתובות צא, ב) באדם הקונה קרקע המשועבדת לחוב ובא בעל חובו של המוכר לטרפה, האם יכול הלוקח למנוע אותו מלטרוף את הקרקע על ידי פרעון החוב במעות. [למעשה, משמעות הגמרא שם היא, שהדעה שאינו יכול לסלקו במעות אינה אלא הוה אמינא, והמורה כן (רמי בר חמא) חזר בו לבסוף והסכים לדברי חבירו (רבא) שאכן יכול לסלקו. וראה תוספות בבא מציעא צה, א ד"ה הניחא שעמדו על כך, והעירו שכן דרך הגמרא לציין גם דעה כזו כ"מאן דאמר".] והנה, לפי הדעה שאין הלוקח יכול למנוע את בעל החוב מלטרוף את הקרקע, הרי זה משום שאנו רואים את הקרקע כאילו היא נכסיו של המלוה משעת חלות השיעבוד, והרי הוא קודם בבעלותו ללוקח. לפיכך, במקרה שלנו, אין לנו לראות את הלוקח כאילו יש לו שדה השוה מאה וחמשים זוז ויש עליה שיעבוד של מאה זוז בלבד; אלא אדרבה, השדה כולה שייכת לבעל החוב, כיון שאינה שוה אלא כערך חובו (לפני השבח) ונשתעבדה לו לגמרי, והלוקח שירד לשדה והשביחה אינו אלא כיורד לשדה חבירו שלא מדעתו והשביח אותה, שבודאי אינו זכאי ליטול אלא מעות, ולא חלק בגוף הקרקע (עיין רש"י בבא מציעא טו, ב ר"קי, ב).

7. היות שהלוקח יכול לסלק את בעל החוב מהקרקע המשועבדת על ידי פרעון החוב במעות (לדעה זו), ברור שאין הקרקע נחשבת כנכסיו של בעל החוב. אלא, הלוקח קנה את הקרקע לגמרי, רק יש לבעל החוב זכות ממונית לגבות מהלוקח את סכום חובו, כיון שהקרקע שברשותו משועבדת לחוב. כיון שכן, אף אם הלוקח יתן לו לגבות את הקרקע, יש לראותו כאילו נתן לו מעות בעלמא בפרעון חובו, ואין לו כל זכות בשבח של קרקע זו. אם כן, במקרה שלנו שסכום החוב שוה לערכה של הקרקע בלי השבח, ושני שלישי השדה עם השבח שוים אף הם לסכום החוב, היה ראוי לומר שהלוקח יוכל להגבותו שני שלישי הקרקע, ולהחשיב את השבח כתוספת מעות שהלוקח נותן לו משל עצמו, ובזה יוכל לסלקו מהשליש האחרון של הקרקע! מדוע איפוא אומר שמואל שבעל החוב רשאי לטרוף את השדה כולה עם השבח, ולשלם ללוקח עבור השבח במעות בלבד? (עיין רמב"ן ורשב"א בבא מציעא טו, ב).

8. תיבה זו היא נוטריקון של "**אַפֹּה תְּהֵא קָאֵי**" — על הנמצא כאן תהא עומד, כלומר מזה תגבה את חובך (רש"י לעיל יא, ב; ערוך, ערך אפתק, ב; ועיין פירוש המשניות לרמב"ם גיטין ד, ד). הכוונה לרכוש שיועד על ידי החייב בפירוש עבור גביית החוב, במקרה שלא יהיו בידו מעות מזומנים לפרוע את חובו. [פרטי שיעבוד מסוג זה נתבארו בהרחבה בשלחן ערוך חושן משפט, קיז. האופן הנזכר כאן ("לא יהא לך פרעון אלא מזה") הוא הנקרא "אפותיקי מפורש".]

[יצויין, שהשם "אפותיקי" מקורו במלה יוונית דומה, שמשמעה "ערבון" או "נכסים העומדים תחת החוב". רק מצינו בכמה מקומות שחכמים השתמשו בתיבות מלשונות זרים, ובתור "זכר לדבר" לבאר את ענינם נתנו להם פירושים בעלי משמעות בלשון הקודש או בארמית (ראה מוסף הערוך על הערוך שם ובערך פרס, א; תוספות רבי עקיבא איגר פסחים י, ח; תפארת ישראל גיטין שם; תוספות אנשי שם שביעית י, ג; אך עיין מגדל עוז [לרבי יעקב עמדין], בית מדות, עליית הלשון, ג).]

9. במקרה שהקרקע יוחדה לפרעון החוב בתורת "אפותיקי מפורש", הכל מודים שאין הלוקח יכול לסלק את בעל החוב מקרקע זו במעות (ראה רש"י בבא מציעא טו, ב ד"ה דשויא). [ואף על פי שהלוה עצמו היה יכול לסלקו במעות, שאם לא כן אינו בכלל "אפותיקי" אלא כמכירה גמורה מעכשיו (ראה רא"ש בבא מציעא ה, כט), מכל מקום ללוקח וכן ליתומים אין זכות כזו (עיין שלחן ערוך חושן משפט קיז, א עם סמ"ע וש"ך; ועיין מאירי כאן המחלק בין לוקח ליתומים בענין זה; עיין עוד בדבריו בבא מציעא סוף טו, א).] במקרה זה, הקרקע נחשבת כנכסי בעל החוב משעה שיוחדה על ידי הלוה לגביית החוב (עיין ש"ך חושן משפט קטו, כו לדיון בנקודה זו). כיון שכן, אין הלוקח נחשב אלא כ"יורד לשדה חברו שלא ברשות", ולא

הא דמסיק ביה כשיעור ארעא ושבחא הא דלא מסיק ביה אלא כשיעור ארעא אמר ליה (א) הניחא למאן דאמר אי אית ליה זוזי ללוקח לא מצי מסלק ליה לבעל חוב שפיר אלא למ"ד אי אית ליה זוזי ללוקח א מצי מסלק ליה לבעל חוב לימא ליה אי הוו לי זוזי הוה מסלקינא לך מכוליה ארעא השתא הב לי גריוא דארעא שיעור שבחאי אמר ליה הכא במאי עסקינן ב כגון דשויה ניהליה אפותיקי ג דאמר ליה לא יהא לך פרעון אלא מזה: אמר רבא ג גזל והשביח ומכר וגזל והשביח והוריש מה שהשביח מכר מה שהשביח הוריש: בעי רבא השביח לוקח מהו בתר דבעיא ד הדר פשטה מה מכר ראשון לשני כל זכות שתבא לידו: בעי רבא השביח עובד כוכבים מהו א"ל רב אחא מדפתי לרבינא ה תקנתא לעובד כוכבים ניקו ונעבוד אמר ליה לא צריכא כגון דזבניה לישראל סוף סוף הבא מחמת עובד כוכבים הרי הוא כעובד כוכבים לא צריכא כגון דגזל ישראל וזבנה ניהליה והשביחה עובד כוכבים והדר עובד כוכבים וזבנה לישראל מאי מי אמרינן כיון דמעיקרא ישראל והדר ישראל עבדי רבנן תקנתא או דלמא כיון דאיכא עובד כוכבים באמצע לא עבדו ליה רבנן תקנתא ו תיקו: אמר רב פפא ז האי מאן דגזל דיקלא מחבריה וקטליה אע"ג דשדיא מארעא לארעא דידיה לא קני מאי טעמא מעיקרא דיקלא מיקרי והשתא נמי דיקלא מיקרי ח דיקלא ועביד ג גובי לא קני השתא מיהת גובי דדיקלא מיקרי ט גובי ועבדינהו כשורי קני כשורי י רברבי ועבדינהו כשורי זוטרי לא קני כ עבדינהו קצוייתא קני אמר רבא ל האי מאן דגזל לוליבא ועבדינהו הוצי קני דמעיקרא לוליבא מיקרי והשתא הוצי ועבדינהו חופיא קני מעיקרא הוצי והשתא חופיא ועבדיה שרשורא לא קני מאי טעמא דהדר סתר ליה והוי חופיא ד בעי רב פפא נחלקה התיומת מהו תא שמע דאמר רבי מתון אמר רבי יהושע בן לוי ניטלה התיומת פסול מאי

רש"י

לא יהא לך פרעון אלא מזה. ואי נמי הוו ליה זוזי ללוקח לא מצי מסלק ליה: מה שהשביח מכר. ושקיל לוקח מחצה או שליש או רביע וכן יורש אי נמי כוליה שבחא כמתניתין מפני תקנת השבים כדאמרן לעיל בשמעתא קמייתא: כל זכות שתבא לידו. וכי היכי דגזלן אי אשבח הוה שקיל מחצה או שליש או רביע הכי נמי כי אשבח לוקח שקיל מחצה או שליש או רביע ואליבא דר"ש: וקטליה. קצצו: לא קני. לשלומי דמי אלא יהיב ליה דיקלא גופיה דליכא שנוי השם למקנייה: גובי. בלע"ז טרינקיי"ש: קצוייתא. קרשים: הוצי. שנתקן עלה עלה מן השדרה: חופיא. אשקוב"א שבו מכבדים את הבית וחולק כל הוצא לשנים דתו לא הדרא: שרשרא. חבל: (ה) התיומת. כף תומר האמצעי העליון תיומת היא:

תוספות

הא דמסיק ביה שיעור ארעא ושבחא. פירוש הא דקאמר שמואל ב"ח גובה את השבח דכיון דמסיק ביה שיעור ארעא ושבחא גובה את השבח בחנם מן הלקוחות ונראה דגם מיתמי גבי ב"ח השבח בחנם ואין נותן דמים כמו מן הלקוחות ואע"ג דאין להם על מי לחזור והוי כמו מתנה דלא גבי מינה ב"ח שבחא כדמשמע בפ"ק דב"מ (דף טו. ושם ד"ה ב"ח) דדוקא מלקוחות גובה לפי שכתב לו מוכר ללוקח אנא איקום ואשפי ואדכי ואמריק זביני אלין אינון ועמליהון ושבחיהון אבל מתנה דלא כתב ליה הכי ואין לו על מי לחזור לא מכל מקום גובה מן היתומים משום דכרעיה דאבוהון ניהו כדמוכח בפרק יש בכור (בכורות דף נב.) דתנן אין הבכור נוטל בראוי ולא בשבח ולא האשה בכתובתה ולא הבנות במזונותיהם ופריך בגמרא והאמר שמואל ב"ח גובה את השבח ומשני מקולי כתובה שנו כאן ומזונות בנות נמי תנאי כתובה ככתובה דמי והתם משבח יתומים מיירי דאי משבח לקוחות א"כ מאי איריא דלא טרפי בנות משבח והא מגוף הקרקע נמי לא טרפי דאין מוציאין למזון האשה והבנות מנכסים משועבדים אלא בשבח יתומים מיירי ודוקא כתובת אשה ומזונות דקילי לא גבי משבח אבל שאר ב"ח גבי ובקונטרס פירש התם מזון הבנות כגון נשא אשה ופסק לזון בתה ה' שנים ולפירושו אין ראיה דמצי מיירי שפיר בשבח לקוחות אבל לא נהירא דא"כ ה"ל למיתני ולא בת אשתו למזונות ועוד דלא שייך בהו תנאי כתובה והא דאמר בהמקבל (ב"מ דף קי.) יתומים אומרים אנו השבחנו ואין השבח שלך משמע דלא גבי משבח יתומים התם מיירי בשעשה אפותיקי ואמרי אנו השבחנו ותן לנו יציאה כדין היורד לתוך שדה חבירו שלא ברשות וכן מוקי לה במסקנא בעשאו אפותיקי וגם בתחילה משמע דמיירי בעשאו אפותיקי דקאמר על היתומים להביא ראיה מ"ט ארעא כיון דלגוביינא קיימא כמאן דגביא דמיא ואי לא מיירי דשויה אפותיקי אמאי הויא בחזקת ב"ח ויתמי נייתו ראיה אדרבה ארעא בחזקת יתמי קיימא דאי בעי מסלקי ליה בזוזי ועל ב"ח להביא ראיה אלא ודאי בעשאוהו אפותיקי איירי וגרע כחו של בעל חוב טפי במה שעשה לו הלוה אפותיקי דהויא כאחת משדותיו דמשלם יציאה למי שמשביח ואילו לא עשאו אפותיקי היה גובה הכל מן היתומים בלא פריעת יציאה כמו מלקוחות כדפירשתי והשתא מצינו למימר דבלקוחות נמי אם עשאה אפותיקי יש לו לשלם ללוקח היציאה אפי' מסיק ביה שיעור ארעא ושבחא ולמסקנא דמוקי לה הכא בעשאה אפותיקי לא נחלק עוד בין מסיק ביה שיעור ארעא ולא מסיק ובטל במסקנא אותו חילוק דכיון שעשאו אפותיקי משלם יציאה אע"ג דמסיק שיעור ארעא ושבחא ומיהו יש לחלק דבלקוחות כיון שיש להם על מי לחזור היכא דמסיק שיעור ארעא ושבחא אינו פורע יציאה אפי' עשאה אפותיקי דמשום דעשה אפותיקי לא יגרע כח ב"ח בכך כיון שיש ללוקח על מי לחזור דדוחק לומר דבמסקנא דמוקי לה בעשאה אפותיקי לא צריך למה שהיה מחלק בין מסיק ביה שיעור ארעא ללא מסיק שהרי כל אלו דברי רב אשי שהיה משיב לרבינא דבכל הספרים כתוב אמר ליה הא דמסיק ביה שיעור ארעא כו' א"ל הכא במאי עסקינן דשויה ניהליה אפותיקי ואין דומה שהיה חוזר מדבריו הראשונים ומיהו אור"י לפי הספרים שכתוב בהן אמר ליה כאן בשבח המגיע לכתפים כאן כו' אותו תירוץ ודאי לא קאי ומיהו ברוב הספרים גרסינן וכי תימא כאן בשבח המגיע לכתפים כו': **הניחא** למאן דאמר כו'. פלוגתא היא בפרק מי שהיה נשוי (כתובות דף צא: ושם) גבי ההוא גברא דהוו מסקי ביה אלפא זוזי ומאן דלית ליה דלא מצי מסלק ליה היינו רמי בר חמא דסבר התם למימר דהיינו מתניתין: **כל** זכות שתבא לידו. [א] אע"ג דבפ"ק דב"מ (דף טו: ושם) משמע דאפי' לרב דאמר יש לו שבח בשלא הכיר בה שאינו שלו ולקחה היינו מגזלן אבל נגזל לא יהיב שבח היינו בקרקע שאין נגזלת דגזלן גופיה לית ליה שבח אבל הכא במטלטלין שיש שבח לגזלן מפני תקנת השבים גם ללוקח ממנו יש לו: **דגזל** דיקלא וקטליה. אע"ג דגזל בהמה וקטלה קני התם הוי שינוי דמינכר טפי: **נחלקה** התיומת כו'. מצא ר"י בתשובת הגאונים (א) ניטלה התיומת אותו הוצא העליון בראש הלולב שאין הוצא למעלה הימנה והוא כשני הוצין דבוקין זה בזה ונקראין תיומת וכן משמע מתוך ה"ג שרוצים לפרש כן ולדבריהם לא ימצא לנו לולב כשר כי בטורח נמצאין אותן שיש להם תיומת כזה אפי' אחד בה' מאות ויש לומר שאף לדבריהם אין פסול אלא שהיה מתחילה כענין זה ונחלק שנשתנה מבריית ובקונטרס פירש נחלקה תיומת שני עלים עליונים אמצעיים שבם כלה השדרה נחלקו זה מזה ונסדקה השדרה עד העלין של מטה מהן ומתוך פירושו משמע שנסדק השדרה כל כך שנראה העלין העליונים חלוקין ומפוזרין זה מזה ועוד אור"י דיש מפרשים שכל עלי הלולב כפולין כל אחד לשנים ויש בראש הלולב בסוף השדרה ב' עלין יוצאין ממנה שכל אחד כפול לשנים כשאר עלי הלולב ואותם שנים עלין היוצאין מראש השדרה נקראין תיומת והנהו בעי נחלקה התיומת מהו אם נחלקו זה מזה דהיינו קצת מן השדרה ומיהו אין רוב הלולבין נמצאין כענין זה ומכל מקום יש לומר דבעי דאי משתכח כה"ג תיומת ונחלקה מהו: **ניטלה** התיומת פסול. נראה לר"י דהא דאמר נקטם ראשו פסול היינו שנקטמו הרבה מן העלין תדע דאין לך נקטם יותר מבניטלת התיומת ומשמע דוקא ניטלה אבל נקטם כשר ועוד אר"י דמאי למימר דניטלה אצטריכא ליה דס"ד דהוי הדר טפי כשניטלה כולה יותר מנקטם:

ועבדיה

עין משפט נר מצוה

כו א ב מיי' פכ"א מהלכות מלוה ולוה הל' ז סמג עשין ל טוש"ע ח"מ סימן קטו סעיף ב:
כז ג ד מיי' פ"ב מהל' גזילה הלכה ד ועיין בהשגות ובמ"מ סמג עשין עג טוש"ע ח"מ סימן שסב סעיף ד:
כח ה מיי' שם הלכה ה טוש"ע שם סעיף ה:
כט ו מיי' שם טוש"ע שם סעי' ו:
ל ז ח ט מיי' שם הלכה יג סמג שם טוש"ע ח"מ סימן שם סעיף ח:
לא י כ מיי' שם [הלכה יד] טוש"ע שם סעיף ט:
לב ל מיי' שם טוש"ע שם סעי' י:

ליקוטי רש"י

הא. דקתני נוטל יציאה מבעל חוב. דלא מסיק ביה. בעל חוב במוכר שיעור ארעא ושבחא הלכך יהיב בעל חוב ללוקח שבחיה ומסליק ליה והאי דנקט למלתיה בלשון יציאה ולא תנא נוטל כנגד החוב מבעל הקרקע והמותר מבע"ח לאשמועינן היא גופא אתא דהיכא דיציאה יתירה על השבח אין לו אלא יציאה שיעור שבח [ב"מ טו:]. הניחא למאן דאמר. פלוגתא היא בכתובות (דף צא:). אית אית ליה זוזי ללוקח. שיעור דמי החוב [ב"מ קי:]. לפרוע החוב. לא מצי מסלק ליה לבעל חוב. מן ארעא דבעל חוב קדים. שפיר. דמצי למימר דהיכא דיש קרקע מותר על החוב עם השבח מסלק ליה ללוקח בזוזי על כרחו דלוקח ולא מצי אמר לוקח הב לי מן ארעא שיעור שבחי דאמר כוליה דידי ואת ירדת בה שלא ברשות [שם טו:]. איכא למימר דארעא מעיקרא דידיה הואי והוא דנחת לה שלא ברשות שקל שבחא בזוזי ולא בארעא הואיל והוה מסיק ביה שיעור ארעא כולה [שם קי:]. כגון דשויה ניהליה. לוה לבעל חוב. אפותיקי. להא ארעא והכל מודים בזו דאי הוה ליה זוזי ללוקח לא הוה מצי מסלק ליה [שם טו:]. לא יהא לך פרעון אלא מזה. ואם אין אני נותן לך מעותיך תהא כולה שלך [שם סו:]. דשדיא. זרע [שם נו:]. ועביד גובי. חתיכות חתיכות [שבת קט:]. כשורי. קורות [שם סז.]. הוצי. עלין של לולב [שם קט:]. נחלקה התיומת. שני עלין עליונים אמצעים שבם השדרה כלה נחלקו זה מזה ונסדקה השדרה עד העלין שלמטה מהם. תיומת. לפי שמדובקין כתאומים [סוכה לב.].

מסורת הש"ס

א) [ב"מ טו: קי: ע"ש ועיין תוספות ב"מ לה. ד"ה הניחא], ב) [ב"מ סו:], ג) פי' חוליות, ד) סוכה לב., ה) אבל בסוכה פי' רש"י פירוש אחר.

הגהות הב"ח

(א) תוס' ד"ה נחלקה וכו' בתשובות הגאונים נחלקה התיומת:

הגהות הגר"א

[א] תוד"ה כל כו' אע"ג כו'. נ"ב ורי"ף תירץ דשם בשבחא דממילא וכאן מחמת הוצאה ועי' (אולי צ"ל ומתורץ) בזה קושית המ"מ על הרמב"ם מגמ' דכאן וכן ההיא דס"פ המפקיד (ועי' בהגר"א ריש סי' שנ"ד):

לעזי רש"י

טרינקיי"ש. פירוש חתיכות (ערוך ערך גב ט', רש"י שבת דף קט ע"ב ד"ה גובי):
אשקוב"א. פירוש מטאטא (עיין רש"י ורד"ק ישעיה יד, כג ורש"י מגילה דף יח סוע"א ד"ה טאטיתא), מכבד שמכבדין בו את הבית (ערוך ערך עש ועיין רש"י סוכה דף לב ע"א ד"ה כי תופיה):

לאחר שסיימה הגמרא את הדיון בהוראות שמואל לענין גביית חוב מנכסים משועבדים שהשביחו, היא חוזרת עתה לדיון העיקרי בגזלן שהשביח את הגזילה:

אָמַר רָבָא: גָּזַל חפץ[10] **וְהִשְׁבִּיחַ** אותו **ו**לאחר מכן **מָכַר** אותו לאחר, **וְ**כן אם **גָּזַל** חפץ **וְהִשְׁבִּיחַ** אותו ולאחר מכן מת **וְהוֹרִישׁ** אותו ליורשיו, **מַה שֶׁהִשְׁבִּיחַ** וקנה לעצמו **מָכַר** ללוקח, וכמו כן **מַה שֶׁהִשְׁבִּיחַ** וקנה לעצמו **הוֹרִישׁ** ליורשיו, והלוקח או היתומים נוטלים מן השבח את מה שהגזלן עצמו היה ראוי ליטול[11].

הגמרא מעלה ספק בענין זה:

בָּעֵי (שאל) **רָבָא:** אם מכר הגזלן את הגזילה כמות שהיא, **וְהִשְׁבִּיחַ** אותה **הַלּוֹקֵחַ, מַהוּ** הדין? האם גם במקרה זה רשאי הלוקח ליטול את השבח, או שמא תקנה זו לא נתקנה אלא בנוגע לשבח שהיה קיים ברשות הגזלן, שהגזלן זכה בו כבר[12]?

רבא פושט את ספיקו:

בָּתַר דִּבַעְיָא הֲדַר פַּשְׁטָהּ — לאחר שהסתפק רבא, חזר ופשט בעצמו את הספק: **מַה מָּכַר הָרִאשׁוֹן** [הגזלן] **לַשֵּׁנִי** [הלוקח]? **כָּל זְכוּת שֶׁתָּבֹא לְיָדוֹ.** ומכיון שלגזלן עצמו היתה זכות בחפץ זה, שאם יהיה בו שבח בעתיד הוא יזכה בו, הרי הלוקח קונה גם זכות זו[13].

ספק נוסף בענין זה:

בָּעֵי (שאל) **רָבָא:** אם **הִשְׁבִּיחַ עוֹבֵד כּוֹכָבִים** את הגזילה, **מַהוּ** הדין?

לכאורה, רבא שואל אם עובד כוכבים שגזל חפץ והשביחו קונה את השבח (או חלקו)[14]. על כן הגמרא תמהה:

אָמַר לֵיהּ רַב אַחָא מִדִּפְתִּי לְרָבִינָא: וכי מה מקום להסתפק בכך?

הערות

כפועל בנכסי עצמו, ועל כן רשאי בעל החוב ליטול ממנו את הקרקע המושבחת, ולשלם לו עבור השבחתו במעות בלבד.

קביעת הגמרא שמדובר באפותיקי, נאמרה כתירוץ על קושיא הנוגעת למקרה שהחוב היה כשיעור הקרקע ללא השבח. לפי זה נמצא שכך היא מסקנת הסוגיא, לגבי מקרה שהלוה מכר קרקע משועבדת השוה מאה זוז, והלוקח השביחה בעוד חמשים זוז:

(א) אם סכום החוב הוא מאה וחמשים זוז, זכאי בעל החוב ליטול את כל הקרקע השוה כעת מאה וחמשים זוז, מבלי לשלם ללוקח עבור השבח [והלוקח יתבע אותו מן המוכר; ראה לעיל הערה 2];

(ב) אם סכום החוב הוא רק מאה זוז, והקרקע המשועבדת **איננה** אפותיקי, זכאי בעל החוב ליטול רק שני שלישי השדה (השוים כעת מאה זוז) בפרעון חובו, והשליש הנותר נשאר בידי הלוקח [לפי הדעה שבדרך כלל רשאי הלוקח לסלק את בעל החוב על ידי תשלום חובו של המוכר במעות];

(ג) אם סכום החוב הוא רק מאה זוז, אך הקרקע המשועבדת כן יוחדה לאפותיקי, בעל החוב נוטל את כל הקרקע, ומשלם ללוקח חמשים זוז במעות עבור השבח.

מה שהבאנו הוא דעת רש״י בבבא מציעא (טו, ב ד״ה הא), כפי שביארו דבריו בעל המאור והרמב״ן במלחמות (שם ז, ב — ח, א מדפי הרי״ף), הרמב״ן בחידושים, הרשב״א שם ועוד, והסכים עמו בעל המאור; וכן דעת רבינו חננאל שם והמאירי כאן ושם. לפי דבריהם, לעולם אין בעל החוב גובה יותר משיעור חובו, וכל הנידון הוא רק באיזה אופן הוא חייב להחזיר ללוקח חלק מהקרקע כשיעור השבח ובאיזה אופן הוא יכול לשלם ערך זה במעות. אמנם רוב הראשונים חולקים על כך (בעיקר מכח הוכחות בסוגיא בבבא מציעא), ומסיקים שבתירוץ האחרון רב אשי חוזר בו מחילוקו הקודם, ונמצא שבמקרה שייחד את השדה לאפותיקי זכאי בעל החוב לגבות את כל הקרקע עם השבח אפילו היה חובו רק מאה זוז, ואף אינו חייב לשלם ללוקח את ערך כל השבח אלא רק את הוצאותיו מתוך השבח, כדין ״יורד לשדה חבירו שלא ברשות״ (ראה רי״ף, רמב״ן ורשב״א שם; שיטה מקובצת שם בשם הריב״ש; וראה שם שהביאו כן גם בשם רב האי גאון בספר המקח והממכר [סוף שער כז ושער כח]; וראה חידושי הר״ן ונמוקי יוסף שם הטוענים שגם רש״י מסכים לכך). עיין תוספות כאן ובבבא מציעא טו, ב ד״ה כגון, שדנו גם כן אם החילוק הקודם של רב אשי נשאר למסקנא, אך הסיקו הלכות שונות; ועיין רא״ש שם א, לט שדן בדבריהם; ראה שיטה מקובצת שם שהביא דעות נוספות; ועיין ש״ך חשן משפט קטו, כו הדן בהרחבה בשיטות השונות; עיין עוד מגיד משנה הלכות מלוה ולוה כא, ו.

ולגבי החילוק הראשון, בין ״שבח המגיע לכתפים״ לשבח שאינו מגיע, כתבו תוספות (כאן, בסוף דבריהם) שבודאי אינו נשאר למסקנא, וציינו שברוב הספרים אין חילוק זה מובא בשם רב אשי, אלא אדרבה כתירוץ שרבינא מציע ודוחה, וכגירסת הספרים שלנו בבבא מציעא קי, ב; עיין עוד תורת חיים.

[להשלמת הענין, נציין כי הגמרא בבבא בתרא (קנז, ב) מבארת ששיעבוד החוב חל גם על השבח העתיד להיות בשדה, רק לשיטת רבי מאיר שאדם יכול להקנות דבר שלא בא לעולם, וכדרך שאדם יכול לשעבד לשיטתו גם קרקעות שיקנה בעתיד (״דאיקני״), שבעל החוב יוכל לגבותן אפילו אם ימכרם אחר כך לאחרים. אלא שכאן מתעוררת בעיה, שלפני שהשבח הגיע לעולם הוא נמכר גם ללוקח, ובזה מסתפקת הגמרא שם אם שיעבודו של הראשון חזק מספיק עד ששיעבודו של השני לא יוכל לחול, או שאין השיעבוד נכנס לתוקף עד שהשבח יגיע לעולם, ובאותה שעה חל גם שיעבודו של הלוקח וממילא יש לשניהם זכות שוה. (ובאותה מדה היא מסתפקת במי ששיעבד לשני לווים את הקרקעות שיקנה בעתיד, ואחר כך קנה קרקע, האם גובה אותה הראשון לבדו או שניהם.) הגמרה מסיקה כמו הצד השני, ועל פי זה קובעת שכל מקום שנאמר שהמלוה גובה גם את השבח, אינו גובה אלא חציו. והראשונים בבבא מציעא טו, א האריכו להשוות את הסוגיות; עיין תוספות שם יד, ב ד״ה תריץ ובשאר ראשונים שם כמה שיטות בזה.]

10. דהיינו חפץ של מטלטלין, כגון בהמה, ולא קרקע [שאינה ״נגזלת״] (עיין תוספות לקמן, ד״ה כל זכות שתבא לידו; חידושי הראב״ד; רשב״א; אך עיין רמב״ן במלחמות בבא מציעא ז, א מדפי הרי״ף בשם רב האי גאון ורבינו חננאל, הסוברים שמדובר בקרקע, וראה שם שתמה על פירושם; עיין עוד רא״ש שם א, לט; וראה פני יהושע כאן, ד״ה בעי רבא).

11. היינו, הלוקח או היורש נוטל מחצה, שליש או רביע מן השבח, כשם שהגזלן היה נוטל לדעת רבי שמעון [לעיל צה, ב; ראה שם, הערה 12]. פירוש אחר: רבא מתייחס להוראת משנתנו [כפי שביארה רבי חייא בר אבא בשם רבי יוחנן לעיל צד, ב], שמפני תקנת השבים תיקנו חכמים שהגזלן יקנה את השבח של הגזילה אפילו בשינוי החוזר לברייתו (כגון שגזל עצים משופים ועשאן כלים), ולא ישלם לנגזל אלא את שווי העצים כשעת הגזילה. רבא מלמד שבמקרה כזה הלוקח או היורש נוטל את כל השבח, כשם שהגזלן היה נוטלו (רש״י; אך עיין ים של שלמה, ו, שתמה על דבריו).

רש״י נמנע מלפרש את הוראת רבא בייחס לשיטת רבי יהודה [המקובלת להלכה] כפי שפירשה רב פפא (לעיל צה, ב), שאם הבהמה הגזולה נתעברה או נטענה בצמר ברשות הגזלן, הוא קונה את הולד או הגיזה לגמרי. הטעם לכך הוא, משום שרש״י מפרש בדעת רבי יהודה, שעיבור הבהמה או גידול הצמר נחשבים שינוי מעשה בעובר או בצמר, המועיל לקנותם [ראה לעיל צה, ב הערה 11]. על כן, הוראת רבא היתה פשוטה ומיותרת; כי אם הגזלן קנה כבר את העובר או הצמר בשינוי מעשה, פשוט שגם הלוקח או היורש זוכים בהם ממנו. לכן פירש רש״י את הוראת רבא בייחס לדעת רבי שמעון, הסובר שעיבור הבהמה וגידול הצמר שלה **אינם** נחשבים ״שינוי מעשה״ [כפי שמוכח מזה שהגזלן אינו קונה את **כל** העובר או הצמר], או בייחס למקרה של המשנה, שהעצים לא עברו ״שינוי מעשה״ גמור, והם נקנים לגזלן רק מדרבנן. מכיון שקנין הגזלן במקרים אלה אינו אלא משום תקנת השבים, היה מקום לומר שתקנה זו אינה נוהגת אלא בגזלן עצמו, שהוצרכו להקל עליו כדי לעודדו לחזור בתשובה ולעזוב את מעשיו הרעים, אבל הלוקח או היורש שאינם גזלנים לא תיקנו להם שיטלו את השבח. לפיכך הוצרך רבא ללמדנו שגם הלוקח או היורש רשאים ליטול את השבח שהגזלן היה ראוי ליטול, כי סוף סוף מה שקנה הגזלן נעשה רכושו, ויש בכחו להעבירו לכל הבא מכחו (פני יהושע). [ואכן, הרשב״א מבאר לעיל שגם טעמו של רבי יהודה הוא משום תקנת השבים, ואף כאן הוא מפרש שהספק הוא לפי רבי יהודה, וכסתימת הגמרא שמדובר בכל השבח ולא בחלקו; עיין גם ראב״ד לעיל.]

12. במקרה הקודם, השבח היה קיים כבר ברשות הגזלן. בזה הורה רבא בפשיטות, שמכיון שהגזלן עצמו זכה בשבח או בחלקו מדרבנן, הרי הוא יכול אף להורישו או למכרו לאחרים. כעת הוא מסתפק לגבי מקרה אחר, שהגזלן מכר את הבהמה בהיותה עדיין ריקנית, ולאחר מכן נתעברה או נטענה בצמר ברשות הלוקח. במקרה זה, הגזלן עצמו לא קנה מעולם חלק מהשבח, ובודאי אין בכחו למכרו או להורישו. הספק הוא האם הגזלן יכול למכור או להוריש גם את **הזכות** ליטול חלק מן השבח לכשיגיע, או שמא אין זו אלא תקנה המקנה לו את השבח כאשר זה מגיע לרשותו (ראה הערה הבאה).

[בפשטות יש לומר, שספק זה עוסק במקרה שהגזלן מכר את הגזילה או הורישה לפני שהנגזל התייאש ממנה; שאם נתייאש כבר, הרי הלוקח קנה את הגזילה עצמה בייאוש ושינוי רשות, ופשוט שכל שבח שיהיה בה מעתה ואילך הוא שלו (ראה חידושי הראב״ד; רשב״א; עיין גם רמב״ם הלכות גזילה ואבידה ב, ד עם מגיד משנה שם ובהלכה ב; אך עיין השגות הראב״ד שם, הלכה ד; עיין עוד פני יהושע, חידושי רבי מאיר שמחה לעיל צה, א ד״ה והך בעיא דהשביח לוקח, וקובץ שיעורים קח).]

13. היינו, כשם שהגזלן היה זוכה במחצה, שליש או רביע של השבח שהיה משביח החפץ ברשותו, הוא הדין שהלוקח זוכה באותו חלק של כל שבח שהשביח החפץ ברשותו (רש״י).

[עיין פני יהושע לביאור, מדוע פירש רש״י את ספיקו של רבא ופשיטות הספק רק לגבי הוראת רבי שמעון, ולא לגבי הוראת המשנה לענין שינוי החוזר לברייתו, כפי שפירש את ההוראה הקודמת; אך עיין רא״ש בבא מציעא א, לט, האומר שספק אכן שייך למקרה של שינוי החוזר לברייתו.]

14. ראב״ד ורבינו יהונתן (מובאים גם בשיטה מקובצת), וכן נפרש את ההמשך.

[אמנם עיין ים של שלמה (סימן ו), הנוקט שהכוונה לעובד כוכבים שקנה את הגזילה מגזלן ישראל והשביחה, וכן נראה מהרמב״ם (הלכות גזילה ואבידה ב, ה) ומהטור והשלחן ערוך (חושן משפט שסב, ה); ועיין תורת חיים שתמה על פירוש זה. ועל כל פנים, מסתבר שאין הבדל להלכה בין המקרים (ראה פרישה, שם).]

הא דמסיק ביה כשיעור ארעא ושבחא הא דלא מסיק ביה אלא כשיעור ארעא אמר ליה א הניחא למאן דאמר אי אית ליה זוזי ללוקח לא מצי מסלק ליה לבעל חוב שפיר אלא למ"ד אי אית ליה זוזי ללוקח א מצי מסלק ליה לבעל חוב לימא ליה אי הוו לי זוזי הוה מסלקינא לך מכוליה ארעא השתא הב לי גריוא דארעא שיעור שבחאי אמר ליה הכא במאי עסקינן ב כגון דשויה ניהליה אפותיקי ג דאמר ליה לא יהא לך פרעון אלא מזה: אמר רבא ג גזל והשביח ומכר וגזל והשביח והוריש מה שהשביח מכר מה שהשביח הוריש: בעי רבא השביח לוקח מהו בתר דבעיא ד הדר פשטה מה מכר ראשון לשני כל זכות שתבא לידו: בעי רבא השביח עובד כוכבים מהו א"ל רב אחא מדפתי לרבינא ה תקנתא לעובד כוכבים ניקו ונעבוד אמר ליה לא צריכא כגון דזבניה לישראל סוף הבא מחמת עובד כוכבים הרי הוא כעובד כוכבים לא צריכא כגון דגזל ישראל וזבנה ניהליה והשביחה עובד כוכבים והדר עובד כוכבים וזבנה לישראל מאי מי אמרינן כיון דמעיקרא ישראל והדר ישראל עבדי רבנן תקנתא או דלמא כיון דאיכא עובד כוכבים באמצע לא עבדו ליה רבנן תקנתא ו תיקו: אמר רב פפא ז האי מאן דגזל דיקלא מחבריה וקטליה אע"ג דשדיא מארעא לארעא דידיה לא קני מאי טעמא מעיקרא דיקלא מיקרי והשתא נמי דיקלא מיקרי ח דיקלא ועביד ד גובי לא קני השתא מיהת גובי דדיקלא מיקרי ט גובי ועבדינהו כשורי קני כשורי י רברבי ועבדינהו כשורי זוטרי לא קני כ עבדינהו קצוצייתא קני אמר רבא ל האי מאן דגזל לוליבא ועבדינהו הוצי קני דמעיקרא לוליבא מיקרי והשתא הוצי הוצי ועבדינהו חופיא קני מעיקרא הוצי והשתא חופיא חופיא ועבדיה שרשורא לא קני מאי טעמא דהדר סתר ליה והוי חופיא ז בעי רב פפא נחלקה התיומת מהו תא שמע דאמר רבי מתון אמר רבי יהושע בן לוי ניטלה התיומת פסול מאי

רש"י

לא יהא לך פרעון אלא מזה. ואי נמי הוו ליה זוזי ללוקח לא מצי מסלק ליה: מה שהשביח מכר. ושקיל לוקח מחצה או שליש או רביע וכן יורש אי נמי כוליה שבחא כמתניתין מפני תקנת השבים כדאמרן לעיל בשמעתא קמייתא: כל זכות שתבא לידו. וכי היכי דגזלן אי אשבח הוה שקיל מחצה או שליש או רביע הכי נמי כי אשבח לוקח שקיל מחצה או שליש או רביע ואליבא דר"ש: וקטליה. קצצו: לא קני. לשלומי דמי אלא יהיב ליה דיקלא גופיה דליכא שנוי השם למקנייה: גובי. בלע"ז טרינקיי"ש: קצוצייתא. קרשים: הוצי. שנתקן עלה עלה מן השדרה: חופיא. אשקוב"א שבו מכבדים את הבית וחולק כל הוצא לשנים דתו לא הדרא: שרשרא. חבל: ה התיומת. כף תומר האמצעי העליון תיומת היא:

תוספות

הא דמסיק ביה שיעור ארעא ושבחא. פירוש הא דקאמר שמואל ב"ח גובה את השבח דכיון דמסיק ביה שיעור ארעא ושבחא גובה את השבח בחנם מן הלקוחות ונראה דגם מיתמי גבי ב"ח השבח בחנם ואין נותן דמים כמו מן הלקוחות ואע"ג דאין להם על מי לחזור והוי כמו מתנה דלא גבי מינה ב"ח שבחא כדמשמע בפ"ק דב"מ (דף טו. ושם ד"ה ב"ח) דדוקא מלקוחות גובה לפי שכתב לו מוכר ללוקח אנא איקום ואשפי ואדכי ואמריק זביני אלין אינון ועמליהון ושבחיהון אבל מתנה דלא כתב ליה הכי ואין לו על מי לחזור לא מכל מקום גובה מן היתומים משום דכרעיה דאבוהון נינהו כדמוכח בפרק יש בכור (בכורות דף נב.) דתנן אין הבכור נוטל בראוי ולא בשבח ולא האשה בכתובתה ולא הבנות במזונותיהם ופריך בגמרא והאמר שמואל ב"ח גובה את השבח ומשני מקולי כתובה שנו כאן ומזונות בנות נמי תנאי כתובה ככתובה דמי והתם משבח יתומים מיירי דאי משבח לקוחות א"כ מאי איריא דלא טרפי בנות משבח והא מגוף הקרקע נמי לא טרפי דאין מוציאין למזון האשה והבנות מנכסים משועבדים אלא בשבח יתומים מיירי ודוקא כתובת אשה ומזונות דקילי לא גבי משבח אבל שאר ב"ח גבי ובקונטרס פירש התם מזון הבנות כגון נשא אשה ופסק לזון בתה ה' שנים ולפירושו אין ראיה דמלי מיירי שפיר בשבח לקוחות אבל לא נהירא דא"כ ה"ל למיתני ולא בת אשתו למזונות ועוד דלא שייך בהו תנאי כתובה והא דאמר בהמקבל (ב"מ דף קי.) יתומים אומרים אנו השבחנו ואין השבח שלך משמע דלא גבי משבח יתומים התם מיירי בעשה אפותיקי ואמרי אנו השבחנו ותן לנו יציאה כדין היורד לתוך שדה חבירו שלא ברשות וכן מוקי לה במסקנא בעשאו אפותיקי וגם בתחילה משמע דמיירי בעשאו אפותיקי דקאמר על היתומים להביא ראיה מ"ט ארעא כיון דלגוביינא קיימא כמאן דגביא דמיא ואי לא מיירי דשויה אפותיקי אמאי הויא בחזקת ב"ח ויתמי נייתו ראיה אדרבה ארעא בחזקת יתמי קיימא דאי בעי מסלקי ליה בזוזי ועל ב"ח להביא ראיה אלא ודאי בעשאוהו אפותיקי איירי וגרע כחו של בעל חוב טפי במה שעשה לו הלוה אפותיקי דהויא כאחת משדותיו דמשלם יציאה למי שמשביח ואילו לא עשאו אפותיקי היה גובה הכל מן היתומים בלא פריעת יציאה כמו מלקוחות כדפירשתי והשתא מצינו למימר דבלקוחות נמי אם עשאה אפותיקי יש לו לשלם ללוקח היציאה אפי' מסיק ביה שיעור ארעא ושבחא ולמסקנא דמוקי לה הכא בעשאה אפותיקי לא נחלק עוד בין מסיק ביה שיעור ארעא ולא מסיק ובטל במסקנא אותו חילוק דכיון שעשאו אפותיקי משלם יציאה אע"ג דמסיק שיעור ארעא ושבחא ומיהו יש לחלק דבלקוחות כיון שיש להם על מי לחזור היכא דמסיק שיעור ארעא ושבחא אינו פורע יציאה אפי' עשאה אפותיקי דמשום דעשה אפותיקי לא יגרע כח ב"ח בכך כיון שיש ללוקח על מי לחזור דדוחק לומר דבמסקנא דמוקי לה בעשאה אפותיקי לא צריך למה שהיה מחלק בין מסיק ביה שיעור ארעא ללא מסיק שהרי כל אלו דברי רב אשי שהיה משיב לרבינא דבכל הספרים כתוב אמר ליה הא דמסיק ביה שיעור ארעא כו' א"ל הכא במאי עסקינן דשויה ניהליה אפותיקי ואין דומה שהיה חוזר מדבריו הראשונים ומיהו אור"י לפי הספרים שכתוב בהן אמר ליה כאן בשבח המגיע לכתפים כאן כו' אותו תירוץ ודאי לא קאי ומיהו ברוב הספרים גרסינן וכי תימא כאן בשבח המגיע לכתפים כו': הניחא למאן דאמר כו'. פלוגתא היא בפרק מי שהיה נשוי (כתובות דף נא: ושם) גבי ההוא גברא דהוו מסקי ביה אלפא זוזי ומאן דאית ליה דלא מצי מסלק ליה היינו רמי בר חמא דסבר התם למימר דהיינו מתניתין: כל זכות שתבא לידו. [א] אע"ג דבפ"ק דב"מ (דף טו: ושם) משמע דאפי' לרב דאמר יש לו שבח בשלא הכיר בה שאינו שלו ולקחה היינו מגזלן אבל נגזל לא יהיב שבח היינו בקרקע שאין נגזלת דגזלן גופיה לית ליה שבח אבל הכא במטלטלין שיש שבח לגזלן מפני תקנת השבים גם ללוקח ממנו יש לו: דגזל דיקלא וקטליה. אע"ג דגזל בהמה וקטלה קני התם הוי שינוי דמינכר טפי: נחלקה התיומת כו'. מצא ר"י בתשובת הגאונים (א) ניטלה התיומת אותו הוצא העליון בראש הלולב שאין הוצא למעלה הימנה והוא כשני הוצין דבוקין זה בזה ונקראין תיומת וכן משמע מתוך ה"ג שרוצים לפרש כן ולדבריהם לא ימצא לנו לולב כשר כי בטורח נמצאין אותן שיש להם תיומת כזה אפי' אחד בה' מאות ויש לומר שאף לדבריהם אין פסול אלא שהיה מתחילה כענין זה ונחלק שנשתנה מברייתו ובקונטרס פירש נחלקה תיומת שני עלים עליונים אמצעיים שעם כלה השדרה נחלקה זה מזה ונסדקה השדרה עד העלין של מטה מהן ומתוך פירושו משמע שנסדק השדרה כל כך שנראה העלין העליונים חלוקין ומפורדין זה מזה ועוד אור"י דיש מפרשים שכל עלי הלולב כפולין כל אחד לשנים ויש בראש הלולב בסוף השדרה ב' עלין יוצאין ממנה שכל אחד כפול לשנים כשאר עלי הלולב ואותם שנים עלין היוצאין מראש השדרה נקראין תיומת והנהו בעי נחלקה התיומת מהו אם נחלקו זה מזה דהיינו קצת מן השדרה ומיהו אין רוב הלולבין נמצאין כענין זה ומכל מקום יש לומר דבעי דאי משתכח כה"ג תיומת ונחלקה מהו: ניטלה התיומת פסול. נראה לר"י דהא דאמר נקטם ראשו פסול היינו שנקטמו הרבה מן העלין תדע דאין לך נקטם יותר מבנטילת התיומת ומשמע דוקא ניטלה אבל נקטם כשר ועוד אר"י דמלי למימר דניטלה אצטריכא ליה דס"ד דהוי הדר טפי כשניטלה כולה יותר מנקטם:

מסורת הש"ס

א) [ב"מ טו: קי: ע"ש ועיין תוספות ב"מ לה. ד"ה הניחא], ב) [ב"מ סו:], ג) פי' תוליות, ד) סוכה לב., ה) אבל בסוכה פי' רש"י פירוש אחר.

הגהות הב"ח

(א) תוס' ד"ה נחלקה וכו' בתשובות הגאונים נחלקה התיומת:

הגהות הגר"א

[א] תוד"ה כל כו' אע"ג כו'. נ"ב ורי"ף מירך דשם בשבחא דממילא וכאן מחמת הוצאה ועי' (אולי צ"ל ומתורץ) בזה קושית המ"מ על הרמב"ם מגמ' דכאן וכן ההיא דס"פ המפקיד (ועי' בהגר"א ריש סי' שנ"ד):

לעזי רש"י

טרינקיי"ש. פירוש חתיכות (ערוך ערך גב ט', רש"י שבת דף קט ע"ב ד"ה גובי):
אשקוב"א. פירוש מטאטא (עיין רש"י ורד"ק ישעיה יד, כג ורש"י מגילה דף יח סוע"א ד"ה טאטיתא), מכבד שמכבדין בו את הבית (ערוך ערך טא ועיין רש"י סוכה דף לב ע"א ד"ה כי חופיא):

עין משפט נר מצוה

כו א ב מיי' פכ"א מהלכות מלוה ולוה הל' ז סמג עשין צ טוש"ע ח"מ סימן קטו סעיף ב:
כז ג ד מיי' פ"ב מהל' גזילה הלכה ד ועיין בהשגות ובמ"מ סמג עשין עג טוש"ע ח"מ סימן שסב סעיף ד:
כח ה מיי' שם הלכה ה טוש"ע שם סעיף ה:
כט ו מיי' שם טוש"ע שם סעי' ו:
ל ז ח ט מיי' שם הלכה יג סמג שם טוש"ע ח"מ סימן שם סעיף ח:
לא י כ מיי' שם [הלכה יד] טוש"ע שם סעיף ט:
לב ל מיי' שם טוש"ע שם סעי' י:

ליקוטי רש"י

הא. דקתני נוטל יציאה מבעל חוב. דלא מסיק ביה. בעל חוב במוכר שיעור ארעא ושבחא הלכך יהיב בעל חוב ללוקח שבחיה ומסליק ליה והאי דנקט למלתיה בלשון יציאה ולא תנא נוטל כנגד החוב מבעל הקרקע והמותר מבע"ח לאשמועינן היא גופא אתא דהיכא דיציאה יתירה על השבח אין לו אלא יציאה שיעור שבח [ב"מ טו:]. הניחא למאן דאמר. פלוגתא היא בכתובות (דף נא:). אית אית ליה זוזי ללוקח. שיעור דמי החוב [ב"מ קי:]. לפרוע החוב. לא מצי מסלק ליה לבעל חוב. מן ארעא דבעל חוב קדים. שפיר. דמצי למימר דהיכא דיש קרקע מותר על החוב עם השבח מסלק ליה ללוקח בזוזי על כרחו דלוקח ולא מצי אמר לוקח הב לי מן ארעא שיעור שבחי דאמר כוליה דידי ואת ירדת בה שלא ברשות [שם טו:]. איכא למימר דארעא מעיקרא דידיה הואי והוא דנחת לה שלא ברשות שקל שבחא בזוזי ולא בארעא הואיל והוה מסיק ביה שיעור ארעא כולה [שם קי:]. כגון דשויה ניהליה. לוה לבעל חוב. אפותיקי. להא ארעא והכל מודים בזו דאי הוה ליה זוזי ללוקח לא הוה מצי מסלק ליה [שם טו:]. לא יהא לך פרעון אלא מזה. ואם אין אני נותן לך מעותיך תהא כולה שלך [שם סו:]. דשדיא. זרע [שם נו:]. ועביד גובי. חתיכות חתיכות [שבת קט:]. כשורי. קורות [שם סז.]. הוצי. עלין של לולב [שם קט:]. נחלקה התיומת. שני עלין עליונים אמצעים שעם השדרה כלה נחלקו זה מזה ונסדקה השדרה עד העלין שלמטה מהם. תיומת. לפי שמדובקין כתאומים [סוכה לב.].

הרי כל מה שהגזלן קונה את השבח, הוא מכח תקנת חכמים מיוחדת שתיקנו לטובתו מפני תקנת השבים; וכי **תַּקַּנְתָּא לְעוֹבֵד כּוֹכָבִים נֵיקוּ (וְנַעֲבוֹד) [וְנַעֲבֵיד[15]]** – האם נעמוד ונעשה תקנה לטובת גזלן עובד כוכבים? בודאי שלא[16]!

רבינא מבהיר במה הסתפק רבא:

אֲמַר לֵיהּ לרב אחא מדיפתי: **לֹא צְרִיכָא, כְּגוֹן דְּזַבְּנֵיהּ לְיִשְׂרָאֵל** – לא הוצרך רבא לשאול אלא לגבי מקרה שהגזלן העובד כוכבים מכר את הגזילה המושבחת לישראל[17].

רב אחא דוחה גם הסבר זה:

סוֹף סוֹף, כל הזכות שיש ללוקח בשבח היא מכח הגזלן שמכר לו את הגזילה, כפי שנתבאר לעיל; וכאן במקרה שלנו שמדובר בגזלן עובד כוכבים שלא היתה לו זכות בשבח, פשוט שגם הישראל הקונה **הַבָּא מֵחֲמַת עוֹבֵד כּוֹכבִים, הֲרֵי הוּא כְּעוֹבֵד כּוֹכָבִים** ואף הוא אינו זוכה בשבח! ובכן, באיזה מקרה הסתפק רבא?

רבינא משיב:

לֹא צְרִיכָא – לא הוצרך רבא לשאול אלא **כְּגוֹן דְּגָזַל יִשְׂרָאֵל** חפץ, **וְזַבְּנָהּ נִיהֲלֵיהּ** – ומכר את הגזילה לעובד כוכבים, **וְהִשְׁבִּיחָהּ הָעוֹבֵד כּוֹכָבִים, וְהָדַר** – וחזר **הָעוֹבֵד כּוֹכָבִים וְזַבְּנָהּ** (ומכרה) **לְיִשְׂרָאֵל. מַאי** – מהו הדין? **מִי אַמְרִינַן** – האם אנו אומרים שמ**כֵּיוָן דְּמֵעִיקָּרָא יִשְׂרָאֵל** – שבתחילה כשנגזל החפץ היה זה על ידי ישראל שראוי לזכות בשבח, **וַהֲדַר יִשְׂרָאֵל** – ועכשיו נמצא החפץ שוב ברשות ישראל, **עָבְדֵי רַבָּנָן תַּקַּנְתָּא** – עשו חכמים את התקנה? **אוֹ דִּלְמָא** – שמא, **כֵּיוָן דְּאִיכָּא** (שיש) **עוֹבֵד כּוֹכָבִים בָּאֶמְצַע** שהוא זה שהשביח את הגזילה, **לֹא עָבְדוּ לֵיהּ רַבָּנָן תַּקַּנְתָּא** – לא עשו לו חכמים את התקנה, ולכן אף הישראל שקנה ממנו לא יזכה בשבח[18]?

הגמרא מסיימת:

תֵּיקוּ – תעמוד השאלה במקומה ללא פתרון.

הגמרא דנה מה נחשב "שינוי" לענין דקל שנגזל:

אָמַר רַב פָּפָּא: הַאי מַאן דְּגָזַל דִּיקְלָא מֵחַבְרֵיהּ וְקַטְלֵיהּ – מי שגזל דקל מחבירו וקצץ אותו, **אַף עַל גַּב דְּשַׁדְיָא מֵאַרְעָא לְאַרְעָא דִּידֵיהּ** – אף על פי שהפיל אותו על ידי הקציצה מהקרקע שגדל שם לקרקע שלו (של הגזלן)[19], **לֹא קָנֵי** – לא קנה אותו, והרי הוא חייב להחזיר את הדקל עצמו לבעליו[20]. **מַאי טַעְמָא** – מה הטעם שאינו קונה את הדקל על ידי השינוי, שמתחילה היה עץ צומח ועכשיו עץ כרות? כיון ש**מֵעִיקָּרָא דִּיקְלָא מִיקְּרֵי, וְהַשְׁתָּא נַמִּי דִּיקְלָא מִיקְּרֵי** – מתחילה היה נקרא "דקל", וגם עתה לאחר שנקצץ הוא נקרא "דקל", ונמצא שאין בו שינוי השם[21].

רב פפא ממשיך:

דִּיקְלָא וְעָבִיד גּוּבֵּי, לֹא קָנֵי – גם מי שגזל דקל ועשה ממנו בקעות, כלומר בולי עץ, שחתך את הגזע הארוך לכמה חלקים קצרים[22], לא קנה אותו. זאת משום ש**הַשְׁתָּא מִיהַת גּוּבֵּי דְּדִיקְלָא מִיקְּרֵי** – שגם עכשיו, הן נקראות על כל פנים "בקעות דקל", כיון שניכר לפי צורתן שהן מעץ הדקל, ונמצא ששמן לא נשתנה בעצם. אולם **גּוּבֵּי וְעַבְדִינְהוּ כְּשׁוּרֵי** – הגוזל בקעות עץ ועשה מהן קורות, שיישר אותן עד שיתאימו לשמש כקורות לבנין, **קָנֵי**, כיון שעתה נשתנה שמן לגמרי ל"קורות", ולא מזכירים שהן קורות דקל. **כְּשׁוּרֵי רַבְרְבֵי וְעַבְדִינְהוּ כְּשׁוּרֵי זוּטְרֵי** – אם גזל קורות גדולות[23] ועשה מהן קורות קטנות, **לֹא קָנֵי**, היות שלא נשתנה שמן. אולם, **עַבְדִינְהוּ קְצוּצְיָיתָא** – אם עשה מהקורות קרשים, היינו שחתכן לחתיכות דקות הנקראות קרשים בעלמא ואינן ראויות לקורות[24], **קָנֵי** כיון שנשתנה שמן.

עתה עוברת הגמרא לדון מה נחשב שינוי לענין לולבי הדקל:

אָמַר רָבָא: הַאי מַאן דְּגָזַל לוּלִיבָא וְעַבְדִינְהוּ הוּצֵי – מי שגזל לולב ועשה ממנו עלים נפרדים, שניתק את העלים משדרת הלולב, **קָנֵי**[25]. הטעם לכך הוא, **דְּמֵעִיקָּרָא לוּלִיבָא מִיקְּרֵי, וְהַשְׁתָּא הוּצֵי** –

הערות

15. ההגהה על פי דפוסים ישנים (ויניציאה; באסיליאה).

16. תקנת חכמים שגזלן קונה את השבח, נתקנה בודאי כדי לעודד תשובתו של גזלן ישראל, ולא של עובד כוכבים. לפיכך, דבר פשוט הוא שעובד כוכבים שגזל חפץ והשביח את הגזילה אינו קונה את השבח או חלק ממנו; וכיצד יתכן שרבא יסתפק בדבר זה? [עיין חזון איש יז, יב להרחבה בענין זה].

17. והוא הדין אם הגזלן העובד כוכבים מכרה בלי שבח, והישראל הלוקח השביחה (שלטי הגבורים בבא מציעא ז, ב מדפי הרי"ף; אך עיין חזון איש יז, יב בסופו).

18. וכמו כן יש להסתפק במקרה שהישראל הראשון (הגזלן) השביחה ומכרה לעובד כוכבים והלה חזר ומכרה לישראל (שלטי הגבורים, שם; ים של שלמה, ו; פרישה חושן משפט שסב, ה; אך עיין תורת חיים הטוען שבאופן כזה בודאי קנה [ואפילו העובד כוכבים עצמו אם לא חזר ומכרה] כיון שהישראל הראשון קנה; ועיין בדבריהם לגבי מקרה שהישראל האחרון השביחה; עיין עוד חזון איש, שם).

19. הדקל עמד בקצה השדה של בעליו, סמוך לשדהו של הגזלן. הגזלן קצץ את הדקל באופן שנפל לתוך שדהו מיד עם קציצתו. על כן, אילו קציצת הדקל היתה נחשבת שינוי, היה כאן מעשה גזילה (הכנסת הדקל הכרות לתוך רשותו) עם "שינוי", ועל ידי זה היה הגזלן קונה את הדקל ולא היה צריך להחזירו לבעליו אלא רק לשלם את דמיו (עיין דבר אברהם ג, לא סוף ד"ה אולי באמת; אך עיין שם א, ח, ד; עיין עוד להלן, הערה 21).

20. קציצת הדקל אינה נחשבת "שינוי" שיועיל לקנות את הדקל לגזלן. הלכך הוא צריך להחזיר את העץ הכרות עצמו, ולא רק את דמיו (רש"י). [בפשטות, אין זה פוטר אותו מלשלם את הנזק שבקציצת הדקל, כפי שחייב כל אדם הקוצץ עץ של חבירו גם מבלי לגזלו. האמור כאן הוא רק לגבי החזרת העץ הכרות, שאינו רשאי ליטול את העץ לעצמו ולשלם את דמיו, אלא עליו להחזיר את העץ עצמו לבעליו. אך עיין חידושי מרן רי"ז הלוי הלכות גזילה ואבידה, ד"ה ולפי המבואר; עיין עוד קובץ שיעורים, קלט-קמא, הדן אם יתכן לחייב גזלן גם מדין מזיק.]

21. רש"י; עיין גם מגיד משנה, הלכות גזילה ואבידה ב, יד.

ואף על פי ששינוי מעשה קונה גם בלא שינוי השם, כפי שלמדנו לעיל (צה, א מהמשנה לקמן עמוד ב) שגזל בהמה והזקינה קנאה בשינוי אף על פי שלא נשתנה שמה, השינוי של הפסקת החיות בעץ הוא שינוי קלוש יותר שאינו נחשב שינוי אם לא נשתנה שמו (עיין תוספות סוכה ל, ב ד"ה שינוי; עיין גם לחם משנה על הרמב"ם שם, קובץ שיעורים קכ, וחזון איש יז, כא; עיין גם ראב"ד ורשב"א כאן; אך עיין חידושי מרן רי"ז הלוי הלכות גזילה ואבידה, ד"ה והנה; ועיין שיטה מקובצת כאן בשם הרמ"ה; עיין עוד רמ"א חושן משפט שס, ו עם סמ"ע, ש"ך, ביאור הגר"א וקצות החושן; ועיין לעיל צג, ב הערה 13). אולם הגוזל בהמה והרגה בודאי קנאה בשינוי, שכן השינוי בבהמה מחיים למוות הוא שינוי ניכר יותר (תוספות כאן; ועיין תוספות רבינו פרץ הנוטה לומר שגם בדקל אם היה טוען פירות וקצצו באופן שימות הרי זה שינוי חשוב וקונה).

[כדי לדון אם קציצת הדקל נחשבת "שינוי", הוכרחה הגמרא להזכיר ציור כזה שהגזילה חלה בבת אחת עם הקציצה. שהרי אילו קצץ את הדקל בשדה הנגזל ורק אחר כך לקחו משם לרשותו, פשוט שבשעת הקציצה היה נחשב רק "מזיק" שאינו קונה את החפץ הניזוק, ומשעה שגזל את העץ הכרות והכניסו לרשותו לא נעשה שינוי נוסף שיקנה לו. כמו כן אי אפשר להביא ציור ששינוי הקציצה חל אחרי הגזילה, שהרי כל זמן שהדקל מחובר בשדה בעליו דינו כקרקע ולא חלים עליו דיני גזילה, אף אם נמצא אופן שיוכל לעשות בו "מעשה גזילה".

והנה, היה מקום לומר, ששינוי שאירע בבת אחת עם מעשה הגזילה אינו קונה, כיון שיסוד קנין השינוי הוא בזה שמעתה ואילך אין החפץ "כַּאֲשֶׁר גָּזָל" (ראה לעיל צג, ב הערה 2), ואילו במקרה כזה החפץ נשאר כפי שהיה בשעת הגזילה. אולם, מן הגמרא כאן מוכח שאילו קציצת דקל היתה נחשבת לשינוי, היתה קונה את הדקל לגזלן, אף על פי שהשינוי ומעשה הגזילה באו כאחת (עיין קובץ שיעורים, קט וחזון איש יז, טו). ומכאן, שאין הדבר תלוי אם החפץ השתנה לאחר הגזילה, אלא די בכך שהוא שונה עכשיו מכפי שהיה ברשות בעליו (דבר אברהם ג, לא, סוף ד"ה אולי באמת; עיין גם אבני נזר חושן משפט, פה, אמרי משה לב, ז בהג"ה וחידושי מרן רי"ז הלוי הלכות גזילה ואבידה, ד"ה ולפי המבואר; אך עיין עמודי אור, קב, ודבר אברהם א, ח, א ו־ד).]

22. כמה ראשונים מביאים מקרה זה כהמשך המקרה הקודם; היינו, שקצץ את הדקל של חבירו והפילו לתוך שדהו, ואחר כך המשיך וחתך את הגזע לבקעות (ראה רמב"ם הלכות גזילה ואבידה ב, יג; מאירי; שיטה מקובצת בשם הרמ"ה); ועיין חזון יחזקאל על התוספתא י, ב ד"ה אילנות, המציע הסבר מה העדיפות בגירסא זו. [אמנם בכל אופן אין בזה נפקא מינה להלכה.]

23. כאן ברור שמתחיל מקרה חדש (ראה בראשונים המצויינים בהערה הקודמת).

24. ראה שיטה מקובצת בשם גאון.

25. היינו, הוא קנה את העלים שנפרדו; אבל את שדרת הלולב עם העלים שנשארו מחוברים אליה לא קנה (ראה רמב"ם הלכות גזילה ואבידה ב, יד), כיון שתלישת

הא דמסיק ביה כשיעור ארעא ושבחא הא דלא מסיק ביה אלא כשיעור ארעא אמר ליה (א) הניחא למאן דאמר אי אית ליה זוזי ללוקח לא מצי מסלק ליה לבעל חוב שפיר אלא למ"ד אי אית ליה זוזי ללוקח [א]מצי מסלק ליה לבעל חוב לימא ליה אי הוו לי זוזי הוה מסלקינא לך מכוליה ארעא השתא הב לי גריוא דארעא שיעור שבחאי אמר ליה הכא במאי עסקינן [ב]כגון דשויה ניהליה אפותיקי (ב) דאמר ליה לא יהא לך פרעון אלא מזה: אמר רבא [ג]גזל והשביח ומכר וגזל והשביח והוריש מה שהשביח מכר מה שהשביח הוריש: בעי רבא השביח לוקח מהו בתר דבעיא הדר פשטה מה מכר ראשון לשני כל זכות שתבא לידו: בעי רבא השביח עובד כוכבים מהו א"ל רב אחא מדפתי לרבינא [ה]תקנתא לעובד כוכבים ניקו ונעבוד אמר ליה לא צריכא כגון דזבניה לישראל סוף סוף הבא מחמת עובד כוכבים הרי הוא כעובד כוכבים לא צריכא כגון דגזל ישראל וזבנה ניהליה והשביחה עובד כוכבים והדר עובד כוכבים וזבנה לישראל מאי מי אמרינן כיון דמעיקרא ישראל והדר ישראל עבדי רבנן תקנתא או דלמא כיון דאיכא עובד כוכבים באמצע לא עבדו ליה רבנן תקנתא תיקו: אמר רב פפא [ז]האי מאן דגזל דיקלא מחבריה וקטליה אע"ג דשדיא מארעא לארעא דידיה לא קני מאי טעמא מעיקרא דיקלא מיקרי והשתא נמי דיקלא מיקרי [ח]דיקלא ועביד (ג) גובי לא קני השתא מיהת גובי דדיקלא מיקרי [ט]גובי ועבדינהו כשורי קני כשורי [י]רברבי ועבדינהו כשורי זוטרי לא קני [כ]עבדינהו קצוצייתא קני אמר רבא [ל]האי מאן דגזל לוליבא ועבדינהו הוצי קני דמעיקרא לוליבא מיקרי והשתא הוצי הוצי ועבדינהו חופיא קני מעיקרא הוצי והשתא חופיא ועבדיה שרשורא לא קני מאי טעמא דהדר סתר ליה והוי חופיא (ד) בעי רב פפא נחלקה התיומת מהו תא שמע דאמר רבי מתון אמר רבי יהושע בן לוי ניטלה התיומת פסול מאי

ועבדיה

רש"י

לא יהא לך פרעון אלא מזה. ואי נמי הוו ליה זוזי ללוקח לא מצי מסלק ליה: מה שהשביח מכר. ושקיל לוקח מחצה או שליש או רביע וכן יורש אי נמי כוליה שבחא כמתניתין מפני תקנת השבים כדאמרן לעיל בשמעתא קמייתא: כל זכות שתבא לידו. וכי היכי דגזלן אי אשבח הוה שקיל מחצה או שליש או רביע הכי נמי כי אשבח לוקח שקיל מחצה או שליש או רביע ואליבא דר"ש: וקטליה. קללו: לא קני. לשלומי דמי אלא יהיב ליה דיקלא גופיה דליכא שנוי השם למקנייה: גובי. בלע"ז טרינקיי"ש: קצוצייתא. קרשים: הוצי. שנתקן עלה מן השדרה: חופיא. אשקוב"א שבו מכבדים את הבית וחולק כל הוצא לשנים דתו לא הדרא: שרשרא. חבל: (ה) התיומת. כף תומר האמצעי העליון תיומת היא:

תוספות

הא דמסיק ביה שיעור ארעא ושבחא. פירוש הא דקאמר שמואל ב"ח גובה את השבח דכיון דמסיק ביה שיעור ארעא ושבחא גובה את השבח בחנם מן הלקוחות ונראה דגם מיתמי גבי ב"ח השבח בחנם ואין נותן דמים כמו מן הלקוחות ואע"ג דאין להם על מי לחזור והוי כמו מתנה דלא גבי מינה ב"ח שבחא כדמשמע בפ"ק דב"מ (דף טו. ושם ד"ה ב"ח) דדוקא מלקוחות גובה לפי שכתב לו מוכר ללוקח אנא איקום ואשפי ואדכי ואמריק זביני אלין אינון ועמליהון ושבחיהון אבל מתנה דלא כתב ליה הכי ואין לו על מי לחזור לא מכל מקום גובה מן היתומים משום דכרעיה דאבוהון נינהו כדמוכח בפרק יש בכור (בכורות דף נב.) דתנן אין הבכור נוטל בראוי ולא בשבח ולא האשה בכתובתה ולא הבנות במזונותיהם ופריך בגמרא והאמר שמואל ב"ח גובה את השבח ומשני מקולי כתובה שנו כאן ומזונות בנות נמי תנאי כתובה ככתובה דמי והתם משבח יתומים מיירי דאי משבח לקוחות א"כ מאי איריא דלא טרפי בנות משבח והא מגוף הקרקע נמי לא טרפי דאין מוציאין למזון האשה והבנות מנכסים משועבדים אלא בשבח יתומים מיירי ודוקא כתובת אשה ומזונות דקילי לא גבי משבח אבל שאר ב"ח גבי ובקונטרס פירש התם מזון הבנות כגון נשא אשה ופסק לזון בתה ה' שנים ולפירושו אין ראיה דמצי מיירי שפיר בשבח לקוחות אבל לא נהירא דא"כ ה"ל למיתני ולא בת אשתו למזונות ועוד דלא שייך בהו תנאי כתובה והא דאמר בהמקבל (ב"מ דף קי.) יתומים אומרים אנו השבחנו ואין השבח שלך משמע דלא גבי משבח יתומים התם מיירי בשעשה אפותיקי ואמרי אנו השבחנו ותן לנו יציאה כדין היורד לתוך שדה חבירו שלא ברשות וכן מוקי לה במסקנא בעשאו אפותיקי וגם בתחילה משמע דמיירי בעשאו אפותיקי דקאמר על היתומים להביא ראיה מ"ט ארעא כיון דלגוביינא קיימא כמאן דגביא דמיא ואי לא מיירי דשויה אפותיקי אמאי הויא בחזקת ב"ח ויתמי ניתנו ראיה אדרבה ארעא בחזקת יתמי קיימא דאי בעי מסלקי ליה בזוזי ועל ב"ח להביא ראיה אלא ודאי בעשאוהו אפותיקי איירי וגרע כחו של בעל חוב טפי במה שעשה לו הלוה אפותיקי דהויא כאחת משדותיו דמשלם יציאה למי שמשביח ואילו לא עשאו אפותיקי היה גובה הכל מן היתומים בלא פריעת יציאה כמו מלקוחות כדפירשתי והשתא מצינו למימר דבלקוחות נמי אם עשאה אפותיקי יש לו לשלם ללוקח היציאה אפי' מסיק ביה שיעור ארעא ושבחא ולמסקנא דמוקי לה הכא בעשאה אפותיקי לא נחלק עוד בין מסיק ביה שיעור ארעא ולא מסיק ובטל במסקנא אותו חילוק דכיון שעשאו אפותיקי משלם יציאה אע"ג דמסיק שיעור ארעא ושבחא ומיהו יש לחלק דבלקוחות כיון שיש להם על מי לחזור היכא דמסיק שיעור ארעא ושבחא אינו פורע יציאה אפי' עשאה אפותיקי דמשום דעשה אפותיקי לא יגרע כח ב"ח בכך כיון שיש ללוקח על מי לחזור דלדוחק לומר דבמסקנא דמוקי לה בעשאה אפותיקי לא צריך למה שהיה מחלק בין מסיק ביה שיעור ארעא ללא מסיק שהרי כל אלו דברי רב אשי שהיה משיב לרבינא דבכל הספרים כתוב אמר ליה הא דמסיק ביה שיעור ארעא כו' א"ל הכא במאי עסקינן דשויה ניהליה אפותיקי ואין דומה שהיה חוזר מדבריו הראשונים ומיהו אור"י לפי הספרים שכתוב בהן אמר ליה כאן בשבח המגיע לכתפים כאן כו' אותו תירוץ ודאי לא קאי ומיהו ברוב הספרים גרסינן וכי תימא כאן בשבח המגיע לכתפים כו': הניחא למאן דאמר כו'. פלוגתא היא בפרק מי שהיה נשוי (כתובות דף נא: ושם) גבי ההוא גברא דהוו מסקי ביה אלפא זוזי ומאן דאית ליה דלא מצי מסלק ליה היינו רמי בר חמא דסבר התם למימר דהיינו מתניתין: כל זכות שתבא לידו. [א] אע"ג דבפ"ק דב"מ (דף טו: ושם) משמע דאפי' לרב דאמר יש לו שבח בשלא הכיר בה שאינו שלו ולקחה היינו מגזלן אבל נגזל לא יהיב שבח היינו בקרקע שאין נגזלת דגזלן גופיה לית ליה שבח אבל הכא במטלטלין שיש שבח לגזלן מפני תקנת השבים גם ללוקח ממנו יש לו: דגזל דיקלא וקטליה. אע"ג דגזל בהמה וקטלה קני התם הוי שינוי דמינכר טפי: נחלקה התיומת כו'. מצא ר"י בתשובת הגאונים (א) ניטלה התיומת אותו הוצא העליון בראש הלולב שאין הוצא למעלה הימנה והוא כשני הוצין דבוקין זה בזה ונקראין תיומת וכן משמע מתוך ה"ג שרוצים לפרש כן ולדבריהם לא ימצא לנו לולב כשר כי בטורח נמצאין אותן שיש להם תיומת כזה אפי' אחד בה' מאות ויש לומר שאף לדבריהם אין פסול אלא שהיה מתחילה כענין זה ונחלק שנתנה מבריית ובקונטרס פירש נחלקה תיומת שני עלים עליונים אמצעיים שגם כלה השדרה נחלקה זה מזה ונסדקה השדרה עד העלין של מטה מהן ומתוך פירושו משמע שנסדק השדרה כל כך שנראה העלין העליונים חלוקין ומפוזרין זה מזה ועוד אור"י דיש מפרשים שכל עלי הלולב כפולין כל אחד לשנים ויש בראש הלולב בסוף השדרה ב' עלין יוצאין ממנה שכל אחד כפול לשנים כשאר עלי הלולב ואותם שנים עלין היוצאין מראש השדרה נקראין תיומת והכהו בעי נחלקה התיומת מהו אם נחלקו זה מזה דהיינו קצת מן השדרה ומיהו אין רוב הלולבין נמצאין כענין זה ומכל מקום יש לומר דבעי דאי משכחת כה"ג תיומת ונחלקה מהו: ניטלה התיומת פסול. נראה לר"י דהא דאמר נקטם ראשו פסול היינו שנקטמו הרבה מן העלין תדע דאין לך נקטם יותר מנטילת התיומת ומשמע דוקא ניטלה אבל נקטם כשר ועוד אר"י דמאי למימר דניטלה אצטריכא ליה דס"ד דהוי הדר טפי כשניטלה כולה יותר מנקטם:

מסורת הש"ס

א) [ב"מ טו: קי: ע"ש ועיין תוספות ב"מ לה. ד"ה הניחא], ב) [ב"מ סו:], ג) [ב"מ סו:], ג) פי' חוליות, ד) סוכה לב., ה) אבל בסוכה פי' רש"י פירוש אחר.

הגהות הב"ח

(א) תום' ד"ה נחלקה וכו' בתשובות הגאונים נחלקה התיומת.

הגהות הגר"א

[א] תוד"ה כל כו' אע"ג כו'. נ"ב ור"ף חולק דסס דממילא וכאן מחמת פעולה ועי' (אולי צ"ל ומתורכן) בזה קושית המ"מ על הרמב"ם מגמ' דכאן דמ"ש לו הלכה מפ"פ המפקיד (ועי' בהגר"א ריש סי' שנ"ד):

לעזי רש"י

טרינקיר"ש. פירוש חתיכות (ערוך ערך גב ט', רש"י שבת דף קט ע"ב ד"ה גובי): אשקוב"א. פירוש מטאטא (עיין רש"י ורד"ק ישעיה יד, כג ורש"י מגילה דף יח סוע"א ד"ה טאטיתא), מכבד שמכבדין בו את הבית (ערוך ערך עט ועיין רש"י סוכה דף לב ע"א ד"ה כי חופיא).

עין משפט נר מצוה

כו א ב מיי' פכ"א מהלכות מלוה ולוה הל' ז סמג עשין ל טוש"ע ח"מ סימן קטו סעיף ב:
כז ג ד מיי' פ"ב מהל' גזילה הלכה ד ועיין בהשגות ובמ"מ סמג עשין עג טוש"ע ח"מ סימן שסב סעיף ד:
כח ה מיי' שם הלכה ה טוש"ע שם סעיף ה:
כט ו מיי' שם טוש"ע שם סעי' ו:
ל ז ח ט מיי' שם הלכה יג סמג שם טוש"ע ח"מ סימן שם סעיף ח:
לא י כ מיי' שם [הלכה יד] טוש"ע שם סעיף ט:
לב ל מיי' שם טוש"ע שם סעי' י:

ליקוטי רש"י

הא. דקתני נוטל יציאה מבעל חוב. דלא מסיק ביה. בעל חוב במוכר שיעור ארעא ושבחא הלכך יהיב בעל חוב ללוקח שבחיה ומסליק ליה והאי דנקט למלתיה בלשון יציאה ולא תנא נוטל כנגד החוב מבעל הקרקע והמותר מבע"ח לאשמועינן היא גופא אתא דהיכא דיציאה יתירה על השבח אין לו אלא יציאה שיעור שבח [ב"מ טו:]. הניחא למאן דאמר. פלוגתא היא בכתובות (דף נא:). אית ליה זוזי ללוקח. שיעור דמי החוב [ב"מ קי:]. לפרוע החוב. לא מצי מסלק ליה לבעל חוב. מן ארעא דבעל חוב קדים. שפיר. דמצי למימר דהיכא דיש קרקע מותר על החוב עם השבח מסלק ליה ללוקח בזוזי על כרחו דלוקח ולא מצי אמר לוקח הב לי מן ארעא שיעור שבחי דאמר כוליה דידי ואת ירדת בה שלא ברשות [שם טו:]. איכא למימר דארעא מעיקרא דידיה הואי והוא דנחת לה שלא ברשות שקל שבחא בזוזי ולא בארעא הואיל והוה מסיק ביה שיעור ארעא כולה [שם קי:]. כגון דשויה ניהליה. לוה לבעל חוב. אפותיקי. להא ארעא והכל מודים בזו דאי הוה ליה זוזי ללוקח לא הוה מצי מסלק ליה [שם טו:]. לא יהא לך פרעון אלא מזה. ואם אין אני נותן לך מעותיך תהא כולה שלך [שם סו:]. דשדיא. זרע [שם נו:]. ועביד גובי. חתיכות חתיכות [שבת קט:]. כשורי. קורות [שם סז.]. הוצי. עלין של לולב [שם קט:]. נחלקה התיומת. שני עלין עליונים אמצעים שגם השדרה כלה נחלקו זה מזה ונסדקה השדרה עד העלין שלמטה מהם. תיומת. לפי שמדובקין כתאומים [סוכה לב.].

שמתחילה היה נקרא ״לולב״, ועתה ״עלים״[26]. **הוּצֵי וְעַבְדִינְהוּ חוּפְיָא** – אם גזל עלי לולב ועשה מהם מטאטא[27], **קָנֵי**, כיון **שֶׁמֵּעִיקָּרָא הוּצֵי וְהַשְׁתָּא חוּפְיָא** – מתחילה נקראו ״עלים״, ועתה ״מטאטא״[28]. **חוּפְיָא וְעַבְדֵיהּ שַׁרְשׁוּרָא** – אם גזל מטאטא ועשה ממנו חבל, שהפריד את העלים וקלע אותם לחבל, **לֹא קָנֵי. מַאי טַעְמָא** – מה הטעם לכך? משום **דַּהֲדַר סָתַר לֵיהּ וְהָוֵי חוּפְיָא** – שהוא יכול לחזור ולפרק את קליעת החבל ולעשות מן העלים מטאטא כפי שהיה[29], ונמצא שהוא שינוי החוזר לברייתו[30].

הגמרא מעלה ספק בענין שינוי בלולב:

בָּעֵי (שאל) **רַב פָּפָּא:** לולב גזול **שֶׁנֶּחְלְקָה הַתְּיוֹמֶת** שלו, היינו שעלהו האמצעי הכפול[31] נחלק לשנים[32], **מַהוּ** דינו? האם זה נחשב שינוי הקונה את הלולב לגזלן או לא?

הגמרא מציעה לפשוט את הספק:

תָּא שְׁמַע ראיה: **דְּאָמַר רַבִּי מָתוּן אָמַר רַבִּי יְהוֹשֻׁעַ בֶּן לֵוִי:** אם **נִיטְּלָה הַתְּיוֹמֶת** של לולב, הרי הוא **פָּסוּל** למצות נטילת לולב בסוכות.

הערות

העלים נחשבת שינוי רק בעלים עצמם ולא בלולב, ושינוי במקצת הגזילה אינו מועיל לכולה, וכפי שנתבאר לעיל (צג, ב הערה 3 ועוד) לגבי בהמה גזולה שילדה (עיין חזון איש יז, טו).

26. התורת חיים מקשה, שמהגמרא לקמן (תחילת עמוד ב) מוכח ששינוי הפוסל לולב למצוה בחג הסוכות, קונה (ראה שם, הערה 2); אם כן, מדוע הוצרכה הגמרא לומר שתלישת העלים גורמת לשינוי השם? הרי היתה יכולה לומר שקונה כיון שפסלו למצוה! ויש לומר שהגמרא כאן עוסקת במי שגזל לולב פסול, שניתוק עליו לא שינה את מעמדו מלולב כשר לפסול, ולכן הוצרכה לתת טעם אחר לקנינו של הגזלן (ראה גם ים של שלמה, א ד״ה ומסיק רב פפא; אך עיין להלן בהערה הנזכרת, בשם הרמ״ה).

27. רש״י; אך עיין להלן, הערה 29.

28. ושינוי זה הוא שינוי שאינו חוזר לברייתו; שכן, כידוע, כל אחד מעלי הלולב הוא עלה כפול מתחילת ברייתו, ושני חצאי העלה מחוברים בגבם. כאשר רוצים לעשות מטאטא מעלי לולב, מחלקים את העלים הכפולים במקום דיבוקם (כדי שיהיו רכים וגמישים יותר), ואז קושרים אותם יחד ליצור מטאטא. נמצא שלעולם אי אפשר להחזירם למצבם הקודם (רש״י; ועיין בהערה הבאה).

29. [פירשנו על פי רש״י, הנוקט ש״חופיא״ הוא מטאטא; ראה גם בדבריו סוכה כט, ב ד״ה נפרצו עליו, ושם לב, א ד״ה כי חופיא. אמנם יש כאן קושי מסויים, כי פשטות לשון הגמרא מורה שאם יסתור את החבל יחזרו העלים מאליהם להיות ״חופיא״, ולפירוש רש״י הרי יצטרך לעשות מעשה נוסף לאגדם יחד כדי שייקראו כך. ואכן, כמה ראשונים נוקטים שהעלים המחולקים מגבם או חתוכים לארכם נקראים כבר ״חופיא״ על שם שימושיהם העתידיים (ראה חידושי הראב״ד כאן ובהשגות לרמב״ם הלכות סוכה ח, ג; תוספות סוכה כט, ב ד״ה נפרצו; רא״ש שם ג, ג; ריטב״א שם כט, ב ד״ה נפרצו ו־לב, ב ד״ה אמר רב פפא). ולמעשה, גם בדעת רש״י יש הכרח לפרש שאין השינוי ל״חופיא״ תלוי באיגוד אלא בחלוקת העלים, שהרי האיגוד הוא בודאי שינוי החוזר לברייתו. ראה גם הלכות לולב להרמב״ן, מז, המפרש כך בשם רש״י אצלנו.]

30. רמ״ה, מובא בשיטה מקובצת. והגמרא כאן סוברת ששינוי החוזר לברייתו אינו קונה אפילו מדרבנן, וכדעת רב אשי לעיל צג, ב (עיין שם, הערה 12).

[לפי גירסת הספרים שלנו, שהאמור כאן הוא בשם רבא, הרי זה תואם לדברי רבא עצמו לעיל (שם ובדף צד, א) המחלק בדעת כמה תנאים בין שינוי החוזר לשינוי שאינו חוזר. אמנם לכאורה אין זה תואם לפירוש השני של רש״י שהובא לעיל (הערה 11), לפיו רבא מודה שגם שינוי החוזר קונה מדרבנן מפני תקנת השבים (וראה ים של שלמה שצויין באותה הערה, שתמה על רש״י כעין זה). אולם יש לציין שלגירסת הרא״ש (סימן ד) והרי״ץ גיאת (שערי שמחה, הלכות לולב, ד״ה נפרצו עליו) האמור כאן הוא בשם רב פפא, והוא בודאי סובר ששינוי החוזר לברייתו אינו קונה כלל, כפי שנראה בגמרא לקמן, עמוד ב (ראה רי״ף לד, א מדפיו ורא״ש לעיל, א; אך עיין תוספות לקמן עמוד ב, ד״ה ועבדיה, וחידושי תלמיד הרשב״א לעיל צג, ב ד״ה רב אשי).]

31. ה״תיומת״ היא העלה הכפול האמצעי, היוצא מראש השדרה של הלולב. [ה״שדרה״ היא החלק המרכזי של הלולב, שממנו מסתעפים העלים ויוצאים מכאן ומכאן, בדומה לעמוד השדרה של בהמה שהוא כמקל חלק וצלעות וחוליות יוצאים ממנו לשני צדיו (רש״י סוכה לב, א ד״ה מלפניו). השדרה נעשית דקה יותר ככל שעולים כלפי ראשה, עד שאין עלים חדשים היוצאים ממנה. גם מראש השדרה יוצא עלה כפול, והוא הנקרא ה״תיומת״] (רש״י, כפי שפירשו דבריו תוספות רבינו פרץ, רשב״א ומאירי; ראה גם הגהות רבינו פרץ לסמ״ק קצג, ג ותרומת הדשן צו, בשם רש״י סוכה לב, ב; אך עיין רא״ש כאן ובסוכה ג, ו בדעת רש״י; עיין גם תוספות כאן ד״ה נחלקה, ורי״ף סוכה טו, א מדפיו עם ר״ן שם, לפירושים אחרים; עיין עוד במהדורתנו לסוכה לב, א הערה 12 ובסיכום שלאחר הערה 15).

32. דהיינו, שהתיומת נחלקה בכל ארכה או לכל הפחות ברוב ארכה (רש״י, כפי שפירש הרשב״א; אך עיין תרומת הדשן, צו בדעת רש״י; עיין עוד רמ״א אורח חיים תרמה, ג, עם ט״ז ד ומשנה ברורה טז).

[הגמרא כאן עוסקת בלולב שהיה כשר למצות ארבעת המינים בשעת הגזילה.]

הא דמסיק ביה כשיעור ארעא ושבחא הא דלא מסיק ביה אלא כשיעור ארעא אמר ליה (א) הניחא למאן דאמר אי אית ליה זוזי ללוקח לא מצי מסלק ליה לבעל חוב שפיר אלא למ"ד אי אית ליה זוזי ללוקח [א] מצי מסלק ליה לבעל חוב לימא ליה אי הוו לי זוזי הוה מסלקינא לך מכוליה ארעא השתא הב לי גריוא דארעא שיעור שבחאי אמר ליה הכא במאי עסקינן [ב] כגון דשויה ניהליה אפותיקי (ב) דאמר ליה לא יהא לך פרעון אלא מזה: אמר רבא [ג] גזל והשביח ומכר וגזל והשביח והוריש מה שהשביח מכר מה שהשביח הוריש: בעי רבא השביח לוקח מהו בתר דבעיא [ד] הדר פשטה מה מכר ראשון לשני כל זכות שתבא לידו: בעי רבא השביח עובד כוכבים מהו א"ל רב אחא מדפתי לרבינא [ה] תקנתא לעובד כוכבים ניקו ונעבוד אמר ליה לא צריכא כגון דזבניה לישראל סוף סוף הבא מחמת עובד כוכבים הרי הוא כעובד כוכבים לא צריכא כגון דגזל ישראל וזבנה ניהליה והשביחה עובד כוכבים והדר עובד כוכבים וזבנה לישראל מאי מי אמרינן כיון דמעיקרא ישראל והדר ישראל עבדי רבנן תקנתא או דלמא כיון דאיכא עובד כוכבים באמצע לא עבדו ליה רבנן תקנתא [ו] תיקו: אמר רב פפא [ז] האי מאן דגזל דיקלא מחבריה וקטליה אע"ג דשדיא מארעא לארעא דידיה לא קני מאי טעמא מעיקרא דיקלא מיקרי והשתא נמי דיקלא מיקרי [ח] דיקלא ועביד (ג) גובי לא קני השתא מיהת גובי דדיקלא מיקרי [ט] גובי ועבדינהו כשורי [י] רברבי ועבדינהו כשורי זוטרי לא קני [כ] עבדינהו קצוצייתא קני אמר רבא [ל] האי מאן דגזל לוליבא ועבדינהו הוצי קני דמעיקרא לוליבא מיקרי והשתא הוצי הוצי ועבדינהו חופיא קני מעיקרא הוצי והשתא חופיא חופיא ועבדיה שרשורא לא קני מאי טעמא דהדר סתר ליה והוי חופיא (ד) בעי רב פפא נחלקה התיומת מהו תא שמע דאמר רבי מתון אמר רבי יהושע בן לוי ניטלה התיומת פסול

מאי

רש"י

לא יהא לך פרעון אלא מזה. ואי נמי הוו ליה זוזי ללוקח לא מצי מסלק ליה: מה שהשביח מכר. ושקיל לוקח מחצה או שליש או רביע וכן יורש אי נמי כוליה שבחא כמתניתין מפני תקנת השבים כדאמרן לעיל בשמעתא קמייתא: כל זכות שתבא לידו. וכי היכי דגזלן אי אשבח הוה שקיל מחצה או שליש או רביע הכי נמי כי אשבח לוקח שקיל מחצה או שליש או רביע ואליבא דר"ש: וקטליה. קצצו: לא קני. לשלומי דמי אלא יהיב ליה דיקלא גופיה דליכא שנוי השם למקנייה: גובי. בלע"ז טרינקיי"ש: קצוצייתא. קרשים: הוצי. שנתקן עלה עלה מן השדרה: חופיא. אשקוב"א שבו מכבדים את הבית וחולק כל הוצא לשנים דתו לא הדרא: שרשרא. חבל: (ה) התיומת. כף תומר האמצעי העליון תיומת היא:

מאי

תוספות

הא דמסיק ביה שיעור ארעא ושבחא. פירוש הא דקאמר שמואל ב"ח גובה את השבח דכיון דמסיק ביה שיעור ארעא ושבחא גובה את השבח בחנם מן הלקוחות ונראה דגם מיתמי גבי ב"ח השבח בחנם ואין נותן דמים כמו מן הלקוחות ואע"ג דאין להם על מי לחזור והוי כמו מתנה דלא גבי מינה ב"ח שבחא כדמשמע בפ"ק דב"מ (דף טו. ושם ד"ה ב"ח) דדוקא מלקוחות גובה לפי שכתב לו מוכר ללוקח אנא איקום ואשפי ואדכי ואמריק זביני אלין אינון ועמליהון ושבחיהון אבל מתנה דלא כתב ליה הכי ואין לו על מי לחזור לא מכל מקום גובה מן היתומים משום דכרעיה דאבוהון נינהו כדמוכח בפרק יש בכור (בכורות דף נב.) דתנן אין הבכור נוטל בראוי ולא בשבח ולא האשה בכתובתה ולא הבנות במזונותיהם ופריך בגמרא והאמר שמואל ב"ח גובה את השבח ומשני מקולי כתובה שנו כאן ומזונות בנות נמי תנאי כתובה ככתובה דמי והתם משבח יתומים איירי דאי משבח לקוחות א"כ מאי איריא דלא טרפי בנות משבח והא מגוף הקרקע נמי לא טרפי דאין מוציאין למזון האשה והבנות מנכסים משועבדים אלא בשבח יתומים איירי ודוקא כתובת אשה ומזונות דקילי לא גבי משבח אבל שאר ב"ח גבי ובקונטרס פירש התם מזון הבנות כגון נשא אשה ופסק לזון בתה ה' שנים ולפירושו אין ראיה דמצי איירי שפיר בשבח לקוחות אבל לא נהירא דא"כ ה"ל למיתני ולא בת אשתו למזונות ועוד דלא שייך בהו תנאי כתובה והא דאמר בהמקבל (ב"מ דף קי.) יתומים אומרים אנו השבחנו ואין השבח שלך משמע דלא גבי משבח יתומים התם איירי בעשה אפותיקי ואמרי אנו השבחנו ותן לנו יציאה כדין היורד לתוך שדה חבירו שלא ברשות וכן מוקי לה במסקנא בעשאו אפותיקי וגם בתחילה משמע דמיירי בעשאו אפותיקי דקאמר על היתומים להביא ראיה מ"ט ארעא כיון דלגוביינא קיימא כמאן דגביא דמיא ואי לא מיירי דשויה אפותיקי אמאי הויא בחזקת ב"ח ויתמי נייתו ראיה אדרבה ארעא בחזקת יתמי קיימא דאי בעי מסלקי ליה בזוזי ועל ב"ח להביא ראיה אלא ודאי בעשאוהו אפותיקי איירי וגרע כחו של בעל חוב טפי במה שעשה לו הלוה אפותיקי דהויא כאחת משדותיו דמשלם יציאה למי שמשביח ואילו לא עשאו אפותיקי היה גובה הכל מן היתומים בלא פריעת יציאה כמו מלקוחות כדפירשתי והשתא מצינו למימר דבלקוחות נמי אם עשאה אפותיקי יש לו לשלם ללוקח היציאה אפי' מסיק ביה שיעור ארעא ושבחא ולמסקנא דמוקי לה הכא בעשאה אפותיקי לא נחלק עוד בין מסיק ביה שיעור ארעא ולא מסיק ובטל במסקנא אותו חילוק דכיון שעשאו אפותיקי משלם יציאה אע"ג דמסיק שיעור ארעא ושבחא ומיהו יש לחלק דבלקוחות כיון שיש להם על מי לחזור היכא דמסיק שיעור ארעא ושבחא אינו פורע יציאה אפי' עשאה אפותיקי דמשום דעשה אפותיקי לא יגרע כח ב"ח בכך כיון שיש ללוקח על מי לחזור דדוחק לומר דבמסקנא דמוקי לה בעשאה אפותיקי לא צריך למה שהיה מחלק בין מסיק ביה שיעור ארעא ללא מסיק שהרי כל אלו דברי רב אשי שהיה משיב לרבינא דבכל הספרים כתוב אמר ליה הא דמסיק ביה שיעור ארעא כו' א"ל הכא במאי עסקינן דשויה ניהליה אפותיקי ואין דומה שהיה חוזר מדבריו הראשונים ומיהו אור"י לפי הספרים שכתוב בהן אמר ליה כאן בשבח המגיע לכתפים כאן כו' אותו תירוץ ודאי לא קאי ומיהו ברוב הספרים גרסינן וכי תימא כאן בשבח המגיע לכתפים כו': הניחא למאן דאמר כו'. פלוגתא היא בפרק מי שהיה נשוי (כתובות דף נא: ושם) גבי ההוא גברא דהוו מסקי ביה אלפא זוזי ומאן דלית ליה דלא מצי מסלק ליה היינו רמי בר חמא דסבר התם למימר דהיינו מתניתין: כל זכות שתבא לידו. [א] אע"ג דבפ"ק דב"מ (דף טו: ושם) משמע דאפי' לרב דאמר יש לו שבח בשלא הכיר בה שאינו שלו ולקחה היינו מגזלן אבל נגזל לא יהיב שבח היינו בקרקע שאין נגזלת דגזלן גופיה לית ליה שבח אבל הכא במטלטלין שיש שבח לגזלן מפני תקנת השבים גם ללוקח ממנו יש לו: דגזל דיקלא וקטליה. אע"ג דגזל בהמה וקטלה קני התם הוי שינוי דמינכר טפי: נחלקה התיומת כו'. מצא ר"י בתשובת הגאונים (א) ניטלה התיומת אותו הוצא העליון בראש הלולב שאין הולא למעלה הימנה והוא כשני הוצין דבוקין זה בזה ונקראין תיומת וכן משמע מתוך ה"ג שרואים לפרש כן ולדבריהם לא ימצא לנו לולב כשר כי בטורח נמצאין אותן שיש להם תיומת כזה אפי' אחד בה' מאות ויש לומר שאף לדבריהם אין פסול אלא שהיה מתחילה כענין זה ונחלק שנשתנה מברייתו ובקונטרס פירש נחלקה תיומת שני עלים עליונים אמצעיים שהם כלה השדרה נחלקה זה מזה ונסדקה השדרה עד העלין של מטה מהן ומתוך פירושו משמע שנסדק השדרה כל כך שנראה העלין העליונים חלוקין ומפוזרין זה מזה ועוד אור"י דיש מפרשים שכל עלי הלולב כפולין כל אחד לשנים ויש בראש הלולב בסוף השדרה ב' עלין יוצאין ממנה שכל אחד כפול לשנים כשאר עלי הלולב ואותם שנים עלין היוצאין מראש השדרה נקראין תיומת והנהו בעי נחלקה התיומת מהו אם נחלקו זה מזה דהיינו קצת מן השדרה ומיהו אין רוב הלולבין נמצאין כענין זה ומכל מקום יש לומר דבעי דאי משתכח כה"ג תיומת ונחלקה מהו: ניטלה התיומת פסול. נראה לר"י דהא דאמר נקטם ראשו פסול היינו שנקטמו הרבה מן העלין תדע דאין לך נקטם יותר מבניטלת התיומת ומשמע דוקא ניטלה אבל נקטם כשר ועוד אר"י דמאי למימר דניטלה אצטריכא ליה דס"ד דהוי הדר טפי כשניטלה כולה יותר מנקטם:

ועבדיה

מסורת הש"ס

א) [ב"מ טו: קי: ע"ש ועיין תוספות ב"מ לה. ד"ה הניחא], ב) [ב"מ סו:], ג) פי' חוליות, ד) סוכה לב., ה) אבל בסוכה פי' רש"י פירוש אחר.

הגהות הב"ח

(א) תוס' ד"ה נחלקה וכו' בתשובות הגאונים נחלקה התיומת:

הגהות הגר"א

[א] תוד"ה כל כו' אע"ג כו'. נ"ב ורי"ף תירץ דשם בשבחא דממילא וכאן מחמת הוצאה ועי' (אולי צ"ל ומתורץ) בזה קושית המ"מ על הרמב"ם מגמ' דכאן וכן הביא דס"פ המפקיד (ועי' בהגר"א ריש סי' שנ"ד):

לעזי רש"י

טרינקיי"ש. פירוש חתיכות (ערוך ערך גב ט', רש"י שבת דף קט ע"ב ד"ה גובי):

אשקוב"א. פירוש מטאטא (עיין רש"י ורד"ק ישעיה יד, כג ורש"י מגילה דף יח סוע"א ד"ה טאטיתא), מכבד שמכבדין בו את הבית (ערוך ערך טא ועיין רש"י סוכה דף לב ע"א ד"ה כי חופיא):

עין משפט נר מצוה

כו א ב מיי' פכ"א מהלכות מלוה ולוה הל' ז סמג עשין ל טוש"ע ח"מ סימן קטו סעיף ב:

כז ג ד מיי' פ"ב מהל' גזילה הלכה ד ועיין בהשגות ובמ"מ סמג עשין עג טוש"ע ח"מ סימן שסב סעיף ד:

כח ה מיי' שם הלכה ה טוש"ע שם סעיף ה:

כט ו מיי' שם טוש"ע שם סעי' ו:

ל ז ח ט מיי' שם הלכה יג סמג שם טוש"ע ח"מ סימן שם סעיף ח:

לא י כ מיי' שם [הלכה יד] טוש"ע שם סעיף ט:

לב ל מיי' שם טוש"ע שם סעי' י:

ליקוטי רש"י

הא. דקתני נוטל יציאה מבעל חוב. דלא מסיק ביה. בעל חוב במוכר שיעור ארעא ושבחא הלכך יהיב בעל חוב ללוקח שבחיה ומסליק ליה והאי דנקט למלתיה בלשון יציאה ולא תנא נוטל כנגד השבח מבעל הקרקע והמותר מבע"ח לאשמועינן היא גופא אתא דהיכא דיציאה יתירה על השבח אין לו אלא יציאה שיעור שבח [ב"מ טו:]. הניחא למאן דאמר. פלוגתא היא בכתובות (דף נא:). אית ליה זוזי ללוקח. שיעור דמי החוב [ב"מ קי:]. לפרוע החוב. לא מצי מסלק ליה לבעל חוב. מן ארעא דבעל חוב קדים. שפיר. דמצי למימר דהיכא דיש קרקע מותר על החוב עם השבח מסלק ליה ללוקח בזוזי על כרחו דלוקח ולא מצי אמר לוקח הב לי מן ארעא שיעור שבחי דאמר כוליה דידי ואת ירדת בה שלא ברשות [שם טו:]. איכא למימר דארעא מעיקרא דידיה הואי והוא דנחת לה שלא ברשות שקל שבחא בזוזי ולא בארעא הואיל והוה מסיק ביה שיעור ארעא כולה [שם קי:]. כגון דשויה ניהליה. לוה לבעל חוב. אפותיקי. להא ארעא והכל מודים בזו דאי הוה ליה זוזי ללוקח לא הוה מצי מסלק ליה [שם טו:]. לא יהא לך פרעון אלא מזה. ואם אין אני נותן לך מעותיך תהא כולה שלך [שם סו:]. דשדיא. זרע [שם נו:]. ועביד גובי. חתיכות [שבת קט:]. כשורי. קורות [שם סז.]. הוצי. עלין של לולב [שם קט:]. נחלקה התיומת. שני עלין עליונים אמצעים שהם השדרה כלה נחלקו זה מזה ונסדקה השדרה עד העלין שלמטה מהם. תיומת. לפי שמדובקין כתאומים [סוכה לב.].

עין משפט נר מצוה

לג א מיי' פ"ח מהל' לולב הלכה ד סמג עשין מד טוש"ע א"ח סימן תרמה סעיף ג:

לד ב ג מיי' פ"ב מהל' גזילה ואבידה הל' יא סמג עשין עג טוש"ע ח"מ סימן שם סעיף ה:

לה ד מיי' שם הלכה יב טוש"ע שם סעיף ו:

לו ה מיי' שם הלכה יא טוש"ע שם סעיף ה:

לז ו מיי' שם הלכה יב טוש"ע שם סעיף ו:

לח ז ח מיי' שם הלכה יג טוש"ע שם סעיף ז:

לט ט י מיי' שם פ"ג הלכה ו סמג שם טוש"ע ח"מ סימן שסג סעיף ג:

מ כ ל מ נ ס מיי' שם הלכה ד טוש"ע שם סעיף א:

מא ע מיי' פ"כ מהל' מכירה הלכה י סמג עשין פב טוש"ע ח"מ סימן רכג סעיף א:

מב פ צ מיי' שם הלכה יא וע"ש טוש"ע שם סעיף ב:

מג ק מיי' פ"א מהלכות טוען ונטען הלכה ד סמג עשין פה טוש"ע ח"מ סימן פט סעיף א:

מד ר מיי' שם פ"ה הלכה א ופ"כ מהל' מכירה הלכה י סמג עשין לה טוש"ע ח"מ סימן לה סעיף א:

ליקוטי רש"י

נסכא. חתיכה של כסף [קדושין ח:]. חתיכת כסף מותך לשון (ישעיה מ) הפסל נסך חרש [שבועות לב:]. חתיכה אחת של זהב שקורין פלט"א [מנחות קז.]. נעשה שינוי בידו וקנאו. בשינוי להא מילתא דאם טבח ומכר שלו הוא טובח וכו' ופטור מד' וה' אבל קרן וכפל משלם קרן כי השתא וכפל כעין שגנב או כשעת העמדה בדין [לעיל סה:]. ושבור מלכא. ומנו שמואל ולפי שהלכה כמותו בדינים (בכורות מט:) קרי ליה הכי והוא שם של מלך פרס [רשב"ם ב"ב קטו:]. בעבדים אומר לו הרי שלך לפניך. דעבדא כמקרקעי דמי וקרקע הדרא בעינה ואינה נגזלת לקנות לגזלן בשינוי ולהיות ברשותו [לעיל צה.]. דקיימא לן קרקע אינה נגזלת וכל מקום שהיא ברשות בעליה עומדת ועבד כמקרקעי דמי ואינו נגזל להיות נקנה לגזלן לשלם דמים הלכך כי אוזקן ברשותיה דמריה אוזקן [ב"מ ק:]. מטבע ונפסל. שפסלתו מלכות תרומה ונטמאת. מאליה [גיטין נג:]. אומר לו. לנגזל [לעיל סו:]. הרי שלך לפניך. ובלבד שישלם לו אותו עצמו וקרינא ביה והשיב את הגזלה אשר גזל (ויקרא ה) שהרי לא נשתנה [גיטין שם]. בעין כמות שהוא דהזיק שאינו ניכר הוא [לעיל סו:]. המחליף פרה בחמור. שכשמשך זה בעל הפרה את החמור ניקנית הפרה לבעל החמור ואין ידוע אם ילדה או לא ילדה. וכן המוכר שפחתו. דקי"ל עבד כנעני נקנה בכסף וכשנתן מעות ניקנית לו השפחה ואפילו היא בבית בעלים ואין ידוע אם עד שלא ילדה נתן הכסף והעובר שלו או לאחר שילדה והולד של בעלים זה אומר כן וזה אומר כן יחלוקו [ב"מ ק.].

גמרא

מאי לאו הוא הדין לנחלקה לא ניטלה שאני דהא חסר לה איכא דאמרי ת"ש דא"ר מתון א"ר יהושע בן לוי נחלקה התיומת נעשה כמי שנטלה ופסול ש"מ אמר רב פפא האי מאן דגזל עפרא מחבריה ועבדיה לבינתא לא קני מאי טעמא דהדר משוי ליה עפרא לבינתא ועבדיה עפרא קני מאי אמרת דלמא הדר ועביד ליה לבינתא האי לבינתא אחריתי הוא ופנים חדשות באו לכאן ואמר רב פפא האי מאן דגזל נסכא מחבריה ועביד זוזי לא קני מאי טעמא הדר עביד להו נסכא זוזי ועבדינהו נסכא קני (א) מאי אמרת הדר עביד להו זוזי פנים חדשות באו לכאן שחימי ועבדינהו חדתי לא קני חדתי ועבדינהו שחימי קני מאי אמרת הדר עביד להו חדתי מידע ידיע שיחמיידהו: זה הכלל כל הגזלנין משלמין כשעת הגזלה: (זה הכלל) לאתויי מאי לאתויי הא דאמר ר' אלעא גנב טלה ונעשה איל עגל ונעשה שור נעשה שינוי בידו וקנאו טבח ומכר שלו הוא טובח שלו הוא מוכר ההוא גברא דגזל פדנא דתורי מחבריה אזל כרב בהו כרבא זרע בהו זרעא לסוף אהדרינהו למריה אתא לקמיה דרב נחמן אמר להו זילו שומו שבחא דאשבח אמר ליה רבא תורי אשבח ארעא לא אשבח אמר מי קאמינא נשיימו כוליה פלגא קאמינא א"ל סוף סוף גזילה הוא וקא הדרה בעינא דתנן כל הגזלנין משלמין כשעת הגזלה אמר ליה לא אמינא לך כי יתיבנא בדינא לא תימא לי מידי דאמר הונא חברין עלאי אנא ושבור מלכא אחי בדינא האי איניש גזלנא עתיקא הוא ובעינא דאיקנסיה:

מתני' גזל בהמה והזקינה עבדים והזקינו משלם כשעת הגזלה רבי מאיר אומר בעבדים אומר לו הרי שלך לפניך גזל מטבע ונסדק פירות והרקיבו יין והחמיץ משלם כשעת הגזלה מטבע ונפסל תרומה ונטמאת חמץ ועבר עליו הפסח בהמה ונתעבדה בה עבירה או שנפסלה מעל גבי המזבח או שהיתה יוצאה ליסקל אומר לו הרי שלך לפניך:

גמ' אמר רב פפא לא הזקינה הזקינה ממש אלא אפי' כחשה והא אנן הזקינה תנן (ב) כחשה כגון הזקינה דלא הדר בריא אמר ליה מר קשישא בריה דרב חסדא לרב אשי הכי קאמרי משמיה דרבי יוחנן אפילו גנב טלה ונעשה איל עגל ונעשה שור נעשה שינוי בידו וקנאו טבח ומכר שלו הוא טובח שלו הוא מוכר אמר ליה לאו אמינא לך לא תחליף גברי ההוא משמיה דרבי אלעא איתמר: רבי מאיר אומר בעבדים אומר לו הרי שלך לפניך: אמר רב חנינא בר אבדימי אמר רב הלכה כרבי מאיר ורב שביק רבנן ועביד כרבי מאיר אמרי משום דברייתא איפכא תניא ורב שביק מתניתין ועביד כברייתא רב מתניתין נמי איפכא תני ומאי (ג) טעמיה דרב דאפיך מתני' מקמי דברייתא אדרבה ניפוך לברייתא מקמי מתניתין אמרי רב נמי מתניתין איפכא אתניה ואי בעית אימא כי לא אפיך חדא מקמי חדא חדא מקמי תרתי אפיך דתניא המחליף פרה בחמור וילדה וכן המוכר שפחתו וילדה זה אומר ברשותי ילדה והלה שותק זכה בה זה אומר איני יודע וזה אומר איני יודע יחלוקו זה אומר ברשותי וזה אומר ברשותי ישבע המוכר שברשותו ילדה לפי שכל הנשבעין שבתורה נשבעין ולא משלמין דברי ר' מאיר וחכמים אומרים אין נשבעין לא על העבדים ולא על הקרקעות האי הלכה כר' מאיר הלכה כרבנן מיבעי ליה הכי קאמר למאי דאפכיתו ותניתו הלכה כרבי מאיר

ומי

רש"י

מאי לאו ה"ה לנחלקה. וכיון דלענין פסול מפסלא לענין מקנה נמי שינוי הוא וקני: פנים חדשות באו לכאן. לא זו היא לבינה הראשונה אלא זו לבינה אחרת שהוצרך תיקון וגיבול בפני עצמה ומשונה היא (ד) מהראשונים דאי אפשר לצמצם או גדולה או קטנה: נסכא. פלטא של כסף: הדר עביד להו נסכא. אם ירצה ושינוי החוזר לברייתו הוא והכא ליכא למימר פנים חדשות דאין אדם מקפיד על רבועה ותקונה אלא שתהא חתיכה בעלמא: שחימי. שחורין כעין ישנים: ועבדיה חדתי. שליבנה: לא קני. שסופן לחזור ליושנן: נעשה שינוי בידו וקנאו. לכך דאם טבח ומכר שלו הוא טובח ושלו הוא מוכר ואין משלם אלא כפל: פדנא. תרגום של צמד בקר ופדן ארם על שם ששני ארמים היו ארם נהריים וארם צובה: כרבא. חרישה: דאמר הונא חברין עלאי דאנא ושבור מלכא. שמואל אחי בדינא: מתני' בעבדים אומר לו הרי שלך לפניך. דכקרקע דמי וברשותיה דמריה קיימי: גזל מטבע ונסדק. שינוי הניכר הוא (ה): ונעבדה בה עבירה. נרבעת או נעבדה פסולה לקרבן כדתניא בשור שנגח ארבעה וחמשה (לעיל דף מ:): שנפסלה מעל גבי המזבח. במום (ו) שאין ניכר כדוקין שבעין: פטורין. דכל בהמות לאו למזבח קיימי: גמ' אלא אפילו כחשה. דלא הוי שינוי כולי האי דלא אישתני כולי גופה: איפכא תניא. רבי מאיר אומר כשעת הגזלה וחכמים אומרים בעבדים אומר לו הרי שלך לפניך וקאמר רב הלכה כר' מאיר דמתניתין דהיינו רבנן דברייתא: איפכא אתנייה. לתלמידיו: ואב"א כי לא מפכינא. מתני' מקמי ברייתא: חדא מקמי חדא. אבל חדא משנה מקמי תרתי ברייתא מפיך והכא תרתי איכא חדא הא דאמרן לעיל ברייתא איפכא תניא ואידך הא דתניא כו': המחליף כו'. להכי נקט מחליף גבי בהמה ולא תנא מוכר כדנקט בשפחה דבהמה אינה נקנית בכסף עד שימשוך וכי משך דבר הנראה לעינים הוא אם ילדה אם לאו ואין כאן ספק אבל בחליפין מתוקמא כגון שלא משך בעל החמור את הפרה אלא בעל הפרה משך את החמור ונקנית הפרה אל בעל החמור במשיכת החמור בכל מקום שהיא כדתנן בקדושין (ד' כח.) כל הנעשה דמים באחר כיון שזכה זה נתחייב זה בחליפין ולא ידעינן השתא אי כבר ילדה פרה בשעת משיכת החמור וברשות מוכר ילדה או לאחר משיכת החמור וברשות לוקח [ילדה]: וכן המוכר שפחתו. עבד כנעני נקנה בכסף ואע"ג שאין לפניו בשעת מתן מעות: והלה שותק. ברי ושמא ברי עדיף: ישבע המוכר. דאיכא הודאה במקצת ואיכא שבועה דאורייתא (ז) דקטע לידיה דאם קתבע ליה האי לוקח שפחה שלימה יש לי בידך עם ולדה וזה אומר אין שפחה שלימה יש לך בידי אבל לא ולדה דמודה ליה במקצת ומשום הילך לא מפטר דהא קטע ידה ולאו הילך הוא והכי מוקי לה בהשואל: נשבעין ולא משלמין. מי שתובעים אותו ישבע ויפטר דכתיב (שמות כב) ולקח בעליו ולא ישלם מי שעליו לשלם הוא נשבע ולא נשבע התובע ויטול: אין נשבעין. וברשות מוכר תעמוד עד שיביא לוקח ראיה אלמא לרבנן עבדא כמקרקעי דמי: אין נשבעין על הקרקעות. בפרק הזהב (ב"מ דף נו.): אי הכי. דמתניתין נמי בעינן למיתנא איפכא הלכה כרבנן מבעי ליה:

פטור

תוספות

ועבדיה זוזי לא קני. דוקא עבדיה זוזי אבל עשה מן הנסכא כלי כגון כוס של כסף קני אע"ג דהדר עביד ליה נסכא דלא גרע מנסרים ועשאן כלים אבל זוזי ולבינה אין תורת חשיבות עליהן כ"כ:

המחליף פרה בחמור. אורחא דמילתא נקט שדרך להחליף פרה בחמור ולמכור שפחה בדמים אבל אין לפרש דלא מצי למינקט המוכר פרה וילדה לפי שאין פרה נקנית בכסף אלא במשיכה ובשעת משיכה רואה אם ילדה אם לאו אבל שפחה נקנית בכסף דעבדים הוקשו לקרקעות דהא רבי מאיר קתני לה ורבי מאיר לא מקיש דהא קאמר דנשבעים על העבדים ועל הקרקעות אית ליה דאין נשבעין כדמוכח בשבועות (דף מג: ושם) גבי יש דברים שהן כקרקע ואינן כקרקע וכיון דלא מקיש לענין שבועה ה"ה לענין קנין דהא מייתי ראיה הכא משבועה אגזל ומיהו קצת יש לחלק דלענין גזל ושבועה נראה לגמרא להשוות דתרוייהו נפקי על ידי כלל ופרט גזל לקמן בפ' בתרא (דף קיז:) ושבועות בפרק [שבועת הדיינים] (שבועות דף מג:):

והלה שותק זכה בה. למ"ד (ל) דברי ושמא ברי עדיף ניחא ולמאן דאמר לא ברי עדיף אור"י שהוא מפרש דשתיקה כהודאה דמיא ולא כאומר איני יודע:

מסורת הש"ס

א) ברא"ש איתא פנים חדשות באו לכאן, ב) גי' רש"ל כל, ג) לעיל סה:, ד) [לעיל לג: וש"נ], ה) ב"מ ק: [לעיל לה.], ו) גיטין נג:, ז) לעיל סו. לקמן קה., ח) [עיין תוספות לקמן דף לח. ד"ה הלורס], ט) ב"מ ק., י) [שבועות מד: וש"נ], כ) עיין בספר פני יהושע, ל) [לקמן קיח.].

הגהות הב"ח

(א) גמ' נסכא קני (מאי אמרת) תא"מ ונ"ב ס"א וכי תימא וכן בסמוך: (ב) שם והא אנן הזקינה תנן אמרי כחשה כעין הזקינה כצ"ל: (ג) שם איפכא תני ומאי (טעמיה) תז"מ ונ"ב ס"א דוחקיה: (ד) רש"י ד"ה פנים וכו' ומשונה היא מהראשונה: (ה) ד"ה גזל וכו' הניכר הוא וקנייה בשינוי הס"ד ואח"כ מ"ה והחמיץ נמי נשתנה ריחו וטעמו ולא מלי למימר ליה הרי שלך לפניך הס"ד: (ו) ד"ה שנפסלה וכו' במום אע"פ שניכר כדוקין שבעין פטור דכל: (ז) ד"ה ישבע וכו' דאורייתא כגון דקטע לידה דאם וקתבע:

גליון הש"ס

גמ' האי מאן דגזל נסכא מחבריה. עיין מנחות דף קז ע"א תוס' ד"ה ודלמא: שם דגזל פדנא ויקח צמד בקר (ש"א י"א פסוק ז) מתורגם פדנא דתורי: שם משום דברייתא איפכא תניא. עיין שבת דף קמג ע"ב תוספות ד"ה ורי"א: שם חדא מקמי תרתי אפיך. עיין יומא דף נו ע"ב תוספות ד"ה מ"ס:

לעזי רש"י

פלט"א. פירוש חתיכה (רש"י מנחות דף קז ע"א ד"ה נסכא):

מַאי לַאו — האם אין להניח ש**הוּא הַדִּין לְנֶחְלְקָה** התיומת, שאף במקרה זה הלולב פסול[1]? ומכיון שהלולב נפסל על ידי זה למצות ארבעת המינים, הרי יש בזה שינוי בגוף הגזילה המועיל לקנותו לגזלן[2].

הגמרא דוחה את הראיה:

לֹא! יש לומר שאם נחלקה התיומת אין הלולב נפסל בכך למצוה[3]. כי המקרה של **נִיטְלָה** התיומת **שַׁאנִי** — שונה, **דְּהָא חָסַר לָהּ** — שהרי במקרה זה הלולב חסר[4].

הגמרא מביאה נוסח אחר בהכרעת הספק, המבוסס על נוסח אחר בהוראת רבי יהושע בן לוי:

אִיכָּא דְּאָמְרֵי — יש אומרים שכך נאמרו הדברים: **תָּא שְׁמַע** ראיה ממה **דְּאָמַר רַבִּי מָתוּן אָמַר רַבִּי יְהוֹשֻׁעַ בֶּן לֵוִי:** אם **נֶחְלְקָה הַתְּיוֹמֶת, נַעֲשָׂה** הלולב **כְּמִי שֶׁנִּטְּלָה** התיומת שלו, **וּפָסוּל**[5]. **שְׁמַע מִינָּהּ** — מכאן יש ללמוד שהגוזל לולב כשר ואז נחלקה התיומת שלו, הרי הלולב נחשב כמי שעבר שינוי, והגזלן קונהו.

הגמרא ממשיכה לדון על מקרים שונים של שינוי:

אָמַר רַב פָּפָּא: הַאי מַאן דְּגָזַל עַפְרָא מֵחַבְרֵיהּ — מי שגזל עפר מחבירו, **וְעַבְדֵיהּ לְבֵינְתָּא** — וגיבל אותו לטיט ועשה ממנו לבינה, **לֹא קָנֵי** — לא קנה אותו. **מַאי טַעְמָא** — מה הטעם לכך? **דְּהָדַר מְשַׁוֵּי לֵיהּ עַפְרָא** — משום שהוא יכול לחזור ולכתוש את הלבינה ולעשות אותה לעפר, ובכך להחזיר אותה לקדמותה, ונמצא שהוא שינוי החוזר לברייתו שאינו קונה[6]. לעומת זאת, **לְבֵינְתָּא וְעַבְדֵיהּ עַפְרָא** — אם גזל לבינה וכתש אותה עד שנעשית לעפר, **קָנֵי** — קנה אותה בשינוי, כיון שהוא שינוי שאינו חוזר[7]. **מַאי אָמְרַתְּ** — מה תאמר להקשות על הוראה זו? **דִּלְמָא הָדַר וְעָבִיד לֵיהּ לְבֵינְתָּא** — שגם כאן יתכן שיחזור ויגבל את העפר לטיט ויעשה ממנו לבינה, ונמצא שהפיכת הלבינה המקורית לעפר היא שינוי החוזר לברייתו?! אין הדבר כן; כי אפילו אם אכן יחזור ויעשה מאותו העפר לבינה, **הַאי לְבֵינְתָּא אַחֲרִיתִּי הִוא** — לבינה זו היא לבינה אחרת ואיננה הלבינה הראשונה, **וּפָנִים חֲדָשׁוֹת בָּאוּ לְכָאן**[8]. הלכך, כתישת לבינה לעפר נחשבת שינוי שאינו חוזר לברייתו; כי אמנם הוא יכול לעשות מאותו עפר לבינה חדשה, אבל לעולם לא יוכל להחזיר את הלבינה המקורית.

הוראה נוספת של רב פפא בענין זה:

וְעוד **אָמַר רַב פָּפָּא: הַאי מַאן דְּגָזַל נַסְכָּא מֵחַבְרֵיהּ וְעָבִיד זוּזֵי** — מי שגזל מטיל כסף מחבירו ועשה ממנו מטבעות, **לֹא קָנֵי. מַאי טַעְמָא** — מה הטעם לכך? **הָדַר עָבִיד לְהוּ נַסְכָּא** — משום שהוא יכול לחזור ולהתיכם ולעשות מהם מטיל כסף, ונמצא שהוא שינוי החוזר לברייתו[9]. לעומת זאת, **זוּזֵי וְעַבְדִינְהוּ נַסְכָּא** — אם גזל מטבעות ועשה מהם מטיל כסף, **קָנֵי**, כיון שהוא שינוי שאינו חוזר. **מַאי אָמְרַתְּ** — מה תאמר להקשות על הוראה זו? **הָדַר עָבִיד לְהוּ זוּזֵי** — שיכול הוא לחזור ולעשות מן המטיל מטבעות, ונמצא שגם התכת המטבעות למטיל כסף היא שינוי החוזר לברייתו?! אין הדבר כן; כי אפילו אם יעשה כך, אין אלו המטבעות המקוריות אלא מטבעות אחרות, ואם כן **פָּנִים חֲדָשׁוֹת בָּאוּ לְכָאן.**

רב פפא ממשיך:

שְׁחִימֵי וְעַבְדִינְהוּ חַדְתֵּי — אם גזל מטבעות ישנים שהשחירו ועשה

הערות

1. הגמרא מניחה שיש להחשיב תיומת שנחלקה כאילו איננה, כיון שאינה כדרך ברייתה, ועל כן דינה שוה לניטלה התיומת.

[פוסקים רבים נוקטים שהפסול של ניטלה התיומת הוא מדין "חסר", הפסול רק ביום טוב ראשון של סוכות (ראה מגן אברהם תרמה, ו בשם רבינו ירוחם נתיב ח, ג; משנה ברורה שם, יז; שלחן ערוך הגרש"ז שם, י ו־תרמט, יט; בכורי יעקב תרמה, יח ו־תרמט, לא; וראה תוספות סוכה לד, ב ד"ה שתהא, מהו המקור לפסול של "חסר"). לפי זה, כוונת הגמרא היא כפי שכתבנו, שגם במקרה שנחלקה התיומת יש לפוסלה מאותו הטעם, אף על פי שלא חסר ממנה דבר, כיון שאינה כדרך ברייתה. כפירוש זה ננקוט גם בהמשך. אמנם ראה חידושי רבי עקיבא איגר סוכה כט, ב ד"ה ובאמת, שתמה על פירוש זה, מכח משמעות דברי תוספות שם, ד"ה נקטם (וגם כאן עמוד א, ד"ה ניטלה) שהפסול הוא משום שאין זה "הָדָר". לפירושו, הנחת הגמרא בשלב זה מובנת יותר, שלגבי חסרון ההידור מסתבר שנחלקה התיומת דומה לניטלה. עיין עוד במהדורתנו לסוכה לב, א בסיכום שלאחר הערה 15, פיסקא אחרונה.]

2. כיון שחילוק התיומת פוסל את הלולב, הרי הוא נחשב כשינוי בגוף הלולב המועיל לקנותו לגזלן (רש"י; עיין תורת חיים לעיל עמוד א, ד"ה דמעיקרא וד"ה נחלקה). ועיין רמ"ה המובא בשיטה מקובצת שהוסיף ביאור, שמכיון שנפסל למצות נטילת לולב בטלה חשיבותו, ואינו אלא כ"הוצין" בעלמא, ונמצא שנשתנה שמו מ"לולב" ל"הוצין".

[אמנם עיין קובץ שיעורים (אות קיב) המבאר להיפך, שאם שינוי כזה קונה בגזילה הרי זה מוכיח שהוא שינוי משמעותי בגוף הלולב, וממילא נפסל למצוה כיון שנשתנה מברייתו. ועל כל פנים, ברור שהדין לגבי הפסול למצוה ולגבי קנין בגזילה תלוי זה בזה, ובכל מקרה שנכריע שהוא נפסל למצוה הרי הוא גם שינוי המועיל לקנות בגזילה, וכן להיפך, שהרי כל הדיון כאן מופיע כצורתו גם במסכת סוכה (לב, א), כאשר שם הנידון הוא לגבי כשרות הלולב למצוה.]

3. וממילא אינו נחשב שינוי המועיל לקנות.

4. כלומר, הגמרא טוענת שרק אם ניטלה התיומת בפועל יש לפוסלה מטעם "חסר", אך אם היא קיימת ורק נחלקה אין בכך להחשיבה כאילו נחסרה.

5. לפי נוסח זה, רבי יהושע בן לוי אמר בפירוש שיש להחשיב תיומת שנחלקה כאילו ניטלה, ועל כן אף היא פסולה כמותה.

6. עיין לעיל צג, ב הערה 12 ובמקורות שהובאו שם, אם שינוי החוזר אינו קונה אפילו מדרבנן כפשטות הגמרא כאן; עיין עוד להלן, הערה 9.

[כוונת הגמרא רק שהגזלן אינו קונה את העפר, וחייב להחזיר את הלבינה לנגזל. אולם מכל מקום, הנגזל חייב לשלם לגזלן עבור השבח או חלקו, על פי הדעות השונות שהובאו לעיל צה, ב (עיין רשב"א, תוספות רי"ד ור"י מלוניל).]

7. ועל כן, לא יוכל לתת את העפר לנגזל ולומר לו "הרי שלך לפניך", אלא עליו לשלם לו דמי לבינה (תוספות רי"ד; ר"י מלוניל).

8. הלבינה שהוא עושה כעת אינה הלבינה הישנה, אלא לבינה חדשה שהוצרכה לתיקון וגיבול מחדש, ואין זה חזרה למצבה הקודם. ולמעשה, היא גם שונה מן הלבינה המקורית, שהרי אי אפשר לצמצם ולעשותה בדיוק בגודלה ובצורתה של הראשונה (רש"י).

[מסוף דברי רש"י משמע, שאילו היה אפשר לעשות לבינה חדשה הזהה ללבינה המקורית בדיוק בצורתה ובמידותיה, היה זה נחשב החזרת העפר למצבו הקודם ולא "פנים חדשות", אף שהלבינה החדשה הוצרכה לתיקון וגיבול מחדש. כך נראה גם מדברי הרמ"ה המובא בשיטה מקובצת. אמנם מדברי הרא"ש (סימן ג) והרמב"ם (הלכות גזילה ואבידה ב, יב; ראה שיטה מקובצת בשם הר"מ מסרקסטה) נראה שגם אם יעשה את הלבינה באותן מידות בדיוק היא עדיין תיחשב "פנים חדשות", כיון שעשיית הלבינה וצורתה היא יצירה חדשה, ואין זה ביטול צורת העפר והחזרתו למצבו הקודם. עיין גם חדושי רבי משה קזיס. ולמעשה, גם ברש"י נראה שלא אמר זאת כעיקר הטעם אלא כטעם נוסף, וזה שהלבינה החדשה צריכה תיקון וגיבול משלה הוא טעם בפני עצמו להחשיבה כ"פנים חדשות" כפי שנתבאר (ראה פרישה חושן משפט שס, ד).]

9. וכאן אין לומר שאף אם יחזור ויעשה מטיל — "פנים חדשות באו לכאן"; שכן בניגוד ללבינה, שצריך לעשותה דוקא בצורה מסויימת ובמידות מסויימות, אף אחד אינו מקפיד על צורתו או מידותיו של מטיל כסף, אלא שתהא חתיכת כסף כלשהי (המכילה כמות מסויימת של כסף). הלכך, בכל צורה שיעשה את המטיל, יש לראותו כהחזרת המטיל המקורי שנגזל לקדמותו (רש"י).

[ראה תוספות (ד"ה ועבדיה) הסוברים שהדוגמא של הגמרא שעשה ממטיל הכסף מעות, היא בדוקא, שכן גם המעות אין עליהן חשיבות גדולה מעבר לחומר הכסף שבהן, ומכיון שאין בזה שינוי חשוב אינו קונה אם הוא חוזר לברייתו. כמו כן בלבינה, אין חשיבות גדולה בצורתה, ועל כן אינו קונה מכיון שהוא גם שינוי החוזר לברייתו. אבל אם עשה מהכסף כלי, כגון גביע, אף על פי שגם הוא שינוי החוזר לברייתו, מכל מקום קנה כיון שהוא שינוי חשוב, וכפי שלמדנו לעיל (צג, ב) בשם אביי, שהגוזל נסרים משופין ומרכיבם לכלים קונה אף על פי שאפשר לפרקם. אמנם עיין רשב"א המקשה עליהם כמה קושיות, ומסיק שלהלכה שינוי החוזר לברייתו אינו קונה כלל, וכדעת רב אשי שם (ראה סמ"ע שס, יא; אך עיין ש"ך שם, א; עיין עוד לעיל צג, ב הערה 12; עיין עוד שם, הערה 9).

ראה קצות החושן שס, ד, המסתפק מה הדין באדם שגזל נסכא ועשאו מעות, וחזר ועשאו נסכא: האם נאמר שקנאו בשינוי שבהתכת המעות לנסכא (כיון שגם בשעה שהיה מעות היה עדיין שייך לנגזל, ואחרי התכתו אינו יכול לחזור לאותו מצב), או שמא אינו קונה בשינוי זה, כיון שבזה החזירו למצבו המקורי בשעת הגזילה ונמצא שהוא עדיין "כאשר גזל". ראה שם הכרעתו; עיין דברי חיים (אוירבאך) דיני גניבה וגזילה כא, מנחת שלמה על הש"ס לעיל צג, ב, וטבעת החושן במקום, לדיון בדבריו.]

מאי לאו הוא הדין לנחלקה לא ניטלה שאני דהא חסר לה איכא דאמרי ת"ש דא"ר מתון א"ר יהושע בן לוי [א]נחלקה התיומת נעשה כמי שנטלה ופסול ש"מ אמר רב פפא [ב]האי מאן דגזל עפרא מחבריה ועבדיה לבינתא לא קני מאי טעמא [ג]דהדר משוי ליה עפרא [ד]לבינתא ועבדיה עפרא קני מאי אמרת דלמא הדר ועביד ליה לבינתא האי לבינתא אחריתי הוא ופנים חדשות באו לכאן ואמר רב פפא [ה]האי מאן דגזל נסכא מחבריה ועביד זוזי לא קני מאי טעמא הדר עביד להו נסכא [ו]זוזי ועבדינהו נסכא קני (א) מאי אמרת הדר עביד להו זוזי פנים חדשות באו לכאן [ז]שחימי ועבדינהו חדתי לא קני [ח]חדתי ועבדינהו שחימי קני מאי אמרת הדר עביד להו חדתי [א]מידע ידיע שיחמיהו: זה הכלל כל הגזלנין משלמין כשעת הגזלה: (זה הכלל) לאתויי מאי לאתויי הא [ג]דאמר ר' אלעא גנב טלה ונעשה איל עגל ונעשה שור נעשה שינוי בידו וקנאו טבח ומכר שלו הוא טובח שלו הוא מוכר ההוא גברא דגזל פדנא דתורי מחבריה אזל כרב בהו כרבא זרע בהו זרעא לסוף אהדרינהו למריה אתא לקמיה דרב נחמן אמר להו זילו שומו שבחא דאשבח אמר ליה רבא תורי אשבח ארעא לא אשבח אמר מי קאמינא נשיימו כוליה פלגא קאמינא א"ל [ט]סוף סוף גזילה הוא וקא הדרה בעינא דתנן [י]כל הגזלנין משלמין כשעת הגזלה אמר ליה לא אמינא לך כי יתיבנא בדינא לא תימא לי מידי דאמר הונא חברין עלאי אנא ושבור מלכא אחי בדינא האי איניש גזלנא עתיקא הוא [ל]ובעינא דאיקנסיה:

מתני' [כ]גזל בהמה והזקינה עבדים והזקינו משלם כשעת הגזלה רבי מאיר אומר [ל]בעבדים אומר לו הרי שלך לפניך [מ]גזל מטבע ונסדק פירות והרקיבו יין והחמיץ משלם כשעת הגזלה [נ]מטבע ונפסל תרומה ונטמאת חמץ ועבר עליו הפסח בהמה ונתעבדה בה עבירה או שנפסלה מעל גבי המזבח או שהיתה יוצאה ליסקל אומר לו הרי שלך לפניך:

גמ' אמר רב פפא לא הזקינה הזקינה ממש אלא אפי' כחשה והא אנן הזקינה תנן (ב) כחשה כגון הזקינה [ס]דלא הדר בריא אמר ליה מר קשישא בריה דרב חסדא לרב אשי הכי קאמרי משמיה דרבי יוחנן אפילו גנב טלה ונעשה איל עגל ונעשה שור נעשה שינוי בידו וקנאו טבח ומכר שלו הוא טובח שלו הוא מוכר אמר ליה לאו אמינא לך לא תחליף גברי ההוא משמיה דרבי אלעא איתמר: רבי מאיר אומר בעבדים אומר לו הרי שלך לפניך: אמר רב חנינא בר אבדימי אמר רב הלכה כרבי מאיר ורב שביק רבנן ועביד כרבי מאיר אמרי משום דברייתא איפכא תניא ורב שביק מתניתין ועביד כברייתא רב מתניתין נמי איפכא תני ומאי (ג) טעמיה דרב דאפיך מתני' מקמי דברייתא אדרבה ניפוך לברייתא מקמי מתניתין אמרי רב נמי מתניתין איפכא אתניה ואי בעית אימא כי לא אפיך חדא מקמי חדא חדא מקמי תרתי אפיך דתניא [ע]המחליף פרה בחמור וילדה וכן המוכר שפחתו וילדה זה אומר ברשותי ילדה והלה שותק זכה בה [פ]זה אומר איני יודע וזה אומר איני יודע יחלוקו [צ]זה אומר ברשותי וזה אומר ברשותי ישבע המוכר שברשותו ילדה לפי [ק]שכל הנשבעין שבתורה נשבעין ולא משלמין דברי ר' מאיר וחכמים אומרים [ר]אין נשבעין לא על העבדים ולא על הקרקעות האי הלכה כר' מאיר הלכה כרבנן מיבעי ליה הכי קאמר למאי דאפכיתו ותניתו הלכה כרבי מאיר

ומי

רש"י

מאי לאו ה"ה לנחלקה. וכיון דלענין פסול מפסלא לענין מקנה נמי שינוי הוא וקני: פנים חדשות באו לכאן. לא זו היא לבינה הראשונה אלא זו לבינה אחרת שהוצרך תיקון וגיבול בפני עצמה ומשונה היא (ד) מהראשונים דאי אפשר לצמצם או גדולה או קטנה: נסכא. פלטא של כסף: הדר עביד להו נסכא. אם ירצה ושינוי החוזר לברייתו הוא והכא ליכא למימר פנים חדשות דאין אדם מקפיד על רבועה ותקונה אלא שתהא חתיכה בעלמא: שחימי. שחורין כעין ישנים: ועבדיה חדתי. שליבנה: לא קני. שסופן לחזור ליושנן: נעשה שינוי בידו וקנאו. [כ] לכך דאם טבח ומכר שלו הוא טובח ושלו הוא מוכר ואין משלם אלא כפל: פדנא. תרגום של צמד בקר ופדן ארם על שם ששני ארמים היו ארם נהריים וארם צובה: כרבא. חרישה: דאמר הונא חברין עלאי דאנא ושבור מלכא. שמואל אחי בדינא: מתני' בעבדים אומר לו הרי שלך לפניך. דכקרקע דמי וברשותיה דמריה קיימי: גזל מטבע ונסדק. שינוי הניכר הוא (ה): ונעבדה בה עבירה. נרבעת או נעבדה פסולה לקרבן כדתניא בשור שנגח ארבעה וחמשה (לעיל דף מ:): שנפסלה מעל גבי המזבח. במום (ו) שאין ניכר כדוקין שבעין: פטורין. דכל בהמות לאו למזבח קיימי: גמ' אלא אפילו כחשה. דלא הוי שינוי כולי האי דלא אישתני כולי גופה: איפכא תניא. רבי מאיר אומר כשעת הגזלה וחכמים אומרים בעבדים אומר לו הרי שלך לפניך וקאמר רב הלכה כר' מאיר דמתניתין דהיינו רבנן דברייתא: איפכא אתנייה. רבותיו: ואב"א כי לא מפכינא. מתני' מקמי ברייתא: חדא מקמי חדא. אבל חדא משנה מקמי תרתי ברייתא מפיך והכא תרתי איכא חדא הא דאמרן לעיל ברייתא איפכא תניא ואידך הא דתניא כו': המחליף כו'. להכי נקט מחליף גבי בהמה ולא תנא מוכר כדנקט בשפחה דבהמה אינה נקנית בכסף עד שימשוך וכי משך דבר הנראה לעינים הוא אם ילדה אם לאו ואין כאן ספק אבל בחליפין מתוקמא כגון שלא משך בעל החמור את הפרה אלא בעל הפרה משך את החמור ונקנית הפרה אל בעל החמור במשיכת החמור בכל מקום שהיא כדתנן בקדושין (ד' כח.) כל הנעשה דמים באחר כיון שזכה זה נתחייב זה בחליפין ולא ידעינן השתא אי כבר ילדה פרה בשעת משיכת החמור וברשות מוכר ילדה או לאחר משיכת החמור וברשות לוקח [ילדה]: וכן המוכר שפחתו. עבד כנעני נקנה בכסף ואע"ג שאין לפניו בשעת מתן מעות: והלה שותק. ברי ושמא ברי עדיף: ישבע המוכר. דאיכא הודאה במקצת ואיכא שבועה דאוריית' (ז) דקטע לידיה דאם קתבע ליה האי לוקח שפחה שלימה יש לי בידך עם ולדה וזה אומר אין שפחה שלימה יש לך בידי אבל לא ולדה דמודה ליה במקצת ומשום הילך לא מפטר דהא קטע ידה ולאו הילך הוא והכי מוקי לה בהשואל: נשבעין ולא משלמין. מי שתובעים אותו ישבע ויפטר דכתיב (שמות כב) ולקח בעליו ולא ישלם מי שעליו לשלם הוא נשבע ולא נשבע התובע ויטול: אין נשבעין. וברשות מוכר תעמוד עד שיביא לוקח ראיה אלמא לרבנן עבדא כמקרקעי דמי: אין נשבעין על הקרקעות. בפרק הזהב (ב"מ דף נו.): אי הכי. דמתניתין נמי בעינן למיתנא איפכא הלכה כרבנן מבעי ליה:

פטור

תוספות

ועבדיה זוזי לא קני. דוקא עבדיה זוזי אבל עשה מן הנסכא כלי כגון כוס של כסף קני אע"ג דהדר עביד ליה נסכא דלא גרע מנסרים ועשאן כלים אבל זוזי ולבינה אין תורת חשיבות עליהן כ"כ: המחליף פרה בחמור. אורחא דמילתא נקט שדרך להחליף פרה בחמור ולמכור שפחה בדמים אבל אין לפרש דלא מצי למינקט המוכר פרה וילדה לפי שאין פרה נקנית בכסף אלא במשיכה ובשעת משיכה רואה אם ילדה אם לאו אבל שפחה נקנית בכסף דעבדים הוקשו לקרקעות דהא רבי מאיר קתני לה ורבי מאיר לא מקיש דהא קאמר דנשבעים על העבדים ועל הקרקעות אית ליה דאין נשבעין כדמוכח בשבועות (דף מב: ושם) גבי יש דברים שהן כקרקע ואינן כקרקע וכיון דלא מקיש לענין שבועה ה"ה לענין קנין דהא מייתי ראיה הכא משבועה אגזל ומיהו קצת יש לחלק דלענין גזל ושבועה נראה לגמרא להשוות דתרוייהו נפקי על ידי כלל ופרט גזל לקמן בפ' בתרא (דף קיז:) ושבועות בפרק [שבועת הדיינים] (שבועות דף מב:): והלה שותק זכה בה. למ"ד [ל] דברי ושמא ברי עדיף ניחא ולמאן דאמר לא ברי עדיף אור"י שהוא מפרש דשתיקה כהודאה דמיא ולא כאומר איני יודע:

עין משפט נר מצוה

לג א מיי' פ"ח מהל' לולב הלכה ד סמג עשין מד טוש"ע א"ח סימן תרמה סעיף ג:
לד ב ג מיי' פ"ב מהל' גזלה ואבידה הל' יא סמג עשין עג טוש"ע ח"מ סימן שס סעיף ה:
לה ד מיי' שם הלכה יב טוש"ע שם סעיף ו:
לו ה מיי' שם הלכה יא טוש"ע שם סעיף ה:
לז ו מיי' שם הלכה יב טוש"ע שם סעיף ו:
לח ז ח מיי' שם הלכה יג טוש"ע שם סעיף ז:
לט ט י מיי' שם פ"ג הלכה ו סמג שם טוש"ע ח"מ סימן שסג סעיף ג:
מ כ ל מ נ ס מיי' שם הלכה ד טוש"ע שם סעיף א:
מא ע מיי' פ"כ מהל' מכירה הלכה י סמג עשין עג טוש"ע ח"מ סימן רכג סעיף א:
מב פ צ מיי' שם הלכה יא וע"ש טוש"ע שם סעיף ב:
מג ק מיי' פ"א מהלכות טוען ונטען הלכה ד סמג עשין פה טוש"ע ח"מ סימן פט סעיף א:
מד ר מיי' שם פ"ה הלכה א ופ"כ מהל' מכירה הלכה י סמג עשין לה טוש"ע ח"מ סימן לה סעיף א:

ליקוטי רש"י

נסכא. חתיכה של כסף [קדושין ח:]. חתיכת כסף מותך לשון (ישעיה מ) הפסל נסך חרש [שבועות לב:]. חתיכה אחת של זהב שקורין פלט"א [מנחות קז.]. נעשה שינוי בידו וקנאו. בשינוי להא מילתא דאם טבח ומכר שלו הוא טובח וכו' ופטור מד' וה' אבל קרן וכפל משלם קרן כי השתא וכפל כעין שגנב או כשעת העמדה בדין [לעיל סה:]. ושבור מלכא. ומנו שמואל ולפי שהלכה כמותו בדינים (בכורות מט:) קרי ליה הכי והוא שם של מלך פרס [רשב"ם ב"ב קטו:]. בעבדים אומר לו הרי שלך לפניך. דעבדא כמקרקעי דמי וקרקע הדרא בעינה ואינה נגזלת לקנות לגזלן בשינוי ולהיות ברשותו [לעיל צה.]. דקיימא לן קרקע אינה נגזלת וכל מקום שהיא ברשות בעליה עומדת ועבד כמקרקעי דמי ואינו נגזל להיות נקנה לגזלן לשלם דמים הלכך כי אזקין ברשותיה דמריה אזקין [ב"מ ק:]. מטבע ונפסל. שפסלתו מלכות תרומה ונטמאת. מאליה [גיטין נג:]. אומר לו. לנגזל [לעיל סו:]. הרי שלך לפניך. ובלבד שישלם לו אותו עצמו וקרינא ביה והשיב את הגזלה אשר גזל (ויקרא ה) שהרי לא נשתנה [גיטין שם]. בעין כמות שהוא דהיזק שאינו ניכר הוא [לעיל סו:]. המחליף פרה בחמור. שכשמשך זה בעל הפרה את החמור ניקנית הפרה לבעל החמור ואין ידוע אם ילדה או לא ילדה. וכן המוכר שפחתו. דקי"ל עבד כנעני נקנה בכסף וכשנתן מעות ניקנית לו השפחה ואפילו היא בבית בעלים ואין ידוע אם עד שלא ילדה נתן הכסף והעובר שלו או לאחר שילדה והולד של בעלים זה אומר כן וזה אומר כן יחלוקו [ב"מ ק.].

מסורת הש"ס

א) ברא"ש איתא פנים חדשות באו לכאן, ב) גי' רש"ל כל, ג) לעיל סה:, ד) [לעיל לג: וש"נ], ה) ב"מ ק: [לעיל לה.], ו) גיטין נג:, ז) לעיל סו. לקמן קה., ח) [עיין תוספות לקמן דף לח. ד"ה האורס], ט) ב"מ ק., י) [שבועות מד: וש"נ], כ) עיין בספר פני יהושע, ל) [לקמן קיח.].

הגהות הב"ח

(א) גמ' נסכא קני (מאי אמרת) תא"מ ונ"ב ס"א וכי תימא וכן בסמוך: (ב) שם והא אנן הזקינה תנן אמרי כחשה כעין הזקינה כצ"ל: (ג) שם איפכא תני ומאי (טעמיה) תז"מ ונ"ב ס"א דוחקיה: (ד) רש"י ד"ה פנים וכו' ומשונה היא מהראשונה: (ה) ד"ה גזל וכו' הניכר הוא וקנייה בשינוי הס"ד ואח"כ מ"ה והחמיץ נמי נשתנה ריחו וטעמו ולא מצי למימר ליה הרי שלך לפניך הס"ד: (ו) ד"ה שנפסלה וכו' במום אע"פ שניכר בדוקין שבעין פטור דכל: (ז) ד"ה ישבע וכו' דאורייתא כגון דקטע לידה דאם וקתבע:

גליון הש"ס

גמ' האי מאן דגזל נסכא מחבריה. עיין מנחות דף קז ע"א תוס' ד"ה ודלמא: שם דגזל פדנא ויקח צמד בקר (ש"א י"א פסוק ז) מתורגם פדנא דתורי: שם משום דברייתא איפכא תניא. עיין שבת דף קמג ע"ב תוספות ד"ה ורי"א: שם חדא מקמי תרתי אפיך. עיין יומא דף נו ע"ב תוספות ד"ה מ"ש:

לעזי רש"י

פלט"א. פירוש חתיכה (רש"י מנחות דף קז ע"א ד"ה נסכא):

אותם כחדשים, כגון שליבנם באש או ששייפם[10], **לֹא קָנֵי**, כיון שבמשך הזמן ישחירו שוב ונמצא שהוא שינוי החוזר לברייתו. אולם **חַדְתֵּי וְעַבְדִינְהוּ שְׁחִימֵי** — אם גזל מטבעות חדשים והשחירם, **קָנֵי**, כיון שהוא שינוי שאינו חוזר. **מַאי אָמְרַתְּ** — מה תאמר להקשות על הוראה זו? **הָדַר עָבִיד לְהוּ חַדְתֵּי** — שהוא יכול לחזור ולעשות את המטבעות כחדשים, ונמצא שהשחרת המטבעות היא שינוי החוזר לברייתו?! אין הדבר כן; כי אפילו יחדש את המטבעות, **מֵידַע יְדִיעַ שִׁיחְמַיְיהוּ** — תמיד יהיה ניתן להבחין בשארית של שחרותם הקודמת[11].

שנינו בסוף משנתנו:

זֶה הַכְּלָל: כָּל הַגַּזְלָנִין מְשַׁלְּמִין את שווי החפץ שגזלו **כִּשְׁעַת הַגְּזֵלָה.**

מבארת הגמרא:

(זֶה הַכְּלָל) לְאַתּוּיֵי מַאי — כלל זה, מה בא לרבות[12]? **לְאַתּוּיֵי הָא** — הוא בא לרבות את מה **דְּאָמַר רַבִּי אִלְעָא:** אם **גָּנַב טָלֶה וְנַעֲשָׂה אַיִל** ברשות הגנב[13], או שגנב **עֵגֶל וְנַעֲשָׂה שׁוֹר**[14] ברשות הגנב, **נַעֲשָׂה שִׁינּוּי בְּיָדוֹ, וּקְנָאוֹ.** הלכך, אם לאחר מכן **טָבַח וּמָכַר** (או מכר) את הבהמה הגנובה, אינו חייב בתשלומי ארבעה וחמשה[15], כיון שאת הבהמה **שֶׁלּוֹ הוּא טוֹבֵחַ** ואת הבהמה **שֶׁלּוֹ הוּא מוֹכֵר.** אף הכלל של המשנה בא לרבות שינוי מסוג זה, לומר שאם גזל טלה ונעשה איל או עגל ונעשה שור אינו משלם את דמיו אלא לפי ערכו בשעת הגזילה[16].

הגמרא מביאה מעשה בענין שבח שנעשה על ידי הגזילה:

הַהוּא גַּבְרָא דְּגָזַל פַּדָּנָא דְּתוֹרֵי מֵחַבְרֵיהּ — מעשה באדם שגזל צמד בקר מחבירו, **אָזַל כָּרַב בְּהוּ כַּרְבָּא, זָרַע בְּהוּ זַרְעָא** — הלך וחרש בהם חרישה, וזרע בהם את שדהו[17]. **לְסוֹף, אַהַדְרִינְהוּ לְמָרֵיהּ** — החזיר את השוורים לבעליהם. **אָתָא לְקַמֵּיהּ דְּרַב נַחְמָן** — בא הנגזל לפני רב נחמן לדין, ותבע את הגזלן שישלם לו על השימוש בשוריו. **אֲמַר לְהוּ** (להם) רב נחמן: "**זִילוּ שׁוּמוּ שִׁבְחָא דְּאַשְׁבַּח** — לכו והעריכו את שווי השבח שהשביח את שדהו על ידי השוורים. כלומר, הגזלן חייב לשלם לבעל השוורים את שוויו של השבח שהשביחה שדהו כתוצאה מעבודת השוורים הגזולים".

אֲמַר לֵיהּ רָבָא לרב נחמן: **תּוֹרֵי אַשְׁבַּח, אַרְעָא לֹא אַשְׁבַּח** — וכי השוורים לבד גרמו את השבח, והקרקע לא גרמה את השבח? הרי ברור שהשבח איננו תוצאה של עבודת השוורים לבד! מדוע איפוא ישלם את כל השבח לבעל השוורים?"[18] **אָמַר** רב נחמן: "**מִי קָאָמִינָא נִשַׁיְימוּ כּוּלֵּיהּ** — וכי אמרתי שישומו את כל השבח ושהגזלן ישלם סכום זה כולו לבעל השוורים? **פַּלְגָא קָאָמִינָא** — התכוונתי לומר שישומו את השבח של השדה, והגזלן ישלם מחצית מסכום זה לבעל השוורים, כיון שהוא ערך השבח שבא מחמת שווריו[19]!

הערות

10. ראה רש"י ורמב"ם הלכות גזילה ב, יג. אולם לא מדובר באופן שהתיכם והטביעם מחדש, שהוא בודאי שינוי גמור כפי שלמדנו לעיל (ראה טור חושן משפט שס, ד ובית יוסף שם).

11. לעולם אי אפשר להבריקם ולעשותם כחדשים לגמרי כפי שהיו מתחילה. הלכך, השינוי נחשב שינוי שאינו חוזר לברייתו.

[הרמב"ם (הלכות גזילה ואבידה ב, יג) והרא"ש (סימן ד) גורסים כאן: "פנים חדשות באו לכאן", כמו לעיל (מסורת הש"ס). ועיין ים של שלמה שתמה על גירסא זו, שאם יחדשם על ידי שיוף או ליבון אין שום סברא להחשיבם "פנים חדשות". אמנם ראה רמ"ה המובא בשיטה מקובצת, המפרש גירסא זו כעין גירסתנו, בהתאם למה שהובא בשמו לעיל, הערה 8.]

12. [הרי"ף (לד, א מדפיו), הרא"ש (סימן ד) ועוד, גורסים את שאלת הגמרא על תיבת "כָּל". וראה ר"ן (בשם הרא"ה) שציין שעצם הכלל נצרך ללמד על מקרה שהשתנה מחיר הגזילה, כפי שנאמר בפסחים לב, א; עיין עוד תוספות וריטב"א בבא מציעא מג, א ומהרש"ל כאן.]

13. כבש הופך לאיל בגיל שלשה עשר חדשים ויום אחד (פרה א, ג). [בחודש השלשה עשר הוא עובר שינויים גופניים המקבילים לבגרות בבני אדם.]

14. שינוי זה הוא בגיל שנה ויום אחד, ויש אומרים שתי שנים ויום אחד; עיין פרה א, א-ב ובמפרשי המשנה שם (ר"ש, מהר"ם מרוטנבורג, רא"ש ותוספות יום טוב).

15. הגונב שור או שה ולאחר מכן טובח או מוכר אותו, משלם חמשה בקר תחת השור וארבע צאן תחת השה (ראה שמות כא, לז; משנה לעיל סב, ב). [חיוב זה קיים רק בגניבה ולא בגזילה (ראה לעיל סח, ב ר-עט, ב).]

16. רבי אלעא מלמד שהגונב טלה או עגל, וזה גדל אצלו ונעשה איל או שור, אם אחר כך טבחו או מכרו אינו צריך לשלם עליו תשלומי ארבעה וחמשה, כיון שבשעה שנעשה איל או שור קנאו הגנב בשינוי, וממילא כשטבחו או מכרו הוא למעשה טובח או מוכר בהמה שלו. אלא, עליו לשלם רק תשלומי כפל ככל גנב אחר (עיין רש"י).

[מלשון רש"י כאן (וביתר ביאור לעיל סה, ב ד"ה נעשה שינוי) משמע, שרבי אלעא רואה את האיל ואת השור כמי שהשתנו ונקנו לגנב, **רק** לענין זה שיהא פטור מלשלם תשלומי ארבעה וחמשה על טביחתם או מכירתם; אולם מכל מקום הבהמה נחשבת "כעין שגנב", והיא עדיין ממונו של הבעלים לגבי זה שהגנב צריך להחזירה להם כמות שהיא (עיין פני יהושע כאן ושם; ועיין לעיל שם הערה 16, שם צויינו כמה ספרים המבארים את יסוד החילוק). אולם, הפני יהושע מעיר שפירוש זה אינו תואם לכאורה למשמעות הגמרא כאן, המוצאת רמז להוראת רבי אלעא ממשנתנו, המדברת על קניית הגזילה על ידי הגזלן באופן מוחלט! עוד יש להעיר, שרש"י לעיל הוסיף, שמכל מקום חייב הגנב לשלם את הקרן כפי ערכה כעת; והרי לשון משנתנו שהובא כסיוע לדברי רבי אלעא, מורה בפירוש שהגזלן משלם כשעת הגזילה **ולא** כערכה כעת! (ואין לומר שכוונת הגמרא כאן רק לכפל שאותו משלם כשעת הגניבה כפי שהמשיך רש"י שם, שהרי המשנה כאן עוסקת בגזלן, וחיוב כפל אינו אלא בגנב).

ושמא יש לבאר שלא בא רש"י למעט, אלא שאם האיל (או השור) קיים בעין לא קנאו הגזלן (או הגנב) ועליו להשיבו בעצמו לנגזל, כיון שהשינוי מטלה לאיל אינו נחשב שינוי גמור והוא עדיין נחשב "כאשר גזל" (מן הטעמים שנתבארו לעיל שם, הערה 17); אולם אם לאחר שנעשה איל הוא מת או אבד וצריך הגזלן לשלם את דמיו, מודה רש"י שלפי רבי אלעא אינו צריך לשלם אלא כשעת הגזילה ולא לפי דמיו לאחר שנעשה איל (כפי שמוכח מהברייתא שהביא רבי חנינא שם לגבי חיוב כפל), וזאת מכח אותו קנין מסויים הפוטר אותו מתשלומי ארבעה וחמשה (כפי שטען רבי אלעא שם לרבי חנינא, שאם לא קנאו כלל היה לו לשלם את כל התשלומים לפי הערך לאחר שנעשה איל). וזו כוונת הגמרא, שהכלל האמור במשנתנו ש"כל הגזלנים משלמים כשעת הגזילה" בא לרבות מקרה זה, שאף על פי **שאין** בו שינוי גמור הקונה את האיל לגזלן לגמרי, מכל מקום אם אבד מהעולם אין הגזלן משלם אלא כשעת הגזילה.

ומה שאמר שם רש"י (בדעת רבי אלעא) שאת הקרן משלם לפי ערכו כעת, כבר נתבאר שם (בהערה 15) שהוא משום שהוציאו מהעולם בידים (על ידי הטביחה או המכירה), והוא נחשב כמעשה גזילה חדש (כהוראת רבה שם, עמוד א; ראה רש"י שם; ועיין שם, הערה 18). אולם אם מת או אבד **מאליו**, יורה רבי אלעא שלא יצטרך לשלם אלא כפי דמיו בשעת הגזילה, כאמור, ויש לבאר שלהוראה זו מסייעת הגמרא מהכלל של המשנה.]

17. כלומר, אחרי הזריעה חרש בהם את השדה פעם נוספת כדי לכסות את הזרעים בעפר (ר"י מלוניל [מובא גם בשיטה מקובצת]; עיין רש"י שבת עג, ב ד"ה בארץ ישראל; אך ראה בבא מציעא קה, ב וערכין כה, א עם רש"י, שפעמים היו עושים גם את הזריעה עצמה על ידי שוורים; וראה פתחי שערים בבבא מציעא שם, הנוטה לפרש שזו גם כוונת הגמרא כאן).

18. הוראת רב נחמן שהגזלן צריך לשלם את ערך השבח במלואו לבעל השוורים, מראה שלדעתו כל העליה בערך שדה מלאה תבואה ביחס לשדה ריקה לפני החרישה והזריעה, נובעת אך ורק מעבודת השוורים. אולם, ברור שאין זה נכון, שהרי חלק גדול מהשבח נובע בודאי מעצם האדמה המגדלת את התבואה, וזו שייכת לגזלן ולא לבעל השורים. על פי זה, טוען רבא, לא היה הגזלן צריך לשלם את כל ערך השבח לבעל השורים.

19. כלומר, כאשר אמרתי שיש להעריך את השבח, לא התכוונתי לומר שישומו את ערך השבח של השדה, והגזלן ישלם את **כל** סכום ההערכה; אלא, כוונתי היתה שיש להעריך את השבח של השדה כדי לקבוע את **מחצית** השבח שהיא הבאה כתוצאה מעבודת השורים.

[לכאורה, גם תשובה זו אינה מספקת; שהרי בודאי, מלבד האדמה והשוורים, השבח נגרם גם על ידי הזרעים שסופקו על ידי הגזלן, וגם על ידי עבודת הגזלן עצמו בחרישה, בזריעה ובשאר עבודות השדה, ולא מסתבר כלל לקבוע שעבודת השוורים לבד גורמת חצי מהשבח. והרי מנהג האריסים היה שהאריס מביא את שוריו, ועושה את כל עבודות השדה בעצמו, ובמקומות מסויימים נהגו שהוא גם מספק את הזרעים (ראה בבא מציעא עד, ב), וכתמורה לכך הוא נוטל מחצה, שליש או רביע מהתבואה; וכיצד יתכן להעריך את שכר עבודת השוורים לבד במחצית השבח? ועוד, כאשר דנים את ערך ההנאה מהשוורים הגזולים, לכאורה אין מקום להעריכה ביותר ממה שהיה עולה לגזלן לשכור שוורים מאדם אחר לצורך החרישה; ומדוע

מאי לאו הוא הדין לנחלקה לא ניטלה שאני דהא חסר לה איכא דאמרי ת"ש דא"ר מתון א"ר יהושע בן לוי [א]נחלקה התיומת נעשה כמי שנטלה ופסול ש"מ אמר רב פפא [ב]האי מאן דגזל עפרא מחבריה ועבדיה לבינתא לא קני מאי טעמא [ג]דהדר משוי ליה עפרא [ד]לבינתא ועבדיה עפרא קני מאי אמרת דלמא הדר ועביד ליה לבינתא האי לבינתא אחריתי הוא ופנים חדשות באו לכאן ואמר רב פפא [ה]האי מאן דגזל נסכא מחבריה ועביד זוזי לא קני מאי טעמא הדר עביד להו נסכא [ו]זוזי ועבדינהו נסכא קני (א) מאי אמרת הדר עביד להו זוזי פנים חדשות באו לכאן [ז]שחימי ועבדינהו חדתי לא קני [ח]חדתי ועבדינהו שחימי קני מאי אמרת הדר עביד להו חדתי [א]מידע ידיע שיחמייהו: זה הכלל כל הגזלנין משלמין כשעת הגזלה: ([ב]זה הכלל) לאתויי מאי לאתויי הא [ג]דאמר ר' אלעא גנב טלה ונעשה איל עגל ונעשה שור נעשה שינוי בידו וקנאו טבח ומכר שלו הוא טובח שלו הוא מוכר ההוא גברא [ס]דגזל פדנא דתורי מחבריה אזל כרב בהו כרבא זרע בהו זרעא לסוף אהדרינהו למריה אתא לקמיה דרב נחמן אמר להו זילו שומו שבחא דאשבח אמר ליה רבא תורי אשבח ארעא לא אשבח אמר מי קאמינא נשיימו כוליה פלגא קאמינא א"ל [ט]סוף סוף גזילה הוא וקא הדרה בעינא דתנן [ד]כל הגזלנין משלמין כשעת הגזלה אמר ליה לא אמינא לך כי יתיבנא בדינא לא תימא לי מידי דאמר הונא חברין עלאי אנא ושבור מלכא אחי בדינא האי איניש גזלנא עתיקא הוא [י]ובעינא דאיקנסיה: **מתני'** [ה] [כ]גזל בהמה והזקינה עבדים והזקינו משלם כשעת הגזלה רבי מאיר אומר [ל]בעבדים אומר לו הרי שלך לפניך [מ]גזל מטבע ונסדק פירות והרקיבו יין והחמיץ משלם כשעת הגזלה [ו] [נ]מטבע ונפסל תרומה ונטמאת [ז]חמץ ועבר עליו הפסח בהמה ונתעבדה בה עבירה או [ח]שנפסלה מעל גבי המזבח או שהיתה יוצאה ליסקל אומר לו הרי שלך לפניך: **גמ'** אמר רב פפא לא הזקינה הזקינה ממש אלא אפי' כחשה והא אנן הזקינה תנן (ב) כחשה כגון הזקינה [ס]דלא הדר בריא אמר ליה מר קשישא בריה דרב חסדא לרב אשי הכי קאמרי משמיה דרבי יוחנן אפילו גנב טלה ונעשה איל עגל ונעשה שור נעשה שינוי בידו וקנאו טבח ומכר שלו הוא טובח שלו הוא מוכר אמר ליה לאו אמינא לך לא תחליף גברי ההוא משמיה דרבי אלעא איתמר: רבי מאיר אומר בעבדים אומר לו הרי שלך לפניך: אמר רב חנינא בר אבדימי אמר רב הלכה כרבי מאיר ורב שביק רבנן ועביד כרבי מאיר אמרי [ס]משום דברייתא איפכא תניא ורב שביק מתניתין ועביד כברייתא רב מתניתין נמי איפכא תני ומאי (ג) טעמיה דרב דאפיך מתני' מקמי דברייתא אדרבה ניפוך לברייתא מקמי מתניתין אמרי רב נמי מתניתין איפכא אתניה ואי בעית אימא כי לא אפיך חדא מקמי חדא [ס]חדא מקמי תרתי אפיך דתניא [ט] [ע]המחליף פרה בחמור וילדה וכן המוכר שפחתו וילדה זה אומר ברשותי ילדה והלה שותק זכה בה [פ]זה אומר איני יודע וזה אומר איני יודע יחלוקו [צ]זה אומר ברשותי וזה אומר ברשותי ישבע המוכר שברשותו ילדה לפי [י] [ק]שכל הנשבעין שבתורה נשבעין ולא משלמין דברי ר' מאיר וחכמים אומרים [ר]אין נשבעין לא על העבדים ולא על הקרקעות האי הלכה כר' מאיר הלכה כרבנן מיבעי ליה הכי קאמר למאי דאפכיתו ותניתו הלכה כרבי מאיר

ומי

מאי לאו ה"ה לנחלקה. וכיון דלענין פסול מפסלא לענין מקנה נמי שינוי הוא וקני: פנים חדשות באו לכאן. לא זו היא לבינה הראשונה אלא זו לבינה אחרת שהולרך תיקון וגידול בפני עלמה ומשונה היא (ד) מהראשונים דאי אפשר לנמלם או גדולה או קטנה: נסכא. פלטא של כסף: הדר עביד להו נסכא. אם ירלה ושינוי החוזר לברייתו הוא והכא ליכא למימר פנים חדשות דאין אדם מקפיד על רבועה ותקונה אלא שתהא חתיכה בעלמא: שחימי. שחורין כעין ישנים: ועבדיה חדתי. שליבנה: לא קני. שסופן לחזור ליושנן: נעשה שינוי בידו וקנאו. [כ]לכך דאם טבח ומכר שלו הוא טובח ושלו הוא מוכר ואין משלם אלא כפל: פדנא. תרגום של למד בקר ופדן ארם על שם ששני ארמים היו ארם נהריים וארם לובה: כרבא. חרישה: דאמר הונא חברין עלאי דאנא ושבור מלכא. שמואל אחי בדינא: מתני' בעבדים אומר לו הרי שלך לפניך. דכקרקע דמי וברשותיה דמריה קיימי: גזל מטבע ונסדק. שינוי הניכר הוא (ה): ונעבדה בה עבירה. נרבעת או נעבדה פסולה לקרבן כדתניא בשור שנגח ארבעה וחמשה (לעיל דף מ:): שנפסלה מעל גבי המזבח. במום (ו) שאין ניכר כדוקין שבעין: פטורין. דכל בהמות לאו למזבח קיימי: גמ' אלא אפילו כחשה. דלא הוי שינוי כולי האי דלא אישתני כולי גופה: איפכא תניא. רבי מאיר אומר כשעת הגזלה וחכמים אומרים בעבדים אומר לו הרי שלך לפניך וקאמר רב הלכה כר' מאיר דמתניתין דהיינו רבנן דברייתא: איפכא אתנייה. רבותיו: ואב"א כי לא מפכינא. מתני' מקמי ברייתא: חדא מקמי חדא. אבל חדא משנה מקמי תרתי ברייתא מפיך והכא תרתי איכא חדא הא דאמרן לעיל ברייתא איפכא תניא ואידך הא דתניא כו': המחליף כו'. להכי נקט מחליף גבי בהמה ולא תנא מוכר כדנקט בשפחה דבהמה אינה נקנית בכסף עד שימשוך וכי משך דבר הנראה לעינים הוא אם ילדה אם לאו ואין כאן ספק אבל בחליפין מתוקמא כגון שלא משך בעל החמור את הפרה אלא בעל הפרה משך את החמור ונקנית הפרה אל בעל החמור במשיכת החמור בכל מקום שהיא כדתנן בקדושין (ד' כח.) כל הנעשה דמים באחר כיון שזכה זה נתחייב זה בחליפין ולא ידעינן השתא אי כבר ילדה פרה בשעת משיכת החמור וברשות מוכר ילדה או לאחר משיכת החמור וברשות לוקח [ילדה]: וכן המוכר שפחתו. עבד כנעני נקנה בכסף ואע"ג שאין לפניו בשעת מתן מעות: והלה שותק. ברי ושמא ברי עדיף: ישבע המוכר. דאיכא הודאה במקצת ואיכא שבועה דאורייתא (ז) דקטע לידיה דאם קתבע ליה האי לוקח שפחה שלימה יש לי בידך עם ולדה וזה אומר אין שפחה שלימה יש לך בידי אבל לא ולדה דמודה ליה במקצת ומשום הילך לא מפטר דהא קטע ידה ולאו הילך הוא והכי מוקי לה בהשואל: נשבעין ולא משלמין. מי שתובעים אותו ישבע ויפטר דכתיב (שמות כב) ולקח בעליו ולא ישלם מי שעליו לשלם הוא נשבע ולא נשבע התובע ויטול: אין נשבעין. וברשות מוכר תעמוד עד שיביא לוקח ראיה אלמא לרבנן עבדא כמקרקעי דמי: אין נשבעין על הקרקעות. בפרק הזהב (ב"מ דף נו.): אי הכי. דמתניתין נמי בעינן למיתנא איפכא הלכה כרבנן מבעי ליה:

פטור

ועבדיה זוזי לא קני. דוקא עבדיה זוזי אבל עשה מן הנסכא כלי כגון כוס של כסף קני אע"ג דהדר עביד ליה נסכא דלא גרע מנסרים ועשאן כלים אבל זוזי ולבינה אין תורת חשיבות עליהן כ"כ: **המחליף** פרה בחמור. אורחא דמילתא נקט שדרך להחליף פרה בחמור ולמכור שפחה בדמים אבל אין לפרש דלא מלי למינקט המוכר פרה וילדה לפי שאין פרה נקנית בכסף אלא במשיכה ובשעת משיכה רואה אם ילדה אם לאו אבל שפחה נקנית בכסף דעבדים הוקשו לקרקעות דהא רבי מאיר קתני לה ורבי מאיר לא מקיש דהא קאמר דנשבעים על העבדים ועל הקרקעות אית ליה דאין נשבעין כדמוכח בשבועות (דף מג: ושם) גבי יש דברים שהן כקרקע ואינן כקרקע וכיון דלא מקיש לענין שבועה ה"ה לענין קנין דהא מייתי ראיה הכא משבועה אגזל ומיהו קצת יש לחלק דלענין גזל ושבועה נראה לגמרא להשוות דתרוייהו נפקי על ידי כלל ופרט גזל לקמן בפ' בתרא (דף קיז:) ושבועות בפרק [שבועת הדיינים] (שבועות דף מג:): **והלה** שותק זכה בה. למ"ד [ל]דברי ושמא ברי עדיף ניחא ולמאן דאמר לא ברי עדיף אור"י שהוא מפרש דשתיקה כהודאה דמיא ולא כאומר איני יודע:

ומי

לג א מיי' פ"ח מהל' לולב הלכה ד סמג עשין מד טוש"ע א"ח סימן תרמה סעיף ג:

לד ב ג מיי' פ"ב מהל' גזילה ואבידה הל' יא סמג עשין עג טוש"ע ח"מ סימן שם סעיף ה:

לה ד מיי' שם הלכה יג טוש"ע שם סעיף ו:

לו ה מיי' שם הלכה יא טוש"ע שם סעיף ה:

לז ו מיי' שם הלכה יג טוש"ע שם סעיף ו:

לח ז ח מיי' שם הלכה יג טוש"ע שם סעיף ז:

לט ט י מיי' שם פ"ג הלכה ו סמג שם טוש"ע ח"מ סימן שסג סעיף ג:

מ כ ל מ נ ס מיי' שם הלכה ד טוש"ע שם סעיף א:

מא ע מיי' פ"כ מהל' מכירה הלכה י סמג עשין פב טוש"ע ח"מ סימן רכג סעיף א:

מב פ צ מיי' שם הלכה יא וע"ש טוש"ע שם סעיף ב:

מג ק מיי' פ"א מהלכות טוען ונטען הלכה ד סמג עשין פה טוש"ע ח"מ סימן פט סעיף א:

מד ר מיי' שם פ"ה הלכה א ופ"כ מהל' מכירה הלכה י סמג עשין לה טוש"ע ח"מ סימן לה סעיף א:

ליקוטי רש"י

נסכא. חתיכה של כסף [קדושין ח:]. חתיכת כסף מותך לשון (ישעיה מ) הפסל נסך חרש [שבועות לב:]. חתיכה אחת של זהב שקורין פלט"א [מנחות קז.]. נעשה שינוי בידו וקנאו. בשינוי להא מילתא דאם טבח ומכר שלו הוא טובח וכו' ופטור מד' וה' אבל קרן וכפל משלם קרן כי השתא וכפל כעין שגנב או כשעת העמדה בדין [לעיל סה:]. ושבור מלכא. ומנו שמואל ולפי שהלכה כמותו בדינים (בכורות מט:) קרי ליה הכי והוא שם של מלך פרס [רשב"ם ב"ב קטו:]. בעבדים אומר לו הרי שלך לפניך. דעבדא כמקרקעי דמי וקרקע הדרא בעינה ואינה נגזלת לקנות לגזלן בשינוי ולהיות ברשותו [לעיל צה.]. דקיימא לן קרקע אינה נגזלת וכל מקום שהיא ברשות בעליה עומדת ועבד כמקרקעי דמי ואינו נגזל להיות נקנה לגזלן לשלם דמים הלכך כי אזקין ברשותיה דמריה אזקין [ב"מ ק:]. מטבע ונפסל. שפסלתו מלכות תרומה ונטמאת. מאליה [גיטין נג:]. אומר לו. לנגזל [לעיל סו:]. הרי שלך לפניך. ובלבד שישלם לו אותו עלמו וקרינא ביה והשיב את הגזלה אשר גזל (ויקרא ה) שהרי לא נשתנה [גיטין שם]. בעין כמות שהוא דהיזק שאינו ניכר הוא [לעיל סו:]. המחליף פרה בחמור. שכשמשך זה בעל הפרה את החמור ניקנית הפרה לבעל החמור ואין ידוע אם ילדה או לא ילדה. וכן המוכר שפחתו. דקי"ל עבד כנעני נקנה בכסף וכשנתן מעות ניקנית לו השפחה ואפילו היא בבית בעלים ואין ידוע אם עד שלא ילדה נתן הכסף והעובר שלו או לאחר שילדה והולד של בעלים זה אומר כן וזה אומר כן יחלוקו [ב"מ ק.].

א) ברא"ש איתא פנים חדשות באו לכאן, ב) גי' רש"ל כל, ג) לעיל סה., ד) [לעיל לג: וש"נ], ה) ב"מ ק: [לעיל לה.], ו) גיטין נג., ז) לעיל סו. לקמן קה., ח) [עיין תוספות לקמן דף לח. ד"ה הלורס], ט) ב"מ ק., י) [שבועות מד: וש"נ], כ) עיין בספר פני יהושע, ל) [לקמן קיח.].

הגהות הב"ח

(א) גמ' נסכא קני (מאי אמרת) תא"מ ונ"ב ס"א וכי תימא וכן בסמוך: (ב) שם והא אנן הזקינה תנן אמרי כחשה כעין הזקינה כצ"ל: (ג) שם איפכא תני ומאי (טעמיה) תז"מ ונ"ב ס"א דוחקיה: (ד) רש"י ד"ה פנים וכו' ומשונה היא מהראשונה: (ה) ד"ה גזל וכו' הניכר הוא וקנייה בשינוי הס"ד ואח"כ מ"ה והחמיץ נמי נשתנה ריחו וטעמו ולא מלי למימר ליה הרי שלך לפניך הס"ד: (ו) ד"ה שנפסלה וכו' במום אע"פ שניכר בדוקין שבעין פטור דכל: (ז) ד"ה ישבע וכו' דאורייתא כגון דקטע לידה דאם וקתבע:

גליון הש"ס

גמ' האי מאן דגזל נסכא מחבריה. עיין מנחות דף קז ע"א תוס' ד"ה ודלמא: שם דגזל פדנא ויקח צמד בקר (ש"א י"א פסוק ז) מתורגם פדנא דתורי: שם משום דברייתא איפכא תניא. עיין שבת דף קמג ע"ב תוספות ד"ה ורי"א: שם חדא מקמי תרתי אפיך. עיין יומא דף נו ע"ב תוספות ד"ה מ"ש:

לעזי רש"י

פלט"א. פירוש חתיכה (רש"י מנחות דף קז ע"א ד"ה נסכא):

אָמַר לֵיהּ רבא לרב נחמן: "**סוֹף סוֹף**, מקרה של **גְּזֵילָה הוּא** זה, **וְקָא הַדְרָה בְּעֵינָא** — והדין הוא שהגזלן מחזיר רק את החפץ הגזול כמות שהוא ולא את שבחו; **דִּתְנַן** במשנתנו: **כָּל הַגַּזְלָנִין מְשַׁלְּמִין כִּשְׁעַת הַגְּזֵלָה**, ואם השביחה רשאי הגזלן ליטול את השבח! מדוע איפוא פסקת שעליו לשלם לנגזל חלק מהשבח שהשוורים הגזולים השביחו את שדהו"[20]? **אָמַר לֵיהּ** רב נחמן לרבא: "**לֹא אֲמִינָא לָךְ כִּי יָתִיבְנָא בְּדִינָא לֹא תֵּימָא לִי מִידִי** — וכי לא אמרתי לך שכאשר אני יושב בדין אל תאמר לי כלום? **דְּאָמַר הוּנָא חַבְרִין עֲלַאי** — שהרי חבירנו הונא (רב הונא) אמר עלי, **שֶׁאֲנָא וְשָׁבוֹר מַלְכָּא אַחֵי בְּדִינָא** — אני והמלך שבור (כינוי לשמואל)[21] אחים, כלומר, שוים זה לזה בדיני ממונות, ואין לך לחשוש שטעיתי[22]. ועתה אסביר לך את טעמי: מה שחייבתי גזלן זה לשלם עבור ההנאה שקיבל מן השוורים שגזל, הוא משום **דְּהַאי אִינָשׁ גַּזְלָנָא עַתִּיקָא הוּא** — אדם זה הוא גזלן עתיק, כלומר רגיל ומועד לגזול, **וּבְעִינָא דְּאֶיקְנְסֵיהּ** — ועל כן רציתי לקנסו כדי שיחדול ממעשיו הרעים"[23].

משנה המשנה מציינת כמה סוגי שינויים שקונים לגזלן ואחרים שאינם קונים לו:

אם **גָּזַל בְּהֵמָה וְהִזְקִינָה** ברשות הגזלן, או גזל **עֲבָדִים וְהִזְקִינוּ** ברשותו, הרי הוא **מְשַׁלֵּם** את דמיהם **כִּשְׁעַת הַגְּזֵלָה**[24]. **רַבִּי מֵאִיר אוֹמֵר: בַּ**מקרה של **עֲבָדִים, אוֹמֵר לוֹ** הגזלן לנגזל: "**הֲרֵי שֶׁלְּךָ לְפָנֶיךָ**; טול אותם כמות שהם", ואינו חייב לפצותו על הפסדו[25].

גָּזַל מַטְבֵּעַ וְנִסְדַּק, פֵּירוֹת וְהִרְקִיבוּ, או **יַיִן וְהֶחֱמִיץ**, שנשתנה ריחו וטעמו מכפי שהיה[26], הרי הגזלן נוטל את החפצים הגזולים לעצמו **וּמְשַׁלֵּם** את דמיהם **כִּשְׁעַת הַגְּזֵלָה**, כיון שכל אלה הם שינויים ניכרים הקונים את הגזילה לגזלן. אבל אם גזל **מַטְבֵּעַ וְנִפְסַל**[27], או **תְּרוּמָה וְנִטְמֵאת** ובכך נאסרה באכילה, או **חָמֵץ וְעָבַר עָלָיו הַפֶּסַח** בעודו ברשות הגזלן, ובכך נאסר בהנאה[28], או **בְּהֵמָה וְנִתְעַבְּדָה** (נעשתה) **בָּהּ עֲבֵירָה**, שנרבעה על ידי אדם או נעבדה כעבודה זרה ובכך נפסלה לקרבן[29], **אוֹ שֶׁנִּפְסְלָה** הבהמה **מֵעַל גַּבֵּי הַמִּזְבֵּחַ** — נפסלה להקרבה מחמת מום שנפל בה[30], **אוֹ שֶׁהָיְתָה יוֹצְאָה לִיסָּקֵל** — שהמיתה אדם או נרבעה לאדם בפני שני עדים ועל כן פסקו עליה בית דין שהיא חייבת סקילה[31], **אוֹמֵר לוֹ** הגזלן לנגזל: "**הֲרֵי שֶׁלְּךָ לְפָנֶיךָ**; טול אותה כמות שהיא", ואינו חייב לפצותו על הפסדו[32].

הערות

ישלם לו חלק משבח השדה? ויש לומר שרבא אכן היה יכול להמשיך ולהקשות כן, אך העדיף להקשות קושיא אחרת (שתובא בגמרא מיד) לפיה אין לחייב את הגזלן בכלום מעבר להחזרת השורים עצמם. ולגבי סברת רב נחמן, נראה בסמוך שלא היתה זו הוראה מן הדין אלא מקנס (ברכת אברהם).]

20. לשון המשנה מורה שגזלן חייב רק להשיב את הגזילה עצמה [כשהיא בעין] או את דמיה בשעת הגזילה [כשאינה בעין]; אבל אינו חייב להחזיר כל שבח שקיבל כתוצאה מן הגזילה, ואף אינו צריך לשלם דמי שכירות עבור השימוש בה (עיין ים של שלמה, ז).

[זו אחת התוצאות ממה שיש לגזלן "קניני גזילה" בחפץ הגזול: הוא נהנה מן השימוש בחפץ "שלו", ואינו צריך לשלם לבעלים המקוריים על הנאה זו, אפילו באופן שהוא צריך להשיב להם לבסוף את הגזילה עצמה (ראה לקמן צז, א הערה 1). תוצאה נוספת מה"קנין" שלו היא נטילת הגזילה לעצמו אם נשתנית. תוצאה שלישית ועיקרית היא חובתו לשלם לבעלים המקוריים את דמי הגזילה בכל מקרה שלא יוכל להשיבה בעין, אף אם תאבד על ידי אונס.]

21. רש"י (אך עיין שיטה מקובצת בשם גאון). שמואל היה בקי בדיני ממונות, ועל כן הלכה כמותו בענינים אלה (ראה בכורות מט, ב). משום כך כינו אותו "שבור מלכא", לומר שהוראותיו בדיני ממונות היו מתקיימות כאילו נגזרו על ידי שבור, המלך הפרסי שמלך באותה תקופה (ראה פסחים נד, א ורש"י שם דיבור אחרון; ראה גם בבא בתרא קטו, ב).

22. רב הונא השוה את בקיאותו בדיני ממונות לזו של שמואל [וכן אמרו גם (כתובות יג, א) שהלכה כרב נחמן בדיני ממונות, כפי שאמרו לגבי שמואל; ראה גם בבא מציעא סו, א]. לכן, אין לך לסתור את דברי כאשר אני יושב בדין. [עיין ים של שלמה, ז, לביאור אחר.]

[רבא פעל על פי ההלכה, האומרת שתלמיד הרואה את רבו הדן דיני ממונות ומחייב או מזכה אדם שלא כדין (לפי הבנת התלמיד), אסור לו לשתוק, ואפילו על דעת להעיר לרבו לאחר גמר הדין, אלא הוא חייב להעיר לרב ולהעמידו על טעותו מיד (ראה שבועות לא, א). על כך השיב לו רב נחמן, שמכיון שהוא (רב נחמן) בקי בדיני ממונות כגדולי הדיינים, לא היה לרבא לחשוש שהוא אכן טועה, והיה מותר לו ואף ראוי לו שלא להעיר במקום.]

23. מכאן אנו למדים שיש כח ביד בית דין להטיל קנסות מעצמם במקום הצורך, ואפילו בחוץ לארץ ובדיינים שאינם סמוכים (כרב נחמן), שאינם רשאים לגבות את הקנסות שהטילה התורה (ראה רי"ף; ראה גם שיטה מקובצת בשם ראשונים שונים).

24. הזדקנות בהמה או עבדים, היא שינוי שיש בו הכחשה ואינו חוזר לברייתו. הלכך, הגזלן קונה את הבהמה או את העבדים הגזולים בשינוי זה, ומשלם לבעלים המקוריים את דמיהם כשעת הגזילה.

25. מחלוקת רבי מאיר וחכמים בענין זה, נתבארה לעיל (צה, א; ראה שם, הערה 17), ותתבאר גם מתוך סוגיית הגמרא לקמן (בסוף העמוד): ההלכה היא שקרקע אינה "נגזלת", אלא נחשבת תמיד ברשות בעליה. הלכך, אפילו אם החזיק בה הגזלן והיא עברה שינוי מעשה ונפסדה תחת ידו, הוא רשאי לחזירה לבעליה כמות שהיא, ואינו חייב לפצותם על הפחת (ראה לקמן קיז, ב). רבי מאיר סובר שעבדים הוקשו לקרקעות (ראה לעיל סב, ב; קידושין כב, ב), ולכן אף הם אינם "נגזלים" על פי הדין, ואפשר תמיד להחזירם ולומר לנגזל "הרי שלך לפניך". ואילו חכמים חולקים וסוברים שעבדים דינם כשאר מטלטלין, והגזלן קונה אותם בשינוי (ראה רש"י).

26. ראה רש"י המובא בהגהות הב"ח ה, ונדפס עם הרי"ף, על פי הגמרא לקמן צז, א.

27. בגמרא (לקמן צז, א) יתבאר באיזה אופן מדובר.

28. ראה משנה פסחים כח, א.

29. רש"י. המקור לכך שאלה פסולים לקרבן, מובא לעיל מ, ב.

[לגבי בהמה הנרבעת, מדובר כאן במקרה שרק עד אחד ראה את הרביעה, והיא עדות מספיקה לפסול את הבהמה לקרבן (ראה תמורה כח, א). אם ראוה שני עדים, הרי הבהמה חייבת סקילה, ודינה יוזכר בהמשך המשנה (ועיין להלן, הערה 31). בהמה שנעבדה, אף בשני עדים, אינה נסקלת ואינה נאסרת באכילה להדיוט (ראה משנה תמורה כח, א וגמרא שם כט, א).]

30. כגון שנפל בה מום שאינו ניכר, כמו דוקין שבעין (קרום דק המכסה את קרנית העין ומעוות את הראיה [קטרקט בלע"ז] (ראה מהדורתנו לפסחים עג, א הערה 11), הפוסל אותה להקרבה על המזבח (רש"י; עיין להלן, הערה 32).

31. לגבי שור שהמית אדם, ראה שמות כא, כח; ולגבי בהמה שנרבעה לאדם, ראה ויקרא כ, טו-טז).

[שור החייב סקילה, משעה שנגמר דינו הוא אסור באכילה ובהנאה, ואפילו אם לבסוף לא נסקל אלא נשחט כראוי (ראה לעיל מא, א-ב). נמצא שגם עכשיו יש בה פחת.]

32. בכל המקרים האלה, לא נעשה בגוף הבהמה היזק ניכר: המטבע שנפסל, התרומה שנטמאה, והחמץ והבהמה שנאסרו, לא נשתנו באופן הניכר לעין מכפי שהיו. על כן, אף על פי שירד ערכן הממוני של גזילות אלה, או אפילו איבדו את כל ערכן, רשאי הגזלן להשיבן לבעלים המקוריים כמות שהם מבלי לשלם שום תשלום ממוני; שהרי היזק שאינו ניכר אינו נחשב "נזק", ועל כן נחשב החפץ הגזול כאילו הוא באותו מצב שהיה בשעת הגזילה, ובהשבתו יוצא הגזלן ידי חובתו להשיב "אֶת הַגְּזֵלָה אֲשֶׁר גָּזָל", ואין לו כל חיוב ממוני (עיין רש"י לעיל סו, ב ד"ה הרי שלך לפניך). דין זה קיים רק אם הגזלן ישיב לנגזל את הגזילה עצמה. אולם אינו יכול להשיב חפץ אחר הדומה לו (כגון: מטבע אחר פסול, או תרומה אחרת טמאה); שכן אם אינו משיב את החפץ הגזול עצמו חל עליו חיוב תשלומים כפי הערך בשעת הגזילה, ואינו יכול להיפטר מחיוב זה על ידי נתינת חפץ אחר שאינו שוה כלום (רש"י גיטין נג, ב ד"ה הרי שלך לפניך; עיין לקמן קה, א-ב; עיין גם תוספות לקמן צז, ב סוף דיבור ראשון)

[ומדובר באופן שההיזק נעשה מאליו או על ידי אדם אחר. אם הגזלן עצמו טימא את התרומה, דינו ככל אדם המזיק את חבירו בהיזק שאינו ניכר, שאם היה מזיד הוא חייב לשלם כפי ששנינו בגיטין נב, ב (ראה רש"י שם נג, ב ד"ה נטמאת, ותוספות שם, ד"ה גזלן; עיין גם תוספות לקמן צח, א ד"ה הצורם, לגבי הטלת מום בבהמה).]

לגבי בהמה שנפסלה מעל גבי המזבח מחמת איסור או מום, רש"י מבאר (על פי הגמרא לקמן צח, א) שהיא חוזרת לבעליה משום שאין כל הבהמות עומדות להקרבה על המזבח. נראה שכוונתו לומר שמשום כך ניתן להשיב את הבהמה בלי תשלום נוסף, כיון שהעובדא שהיא נפסלה להקרבה אינה נחשבת נזק, שהרי רוב

מאי לאו הוא הדין לנחלקה לא ניטלה שאני דהא חסר לה איכא דאמרי ת"ש דא"ר מתון א"ר יהושע בן לוי נחלקה התיומת נעשה כמי שנטלה ופסול ש"מ אמר רב פפא האי מאן דגזל עפרא מחבריה ועבדיה לבינתא לא קני מאי טעמא דהדר משוי ליה עפרא לבינתא ועבדיה עפרא קני מאי אמרת דלמא הדר ועביד ליה לבינתא האי לבינתא אחריתי הוא ופנים חדשות באו לכאן ואמר רב פפא האי מאן דגזל נסכא מחבריה ועביד זוזי לא קני מאי טעמא הדר עביד להו נסכא זוזי ועבדינהו נסכא קני (א) מאי אמרת הדר עביד להו זוזי פנים חדשות באו לכאן שחימי ועבדינהו חדתי לא קני חדתי ועבדינהו שחימי קני מאי אמרת הדר עביד להו חדתי מידע ידיע שיחמייהו: זה הכלל כל הגזלנין משלמין כשעת הגזלה: (זה הכלל) לאתויי מאי לאתויי הא דאמר ר' אלעא גנב טלה ונעשה איל עגל ונעשה שור נעשה שינוי בידו וקנאו טבח ומכר שלו הוא טובח שלו הוא מוכר ההוא גברא דגזל פדנא דתורי מחבריה אזל כרב בהו כרבא זרע בהו זרעא לסוף אהדרינהו למריה אתא לקמיה דרב נחמן אמר להו זילו שומו שבחא דאשבח אמר ליה רבא תורי אשבח ארעא לא אשבח אמר מי קאמינא נשיימו כוליה פלגא קאמינא א"ל סוף סוף גזילה הוא וקא הדרה בעינא דתנן כל הגזלנין משלמין כשעת הגזלה אמר ליה לא אמינא לך כי יתיבנא בדינא לא תימא לי מידי דאמר הונא חברין עלאי אנא ושבור מלכא אחי בדינא האי אינש גזלנא עתיקא הוא ובעינא דאיקנסיה: **מתני'** גזל בהמה והזקינה עבדים והזקינו משלם כשעת הגזלה רבי מאיר אומר בעבדים אומר לו הרי שלך לפניך גזל מטבע ונסדק פירות והרקיבו יין והחמיץ משלם כשעת הגזלה מטבע ונפסל תרומה ונטמאת חמץ ועבר עליו הפסח בהמה ונתעבדה בה עבירה או שנפסלה מעל גבי המזבח או שהיתה יוצאה ליסקל אומר לו הרי שלך לפניך: **גמ'** אמר רב פפא לא הזקינה הזקינה ממש אלא אפי' כחשה והא אנן הזקינה תנן (ב) כחשה כגון הזקינה דלא הדר בריא אמר ליה מר קשישא בריה דרב חסדא לרב אשי הכי קאמרי משמיה דרבי יוחנן אפילו גנב טלה ונעשה איל עגל ונעשה שור נעשה שינוי בידו וקנאו טבח ומכר שלו הוא טובח שלו הוא מוכר אמר ליה לאו אמינא לך לא תחליף גברי ההוא משמיה דרבי אלעא איתמר: רבי מאיר אומר בעבדים אומר לו הרי שלך לפניך: אמר רב חנינא בר אבדימי אמר רב הלכה כרבי מאיר ורב שביק רבנן ועביד כרבי מאיר אמרי משום דברייתא איפכא תניא ורב שביק מתניתין ועביד כברייתא רב מתניתין נמי איפכא תני ומאי (ג) טעמיה דרב דאפיך מתני' מקמי דברייתא אדרבה ניפוך לברייתא מקמי מתניתין אמרי רב נמי מתניתין איפכא אתניה ואי בעית אימא כי לא אפיך חדא מקמי חדא חדא מקמי תרתי אפיך דתניא המחליף פרה בחמור וילדה וכן המוכר שפחתו וילדה זה אומר ברשותי ילדה והלה שותק זכה בה זה אומר איני יודע וזה אומר איני יודע יחלוקו זה אומר ברשותי וזה אומר ברשותי ישבע המוכר שברשותו ילדה לפי שכל הנשבעין שבתורה נשבעין ולא משלמין דברי ר' מאיר וחכמים אומרים אין נשבעין לא על העבדים ולא על הקרקעות האי הלכה כר' מאיר הלכה כרבנן מיבעי ליה הכי קאמר למאי דאפכיתו ותניתו הלכה כרבי מאיר

ומי

תוספות

ועבדיה זוזי לא קני. דוקא עבדיה זוזי אבל עשה מן הנסכא כלי כגון כוס של כסף קני אע"ג דהדר עביד ליה נסכא דלא גרע מנסרים ועשאן כלים אבל זוזי ולבינה אין תורת חשיבות עליהן כ"כ: **המחליף** פרה בחמור. אורחא דמילתא נקט שדרך להחליף פרה בחמור ולמכור שפחה בדמים אבל אין לפרש דלא מצי למינקט המוכר פרה וילדה לפי שאין פרה נקנית בכסף אלא במשיכה ובשעת משיכה רואה אם ילדה אם לאו אבל שפחה נקנית בכסף דעבדים הוקשו לקרקעות דהא רבי מאיר קתני לה ורבי מאיר לא מקיש דהא קאמר דנשבעים על העבדים ועל הקרקעות אית ליה דאין נשבעין כדמוכח בשבועות (דף מג: ושם) גבי יש דברים שהן כקרקע ואינן כקרקע וכיון דלא מקיש לענין שבועה ה"ה לענין קנין דהא מייתי ראיה הכא משבועה אגזל ומיהו קצת יש לחלק דלענין גזל ושבועה נראה לגמרא להשוות דתרוייהו נפקי על ידי כלל ופרט גזל לקמן בפ' בתרא (דף קיז:) ושבועות בפרק [שבועת הדיינים] (שבועות דף מג:): **והלה** שותק זכה בה. למ"ד דברי ושמא ברי עדיף ניחא ולמאן דאמר לא ברי עדיף אור"י שהוא מפרש דשתיקה כהודאה דמיא ולא כאומר איני יודע:

רש"י

מאי לאו ה"ה לנחלקה. וכיון דלענין פסול מפסלא לענין מקנה נמי שינוי הוא וקני: פנים חדשות באו לכאן. לא זו היא לבינה הראשונה אלא זו לבינה אחרת שהולכך תיקון וגיבול בפני עצמה ומשונה היא (ד) מהראשונים דאי אפשר לצמצם או גדולה או קטנה: נסכא. פלטא של כסף: הדר עביד להו נסכא. אם ירצה ושינוי החוזר לברייתו הוא והכא ליכא למימר פנים חדשות דאין אדם מקפיד על רבועה ותקונה אלא שתהא חתיכה בעלמא: שחימי. שחורין כעין ישנים: ועבדינהו חדתי. שליבנה: לא קני. שסופן לחזור ליושנן: נעשה שינוי בידו וקנאו. לכך דאם טבח ומכר שלו הוא טובח ושלו הוא מוכר ואין משלם אלא כפל: פדנא. תרגום של צמד בקר ופדן ארם על שם ששני ארמים היו ארם נהריים וארם צובה: כרבא. חרישה: דאמר הונא חברין עלאי דאנא ושבור מלכא. שמואל אחי בדינא: **מתני'** בעבדים אומר לו הרי שלך לפניך. דכקרקע דמי וברשותיה דמריה קיימי: גזל מטבע ונסדק. שינוי הניכר הוא (ה): ונעבדה בה עבירה. נרבעת או נעבדה פסולה לקרבן כדתניא בשור שנגח ארבעה וחמשה (לעיל דף מ:): שנפסלה מעל גבי המזבח. במום (ו) שאין ניכר כדוקין שבעין: פטורין. דכל בהמות לאו למזבח קיימי: **גמ'** אלא אפילו כחשה. דלא הוי שינוי כולי האי דלא אישתני כולי גופה: איפכא תניא. רבי מאיר אומר כשעת הגזלה וחכמים אומרים בעבדים אומר לו הרי שלך לפניך וקאמר רב הלכה כר' מאיר דמתניתין דהיינו רבנן דברייתא: איפכא אתנייה. לתלמידיו: ואב"א כי לא מפכינא. מתני' מקמי ברייתא: חדא מקמי חדא. אבל חדא משנה מקמי תרתי ברייתא מפיך והכא תרתי איכא חדא הא דאמרן לעיל ברייתא איפכא תניא ואידך הא דתניא כו': המחליף כו'. להכי נקט מחליף גבי בהמה ולא תנא מוכר כדנקט בשפחה דבהמה אינה נקנית בכסף עד שימשוך וכי משך דבר הנראה לעינים הוא אם ילדה אם לאו ואין כאן ספק אבל בחליפין מתוקמא כגון שלא משך בעל החמור את הפרה אלא בעל הפרה משך את החמור ונקנית הפרה אל בעל החמור במשיכת החמור בכל מקום שהיא כדתנן בקדושין (ד' כח.) כל הנעשה דמים באחר כיון שזכה זה נתחייב זה בחליפין ולא ידעינן השתא אי כבר ילדה פרה בשעת משיכת החמור וברשות מוכר ילדה או לאחר משיכת החמור וברשות לוקח [ילדה]: וכן המוכר שפחתו. עבד כנעני נקנה בכסף ואע"ג שאין לפניו בשעת מתן מעות: והלה שותק. ברי ושמא ברי עדיף: ישבע המוכר. דאיכא הודאה במקצת ואיכא שבועה דאורייתא (ז) דקטע לידיה דאם קתבע ליה האי לוקח שפחה שלימה יש לי בידך עם ולדה וזה אומר אין שפחה שלימה יש לך בידי אבל לא ולדה דמודה ליה במקצת ומשום הילך לא מפטר דהא קטע ידה ולאו הילך הוא והכי מוקי לה בהשואל: נשבעין ולא משלמין. מי שתובעים אותו ישבע ויפטר דכתיב (שמות כב) ולקח בעליו ולא ישלם מי שעליו לשלם הוא נשבע ולא נשבע התובע ויטול: אין נשבעין. וברשות מוכר תעמוד עד שיביא לוקח ראיה אלמא לרבנן עבדא כמקרקעי דמי: אין נשבעין על הקרקעות. בפרק הזהב (ב"מ דף נו.): אי הכי. דמתניתין נמי בעינן למיתנא איפכא הלכה כרבנן מבעי ליה:

פטור

עין משפט נר מצוה

לג א מיי' פ"ח מהל' לולב הלכה ד סמג עשין מד טוש"ע א"ח סימן תרמה סעיף ג:
לד ב ג מיי' פ"ב מהל' גזילה ואבידה הל' יא סמג עשין עג טוש"ע ח"מ סימן שם סעיף ה:
לה ד מיי' שם הלכה יב טוש"ע שם סעיף ו:
לו ה מיי' שם הלכה יא טוש"ע שם סעיף ה:
לז ו מיי' שם הלכה יב טוש"ע שם סעיף ו:
לח ז ח מיי' שם הלכה יג טוש"ע שם סעיף ז:
לט ט י מיי' שם פ"ג הלכה ו סמג שם טוש"ע ח"מ סימן שסג סעיף ג:
מ כ ל מ נ ס מיי' שם הלכה ד טוש"ע שם סעיף א:
מא ע מיי' פ"כ מהל' מכירה הלכה י סמג עשין פב טוש"ע ח"מ סימן רכג סעיף א:
מב פ צ מיי' שם הלכה יא וע"ש טוש"ע שם סעיף ב:
מג ק מיי' פ"א מהלכות טוען ונטען הלכה ד סמג עשין פה טוש"ע ח"מ סימן פט סעיף א:
מד ר מיי' שם פ"ה הלכה א ופ"כ מהל' מכירה הלכה י סמג עשין לה טוש"ע ח"מ סימן לה סעיף א:

ליקוטי רש"י

נסכא. חתיכה של כסף [קדושין ח:]. חתיכת כסף מותך לשון (ישעיה מ) הפסל נסך חרש [שבועות לב:]. חתיכה אחת של זהב שקורין פלט"א [מנחות קז.]. **נעשה שינוי בידו וקנאו.** בשינוי להא מילתא דאם טבח ומכר שלו הוא טובח וכו' ופטור מד' וה' אבל קרן וכפל משלם קרן כי השתא וכפל כעין שגנב או כשעת העמדה בדין [לעיל סה:]. **ושבור מלכא.** ומנו שמואל ולפי שהלכה כמותו בדינים (בכורות מט:) קרי ליה הכי והוא שם של מלך פרס [רשב"ם ב"ב קטו:]. **בעבדים אומר לו הרי שלך לפניך.** דעבדא כמקרקעי דמי וקרקע הדרא בעינה ואינה נגזלת לקנות לגזלן בשינוי ולהיות ברשותו [לעיל צה.]. דקיימא לן קרקע אינה נגזלת וכל מקום שהיא ברשות בעליה עומדת ועבד כמקרקעי דמי ואינו נגזל להיות נקנה לגזלן לשלם דמים הלכך כי אוקין ברשותיה דמריה אוקין [ב"מ ק:]. **מטבע ונפסל.** שפסלתו מלכות **תרומה ונטמאת.** מאליה [גיטין נג:]. **אומר לו.** לנגזל [לעיל סו:]. **הרי שלך לפניך.** ובלבד שישלם לו אותו עצמו וקרינא ביה והשיב את הגזלה אשר גזל (ויקרא ה) שהרי לא נשתנה [גיטין שם]. בעין כמות שהוא דהיזק שאינו ניכר הוא [לעיל סו:]. **המחליף פרה בחמור.** שכשמשך זה בעל הפרה את החמור ניקנית הפרה לבעל החמור ואין ידוע אם ילדה או לא ילדה. **וכן המוכר שפחתו.** דקי"ל עבד כנעני נקנה בכסף וכשנתן מעות ניקנית לו השפחה ואפילו היא בבית בעלים ואין ידוע אם עד שלא ילדה נתן הכסף והעובר שלו או לאחר שילדה והולד של בעלים זה אומר כן וזה אומר כן יחלוקו [ב"מ ק.].

מסורת הש"ס

א) ברא"ש איתא פנים חדשות באו לכאן, ב) גי' רש"ל כל, ג) לעיל סה:, ד) [לעיל לג: וש"נ], ה) ב"מ ק: [לעיל לה.], ו) גיטין נג:, ז) לעיל סו. לקמן קה., ח) [עיין תוספות לקמן דף לח. ד"ה הלורס], ט) ב"מ ק., י) [שבועות מד: וש"נ], כ) עיין בספר פני יהושע, ל) [לקמן קיח.].

הגהות הב"ח

(א) גמ' נסכא קני (מאי אמרת) תא"מ ונ"ב ס"א וכי תימא וכן בסמוך: (ב) שם והא אנן הזקינה תנן אמרי כחשה כעין הזקינה כצ"ל: (ג) שם איפכא תני ומאי (טעמיה) תז"מ ונ"ב ס"א דוחקיה: (ד) רש"י ד"ה פנים וכו' ומשונה היא מהראשונה: (ה) ד"ה גזל וכו' הניכר הוא וקנייה בשינוי הס"ד ואח"כ מ"ה והחמיץ נמי נשתנה ריחו וטעמו ולא מצי למימר ליה הרי שלך לפניך הס"ד: (ו) ד"ה שנפסלה וכו' במום אע"פ שניכר בדוקין שבעין פטור דכל: (ז) ד"ה ישבע וכו' דאורייתא כגון דקטע לידה דאם וקתבע:

גליון הש"ס

גמ' האי מאן דגזל נסכא מחבריה. עיין מנחות דף קז ע"א תוס' ד"ה ולמא: שם דגזל פדנא ויקח צמד בקר (ש"א י"א פסוק ז) מתורגם פדנא דתורי: שם משום דברייתא איפכא תניא. עיין שבת דף קמג ע"ב תוספות ד"ה ורי"א: שם חדא מקמי תרתי אפיך. עיין יומא דף ע ע"ב תוספות ד"ה מ"ש:

לעזי רש"י

פלט"א. פירוש חתיכה (רש"י מנחות דף קז ע"א ד"ה נסכא):

גמרא הגמרא דנה בהוראה הראשונה של המשנה, שהזדקנות של בהמה נחשבת שינוי וקונה:

אָמַר רַב פָּפָּא: לֹא הִזְקִינָה הִזְקִינָה מַמָּשׁ — כאשר הזכירה המשנה מקרה של גזל בהמה והזקינה, לא התכוונה דוקא למקרה שהזקינה ממש, שהוא שינוי הניכר בכל גופה, **אֶלָּא אֲפִילוּ** אם רק **כָּחֲשָׁה** הבהמה ולא הזקינה, נחשב הדבר כשינוי, ושוב אין הגזלן יכול לומר לנגזל "הרי שלך לפניך", אלא עליו לשלם את דמי הבהמה בשעת הגזילה.

מקשה הגמרא:

וְהָא אֲנַן הִזְקִינָה תְּנַן — והרי אנו שנינו במשנה את המקרה של "הזקינה", ומשמע שאם הבהמה רק הכחישה, שהוא שינוי קטן יותר, אין זה נחשב שינוי לקנות את הגזילה!

רב פפא מתרץ:

באמת, גם אם הבהמה רק הכחישה, נחשב הדבר שינוי כפי שאמרתי. ומה שהמשנה הזכירה בדוקא את המקרה של "הזקינה", הוא כדי ללמדנו **שֶׁכָּחֲשָׁה כְּגוֹן הִזְקִינָה** — שהכחשה הנחשבת שינוי, היא רק כזו הדומה לבהמה שהזקינה, היינו באופן **דְּלֹא הָדַר בַּרְיָא** — שהבהמה לא תחזור לעולם לבריאותה[33]. אבל במקרה שיכולה להבריא, כגון שהכחישה מחמת חוסר תזונה ואפשר לפטמה עד שתחזור לקדמותה, הרי זה שינוי החוזר שאינו קונה, וגם עכשיו כשהיא כחושה יכול הגזלן לומר לבעלים: "הרי שלך לפניך".

הגמרא מביאה דיון בענין זה:

אָמַר לֵיהּ מַר קַשִּׁישָׁא בְּרֵיהּ דְּרַב חִסְדָּא[34] **לְרַב אַשִׁי: הָכִי קָאָמְרֵי מִשְּׁמֵיהּ** — כך אומרים משמו **דְּרַבִּי יוֹחָנָן:** לא רק במקרה של גזל בהמה והזקינה, שהוא שינוי הניכר היטב, קונה הגזלן את הבהמה, אלא **אֲפִילוּ** אם **גָּנַב טָלֶה** וְגדל עד **שֶׁנַּעֲשָׂה אַיִל** ברשותו, או גנב **עֵגֶל וְנַעֲשָׂה שׁוֹר** ברשותו, שאינו שינוי הניכר כל כך[35], **נַעֲשָׂה שִׁינּוּי בְּיָדוֹ, וּקְנָאוֹ;** לפיכך, אם לאחר מכן **טָבַח וּמָכַר** (או מכר) את הבהמה, אינו חייב בתשלומי ארבעה וחמשה, כיון שאת הבהמה **שֶׁלּוֹ הוּא טוֹבֵחַ**, ואת הבהמה **שֶׁלּוֹ הוּא מוֹכֵר**[36]. **אָמַר לֵיהּ** רב אשי למר קשישא: **לָאו אֲמִינָא לָךְ** — האם לא אמרתי לך: "**לֹא תַחֲלִיף גַּבְרֵי** — אל תחליף את שמות האנשים כשאתה מביא הוראות בשמם"? **הַהוּא מִשְּׁמֵיהּ דְּרַבִּי אִלְעָא אִיתְּמַר** — אותה הוראה נאמרה משמו של רבי אלעא ולא של רבי יוחנן[37].

שנינו במשנתנו:

רַבִּי מֵאִיר אוֹמֵר: בַּעֲבָדִים — במקרה שגזל עבדים והזקינו, **אוֹמֵר לוֹ** הגזלן לנגזל: "**הֲרֵי שֶׁלְּךָ לְפָנֶיךָ**; טול אותם כמות שהם", כיון שעבדים דינם כקרקעות ואינם נקנים לגזלן בקניני גזלה[38].

פסק הלכה:

אָמַר רַב חֲנִינָא בַּר אַבְדִּימִי אָמַר רַב: הֲלָכָה כְּרַבִּי מֵאִיר שעבדים נחשבים כקרקע ואינם נגזלים.

הגמרא תמהה על פסק הלכה זה:

וְרַב שָׁבִיק רַבָּנָן וְעָבִיד כְּרַבִּי מֵאִיר — האם יתכן שרב הניח את דעת חכמים שהם הרבים, והורה להלכה כדעת רבי מאיר שהוא היחיד[39]?

משיבה הגמרא:

אָמְרֵי: רב הורה כן, **מִשּׁוּם דְּבָרַיְיתָא אִיפְּכָא תַּנְיָא** — שברייתא שונה את דעותיהם של רבי מאיר וחכמים להיפך, שרבי מאיר סובר שגם בגזל עבדים והזקינו משלם כשעת הגזילה, וחכמים סוברים שיכול לומר לו "הרי שלך לפניך". על כן הורה שהלכה כדעת רבי מאיר המובאת במשנתנו, שהיא למעשה דעת חכמים שהם הרבים.

הגמרא ממשיכה להקשות:

וְרַב שָׁבִיק מַתְנִיתִין וְעָבִיד כְּבָרַיְיתָא — וכי הניח רב את גירסת המחלוקת השנויה במשנתנו, והורה לנהוג בהתאם לגירסא השנויה בברייתא[40]?

משיבה הגמרא:

רַב, מַתְנִיתִין נַמִּי אִיפְּכָא תָּנֵי — רב שנה גם את משנתנו באופן הפוך.

הגמרא מבינה את התשובה, שרב הפך את גירסת המשנה מדעתו כדי להתאימה לגירסת הברייתא. על כן היא חוזרת ומקשה:

וּמַאי טַעְמֵיהּ דְּרַב דְּאַפֵּיךְ מַתְנִיתִין מִקַּמֵּי דְּבָרַיְיתָא — ומה טעמו של רב שהפך את גירסת המשנה מפני הגירסא של הברייתא? **אַדְּרַבָּה** — להיפך, **נֵיפוּךְ לְבָרַיְיתָא מִקַּמֵּי מַתְנִיתִין** — היה לו להפוך את גירסת הברייתא מפני הגירסא של המשנה, שהרי הגירסא של המשנה בדרך כלל מוסמכת יותר!

משיבה הגמרא:

אָמְרֵי: רַב נַמִּי מַתְנִיתִין אִיפְּכָא אַתְנְיֵיהּ — רב, גם את המשנה לימדוהו רבותיו באופן הפוך, כגירסת הברייתא, ולא שהגיהה מדעתו מחמת גירסת הברייתא.

תירוץ אחר:

וְאִי בָּעֵית אֵימָא — ואם תרצה, אמור: באמת, הגירסא שקיבל רב מרבותיו במשנתנו היתה כגירסתנו, ורב הפכה מדעתו כדי שתתאים לגירסת הברייתא. ולגבי שאלתך שהיה ראוי לו להפוך את גירסת הברייתא מפני המשנה ולא להיפך, התשובה היא: **כִּי לֹא אַפֵּיךְ** — מה שאין הופכים גירסת משנה מחמת גירסא אחרת השנויה בברייתא, הוא רק **חֲדָא מִקַּמֵּי חֲדָא** — גירסת משנה אחת אין הופכים מפני גירסת ברייתא אחת, כי בין שתיהן יש להניח שגירסת המשנה מוסמכת

הערות

הבהמות אינן מיועדות להקרבה על המזבח.

התורת חיים (לקמן צח, א ד"ה הצורם) ומפרשים אחרים מעירים שלכאורה רש"י סותר את דברי עצמו; שהרי לפי טעם זה היה הגזלן רשאי להשיב את הבהמה כמות שהיא אפילו אם המום היה ניכר, ובלבד שאינו מפחית את ערך הבהמה למלאכה (וכפי הדוגמא הנזכרת בגמרא שם, שצרם את אזנה), ואילו לעיל (ראה הערה 30) פירש רש"י שהמשנה עוסקת במום שאינו ניכר, כמו דוקין שבעין! ראה הגהות הב"ח (אות ו), המגיה את דברי רש"י לעיל וגורס כך: "במום, אף על פי **שניכר** כדוקין שבעין" [והדוגמא של דוקין שבעין באה לציין רק שהוא מום שאינו מפחית את ערכה למלאכה, כאמור]. עיין תרומת הכרי שסג, א עם הגהות חתנו, ואגרות משה חושן משפט א, פה, ליישובים אחרים; עיין עוד קובץ שיעורים, קיד ואילך.

33. כגון במקרה שהכחישה הבהמה מחמת מחלה שאין לה תרופה (רמב"ם, הלכות גזילה ואבידה ג, ד; עיין עוד רש"י לעיל צד, א ד"ה בהכחשה דלא הדר, ובהערה 39 שם).

34. [לרב חסדא היו שני בנים בשם "מר", שנבדלו רק בכינוייהם: למבוגר מביניהם קראו "מר קשישא", ולצעיר "מר ינוקא" (רש"י כתובות פט, ב ד"ה מר קשישא; אך ראה תוספות בבא בתרא ז, ב ד"ה מר ינוקא, המפרשים להיפך).]

35. ראה תוספות רבינו פרץ.

36. ראה לעיל, הערות 15-16, לביאור הלכה זו.

37. רב אשי מסכים לעיקר דברי מר קשישא, רק הוא מתקן את מקור ההוראה.

לא הביאה הגמרא מעשה זה, אלא כדי ללמדנו עד כמה היו חכמים זהירים לדקדק לומר את הוראותיהם בשם אומרן, ושכל דבריהם היו בקבלה ברורה ממקורות מהימנים שראוי לסמוך על הוראותיהם (רבינו חננאל, מובא ברשב"א).

38. ראה לעיל הערה 25.

39. למעשה, מצינו במקומות רבים שאמורא מסויים פוסק כדעת יחיד נגד הרבים. רק מכיון שרב היה תלמידו של רבי מסדר המשנה, ואף נמנה בין החכמים שישבו לפני רבי והכריעו כיצד להורות (ראה גיטין נט, א וסנהדרין לו, א), מקשה הגמרא כיצד יתכן שהוא יפסוק כרבי מאיר, אחרי שרבי סתם את המשנה כדעה החולקת ורמז בכך שהלכה כמותה (רשב"א בשם בעל המאור; עיין ראב"ד לפירוש אחר).

40. נוסח המשנה, שנערך על ידי רבי ובית דינו, בודאי מוסמך יותר מנוסח הברייתא. הלכך, כאשר יש מחלוקת או שינויי נוסחאות בין משנה לברייתא, יש להעדיף את נוסח המשנה על נוסח הברייתא, ובמקרה שלנו היה ראוי להורות כאותה דעה שמובאת במשנה בשם הרבים.

מאי לאו הוא הדין לנחלקה לא ניטלה שאני דהא חסר לה איכא דאמרי ת"ש דא"ר מתון א"ר יהושע בן לוי נחלקה התיומת נעשה כמי שנטלה ופסול ש"מ אמר רב פפא האי מאן דגזל עפרא מחבריה ועבדיה לבינתא לא קני מאי טעמא דהדר משוי ליה עפרא לבינתא ועבדיה עפרא קני מאי אמרת דלמא הדר ועביד ליה לבינתא האי לבינתא אחריתי הוא ופנים חדשות באו לכאן ואמר רב פפא האי מאן דגזל נסכא מחבריה ועביד זוזי לא קני מאי טעמא הדר עביד להו נסכא זוזי ועבדינהו נסכא קני (א) מאי אמרת הדר עביד להו זוזי פנים חדשות באו לכאן שחימי ועבדינהו חדתי לא קני חדתי ועבדינהו שחימי קני מאי אמרת הדר עביד להו חדתי (א) מידע ידיע שיחמייהו: זה הכלל כל הגזלנין משלמין כשעת הגזלה: (ב זה הכלל) לאתויי מאי לאתויי הא דאמר ר' אלעא גנב טלה ונעשה איל עגל ונעשה שור נעשה שינוי בידו וקנאו טבח ומכר שלו הוא טובח שלו הוא מוכר ההוא גברא דגזל פדנא דתורי מחבריה אזל כרב בהו כרבא זרע בהו זרעא לסוף אהדרינהו למריה אתא לקמיה דרב נחמן אמר להו זילו שומו שבחא דאשבח אמר ליה רבא תורי אשבח ארעא לא אשבח אמר מי קאמינא נשיימו כוליה פלגא קאמינא א"ל סוף סוף גזילה הוא וקא הדרה בעינא דתנן כל הגזלנין משלמין כשעת הגזלה אמר ליה לא אמינא לך כי יתיבנא בדינא לא תימא לי מידי דאמר הונא חברין עלאי אנא ושבור מלכא אחי בדינא האי איניש גזלנא עתיקא הוא ובעינא דאיקנסיה:

מתני' (ה) גזל בהמה והזקינה עבדים והזקינו משלם כשעת הגזלה רבי מאיר אומר בעבדים אומר לו הרי שלך לפניך גזל מטבע ונסדק פירות והרקיבו יין והחמיץ משלם כשעת הגזלה (ו) מטבע ונפסל תרומה ונטמאת (ז) חמץ ועבר עליו הפסח בהמה ונתעבדה בה עבירה או (ח) שנפסלה מעל גבי המזבח או שהיתה יוצאה ליסקל אומר לו הרי שלך לפניך:

גמ' אמר רב פפא לא הזקינה הזקינה ממש אלא אפי' כחשה והא אנן הזקינה תנן (ב) כחשה כגון הזקינה דלא הדר בריא אמר ליה מר קשישא בריה דרב חסדא לרב אשי הכי קאמרי משמיה דרבי יוחנן אפילו גנב טלה ונעשה איל עגל ונעשה שור נעשה שינוי בידו וקנאו טבח ומכר שלו הוא טובח שלו הוא מוכר אמר ליה לאו אמינא לך לא תחליף גברי ההוא משמיה דרבי אלעא איתמר: רבי מאיר אומר בעבדים אומר לו הרי שלך לפניך: אמר רב חנינא בר אבדימי אמר רב הלכה כרבי מאיר ורב שביק רבנן ועביד כרבי מאיר אמרי משום דברייתא איפכא תניא ורב שביק מתניתין ועביד כברייתא רב מתניתין נמי איפכא תני ומאי (ג) טעמיה דרב דאפיך מתני' מקמי דברייתא אדרבה ניפוך לברייתא מקמי מתניתין אמרי רב נמי מתניתין איפכא אתניה ואי בעית אימא כי לא אפיך חדא מקמי חדא חדא מקמי תרתי אפיך דתניא (ט) המחליף פרה בחמור וילדה וכן המוכר שפחתו וילדה זה אומר ברשותי ילדה והלה שותק זכה בה זה אומר איני יודע וזה אומר איני יודע יחלוקו זה אומר ברשותי וזה אומר ברשותו ישבע המוכר שברשותו ילדה לפי (י) שכל הנשבעין שבתורה נשבעין ולא משלמין דברי ר' מאיר וחכמים אומרים אין נשבעין לא על העבדים ולא על הקרקעות האי הלכה כר' מאיר הלכה כרבנן מיבעי ליה הכי קאמר למאי דאפכיתו ותניתו הלכה כרבי מאיר

ומי

ועבדיה זוזי לא קני. דוקא עבדיה זוזי אבל עשה מן הנסכא כלי כגון כוס של כסף קני אע"ג דהדר עביד ליה נסכא דלא גרע מנסרים ועשאן כלים אבל זוזי ולבינה אין תורת חשיבות עליהן כ"כ: **המחליף** פרה בחמור. אורחא דמילתא נקט שדרך להחליף פרה בחמור ולמכור שפחה בדמים אבל אין לפרש דלא מצי למינקט המוכר פרה וילדה לפי שאין פרה נקנית בכסף אלא במשיכה ובשעת משיכה רואה אם ילדה אם לאו אבל שפחה נקנית בכסף דעבדים הוקשו לקרקעות דהא רבי מאיר קתני לה ורבי מאיר לא מקיש דהא קאמר דנשבעים על העבדים ועל הקרקעות אית ליה דאין נשבעין כדמוכח בשבועות (דף מג: ושם) גבי יש דברים שהן כקרקע ואינן כקרקע וכיון דלא מקיש לענין שבועה ה"ה לענין קנין דהא מייתי ראיה הכא משבועה אגזל ומיהו קצת יש לחלק דלענין גזל ושבועה נראה לגמרא להשוות דתרוייהו נפקי על ידי כלל ופרט גזל לקמן בפ' בתרא (דף קיז:) ושבועות בפרק [שבועת הדיינים] (שבועות דף מג:): **והלה** שותק זכה בה. למ"ד (ל) דברי ושמא ברי עדיף ניחא ולמאן דאמר לא ברי עדיף אור"י שהוא מפרש דשתיקה כהודאה דמיא ולא כאומר איני יודע:

ומי

מאי לאו ה"ה לנחלקה. וכיון דלענין פסול מפסלא לענין מקנה נמי שינוי הוא וקני: פנים חדשות באו לכאן. לא זו היא לבינה הראשונה אלא זו לבינה אחרת שהולרך תיקון וגיבול בפני עלמה ומשונה היא (ד) מהראשונים דאי אפשר לצמצם או גדולה או קטנה: **נסכא.** פלטא של כסף: **הדר עביד להו נסכא.** אם ירצה ושינוי החוזר לברייתו הוא והכא ליכא למימר פנים חדשות דאין אדם מקפיד על רבועה ותקונה אלא שתהא חתיכה בעלמא: **שחימי.** שחורין כעין ישנים: **ועבדיה חדתי.** שליבנה: **לא קני.** שסופן לחזור ליושנן: **נעשה שינוי בידו וקנאו.** לכך דאם טבח ומכר שלו הוא טובח ושלו הוא מוכר ואין משלם אלא כפל: **פדנא.** תרגום של למד בקר ופדן ארם על שם ששני ארמים היו ארם נהריים וארם צובה: **כרבא.** חרישה: **דאמר הונא חברין עלאי דאנא ושבור מלכא.** שמואל אחי בדינא: **מתני' בעבדים אומר לו הרי שלך לפניך.** דכקרקע דמי וברשותיה דמריה קיימי: **גזל מטבע ונסדק.** שינוי הניכר הוא (ה): **ונעבדה בה עבירה.** נרבעת או נעבדה פסולה לקרבן כדתניא בשור שנגח ארבעה וחמשה (לעיל דף מ:): **שנפסלה מעל גבי המזבח.** במום (ו) שאין ניכר כדוקין שבעין: **פטורין.** דכל בהמות לאו למזבח קיימי: **גמ' אלא אפילו כחשה.** דלא הוי שינוי כולי האי דלא איחשבי כולי גופה: **איפכא תניא.** רבי מאיר אומר כשעת הגזלה וחכמים אומרים בעבדים אומר לו הרי שלך לפניך וקאמר רב הלכה כר' מאיר דמתניתין דהיינו רבנן דברייתא: **איפכא אתנייה.** רבותיו: **ואב"א כי לא מפכינא.** מתני' מקמי ברייתא: **חדא מקמי חדא.** אבל חדא משנה מקמי תרתי ברייתא מפיך והכא תרתי איכא חדא הא דאמרן לעיל ברייתא איפכא תניא ואידך הא דתניא כו': **המחליף כו'.** להכי נקט מחליף גבי בהמה ולא תנא מוכר כדנקט בשפחה דבהמה אינה נקנית בכסף עד שימשוך וכי משך דבר הנראה לעיניים הוא אם ילדה אם לאו ואין כאן ספק אבל בחליפין מתוקמא כגון שלא משך בעל החמור את הפרה אלא בעל הפרה משך את החמור ונקנית הפרה אל בעל החמור במשיכת החמור בכל מקום שהיא כדתנן בקדושין (ד' כח.) כל הנעשה דמים באחר כיון שזכה זה נתחייב זה בחליפין ולא ידעינן השתא אי כבר ילדה פרה בשעת משיכת החמור וברשות מוכר ילדה או לאחר משיכת החמור וברשות לוקח [ילדה]: **וכן המוכר שפחתו.** עבד כנעני נקנה בכסף ואע"ג שאין לפנינו בשעת מתן מעות: **והלה שותק.** ברי ושמא ברי עדיף: **ישבע המוכר.** דאיכא הודאה במקצת ואיכא שבועה דאורייתא (ז) דקטע לידיה דאם קתבע ליה האי לוקח שפחה שלימה יש לי בידך עם ולדה וזה אומר אין שפחה שלימה יש לך בידי אבל לא ולדה דמודה ליה במקצת ומשום הילך לא מפטר דהא קטע ידה ולאו הילך הוא והכי מוקי לה בהשואל: **נשבעין ולא משלמין.** מי שתובעים אותו ישבע ויפטר דכתיב (שמות כב) ולקח בעליו ולא ישלם מי שעליו לשלם הוא נשבע ולא נשבע התובע ויטול: **אין נשבעין.** וברשות מוכר תעמוד עד שיביא לוקח ראיה אלמא לרבנן עבדא כמקרקעי דמי: **אין נשבעין על הקרקעות.** בפרק הזהב (ב"מ דף נו.): **אי הכי.** דמתניתין נמי בעינן למיתנא איפכא הלכה כרבנן מבעי ליה:

פטור

עין משפט נר מצוה

לג א מיי' פ"ח מהל' לולב הלכה ד סמג עשין מד טוש"ע א"ח סימן תרמה סעיף ג:

לד ב ג מיי' פ"ב מהל' גזילה ואבידה הל' יא סמג עשין עג טוש"ע ח"מ סימן שס סעיף ה:

לה ד מיי' שם הלכה יב טוש"ע שם סעיף ו:

לו ה מיי' שם הלכה יא טוש"ע שם סעיף ה:

לז ו מיי' שם הלכה יב טוש"ע שם סעיף ו:

לח ז ח מיי' שם הלכה יג טוש"ע שם סעיף ז:

לט ט י מיי' שם פ"ג הלכה ו סמג שם טוש"ע ח"מ סימן שסג סעיף ג:

מ כ ל מ נ ס מיי' שם הלכה ד טוש"ע שם סעיף א:

מא ע מיי' פ"כ מהל' מכירה הלכה י סמג עשין פב טוש"ע ח"מ סימן רכג סעיף א:

מב פ צ מיי' שם הלכה יא וע"ש טוש"ע שם סעיף ב:

מג ק מיי' פ"א מהלכות טוען ונטען הלכה ד סמג עשין פה טוש"ע ח"מ סימן פט סעיף א:

מד ר מיי' שם פ"ה הלכה א ופ"כ מהל' מכירה הלכה י סמג עשין לה טוש"ע ח"מ סימן לה סעיף א:

ליקוטי רש"י

נסכא. חתיכה של כסף [קדושין ח:]. חתיכת כסף מותך לשון (ישעיה מ) הפסל נסך חרש [שבועות לב:]. חתיכה אחת של זהב שקורין פלט"א [מנחות קז.]. **נעשה שינוי בידו וקנאו.** בשינוי להא מילתא דאם טבח ומכר שלו הוא טובח וכו' ופטור מד' וה' אבל קרן וכפל משלם קרן כי השתא וכפל כעין שגנב או כשעת העמדה בדין [לעיל סה:]. **ושבור מלכא.** ומנו שמואל ולפי שהלכה כמותו בדינים (בכורות מט:) קרי ליה הכי והוא שם של מלך פרס [רשב"ם ב"ב קטו:]. **בעבדים אומר לו הרי שלך לפניך.** דעבדא כמקרקעי דמי וקרקע הדרא בעינה ואינה נגזלת לקנות לגזלן בשינוי ולהיות ברשותו [לעיל צה.]. דקיימא לן קרקע אינה נגזלת וכל מקום שהיא ברשות בעליה עומדת ועבד כמקרקעי דמי ואינו נגזל להיות נקנה לגזלן לשלם דמים הלכך כי אוקין ברשותיה דמריה אוקין [ב"מ ק:]. **מטבע ונפסל.** שפסלתו מלכות **תרומה ונטמאת.** מאליה [גיטין נג:]. **אומר לו.** לנגזל [לעיל סו:]. **הרי שלך לפניך.** ובלבד שישלם לו אותו עצמו וקרינא ביה והשיב את הגזלה אשר גזל (ויקרא ה) שהרי לא נשתנה [גיטין שם]. בעין כמות שהוא דהיזק שאינו ניכר הוא [לעיל סו:]. **המחליף פרה בחמור.** שכשמשך זה בעל הפרה את החמור ניקנית הפרה לבעל החמור ואין ידוע אם ילדה או לא ילדה. **וכן המוכר שפחתו.** דקי"ל עבד כנעני נקנה בכסף וכשנתן מעות ניקנית לו השפחה ואפילו היא בבית בעלים ואין ידוע אם עד שלא ילדה נתן הכסף והעובר שלו או לאחר שילדה והולד של בעלים זה אומר כן וזה אומר כן יחלוקו [ב"מ ק.].

מסורת הש"ס

א) ברא"ש איתא פנים חדשות באו לכאן, ב) גי' רש"ל כל, ג) לעיל סה:, ד) [לעיל לג: וש"נ], ה) ב"מ ק: [לעיל לה.], ו) גיטין נג:, ז) לעיל סו. לקמן קה., ח) [עיין תוספות לקמן דף לח. ד"ה הגורס], ט) ב"מ ק., י) [שבועות מד: וש"נ], כ) עיין בספר פני יהושע, ל) [לקמן קיח.].

הגהות הב"ח

(א) גמ' נסכא קני (מאי אמרת) תא"מ ונ"ב ס"א וכי תימא וכן בסמוך: (ב) שם והא אנן הזקינה תנן אמרי כחשה כעין הזקינה כצ"ל: (ג) שם איפכא תני ומאי (טעמיה) חז"מ ונ"ב ק"א דוחקיה: (ד) רש"י ד"ה פנים וכו' ומשונה היא מהראשונה: (ה) ד"ה גזל וכו' הניכר הוא וקנייה בשינוי הס"ד ואח"כ מ"ה והחמיץ נמי נשתנה ריחו וטעמו ולא מצי למימר ליה הרי שלך לפניך הס"ד: (ו) ד"ה שנפסלה וכו' במום אע"פ שניכר בדוקין שבעין פטור דכל: (ז) ד"ה ישבע וכו' דאורייתא כגון דקטע לידה דאם וקתבע:

גליון הש"ס

גמ' האי מאן דגזל נסכא מחבריה. עיין מנחות דף קז ע"א תוס' ד"ה ודלמא: שם דגזל פדנא ויקח צמד בקר (ש"א י"א פסוק ז) מתורגם פדנא דתורי: שם משום דברייתא איפכא תניא. עיין שבת דף קמג ע"ב תוספות ד"ה ורי"א: שם חדא מקמי תרתי אפיך. עיין יומא דף נו ע"ב תוספות ד"ה מ"ש:

לעזי רש"י

פלט"א. פירוש חתיכה (רש"י מנחות דף קז ע"א ד"ה נסכא):

יותר; אבל **חֲדָא מִקַּמֵּי תַּרְתֵּי אַפֵּיךְ** — במקרה שמשנה אחת עומדת בסתירה לשתי ברייתות, כן הופכים את גירסת המשנה מפני גירסת הברייתות, כיון שמסתבר יותר שהטעות נפלה במשנה אחת מאשר בשתי ברייתות[41]. גם במקרה שלנו, יש שתי ברייתות המייחסות את הדעה שעבדים דינם כמטלטלין לרבי מאיר, בניגוד למשנתנו: האחת, היא הברייתא שהובאה לעיל. והשניה, **דְּתַנְיָא** בברייתא אחרת: **הַמַּחֲלִיף פָּרָה בַּחֲמוֹר**, ומשך בעל הפרה את החמור וקנאו, ועל ידי זה נקנתה הפרה לבעל החמור בקנין חליפין בכל מקום שהיא, **וְיָלְדָה** הפרה, ואין ידוע אימתי ילדה, אם קודם שמשך בעליה את החמור וממילא הולד שלו, או לאחר שמשך וכבר נקנו היא ועוברה לבעל החמור[42]; **וְכֵן הַמּוֹכֵר** את **שִׁפְחָתוֹ** הכנענית, וקיבל מן הלוקח את דמיה ובזה נקנתה ללוקח בקנין כסף בכל מקום שהיא, **וְיָלְדָה**, ואין ידוע אימתי ילדה, אם קודם שקיבל המוכר את דמיה וממילא הולד שלו, או לאחר שקיבל את דמיה ונמצא שהולד נקנה ללוקח יחד עם אמו[43], יש בזה שלשה אופנים:

האופן הראשון:

זֶה — אם אחד מהם, המוכר או הלוקח, **אוֹמֵר** בטענת ברי: "**בִּרְשׁוּתִי יָלְדָה** והולד שלי", **וְהַלָּה** (השני) **שׁוֹתֵק**, כי אינו יודע מתי ילדה[44], הטוען ברי **זָכָה בָּהּ** בולד[45].

האופן השני:

זֶה אוֹמֵר: "אֵינִי יוֹדֵעַ אימתי ילדה, אם לפני המקח או לאחריו", **וְגַם זֶה** (השני) **אוֹמֵר: "אֵינִי יוֹדֵעַ** אימתי ילדה", **יַחֲלוֹקוּ** בדמי הולד[46].

האופן השלישי:

זֶה אוֹמֵר טענת ברי: "**בִּרְשׁוּתִי** ילדה, והולד שלי", **וְגַם זֶה אוֹמֵר** טענת ברי: "**בִּרְשׁוּתִי** ילדה", **יִשָּׁבַע הַמּוֹכֵר שֶׁבִּרְשׁוּתוֹ יָלְדָה**, והוא זוכה בולד[47]. ומה טעם משביעים את המוכר שברשותו ילדה ומשאירים את הולד ברשותו, ולא משביעים את הלוקח שברשותו ילדה ויהא הולד שלו? **לְפִי שֶׁכָּל הַנִּשְׁבָּעִין שֶׁבַּתּוֹרָה** — שכל חייבי השבועות האמורות בתורה, כך דינם, **שֶׁנִּשְׁבָּעִין וְלֹא מְשַׁלְּמִין** — הנתבע נשבע ונפטר מלשלם, ואין התובע נשבע ונוטל[48]; אלה **דִּבְרֵי רַבִּי מֵאִיר. וַחֲכָמִים אוֹמְרִים: אֵין נִשְׁבָּעִין, לֹא עַל הָעֲבָדִים וְלֹא עַל הַקַּרְקָעוֹת.** כלומר, במקרה של המחליף פרה בחמור וילדה, אכן הדין כך; אבל במקרה של המוכר שפחתו וילדה, אין המוכר נשבע על כך, כיון שאין נשבעים לא על העבדים ולא על הקרקעות, ועל כן ישאר

הערות

41. [ראה תוספות יומא נו, ב ד"ה מאי שנא (מצויינים בגליון הש"ס כאן), לדיון האם סברא זו של רב מוסכמת.]

42. ראובן שהוא בעל פרה, ושמעון שהוא בעל חמור, הסכימו ביניהם להחליף את בהמותיהם. ניתן לעשות זאת בקנין "חליפין" (ראה קידושין כח, א-ב): משהוסכם בין שני אנשים להחליף את חפציהם בדרך זו, די במשיכת אחד החפצים לרשות הקונה אותו להשלים את הקנין, שכן במשיכה זו נקנה גם החפץ שכנגדו לבעליו החדשים. נמצא שהחפץ השני אינו מוכרח להיות במקום בו מתבצע הקנין. על כן, יתכן שיעלו ספיקות שונים לגבי מצבו של חפץ זה באותה שעה. במקרה שלנו, ראובן עשה את החליפין על ידי משיכת החמור לרשותו. מעשה משיכה זה, לא רק שקנה את החמור לראובן, אלא אף גרם לשמעון לקנות את פרתו של ראובן שהיתה במקום אחר באותה שעה. לאחר מכן, כשבא שמעון לקחת את הפרה שקנה, התברר שהיא ילדה בסמוך לזמן ביצוע החליפין. כעת מתעורר ספק, האם הלידה אירעה לפני החליפין, וממילא הולד שייך לראובן שהיה עדיין בעל הפרה באותה שעה [והיא לא נקנתה לשמעון כיון שלא הסכימו בפירוש שהוא יקנה גם את הולד; עיין עוד במהדורתנו לבבא מציעא ק, א הערה 4, שעל כל פנים יצטרך להשלים לו את ההפרש שבין פרה ריקנית לפרה מעוברת, שהרי שילם לו עבור פרה מעוברת השוה יותר מריקנית], או שהיא אירעה אחרי החליפין וממילא הולד שייך לשמעון שהפרה כבר היתה שייכת לו באותה שעה (עיין רש"י).

43. עבד כנעני ושפחה כנענית נקנים בקנין כסף (ראה קידושין כב, ב). לפיכך, ניתן לקנות עבד גם באופן שאינו נוכח בשעת ביצוע הקנין (רש"י). [הלכה זו נלמדת מדרשה מיוחדת המובאת בגמרא שם, המלמדת ש**לגבי קנינים** עבד כנעני דינו כקרקע, ואינה תלויה בשאלה הכללית אם דינו כקרקע לגבי שאר הלכות. משום כך, ההלכה מוסכמת בין על רבי מאיר ובין על חכמים, כמשמעות המשנה שם (תוספות רבינו פרץ; רשב"א; אך עיין תוספות).] במקרה של הברייתא, הלוקח שילם למוכר עבור השפחה שהיתה מעוברת ועמדה באותה שעה במקום אחר. כשבא הקונה לקחתה התברר שילדה, ושוב מתעורר הספק אם הלידה אירעה לפני רגע התשלום שהוא זמן הקנין, וממילא הולד שייך למוכר, או שאירעה לאחר רגע התשלום והולד שייך ללוקח.

לגבי הפרה, הוצרכה הברייתא לנקוט את המקרה של קנין חליפין, ולא מקרה פשוט של מכירה בכסף, כפי שעשתה לגבי השפחה; שכן פרה, כשאר מטלטלין, אינה נקנית בעצם נתינת הכסף, וכדי לקנותה צריך הלוקח להיות ליד הבהמה ולמושכה לרשותו [או לקנותה במסירה או הגבהה; ראה קידושין כה, ב], וממילא אפשר לדעת בבירור אם הפרה ילדה לפני כן או לא. לכן, מקרה שיהיה ספק מתי אירעה הלידה, שייך בדרך כלל רק במקרה של חליפין. מה שאין כן בעבדים שנקנים בקנין כסף, כאמור, יתכן ספק גם במכירה בכסף שהוא המקרה הרגיל (רש"י; מאירי; אך עיין תוספות הנוטים לדחות פירוש זה ולומר שהברייתא נקטה את הדרך המצויה, ובבהמות מצוי יותר שמחליפים בהמה זו באחרת מאשר לקנות בכסף, מה שאין כן בעבדים; ועיין רשב"א; עיין גם פני יהושע).

44. כלומר: אחד משני הצדדים טוען שידוע לו בודאי שהלידה אירעה בשעה שהוא היה הבעלים של האם, וממילא הולד הוא שלו; ואילו הצד השני מסופק אם הלידה היתה לפני ביצוע המכר או אחריו, וממילא אינו יכול לטעון טענת ברי כנגדו (ראה הערה הבאה).

45. כי במקרה שאחד מבעלי הדין טוען טענת ברי, והשני טוען טענת שמא, מכריעים את הדין על פי הטענה הודאית ["ברי ושמא, ברי עדיף"] (רש"י).

[אמנם דברי רש"י צריכים ביאור; שהרי מסתימת הברייתא משמע שהדברים אמורים גם באופן שהלוקח, שהוא המוציא, הוא הטוען ברי, ואילו המוכר שהוא המוחזק, הוא הטוען שמא; והרי נחלקו אמוראים (לקמן קיח, א ובבא מציעא צז, ב) אם אומרים "ברי ושמא ברי עדיף" גם להוציא ממוחזק, וכיצד יתכן שהברייתא תתאים רק לדעה אחת? אלא יש לומר שמדובר באופן שהולד המוטל בספק עומד כעת באגם ולא ברשותו של המוכר, וכפי שהציעה הגמרא בבבא מציעא ק, א להעמיד את המשנה שם (המלמדת את אחד הדינים השנויים בברייתא שלפנינו), ובאופן זה סובר רש"י שאכן הכל מודים שברי עדיף. אמנם נושא זה שנוי במחלוקת בין הראשונים, ויש אומרים שגם באופן זה אין כח ביד הטוען ברי להוציא מיד המוכר שהוא "מרא קמא" [הבעלים הראשונים] (עיין בית יוסף חושן משפט, רכג). לדבריהם, נצטרך לומר ששתיקת השני כאן אינה מתוך ספק, אלא שהוא מסכים לטענת בעל הדין הראשון (עיין תוספות ורשב"א; וראה חידושי רבי מאיר שמחה).]

46. הגמרא בבבא מציעא (ק, ב) מבארת שברייתא זו שנויה כדעת סומכוס, הסובר (לעיל מו, א) ש"ממון המוטל בספק, חולקין" [במקום שיש "דררא דממונא", היינו שיש ספק לבית הדין מצד עצם המעשה, כמו במקרה שלפנינו, ולא רק מצד טענותיהם]. ועיין בתוספות בבא מציעא שם (עמוד א, ד"ה הא מני, ולעיל מו, א ד"ה שור), אם מדובר דוקא כשהולד עומד באגם ואין אחד מוחזק בו, או אפילו במקרה שהוא עומד ברשות אחד מהם, שמכל מקום חולקים (לדעת סומכוס) כיון שגם המוחזק טוען שמא ועל כן אין חזקתו מועילה לו.

47. שהרי הלוקח טוען שהמוכר חייב לתת לו הן את האם והן את הולד, והמוכר טוען שהוא אמנם חייב לתת לו את האם, אבל לא את הולד. נמצא שהמוכר מודה במקצת הטענה של הלוקח, והדין הוא שכל "מודה במקצת" חייב להישבע כדי להיפטר מלשלם את חלק הטענה שהוא כופר בו (ראה לקמן קז, א).

למעשה, יש צורך בתוספת ביאור. הגמרא בבבא מציעא (ד, ב) מלמדת [בשם רב ששת], שהדין שהמודה במקצת נשבע אינו נוהג במקרה של "הילך", היינו, כאשר החלק של הטענה שהנתבע מודה בו עומד מזומן לפני התובע לבוא וליטלו; שכן חלק זה נחשב כאילו כבר הוחזר לתובע ואינו כלול בתביעתו, ונמצא שהכחשת הנתבע לשאר תביעתו נחשבת כ"כופר הכל" שאינו חייב שבועה מהתורה. בהתאם לכך, הודאת המוכר שהוא חייב למסור לקונה את האם, לכאורה לא תחייב אותו להישבע על הולד, שהרי האֵם עומדת מזומנת לפני הלוקח לבוא וליטלה; ומדוע איפוא מלמדת הברייתא שיישבע המוכר? מחמת קושיא זו מפרשת הגמרא (שם ק, ב) שהברייתא עוסקת במקרה שהמוכר גם קטע את ידה של האם. הלכך, הודאת המוכר מחייבת אותו לשלם עבור יד האם, בנוסף למסירת האם עצמה ללוקח. נמצא שאין כאן "הילך" על כל החלק שהמוכר מודה בו, ועל כן הוא חייב להישבע על הולד שהוא כופר בו (עיין רש"י). הגמרא שם מוסיפה ומבארת שמשום כך אף סומכוס (שברייתא זו הולכת בשיטתו, כפי שנתבאר בהערה הקודמת) מודה שאין אומרים כאן "ממון המוטל בספק חולקין", ואפילו לפי הדעה (המובאת שם) שסומכוס אומר כן אף במקרה ששני הצדדים טוענים טענת ברי, כיון שכאן מוטל על המוכר שבועה מהתורה.

48. בכל אחת משלשת השבועות שהטילה התורה [שבועת מודה במקצת, שבועת השומרים ושבועת עד אחד], הנתבע הוא שחייב להישבע כדי לפטור את עצמו מלשלם. בשום מקום אין התורה אומרת שהתובע ישבע ומכח שבועתו יוציא ממון מהנתבע. כלל זה, הנזכר במשנה בשבועות (מד, ב), נלמד בגמרא שם (מה, א) מן הכתוב (שמות כב, י) האומר: "שְׁבֻעַת ה' תִּהְיֶה בֵּין שְׁנֵיהֶם אִם לֹא שָׁלַח יָדוֹ בִּמְלֶאכֶת רֵעֵהוּ וְלָקַח בְּעָלָיו וְלֹא יְשַׁלֵּם". פסוק זה מלמד שהנתבע, הנדרש לשלם ממון, הוא זה שצריך להישבע כדי להיפטר מהתשלום (עיין רש"י). ואף שהפסוק הנזכר עוסק בשבועת השומרים, הגמרא מרחיבה את הדין הנלמד ממנו גם לשתי שבועות התורה האחרות.

מאי לאו הוא הדין לנחלקה לא ניטלה שאני דהא חסר לה איכא דאמרי ת"ש דא"ר מתון א"ר יהושע בן לוי [א]נחלקה התיומת נעשה כמי שנטלה ופסול ש"מ אמר רב פפא [ב]האי מאן דגזל עפרא מחבריה ועבדיה לבינתא לא קני מאי טעמא [ג]דהדר משוי ליה עפרא [ד]לבינתא ועבדיה עפרא קני מאי אמרת דלמא הדר ועביד ליה לבינתא האי לבינתא אחריתי הוא ופנים חדשות באו לכאן ואמר רב פפא [ה]האי מאן דגזל נסכא מחבריה ועביד זוזי לא קני מאי טעמא הדר עביד להו נסכא [ו]זוזי ועבדינהו נסכא קני (א) מאי אמרת הדר עביד להו זוזי פנים חדשות באו לכאן [ז]שחימי ועבדינהו חדתי לא קני [ח]חדתי ועבדינהו שחימי קני מאי אמרת הדר עביד להו חדתי [א]מידע ידיע שיחמייהו: זה הכלל כל הגזלנין משלמין כשעת הגזלה: (ב) זה הכלל) לאתויי מאי לאתויי הא [ג]דאמר ר' אלעא גנב טלה ונעשה איל עגל ונעשה שור נעשה שינוי בידו וקנאו טבח ומכר שלו הוא טובח שלו הוא מוכר ההוא גברא [ט]דגזל פדנא דתורי מחבריה אזל כרב בהו כרבא זרע בהו זרעא לסוף אהדרינהו למריה אתא לקמיה דרב נחמן אמר להו זילו שומו שבחא דאשבח אמר ליה רבא תורי אשבח ארעא לא אשבח אמר מי קאמינא נשיימו כוליה פלגא קאמינא א"ל [ט]סוף סוף גזילה הוא וקא הדרה בעינא דתנן [ד]כל הגזלנין משלמין כשעת הגזלה אמר ליה לא אמינא לך כי יתיבנא בדינא לא תימא לי מידי דאמר הונא חברין עלאי אנא ושבור מלכא אחי בדינא האי איניש גזלנא עתיקא הוא [י]ובעינא דאיקנסיה:

מתני' [ה] [כ]גזל בהמה והזקינה עבדים והזקינו משלם כשעת הגזלה רבי מאיר אומר [ל]בעבדים אומר לו הרי שלך לפניך [מ]גזל מטבע ונסדק פירות והרקיבו יין והחמיץ משלם כשעת הגזלה [ו] [נ]מטבע ונפסל תרומה ונטמאת [ז]חמץ ועבר עליו הפסח בהמה ונתעבדה בה עבירה או [ח]שנפסלה מעל גבי המזבח או שהיתה יוצאה ליסקל אומר לו הרי שלך לפניך:

גמ' אמר רב פפא לא הזקינה הזקינה ממש אלא אפי' כחשה והא אנן הזקינה תנן (ב) כחשה כגון הזקינה [ס]דלא הדר בריא אמר ליה מר קשישא בריה דרב חסדא לרב אשי הכי קאמרי משמיה דרבי יוחנן אפילו גנב טלה ונעשה איל עגל ונעשה שור נעשה שינוי בידו וקנאו טבח ומכר שלו הוא טובח שלו הוא מוכר אמר ליה לאו אמינא לך לא תחליף גברי ההוא משמיה דרבי אלעא איתמר: רבי מאיר אומר בעבדים אומר לו הרי שלך לפניך: אמר רב חנינא בר אבדימי אמר רב הלכה כרבי מאיר ורב שביק רבנן ועביד כרבי מאיר אמרי [ט]משום דברייתא איפכא תניא ורב שביק מתניתין ועביד כברייתא רב מתניתין נמי איפכא תני ומאי (ג) טעמיה דרב דאפיך מתני' מקמי דברייתא אדרבה ניפוך לברייתא מקמי מתניתין אמרי רב נמי מתניתין איפכא אתניה ואי בעית אימא כי לא אפיך חדא מקמי חדא [ט]חדא מקמי תרתי אפיך דתניא (ט) [ע]המחליף פרה בחמור וילדה וכן המוכר שפחתו וילדה זה אומר ברשותי ילדה והלה שותק זכה בה [פ]זה אומר איני יודע וזה אומר איני יודע יחלוקו [צ]זה אומר ברשותי וזה אומר ברשותי ישבע המוכר שברשותו ילדה לפי (י) [ק]שכל הנשבעין שבתורה נשבעין ולא משלמין דברי ר' מאיר וחכמים אומרים [ר]אין נשבעין לא על העבדים ולא על הקרקעות האי הלכה כר' מאיר הלכה כרבנן מיבעי ליה הכי קאמר למאי דאפכיתו ותניתו הלכה כרבי מאיר

ומי

מאי לאו ה"ה לנחלקה. וכיון דלענין פסול מפסלא לענין מקנה נמי שינוי הוא וקני: **פנים חדשות באו לכאן.** לא זו היא לבינה הראשונה אלא זו לבינה אחרת שהולכך תיקון וגיבול בפני עצמה ומשונה היא (ד) מהראשונים דאי אפשר לצמצם או גדולה או קטנה: **נסכא.** פלטא של כסף: **הדר עביד להו נסכא.** אם ירצה ושינוי החוזר לברייתו הוא והכא ליכא למימר פנים חדשות דאין אדם מקפיד על רבועה ותקונה אלא שתהא חתיכה בעלמא: **שחימי.** שחורין כעין ישנים: **ועבדיה חדתי.** שליבנה: **לא קני.** שסופן לחזור ליושנן: **נעשה שינוי בידו וקנאו.** [ס]לכך דאם טבח ומכר שלו הוא טובח ושלו הוא מוכר ואין משלם אלא כפל: **פדנא.** תרגום של צמד בקר ופדן ארם על שם ששני ארמים היו ארם נהריים וארם צובה: **כרבא.** חרישה: **דאמר הונא חברין עלאי אנא ושבור מלכא.** שמואל אחי בדינא: **מתני' בעבדים אומר לו הרי שלך לפניך.** דכקרקע דמי וברשותיה דמריה קיימי: **גזל מטבע ונסדק.** שינוי הניכר הוא (ה): **ונעבדה בה עבירה.** נרבעת או נעבדה פסולה לקרבן כדתניא בשור שנגח ארבעה וחמשה (לעיל דף מ:): **שנפסלה מעל גבי המזבח.** במום (ו) שאין ניכר כדוקין שבעין: **פטורין.** דכל בהמות לאו למזבח קיימי: **גמ' אלא אפילו כחשה.** דלא הוי שינוי כולי האי דלא אישתני כולי גופה: **איפכא תניא.** רבי מאיר אומר כשעת הגזלה וחכמים אומרים בעבדים אומר לו הרי שלך לפניך וקאמר רב הלכה כר' מאיר דמתניתין דהיינו רבנן דברייתא: **איפכא אתנייה.** רבותיו: **ואב"א כי לא מפכינא.** מתני' מקמי ברייתא: **חדא מקמי חדא.** אבל חדא משנה מקמי תרתי ברייתא מפיך והכא תרתי איכא חדא הא דאמרן לעיל ברייתא איפכא תניא ואידך הא דתניא כו': **המחליף כו'.** להכי נקט מחליף גבי בהמה ולא תנא מוכר כדנקט בשפחה דבהמה אינה נקנית בכסף עד שימשוך וכי משך דבר הנראה לעינים הוא אם ילדה אם לאו ואין כאן ספק אבל בחליפין מתוקמא כגון שלא משך בעל החמור את הפרה אלא בעל הפרה משך את החמור ונקנית הפרה אל בעל החמור במשיכת החמור בכל מקום שהיא כדתנן בקדושין (ד' כח.) כל הנעשה דמים באחר כיון שזכה זה נתחייב זה בחליפין ולא ידעינן השתא אי כבר ילדה פרה בשעת משיכת החמור וברשות מוכר ילדה או לאחר משיכת החמור וברשות לוקח [ילדה]: **וכן המוכר שפחתו.** עבד כנעני נקנה בכסף ואע"ג שאין לפניו בשעת מתן מעות: **והלה שותק.** ברי ושמא ברי עדיף: **ישבע המוכר.** דאיכא הודאה במקצת ואיכא שבועה דאורייתא' (ז) דקטע לידיה דאם קתבע ליה האי לוקח שפחה שלימה יש לי בידך עם ולדה וזה אומר אין שפחה שלימה יש לך בידי אבל לא ולדה דמודה ליה במקצת ומשום הילך לא מפטר דהא קטע ידה ולאו הילך הוא והכי מוקי לה בהשואל: **נשבעין ולא משלמין.** מי שתובעים אותו ישבע ויפטר דכתיב (שמות כב) ולקח בעליו ולא ישלם מי שעליו לשלם הוא נשבע ולא נשבע התובע ויטול: **אין נשבעין.** וברשות מוכר תעמוד עד שיביא לוקח ראיה אלמא לרבנן עבדא כמקרקעי דמי: **אין נשבעין על הקרקעות.** בפרק הזהב (ב"מ דף נו.): **אי הכי.** דמתניתין נמי בעינן למיתנא איפכא הלכה כרבנן מבעי ליה:

פטור

ועבדיה זוזי לא קני. דוקא עבדיה זוזי אבל עשה מן הנסכא כלי כגון כוס של כסף קני אע"ג דהדר עביד ליה נסכא דלא גרע מנסרים ועשאן כלים אבל זוזי ולבינה אין תורת חשיבות עליהן כ"כ: **המחליף** פרה בחמור. אורחא דמילתא נקט שדרך להחליף פרה בחמור ולמכור שפחה בדמים אבל אין לפרש דלא מצי למינקט המוכר פרה וילדה לפי שאין פרה נקנית בכסף אלא במשיכה ובשעת משיכה רואה אם ילדה אם לאו אבל שפחה נקנית בכסף דעבדים הוקשו לקרקעות דהא רבי מאיר קתני לה ורבי מאיר לא מקיש דהא קאמר דנשבעים על העבדים ועל הקרקעות אית ליה דאין נשבעין כדמוכח בשבועות (דף מג: ושם) גבי יש דברים שהן כקרקע ואינן כקרקע וכיון דלא מקיש לענין שבועה ה"ה לענין קנין דהא מייתי ראיה הכא משבועה אגזל ומיהו קצת יש לחלק דלענין גזל ושבועה נראה לגמרא להשוות דתרוייהו נפקי על ידי כלל ופרט גזל לקמן בפ' בתרא (דף קיז:) ושבועות בפרק [שבועת הדיינים] (שבועות דף מג:): **והלה** שותק זכה בה. למ"ד [ל] דברי ושמא ברי עדיף ניחא ולמאן דאמר לא ברי עדיף אור"י שהוא מפרש דשתיקה כהודאה דמיא ולא כאומר איני יודע:

ומי

לג א מיי' פ"ח מהל' לולב הלכה ד סמג עשין מד טוש"ע א"ח סימן תרמה סעיף ג:
לד ב ג מיי' פ"ב מהל' גזילה ואבידה הל' יא סמג עשין עג טוש"ע ח"מ סימן שם סעיף ה:
לה ד מיי' שם הלכה יב טוש"ע שם סעיף ו:
לו ה מיי' שם הלכה יא טוש"ע שם סעיף ה:
לז ו מיי' שם הלכה יב טוש"ע שם סעיף ו:
לח ז ח מיי' שם הלכה יג טוש"ע שם סעיף ז:
לט ט י מיי' שם פ"ג הלכה ו סמג שם טוש"ע ח"מ סימן שסג סעיף ג:
מ כ ל מ נ ס מיי' שם הלכה ד טוש"ע שם סעיף א:
מא ע מיי' פ"כ מהל' מכירה הלכה י סמג עשין פב טוש"ע ח"מ סימן רכג סעיף א:
מב פ צ מיי' שם הלכה יא וע"ש טוש"ע שם סעיף ב:
מג ק מיי' פ"א מהלכות טוען ונטען הלכה ד סמג עשין פה טוש"ע ח"מ סימן פט סעיף א:
מד ר מיי' שם פ"ה הלכה א ופ"כ מהל' מכירה הלכה י סמג עשין לה טוש"ע ח"מ סימן לה סעיף א:

ליקוטי רש"י

נסכא. חתיכה של כסף [קדושין ח:]. חתיכת כסף מותך לשון (ישעיה מ) הפסל נסך חרש [שבועות לב:]. חתיכה אחת של זהב שקורין פלט"א [מנחות קז.]. **נעשה שינוי בידו וקנאו.** בשינוי להא מילתא דאם טבח ומכר שלו הוא טובח וכו' ופטור מד' וה' אבל קרן וכפל משלם קרן כי השתא וכפל כעין שגנב או כשעת העמדה בדין [לעיל סה:]. **ושבור מלכא.** ומנו שמואל ולפי שהלכה כמותו בדיים (בכורות מט:) קרי ליה הכי והוא שם של מלך פרס [רשב"ם ב"ב קטו:]. **בעבדים אומר לו הרי שלך לפניך.** דעבדא כמקרקעי דמי וקרקע הדרא בעינה ואינה נגזלת לקנות לגזלן בשינוי ולהיות ברשותו [לעיל צה.]. דקיימא לן קרקע אינה נגזלת וכל מקום שהיא ברשות בעליה עומדת ועבד כמקרקעי דמי ואינו נגזל להיות נקנה לגזלן לשלם דמים הלכך כי אוקין ברשותיה דמריה אוקין [ב"מ ק:]. **מטבע ונפסל.** שפסלתו מלכות **תרומה ונטמאת.** מאליה [גיטין נג:]. **אומר לו.** לנגזל [לעיל סו:]. **הרי שלך לפניך.** ובלבד שישלם לו אותו עצמו וקרינא ביה והשיב את הגזלה אשר גזל (ויקרא ה) שהרי לא נשתנה [גיטין שם]. בעין כמות שהוא דהזיק שאינו ניכר הוא [לעיל סו:]. **המחליף פרה בחמור.** שכשמשך זה בעל הפרה את החמור נקנית הפרה לבעל החמור ואין ידוע אם ילדה או לא ילדה. **וכן המוכר שפחתו.** דקי"ל עבד כנעני נקנה בכסף וכשנתן מעות נקנית לו השפחה ואפילו היא בבית בעלים ואין ידוע אם עד שלא ילדה נתן הכסף והעובר שלו או לאחר שילדה והולד של בעלים זה אומר כן וזה אומר כן יחלוקו [ב"מ ק.].

מסורת הש"ס

א) ברא"ש איתא פנים חדשות באו לכאן, ב) גי' רש"ל כל, ג) לעיל סה:, ד) [לעיל לג: וש"נ], ה) ב"מ ק: [לעיל לה.], ו) גיטין נג:, ז) לעיל סו. לקמן קה., ח) [עיין תוספות לקמן דף לח. ד"ה הלורס], ט) ב"מ ק., י) [שבועות מד: וש"נ], כ) עיין בספר פני יהושע, ל) [לקמן קיח.].

הגהות הב"ח

(א) גמ' נסכא קני (מאי אמרת) תא"מ ונ"ב ס"א וכי תימא וכן בסמוך: (ב) שם והא אנן הזקינה תנן אמרי כחשה כעין הזקינה כצ"ל: (ג) שם איפכא תני ומאי (טעמיה) תז"מ ונ"ב ס"א דוקיה: (ד) רש"י ד"ה פנים וכו' ומשונה היא מהראשונה: (ה) ד"ה גזל וכו' הניכר הוא וקנייה בשינוי הס"ד ואח"כ מ"ה והחמיץ נמי נשתנה ריחו וטעמו ולא מצי למימר ליה הרי שלך לפניך הס"ד: (ו) ד"ה שנפסלה וכו' במום אע"פ שניכר בדוקין שבעין פטור דכל: (ז) ד"ה ישבע וכו' דאורייתא כגון דקטע לידה דאם וקתבע:

גליון הש"ס

גמ' האי מאן דגזל נסכא מחבריה. עיין מנחות דף קז ע"א תוס' ד"ה ודלמא: שם דגזל פדנא ויקח צמד בקר (ש"א י"א פסוק ז) מתורגם פדנא דתורי: שם משום דברייתא איפכא תניא. עיין שבת דף קמג ע"ב תוספות ד"ה ורי"א: שם חדא מקמי תרתי אפיך. עיין יומא דף נו ע"ב תוספות ד"ה מ"ש:

לעזי רש"י

פלט"א. פירוש חתיכה (רש"י מנחות דף קז ע"א ד"ה נסכא):

הולד בחזקתו של המוכר עד שיביא הלוקח ראיה שנולדה ברשותו. הרי מבואר בברייתא זו שחכמים הם הסוברים שעבדים דינם כקרקע, ורבי מאיר הוא הסובר שדינם כמטלטלין[49].

נמצא שיש שתי ברייתות הגורסות בניגוד לגירסת משנתנו היחידה, שרבי מאיר דן את העבדים כמטלטלין, וחכמים דנים אותם כקרקע. משום כך הגיה רב את נוסח משנתנו והחליף את הדעות שיוחסו לרבי מאיר וחכמים, באופן שהמשנה תתאים לשתי הברייתות.

אלא שלפי שני הביאורים מתעוררת שאלה לשונית:

אם כן הוא, שרב שונה את הדעות שבמשנתנו בצורה הפוכה משלנו, **הַאי** — האם מתאים מאמרו זה: "**הֲלָכָה כְּרַבִּי מֵאִיר**"?! הרי "**הֲלָכָה כְּרַבָּנָן**" **מִיבָּעֵי לֵיהּ** — היה לו לומר, שהרי לפי גירסתו פסק כחכמים!

משיבה הגמרא:

הָכִי קָאָמַר — כך התכוון רב לומר: **לְמַאי דְּאַפְּכִיתוּ וְתָנֵיתוּ** — לפי מה שאתם שונים את דעותיהם של רבי מאיר וחכמים בצורה הפוכה מהאמת לפי דעתי, **הֲלָכָה כְּרַבִּי מֵאִיר**, משום שהדעה שאתם מייחסים לרבי מאיר נאמרה באמת על ידי חכמים, והלכה כמותם[50].

הערות

49. חכמים משיבים שדין עבדים כדין קרקעות. דהיינו, כשם שאין נתבע חייב להישבע על תביעת קרקע [כפי שנדרש בבבא מציעא נו, ב מפסוק], כך אינו חייב להישבע על תביעת עבדים. לפיכך סוברים חכמים שהמוכר נשבע לפטור את עצמו רק במקרה של ולד הפרה, שהוא מטלטלין; ואילו במקרה של ולד השפחה שדינו כקרקע, אין המוכר חייב להישבע, ועל כן העבד הקטן נשאר ברשותו עד שיביא הלוקח ראיה לטענתו שהולד נולד אחרי המכר. על כל פנים, מבואר מברייתא זו שחכמים הם הסוברים שעבדים נידונים כקרקע, ולא רבי מאיר (רש"י).

50. [כמובן, לדעת אותם אמוראים שגורסים כמשנתנו, היה ראוי להורות ההיפך, ולא יתכן לומר להם שיורו כרבי מאיר שהוא היחיד כנגד רבים. רק כך התכוון רב לומר להם: אף אם אתם טועים בגירסת המשנה, הזהרו שלא לטעות גם בהלכה, ודעו שההלכה כאותה דעה שאתם מייחסים לרבי מאיר, כיון שהיא באמת דעת חכמים (ראב"ד; ראה רשב"א).]

מקשה הגמרא:

וּמִי אָמַר רַב עַבְדָּא כִּמְקַרְקְעֵי דָּמֵי — האמנם אמר רב שעבד נידון כקרקע, ואינו "נגזל", כדעה המובאת במשנתנו בשם רבי מאיר? **וְהָאָמַר רַב דָּנִיֵּאל בַּר רַב קְטִינָא אָמַר רַב: הַתּוֹקֵף** (המחזיק) **בְּעַבְדּוֹ שֶׁל חֲבֵירוֹ וְעָשָׂה בּוֹ מְלָאכָה, פָּטוּר** מלשלם לבעליו עבור השימוש בעבדו. וְהנה, אם רב סובר שעבד נידון כמטלטלין, מובן היטב מדוע אין התוקף חייב לשלם לבעל העבד עבור השימוש בו, כיון שבתקיפתו הוא גזל את העבד וקנאו בקניני גזילה, וגזלן חייב להשיב רק את הגזילה עצמה ולא את הרווחים שהפיק ממנה; אבל **אִי סַלְקָא דַּעְתָּךְ** — אם יעלה על דעתך לומר שלדעת רב **עַבְדָּא כִּמְקַרְקְעֵי דָּמֵי** — עבד נידון כקרקע ואינו "נגזל", **אַמַּאי** — מדוע הוא **פָּטוּר** מלשלם עבור השימוש בעבד? **בִּרְשׁוּתָא דְּמָרֵיהּ קָאֵי** — הרי העבד נשאר ברשות אדוניו, ונמצא שהתוקף משתמש בעבד של אדם אחר, ויש לחייבו לשלם לאדון דמי שכירות של העבד[1]!

מתרצת הגמרא:

באמת, רב סובר שעבדים אינם נגזלים. **וְהָכָא בְּמַאי עַסְקִינָן** — כאן, בהוראת רב דניאל בר רב קטינא בשם רב, במה אנו עוסקים? במקרה שאדם תקף את עבדו של חבירו ועשה בו מלאכה **שֶׁלֹּא בִּשְׁעַת מְלָאכָה** — בזמן שאינו רגיל לעשות מלאכה עבור האדון, או שלא היתה לאדון מלאכה לתת לו לעשות באותה שעה. במקרה כזה, בעל העבד לא הפסיד דבר כתוצאה מתקיפת עבדו, ולפיכך אין התוקף חייב לשלם לו עבור ההנאה שקיבל מעבודת העבד[2], **כִּי הָא דְּשָׁלַח לֵיהּ** — כמו שמצינו בדין זה ששלח לו **רַבִּי אַבָּא לְמָרִי בַּר מָר: בְּעֵי מִינֵּיהּ** — שְׁאל **מֵרַב הוּנָא: הַדָּר בַּחֲצַר חֲבֵירוֹ שֶׁלֹּא מִדַּעְתּוֹ** — שלא בידיעת בעל החצר[3], ובאופן שבעל הבית אינו רגיל להשכיר את הבית לאחרים ולא הפסיד דבר, האם הוא **צָרִיךְ לְהַעֲלוֹת לוֹ שָׂכָר** לאחר מכן, **אוֹ אֵין צָרִיךְ לְהַעֲלוֹת לוֹ שָׂכָר**[4]? **וְשָׁלְחוּ לֵיהּ** בחזרה תשובה לרבי אבא[5]: **אֵינוֹ צָרִיךְ לְהַעֲלוֹת לוֹ שָׂכָר**, ואף על פי שמדובר בקרקע שאינה נגזלת, כיון ש"זה נהנה וזה לא חסר" פטור מלשלם עבור הנאתו. גם כאן, אף על פי שעבדים אינם נגזלים, מכל מקום אין חייבים לשלם עבור השימוש בהם במקרה שהבעלים לא נחסרו בכך.

הגמרא תמהה על ההשוואה בין המקרה שלנו למקרה של הדר בחצר חבירו:

הָכִי הַשְׁתָּא — מה השוואה היא זו? **בִּשְׁלָמָא הָתָם** — שם, במקרה של הדר בחצר חבירו שלא מדעתו, מובן היטב שהוא פטור מלשלם, שכן **בֵּין לְמַאן דְּאָמַר** — לפי מי שאומר[6] שהפטור מתשלום דמי שכירות נובע מכך **שֶׁבֵּיתָא מִיַּתְבָא יָתִיב** — בית המיושב בבני אדם, ישובו קיים, שהגרים בתוכו רואים את הטעון תיקון בבית ומטפלים בו, לכן **נִיחָא לֵיהּ** — נוח לו לבעל הבית שגרים בביתו אפילו בחינם[7]; **בֵּין לְמַאן דְּאָמַר** — לפי מי שאומר[8] שהפטור הוא מחמת הנאמר בכתוב (ישעיה כד, יב): "**וּשְׁאִיָּה יֻכַּת שָׁעַר** — שער העיר ינתץ על ידי שממה"[9], גם כן **נִיחָא לֵיהּ** — נוח לו לבעל הבית שגרים בביתו אפילו בחינם כדי שלא ישאר שומם ויהרס[10]; **אֶלָּא הָכָא** — אבל כאן, במקרה של התוקף עבדו של חבירו ועושה בו מלאכה, **מִי נִיחָא לֵיהּ דְּנִכְחוּשׁ עַבְדֵּיהּ** — האם נוח לו לאדוניו של העבד שיכחיש עבדו על ידי המלאכה הנוספת שאדם זה מטיל עליו[11]?

מתרצת הגמרא:

אָמְרֵי — אמרו בתירוץ הקושיא: **הָכִי נַמִּי נִיחָא לֵיהּ דְּלֹא לִיסְתְּרֵי עַבְדֵּיהּ** — אף כאן, נוח לו לאדוניו של העבד שהוא יעשה מלאכה גם שלא בשעת עבודתו לאדון, כדי שלא יתרגל להתבטל ולהתעצל[12].

הגמרא מספרת מעשה בענין זה:

בֵּי (בביתו של) **רַב יוֹסֵף בַּר חָמָא, הֲווּ תָּקִיף עַבְדֵי דְּאִינְשֵׁי דְּמַסִּיק בְּהוּ זוּזֵי** — היו מחזיקים בעבדיהם של בעלי חובות שלהם שהיו נושים בהם מעות, **וְעָבְדֵי בְּהוּ** — והיו עושים בהם **מְלָאכָה**, מבלי

הערות

1. כפי שלמדנו לעיל (צו, ב) במעשה של אותו אחד שגזל שוורים וחרש בהם, גזלן שהשתמש בחפץ הגזול והפיק ממנו רווחים, אינו חייב לשלם את ערך הרווחים לבעל הגזילה, אלא די לו בהחזרת הגזילה עצמה (או דמיה, אם אינה בעין) [ורק שם קנס אותו רב נחמן מסיבה מיוחדת]. הטעם לכך נתבאר שם (בהערה 20), שהוא משום שהגזלן קנה את הגזילה ב"קניני גזילה" מסויימים [המחייבים אותו באחריות על החפץ למקרה שיאבד באונס], אף באופן שהחפץ עדיין בעין ולבסוף יצטרך להחזירו לבעליו, והרי הוא כאילו משתמש בחפץ "שלו". אמנם, סברא זו קיימת רק במטלטלין ולא בקרקעות, שהרי קרקעות אינן נגזלות ואין לגזלן בהן קניני גזילה. לפיכך, ה"גוזל" קרקע של חבירו (כגון בית) ומשתמש בה, יש לחייבו בדמי שכירות עבור השימוש. על פי זה מקשה הגמרא, שאם רב מחשיב עבד כקרקע, כפי שמשמע מזה שפסק כדעת "רבי מאיר" במשנתנו, היה לו להורות שהתוקף בעבדו של חבירו ועשה בו מלאכה חייב לשלם לו את דמי שכירותו של העבד! כיצד אפוא הורה רב דניאל בר רב קטינא משמו שהוא פטור?

2. [משמעות הגמרא היא, שמתחילה הבינה שהוראת רב דניאל אמורה גם באופן שתקף את העבד בשעה שהיה אמור לעשות מלאכה עבור האדון. והיות והגמרא הקשתה מהוראה זו רק על הדעה שעבדים דינם כקרקעות, משמע שעל הצד שעבדים דינם כמטלטלין, גם באופן זה התוקף פטור כיון שקנה את העבדים ב"קניני גזלה" כפי שנתבאר בהערה הקודמת. אך עיין קצות החשן שסג, ב לדיון בנקודה זו.]

3. והוא הדין אם היה הדבר בידיעתו, רק שלא גילה דעתו שאינו מסכים שהלה ישתמש בחצירו מבלי לשלם; אלא שהגמרא נקטה את האופן המצוי (ראה תוספות לעיל כא, א ד"ה כהדיוט).

4. נושא זה נידון בהרחבה לעיל כ, א — כא, א. שם נתבאר שהנידון הוא בחצר שאינה עומדת להשכרה, אבל הדייר הוא אדם העשוי לשכור לו חצר, שאין לו חצר אחרת לדור בה ["חצר דלא קיימא לאגרא, וגברא דעביד למיגר"]. במקרה כזה, הדייר אמנם נהנה הנאה ממונית, שלא הוצרך לשכור לו חצר אחרת, אבל מאידך לא נגרם שום חסרון לבעל החצר ["זה נהנה וזה אינו חסר"], שהרי בלאו הכי לא היה משכיר את החצר לאחרים (ראה רש"י).

5. [השאלה לא הגיעה לרב הונא עצמו, כיון שהוא נפטר באותו זמן. לכן נשלחה התשובה על ידי אחר, הוא רבה בנו של רב הונא שהשיב על פי דברים ששמע מאביו, כפי שמסופר בגמרא לעיל (כא, א). נציין, כי כפי שנאמר בגמרא שם, גם הוראה זו מקורה בדברי רב, שהנידון כאן הוא בדעתו.]

6. הוא רב יוסף, לעיל שם.

7. רב יוסף ביאר, שאמנם הדר בבית חבירו גורם בלאי כלשהו לבית, אך לעומת חסרון זה הוא דואג לתיקונים הנצרכים לבית ושומר עליו מקלקול, ונמצא שאין בעל הבית חסר כלום, והרי זה מקרה של "זה נהנה וזה לא חסר" (עיין רשב"א לעיל שם, ד"ה אמר רב הונא, ועל פי זה נפרש את המשך הגמרא; עיין ביאור הגר"א חושן משפט שסג, טז ונחלת דוד לעיל שם המסייעים לפירוש זה מסוגייתנו; עיין רא"ש שם [סימן ו] וים של שלמה שם [סימן טז] לפירוש אחר; ועיין במהדורתנו שם, הערה 6).

[כמובן, טענה זו קיימת רק בבית שאינו עומד להשכרה, שאין בו אלא הפסד מועט של הבלאי. בבית העומד להשכרה, הפסד דמי השכירות בודאי גדול יותר מהריוח המועט של התיקונים, ונמצא שעדיין בעל הבית חסר. ועוד, בבית העומד להשכרה, אלמלא אדם זה היו דרים בו אנשים אחרים שהיו דואגים לתיקוני הבית באותה מדה, בנוסף לדמי השכירות שהיו משלמים (פני יהושע, שם).]

8. הוא רב סחורה, לעיל שם.

9. "שְׁאִיָּה" הוא שם של שד המנתץ שערי בתים שוממים וכתליהם; או שפירוש המלה הוא "שממה" (ראה ישעיה ו, יא), ופירוש הפסוק הוא: על ידי שממה יוכת השער (רש"י לעיל, שם).

10. בדומה לביאורו של רב יוסף, ביאר רב סחורה שהדר בבית חבירו מציל את הבית מן ההרס הנגרם על ידי "שאיה", ושוב נמצא שאין בעל הבית חסר כלום, והרי זה מקרה של "זה נהנה וזה לא חסר" (ראה לעיל, הערה 7).

11. במקרה זה, אין כל תועלת לאדון כנגד ההכחשה הנגרמת לעבד על ידי העבודה הנוספת המוטלת עליו, הממעטת את כחו לעבודת האדון בעתיד. הלכך, אין זה מקרה של "זה נהנה וזה לא חסר", אלא של "זה נהנה וזה חסר", שבו הנהנה חייב לשלם (עיין ביאור הגר"א המצויין לעיל, הערה 7).

12. ראה רש"י בבא מציעא סה, א ד"ה דלא נסתרי עבדיה; ראה בתוספות שם פירוש אחר; עיין גם רשב"א כאן.

האדון נהנה מזה שעבדו עושה מלאכה עבור אחר, היות שבשעה זו לא היתה לעבד מלאכה לעשות עבור האדון, ואילו היה יושב בטל היה מתרגל להתעצל. הלכך, גם כאן, ההפסד המועט הנגרם לאדון מהכחשת העבד, מתבטל על ידי תועלת זו, ונמצא שגם זה מקרה של "זה נהנה וזה לא חסר" (עיין ביאור הגר"א, שם).

ומי אמר רב עבדא כמקרקעי דמי והאמר [א] רב דניאל בר רב קטינא אמר רב [א] התוקף בעבדו של חבירו ועשה בו מלאכה פטור ואי ס"ד עבדא כמקרקעי דמי אמאי פטור ברשותא דמריה קאי הכא במאי עסקינן [ב] שלא בשעת מלאכה כי הא [ב] דשלח ליה רבי אבא למרי בר מר בעי מיניה מרב הונא הדר בחצר חבירו שלא מדעתו צריך להעלות לו שכר או אין צריך להעלות לו שכר ושלחו ליה אינו צריך להעלות לו שכר הכי השתא בשלמא התם בין למ"ד ביתא מיתבא יתיב ניחא ליה בין למ"ד [א] ושאיה יוכת שער ניחא ליה אלא הכא מי ניחא ליה דנכחוש עבדיה אמרי ה"נ ניחא ליה [ג] דלא ליסתרי עבדיה [ג] בי רב יוסף בר חמא הוו תקיף עבדי דאינשי דמסיק בהו זוזי ועבדי בהו מלאכה א"ל [ד] רבה בריה מ"ט עביד מר הכי א"ל דאמר רב נחמן עבדא נהום כריסיה לא שוי אמר ליה אימא דאמר רב נחמן כגון דארו עבדיה דמרקיד בי כובי כולהו עבדי מעבד עבדי א"ל אנא כרב דניאל סבירא לי דאמר רב דניאל בר רב קטינא אמר רב התוקף בעבדו של חבירו ועשה בו מלאכה פטור אלמא ניחא ליה דלא ליסתרי עבדיה אמר ליה הני מילי היכא [ד] דלא מסיק בהו זוזי מר כיון דמסיק בהו זוזי מיחזי כרבית דאמר רב יוסף בר מניומי אמר רב נחמן אף על פי שאמרו הדר בחצר חבירו שלא מדעתו א"צ להעלות לו שכר [ה] הלוהו ודר בחצר חבירו צריך להעלות לו שכר א"ל הדרי בי: איתמר התוקף ספינתו של חבירו ועשה בה מלאכה אמר רב רצה שכרה נוטל רצה פחתה נוטל ושמואל אמר אינו נוטל אלא פחתה אמר רב פפא לא פליגי [ו] הא דעבידא לאגרא הא דלא עבידא לאגרא ואיבעית אימא הא והא דעבידא לאגרא [ז] הא דנחית ליה אדעתא דאגרא והא דנחית ליה אדעתא דגזלנותא: גזל מטבע ונסדק [וכו']: אמר רב הונא נסדק נסדק ממש נפסל פסלתו מלכות ורב יהודה אמר פסלתו מלכות נמי [ח] היינו נסדק אלא ה"ד נפסל [ט] שפסלתו מדינה זו ויוצאה במדינה אחרת א"ל רב חסדא לרב הונא לדידך דאמרת נפסל פסלתו מלכות הרי פירות והרקיבו יין והחמיץ דכי פסלתו מלכות דמי וקתני משלם כשעת הגזילה א"ל התם נשתנה טעמו וריחו הכא לא נשתנה א"ל [ה] רבא לרב יהודה לדידך דאמרת פסלתו מלכות נמי היינו נסדק הרי תרומה ונטמאת דכי פסלתו מלכות דמי וקתני אומר לו הרי שלך לפניך א"ל התם לא מינכר היזיקה הכא מינכר היזיקה איתמר המלוה את חבירו על המטבע ונפסלה המטבע רב אמר נותן

רש"י

פטור. מלשלם לבעליו שכרו: שלא בשעת מלאכה. בשעה [שאינו רגילן] לעשות מלאכה או שאין עכשיו לבעליו מלאכה לעשות דזה נהנה וזה אין חסר הוא ופטור: כדשלח ליה כו' הדר בחצר חבירו. ומוקמינא לה בפ"ב (דף כא.) בחצר דלא קיימא לאגרא: ביתא מיתבא יתיב. זה הדר בתוכה ההנהו לבית זה שהוא מיושב בדיורין: יתיב. אין חרב לפי שהדר בתוכה טש ומשפץ סדקיה תמיד: ושאיה יוכת שער. שד הוא ושמו שאיה מכתת שערים וכותלי בית שאין אדם דר בתוכה: דלא נסתרי. שלא ילמד דרכי הבטלה: פחתה. אם נשברה או נתקלקלה ודמי פחתה יתירין על שכרה נוטל דמי פחתה: עביד לאגרא. מסתמא כי נחית לה אדעתא דאגרא נחית הלכך לאו בתורת גזלן דיינינן ליה ונותן שכרה על כרחו אם רבין הן על דמי פחתה: הא דלא עבידא לאגרא. לא יהיב ליה אלא פחתה: נחת לה אדעתא דאגרא. רצה שכרה נוטל ואם פחתה יתר על שכרה נוטל דמי פחתה דהא ע"כ שקלה וגזל הוא: נחית לה אדעתא דגזלנותא. אפי' שכרה גדול מפחתה לא יהיב אלא פחתה דכל הגזלנין משלמין כשעת הגזלה: פסלתו מלכות. המלך צוה שלא יצא לא במדינה זו ולא במדינה אחרת: היינו נסדק. דכיון דלא [ו] נסדק לגמרי היזק גמור הוא ומשלם כשעת הגזלה: אלא היכי דמי נפסל. דקתני מתניתין הרי שלך לפניך כגון שפסלתו מדינה זו בני מדינה פסלוהו מעלמן: ויוצא במדינה אחרת. שיכול לומר לו לך להוציאו שם: תרומה לא מינכר היזיקה. לא נשתנה מראיתה משאר חטים: הכא מינכרא הזיקה. שאין צורה זו דומה לצורה של כל היוצאים עכשיו וכשגזלה הימנו היו כל צורות המדינות שוות לה: המלוה את חבירו. שום פרגמטיא: על המטבע. שקצץ לו מעות: נותן

תוספות

ומי אמר רב עבדא כמקרקעי דמי והאמר רב דניאל בר רב קטינא כו'. ואם היה כמקרקעי דמי אפי' נחת ליה בתורת גזלנות לא נפק מרשותיה דמריה דהוי כקרקע דאין נגזלת ומשלם אגרא היכא דקאי לאגרא כמו ספינה דלקמן היכא דלא נחת ליה בתורת גזלנות: הלוהו ודר בחצירו. כולה סוגיא דהכא כלישנא קמא דאיזהו נשך (ב"מ דף סד: ושם) ל"ע היאך הלוה מותר לעשות שום טובה למלוה אפי' דברים שהיה עושה לו בלא הלואה ואפילו דברים שאין רגילות ליטול מהן שכר יהא אסור דומיא דחצר דלא קיימא לאגרא וכ"ש דברים שאין רגילות להשאיל בחנם כגון להשאיל סוסו שיהא אסור אפי' הוא כ"כ אוהבו שבלאו הכי היה משאילו וא"כ יותר מדאי יש לו ליזהר ללוה שלא יעשה למלוה שום הנאה וי"ל דדוקא מילי דפרהסיא ואוושא טובא כגון לדור בחצירו ולתקוף בעבדו אבל להשאיל לו כליו או אפי' סוסו כיון דבלאו הכי משאילו מותר ודיקא נמי דנקט במתני' חצירו ולא נקט לא ישכיר לו כליו או בהמתו בפחות ועוד שמא י"ל דכל היכא דקודם הלואה היו אוהבים זה את זה שהיו משאילין חצר זה לזה אם היו צריכין מותר להשאיל אף לאחר הלואה ומתני' דאיזהו נשך (שם) בסתם בני אדם שאין רגילות שיהא עושה לוה למלוה אותה הנאה בלא הלואה דומיא דהקדמת שלום שאין אסור אלא באותו שלא היה רגיל להקדים לו מקודם לכן ומיהו אפילו דבר שהיה משאילו בלאו הכי כגון חצר דלא קיימא לאגרא אם נכנס שלא מדעת חבירו חייב אע"פ שאם לא הלוה לו לא היה חייב לתת לו שכר כדמשמע הכא ולפי זה ההיא דאיזהו נשך (שם) איירי דוקא בחצר דקיימא לאגרא דהתם איירי מדעתו כדקאמר לא ישכור הימנו בפחות אבל בלא קיימא לאגרא היה מותר כיון דברשותו נכנס וגם בלא הלואה היה מניח לו לדור בחנם והאי דקאמר התם עלה דמילתא דהכא מאי קמ"ל תנינא ומשני מהו דתימא ה"מ חצר דקיימא לאגרא כו' קמ"ל לא בעי למימר קמ"ל דמתניתין איירי אפילו בדלא קיימא לאגרא דמתניתין ודאי לא מיירי אלא דוקא בדקיימא לאגרא כיון דמיירי מדעתו אלא ה"פ קמ"ל דאפי' לא קיימא לאגרא אסור היכא דלא הוי מדעתו ופירוש זה דחוק דהפשט משמע דאמתניתין קאי וקמ"ל דמתני' איירי אפי' בדלא קיימא לאגרא אע"ג דאיירי שנכנס מדעתו:

המלוה את חבירו על המטבע. פ"ה הלוה לחבירו שום פרקמטיא על המטבע שקצב לו במעות נותן לו מעות שיוצאין בשעת פרעון דהא קבל עליו לתת מטבע ודוקא הלוהו פרקמטיא אבל הלוהו מעות מה שהלוהו משלם לו עכ"ל הקונטרס ולפירושו נראה דאם הלוהו מעות נמי וקצב לו שישלם לו מעות דמשלם מטבע היוצא באותה שעה דמעות שנפסלו לאו מטבע נינהו ולא נקט בקונטרס פרקמטיא אלא משום דכשמלוה אדם מעותיו אין רגילין להזכיר דבר אבל כשמוכר פרקמטיא אפי' אמר סתם כך וכך מעות תתן צריך לשלם לו מטבע היוצא וקשה לפירושו דה"ל למימר המוכר לחבירו על המטבע או ה"ל למינקט הקיף ועוד כיון דמעות פרקמטיא זוקף עליו במלוה אין סברא כלל לחלק בין הלוהו מעות לפרקמטיא שמכר במעות ונראה לפרש דאין חילוק בין מכר לו פרקמטיא בין הלוהו מעות ומיירי כשהתנה עמו ע"מ שישלם לו מעות וכיון שפירש לו כך סתמא דמילתא לכך פירש שאם יפסל יתן לו מטבע היוצא דאותו שנפסל אין שמו מטבע ושמואל סבר דכיון שיוצא במישן שם מטבע עליו ועוד אור"י די"ל כגון שהלוהו סלע חטין ואמר לו או תחזור לי סלע או כך וכך מעות ואילו במעות לחודייהו קבל היה משלם לו מטבע שנפסל אבל הכא שלא זקף עליו במלוה גמורה שיכול לפרוע לו חטין אם ירצה נותן לו מטבע היוצא באותה שעה ולכל הפירושים אם הלוהו מעות סתם מעות שהלוהו לו יפרע

מסורת הש"ס

א) [ב"מ סד:], ב) לעיל כא. [ע"ש] ב"מ סד:, ג) ב"מ שם [וע"ש ברש"י ותוס'], ד) נ"ל רבא, ה) [נ"ל רבה דהא משמת רב יהודה נולד רבא כמבואר קדושין עב:], ו) [דלא נפיק לגמרי כצ"ל].

תורה אור השלם

א) נִשְׁאַר בָּעִיר שַׁמָּה וּשְׁאִיָּה יֻכַּת שָׁעַר: [ישעיה כד, יב]

עין משפט נר מצוה

מה א ב ג מיי' פ"ג מהלכות גזלה ואבידה הלכה ז סמג עשין פג ולאוין קנג טוש"ע ח"מ סימן שסג סעיף ד:

מו ד ה מיי' פ"ו מהל' מלוה ולוה הלכה ג סמג שם טוש"ע י"ד סימן קסו סעיף א:

מז ו ז מיי' פ"ג מהל' גזלה ואבידה הלכה ח סמג עשין עג טוש"ע ח"מ סימן שסג סעיף ה:

מח ח ט מיי' שם הל' ד טוש"ע שם סעיף א:

ליקוטי רש"י

ביתא מיתבא יתיב. בית שהוא מיושב בדירת בני אדם. יתיב ישובו קיים לפי שהדרין בתוכו רואין מה שהוא צריך ומתקנין אותו. ושאיה יוכת שער. שד ששמו שאיה מכתת שער בית שאין בני אדם דרין בו והלכך זה שעמד בו ההנהו לישנא אחרינא בית שהוא שאוי ויחיד מאין אדם יוכת שער מזיקין מכתתין אותו [לעיל כא.]. תקיף עבדי דאינשי דמסיק בהו זוזי. מחזיק בעבדיהם של בעלי חובות שלו וכופם לעשות מלאכתו. נהום כריסיה. לחם מאכלו והריני זנו ביום מלאכתו. דארו עבדיה. כך שמו דמרקיד בי כובי. ליצן היה ומרקד בחנויות לשתות יין דלא נסתרי עבדיה שלא ירגיל להיות בטל ויתעצל נסתרי התי"ו משמשת כדרך המתפעלים בתיבת שי"ן וסמ"ך כאשר יתפעל שר ויאמר משתרר שהתי"ו מתמלעת להפסיק אותיות השורש וכאשר יאמר בגזירת סף הסתופף מגזירת שת השתותה וכן בלשון גמרא משתרי מיסתמיך אשתהי איסתפיל [ב"מ סד: סה.].

לשלם לאדוניהם דמי שכירות על כך. **אָמַר לֵיהּ** (רבה) **[רָבָא] בְּרֵיהּ** – בנו של רב יוסף בר חמא[13] לאביו: **מַאי טַעְמָא עָבִיד מַר הָכִי** – מה טעם עושה אדוני אבי כך? איך מותר לך לעשות מלאכה בעבדים שאינם שלך, כאשר בזה אתה מפסיד את אדוניהם[14]? **אָמַר לֵיהּ** רב יוסף: אני עושה כך משום **דְּאָמַר רַב נַחְמָן: עַבְדָּא נְהוֹם כְּרֵיסֵיהּ לֹא שָׁוֵי** – עבד, אפילו את הלחם של כריסו אינו שוה; כלומר, המלאכה שהוא עושה במשך יום שוה בדרך כלל פחות ממחיר מזונותיו לאותו יום. והרי אני זן עבדים אלו בימים שאני עושה בהם מלאכה, ונמצא שאיני גורם שום הפסד לאדוניהם, ואדרבה אף עושה להם טובה[15].

רבא אינו מקבל תשובה זו:

אָמַר לֵיהּ רבא לאביו: **אֵימָא דְּאָמַר רַב נַחְמָן** – יש לנו לומר שמה שאמר רב נחמן, אינו אלא **בִּכְגוֹן דָּארוּ עַבְדֵּיהּ** – עבדו (של רב נחמן) הנקרא "דארו", **דִּמְרַקֵּיד בֵּי כּוּבֵי** – שהיה ליצן המרקד בחנויות לשם שעשוע על מנת לקבל יין בשכרו[16], שמלאכה כזו אכן אינה שוה את הלחם שהוא אוכל[17]; מה שאין כן **כּוּלְּהוּ עַבְדֵי מֶעֱבַד עָבְדֵי** – כל שאר העבדים עושים מלאכות חשובות יותר, ובודאי עבודתם שוה יותר מדמי מזונותיהם[18]!

רב יוסף בר חמא מצדיק את מעשהו בדרך אחרת:

אָמַר לֵיהּ לרבא: **אֲנָא כְּרַב דָּנִיֵּאל סְבִירָא לִי** – אני סובר כרב דניאל, **דְּאָמַר רַב דָּנִיֵּאל בַּר רַב קְטִינָא אָמַר רַב: הַתּוֹקֵף בְּעַבְדּוֹ שֶׁל חֲבֵירוֹ וְעָשָׂה בּוֹ מְלָאכָה, פָּטוּר** מלשלם לאדוניו את שכר מלאכתו, אם עשה כן ביום שלא היתה לאדון מלאכה לעשות על ידיו והיה יושב בטל. **אַלְמָא נִיחָא לֵיהּ דְּלֹא לִיסְתְּרֵי עַבְדֵּיהּ** – הוי אומר שנוח לו לאדון שאעשה כן, כדי שלא יתרגל העבד להתעצל ולשבת בטל, אלא יהא רגיל לעסוק בכל מלאכה שמטילים עליו, ומכיון שכך בודאי אין בזה איסור ואינני חייב לשלם על כך[19].

רבא מעיר לאביו על בעיה אחרת:

אָמַר לֵיהּ רבא לאביו: **הָנֵי מִילֵּי הֵיכָא דְּלֹא מַסִּיק בְּהוּ זוּזֵי** – דברים אלה אמורים במקום שאין העושה מלאכה נושה מעות באדוניו של העבד, שמכיון שהדבר נוח לאדון אין בכך איסור גזל ורשאי לעשות בו מלאכה מטעם זה; אבל **מַר** – אדוני אבי, **כֵּיוָן דְּמַסִּיק בְּהוּ זוּזֵי** – כיון שאתה נושה מעות באותם אנשים, **מִיחֲזֵי כְּרִבִּית** – הרי הדבר נראה כאילו אתה נוטל מהם רבית, כשאתה עושה מלאכה בעבדיהם, ומטעם זה יש לאסור[20]! ומנין למדתי שאסור למלוה לקבל הנאה כזו בחינם מן הלוה, אף שהיא הנאה שאין צריך לשלם עליה כשמקבלים אותה מאדם אחר? ממה **דְּאָמַר רַב יוֹסֵף בַּר מַנְיוּמִי אָמַר רַב נַחְמָן: אַף עַל פִּי שֶׁאָמְרוּ** חכמים: **הַדָּר בַּחֲצַר חֲבֵירוֹ שֶׁלֹּא מִדַּעְתּוֹ אֵין צָרִיךְ לְהַעֲלוֹת לוֹ שָׂכָר**, משום שזה נהנה וזה לא חסר פטור, מכל מקום, אם **הִלְוָהוּ** כסף **וְ**אז **דָּר בַּחֲצַר חֲבֵירוֹ, צָרִיךְ לְהַעֲלוֹת לוֹ שָׂכָר**, כדי שלא ייראה שהוא דר בחצר בשכר מעותיו[21]. כמו כן כאן לענין עשיית מלאכה בעבדים של אחרים, אף שאין להם כעת מלאכה לעשות עבור אדוניהם, והוא מקרה של "זה נהנה וזה לא חסר", מכל מקום אסור לך לעשות כן בחינם כשהאדון חייב לך כסף, משום שהדבר נראה כנטילת רבית.

רב יוסף בר חמא מקבל את טענת בנו:

אָמַר לֵיהּ רב יוסף לרבא: "**הָדְרִי בִּי** – הריני חוזר בי, ולא אעשה כן עוד"[22].

בדומה לנידון הקודם, דנה הגמרא בדין המחזיק בספינתו של חבירו ומשתמש בה:

הערות

13. הוא האמורא הנזכר כ"רבא" סתם בכל התלמוד (ראה נדרים נה, א).

14. מה שפירשנו שהטענה כאן היא מחמת ההפסד הנגרם לאדון, הוא על פי משמעות השיטה מקובצת בשם גאון, ועל פי זה נפרש את המשך הגמרא (אך עיין להלן, הערה 19); ראה גם תורת חיים בבא מציעא סד, ב המציין שכך משמעות סוגייתנו, שהנידון הוא מצד איסור גזל. אמנם ראה ר"י מלוניל בשני המקומות המפרש שהטענה היתה מטעם איסור רבית, כפי שרבא ימשיך ויקשה בהמשך הגמרא.

[בן הרואה את אביו עובר על איסור, מותר לו (והוא אף חייב) להעיר לו על כך, אך בלשון של כבוד, כמבואר בקידושין לב, א. וכל שכן כשאין הבן יודע בבירור שהדבר אסור, שמותר לו לשאול את אביו מה טעמו (ראה כוס הישועות, בבא מציעא, שם).]

15. מכיון שהאדון אינו מקבל ריוח ממוני מעבודת עבדו [רק שהדבר נוח לו שהעבד יעשה את המלאכות במקומו], אין בכך הפסד ממון אם אדם אחר עושה מלאכה בעבד ומספק לו את מזונותיו לאותו יום.

16. רש"י, בבא מציעא שם, ופסחים מט, א.

17. היינו, שרב נחמן הוצרך להוסיף לו מזון על חשבונו, כיון שהשכר המועט שקיבל עבור ריקודיו לא הספיק למזונותיו (ר"י מלוניל).

18. רוב העבדים, המלאכה שהם עושים שוה יותר ממזונותיהם. ומכיון שאדוניהם מרויחים על ידם, בודאי יש הפסד לאדון כשהעבד עובד עבור אדם אחר, אף אם הלה נותן לו מזונות.

19. ראה לעיל, הערות 11-12.

[מה שהוצרך רב יוסף בר חמא לציין את הטעם של "אלמא ניחא ליה דלא ליסתרי עבדיה", הוא כדי לומר שהבעלים מרוצים מכך, ועל כן הדבר מותר אף לכתחילה; שלא נאמר שרב דניאל רק פטר אותו מתשלום בדיעבד משום "זה נהנה וזה לא חסר", אם עבר ועשה כן, אך מכל מקום הדבר אסור לכתחילה כדין "שואל שלא מדעת" שנחשב גזלן (פני יהושע; עיין עוד מהרש"א וחתם סופר בבא מציעא סה, א).]

[פירשנו את מהלך הגמרא, כאמור לעיל (הערה 14), על פי השיטה מקובצת בשם גאון. אולם למעשה, מהלך הגמרא מוקשה מכמה צדדים (עמד עליהם בחידושי מהרי"ט צהלון בבא מציעא סד, ב). שהרי מסוף דברי רב יוסף בר חמא, שהוא סובר כרב דניאל האומר שהתוקף בעבדו של חבירו ועושה בו מלאכה פטור משום שנוח להם לבעלים שהעבד לא ילמד להתבטל, מוכח בבירור שעשה כן רק בזמן שלא היתה להם מלאכה עבור אדוניהם; אולם אם כן, אין לכאורה שום מקום לטענה על הפסד האדון, וגם אין מקום לדיון אם מלאכתו של עבד רגיל שוה את המזון שהוא אוכל או לא, שהרי באותם ימים שאינו עושה מלאכה עבור אדוניו בודאי "נהום כריסיה לא שוי", והנותן לו מזונות תמורת מלאכה רק מיטיב עם האדון ולא מפסידו! ולא יתכן שרבא לא ידע שהתקיפה היתה רק בימים שאין לעבדים מלאכה, ואת זה גילה לו רב יוסף בסוף דבריו; שהרי אם כן היה רב יוסף צריך להשיב לו בלשון "אני, שלא בשעת מלאכה עשיתי", וגם היה צריך להשיב לו כן מיד אחרי טענתו הראשונה!

ושמא יש לומר שטענת רבא לא היתה מצד הפסד האדון, אלא כיצד מותר לאביו ליהנות מהעבדים מבלי לשלם לאדוניהם עבור הנאתו. על כך השיב רב יוסף, שעבודת העבד שוה פחות ממזונותיו, ומכיון שהוא נותן לעבדים מזונות נמצא שאינו נהנה שום הנאה ממונית. חזר רבא וטען לו, שמכיון שהוא משתמש בהם למלאכה חשובה, בודאי יש לו הנאה יותר מערך המזונות שהוא נותן להם. על כך השיב לו רב יוסף, שאף אם אמנם יש לו הנאה, מכל מקום הוא פטור מלשלם על כך (ואף מותר לו לעשות כן לכתחילה כפי שנתבאר לעיל), מכח דינו של רב דניאל.]

20. השימוש בעבד של הלוה ללא תשלום, יתפרש בעיני הרואים כרבית על החוב (עיין בהערה הבאה). למעשה, אין כאן רבית, היות שבלאו הכי העבד ישב בטל, והוא מקרה של "זה נהנה וזה לא חסר" שכל אדם אינו צריך לשלם עליו; ומכל מקום, הדבר אסור משום שהוא נראה לאחרים כרבית.

21. הרואה את המלוה דר בחצירו של הלוה, עלול לחשוב שהחצר עומדת להשכרה והמלוה רגיל לשכור ("חצר דקיימא לאגרא וגברא דעביד למיגר"), ואם כן הנאת ממון גמורה היא, והיא אסורה מן הדין מצד רבית (שיטה מקובצת בבא מציעא סד, ב בשם שיטה, ומהרש"א שם).

ביאור אחר: אמנם אדם הדר בחצר חבירו שלא מדעתו אינו צריך לשלם לו, כשבעל החצר לא נחסר כתוצאה מכך, אבל ודאי שבעל החצר רשאי לגרשו בעל עת, או לדרוש ממנו תשלום מכאן ולהבא. ואין הדייר רשאי לדור שם בחינם בעל כרחו. אם כן, כשהלוה מניח למלוה לדור בחצר מדעתו בחינם, הרי זה נראה שעושה כן מחמת ההלואה, והוא רבית (קונטרס הראיות לריא"ז, שם, ראיה ג).

[עיין תוספות (כאן ובבבא מציעא סד, ב ד"ה אבל) שדנו בהרחבה אם יש להסיק מכאן שאסור למלוה לקבל כל טובה מהלוה, ואפילו טובה קטנה ביותר שהכל רגילים לעשותה בחינם, או באופן שלוה זה היה רגיל לעשות טובה כזו עבור המלוה בחינם גם לפני ההלואה.]

22. ריטב"א ור"י מלוניל בבא מציעא סה, א.

ומשמע שמכל מקום לא שילם רב יוסף בר חמא לאותם אנשים עבור השימוש שעשה בעבדיהם לפני כן; שכן באמת אין כאן רבית, אלא שאסור משום שנראה הדבר כרבית, ובכגון זה ודאי אין המלוה צריך להחזיר אפילו לצאת ידי שמים [זאת בניגוד ל"אבק רבית", האסור מדרבנן, שאף שאינו יוצא בדיינים (ראה שם סא, ב), יש למלוה להחזירו לצאת ידי שמים (ראה שלחן ערוך יורה דעה קסא, ב).] (ריטב"א בבא מציעא, שם; עיין עוד בדבריו שם סד, ב ד"ה הלוהו; עיין גם נמוקי יוסף שם לה, ב – לו, א מדפי הרי"ף; ועיין רא"ש שם ה, טז).

מסורת הש"ם

א) [ב"מ סד:], ב) לעיל כא. [ע"ש] ב"מ סד:, ג) ב"מ שם [וע"ש ברש"י ותוס'], ד) נ"ל רבא, ה) [נ"ל רבה דהא משמת רב יהודה נולד רבא כמבואר קדושין עב:], ו) [דלא נפיק לגמרי כנ"ל].

תורה אור השלם

א) נִשְׁאַר בָּעִיר שַׁמָּה וּשְׁאִיָּה יֻכַּת שָׁעַר: [ישעיה כד, יב]

עין משפט נר מצוה

מה א ב ג מיי' פ"ג מהלכות גזילה ואבידה הלכה ז סמג עשין פג ולאוין קנג טוש"ע ח"מ סימן שסג סעיף ד:

מו ד ה מיי' פ"ו מהל' מלוה ולוה הלכה ב סמג שם טוש"ע י"ד סימן קסו סעיף א:

מז ו ז מיי' פ"ג מהל' גזילה ואבידה הלכה ח סמג עשין עג טוש"ע ח"מ סימן שסג סעיף ה:

מח ח ט מיי' שם הל' ד טוש"ע שם סעיף א:

ומי אמר רב עבדא כמקרקעי דמי והאמר ^א) רב דניאל בר רב קטינא אמר רב ^א התוקף בעבדו של חבירו ועשה בו מלאכה פטור ואי ס"ד עבדא כמקרקעי דמי אמאי פטור ברשותא דמריה קאי הכא במאי עסקינן ^ב שלא בשעת מלאכה כי הא ^ב) דשלח ליה רבי אבא למרי בר מר בעי מיניה מרב הונא הדר בחצר חבירו שלא מדעתו צריך להעלות לו שכר או אין צריך להעלות לו שכר ושלחו ליה אינו צריך להעלות לו שכר הכי השתא בשלמא התם בין למ"ד ביתא מיתבא יתיב ניחא ליה בין למ"ד ^א) ושאיה יוכת שער ניחא ליה אלא הכא מי ניחא ליה דנכחוש עבדיה אמרי ה"נ ניחא ליה ^ג דלא ליסתרי עבדיה ^ג) בי רב יוסף בר חמא הוו תקיף עבדי דאינשי דמסיק בהו זוזי ועבדי בהו מלאכה א"ל ^ד) רבה בריה מ"ט עביד מר הכי א"ל דאמר רב נחמן עבדא נהום כריסיה לא שוי אמר ליה אימא דאמר רב נחמן כגון דארו עבדיה דמרקיד בי כובי כולהו עבדי מעבד עבדי א"ל אנא כרב דניאל סבירא לי דאמר רב דניאל בר רב קטינא אמר רב התוקף בעבדו של חבירו ועשה בו מלאכה פטור אלמא ניחא ליה דלא ליסתרי עבדיה אמר ליה הני מילי היכא ^ד דלא מסיק בהו זוזי מר כיון דמסיק בהו זוזי מיחזי כרבית דאמר רב יוסף בר מניומי אמר רב נחמן אף על פי שאמרו הדר בחצר חבירו שלא מדעתו א"צ להעלות לו שכר ^ה הלוהו ודר בחצר חבירו צריך להעלות לו שכר א"ל הדרי בי: איתמר התוקף ספינתו של חבירו ועשה בה מלאכה אמר רב רצה שכרה נוטל רצה פחתה נוטל ושמואל אמר אינו נוטל אלא פחתה אמר רב פפא לא פליגי ^ו הא דעבידא לאגרא הא דלא עבידא לאגרא ואיבעית אימא הא והא דעבידא לאגרא ^ז הא דנחית ליה אדעתא דאגרא והא דנחית ליה אדעתא דגזלנותא: גזל מטבע ונסדק [וכו']: אמר רב הונא נסדק נסדק ממש נפסל פסלתו מלכות ורב יהודה אמר פסלתו מלכות נמי ^ח היינו נסדק אלא ה"ד נפסל ^ט שפסלתו מדינה זו ויוצאה במדינה אחרת א"ל רב חסדא לרב הונא לדידך דאמרת נפסל פסלתו מלכות הרי פירות והרקיבו יין והחמיץ דכי פסלתו מלכות דמי וקתני משלם כשעת הגזילה א"ל התם נשתנה טעמו וריחו הכא לא נשתנה א"ל ^ה) רבא לרב יהודה לדידך דאמרת פסלתו מלכות נמי היינו נסדק הרי תרומה ונטמאת דכי פסלתו מלכות דמי וקתני אומר לו הרי שלך לפניך א"ל התם לא מינכר היזיקה הכא מינכר היזיקה איתמר המלוה את חבירו על המטבע ונפסלה המטבע רב אמר

נותן

פטור. מלשלם לבעליו שכרו: שלא בשעת מלאכה. בשעה [שאינו רגיל] לעשות מלאכה או שאין עכשיו לבעליו מלאכה לעשות דזה נהנה וזה אין חסר הוא ופטור: כדשלח ליה כו' הדר בחצר חבירו. ומוקמינא לה בפ"ב (דף כא.) בחצר דלא קיימא לאגרא: ביתא מיתבא יתיב. זה הדר בתוכה ההנהו לבית זה שהוא מיושב בדיורין: יתיב. אין חרב לפי שהדר בתוכה טס ומשפין סדקיה תמיד: ושאיה יוכת שער. שד הוא ושמו שאיה מכתת שערים וכותלי בית שאין אדם דר בתוכה: דלא נסתרי. שלא ילמד דרכי הבטלה: פחתה. אם נשברה או נתקלקלה ודמי פחתה יתירין על שכרה נוטל דמי פחתה: עביד לאגרא. מסתמא כי נחית לה אדעתא דאגרא נחית הלכך לאו בתורת גזלן דיינינן ליה ונותן שכרה על כרחו אם רבין הן על דמי פחתה: הא דלא עבידא לאגרא. לא יהיב ליה אלא פחתה: נחת לה אדעתא דאגרא. רצה שכרה נוטל ואם פחתה יתר על שכרה נוטל דמי פחתה דהא ע"כ שקלה וגזל הוא: נחית לה אדעתא דגזלנותא. אפי' שכרה גדול מפחתה לא יהיב אלא פחתה דכל הגזלנין משלמין כשעת הגזלה: פסלתו מלכות. המלך לוה שלא יצא לא במדינה זו ולא במדינה אחרת: היינו נסדק. דכיון דלא ^ו) נסדק לגמרי היזק גמור הוא ומשלם כשעת הגזלה: אלא היכי דמי נפסל. דקתני מתניתין הרי שלך לפניך כגון שפסלתו מדינה זו בני מדינה פסלוהו מעצמן: ויוצא במדינה אחרת. שיכול לומר לו לך להוציאו שם: תרומה לא מינכר היזיקה. לא נשתנה מראיתה משאר חטים: הכא מינכרא הזיקה. שאין צורה זו דומה לצורה של כל היוצאים עכשיו וכשגזלה הימנו היו כל צורות המדינות שוות לה: המלוה את חבירו. שום פרגמטיא: על המטבע. שקצץ לו מעות:

נותן

ומי אמר רב עבדא כמקרקעי דמי והאמר רב דניאל בר רב קטינא כו'. ואם היה כמקרקעי דמי אפי' נחת ליה בתורת גזלנות לא נפק מרשותיה דמריה דהוי כקרקע דאין נגזלת ומשלם אגרא היכא דקאי לאגרא כמו ספינה דלקמן היכא דלא נחת ליה בתורת גזלנות: **הלוהו** ודר בחצירו. כולה סוגיא דהכא כלישנא קמא דאיזהו נשך (ב"מ דף סד: ושם) נ"ע היאך הלוה מותר לעשות שום טובה למלוה אפי' דברים שהיה עושה לו בלא הלואה ואפילו דברים שאין רגילות ליטול מהן שכר יהא אסור דומיא דחצר דלא קיימא לאגרא וכ"ש דברים שאין רגילות להשאיל בחנם כגון להשאיל סוסו שיהא אסור אפי' הוא כ"כ אוהבו שבלאו הכי היה משאילו וא"כ יותר מדאי יש לו ליזהר לווה שלא יעשה למלוה שום הנאה וי"ל דדוקא מילי דפרהסיא ואוושא טובא כגון לדור בחצירו ולתקוף בעבדו אבל להשאיל לו כליו או אפי' סוסו כיון דבלאו הכי משאילו מותר ודיקא נמי דנקט במתני' חצירו ולא נקט לא ישכיר לו כליו או בהמתו בפחות ועוד שמא י"ל דכל היכא דקודם הלואה היו אוהבים זה את זה שהיו משאילין חצר זה לזה אם היו צריכין מותר להשאיל אף לאחר הלואה ומתני' דאיזהו נשך (שם) בסתם בני אדם שאין רגילות שיהא עושה לוה למלוה אותה הנאה בלא הלואה דומיא דהקדמת שלום שאין אסור אלא באותו שלא היה רגיל להקדים לו מקודם לכן ומיהו אפילו דבר שהיה משאילו בלאו הכי כגון חצר דלא קיימא לאגרא אם נכנס שלא מדעת חבירו חייב אע"פ שאם לא הלוה לו לא היה חייב לתת לו שכר כדמשמע הכא ולפי זה ההיא דאיזהו נשך (שם) איירי דוקא בחצר דקיימא לאגרא דהתם איירי מדעתו כדקאמר לא ישכור הימנו בפחות אבל בלא קיימא לאגרא היה מותר כיון דברשותו נכנס וגם בלא הלואה היה מניח לו לדור בחנם והאי דקאמר התם עלה דמילתא דהכא מאי קמ"ל תנינא ומשני מהו דתימא ה"מ חצר דקיימא לאגרא כו' קמ"ל לא בעי למימר קמ"ל דמתניתין איירי אפילו בדלא קיימא לאגרא דמתניתין ודאי לא איירי אלא דוקא בדקיימא לאגרא כיון דמיירי מדעתו אלא ה"פ קמ"ל דאפי' לא קיימא לאגרא אסור היכא דלא הוי מדעתו ופירוש זה דחוק דהפשט משמע דאמתניתין קאי וקמ"ל דמתני' איירי אפי' בדלא קיימא לאגרא אע"ג דאיירי שנכנס מדעתו:

המלוה את חבירו על המטבע. פ"ה הלוה לחבירו שום פרקמטיא על המטבע שקצב לו במעות נותן לו מעות שיוצאין בשעת פרעון דהא קבל עליו לתת מטבע ודוקא הלוהו פרקמטיא אבל הלוהו מעות מה שהלוהו משלם לו עכ"ל הקונטרס ולפירושו נראה דאם הלוהו מעות נמי וקצב לו שישלם לו מעות דמשלם מטבע היוצא באותה שעה דמעות שנפסלו לאו מטבע נינהו ולא נקט בקונטרס פרקמטיא אלא משום דכשמלוה אדם מעותיו אין רגילין להזכיר דבר אבל כשמוכר פרקמטיא אפי' אמר סתם כך וכך מעות תתן צריך לשלם לו מטבע היוצא וקשה לפירושו דה"ל למימר המוכר לחבירו על המטבע או ה"ל למינקט הקיף ועוד כיון דמעות פרקמטיא זוקף עליו במלוה אין סברא כלל לחלק בין הלוהו מעות לפרקמטיא שמכר במעות ונראה לפרש דאין חילוק בין מכר לו פרקמטיא בין הלוהו מעות ומיירי כשהתנה עמו ע"מ שישלם לו מעות וכיון שפירש לו כך סתמא דמילתא לכך פירש שאם יפסל יתן לו מטבע היוצא דאותו שנפסל אין שמו מטבע ושמואל סבר דכיון שיוצא במישן שם מטבע עליו ועוד אור"י די"ל כגון שהלוהו סאה חטין ואמר לו או תחזור לי סאה או כך וכך מעות ואילו במעות לחודייהו קצב היה משלם לו מטבע שנפסל אבל הכא שלא זקף עליו במלוה גמורה שיכול לפרוע לו חטין אם ירצה נותן לו מטבע היוצא באותה שעה ולכל הפירושים אם הלוהו מעות סתם מעות שהלוה לו

יפרע

ליקוטי רש"י

ביתא מיתבא יתיב. בית שהוא מיושב בדירת בני אדם. יתיב ישובו קיים לפי שהדרין בתוכו רואין מה שהוא צריך ומתקנין אותו. **ושאיה יוכת שער.** שד ששמו שאיה מכתת שער בית שאין בני אדם דרין בו והלכך זה שעמד בו ההנהו לישנא אחרינא בית שהוא שאוי ויחיד מאין אדם יוכת שער מזיקין מכתתין אותו [לעיל כא.]. **תקיף עבדי דאינשי דמסיק בהו זוזי.** מחזיק בעבדיהם של בעלי חובות שלו וכופם לעשות מלאכתו. **נהום כריסיה.** לחם מאכלו והריני זנו ביום מלאכתו. **דארו עבדיה.** כך שמו **דמרקיד בי כובי.** לינן היה ומרקד בחנויות לשתות יין דלא נסתרי עבדיה שלא ירגיל להיות בטל ויתעצל נסתרי התי"ו משמשת כדרך המתפעלים בתיבת שי"ן וסמ"ך כאשר יתפעל שר ויאמר משתרר שהתי"ו מתמלעת להפסיק אותיות השורש וכאשר יאמר בגזירת סף הסתופף מגזירת שח השתוחח וכן בלשון גמרא משתרי מיסתמיך אשתחי אישתקיל [ב"מ סד: סה.].

אִיתְּמַר (נאמר): **הַתּוֹקֵף סְפִינָתוֹ שֶׁל חֲבֵירוֹ וְעָשָׂה בָּהּ מְלָאכָה, אָמַר רַב: אִם רָצָה** בעל הספינה ליטול את **שְׂכָרָהּ** — דמי שכירות עבור הספינה למשך אותו זמן ששהתה אצל התוקף, **נוֹטֵל;** ואם **רָצָה** ליטול את **פְּחָתָהּ** — את דמי הבלאי והקלקול שאירע לספינה מהשימוש בה, כגון שהיה בה קלקול שהוא יותר מערך דמי השכירות עבור אותם ימים, **נוֹטֵל,** שהרי התוקף נטל את הספינה בעל כרחם של הבעלים, והרי הוא גזלן שחייב לשלם עבור כל נזק שאירע לחפץ הגזול[23]. **וּשְׁמוּאֵל אָמַר: אֵינוֹ נוֹטֵל אֶלָּא פְּחָתָהּ,** שהתוקף נחשב גזלן בלבד[24].

מבארת הגמרא:

אָמַר רַב פָּפָּא: לֹא פְּלִיגֵי — באמת רב ושמואל אינם חולקים, אלא מדברים באופנים שונים: **הָא** — הוראה זו, של רב, אמורה במקרה **דַּעֲבִידָא לְאַגְרָא** — שהספינה עומדת להשכרה על ידי בעליה. במקרה כזה, מן הסתם יש להניח שהתוקף נטלה על מנת לשלם לבעליה דמי שכירות כמקובל, ועל כן הוא חייב לשלם סכום זה אם הוא יותר מדמי הפחת. ומכל מקום, כיון שנטלה בעל כרחם של הבעלים, יש לדונו גם כגזלן, ואפשר לחייבו לשלם את דמי הפחת אם אלה יתרים על דמי השכירות[25]; לעומת זאת, **הָא** — הוראה זו, של שמואל, אמורה במקרה **דְּלֹא עֲבִידָא לְאַגְרָא** — שהספינה אינה עומדת להשכרה. במקרה זה התוקף נטלה בודאי בתורת גזילה, ועל כן אינו חייב אלא בפחתה ולא בשכרה[26]. **וְאִיבָּעִית אֵימָא** — ואם תרצה, אמור: **הָא וְהָא** — בין הוראה זו ובין הוראה זו, אמורות במקרה **דַּעֲבִידָא לְאַגְרָא** — שהספינה עומדת להשכרה, ומכל מקום מדובר בשני מקרים שונים: **הָא** — הוראה זו, של רב, אמורה במקרה **דְּנָחִית לֵיהּ אַדַּעְתָּא דְּאַגְרָא** — שהתוקף ירד לספינה, כלומר החזיק בה, על דעת לשלם עבורה דמי שכירות. במקרה זה יש לדונו כשוכר ולחייבו בדמי שכירות, ומכל מקום יש לדונו גם כגזלן כיון שתקפה על כרחם של הבעלים, ועל כן אפשר לחייבו במקום זה בדמי פחתה אם אלה יתרים על דמי השכירות; **וְאִילוּ הָא** — הוראה זו, של שמואל, עוסקת במקרה **דְּנָחִית לֵיהּ אַדַּעְתָּא דְּגַזְלָנוּתָא** — שהתוקף ירד לספינה על דעת לגוזלה, ועל כן דינו כגזלן בלבד ומשלם רק דמי פחתה[27].

שנינו במשנתנו:

גָּזַל מַטְבֵּעַ וְנִסְדַּק [וכו׳] משלם כשעת הגזילה. אבל אם גזל מטבע ונפסל, אומר לו: ״הרי שלך לפניך״.

מפרשת הגמרא:

אָמַר רַב הוּנָא: כשאמרה המשנה שגזלן קונה מטבע **שֶׁנִּסְדַּק** והוא צריך לשלם את דמיו, כוונתה היתה למקרה **שֶׁנִּסְדַּק** המטבע **מַמָּשׁ,** היינו שנעשה בו קלקול בגוף המטבע הניכר לכל; וכשאמרה שאין גזלן קונה בשינוי מטבע **שֶׁנִּפְסַל,** כוונתה היתה למקרה **שֶׁפְּסָלַתּוּ הַמַּלְכוּת** והכריזה שמעתה אין למטבע זה תוקף חוקי, וממילא אינו יוצא בשוק בשום מקום. גם במקרה זה יכול הגזלן להשיב את המטבע הגזול עצמו ולומר לנגזל ״הרי שלך לפניך״, כיון שאין כאן שינוי בגוף המטבע[28]. **וְרַב יְהוּדָה אָמַר:** מטבע **שֶׁפְּסָלַתּוּ הַמַּלְכוּת, נַמִּי הַיְינוּ נִסְדַּק** — נחשב גם הוא כמי שנסדק, כיון שהוא מקולקל לגמרי, ועל כן חייב הגזלן לשלם במטבעות אחרים היוצאים בהוצאה עכשיו, כפי ערך המטבע הקודם בשעת הגזילה[29]; **אֶלָּא, הֵיכִי דָּמֵי** — מהו המקרה של ״**נִפְסַל**״ האמור במשנה? **שֶׁפְּסָלַתּוּ מְדִינָה זוֹ** — שבני

הערות

23. רש״י. גזלן חייב באחריותו של החפץ הגזול, ועליו לשלם עבור כל נזק שנגרם לחפץ אפילו על ידי אונס, אבל אינו חייב לשלם דמי שכירות עבור השימוש בו (עיין לעיל הערה 1, ולעיל צו, ב הערה 20). שוכר, לעומת זאת, חייב לשלם דמי שכירות, אבל אינו חייב באונסין, ולא לשלם עבור נזק שנגרם כתוצאה משימוש רגיל בחפץ ששכר [״מתה מחמת מלאכה״]. רב מלמד שיש לבעל הספינה את הברירה לראות את תקיפת ספינתו או כשכירות או כמעשה גזל. על כן, אם ערך הפחת שנגרם לספינה גדול יותר מדמי שכירותה, יכולים הבעלים לתבוע מן התוקף את דמי הנזק כפי שהיו תובעים מגזלן [עיין ראב״ד, מובא לקמן הערה 27]; ואם דמי השכירות הם יותר מהפחת, יכולים הבעלים לתבוע ממנו דמי שכירות כפי שהיו תובעים משוכר (רש״י, כפי שביאר תרומת הכרי שסג, ה ד״ה אם רצה). אולם מכל מקום, אין בעל הספינה יכול לדון את התוקף גם כגזלן וגם כשוכר, ולתבוע ממנו גם דמי שכירות וגם דמי הפחת.

24. שמואל סובר שדנים את תקיפת הספינה אך ורק כמעשה גזילה, ולכן אין לבעל הספינה את הברירה לתבוע מן התוקף דמי שכירות.

25. על פי רש״י, ד״ה עביד לאגרא וד״ה נחת לה אדעתא דאגרא; ראה גם ים של שלמה, י. [והיינו, שאין לו פטור של ״מתה מחמת מלאכה״ כשואל וכשוכר, כיון שנטל את הספינה שלא ברשות הבעלים, ועל כן הוא חייב לשלם עבור הפחת של הספינה אף אם זו נגרמה על ידי שימוש רגיל. ויתכן עוד שלדעת רש״י יש לחייבו אפילו באונסין כדין גזלן (עיין קצות החשן שח, ג; אך עיין רמ״א שם בשם תרומת הדשן; עיין עוד נתיבות המשפט שם, ביאורים ד).

26. היות שהספינה אינה עומדת להשכרה, אין לראות את התוקף כשוכר אלא כגזלן. משום כך אין בעל הספינה יכול לתבוע ממנו אלא את הפחת ולא דמי שכירות. ואפילו התכוון התוקף מתחילה לשלם דמי שכירות, מכל מקום אין להחשיבו כשוכר כיון שלא היתה דעת הבעלים לכך (טור שסג, ד, וכפי שנראה מהמשך הגמרא; עיין בהערה הבאה; ראה גם מגיד משנה הלכות גזילה ואבידה ג, ח, ורמ״א הנזכר בהערה הקודמת; אך עיין מחנה אפרים הלכות גזילה, טז ותרומת הכרי שסג, ה ד״ה עכ״פ).

[עיין רשב״א (ד״ה אמר רב פפא), מדוע לא נאמר שמכיון שהיה פחת כלשהו יצטרך התוקף לשלם את כל דמי השכירות, כפי שלמדנו לעיל (כ, ב, ראה שם הערה 25; כא, א, ראה שם הערה 13) בדין ״זה נהנה וזה לא חסר״, שאם נגרם חסרון מועט מחייבים אותו לשלם את כל ערך הנאתו; עיין עוד ים של שלמה, י ותרומת הכרי שם, לדיון בענין זה.]

27. על כן, אפילו אם דמי השכירות יתרים על ערך הפחת, אין הבעלים יכולים לגבות ממנו דמי שכירות; שהרי התוקף את הספינה עשה כן בתור גזלן, ולמדנו לעיל שגזלן חייב לשלם רק את שוויו של החפץ שנגזל בשעת הגזילה, אבל אינו חייב לשלם עבור השימוש בו. [ונמצא שאם לא היה פחת כלל, הרי הוא מחזיר את הספינה כמות שהיא ואינו חייב לשלם כלום, ולמרות שמדובר בספינה העומדת להשכרה ובעליה הפסידו בגללו דמי שכירות מאחרים (ראה ב״ח שסג, ד וש״ך שם, ח).]

[מזה שהגמרא הקדימה לחילוק זה ששתי ההוראות אמורות במקרה שהספינה עומדת להשכרה, יש לדייק שבספינה **שאינה** עומדת להשכרה נחשב התוקף בכל מקרה כגזלן בלבד ומשלם רק את פחתה, אף אם תקפה על דעת לשלם דמי שכירות, וכפי שנתבאר בהערה הקודמת.]

אלא שלכאורה צריך ביאור: במקרה שהיה פחת בספינה, מדוע צריך הגזלן להשיב את הספינה ולשלם עבור הפחת? ממה נפשך: אם הקלקול הוא כזה שהספינה נחשבת כאילו עברה ״שינוי״, הרי הגזלן קנה אותה, והוא חייב לשלם את שויה המלא של הספינה במעות ולקחת את הספינה לעצמו, ואינו יכול להחזיר את הספינה המקולקלת לבעלים אפילו בתור חלק מהתשלום, כפי שלמדנו לעיל (צד, א; ראה שם הערה 36); ואם הספינה לא עברה ״שינוי״, לכאורה אין הגזלן צריך לשלם עבור הפחת כלל, אלא יכול להחזיר את הספינה לבעליה, ולומר להם: ״הרי שלך לפניך״ (כפי שלמדנו שם לגבי מקרה של שינוי החוזר)! הראב״ד מתרץ, שאף שהגמרא כאן אמרה שהתוקף ירד לספינה על דעת לגוזלה, אין הכוונה שרצה לגזול את הספינה לגמרי ולהחזיק בה עולמית, אלא שרצה להשתמש בה בלי תשלום ולהחזירה לבעלים לאחר זמן. במקרה כזה אינו גזלן ממש, אלא ״שואל שלא מדעת״. ואף שהשואל שלא מדעת נחשב גזלן (ראה בבא מציעא מג, ב), היינו רק לענין זה שהוא חייב לשלם במקרה של ״מתה מחמת מלאכה״ (נזק שנגרם כתוצאה משימושו הרגיל של החפץ) ששואל רגיל פטור עליו, או בכל אונסין [ואפילו באופן ששואל רגיל פטור, כגון אם היו ״בעליו עמו״], ומכח ״קניני גזלה״ חלקיים אלו גם אינו חייב לשלם עבורה דמי שכירות; אולם מכיון שלא התכוון לקחת את החפץ לגמרי, לא קנאו ב״קניני גזילה״ גמורים, אלא הוא עדיין נחשב ״שואל״ לגבי זה שדינו להשיב את החפץ השאול עצמו, גם במקרה שנגרם לו נזק וחל בו ״שינוי״, ולשלם את דמי הנזק לבעלים (אך עיין נמוקי יוסף ה, א מדפי הרי״ף סוף דיבור ראשון, החולק על כך). תירוץ נוסף: מה שלמדנו שגזלן אינו יכול להשיב את שברי החפץ הגזול ולהוסיף עליהם דמים, הוא רק באופן שהשברים אינם ראויים למלאכתם הראשונה; אבל אם הם ראויים למלאכתם הראשונה, כגון ספינה שנשברו חלקים כלשהם ממנה אך היא עדיין ראויה לשימוש כספינה, אף אם הגזלן קנאה בשינוי הוא עדיין יכול להחזירה לבעלים בתורת תשלום ולהוסיף עליה את ההפרש עד לערך הספינה בשעת גזילתה. [לדיון בדבריו, עיין נתיבות המשפט שסג, ו; חידושי רבינו חיים הלוי הלכות גזילה ב, טו פיסקא אחרונה; ברכת שמואל ד, ד-ה; דברי יחזקאל נב, ד-ו; אמרי משה לב, כג-כז, ו-לד, יג; קובץ שיעורים, קכד; חזון איש כ, ב-ג; חידושי רבי שמואל רוזובסקי, יב, בהרחבה. עיין עוד רמב״ם הלכות גזילה ואבידה ב, טו, שכתב שאף בכל גזלן ששבר את הכלי הגזול רשאים הבעלים לדרוש שיחזיר את השברים וישלם את הנזק במעות; ועיין מגיד משנה שהקשה עליו כעין קושיית הראב״ד כאן; עיין עוד סמ״ע שסב, כג וביאור הגר״א שנד, יג לדיון בקושיא זו.]

28. ראה גמרא לקמן.

29. רש״י. [חפץ שנגרם לו נזק, נחשב כמי שעבר שינוי (עיין תוספות גיטין נג, ב ד״ה גזלן).] לדעת רבי יהודה, אין צורך שישתנה גוף החפץ בכדי שיקנה אותו הגזלן, כפי שיתבאר יותר בגמרא לקמן.

ומי אמר רב עבדא כמקרקעי דמי והאמר [א] רב דניאל בר רב קטינא אמר רב [א] התוקף בעבדו של חבירו ועשה בו מלאכה פטור ואי ס"ד עבדא כמקרקעי דמי אמאי פטור ברשותא דמריה קאי הכא במאי עסקינן [ב] שלא בשעת מלאכה כי הא [ג] דשלח ליה רבי אבא למרי בר מר בעי מיניה מרב הונא הדר בחצר חבירו שלא מדעתו צריך להעלות לו שכר או אין צריך להעלות לו שכר ושלחו ליה אינו צריך להעלות לו שכר הכי השתא בשלמא התם בין למ"ד ביתא מיתבא יתיב ניחא ליה בין למ"ד [א] ושאיה יוכת שער ניחא ליה אלא הכא מי ניחא ליה דנכחוש עבדיה אמרי ה"נ ניחא ליה [ג] דלא ליסתרי עבדיה [ג] בי רב יוסף בר חמא הוו תקיף עבדי דאינשי דמסיק בהו זוזי ועבדי בהו מלאכה א"ל [ד] רבה בריה מ"ט עביד מר הכי א"ל דאמר רב נחמן עבדא נהום כריסיה לא שוי אמר ליה אימא דאמר רב נחמן כגון דארו עבדיה דמרקיד בי כובי כולהו עבדי מעבד עבדי א"ל אנא כרב דניאל סבירא לי דאמר רב דניאל בר רב קטינא אמר רב התוקף בעבדו של חבירו ועשה בו מלאכה פטור אלמא ניחא ליה דלא ליסתרי עבדיה אמר ליה הני מילי היכא [ד] דלא מסיק בהו זוזי מר כיון דמסיק בהו זוזי מיחזי כרבית דאמר רב יוסף בר מניומי אמר רב נחמן אף על פי שאמרו הדר בחצר חבירו שלא מדעתו א"צ להעלות לו שכר [ה] הלוהו ודר בחצר חבירו צריך להעלות לו שכר א"ל הדרי בי: איתמר התוקף ספינתו של חבירו ועשה בה מלאכה אמר רב רצה שכרה נוטל רצה פחתה נוטל ושמואל אמר אינו נוטל אלא פחתה אמר רב פפא לא פליגי [ו] הא דעבידא לאגרא הא דלא עבידא לאגרא ואיבעית אימא הא והא דעבידא לאגרא [ז] הא דנחית ליה אדעתא דאגרא והא דנחית ליה אדעתא דגזלנותא: גזל מטבע ונסדק [וכו']: אמר רב הונא נסדק נסדק ממש נפסל פסלתו מלכות ורב יהודה אמר פסלתו מלכות נמי [ח] היינו נסדק אלא ה"ד נפסל [ט] שפסלתו מדינה זו ויוצאה במדינה אחרת א"ל רב חסדא לרב הונא לדידך דאמרת נפסל פסלתו מלכות הרי פירות והרקיבו יין והחמיץ דכי פסלתו מלכות דמי וקתני משלם כשעת הגזילה א"ל התם נשתנה טעמו וריחו הכא לא נשתנה א"ל [ה] רבא לרב יהודה לדידך דאמרת פסלתו מלכות נמי היינו נסדק הרי תרומה ונטמאת דכי פסלתו מלכות דמי וקתני אומר לו הרי שלך לפניך א"ל התם לא מינכר היזיקה הכא מינכר היזיקה איתמר המלוה את חבירו על המטבע ונפסלה המטבע רב אמר נותן

פטור. מלשלם לבעליו שכרו: שלא בשעת מלאכה. בשעה [שאינו רגיל] לעשות מלאכה או שאין עכשיו לבעליו מלאכה לעשות דזה נהנה וזה אין חסר הוא ופטור: כדשלח ליה כו' הדר בחצר חבירו. ומוקמינא לה בפ"ב (דף כא.) בחצר דלא קיימא לאגרא: ביתא מיתבא יתיב. זה הדר בתוכה ההנהו לבית זה שהוא מיושב בדיורין: יתיב. אין חרב לפי שהדר בתוכה טח ומשפיץ סדקיה תמיד: ושאיה יוכת שער. שד הוא ושמו שאיה מכתת שערים וכותלי בית שאין אדם דר בתוכה: דלא נסתרי. שלא ילמד דרכי הבטלה: פחתה. אם נשברה או נתקלקלה ודמי פחתה יתירין על שכרה נוטל דמי פחתה: עביד לאגרא. מסתמא כי נחית לה אדעתא דאגרא נחית הלכך לאו בתורת גזלן דיינינן ליה ונותן שכרה על כרחו אם רבין הן על דמי פחתה: הא דלא עבידא לאגרא. לא יהיב ליה אלא פחתה: נחת לה אדעתא דאגרא. רצה שכרה נוטל ואם פחתה יתר על שכרה נוטל דמי פחתה דהא ע"כ שקלה וגזל הוא: נחית לה אדעתא דגזלנותא. אפי' שכרה גדול מפחתה לא יהיב אלא פחתה דכל הגזלנין משלמין כשעת הגזלה: פסלתו מלכות. המלך גזר שלא יצא לא במדינה זו ולא במדינה אחרת: היינו נסדק. דכיון דלא [ו] נסדק לגמרי היזק גמור הוא ומשלם כשעת הגזלה: אלא היכי דמי נפסל. דקתני מתניתין הרי שלך לפניך כגון שפסלתו מדינה זו בני מדינה פסלוהו מעצמן: ויוצא במדינה אחרת. שיכול לומר לו לך להוציאו שם: תרומה לא מינכר היזיקה. לא נשתנה מראיתה משאר חטים: הכא מינכרא הזיקה. שאין צורה זו דומה לצורה של כל היוצאים עכשיו וכשגזלה הימנו היו כל צורות המדינות שוות לה: המלוה את חבירו. שום פרגמטיא: על המטבע. שקצץ לו מעות: נותן

בתורת גזלנות: הלוהו ודר בחצירו. כולה סוגיא דהכא כלישנא קמא דאיזהו נשך (ב"מ דף סד: ושם) ל"ע היאך הלוה מותר לעשות שום טובה למלוה אפי' דברים שהיה עושה לו בלא הלואה ואפילו דברים שאין רגילות ליטול מהן שכר יהא אסור דומיא דחצר דלא קיימא לאגרא וכ"ש דברים שאין רגילות להשאיל בחנם כגון להשאיל סוסו שיהא אסור אפי' הוא כ"כ אוהבו שבלאו הכי היה משאילו וא"כ יותר מדאי יש לו ליזהר ללוה שלא יעשה למלוה שום הנאה וי"ל דדוקא מילי דפרהסיא ואוושא טובא כגון לדור בחצירו ולתקוף בעבדו אבל להשאיל לו כליו או אפי' סוסו כיון דבלאו הכי משאילו מותר ודיקא נמי דנקט במתני' חצירו ולא נקט לא ישכיר לו כליו או בהמתו בפחות ועוד שמא י"ל דכל היכא דקודם הלואה היו אוהבים זה את זה שהיו משאילין חצר זה לזה אם היו צריכין מותר להשאיל אף לאחר הלואה ומתני' דאיזהו נשך (שם) בסתם בני אדם שאין רגילות שיהא עושה לוה למלוה אותה הנאה בלא הלואה דומיא דהקדמת שלום שאין אסור אלא באותו שלא היה רגיל להקדים לו מקודם לכן ומיהו אפילו דבר שהיה משאילו בלאו הכי כגון חצר דלא קיימא לאגרא אם נכנס שלא מדעת חבירו חייב אע"פ שאם לא הלוה לו לא היה חייב לתת לו שכר כדמשמע הכא ולפי זה ההיא דאיזהו נשך (שם) איירי דוקא בחצר דקיימא לאגרא דהתם איירי מדעתו כדקאמר לא ישכור הימנו בפחות אבל בלא קיימא לאגרא היה מותר כיון דברשותו נכנס וגם בלא הלואה היה מניח לו לדור בחנם והאי דקאמר התם עלה דמילתא דהכא מאי קמ"ל תנינא ומשני מהו דתימא ה"מ חצר דקיימא לאגרא כו' קמ"ל לא בעי למימר קמ"ל דמתניתין איירי אפילו בדלא קיימא לאגרא דמתניתין ודאי לא מיירי אלא דוקא בדקיימא לאגרא כיון דמיירי מדעתו אלא ה"פ קמ"ל דאפי' לא קיימא לאגרא אסור היכא דלא הוי מדעתו ופירוש זה דחוק דהפשט משמע דאמתניתין קאי וקמ"ל דמתני' איירי אפי' בדלא קיימא לאגרא אע"ג דאיירי שנכנס מדעתו:

ומי אמר רב עבדא כמקרקעי דמי והאמר רב דניאל בר רב קטינא כו'. ואם היה כמקרקעי דמי אפי' נחת ליה בתורת גזלנות לא נפק מרשותיה דמריה דהוי כקרקע דאין נגזלת ומשלם אגרא היכא דקאי לאגרא כמו ספינה דלקמן היכא דלא נחת ליה בתורת גזלנות:

המלוה את חבירו על המטבע. פ"ה הלוה לחבירו שום פרקמטיא על המטבע שקצב לו במעות נותן לו מעות שיוצאין בשעת פרעון דהא קבל עליו לתת מטבע ודוקא הלוהו פרקמטיא אבל הלוהו מעות מה שהלוהו משלם לו עכ"ל הקונטרס ולפירושו נראה דאם הלוהו מעות נמי וקצב לו שישלם לו מעות דמשלם מטבע היוצא באותה שעה דמעות שנפסלו לאו מטבע נינהו ולא נקט בקונטרס פרקמטיא אלא משום דכשמלוה אדם מעותיו אין רגילין להזכיר דבר אבל כשמוכר פרקמטיא אפי' אמר סתם כך וכך מעות תתן צריך לשלם לו מטבע היוצא וקשה לפירושו דה"ל למימר המוכר לחבירו על המטבע או ה"ל למינקט הקיף ועוד כיון דמעות פרקמטיא זוקף עליו במלוה אין סברא כלל לחלק בין הלוהו מעות לפרקמטיא שמכר במעות ונראה לפרש דאין חילוק בין מכר לו פרקמטיא בין הלוהו מעות ומיירי כשהתנה עמו ע"מ שישלם לו מעות וכיון שפירש לו כך סתמא דמילתא לכך פירש שאם יפסל יתן לו מטבע היוצא דאותו שנפסל אין שמו מטבע ושמואל סבר דכיון שיוצא במישן שם מטבע עליו ועוד אור"י די"ל כגון שהלוהו סלע חטין ואמר לו או תחזור לי סלע או כך וכך מעות ואילו במעות לחודייהו קצב היה משלם לו מטבע שנפסל אבל הכא שלא זקף עליו במלוה גמורה שיכול לפרוע לו חטין אם ירצה נותן לו מטבע היוצא באותה שעה ולכל הפירושים אם הלוהו מעות סתם מעות שהלוה לו יפרע

עין משפט נר מצוה

מה א ב ג מיי' פ"ג מהלכות גזלה ואבידה הלכה ז סמג עשין סג ולאוין קלג טוש"ע ח"מ סימן שסג סעיף ד:

מו ד ה מיי' פ"ו מהל' מלוה ולוה הלכה ב סמג שם טוש"ע י"ד סימן קסו סעיף א:

מז ו ז מיי' פ"ג מהל' גזילה ואבידה הלכה ח סמג עשין עג טוש"ע ח"מ סימן שסג סעיף ה:

מח ח ט מיי' שם הל' ד טוש"ע שם סעיף א:

ליקוטי רש"י

ביתא מיתבא יתיב. בית שהוא מיושב בדירת בני אדם. יתיב ישובו קיים לפי שהדרין בתוכו רואין מה שהוא צריך ומתקנין אותו. ושאיה יוכת שער. שד ששמו שאיה מכתת שער בית שאין בני אדם דרין בו והלכך זה שעמד בו ההנהו ליסנא אחרינא בית שהוא שאוי ויחיד מאין אדם יוכת שער מזיקין מכתתין אותו [לעיל כא.]. תקיף עבדי דאינשי דמסיק בהו זוזי. מחזיק בעבדיהם של בעלי חובות שלו וכופם לעשות מלאכתו. נהום כריסיה. לחם מאכלו והריני זנו ביום מלאכתו. דארו עבדיה. כך שמו דמרקיד בי כובי. ליצן היה ומרקד בחנויות לשתות יין דלא נסתרי עבדיה שלא ירגיל להיות בטל ויתעצל נסתרי התי"ו משמשת כדרך המתפעלים בתיבת שי"ן וסמ"ך כאשר יתפעל שר ויאמר תשתרר שהתי"ו מתמלעת להפסיק אותיות השורש וכאשר יאמר בגזירת סף הסתופף מגזירת שח השתוחח וכן בלשון גמרא משתרי מיסתמיך אשתמי איסתקיל [ב"מ סד: סה.].

מסורת הש"ס

א) [ב"מ סד:], ב) לעיל כא. [ע"ש] ב"מ סד:, ג) ב"מ שם [וע"ש ברש"י ותוס'], ד) צ"ל רבא, ה) [צ"ל רבה דהא משמת רב יהודה נולד רבא כמבואר קדושין עב:], ו) [דלא נפיק לגמרי כצ"ל].

תורה אור השלם

א) נִשְׁאַר בָּעִיר שַׁמָּה וּשְׁאִיָּה יֻכַּת שָׁעַר: [ישעיה כד, יב]

מדינה זו פסלוהו מעצמם והחליטו שלא לקבלו, **וְ**המטבע עדיין **יוֹצְאָה בִּמְדִינָה אַחֶרֶת.** במקרה זה יכול הגזלן להחזיר את המטבע הגזולה עצמה ולומר לנגזל "הרי שלך לפניך", כיון שאין בה היזק גמור, שהרי יכול הנגזל לקחתה (או לשולחה) למדינה אחרת ולהוציאה שם[30].

הגמרא מקשה על פירושו של רב הונא:

אָמַר לֵיהּ רַב חִסְדָּא לְרַב הוּנָא: לְדִידָךְ — לשיטתך, **דְּאָמְרַתְּ** שכאשר אמרה המשנה שאין גזלן קונה בשינוי מטבע **שֶׁנִּפְסַל,** כוונתה היתה אפילו למקרה **שֶׁפְּסָלַתּוּ הַמַּלְכוּת,** יקשה: **הֲרֵי** המשנה הזכירה את המקרים של הגוזל **פֵּירוֹת וְהִרְקִיבוּ** והגוזל **יַיִן וְהֶחֱמִיץ;** והרי המקרה של יין והחמיץ, **דְּכִי פְּסָלַתּוּ מַלְכוּת דָּמֵי** — שהוא דומה למקרה של הגוזל מטבע ופסלתו המלכות, שהרי גם כאן אין הקלקול ניכר בגוף היין[31], **וְקָתָנֵי** — ואף על פי כן היא לימדה שבמקרה זה הגזלן קונה את היין **וּמְשַׁלֵּם כִּשְׁעַת הַגְּזֵילָה,** כיון שעל כל פנים הוא נתקלקל לגמרי; אם כן, גם במקרה של מטבע שפסלתו המלכות צריך להיות הדין כן[32]!

רב הונא משיב:

אָמַר לֵיהּ לרב חסדא: יש חילוק בין המקרים: **הָתָם** — שם, במקרה של יין והחמיץ, אף על פי שמראהו של היין נשאר כשהיה, מכל מקום **נִשְׁתַּנָּה טַעְמוֹ וְרֵיחוֹ** מכפי שהיה בשעת הגזילה, וממילא הגזלן קונהו בשינוי ועליו לשלם את דמיו; מה שאין כן **הָכָא** — כאן, במקרה של גזל מטבע ונפסל על ידי המלכות, המטבע הגזול **לֹא נִשְׁתַּנָּה** גופו מכפי שהיה[33].

כעת מקשה הגמרא על פירושו של רב יהודה:

אָמַר לֵיהּ (רבא) [רַבָּה][34] **לְרַב יְהוּדָה: לְדִידָךְ** — לשיטתך, **דְּאָמְרַתְּ** שמטבע **שֶׁפְּסָלַתּוּ הַמַּלְכוּת, נַמִּי הַיְינוּ נִסְדַּק** — אף הוא נחשב כמי שנסדק וחייב הגזלן לשלם את דמיו, כיון שנתקלקל לגמרי, אף שאין זה שינוי בגופו, יקשה: **הֲרֵי** במשנה נזכר גם המקרה של הגוזל **תְּרוּמָה וְנִטְמֵאת, דְּכִי פְּסָלַתּוּ מַלְכוּת דָּמֵי** — שהוא דומה למקרה של הגוזל מטבע ופסלתו המלכות, שהרי גם בו אירע קלקול גמור שאינו שינוי בגופו, **וְקָתָנֵי** — ולגבי מקרה זה מלמדת המשנה שהגזלן **אוֹמֵר לוֹ** לנגזל: "**הֲרֵי שֶׁלְּךָ לְפָנֶיךָ**"! מדוע איפוא לא יהיה הדין כן גם בגזל מטבע ופסלתו המלכות[35]?

רב יהודה משיב:

אָמַר לֵיהּ לרבה: יש חילוק בין המקרים: **הָתָם** — שם, **לֹא מִינְכַּר הֶיזֵּיקָהּ** — הנזק שנגרם לתרומה אינו ניכר, שהרי אין שום אפשרות להכיר כעת על התרומה שהיא טמאה; ואילו **הָכָא** — כאן, **מִינְכָּר הֶיזֵּיקָהּ** — הנזק שנגרם למטבע שנפסל, כן ניכר, שהרי רואים שהוא שונה משאר המטבעות היוצאים בהוצאה[36].

הגמרא דנה בענין הקשור לענין הקודם:

אִיתְּמַר (נאמר): **הַמַּלְוֶה אֶת חֲבֵירוֹ עַל הַמַּטְבֵּעַ** — המלוה לחבירו סחורה, וקצב סכום מעות שהלוה יצטרך לשלם לו לאחר זמן[37], **וְ**אחר כך **נִפְסְלָה הַמַּטְבֵּעַ** שהיתה יוצאת בזמן ההלוואה ונקבעה מטבע אחרת, **רַב אָמַר:**

הערות

30. רש"י.

[כפי שמדוייק מדבריו, החילוק בין שני המקרים אינו נובע מכך שיש לצו המלכות תוקף גדול יותר מאשר לתקנה של מדינה. אלא, חשיבותו של צו המלכות היא, שהמטבע נפסל בכך משימוש לגמרי, ושוב אינו מתקבל בשום מדינה (מחוז) הכפופה לאותה מלכות. [ובמלכויות אחרות בכל מקרה אינו מתקבל.] ואילו מטבע שנפסל רק במדינה אחת ומתקבל במדינות אחרות, עדיין נחשב מטבע חוקי ושמו עליו, היות שניתן להביאו למדינה אחרת ולהוציאו שם (עיין חזון איש יז, כה).]

31. [נראה שרב חסדא התכוון לנקוט את סדר לשון המשנה, אך למעשה שאלתו היא רק מהמקרה של "יין והחמיץ", שאין השינוי ניכר במראהו (עיין עוד בהערה הבאה). ראה גם הגהות לדקדוקי סופרים, ט, שבכמה נוסחאות כתבי יד לא מופיעות כאן התיבות "פירות והרקיבו" כלל.]

32. רב חסדא טוען כך: אם פסול המטבע נחשב היזק שאינו ניכר, כיון שאינו ניכר לעין במבט פשוט, גם הקלקול של יין שהחמיץ יש להחשיבו כאינו ניכר מאותה סיבה. ואם המשנה מלמדת שהגוזל יין והחמיץ צריך לשלם את דמיו, על כרחך שקלקול כזה נחשב היזק ניכר, כיון שאפשר לבררו על ידי טעימה; אם כן, באותה מדה יש להחשיב גם את פסול המטבע כהיזק ניכר, כיון שגם שם אפשר לראות שאינו זהה למטבעות החוקיים היוצאים עכשיו בהוצאה (ראה להלן, הערה 36)! מדוע איפוא, בגזל מטבע ופסלתו המלכות מלמדת המשנה שאפשר להשיבו ולומר "הרי שלך לפניך" (לשיטתך, רב הונא)? [עיין מהדורא בתרא למהרש"א, לתוספת ביאור.]

33. לדעת רב הונא, מה שהגזלן קונה את היין שהחמיץ, הוא משום שחל שינוי בגופו, שנשתנו טעמו וריחו, ואף על פי שהוא שינוי שאינו ניכר במבט פשוט. [וזה החילוק בין מקרה זה למקרה של "תרומה ונטמאת".] מה שאין כן במטבע שנפסל, שאמנם גם בו אפשר להכיר את השינוי, אך מכל מקום אין זה שינוי בגופו (עיין חידושי רבי מאיר שמחה; קובץ שיעורים, קכח; אך עיין ראב"ד).

34. יש לגרוס כאן "רַבָּה" במקום "רָבָא", שהרי הגמרא בקידושין (עב, ב) אומרת שרבא נולד ביום שמת רב יהודה (הגהה בגליון הגמרא, וכן הוא בדקדוקי סופרים בשם כמה כתבי יד ודפוסים ישנים של התלמוד; אך עיין דורות הראשונים ה, נה).

35. רבה היה סבור, שההבדל בין המקרה של היין שהחמיץ לבין המקרה של התרומה שנטמאת הוא, שהיין נשתנה **בגופו**, ואילו התרומה לא נשתנית בגופה (כפי שביאר רב הונא; ראה לעיל הערה 33). על פי זה, הוא טוען, גם במקרה של מטבע שפסלתו המלכות אין שינוי בגוף המטבע, ולכן יש להשוותו לתרומה שנטמאת (מהדורא בתרא למהרש"א).

36. רב יהודה משיב, שלדעתו מה שהגזלן קונה את היין שהחמיץ, אין זה משום שההחמצה היא שינוי **בגוף** היין, אלא מפני שהוא שינוי **הניכר**, שהרי אפשר להבחין בשינוי על ידי טעימה או הרחה. לעומת זאת, בתרומה שנטמאת אי אפשר להבחין בשום אופן בשינוי שבין חטים אלה לחטים אחרות, וכל האפשרות לדעת שפירות אלה הם תרומה שנטמאת היא על ידי קבלת עדות על המעשה שאירע בה בעבר (שנגע בה שרץ וכדומה), ועל כן הוא נחשב שינוי שאינו ניכר ואין הגזלן קונה על ידו. על פי זה מובן שגם מטבע שפסלתו מלכות נחשב כנשתנה בשינוי הניכר, שהרי המסתכל במטבע זה יכול להבחין שהוא שונה מהמטבעות האחרים היוצאים כעת בהוצאה, ואילו בשעה שנגזל היה דומה לשאר המטבעות היוצאים (רש"י). על כן, במקרה זה צריך הגזלן לשלם כשעת הגזילה (עיין חידושי רבי מאיר שמחה ובאור שמח הלכות חמץ ומצה ג, ח ד"ה אולם יש לראות; קובץ שיעורים, קכח).

37. רש"י; ראה לקמן עמוד ב, הערות 1-2. [לדוגמא: הוא הלוה לו חטים בשווי של עשרה סלעים, והתנה שהלוה ישלם לו עשרה סלעים ביום מסויים.]

ומי אמר רב עבדא כמקרקעי דמי והאמר
א) רב דניאל בר רב קטינא אמר רב א התוקף
בעבדו של חבירו ועשה בו מלאכה פטור
ואי ס"ד עבדא כמקרקעי דמי אמאי פטור
ברשותא דמריה קאי הכא במאי עסקינן
ב שלא בשעת מלאכה כי הא ג) דשלח ליה
רבי אבא למרי בר מר בעי מיניה מרב הונא
הדר בחצר חבירו שלא מדעתו צריך להעלות
לו שכר או אין צריך להעלות לו שכר ושלחו
ליה אינו צריך להעלות לו שכר הכי השתא
בשלמא התם בין למ"ד ביתא מיתבא יתיב
ניחא ליה בין למ"ד א) ושאיה יוכת שער ניחא
ליה אלא הכא מי ניחא ליה דנבחוש עבדיה
אמרי ה"נ ניחא ליה ג דלא ליסתרי עבדיה
ג) בי רב יוסף בר חמא הוו תקיף עבדי דאינשי
דמסיק בהו זוזי ועבדי בהו מלאכה א"ל ד) רבה
בריה מ"ט עביד מר הכי א"ל דאמר רב נחמן
עבדא נהום כריסיה לא שוי אמר ליה אימא
דאמר רב נחמן כגון דארו עבדיה דמרקיד בי
כובי כולהו עבדי מעבד עבדי א"ל אנא כרב
דניאל סבירא לי דאמר רב דניאל בר רב
קטינא אמר רב התוקף בעבדו של חבירו
ועשה בו מלאכה פטור אלמא ניחא ליה דלא
ליסתרי עבדיה אמר ליה הני מילי היכא ד דלא
מסיק בהו זוזי מר כיון דמסיק בהו זוזי מיחזי
כרבית דאמר רב יוסף בר מניומי אמר רב
נחמן אף על פי שאמרו הדר בחצר חבירו
שלא מדעתו א"צ להעלות לו שכר ה הלוהו
ודר בחצר חבירו צריך להעלות לו שכר א"ל
הדרי בי: איתמר התוקף ספינתו של חבירו
ועשה בה מלאכה אמר רב רצה שכרה נוטל
רצה פחתה נוטל ושמואל אמר אינו נוטל
אלא פחתה אמר רב פפא לא פליגי ו הא
דעבידא לאגרא הא דלא עבידא לאגרא
ואיבעית אימא הא והא דעבידא לאגרא ז הא דנחית ליה אדעתא דאגרא והא
דנחית ליה אדעתא דגזלנותא: גזל מטבע ונסדק [וכו']: אמר רב הונא
נסדק נסדק ממש נפסל פסלתו מלכות ורב יהודה אמר פסלתו מלכות
נמי ח היינו נסדק אלא ה"ד נפסל ט שפסלתו מדינה זו ויוצאה במדינה אחרת
א"ל רב חסדא לרב הונא לדידך דאמרת נפסל פסלתו מלכות הרי פירות
והרקיבו יין והחמיץ דכי פסלתו מלכות דמי וקתני משלם כשעת הגזילה
א"ל התם נשתנה טעמו וריחו הכא לא נשתנה א"ל ה) רבא לרב יהודה לדידך
דאמרת פסלתו מלכות נמי היינו נסדק הרי תרומה ונטמאת דכי פסלתו מלכות
דמי וקתני אומר לו הרי שלך לפניך א"ל התם לא מינכר היזיקה הכא מינכר
היזיקה איתמר המלוה את חבירו על המטבע ונפסלה המטבע רב אמר
נותן

פטור. מלשלם לבעליו שכרו: שלא בשעת מלאכה. בשעה [שאינו רגיל] לעשות מלאכה או שאין עכשיו לבעליו מלאכה לעשות דזה נהנה וזה אין חסר הוא ופטור: כדשלח ליה כו' הדר בחצר חבירו. ומוקמינא לה בפ"ב (דף כא.) בחצר דלא קיימא לאגרא: ביתא מיתבא יתיב. זה הדר בתוכה ההנהו לבית זה שהוא מיושב בדיורין: יתיב. אין חרב לפי שהדר בתוכה טס ומספיק סדקיה תמיד: ושאיה יוכת שער. שד הוא ושמו שאיה מכתת שערים וכותלי בית שאין אדם דר בתוכה: דלא נסתרי. שלא ילמד דרכי הבטלה: פחתה. אם נשברה או נתקלקלה ודמי פחתה יתירין על שכרה נוטל דמי פחתה: עביד לאגרא. מסתמא כי נחית לה אדעתא דאגרא נחית הלכך לאו בתורת גזלן דיינינן ליה ונותן שכרה על כרחו אם רבין הן על דמי פחתה: הא דלא עבידא לאגרא. לא יהיב ליה אלא פחתה: נחת לה אדעתא דאגרא. רצה שכרה נוטל ואם פחתה יתר על שכרה נוטל דמי פחתה דהא ע"כ שקלה וגזל הוא: נחית לה אדעתא דגזלנותא. אפי' שכרה גדול מפחתה לא יהיב אלא פחתה דכל הגזלנין משלמין כשעת הגזלה: פסלתו מלכות. המלך צוה שלא יצא לא במדינה זו ולא במדינה אחרת: היינו נסדק. דכיון דלא ו) נסדק לגמרי היזק גמור הוא ומשלם כשעת הגזלה: אלא היכי דמי נפסל. דקתני מתניתין הרי שלך לפניך כגון שפסלתו מדינה זו בני מדינה פסלוהו מעלמן: ויוצא במדינה אחרת. שיכול לומר לו לך להוליאו שם: תרומה לא מינכר היזיקה. לא נשתנה מראיתה משאר חטים: הכא מינכרא היזיקה. שאין צורה זו דומה לצורה של כל היוצאים עכשיו וכשגזלה הימנו היו כל צורות המדינות שוות לה: המלוה את חבירו. שום פרגמטיא: על המטבע. שקלץ לו מעות: נותן

ומי אמר רב עבדא כמקרקעי דמי והאמר רב דניאל בר רב קטינא כו'. ואם היה כמקרקעי דמי אפי' נחת ליה בתורת גזלנות לא נפק מרשותיה דמריה דהוי כקרקע דאין נגזלת ומשלם אגרא היכא דקאי לאגרא כמו ספינה דלקמן היכא דלא נחת ליה בתורת גזלנות: הלוהו ודר בחצירו. כולה סוגיא דהכא כלישנא קמא דאיזהו נשך (ב"מ דף סד: ושם) ל"ע היאך הלוה מותר לעשות שום טובה למלוה אפי' דברים שהיה עושה לו בלא הלואה ואפילו דברים שאין רגילות ליטול מהן שכר יהא אסור דומיא דחצר דלא קיימא לאגרא וכ"ש דברים שאין רגילות להשאיל בחנם כגון להשאיל סוסו שיהא אסור אפי' הוא כ"כ אוהבו שבלאו הכי היה משאילו וא"כ יותר מדאי יש לו ליזהר ללוה שלא יעשה למלוה שום הנאה וי"ל דדוקא מילי דפרהסיא ואוושא טובא כגון לדור בחצירו ולתקוף בעבדו אבל להשאיל לו כליו או אפי' סוסו כיון דבלאו הכי משאילו מותר ודיקא נמי דנקט במתני' חצירו ולא נקט לא ישכיר לו כליו או בהמתו בפחות ועוד שמא י"ל דכל היכא דקודם הלואה היו אוהבים זה את זה שהיו משאילין חצר זה לזה אם היו צריכין מותר להשאיל אף לאחר הלואה ומתני' דאיזהו נשך (שם) בסתם בני אדם שאין רגילות שיהא עושה לוה למלוה אותה הנאה בלא הלואה דומיא דהקדמת שלום שאין אסור אלא באותו שלא היה רגיל להקדים לו מקודם לכן ומיהו אפילו דבר שהיה משאילו בלאו הכי כגון חצר דלא קיימא לאגרא אם נכנס שלא מדעת חבירו חייב אע"פ שאם לא הלוה לו לא היה חייב לתת לו שכר כדמשמע הכא ולפי זה ההיא דאיזהו נשך (שם) איירי דוקא בחצר דקיימא לאגרא דהתם איירי מדעתו כדקאמר לא ישכור הימנו בפחות אבל בלא קיימא לאגרא היה מותר כיון דברשותו נכנס וגם בלא הלואה היה מניח לו לדור בחנם והאי דקאמר התם עלה דמילתא דהכא מאי קמ"ל תנינא ומשני מהו דתימא ה"מ חצר דקיימא לאגרא כו' קמ"ל לא בעי למימר קמ"ל דמתניתין איירי אפילו בדלא קיימא לאגרא דמתניתין ודאי לא מיירי אלא דוקא בדקיימא לאגרא כיון דמיירי מדעתו אלא ה"פ קמ"ל דאפי' לא קיימא לאגרא אסור היכא דלא הוי מדעתו ופירוש זה דחוק דהפשט משמע דאמתניתין קאי וקמ"ל דמתני' איירי אפי' בדלא קיימא לאגרא אע"ג דאיירי שנכנס מדעתו:

המלוה את חבירו על המטבע. פ"ה הלוה לחבירו שום פרקמטיא על המטבע שקבל לו במעות נותן לו מעות שיולאין בשעת פרעון דהא קבל עליו לתת מטבע ודוקא הלוהו פרקמטיא אבל הלוהו מעות מה שהלוהו משלם לו עכ"ל הקונטרס ולפירושו נראה דאם הלוהו מעות נמי וקבל לו שישלם לו מעות דמשלם מטבע היולא באותה שעה דמעות שנפסלו לאו מטבע נינהו ולא נקט בקונטרס פרקמטיא אלא משום דכשמלוה אדם מעותיו אין רגילין להזכיר דבר אבל כשמוכר פרקמטיא אפי' אמר סתם כך וכך מעות תתן לריך לשלם לו מטבע היולא וקשה לפירושו דה"ל למימר המוכר לחבירו על המטבע או ה"ל למינקט הקיף ועוד כיון דמעות פרקמטיא זוקף עליו במלוה אין סברא כלל לחלק בין הלוהו מעות לפרקמטיא שמכר במעות ונראה לפרש דאין חילוק בין מכר לו פרקמטיא בין הלוהו מעות ומיירי כשהתנה עמו ע"מ שישלם לו מעות וכיון שפירש לו כך סתמא דמילתא לכך פירש שאם יפסל יתן לו מטבע היולא דאותו שנפסל אין שמו מטבע ושמואל סבר דכיון שיולא במישן שם מטבע עליו ועוד אור"י די"ל כגון שהלוהו סאה חטין ואמר לו או תחזור לי סאה או כך וכך מעות ואילו במעות לחודייהו קלב היה משלם לו מטבע שנפסל אבל הכא שלא זקף עליו במלוה גמורה שיכול לפרוע לו חטין אם ירלה נותן לו מטבע היולא באותה שעה ולכל הפירושים אם הלוהו מעות סתם מעות שהלוה לו יפרע

מסורת הש"ס

א) [ב"מ סד:], ב) לעיל כא. [ע"ש] ב"מ סד:, ג) ב"מ שם [וע"ש ברש"י ותוס'], ד) נ"ל רבא, ה) [נ"ל רבה דהא משמת רב יהודה נולד רבא כמבואר קדושין עב:], ו) [דלא נפיק לגמרי כנ"ל].

תורה אור השלם

א) נִשְׁאַר בָּעִיר שַׁמָּה וּשְׁאִיָּה יֻכַּת שָׁעַר: [ישעיה כד, יב]

עין משפט נר מצוה

מה א ב ג מיי' פ"ג מהלכות גזילה ואבידה הלכה ז סמג עשין פג ולאוין קנג טוש"ע ח"מ סימן שסג סעיף ד:

מו ד ה מיי' פ"ו מהל' מלוה ולוה הלכה ב סמג שם טוש"ע י"ד סימן קסו סעיף א:

מז ו ז מיי' פ"ג מהל' גזילה ואבידה הלכה ח סמג עשין עג טוש"ע ח"מ סימן שסג סעיף ה:

מח ח ט מיי' שם הל' ד טוש"ע שם סעיף א:

ליקוטי רש"י

ביתא מיתבא יתיב. בית שהוא מיושב בדירת בני אדם. יתיב ישובו קיים לפי שהדרין בתוכו רואין מה שהוא צריך ומתקנין אותו. ושאיה יוכת שער. שד ששמו שאיה מכתת שער בית שאין בני אדם דרין בו והלכך זה שעמד בו ההנהו לישנא אחרינא בית שהוא שאוי ויחיד מאין אדם יוכת שער מזיקין מכתתין אותו [לעיל כא.]. תקיף עבדי דאינשי דמסיק בהו זוזי. מחזיק בעבדיהם של בעלי חובות שלו וכופם לעשות מלאכתו. נהום כריסיה. לחם מאכלו והריני זנו ביום מלאכתו. דארו עבדיה. כך שמו דמרקיד בי כובי. לילן היה ומרקד בחנויות לשתות יין דלא נסתרי עבדיה שלא ירגיל להיות בטל ויתעצל נסתרי התי"ו משמשת כדרך המתפעלים בתיבת שי"ן וסמ"ך כאשר יתפעל שר ויאמר משתרר שהתי"ו ממתלעת להפסיק אותיות השורש וכאשר יאמר בגזירת סף הסתופף מגזירת שח השתוחח וכן בלשון גמרא משתרי מיסתמיך אשתהי אישתקיל [ב"מ סד: סה.].

מט א ב מיי' פ"ד מהלכות מלוה ולוה הלכה יב סמג לאוין קסג טוש"ע ח"מ סימן עד סעיף ז וטוש"ע י"ד סימן קסה:
נ ג מיי' פ"ד מהלכות מעשר שני הלכה י סמג עשין קלו טוש"ע י"ד סי' שלא סעיף קלח:
נא ד מיי' שם הל' יד:
נב ה ו מיי' פ"ד מהל' מלוה ולוה הלכה יא סמג לאוין קסג טוש"ע י"ד סימן קסה:

נותן לו מטבע היוצא באותה שעה ושמואל אמר [א] יכול לומר לו לך הוציאו במישן אמר רב נחמן [ב] מסתברא מילתיה דשמואל דאית ליה אורחא למיזל למישן אבל לית ליה אורחא לא איתיביה רבא לרב נחמן (א) [ג] אין מחללין על המעות שאינם יוצאות כיצד היו לו מעות כוזביות ירושלמיות או של מלכים הראשונים אין מחללין הא של אחרונים דומיא דראשונים מחללין א"ל הכא במאי עסקינן כשאין מלכיות מקפידות זו על זו אלא כי אמר שמואל כשמלכיות מקפידות זו על זו היכי מצי ממטי להו (א) דממטי לה ע"י הדחק דלא בחשי ואי משכחי קפדי ת"ש [ד] אין מחללין על מעות של כאן והן בבבל ושל בבל והן כאן של בבל והן בבבל מחללין קתני מיהת אין מחללין על מעות של כאן והן בבבל אע"ג דסופו למיסק להתם הכא במאי עסקינן כשמלכיות מקפידות זו על זו אי הכי של בבל והן בבבל למאי חזו דזבין בהו בהמה ומסיק לירושלים והתניא התקינו שיהו (ב) המעות יוצאות בירושלים מפני כך א"ר זירא לא קשיא כאן בזמן שיד ישראל תקיפה על אומות העולם כאן בזמן שיד אומות העולם תקיפה על עצמן ת"ר איזהו מטבע של ירושלים דוד ושלמה מצד אחד וירושלים עיר הקודש מצד אחר ואיזהו מטבע של אברהם אבינו זקן וזקינה מצד אחד ובחור ובתולה מצד אחר בעא מיניה רבא מרב חסדא המלוה את חבירו על המטבע והוסיפו עליו מהו אמר לו [ה] נותן לו מטבע היוצא באותה שעה א"ל ואפילו כי נפיא א"ל אין א"ל אפי' כי תרטיא א"ל אין והא קא זיילין פירי אמר רב אשי [ו] חזינן אי מחמת טיבעא זיל מנכינן ליה ואי

יפרע לו אפי' שנפסל ואם תאמר ומ"ש מגזלן דתניא גזל מטבע ונפסל אומר לו הרי שלך לפניך משמע משום דישנו בעין אבל ליתנהו בעין משלם כשעת הגזילה והכא גבי הלואה אפי' איתנהו בעין כי ליתנהו דמי דמלוה להוצאה ניתנה וי"ל דיש לחלק בין הלואה לגזילה דמטבע שנפסל חשיב כהוזל וכמעיקרא שוין ד' ולבסוף שוין זוזא גבי גזלן אמרינן דכי ליתנהו בעין דמשלם כדמעיקרא אבל גבי הלואה היכא דהוזל משלם כי זולא דהשתא כדאמרינן באיזהו נשך (ב"מ דף עה.) מלוה אדם כור חטין הוזלו נותן חטין הוקרו נותן דמיהן ומטבע שנפסל ודאי הוי כהוזל ונראה דרב ושמואל סברי כרב הונא דלעיל דלרב יהודה דחשיב מטבע שנפסל כנסדק גבי הלואה לא מצי פטר נפשיה במטבע שנפסל אבל לרב הונא דלא חשיב ליה כנסדק מצי פטר ליה נפשיה בנפסל אע"פ דרב הונא מדמה מטבע שנפסל לתרומה ונטמאת וחמץ שעבר עליו הפסח והא פשיטא דאין לוה יכול לשלם תרומה טמאה תחת תרומה טהורה וחמץ אסור בתשלומין היתר לא דמי לגמרי דמטבע שנפסל דמי להוזל והנהו לא דמו להוזל ומכל מקום כשהוא בעין יכול לומר הרי שלך לפניך וכשאינו בעין אפי' בהוזל משלם כדמעיקרא:

(ג) **אי** הכי של בבל והן בבבל למאי חזי. קצת משמע דלא פריך אלא לרב נחמן דאוקי מילתא דשמואל דוקא בדאית ליה אורחא למישן מדפריך א"ה של בבל כו' משמע דאי לאו דאוקמא כשמלכיות מקפידות לא הוה קשה ולא מידי וקשה לר"י דבלאו רב נחמן צריך ע"כ לאוקמי ברייתא בתרייתא כשמלכיות מקפידות דלא תיקשי מינה לשמואל דחשיב ליה מטבע אפילו לית ליה אורחא למישן אי ליתא לדרב נחמן והכא קתני דאין מחללין על מעות של כאן והן בבבל ואע"ג דאית ליה אורחא לירושלים ותקשי נמי עלה דברייתא בתרייתא מההיא דלעיל דשל מלכים אחרונים מחללין אע"ג דאין יוצאות שם במקום שעומד לפי שיוצאת במקום אחר והכא קתני דעל מעות של כאן והן בבבל אין מחללין אע"ג דיוצאות בירושלים אלא התם איירי כשאין מלכיות מקפידות אם נראות מטבע של מלך האחד במדינתו של זה הלכך [באים] בני מלכיות אחרת כאן ומוכרין בהמתם במטבע שלהם ויכול הוא להוציאם בירושלים לבני שאר מדינות הבאות לכאן והכא איירי במקפידות ונראה לר"י דודאי אי לאו מילתיה דרב נחמן הוה א"ש הכל ולא הוה צריך לאוקמא ברייתא בתרייתא כשהמלכיות מקפידות דלא קשה מיניה לשמואל ולא לההיא ברייתא דלעיל דיש לחלק בין מעות של כאן והן בבבל להנהו דלעיל דאיירי במטבע שנפסל במקום אחד ויוצא במקום אחר דהתם ודאי חשוב מטבע דקודם שנפסלה היה שם חשוב מטבע ועדיין מטבע קיים לבני אותו מקום עצמו שנפסל שם שיכולין להוציאו במקום אחר אבל של כאן והן בבבל לא היה עליו שם מטבע בבבל מעולם ולכך אין מחללין אע"ג דאית ליה אורחא לירושלים אבל לרב נחמן דאוקי מילתא דשמואל דוקא בדאית ליה אורחא למישן אבל כי לית ליה אורחא למישן לא חשיב מטבע מטעם שהיה כבר מטבע באותו מקום ועדיין יכול להוציא במישן ולא תלי אלא בדאית ליה אורחא להתם א"כ כך יש לו מטבע שהיה כבר במקום זה כמו מטבע של מקום אחר שלא בא מעולם כאן א"כ של כאן והן בבבל נמי לישויה ליה מטבע דהא אית ליה אורחא לירושלים:

דזבין בהו בהמה ומסיק לירושלים. ואם תאמר והתניא בפרק האיש מקדש (קדושין דף נה:) אין לוקחין בהמה במעות מעשר שני ויש לומר דפלוגתא היא בפרק לולב הגזול (סוכה דף מ:) דתניא אחד שביעית ואחד מעשר שני מתחללין על בהמה חיה דברי ר"מ וחכמים אומרים על שחוטין מחללין על חיין אין מחללין ולר"מ אפי' לכתחילה שרי כדמוכח בתוספתא דהתם דקתני בהדיא מחללין והא דקתני בסוכה מתחללין משום רבנן דאפי' בדיעבד אין מתחללין ועוד י"ל דבשמעתין כיון דאי אפשר בענין אחר שאין יכול להעלות המעות בירושלים שרי למיזבן בהו בהמה לכולי עלמא וטעמא דאין לוקחין בהמה ממעות מעשר שני פירש בקונטרס בקדושין (דף נה:) משום כחשא ואין הטעם בשביל כן אלא כדמפרש בסוכה (דף מ:) דאמר התם מחלוקת בזכרים אבל בנקבות דברי הכל בשחוטין מתחללין ועל חיין אין מתחללין שמא יגדל מהם עדרים ובזכרים פליגי אי גזרינן זכרים אטו נקבות אי לא וכן מפרש בירושלמי דמסכת מעשר שני דטעמא דאסור לקנות זכרים גזירה אטו נקבות: **שיהו** כל המעות יוצאות בירושלים. טעמא מפרש במסכת שקלים (דף ח) דתקנו משום שקלים שהיו מביאין לירושלים מכל המקומות:

מטבע של אברהם אבינו זקן וזקינה מצד אחד. בבראשית רבה דריש והגדלה שמך שיצא לו מוניטי"ן בעולם ומהו מוניטי"ן זקן וזקינה מכאן בחור ובתולה מכאן ונראה לא שהיה בו צורת זקן וזקינה מכאן בחור ובתולה מכאן דאסור לעשות צורת אדם אלא כך היה כתוב מלד אחד זקן וזקינה ומלד אחר בחור ובתולה וכן פירש בקונטרס גבי דוד ושלמה וירושלים עיר הקודש שכך היה כתוב במטבע (ג):

נותן לו מטבע היוצא. בשעת פרעון דהא קיבל עליו לתת לו מטבע והאי לאו מטבע הוא ודוקא הלוהו פרגמטיא אבל הלוהו מעות את שהלוהו משלם לו: על מעות שאין יוצאות. כלל בירושלים דלאו כסף צורה קרינא ביה: כוזביות. מטבע של בן כוזיבא וירושלמיות הוו וה"ג כוזביות ירושלמיות או של מלכים הראשונים וכוזביות וירושלמיות לא נפקי כלל. ל"א כוזביות של כזיב וה"ג כוזביות או ירושלמיות או של מלכים הראשונים: **הא של אחרונים.** דנפקי במדינה אחרת ודומיא דראשונים הוא בכך דאין יוצאות כאן במקומו של בעל הבית שנפסלו בכאן: מחללין. ואף על גב דלית ליה אורחא להתם במקום שיוצאין שהרי בירושלים צריך לילך ולהוציאן וקשיא לרב נחמן אליבא דשמואל דאמר אבל לית ליה אורחא למישן לא: **אלא כי אמר.** רב נחמן אליבא דשמואל דכי לית ליה אורחא למישן לא: **כשמלכיות מקפידות.** בתמיה אי הכי כי אית ליה אורחא למישן היכי מצי ממטי להו הא כי בדקי להו בני מדינה זו ומשכחי ליה אותן מעות מפסדי ליה: **ומשני דלא בחשי.** שאין מקפידין כל כך שיהו בודקין ומחפשין על דבר זה ואי אשכחי קפדי הלכך אית ליה אורחא שנצרך לילך שם יקבלם ויוציא לשם בסחורה ואי לאו הואיל ואין יכול להראותם בכאן בפרהסיא לבני מישן הבאים כאן אם רוצה לא יקבלם: **אין מחללין על מעות של כאן והן בבבל.** אין מחללין מעשר שני על מעות של כאן ירושלים והמעות והבעלים בבבל הואיל ואינן יוצאות מיד במקום שהן שם דבעינן מלוי בידך וליכא ולא על של בבל והן בכאן בירושלים והפירות לא שני לן כל היכא דאיתנהו יכול לחללן והן חוץ לירושלים קתני מיהת אין מחללין על המעות של כאן והן בבבל אלמא אע"ג דאית ליה אורחא למישן כגון הכא דסופו לעלות כאן ולהוציאן ואפ"ה לא קרי להו מעות היוצאות: **מקפידות זו על זו.** יתר מדאי דבחשי ובדקי הלכך מסוכנות הן של בבל במלכות ירושלים דמקפדת ובחשי טפי: **למאי חזי.** הא לא מצי לאמטוינהו (ג) להכא: **והתניא התקינו כו'.** ואמאי תני לעיל ולא על של בבל והן כאן: **דוד ושלמה.** כתוב מצד אחד ומצד שני כתוב ירושלים עיר הקדש: **בחור ובתולה.** יצחק ורבקה: **זקן וזקינה.** אברהם ושרה: **והוסיפו עליהן מהו.** אליבא דרב דאומר נותן לו מטבע של אותה שעה היכא דהוסיפו עליו מאי אמר רב: **באותה שעה.** בשעת פרעון: **כי תרטיא.** סלע גדול במדה מחזקת רובע: **והא קזיילין פירות.** לגבי מטבע זו נמצא שמשתכר זה בתוספת ואינה דומה לראשונים והוי רבית:

מחמת

עד

מסורת הש"ס

א) פ"ק דתוספתא דמעשר שני ה"ה, ב) עיין במפרשי ש"ס מה שכתבו בדיבור זה, ג) [ועי' תוספות ע"ז נב: ד"ה דינרי ובבכורו' נ. ד"ה דינרא].

הגהות הב"ח

(א) גמ' ממטי להו (דממטי לה ע"י הדחק) תא"מ ונ"ב רש"י לא גרים ליה: (ב) שם התקינו שיהיו כל המעות: (ג) רש"י ד"ה למאי וכו' לאמטויינהו להתם הס"ד:

נוֹתֵן לוֹ הלוה בפרעון החוב **מַטְבֵּעַ הַיּוֹצֵא בְּאוֹתָהּ שָׁעָה** — בשעת הפרעון[1]. **וּשְׁמוּאֵל אָמַר: יָכוֹל** הלוה לפרוע את החוב במטבע שהיה בשימוש בשעת ההלואה, **וְלוֹמַר לוֹ** למלוה: **"לֵךְ הוֹצִיאוֹ בְּמֵישָׁן**[2], ששם מטבע זו יוצאת גם עכשיו"[3].

הגמרא מגבילה את הוראת שמואל:

אָמַר רַב נַחְמָן: מִסְתַּבְּרָא מִילְּתֵיהּ דִּשְׁמוּאֵל — מסתבר שהוראת שמואל, שהלוה יכול לפרוע את חובו במטבעות הישנות שנפסלו כיון שהן יוצאות במישן, נאמרה רק במקרה **דְּאִית לֵיהּ אוֹרְחָא לְמֵיזַל לְמֵישָׁן** — שיש לו, למלוה, דרך למישן, כלומר שהוא צריך ללכת למישן בלאו הכי, ונמצא שיוכל להוציא אותן מעות בקלות[4]; **אֲבָל לֵית לֵיהּ אוֹרְחָא** — במקרה שאין לו דרך לשם, **לֹא** — אין הלוה יכול לפרוע לו במעות כאלה[5].

הגמרא מקשה על רב נחמן:

אֵיתִיבֵיהּ — הקשה לו **רָבָא לְרַב נַחְמָן** מן הברייתא הבאה: **אֵין מְחַלְּלִין** מעשר שני **עַל הַמָּעוֹת שֶׁאֵינָם יוֹצְאוֹת**[6]. **כֵּיצַד? אם הָיוּ לוֹ מָעוֹת כּוֹזְבִיּוֹת יְרוּשַׁלְמִיּוֹת**[7] **אוֹ** מטבעות **שֶׁל הַמְּלָכִים הָרִאשׁוֹנִים**, שכבר אינן יוצאות, **אֵין מְחַלְּלִין** עליהן מעשר שני. ויש לדייק מכאן, שרק מטבעות של מלכים קדומים, שכעת אינן יוצאות כלל, אין מחללים עליהן; **הָא** — אבל מטבעות **שֶׁל** המלכים **הָאַחֲרוֹנִים, דּוּמְיָא דְּרִאשׁוֹנִים** — הדומים למטבעות של המלכים הראשונים מבחינה מסויימת, היינו שאינן יוצאות כאן במקום החילול, אך במדינה אחרת הן כן יוצאות, **מְחַלְּלִין** עליהם מעשר שני[8]. והרי מעות אלה, כיון שהן של מעשר שני וצריך להוציאן דוקא בירושלים בקניית דברי מאכל, אין הבעלים עתידים להביאן לאותה מדינה אחרת שהן יוצאות

הערות

1. מכיון שהלוה קיבל על עצמו לפרוע למלוה "מטבע" [כגון סלעים], הרי הוא חייב לתת לו את המטבע החדש היוצא כעת [הסלעים החדשים], משום שהישנים כבר אינם נחשבים "מטבע" (רש"י; עיין להלן, הערה 3).

2. [היא מדינה ששכנה במקום התחברות הנהרות פרת וחדקל, בחלקה הדרומי של עירק כיום (ראה מפה במהדורתנו לקידושין עא, ב). בתקופות מסויימות היתה מדינה זו תחת שלטון בבל (ראה גמרא שם עב, ב).]

3. אמנם הלוה התחייב לפרוע את החוב ב"מטבע"; אבל מכיון שהמטבעות הישנים עדיין יוצאים במדינה כלשהי (כגון במישן), סובר שמואל שהם נחשבים "מטבע" גם במדינה זו (בבל), וניתן להשתמש בהם לפרעון החוב.

מהגמרא לקמן (המזכירה שהמלכויות מקפידות זו על זו וכו') נראה שהמחלוקת כאן היא במטבע ש"פסלתו מלכות". כן נראה גם מדברי תוספות כאן (דיבור ראשון) ומהרא"ש (סימן י) ועוד. לפי זה צריך לומר שבאותה תקופה היתה מישן במלכות אחרת (מבבל), ושם היו יוצאים גם מטבעות שנפסלו על ידי מלכות בבל לגמרי, ובזה נחלקו רב ושמואל אם די בכך להחשיבו "מטבע". אבל אם רק "פסלתו מדינה" והם מתקבלים במדינה אחרת שבאותה מלכות, הכל מודים שהם עדיין נחשבים "מטבע" ואפשר לפרוע בהם את החוב, כפי שלמדנו לעיל לגבי גזילה (עיין ים של שלמה, יג; אך עיין פני יהושע). [אמנם עיין ראב"ד, הנוקט שמחלוקת רב ושמואל היא בין ב"פסלתו מלכות" ובין ב"פסלתו מדינה"; לעומת זאת, עיין בתשובות הגאונים (הרכבי, תכד), המפרשים שרב מדבר בפסלתו מלכות ושמואל בפסלתו מדינה, ואין מחלוקת ביניהם.]

רש"י כותב שהמחלוקת בין רב ושמואל מוגבלת למקרה הנזכר בגמרא, והוא שאדם הלוה לחבירו סחורה על מנת לפרוע את דמיה במטבע לאחר זמן. מה שאין כן במקרה שההלואה עצמה היתה במעות, הכל מודים שהלוה חייב לפרוע רק את מה שקיבל, דהיינו שהוא יכול לפרוע את החוב בסלעים הישנים מהסוג שקיבל, למרות שכעת אינם נחשבים "מטבע". [ואפילו אינם יוצאים בשום מקום (רא"ש, יא).] זו הסיבה שהגמרא משתמשת בלשון "המלוה את חבירו על המטבע", ולא אומרת בסתם "המלוה מעות לחבירו".

תוספות מבארים שרש"י לא התכוון לחלק בדוקא בין הלואת מעות להלואה של סחורה, אלא בין מקרה שבו הזכיר המלוה שהחוב ייפרע במטבע לבין מקרה שלא הזכיר זאת. המלוה סחורה ומבקש לקבל בתמורתה מעות (ולא סחורה זהה) לאחר זמן, צריך לציין במפורש את אופן וסכום הפרעון; ומכיון שציין שהפרעון יהיה ב"מעות" או ב"מטבע", צריך הלוה לשלם לו בכסף העובר לסוחר. מה שאין כן כשאדם מלוה לחבירו מעות, בדרך כלל אינו מזכיר בפירוש את אופן וסכום הפרעון, היות שהם מובנים מאליהם; ומכיון שלא פירש את אופן הפרעון, חייב הלוה לפרוע רק כפי מה שקיבל, דהיינו סלעים ישנים שנפסלו. [עיין מאירי לביאור נוסף בסברת רש"י.] אמנם עיין בהמשך דבריהם שהקשו כמה קושיות על רש"י, ומשום כך חילקו בצורה שונה, שבאמת אין כל הבדל בין הלואת סחורה להלואת מעות, והלשון "המלוה את חבירו על המטבע" פירושה שהמלוה הוסיף **תנאי מפורש** שהפרעון יהיה ב"מטבע". במקרה כזה סובר רב, שהוספת התנאי באה לחייב שהפרעון יהיה במטבע היוצא באותו מקום בזמן הפרעון. ואילו שמואל סובר, שמכיון שעל כל פנים הוא יוצא במקום כלשהו, כגון במישן, די בכך להיחשב "מטבע" והלוה יוצא בזה ידי חובת התנאי. וראה הגהות מיימוניות הלכות מלוה ולוה ד, כ המציין שגם רש"י עצמו חזר בו ופירש (בתשובה, רכג) כמותם. [וראה שם שהביא פירוש נוסף.] אולם לכל הפירושים, אם הלוה לחבירו מעות בסתם, רשאי הלוה לפרוע את החוב באותו סוג מטבעות שקיבל, אף על פי שנפסלו. [עיין חזון איש יז, כג בארוכה.]

[אמנם, עיין מגיד משנה, הלכות מלוה ולוה ד, יא-יב, הנוקט שהרי"ף והרמב"ם חולקים על עיקר הנחתו של רש"י, וסוברים שהנידון בגמרא הוא לגבי כל הלואה שאמורה להיפרע במעות, כולל הלואת מעות בסתם, ולא התכוונה הגמרא למעט אלא מקרה של הלואת פירות תמורת פירות. עיין מחנה אפרים הלכות רבית, כו, המסייע לשיטה זו.]

4. עיין רש"י לקמן, ד"ה ומשני.

5. היות שהמלוה סיכם עם הלוה שישלם לו ב"מטבע", הרי הוא זכאי לקבל מעות העוברות לסוחר שהוא יוכל להוציאן בקלות, או כאן או לכל הפחות במקום אחר שיש לו דרך לשם, שרק אלה יש להן חשיבות להיקרא "מטבע" (ראה רשב"א).

6. מלבד תרומה ומעשר ראשון שמפרישים מהתבואה והפירות בכל שנה, בשנים מסויימות (שנה ראשונה, שניה, רביעית וחמישית של מחזור השמיטה) מפרישים גם "מעשר שני", אותו צריך להעלות לירושלים ולאכלו שם. [ובשתי השנים האחרות (פרט לשנת השמיטה שאין מפרישים בה תרומות ומעשרות כלל) מפרישים במקומו "מעשר עני" הניתן לעניים.] אולם, מי שיש לו פירות רבים של מעשר וקשה לו להביאם לירושלים, מתירה לו התורה לחלל את הפירות על מעות, להביא את המעות לירושלים, ולקנות בהם שם אוכל שייאכל שם בקדושת מעשר שני (ראה דברים יד, כב-כו).

המשנה במסכת מעשר שני (א, ב) מלמדת שאין לחלל את המעשר שני אלא על מטבע היוצאת, היינו המתקבלת ככסף עובר לסוחר. [המקור לכך הוא מלשון הכתוב (דברים שם, כה): "וְנָתַתָּה בַּכָּסֶף וְצַרְתָּ הַכֶּסֶף בְּיָדְךָ", הנדרש (בבבא מציעא מז, ב) שיש לחלל דוקא על מטבע שיש בה צורה, ובכלל זה נלמד שצריך מטבע כזו שערכה בא בגלל הצורה הטבועה בה ולא רק בגלל עצם החומר שבה, וזה קיים רק במטבע חוקית היוצאת בהוצאה (ראה רש"י, ראב"ד ורשב"א; אך ראה רמב"ם הלכות מעשר שני ד, י המביא מקור אחר).] הברייתא שלפנינו (שמקורה בתוספתא מעשר שני א, ה) באה לתת דוגמאות להלכה זו.

7. היינו, מטבעות שהוטבעו על ידי שמעון בן כוזיבא (הידוע בכינויו "בר כוכבא"), המלך היהודי שמלך על ירושלים כשניהל מרד במשך שנתיים וחצי נגד הקיסר הרומי אדריינוס, כחמשים שנה לאחר חורבן בית שני (רש"י). בשיא הצלחותיו של בן כוזיבא, היו סבורים רבי עקיבא וחכמים אחרים שהוא מלך המשיח (ראה ירושלמי תענית ד, ה ורמב"ם הלכות מלכים יא, ג). [הכינוי "בר כוכבא" מקורו כנראה בדרשת רבי עקיבא, שמתוך מחשבה שהוא המשיח קרא עליו את הפסוק (במדבר כד, יז) "דָּרַךְ כּוֹכָב מִיַּעֲקֹב" (ירושלמי שם; ראה סדר הדורות, שנת ג' תתפ). אולם כינוי זה לא נמצא בספרי חז"ל שלפנינו, ואף לא בספרי הראשונים, ובכל מקום הוא נקרא "בן כוזיבא" או בצורה דומה.] לאחר שדוכא המרד שלו, מטבעותיו נפסלו, ושוב לא היו יוצאים ככסף עובר לסוחר.

פירוש אחר: "כוזביות" הן מטבעות שהוטבעו בעיר כזיב. לפי זה יש לגרוס במשנה: כוזביות **או** ירושלמיות (רש"י).

[עיין מהר"ץ חיות המסייע לפירושו הראשון של רש"י מהירושלמי (מעשר שני א, א). אך עיין הגהות יעב"ץ המעיר ששנות שלטונו של שמעון בר כוזיבא היו אחרי חורבן בית המקדש, שאז הדין הוא שמניחים פירות מעשר שני עד שירקיבו, או שפודים אפילו כמות גדולה מהם על פרוטה אחת (ראה רמב"ם הלכות מעשר שני ב, ב). ומעיר עוד, שמקום שלטונו היה בביתר, ולא בירושלים. אמנם, כפי שידוע, מתחילה מלך בר כוזיבא בירושלים במשך שנתיים וחצי, וטבע אז את מטבעותיו, ורק כשכבשו הרומאים את ירושלים עבר לביתר והתבצר בה, עד שנפלה לאחר שלש שנים (דורות הראשונים חלק ד פרק לא).]

8. היות שהברייתא, בבואה לבאר את הדין של "מעות שאינן יוצאות" שאין מחללין עליהן, נקטה דוגמא של מעות כוזביות ירושלמיות ומטבעות של המלכים הראשונים, שאלה אינן יוצאות בשום מקום, משמע שמטבעות היוצאות במקום כל שהוא בעולם, אף שהן דומות למטבעות הנזכרות בברייתא בכך שאינן יוצאות באותו מקום שמשתמשים בהן לחילול המעשר שני, מחללים עליהן מעשר שני. ומוכח איפוא, שלמרות שהבעלים אינם עומדים ללכת למקום ההוא ולהוציאם שם, שהרי הם חייבים להביא את מטבעות הפדיון לירושלים ולקנות בהן אוכל שם, מכל מקום הן נחשבות "מטבע". והרי מכאן סתירה לדברי רב נחמן, הנוקט בדעת שמואל שמטבעות היוצאות רק במקומות אחרים נחשבות "מטבע" רק אם המחזיק בהן עומד להגיע לאותו מקום (רש"י; אך עיין רשב"א)!

אמנם לכאורה צריך ביאור: מדוע הקשתה הגמרא מברייתא זו רק על הפירוש של רב נחמן בדעת שמואל? הרי היה אפשר להקשות ממנה בצורה חזקה יותר על רב, המחמיר עוד יותר מרב נחמן וסובר שמטבעות שאינן יוצאות במקום שהן נמצאות כעת אינן נחשבות "מטבע" בשום אופן, אפילו אם המלוה עומד להגיע למקום שהן יוצאות שם! אלא שבדעת רב יתכן לבאר, שבאמת גם מטבע שאינה יוצאת כאן נחשבת "מטבע", ואפילו אין המחזיק בה עומד להגיע למקום שהיא יוצאת שם, כפי שמוכח מהברייתא לגבי מעשר שני; רק כאשר המלוה מסכם עם הלווה שישלם לו במטבע, אנו מניחים מן הסתם **שכוונתו** היתה למטבע היוצאת באותו מקום, וזו

נותן לו מטבע היוצא באותה שעה ושמואל אמר [א]יכול לומר לו לך הוציאו במישן אמר רב נחמן [ב]מסתברא מילתיה דשמואל דאית ליה אורחא למיזל למישן אבל לית ליה אורחא לא איתיביה רבא לרב נחמן (א) [ג]אין מחללין על המעות שאינם יוצאות כיצד היו לו מעות כוזביות ירושלמיות או של מלכים הראשונים אין מחללין הא של אחרונים דומיא דראשונים מחללין א"ל הכא במאי עסקינן כשאין מלכיות מקפידות זו על זו אלא כי אמר שמואל כשמלכיות מקפידות זו על זו היכי מצי ממטי להו (א) דממטי לה ע"י הדחק דלא בחשי ואי משכחי קפדי ת"ש [ד]אין מחללין על מעות של כאן והן בבבל ושל בבל והן כאן של בבל והן בבבל מחללין קתני מיהת אין מחללין על מעות של כאן והן בבבל אע"ג דסופו למיסק להתם הכא במאי עסקינן כשמלכיות מקפידות זו על זו אי הכי של בבל והן בבבל למאי חזו דזבין בהו בהמה ומסיק לירושלים והתניא התקינו שיהו (ב) המעות יוצאות בירושלים מפני כך א"ר זירא לא קשיא כאן בזמן שיד ישראל תקיפה על אומות העולם כאן בזמן שיד אומות העולם תקיפה על עצמן ת"ר איזהו מטבע של ירושלים דוד ושלמה מצד אחד וירושלים עיר הקודש מצד אחר ואיזהו מטבע של אברהם אבינו זקן וזקינה מצד אחד ובחור ובתולה מצד אחר בעא מיניה רבא מרב חסדא המלוה את חבירו על המטבע והוסיפו עליו מהו אמר לו [ה]נותן לו מטבע היוצא באותה שעה א"ל ואפילו כי נפיא א"ל אין א"ל אפי' כי תרטיא א"ל אין והא קא זיילין פירי אמר רב אשי [ו]חזינן אי מחמת טיבעא זיל מנכינן ליה

ואי

רש"י

נותן לו מטבע היוצא. בשעת פרעון דהא קיבל עליו לתת לו מטבע והאי לאו מטבע הוא ודוקא הלוהו פרגמטיא אבל הלוהו מעות את שהלוהו משלם לו: על מעות שאין יוצאות. כגון בירושלים דלאו כסף צורה קרינא ביה: כוזביות. מטבע של בן כוזיבא וירושלמיות הוו וה"ג כוזביות ירושלמיות או של מלכים הראשונים וכוזביות וירושלמיות לא נפקי כלל. ל"א כוזביות של כזיב וה"ג כוזביות או ירושלמיות או של מלכים הראשונים: הא של אחרונים. דנפקי במדינה אחרת ודומיא דראשונים הוא בכך דאין יוצאות כאן במקומו של בעל הבית שנפסלו בכאן: מחללין. ואף על גב דלית ליה אורחא להתם במקום שיוצאין שהרי בירושלים צריך לילך ולהוציאן וקשיא לרב נחמן אליבא דשמואל דאמר אבל לית ליה אורחא למישן לא: אלא כי אמר. רב נחמן אליבא דשמואל דכי לית ליה אורחא למישן לא: כשמלכיות מקפידות. בתמיה אי הכי כי אית ליה אורחא למישן היכי מצי ממטי להו הא כי בדקי להו בני מדינה זו ומשכחי ליה אותן מעות מפסדי ליה: ומשני דלא בחשי. שאין מקפידין כל כך שיהו בודקין ומחפשין על דבר זה ואי אשכחי קפדי הלכך אית ליה אורחא שנצרך לילך שם יקבלם ויוציא לשם בסחורה ואי לאו הוציל ואין יכול להראותם בכאן בפרהסיא לבני מישן הבאים כאן אם רוצה לא יקבלם: אין מחללין על מעות של כאן והן בבבל. אין מחללין מעשר שני על מעות של כאן ירושלים והמעות והבעלים בבבל הואיל ואינן יוצאות מיד במקום שהן שם דבעינן מלוי בידך וליכא ולא על של בבל והן בכאן בירושלים והפירות לא שני לן כל היכא דאיתנהו יכול לחללן והן חוץ לירושלים קתני מיהת אין מחללין על המעות של כאן והן בבבל אלמא אע"ג דאית ליה אורחא למישן כגון הכא דסופו לעלות כאן ולהוציאן ואפ"ה לא קרי להו מעות היוצאות: מקפידות זו על זו. יתר מדאי דבחשי ודקי הלכך מסוכנות הן של בבל במלכות ירושלים דמקפדת ובחשי טפי: למאי חזי. הא לא מצי לאמטוייהו (ג) להכא: והתניא התקינו כו'. ואמאי תני לעיל ולא על של בבל והן כאן: דוד ושלמה. כתוב מצד אחד ומצד שני כתוב ירושלים עיר הקדש: בחור ובתולה. יצחק ורבקה: זקן וזקינה. אברהם ושרה: והוסיפו עליהן מהו. אליבא דרב דאומר נותן לו מטבע של אותה שעה היכא דהוסיפו עליו מאי אמר רב: באותה שעה. בשעת פרעון: כי תרטיא. סלע גדול במדה מחזקת רובע: והא קזיילין פירות. לגבי מטבע זו נמצא שמשתכר זה בתוספת ואינה דומה לראשונים והוי רבית:

מחמת

תוספות

יפרע לו אפי' שנפסל ואם תאמר ומ"ש מגזלן דתניא גזל מטבע ונפסל אומר לו הרי שלך לפניך משמע משום דישנו בעין אבל ליתנהו בעין משלם כשעת הגזילה והכא גבי הלואה אפי' איתנהו בעין כי ליתנהו דמי דמלוה להוצאה ניתנה וי"ל דיש לחלק בין הלואה לגזילה דמטבע שנפסל חשיב כהוזל וכמעיקרא שוין ד' ולבסוף שוין זוזא גבי גזלן אמרינן דכי ליתנהו בעין דמשלם כדמעיקרא אבל גבי הלואה היכא דהוזל משלם כי זולא דהשתא כדאמרינן באיזהו נשך (ב"מ דף עה.) מלוה אדם כור חטין הוזלו נותן חטין הוקרו נותן דמיהן ומטבע שנפסל ודאי הוי כהוזל ונראה דרב ושמואל סברי כרב הונא דלעיל דלרב יהודה דחשיב מטבע שנפסל כנסדק גבי הלואה לא מצי פטר נפשיה במטבע שנפסל אבל לרב הונא דלא חשיב ליה כנסדק מצי פטר ליה נפשיה בנפסל אע"פ דרב הונא מדמה מטבע שנפסל לתרומה ונטמאת וחמץ שעבר עליו הפסח והא פשיטא דאין לוה יכול לשלם תרומה טמאה תחת תרומה טהורה וחמץ אסור בתשלומין היתר לא דמי לגמרי דמטבע שנפסל דמי להוזל והנהו לא דמו להוזל ומכל מקום כשהוא בעין יכול לומר הרי שלך לפניך וכשאינו בעין אפי' בהוזל משלם כדמעיקרא:

[ב]**אי** הכי של בבל והן בבבל למאי חזי. קצת משמע דלא פריך אלא לרב נחמן דאוקי מילתא דשמואל דוקא בדאית ליה אורחא למישן מדפריך א"ה של בבל כו' משמע דאי לאו דאוקמא כשמלכיות מקפידות לא הוה קשה ולא מידי וקשה לר"י דבלאו רב נחמן צריך ע"כ לאוקמי ברייתא בתרייתא כשמלכיות מקפידות דלא תיקשי מינה לשמואל דחשיב ליה מטבע אפילו לית ליה אורחא למישן אי ליתא לדרב נחמן והכא קתני דאין מחללין על מעות של כאן והן בבבל ואע"ג דאית ליה אורחא לירושלים ותקשי נמי עלה דברייתא בתרייתא מההיא דלעיל דשל מלכים אחרונים מחללין אע"ג דאין יוצאות שם במקום שעומד לפי שיוצאת במקום אחר והכא קתני דעל מעות של כאן והן בבבל אין מחללין אע"ג דיוצאות בירושלים אלא התם איירי כשאין מלכיות מקפידות אם נראות מטבע של מלך האחד במדינתו של זה הלכך [באים] בני מלכיות אחרת כאן ומוכרין בהמתם במטבע שלהם ויכול הוא להוציאם בירושלים לבני שאר מדינות הבאות לכאן והכא איירי במקפידות ונראה לר"י דודאי אי לאו מילתיה דרב נחמן הוה א"ש הכל ולא הוה צריך לאוקמא ברייתא בתרייתא כשהמלכיות מקפידות דלא קשה מיניה לשמואל ולא לההיא ברייתא דלעיל דיש לחלק בין מעות של כאן והן בבבל להנהו דלעיל דאיירי במטבע שנפסל במקום אחד ויוצא במקום אחר דהתם ודאי חשוב מטבע דקודם שנפסלה היה שם חשוב מטבע ועדיין מטבע קיים לבני אותו מקום עצמו שנפסל שם שיכולין להוציאו במקום אחר אבל של כאן והן בבבל לא היה עליו שם מטבע בבבל מעולם ולכך אין מחללין אע"ג דאית ליה אורחא לירושלים אבל לרב נחמן דאוקי מילתא דשמואל דוקא בדאית ליה אורחא למישן אבל כי לית ליה אורחא למישן לא חשיב מטבע מטעם שהיה כבר מטבע באותו מקום ועדיין יכול להוציא במישן ולא תלי אלא באית ליה אורחא להתם א"כ כך יש לו מטבע שהיה כבר במקום זה כמו מטבע של מקום אחר שלא בא מעולם כאן א"כ של כאן והן בבבל נמי לישויה ליה מטבע דהא אית ליה אורחא לירושלים:

דזבין בהו בהמה ומסיק לירושלים. ואם תאמר והתניא בפרק האיש מקדש (קדושין דף נה:) אין לוקחין בהמה במעות מעשר שני ויש לומר דפלוגתא היא בפרק לולב הגזול (סוכה דף מ:) דתניא אחד שביעית ואחד מעשר שני מתחללין על בהמה חיה דברי ר"מ וחכמים אומרים על שחוטין מחללין על חיין אין מחללין ולר"מ אפי' לכתחילה שרי כדמוכח בתוספתא דהתם דקתני בהדיא מחללין והא דקתני בסוכה מתחללין משום רבנן דאפי' בדיעבד אין מתחללין ועוד י"ל דבשמעתין כיון דאי אפשר בענין אחר שאין יכול להעלות המעות בירושלים שרי למיזבן בהו בהמה לכולי עלמא וטעמא דאין לוקחין בהמה ממעות מעשר שני פירש בקונטרס בקדושין (דף נה:) משום כחשא ואין הטעם בשביל כן אלא כדמפרש בסוכה (דף מ:) דאמר התם מחלוקת בזכרים אבל בנקבות דברי הכל בשחוטין מתחללין ועל חיין אין מתחללין שמא יגדל מהם עדרים ובזכרים פליגי אי גזרינן זכרים אטו נקבות אי לא וכן מפרש בירושלמי דמסכת מעשר שני דטעמא דאסור לקנות זכרים גזירה אטו נקבות: **שיהו** כל המעות יוצאות בירושלים. טעמא מפרש במסכת שקלים (דף ח) דתקנו משום שקלים שהיו מביאין לירושלים מכל המקומות:

מטבע של אברהם אבינו זקן וזקינה מצד אחד. בבראשית רבה דריש ואגדלה שמך שיצא לו מוניטי"ן בעולם ומהו מוניטי"ן זקן וזקינה מכאן בחור ובחורה מכאן ונראה לא שהיה בו צורת זקן וזקינה מכאן בחור ובחורה מכאן דאסור לעשות צורת אדם אלא כך היה כתוב מצד אחד זקן וזקינה ומצד אחר בחור ובתולה וכן פירש בקונטרס גבי דוד ושלמה וירושלים עיר הקודש שכך היה כתוב במטבע [ג]:

עד

עין משפט נר מצוה

מט א ב מיי' פ"ד מהלכות מלוה ולוה הלכה יב סמג לאוין קסג טוש"ע ח"מ סימן עד סעיף ז וטוש"ע י"ד סימן קסה:

נ ג מיי' פ"ד מהלכות מעשר שני הלכה י סמג עשין קלו טוש"ע י"ד סי' שלא סעיף קלח:

נא ד מיי' שם הל' יד:

נב ה ו מיי' פ"ד מהל' מלוה ולוה הלכה יא סמג לאוין קסג טוש"ע י"ד סימן קסה:

מסורת הש"ס

א) פ"ק דתוספתא דמעשר שני ה"ה, ב) עיין במפרשי ש"ס מה שכתבו בדיבור זה, ג) [ועי' תוספות ע"ז נב: ד"ה דינרי ובבכורו' נ. ד"ה דינרא].

הגהות הב"ח

(א) גמ' ממטי להו (דממטי לה ע"י הדחק) תא"מ ונ"ב רש"י לא גרים ליה: (ב) שם התקינו שיהיו כל המעות: (ג) רש"י ד"ה למאי וכו' לאמטויינהו להתם הס"ד:

בה ולהוציאן שם; אף על פי כן משמע שהן נחשבות כאן כ"מטבע" העוברת לסוחר, כיון שעל כל פנים הן יוצאות במקום כלשהו, והרי זה סותר לדבריך שבאופן כזה אין להן חשיבות של "מטבע"!

רב נחמן מתרץ:

אָמַר לֵיהּ לרבא: **הָכָא בְּמַאי עַסְקִינָן** — כאן, בברייתא זו, במה אנו עוסקים? **כְּשֶׁאֵין מַלְכְיוֹת מַקְפִּידוֹת זוֹ עַל זוֹ**, והן מתירות לתושביהן להחזיק מטבעות של מדינות אחרות. באופן כזה אפשר להוציא את המעות גם כאן, על ידי הצעתם לסוחרים הבאים לכאן ממישן, וממילא יש להן חשיבות של "מטבע" העוברת לסוחר[9]. מה שאין כן במקרה שהמלכויות מקפידות זו על זו, ואי אפשר להוציא כאן מטבעות שיש להן תוקף חוקי רק במישן, אכן אין למעות כאלה חשיבות של "מטבע" למי שאינו עומד להגיע למישן.

הגמרא תמהה על תירוץ זה:

אֶלָּא לפי ההסבר שלך, רב נחמן, **כִּי** (כאשר) **אָמַר שְׁמוּאֵל** שיכול לוה לפרוע את חובו למלוה במטבעות שנפסלו כאן ומתקבלות במדינה אחרת, רק אם המלוה עומד להגיע לאותה מדינה, הוא התייחס למקרה **כְּשֶׁהַמַּלְכְיוֹת** אכן **מַקְפִּידוֹת זוֹ עַל זוֹ** ואינן מתירות לתושביהן להחזיק מטבע של המדינה האחרת?! אם כן, מה התועלת בזה שהמלוה עתיד להגיע למישן? **הֵיכִי מָצֵי מַמְטֵי לְהוּ** — איך יוכל להביא את המטבעות לשם? הרי השלטונות יקחו אותן ממנו לפני שיגיע לשם!

מתרצת הגמרא:

שמואל התייחס למקרה **דְּמַמְטֵי לְהּ** — שהמלוה יוכל להביא את המטבעות לשם **עַל יְדֵי הַדְּחַק; דְּלָא בָּחֲשֵׁי** — שאין השלטונות מקפידים כל כך עד שיבדקו ויחפשו אחר מטבעות של מדינה אחרת, **וְאִי מַשְׁכְּחֵי קָפְדֵי** — אלא שאם הם מוצאים מטבעות כאלה הם מקפידים על כך ולוקחים את המטבעות האסורות מיד בעליהן. במקרה כזה, אם המלוה עצמו עומד להגיע למישן, הרי הוא יכול לקחת עמו בסתר מטבעות אלה ולהוציאן במישן, ועל כן רשאי הלוה לפרוע לו את חובו במעות אלה. אולם אם אינו עומד להגיע למישן, וכדי להוציאן יצטרך להציען כאן לסוחרים הבאים ממישן, ואת זה לא יוכל לעשות בגלוי מחשש שהשלטונות כאן יתפסוהו ויקחו ממנו את המעות, הרי הוא רשאי לסרב לקבל מעות אלה, והלוה חייב לפרוע לו במטבעות החדשות שיש להן תוקף חוקי כאן.

הגמרא מקשה על שמואל[10] מברייתא אחרת:

תָּא שְׁמַע פירכא להוראת שמואל מן הברייתא הבאה: **אֵין מְחַלְּלִין** מעשר שני **עַל מָעוֹת שֶׁל כָּאן** — של ארץ ישראל, **וְהֵן** (כשהן) נמצאות **בְּבָבֶל**[11], **וְלֹא** על מעות **שֶׁל בָּבֶל וְהֵן** נמצאות **כָּאן** בארץ ישראל[12]. אבל על מעות **שֶׁל בָּבֶל וְהֵן** נמצאות **בְּבָבֶל, מְחַלְּלִין** עליהן מעשר שני.

הגמרא מבארת את הקושיא:

קָתָנֵי מִיהַת — שנינו על כל פנים בברייתא, **שֶׁאֵין מְחַלְּלִין** מעשר שני **עַל מָעוֹת שֶׁל כָּאן** (ארץ ישראל), **וְהֵן** נמצאות **בְּבָבֶל, אַף עַל גַּב דְּסוֹפוֹ** של בעל המעשר שני **לְמֵיסַק לְהָתָם** — לעלות לשם[13], לארץ ישראל, ולהוציא את המעות כדינן בקניית דברי מאכל בירושלים, שם מתקבלות מעות אלה ככסף עובר לסוחר; הרי שאפילו באופן זה אין למעות חשיבות של "מטבע", כיון שאינן יוצאות במקום בו הן נמצאות כעת[14]!

מתרצת הגמרא:

הָכָא בְּמַאי עַסְקִינָן — כאן, בברייתא זו, במה אנו עוסקים? **כְּשֶׁהַמַּלְכְיוֹת מַקְפִּידוֹת זוֹ עַל זוֹ** מאד, ובודקים ומחפשים אחר מטבעות של מדינות אחרות ולוקחים אותן. במקרה כזה אין שום אפשרות להוציא מטבעות אלה, ועל כן מובן שאין להן חשיבות של "מטבע"[15].

הערות

הסיבה שהלוה חייב לשלם לו במטבע כזו. מה שאין כן שמואל, הסובר שהלוה יכול לתת לו מהמטבעות הישנות ולומר לו "לך הוציאן במישן", אינו מפרש את הסיכום כרב, אלא נוקט שסיכום זה מתיר פרעון בכל דבר הנחשב "מטבע", וגם מטבע היוצאת במקום אחר נחשבת כך; ואם רב נחמן מגביל את דבריו ואומר שמדובר רק במקרה שהוא עומד להגיע למישן, הוי אומר שרק באופן זה קיימת החשיבות של "מטבע", וממילא שפיר מקשה הגמרא מהברייתא המלמדת שהחשיבות של "מטבע" קיימת גם באופן שאינו עומד להגיע למקום בו אפשר להוציאה (רשב"א, תירוץ שני; עיין גם ראב"ד; אך עיין רשב"א תירוץ ראשון ובעל המאור; עיין עוד מהרש"א במהדורא בתרא, פני יהושע וחזון איש יז, כה).

9. לפיכך, אף שבעל המעשר שני אינו עומד להגיע לאותה מדינה בה מתקבלות מעות אלה, המטבעות של המלכים האחרונים שנפסלו כאן נחשבות "מטבע", היות שהוא יכול להוציאן לסוחרים הבאים לכאן או לירושלים מאותה מדינה. אולם, שמואל דיבר על מלכויות המקפידות זו על זו ואוסרות על תושביהן להחזיק מטבעות של מדינות אחרות. במקרה זה אין המלוה יכול להציע מטבעות כאלה לסוחרים זרים, ועל כן הן נחשבות "מטבע" רק אם המלוה עצמו עומד להגיע למישן, כפי שאמר רב נחמן.

[ראה ראב"ד המבאר את ענין ה"הקפדה", שיש מלכויות שכאשר הן מבקשות להטביע מטבעות חדשות, הן אוסרות להוציא מן המדינה מטבעות זרות, ואפילו את המטבעות הישנות שלהן שנפסלו. זאת כדי שיהיה מצוי להם כסף בשפע, וכך יוכלו להטביע מטבעות חדשות בכמות גדולה.]

אלא שלכאורה צריך ביאור: מתשובת רב נחמן יוצא, שבמקרה **שאין** המלכויות מקפידות זו על זו, אף שמואל מודה שמטבע היוצאת במקום אחר נחשבת "מטבע" גם כאן, ואפילו אין המחזיק בה עומד להגיע לאותה מדינה שהיא יוצאת שם. אולם אם כן, מה ראה רב נחמן להעמיד את הוראת שמואל במקרה שהמלכויות מקפידות זו על זו, שמשום כך הוצרך להגביל אותה למקרה שיש למלוה דרך למישן? היה לו לומר ששמואל עוסק במקרה שאין המלכויות מקפידות זו על זו, וממילא הוראתו אמורה גם כאשר אין למלוה דרך למישן! ויש לומר שלשונו של שמואל שהלוה יכול לומר למלוה: "לך, הוציאו במישן", מורה שמדובר במקרה שאין למלוה שום אפשרות להוציא את המטבעות כאן, אפילו על ידי הצעתם לסוחרים הבאים ממישן, ובהכרח מדובר באופן שהמלכויות מקפידות זו על זו (פני יהושע; עיין שם לתירוץ נוסף).

10. רשב"א; אך עיין תוספות.

11. [הברייתא נשנתה בארץ ישראל. לכן, היא מתייחסת למעות של ארץ ישראל כמעות "של כאן".] במקרה זה, אדם שיש לו פירות מעשר שני נמצא בבבל ויש לו עמו מעות של ארץ ישראל. הברייתא מלמדת שאינו יכול לחלל את המעשר שני על מעות אלו [למרות שהן יוצאות בירושלים, שם יצטרך להוציא את המעות אחרי שיחלל עליהן את המעשר שני], היות שאינן יוצאות בבבל, שם הן נמצאות כעת. הטעם לכך הוא, שלגבי חילול מעשר שני נאמר (דברים יד, כה): "וְצַרְתָּ הַכֶּסֶף בְּיָדְךָ", המורה שהמעות צריכות להיחשב "מטבע" בשעה שאתה מחלל עליהן את המעשר וצר אותן בידך (רש"י; ראה הערה הבאה). כלומר, אין די בכך שהמעות של ארץ ישראל ייחשבו "מטבע" לכשיובאו לירושלים, כי התורה מצריכה שייחשבו "מטבע" בשעת החילול.

12. דהיינו, מי שנמצא בארץ ישראל ויש לו עמו מעות של בבל, אינו יכול לחלל עליהן מעשר שני [מכיון שאינן "מטבע" במקום החילול; ראה הערה הקודמת].

רש"י מדגיש שהברייתא דנה רק במקום הימצאן של המעות, אבל לא של פירות המעשר שני עצמם. זאת משום שמקום הימצאם של הפירות לא מעלה ולא מוריד; ניתן לחללם בכל מקום שהם [אפילו אינם נמצאים סמוך למעות שעליהן הם מתחללים], ובלבד שיהיו מחוץ לירושלים (ראה מכות יט, ב).

[מלשון רש"י נראה שבכדי שיהיה אפשר לחלל על המעות, צריך שגם המעות וגם הבעלים יהיו במקום שמעות אלה יוצאות. אולם הרמב"ם (הלכות מעשר שני ד, יד) כותב שהכל תלוי בזה שהמעות יוצאות במקום שהבעלים עומדים, אף אם המעות עצמן נמצאות במקום אחר שאינן יוצאות שם, ואילו הראב"ד חולק עליו וטוען שמשמעות הגמרא היא שהכל תלוי במקום הימצאות המעות בלבד; ועיין כסף משנה שם.]

13. [אף שהברייתא, שנשנתה בארץ ישראל, מתייחסת לארץ ישראל כ"כאן" (ראה לעיל, הערה 11), הגמרא, התלמוד הבבלי, מתייחסת לארץ ישראל כ"שם".]

14. הרי שמטבעות שאינן יוצאות במקומן הנוכחי אינן נחשבות "מטבע", אפילו אם בעליהן עומדים להגיע למקום שהן יוצאות שם (רש"י). ובכן, מכאן נסתרים דברי שמואל [הסובר שמטבעות שאינן יוצאות כאן נחשבות מכל מקום "מטבע" אם הן יוצאות במקום אחר], אפילו אם נקבל את ההגבלה של רב נחמן שדבריו אמורים רק במקרה שיש למקבל דרך למקום ששם המטבעות יוצאות, וכל שכן אם לא נקבל הגבלה זו (עיין רשב"א; אך עיין תוספות).

[למעשה, באותה מדה היתה הגמרא יכולה להקשות סתירה בין ברייתא זו לבין הברייתא הקודמת, שממנה משמע שניתן לחלל מעשר שני על מטבעות של "המלכים האחרונים" שאינן יוצאות כאן אלא במקום אחר. אמנם, התירוץ של הגמרא יתרץ גם סתירה זו (רשב"א; אך עיין תוספות).]

15. דהיינו, בניגוד למקרה של הוראת שמואל, שהמלכויות מקפידות זו על זו ולוקחים מטבעות זרות במקרה שמוצאים אותן במקרה ביד אדם, ברייתא זו עוסקת במקרה

נותן לו מטבע היוצא באותה שעה ושמואל אמר [א]יכול לומר לו לך הוציאו במישן אמר רב נחמן [ב]מסתברא מילתיה דשמואל דאית ליה אורחא למיזל למישן אבל לית ליה אורחא לא איתיביה רבא לרב נחמן (א) [ג]אין מחללין על המעות שאינם יוצאות כיצד היו לו מעות כוזביות ירושלמיות או של מלכים הראשונים אין מחללין הא של אחרונים דומיא דראשונים מחללין א"ל הכא במאי עסקינן כשאין מלכיות מקפידות זו על זו אלא כי אמר שמואל כשמלכיות מקפידות זו על זו היכי מצי ממטי להו (א) דממטי לה ע"י הדחק דלא בחשי ואי משכחי קפדי ת"ש [ד]אין מחללין על מעות של כאן והן בבבל ושל בבל והן כאן של בבל והן בבבל מחללין קתני מיהת אין מחללין על מעות של כאן והן בבבל אע"ג דסופו למיסק להתם הכא במאי עסקינן כשמלכיות מקפידות זו על זו אי הכי של בבל והן בבבל למאי חזו דזבין בהו בהמה ומסיק לירושלים והתניא התקינו שיהו (ב) המעות יוצאות בירושלים מפני כך א"ר זירא לא קשיא כאן בזמן שיד ישראל תקיפה על אומות העולם כאן בזמן שיד אומות העולם תקיפה על עצמן ת"ר איזהו מטבע של ירושלים דוד ושלמה מצד אחד וירושלים עיר הקודש מצד אחר ואיזהו מטבע של אברהם אבינו זקן וזקינה מצד אחד ובחור ובתולה מצד אחר בעא מיניה רבא מרב חסדא המלוה את חבירו על המטבע והוסיפו עליו מהו אמר לו [ה]נותן לו מטבע היוצא באותה שעה א"ל ואפילו כי נפיא א"ל אין א"ל אפי' כי תרטיא א"ל אין והא קא זיילין פירי אמר רב אשי [ו]חזינן אי מחמת טיבעא זיל מנכינן ליה ואי

רש"י

נותן לו מטבע היוצא. בשעת פרעון דהא קיבל עליו לתת לו מטבע והאי לאו מטבע הוא ודוקא הלוהו פרגמטיא אבל הלוהו מעות את שהלוהו משלם לו: על מעות שאין יוצאות. כלל בירושלים דלאו כסף צורה קרינא ביה: כוזביות. מטבע של בן כוזיבא וירושלמיות הוו וה"ג כוזביות ירושלמיות או של מלכים הראשונים וכוזביות וירושלמיות לא נפקי כלל. ל"א כוזביות של כזיב וה"ג כוזביות או ירושלמיות או של מלכים הראשונים: הא של אחרונים. דנפקי במדינה אחרת ודומיא דראשונים הוא בכך דאין יוצאות כאן במקומו של בעל הבית שנפסלו בכאן: מחללין. ואף על גב דלית ליה אורחא להתם במקום שיוצאין שהרי בירושלים צריך לילך ולהוציאן וקשיא לרב נחמן אליבא דשמואל דאמר אבל לית ליה אורחא למישן לא: אלא כי אמר. רב נחמן אליבא דשמואל דכי לית ליה אורחא למישן לא: כשמלכיות מקפידות. בתמיה אי הכי כי אית ליה אורחא למישן היכי מצי ממטי להו הא כי בדקי להו בני מדינה זו ומשכחי ליה אותן מעות מפסדי ליה: ומשני דלא בחשי. שאין מקפידין כל כך שיהו בודקין ומחפשין על דבר זה ואי אשכחי קפדי הלכך אית ליה אורחא שנצרך לילך שם יקבלם ויוציא לשם בסחורה ואי לאו הואיל ואין יכול להראותם בכאן בפרהסיא לבני מישן הבאים כאן אם רוצה לא יקבלם: אין מחללין על מעות של כאן והן בבבל. אין מחללין מעשר שני על מעות של כאן ירושלים והמעות והבעלים בבבל הואיל ואינן יוצאות מיד במקום שהן שם דבעינן מלוי בידך וליכא ולא על של בבל והן בכאן בירושלים והפירות לא שני לן כל היכא דאיתנהו יכול לחללן והן חוץ לירושלים קתני מיהת אין מחללין על המעות של כאן והן בבבל אלמא אע"ג דאית ליה אורחא למישן כגון הכא דסופו לעלות כאן ולהוציאן ואפ"ה לא קרי להו מעות היוצאות: מקפידות זו על זו. יתר מדאי דבחשי ובדקי הלכך מסוכנות הן של בבל במלכות ירושלים דמקפדת ובחשי טפי: למאי חזי. הא לא מצי לאמטויינהו (ג) להכא: והתניא התקינו כו'. ואמאי תני לעיל ולא על של בבל והן כאן: דוד ושלמה. כתוב מצד אחד ומצד שני כתוב ירושלים עיר הקדש: בחור ובתולה. יצחק ורבקה: זקן וזקינה. אברהם ושרה: והוסיפו עליהן מהו. אליבא דרב דאומר נותן לו מטבע של אותה שעה היכא דהוסיפו עליו מאי אמר רב: באותה שעה. בשעת פרעון: כי תרטיא. סלע גדול במדה מחזקת רובע: והא קזיילין פירות. לגבי מטבע זו נמצא שמשתכר זה בתוספת ואינה דומה לראשונים והוי רבית:

תוספות

יפרע לו אפי' שנפסל ואם תאמר ומ"ש מגזלן דתניא גזל מטבע ונפסל אומר לו הרי שלך לפניך משמע משום דישנו בעין אבל ליתנהו בעין משלם כשעת הגזילה והכא גבי הלואה אפי' איתנהו בעין כי ליתנהו דמי דמלוה להוצאה ניתנה וי"ל דיש לחלק בין הלואה לגזילה דמטבע שנפסל חשיב כהזל וכמעיקרא שוין ד' ולבסוף שוין זוזא גבי גזלן אמרינן דכי ליתנהו בעין דמשלם כדמעיקרא אבל גבי הלואה היכא דהוזל משלם כי זולא דהשתא כדאמרינן באיזהו נשך (ב"מ דף עה.) מלוה אדם כור חטין החלו נותן חטין הוקרו נותן דמיהן ומטבע שנפסל ודאי הוי כהוזל ונראה דרב ושמואל סברי כרב הונא דלעיל דלרב יהודה דחשיב מטבע שנפסל כנסדק גבי הלואה לא מצי פטר נפשיה במטבע שנפסל אבל לרב הונא דלא חשיב ליה כנסדק מצי פטר ליה נפשיה בנפסל אע"פ דרב הונא מדמה מטבע שנפסל לתרומה ונטמאת וחמץ שעבר עליו הפסח והא פשיטא דאין לוה יכול לשלם תרומה טמאה תחת תרומה טהורה וחמץ אסור בתשלומין היתר לא דמי לגמרי דמטבע שנפסל דמי להוזל והנהו לא דמו להוזל ומכל מקום כשהוא בעין יכול לומר הרי שלך לפניך וכשאינו בעין אפי' בהוזל משלם כדמעיקרא:

[ב]**אי** הכי של בבל והן בבבל למאי חזי. קצת משמע דלא פריך אלא לרב נחמן דאוקי מילתא דשמואל דוקא בדאית ליה אורחא למישן מדפריך א"ה של בבל כו' משמע דאי לאו דאוקמא כשמלכיות מקפידות לא הוה קשה ולא מידי וקשה לר"י דבלאו רב נחמן צריך ע"כ לאוקמי ברייתא בתרייתא כשמלכיות מקפידות דלא תיקשי מינה לשמואל דחשיב ליה מטבע אפילו לית ליה אורחא למישן אי ליתא לדרב נחמן והכא קתני דאין מחללין על מעות של כאן והן בבבל ואע"ג דאית ליה אורחא לירושלים ותקשי נמי עלה דברייתא בתרייתא מההיא דלעיל דשל מלכים אחרונים מחללין אע"ג דאין יוצאות שם במקום שעומד לפי שיוצאת במקום אחר והכא קתני דעל מעות של כאן והן בבבל אין מחללין אע"ג דיוצאות בירושלים אלא התם איירי כשאין מלכיות מקפידות אם נראות מטבע של מלך האחד במדינתו של זה הלכך [באים] בני מלכיות אחרת כאן ומוכרין בהמתם במטבע שלהם ויכול הוא להוציאם בירושלים לבני שאר מדינות הבאות לכאן והכא איירי במקפידות ונראה לר"י דודאי אי לאו מילתיה דרב נחמן הוה א"ש הכל ולא הוה צריך לאוקמא ברייתא בתרייתא כשהמלכיות מקפידות דלא קשה מיניה לשמואל ולא לההיא ברייתא דלעיל דיש לחלק בין מעות של כאן והן בבבל להנהו דלעיל דאיירי במטבע שנפסל במקום אחד ויוצא במקום אחר דהתם ודאי חשוב מטבע דקודם שנפסלה היה שם חשוב מטבע ועדיין מטבע קיים לבני אותו מקום עצמו שנפסל שם שיכולין להוציאו במקום אחר אבל של כאן והן בבבל לא היה עליו שם מטבע בבבל מעולם ולכך אין מחללין אע"ג דאית ליה אורחא לירושלים אבל לרב נחמן דאוקי מילתא דשמואל דוקא בדאית ליה אורחא למישן אבל כי לית ליה אורחא למישן לא חשיב מטבע מטעם שהיה כבר מטבע באותו מקום ועדיין יכול להוציא במישן ולא תלי אלא באית ליה אורחא להתם א"כ כך יש לו מטבע שהיה כבר במקום זה כמו מטבע של מקום אחר שלא בא מעולם כאן א"כ של כאן והן בבבל נמי לישויה ליה מטבע דהא אית ליה אורחא לירושלים:

דזבין בהו בהמה ומסיק לירושלים. ואם תאמר והתניא בפרק האיש מקדש (קדושין דף נה:) אין לוקחין בהמה במעות מעשר שני ויש לומר דפלוגתא היא בפרק לולב הגזול (סוכה דף מ:) דתניא אחד שביעית ואחד מעשר שני מתחללין על בהמה חיה דברי ר"מ וחכמים אומרים על שחוטין מחללין על חיין אין מחללין ולר"מ אפי' לכתחילה שרי כדמוכח בתוספתא דהתם דקתני בהדיא מחללין והא דקתני בסוכה מתחללין משום רבנן דאפי' בדיעבד אין מתחללין ועוד י"ל דבשמעתין כיון דאי אפשר בענין אחר שאין יכול להעלות המעות בירושלים שרי למיזבן בהו בהמה לכולי עלמא וטעמא דאין לוקחין בהמה ממעות מעשר שני פירש בקונטרס בקדושין (דף נה:) משום כחשא ואין הטעם בשביל כן אלא כדמפרש בסוכה (דף מ:) דאמר התם מחלוקת בזכרים אבל בנקבות דברי הכל בשחוטין מתחללין ועל חיין אין מתחללין שמא יגדל מהם עדרים ובזכרים פליגי אי גזרינן זכרים אטו נקבות אי לא וכן מפרש בירושלמי דמסכת מעשר שני דטעמא דאסור לקנות זכרים גזירה אטו נקבות: **שיהו** כל המעות יוצאות בירושלים. טעמא מפרש במסכת שקלים (דף ח) דתקנו משום שקלים שהיו מביאין לירושלים מכל המקומות:

מטבע של אברהם אבינו זקן וזקינה מצד אחד. בבראשית רבה דריש ואגדלה שמך שיצא לו מוניטי"ן בעולם ומהו מוניטי"ן זקן וזקינה מכאן בחור ובתולה מכאן ונראה לא שהיה בו צורת זקן וזקינה מכאן בחור ובתולה מכאן דאסור לעשות צורת אדם אלא כך היה כתוב מצד אחד זקן וזקינה ומצד אחר בחור ובתולה וכן פירש בקונטרס גבי דוד ושלמה וירושלים עיר הקודש שכך היה כתוב במטבע [א]:

עד

עין משפט נר מצוה

מט א ב מיי' פ"ד מהלכות מלוה ולוה הלכה יב סמג לאוין קסג טוש"ע ח"מ סימן עד סעיף ז וטוש"ע י"ד סימן קסה:

נ ג מיי' פ"ד מהלכות מעשר שני הלכה י סמג עשין קלו טוש"ע י"ד סי' שלא סעיף קלח:

נא ד מיי' שם הל' יד:

נב ה ו מיי' פ"ד מהל' מלוה ולוה הלכה יא סמג לאוין קסג טוש"ע י"ד סימן קסה:

מסורת הש"ס

א) פ"ק דתוספתא דמעשר שני ה"ה, ב) עיין במפרשי ש"ס מה שכתבו בדיבור זה, ג) [ועי' תוספות ע"ז נב: ד"ה דינרי ובבכורו' נ. ד"ה דינרא].

הגהות הב"ח

(א) גמ' ממטי להו (דממטי לה ע"י הדחק) תא"מ ונ"ב רש"י לא גריס ליה: (ב) שם התקינו שיהיו כל המעות: (ג) רש"י ד"ה למאי וכו' לאמטויינהו להתם הס"ד:

מקשה הגמרא:

אִי הָכִי — אבל אם כן, מעות **שֶׁל בָּבֶל וְהֵן בְּבָבֶל**, שהברייתא מתירה לחלל מעשר שני עליהן, **לְמַאי חֲזוּ** — לְמה הן ראויות? הרי הבעלים יצטרכו להעלותן לירושלים כדי לקנות בהן דברי מאכל, ולא יוכלו לעשות כן כיון שהשלטונות בירושלים יקחו אותן[16]!

והיא מתרצת:

חֲזוּ דְּזָבִין בְּהוּ בְּהֵמָה וּמַסִּיק לִירוּשָׁלַיִם — הן ראויות לקנות בהן בהמה פה בבבל ולהעלותה לירושלים כדי לשוחטה ולאוכלה שם[17].

כעת מקשה הגמרא על הוראה אחרת של הברייתא האחרונה:

וְהָתַנְיָא בברייתא אחרת: **הִתְקִינוּ** חכמים **שֶׁיְּהוּ [כָּל**[18]**] הַמָּעוֹת יוֹצְאוֹת בִּירוּשָׁלַיִם מִפְּנֵי כָּךְ**[19]; מדוע, איפוא, אמרה הברייתא הקודמת שאין מחללים מעשר שני על מעות של בבל הנמצאות בארץ ישראל? הרי אפשר להוציאן גם בארץ ישראל!

מתרצת הגמרא:

אָמַר רַבִּי זֵירָא: לֹא קַשְׁיָא — אין סתירה בין שתי הברייתות: **כָּאן** — בברייתא שהובאה זה עתה, האומרת שכל המטבעות יוצאות בירושלים, מדובר **בִּזְמַן שֶׁיַּד יִשְׂרָאֵל** היתה **תַּקִּיפָה עַל אוּמּוֹת הָעוֹלָם**, והיו יכולים לקבוע תקנות כאלה; ואילו **כָּאן** — בברייתא הקודמת, האומרת שאין מחללים מעשר שני על מעות של בבל הנמצאות בארץ ישראל, מדובר **בִּזְמַן שֶׁיַּד אוּמּוֹת הָעוֹלָם תַּקִּיפָה עַל עַצְמָן**, והשלטונות שבארץ ישראל אינם מתירים להחזיק מעות של בבל, ואף מחפשים אחריהן ולוקחים אותן[20].

כיון שהוזכרו מעות של ירושלים, מביאה הגמרא ברייתא המתארת אותן:

תָּנוּ רַבָּנָן בברייתא: **אֵיזֶהוּ הַמַּטְבֵּעַ שֶׁל יְרוּשָׁלַיִם?** השמות **דָּוִד וּשְׁלֹמֹה** היו כתובים בו **מִצַּד אֶחָד**, **וְ"יְרוּשָׁלַיִם עִיר הַקּוֹדֶשׁ"** היה כתוב בו **מִצַּד אַחֵר**[21]. **וְאֵיזֶהוּ הַמַּטְבֵּעַ שֶׁל אַבְרָהָם אָבִינוּ?** המלים **"זָקֵן וּזְקֵינָה"** היו כתובות בו **מִצַּד אֶחָד**, **וּ"בָחוּר וּבְתוּלָה"** היה כתוב בו **מִצַּד אַחֵר**[22].

הגמרא מעלה שאלה הקשורה לענין הקודם שעסקנו בו:

בְּעָא מִינֵּיהּ (שאל ממנו) **רָבָא מֵרַב חִסְדָּא: הַמַּלְוֶה אֶת חֲבֵירוֹ** סחורה וקבע עמו את פרעון החוב **עַל הַמַּטְבֵּעַ**, כגון שקצב לו שישלם לאחר זמן כך וכך סלעים[23], **וְהשלטונות הוֹסִיפוּ עָלָיו**, כלומר הטביעו סלעים חדשים המכילים יותר כסף מאשר הסלעים הישנים, והסלעים הישנים כבר אינם יוצאים במדינה[24], **מַהוּ** הדין[25]? האם צריך לפרוע לו אותו מספר של סלעים כפי שקצב עמו מתחילה, אף על פי שהסלעים היוצאים כעת גדולים יותר, או שמא יתן לו פחות סלעים, עד שכמות הכסף שבהם תשתוה לכמות הכסף שהתחייב לו לפי הסלעים הישנים?

רב חסדא משיב:

אָמַר לוֹ לרבא: הרי זה **נוֹתֵן לוֹ מַטְבֵּעַ הַיּוֹצֵא בְּאוֹתָהּ שָׁעָה** — בשעת הפרעון. גם במקרה זה הוא פורע את החוב במטבעות החדשים, לפי אותו מספר סלעים שהתחייב בסלעים הישנים, ואף על פי שהחדשים גדולים יותר.

רבא חוזר ושואל:

אָמַר לֵיהּ לרב חסדא: האם הדברים אמורים גם במקרה שהמטבע החדש הוא גדול מאד, **וַאֲפִילּוּ כִּי נַפְיָא** — בגודל של נפה[26]?

תשובת רב חסדא:

אָמַר לֵיהּ לרבא: **אֵין** — כן!

רבא שואל שוב:

אָמַר לֵיהּ לרב חסדא: **וַאֲפִילּוּ** במקרה שהמטבע החדש גדול **כִּי תַּרְטְיָא** — כמידה המחזיקה רובע הקב[27]?

שוב משיב רב חסדא:

אָמַר לֵיהּ לרבא: **אֵין** — כן!

הערות

שהמלכויות מקפידות זו על זו **מאד** ואף מחפשות אחר מטבעות זרות המוּצָאוֹת מתוך גבולותיהן. במקרה זה, אף אם בעל המטבעות של ארץ ישראל עומד לעלות לארץ ישראל בעצמו, המטבעות שבידו עומדות בסכנה שמא יתגלו ביציאתו מבבל על ידי השלטונות ויילקחו ממנו, ועל כן אינן נחשבות "מטבע" (עיין רש"י והגהת רש"ש).

16. הרי הוא לא יוכל לשאת מעות אלה לירושלים ולקנות שם אוכל, כפי שחייבים לעשות במעות מעשר שני, משום שהשלטונות בארץ ישראל מחפשים אחר מעות של בבל ולוקחים אותן (רש"י עם הגהת רש"ש; אך עיין ראב"ד המפרש ששלטונות בבל יקחו אותן כשינסה להוציאן מבבל). מדוע איפוא מתירה הברייתא לחלל עליהן את המעשר, אם אחר כך לא יוכל להשתמש בהן כדין מעות מעשר שני?

17. ואף על פי ששנינו (קידושין נה, ב) שאין קונים בהמה חיה במעות מעשר שני (עיין רש"י ותוספות שם לטעם הדבר; עיין גם פני יהושע שם), יש לומר שברייתא זו שנויה כדעת תנא אחר (בסוכה מ, ב) המתיר זאת. עוד יש לומר, שבמקרה זה שאין ברירה אחרת, הכל מודים שמותר לעשות כן (עיין תוספות כאן ובקידושין; עיין הפלאה; עיין רשב"א כאן ותוספות בבא מציעא מד, ב ד"ה טבעא שהביאו את התירוץ השני לגבי קושיא נוספת על הוראת הגמרא כאן; עיין ראב"ד כאן ובהשגות רמב"ם הלכות מעשר שני ד, יד לביאור נוסף).

[עיין הפלאה (על תוספות), שדן מדוע אין המחלל יכול בפשיטות להשאיר את המעות של בבל בבבל, ולחללן על מעות של ארץ ישראל כשיגיע לשם (אף שהמעות המקוריות לא תהיינה עמו).]

18. ההגהה על פי התוספות והגהות הב"ח.

19. "מפני כך", היינו מפני שיהודים מכל ארצות הגולה היו שולחים מטבעות של ארצותיהם עבור מחצית השקל שכל אדם חייב לתת כל שנה לצורך קניית קרבנות הציבור (תוספות; אך עיין בהערה הבאה).

20. הביטוי "תקיפה על עצמן" אמור בלשון סגי נהור, ומשמעו "תקיפה על ישראל".

[בפשטות, תירוץ הגמרא מתפרש כפי שביארנו בפנים, שכאשר שלטו היהודים בארץ ישראל, הם תיקנו שכל המטבעות הזרים יצאו בירושלים, ואילו כאשר ארץ ישראל היתה בשליטת עמי נכר, אלה לא התירו למטבעות זרים לצאת בירושלים. אולם, ראה פירושיהם של ראב"ד ורמ"ה (מובאים בשיטה מקובצת), המפרשים בדרכים אחרות (המבוססות על הנחה, שהתקנה שיהיו כל המטבעות יוצאות בירושלים נתקנה משיקולים הקשורים לדיני מעשר שני, בניגוד לפירוש תוספות שהובא בהערה הקודמת).]

21. רש"י.

[רש"י בא להדגיש שרק השמות שלהם היו כתובים במטבע ולא דמויותיהם, וזאת משום שאסור לעשות צורת אדם בולטת (תוספות; ראה שלחן ערוך יורה דעה קמא, ד).]

22. "זקן וזקינה" בא לרמז על אברהם ושרה, ו"בחור ובתולה" על יצחק ורבקה (רש"י; אך עיין מהרש"א ותורת חיים).

23. ראה לעיל עמוד א, הערה 37.

24. ראה רש"י, מובא בהערה הבאה.

25. רב ושמואל נחלקו לעיל (בתחילת העמוד) במקרה שהלוה את חבירו על המטבע, והמטבע נפסלה ונקבעה מטבע חדשה, באותו ערך. במקרה זה הורה רב, שהלוה חייב לשלם למלוה במטבע היוצאת בשעת הפרעון. לגבי זה שואל רבא: מה היה רב אומר במקרה שהסלעים החדשים מכילים יותר כסף מאשר הסלעים הישנים? (רש"י). האם גם במקרה זה היה אומר שהלוה צריך לפרוע את החוב בסלעים החדשים לפי מספר הסלעים שהיו בהלואה המקורית? או שמא יש בכך איסור רבית, כיון שבזה הוא משלם למעשה יותר ממה שלוה, ואסור לו לשלם אלא אותו ערך שלוה?

[אולם, הרא"ש (סימן יב) מפרש ששאלת רבא מתייחסת למקרה שהמלוה אינו עומד להגיע למישן (והמלכויות מקפידות קצת, עד שאינו יכול להציעם כאן בגלוי לסוחרים ממישן), ועל כן הוא יכול לתבוע מן הלוה שיפרע לו את החוב בסלעים החדשים (היוצאים כאן במקומם) גם לדעת שמואל (ראה לעיל, הערה 3). הים של שלמה (סימן טו) מציע, שהטעם שרש"י פירש את דברי הגמרא לפי רב, הוא משום שלדעת רש"י הלכה כרב בענין זה (עיין הגהות אשר"י, יא, על פי תשובת רש"י, רכב). אולם, רוב הפוסקים נוקטים שהלכה כשמואל (עיין שלחן ערוך חושן משפט עד, ז), בהתאם לכלל (המובא בבכורות מט, ב) שבכל מקום שנחלקו רב ושמואל בדיני ממונות הלכה כשמואל, ועל כן נקטו שגם הנידון כאן הוא לפי שיטתו.]

26. כלומר: האם לדעתך אין מתחשבים בכמות הכסף שבמטבע החדש, אפילו במקרה שהוסיפו עליו הרבה מאד עד שהוא רחב כנפה?

27. "תרטיא" היא כלי מדה לדברים יבשים, שיש בה רביעית הקב [נפח של שש ביצים]. האם כוונתך לומר שאין מתחשבים בתוספת בכמות הכסף, אפילו כאשר הסלע החדש רחב כמו תרטיא? (רש"י).

עין משפט
נר מצוה

מט א ב מיי׳ פ״ד מהלכות מלוה ולוה הלכה יב סמג לאוין קפג טוש״ע ח״מ סימן עד סעיף ז וטוש״ע י״ד סימן קסה:
נ ג מיי׳ פ״ד מהלכות מעשר שני הלכה י סמג עשין קלו טוש״ע י״ד סי׳ שלא סעיף קלח:
נא ד מיי׳ שם הל׳ יד:
נב ה ו מיי׳ פ״ד מהל׳ מלוה ולוה הלכה יא סמג לאוין קפג טוש״ע י״ד סימן קסה:

נותן לו מטבע היוצא באותה שעה ושמואל אמר [א]יכול לומר לו לך הוציאו במישן אמר רב נחמן [ב]מסתברא מילתיה דשמואל דאית ליה אורחא למיזל למישן אבל לית ליה אורחא לא איתיביה רבא לרב נחמן (א) [ג]אין מחללין על המעות שאינם יוצאות כיצד היו לו מעות כוזביות ירושלמיות או של מלכים הראשונים אין מחללין הא של אחרונים דומיא דראשונים מחללין א״ל הכא במאי עסקינן כשאין מלכיות מקפידות זו על זו אלא כי אמר שמואל כשמלכיות מקפידות זו על זו היכי מצי ממטי להו (א) דממטי לה ע״י הדחק דלא בחשי ואי משכחי קפדי ת״ש [ד]אין מחללין על מעות של כאן והן בבבל ושל בבל והן כאן של בבל והן בבבל מחללין קתני מיהת אין מחללין על מעות של כאן והן בבבל אע״ג דסופו למיסק להתם הכא במאי עסקינן כשמלכיות מקפידות זו על זו אי הכי של בבל והן בבבל למאי חזו דזבין בהו בהמה ומסיק לירושלים והתניא התקינו שיהו (ב) המעות יוצאות בירושלים מפני כך א״ר זירא לא קשיא כאן בזמן שיד ישראל תקיפה על אומות העולם כאן בזמן שיד אומות העולם תקיפה על עצמן ת״ר איזהו מטבע של ירושלים דוד ושלמה מצד אחד וירושלים עיר הקודש מצד אחר ואיזהו מטבע של אברהם אבינו זקן וזקינה מצד אחד ובחור ובתולה מצד אחר בעא מיניה רבא מרב חסדא המלוה את חבירו על המטבע והוסיפו עליו מהו אמר לו [ה]נותן לו מטבע היוצא באותה שעה א״ל ואפילו כי נפיא א״ל אין א״ל אפי׳ כי תרטיא א״ל אין והא קא זיילין פירי אמר רב אשי [ו]חזינן אי מחמת טיבעא זיל מנכינן ליה ואי

רש״י

נותן לו מטבע היוצא. בשעת פרעון דהא קיבל עליו לתת לו מטבע והאי לאו מטבע הוא ודוקא הלוהו פרגמטיא אבל הלוהו מעות את שהלוהו משלם לו: על מעות שאין יוצאות. כלל בירושלים דלאו כסף צורה קרינא ביה: כוזביות. מטבע של בן כוזיבא וירושלמיות הוו וה״ג כוזביות ירושלמיות או של מלכים הראשונים וכוזביות וירושלמיות לא נפקי כלל. ל״א כוזביות של כזיב וה״ג כוזביות או ירושלמיות או של מלכים הראשונים: הא של אחרונים. דנפקי במדינה אחרת ודומיא דראשונים הוא בכך דאין יוצאות כאן במקומו של בעל הבית שנפסלו בכאן: מחללין. ואף על גב דלית ליה אורחא להתם במקום שיוצאין שהרי בירושלים צריך לילך ולהוציאן וקשיא לרב נחמן אליבא דשמואל דאמר אבל לית ליה אורחא למישן לא: אלא כי אמר. רב נחמן אליבא דשמואל דכי לית ליה אורחא למישן לא: כשמלכיות מקפידות. בתמיה אי הכי כי אית ליה אורחא למישן היכי מצי ממטי להו הא כי בדקי להו בני מדינה זו ומשכחי ליה אותן מעות מפסדי ליה: ומשני דלא בחשי. שאין מקפידין כל כך שיהו בודקין ומחפשין על דבר זה ואי אשכחי קפדי הלכך אית ליה אורחא שנצרך לילך שם יקבלם ויוציא לשם בסחורה ואי לאו הואיל ואין יכול להראותם בכאן בפרהסיא לבני מישן הבאים כאן אם רוצה לא יקבלם: אין מחללין על מעות של כאן והן בבבל. אין מחללין מעשר שני על מעות של כאן ירושלים והמעות והבעלים בבבל הואיל ואינן יוצאות מיד במקום שהן שם דבעינן מצוי בידך וליכא ולא על של בבל והן בכאן בירושלים והפירות לא שני לן כל היכא דאיתנהו יכול לחללן והן חוץ לירושלים קתני מיהת אין מחללין על המעות של כאן והן בבבל אלמא אע״ג דאית ליה אורחא למישן כגון הכא דסופו לעלות כאן ולהוציאן ואפ״ה לא קרי להו מעות היוצאות: מקפידות זו על זו. יתר מדאי דבחשי ובדקי הלכך מסוכנות הן של בבל במלכות ירושלים דמקפדת ובחשי טפי: למאי חזי. הא לא מצי לאמטויינהו (ג) להכא: והתניא התקינו כו׳. ואמאי תני לעיל ולא על של בבל והן כאן: דוד ושלמה. כתוב מלך אחד ומלך שני כתוב ירושלים עיר הקדש: בחור ובתולה. יצחק ורבקה: זקן וזקינה. אברהם ושרה: והוסיפו עליהן מהו. אליבא דרב דאומר נותן לו מטבע של אותה שעה היכא דהוסיפו עליו מאי אמר רב: באותה שעה. בשעת פרעון: כי תרטיא. סלע גדול במדה מחזקת רובע: והא קזיילין פירות. לגבי מטבע זו נמצא שמשתכר זה בתוספת ואינה דומה לראשונים והוי רבית: מחמת

תוספות

יפרע לו אפי׳ שנפסל ואם תאמר ומ״ש מגזלן דתניא גזל מטבע ונפסל אומר לו הרי שלך לפניך משמע משום דישנו בעין אבל ליתנהו בעין משלם כשעת הגזילה והכא גבי הלואה אפי׳ איתנהו בעין כי ליתנהו דמי דמלוה להוצאה ניתנה וי״ל דיש לחלק בין הלואה לגזילה דמטבע שנפסל חשיב כהוזל וכמעיקרא שוין ד׳ ולבסוף שוין זוזא גבי גזלן אמרינן דכי ליתנהו בעין דמשלם כדמעיקרא אבל גבי הלואה היכא דהוזל משלם כי זולא דהשתא כדאמרינן באיזהו נשך (ב״מ דף עה.) מלוה אדם כור חטין הוזלו נותן חטין הוקרו נותן דמיהן ומטבע שנפסל ודאי הוי כהוזל ונראה דרב ושמואל סברי כרב הונא דלעיל דלרב יהודה דחשיב מטבע שנפסל כנסדק גבי הלואה לא מצי פטר נפשיה במטבע שנפסל אבל לרב הונא דלא חשיב ליה כנסדק מצי פטר ליה נפשיה בנפסל אע״פ דרב הונא מדמה מטבע שנפסל לתרומה ונטמאת וחמץ שעבר עליו הפסח והא פשיטא דאין לוה יכול לשלם תרומה טמאה תחת תרומה טהורה וחמץ אסור בתשלומין היתר לא דמי לגמרי דמטבע שנפסל דמי להוזל והנהו לא דמו להוזל ומכל מקום כשהוא בעין יכול לומר הרי שלך לפניך וכשאינו בעין אפי׳ בהוזל משלם כדמעיקרא:

[ב]אי הכי של בבל והן בבבל למאי חזי. קצת משמע דלא פריך אלא לרב נחמן דאוקי מילתא דשמואל דוקא בדאית ליה אורחא למישן מדפריך א״ה של בבל כו׳ משמע דאי לאו דאוקמא כשמלכיות מקפידות לא הוה קשה ולא מידי וקשה לר״י דבלאו רב נחמן צריך ע״כ לאוקמי ברייתא בתרייתא כשמלכיות מקפידות דלא תיקשי מינה לשמואל דחשיב ליה מטבע אפילו לית ליה אורחא למישן אי ליתא לדרב נחמן והכא קתני דאין מחללין על מעות של כאן והן בבבל ואע״ג דאית ליה אורחא לירושלים ותקשי נמי עלה דברייתא בתרייתא מההיא דלעיל דשל מלכים אחרונים מחללין אע״ג דאין יוצאות שם במקום שעומד לפי שיוצאת במקום אחר והכא קתני דעל מעות של כאן והן בבבל אין מחללין אע״ג דיוצאות בירושלים אלא התם איירי כשאין מלכיות מקפידות אם נראות מטבע של מלך האחד במדינתו של זה הלכך [באים] בני מלכיות אחרת כאן ומוכרין בהמתם במטבע שלהם ויכול הוא להוציאם בירושלים לבני שאר מדינות הבאות לכאן והכא איירי במקפידות ונראה לר״י דודאי אי לאו מילתיה דרב נחמן הוה א״ש הכל ולא הוה צריך לאוקמא ברייתא בתרייתא כשהמלכיות מקפידות דלא קשה מיניה לשמואל ולא לההיא ברייתא דלעיל דיש לחלק בין מעות של כאן והן בבבל להנהו דלעיל דאיירי במטבע שנפסל במקום אחד ויוצא במקום אחר דהתם ודאי חשוב מטבע דקודם שנפסלה היה שם חשוב מטבע ועדיין מטבע קיים לבני אותו מקום עצמו שנפסל שם שיכולין להוציאו במקום אחר אבל של כאן והן בבבל לא היה עליו שם מטבע בבבל מעולם ולכך אין מחללין אע״ג דאית ליה אורחא לירושלים אבל לרב נחמן דאוקי מילתא דשמואל דוקא בדאית ליה אורחא למישן אבל כי לית ליה אורחא למישן לא חשיב מטבע מטעם שהיה כבר מטבע באותו מקום ועדיין יכול להוציא במישן ולא תלי אלא באית ליה אורחא להתם א״כ כך יש לו מטבע שהיה כבר במקום זה כמו מטבע של מקום אחר שלא בא מעולם כאן א״כ של כאן והן בבבל נמי לישויה ליה מטבע דהא אית ליה אורחא לירושלים:

דזבין בהו בהמה ומסיק לירושלים. ואם תאמר והתניא בפרק האיש מקדש (קדושין דף נה:) אין לוקחין בהמה במעות מעשר שני ויש לומר דפלוגתא היא בפרק לולב הגזול (סוכה דף מ:) דתניא אחד שביעית ואחד מעשר שני מתחללין על בהמה חיה דברי ר״מ וחכמים אומרים על שחוטין מחללין על חיין אין מחללין ולר״מ אפי׳ לכתחילה שרי כדמוכח בתוספתא דהתם דקתני בהדיא מחללין והא דקתני בסוכה מתחללין משום רבנן דאפי׳ בדיעבד אין מתחללין ועוד י״ל דבשמעתין כיון דאי אפשר בענין אחר שאין יכול להעלות המעות בירושלים שרי למיזבן בהו בהמה לכולי עלמא וטעמא דאין לוקחין בהמה ממעות מעשר שני פירש בקונטרס בקדושין (דף נה:) משום כחשא ואין הטעם בשביל כן אלא כדמפרש בסוכה (דף מ:) דאמר התם מחלוקת בזכרים אבל בנקבות דברי הכל בשחוטין מתחללין ועל חיין אין מתחללין שמא יגדל מהם עדרים ובזכרים פליגי אי גזרינן זכרים אטו נקבות אי לא וכן מפרש בירושלמי דמסכת מעשר שני דטעמא דאסור לקנות זכרים גזירה אטו נקבות: **שיהו** כל המעות יוצאות בירושלים. טעמא מפרש במסכת שקלים (דף ח) דתקנו משום שקלים שהיו מביאין לירושלים מכל המקומות:

מטבע של אברהם אבינו זקן וזקינה מצד אחד. בבראשית רבה דריש והגדלה שמך שיצא לו מוניטי״ן בעולם ומהו מוניטי״ן זקן וזקינה מכאן בחור ובתולה מכאן ונראה לא שהיה בו צורת זקן וזקינה מכאן בחור ובתולה מכאן דאסור לעשות צורת אדם אלא כך היה כתוב מלך אחד זקן וזקינה ומלך אחר בחור ובתולה וכן פירש בקונטרס גבי דוד ושלמה וירושלים עיר הקודש שכך היה כתוב במטבע [ג]:

עד

מסורת הש״ס

א) פ״ק דתוספתא דמעשר שני ה״ה, ב) עיין במפרשי ש״ס מה שכתבו בדיבור זה, ג) [ועי׳ תוספות ע״ז נב: ד״ה דינרי ובבכורי׳ נ. ד״ה דינרא].

הגהות הב״ח

(א) גמ׳ ממטי להו (דממטי לה ע״י הדחק) תא״מ ונ״ב רש״י לא גריס ליה: (ב) שם התקינו שיהיו כל המעות: (ג) רש״י ד״ה למאי וכו׳ לאמטויינהו להתם הס״ד:

הגמרא תמהה על הוראת רב חסדא:

וְהָא קָא זַיְילִין פֵּירֵי — והרי הפירות נמכרים בייחס למטבע החדשה יותר בזול מאשר בייחס לישנה, ונמצא שהוא מקבל מטבעות בעלות כח קניה גדול יותר מערך הסחורה (או המעות) שנתן מתחילה, והרי זה ריבית[28]!

משיבה הגמרא:

אָמַר רַב אַשִׁי: חָזֵינַן — אנו מתבוננים: **אִי מֵחֲמַת טִיבְעָא זִיל** — אם הוזלו הפירות מחמת כמות הכסף הגדולה יותר במטבעות החדשים, **מְנַכִּינַן לֵיהּ** — הרי אנו אכן מנכים מן הפרעון בהתאם[29];

הערות

28. מכיון שכמות הכסף בסלעים החדשים גדולה מזו שבישנים, ניתן לקנות בסלעים החדשים יותר פירות מאשר בסלעים הישנים. בהתאם לכך, אם יפרע הלוה למלוה עשרה סלעים חדשים תמורת הערך של עשרת הסלעים הישנים שלוה ממנו, הרי ברור שהמלוה מקבל ממנו יותר ממה שהלוהו, ועובר בכך על איסור נטילת רבית! (רש״י; ועיין להלן צח, א הערה 3).

29. כלומר: אם תמורת סלע חדש אכן נותנים יותר פירות ממה שנתנו תמורת סלע ישן, אין מחייבים את הלוה לשלם עשרה סלעים חדשים תמורת עשרת הסלעים הישנים שלוה. אלא, אנו קובעים את הפרעון בהתאם לשינוי בערך המטבעות. דהיינו, שהלוה משלם פחות מן המטבעות החדשות, באופן שכמות הכסף במטבעות שהוא משלם תהיה שוה לכמות הכסף בסלעים הישנים של ההלואה המקורית.

וְאִי מֵחֲמַת תַּרְעָא זִיל — ואם הוזלו הפירות משום שירד מחירם בשוק בכל העולם, כגון שירדו גשמים רבים ועל כן צמחה תבואה רבה וירד מחירה, **לֹא מְנַכִּינַן לֵיהּ** — אין אנו מנכים לו מפרעונו[1].

הגמרא חוזרת ומקשה:

אבל, אפילו אם הפירות הוזלו רק מסיבות אחרות ולא בגלל הגדלת המטבע, או אפילו לא הוזלו בכלל, **וְהָא קָא שָׁבַח לְעִנְיַן נַסְכָּא** — הרי המטבע החדשה יש בה תוספת על הישנה בכמות חומר הכסף שניתן לקבל ממנה אם יתיכו אותה, ונמצא שוב שיש כאן רבית[2]!

הגמרא מקבלת את הטענה, ומסיקה:

אֶלָּא, הדין הוא **כִּי הָא** — כפי הוראה זו **דְּרַב פָּפָּא וְרַב הוּנָא בְּרֵיהּ דְּרַב יְהוֹשֻׁעַ עָבְדֵי עוּבְדָא** — שהורו למעשה, לאחר שבדקו **בְּזוּזֵי דַּאֲגַרְדְּמִיס טַיָּיעָא** — במעותיו של אגרדמיס הסוחר הישמעאלי, שהיו לו מהמטבעות הישנות והחדשות והיה ניתן להשוות ביניהם, ופסקו שיש להתאים את התשלום **עַד** שיהא הייחס בין כמות הכסף בשני המטבעות **עֲשָׂרָה בִּתְמַנְיָא** — עשרה לשמונה. היינו, שאם שמונה סלעים חדשים שוים כמו עשרה מהישנים, והחוב היה עשרה סלעים ישנים, הרי הוא נותן לו שמונה סלעים חדשים בלבד. אולם אם השינוי היה קטן יותר, כגון שעשרה סלעים ישנים שוים לתשעה חדשים בלבד, עליו לתת לו סלעים חדשים לפי המספר שהתחייב לו בסלעים הישנים, דהיינו עשרה סלעים חדשים בדוגמא זו[3].

הגמרא מביאה ארבע מימרות של רבה בדיני נזיקין, שבכולן לימד רבה שאין לחייב את המזיק לשלם, משום שאין לדונו כמזיק ממש אלא כגורם נזק בלבד[4]. שתי המימרות הראשונות עוסקות במזיק מטבע:

אָמַר רַבָּה: הַזּוֹרֵק מַטְבֵּעַ שֶׁל חֲבֵירוֹ לַיָּם הַגָּדוֹל, אף אם אין יכול ליטלו מהים בעצמו וצריך לשכור אמודאי שיוציאנו משם, **פָּטוּר** הזורק מלשלם[5]. **מַאי טַעְמָא** — מה הטעם לכך? מפני שהזורק **אָמַר** — יכול לומר לבעל המטבע: **הָא מַנַּח קַמָּךְ** — הרי המטבע מונח לפניך, **אִי בָּעִית שַׁקְלֵיהּ** — אם רצונך בכך תקחנו! כלומר, מאחר שהמטבע נמצא שלם בתוך הים, וניתן להוציאו משם, אין הוא נחשב כאבוד מבעליו, ואין הזורק חייב לשלם עליו משום מזיק. ואף שבעל המטבע צריך להוציא מעות כדי לשכור אמודאי שיצלול בים ויוציא את המטבע, אין זה אלא "גרמא" שגרם לו המזיק להוציא מעות אלו, ו"גרמא בנזיקין" פטור מלשלם[6].

הערות

1. אם הוזלת מחיר הפירות אינה נובעת מתוספת כמות הכסף במטבע, אלא רק מסיבות צדדיות כגון ריבוי סחורה בשוק וכדומה [וכל שכן אם לא הוזלו המחירים כלל], הרינו מתייחסים לסלע החדש כאילו הוא מחליף את הסלע הישן, ועל כן צריך הלווה לפרוע עשרה סלעים חדשים תמורת הערך של עשרת הסלעים הקטנים הישנים שקיבל.

לכאורה, המשא ומתן של הגמרא תמוה: הגמרא הקשתה בפשיטות, שבודאי הוזלו הפירות מחמת הגדלת המטבע ויש כאן רבית, ומשמע שהנחה פשוטה היא; אם כן, מה משמעות דבריו של רב אשי שיש לבדוק אם הוזלת הפירות היא בגלל הגדלת המטבע או מחמת ריבוי הסחורה בשוק וכדומה? הרי ברור שהגדלת המטבע היא הגורמת להוזלה! מאידך, אם יתכן שהגדלת המטבע באמת לא תגרום להוזלת הפירות, היה לו לרב אשי לומר בצורה פשוטה יותר, שהוראת רב חסדא אמורה במקרה שהפירות לא הוזלו כלל! מכח קושיות אלה, מבאר התורת חיים (סוף צז, ב) כדלהלן: ללא ספק, הגדלת כמות הכסף בסלע מגדילה את כח קנייתו. אלא שאין בזה רבית גמורה, כיון שהסלע החדש מחליף את הישן, והלוה צריך מן הדין לשלם סלע חדש תמורת כל סלע ישן, ומה שאפשר לקנות בו יותר פירות אינו אלא **נראה** כרבית (ראה רא"ש, יב). על כן אומר רב אשי שהדבר תלוי: אם אין כל סיבה אחרת המורידה את מחירי הפירות בשוק, הרי ניכר לכל שהמלוה קיבל כעת מטבעות בעלות כח קניה גדול יותר, והרי זה אסור משום שנראה כרבית. אולם, אם במקרה ירדו מחירי הפירות מסיבות אחרות, וגם זה גרם לגידול בכח הקניה של הסלע, שוב אין הדבר נראה כרבית, כיון שהרואים יכולים לתלות את הגדלת כח הקניה בריבוי הפירות וכדומה, ועל כן הדבר מותר למרות שהתוספת בכמות הכסף שבסלע גרמה לכך אף היא.

2. אמנם אין איסור רבית מחמת הגדלת כח הקניה של הסלע החדש, אבל מכל מקום והנה המלוה מתוספת הכסף בסלעים שקיבל. כי אם ירצה להתיך את הסלעים החדשים למטילי כסף, תהיה לו כמות גדולה יותר של כסף ממה שהיה לו אילו היה מתיך את הסלעים הישנים שהלוה (אותם או את תמורתם). הלכך, יש כאן עדיין לכאורה בעיה של רבית (עיין רש"י).

3. היה מעשה באדם שהלוה לחבירו "על המטבע", והמטבעות הישנות הוחלפו במטבעות חדשות גדולות יותר. רב פפא ורב הונא בריה דרב יהושע, שהשאלה הגיעה לפניהם, הלכו אצל אגרדמיס, סוחר ישמעאלי, שהיו לו מן המטבעות הישנות ומן החדשות, ומצאו ששמונה מן המטבעות החדשות הכילו כמות של כסף הזהה לעשר מן המטבעות הישנות. במקרה זה הם הורו, ש[אף שכח הקניה של המטבע החדש אינו גדול יותר מזה של המטבע הישן הקטן (ים של שלמה טו), או שאין זה ניכר כיון שהיו סיבות שונות לירידת המחירים (עיין לעיל, הערה 1), וממילא אין בעיה של רבית מחמת הגדלת כח הקניה של המטבע החדשה, מכל מקום] מאחר שכמות הכסף שבמטבע החדש היתה גדולה יותר מזו שבישן ברביע, יש צורך להתאים את התשלום למטבעות הישנות [שאם לא כן קיים איסור רבית מחמת התוספת שבכמות הכסף]. לכן, הורו ללוה לשלם רק שמונה מטבעות חדשות לכל עשר שלוה. אולם, אילו השינוי בכמות הכסף היה בייחס קטן יותר, לא היו צריכים להתאים את התשלום, והלוה היה צריך לשלם מטבע חדשה אחת תמורת כל מטבע ישנה שלוה (רש"י). [לפי זה, משמעות הביטוי "עד עשרה לשמונה" היא, שבכל מקרה שההפרש הוא גדול, עד שהוא מצטמצם לייחס של עשרה לשמונה (ועד בכלל), יש צורך בהתאמת התשלום למטבעות הישנות. רק אם ההפרש קטן מזה אין צורך בהתאמה (עיין תוספות; אך עיין בדבריהם בשם רבינו חננאל).]

ובטעם החילוק מבאר הרא"ש, שבאמת אין כאן רבית גמורה, כיון שהמטבע החדשה מחליפה את הישנה (ראה לעיל, הערה 1), אלא רק נראה כרבית מחמת התוספת בחומר הכסף. והנה, כאשר ההפרש בכמות הכסף הוא פחות מרביע, שהיא חמישית מהמטבע החדשה, אין המלוה מרויח מאומה מתוספת החומר, היות שאם ירצה להתיך את המטבע ולהופכה למטיל כסף יפסיד חמישית בשכר הצורף והפסד החומר בהתכה. כיון שכך, אין כאן אפילו בעיה של נראה כרבית. [אמנם, האחרונים מתקשים בהסבר זה, שלכאורה המלוה מרויח מכל מקום, שהרי אילו היו בידו המטבעות הישנות היה צריך למוסרן לצורף כדי להתיכן ולהטביען בצורה החדשה שהתקבלה, וגם אז היה מפסיד חמישית מחמת הבלאי ושכר העבודה, ועכשיו נמנע ממנו הפסד זה; עיין דרישה, יורה דעה קסה, ב, ט"ז שם, א וחזון איש יז, כט, לתירוצים שונים.] עיין רשב"א ומרדכי (אות קי) לביאורים שונים בטעם החילוק.

[ראה רי"ף (לה, א מדפיו) ורמב"ם (הלכות מלוה ולוה ד, יא) שכתבו שהוא הדין במקרה הפוך, שהקטינו את המטבע, שאף שם אם היה השינוי בערך של חמישית הוא צריך להתאים את המחיר לשווי הסלעים הישנים, ואם היה השינוי קטן יותר יתן לו מהסלעים החדשים הקטנים אותו מספר שהתחייב לו בסלעים הישנים, שכן עד שינוי כזה נחשב סלע חדש כמחליף לסלע הישן; אך עיין ראב"ד (בחידושים) החולק עליהם, וסובר שבכל מקרה שפחתו יתן לו מהסלעים החדשים לפי מספר הישנים ואינו צריך להתאים לערכם בשעת ההלואה, ומה שאמרו במקרה שהוסיפו על המטבע שצריך להתאים את המחיר אם היה השינוי ביותר מחומש, הוא רק מחמת איסור רבית (כמשמעות דברי רש"י שהובאו לעיל צז, ב הערה 28); ועיין רא"ש, ספר התרומות מו, ח וים של שלמה, טו, לדיון במחלוקת זו.]

4. ראה רש"י להלן ד"ה חסורי חסריה.

5. הגמרא בהמשך מפרשת שמדובר במקרה שהמטבע היה בידו של הבעלים, והמזיק הכה תחת ידו ועל ידי כך נזרק המטבע לים. שמאחר שהמזיק לא הגביה את המטבע ולא עשה בו מעשה קנין, אין הוא מתחייב במצות השבת הגזילה. וכן מדובר במקרה שהשליך את המטבע למים צלולים, שניתן לראותו בתוך המים, ומכיון שכך אין המטבע נחשב כאבוד מבעליו, ואין הזורק נחשב כמי שהזיק את המטבע בידים [ומדובר במקרה שניתן להוציא את המטבע מהים על ידי אמודאי, אבל אם לא ניתן להוציאו, ודאי שהמטבע נחשב כאבוד מהבעלים (רמב"ן, קונטרס דינא דגרמי ד"ה עוד יש להקשות)]. ואף שגרם לבעלים להוציא ממון כדי לשכור אמודאי שיוציא את המטבע מהים, אין זה אלא "גרמא בנזיקין" ופטור מלשלם (רש"י).

6. ראה רש"י. והיינו משום שבכל מקום שהחפץ הניזוק קיים, אלא שצריך להוציא ממון אחר כדי שיוכלו להשתמש בו כבתחילה, אין לדון את המזיק כעושה מעשה "נזק", ואינו אלא מזיק ב"גרמא" בלבד, שגורם לניזק להוציא ממון כדי לתקן את ממונו. ואף על פי שהמטבע נפחת מערכו כל עוד לא הוציאוהו מהמים, מכל מקום הוצאת המטבע מהמים הרי היא כעין רפואה בבעלי חיים, שהניזק צריך להוציא ממון כדי לרפא את בהמתו, והתורה לא חייבה לשלם דמי ריפוי אלא באדם שהזיק אדם, ואילו אדם שהזיק בהמה פטור מריפוי, ואינו חייב לשלם אלא נזק בלבד (עיין מרדכי, קיד; הגהות מרדכי, ריג, בשם רבינו אליהו; נתיבות המשפט שמ, ג; וראה קצות החושן שפו, י; ראה גם להלן הערה 17 והערה 22). ויש מי שכתב שאין הדברים אמורים אלא במקרים הדומים לזורק מטבע לים, שאין שום שינוי במטבע עצמו, ומשום כך אין לזה שם נזק, אלא גרם טורח בלבד, ואין לחייב את המזיק על כך. אולם הפוגם כלי באופן שנפחתו דמיו, אף אם ניתן לתקנו על ידי אומן, חייב המזיק לשלם את דמי התיקון (חזון איש יג, ב; וראה להלן הערה 17; אולם עיין בקצות החושן ובנתיבות המשפט שם; לתוספת דיון בענין זה עיין קצות החושן כה, יג; אמרי בינה דיני דיינים לט).

[מדברי רש"י מבואר שהזורק מטבע של חבירו לים נחשב מזיק ב"גרמא" [ואם זרק במזיד חייב בדיני שמים — ראה לעיל נה, ב — נו, א]. אולם מדברי הראב"ד בפירושו לסוגייתנו נראה, שמכיון שהמטבע נמצא לפנינו בתוך הים, אין הזורקו נחשב אפילו מזיק ב"גרמא" (פלפולא חריפתא יג, ל).]

ואי מחמת תרעא זיל לא מנכינן ליה והא קא שבח לענין נסכא אלא [א]כי הא דרב פפא ורב הונא בריה דרב יהושע עבדי עובדא בזוזי דאגרדמים טייעא עד י' בתמניא אמר רבה [ב]הזורק מטבע של חבירו לים הגדול פטור מאי טעמא אמר הא מנח קמך אי בעית שקליה והני מילי בצלולין דקא חזי ליה אבל עכורין דלא קחזי ליה לא והני מילי דאדייה אדויי אבל שקליה בידיה מיגזל גזליה השבה בעי מיעבד מתיב רבא (א) [ג]אין מחללין על מעות שאינן ברשותו [ג]כיצד היו לו מעות בקסטרא או בהר המלך או שנפל כיסו לים הגדול אין מחללין אמר רבה שאני לענין מעשר דבעינן מצוי בידך דרחמנא אמר [א]וצרת הכסף בידך וליכא ואמר רבה [ד]השף מטבע של חבירו פטור מאי טעמא דהא לא עבד ולא מידי וה"מ דמחייה בקורנסא וטרשיה אבל שייפא בשופינא חסורי חסריה מתיב רבא [ג]הכהו על עינו וסמאה על אזנו וחרשו עבד יוצא בהן לחירות כנגד עינו ואינו רואה כנגד אזנו ואינו שומע אין עבד יוצא בהן לחירות רבה לטעמיה [ז]דאמר רבה חרשו לאביו נהרג שאי אפשר לחרישה בלא חבורה דטפתא דדמא נפלת ליה (א) באוניה ואמר רבה [ה]הצורם אוזן פרתו של חבירו פטור מאי טעמא פרה כדקיימא קיימא דלא עבד ולא מידי [ח]וכולהו שוורים לאו לגבי מזבח קיימי מתיב רבא [י]העושה מלאכה במי חטאת ובפרת חטאת פטור מדיני אדם וחייב בדיני שמים מלאכה הוא דלא מינכר היזיקה אבל צורם דמינכר היזיקה הכי נמי דמחייב בדיני אדם אמרי הוא הדין דאפילו צורם פטור והא קא משמע לן דאפילו מלאכה דלא מינכר היזיקה חייב בדיני שמים [י]ואמר רבה השורף [י]שטרו של חבירו פטור דאמר ליה ניירא קלאי מינך מתקיף לה רמי בר חמא היכי דמי אי

רש"י

מחמת תרעא. שבאו גשמים ונמלאו רוב תבואות בעולם והוזלו הפירות: **לענין נסכא.** אם בא להתיכן ולעשות מהן גרוטאות יש יותר מן הראשונים והוי רבית: **עבדו עובדא.** באדם שהלוה את חבירו על המטבע והוסיפו עליו והלכו אצל אגרדימוס סוחר ישמעאל והיה לו מן הראשונה ומן השניה ומלאו בח' של מטבע שניה י' מן הראשונה ונתן לו שמנה: **אמר רבה** גרסינן בכולהו: **הזורק מטבע של חבירו בים.** אע"ג שאין יכול ליטלו: **פטור.** כדמפרש ואזיל דלא שקליה בידיה אלא דאדייה שהיתה ביד בעלים והכהו זה תחת ידו וניתזה ליס הואיל וצלולים הן וקא חזו ליה אמר ליה הא מנח קמך ואינה אבודה ואי משום דבעי למיתב זוזא לבר אמוראה למישט ולמישקליה גרמא הוא שגורם להפסידו אותו שכר וגרמא בנזקין פטור: **אבל עכורין.** בשעת התזה דהוה ליה מעשה בידים אבוד הוא ואין זה גורם אלא ממש דהא ממש התיזו: **היה לו מעות בקיסטרא.** מקום והוא רחוק מאד ויש בו סכנת דרכים ואין שיירות מצויות שם: **אין מחללין.** אלמא אבוד חשיב ליה ביס הגדול: **השף.** אשפריי"ר בלע"ז שפחת את הצורה: **בקורנסא.** מרטי"ל בלע"ז: **וטרשיה.** עשאן כאבן חלקה לשון טרשים: **בשופינא.** לימ"א בלע"ז של נפחים: **חסורי חסריה.** וממש הוא ולא גרמא טעמא דרבה בכולהו משום גרמא בנזקין הוא ופטור: **על אזנו וחרשו.** אלמא אף על גב דלא חסריה כיון דעשה מעשה בגופו לאו גרמא קחשיב ליה אלא ממש והכא נמי כיון דמחייה בקורנסיה ופחתיה [ח]ועל ככה חסרו דמים מעשה הוא: **רבה לטעמיה.** הלכך גבי עבד נמי חסרון הוא [ט][וכנגד אזנו פטור משום דבהכי לא הוי ליה למיחש והאי ודאי גרמא הוא]: **הצורם.** אשקרניי"ר בלע"ז פוגם: **במי חטאת.** שקל כנגדן משקולות ופרה וכל מעשיה נפסלים במלאכה:

תוספות

עד י' בתמניא. פי' בקונטרס ונותן לו שמונה ולפירושו חשיב ממעלה למטה כלומר י"ב או י"א בתמניא עד י' בתמניא [אן] יהיב ליה תמניא אבל הא תשעה מן הראשונים בתמניא בשניים יהיב ליה ט' מן השניים תחת ט' של ראשונים או י' בי' ור"ח פי' עד י' בתמניא ויהיב ליה י' ולפירושו הוי מלמטה למעלה:

עכורין וצלולין. לאו דוקא אלא אפי' עכורין אי מלי בר אמוראה למשקלינהו הוו כצלולין ואפי' צלולין אי לא מלי למשקלינהו חייב והא דנקט צלולין ועכורין משום דסתם צלולין מלי שקיל להו בר אמוראה וסתם עכורין לא מלי שקיל בר אמוראה:

וה"מ דאדייה אדויי. משמע הכא דלא חשיב הגבהה כי אדייה אדויי בלא נטילה בידו אע"פ שעומד באויר למעלה מג' קודם שיפול לגמרי וכן בהניזקין (גיטין דף נט:) גבי עני המנקף בראש הזית וקשה דפ"ק דב"מ (דף ט. ושם [ס]) אמר גבי טלית שראשו אחד על העמוד וראשו אחד מונח ע"ג קרקע שאם הגביה אדם ראשו המונח ע"ג קרקע ונתק ראש שע"ג העמוד להביאו אצלו שהוא קונה מטעם הגבהה ואי משיכה קאמר התם אמאי נקט ראשו אחד ע"ג העמוד אלמא חשיב הגבהה הואיל ומביאו על האויר למעלה מג' וי"ל דהתם חשיבא הגבהה טפי לפי שראשו אחד אוחז בידו א"נ התם מיירי כגון שידו כ"כ בגובה כשינתקנו לא יפול ראשו לארץ אלא יהא מוגבה ג' מעל הארץ וא"ת דבסוף שילוח הקן (חולין דף קמא:) משמע דכי טריף אקן ומתגבהי יונים דחשיבא הגבהה לקנות אע"פ שאין תופסם בידו וי"ל דדוקא הכא ובהניזקין לא חשיבא הגבהה דאיכא תרתי לגריעותא דלא תפסם וגם אין מגביה אלא משפיל אבל יונים דמתגבהי חשיבא הגבהה אבל אם היו נופלין למטה ע"י טריפת הקן לא היה קונה כיון שאין תפוס בידו כלל ולפי' זה הו"מ לפלוגי הכא באדייה אדויי בין דרך ירידה לדרך עלייה אלא דניחא ליה לפלוגי בדרך ירידה גופיה בין אדייה אדויי בין שקליה בידיה אי נמי אין חילוק בין דרך ירידה לדרך עליה דאפילו דרך עליה לא קני הכא באדייה אדויי לפי שאין דרך הגבהה בזה הענין אבל ביונים שהן בעלי חיים דרך הגבהה בכך כמו קורא לה והיא באה או הכישה במקל ורצתה לפניו דחשיב משיכה אף על פי שהלכה מאליה ומיהו אם היו היונים יורדים ע"י טריפת הקן לא חשיב הגבהה אלא עלייתם דוקא:

השף מטבע של חבירו פטור. נראה דרבה סבר פסלתו מלכות לא הוי כנסדק דאי הוי כנסדק אם כן כ"ש דשף מטבע הוי כנסדק והרי חסריה טובא ואמאי פטור: **מתיב** רבא הכהו על עינו וסמאה על אזנו וחרשה עבד יוצא בהן לחירות. ואמאי והא לא חסריה דאין בו פגם וחסרון אלא כיון שקלקלו חייב אע"פ שאין בו שום פגם וחסרון והואיל וכן הוא ה"נ ליחייב ומשני רבה לטעמיה כו' ויש שם חסרון טיפתא דדמא דנפלה באזניה וכיון דיש חסרון באותו קלקול חייב על כל הקלקול כמו בשפייה דחייב בכל הקלקול דליקייביה על מה שחסריה לא היה צריך רבה להשמיענו דחייב וא"ת ואמאי עבד יוצא בהן לחירות הא בעינן מומין שבגלוי דומיא דשן ועין ובחרשו היכי הוי בגלוי וי"ל נהי שאין ניכר בו כלום כשהוא ישן או עומד במקום אחד ושותק מכ"מ כיון דלפי מנהגו שמתנהג והולך ניכר שהוא חרש חשיב מום שבגלוי ועי"ל דאין צריך שיהא קלקול בגלוי אלא שהאבר שיש בו קלקול יהא בגלוי:

הצורם אוזן פרתו של חבירו פטור. והא דתנן לעיל (דף נו:) גזל בהמה ונתעבדה בה עבירה או שנפסלה מעל גבי המזבח אומר לו הרי שלך לפניך ונפסלה היינו שנפל בה מום דאי נרבעה היינו שנעבדה בה עבירה ומשמע דוקא שנפסלה מאליה אבל הטיל בה מום בידים חייב וי"ל דמתני' איירי בבהמה קדושה דודאי לגבי מזבח קיימא: **הא** קמ"ל דאפי' מלאכה דלא מינכר היזיקה. תימה דבפרק הניזקין (גיטין דף נג. ושם [ס]) פריך מהכא למ"ד היזק שאין ניכר שמיה היזק דעושה מלאכה במי חטאת ובפרת חטאת פטור ואי שמיה היזק אמאי פטור ומאי קושיא הא אפי' בצורם אוזן דמינכר פטור משום דסתם שוורים לאו לגבי מזבח קיימי וא"ל דהתם פריך מפרת חטאת דפרה אדומה דדמיה יקרים פשיטא דלגבי מזבח קיימא והכא בשמעתין פריך לרבה ממי חטאת דסתם מים לאו למי חטאת קיימי דקודם קידושן דוקא פסלה בהן מלאכה כדתנן במסכת פרה (פ"ד מ"ד) ומים המלאכה פוסלת בהן עד שיטילו את אפר לתוכן ותניא נמי בספרי יכול אף משיקדשו בכלי תלמוד לומר למי נדה וכבר הם מי נדה דע"כ בגיטין (דף נג. ושם) ממי חטאת נמי פריך מדמשני התם מי חטאת ששקל בהן משקלות וי"ל דכיון דנקט מלאכה לרבותא כדקאמר הכא דאפי' מלאכה דלא מינכר היזיקה חייב בדיני שמים א"כ דייק שפיר התם דהיזק דלאי שמיה היזק אין כאן שום רבותא במאי דנקט מלאכה כיון דבכל מקום חשיב שאינו ניכר כניכר ועוד יש לומר דרבה סבר דהיזק שאין ניכר לא שמיה היזק אבל למ"ד שמיה היזק כ"ש דמחייב בצורם דמינכר טפי ורבא דפריך בשמעתין לרבה סבר בצורם הוי מינכר היזיקה וחייב אפי' למ"ד היזק שאין ניכר לא שמיה היזק כדאמר מלאכה דלא מינכר היזיקו אבל צורם דמינכר היזיקו הכי נמי דמחייב וא"ת והיאך יכול אדם לפסול פרתו של חבירו והא בעינן עובד דומיא דעבד דניחא ליה ויש לומר הני מילי בנעשית המלאכה ממילא אבל בעושה המלאכה בידים לא בעיא אלא שיהא ניחא ליה לעושה וכן בהכשר דבעינן יותן דומיא דכי יתן:

עין משפט נר מצוה

נג א מיי' פ"ד מהלכות מלוה הלכה יא סמג לאוין קסג טוש"ע יו"ד סימן קסה:

נד ב מיי' פ"ז מהלכות חובל ומזיק הלכה יא סמג עשין ע טוש"ע ח"מ סימן שפו סעיף א וסעיף ב בהג"ה:

נה ג מיי' פ"ד מהלכות מעשר שני הלכה יא סמג עשין קלו טוש"ע י"ד סי' שלא סעיף קלח:

נו ד מיי' פ"ז מהלכות חובל ומזיק הלכה יא סמג עשין קע טוש"ע ח"מ סימן שפו סעיף א ועיין שם בסעיף ג בהג"ה:

נז ה מיי' שם הל' יא:

נח ו מיי' שם הלכה ט סמג שם טור ש"ע שם סעיף ג [רב אלפס כאן ובסוף פ"ב דף יג:]:

ליקוטי רש"י

תרעא. שער [ב"מ סג:]. **דאדייה אדויי.** שזרקו [לעיל כב.]. כמו (איכה ג) וידו אבן בי [ביצה לט.]. **השף מטבע.** ישוף צורתן ולא היו יוצאין בהוצאה [רשב"ם ב"ב לב:]. **דמחייה.** הכהו [סנהדרין לט.]. **כנגד עינו.** הכהו בכותל כנגד עינו של זה [לעיל צא.] שהכה בכותל והבעיתו בקול ואינו רואה או נתחרש [קידושין כד:]. **הצורם.** אקרני"ל דהוי מום דתנן (בבכורות דף לז.) נפגמה אזנו גבי מום [זבחים כה:]. **וכולהו שוורים לאו לגבי מזבח קיימי.** ולא איכפת ליה [קידושין סו.]. **העושה מלאכה במי חטאת.** מי חטאת דפרה אדומה וכן פרה עצמה נפסלין במלאכה דכתיב (במדבר יט) אשר לא עלה עליה עול ובמי חטאת כתיב למשמרת למי נדה ותניא בספרי מה ת"ל שיכול אין לי שתהא מלאכה פוסלת אלא בפרה ומנין אף במים ת"ל למשמרת למי נדה כלומר שיהיו משומרות לכך ולא לדבר אחר [גיטין נג.] ששקל כנגדן משקלות והן נפסלין במלאכה [לעיל נו.]. **פטור מדיני אדם.** לשלם [גיטין שם]. דהיזק שאינו ניכר לא שמיה היזק [לעיל שם]. שאין כח בב"ד לענשו [ב"מ צא.]. **וחייב בדיני שמים.** פורענות לשלם לרשעים שנתכוין להפסיד את ישראל [גיטין שם]. ידי שמים לא יצא עד שישלם [ב"מ צא.].

מסורת הש"ס

א) [מע"ש פ' א משנה ב], ב) [ירושלמי פ"ב דמע"ש], ג) לעיל לא. קדושין כד:, ד) לעיל פו., ה) [קדושין סו.], ו) גיטין נג. לעיל נו., ז) לעיל לג:, ח) כ"א ועל כרחך, ט) רש"ל, י) [ד"ה הואיל], כ) [ד"ה בדיני].

הגהות הב"ח

(א) גמרא נפלת ליה באודניה:

הגהות מהר"ב רנשבורג

אן תוס' ד"ה עד י' וכו' עד עשר בתמניא יהיב ליה תמניא. עיין ים של שלמה בפירקין סי' טו ובשו"ת מהר"א ששון ר"ס קנג בביאור דבריהם:

תורה אור השלם

א) וְנָתַתָּה בַּכָּסֶף וְצַרְתָּ הַכֶּסֶף בְּיָדְךָ וְהָלַכְתָּ אֶל הַמָּקוֹם אֲשֶׁר יִבְחַר יְיָ אֱלֹהֶיךָ בּוֹ: [דברים יד, כה]

לעזי רש"י

אשפריי"ר. פירוש לשפשף (עיין רש"י זבחים דף יד ע"ב ד"ה דשייף מישף):

מרטי"ל. פירוש קורנס, פטיש כבד (רש"י שבת דף קב ע"ב ודף קכב ע"ב ד"ה קורנס):

לימ"א. פירוש שופין, פלירה, מורג חרוץ (עיי' רש"י שמואל א, יג, כא; שם ב, יב, לא וישעיה מא, טו):

אשקרניי"ר. פירוש לעשות חריץ (עיין רש"י מו"ק דף יג ע"א וב"ק דף ל ע"א ד"ה לרס וערוך ערך לרס).

הגבלה לדין זה:

וְהָנֵי מִילֵּי בִּצְלוּלִין — ודברים אלו אינם אמורים אלא במקרה שזורק את המטבע בתוך מים צלולין, **דְּקָא חָזֵי לֵיהּ** — שניתן לראותו בתוך המים. **אֲבָל** אם זרק מטבע לתוך מים **עֲכוּרִין, דְּלֹא קָחָזֵי לֵיהּ** — שלא ניתן לראותו בתוך המים, **לֹא** — הזורק אינו פטור מלשלם. מפני שבאופן כזה המטבע נחשב אבוד מבעליו, ומאחר שהמזיק זרקו בידים לתוך המים, הרי הוא מזיק ממש וחייב לשלם[7].

הגבלה נוספת:

וְהָנֵי מִילֵּי — ודברים אלו אינם אמורים אלא במקרה **דְּאַדְּיֵיהּ אַדּוּיֵי** — שדחף את המטבע לתוך הים בלא שיגביהנו, כגון שהיה המטבע ביד הבעלים, והכה זה תחת ידו, ועל ידי כך נזרק המטבע לתוך הים[8]. **אֲבָל** אם **שַׁקְלֵיהּ בִּידֵיהּ** — נטל את המטבע בידו וזרקו לים, **מִיגְזַל גַּזְלֵיהּ** — הרי בשעה שהגביהו נעשה גזלן, **וַהֲשָׁבָה בָּעֵי מֶיעֱבַד** — ומוטל עליו חיוב להשיב את הגזילה[9], ואין הוא יוצא ידי חובת השבת הגזילה אלא אם משיב ליד הבעלים ממש[10].

רבא מקשה על רבה מברייתא:

מָתִיב (הקשה) **רָבָא** על הוראתו של רבה מהברייתא הבאה: **אֵין מְחַלְּלִין** פירות מעשר שני **עַל מָעוֹת שֶׁאֵינָן בִּרְשׁוּתוֹ** של המחלל[11]. **כֵּיצַד** — באילו מקרים נחשבות המעות שאינן מצויות ברשותו? **הָיוּ לוֹ מָעוֹת בְּקַסְטְרָא אוֹ בְּהַר הַמֶּלֶךְ** — מקומות רחוקים מאוד, שיש בהם סכנת דרכים ואין שיירות מצויות לשם[12], **אוֹ שֶׁהָיוּ** המעות בכיסו **וְנָפַל כִּיסוֹ לַיָּם הַגָּדוֹל, אֵין מְחַלְּלִין** פירות מעשר שני על המעות הללו. שאף שניתן להביאן מאותן מקומות או להוציאן מהים, מכל מקום כל עוד לא עשה כן אין הן נחשבות כמצויות ברשותו[13]. הרי שהמעות נחשבות אבודות מבעליהן כשהן מצויות בים הגדול, ומדוע אין הזורק אותן לים חייב לשלם מדין מזיק[14]?

רבה משיב:

אָמַר רַבָּה: שַׁאנִי — שונה הדין **לְעִנְיַן** חילול **מַעֲשֵׂר** שני, משום **דִּבְעִינַן** — שצריך שהכסף שמחללים עליו יהיה **"מָצוּי בְּיָדְךָ"**, **דְּרַחֲמָנָא אָמַר** — שכן התורה אמרה לגבי מעשר שני (דברים יד, כה): **"וְצַרְתָּ הַכֶּסֶף בְּיָדְךָ"**, **וְלֵיכָּא** — ואין הכסף נחשב מצוי בידו כאשר הוא נמצא בתוך הים. אולם הכסף אינו נחשב כאבוד מבעליו, ולכן לגבי דיני נזיקין אין לחייב את המזיק על זריקתו[15].

מקרה נוסף שבו לימד רבה שהמזיק פטור משום שאינו אלא גורם לנזק:

וְעוד אָמַר רַבָּה: הַשָּׁף מַטְבֵּעַ שֶׁל חֲבֵירוֹ ופיחת את צורתו[16], **פָּטוּר** מתשלומין. **מַאי טַעְמָא** — מה הטעם לכך? **דְּהָא לֹא עָבַד וְלֹא מִידִי** — שהרי לא עשה ולא כלום, כלומר, שהמעשה שעשה אינו נחשב למעשה נזק. שאף שהמטבע מקולקל ואינו ראוי להוצאה, וערכו נפחת

הערות

7. עצם מעשה הזריקה של המטבע, אינו נחשב "גרמא", שהרי המעשה שעשה בידיו ממש גרם לנפילת המטבע לים [אף על פי שכפי שיבואר מיד, אין אנו עוסקים במקרה שנטל את המטבע בידו וזרקו, אלא במקרה שהכה תחת ידו של הבעלים, ועל ידי כך נזרק המטבע לים], לפיכך יש לדון את הזורק כמזיק בידים. אלא שאם המים צלולים, אין המטבע נחשב כאבוד מבעליו, ואין כאן נזק במטבע עצמו כלל [ואין מקום לחייב את המזיק אלא על כך שגרם לחבירו להוציא ממון כדי להציל את ממונו, וכלפי זה אינו אלא מזיק ב"גרמא"]. אולם אם המים עכורים, המטבע נחשב כאבוד מבעליו [ואין הזורק יכול לומר לו הרי שלך לפניך, שהרי אין מי שיוכל לראותו (רבינו יהונתן)], ולפיכך המזיק חייב לשלם ככל מזיק בידים (רש"י).

אכן, אף אם המים צלולים, אין המזיק פטור אלא אם ניתן להוציא את המטבע מהים על ידי אמודאי. אבל אם גם האמודאי אינו יכול להוציאו, הרי זה כזורק למים עכורים, והמטבע נחשב אבוד מבעליו, וחייב המזיק לשלם על הנזק (רמב"ן, קונטרס דינא דגרמי ד"ה עוד יש להקשות, בדעת רש"י, והסכים לדבריו). ויש שכתבו שמה שחילקה הגמרא בין צלולים לעכורים, אינו בדוקא, אלא עיקר החילוק הוא בין אם ניתן להוציא את המטבע על ידי אמודאי או לא. שאם ניתן להוציאו, אף אם המים עכורים, אין לחייב את המזיק. ואם לא ניתן להוציאו, אף אם המים צלולים, המזיק חייב לשלם. והגמרא נקטה צלולים ועכורים, משום שבדרך כלל כאשר המים צלולים ניתן להוציא את המטבע, ואילו כאשר המים עכורים לא ניתן להוציאו (תוספות; רשב"א; רא"ש, יג). אולם יש חולקים על כל האמור, ולדעתם אם המים צלולים וניתן לראות את המטבע, אף אם לא ניתן להוציאו מהמים כלל, אין לזה שם נזק, ואין לחייב את הזורק (עיין קצות החושן שפו, ט, בדעת בעל המאור והרמב"ן במלחמות ה' והנמוקי יוסף [לו, א בדפי הרי"ף]; אולם עיין רמב"ן בקונטרס דינא דגרמי שם; לדיון נוסף בענין זה עיין דברי חיים, דיני נזקי ממון ה; אמרי בינה, דיני דיינים לט; ערך ש"י חושן משפט שם; אבי עזרי הלכות חובל ומזיק ז, יא).

[מלשון רש"י שכתב: "אבל עכורין **בשעת התזה**", נראה שאם היו המים צלולים בשעה שנפל המטבע לתוכם, אף אם אחר כך נעכרו ולא ניתן לראות את המטבע, אין המזיק חייב לשלם. שמאחר שבשעת הזריקה לא היה המטבע נחשב כאבוד מבעליו, אין לחייבו לשלם על כך שאחר כך נעשה אבוד מבעליו מעצמו (לסברא דומה עיין ים של שלמה, טז).]

8. רש"י. והרמב"ם (הלכות חובל ומזיק ז, יא) פירש שדחף את המטבע דחיפה אחר דחיפה עד שהתגלגל לתוך הים. ושני הפירושים הללו נכונים, ואין מחלוקת ביניהם (ים של שלמה, טז).

9. שכן הגוזל חפץ מחבירו, ועשה בשעת הגזילה מעשה המועיל לקנין באותו חפץ אילו היה בא לקנותו מהבעלים מרצונם (כגון קנין "הגבהה" במטלטלין), הרי הוא "קונה" את הגזילה, לענין שחל עליו חיוב להשיבה לבעלים [או את דמיה אם אינה בעין] (עיין משנה לעיל עט, א ורש"י שם ד"ה היה; וראה מהדורתנו שם הערה 15, ובהקדמה לפרק שביעי). ולפיכך אם הגביה את המטבע וזרקו לים, חל עליו חיוב להשיבו לבעליו. ואף שלא הגביהו על מנת ליטול אותו לעצמו, אלא כדי לזורקו לים ולאבדו, מכל מקום מאחר שעשה בו קנין הגבהה, הרי הוא קונהו בעל כרחו בקניני גזילה, וחל עליו חיוב השבה (עיין ש"ך, חשן משפט שצו, א; פני יהושע על תוספות ד"ה והני מילי דאדייה אדויי).

[לדיון בשאלה מדוע במקרה שהיה המטבע ביד הבעלים, והכה תחת ידו, ועל ידי כך נזרק המטבע לתוך הים, אין המעשה של המזיק מועיל לקנין הגבהה, עיין תוספות.]

10. כלומר, שאף שאין המטבע נחשב כאבוד מבעליו, ומשום כך אין הזורק נחשב מזיק, מכל מקום מכיון שאינו משיב את המטבע ליד הבעלים ממש, אינו יוצא ידי חובת השבת הגזילה בהשבה כזו (פני יהושע).

יש מי שכתב שאין הכוונה שהגזלן חייב לשכור אמודאי בעצמו ולהשיב את הגזילה, אלא שעליו לשלם לבעלים את שכרו של האמודאי, ובכך יוצא ידי חובתו (ים של שלמה, טז). אולם יש חולקים, שמכיון שהגזלן חייב להשיב את הגזילה, אינו יוצא ידי חובה עד שמחזירה למקום שנטלה (ש"ך, חושן משפט שפו, ח).

11. לביאור ענין חילול פירות מעשר שני על מעות ראה לעיל צז, ב הערה 5.

12. ראה רש"י ומאירי. אולם יש מי שפירש ש"קסטרא" הוא בנין חזק שמפקידים שם מעות לשומרם [כעין בנק בימינו] (הגהות יעב"ץ).

13. מפני שזה דבר רחוק שיביאו את הכסף משם או יוציאוהו מהים (מאירי). ומשום כך הבעלים מתייאשים ממנו ומסיחים את דעתם ממנו (תרומת הדשן שטו). [ואכן, אם נפלו המעות לבור, וניתן להוציאן משם בקלות, הן נחשבות ברשותו, ויכול לחלל עליהן את הפירות (מאירי).]

אין לומר שמדובר באופן שנפלו המעות לים ואי אפשר להוציאן משם, שאם כן אין שום חידוש בדברי הברייתא שמעות כאלו נחשבות שאינן ברשות הבעלים (קובץ שיעורים קלג).

14. רש"י. כפי שהתבאר לעיל הזורק את המטבע לים נחשב כמזיק בידים, אלא שמאחר שהמטבע נמצא במים צלולים וניתן להוציאו משם, אין לדונו כאבוד מהבעלים, ומשום כך פטרו רבה מתשלומים. ולכן ניתן לדמות דיני נזיקין לדיני חילול מעשר שני לענין זה, שכשם שלגבי דיני נזיקין המטבע נחשב ראוי לבעלים ואינו אבוד מהם, כך גם לגבי מעשר שני יש להחשיבו כראוי לבעלים, והרי זה כמטבע שלהם שנמצא במקום אחר, שניתן לחלל עליו את הפירות. ומאחר שהברייתא לימדה שאין מחללים על מעות שנמצאות בתוך הים, יש ללמוד מכך שהמעות נחשבות אבודות מהבעלים, ואם כן כמו כן יש לומר שלגבי דיני נזיקין יש להחשיב את המטבע כאבוד מבעליו (עיין רמב"ן, קונטרס דינא דגרמי ד"ה עוד יש להקשות; רשב"א; תרומת הדשן, שטו).

15. כלומר, שבאמת הכסף נחשב ראוי לבעליו, למרות שנמצא בתוך הים, ולפיכך אין לחייב את המזיק על זריקתו. אולם לגבי חילול פירות מעשר שני, ישנה גזירת הכתוב שלא די בכך שהכסף יהיה ראוי לבעלים, אלא צריך שיהיה "מצוי בידם", וכסף שנמצא בתוך הים אינו נחשב "מצוי בידם", ולכן לא ניתן לחלל עליו את הפירות (רשב"א).

נמצא שלמסקנת הגמרא כאן אין דחיה לדברי רבה, וניתן לומר שהלכה כדבריו. אולם יש סוברים שדברי רבה אלו שנויים במחלוקת (המובאת בגמרא להלן בעמוד ב), ולהלכה נפסק שהזורק מטבע של חבירו לים הגדול חייב לשלם (לדיון בענין זה ראה להלן שם הערה 14).

16. רש"י. [רש"י כותב שהמילה "השף" פירושה אשפריי"ר בלע"ז. ובאוצר לעזי רש"י תרגמו מילה זו מלשון טשטוש. ראה גם רש"י על הפסוק (בראשית ג, טו): "הוּא **יְשׁוּפְךָ** רֹאשׁ", שפירש: יכתתך, וכמו שתרגם אונקלוס את הכתוב (דברים ט, כא): "וָאֶכֹּת אֹתוֹ" — "ושפית יתיה". ובאבן עזרא שם פירש: "יְשׁוּפְךָ" — יככה, כמו שנאמר (איוב ט, יז): "אֲשֶׁר בִּשְׂעָרָה יְשׁוּפֵנִי".]

ואי מחמת תרעא זיל לא מנכינן ליה והא קא שבח לענין נסכא אלא [א]כי הא דרב פפא ורב הונא בריה דרב יהושע עבדי עובדא בזוזי דאגרדמים טייעא עד י' בתמניא אמר רבה [ב]הזורק מטבע של חבירו לים הגדול פטור מאי טעמא אמר הא מנח קמך אי בעית שקליה והני מילי בצלולין דקא חזי ליה אבל עכורין דלא קחזי ליה לא והני מילי דאדייה אדויי אבל שקליה בידיה מיגזל גזליה השבה בעי מיעבד מתיב רבא (א) [ג]אין מחללין על מעות שאינן ברשותו [ג]כיצד היו לו מעות בקסטרא או בהר המלך או שנפל כיסו לים הגדול אין מחללין אמר רבה שאני לענין מעשר דבעינן מצוי בידך דרחמנא אמר (א) וצרת הכסף בידך וליכא ואמר רבה [ד]השף מטבע של חבירו פטור מאי טעמא דהא לא עבד ולא מידי וה"מ דמחייה בקורנסא וטרשיה אבל שייפא בשופינא חסורי חסריה מתיב רבא [ג]הכהו על עינו וסמאה על אזנו וחרשו עבד יוצא בהן לחירות כנגד עינו ואינו רואה כנגד אזנו ואינו שומע אין עבד יוצא בהן לחירות רבה לטעמיה [ד]דאמר רבה חרשו לאביו נהרג שאי אפשר לחרישה בלא חבורה דטפתא דדמא נפלת ליה (א) באוניה ואמר רבה [ה]הצורם אוזן פרתו של חבירו פטור מאי טעמא פרה כדקיימא קיימא דלא עבד ולא מידי [ה]וכולהו שוורים לאו לגבי מזבח קיימי מתיב רבא [ו]העושה מלאכה במי חטאת ובפרת חטאת פטור מדיני אדם וחייב בדיני שמים מלאכה הוא דלא מינכר היזיקה אבל צורם דמינכר היזיקה הכי נמי דמחייב בדיני אדם אמרי הוא הדין דאפילו צורם פטור והא קא משמע לן דאפילו מלאכה דלא מינכר היזיקה חייב בדיני שמים [ז]ואמר רבה השורף [י]שטרו של חבירו פטור דאמר ליה ניירא קלאי מינך מתקיף לה רמי בר חמא היכי דמי אי

רש"י

מחמת תרעא. שבאו גשמים ונמלאו רוב תבואות בעולם והוזלו הפירות: לענין נסכא. אם בא להתיכן ולעשות מהן גרוטאות יש יותר מן הראשונים והוי רבית: עבדו עובדא. באדם שהלוה את חבירו על המטבע והוסיפו עליו והלכו אצל אגרדימוס סוחר ישמעאל והיה לו מן הראשונה ומן השניה ומלאו בה' של מטבע שניה י' מן הראשונה ונתן לו שמנה: אמר רבה גרסינן בכולהו: הזורק מטבע של חבירו בים. אע"ג שאין יכול ליטלו: פטור. כדמפרש ואזיל דלא שקליה בידיה אלא דאדייה שהיתה ביד בעלים והכהו זה תחת ידו וניתזה לים הואיל וצלולים הן וקא חזו ליה אמר ליה הא מנח קמך ואינה אבודה ואי משום דבעי למיתב זוזא לבר אמוראה למיטש ולמישקליה גרמא הוא שגורם להפסידו אותו שכר וגרמא בנזקין פטור: אבל עכורין. בשעת התזה דהוה ליה מעשה בידים אבוד הוא ואין זה גורם אלא ממש דהא ממש התיזו: היה לו מעות בקיסטרא. מקום והוא רחוק מאד ויש בו סכנת דרכים ואין שיירות מצויות שם: אין מחללין. אלמא אבוד חשיב ליה בים הגדול: השף. אשפריי"ר בלע"ז שפחת את הצורה: בקורנסא. מרטי"ל בלע"ז: וטרשיה. עשאן כאבן חלקה לשון טרשים: בשופינא. לימ"א בלע"ז של נפחים: חסורי חסריה. וממש הוא ולא גרמא טעמא דרבה בכולהו משום גרמא בנזקין הוא ופטור: על אזנו וחרשו. אלמא אף על גב דלא חסריה כיון דעשה מעשה בגופו לאו גרמא קחשיב ליה אלא ממש והכא נמי כיון דמחייה בקורנסיה ופחתיה (ח) ועל ככה חסרו דמים מעשה הוא: רבה לטעמיה. הלכך גבי עבד נמי חסרון הוא (ט) [וכנגד אזנו פטור משום דבהכי לא הוי ליה למיתש והאי ודאי גרמא הוא]: הצורם. אשקרניי"ר בלע"ז פוגס: במי חטאת. שקל כנגדן משקולות ופרה וכל מעשיה נפסלים במלאכה:

תוספות

עד י' בתמניא. פי' בקונטרס ונותן לו שמונה ולפירושו חשיב ממעלה למטה כלומר י"ב או י"א בתמניא עד י' בתמניא א] יהיב ליה תמניא אבל הא תשעה מן הראשונים בתמניא בשניים יהיב ליה ט' מן השניים תחת ט' של ראשונים או י' בי' ור"ח פי' עד י' בתמניא ויהיב ליה י' ולפירושו הוי מלמטה למעלה:

עכורין וצלולין. לאו דוקא אלא אפי' עכורין אי מלי בר אמוראה למשקלינהו הוו כצלולין ואפי' צלולין אי לא מלי למשקלינהו חייב והא דנקט צלולין ועכורין משום דסתם צלולין מלי שקיל להו בר אמוראה וסתם עכורין לא מלי שקיל בר אמוראה:

וה"מ דאדייה אדויי. משמע הכא דלא חשיב הגבהה כי אדייה אדויי בלא נטילה בידו אע"פ שעומד באויר למעלה מג' קודם שיפול לגמרי וכן בהניזקין (גיטין דף נט:) גבי עני המנקף בראש הזית וקשה דבפ"ק דב"מ (דף ט. ושם [ל]) אמר גבי טלית שראשו אחד על העמוד וראשו אחד מונח ע"ג קרקע שאם הגביה אדם ראשו המונח ע"ג קרקע ונתק ראש שע"ג העמוד להביאו אצלו שהוא קונה מטעם הגבהה ואי משיכה קאמר התם אמאי נקט ראשו אחד ע"ג העמוד אלמא חשיב הגבהה הואיל ומביאו על האויר למעלה מג' וי"ל דהתם חשיבא הגבהה טפי לפי שראשו אחד אוחז בידו א"נ התם מיירי כגון שידו כ"כ בגובה כשינתקנו לא יפול ראשו לארץ אלא יהא מוגבה ג' מעל הארץ וא"ת דבסוף שילוח הקן (חולין דף קמא:) משמע דכי טריף אקן ומתגבהי יונים דחשיבא הגבהה לקנות אע"פ שאין תופסם בידו וי"ל דדוקא הכא ובהניזקין לא חשיבא הגבהה דאיכא תרתי לגריעותא דלא תפסם וגם אין מגביה אלא משפיל אבל יונים דמתגבהי חשיבא הגבהה אבל אם היו נופלין למטה ע"י טריפת הקן לא היה קונה כיון שאין תפוס בידו כלל ולפי' זה הו"מ לפלוגי הכא באדייה אדויי בין דרך ירידה לדרך עלייה אלא דניחא ליה לפלוגי בדרך ירידה גופיה בין אדייה אדויי בין שקליה בידיה אי נמי אין חילוק בין דרך ירידה לדרך עליה דאפילו דרך עליה לא קני הכא באדייה אדויי לפי שאין דרך הגבהה בזה הענין אבל ביונים שהן בעלי חיים דרך הגבהה בכך כמו קורא לה והיא באה או הכישה במקל ורצתה לפניו דחשיב משיכה אף על פי שהלכה מאליה ומיהו אם היו היונים יורדים ע"י טריפת הקן לא חשיב הגבהה אלא עלייתם דוקא:

השף מטבע של חבירו פטור. נראה דרבה סבר פסלתו מלכות לא הוי כנסדק דאי הוי כנסדק אם כן כ"ש דשף מטבע הוי כנסדק והרי חסריה טובא ואמאי פטור: **מתיב** רבא הכהו על עינו וסמאה על אזנו וחרשה עבד יוצא בהן לחירות. ואמאי והא לא חסריה דאין בו פגם וחסרון אלא כיון שקלקלו חייב אע"פ שאין בו שום פגם וחסרון והואיל וכן הוא ה"נ ליחייב ומשני רבה לטעמיה כו' ויש שם חסרון טיפתא דדמא דנפלה באוניה וכיון דיש חסרון באותו קלקול חייב על כל הקלקול כמו בשפייה דחייב בכל הקלקול לחייביה על מה שחסריה לא היה צריך רבה להשמיענו דחייב וא"ת ואמאי עבד יוצא בהן לחירות הא בעינן מומין שבגלוי דומיא דשן ועין ובחרשו היכי הוי בגלוי וי"ל נהי שאין ניכר בו כלום כשהוא ישן או עומד במקום אחד ושותק מכ"מ כיון דלפי מנהגו שמתנהג והולך ניכר שהוא חרש חשיב מום שבגלוי ועי"ל דאין צריך שיהא קלקול בגלוי אלא שהאבר שיש בו קלקול יהא בגלוי:

הצורם אוזן פרתו של חבירו פטור. והא דתנן לעיל (דף צו:) גזל בהמה ונתעבדה בה עבירה או שנפסלה מעל גבי המזבח אומר לו הרי שלך לפניך ונפסלה היינו שנפל בה מום דאי נרבעה היינו שנעבדה בה עבירה ומשמע דוקא שנפסלה מאליה אבל הטיל בה מום בידים חייב וי"ל דמתני' איירי בבהמה קדושה דודאי לגבי מזבח קיימא: **הא** קמ"ל דאפי' מלאכה דלא מינכר היזיקה. תימה דבפרק הניזקין (גיטין דף נג. ושם [ס]) פריך מהכא למ"ד היזק שאין ניכר שמיה היזק דעושה מלאכה במי חטאת ובפרת חטאת פטור ואי שמיה היזק אמאי פטור ומאי קושיא הא אפי' בצורם אוזן דמינכר פטור משום דסתם שוורים לאו לגבי מזבח קיימי וא"ל דהתם פריך מפרת חטאת דפרה אדומה דדמיה יקרים פשיטא דלגבי מזבח קיימא והכא בשמעתין פריך לרבה ממי חטאת דסתם מים לאו למי חטאת קיימי דקודם קידושן דוקא פסלה בהן מלאכה כדתנן במסכת פרה (פ"ד מ"ד) ומים המלאכה פוסלת בהן עד שיטילו את אפר לתוכן ותניא נמי בספרי יכול אף משיקדשו בכלי תלמוד לומר למי נדה וכבר הם מי נדה דע"כ בגיטין (דף נג. ושם) ממי חטאת נמי פריך מדמשני התם מי חטאת ששקל בהן משקלות וי"ל דכיון דנקט מלאכה לרבותא כדקאמר הכא דאפי' מלאכה דלא מינכר היזיקה חייב בדיני שמים א"כ דייק שפיר התם דהיזק שאין ניכר לא שמיה היזק דאי שמיה היזק אין כאן שום רבותא במאי דנקט מלאכה כיון דבכל מקום חשיב שאינו ניכר כניכר ועוד יש לומר דרבה סבר דהיזק שאין ניכר לא שמיה היזק אבל למ"ד שמיה היזק כ"ש דמחייב בצורם דמינכר טפי ורבא דפריך בשמעתין לרבה סבר בצורם הוי מינכר היזיקה וחייב אפי' למ"ד היזק שאין ניכר לא שמיה היזק כדאמר מלאכה דלא מינכר היזיקו אבל צורם דמינכר היזיקו הכי נמי דמחייב וא"ת והיאך יכול אדם לפסול פרתו של חבירו והא בעינן עובד דומיא דעבד דניחא ליה ויש לומר הני מילי בנעשית המלאכה ממילא אבל בעושה המלאכה בידים לא בעיא אלא שיהא ניחא ליה לעושה וכן בהכשר דבעינן יותן דומיא דכי יתן:

נכתוב

מסורת הש"ס

א) [מע"ש פ' א משנה ב], ב) [ירושלמי פ"ב דמע"ש], ג) לעיל לא. קדושין כד:, ד) לעיל פו., ה) [קדושין סו.], ו) גיטין נג. לעיל נו., ז) לעיל לג:, ח) כ"א ועל כרחך, ט) רש"ל, י) [ד"ה הואיל], כ) [ד"ה בדיני].

הגהות הב"ח

(א) גמרא נפלת ליה באודניה:

הגהות מהר"ב רנשבורג

א] תוס' ד"ה עד י' וכו' עד עשר בתמניא יהיב ליה תמניא. עיין ים של שלמה בפירקין סי' טו ובשו"ת מהר"א ששון ר"ס קנג בביאור דבריהם:

תורה אור השלם

א) וְנָתַתָּה בַּכָּסֶף וְצַרְתָּ הַכֶּסֶף בְּיָדְךָ וְהָלַכְתָּ אֶל הַמָּקוֹם אֲשֶׁר יִבְחַר יְיָ אֱלֹהֶיךָ בּוֹ: [דברים יד, כה]

לעזי רש"י

אשפריי"ר. פירוש לשפשף (עיין רש"י זבחים דף יד ע"ב ד"ה דשייף מישף):

מרטי"ל. פירוש קורנס, פטיש כבד (רש"י שבת דף קב ע"ב ודף קכב ע"ב ד"ה קורנס):

לימ"א. פירוש שופין, פלירה, מורג חרוץ (עיי' רש"י שמואל א, יג, כא; שם ב, יב, לא וישעיה מא, טו):

אשקרניי"ר. פירוש לעשות חריץ (עיין רש"י מו"ק דף יג ע"א וב"ק דף ל ע"א ד"ה נרס וערוך ערך נרס):

עין משפט נר מצוה

נג א מיי' פ"ד מהלכות מלוה הלכה יא סמג לאוין קסג טוש"ע יו"ד סימן קסה:

נד ב מיי' פ"ז מהלכות חובל ומזיק הלכה יא סמג עשין ע טוש"ע ח"מ סימן שפו סעיף א וסעיף ב בהג"ה:

נה ג מיי' פ"ד מהלכות מעשר שני הלכה יא סמג עשין קלו טוש"ע י"ד סי' שלא סעיף קלח:

נו ד מיי' פ"ז מהלכות חובל ומזיק הלכה יא סמג עשין קע טוש"ע ח"מ סימן שפו סעיף א ועיין שם בסעיף ג בהג"ה:

נז ה מיי' שם הל' יא:

נח ו מיי' שם הלכה ט סמג שם טור ש"ע שם סעיף ב [רב אלפס כאן ובסוף פ"ב דף יג:]:

ליקוטי רש"י

תרעא. שער [ב"מ סג:]. דאדייה אדויי. שזרקו [לעיל כב.]. כמו (איכה ג) וידו אבן בי [ביצה לט.]. השף מטבע. ניטוף צורתן ולא היו יוצאין בהוצאה [רשב"ם ב"ב לב:]. דמחייה. הכהו [סנהדרין לט.]. כנגד עינו. הכהו בכותל כנגד עינו של זה [לעיל צא.] שהכה בכותל והבעיתו בקול ואינו רואה או נתחרש [קידושין כד:]. הצורם. אקרני"ר דהוי מום דתנן (בכורות דף לז.) נפגמה אזנו גבי מום [זבחים כה:]. וכולהו שוורים לאו לגבי מזבח קיימי. ולא איכפת ליה [קידושין סו.]. העושה מלאכה במי חטאת. מי חטאת דפרה אדומה וכן פרה עצמה נפסלין במלאכה דכתיב (במדבר יט) אשר לא עלה עליה עול ובמי חטאת כתיב למשמרת למי נדה ותניא בספרי מה ת"ל שיכול אין לי שתהא מלאכה פוסלת אלא בפרה ומנין אף במים ת"ל למשמרת למי נדה כלומר שיהיו משומרות לכך ולא לדבר אחר [גיטין נג.] ששקל כנגדן משקלות והן נפסלין במלאכה [לעיל נו.]. פטור מדיני אדם. לשלם [גיטין שם]. דהיזק שאינו ניכר לא שמיה היזק [לעיל שם]. שאין כח בב"ד לענשו [ב"מ צא.]. וחייב בדיני שמים. פורענות לשלם לרשעים שנתכוין להפסיד את ישראל [גיטין שם]. ידי שמים לא יצא עד שישלם [ב"מ צא.].

בשל כך, מכל מקום מאחר ואין בו חסרון, אין זה "נזק" שניתן לחייב עליו בתשלומים, אלא "גרמא" בלבד[17].

הגבלה לדין זה:

וְהָנֵי מִילֵּי — ודברים אלו אינם אמורים אלא במקרה **דְּמַחְיֵיהּ בְּקוּרְנָסָא וְטַרְשֵׁיהּ** — שהכה על המטבע בפטיש[18], ועשאו כאבן חלקה[19], שבאופן כזה מאחר שלא נחסר מהמטבע כלום, מחיקת צורתו אינה נחשבת ל"נזק"[20]. **אֲבָל** אם **שַׁיְיפָא בְּשׁוּפִינָא** — שייף את המטבע בפצירה[21], ועל ידי כך מחק את צורתו, מכיון **שחַסּוּרֵי חַסְּרֵיהּ** — שהחסיר מעט מגוף המטבע, מחיקת הצורה נחשבת ל"נזק", והרי הוא מזיק בידים וחייב לשלם[22].

רבא מקשה על רבה מברייתא:

מָתִיב (הקשה) **רָבָא** על הוראתו של רבה מן הברייתא הבאה: **הִכָּהוּ** האדון לעבדו **עַל עֵינוֹ וְסִמְּאָהּ**, או **עַל אָזְנוֹ וְחֵרְשׁוֹ**, **הָעֶבֶד יוֹצֵא בָּהֶן לְחֵירוּת**[23]. אולם, אם הכה האדון בכותל **כְּנֶגֶד עֵינוֹ** של העבד, **וְ**נבעת העבד מקול החבטה ובגלל זה **אֵינוֹ רוֹאֶה**, או אם הכה האדון בכותל **כְּנֶגֶד אָזְנוֹ** של העבד, **וְ**נבעת העבד מקול החבטה ובגלל זה **אֵינוֹ שׁוֹמֵעַ**, **אֵין הָעֶבֶד יוֹצֵא בָּהֶן לְחֵירוּת**[24]. הרי שאם סימא את עינו או חרש את אזנו, אף על פי שלא החסיר ממנו כלום, מכל מקום מאחר שעשה מעשה בגופו וקלקל איברים אלו, הרי זה כמו שהשחיתם לגמרי, ומשום כך העבד יוצא לחירות[25]. ואם כן כמו כן היה לנו לומר גם לגבי דיני נזיקין, שאף אם לא חיסר מהמטבע כלום, מכל מקום מאחר שפיחת את צורת המטבע בידים, ועל ידי כך קלקל אותו ופיחת מערכו, הרי זה נזק גמור וחייב לשלם[26]!

הגמרא עונה:

רַבָּה הולך כאן **לְטַעְמֵיהּ** (לשיטתו). **דְּאָמַר רַבָּה: חֵרְשׁוֹ לְאָבִיו, נֶהֱרָג** — חייב מיתה, שנאמר (שמות כא, טו): "וּמַכֵּה אָבִיו וְאִמּוֹ מוֹת יוּמָת". ואין לפוטרו ממיתה מחמת שלא עשה בו חבורה (ואין חיוב מיתה על הכאת אב ואם אלא אם כן עשה בהם חבורה[27]), מפני **שֶׁאִי אֶפְשָׁר** לגרום **לַחֲרִישָׁה** של אדם **בְּלֹא** לעשות בו **חַבּוּרָה, דְּטִפְּתָא דִּדְמָא נָפְלַת לֵיהּ בְּאוּנֵיהּ** — שודאי טיפת דם נפלה באוזנו, ומאחר שראינו שנתחרש האב, בהכרח שחבל בו חבלה שיש בה חבורה, וחייב מיתה. לפי זה, גם אדון שהכה על אזנו של עבדו וחרשו, הרי ודאי שטיפת דם נפלה באוזנו, ונמצא שהאדון חיסר מעט מגופו של העבד, ולפיכך יוצא העבד לחירות בהכאה זו[28].

הערות

17. כפי שיבואר בסמוך, רבה מדבר במקרה שפחת את צורת המטבע בלא שנחסר מגופו כלום, ולפיכך מחיקת הצורה אינה נחשבת למעשה נזק. ואף שבגלל שנמחק אין המטבע ניתן להוצאה, וערכו נפחת בשל כך, אין זה אלא "גרמא" בלבד שגרם לו שיתמעט ממונו, ואין לחייב את המזיק לשלם על כך (עיין רש"י ד"ה חסורי חסריה, וד"ה על אוזנו וחרשו; תוספות ד"ה מתיב רבא; תוספות רי"ד; וראה חידושי הגרנ"ט סימן קיא, שדן בשאלה האם ניתן להוכיח מדברי רבה שהתורה חייבה לשלם רק על נזק לעצם החפץ, ולא על נזק לשוויו, ראה שם מה שכתב בזה). ויש מי שכתב לבאר שאין המזיק חייב לשלם, מפני שהפסד הצורה נחשב כנזק שאינו ניכר. שלגבי מטבע עיקר שוויו הוא המשקל של הכסף, והצורה אינה נחשבת כל כך, והרי היא כדבר שאין בו ממש. ואכן, אם שף כלי כסף שהיו ראויים למלאכה ועכשיו אינם ראויים, נראה שיש לחייבו לשלם אף אם לא נפחת משקל הכלי, שבאופן כזה ודאי שיש להחשיב את קלקול הכלי לנזק (מחנה אפרים הלכות נזקי ממון ד, בדעת התוספות ד"ה השף מטבע [שדימו מטבע שנמחקה צורתו למטבע שפסלתו מלכות, ראה גם ים של שלמה (יז) שדחה דבריהם]; לסברא דומה לחילוק בין מטבע לשאר כלים ראה חזון איש יג, ב; עיין גם יד דוד).

ויש מפרשים שמחיקת הצורה אינה נחשבת כמעשה נזק, משום שניתן למסור את המטבע לצורף שיתקנו וישיב לו את צורתו, ובכל מקום שהחפץ הניזוק קיים, אלא שצריך להוציא ממון אחר כדי שיוכלו להשתמש בו כבתחילה, אין להחשיב את המזיק אלא כמזיק ב"גרמא", שגרם לניזק להוציא את ממונו. ואף שהמטבע נפחת משוויו כל עוד לא תוקן על ידי הצורף, מכל מקום תיקון המטבע הרי הוא כעין רפוי בבעלי חיים, והתורה לא חייבה לשלם דמי ריפוי אלא באדם שהזיק אדם, ואילו אדם שהזיק את ממון חבירו פטור מריפוי, ואינו חייב לשלם אלא נזק בלבד (עיין מרדכי, קטז; הגהות מרדכי, ריג, בשם רבינו אליהו; ים של שלמה יז; נתיבות המשפט שמ, ג; אולם עיין חזון איש יג, ג; ראה גם לעיל הערה 6 ולהלן הערה 22 והערה 26). ולפי דרך זו, יש שכתבו שכך הדין גם במכה על כלי כסף וכלי זהב ופיחת צורתם, שאם ניתן לתקן את הקלקול, אין זה אלא "גרמא בנזיקין" ופטור מלשלם (ים של שלמה שם; מחנה אפרים שם; ראה גם בנתיבות המשפט שם; אולם עיין ש"ך שם, ז; חזון איש שם, ב).

18. "קורנס", הוא פטיש קטן בלשון חכמים (ראה רש"י שבת כא, ב ד"ה פטיש; רד"ק ישעיה מא, ז).

19. "טרשיה", היינו שעשאן כאבן חלקה, והוא מלשון טרשים (רש"י).

20. כפי שהתבאר בהערה 17.

21. "שופינא", הוא כלי של נפחים, הנקרא "פְּצִירָה פִּים" (שמואל-א יג, כא), על שם שיש לו פיות וחידודים רבים ["פְּצִירָה" הוא מלשון ריבוי, ו"פִּים" הוא מלשון פה] (ראה רש"י ורד"ק ומצודת ציון שם).

22. רש"י. מכיון שיש חסרון בגוף המטבע, מחיקת הצורה נחשבת ל"נזק", ולכן חייב המזיק לשלם על כל הפחת בשווי המטבע [ואין לומר שכוונת הגמרא שמשלם את המעט שהחסיר, שאם כן אין שום חידוש בזה] (תוספות; וראה אמרי בינה שמפרש שזו גם כוונת רש"י). ואף שניתן למסור את המטבע לצורף ולתקנו, מכל מקום מכיון שהחסיר מעט מגוף המטבע, יש לו דין מזיק על מה שעשה, וחייב לשלם את כל מה שנפחת מערכו של המטבע בגלל הצורך ליתן מעות לצורף עבור התיקון (קצות החושן שפו, י; נתיבות המשפט שמ, ג). [ויש שכתבו שלפי זה צריך לומר שכמו כן המזיק בהמה ונחסר ממנה דבר מה, אם הנזק לא יחזור לקדמותו בלא הוצאת דמים לרפואה, חייב המזיק לשלם לבעלים מה שנפחת ערכה בגלל הצורך להוציא ממון כדי לרפאותה. ולא אמרו שאדם שהזיק בהמה אינו משלם דמי ריפוי, אלא במקרה שלא נחסר ממנה כלום, שאז אין לו שם "מזיק" כלל, או במקרה שגם בלא הריפוי הנזק יחזור לקדמותו, אלא שעל ידי הריפוי ימהר לחזור (ראה שו"ת שבות יעקב ג, קעח; נתיבות המשפט שם; אולם עיין קצות החושן שם וחזון איש יג, ב).]

מכך שרבה כאן אינו מגביל את דינו למקרה שמחק את צורת המטבע בלא שהגביהו, נראה שאף אם הגביהו וקנאו בקניני גזילה פטור מלשלם. שכשם שלגבי דיני נזיקין אין למוחק שם מזיק, כך גם לגבי דיני גזילה יכול לומר לנגזל הרי שלך לפניך (ראה תוספות רי"ד; קצות החושן שפו, יא בדעת התוספות ד"ה השף מטבע). אולם יש סוברים שאף שלגבי דיני נזיקין אין המוחק נחשב כמזיק, מכל מקום ודאי שיש כאן שינוי בחפץ, ואינו יכול לומר הרי שלך לפניך (עיין רשב"א; ים של שלמה, יז; ש"ך שם, ז; ראה להלן הערה 32).

23. נאמר בתורה (שמות כא, כו-כז): "וְכִי יַכֶּה אִישׁ אֶת עֵין עַבְדּוֹ אוֹ אֶת עֵין אֲמָתוֹ וְשִׁחֲתָהּ לַחָפְשִׁי יְשַׁלְּחֶנּוּ תַּחַת עֵינוֹ. וְאִם שֵׁן עַבְדּוֹ אוֹ שֵׁן אֲמָתוֹ יַפִּיל לַחָפְשִׁי יְשַׁלְּחֶנּוּ תַּחַת שִׁנּוֹ". מפסוקים אלו למדנו שאדון שהשחית את עינו של עבדו או את שינו, העבד יוצא לחירות. הגמרא בקידושין (כד, א) דורשת מהפסוקים הללו שדין זה לא נאמר בשן ועין בלבד, אלא הוא הדין אם השחית האדון אחד מעשרים וארבעה ראשי אברים של עבדו. הברייתא מלמדת שאף אם לא השחיתם לגמרי, אלא קלקל אותם שלא יהיו ראויים לתפקידם, כגון שסימא את עינו או חרש את אוזנו, הרי זה כאילו השחית את האיברים הללו, והעבד יוצא לחירות.

24. אף על פי שמזיק על ידי קול נחשב כמזיק (וכפי שלמדנו לעיל (יח, ב) שתרנגול שהושיט ראשו לאויר כלי זכוכית ותקע בו ושברו, בעליו משלם על הנזק), היינו דוקא במזיק כלים [שגלי הקול שיצאו מפיו של המזיק הם ששברו את הכלי (חזון יחזקאל ו, ה)]. אבל המכה בכותל כנגד אוזנו או עינו של אדם בן דעת וחרשו או סימאו, הפגיעה לא נגרמה בגלל עצם הקול, אלא בגלל הבהלה שאחזה בניזק מחמת הקול. וכלפי נזק כזה יש לומר שהניזק הבהיל את עצמו, בכך שנתן לבו אל פחד הקול הבא פתאום, והיה לו להתחזק בעצמו ולא להיבהל, ונמצא שפשיעתו אף היא גרמה לנזק. לכן השמעת הקול לגבי נזק חרשות ועורון אינה נחשבת אלא "גרמא", שאין אדם חייב עליה, ואין עבד יוצא לחירות מכחה (ראה קידושין כד, ב, ורש"י שם ד"ה שאני אדם, ורש"י להלן ד"ה רבה לטעמיה, ומאירי לעיל נו, א, ובחזון יחזקאל ו, ה בביאור דעתם; וראה להלן הערה 28; לפירוש שונה ראה שיטה מקובצת לעיל צא, א בשם הרמ"ה; עיין גם בגמרא שם וברש"י שם ד"ה אחזו וברש"י לעיל נו, א ד"ה המבעית; אולם עיין ים של שלמה ח, לט).

25. ואין אנו אומרים שמכיון שלא חיסר מגוף העבד כלום, אין לדונו אלא כגורם נזק בלבד [ובגורם להשחית אחד מעשרים וארבעה ראשי אברים לא למדנו שהעבד יוצא לחירות] (רש"י).

26. רש"י; תוספות.

מדברי הגמרא כאן מבואר שהטעם שרבה פטר את השף מטבע של חבירו, אינו משום שניתן לתקן את המטבע. שהרי הגמרא מקשה על רבה מחרש את עבדו, ואת חרשותו של העבד לא ניתן לתקן. ובהכרח שהשף מטבע פטור משום שאינו נחשב כעושה מעשה נזק (חזון איש יג, ג; אך ראה לעיל הערה 17).

27. כמבואר במשנה בסנהדרין פה, ב.

28. רש"י. מאחר שההכאה באוזנו גורמת לו חיסרון, ממילא כל המעשה נחשב כמעשה נזק, והרי זה כאילו שהאדון השחית לגמרי את אזנו של העבד. וכפי שפירשה הגמרא שאם השחית את צורת המטבע באופן שנחסר מגופו מעט, חייב לשלם על הנזק, וכוונתה שחייב לשלם על כל הנזק (תוספות; וראה הערה 22; להרחבת הדיון בענין זה עיין קצות החושן שפו, י; נתיבות המשפט שמ, ג; חזון איש ב, יג ו־יג, ג).

ואמנם גם לפי המבואר כאן שאי אפשר לחרישה בלא חבורה, מכל מקום אם הכה בכותל כנגד אזנו, אין העבד יוצא לחירות. משום שבאופן כזה העבד היה יכול למנוע מעצמו את הנזק אילו לא היה מבהיל את עצמו (ראה לעיל הערה 24), ובמקרה כזה השמעת הקול אינה נחשבת אלא "גרמא", שאין אדם חייב עליה, ואין עבד יוצא לחירות מכחה (ראה רש"י, כפי שהגיה במסורת הש"ס בשם המהרש"ל;

ואי מחמת תרעא זיל לא מנכינן ליה והא קא שבח לענין נסכא אלא [א]כי הא דרב פפא ורב הונא בריה דרב יהושע עבדי עובדא בזוזי דאגרדמים טייעא עד י' בתמניא אמר רבה [ב]הזורק מטבע של חבירו לים הגדול פטור מאי טעמא אמר הא מנח קמך אי בעית שקליה והני מילי בצלולין דקא חזי ליה אבל עכורין דלא קחזי ליה לא והני מילי דאדייה אדויי אבל שקליה בידיה מיגזל גזליה השבה בעי מיעבד מתיב רבא (א) [ג]אין מחללין על מעות שאינן ברשותו [ד]כיצד היו לו מעות בקסטרא או בהר המלך או שנפל כיסו לים הגדול אין מחללין אמר רבה שאני לענין מעשר דבעינן מצוי בידך דרחמנא אמר (א) וצרת הכסף בידך וליכא ואמר רבה [ד]השף מטבע של חבירו פטור מאי טעמא דהא לא עבד ולא מידי וה"מ דמחייה בקורנסא וטרשיה אבל שייפא בשופינא חסורי חסריה מתיב רבא [ג]הכהו על עינו וסמאה על אזנו וחרשו עבד יוצא בהן לחירות כנגד עינו ואינו רואה כנגד אזנו ואינו שומע אין עבד יוצא בהן לחירות רבה לטעמיה [ד]דאמר רבה חרשו לאביו נהרג שאי אפשר לחרישה בלא חבורה דטפתא דדמא נפלת ליה (א) באוניה ואמר רבה [ה]הצורם אוזן פרתו של חבירו פטור מאי טעמא פרה כדקיימא קיימא דלא עבד ולא מידי [ו]וכולהו שוורים לאו לגבי מזבח קיימי מתיב רבא [ז]העושה מלאכה במי חטאת ובפרת חטאת פטור מדיני אדם וחייב בדיני שמים מלאכה הוא דלא מינכר היזיקה אבל צורם דמינכר היזיקה הכי נמי דמחייב בדיני אדם אמרי הוא הדין דאפילו צורם פטור והא קא משמע לן דאפילו מלאכה דלא מינכר היזיקה חייב בדיני שמים [ח]ואמר רבה השורף [י]שטרו של חבירו פטור דאמר ליה ניירא קלאי מינך מתקיף לה רמי בר חמא היכי דמי אי

מחמת תרעא. שבאו גשמים ונמצאו רוב תבואות בעולם והוזלו הפירות: לענין נסכא. אם בא להתיכן ולעשות מהן גרוטאות יש יותר מן הראשונים והוי רבית: עבדו עובדא. באדם שהלוה את חבירו על המטבע והוסיפו עליו והלכו אצל אגרדימוס סוחר ישמעאל והיה לו מן הראשונה ומן השניה ומצאו בח' של מטבע שניה י' מן הראשונה ונתן לו שמנה: אמר רבה גרסינן בכולהו: הזורק מטבע של חבירו בים. אע"ג שאין יכול ליטלו: פטור. כדמפרש ואזיל דלא שקליה בידיה אלא דאדייה שהיתה ביד בעלים והכהו זה תחת ידו וניתזה לים הואיל וצלולים הן וקא חזו ליה אמר ליה הא מנח קמך ואינה אבודה ואי משום דבעי למיתב זוזא לבר אמוראה למישט ולמישקליה גרמא הוא שגורם להפסידו אותו שכר וגרמא בנזקין פטור: אבל עכורין. בשעת התזה דהוה ליה מעשה בידים אבוד הוא ואין זה גורם אלא ממש דהא ממש שגזלו. היה לו מעות בקיסטרא. מקום והוא רחוק מאד ויש בו סכנת דרכים ואין שיירות מצויות שם: אין מחללין. אלמא אבוד חשיב ליה בים הגדול: השף. אשפריי"ר בלע"ז שפחת את הצורה: בקורנסא. מרטי"ל בלע"ז: וטרשיה. עשאן כאבן חלקה לשון טרשים: בשופינא. לימ"א בלע"ז של נפחים: חסורי חסריה. וממש הוא ולא גרמא טעמא דרבה בכולהו משום גרמא בנזקין הוא ופטור: על אזנו וחרשו. אלמא אף על גב דלא חסריה כיון דעשה מעשה בגופו לאו גרמא קחשיב ליה אלא ממש והכא נמי כיון דמחייה בקורנסיה ופחתיה [ח]ועל ככה חסרו דמים מעשה הוא: רבה לטעמיה. הלכך גבי עבד נמי חסרון הוא [ט][וכנגד אזנו פטור משום דהכי לא הוי ליה למיחש והאי ודאי גרמא הוא]: הצורם. אשקרניי"ר בלע"ז פוגם: במי חטאת. שקל כנגדן משקולות ופרה וכל מעשיה נפסלים במלאכה:

עד י' בתמניא. פי' בקונטרס ונותן לו שמונה ולפירושו חשיב ממעלה למטה כלומר י"ב או י"א בתמניא עד י' בתמניא אן יהיב ליה תמניא אבל הא תשעה מן הראשונים בתמניא בשניים יהיב ליה ט' מן השניים תחת ט' של ראשונים או י' בי' ור"ח פי' עד י' בתמניא ויהיב ליה י' ולפירושו הוי מלמטה למעלה:

עכורין וצלולין. לאו דוקא אלא אפי' עכורין אי מצי בר אמוראה למשקלינהו הוו כצלולין ואפי' צלולין אי לא מצי למשקלינהו חייב והא דנקט צלולין ועכורין משום דסתם צלולין מצי שקיל להו בר אמוראה וסתם עכורין לא מצי שקיל בר אמוראה:

וה"מ דאדייה אדויי. משמע הכא דלא חשיב הגבהה כי אדייה אדויי בלא נטילה בידו אע"פ שעומד באויר למעלה מג' קודם שיפול לגמרי וכן בהניזקין (גיטין דף נט:) גבי עני המנקף בראש הזית וקשה דבפ"ק דב"מ (דף ט. ושם [ל]) אחר גדי טלית שראשו אחד על העמוד וראשו אחד מונח ע"ג קרקע שאם הגביה אדם ראשו המונח ע"ג קרקע ונתק ראש שע"ג העמוד להביאו אצלו שהוא קונה מטעם הגבהה ואי משיכה קאמר התם אמאי נקט ראשו אחד ע"ג העמוד אלמא חשיב הגבהה הואיל ומביאו על האויר למעלה מג' וי"ל דהתם חשיבא הגבהה טפי לפי שראשו אחד אוחז בידו א"נ התם מיירי כגון שידו כ"כ בגובה כשינתקנו לא יפול ראשו לארץ אלא יהא מוגבה ג' מעל הארץ וא"ת דבסוף שילוח הקן (חולין דף קמא:) משמע דכי טריף אקן ומתגבהי יונים דחשיבא הגבהה לקנות אע"פ שאין תופסם בידו וי"ל דדוקא הכא ובהניזקין לא חשיבא הגבהה דאיכא תרתי לגריעותא דלא תפסם וגם אין מגביה אלא משפיל אבל יונים דמתגבהי חשיבא הגבהה אבל אם היו נופלין למטה ע"י טריפת הקן לא היה קונה כיון שאין תפוס בידו כלל ולפי' זה הו"מ לפלוגי הכא באדייה אדויי בין דרך ירידה לדרך עלייה אלא דניחא ליה לפלוגי בדרך ירידה גופיה בין אדייה אדויי בין שקליה בידיה אי נמי אין חילוק בין דרך ירידה לדרך עליה דאפילו דרך עליה לא קני הכא באדייה אדויי לפי שאין דרך הגבהה בזה הענין אבל ביונים שהן בעלי חיים דרך הגבהה בכך כמו קורא לה והיא באה או הכישה במקל ורצתה לפניו דחשיב משיכה אף על פי שהלכה מאליה ומיהו אם היו היונים יורדים ע"י טריפת הקן לא חשיב הגבהה אלא עלייתם דוקא:

השף מטבע של חבירו פטור. נראה דרבה סבר פסלתו מלכות לא הוי כנסדק דאי הוי כנסדק אם כן כ"ש דשף מטבע הוי כנסדק והרי חסריה טובא ואמאי פטור: מתיב רבא הכהו על עינו וסמאה על אזנו וחרשה עבד יוצא בהן לחירות. ואמאי והא לא חסריה דאין בו פגם וחסרון אלא כיון שקלקלו חייב אע"פ שאין בו שום פגם וחסרון והואיל וכן הוא ה"נ ליחייב ומשני רבה לטעמיה כו' ויש שם חסרון טיפתא דדמא דנפלה באזניה וכיון דיש חסרון באותו קלקול חייב על כל הקלקול כמו בשפייה דחייב בכל הקלקול דליחייביה על מה שחסריה לא היה צריך רבה להשמיענו דחייב וא"ת ואמאי עבד יוצא בהן לחירות הא בעינן מומין שבגלוי דומיא דשן ועין וכחרשו היכי הוי בגלוי וי"ל נהי שאין ניכר בו כלום כשהוא ישן או עומד במקום אחד ושותק מכ"מ כיון דלפי מנהגו שמתנהג והולך ניכר שהוא חרש חשיב מום שבגלוי ועי"ל דאין צריך שיהא קלקול בגלוי אלא שהאבר שיש בו קלקול יהא בגלוי:

הצורם אוזן פרתו של חבירו פטור. והא דתנן לעיל (דף נו:) גזל בהמה ונתעבדה בה עבירה או שנפסלה מעל גבי המזבח אומר לו הרי שלך לפניך ונפסלה היינו שנפל בה מום דאי נרבעה היינו שנעבדה בה עבירה ומשמע דוקא שנפסלה מאליה אבל הטיל בה מום בידים חייב וי"ל דמתני' איירי בבהמה קדושה דודאי לגבי מזבח קיימא: הא קמ"ל דאפי' מלאכה דלא מינכר היזיקה. תימה דבפרק הניזקין (גיטין דף נג. ושם [ל]) פריך מהכא למ"ד היזק שאין ניכר שמיה היזק דעושה מלאכה במי חטאת ובפרת חטאת פטור ואי שמיה היזק אמאי פטור ומאי קושיא הא אפי' בצורם אזן דמינכר פטור משום דסתם שוורים לאו לגבי מזבח קיימי וא"ל דהתם פריך מפרת חטאת דפרה אדומה דדמיה יקרים פשיטא דלגבי מזבח קיימא והכא בשמעתין פריך לרבה ממי חטאת דסתם מים לאו למי חטאת קיימי דקודם קידושן דוקא פסלה בהן מלאכה כדתנן במסכת פרה (פ"ד מ"ד) ומים המלאכה פוסלת בהן עד שיטילו את אפר לתוכן ותניא נמי בספרי יכול אף משיקדשו בכלי תלמוד לומר למי נדה וכבר הם מי נדה דע"כ בגיטין (דף נג. ושם) ממי חטאת נמי פריך מדמשני התם מי חטאת ששקל בהן משקלות וי"ל דכיון דנקט מלאכה לרבותא כדקאמר הכא דאפי' מלאכה דלא מינכר היזיקה חייב בדיני שמים א"כ דייק שפיר התם דהיזק שאין ניכר לא שמיה היזק דאי שמיה היזק אין כאן שום רבותא במאי דנקט מלאכה כיון דבכל מקום חשיב שאינו ניכר כניכר ועוד יש לומר דרבה סבר דהיזק שאין ניכר לא שמיה היזק אבל למ"ד שמיה היזק כ"ש דמחייב בצורם דמינכר טפי ורבא דפריך בשמעתין לרבה סבר בצורם הוי מינכר היזיקה וחייב אפי' למ"ד היזק שאין ניכר לא שמיה היזק כדאמר מלאכה דלא מינכר היזיקו אבל צורם דמינכר היזיקו הכי נמי דמחייב וא"ת והיאך יכול אדם לפסול פרתו של חבירו והא בעינן עובד דומיא דעבד דניחא ליה ויש לומר הני מילי בנעשית המלאכה ממילא אבל בעושה המלאכה בידים לא בעיא אלא שיהא ניחא ליה לעושה וכן בהכשר דבעינן יותן דומיא דכי יתן:

נכתוב

עין משפט נר מצוה

נג א מיי' פ"ד מהלכות מלוה הלכה יא סמג לאוין קסג טוש"ע יו"ד סימן קסה:
נד ב מיי' פ"ז מהלכות חובל ומזיק הלכה יא סמג עשין ע טוש"ע ח"מ סימן שפו סעיף א וסעיף ב בהג"ה:
נה ג מיי' פ"ד מהלכות מעשר שני הלכה יא סמג עשין קלו טוש"ע י"ד סי' שלא סעיף קלח:
נו ד מיי' פ"ז מהלכות חובל ומזיק הלכה יא סמג עשין קע טוש"ע ח"מ סימן שפו סעיף א ועיין שם בסעיף ג בהג"ה:
נז ה מיי' שם הל' יא:
נח ו מיי' שם הלכה ט סמג שם טור ש"ע שם סעיף ב [רב אלפס כאן ובסוף פ"ב דף יג:]:

ליקוטי רש"י

תרעא. שער [ב"מ סג:]. דאדייה אדויי. שזרקו ולעיל כב.]. כמו (איכה ג) וידו אבן בי [ביצה לט.]. השף מטבע. ניסוף צורתן ולא היו יוצאין בהוצאה [רשב"ם ב"ב לב:]. דמחייה. הכהו [סנהדרין לט.]. כנגד עינו. הכהו בכותל כנגד עינו של זה [לעיל צא.] שהכה בכותל והבעיתו בקול ואינו רואה או נתחרש [קידושין כד:]. הצורם. אקרני"ר דהוי מום דתנן (בכורות דף לז.) נפגמה אזנו גבי מום [זבחים כה:]. וכולהו שוורים לאו לגבי מזבח קיימי. ולא איכפת ליה [קידושין סו.]. העושה מלאכה במי חטאת. מי חטאת דפרה אדומה וכן פרה עצמה נפסלין במלאכה דכתיב (במדבר יט) אשר לא עלה עליה עול ובמי חטאת כתיב למשמרת למי נדה ותניא בספרי מה ת"ל שיכול אין לי שתהא מלאכה פוסלת אלא בפרה ומנין אף במים ת"ל למשמרת למי נדה כלומר שיהיו משומרות לכך ולא לדבר אחר [גיטין נג.] ששקל כנגדן משקלות והן נפסלין במלאכה [לעיל נו.]. פטור מדיני אדם. לשלם [גיטין שם]. דהיזק שאינו ניכר לא שמיה היזק [לעיל שם]. שאין כח בב"ד לענשו [ב"מ צא.]. וחייב בדיני שמים. פורענות לשלם לרשעים שנתכוון להפסיד את ישראל [גיטין שם]. ידי שמים לא יצא עד שישלם [ב"מ צא.].

מסורת הש"ם

א) [מע"ש פ' א משנה ב], ב) [ירושלמי פ"ב דמע"ש], ג) לעיל לא. קדושין כד:, ד) לעיל פו., ה) [קדושין סו.], ו) גיטין נג. לעיל נו., ז) לעיל לג:, ח) כ"א ועל כרחך, ט) רש"ל, י) [ד"ה הואיל], כ) [ד"ה בדיני].

הגהות הב"ח

(א) גמרא נפלת ליה באודניה:

הגהות מהר"ב רנשבורג

א] תוס' ד"ה עד י' וכו' עד עשר בתמניא יהיב ליה תמניא. עיין ביש של שלמה בפירקין סי' טו ובשו"ת מהר"א ששון ר"ס קנג בביאור דבריהם:

תורה אור השלם

א) וְנָתַתָּה בַּכָּסֶף וְצַרְתָּ הַכֶּסֶף בְּיָדְךָ וְהָלַכְתָּ אֶל הַמָּקוֹם אֲשֶׁר יִבְחַר יְיָ אֱלֹהֶיךָ בּוֹ: [דברים יד, כה]

לעזי רש"י

אשפריי"ר. פירוש לשפשף (עיין רש"י זבחים דף יד ע"ב ד"ה דשייף מישף):
מרטי"ל. פירוש קורנס, פטיש כבד (רש"י שבת דף קב ע"ב ודף קכב ע"ב ד"ה קורנס):
לימ"א. פירוש שופין, פְּצִירָה, מורג חרוץ (עיי' רש"י שמואל א, יג, כא; שם ב, יב, לא וישעיה מא, טו):
אשקרניי"ר. פירוש לעשות חריץ (עיין רש"י מו"ק דף יג ע"א וב"ק דף ל ע"א ד"ה לרס וערוך ערך לרס):

מקרה נוסף שבו לימד רבה שהמזיק פטור משום שאינו נחשב אלא גורם לנזק:

וְעוד אָמַר רַבָּה: הַצּוֹרֵם (פוגם[29]) את **אוֹזֶן פָּרָתוֹ שֶׁל חֲבֵירוֹ,** אף שעל ידי כך נעשתה הפרה בעלת מום ונפסלה להקרבה על המזבח[30], **פָּטוּר** מלשלם. **מַאי טַעְמָא** — מה הטעם לכך? משום ש**הַפָּרָה כִּדְקַיְימָא קַיְימָא** — קיימת באותו מצב שהיתה קיימת לפני כן, **דְּלֹא עָבַד וְלֹא מִידִי** — שהפוגם לא עשה ולא כלום, שהרי לא חיסרה אבר הראוי למלאכה[31]; והיות **וְכוּלְּהוּ שְׁוָורִים לַאו לְגַבֵּי מִזְבֵּחַ קַיְימֵי** — כל השורים אינם מיועדים להקרבה על גבי המזבח, לכן אף שנפסלה להקרבה, מכל מקום אין זה "נזק" שניתן לחייב עליו בתשלומים, אלא "גרמא" בלבד[32].

רבא מקשה על רבה מברייתא:

מָתִיב (הקשה) **רָבָא** על הוראה זו של רבה מהברייתא הבאה: **הָעוֹשֶׂה מְלָאכָה בְּמֵי חַטָּאת** — במים שניתן לערב בהם אפר פרה אדומה, **וּ**כמו כן העושה מלאכה **בְּפָרַת חַטָּאת** — בפרה אדומה עצמה[33], ופוסלם בכך[34], **פָּטוּר מִ**לשלם ב**דִּינֵי אָדָם וְחַיָּיב בְּדִינֵי שָׁמַיִם**[35]. מברייתא זו נראה שרק העושה **מְלָאכָה הוּא** זה שפטור מדיני אדם, משום **דְּלֹא מִינְכַּר הֶיזֵּיקָהּ** — שאין הנזק של המלאכה ניכר במים או בפרה. **אֲבָל הַצּוֹרֵם** את אוזן פרתו של חבירו, **דְּמִינְכַּר הֶיזֵּיקָהּ** — שהנזק של הצרימה ניכר בפרה, **הָכִי נַמִּי דְּמִחַיַּיב** — אכן חייב לשלם גם **בְּדִינֵי אָדָם.** שאם נאמר כדברי רבה, מדוע נקטה הברייתא חידוש זה, שהפוסל פטור מדיני אדם, במקרה שעשה מלאכה במי חטאת (שדין זה ניתן לפרשו משום שהנזק אינו ניכר), הרי היה לה ללמד שהצורם את אוזן הפרה פטור, משום שסתם שורים אינם עומדים להקרבה, וממילא היינו יודעים שהעושה מלאכה במי חטאת פטור, משום שסתם מים אינם עומדים לערב בהם אפר פרה אדומה[36]!?

עונה הגמרא:

אָמְרֵי — אמרו בני בית המדרש ליישב קושיא זו: באמת **הוּא הַדִּין דַּאֲפִילּוּ הַצּוֹרֵם** אוזן פרתו של חבירו **פָּטוּר,** משום שפסול מהקרבה על גבי המזבח אינו נחשב לנזק גמור, וכפי שהורה רבה. **וְהָא קָא מַשְׁמַע לָן** — והתנא נקט את דבריו במקרה שעשה מלאכה, כדי ללמדנו **דַּאֲפִילּוּ** העושה **מְלָאכָה** במי חטאת, **דְּלֹא מִינְכַּר הֶיזֵּיקָהּ** — שההיזק של המלאכה אינו ניכר במים, **חַיָּיב בְּדִינֵי שָׁמַיִם**[37].

מקרה נוסף שבו לימד רבה שהמזיק פטור משום שאינו נחשב אלא גורם לנזק:

וְעוד אָמַר רַבָּה: הַשּׂוֹרֵף את **שְׁטָרוֹ** (שטר חוב) **שֶׁל חֲבֵירוֹ** שיש לו על אדם אחר, אף אם מפני שאין השטר בידו לא יוכל בעל השטר לגבות את חובו, **פָּטוּר** השורף מלשלם על ההפסד שגרם לו. משום **דְּאָמַר לֵיהּ** — שיכול השורף לומר לבעל השטר: **נְיָירָא קְלַאי מִינָּךְ** — חתיכת נייר בלבד שרפתי לך[38], וכלפי הנזק שנגרם לך שאינך יכול לגבות את חובך מהלוה, איני אלא מזיק ב"גרמא", ולא ניתן לחייבני לשלם על כך[39].

מדברי רבה עולה שהיה מקום לחייב את השורף לשלם על הנזק אילו היה נחשב למזיק בידים, על כך מקשה הגמרא:

מַתְקִיף לָהּ (הקשה עליו) **רָמִי בַּר חָמָא: הֵיכִי דָּמֵי** — באיזה מקרה מדבר רבה?

הערות

אולם ראה בילקוט שנויי נוסחאות שבכתבי היד ובדפוסים הישנים לא מופיעה גירסא זו). [המהרש"ל גורס ברש"י כך: "משום דבהכי לא הוי ליה למיחש, והאי ודאי גרמא בעלמא הוא". ונראה שכוונתו שהעבד לא היה צריך לחשוש ולפחד כל כך, והוא הפחיד את עצמו, ומשום כך אין זה אלא "גרמא" בלבד (עיין גם חזון יחזקאל ו, ה).]

כפי שהתבאר לעיל, גם כאן טעמו של רבה משום שהוא סובר ש"גרמא בנזיקין" פטור מלשלם. והנה למסקנת הגמרא כאן אין דחיה לדברי רבה, וניתן לומר שהלכה כדבריו. אולם יש סוברים שדברי רבה אלו שנויים במחלוקת (המובאת בגמרא להלן בעמוד ב), ולהלכה נפסק שהשף מטבע של חבירו חייב לשלם (לדיון בענין זה ראה להלן שם הערה 14).

29. רש"י. ראה גם רש"י לעיל צ, א ד"ה צרם, ובבכורות לד, א ד"ה הצורם. [רש"י כותב שצורם הוא אשקרניי"ר בלע"ז, ובאוצר לעזי רש"י תירגמו שהוא מלשון לחרוץ חריץ. וראה גם רבינו יהונתן שפירש ש"צורם" פירושו שכורת חתיכה מהאוזן.]

30. ראה משנה בכורות לד, א.

31. רבינו יהונתן; ראה גם בדברי הנמוקי יוסף המובאים בהערה הבאה.

32. עיין רש"י ד"ה חסוריה חסריה; תוספות רי"ד. ואף שמאחר שאין הבהמה ראויה להקרבה על גבי המזבח, נפחת ערכה ממה שהיתה שווה בתחילה, מכל מקום מאחר שאין היא מיועדת להקרבה, אין להחשיב את המזיק אלא כמזיק ב"גרמא", שגורם להפחית את ממון חבירו (עיין רמב"ם, הלכות חובל ומזיק ז, יא; מאירי). ויש מי שכתב שמכיון שלא כל השוורים עומדים למכירה להקרבה על גבי המזבח, הערך של הבהמה אינו נפחת כלל בעקבות זה שנעשתה בעלת מום, ומשום כך אין המזיק חייב לשלם (נמוקי יוסף). לפירוש זה צריך לומר שרבה מחדש, שאף על פי שאם בעל הפרה צריך בהמה לקרבן, עליו לטרוח ולבזבז מזמנו כדי למצוא בהמה אחרת, ודבר זה גורם לו הפסד ממוני, אין כאן אלא "גרמא" בלבד (ים התלמוד).

[לפירוש אחר בדברי רבה, עיין תוספות ד"ה הא [בתירוץ השני], ובגיטין נג, א ד"ה בדיני אדם; לדיון בדבריהם עיין פני יהושע.]

מכך שרבה כאן אינו מגביל את דינו למקרה שצרם את אוזן הבהמה בלא שעשה בה קנין, נראה שאף אם קנה את הבהמה בקניני גזילה פטור מלשלם. שכשם שלגבי דיני נזיקין אין לצורם שם מזיק, משום שלא גרם הפסד לבעלים, כך גם לגבי דיני גזילה יכול לומר לנגזל הרי שלך לפניך (ראה תוספות רי"ד; ים של שלמה, יח; וראה לעיל הערה 22).

נראה שדברי רבה אינם אמורים אלא בפרה של חולין, אבל הפוגם אוזן של פרה שהוקדשה לקרבן, שודאי עומדת להקרבה על גבי המזבח, הרי זה נזק גמור וחייב לשלם (תוספות; רשב"א).

33. כדי לטהר אדם או כלים מטומאת מת, יש להזות עליהם "מים חיים" שניתן בהם אפר פרה אדומה, שנשחטה ונשרפה כפי הסדר המבואר בבמדבר יט. פרה זו נקראת "פרת חטאת", וכמו שנאמר (שם, ט): "חַטָּאת הִוא" [מלשון "חיטוי" (רש"י שם)]. וכן המים שבתוכם מערבים את האפר, נקראים "מי חטאת" [בלשון הכתוב המים הללו נקראים "מֵי נִדָּה", דהיינו מי הזייה, ונדה היא מלשון זריקה, כמו (איכה ג, נג): "וַיַּדּוּ אֶבֶן בִּי" — רש"י, במדבר שם].

34. הן הפרה עצמה והן מי החטאת, נפסלים אם נעשית בהם מלאכה (רש"י). שכן בפרה עצמה נאמר (במדבר יט, ב): "וְיִקְחוּ אֵלֶיךָ פָרָה אֲדֻמָּה תְּמִימָה... אֲשֶׁר לֹא עָלָה עָלֶיהָ עֹל" [וחכמים (סוטה מו, א) למדו מהכתוב שהוא הדין לשאר מלאכות]. ולגבי מי החטאת נאמר (שם, ט): "לְמִשְׁמֶרֶת לְמֵי נִדָּה", ודרשו בספרי (שם פיסקא קכד) שצריך שהמים יהיו משומרים לצורך ההזאה על הטמאים, ולא לדבר אחר (רש"י גיטין נג, א ד"ה מי חטאת).

רש"י נותן דוגמא לעושה מלאכה במי חטאת, כגון ששקל כנגדם משקולות [שהיו המים בכף אחת של המאזנים, והיה יודע משקלם, ושקל כנגדם בכף השניה בשר או דבר אחר (ראה רש"י, גיטין נג, ב ד"ה ששקל בהן משקלות)]. ודבריו תמוהים, שהרי בגמרא (שם) מבואר שבמקרה זה אין המים נפסלים משום מלאכה, אלא משום שבשעה ששקל כנגדם הסיח דעתו משמירתם (ואם לא הסיח דעתו משמירתם אין המים נפסלים כלל), ואם כן מדוע כותב רש"י שהפרה והמים נפסלו במלאכה (רש"ש לעיל נו, א; עיין גם תוספות גיטין שם ד"ה הא דאסח דעתיה).

35. דהיינו שיקבל פורענות מהשמים, כדרך שמשלמים לרשעים על מעשיהם, על שגרם לחבירו נזק בכוונה [אלא אם כן ישלם לו ויפצה אותו על הנזק שגרם לו] (רש"י, גיטין נג, א ד"ה וחייב בדיני שמים). ויש מפרשים שהכוונה שבדיני שמים חייב המזיק **לשלם**, אלא שבית דין אינם יכולים לכפותו על כך (מאירי לעיל נו, א; להרחבת הדיון בענין זה ראה ים של שלמה ו, ו; קצות החושן לב, א; חזון איש ה, ד).

36. שהרי מלאכה אינה פוסלת את המים אלא לפני שהטילו את האפר לתוכם (עיין פרה ד, ד), ובאותה שעה המים אינם עומדים להטיל אפר פרה אדומה לתוכם (תוספות; רשב"א; אולם עיין מאירי לעיל נו, א, הסובר שהמים נפסלים במלאכה גם לאחר שהטילו את האפר לתוכם; להרחבה בענין זה ראה מהדורתנו שם הערה 14, ובגיטין נג, א הערה 31). ואכן, את העושה מלאכה בפרה עצמה, באמת אין לפטור מטעם זה, שכן פרה אדומה דמיה יקרים, וודאי שהיא עומדת לשריפה כדי להשתמש באפרה לטהר טמאי מתים (תוספות; אולם עיין רשב"א).

37. כפי שהתבאר לעיל, גם כאן טעמו של רבה משום שהוא סובר ש"גרמא בנזיקין" פטור מלשלם. והנה למסקנת הגמרא כאן אין דחיה לדברי רבה, וניתן לומר שהלכה כדבריו. אולם יש סוברים שדברי רבה אלו שנויים במחלוקת (המובאת בגמרא להלן בעמוד ב), ולהלכה נפסק שהצורם אוזן פרתו של חבירו חייב לשלם (לדיון בענין זה ראה להלן שם הערה 14).

38. ואכן את שוויו של הנייר עצמו ודאי שחייב השורף לשלם, וכפי שמבואר בגמרא להלן.

39. עיין רש"י ד"ה חסורי חסריה.

ואי מחמת תרעא זיל לא מנכינן ליה והא קא שבח לענין נסכא אלא [א]כי הא דרב פפא ורב הונא בריה דרב יהושע עבדי עובדא בזוזי דאגרדמים טייעא עד י' בתמניא אמר רבה [ב]הזורק מטבע של חבירו לים הגדול פטור מאי טעמא אמר הא מנח קמך אי בעית שקליה והני מילי בצלולין דקא חזי ליה אבל עכורין דלא קחזי ליה לא והני מילי דאדייה אדויי אבל שקליה בידיה מיגזל גזליה השבה בעי מיעבד מתיב רבא (א) [ג]אין מחללין על מעות שאינן ברשותו [ג]כיצד היו לו מעות בקסטרא או בהר המלך או שנפל כיסו לים הגדול אין מחללין אמר רבה שאני לענין מעשר דבעינן מצוי בידך דרחמנא אמר א) וצרת הכסף בידך וליכא ואמר רבה [ד]השף מטבע של חבירו פטור מאי טעמא דהא לא עבד ולא מידי וה"מ דמחייה בקורנסא וטרשיה אבל שייפא בשופינא חסוריה חסריה מתיב רבא [ג]הכהו על עינו וסמאה על אזנו וחרשו עבד יוצא בהן לחירות כנגד עינו ואינו רואה כנגד אזנו ואינו שומע אין עבד יוצא בהן לחירות רבה לטעמיה [ד]דאמר רבה חרשו לאביו נהרג שאי אפשר לחרישה בלא חבורה דטפתא דדמא נפלת ליה (א) באוניה ואמר רבה [ה]הצורם אוזן פרתו של חבירו פטור מאי טעמא פרה כדקיימא קיימא דלא עבד ולא מידי [ו]וכולהו שוורים לאו לגבי מזבח קיימי מתיב רבא [ז]העושה מלאכה במי חטאת ובפרת חטאת פטור מדיני אדם וחייב בדיני שמים מלאכה הוא דלא מינכר היזיקה אבל צורם דמינכר היזיקה הכי נמי דמחייב בדיני אדם אמרי הוא הדין דאפילו צורם פטור והא קא משמע לן דאפילו מלאכה דלא מינכר היזיקה חייב בדיני שמים [ז]ואמר רבה השורף [י]שטרו של חבירו פטור דאמר ליה ניירא קלאי מינך מתקיף לה רמי בר חמא היכי דמי אי

מחמת תרעא. שבאו גשמים ונמלאו רוב תבואות בעולם והוזלו הפירות: **לענין נסכא.** אם בא להתיכן ולעשות מהן גרוטאות יש יותר מן הראשונים והוי רבית: **עבדו עובדא.** באדם שהלוה את חבירו על המטבע והוסיפו עליו והלכו אצל אגרדימוס סוחר ישמעאל והיה לו מן הראשונה ומן השניה ומלאו בא' של מטבע שניה י' מן הראשונה ונתן לו שמנה: אמר רבה גרסינן בכולהו: **הזורק מטבע של חבירו בים.** אע"ג שאין יכול ליטלו: **פטור.** כדמפרש ואזיל דלא שקליה בידיה אלא דאדייה שהיתה ביד בעלים והכהו זה תחת ידו וניתזה לים הואיל וצלולים הן וקא חזו ליה אמר ליה הא מנח קמך ואינה אבודה ואי משום דבעי למיתב זוזא לבר אמוראה למישט ולמישקליה גרמא הוא שגורם להפסידו אותו שכר וגרמא בנזקין פטור: **אבל עכורין.** בשעת התזה דהוה ליה מעשה בידים אבוד הוא ואין זה גורם אלא ממש דהא ממש התיזו: **היה לו מעות בקיסטרא.** מקום והוא רחוק מאד ויש בו סכנת דרכים ואין שיירות מצויות שם: **אין מחללין.** אלמא אבוד חשיב ליה בים הגדול: **השף.** אשפריי"ר בלע"ז שפחת את הצורה: **בקורנסא.** מרטי"ל בלע"ז: **וטרשיה.** עשאן כאבן חלקה לשון טרשים: **בשופינא.** לימ"א בלע"ז של נפחים: **חסורי חסריה.** וממש הוא ולא גרמא טעמא דרבה בכולהו משום גרמא בנזקין הוא ופטור: **על אזנו וחרשו.** אלמא אף על גב דלא חסריה כיון דעשה מעשה בגופו לאו גרמא קחשיב ליה אלא ממש והכא נמי כיון דמחייה בקורנסיה ופחתיה [ח]ועל ככה חסרו דמים מעשה הוא: **רבה לטעמיה.** הלכך גבי עבד נמי חסרון הוא [ט][וכנגד אזנו פטור משום דבהכי לא הוי ליה למיחש והאי ודאי גרמא הוא]: **הצורם.** אשקרניי"ר בלע"ז פוגם: **במי חטאת.** שקל כנגדן משקולות ופרה וכל מעשיה נפסלים במלאכה:

עד י' בתמניא. פי' בקונטרס ונותן לו שמונה ולפירושו חשיב ממעלה למטה כלומר י"ב או י"א בתמניא עד י' בתמניא או [א]יהיב ליה תמניא אבל הא תשעה מן הראשונים בתמניא בשניים יהיב ליה ט' מן השניים תחת ט' של ראשונים או י' די' ור"ח פי' עד י' בתמניא ויהיב ליה י' ולפירושו הוי מלמטה למעלה:

עכורין וצלולין. לאו דוקא אלא אפי' עכורין אי מצי בר אמוראה למשקלינהו הוו כצלולין ואפי' צלולין אי לא מצי למשקלינהו חייב והא דנקט צלולין ועכורין משום דסתם צלולין מצי שקיל להו בר אמוראה וסתם עכורין לא מצי שקיל בר אמוראה:

וה"מ דאדייה אדויי. משמע הכא דלא חשיב הגבהה כי אדייה אדויי בלא נטילה בידו אע"פ שעומד באויר למעלה מג' קודם שיפול לגמרי וכן בהניזקין (גיטין דף נט:) גבי עני המנקף בראש הזית וקשה דבפ"ק דב"מ (דף ט. ושם [כ]) אמר גבי טלית שראשו אחד על העמוד וראשו אחד מונח ע"ג קרקע שאם הגביה אדם ראשו המונח ע"ג קרקע ונתק ראש שע"ג העמוד להביאו אצלו שהוא קונה מטעם הגבהה ואי משיכה קאמר התם אמאי נקט ראשו אחד ע"ג העמוד אלמא חשיב הגבהה הואיל ומביאו על האויר למעלה מג' וי"ל דהתם חשיבא הגבהה טפי לפי שראשו אחד אוחז בידו א"נ התם מיירי כגון שידו כ"כ בגובה כשינתקנו לא יפול ראשו לארץ אלא יהא מוגבה ג' מעל הארץ וא"ת דבסוף שילוח הקן (חולין דף קמא:) משמע דכי טריף אקן ומתגבהי יונים דחשיבא הגבהה לקנות אע"פ שאין תופסם בידו וי"ל דדוקא הכא ובהניזקין לא חשיבא הגבהה דאיכא תרתי לגריעותא דלא תפסם וגם אין מגביה אלא משפיל אבל יונים דמתגבהי חשיבא הגבהה אבל אם היו נופלין למטה ע"י טריפת הקן לא היה קונה כיון שאין תפוס בידו כלל ולפי' זה הו"מ לפלוגי הכא באדייה אדויי בין דרך ירידה לדרך עלייה אלא דניחא ליה לפלוגי בדרך ירידה גופיה בין אדייה אדויי בין שקליה בידיה אי נמי אין חילוק בין דרך ירידה לדרך עליה דאפילו דרך עליה לא קני הכא באדייה אדויי לפי שאין דרך הגבהה בזה הענין אבל ביונים שהן בעלי חיים דרך הגבהה בכך כמו קורא לה והיא באה או הכישה במקל ורצתה לפניו דחשיב משיכה אף על פי שהלכה מאליה ומיהו אם היו היונים יורדים ע"י טריפת הקן לא חשיב הגבהה אלא עלייתם דוקא:

השף מטבע של חבירו פטור. נראה דרבה סבר פסלתו מלכות לא הוי כנסדק דאי הוי כנסדק אם כן כ"ש דשף מטבע הוי כנסדק והרי חסריה טובא ואמאי פטור: **מתיב** רבא הכהו על עינו וסמאה על אזנו וחרשה עבד יוצא בהן לחירות. ואמאי והא לא חסריה דאין בו פגם וחסרון אלא כיון שקלקלו חייב אע"פ שאין בו שום פגם וחסרון והואיל וכן הוא ה"נ ליחייב ומשני רבה לטעמיה כו' ויש שם חסרון טיפתא דדמא דנפלה באזניה וכיון דיש חסרון באותו קלקול חייב על כל הקלקול כמו בשפייה דחייב בכל הקלקול דליחייביה על מה שחסריה לא היה צריך רבה להשמיענו דחייב וא"ת ואמאי עבד יוצא בהן לחירות הא בעינן מומין שבגלוי דומיא דשן ועין ובחרשו היכי הוי בגלוי וי"ל נהי שאין ניכר בו כלום כשהוא ישן או עומד במקום אחד ושותק מכ"מ כיון דלפי מנהגו שמתנהג והולך ניכר שהוא חרש חשיב מום שבגלוי ועי"ל דאין צריך שיהא קלקול בגלוי אלא שהאבר שיש בו קלקול יהא בגלוי:

הצורם אוזן פרתו של חבירו פטור. והא דתנן לעיל (דף צז:) גזל בהמה ונתעבדה בה עבירה או שנפסלה מעל גבי המזבח אומר לו הרי שלך לפניך ונפסלה היינו שנפל בה מום דאי נרבעה היינו שנעבדה בה עבירה ומשמע דוקא שנפסלה מאליה אבל הטיל בה מום בידים חייב וי"ל דמתני' איירי בבהמה קדושה דודאי לגבי מזבח קיימא: **הא** קמ"ל דאפי' מלאכה דלא מינכר היזיקה. תימה דבפרק הניזקין (גיטין דף נג. ושם [כ]) פריך מהכא למ"ד היזק שאין ניכר שמיה היזק דעושה מלאכה במי חטאת ובפרת חטאת פטור ואי שמיה היזק אמאי פטור ומאי קושיא הא אפי' בצורם אוזן דמינכר פטור משום דסתם שוורים לאו לגבי מזבח קיימי וא"ל דהתם פריך מפרת חטאת דפרה אדומה דדמיה יקרים פשיטא דלגבי מזבח קיימא והכא בשמעתין פריך לרבה ממי חטאת דסתם מים לאו למי חטאת קיימי דקודם קידושן דוקא פסלה בהן מלאכה כדתנן במסכת פרה (פ"ד מ"ד) ומים המלאכה פוסלת בהן עד שיטילו את אפר לתוכן ותניא נמי בספרי יכול אף משיקדשו בכלי תלמוד לומר למי נדה וכבר הם מי נדה דע"כ בגיטין (דף נג. ושם) ממי חטאת נמי פריך מדמשני התם מי חטאת ששקל בהן משקלות וי"ל דכיון דנקט מלאכה לרבותא כדקאמר הכא דאפי' מלאכה דלא מינכר היזיקה חייב בדיני שמים א"כ דייק שפיר התם דהיזק שאין ניכר לא שמיה היזק דאי שמיה היזק אין כאן שום רבותא במאי דנקט מלאכה כיון דבכל מקום חשיב שאינו ניכר כניכר ועוד יש לומר דרבה סבר דהיזק שאין ניכר לא שמיה היזק אבל למ"ד שמיה היזק כ"ש דמחייב בצורם דמינכר טפי ורבא דפריך בשמעתין לרבה סבר בצורם הוי מינכר היזיקה וחייב אפי' למ"ד היזק שאין ניכר לא שמיה היזק כדאמר מלאכה דלא מינכר היזיקו אבל צורם דמינכר היזיקו הכי נמי דמחייב וא"ת והיאך יכול אדם לפסול פרתו של חבירו והא בעינן עובד דומיא דעבד דניחא ליה ויש לומר הני מילי בנעשית המלאכה ממילא אבל בעושה המלאכה בידים לא בעיא אלא שיהא ניחא ליה לעושה וכן בהכשר דבעינן יותן דומיא דכי יתן:

מסורת הש"ס

א) [מע"ש פ' א משנה ב], ב) [ירושלמי פ"ב דמע"ש], ג) לעיל לא. קדושין כד:, ד) לעיל פו., ה) [קדושין סו.], ו) גיטין נג. לעיל נו., ז) לעיל לג:, ח) כ"א ועל כרחך, ט) רש"ל, י) [ד"ה הואיל], כ) [ד"ה בדיני].

הגהות הב"ח

(א) גמרא נפלת ליה באודניה:

הגהות מהר"ב רנשבורג

א] תוס' ד"ה עד י' וכו' עד עשר בתמניא יהיב ליה תמניא. עיין ביס של שלמה בפירקין סי' טו ובשו"ת מהר"א ששון ר"ס קנג בביאור דבריהם:

תורה אור השלם

א) וְנָתַתָּה בַּכָּסֶף וְצַרְתָּ הַכֶּסֶף בְּיָדְךָ וְהָלַכְתָּ אֶל הַמָּקוֹם אֲשֶׁר יִבְחַר יְיָ אֱלֹהֶיךָ בּוֹ: [דברים יד, כה]

לעזי רש"י

אשפריי"ר. פירוש לשפשף (עיין רש"י זבחים דף יד ע"ב ד"ה דשייף מישף):

מרטי"ל. פירוש קורנס, פטיש כבד (רש"י שבת דף קב ע"ב ודף קכב ע"ב ד"ה קורנס):

לימ"א. פירוש שופין, פצירה, מורג חרוץ (עיי' רש"י שמואל א, יג, כא; שם ב, יב, לא וישעיה מא, טו):

אשקרניי"ר. פירוש לעשות חריץ (עיין רש"י מו"ק דף יג ע"א וב"ק דף ל ע"א ד"ה לרס וערוך ערך לרס):

עין משפט נר מצוה

נג א מיי' פ"ד מהלכות מלוה הלכה יא סמג לאוין קפג טוש"ע יו"ד סימן קסה:

נד ב מיי' פ"ז מהלכות חובל ומזיק הלכה יא סמג עשין ע טוש"ע ח"מ סימן שפו סעיף א וסעיף ב בהג"ה:

נה ג מיי' פ"ד מהלכות מעשר שני הלכה יא סמג עשין קלו טוש"ע י"ד סי' שלא סעיף קלח:

נו ד מיי' פ"ז מהלכות חובל ומזיק הלכה יא סמג עשין קע טוש"ע ח"מ סימן שפו סעיף א ועיין שם בסעיף ג בהג"ה:

נז ה מיי' שם הל' יא:

נח ו מיי' שם הלכה ט סמג שם טור ש"ע שם סעיף ב [רב אלפס כאן ובסוף פ"ב דף יג:]:

ליקוטי רש"י

תרעא. שער [ב"מ סג:]. **דאדייה אדויי.** שזרקו [לעיל כב.]. כמו (איכה ג) וידו אבן בי [ביצה לט.]. **השף מטבע.** ניסוף צורתן ולא היו יוצאין בהוצאה [רשב"ם ב"ב לב:]. **דמחייה.** הכהו [סנהדרין לט.]. **כנגד עינו.** הכהו בכותל כנגד עינו של זה [לעיל צא.] שהכה בכותל והבעיתו בקול ואינו רואה או נתחרש [קידושין כד:]. **הצורם.** אקרני"ר דהוי מום דתנן (בכורות דף לז.) נפגמה אזנו גבי מום [זבחים כה:]. **וכולהו שוורים לאו לגבי מזבח קיימי.** ולא איכפת ליה [קידושין סו.]. **העושה מלאכה במי חטאת.** מי חטאת דפרה אדומה וכן פרה עצמה נפסלין במלאכה דכתיב (במדבר יט) אשר לא עלה עליה עול ובמי חטאת כתיב למשמרת למי נדה ותניא בספרי מה ת"ל שיכול אין לי שתהא מלאכה פוסלת אלא בפרה ומנין אף במים ת"ל למשמרת למי נדה כלומר שיהיו משומרות לכך ולא לדבר אחר [גיטין נג.] ששקל כנגדן משקלות והן נפסלין במלאכה [לעיל נו.]. **פטור מדיני אדם.** לשלם [גיטין שם]. דהיזק שאינו ניכר לא שמיה היזק [לעיל שם]. שאין כח בב"ד לענשו [ב"מ צא.]. **וחייב בדיני שמים.** פורענות לשלם לרשעים שנתכוין להפסיד את ישראל [גיטין שם]. ידי שמים לא יצא עד שישלם [ב"מ צא.].

עין משפט נר מצוה

נט א מיי' פ"ז מהל' חובל ומזיק הלכה ט סמג עשין קע טוש"ע ח"מ סימן שפו סעיף ב:
ס ב מיי' פ"ג מהלכות גזילה הלכה ה סמג עשין עג טוש"ע ח"מ סימן שסג סעיף ב:
סא ג מיי' פ"ז מהל' חובל ומזיק הלכה ט סמג עשין ע טוש"ע ח"מ סימן שפו סעיף ב [רב אלפס כאן ובסוף פ"ב דף יג:]:
סב ד מיי' פ"ג מהל' גזילה הלכה ד סמג עשין עג טוש"ע ח"מ סי' שסג סעיף א:
סג ה מיי' פ"י מהל' שכירות הלכה ד סמג עשין פ"ט טוש"ע ח"מ סימן שו סעיף ב:
סד ו מיי' פ"ו מהלכות חובל ומזיק הל' יא סמג עשין פט טוש"ע ח"מ שם בהג"ה וסי' שפד סעיף ג:
סה ז מיי' פ"י מהלכות שכירות הלכה ד סמג עשין פט טוש"ע ח"מ סימן שו סעיף ב:

ליקוטי רש"י

תהא במאמינו. הא דקתני פטור במאמינו [ב"מ לה.]. מאן דדאין דינא דגרמי. המחייב את הגורם הפסד לחבירו. מגבי ביה. בהאי שטרא. דמי שטרא מעליא. כל החוב שבתוכו. ומאן דלא דאין. פלוגתייהו בבבא קמא בפרק בתרא (דף קטז:) ורבי מאיר אית ליה דינא דגרמי כדתניא (שם דף ק:) נתייאש הימנה ולא גדרה הרי זה קידש וחייב באחריותו גבי כלאים וקי"ל כוותיה. וכפייה רפרם לרב אשי. שבא הדין לפני רב אשי וסיבבו והקיפו בראיות ואגבי מדינא דגרמי. כי כשורא לצלמא. כלומר גיבוי גמור כל ההפסד דקדק בו כאשר יקדק הלוקח קורה לצור בו צורות שלוקח ישרה וחלקה [כתובות פו.]. אם עד שלא נגמר דינו מכרו מכור. ואפילו לרבנן דלא דרשי בבעליו דנהוי מיתה והעמדה בדין כאחד ומיחייב קטלא [לעיל מד:]. מכור. הוא לרדיא. הקדישו מוקדש. ונפקא מיניה דאי מיתהני מיניה מעל. מוחזר. ואע"ג דשקיל ליה בי דינא הוי שומר פטור דהא כשהחזירו שור מעליא הוא. אינו מוקדש. דלאו ברשותיה דמריה קאי לאקדושיה. אין אומרים באיסורי הנאה הרי שלך לפניך. ונפקא מינה לגזל חמץ ועבר עליו הפסח והחזירו אינו מוחזר [לעיל מה.]. רבי יעקב אומר וכו' מוחזר. דאמר ליה תורא אשלמת לי תורא אשלימית לך [כתובות לד.]. דאם כן. דלרבנן אין אומרין נפלגו. רבנן בחמץ בפסח ולימנו דחייב ואנן קיימא לן בהגוזל עצים (לקמן לח:) דלרבנן אומר לו הרי שלך לפניך דקתני גזל ועבר עליו הפסח והחזירו וכן שור עד שלא נגמר דינו אומרין לו הרי שלך לפניך אבל משנגמר לא והא סברא לרבנן הוא דשמיעא להו וקתני דבחמץ בפסח מודו דאמרינן באיסורי הנאה הרי שלך לפניך אלא דכולי עלמא אמרינן באיסורי הנאה הרי שלך לפניך היכא דאיסורא ממילא אתא ליה כגון חמץ בפסח ולא מצי א"ל האי לאו מידי הוא אבל הכא משום הכי אמרי רבנן אינו מוחזר דאמר ליה אתפסתיה לתורא כו' והזיקא דבידים הוא שהביאו לבי דינא והאי דנקט אי אהדרתיה ניהליה לאו משום דחיובא דלא אהדריה הוא דא"כ בחמץ בפסח נמי לימא ליה אי אהדרתיה ניהלי הוה אכילנא ליה ועוד דלר' יעקב נמי נהי דגומרים דינו של שור שלא בפניו נימא ליה אי אהדרתיה ניהלי הוה שחיטנא ליה אלא אלא אהדריה לא מחייבי ליה רבנן דהא קמהדר ליה השתא ואמרינן באיסורי הנאה הרי שלך לפניך אלא חיוביה משום דהוליכו לב"ד בידים והכי קאמר ליה לא היה לך להוליכו לב"ד דאי הוה בידי הוה מערקנא ליה מינייהו. סוף סוף הוה גמרי ליה דינא שלא בפניו. הלכך הוה ליה הזיקא דממילא ולא בידים [לעיל מה.]. לא תימא להו. להאי מילתא דמיכספי לי [עירובין לט:].

תוספות

נכתוב ליה שטרא. לא שייך הכא מפיסם ולא מפי כתבם ולא בההיא דתנן בגט פשוט (ב"ב דף קסח.) מי שנמחק שטר חובו לעדים החתומים על השטר נעשה כמי שנקרא עדותן בב"ד והוי כאילו אמרי הני עדים ראינוס שנקראו עדותן בב"ד ובפ"ב דכתובות (דף כ.[כ]) האורכתי [ל]:

פרושי קמפרש כיצד כו'. תימה דלא פריך אי הכי חייבין תרי זימני למ"ל כדפריך בפרק קמא דסנהדרין (דף ג. ושם [מ]) אי הכי שלשה שלשה למה לי ובכמה מקומות דייק ובכמה מקומות לא דייק [נ]:

גמרא

אי דאיכא סהדי דידעי מאי הוה בשטרא ליכתבו ליה שטרא מעליא ואי דליכא סהדי אנן מנא ידעינן אמר רבא [א] תהא במאמינו אמר רב דימי בר חנינא הא דרבה מחלוקת ר"ש ורבנן היא לר"ש דאמר [ב] דבר הגורם לממון כממון דמי מחייב לרבנן דאמרי דבר הגורם לממון לאו כממון דמי לא מחייב מתקיף לה רב הונא בריה דרב יהושע אימר דשמעת ליה לרבי שמעון דבר הגורם לממון כממון דמי בדבר שעיקרו ממון כדרבה דאמר רבה גזל חמץ לפני הפסח ובא אחר ושרפו במועד פטור שהכל מצווים עליו לבערו לאחר הפסח מחלוקת ר' שמעון ורבנן לרבי שמעון דאמר דבר הגורם לממון כממון דמי [ב] חייב לרבנן דאמרי דבר הגורם לממון לאו כממון דמי פטור בדבר שאין עיקרו ממון מי אמרינן [ג] אמר אמימר מאן דדאין דינא דגרמי מגבי ביה דמי שטרא מעליא ומאן דלא דאין דינא דגרמי מגבי ביה דמי ניירא בעלמא הוה עובדא וכפייה רפרם לרב אשי [ג] ואגבי ביה כי כשורא לצלמא: חמץ ועבר עליו הפסח אומר לו הרי שלך לפניך: מאן תנא אומרין באיסורי הנאה הרי שלך לפניך אמר רב חסדא ר' יעקב היא דתניא [ד] שור שהמית עד שלא נגמר דינו מכרו מכור הקדישו מוקדש שחטו בשרו מותר החזירו שומר לבעליו מוחזר משנגמר דינו מכרו אינו מכור הקדישו אינו מוקדש שחטו בשרו אסור החזירו שומר לבעליו אינו מוחזר רבי יעקב אומר [ה] אף משנגמר דינו החזירו שומר לבעליו מוחזר מאי לאו בהא קמיפלגי דרבי יעקב סבר אומרין באיסורי הנאה הרי שלך לפניך ורבנן סברי אין אומרין באיסורי הנאה הרי שלך לפניך א"ל רבה לא דכולי עלמא אמרינן באיסורי הנאה הרי שלך לפניך דאם כן נפלגו בחמץ בפסח אלא אמר רבה הכא בגומרין דינו של שור שלא בפניו קא מיפלגי רבנן סברי אין גומרין דינו של שור שלא בפניו דאמר ליה אי אייתיתיה ניהליה הוה מעריקנא ליה לאגמא השתא מסרתיה ביד מאן דלא מצינא לאישתעויי דינא בהדיה ור' יעקב סבר גומרין דינו של שור שלא בפניו דאמר ליה מאי עבידי ליה סוף סוף הוה גמרי ליה דינא שלא בפניו אשכחיה רב חסדא לרבה בר שמואל א"ל תנית מידי באיסורי הנאה אמר ליה אין תנינא [ו] והשיב את הגזלה מה תלמוד לומר אשר גזל יחזיר כעין שגזל מכאן אמרו גזל מטבע ונפסל פירות והרקיבו יין [אא] [ז] והחמיץ תרומה ונטמאת חמץ ועבר עליו הפסח בהמה ונעבדה בה עבירה ושור עד שלא נגמר דינו אומר לו הרי שלך לפניך מאן שמעת ליה דאמר עד שלא נגמר דינו אין משנגמר דינו לא רבנן וקתני חמץ ועבר עליו הפסח אומר לו הרי שלך לפניך א"ל [ח] אי משכחת להו לא תימא להו ולא מידי: פירות והרקיבו אומר לו הרי שלך לפניך: והתנן פירות והרקיבו משלם כשעת הגזילה אמר רב פפא [ט] כאן שהרקיבו כולן כאן שהרקיבו מקצתן: **מתני'** [ה] נתן לאומנין לתקן וקלקלו חייבין לשלם נתן לחרש שידה תיבה ומגדל לתקן וקלקל חייב לשלם [ו] והבנאי שקיבל עליו לסתור את הכותל ושיבר האבנים או שהזיקן חייב לשלם היה סותר מצד זה ונפל מצד אחר פטור ואם מחמת המכה חייב: **גמ'** אמר רב אסי לא שנו אלא שנתן לחרש שידה תיבה ומגדל לנעץ בהן מסמר ונעץ בהן מסמר ושיברן אבל נתן לו עצים לחרש לעשות שידה תיבה ומגדל ועשה מהן שידה תיבה ומגדל ושיברן פטור מאי טעמא אומן קונה בשבח כלי תנן נתן לאומנין וקלקלו חייבין לשלם מאי לאו [ז] דיהיב להו עצים לא שידה תיבה ומגדל הא מדקתני סיפא שידה תיבה ומגדל מכלל דרישא עצים אמרי פרושי קא מפרש לה כיצד נתן לאומנין לתקן וקלקלו חייבין לשלם כגון שנתן לחרש שידה תיבה ומגדל והכי נמי מסתברא דכיצד קתני דאי סלקא דעתך רישא עצים השתא אשמעינן עצים חייבין לשלם ולא אמרינן אומן קונה בשבח כלים שידה תיבה ומגדל מבעיא אי משום הא לא איריא תנא סיפא לגלויי רישא שלא תאמר רישא שידה תיבה ומגדל אבל עצים לא תנא סיפא שידה תיבה ומגדל מכלל דרישא עצים ואפ"ה חייב לשלם לימא מסייע ליה [ט] הנותן צמר לצבע

רש"י

מנא ידעינן. מאי הוי כתיב ביה ומאי בעי למיתבי ולא אלטריך ליה למימר דפטור: במאמינו. [י] בעל השטר לשורף בכל מה שאומר שכך היה כתוב ביה ואפ"ה פטור: דר"ש. בפרק מרובה (לעיל דף עד:) גבי קדשים שחייב באחריותן כו': במועד. בזמן ביעורו בו' שעות ודכוותה בפסחים (דף י:) לא בדק בתוך המועד יבדוק לאחר המועד: לר"ש חייב. האי ששרפו לשלם לגזלן דמיהם דדבר הגורם לממון הוא שאם היה בעין היה מחזירו גזלן לבעליו ופטור דתנן לעיל (דף צו:) גזל חמץ ועבר עליו הפסח אומר לו הרי שלך לפניך ועכשיו שאין בעין יחזיר דמים לבעליו ובחמץ בפסח הוא דאמרינן הכי משום דעיקרו כלומר בתחלתו ממון הוי ועכשיו אע"פ שאינו שוה כלום גורם לממון הוא אבל בשטרי דמעולם לא היה גופו ממון מי שמעת ליה: מאן דדאין דינא דגרמי. ר"מ היא (בהגוזל בתרא) [לקמן] (דף ק.): מגבי ליה. מן השורף כל השטר שהרי גרמו להפסיד: ואכפייה רפרם לרב אשי. ששרף שטר חבירו בילדותו: ואגבי מיניה. גוביינא מעליא כל מה שכתוב בשטר: כי כשורא לצלמא. פרעון גמור מן העידית כקורה זו הנבחרת מאלף קורות לתקן בה צורה ודיוקנאות: שור שהמית. את האדם ומכרו עד שלא נגמר דינו: מכור. ולא יסקל דבעינן מיתה והעמדה בדין שיהא שוין כאחד בפרק שור שנגח ד' וה' (א): החזירו שומר לבעליו מוחזר. ופטור שומר: דכ"ע אומרים באיסורי הנאה כו'. ומתניתין דחמץ בפסח אפי' לרבנן: דאם כן. דלרבנן אין אומרים אדמפלגי בשור לגבי שומר ליפלגו נמי לגבי גזל חמץ ועבר עליו הפסח (ב) אבל הכא בשור שהמית הוא דאמר אין מוחזר משום דאמר ליה האי איסור הנאה לאו איסור דאתי עליה ממילא הוא כגון חמץ בפסח אלא את קטלתיה בידים שהבאתו לב"ד דאי הוה גבאי אנא מעריקנא ליה לאגמא כו' אבל סיפא דמתניתין ודאי רבי יעקב היא ולא רבנן דקתני או שהיתה יוצאה ליסקל אומר לו הרי שלך לפניך: אשכחיה רב חסדא כו'. רב חסדא מהדר אמתני' דניהוי בה פלוגתא אחמץ בפסח לאוקמא למילתיה דטעמא דרבנן משום דאין אומרים באיסורי הנאה הרי שלך לפניך: אי משכחת להו. לבני הישיבה: לא תימא להו ולא מידי. משום דחדו דמשכחי תיובתא למילתי: שידה. ארגז של עגלה העשויה למרכב נשים:

והקדישו

מסורת הש"ס

א) [ב"מ לה.], ב) [לעיל עא: לקמן קה: פסחים ה: וש"נ], ג) כתובות פו. [לקמן ק.], ד) [לעיל מד:], ה) לעיל [מה.] עא: [כתובות לד.], ו) [לעיל סו. וש"נ], ז) גי' ס' ת"ח בשם תוספתא ונתנסך וע"ש, ח) [עירובין יא: לט:], ט) לקמן ק:, י) בישי"ש גרס השורף לבעל השטר, כ) [ד"ה ור"י], ל) [ועיין תוספות ב"ב קע: ד"ה אין], מ) [ד"ה ועוד], נ) [ועיין תוספות בכורות לא: ד"ה א"כ].

הגהות הב"ח

(א) רש"י ד"ה מכור וכו' מיתה והעמדה בדין וכו' בפרק שור שנגח. נ"ב סוף דף מד ופ"ק דף יג: (ב) ד"ה דאם כן וכו' הפסח הס"ד ואח"כ מה"ד אלא הכא:

הגהות הגר"א

[א] גמ' יין והחמיץ. רשום קו על תיבת והחמיץ ונ"ב והקרים:

תורה אור השלם

א) וְהָיָה כִּי יֶחֱטָא וְאָשֵׁם וְהֵשִׁיב אֶת הַגְּזֵלָה אֲשֶׁר גָּזָל אוֹ אֶת הָעֹשֶׁק אֲשֶׁר עָשָׁק אוֹ אֶת הַפִּקָּדוֹן אֲשֶׁר הָפְקַד אִתּוֹ אוֹ אֶת הָאֲבֵדָה אֲשֶׁר מָצָא: [ויקרא ה, כג]

אִי דְּאִיכָּא סַהֲדֵי דְּיָדְעֵי מַאי הֲוָה בִּשְׁטָרָא — אם מדובר במקרה שיש עדים שיודעים מה היה כתוב בשטר, **לִיכְתְּבוּ לֵיהּ שְׁטָרָא מְעַלְיָא** — שיכתבו לו שטר חדש שיגבה בו את חובו[1]! ומכיון שניתן לעשות כן, הרי לא נגרם למלוה שום נזק! **וְאִי דְּלֵיכָּא סַהֲדֵי** — ואם מדובר במקרה שאין עדים שיודעים מה היה כתוב בשטר, **אֲנַן מְנָא יָדְעִינָן** — מניין אנו יודעים מה היה כתוב בו, ומה הסכום שהפסיד המלוה? מאחר שסכום הנזק אינו ידוע, הרי גם בלא דברי רבה לא היינו יכולים לחייב את המלוה מספק, ואם כן אין צורך בהוראתו של רבה שהמזיק פטור[2]!

הגמרא מיישבת:

אָמַר רָבָא: תִּהֵא בְּמַאֲמִינוֹ — יש לפרש שהוראת רבה עוסקת במקרה שבעל השטר מאמין לשורף בכל מה שיאמר שכך היה כתוב בשטר, והשורף אכן מודה שהיה כתוב בו סכום מסויים. ואף על פי כן הורה רבה שהשורף פטור, משום שאינו אלא גורם לנזק[3].

הגמרא מנסה לתלות את הוראת רבה במחלוקת תנאים:

אָמַר רַב דִּימִי בַּר חֲנִינָא: הָא דְּרַבָּה — הוראה זו של רבה שהשורף שטר חוב של חבירו פטור, **מַחֲלוֹקֶת רַבִּי שִׁמְעוֹן וְרַבָּנָן הִיא** — תלויה במחלוקת רבי שמעון וחכמים, שנחלקו בכל דבר שבעצמותו אינו ממון, אולם גורם לבעליו זכות ממון, האם יש להחשיבו כ"ממון" או לא[4]. **לְרַבִּי שִׁמְעוֹן, דְּאָמַר** שֶׁ**דָּבָר הַגּוֹרֵם לְמָמוֹן כְּמָמוֹן דָּמֵי** — נחשב כ"ממון", הדין הוא שהשורף **מְחַיֵּיב** (חייב) לשלם. שכן שטר הינו דבר הגורם לממון, שהרי על ידי השטר גובה המלוה את חובו, ואם כן יש לדון את המזיק כשורף דבר שגופו ממון, ובודאי שחייב לשלם על הנזק[5]. ואילו **לְרַבָּנָן, דְּאָמְרֵי** (שאמרו) שֶׁ**דָּבָר הַגּוֹרֵם לְמָמוֹן לַאו כְּמָמוֹן דָּמֵי** — אינו נחשב כ"ממון", הדין הוא שהשורף שטר **לֹא מְחַיֵּיב** — אינו חייב לשלם. מפני שלשיטתם השטר עצמו אינו נחשב כדבר שגופו ממון, ואין לחייב את השורף על שהזיק את גוף השטר, אלא על שגרם למלוה שיפסיד את חובו, וכלפי הנזק הזה אין הוא אלא מזיק ב"גרמא".

הגמרא דוחה את דברי רב דימי:

מַתְקִיף לָהּ (הקשה עליו) **רַב הוּנָא בְּרֵיהּ דְּרַב יְהוֹשֻׁעַ: אֵימַר דְּשָׁמְעַתְּ לֵיהּ לְרַבִּי שִׁמְעוֹן** — אמור שמה ששמעת שרבי שמעון סובר שֶׁ**דָּבָר הַגּוֹרֵם לְמָמוֹן כְּמָמוֹן דָּמֵי**, אינו אלא **בְּדָבָר שֶׁעִיקָּרוֹ מָמוֹן** - שבתחילתו היה ממון בעצמו (ועכשיו אף שאינו שוה בעצמו, הוא גורם לממון). **כִּדְרַבָּה** — וכמו שאמר רבה בעצמו על דבר שעיקרו ממון ועכשיו הוא גורם לממון, שדינו תלוי במחלוקת רבי שמעון וחכמים. **דְּאָמַר רַבָּה: גָּזַל חָמֵץ לִפְנֵי הַפֶּסַח, וּבָא** אדם **אַחֵר וּשְׂרָפוֹ**, אם שרף את החמץ **בַּמּוֹעֵד** — בזמן ביעור חמץ[6], **פָּטוּר** מלשלם, **שֶׁכֵּן** באותה שעה **הַכֹּל מְצוּוִּים עָלָיו לְבַעֲרוֹ**[7]; אבל אם שרפו **לְאַחַר הַפֶּסַח**[8], דינו תלוי **בְּמַחֲלוֹקֶת רַבִּי שִׁמְעוֹן וְרַבָּנָן**; שֶׁ**לְרַבִּי שִׁמְעוֹן דְּאָמַר** שֶׁ**דָּבָר הַגּוֹרֵם לְמָמוֹן כְּמָמוֹן דָּמֵי**, השורף **חַיָּיב** לשלם לגזלן את דמי החמץ, שכן החמץ הינו דבר הגורם לממון, שהרי אילו היה בעין היה הגזלן מחזירו לבעליו ונפטר בכך מחיובו להשיב את הגזילה[9], ועכשיו שאינו בעין חייב לשלם את דמיו לבעלים, ואם כן אף שכעת החמץ אינו שוה כלום, מכל מקום יש להחשיבו כדבר שגופו ממון והשורפו חייב לשלם; ואילו **לְרַבָּנָן דְּאָמְרֵי** שֶׁ**דָּבָר הַגּוֹרֵם לְמָמוֹן לַאו כְּמָמוֹן דָּמֵי**, השורף **פָּטוּר** מלשלם, שכן הזיק דבר שאין לו ערך כלל. אמנם דוקא בשורף חמץ לאחר הפסח אנו אומרים כך, לפי שהחמץ בתחילתו היה ממון גמור, ועכשיו אף על פי שאינו שוה כלום הוא גורם לממון, ובאופן כזה באמת שמענו שלדעת רבי שמעון דבר הגורם לממון נחשב כממון גמור. אבל **בְּדָבָר שֶׁאֵין עִיקָּרוֹ מָמוֹן** - שגם בתחילתו לא היה ממון, כגון שטר שמעולם לא היה גופו ממון, **מִי אַמְרִינָן** — האם נאמר שגם בדבר כזה סובר רבי שמעון שמאחר שהוא גורם לממון יש להחשיבו כממון גמור[10]?

הערות

1. אם עדים יודעים מה שהיה כתוב בשטר, יכולים הם להעיד על כך בפני בית דין, והם יכתבו עבור המלוה שטר חדש במקום השטר שנשרף, והמלוה יכול לגבות על ידו את חובו (עיין משנה, בבא בתרא קסח, א-ב; שלחן ערוך, חשן משפט מא; להרחבת הדיון בענין זה עיין תוספות; רשב"א; רא"ש, יג; מאירי).

2. רש"י. [לדיון בשאלה מדוע היה פשוט לגמרא שאין לומר שחכמים תיקנו להאמין לניזק בשבועה, כעין מה שדנה הגמרא לעיל (סב, א) לגבי מוסר, עיין ראב"ד; רא"ש, יג.]

3. רש"י. אולם בים של שלמה (יט) כתב שכוונת הגמרא שהשורף מאמין לבעל השטר מה הסכום שהיה כתוב בו. וכך נראה גם מדברי הרמב"ם (הלכות חובל ומזיק ז, ט) וראשונים נוספים. [לפי פירושו של רש"י, הלשון "מאמינו" קשה קצת, שהרי בדרך כלל המלוה יודע מה היה כתוב בשטרו, ואין לו צורך להאמין לדברי השורף (וראה מסורת הש"ס שהבין שהמהרש"ל משנה את הגירסא ברש"י).] ומכל מקום לפי שני הפירושים רבא מיישב שרבה מדבר במקרה שניתן לחייב את השורף לשלם על פי הודאתו או משום שהאמין לדברי בעל השטר (לדיון בענין זה עיין פני יהושע; קצות החושן שפח, יא).

4. מחלוקת רבי שמעון וחכמים נשנתה במשנה לעיל (עד, ב), בענין גונב קדשים שחייב באחריותם (רש"י). ומבואר בגמרא (עו, א) שהם נחלקו בגונב בהמה שהוקדשה לקרבן. שלדעת חכמים אין הגנב חייב לשלם תשלומי כפל ותשלומי ארבעה וחמשה, מפני שנאמר לגבי חיובי הגנב (שמות כב, ו): "וְגֻנַּב מִבֵּית **הָאִישׁ**", ומשמע ולא מבית ההקדש. ולשיטתם אין חילוק בין גונב קדשים שחייב בעליהם באחריותם (שאם יאבדו חייב להביא אחרים במקומם), לבין גונב קדשים שאינו חייב באחריותם. ואילו רבי שמעון סובר שאם גנב קדשים שהבעלים חייב באחריותם, הגנב משלם לבעלים תשלומי כפל ותשלומי ארבעה וחמשה. ואף שהקדשים הללו מצד עצמם אינם ממון הבעלים, מכל מקום מאחר שהם "גורמים לממון", בכך שהבעלים נפטרים על ידם מלהביא בהמה אחרת לקרבן, הרי הם נחשבים כממון הבעלים, ואף הם נכללים בכתוב "וְגֻנַּב מִבֵּית הָאִישׁ". לעומת זאת, לדעת חכמים אף שהם "גורמים לממון" אין הם נחשבים כממון הבעלים, ואינם נכללים בכתוב זה (ראה רש"י שם; עיין גם לעיל עא, ב).

5. רב דימי טוען שאמנם יתכן שרבי שמעון מודה שמזיק ב"גרמא" פטור מלשלם. אלא שמכיון שהשטר הינו דבר הגורם לממון, השורף שטר הרי הוא כשורף כיס מלא מעות, ואינו נחשב מזיק ב"גרמא", אלא מזיק בידים. ולפיכך פשוט שחייב המזיק לשלם על הנזק (רמב"ן, קונטרס דינא דגרמי ד"ה אשתכח השתא; קצות החושן שפו, א).

6. דהיינו, בערב פסח בשעה השישית [לשון זו נוקטת גם המשנה בפסחים (יא, ב): "לא בדק בתוך המועד, יבדוק לאחר המועד", וגם שם פירוש הדברים שאם לא בדק בשעה השישית יבדוק לאחר השעה השישית] (רש"י; ראה גם רש"י בפסחים שם; אולם ראה תוספות שם ד"ה ואם לא בדק, שפירשו שבתוך המועד היינו מתחילת שבע עד סוף הפסח; וראה בהערות הבאות).

7. שאף אדם שאין החמץ שלו חייב לבערו מדאורייתא (עיין צל"ח פסחים כט, א ושער הציון תמג, כ וקובץ שיעורים קלד, בדעת הבה"ג סימן יא, ורש"י בפסחים ה, ב ד"ה לפי שנאמר; וראה פני יהושע שם ובביאור הגר"א שם, יא; עיין גם שו"ת אגרות משה, אורח חיים ד, צד; אך עיין חידושי רבי שמואל על פסחים, שיעורים על סדר הדף לדף ד, א אות מג). אולם יש סוברים שמדין תורה אין אדם חייב לבער חמץ שאינו שייך לו (עיין מאירי פסחים ד, א; ב"ח שם; מגן אברהם שם, ה). ולשיטה זו מעיקר הדין השורף חמץ שאינו שלו אינו מקיים שום מצוה (ראה נודע ביהודה, קמא, אורח חיים טו). לפי דרכם, צריך לומר שכוונת הגמרא כאן, שהכל מצווים לבער את החמץ, כדי שהגזלן לא יעבור על איסור "בל יראה ובל ימצא" (צל"ח שם; שו"ת אחיעזר ג א, ג; ראה גם ב"ח ומגן אברהם שם). או מפני שמכיון שהחמץ אסור בהנאה, מצוה על כל אדם לבערו מהעולם, כדי שלא יכשלו בו בני אדם (מקור חיים, בהקדמה לסימן תלא; אולם ראה שו"ת אחיעזר שם).

אף על פי ששריפת החמץ גורמת נזק ממוני לגזלן, מכל מקום מכיון שמצוה על כל אדם לבערו, אין לחייב את השורף על שקיים את המצוה המוטלת עליו (עיין קצות החושן שסג, א; שו"ת ציץ אליעזר ב, ט; אך ראה חק יעקב תמג, ח).

חיוב זה לבער את החמץ, נוהג בכל ימי הפסח. ואם כן צריך לומר שכוונת רבה שאם שרף את החמץ משעת הביעור ואילך, פטור מלשלם (תוספות יום טוב, פסחים א, ג; ראה גם שו"ת שואל ומשיב תליתאה ג, לא [כה, ב]).

8. כפי שהתבאר לעיל, כל ימי חג הפסח כולם מצווים לבער את החמץ, ולכן רק לאחר החג יש מקום לחייב את השורף. [ומכאן ראיה לדברי רש"י, שהמילה "מועד" פירושה זמן הביעור (ראה הערה 6). שאם המילה "מועד" פירושה חג הפסח, מדוע שינה רבה מלשונו, ואינו אומר שלאחר המועד דינו של השורף תלוי במחלוקת רבי שמעון וחכמים, וכפי שאמר בתחילה שבמועד הכל מצווים עליו לבערו?] (ראה תוספות יום טוב שם; רש"ש).

9. וכפי שלמדנו במשנתנו (לעיל צו, ב) שהגוזל חמץ ועבר עליו הפסח, יכול לומר לנגזל הרי שלך לפניך (רש"י).

10. רש"י. מאחר שרבי שמעון עצמו אמר את דבריו לגבי בהמה שהוקדשה לקרבן, שזה דבר שעיקרו ממון, אין לנו מקור לכך שהוא סובר כך גם בדבר שאין עיקרו ממון. [ובאמת לעיקר השאלה של רב הונא בריה דרב יהושע, אין צורך להביא את דברי רבה, וניתן לשאול מדברי רבי שמעון עצמו. והגמרא מביאה את דברי רבה,

עין משפט נר מצוה

נט א מיי' פ"ז מהל' חובל ומזיק הלכה ט סמג עשין קע טוש"ע ח"מ סימן שפו סעיף ב:

ס ב מיי' פ"ג מהלכות גזילה הלכה ה סמג עשין עג טוש"ע ח"מ סימן שסג סעיף ב:

סא ג מיי' פ"ז מהל' חובל ומזיק הלכה ט סמג עשין ע טוש"ע ח"מ סימן שפו סעיף ב [רב אלפס כאן ובסוף פ"ב דף יג.]:

סב ד מיי' פ"ג מהל' גזילה הלכה ד סמג עשין עג טוש"ע ח"מ סי' שסג סעיף א:

סג ה מיי' פ"י מהל' שכירות הלכה ד סמג עשין פ"ט טוש"ע ח"מ סימן שו סעיף ב:

סד ו מיי' פ"ו מהלכות חובל ומזיק הל' יא סמג עשין פט טוש"ע ח"מ שס בהג"ה וסי' שפד סעיף ג:

סה ז מיי' פ"י מהלכות שכירות הלכה ד סמג עשין פט טוש"ע ח"מ סימן שו סעיף ב:

ליקוטי רש"י

תהא במאמינו. הא דקתני פטור במאמינו [ב"מ לה.]. **מאן דדאין דינא דגרמי.** המחייב את הגורם הפסד לחבירו. **מגבי ביה.** בהאי שטרא. **דמי שטרא מעליא.** כל החוב שבתוכו. **ומאן דלא דאין.** פלוגתייהו בבבא קמא בפרק בתרא (דף קטז:) ורבי מאיר אית ליה דינא דגרמי כדתניא (שם דף ק:) נתייאש הימנה ולא גדרה הרי זה קידש וחייב באחריותו גבי כלאים וקי"ל כוותיה. **וכפייה רפרם לרב אשי.** בא הדין לפני רב אשי וסיבבו והקיפו בראיות ואגבי מדינא דגרמי. **כי כשורא לצלמא.** כלומר גיבוי גמור כל ההפסד דקדק בו כאשר ידקדק הלוקח קורה לצור בו צורות שלוקח ישרה וחלקה [כתובות פו.]. **אם עד שלא נגמר דינו מכרו מכור.** ואפילו לרבנן דלא דרשי בבעליו דנהוי מיתה והעמדה בדין כאחד ומיחייב קטלא [לעיל מד:]. **מכור.** הוא לרדיא. **הקדישו מוקדש.** ונפקא מיניה דאי מיתהני מיניה מעל. **מוחזר.** ואע"ג דסקלי ליה בי דינא הוי שומר פטור דהא כשהחזירו שור מעליא הוא. **אינו מוקדש.** דלאו ברשותיה דמריה קאי לאקדושיה. **אין אומרים באיסורי הנאה הרי שלך לפניך.** ונפקא מיניה לגזל חמץ ועבר עליו הפסח והחזירו אינו מוחזר [לעיל מה.]. **רבי יעקב אומר וכו' מוחזר.** דאמר ליה תורא אשלמת לי תורא אשלימית לך [כתובות לד.]. **דאם כן.** דלרבנן אין אומרין. **נפלגו.** רבנן בחמץ בפסח ולימרו דחייב ואנן קיימא לן בהגוזל עצים (לקמן לח:) דלרבנן אומר לו הרי שלך לפניך דקתני גזל ועבר עליו הפסח והחזירו וכן שור עד שלא נגמר דינו אומרין לו הרי שלך לפניך אבל משנגמר לא והא סברא לרבנן הוא דשמיעא להו וקתני דבחמץ בפסח מודו דאמרין באיסורי הנאה הרי שלך לפניך אלא דכולי עלמא אמרינן באיסורי הנאה הרי שלך לפניך היכא דאיסורא ממילא אתא ליה כגון חמץ בפסח ולא מני א"ל האי לאו מידי הוא אבל הכא משום הכי אמרי רבנן אינו מוחזר דאמר ליה אתפסתיה לתוראי כו' והזיקא דבידים הוא שהביאו לבי דינא והאי דנקט אי אהדרתיה ניהליה לאו משום דחיובא דלא אהדריה הוא דא"כ בחמץ בפסח נמי לימא ליה אי אהדרתיה ניהלי הוה אכילנא ליה ועוד דלר' יעקב נמי נהי דגומרים דינו של שור שלא בפניו נימא ליה אי אהדרתיה ניהלי הוה שחיטנא ליה אלא אדלא אהדריה לא מחייבי ליה רבנן דהא קמהדר ליה השתא ואמרינן באיסורי הנאה הרי שלך לפניך אלא חיוביה משום דהוליכו לב"ד בידים והכי קאמר ליה לא היה לך להוליכו לב"ד דאי הוה בידי הוה מערקנא ליה מינייהו. סוף סוף הוה גמרי ליה דינא **שלא בפניו.** הלכך הוה ליה הזיקא דממילא ולא בידים [לעיל מה.]. **לא תימא להו.** להאי מילתא דמיכספי לי [עירובין לט:].

תוספות

נכתוב ליה שטרא. לא שייך הכא מפיסו ולא מפי כתבם ולא בההיא דתנן בגט פשוט (ב"ב דף קסח.) מי שנמחק שטר חובו לעדים החתומים על השטר נעשה כמי שנחקרה עדותן בב"ד והוי כאילו אמרי הני עדים דאינוס שנחקרו עדותן בב"ד ובפ"ב דכתובות (דף כ.) הארכתי [ל]:

פרושי קמפרש כיצד כו'. תימה דלא פריך אי הכי תניין תרי זימני למ"ל כדפריך בפרק קמא דסנהדרין (דף ג. ושם [מ]) אי הכי שלשה שלשה למה לי ובכמה מקומות דייק ובכמה מקומות לא דייק [נ]:

גמרא

אי דאיכא סהדי דידעי מאי הוה בשטרא ליכתבו ליה שטרא מעליא ואי דליכא סהדי אנן מנא ידעינן אמר רבא [א] [א]תהא במאמינו אמר רב דימי בר חנינא הא דרבה מחלוקת ר"ש ורבנן היא לר"ש דאמר [ב]דבר הגורם לממון כממון דמי מחייב לרבנן דאמרי דבר הגורם לממון לאו כממון דמי לא מחייב מתקיף לה רב הונא בריה דרב יהושע אימר דשמעת ליה לרבי שמעון דבר הגורם לממון כממון דמי בדבר שעיקרו ממון כדרבה דאמר רבה גזל חמץ לפני הפסח ובא אחר ושרפו במועד פטור שהכל מצווים עליו לבערו לאחר הפסח מחלוקת ר' שמעון ורבנן לרבי שמעון דאמר דבר הגורם לממון כממון דמי [ב]חייב לרבנן דאמרי דבר הגורם לממון לאו כממון דמי פטור בדבר שאין עיקרו ממון מי אמרינן [ג] אמר אמימר מאן דדאין דינא דגרמי מגבי ביה דמי שטרא מעליא ומאן דלא דאין דינא דגרמי מגבי ביה דמי ניירא בעלמא הוה עובדא וכפייה רפרם לרב אשי [ג]ואגבי ביה כי כשורא לצלמא: חמץ ועבר עליו הפסח אומר לו הרי שלך לפניך: מאן תנא אומרין באיסורי הנאה הרי שלך לפניך אמר רב חסדא ר' יעקב היא דתניא [ד]שור שהמית עד שלא נגמר דינו מכרו מכור הקדישו מוקדש שחטו בשרו מותר החזירו שומר לבעליו מוחזר משנגמר דינו מכרו אינו מכור הקדישו אינו מוקדש שחטו בשרו אסור החזירו שומר לבעליו אינו מוחזר רבי יעקב אומר [ה]אף משנגמר דינו החזירו שומר לבעליו מוחזר מאי לאו בהא קמיפלגי דרבי יעקב סבר אומרין באיסורי הנאה הרי שלך לפניך ורבנן סברי אין אומרין באיסורי הנאה הרי שלך לפניך א"ל רבה לא דכולי עלמא אמרינן באיסורי הנאה הרי שלך לפניך דאם כן נפלגו בחמץ בפסח אלא אמר רבה הכא בגומרין דינו של שור שלא בפניו קא מיפלגי רבנן סברי אין גומרין דינו של שור שלא בפניו דאמר ליה אי אייתיתיה ניהליה הוה מעריקנא ליה לאגמא השתא מסרתיה ביד מאן דלא מצינא לאישתעויי דינא בהדיה ור' יעקב סבר גומרין דינו של שור שלא בפניו דאמר ליה מאי עבדי ליה סוף סוף הוה גמרי ליה דינא שלא בפניו אשכחיה רב חסדא לרבה בר שמואל א"ל תנית מידי באיסורי הנאה אמר ליה אין תנינא [ו] [א]והשיב את הגזלה מה תלמוד לומר אשר גזל יחזיר כעין שגזל מכאן אמרו גזל מטבע ונפסל פירות והרקיבו יין [א] [ז]והחמיץ תרומה ונטמאת חמץ ועבר עליו הפסח בהמה ונעבדה בה עבירה ושור עד שלא נגמר דינו אומר לו הרי שלך לפניך מאן שמעת ליה דאמר עד שלא נגמר דינו אין משנגמר דינו לא רבנן וקתני חמץ ועבר עליו הפסח אומר לו הרי שלך לפניך א"ל [ח]אי משכחת להו לא תימא להו ולא מידי: פירות והרקיבו אומר לו הרי שלך לפניך: והתנן פירות והרקיבו משלם כשעת הגזילה אמר רב פפא [ד]כאן שהרקיבו כולן כאן שהרקיבו מקצתן:

מתני' [ה]נתן לאומנין לתקן וקלקלו חייבין לשלם נתן לחרש שידה תיבה ומגדל לתקן וקלקל חייב לשלם [ו]והבנאי שקיבל עליו לסתור את הכותל ושיבר האבנים או שהזיקן חייב לשלם היה סותר מצד זה ונפל מצד אחר פטור ואם מחמת המכה חייב:

גמ' אמר רב אסי לא שנו אלא שנתן לחרש שידה תיבה ומגדל לנעץ בהן מסמר ונעץ בהן מסמר ושיברן אבל נתן לחרש עצים לעשות שידה תיבה ומגדל ועשה מהן שידה תיבה ומגדל ושיברן פטור מאי טעמא אומן קונה בשבח כלי תנן נתן לאומנין וקלקלו חייבין לשלם מאי לאו [ז]דיהיב להו עצים לא שידה תיבה ומגדל הא מדקתני סיפא שידה תיבה ומגדל מכלל דרישא עצים אמרי פרושי קא מפרש לה כיצד נתן לאומנין לתקן וקלקלו חייבין לשלם כגון שנתן לחרש שידה תיבה ומגדל והכי נמי מסתברא דכיצד קתני דאי סלקא דעתך רישא עצים השתא אשמעינן עצים חייבין לשלם ולא אמרינן אומן קונה בשבח כלים שידה תיבה ומגדל מבעיא אי משום הא לא אירייא תנא סיפא לגלויי רישא שלא תאמר רישא שידה תיבה ומגדל אבל עצים לא תנא סיפא שידה תיבה ומגדל מכלל דרישא עצים ואפ"ה חייב לשלם לימא מסייע ליה [ט] הנותן צמר לצבע

רש"י

מנא ידעינן. מאי הוי כתיב ביה ומאי בעי למיתבי ולא אצטריך ליה למימר דפטור: במאמינו. [י] בעל השטר לשורף בכל מה שאומר שכך היה כתוב ביה ואפ"ה פטור: דר"ש. בפרק מרובה (לעיל דף עד:) גבי קדשים שחייב באחריותן כו': במועד. בזמן ביעורו כו' שעות ודכותה בפסחים (דף י:) לא בדק בתוך המועד יבדוק לאחר המועד: לר"ש חייב. האי ששרפו לשלם לגזלן דמיהם דדבר הגורם לממון הוא שאם היה בעין היה מחזירו גזלן לבעליו ופטור דתנן לעיל (דף צו:) גזל חמץ ועבר עליו הפסח אומר לו הרי שלך לפניך ועכשיו שאין בעין יחזיר דמים לבעליו ובחמץ בפסח הוא דאמרינן הכי משום דעיקרו כלומר בתחלתו ממון הוי ועכשיו אע"פ שאינו שוה כלום גורם לממון הוא אבל בשטרי דמעולם לא היה גופו ממון מי שמעת ליה: מאן דדאין דינא דגרמי. ר"מ היא (בהגוזל בתרא) [לקמן] (דף ק.): מגבי ליה. מן השורף כל השטר שהרי גרמו להפסיד: ואכפייה רפרם לרב אשי. ששרף שטר חבירו בילדותו: ואגבי מיניה. גוביינא מעליא כל מה שכתוב בשטר: כי כשורא לצלמא. פרעון גמור מן העידית כקורה זו הנבחרת משאר קורות לתקן בה צורה ודיוקנאות: שור שהמית. את האדם ומכרו עד שלא נגמר דינו: מכור. ולא יסקל דבעינן מיתה והעמדה בדין שיהא שוין כאחד בפרק שור שנגח ד' וה' (א): החזירו שומר לבעליו מוחזר. ופטור שומר: דכ"ע אומרים באיסורי הנאה כו'. ומתניתין דחמץ בפסח אפי' לרבנן: דאם כן. דלרבנן אין אומרים אדמפלגי בשור לגבי שומר ליפלגו נמי לגבי גזל חמץ ועבר עליו הפסח (ב) אבל הכא בשור שהמית הוא דאמר אין מוחזר משום דאמר ליה האי איסור הנאה לאו איסור דאתי עליה ממילא הוא כגון חמץ בפסח אלא את קטלתיה בידים שהבאתו לב"ד דאי הוה גבאי אנא מעריקנא ליה לאגמא כו' אבל סיפא דמתניתין ודאי רבי יעקב היא ולא רבנן דקתני או שיצתה יוצאה ליסקל אומר לו הרי שלך לפניך: אשכחיה רב חסדא כו'. רב חסדא מהדר אמתני' דניהוי בה פלוגתא אחמץ בפסח לאוקמא למילתיה דטעמא דרבנן משום דאין אומרים באיסורי הנאה הרי שלך לפניך: אי משכחת להו. לבני הישיבה: לא תימא להו ולא מידי. משום דחדו דמסכתי תיובתא למילתי: שידה. ארגז של עגלה העשויה למרכב נשים:

והקדישו

מסורת הש"ס

א) [ב"מ לה.], ב) [לעיל עא: לקמן קה: פסחים ה: וש"נ], ג) כתובות פו. [לקמן ק.], ד) [לעיל מד:], ה) לעיל [מה.] עא: [כתובות לד.], ו) [לעיל סו. וש"נ], ז) גי' ס' ת"ח בשם תוספתא ונתנסך וע"ש, ח) [עירובין יא: לט:], ט) לקמן ק:, י) ביש"ש גרס השורף לבעל השטר, כ) [ד"ה ור"י], ל) [ועיין תוספות ב"ב קע: ד"ה אין], מ) [ד"ה ועוד], נ) [ועיין תוספות בכורות לא: ד"ה א"כ].

הגהות הב"ח

(א) רש"י ד"ה מכור וכו' מיתה והעמדה בדין וכו' בפרק שור שנגח. נ"ב סוף דף מד ופ"ק דף יג: (ב) ד"ה דאם כן וכו' הפסח הס"ד ואח"כ מה"ד אלא הכא:

הגהות הגר"א

[א] גמ' יין והחמיץ. רשום קו על תיבת והחמיץ ונ"ב והקרים:

תורה אור השלם

א) וְהָיָה כִּי יֶחֱטָא וְאָשֵׁם וְהֵשִׁיב אֶת הַגְּזֵלָה אֲשֶׁר גָּזָל אוֹ אֶת הָעֹשֶׁק אֲשֶׁר עָשָׁק אוֹ אֶת הַפִּקָּדוֹן אֲשֶׁר הָפְקַד אִתּוֹ אוֹ אֶת הָאֲבֵדָה אֲשֶׁר מָצָא: [ויקרא ה, כג]

הגמרא תולה את הוראת רבה שהשורף שטר חוב של חבירו פטור, במחלוקת אחרת:

אָמַר אֲמֵימָר: מַאן דְּדָאִין דִּינָא דְּגַרְמִי — מי שדן שמזיק לחבירו ב״גרמי״ חייב לשלם על הנזק[11], **מַגְבֵּי בֵּיהּ דְּמֵי שְׁטָרָא מְעַלְּיָא** - מגבה למלוה מנכסי השורף את כל החוב שהיה בשטר, שהרי גרם לו להפסיד ממון זה[12]. **וּמַאן דְּלֹא דָּאִין דִּינָא דְּגַרְמִי** — ואילו מי שלא דן שמזיק ב״גרמי״ חייב לשלם[13], **מַגְבֵּי בֵּיהּ דְּמֵי נְיָירָא בְּעָלְמָא** - מגבה מן השורף את שוויו של הנייר שעליו נכתב השטר בלבד, לפי שאותו הוא הזיק בידים, אבל את ההפסד שנגרם למלוה שאינו יכול לגבות את חובו, אין לגבות מהשורף[14].

הגמרא מביאה מעשה בענין זה:

הֲוָה עוּבְדָא (היה מעשה) **וְכַפְיֵיהּ רַפְרָם לְרַב אַשִׁי** — ורפרם כפה את רב אשי, ששרף שטר חוב של אדם אחר בילדותו, **וְאַגְבֵּי בֵּיהּ** — והגבה מנכסיו של רב אשי לבעל השטר את כל הכתוב בשטר[15]; והוא לקח מהנכסים **כִּי כְּשׁוּרָא לְצַלְמָא** — כמו אדם הלוקח קורה לחקוק בה צורות ודיוקנאות, שהוא בוחר את הקורה המשובחת ביותר, כלומר, שרפרם בחר להגבות מהנכסים המשובחים של רב אשי, כדין כל תשלומי נזיקין שנגבים מהעידית שבנכסי המזיק[16].

שנינו במשנתנו:

אם גזל אדם **חָמֵץ, וְעָבַר עָלָיו הַפֶּסַח** בעודו ברשות הגזלן. . . **אוֹמֵר לוֹ** הגזלן לנגזל: **״הֲרֵי שֶׁלְּךָ לְפָנֶיךָ״**.

משנתנו סוברת, שלמרות שהחמץ נאסר בהנאה כשעבר עליו הפסח, וכעת אינו שוה כלום, יכול לקיים בו חיוב ההשבה המוטל עליו, ואינו צריך לשלם דמיו[17]. הגמרא מעירה שדבר זה שנוי לכאורה במחלוקת תנאים:

הערות

רדי להשמיענו חידוש העולה מדבריו — שאף דבר שאסור כעת בהנאה ואינו שוה כלום, מכל מקום מאחר שעיקרו ממון וכעת הוא גורם לממון יש להחשיבו כממון.] (ראב״ד; ראה גם שיטה מקובצת בשם שיטה).

כפי שהתבאר לעיל (הערה 5), הטעם לכך שרבי שמעון מחייב את המזיק אינו משום שהוא מחייב אף על גרימת נזק, אלא משום שלדעתו החפץ עצמו נחשב כממון מפני שהוא גורם לבעליו זכות ממונית. לפיכך מסתבר לומר שאין הדברים אמורים אלא בחפץ שמצד עצמו הינו ממון גמור, אלא שבנסיבות מסויימות אין לו שווי כספי, ובזה סובר רבי שמעון שמאחר שגם באותו זמן החפץ גורם לבעליו זכות ממונית, יש לדונו כאילו שגם עכשיו יש לו ערך. אבל דבר שאין לו שום ערך בפני עצמו, ואינו אלא גורם לממון בלבד, בזה אף רבי שמעון מודה שאין להחשיבו כממון גמור (עיין קצות החושן שפו, א; אפיקי ים ב, י [וראה שם מה שבאר במה נחלקו רב דימי בר חנינא ורב הונא בריה דרב יהושע]).

11. הגמרא להלן (ק, א-ב) מבארת שזו שיטת רבי מאיר, שלימד בברייתא שבעל כרם שנפרצה מחיצת כרמו, והתרו בו שיגדור את כרמו ולא גדר, ובגלל זה נאסרה התבואה שגדלה ליד הכרם משום ״כלאי הכרם״, חייב לשלם על הפסד התבואה (רש״י).

12. רש״י; וראה רמב״ם, הלכות חובל ומזיק ז, ט.

מלשון רש״י כאן ובמקומות נוספים (לעיל נה, ב ד״ה פטור מדיני אדם; לעיל עמוד א, ד״ה חסוריה חסריה; בבא בתרא כב, ב ד״ה גרמא), משמע שלדעתו אין חילוק בין ״גרמא״ ל״גרמי״, ורבי מאיר ש״דן דינא דגרמי״, חולק על הכלל ש״גרמא בנזיקין״ פטור, ולשיטתו הגורם נזק לחבירו חייב לשלם (עיין רמב״ן, קונטרס דינא דגרמי ד״ה הזורק כלי; ש״ך חושן משפט שפו, ד; אולם עיין רא״ש, יג; ים של שלמה, יט). וכן נראה גם מדברי הרמב״ם (ראה סמ״ע שם, א; ש״ך שם; ביאור הגר״א שם, ב ר־שצו, ח; אך עיין קצות החושן שם, ב). אולם דעת הרבה ראשונים, שאף רבי מאיר מודה ש״גרמא בנזיקין״ פטור. אלא שהוא מחלק בין ״גרמא״ ל״גרמי״, ש״גרמא״ פירושו גורם נזק באופן עקיף, ואילו ״גרמי״ פירושו גורם נזק באופן ישיר יותר, ורק באופן כזה מחייב רבי מאיר לשלם (עיין תוספות בבא בתרא כב, ב ד״ה זאת אומרת; רשב״ם, בבא בתרא צד, א ד״ה נותן לו דמי חטין; רא״ש כאן יג, ובבא בתרא ב, יז; מאירי; וראה שם לביאור הדעות השונות בחילוק שבין ״גרמא״ ל״גרמי״; לדיון נרחב בנושא זה עיין רמב״ן, קונטרס דינא דגרמי). ויש סוברים שבעיקר הדין אין חילוק בין ״גרמא״ ל״גרמי״, ומדין תורה בשניהם פטור המזיק. אלא שרבי מאיר סובר שבנזק שכיח קנסו חכמים את המזיק, וחייבוהו לשלם. ולכן נוקטת הגמרא שרבי מאיר **״דן** דינא דגרמי״, דהיינו דן שיש לקנוס את המזיק לחבירו ב״גרמי״ (עיין תוספות שם בשם ריצב״א; ש״ך שם, א).

יש להדגיש שרבי שמעון ורבי מאיר מחייבים את המזיק לשלם מטעמים שונים. שרבי שמעון מחייבו משום שהוא כמזיק גמור, שכן לדעתו הדבר שניזוק נחשב כדבר שגופו ממון. ואילו רבי מאיר אינו מחייב מטעם זה, אלא שהוא סובר שניתן לחייב את המזיק על הנזק שנגרם בעקבות מעשיו, אף אם הדבר שניזוק אינו נחשב ממון כלל. [ולדוגמא, במקרה שעליו דיבר רבי מאיר, שבעל הכרם גרם לכך שתבואתו של חבירו תאסר בהנאה, לא ניתן לחייבו כלל מטעמו של רבי שמעון, שהרי התבואה שהזיק ודאי נחשבת ממון גמור, אלא שמאחר שלא הזיק באופן ישיר אלא באופן עקיף אינו נחשב למזיק בידים, ואף על פי כן סובר רבי מאיר שניתן לחייבו על גרימת הנזק.] ולכן למרות שלמסקנת הגמרא לעיל שטר אינו נחשב כדבר הגורם לממון, ומטעמו של רבי שמעון לא ניתן לחייב את השורפו לשלם, מכל מקום לדעת רבי מאיר ניתן לחייבו לשלם על הנזק שנגרם בעקבות מעשיו, אף על פי שמעשה הנזק היה בדבר שאינו נחשב ממון כלל (קצות החושן שפו, א; ועיין תוספות לעיל עא, ב ד״ה וסבר לה; ראה גם רמב״ן בתחילת קונטרס דינא דגרמי הסובר שרבי שמעון חולק על רבי מאיר ואינו מחייב מזיק ב״גרמי״; אולם עיין ש״ך שם, א).

גם לדעה זו, שהשורף חייב לשלם, היינו דוקא אם מודה שהשטר ששרף היה מקויים, וכך וכך היה כתוב בו, ומחמת ששרפו אין המלוה יכול לגבות את חובו. אבל אם אינו מודה בכך, אין הוא חייב לשלם אלא את דמי הנייר (ראה רי״ף לה, א בדפיו; רמב״ם, הלכות חובל ומזיק ז, ט; שיטה מקובצת בשם הרמ״ה; מאירי). וכמו כן אין כוונת הדברים שהשורף חייב לשלם את כל הסכום הנקוב בשטר, אלא שחייב לשלם את שוויו של השטר אילו היה נמכר לאדם אחר לגבותו מהלוה [סכום זה נקבע על פי הזמן שנותר עד לזמן הפרעון של החוב, ועל פי הסיכון שיש בחוב זה שלא יוכלו לגבותו, וכדומה לזה], שזה הוא ההפסד האמיתי של המלוה (ראה שיטה מקובצת בשם הרמ״ה; ש״ך, חושן משפט שפו, יד).

13. רש״י בכתובות (פו, א ד״ה ומאן דלא דאין) כותב שמחלוקת זו נשנית במסכתנו בפרק אחרון (וראה בשיטה מקובצת שם הדן באריכות בבאור כוונתו). ויש שכתבו שכוונת אמימר לתנא בברייתא שהובאה לעיל (לג, ב), האומר שבעליו של שור תם שהזיק, שמכר או שחט את שורו, ועל ידי כך אין לניזק ממה לגבות את נזקו, אינו חייב לשלם על ההפסד שגרם לו (תוספות להלן ק, א ד״ה מחיצת; לדעה נוספת ראה רמב״ן, בתחילת קונטרס דינא דגרמי; עיין גם רש״י לעיל נה, ב ד״ה פטור מדיני אדם, ובש״ך חושן משפט שפו, ד בביאור דעתו).

14. אמנם ההלכה כדעת רבי מאיר שמזיק ב״גרמי״ חייב לשלם, ולכן השורף שטר של חבירו חייב לשלם את כל דמי השטר (רי״ף לה, א בדפיו; רמב״ם הלכות חובל ומזיק ז, ט; מאירי; שלחן ערוך חושן משפט שפו, א-ב).

יש סוברים שכשם שהוראתו של רבה שהשורף שטר של חבירו פטור, תלויה במחלוקת האם המזיק ב״גרמי״ חייב לשלם, כך גם שאר הוראותיו של רבה בסוגייתנו תלויות במחלוקת זו. ולפיכך להלכה הדין הוא שהזורק מטבע של חבירו לים הגדול, והשף מטבע של חבירו, והצורם אוזן פרתו של חבירו, חייבים לשלם את ההפסד שגרמו לבעלים (רי״ף שם; רמב״ם שם; רמב״ן, קונטרס דינא דגרמי ד״ה ומה שהקשינו; מאירי; שלחן ערוך שם; ראה גם לעיל הערה 12, דעת הסוברים שלשיטת רבי מאיר גם מזיק ב״גרמא״ חייב לשלם). אולם יש סוברים שרק השורף שטר יש לדונו כמזיק ב״גרמי״, ולכן בדין זה אין אנו פוסקים כרבה. אבל הזורק מטבע של חבירו לים הגדול, והשף מטבע של חבירו, והצורם אוזן פרתו של חבירו, אינם נחשבים מזיק ב״גרמי״ אלא ב״גרמא״, ובדינים אלו אין חולק על רבה שהמזיק פטור מלשלם (רא״ש, יג; רמ״א שם, ג; ש״ך שם, יח).

15. רש״י. ואף ששנינו במשנה לעיל (פז, א) שקטן שחבל באחרים פטור מלשלם, היינו כשעדיין לא גדל, אבל לאחר שגדל חייב לשלם אף על נזקים שעשה בקטנותו (הגהות אשרי ח, ט בשם אור זרוע [וראה שם שציין שזו גם דעת רש״י כאן, ראה גם ביאור הגר״א חושן משפט תכד, טו]). אולם יש חולקים על כך, וסוברים שאף לאחר שגדל הקטן אין לחייבו לשלם על שהזיק בקטנותו (ראה רמב״ם, הלכות חובל ומזיק ד, כ; ים של שלמה ח, כז; שלחן ערוך, שם ח). ויש שכתבו שאף רש״י מודה לזה שאין אדם חייב לשלם על שהזיק בקטנותו, וכאן כוונתו שרב אשי שרף את השטר לאחר שהגדיל, ולכן כותב רש״י ״בילדותו״ ולא ״בקטנותו״. ומשום שהוקשה לרש״י איך אפשר שרב אשי הזיק בידים שטר של חבירו, לכן כתב שעשה זאת בימי ילדותו (שו״ת מהר״ם פדובה, צ; גדולי תרומה, שער לו ב, ו). ויש מי שכתב לבאר שאף רש״י מודה שאין הקטן חייב מעיקר הדין, אבל לפנים משורת הדין עליו לשלם לנחבל את מה שהזיקו. וכוונת הגמרא שרפרם כפה את רב אשי לנהוג לפנים משורת הדין, והיינו שכפה אותו בדברים לנהוג כך [וחלילה לומר שרב אשי הוצרך שיכפוהו לשלם, אלא הכוונה שרפרם שכנע אותו לנהוג כך] (ט״ז, אורח חיים שמג, ב; לפירוש נוסף ראה שו״ת הב״ח, סב).

אולם בכתובות (פו, א ד״ה כפייה רפרם) פירש רש״י שרב אשי היה דיין בדבר, ורצה לפטור את המזיק, ורפרם סיבבו והקיפו בראיות, עד ש״כפה״ עליו לפסוק שהמזיק חייב. וכעין זה פירש רבינו יהונתן כאן, שרב אשי היה דיין בבחרותו, ורפרם שהיה זקן ממנו כפה עליו לדון שהמזיק חייב לשלם.

16. רש״י; וראה רמב״ם, הלכות חובל ומזיק ז, ט. אולם בכתובות (שם ד״ה כי כשורא) פירש רש״י שדקדק לחייבו בכל הנזק, כמו הלוקח קורה לחקוק בה שמדקדק שתהא הקורה ישרה וחלקה.

17. והטעם לכך הוא, לפי שאיבוד ערכו מחמת איסור הנאה הוא ״היזק שאינו ניכר״, וסובר התנא של משנתנו שאינו נחשב נזק. וכיון שנחשב שלא הוזק, נמצא שלא נשתנה מכפי שהיה בשעת הגזילה, והריהו עדיין בכלל ״ ׳וְהֵשִׁיב אֶת הַגְּזֵלָה אֲשֶׁר גָּזָל׳ — כעין שגזל״, ויכול להשיבו כמות שהוא ללא תשלום נוסף (עיין גיטין נג, ב ורש״י שם ד״ה הרי שלך לפניך וד״ה ואי שמיה היזק, ותוספות שם ד״ה גזלן הוא; רש״י לעיל סו, ב ד״ה הרי שלך לפניך; עיין צו, ב הערה 32).

אי דאיכא סהדי דידעי מאי הוה בשטרא ליכתבו ליה שטרא מעליא ואי דליכא סהדי אנן מנא ידעינן אמר רבא א) תהא במאמינו אמר רב דימי בר חנינא הא דרבה מחלוקת ר"ש ורבנן היא לר"ש דאמר ב) דבר הגורם לממון כממון דמי מחייב לרבנן דאמרי דבר הגורם לממון לאו כממון דמי לא מחייב מתקיף לה רב הונא בריה דרב יהושע אימר דשמעת ליה לרבי שמעון דבר הגורם לממון כממון דמי בדבר שעיקרו ממון כדרבה דאמר רבה גזל חמץ לפני הפסח ובא אחר ושרפו במועד פטור שהכל מצווים עליו לבערו לאחר הפסח מחלוקת ר' שמעון ורבנן לרבי שמעון דאמר דבר הגורם לממון כממון דמי ב חייב לרבנן דאמרי דבר הגורם לממון לאו כממון דמי פטור בדבר שאין עיקרו ממון מי אמרינן ג) אמר אמימר מאן דדאין דינא דגרמי מגבי ביה דמי שטרא מעליא ומאן דלא דאין דינא דגרמי מגבי ביה דמי ניירא בעלמא הוה עובדא וכפייה רפרם לרב אשי ג ואגבי ביה כי כשורא לצלמא: חמץ ועבר עליו הפסח אומר לו הרי שלך לפניך: מאן תנא אומרין באיסורי הנאה הרי שלך לפניך אמר רב חסדא ר' יעקב היא דתניא ד) שור שהמית עד שלא נגמר דינו מכרו מכור הקדישו מוקדש שחטו בשרו מותר החזירו שומר לבעליו מוחזר משנגמר דינו מכרו אינו מכור הקדישו אינו מוקדש שחטו בשרו אסור החזירו שומר לבעליו אינו מוחזר רבי יעקב אומר ה) אף משנגמר דינו החזירו שומר לבעליו מוחזר מאי לאו בהא קמיפלגי דרבי יעקב סבר אומרין באיסורי הנאה הרי שלך לפניך ורבנן סברי אין אומרין באיסורי הנאה הרי שלך לפניך א"ל רבה לא דכולי עלמא אמרינן באיסורי הנאה הרי שלך לפניך דאם כן נפלגו בחמץ בפסח אלא אמר רבה הכא בגומרין דינו של שור שלא בפניו קא מיפלגי רבנן סברי אין גומרין דינו של שור שלא בפניו דאמר ליה אי אייתיתיה ניהליה הוה מעריקנא ליה לאגמא השתא מסרתיה ביד מאן דלא מצינא לאישתעויי דינא בהדיה ור' יעקב סבר גומרין דינו של שור שלא בפניו דאמר ליה מאי עבדי ליה סוף סוף הוה גמרי ליה דינא שלא בפניו אשכחיה רב חסדא לרבה בר שמואל א"ל תנית מידי באיסורי הנאה אמר ליה אין תנינא ו) א) והשיב את הגזלה מה תלמוד לומר אשר גזל יחזיר כעין שגזל מכאן אמרו גזל מטבע ונפסל פירות והרקיבו יין [א] ז) והחמיץ תרומה ונטמאת חמץ ועבר עליו הפסח בהמה ונעבדה בה עבירה ושור עד שלא נגמר דינו אומר לו הרי שלך לפניך מאן שמעת ליה דאמר עד שלא נגמר דינו אין משנגמר דינו לא רבנן וקתני חמץ ועבר עליו הפסח אומר לו הרי שלך לפניך א"ל ח) אי משכחת להו לא תימא להו ולא מידי: פירות והרקיבו אומר לו הרי שלך לפניך: והתנן פירות והרקיבו משלם כשעת הגזילה אמר רב פפא ד כאן שהרקיבו כולן כאן שהרקיבו מקצתן: **מתני'** ה נתן לאומנין לתקן וקלקלו חייבין לשלם נתן לחרש שידה תיבה ומגדל לתקן וקלקל חייב לשלם ו והבנאי שקיבל עליו לסתור את הכותל ושיבר האבנים או שהזיקן חייב לשלם היה סותר מצד זה ונפל מצד אחר פטור ואם מחמת המכה חייב: **גמ'** אמר רב אסי לא שנו אלא שנתן לחרש שידה תיבה ומגדל לנעץ בהן מסמר ונעץ בהן מסמר ושיברן אבל נתן לחרש עצים לעשות שידה תיבה ומגדל ועשה מהן שידה תיבה ומגדל ושיברן פטור מאי טעמא אומן קונה בשבח כלי תנן נתן לאומנין וקלקלו חייבין לשלם מאי לאו ז דיהיב להו עצים לא שידה תיבה ומגדל הא מדקתני סיפא שידה תיבה ומגדל מכלל דרישא עצים אמרי פרושי קא מפרש לה כיצד נתן לאומנין לתקן וקלקלו חייבין לשלם כגון שנתן לחרש שידה תיבה ומגדל והכי נמי מסתברא דכיצד קתני דאי סלקא דעתך רישא עצים השתא אשמעינן עצים חייבין לשלם ולא אמרינן אומן קונה בשבח כלים שידה תיבה ומגדל מבעיא אי משום הא לא איריא תנא סיפא לגלויי רישא שלא תאמר רישא שידה תיבה ומגדל אבל עצים לא תנא סיפא שידה תיבה ומגדל מכלל דרישא עצים ואפ"ה חייב לשלם לימא מסייע ליה ט) הנותן צמר לצבע

רש"י

מנא ידעינן. מאי הוי כתיב ביה ומאי בעי למיתבי ולא אצטריך ליה למימר דפטור: במאמינו. י) בעל השטר לשורף בכל מה שאומר שכך היה כתוב ביה ואפ"ה פטור: דר"ש. בפרק מרובה (לעיל דף עד:) גבי קדשים שחייב באחריותן כו': במועד. בזמן ביעורו בו' שעות ודכוותה בפסחים (דף י:) לא בדק בתוך המועד יבדוק לאחר המועד: לר"ש חייב. האי ששרפו לשלם לגזלן דמיהס דדבר הגורס לממון הוא שאס היה בעין היה מחזירו גזלן לבעליו ופטור דתנן לעיל (דף נו:) גזל חמץ ועבר עליו הפסח אומר לו הרי שלך לפניך ועכשיו שאין בעין יחזיר דמיס לבעליו ובחמץ בפסח הוא דאמרינן הכי משום דעיקרו כלומר בתחלתו ממון הוי ועכשיו אע"פ שאינו שוה כלוס גורס לממון הוא אבל בשטרי דמעולס לא היה גופו ממון מי שמעת ליה: מאן דדאין דינא דגרמי. ר"מ היא (בהגוזל בתרא) [לקמן] (דף ק.): מגבי ליה. מן השורף כל השטר שהרי גרמו להפסיד: ואכפייה רפרם לרב אשי. ששרף שטר חבירו בילדותו: ואגבי מיניה. גודיינא מעליא כל מה שכתוב בשטר: כי כשורא לצלמא. פרעון גמור מן העידית כקורה זו הנבחרת מאלף קורות לתקן בה צורה ודיוקנאות: שור שהמית. את האדס ומכרו עד שלא נגמר דינו: מכור. ולא יסקל דבעינן מיתה והעמדה בדין שיהא שוין כאחד בפרק שור שנגח ד' וה' (א): החזירו שומר לבעליו מוחזר. ופטור שומר: דכ"ע אומרים באיסורי הנאה כו'. ומתניתין דחמץ בפסח אפי' לרבנן: דאם כן. דלרבנן אין אומרים אדמפלגי בשור לגבי שומר ליפלגו נמי לגבי גזל חמץ ועבר עליו הפסח (ב) אבל הכא בשור שהמית הוא דאמר אין מוחזר משום דאמר ליה האי איסור הנאה לאו איסור דאתי עליה ממילא הוא כגון חמץ בפסח אלא את קטלתיה בידים שהבאתו לב"ד דאי הוה גבאי הנא מעריקנא ליה לאגמא כו' אבל סיפא דמתניתין ודאי רבי יעקב היא ולא רבנן דקתני או שהיתה יוצאה ליסקל אומר לו הרי שלך לפניך: אשכחיה רב חסדא כו'. רב חסדא מהדר אמתני' דניהוי בה פלוגתא אחמץ בפסח לאוקמא למילתיה דטעמא דרבנן משום דאין אומרים באיסורי הנאה הרי שלך לפניך: אי משכחת להו. לבני הישיבה: לא תימא להו ולא מידי. משום דחזו דמשכחי תיובתא למילתי: שידה. ארגז של עגלה העשויה למרכב נשים: והקדיחו

תוספות

נכתוב ליה שטרא. לא שייך הכא מפיהס ולא מפי כתבס ולא בההיא דתנן בגט פשוט (ב"ב דף קסח.) מי שנמחק שטר חובו דעדים החתומים על השטר נעשה כמי שנחקרה עדותן בב"ד והוי כאילו אמרי הני עדים ראינוס שנחקרו עדותן בב"ד ובפ"ב דכתובות (דף כ.) הארכתי ל): פרושי קמפרש כיצד כו'. תימה דלא פריך אי הכי חייבין תרי זימני למ"ל כדפריך בפרק קמא דסנהדרין (דף ג. ושם מ)) אי הכי שלשה שלשה למה לי ובכמה מקומות דייק ובכמה מקומות לא דייק נ):

עין משפט נר מצוה

נט א מיי' פ"ז מהל' חובל ומזיק הלכה ט סמג עשין קע טוש"ע ח"מ סימן שפו סעיף ב:
ס ב מיי' פ"ג מהלכות גזילה הלכה ה סמג עשין עג טוש"ע ח"מ סימן שסג סעיף ב:
סא ג מיי' פ"ז מהל' חובל ומזיק הלכה ט סמג עשין ע טוש"ע ח"מ סימן שפו סעיף ב [רב אלפס כאן ובסוף פ"ב דף יג.]:
סב ד מיי' פ"ג מהל' גזילה הלכה ד סמג עשין עג טוש"ע ח"מ סי' שסג סעיף א:
סג ה מיי' פ"י מהל' שכירות הלכה ד סמג עשין פ"ט טוש"ע ח"מ סימן שו סעיף ב:
סד ו מיי' פ"ו מהלכות חובל ומזיק הל' יא סמג עשין פט טוש"ע ח"מ שם בהג"ה וסי' שפד סעיף ג:
סה ז מיי' פ"י מהלכות שכירות הלכה ד סמג עשין פט טוש"ע ח"מ סימן שו סעיף ב:

ליקוטי רש"י

תהא במאמינו. הא דקתני פטור במאמינו [ב"מ לה.]. מאן דדאין דינא דגרמי. המחייב את הגורס הפסד לחבירו. מגבי ביה. בהאי שטרא. דמי שטרא מעליא. כל החוב שבתוכו. ומאן דלא דאין. פלוגתייהו בבבא קמא בפרק בתרא (דף קטז:) ורבי מאיר אית ליה דינא דגרמי כדתניא (שם דף ק:) נתייאש הימנה ולא גדרה הרי זה קידש וחייב באחריותו גבי כלאים וקי"ל כוותיה. וכפייה רפרם לרב אשי. שבא הדין לפני רב אשי וסיבבו והקיפו בראיות ואגבי מדינא דגרמי. כי כשורא לצלמא. כלומר גיבוי גמור כל ההפסד דקדק בו כאשר ידקדק הלוקח קורה לצור בו צורות שלוקח ישרה וחלקה [כתובות פו.]. אם עד שלא נגמר דינו מכרו מכור. ואפילו לרבנן דלא דרשי בבעליו דנהוי מיתה והעמדה בדין כאחד ומיחייב קטלא [לעיל מד:]. מכור. הוא לרדיא. הקדישו מוקדש. ונפקא מיניה דאי מיתהני מיניה מעל. מוחזר. ואע"ג דסקלי ליה כי דינא הוי שומר פטור דהא כשהחזירו שור מעליא הוא. אינו מוקדש. דלאו ברשותיה דמריה קאי לאקדושיה. אין אומרים באיסורי הנאה הרי שלך לפניך. ונפקא מיניה לגזל חמץ ועבר עליו הפסח והחזירו אינו מוחזר [לעיל מה.]. רבי יעקב אומר וכו' מוחזר. דאמר ליה תורא אשלמת לי תורא אשלימית לך [כתובות לד.]. דאם כן. דלרבנן אין אומרין. נפלגו. רבנן בחמץ בפסח ולימרו דחייב ואנן קיימא לן בהגוזל עצים (לקמן לח:) דלרבנן אומר לו הרי שלך לפניך דקתני גזל ועבר עליו הפסח והחזירו וכן שור עד שלא נגמר דינו אומרין לו הרי שלך לפניך אבל משנגמר לא והא סברא לרבנן הוא דשמיעא להו וקתני דבחמץ בפסח מודו דאמרינן באיסורי הנאה הרי שלך לפניך אלא דכולי עלמא אמרינן באיסורי הנאה הרי שלך לפניך היכא דלאיסורא ממילא אתא ליה כגון חמץ בפסח ולא מצי א"ל האי לאו מידי הוא אבל הכא משום הכי אמרי רבנן אינו מוחזר דאמר ליה אתפסתיה לתוראי כו' והזיקא דבידים הוא שהביאו לבי דינא והאי דנקט אי אהדרתיה ניהליה לאו משום דחיובא דלא אהדריה הוא דא"כ בחמץ בפסח נמי לימא ליה אי אהדרתיה ניהלי הוה אכילנא ליה ועוד דלר' יעקב נמי נהי דגומרים דינו של שור שלא בפניו נימא ליה אי אהדרתיה ניהלי הוה שחיטנא ליה אלא אדלא אהדריה לא מחייבי ליה רבנן דהא קמהדר ליה השתא ואמרינן באיסורי הנאה הרי שלך לפניך אלא חיוביה משום דהוליכו לב"ד בידים והכי קאמר ליה לא היה לך להוליכו לב"ד דאי הוה בידי הוה מערקנא ליה מינייהו. סוף סוף הוה גמרי ליה דינא שלא בפניו. הלכך הוה ליה הזיקא דממילא ולא בידים [לעיל מה.]. לא תימא להו. להאי מילתא דמיכספי לי [עירובין לט:].

מסורת הש"ס

א) [ב"מ לה.], ב) [לעיל עא: לקמן קה: פסחים ה: וש"נ], ג) כתובות פו. [לקמן ק.], ד) [לעיל מד:], ה) לעיל [מה.] עא: [כתובות לד.], ו) [לעיל סו. וש"נ], ז) גי' ס' ח"מ בשם תוספתא ונתנסך וע"ש, ח) [עירובין יא: לט:], ט) לקמן ק:, י) בית"ש גרס השורף לבעל השטר, כ) [ד"ה ור"י], ל) [ועיין תוספות ב"ב קע: ד"ה אין], מ) [ד"ה ועוד], נ) [ועיין תוספות בכורות לא: ד"ה א"כ].

הגהות הב"ח

(א) רש"י ד"ה מכור וכו' מיתה והעמדה בדין וכו' בפרק שור שנגח. נ"ב סוף דף מד ופ"ק דף יג: (ב) ד"ה דאם כן וכו' הפסח הס"ד ואח"כ מה"ד אלא הכא:

הגהות הגר"א

[א] גמ' יין והחמיץ. רשום קו על תיבת והחמיץ ונ"ב והקריס:

תורה אור השלם

א) וְהָיָה כִּי יֶחֱטָא וְאָשֵׁם וְהֵשִׁיב אֶת הַגְּזֵלָה אֲשֶׁר גָּזָל אוֹ אֶת הָעֹשֶׁק אֲשֶׁר עָשָׁק אוֹ אֶת הַפִּקָּדוֹן אֲשֶׁר הָפְקַד אִתּוֹ אוֹ אֶת הָאֲבֵדָה אֲשֶׁר מָצָא: [ויקרא ה, כג]

מַאן — מי הוא **הַתָּנָא** של משנתנו הסובר ש**אוֹמְרִין בְּאִיסּוּרֵי הֲנָאָה "הֲרֵי שֶׁלְּךָ לְפָנֶיךָ"**? **אָמַר רַב חִסְדָּא:** לפי דעת **רַבִּי יַעֲקֹב הִיא** שנויה. **דְּתַנְיָא** בברייתא: **שׁוֹר שֶׁהֵמִית** אדם, **עַד שֶׁלֹּא נִגְמַר דִּינוֹ** של השור בבית דין להיסקל[18], אם **מְכָרוֹ** בעליו לאדם אחר הריהו **מָכוּר**, ואם **הִקְדִּישׁוֹ** הריהו **מוּקְדָּשׁ**[19]; אם **שְׁחָטוֹ, בְּשָׂרוֹ מוּתָּר** בהנאה; ואם הרג השור כשהיה ברשות שומר, **וְהֶחֱזִירוֹ הַשּׁוֹמֵר לִבְעָלָיו** לפני שנגמר דינו לסקילה, הריהו **מוּחְזָר**, כלומר השומר יצא בכך ידי חובת השבת השור לבעלים, ופטור מלשלם דמיו[20]. אולם **מִשֶּׁנִּגְמַר דִּינוֹ** של השור, אם **מְכָרוֹ** בעליו, **אֵינוֹ מָכוּר**; ואם **הִקְדִּישׁוֹ, אֵינוֹ מוּקְדָּשׁ**[21]; אם **שְׁחָטוֹ, בְּשָׂרוֹ אָסוּר** בהנאה; ואם **הֶחֱזִירוֹ שׁוֹמֵר לִבְעָלָיו, אֵינוֹ מוּחְזָר**, כלומר, השומר לא יצא בכך ידי חיוב השבת השור, והוא חייב לשלם לבעלים את דמיו. **רַבִּי יַעֲקֹב אוֹמֵר: אַף מִשֶּׁנִּגְמַר דִּינוֹ** של השור, אם **הֶחֱזִירוֹ הַשּׁוֹמֵר לִבְעָלָיו**, הריהו **מוּחְזָר** — השומר יצא בכך ידי חיוב השבה, ופטור מלשלם דמיו.

רב חסדא מפרש את המחלוקת בין תנא קמא לרבי יעקב:

מַאי לַאו, בְּהָא קָמִיפַּלְגֵי — האם לא נחלקו בדבר זה דלהלן: **דְּרַבִּי יַעֲקֹב סָבַר** ש**אוֹמְרִין בְּאִיסּוּרֵי הֲנָאָה "הֲרֵי שֶׁלְּךָ לְפָנֶיךָ"**[22], **וְרַבָּנָן סָבְרֵי** — וחכמים (תנא קמא) סוברים ש**אֵין אוֹמְרִין בְּאִיסּוּרֵי הֲנָאָה "הֲרֵי שֶׁלְּךָ לְפָנֶיךָ"**[23]. נמצא שמשנתנו הסוברת שהגוזל חמץ ונאסר בהנאה מחמת שעבר עליו הפסח יכול לומר "הרי שלך לפניך", היא כדעת רבי יעקב הסובר שבאיסורי הנאה יכול לומר כן[24].

הגמרא דוחה את הנחתו של רב חסדא:

אָמַר לֵיהּ רַבָּה לרב חסדא: **לֹא**, אין לפרש כך את מחלוקתם. אלא **דְּכוּלֵּי עָלְמָא אַמְרִינַן** — לדברי הכל אומרים **בְּאִיסּוּרֵי הֲנָאָה "הֲרֵי שֶׁלְּךָ לְפָנֶיךָ"**. **דְּאִם כֵּן** כדבריך, שחכמים חולקים על כך, **נִפְלְגוּ** — שיחלקו אף **בְּחָמֵץ בְּפֶסַח**, כלומר בגוזל חמץ ועבר עליו הפסח. וכיון שלא שמענו שחכמים חולקים גם במקרה זה, מוכח שכאן הם מודים לרבי יעקב.

לכן מסיק רבה:

אֶלָּא אָמַר רַבָּה: הָכָא — כאן, בענין שור שנגמר דינו לסקילה, **בְּגוֹמְרִין דִּינוֹ שֶׁל שׁוֹר שֶׁלֹּא בְּפָנָיו קָא מִיפַּלְגֵי** — הם נחלקו בשאלה אם בית דין גומרים את דינו של השור לסקילה כאשר השור אינו נוכח בבית דין[25]. **רַבָּנָן סָבְרֵי** — חכמים סוברים ש**אֵין גּוֹמְרִין דִּינוֹ שֶׁל שׁוֹר שֶׁלֹּא בְּפָנָיו**, ולפיכך אינו יכול לומר במקרה זה "הרי שלך לפניך", **דְּאָמַר לֵיהּ** — לפי שבעל השור אומר לשומר: **"אִי אַיְיתִיתֵיהּ נִיהֲלֵיהּ הֲוָה מַעֲרִיקְנָא לֵיהּ לְאַגְמָא** — אילו היית מביא לי את השור, הייתי מבריח אותו לאגם ובית דין לא היו יכולים לגמור את דינו לסקילה. **הַשְׁתָּא מְסַרְתֵּיהּ בְּיַד מַאן דְּלָא מָצֵינָא לְאִישְׁתַּעוּיֵי דִּינָא בַּהֲדֵיהּ** — אולם עכשיו מסרת אותו ביד מי שאיני יכול לעמוד עמו בדין". כלומר, אתה הבאת את השור לבית דין, ובגללך נגמר דינו לסקילה והוא נאסר בהנאה ללא אפשרות להיפטר מכך, נמצא שהזקת אותו בידים[26]. **וְרַבִּי יַעֲקֹב סָבַר** ש**גּוֹמְרִין דִּינוֹ שֶׁל שׁוֹר** אפילו **שֶׁלֹּא בְּפָנָיו**. לפיכך הוא פוטר את השומר מלשלם דמי השור משום **דְּאָמַר לֵיהּ** השומר לבעלים: **"מַאי עַבְדִי לֵיהּ** — מה עשיתי לשור? **סוֹף סוֹף הֲוָה גָּמְרֵי לֵיהּ דִּינָא** — היו בית דין גומרים את דינו לסקילה **שֶׁלֹּא בְּפָנָיו**, נמצא שלא אני עשיתי היזק זה"[27].

הערות

18. שור שהמית אדם נסקל, ואסור בהנאה (שמות כא, כח, ונזכר לעיל צו, ב הערה 31). וצריך לדונו בבית דין של עשרים ושלשה דיינים כדי לפסוק עליו חיוב סקילה (סנהדרין ב, א).

19. [דבר האסור בהנאה נחשב ש"אינו ברשותו" של הבעלים למכרו או להקדישו (רש"י מה, א ד"ה אינו מוקדש, ראה שם הערה 7). אולם כל זמן שלא נגמר דינו של השור למיתה, לא נאסר בהנאה, ולפיכך המכר או ההקדש קיימים.] ומועילים המכירה וההקדש לגמרי, שנפטר השור מסקילה וזוכים בו הקונה או ההקדש לכל שימושיו. שאין ממיתים את השור אלא אם כן היו "מיתה והעמדה בדין שוין כאחד", דהיינו שיהא ברשות אותם בעלים משהמית את האדם עד שנגמר דינו לסקילה, כפי שלמדנו לעיל מד, ב (רש"י ד"ה מכור, לענין מכירה, והוא הדין לענין הקדש). [רש"י מפרש את הברייתא כדעת רבי יהודה לעיל מד, ב, וכפי שפירש רש"י שם את דעתו, ששור שנמכר או הוקדש לאחר שהמית פטור מסקילה. ואילו חכמים סוברים שהשור נסקל בכל מקרה. ולעיל מד, ב — מה, א פירש רש"י את הנפקא מינה במכירה ובהקדש באופן המתיישב גם לדעת חכמים. עיין רש"ש. וראה עוד מד, ב הערה 43.]

20. רש"י. אף על פי [שהשור הרג בפשיעת השומר, ואם יופסד השור כתוצאה מכך עליו יהיה לשלם, וגם] עתידים בית דין להוציא את השור מידי הבעלים ולדונו לסקילה, אין השומר חייב בתשלומין, כיון שבשעה שהשיבו לבעליו עדיין לא נאסר והוא בעל ערך (רש"י לעיל מה, א ד"ה מוחזר).

21. שמשעה שנגמר דינו לסקילה הוא נאסר בהנאה, ודבר האסור בהנאה אינו ברשות בעליו [למכרו או] להקדישו (רש"י לעיל מה, א; אולם עיין תוספות שם ד"ה מכור בשם רבינו תם).

22. משום שלדעתו היזק שאינו ניכר אינו נחשב נזק. הלכך, אף שהשור איבד את ערכו מחמת פשיעת השומר, אין השומר חייב לשלם על כך, כיון שסוף סוף החזיר את גוף השור, שלא השתנה מכפי שהיה בשעה שקיבלו לשמירה, כיון שלא נחשב שהוזק (עיין לעיל הערה 17).

23. לפי שהם סוברים שהיזק שאינו ניכר נחשב נזק, ונמצא שהשתנה השור מכפי שהיה כשקיבלו לשמירה. הלכך השבת גוף השור אינה פוטרתו מאחריותו על ההיזק של איבוד ערכו שאירע מחמת פשיעתו של השומר, וחייב לשלם את דמיו (ראה לעיל הערה 17).

24. בין גזלן ובין שומר חייבים להשיב את החפץ כפי שהיה, ואם נעשה בו שינוי חייב לשלם את דמי החפץ. [אמנם שומר חייב באחריות החפץ רק אם לא שמרו כראוי, ואילו גזלן חייב אפילו על אונסין.] הלכך, כיון שחכמים סוברים שהיזק שאינו ניכר נחשב שינוי בגוף החפץ, בין גזלן ובין שומר אינם יכולים לומר בו "הרי שלך לפניך" אם אירע לו היזק שאינו ניכר. ולדעת רבי יעקב שאינו נחשב שינוי בגוף החפץ, בין גזלן ובין שומר יכולים לומר בו "הרי שלך לפניך".

25. למרות שהגמרא מזכירה גמר דין, המחלוקת היא גם בקבלת העדות וכן בכל שאר שלבי הדין (מנחת חינוך נא, טו). הגמרא לעיל מה, א מפרשת את טעמי מחלוקתם.

26. לדעת רבה, חכמים מודים שאומרים באיסורי הנאה "הרי שלך לפניך" [משום שהיזק שאינו ניכר אינו נחשב היזק, שלא כהנחת רב חסדא לעיל בדעת חכמים] (ראה לעיל הערה 17). אך כל זה באיסורים שחלו ממילא (דהיינו שלא על ידי מעשה השומר או הגזלן), כגון איסור חמץ, שחל מאליו בהגיע הפסח, או בשור שהמית ותפסוהו בית דין שלא על ידי השומר. אבל כאן מדובר שהשומר עצמו הביא את השור לבית דין, ונחשב שהזיקו בכך בידים, כיון שאילו במקום זה היה משיבו לבעלים, הם היו מבריחים אותו ולא היו בית דין יכולים לגמור את דינו שלא בפניו. לפיכך סוברים חכמים שבמקרה זה אינו יכול להשיבו כמות שהוא ולומר "הרי שלך לפניך", אלא חייב לשלם את דמיו (עיין רש"י כאן ולעיל מה, א).

[אולם אין כוונת רש"י שמחייבים את השומר מתורת 'מזיק', שהרי סוף סוף זה היזק שאינו ניכר, שאינו נחשב נזק אף לדעת חכמים, ולא חייבה התורה לשלם על היזק כזה, וגם מדרבנן קנסו לשלם רק במקרים מסויימים, כגון במטמא טהרותיו של חבירו (ראה משנה גיטין נב, ב; שם ריש נג, א ורש"י שם ד"ה קנסא הוא וד"ה וקנסא מקנסא לא ילפינן; וראה עוד במצויין לעיל מה, א הערה 13). אלא הכוונה היא שכאשר השומר [או הגזלן] הזיק את החפץ בידים, אפילו אם הזיקו בהיזק שאינו ניכר אינו יכול לקיים בו חובת השבה (תרומת הכרי שסג, א ד"ה ולדעתי; שו"ת חתם סופר אורח חיים קה ד"ה והנה בהא; אולם עיין קהלות יעקב לא).

להסבר מדוע אין השומר יכול לטעון שעשה את המוטל עליו כשמסר שור לבית דין לקיים בו דין סקילה שחייבתו התורה, ראה לעיל מה, א הערה 12.

27. כלומר, כיון שבית דין היו גומרים את דין השור לסקילה גם אלמלא מסרו השומר להם, אינו נחשב איסור הבא על ידי מעשה בידים של השומר, אלא איסור הבא ממילא, כחמץ שעבר עליו הפסח. וכיון שזה היזק שאינו ניכר שאירע ללא מעשה השומר, יכול לומר "הרי שלך לפניך" ולפטור את עצמו מן התשלומין (רש"י מה, א).

לפי רבה יוצא שהשומר חייב לפי חכמים אפילו אם השור לא הרג מתחילה מתוך פשיעת השומר, שהפשיעה שפשע בשמירתו כשמסרו לבית דין לאחר שהמית מחייבתו בתשלומין (ואינו יכול להיפטר מן התשלומין על ידי טענת "הרי שלך לפניך" כיון שהזיקו בידים, אפילו שזה היזק שאינו ניכר). ואילו לפי רבי יעקב פטור אפילו אם השור הרג מתחילה מתוך פשיעת השומר, כיון שיכול לומר "הרי שלך לפניך" (ראה פני יהושע לעיל מה, א, וראה עוד שם הערה 14).

רש"י מציין, שאף שאמר רבה שהדין של הגוזל חמץ ועבר עליו השנוי במשנתנו, הוא אפילו לדעת חכמים, הדין האחרון של המשנה, שיכול לומר "הרי שלך לפניך" בשור היוצא לסקילה, על כרחך הוא לדעת רבי יעקב ולא לפי חכמים. שהרי חכמים סוברים שמשנגמר דין השור לסקילה, אין הגזלן יכול לומר בו "הרי שלך לפניך". [לכאורה רש"י היה יכול לפרש דין זה גם לדעת חכמים, במקרה שבית דין תפסו את השור, שכיון שלא נאסר על ידי מעשה הגזלן גם חכמים מודים שיכול לומר "הרי שלך לפניך" (לדעת רש"י, ראה הערה הקודמת). אלא שרש"י העדיף לפרש את המקרה של המשנה של שור שנגמר דינו לסקילה בדומה למקרה של הברייתא, שהשומר מסר את השור לבית דין, ולכן הוצרך לומר שדין זה אינו שנוי לדעת חכמים (תוספות מה, א ד"ה השתא).]

אי דאיכא סהדי דידעי מאי הוה בשטרא ליכתבו ליה שטרא מעליא ואי דליכא סהדי אנן מנא ידעינן אמר רבא (א) א תהא במאמינו אמר רב דימי בר חנינא הא דרבה מחלוקת ר"ש ורבנן היא לר"ש דאמר ג דבר הגורם לממון כממון דמי מחייב לרבנן דאמרי דבר הגורם לממון לאו כממון דמי לא מחייב מתקיף לה רב הונא בריה דרב יהושע אימר דשמעת ליה לרבי שמעון דבר הגורם לממון כממון דמי בדבר שעיקרו ממון כדרבה דאמר רבה גזל חמץ לפני הפסח ובא אחר ושרפו במועד פטור שהכל מצווים עליו לבערו לאחר הפסח מחלוקת ר' שמעון ורבנן לרבי שמעון דאמר דבר הגורם לממון כממון דמי ב חייב לרבנן דאמרי דבר הגורם לממון לאו כממון דמי פטור בדבר שאין עיקרו ממון מי אמרינן ג אמר אמימר מאן דדאין דינא דגרמי מגבי ביה דמי שטרא מעליא ומאן דלא דאין דינא דגרמי מגבי ביה דמי ניירא בעלמא הוה עובדא וכפייה רפרם לרב אשי ד ואגבי ביה כי כשורא לצלמא: חמץ ועבר עליו הפסח אומר לו הרי שלך לפניך: מאן תנא אומרין באיסורי הנאה הרי שלך לפניך אמר רב חסדא ר' יעקב היא דתניא ה שור שהמית עד שלא נגמר דינו מכרו מכור הקדישו מוקדש שחטו בשרו מותר החזירו שומר לבעליו מוחזר משנגמר דינו מכרו אינו מכור הקדישו אינו מוקדש שחטו בשרו אסור החזירו שומר לבעליו אינו מוחזר רבי יעקב אומר ו אף משנגמר דינו החזירו שומר לבעליו מוחזר מאי לאו בהא קמיפלגי דרבי יעקב סבר אומרין באיסורי הנאה הרי שלך לפניך ורבנן סברי אין אומרין באיסורי הנאה הרי שלך לפניך א"ל רבה לא דכולי עלמא אמרינן באיסורי הנאה הרי שלך לפניך דאם כן נפלגו בחמץ בפסח אלא אמר רבה הכא בגומרין דינו של שור שלא בפניו קא מיפלגי רבנן סברי אין גומרין דינו של שור שלא בפניו דאמר ליה אי אייתיתיה ניהליה הוה מעריקנא ליה לאגמא השתא מסרתיה ביד מאן דלא מצינא לאשתעויי דינא בהדיה ור' יעקב סבר גומרין דינו של שור שלא בפניו דאמר ליה מאי עבידי ליה סוף סוף הוה גמרי ליה דינא שלא בפניו אשכחיה רב חסדא לרבה בר שמואל א"ל תנית מידי באיסורי הנאה אמר ליה אין תנינא ז א והשיב את הגזלה מה תלמוד לומר אשר גזל יחזיר כעין שגזל מכאן אמרו גזל מטבע ונפסל פירות והרקיבו יין [א] ח והחמיץ תרומה ונטמאת חמץ ועבר עליו הפסח בהמה ונעבדה בה עבירה ושור עד שלא נגמר דינו אומר לו הרי שלך לפניך מאן שמעת ליה דאמר עד שלא נגמר דינו אין משנגמר דינו לא רבנן וקתני חמץ ועבר עליו הפסח אומר לו הרי שלך לפניך א"ל ט אי משכחת להו לא תימא להו ולא מידי: פירות והרקיבו אומר לו הרי שלך לפניך: והתנן פירות והרקיבו משלם כשעת הגזילה אמר רב פפא י כאן שהרקיבו כולן כאן שהרקיבו מקצתן: **מתני'** ה נתן לאומנין לתקן וקלקלו חייבין לשלם נתן לחרש שידה תיבה ומגדל לתקן וקלקל חייב לשלם ו והבנאי שקיבל עליו לסתור את הכותל ושיבר האבנים או שהזיק חייב לשלם היה סותר מצד זה ונפל מצד אחר פטור ואם מחמת המכה חייב: **גמ'** אמר רב אסי לא שנו אלא שנתן לחרש שידה תיבה ומגדל לנעץ בהן מסמר ונעץ בהן מסמר ושיברן אבל נתן לו עצים לחרש לעשות שידה תיבה ומגדל ועשה מהן שידה תיבה ומגדל ושיברן פטור מאי טעמא אומן קונה בשבח כלי תנן נתן לאומנין וקלקלו חייבין לשלם מאי לאו ז דיהיב להו עצים לא שידה תיבה ומגדל הא מדקתני סיפא שידה תיבה ומגדל מכלל דרישא עצים אמרי פרושי קא מפרש לה כיצד נתן לאומנין לתקן וקלקלו חייבין לשלם כגון שנתן לחרש שידה תיבה ומגדל והכי נמי מסתברא דכיצד קתני דאי סלקא דעתך רישא עצים השתא אשמעינן עצים חייבין לשלם ולא אמרינן אומן קונה בשבח כלים שידה תיבה ומגדל מבעיא אי משום הא לא איריא תנא סיפא לגלויי רישא שלא תאמר רישא שידה תיבה ומגדל אבל עצים לא תנא סיפא שידה תיבה ומגדל מכלל דרישא עצים ואפ"ה חייב לשלם לימא מסייע ליה ט הנותן צמר לצבע

נכתוב ליה שטרא. לא שייך הכא מפיהם ולא מפי כתבם ולא בההיא דתנן בגט פשוט (ב"ב דף קסח.) מי שנמחק שטר חובו דעדים החתומים על השטר נעשה כמי שנחקרה עדותן בב"ד והוי כאילו אמרי הני עדים לאינוס שנחקרו עדותן בב"ד ובפ"ב דכתובות (דף כ.) האריכתי ל):

פרושי קמפרש כיצד כו'. תימה דלא פריך אי הכי חייבין תרי זימני למ"ל כדפריך בפרק קמא דסנהדרין (דף ג. ושם מ) אי הכי שלשה שלשה למה לי ובכמה מקומות דייק ובכמה מקומות לא דייק נ):

מנא ידעינן. מאי הוי כתיב ביה ומאי בעי למיכתב ולא לאלטריך ליה למימר דפטור: **במאמינו.** י) בעל השטר לשורף בכל מה שאומר שכך היה כתוב ביה ואפ"ה פטור: **דר"ש.** בפרק מרובה (לעיל דף עד:) גבי קדשים שחייב באחריותן כו': **במועד.** בזמן ביעורו בו' שעות ודכוותה בפסחים (דף י:) לא בדק בתוך המועד יבדוק לאחר המועד: **לר"ש חייב.** האי ששרפו לשלם לגזלן דמיהם דדבר הגורם לממון הוא שאם היה בעין היה מחזירו גזלן לבעליו ופטור דתנן לעיל (דף צו:) גזל חמץ ועבר עליו הפסח אומר לו הרי שלך לפניך ועכשיו שאין בעין יחזיר דמים לבעליו ובחמץ בפסח הוא דאמרינן הכי משום דעיקרו כלומר בתחלתו ממון הוי ועכשיו אע"פ שאינו שוה כלום גורם לממון הוא אבל בשטרי דמעולם לא היה גופו ממון מי שמעת ליה: **מאן דדאין דינא דגרמי.** ר"מ היא (בהגוזל בתרא) [לקמן] (דף ק.): **מגבי ליה.** מן השורף כל השטר שהרי גרמו להפסיד: **ואכפייה רפרם לרב אשי.** ששרף שטר חבירו בילדותו: **ואגבי מיניה.** גודיינא מעליא כל מה שכתוב בשטר: **כי כשורא לצלמא.** פרעון גמור מן העידית כקורה זו הנבחרת מאחר קורות לתקן בה צורה ודיוקנאות: **שור שהמית.** את האדם ומכרו עד שלא נגמר דינו: **מכור.** ולא יסקל דבעינן מיתה והעמדה בדין שיהא שוין כאחד בפרק שור שנגח ד' וה' (א): **החזירו שומר לבעליו מוחזר.** ופטור שומר: **דכ"ע אומרים באיסורי הנאה כו'.** ומתניתין דחמץ בפסח אפי' לרבנן: **דאם כן.** דלרבנן אין אומרים אדמפלגי בשור לגבי שומר ליפלגו נמי לגבי גזל חמץ ועבר עליו הפסח (ב) אבל הכא בשור שהמית הוא דאמר אין מוחזר משום דאמר ליה האי איסור הנאה לאו איסור דאתי עליה ממילא הוא כגון חמץ בפסח אלא את קטלתיה בידים שהבאתו לב"ד דאי הוה גבאי אנא מעריקנא ליה לאגמא כו' אבל סיפא דמתניתין ודאי רבי יעקב היא ולא רבנן דקתני או שהיתה יוצאה ליסקל אומר לו הרי שלך לפניך: **אשכחיה רב חסדא כו'.** רב חסדא מהדר אמתני' דניהוי בה פלוגתא אחמץ בפסח לאוקמא למילתיה דטעמא דרבנן משום דאין אומרים באיסורי הנאה הרי שלך לפניך: **אי משכחת להו.** לבני הישיבה: **לא תימא להו ולא מידי.** משום דחדו דמשכחי תיובתא למילתי: **שידה.** ארגז של עגלה העשויה למרכב נשים:

והקדישו

עין משפט
נר מצוה

נט א מיי' פ"ז מהל' חובל ומזיק הלכה ט סמג עשין קע טוש"ע ח"מ סימן שפו סעיף ב:

ס ב מיי' פ"ג מהלכות גזילה הלכה ה סמג עשין עג טוש"ע ח"מ סימן שסג סעיף ב:

סא ג מיי' פ"ז מהל' חובל ומזיק הלכה ט סמג עשין ע טוש"ע ח"מ סימן שפו סעיף ב [רב אלפס כאן ובסוף פ"ב דף יג:]:

סב ד מיי' פ"ג מהל' גזילה הלכה ד סמג עשין עג טוש"ע ח"מ סי' שסג סעיף א:

סג ה מיי' פ"י מהל' שכירות הלכה ד סמג עשין פ"ט טוש"ע ח"מ סימן שו סעיף ב:

סד ו מיי' פ"ו מהלכות חובל ומזיק הל' יא סמג עשין פט טוש"ע ח"מ שם בהג"ה וסי' שפד סעיף ג:

סה ז מיי' פ"י מהלכות שכירות הלכה ד סמג עשין פט טוש"ע ח"מ סימן שו סעיף ב:

מסורת הש"ס

א) [ב"מ לה.], ב) [לעיל עא: לקמן קה: פסחים ה: וש"נ], ג) כתובות פו. [לקמן ק.], ד) [לעיל מד:], ה) לעיל [מה.] עא: [כתובות לד.], ו) [לעיל סו. וש"נ], ז) גי' ס' ת"מ בשם תוספתא ונתנסך וע"ש, ח) [עירובין יא: לט:], ט) לקמן ק:, י) בישי"ש גרס השורף לבעל השטר, כ) [ד"ה ור"י], ל) [ועיין תוספות ב"ב קע: ד"ה אין], מ) [ד"ה ועוד], נ) [ועיין תוספות בכורות לא: ד"ה א"כ].

הגהות הב"ח

(א) רש"י ד"ה מכור וכו' מיתה והעמדה בדין וכו' בפרק שור שנגח. נ"ב סוף דף מד ופ"ק דף יג: (ב) ד"ה דאם כן וכו' הפסח הס"ד ואח"כ מה"ד אלא הכא:

הגהות הגר"א

[א] גמ' יין והחמיץ. רשום קו על תיבת והחמיץ ונ"ב והקריס:

תורה אור השלם

א) וְהָיָה כִּי יֶחֱטָא וְאָשֵׁם וְהֵשִׁיב אֶת הַגְּזֵלָה אֲשֶׁר גָּזָל אוֹ אֶת הָעֹשֶׁק אֲשֶׁר עָשָׁק אוֹ אֶת הַפִּקָּדוֹן אֲשֶׁר הָפְקַד אִתּוֹ אוֹ אֶת הָאֲבֵדָה אֲשֶׁר מָצָא: [ויקרא ה, כג]

ליקוטי רש"י

תהא במאמינו. הא דקתני פטור במאמינו [ב"מ לה.]. **מאן דדאין דינא דגרמי.** המחייב את הגורם הפסד לחבירו. **מגבי ביה.** בהאי שטרא. **דמי שטרא מעליא.** כל החוב שבתוכו. **ומאן דלא דאין.** פלוגתייהו בבבא קמא בפרק בתרא (דף קטז:) ורבי מאיר אית ליה דינא דגרמי כדתניא (שם דף ק:) נתייאש הימנה ולא גדרה הרי זה קידש וחייב באחריותו גבי כלאים וקי"ל כוותיה. **וכפייה רפרם לרב אשי.** שבא הדין לפני רב אשי וסיבבו והקיפו בראיות ואגבי מדינא דגרמי. **כי כשורא לצלמא.** כלומר גיבוי גמור כל ההפסד דקדק בו כאשר ידקדק הלוקח קורה לצור בו צורות שלוקח ישרה וחלקה [כתובות פו.]. **אם עד שלא נגמר דינו מכרו מכור.** ואפילו לרבנן דלא דרשי בבעליו דנהוי מיתה והעמדה בדין כאחד ומיחייב קטלא [לעיל מד:]. **מכור.** הוא לרדיא. **הקדישו מוקדש.** ונפקא מיניה דאי מיתהני מיניה מעל. **מוחזר.** ואע"ג דסקלי ליה כי דינא הוי שומר פטור דהא כשהחזירו שור מעליא הוא. **אינו מוקדש.** דלאו ברשותיה דמריה קאי לאקדושיה. **אין אומרים באיסורי הנאה הרי שלך לפניך.** ונפקא מיניה לגזל חמץ ועבר עליו הפסח והחזירו אינו מוחזר [לעיל מה.]. **רבי יעקב אומר וכו' מוחזר.** דאמר ליה תורא אשלמת לי תורא אשלימיה לך [כתובות לד.]. **דאם כן.** דלרבנן אין אומרין. **נפלגו.** רבנן בחמץ בפסח ולימרו דחייב ואנן קיימא לן בהגוזל עצים (לקמן לח:) דלרבנן אומר לו הרי שלך לפניך דקתני גזל ועבר עליו הפסח והחזירו וכן שור עד שלא נגמר דינו אומרין לו הרי שלך לפניך אבל משנגמר לא והא סברא לרבנן הוא דשמיעא להו וקתני דבחמץ בפסח מודו דאמרינן באיסורי הנאה הרי שלך לפניך אלא דכולי עלמא אמרינן באיסורי הנאה הרי שלך לפניך היכא דאיסורא ממילא אתא ליה כגון חמץ בפסח ולא מצי א"ל האי לאו מידי הוא אבל הכא משום הכי אמרי רבנן אינו מוחזר דאמר ליה אתפסתיה לתוראי כו' והזיקא דבידים הוא שהביאו לבי דינא והאי דנקט אי אהדרתיה ניהליה לאו משום דחיובא דלא אהדריה הוא דא"כ בחמץ בפסח נמי לימא ליה אי אהדרתיה ניהלי הוה אכילנא ליה ועוד דלר' יעקב נמי נהי דגומרים דינו של שור שלא בפניו נימא ליה אי אהדרתיה ניהלי הוה שחיטנא ליה אלא אדלא אהדריה לא מחייבי ליה רבנן דהא קמהדר ליה השתא ואמרינן באיסורי הנאה הרי שלך לפניך אלא חיוביה משום דהוליכו לב"ד בידים והכי קאמר ליה לא היה לך להוליכו לב"ד דאי הוה בידי הוה מערקנא ליה מינייהו. **סוף סוף הוה גמרי ליה דינא שלא בפניו.** הלכך הוה ליה הזיקא דממילא ולא בידים [לעיל מה.]. **לא תימא להו.** להאי מילתא דמיכספי לי [עירובין לט:].

לפי זה, כאשר נאסר הדבר בהנאה מבלי שהשומר הביא לידי כך בידים, כגון בגזל חמץ ועבר עליו הפסח, לדברי הכל יכול לומר לו "הרי שלך לפניך", ומשנתנו השונה שבחמץ יכול לומר כן היא לדברי הכל. וכפי שאנו רואים שאכן לא מצאנו בשום מקום שחכמים חלקו על דין זה.

הגמרא מביאה מעשה שאמרו לרב חסדא שיש ברייתא השנויה שלא כדעתו:

אַשְׁכְּחֵיהּ — פעם אחת מצא **רַב חִסְדָּא לְרַבָּה בַּר שְׁמוּאֵל, וְאָמַר לֵיהּ: תָּנֵית מִידִי בְּאִיסּוּרֵי הֲנָאָה** — האם שנית ברייתא כלשהיא המבארת את דעת חכמים בענין אמירת "הרי שלך לפניך" בדברים שנאסרו בהנאה[28]? **אָמַר לֵיהּ** רבה בר שמואל: **אֵין תָּנֵינָא** — כן, שניתי את הברייתא דלהלן: לאחר שאמר הכתוב (ויקרא ה, כג): "**וְהֵשִׁיב אֶת הַגְּזֵלָה**", **מַה תַּלְמוּד לוֹמַר** — מדוע הוצרך לומר בהמשך אותו פסוק: "**אֲשֶׁר גָּזָל**"? ללמדנו **שֶׁיַּחֲזִיר** הגוזלן את הגזילה ויפטר מתשלום דמיה כל עוד שהיא **כְּעֵין שֶׁגָּזַל**, ולא השתנתה מכפי שהיתה בשעת הגזילה. **מִכָּאן אָמְרוּ** חכמים שאם **גָּזַל** אדם **מַטְבֵּעַ וְנִפְסַל**, או **פֵּירוֹת וְהִרְקִיבוּ**, או **יַיִן וְהֶחְמִיץ**, או **תְּרוּמָה וְנִטְמֵאת**, או **חָמֵץ וְעָבַר עָלָיו הַפֶּסַח**, או **בְּהֵמָה וְנֶעֶבְדָה בָּהּ עֲבֵירָה, וְשׁוֹר** (או שור) שהמית אדם, **עַד שֶׁלֹּא נִגְמַר דִּינוֹ** לסקילה, בכל המקרים הללו **אוֹמֵר לוֹ** הגזלן לבעלים "**הֲרֵי שֶׁלְּךָ לְפָנֶיךָ**". והנה, **מַאן שָׁמְעַתְּ לֵיהּ דְּאָמַר** — מיהו התנא ששמעת שהוא אמר לגבי שור שהמית אדם שרק **עַד שֶׁלֹּא נִגְמַר דִּינוֹ** לסקילה, **אֵין** — כן יכול להשיבו ולהיפטר מתשלום דמיו, אבל **מִשֶּׁנִּגְמַר דִּינוֹ** לסקילה, **לֹא** — אינו יוצא ידי חובת השבה בגוף השור אלא צריך לשלם דמיו, וכפי ששונה ברייתא זו? **רַבָּנָן** — הרי זה חכמים החולקים על רבי יעקב, ונמצא אם כן שברייתא זו שנויה כדעתם. **וְקָתָנֵי** — ואף על פי כן שונה הברייתא שאם גזל **חָמֵץ וְעָבַר עָלָיו הַפֶּסַח אוֹמֵר לוֹ** לבעלים "**הֲרֵי שֶׁלְּךָ לְפָנֶיךָ**". ומוכח איפוא שרבה צדק בטענתו שאפילו חכמים מודים שגזלן או שומר יכולים לומר בדבר שנאסר בהנאה "הרי שלך לפניך", והם חולקים בשור שהמית אדם מטעם אחר (כפי שהתפרש לעיל)! **אָמַר לֵיהּ** רב חסדא לרבה בר שמואל: **אִי מַשְׁכַּחַתְּ לְהוּ** — אם תמצא את בני הישיבה, **לֹא תֵּימָא לְהוּ וְלֹא מִידִי** — אל תאמר להם מאומה, כלומר, אל תגלה להם ברייתא זו[29].

הגמרא מקשה סתירה בין הברייתא שהובאה לעיל ובין משנתנו:

שנינו בברייתא: אם גזל **פֵּירוֹת וְהִרְקִיבוּ. . . אוֹמֵר לוֹ** לבעלים "**הֲרֵי שֶׁלְּךָ לְפָנֶיךָ**". **וְהָתְנַן** במשנתנו: אם גזל **פֵּירוֹת וְהִרְקִיבוּ** הרי זה **מְשַׁלֵּם כִּשְׁעַת הַגְּזֵילָה!**

מתרצת הגמרא:

אָמַר רַב פָּפָּא: כָּאן במשנתנו, מדובר במקרה **שֶׁהִרְקִיבוּ** הפירות **כּוּלָּן**. ואילו **כָּאן**, בברייתא, שאמרה שהוא יכול להשיב את הפירות כמות שהם, מדובר במקרה **שֶׁהִרְקִיבוּ מִקְצָתָן**[30].

משנה שתי המשניות הבאות דנות באחריות אוּמָן על נזקים שעשה לחפץ שנמסר לו[31]:

אם אדם **נָתַן לָאוּמָּנִין** דבר **לְתַקֵּן** וְהם **קִלְקְלוּ** אותו[32], **חַיָּיבִין לְשַׁלֵּם** לו את דמי החפץ[33]. **נָתַן לְחָרָשׁ** (נגר) כלי כגון **שִׁידָּה וְתֵיבָה וּמִגְדָּל** (כלים גדולים מעץ)[34] כדי **לְתַקֵּן**, וְהוא **קִלְקֵל** אותו, **חַיָּיב לְשַׁלֵּם**[35]. **וְהַבַּנַּאי שֶׁקִּיבֵּל עָלָיו לִסְתּוֹר אֶת הַכּוֹתֶל וְשִׁיבֵּר** בסתירתו את **הָאֲבָנִים, אוֹ (שהזיקן) [שֶׁהִזִּיק]** אחרים באבנים שנפלו[36], **חַיָּיב לְשַׁלֵּם**[37]. **הָיָה סוֹתֵר** את הכותל **מִצַּד זֶה וְנָפַל** מאליו **מִצַּד אַחֵר, פָּטוּר**[38]; **וְאִם** נפל **מֵחֲמַת הַמַּכָּה** של הבנאי, **חַיָּיב**[39].

הערות

28. לאחר שרבה דחה את הסברו של רב חסדא בדעת חכמים, מאחר ולא מצאנו בשום מקום שחכמים חולקים לגבי חמץ שעבר עליו הפסח, השתדל רב חסדא למצוא ברייתא השונה שחכמים אכן חולקים בכך, כדי לקיים את דבריו שחכמים סוברים שאין אומרים באיסורי הנאה "הרי שלך לפניך" (רש"י).

29. משום שהם ישמחו שנמצאה פירכה לשיטתי (רש"י). [עיין רש"י ברכות כח, ב ד"ה ולא אכשל.]

30. כיון שדרכם של פירות להרקיב במקצת, הרי זה נחשב היזק שאינו ניכר, ולכן יכול הגזלן להשיבם כמות שהם (נמוקי יוסף; ראה חזון איש בבא קמא יז, טו). [לדיון נוסף בענין זה, ראה תוספות לעיל נו, ב ואמרי בינה אורח חיים יב.]

[בתורת חיים מקשה מדוע לא הקשתה הגמרא סתירה בין משנתנו והברייתא גם לענין יין שהחמיץ, שהברייתא שונה בזה שאומר לו "הרי שלך לפניך", ואילו משנתנו אומרת שהגזלן משלם כשעת הגזילה. משום כך הוא כתב שיש לגרוס בברייתא "יין ונתנסך [לעבודה זרה]", במקום "יין והחמיץ". ובהגהות הגר"א גורס בברייתא: "יין והקרים", דהיינו שנתקלקל במקצת, ודומה לפירות שהרקיבו מקצתם שזה היזק שאינו ניכר. וראה דקדוקי סופרים ל לגירסא אחרת בברייתא מכתבי יד.]

31. אומן דינו כשומר שכר, ולכן חייב אם נגנב החפץ מרשותו, ופטור במקרה של אונס גמור. ואם אינו מקבל שכר על כך, דינו כשומר חנם שמשלם רק על נזק מחמת פשיעה (עיין בבא מציעא פ, ב ולהלן צט, ב). ברם המשניות הבאות עוסקות במקרים שהאומן עצמו הזיק לחפץ, ובכגון זה לכאורה אינו עדיף מאדם אחר שמשלם על היזקו אפילו באונס. וכן נקטו התוספות (לעיל כז, ב סד"ה ושמואל, ולהלן צט, ב ד"ה אימא; עיין גם תוספות בבא מציעא פב, ב ד"ה וסבר; ראה שיטת התוספות בכל המקומות הנ"ל, שיש דרגת אונס שבה פטור גם אדם המזיק; וראה על כך לעיל כו, ב הערה 3). אכן יש מהראשונים סוברים שאומן המזיק בלא כוונה, תוך כדי מלאכתו, את החפץ שנמסר לו, לעולם אינו נידון כ"אדם המזיק", משום שהתעסק בחפץ ברשות הבעלים ולטובתם, ואין זה קרוי 'מעשה היזק'; אלא כל חיובו הוא מצד דיני שומרים (עיין לעיל כז, א בתוספות רבינו פרץ ותוספות רבינו ישעיה בשם ריב"א; רמב"ן בבא מציעא פב, ב; ראה גם להלן צט, ב הערה 20 בדעת רש"י; ועיין מחנה אפרים הלכות נזקי ממון ה; חזון איש יא, כא; קהילות יעקב סימן כד).

[הפוסקים דנו באומן שעושה מלאכה בביתו של בעל הבית, אם יש לו דיני 'שומר' בייחס לחפץ (שכן לכאורה לא עשה בו קנין להכניסו לרשותו) — עיין סמ"ע וש"ך ונתיבות המשפט ריש סימן שו; משנה למלך הלכות שכירות י, ג; מחנה אפרים הלכות שומרים סימן מא; חזון איש ז, יח ד"ה במש"כ. ראה עוד להלן סוף הערה 37, ולהלן צט, ב הערה 44.]

32. הגמרא תבאר אם המשנה מדברת כאן במי שמסר לאומן חומר גלם (כגון עצים) ליצור ממנו כלי, והלה עשה את הכלי ואחר כך שברו — או שמא מתכוונת המשנה שהבעלים מסר לאומן כלי גמור לתיקון, והוא קלקלו.

33. ומלבד זאת, האומן מפסיד את שכרו, שהרי רק קלקל ולא תיקן כלום (עיין בבא מציעא סוף פרק ו: "הב אגרייהו, אמר ליה — דינא הכי?!"; רש"י שם נח, א ד"ה אגרייהו מיהא לפסיד; סמ"ע שו, יד; קצות החשן רכז, יא ד"ה ובהג"ה; אמנם עיין חזון איש ז, יח ד"ה ואפשר).

34. 'שידה' היא עגלה מוקפת מחיצות, העשויה למרכב נשים (רש"י כאן ועירובין יד, ב ד"ה שידה ושם ל, ב ד"ה שידה; רע"ב; ראה גם רש"י שבת מד, ב ד"ה מוכני, רע"ב כלים יב, ב ובאהלות ח, א). 'תיבה' היא ארגז, ו'מגדל' היינו ארון.

35. הגמרא תבאר מה נוסף בדין זה יותר מהדין הראשון.

36. התיקון (והפירוש) על פי נוסח דפוסי המשניות, רא"ש ומאירי ועוד ראשונים; עיין גם רמב"ם הלכות חובל ומזיק ו, יא וראה רש"ש; אך עיין מלאכת שלמה.

37. כאשר בנאי מקבל על עצמו לסתור כותל, התחייבותו כוללת מן הסתם שיזהר מלשבור את האבנים [כדי שיוכלו להשתמש בהן פעם נוספת]; לפיכך אם שברן, חייב לשלם. כמו כן, אם הזיק עוברים ושבים בסתירתו, הוא חייב בנזקיהם ולא בעל הבית; שכיון שהבנאי קיבל עליו מלאכה זו בדרך קבלנות (היינו, שהתשלום תמורת העבודה ולא לפי שעות), נסתלק בעל הבית מחובת השמירה שלא יזיק הכותל אנשים אחרים, והטיל חובה זו על הבנאי. אמנם אם הבנאי היה רק שכיר יום, לא נסתלק בעל הבית מהשמירה, והאחריות לנזקי אחרים מוטלת על שניהם (מאירי; רבינו יהונתן בשיטה מקובצת; ועיין ר"מ מסרקסטה שם).

[במשנה מבואר שהאומן אחראי על אבני הכותל, אף על פי שהכותל עומד ברשותו של בעל הבית. והנה, לשיטת הרמב"ן (לעיל הערה 1), אין האומן חייב אלא בתורת 'שומר'. מוכח, איפוא, שגם אומן שעובד בביתו של בעל הבית יש לו דיני שמירה (עיין חלקת יואב חשן משפט יב; וראה סוף הערה הנ"ל).]

38. במקרה זה, הצד השני נפל שלא מחמת מכת הבנאי, אלא משום שאיבד את תמיכת הצד הסתור. [לפיכך אי אפשר לחייב את האומן מצד 'מזיק', לא על האבנים השבורות ולא על נזקים שנגרמו לאחרים כתוצאה מהתמוטטות הכותל, שאין זה אלא 'גרמא' בנזקין. ואין לומר שמכל מקום יתחייב האומן לשלם דמי האבנים מצד דיני שמירה (ראה לעיל הערה 31) מפני שלא מנע את נפילתם על ידי סמיכת הצד ההוא בקורות עד שיחזור ויבנה את מקום הסתירה, לפי ש]הבנאי לא היה צריך להעלות על דעתו שהצד השני לא יוכל לעמוד בלא הצד שהוא סותר, ולכן נחשב אנוס ופטור (רבינו יהונתן בשיטה מקובצת; מאירי; עיין גם תשב"ץ חלק א, קיג; ועיין ים של שלמה וקובץ שיעורים).

39. לפי שפושע הוא, שהיה לו להתבונן [שלא להכות בחזקה כל כך] (מאירי). במקרה זה, האומן נחשב מזיק גמור (ולא 'גרמא בנזקין') אף על פי שלא הכה ממש

אי דאיכא סהדי דידעי מאי הוה בשטרא ליכתבו ליה שטרא מעליא ואי דליכא סהדי אנן מנא ידעינן אמר רבא (א) [א] תהא במאמינו אמר רב דימי בר חנינא הא דרבה מחלוקת ר"ש ורבנן היא לר"ש דאמר [ג] דבר הגורם לממון כממון דמי מחייב לרבנן דאמרי דבר הגורם לממון לאו כממון דמי לא מחייב מתקיף לה רב הונא בריה דרב יהושע אימר דשמעת ליה לרבי שמעון דבר הגורם לממון כממון דמי בדבר שעיקרו ממון כדרבה דאמר רבה גזל חמץ לפני הפסח ובא אחר ושרפו במועד פטור שהכל מצווים עליו לבערו לאחר הפסח מחלוקת ר' שמעון ורבנן לרבי שמעון דאמר דבר הגורם לממון כממון דמי [ב] חייב לרבנן דאמרי דבר הגורם לממון לאו כממון דמי פטור בדבר שאין עיקרו ממון מי אמרינן אמר אמימר מאן דדאין דינא דגרמי מגבי ביה דמי שטרא מעליא ומאן דלא דאין דינא דגרמי מגבי ביה דמי נייר בעלמא הוה עובדא וכפייה רפרם לרב אשי [ג] ואגבי ביה כי כשורא לצלמא: חמץ ועבר עליו הפסח אומר לו הרי שלך לפניך: מאן תנא אומרין באיסורי הנאה הרי שלך לפניך אמר רב חסדא ר' יעקב היא דתניא [ד] שור שהמית עד שלא נגמר דינו מכרו מכור הקדישו מוקדש שחטו בשרו מותר החזירו שומר לבעליו מוחזר משנגמר דינו מכרו אינו מכור הקדישו אינו מוקדש שחטו בשרו אסור החזירו שומר לבעליו אינו מוחזר רבי יעקב אומר [ה] אף משנגמר דינו החזירו שומר לבעליו מוחזר מאי לאו בהא קמיפלגי דרבי יעקב סבר אומרין באיסורי הנאה הרי שלך לפניך ורבנן סברי אין אומרין באיסורי הנאה הרי שלך לפניך א"ל רבה לא דכולי עלמא אמרינן באיסורי הנאה הרי שלך לפניך דאם כן נפלגו בחמץ בפסח אלא אמר רבה הכא בגומרין דינו של שור שלא בפניו קא מיפלגי רבנן סברי אין גומרין דינו של שור שלא בפניו דאמר ליה אי אייתיתיה ניהליה הוה מעריקנא ליה לאגמא השתא מסרתיה ביד מאן דלא מצינא לאישתעויי דינא בהדיה ור' יעקב סבר גומרין דינו של שור שלא בפניו דאמר ליה מאי עבדי ליה סוף סוף הוה גמרי ליה דינא שלא בפניו אשכחיה רב חסדא לרבה בר שמואל א"ל תנית מידי באיסורי הנאה אמר ליה אין תנינא [ו] והשיב את הגזלה מה תלמוד לומר אשר גזל יחזיר כעין שגזל מכאן אמרו גזל מטבע ונפסל פירות והרקיבו יין [א] והחמיץ תרומה ונטמאת חמץ ועבר עליו הפסח בהמה ונעבדה בה עבירה ושור עד שלא נגמר דינו אומר לו הרי שלך לפניך מאן שמעת ליה דאמר עד שלא נגמר דינו משנגמר דינו לא רבנן וקתני חמץ ועבר עליו הפסח אומר לו הרי שלך לפניך א"ל [ז] אי משכחת להו לא תימא להו ולא מידי: פירות והרקיבו אומר לו הרי שלך לפניך: והתנן פירות והרקיבו משלם כשעת הגזילה אמר רב פפא [ח] כאן שהרקיבו כולן כאן שהרקיבו מקצתן: **מתני'** [ט] נתן לאומנין לתקן וקלקלו חייבין לשלם נתן לחרש שידה תיבה ומגדל לתקן וקלקל חייב לשלם [י] והבנאי שקיבל עליו לסתור את הכותל ושיבר האבנים או שהזיק חייב לשלם היה סותר מצד זה ונפל מצד אחר פטור ואם מחמת המכה חייב: **גמ'** אמר רב אסי לא שנו אלא שנתן לחרש שידה תיבה ומגדל לנעץ בהן מסמר ונעץ בהן מסמר ושיברן אבל נתן עצים לחרש לעשות שידה תיבה ומגדל ועשה מהן שידה תיבה ומגדל ושיברן פטור מאי טעמא אומן קונה בשבח כלי תנן נתן לאומנין וקלקלו חייבין לשלם מאי לאו [כ] דיהיב להו עצים לא שידה תיבה ומגדל הא מדקתני סיפא שידה תיבה ומגדל מכלל דרישא עצים אמרי פרושי קא מפרש לה כיצד נתן לאומנין לתקן וקלקלו חייבין לשלם כגון שנתן לחרש שידה תיבה ומגדל והכי נמי מסתברא דכיצד קתני דאי סלקא דעתך רישא עצים השתא אשמועינן עצים חייבין לשלם ולא אמרינן אומן קונה בשבח כלים שידה תיבה ומגדל מבעיא אי משום הא לא איריא תנא סיפא לגלויי רישא שלא תאמר רישא שידה תיבה ומגדל אבל עצים לא תנא סיפא שידה תיבה ומגדל מכלל דרישא עצים ואפ"ה חייב לשלם לימא מסייע ליה [ל] הנותן צמר לצבע

תוספות

נכתוב ליה שטרא. לא שייך הכא מפיהם ולא מפי כתבם ולא בההיא דתנן בגט פשוט (ב"ב דף קסח.) מי שנמחק שטר חובו דעדים החתומים על השטר נעשה כמי שנחקרה עדותן בב"ד והוי כאילו אמרי הני עדים ראינוס שנחקרו עדותן בב"ד ובפ"ב דכתובות (דף כ.) הארכתי [ל]:

פרושי קמפרש כיצד כו'. תימה דלא פריך אי הכי תייבין תרי זימני למ"ל כדפריך בפרק קמא דסנהדרין (דף ג. ושם [מ]) אי הכי שלשה שלשה למה לי ובכמה מקומות דייק ובכמה מקומות לא דייק [נ]:

רש"י

מנא ידעינן. מאי הוי כתיב ביה ומאי בעי למיתבי ולא אצטריך ליה למימר דפטור: במאמינו. [י] בעל השטר לשורף בכל מה שאומר שכך היה כתוב ביה ואפ"ה פטור: דר"ש. בפרק מרובה (לעיל דף עד:) גבי קדשים שחייב באחריותן כו': במועד. בזמן ביעורו בו' שעות ודכוותה בפסחים (דף י:) לא בדק בתוך המועד יבדוק לאחר המועד: לר"ש חייב. האי ששרפו לשלם לגזלן דמיהם דדבר הגורם לממון הוא שאם היה בעין היה מחזירו גזלן לבעליו ופטור דתנן לעיל (דף צו:) גזל חמץ ועבר עליו הפסח אומר לו הרי שלך לפניך ועכשיו שאין בעין יחזיר דמים לבעליו ובחמץ בפסח הוא דאמרינן הכי משום דעיקרו כלומר בתחלתו ממון הוי ועכשיו אע"פ שאינו שוה לכלום גורם לממון הוא אבל בשטרי דמעולם לא היה גופו ממון מי שמעת ליה: מאן דדאין דינא דגרמי. ר"מ היא (בהגוזל בתרא) [לקמן] (דף ק.): מגבי ליה. מן השורף כל השטר שהרי גרמו להפסיד: ואכפייה רפרם לרב אשי. ששרף שטר חבירו בילדותו: ואגבי מיניה. גוביינא מעליא כל מה שכתוב בשטר: כי כשורא לצלמא. פרעון גמור מן העידית כקורה זו הנבחרת מאלף קורות לתקן בה צורה ודיוקנאות: שור שהמית. את האדם ומכרו עד שלא נגמר דינו: מכור. ולא יסקל דבעינן מיתה והעמדה בדין שיהא שוין כאחד בפרק שור שנגח ד' וה' (א): החזירו שומר לבעליו מוחזר. ופטור שומר: דכ"ע אומרים באיסורי הנאה כו'. ומתניתין דחמץ בפסח אפי' לרבנן: דאם כן. דלרבנן אין אומרים אדמפלגי בשור לגבי שומר ליפלגו נמי לגבי גזל חמץ ועבר עליו הפסח (ב) אבל הכא בשור שהמית הוא דאמר אין מוחזר משום דאמר ליה האי איסור הנאה לאו איסור דאתי עליה ממילא הוא כגון חמץ בפסח אלא את קטלתיה בידים שהבאתו לב"ד דאי הוה גבאי אנא מעריקנא ליה לאגמא כו' אבל סיפא דמתניתין ודאי רבי יעקב היא ולא רבנן דקתני או שהיתה יוצאה ליסקל אומר לו הרי שלך לפניך: אשכחיה רב חסדא כו'. רב חסדא מהדר אמתני' דניהוי בה פלוגתא אחמץ בפסח לאוקמא למילתיה דטעמא דרבנן משום דאין אומרים באיסורי הנאה הרי שלך לפניך: אי משכחת להו. לבני הישיבה: לא תימא להו ולא מידי. משום דהדו דמשכחי תיובתא למילתי: שידה. ארגז של עגלה העשויה למרכב נשים:

והקדיחו

עין משפט נר מצוה

נט א מיי' פ"ז מהל' חובל ומזיק הלכה ט סמג עשין קע טוש"ע ח"מ סימן שפו סעיף ב:

ס ב מיי' פ"ג מהלכות גזילה הלכה ה סמג עשין עג טוש"ע ח"מ סימן שסג סעיף ב:

סא ג מיי' פ"ז מהל' חובל ומזיק הלכה ט סמג עשין ע טוש"ע ח"מ סימן שפו סעיף ב [רב אלפס כאן ובסוף פ"ב דף יג:]:

סב ד מיי' פ"ג מהל' גזילה הלכה ד סמג עשין עג טוש"ע ח"מ סי' שסג סעיף א:

סג ה מיי' פ"י מהל' שכירות הלכה ד סמג עשין פ"ט טוש"ע ח"מ סימן שו סעיף ב:

סד ו מיי' פ"ו מהלכות חובל ומזיק הל' יא סמג עשין פט טוש"ע ח"מ שם בהג"ה וסי' שפד סעיף ג:

סה ז מיי' פ"י מהלכות שכירות הלכה ד סמג עשין פט טוש"ע ח"מ סימן שו סעיף ב:

ליקוטי רש"י

תהא במאמינו. הא דקתני פטור במאמינו [ב"מ לה.]. מאן דדאין דינא דגרמי. המחייב את הגורם הפסד לחבירו. מגבי ביה. בהאי שטרא. דמי שטרא מעליא. כל החוב שבתוכו. ומאן דלא דאין. פלוגתייהו בבבא קמא בפרק בתרא (דף קטז:) ורבי מאיר אית ליה דינא דגרמי כדתניא (שם דף ק:) נתייאש הימנה ולא גדרה הרי זה קידש וחייב באחריותו גבי כלאים וקי"ל כוותיה. וכפייה רפרם לרב אשי. שבא הדין לפני רב אשי וסיבבו והקיפו בראיות ואגבי מדינא דגרמי. כי כשורא לצלמא. כלומר גיבוי גמור כל ההפסד דקדק בו כאשר ידקדק הלוקח קורה לצור בו צורות שלוקח ישרה וחלקה [כתובות פו.]. אם עד שלא נגמר דינו מכרו מכור. ואפילו לרבנן דלא דרשי בבעליו דנהוי מיתה והעמדה בדין כאחד ומיחייב קטלא [לעיל מד:]. מכור. הוא לרדיא. הקדישו מוקדש. ונפקא מיניה דאי מיתהני מיניה מעל. מוחזר. ואע"ג דסקלי ליה בי דינא הוי שומר פטור דהא כשהחזירו שור מעליא הוא. אינו מוקדש. דלאו ברשותיה דמריה קאי לאקדושיה. אין אומרים באיסורי הנאה הרי שלך לפניך. ונפקא מיניה לגזל חמץ ועבר עליו הפסח והחזירו אינו מוחזר [לעיל מה.]. רבי יעקב אומר וכו' מוחזר. דאמר ליה תורא אשלמת לי תורא אשלימית לך [כתובות לד.]. דאם כן. דלרבנן אין אומרין. נפלגו. רבנן בחמץ בפסח ולימרו דחייב ואנן קיימא לן בהגוזל עצים (לקמן לח:) דלרבנן אומר לו הרי שלך לפניך דקתני גזל ועבר עליו הפסח והחזירו וכן שור עד שלא נגמר דינו אומרין לו הרי שלך לפניך אבל משנגמר לא והא סברא לרבנן הוא דשמיעא להו וקתני דבחמץ בפסח מודו דאמרינן באיסורי הנאה הרי שלך לפניך אלא דכולי עלמא אמרינן באיסורי הנאה הרי שלך לפניך היכא דאיסורא ממילא אתא ליה כגון חמץ בפסח ולא מצי א"ל האי לאו מידי הוא אבל הכא משום הכי אמרי רבנן אינו מוחזר דאמר ליה אתפסתיה לתוראי כו' והזיקא דבידים הוא שהביאו לבי דינא והאי דנקט אי אהדרתיה ניהליה לאו משום דחיובא דלא אהדריה הוא דא"כ בחמץ בפסח נמי לימא ליה אי אהדרתיה ניהלי הוה אכילנא ליה ועוד דלר' יעקב נמי נהי דגומרים דינו של שור שלא בפניו נימא ליה אי אהדרתיה ניהלי הוה שחיטנא ליה אלא אדלא אהדריה לא מחייבי ליה רבנן דהא קמהדר ליה השתא ואמרינן באיסורי הנאה הרי שלך לפניך אלא חיוביה משום דהוליכו לב"ד בידים והכי קאמר ליה לא היה לך להוליכו לב"ד דאי הוה בידי הוה מערקנא ליה מינייהו. **סוף סוף הוה גמרי ליה דינא שלא בפניו.** הלכך הוה ליה היזקא דממילא ולא בידים [לעיל מה.]. **לא תימא להו.** להאי מילתא דמיכספי לי [עירובין לט:].

מסורת הש"ס

א) [ב"מ לה.], ב) [לעיל עא: לקמן קה: פסחים ה: וש"נ], ג) כתובות פו. [לקמן ק.], ד) [לעיל מד:], ה) לעיל [מה.] עא: [כתובות לד.], ו) [לעיל סו. וש"נ], ז) גי' ס' ת"ח בשם תוספתא ונתנסך וע"ש, ח) [עירובין יא: לט:], ט) לקמן ק:, י) בי"ש גרס השורף לבעל השטר, כ) [ד"ה ור"י], ל) [ועיין תוספות ב"ב קע: ד"ה אין], מ) [ד"ה ועוד], נ) [ועיין תוספות בכורות לא: ד"ה א"כ].

הגהות הב"ח

(א) רש"י ד"ה מכור וכו' מיתה והעמדה בדין וכו' בפרק שור שנגח. נ"ב סוף דף מד ופ"ק דף יג: (ב) ד"ה דאם כן וכו' הפסח הס"ד ואח"כ מה"ד אלא הכא:

הגהות הגר"א

[א] גמ' יין והחמיץ. רשום קו על תיבת והחמיץ ונ"ב והקרים:

תורה אור השלם

א) וְהָיָה כִּי יֶחֱטָא וְאָשֵׁם וְהֵשִׁיב אֶת הַגְּזֵלָה אֲשֶׁר גָּזָל אוֹ אֶת הָעֹשֶׁק אֲשֶׁר עָשָׁק אוֹ אֶת הַפִּקָּדוֹן אֲשֶׁר הָפְקַד אִתּוֹ אוֹ אֶת הָאֲבֵדָה אֲשֶׁר מָצָא: [ויקרא ה, כג]

גמרא הגמרא מבארת את הדין הראשון של המשנה, שאומן שקלקל מה שקיבל, חייב לשלם:

אָמַר רַב אַסִי: לֹא שָׁנוּ דין זה **אֶלָּא** במקרה **שֶׁנָּתַן לְחָרָשׁ שִׁידָּה וְתֵיבָה וּמִגְדָּל** גמורים **לִנְעֹץ בָּהֶן מַסְמֵר**[40], וְהחרש **נָעַץ בָּהֶן מַסְמֵר וְשִׁיבְּרָן. אֲבָל** אם **נָתַן לְחָרָשׁ עֵצִים לַעֲשׂוֹת** מהם **שִׁידָּה וְתֵיבָה וּמִגְדָּל**, וְהחרש **עָשָׂה מֵהֶן שִׁידָּה וְתֵיבָה וּמִגְדָּל** וְאחר כך **שִׁיבְּרָן** לפני שהחזירם לבעלים, **פָּטוּר** מלשלם את דמי הכלי שהוא עצמו יצר[41]. **מַאי טַעְמָא** — מה הטעם? משום **שֶׁאוּמָּן** שקיבל דבר על מנת להשביחו במחיר קצוב ("קבלן"), **קוֹנֶה** זכות **בְּשֶׁבַח הַכְּלִי** שבא על ידי עבודתו, וכשמחזיר את הכלי לבעליו, נידון הדבר כאילו הוא מוכר לבעלים את אותו שבח תמורת הסכום שסוכם מראש[42]. נמצא שאם מסר לחרש עצים והלה עשה מהם כלי, העצים שייכים אמנם לבעלים, אך השבח (היינו, הערך שנוסף להם כשנעשו כלי) שייך לאומן עד ש"ימכרנו" לבעלים. הלכך, אם האומן שבר כלי זה לפני החזרתו, פטור מדמי הכלי המוגמר, שהרי את שלו שבר[43].

מקשה הגמרא:

תְּנַן במשנתנו: **נָתַן לָאוּמָּנִין** דבר לתקן **וְקִלְקְלוּ** אותו, **חַיָּיבִין לְשַׁלֵּם. מַאי לַאו** — האם אין דין זה מדבר במקרה **דְּיָהִיב לְהוּ** (שנתן להם) **עֵצִים**, והם עשו מהם שידה וכדומה ואחר כך קלקלו את הכלי שיצרו[44]? ואף על פי כן, המשנה אומרת ש"חייבין לשלם" את דמי הכלי. הרי שאומן אינו זוכה בשבח הכלי, אלא הכלי כולו שייך לבעלים ולכן חייב האומן על נזקיו[45]!

משיבה הגמרא:

לֹא! המשנה עוסקת במקרה שהוא נתן לאומנים כלי גמור כגון **שִׁידָּה וְתֵיבָה וּמִגְדָּל** (כדי לתקנו), והם קלקלוהו. אבל אם נתן לאומנים עצים, והם יצרו מהם כלי ואחר כך קלקלוהו, פטורים הם מלשלם דמי הכלי, כפי שאמר רב אסי.

תמהה הגמרא:

הָא מִדְּקָתָנֵי — והלא מזה שאומרת המשנה **בְּסֵיפָא** (היינו, בדין השני): "נתן לחרש **שִׁידָּה תֵּיבָה וּמִגְדָּל** לתקן וכו' ", **מִכְּלָל** — יש ללמוד **דְּ**הדין של **הָרֵישָׁא** ("נתן לאומנין וכו' ") עוסק בכגון שמסר להם **עֵצִים**, והם קלקלו אותם לאחר שעשו מהם כלי [שאם לא כן, היינו ממש הדין השני]!

משיבה הגמרא:

אָמְרֵי — אמרו בני הישיבה: **פָּרוּשֵׁי קָא מְפָרֵשׁ לָהּ** — הסיפא בא לפרש את הרישא [ואינו מקרה בפני עצמו], וכך היא כוונת התנא: **כֵּיצַד** — באיזה אופן אמרנו ברישא שאם **נָתַן לָאוּמָּנִין לְתַקֵּן וְקִלְקְלוּ, חַיָּיבִין לְשַׁלֵּם? כְּגוֹן שֶׁנָּתַן לְחָרָשׁ שִׁידָּה וְתֵיבָה וּמִגְדָּל** לתקן והלה קלקלו[46]. אבל אם נתן לו עצים לעשות מהם כלי והחרש קלקלו לאחר שגמר לעשותו, פטור מדמי הכלי.

הגמרא מסייעת הסבר זה מתוך המשנה עצמה:

וְהָכִי נַמִּי מִסְתַּבְּרָא דְּכֵיצַד קָתָנֵי — וכך גם מסתבר, שהסיפא נשנה לפרש את הרישא בדרך "כיצד...". **דְּאִי סָלְקָא דַּעְתָּךְ** — שאם יעלה על דעתך שה**רֵישָׁא** מקרה בפני עצמו שעוסק במי שנתן לאומנים **עֵצִים** והם קלקלו את הכלי לאחר שעשאוהו, יהיה לך קושי במשנה: **הַשְׁתָּא אַשְׁמְעִינַן** — עכשיו שכבר השמיעתנו המשנה ברישא שאפילו אם מסר לאומנים **עֵצִים** ועשו מהם כלי ואחר כך קלקלוהו, בכל זאת **חַיָּיבִין לְשַׁלֵּם** את דמי הכלי שהם עצמם יצרו **וְלֹא אָמְרִינַן** — ואין אומרים ש"**אוּמָּן קוֹנֶה בְּשֶׁבַח כֵּלִים**", **שִׁידָּה תֵּיבָה וּמִגְדָּל מִיבַּעְיָא** — האם יש צורך ללמדנו בסיפא שהם חייבים במקרה שנתנו להם שידה ותיבה ומגדל גמורים לתיקון, והם קלקלו אותם? על כרחך, הרישא והסיפא אינם שני מקרים נפרדים, אלא הכל מדובר בכגון שמסר כלי גמור לאומן.

הגמרא דוחה את הראיה:

אִי מִשּׁוּם הָא לֹא אִירְיָא — אם מכאן אתה בא לסייע לפירושך במשנה, אין זו הוכחה. שכן אפשר לומר שבאמת הרישא והסיפא

הערות

בצד השני של הכותל, שכן הצד ההוא נפל מכחו, והרי זה כזורק חץ והזיק בו (מאירי; רבינו יהונתן שם; רמב"ם הלכות חובל ומזיק ו, יא).

40. [כפשטות לשון המשנה "נתן... לתקן", שמשמעו שהכלי כבר היה גמור אלא שהאומן נשכר 'לתקנו' (עיין תורת חיים).]

41. אמנם חייב לשלם את דמי העצים שנתנו לו הבעלים (מאירי; רבינו יהונתן בשיטה מקובצת).

42. כאשר שוכרים פועל להשביח דבר במחיר קצוב ("קבלן"), ישנן שתי דרכים להתייחס לשכר שהוא מקבל: מצד אחד, אפשר לומר שהוא מקבל שכר על עצם העבודה והטירחה, בדומה לשכיר שמשתכר לפי זמן עבודתו, אלא שבקבלנות סכום התשלום נקבע מראש עבור השלמת העבודה. רב אסי מגדיר את שכר הקבלן בצורה שונה: כיון שהקבלן אינו מקבל תשלום על שעות עבודתו אלא על התוצאה של עבודה זו, הרי הוא משביח את הכלי ברשות עצמו, והוא נחשב בעלים על השבח. נמצא שכאשר הכלי מושלם, יש בו מעין שותפות — החומר הוא של הבעלים, ואילו השבח שייך לקבלן. לפי זה, כאשר הקבלן מחזיר את הכלי והבעלים משלמים לו, אין התשלום עבור עבודתו, אלא הבעלים "קונים" מיד הקבלן את חלקו ומשלמים לו על כך (עיין רש"י להלן צט, א ד"ה אמאי עובר, ובקידושין מח, ב ד"ה והכא באומן קונה, ובבבא מציעא קיב, א ד"ה אומן קונה). [עיין קצות החשן שו, ב ונתיבות המשפט שם אות ג, שדנו אם השבח נחשב לדבר נפרד השייך לקבלן, או שהקבלן נחשב שותף בגוף הכלי לפי סכום השבח שהשביח בו; ועיין דעה נוספת בקצות החשן שם אות ד, שהאומן קונה את כל הכלי מאחר שאינו אותו חפץ שנמסר לו (עיין גם שיטה מקובצת כאן בשם רבינו יהונתן, ושו"ת עין יצחק אבן העזר סימן עו ענף ו; אמנם נראה שאין הכוונה לקנין 'שינוי' ממש כמו בגזלן — ראה להלן הערה 45; ועיין חזון איש כב, ח ד"ה עוד).]

קצות החשן (שם, ד) מוכיח שזכותו של האומן בשבח אינה בעלות גמורה, שהרי אם אבד החפץ באונס, האומן פטור והבעלים משלמים לו את מלא שכרו — הרי שיש לו רק דין 'שומר' על החפץ (ראה לעיל הערה 31). אלא, השבח קנוי לאומן לגבי דינים מסויימים, כגון להיפטר מנזקין (ראה הערה הבאה) או לקדש בו את האשה (ראה להלן צט, א). מטעם זה כתב קצות החשן (שם) שאפילו לפי הדעה שאומן קונה בשבח כלי, האומן אינו יכול לעכב את השבח לעצמו, אלא חייב "למכור" אותו לבעלים (וכן משמע מרש"י קידושין שם ובבא מציעא שם, שדנים זאת **כמו** מכירה, אך אינה מכירה גמורה). עיין גם תוספות רי"ד; מהר"ח אור זרוע סימן נו; נתיבות המשפט שם אות ד. [אמנם עיין רשב"א לעיל צה, א (ד"ה אלא שמע מינה) שנראה שנסתפק אם אפשר לכוף את האומן להחזיר את השבח לפי דעה זו; עיין גם רמב"ם הלכות שכירות י סוף הלכה ד, ובאור שמח שם ד"ה והברור; ועיין חידושי רבי שמעון שקאפ בבא בתרא סימן ד, ז; עיין עוד חזון איש כב, ז בדעת הגר"א.]

דברי רב אסי ש"אומן קונה בשבח כלי" אמורים רק בקבלן. בשכיר לעומת זאת, ברור שאינו זוכה בגוף השבח; שכיון שהבעלים משלמים לו על עצם העבודה, הרי הוא עושה את המלאכה ברשות הבעלים, ובודאי שהשבח שייך להם.

43. מדברי רב אסי עולה שהאומן פטור מכל דמי השבח שהזיק, אפילו אם השבח שוה הרבה יותר משכרו. הרשב"א מסביר שבמקרה שהחפץ מתקלקל, אכן דעת האומן לזכות בכל השבח, שכן ברור שלא השביח את החפץ כדי לחייב את עצמו בתשלומי הנזק של אותו שבח. אמנם במקרה שהחפץ לא נתקלקל, אין דעתו לזכות אלא בשבח שכנגד שכרו, אבל את שאר השבח הוא עושה בשביל הבעלים. אמנם מרש"י וראשונים אחרים משמע שלפי דעה זו האומן זוכה בכל השבח בכל ענין, אלא שהוא מתחייב מראש "למכור" אותו תמורת השכר שנקבו בתחילה (עיין ראב"ד ורא"ש, וראה הערה קודמת; ועיין חזון איש כב, ח).

זכותו של האומן בשבח היא כל זמן שהבעלים לא שילמו לו את שכרו. אבל לאחר שקיבל את שכרו, נקנה כל השבח לבעלים [אפילו אם טרם הוחזר להם החפץ], ואם האומן הזיק אז את החפץ, גם רב אסי מודה שחייב בתשלומי כל דמיו (שלטי הגיבורים, על פי הגהת הש"ך חשן משפט שו סוף אות ג; ועיין רא"ש). [לענין דינו של אומן שקיבל עליו להשביח את הכלי בחינם — עיין קצות החשן שם ד; נתיבות המשפט שם ד; הגהות רבי עקיבא איגר בשלחן ערוך על הש"ך שם.]

44. והביטוי "לתקן" שהזכירה המשנה בענין זה, הוא מלשון יצירה ועשיה, ולא במובן של שיפור דבר קיים (עיין תורת חיים). [הטעם שהגמרא מבינה כך את הרישא הוא מכח המשך המשנה, כפי שיתבאר מיד.]

45. בניגוד לגזלן שקונה חפץ ב'שינוי' ואינו צריך לשלם לבעלים אלא את שווי החפץ בשעת הגזילה (ראה משנה ריש הפרק) — אומן אינו קונה את העצים כשעשה מהם כלים, שכן אינו מתכוון לגזול ולקנות את החפץ מידי הבעלים (תוספות יום טוב; עיין גם תוספות לעיל צה, ב סד"ה בשבח). אדרבה, הגמרא סוברת כעת שדעת האומן להשביח את הכלי ברשות הבעלים, והתשלום שהוא מקבל אינו אלא עבור פעולתו, כמו בשכיר יום (עיין נתיבות המשפט שו, ג ד"ה ומה שכתב בקצות החשן; חזון איש כב, ט ד"ה הקשה; אולם עיין חידושי רבי שמעון שקאפ בבא בתרא סימן ד אות י).

46. דרך המשנה פעמים רבות לשנות דין באופן כללי, ולאחר מכן ללמד אותו דין במקרה מסויים, כדוגמא ופירוש לדין הראשון (עיין רשב"א ויד דוד).

אי דאיכא סהדי דידעי מאי הוה בשטרא ליכתבו ליה שטרא מעליא ואי דליכא סהדי אנן מנא ידעינן אמר רבא [א] [א]תהא במאמינו אמר רב דימי בר חנינא הא דרבה מחלוקת ר"ש ורבנן היא לר"ש דאמר [ב] דבר הגורם לממון כממון דמי מחייב לרבנן דאמרי דבר הגורם לממון לאו כממון דמי לא מחייב מתקיף לה רב הונא בריה דרב יהושע אימר דשמעת ליה לרבי שמעון דבר הגורם לממון כממון דמי בדבר שעיקרו ממון כדרבה דאמר רבה גזל חמץ לפני הפסח ובא אחר ושרפו במועד פטור שהכל מצווים עליו לבערו לאחר הפסח מחלוקת ר' שמעון ורבנן לרבי שמעון דאמר דבר הגורם לממון כממון דמי [ב]חייב לרבנן דאמרי דבר הגורם לממון לאו כממון דמי פטור בדבר שאין עיקרו ממון מי אמרינן [ג] אמר אמימר מאן דדאין דינא דגרמי מגבי ביה דמי שטרא מעליא ומאן דלא דאין דינא דגרמי מגבי ביה דמי ניירא בעלמא הוה עובדא וכפייה רפרם לרב אשי [ג]ואגבי ביה כי כשורא לצלמא: חמץ ועבר עליו הפסח אומר לו הרי שלך לפניך: מאן תנא אומרין באיסורי הנאה הרי שלך לפניך אמר רב חסדא ר' יעקב היא דתניא [ד] שור שהמית עד שלא נגמר דינו מכרו מכור הקדישו מוקדש שחטו בשרו מותר החזירו שומר לבעליו מוחזר משנגמר דינו מכרו אינו מכור הקדישו אינו מוקדש שחטו בשרו אסור החזירו שומר לבעליו אינו מוחזר רבי יעקב אומר [ה] אף משנגמר דינו החזירו שומר לבעליו מוחזר מאי לאו בהא קמיפלגי דרבי יעקב סבר אומרין באיסורי הנאה הרי שלך לפניך ורבנן סברי אין אומרין באיסורי הנאה הרי שלך לפניך א"ל רבה לא דכולי עלמא אמרינן באיסורי הנאה הרי שלך לפניך דאם כן נפלגו בחמץ בפסח אלא אמר רבה הכא בגומרין דינו של שור שלא בפניו קא מיפלגי רבנן סברי אין גומרין דינו של שור שלא בפניו דאמר ליה אי אייתיתיה ניהליה הוה מעריקנא ליה לאגמא השתא מסרתיה ביד מאן דלא מצינא לאישתעויי דינא בהדיה ור' יעקב סבר גומרין דינו של שור שלא בפניו דאמר ליה מאי עבדי ליה סוף סוף הוה גמרי ליה דינא שלא בפניו אשכחיה רב חסדא לרבה בר שמואל א"ל תנית מידי באיסורי הנאה אמר ליה אין תנינא [ו] [א]והשיב את הגזלה מה תלמוד לומר אשר גזל יחזיר כעין שגזל מכאן אמרו גזל מטבע ונפסל פירות והרקיבו יין [א] [ז]והחמיץ תרומה ונטמאת חמץ ועבר עליו הפסח בהמה ונעבדה בה עבירה ושור עד שלא נגמר דינו אומר לו הרי שלך לפניך מאן שמעת ליה דאמר עד שלא נגמר דינו אין משנגמר דינו לא רבנן וקתני חמץ ועבר עליו הפסח אומר לו הרי שלך לפניך א"ל [ח] אי משכחת להו לא תימא להו ולא מידי: פירות והרקיבו אומר לו הרי שלך לפניך: והתנן פירות והרקיבו משלם כשעת הגזילה אמר רב פפא [ד]כאן שהרקיבו כולן כאן שהרקיבו מקצתן:

מתני' [ה]נתן לאומנין לתקן וקלקלו חייבין לשלם נתן לחרש שידה תיבה ומגדל לתקן וקלקל חייב לשלם [ו]והבנאי שקיבל עליו לסתור את הכותל ושיבר האבנים או שהזיקן חייב לשלם היה סותר מצד זה ונפל מצד אחר פטור ואם מחמת המכה חייב:

גמ' אמר רב אסי לא שנו אלא שנתן לחרש שידה תיבה ומגדל לנעץ בהן מסמר ונעץ בהן מסמר ושיברן אבל נתן לחרש עצים לעשות שידה תיבה ומגדל ועשה מהן שידה תיבה ומגדל ושיברן פטור מאי טעמא אומן קונה בשבח כלי תנן נתן לאומנין וקלקלו חייבין לשלם מאי לאו [ז]דיהיב להו עצים לא שידה תיבה ומגדל הא מדקתני סיפא שידה תיבה ומגדל מכלל דרישא עצים אמרי פרושי קא מפרש לה כיצד נתן לאומנין לתקן וקלקלו חייבין לשלם כגון שנתן לחרש שידה תיבה ומגדל והכי נמי מסתברא דכיצד קתני דאי סלקא דעתך רישא עצים השתא אשמעינן עצים חייבין לשלם ולא אמרינן אומן קונה בשבח כלים שידה תיבה ומגדל מבעיא אי משום הא לא איריא תנא סיפא לגלויי רישא שלא תאמר רישא שידה תיבה ומגדל אבל עצים לא תנא סיפא שידה תיבה ומגדל מכלל דרישא עצים ואפ"ה חייב לשלם לימא מסייע ליה [ט] הנותן צמר לצבע

רש"י

מנא ידעינן. מאי הוי כתיב ביה ומאי בעי למיתבי ולא אצטריך ליה למימר דפטור: במאמינו. [י] בעל השטר לשורף בכל מה שאומר שכך היה כתוב ביה ואפ"ה פטור: דר"ש. בפרק מרובה (לעיל דף עד:) גבי קדשים שחייב באחריותן כו': במועד. בזמן ביעורו בו' שעות ודכוותה בפסחים (דף י:) לא בדק בתוך המועד יבדוק לאחר המועד: לר"ש חייב. האי ששרפו לשלם לגזלן דמיהם דדבר הגורם לממון הוא שאם היה בעין היה מחזירו גזלן לבעליו ופטור דתנן לעיל (דף נו:) גזל חמץ ועבר עליו הפסח אומר לו הרי שלך לפניך ועכשיו שאין בעין יחזיר דמים לבעליו ובחמץ בפסח הוא דאמרינן הכי משום דעיקרו כלומר בתחלתו ממון הוי ועכשיו אע"פ שאינו שוה לכלום גורם לממון הוא אבל בשטרי דמעולם לא היה גופו ממון מי שמעת ליה: מאן דדאין דינא דגרמי. ר"מ היא (בהגוזל בתרא) [לקמן דף ק.]: מגבי ליה. מן השורף כל השטר שהרי גרמו להפסיד: ואכפייה רפרם לרב אשי. ששרף שטר חבירו בילדותו: ואגבי מיניה. גודיינא מעליא כל מה שכתוב בשטר: כי כשורא לצלמא. פרעון גמור מן העידית כקורה זו הנבחרת מאחר קורות לתקן בה צורה ודיוקנאות: שור שהמית. את האדם ומכרו עד שלא נגמר דינו: מכור. ולא יסקל דבעינן מיתה והעמדה בדין שיהא שוין כאחד בפרק שור שנגח ד' וה' (א): החזירו שומר לבעליו מוחזר. ופטור שומר: דכ"ע אומרים באיסורי הנאה כו'. ומתניתין דחמץ בפסח אפי' לרבנן: דאם כן. דלרבנן אין אומרים אדמפלגי בשור לגבי שומר ליפלגו נמי לגבי גזל חמץ ועבר עליו הפסח (ב) אבל הכא בשור שהמית הוא דאמר אין מוחזר משום דאמר ליה האי איסור הנאה לאו איסור דאתי עליה ממילא הוא כגון חמץ בפסח אלא את קטלתיה בידים שהבאתו לב"ד דאי הוה גבאי אנא מעריקנא ליה לאגמא כו' אבל סיפא דמתניתין ודאי רבי יעקב היא ולא רבנן דקתני או שהיתה יוצאה ליסקל אומר לו הרי שלך לפניך: אשכחיה רב חסדא כו'. רב חסדא מהדר אמתני' דניהוי בה פלוגתא אחמץ בפסח לאוקמא למילתיה דטעמא דרבנן משום דאין אומרים באיסורי הנאה הרי שלך לפניך: אי משכחת להו. לבני הישיבה: לא תימא להו ולא מידי. משום דחדו דמשכחי תיובתא למילתי: שידה. ארגז של עגלה העשויה למרכב נשים:

והקדישו

תוספות

נכתוב ליה שטרא. לא שייך הכא מפיהם ולא מפי כתבם ולא בההיא דתנן בגט פשוט (ב"ב דף קסח.) מי שנמחק שטר חובו דעדים החתומים על השטר נעשה כמי שנחקרה עדותן בב"ד והוי כאילו אמרי הני עדים לאינוס שנחקרו עדותן בב"ד ובפ"ב דכתובות (דף כ.[ס]) הארכתי [ל]:

פרושי קמפרש כיצד כו'. תימה דלא פריך אי הכי חייבין תרי זימני למ"ל כדפריך בפרק קמא דסנהדרין (דף ג. ושם [מ]) אי הכי שלשה שלשה למה לי ובכמה מקומות דייק ובכמה מקומות לא דייק [נ]:

אי משכחת להו כו'. ... שלך לפניך דקתני גזל ועבר עליו הפסח והחזירו וכן שור עד שלא נגמר דינו אומרין לו הרי שלך לפניך אבל משנגמר לא והא סברא לרבנן הוא דשמיעא להו וקתני דבחמץ בפסח מודו דאמרינן באיסורי הנאה הרי שלך לפניך אלא דכולי עלמא אמרינן באיסורי הנאה הרי שלך לפניך היכא דאיסורא ממילא אתא ליה כגון חמץ בפסח ולא מצי א"ל האי לאו מידי הוא אבל הכא משום הכי אמרי רבנן אינו מוחזר דאמר ליה אתפסתיה לתוראי כו' והזיקא דבידים הוא שהביאו לבי דינא והאי דנקט אי אהדרתיה ניהליה לאו משום דחיובא דלא אהדריה הוא דא"כ בחמץ בפסח נמי לימא ליה אי אהדרתיה ניהלי הוה אכילנא ליה ועוד דלר' יעקב נמי נהי דגומרים דינו של שור שלא בפניו נימא ליה אי אהדרתיה ניהלי הוה שחיטנא ליה אלא אלא אהדריה לא מחייבי ליה רבנן דהא קמהדר ליה השתא ואמרינן באיסורי הנאה הרי שלך לפניך אלא חיוביה משום דהוליכו לב"ד בידים והכי קאמר ליה לא היה לך להוליכו לב"ד דאי הוה בידי הוה מערקנא ליה מינייהו. סוף סוף הוה גמרי ליה **דינא שלא בפניו.** הלכך הוה ליה הזיקא דממילא ולא בידים [לעיל מה.] **לא תימא להו.** להאי מילתא דמיכספי לי [עירובין לט:]

עין משפט נר מצוה

נט א מיי' פ"ז מהל' חובל ומזיק הלכה ט סמג עשין קע טוש"ע ח"מ סימן שפו סעיף ב:

ס ב מיי' פ"ג מהלכות גזילה הלכה ה סמג עשין עג טוש"ע ח"מ סימן שסג סעיף ב:

סא ג מיי' פ"ז מהל' חובל ומזיק הלכה ט סמג עשין ע טוש"ע ח"מ סימן שפו סעיף ב [רב אלפס כאן ובסוף פ"ב דף יג:]:

סב ד מיי' פ"ג מהל' גזילה הלכה ד סמג עשין עג טוש"ע ח"מ סי' שסג סעיף א:

סג ה מיי' פ"י מהל' שכירות הלכה ד סמג עשין פ"ט טוש"ע ח"מ סימן שו סעיף ב:

סד ו מיי' פ"ו מהלכות חובל ומזיק הל' יא סמג עשין פט טוש"ע ח"מ שם בהג"ה וסי' שפד סעיף ג:

סה ז מיי' פ"י מהלכות שכירות הלכה ד סמג עשין פט טוש"ע ח"מ סימן שו סעיף ב:

ליקוטי רש"י

תהא במאמינו. הא דקתני פטור במאמינו [ב"מ לה.]. **מאן דדאין דינא דגרמי.** המחייב את הגורם הפסד לחבירו. **מגבי ביה.** בהאי שטרא. **דמי שטרא מעליא.** כל החוב שבתוכו. **ומאן דלא דאין.** פלוגתייהו בבבא קמא בפרק בתרא (דף קטז:) ורבי מאיר אית ליה דינא דגרמי כדתניא (שם דף ק:) נתייאש הימנה ולא גדרה הרי זה קידש וחייב באחריותו גבי כלאים וקי"ל כוותיה. **וכפייה רפרם לרב אשי.** שבא הדין לפני רב אשי וסיבבו והקיפו בראיות ואגבי מדינא דגרמי. **כי כשורא לצלמא.** כלומר גיבוי גמור כל ההפסד דקדק בו כאשר יקדקק הלוקח קורה לצור בו צורות שלוקח ישרה וחלקה [כתובות פו.]. **אם עד שלא נגמר דינו מכרו מכור.** ואפילו לרבנן דלא דרשי בבעליו דנהוי מיתה והעמדה בדין כאחד ומיחייב קטלא [לעיל מד:]. **מכור.** הוא לרדיא. **הקדישו מוקדש.** ונפקא מיניה דאי מיתהני מיניה מעל. **מוחזר.** ואע"ג דסקלי ליה בי דינא הוי שומר פטור דהא כשהחזירו שור מעליא הוא. **אינו מוקדש.** דלאו ברשותיה דמריה קאי לאקדושיה. **אין אומרים באיסורי הנאה הרי שלך לפניך.** ונפקא מיניה לגזל חמץ ועבר עליו הפסח והחזירו אינו מוחזר [לעיל מה.]. **רבי יעקב אומר וכו' מוחזר.** דאמר ליה תורא אשלמת לי תורא אשלימית לך [כתובות לד.]. **דאם כן.** דלרבנן אין אומרין. **נפלגו.** רבנן בחמץ בפסח ולימרו דחייב ואנן קיימא לן בהגוזל עצים (לקמן לח:) דלרבנן אומר לו הרי

מסורת הש"ס

א) [ב"מ לה.], ב) [לעיל עא: לקמן קה: פסחים ה: וש"נ], ג) כתובות פו. [לקמן ק.], ד) [לעיל מד:], ה) לעיל [מה.] עא: [כתובות לד.], ו) [לעיל סו. וש"נ], ז) גי' ס' מ"ח בשם תוספתא ונתנסך וע"ש, ח) [עירובין יא: לט:], ט) לקמן ק:, י) בש"ש גרס השורף לבעל השטר, כ) [ד"ה ור"י], ל) [ועיין תוספות ב"ב קע: ד"ה אין], מ) [ד"ה ועוד], נ) [ועיין תוספות בכורות לא: ד"ה א"כ].

הגהות הב"ח

(א) רש"י ד"ה מכור וכו' מיתה והעמדה בדין וכו' בפרק שור שנגח. נ"ב סוף דף מד ופ"ק ע"ף יג: (ב) ד"ה דאם כן וכו' הפסח הס"ד ואח"כ מה"ד אלא הכא:

הגהות הגר"א

[א] גמ' יין והחמיץ. רשום קו על תיבת והחמיץ ונ"ב והקריס:

תורה אור השלם

א) וְהָיָה כִּי יֶחֱטָא וְאָשֵׁם וְהֵשִׁיב אֶת הַגְּזֵלָה אֲשֶׁר גָּזָל אוֹ אֶת הָעֹשֶׁק אֲשֶׁר עָשָׁק אוֹ אֶת הַפִּקָּדוֹן אֲשֶׁר הָפְקַד אִתּוֹ אוֹ אֶת הָאֲבֵדָה אֲשֶׁר מָצָא: [ויקרא ה, כג]

עוסקים בשני מקרים נפרדים, אלא **תָּנָא סֵיפָא לְגַלּוּיֵי רֵישָׁא** – המשנה הוצרכה לשנות את הסיפא, כדי לגלות לנו באיזה אופן מדבר הרישא. והיינו, **שֶׁלֹּא תֹּאמַר** שה**רֵישָׁא** עוסק במקרה שמסר לאומנים **שִׁידָּה תֵּיבָה וּמִגְדָּל**, ושדוקא בכגון זה חייבים אם קלקלו את הכלי, **אֲבָל** אם מסר להם **עֵצִים** וקלקלו את הכלי שהם עצמם יצרו, **לֹא** יתחייבו (משום שאומן קונה בשבח כלי). כדי למנוע הבנה מוטעית זו, **תָּנָא** ב**סֵיפָא** מקרה של מסירת **שִׁידָּה תֵּיבָה וּמִגְדָּל** גמורים, **מִכְּלָל** – ועל ידי כך תבין **דְּהָרֵישָׁא** עוסק במי שמסר **עֵצִים** לאומן כדי שיעשה מהם שידה תיבה ומגדל, **וַאֲפִילּוּ הָכִי** – ואף על פי כן **חַיָּיב** האומן **לְשַׁלֵּם** את דמי הכלי אם קלקל את המוצר המוגמר, שאין אומן קונה בשבח כלי.

הגמרא מנסה להוכיח כהוראתו של רב אסי:

לֵימָא מְסַיַּיע לֵיהּ – שמא נאמר שיש סיוע לדבריו מהמשנה הבאה (להלן ק, ב): **הַנּוֹתֵן צֶמֶר לַצַּבָּע** כדי שיצבענו,

וְהִקְדִּיחוֹ יוֹרָה — ונשרף הצמר בדוד שעל האש[1], **הַצַּבָּע נוֹתֵן לוֹ** לבעל הצמר את **דְּמֵי צַמְרוֹ**. מהמשנה משמע ש**דְּמֵי צַמְרוֹ** בלבד (היינו, שווי הצמר לפני הכנסתו ליורה) **אִין** — כן נותן לו, אבל **דְּמֵי צַמְרוֹ וְשִׁבְחוֹ** (כלומר, שווי צמר צבוע) **לֹא** נותן לו. **לָאו** — האם אין מדובר כאן [אפילו] בכגון **שֶׁהִקְדִּיחוֹ** היורה **לְאַחַר נְפִילָה**, כלומר, לאחר שעבר זמן מעט נפילת הצמר ליורה וכבר נקלט בו הצבע, **דְּאִיכָּא שִׁבְחָא** — כך שהיה שבח בצמר לפני שנתקלקל, ובכל זאת אומרת המשנה שהאומן אינו משלם אלא את דמי הצמר בלבד; **וּשְׁמַע מִינָּהּ** — לְמַד מזאת ש**אוּמָּן קוֹנֶה בְּשֶׁבַח כֵּלִי** ולכן אינו צריך לשלם דמי צמר מושבח, כי השבח בצמר הוא שלו[2]!

דחיית הראיה:

אָמַר שְׁמוּאֵל: הָכָא בְּמַאי עָסְקִינָן — כאן (במשנה ההיא), כיצד מדובר? **כְּגוֹן שֶׁהִקְדִּיחוֹ** היורה **בִּשְׁעַת נְפִילָה** — בשעה שנפל לתוך הדוד, ועדיין לא נקלט הצבע[3], ונמצא **דְּלֵיכָּא שִׁבְחָא** — שלא היה שום שבח בצמר לפני שנתקלקל.

הגמרא מסיקה מדברי שמואל:

אֲבָל במקרה ש**הִקְדִּיחוֹ** היורה **לְאַחַר נְפִילָה, מַאי** — מה יהיה הדין לפי שמואל? מתשובתו דלעיל משמע שבכגון זה **נוֹתֵן לוֹ** הַצַּבָּע את **דְּמֵי צַמְרוֹ וְשִׁבְחוֹ**[4]. **לֵימָא שְׁמוּאֵל לֵית לֵיהּ דְּרַב אַסִּי** — האם נאמר ששמואל אינו סובר כהוראת רב אסי, שאומן קונה בשבח כלי (שכן לדעת רב אסי, הצבע פטור מלשלם את השבח אפילו אם הקלקול היה לאחר נפילה)[5]?

הגמרא טוענת שיתכן ששמואל מסכים לדינו של רב אסי:

אָמַר לָךְ שְׁמוּאֵל — שמואל יאמר לך: **הָכָא** (באותה משנה) **בְּמַאי עָסְקִינָן? כְּגוֹן דְּהַצֶּמֶר וְהַסַּמָּנִין** (שמפיקים מהם את הצֶּבַע), שניהם **מָמוֹנוֹ דְּבַעַל הַבַּיִת** ששכר את הצַּבָּע, **וְצַבָּע אֲגַר יְדֵיהּ הוּא דְּשָׁקֵיל** — והצַּבָּע אינו נוטל אלא את שכר פעולתו, היינו, צביעת הצמר באותם סממנים. במקרה כזה מודה רב אסי שאין האומן קונה את השבח, שהרי השבח בא על ידי הסממנים של בעל הבית, והאומן אינו אלא פועל שכיר בלבד[6]. משום כך הוצרך שמואל להעמיד את המשנה בכגון שנתקלקל הצמר בשעת נפילה, שכן אילו היה מתקלקל אחרי שכבר השביח, היה האומן צריך לשלם גם את דמי השבח. אמנם במקרה שהסממנים של האומן, אף שמואל יסבור כרב אסי שהאומן קונה את השבח, וממילא פטור מדמי השבח אפילו אם נתקלקל הצמר לאחר נפילה[7].

הגמרא דוחה הסבר זה:

אִי הָכִי — אם כך, שהמשנה עוסקת במקרה שגם הסממנים שייכים לבעל הבית, מדוע אמרה המשנה שהאומן רק "נותן לו דמי צמרו"? במקום זה, **"נוֹתֵן לוֹ דְּמֵי צַמְרוֹ וְסַמָּנִין" מִיבְּעֵי לֵיהּ** (היה התנא צריך לומר), שהרי האומן קלקל גם את הסממנים של בעל הצמר! בהכרח, איפוא, שמדובר בכגון שהסממנים היו של הצבע.

לפיכך חוזרת בה הגמרא מההסבר הקודם במשנה, ומכל מקום היא טוענת מטעם אחר שאין הכרח ששמואל חולק על רב אסי:

אֶלָּא, שְׁמוּאֵל דַּחוּיֵי קָא מַדְחֵי לֵיהּ — שמואל רק בא לדחות את הראיה שהביאה הגמרא מהמשנה לשיטת רב אסי, ולכן אמר שאפשר להעמיד את המשנה בכגון שהקדיחה היורה את הצבע בשעת הנפילה, שאין שם שבח כלל. אמנם שמואל עצמו יתכן שסובר כרב אסי, שאפילו אם נתקלקל הצבע לאחר נפילה, פטור, משום שאומן קונה בשבח כלי[8].

הגמרא מקשה על שיטת רב אסי:

תָּא שְׁמַע קושיא מברייתא: **הַנּוֹתֵן טַלִּיתוֹ לְאוּמָּן** כדי שיעשה בה תיקון, והאומן **גְּמָרוֹ** את התיקון **וְהוֹדִיעוֹ** לבעליו שטליתו מוכנה, אך עדיין לא החזירהּ לו, **אֲפִילוּ** אם השאיר בעל הבית את טליתו אצל האומן ולא שילם לו שכרו **מִכָּאן וְעַד עֲשָׂרָה יָמִים** (או יותר), **אֵינוֹ עוֹבֵר עָלָיו מִשּׁוּם "לֹא תָלִין"**[9]. אבל אם האומן **נְתָנָהּ לוֹ** את הטלית אפילו **בַּחֲצִי הַיּוֹם** (או מאוחר יותר), **כֵּיוָן שֶׁשָּׁקְעָה עָלָיו הַחַמָּה, עוֹבֵר עָלָיו מִשּׁוּם 'בַּל תָּלִין'**[10]. **וְאִי סָלְקָא דַּעְתָּךְ** — ואם יעלה

הערות

1. הגמרא מבינה כעת שמדובר [אפילו] במקרה שהצַּבָּע הניח את הצמר בדוד הצביעה כדרכו, אלא שהשאירו על גבי האש יותר מדאי זמן, וכך נתקלקל הצבע [והצמר] מאליו (עיין רש"י).

2. ראיית הגמרא היא בעצם **קושיא** על רב אסי: כיון שהדין ש"אומן קונה בשבח כלי" כבר מפורש במשנה הבאה, מה בא רב אסי להשמיענו? (מהרש"א מהדורא בתרא; פני יהושע ד"ה לימא).

[בגמרא כאן מבואר שלפי רב אסי קונה האומן את שבח הצביעה, אף על פי שאינו אלא תוספת מראה בלבד. אמנם עיין להלן קא, א ובתוספות שם ד"ה או דלמא; עיין עוד קצות החשן שו, ב; נתיבות המשפט שם ג; שערי ישר ג, כה.]

3. כגון שהצַּבָּע הגביר את האש שתחת הדוד יותר מדאי, וכך התקלקל הצמר מיד כשהניחו בתוך הדוד (עיין רש"י במשנה להלן ק, ב ד"ה והקדיחו).

4. שאם לא כן, למה נדחק שמואל להעמיד את המשנה דוקא "בשעת נפילה"? (רש"י). [והרי בפשטות, המשנה שם מדברת בכל ענין, בין במקרה שנתקלקל הצמר בשעת נפילה, ובין שנתקלקל לאחר נפילה (פני יהושע; עיין גם תורת חיים וכוס הישועות).]

5. ואם אכן כך — ששמואל חולק על רב אסי — לא תהא הלכה כרב אסי בענין זה, שכן כלל הוא שפוסקים כשמואל בדיני ממונות (רש"י; ראה בכורות מט, ב ורש"י שבת נג, א ד"ה שמואל קרי אריוך).

6. רש"י. היינו: בצביעת צמר, עיקר השבח הוא על ידי הסממנים עצמם [ופעולת הצביעה של האומן אינה ניכרת בבגד, שמעשה הדיוט הוא]. לפיכך, אם גם הסממנים שייכים לבעלים, דנים את האומן כפועל רגיל שאינו קונה את השבח אלא מקבל שכר על עבודתו (ראה לעיל צח, ב הערה 42). מה שאין כן במקרה שהבעלים נתנו לאומן עצים לעשות מהם כלי, אף על פי שגם שם הכל הוא ממונו של בעל הבית, מכל מקום, השבח נעשה כולו על ידי חכמתו ומעשי ידיו של האומן. לפיכך הורה שם רב אסי שהאומן קונה את השבח, שבכגון זה אומנותו של האומן היא כמו סממניו (ראב"ד, הובא ברשב"א; עיין גם תוספות רבינו פרץ; עיין עוד נתיבות המשפט שו סוף אות ג, תורת גיטין קכ, ו ופתחי תשובה אבן העזר קכ, ז; ועיין שו"ת בית אפרים אבן העזר קיז ד"ה וראיתי לשארי).

7. רש"י. תשובת הגמרא צריכה ביאור: אם אכן סובר שמואל כרב אסי, מדוע נדחק להעמיד את המשנה בכגון שהסממנים של בעל הבית, ובגלל זה הוצרך לבאר שהמשנה מדברת דוקא בקלקול "לאחר נפילה" (שהוא גם כן דוחק — ראה לעיל הערה 4)? שיעמיד את המשנה במקרה שהסממנים של האומן, ושוב יוכל להעמיד את המשנה אפילו בקלקול "בשעת נפילה"! ויש לומר, שבזמן המשנה היתה הרגילות שבעל הצמר נותן את הסממנים לצַבָּע, ולכן העמיד שמואל באופן כזה (רשב"א; ראה שם תירוץ נוסף, ועיין פני יהושע).

8. [ואדרבה! דוקא מפני ששמואל סובר כרב אסי, לכן אמר שאין הכרח מהמשנה כשיטתו שאומן קונה בשבח כלי — וזהו הטעם שרב אסי הוצרך להשמיענו זאת! (ראה לעיל הערה 2; ועיין פני יהושע, ים התלמוד).]

9. האיסור על עיכוב שכר שכיר מוזכר פעמיים בתורה: בפרשת קדושים (ויקרא יט, יג) אומר הכתוב: "לֹא תָלִין פְּעֻלַּת שָׂכִיר אִתְּךָ עַד בֹּקֶר"; ובפרשת כי תצא (דברים כד, יד-טו) הכתוב אומר: "לֹא תַעֲשֹׁק שָׂכִיר . . . בְּיוֹמוֹ תִתֵּן שְׂכָרוֹ וְלֹא תָבוֹא עָלָיו הַשֶּׁמֶשׁ". הפסוק הראשון מדבר בשכיר יום, שעבודתו מסתיימת בלילה, והכתוב מזהיר את המעסיק שישלם לו שכרו באותו לילה עד אור הבוקר. המקרא השני מתייחס לשכיר לילה, שעבודתו מסתיימת בבוקר, והזהיר הכתוב את מעסיקו שישלם לו שכרו באותו יום עד שקיעת החמה (ראה בבא מציעא קי, ב — קיא, א). המעסיק עובר על איסורים אלו רק אם השכיר תבע את שכרו בזמנו והוא איחר את התשלום (משנה שם קיא, א).

הברייתא משמיעתנו שכיון שהאומן לא החזיר עדיין את הטלית המתוקנת לבעליה, אין זה נחשב שסיים את עבודתו (ראה להלן הערה 25), ולכן בעל הבית אינו עובר על איסורים אלו אפילו אם הודיעו האומן שהטלית גמורה ותבע את שכרו. [ויש אומרים שהטעם הוא, שכל זמן שהטלית ביד האומן הריהי כמשכון עבור שכרו, ועל כן הבעלים אינם עוברים בבל תלין (שיטה מקובצת בבא מציעא קיב, א בשם רבינו יהונתן; סמ"ע שלט, י; עיין עוד פתחי תשובה חושן משפט שלט, ב וקצות החשן עב, כג ד"ה ועיין בר"ן).]

10. כאשר מחזיר האומן את החלוק, מסתיימת עבודתו, וחלים האיסורים על איחור שכרו. וכפי שנתבאר בהערה הקודמת, אם נסתיימה עבודת שכיר ביום, צריך לשלם לו שכרו עד שקיעת החמה.

[יצויין, שבמקרה זה של הברייתא שהעבודה נסתיימה בשעות היום, המעסיק יעבור באיחור שכרו על הלאו שבפרשת כי תצא, "וְלֹא תָבוֹא עָלָיו הַשֶּׁמֶשׁ", ולא על 'בל תלין' האמור בפרשת קדושים. הברייתא לא דקדקה ונקטה את האיסור האחרון

והקדיחו יורה נותן לו דמי צמרו דמי צמרו אין דמי צמרו ושבחו לא לאו שהקדיחו לאחר נפילה דאיכא שבחא ושמע מינה אומן קונה בשבח כלי אמר שמואל הכא במאי עסקינן כגון שהקדיחו בשעת נפילה דליכא שבחא אבל הקדיחו לאחר נפילה מאי נותן לו דמי צמרו ושבחו לימא שמואל לית ליה דרב אסי אמר לך שמואל הכא במאי עסקינן כגון דצמר וסמנין דבעל הבית וצבע אגר ידיה הוא דשקיל אי הכי נותן לו דמי צמרו וסמנין מיבעי ליה אלא שמואל דחויי קא מדחי ליה תא שמע (א) [א]הנותן טליתו לאומן גמרו והודיעו אפילו מכאן ועד עשרה ימים אינו עובר עליו משום (א) לא תלין נתנה לו בחצי היום כיון ששקעה עליו החמה עובר עליו משום בל תלין ואי ס"ד אומן קונה בשבח כלי אמאי עובר משום בל תלין אמר רב מרי בריה דרב כהנא בגרדא דסרבלא דליכא שבחא סוף סוף למאי יהבה נהליה לרכוכי כיון דרככיה היינו שבחא לא צריכא דאגריה לביטשי ביטשא ביטשא במעתא דהיינו שכירות ולמאי דסליק אדעתין מעיקרא דלא אגריה לביטשי מסייע ליה לרב ששת דבעו מיניה מרב ששת (ג) קבלנות עובר עליו משום בל תלין או אינו עובר ואמר להו רב ששת [ב]עובר לימא דרב ששת פליגא אדרב אסי אמר שמואל בר אחא בשליחא דאיגרתא לימא כתנאי (ג) עשה לי שירים נזמין וטבעות ואקדש לך כיון שעשאן מקודשת דברי רבי מאיר וחכמים אומרים [ג]אינה מקודשת עד שיגיע ממון לידה מאי ממון אילימא אותו ממון מכלל דר"מ סבר אותו ממון לא אלא במאי מקדשא אלא פשיטא מאי ממון [ד]ממון אחר וסברוה דכולי עלמא [ה]ישנה לשכירות מתחילה ועד סוף ודכולי עלמא [ו]המקדש במלוה אינה מקודשת מאי לאו באומן קונה בשבח כלי קמיפלגי דר"מ סבר אומן קונה בשבח כלי ורבנן סברי [ז]אין אומן קונה בשבח כלי לא דכולי עלמא אין אומן קונה בשבח כלי אלא הכא בישנה לשכירות מתחילה ועד סוף קא מיפלגי רבי מאיר סבר אין לשכירות אלא לבסוף ורבנן סברי יש לשכירות מתחילה ועד סוף ואי בעית אימא דכולי עלמא ישנה לשכירות מתחילה ועד סוף והכא במקדש במלוה קמיפלגי דרבי מאיר סבר המקדש במלוה מקודשת ורבנן סברי (ז) המקדש במלוה אינה מקודשת

רבא

רש"י

והקדיחו יורה. נתקלקל הצבע מעצמו: לאחר נפילה. לאחר שקלט הצבע ונעשה שבח בצמר: לימא שמואל לית ליה דרב אסי. הואיל ומהדר לאוקמי בהכי מתניתין ומהשתא לא עבדינן כרב אסי דהא קיימא לן כשמואל בדיני: אמר לך. הא מתניתין דמשמע דאי הקדיח לאחר נפילה יהיב ליה נמי דמי שבחיה כגון שצמר וסמנין דבעל הבית דהא ליכא למימר אומן קונה בשבח כלי דסמנין הוא דמשבחי ליה וצבע שכיר בעלמא הוא ודאי אומן שהסמנין שלו קונה בשבח כלי ואין משלם אלא דמי צמרו: דחויי מדחי ליה. כלומר ממתניתין לא תסייעיה ולא משום דנשמע מינה דשמואל פליג אדרב אסי: אמאי עובר. הא זכוני קא מזבן ליה ניהליה ולא שכירות היא: בגרדא דסרבלא. פלוקי"ר בגדים: לבטושי. פלארא"ש בלע"ז ושכרו לדרכה והתנה עמו סכום הדריכות כל דריכה במעה דשכיר יום הוא ולא קבלן דליקני בשבחא: ולמאי דסליק אדעתא מעיקרא דלא אגריה למנין בטשי. וקבלנות הוא וקתני עובר: מסייע ליה לרב ששת. לא גרסינן נימא: נימא פליגא דרב ששת אדרב אסי. דמדקאמר עובר קסבר אין אומן קונה בשבח כלי ולא זביני נינהו וכיון דלא קני בשבחא היכא דנתן לו עלים לעשות מהן תיבה ועשאה ושיברה משלם תיבה: בשליחא דאיגרתא. דקבלנות היא שלא שכרו ליום אלא להוליך לו אגרת למקום פלוני בההיא קאמר רב ששת דעובר דליכא שבחא דליקני: עשה לי שירין. צמידין מצלי אקדש לך בשכר פעולתך: ישנה לשכירות מתחילה ועד סוף. כיון שעלה שכרו לפרוטה נתחייבה לו מיד פרוטה והויא ליה מלוה גבה ואי לאו דאומן קונה בשבח כלי משום שכירות לא לימא ר"מ דתתקדש דהמקדש במלוה אינה מקודשת דמלוה להוצאה ניתנה ואינה בעין אלא משום דקסבר אומן קונה בשבח כלי וכי יהיב (א) לה ניהליה מקדשה בשבחא [מה] דאית ליה בגוויה אף על פי שלא נתן לה ממון אחר ורבנן סברי לא קני ואינה מקודשת עד שיגיע ממון אחר לידה: אינה לשכירות אלא לבסוף. כי מהדר להו ניהלה הלכך לאו מלוה הוא:

תוספות

הכא במאי עסקינן בצמר וסמנין דבעל הבית. הו"מ למפרך מאי דוחקיה לאוקמי בצמר וסממנין דבעל הבית ודוקא בשעת נפילה לוקמה בסממנין דפועל ואפילו לאחר נפילה אלא משום דאית ליה עדיפות למיפרך:

דאגריה לביטשי. פי' בקונטרס שהתנה עמו סכום הדריכות כל דריכה במעה דשכיר יום הוא ולא קבלן דליקני בשבחא תימה מה ר"ל דמ"מ הרי קבלן הוא ולא שכיר יום ובהמקבל (ב"מ דף קיב. ושם [ה]) פירשה בע"א דאגריה לבטשי כשבא לבית הגרדי בוטשין ברגלים בתוך הכלי במים ומיהו לא בקבלנות עסקינן אלא בשכירות בין ישביח בין לא ישביח שכרו לפי מנין בטישות כך וכך בטישות בכך וכך מעות עכ"ל וי"מ דכי אגריה לבטשי עובר משום בל תלין אביטשא קמייתא דבההיא ליכא שבחא וא"ת אמאי לא תירץ דבשכיר יום עסקינן ויש לומר משום דקתני וגמר והודיעו ובשכיר יום מאי הודעה שייכא:

בשליחא דאגרתא. ההוא דלעיל לא מצי לאוקמי בשליחא דאיגרתא דהא בהדיא קתני הנותן טליתו אבל בעניין דרב ששת דהכא ה"מ לאוקמי דאגריה לביטשא וא"ת והיכי מוקי לה בשליחא דאגרתא והא בהדיא בהמקבל (שם) פירש בעייתו דמספקא ליה אי אומן קונה בשבח כלי אי לא דקאמר בעו מיניה מרב ששת קבלן עובר בבל תלין או אין עובר אומן קונה בשבח כלי ואין עובר או אין אומן קונה בשבח כלי ועובר וי"ל שהם שאלו סתם וגמרא הוא שמפרש שאילתו כן שסבור שבזה מסתפק וכן אורחיה דגמרא לעיל בריש פ"ב (דף יט.) ובכמה מקומות ואין להאריך [ו]:

אלא במאי מקדשא. אור"י דסברא הוא שאין מקודשת במה שמוחל לה שכרו אפי' לא יהא אומן קונה בשבח כלי אלא מלוה יש לו עליה והוא מוחל לה אין מקודשת שאין דעתה להתקדש עד שיבאו השירים והנזמים לידה ועוד אור"י ונראה לו עיקר שאפי' שניהם רוצים שיחולו קודם הגעת ממון לידה אינה מקודשת אע"פ שמתחייבת לו ראשון ראשון לפי שישנה לשכירות מתחילה ועד סוף כיון שאין יכול לתובעה בדין שכרו עד שיגיע הממון לידה ואין חשוב כנותן לה כלום בתחילתו עד שתבא שעה שיכול לתובעה בדין:

ואיבעית אימא דכ"ע ישנה לשכירות מתחילה ועד סוף. דאי אינה אלא בסוף (ב) כיון שנגמרה כל המלאכה שאין מתחייב שכרו אלא הכל יחד ואז מוחל לה בתורת קדושין לא חשיב מלוה ואין לדקדק מכאן דכן הלכה דישנה לשכירות מתחילה ועד סוף כיון דלא מצי למימר בע"א אבל יש להביא ראיה מפ"ק דע"ז (דף יט: ושם [ז]) גבי הגיע לכיפה שמעמידין בה ע"ז אסור לבנותה וקאמר בגמרא אם בנה שכרו מותר ומפרש טעמא משום דישנה לשכירות מתחילה ועד סוף אימת מיתסרא במכוש אחרון מכוש אחרון לית בה שוה פרוטה וליכא דפליג התם משמע דהכי הלכתא ואע"ג דקיי"ל דשכירות אין משתלמת אלא לבסוף אפי' למ"ד ישנה מודה דאין משתלמת אלא לבסוף כדנפקא לן באיזהו נשך (ב"מ דף סה. ושם) מדכתיב כשכיר שנה בשנה שכירות של שנה זו אין משתלמת אלא לשנה אחרת והא דאמר נמי דפועל יכול לחזור בו אפי' בחצי היום הוי אפי' למ"ד אינה אלא לבסוף דכשחוזר בו ואין רוצה לפעול יותר אז הוא הסוף ולא נ"מ בפלוגתא דישנה לשכירות ואין לשכירות אלא לענין הך דשמעתא אי הויא מלוה אי לאו ולענין ההיא דע"ז:

רבי מאיר סבר המקדש במלוה מקודשת. ותימה בפרק ב' דקדושין (דף מז.) אמר רבי שמעון בן אלעזר משום רבי מאיר מלוה הרי היא כפקדון ואם לא נשתייר הימנו כלום אינה מקודשת משום דאין בעין ואין סברא לומר דמה שהחזיר לה הנזמים חשיב כמלוה בעין כיון דאין אומן קונה בשבח כלי ועוד דאם כן אמאי אין מקודשת לרבי מאיר ללישנא דלעיל:

אימא

מסורת הש"ס

א) ב"מ קיב., ב) ג"ז שם, ג) קדושין מח., ד) [קדושין ו: וש"נ], ה) [ד"ה אומן], ו) [ועיין תוספות נדה לד: ד"ה כין], ז) [ד"ה אלמא].

הגהות הב"ח

(א) רש"י ד"ה ישנה וכו' וכי יהיב להו ניהלה מקדשה: (ב) תוס' ד"ה ואיבעית אימא וכו' אלא בסוף כיון שאין מתחייב שכרו אלא הכל ביחד כשנגמרה כל המלאכה ואז מוחל כצ"ל:

תורה אור השלם

א) לֹא תַעֲשֹׁק אֶת רֵעֲךָ וְלֹא תִגְזֹל לֹא תָלִין פְּעֻלַּת שָׂכִיר אִתְּךָ עַד בֹּקֶר: [ויקרא יט, יג]

לעזי רש"י

פלוקי"ר. פירוש לסרוק, לקרד (עיין רש"י קדושין דף פב ע"א ד"ה הסריקים וספר "מעשה אורג" עמוד נה):

פלארא"ש. פירוש פעולות הכובס (עיין רש"י יהושע טו ז, תענית דף כט ע"ב ד"ה קצרי, ב"מ דף קיב ע"א ד"ה דאגר לביטשי וערוך ערך בטש וגרד א'):

עין משפט נר מצוה

סו א ב מיי' פי"א מהלכות שכירות הלכה ג סמג לאוין קפא טוש"ע ח"מ סימן שלט סעיף ו:

סז ג ד מיי' פ"ה מהל' אישות הלכה כ סמג עשין מח טוש"ע אה"ע סימן כח סעיף טו ובהג"ה שם:

סח ה מיי' שם הלכה כ סמג שם טוש"ע אה"ע שם:

סט ו מיי' וסמג שם טוש"ע שם סעי' ז:

ע ז מיי' פ"י מהלכות שכירות הלכה ד ועי' בהשגות ובמ"מ סמג עשין פט טוש"ע ח"מ סימן שו סעיף ג [ר"ב אלפס ב"מ פ"ט דף קלד ועיין בטוש"ע אה"ע סימן כח סעיף טו בהג"ה]:

ליקוטי רש"י

והקדיחו יורה. שרפתו יורה שהרתיחו יותר מדאי. נותן לו דמי צמרו. והכא ליכא שבחא כלל דהא נשרף לגמרי וליכא למימר אם השבח יותר [לקמן ק:]. בגרדא דסרבלא. פולקיי"ר בלע"ז שאין כאן שבח כלי שאם היה מניחו כמות שהוא היתה מתקיימת הרבה יותר מעתה. לרכוכי. שיהא רך. היינו שבחא. דאיכא דניחא ליה בהכי מפני שמחמם יותר ויש נוי בדבר. דאגריה לביטשי. אלא לעולם לאו בגרדא אלא בתיקון הראשון שקורין פולי"ר כשבא מבית הגרדי בוטשין אותו ברגלים בתוך כלי עץ במים וקרקע הראויה בכך מיהו לא בקבלנות עסקינן אלא בשכירות בין ישביח ובין לא ישביח שכרו לפי מנין בטישותיה כך וכך בטישות בכך וכך מעות. דאגריה לביטשי. לחשבון בטישות. קבלנות. אומן שקיבל עליו לעשות מלאכה בכך וכך ולא לשכירות ימים [ב"מ קיב.]. שירים. אצעדה מתרגמינן (במדבר לא) שירין. ואקדש לך. בשכר פעולתך שהזהב משלה הוא. אותו ממון. שיחזירם לה לאחר שנגמרם. מכלל דר"מ סבר אותו ממון לא. בתמיה כלומר מכלל דכיון שעשאן דקאמר ר"מ אף על פי שלא באו לידה קא מתמה אלא במאי בו מקדשה. ישנה לשכירות וכו'. כל פרוטה ופרוטה כשנגמרה נתחייב בה בעל המלאכה לפועל בשכירות עשיית המלאכה הלכך כשמחזירן לה ההוא הויא לה מלוה למפרע [קדושין מח.]. המקדש במלוה. דאמר התקדשי לי במלוה שהלויתיך. אינה מקודשת. דקיחה משדה עפרון גמרינן דיהיב מידי בשעת קדושין ומלוה להוצאה ניתנה וכבר הן שלה ומעות אחרים היא חייבת לו [קדושין ו:] אפילו ישנה בעין [שם מז.]. באומן קונה בשבח כלי. כלומר הכא בשלא התנה להיות שכיר ימים אלא קבלן שקבל עליו לגמור המלאכה בכך וכך ובאומן קבלן כשמשביחו ועשה מן הזהב כלי קונה לזכות בכלי כשהוא משביחו קמיפלגי ר"מ סבר אומן קונה בשבח כלי ואין בזו לומר ישנה שכירות וכו' דכל מה שמשביח אינו מלוה על הבעלים אלא בכלי הוא זוכה וכשמחזירו לו בשכר קבוץ הסיא שעתא הרי הוא כמוכרו לו. אין אומן קונה כו'. והרי הוא כשאר שכירות. אין לשכירות אלא לבסוף. כשמחזירן לה והרי לשם קדושין הוא מוחלו אצלה ואין כאן מלוה כשמחזירן לה [שם מח:]. שכירות אינה משתלמת. מן הדין. אלא לבסוף. לסוף הזמן [ב"מ סה.] כדאמר באיזהו נשך כשכיר שנה בשנה שכירות שנה זו משתלמת בתחילת שנה אחרת [שם קי:].

על דעתך ש**אוּמָּן קוֹנֶה בְּשֶׁבַח כְּלִי**, כדעת רב אסי, **אַמַּאי** — למה **עוֹבֵר** בעל הטלית **מִשּׁוּם ׳בַּל תָּלִין׳** על ידי איחור התשלום לאחר שהוחזרה לו הטלית? והלא לפי רב אסי, הממון שבעל הטלית חייב לאומן אינו שכר פעולה, אלא נידון כחוב עבור ״מכירת״ השבח[11], ואין בכך איסור משום הלנת שכר שכיר!

משיבה הגמרא:

אָמַר רַב מָרִי בְּרֵיהּ (בנו) **דְּרַב כַּהֲנָא:** הברייתא מדברת **בְּ**אומן ששכרוהו לעשות **גַּרְדָּא דְּסַרְבְּלָא** — סירוק וריכוך לסרבל (מעיל עבה של צמר, העשוי לכבוד ולנוי)[12], **דְּלֵיכָּא שִׁבְחָא** — שאין הבגד משביח בכך, ואדרבה, הוא נחלש[13]. לפיכך, האומן אינו קונה חלק בבגד זה, והממון שחייבים לו נידון כשכר פעולה ולא כדמי מכירה.

הגמרא דוחה הסבר זה:

סוֹף סוֹף, לְמַאי יַהֲבָהּ נִהֲלֵיהּ — לשם מה נתנו לאומן את הבגד? הלא **לְרַכּוֹכֵי** (לרַכֵּך אותו). הלכך, **כֵּיוָן דְּרַכְּכֵיהּ** (שריכך אותו), **הַיְינוּ שִׁבְחָא** — זה עצמו השבח בבגד[14]! אם אכן אומן קונה בשבח כלי, יקנה האומן את שבח הריכוך, והממון שחייבים לו אינו אלא ״דמי מכירה״ שאין בהם משום ׳בל תלין׳!

לפיכך מיישבת הגמרא את הברייתא לפי רב אסי באופן אחר:

לֹא צְרִיכָא — לא הוצרכה הברייתא ללמדנו דין זה אלא בכגון **דְּאַגְרֵיהּ לְבִיטְשֵׁי** — ששכר את האומן לדרוך על הבגד ולבעוט בו[15], והתנה שישלם לו **בִּיטְשָׁא בִּיטְשָׁא בְּמָעָתָא** — על כל בעיטה ובעיטה מעה אחת. נמצא שהתשלום אינו תלוי בהשבחת הבגד אלא במספר הבעיטות, **דְּהַיְינוּ שְׂכִירוּת** עבור פעולה, ולא קבלנות[16]. לפיכך, בעל הבית עובר משום ׳בל תלין׳.

הגמרא מעירה:

וּלְמַאי דְּסָלִיק אַדַּעְתִּין מֵעִיקָּרָא — ולפי מה שסברנו בתחילה, שהברייתא מדברת בכגון **דְּלֹא אַגְרֵיהּ לְבִיטְשֵׁי** — שלא שכרו לפי מנין בעיטות, אלא בקבלנות, דהיינו שקצב לו מראש סכום מסויים עבור ביצוע עבודה (כגון ריכוך סרבל), **מְסַיַּיע לֵיהּ** — הרי שהברייתא מסייעת **לְ**הוראתו של **רַב שֵׁשֶׁת** בענין זה. **דְּבָעוּ מִינֵּיהּ** — שכן שאלו **מֵרַב שֵׁשֶׁת:** מעסיק שאיחר תשלום שכר עבור עבודה **בְּקַבְּלָנוּת**, האם **עוֹבֵר עָלָיו מִשּׁוּם ׳בַּל תָּלִין׳ אוֹ אֵינוֹ עוֹבֵר** על איסור זה[17]? **וְאָמַר לְהוּ** (להם) **רַב שֵׁשֶׁת:** הוא **עוֹבֵר** על ׳בל תלין׳ גם בקבלנות. הוראה זו מסתייעת מהברייתא לפי ההבנה הקודמת שמדובר ב״גרדא דסרבלא״ שהיא עבודה בקבלנות, ובכל זאת אמרה הברייתא שאם האומן החזיר את הטלית לבעל הבית, הריהו עובר באיחור שכרו משום ׳בל תלין׳[18].

לכאורה, הנידון אם עוברים בקבלנות משום ׳בל תלין׳, תלוי בשאלה דלעיל אם אומן שקיבל מלאכה בקבלנות קונה את השבח שעשה בכלי: אם האומן קונה את השבח, נמצא שהתשלום על עבודתו אינו אלא כדמי מכירה, והחוב של בעל הבית לאומן הוא כמו הלואה רגילה שאין עליו איסור ׳בל תלין׳. אולם אם אין אומן קונה בשבח כלי, נידון חוב זה כשכירות שיש בה איסור להלין את התשלום[19]. בהתאם לכך שואלת הגמרא:

לֵימָא — האם נאמר **דְּ**הוראת **רַב שֵׁשֶׁת**, שקבלנות יש בה איסור ׳בל תלין׳, **פְּלִיגָא אַדְּרַב אַסִּי** — חולקת על הוראת רב אסי לעיל ש״אומן קונה בשבח כלי״[20]?

הגמרא משיבה ששתי ההוראות אינן סותרות בהכרח זו את זו:

אָמַר שְׁמוּאֵל בַּר אַחָא: רב ששת נשאל **בִּשְׁלִיחָא דְּאִיגַּרְתָּא** — בנוגע לשליח להבאת איגרת ממקום למקום. עבודה זו אמנם היא ״קבלנות״ (שכן השכר קצוב עבור עשיית השליחות, ואינו תלוי בזמן שיקח לשליח לעשות זאת), אך היא אינה משביחה את מה שניתן ביד הפועל, וממילא אין כאן שבח שיקנהו השליח. לפיכך השיב רב ששת שהמשלח עובר ב׳בל תלין׳ אם איחר את שכרו[21]. ברם, בקבלנות שיש בה שבח (כגון ״גרדא דסרבלא״, או שנתנו לו עצים לעשות מהם כלי), אולי יודה רב ששת שאומן קונה בשבח כלי (כהוראת רב אסי), ואם כן לא יעבור בעל הבית על ׳בל תלין׳[22].

הערות

(הנוהג בשכיר יום שמסיים עבודתו בלילה, שהוא המצוי יותר), אבל למעשה כוונתה לאיסור הראשון (שיטה מקובצת בבא מציעא שם וכסף משנה הלכות שכירות יא, ג; ועיין תוספות רי״ד כאן; אמנם עיין מגיד משנה ולחם משנה הלכות שכירות יא, א; ועיין סמ״ע שלט, יא).]

11. רש״י; ראה לעיל צח, ב הערה 42.

12. [ראה לעזי רש״י, רש״י להלן קיט, ב ד״ה סרבלא, רש״י בבא מציעא פא, ב ד״ה סרבלא.] בזמן התלמוד היו נוהגים לסרוק את אריג הצמר במברשת מיוחדת של קוצים, אשר היתה ״מגרדת״ (מורטת) מעט את הסיבים על פני השטח, וכך מעלה מוך המעניק גימור רך לאריג (עיין רש״י להלן קיט, א ד״ה סורק; רש״י שבת יא, ב ד״ה במשיחה; מעשה אורג עמוד 57).

13. האריג מתקיים הרבה יותר זמן אם אין מסרקים אותו. לפיכך מניחה הגמרא שהסירוק אינו מוסיף שום שבח בבגד (רש״י בבא מציעא קיב, א ד״ה בגרדא דסרבלא).

14. [אף על פי שכאמור הסירוק מחליש את אריג הצמר, מכל מקום הוא מוסיף לערכו. שכן] יש אנשים שנוח להם לסרק את האריג כדי לרככו, מפני שהדבר מגביר את תכונות הבידוד של הבגד וכך הוא מחמם יותר, וגם משפר ומייפה את מראהו (רש״י שם ד״ה היינו שבחיה; ראה מעשה אורג עמוד 58).

15. היינו, הברייתא אינה עוסקת באומן שקיבל אריג כדי לסרקו, אלא באומן שנשכר לבטוש אותו. ״בטישה״ היא השלב הראשון של תהליך הגימור לאריגי הצמר, וקודמת ל״סירוק״. לאחר האריגה, האריג הועבר לבוטש, אשר כיבס אותו באמבט המכיל מים [חמים] ואבקת ניקוי [להסרת חמרי חיזוק וסיכה שעל החוטים]. באותו זמן, הבוטש דרך עליו ברגליו [כדי לכווצו ולסגור את החורים הזעירים באריג] (רש״י בבא מציעא שם ד״ה דאגר לביטשי, על פי מעשה אורג עמוד 57). [מאחר שכיווץ האריג גרם לו להתקשות, היו מסרקים אותו כדי לרככו שוב.]

16. כלומר, מדובר בכגון שלא סוכם עם הבוטש תשלום קצוב עבור כיווץ הבגד, אלא הותנה שיקבל שכר על כל בעיטה ובעיטה, בין אם הדבר יועיל לאריג ובין אם לאו. מאחר ששכרו אינו תלוי בתוצאה של השבחת האריג, אלא במנין הפעולות, הוא אינו מוגדר כ״קבלן״ [שקונה את השבח], אלא דומה לשכיר יום שמשתכר עבור פעולתו [ואינו קונה את השבח] (רש״י בבא מציעא שם; ועיין רש״י כאן, תוספות ד״ה דאגריה לביטשיה, רשב״א; עיין עוד קצות החשן שו, ג).

17. האם איסור ׳בל תלין׳ שייך רק בשכיר, שמשלמים לו עבור טירחתו לפי ימים, או שמא גם בקבלן, ששכרו הוא עבור השלמת מלאכה מסויימת? (רש״י בבא מציעא שם ד״ה קבלנות).

18. רש״י. [אמנם לפי דחיית הגמרא לעיל שהברייתא עוסקת בשכירות ל׳בטישה׳ לפי מנין הבעיטות, אין שום ראיה לשיטת רב ששת, שכן אין זו קבלנות אלא שכירות (ראה לעיל הערה 16). ועיין פנים מאירות שמבאר לאיזה צורך השמיעתנו הגמרא ראיה שאינה קיימת אלא לפי ה׳הוה אמינא׳. ראה עוד להלן הערה 22.]

19. ואכן כך פירשה הגמרא בבבא מציעא שם את צדדי שאלה זו (עיין רש״י שם ד״ה בשבח כלי וד״ה הלואה היא, ורש״י כאן ד״ה נימא).

20. ואם כן, לפי רב ששת, במקרה שהאומן קיבל עצים לעשות מהם כלי, ועשאו ואחר כך שיברו, ישלם האומן את כל דמי הכלי (רש״י). [שאלת הגמרא כאן אינה קשורה לכאורה לנידון בקטע הקודם אם יש ראיה מהברייתא להוראתו של רב ששת (עיין רשב״א ד״ה הכי גרסינן; אולם עיין ראב״ד).]

21. רש״י. היינו: כששאלו התלמידים מרב ששת אם יש בקבלנות איסור ׳בל תלין׳, באמת לא נתכוונו לשאול אם אומן קונה בשבח כלי או לאו (שהרי בשליח איגרת לא שייך ענין זה). שאלתם היתה אם איסור זה נאמר בשכיר יום וכדומה [דהיינו, כאשר התשלום הוא על הפעולה עצמה] כפי הדוגמא שנקטה התורה בענין זה (ראה לעיל הערה 9), או שמא אמור האיסור גם בקבלנות [שהתשלום בה הוא על תוצאות הפעולה]. על שאלה זו השיב רב ששת שאכן אין הבדל בענין זה בין שכיר יום לקבלנות [שאין בה שבח]. והיינו דלא כפי שביארה הגמרא בבבא מציעא את המשא ומתן בין רב ששת לתלמידיו (עיין תוספות ד״ה בשליחא).

22. [לפי זה, גם רב ששת מוכרח להעמיד את הברייתא דלעיל — האומרת שכאשר אומן מחזיר את הטלית, עובר בעל הבית משום ׳בל תלין׳ — בכגון ששכר את הפועל ל״ביטשי״ לפי מנין הבעיטות (שדינו כשכיר), כמסקנת הגמרא לעיל, שהרי בקבלנות כגון ״גרדא דסרבלא״ מודה רב ששת שאינו עובר בבל תלין מפני שיש בה שבח. ומה שאמרה הגמרא לעיל, שאם נעמיד את הברייתא בקבלנות של ״גרדא דסרבלא״ יהיה סיוע ממנה להוראתו של רב ששת, היינו רק לפי ההבנה הקודמת שרב ששת אכן דיבר אפילו בקבלנות שיש בה שבח.]

והקדיחו יורה נותן לו דמי צמרו דמי צמרו אין דמי צמרו ושבחו לא לאו שהקדיחו לאחר נפילה דאיכא שבחא ושמע מינה אומן קונה בשבח כלי אמר שמואל הכא במאי עסקינן כגון שהקדיחו בשעת נפילה דליכא שבחא אבל הקדיחו לאחר נפילה מאי נותן לו דמי צמרו ושבחו לימא שמואל לית ליה דרב אסי אמר לך שמואל הכא במאי עסקינן כגון דצמר וסמנין דבעל הבית וצבע אגר ידיה הוא דשקיל אי הכי נותן לו דמי צמרו וסמנין מיבעי ליה אלא שמואל דחויי קא מדחי ליה תא שמע (א) [א] הנותן טליתו לאומן גמרו והודיעו אפילו מכאן ועד עשרה ימים אינו עובר עליו משום (א) לא תלין נתנה לו בחצי היום כיון ששקעה עליו החמה עובר עליו משום בל תלין ואי ס"ד אומן קונה בשבח כלי אמאי עובר משום בל תלין אמר רב מרי בריה דרב כהנא בגרדא דסרבלא דליכא שבחא סוף סוף למאי יהבה נהליה לרכוכי כיון דרככיה היינו שבחא לא צריכא דאגריה לביטשי ביטשא במעתא דהיינו שכירות ולמאי דסליק אדעתין מעיקרא דלא אגריה לביטשי מסייע ליה לרב ששת דבעו מיניה מרב ששת (ב) קבלנות עובר עליו משום בל תלין או אינו עובר ואמר להו רב ששת [ב] עובר לימא דרב ששת פליגא אדרב אסי אמר שמואל בר אחא בשליחא דאיגרתא לימא כתנאי (ג) עשה לי שירים נזמין וטבעות ואקדש לך כיון שעשאן מקודשת דברי רבי מאיר וחכמים אומרים [ג] אינה מקודשת עד שיגיע ממון לידה מאי ממון אילימא אותו ממון מכלל דר"מ סבר אותו ממון לא אלא במאי מקדשא אלא פשיטא מאי ממון [ד] ממון אחר וסברוה דכולי עלמא [ה] ישנה לשכירות מתחילה ועד סוף ודכולי עלמא [ו] המקדש במלוה אינה מקודשת מאי לאו באומן קונה בשבח כלי קמיפלגי דר"מ סבר אומן קונה בשבח כלי ורבנן סברי [ז] אין אומן קונה בשבח כלי לא דכולי עלמא אין אומן קונה בשבח כלי אלא הכא בישנה לשכירות מתחילה ועד סוף קא מיפלגי רבי מאיר סבר אין לשכירות אלא לבסוף ורבנן סברי יש לשכירות מתחילה ועד סוף ואי בעית אימא דכולי עלמא ישנה לשכירות מתחילה ועד סוף והכא במקדש במלוה קמיפלגי דרבי מאיר סבר המקדש במלוה מקודשת ורבנן סברי (ד) המקדש במלוה אינה מקודשת

רבא

רש"י

והקדיחו יורה. נתקלקל הצבע מעלמו: לאחר נפילה. לאחר שקלט הצבע ונעשה שבח בצמר: לימא שמואל לית ליה דרב אסי. הואיל ומהדר לאוקמי בהכי מתניתין ומהשתא לא עבדינן כרב אסי דהא קיימא לן כשמואל בדיני: אמר לך. הא מתניתין דמשמע דאי הקדיח לאחר נפילה יהיב ליה נמי דמי שבחיה כגון שצמר וסמנין דבעל הבית דהא ליכא למימר אומן קונה בשבח כלי דסמנין הוא דמשבחי ליה וצבע שכיר בעלמא הוא ודאי אומן שהסממנין שלו קונה בשבח כלי ואין משלם אלא דמי צמרו: דחויי מדחי ליה. כלומר ממתניתין לא תסייעיה ולא משום דנשמע מינה דשמואל פליג אדרב אסי: אמאי עובר. הא זבוני קא מזבן ליה ניהליה ולא שכירות היא: בגרדא דסרבלא. פלוקי"ר בגדים: לבטושי. פלארא"ש בלע"ז ושכרו לדרכה והתנה עמו סכום הדריכות כל דריכה במעה דשכיר יום הוא ולא קבלן דליקני בשבחא: ולמאי דסליק אדעתא מעיקרא דלא אגריה למנין בטשי. וקבלנות הוא וקתני עובר: מסייע ליה לרב ששת. לא גרסינן נימא: נימא פליגא דרב ששת אדרב אסי. דמדקאמר עובר קסבר אין אומן קונה בשבח כלי ולא זביני נינהו וכיון דלא קני בשבחא היכא דנתן לו עצים לעשות מהן תיבה ועשאה ושיברה משלם תיבה: בשליחא דאיגרתא. דקבלנות היא שלא שכרו ליום אלא להוליך לו אגרת למקום פלוני דההיא קאמר רב ששת דעובר דליכא שבחא דליקני: עשה לי שירין. צמידין משלי אקדש לך בשכר פעולתך: ישנה לשכירות מתחילה ועד סוף. כיון שעלה שכרו לפרוטה נתחייבה לו מיד פרוטה והויא ליה מלוה גבה ואי לאו דאומן קונה בשבח כלי משום שכירות לא לימא ר"מ דתתקדש דהמקדש במלוה אינה מקודשת דמלוה להוצאה ניתנה ואינה בעין אלא משום דקסבר אומן קונה בשבח כלי וכי יהיב (א) לה ניהליה מקדשה בשבחא [מה] דאית ליה בגוויה אף על פי שלא נתן לה ממון אחר ורבנן סברי לא קני ואינה מקודשת עד שיגיע ממון אחר לידה: אינה לשכירות אלא לבסוף. כי מהדר להו ניהלה הלכך לאו מלוה הוא:

רבא

תוספות

הכא במאי עסקינן בצמר וסממנין דבעל הבית. הו"מ למפרך מאי דוחקיה לאוקמי בצמר וסממנין דבעל הבית ודוקא בשעת נפילה לוקמה בסממנין דפועל ואפילו לאחר נפילה אלא משום דאית ליה עדיפות למיפרך:

דאגריה לביטשי. פי' בקונטרס שהתנה עמו סכום הדריכות כל דריכה במעה דשכיר יום הוא ולא קבלן דליקני בשבחא תימה מה ר"ל דמ"מ הרי קבלן הוא ולא שכיר יום ובהמקבל (ב"מ דף קיב. ושם ה) פירשה בע"א דאגריה לבטשי כשבא לבית הגרדי בוטשין ברגלים בתוך הכלי במים ומיהו לא בקבלנות עסקינן אלא בשכירות בין ישביח בין לא ישביח שכרו לפי מנין בטישות כך וכך בטישות בכך וכך מעות עכ"ל וי"מ דכי אגריה לבטשי עובר משום בל תלין אביטשא קמייתא דבההיא ליכא שבחא וא"ת אמאי לא תירץ דבשכיר יום עסקינן ויש לומר משום דקתני וגמר והודיעו ובשכיר יום מאי הודעה שייכא:

בשליחא דאגרתא. ההוא דלעיל לא מצי לאוקמי בשליחא דאיגרתא דהא בהדיא קתני הנותן טליתו אבל בענין דרב ששת דהכא ה"מ לאוקמי דאגריה לביטשא וא"ת והיכי מוקי לה בשליחא דאגרתא והא בהדיא בהמקבל (שם) פירש בעייתו דמספקא ליה אי אומן קונה בשבח כלי אי לא דקאמר בעו מיניה מרב ששת קבלן עובר בבל תלין או אין עובר אומן קונה בשבח כלי ואין עובר או אין אומן קונה בשבח כלי ועובר וי"ל שהם שאלו סתם וגמרא הוא שמפרש שאלתו כן שסבור שבזה מסתפק וכן אורחיה דגמרא לעיל בריש פ"ב (דף יט.) ובכמה מקומות ואין להאריך ו):

אלא במאי מקדשא. אור"י דסברא הוא שאין מקודשת במה שמוחל לה שכרו אפי' לא יהא אומן קונה בשבח כלי אלא מלוה יש לו עליה והוא מוחל לה אין מקודשת שאין דעתה להתקדש עד שיבאו השיראים והנזמים לידה ועוד אור"י ונראה לו עיקר שאפי' שניהם רוצים שיחולו קודם הגעת ממון לידה אינה מקודשת אע"פ שמתחייבת לו ראשון ראשון לפי שישנה לשכירות מתחילה ועד סוף כיון שאין יכול לתובעה בדין שכרו עד שיגיע הממון לידה ואין חשוב כנותן לה כלום בתחילתו עד שתבא שעה שיכול לתובעה בדין:

ואיבעית אימא דכ"ע ישנה לשכירות מתחילה ועד סוף. דאי אינה אלא בסוף (ג) כיון שנגמרה כל המלאכה שאין מתחייב שכרו אלא הכל יחד ואז מוחל לה בתורת קדושין לא חשיב מלוה ואין לדקדק מכאן דכן הלכה דישנה לשכירות מתחילה ועד סוף כיון דלא מצי למימר בע"א אבל יש להביא ראיה מפ"ק דע"ז (דף יט: ושם ז) גבי הגיע לכיפה שמעמידין בה ע"ז אסור לבנותה וקאמר בגמרא אם בנה שכרו מותר ומפרש טעמא משום דישנה לשכירות מתחילה ועד סוף אימת מיתסרא במכוש אחרון מכוש אחרון לית ביה שוה פרוטה וליכא דפליג התם משמע דהכי הלכתא ואע"ג דקיי"ל דשכירות אין משתלמת אלא לבסוף אפי' למ"ד ישנה מודה דאין משתלמת אלא לבסוף כדנפקא לן באיזהו נשך (ב"מ דף סה. ושם) מדכתיב כשכיר שנה בשנה שכירות של שנה זו אין משתלמת אלא לשנה אחרת והא דאמר נמי דפועל יכול לחזור בו אפי' בחצי היום הוי אפי' למ"ד אינה אלא לבסוף דכשחוזר בו ואין רוצה לפעול יותר אז הוא הסוף ולא נ"מ בפלוגתא דישנה לשכירות ואין לשכירות אלא לענין הך דשמעתא אי הויא מלוה אי לאו ולענין ההיא דע"ז:

רבי מאיר סבר המקדש במלוה מקודשת. ותימה בפרק ב' דקדושין (דף מז.) אמר רבי שמעון בן אלעזר משום רבי מאיר מלוה הרי היא כפקדון ואם לא נשתייר הימנו כלום אינה מקודשת משום דאין בעין ואין סברא לומר דמה שהחזיר לה הנזמים חשיב כמלוה בעין כיון דאין אומן קונה בשבח כלי ועוד דאם כן אמאי אין מקודשת לרבי מאיר ללישנא דלעיל:

אימא

מסורת הש"ס

א) ב"מ קיב., ב) ג"ז שם, ג) קדושין מח., ד) [קדושין ו: וש"נ], ה) [ד"ה אומן], ו) [ועיין תוספות נדה לד: ד"ה כי], ז) [ד"ה אלמא].

הגהות הב"ח

(א) רש"י ד"ה ישנה וכו' וכי יהיב להו ניהלה מקדשה: (ב) תום' ד"ה ואיבעית אימא וכו' אלא בסוף כיון שאין מתחייב שכרו אלא הכל ביחד כשנגמרה כל המלאכה ואז מוחל כנ"ל:

תורה אור השלם

א) לֹא תַעֲשֹׁק אֶת רֵעֲךָ וְלֹא תִגְזֹל לֹא תָלִין פְּעֻלַּת שָׂכִיר אִתְּךָ עַד בֹּקֶר: [ויקרא יט, יג]

לעזי רש"י

פלוקי"ר. פירוש לסרוק, לקרד (עיין רש"י קדושין דף פב ע"א ד"ה הסריקים וספר "מעשה אורג" עמוד נה):

פלארא"ש. פירוש פעולות הכובס (עיין רש"י יהושע טו ז, תענית דף כט ע"ב ד"ה קצרי, ב"מ דף קיב ע"א ד"ה דאגר לביטשי וערוך ערך בטש וגרד א'):

עין משפט נר מצוה

סו א ב מיי' פי"א מהלכות שכירות הלכה ג סמג לאוין קפא טוש"ע ח"מ סימן שלט סעיף ו:

סז ג ד מיי' פ"ה מהל' אישות הלכה כ סמג עשין מח טוש"ע אה"ע סימן כח סעיף טו ובהג"ה שם:

סח ה מיי' שם הלכה כ סמג שם טוש"ע אה"ע שם:

סט ו מיי' וסמג שם טוש"ע שם סעי' ז:

ע ז מיי' פ"י מהלכות שכירות הלכה ד ועי' בהשגות ובמ"מ סמג עשין פט טוש"ע ח"מ סימן שו סעיף ב [רב אלפס ב"מ פ"ט דף קלד ועיין בטוש"ע אה"ע סימן כח סעיף טו בהג"ה]:

ליקוטי רש"י

והקדיחו יורה. שרפתו יורה שהרתיחו יותר מדאי. נותן לו דמי צמרו. והכא ליכא שבחא כלל דהא נשרף לגמרי וליכא למימר אם השבח יותר [לקמן ק:]. בגרדא דסרבלא. פולקיי"ר בלע"ז שאין כאן שבח כלי שאם היה מניחו כמות שהוא היתה מתקיימת הרבה יותר מעתה. לרכוכי. שיהא רך. היינו שבחא. דאיכא דניחא ליה בהכי מפני שמחמם יותר ויש נוי בדבר. דאגריה לביטשי. אלא לעולם לאו בגרדא אלא בתיקון הראשון שקורין פולי"ר כשבא מבית הגרדי בוטשין אותו ברגלים בתוך כלי עץ במים וקרקע הראויה בכך מיהו לא בקבלנות עסקינן אלא בשכירות בין ישביח ובין לא ישביח שכרו לפי מנין בטישותיה כך וכך בטישות בכך וכך מעות. דאגריה לביטשי. לחשבון בטישות. קבלנות. אומן שקיבל עליו לעשות מלאכה בכך וכך ולא לשכירות ימים [ב"מ קיב.]. שירים. אצעדה מתרגמינן (במדבר לא) שירין. ואקדש לך. בשכר פעולתך שהזהב משלה הוא. אותו ממון. שיחזירם לה לאחר שגמרם. מכלל דר"מ סבר אותו ממון לא. בתמיה כלומר מכלל דכיון שעשאן דקאמר ר"מ אף על פי שלא באו לידה קא מתמה אלא במאי בו מקדשה. ישנה לשכירות וכו'. כל פרוטה ופרוטה כשנגמרה נתחייב בה בעל המלאכה לפועל בשכירות עשיית המלאכה הלכך כשמחזירן לה ההוא הויא לה מלוה למפרע [קדושין מח.]. המקדש במלוה. דאמר המקדשי לי במלוה שהלויתיך. אינה מקודשת. דקיחה משדה עפרון גמרינן דיהיב מידי בשעת קדושין ומלוה להוצאה ניתנה וכבר הן שלה ומעות אחרים היא חייבת לו [קדושין ו:] אפילו ישנה בעין [שם מז.]. באומן קונה בשבח כלי. כלומר הכא בשלא התנה להיות שכיר ימים אלא קבלן שקבל עליו לגמור המלאכה בכך וכך ובאומן קבלן כשמשביחו ועשה מן הזהב כלי קונה לזכות בכלי כשהוא משביחו קמיפלגי ר"מ סבר אומן קונה בשבח כלי והרי הוא כשאר שכירות.

ואין בזו לומר ישנה שכירות וכו' דכל מה שמשביח אינו מלוה על הבעלים אלא בכלי הוא זוכה וכשמחזירו לו בשכר קצוב ההיא שעתא הרי הוא כמוכרו לו. אין אומן קונה כו'. והרי הוא כשאר שכירות. אין לשכירות אלא לבסוף. כשמחזירן לה והרי לשם קדושין הוא מוחלו אצלה ואין כאן מלוה כשמחזירן לה [שם מח:]. שכירות אינה משתלמת. מן הדין. אלא לבסוף. לסוף הזמן [ב"מ סה.]. כדאמר באיזהו נשך כשכיר שנה בשנה שכירות שנה זו משתלמת בתחילת שנה אחרת [שם קי:].

עוד בענין הוראתו של רב אסי:

לֵימָא כְּתַנָּאֵי — שמא נאמר שדין זה, שאומן קונה בשבח כלי, שנוי במחלוקת תנאים. ששנינו בברייתא: אם אשה נתנה לאומן חתיכת זהב ואמרה לו: "**עֲשֵׂה לִי** מזה **שֵׁירִים** (צמידים[23]) **נְזָמִין וְטַבָּעוֹת וְאֶקַּדֵּשׁ לְךָ** בשכר פעולתך"[24], **כֵּיוָן שֶׁעֲשָׂאָן**, הרי היא **מְקוּדֶּשֶׁת**. אלו **דִּבְרֵי רַבִּי מֵאִיר. וַחֲכָמִים אוֹמְרִים: אֵינָהּ מְקוּדֶּשֶׁת עַד שֶׁיַּגִּיעַ מָמוֹן לְיָדָהּ.**

תחילה מבארת הגמרא את כוונת חכמים:

מַאי — לאיזה **מָמוֹן** התכוונו חכמים באומרם שאינה מקודשת עד שיגיע "ממון" לידה? **אִילֵימָא** — אם נאמר שהכוונה **לְאוֹתוֹ מָמוֹן** (כלומר, הזהב) שנתנה האשה לאומן, וכוונת חכמים היא שהקידושין חלים רק כאשר יחזיר לה האומן את התכשיטים שעשה עבורה, **מִכְּלָל** — משמע מזה **דְּרַבִּי מֵאִיר**, החולק על חכמים ואומר שהאשה מקודשת "כיון שעשאן", **סָבַר** שהקידושין חלים מיד כשגמר האומן את מלאכתו, אפילו אם **אוֹתוֹ מָמוֹן לֹא** הגיע לידה?! **אֶלָּא בְּמַאי מִקַּדְּשָׁא** — במה היא מתקדשת? והלא עדיין לא נתן לה כלום[25]! **אֶלָּא פְּשִׁיטָא** (בודאי), **מַאי "מָמוֹן"** שהזכירו חכמים? **מָמוֹן אַחֵר**. דהיינו, כוונתם היא שהאומן צריך לתת לה ממון משלו בנוסף לתכשיטים כדי שתתקדש בו [ואילו לדעת רבי מאיר די בנתינת התכשיטים, ואינו צריך לתת לה ממון נוסף][26].

הגמרא מבארת עתה כיצד לכאורה תלויה מחלוקת זו בהוראתו של רב אסי:

וְסַבְרוּהָ — וסברו בני הישיבה (היינו, התלמידים שרצו להוכיח מכאן שדינו של רב אסי שנוי במחלוקת תנאים), **דְּכוּלֵּי עָלְמָא** — שכל התנאים בברייתא זו מודים **שֶׁיֶּשְׁנָהּ לִשְׂכִירוּת מִתְּחִילָּה וְעַד סוֹף** — חיוב התשלום עבור פעולת שכיר חל תוך כדי עשיית העבודה, מתחילתה עד סופה; שבכל פעם שעולה שכרו לפרוטה, מיד מתחייב בעל הבית לשלם לו זאת, והרי זה מלוה עד שישלים את כל העבודה[27]. **וּ**כמו כן סברו התלמידים **דְּכוּלֵּי עָלְמָא** מודים **שֶׁהַמְקַדֵּשׁ** אשה **בְּמִלְוָה** שהיא חייבת לו (כלומר, שמוחל לה על החוב לשם קידושין), **אֵינָהּ מְקוּדֶּשֶׁת**, כיון שאינו נותן לה ממון חדש בשעת הקידושין[28]. לאור שתי הנחות אלו, טענו התלמידים: **מַאי לַאו בְּאוּמָּן קוֹנֶה בְּשֶׁבַח כְּלִי קָמִיפְלְגֵי** — האם אין רבי מאיר וחכמים חולקים בשאלה אם אומן קונה בשבח כלי? דהיינו, מדובר כאן באומן 'קבלן' (ולא בשכיר יום)[29], ונחלקו התנאים אם הוא אכן זוכה בשבח (כהוראת רב אסי). **דְּרַבִּי מֵאִיר סָבַר** שא**וּמָּן קוֹנֶה בְּשֶׁבַח כְּלִי**. נמצא שהשבח של התכשיט נחשב של האומן, וכאשר הוא מחזיר לה את התכשיטים, הריהו מקדשה בשבח שיש לו בתוכם; לפיכך חלים הקידושין אפילו אם לא יתן לה ממון אחר[30]. **וְ**אילו **רַבָּנָן סָבְרֵי** שׁ**אֵין אוּמָּן קוֹנֶה בְּשֶׁבַח כְּלִי**, אלא הוא מקבל שכר על פעולתו, כשכיר יום. ומכיון ש"ישנה לשכירות מתחילה ועד סוף", נמצא שכאשר האומן מחזיר לה את התכשיט שעשה ומוחל לה על שכרו לשם קידושין, הוא בא לקדשה במלוה שהיתה חייבת לו מלפני כן, והרי המקדש במלוה אינה מקודשת. לפיכך אמרו חכמים שאינה מקודשת עד שיגיע ממון אחר לידה[31].

הגמרא מציעה הסבר אחר למחלוקת זו:

לֹא, אין הכרח לבאר כך את מחלוקתם! יתכן **דְּכוּלֵּי עָלְמָא** (בין רבי מאיר ובין חכמים) מודים שׁ**אֵין אוּמָּן קוֹנֶה בְּשֶׁבַח כְּלִי**, והרי זה כשכירות רגילה של פועל. [וכן מודים כולם שהמקדש במלוה אינה מקודשת, כאמור בהסבר הקודם.] **אֶלָּא הָכָא** (כאן) בברייתא, שנחלקו אם הקידושין חלים, **בְּ**נוגע לשאלה אם **יֶשְׁנָהּ לִשְׂכִירוּת מִתְּחִילָּה וְעַד סוֹף קָא מִיפְלְגֵי** (נחלקו הם). **רַבִּי מֵאִיר סָבַר** שׁ**אֵין** חיוב התשלום **לִשְׂכִירוּת** חל **אֶלָּא לְבַסּוֹף**, כשהפועל מסיים את עבודתו ומחזיר את החפץ לבעליו. נמצא שכאשר האומן מוסר לה את התכשיט המושלם, באותה שעה היא מתחייבת לשלם לו על כך, ואין זה מלוה מלפני כן; לפיכך יכול לקדש אותה במחילת שכרו[32]. **וְרַבָּנָן סָבְרֵי** שׁ**יֵּשׁ לִשְׂכִירוּת מִתְּחִילָּה וְעַד סוֹף** ונמצא שהוא מקדשה במלוה; לפיכך אינה מקודשת, כפי שנתבאר בהסבר הקודם[33].

הערות

23. רש"י (ראה גם רש"י קידושין מח, א ד"ה שירין; תרגום אונקלוס ורש"י ואבן עזרא במדבר לא, נ; ערוך ערך שר־ג).

24. והאומן חזר ואמר לה שתתקדש לו בזה, שכן האיש צריך לומר את לשון הקידושין — ראה קידושין ה, ב (יעב"ץ קידושין מח, א; וראה מהדורתנו שם עמוד ב הערה 11, מתי צריך האומן לומר לשון זה).

25. עיין רש"י קידושין מח, א ד"ה אותו ממון וד"ה מכלל.

פשוט לגמרא שהאומן אינו יכול לקדש את האשה בזמן השלמת התכשיט על ידי מחילת שכרו [אפילו אם אין בכך חיסרון של 'מקדש במלוה'; ראה גמרא להלן], שכן אומן שקיבל כלי לתיקון, אינו רשאי לתבוע את שכרו עד שיחזיר לבעלים את הכלי הגמור, ועד אז אין החוב חל כלל. נמצא שלמעשה אינו נותן לאשה כלום במחילתו עד שיגיעו התכשיטים לידה (הסבר שני בתוספות ד"ה אלא, על פי קצות החשן קכו, יג; עיין גם תוספות רי"ד קידושין מח, א ד"ה ישנה לשכירות, וראה להלן הערות 27 ו־33 בדעת רש"י; אמנם עיין מחנה אפרים הלכות קנין מעות ג והלכות שכירות יד; עיין עוד הסבר ראשון בתוספות, ורשב"א קידושין שם; ועיין שם בשם הראב"ד).

26. [ומה שאמר רבי מאיר "כיון שעשאן מקודשת", כוונתו היא שהקידושין יחולו בגמר עשיית התכשיטים **והחזרתם לאשה.**]

27. רש"י. גם לפי דעה זו, אין הכוונה שהאומן יכול לתבוע את שכרו בכל פעם שמצטבר שוה פרוטה. שכן כפי שנתבאר (לעיל הערה 25), החוב אינו חל עד שיגמור את מלאכתו ויחזיר את הכלי לבעלים, שהכל מודים ש"שכירות אינה **משתלמת** אלא בסוף" (ראה בבא מציעא סה, א; ועיין תוספות כאן ד"ה אלא וד"ה ואיבעית, ושם ד"ה דכולי עלמא). ברם לדעה ש"ישנה לשכירות מתחילה ועד סוף", הרי שלאחר שהחזיר האומן את הכלי, החוב **חל למפרע** מתחילת העבודה ועד סופה, בכל פרוטה ופרוטה. נמצא שלמעשה השכר נהפך למלוה [שזמן פרעונה הוא שעת החזרת הכלי] (רש"י קידושין מח, א ד"ה אלא במקדש במלוה; עיין גם תוספות רי"ד שם וקצות החשן שם; אמנם עיין רשב"א קידושין שם בדעת רש"י; ועיין שער המלך הלכות אישות ה, כ; אבני מילואים כח, לט; חידושי רבי עקיבא איגר קידושין שם; חזון איש אבן העזר מג, ג).

[ברש"י כאן ובקידושין משמע שפחות משוה פרוטה אינו חשוב להיקרא "מלוה", ולכן הבעלים אינם מתחייבים לאומן אלא כשעולה שכרו לפרוטה, וכן בייחס לפרוטות הבאות שהוא מרויח (ואין אומרים שחצי הפרוטה הבאה יצטרף לחוב של הפרוטה הראשונה). עיין גם תוספות רי"ד קידושין שם. אמנם עיין רש"י עבודה זרה סוף יט, ב; דרישה אבן העזר כח, ו; שער המלך שם; מחנה אפרים הלכות שכירות יד; אבני מלואים שם; חזון איש שם.]

28. משום ש"מלוה להוצאה ניתנה" (רש"י, מקידושין מז, א), כלומר, הלוה רשאי להוציא את הכסף שקיבל בהלואה, ואינו חייב להשקיע אותו בעסק כדי שיעמוד לגבייה (שכן ממון זה הוא שלו באופן מוחלט, ורק חייב לו ממון אחר). נמצא שאדם שמחל לאשה על חוב שהיתה חייבת לו, לא נותן לה כעת ממון שלא היה לה קודם, ועל כן אינה מקודשת (רש"י קידושין שם; עיין גם רש"י שם ו, ב ד"ה אינה מקודשת).

29. רש"י קידושין מח, ב ד"ה והכא באומן (ראה לעיל צח, ב הערה 42).

30. רש"י. דהיינו, רבי מאיר סובר שאף על פי שבשכירות מתחייב בעל הבית "מתחילה ועד סוף" והתשלום נהפך למלוה, הרי שבקבלנות התשלום אינו מלוה מלפני כן, אלא דמי "מכירת" השבח ששייך לאומן. נמצא לשיטתו שהאומן הקבלן נותן לאשה לשם קידושין ממון חדש שלא היה שלה קודם לכן, ואין זה "מקדש במלוה".

31. [ראה להלן (הערה 33) מדוע אינו יכול לקדש את האשה בפרוטה האחרונה שהתחייבה לו בסוף העבודה. עיין עוד רשב"א כאן ובראשונים בקידושין שם, למה אינה מתקדשת בהחזרת התכשיט כדין המקדש במלוה שיש עליה משכון; עיין גם קצות החשן עב, כג ואבני מלואים כח, מג.]

32. רש"י כאן ובקידושין ריש מח, ב. [מאחר שחיוב השכר עבור עבודתו אמור לחול רק ב"סוף", יכול האומן לקדשה אז על ידי מחילת שכרו, שהרי זה כאילו מקבלת היא עכשיו את כל ההנאה מפעולתו. לא כן לפי הדעה ש"ישנה לשכירות מתחילה עד סוף", נחשב הדבר שהאשה כבר קיבלה את ההנאה מהפעולה, שהרי נתחייבה למפרע לשלם עבור זה במשך כל זמן עבודתו (ראה לעיל הערה 27). נמצא שכעת אינו נותן לה דבר חדש, ואילו מחילת החוב הישן אינה מועילה לענין קידושין (קובץ שיעורים אות קמד; עיין גם רשב"א קידושין נט, א ד"ה אף על פי שנתאכלו המעות; ועיין פני יהושע שם מח, ב שמבאר באופן אחר; עיין עוד אבני מלואים מ, א).]

33. לכאורה יש להקשות: גם לפי הדעה ש"ישנה לשכירות מתחילה ועד סוף", מדוע לא תתקדש בפרוטה האחרונה שהיא מתחייבת לו רק עם סיום המלאכה

והקדיחו יורה נותן לו דמי צמרו דמי צמרו אין דמי צמרו ושבחו לא לאו שהקדיחו לאחר נפילה דאיכא שבחא ושמע מינה אומן קונה בשבח כלי אמר שמואל הכא במאי עסקינן כגון שהקדיחו בשעת נפילה דליכא שבחא אבל הקדיחו לאחר נפילה מאי נותן לו דמי צמרו ושבחו לימא שמואל לית ליה דרב אסי אמר לך שמואל הכא במאי עסקינן כגון דצמר וסמנין דבעל הבית וצבע אגר ידיה הוא דשקיל אי הכי נותן לו דמי צמרו וסמנין מיבעי ליה אלא שמואל דחויי קא מדחי ליה תא שמע [א] א הנותן טליתו לאומן גמרו והודיעו אפילו מכאן ועד עשרה ימים אינו עובר עליו משום [א] לא תלין נתנה לו בחצי היום כיון ששקעה עליו החמה עובר עליו משום בל תלין ואי ס"ד אומן קונה בשבח כלי אמאי עובר משום בל תלין אמר רב מרי בריה דרב כהנא בגרדא דסרבלא דליכא שבחא סוף סוף למאי יהבה נהליה לרכוכי כיון דרככיה היינו שבחא לא צריכא דאגריה לביטשי ביטשא ביטשא במעתא דהיינו שכירות ולמאי דסליק אדעתין מעיקרא דלא אגריה לביטשי מסייע ליה לרב ששת דבעו מיניה מרב ששת [ב] קבלנות עובר עליו משום בל תלין או אינו עובר ואמר להו רב ששת ב עובר לימא דרב ששת פליגא אדרב אסי אמר שמואל בר אחא בשליחא דאיגרתא לימא כתנאי [ג] עשה לי שירים נזמין וטבעות ואקדש לך כיון שעשאן מקודשת דברי רבי מאיר וחכמים אומרים ג אינה מקודשת עד שיגיע ממון לידה מאי ממון אילימא אותו ממון מכלל דר"מ סבר אותו ממון לא אלא במאי מקדשא אלא פשיטא מאי ממון ד ממון אחר וסברוה דכולי עלמא ה ישנה לשכירות מתחילה ועד סוף ודכולי עלמא ו המקדש במלוה אינה מקודשת מאי לאו באומן קונה בשבח כלי קמיפלגי דר"מ סבר אומן קונה בשבח כלי ורבנן סברי ז אין אומן קונה בשבח כלי לא דכולי עלמא אין אומן קונה בשבח כלי אלא הכא בישנה לשכירות מתחילה ועד סוף קא מיפלגי רבי מאיר סבר אין לשכירות אלא לבסוף ורבנן סברי יש לשכירות מתחילה ועד סוף ואי בעית אימא דכולי עלמא ישנה לשכירות מתחילה ועד סוף והכא במקדש במלוה קמיפלגי דרבי מאיר סבר המקדש במלוה מקודשת ורבנן סברי [ד] המקדש במלוה אינה מקודשת

רבא

רש"י

והקדיחו יורה. נתקלקל הצבע מעלמו: לאחר נפילה. לאחר שקלט הצבע ונעשה שבח בצמר: לימא שמואל לית ליה דרב אסי. הואיל ומהדר לאוקמי בהכי מתניתין ומהשתא לא עבדינן כרב אסי דהא קיימא לן כשמואל בדיני: אמר לך. הא מתניתין דמשמע דאי הקדיח לאחר נפילה יהיב ליה נמי דמי שבחיה כגון שצמר וסמנין דבעל הבית דהא ליכא למימר אומן קונה בשבח כלי דסמנין הוא דמשבחי ליה וצבע שכיר בעלמא הוא ודאי אומן שהסמנין שלו קונה בשבח כלי ואין משלם אלא דמי צמרו: דחויי מדחי ליה. כלומר ממתניתין לא תסייעיה ולא משום דנשמע מינה דשמואל פליג אדרב אסי: אמאי עובר. הא זכוני קא מזבן ליה ניהליה ולא שכירות היא: בגרדא דסרבלא. פלוקי"ר בגדים: לבטושי. פלארא"ש בלע"ז ושכרו לדרכה והתנה עמו סכום הדריכות כל דריכה במעה דשכיר יום הוא ולא קבלן דליקני בשבחא: ולמאי דסליק אדעתא מעיקרא דלא אגריה למנין בטשי. וקבלנות הוא וקתני עובר: מסייע ליה לרב ששת. לא גרסינן נימא: נימא פליגא דרב ששת אדרב אסי. דמדקאמר עובר קסבר אין אומן קונה בשבח כלי ולא זביני נינהו וכיון דלא קני בשבחא היכא דנתן לו עצים לעשות מהן תיבה ועשאה ושיברה משלם תיבה: בשליחא דאיגרתא. דקבלנות היא שלא שכרו ליום אלא להוליך לו אגרת למקום פלוני בההיא קאמר רב ששת דעובר דליכא שבחא דליקני: עשה לי שירין. למידין משלי אקדש לך בשכר פעולתך: ישנה לשכירות מתחילה ועד סוף. כיון שעלה שכרו לפרוטה נתחייבה לו מיד פרוטה והויא ליה מלוה גבה ואי לאו דאומן קונה בשבח כלי משום שכירות לא לימא ר"מ דתתקדש דהמקדש במלוה אינה מקודשת דמלוה להוצאה ניתנה ואינה בעין אלא משום דקסבר אומן קונה בשבח כלי וכי יהיב (א) לה ניהליה מקדשה בשבחא [מה] דאית ליה בגויה אף על פי שלא נתן לה ממון אחר ורבנן סברי לא קני ואינה מקודשת עד שיגיע ממון אחר לידה: אינה לשכירות אלא לבסוף. כי מהדר להו ניהלה הלכך לאו מלוה הוא:

רבא

תוספות

הכא במאי עסקינן בצמר וסמנין דבעל הבית. הו"מ למפרך מאי דוחקיה לאוקמי בצמר וסממנין דבעל הבית ודוקא בשעת נפילה לוקמה בסממנין דפועל ואפילו לאחר נפילה אלא משום דאית ליה עדיפות למיפרך:

דאגריה לביטשי. פי' בקונטרס שהתנה עמו סכום הדריכות כל דריכה במעה דשכיר יום הוא ולא קבלן דליקני בשבחא תימה מה ר"ל דמ"מ הרי קבלן הוא ולא שכיר יום ובהמקבל (ב"מ דף קיב. ושם [ה]) פירשה בע"א דאגריה לבטשי כשבא לבית הגרדי בוטשין ברגלים בתוך הכלי במים ומיהו לא בקבלנות עסקינן אלא בשכירות בין ישביח בין לא ישביח שכרו לפי מנין בטישות כך וכך בטישות בכך וכך מעות עכ"ל וי"מ דכי אגריה לבטשי עובר משום בל תלין אביטשא קמייתא דבההיא ליכא שבחא וא"ת אמאי לא מירך דבשכיר יום עסקינן ויש לומר משום דקתני וגמר והודיעו ובשכיר יום מאי הודעה שייכא:

בשליחא דאגרתא. ההוא דלעיל לא מצי לאוקמי בשליחא דאיגרתא דהא בהדיא קתני הנותן טליתו אבל בענין דרב ששת דהכא ה"מ לאוקמי דאגריה לביטשא וא"ת והיכי מוקי לה בשליחא דאגרתא והא בהדיא בהמקבל (שם) פירש בעייתו דמספקא ליה אי אומן קונה בשבח כלי אי לא דקאמר בעו מיניה מרב ששת קבלן עובר בבל תלין או אין עובר אומן קונה בשבח כלי ואין עובר או אין אומן קונה בשבח כלי ועובר וי"ל שהם שאלו סתם וגמרא הוא שמפרש שאילתו כן שסבור שבזה מסתפק וכן אורחיה דגמרא לעיל בריש פ"ב (דף יט.) ובכמה מקומות ואין להאריך [ו]:

אלא במאי מקדשא. אור"י דסברא הוא שאין מקודשת במה שמוחל לה שכרו אפי' לא יהא אומן קונה בשבח כלי אלא מלוה יש לו עליה והוא מוחל לה אין מקודשת שאין דעתה להתקדש עד שיבאו השירים והנזמים לידה ועוד אור"י ונראה לו עיקר שאפי' שניהם רוצים שיחולו קודם הגעת ממון לידה אינה מקודשת אע"פ שמתחייבת לו ראשון ראשון לפי שישנה לשכירות מתחילה ועד סוף כיון שאין יכול לתובעה בדין שכרו עד שיגיע הממון לידה ואין חשוב כנותן לה כלום בתחילתו עד שתבא שעה שיכול לתובעה בדין:

ואיבעית אימא דכ"ע ישנה לשכירות מתחילה ועד סוף. דאי אינה אלא בסוף (ב) כיון שנגמרה כל המלאכה שאין מתחייב שכרו אלא הכל יחד ואז מוחל לה בתורת קדושין לא חשיב מלוה ואין לדקדק מכאן דכן הלכה דישנה לשכירות מתחילה ועד סוף כיון דלא מצי למימר בע"א אבל יש להביא ראיה מפ"ק דע"ז (דף יט: ושם [ז]) גבי הגיע לכיפה שמעמידין בה ע"ז אסור לבנותה וקאמר בגמרא אם בנה שכרו מותר ומפרש טעמא משום דישנה לשכירות מתחילה ועד סוף אימת מיתסרא במכוש אחרון מכוש אחרון לית בה שוה פרוטה וליכא דפליג התם משמע דהכי הלכתא ואע"ג דקיי"ל דשכירות אין משתלמת אלא לבסוף אפי' למ"ד ישנה מודה דאין משתלמת אלא לבסוף כדנפקא לן בלאיזהו נשך (ב"מ דף סה. ושם) מדכתיב כשכיר שנה בשנה שכירות של שנה זו אין משתלמת אלא לשנה אחרת והא דאמר נמי דפועל יכול לחזור בו אפי' בחצי היום הוי אפי' למ"ד אינה אלא לבסוף דכשחוזר בו ואין רוצה לפעול יותר אז הוא הסוף ולא נ"מ בפלוגתא דישנה לשכירות ואין לשכירות אלא לענין הך דשמעתא אי הויא מלוה אי לאו ולענין ההיא דע"ז:

רבי מאיר סבר המקדש במלוה מקודשת. ותימה בפרק ב' דקדושין (דף מז.) אמר רבי שמעון בן אלעזר משום רבי מאיר מלוה הרי היא כפקדון ואם לא נשתייר הימנו כלום אינה מקודשת משום דאין בעין ואין סברא לומר דמה שהחזיר לה הנזמים חשיב כמלוה בעין כיון דאין אומן קונה בשבח כלי ועוד דאם כן אמאי אין מקודשת לרבי מאיר ללישנא דלעיל:

אימא

עין משפט נר מצוה

סו א ב מיי' פי"א מהלכות שכירות הלכה ג סמג לאוין קפא טוש"ע ח"מ סימן שלט סעיף ו:
סז ג ד מיי' פ"ה מהל' אישות הלכה כ סמג עשין מח טוש"ע אה"ע סימן כח סעיף טו ובהג"ה שם:
סח ה מיי' שם הלכה כ סמג שם טוש"ע אה"ע שם:
סט ו מיי' וסמג שם טוש"ע שם סעי' ז:
ע ז מיי' פ"י מהלכות שכירות הלכה ד ועי' בהשגות ובמ"מ סמג עשין פט טוש"ע ח"מ סימן שו סעיף ג [ע' אלפס ב"מ פ"ט דף קלד ועיין בטוש"ע אה"ע סימן כח סעיף טו בהג"ה]:

מסורת הש"ס

א) ב"מ קיב., ב) ג"ז שם, ג) קדושין מח., ד) [קדושין ו: וש"נ], ה) [ד"ה אומן], ו) [ועיין תוספות נדה לד: ד"ה כין], ז) [ד"ה אלמא].

הגהות הב"ח

(א) רש"י ד"ה ישנה וכו' וכי יהיב להו ניהלה מקדשה: (ב) תום' ד"ה ואיבעית אימא וכו' אלא בסוף כיון שאין מתחייב שכרו אלא הכל ביחד כשנגמרה כל המלאכה ואז מוחל כנ"ל:

תורה אור השלם

א) לֹא תַעֲשֹׁק אֶת רֵעֲךָ וְלֹא תִגְזֹל לֹא תָלִין פְּעֻלַּת שָׂכִיר אִתְּךָ עַד בֹּקֶר: [ויקרא יט, יג]

לעזי רש"י

פלוקי"ר. פירוש לסרוק, לקרד (עיין רש"י קדושין דף פב ע"א ד"ה הסריקים וספר "מעשה אורג" עמוד נה):
פלארא"ש. פירוש פעולות הכובס (עיין רש"י יהושע טו ז, תענית דף כט ע"ב ד"ה קצרי, ב"מ דף קיב ע"א ד"ה דאגר לביטשי וערוך ערך בטש וגרד א'):

ליקוטי רש"י

והקדיחו יורה. שרפתו יורה שהרתיחו יותר מדאי. נותן לו דמי צמרו. והכא ליכא שבחא כלל דהא נשרף לגמרי וליכא למימר אם השבח יותר [לקמן ק:]. בגרדא דסרבלא. פולקי"ר בלע"ז שאין כאן שבח כלי שאם היה מניחו כמות שהוא היתה מתקיימת הרבה יותר מעתה. לרכוכי. שיהא רך. היינו שבחא. דאיכא דניחא ליה בהכי מפני שמתחמם יותר ויש נוי בדבר. דאגריה לביטשי. אלא לעולם לאו בגרדא אלא בתיקון הראשון שקורין פולי"ר כשבא מבית הגרדי בוטשין אותו ברגלים בתוך כלי עץ במים וקרקע הראויה בכך מיהו לא בקבלנות עסקינן אלא בשכירות בין ישביח ובין לא ישביח שכרו לפי מנין בטישותיה כך וכך בטישות בכך וכך מעות. דאגריה לביטשי. לחשבון בטישות. קבלנות. אומן שקיבל עליו לעשות מלאכה בכך וכך ולא לשכירות ימים [ב"מ קיב.]. שירים. אצעדה מתרגמינן (במדבר לא) שירין. ואקדש לך. בשכר פעולתך שהזהב משלה הוא. אותו ממון. שיחזירם לה לאחר שנגמרם. מכלל דר"מ סבר אותו ממון לא. בתמיה כלומר מכלל דכיון שעשאן דקאמר ר"מ אף על פי שלא באו לידה קא מתמה אלא במאי בו מקדשה. ישנה לשכירות וכו'. כל פרוטה ופרוטה כשנגמרה נתחייב בה בעל המלאכה לפועל בשכירות עשיית המלאכה הלכך כשמחזירן לה ההוא הויא לה מלוה למפרע [קדושין מח.]. המקדש במלוה. דאמר התקדשי לי במלוה שהלויתיך. אינה מקודשת. דקיחה משדה עפרון גמרינן דיהיב מידי בשעת קדושין ומלוה להוצאה ניתנה וכבר הן שלה ומעות אחרים היא חייבת לו [קדושין ו:] אפילו ישנה בעין [שם מז.]. באומן קונה בשבח כלי. כלומר הכא בשלא התנה להיות שכיר ימים אלא קבלן שקבל עליו לגמור המלאכה בכך וכך ובאומן קבלן כשמשביחו ועשה מן הזהב כלי קונה לזכות בכלי כשהוא משביחו קמיפלגי ר"מ סבר אומן קונה בשבח כלי ואין בזו לומר ישנה שכירות וכו' דכל מה שמשביח אינו מלוה על הבעלים אלא בכלי הוא זוכה וכשמחזירו לו בשכר קלוט הכיא שעתא הרי הוא כמוכרו לו. אין אומן קונה כו'. והרי הוא כשאר שכירות. אין לשכירות אלא לבסוף. כשמחזירן לה והרי לשם קדושין הוא מוחלו אצלה ואין כאן מלוה כשמחזירן לה [שם מח:]. שכירות אינה משתלמת. מן הדין. אלא לבסוף. לסוף הזמן [ב"מ סה.]. כדאמר באיזהו נשך כשכיר שנה בשנה שכירות שנה זו משתלמת בתחלת שנה אחרת [שם קי:].

דרך שלישית לבאר את המחלוקת בברייתא:

וְאִי בָּעֵית אֵימָא — ואם תרצה, אמור **דְּכוּלֵּי עָלְמָא** סוברים **שֶׁיֶּשְׁנָהּ לִשְׂכִירוּת מִתְּחִילָּה וְעַד סוֹף**; וכן מודים כולם שאין אומן קונה בשבח כלי. נמצא שחיוב התשלום לאומן הוא אכן מלוה לדעת הכל. **וְהָכָא, בִּמְקַדֵּשׁ בְּמִלְוָה קָמִיפַּלְגֵי**, מה דינו. **דְּרַבִּי מֵאִיר סָבַר** **שֶׁהַמְקַדֵּשׁ בְּמִלְוָה מְקוּדֶּשֶׁת**, **וְרַבָּנָן סָבְרֵי** **שֶׁהַמְקַדֵּשׁ בְּמִלְוָה אֵינָהּ מְקוּדֶּשֶׁת**.

הערות

[שהרי חיוב השכר חל רק לאחר שמצטבר שווי פרוטה — ראה לעיל סוף הערה 27], וכמו שאמרנו לגבי כל השכר לפי הדעה ש"אינה לשכירות אלא בסוף"? תוספות רי"ד (קידושין שם) מתרץ כך: לפי הדעה ש"אינה לשכירות אלא בסוף", חיוב השכר אינו חל בשעת המלאכה עצמה, אלא "בסוף", והיינו רק לאחר שיחזיר לה את הכלי (עיין רש"י כאן ובקידושין שם, ובריטב"א שם ד"ה הא דאמרינן, וראה לעיל הערה 25). לפיכך יכול האומן לקדשה באותה שעה במחילת השכר, שכן מעולם לא נהפך הדבר למלוה. אולם לפי מי שסובר ש"ישנה לשכירות מתחילה ועד סוף", החיוב תלוי בגוף המלאכה. לשיטתו, זמן חיוב הפרוטה האחרונה הוא בסיום המלאכה עצמה, ואילו הקידושין אינם יכולים לחול אלא בזמן שמחזיר לה את התכשיט (ראה הערה הנ"ל ולעיל הערה 27). נמצא שלאחר סיום העבודה, נהפכת גם הפרוטה האחרונה למלוה עד זמן החזרת הכלי, ולכן אי אפשר לקדש את האשה אפילו בפרוטה זו. [לדיון בתירוץ זה ולישובים אחרים — עיין שיטה לא נודע למי וספר המקנה קידושין שם, ובאחרונים המצויינים לעיל הערה 27.]

והקדיחו יורה נותן לו דמי צמרו דמי צמרו אין דמי צמרו ושבחו לא לאו שהקדיחו לאחר נפילה דאיכא שבחא ושמע מינה אומן קונה בשבח כלי אמר שמואל הכא במאי עסקינן כגון שהקדיחו בשעת נפילה דליכא שבחא אבל הקדיחו לאחר נפילה מאי נותן לו דמי צמרו ושבחו לימא שמואל לית ליה דרב אסי אמר לך שמואל הכא במאי עסקינן כגון דצמר וסמנין דבעל הבית וצבע אגר ידיה הוא דשקיל אי הכי נותן לו דמי צמרו וסמנין מיבעי ליה אלא שמואל דחויי קא מדחי ליה תא שמע [א] הנותן טליתו לאומן גמרו והודיעו אפילו מכאן ועד עשרה ימים אינו עובר עליו משום [א] לא תלין נתנה לו בחצי היום כיון ששקעה עליו החמה עובר עליו משום בל תלין ואי ס"ד אומן קונה בשבח כלי אמאי עובר משום בל תלין אמר רב מרי בריה דרב כהנא בגרדא דסרבלא דליכא שבחא סוף סוף למאי יהבה נהליה לרכובי כיון דרכביה היינו שבחא לא צריכא דאגריה לביטשי ביטשא במעתא דהיינו שכירות ולמאי דסליק אדעתין מעיקרא דלא אגריה לביטשי מסייע ליה לרב ששת דבעו מיניה מרב ששת [ב] קבלנות עובר עליו משום בל תלין או אינו עובר ואמר להו רב ששת [ב] עובר לימא דרב ששת פליגא אדרב אסי אמר שמואל בר אחא בשליחא דאיגרתא לימא כתנאי [ג] עשה לי שירים נזמין וטבעות ואקדש לך כיון שעשאן מקודשת דברי רבי מאיר וחכמים אומרים [ג] אינה מקודשת עד שיגיע ממון לידה מאי ממון אילימא אותו ממון מכלל דר"מ סבר אותו ממון לא אלא במאי מקדשא אלא פשיטא מאי ממון [ד] ממון אחר וסברוה דכולי עלמא [ה] ישנה לשכירות מתחילה ועד סוף ודכולי עלמא [ו] המקדש במלוה אינה מקודשת מאי לאו באומן קונה בשבח כלי קמיפלגי דר"מ סבר אומן קונה בשבח כלי ורבנן סברי [ז] אין אומן קונה בשבח כלי לא דכולי עלמא אין אומן קונה בשבח כלי אלא הכא בישנה לשכירות מתחילה ועד סוף קא מיפלגי רבי מאיר סבר אין לשכירות אלא לבסוף ורבנן סברי יש לשכירות מתחילה ועד סוף ואי בעית אימא דכולי עלמא ישנה לשכירות מתחילה ועד סוף והכא במקדש במלוה קמיפלגי דרבי מאיר סבר המקדש במלוה מקודשת ורבנן סברי [ז] המקדש במלוה אינה מקודשת

רבא

רש"י

והקדיחו יורה. נתקלקל הצבע מעצמו: לאחר נפילה. לאחר שקלט הצבע ונעשה שבח בצמר: לימא שמואל לית ליה דרב אסי. הואיל ומהדר לאוקמי בהכי מתניתין ומהשתא לא עבדינן כרב אסי דהא קיימא לן כשמואל בדיני: אמר לך. הא מתניתין דמשמע דאי הקדיח לאחר נפילה יהיב ליה נמי דמי שבחיה כגון שצמר וסמנין דבעל הבית דהא ליכא למימר אומן קונה בשבח כלי דסמנין הוא דמשבחי ליה וצבע שכיר בעלמא הוא ודאי אומן שהסמנין שלו קונה בשבח כלי ואין משלם אלא דמי צמרו: דחויי מדחי ליה. כלומר ממתניתין לא תסייעיה ולא משום דנשמע מינה דשמואל פליג אדרב אסי: אמאי עובר. הא זבוני קא מזבן ליה ניהליה ולא שכירות היא: בגרדא דסרבלא. פלוקי"ר בגדים: לבטושי. פלארא"ש בלע"ז ושכרו לדרכה והתנה עמו סכום הדריכות כל דריכה במעה דשכיר יום הוא ולא קבלן דליקני בשבחא: ולמאי דסליק אדעתא מעיקרא דלא אגריה למנין בטשי. וקבלנות הוא וקתני עובר: מסייע ליה לרב ששת. לא גרסינן נימא: נימא פליגא דרב ששת אדרב אסי. דמדקאמר עובר קסבר אין אומן קונה בשבח כלי ולא זביני נינהו וכיון דלא קני בשבחא היכא דנתן לו עצים לעשות מהן תיבה ועשאה ושיברה משלם תיבה: בשליחא דאיגרתא. דקבלנות היא שלא שכרו ליום אלא להוליך לו אגרת למקום פלוני בההיא קאמר רב ששת דעובר דליכא שבחא דליקני: עשה לי שירין. צמידין משלי אקדש לך בשכר פעולתך: ישנה לשכירות מתחילה ועד סוף. כיון שעלה שכרו לפרוטה נתחייבה לו מיד פרוטה והויא ליה מלוה גבה ואי לאו דאומן קונה בשבח כלי משום שכירות לא לימא ר"מ דתתקדש דהמקדש במלוה אינה מקודשת דמלוה להוצאה ניתנה ואינה בעין אלא משום דקסבר אומן קונה בשבח כלי וכי יהיב (א) לה ניהליה מקדשה בשבחא [מה] דאית ליה בגוויה אף על פי שלא נתן לה ממון אחר ורבנן סברי לא קני ואינה מקודשת עד שיגיע ממון אחר לידה: אינה לשכירות אלא לבסוף. כי מהדר להו ניהלה הלכך לאו מלוה הוא:

רבא

תוספות

הכא במאי עסקינן בצמר וסמנין דבעל הבית. הו"מ למפרך מאי דוחקיה לאוקמי בצמר וסממנין דבעל הבית ודוקא בשעת נפילה לוקמה בסממנין דפועל ואפילו לאחר נפילה אלא משום דאית ליה עדיפות למיפרך:

דאגריה לביטשי. פי' בקונטרס שהתנה עמו סכום הדריכות כל דריכה במעה דשכיר יום הוא ולא קבלן דליקני בשבחא תימה מה ר"ל דמ"מ הרי קבלן הוא ולא שכיר יום ובהמקבל (ב"מ דף קיב. ושם ה) פירשה בע"א דאגריה לבטשי כשבא לבית הגרדי בוטשין ברגלים בתוך הכלי במים ומיהו לא בקבלנות עסקינן אלא בשכירות בין ישביח בין לא ישביח שכרו לפי מנין בטישות כך וכך בטישות בכך וכך מעות עכ"ל וי"מ דכי אגריה לבטשי עובר משום בל תלין אביטשא קמייתא דבההיא ליכא שבחא וא"ת אמאי לא תירץ דבשכיר יום עסקינן וי"ל משום דקתני וגמר והודיעו ובשכיר יום מאי הודעה שייכא:

בשליחא דאגרתא. ההוא דלעיל לא מצי לאוקמי בשליחא דאיגרתא דהא בהדיא קתני הנותן טליתו אבל בענין דרב ששת דהכא ה"מ לאוקמי דאגריה לביטשא וא"ת והיכי מוקי לה בשליחא דאגרתא והא בהדיא בהמקבל (שם) פירש בעייתו דמספקא ליה אי אומן קונה בשבח כלי אי לא דקאמר בעו מיניה מרב ששת קבלן עובר בבל תלין או אין עובר אומן קונה בשבח כלי ואין עובר או אין אומן קונה בשבח כלי ועובר וי"ל שהם שאלו סתם וגמרא הוא שמפרש שאלתו כן שסבור שבזה מסתפק וכן אורחיה דגמרא לעיל בריש פ"ב (דף יט.) ובכמה מקומות ואין להאריך ו:

אלא במאי מקדשא. אור"י דסברא הוא שאין מקודשת במה שמוחל לה שכרו אפי' לא יהא אומן קונה בשבח כלי אלא מלוה יש לו עליה והוא מוחל לה אין מקודשת שאין דעתה להתקדש עד שיבאו השירים והנזמים לידה ועוד אור"י ונראה לו עיקר שאפי' שניהם רוצים שיחולו קודם הגעת ממון לידה אינה מקודשת אע"פ שמתחייבת לו ראשון ראשון לפי שישנה לשכירות מתחילה ועד סוף כיון שאין יכול לתובעה בדין שכרו עד שיגיע הממון לידה ואין חשוב כנותן לה כלום בתחילתו עד שתבא שעה שיכול לתובעה בדין:

ואיבעית אימא דכ"ע ישנה לשכירות מתחילה ועד סוף. דאי אינה אלא בסוף (ב) כיון שנגמרה כל המלאכה שאין מתחייב שכרו אלא הכל יחד ואז מוחל לה בתורת קדושין לא חשיב מלוה ואין לדקדק מכאן דכן הלכה דישנה לשכירות מתחילה ועד סוף כיון דלא מצי למימר בע"א אבל יש להביא ראיה מפ"ק דע"ז (דף יט: ושם ז) גבי הגיע לכיפה שמעמידין בה ע"ז אסור לבנותה וקאמר בגמרא אם בנה שכרו מותר ומפרש טעמא משום דישנה לשכירות מתחילה ועד סוף אימת מיתסרא במכוש אחרון מכוש אחרון לית ביה שוה פרוטה וליכא דפליג התם משמע דהכי הלכתא ואע"ג דקיי"ל דשכירות אין משתלמת אלא לבסוף אפי' למ"ד ישנה מודה דאין משתלמת אלא לבסוף כדנפקא לן באיזהו נשך (ב"מ דף סה. ושם) מדכתיב כשכיר שנה בשנה שכירות של שנה זו אין משתלמת אלא לשנה אחרת והא דאמר נמי דפועל יכול לחזור בו אפי' בחצי היום הוי אפי' למ"ד אינה אלא לבסוף דכשחוזר בו ואין רוצה לפעול יותר אז הוא הסוף ולא נ"מ בפלוגתא דישנה לשכירות ואין לשכירות אלא לענין הך דשמעתא אי הויא מלוה אי לאו ולענין ההיא דע"ז:

רבי מאיר סבר המקדש במלוה מקודשת. ותימה בפרק ב' דקדושין (דף מז.) אמר רבי שמעון בן אלעזר משום רבי מאיר מלוה הרי היא כפקדון ואם לא נשתייר הימנו כלום אינה מקודשת משום דאין בעין ואין סברא לומר דמה שהחזיר לה הנזמים חשיב כמלוה בעין כיון דאין אומן קונה בשבח כלי ועוד דאם כן אמאי אין מקודשת לרבי מאיר ללישנא דלעיל:

אימא

מסורת הש"ס

א) ב"מ קיב., ב) ג"ז שם, ג) קדושין מח., ד) [קדושין ו: וש"נ], ה) [ד"ה אומן], ו) [ועיין תוספות נדה לד: ד"ה כי], ז) [ד"ה אלמא].

הגהות הב"ח

(א) רש"י ד"ה ישנה וכו' וכי יהיב להו ניהלה מקדשה: (ב) תום' ד"ה ואיבעית אימא וכו' אלא בסוף כיון שאין מתחייב שכרו אלא הכל ביחד כשנגמרה כל המלאכה ואז מוחל כצ"ל:

תורה אור השלם

א) לֹא תַעֲשֹׁק אֶת רֵעֲךָ וְלֹא תִגְזֹל לֹא תָלִין פְּעֻלַּת שָׂכִיר אִתְּךָ עַד בֹּקֶר: [ויקרא יט, יג]

לעזי רש"י

פלוקי"ר. פירוש לסרוק, לקרד (עיין רש"י קדושין דף פב ע"א ד"ה הסריקים וספר "מעשה אורג" עמוד נה):
פלארא"ש. פירוש פעולות הכובס (עיין רש"י יהושע טו ז, תענית דף כט ע"ב ד"ה קצרי, ב"מ דף קיב ע"א ד"ה דאגר לביטשי וערוך ערך בטש וגרד א'):

עין משפט נר מצוה

סו א ב מיי' פי"א מהלכות שכירות הלכה ג סמג לאוין קפא טוש"ע ח"מ סימן שלט סעיף ו:
סז ג ד מיי' פ"ה מהל' אישות הלכה כ סמג עשין מח טוש"ע אה"ע סימן כח סעיף טו ובהג"ה שם:
סח ה מיי' שם הלכה כ סמג שם טוש"ע אה"ע שם:
סט ו מיי' וסמג שם טוש"ע שם סעי' ז:
ע ז מיי' פ"י מהלכות שכירות הלכה ד ועי' בהשגות ובמ"מ סמג עשין פט טוש"ע ח"מ סימן שו סעיף ג [רב אלפס ב"מ פ"ט דף קלד ועיין בטוש"ע אה"ע סימן כח סעיף טו בהג"ה]:

ליקוטי רש"י

והקדיחו יורה. שרפתו יורה שהרתיחו יותר מדאי. נותן לו דמי צמרו. והכא ליכא שבחא כלל דהא נשרף לגמרי וליכא למימר אם השבח יותר [לקמן ק:]. בגרדא דסרבלא. פולקיי"ר בלע"ז שאין כאן שבח כלי שאם היה מניחו כמות שהוא היתה מתקיימת הרבה יותר מעתה. לרכובי. שיהא רך. היינו שבחא. דאיכא דניחא ליה בהכי מפני שמחמם יותר ויש נוי בדבר. דאגריה לביטשי. אלא לעולם לאו בגרדא אלא בתיקון הראשון שקורין פוליי"ר כשבא מבית הגרדי בוטשין אותו ברגלים בתוך כלי עץ במים וקרקע הראויה בכך מיהו לא בקבלנות עסקינן אלא בשכירות בין ישביח ובין לא ישביח שכרו לפי מנין בטישותיה כך וכך בטישות בכך וכך מעות. דאגריה לביטשי. לחשבון בטישות. קבלנות. אומן שקיבל עליו לעשות מלאכה בכך וכך ולא לשכירות ימים [ב"מ קיב.]. שירים. אצעדה מתרגמינן (במדבר לא) שירין. ואקדש לך. בשכר פעולתך שהזהב משלה הוא. אותו ממון. שיחזירם לה לאחר שגמרם. מכלל דר"מ סבר אותו ממון לא. בתמיה כלומר מכלל דכיון שעשאן דקאמר ר"מ אף על פי שלא באו לידה קא מתמה אלא במאי בו מקדשה. ישנה לשכירות וכו'. כל פרוטה ופרוטה כשנגמרה נתחייב בה בעל המלאכה לפועל בשכירות עשיית המלאכה הלכך כשמחזירן לה ההוא הויא לה מלוה למפרע [קדושין מח.]. המקדש במלוה. דאמר התקדשי לי במלוה שהלויתיך. אינה מקודשת. דקיחה משדה עפרון גמרינן דיהיב מידי בשעת קדושין ומלוה להוצאה ניתנה וכבר הן שלה ומעות אחרים היא חייבת לו [קדושין ו:] אפילו ישנה בעין [שם מז.]. באומן קונה בשבח כלי. כלומר הכא בשלא התנה להיות שכיר ימים אלא קבלן שקבל עליו לגמור המלאכה בכך וכך ובאומן קבלן כשמשביחו ועשה מן הזהב כלי קונה לזכות בכלי כשהוא משביחו קמיפלגי ר"מ סבר אומן קונה בשבח כלי ואין בזו לומר ישנה שכירות וכו' דכל מה שמשביח אינו מלוה על הבעלים אלא בכלי הוא זוכה וכשמחזירו לו בשכר קלוט הכלי שעתא הרי הוא כמוכרו לו. אין אומן קונה כו'. והרי הוא כשאר שכירות. אין לשכירות אלא לבסוף. כשמחזירן לה והרי לשם קדושין הוא מוחלו אצלה ואין כאן מלוה כשמחזירן לה [שם מח:]. שכירות אינה משתלמת. מן הדין. אלא לבסוף. לסוף הזמן [ב"מ סה.]. כדאמר באיזהו נשך כשכיר שנה בשנה שכירות שנה זו משתלמת בתחילת שנה אחרת [שם קי:].

רבא אמר דכ"ע ישנה לשכירות מתחילה ועד סוף ודכולי עלמא המקדש במלוה אינה מקודשת ודכולי עלמא אין אומן קונה בשבח כלי אלא הכא במאי עסקינן כגון שהוסיף לה נופך משלו רבי מאיר סבר [א] מלוה ופרוטה [א] דעתה אפרוטה ורבנן סברי מלוה ופרוטה דעתה אמלוה ובפלוגתא דהני תנאי [ב] דתניא בשכר שעשיתי עמך אינה מקודשת בשכר שאעשה עמך מקודשת רבי נתן אומר בשכר שאעשה עמך אינה מקודשת וכל שכן בשכר שעשיתי עמך ורבי יהודה הנשיא אומר באמת אמרו [ב] בין בשכר שעשיתי עמך ובין בשכר שאעשה עמך אינה מקודשת ואם הוסיף לה נופך משלו מקודשת ([ג] מאי איכא) בין ת"ק לרבי נתן איכא בינייהו שכירות בין רבי נתן לר' יהודה הנשיא איכא בינייהו מלוה ופרוטה אמר שמואל טבח אומן שקלקל חייב לשלם מזיק הוא פושע הוא נעשה כאומר לו שחוט לי מכאן ושחט לו מכאן למה ליה למימר מזיק הוא פושע הוא אי אמר מזיק הוא הוה אמינא הני מילי היכא דקא עביד בשכר אבל היכא דקא עביד בחנם לא קמ"ל פושע הוא איתיביה רב חמא בר גוריא לשמואל [ג] הנותן בהמה לטבח וניבלה אומן פטור הדיוט חייב [ד] ואם נותן שכר בין הדיוט בין אומן חייב אמר ליה לעבר מוחך אתא ההוא מרבנן קא מותיב ליה א"ל השתא שקלת מאי דשקל חברך קאמינא לכו אנא רבי מאיר וקאמריתו לי רבנן אמאי לא דייקת מילי שאני אומר מזיק הוא פושע הוא נעשה כאומר לו שחוט לי מכאן ושחט לו מכאן מאן אית ליה האי סברא רבי מאיר דאמר מבעי ליה למירמי אנפשיה הי רבי מאיר אילימא [הא] רבי מאיר (קל"ן סימן) דתנן [ד] קשרו בעליו במוסירה ונעל בפניו כראוי ויצא והזיק בין תם בין מועד חייב דברי רבי מאיר התם בקראי פליגי אלא הא רבי מאיר דתנן [ה] לצבוע לו אדום וצבעו שחור שחור וצבעו אדום רבי מאיר אומר נותן לו דמי צמרו התם בידים קלאו מיניה אלא הא רבי מאיר [ו] דתנן [ז] נשברה כדו ולא סילקה נפלה גמלו ולא העמידה רבי מאיר אומר חייב בנזקן וחכמים אומרים פטור מדיני אדם וחייב בדיני שמים וקיימא לן [ח] דבנתקל פושע הוא פליגי אמר רבה בר בר חנה אמר רבי יוחנן טבח אומן שקלקל חייב ואפילו הוא אומן כטבחי ציפורי ומי אמר רבי יוחנן הכי והאמר רבה בר בר חנה עובדא הוה קמיה דרבי יוחנן בכנישתא דמעון ואמר ליה זיל [ה] אייתי ראיה דממחית לתרנגולים ואפטרך לא קשיא [י] כאן בחנם כאן בשכר כי הא דאמר רבי זירא הרוצה שיתחייב לו טבח יקדים לו דינר מיתיבי [ט] [ו] המוליך חטים לטחון ולא לתתן ועשאן סובין או מורסן קמח לנחתום ועשאו פת ניפולין בהמה לטבח וניבלה חייב מפני שהוא כנושא שכר אימא מפני שהוא נושא שכר ההוא [ח] מגרומתא דאתאי לקמיה דרב טרפיה [ט] ופטריה לטבח מלשלומי דמי פגעו ביה רב כהנא ורב אסי בההוא גברא אמרו ליה עביד בך רב תרתי מאי תרתי אילימא תרתי לגריעותא דאיבעי ליה לאכשורי [י] כר' יוסי בר יהודה וטרפה כרבנן ואי נמי כרבנן דאיבעי ליה חיובא לטבחא ומי שרי למימר כי האי גונא והתניא [כ] לכשיצא לא יאמר אני מזכה וחבירי מחייבין אבל מה אעשה שחבירי רבו עלי ועל זה נאמר [א] הולך רכיל מגלה סוד אלא תרתי למעליותא דלא אוכלך ספק איסורא ומנעך מספק גזילה איתמר [כ] המראה דינר לשולחני ונמצא רע תני חדא אומן פטור הדיוט חייב ותניא אידך בין אומן בין הדיוט חייב אמר רב פפא [ל] כי תניא אומן פטור כגון דנכו ואיסור דלא צריכי למיגמר כלל אלא במאי טעו טעו בסיכתא חדתא [א] דההיא שעתא דנפק מתותי סיכתא ההיא איתתא דאחזיא דינרא לרבי חייא אמר לה מעליא הוא למחר אתאי לקמיה ואמרה ליה אחזיתיה ואמרו לי בישא הוא ולא קא נפיק לי אמר ליה לרב זיל חלפיה ניהלה וכתוב אפנקסי דין עסק ביש ומאי שנא דנכו ואיסור דפטירי משום דלא צריכי למיגמר רבי חייא נמי לאו למיגמר קא בעי רבי חייא [ל] לפנים משורת הדין הוא דעבד [מ] כדתני רב יוסף [ב] והודעת להם זה

בית

רבא אמר דכ"ע כו' ודכ"ע אין אומן קונה בשבח כלי ה"ג: מלוה ופרוטה. כי יהיב לה פרוטה מדידיה: דעתה אפרוטה. ומיקדשא להכי נקט פרוטה דקדושי אשה דיו להו בכך: בשכר שעשיתי עמך. התקדש לי: אינה מקודשת. הואיל וכבר החזירו לה והוא מלוה גבה: בשכר שאעשה עמך מקודשת. דאינה לשכירות אלא לבסוף וכי מהדר להו ניהלה מיקדשא ליה בשכרו: בשכר שאעשה עמך אינה מקודשת. דקסבר ר' נתן ישנה לשכירות מתחילה ועד סוף וכל פרוטה ופרוטה הוה ליה מלוה: וכל שכן שעשיתי. דמיום שהחזירו לה נזקף שכרו עליה במלוה: ואם הוסיף כו' מקודשת. דקסבר מלוה ופרוטה דעתה אפרוטה ואילו לרבי נתן אע"ג דהוסיף לה אינה מקודשת דדעתה אמלוה: טבח אומן שקלקל חייב. וכ"ש הדיוט דלא היה לו לשוחטה הואיל ואינו בקי: דקעביד בשכר. דמזיק חייב באונסין דאדם מועד לעולם בין שוגג בין מזיד מדקרי ליה מזיק לחייבו באונס ש"מ (א) באותו שכר קאמר וקמ"ל דפושע הוא דלא חשיב ליה אונס אלא פשיעה דהוה ליה למירמיה אנפשיה שמא תפרכס הבהמה ויזהר בה: אומן פטור. דאנוס הוא: לעבר מוחך. כמו מים עכורים: קא מותיב ליה. הא מילתא: התם בקראי פליגי. וגזירת הכתוב הוא בפ' שור שנגח ארבעה וחמשה (ב): בידים קלאו מיניה. שנתכוון לשנות: לטחון. אדם הממונה על כך ועליו ללותתן במים וכותשן במכתשת להסיר הקליפה החיצונה כדי שתהא סולת נקיה: סובין. גסין ממורסן: ניפולי. נשבר ונופל כשאוחזין אותו: כנושא שכר. אף זה חייב כנושא שכר ואף על פי שאין נושא אלמא פשיעה היא ולא אונס גבי שומר חנם נמי חייב: מגרומתא. שחט מתוך אחת הטבעות והגרים חוץ בין טבעת לטבעת ושייר מלא החוט על פני רובה ורבי יוסי ברבי יהודה מכשר ליה במלא החוט על פני רובה ורבנן בעו על פני כולה בהכל שוחטין (חולין דף יט.): בההוא גברא. בעל הבהמה: לכשיצא כו'. בדיין קמיירי בסנהדרין: דלא אכלך ספק איסורא. דמספקא ליה הלכתא כמאן אי כרבנן דאסרי אי כרבי יוסי ברבי יהודה דמכשר: ומנעך מספק גזילה. דאי כשרה היא הוי טבח פטור: המראה דינר. לדעת אם טוב הוא ויקבלנו מחבירו: דנכי ואיסור. שולחנין אומנין היו: טעו בסיכתא חדתי. שנפסל המטבע והעמידו צורה אחרת ועדיין לא היו בקיאין בה: סיכתא. קוי"ן בלע"ז: רב שומר גנזיו של רבי חייא דודו הוה: דין עסק ביש. סחורה רעה היא שעל עסקי חנם אני מפסיד שלא היה לי לראותה:

בית

אימא מפני שהוא נושא שכר. אבל בחנם פטור אף על גב דאדם מועד לעולם באונס כי האי לא מחייב אדם המזיק כדפרישית בריש המניח (לעיל דף כז: ושם [ס]):

מנעך מספק איסורא. אור"ת דמשום הכי קרי ליה ספק איסורא משום דרב פסיק בפ"ק דחולין (דף יח.) כרבי יוסי בר' יהודה בטבעת הגדולה והיה רב מחמיר עליו לפי שהיה עם הארץ שלא יבא להקל בשאר טבעות כדאשכחן בפרק קמא דחולין (דף טו.) גבי מבשל בשבת כי מורי [[פ] רבא] לתלמידיו מורי להו כר"מ וכי דריש להו בפירקא דריש כר' יהודה משום עמי הארץ ולהכי קרי ליה ספק גזילה ולא ודאי גזילה דאותו האיש ששחט לעם הארץ ה"ל לאסוקי אדעתיה שיחמירו עליו ור"י מפרש דההיא עובדא בשאר טבעות הוה ורב דקאמר בפרק קמא דחולין (דף יח:) ואין הלכה כמותו בשאר טבעות משום דמספקא ליה אי הלכה כמותו אי לאו:

ותניא אידך בין אומן בין הדיוט חייב. לא שייך הכא לשנויי כאן בשכר כאן בחנם כדמשני גבי שחיטה דבהכרת מטבע צריך בקיאות גדול ולית ליה למיחזי אם אין בקי כדנכו ואיסור:

לפנים

עין משפט נר מצוה

עא א מיי' פ"ה מהל' אישות הלכה טז סמג עשין מח טוש"ע אה"ע סי' כח סעיף יד:

עב ב מיי' שם הלכה כ טוש"ע שם סעי' טו:

עג ג ד מיי' פ"י מהל' שכירות הלכה ה סמג עשין פט טוש"ע ח"מ סימן שו סעיף ד:

עד ה מיי' שם טוש"ע שם סעי' ז:

עה ו ז מיי' שם טוש"ע שם סעי' ד:

עו ח ט טוש"ע שם סעיף ה:

עז י מיי' פכ"ב מהל' סנהדרין הלכה ז סמג לאוין ט טוש"ע ח"מ סימן יט סעיף א:

עח כ ל מיי' פ"י מהל' שכירות הלכה ה סמג עשין פט טוש"ע ח"מ סימן שו סעיף ו:

הגהות הב"ח

(א) רש"י ד"ה דקעביד וכו' ש"מ בעושה בשכר קאמר: (ב) ד"ה התם וכו' בפ' שור שנגח. נ"ב סוף דף מה:

הגהות מהר"ב רנשבורג

א] גמ' דההיא שעתא דנפק מתותי סיכתא. עיין שיטה מקובצת:

תורה אור השלם

א) הוֹלֵךְ רָכִיל מְגַלֶּה סּוֹד וְנֶאֱמַן רוּחַ מְכַסֶּה דָבָר: [משלי יא, יג]

ב) וְהִזְהַרְתָּה אֶתְהֶם אֶת הַחֻקִּים וְאֶת הַתּוֹרֹת וְהוֹדַעְתָּ לָהֶם אֶת הַדֶּרֶךְ יֵלְכוּ בָהּ וְאֶת הַמַּעֲשֶׂה אֲשֶׁר יַעֲשׂוּן: [שמות יח, כ]

לעזי רש"י

קויי"ן. פירוש רושם (שעושין בו מטבע) (עיין רש"י בראשית א, כז וגיטין דף כ ע"א ד"ה רושמא וד"ה מיחרץ חריץ וערוך ערך סך י"ב):

מסורת הש"ס

א) [קדושין מו. מח:], ב) קדושין מח., ג) רש"ל מ"ז, ד) לעיל מה: נה:, ה) לקמן ק: וש"נ, ו) [צ"ל דתניא], ז) לעיל כח: נו. ב"מ פב:, ח) [לעיל כט.], ט) ב"ב צג: [תוספתא פ"י ה"ד], י) [חולין יח.], כ) סנהדרין כט., ל) [ברכות ז. וש"נ], מ) ב"מ ל:, נ) [ד"ה ושמואל], ס) [צ"ל רב].

ליקוטי רש"י

ודכו"ע אין אומן קונה בשבח כלי. והרי הוא כשאר שכירות. בשכר שעשיתי עמך. התקדשי לי אינה מקודשת דהויא ליה כמלוה. בשכר שאעשה עמך מקודשת. לכשיגמור ויתננו לה דקא סבר אינה לשכירות אלא לבסוף. ר' נתן אומר וכו'. דישנה לשכירות מתחילה ועד סוף. וכל שכן וכו'. דכיון דגמרו והחזירו לה כבר היא מלוה גמורה. ואם הוסיף לה נופך משלו מקודשת. מכלל דרבי נתן סבר אפילו הוסיף לה אינה מקודשת דקסבר מלוה ופרוטה דעתיה אמלוה. איכא בינייהו שכירות. אם ישנה מתחילה ועד סוף או לאו כדפרישית [קדושין מח:]. קשרו בעליו. לשור [לעיל נה:]. ונעל בפניו כראוי. היינו שמירה פחותה דלת שיכולה לעמוד ברוח מצויה לקמן (דף נה:) בהכונס [לעיל מה:]. נותן לו דמי צמרו. ולא יהיב ליה אלא דמי צמרו אבל לא דמי שבחו או זה יתן שכרו משלם ויקח הצמר [לקמן ק:]. בדמים שצמר לבן נמכר בשוק דקנייה בגזלו לשלם כשעת הגזילה [ב"מ עח:]. דמי צמר לבן כמו שמסר לו דקנייה בשינוי ונתחייב מעות [ב"מ קיז:] נותן לו צבע זה דמי צמר לבן כבתחילה אם ירצה דסבירא ליה לר"מ כל המשנה מדעת בעליו נקרא גזלן וקנאו בשינוי וכדמפרש בבבא קמא בהגוזל עצים ונוטל הצמר לעצמו אע"פ שהוא מעולה עכשיו בדמים [ע"ז ז.]. נשברה כדו ולא סילקה. פלוגתייהו מיפרשא בהמניח את הכד (דף כט.) בנתקל פושע ובמפקיר נזקיו [לעיל נו.]. פטור מדיני אדם. לשלם. [גיטין נג.]. קסברי גרמא בנזקין פטור [לקמן נו.]. שאין כח בב"ד לענשו. וחייב בדיני שמים. משום דלא סליק [לעיל כט.]. ידי שמים לא יצא עד שישלם [ב"מ צא.]. לרשעים שנתכוין להפסיד את ישראל [גיטין נג.]. סובין. כשטוחנין גסין ולא הדק נשאר בנפה והוא קובין. ותתן. במים. מורסן. היא הקליפה העליונה שמוליאין מחטין הכתושין במכתשת. ניפולין. שנופל פתיתין. מפני שהוא כנושא שכר. בהגוזל קמא מתרצינן אימא מפני שהוא נושא שכר אבל בחנם פטור אם אומן הוא כדאמרינן התם זיל אייתי ראיה דמומחית לתרנגולי ואיפטרך וכן הלכה דאומן בשכר חייב בחנם פטור כדאמר רבי יוחנן התם [רשב"ם ב"ב צג:].

דרך רביעית בביאור המחלוקת:

רָבָא אָמַר: דְּכוּלֵּי עָלְמָא — הכל מודים **שֶׁיֶּשְׁנָהּ לִשְׂכִירוּת מִתְּחִילָּה וְעַד סוֹף** (ונמצא שכל שכירות היא למעשה מלוה); וכמו כן, **דְּכוּלֵּי עָלְמָא** מודים **שֶׁהַמְקַדֵּשׁ בְּמִלְוָה אֵינָהּ מְקוּדֶּשֶׁת; וּדְכוּלֵּי עָלְמָא** סוברים גם כן **שֶׁאֵין אוּמָּן קוֹנֶה בְּשֶׁבַח כְּלִי** (ודינו כשכיר). לפיכך לדעת הכל, אי אפשר לקדשה במחילת השכר עבור עשיית התכשיט, שהרי זה ׳מקדש במלוה׳, כמבואר לעיל. **אֶלָּא הָכָא** (כאן) בברייתא, שנחלקו אם היא מקודשת בהחזרת התכשיט, **בְּמַאי עַסְקִינַן** — באיזה מקרה מדובר? **כְּגוֹן שֶׁהוֹסִיף לָהּ** האומן **נוֹפֶךְ** (אבן טובה[1]) **מִשֶּׁלּוֹ** בתכשיט שעשה מהזהב שלה, ונמצא שנתן לה ממון גמור משלו[2] בנוסף למחילת שכר פעולתו שהוא מלוה. ובזה נחלקו התנאים: **רַבִּי מֵאִיר סָבַר** שכאשר אדם מקדש אשה במחילת **מִלְוָה** ומוסיף לה **פְּרוּטָה** (או יותר[3]) משלו, **דַּעְתָּהּ** של האשה **אַפְּרוּטָה** (על הפרוטה), היינו, היא מסכימה להתקדש רק בפרוטה שהוסיף לה ולא במחילת ההלואה[4], לפיכך חלים הקידושין, שאין זה ׳מקדש במלוה׳. אף כאן, דעת האשה להתקדש רק בנופך שהוסיף לה האומן משלו, ולכן מועילים הקידושין. **וְרַבָּנָן סָבְרֵי** שאשה שקידשוה **בְּמִלְוָה וּפְרוּטָה, דַּעְתָּהּ** גם **אַמִּלְוָה** (על המלוה), היינו, אין היא מסכימה להתקדש אלא בסכום הכולל של שניהם, המלוה יחד עם הפרוטה. ומכיון שחלק מהסכום אינו מועיל לקידושין (בהיותו מלוה), אינה מקודשת[5]. וכן בעניננו, דעת האשה להתקדש גם בשכר הפעולה שהוא מלוה. לפיכך אומרים חכמים שאינה מקודשת בתכשיט עם הנופך, עד שיגיע ממון אחר לידה[6].

הגמרא מציינת בנוגע להסבר זה במחלוקת:

וּבִפְלוּגְתָּא דְּהָנֵי תַּנָּאֵי — לפי הסבר זה, נחלקו רבי מאיר וחכמים באותה מחלוקת שנחלקו בה התנאים הבאים. **דְּתַנְיָא** בברייתא אחרת: אם אומן אומר לאשה: ״התקדשי לי **בַּשָּׂכָר** המגיע לי בשביל המלאכה **שֶׁעָשִׂיתִי עִמָּךְ**״ (עבורך) כבר״, **אֵינָהּ מְקוּדֶּשֶׁת;** שמאחר שכבר נתחייבה לשלם לו על עבודתו, הריהו כמקדש במלוה. אבל אם אמר לה לפני עשיית המלאכה: ״התקדשי לי **בַּשָּׂכָר** של המלאכה **שֶׁאֶעֱשֶׂה עִמָּךְ** בעתיד״, הרי זו **מְקוּדֶּשֶׁת** כשיסיים את מלאכתו בחפץ שלה ויחזירנו לה[7]. **רַבִּי נָתָן אוֹמֵר:** אף במקרה שאמר: ״... **בַּשָּׂכָר שֶׁאֶעֱשֶׂה עִמָּךְ**״, **אֵינָהּ מְקוּדֶּשֶׁת, וְכָל שֶׁכֵּן** אם כבר סיים את מלאכתו ואמר לה: ״... **בַּשָּׂכָר שֶׁעָשִׂיתִי עִמָּךְ**״. **וְרַבִּי יְהוּדָה הַנָּשִׂיא אוֹמֵר: בֶּאֱמֶת אָמְרוּ**[8]**: בֵּין** אם אמר ״... **בַּשָּׂכָר שֶׁעָשִׂיתִי עִמָּךְ**״, **וּבֵין** אם אמר ״... **בַּשָּׂכָר שֶׁאֶעֱשֶׂה עִמָּךְ**״, **אֵינָהּ מְקוּדֶּשֶׁת** (כדברי רבי נתן). **וְ**אולם, **אִם הוֹסִיף לָהּ נוֹפֶךְ מִשֶּׁלּוֹ** בחפץ שלה, הרי זו **מְקוּדֶּשֶׁת**[9].

הגמרא מבארת את טעמי שלש הדעות החולקות, כדי להראות שמחלוקת רבי מאיר וחכמים בברייתא לעיל (על פי הסברו של רבא) היא אותה מחלוקת שנחלקו בה רבי נתן ורבי יהודה הנשיא בברייתא זו:

(מַאי אִיכָּא[10]**) בֵּין תַּנָּא קַמָּא לְרַבִּי נָתָן אִיכָּא בֵּינַיְיהוּ שְׂכִירוּת** — המחלוקת שבין תנא קמא לרבי נתן [במקרה של ״בשכר שאעשה עמך״] היא בהגדרת חיוב שכר הפעולה: תנא קמא סובר ש״אינה לשכירות אלא לבסוף״ (היינו, החיוב חל רק בשעת החזרת הכלי הגמור), ונמצא שהקידושין נעשו באותה שעה שחל חיוב התשלום, ועל כן מקודשת; ואילו רבי נתן סובר ש״ישנה לשכירות מתחילה ועד סוף״, ונמצא שחיוב התשלום חל לפני הקידושין, ועל כן נחשב השכר למלוה ואינה מקודשת[11]. **בֵּין רַבִּי נָתָן לְרַבִּי יְהוּדָה הַנָּשִׂיא אִיכָּא בֵּינַיְיהוּ מִלְוָה וּפְרוּטָה** — המחלוקת שבין רבי נתן לרבי יהודה הנשיא [במקרה שהוסיף לה נופך משלו] היא בדין המקדש במלוה ופרוטה: רבי יהודה הנשיא סובר שכאשר אדם מקדש אשה במלוה ופרוטה, דעתה להתקדש רק בפרוטה, ובעניננו שהוסיף לה נופך משלו, דעתה להתקדש רק בנופך; לפיכך מקודשת. לעומתו סובר רבי נתן שאשה שקידשוה במלוה ופרוטה, דעתה להתקדש גם במלוה, ולכן אינה מקודשת בהוספת הנופך[12]. נמצא שמחלוקת רבי מאיר וחכמים דלעיל [על פי הביאור של רבא, שמדובר בכגון שהוסיף לה האומן נופך משלו] היא בעצם אותה מחלוקת שנחלקו בה רבי נתן ורבי יהודה הנשיא[13].

הערות

1. ״נֹפֶךְ״ הוא מאבני החושן (שמות כח, יח). ועיין תוספות קידושין ט, א ד״ה והלכתא.

2. אפילו אם אין אומן קונה בשבח כלי — זהו דוקא בשבח שהושבח כליו של בעל הבית, אבל הממון שהוסיף האומן משלו בתוך הכלי, בודאי אינו נקנה לבעל הבית עד שיחזיר לו האומן את הכלי המושלם וימכור לו את התוספת (עיין נתיבות המשפט שו, ג ״רק שהיה קשה להרא״ש וכו׳ ״; עיין עוד אבני מלואים כח, מה).

3. הגמרא נקטה ״פרוטה״ שהיא השיעור הקטן ביותר של כסף שמועיל לקידושין [וכל שכן ״נופך״ השוה הרבה יותר] (רש״י).

4. משום שהפרוטה היא דבר ממשי, ואילו המלוה אין בה ממש (שו״ת הרשב״א חלק א, אלף רלג; עיין גם אבני מלואים כח, לז וחזון איש אבן העזר מג, א; אמנם ראה להלן סוף הערה 6).

5. שו״ת הרשב״א שם (ראה ביאור דין זה באבני מלואים ובחזון איש שם; ועיין חידושי רבי שמעון שקאפ קידושין סימן ב ובאבן האזל הלכות אישות ה, טז).

[פירשנו את הגמרא על פי גירסת הספרים שלנו ״**דעתה** אפרוטה... **דעתה** אמלוה״, לפיה הנידון מה דעתה של האשה; וכן הוא בקידושין מו, א ובשו״ת הרשב״א שם. אולם בקידושין מח, ב ובסנהדרין יט, ב הגירסא לפנינו היא ״**דעתיה**״, והיינו שהנידון הוא על דעת האיש המקדש; וכן מבואר ברש״י סנהדרין (שם ד״ה שאול סבר) וביד רמה שם. עיין יד המלך הלכות אישות ה, טז; קונטרסי שיעורים (להר״י גוסטמן) קידושין עמוד 88.]

6. והיינו שיתן לה אחר כך ממון אחר ויאמר לה בפירוש: ״התקדשי לי בממון זה״ (עיין שיטה לא נודע למי, קידושין מח, ב). והוא הדין אם אמר לה בפירוש שתתקדש בנופך בפני עצמו, הרי היא מקודשת גם בלי ממון נוסף. חכמים נקטו ״ממון אחר״, משום שבדרך כלל כשאומן מקדש בתכשיט עם נופך שהוסיף משלו, כוונתו לשניהם יחד, והרי זה ׳מלוה ופרוטה׳ (תוספות הרא״ש שם ד״ה שהוסיף).

[נקטנו בסוגיא זו כדעת הרשב״א והאחרונים המצויינים לעיל הערה 4, שרבי מאיר סובר שדעת האשה (או האיש) **רק** על הפרוטה ולכן מקודשת, ואילו חכמים סוברים שהכוונה **גם** למלוה ולכן אינה מקודשת; וכן מבואר בתוספות הרא״ש שם. אולם מרש״י סנהדרין יט, ב (ד״ה מלוה ופרוטה וד״ה ושאול סבר; עיין גם יד רמה שם) עולה לכאורה שלפי מי שסובר שאינה מקודשת במלוה ופרוטה, דעת המקדש **רק** על המלוה, שכן החוב חשוב יותר מהפרוטה. וצריך לומר שגם בעניננו, הנופך היה שוה פחות מהמלוה. (עתה גם מובן מדוע נקטה הגמרא ״פרוטה״, להורות שמדובר בסכום מועט בייחס להלואה; אמנם ראה לעיל הערה 3 בשם רש״י כאן.) נמצא לפי זה שהדעה שאפשר לקדש במלוה ופרוטה סוברת שבמקרה כזה הכוונה **גם** לפרוטה (חלקת יואב חלק ב, סט).]

7. רש״י. [ראה במהדורתנו קידושין מח, ב הערה 11, אם האומן צריך לחזור ולומר את נוסח הקידושין בשעת חלותם.]

8. כל ״באמת אמרו״ הלכה היא (בבא מציעא ס, א), כלומר, הלכה ברורה שאין להסתפק בה (רש״י שם; עיין עוד רע״ב תרומות ב, א; וראה מהדורתנו קידושין שם הערה 13).

9. מזה שהוצרך רבי יהודה הנשיא להוסיף דין זה של קידושין על ידי הוספת נופך, משמע שרבי נתן חולק על כך וסובר שאפילו אם הוסיף לה נופך משלו, אינה מקודשת (רש״י כאן ובקידושין שם).

10. מלים אלו הושמטו על פי המהרש״ל (גם בסוגיא המקבילה בקידושין מח, ב הן אינן מופיעות); אמנם עיין מהרש״א מהדורא בתרא שמקיים גירסת הספרים שלנו.

11. ראה לעיל עמוד א הערות 32-33. [לפי זה צריך לומר שבמקרה הראשון (״בשכר שעשיתי עמך״) מדובר בכגון שכבר החזיר לה את החפץ לפני שאמר לה את נוסח הקידושין, ולכן הכל מודים בו שאינה מקודשת; שהרי כאמור, לדעה זו ש״אינה לשכירות אלא בסוף״, השכר נעשה מלוה רק לאחר החזרת החפץ (עיין רש״י ד״ה וכל שכן).]

12. ראה לעיל הערה 6.

13. **לסיכום:** סוגייתנו דנה בשלשה נושאים: (א) האם אומן קבלן קונה בשבח כלי; (ב) האם משכורתו של השכיר ״ישנה מתחילה ועד סוף״ או ש״אינה אלא לבסוף״; (ג) מה דינו של המקדש במלוה; ואם אינה מקודשת, מה הדין אם הוסיף לה פרוטה משלו לשם קידושין. והנה לגבי הנושא האחרון, הפוסקים הסכימו שאי אפשר לקדש במלוה, אך אם הוסיף לה פרוטה, מקודשת. גם בנוגע לענין השני מוסכם ש״ישנה לשכירות מתחילה ועד סוף״. אולם בייחס לענין הראשון, נחלקו הפוסקים להלכה:

עין משפט
נר מצוה

עא א מיי׳ פ״ה מהל׳ אישות הלכה טז סמג עשין מח טוש״ע אה״ע סי׳ כח סעיף יד:
עב ב מיי׳ שם הלכה כ טוש״ע שם סעי׳ טו:
עג ג ד מיי׳ פ״י מהל׳ שכירות הלכה ה סמג עשין פט טוש״ע ח״מ סימן שו סעיף ד:
עד ה מיי׳ שם טוש״ע שם סעי׳ ז:
עה ו ז מיי׳ שם טוש״ע שם סעי׳ ד:
עו ח ט טוש״ע שם סעיף ה:
עז י מיי׳ פכ״ב מהל׳ סנהדרין הלכה ז סמג לאוין ט טוש״ע ח״מ סימן יט סעיף א:
עח כ ל מיי׳ פ״י מהל׳ שכירות הלכה ה סמג עשין פט טוש״ע ח״מ סימן שו סעיף ו:

הגהות הב״ח

(א) רש״י ד״ה דקעביד וכו׳ ש״מ בעושה בשכר קאמר: (ב) ד״ה התם וכו׳ בפ׳ שור שנגח. נ״ב סוף דף מה:

הגהות מהר״ב רנשבורג

א] גמ׳ דההיא שעתא דנפק מתותי סיכתא. עיין שיטה מקובלת:

תורה אור השלם

א) הֹולֵךְ רָכִיל מְגַלֶּה סּוֹד וְנֶאֱמַן רוּחַ מְכַסֶּה דָבָר: [משלי יא, יג]
ב) וְהִזְהַרְתָּה אֶתְהֶם אֶת הַחֻקִּים וְאֶת הַתּוֹרֹת וְהוֹדַעְתָּ לָהֶם אֶת הַדֶּרֶךְ יֵלְכוּ בָהּ וְאֶת הַמַּעֲשֶׂה אֲשֶׁר יַעֲשׂוּן: [שמות יח, כ]

לעזי רש״י

קויי״ץ. פירוש רוסס (שעושין בו מטבע) (עיין רש״י בראשית א, כו וגיטין דף כ ע״א ד״ה רושמא וד״ה מיחרך חריך וערוך ערך סך י״ב):

איצא מפני שהוא נושא שכר. אבל בחנם פטור אף על גב דאדם מועד לעולם באונס כי האי לא מחייב אדם המזיק כדפרישית בריש המניח (לעיל דף כו: ושם ס):

מנעך מספק איסורא. אור״ת דמשום הכי קרי ליה ספק איסורא משום דרב פסיק בפ״ק דחולין (דף יח.) כרבי יוסי בר׳ יהודה בטבעת הגדולה והיה רב מחמיר עליו לפי שהיה עם הארץ שלא יבא להקל בשאר טבעות כדאשכחן בפרק קמא דחולין (דף טו.) גבי מבשל בשבת כי מורי [ס רבא] לתלמידיו מורי להו כר״מ וכי דריש להו בפירקא דריש כר׳ יהודה משום עמי הארץ ולהכי קרי ליה ספק גזילה ולא ודאי גזילה דאותו האיש ששחט לעם הארץ ה״ל לאסוקי אדעתיה שיחמירו עליו ור״י מפרש דההיא עובדא בשאר טבעות הוה ורב דקאמר בפרק קמא דחולין (דף יח:) ואין הלכה כמותו בשאר טבעות משום דמספקא ליה אי הלכה כמותו אי לאו:

ותניא אידך בין אומן בין הדיוט חייב. לא שייך הכא לשנויי כאן בשכר כאן בחנם כדמשני גבי שחיטה דבהכרת מטבע צריך בקיאות גדול ולית ליה למיחזי אם אין בקי כדנכו ואיסור:

לפניס

רבא אמר דכ״ע ישנה לשכירות מתחילה ועד סוף ודכולי עלמא המקדש במלוה אינה מקודשת ודכולי עלמא אין אומן קונה בשבח כלי אלא הכא במאי עסקינן כגון שהוסיף לה נופך משלו רבי מאיר סבר [א] מלוה ופרוטה [א]דעתה אפרוטה ורבנן סברי מלוה ופרוטה דעתה אמלוה ובפלוגתא דהני תנאי [ב] דתניא בשכר שעשיתי עמך אינה מקודשת בשכר שאעשה עמך מקודשת רבי נתן אומר בשכר שאעשה עמך אינה מקודשת וכל שכן בשכר שעשיתי עמך ורבי יהודה הנשיא אומר באמת אמרו [ב]בין בשכר שעשיתי עמך ובין בשכר שאעשה עמך אינה מקודשת ואם הוסיף לה נופך משלו מקודשת ([ג] מאי איכא) בין ת״ק לרבי נתן איכא בינייהו שכירות בין רבי נתן לר׳ יהודה הנשיא איכא בינייהו מלוה ופרוטה אמר שמואל טבח אומן שקלקל חייב לשלם מזיק הוא פושע הוא נעשה כאומר לו שחוט לי מכאן ושחט לו מכאן למה ליה למימר מזיק הוא פושע הוא אי אמר מזיק הוא הוה אמינא הני מילי היכא דקא עביד בשכר אבל היכא דקא עביד בחנם לא קמ״ל פושע הוא איתיביה רב חמא בר גוריא לשמואל [ג]הנותן בהמה לטבח וניבלה אומן פטור הדיוט חייב [ד]ואם נותן שכר בין אומן חייב אמר ליה לעבר מוחך אתא ההוא מרבנן קא מותיב ליה א״ל השתא שקלת מאי דשקל חברך קאמינא לכו אנא רבי מאיר וקאמריתו לי רבנן אמאי לא דייקת מילי שאני אומר מזיק הוא פושע הוא נעשה כאומר לו שחוט לי מכאן ושחט לו מכאן מאן אית ליה האי סברא רבי מאיר דאמר מבעי ליה למירמי אנפשיה הי רבי מאיר אילימא [הא] רבי מאיר (קל״ן סימן) דתנן [ד]קשרו בעליו במוסירה ונעל בפניו כראוי ויצא והזיק בין תם בין מועד חייב דברי רבי מאיר התם בקראי פליגי אלא הא רבי מאיר דתנן [ה]לצבוע לו אדום וצבעו שחור שחור וצבעו אדום רבי מאיר אומר נותן לו דמי צמרו התם בידים קלאו מיניה אלא הא רבי מאיר [ו]דתנן [ז]נשברה כדו ולא סילקה נפלה גמלו ולא העמידה רבי מאיר אומר חייב בנזקן וחכמים אומרים פטור מדיני אדם וחייב בדיני שמים וקיימא לן [ח]דבנתקל פושע הוא פליגי אמר רבה בר בר חנה אמר רבי יוחנן טבח אומן שקלקל חייב ואפילו הוא אומן כטבחי ציפורי ומי אמר רבי יוחנן הכי והאמר רבה בר בר חנה עובדא הוה קמיה דרבי יוחנן בכנישתא דמעון ואמר ליה זיל [ה]אייתי ראיה דממחית לתרנגולים ואפטרך לא קשיא [ו]כאן בחנם כאן בשכר כי הא דאמר רבי זירא הרוצה שיתחייב לו טבח יקדים לו דינר מיתיבי [ט][ז]המוליך חטים לטחון ולא לתתן ועשאן סובין או מורסן קמח לנחתום ועשאו פת ניפולין בהמה לטבח וניבלה חייב מפני שהוא כנושא שכר אימא מפני שהוא נושא שכר ההוא [ח]מגרומתא דאתאי לקמיה דרב טרפיה [ט]ופטריה לטבח מלשלומי דמי פגעו ביה רב כהנא ורב אסי בההוא גברא אמרו ליה עביד בך רב תרתי מאי תרתי אילימא תרתי לגריעותא דאיבעי ליה לאכשורי [י]כר׳ יוסי בר יהודה וטרפה כרבנן ואי נמי כרבנן דאיבעי ליה חיובא לטבחא ומי שרי למימר כי האי גונא והתניא [כ][י]לכשיצא לא יאמר אני מזכה וחבירי מחייבין אבל מה אעשה שחבירי רבו עלי ועל זה נאמר [א]הולך רכיל מגלה סוד אלא תרתי למעליותא דלא אוכלך ספק איסורא ומנעך מספק גזילה איתמר [כ]המראה דינר לשולחני ונמצא רע תני חדא אומן פטור הדיוט חייב ותניא אידך בין אומן בין הדיוט חייב אמר רב פפא [ל]כי תניא אומן פטור כגון דנכו ואיסור דלא צריכי למיגמר כלל אלא במאי טעו טעו בסיכתא חדתא [א]]דההיא שעתא דנפק מתותי סיכתא ההיא איתתא דאחזיא דינרא לרבי חייא אמר לה מעליא הוא למחר אתאי לקמיה ואמרה ליה אחזיתיה ואמרו לי בישא הוא ולא קא נפיק לי אמר ליה לרב זיל חלפיה ניהלה וכתוב אפנקסי דין עסק ביש ומאי שנא דנכו ואיסור דפטירי משום דלא צריכי למיגמר רבי חייא נמי לאו למיגמר קא בעי רבי חייא [ל]לפנים משורת הדין הוא דעבד [מ]כדתני רב יוסף [ב]והודעת להם זה בית

רבא אמר דכ״ע כו׳ ודכ״ע אין אומן קונה בשבח כלי ה״ג: מלוה ופרוטה. כי יהיב לה פרוטה מדידיה: דעתה אפרוטה. ומיקדשא להכי נקט פרוטה דקדושי אשה דיו להו בכך: בשכר שעשיתי עמך. התקדש לי: אינה מקודשת. הואיל וכבר החזירו לה והוא מלוה גבה: בשכר שאעשה עמך מקודשת. דאינה לשכירות אלא לבסוף וכי מהדר להו ניהלה מיקדשא ליה בשכרו: בשכר שאעשה עמך אינה מקודשת. דקסבר ר׳ נתן ישנה לשכירות מתחילה ועד סוף וכל פרוטה ופרוטה הוה ליה מלוה: וכל שכן שעשיתי. דמיום שהחזירו לה נזקף שכרו עליה במלוה: ואם הוסיף כו׳ מקודשת. דקסבר מלוה ופרוטה דעתה אפרוטה ואילו לרבי נתן אע״ג דהוסיף לה אינה מקודשת דדעתה אמלוה: טבח אומן שקלקל חייב. וכ״ש הדיוט דלא היה לו לשוחטה הואיל ואינו בקי: דקעביד בשכר. דמזיק חייב באונסין דאדם מועד לעולם בין שוגג בין מזיד מדקרי ליה מזיק לחייבו באונס ש״מ (א) באותו שכר קאמר וקמ״ל דפושע הוא דלא חשיב ליה אונס אלא פשיעה דהוה ליה למירמיה אנפשיה שמא תפרכס הבהמה ויזהר בה: אומן פטור. דאנוס הוא: לעבר מוחך. כמו מים עכורים: קא מותיב ליה. הא מילתא: התם בקראי פליגי. וגזירת הכתוב הוא בפ׳ שור שנגח ארבעה וחמשה (ב): בידים קלאו מיניה. שנתכוון לשנות: לטחון. אדם הממונה על כך ועליו ללותתן במים וכותשן במכתשת להסיר הקליפה החיצונה כדי שתהא סולת נקיה: סובין. גסין ממורסן: ניפולי. נשבר ונופל כשאוחזין אותו: כנושא שכר. אף זה חייב כנושא שכר ואף על פי שאין נושא אלמא פשיעה היא ולא אונס גבי שומר חנם נמי חייב: מגרומתא. שחט מתוך אחת הטבעות והגריס חוץ בין טבעת לטבעת ושייר מלא החוט על פני רובה ורבי יוסי ברבי יהודה מכשר ליה במלא החוט על פני רובה ורבנן בעו על פני כולה בהכל שוחטין (חולין דף יח.): בההוא גברא. בעל הבהמה: לכשיצא כו׳. בדיין קמיירי בסנהדרין: דלא אכלך ספק איסורא. דמספקא ליה הלכתא כמאן אי כרבנן דאסרי אי כרבי יוסי ברבי יהודה דמכשר: ומנעך מספק גזילה. דאי כשרה היא הוי טבח פטור: המראה דינר. לדעת אם טוב הוא ויקבלנו מחבירו: דנכי ואיסור. שולחנין אומנין היו: טעו בסיכתא חדתי. שנפסל המטבע והעמידו צורה אחרת ועדיין לא היו בקיאין בה: סיכתא. קויי״ץ בלע״ז: רב שומר גנזיו של רבי חייא דודו הוה: דין עסק ביש. סחורה רעה היא שעל עסקי חנם אני מפסיד שלא היה לי לראותה:

בית

מסורת הש״ס

א) [קדושין מו. מח: סנהדרין יט:], ב) קדושין מח:, ג) רש״ל מ״ז, ד) לעיל מה: נה:, ה) לקמן ק: וש״נ, ו) [צ״ל דתניא], ז) לעיל כח: נו. ב״מ פב:, ח) [לעיל כט.], ט) ב״ב לג: [תוספתא פ״י ה״ד], י) [חולין יח.], כ) סנהדרין כט., ל) [ברכות ז. וש״נ], מ) ב״מ ל:, נ) [ד״ה ושמואל], ס) [צ״ל רבה].

ליקוטי רש״י

ודכו״ע אין אומן קונה בשבח כלי. והרי הוא כשאר שכירות. בשכר שעשיתי עמך. התקדשי לי אינה מקודשת דהויא ליה כמלוה. בשכר שאעשה עמך מקודשת. לכשיגמור ויתננו לה דקא סבר אינה לשכירות אלא לבסוף. ר׳ נתן אומר וכו׳. דישנה לשכירות מתחילה ועד סוף. וכל שכן וכו׳. דכיון דגמרו והחזירו לה כבר היא מלוה גמורה. ואם הוסיף לה נופך משלו מקודשת. מכלל דרבי נתן סבר אפילו הוסיף לה אינה מקודשת דקסבר מלוה ופרוטה דעתיה אמלוה. איכא בינייהו שכירות. אם ישנה מתחילה ועד סוף או לאו כדפרישית [קדושין מח:]. קשרו בעליו. לשור [לעיל נה:]. ונעל בפניו כראוי. היינו שמירה פחותה דלת שיכולה לעמוד ברוח מצויה לקמן (דף נה:) בהכונס [לעיל מה:]. נותן לו דמי צמרו. ולא יהיב ליה אלא דמי צמרו אבל לא דמי שבחו או זה יתן שכרו משלם ויקח הצמר [לקמן ק:]. בדמים שאמר לבן נמכר בשוק דקנייה בגזלו לשלם כשעת הגזילה [ב״מ עח:]. דמי צמר לבן כמו שמסר לו דקניה בשינוי ונתחייב מעות [ב״מ קיז:] נותן לו לבע זה דמי צמר לבן כבתחילה אם ירצה דסבירא ליה לר״מ כל המשנה מדעת בעליו נקרא גזלן וקנאו בשינוי וכדמפרש בבבא קמא בהגוזל עצים ונוטל הצמר לעצמו אע״פ שהוא מעולה עכשיו בדמים [ע״ז ז.]. נשברה כדו ולא סילקה. פלוגתייהו מיפרשא בהמניח את הכד (דף כט.) בנתקל פושע ובמפקיר נזקיו [לעיל נו.]. פטור מדיני אדם. לשלם. [גיטין נג.]. קסברי גרמא בנזקין פטור [לקמן נו.]. שאין כח בב״ד לענשו. וחייב בדיני שמים. משום דלא סליק [לעיל כט.]. ידי שמים לא יצא עד שישלם [ב״מ צא.]. לרשעים שנתכוין להפסיד את ישראל [גיטין נג.]. סובין. כשטוחנין גסין ולא הדק נשאר בנפה והוא סובין. ותתן. במים. מורסן. היא הקליפה העליונה שמוציאין מחטין הכתושין במכתשת. ניפולין. שנופל פתיתין. מפני שהוא כנושא שכר. בהגוזל קמא מתרגינן אימא מפני שהוא נושא שכר אבל בחנם פטור אם אומן הוא כדאמרינן התם זיל אייתי ראיה דמומחית לתרנגולי ואיפטרך וכן הלכה דאומן בשכר חייב בחנם פטור כדאמר רבי יוחנן התם [רשב״ם ב״ב צג:].

דין טבח שקיבל בהמה של אחרים לשחוט, ואירע פסול בשחיטתו:

אָמַר שְׁמוּאֵל: אפילו **טַבָּח אוּמָּן** (שוחט מומחה[14]) **שֶׁקִּלְקֵל** בשחיטתו שלא בכוונה ועשה את הבהמה 'נבילה'[15], **חַיָּיב לְשַׁלֵּם** את הנזק לבעל הבהמה[16]. שכן **מַזִּיק הוּא, פּוֹשֵׁעַ הוּא**[17]; **נַעֲשָׂה** הדבר **כְּ**אילו **אוֹמֵר לוֹ** הבעלים, "**שְׁחוֹט לִי** את הבהמה **מִכָּאן**, במקום הקנה והושט (כפי הדין)", **וְשָׁחַט לוֹ מִכָּאן**, בחלק אחר של הצואר[18].

שואלת הגמרא:

לָמָּה לֵיהּ לְמֵימַר — למה הוצרך שמואל לומר, "**מַזִּיק הוּא, פּוֹשֵׁעַ הוּא**"? די היה לומר "מזיק הוא"!

משיבה הגמרא:

אִי אָמַר — אילו היה אומר רק "**מַזִּיק הוּא**", ניתן היה להבין שהטבח באמת אינו נחשב פושע על הקלקול בשחיטתו, ואף על פי כן חייב לשלם, כדין אדם המזיק שחייב אפילו באונסים (ראה לעיל כו, א-ב)[19]. בהתאם לכך, **הֲוָה אֲמִינָא הָנֵי מִילֵּי הֵיכָא דְּקָא עָבִיד בְּשָׂכָר** — הייתי אומר שדברים אלו אמורים דוקא במקרה ששחט תמורת שכר, שאז דינו כשומר שכר שחייב בנזקי החפץ אפילו אם אינו פושע. **אֲבָל הֵיכָא דְּקָא עָבִיד בְּחִנָּם** — אבל במקום שעושה כן בחנם, **לֹא** ישלם אם קלקל בשחיטה, שהרי שומר חנם חייב רק על פשיעה[20]. **קָא מַשְׁמַע לָן** — לכן השמיענו שמואל ש"**פּוֹשֵׁעַ הוּא**", ללמדנו שחייב לשלם אפילו אם שחט בחנם[21].

הגמרא מקשה על הוראה זו של שמואל:

אֵיתִיבֵיהּ — הקשה **רַב חָמָא בַּר גּוּרְיָא לִשְׁמוּאֵל** מהברייתא הבאה (תוספתא י, ד): **הַנּוֹתֵן בְּהֵמָה לְטַבָּח** כדי שישחטנה לו בחנם, והלה קלקל בשחיטתו **וְנִיבְלָהּ**, אם הטבח היה **אוּמָּן, פָּטוּר** מלשלם[22]; ואם היה **הֶדְיוֹט** שאינו מומחה לשחוט, **חַיָּיב**[23]. **וְאִם** בעל הבהמה **נוֹתֵן** לו **שָׂכָר** עבור השחיטה, אזי **בֵּין הֶדְיוֹט בֵּין אוּמָּן חַיָּיב**[24]. מפורש איפוא בברייתא זו שטבח אומן ששחט בחנם, אינו חייב אם נתנבלה הבהמה בידו!

תשובת שמואל:

אָמַר לֵיהּ שמואל בהקפדה: "**לֶעְבַּר מוֹחָךְ** — יתעַבֵּר (יתבלבל) מוחך!"[25]

המשך המעשה, בו יתבאר למה הקפיד כל כך שמואל:

אָתָא הַהוּא מֵרַבָּנָן קָא מוֹתִיב לֵיהּ — בא תלמיד [אחר] והקשה לו גם כן מאותה ברייתא. **אָמַר לֵיהּ** שמואל: "**הַשְׁתָּא שָׁקְלַתְּ מַאי דְּשָׁקַל חַבְרָךְ** — עתה תקבל מה שקיבל חברך (כלומר, תיענש כמותו)! **קָאֲמִינָא לְכוּ אֲנָא** — אני אמרתי לכם הוראה בהתאם לשיטת **רַבִּי מֵאִיר, וְקָאָמְרִיתוּ לִי** — ואתם מקשים עלי מברייתא השנויה כשיטת **רַבָּנָן! אַמַּאי לֹא דָּיְיקַתְּ מִילַּי** — למה אין אתה מדקדק בדברַי? **שֶׁ**הרי **אֲנִי אוֹמֵר**, בנימוק הוראתי: '**מַזִּיק הוּא, פּוֹשֵׁעַ הוּא; נַעֲשָׂה כְּאוֹמֵר לוֹ 'שְׁחוֹט לִי מִכָּאן', וְשָׁחַט לוֹ מִכָּאן**'. הארכתי

הערות

יש הסוברים שאומן אינו קונה בשבח כלי, כמסקנת רבא לעיל שרבי מאיר וחכמים מודים בכך (רי"ף; רשב"א; ועיין רא"ש כאן ובבא מציעא ט, מג). ויש שנקטו כדעת רב אמי בתחילת הסוגיא, שאומן קונה בשבח כלי (רא"ש קידושין ב, יא בשם רבינו תם). דעת השלחן ערוך בענין זה אינה ברורה: לענין קידושין (אבן העזר כח, טז) הביא את שתי השיטות, ואילו לענין דיני נזקין של אומן ולגבי איסור 'בל תלין' (חושן משפט שו, ב; שם שלט, ו) סתם כדעה הראשונה. עיין על כך בביאור הגר"א ובט"ז אבן העזר שם; ועיין ים של שלמה סימן כא.

14. אין הכוונה לבקיאות בהלכות שחיטה, אלא שידיו מאומנות לשחוט (מאירי; עיין גם שלטי הגיבורים לה, ב מדפי הרי"ף סוף אות א). ומי ששחט לפנינו שלש פעמים כראוי נחשב "אומן" לענין זה (ים של שלמה, הובא בש"ך חושן משפט שו, ז; אמנם עיין שלטי הגיבורים לה, ב מדפי הרי"ף סוף אות א, ש"אומן" הנזכר כאן היינו "טבח שמלאכתו ואומנתו בכך תמיד"). ראה עוד להלן הערה 42.

15. כגון שפירכסה הבהמה בזמן השחיטה (עיין רש"י להלן סד"ה דקעביד בשכר), ומחמת כן שחטהּ הטבח שלא במקום הנכון ('הַגְרָמָה'; ראה להלן הערה 51), או שהפסיק באמצע השחיטה ושהה יותר מן הראוי ('שהייה'), או שדחק את הסכין במקום להוליכה ולהביאה כדין ('דריסה'), או שאירע לו אחד משאר דברים הפוסלים בשחיטה (ראה הקדמה כללית של מהדורתנו למסכת חולין).

[בהמה שמתה בלא שחיטה כשרה, קרויה "נבילה" ואסורה באכילה (ראה דברים יד, כא). נמצא שכאשר הטבח שחטה שלא כדין, השחיטה עצמה היא ההיזק, שאין זו 'שחיטה' אלא כהתזת ראשה בסייף. לפיכך, אפילו במקרה שהפסול בשחיטה אינו ניכר בבהמה לאחר המעשה (כגון בשהייה או דריסה), אי אפשר לפטור את הטבח משום 'היזק שאינו ניכר' (ראה גיטין נג, א), שהרי סוף סוף **השחיטה** ניכרת בבהמה, שתחילה היתה הבהמה חיה ועכשיו היא מתה (רמב"ן בקונטרס דיני דגרמי, הובא בים של שלמה כאן ובקצות החושן שו, ט).]

16. [אף על פי שטבח מומחה הוא, ואם כן מה שקיבל את הבהמה לשחיטה אינו נחשב פשיעה, מכל מקום חייב לשלם את הנזק משום שלא נזהר דיו, כפי ששמואל הולך ומפרש.] וכל שכן שמי שאינו טבח אומן חייב לשלם אם קלקל בשחיטתו, שכן מתחילה היה לו להימנע מלשחוט שמא יארע קלקול מחמת חוסר בקיאותו (רש"י).

17. הגמרא תבאר מיד את כפל הלשון.

18. כוונת שמואל בהשוואה זו תתברר בהמשך הסוגיא (ראה להלן הערה 26).

19. שכן היינו אומרים: לכך קראו שמואל "מזיק", כדי לחייבו אף על פי שהוא אנוס (רש"י; ראה הערה הבאה).

20. טענת הגמרא טעונה ביאור: אדרבה! אם אומן שקלקל אכן "מזיק הוא", ומשום כך חייב באונסין, לכאורה אין הבדל אם מקבל שכר או לאו, שהרי חילוק זה הוא רק אם באים לחייבו מתורת 'שומר', אך אדם המזיק חייב בכל ענין! אכן כבר הובא לעיל (צח, ב הערה 31) בשם הרמב"ן וריב"א שאומן שהזיק בלא כוונה תוך כדי מלאכתו את החפץ שנמסר לו, אינו נידון כ'אדם המזיק', משום שהתעסק בחפץ ברשות הבעלים ולטובתם, וכל חיובו הוא מצד דיני שומרים. לפי זה, כאשר אמר שמואל שאומן שקלקל הוא "מזיק", בהכרח כוונתו שדינו בתורת שומר **דומה** לדין אדם המזיק, והיינו, שחייב אף על פי שהוא אנוס. דין זה נכון רק באומן שהוא שומר שכר, שכן שומר חנם חייב רק בפשיעה (מחנה אפרים הלכות נזקי ממון סימן ה, וקובץ שיעורים אות קיט, בהסבר דברי רש"י).

אין הכוונה שהיה עולה על דעתנו שקלקול בשחיטה (מחמת פירכוס הבהמה וכדומה) קרוי אונס גמור, שהרי אפילו שומר שכר פטור מאונסין. אלא שהיינו אומרים שזה אונס קצת בדרגת גניבה או אבידה, שבו שומר שכר חייב בתשלומים ואילו שומר חנם פטור (עיין רא"ש בשיטה מקובצת; תורת חיים; פני יהושע). [יש להעיר ששיטת הרמב"ן (שם, ולעיל ריש פרק ג) היא שאדם המזיק חייב אפילו באונס גמור, ואילו האומן חייב רק על אונסין כעין גניבה ואבידה. נמצא לשיטתו, שהשוואת אומן לאדם המזיק היא רק בכך ששניהם חייבים אפילו על דבר שאינו פשיעה.]

[הסברנו את הגמרא על פי רש"י, וכפי שביארוהו האחרונים. אולם דעת תוספות (ד"ה אימא, לעיל כז, ב ד"ה ושמואל, ובבא מציעא שם ד"ה וסבר) היא שגם אומן יש בו תורת אדם המזיק. לשיטתם, אפילו אדם המזיק פטור באונסים גדולים כעין גניבה (ראה לעיל כו, ב הערה 3 בהרחבה), ולכן במקרה כזה רק אומן בשכר יתחייב, מדין שומר שכר (עיין עוד רשב"א כאן ד"ה ולענין הלכה; רא"ש בשיטה מקובצת, ובפסקיו ריש פרק ג; עיין יד דוד שמבאר לפי שיטתם את הגמרא כאן; ועיין סמ"ע שו, יג).]

21. [לדעת הרמב"ן ורש"י, לא יתחייב אלא בפשיעה גמורה, מהלכות שומרים. אמנם לפי שיטת תוספות בהערה הקודמת, שחיובו מצד אדם המזיק, אפילו אם אין זו פשיעה גמורה (אלא אונס כעין אבידה שהוא דרגת אונס פחותה מאונס כעין גניבה) חייב לשלם. ראה גם להלן הערה 48.]

באמת, די היה לשמואל לומר "פושע הוא". אלא שדבריו נאמרו בדרך "לא זו, אף זו". היינו, לא זו בלבד שיש לטבח שקלקל תורת 'מזיק' לענין שיתחייב בנזק כשהוא שומר שכר, אלא יש לו אף דין 'פושע' ולכן חייב אפילו אם הוא שומר חנם (רא"ש בשיטה מקובצת).

22. מפני שקלקול בשחיטתו (מחמת פירכוס הבהמה וכדומה) נחשב אונס [כעין גניבה או אבידה] (רש"י; עיין פני יהושע, ולעיל הערה 20). לפיכך אם הוא רק שומר חנם, פטור מתשלומין. [והיינו דלא כהוראת שמואל שדינו כפושע וחייב בכל ענין.]

23. שכן מלכתחילה היה לו להימנע מלשחוט בגלל חוסר מומחיותו. הלכך אפילו אם שחט בחנם וקלקל, חייב, שפושע הוא [אלא אם כן הזהיר מראש את בעל הבהמה שלא יסמוך עליו (ים של שלמה)] (נמוקי יוסף להלן ד"ה דמומחית לתרנגולי; ראה גם לעיל הערה 16).

24. [שכן שומר שכר חייב גם על אונסין כעין גניבה (ראה לעיל הערה 20).]

25. לשון קללה הוא (ערוך ערך עבר [א]). החזון איש (סנהדרין כ, י) מבאר ששמואל קילל את השואל, מפני שראה בשאלתו חיסרון בכבוד התורה [וראוי לנדות ולקלל על כך; ראה מקורותיו]. שכן, כפי ששמואל יַבהיר (בגמרא בסמוך) לתלמיד אחר ששאל כן ונתקלל אף הוא, התשובה לשאלה זו היתה טמונה כבר בנימוק הארוך שנתן שמואל להוראתו. עצם העובדא שהתלמידים לא עמדו על כך בעצמם, מוכיח שהם היו סבורים ששמואל האריך בחנם. לפיכך קיללם שמואל, כדי להכניעם ולהעמידם באמונת חכמים. [החזון איש מעיר עוד שלא נאמר שפגעה הקללה בתלמידים אלו (כפי שהוזכר בתלמוד לגבי מקרים דומים), והוכיח שתשובה מועילה לבטל קללה מעין זו.]

פירוש אחר: שמואל התכוון לנזוף באותו תלמיד, כאומר, "אין לך מח בקדקדך!" (שיטה מקובצת בשם גאון). ראה פירוש נוסף ביעב"ץ.

עין משפט
נר מצוה

עא א מיי' פ"ה מהל' אישות הלכה טז סמג עשין מח טוש"ע אה"ע סי' כח סעיף יד:
עב ב מיי' שם הלכה כ טוש"ע שם סעי' טו:
עג ג ד מיי' פ"י מהל' שכירות הלכה ה סמג עשין פט טוש"ע ח"מ סימן שו סעיף ד:
עד ה מיי' שם טוש"ע שם סעי' ז:
עה ו ז מיי' שם טוש"ע שם סעי' ד:
עו ח ט טוש"ע שם סעיף ה:
עז י מיי' פכ"ג מהל' סנהדרין הלכה ז סמג לאוין ט טוש"ע ח"מ סימן יט סעיף א:
עח כ ל מיי' פ"י מהל' שכירות הלכה ה סמג עשין פט טוש"ע ח"מ סימן שו סעיף ו:

הגהות הב"ח

(א) רש"י ד"ה דקעביד וכו' ש"מ בעושה בשכר קאמר: (ב) ד"ה התם וכו' בפ' שור שנגח. נ"ב סוף דף מה:

הגהות מהר"ב רנשבורג

א] גמ' דההיא שעתא דנפק מתותי סיכתא. עיין שיטה מקובלת:

תורה אור השלם

א) הוֹלֵךְ רָכִיל מְגַלֶּה סּוֹד וְנֶאֱמַן רוּחַ מְכַסֶּה דָבָר: [משלי יא, יג]

ב) וְהִזְהַרְתָּה אֶתְהֶם אֶת הַחֻקִּים וְאֶת הַתּוֹרֹת וְהוֹדַעְתָּ לָהֶם אֶת הַדֶּרֶךְ יֵלְכוּ בָהּ וְאֶת הַמַּעֲשֶׂה אֲשֶׁר יַעֲשׂוּן: [שמות יח, כ]

לעזי רש"י

קויי"ץ. פירוש רושם (שעושין בו מטבע) (עיין רש"י בראשית א, כז וגיטין דף כ ע"א ד"ה רושמא וד"ה מיחרך חריך וערוך ערך סך י"ב):

אימא מפני שהוא נושא שכר. אבל בחנם פטור אף על גב דאדם מועד לעולם באונס כי האי לא מחייב אדם המזיק כדפרישית בריש המניח (לעיל דף כז: ושם ס):

מנעך מספק איסורא. אור"ת דמשום הכי קרי ליה ספק איסורא משום דרב פסיק בפ"ק דחולין (דף יח.) כרבי יוסי בר' יהודה בטבעת הגדולה והיה רב מחמיר עליו לפי שהיה עם הארץ שלא יבא להקל בשאר טבעות כדאשכחן בפרק קמא דחולין (דף טו.) גבי מבשל בשבת כי מורי [ס רבא] לתלמידיו מורי להו כר"מ וכי דריש להו בפירקא דריש כר' יהודה משום עמי הארץ ולהכי קרי ליה ספק גזילה ולא ודאי גזילה דאותו האיש ששחט לעם הארץ ה"ל לאסוקי אדעתיה שיחמירו עליו ור"י מפרש דהסיא עובדא בשאר טבעות הוה ורב דקאמר בפרק קמא דחולין (דף יח:) ואין הלכה כמותו בשאר טבעות משום דמספקא ליה אי הלכה כמותו אי לאו:

ותניא אידך בין אומן בין הדיוט חייב. לא שייך הכא לשנויי כאן בשכר כאן בחנם כדמשני גבי שחיטה דבהכרת מטבע לריך בקיאות גדול ולית ליה למיחזי אם אין בקי כדנכו ואיסור:

רבא אמר דכ"ע ישנה לשכירות מתחילה ועד סוף ודכולי עלמא המקדש במלוה אינה מקודשת ודכולי עלמא אין אומן קונה בשבח כלי אלא הכא במאי עסקינן כגון שהוסיף לה נופך משלו רבי מאיר סבר (א) מלוה ופרוטה [א]דעתה אפרוטה ורבנן סברי מלוה ופרוטה דעתה אמלוה ובפלוגתא דהני תנאי (ב) דתניא בשכר שעשיתי עמך אינה מקודשת בשכר שאעשה עמך מקודשת רבי נתן אומר בשכר שאעשה עמך אינה מקודשת וכל שכן בשכר שעשיתי עמך ורבי יהודה הנשיא אומר באמת אמרו [ב]בין בשכר שעשיתי עמך ובין בשכר שאעשה עמך אינה מקודשת ואם הוסיף לה נופך משלו מקודשת (ג) מאי איכא) בין ת"ק לרבי נתן איכא בינייהו שכירות בין רבי נתן לר' יהודה הנשיא איכא בינייהו מלוה ופרוטה אמר שמואל טבח אומן שקלקל חייב לשלם מזיק הוא פושע הוא נעשה כאומר לו שחוט לי מכאן ושחט לו מכאן למה ליה למימר מזיק הוא פושע הוא אי אמר מזיק הוא הוה אמינא הני מילי היכא דקא עביד בשכר אבל היכא דקא עביד בחנם לא קמ"ל פושע הוא איתיביה רב חמא בר גוריא לשמואל [ג]הנותן בהמה לטבח וניבלה אומן פטור הדיוט חייב [ד]ואם נותן שכר בין הדיוט בין אומן חייב אמר ליה לעכר מוחך אתא ההוא מרבנן קא מותיב ליה א"ל השתא שקלת מאי דשקל חברך קאמינא לכו אנא רבי מאיר וקאמריתו לי רבנן אמאי לא דייקת מילי שאני אומר מזיק הוא פושע הוא נעשה כאומר לו שחוט לי מכאן ושחט לו מכאן מאן אית ליה האי סברא רבי מאיר דאמר מבעי ליה למירמי אנפשיה הי רבי מאיר אילימא [הא] רבי מאיר (קל"ן סימן) דתנן (ד) קשרו בעליו במוסירה ונעל בפניו כראוי ויצא והזיק בין תם בין מועד חייב דברי רבי מאיר התם בקראי פליגי אלא הא רבי מאיר דתנן (ה) לצבוע לו אדום וצבעו שחור שחור וצבעו אדום רבי מאיר אומר נותן לו דמי צמרו התם בידים קלאו מיניה אלא הא רבי מאיר (ו) דתנן (ז) נשברה כדו ולא סילקה נפלה גמלו ולא העמידה רבי מאיר אומר חייב בנזקן וחכמים אומרים פטור מדיני אדם וחייב בדיני שמים וקיימא לן (ח) דבנתקל פושע הוא פליגי אמר רבה בר בר חנה אמר רבי יוחנן טבח אומן שקלקל חייב ואפילו הוא אומן כטבחי ציפורי ומי אמר רבי יוחנן הכי והאמר רבה בר בר חנה עובדא הוה קמיה דרבי יוחנן בכנישתא דמעון ואמר ליה זיל [ה]אייתי ראיה דממחית לתרנגולים ואפטרך לא קשיא [ו]כאן בחנם כאן בשכר כי הא דאמר רבי זירא הרוצה שיתחייב לו טבח יקדים לו דינר מיתיבי (ט) [ז]המוליך חטים לטחון ולא לתתן ועשאן סובין או מורסן קמח לנחתום ועשאו פת ניפולין בהמה לטבח וניבלה חייב מפני שהוא כנושא שכר אימא מפני שהוא נושא שכר ההוא [ח]מגרומתא דאתאי לקמיה דרב טרפיה [ט]ופטריה לטבח מלשלומי דמי פגעו ביה רב כהנא ורב אסי בההוא גברא אמרו ליה עביד בך רב תרתי מאי תרתי אילימא תרתי לגריעותא דאיבעי ליה לאכשורי (י) כר' יוסי בר יהודה וטרפה כרבנן ואי נמי כרבנן דאיבעי ליה חיובא לטבחא ומי שרי למימר כי האי גונא והתניא (כ) [י]לכשיצא לא יאמר אני מזכה וחבירי מחייבין אבל מה אעשה שחבירי רבו עלי ועל זה נאמר (א) הולך רכיל מגלה סוד אלא תרתי למעליותא דלא אוכלך ספק איסורא ומנעך מספק גזילה איתמר [כ]המראה דינר לשולחני ונמצא רע תני חדא אומן פטור הדיוט חייב ותניא אידך בין אומן בין הדיוט חייב אמר רב פפא [ל]כי תניא אומן פטור כגון דנכו ואיסור דלא צריכי למיגמר כלל אלא במאי טעו טעו בסיכתא חדתא א]דההיא שעתא דנפק מתותי סיכתא ההיא איתתא דאחזיא דינרא לרבי חייא אמר לה מעליא הוא למחר אתאי לקמיה ואמרה ליה אחזיתיה ואמרו לי בישא הוא ולא קא נפיק לי אמר ליה לרב זיל חלפיה ניהלה וכתוב אפנקסי דין עסק ביש ומאי שנא דנכו ואיסור דפטירי משום דלא צריכי למיגמר רבי חייא נמי לאו למיגמר קא בעי רבי חייא (ל) לפנים משורת הדין הוא דעבד (מ) כדתני רב יוסף (ב) והודעת להם זה בית

רבא אמר דכ"ע כו' ודכ"ע אין אומן קונה בשבח כלי ה"ג: מלוה ופרוטה. כי יהיב לה פרוטה מדידיה: דעתה אפרוטה. ומיקדשא להכי נקט פרוטה דקדושי אשה דיו להו בכך: בשכר שעשיתי עמך. התקדש לי: אינה מקודשת. הואיל וכבר החזירו לה והוא מלוה גבה: בשכר שאעשה עמך מקודשת. דאינה לשכירות אלא לבסוף וכי מהדר להו ניהלה מיקדשא ליה בשכרו: בשכר שאעשה עמך אינה מקודשת. דקסבר ר' נתן ישנה לשכירות מתחילה ועד סוף וכל פרוטה ופרוטה הוה ליה מלוה: וכל שכן שעשיתי. דמיום שהחזירו לה נזקף שכרו עליה במלוה: ואם הוסיף כו' מקודשת. דקסבר מלוה ופרוטה דעתה אפרוטה ואילו לרבי נתן אע"ג דהוסיף לה אינה מקודשת דדעתה אמלוה: טבח אומן שקלקל חייב. וכ"ש הדיוט דלא היה לו לשוחטה הואיל ואינו בקי: דקעביד בשכר. דמזיק חייב באונסין דאדם מועד לעולם בין שוגג בין מזיד מדקרי ליה מזיק לחייבו באונס ש"מ (א) באותו שכר קאמר וקמ"ל דפושע הוא דלא חשיב ליה אונס אלא פשיעה דהוה ליה למירמיה אנפשיה שמא תפרכס הבהמה ויזהר בה: אומן פטור. דאנוס הוא: לעכר מוחך. כמו מים עכורים: קא מותיב ליה. הא מילתא: התם בקראי פליגי. וגזירת הכתוב הוא בפ' שור שנגח ארבעה וחמשה (ב): בידים קלאו מיניה. שנתכוון לשנות: לטחון. אדם הממונה על כך ועליו ללותתן במים וכותשן במכתשת להסיר הקליפה החיצונה כדי שתהא סולת נקיה: סובין. גסין ממורסן: ניפולי. נשבר ונופל כשאוחזין אותו: כנושא שכר. אף זה חייב כנושא שכר ואף על פי שאין נושא אלמא פשיעה היא ולא אונס גבי שומר חנם נמי חייב: מגרומתא. שחט מתוך אחת הטבעות והגרים חוץ בין טבעת לטבעת ושייר מלא החוט על פני רובה ורבי יוסי ברבי יהודה מכשר ליה במלא החוט על פני רובה ורבנן בעו על פני כולה בהכל שוחטין (חולין דף יח.): בההוא גברא. בעל הבהמה: לכשיצא כו'. בדיין קמיירי בסנהדרין: דלא אכלך ספק איסורא. דמספקא ליה הלכתא כמאן אי כרבנן דאסרי אי כרבי יוסי ברבי יהודה דמכשר: ומנעך מספק גזילה. דאי כשרה היא הוי טבח פטור: המראה דינר. לדעת אם טוב הוא ויקבלנו מחבירו: דנכי ואיסור. שולחנין אומנין היו: טעו בסיכתא חדתי. שנפסל המטבע והעמידו צורה אחרת ועדיין לא היו בקיאין בה: סיכתא. קויי"ן בלע"ז: רב שומר גנזיו של רבי חייא דודו הוה: דין עסק ביש. סחורה רעה היא שבעל עסקי חנם אני מפסיד שלא היה לי לראותה:

בית

מסורת הש"ס

א) [קדושין מו. מח:, סנהדרין יט:], ב) קדושין מח:, ג) רש"ל מ"ז, ד) לעיל מה:, ה) לקמן ק: וש"נ, ו) [נ"ל דתניא], ז) לעיל כח: נו. ב"מ פב:, ח) [לעיל כט.], ט) ב"ב לג: [תוספתא פ"י ה"ד], י) [חולין יח.], כ) סנהדרין כט., ל) [ברכות ז. וש"נ], מ) ב"מ ל:, נ) [ד"ה ושמואל], ס) [נ"ל רבא].

ליקוטי רש"י

ודכו"ע אין אומן קונה בשבח כלי. והרי הוא כשאר שכירות. בשכר שעשיתי עמך. התקדשי לי אינה מקודשת דהויא ליה כמלוה. בשכר שאעשה עמך מקודשת. לכשיגמור ויתננו לה דקא סבר אינה לשכירות אלא לבסוף. ר' נתן אומר וכו'. דישנה לשכירות מתחילה ועד סוף. וכל שכן וכו'. דכיון דגמרו והחזירו לה כבר היא מלוה גמורה. ואם הוסיף לה נופך משלו מקודשת. מכלל דרבי נתן סבר אפילו הוסיף לה אינה מקודשת דקסבר מלוה ופרוטה דעתיה אמלוה. איכא בינייהו שכירות. אם ישנה מתחילה ועד סוף או לאו כדפרישית [קדושין מח:]. קשרו בעליו. לשור [לעיל נה:]. ונעל בפניו כראוי. היינו שמירה פחותה דלת שיכולה לעמוד ברוח מצויה לקמן (דף נה:) בהכונס [לעיל מה:]. נותן לו דמי צמרו. ולא יהיב ליה אלא דמי צמרו אבל לא דמי שבחו או זה יתן שכרו משלם ויקח האמר [לקמן ק:]. בדמים שאמר לבן נמכר בשוק דקנייה בגזלו לשלם כשעת הגזילה [ב"מ עח:]. דמי צמר לבן כמו שמסר לו דקנייה בשינוי ונתחייב מעות [ב"מ קיז:] נותן לו לבע זה דמי צמר לבן כבתחילה אם ירצה דסבירא ליה לר"מ כל המשנה מדעת בעליו נקרא גזלן וקנאו בשינוי וכדמפרש בבבא קמא בהגוזל עצים ונוטל האמר לעצמו אע"פ שהוא מעולה עכשיו בדמים [ע"ז ז.]. נשברה כדו ולא סילקה. פלוגתייהו מיפרשא בהמניח את הכד (דף כט.) בנתקל פושע ובמפקיר נזקיו [לעיל נו.]. פטור מדיני אדם. לשלם. [גיטין נג.]. קסברי גרמא בנזקין פטור [לקמן נו.]. שאין כח בב"ד לענשו. וחייב בדיני שמים. משום דלא סליק [לעיל כט.]. ידי שמים לא יצא עד שישלם [ב"מ צא.]. לרשעים שנתכוון להפסיד את ישראל [גיטין נג.]. סובין. כשטוחנין גסין ולא הדק נשאר בנפה והוא סובין. ותתן. נמיס. מורסן. היא הקליפה העליונה שמוליאין מחטין הכתושין במכתשת. ניפולין. שנופל פתיתין. מפני שהוא כנושא שכר. בהגוזל קמא מתרצינן אימא מפני שהוא נושא שכר אבל בחנם פטור אם אומן הוא כדאמרינן התם זיל אייתי ראיה דמומחית לתרנגולי ואיפטרך וכן הלכה דאומן בשכר חייב בחנם פטור כדאמר רבי יוחנן התם [רשב"ם ב"ב צג:].

לבאר טעמי, שהטבח נחשב פושע כיון שהיה יכול להיזהר יותר[26]. **מַאן אִית לֵיהּ הַאי סְבָרָא** — מי הוא התנא שסובר כן? הלא שיטת **רַבִּי מֵאִיר** היא, **דְּאָמַר** במקום אחר: **מִבָּעֵי לֵיהּ לְמִירְמֵי אַנַּפְשֵׁיהּ** — אדם צריך לשים לבו ולהיזהר שלא להזיק ממון חבירו, ומי שלא עשה כן ואירע נזק, פושע הוא וחייב בתשלומים. הוראתי היתה איפוא כשיטה זו, ואילו הברייתא שהבאתם הולכת בשיטת חכמים החולקים על רבי מאיר וסוברים שאדם אינו צריך להיזהר כל כך, ולכן היא אומרת שטבח אומן ששחט בחנם פטור אם קלקל בשחיטה"[27].

הגמרא מבררת היכן אמר רבי מאיר הוראה כזו:

הֵי רַבִּי מֵאִיר — לאיזו מהוראותיו של רבי מאיר נתכוון שמואל? **אִילֵימָא [הָא]** — שמא נאמר שהכוונה להוראה הבאה של **רַבִּי מֵאִיר.** (האותיות **קל"ן** הן **סִימָן** זיכרון לשלש הוראות של רבי מאיר שיובאו להלן, בחיפוש ההוראה שעליה דיבר שמואל[28]. וזו ההוראה הראשונה:) **דִּתְנַן** במשנה (לעיל מה, ב): **קְשָׁרוֹ בְּעָלָיו בְּמוֹסֵירָה** — אם בעל השור קשר את שורו באפסר (חבל שבצוארו), **וְנָעַל** — או שנעל **בְּפָנָיו כָּרָאוּי**, כלומר, בדלת העומדת בפני רוח מצויה בלבד (אך אינה עומדת בפני רוח שאינה מצויה), **וְיָצָא** השור **וְהִזִּיק** על ידי נגיחה[29], אזי **בֵּין** אם הוא **תָּם בֵּין** אם הוא **מוּעָד**, בעליו **חַיָּיב** בתשלומי הנזק, כיון שלא שמרו שמירה מעולה[30]; אלו **דִּבְרֵי רַבִּי מֵאִיר.** ונחלקו עליו שאר התנאים[31]. נמצא לכאורה שרבי מאיר מצריך זהירות יתירה מפני נזקין[32]. אולם באמת אין מכאן ראיה, שכן **הָתָם בִּקְרָאֵי פְּלִיגֵי** — שם במשנה חולקים התנאים בביאור הפסוקים בפרשת נזקי שור (כמבואר בגמרא שם), ומשם למד רבי מאיר שהשור טעון שמירה מעולה[33].

הוראה אחרת של רבי מאיר, ממנה יתכן שלמד שמואל על שיטתו בחובת הזהירות מנזקין:

אֶלָּא, תאמר שמקורו של שמואל הוא **הָא** — הוראה זו של **רַבִּי מֵאִיר, דִּתְנַן** במשנה הבאה (להלן ק, ב): אם אדם נתן צמר לצַבָּע **לִצְבּוֹעַ לוֹ אָדוֹם וּצְבָעוֹ שָׁחוֹר**, או שאמר לו לצבוע את הצמר **שָׁחוֹר וּצְבָעוֹ אָדוֹם, רַבִּי מֵאִיר אוֹמֵר:** הצַבע **נוֹתֵן לוֹ** לבעל הצמר את **דְּמֵי צַמְרוֹ.** הרי שרבי מאיר מחייב על נזק שנגרם מחיסרון בזהירות[34]. אולם גם מהמשנה ההיא אין ראיה, שכן יש לומר שמדובר **הָתָם** (שם) במקרה שהצַבע **בְּיָדַיִם קְלָאוֹ מִינֵּיהּ** — בידיו "שרף" את הצמר והוציאו מבעליו, כלומר, שינה את הצבע בכוונה[35]. אמנם במקום שעשה נזק בטעות מחמת חוסר זהירות, אולי מודה רבי מאיר שאין זו פשיעה להתחייב על כך.

הגמרא מסיקה:

אֶלָּא, שמואל התכוון **לְהָא** הוראה **דְּרַבִּי מֵאִיר. (דתנן) [דְּתַנְיָא]** בברייתא[36] (הובאה לעיל כח, ב): אם **נִשְׁבְּרָה כַּדּוֹ** של אדם ברשות הרבים **וְלֹא סִילְּקָהּ** — ולא פינה את השברים, או **שֶׁנָּפְלָה** שם **גְּמַלּוֹ וְלֹא הֶעֱמִידָהּ**, וגרמו היזק, **רַבִּי מֵאִיר אוֹמֵר:** בעל הכד והגמל **חַיָּיב בְּנִזְקָן** (כדין העושה "בור" ברשות הרבים). **וַחֲכָמִים אוֹמְרִים: פָּטוּר מִדִּינֵי אָדָם** — אין בית דין יכולים לכופו לשלם, **וְחַיָּיב** לשלם **בְּדִינֵי שָׁמַיִם** בלבד. **וְקַיְימָא לָן** — ומקובל בידינו **דִּבְעִנְיָן נִתְקַל, אם פּוֹשֵׁעַ הוּא, פְּלִיגֵי** (נחלקו). כלומר, מדובר בכגון שבעל הכד נתקל, והכד נפל ונשבר, והזיק לפני שהיתה שהות לבעל הכד לסלק את השברים[37]. וזו מחלוקתם: רבי מאיר סובר שמי שנתקל נחשב פושע משום שלא נזהר יותר (ולכן חייב על נזקי "בורו" שנעשה בפשיעתו), וחכמים סוברים שנתקל אינו נידון כפושע[38]. הרי ששיטת רבי מאיר היא שאדם שאינו נזהר ביותר שלא להזיק את ממון חבירו, פושע הוא וחייב לשלם. וכן הדין לדעתו לענין טבח אומן שקלקל בשחיטתו[39].

הוראה של אמורא אחר בנוגע לטבח אומן שקלקל בשחיטה:

אָמַר רַבָּה בַּר בַּר חָנָה, אָמַר רַבִּי יוֹחָנָן: טַבָּח אוּמָּן שֶׁקִּלְקֵל בשחיטתו ועשה את הבהמה נבילה, **חַיָּיב** לשלם לבעל הבהמה את

הערות

26. [וזהו שאמרתי, שהמקלקל בשחיטתו מחמת דבר שאירע פתאום (כגון פירכוס הבהמה), הריהו פושע כמו זה שהזהירוהו מראש לשחוט במקום הנכון, ולא שם לבו לעשות כן. שכן השוחט צריך להיזהר ולהיות מוכן לכל תקלה שעלולה להיוולד.]

27. נמצא שגם שמואל עצמו פוסק להלכה כדברי הברייתא, שהרי הלכה כחכמים החולקים על רבי מאיר, ודברי שמואל לעיל לא היו אלא לבאר מה סובר רבי מאיר בדין זה (דרכי דוד; עיין גם ביאור הגר"א חושן משפט שו, ט).

28. והן: (א) "**ק**שרו בעליו וכו' "; (ב) **ל**צבוע לו וכו' "; (ג) **נ**שברה כדו וכו' ".

[לכאורה, מדת הזהירות שיש לנקוט על מנת שלא להזיק, היא נידון בכל מקרה לגופו: ישנם נזקים מצויים יותר, הדורשים מדה רבה של זהירות, וישנם נזקים צפויים פחות, שאין חובה כל כך להישמר מפניהם. כיצד אפשר להוכיח מדברי רבי מאיר לגבי מקרים אחרים מהי חובת הזהירות של טבח בשחיטתו? וצריך לומר, שחכמי הגמרא ברוחב דעתם ידעו שדרגת שכיחות הנזק בכל המקרים הבאים, שוה היא, ולכן דימו אותם זה לזה.]

29. היינו, השור ניתק בכח את המוסירה (במקרה הראשון), או שהדלת הנעולה נפרצה ברוח שאינה מצויה (במקרה השני), והשור יצא מהרפת והזיק.

30. התורה אומרת לגבי נזקי קרן (שמות כא, לו): "וְלֹא יִשְׁמְרֶנּוּ בְּעָלָיו. . . שַׁלֵּם יְשַׁלֵּם". משמע שאם שמרו הבעלים על השור והוא הזיק בכל זאת, הבעלים פטורים. לדעת רבי מאיר, אין בעל השור פטור אלא אם כן שמר על שורו שמירה מעולה. לדוגמא, הוא צריך לקשור את השור בשלשלת של ברזל באופן שלא יוכל לנתקו בשום אופן, או שינעלנו מאחורי דלת שאינה נפתחת אפילו ברוח שאינה מצויה (מאירי לעיל מה, ב). לפיכך, זה שקשר את השור במוסירה רגילה, או שנעל בפניו בדלת העומדת רק ברוח מצויה, חייב על נזקיו.

31. רבי יהודה חולק במשנה שם וסובר שמועד די לו בשמירה מועטת (וכן הלכה). הגמרא שם הביאה דעת תנא אחר שסובר שגם שור תם די לו בשמירה פחותה.

32. [הגמרא מבינה כעת שהכל מודים שאין אדם חייב על נזקי שורו אלא אם כן פשע בשמירתו. נמצא שלדעת רבי מאיר, גם חוסר זהירות ממאורעות חריגים — כגון רוח שאינה מצויה — נחשב כפשיעה. והוא הדין לענין טבח אומן שקלקל בשחיטתו מחמת פירכוס הבהמה (ראה לעיל הערה 28; ועיין ראב"ד).]

33. [היינו, הטעם שרבי מאיר מחייב אינו משום שהוא סובר שחיסרון כלשהו בזהירות נידון כפשיעה, אלא גזירת הכתוב היא, לדעתו, ששור טעון שמירה מעולה.]

34. [הגמרא מבינה כעת שמדובר במקרה שהצַבע השתמש בצבע אחר בטעות (כגון שנתחלפו הצבעים בלי ידיעתו), ורבי מאיר מחייבו משום שהוא דן זאת כפשיעה, שלא נזהר שלא יבוא לידי כך.] בבבא מציעא עח, ב מבואר שטעמו של רבי מאיר הוא ש"המעביר על דעת בעל הבית נקרא **גזלן**" (ולכן קונה האומן את הצמר ב'שינוי' (עיין גם לעיל צה, א ובהערה 19 שם; וראה להלן ק, ב הערה 14). וצריך לומר שפשוט לגמרא שאם אין בכך פשיעה, אינו נעשה גזלן. מזה שרבי מאיר מחייב מטעם גזלן, מוכח איפוא שנחשב 'פושע' (עיין ראב"ד; קובץ שיעורים קטז-קיז).

לכאורה יכלה הגמרא לדחות שהמשנה עוסקת בצַבע העובד בשכר, החייב מדין שומר שכר אפילו על דברים שאינם בגדר פשיעה (ראה לעיל הערה 20). אמנם הגמרא העדיפה לדחות את הראיה מעיקרה — שהמשנה אינה מדברת כלל בטעות — כפי שתבאר מיד (מהרש"א מהדורא בתרא; ועיין קובץ שיעורים אות קמו).

35. רש"י; ועיין ראב"ד.

[לעיל צה, ב ביארה הגמרא שהמשנה ההיא מדברת במקרה שהַצבע שינה את הצבע **בשוגג**. אולם אין זו סתירה להסבר הגמרא כאן. שכן אמנם מדובר בצַבע ששינה בכוונה מדברי בעל הבית, כפי שאומרת הגמרא כאן, אך הוא עשה זאת "בשוגג" — שהיה סבור שאין בעל הבית מקפיד ולכן מותר לו לעשות כן (עיין רש"י שם ד"ה צבעו; ועיין דרכי דוד).]

36. התיקון על פי הגליון במהדורת וילנא; ראה גם ספר שינויי נוסחאות.

37. וכן בדוגמא של "נפלה גמלו", מדובר שבעל הגמל נתקל, והגמל נתקל בו, והוזק אחר על ידי הגמל לפני שהיתה שהות לבעליו לסלקו (עיין לעיל כט, א ובתוספות שם ד"ה פליגי).

38. [במקרה המדובר כאן — שלא היתה שהות לבעל הכד והגמל לסלקם — חכמים באמת סוברים שפטור אפילו בדיני שמים, שכן אנוס הוא על תקלה זו. אמנם הגמרא לעיל (שם) מבארת שברייתא זו עוסקת במקרה נוסף — שהכד והגמל הזיקו **לאחר** שהיתה שהות לסלקם, וגם במקרה ההוא נחלקו רבי מאיר וחכמים אם חייב לשלם (ראה שם הסבר המחלוקת השניה). בנוגע למקרה האחרון אמרו חכמים, שאף על פי שפטור מדיני אדם, מכל מקום "חייב בדיני שמים" בגלל שלא סילקם (תוספות שם ד"ה מדמתניתין בתרתי; עיין גם רש"י שם ריש העמוד ד"ה וחייב בדיני שמים).]

39. [שהרי כל אדם "אומן" להלך ברשות הרבים, וכשנתקל הריהו כ"אומן שקלקל", ובכל זאת מחשיבו רבי מאיר כפושע (קובץ שיעורים קמו).]

רבא אמר דכ"ע ישנה לשכירות מתחילה ועד סוף ודכולי עלמא המקדש במלוה אינה מקודשת ודכולי עלמא אין אומן קונה בשבח כלי אלא הכא במאי עסקינן כגון שהוסיף לה נופך משלו רבי מאיר סבר [א] מלוה ופרוטה [א] דעתה אפרוטה ורבנן סברי מלוה ופרוטה דעתה אמלוה ובפלוגתא דהני תנאי [ב] דתניא בשכר שעשיתי עמך אינה מקודשת בשכר שאעשה עמך מקודשת רבי נתן אומר בשכר שאעשה עמך אינה מקודשת וכל שכן בשכר שעשיתי עמך ורבי יהודה הנשיא אומר באמת אמרו [ב] בין בשכר שעשיתי עמך ובין בשכר שאעשה עמך אינה מקודשת ואם הוסיף לה נופך משלו מקודשת [ג] (מאי איכא) בין ת"ק לרבי נתן איכא בינייהו שכירות בין רבי נתן לר' יהודה הנשיא איכא בינייהו מלוה ופרוטה אמר שמואל טבח אומן שקלקל חייב מזיק הוא פושע הוא נעשה כאומר לו שחוט לי מכאן ושחט לו מכאן למה ליה למימר מזיק הוא פושע הוא אי אמר מזיק הוא הוה אמינא הני מילי היכא דקא עביד בשכר אבל היכא דקא עביד בחנם לא קמ"ל פושע הוא איתיביה רב חמא בר גוריא לשמואל [ד] הנותן בהמה לטבח וניבלה אומן פטור הדיוט חייב [ה] ואם נותן שכר בין הדיוט בין אומן חייב אמר ליה לעבר מוחך אתא ההוא מרבנן קא מותיב ליה א"ל השתא שקלת מאי דשקל חברך קאמינא לכו אנא רבי מאיר וקאמריתו לי רבנן אמאי לא דייקת מילי שאני אומר מזיק הוא פושע הוא נעשה כאומר לו שחוט לי מכאן ושחט לו מכאן מאן אית ליה האי סברא רבי מאיר דאמר מבעי ליה למירמי אנפשיה הי רבי מאיר אילימא [הא] רבי מאיר (קל"ן סימן) דתנן [ז] קשרו בעליו במוסירה ונעל בפניו כראוי ויצא והזיק בין תם בין מועד חייב דברי רבי מאיר התם בקראי פליגי אלא הא רבי מאיר דתנן [ח] לצבוע לו אדום וצבעו שחור שחור וצבעו אדום רבי מאיר אומר נותן לו דמי צמרו התם בידים קלאו מיניה אלא הא רבי מאיר [ט] דתנן נשברה כדו ולא סילקה נפלה גמלו ולא העמידה רבי מאיר אומר חייב בנזקן וחכמים אומרים פטור מדיני אדם וחייב בדיני שמים וקיימא לן [י] דבנתקל פושע הוא פליגי אמר רבה בר בר חנה אמר רבי יוחנן טבח אומן שקלקל חייב ואפילו הוא אומן כטבחי ציפורי ומי אמר רבי יוחנן הכי והאמר רבה בר בר חנה עובדא הוה קמיה דרבי יוחנן בכנישתא דמעון ואמר ליה זיל [ה] אייתי ראיה דממחית לתרנגולים ואפטרך לא קשיא [ו] כאן בחנם כאן בשכר כי הא דאמר רבי זירא הרוצה שיתחייב לו טבח יקדים לו דינר מיתיבי [ז] המוליך חטים לטחון ולא לתתן ועשאן סובין או מורסן קמח לנחתום ועשאו פת ניפולין בהמה לטבח וניבלה חייב מפני שהוא כנושא שכר אימא מפני שהוא נושא שכר ההוא [ח] מגרומתא דאתאי לקמיה דרב טרפיה [ט] ופטריה לטבח מלשלומי דמי פגעו ביה רב כהנא ורב אסי בההוא גברא אמרו ליה עביד בך רב תרתי מאי תרתי אילימא תרתי לגריעותא דאיבעי ליה לאכשורי [י] כר' יוסי בר יהודה וטרפה כרבנן ואי נמי כרבנן דאיבעי ליה חיובא לטבחא ומי שרי למימר כי האי גונא והתניא [ל] לכשיצא לא יאמר אני מזכה וחבירי מחייבין אבל מה אעשה שחבירי רבו עלי ועל זה נאמר [א] הולך רכיל מגלה סוד אלא תרתי למעליותא דלא אוכלך ספק איסורא ומנעך מספק גזילה איתמר [מ] המראה דינר לשולחני ונמצא רע תני חדא אומן פטור הדיוט חייב ותניא אידך בין אומן בין הדיוט חייב אמר רב פפא [ל] כי תניא אומן פטור כגון דנכו ואיסור דלא צריכי למיגמר כלל אלא במאי טעו טעו בסיכתא חדתא [א] דההיא שעתא דנפק מתותי סיכתא ההיא איתתא דאחזיא דינרא לרבי חייא אמר לה מעליא הוא למחר אתאי לקמיה ואמרה ליה אחזיתיה ואמרו לי בישא הוא ולא קא נפיק לי אמר ליה לרב זיל חלפיה ניהלה וכתוב אפנקסי דין עסק ביש ומאי שנא דנכו ואיסור דפטירי משום דלא צריכי למיגמר רבי חייא נמי לאו למיגמר קא בעי רבי חייא [נ] לפנים משורת הדין הוא דעבד [מ] כדתני רב יוסף [ב] והודעת להם זה

בית

רש"י

רבא אמר דכ"ע כו' ודכ"ע אין אומן קונה בשבח כלי ה"ג: מלוה ופרוטה. כי יהיב לה פרוטה מדידיה: דעתה אפרוטה. ומיקדשא להכי נקט פרוטה דקדושי אשה דיו להו בכך: בשכר שעשיתי עמך. התקדשי לי: אינה מקודשת. הואיל וכבר החזירו לה והוא מלוה גבה: בשכר שאעשה עמך מקודשת. דאינה לשכירות אלא לבסוף וכי מהדר להו ניהלה מיקדשא ליה בשכרו: בשכר שאעשה עמך אינה מקודשת. דקסבר ר' נתן ישנה לשכירות מתחילה ועד סוף וכל פרוטה ופרוטה הוה ליה מלוה: וכל שכן שעשיתי. דמיום שהחזירו לה נזקף שכרו עליה במלוה: ואם הוסיף כו' מקודשת. דקסבר מלוה ופרוטה דעתה אפרוטה ואילו לרבי נתן אע"ג דהוסיף לה אינה מקודשת דדעתה אמלוה: טבח אומן שקלקל חייב. וכ"ש הדיוט דלא היה לו לשוחטה הואיל ואינו בקי: דקעביד בשכר. דמזיק חייב באונסין דאדם מועד לעולם בין שוגג בין מזיד מדקרי ליה מזיק לחייבו באונס ש"מ (א) באותו שכר קאמר וקמ"ל דפושע הוא דלא חשיב ליה אונס אלא פשיעה דהוה ליה למירמיה אנפשיה שמא תפרכס הבהמה ויזהר בה: אומן פטור. דאנוס הוא: לעבר מוחך. כמו מים עכורים: קא מותיב ליה. הא מילתא: התם בקראי פליגי. וגזירת הכתוב הוא בפ' שור שנגח ארבעה וחמשה (ב): בידים קלאו מיניה. שנתכוון לשנות: לטחון. אדם הממונה על כך ועליו ללותתן במים וכותשן במכתשת להסיר הקליפה החיצונה כדי שתהא סולת נקיה: סובין. גסין ממורסן: ניפולי. נשבר ונופל כשאוחזין אותו: כנושא שכר. אף זה חייב כנושא שכר ואף על פי שאין נושא אלמא פשיעה היא ולא אונס גבי שומר חנם נמי חייב: מגרומתא. שחט מתוך אחת הטבעות והגרים חוץ בין טבעת לטבעת ושייר מלא החוט על פני רובה ורבי יוסי ברבי יהודה מכשר ליה במלא החוט על פני רובה ורבנן בעו על פני כולה בהכל שוחטין (חולין דף יח.): בההוא גברא. בעל הבהמה: לכשיצא כו'. בדיין קמיירי בסנהדרין: דלא אכלך ספק איסורא. דמספקא ליה הלכתא כמאן אי כרבנן דאסרי אי כרבי יוסי ברבי יהודה דמכשר: ומנעך מספק גזילה. דאי כשרה היא הוי טבח פטור: המראה דינר. לדעת אם טוב הוא ויקבלנו מחבירו: דנכי ואיסור. שולחנין אומנין היו: טעו בסיכתא חדתי. שנפסל המטבע והעמידו צורה אחרת ועדיין לא היו בקיאין בה: סיכתא. קויי"ן בלע"ז: רב שומר גנזיו של רבי חייא דודו הוה: דין עסק ביש. סחורה רעה היא שעל עסקי חנם אני מפסיד שלא היה לי לראותה:

בית

תוספות

אימא מפני שהוא נושא שכר. אבל בחנם פטור אף על גב דאדם מועד לעולם באונס כי האי לא מחייב אדם המזיק כדפרישית בריש המניח (לעיל דף מ: ושם ס):

מנעך מספק איסורא. אור"ת דמשום הכי קרי ליה ספק איסורא משום דרב פסיק בפ"ק דחולין (דף יח.) כרבי יוסי בר' יהודה בטבעת הגדולה והיה רב מחמיר עליו לפי שהיה עם הארץ שלא יבא להקל בשאר טבעות כדאשכחן בפרק קמא דחולין (דף טו.) גבי מבשל בשבת כי מורי [ס) רבא] לתלמידיו מורי להו כר"מ וכי דריש להו בפירקא דריש כר' יהודה משום עמי הארץ ולהכי קרי ליה ספק גזילה ולא ודאי גזילה דאותו האיש שחטט לעם הארץ ה"ל לאסוקי אדעתיה שיחמירו עליו ור"י מפרש דההיא עובדא בשאר טבעות הוה ורב דקאמר בפרק קמא דחולין (דף יח:) ואין הלכה כמותו בשאר טבעות משום דמספקא ליה אי הלכה כמותו אי לאו:

ותניא אידך בין אומן בין הדיוט חייב. לא שייך הכא לשנויי כאן בשכר כאן בחנם כדמשני גבי שחיטה דבהכרת מטבע צריך בקיאות גדול ולית ליה למיחזי אם אין בקי כדנכו ואיסור:

לפנים

עין משפט נר מצוה

עא א מיי' פ"ה מהל' אישות הלכה טו סמג עשין מח טוש"ע אה"ע סי' כח סעיף יד:

עב ב מיי' שם הלכה כ טוש"ע שם סעי' טו:

עג ג ד מיי' פ"י מהל' שכירות הלכה ה סמג עשין פט טוש"ע ח"מ סימן שו סעיף ד:

עד ה מיי' שם טוש"ע שם סעי' ז:

עה ו ז מיי' שם טוש"ע שם סעי' ד:

עו ח ט טוש"ע שם סעיף ה:

עז י מיי' פכ"ב מהל' סנהדרין הלכה ז סמג לאוין ט טוש"ע ח"מ סימן יט סעיף א:

עח כ ל מיי' פ"י מהל' שכירות הלכה ה סמג עשין פט טוש"ע ח"מ סימן שו סעיף ו:

הגהות הב"ח

(א) רש"י ד"ה דקעביד וכו' ש"מ בעושה בשכר קאמר: (ב) ד"ה התם וכו' בפ' שור שנגח. נ"ב סוף דף מה:

הגהות מהר"ב רנשבורג

א] גמ' דההיא שעתא דנפק מתותי סיכתא. עיין שיטה מקובצת:

תורה אור השלם

א) הוֹלֵךְ רָכִיל מְגַלֶּה סּוֹד וְנֶאֱמַן רוּחַ מְכַסֶּה דָבָר: [משלי יא, יג]

ב) וְהִזְהַרְתָּה אֶתְהֶם אֶת הַחֻקִּים וְאֶת הַתּוֹרֹת וְהוֹדַעְתָּ לָהֶם אֶת הַדֶּרֶךְ יֵלְכוּ בָהּ וְאֶת הַמַּעֲשֶׂה אֲשֶׁר יַעֲשׂוּן: [שמות יח, כ]

לעזי רש"י

קויי"ן. פירוש רושם (שעושין בו מטבע) (עיין רש"י בראשית א, כו וגיטין דף כ ע"א ד"ה רושמא וד"ה מיקרב קריב וערוך ערך סך י"ג)

מסורת הש"ס

א) [קדושין מו. מח: סנהדרין יט:], ב) קדושין מח:, ג) רש"ל מ"ז, ד) לעיל מה: נה:, ה) לקמן ק: וש"נ, ו) [צ"ל דתניא], ז) לעיל כח: נו. ב"מ פב:, ח) [לעיל כט.], ט) ב"ב לג: [תוספתא פ"י ה"ד], י) [חולין יח.], כ) סנהדרין כט., ל) [ברכות ז. וש"נ], מ) ב"מ ל:, נ) [ד"ה ושמואל], ס) [צ"ל רבא].

ליקוטי רש"י

ודכו"ע אין אומן קונה בשבח כלי. והרי הוא כשאר שכירות. בשכר שעשיתי עמך. התקדשי לי אינה מקודשת דהוא ליה כמלוה. בשכר שאעשה עמך מקודשת. לכשיגמור ויתננו לה דקא סבר אינה לשכירות אלא לבסוף. ר' נתן אומר וכו'. דישנה לשכירות מתחילה ועד סוף. וכל שכן וכו'. דכיון דגמרו והחזירו לה כבר היא מלוה גמורה. ואם הוסיף לה נופך משלו מקודשת. מכלל דרבי נתן סבר אפילו הוסיף לה אינה מקודשת דקסבר מלוה ופרוטה דעתיה אמלוה. איכא בינייהו שכירות. אם ישנה מתחילה ועד סוף או לאו כדפרישית [קדושין מח:]. קשרו בעליו. לשור [לעיל נה:]. ונעל בפניו כראוי. היינו שמירה פחותה דלת שיכולה לעמוד ברוח מצויה לקמן (דף נה:) בהכונס [לעיל מה:]. נותן לו דמי צמרו. ולא יהיב ליה אלא דמי צמרו אבל לא דמי שבחו או זה יתן שכרו משלם ויקח הצמר [לקמן ק:]. בדמים שצמר לבן נמכר בשוק דקנייה בגזלו לשלם כשעת הגזילה [ב"מ עח:]. דמי צמר לבן כמו שמסר לו דקניה בשינוי ונתחייב מעות [ב"מ קיז:] נותן לו צבע זה דמי צמר לבן כבתחילה אם ירצה דסבירא ליה לר"מ כל המשנה מדעת בעליו נקרא גזלן וקנאו בשינוי וכדמפרש בבבא קמא בהגוזל עצים ונוטל הצמר לעצמו אע"פ שהוא מעולה עכשיו בדמים [ע"ז ז.]. נשברה כדו ולא סילקה. פלוגתייהו מיפרשא בהמניח את הכד (דף כט.) בנתקל פושע ובמפקיר נזקיו [לעיל נו.]. פטור מדיני אדם. לשלם. [גיטין נג.]. קסברי גרמא בנזקין פטור [לקמן נו.]. שאין כח בב"ד לענשו. וחייב בדיני שמים. משום דלא סליק [לעיל כט.]. ידי שמים לא יצא עד שישלם [ב"מ צא.]. לרשעים שנתכוין להפסיד את ישראל [גיטין נג.]. סובין. כשטוחנין גסין ולא הדק נשאר בנפה והוא סובין. ותתן. במים. מורסן. היא הקליפה העליונה שמוליאין מחטין הכתושין במכתשת. ניפולין. שנופל פתיתין. מפני שהוא כנושא שכר. בהגוזל קמא מתרצינן אימא מפני שהוא נושא שכר אבל בחנם פטור אם אומן הוא כדאמרינן התם זיל אייתי ראיה דמומחית לתרנגולי ואיפטרך וכן הלכה דאומן בשכר חייב בחנם פטור כדאמר רבי יוחנן התם [רשב"ם ב"ב צג:].

הנזק, **וַאֲפִילוּ** אם **הוּא אוּמָּן** (מומחה) **כְּטַבָּחֵי** העיר **צִיפּוֹרִי** הידועים במומחיותם[40].

הגמרא מקשה סתירה מהוראה אחרת של רבי יוחנן:

וּמִי — וכי **אָמַר רַבִּי יוֹחָנָן הָכִי** (כך)? **וְהָאָמַר רַבָּה בַּר בַּר חָנָה: עוּבְדָא הֲוָה קַמֵּיהּ דְּרַבִּי יוֹחָנָן בִּכְנִישְׁתָּא דְּמָעוֹן** — מעשה [בטבח שקלקל שחיטתו] בא לפני רבי יוחנן בבית הכנסת של מעון[41], **וְאָמַר לֵיהּ** רבי יוחנן לטבח: **"זִיל אַיְיתֵי רְאָיָה דִּמְמַחִית לְתַרְנְגוֹלִים וְאֶפְטְרָךְ** — לֵך והבא ראיה שמומחה אתה לשחיטת תרנגולים, ואפטור אותך מתשלום הנזק"[42]. הרי שרבי יוחנן סובר שטבח אומן אינו חייב אם קלקל בשחיטה!

משיבה הגמרא:

לֹא קַשְׁיָא! כָּאן — במעשה זה, בו הורה רבי יוחנן שטבח אומן פטור, מדובר בטבח ששחט את הבהמה **בְּחִנָּם**, ואילו **כָּאן** — בהוראה דלעיל בשם רבי יוחנן, שאפילו טבח אומן חייב, מדובר בטבח ששחט את הבהמה **בְּשָׂכָר**.

נמצא שרבי יוחנן חולק על הוראת שמואל לעיל שטבח אומן שקלקל חייב אפילו אם שחט בחנם. לדעת רבי יוחנן, טבח אומן אינו נחשב פושע אם קלקל בשחיטה; לפיכך חייב רק במקרה שנוטל שכר על שחיטתו, שכן אז דינו כשומר שכר שמשלם אפילו בלא פשיעה[43]. הגמרא מסייעת הבנה זו בדברי רבי יוחנן, מהוראה מפורשת של רבי זירא (תלמידו של רבי יוחנן):

כִּי הָא — כמו מה **דְּאָמַר רַבִּי זֵירָא: הָרוֹצֶה שֶׁיִּתְחַיֵּיב לוֹ טַבָּח** אומן במקרה שיקלקל בשחיטתו, **יַקְדִּים לוֹ דִּינָר** לפני שישחט את הבהמה, וכך יעשהו שומר שכר[44]. [ומבואר מדבריו, שאם שחט בחנם, פטור.]

הגמרא מקשה על שיטת רבי יוחנן ורבי זירא:

מֵיתִיבֵי — הקשו על כך מהברייתא הבאה (תוספתא י, ד): **הַמּוֹלִיךְ חִטִּים לְטָחוֹן** (האדם הממונה על הריחיים)[45], **וְ**הלה **לֹא לְתָתָן** במים קודם הטחינה, כנהוג[46], **וַעֲשָׂאָן** על ידי כך **לְסוּבִּין אוֹ לְמוּרְסָן** (מיני קמח גס)[47]; וכן מי שנתן **קֶמַח לְנַחְתּוֹם** כדי שיאפה לו מזה לחם, **וַעֲשָׂאוֹ פַּת נִיפּוּלִין** (שנשברת ונופלת כשאוחזין אותה); וכן מי שנתן **בְּהֵמָה לְטַבָּח**, והלה קלקל בשחיטה **וְנִיבְלָהּ**; בכל המקרים הללו, בעל המלאכה **חַיָּיב** לשלם את הנזק, **מִפְּנֵי שֶׁהוּא כְּנוֹשֵׂא שָׂכָר**. הלשון "כנושא שכר" (עם כ"ף הדמיון) משמעו שחייב "כמו" נושא שכר אף על פי שאינו מקבל שכר. מוכח איפוא שאומן שקלקל במלאכתו נידון כפושע, ולכן חייב אפילו כשהוא שומר חנם (כדברי שמואל, ודלא כרבי יוחנן)[48]!

משיבה הגמרא:

אֵימָא — אמור כך את הברייתא: "חייב לשלם, **מִפְּנֵי שֶׁהוּא נוֹשֵׂא שָׂכָר**"[49]. לפי זה, הברייתא אכן מדברת באומן שנוטל שכר, ודוקא משום כך חייב הוא על קלקול במלאכתו[50].

דינו של טבח שאירע ספק פסול בשחיטתו:

הַהוּא מַגְרוּמְתָּא דַּאֲתַאי לְקַמֵּיהּ דְּרַב — מעשה היה בבהמה 'מוגרמת', כלומר, שנשחטה באופן מסויים של 'הגרמה' [שיש בו מחלוקת תנאים אם הוא פוסל את השחיטה][51], שבא דינהּ לפני רב.

הערות

40. ואין אומרים שתקלה בשחיטתו של מומחה כזה (כטבחי ציפורי) נחשבת אונס גמור שפטור עליו אפילו שומר שכר (עיין פני יהושע).

41. מקום בארץ ישראל (ראה רש"י זבחים קיח, ב ד"ה בי כנישתא דמעון).

42. [דהיינו, שיביא עדים ששחט לפניהם שלשה תרנגולים כראוי (ים של שלמה; ראה לעיל הערה 14).] יש מפרשים שטבח זה קלקל בשחיטת תרנגול, ולפיכך אמר לו שיוכיח שהוא מומחה למין זה, שכן שחיטת עופות קשה יותר משחיטת בהמות. ויש מבארים שכך אמר לו: "הבא ראיה שמומחה אתה אפילו לתרנגולים, ואפטור אותך גם בשחיטת שוורים ופרות" [והיינו ששם "מומחה" הוא דוקא בשחיטת תרנגולים] (עיין מאירי, ים של שלמה, תורת חיים; עיין עוד ים של שלמה, ששחיטת עופות קטנים כגון תורים ובני יונה דורשת מומחיות מיוחדת; ועיין ש"ך חושן משפט שו, ז).

מדברי רבי יוחנן עולה, שכאשר טבח קלקל בשחיטתו ויש ספק אם הוא מומחה או לא, עליו להביא ראיה שהוא מומחה. ואם אינו מביא ראיה, דנים אותו כהדיוט שמשלם על קלקולו בכל ענין [ראה לעיל הערה 23] (מאירי; רמב"ם הלכות שכירות י, ה). אף על פי שבכלל הוא בספק ממון שחובת הראיה מוטלת על התובע, ש"המוציא מחבירו עליו הראיה", כאן מוטלת חובת הראיה על הטבח שהוא הנתבע. וכתבו ראשונים ואחרונים בטעם הדבר, שכן הטבח אחראי על הבהמה שקיבל מדין 'שומר'; ובשומרים הדין הוא שכאשר יש ספק אם השומר פשע ואפשר לברר את הדבר בעדים, חייב הוא להוכיח שלא פשע כדי להיפטר [ראה בבא מציעא ריש פג, א וברש"י שם; רמב"ם הלכות שלוחין ב, ט ובמגיד משנה שם]. אף כאן, כיון ששחיטת טבח שאינו אומן נחשבת פשיעה [ראה הערה הנ"ל], עליו להוכיח שהוא אומן ואינו פושע (עיין ראב"ד ד"ה ההיא מוגרמתא; חידושי רבי עקיבא איגר; בית הלוי חלק ג סימן כ סוף אות ב; שערי ישר א, ה; קובץ שיעורים קיט; חזון איש ז, יח).

[ויש שביארו דין זה לפי הסוברים שטבח הדיוט חייב מצד אדם המזיק, ואומן נפטר משום שהוא אנוס (ראה לעיל סוף הערה 20). שכיון שסיבת החיוב — מעשה ההיזק — בודאי קיימת, והדבר ספק אם יש כנגדה סיבה הפוטרת (היינו, שיתכן שהוא אומן ונחשב אנוס), עליו להוכיח שהוא אכן נפטר (קובץ שיעורים סוף אות קיט, על פי מגיד משנה הלכות שאלה ופקדון ב, ח; חזון איש בתחילת דבריו שם; עיין עוד רבי עקיבא איגר, וחידושי רבי שלמה היימן חלק השו"ת סימן טו).]

43. כהוראת הברייתא ["הנותן בהמה לטבח וכו' "] שהביאה הגמרא לעיל (ראה לעיל הערה 27).

44. בפשטות, כוונת רבי זירא היא שבעל הבהמה יקדים **להתחייב** לו דינר עבור שחיטת הבהמה, ואין צריך לשלם לו ממש מראש (פסקי רי"ד; שיטה מקובצת בשם הרמ"ה מסרקסטה; עיין גם רמ"א חושן משפט שו, ח). [ועיין מחנה אפרים הלכות שומרים סימן מא בשם הראב"ן והמרדכי, שאדרבה — אם כבר שילם לאומן מראש את שכרו, אינו שומר שכר! ראה שם טעמם.] אמנם יש שכתב שאף על פי שבדרך כלל די בפסיקת השכר בלבד כדי שיהא האומן שומר שכר, הרי שטבח שמקבל בהמה לשחוט אינו נעשה שומר שכר אלא אם כן נותן לו מראש כסף בידו. שכן הטבח אינו מושך את הבהמה או מגביהה להכניסה לרשותו, ולכן הקנין שמחייבו בדיני שמירה הוא רק על ידי קבלת מעות בפועל (שיטה מקובצת ד"ה וכן כתב הרמ"ה; ראה עוד במקורות שצויינו לעיל צח, ב סוף הערה 1).

45. רש"י. ["טָחוֹן" הוא שם בעל המלאכה, על משקל קָרוֹב, רָחוֹק (רבינו יהונתן בשיטה מקובצת).]

46. חיטה שמיועדת לקמח סולת, טעונה "לתיתה" קודם הטחינה. בעל הריחיים שורה מעט במים את החיטים כדי לרככן, ואחר כך כותשן במכתשת להסיר את הקליפה החיצונית של הגרעינים. מה שנשאר — לב הגרעין — נטחן לסולת נקיה. במקרה זה, הטחון לא לתת את החטים, וכך נתערבו סובין בתוך הקמח (רש"י; ראה להלן סוף הערה 50).

47. "סובין" הוא קמח גס יותר מ"מורסן" (רש"י; עיין גם רש"י במשנה שבת עו, ב; אולם רש"י חולין פח, ב ורשב"ם בבא בתרא צג, ב מפרשים להיפך; עיין עוד תוספות יום טוב שבת ז, ד ובתוספות רבי עקיבא איגר שם).

48. רש"י. [ברש"י משמע שהחיוב כאן מצד דיני שומרים ולא מצד אדם המזיק, ולכן שומר חנם אינו משלם אלא במקרה של פשיעה. אמנם הסבר זה קשה קצת, שאם כן היה לברייתא לומר בפירוש שהוא פושע, ולמה נקטה שדינו "כשומר שכר"? עיין תוספות לעיל כז, ב (סד"ה ושמואל) ובבבא מציעא פב, ב (סד"ה וסבר), שמחמת קושי זה ביארו את הגמרא כאן לפי שיטתם (וראה לעיל הערות 20-21).]

אין לתרץ שהברייתא מדברת במי שאינו אומן, שהכל מודים שהוא פושע וחייב אפילו כשעושה בחנם (ראה לעיל הערה 23), שכן הלשון "טחון" ו"נחתום" משמעו שמדובר בבעלי מלאכה מומחים (מהרש"א מהדורא בתרא; עיין גם מגיד משנה הלכות שכירות י, ה ד"ה מפני, ופרישה חושן משפט שו, ח).

לכאורה יכלה הגמרא להקשות סתירה מברייתא זו על הברייתא המובאת לעיל ("הנותן בהמה לטבח וכו' "), שמפורש בה שטבח אומן ששחט בחינם, פטור! [יתירה מזאת, שתי ברייתות אלו הן למעשה רישא וסיפא של אותה ברייתא בתוספתא י, ד!] עיין פני יהושע העומד על שאלה זו ואחרות בהסבר קושיית הגמרא; ועיין יד דוד.

49. [אין זו גירסא אחרת בברייתא, אלא פירוש בלשון "כנושא שכר" (תורת חיים; יעב"ץ).]

50. והיינו, שבאמת הקלקול אינו נחשב פשיעה, אלא כאונס כעין גניבה או אבידה; לפיכך שומר שכר חייב, ושומר חינם פטור (ועיין תוספות המצויינים לעיל הערה 48).

[במקרה של טבח שקלקל בשחיטה ונחתום שקלקל באפייתו, מובן שאפשר לדון אותו כאנוס. אולם במקרה הראשון — טוחן שלא לתת את החטים — לכאורה זו פשיעה גמורה! ושמא מדובר כאן שבאמת לתת את החטים, אך טעה ולא השרה אותן במים מספיק זמן, ולכן לא הוסרה קליפתן כראוי (חסדי דוד על התוספתא י, ד).]

51. דהיינו, שהשוחט שחט תחילה רוב הקנה כהלכתו, ואחר כך 'הִגְרִים' (היטה) את הסכין, כפי שיתבאר. [לשון "הַגְרָמָה" משמעו הכרעה והטייה, שמַטה את הסכין של

עין משפט
נר מצוה

עא א מיי׳ פ״ה מהל׳ אישות הלכה טז סמג עשין מח טוש״ע אה״ע סי׳ כח סעיף יד:
עב ב מיי׳ שם הלכה כ טוש״ע שם סעי׳ טו:
עג ג ד מיי׳ פ״י מהל׳ שכירות הלכה ה סמג עשין פט טוש״ע ח״מ סימן שו סעיף ד:
עד ה מיי׳ שם טוש״ע שם סעי׳ ז:
עה ו ז מיי׳ שם טוש״ע שם סעי׳ ד:
עו ח ט טוש״ע שם סעיף ה:
עז י מיי׳ פכ״ב מהל׳ סנהדרין הלכה ז סמג לאוין ט טוש״ע ח״מ סימן יט סעיף א:
עח כ ל מיי׳ פ״י מהל׳ שכירות הלכה ה סמג עשין פט טוש״ע ח״מ סימן שו סעיף ו:

הגהות הב״ח

(א) רש״י ד״ה דקעביד וכו׳ ש״מ בעושה בשכר קאמר: (ב) ד״ה התם וכו׳ בפ׳ שור שנגח. נ״ב סוף דף מה:

הגהות מהר״ב רנשבורג

א] גמ׳ דההיא שעתא דנפק מתותי סיכתא. עיין שיטה מקובצת:

תורה אור השלם

א) הוֹלֵךְ רָכִיל מְגַלֶּה סּוֹד וְנֶאֱמַן רוּחַ מְכַסֶּה דָבָר: [משלי יא, יג]

ב) וְהִזְהַרְתָּה אֶתְהֶם אֶת הַחֻקִּים וְאֶת הַתּוֹרֹת וְהוֹדַעְתָּ לָהֶם אֶת הַדֶּרֶךְ יֵלְכוּ בָהּ וְאֶת הַמַּעֲשֶׂה אֲשֶׁר יַעֲשׂוּן: [שמות יח, כ]

לעזי רש״י

קויי״ץ. פירוש רושם (שעושין בו מטבע) (עיין רש״י בראשית א, כז וגיטין דף כ ע״א ד״ה רושמא וד״ה מיכרך חריץ וערוך ערך סך י״ב):

אימא מפני שהוא נושא שכר. אבל בחנם פטור אף על גב דאדם מועד לעולם באונס כי האי לא מחייב אדם המזיק כדפרישית בריש המניח (לעיל דף כז: ושם ס):

מנעך מספק איסורא. אור״ת דמשום הכי קרי ליה ספק איסורא משום דרב פסיק בפ״ק דחולין (דף יח.) כרבי יוסי בר׳ יהודה בטבעת הגדולה והיה רב מחמיר עליו לפי שהיה עם הארץ שלא יבא להקל בשאר טבעות כדאשכחן בפרק קמא דחולין (דף טו.) גבי מבשל בשבת כי מורי [פ רבא] לתלמידיו מורי להו כר״מ וכי דריש להו בפירקא דריש כר׳ יהודה משום עמי הארץ ולהכי קרי ליה ספק גזילה ולא ודאי גזילה דאותו האיש ששחט לעם הארץ ה״ל לאסוקי אדעתיה שיחמירו עליו ור״י מפרש דההיא עובדא בשאר טבעות הוה ורב דקאמר בפרק קמא דחולין (דף יח:) ואין הלכה כמותו בשאר טבעות משום דמספקא ליה אי הלכה כמותו אי לאו:

ותניא אידך בין אומן בין הדיוט חייב. לא שייך הכא לשנויי כאן בשכר כאן בחנם כדמשני גבי שחיטה דבהכרת מטבע צריך בקיאות גדול ולית ליה למיחזי אם אין בקי כדנכו ואיסור:

לפניס

רבא אמר דכ״ע ישנה לשכירות מתחילה ועד סוף ודכולי עלמא המקדש במלוה אינה מקודשת ודכולי עלמא אין אומן קונה בשבח כלי אלא הכא במאי עסקינן כגון שהוסיף לה נופך משלו רבי מאיר סבר [א] מלוה ופרוטה [א] דעתה אפרוטה ורבנן סברי מלוה ופרוטה דעתה אמלוה ובפלוגתא דהני תנאי [ב] דתניא בשכר שעשיתי עמך אינה מקודשת בשכר שאעשה עמך מקודשת רבי נתן אומר בשכר שאעשה עמך אינה מקודשת וכל שכן בשכר שעשיתי עמך ורבי יהודה הנשיא אומר באמת אמרו [ב] בין בשכר שעשיתי עמך ובין בשכר שאעשה עמך אינה מקודשת ואם הוסיף לה נופך משלו מקודשת ([ג] מאי איכא) בין ת״ק לרבי נתן איכא בינייהו שכירות בין רבי נתן לר׳ יהודה הנשיא איכא בינייהו מלוה ופרוטה אמר שמואל טבח אומן שקלקל חייב לשלם מזיק הוא פושע הוא נעשה כאומר לו שחוט לי מכאן ושחט לו מכאן למה ליה למימר מזיק הוא פושע הוא אי אמר מזיק הוא הוה אמינא הני מילי היכא דקא עביד בשכר אבל היכא דקא עביד בחנם לא קמ״ל פושע הוא איתיביה רב חמא בר גוריא לשמואל [ג] הנותן בהמה לטבח וניבלה אומן פטור הדיוט חייב [ד] ואם נותן שכר בין הדיוט בין אומן חייב אמר ליה לעכר מוחך אתא ההוא מרבנן קא מותיב ליה א״ל השתא שקלת מאי דשקל חברך קאמינא לכו אנא רבי מאיר וקאמריתו לי רבנן אמאי לא דייקת מילי שאני אומר מזיק הוא פושע הוא נעשה כאומר לו שחוט לי מכאן ושחט לו מכאן מאן אית ליה האי סברא רבי מאיר דאמר מבעי ליה למירמי אנפשיה הי רבי מאיר אילימא [הא] רבי מאיר (קל״ן סימן) דתנן [ד] קשרו בעליו במוסירה ונעל בפניו כראוי ויצא והזיק בין תם בין מועד חייב דברי רבי מאיר התם בקראי פליגי אלא הא רבי מאיר דתנן [ה] לצבוע לו אדום וצבעו שחור שחור וצבעו אדום רבי מאיר אומר נותן לו דמי צמרו התם בידים קלאו מיניה אלא הא רבי מאיר [ו] דתנן [ז] נשברה כדו ולא סילקה נפלה גמלו ולא העמידה רבי מאיר אומר חייב בנזקן וחכמים אומרים פטור מדיני אדם וחייב בדיני שמים וקיימא לן [ח] דבנתקל פושע הוא פליגי אמר רבה בר בר חנה אמר רבי יוחנן טבח אומן שקלקל חייב ואפילו הוא אומן כטבחי ציפורי ומי אמר רבי יוחנן הכי והאמר רבה בר בר חנה עובדא הוה קמיה דרבי יוחנן בכנישתא דמעון ואמר ליה זיל [ה] אייתי ראיה דממחית לתרנגולים ואפטרך לא קשיא [י] כאן בחנם כאן בשכר כי הא דאמר רבי זירא הרוצה שיתחייב לו טבח יקדים לו דינר מיתיבי [ט] [ז] המוליך חטים לטחון ולא לתתן ועשאן סובין או מורסן קמח לנחתום ועשאו פת ניפולין בהמה לטבח וניבלה חייב מפני שהוא כנושא שכר אימא מפני שהוא נושא שכר ההוא [ח] מגרומתא דאתאי לקמיה דרב טרפיה [ט] ופטריה לטבח מלשלומי דמי פגעו ביה רב כהנא ורב אסי בההוא גברא אמרו ליה עביד בך רב תרתי מאי תרתי אילימא תרתי לגריעותא דאיבעי ליה לאכשורי [י] כר׳ יוסי בר יהודה וטרפה כרבנן ואי נמי כרבנן דאיבעי ליה חיובא לטבחא ומי שרי למימר כי האי גונא והתניא [כ] [י] לכשיצא לא יאמר אני מזכה וחבירי מחייבין אבל מה אעשה שחבירי רבו עלי ועל זה נאמר [א] הולך רכיל מגלה סוד אלא תרתי למעליותא דלא אוכלך ספק איסורא ומנעך מספק גזילה איתמר [כ] המראה דינר לשולחני ונמצא רע תני חדא אומן פטור הדיוט חייב ותניא אידך בין אומן בין הדיוט חייב אמר רב פפא [ל] כי תניא אומן פטור כגון דנכו ואיסור דלא צריכי למיגמר כלל אלא במאי טעו טעו בסיכתא חדתא [א] דההיא שעתא דנפק מתותי סיכתא ההיא איתתא דאחזיא דינרא לרבי חייא אמר לה מעליא הוא למחר אתאי לקמיה ואמרה ליה אחזיתיה ואמרו לי בישא הוא ולא קא נפיק לי אמר ליה לרב זיל חלפיה ניהלה וכתוב אפנקסי דין עסק ביש ומאי שנא דנכו ואיסור דפטירי משום דלא צריכי למיגמר רבי חייא נמי לאו למיגמר קא בעי רבי חייא [ל] לפנים משורת הדין הוא דעבד [מ] כדתני רב יוסף [ב] והודעת להם זה בית

בית

רבא אמר דכ״ע כו׳ ודכ״ע אין אומן קונה בשבח כלי ה״ג: מלוה ופרוטה. כי יהיב לה פרוטה מדידיה: דעתה אפרוטה. ומיקדשא להכי נקט פרוטה דקדושי אשה דיו להו בכך: בשכר שעשיתי עמך. התקדש לי: אינה מקודשת. הואיל וכבר החזירו לה והוא מלוה גבה: בשכר שאעשה עמך מקודשת. דאינה לשכירות אלא לבסוף וכי מהדר להו ניהלה מיקדשא ליה בשכרו: בשכר שאעשה עמך אינה מקודשת. דקסבר ר׳ נתן ישנה לשכירות מתחילה ועד סוף וכל פרוטה ופרוטה הוה ליה מלוה: וכל שכן שעשיתי. דמיום שהחזירו לה נזקף שכרו עליה במלוה: ואם הוסיף כו׳ מקודשת. דקסבר מלוה ופרוטה דעתה אפרוטה ואילו לרבי נתן אע״ג דהוסיף לה אינה מקודשת דדעתה אמלוה: טבח אומן שקלקל חייב. וכ״ש הדיוט דלא היה לו לשוחטה הואיל ואינו בקי: דקעביד בשכר. דמזיק חייב באונסין דאדם מועד לעולם בין שוגג בין מזיד מדקרי ליה מזיק לחייבו באונס ש״מ (א) באותו שכר קאמר וקמ״ל דפושע הוא דלא חשיב ליה אונס אלא פשיעה דהוה ליה למירמיה אנפשיה שמא תפרכס הבהמה ויזהר בה: אומן פטור. דאנוס הוא: לעכר מוחך. כמו מים עכורים: קא מותיב ליה. הא מילתא: התם בקראי פליגי. וגזירת הכתוב הוא בפ׳ שור שנגח ארבעה וחמשה (ב): בידים קלאו מיניה. שנתכוון לשנות: לטחון. אדם הממונה על כך ועליו ללותתן במים וכותשן במכתשת להסיר הקליפה החיצונה כדי שתהא סולת נקיה: סובין. גסין ממורסן: ניפולי. נשבר ונופל כשאוחזין אותו: כנושא שכר. אף זה חייב כנושא שכר ואף על פי שאין נושא אלמא פשיעה היא ולא אונס גבי שומר חנם נמי חייב: מגרומתא. שחט מתוך אחת הטבעות והגריס חוץ בין טבעת לטבעת ושייר מלא החוט על פני רובה ורבי יוסי ברבי יהודה מכשר ליה במלא החוט על פני רובה ורבנן בעו על פני כולה בהכל שוחטין (חולין דף יח.): בההוא גברא. בעל הבהמה: לכשיצא כו׳. בדיין קמיירי בסנהדרין: דלא אכלך ספק איסורא. דמספקא ליה הלכתא כמאן אי כרבנן דאסרי אי כרבי יוסי ברבי יהודה דמכשר: ומנעך מספק גזילה. דאי כשרה היא הוי טבח פטור: המראה דינר. לדעת אם טוב הוא וקבלנו מחבירו: דנכי ואיסור. שולחנין אומנין היו: טעו בסיכתא חדתי. שנפסל המטבע והעמידו צורה אחרת ועדיין לא היו בקיאין בה: סיכתא. קויי״ץ בלע״ז: רב שומר גנזיו של רבי חייא דודו הוה: דין עסק ביש. סחורה רעה היא שעל עסקי חנם אני מפסיד שלא היה לי לראותה:

מסורת הש״ס

א) [קדושין מו. מח: סנהדרין יט:], ב) קדושין מח:, ג) רש״ל מ״ז, ד) לעיל מה: נה:, ה) לקמן ק: וש״נ, ו) [צ״ל דתניא], ז) לעיל כח: נו. ב״מ פב:, ח) [לעיל כט.], ט) ב״ב לג: [תוספתא פ״י ה״ד], י) [חולין יח.], כ) סנהדרין כט., ל) [ברכות ז. וש״נ], מ) ב״מ ל:, נ) [ד״ה ושמואל], ס) [צ״ל רב].

ליקוטי רש״י

ודכו״ע אין אומן קונה בשבח כלי. והרי הוא כשאר שכירות. בשכר שעשיתי עמך. התקדשי לי אינה מקודשת דהויא ליה כמלוה. בשכר שאעשה עמך מקודשת. לכשיגמור ויתננו לה דקא סבר אינה לשכירות אלא לבסוף. ר׳ נתן אומר וכו׳. דישנה לשכירות מתחילה ועד סוף. וכל שכן וכו׳. דכיון דגמרו והחזירו לה כבר היא מלוה גמורה. ואם הוסיף לה נופך משלו מקודשת. מכלל דרבי נתן סבר אפילו הוסיף לה אינה מקודשת דקסבר מלוה ופרוטה דעתיה אמלוה. איכא בינייהו שכירות. אם ישנה מתחילה ועד סוף או לאו כדפרישית [קדושין מח:]. קשרו בעליו. לשור [לעיל נה:]. ונעל בפניו כראוי. היינו שמירה פחותה דלא שיכולה לעמוד ברוח מצויה לקמן (דף נה:) בהכונס [לעיל מה:]. נותן לו דמי צמרו. ולא יהיב ליה אלא דמי צמרו אבל לא דמי שבחו או זה יתן שכרו משלם ויקח הצמר [לקמן ק:]. בדמים שצמר לבן נמכר בשוק דקנייה בגזלו לשלם כשעת הגזילה [ב״מ עח:]. דמי צמר לבן כמו שמסר לו דקנייה בשינוי ונתחייב מעות [ב״מ קיז:] נותן לו לבע זה דמי צמר לבן כבתחילה אם ירצה דסבירא ליה לר״מ כל המשנה מדעת בעליו נקרא גזלן וקנאו בשינוי וכדמפרש בבבא קמא בהגוזל עצים ונוטל הצמר לעצמו אע״פ שהוא מעולה עכשיו בדמים [ע״ז ז.]. נשברה כדו ולא סילקה. פלוגתייהו מיפרשא בהמניח את הכד (דף כט.) בנתקל פושע ובמפקיר נזקיו [לעיל נו.]. פטור מדיני אדם. לשלם. [גיטין נג.]. קסברי גרמא בנזקין פטור [לקמן נו.]. שאין כח בב״ד לענשו. וחייב בדיני שמים. משום דלא סליק [לעיל כט.]. ידי שמים לא יצא עד שישלם [ב״מ צא.]. לרשעים שנתכוין להפסיד את ישראל [גיטין נג.]. סובין. כשטוחנין גסין ולא הדק נשאר בנפה והוא סובין. ותתן. במים. מורסן. היא הקליפה העליונה שמוציאין מחטין הכתושין במכתשת. ניפולין. שנופל פתיתין. מפני שהוא כנושא שכר. בהגוזל קמא מתרלינן אימא מפני שהוא נושא שכר אבל בחנם פטור אם אומן הוא כדאמרינן התם זיל אייתי ראיה דמומחית לתרנגולי ואיפטרך וכן הלכה דאומן בשכר חייב בחנם פטור כדאמר רבי יוחנן התם [רשב״ם ב״ב צג:].

טַרְפֵיהּ — הטריף רב את הבהמה (כלומר, פסק עליה שנשחטה שלא כדין ודינה כנבילה), **וּפַטְרֵיהּ לְטַבָּח מִלְּשַׁלּוּמֵי דְּמֵי** — ופטר את הטבח מלשלם לבעל הבהמה את דמיה[52]. **פָּגְעוּ בֵּיהּ רַב כַּהֲנָא וְרַב אַסִּי בְּהַהוּא גַּבְרָא** — פגשו רב כהנא ורב אסי את אותו אדם (בעל הבהמה) כשיצא מבית דינו של רב. **אָמְרוּ לֵיהּ: "עָבִיד בָּךְ רַב תַּרְתֵּי** — בהוראתו עשה לך רב שני דברים".

מבארת הגמרא:

מַאי תַּרְתֵּי — מה היתה כוונתם כשאמרו שרב עשה לו "שני דברים"? **אִילֵימָא תַּרְתֵּי לִגְרִיעוּתָא** — שמא נאמר שהתכוונו שרב פסק פעמיים לרעתו של בעל הבהמה, דהיינו: ראשית, **דְּאִיבָּעֵי לֵיהּ לְאַכְשׁוּרֵי** — שהיה לו לרב להכשיר 'מוגרמת' זו **כְּדַעַת רַבִּי יוֹסֵי בְּרַבִּי יְהוּדָה** (במשנה חולין יח, א), **וְהוּא לֹא הוֹרָה כֵן אֶלָּא טַרְפָהּ** — הטריפהּ **כְּדַעַת רַבָּנָן** (שם)[53]. **וְשֵׁנִית, אִי נַמִּי כְּרַבָּנָן** — אפילו אם רב סובר להלכה כחכמים הפוסלים שחיטה כזו, הֵרַע לבעל הבהמה, **דְּאִיבָּעֵי לֵיהּ חַיּוּבָא לְטַבָּחָא** — שכן היה צריך, לשיטתו, לחייב את הטבח לשלם (כדין טבח אומן שקלקל בשחיטה)[54]. אולם לא יתכן שזו היתה כוונתם של רב כהנא ורב אסי. **וּמִי שָׁרֵי לְמֵימַר כִּי הַאי גַּוְונָא** — וכי מותר לומר כך לאדם שהיה לו דין עם חבירו, שהדיין הכריע לחובתו שלא כדין?! **וְהָתַנְיָא** — והרי שנינו בברייתא[55]: **לִכְשֶׁיֵּצֵא** אחד מן הדיינים מבית דין, **לֹא יֹאמַר** לצד שנתחייב בדין: "כאשר דנו קודם בדינכם, **אֲנִי הָיִיתִי מְזַכֶּה** אותך **וַחֲבֵירַי** (שאר הדיינים) היו **מְחַיְּיבִין** אותך. **אֲבָל מָה אֶעֱשֶׂה? שֶׁחֲבֵירַי רַבּוּ עָלַי** והוכרע הדין כמותם". **וְעַל זֶה נֶאֱמַר** (משלי יא, יג): "**הוֹלֵךְ רָכִיל מְגַלֶּה סּוֹד**"[56]. ברור, איפוא, שרב כהנא ורב אסי לא הסיתו את בעל הבהמה נגד הוראתיו של רב[57]! **אֶלָּא** כך היתה כוונתם: "רב עשה **תַּרְתֵּי לִמְעַלְּיוּתָא** — שני דברים לטובתך. ראשית, **דְּלֹא אוֹכְלָךְ סָפֵק אִיסּוּרָא** — שלא האכילך דבר שיש בו ספק איסור; שכן רב היה מסופק אם הלכה כרבי יוסי ברבי יהודה שמתיר את הבהמה או כחכמים שאוסרים, ולכן החמיר לאוסרה מספק. **וּ**מלבד זאת, במה שהורה שהטבח אינו חייב לשלם, **מַנְעָךְ** (מנע אותך) **מִסָּפֵק גְּזֵילָה**, היינו, נטילת ממון מהטבח שלא כדין; שכן לפי הצד שהבהמה כשרה (היינו, שהלכה כרבי יוסי ברבי יהודה), הטבח באמת לא עשה כלום ופטור מתשלומין"[58].

דין שלחני (חלפן כספים) שנתן חוות דעת מוטעית בנוגע לטיבו של מטבע:

אִיתְּמַר — נאמר: בנוגע לאדם **הַמַּרְאֶה דִּינָר לְשׁוּלְחָנִי** כדי שיבדוק את טיבו לדעת אם יקבלנו מחבירו[59], והשלחני אמר שהמטבע הוא טוב ועל סמך דבריו קיבל השואל את אותו מטבע, **וְ**לבסוף **נִמְצָא** המטבע **רַע**[60], מצינו שתי ברייתות סותרות לכאורה בייחס לחיוב השלחני

הערות

שחיטה אל מחוץ למקום השחיטה (רש"י חולין ט, א ד"ה שהייה). וזהו אחד מחמשה דברים הפוסלים בשחיטה שנמסרו למשה מסיני (חולין שם).]

השחיטה המכשרת בהמה לאכילה היא שחותך את שני ה'סימנים' שבצוארה: הקָנֶה (צינור הנשימה) והוֶשֶׁט (הצינור שדרכו עובר האוכל). הקנה הוא קרום שרירי חלול, המוקף לכל אורכו בטבעות רבות של סְחוּס (רקמת עצם רכה) דמויות פַּרסה המקיפות את רוב היקפו [חוץ מהטבעת העליונה לצד הפה הנקראת "הטבעת הגדולה", שהיא מקיפה את הקנה כולו]. השחיטה יכולה להיות בתוך איזו טבעת שתהא מטבעות הקנה, אבל כולה חייבת להיות **באותה טבעת** (בחתך ישר), שאם התחיל לשחוט באחת הטבעות וגמר את השחיטה מחוצה לה, הרי זו 'הגרמה' הפוסלת את השחיטה. [הסבר זה הוא לפי רש"י כאן; אולם ראה סוף ההערה.] אם שחט רוב הקנה בתוך אחת הטבעות, ובמיעוט האחרון של השחיטה היטה ידו ויצא לטבעת אחרת — בכגון זה נחלקו תנאים במשנה בחולין (יח, א): רבי יוסי ברבי יהודה סובר שכיון שרוב השחיטה היתה בתוך אותה הטבעת, כדינה, די בכך. חכמים (תנא קמא) חולקים וסוברים שאף זה 'הגרמה' והשחיטה פסולה. [ראה מהדורתנו שם הערה 27, מדוע לדעת חכמים לא נאמרה כאן ההלכה של "רובו ככולו".] המקרה שהובא לפני רב היה גם כן באופן זה, כך שהשחיטה היתה כשרה לפי רבי יוסי ברבי יהודה, אך פסולה לפי שיטת חכמים (עיין רש"י).

[ביארנו את המונח 'הגרמה' ואת המחלוקת שבין רבי יוסי ברבי יהודה וחכמים, על פי רש"י כאן. אולם רש"י בחולין (שם ד"ה רבי יוסי ברבי יהודה) מביא הסבר זה ודוחה אותו, ומבאר שפסול 'הגרמה' ומחלוקת התנאים הנ"ל נאמרו רק בייחס למקרה שהשוחט היטה את הסכין מחוץ לגבול העליון של הקנה — היינו, מחוץ ל"טבעת הגדולה"; עיין גם רשב"א כאן. ליישוב הסתירה ברש"י, עיין פלתי כ, א; צל"ח וחתם סופר חולין שם.]

52. טעם הוראות אלו יתבאר בסמוך.

53. ראה לעיל הערה 51. [לפי הסבר זה, רב כהנא ורב אסי סברו שהלכה כרבי יוסי ברבי יהודה ולא כחכמים.]

54. [אילו היה מכשיר את הבהמה (כפי שיטת רב כהנא ורב אסי, וכדעת רבי יוסי ברבי יהודה), מובן שהטבח היה פטור, שהרי לא קלקל בשחיטה. אולם עכשיו שהטריף את הבהמה, היה לו לחייב את הטבח!] וצריך לומר שטבח זה שחט בשכר, שכן טבח אומן ששחט בחנם פטור במקרה שקלקל בשחיטתו, כדברי רבי יוחנן לעיל (תשב"ץ חלק א, קיג).

55. [ברייתא זו מובאת בסנהדרין לא, א. אמנם הלשון שיובא להלן מופיע גם במשנה שם (כט, א). עיין תוספות יום טוב שם (פרק ג, ז ד"ה על זה) שעמד על ההבדלים בין הברייתא למשנה; וראה שינויי נוסחאות במשנה שם, וספר שינויי נוסחאות כאן הוצאת פרנקל.]

56. בשעת המשא ומתן של הדיינים בדין, היו מוציאים את בעלי הדין מבית דין, כדי שלא ישמעו מי מזכה ומי מחייב (עיין סנהדרין ל, א וברש"י שם ד"ה ורבי נחמיה היא). רק לאחר שנמנו הדיינים והכריעו את הדין על פי הרוב, קראו לבעלי הדין והודיעו להם: "פלוני חייב, ופלוני זכאי". התנא משמיענו, שאסור לאחד מהדיינים לספר לבעלי הדין "סודות" מהמשא ומתן שהיה בין הדיינים, כיון שגורם שישנא חבירו את הדיין המחייבו, ובכלל "רכילות" הוא. [הברייתא בסנהדרין (לא, א) מביאה על כך גם את המקור בתורה לאיסור רכילות (ויקרא יט, טז): "לֹא תֵלֵךְ רָכִיל בְּעַמֶּיךָ". ועיין תוספות יום טוב (סנהדרין שם) שמבאר למה הוצרך התנא להביא את הפסוק במשלי. עיין עוד חפץ חיים חלק ב כלל א, ג ובאר מים חיים שם אות ז.]

57. במעשה זה, רב כהנא ורב אסי לא גילו לבעל הבהמה "סוד", שהרי גם הוא ידע שרב הורה כן. אף על פי כן, אסור היה להם לומר לו שהוראות אלו לא היו כדין — אף אם היה ברור להם שרב טעה — שכן דבר זה היה מכניס שנאה בלבו של בעל הבהמה כלפי רב, ובכלל "רכילות" הוא. אלא, הם היו צריכים לפנות אל רב עצמו ולהעמידו על טעותו (חפץ חיים שם כלל ד, א ובבאר מים חיים שם א-ב).

58. רש"י (ועיין תוספות; תרומת הדשן קפו; ים של שלמה כאן; שלחן ערוך ורמ"א שו, ה ובנושאי כלים שם).

האחרונים נתקשו בדין זה: הלא סוף סוף הדין הוא שאסור לאכול מבהמה כזו, יהיה הטעם מה שיהיה; נמצא שלמעשה הטבח קלקל בשחיטתו באופן ודאי (אפילו לפי הצד שבאמת הבהמה כשרה), ולמה לא נחייבו לשלם? יש שתירצו על פי יסודו של הרמב"ן [הובא לעיל הערה 15] שהטעם ששחיטה שאינה כהלכתה נחשבת 'היזק ניכר' אפילו במקום שהפסול אינו ניכר בבהמה (כגון בפסול 'שהייה') הוא, שהשחיטה עצמה ניכרת בבהמה, שתחילה היתה חיה ועכשיו מתה — וכיון ששחיטה זו פסולה היא, נחשב הדבר כאילו התיז ראשה בסייף. מעתה, כל זה הוא דוקא במקרה שאכן השחיטה פסולה מצד עצמה. אבל כאשר יש רק ספק פסול בשחיטה, הרי שלפי הצד שהבהמה כשרה, אין שום פסול בגוף השחיטה, ומה שאסור לאכול מן הבהמה הוא מחמת ש**אנו** מסופקים בדבר. איסור זה הוא דבר צדדי ונחשב 'היזק שאינו ניכר', ולכן הטבח פטור. [לפי הצד שהשחיטה פסולה, אכן יש פסול בעצם השחיטה, אך זהו רק צד אחד בספק, ואי אפשר להוציא ממון על פיו] (אור שמח הלכות שכירות י, ה; עיין כעין זה, לענין שחיטה שנפסלה ב'שהייה' מחמת חומרא, בקצות החושן שו, י — אולם עיין נתיבות המשפט שם ח; עיין עוד שערי ישר א, ט ושם פרק י ד"ה העולה; דברי יחזקאל לז; קהלות יעקב מב).

59. רש"י. [יש אומרים שמדובר דוקא כשאין השואל יכול להשתמט מלקבל מטבע זה, כגון במקבל פירעון חוב, שאם הוא טוב בעל כרחו צריך לקבל, ונמצא שטעותו של השלחני גורמת לו נזק ברור. אבל במקום שאינו חייב לקבל את אותו מטבע אפילו אם הוא טוב, השלחני אינו אחראי לנזקין שאירעו כתוצאה מעצתו (אור זרוע בשם רבינו אפרים; מרדכי קטז; ים של שלמה כד; ש"ך חושן משפט שו, יב; וכן משמע ברמב"ן בקונטרס דינא דגרמי, ובראש סוף סימן יג). ויש סוברים שמדובר גם באופן שיכול להשתמט מלקבל המטבע אחרי ראיית השלחני (עיין אור זרוע והגהות אשר"י בשם רבינו יואל). אמנם אם אמר לשלחני בפירוש: "רְאֵה שאני סומך עליך", הכל מודים שהשלחני אחראי לנזקין בכל ענין (שלטי הגיבורים לה, ב מדפי הרי"ף אות ב, הובא בש"ך שם; וראה להלן ק, א הערה 7).]

60. היינו, השלחני טעה, ונתברר שהמטבע פסול — אם מפני שפסלה המלכות צורה זו, או שהיה עשוי ממתכת זולה במקום כסף, או כיוצא בזה (שלטי הגיבורים ריש לו, א מדפי הרי"ף; עיין גם רש"י להלן ד"ה טעו בסיכתא; אולם עיין מרדכי שם; ועיין קצות החושן שו, יא ונתיבות המשפט שם י).

ומדובר בכגון שהאדם ששילם לו במטבע זה כבר עזב את המדינה או שהוא נכרי אַלָּם, כך שהמקבל אינו יכול לתובעו בדין שיחליף את הדינר הפסול בכשר. נמצא שטעותו של השלחני גרמה למקבל הפסד ממון (רמ"ה בשיטה מקובצת ד"ה ולענין פסק; ים של שלמה שם, הובא בש"ך שם; אולם עיין שלטי הגיבורים סוף לה, ב).

רבא אמר דכ"ע ישנה לשכירות מתחילה ועד סוף ודכולי עלמא המקדש במלוה אינה מקודשת ודכולי עלמא אין אומן קונה בשבח כלי אלא הכא במאי עסקינן כגון שהוסיף לה נופך משלו רבי מאיר סבר [א] מלוה ופרוטה [א]דעתה אפרוטה ורבנן סברי מלוה ופרוטה דעתה אמלוה ובפלוגתא דהני תנאי [ב] דתניא בשכר שעשיתי עמך אינה מקודשת בשכר שאעשה עמך מקודשת רבי נתן אומר בשכר שאעשה עמך אינה מקודשת וכל שכן בשכר שעשיתי עמך ורבי יהודה הנשיא אומר באמת אמרו [ב]בין בשכר שעשיתי עמך ובין בשכר שאעשה עמך אינה מקודשת ואם הוסיף לה נופך משלו מקודשת ([ג] מאי איכא) בין ת"ק לרבי נתן איכא בינייהו שכירות בין רבי נתן לר' יהודה הנשיא איכא בינייהו מלוה ופרוטה אמר שמואל טבח אומן שקלקל חייב לשלם מזיק הוא פושע הוא נעשה כאומר לו שחוט לי מכאן ושחט לו מכאן למה ליה למימר מזיק הוא פושע הוא אי אמר מזיק הוא הוה אמינא הני מילי היכא דקא עביד בשכר אבל היכא דקא עביד בחנם לא קמ"ל פושע הוא איתיביה רב חמא בר גוריא לשמואל [ג]הנותן בהמה לטבח וניבלה אומן פטור הדיוט חייב [ד]ואם נותן שכר בין הדיוט בין אומן חייב אמר ליה לעבר מוחך אתא ההוא מרבנן קא מותיב ליה א"ל השתא שקלת מאי דשקל חברך קאמינא לכו אנא רבי מאיר וקאמריתו לי רבנן אמאי לא דייקת מילי שאני אומר מזיק הוא פושע הוא נעשה כאומר לו שחוט לי מכאן ושחט לו מכאן מאן אית ליה האי סברא רבי מאיר דאמר מבעי ליה למירמי אנפשיה הי רבי מאיר אילימא [הא] רבי מאיר (קל"ן סימן) דתנן [ד]קשרו בעליו במוסירה ונעל בפניו כראוי ויצא והזיק בין תם בין מועד חייב דברי רבי מאיר התם בקראי פליגי אלא הא רבי מאיר דתנן [ה]לצבוע לו אדום וצבעו שחור שחור וצבעו אדום רבי מאיר אומר נותן לו דמי צמרו התם בידים קלאו מיניה אלא הא רבי מאיר [ו]דתנן [ז]נשברה כדו ולא סילקה נפלה גמלו ולא העמידה רבי מאיר אומר חייב בנזקן וחכמים אומרים פטור מדיני אדם וחייב בדיני שמים וקיימא לן [ח]דבנתקל פושע הוא פליגי אמר רבה בר בר חנה אמר רבי יוחנן טבח אומן שקלקל חייב ואפילו הוא אומן כטבחי ציפורי ומי אמר רבי יוחנן הכי והאמר רבה בר בר חנה עובדא הוה קמיה דרבי יוחנן בכנישתא דמעון ואמר ליה זיל [ה]אייתי ראיה דממחית לתרנגולים ואפטרך לא קשיא [י]כאן בחנם כאן בשכר כי הא דאמר רבי זירא הרוצה שיתחייב לו טבח יקדים לו דינר מיתיבי [ט] [ז]המוליך חטים לטחון ולא לתתן ועשאן סובין או מורסן קמח לנחתום ועשאו פת ניפולין בהמה לטבח וניבלה חייב מפני שהוא כנושא שכר אימא מפני שהוא נושא שכר ההוא [ח]מגרומתא דאתאי לקמיה דרב טרפיה [ט]ופטריה לטבח מלשלומי דמי פגעו ביה רב כהנא ורב אסי בההוא גברא אמרו ליה עביד בך רב תרתי מאי תרתי אילימא תרתי לגריעותא דאיבעי ליה לאכשורי [י]כר' יוסי בר יהודה וטרפה כרבנן ואי נמי כרבנן דאיבעי ליה חיובא לטבחא ומי שרי למימר כי האי גונא והתניא [כ]לכשיצא לא יאמר אני מזכה וחבירי מחייבין אבל מה אעשה שחבירי רבו עלי ועל זה נאמר [א]הולך רכיל מגלה סוד אלא תרתי למעליותא דלא אוכלך ספק איסורא ומנעך מספק גזילה איתמר [כ]המראה דינר לשולחני ונמצא רע תני חדא אומן פטור הדיוט חייב ותניא אידך בין אומן בין הדיוט חייב אמר רב פפא [ל]כי תניא אומן פטור כגון דנכו ואיסור דלא צריכי למיגמר כלל אלא במאי טעו טעו בסיכתא חדתא [א]דההיא שעתא דנפק מתותי סיכתא ההיא איתתא דאחזיא דינרא לרבי חייא אמר לה מעליא הוא למחר אתאי לקמיה ואמרה ליה אחזיתיה ואמרו לי בישא הוא ולא קא נפיק לי אמר ליה לרב זיל חלפיה ניהלה וכתוב אפנקסי דין עסק ביש ומאי שנא דנכו ואיסור דפטירי משום דלא צריכי למיגמר רבי חייא נמי לאו למיגמר קא בעי רבי חייא [ל]לפנים משורת הדין הוא דעבד [מ]כדתני רב יוסף [ב]והודעת להם זה בית

רש"י

רבא אמר דכ"ע כו' ודכ"ע אין אומן קונה בשבח כלי ה"ג: מלוה ופרוטה. כי יהיב לה פרוטה מדידיה: דעתה אפרוטה. ומיקדשא להכי נקט פרוטה דקדושי אשה דיו להו בכך: בשכר שעשיתי עמך. התקדש לי: אינה מקודשת. הואיל וכבר החזירו לה והוא מלוה גבה: בשכר שאעשה עמך מקודשת. דאינה לשכירות אלא לבסוף וכי מהדר להו ניהלה מיקדשא ליה בשכרו: בשכר שאעשה עמך אינה מקודשת. דקסבר ר' נתן ישנה לשכירות מתחילה ועד סוף וכל פרוטה ופרוטה הוה ליה מלוה: וכל שכן שעשיתי. דמיום שהחזירו לה נזקף שכרו עליה במלוה: ואם הוסיף כו' מקודשת. דקסבר מלוה ופרוטה דעתה אפרוטה ואילו לרבי נתן אע"ג דהוסיף לה אינה מקודשת דדעתה אמלוה: טבח אומן שקלקל חייב. וכ"ש הדיוט דלא היה לו לשוחטה הואיל ואינו בקי: דקעביד בשכר. דמזיק חייב באונסין דאדם מועד לעולם בין שוגג בין מזיד מדקרי ליה מזיק לחייבו באונס ש"מ (א) באותו שכר קאמר וקמ"ל דפושע הוא דלא חשיב ליה אונס אלא פשיעה דהוה ליה למירמיה אנפשיה שמא תפרכס הבהמה ויזהר בה: אומן פטור. דאנוס הוא: לעבר מוחך. כמו מים עכורים: קא מותיב ליה. הא מילתא: התם בקראי פליגי. וגזירת הכתוב הוא בפ' שור שנגח ארבעה וחמשה (ב): בידים קלאו מיניה. שנתכוון לשנות: לטחון. אדם הממונה על כך ועליו ללותתן במים וכותשן במכתשת להסיר הקליפה החיצונה כדי שתהא סולת נקיה: סובין. גסין ממורסן: ניפולי. נשבר ונופל כשאוחזין אותו: כנושא שכר. אף זה חייב כנושא שכר ואף על פי שאין נושא אלמא פשיעה היא ולא אונס גבי שומר חנם נמי חייב: מגרומתא. שחט מתוך אחת הטבעות והגרים חוץ בין טבעת לטבעת ושייר מלא החוט על פני רובה ורבי יוסי ברבי יהודה מכשר ליה במלא החוט על פני רובה ורבנן בעו על פני כולה בהכל שוחטין (חולין דף יח.): בההוא גברא. בעל הבהמה: לכשיצא כו'. בדיין קמיירי בסנהדרין: דלא אכלך ספק איסורא. דמספקא ליה הלכתא כמאן אי כרבנן דאסרי אי כרבי יוסי ברבי יהודה דמכשר: ומנעך מספק גזילה. דאי כשרה היא הוי טבח פטור: המראה דינר. לדעת אם טוב הוא ויקבלנו מחבירו: דנכי ואיסור. שולחנין אומנין היו: טעו בסיכתא חדתי. שנפסל המטבע והעמידו צורה אחרת ועדיין לא היו בקיאין בה: סיכתא. קוי"ן בלע"ז: רב שומר גנזיו של רבי חייא דודו הוה: דין עסק ביש. סחורה רעה היא שעל עסקי חנם אני מפסיד שלא היה לי לראותה: בית

תוספות

אימא מפני שהוא נושא שכר. אבל בחנם פטור אף על גב דאדם מועד לעולם באונס כי האי לא מחייב אדם המזיק כדפרישית בריש המניח (לעיל דף כז: ושם [ס]):

מנעך מספק איסורא. הור"ת דמשום הכי קרי ליה ספק איסורא משום דרב פסיק בפ"ק דחולין (דף יח.) כרבי יוסי בר' יהודה בטבעת הגדולה והיה רב מחמיר עליו לפי שהיה עם הארץ שלא יבא להקל בשאר טבעות כדאשכחן בפרק קמא דחולין (דף טו.) גבי מבשל בשבת כי מורי [[ס] רבא] לתלמידיו מורי להו כר"מ וכי דריש להו בפירקא דריש כר' יהודה משום עמי הארץ ולהכי קרי ליה ספק גזילה ולא ודאי גזילה דאותו האיש שטעו לעם הארץ ה"ל לאסוקי אדעתיה שיחמירו עליו ור"י מפרש דהסיא עובדא בשאר טבעות הוה ורב דקאמר בפרק קמא דחולין (דף יח:) ואין הלכה כמותו בשאר טבעות משום דמספקא ליה אי הלכה כמותו אי לאו:

ותניא אידך בין אומן בין הדיוט חייב. לא שייך הכא לשנויי כאן בשכר כאן בחנם כדמשני גבי שחיטה דבהכרת מטבע צריך בקיאות גדול ולית ליה למיחזי אם אין בקי כדנכו ואיסור: לפנים

עא א מיי' פ"ה מהל' אישות הלכה טז סמג עשין מח טוש"ע אה"ע סי' כח סעיף יד:

עב ב מיי' שם הלכה כ טוש"ע שם סעי' טו:

עג ג ד מיי' פ"י מהל' שכירות הלכה ה סמג עשין פט טוש"ע ח"מ סימן שו סעיף ד:

עד ה מיי' שם טוש"ע שם סעי' ז:

עה ו ז מיי' שם טוש"ע שם סעי' ד:

עו ח ט טוש"ע שם סעיף ה:

עז י מיי' פכ"ב מהל' סנהדרין הלכה ז סמג לאוין ט טוש"ע ח"מ סימן יט סעיף א:

עח כ ל מיי' פ"י מהל' שכירות הלכה ה סמג עשין פט טוש"ע ח"מ סימן שו סעיף ו:

הגהות הב"ח

(א) רש"י ד"ה דקעביד וכו' ש"מ בעושה בשכר קאמר: (ב) ד"ה התם וכו' בפ' שור שנגח. נ"ב סוף דף מה:

הגהות מהר"ב רנשבורג

א] גמ' דההיא שעתא דנפק מתותי סיכתא. עיין שיטה מקובלת:

תורה אור השלם

א) הוֹלֵךְ רָכִיל מְגַלֶּה סּוֹד וְנֶאֱמַן רוּחַ מְכַסֶּה דָבָר: [משלי יא, יג]

ב) וְהִזְהַרְתָּה אֶתְהֶם אֶת הַחֻקִּים וְאֶת הַתּוֹרֹת וְהוֹדַעְתָּ לָהֶם אֶת הַדֶּרֶךְ יֵלְכוּ בָהּ וְאֶת הַמַּעֲשֶׂה אֲשֶׁר יַעֲשׂוּן: [שמות יח, כ]

לעזי רש"י

קויי"ץ. פירוש רושם (שעושין בו מטבע) (עיין רש"י בראשית א, כו וגיטין דף כ ע"א ד"ה רושמא וד"ה מיחרן חרין וערוך ערך סך י"ב):

מסורת הש"ס

א) [קדושין מו. מח: סנהדרין יט:], ב) קדושין מח:, ג) רש"ל מ"ז, ד) לעיל מה: נה:, ה) לקמן ק: וש"נ, ו) [נ"ל דתניא], ז) לעיל כח: נו. ב"מ פב:, ח) [לעיל כט.], ט) ב"ב נג: [תוספתא פ"י ה"ד], י) [חולין יח.], כ) סנהדרין כט., ל) [ברכות ז. וש"נ], מ) ב"מ ל:, נ) [ד"ה ושמואל], ס) [צ"ל רבה].

ליקוטי רש"י

ודכו"ע אין אומן קונה בשבח כלי. והרי הוא כשאר שכירות. בשכר שעשיתי עמך. התקדשי לי אינה מקודשת דהויא ליה כמלוה. בשכר שאעשה עמך מקודשת. לכשיגמור ויתננו לה דקא סבר אינה לשכירות אלא לבסוף. ר' נתן אומר וכו'. דישנה לשכירות מתחילה ועד סוף. וכל שכן וכו'. דכיון דגמרו והחזירו לה כבר היא מלוה גמורה. ואם הוסיף לה נופך משלו מקודשת. מכלל דרבי נתן סבר אפילו הוסיף לה אינה מקודשת דקסבר מלוה ופרוטה דעתיה אמלוה. איכא בינייהו שכירות. אם ישנה מתחילה ועד סוף או לאו כדפרישית [קדושין מח:]. קשרו בעליו. לשור [לעיל נה:]. ונעל בפניו כראוי. היינו שמירה פחותה דלא שיכולה לעמוד ברוח מצויה לקמן (דף נה:) בהכונס [לעיל מה:]. נותן לו דמי צמרו. ולא יהיב ליה אלא דמי למרו אבל לא דמי שבחו או זה יתן שכרו משלם ויקח האמר [לקמן ק:]. בדמים שאמר לבן נמכר בשוק דקנייה בגזלו לשלם כשעת הגזילה [ב"מ עח:]. דמי למר לבן כמו שמסר לו דקנייה בשינוי ונתחייב מעות [ב"מ קיז:] נותן לו לבע זה דמי למר לבן כבתחילה אם ירלה דסבירא ליה לר"מ כל המשנה מדעת בעליו נקרא גזלן וקנאו בשינוי וכדמפרש בבבא קמא בהגוזל עצים ונוטל האמר לעצמו אע"פ שהוא מעולה עכשיו בדמים [ע"ז ז.]. נשברה כדו ולא סילקה. פלוגתייהו מיפרשא בהמניח את הכד (דף כט.) בנתקל פושע ובמפקיר נזקיו [לעיל נו.]. פטור מדיני אדם. לשלם. [גיטין נג.]. קסברי גרמא בנזקין פטור [לקמן נו.]. שאין כח בב"ד לענשו. וחייב בדיני שמים. משום דלא סליק [לעיל כט.]. ידי שמים לא יצא עד שישלם [ב"מ צא.]. לרשעים שנתכוין להפסיד את ישראל [גיטין נג.]. סובין. כשטוחנין גסין ולא הדק נשאר בנפה והוא סובין. ותתן. במים. מורסן. היא הקליפה העליונה שמוליאין מחטין הכתושין במכתשת. ניפולין. שנופל פתיתין. מפני שהוא כנושא שכר. בהגוזל קמא מתרלינן אימא מפני שהוא נושא שכר אבל בחנם פטור אם אומן הוא כדאמרינן התם זיל אייתי ראיה דמומחית לתרנגולי ואיפטרך וכן הלכה דאומן בשכר חייב בחנם פטור כדאמר רבי יוחנן התם [רשב"ם ב"ב צג:].

בנזק שגרם[61]: **תָּנֵי חֲדָא** — ברייתא אחת אומרת: אם השלחני היה **אוּמָּן, פָּטוּר** מלשלם[62]; ואם **הֶדְיוֹט** הוא, **חַיָּיב**[63]. **וְתַנְיָא אִידָךְ** — ובברייתא אחרת שנינו: **בֵּין אוּמָּן וּבֵין הֶדְיוֹט חַיָּיב**[64]!

ישוב הסתירה:

אָמַר רַב פָּפָּא: כִּי תַּנְיָא — כשהברייתא הראשונה אומרת **שאוּמָּן פָּטוּר**, היא מדברת רק במומחה **כְּגוֹן דַּנְכּוֹ וְאִיסּוּר** (שני שלחנים ידועים) **דְּלֹא צְרִיכֵי לְמִיגְמַר כְּלָל** — שאינם צריכים עוד להתלמד כלל במקצועם[65]. הברייתא השניה, האומרת שגם אומן חייב, עוסקת בשאר שלחנים אומנים שאינם מומחים כל כך, שלענין זה דינם כהדיוטות[66].

שואלת הגמרא:

אֶלָּא אם הברייתא הראשונה אכן עוסקת במומחים כגון דנכו ואיסור, **בְּמַאי טָעוּ** — כיצד טעו לומר על מטבע רע שהוא טוב?

משיבה הגמרא:

טָעוּ בְּסִיכְּתָא חַדְתָּא דְּהַהִיא שַׁעְתָּא דְּנָפַק מִתּוּתֵי סִיכְּתָא — הם טעו בייחס לצורה חדשה של מטבע באותה שעה שהתחילה לצאת מתחת החותָם[67]. כלומר: הברייתא מדברת במקרה שהמלכות פסלה זה עתה את המטבע הישן, והחלה להנפיק מטבע אחר על ידי חותם חדש. באותה שעה הביאו לפני אומן מומחה (כגון דנכו ואיסור) מטבע מזוייף בצורה החדשה כדי שיחוה דעתו עליו, אך מאחר שעדיין לא היה בקי בחותם החדש, טעה ואמר שהמטבע כשר[68].

מעשה בענין זה:

הַהִיא אִיתְּתָא דְּאַחְזְיָא דִּינָרָא — אשה אחת הראתה דינר **לְרַבִּי חִיָּיא**, כדי שיבדוק את טיבו. **אָמַר לָהּ** רבי חייא: "**מְעַלְּיָא** (טוב) **הוּא**". [ועל סמך דבריו קיבלה את אותו דינר כתשלום.] **לְמָחָר אֲתַאי לְקַמֵּיהּ** — למחרת באה לפניו שוב **וְאָמְרָה לֵיהּ:** "**אַחֲזִיתֵיהּ** — הראיתי מטבע זה (כלומר, הצעתיו כתשלום לסוחרים עבור סחורה שרציתי לקנות מהם), **וְאָמְרוּ לִי דְּבִישָׁא** (רע) **הוּא, וְלֹא קָא נָפִיק לִי** — ואיני יכולה להוציאו בשוק!" **אָמַר לֵיהּ** רבי חייא **לְרַב**[69]: "**זִיל חַלְּפֵיהּ נִיהֲלָהּ** — לֵך והחלף לה את המטבע, **וּכְתוֹב אַפִּנְקָסִי** (בפנקסי, בו אני רושם הכנסותי והוצאתי): '**דֵּין עֵסֶק בִּישׁ** — עסק זה רע הוא', כלומר, בחנם הפסדתי ממון, שכן לא הייתי צריך להביע דעתי על אותו מטבע"[70].

שואלת הגמרא:

וּמַאי שְׁנָא — ולמה נשתנו מומחים כגון **דַּנְכּוֹ וְאִיסּוּר דְּפְטִירֵי** (שפטורים) בכגון זה? הלא הטעם הוא **מִשּׁוּם דְּלֹא צְרִיכֵי לְמִיגְמַר** — מפני שאינם צריכים להתלמד עוד, כמו שנתבאר לעיל. **רַבִּי חִיָּיא נַמִּי לָאו לְמִיגְמַר קָא בָּעֵי** — רבי חייא גם כן לא היה זקוק להתלמד במקצוע זה[71]! מדוע איפוא שילם מכיסו לאותה אשה?

משיבה הגמרא:

רַבִּי חִיָּיא לִפְנִים מִשּׁוּרַת הַדִּין הוּא דְּעָבַד — רבי חייא נהג במעשה זה לפנים משורת הדין. **כִּדְתָנֵי** — וכמו שלמדנו בברייתא הבאה ששנה **רַב יוֹסֵף:** הכתוב אומר, בעצת יתרו למשה רבינו כיצד להנהיג את עם ישראל (שמות יח, כ): "... וְהוֹדַעְתָּ לָהֶם אֶת הַדֶּרֶךְ יֵלְכוּ בָהּ וְאֶת הַמַּעֲשֶׂה אֲשֶׁר יַעֲשׂוּן". ההנהגות הטובות הרמוזות בפסוק זה הן אלו[72]: "**וְהוֹדַעְתָּ לָהֶם**", **זֶה**

הערות

61. אף על פי שהשלחני לא הזיק לו בידים, אלא רק **גרם** לו הפסד ממון על ידי חוות דעתו המוטעית, מכל מקום נחשב הוא גורם ישיר לנזק, ולכן יש לחייבו [אם אינו מומחה] מצד דין 'גַּרְמִי', כמבואר להלן ק, א (ראה שם הערה 9).

[יש לעיין, לפי הראשונים הסוברים שאומן שהזיק חפץ תוך כדי שנתעסק בו ברשותו של בעל הבית ולטובתו, אין בו תורת אדם המזיק (ראה לעיל הערה 20) — מה נשתנה כאן שמחייבים את השלחני משום מזיק בגרמי? (עיין אבני נזר חושן משפט יט שהקשה כן). ושמא יש לחלק, שבמקרים דלעיל, עיקר עיסוקו של האומן בחפץ הוא תיקון, אלא שאגב זה קלקל; לפיכך אין זה נחשב פעולת היזק. מה שאין כן בעניננו, מתברר שכל עיסוקו של השלחני היה קלקול. ואף על פי שכוונתו היתה לטובה, מכל מקום, שם 'מזיק' עליו.]

62. [והיינו לכאורה כשיטת רבי יוחנן לעיל, שטבח אומן שקלקל, נידון כאנוס (כעין גניבה) ולא כפושע. ואף על פי שחיובו של שלחני הוא מדין 'אדם המזיק' (ראה הערה הקודמת), והרי לדעת הרמב"ן אדם המזיק חייב אפילו באונס גמור (ראה לעיל הערה 20) — זהו דוקא במזיק על ידי מעשה, אך המזיק על ידי גרמי בדיבור בלבד — כמו בעניננו — בודאי פטור באונס (עיין ש"ך חושן משפט שפו, ו; וראה הערה הבאה).]

63. הראשונים נחלקו אם יש חיוב גרמי בשוגג (ראה להלן ק, ב הערה 2). אמנם כאן הכל מודים שחייב, שכן שלחני שאינו בקי דיו בטיב מטבעות המשיב לשואל אותו בענין זה, אינו אלא פושע, והרי זה כמזיק בכוונה (רמב"ן בקונטרס בדיני דגרמי, בהסבר דעת הראשונים החולקים עליו; עיין עוד רשב"א להלן קיז, א; ועיין רמב"ן במלחמות שם).

64. [ברייתא זו סוברת לכאורה שגם אומן שקלקל נחשב פושע, וכהוראת שמואל לעיל על פי שיטתו של רבי מאיר ש"נתקל פושע הוא"!]

65. והשלחני צריך להוכיח שאכן הוא מומחה בדרגא כזו (רמב"ם הלכות שכירות י, ה; ועיין מגיד משנה שם שהוא קל וחומר מדין טבח אומן שנתבאר לעיל סוף הערה 42).

66. הגמרא לא תירצה [שבאמת שתי הברייתות מדברות באומן רגיל, אלא] שהברייתא הראשונה מדברת בשלחני שמייעץ בחנם, ולכן אומן פטור (וכפי שיישבה הגמרא לעיל את שתי המימרות של רבי יוחנן לענין טבח אומן שקלקל), שכן הכרת מטבע צריכה בקיאות גדולה; לפיכך, מי שאינו בקי כדנקו ואיסור ובכל זאת מייעץ בענינים אלו, נחשב פושע וחייב לשלם במקרה של טעות אפילו אם אינו נוטל שכר על כך [כדין טבח הדיוט שקלקל — ראה לעיל הערה 23] (עיין תוספות).

הסכמת רוב הפוסקים, שאפילו מומחה כדנכו ואיסור פטור רק אם מייעץ בחנם, אך אם נוטל שכר, חייב לשלם, וכפי שלמדנו לעיל לגבי שאר אומנים (טבח, נחתום וכו') שעשו בשכר וקלקלו (עיין ראב"ד; רא"ש סימן טז; רמב"ם הלכות שכירות י, ה ובמגיד משנה שם; שלחן ערוך חושן משפט שו, ו; וכן משמעות התוספתא י, ד שסיימה גם בייחס לשלחני "מפני שהוא כנושא שכר"). לפי זה הגמרא היתה יכולה לתרץ ששתי הברייתות עוסקות במומחים כדנכו ואיסור, אלא שהברייתא השניה (האומרת שאפילו אומן חייב) מדברת במקרה שנוטל שכר; ועיין מהרש"א מהדורא בתרא וש"ך חושן משפט שו, יא שמבארים למה העדיפה הגמרא לתרץ באופן אחר. אולם הרשב"א כתב [מחמת השאלה הנ"ל] שטעות של דנכו ואיסור נחשבת אונס גמור, ולכן פטורים אפילו אם קיבלו שכר, שכן אפילו שומר שכר פטור באונס גמור (ראה לעיל הערה 20); עיין גם ים של שלמה כד.

[מדברי הראשונים מבואר שכאשר שלחני מקבל שכר, נידון הוא כשומר שכר להתחייב אפילו באונסין כעין גניבה (שהרי מצד דין 'גרמי' אינו חייב באונס בעניננו, כמו שנתבאר לעיל הערה 62). אמנם צריך עיון, שכן אפילו אם נאמר שקבלת שכר על עצתו בייחס למטבע מסויים מחייבתו בדיני שמירה כלפי מטבע זה, הלא כאן לא נגרם נזק למטבע עצמו, אלא ההפסד הוא בממון אחר (שצריך להוציאו במקום אותו מטבע שנמצא רע), ואין זה שייך לכאורה לחיובי השמירה שלו! (דברי יחזקאל לז, ט; ועיין אבני נזר המצויין לעיל הערה 61; חזון יחזקאל על התוספתא י, ד).]

67. "סיכתא" היינו דפוס הברזל שבו מטביעים את צורת המטבע (ראה רש"י כאן ובגיטין כ, א ד"ה רושמא; שיטה מקובצת בשם גאון; ערוך ערך סך [יב]).

68. רש"י. [אף על פי שבמצב כזה גם מומחים כדנכו ואיסור אינם בקיאים בצורת המטבע, אין זו פשיעה מצידם כאשר נותנים חוות דעת בייחס למטבע החדש, שכן אין שום אדם זולתם שיכול לתת עצה הוגנת יותר (חידושי הרי"ם, ליקוטים לחושן משפט סוף סימן כה).]

69. רב היה מנהל את עסקיו הכספיים של רבי חייא דודו (רש"י).

70. רש"י.

71. כנראה ידעה הגמרא שרבי חייא היה מומחה כמו דנכו ואיסור, או שהגמרא מניחה מסברא שרבי חייא לא היה מייעץ בדבר זה אלמלא היה בקי כמותם (רשב"א; עיין גם ראב"ד). [וצריך לומר, לדעת רוב הראשונים, שבמעשה זה יעץ רבי חייא לאשה בחנם (ראה לעיל הערה 66).]

72. [הדרשות הבאות מופיעות — בסדר שונה מעט — גם במכילתא (דרבי ישמעאל) על פסוק זה, בשם רבי אלעזר המודעי; ובמכילתא דרבי שמעון בר יוחאי הן כמו בברייתא שלפנינו.]

בֵּית חַיֵּיהֶם, כלומר, תלמוד תורה (שהיא חיינו ואורך ימינו)[1]; **"אֶת הַדֶּרֶךְ", זוֹ גְּמִילוּת חֲסָדִים**[2]; **"יֵלְכוּ", זוֹ בִּיקּוּר חוֹלִים**[3]; **"בָהּ", זוֹ קְבוּרָה**[4]; **"אֶת הַמַּעֲשֶׂה", זֶה** הנהגה על פי **הַדִּין**[5]; **"אֲשֶׁר יַעֲשׂוּן", זוֹ** הנהגה **לִפְנִים מִשּׁוּרַת הַדִּין**[6]. בהתאם לדרשה זו האחרונה, רבי חייא הלך לפנים משורת הדין ושילם לאשה שהוכשלה על ידי עצתו.

מעשה נוסף בענין זה:

רֵישׁ לָקִישׁ אַחְוֵי לֵיהּ דִּינָרָא — ריש לקיש הראה דינר **לְרַבִּי אֶלְעָזָר**, כדי שיבדוק את טיבו. **אֲמַר** רבי אלעזר: **"מְעַלְּיָא** (טוב) **הוּא". אֲמַר לֵיהּ** ריש לקיש: **"חֲזֵי דַּעֲלָךְ קָא סָמְכִינָא** — ראֵה שעליך אני סומך!" **אֲמַר לֵיהּ** רבי אלעזר: **"כִּי סָמְכַתְּ עֲלַי מַאי לְמֵימְרָא** — כשאמרת שאתה סומך עלי, מה רצית לומר בכך? בודאי התכוונת **דְּאִי מִשְׁתְּכַח בִּישָׁא בְּעֵינָא לְאִיחְלוּפֵי לָךְ** — שאם [טעיתי בהבחנתי, ו]יתברר לבסוף שהמטבע הוא רע, אצטרך להחליפו לך (כתשלום לנזק שגרמתי לך)[7]. **וְהָא אַתְּ** — והרי אתה, ריש לקיש, **הוּא דְּאָמַרְתְּ**[8]: **"רַבִּי מֵאִיר הוּא** התנא **דְּדָאִין דִּינָא דְּגַרְמִי** — שדן דין נזק שעל ידי 'גרמי' (כלומר, מחייב את המזיק ב'גרמי' לשלם)"[9]. **מַאי לַאו** — האם לא היתה כוונתך שרק **רַבִּי מֵאִיר** דן כך, **וְלֹא סְבִירָא לָן כְּוָותֵיהּ** — ואין אנו סוברים כמותו להלכה? אם כן, מדוע אתחייב להחליף לך את הדינר אם יימצא רע? היזק זה אינו אלא 'גרמי', שגם אתה סובר שפטורים עליו!"

ריש לקיש משיב לרבי אלעזר:

אֲמַר לֵיהּ: "לֹא! כוונתי היתה **שֶׁרַבִּי מֵאִיר** הוא התנא שדן דין 'גרמי', **וּסְבִירָא לָן כְּוָותֵיהּ** — ואנו פוסקים כמותו בדבר זה. משום כך אמרתי לך שאני סומך עליך בנוגע לטיב הדינר, שכן אם יתברר שטעית, אכן תתחייב להחליפו".

הגמרא מבררת מה המקור של ריש לקיש שרבי מאיר מחייב ב'גרמי':

הֵי רַבִּי מֵאִיר — לאיזו מהוראותיו של רבי מאיר נתכוון ריש

הערות

1. רש"י. מצות לימוד תורה הוזכרה כבר בפירוש בראש פסוק זה: "וְהִזְהַרְתָּה אֶתְהֶם אֶת הַחֻקִּים וְאֶת הַתּוֹרֹת". יתכן שכאן בא הכתוב להוסיף, שיקבעו בתי מדרשות לשם כך [והיינו הלשון "**בית** חייהם"] (מהרש"א בבא מציעא ל, ב בהסבר רש"י כאן; וכן פירש ביראים מצוה קנג-קנד: "בית המדרש"; עיין עוד מדרש 'שכל טוב' על פסוק זה: "הודיעם זמנים שילכו לבית הכנסת ולבתי מדרשות").

אמנם רש"י בבבא מציעא (שם) ביאר, מחמת שאלה זו, ש"בית חייהם" היינו לימוד אומנות כדי שיתפרנסו הימנה (עיין גם השגות הרמב"ן לספר המצוות שורש א ד"ה והתשובה ג', ומגן אבות לרשב"ץ על אבות א, י ד"ה אהוב את המלאכה; ועיין פני יהושע שמיישב את הסתירה ברש"י). [יש להעיר שבמכילתא, רבי יהושע דורש מהכתוב "אֶת הַדֶּרֶךְ יֵלְכוּ בָהּ" — "זו תלמוד תורה", ואילו רבי אלעזר המודעי מזכיר "בית חייהם", ומשמע שאינם דבר אחד.]

2. מלת "הַדֶּרֶךְ", עם ה"א הידיעה, משמעה הדרך המיוחדת. והיינו דרך ה', ללכת אחר מדותיו יתברך ולגמול חסדים — ראה סוטה יד, א (מהרש"א בבא מציעא שם).

3. הגמרא בבבא מציעא שם (מובא ברש"י כאן) שואלת, שהרי ביקור חולים נכלל כבר לכאורה במצוה הכללית של גמילות חסדים (הרמוזה קודם במלים "אֶת הַדֶּרֶךְ"), ולמה הוצרך יתרו לחזור ולהזהיר עליו בפני עצמו? ומשיבה הגמרא, שכאן הכוונה ל'בן גילו' של החולה (כלומר, שנולדו שניהם באותה שעה, באותו מזל; רש"י שם כז, ב ד"ה בבן גילו), שכאשר בא לבקר את החולה, נוטל אחד מששים מחוליו, והוא עצמו לוקה בחלק זה. מעשה חסד כזה, הכרוך בהקרבה עצמית, אינו כלול במצוה הכללית של גמילות חסדים, ולכן הוזכר במיוחד.

עיקר החסד בביקור של 'בן גילו' הוא נטילת חלק מהחולי. נמצא שמצוה זו מתקיימת בעצם **הליכתו** לחולה, בלא שום תוספת מעשה, ולכן נדרשת היא מהמלה "יֵלְכוּ" (מהרש"א שם).

4. מלת "בָהּ" מרמזת על מצוה שתכליתה רק "בה" — היינו, עצם עשייתה בלבד. וזו קבורת המת, אשר — בשונה משאר גמילות חסדים — היא "חסד של אמת", שכן המתעסק בכך אינו מצפה לתשלום גמול (מהרש"א שם; ראה רש"י בראשית מז, כט).

גם בנוגע למצוה זו שואלת הגמרא בבבא מציעא מדוע הוצרך יתרו להזכירה, לאחר שכבר רָמַז בפסוק זה לכלל החסדים. הגמרא שם עונה שמדובר כאן בחכם או זקן מכובד שאין זה לפי כבודו לקבור מתים. אלמלא מקרא זה, היינו פוטרים אותו מקבורת המת [כשם שפטרתו התורה ממצוות אחרות של חסד; עיין שם ל, א]. לפיכך השמיענו הכתוב שבחסד זה חייב כל אדם, אפילו כאשר אינו לפי כבודו (ראה רש"י; ועיין תוספות בבא מציעא שם ד"ה אלא).

5. כי הנעשה על פי הדין, הוא "הַמַּעֲשֶׂה" הראוי להעשות (מהרש"א שם). [במהרש"א משמע ש"דין" הנזכר כאן, אינו מדבר כלפי ההנהגה בין שני בעלי דין, שכן שם נצטוינו לנהוג **לפנים** משורת הדין, כפי שתדרוש הברייתא מיד (ועיין בבא מציעא שם: "לא חרבה ירושלים אלא על שדנו בה דין תורה... ולא עשו לפנים משורת הדין"). אלא הפסוק מדבר כאן בהנהגת אדם בינו לבין קונו, שתהיה כולה על פי דקדוק הדין.]

6. הנהגה לפנים משורת הדין נאמרה לשני בעלי דין — שכל אחד מהם יתרצה ויוותר מעט לחבירו. הדיין אינו יכול לכוף דבר זה עליהם, אלא הדבר תלוי בהם עצמם. והיינו שאמר הכתוב "יַעֲשׂוּן", לשון רבים (מהרש"א שם; אמנם עיין רמ"א חושן משפט יב, ב שיש סוברים ש"לפנים משורת הדין" אינה מדת חסידות אלא חיוב גמור, ובית דין כופים על כך; ועיין ביאור הגר"א שם ח-ט). ראה עוד על כללי הנהגה זו בתוספות כאן ד"ה לפנים, ובבבא מציעא כד, ב ד"ה לפנים.

7. רבי אלעזר היה צריך עדיין להתלמד בהכרת מטבעות (ולא היה מומחה כרבי חייא במעשה הקודם), ולכן אמר לו ריש לקיש שיצטרך לשלם על פי דין אם יתברר שטעה (תוספות; אמנם ראה סוף ההערה).

הראשונים הוכיחו מדברי ריש לקיש ותשובתו של רבי אלעזר, ששולחני שהטעה אינו חייב אלא כאשר השואל הודיע לו מראש שהוא סומך עליו; שאם לא כן, יכול השולחני לטעון שסבר שלא יסמוך עליו. [דברי רבי אלעזר ("כי סמכת עלי מאי למימרא וכו' ") מתפרשים איפוא כך: "**לשם מה** אמרת שאתה סומך עלי? **כדי** שאצטרך להחליף לך את המטבע".] אמנם, במקום שמוכח מתוך הענין שהוא סומך עליו [כגון שמשלם לו שכר (ראה ראב"ד ונתיבות המשפט שו, יא)], אין צריך להודיעו (רי"ף, רשב"א, נמוקי יוסף; רמב"ם הלכות שכירות י, ה; שלחן ערוך חשן משפט שו, ו; וברמ"א שם כתב שכן עיקר). ויש סוברים שאפילו אם אין השואל אומר כן בפירוש, השולחני חייב. והביאו ראיה מהמעשה דלעיל (סוף צט, ב), שרבי חייא היה מתחייב על פי דין להחליף את המטבע (אלמלא היה מומחה גדול) אף על פי שהאשה לא הודיעה לו שהיא סומכת עליו. [הם מפרשים דברי רבי אלעזר: "**מה היתה כוונתך** כשאמרת שאתה סומך עלי? כנראה התכוונת שהדין הוא שאצטרך להחליף את המטבע (ולפי זה, ריש לקיש רק בא לזרזו בדברים)"] (תוספות, רא"ש, וראה בעל המאור; ועיין רשב"א וש"ך שם שו, יב שדחו הוכחת התוספות). על כל פנים, אם השולחני אמר בפירוש: "אל תסמוך עלי", הכל מודים שאינו חייב (שלטי גיבורים לה, ב מדפי הרי"ף אות ב, הובא בש"ך שם).

[ויש שכתבו שרבי אלעזר היה בקי בהכרת המטבעות כמו רבי חייא (ראה לעיל צט, ב הערה 71), ומשום כך הוזקק ריש לקיש לומר "ראה שאני סומך עליך", כדי לחייבו על טעותו (הגהות אשר"י בשם מהרי"ח; מהרש"א). אמנם מסתימת שאר הפוסקים משמע ששולחני שאינו צריך להתלמד (ומייעץ בחנם) פטור גם במקרה כזה (שלטי הגיבורים שם; עיין גם ש"ך שם בסוף דבריו; ועיין מהרש"א מהדורא בתרא).]

8. [לא נתפרש באיזה ענין אמר ריש לקיש את המשפט הבא.]

9. כפי שביארנו לעיל צח, ב הערה 12, רוב הראשונים מבדילים בין שני סוגים של הפסד ממון שאדם גורם לחבירו בלי לעשות מעשה בידיו ממש. האחד הוא גורם רחוק הנקרא "גרמא", ובו מודים כל התנאים שהמזיק פטור מלשלם; והשני, הקרוי "גרמי", הוא גרם קרוב וכמעט כאילו עשאו בידים, ובו רבי מאיר מחייב בתשלומין. וכתבו הראשונים שלשה תנאים יסודיים בהגדרת 'גרמי': (א) שהמעשה הגורם נזק נעשה על ידי האדם עצמו בגוף הממון של חבירו; (ב) הנזק בא מיד בשעת המעשה הגורם אותו; (ג) בשעת המעשה הגורם, ברור היה שיבוא הנזק ("ברי היזקא"). [יש מן הראשונים שכתבו רק חלק מתנאים אלו, ויש שהוסיפו תנאים אחרים — עיין במקורות שצויינו לעיל צח, ב בהערה הנ"ל; וראה שם בדעת רש"י.]

חוות דעת מוטעית של שולחני בייחס למטבע, אף היא 'גרמי' ולא 'גרמא'. שכן השולחני בעצמו עושה ההיזק בממון חבירו, שבזה שאומר שהדינר טוב הרי הוא פוטר את זה שנתנו לו ומזיקו; וההיזק בא בשעת מעשה, שכן בשעת אמירתו כבר פטר את זה שנתנו לו; וכן 'ברי היזקא' (רא"ש לעיל סימן יג ובבבא בתרא ב, יז; ראה גם רמב"ן בקונטרס דיני דגרמי; וראה לעיל צט, ב הערה 59). ומכל מקום, כיון שמצד הדין כאשר נתברר שהמטבע רע צריך הנותן להחליפו — אלא שאינו נמצא לפנינו או שאי אפשר לתובעו (ראה שם הערה 60) — נחשב השולחני רק גורם ולא מזיק בידים (תוספות ד"ה טיהר; עיין עוד שלטי הגיבורים סוף לה, ב; ועיין ש"ך חשן משפט שו, יב). [שיטת התוספות שם היא שהמזיק על ידי דיבור חשוב מזיק בידים (ראה ראייתם), ולכן כל הטעם שהשולחני נידון כ'גורם' הוא משום שלמעשה לא עשה היזק ממשי, שכן הנותן צריך על פי דין להחליף את המטבע. אמנם יש מהראשונים סוברים שדיבור אינו חשוב מעשה לענין זה (עיין רשב"א גיטין נג, א ד"ה הוא מותיב, וכן הוא ברמב"ן בקונטרס דיני דגרמי; ועיין ש"ך חשן משפט כה, ה אות ו; מחנה אפרים הלכות נזקי ממון סימן ו; קצות החשן כה, ב; קובץ שיעורים קכט). לדבריהם, פשוט שהשולחני נידון כ'גורם' בלבד.]

בית חיידם את הדרך זו גמילות חסדים ילכו זו ביקור חולים בה זו קבורה את המעשה זה הדין אשר יעשון זו לפנים משורת הדין ריש לקיש אחוי ליה דינרא לרבי אלעזר אמר מעליא הוא אמר ליה [א] חזי דעלך קא סמכינא א"ל כי סמכת עלי מאי למימרא דאי משתכח בישא בעינא לאיחלופי לך והא את הוא דאמרת רבי מאיר הוא [א] דדאין דינא דגרמי מאי לאו ר' מאיר ולא סבירא לן כוותיה א"ל לא ר' מאיר [ב] וסבירא לן כוותיה הי רבי מאיר אילימא רבי מאיר (ד' ל' מ' פ' סימן) דתנן [ב] [ג] דן את הדין זיכה את החייב חייב את הזכאי טימא את הטהור טיהר את הטמא מה שעשה עשוי וישלם מביתו הא איתמר עלה אמר רבי אילעא אמר רב [ד] והוא שנטל ונתן ביד אלא הא ר' מאיר דתנן לצבוע לו אדום וצבעו שחור שחור וצבעו אדום ר' מאיר אומר נותן לו דמי צמרו התם קא עביד בידים אלא הא ר' מאיר דתנן [ג] המסכך גפנו על גבי תבואתו של חבירו הרי זה קידש וחייב התם נמי קא עביד בידים אלא הא ר"מ דתניא [ד] [ה] מחיצת הכרם שנפרצה אומר

בית חיידם. [ה] תלמוד תורה: ביקור חולים וקבורה. פרכינן באלו מציאות היינו גמילות חסדים ומוקי לה ביקור חולים בבן גילו ונוטל אחד מששים בחליו וקבורה בזקן ואינו לפי כבודו ואפילו הכי חייב: שנשא ונתן ביד. וזיכה את החייב שהיה לו משכון למלוה ממנו ונטל דיין למשכון והחזירו ללוה וחייב את הזכאי נטל ביד ממון מן הנתבע ושילם לתובע וטימא את הטהור נטל שרץ בידים וזרקו עליה לטמאו ודאי להחזיק דבריו וטיהר את הטמא נטל הדיין לפירות טמאים וערבן עם שאר פירות האיש השואלו והוה ליה עושה מעשה בידים ומזיק והכי מפרש בסנהדרין בפרק אחד דיני ממונות (דף לג.): קידש. אסר את התבואה: מחיצת הכרם. קיימא לן היה גדר בנתיים זה סומך זרעים לגדר מכאן וזה סומך גפנים לגדר מכאן בלא יחפור (ב"ב דף כו.):

גדור

לפנים משורת הדין עבד כדתני [רב יוסף] והודעת להם וגו'. והך ברייתא מייתי נמי בפרק אלו מציאות (ב"מ דף ל:) גבי זקן ואינו לפי כבודו ורבי ישמעאל בר' יוסי לפנים משורת הדין עבד כדתני כו' אבל בסוף פרק האומנים (שם דף פג.) גבי רבה בר רב הונא דשקלינהו לגלימייהו דהנהו שקולאי לא מייתי לה אלא מייתי למען תלך בדרך טובי' ומפ' הר"י מאורליינ"ש דלא שייך לפנים משורת הדין אלא בדבר שאחרים חייבין וזה פטור כמו רבי חייא דהכא ור' ישמעאל ברבי יוסי באלו מציאות (שם דף ל:) אבל בההיא דרבה בר רב הונא אין חילוק בינו לבין אחרים ואין נראה דבפרק אלו מציאות (שם דף כד: ושם [י]) אמר דעבד לפנים משורת הדין גבי הא [דאבוה] דשמואל אשכחינהו להנך חמרי במדברא אהדרינהו למרייהו לבתר תריסר ירחי שתא ובההיא פטורי כ"ע וי"ל דבהנהו שקולאי לא שייך לפנים משורת הדין כיון שעשו לו היזק גדול בפשיעה ששיברו לו חבית של יין: אחוי דינר לר' אלעזר. אכתי הוה צריך למיגמר דאי לא הוה צריך למיגמר לא היה מחויב כדמשמע גבי ר' חייא דעבד לפנים משורת הדין והא דקאמר ([י] מר) חזי דעלך קסמכינא אפילו לא אמר הוה מחייב כמו ר' חייא דאע"ג דלא אמרה ליה הוה מחייב אי לאו משום דלא הוה צריך למילף ורב אלפס כתב דלעולם לא מחייב עד שיאמרו לו:

טימא את הטהור. אע"ג דאמר בהניזקין (גיטין דף נג:) המטמא והמדמע והמנסך בשוגג פטור הכא אית ליה לחיובי אע"ג דשוגג הוא מההיא טעמא דמחייב התם במזיד למ"ד היזק שאין ניכר לא שמיה היזק כדי שלא יהא כל אחד ואחד הולך ומטמא טהרותיו של חבירו הכא נמי חייב כדי שידקדק בדין יפה ולמ"ד נמי שמיה היזק ושוגג פטור כדי שיודיעו הכא חייב דליכא למיחש להכי דאפילו טיהר את הטמא ועירבו עם פירותיו ליכא למיחש שמא אח"כ לא יודיעו שהן טמאים דכיון שדיין זה חכם ובעל הוראה ודאי יודיעו:

טיהר את הטמא מה שעשה עשוי וישלם מביתו. ה"א לייתב טיהר את הטמא בשום ענין אלא כשעירבו עם פירותיו כדמפרש במסקנא בפ' אחד דיני ממונות (סנהדרין דף לג: ושם [ח]) ובפרק עד כמה (בכורות דף כח: ושם) דאם הן בעין לא מה שעשה עשוי ולא ישלם מביתו שייך בהן והא דלא מפרש הכי אלא כי מוקי לה כשנשא ונתן ביד לאו משום דמעיקרא לאו בהכי עסקינן אלא דמעיקרא לא איירי כשעירבן חכם אלא הבעלים אבל במסקנא קאמר שהחכם בעצמו עירבן ובבכורות שבא לייתב וישלם מביתו בטיהר את הטמא כשערבו עם פירותיו איירי כשעירב עם פירות מועטים ובסנהדרין שבא לייתב מה שעשה עשוי איירי כשעירבו עם פירות מרובים ונתבטלו הטמאים ברוב דתרווייהו ליכא לאוקמי בענין אחד דפשיטא דבמקום מה שעשה עשוי שהוא טהור לא שייך ישלם מביתו וא"ת למאי דבעי לאוקמי כר"מ היכי מתבטלים הטמאים ברוב והא ס"ל לר"מ בהניזקין (גיטין דף נד:) גבי אגוזי פרך ורימוני באדן נפלו ונתפצעו אפילו שוגג לא יעלו וי"ל דשוגג כי האי שעשה ע"פ חכם לא קניס ר' מאיר א"נ התם דוקא שנתפצעו אחר הנפילה שנאסרו בתחילת תערובתן קאמר ר' מאיר דלא יעלו אבל אם נתפצעו קודם שנתערבו מודה ר"מ דשרי א"נ בהך מילתא דוקא דדאין דינא דגרמי אתיא כר"מ ותימה מאי בעי לאתויי מהכא דר' מאיר (א) דדאין דינא דגרמי ואמאי מוקי לה נמי כשנשא ונתן ביד בלא נשא ונתן ביד חייב אפילו לרבנן דלא דייני דינא דגרמי כיון דבאמירה בעלמא קם דינא כדמוכח בפרק אחד דיני ממונות (סנהדרין דף לג. ושם [ט]) דקאמר אי אמרת בשלמא טעה בדבר משנה אין חוזר אלמא קם דינא היינו דקמפחד ר"ט אלא אי אמרת חוזר לימא ליה כיון דאילו הואי פרה [קמן] הוה הדרא השתא נמי דיך לאו דינא ולאו כלום עבדת והתם ע"כ אתי כרבנן דלר"מ דדאין דינא דגרמי אע"ג דאילו הואי קמן הוה הדר היה לו להתחייב כמו מראה דינר לשולחני דחייב אע"ג דאילו הוה קמן הוה מהדר ליה וי"ל דלעולם ההיא סוגיא כר"מ ולא דמי למראה דינר לשולחני דכיון שהראהו לשולחני שוב לא היה לו להראותו לאחר אבל גבי פרה כשאסרה לו חכם זה לא היה לו למהר להאכילה לכלבים או לערבם עם פירות והיה לו לישאל עדיין לחכם אחר ומיהו קשה מטיהר (ב) הטמא אמאי מחייב חכם אפילו לר"מ במה שעירבו בעל הבית עם פירות נימא כיון דאילו לא עירבו הוה הדר השתא נמי לאו כלום עבד וכן ברישא דהך דדן את הדין בפ' עד כמה (בכורות דף כח.) דתנן מי שאינו מומחה וראה את הבכור ונשחט על פיו הרי זה יקבר וישלם מביתו ואמאי נימא כיון דאילו לא נשחט היה מותר השתא נמי לאו כלום עבד וע"ק דע"כ סוגיא דהכא ודבכורות דלא כרב חסדא דהא משמע דאליבא דר"מ ניחא ליה בלא נשא ונתן ביד אלא כרב ששת וא"כ כיון דמה שעשה עשוי משום דאיירי דטעה בשיקול הדעת כדמוקי לה רב ששת בריש סנהדרין (דף ו.) למה נתחייב הדיין לרבנן במאי דנגע ביה שרץ הלא בלאו הכי מה שעשה עשוי ועוד היכא דקם דינא למה לא יתחייב אפילו לרבנן דלא דייני דינא דגרמי מ"ש מכהנים שפיגלו במקדש דמזידין חייבין בין לר"מ בין לרבנן אע"ג דבדבור בעלמא מיפסל ולא חשיב דינא דגרמי ונראה לפרש דכל היכא דקם דינא אפילו בדבור חשיב כמעשה ולא כגרמא ומחייב אפילו לרבנן אבל היכא דאילו הוה קמן הוה הדר כגון מראה דינר וכגון טעה בדבר משנה לר"מ חייב ולרבנן פטור דהא ודאי גרמא הוא מה שהאכילו אחרי כן על פיו או מה שעירבו עם פירותיו וסוגיא דסנהדרין כרבנן והא דבעי הכא לאוכוחי דר"מ (ג) דאין דינא דגרמי מטיהר את הטמא דייק דחייב חכם במה שעירבם בעל הבית עם פירותיו ומחייב את הזכאי דחייב חכם אמאי דשילם זכאי אחר כך אבל טימא את הטהור וזיכה את החייב דבדבורו של חכם מה שעשה עשוי חייב לשלם אפילו לרבנן דלא דייני דינא דגרמי וכן בפרק עד כמה (בכורות דף כח:) דקאמר לימא תנן סתמא כר"מ משום טיהר את הטמא וחייב את הזכאי קאמר ולא משום טימא את הטהור וזיכה את החייב והא דמפרש התם לשנויי מתני' כרבנן טימא את הטהור דנגע בה שרץ זיכה את החייב שהיה לו משכון ונטלו הימנו אגב אחרינא מפרש להו א"נ סוגיא דהתם כרב חסדא ומפרש האמת וריש דמי שאין מומחה וראה את הבכור ונשחט על פיו לאו דוקא אלא הוא עצמו שחטו ול"ע לרבנן מ"ש דפטרי בשורף שטרות חבירו מטימא הטהור וכהנים שפיגלו דלא חשיב דינא דגרמי דמה לי אם גורם לו הפסד ע"י ששורף שטרותיו ומה לי ע"י דיבורו וצ"ל דדיבור חשיב כמעשה והוי מזיק בגוף הממון בידים אבל בשורף שטר אינו נוגע בגוף הממון ונייר בעלמא הוא דקלי מיניה ואין (ד) אלא גרס בעלמא ועוד י"ל דסוגיא דהכא ודבכורות דלא כרב ששת אלא כרב חסדא דלא קם דינא בדיבורי' בעלמא ואיירי בנשא ונתן ביד כדמוקי התם רב חסדא אלא דס"ד דגמ' דנשא ונתן בעלי דינין ודחי דאיירי בנשא ונתן ביד הדיין עצמו:

שאני התם דבידים עביד. תימה ודקארי לה מאי קארי לה וי"ל משום דאין הבמר משתנה מיד כשנותן בסממנים דאין קולט הצבע מיד עד ב' ימים או ג' וגרמא בעלמא הוא ודומה למסכך גפנו שאין מזיק עד אחר זמן ובתרווייהו משני בידים קעביד ומ"מ מסכך גפנו לא מזיק כל כך בידים כמו בצמר לצבע לפיכך הביאה אחר כך:

מחיצת הכרם שנפרצה כו'. אור"ת שאין (ה) משנה בשום מקום אלא ברייתא היא ומ"מ דייק דאתיא כר"מ [ח] מכח ההיא משנה דהמסכך דלעיל דפליגי התם בסיפא ר' יוסי ור"ש ואמרי אין אדם אוסר דבר שאין שלו וא"כ ברייתא דמחיצת הכרם כר' יוסי ור"ש לא אתיא אלא כת"ק דידהו דהיינו כר"מ דסתם משנה ר"מ היא וא"ת ומאן תנא דפליג אדר"מ בדינא דגרמי דרבי יוסי ור"ש לא פליגי אלא משום דאין אדם אוסר דבר שאין שלו ורבנן דפליגי אדר"ש בדבר הגורם לממון ליכא למימר דיש חילוקין כדפרישית במרובה (לעיל דף עא:?) וי"ל דההוא תנא דפרק המניח (לעיל דף לג:) דקתני שחטו ונתנו במתנה מה שעשה עשוי פליג אר"מ דמשמע דיש לפטור יותר בשורף שטרותיו מבשחטו ולמאן דדאין דינא דגרמי אמר לעיל דמגבי ביה דמי שטרא מעליא:

אומר

עין משפט
נר מצוה

עט א מיי' פ"י מהל' שכירות הלכה ה סמג עשין פט טוש"ע ח"מ סי' שו סעיף ו:

פ ב מיי' פ"ז מהל' חובל ומזיק הלכה יא ועיין בהשגות ובמ"מ סמג עשין ע טוש"ע ח"מ סי' שפו סעיף א:

פא ג ד מיי' פ"ו מהלכות סנהדרין הלכה ד סמג עשין לו טוש"ע ח"מ סי' כה סעיף ד:

פב ה מיי' פ"ז מהל' כלאים הלכה יז סמג לאוין רפ טוש"ע י"ד סי' רצו סעיף מז:

ליקוטי רש"י

בית חייהם. ללמוד להם אומנות להתפרנס בו חוקות ותורות כתיבי ברישיה דקרא [ב"מ ל:]. אחוי. הראה [כתובות עז:]. דדאין דינא דגרמי. המחייב את הגורם הפסד לחבירו [שם פו.]. וישלם מביתו. דאדבורא בעלמא חייב [לקמן קיז:]. והוא שנטל ונתן ביד. שנטל הוא המעות ממנו בידו ופרעו לבעל דין [בכורות כח:]. קידש. לשון פן תקדש (דברים כב) אסר תבואת חברו וחייב לשלם [יבמות פג.]. מחיצת הכרם. שסמוך לשדה הלבן של חבירו [ב"ב ב.].

מסורת הש"ס

א) [לעיל לח: כתובות פו.], ב) סנהדרין ו. לג. לקמן קיז: בכורות כח:, ג) כלאים פ"ז מ"ד וה' יבמות פג., ד) ב"ב ב. [וש"נ], ה) בפ' אלו מציאו' דף ל: פי' רש"י בית חייהם ללמוד להן אומנות להתפרנס בו וחוקות ותורות כתיבי ברישא דקרא, ו) [ד"ה לפנים], ז) מיותר, ח) [ד"ה שעירבן], ט) [ד"ה השתא], י) [ד"ה וסבר].

הגהות הב"ח

(א) תוס' ד"ה טיהר וכו' דר"מ היא דדאין וכו': (ב) בא"ד מיהו קשה מטיהר את הטמא כצ"ל: (ג) בא"ד והא דבעי הכא לאוכוחי דר"מ דדאין וכו': (ד) בא"ד ואין זה אלא גרס: (ה) ד"ה מחילת וכו' שאין זה משנה:

גליון הש"ס

תוס' ד"ה מחיצת וכו' מכח ההיא משנה דהמסכך. עי' לקמן דף קטז ע"ב תוס' ד"ה ל"ל הב':

לקיש? **אִילֵימָא** – שמא נאמר שהכוונה להוראה הבאה של **רַבִּי מֵאִיר.** (האותיות **ד׳ ל׳ מ׳ פ׳** הן **סִימָן** זיכרון לארבע הוראות של רבי מאיר שיובאו להלן, בחיפוש ההוראה שעליה דיבר ריש לקיש[10]. וזו ההוראה הראשונה:) **דִּתְנַן** במשנה (בכורות כח, ב): דיין **שֶׁדָּן אֶת הַדִּין** בענין של ממון בין שני אנשים ונתברר לבסוף שטעה **וְזִיכָּה אֶת הַחַיָּיב**[11] או **שֶׁחִיֵּיב אֶת הַזַּכַּאי**[12]; וכן חכם שהורה בטעות בנוגע לדין טהרת פירות מסויימים של אדם אחר, **וְטִימֵּא אֶת הַטָּהוֹר** או **שֶׁטִיהֵר אֶת הַטָּמֵא**, ונגרם על ידי כך הפסד ממון[13]; בכל המקרים הללו, **מַה שֶּׁעָשָׂה עָשׂוּי** – הוראתו קיימת, אף על פי שטעות היא[14], **וִישַׁלֵּם מִבֵּיתוֹ** (מן הממון שלו) למי שהפסיד על ידי ההוראה[15]. והנה, הפסד הממון שבא על ידי ההוראה, אינו אלא נזק ב׳גרמי׳[16], ואף על פי כן המשנה אומרת שהחכם חייב לשלם מביתו. נמצא לכאורה שרבי מאיר (שהוא התנא של משנה זו[17]) דן דין ׳גרמי׳. אולם באמת אין זו ראיה. **הָא אִיתְּמַר עֲלָהּ** – שכן נאמר בנוגע למשנה זו: **אָמַר רַבִּי אִילְעָא, אָמַר רַב: וְהוּא** – דין זה של המשנה מדבר בכגון **שֶׁהדיין נָטַל וְנָתַן בַּיָּד**, כלומר, הוא עצמו עשה מעשה על פי הוראתו המוטעית: בשני המקרים הראשונים, הדיין גבה ממון מאחד מבעלי הדין ונתנו בעצמו לבעל הדין השני[18]. וכן בסיפא לענין טהרות, מדובר שהחכם עצמו טימא את הפירות על פי הוראתו[19]. בכל המקרים הללו, הוא הזיק בידים ולא ב׳גרמי׳, ואם כן אין מכאן מקור שרבי מאיר דן דין ׳גרמי׳.

הוראה אחרת של רבי מאיר, ממנה יתכן שלמד ריש לקיש על שיטתו בנזקי ׳גרמי׳:

אֶלָּא תאמר שמקורו של ריש לקיש הוא **הָא** – הוראה זו של **רַבִּי מֵאִיר, דִּתְנַן** במשנה הבאה (להלן ק, ב): אם אדם נתן צמר לצַבָּע **לִצְבּוֹעַ לוֹ אָדוֹם וּצְבָעוֹ שָׁחוֹר**, או שהתנה עמו שיצבענו **שָׁחוֹר וּצְבָעוֹ אָדוֹם, רַבִּי מֵאִיר אוֹמֵר:** הצַבע **נוֹתֵן לוֹ** לבעל הצמר את **דְּמֵי צַמְרוֹ.** הרי שרבי מאיר מחייב על נזק שנעשה על ידי ׳גרמי׳[20]. אולם גם מהמשנה ההיא אין ראיה, שכן **הָתָם קָא עָבִיד בְּיָדַיִם** – שם הצַבע עושה בידים את הנזק, כשמַשרה את הצמר בצבע הבלתי נכון, ואין זה ׳גרמי׳ אלא מזיק גמור[21]!

הערות

10. והן: (א) ״**דן את הדין וכו׳** ״; (ב) ״**לצבוע לו אדום וכו׳** ״; (ג) ״**המסכך גפנו וכו׳** ״; (ד) ״[מחיצת הכרם] שנ**פרצה**״.

11. כגון שראובן תבע חוב משמעון, והדיין פסק ששמעון פטור ולבסוף נתברר שהוא באמת חייב [ונמצא שראובן הפסיד ממון בגללו].

12. כגון (במקרה הנ״ל) שהדיין חייב את שמעון לשלם ולבסוף נתברר שהוא באמת פטור [ונמצא ששמעון הפסיד ממון בגללו].

13. במקרה שהורה בטעות שהפירות טמאים ונתברר לבסוף שהם טהורים (״טימא את הטהור״), ההפסד הוא בעצם פסק הדין המוטעה, שכן הוראתו אינה מתבטלת גם לאחר שנתבררה כטעות, כדלהלן, ופירות טמאים שוים פחות מפירות טהורים. אמנם במקרה ש״טיהר את הטמא״ צריך לומר שמדובר בכגון שעל סמך ההוראה המוטעית, הבעלים עירבו את הפירות הללו שהורה עליהם החכם שהם ״טהורים״, עם פירות אחרים שהם טהורים באמת – וכך נטמאו הפירות האחרונים מהראשונים (תוספות ד״ה טיהר; ועיין ש״ך חשן משפט כה, ה אות ג-ד).

[במשנה גיטין נב, ב מבואר שאפילו מי שטימא בידים את פירות חבירו בשוגג, פטור מתשלומין – ראה שני טעמים בגמרא שם נג, א. עיין תוספות (כאן ד״ה טימא, ובגיטין שם ד״ה שלא) שמבארים מדוע בעניננו חייב הדיין על שגרם בטעות לטמא את הפירות.]

14. היינו, במקרה ש״זיכה את החייב״ (לעיל הערה 11), שמעון נשאר פטור ואינו צריך לשלם לראובן. במקרה ש״חייב את הזכאי״ (לעיל הערה 12), ראובן אינו צריך להחזיר את התשלום לשמעון. כמו כן, במקרה ש״טימא את הטהור״, הפירות שהורה עליהם נידונים לחומרא כ״טמאים״, אף על פי שהוראתו היתה מוטעית. אמנם בנוגע לדוגמא הרביעית, ״טיהר את הטמא״ – לאחר שנתברר שהפירות באמת טמאים, ברור שהוראתו מתבטלת ודנים את הפירות כטמאים, והפירות הטהורים שעירבו עם פירות אלו (ראה לעיל הערה 13) אכן נטמאו מהם. וצריך לומר שהוראת המשנה, ״מה שעשה עשוי״, מתפרשת בייחס למקרה זה באופן מסויים – שעירבו את הפירות הללו עם פירות טהורים **מרובים**, ונתבטלו הטמאים ברוב. המשנה משמיעתנו, שאף על פי שהדין הוא שאם אדם עירב בכוונה איסור בהיתר, האיסור אינו מתבטל, כאן נאמרו דיני ביטול, משום שהבעלים עירבו את הפירות הטמאים על סמך החכם שפסק בטעות שהם טהורים. לפיכך גם לאחר שנתברר שטעה, ״מה שעשה עשוי״ – היינו, תערובת הפירות נשארת טהורה, על פי הוראת החכם שהתיר לערב את הפירות עם פירות טהורים שביטלו אותם (תוספות שם; ראה הערה הבאה).

[יצויין, שדין זה שהוראה מוטעית אינה מתבטלת, אינו נכון בכל מקרה. הגמרא בסנהדרין (לג, א) מקשה סתירה בין משנה זו למשנה אחרת (שם לב, א) האומרת שדיין יכול לחזור בו מהוראתו, ומיישבת את הסתירה בכמה אופנים. נמצא שהוראת המשנה ש״מה שעשה עשוי״, מוגבלת לאותם מקרים שהוזכרו בגמרא בהתאם לתירוצים השונים.]

15. בשלשת המקרים הראשונים (״זיכה את החייב״, ״חייב את הזכאי״, טימא את הטהור״), מאחר שההוראה המוטעית אינה מתבטלת, נגרם הפסד ממון, כפי שנתבאר בהערות הקודמות. לפיכך, הדיין חייב לשלם לזה שניזוק מכך. אולם במקרה שטיהר את הטמא, הדין ״מה שעשה עשוי״ עוסק בכגון שפירות אלו נתערבו ונתבטלו בכמות גדולה יותר של פירות טהורים (ראה הערה קודמת). במקרה זה, הדיין לא גרם לשום הפסד ממון; אדרבה, בגלל הוראתו כל התערובת טהורה! בהכרח צריך לפרש, שבנוגע לדוגמא זו האחרונה, דין המשנה מתפרש לצדדים, בשני מקרים נפרדים. דהיינו: אם נתערבו הפירות בכמות גדולה יותר של פירות טהורים, ״מה שעשה עשוי״, כלומר, הם מתבטלים ברוב ונשארים טהורים. אך אם נתערבו בכמות קטנה יותר של פירות טהורים, כך שאינם מתבטלים, אזי ״ישלם מביתו״, שכן כאשר מתברר שהחכם טעה, כל התערובת טמאה, והחכם צריך לשלם על שגרם לטמא את הפירות האחרים (תוספות שם; ועיין ש״ך שם).

16. הוכחת הגמרא היא מ״חייב את הזכאי״ ו״טיהר את הטמא״, שכן במקרים הללו אין הנזק בהוראה המוטעית עצמה, אלא על ידי ששילם הזכאי לבעל דינו (ראה לעיל הערה 12) או על ידי ערבוב הפירות הטמאים עם פירות אחרים (ראה לעיל הערה 13). לפיכך אין הדיין אלא בגדר ׳גורם׳ לנזק. אולם בשני המקרים האחרים – ״זיכה את החייב״ ו״טימא את הטהור״ – הדיין הזיק בעצם דיבורו, והריהו כמזיק בידים שהכל מודים בו שחייב בתשלומין (תוספות שם; ראה מהלך אחר בסוף דבריהם). [לדעת הראשונים שהיזק על ידי דיבור בלבד אינו נחשב מעשה היזק (ראה לעיל סוף הערה 9), אף שני המקרים האחרונים שהזכרנו נידונים כ׳גרמי׳ ולא כמזיק בידים, ואם כן, ראית הגמרא היא מכל המקרים של המשנה. עיין עוד קצות החשן כה, ב ד״ה ולפי זה.]

[לפי ההגדרות (לעיל הערה 9) ש׳גרמי׳ הוא מעשה של האדם בגוף הממון של חבירו, או מעשה שגורם מיד את ההיזק, קשה: מדוע ״דן את הדין״ נחשב ׳גרמי׳ ולא ׳גרמא׳ בשני המקרים הראשונים הנזכרים לעיל? הלא הנזק אינו נעשה ממש על ידי הדיין, אלא על ידי ה״זכאי״ עצמו שמשלם לבעל דינו, ועל ידי בעל הבית שמערב את פירותיו. כמו כן, במקרים הללו הנזק אינו נעשה מיד בשעת פסק הדין! (תוספות בבא בתרא כב, ב ד״ה זאת אומרת; ועיין רא״ש לעיל סימן יג).]

17. שכן כלל הוא שמשנה השנויה ׳סתם׳, ללא ציון שֵׁם בעל ההוראה, מדברי רבי מאיר היא – ראה סנהדרין ריש פו, א (תוספות להלן ד״ה מחיצת, בנוגע לראיה הבאה).

18. היינו, במקרה הראשון (״זיכה את החייב״) שנתבאר לעיל הערה 11, מדובר בכגון שהיה לראובן משכון משמעון כביטחון להלואה. כאשר פסק הדיין ששמעון פטור, נטל הדיין עצמו את המשכון מראובן והחזירו לשמעון. במקרה השני (״חייב את הזכאי״), הדיין נטל ממון משמעון הנתבע ונתנו לראובן התובע (רש״י, על פי סנהדרין לג, ב ובכורות כח, ב; ראה הערה הבאה).

19. במקרה השלישי של המשנה (״טימא את הטהור״), הדיין נטל שרץ מת והשליכו על הפירות שנשאל לגביהם, כדי לטמא אותם בתורת ודאי ולחזק הוראתו שהם היו טמאים כבר קודם לכן. ובמקרה הרביעי (״טיהר את הטמא״), מדובר בכגון שהחכם עצמו נטל את הפירות שהורה עליהם בטעות שהם ״טהורים״, ועירבם בידיו עם שאר פירות טהורים של האיש השואלו (רש״י, על פי סנהדרין שם ובכורות שם).

[תוספות (ד״ה טיהר) מעירים, שכדי לדחות את הראיה ממשנה זו, די היה להעמיד את המקרה השני והרביעי (״חייב את הזכאי״ ו״טיהר את הטמא״) בכגון שנטל ונתן ביד, שהרי כאמור (לעיל הערה 16), בשני המקרים האחרים הכל מודים שהוא חייב משום מזיק גמור על ידי דיבורו. ומה שהגמרא בסנהדרין ובבכורות הסבירה כן גם לגבי מקרים אלו, הוא מטעמים אחרים – ראה תוספות (עיין עוד בסוף דבריהם, וראה דעה אחרת בהערה הנ״ל).]

20. הגמרא מבינה כעת, שכיון שהצֶבע אינו נקלט בצמר מיד לאחר נתינתו בתוך היורה הרותחת, אלא רק לאחר כמה ימים, הרי שמעשה הצַבע – השריית הצמר בתוך צבע בלתי נכון – אינו חשוב אלא ׳גורם׳ לנזק (תוספות ד״ה שאני). [ומכל מקום, גם לפי הבנה זו נחשב מעשהו ׳גרמי׳ ולא ׳גרמא׳ (ראה לעיל הערה 9), שכן פעולת הנתינה התחילה את תהליך הנזק (עיין בית אפרים יורה דעה סוף סימן סב).]

[כפי שנתבאר (לעיל צט, ב הערה 34), רבי מאיר מחייב את הצַבע מדין ׳גזלן׳. הוכחת הגמרא כאן מבוססת על הנחה, שמעשה שאינו נחשב ׳מעשה היזק׳ להתחייב עליו, גם אינו יכול להיחשב ׳מעשה גזילה׳. ומזה שרבי מאיר דן את הצבע כגזלן על ידי פעולת ׳גרמי׳, מוכח שהוא דן דין ׳גרמי׳ גם בנזקין (עיין קובץ שיעורים קטז, קיח).]

21. [הגמרא משיבה שאף על פי שהצבע אינו נקלט בצמר אלא לאחר זמן, מכל מקום נתינת הצמר בתוך הצבע היא ׳מעשה צביעה׳ גמור, שהרי זה כמו נתינת בצק

בית חייהם את הדרך זו גמילות חסדים ילכו זו ביקור חולים בה זו קבורה את המעשה זה הדין אשר יעשון זו לפנים משורת הדין ריש לקיש אחוי ליה דינרא לרבי אלעזר אמר מעליא הוא אמר ליה א חזי דעלך קא סמכינא א"ל כי סמכת עלי מאי למימרא דאי משתכח בישא בעינא לאיחלופי לך והא את הוא דאמרת רבי מאיר הוא א) דדאין דינא דגרמי מאי לאו ר' מאיר ולא סבירא לן כוותיה א"ל לא ר' מאיר ב וסבירא לן כוותיה הי רבי מאיר אילימא רבי מאיר (ד' ל' מ' פ' סימן) דתנן ב) ג דן את הדין זיכה את החייב חייב את הזכאי טימא את הטהור טיהר את הטמא מה שעשה עשוי וישלם מביתו הא איתמר עלה אמר רבי אילעא אמר רב ד והוא שנטל ונתן ביד אלא הא ר' מאיר דתנן לצבוע לו אדום וצבעו שחור שחור וצבעו אדום ר' מאיר אומר נותן לו דמי צמרו התם קא עביד בידים אלא הא ר' מאיר דתנן ג) המסכך גפנו על גבי תבואתו של חבירו הרי זה קידש וחייב התם נמי קא עביד בידים אלא הא ר"מ דתניא ד) ה מחיצת הכרם שנפרצה אומר

רש"י

בית חייהם. ה) תלמוד תורה: ביקור חולים וקבורה. פרכינן באלו מציאות היינו גמילות חסדים ומוקי לה ביקור חולים בבן גילו ונוטל אחד מששים בחליו וקבורה בזקן ואינו לפי כבודו ואפילו הכי חייב: שנשא ונתן ביד. וזיכה את החייב שהיה לו משכון למלוה ממנו ונטל דיין למשכון והחזירו ללוה וחייב את הזכאי נטל ביד ממון מן הנתבע ושילם לתובע וטימא את הטהור נטל שרץ בידים וזרקו עליה לטמאו ודאי להחזיק דבריו וטיהר את הטמא נטל הדיין לפירות טמאים וערבן עם שאר פירות האיש השואלו והוה ליה עושה מעשה בידים ומזיק והכי מפרש בסנהדרין בפרק אחד דיני ממונות (דף לג.): קידש. אסר את התבואה: מחיצת הכרם. קיימא לן היה גדר בנתיים זה סומך זרעים לגדר מכאן וזה סומך גפנים לגדר מכאן בלא יחפור (ב"ב דף כו.): גדור

תוספות

לפנים משורת הדין עבד כדתני [רב יוסף] והודעת להם וגו'. והך ברייתא מייתי נמי בפרק אלו מציאות (ב"מ דף ל:) גבי זקן ואינו לפי כבודו ורבי ישמעאל בר' יוסי לפנים משורת הדין עבד כדתני כו' אבל בסוף פרק האומנים (שם דף פג.) גבי רבה בר רב הונא דשקלינהו לגלימייהו דהנהו שקולאי לא מייתי לה אלא מייתי למען תלך בדרך טובי' ומפ' הר"י מאורליינ"ש דלא שייך לפנים משורת הדין אלא בדבר שאחרים חייבין וזה פטור כמו רבי חייא דהכא ור' ישמעאל ברבי יוסי באלו מציאות (שם דף ל:) אבל בההיא דרבה בר רב הונא אין חילוק בינו לבין אחרים ואין נראה דבפרק אלו מציאות (שם דף כד: ושם י) אמר דעבד לפנים משורת הדין גבי הא [דאבוה] דשמואל אשכחינהו להנך חמרי במדברא אהדרינהו למרייהו לבתר תריסר ירחי שתא וההיא פטרי כ"ע וי"ל דהנהו שקולאי לא שייך לפנים משורת הדין כיון שעשו לו היזק גדול בפשיעה שיברו לו חבית של יין: אחוי דינר לר' אלעזר. אכתי הוה צריך למיגמר דאי לא הוה צריך למיגמר לא היה מחויב כדמשמע גבי ר' חייא דעבד לפנים משורת הדין והא דקאמר (י) מר) חזי דעלך קסמכינא אפילו לא אמר הוה מחייב כמו ר' חייא דאע"ג דלא אמרה ליה הוה מחייב אי לאו משום דלא הוה צריך למילף ורב אלפס כתב דלעולם לא מחייב עד שיאמרו לו:

טימא את הטהור. אע"ג דאמר בהניזקין (גיטין דף נג:) המטמא והמדמע והמנסך בשוגג פטור הכא אית ליה לחיובי אע"ג דשוגג הוא מההיא טעמא דמחייב התם במזיד למ"ד היזק שאין ניכר לא שמיה היזק כדי שלא יהא כל אחד ואחד הולך ומטמא טהרותיו של חבירו הכא נמי חייב כדי שידקדק בדין יפה ולמ"ד נמי שמיה היזק ושוגג פטור כדי שיודיעו הכא חייב דליכא למיחש להכי דאפילו טיהר את הטמא ועירבו עם פירותיו ליכא למיחש שמא אח"כ לא יודיעו שהן טמאים דכיון שדיין זה חכם ובעל הוראה ודאי יודיענו:

טיהר את הטמא מה שעשה עשוי וישלם מביתו. א"א ליישב טיהר את הטמא בשום ענין אלא כשעירבו עם פירותיו כדמפרש במסקנא בפ' אחד דיני ממונות (סנהדרין דף לג: ושם ח) ובפרק עד כמה (בכורות דף כח: ושם) דאם הן בעין לא מה שעשה עשוי ולא ישלם מביתו שייך בהן והא דלא מפרש הכי אלא כי מוקי לה כשנשא ונתן ביד לאו משום דמעיקרא לאו בהכי עסקינן אלא דמעיקרא לא איירי כשעירבן חכם אלא הבעלים אבל במסקנא קאמר שהחכם בעצמו עירבן ובבכורות שבא ליישב וישלם מביתו בטיהר את הטמא כשערבו עם פירותיו איירי כשעירב עם פירות מועטים ובסנהדרין שבא ליישב מה שעשה עשוי איירי כשעירבו עם פירות מרובים ונתבטלו הטמאים ברוב דתרוייהו ליכא לאוקמי בענין אחד דפשיטא דבמקום מה שעשה עשוי שהוא טהור לא שייך ישלם מביתו וא"ת למאי דבעי לאוקמי כר"מ היכי מתבטלים הטמאים ברוב והא ס"ל לר"מ בהניזקין (גיטין דף נד:) גבי אגוזי פרך ורימוני באדן נפלו ונתפצעו אפילו שוגג לא יעלו וי"ל דשוגג כי האי שעשה ע"פ חכם לא קניס ר' מאיר א"נ התם דוקא שנתפצעו אחר הנפילה שנאסרו בתחילת תערובתן קאמר ר' מאיר דלא יעלו אבל אם נתפצעו קודם שנתערבו מודה ר"מ דשרי א"נ בהך מילתא דוקא דדאין דינא דגרמי אתיא כר"מ ותימה מאי בעי לאתויי מהכא דר' מאיר (א) דדאין דינא דגרמי ואמאי מוקי לה נמי כשנשא ונתן ביד בלא נשא ונתן ביד חייב אפילו לרבנן דלא דייני דינא דגרמי כיון דבאמירה בעלמא קם דינא כדמוכח בפרק אחד דיני ממונות (סנהדרין דף לג. ושם ט) דקאמר אי אמרת בשלמא טעה בדבר משנה אין חוזר אלמא קם דינא היינו דקמפחד ר"ט אלא אי אמרת חוזר לימא ליה כיון דאילו הואי פרה [קמן] הוה הדרא השתא נמי דינך לאו דינא ולאו כלום עבדת והתם ע"כ אתי כרבנן דלר"מ דדאין דינא דגרמי אע"ג דאילו הואי קמן הוה הדר היה לו להתחייב כמו מראה דינר לשולחני דחייב אע"ג דאילו הוה קמן הוה מהדר ליה וי"ל דלעולם ההיא סוגיא כר"מ ולא דמי למראה דינר לשולחני דכיון שהראהו לשולחני שוב לא היה לו להראותו לאחר אבל גבי פרה כשאסרה לו חכם זה לא היה לו למהר להאכילה לכלבים או לערבם עם פירות והיה לו לישאל עדיין לחכם אחר ומיהו קשה מטיהר (ב) הטמא אמאי מחייב חכם אפילו לר"מ במה שעירבו בעל הבית עם פירות נימא כיון דאילו לא עירבו הוה הדר השתא נמי לאו כלום עבד וכן ברישא דהך דדן את הדין בפ' עד כמה (בכורות דף כח.) דתנן מי שאינו מומחה וראה את הבכור ונשחט על פיו הרי זה יקבר וישלם מביתו ואמאי נימא כיון דאילו לא נשחט היה מותר השתא נמי לאו כלום עבד וע"ק דע"כ סוגיא דהכא ודבכורות דלא כרב חסדא דהא משמע דאליבא דר"מ ניחא ליה בלא נשא ונתן ביד אלא כרב ששת וא"כ כיון דמה שעשה עשוי משום דאיירי דטעה בשיקול הדעת כדמוקי לה רב ששת בריש סנהדרין (דף ו.) למה נתחייב הדיין לרבנן במאי דנגע ביה שרץ הלא בלאו הכי מה שעשה עשוי ועוד היכא דקם דינא למה לא יתחייב אפילו לרבנן דלא דייני דינא דגרמי מ"ש מכהנים שפיגלו במקדש דמזידין חייבין בין לר"מ בין לרבנן אע"ג דבדבור בעלמא מיפסל ולא חשיב דינא דגרמי ונראה לפרש דכל היכא דקם דינא חשיב אפילו בדבור חשיב כמעשה ולא כגרמא ומחייב אפילו לרבנן אבל היכא דאילו הוה קמן הוה הדר כגון מראה דינר וכגון טעה בדבר משנה לר"מ חייב ולרבנן פטור דהא ודאי גרמא הוא מה שהאכילו אחרי כן על פיו או מה שעירבו עם פירותיו וסוגיא דסנהדרין כרבנן והא דבעי הכא לאוכוחי דר"מ (ג) דאין דינא דגרמי מטיהר את הטמא דייק דחייב חכם במה שעירבם בעל הבית עם פירותיו ומחייב את הזכאי דשילם זכאי אחר כך אבל טימא את הטהור וזיכה את החייב דבדבורו של חכם מה שעשה עשוי חייב לשלם אפילו לרבנן דלא דייני דינא דגרמי וכן בפרק עד כמה (בכורות דף כח:) דקאמר לימא תנן סתמא כר"מ משום טיהר את הטמא וחייב את הזכאי קאמר ולא משום טימא את הטהור וזיכה את החייב והא דמפרש התם לשנויי מתני' כרבנן טימא את הטהור דנגע בה שרץ זיכה את החייב שהיה לו משכון ונטלו הימנו אגב אחרינא מפרש להו א"נ סוגיא דהתם כרב חסדא ומפרש האמת וריש' דמי שאין מומחה וראה את הבכור ונשחט על פיו לאו דוקא אלא הוא עצמו שחטו ול"ע לרבנן מ"ש דפטרי בשורף שטרות חבירו מטימא הטהור וכהנים שפיגלו דלא חשיב דינא דגרמי דמה לי אם גורס לו הפסד ע"י ששורף שטרותיו ומה לי ע"י דיבורו וצ"ל דדיבור חשיב כמעשה והוי מזיק בגוף הממון בידים אבל בשורף שטר אינו נוגע בגוף הממון ונייר בעלמא הוא דקלי מיניה ואין (ד) אלא גרס בעלמא ועוד י"ל דסוגיא דהכא ודבכורות דלא כרב חסדא אלא כרב ששת דלא קם דינא בדיבורי' בעלמא ואיירי בנשא ונתן ביד כדמוקי התם רב חסדא אלא דס"ד דגמ' דנשא ונתן בעלי דינין ודחי דאיירי בנשא ונתן ביד הדיין עצמו:

שאני התם דבידים עביד. תימה ודקארי לה מאי קארי לה וי"ל משום דאין הגמר משתנה מיד כשנותן בסממנים דאין קולט הצבע מיד עד ב' ימים או ג' וגרמא בעלמא הוא ודומה למסכך גפנו שאין מזיק עד אחר זמן ובתרוייהו משני בידים קעביד ומ"מ מסכך גפנו לא מזיק כל כך בידים כמו בצמר לצבע לפיכך הביאה אחר כך:

מחיצת הכרם שנפרצה כו'. אור"ת שאין (ה) משנה בשום מקום אלא ברייתא היא ומ"מ דייק דאתיא כר"מ ° מכח ההיא משנה דהמסכך דלעיל דפליגי התם בסיפא ר' יוסי ור"ש ואמרי אין אדם אוסר דבר שאין שלו וא"כ ברייתא דמחיצת הכרם כר' יוסי ור"ש לא אתיא אלא כת"ק דידהו דהיינו כר"מ דסתם משנה ר"מ היא וא"ת ומאן תנא דפליג אדר"מ בדינא דגרמי דרבי יוסי ור"ש לא פליגי אלא משום דאין אדם אוסר דבר שאין שלו ורבנן דפליגי אדר"ש בדבר הגורם לממון ליכא למימר דיש חילוקין כדפרישית במרובה (לעיל דף עא:) וי"ל דההוא תנא דפרק המניח (לעיל דף לג:) דקתני שחטו ונתנו במתנה מה שעשה עשוי פליג אר"מ דמשמע דיש לפטור יותר בשורף שטרותיו מבשחטו ולמאן דדאין דינא דגרמי אמר לעיל דמגבי ביה דמי שטרא מעליא:

אומר

עין משפט נר מצוה

עט א מיי' פ"י מהל' שכירות הלכה ה סמג עשין פט טוש"ע ח"מ סי' שו סעיף ו:

פ ב מיי' פ"ז מהל' חובל ומזיק הלכה יא ועיין בהשגות ובמ"מ סמג עשין ע טוש"ע ח"מ סי' שפו סעיף א:

פא ג ד מיי' פ"ו מהלכות סנהדרין הלכה ד סמג עשין צו טוש"ע ח"מ סי' כה סעיף ד:

פב ה מיי' פ"ז מהל' כלאים הלכה יז סמג לאוין רפ טוש"ע י"ד סי' רצו סעיף מז:

ליקוטי רש"י

בית חייהם. ללמוד להם אומנות להתפרנס בו חוקות ותורות כתיבי ברישיה דקרא [ב"מ ל:]. אחוי. הראה [כתובות עז:]. דדאין דינא דגרמי. המחייב את הגורם הפסד לחבירו [שם פו.]. וישלם מביתו. דאדבורא בעלמא חייב [לקמן קיז:]. והוא שנטל ונתן ביד. שנטל הוא המעות ממנו בידו ופרעו לבעל דין [בכורות כח:]. קידש. לשון פן תקדש (דברים כב) אסר תבואת חברו וחייב לשלם [יבמות פג.]. מחיצת הכרם. שסמוך לשדה הלבן של חבירו [ב"ב ב.].

מסורת הש"ס

א) [לעיל נח: כתובות פו.], ב) סנהדרין ו. לג. לקמן קיז: בכורות כח:, ג) כלאים פ"ז מ"ד וה' יבמות פג., ד) ב"ב ב. [וש"נ], ה) בפ' אלו מציאו' דף ל: פי' רש"י בית חייהם ללמוד להן אומנות להתפרנס בו וחוקות ותורות כתיבי ברישא דקרא, ו) [ד"ה לפנים], ז) מיותר, ח) [ד"ה שעירבן], ט) [ד"ה השתא], י) [ד"ה וסבר].

הגהות הב"ח

(א) תוס' ד"ה טיהר וכו' דר"מ היא דדאין וכו': (ב) בא"ד מיהו קשה מטיהר את הטמא כצ"ל: (ג) בא"ד והא דבעי הכא לאוכוחי דר"מ דדאין וכו': (ד) בא"ד ואין זה אלא גרס: (ה) ד"ה מחילת וכו' שאין זה משנה:

גליון הש"ס

תוס' ד"ה מחיצת וכו' מכח ההיא משנה דהמסכך. עי' לקמן דף קטז ע"ב תוס' ד"ה ל"ש הב':

נסיון נוסף, ודחייתו:

אֶלָּא, שמא המקור הוא **הָא** הוראה ד**רַבִּי מֵאִיר**, **דִּתְנַן** במשנה (כלאים ז, ד): **הַמְסַכֵּךְ גַּפְנוֹ** – התולה זמורה מגפנו, כעין סוכה, **עַל גַּבֵּי תְּבוּאָתוֹ שֶׁל חֲבֵירוֹ** הגדלה בשדה, **הֲרֵי זֶה קִידֵּשׁ** (אסר) את תבואת חבירו בהנאה משום כלאי הכרם[22], **וְחַיָּיב** לשלם לו את דמי תבואתו[23]. לכאורה מחייב רבי מאיר (התנא של הלכה זו השנויה 'סתם'[24]) את בעל הגפן משום דין 'גרמי'[25]. אמנם באמת אין זה נכון.

הָתָם נַמִּי – גם שם (כפי שאמרנו בייחס למשנה הקודמת), בעל הגפן **קָא עָבִיד בְּיָדַיִם** את הנזק, שהרי סיכך גפנו על גבי תבואת חבירו[26].

הגמרא מסיקה:

אֶלָּא, ריש לקיש התכוון ל**הָא** ד**רַבִּי מֵאִיר**, **דְּתַנְיָא** בברייתא (תוספתא כלאים ג, ד): **מְחִיצַּת הַכֶּרֶם** (המבדילה בין הכרם לשדה תבואה של חבירו הסמוך לו) **שֶׁנִּפְרְצָה**[27],

הערות

בתוך תנור חם שחשובה 'מעשה אפייה' אף על פי שהאפייה עצמה אורכת זמן. לפיכך, אפילו אם נאמר שפעולת 'גרמי' אינה חשובה מעשה היזק, הצַבע נחשב 'גזלן'; ראה הערה קודמת.]

22. אם תבואה גדלה ביחד עם גפנים, הגידולים של שני המינים נקראים "כלאי הכרם" ואסורים בהנאה, שנאמר (דברים כב, ט): "לֹא תִזְרַע כַּרְמְךָ כִּלְאָיִם, פֶּן תִּקְדַּשׁ הַמְלֵאָה הַזֶּרַע אֲשֶׁר תִּזְרָע וּתְבוּאַת הַכָּרֶם". הלשון "תִּקְדַּשׁ" משמעו איסור והרחקה (רמב"ם הלכות מאכלות אסורות י, ו; עיין גם רש"י דברים שם; ועיין קידושין נו, ב כיצד למדים מכאן איסור הנאה). דין זה הוא בין אם זרע את שני המינים יחד ["לֹא תִזְרַע"], בין אם היו זרועים בנפרד ונתערבו אחר כך ["הַמְלֵאָה"] (ראה פסחים כה, א), ואפילו אם נעשו כלאים מאליהם (רמב"ם שם). [ויש אומרים שגפן שנזרע או גדל בצד תבואה אינו אסור בהנאה אלא מדרבנן, ואיסור התורה אינו אלא בתנאים נוספים (עיין דרך אמונה הלכות כלאים ה, כז בהרחבה). לענין אם יש איסור מן התורה או מדרבנן לקיים בשדהו את הכלאים – עיין מועד קטן ב, ב; רמב"ם הלכות כלאים א, ג ובכסף משנה שם ד"ה ואסור; דרך אמונה שם א, ג בבאור ההלכה ד"ה ואסור. יש לציין שאיסור כלאי הכרם נוהג מן התורה רק בארץ ישראל, אבל בחוץ לארץ איסורם רק מדרבנן.]

במשנה הקודמת בכלאים (ז, ג) שנינו שהמותח זמורת גפן מעל תבואה, אסר בהנאה גם את הגפן וגם את התבואה שמתחתיו משום כלאי הכרם. [דין זה בודאי אינו אלא מדרבנן – עיין דרך אמונה הלכות כלאים ו, נט ובציון ההלכה שם צח.] בהתאם לכך אומרת המשנה המובאת כאן, שהמסכך גפנו מעל גבי תבואת חבירו, "קידש" (כלשון הפסוק הנ"ל), כלומר, אסר בהנאה את שניהם. [זו דעת תנא קמא במשנה. רבי יוסי ורבי שמעון חולקים בהמשך המשנה ואומרים ש"אין אדם אוסר דבר שאינו שלו", ולכן רק הגפן נאסר ולא התבואה (רמב"ם הלכות כלאים ה, ח). ויש אומרים שלפי שיטה זו, אין כאן "כלאים" והכל מותר (תוספות יבמות פג, א ד"ה רבי יוסי; ועיין ר"ש במשנה שם בשם הירושלמי). ראה עוד על סברת תנאים אלו במהדורתנו יבמות פג, ב הערה 1.]

אין כוונת המשנה שהגפן והתבואה "נתקדשו" מיד. שכן במקרה שהגפן והתבואה נזרעו בתחילה בנפרד ונעשו כלאים רק אחר כך, אין האיסור חל אלא על מה שגדל באיסור, בזמן שהם כלאים, ואילו חלקי הגפן והתבואה שגדלו בהיתר, מותרים הם מצד עצמם (עיין פסחים כה, א). אמנם, כיון שהגידול החדש והגידול הישן "מעורבים" באותו פרי, הדין הוא כדלהלן: כל זמן שיש בגידול הישן (המותר) פי מאתיים או יותר מהגידול החדש (האסור), מתבטל האיסור בהיתר והכל מותר; אולם כאשר הגידול החדש מגיע לכדי יותר מאחד חלקי מאתיים מהגידול הישן (ובלשון חז"ל: "הוסיף מאתיים") – הוא אינו מתבטל, ולכן הכל נאסר (עיין ערלה ב, א; פסחים שם וברש"י שם; תוספות חולין צט, ב ד"ה לא). [שיעור זה הוא מדרבנן; מדין תורה, גידולי האיסור בטלים ברוב, ונמצא שאינם אוסרים עד שיהיו כמו גידולי ההיתר (מנחת חינוך תקמט, ב; אולם עיין יראים מצוה שפט; ועיין אור שמח הלכות מאכלות אסורות טו, טז). ראה עוד בענין "ביטול" הגידולים האסורים – תוספות להלן עמוד ב ד"ה אומר; רמב"ן בבא בתרא סוף ב, א; נודע ביהודה תנינא יורה דעה נה ד"ה אמנם; שיעורי רבי שמואל בבא בתרא אות לח.]

23. [להסבר למה לא נפטר בעל הגפן משום "היזק שאינו ניכר" – עיין תוספות להלן עמוד ב ד"ה חייב באחריותו, ובגליון הש"ס שם.]

24. תוספות (ראה לעיל הערה 17). [יש להעיר שבנוסח המשנה כפי שהובא ביבמות (פג, א), המשנה אומרת בפירוש לאחר דין זה: "דברי רבי מאיר"; וראה גליון הגמרא שם מהדורת וילנא.]

25. הגמרא מבינה כעת שסיכוך הגפן מעל התבואה אינו אלא גרם היזק, שכן התבואה אינה נאסרת מיד אלא רק לאחר שהוסיפה מאתיים (ראה לעיל סוף הערה 22). ואף על פי שהגמרא כבר השיבה לגבי צביעת צמר שדבר כעין זה נחשב 'מזיק בידים' (ראה לעיל הערה 21), פעולת המסכך היא פחות 'היזק בידים' ממעשה הצַבע [שכן איסור הכלאים בא על ידי גדילת התבואה מאליה, ולא רק על ידי פעולת הסיכוך], ולכן סברה הגמרא שמעשה זה נחשב רק 'גורם' (תוספות ד"ה שאני).

[ומכל מקום, גם לפי הבנה זו נחשב מעשהו 'גרמי' ולא 'גרמא' (ראה לעיל הערה 9), שכן פעולת סיכוך הגפן מעל התבואה היא שמזיקה. וכן ההיזק נעשה בשעת מעשה – שמיד בשעת הסיכוך נעשו הגפן והתבואה 'כלאים', ומה שאין התבואה נאסרת עד שתוסיף מאתיים הוא משום שגידולי האיסור מתבטלים, ואילו היו ניכרים בפני עצמם, היו נאסרים מיד (עיין רא"ש סימן יג; אור זרוע קלז; מרדכי קיט). כמו כן, "ברי היזקא" הוא, שהרי על כרחנו הגפנים גדלים ומתערבים (רמב"ן בקונטרס דיני דגרמי). ראה עוד להלן עמוד ב הערה 6.]

26. בפשטות כוונת הגמרא היא שהמסכך נחשב מזיק גמור ולא 'גורם' [שכן אף על פי שהתבואה גדלה מאליה, מכל מקום שֵׁם 'כלאים' בא על ידי מעשה הסיכוך; ראה סוף הערה קודמת], ולכן אפילו התנאים שאינם דנים דין 'גרמי', מודים כאן שהמסכך חייב (וכן מבואר בר"ש כלאים ז, ד). אולם מראשונים רבים עולה שהבינו שגם לפי מסקנת הגמרא, הסיכוך אינו אלא 'גרמי', ואכן רק רבי מאיר – הדן דין גרמי – מחייב על כך (עיין תוספות שאנץ בשיטה מקובצת; תוספות לעיל עא, ב ד"ה וסבר; רא"ש סימן יג; רשב"א בבא בתרא ב, א ד"ה ה"ג וכדתניא, ובשו"ת חלק ג, קו). לפי דבריהם, כוונת הגמרא היא שיש לחלק בין 'גרמי' זה ל'גרמי' כגון עצה רעה של שלחני. שכן יתכן שרבי מאיר מחייב רק ב'גרמי' כעין המקרה של המשנה, שהמזיק סיכך את גפנו בידיו, אבל מודה הוא שיש לפטור את השלחני שלא עשה שום פעולת היזק ממשית (עיין כובע ישועה; חידושי רבי שמואל בבא בתרא סימן ג, יא; עיין עוד ים של שלמה סוף סימן כה; קובץ שיעורים סוף אות קכט).

27. ההרחקה הנדרשת בין תבואה לכרם כדי שלא יהיו כלאים, היא ארבע אמות – שכן זהו שיעור המקום שתופסת המחרישה והשוורים מחוץ לכרם בזמן עבודת הכרם, ולכן אותן ארבע אמות נחשבות ככרם עצמו (עיין ר"ש כלאים ריש פרק ד; רש"י בבא בתרא ב, א ד"ה אומר, ובעירובין ג, ב ד"ה אם לאו; ועיין כלאים ד, ה-ו מה נקרא "כרם" לענין זה; עיין עוד דרך אמונה הלכות כלאים ז, א ובבאור ההלכה שם ד"ה מרחיק, שדן אם שיעור זה הוא מן התורה או מדרבנן). אולם אם יש ביניהם מחיצה גבוהה עשרה טפחים, מותר לסמוך לה את הגפנים מכאן ואת הזרעים מכאן (משנה כלאים ד, ד; עיין גם משנה בבא בתרא כו, א וברש"י כאן ובבבא בתרא ב, א; ועיין תוספות שם כו, א ד"ה אחד), שאף על פי שיש עירוב ביניקת שני המינים בתוך הקרקע, מכל מקום ניכרים ומובדלים הם בגידולם (עליות דרבינו יונה בבא בתרא ב, א סד"ה סברוה; עיין גם רמב"ם הלכות כלאים ד, טז).

הברייתא עוסקת במחיצה כזו המבדילה בין התבואה והכרם, ודנה במקרה שנוצרה במחיצה פירצה [יותר מעשר אמות, או שהיה פרוץ מרובה על העומד (ראה משנה כלאים שם)], כך שיש שם מעתה איסור כלאים.

בית חייהם את הדרך זו גמילות חסדים ילכו זו ביקור חולים בה זו קבורה את המעשה זה הדין אשר יעשון זו לפנים משורת הדין ריש לקיש אחוי ליה דינרא לרבי אלעזר אמר מעליא הוא אמר ליה [א]חזי דעלך קא סמכינא א"ל כי סמכת עלי מאי למימרא דאי משתכח בישא בעינא לאיחלופי לך והא את הוא דאמרת רבי מאיר הוא [ה]דדאין דינא דגרמי מאי לאו ר' מאיר ולא סבירא לן כוותיה א"ל לא ר' מאיר [ב]וסבירא לן כוותיה הי רבי מאיר אילימא רבי מאיר (ד' ל' מ' פ' סימן) דתנן [ב][ג]דן את הדין זיכה את החייב חייב את הזכאי טימא את הטהור טיהר את הטמא מה שעשה עשוי וישלם מביתו הא איתמר עלה אמר רבי אילעא אמר רב [ד]והוא שנטל ונתן ביד אלא הא ר' מאיר דתנן לצבוע לו אדום וצבעו שחור שחור וצבעו אדום ר' מאיר אומר נותן לו דמי צמרו התם קא עביד בידים אלא הא ר' מאיר דתנן [ג]המסכך גפנו על גבי תבואתו של חבירו הרי זה קידש וחייב התם נמי קא עביד בידים אלא הא ר"מ דתניא [ד][ה]מחיצת הכרם שנפרצה אומר

רש"י

בית חייהם. [ה]תלמוד תורה: ביקור חולים וקבורה. פרכינן באלו מציאות היינו גמילות חסדים ומוקי לה ביקור חולים בבן גילו ונוטל אחד מששים בחליו וקבורה בזקן ואינו לפי כבודו ואפילו הכי חייב: שנשא ונתן ביד. וזיכה את החייב שהיה לו משכון למלוה ממנו ונטל דיין למשכון והחזירו ללוה וחייב את הזכאי נטל ביד ממון מן הנתבע ושילם לתובע וטימא את הטהור נטל שרץ בידים וזרקו עליה לטמאו ודאי להחזיק דבריו וטיהר את הטמא נטל הדיין לפירות טמאים וערבן עם שאר פירות האיש השואלו והוה ליה עושה מעשה בידים ומזיק והכי מפרש בסנהדרין בפרק אחד דיני ממונות (דף לג.): קידש. אסר את התבואה: מחיצת הכרם. קיימא לן היה גדר בנתיים זה סומך זרעים לגדר מכאן וזה סומך גפנים לגדר מכאן בלא יחפור (ב"ב דף כו.): גדור

תוספות

לפנים משורת הדין עבד כדתני [רב יוסף] והודעת להם וגו'. והך ברייתא מייתי נמי בפרק אלו מציאות (ב"מ דף ל:) גבי זקן ואינו לפי כבודו ורבי ישמעאל בר' יוסי לפנים משורת הדין עבד כדתני כו' אבל בסוף פרק האומנים (שם דף פג.) גבי רבה בר רב הונא דשקלינהו לגלימייהו דהנהו שקולאי לא מייתי לה אלא מייתי למען תלך בדרך טובי' ומפ' הר"י מאורליינ"ש דלא שייך לפנים משורת הדין אלא בדבר שאחרים חייבין וזה פטור כמו רבי חייא דהכא ור' ישמעאל ברבי יוסי באלו מציאות (שם דף ל:) אבל בההיא דרבה בר רב הונא אין חילוק בינו לבין אחרים ואין נראה דבפרק אלו מציאות (שם דף כד: ושם [י]) אמר דעבד לפנים משורת הדין גבי הא [דאבוה] דשמואל אשכחינהו להנך חמרי במדברא אהדרינהו למרייהו לבתר תריסר ירחי שתא ובההיא פטרי כ"ע וי"ל דבהנהו שקולאי לא שייך לפנים משורת הדין כיון שעשו לו היזק גדול בפשיעה ששיברו לו חבית של יין: **אחוי** דינר לר' אלעזר. אכתי הוה צריך למיגמר דאי לא הוה צריך למיגמר לא היה מחויב כדמשמע גבי ר' חייא דעבד לפנים משורת הדין והא דקאמר ([י]מר) חזי דעלך קסמכינא אפילו לא אמר הוה מחייב כמו ר' חייא דאע"ג דלא אמרה ליה הוה מחייב אי לאו משום דלא הוה צריך למילף ורב אלפס כתב דלעולם לא מחייב עד שיאמרו לו:

טימא את הטהור. אע"ג דאמר בהניזקין (גיטין דף נג:) המטמא והמדמע והמנסך בשוגג פטור הכא אית ליה לחיובי אע"ג דשוגג הוא מהאי טעמא דמחייב התם במזיד למ"ד היזק שאין ניכר לא שמיה היזק כדי שלא יהא כל אחד ואחד הולך ומטמא טהרותיו של חבירו הכא נמי חייב כדי שידקדק בדין יפה ולמ"ד נמי שמיה היזק ושוגג פטור כדי שיודיעו הכא חייב דליכא למיחש להכי דאפילו טיהר את הטמא ועירבו עם פירותיו ליכא למיחש שמא אח"כ לא יודיעו שהן טמאים דכיון שדיין זה חכם ובעל הוראה ודאי יודיענו:

טיהר את הטמא מה שעשה עשוי וישלם מביתו. א"א לייתב טיהר את הטמא בשום ענין אלא כשעירבו עם פירותיו כדמפרש במסקנא בפ' אחד דיני ממונות (סנהדרין דף לג: ושם [ח]) ובפרק עד כמה (בכורות דף כח: ושם) דאם הן בעין לא מה שעשה עשוי ולא ישלם מביתו שייך בהן והא דלא מפרש הכי אלא כי מוקי לה כשנשא ונתן ביד לאו משום דמעיקרא לאו בהכי עסקינן אלא דמעיקרא לא איירי כשעירבן חכם אלא הבעלים אבל במסקנא קאמר שהחכם בעצמו עירבן ובבכורות שבא לייתב וישלם מביתו בטיהר את הטמא כשערבו עם פירותיו איירי כשעירב עם פירות מועטים ובסנהדרין שבא לייתב מה שעשה עשוי איירי כשעירבו עם פירות מרובים ונתבטלו הטמאים ברוב דתרווייהו ליכא לאוקמי בענין אחד דפשיטא דבמקום מה שעשה עשוי שהוא טהור לא שייך ישלם מביתו וא"ת למאי דבעי לאוקמי כר"מ היכי מתבטלים הטמאים ברוב והא ס"ל לר"מ בהניזקין (גיטין דף נד:) גבי אגוזי פרך ורימוני באדן נפלו ונתפצעו אפילו שוגג לא יעלו וי"ל דשוגג כי האי שעשה ע"פ חכם לא קניס ר' מאיר א"נ התם דוקא שנתפצעו אחר הנפילה שנאסרו בתחילת תערובתן קאמר ר' מאיר דלא יעלו אבל אם נתפצעו קודם שנתערבו מודה ר"מ דשרי א"נ בהך מילתא דוקא דדאין דינא דגרמי אתיא כר"מ ותימה מאי בעי לאתויי מהכא דר' מאיר (א) דדאין דינא דגרמי ואמאי מוקי לה נמי כשנשא ונתן ביד בלא נשא ונתן ביד חייב אפילו לרבנן דלא דייני דינא דגרמי כיון דבאמירה בעלמא קם דינא כדמוכח בפרק אחד דיני ממונות (סנהדרין דף לג. ושם [ט]) דקאמר אי אמרת בשלמא טעה בדבר משנה אין חוזר אלמא קם דינא היינו דקמפחד ר"ט אלא אי אמרת חוזר לימא ליה כיון דאילו הואי פרה [קמן] הוה הדרא השתא נמי דייך לאו דינא ולאו כלום עבדת והתם ע"כ אתי כרבנן דלר"מ דדאין דינא דגרמי אע"ג דאילו הואי קמן הוה הדר היה לו להתחייב כמו מראה דינר לשולחני דחייב אע"ג דאילו הוה קמן הוה מהדר ליה וי"ל דלעולם ההיא סוגיא כר"מ ולא דמי למראה דינר לשולחני דכיון שהראהו לשולחני שוב לא היה לו להראותו לאחר אבל גבי פרה כשאסרה לו חכם זה לא היה לו למהר להאכילה לכלבים או לערבם עם פירות והיה לו לישאל עדיין לחכם אחר ומיהו קשה מטיהר (ב) הטמא אמאי מחייב חכם אפילו לר"מ במה שעירבו בעל הבית עם פירות נימא כיון דאילו לא עירבו הוה הדר השתא נמי לאו כלום עבד וכן ברישא דהך דדן את הדין בפ' עד כמה (בכורות דף כח.) דתנן מי שאינו מומחה וראה את הבכור ונשחט על פיו הרי זה יקבר וישלם מביתו ואמאי נימא כיון דאילו לא נשחט היה מותר השתא נמי לאו כלום עבד וע"ק דע"כ סוגיא דהכא ודבכורות דלא כרב חסדא דהא משמע דאליבא דר"מ ניחא ליה בלא נשא ונתן ביד אלא כרב ששת וא"כ כיון דמה שעשה עשוי משום דאיירי דטעה בשיקול הדעת כדמוקי לה רב ששת בריש סנהדרין (דף ו.) למה נתחייב הדיין לרבנן במאי דנגע ביה שרץ הלא בלאו הכי מה שעשה עשוי ועוד היכא דקם דינא למה לא יתחייב אפילו לרבנן דלא דייני דינא דגרמי מ"ש מכהנים שפיגלו במקדש דמזידין חייבין בין לר"מ בין לרבנן אע"ג דבדבור בעלמא מיפסל ולא חשיב דינא דגרמי ונראה לפרש דכל היכא דקם דינא אפילו בדבור חשיב כמעשה ולא כגרמא ומחייב אפילו לרבנן אבל היכא דאילו הוה קמן הוה הדר כגון מראה דינר וכגון טעה בדבר משנה לר"מ חייב ולרבנן פטור דהא ודאי גרמא הוא מה שהאכילו אחרי כן על פיו או מה שעירבו עם פירותיו וסוגיא דסנהדרין כרבנן והא דבעי הכא לאוכוחי דר"מ (ג) דאין דינא דגרמי מטיהר את הטמא דייק דחייב חכם במה שעירבם בעל הבית עם פירותיו ומחייב את הזכאי דשילם זכאי אחר כך אבל טימא את הטהור וזיכה את החייב דבדבורו של חכם מה שעשה עשוי חייב לשלם אפילו לרבנן דלא דייני דינא דגרמי וכן בפרק עד כמה (בכורות דף כח:) דקאמר לימא תנן סתמא כר"מ משום טיהר את הטמא וחייב את הזכאי קאמר ולא משום טימא את הטהור וזיכה את החייב והא דמפרש התם לשנויי מתני' כרבנן טימא את הטהור דנגע בה שרץ זיכה את החייב שהיה לו משכון ונטלו הימנו אגב אחרינא מפרש להו א"נ סוגיא דהתם כרב חסדא ומפרש האמת וישא דמי שאין מומחה וראה את הבכור ונשחט על פיו לאו דוקא אלא הוא עצמו שחטו ול"ע לרבנן מ"ש דפטרי בשורף שטרות חבירו מטימא הטהור וכהנים שפיגלו דלא חשיב דינא דגרמי דמה לי אם גורם לו הפסד ע"י ששורף שטרותיו ומה לי ע"י דיבורו ול"ל דדיבור חשיב כמעשה והוי מזיק בגוף הממון בידים אבל בשורף שטר אינו נוגע בגוף הממון ונייר בעלמא הוא דקלי מיניה ואין (ד) אלא גרס בעלמא ועוד י"ל דסוגיא דהכא ודבכורות דלא כרב ששת אלא כרב חסדא דלא קם דינא בדיבורי' בעלמא ואיירי בנשא ונתן ביד כדמוקי התם רב חסדא אלא דס"ד דגמ' דנשא ונתן בעלי דינין ודחי דאיירי בנשא ונתן ביד הדיין עצמו: **שאני** התם דבידים עביד. תימה ודקארי לה מאי קארי לה וי"ל משום דאין הגמר משתנה מיד כשנותן בסממנים דאין קולט הצבע מיד עד ב' ימים או ג' וגרמא בעלמא הוא ודומה למסכך גפנו שאין מזיק עד אחר זמן ובתרווייהו משני בידים קעביד ומ"מ מסכך גפנו לא מזיק כל כך בידים כמו בצמר לצבע לפיכך הביאה אחר כך: **מחיצת** הכרם שנפרצה כו'. אור"ת שאין (ה) משנה בשום מקום אלא ברייתא היא ומ"מ דייק דאתיא כר"מ [ט]מכח ההיא משנה דהמסכך דלעיל דפליגי התם בסיפא ר' יוסי ור"ש ואמרי אין אדם אוסר דבר שאין שלו וא"כ ברייתא דמחיצת הכרם כר' יוסי ור"ש לא אתיא אלא כת"ק דידהו דהיינו כר"מ דסתם משנה ר"מ היא וא"ת ומאן תנא דפליג אדר"מ בדינא דגרמי דרבי יוסי ור"ש לא פליגי אלא משום דאין אדם אוסר דבר שאין שלו ורבנן דפליגי אדר"ש בדבר הגורם לממון ליכא למימר דיש חילוקין כדפרישית במרובה (לעיל דף עא:[י]) וי"ל דההוא תנא דפרק המניח (לעיל דף לג:) דקתני שחטו ונתנו במתנה מה שעשה עשוי פליג אר"מ דמשמע דיש לפטור יותר בשורף שטרותיו מבשחטו ולמאן דדאין דינא דגרמי אמר לעיל דמגבי ביה דמי שטרא מעליא: אומר

מסורת הש"ס

א) [לעיל לח: כתובות פו.], ב) סנהדרין ו. לג. לקמן קיז: בכורות כח:, ג) כלאים פ"ז מ"ד וה' יבמות פג., ד) ב"ב ב. [וש"נ], ה) בפ' אלו מציאו' דף ל: פי' רש"י בית חייהם ללמוד להן אומנות להתפרנס בו וחוקות ותורות כתיבי ברישא דקרא, ו) [ד"ה לפנים], ז) מיותר, ח) [ד"ה שעירבן], ט) [ד"ה השתא], י) [ד"ה וסבר].

הגהות הב"ח

(א) תוס' ד"ה טיהר וכו' דר"מ היא דדאין וכו': (ב) בא"ד מיהו קשה מטיהר את הטמא כצ"ל: (ג) בא"ד והא דבעי הכא לאוכוחי דר"מ דדאין וכו': (ד) בא"ד ואין זה אלא גרס: (ה) ד"ה מחילת וכו' שאין זה משנה:

גליון חש"ס

תוס' ד"ה מחיצת וכו' מכח ההיא משנה דהמסכך. עי' לקמן דף קטז ע"ב תוס' ד"ה ל"ל הכ':

עין משפט נר מצוה

עט א מיי' פ"י מהל' שכירות הלכה ה סמג עשין פט טוש"ע ח"מ סי' שו סעיף ו:

פ ב מיי' פ"ז מהל' חובל ומזיק הלכה יא ועיין בהשגות ובמ"מ סמג עשין ע טוש"ע ח"מ סי' שפו סעיף א:

פא ג ד מיי' פ"ו מהלכות סנהדרין הלכה ד סמג עשין לו טוש"ע ח"מ סי' כה סעיף ד:

פב ה מיי' פ"ז מהל' כלאים הלכה יז סמג לאוין רפ טוש"ע י"ד סי' רצו סעיף מז:

ליקוטי רש"י

בית חייהם. ללמוד להם אומנות להתפרנס בו חוקות ותורות כתיבי ברישיה דקרא [ב"מ ל:]. אחוי. הראה [כתובות עז:]. דדאין דינא דגרמי. המחייב את הגורם הפסד לחבירו [שם פו.]. וישלם מביתו. דאדבורא בעלמא חייב [לקמן קיז:]. והוא שנטל ונתן ביד. שנטל הוא המעות ממנו בידו ופרעו לבעל דין [בכורות כח:]. קידש. לשון פן תקדש (דברים כב) אסר תבואת חברו וחייב לשלם [יבמות פג.]. מחיצת הכרם. שסמוך לשדה הלבן של חבירו [ב"ב ב.].

אומר לו גדור נפרצה אומר לו גדור נתייאש ממנה ולא גדרה ה"ז קידש וחייב באחריותו:

מתני' [א] הנותן צמר לצבע והקדיחו יורה נותן לו דמי צמרו צבעו כאור אם השבח יתר על היציאה נותן לו את היציאה ואם היציאה יתירה על השבח נותן לו את השבח [ג] לצבוע לו אדום וצבעו שחור שחור וצבעו אדום רבי מאיר אומר נותן לו דמי צמרו ר' יהודה אומר [ב] אם השבח יתר על היציאה נותן לו את היציאה ואם היציאה יתירה על השבח נותן לו את השבח:

גמ' מאי כאור אמר ר"נ אמר רבה בר בר חנה כלבוש מאי כלבוש אמר רבה בר שמואל כפרא

רש"י

גדור. שלא יוסיף התבואה אחד ממאתים בעוד המחיצה פרוצה ותאסר: נתייאש ולא גדרה. ובתוך כך הוסיף הזרע אחד מן המאתים שהיו בה בהיתר: [אן] הרי זה קידש. ואין בטל אלא באחד ומאתים וכאן יש קנ"ט מן ההיתר וחד באיסור: מתני' והקדיחו יורה. שרפתו יורה שהרתיחו יותר מדאי: נותן לו דמי צמרו. והכא ליכא שבחא כלל דהא נשרף לגמרי וליכא למימר אם השבח יותר: צבעו כאור. כמו כעור בגמ' מפרש שצבעו בשירי צבע ומזיק בכוונה הוא לפיכך ידו על התחתונה דברי הכל: ואם השבח. שהשביח הצמר יתר על היציאה של צבע: נותן לו. לצבע את היציאה ולא שכר שלם ומקבל צמרו ודמי צמרו לא אמר דניתיב דלקני איהו שבחא דצמר דהא בצבע שהתנה עמו צבע וליכא שנויא דנקנייה: לצבוע לו אדום כו'. קני בשינוי לר"מ ולא יהיב ליה אלא דמי צמרו אבל לא דמי שבחו או זה יתן שכרו משלם ויקח הצמר: ר' יהודה אומר כו'. דקניס ליה להאי דשינה להיות ידו על התחתונה ולא נתהני משבחא ואגרא נמי כוליה לא ישקול אלא יציאה ואם יציאה יתירה על השבח יתן לו את השבח שהשביח את הצמר ואם ירצה לתת את שכרו כגון שהשבח יותר על השכר יתן שכרו: גמ' כפרא

תוספות

אומר לו גדור. פי' לבעל הכרם דהוא המזיק דד' אמות שאמרו להרחיק הוא בשביל עבודת הכרם כדתנן בלא יחפור (ב"ב דף כו. ושם) לא יטע אדם אילן סמוך לשדה חבירו אא"כ הרחיק ממנו ד' אמות אחד גפנים ואחד כל אילן ומפרש בגמ' ד' אמות שאמרו כנגד עבודת הכרם ואפילו ר' יוסי דאמר התם על הניזק להרחיק את עצמו הא א"ר אשי התם מודה ר"י בגירי דיליה והכא גירי דבעל כרם הם דחשדינן ליה שלא יביא מחרישתו בשדה חבירו לפיכך צריך לעשות כותל או להרחיק ארבע אמות והא דנקט אומרין לו גדור ולא נקט חייב לגדור נראה לר"י לפי שצריך להתרות בו ואם לא התרו בו לגדור אין חייב באחריותו ולהכי נקט נמי תרי זימני נפרצה אומר לו גדור דאף פעם שנית דנפרצה צריך להתרות בו ואם לא התרו בו לגדור אין חייב באחריותו שאין סבור להיות חייב לגדור כל שעה שנפרצה ונפרצה פעם שלישית מספקא לר"י אם צריך להתרות בו בכל פעם או שמא סגי בתרי זימני ור"ת מפרש דלהכי נקט תרי זימני לאשמועינן שאם יש תוספת מאתים בין מה שהוסיף כשנפרצה ראשונה ובין מה שהוסיף כשנפרצה שניה דאין מצטרפין לאסור דקמא קמא בטלה ודוקא כשיש הפסק בינתיים אבל בעלמא כלאים נאסרין במאתים [ג] ולא אמרינן כל פורתא כשהוא גדל מתבטל והא דאמר בפ' בתרא דע"ז (דף עג. ושם [ד]) המערה יין נסך מחבית לבור אפילו כל היום כולו קמא קמא בטל מפרש ר"ת בדפסיק פסוקי אבל אם מערה בלא הפסק אסור מידי דהוה אכלאים הנאסרין בתוספת מאתים לפי שגדל בלא הפסק והא דאמר בבמה אשה (שבת דף סה: ושם [ה]) שמואל עביד לבנתיה מקוואות ביומי ניסן כו' שמא ירבו הנוטפים על הזוחלים היינו שמא ירבה בלא הפסק וכן בפרק הנודר מן הירק (נדרים דף נז:) גבי בצל שעקרו בשביעית ונטעו בשמינית ורבו גידוליו על עיקרו מותר ולא אמרינן קמא קמא בטיל לפי שגדל בלא הפסק ורבי יוחנן גופיה דקאמר בפרק בתרא דע"ז (דף עג. ושם) ראשון ראשון בטל אית ליה התם בנדרים דגידולי היתר מעלין את האיסור ור"י בן רבינו מאיר פירש בתוספתא בנדרים דבצל וכלאים וגבי נוטפין דווסתן בכך ליגדל מעט מעט לא בטיל קמא קמא כמו ביין נסך דהתם לא שייך למימר הכי אבל קשה דאמר בפ' הערל (יבמות דף פב: ושם [ו]) נתן סאה ונטל סאה עד רובו וברובו מיהא מיפסל ולא אמר קמא קמא בטיל וי"ל דהתם במי פירות איירי דהחמירו טפי וא"ת אי במי פירות איירי היכי מדמה לה לתרומה דרבנן דמי פירות דפסולין דאורייתא כדממעט בפרק כיסוי הדם (חולין דף פד. ושם) מדכתיב מים יתירא והיאך יהיו כשרים במחצה על מחצה דאורייתא וי"ל בדוחק דאע"ג דמיפסלי מדאורייתא מחצה על מחצה כשרים להטביל בהם מחטין וצינוריות דאין צריכין ארבעים סאה מדאורייתא אלא מדרבנן ומיהו אכתי קשה מהא דמסיק רב דימי בפרק שלישי דבכורות (דף כב. ושם [ז]) גבי הלוקח ציר מעם הארץ משיקו במים והוא טהור אי רובא מיא ניינהו סלקא להו השקה ואי רובא ציר ניינהו לא בעי השקה דמים בטלים בציר ומסיק לא שנו אלא לטבל בו פיתו אבל לקדירה לא דמצא מין את מינו וניעור אלמא התם אע"ג שהיו כבר מבוטלות חוזרות וניעור בתוך הקדירה וכל שכן דלא אמרינן קמא קמא בטיל וי"ל דהתם חומרא הוא שהחמירו גבי טומאה דאע"ג דפסיק פסוקי לא בטלה ואע"ג דבכמה דברים איסור חמור מטומאה כדאמרינן בפרק כיסוי הדם (חולין דף פו: ושם) אם אמרו ספק טומאה לטהר יאמרו ספק איסור להתיר התם החמירו חכמים בטומאה יותר ואין ראיה משמעתא בתרייתא דנדה (דף עא: ושם) דמחלק גבי דם תבוסה בין פסק ללא פסק דשאני דם תבוסה דרבנן ויש להקל בו יותר ומהא דאמר בפ' כיסוי הדם (חולין דף פז. ושם [ח]) ובפרק התערובת (זבחים דף עז: ושם [ט]) גבי הא דתנן דם שנתערב במים אם יש (א) מראית דם בו כשר וקאמר בגמ' לא שנו אלא כשנפלו מים לתוך דם אבל דם שנתערב במים ראשון ראשון בטל התם בלא שינויא שפיר אתי שפיר דהתם גבי דם היינו טעמא דכיון שנדחה שוב אין נראה שכן הוא הדין בכל דבר הקרב ואפילו למ"ד אין דיחוי בבעלי חיים בשחוטין יש דיחוי וכן מוכח בפרק כיסוי הדם (חולין דף פז: ושם) דטעמא משום דיחוי הוא דמסיק בתר הכי ולענין כיסוי אין בו דיחוי דאין דיחוי אלא מצות מכלל דלענין דם הוי טעמא משום דיחוי ואין להקשות מהא דאמר בפרק נוטל (שבת דף קמב.) סאה תרומה שנפלה למאה של חולין ולא הספיק להעלותה עד שנפלה אחרת לא תעלה ולא אמרינן ראשון ראשון בטל אע"ג דנפל ע"י הפסק דהתם צריך להרים ובענין אחר אין ק' סאה שנפלה בהן מתירין ולא שייך התם ראשון ראשון בטל:

נתייאש ממנה ולא גדרה. דוקא נתייאש אבל אם לא נתייאש ועוסק כל שעה לגדור אע"פ שהוסיף מאתים מותר כדתנן במס' כלאים (פ"ה מ"ו) הרואה ירק בתוך כרמו ואמר כשאגיע שם אלקטנו מותר לכשאחזור שם אלקטנו והוסיף מאתים אסור אלמא כשהוא מחזר אחר לקיטתו כל שעה אפילו הוסיף מאתים מותר וטעמא י"ל משום דכתיב לא תזרע כרמך משמע זריעה דניחא ליה: חייב באחריותו. אע"ג דהיזק שאין ניכר לא שמיה היזק נראה לר"י דהא חשיב היזק ניכר שהרי ניכר שהוא כלאים כשרואה הגפנים בשדה אבל מטמא טהרות חבירו אע"פ שרואין השרץ על הטהרות לא חשיב היזק ניכר דמי יודע אם הוכשרו אבל אין לומר הכא נמי הוי היזק שאין ניכר וקנסוהו כמו במטמא שלא יהא כל אחד הולך ומטמא טהרותיו של חבירו דהכא ליכא למיחש כיון שבעל כרם נמי מפסיד ועוד [ס] אי קנס הוא במזיד דוקא היה לו להתחייב: אם השבח יתר על היציאה. מפרש בירושלמי מהו השבח יתר על היציאה בר נש דיהיב לחבריה חמש מנוי עמר וחמש מנוי סממנין ועשרה מנוי אגרא ואמר ליה זיל צבעיה סומקי ואזל וצבעיה אוכם א"ל אילו צבעתיה סומקא הוה שוה עשרים וחמש מנוי השתא דצבעתיה אוכם לית הוא שוי אלא עשרים מנוי את אבדת דידך ואנא לא אבדנא דידי עד כאן לשון הירושלמי בפירקא ואור"י דהכי [י] פי' דרבי יהודה לפי הירושלמי אם השבח שהושבח הצמר יותר על ט"ו מנים והיתר על ט"ו [א] מנים קרי שבח יתר על הוצאה והוצאה קרי עשרה מנים של שכר הצבע שמוציא הצבע וטורח ויהיה בשכרו י' מנים דהשתא אם השבח יותר מי' מנים שהם יציאה נותן לו היציאה דהיינו י' מנים ולא יתן לו יותר ואם היציאה יתירה על השבח שלא הושבח על ט"ו מנים אלא ד' או ה' יתן לו השבח מה שהושבח על ט"ו ואין נותן לו כל י' מנים שהתנה עמו דא"ל את אפסדת דידך ואנא לא אפסדנא דידי ויש ליתן טעם לדברי הירושלמי למה לא יהיה כאן הדין כמו [כ] בנוטע שלא ברשות דנעשה כאן כאילו כן התנה עמו א"נ קנסא הוא משום דשינה ממה שצוה לו ומיהו אם השבח יתר על היציאה דתנן גבי צבע כעור לא הוי פירוש כי ההיא דירושלמי כי איך יהיה השבח של צבע כעור יותר משבח של צבע גמור וגבי כשא כעור דגמרא אפשר ודאי שיהא טוב מן הנאה כגון שהנאה אין חזק כמו הכעור ע"י כך דמי הכעור יתירה על הנאה ואין לשון ירושלמי משמע כפי' ר"י שהרי משמע שבא לפרש מהו אם השבח יתר על היציאה ולדברי ר"י הוא מפרש היציאה יתירה על השבח והר"ר אלחנן פי' בע"א ולא מצאתי כתוב [ל]:

הא

עין משפט נר מצוה

פג א ב מיי' פ"י מהל' שכירות הלכה ד ועיין בהשגות ובמ"מ סמג עשין פט טוש"ע ח"מ סי' שו סעיף ג:

הגהות הב"ח

(א) תוס' ד"ה אומר וכו' אם יש בו מראית דם כשר:

הגהות הגר"א

[א] תוס' ד"ה אם כו' ט"ו מנים קרי שבח (יתר על הוצאה) תא"מ (וכן מחקו רש"ל):

ליקוטי רש"י

אומר לו. לבעל הכרם גדור אתה שלא יאסרו גפניך את תבואת השדה משום כלאים לפי שסמך בעל השדה את זרעיו סמוך לגדר כדתנן בפרק שני (דף כו.) היה גדר בינתים זה סומך לגדר מכאן את אילנותיו וזה סומך לגדר את זרעיו מכאן וכשאין שם גדר תנן בפ' שני לא יטע אדם אילן סמוך לשדה חבירו אא"כ הרחיק ממנו ד' אמות כדי עבודת הכרם דבהכי הוי כלאים. נפרצה אומר לו. לגדור. קידש. התבואה אם הוסיף מאתים לישנא דקרא נקט (דברים כב) פן תוקדש [ב"ב ב:]. וחייב באחריותו. והיינו גרמא דגרם לאסור תבואתו של חבירו [בכורות כח:]. והקדיחו יורה. נתקלקל הצבע מעצמו [לעיל צט.]. נותן לו דמי צמרו. כדמעיקרא ואע"פ דמהשתא שוי טפי לצריכים צמר אדום [לעיל צה.]. בדמים שצמר לבן נמכר בשוק דקנייה בגזלו לשלם כשעת הגזילה [ב"מ עח:]. דמי צמר לבן כמו שמסר לו דקנייה בשינוי ונתחייב מעות [ב"מ קיז:] נותן לו צבע זה דמי צמר לבן כבתחילה אם ירצה דסבירא ליה לר"מ כל המשנה מדעת בעליו נקרא גזלן וקנאו בשינוי וכדמפרש בבבא קמא בהגוזל עצים ונוטל הצמר לעצמו אע"פ שהוא מעולה עכשיו בדמים [ע"ז ז.]. ר' יהודה אומר. אם כן תחייבו נמצא זה נהנה שזה הביאו לו מן השוק אלא מחזיר לו את הצמר כמות שהוא לצבוע וידו על התחתונה [ב"מ קיז:]. א"כ נמצא זה משתכר בשינויו אלא ידו על התחתונה [עבודה זרה ז.]. אם השבח. שהשביח הצמר יתר על היציאה שהוציא צבע זה בסממנין ועצים ושכר טרחו כשאר שכיר יום [ב"מ שם]. שהוציא הצבע נותן לו בעל הצמר את היציאה [עבודה זרה שם]. היציאה. ולא מה שראוי בקבלנות דהוי טפי [ב"מ שם] סמנים ועצים ושכר פעולה כשכיר יום ולא שכר שלם כמו שהתנה עמו [ע"ז שם].

מסורת הש"ס

א) לעיל לח:, ב) [לעיל לה. לה: לקמן קב.] ב"מ עח: קיז: ע"ז ו: [וע"ש ז. בתוס' ד"ה ר"מ], ג) [ספ"ז דכלאים], ד) [ד"ה כין], ה) [ד"ה שמא], ו) [ד"ה אמר], ז) [ד"ה יתיב], ח) [ד"ה רואין], ט) [ד"ה רואין], י) כ' מהרנ"ש וז"ל בקצרה הר"י בא לפרש התיבות אם השבח יתר על ההוצאה ומציין תחלה אם השבח ומפ' והיתר על ט"ו מנים קרי שבח ואח"כ מציין יתר על ההוצאה ומפ' והוצאה קרי ובזה א"ש לשון התוס' וא"צ למחוק תיבות יתר על היציאה שמחק מהרש"ל. העתק מחילופי גרסאות, כ) כתובות פ. ב"מ קא., ל) עיין בהגהות הרא"ש.

גליון הש"ס

תוס' ד"ה חייב וכו' אי קנס הוא במזיד דוקא. ק"ל הא הברייתא מוקמינן כר"מ ור"מ הא סבור בדרבנן קנסו שוגג אטו מזיד וא"כ י"ל דסבר כת"ק דר"ע דמקיים כלאים לא הוי דאורייתא והיא דמסכך גפנו י"ל במזיד דהרי תוס' לא הקדימו קושייתם אהיא דהמסכך (למה) [אלא] בהא דנתייאש משמע אף בשבח וא"כ קשה כנ"ל והיינו מרויחים בזה קושית תוס' ד"ה מחילת כרם די"ל דמוכח דהברייתא כר"מ מדקניס גם בשוגג:

הגהות מהר"ב רנשבורג

אן רש"י ד"ה הרי זה קידש וכו' ומאתים וכאן כו'. עיין רש"י ותוס' בחולין דף לט ע"ב ד"ה לא במאה ובשבת דף קמב ע"א בתוס' ד"ה שנפלה ודוק היטב:

בעל התבואה **אוֹמֵר לוֹ** לבעל הכרם: "**גְּדוֹר** את הפירצה[1], כדי שלא תוסיף תבואתי אחד ממאתיים בעוד המחיצה פרוצה ותאסר משום כלאים!"[2] **נִפְרְצָה** שוב המחיצה, **אוֹמֵר לוֹ** שוב: "**גְּדוֹר!**"[3] **נִתְיָיאֵשׁ** בעל הכרם **מִמֶּנָּה** (מן הפירצה במחיצה) **וְלֹא גְּדָרָהּ**, ובתוך כך הוסיף הזרע אחד ממאתיים, **הֲרֵי זֶה קִידֵּשׁ** (אסר) את הזרע בהנאה[4], **וְחַיָּיב בְּאַחֲרָיוּתוֹ**, כלומר, חייב לשלם לחבירו את דמי תבואתו. במקרה זה לא עשה בעל הכרם שום מעשה בידים, אלא שסירב מלגדור. אף על פי כן, רבי מאיר (שהוא התנא של ברייתא זו[5]) סובר שחייב לשלם, משום שגרם באופן ישיר לאסור את תבואת חבירו. מכאן, שרבי מאיר דן דין 'גרמי'[6].

משנה המשנה ממשיכה בדיני אומן שקלקל:

הַנּוֹתֵן צֶמֶר לְצַבָּע כדי שיצבענו, **וְהִקְדִּיחוֹ יוֹרָה** — ונשרף הצמר בדוד שעל האש[7], הַצַּבָּע **נוֹתֵן לוֹ** לבעל הצמר את **דְּמֵי צַמְרוֹ**[8].

צְבָעוֹ כָּאוּר (כעור[9]), כלומר, האומן צבע את הצמר בצֶבע כעין שהותנה עמו אלא שאינו נאה כל כך[10], הדין הוא שהאומן אינו מקבל את שכרו המלא[11], אלא ידו על התחתונה: **אִם הַשֶּׁבַח** שהושבח הצמר על ידי הצֶבע **יָתֵר עַל הַיְצִיאָה** (ההוצאות) של הצביעה, בעל הצמר **נוֹתֵן לוֹ** רק **אֶת הַיְצִיאָה**[12]; **וְאִם הַיְצִיאָה** של הצביעה **יְתֵירָה עַל הַשֶּׁבַח** של הצמר,

---

הערות

1. [יש גורסים בברייתא: "**אומרים** לו גדור" (וכן הוא לפנינו בתוספתא ג, ד), דהיינו, בית דין מַתרים בבעל הכרם וקובעים לו זמן לגדור (רבינו גרשום בבא בתרא שם; ועיין מאירי שם). עיין גם רמב"ם הלכות כלאים ז, יז.]

2. רש"י כאן ובבא בתרא ב, א ד"ה אומר לו (ראה לעיל עמוד א סוף הערה 22). חובת תיקון המחיצה חלה על בעל הכרם דוקא. שכן אף על פי שאיסור הכלאים נובע מערבוב שני המינים, הלא הטעם שהם נחשבים "מעורבבים" אפילו כשנמצאים זה בצד זה, הוא משום שארבע האמות הסמוכות לכרם נצרכות לעבודת הכרם וחשובות כ"כרם" (ראה שם הערה 27). לפיכך דנים כאילו הכרם הוא שנכנס בתחומם של הזרעים ולא להיפך, ועל כן בעל הכרם נחשב ה'מזיק' בענין זה (עיין רש"י בבא בתרא שם; ועיין רמב"ן ורשב"א ומאירי שם, שנוקטים שהגפן גורמת את התערובת משום שגידוליה מתפשטים לעבר התבואה; עיין עוד קובץ שיעורים שם יב-יג; שיעורי רבי שמואל שם אות כח-כט; שיעורי רבי נחום שם). לדעת ראשונים אחרים, הטעם שאומרים לבעל הכרם לגדור אינו משום כלאים [שכן בזה שותף גם בעל התבואה], אלא מפני שיש חשש שמא יזיק במחרשתו את התבואה בזמן העבודה בכרמו — ראה משנה בבא בתרא כו, א (תוספות כאן ובבא בתרא שם, ותוספות רי"ד שם). עיין דעה נוספת בשיטה מקובצת בשם רבינו יהונתן והרמ"ה; עיין גם מאירי בבא בתרא בשם יש מפרשים.

כפי שיבואר להלן, בעל הכרם אחראי לאיסור הכלאים משום דין 'גרמי'. וכתבו ראשונים שלפיכך צריך להתרות בו תחילה ולומר לו "גדור", שכן אין חייבים לשלם על מעשה נזק של 'גרמי' בשוגג; ואם לא יזהירוהו, יוכל לטעון שהיה סבור שחובת הגידור היתה על שניהם (תוספות כאן ובבבא בתרא שם; עליות דרבי יונה בבא בתרא שם; רמב"ן בקונטרס דיני דגרמי בשם יש אומרים). ויש חולקים וסוברים שחייבים על 'גרמי' אף בשוגג או באונס, ומה שצריך להתרות בבעל הכרם, אינו מפני שאם לא התרו בו לא יתחייב, אלא שאין הזרעים נאסרים אלא אם כן התרו בו, משום שכלאים נאסרים רק במקרה שהאדם רוצה בתערובת (ראה להלן הערה 4), ומן הסתם אין נֹחַ לו שיתערב כרמו בתבואת חבירו, ודעתו לגדור (רמב"ן שם). [אכן מדברי התוספות הנ"ל משמע שהתבואה נאסרת אפילו ללא התראה, אלא שבעל הכרם לא יתחייב לשלם. כנראה שהם סוברים שמן הסתם נח לו בתערובת האסורה (עיין שיעורי רבי אלחנן בבא בתרא סימן ב; שיעורי רבי שמואל שם אות לה ד"ה ובדעת).]

מחלוקת זו אם חייבים על גרמי בשוגג תלויה במהות החיוב של גרמי: הדעה הראשונה סוברת שאינו אלא קנס חכמים (עיין תוספות לעיל נד א ד"ה חמור, ולעיל עא, ב סד"ה וסבר, ובבבא בתרא כב, ב סד"ה זאת אומרת), ולא קנסו אלא במזיד ולא בשוגג. הדעה השניה סוברת שגרמי חייב מן הדין, והריהו כאדם המזיק שחייב אפילו באונס (רמב"ן שם; עיין עוד ש"ך חשן משפט שפו, א ו-ו; וראה לעיל צט, ב הערות 62-63).

3. ההתראה הראשונה אינה מספיקה, שכן יתכן שבעל הכרם סבור שדי לו לגדור פעם אחת ושוב אינו זקוק לתקנו (תוספות; ועיין שם שנסתפקו אם צריך להתרות בו שוב במקרה שהמחיצה נפרצה פעם שלישית, או שמא די בשתי הפעמים הראשונות שהודיעוהו שמחובתו לגדור כל שעה).

4. התבואה נאסרת רק אם "נתייאש" בעל הכרם מלגדור, אבל אם היה מתעסק כל הזמן לגדור מהרגע שנודע לו על הכלאים, אפילו אם לא הספיק לעשות כן עד שהוסיפה התבואה מאתיים, אינה נאסרת — ראה משנה כלאים ה, ו. דין זה נלמד מן הפסוק (דברים כב, ט) "לֹא תִזְרַע כַּרְמְךָ כִּלְאָיִם, פֶּן תִּקְדַּשׁ הַמְלֵאָה וכו' ". הקיש הכתוב כלאים שמשעת הזריעה ("לֹא תִזְרַע"), לכלאים שנוצרו אחרי הזריעה, כגון שנזרעו שני המינים לחוד ואחר כך נתערבו ("הַמְלֵאָה"; ראה לעיל עמוד א הערה 22). כשם שזריעת כלאים אינה אוסרת אלא כשהיא מדעת האדם [שכן הלשון "תִזְרַע" משמע מדעתך (חינוך מצוה תקמט)], כך כלאי הכרם בגידולים שאחרי הזריעה אינם נאסרים אלא כשנֹח לו לאדם בכך (תוספות כאן ובבא בתרא ב, ב ד"ה נתייאש; רמב"ן שם; ר"ש כלאים ז, ד; ועיין שיעורי רבי אלחנן בבא בתרא סימן ב; שיעורי רבי שמואל שם אות לט; מנחת שלמה חלק ב, קב).

5. אף על פי שברייתא השנויה 'סתם' אינה בהכרח מדברי רבי מאיר (רק בייחס למשניות נאמר כלל זה; ראה לעיל עמוד א הערה 17) — ברייתא זו בודאי הולכת בשיטתו, שכן מבואר בה שאדם יכול לאסור תבואת חבירו משום כלאים, והיינו כשיטת רבי מאיר המובאת 'סתם' במשנה דלעיל. לדעת שאר התנאים (רבי שמעון ורבי יוסי), אין אדם אוסר דבר שאינו שלו (ראה שם הערה 22), ואם כן אפילו אם נתייאש בעל הכרם מלגדור, התבואה אינה נאסרת (תוספות לעיל שם ד"ה מחיצת).

6. היינו, כיון שבעל הכרם חייב לגדור [אם משום שהכלאים הם בעיקר בגלל כרמו (לדעת רש"י לעיל הערה 2), או מפני שהוא יכול להזיק את התבואה במחרשתו (לדעת תוספות שם)], ולא גדר, וכתוצאה מהימנעותו מלגדור חל איסור כלאים — נחשב הדבר שהוא גרם לערבוב כרמו עם התבואה, וחייב מדין 'גרמי' (עיין קהילות יעקב בבא בתרא סימן ג).

[כאמור לעיל (עמוד א הערה 25), איסור כלאים נחשב היזק של גרמי ולא גרמא, משום שהוא 'ברי היזקא' ובא מיד בשעת הערבוב. אמנם בעניננו צריך להוסיף, שאף על פי שהאיסור חל על ידי הימנעות בעל הכרם מלגדור, מכל מקום נחשב הדבר כ"עושה בעצמו מעשה ההיזק בגוף הממון של חבירו" (ראה לעיל עמוד א הערה 9); שכיון שהאיסור חל רק מפני שנתייאש מלגדור (כמו שנתבאר לעיל הערה 4), הרי זה כמעשה (עיין רא"ש לעיל סימן יג, אור זרוע סימן קלז). אמנם אין זה נחשב מעשה גמור להיחשב 'מזיק בידים', שמחשבת "רצון" בלבד אינה נחשבת מעשה היזק ממש (ראה לעיל עמוד א סוף הערה 9 לענין מזיק על ידי דיבור; עיין עוד קובץ שיעורים קכט, שיעורי רבי אלחנן בבא בתרא סוף סימן ב, שיעורי רבי שמואל שם אות לג).]

הראשונים דנים למה אין אומרים שבעל הכרם חייב מצד 'ממון המזיק' [אפילו לפי מי שאינו דן דין גרמי], שהרי גפניו הם שאוסרים את התבואה, וכיון שלא שמר עליהם כראוי (על ידי גידור הפירצה) יתחייב לשלם, כמו בשורו שהזיק? הרמב"ן מבאר (קונטרס דיני דגרמי), שכיון שכאמור התערובת בלבד אינה אוסרת, אלא האיסור הוא מפני שנתייאש, נמצא שהנזק מתייחס אל **בעל** הכרם ולא לגפנים עצמם (עיין שם תירוץ נוסף בשם יש אומרים; ועיין שיעורי רבי שמואל שם אות לב ו-לד; מנחת שלמה חלק א, פט).

7. [צביעת הצמר היתה נעשית על ידי הרתחתו ביורה עם סממני צבע.] במקרה זה, הצַבע הרתיח את הדוד יותר מן הראוי, וכך נתקלקל הצמר (רש"י).

[הגמרא לעיל צט, א דנה אם כוונת המשנה היא שהצמר התקלקל מיד (מרוב החום) עם נתינתו ליורה — כך שהצמר לא הספיק כלל להשביח — או שמא מדובר בכגון שהצמר הושבח תחילה בצבע, ורק אחר כך נתקלקל (מחמת שהושאר בדוד יותר מדי זמן). ראה שם את הבסיס ההלכתי לשאלה זו; ועיין ש"ך חשן משפט שו, ד ונתיבות המשפט שם אות ה.]

8. משום שהאומן פשע כשלא נזהר מלהקדיח את הצמר, והרי זה כדין "אומן שקלקל" במשנה לעיל צח, ב [ראה שם בהערה 31 מחלוקת ראשונים אם חיובו מצד 'אדם המזיק' או מדיני שומרים] (ראב"ד). ויש מי שאומר שמקרה זה הוא כמו טבח אומן שקלקל בשחיטה (לעיל צט, ב), וחייב לשלם משום שהוא שומר שכר (נמוקי יוסף). [לשיטתו, האומן אינו נחשב פושע בעניננו, ולכן חייב רק אם נוטל שכר (ראה לעיל צט, ב הערה 20; ועיין קובץ שיעורים אות קמו).]

המשנה אינה דנה כאן על גובה הסכום שהצַבע מקבל עבור השבחת הצמר [כמו במקרים הבאים במשנה], שכן במקרה זה הצמר נתקלקל לגמרי ולא היה שום שבח (רש"י).

9. רש"י; ועיין הערוך ערך כאור, ובהפלאה שבערכין שם.

10. [הגמרא תפרש כיצד בדיוק מדובר] עיין רש"י ד"ה צבעו וד"ה נותן לו.

בניגוד למקרה הקודם, הצבע הכעור מוסיף מעט לערכו של הצמר, אולם שבח זה קטן במדה ניכרת מאשר השיעור שהיה הצמר משביח אילו נצבע בצבע משובח כפי שהאומן היה צריך לעשות (רבינו יהונתן בשיטה מקובצת).

11. רש"י ד"ה נותן לו (ראה הערה הבאה; וראה עוד להלן סוף הערה 15).

12. ה"הוצאות" הן מה ששילם הצַבע עבור סממני הצבע ועבור העצים להבערת האש מתחת היורה. כמו כן, נכלל בזה שכר טרחתו של הצַבע, [אך לא השכר המלא שפסקו עמו כקבלן, אלא] כפי שמשלמים לשכירי יום על עבודה כזאת (רש"י בבא

אומר לו גדור נפרצה אומר לו גדור נתייאש ממנה ולא גדרה ה"ז קידש וחייב באחריותו:

מתני' א) א הנותן צמר לצבע והקדיחו יורה נותן לו דמי צמרו צבעו כאור אם השבח יתר על היציאה נותן לו את היציאה ואם היציאה יתירה על השבח נותן לו את השבח ג) לצבוע לו אדום וצבעו שחור שחור וצבעו אדום רבי מאיר אומר נותן לו דמי צמרו ר' יהודה אומר ב אם השבח יתר על היציאה נותן לו את היציאה ואם היציאה יתירה על השבח נותן לו את השבח:

גמ' מאי כאור אמר ר"נ אמר רבה בר בר חנה כלבום מאי כלבום אמר רבה בר שמואל כפרא

רש"י

גדור. שלא יוסיף התבואה אחד ממאתים בעוד המחילה פרוצה ותאסר: **נתייאש ולא גדרה.** ובתוך כך הוליא הזרע אחד מן המאתים שהיו בה בהיתר: אן **הרי זה קידש.** ואין בטל אלא באחד ומאתים וכאן יש קנ"ט מן ההיתר וחד באיסור: **מתני' והקדיחו יורה.** שרפתו יורה שהרתיחו יותר מלאי: **נותן לו דמי צמרו.** והכא ליכא שבחא כלל דהא נשרף לגמרי וליכא למימר אם השבח יותר: **צבעו כאור.** כמו כעור בגמ' מפרש שצבעו בשירי צבע ומזיק בכוונה הוא לפיכך ידו על התחתונה דברי הכל: **ואם השבח.** שהשביח הצמר יותר על היציאה של צבע: **נותן לו.** לצבע את היציאה ולא שכר שלם ומקבל צמרו ודמי צמרו לא אמר דניתיב דלקני איהו שבחא דלמר דהא בצבע שהתנה עמו לצבע וליכא שנויא דנקנייה: **לצבוע לו אדום כו'.** קני בשינוי לר"מ ולא יהיב ליה אלא דמי צמרו אבל לא דמי שבחו או זה יתן שכרו משלם ויקח הצמר: **ר' יהודה אומר כו'.** דקניס ליה להאי דשינה להיות ידו על התחתונה ולא נתהני משבחא ואגרא נמי כוליה לא ישקול אלא יציאה ואם יציאה יתירה על השבח יתן לו את השבח שהשביח את הצמר ואם ירצה לתת את שכרו כגון שהשבח יותר על השכר יתן שכרו: **גמ'** כפרא

תוספות

אומר לו גדור. פי' לבעל הכרם דהוא המזיק דד' אמות שאמרו להרחיק הוא בשביל עבודת הכרם כדתנן בלא יחפור (ב"ב דף כו. ושם) לא יטע אדם אילן סמוך לשדה חבירו אא"כ הרחיק ממנו ד' אמות אחד גפנים ואחד כל אילן ומפרש בגמ' ד' אמות שאמרו כנגד עבודת הכרם ואפילו ר' יוסי דאמר התם על הניזק להרחיק את עצמו הא א"ר אשי התם מודה ר"י בגירי דיליה והכא גירי דבעל כרם הם דחשדינן ליה שלא יביא מחרישתו בשדה חבירו לפיכך צריך לעשות כותל או להרחיק ארבע אמות והא דנקט אומרין לו גדור ולא נקט חייב לגדור נראה לר"י לפי שצריך להתרות בו ואם לא התרו בו לגדור אין חייב באחריותו ולהכי נקט נמי תרי זימני נפרצה אומר לו גדור דאף פעם שנית דנפרצה צריך להתרות בו ואם לא התרו בו לגדור אין חייב באחריותו שאין סבור להיות חייב לגדור כל שעה שנפרצה ונפרצה פעם שלישית מספקא לר"י אם צריך להתרות בו בכל פעם או שמא סגי בתרי זימני ור"ת מפרש דלהכי נקט תרי זימני לאשמועינן שאם יש תוספת מאתים בין מה שהוסיף כשנפרצה ראשונה ובין מה שהוסיף כשנפרצה שניה דאין מצטרפין לאסור דקמא קמא בטלה ודוקא כשיש הפסק בינתיים אבל בעלמא כלאים נאסרין במאתים ג) ולא אמרינן כל פורתא כשהוא גדל מתבטל והא דאמר בפ' בתרא דע"ז (דף עג. ושם ד) המערה יין נסך מחבית לבור אפילו כל היום כולו קמא קמא בטל מפרש ר"ת בדפסיק פסוקי אבל אם מערה בלא הפסק אסור מידי דהוה אכלאים הנאסרין בתוספת מאתים לפי שגדל בלא הפסק והא דאמר בבמה אשה (שבת דף סה: ושם ה) שמואל עביד לבנתיה מקוואות ביומי ניסן כו' שמא ירבו הנוטפים על הזוחלים היינו שמא ירבה בלא הפסק וכן בפרק הנודר מן הירק (נדרים דף נז:) גבי בצל שעקרו בשביעית ונטעו בשמינית ורבו גידוליו על עיקרו מותר ולא אמרינן קמא קמא בטיל לפי שגדל בלא הפסק ורבי יוחנן גופיה דקאמר בפרק בתרא דע"ז (דף עג. ושם) ראשון ראשון בטל אית ליה התם בנדרים דגידולי היתר מעלין את האיסור ור"י בן רבינו מאיר פירש בתוספתא בנדרים דבצל וכלאים וגבי נוטפין דווסתן בכך ליגדל מעט מעט לא בטיל קמא קמא כמו ביין נסך דהתם לא שייך למימר הכי אבל קשה דאמר בפ' הערל (יבמות דף פב: ושם ו) נתן סאה ונטל סאה עד רובו וברובו מיהא מיפסל ולא אמר קמא קמא בטיל וי"ל דהתם במי פירות איירי דהחמירו טפי וא"ת אי במי פירות איירי היכי מדמה לה לתרומה דרבנן דמי פירות דפסולין דאורייתא כדממעט בפרק כיסוי הדם (חולין דף פד. ושם) מדכתיב מים יתירא והיאך יהיו כשרים במחצה על מחצה דאורייתא וי"ל בדוחק דאע"ג דמיפסלי מדאורייתא מחצה על מחצה כשרים להטביל בהם מחטין וצינוריות דאין צריכין ארבעים סאה מדאורייתא אלא מדרבנן ומיהו אכתי קשה מהא דמסיק רב דימי בפרק שלישי דבכורות (דף כב. ושם ז) גבי הלוקח ציר מעם הארץ משיקו במים והוא טהור אי רובא מיא ניניהו סלקא להו השקה ואי רובא ציר ניניהו לא בעי השקה דמים בטלים בציר ומסיק לא שנו אלא לטבל בו פיתו אבל לקדירה לא דמגא מין את מינו וניעור אלמא התם אע"ג שהיו כבר מבוטלות חוזרות וניעור בתוך הקדירה וכל שכן דלא אמרינן קמא קמא בטיל וי"ל דהתם חומרא הוא שהחמירו גבי טומאה דאע"ג דפסיק פסוקי לא בטלה ואע"ג דבכמה דברים איסור חמור מטומאה כדאמרינן בפרק כיסוי הדם (חולין דף פו: ושם) אם אמרו ספק טומאה לטהר יאמרו ספק איסור להתיר התם החמירו חכמים בטומאה יותר ואין ראיה משמעתא בתרייתא דנדה (דף עא: ושם) דמחלק גבי דם תבוסה בין פסק ללא פסק דשאני דם תבוסה דרבנן ויש להקל בו יותר ומהא דאמר בפ' כיסוי הדם (חולין דף פז. ושם ח) ובפרק התערובת (זבחים דף עז: ושם ט) גבי הא דתנן דם שנתערב במים אם יש (א) מראית דם בו כשר וקאמר בגמ' לא שנו אלא כשנפלו מים לתוך דם אבל דם שנתערב במים ראשון ראשון בטל התם בלא שינויא שפיר' אתי שפיר דהתם גבי דם היינו טעמא דכיון שנדחה שוב אין נראה שכן הוא הדין בכל דבר הקרב ואפילו למ"ד אין דיחוי בבעלי חיים בשחוטין יש דיחוי וכן מוכח בפרק כיסוי הדם (חולין דף פז: ושם) דטעמא משום דיחוי הוא דמסיק בתר הכי ולענין כיסוי אין בו דיחוי דאין דיחוי אלא מצות מכלל דלענין דם הוי טעמא משום דיחוי ואין להקשות מהא דאמר בפרק נוטל (שבת דף קמב.) סאה תרומה שנפלה למאה של חולין ולא הספיק להעלותה עד שנפלה אחרת לא תעלה ולא אמרינן ראשון ראשון בטל אע"ג דנפל ע"י הפסק דהתם צריך להרים ובענין אחר אין ק' סאה שנפלה בהן מתירין ולא שייך התם ראשון ראשון בטל: **נתייאש** ממנה ולא גדרה. דוקא נתייאש אבל אם לא נתייאש ועוסק כל שעה לגדור אע"פ שהוסיף מאתים מותר כדתנן במס' כלאים (פ"ה מ"ו) הרואה ירק בתוך כרמו ואמר כשאגיע שם אלקטנו מותר לכשאחזור שם אלקטנו והוסיף מאתים אסור אלמא כשהוא מחזר אחר לקיטתו כל שעה אפילו הוסיף מאתים מותר וטעמא י"ל משום דכתיב לא תזרע כרמך משמע זריעה דניחא ליה: **חייב** באחריותו. אע"ג דהיזק שאין ניכר לא שמיה היזק נראה לר"י דהא חשיב היזק ניכר שהרי ניכר שהוא כלאים כשרואה הגפנים בשדה אבל מטמא טהרות חבירו אע"פ שרואין השרץ על הטהרות לא חשיב היזק ניכר דמי יודע אם הוכשרו אבל אין לומר הכא נמי הוי היזק שאין ניכר וקנסוהו כמו במטמא שלא יהא כל אחד הולך ומטמא טהרותיו של חבירו דהכא ליכא למיחש כיון שבעל כרם נמי מפסיד ועוד ט) אי קנס הוא במזיד דוקא היה לו להתחייב: **אם** השבח יתר על היציאה. מפרש בירושלמי מהו השבח יתר על היציאה בר נש דיהיב לחבריה חמש מנוי למר וחמש מנוי סממנין ועשרה מנוי אגרא ואמר ליה זיל צבעיה סומקי ואזל וצבעיה אוכם א"ל אילו צבעתיה סומקא הוה שוה עשרים וחמש מנוי השתא דצבעתיה אוכם לית הוא שוי אלא עשרים מנוי את אבדת דידך ואנא לא אבדנא דידי עד כאן לשון הירושלמי בפירקא ואור"י דהכי י) פי' דרבי יהודה לפי הירושלמי אם השבח שהושבח הצמר יותר על ט"ו מנים והיתר על ט"ו [א] מנים קרי שבח יתר על הוצאה והוצאה קרי עשרה מנים של שכר הצבע שמוציא הצבע וטורח ויהיה בשכרו י' מנים דהשתא אם השבח על ט"ו מנים שהם יציאה יותר מי' מנים נותן לו היציאה דהיינו י' מנים ולא יתן לו יותר ואם היציאה יתירה על השבח שלא הושבח על ט"ו מנים אלא ד' או ה' יתן לו השבח מה שהושבח על ט"ו ואין נותן לו כל י' מנים שהתנה עמו דא"ל את אפסדת דידך ואנא לא אפסדנא דידי ויש ליתן טעם לדברי הירושלמי למה לא יהיה כאן הדין כמו כ) בנוטע שלא ברשות דנעשה כאן כאילו כן התנה עמו א"כ קנסא הוא משום דשינה ממה שלוה לו ומיהו אם השבח יתר על היציאה דתנן גבי צבע כעור לא הוי פירוש כי ההיא דירושלמי כי איך יהיה השבח של צבע כעור יותר משבח של צבע גמור וגבי כעור דגמרא אפשר ודאי שיהא טוב מן הנאה כגון שהנאה אין חזק כמו הכעור ע"י כך דמי הכעור יתירה על הנאה ואין לשון ירושלמי משמע כפי' ר"י שהרי משמע שבא לפרש מהו אם השבח יתר על היציאה ולדברי ר"י הוא מפרש היציאה יתירה על השבח והר"ר אלחנן פי' בע"א ולא מצאתי כתוב ל):

הא

עין משפט נר מצוה

פג א ב מיי' פ"י מהל' שכירות הלכה ד ועיין בהשגות ובמ"מ סמג עשין פט טוש"ע ח"מ סי' שו סעיף ג:

הגהות הב"ח

(א) תוס' ד"ה אומר וכו' אם יש בו מראית דם כשר:

הגהות הגר"א

[א] תוס' ד"ה אם כו' ט"ו מנים קרי שבח (יתר על הוצאה) תא"מ (וכן מחקו רש"ל):

ליקוטי רש"י

אומר לו. לבעל הכרם גדור אתה שלא יאסרו גפניך את תבואת השדה משום כלאים לפי שסמך בעל השדה את זרעיו סמוך לגדר כדתנן בפרק שני (דף כו.) היה גדר בינתים זה סומך לגדר מכאן את אילנותיו וזה סומך לגדר את זרעיו מכאן וכשאין שם גדר תנן בפ' שני לא יטע אדם אילן סמוך לשדה חבירו אא"כ הרחיק ממנו ד' אמות כדי עבודת הכרם דבהכי הוי כלאים. **נפרצה אומר לו. לגדור. קידש.** התבואה אם הוסיף מאתים ליסנא דקרא נקט (דברים כב) פן תוקדש [ב"ב ב.:]. **וחייב באחריותו.** והיינו גרמא דגרס לאסור תבואתו של חבירו [בכורות כח:]. **והקדיחו יורה.** נתקלקל הצבע מעלמו [לעיל צט.]. **נותן לו דמי צמרו.** כדמעיקרא ואע"פ דמהשתא שוי טפי לצריכים למר אדום [לעיל צה.]. בדמים שלמר לבן נמכר בשוק דקנייה בגזלו לשלם כשעת הגזילה [ב"מ עח:]. דמי למר לבן כמו שמסר לו דקנייה בשינוי ונתחייב מעות [ב"מ קיז:] נותן לו לבע זה דמי למר לבן כבתחילה אם ירלה דסבירא ליה לר"מ כל המשנה מדעת בעליו נקרא גזלן וקנאו בשינוי וכדמפרש בבבא קמא בהגוזל עצים ונוטל הצמר לעצמו אע"פ שהוא מעולה עכשיו בדמים [ע"ז ז.]. **ר' יהודה אומר.** אם כן תחייבו נמלא זה נהנה שזה הביאו לו מן השוק אלא מחזיר לו את הצמר כמות שהוא לבוע וידו על התחתונה [ב"מ קיז:]. א"כ נמלא זה משתכר בשינויו אלא ידו על התחתונה [עבודה זרה ז.]. **אם השבח.** שהשביח הצמר יתר על היציאה שהוליא לבע זה בסממנין ועלים ושכר טרחו כשאר שכיר יום [ב"מ שם]. שהוליא הצבע נותן לו בעל הצמר את היציאה [עבודה זרה שם]. **היציאה.** ולא מה שראוי בקבלנות דהוי טפי [ב"מ שם] סמנים ועלים ושכר פעולה כשכיר יום ולא שכר שלם כמו שהתנה עמו [ע"ז שם].

מסורת הש"ס

א) לעיל לח:, ב) [לעיל לה. לה: לקמן קב.] ב"מ עח: קיז: ע"ז ו: [וע"ש ז. בתוס' ד"ה ר"מ], ג) [ספ"ז דכלאים], ד) [ד"ה כי], ה) [ד"ה שמא], ו) [ד"ה אמר], ז) [ד"ה יתיב], ח) [ד"ה רואין], ט) [ד"ה רואין], י) כ' מהרנ"ש וז"ל בקלרה הר"י בא לפרש התיבות אם השבח יתר על ההולאה ומליין תחלה אם השבח ומפ' והיתר על ט"ו מנים קרי שבח ואח"כ מליין יתר על ההולאה ומפ' וההולאה קרי ובזה א"ש לשון התוס' וא"ל למחוק תיבות יתר על היליאה שמחק מהרש"ל. העתק מחילופי גרסאות, כ) כתובות פ. ב"מ קא., ל) עיין בהגהות הרא"ש.

גליון הש"ס

תוס' ד"ה חייב וכו' אי קנס הוא במזיד דוקא. ק"ל הא הברייתא מוקמינן כר"מ ור"מ הא סבור בדרבנן קנסו שוגג אטו מזיד וא"כ י"ל דסבר כת"ק דר"ע דמקיים כלאים לא הוי דאורייתא וההיא דמסכך גפנו י"ל במזיד דהרי תוס' לא הקדימו קושייתם אההיא דהמסכך (למה) [אלא] בהא דנתייאש משמע אף בשכח וא"כ קשה כנ"ל והיינו מרויחים בזה קושית תוס' ד"ה מחילת כרס די"ל דמוכח דהברייתא כר"מ מדקנים גם בשוגג:

הגהות מהר"ב רנשבורג

אן רש"י ד"ה הרי זה קידש וכו' ומאתים וכאן כו'. עיין רש"י ותוס' בחולין דף לט ע"ב ד"ה לא במאה ובשבת דף קמב ע"א בתוס' ד"ה שנפלה ודוק היטב:

בעל הצמר **נוֹתֵן לוֹ אֶת הַשֶּׁבַח** בלבד[13].

התנה עמו בעל הצמר **לִצְבּוֹעַ לוֹ** את הצמר בצבע **אָדוֹם, וּצְבָעוֹ שָׁחוֹר**, או שהתנה שיצבענו **שָׁחוֹר וּצְבָעוֹ אָדוֹם, רַבִּי מֵאִיר אוֹמֵר:** האומן **נוֹתֵן לוֹ** לבעל הצמר את **דְּמֵי צַמְרוֹ** בלי שווי השבח (והצמר המושבח נשאר אצל האומן)[14]. **רַבִּי יְהוּדָה אוֹמֵר:** אין השבח שייך לאומן. אלא בעל הצמר נוטל את הצמר הצבוע, ומשלם לאומן כמו במקרה הקודם ("צבעוֹ כעוֹר"), דהיינו: **אִם הַשֶּׁבַח יָתֵר עַל הַיְצִיאָה**, בעל הצמר **נוֹתֵן לוֹ אֶת הַיְצִיאָה; וְאִם הַיְצִיאָה יְתֵירָה עַל הַשֶּׁבַח**, בעל הצמר **נוֹתֵן לוֹ אֶת הַשֶּׁבַח**[15].

גמרא הגמרא מבארת את הדין השני במשנה, "צבעוֹ כאור וכו'": **מַאי** — מה הכוונה **"כָּאוּר"?** כיצד היה הצבע כעור[16]? **אָמַר רַב נַחְמָן, אָמַר רַבָּה בַּר בַּר חָנָה:** מדובר שצבעו ב'**כְּלַבּוּס**'. **וּמַאי "כְּלַבּוּס"? אָמַר רַבָּה בַּר שְׁמוּאֵל:**

הערות

מציעא קיז, ב ד"ה אם השבח, ובעבודה זרה ז, א ד"ה ואם השבח; וכן פירשו הפני יהושע וש"ך חשן משפט שו, ה בדעת רש"י כאן; עיין עוד נמוקי יוסף בשם הרא"ה, חידושי רבי משה קזיס, חזון איש סימן כא סוף אות כג). ויש שלא הזכירו את שכר הפעולה בכלל ההוצאות (עיין רמב"ם בפירוש המשנה; מאירי; רבינו יהונתן בשיטה מקובצת; ועיין רש"י בבא מציעא עו, א ד"ה כל המשנה, ושם עח, ב ד"ה היציאה; עיין עוד תוספות רבינו פרץ שהבין בדעת רש"י כמו השיטה השניה, והקשה עליו).

"שבח יתר על היציאה" היינו כגון שהצמר הושבח על ידי הצבע הכעור בחמשה דינרים, ואילו ה"הוצאות" היו רק שלשה דינרים. במקרה זה, האומן יקבל שלשה דינרים בלבד; שכיון שידע שצֶבע זה גרוע, הרי הוא כמזיק בכוונה. לפיכך, מפסיד את שכרו המלא וידו על התחתונה לדעת כל התנאים במשנה [כפי שיתבאר בהערה הבאה] (רש"י; עיין רש"ש). אף על פי שלמעשה האומן השביח מעט את הצמר, דנים אותו כמי שירד לנכסי חבירו והשביחם **שלא ברשות** (שהרי בעל הבית העדיף צבע משובח), שנוטל רק את הוצאותיו או את השבח, הפחות מבין שניהם, כמבואר בבבא מציעא קא, א (ש"ך שם בביאור שיטת רש"י; ועיין חזון איש שם ד"ה והנה).

[ביארנו על פי רש"י והרמב"ם בפירוש המשנה. אולם עיין תוספות ורא"ש שהסבירו באופן אחר לגמרי, על פי הירושלמי; ועיין ש"ך שם באורך.]

13. [לדוגמא — אם הצמר הושבח בשני דינרים בלבד, אף על פי שהוצאות הצביעה הן שלשה דינרים, לא יקבל האומן אלא שני דינרים בשכרו. שכיון שכאמור הצַבע הזיק לבעל הבית, וכל תביעתו לתשלום היא רק מכח מה שהשביח את הצמר (מדין 'יורד שלא ברשות'; ראה הערה קודמת), ברור שאין מגיע לו יותר משיעור השבח (עיין רבינו יהונתן בשיטה מקובצת).]

בין אם בעל הצמר משלם את כל ההוצאות (כשהשבח יתר על היציאה), ובין אם משלם את ערך השבח (כשהיציאה יתירה מהשבח), הוא מקבל בחזרה את הצמר הצבוע מן האומן. בכך שונה מקרה זה מהמקרה הבא במשנה — שהאומן השתמש בצבע אחר מזה שהותנה עמו — בו אומר רבי מאיר שהצַבע "נותן לו דמי צמרו", היינו, הוא משלם לבעלים את מחיר הצמר לפני הצביעה, ונוטל לעצמו את הצמר עם שבחו. ההוראה ההיא של רבי מאיר מבוססת על שיטתו, שהאומן נחשב "גזלן" מפני שעבר על דברי בעל הבית, ולכן קונה את הצמר על ידי ה'שינוי' [היינו, הצביעה] שעשה בו (ראה הערה הבאה). אולם במקרה ש"צבעו כאור" לא שייך לומר כן, שהרי האומן השתמש בצבע כעין שהותנה עמו (אלא שהיה זה צבע באיכות גרועה), ואין בכך שינוי [מדעת בעל הבית; אם כן, אינו נחשב גזלן אלא 'מזיק' (ראה רש"י לעיל ד"ה צבעו)]. לפיכך מודה כאן רבי מאיר שהאומן אינו קונה את השבח וידו על התחתונה (עיין רש"י כאן, ולהלן קא, א ד"ה נותן לו דמי עציו).

[לעיל (צח, ב — צט, א) דנה הגמרא אפילו באומן שלא שינה מדעת בעל הבית, והשביח את הכלי כרצונו, אם "קונה בשבח כלי" או לאו. אמנם כפי שנתבאר (לעיל צח, ב הערה 45), ה"קנין" ההוא אינו ממש כמו קנין של גזלן, ונאמר רק לענין דינים מסויימים. לעומת זאת, משנתנו עוסקת באומן ששינה, ובו יש לדון אם דינו כגזלן הקונה בשינוי (אולם עיין ביאור הגר"א חשן משפט שו, ח; ועיין חזון איש כב, ז).]

14. רבי מאיר סובר שאומן העובר על הוראתו של בעל הבית, נקרא "גזלן" [ונעשה אחראי לכל אונס שיארע לחפץ שקיבל]. אף אומן זה, מאחר שצבע את הצמר בצבע אחר מזה שהותנה עמו, כאילו גזל את הצמר מבעל הבית. הלכך, האומן קונה את הצמר על ידי הצביעה, כדין גזלן שקונה את הגזילה ב'שינוי' (עיין בבא מציעא עח, א-ב ולעיל צה, א; אמנם ראה להלן קא, א הערה 15). [אף על פי שבענייננו ה'גזילה' וה'שינוי' נעשים בבת אחת, בזמן הצביעה, די בכך כדי שיקנה הגזלן את החפץ (עיין קובץ שיעורים אות קט, ולעיל צו, א הערות 19 ו־21).] בהתאם לכך [אם בעל הצמר אינו חפץ בצמר שנצבע שלא כרצונו], הצמר הצבוע שייך לצַבע, והצַבע משלם לבעלים רק את "דמי צמרו" — מחיר צמר לבן, ולא את ערך השבח. אמנם אם בעל הצמר רוצה לקחת את הצמר הצבוע, יכול לעשות כן, ובלבד שישלם לצַבע את מלא שכרו (רש"י).

[בגזלן ממש שקונה את הגזילה בשינוי, הדין הוא שהחפץ נעשה שלו באופן מוחלט, והבעלים אינם יכולים לתבוע ממנו את החפץ עצמו (אלא חייב לשלם לבעלים רק את דמי החפץ). אולם כאן סובר רש"י שהצַבע לא קנה את הצמר לגמרי, משום שלא נתכוון לזכות בצמר, ולכן רשאים הבעלים (להחליט שאינם מקפידים על השינוי בצֶבע ו)ליטול ממנו את הצמר הצבוע. אמנם במקרה כזה, (כיון שגילה דעתו שנוח לו בצבע זה) חייב בעל הצמר לשלם לאומן את כל שכרו (תוספות יום טוב). מצד שני, אם הבעלים **אינם** חפצים בצמר הצבוע (כגון שאינם רוצים לטרוח למוכרו), דנים את האומן כגזלן שקנה את הצמר, והאומן אינו יכול לכוף את הבעלים לקבלו כמות שהוא (עיין תוספות לעיל יא, א ד"ה אין שמין; אולם עיין שיטה מקובצת להלן ק, א ד"ה לענין פסק, בשם הרמ"ה; עיין עוד ש"ך חשן משפט שנד, ז). בכגון זה, האומן ישלם לבעלים דמי צמר לבן.

אולם רבינו פרץ חולק על רש"י וסובר שלפי רבי מאיר, דינו של הצַבע כגזלן גמור. לפיכך, לעולם נוטל האומן את הצמר לעצמו ומשלם לבעלים דמי צמר לבן, אפילו כאשר הבעלים רוצים לשלם לו מלא שכרו. וכן, כאמור, האומן אינו יכול לפטור עצמו בצמר הצבוע, אלא בעל כרחו ישלם דמי צמר לבן לבעלים. עיין גם ריטב"א עבודה זרה ו, ב (ד"ה הא דתנן) שנחלק בדבר זה עם רש"י שם (ז, א ד"ה נותן לו).]

15. [אם נדון את הצַבע כגזלן, כפי שסובר רבי מאיר, נמצא שהצַבע יהנה מהפרת דברי בעל הבית וצביעת צמרו בצבע אחר, שכן ישלם רק דמי צמר לבן ויטול את הצמר המושבח לעצמו (רש"י עבודה זרה שם ד"ה רבי יהודה, ובבא מציעא קיז, ב ד"ה רבי יהודה).] רבי יהודה סובר שאין זה מן הראוי שירויח מכך. לפיכך הוא קונס את האומן ששינה, שלא יקנה את השבח, אלא יחזיר את הצמר המושבח לבעלים. ואף על פי שלפי תקנה זו הבעלים נהנים מהשבחתו, אינם צריכים לשלם לו את שכרו המלא, אלא ידו על התחתונה [מאחר שהזיק בכוונה והחליף את הצבע, כפי שנתבאר לעיל הערה 12 לענין "צבעוֹ כעור"] (רש"י; עיין גם רש"י בבא מציעא קיז, ב ד"ה דהוה ליה משנה).

[ברש"י מבואר שגם רבי יהודה מודה שמעיקר הדין נחשב צַבע זה כגזלן, אלא שהוא סובר שחכמים קנסו את האומן שלא יקנה את הצמר כדי שלא יהנה מן השינוי (חידושי רבי משה קזיס; עיין גם ים של שלמה סוף סימן כז). לפי זה, אם בעל הצמר אינו רוצה בתקנה זו, ומעדיף לקבל דמי צמר לבן במקום הצמר המושבח, הדין עמו, ואין האומן יכול לכופו לקבל את הצמר, וכפי שנתבאר בהערה הקודמת לדעת רבי מאיר (מגיד משנה הלכות שכירות י, ד בשם רש"י; תוספות יום טוב). אולם ראשונים אחרים מבארים שלדעת רבי יהודה, האומן ששינה אינו קונה את השבח מעיקר הדין (ראה טעמים שונים לכך בתוספות לעיל צה, ב ד"ה בשבח, וברשב"א לעיל צו, א ד"ה אלא שמע מינה; עיין גם ראב"ד ומאירי כאן; חזון איש יז, ב). נמצא לדבריהם, שאפילו אם בעל הצמר אינו חפץ בצמר המושבח, אין שומעים לו, אלא בעל כרחו הוא מקבל את הצמר, ומשלם לאומן את השבח או את ההוצאה (עיין רמב"ם וראב"ד הלכות שכירות שם; ש"ך חשן משפט שו, ו; קצות החשן שם אות ו; נתיבות המשפט שם ז; ביאור הגר"א שם, ו-ח; עיין עוד אור שמח ואבן האזל הלכות שכירות שם).]

רש"י מוסיף שאם מתברר שהשכר שנפסק לאומן הוא פחות מהשבח וגם פחות מההוצאה, הבעלים משלמים לו לפי רבי יהודה רק את שכרו המלא. וכן הדין — לדעת הכל — במקרה דלעיל שצבעו כעור (תוספות יום טוב; אמנם עיין רש"ש). [המהרש"א מעיר שדבר כזה אינו מצוי, שכן רק שוטה יסכים לעבוד עבור שכר שאינו מכסה את הוצאותיו! עיין שם ובמהדורא בתרא, כיצד בכל זאת יתכן דין זה. אמנם לפי מה שנתבאר לעיל (הערה 12) בדעת רש"י ש"הוצאות" האמורות כאן כוללות שכר טירחה לאומן כשכיר יום מלבד דמי הסממנים והעצים, יתכן בהחלט שהשכר שפסקו לו מראש יהיה פחות מסכום ה"הוצאות" כולל שכר טירחה, אך יותר ממה שהאומן הוציא בפועל.]

16. דהיינו: מאחר שהצַבע השתמש בכעין הצבע שהותנה עמו (ראה לעיל הערה 13), באיזה אופן יש עליו טענה אם יצא כעור? ואין לומר שמדובר בכגון שהצבע לא נקלט כראוי בבגד, שכן במקרה כזה החיסרון הוא באיכות הצמר ולא בצֶבע, וברור שהצַבע מקבל שכר מלא על פעולתו (עיין נמוקי יוסף להלן לו, א מדפי הרי"ף ד"ה כסא כעור).

כַּפְּרָא דוּדֵי — מה שנתקנח מדוד הצביעה, כלומר, הצַבע השתמש בשיירי צבע שנשארו ביורה[1].

ברייתא כעין משנתנו:

תָּנוּ רַבָּנָן בברייתא (תוספתא י, ד): **הַנּוֹתֵן עֵצִים לְחָרָשׁ** (נגר) **לַעֲשׂוֹת מֵהֶן כִּסֵּא**, והלך הלה **וְעָשָׂה מֵהֶן סַפְסָל**, או שנתן לו עצים לעשות מהם **סַפְסָל וְעָשָׂה מֵהֶן כִּסֵּא**, **רַבִּי מֵאִיר אוֹמֵר:** החרש **נוֹתֵן לוֹ** לבעל העצים את **דְּמֵי עֵצָיו** בלי שווי השבח (והכלי נשאר אצל החרש)[2]. **רַבִּי יְהוּדָה אוֹמֵר:** אין השבח שייך לחרש. אלא בעל העצים נוטל את כלי, ומשלם לחרש כדלהלן: **אִם הַשֶּׁבַח** שהושבחו העצים על ידי עשיית הכלי הוא **יָתֵר עַל הַיְצִיאָה** (ההוצאות), בעל העצים **נוֹתֵן לוֹ** לחרש רק **אֶת הַיְצִיאָה; וְאִם הַיְצִיאָה יְתֵירָה עַל הַשֶּׁבַח, נוֹתֵן לוֹ אֶת הַשֶּׁבַח** בלבד[3]. **וּמוֹדֶה רַבִּי מֵאִיר** ש**אִם נָתַן עֵצִים לְחָרָשׁ לַעֲשׂוֹת מֵהֶן כִּסֵּא נָאֶה וְעָשָׂה מֵהֶן כִּסֵּא כָּעוּר**, או שנתן לו עצים לעשות מהם **סַפְסָל נָאֶה וְעָשָׂה סַפְסָל כָּעוּר**, האומן לא קנה את השבח, ובעל העצים משלם לו כמו במקרה הקודם לדעת רבי יהודה, דהיינו: **אִם הַשֶּׁבַח יָתֵר עַל הַיְצִיאָה, נוֹתֵן לוֹ** בעל העצים רק את **דְּמֵי הַיְצִיאָה; וְאִם הַיְצִיאָה יְתֵירָה עַל הַשֶּׁבַח**, בעל העצים **נוֹתֵן לוֹ** את **דְּמֵי הַשֶּׁבַח** בלבד[4].

הגמרא דנה על דינו של צֶבע לאחר שנספג בצמר:

אִיבַּעְיָא לְהוּ — שאלו: **יֵשׁ שֶׁבַח סַמָּנִין עַל הַצֶּמֶר** — האם צבע הסממנים שנספג בצמר והשביחו נחשב דבר שיש בו ממש, **אוֹ** שמא **אֵין** ממש ב**שֶׁבַח הַסַּמָּנִין** (הצבע) ש**עַל הַצֶּמֶר**, שכן אינו אלא מראה בלבד[5]?

הגמרא פותחת במשא ומתן כדי לבאר את הנפקא מינה בשאלה זו:

הֵיכִי דָּמֵי — באיזה מקרה מדובר? **אִילֵימָא** — אם תאמר שהנידון הוא במי **דְּגָזַל סַמָּנִין, וְדַקִּינְהוּ וּתְרַנְהוּ** — והֵדַק (שחק) אותם ושראם במים (כדי ליצור מֵי צבע) **וְ**אחר כך **צָבַע בָּהֶן** צמר של עצמו, והשאלה היא אם עתה יכול בעל הסממנים לתבוע סממניו מהגזלן[6], **תֵּיפּוֹק לֵיהּ** — אם כך, יכול אתה לפשוט שאלה זו **מִשּׁוּם** העובדה **דִּקְנִינְהוּ** — שהגזלן קנה את הסממנים **בְּ**'**שִׁינּוּי**' בזמן שכתשם. ברור, איפוא, שבין כך ובין כך חייב הוא לשלם לנגזל את דמיהם[7]!

לפיכך מעמידה הגמרא את הספק במקרה אחר:

לֹא צְרִיכָא — לא נצרכה שאלה זו אלא בכגון **דְּגָזַל סַמָּנִין** שהיו כבר **שְׁרוּיִין** במים **וְצָבַע בְּהוּ** (במֵי הצבע) את צמרו, כך שהגזלן לא עשה שום שינוי בסממנים[8]. **מַאי** — מה הדין? האם **יֵשׁ** ממש ב**שֶׁבַח סַמָּנִין** (היינו, בצבע) ש**עַל גַּבֵּי צֶמֶר**, ואם כן, **דְּאָמַר לֵיהּ** — הנגזל יכול לומר לגזלן: "**הַב לִי סַמָּנַאי דִּשְׁקַלְתִּינְהוּ** — השב לי את סממנַי שלקחת [ואשר נמצאים עתה ברשותך]!"[9]; **אוֹ דִּלְמָא** (שמא) **אֵין** ממש ב**שֶׁבַח** הַ**סַּמָּנִין** ש**עַל גַּבֵּי הַצֶּמֶר**, ואם כן, **דְּאָמַר לֵיהּ** — יכול הגזלן לומר לנגזל: "**לֵית לָךְ גַּבַּאי וְלֹא מִידִי** — אין לך אצלי דבר (שכן סממניך הספוגים בצמרי אינם חשובים כקיימים), ואיני חייב להשיב לך כלום"[10].

הגמרא תמהה על הסבר זה:

אָמְרֵי — אמרו בני הישיבה: **וְ**גם **אִי אֵין** ממש ב**שֶׁבַח סַמָּנִין** ש**עַל גַּבֵּי צֶמֶר, מִי מָצֵי אָמַר לֵיהּ** — וכי יכול הגזלן לומר לנגזל, "**לֵית לָךְ גַּבַּאי וְלֹא מִידִי**", ולהיפטר בכך מתשלומין?! אדרבה! כיון שלפי צד זה, הסממנים כבר אינם קיימים בעולם, **נֵימָא לֵיהּ** — יאמר לו הנגזל: "**הַב לִי סַמָּנַאי דְּאַפְסַדְתִּינְהוּ** — השב לי את [דמי] סממנַי שהפסדת וקלקלת!" נמצא שלפי שני הצדדים, הגזלן חייב בהשבה[11]!

לכן מבארת הגמרא את הספק באופן אחר:

אֶלָּא, יש לבאר את הספק **לְהַךְ גִּיסָא** — לצד השני[12], כדלהלן: האם **אֵין** ממש ב**שֶׁבַח** הַ**סַּמָּנִין** ש**עַל גַּבֵּי הַצֶּמֶר, וּבָעֵי שַׁלּוּמֵי לֵיהּ** — ואם כן, הגזלן צריך לשלם לנגזל את דמי סממניו, שהרי אינם קיימים עוד?

הערות

1. ["כופרא" הוא לשון קינוח; ראה חולין ח, ב וברש"י שם ד"ה למיכפריה] (רש"י). שיירי הצבע אין להם צבע עמוק ואחיד כמו עיקר הצבע, אלא יש בהם כמה גוונים [ואין זה נאה לבגד] (הערוך ערך כלבוס; עיין גם שיטה מקובצת בשם רבינו חננאל ורב שרירא גאון).

2. שכן הנגר [נחשב גזלן, ולכן] קנה את הכסא ב'שינוי' (רש"י; ראה לעיל ק, ב הערה 14).

3. רבי יהודה הולך לשיטתו במשנה, שאומן ששינה מדברי בעל הבית, אינו קונה את החפץ שקיבל, אלא מקבל את דמי השבח או את ההוצאות, הפחות מבין שניהם (ראה שם הערה 15).

כיון שהבעלים סיפקו לנגר את העצים, צריך ביאור מה הן ה"הוצאות" בייצור הכסא או הספסל. רבינו פרץ (במשנה לעיל ק, ב ד"ה אם השבח) מציע שה"הוצאות" הן הבלאי של כלי המלאכה, אולם טוען שזהו דוחק. לכן הוא מוכיח מכאן ש"הוצאות" כוללות את שכר הטירחה של האומן כאילו היה שכיר יום (ראה לעיל שם הערה 12).

4. מאחר שהנגר לא שינה [ועשה כסא או ספסל כפי שהותנה עמו, אלא שלא יצא נאה כל כך], מודה רבי מאיר שלא קנה את הכלי (רש"י ד"ה נותן לו; ראה לעיל שם הערה 13).

לגבי "צבעו כאור" הוצרכה הגמרא לעיל לבאר שמדובר ב"כלבוס" — שיירי צבע; שכן אם הצַבע השתמש בצבע רגיל ובכל זאת יצאה צביעה עכורה [מחמת שהצבע לא נקלט היטב בבגד], הצַבע באמת אינו אשם ומקבל את שכרו המלא (ראה לעיל שם הערה 16). אולם נגר שייצר ספסל או כסא שאינם נאים, פושע הוא, ולכן ידו על התחתונה בכל ענין (נמוקי יוסף בשם הרא"ה).

5. במלים אחרות: האם מראה בלבד נחשב דבר ממשי, או שמא מראה אין בו ממש? (רש"י, על פי הגמרא להלן סוף העמוד). אם יש בו ממש, רואים את סממני הצבע כאילו הם עדיין "קיימים", שכן ה'מראה' שלהם קיים על גבי הצמר. אולם אם מראה בלבד אינו נחשב דבר ממשי, דנים את סממני הצבע שנספגו בצמר כאילו כבר כלו מן העולם (ראה להלן הערה 30, ועיין תוספות רי"ד; ראה עוד לעיל צט, א הערה 2).

6. אם מראה יש בו ממש והסממנים נחשבים כקיימים, הנגזל יכול לתבוע מהגזלן שישיב לו סממניו [או דמיהם; ראה להלן הערה 9]. [אך אם מראה בלבד אינו דבר ממשי, אינו יכול לדרוש את השבתם, שכן נחשבים הם כאילו כבר כלו מהעולם] (רש"י על פי המשך הגמרא, כפי שביארו מהרש"א מהדורא בתרא; עיין גם פני יהושע, ושיטה מקובצת בשם גאון; וראה הערה הבאה).

[לביאור אחר בספק הגמרא כאן ובהמשך הסוגיא — עיין ראב"ד, תוספות רבינו פרץ, שיטה מקובצת בשם רבינו יהונתן; עיין גם מהרש"א מהדורא בתרא בדעת התוספות.]

7. כיון שהגזלן קנה את הסממנים בשינוי ונעשו שלו, נתחייב לשלם דמיהם כשעת הגזילה (עיין משנה ריש הפרק). אם כן, אפילו אם אין ממש בשבח הסממנים שעל גבי הצמר, הגזלן עדיין חייב לשלם דמיהם לבעלים! (שיטה מקובצת שם; מהרש"א מהדורא בתרא).

[הגמרא היתה יכולה להקשות שאפילו אם הגזלן לא קנה את הסממנים בשינוי — ואין שבח סממנים על גבי צמר — מכל מקום חייב להשיב את דמיהם לבעלים, וכפי שהגמרא אכן תקשה בסמוך על ההסבר הבא. אמנם כיון שבהסבר הנוכחי ביארנו שמדובר בכגון שהגזלן כתש בעצמו את הסממנים, נקטה הגמרא שאלתה כאן מצד שינוי (מהרש"א מהדורא בתרא; ועיין תורת חיים ופני יהושע).]

8. [עצם הצביעה אינו נחשב 'שינוי' במי הצבע, שכן גם לפני הצביעה נקראו הסממנים השרויים במים בשֵם "צבע"; הלכך, הפיכתם ממי צבע לצבע יבש על גבי צמר אינו שינוי גמור כדי לקנותם — עיין תוספות לעיל צג, ב ד"ה עצים, וקצות החשן שס, ה (ראה סברות דומות במרכבת המשנה ואור שמח הלכות גזילה ג, י; אולם עיין פני יהושע).]

9. [היינו: אם שייך להפריד את הצבע מהצמר, יוכל הנגזל לתבוע את הסממנים עצמם; ואם לא ניתן להפרידם (כפי שתסיק הגמרא בסמוך), יתחייב לשלם דמיהם.]

10. [רש"י, על פי מהרש"א מהדורא בתרא; ועיין במקורות שצויינו לעיל סוף הערה 6.]

11. [שהרי גזלן חייב באחריות החפץ הגזול אפילו אם אבד באונס, וכל שכן כאן, שהוא עצמו השתמש בהם לצביעת צמרו] (עיין רש"י, וראה לעיל סוף הערה 7).

12. [לפי ההסבר הקודם, אם נאמר ש"יש שבח סמנין על גבי צמר" יוצא חומרא, שהגזלן צריך להשיב את הסממנים, ואילו לפי הצד ש"אין שבח סמנין על גבי צמר" הגזלן פטור. עתה מהפכת הגמרא את הסברות ומבארת את השאלה "להך גיסא" — לכיוון השני — דהיינו, שאם נאמר ש"יש שבח סמנין על גבי צמר" יוצא **קולא** לגזלן, כפי שיתבאר מיד.]

כפרא דודי: תנו רבנן הנותן עצים לחרש לעשות מהן כסא ועשה מהן ספסל ספסל ועשה מהן כסא ר' מאיר אומר נותן לו דמי עציו רבי יהודה אומר [א]אם השבח יתר על היציאה נותן לו את היציאה ואם היציאה יתירה על השבח נותן לו את השבח ומודה רבי מאיר [ב]אם נתן עצים לחרש לעשות מהן כסא נאה ועשה מהן כסא כעור ספסל נאה ועשה ספסל כעור אם השבח יתר על היציאה נותן לו דמי היציאה ואם היציאה יתירה על השבח נותן לו דמי השבח: [ג]איבעיא להו יש שבח סמנין על הצמר או אין שבח סמנין על הצמר היכי דמי אילימא דגזל סמנין ודקינהו ותרנהו וצבע בהן תיפוק ליה משום דקנינהו בשינוי לא צריכא דגזל סמנין שרויין וצבע בהו מאי יש שבח סמנין על גבי צמר דאמר ליה הב לי סמנאי דשקלתינהו או דלמא אין שבח סמנין על גבי הצמר דא"ל לית לך גבאי ולא מידי אמרי ואי אין שבח סמנין על גבי צמר מי מצי אמר ליה לית לך גבאי ולא מידי נימא ליה הב לי סמנאי דאפסדתינהו אלא להך גיסא אין שבח סמנין על גבי הצמר ובעי שלומי ליה או דלמא יש שבח סמנין על גבי צמר וא"ל הא מנחי קמך שקלינהו במאי שקליה בצפון צפון עבורי מיעבר השבה לא עביד [ד]אלא הב"ע כגון דגזל צמר וסמנין דחד וצבעיה להך צמר בהנך סמנין וקא מהדר ליה ניהליה לצמר יש שבח סמנין ע"ג הצמר וקא מהדר ליה סמנין וצמר או דלמא אין שבח סמנין על גבי צמר וצמר מהדר ליה סמנין לא מהדר ליה אמרי תיפוק ליה דאייקר ליה ניהליה בדמי לא צריכא דזל ציבעא ואיבעית אימא כגון שצבע בהו קופא רבינא אמר הכא במאי עסקינן כגון דצמר דחד וסמנין דחד וקאתי קוף וצבעיה להדוא צמר בהנך סמנין יש שבח סמנין על גבי צמר דאמר ליה הב לי סמנאי דגבך נינהו או דלמא אין שבח סמנין על גבי צמר ואמר ליה לית לך גבאי כלום תא שמע [א)] [ה]בגד שצבעו בקליפי ערלה ידלק אלמא חזותא מילתא היא אמר רבא [ג)] הנאה הנראה לעינים אסרה תורה דתניא [א)] ערלים לא יאכל [ג)] אין לי אלא איסור אכילה [ו]מנין שלא יהנה ממנו ולא יצבע [בו] ולא ידליק בו את הנר תלמוד לומר [א)] וערלתם ערלתו את פריו ערלים לא יאכל לרבות את כולם תא שמע [ז]בגד שצבעו בקליפי שביעית ידלק שאני התם דאמר קרא [ב)] תהיה בהויתה תהא

רבא

רש"י

כפרא דודי. קינא בו את היורה כלומר בשירי צבע שנשתיירו ביורה צבעו כופרא לשון קינוח [ד)] כמו בליתא דפרסא למכפריה בהכל שוחטין (חולין דף ח.): נותן לו דמי עציו. דקנינהו בשינוי אבל נתן עצים כו' דלא שינה ולא קני ידו על התחתונה: יש שבח כו'. כלומר חזותא מילתא היא או לאו מילתא: ותרנהו. שראן במים כדרכן: וצבע בהן. למר שלו מבעיא לן יש שבח סמנין על הצמר דחזותא מילתא היא ואמר ליה הב לי סמנאי דשקלתינהו כו' כדבעיא למימר קמן: אמרי ואי אין שבח כו' מי מצי אמר ליה לית לך גבאי ולא מידי. בתמיה נהי נמי דחזותא לאו מילתא היא לימא ליה הב לי סמנאי דאפסדתינהו: צפון. שוו"ן: וקא מהדר ליה. לצמר כשהוא צבוע מאי: יש שבח סמנים על גבי צמר. דחזותא מילתא היא וקמהדר ליה צמר וקמהדר ליה סמנים כלומר בהך השבה דצמר קמהדר (א): דזול ציבעא. צמר צבוע הוזל בעולם ואין (ב) מגיעין שבח לדמי סמנים ואמר ליה נגזל [°]אני הייתי מוכר סמנים או הייתי צובע בגד ועכשיו הפסדתני דהא לא השביחו בצמר: א"נ דצבע בהו קופא. גזל קוף וסמנים וצבע את הקוף ומחזירו לו דלא אייקר ליה [ה)] ואמרי לה קופה של נצרים: כגון דצמר דחד וסמנין דחד כו'. ולאו לענין גזלן קבעי לה דאין כאן גזל: בקליפי ערלה. קליפי אגוזים או שאר פירות אבל קליפת העץ לא דאין ערלה אלא בפירות: הנראה לעינים. מראה בעלמא אע"פ שאין בו ממש כגון נר וצבע: שביעית. אסור לעשות סחורה בפירותיה וקליפי פירות קאמר ולא קליפי עלים דעלים אין שביעית חלה עליהן כדלקמן דסתם עלים להסקה ניתנו:

רביעית

תוספות

הא מנחי קמך שקלינהו. ומ"מ אגרא בעי למיתב למישקל להו דכיון דאתי לידיה בעי למיעבד השבה כדאמר לעיל (דף לח.) גבי זורק מטבע לים: **דזול** ציבעא. ומכל מקום איירי דגזל סממנים שרויין דאי דקינהו ושרנהו קננהו בשינוי: **דצבע** בהו קופא. פירש בקונטרס שגזל קוף וסממנים שרויין וצבע את הקוף ותימה דאם כן אפסדיה בידים וכה"ג היזק ניכר הוא ומחייב ונראה לפרש דצבע בהו קופא כלומר בגריעות ובכיעור כעין קוף שהוא מכוער: **או** דלמא אין שבח של סממנין על גבי צמר. תימה הרי נהנה שאמרו מעולה בדמים יותר וישלם מה שנהנה כמו אכלה [ו)] מלידי רחבה דפ"ב (דף יט:) [ז)] וירדה לגינה דהכונס (לעיל דף נה:) ובפרק אלו נערות (כתובות דף ל: ושם) אמר תחב לו חבירו משקין של אחרים בבית הבליעה דמשלם מה שנהנה ויש לחלק דהנאה דהכא אין באה ע"י מעשיו ולא ע"י מעשה בהמתו ובתחב לו חבירו אע"פ שאין זה ע"י מעשיו מכל מקום נהנה גופו אי נמי הנאה דהכא לא חשיבא הנאה שאין [°]אלא נוי בעלמא יותר:

מנין שלא יהנה ממנו. בפרק כל שעה (פסחים דף כב: ושם ד"ה מנין) פריך אמאי לא נפקא לן איסור הנאה מלא יאכל:

ולא יצבע בו ולא ידליק בו הנר. אע"ג דאסר שאר הנאות איצטריך לרבויי צביעה והדלקה צביעה משום דחזותא בעלמא הוא והדלקה משום שכלה האיסור בשעת הדלקה ואם תאמר והא בפרק כל שעה (שם דף כו:) שרינן עצים להדלקה למאן דאמר אין שבח עצים בפת ולא משכחי עצים דאיסורא אלא כעין כסא ושרשיפא ויש לומר דשמן הוי בעין בשעה שהוא דולק אבל עצים נעשים גחלת והשלהבת אין באה אלא מן הגחלת ואם תאמר ומ"ש דהכא מצריכין קרא להדלקה וגבי תרומה טמאה מצריכין קרא להתיר כדדרשינן שלך תהא להסיקה תחת תבשילך וי"ל משום דס"ד דנילף תרומה ממעשר הקל דאמרה תורה לא בערתי ממנו בטמא כדאמר במה מדליקין (שבת דף כה.) ור"ת מפרש דאיצטריך קרא הכא לאסור צביעה והדלקה שלא כדרך הנאתו כגון צביעה דתאנים ורמונים ודברים דלאו אורחייהו והדלקה איצטריך לשמן שאין עומד להדלקה כלל והיינו דפרק כל שעה (פסחים דף כה:) דהוה [ח)] שייף לברתיה [ט)] בגוהרקי דערלה וקאמר מידי דרך הנאה קעבידנא התם לא הוה דרך הנאה כלל וקשה לפי' דהא בעי למפשט מהכא דחזותא מילתא היא ודחי דשאני הכא דגלי קרא משמע דלא אתא קרא למיסר שלא כדרך הנאה אלא למיסר אע"ג דליכא אלא חזותא בעלמא וא"ת אם כן תיפשוט לאידך גיסא מדאיצטריך למיסר שמע מינה דחזותא לאו מילתא היא ויש לומר דאיכא למילף מהכא דחשיב כאילו הוא בעין ותימה לרבי יהושע דגמר בערלה פרי מפרי מבכורים בפרק העור והרוטב (חולין דף קכ: ושם) וסבר דאין סופגין את הארבעים על הערלה אלא על היוצא מן הזיתים ומן הענבים אבל היוצא משאר פירות מותר היאך יאסר לצבוע במשקיהן מן התורה וכל שכן במים שנישורו בהם הקליפין ויש לומר דלא איצטריך קרא אלא שלא יצבע בזיתים וענבים וביוצא מהם או בממשות של עפרורית הקליפין הנטחנין ומיהו לא יצבע דקתני בברייתא איירי שפיר בכל עניני צביעה דערלה ומשקיהן בכל ענין ומדרבנן ומיהו קרא לא אתיא אלא כדפרישית אי נמי יש לומר דפרי דערלה דוקא גמר פרי מפרי דביכורים ולהכי אימעוט משקה דידהו אבל שומר לפרי דאיתרבו מאת פריו את הטפל לפריו לא אמעיט משקה דידהו וליכא למעוטי מפרי דביכורים דביכורים ליתנהו בשומר לפרי כלל ואע"ג דהוי השתא טפל חמור מן העיקר יש ליתן טעם שלא יקשה מזה על שמעתא דריש איזהו מקומן (זבחים דף מח:) אבל אין לומר דאף על גב דליכא מלקות ביוצא משאר פירות עשה דערלתם ערלתו איכא דהא אכל מאי דכתיב וערלתם קאי לא יאכל דכתיב בתר הכי ועוד אם היה במשקה דשאר פירות דערלה איסור עשה אם כן מנא ליה שלא יצבע בו הא איצטריך לאסור המשקין בשתיה ובהנאה כשהן בעין ואין להקשות כיון דאיתרבי שומר לפרי דלא חזי לאכילה אם כן על כרחך מיתסרא ערלה בהנאה ולמאי איצטריך קרא שלא יהנה דהא איכא שומרין טובא דחזו לאכילה:

רבא

מסורת הש"ס

א) ערלה פ"ג מ"א, ב) [מעילה כ.], ג) פסחים כב: קדושין נו: [ע"ש], ד) עי' רש"י זבחים כה. ד"ה כפורי זהב, ה) זה מפירוש הערוך. רש"ל, ו) [נ"ל מתוך הרחבה], ז) [נ"ל ונפלה לגינה], ח) פי' מושח, ט) פי' בוסר זיתים קטנים משום רפואה. רש"ל בשם רש"י.

גליון הש"ס

רש"י ד"ה דזול וכו' אני הייתי מוכר סמנים. לפ"ז דזול ציבעא היינו דאמר צבע הוזל אבל הסמנים עצמן לא הוזלו ותמוה לי דלמאי צריכי לזה ולמאי ל"א בפשיטות דהוזלו סמנים ואף דגם אלו מכרן לא היה מוכרן ביוקר מ"מ כיון דאין שבח סמני' ולא מקרי השבה הוי כאבד הגזילה דמשלם כשעת הגזילה וצ"ע. ובאמת ק"ל גם על הגמרא דלמאי צריך לאוקמא דגזל צבע וסמנים דחד לוקי כדמעיקרא דגזל סמנים שרויים וצבע צמר שלו והוזל הרבה עד שהצמר עם הצבע שעליו אין עולים לדמי הצבע כשהיה בעידן הגזילה ואי יש סמנים מהדר ליה הסמנים ואומר הרי שלך לפניך ואי דמאי נשקליה יאמר באמת המוק לך גם בצמרי ואי אין שבח סמנים לא הוי השבה על הסמנים וצריך לשלם כדמעיקרא וצע"ג: תוס' ד"ה או וכו' אלא נוי בעלמא יותר. עיין ש"ך סי' שלא סק"ב:

הגהות הב"ח

(א) רש"י ד"ה יש שבח וכו' קמהדר סמנים הס"ד: (ב) ד"ה דזול וכו' ואין מגיע השבח:

תורה אור השלם

א) וְכִי תָבֹאוּ אֶל הָאָרֶץ וּנְטַעְתֶּם כָּל עֵץ מַאֲכָל וַעֲרַלְתֶּם עָרְלָתוֹ אֶת פִּרְיוֹ שָׁלֹשׁ שָׁנִים יִהְיֶה לָכֶם עֲרֵלִים לֹא יֵאָכֵל: [ויקרא יט, כג]

ב) כִּי יוֹבֵל הוּא קֹדֶשׁ תִּהְיֶה לָכֶם מִן הַשָּׂדֶה תֹּאכְלוּ אֶת תְּבוּאָתָהּ: [ויקרא כה, יב]

עין משפט נר מצוה

פד א ב מיי' פ"י מהל' שכירות הלכה ד סמג עשין פט טוש"ע ח"מ סי' שו סעיף ג:

פה ג ד מיי' פ"ג מהל' גזילה ואבידה הלכה י טוש"ע ח"מ סי' שסג סעיף יא:

פו ה מיי' פט"ז מהלכות מאכלות אסורות הלכה כ:

פז ו מיי' שם פ"י הלכה ט סמג לאוין קמד טוש"ע י"ד סי' רצד סעיף א:

פח ז מיי' פ"ו מהלכות שמיטין הלכה ג:

ליקוטי רש"י

מנין שלא יהנה ממנו. כגון שלא ילטבע בו בפירי הראוי ליצטבע בו כגון קליפי אגוזין ושומר לפרי אסור כפרי [קידושין נו:]. ולא יצבע בו. כגון בקליפי אגוזים שהשומר אסור משום ערלה כפרי עצמו. ולא ידליק בו את הנר כגון שמן של ערלה [פסחים כב:]. וערלתם ערלתו. ואטמתם אטימתו יהא אטום ונסתם מליהנות ממנו [ויקרא יט, כג]. את פריו. רחמנא רבינהו מאת פריו הטפל לפריו [ברכות לו:].

לעזי רש"י

שוו"ן. פירוש בורית (עיין רש"י ישעיה א, כה):

אוֹ דִלְמָא (שמא) **יֵשׁ** ממש ב**שֶׁבַח סַמָּנִין** ש**עַל גַּבֵּי צֶמֶר, וְאָמַר לֵיהּ** — ואם כן, יכול הגזלן לומר לו: "**הָא מַנְחֵי קַמָּךְ, שַׁקְלִינְהוּ** — הרי הם (הסממנים) מונחים לפניך; טול אותם!"[13]

גם על הסבר זה תמהה הגמרא:

וכי יכול הגזלן לומר לבעלים, "**שַׁקְלִינְהוּ** — טול אותם"?! **בְּמַאי שַׁקְלֵיהּ** — כיצד יטול את הצבע? **בִּצְפּוֹן** (סבון מסויים שמעביר צבע)? **צְפּוֹן עֲבוּרֵי מִיעֲבַר** — צפון מסיר אמנם את הצבע מהצמר, אך **הֲשָׁבָה** של הסממנים הגזולים לבעלים **לֹא עָבִיד** — אינה מתקיימת בכך, שכן חומר הניקוי מקלקל את הצבע! נמצא שאפילו אם יש ממש במראה הצבע שעל גבי הצמר, צריך הגזלן לשלם את דמי הסממנים.

מחמת קושיות אלו, הגמרא מעמידה את הספק הנ"ל במקרה אחר:

אֶלָּא, הָכָא בְּמַאי עַסְקִינַן — כאן, במה עוסקים אנו? **כְּגוֹן דְּגָזַל צֶמֶר וְסַמָּנִין דְּחַד** (של אדם אחד) **וְצַבְעֵיהּ לְהַהוּא צֶמֶר בְּהָנָךְ סַמָּנִין** — והגזלן צבע את הצמר הזה באותם סממנים[14], **וְקָא מַהְדַּר לֵיהּ נִיהֲלֵיהּ לְצֶמֶר** — ועתה מחזיר את הצמר הצבוע לבעליו[15]. השאלה היא: האם **יֵשׁ** ממש ב**שֶׁבַח הַסַּמָּנִין** ש**עַל גַּבֵּי הַצֶּמֶר, וְ**נמצא שכאשר מחזיר הגזלן את הצמר הצבוע, **קָא מַהְדַּר לֵיהּ** — הוא משיב לנגזל גם את ה**סַמָּנִין וְ**גם את ה**צֶּמֶר**[16]? **אוֹ דִלְמָא, אֵין** ממש ב**שֶׁבַח סַמָּנִין** ש**עַל גַּבֵּי צֶמֶר, וְ**נמצא שכאשר מחזיר את הצמר הצבוע, **צֶמֶר מַהְדַּר לֵיהּ סַמָּנִין לֹא מַהְדַּר לֵיהּ** — הוא משיב לו רק את הצמר, אך לא את הסממנים. אם כן, עדיין חייב לו דמי הסממנים.

שואלת הגמרא:

אָמְרֵי בני הישיבה: אם מדובר באופן כזה, **תֵּיפּוֹק לֵיהּ** — יש לך לפשוט את הספק משום **דְּאִתְיַּקַּר לֵיהּ נִיהֲלֵיהּ בִּדְמֵי** — שהצמר נתייקר עבור הנגזל, על ידי הגזלן שצבעו, והנגזל חייב לשלם לו על ההשבחה[17]. אם כן, אפילו אם אין ממש בשבח סממנים שעל גבי צמר, והגזלן אכן חייב לשלם את דמי הסממנים, הרי למעשה כבר עשה כן על ידי השבת הצמר המושבח[18]!

משיבה הגמרא:

לֹא צְרִיכָא — לא הוצרך ספק זה אלא בכגון **דְּזָל צִיבְעָא** — שהוזל בעולם מחיר צמר צבוע, והשבח של הצמר על ידי הצביעה אינו מגיע לדמי סממנים[19]. לפיכך, אם דנים את הסממנים שנגזלו כאילו כבר אינם קיימים (משום שאין ממש בצבע שעל גבי צמר), הגזלן יהא חייב לשלם עבור הסממנים (בניכוי הערך המועט של ההשבחה)[20].

תשובה נוספת לשאלה האחרונה:

וְאִיבָּעִית אֵימָא — ואם תרצה, אמור כך[21]: הספק נאמר **בְּכְגוֹן**

הערות

13. כעת מבינה הגמרא שניתן להפריד (על ידי חומרי ניקוי) את הצבע מהצמר, מבלי שיינזק הצבע. לפיכך, לפי הצד שהסממנים עדיין "ישנם" על גבי הצמר, מקיים הגזלן חובת השבה על ידי נתינת הצמר לפני הנגזל כדי שיוכל ליטול משם את סממניו. [אמנם עיין תוספות ד"ה הא, שכתבו על פי הגמרא לעיל צח, א שהגזלן חייב לשלם את ההוצאות הכרוכות בהפרדת הצבע; עיין עוד ש"ך חשן משפט שפו, ח.] מה שאין כן לפי הצד ש'מראה' אין בו ממש, אין הגזלן יכול להניח את הצמר הצבוע לפני הנגזל ולומר לו "הרי שלך לפניך", שכן רואים כאילו הסממנים הגזולים כלו מן העולם (ואם יופרד הצבע מן הצמר, ייחשב הצבע כדבר חדש); הלכך צריך לשלם לו דמי סממניו.

[לפי הבנת הגמרא כעת, יש לכאורה נפקא מינה גם להיפך: אם מראה נחשב דבר ממשי, יכול הנגזל לתבוע מן הגזלן שיתן לו דוקא את סממניו הנמצאים על גבי הצמר, והגזלן אינו יכול לפוטרו בדמים. אולם אם אומרים ש"אין שבח סממנים על גבי צמר", זכותו של הגזלן לשמור את הצבע לעצמו ולתת במקומו דמים (עיין בית אפרים חשן משפט לה).]

14. מדובר בכגון שהסממנים היו כבר שרויים במים בשעה שגזלם, שאם לא כן, קנה את הסממנים בשינוי, כמבואר לעיל (עיין תוספות ד"ה דזל ציבעא; שלחן ערוך חשן משפט שסג, יא ובסמ"ע שם יז; אמנם עיין מהרש"א במהדורא קמא ובתרא; ועיין פני יהושע ד"ה גמרא).

15. בפשטות, הגמרא כאן נוקטת שצביעת צמר גזול אינה נחשבת 'שינוי' בצמר — כשאפשר להעביר את הצבע על ידי צפון — משום שהוא "שינוי החוזר לברייתו" [וכן הלכה; עיין רמ"א חשן משפט שס, ז; סמ"ע שם יד וש"ך שם ב]. לפיכך, הצמר עדיין שייך לבעלים, והגזלן חייב להחזירו [והנגזל חייב לקבלו, ואינו יכול לדרוש דמים במקומו] (עיין פני יהושע ד"ה לא צריכא; אור שמח הלכות גזילה ג, י; אולם עיין רמ"ה בשיטה מקובצת ד"ה ולענין פסק; ועיין תורת חיים, וש"ך שם שסג, יד).

16. [אף על פי שאי אפשר להפריד את הצבע מן הצמר, מתקיימת חובת ההשבה של הסממנים על ידי החזרת הצמר הצבוע (לפי הצד ש"יש שבח סממנים על גבי צמר"), שכן גם הצמר וגם הסממנים נשארים בידי הנגזל. מה שאין כן במקרה הקודם, שהצמר היה של הגזלן, אי אפשר להשיב לנגזל את הסממנים לחוד בלא הצמר, ואילו את הצמר עם הסממנים בודאי לא ישיב לו בחינם (סמ"ע חשן משפט שסג, כח; אולם עיין מאירי בשם גדולי הדורות שפירשו שמדובר דוקא בכגון שהגזלן לא הגביה את הסממנים אלא זרק את הצמר לתוך מי הצבע, אבל אם גזלם ממש, נתחייב בהשבה גמורה; ראה עוד להלן הערה 23).]

17. כאמור (לעיל הערה 15), הגזלן לא קנה את הצמר. הצמר הושבח, איפוא, ברשותו של הנגזל. אף על פי כן, הנגזל חייב לשלם לגזלן על הצביעה, כדין ה'יורד' לנכסי חבירו שלא ברשות והשביחם, שבעל הנכסים צריך לשלם על ההשבחה [היינו, שכר כפי המקובל לשלם על עבודה כזאת, אם זה סוג שבח שבעל הנכסים עמד לעשות בעצמו; ובמקרה שלא עמדו הנכסים להשבחה כזו, משלם הבעלים למשביח הוצאות השבחתו או את השבח עצמו, הפחות מבין שניהם — עיין בבא מציעא קא, א לענין הנוטע אילנות בשדה חבירו]. דין זה הוא אפילו אם נאמר שהמראה אינו נחשב דבר שיש בו ממש, שהרי סוף סוף הושבח הצמר (ר"מ מסרקסטה בשיטה מקובצת; ועיין שם ד"ה ולענין פסק, בשם הרמ"ה).

18. שכן החיוב של בעל הצמר לגזלן עבור השבח, הוא מן הסתם לפחות כמו חיובו של הגזלן בדמי הסממנים. [ועוד, שאם נחייב את הגזלן בדמי הסממנים, הרי שהסממנים הם חלק מה"הוצאות" שמגיע לצבע על הצביעה (ראה לעיל ק, ב הערה 12).] שתי התביעות מבטלות זו את זו, ונמצא שהגזלן פטור מלשלם.

19. [לדוגמא: הצמר הלבן היה שוה 10 זוז, והסממנים היו שוים 3 זוז. אולם מחיר צמר צבוע הוזל, והוא שוה רק 11 זוז. נמצא שערך ההשבחה (1 זוז) הוא פחות מדמי הסממנים (3 זוזים).] במקרה זה, בעל הסממנים יכול לומר לגזלן: "אילו לא היית צובע את צמרי בסממנים אלו, הייתי מוכר את הסממנים (עבור 3 זוזים) או צובע בהם בגד (ולא צמר); ועכשיו הפסדתני בצביעתך, שכן צמר מושבח שוה פחות" (רש"י; ראה הסבר אחר למקרה של "זל ציבעא" ברא"ש ושלחן ערוך חשן משפט שסג, יא; עיין עוד לחם משנה הלכות גזילה ג, י).

[לכאורה כוונת רש"י היא שהוזל רק מחירו של צמר צבוע, ולא מחיר הסממנים עצמם. לפיכך יכול בעל הסממנים לטעון שהגזלן הפסידו — שאלמלא צבע הגזלן את הצמר בסממנים, היו הסממנים נמכרים גם היום בשלשה זוזים. אולם דבריו צריכים עיון, שכן אפילו במקרה שגם הסממנים עצמם הוזלו לאחר הגזילה, והבעלים יכולים למוכרם כיום עבור זוז אחד בלבד, מכל מקום הגזלן חייב לשלם 3 זוזים, שהרי זה היה מחירם בשעה שגזלם, והדין הוא שאם אבדה הגזילה (כמו בענינו לפי הצד ש"אין שבח סממנים על גבי צמר"), הגזלן משלם "כשעת הגזילה" (ראה משנה ריש הפרק). נמצא שגם בלי הטענה שהגזלן הפסיד את הבעלים על ידי הצביעה, הגזלן אינו נפטר מחיובו על ידי השבת הצמר הצבוע השוה פחות משלשה זוזים! (רבי עקיבא איגר בגליון הש"ס; חידושי רבי משה קזיס).]

20. מה שאין כן לפי הצד ש"יש שבח סמנין על גבי צמר", נפטר הגזלן מחיובו על ידי השבת הצמר הצבוע, שכן דנים את הדבר כהשבת הסממנים עצמם, ולכן יכול הגזלן לומר לנגזל: "הרי שלך לפניך" [אפילו אם אינם שוים כעת כמו שהיו בשעת הגזילה] (נמוקי יוסף; ראה לעיל הערה 16; ועיין גליון הש"ס על רש"י ד"ה דזול: "ובאמת קשה לי גם על הגמרא וכו' ").

ועדיין קשה: למה לא נחייבו לשלם מדין 'מזיק', שהרי הפסיד בידים את הסממנים והוריד את ערכם על ידי הצביעה, כמו שנתבאר בהערה הקודמת? הראשונים מיישבים זאת בכמה דרכים: **(א)** "היזק" זה אינו ניכר, שכן הסממנים עדיין קיימים לפנינו על גבי הצמר [לפי הצד שיש ממש במראה] ולא נשתנו כלום (ראה לעיל הערה 8), אלא שירד ערכם (עיין תוספות ד"ה דצבע; חידושי רבי משה קזיס; אור שמח הלכות גזילה ג, י ד"ה אבל דעת רבינו). **(ב)** מאחר שלא הוזק גוף הסממנים, נחשב מעשה הצביעה כהיזק ב'גרמי' (ראה לעיל ק, א ובהערה 9 שם), וסוגייתנו הולכת לפי דעת התנאים הפוטרים את המזיק בגרמי מתשלומין [אבל לפי ההלכה שדנים דין גרמי, חייב] (נמוקי יוסף; אולם עיין קצות החשן שפו, ט; ועיין דברי חיים דיני נזקי ממון ה; אמרי בינה הלכות דיינים לט; אבי עזרי הלכות חובל ומזיק ז, יא אות ב). **(ג)** מדובר בכגון שהוזל מחיר צמר צבוע **לאחר** הצביעה, ונמצא שבשעת הצביעה לא נעשה לנגזל שום נזק (רמב"ן במלחמות; ש"ך חשן משפט שסג, טו-טז). עיין עוד רמ"ה בשיטה מקובצת (ד"ה ולענין פסק), שיישב באופן אחר.

21. [רש"י והערוך (ערך קף [יג]) גורסים: "אִי נַמִּי" ('ועוד') במקום "ואיבעית אימא". גירסא זו מחוורת יותר, שכן המקרה הבא אינו תירוץ חדש (היינו, אנו עוסקים עדיין בגזלן שגזל סממנים ועוד חפץ מחבירו, ואחר כך צבע את החפץ בסממנים), אלא הוא ציור נוסף שבו הצביעה אינה משביחה את החפץ הצבוע כשיעור דמי הסממנים.]

כפרא דודי: תנו רבנן הנותן עצים לחרש לעשות מהן כסא ועשה מהן ספסל ספסל ועשה מהן כסא ר' מאיר אומר נותן לו דמי עציו רבי יהודה אומר [א]אם השבח יתר על היציאה נותן לו את היציאה ואם היציאה יתירה על השבח נותן לו את השבח ומודה רבי מאיר [ב]אם נתן עצים לחרש לעשות מהן כסא נאה ועשה מהן כסא כעור ספסל נאה ועשה ספסל כעור אם השבח יתר על היציאה נותן לו דמי היציאה ואם היציאה יתירה על השבח נותן לו דמי השבח: [ג]איבעיא להו יש שבח סמנין על הצמר או אין שבח סמנין על הצמר היכי דמי אילימא דגזל סמנין ודקינהו ותרנהו וצבע בהן תיפוק ליה משום דקנינהו בשינוי לא צריכא דגזל סמנין שרויין וצבע בהו מאי יש שבח סמנין על גבי צמר דאמר ליה הב לי סמנאי דשקלתינהו או דלמא אין שבח סמנין על גבי הצמר דא"ל לית לך גבאי ולא מידי אמרי ואי אין שבח סמנין על גבי צמר מי מצי אמר ליה לית לך גבאי ולא מידי נימא ליה הב לי סמנאי דאפסדתינהו אלא להך גיסא אין שבח סמנין על גבי הצמר ובעי שלומי ליה או דלמא יש שבח סמנין על גבי צמר וא"ל הא מנחי קמך שקלינהו שקלינהו במאי שקליה בצפון צפון עבורי מיעבר השבה לא עביד [ד]אלא הב"ע כגון דגזל צמר וסמנין דחד וצבעיה להדוא צמר בהנך סמנין וקא מהדר ליה ניהליה לצמר יש שבח סמנין ע"ג הצמר וקא מהדר ליה סמנין וצמר או דלמא אין שבח סמנין על גבי צמר וצמר מהדר ליה סמנין לא מהדר ליה אמרי תיפוק ליה דאייקר ליה ניהליה בדמי לא צריכא דזל ציבעא ואיבעית אימא כגון שצבע בהו קופא רבינא אמר הכא במאי עסקינן כגון דצמר דחד וסמנין דחד וקאתי קוף וצבעיה להדוא צמר בהנך סמנין יש שבח סמנין על גבי צמר דאמר ליה הב לי סמנאי דגבך נינהו או דלמא אין שבח סמנין על גבי צמר ואמר ליה לית לך גבאי כלום תא שמע [ה][ה]בגד שצבעו בקליפי ערלה ידלק אלמא חזותא מילתא היא אמר רבא [ו]הנאה הנראה לעינים אסרה תורה דתניא [א]ערלים לא יאכל [ז]אין לי אלא איסור אכילה [י]מנין שלא יהנה ממנו ולא יצבע [בו] ולא ידליק בו את הנר תלמוד לומר [א]וערלתם ערלתו את פריו ערלים לא יאכל לרבות את כולם תא שמע [י]בגד שצבעו בקליפי שביעית ידלק שאני התם דאמר קרא [ב]תהיה בהויתה תהא

רבא

רש"י

כפרא דודי. קינא בו את היורה כלומר בשירי צבע שנשתיירו ביורה צבעו כופרא לשון קינוח [ד] כמו בליתא דפרסא למכפריה בהכל שוחטין (חולין דף ח.): נותן לו דמי עציו. דקנינהו בשינוי אבל נתן עלים כו' דלא שינה ולא קני ידו על התחתונה: יש שבח כו'. כלומר חזותא מילתא היא או לאו מילתא: ותרנהו. שראן במים כדרכן: וצבע בהן. למר שלו מבעיא לן יש שבח סמנין על הצמר דחזותא מילתא היא ואמר ליה הב לי סמנאי דשקלתינהו כו' כדבעיא למימר קמן: אמרי ואי אין שבח כו' מי מצי אמר ליה לית לך גבאי ולא מידי. בתמיה נהי נמי דחזותא לאו מילתא היא לימא ליה הב לי סמנאי דאפסדתינהו: צפון. שוו"ן: וקא מהדר ליה. לצמר כשהוא צבוע מאי: יש שבח סמנים על גבי צמר. דחזותא מילתא היא וקמהדר ליה למר וקמהדר ליה סמנים כלומר בהך השבה דלמר קמהדר (א): דזול ציבעא. למר לבוע הוזל בעולם ואין (ב) מגיעין שבח לדמי סמנים ואמר ליה נגזל [ט]אני הייתי מוכר סמנים או הייתי לוצע בגד ועכשיו הפסדתני דהא לא השביחו בלמר: א"נ דצבע בהו קופא. גזל קוף וסמנים וצבע את הקוף ומחזירו לו דלא אייקר ליה [ה] ואמרי לה קופה של נלרים: כגון דצמר דחד וסמנין דחד כו'. ולאו לענין גזלן קבעי לה דאין כאן גזל: בקליפי ערלה. קליפי אגוזים או שאר פירות אבל קליפת העץ לא דאין ערלה אלא בפירות: הנראה לעינים. מראה בעלמא אע"פ שאין בו ממש כגון נר וצבע: שביעית. אסור לעשות סחורה בפירותיה וקליפי פירות קאמר ולא קליפי עלים דעלים אין שביעית חלה עליהן כדלקמן דסתם עלים להסקה ניתנו:

רביעית

תוספות

הא מנחי קמך שקלינהו. ומ"מ אגרא בעי למיתב למישקל להו דכיון דאתי לידיה בעי למיעבד השבה כדאמר לעיל (דף לח.) גבי זורק מטבע לים: **דזול** ציבעא. ומכל מקום איירי דגזל סממנים שרויין דאי דקינהו ושרנהו קננהו בשינוי: **דצבע** בהו קופא. פירש בקונטרס שגזל קוף וסממנים שרויין וצבע את הקוף ותימה דאם כן אפסדיה בידים וכה"ג היזק ניכר הוא ומחייב ונראה לפרש דצבע בהו קופא כלומר בגריעות ובכיעור כעין קוף שהוא מכוער: **או** דלמא אין שבח של סממנין על גבי צמר. תימה הרי נהנה שאמרו מעולה בדמים יותר וישלם מה שנהנה כמו אכלה [ו] מגידי רחבה דפ"ב (דף יט:) [ז] וירדה לגינה דהכונס (לעיל דף נה:) ובפרק אלו נערות (כתובות דף ל: ושם) אמר תחב לו חבירו משקין של אחרים בבית הבליעה דמשלם מה שנהנה ויש לחלק דהנאה דהכא אין באה ע"י מעשיו ולא ע"י מעשה בהמתו ובתחב לו חבירו אע"פ שאין זה ע"י מעשיו מכל מקום נהנה גופו אי נמי הנאה דהכא לא חשיבא הנאה שאין [ט]אלא נוי בעלמא יותר:

מנין שלא יהנה ממנו. בפרק כל שעה (פסחים דף כב: ושם ד"ה מנין) פריך אמאי לא נפקא לן איסור הנאה מלא יאכל:

ולא יצבע בו ולא ידליק בו הנר. אע"ג דאסר שאר הנאות אצטריך לרבויי צביעה והדלקה צביעה משום דחזותא בעלמא הוא והדלקה משום שכלה האיסור בשעת הדלקה ואם תאמר והא בפרק כל שעה (שם דף כו:) שרינן עלים להדלקה למאן דאמר אין שבח עלים בפת ולא משכחי עלים דאיסורא אלא כעין כסא ושרשיפא ויש לומר דשמן הוי בעין בשעה שהוא דולק אבל עלים נעשים גחלת והשלהבת אין באה אלא מן הגחלת ואם תאמר ומ"ש דהכא מצריכין קרא להדלקה וגבי תרומה טמאה מצריכין קרא להתיר כדדרשינן שלך תהא להסיקה תחת תבשילך וי"ל משום דס"ד דנילף תרומה ממעשר הקל דאמרה תורה לא בערתי ממנו בטמא כדאמר במה מדליקין (שבת דף כה.) ור"ת מפרש דאיצטריך קרא הכא לאסור צביעה והדלקה שלא כדרך הנאתו כגון צביעה דתאנים ורמונים ודברים דלאו אורחייהו והדלקה איצטריך לשמן שאין עומד להדלקה כלל והיינו דפרק כל שעה (פסחים דף כה:) דהוה [ח] שייף לברתיה [ט] בגוהרקי דערלה וקאמר מידי דרך הנאה קעבידנא התם לא הוה דרך הנאה כלל וקשה לפי' דהא בעי למפשט מהכא דחזותא מילתא היא ודחי דשאני הכא דגלי קרא משמע דלא אתא קרא למיסר שלא כדרך הנאה אלא למיסר אע"ג דליכא אלא חזותא בעלמא וא"ת אם כן תיפשוט לאידך גיסא מדאיצטריך למיסר שמע מינה דחזותא לאו מילתא היא ויש לומר דאיכא למילף מהכא דחשיב כאילו הוא בעין ותימה לרבי יהושע דגמר בערלה פרי מפרי מבכורים בפרק העור והרוטב (חולין דף קכ: ושם) וסבר דאין סופגין את הארבעים על הערלה אלא על היוצא מן הזיתים ומן הענבים אבל היוצא משאר פירות מותר היאך יאסר לצבוע במשקיהן מן התורה וכל שכן במים שנישורו בהם הקליפין ויש לומר דלא איצטריך קרא אלא שלא יצבע בזיתים וענבים וביוצא מהם או בממשות של עפרורית הקליפין הנטחנין ומיהו לא יצבע דקתני בברייתא מיירי שפיר בכל עניני צביעה דערלה ומשקיהן בכל ענין ומדרבנן ומיהו קרא לא אתיא אלא כדפרישית אי נמי יש לומר דפרי דערלה דוקא גמר פרי מפרי דביכורים ולהכי אימעוט משקה דידהו אבל שומר לפרי דאיתרבו מאת פריו את הטפל לפריו לא אמעיט משקה דידהו וליכא למעוטי מפרי דביכורים ליתנהו בשומר לפרי כלל ואע"ג דהוי השתא טפל חמור מן העיקר יש ליתן טעם שלא יקשה מזה על שמעתא דריש איזהו מקומן (זבחים דף מח:) אבל אין לומר דאף על גב דליכא מלקות ביוצא משאר פירות עשה דערלתם ערלתו איכא דהא אכל מאי דכתיב וערלתם קאי לא יאכל דכתיב בתר הכי ועוד אם היה במשקה דשאר פירות דערלה איסור עשה אם כן מנא ליה שלא יצבע בו הא איצטריך לאסור המשקין בשתיה ובהנאה כשהן בעין ואין להקשות כיון דאיתרבי שומר לפרי דלא חזי לאכילה אם כן על כרחך מיתסרא ערלה בהנאה ולמאי איצטריך קרא שלא יהנה דהא איכא שומרין טובא דחזו לאכילה:

רבא

מסורת הש"ס

א) ערלה פ"ג מ"א, ב) [מעילה כ.], ג) פסחים כב: קדושין נו: [ע"ש], ד) עי' רש"י זבחים כה. ד"ה כפורי זהב, ה) זה מפירוש הערוך. רש"ל, ו) [צ"ל מתוך הרחבה], ז) [צ"ל ונפלה לגינה], ח) פי' מושח, ט) פי' בוסר זיתים קטנים משום רפואה. רש"ל בשם רש"י.

גליון הש"ס

רש"י ד"ה דזול וכו' אני הייתי מוכר סמנים. לפ"ז דזול ציבעא היינו דלמר לבוע הוזל אבל הסמנים עצמן לא הוזלו ותמוה לי דלמאי צריכי לזה ואמאי ל"א בפשיטות דהוזלו סמנים ואף דגם אלו מכרן לא היה מוכרן ביוקר מ"מ כיון דאין שבח סמני' ולא מקרי השבה הוי כנאבד הגזילה דמשלם כשעת הגזילה וצ"ע. ובאמת ק"ל גם על הגמרא דלמאי צריך לאוקמא דגזל צבע וסמנים דחד נוקי כדמעיקרא דגזל סמנים שרויים וצבע צמר שלו והוזל הרבה עד שהצמר עם הצבע שעליו אין עולים לדמי הצבע כשהיה בעידן הגזילה ואי יש סמנים מהדר ליה הסמנים ואומר הרי שלך לפניך ואי דבמאי נשקליה יאמר באמת המזק לך גם בצמרי ואי אין שבח סמנים לא הוי השבה על הסמנים וצריך לשלם כדמעיקרא וצע"ג: תוס' ד"ה או וכו' אלא נוי בעלמא יותר. עיין ש"ך סי' שצא סק"ב:

הגהות הב"ח

(א) רש"י ד"ה יש שבח וכו' קמהדר סמנים הס"ד: (ב) ד"ה דזול וכו' ואין מגיע השבח:

תורה אור השלם

א) וְכִי תָבֹאוּ אֶל הָאָרֶץ וּנְטַעְתֶּם כָּל עֵץ מַאֲכָל וַעֲרַלְתֶּם עָרְלָתוֹ אֶת פִּרְיוֹ שָׁלֹשׁ שָׁנִים יִהְיֶה לָכֶם עֲרֵלִים לֹא יֵאָכֵל: [ויקרא יט, כג]

ב) כִּי יוֹבֵל הִוא קֹדֶשׁ תִּהְיֶה לָכֶם מִן הַשָּׂדֶה תֹּאכְלוּ אֶת תְּבוּאָתָהּ: [ויקרא כה, יב]

עין משפט נר מצוה

פד א ב מיי' פ"י מהל' שכירות הלכה ד סמג עשין פט טוש"ע ח"מ סי' שו סעיף ג:

פה ג ד מיי' פ"ג מהל' גזילה ואבידה הלכה י טוש"ע ח"מ סי' שסג סעיף יא:

פו ה מיי' פט"ז מהלכות מאכלות אסורות הלכה כ:

פז ו מיי' שם פ"י הלכה ט סמג לאוין קמד טוש"ע י"ד סי' רלד סעיף א:

פח ז מיי' פ"ו מהלכות שמיטין הלכה ב:

ליקוטי רש"י

מנין שלא יהנה ממנו. כגון שלא ילטבע בו בפירי הראוי ליצטבע בו כגון קליפי אגוזין ושומר לפרי אסור כפרי [קידושין נו:]. ולא יצבע בו. כגון בקליפי אגוזים שהשומר אסור משום ערלה כפרי עצמו. ולא ידליק בו את הנר כגון שמן של ערלה [פסחים כב:]. וערלתם ערלתו. ואטמתם אטימתו יהא אטום ונסתם מליהנות ממנו [ויקרא יט, כג]. את פריו. רחמנא רבינהו מאת פריו הטפל לפריו [ברכות לו:].

לעזי רש"י

שוו"ן. פירוש בורית (עיין רש"י ישעיה א, כה):

שֶׁצָּבַע בְּהוּ קוֹפָא — שהגזלן צבע בהם (בסממנים) קוף[22], ולא צמר. דהיינו, מדובר במקרה שגזל סממנים וקוף של אדם אחד, וצבע את הקוף באותם סממנים, ומחזיר עתה את הקוף הצבוע לבעליו. אם נאמר שהצבע שעל גבי הקוף נחשב דבר ממשי (כמו שיש ממש בשבח סממנים שעל גבי צמר), נמצא שהשיב לו גם את הקוף וגם את הסממנים, כאמור לעיל לענין צמר[23]. אך אם אין ממש בשבח הסממנים שעל גבי הקוף, משום שהוא מראה בלבד, הגזלן חייב עדיין את דמי הסממנים. במקרה זה, הגזלן אינו יכול לפטור עצמו מחיובו על ידי שבח הצביעה שנותן לבעלים (כפי שטענה הגמרא לעיל לענין צמר), שכן צביעת קוף אינה מייקרת אותו במאומה[24].

עוד נפקא מינה לספק הנ״ל לגבי צביעת צמר, אך לא במקרה של גזילה[25]:

רָבִינָא אָמַר: הָכָא בְּמַאי עָסְקִינַן — כיצד מדובר כאן, בספק של הגמרא? **כְּגוֹן דְּהיה** מונח **צֶמֶר דְּחַד** (של אדם אחד), **וְסַמָּנִין** שרויים במים **דְּחַד** (של אדם שני) היו מונחים לידו, **וְקָאָתֵי קוֹף וְצַבְעֵיהּ לְהַהוּא צֶמֶר בְּהָנָךְ סַמָּנִין** — ובא קוף (של הפקר) וצבע את הצמר הזה [של הראשון] באותם סממנים [של השני]. השאלה היא: האם **יֵשׁ** ממש ב**שֶׁבַח סַמָּנִין** ש**עַל גַּבֵּי צֶמֶר, דְּאָמַר לֵיהּ** — ואם כן, יכול בעל הסממנים לומר לבעל הצמר: ״**הַב לִי סַמָּנַאי דְּגַבָּךְ נִינְהוּ** — תן לי [דמי] סממנַי, שכן הם נמצאים אצלך״[26]? **אוֹ דִּלְמָא אֵין** ממש ב**שֶׁבַח סַמָּנִין** ש**עַל גַּבֵּי צֶמֶר, וְאָמַר לֵיהּ** — ואם כן, יכול בעל הצמר לומר לבעל הסממנים: ״**לֵית לָךְ גַּבַּאי כְּלוּם** — אין לך אצלי כלום״[27].

לאחר שנתבארו המקרים שבהם שייכת חקירה זו, הגמרא מנסה לפשוט אותה:

תָּא שְׁמַע ראיה מן המשנה הבאה (ערלה ג, א): **בֶּגֶד שֶׁצְּבָעוֹ בִּקְלִיפֵּי** פירות **עָרְלָה**[28], **יִדָּלֵק** — ישָׂרף, שהבגד הצבוע דינו כערלה עצמה

הערות

22. רש״י. ויש מפרשים שהכוונה לקוּפָּא (סל) של נצרים (רש״י; ובמהרש״ל כתב שאין זה מפירוש רש״י, אלא מהערוך שם; ויש ספרים שגורסים ״קוּפָּה״ עם ה״א, בהתאם לפירוש זה; ראה ספר שינויי נוסחאות). לפי שני הפירושים, הגזלן צבע חפץ שאינו משתבח [כמעט] על ידי כך. ראה פירושים נוספים בשתי ההערות הבאות.

23. [הראב״ד כתב שמדובר בכגון שלא גזל ממנו את הסממנים (אלא זרק את הקוף לתוך הצבע, מבלי להגביה את הצבע), שכן במקרה של גזילה נתחייב בהשבה גמורה, ואילו השבת קוף צבוע בודאי אינה חשובה ״השבה״ לגבי הסממנים (עיין גם בעל המאור). אולם רש״י כתב ש״גזל קוף וסממנים״, ומשמע שהוא מפרש דין זה כמו המקרה הקודם של הגמרא, שגזל צמר וסממנים, ואף על פי כן יצא חובת השבה בהחזרת הצמר הצבוע לפי הצד ש״יש שבח סממנים על גבי צמר״ (ראה לעיל הערה 16; וראה שם דעת המאירי בשם גדולי הדורות).]

24. רש״י. תוספות מקשים על פירוש זה, שהרי צביעת קוף ללא שום תועלת היא קלקול הסממנים בידים, וכגון זה נחשב היזק ניכר [בניגוד למקרה דלעיל שהוזל מחיר צמר צבוע, הנחשב היזק שאינו ניכר — ראה לעיל הערה 20]. אם כן, אפילו אם יש שבח סממנים על גבי צמר, היה לנו לחייב את הגזלן לשלם דמי סממנים מדין ׳מזיק׳! [אמנם בעל המאור והרמב״ן במלחמות מבארים שאף נזק זה אינו אלא ׳גרמי׳, ולכן פטור — ראה הערה הנ״ל.] לפיכך פירשו תוספות שגם תירוץ זה מעמיד את הספק של הגמרא בכגון שגזל **צמר** וסממנים, כמו במקרה הקודם. ו״צבע בהו קופא״ היינו שהגזלן צבע את הצמר באופן גרוע ובביעור, כעין קוף שמראהו מכוער. אף על פי שבודאי גרם הפסד לסממנים, אין זה היזק הניכר, כיון שהצמר הושבח מעט (עיין חידושי רבי משה קזיס). ראה ספר הערוך (שם, בפירוש ראשון) שמפרש באופן אחר על דרך זו.

25. רש״י, הערוך שם, מאירי; אמנם עיין שיטה מקובצת בשם הרמ״ה מסרקסטה.

26. מאחר שההשבחה של הצמר — מראה הצבע — נחשב דבר ממשי, הרי שהמוצר המוגמר מורכב משני דברים, הצמר והצבע, אשר שניהם ״ישנם״ בעולם. נמצא שברשותו של בעל הצמר יש ממון השייך לבעל הסממנים. מכיון שממון זה משביח את ערך הצמר, בעל הסממנים יכול לתבוע את חלקו במוצר המוגמר (עיין רמ״ה בשיטה מקובצת).

27. שכיון שמראה אינו נחשב דבר ממשי, נמצא שהסממנים כבר כלו ואינם עתה ברשותו של בעל הצמר (רמ״ה שם). לפיכך פטור בעל הצמר מלשלם על הצבע, אפילו אם הושבח הצמר מחמת כך (עיין מהרש״א מהדורא בתרא בביאור תוספות ד״ה או דלמא; עיין גם ראב״ד; אולם עיין מאירי).

[לעיל למדנו שהצובע צמרו של חבירו בלא ידיעתו, מגיע לו שכר על השבחה זו מדין ׳יורד לנכסי חבירו שלא ברשות׳, אפילו לפי הצד שצבע על גבי צמר אין בו ממש (ראה לעיל הערה 17). אמנם כאן לא שייך דין זה, שכן בעל הסממנים לא עשה שום מעשה להשביח את הצמר (אלא הדבר נעשה ממילא על ידי קוף), ואילו ׳יורד׳ נוטל שכרו רק במקרה שנתכוון להשביח נכסי חבירו (עיין ש״ך חשן משפט שצא, ב).]

אמנם הקשו הראשונים: הדין הוא שכאשר אדם מקבל הנאת ממון מחבירו [במקום שאין דין ׳יורד׳], צריך לשלם לו על כל פנים ״מה שנהנה״ (ראה לדוגמא משנה לעיל יט, ב; ועיין גמרא כ, א כיצד משערים זאת). למה לא נאמר גם בעניננו, שכיון שהצמר הושבח על ידי ממונו של בעל הסממנים, ישלם בעל הצמר דמי הנאתו אפילו אם הסממנים כבר אינם בעולם? תוספות והרא״ש מתרצים, שדין ׳נהנה׳ אמור רק במקרה שההנאה באה על ידי מעשיו של הנהנה, או על ידי מעשה בהמתו, או שגופו נהנה. מה שאין כן כאן — שממונו הושבח על ידי הקוף — לא נאמר כלל זה. עוד תירצו התוספות, שאם אין ממש במראה, אין זו ״הנאה״ שמחייבת תשלום ממון, שאינו אלא נוי בלבד [אמנם כששייך דין ׳יורד׳, די בכך כדי לחייבו ממון, כאמור לעיל] (עיין ש״ך שם; ועיין שערי ישר ג, כה בהרחבה, וקובץ שיעורים קנ, ו; עיין עוד משנת רבי אהרן הלכות שכנים ג, ג סימן ב אות ה; שיעורי רבי שמואל בבא בתרא קא-קב).

נסכם בעזרת הטבלה הבאה את המשא ומתן בסוגייתנו בביאור הספק אם יש שבח סממנים על גבי צמר (שלשת ההסברים האחרונים נשארים גם לפי המסקנה):

28. הפירות שמוציא העץ בשלש השנים הראשונות לנטיעתו קרויים ״ערלה״ ואסורים בהנאה (ויקרא יט, כג; ראה דרשת הגמרא בסמוך). התורה (שם) אוסרת רק ״. . . אֶת פִּרְיוֹ״ ולא את שאר חלקי העץ, אולם הגמרא (ברכות לו, ב) דורשת מן הכתוב שגם ׳שומר׳ הפרי — החלק שמגן על הפרי שלא יתקלקל, כגון הקליפה (אף על פי שאינה ראויה לאכילה) — דינו כפרי עצמו לענין ערלה (ראה ערלה א,

המקרה	הספק	טענת הגמרא
גזל סמנים ושחקם, וצבע בהם צמר של עצמו.	אם יש ממש בשבח, חייב בדמי סמנים; ואם אין ממש בשבח - פטור.	הגזלן קנה את הסמנים בשינוי, וברור שחייב בדמיהם.
גזל סמנים שרויים וצבע בהם צמר של עצמו.	אם יש ממש בשבח, חייב בדמי סמנים; ואם אין ממש בשבח - פטור.	ברור שחייב לשלם עבור הסמנים גם אם אינם קיימים.
גזל סמנים שרויים וצבע בהם צמר של עצמו.	אם יש ממש בשבח, פטור מדמי סמנים (שיכול לומר: ״טול סמניך״); ואם אין ממש בשבח - חייב.	אי אפשר להפריד את הצבע מהצמר מבלי לקלקלו, וברור שחייב בדמי סמנים.
גזל צמר וסמנים של חבירו, וצבע את הצמר בסמנים.	אם יש ממש בשבח, נפטר מדמי סמנים על ידי השבת הצמר הצבוע; ואם אין ממש בשבח, לא יצא ידי חובתו, וחייב בדמי סמנים.	אפילו אם אין ממש בשבח, נפטר מדמי הסמנים מחמת מה שמגיע לו על השבחת הצמר.
גזל צמר וסמנים של חבירו, וצבע את הצמר בסמנים, והוזל מחיר צמר צבוע (עד שהשבח הוא פחות מדמי הסמנים).	אם יש ממש בשבח, נפטר מדמי סמנים על ידי השבת הצמר הצבוע; ואם אין ממש בשבח, לא יצא ידי חובתו, וחייב בדמי סמנים.	
גזל צמר וקוף של חבירו, וצבע את הקוף בסמנים.	אם יש ממש בשבח, נפטר מדמי סמנים על ידי השבת הקוף הצבוע; ואם אין ממש בשבח, לא יצא ידי חובתו, וחייב בדמי סמנים.	
קוף (של הפקר) צבע צמר של ראובן בסמנים של שמעון.	אם יש ממש בשבח, ראובן חייב לשלם לשמעון עבור הצבע; ואם אין ממש בשבח - פטור.	

כפרא דודי: תנו רבנן הנותן עצים לחרש לעשות מהן כסא ועשה מהן ספסל ספסל ועשה מהן כסא ר' מאיר אומר נותן לו דמי עציו רבי יהודה אומר [א]אם השבח יתר על היציאה נותן לו את היציאה ואם היציאה יתירה על השבח נותן לו את השבח ומודה רבי מאיר [ב]אם נתן עצים לחרש לעשות מהן כסא נאה ועשה מהן כסא כעור ספסל נאה ועשה ספסל כעור אם השבח יתר על היציאה נותן לו דמי היציאה ואם היציאה יתירה על השבח נותן לו דמי השבח: [ג]איבעיא להו יש שבח סמנין על הצמר או אין שבח סמנין על הצמר היכי דמי אילימא דגזל סמנין ודקינהו ותרנהו וצבע בהן תיפוק ליה משום דקנינהו בשינוי לא צריכא דגזל סמנין שרויין וצבע בהו מאי יש שבח סמנין על גבי צמר דאמר ליה הב לי סמנאי דשקלתינהו או דלמא אין שבח סמנין על גבי הצמר דא"ל לית לך גבאי ולא מידי אמרי ואי אין שבח סמנין על גבי צמר מי מצי אמר ליה לית לך גבאי ולא מידי נימא ליה הב לי סמנאי דאפסדתינהו אלא להך גיסא אין שבח סמנין על גבי הצמר ובעי שלומי ליה או דלמא יש שבח סמנין על גבי צמר וא"ל הא מנחי קמך שקלינהו שקלינהו במאי שקליה בצפון צפון עבורי מיעבר השבה לא עביד [ד]אלא הב"ע כגון דגזל צמר וסמנין דחד וצבעיה להדהוא צמר בהנך סמנין וקא מהדר ליה ניהליה לצמר יש שבח סמנין ע"ג הצמר וקא מהדר ליה סמנין וצמר או דלמא אין שבח סמנין על גבי צמר וצמר מהדר ליה סמנין לא מהדר ליה אמרי תיפוק ליה דאייקר ליה ניהליה בדמי לא צריכא דזל ציבעא ואיבעית אימא כגון שצבע בהו קופא רבינא אמר הכא במאי עסקינן כגון דצמר דחד וסמנין דחד וקאתי קוף וצבעיה להדהוא צמר בהנך סמנין יש שבח סמנין על גבי צמר דאמר ליה הב לי סמנאי דגבך נינהו או דלמא אין שבח סמנין על גבי צמר ואמר ליה לית לך גבאי כלום תא שמע [ה]בגד שצבעו בקליפי ערלה ידלק אלמא חזותא מילתא היא אמר רבא [ו]הנאה הנראה לעינים אסרה תורה דתניא [א]ערלים לא יאכל [ז]אין לי אלא איסור אכילה [ח]מנין שלא יהנה ממנו ולא יצבע [בו] ולא ידליק בו את הנר תלמוד לומר [א]וערלתם ערלתו את פריו ערלים לא יאכל לרבות את כולם תא שמע [ט]בגד שצבעו בקליפי שביעית ידלק שאני התם דאמר קרא [ב]תהיה בהויתה תהא

רבא

כפרא דודי. קינא בו את היורה כלומר בשירי צבע שנשתיירו ביורה צבעו כופרא לשון קינוא [ד] כמו בליתא דפרסא למכפריה בהכל שוסטין (חולין דף ח.): נותן לו דמי עציו. דקנינהו בשינוי אבל נתן עצים כו' דלא שינה ולא קני ידו על התחתונה: יש שבח כו'. כלומר חזותא מילתא היא או לאו מילתא: ותרנהו. שראן במים כדרכן: וצבע בהן. למר שלו מבעיא לן יש שבח סמנין על הצמר דחזותא מילתא היא ואמר ליה הב לי סמנאי דשקלתינהו כו' כדבעיא למימר קמן: אמרי ואי אין שבח כו' מי מצי אמר ליה לית לך גבאי ולא מידי. בתמיה נהי נמי דחזותא לאו מילתא היא לימא ליה הב לי סמנאי דאפסדתינהו: צפון. שוו"ן: וקא מהדר ליה. לצמר כשהוא צבוע מאי: יש שבח סמנים על גבי צמר. דחזותא מילתא היא וקמהדר ליה צמר וקמהדר ליה סמנים כלומר בהך השבה דצמר קמהדר (א): דזול ציבעא. צמר צבוע הוזל בעולם ואין (ב) מגיעין שבח לדמי סמנים ואמר ליה נגזל [י]אני הייתי מוכר סמנים או הייתי צובע בגד ועכשיו הפסדתני דהא לא השביחו בצמר: א"נ דצבע בהו קופא. גזל קוף וסמנים וצבע את הקוף ומחזירו לו דלא אייקר ליה [יא] ואמרי לה קופה של נצרים: כגון דצמר דחד וסמנין דחד כו'. ולאו לענין גזלן קבעי לה דאין כאן גזל: בקליפי ערלה. קליפי אגוזים או שאר פירות אבל קליפת העץ לא דאין ערלה אלא בפירות: הנראה לעינים. מראה בעלמא אע"פ שאין בו ממש כגון נר וצבע: שביעית. אסור לעשות סחורה בפירותיה וקליפי פירות קאמר ולא קליפי עלים דעלים אין שביעית חלה עליהן כדלקמן דסתם עלים להסקה ניתנו:

רביעית

הא מנחי קמך שקלינהו. ומ"מ אגרא בעי למיתב למישקל להו דכיון דאתי לידיה בעי למיעבד השבה כדאמר לעיל (דף לח.) גבי זורק מטבע לים: **דזל** ציבעא. ומכל מקום איירי דגזל סממנים שרויין דאי דקינהו ושרנהו קננהו בשינוי: **דצבע** בהו קופא. פירש בקונטרס שגזל קוף וסממנים שרויין וצבע את הקוף ותימה דאם כן אפסדיה בידים וכה"ג היזק ניכר הוא ומחייב ונראה לפרש דצבע בהו קופא כלומר בגריעות ובכיעור כעין קוף שהוא מכוער: **או** דלמא אין שבח של סממנין על גבי צמר. תימה הרי נהנה שאמרו מעולה בדמים יותר וישלם מה שנהנה כמו אכלה [יב] מצידי רחבה דפ"ב (דף יט:) [יג] וירדה לגינה דהכונס (לעיל דף נה:) ובפרק אלו נערות (כתובות דף ל: ושם) אמר תחב לו חבירו משקין של אחרים בבית הבליעה דמשלם מה שנהנה ויש לחלק דהנאה דהכא אין באה ע"י מעשיו ולא ע"י מעשה בהמתו ובתחב לו חבירו אע"פ שאין זה ע"י מעשיו מכל מקום נהנה גופו אי נמי הנאה דהכא לא חשיבא הנאה שאין [יד] אלא נוי בעלמא יותר:

מנין שלא יהנה ממנו. בפרק כל שעה (פסחים דף כב: ושם ד"ה מנין) פריך אמאי לא נפקא לן איסור הנאה מלא יאכל:

ולא יצבע בו ולא ידליק בו הנר. אע"ג דאסר שאר הנאות איצטריך לרבויי צביעה והדלקה צביעה משום דחזותא בעלמא הוא והדלקה משום שכלה האיסור בשעת הדלקה ואם תאמר והא בפרק כל שעה (שם דף כו:) שרינן עצים להדלקה למאן דאמר אין שבח עצים בפת ולא משכחי עצים דאיסורא אלא כעין כסא ושרביטא ויש לומר דשמן הוי בעין בשעה שהוא דולק אבל עצים נעשים גחלת והשלהבת אין באה אלא מן הגחלת ואם תאמר ומ"מ דהכא מצריכין קרא להדלקה וגבי תרומה טמאה מצריכין קרא להתיר כדדרשינן שלך תהא להסיקה תחת תבשילך וי"ל משום דס"ד דנילף תרומה ממעשר הקל דאמרה תורה לא בערתי ממנו בטמא כדאמר במה מדליקין (שבת דף כה.) ור"ת מפרש דאיצטריך קרא הכא לאסור צביעה והדלקה שלא כדרך הנאתו כגון צביעה דתאנים ורמונים ודברים דלאו אורחייהו והדלקה איצטריך למאן שאין עומד להדלקה כלל וההוא דפרק כל שעה (פסחים דף כה:) דהוה [טו] שייף לברתיה [טז] בגוהרקי דערלה וקאמר מידי דרך הנאה קעבידנא התם לא הוה דרך הנאה כלל וקשה לפי' דהא בעי למפשט מהכא דחזותא מילתא היא ודחי דשאני הכא דגלי קרא משמע דלא אתא קרא למיסר שלא כדרך הנאה אלא למיסר אע"ג דליכא אלא חזותא בעלמא וא"ת אם כן תיפשוט לאידך גיסא מדאיצטריך למיסר שמע מינה דחזותא לאו מילתא היא ויש לומר דאיכא למילף מהכא דחשיב כאילו הוא בעין ותימה לרבי יהושע דגמר בערלה פרי מפרי מבכורים בפרק העור והרוטב (חולין דף קכ: ושם) וסבר דאין סופגין את הארבעים על הערלה אלא על היוצא מן הזיתים ומן הענבים אבל היוצא משאר פירות מותר היאך יאסר לצבוע במשקיהן מן התורה וכל שכן במים שנישורו בהם הקליפין ויש לומר דלא איצטריך קרא אלא שלא יצבע בזיתים וענבים וביוצא מהם או בממשות של עפרורית הקליפין הנטחנין ומיהו לא יצבע דקתני בברייתא מיירי שפיר בכל עניני צביעה דערלה ומשקיהן בכל ענין ומדרבנן ומיהו קרא לא אתיא אלא כדפרישית אי נמי יש לומר דפרי דערלה דוקא גמר פרי מפרי דביכורים ולהכי אימעוט משקה דידהו אבל שומר לפרי דאיתרבו מאת פריו את הטפל לפריו לא אמעיט משקה דידהו וליכא למעוטי מפרי דביכורים דביכורים ליתנהו בשומר לפרי כלל ואע"ג דהוי השתא טפל חמור מן העיקר יש ליתן טעם שלא יקשה מזה על שמעתא דריש איזהו מקומן (זבחים דף מח:) אבל אין לומר דאף על גב דליכא מלקות ביוצא משאר פירות עשה דערלתם ערלתו איכא דהא אכל מאי דכתיב וערלתם קאי לא יאכל דכתיב בתר הכי ועוד אם היה במשקה דשאר פירות דערלה איסור עשה אם כן מנא ליה שלא יצבע בו הא איצטריך לאסור המשקין בשתיה ובהנאה כשהן בעין ואין להקשות כיון דאיתרבי שומר לפרי דלא חזי לאכילה אם כן על כרחך מיתסרא ערלה בהנאה ולמאי איצטריך קרא שלא יהנה דהא איכא שומרין טובא דחזו לאכילה:

רבא

מסורת הש"ס

א) ערלה פ"ג מ"א, ב) [מעילה כ.], ג) פסחים כב: קדושין נו: [ע"ש], ד) עי' רש"י זבחים כה. ד"ה כפורי זהב, ה) זה מפירוש הערוך. רש"ל, ו) [נ"ל מתוך הרחבה], ז) [נ"ל ונפלה לגינה], ח) פי' מושח, ט) פי' בוסר זיתים קטנים משום רפואה. רש"ל בשם רש"י.

גליון הש"ס

רש"י ד"ה דזול וכו' **אני הייתי מוכר סמנים.** לפ"ז דזול ליבעא היינו דלמר לבוע הוזל אבל הסמנים עצמן לא הוזלו ותמוה לי דלמאי לריכי לזה ואמאי ל"א בפשיטות דהוזלו סמנים ואף דגם אלו מכרן לא היה מוכרן ביוקר מ"מ כיון דאין שבח סמני' ולא מקרי השבה הוי כנאבד הגזילה דמשלם כשעת הגזילה וצ"ע. ובאמת ק"ל גם על הגמרא דלמאי לריך לאוקמא דגזל לבע וסמנים דחד לוקי כדמעיקרא דגזל סמנים שרויים ולבע למר שלו והוזל הרבה עד שהלמר עם הלבע שעליו אין עולים לדמי הלבע כשהיה בעידן הגזילה ואי יש סמנים מהדר ליה הסמנים ואומר הרי שלך לפניך ואי דבמאי נשקליה יאמר באמת החזק לך גם בלמרי ואי אין שבח סמנים לא הוי השבה על הסמנים ולריך לשלם כדמעיקרא ולע"ג: תוס' ד"ה או וכו' **אלא נוי בעלמא יותר.** עיין ש"ך סי' שלא סק"ג:

הגהות הב"ח

(א) רש"י ד"ה יש שבח וכו' קמהדר סמנים הס"ד: (ב) ד"ה דזול וכו' ואין מגיע השבח:

תורה אור השלם

א) וְכִי תָבֹאוּ אֶל הָאָרֶץ וּנְטַעְתֶּם כָּל עֵץ מַאֲכָל וַעֲרַלְתֶּם עָרְלָתוֹ אֶת פִּרְיוֹ שָׁלֹשׁ שָׁנִים יִהְיֶה לָכֶם עֲרֵלִים לֹא יֵאָכֵל: [ויקרא יט, כג]

ב) כִּי יוֹבֵל הִוא קֹדֶשׁ תִּהְיֶה לָכֶם מִן הַשָּׂדֶה תֹּאכְלוּ אֶת תְּבוּאָתָהּ: [ויקרא כה, יב]

עין משפט נר מצוה

פד א ב מיי' פ"י מהל' שכירות הלכה ד סמג עשין פט טוש"ע ח"מ סי' שו סעיף ג:

פה ג ד מיי' פ"ג מהל' גזילה ואבידה הלכה י טוש"ע ח"מ סי' שסג סעיף יא:

פו ה מיי' פט"ו מהלכות מאכלות אסורות הלכה כ:

פז ו מיי' שם פ"י הלכה ט סמג לאוין קמד טוש"ע י"ד סי' רלד סעיף א:

פח ז מיי' פ"ו מהלכות שמיטין הלכה ג:

ליקוטי רש"י

מנין שלא יהנה ממנו. כגון שלא יצטבע בו בפירי הראוי ליצטבע בו כגון קליפי אגוזין ושומר לפרי אסור כפרי [קידושין נו:]. **ולא יצבע בו.** כגון בקליפי אגוזים שהשומר אסור משום ערלה כפרי עצמו. **ולא ידליק בו את הנר** כגון שמן של ערלה [פסחים כב:]. **וערלתם ערלתו.** ואטמתם אטימתו יהא אטום ונסתם מליהנות ממנו [ויקרא יט, כג]. **את פריו.** רחמנא רבינהו מאת פריו הטפל לפריו [ברכות לו:].

לעזי רש"י

שווי"ן. פירוש בורית (עיין רש"י ישעיה א, כה):

האסורה בהנאה וטעונה שריפה[29]. **אַלְמָא חֲזוּתָא מִילְּתָא הִיא** — הרי ש'מראה' נחשב דבר ממשי, ולכן דנים כאילו יש בבגד מגוף האיסור[30]!

דוחה הגמרא:

אָמַר רָבָא[31]: לגבי ערלה, **הֲנָאָה** מדבר **הַנִּרְאָה לָעֵינַיִם אָסְרָה תּוֹרָה.** כלומר: יתכן שמראה אינו נחשב כדבר ממשי לגבי דינים אחרים, אלא שבערלה יש לימוד מיוחד מן הכתוב לאסור מראה. **דְּתַנְיָא** בברייתא (תורת כהנים): הכתוב אומר (ויקרא יט, כג): "וְכִי תָבֹאוּ אֶל הָאָרֶץ וּנְטַעְתֶּם כָּל עֵץ מַאֲכָל וַעֲרַלְתֶּם עָרְלָתוֹ אֶת פִּרְיוֹ, שָׁלֹשׁ שָׁנִים יִהְיֶה לָכֶם **עֲרֵלִים לֹא יֵאָכֵל**". **אֵין לִי** מקור מכאן **אֶלָּא לְאִיסּוּר אֲכִילָה** בפרי ערלה; **מִנַּיִן שֶׁלֹּא יֵהָנֶה מִמֶּנּוּ, וְשֶׁלֹּא יִצְבַּע [בּוֹ], וְלֹא יַדְלִיק בּוֹ** (כגון בשמן של ערלה[32]) **אֶת הַנֵּר? תַּלְמוּד לוֹמַר** (שם): "**וַעֲרַלְתֶּם עָרְלָתוֹ אֶת פִּרְיוֹ. . . עֲרֵלִים לֹא יֵאָכֵל**". הלשון "ערלה" שנזכר בפסוק שלש פעמים, בא **לְרַבּוֹת אֶת כּוּלָּם** — את כל ההנאות הללו[33]. נמצא שבפירוש אסרה התורה הנאה בערלה מדבר "הנראה לעינים" אף על פי שאין בו ממש, כגון נר וצבע[34].

הגמרא מנסה לפשוט את הספק ממקום אחר:

תָּא שְׁמַע הוכחה מן הברייתא הבאה: **בֶּגֶד שֶׁצְּבָעוֹ בִּקְלִיפֵּי** פירות **שְׁבִיעִית**[35], **יִדָּלֵק** — ישרף[36]. הרי שגם באיסורים אחרים מלבד ערלה דנים 'מראה' כגוף האיסור[37], ומכאן שמראה נחשב דבר שיש בו ממש!

הגמרא דוחה שאף באיסורי שביעית יש ריבוי מיוחד:

שַׁאנִי הָתָם — שונה שם, בשביעית, **דְּאָמַר קְרָא** לגבי שנת היובל,

הערות

ח). "קליפי ערלה" המוזכרים במשנה זו, כוונתם איפוא לקליפי פירות [שהפיקו מהן צבע], כגון קליפות של אגוזים וכדומה, אבל קליפת העץ אינה 'שומר' ואינה נאסרת משום ערלה (רש"י; ועיין תוספות סד"ה ולא יצבע).

29. [ראה משנה תמורה לג, ב וברש"י שם ד"ה כלאי הכרם; ועיין שו"ת חתם סופר אורח חיים קפ בגדר מצות השריפה. עיין עוד מקדש דוד זרעים נט, ב (ד"ה הנה בההיא) ומשנה ראשונה (ערלה ג, א) שדנים אם יש כאן תקנה להעביר את הצבע מן הבגד על ידי 'צפון'.]

30. עיין תוספות ד"ה ולא יצבע, "דחשיב כאילו הוא בעין"; תוספות רי"ד סד"ה מנין; שו"ת הר"ן ע; ר"ן עבודה זרה כב, ב מדפי הרי"ף; אולם עיין נודע ביהודה תנינא אורח חיים ג; ועיין מלחמת ה' פסחים ז, א מדפי הרי"ף, וחזון איש ערלה סימן ט אות א ו־ו.

[יש לעיין: סוף סוף, המציאות היא שהבגד הושבח ונתייפה מחמת צבע הערלה. אם כן, אפילו אם אין שבח סממנים על גבי בגד (היינו, שדנים את הסממנים ככלו מן העולם), יהא אסור ליהנות מהבגד כדין דבר **שנגרם** מאיסורי הנאה, וכפי ששנינו (עבודה זרה מט, ב) לגבי בגד שנארג על ידי כרכור (חלק ממכשיר האריגה) של עבודה זרה! וביארו האחרונים, שאם אין מחשיבים את המראה כדבר ממשי, יוצא שגוף הבגד לא נשתבח על ידי הצבע. השינוי הממשי היחידי שיש כאן הוא העילוי **בשוויו** של הבגד, אך מזה נהנה רק בעל הבגד. אם כך, אין טעם לשרוף את הבגד, שכן אחרים שאינם בעלי הבגד יכולים ליהנות ממנו. מזה שאומרת המשנה שהבגד "ידלק", מוכח שחל שינוי בגופו על ידי הצבע, ומכאן שיש ממש ב'מראה' (שערי ישר ג, כה עמוד רעב ד"ה ומעתה; קובץ שיעורים קנ; ועיין ים התלמוד על תוספות ד"ה ולא).]

31. יש ספרים שגורסים **רבה**; ראה להלן עמוד ב הערה 1.

32. רש"י פסחים כב, ב; עיין תוספות שם ד"ה מנין, ותוספות כאן ד"ה ולא יצבע.

33. [מלשון הגמרא כאן ובפסחים (שם) משמע שדורשים שלשה יתורים לשלשה דברים נפרדים: (א) איסור הנאה, כגון מכירה או האכלה לבהמה; (ב) איסור צביעה; (ג) איסור הדלקה. אמנם בקידושין נו, ב הגירסא היא: "תלמוד לומר: 'וַעֲרַלְתֶּם עָרְלָתוֹ'; לרבות את כולם". ועיין רש"י שם ד"ה מנין שלא יהנה; אולם עיין רש"ש שם.]

רבא מפרש שאיסור צביעה הנזכר בברייתא אינו רק בייחס **למעשה** הצביעה. לכך אין צריך מקרא מיוחד, שהרי זהו הנאה מגוף הפרי, ובכלל איסור ההנאה הכללי הנלמד מפסוק זה! ובהכרח שהכתוב בא לאסור בהנאה את **הבגד** הצבוע, וללמדנו שבערלה גם מראה בלבד אסור (תוספות רי"ד, עיין שם; ועיין שערי ישר שם). [מאותו טעם מבאר תוספות רי"ד שצריך יתור מיוחד לאסור הדלקת הנר, שכן אף על פי שהנר דולק מכח השמן, מכל מקום האדם אינו נהנה מגוף השמן אלא מן האור. להסברים נוספים מדוע הוצרכו דרשות מיוחדות לאסור צביעה והדלקה — עיין תוספות כאן, ותוספות ורבינו דוד פסחים שם.]

34. רש"י. כלומר, מה שצריכים לשרוף בגד הצבוע בקליפי ערלה, אינו משום שמראה נחשב דבר ממשי, שהרי אסר הכתוב ליהנות אפילו מאור של נר הדולק משמן של ערלה — ואור בודאי אין בו ממש (ראה הערה קודמת). אלא, חומרא היא שהחמירה התורה לאסור בו כל דבר שנראה לעינים אפילו אם אין בו ממש [כיון שבא **מכח** האיסור ובגרמתו], ולפיכך אין ללמוד מכאן לענין דין 'מראה' בשאר דיני התורה (תוספות רבינו פרץ בביאור רש"י; עיין גם שו"ת הר"ן ע). ויש מפרשים שלגבי ערלה אמנם גילתה התורה שמראה צבע נחשב כגוף האיסור, אך זהו דין מיוחד בערלה, ואין למדים ממנו (עיין הסבר ראשון בתוספות רבינו פרץ; תוספות רי"ד; ראב"ד להלן עמוד ב ד"ה נבלעה). ראה עוד להלן הערה 39.

לכאורה, הגמרא יכלה להוכיח מברייתא זו — המצריכה כתוב מיוחד לאסור צביעה — כמו הצד השני של הספק, שמראה **אינו** נחשב דבר ממשי בשאר דיני התורה. שכן אם יש בו ממש, נמצא שהנאה מבגד צבוע בערלה הרי היא כהנאה מגוף הפרי, ואפשר ללמוד זאת כבר מאיסור ההנאה הכללי! ברם התוספות (ד"ה ולא יצבע) מבארים, שבאמת אין שום הכרח מהברייתא לא לכאן ולא לכאן. שכן יש להסתפק בדרשה זו עצמה, אם כוונת הכתוב שערלה שונה מיתר דיני התורה לענין צביעה (כפי שטען רבא), או שמא גילתה כאן התורה שצבע הוא אכן דבר ממשי בייחס לכל הדינים.

35. גידולי שנת השמיטה מותרים באכילה (ראה ויקרא כה, ו-ז), אולם יש בהם הגבלות שונות, חלקם יתבארו בסוגייתנו.

גם כאן — כמו במשנה דלעיל לענין ערלה — הנידון הוא על קליפות של פירות, ולא על קליפות עצים. שכן דיני קדושת שביעית אינם נוהגים בעצים, כפי שיבואר בגמרא להלן [קא, ב — קב, א] (רש"י).

36. מרש"י (כאן, וביתר ביאור להלן עמוד ב ד"ה יש להן ולדמיהן) עולה שהבסיס לדין זה הוא האיסור לעשות סחורה בפירות שביעית (ראה משנה שביעית ז, ג; עבודה זרה סב, א) — שגם צביעת בגד בפירות שביעית בכלל "סחורה" היא (כפי שיבואר בסוף ההערה). מטעם זה אומרת הברייתא, שאם עברו על האיסור וצבעו בגד בפירות שביעית, הבגד נאסר בהנאה וטעון שריפה. אולם המפרשים הקשו על פירוש זה, שהרי משנה מפורשת היא (שביעית שם) שמותר לצבוע בפירות שביעית לצורך הצובע עצמו, ורק בשכר אסור לצבוע משום סחורה! (תוספות רבינו פרץ; פני יהושע על רש"י להלן עמוד ב). עוד הקשה במלאכת שלמה (שביעית שם): וכי בגלל שעבר הצובע על איסור סחורה יאסר הבגד בהנאה? (וראה במלאכת שלמה שם קושיות נוספות).

לכן ביארו הראשונים שהברייתא עוסקת בבגד שנצבע בפרי שיש בו חובת ביעור, שמצוה על כל אחד לבַעֵר פירות שביעית מרשותו לאחר שאותו מין כָּלָה לחיה מן השדה (ראה ויקרא כה, ז וברש"י שם). כיון שהגיע זמן הביעור של מין הפרי שצבעו בו את הבגד, חייב לבער את הצבע על ידי שריפת הבגד [אם אינו יכול להסיר את הצבע מהבגד על ידי חומרי נקוי] (תוספות רבינו פרץ; ראב"ד להלן קב, א ד"ה השתא; ר"ש בפירושו לתורת כהנים, בהר א, י). [אמנם צריך לברר, מדוע עליו לשרוף את הבגד? והרי שיטת רוב הראשונים (והר"ש בכללם) ש"ביעור" פירושו הפקר, ולאחר שהפקיר יכול לחזור ולזכות בו! (אכן לדעת הרמב"ם מצות ביעור היא לאַבֵּד את הפירות מן העולם; ראה להלן עמוד ב הערה 20; ועיין ר"ש סיריליאו שביעית ריש פרק ז ד"ה יש לו ביעור, ובסוף פרק ט שם בהרחבה; עיין עוד מקדש דוד נט, ב ד"ה פירות שביעית). ויש שפירשו שכוונת הברייתא לקליפי שביעית שהשהה אותם האדם בביתו אחרי זמן ביעורם ולא קיים בהם מצות ביעור. במקרה זה, הקליפות נאסרות לעולם (עיין רמב"ן ויקרא כה, ז; תוספות פסחים נב, ב ד"ה מתבערין), ולכן הבגד שנצבע בהם טעון שריפה (עיין מאירי; ספר תוספות יום הכפורים, יומא פג, א ד"ה ובהא שכתב רש"י; תפארת ישראל שביעית ח, א, בבועז; ועיין חזון איש שביעית יא, ו ו־יג, ח).]

אמנם הפני יהושע (להלן שם) מבאר, שגם כוונת רש"י היא שהדין של הברייתא מצד תורת ביעור. שכן שיטת רש"י בכמה מקומות, שאיסור הסחורה בפירות שביעית הוא משום מצות ביעור שיש בהם — שכאשר אדם מוכר פירות שביעית, הכסף שהוא מקבל נתפס גם כן בקדושת שביעית, וחייב להתבער בהגיע זמן הביעור; הלכך אסור לעשות סחורה שכל תכליתה היא לצבור ממון שישאר אצלו לאחר זמן הביעור (עיין רש"י סוכה לט, א ד"ה אין מוסרין, ובסנהדרין כו, א ד"ה בדמי תרומה). על פי זה מפרש רש"י כאן, שאיסור סחורה בפירות שביעית כולל גם איסור צביעה, שכן הצבע מעצם טבעו עומד להישאר בבגד לאחר זמן הביעור; לפיכך אסור לצבוע בפירות אפילו קודם זמן הביעור, ואם צבע — ישרף הבגד מיד [ובזה חולק רש"י על הראשונים הנ"ל, המעמידים דין הברייתא רק לאחר זמן הביעור]. מעתה, הברייתא שלנו עוסקת בפירות שיש בהם חובת ביעור. אולם ישנם צמחים שאין נוהגת בהם מצוה זו (אף על פי שיש בהם קדושת שביעית), והיינו אלו שנמצאים כל השנה בשדה (ראה שביעית ז, ב). בייחס לאותם צמחים אמרה המשנה (שם ז, ג) שמותר לצבוע בפירות שביעית. נמצא שאין שום סתירה בין המשנה והברייתא. [להסברים נוספים לדברי רש"י — עיין רש"ש ויפה עינים להלן עמוד ב; עיין עוד מקדש דוד נט, ה ד"ה כתב רש"י, וראה עוד שם ד"ה בסוכה — מובא להלן קב, א הערה 5.]

37. [אם הצבע נחשב דבר ממשי על גבי הבגד, מובן שחלה עליו חובת ביעור (ראה הערה קודמת). אך אם אין ממש במראה, הריהו לכאורה כמבוער, ואין טעם לשרוף את הבגד שנצבע בו (ראה לעיל הערה 30).]

כפרא דודי: תנו רבנן הנותן עצים לחרש לעשות מהן כסא ועשה מהן ספסל ספסל ועשה מהן כסא ר' מאיר אומר נותן לו דמי עציו רבי יהודה אומר [א]אם השבח יתר על היציאה נותן לו את היציאה ואם היציאה יתירה על השבח נותן לו את השבח ומודה רבי מאיר [ב]אם נתן עצים לחרש לעשות מהן כסא נאה ועשה מהן כסא כעור ספסל נאה ועשה ספסל כעור אם השבח יתר על היציאה נותן לו דמי היציאה ואם היציאה יתירה על השבח נותן לו דמי השבח: [ג]איבעיא להו יש שבח סמנין על הצמר או אין שבח סמנין על הצמר היכי דמי אילימא דגזל סמנין ודקינהו ותרנהו וצבע בהן תיפוק ליה משום דקנינהו בשינוי לא צריכא דגזל סמנין שרויין וצבע בהו מאי יש שבח סמנין על גבי צמר דאמר ליה הב לי סמנאי דשקלתינהו או דלמא אין שבח סמנין על גבי הצמר דא"ל לית לך גבאי ולא מידי אמרי ואי אין שבח סמנין על גבי צמר מי מצי אמר ליה לית לך גבאי ולא מידי נימא ליה הב לי סמנאי דאפסדתינהו אלא להך גיסא אין שבח סמנין על גבי הצמר ובעי שלומי ליה או דלמא יש שבח סמנין על גבי צמר וא"ל הא מנחי קמך שקלינהו שקלינהו במאי שקליה בצפון צפון עבורי מיעבר השבח לא עביד [ד]אלא הב"ע כגון דגזל צמר וסמנין דחד וצבעיה להוא צמר בהנך סמנין וקא מהדר ליה ניהליה לצמר יש שבח סמנין ע"ג הצמר וקא מהדר ליה סמנין וצמר או דלמא אין שבח סמנין על גבי צמר וצמר מהדר ליה סמנין לא מהדר ליה אמרי תיפוק ליה דאייקר ליה ניהליה בדמי לא צריכא דזל ציבעא ואיבעית אימא כגון שצבע בהו קופא רבינא אמר הכא במאי עסקינן כגון דצמר דחד וסמנין דחד וקאתי קוף וצבעיה לההוא צמר בהנך סמנין יש שבח סמנין על גבי צמר דאמר ליה הב לי סמנאי דגבך נינהו או דלמא אין שבח סמנין על גבי צמר ואמר ליה לית לך גבאי כלום תא שמע [ה]בגד שצבעו בקליפי ערלה ידלק אלמא חזותא מילתא היא אמר רבא [ט]הנאה הנראה לעינים אסרה תורה דתניא [א]ערלים לא יאכל [ג]אין לי אלא איסור אכילה [י]מנין שלא יהנה ממנו ולא יצבע [בו] ולא ידליק בו את הנר תלמוד לומר [א]וערלתם ערלתו את פריו ערלים לא יאכל לרבות את כולם תא שמע [י]בגד שצבעו בקליפי שביעית ידלק שאני התם דאמר קרא [ב]תהיה בהויתה תהא

רבא

רש"י

כפרא דודי. קינא בו את היורה כלומר בשירי לבע שנשתיירו ביורה לבעו כופרא לשון קינוח [ד]כמו בליתא דפרסא למכפריה בהכל שוחטין (חולין דף ח.): נותן לו דמי עציו. דקנינהו בשינוי אבל נתן עלים כו' דלא שינה ולא קני ידו על התחתונה: יש שבח כו'. כלומר חזותא מילתא היא או לאו מילתא: ותרנהו. שראן במים כדרכן: וצבע בהן. לאמר שלו מבעיא לן יש שבח סמנין על האמר דחזותא מילתא היא ואמר ליה הב לי סמנאי דשקלתינהו כו' כדבעיא למימר קמן: אמרי ואי אין שבח כו' מי מצי אמר ליה לית לך גבאי ולא מידי. בתמיה נהי נמי דחזותא לאו מילתא היא לימא ליה הב לי סמנאי דאפסדתינהו: צפון. שוו"ן: וקא מהדר ליה. לאמר כשהוא לבוע מאי: יש שבח סמנים על גבי צמר. דחזותא מילתא היא וקמהדר ליה לאמר וקמהדר ליה סמנים כלומר בהך השבה דלאמר קמהדר (א): דזול ציבעא. לאמר לבוע הוזל בעולם ואין (ב) מגיעין שבח לדמי סמנים ואמר ליה נגזל [ס]אני הייתי מוכר סמנים או הייתי לובע בגד ועכשיו הפסדתני דהא לא השביחו בלאמר: א"נ דצבע בהו קופא. גזל קוף וסמנים ולבע את הקוף ומחזירו לו דלא אייקר ליה [ה]ואמרי לה קופה של גלרים: כגון דצמר דחד וסמנין דחד כו'. ולאו לענין גזלן קבעי לה דאין כאן גזל: בקליפי ערלה. קליפי אגוזים או שאר פירות אבל קליפת העץ לא דאין ערלה אלא בפירות: הנראה לעינים. מראה בעלמא אע"פ שאין בו ממש כגון נר ולבע: שביעית. אסור לעשות סחורה בפירותיה וקליפי פירות קאמר ולא קליפי עלים דעלים אין שביעית חלה עליהן כדלקמן דסתם עלים להסקה ניתנו:

רביעית

תוספות

הא מנחי קמך שקלינהו. ומ"מ אגרא בעי למיתב למישקל להו דכיון דאתי לידיה בעי למיעבד השבה כדאמר לעיל (דף לח.) גבי זורק מטבע לים: דזל ציבעא. ומכל מקום איירי דגזל סממנים שרויין דאי דקינהו ושרנהו קננהו בשינוי: דצבע בהו קופא. פירש בקונטרס שגזל קוף וסממנים שרויין ולבע את הקוף ותימה דאם כן אפסדיה בידים וכה"ג היזק ניכר הוא ומחייב ונראה לפרש דלבע בהו קופא כלומר בגריעות ובכיעור כעין קוף שהוא מכוער: או דלמא אין שבח של סממנין על גבי צמר. תימה הרי נהנה שאמרו מעולה בדמים יותר וישלם מה שנהנה כמו אכלה [י]מלידי רחבה דפ"ב (דף יט:) [ז]וירדה לגינה דהכונס (לעיל דף נה:) ובפרק אלו נערות (כתובות דף ל: ושם) אמר תחב לו חבירו משקין של אחרים בבית הבליעה דמשלם מה שנהנה ויש לחלק דהנאה דהכא אין באה ע"י מעשיו ולא ע"י מעשה בהמתו ובתחב לו חבירו אע"פ שאין זה ע"י מעשיו מכל מקום נהנה גופו אי נמי הנאה דהכא לא חשיבא הנאה שאין [ס]אלא נוי בעלמא יותר:

מנין שלא יהנה ממנו. בפרק כל שעה (פסחים דף כב: ושם ד"ה מנין) פריך אמאי לא נפקא לן איסור הנאה מלא יאכל:

ולא יצבע בו ולא ידליק בו הנר. אע"ג דאסר שאר הנאות אצטריך לרבויי צביעה והדלקה צביעה משום דחזותא בעלמא הוא והדלקה משום שכלה האיסור בשעת הדלקה ואם תאמר והא בפרק כל שעה (שם דף כו:) שרינן עצים להדלקה למאן דאמר אין שבח עצים בפת ולא משכחי עצים דאיסורא אלא כעין כסא ושרשיפא ויש לומר דשמן הוי בעין בשעה שהוא דולק אבל עצים נעשים גחלת והשלהבת אין באה אלא מן הגחלת ואם תאמר ומ"ש דהכא מצריכין קרא להדלקה וגבי תרומה טמאה מצריכין קרא להתיר כדדרשינן שלך תהא להסיקה תחת תבשילך וי"ל משום דס"ד דנילף תרומה ממעשר הקל דאמרה תורה לא בערתי ממנו בטמא כדאמר במה מדליקין (שבת דף כה.) ור"ת מפרש דאיצטריך קרא הכא לאסור צביעה והדלקה שלא כדרך הנאתו כגון לביעה דתאנים ורמונים ודברים דלאו אורחייהו והדלקה איצטריך לשמן שאין עומד להדלקה כלל וההוא דפרק כל שעה (פסחים דף כה:) דהוה [ה]שייף לברתיה [ט]בגוהרקי דערלה וקאמר מידי דרך הנאה קעבידנא התם לא הוה דרך הנאה כלל וקשה לפי' דהא בעי למפשט מהכא דחזותא מילתא היא ודחי דשאני הכא דגלי קרא משמע דלא אתא קרא למיסר שלא כדרך הנאה אלא למיסר אע"ג דליכא אלא חזותא בעלמא וא"ת אם כן תיפשוט לאידך גיסא מדאיצטריך למיסר שמע מינה דחזותא לאו מילתא היא ויש לומר דאיכא למילף מהכא דחשיב כאילו הוא בעין ותימה לרבי יהושע דגמר בערלה פרי מפרי מבכורים בפרק העור והרוטב (חולין דף קכ: ושם) וסבר דאין סופגין את הארבעים על הערלה אלא על היוצא מן הזיתים ומן הענבים אבל היוצא משאר פירות מותר היאך יאסר לצבוע במשקיהן מן התורה וכל שכן במים שנישורו בהם הקליפין ויש לומר דלא איצטריך קרא אלא שלא יצבע בזיתים וענבים וביוצא מהם או בממשות של עפרורית הקליפין הנטחנין ומיהו לא יצבע דקתני בברייתא איירי שפיר בכל עניני צביעה דערלה ומשקיהן בכל ענין ומדרבנן ומיהו קרא לא אתיא אלא כדפרישית אי נמי יש לומר דפרי דערלה דוקא גמר פרי מפרי דביכורים ולהכי אימעוט משקה דידהו אבל שומר לפרי דאיתרבו מאת פריו את הטפל לפריו לא אמעיט משקה דידהו וליכא למעוטי מפרי דביכורים דביכורים ליתנהו בשומר לפרי כלל ואע"ג דהוי השתא טפל חמור מן העיקר יש ליתן טעם שלא יקשה מזה על שמעתא דריש איזהו מקומן (זבחים דף מח:) אבל אין לומר דאף על גב דליכא מלקות ביוצא משאר פירות עשה דערלתם ערלתו איכא דהא אכל מאי דכתיב וערלתם קאי לא יאכל דכתיב בתר הכי ועוד אם היה במשקה דשאר פירות דערלה איסור עשה אם כן מנא ליה שלא יצבע בו הא איצטריך לאסור המשקין בשתיה ובהנאה כשהן בעין ואין להקשות כיון דאיתרבי שומר לפרי דלא חזי לאכילה אם כן על כרחך מיתסרא ערלה בהנאה ולמאי איצטריך קרא שלא יהנה דהא איכא שומרין טובא דחזו לאכילה:

רבא

מסורת הש"ס

א) ערלה פ"ג מ"א, ב) [מעילה כ.], ג) פסחים כב: קדושין נו: [ע"ש], ד) עי' רש"י זבחים כה. ד"ה כפורי זהב, ה) זה מפירוש הערוך. רש"ל, ו) [צ"ל מתוך הרחבה], ז) [צ"ל ונפלה לגינה], ח) פי' מושח, ט) פי' בוסר זיתים קטנים משום רפואה. רש"ל בשם רש"י.

גליון הש"ס

רש"י ד"ה דזול וכו' אני הייתי מוכר סמנים. לפ"ז דזול ליבעא היינו דלמר לבוע הוזל אבל הסמנים עלמן לא הוזלו ותמוה לי דלמאי לריכי לזה ולמאי ל"א בפשיטות דהוזלו סמנים ואף דגם אלו מכרן לא היה מוכרן ביוקר מ"מ כיון דאין שבח סמני' ולא מקרי השבה הוי כנאבד הגזילה דמשלם כשעת הגזילה וצ"ע. ובאמת ק"ל גם על הגמרא דלמאי נריך לאוקמא דגזל לבע וסמנים דחד לוקי כדמעיקרא דגזל סמנים שרויים ולבע למר שלו והוזל הרבה עד שהלמר עם הלבע שעליו אין עולים לדמי הלבע כשהיה בעידן הגזילה ואי יש סמנים מהדר ליה הסמנים ואומר הרי שלך לפניך ואי דבמאי נשקליה יאמר באמת הפזק לך גם בלמרי ואי אין שבח סמנים לא הוי השבה על הסמנים ונריך לשלם כדמעיקרא ולע"ג: תוס' ד"ה או וכו' אלא נוי בעלמא יותר. עיין ש"ך סי' שנא סק"ג:

הגהות הב"ח

(א) רש"י ד"ה יש שבח וכו' קמהדר סמנים הס"ד: (ב) ד"ה דזול וכו' ואין מגיע השבח:

תורה אור השלם

א) וְכִי תָבֹאוּ אֶל הָאָרֶץ וּנְטַעְתֶּם כָּל עֵץ מַאֲכָל וַעֲרַלְתֶּם עָרְלָתוֹ אֶת פִּרְיוֹ שָׁלֹשׁ שָׁנִים יִהְיֶה לָכֶם עֲרֵלִים לֹא יֵאָכֵל: [ויקרא יט, כג]

ב) כִּי יוֹבֵל הִוא קֹדֶשׁ תִּהְיֶה לָכֶם מִן הַשָּׂדֶה תֹּאכְלוּ אֶת תְּבוּאָתָהּ: [ויקרא כה, יב]

עין משפט נר מצוה

פד א ב מיי' פ"י מהל' שכירות הלכה ד סמג עשין פט טוש"ע ח"מ סי' שו סעיף ג:

פה ג ד מיי' פ"ג מהל' גזילה ואבידה הלכה י טוש"ע ח"מ סי' שסג סעיף יא:

פו ה מיי' פט"ז מהלכות מאכלות אסורות הלכה כ:

פז ו מיי' שם פ"י הלכה ט סמג לאוין קמד טוש"ע י"ד סי' רלד סעיף א:

פח ז מיי' פ"ו מהלכות שמיטין הלכה ב:

ליקוטי רש"י

מנין שלא יהנה ממנו. כגון שלא ילטבע בו בפירי הראוי ליצטבע בו כגון קליפי אגוזין ושומר לפרי אסור כפרי [קידושין נו:]. ולא יצבע בו. כגון בקליפי אגוזים שהשומר אסור משום ערלה כפרי עצמו. ולא ידליק בו את הנר כגון שמן של ערלה [פסחים כב:]. וערלתם ערלתו. ואטמתם אטימתו יהא אטום ונסתם מליהנות ממנו [ויקרא יט, כג]. את פריו. רחמנא רבינהו מאת פריו הטפל לפריו [ברכות לו:].

לעזי רש"י

שוו"ן. פירוש בורית (עיין רש"י ישעיה א, כה):

השוה לשביעית לענין דין פירותיה (ויקרא כה, יב): "קֹדֶשׁ **תִּהְיֶה** לָכֶם", שמשמע שקדושת יובל (ושביעית) **בַּהֲוָיָתָהּ תְּהֵא** — לעולם תישאר כמו שהיתה[38]. ומכאן, שגם לאחר הצביעה בפירות שביעית, יש עדיין קדושת שביעית על ה'מראה'[39].

הערות

38. [בסוכה (מ, ב) ובקידושין (נח, א) נדרשה מלת "תִּהְיֶה" שבפסוק זה לענין דין אחר בקדושת שביעית. וצריך לומר שהגמרא כאן סבורה שניתן ללמוד מהפסוק את שתי הדרשות (תוספות רבינו פרץ להלן עמוד ב ד"ה רבא; שו"ת הר"ן ע; עיין עוד כפות תמרים, סוכה מ, א על תוספות ד"ה יצאו).]

39. מתוספות להלן עמוד ב (ד"ה שהנאתן) עולה שביארו כוונת הגמרא כאן, שלגבי שביעית גזירת הכתוב היא שדנים את הצבע כדבר שיש בו ממש, ואין ללמוד מכאן לשאר דינים. אולם יש מפרשים דחיית הגמרא, שבאמת גם בשביעית אין המראה חשוב כאיסור עצמו, אלא שמכל מקום אסרתו התורה מאחר שבא מכח האיסור ובגרמתו (עיין שו"ת הר"ן ע; חידושי רבי עקיבא איגר על התוספות שם; כפות תמרים בסוכה שם; ראה גם לעיל הערה 34 לענין ערלה).

[כפי שנתבאר לעיל (סוף הערה 34) בנוגע לערלה, אין להוכיח מזה שהוצרך הכתוב לאסור צביעה בשביעית, שמראה אינו נחשב דבר ממשי בשאר דיני התורה. שכן יתכן שבאמת אין זה דין מיוחד בשביעית, אלא הכתוב בא לגלות שיש ממש ב'מראה' בייחס לכל דיני התורה. ואין להקשות שאם כך לא היה הכתוב צריך להשמיענו זאת גם בערלה וגם בשביעית, ודי לכתוב לגבי אחד מהם ש'מראה' בכלל האיסור (ונמצא שיש כאן "שני כתובים הבאים כאחד" שאינם מלמדים) — משום שאיסורי ערלה ושביעית אינם נלמדים זה מזה; עיין תוספות רבינו פרץ שמבאר מדוע.]

[מהמשא ומתן בגמרא משמע שלפי הצד שמראה אין בו ממש, אין מתחשבים ב'מראה' אלא באיסורי ערלה ושביעית, אבל בשאר דיני תורה "חזותא לאו מילתא" — הן בדיני ממונות (כגון לענין גזלן שצבע בסממנים, כדלעיל) והן בדיני איסורים (שו"ת הר"ן ע; ועיין שם בנוגע לאיסור עבודה זרה). אמנם יש שפירשו שכוונת הגמרא כאן לחלק בין דיני איסור כדוגמת ערלה ושביעית, לדיני ממונות (תוספות רבינו פרץ; ראב"ד להלן עמוד ב ד"ה נבלעה). לדבריהם, יתכן שגם בשאר איסורים הדין הוא ש"חזותא מילתא היא" (עיין נודע ביהודה תנינא אורח חיים ג; עיין עוד קצות החשן שו, ב ונתיבות המשפט שם ג, בנוגע לאיסור נדר).]

כפרא דודי: תנו רבנן הנותן עצים לחרש לעשות מהן כסא ועשה מהן ספסל ספסל ועשה מהן כסא ר' מאיר אומר נותן לו דמי עציו רבי יהודה אומר [א]אם השבח יתר על היציאה נותן לו את היציאה ואם היציאה יתירה על השבח נותן לו את השבח ומודה רבי מאיר [ב]אם נתן עצים לחרש לעשות מהן כסא נאה ועשה מהן כסא כעור ספסל נאה ועשה ספסל כעור אם השבח יתר על היציאה נותן לו דמי היציאה ואם היציאה יתירה על השבח נותן לו דמי השבח: [ג]איבעיא להו יש שבח סמנין על הצמר או אין שבח סמנין על הצמר היכי דמי אילימא דגזל סמנין ודקינהו ותרנהו וצבע בהן תיפוק ליה משום דקנינהו בשינוי לא צריכא דגזל סמנין שרויין וצבע בהו מאי יש שבח סמנין על גבי צמר דאמר ליה הב לי סמנאי דשקלתינהו או דלמא אין שבח סמנין על גבי הצמר דא"ל לית לך גבאי ולא מידי אמרי ואי אין שבח סמנין על גבי צמר מי מצי אמר ליה לית לך גבאי ולא מידי נימא ליה הב לי סמנאי דאפסדתינהו אלא להך גיסא אין שבח סמנין על גבי הצמר ובעי שלומי ליה או דלמא יש שבח סמנין על גבי צמר וא"ל הא מנחי קמך שקלינהו שקלינהו במאי שקליה בצפון צפון עבורי מיעבר השבה לא עביד [ד]אלא הב"ע כגון דגזל צמר וסמנין דחד וצבעיה להההוא צמר בהנך סמנין וקא מהדר ליה ניהליה לצמר יש שבח סמנין ע"ג הצמר וקא מהדר ליה סמנין וצמר או דלמא אין שבח סמנין על גבי צמר וצמר מהדר ליה סמנין לא מהדר ליה אמרי תיפוק ליה דאייקר ליה ניהליה בדמי לא צריכא דזל ציבעא ואיבעית אימא כגון שצבע בהו קופא רבינא אמר הכא במאי עסקינן כגון דצמר דחד וסמנין דחד וקאתי קוף וצבעיה להההוא צמר בהנך סמנין יש שבח סמנין על גבי צמר דאמר ליה הב לי סמנאי דגבך נינהו או דלמא אין שבח סמנין על גבי צמר ואמר ליה לית לך גבאי כלום תא שמע [א][ה]בגד שצבעו בקליפי ערלה ידלק אלמא חזותא מילתא היא אמר רבא [ו]הנאה הנראה לעינים אסרה תורה דתניא [א]ערלים לא יאכל [ג]אין לי אלא איסור אכילה [ז]מנין שלא יהנה ממנו ולא יצבע [בו] ולא ידליק בו את הנר תלמוד לומר [א]וערלתם ערלתו את פריו ערלים לא יאכל לרבות את כולם תא שמע [ז]בגד שצבעו בקליפי שביעית ידלק שאני התם דאמר קרא [ב]תהיה בהויתה תהא

רבא

רש"י

כפרא דודי. קינא בו את היורה כלומר בשירי לבע שנשתיירו ביורה לבעו כופרא לשון קינוח [ד]כמו בליתא דפרסא למכפריה בהכל שוחטין (חולין דף ח.): נותן לו דמי עציו. דקנינהו בשינוי אבל נתן עלים כו' דלא שינה ולא קני ידו על התחתונה: יש שבח כו'. כלומר חזותא מילתא היא או לאו מילתא: ותרנהו. שראן במים כדרכן: וצבע בהן. למר שלו מבעיא לן יש שבח סמנין על הלמר דחזותא מילתא היא ואמר ליה הב לי סמנאי דשקלתינהו כו' כדבעיא למימר קמן: אמרי ואי אין שבח כו' מי מצי אמר ליה לית לך גבאי ולא מידי. בתמיה נהי נמי דחזותא לאו מילתא היא לימא ליה הב לי סמנאי דאפסדתינהו: צפון. שוו"ן: וקא מהדר ליה. לצמר כשהוא לבוע מאי: יש שבח סמנים על גבי צמר. דחזותא מילתא היא וקמהדר ליה למר וקמהדר ליה סמנים כלומר בהך השבה דלמר קמהדר (א): דזול ציבעא. למר לבוע הוזל בעולם ואין (ב) מגיעין שבח לדמי סמנים ואמר ליה נגזל [ס]אני הייתי מוכר סמנים או הייתי לובע בגד ועכשיו הפסדתני דהא לא השביחו בלמר: א"נ דצבע בהו קופא. גזל קוף וסמנים ולבע את הקוף ומחזירו לו דלא אייקר ליה [ח]ואמרי לה קופה של נכרים: כגון דצמר דחד וסמנין דחד כו'. ולאו לענין גזלן קבעי לה דאין כאן גזל: בקליפי ערלה. קליפי אגוזים או שאר פירות אבל קליפת העץ לא דאין ערלה אלא בפירות: הנראה לעינים. מראה בעלמא אע"פ שאין בו ממש כגון נר ולבע: שביעית. אסור לעשות סחורה בפירותיה וקליפי פירות קאמר ולא קליפי עלים דעלים אין שביעית חלה עליהן כדלקמן דסתם עלים להסקה ניתנו:

רביעית

תוספות

הא מנחי קמך שקלינהו. ומ"מ אגרא בעי למיתב למישקל להו דכיון דאתי לידיה בעי למיעבד השבה כדאמר לעיל (דף לח.) גבי זורק מטבע לים: דזל ציבעא. ומכל מקום איירי דגזל סממנים שרויין דאי דקינהו ושרנהו קננהו בשינוי: דצבע בהו קופא. פירש בקונטרס שגזל קוף וסממנים שרויין ולבע את הקוף ותימה דאם כן אפסדיה בידים וכה"ג היזק ניכר הוא ומחייב ונראה לפרש דלבע בהו קופא כלומר בגריעות ובכיעור כעין קוף שהוא מכוער: או דלמא אין שבח של סממנין על גבי צמר. תימה הרי נהנה שאמרו מעולה בדמים יותר וישלם מה שנהנה כמו אכלה [י] מלידי רחבה דפ"ב (דף יט:) [ז]וירדה לגינה דהכונס (לעיל דף נה:) ובפרק אלו נערות (כתובות דף ל: ושם) אמר תחב לו חבירו משקין של אחרים בבית הבליעה דמשלם מה שנהנה ויש לחלק דהנאה דהכא אין באה ע"י מעשיו ולא ע"י מעשה בהמתו ובתחב לו חבירו אע"פ שאין זה ע"י מעשיו מכל מקום נהנה גופו אי נמי הנאה דהכא לא חשיבא הנאה שאין [ס]אלא נוי בעלמא יותר: מנין שלא יהנה ממנו. בפרק כל שעה (פסחים דף כג: ושם ד"ה מנין) פריך אמאי לא נפקא לן איסור הנאה מלא יאכל: ולא יצבע בו ולא ידליק בו הנר. אע"ג דאסר שאר הנאות אצטריך לרבויי צביעה והדלקה צביעה משום דחזותא בעלמא הוא והדלקה משום שכלה האיסור בשעת הדלקה ואם תאמר והא בפרק כל שעה (שם דף כו:) שרינן עצים להדלקה למאן דאמר אין שבח עצים בפת ולא משכחי עצים דאיסורא אלא כעין כסא ושרשיפא ויש לומר דשאן הוי בעין בשעה שהוא דולק אבל עצים נעשים גחלת והשלהבת אין באה אלא מן הגחלת ואם תאמר ומ"ש דהכא מצריכין קרא להדלקה וגבי תרומה טמאה מצריכין קרא להתיר כדדרשינן שלך תהא להסיקה תחת תבשילך וי"ל משום דס"ד דנילף תרומה ממעשר הקל דאמרה תורה לא בערתי ממנו בטמא כדאמר בבמה מדליקין (שבת דף כה.) ור"ת מפרש דאיצטריך קרא הכא לאסור צביעה והדלקה שלא כדרך הנאתו כגון לצביעה דתאנים ורמונים ודברים דלאו אורחייהו והדלקה איצטריך לשמן שאין עומד להדלקה כלל והשתא דפרק כל שעה (פסחים דף כה:) דהוה [ח]שייף לברתיה [ט]בגוהרקי דערלה וקאמר מידי דרך הנאה קעבידנא התם לא הוה דרך הנאה כלל וקשה לפי' דהא בעי למפשט מהכא דחזותא מילתא היא ודחי דשאני הכא דגלי קרא משמע דלא אתא קרא למיסר שלא כדרך הנאה אלא למיסר אע"ג דליכא אלא חזותא בעלמא וא"ת אם כן תיפשוט לאידך גיסא מדאיצטריך למיסר שמע מינה דחזותא לאו מילתא היא ויש לומר דאיכא למילף מהכא דחשיב כאילו הוא בעין ותימה לרבי יהושע דגמר בערלה פרי מפרי מבכורים בפרק העור והרוטב (חולין דף קכ: ושם) וסבר דאין סופגין את הארבעים על הערלה אלא על היוצא מן הזיתים ומן הענבים אבל היוצא משאר פירות מותר היאך יאסר לצבוע במשקיהן מן התורה וכל שכן במים שניסורו בהם הקליפין ויש לומר דלא איצטריך קרא אלא שלא יצבע בזיתים וענבים ויוצא מהם או בממשות של עפרורית הקליפין הנטחנין ומיהו לא יצבע דקתני בברייתא מיירי שפיר בכל עניני צביעה דערלה ומשקיהן בכל ענין ומדרבנן ומיהו קרא לא אתיא אלא כדפרישית אי נמי יש לומר דפרי דערלה דוקא גמר פרי מפרי דביכורים והכי אימעוט משקה דידהו אבל שומר לפרי דאיתרבו מאת פריו את הטפל לפריו לא אמעיט משקה דידהו וליכא למעוטי מפרי דביכורים דביכורים ליתנהו בשומר לפרי כלל ואע"ג דהוי השתא טפל חמור מן העיקר יש ליתן טעם שלא יקשה מזה על שמעתא דריש איזהו מקומן (זבחים דף מח:) אבל אין לומר דאף על גב דליכא מלקות ביוצא משאר פירות עשה דערלתם ערלתו איכא דהא אכל מאי דכתיב וערלתם קאי לא יאכל דכתיב בתר הכי ועוד אם היה במשקה דשאר פירות דערלה איסור עשה אם כן מנא ליה שלא יצבע בו הא איצטריך לאסור המשקין בשתיה ובהנאה כשהן בעין ואין להקשות כיון דאיתרבי שומר לפרי דלא חזי לאכילה אם כן על כרחך מיתסרא ערלה בהנאה ולמאי איצטריך קרא שלא יהנה דהא איכא שומרין טובא דחזו לאכילה:

רבא

מסורת הש"ס

א) ערלה פ"ג מ"א, ב) [מעילה כ.], ג) פסחים כב: קדושין נו: [ע"ש], ד) עי' רש"י זבחים כה. ד"ה כפורי זהב, ה) זה מפירוש הערוך. רש"ל, ו) [צ"ל מתוך הרחבה], ז) [צ"ל ונפלה לגינה], ח) פי' מושח, ט) פי' בוסר זיתים קטנים משום רפואה. רש"ל בשם רש"י.

גליון הש"ס

רש"י ד"ה דזול וכו' אני הייתי מוכר סמנים. לפ"ז דזול ציבעא היינו דלמר לבוע הוזל אבל הסמנים עצמן לא הוזלו ותמוה לי דלמאי נ"מ בפשיטות לזה ואמאי ל"א בפשיטות דהוזלו סמנים ואף דגם אלו מכרן לא היה מוכרן ביוקר מ"מ כיון דאין שבח סמני' ולא מקרי השבה הוי כנאבד הגזילה דמשלם כשעת הגזילה וצ"ע. ובאמת ק"ל גם על הגמרא דלמאי צריך לאוקמא דגזל צבע וסמנים דחד לוקי כדמעיקרא דגזל סמנים שרויים וצבע צמר שלו והוזל הרבה עד שהאמר עם הצבע שעליו אין עולים לדמי הצבע כשהיה בעידן הגזילה ואי יש סמנים מהדר ליה הסמנים ואומר הרי שלך לפניך ואי דבמאי נשקליה יאמר באמת החזק לך גם בצמרי ואי אין שבח סמנים לא הוי השבה על הסמנים וצריך לשלם כדמעיקרא וצע"ג: תוס' ד"ה או וכו' אלא נוי בעלמא יותר. עיין ש"ך סי' שנא סק"ב:

הגהות הב"ח

(א) רש"י ד"ה יש שבח וכו' קמהדר סמנים הס"ד: (ב) ד"ה דזול וכו' ואין מגיע השבח:

תורה אור השלם

א) וְכִי תָבֹאוּ אֶל הָאָרֶץ וּנְטַעְתֶּם כָּל עֵץ מַאֲכָל וַעֲרַלְתֶּם עָרְלָתוֹ אֶת פִּרְיוֹ שָׁלֹשׁ שָׁנִים יִהְיֶה לָכֶם עֲרֵלִים לֹא יֵאָכֵל: [ויקרא יט, כג]

ב) כִּי יוֹבֵל הוּא קֹדֶשׁ תִּהְיֶה לָכֶם מִן הַשָּׂדֶה תֹּאכְלוּ אֶת תְּבוּאָתָהּ: [ויקרא כה, יב]

עין משפט נר מצוה

פד א ב מיי' פ"י מהל' שכירות הלכה ד סמג עשין פט טוש"ע ח"מ סי' שו סעיף ג:
פה ג ד מיי' פ"ג מהל' גזילה ואבידה הלכה י טוש"ע ח"מ סי' שסג סעיף יא:
פו ה מיי' פט"ו מהלכות מאכלות אסורות הלכה כ:
פז ו מיי' שם פ"י הלכה ט סמג לאוין קמד טוש"ע י"ד סי' רצד סעיף א:
פח ז מיי' פ"ו מהלכות שמיטין הלכה ב:

ליקוטי רש"י

מנין שלא יהנה ממנו. כגון שלא יצטבע בו בפירי הראוי ליצטבע בו כגון קליפי אגוזין ושומר לפרי אסור כפרי [קידושין נו:]. ולא יצבע בו. כגון בקליפי אגוזים שהשומר אסור משום ערלה כפרי עצמו. ולא ידליק בו את הנר כגון שמן של ערלה [פסחים כב:]. וערלתם ערלתו. ואטמתם אטימתו יהא אטום ונסתם מליהנות ממנו [ויקרא יט, כג]. את פריו. רחמנא רבינהו מאת פריו הטפל לפריו [ברכות לו:].

לעזי רש"י

שוו"ן. פירוש בורית (עיין רש"י ישעיה א, כה):

רבא רמי תנן בגד שצבעו בקליפי ערלה ידלק אלמא חזותא מילתא היא ורמינהי (א) [א]רביעית דם שנבלעה בבית הבית טמא ואמרי לה הבית טהור ולא פליגי [ב]הא בכלים דהוו מעיקרא הא בכלים דאתו לבסוף [ג]נבלעה בכסות רואין אם מתכבסת הכסות ויוצא ממנה רביעית דם (א) טמאה ואם לאו טהורה אמר רב כהנא מקולי רביעיות שנו כאן בדם תבוסה [ד]דרבנן: רבא רמי [ג]תנן [ה]ממין הצובעין ספיחי סטים וקוצה יש להן שביעית ולדמיהן שביעית יש להן ביעור ולדמיהן ביעור אלמא עצים יש בהן משום קדושת שביעית ורמינהי [ג]עלי קנים ועלי גפנים שגיבבן בחבא על פני השדה [ו]לקטן לאכילה יש בהן משום קדושת שביעית לעצים אין בהן משום קדושת שביעית ומשני אמר קרא א) לאכלה במי שהנאתו וביעורו שוין יצאו עצים שהנאתן אחר ביעורן והא איכא עצים דמשחן דהנאתן וביעורן שוין אמר רבא סתם

רש"י

רביעית דם. מטמאה באהל דכתיב על כל נפשות מת לא יבא (ויקרא כא) ודם הוא הנפש וקים להו לרבנן דברביעית דם חי: נבלעה בקרקע הבית טמא. כלים שבבית דבית לא מקבל טומאה דקרקע היא: בכלים. דהוו בבית קודם שנבלעה שהיתה בעין והאהיל הבית עליה ועל הכלים ונטמאו: לבסוף. לאחר שנבלעה: אם מתכבסת הכסות ויוצא הימנה [רביעית דם]. שבתחילה נבלעה בו יותר מרביעית והכניס הכסות לבית הבית (ב) טמאה: ויוצא הימנה רביעית דם. שאם יתנו מים במדה ימצאו רביעית יותר: ואם לאו טהור. הבית שלא האהיל על רביעית שכבר חסר בהבלעו בכסות אבל הכסות טמא שתחלת נגיעה ברביעית מצומצם נטמאה וקתני מיהת ואם לאו טהור אע"ג דחזותא דרביעית איכא שהדם שנשאר בבגד שאי אפשר לסוחטו נראה לנו בבגד אלמא חזותא לאו מילתא היא: מקולי רביעיות. של דם קל כגון דם תבוסה (ג) שאינו מטמא באהל אלא מדרבנן: דם תבוסה. הרוג שיצא ממנו רביעית דם בחייו ובמותו ספק כולה בחייו ספק כולה במותו בפ' תינוקת (נדה דף עא.): ספיחי סטים וקוצה. סטים קרוג"א בלע"ז כרכום קוצה [ז] גווד"א בלע"ז להכי נקט ספיחי דבשביעית ליכא אלא ספיחים: יש להן ולדמיהן שביעית. שאין עושין מהן סחורה דרחמנא אמר לאכלה ולא לסחורה ואסור לצבוע בהן דהיינו סחורה אבל מותרים הן להסיקן קודם זמן הביעור דהיינו דומיא דלאכלה: יש להן ביעור. כשמגיע זמן הביעור חייב לבערן כדכתיב ולבהמתך ולחיה וגו' (ויקרא כה) כלה לחיה מן השדה כלה לבהמתך שבביתך והני ספיחי עץ בעלמא נינהו: בחבא. לעשות מהן מחבוא אוצר לימות החורף: אין בהן משום קדושת שביעית. ויהנה מהן אף לאחר זמן הביעור: שהנאתן וביעורן שוה. דבר שבשעת הנאתו כלה מן העולם: יצאו עצים. שלאחר ביעורן שנעשים גחלים הוא דהויא עיקר הנאתן אבל מיני צבעים בשעת רתיחת היורה כלה השורש וקולט הצבע נמצאו הנאתן וביעורן שוה הלכך חיילא עלייהו שביעית: והא איכא עצים דמשחן. שמאירין כנר אבוקה לנושאן בידו והנאתן וביעורן שוה תיחול עלייהו שביעית: סתם

תוספות

רבא רמי תנן בגד שצבעו בקליפי ערלה כו'. תימה דהא רבא שני לעיל שאני ערלה דכתיב קראי ומהתם לא ילפינן ואם כן מאי פריך מערלה אטומאה ונראה כספרים דגר' לעיל רבה ואי גרס רבא יש לומר דדיחוי הוא: רואין אם מתכבסת הכסות ויוצא ממנה רביעית דם. פירש בקונטרס שאם יתנו מים במדה ימצא רביעית יותר וקשה לפי' אפילו אם לא ימצאו רביעית אמאי טהורה דאי אפשר לעולם אם לא ישתייר בבגד מן המים אלא י"ל כדאמר בתוספתא בפ' ד' דאהלות רביעית דם שנבלעה בכסות כיצד משערין אותה מביא מים במדה ומכבס בה ומביא מים אחרים ונותן לתוכן רביעית דם אם היה מראיהן שוה טמאה ואם לאו טהורה והשתא אין מזיק כלום מה שמשתייר מן המים בבגד דכשם שנשתייר מן המים כך נשתייר מן הדם שמכ"מ היה הכל מעורב יחד מה שיצא ומה שנשתייר ומראה אחד הן כאילו יצא הכל וטהורה וטמאה דקתני היינו לענין אם תטמא את הבית שתנתן בו אבל כסות עצמה טמאה היא שנבלע בה רביעית דם מתחילה כדפי' בקונטרס ומיהו קשה דאין סברא שיסייע הדם שמשתייר בבגד כיון שאין יכול לצאת בכיבוס זה ומיהו אין לחוש כל כך אם תולין הדבר להחמיר ועוד מצינן לפרש שאומדין כמה נשתייר מן המים הראשונים בבגד ומביא מים אחרים כמדת הראשון רק שיחסר מהן כשיעור שנבלע מהן בבגד אבל יש תימה דמי יכול לכוין זה ועוד קשה דמאי צריך למדידת מים הראשונים בלא מדידת מים הראשונים יכול הוא לדעת אם יש רביעית דם במה שיצא ע"י כיבוס שיסחוט לתוך כלי כל מה שיצא מן הכסות וימדוד כמה יש בין מים לדם ויביא רביעית דם מעלמא ויוסיף עליו מים עד שיהא בין מים ובין דם כשיעור מים ודם שיצאו מן הכסות ואם מראיהן שוה טמאה ונראה לפרש דלא נקט מים במדה אלא משום שאם ימצאו יותר מן המדה שנתנו רביעית שלא יצטרכו להביא מים אחרים דודאי יצא מן הכסות רביעית דם אבל אם אין רביעית דם יותר אז יביא רביעית דם ומוסיף עליו מים עד שיהא בין מים ודם כמדת הראשונה אחר שתכבס בה הכסות ואם מראיהן שוה טמאה ואם לאו טהורה ומיהו קשה דהא קתני בתוספתא ברישא ומביא מים אחרים ואחר כך קתני ונותן לתוכו רביעית דם: ואם לאו טהורה. אע"פ שעל ידי הדחק היה יוצא מהן רביעית דם כגון על ידי היסק התנור או על ידי צפון כיון דבסתם כיבוס אין יכול לצאת רביעית דם טהורה לר"ל משום דדם תבוסה דרבנן ולר' יוחנן משום שאין דרך להקפיד עליה כשאין יכול לצאת בכיבוס סתם כך נ"ל במסכת נדה בפרק האשה (דף סב: ושם ח) מתוך הסוגיא ואין צריך להביאה כאן: מקולי רביעיות שנו כאן. הך סוגיא מסיק רב כהנא בנדה אליבא דר"ל וה"נ דוקא לר"ל צריך האי שינויא דלר' יוחנן לא קשה מידי מערלה אטומאה דלדידיה בקפידא תליא מילתא ומ"מ צבעו בקליפי ערלה ידלק דלא שייך להתירו מטעם דאין מקפיד דנהנה הוא בצבע וניחא ליה: ספיחי סטים וקוצה. מה שפי' בקונטרס כאן משום דבשביעית אין זורעין ואין בה אלא ספיחים אין מיושב היא טעמא אלא הכא אבל גבי מעשר ופאה דקאמר כל שהוא אוכל ונשמר כו' אוכל למעוטי ספיחי סטים וקוצה אין מיושב למה נקט ספיחים ע"כ נראה כמו שפי' בפסחים (דף נו: ושם י) דלהכי נקט ספיחים לפי שאין דרך ללקטן בשנה שנזרעים אלא לבסוף ד' או ה' שנים שהשרשים מתפשטים בארץ ומשביחין ושורש שלהן עיקר: ממין הצובעין. רישא דמתניתין הכי איתא במס' שביעית (פ"ז מ"א) כלל גדול אמרו כל שהוא מאכל אדם ומאכל בהמה וממין הצובעין כו': ולדמיהן ביעור. כגון שלקט מתחילה לאכילה דיכול למוכרן ויש לשניהם ביעור להן ולדמיהן דפרי עצמו לעולם אסור כדנפקא לן מקודש תהיה לכם (בע"ז דף נד:): שהנאתן אחר ביעורן. כשנעשית גחלת אע"ג דזימנין הנאתן וביעורן שוה כגון להתחמם כנגדו או לבשל מכ"מ עיקרו לא קיימא להכי אלא לאחר שנעשית גחלת כגון להסיק תנור לאפות אבל צבע הנאתן וביעורן שוה דהנאתן כשלובשן ואז הוא כלה ומתבער הצבע מיום אל יום ובקונטרס פי' דבשעת רתיחת היורה כלה השורש וקולט הצבע ואין נראה דהא אמרן דלענין שביעית חזותא מילתא היא ולא הוי ביעורו בקליטת הצבע: והאיכא עצים דמשחן. לפי' הקונטרס דפי' עצים שמאירים בהן כמו נר נ"ל הא דמתרץ עצים להסקה ניתנו כלומר אף עצים דמשחן דאין לפרש סתם שאר עצים להסקה ניתנו והנך דמשחן בטלים לגבייהו דהא בסוכה (דף מ. ושם י) משמע דלולב נוהג בו שביעית משום דהנאתו וביעורו שוה שראוי לכבד בו הבית ולא אמר דבטל לגבי שאר עצים וה"נ עצים דמשחן אלא נ"ל דסתם עצים דמשחן נמי להסקה הן עומדין ולא דמי ללולב דסתמו עומד לכבד בו את הבית ור"ת פירש והא איכא עצים דמשחן שמחממין בו כגון במדורה שעשויה להתחמם דהנאתן וביעורן שוה דבשעת ביעורן מתחמם כנגדן פי' משחן כמו תמרי משחן בכתובות (דף י:) וכן טלולה ח) או שחונה ביומא (דף נג:) ומשני רבא סתם עצים להסקה ניתנו פי' להסקת תנור ניתנו דהוי הנאתן אחר ביעורן הלכך אפילו להתחמם מותר דלא חל עליהם שם שביעית ואע"ג דחשיב הכא עצים דמשחן הנאתן וביעורן שוה מ"מ לענין עצי איסור לא היו אוסרין רבנן אפילו להתחמם כנגדן או להאיר בהן אלא דוקא בשרשיפא כדדרשינן בפרק כל שעה (פסחים דף כו: ושם ט) דהנאה מיהא אינה מתחלת עד לאחר שמתחיל האיסור להיות כלה הלכך לא אסרי רבנן אלא בשרשיפא אבל הנאתו וביעורו שוה קרינן ביה דעדיין האיסור קיים כשנהנה ממנו וא"ת בפ"ק דנדה (דף ח. ושם י) דקאמר אי קטפא פירא הוי אית ביה שביעית ואי לאו פירי הוי לית ביה שביעית ואמאי אי הנאתו וביעורו שוה הלא אפילו לא הוי פירא יהא אסור בשביעית ואי אין הנאה וביעורו שוה אפילו הוי פירא יהא מותר ותו אמאי קמפלגי בין קטפא דפירא לקטפא דגווזא ונראה ודאי קטפא הוי הנאתו וביעורו שוה ואפילו הכי אי לא הוי פירא בטיל לגבי עץ והרי הוא כאילו הוא בתוך האילן ולא יצא לחוץ אבל אי הוי פירא חשיב באפי נפשיה ולא בטיל לגבי עץ ואית ביה קדושת שביעית:

ה"ג

עין משפט נר מצוה

פט א ב מיי' פ"ד מהלכות טומאת מת הלכה יא:
צ ג מיי' שם הלכה יג:
צא ד מיי' שם פ"ב הלכה יג:
צב ה מיי' פ"ז מהלכות שמיטין הלכה יג:
צג ו מיי' פ"ה שם הלכה יא:

ליקוטי רש"י

רביעית דם. של מת מטמא באהל. הבית טמא. כלי הבית טמאין באהל. בכלים דהוו מעיקרא. שהיו שם קודם שנבלעה טמאים שנטמאו באהל. בכלים דאתו לבסוף. שבאו לבית לאחר שנבלע הדם בקרקע טהורים דתו לא מטמיא [נדה סב:]. ואם לאו טהורה. ואע"ג דרביעית שלמה נבלעת בו אלמא וכו'. דם תבוסה. האי רביעית דמקילין בה לא בבאה ממש מן המת אלא ברביעית דם תבוסה שהוא ספק ואפי' לא נבלעה אין לה טומאה ודאית כדתניא בפ' בתרא (לקמן דף עא.) איזהו דם תבוסה הרוג שיצא ממנו רביעית דם בחייו ובמותו ספק יצא רובו מחיים ספק יצא רובו לאחר מיתה וטמא [נדה סב:]. שגיבבן. שכינסן לאוצרן. בחבא. לשון מחבא. לקטן לאכילה. למאכל בהמה. ומשני לאכלה. גבי עצי הסקה להכי לא נוהגין בהן שביעית. דאמר קרא. והיתה שבת וגו' ומשמע לכם לכל צרכיכם וכתיב לאכלה למימרא דאין מותר ליהנות מפירות שביעית אלא הנאה הדומה לאכילה. במי שהנאתו וביעורו שוין. כלומר שהנאתו וביעורו שמתבער מן העולם באין כאחד כגון סיכה ושתיה והדלקת הנר ומהך דרשה נמי ילפינן שאין שביעית נוהג אלא בפרי העומד להנאות הללו דה"נ מידרש קרא והיתה שבת הארץ נוהגת במה שלכם לאכלה שהנאתו דומה לאכילה. יצאו עצים שהנאתן אחר ביעורן. משנעשו גחלין אופין בהן. והא איכא עצים דמשחן. עץ שמן שהעץ עצמו מדליקין בו להאיר כמו באבוקות והוי הנאתו וביעורו שוה נימא השתא מיהא אם לקטן להדלקת אורה (נוהגת) בהו שביעית [סוכה מ.].

מסורת הש"ס

א) נדה סב: אהלות פ"ג מ"ב, ב) שביעית פ"ז מ"א, ג) סוכה מ., ד) הוא אחד ממיני צבעים. רש"ל בשם הרמב"ם, ה) [ד"ה אם], ו) ד"ה כל, ז) [ד"ה יצאו], ח) צ"ל אם, ט) [ד"ה מכלל], י) [ד"ה מאן].

הגהות הב"ח

(א) גמ' ויוצא ממנה רביעית דם טמא ואם לאו טהור כצ"ל: (ב) רש"י ד"ה אם וכו' הבית טמא: (ג) ד"ה מקולי כו' כגון דם תבוסה דקי"ל שאינו כצ"ל:

תורה אור השלם

א) וְהָיְתָה שַׁבַּת הָאָרֶץ לָכֶם לְאָכְלָה לְךָ וּלְעַבְדְּךָ וְלַאֲמָתֶךָ וְלִשְׂכִירְךָ וּלְתוֹשָׁבְךָ הַגָּרִים עִמָּךְ: [ויקרא כה, ו]

לעזי רש"י

קרוג"א. פירוש כרכום (ועיין רש"י ברכות דף לח ע"א ד"ה דקורטמי, ביצה דף יד ע"א ד"ה אי נמי וחולין דף מז ע"ב ד"ה ככשותא):
גווד"א. פירוש קוצה, מין עשב שממנו עושים צבע תכלת:

עוד בענין דין ׳מראה׳:

רָבָא רָמֵי — הקשה סתירה: **תְּנַן** במשנה (ערלה ג, א) המובאת לעיל: **בֶּגֶד שֶׁצְּבָעוֹ בִּקְלִיפֵּי** פירות **עָרְלָה, יִדָּלֵק. אַלְמָא חֲזוּתָא מִילְּתָא הִיא** — הרי שדנים מראה כדבר שיש בו ממש[1]. **וּרְמִינְהִי** — אולם יש להקשות על כך סתירה מן המשנה הבאה (אהלות ג, ב): **רְבִיעִית דָּם** מן המת[2] **שֶׁנִּבְלְעָה בְּ**קרקע של **בַּיִת, הַבַּיִת טָמֵא,** כלומר, הכלים שבתוך הבית נטמאו, כדין כלים הנמצאים באהל המת[3]. **וְאָמְרֵי לָהּ** — ויש גורסים כאן במשנה: **הַבַּיִת טָהוֹר** — הכלים שבבית טהורים[4].

הגמרא מפסיקה באמצע הבאת המשנה כדי ליישב את שתי הגירסאות:

וְלֹא פְּלִיגֵי — ואין מחלוקת להלכה בין שתי הגירסאות: **הָא** — הגירסא הראשונה (האומרת שהכלים טמאים) עוסקת **בְּכֵלִים דַּהֲווּ מֵעִיקָּרָא** — שהיו בבית מתחילה, קודם שנבלעה רביעית הדם בקרקעית הבית. מאחר שהדם היה בעין, הכלים שהיו עמו באותו זמן תחת אהל אחד, נטמאו[5]. **הָא** — הגירסא השניה (האומרת שהכלים טהורים) מדברת **בְּכֵלִים דְּאָתוּ** — שהכניסום לבית **לִבְסוֹף,** לאחר שנבלע הדם. דם הבלוע בקרקע אינו מטמא באהל[6].

המשנה ממשיכה:

נִבְלְעָה רביעית דם **בִּכְסוּת** (בגד) והכניס את הכסות לבית שהיו בו כלים, **רוֹאִין** — יש לראות: **אִם מִתְכַּבֶּסֶת הַכְּסוּת וְיוֹצֵא מִמֶּנָּה רְבִיעִית דָּם**[7], הבית **(טמאה) [טָמֵא]**[8]; **וְאִם לָאו,** שאין רביעית דם יוצאת בזמן שמכבסים את הכסות[9], הבית **(טהורה) [טָהוֹר],** שכל דבר בלוע שאינו יכול לצאת, אינו מטמא[10]. והנה, אפילו כאשר אין רביעית דם יוצאת על ידי כיבוס, מכל מקום בודאי נשאר ׳מראה׳ של רביעית דם, שכן הדם שאי אפשר לסוחטו נראה על גבי הבגד. אף על פי כן, המשנה אומרת שהבית טהור; הרי שמראה אין בו ממש[11]. לכאורה, משנה זו סותרת מה ששנינו לגבי בגד שצבעו בקליפי ערלה!

הגמרא מיישבת את הסתירה:

אָמַר רַב כַּהֲנָא: מִקּוּלֵּי רְבִיעִיּוֹת שָׁנוּ כָּאן — הדין שהמשנה שונה כאן (באהלות) הוא לענין אותה רביעית דם שטומאתה קלה[12], דהיינו, המשנה עוסקת **בְּ׳דַם תְּבוּסָה׳** — רביעית דם שיצאה מאדם פצוע בזמן מיתתו, שטומאתה אינה אלא **מִדְּרַבָּנָן**[13]. לפיכך הקילו בה חכמים ולא טימאוה במקרה שיש בה ׳מראה׳ בלבד. אכן רביעית

הערות

1. ראה לעיל עמוד א הערה 30. [לפי גירסת תוספות רבינו פרץ, רבא מוכיח זאת מהברייתא דלעיל בענין בגד שצבעו בקליפי שביעית.]

הוכחת רבא ממשנה זו טעונה ביאור, שהרי רבא עצמו דחה לעיל את הראיה מהמשנה בטענה שלגבי ערלה אסרה התורה בפירוש כל דבר "הנראה לעינים" (ראה שם הערה 34)! כיצד מביא רבא כאן משנה זו כהוכחה שיש ממש במראה בייחס לכל דיני התורה? משום כך כתבו תוספות והרשב"א שנראה כספרים הגורסים לעיל רַבָּה (ולא רָבָא, כפי גירסתנו שם). רבה הוא שדחה לעיל את ההוכחה מהמשנה, ולשיטתו הספק באמת לא נפשט; אך רבא סובר שאכן יש ראיה ממשנה זו ש"חזותא מילתא היא" בכל דיני התורה. [הראשונים נחלקו כיצד לפסוק במחלוקות של רבה ורבא (ראה רא"ש פרק ב, ה). ועיין תוספות רבינו פרץ שגורס לעיל "רבא", וכאן — "רבה".] ליישובים אחרים לשאלה זו (על פי גירסתנו) — עיין תוספות; ראב"ד; שו"ת הר"ן ע.

2. אדם מת מטמא אדם וכלים ב"אֹהל", דהיינו, כאשר המת נמצא תחת תקרה אחת עם האדם או הכלים (במדבר יט, יד; ועיין ברמב"ם הלכות טומאת מת א, י אופנים נוספים של טומאת אהל). דין זה אמור לא רק במת שלם, אלא גם בחלקים מסויימים ממנו (ראה אהלות ב, א-ב). אחד מחלקי המת שמטמא באהל הוא שיעור רביעית לוג מדמו. דבר זה נלמד מן הכתוב האוסר כהן גדול להיטמא למת, שנאמר (ויקרא כא, יא): "וְעַל כָּל נַפְשֹׁת מֵת לֹא יָבֹא", כלומר, לא יבוא תחת אהל אחד עם המת. הלשון "נַפְשֹׁת מֵת" נדרש לענין דם המת, שכן "הַדָּם הוּא הַנָּפֶשׁ" (דברים יב, כג), ש׳נפש׳ (חיוּת) כל בריה בדם היא תלויה (רש"י ויקרא יז, יא). וקיבלו חז"ל שהשיעור הקטן ביותר של דם הנדרש לחיוּתו של אדם הוא רביעית הלוג. מכאן, שרביעית דם מן המת מטמאה באהל (רש"י; עיין סנהדרין ד, א וברש"י שם; ועיין רמב"ם בפירוש המשנה לאהלות ב, ב ששיעור זה הוא הלכה למשה מסיני כמו כל השיעורים, אלא שנתנו בו טעם; ראה גם נזיר נג, א "מפי השמועה אמרו וכו׳"; רש"י סוטה ה, א ד"ה אדם שאין בו).

[ברש"י מבואר שרביעית דם מן המת מטמאה מן התורה, וכן היא פשטות סוגיות הש"ס (ראה גם להלן, "כאן בדם תבוסה דרבנן"). אולם הרמב"ם בחיבורו (הלכות טומאת מת ג, ג) העלה שטומאה זו "אינה דין תורה". ויש מן האחרונים שפירשו שכוונתו שאינה מפורשת בתורה, אבל אף הוא מודה שמן התורה היא (מרכבת המשנה הלכות נזירות ו, ח; מנחת חינוך רסג, טז). אמנם במאירי נזיר נו, א משמע שהבין דברי הרמב"ם כפשוטם, אלא שנחלק עליו.]

3. אבל הבית עצמו (היינו, קירותיו ורצפתו וכו׳) אינו מקבל טומאה, שכן ׳קרקע׳ הוא [ולא כלי] (רש"י).

4. וכן גירסת המשנה (אהלות ג, ב) שבידינו.

5. רש"י. [בפשטות, צריך שכל רביעית הדם תהא בעין (מאירי). אולם עיין מאירי בשם גדולי המפרשים, הוא הראב"ד בחידושיו; ועיין רמב"ם הלכות טומאת מת ד, יא.]

6. אף על פי שקרקעיתו של בית הרי הוא כמוהו עד התהום לענין טומאת אהל [ראה אהלות טו, ה], אין הדם הבלוע בו מטמא את הבית. שכלל הוא: כל דבר בלוע שאינו יכול לצאת, טהור, כמפורש בסיפא של המשנה (משנה אחרונה שם ג, ב).

[ברש"י נדה סב, ב (ד"ה אי לא) מבואר שטעם דין זה הוא ש"טומאה בלועה אינה מטמאה", כדרך שאמרו בטומאה שנבלעה באדם (עיין חולין עא, א; וראה שם מקור דין זה מן הכתוב). וכן כתבו עוד ראשונים (עיין ריטב"א ומאירי נדה שם, ותוספות שם ד"ה מקולי). אולם יש סוברים שכאן אין זה מצד גזירת הכתוב של "טומאה בלועה" — שדין זה הוא דוקא בבליעה בתוך בעלי חיים — אלא שכל דבר שנבלע ואינו יכול לצאת, בטלה מציאותו והרי הוא כמי שאינו (עיין רמב"ם הלכות טומאת מת כ, ה ובהשגת הראב"ד שם; רש"ש נדה שם ובריש כלים; חידושי הגר"ח על הש"ס סימן שעח בענין ספוג שבלע משקין טמאין; משנת רבי אהרן טהרות סימן לג; ועיין תוספות רי"ד נדה שם בביאור מחלוקת ריש לקיש ורבי יוחנן בענין זה).]

7. דהיינו, אם תתכבס הכסות במדה מסויימת של מים, ייסחטו ממנה נוזלים בשיעור של רביעית הלוג יותר מן המדה של המים שהשתמשו בהם לכיבוס [והרי זה סימן שיצא ממנה רביעית דם]. דבר זה יתכן רק במקרה שבתחילה נבלע בבגד יותר מרביעית דם [שכן הכיבוס אינו מוציא את כל הדם הבלוע בבגד] (רש"י).

[תוספות טוענים, שבדיקה פשוטה זו אינה מספיקה; שכשם שאי אפשר לסחוט את כל הדם מן הבגד, כך אין כל המים נסחטים ממנו. אם כן, אפילו אם לא נסחטה מן הבגד רביעית יתירה של נוזלים, יתכן שיצא ממנו רביעית דם! לפיכך מציעים תוספות דרך אחרת לבדוק זאת, על פי התוספתא (אהלות ד, ד). אמנם יתכן שגם רש"י מודה שאם לא ימצאו רביעית יותר, צריך לחזור ולבדוק באופן אחר כדי לוודא שלא יצאה רביעית דם — אלא שאם אכן יצאה רביעית יותר, שוב אין צריך לטרוח ולבדוק. וכן נראה מדברי תוספות עצמם בסוף דבריהם כאן ובנדה סב, ב (ערוך לנר נדה שם). עיין עוד תוספות יום טוב על המשנה שם, בדעת הרמב"ם.]

8. התיקונים כאן ולהלן בנוסח המשנה, על פי הגהות הב"ח. [המשנה אינה דנה על הטומאה והטהרה של הכסות (לשון נקבה), אלא על דינו של הבית (לשון זכר) — כלומר, כלי הבית. לכן מתאים כאן לומר "טמא... טהור", ולא "טמאה... טהורה"; וכן היא כנראה גירסת רש"י. אמנם בדפוסי המשניות הגירסא היא "טמאה... טהורה", כנוסח הגמרא שלפנינו. ולפי גירסא זו צריך לפרש שהכסות "טמאה" היינו שהיא מטמאה בטומאת אהל את הכלים שבבית מחמת הדם שבה (ראה רמב"ם הלכות טומאת מת שם; ועיין תוספי הרא"ש נדה סב, ב שהביא את שתי הגירסאות, וביאר את הגירסא שלפנינו באופן אחר; עיין עוד תוספות שם ד"ה ואם לאו; וראה להלן הערה 10).]

כיון שרביעית הדם יכולה לצאת על ידי כיבוס, אינה נחשבת "טומאה בלועה" אפילו לפני שיצאה מהבגד (ראה לעיל הערה 6); נמצא שכאשר הכניס את הבגד לתוך הבית, האהיל הבית על שיעור שלם של רביעית דם.

9. [כגון שנבלע בבגד שיעור מצומצם של רביעית דם (או כלשהו יותר), כך שהכיבוס יוציא רק פחות מרביעית (עיין רש"י, וראה לעיל הערה 7).]

10. סוף המשנה שם (ראה לעיל הערה 6; ועיין תוספות ד"ה ואם לאו). נמצא שרביעית הדם חסרה משיעורה בשעה שנבלעה בכסות [שהרי רק חלק ממנה יכול לצאת על ידי כיבוס], ואם כן, כשהכניס את הכסות לבית, לא האהיל הבית על "רביעית דם" (רש"י).

רש"י מעיר שהוראת המשנה, "טהור", מתייחסת רק לכלים שבבית (ראה לעיל הערה 8), אך הכסות עצמה בודאי נטמאה מן הדם (בטומאת מגע), שכן אפילו אם נבלע בכסות שיעור מצומצם של רביעית, מכל מקום נגעה הכסות בכל הרביעית דם בשעת הבליעה (עיין גם תוספות ד"ה רואין, ורמב"ם הלכות טומאת מת ד, יג; אולם עיין תוספות נדה סב, ב ד"ה ואם לאו; עיין עוד תוספות יום טוב על המשנה).

11. רש"י. שכן אם מראה יש בו ממש, נמצא שגם אותו דם שאינו יכול לצאת, נחשב בעין ואינו "בלוע" (שו"ת הר"ן ע; ראה לעיל עמוד א הערה 30).

[קושיית רבא היא רק מהדין של "נבלעה בכסות". אבל הדין של הרישא לענין רביעית שנבלעה בבית, אינה סתירה למשנה בערלה, שכן דם שנבלע בתוך קרקע אין בו אפילו "חזותא".]

12. רש"י; שיטה מקובצת בשם גאון.

13. "דם תבוסה" [מלשון "מִתְבּוֹסֶסֶת בְּדָמָיִךְ" (יחזקאל טז, ו)] הוא רביעית דם שיצאה מאדם בשעה שנהרג, ואנו מסופקים בה אם יצאה כולה בחייו (והדם טהור), או שמא

רבא רמי תנן בגד שצבעו בקליפי ערלה ידלק אלמא חזותא מילתא היא ורמינהי [א] [א]רביעית דם שנבלעה בבית הבית טמא ואמרי לה הבית טהור ולא פליגי [ב]הא בכלים דהוו מעיקרא הא בכלים דאתו לבסוף [ג]נבלעה בכסות רואין אם מתכבסת הכסות ויוצא ממנה רביעית דם (א) טמאה ואם לאו טהורה אמר רב כהנא מקולי רביעיות שנו כאן בדם תבוסה [ד]דרבנן: רבא רמי [ב]תנן [ה]ממין הצובעין ספיחי סטים וקוצה יש להן שביעית ולדמיהן שביעית יש להן ביעור ולדמיהן ביעור אלמא עצים יש בהן משום קדושת שביעית ורמינהי [ג]עלי קנים ועלי גפנים שגיבבן בחבא על פני השדה [ו]לקטן לאכילה יש בהן משום קדושת שביעית לעצים אין בהן משום קדושת שביעית ומשני אמר קרא [א]לאכלה במי שהנאתו וביעורו שוין יצאו עצים שהנאתן אחר ביעורן והא איכא עצים דמשחן דהנאתן וביעורן שוין אמר רבא סתם

רש"י

רביעית דם. מטמאה באהל דכתיב על כל נפשות מת לא יבא (ויקרא כא) ודם הוא הנפש וקים להו לרבנן דברביעית דם חי: נבלעה בקרקע הבית טמא. כלים שבבית דבית לא מקבל טומאה דקרקע היא: בכלים. דהוו בבית קודם שנבלעה שהיתה בעין והאהיל הבית עליה ועל הכלים ונטמאו: לבסוף. לאחר שנבלעה: אם מתכבסת הכסות ויוצא הימנה [רביעית דם]. שבתחילה נבלעה בו יותר מרביעית והכניס הכסות לבית הבית (ב) טמאה: ויוצא הימנה רביעית דם. שאם יתנו מים במדה ימלאו רביעית יותר: ואם לאו טהור. הבית שלא האהיל על רביעית שכבר חסר בהבלעו בכסות אבל הכסות טמא שתחלת נגיעה ברביעית מלומלם נטמאה וקתני מיהת ואם לאו טהור אע"ג דחזותא דרביעית איכא שהדם שנשאר בבגד שאי אפשר לסוחטו נראה לנו בבגד אלמא חזותא לאו מילתא היא: מקולי רביעיות. של דם קל כגון דם תבוסה (ג) שאינו מטמא באהל אלא מדרבנן: דם תבוסה. הרוג שיצא ממנו רביעית דם בחייו ובמותו ספק כולה בחייו ספק כולה במותו בפ' תינוקת (נדה דף עא.): ספיחי סטים וקוצה. סטים קרוג"א בלע"ז כרכום קוצה [ד]גווד"א בלע"ז להכי נקט ספיחי דבשביעית ליכא אלא ספיחים: יש להן ולדמיהן שביעית. שאין עושין מהן סחורה דרחמנא אמר לאכלה ולא לסחורה ואסור לצבוע בהן דהיינו סחורה אבל מותרים הן להסיקן קודם זמן הביעור דהיינו דומיא דלאכלה: יש להן ביעור. כשמגיע זמן הביעור חייב לבערן כדכתיב ולבהמתך ולחיה וגו' (ויקרא כה) כלה לחיה מן השדה כלה לבהמתך שבביתך והני ספיחי עץ בעלמא נינהו: בחבא. לעשות מהן מחבוא אוצר לימות החורף: אין בהן משום קדושת שביעית. ויהנה מהן אף לאחר זמן הביעור: שהנאתן וביעורן שוה. דבר שבשעת הנאתו כלה מן העולם: יצאו עצים. שלאחר ביעורן שנעשים גחלים הוא דהויא עיקר הנאתן אבל מיני צבעים בשעת רתיחת היורה כלה השורש וקולט הצבע נמצאו הנאתן וביעורן שוה הלכך חיילא עלייהו שביעית: והא איכא עצים דמשחן. שמאירין כנר אבוקה לנושאן בידו והנאתן וביעורן שוה תיחול עלייהו שביעית:

סתם

תוספות

רבא רמי תנן בגד שצבעו בקליפי ערלה כו'. תימה דהא רבא שני לעיל שאני ערלה דכתיב קראי ומהתם לא ילפינן ואם כן מאי פריך מערלה אטומאה ונראה כספרים דגר' לעיל רבה ואי גרס רבא יש לומר דדיחוי הוא: **רואין** אם מתכבסת הכסות ויוצא ממנה רביעית דם. פירש בקונטרס שאם יתנו מים במדה ימלא רביעית יותר וקשה לפי' אפילו אם לא ימלאו רביעית אמאי טהורה דאי אפשר לעולם אם לא ישתייר בבגד מן המים אלא י"ל כדאמר בתוספתא בפ' ד' דאהלות רביעית דם שנבלעה בכסות כיצד משערין אותה מביא מים במדה ומכבס בה ומביא מים אחרים ונותן לתוכן רביעית דם אם היה מראיהן שוה טמאה ואם לאו טהורה והשתא אין מזיק כלום מה שמשתייר מן המים בבגד דכשם שנשתייר מן המים כך נשתייר מן הדם שמכ"מ היה הכל מעורב יחד מה שיצא ומה שנשתייר ומראה אחד הן כאילו יצא הכל וטהורה וטמאה דקתני היינו לענין אם תטמא את הבית שתנתן בו אבל כסות עצמה טמאה היא שנבלע בה רביעית דם מתחילה כדפי' בקונטרס ומיהו קשה דאין סברא שיסייע הדם שמשתייר בבגד כיון שאין יכול לצאת בכיבוס זה ומיהו אין לחוש כל כך אם תולין הדבר להחמיר ועוד מצינן לפרש שאומדין כמה נשתייר מן המים הראשונים בבגד ומביא מים אחרים כמדת הראשון רק שיחסר מהן כשיעור שנבלע מהן בבגד אבל יש תימה דמי יכול לכוין זה ועוד קשה דמאי צריך למדידת מים הראשונים בלא מדידת מים הראשונים יכול הוא לדעת אם יש רביעית דם במה שיצא ע"י כיבוס שיסחוט לתוך כלי כל מה שיצא מן הכסות וימדוד כמה יש בין מים לדם ויביא רביעית דם מעלמא ויוסיף עליו מים עד שיהא בין מים ובין דם כשיעור מים ודם שיצאו מן הכסות ואם מראיהן שוה טמאה ונראה לפרש דלא נקט מים במדה אלא משום שאם ימלאו יותר מן המדה שנתנו רביעית שלא יצטרכו להביא מים אחרים דודאי יצא מן הכסות רביעית דם אבל אם אין רביעית דם יותר אז יביא רביעית דם ומוסיף עליו מים עד שיהא בין מים ודם כמדת הראשונה אחר שתכבס בה הכסות ואם מראיהן שוה טמאה ואם לאו טהורה ומיהו קשה דהא קתני בתוספתא ברישא ומביא מים אחרים ואחר כך קתני ונותן לתוכו רביעית דם: **ואם** לאו טהורה. אע"פ שעל ידי הדחק היה יוצא מהן רביעית דם כגון על ידי היסק התנור או על ידי צפון כיון דבסתם כיבוס אין יכול לצאת רביעית דם טהורה לר"ל משום דדם תבוסה דרבנן ולר' יוחנן משום שאין דרך להקפיד עליה כשאין יכול לצאת בכיבוס סתם כך צ"ל במסכת נדה בפרק האשה (דף סב: ושם [ה]) מתוך הסוגיא ואין צריך להביאה כאן: **מקולי** רביעיות שנו כאן. הך סוגיא מסיק רב כהנא בנדה אליבא דר"ל וה"נ דוקא לר"ל צריך הא שינויא דלר' יוחנן לא קשה מידי מערלה אטומאה דלדידיה בקפידא תליא מילתא ומ"מ לצבוע בקליפי ערלה ידלק דלא שייך להתירו מטעם דאין מקפיד דנהנה הוא בצבע וניחא ליה: **ספיחי** סטים וקוצה. מה שפי' בקונטרס כאן משום דבשביעית אין זורעין ואין בה אלא ספיחים אין מיושב ההיא טעמא אלא הכא אבל גבי מעשר ופאה דקאמר כל שהוא אוכל ונשמר כו' אוכל למעוטי ספיחי סטים וקוצה אין מיושב למה נקט ספיחים ע"כ נראה כמו שפי' בפסחים (דף נא: ושם [ו]) דלהכי נקט ספיחים לפי שאין דרך ללקטן בשנה שנזרעים אלא לבסוף ד' או ה' שנים שהשרשים מתפשטים בארץ ומשביחין ושורש שלהן עיקר: **ממין** הצובעין. רישא דמתניתין הכי איתא במס' שביעית (פ"ז מ"א) כלל גדול אמרו כל שהוא מאכל אדם ומאכל בהמה וממין הצובעין כו': **ולדמיהן** ביעור. כגון שלקט מתחילה לאכילה דיכול למוכרן ויש לשניהם ביעור להן ולדמיהן דפרי עצמו לעולם אסור כדנפקא לן מקודש תהיה לכם (בע"ז דף נד:): **שהנאתן** אחר ביעורן. כשנעשית גחלת אע"ג דזימנין הנאתן וביעורן שוה כגון להתחמם כנגדו או לבשל מכ"מ עיקרו לא קיימא להכי אלא לאחר שנעשית גחלת כגון להסיק תנור לאפות אבל צבע הנאתן וביעורן שוה דהנאתן כשלובשן ואז הוא כלה ומתבער הצבע מיום אל יום ובקונטרס פי' דבשעת רתיחת היורה כלה השורש וקולט הצבע ואין נראה דהא אמרן דלענין שביעית חזותא מילתא היא ולא הוי ביעורו בקליטת הצבע: **והאיכא** עצים דמשחן. לפי' הקונטרס דפי' עצים שמאירים בהן כמו נר צ"ל הא דמתרץ עצים להסקה ניתנו כלומר אף עצים דמשחן דאין לפרש סתם שאר עצים להסקה ניתנו והנך דמשחן בטלים לגבייהו דהא בסוכה (דף מ. ושם [ז]) משמע דלולב נוהג בו שביעית משום דהנאתו וביעורו שוה שראוי לכבד בו הבית ולא אמר דבטל לגבי שאר עצים וה"נ עצים דמשחן אלא צ"ל דסתם עצים דמשחן נמי להסקה הן עומדין ולא דמי ללולב דסתמו עומד לכבד בו את הבית ור"ח פירש והא איכא עצים דמשחן שמחממין בו כגון במדורה שעשויה להתחמם דהנאתן וביעורן שוה דבשעת ביעורן מתחמם כנגדן פי' משחן כמו תמרי משחן בכתובות (דף י:) וכן טלולה [ח] או שחונה ביומא (דף נג:) ומשני רבא סתם עצים להסקה ניתנו פי' להסקת תנור ניתנו דהוי הנאתן אחר ביעורן הלכך אפילו להתחמם מותר דלא חל עליהם שם שביעית ואע"ג דחשיב הכא עצים דמשחן הנאתן וביעורן שוה מכ"מ לענין עצי איסור לא היו אוסרין רבנן אפילו להתחמם כנגדן או להאיר בהן אלא דוקא בשרשיפא כדדרשינן בפרק כל שעה (פסחים דף כו: ושם [ט]) דהנאה מיהא אינה מתחלת עד לאחר שמתחיל האיסור להיות כלה הלכך לא אסרי רבנן אלא בשרשיפא אבל הנאתו וביעורו שוה קרינן ביה דעדיין האיסור קיים כשנהנה ממנו וא"ת בפ"ק דנדה (דף ח. ושם [י]) דקאמר אי קטפא פירא הוי אית ביה שביעית ואי לאו פירי הוי לית ביה שביעית ואמאי אי הנאתו וביעורו שוה הלא אפילו לא הוי פירא יהא אסור בשביעית ואי אין הנאה וביעורו שוה אפילו הוי פירא יהא מותר ותו אמאי קמפלגי בין קטפא דפירא לקטפא דגווזא ונראה ודאי קטפא הוי הנאתו וביעורו שוה ואפילו הכי אי לא הוי פירא בטיל לגבי עץ והרי הוא כאילו הוא בתוך העלין ולא יצא לחוץ אבל אי הוי פירא חשיב באפי נפשיה ולא בטיל לגבי עץ ואית ביה קדושת שביעית:

ה"ג

עין משפט נר מצוה

פט א ב מיי' פ"ד מהלכות טומאת מת הלכה יא:
צ ג מיי' שם הלכה יג:
צא ד מיי' שם פ"ב הלכה יג:
צב ה מיי' פ"ז מהלכות שמיטין הלכה יג:
צג ו מיי' פ"ה שם הלכה יא:

ליקוטי רש"י

רביעית דם. של מת מטמא באהל. **הבית טמא.** כלי הבית טמאין באהל. **בכלים דהוו מעיקרא.** שהיו שם קודם שנבלעה טמאים שנטמאו באהל. **בכלים דאתו לבסוף.** שבאו לבית לאחר שנבלע הדם בקרקע טהורים דתו לא מטמיא [נדה סב:]. **ואם לאו טהורה.** ואע"ג דרביעית שלמה נבלעת בו אלמא וכו'. **דם תבוסה.** האי רביעית דמקילין בה לא בבאה ממש מן המת אלא ברביעית דם תבוסה שהוא ספק ואפי' לא נבלעה אין לה טומאה ודאית כדתניא בפ' בתרא (לקמן דף עא.) איזהו דם תבוסה הרוג שיצא ממנו רביעית דם בחייו ובמותו ספק יצא רובו מחיים ספק יצא רובו לאחר מיתה וטמא [נדה סב:]. **שגיבבן.** שכינסן לאוצרן. **בחבא.** לשון מחבא. **לקטן לאכילה.** למאכל בהמה. **ומשני לאכלה.** גבי עלי הסקה להכי לא נוהגין בהן שביעית. **דאמר קרא.** והיתה שבת וגו' ומשמע לכם לכל צרכיכם וכתיב לאכלה למימרא דאין מותר ליהנות מפירות שביעית אלא הנאה הדומה לאכילה. **במי שהנאתו וביעורו שוין.** כלומר שהנאתו וביעורו שמתבער מן העולם באין כאחד כגון סיכה ושתיה והדלקת הנר ומהך דרשה נמי ילפינן שאין שביעית נוהג אלא בפרי העומד להנאות הללו דה"נ מידרש קרא והיתה שבת הארץ נוהגת במה שלכם לאכלה שהנאתו דומה לאכילה. **יצאו עצים שהנאתן אחר ביעורן.** משנעשו גחלין אופין בהן. **והא איכא עצים דמשחן.** עץ שמן שהעץ עצמו מדליקין בו להאיר כמו באבוקות והוי הנאתו וביעורו שוה נימא השתא מיהא אם לקטן להדלקת אורה דנהגא בהו שביעית [סוכה מ.].

מסורת הש"ס

א) נדה סב: אהלות פ"ג מ"ב, ב) שביעית פ"ז מ"א, ג) סוכה מ., ד) הוא אחד ממיני צבעים. רש"ל בשם הרמב"ם, ה) [ד"ה אם], ו) ד"ה כל, ז) [ד"ה יצאו], ח) צ"ל אם, ט) [ד"ה מכלל], י) [ד"ה מאן].

הגהות הב"ח

(א) גמ' ויוצא ממנה רביעית דם טמא ואם לאו טהור כצ"ל: (ב) רש"י ד"ה אם וכו' הבית טמא: (ג) ד"ה מקולי כו' כגון דם תבוסה דקי"ל שאינו כצ"ל:

תורה אור השלם

א) וְהָיְתָה שַׁבַּת הָאָרֶץ לָכֶם לְאָכְלָה לְךָ וּלְעַבְדְּךָ וְלַאֲמָתֶךָ וְלִשְׂכִירְךָ וּלְתוֹשָׁבְךָ הַגָּרִים עִמָּךְ: [ויקרא כה, ו]

לעזי רש"י

קרוג"א. פירוש כרכום (ועיין רש"י ברכות דף לח ע"א ד"ה דקורטמי, ביצה דף יד ע"א ד"ה אי נמי וחולין דף מז ע"ב ד"ה ככשותא):
גווד"א. פירוש קוצה, מין עשב שממנו עושים צבע תכלת:

דם שבאה מן המת ממש, שטומאתה מן התורה[14], מטמאה אפילו במראה, שכן יש ממש במראה כפי שמוכח לענין ערלה[15].

לעיל (סוף עמוד א) הובאה ברייתא בנוגע לבגד שנצבע בקליפי פירות שביעית. אגב זה, הגמרא דנה אם יש קדושת שביעית בצמחי צבע שאינם עומדים לאכילה:

רָבָא רָמֵי — הקשה סתירה: **תְּנַן** במשנה (שביעית ז, א), המונה את סוגי הגידולים שיש בהם דיני שביעית: **מִמִּין הַצּוֹבְעִין** — ממיני הצמחים המשמשים לצביעה ואינם מתקיימים בארץ[16]: **סְפִיחֵי סָטִים** (כרכום) **וְקוֹצָה** (צמח שמפיקים ממנו גוון כעין תכלת)[17]; **יֵשׁ לָהֶן** קדושת **שְׁבִיעִית**[18], **וְלִדְמֵיהֶן** — וגם למעות שמקבלים תמורת מכירתם יש קדושת **שְׁבִיעִית**[19], וכן **יֵשׁ לָהֶן** חיוב **בִּיעוּר** — לבערם מרשותו כאשר אותו מין כלה מן השדות[20], **וְלִדְמֵיהֶן** — וגם למעות שמקבלים תמורת מכירתם יש חיוב **בִּיעוּר**[21]. **אַלְמָא** — ממשנה זו עולה ש**עֵצִים** שאינם עומדים למאכל, בדומה למיני הצבעים הנזכרים, **יֵשׁ בָּהֶן מִשּׁוּם קְדוּשַּׁת שְׁבִיעִית**[22]. **וּרְמִינְהִי** — אולם יש להקשות על כך סתירה מן הברייתא הבאה: **עֲלֵי קָנִים וַעֲלֵי גְּפָנִים שֶׁגִּיבְּבָן בַּחֲבָא עַל פְּנֵי הַשָּׂדֶה** — שאספם מעל פני השדה כדי להצניעם באוצר לימות החורף[23], אם **לִקְּטָן לַאֲכִילָה**, כלומר, על דעת להאכילם לבהמה[24], **יֵשׁ בָּהֶן מִשּׁוּם קְדוּשַּׁת שְׁבִיעִית**, ואם ליקטם **לְעֵצִים** — על דעת להשתמש בהם כעצים להסקה, **אֵין בָּהֶן מִשּׁוּם קְדוּשַּׁת שְׁבִיעִית**[25]. מהברייתא מוכח שעצים אין בהם קדושת שביעית, והרי זו סתירה לכאורה למשנה בשביעית שהובאה לעיל!

הערות

יצאה כולה לאחר מותו (והדם טמא). דם כזה מטמא באהל רק מדרבנן — עיין נדה עא, א (רש״י). [רש״י נוקט כדעת רבי אליעזר ברבי יהודה (נדה שם) בהגדרת ׳דם תבוסה׳. אולם תנאים אחרים מגדירים זאת באופן אחר — עיין נדה שם ומשנה אהלות ג, ה; ועיין רש״י נדה סב, ב ד״ה דם תבוסה; שיטה מקובצת בשם גאון; מאירי; רש״ש. עיין עוד ר״ש אהלות ב, ב שסובר ש״דם תבוסה״ הנזכר כאן אינו שייך למחלוקת התנאים, אלא קרוי ׳דם תבוסה׳ מפני שהוא בלוע בכסות.]

14. ראה לעיל הערה 2.

15. [אמנם הרמב״ם (הלכות טומאת מת ד, יג) הביא דין המשנה לגבי ״נבלעה בכסות״, ולא הדגיש שמדובר דוקא בדם תבוסה — ומצד שני, בהלכות גזילה (ג, י) נראה שפסק שהדבר ספק אם יש ממש במראה (עיין שו״ת הר״ן ע שעמד על כך). עיין עוד תוספות ד״ה מקולי, ופרי חדש יורה דעה קב, ה.]

16. ה׳רישא׳ של המשנה שם הוא: ״כלל גדול אמרו בשביעית: כל צמח שהוא מאכל אדם, או מאכל בהמה, או ממין הצובעים, ואינו מתקיים בארץ (כלומר, שאם משאירים אותו בקרקע אינו מתקיים, אלא נרקב וכלה) — יש לו קדושת שביעית, וגם לדמיו (המעות שנותנים תמורת מכירתו) יש קדושת שביעית. כמו כן, יש לו חיוב ביעור וגם לדמיו יש חיוב ביעור״ (דינים אלו יבוארו בהערות הבאות). המשנה ממשיכה ומביאה דוגמאות לכל אחת משלש הקבוצות של הגידולים שהוזכרו (מאכל אדם, מאכל בהמה, מין הצובעים). הגמרא כאן מביאה את החלק האחרון של משנה זו, בו נותן התנא דוגמאות לקבוצת צמחי הצבע שאינם מתקיימים בארץ, ולכן נוהגות בהן ההלכות האמורות לעיל.

17. [זיהוי צמחים אלו הוא על פי תרגומי הלע״ז ברש״י כאן ונדה נ, א. אולם ראה רש״י שבת סח, א ובפסחים נו, ב; וראה מהדורתנו לירושלמי שביעית ז, א בהערות על המשנה שם.]

המשנה מכנה צמחים אלו בשם ״ספיחים״, משום שאסור לזרוע בשנת השמיטה, ולכן צמחי הצבע שנמצאים בשדות בשנה זו הם בהכרח מ״ספיחי״ היבול של השנה הששית [היינו, שצמחו מעצמם בשביעית מזרעים שנפלו לארץ בקציר של השנה הששית] (רש״י). [בדרך כלל, חכמים גזרו איסור אכילה ושאר שימושים על ״ספיחים״ שעלו מאליהם בשנה השביעית, מחשש שעוברי עבירה יזרעו בסתר ויאמרו שצמחו מאליהם (עיין רמב״ם הלכות שמיטה ד, ב; וראה דרך אמונה שם ד, ב בביאור ההלכה ד״ה שיהיו כל הספיחין). אולם על מיני צובעין המנויים במשנתנו לא גזרו חכמים איסור, משום שהם גדלים בר ואין דרך בני אדם לזורעם, ולכן אין בהם חשש של בעלי עבירה (עיין ר״ש סיריליאו שביעית ז, א ד״ה עלי הלוף השוטה; רמב״ם שם, ג; אמנם עיין מקדש דוד זרעים נט, ג).]

להסברים נוספים מדוע משתמשת המשנה בכינוי ״ספיח״ — עיין רש״י שבת שם ד״ה למעוטי ספיחי סטים, ובפסחים שם ד״ה ספיחי, ובנדה שם ד״ה קוצה; תוספות פסחים שם ד״ה ספיחי; רמב״ם בפירוש המשנה שביעית שם; ר״ש פאה א, ד.

18. [אחד מדיני קדושת שביעית הוא] שאסור לעשות בהם סחורה, שכן התורה (ויקרא כה, ו) התירה להשתמש בפירות שביעית רק ״לְאָכְלָה״, היינו, דרך כילוי — ולא לסחורה (ראה משנה שביעית ז, ג; עבודה זרה סב, א). מטעם זה אסור לצבוע בצמחים אלו, שגם זה בכלל ״סחורה״ הוא (רש״י; ראה ביאור דבריו בהרחבה לעיל עמוד א הערה 36). אמנם מותר להשתמש בהם להסקה קודם ׳זמן הביעור׳ [ראה להלן הערה 20], שכן זו הנאה של כילוי, בדומה לאכילה (רש״י; ראה עוד בענין זה להלן קב, א סוף הערה 2).

19. אם מכר גידולי שביעית וקיבל תמורתם דמים, אף הדמים נתפסים בקדושת שביעית — בין אם נתקבלו מעות ממש תמורת המכירה, ובין אם שילמו עבורו בדבר מאכל וכדומה (ראה סוכה מ, ב מקור דין זה ופרטיו).

[אף על פי שאסור לעשות סחורה בפירות שביעית, מכל מקום ישנם אופנים שמותר למכור. לדוגמא: אם ליקט פירות שביעית לצורך אכילה והותיר, מותר לו למכור מה שנותר (ראה שביעית ז, ג). ניתן איפוא לפרש שהמשנה כאן עוסקת בדמים שנתקבלו תמורת מכירה המותרת. אמנם גם אם מכר באיסור, הדמים נתפסים בקדושת שביעית (עיין תוספות ד״ה לדמיהן ביעור, מהרש״א, פני יהושע, רש״ש).]

20. מצות ביעור נלמדת ממה שאמרה התורה לענין גידולי שביעית (ויקרא כה, ז): ״וְלִבְהֶמְתְּךָ וְלַחַיָּה אֲשֶׁר בְּאַרְצֶךָ, תִּהְיֶה כָל תְּבוּאָתָהּ לֶאֱכֹל״. הקיש הכתוב את הבהמה שבבית לחיה שבשדה, ודרשו חז״ל (פסחים נב, ב ותורת כהנים על פסוק זה): ״כל זמן שחיה אוכלת מן השדה (היינו כל זמן שאותו מין של פירות עדיין מצוי בשדה), הַאֲכֵל לבהמתך שבבית [או לעצמך]; כָּלָה לחיה מן השדה (היינו, שמין זה כבר אינו מצוי בשדה, שנאכלו כל פירות אלו או נרקבו), כַּלֵּה מה שייעדת לבהמתך [או לעצמך] מן הבית״ (רש״י). לדעת רוב הראשונים, מצוה זו היא מן התורה (עיין רש״י יומא פג, א ד״ה טבל ושביעית; תוספות פסחים שם ד״ה עד, ועוד; אמנם עיין רמב״ן ויקרא שם שנסתפק בכך; ועיין פני יהושע פסחים שם).

[במהותו של ה׳ביעור׳ נחלקו ראשונים: לפי השיטה שהתקבלה להלכה, והיא שיטת ר״ש (שביעית ט, ח) ורמב״ן (ויקרא שם) ותוספות (פסחים שם ד״ה מתבערין), מצות ביעור היא להוציא את הפירות מן הבית ולהפקירם (ברש״י פסחים שם הוסיף שצריך ליתנם ״במקום דריסת חיה ובהמה״; אך עיין תוספות שם ורמב״ן ויקרא שם). לאחר מכן יכול כל אדם — ואף הבעלים — לזכות בהם, ומותרים הם באכילה. (אבל אם לא הפקירום הבעלים בזמן הביעור, נאסרו באכילה מדרבנן לכל אדם; ראה לעיל עמוד א הערה 36 סוף קטע שני.) לדעת הרמב״ם (הלכות שמיטה ז, ג), הביעור פירושו איבוד הפירות מן העולם: אם אפשר, אוכלם בעצמו או נותנם לאחרים שיאכלום, ואם לאו, שורפם באש או מאבדם בכל צורה שהיא. ראה שיטה שלישית בהשגת הראב״ד (הלכות שמיטה שם). ועיין חזון איש שביעית יא, ו-ח בהרחבה.]

כאמור, מיני הצובעין המנויים במשנה כאן, ״אינם מתקיימים בארץ״, כלומר, יש תקופה בשנה שבה הם ״כלים לחיה מן השדה״. לפיכך אומרת המשנה שנוהגת בהם תורת ביעור, ובהגיע אותו זמן חייבים לכלותם מן הבית [ואם לא ביער בזמן, נאסרו אף בהסקה; ראה רש״י לעיל ד״ה יש להן ולדמיהן שביעית, ולהלן קב, א ד״ה סתם עצים]. זאת בניגוד למינים אחרים ש״מתקיימים בארץ״ ומצויים לחיה בשדה כל השנה, שבהם אין נוהגת מצות ביעור אף על פי שהם קדושים בקדושת שביעית.

21. מכיון שדמי שביעית נתפסים בקדושת שביעית (ראה לעיל הערה 19), חלה עליהם גם חובת ביעור.

22. שהרי מיני צובעים אלו אינם אלא ״עצים״ בעלמא [שכן אינם ראויים למאכל], ואף על פי כן נוהגת בהם קדושת שביעית (רש״י). כשם שחלה קדושת שביעית על צמחי צבע אף על פי שאינם ראויים לאכילה, משום שעומדים להנאה של צביעה, כך לכאורה תחול קדושת שביעית על עצים ממש, שהרי גם הם עומדים להנאת אדם — להסיק בהם את התנור (מאירי).

[רש״י והמאירי מפרשים שספיחי סטים וקוצה המוזכרים במשנה, אינם ראויים לאכילה כלל (עיין גם רש״י שבת סח, א ד״ה למעוטי, ובפסחים נו, ב ד״ה ספיחי, ובנדה נ, א ד״ה קוצה). אולם בתוספות שבת (שם ד״ה ספיחי) מבואר שצמחי הצבע הללו ראויים קצת לאכילה. וכן פירשו בסוגייתנו הרא״ש בשיטה מקובצת, ותוספות רבינו פרץ (ד״ה יצאו) — עיין שם הסבר אחר בקושיית רבא.]

23. רש״י. ״חבה״ הוא מלשון מחבוא, כלומר, אוצר (שם; ראה גם רש״י סוכה מ, א ד״ה לחובה). התנא משמיענו שאף על פי שניכר ממעשיו שהוא אוסף את העלים כדי להצניעם לימות החורף [ומסתבר שכוונתו לשם הסקה], מכל מקום אם ליקטן לאכילה, יש בהם קדושת שביעית, כפי שהברייתא הולכת ומבארת (מאירי; ועיין תוספות סוכה מ, א ד״ה שגבבן, ובכפות תמרים וערוך לנר שם).

ראה פירושים אחרים (לפי גירסא אחרת) ברשב״א ומאירי בשם יש מפרשים, ובשיטה מקובצת בשם הרמ״ה.

24. רש״י סוכה שם ד״ה לקטן; ועיין רשב״א. [גם בגידולים העומדים למאכל בהמה נוהגת קדושת שביעית — ראה שביעית ז, א.]

25. עלי קנים ועלי גפנים עומדים בשוה לאכילה ולהסקה; הלכך הולכים אחרי דעת האדם בשעת לקיטתם (תוספות סוכה שם ד״ה לקטן; ראה גם רש״י שם ד״ה יצאו, ורש״י להלן ריש קב, א). [ואם ליקטם סתם, הולכים לחומרא, ויש בהם קדושת שביעית (ערוך לנר סוכה שם; עיין עוד חזון איש שביעית י סוף אות ד).]

רבא רמי תנן בגד שצבעו בקליפי ערלה ידלק אלמא חזותא מילתא היא ורמינהי (א) [א]רביעית דם שנבלעה בבית הבית טמא ואמרי לה הבית טהור ולא פליגי [ב]הא בכלים דהוו מעיקרא הא בכלים דאתו לבסוף [ג]נבלעה בכסות רואין אם מתכבסת הכסות ויוצא ממנה רביעית דם (א) טמאה ואם לאו טהורה אמר רב כהנא מקולי רביעיות שנו כאן בדם תבוסה [ד]דרבנן: רבא רמי (ג) תנן [ה]ממין הצובעין ספיחי סטים וקוצה יש להן שביעית ולדמיהן שביעית יש להן ביעור ולדמיהן ביעור אלמא עצים יש בהן משום קדושת שביעית ורמינהי (ג) עלי קנים ועלי גפנים שגיבבן בחבא על פני השדה [ו]לקטן לאכילה יש בהן משום קדושת שביעית לעצים אין בהן משום קדושת שביעית ומשני אמר קרא א) לאכלה במי שהנאתו וביעורו שוין יצאו עצים שהנאתן אחר ביעורן והא איכא עצים דמשחן דהנאתן וביעורן שוין אמר רבא סתם

רש"י

רביעית דם. מטמאה באהל דכתיב על כל נפשות מת לא יבא (ויקרא כא) ודם הוא הנפש וקים להו לרבנן דברביעית דם חי: נבלעה בקרקע הבית טמא. כלים שבבית דבית לא מקבל טומאה דקרקע היא: בכלים. דהוו בבית קודם שנבלעה שהיתה בעין והאהיל הבית עליה ועל הכלים ונטמאו: לבסוף. לאחר שנבלעה: אם מתכבסת הכסות ויוצא הימנה [רביעית דם]. שבתחילה נבלעה בו יותר מרביעית והכניס הכסות לבית הבית (ב) טמאה: ויוצא הימנה רביעית דם. שאם יתנו מים במדה ימלאו רביעית יותר: ואם לאו טהור. הבית שלא האהיל על רביעית שכבר חסר בהבלעו בכסות אבל הכסות טמא שתחלת נגיעה ברביעית מלומלם נטמאה וקתני מיהת ואם לאו טהור אע"ג דחזותא דרביעית איכא שהדם שנשאר בבגד שאי אפשר לסוחטו נראה לנו בבגד אלמא חזותא לאו מילתא היא: מקולי רביעיות. של דם קל כגון דם תבוסה (ג) שאינו מטמא באהל אלא מדרבנן: דם תבוסה. הרוג שיצא ממנו רביעית דם בחייו ובמותו ספק כולה בחייו ספק כולה במותו בפ' תינוקת (נדה דף עא.): ספיחי סטים וקוצה. סטים קרוג"א בלע"ז כרכום קוצה [ז]גוד"א בלע"ז להכי נקט ספיחי דבשביעית ליכא אלא ספיחים: יש להן ולדמיהן שביעית. שאין עושין מהן סחורה דרחמנא אמר לאכלה ולא לסחורה ואסור לצבוע בהן דהיינו סחורה אבל מותרים הן להסיקן קודם זמן הביעור דהיינו דומיא דלאכלה: יש להן ביעור. כשמגיע זמן הביעור חייב לבערן כדכתיב ולבהמתך ולחיה וגו' (ויקרא כה) כלה לחיה מן השדה כלה לבהמתך שבביתך והני ספיחי עץ בעלמא נינהו: בחבא. לעשות מהן מחבוא אוכר לימות החורף: אין בהן משום קדושת שביעית. ויסקה מהן אף לאחר זמן הביעור: שהנאתן וביעורן שוה. דבר שבשעת הנאתו כלה מן העולם: יצאו עצים. שלאחר ביעורן שנעשים גחלים הוא דהויא עיקר הנאתן אבל מיני צבעים בשעת רתיחת היורה כלה השורש וקולט הצבע נמצאו הנאתן וביעורן שוה הלכך חיילא עלייהו שביעית: והא איכא עצים דמשחן. שמאירין כנר אבוקה לנושאן בידו והנאתן וביעורן שוה תיחול עלייהו שביעית:

תוספות

רבא רמי תנן בגד שצבעו בקליפי ערלה כו'. תימה דהא רבא שני לעיל שאני ערלה דכתיב קראי ומהתם לא ילפינן ואם כן מאי פריך מערלה אטומאה ונראה כספרים דגר' לעיל רבה ואי גרס רבא יש לומר דדיחוי הוא: רואין אם מתכבסת הכסות ויוצא ממנה רביעית דם. פירש בקונטרס שאם יתנו מים במדה ימלא רביעית יותר וקשה לפי' אפילו אם לא ימלאו רביעית אמאי טהורה דאי אפשר לעולם אם לא ישתייר בבגד מן המים אלא י"ל כדאמר בתוספתא בפ' ד' דאהלות רביעית דם שנבלעה בכסות כיצד משערין אותה מביא מים במדה ומכבס בה ומביא מים אחרים ונותן לתוכן רביעית דם אם היה מראיהן שוה טמאה ואם לאו טהורה והשתא אין מזיק כלום מה שמשתייר מן המים בבגד דכשם שנשתייר מן המים כך נשתייר מן הדם שמכ"מ היה הכל מעורב יחד מה שיצא ומה שנשתייר ומראה אחד הן כאילו יצא הכל וטהורה וטמאה דקתני היינו לענין אם תטמא את הבית שתנתן בו אבל כסות עצמה טמאה היא שנבלע בה רביעית דם מתחילה כדפי' בקונטרס ומיהו קשה דאין סברא שיסייע הדם שמשתייר בבגד כיון שאין יכול לצאת בכיבוס זה ומיהו אין לחוש כל כך אם תולין הדבר להחמיר ועוד מצינן לפרש שאומדין כמה נשתייר מן המים הראשונים בבגד ומביא מים אחרים כמדת הראשון רק שיחסר מהן כשיעור שנבלע מהן בבגד אבל יש תימה דמי יכול לכוין זה ועוד קשה דמאי צריך למדידת מים הראשונים בלא מדידת מים הראשונים יכול הוא לדעת אם יש רביעית דם במה שיצא ע"י כיבוס שיסחוט לתוך כלי כל מה שיצא מן הכסות וימדוד כמה יש בין מים לדם ויביא רביעית דם מעלמא ויוסיף עליו מים עד שיהא בין מים ובין דם כשיעור מים ודם שיצאו מן הכסות ואם מראיהן שוה טמאה ונראה לפרש דלא נקט מים במדה אלא משום שאם ימלאו יותר מן המדה שנתנו רביעית שלא יצטרכו להביא מים אחרים דודאי יצא מן הכסות רביעית דם אבל אם אין רביעית דם יותר אז יביא רביעית דם ומוסיף עליו מים עד שיהא בין מים ודם כמדת הראשונה אחר שתכבס בה הכסות ואם מראיהן שוה טמאה ואם לאו טהורה ומיהו קשה דהא קתני בתוספתא ברישא ומביא מים אחרים ואחר כך קתני ונותן לתוכו רביעית דם: ואם לאו טהורה. אע"פ שעל ידי הדחק היה יוצא מהן רביעית דם כגון על ידי היסק התנור או על ידי צפון כיון דבסתם כיבוס אין יכול לצאת רביעית דם טהורה לר"ל משום דדם תבוסה דרבנן ולר' יוחנן משום שאין דרך להקפיד עליה כשאין יכול לצאת בכיבוס סתם כך נ"ל במסכת נדה בפרק האשה (דף סב: ושם [ח]) מתוך הסוגיא ואין צריך להביאה כאן: מקולי רביעיות שנו כאן. הך סוגיא מסיק רב כהנא בנדה אליבא דר"ל וה"נ דוקא לר"ל צריך האי שינויא דלר' יוחנן לא קשה מידי מערלה אטומאה דלדידיה בקפידא תליא מילתא ומ"מ צבעו בקליפי ערלה ידלק דלא שייך להתירו מטעם דאין מקפיד דנהנה הוא בצבע וניחא ליה: ספיחי סטים וקוצה. מה שפי' בקונטרס כאן משום דבשביעית אין זורעין ואין בה אלא ספיחים אין מיושב ההיא טעמא אלא הכא אבל גבי מעשר ופאה דקאמר כל שהוא אוכל ונשמר כו' אוכל למעוטי ספיחי סטים וקוצה אין מיושב למה נקט ספיחים ע"כ נראה כמו שפי' בפסחים (דף נא: ושם [ט]) דלהכי נקט ספיחים לפי שאין דרך ללקטן בשנה שנזרעים אלא לבסוף ד' או ה' שנים שהשרשים מתפשטים בארץ ומשביחין ושורש שלהן עיקר: ממין הצובעין. רישא דמתניתין הכי איתא במס' שביעית (פ"ז מ"א) כלל גדול אמרו כל שהוא מאכל אדם ומאכל בהמה וממין הצובעין כו': ולדמיהן ביעור. כגון שלקט מתחילה לאכילה דיכול למוכרן ויש לשניהם ביעור להן ולדמיהן דפרי עצמו לעולם אסור כדנפקא לן מקודש תהיה לכם (בע"ז דף נד:): שהנאתן אחר ביעורן. כשנעשית גחלת אע"ג דזימנין הנאתן וביעורן שוה כגון להתחמם כנגדו או לבשל מכ"מ עיקרו לא קיימא להכי אלא לאחר שנעשית גחלת כגון להסיק תנור לאפות אבל צבע הנאתן וביעורן שוה דהנאתן כשלובשן ואז הוא כלה ומתבער הצבע מיום אל יום ובקונטרס פי' דבשעת רתיחת היורה כלה השורש וקולט הצבע ואין נראה דהא אמרן דלענין שביעית חזותא מילתא היא ולא הוי ביעורו בקליטת הצבע: והאיכא עצים דמשחן. לפי' הקונטרס דפי' עצים שמאירים בהן כמו נר נ"ל הא דמתרץ עצים להסקה ניתנו כלומר אף עצים דמשחן דאין לפרש סתם שאר עצים להסקה ניתנו והנך דמשחן בטלים לגבייהו דהא בסוכה (דף מ. ושם [י]) משמע דלולב נוהג בו שביעית משום דהנאתו וביעורו שוה שראוי לכבד בו הבית ולא אמר דבטל לגבי שאר עצים וה"נ עצים דמשחן אלא נ"ל דסתם עצים דמשחן נמי להסקה הן עומדין ולא דמי ללולב דסתמו עומד לכבד בו את הבית ור"ח פירש והא איכא עצים דמשחן שמחממין בו כגון במדורה שעשויה להתחמם דהנאתן וביעורן מתחמם כנגדן פי' משחן כמו תמרי משחן בכתובות (דף י:) וכן טלולה [ח] או שחונה ביומא (דף נג:) ומשני רבא סתם עצים להסקה ניתנו פי' להסקת תנור ניתנו דהוי הנאתן אחר ביעורן הלכך אפילו להתחמם מותר דלא חל עליהם שם שביעית ואע"ג דחשיב הכא עצים דמשחן הנאתן וביעורן שוה מכ"מ לענין עצי איסור לא היו אוסרין רבנן אפילו להתחמם כנגדן או להאיר בהן אלא דוקא בשרשיפא כדדרשינן בפרק כל שעה (פסחים דף כו: ושם [ט]) דהנאה מיהא אינה מתחלת עד לאחר שמתחיל האיסור להיות כלה הלכך לא אסרי רבנן אלא בשרשיפא אבל הנאתו וביעורו שוה קרינן ביה דעדיין האיסור קיים כשנהנה ממנו וא"ת בפ"ק דנדה (דף ח. ושם [י]) דקאמר אי קטפא פירא הוי אית ביה שביעית ואי לאו פירי הוי לית ביה שביעית ואמאי אי הנאתו וביעורו שוה הלא אפילו לא הוי פירא יהא אסור בשביעית ואי אין הנאה וביעורו שוה אפילו הוי פירא יהא מותר ותו אמאי קמפלגי בין קטפא דפירא לקטפא דגווזא ונראה ודאי קטפא הוי הנאתו וביעורו שוה ואפילו הכי אי לא הוי פירא בטיל לגבי עץ והרי הוא כאילו הוא בתוך העלין ולא יצא לחוץ אבל אי הוי פירא חשיב באפי נפשיה ולא בטיל לגבי עץ ואית ביה קדושת שביעית:

ה"ג

עין משפט נר מצוה

פט א ב מיי' פ"ד מהלכות טומאת מת הלכה יא:
צ ג מיי' שם הלכה יג:
צא ד מיי' שם פ"ב הלכה יג:
צב ה מיי' פ"ז מהלכות שמיטין הלכה יג:
צג ו מיי' פ"ה שם הלכה יא:

ליקוטי רש"י

רביעית דם. של מת מטמא באהל. הבית טמא. כלי הבית טמאין באהל. בכלים דהוו מעיקרא. שהיו שם קודם שנבלעה טמאים שנטמאו באהל. בכלים דאתו לבסוף. שבאו לבית לאחר שנבלע הדם בקרקע טהורים דמו לא מטמיא [נדה סב:]. ואם לאו טהורה. ואע"ג דרביעית שלמה נבלעת בו אלמא וכו'. דם תבוסה. האי רביעית דמקילין בה לא בבאה ממש מן המת אלא ברביעית דם תבוסה שהוא ספק ואפי' לא נבלעה אין לה טומאה ודאית כדתניא בפ' בתרא (לקמן דף עא.) איזהו דם תבוסה הרוג שיצא ממנו רביעית דם בחייו ובמותו ספק יצא רובו מחיים ספק יצא רובו לאחר מיתה וטמא [נדה סב:]. שגיבבן. שכינסן לאוצרן. בחבא. לשון מחבא. לקטן לאכילה. למאכל בהמה. ומשני לאכלה. גבי עלי הסקה להכי לא נוהגין בהן שביעית. דאמר קרא. והיתה שבת וגו' ומשמע לכם לכל צרכיכם וכתיב לאכלה למימרא דאין מותר ליהנות מפירות שביעית אלא הנאה הדומה לאכילה. במי שהנאתו וביעורו שוין. כלומר שהנאתו וביעורו שמתבער מן העולם באין כאחד כגון סיכה ושתיה והדלקת הנר ומהך דרשה נמי ילפינן שאין שביעית נוהג אלא בפרי העומד להנאות הללו דה"נ מידרש קרא והיתה שבת הארץ נוהגת במה שלכם לאכלה שהנאתו דומה לאכילה. יצאו עצים שהנאתן אחר ביעורן. משנעשו גחלין אופין בהן. והא איכא עצים דמשחן. עץ שמן שהעץ עצמו מדליקין בו להאיר כמו באבוקות והוי הנאתו וביעורו שוה נימא השתא מיהא אם לקטן להדלקת אורה דנהגא בהו שביעית [סוכה מ.].

מסורת הש"ס

א) נדה סב: אהלות פ"ג מ"ב, ב) שביעית פ"ז מ"א, ג) סוכה מ., ד) הוא אחד ממיני צבעים. רש"ל בשם הרמב"ם, ה) [ד"ה אם], ו) ד"ה כל, ז) [ד"ה יצאו], ח) נ"ל אם, ט) [ד"ה מכלל], י) [ד"ה מאן].

הגהות הב"ח

(א) גמ' ויוצא ממנה רביעית דם טמא ואם לאו טהור כצ"ל: (ב) רש"י ד"ה אם וכו' הבית טמא: (ג) ד"ה מקולי כו' כגון דם תבוסה דקי"ל שאינו כצ"ל:

תורה אור השלם

א) וְהָיְתָה שַׁבַּת הָאָרֶץ לָכֶם לְאָכְלָה לְךָ וּלְעַבְדְּךָ וְלַאֲמָתֶךָ וְלִשְׂכִירְךָ וּלְתוֹשָׁבְךָ הַגָּרִים עִמָּךְ: [ויקרא כה, ו]

לעזי רש"י

קרוג"א. פירוש כרכום (ועיין רש"י ברכות דף לח ע"א ד"ה דקורטמי, ביצה דף יד ע"א ד"ה אי נמי וחולין דף מז ע"ב ד"ה ככשותא):
גווד"א. פירוש קוצה, מין עשב שממנו עושים צבע תכלת:

רבא מיישב בעצמו את הסתירה:

וּמְשַׁנֵּי — ורבא תירץ כך: לגבי גידולי שביעית **אָמַר קְרָא** (ויקרא כה, ו): "וְהָיְתָה שַׁבַּת הָאָרֶץ לָכֶם **לְאָכְלָה**". למדנו מכאן שאין דיני שביעית נוהגים אלא **בְּמִי שֶׁהֲנָאָתוֹ וּבִיעוּרוֹ שָׁוִין** — בצמח שההנאה ממנו באה בשעה שהוא כלה מן העולם, כדוגמת אכילה המפורשת בפסוק ("לְאָכְלָה"), בה מתבער המאכל כשלועסו האדם ואוכלו, ובאותה עת ממש נהנה חיכו מהמאכל[26]. ומכח דרשה זו **יָצְאוּ עֵצִים** מכלל קדושת שביעית, לפי **שֶׁהֲנָאָתָן אַחַר בִּיעוּרָן** — ההנאה שהם עומדים לה באה רק לאחר שנתבערו מן העולם, שכן עיקר השימוש בעצים הוא להסקת התנור לאפייה, והנאה זו אינה באה אלא לאחר שנתבערו העצים ונעשו גחלים [וכבר אינם קרויים "עץ"][27]. לעומת זאת, השימוש בצמחי צבע הוא על ידי הרתחתם ביורה [עם הבגד הנצבע] כדי להפיק מהם צבע. נמצא ש'הנאתם וביעורם שוה', כי ההנאה מהם (קליטת הצבע בבגד) באה בשעת ביעורם, כשהם מתמוססים ביורה הרותחת; לפיכך נוהגת בהם קדושת שביעית[28].

מדברי רבא משמע שכל העצים העומדים לשריפה אין בהם קדושת שביעית, כי אין הנאתם וביעורם שוה. הגמרא מקשה על כך:

וְהָא אִיכָּא עֵצִים דְּמִשְׁחָן — והלא יש עצי שמן, שניתן להדליקם כדי להאיר כאבוקה, **דַּ'הֲנָאָתָן וּבִיעוּרָן שָׁוִין'**, שהרי ההארה באה בשעה שהעץ נשרף ומתכלה[29]. לכאורה, עצים כאלה תחול עליהם קדושת שביעית אם נלקטו לשם הדלקת אורה[30]!

רבא משיב:

אָמַר רָבָא:

הערות

26. רבינו חננאל סוכה שם; אולם עיין תוספות פסחים כז, ב ד"ה מכלל.

רבא דורש את הפסוק כך: "וְהָיְתָה [תורת] שַׁבַּת הָאָרֶץ, היינו, דיני קדושת שביעית **נוהגים** [באותם גידולים שהם] לָכֶם לְאָכְלָה" — כלומר, שעומדים להנאות הדומות לאכילה, שבשעת ביעורם הנאתם (רש"י סוכה שם ד"ה שהנאתו וביעורו שוה, ושם עמוד ב ד"ה כמאן).

27. רש"י כאן, ובסוכה שם ד"ה יצאו. [אף על פי שישנן הנאות מעצי שריפה בטרם נהפכו לגחלים, כגון חימום או בישול (שבהם עדיף אש ממש) — ונמצא שלפעמים הנאתם וביעורם שוה — מכל מקום **עיקר** שימושם של עצים הוא האפייה בגחלים שלהם (תוספות; תוספות רי"ד ד"ה והא איכא).]

פירוש אחר: ההנאה מעצי הסקה היא אכילת המאכל שנאפה או נתבשל מכוחם, ואותה הנאה באה רק אחרי שנתבערו העצים (ריטב"א סוכה שם).

28. רש"י. [פירשנו שההנאה היא בקליטת הצבע **בבגד**, על פי תוספות סוכה שם (ד"ה יצאו) בשם רש"י כאן. וצריך לומר, שאף על פי שגמר קליטת הצבע בבגד הוא באמת רק לאחר כמה ימים (ראה לעיל ק, א הערה 20), מכל מקום ההנאה מתחילה מיד, כאשר מתחיל הבגד לקלוט את הצבע.]

התוספות (ד"ה שהנאתן) מקשים על פירוש זה, שהרי הגמרא מסיקה לעיל (סוף עמוד א) שלגבי שביעית אסרה התורה אפילו 'מראה' בלבד. נמצא שהצבע לא נתבער אפילו אחרי שנקלט בבגד, ואין הנאתו וביעורו באים כאחד! [קושיא זו היא לפי הבנתם בכוונת הגמרא לעיל, שבשביעית יש גזירת הכתוב ש"חזותא מילתא היא". אולם ראה שם בהערה 39 הסבר אחר בגמרא שם, ויתכן שזו דעת רש"י כאן (חידושי רבי עקיבא איגר; כפות תמרים סוכה שם; ועיין מקדש דוד זרעים נט סוף אות ד ד"ה כתב רש"י). אמנם עדיין יקשה לפי הצד בספק הגמרא לעיל שבכל דיני התורה נחשב 'מראה' לדבר שיש בו ממש. ועוד, הלא רבא עצמו שמקשה את הסתירה כאן, פשוט לו (לפי הסבר אחד בתוספות) שאכן "חזותא מילתא היא" בכל התורה כולה! (ראה לעיל הערה 1). ועיין חזון איש שביעית יג, ח.] לפיכך פירשו תוספות שהטעם שסממני צבע נחשבים דבר ש"הנאתו וביעורו שוה" הוא משום שההנאה מהצבע היא בשעת לבישת הבגד הצבוע, ואז גם שעת ביעורו, שכן הצבע מתבלה עם הבגד מיום אל יום על ידי לבישתו.

[ויש שתירצו קושיית התוספות, שרבא ממעט מקדושת שביעית רק דבר שהנאתו **אחר** ביעורו, אבל דבר שהנאתו **קודם** ביעורו יש בו קדושת שביעית. טעם חילוק זה הוא כדלהלן: מלבד מה שלמדים מן הכתוב "לְאָכְלָה" להגדיר את סוג הגידולים שנוהגת בהם קדושת שביעית (ראה לעיל הערה 26), גם נדרש כתוב זה להגדיר אילו שימושים מותר לעשות בפירות הקדושים בקדושת שביעית (ראה להלן קב, א ובהערה 6 שם). דהיינו, מותר ליהנות מפירות שביעית רק בדרך הדומה להנאת אכילה הבאה בזמן הכילוי (ובכך נכללות הנאות כגון שתיה, סיכה וכדומה), אך אסור לכלותם באופן שתבוא ההנאה אחרי הכילוי (כגון לצורכי כביסה; ראה להלן שם). שני לימודים אלו כרוכים זה בזה. נמצא שאין קדושת שביעית נוהגת אלא בצמחים שעיקר שימושם הוא מסוג השימושים ש"הנאתם וביעורם שוה", והם אותם שימושים שהתיר הכתוב לעשות בדברים של קדושת שביעית; אבל דבר שעיקר השימוש שהוא עומד לו הוא מסוג השימושים האסורים בקדושת שביעית, אין קדושת שביעית חלה עליו כלל (עיין רש"י סוכה שם ד"ה שאני התם וד"ה שהנאתו). והנה, הטעם שהגבילה התורה פירות שביעית לשימושים שהנאתם וביעורם שוה, הוא משום שאם האדם מכלה את הפירות ועדיין לא נהנה מהם, הרי זה כמפסיד פירות שביעית ללא תכלית. אולם זהו דוקא כאשר ההנאה באה אחרי שנתבער הפרי, אך אין איסור ליהנות קודם הכילוי, שהרי התועלת בפרי כבר באה לפני ביעורו ומעולם לא "הופסד". מעתה, אף לענין הגדרת הגידולים שחלה עליהם קדושת שביעית, אין ממעטים אלא סוגים שעיקר שימושם הוא לאחר ביעורם, ולא אותם שהנאתן קודמת לביעורם (כגון מיני הצובעין), שהרי כאמור שתי ההגדרות הללו תלויות זו בזו (עיין חידושי רבי עקיבא איגר, ומשנה ראשונה שביעית ז, א ד"ה וממין הצובעין; עיין גם בעל המאור סוכה יט, ב מדפי הרי"ף ד"ה רב כהנא; קהילת יעקב שביעית יט, ב). יש לציין שתשובה זו מתרצת אמנם את קושיית התוספות, אך אינה מיישבת את פירוש רש"י שמשמע ממנו בפירוש שההנאה מן הצבע באה באותה שעה שהוא מתבער.]

29. רש"י כאן ובסוכה שם. [לפי רש"י, "משחן" הוא מלשון "משחא" (שֶׁמֶן). מדובר בעצים בעלי כמות גבוהה של שמן, שכאשר נדלקים הם מאירים כאבוקה.] ראה פירוש אחר בתוספות בשם רבינו חננאל.

30. רש"י סוכה שם; אמנם עיין תוספות רי"ד.

סְתָם עֵצִים הראויים להסקה, **לְהַסָּקָה הֵן עוֹמְדִין** ולא להארה, ואף עצי שמן בכלל זה[1]. לפיכך, מלכתחילה מופקעים הם מקדושת שביעית, ואין היא חלה עליהם אפילו אם ליקטם אדם לשם הארה[2].

הגמרא מעירה שדין עצי שמן לענין קדושת שביעית, שנוי באמת במחלוקת תנאים:

אָמַר רַב כַּהֲנָא: וְזה שאמר רבא, שכיון שסתם **עֵצִים לְהַסָּקָה** הם עומדים, לא חלה קדושת שביעית אפילו על עצי שמן שליקטם להארה, **תַּנָּאֵי הִיא** – מחלוקת תנאים היא: יש מי שסובר כדברי רבא, אך יש דעה החולקת על כך וסוברת שקדושת שביעית נוהגת בעצי שמן שליקטם למאור (אף על פי שאכן סתמם עומדים להסקה)[3]. **דְּתַנְיָא** בברייתא (תוספתא שביעית ו, יח): **אֵין מוֹסְרִין פֵּירוֹת שְׁבִיעִית**, כגון יין, **לֹא לְמִשְׁרָה** – לצרכי שריית פשתן[4], **וְלֹא לְכְבוּסָה** – לצרכי כיבוס בגדים[5]. **וְרַבִּי יוֹסֵי אוֹמֵר: נוֹתְנִין** – מותר לתת **פֵּירוֹת שְׁבִיעִית לְתוֹךְ** מי **הַמִּשְׁרָה וּלְתוֹךְ הַכְּבוּסָה.**

הגמרא מבארת תחילה את שורש מחלוקת תנאים זו, ועל פי זה יימצא שדין קדושת שביעית של עצי שמן תלוי אף הוא במחלוקת שביניהם (כפי שיבואר בסוף הסוגיא):

מַאי טַעְמָא – מהו הטעם **דְּרַבָּנָן** (תנא קמא) הסוברים שאסור להשתמש ביין שביעית לשריית פשתן ולכיבוס בגדים? משום שלענין השימושים המותרים בגידולי שביעית **אָמַר קְרָא** (ויקרא כה, ו): "וְהָיְתָה שַׁבַּת הָאָרֶץ לָכֶם **לְאָכְלָה**", ומשמע שפירות שביעית ("שַׁבַּת הָאָרֶץ") ניתנו דוקא לאכילה, **וְלֹא לְמִשְׁרָה** של פשתן; "**לְאָכְלָה**", **וְלֹא לִכְבוּסָה** של בגדים. **וְרַבִּי יוֹסֵי אוֹמֵר** ששימושים אלו מותרים, משום **דְאָמַר קְרָא** (שם): "וְהָיְתָה שַׁבַּת הָאָרֶץ **לָכֶם**", ומשמע שגידולי שביעית ניתנו **לְכָל צָרְכֵיכֶם**, ואפילו למשרה ולכבוסה[6].

הגמרא דנה כיצד דורש כל אחד מהתנאים את הכתוב של התנא שכנגדו:

וְרַבָּנָן נַמִּי (גם כן), הדורשים ממלת "לְאָכְלָה" למעט משרה וכבוסה, **הָכְתִיב** – הרי גם כתוב "**לָכֶם**", שמשמע "לכל צרכיכם", דהיינו שהכתוב בא להרחיב את היתר השימוש בפירות שביעית לשאר הנאות! כיצד דורשים הם מלה זו?

הגמרא משיבה שאכן גם חכמים דורשים מ"לָכֶם" לרבות שאר הנאות, אולם הם מגבילים לימוד זה:

מלת "**לָכֶם**" נדרשת, לדעת חכמים, לרבות רק את השימושים **דּוּמְיָא דְּ"לְאָכְלָה"** – הדומים לאכילה (המפורשת בפסוק), דהיינו, **בְּמִי שֶׁהֲנָאָתוֹ וּבִיעוּרוֹ שָׁוִין** – שימוש שהנאתו באה בשעה שהפרי מתבער מן העולם, כדוגמת אכילה, שבה מתבער המאכל בשעה שהאדם לועסו ואוכלו[7]. **יָצְאוּ** איפוא **מִשְׁרָה וּכְבוּסָה** מכלל ההנאות המותרות, **שֶׁכֵּן הֲנָאָתָן אַחַר בִּיעוּרָן** – ההנאה מהמשרה או הכביסה באה רק אחרי שנתבער המשקה ששרו או שכיבסו בו, שכן יין המשרה והכיבוס מתקלקל מיד כשמטילים לתוכו פשתן או

הערות

1. תוספות לעיל קא, ב ד"ה והאיכא, בדעת רש"י; תוספות רי"ד שם ד"ה והא איכא (ראה הערה הבאה). אולם עיין ריטב"א סוכה מ, א.

2. רש"י כאן ובסוכה מ, א (ולשונו הוא: "סתם עצים, להסקה **ניתנו** [לבריות]"). דהיינו, חלות קדושת שביעית תלויה בהנאה שהיא עיקר דרך שימושו של הצמח [ראה גם לעיל קא, ב הערה 27], ודעת האדם שמלקטו אינה מעלה או מורידה במקרה זה. מאחר שגם עצי שמן עומדים ברובם להסקה, נחשבים הם דבר שאין הנאתו וביעורו שוה, ובהתאם לכך אין קדושת שביעית נוהגת בהם אפילו במקרה שליקטם אדם על דעת להשתמש בהם להארה. לעומת זאת, ספיחי סטים וקוצה שהוזכרו במשנה בשביעית, סתמם עומדים לצביעה, שהיא דבר שהנאתו וביעורו שוה; הלכך חלה עליהם קדושת שביעית [אפילו אם ילקטם להסקה], ולכן אסורים לאחר 'זמן הביעור' אפילו להסקה, כדין כל פירות שביעית שיש עליהם מצות ביעור ולא נתבערו (ראה לעיל קא, ב הערה 20). אולם עלי קנים ועלי גפנים – יש שאוכלים אותם ויש שמסיקים אותם. כיון שהם עומדים בשוה לשני הדברים, הרי שהגדרתם כאוכל (שיש בו קדושת שביעית) או כעצי היסק (שאין בהם קדושת שביעית) תלויה בדעת האדם שמלקטם (רש"י).

מרש"י עולה שקודם 'זמן הביעור' מותר להשתמש במיני הצובעים כעצי הסקה (ראה גם רש"י לעיל קא, ב ד"ה יש להן ולדמיהן שביעית). והקשו האחרונים (חידושי רבי עקיבא איגר לעיל שם, רש"ש כאן, ועוד), שהרי כפי שנתבאר (לעיל שם סוף הערה 28), התנאי של "הנאתו וביעורו שוה" מגדיר לא רק את סוג הגידולים שחלה עליהם קדושת שביעית, אלא גם את השימושים המותרים בפירות שנוהגת בהם קדושת שביעית – דהיינו, שאסור לכלות פירות שביעית אלא באופן הדומה לאכילה, שההנאה באה בזמן הכילוי. מדוע, איפוא, מותר להסיק תנור בצמחי צבע שיש בהם קדושת שביעית? הלא למדנו בסוגייתנו שהנאת היסק אינה באה אלא לאחר הכילוי של העצים! ויש שתירצו שלדעת רש"י, הגבלה זו בשימושי פירות שביעית נוהגת רק בדבר שמיוחד למאכל אדם. אולם דבר שאינו מאכל אדם כגון מיני הצובעים, אף על פי שחלה עליו קדושת שביעית, מותר להשתמש בו אפילו להנאות הבאות לאחר הכילוי כדוגמת הסקה [כפי שמותר לעשות ממנו 'מלוגמא' – ראה להלן הערה 9] (מקדש דוד זרעים נט סוף אות ד ד"ה כתב רש"י; תורת זרעים ז, א; עיין גם כסף משנה הלכות שמיטה ה, י ושם הלכה כ, אך עיין משנה למלך שם; עיין עוד מהרש"א מהדורא בתרא; יפה עינים לעיל שם ד"ה ורמינהי; חזון איש שביעית יג, ו-ז).

3. רש"י. יסוד המחלוקת הוא בנוגע להנחתו של רבא שקדושת שביעית תלויה בדעת המלקט רק כאשר הצמח עומד בשוה לשני שימושים (כגון עלי קנים ועלי גפנים), אך בדבר שמיוחד לשימוש מסויים (כגון עצי שמן, שסתמן להסקה כשאר עצים), הולכים לפי שימוש זה לענין קדושת שביעית אפילו אם דעת המלקט היתה לשימוש אחר. רב כהנא יוכיח שהנחה זו שנויה במחלוקת תנאים, וישנה דעה שדעת המלקט קובעת אפילו כאשר היא שונה מהשימוש העיקרי של הצמח (רש"י להלן ד"ה יצאו משרה וכבוסה).

[יש לציין שפירושו של רש"י כאן מתאים לגירסת רבותיו שהביא בפירושו לגמרא המקבילה בסוכה שם (ד"ה ה"ג עצים דהסקה): "**וסתם** עצים להסקה, תנאי היא". לפי גירסא זו, רב כהנא אינו דן אודות היסוד שהוכיחה הגמרא מהברייתא של "עלי קנים ועלי גפנים", שגידול העומד להסקה אין בו קדושת שביעית – בדבר זה הכל מודים. אלא, רב כהנא מתייחס לקביעתו של רבא, שהולכים תמיד אחרי "סתמו" של הצמח (כלומר, עיקר שימושו) ודעת המלקט במקרה זה אינה מעלה או מורידה. בביאור סוגייתנו הלכנו אחרי גירסא זו ופירושה. אמנם רש"י בסוכה (שם) דחה גירסא זו, ונקט שהגירסא היא: "ועצים דהסקה, תנאי היא" (בלי מלת "סתם"). לפי אותה גירסא, רב כהנא דן כעת בעצם היסוד שהוכחנו מהברייתא, שאין קדושת שביעית בגידול העומד להסקה, והוא הולך ומבאר שישנו תנא החולק וסובר שקדושת שביעית נוהגת אף בעצים – היינו, כלל העצים – העומדים להסקה. וכן גרסו ופירשו רוב הראשונים (ראה תוספות כאן ושם; ריטב"א שם; תוספות רי"ד כאן; ועיין ראב"ד שגרס: "ועצים תנאי היא", ומפרש שהנידון הוא על דינם של עצי הסקה עצמם). גירסת הספרים שלנו כנראה היא על פי תיקונו של רש"י בסוכה. אף על פי כן, ברור שרש"י בסוגייתנו מבאר את הגמרא על פי גירסת רבותיו (וכנראה שפירושו על סוכה נכתב מאוחר יותר, ושם חזר בו).]

4. [לפני שהופכים אניצי פשתן לחוטים צריך להשרותם כדי לרככם (ראה רש"י בבא מציעא עה, ב ד"ה משרה).]

5. אסור להוסיף יין שביעית, לדוגמא, לתוך המים שבהם משרים את הפשתן או את הכביסה, שכן שימושים אלו הם בכלל 'סחורה' האסורה בפירות שביעית (רש"י; ועיין שיטה מקובצת בשם גאון). [צריך ביאור מה כוונת רש"י שיש במשרה וכבוסה (שהאדם עושה לעצמו) משום "סחורה". ועוד, שהרי בהמשך הגמרא מבואר טעם אחר לאיסור משרה וכבוסה – ששימושים אלו אין דומים ל'אכילה'! (ראה חידושי רבי עקיבא איגר כאן וכפות תמרים סוכה מ, א שנתקשו בכך). ובמקדש דוד (נט, ה ד"ה בסוכה) הסביר שרש"י מכנה את כל ההנאות האסורות מפירות שביעית בשם הכולל "סחורה" (והיינו, שכיון שהנאות אלו אינן דומות להנאת "לְאָכְלָה" המפורשת בכתוב, הרי הן כמו סחורה בפירות שביעית, שנתמעטה גם כן מכתוב זה – ראה עבודה זרה סב, א).]

6. מדובר במקום שרגילים בכל השנים להשתמש בפירות אלו למשרה וכביסה [אלא שעיקר השימוש הוא לאכילה]; שאם לא כן, פשוט שאסור ליתן יין שביעית לתוך המשרה והכבוסה, שהרי אפילו **אכילת** פירות שביעית מוגבלת לדרך שרגילים לאוכלם, כמבואר במשנה שביעית ח, ב (חזון איש שביעית יג, ו). [מפני שהנאה שלא כדרך נחשבת "הפסד" לפרי, והרי זה בכלל האיסור שנלמד (פסחים נב, ב) מן הכתוב "לְאָכְלָה" – ולא להפסד (ר"ש שביעית שם; ועיין פרטי הדינים ברמב"ם הלכות שביעית פרק ה).] ראה עוד להלן הערה 17.

7. לפי דרשה זו, הכתוב מתפרש כך: "וְהָיְתָה שַׁבַּת הָאָרֶץ – גידולי הארץ (ששבתה בשמיטה) ניתנים לָכֶם לְאָכְלָה". והיינו, שפירות שביעית ניתנו ליהנות מהם עד 'זמן הביעור' רק באופנים הדומים לאכילה, שהנאתם באה בשעת כילוי הפרי (רש"י; ראה דרשה נוספת מפסוק זה לעיל קא, ב הערה 26; וראה שם סוף הערה 28).

[כפי שנתבאר בסוף ההערה הנ"ל, טעם הגבלה זו הוא שכילוי הפרי קודם זמן הנאתו הריהו כעין "הפסד" לפרי (אפילו אם רגילים להשתמש בפרי בדרך זו). נמצא שגם איסור זה הוא סניף של האיסור הכללי של הפסד פירות שביעית – ראה הערה קודמת (עיין גם כפות תמרים שם ד"ה אין מוסרין).]

א) סתם עצים להסקה הן עומדין אמר רב כהנא ועצים להסקה תנאי היא דתניא ב) א אין מוסרין פירות שביעית לא למשרה ולא לכבוסה ור' יוסי אומר נותנין פירות שביעית לתוך המשרה ולתוך הכבוסה מאי טעמא דרבנן אמר קרא א) לאכלה ולא למשרה לאכלה ולא לכבוסה ורבי יוסי אומר אמר קרא לכם ג) לכל צרכיכם ורבנן נמי הכתיב לכם לכם דומיא דלאכלה במי שהנאתו וביעורו שוין ° יצאו משרה וכבוסה שהנאתן אחר ביעורן ור"י נמי הכתיב לאכלה אמר לך ההוא מיבעי ליה לכדתניא לאכלה ולא למלוגמא אתה אומר לאכלה ולא למלוגמא או אינו אלא לאכלה ולא לכבוסה כשהוא אומר לכם הרי כבוסה אמור הא מה אני מקיים לאכלה לאכלה ולא למלוגמא ומה ראית לרבות הכבוסה ולהוציא את המלוגמא מרבה אני את הכבוסה ששוה בכל אדם ומוציא אני את המלוגמא שאינו שוה בכל אדם כמאן אזלא הא דתניא ב לאכלה ולא למלוגמא לאכלה ולא לזילוף לאכלה ולא לעשות ממנה אפיקטויזין כמאן כר' יוסי דאי כרבנן ג איכא נמי משרה וכבוסה: רבי יהודה אומר אם השבח כו': (סימן סבן) ד) יתיב רב יוסף אחורי דרבי אבא קמיה דרב הונא ויתיב רב הונא וקאמר הלכה כרבי יהושע בן קרחה והלכה כרבי יהודה ה) אהדרינהו רב יוסף לאפיה אמר בשלמא רבי יהושע בן קרחה אצטריך סלקא דעתך אמינא ו) יחיד ורבים הלכה כרבים קמ"ל הלכה כיחיד ר' יהושע בן קרחה מאי היא דתניא רבי יהושע בן קרחה אומר ד מלוה בשטר אין נפרעין מהן מלוה על פה נפרעין מהן מפני שהוא כמציל מידם אלא הלכה כר' יהודה למה לי מחלוקת ואחר כך סתם היא ז) ומחלוקת ואח"כ סתם הלכה כסתם מחלוקת בבבא קמא ח) לצבוע לו אדום וצבעו שחור שחור וצבעו אדום רבי מאיר אומר נותן לו דמי צמרו רבי יהודה אומר אם השבח יתר על היציאה נותן לו את היציאה ואם היציאה יתירה על השבח נותן לו את השבח וסתם בבבא מציעא דתנן ט) כל המשנה ידו על התחתונה ה וכל החוזר בו ידו על התחתונה ורב הונא אצטריך סלקא דעתך אמינא אין סדר למשנה וסתם ואחר כך מחלוקת היא ורב יוסף אי הכי כל מחלוקת ואח"כ סתמא נימא אין סדר למשנה וסתם ואח"כ מחלוקת היא ורב הונא כי לא אמרינן אין סדר למשנה בחדא מסכתא אבל בתרי מסכתות אמרינן ורב יוסף כולה נזיקין חדא מסכתא היא ואיבעית אימא משום דקתני לה גבי הלכתא פסיקתא כל המשנה ידו על התחתונה וכל החוזר בו ידו על התחתונה: תנו רבנן הנותן מעות לשלוחו ליקח

רש"י

סתם עצים להסקה ניתנו. ולא להאיר הלכך עלים נינהו ומעיקרא לא חל עלייהו שביעית אבל ספיחי סטים סתמן לצביעה הלכך חל עלייהו קדושה ואסירי לאחר הביעור אף להיסק ועלי קנים וגפנים יש שאוכלין אותן ויש שמסיקין אותן הלכך בתר מחשבת לקיטה אזלינן: תנאי היא. איכא למאן דאמר סתם עלים להסקה ניתנו ולא חיילא שביעית אפילו אעלים דמשחן ואיכא למאן דלית ליה ואעלים דמשחן מיהא חיילא: לתוך המשרה. אין שורין פשתן ביין של שביעית וכן אין מכבסין בגדים דהוי סחורה: מי שהנאתו וביעורו שוה. הנאה שהיא בשעה שהוא כלה מן העולם אתה יכול ליהנות מפירות שביעית קודם זמן הביעור: ° יצאו משרה וכבוסה. שמשעה שמטילין פשתן או בגד ביין נתקלקל ונבער והנאתו אינו אלא עד שלשה ימים וד' עד שיהא הפשתן שרוי וכן הבגד והיינו תנאי דרבנן סברי סתם פירות לאכילה וחיילא עלייהו קדושת שביעית כדאמרן לעיל דכל דבר שהנאתו וביעורו שוה חיילא הלכך אפילו לקטן למשרה וכביסה לא מהניא מחשבה לאפקועי איסורן למיהוי כעלי קנים שלקטן לעלים דמשתרו דהתם סתמייהו להכי ולהכי אבל פירות סתמן לאכילה ומשעת יצירתן חייל קדושתן ותו לא מהני מחשבה לאפקועי ואסורין למשרה וכביסה דאין נהגין בקדושת שביעית אלא הנאה הדומה לאכילה וגבי עלים נמי סתם עלים להסקה ניתנו ולא חיילא אפילו אעלים דמשחן ור' יוסי סבר לא אמרינן סתם פירות לאכילה ניתנו ומהניא בהו מחשבה כעלי קנים וגפנים דהיכא דליקטן למשרה הוי דבר שהנאתו אחר ביעורו ולא חל עלייהו שביעית כך מצאתי ויש לשונות אחרים וזו שמעתי והגון: למלוגמא. אלנפסט"ר: אינה שוה בכל אדם. אינה צריכה אלא לחולים: לזלף. שמזלפין יין בבית והאי נמי אין שוה בכל אדם שא"צ זילוף אלא אדם מעונג ומעודן: אפיקטויזין. ווסי"ט להקיא: איכא נמי משרה וכביסה. והכא לא נקט אלא דבר שאין שוה בכל אדם: מלוה בשטר אין נפרעין מהן. לפני אידיהן מפני ששמחה היא לו ואזיל ומודה לעכו"ם ביום חגם ורבנן סברי אסור לפורען וליפרע מהן כלל: ואיבעית אימא. הך סתמא ודאי עיקר הוא דקתני לה התם בב"מ (עו.) גבי הלכתא פסיקתא דהא לא שייכא התם ולא תני אלא משום פיסוק הלכה שפסקה התנא עם כל החוזר בו שלא נחלק אדם עליהן:

תוספות

ה"ג בקונטרס במס' סוכה (דף מ. ושם ב)) אמר רב כהנא ועלים להסקה תנאי היא כו'. וכן עיקר פי' כל עלים בשביעית הויא פלוגתא דתנאי אי אית בהו קדושת שביעית דכיון דטעמא דשרינא להו היינו משום דהנאתן אחר ביעורן אם כן לרבי יוסי דלית ליה דרשה דהנאתו וביעורו שוה לענין פירות שביעית ה"נ לא דריש לה לענין דלא לחול קדושת שביעית ואם תאמר לר' יוסי היאך מותרין עלים בארץ ישראל להסיק בהן תנור והלא יש בהן איסור שביעית לאחר הביעור וי"ל דבטלי בשאר עלים דשאר שנים ועוד י"ל לפי גירסת הספרים ועלים דהסקה תנאי היא פירוש עלים שיש בהם קדושת שביעית כגון לולב דהנאתו וביעורו שוה דסתמיה קאי לכבד בו את הבית אם מותר להסיקו דהוי הנאה לאחר ביעורו או לא דתניא אין מוכרין פירות שביעית כו' הרי לרבנן אסור להסיקו מידי דהוי אמשרה וכביסה ולר' יוסי מותר אבל שאר עלים לדברי הכל אין בהן קדושת שביעית אבל הטעם אין מיושב דכי היכי דר' יוסי דריש לכם לכל צרכיכם אפירות שביעית ולא בעי לכם דומיא דלאכלה הכי נמי לענין לחול קדושת שביעית על כל דבר שהוא לכם דמ"ש דהא כוליה חד קרא הוא והיתה שבת הארץ לכם לאכלה וגו': אין סדר למשנה. דפעמים היה שונה שלא על הסדר ושמא תחילה שנה ב"מ ואחר כך ב"ק אבל ודאי אח"כ סדרן רבי על הסדר כדדייק בריש (פרק) שבועות (דף ג:) מכדי תנא ממכות קסליק כו' ל): גבי הלכתא פסיקתא. תימה אמאי קרי לה הלכתא פסיקתא להאיך דכל החוזר בו ידו על התחתונה הא בפרק האומנין (ב"מ דף עז:) מוקמינן לה כיחידאה כרבי דוסא ורבנן פליגי עליה ומוכח התם דרב לא סבר לה כרבי דוסא בההוא דכל החוזר בו וי"ל דהכא סבר כאיבעית אימא דהתם דאמר כל החוזר בו ידו על התחתונה לאתויי כדקתני וי"מ דקתני לה בלשון הלכתא פסיקתא דלישנא דכל החוזר וכל המשנה משמע לפסוק הלכתא מ): הנותן מעות לשלוחו. נראה דמיירי שנותן למחצית שכר אם פחתו פחתו לו ואם הותירו הותירו לאמצע מכאן יש להביא ראיה אם אדם נותן מעות לחבירו למחצית שכר ואמר ע"מ שלא תלווה אלא על משכונות של כסף וזהב ותשמרם בקרקע ואם תשנה יהא ברשותך לחייב בכל דבר ואם פחתו פחתו לך שאין זה רבית דהא הכא אם שינה מדעתו אמר אם פחתו פחתו לו אפ"ה אם הותירו הותירו לאמצע ולא הוי רבית כיון דאם לא היה משנה דעתו לא היו כולן ברשותו אלא השכר וההפסד לאמצע כדין פלגא מלוה ופלגא פקדון:

הא

צד א ב ג מיי' פ"ה מהל' שמיטין הלכה י:

צה ד מיי' פ"ט מהלכות ע"ז הלכה א סמג לאוין מה טוש"ע י"ד סי' קמח סעיף א:

צו ה מיי' פ"ח מהלכות מכירה הלכה ב סמג עשין פב טוש"ע ח"מ סי' קל סעי' י יא:

ליקוטי רש"י

סתם עצים וכו'. של היסק להסקה ניתנו לבריות וסתמן לאו להאיר קיימו הלכך לא נחתא בהו קדושת שביעית מעיקרא ואפילו לקטן להאיר. ועצים להסקה תנאי היא. ועלים דהסקה גופייהו שהנאתן אחר ביעורן תנאי היא אי נהגא בהו שביעית אי לא דאיכא תנא דדריש לכם דומיא דלאכילה למעוטי כל שהנאתו אחר ביעורו כדדרשינן לעיל ומההיא דרשה אימעוט עלים ואיכא דלא ממעט מיניה אלא דבר שאין הנאתו שוה בכל אדם כגון מלוגמא וזילוף ואפיקטויזין ואני שמעתי מרבותי שהיו גורסים וסתם עלים להסקה נינהו תנאי היא וכן כתוב בכל הספרים וטרחתי מנעורי בכל לידי שיטת הש"ס ליישבה כפי דבריהם ואיני יכול ומצאתי גירסא זו בספר כתב ידו של רבינו גרשום בן יהודה מנוחתו כבוד ובסדר ישועות של רבינו יצחק בר מנחם כתוב ואינו מוגה וכן נראה בעיני. למשרה. לשרות פשתן ביין של שביעית. לכבוסה. לכבוס בגדים ביין של שביעית משרה וכבוסה הנאתן אחר ביעורן שמשעה ששורה הבגדים או הפשתן ביין שעה אחת נתבער ואבד לו והנאתו אינה עד שילבש הבגדים. למלוגמא. לרפואה. ששוה בכל אדם. שהכל צריכין לה כמו אכילה ששוה בכל אדם. ומוציא אני את המלוגמא וכו'. שאין הכל חולין. ולא לזילוף. יין שמזלפין בבית לריח טוב. אפיקטויזין. להקיא והוא בנוטריקון אפיק טפי זין מזון האוכל יותר מדאי מוציא ומקיא [סוכה מ.]. להקיא שותה משקים ומקיא ולא לרפואה אלא להריק את מעיו שיוכל לאכול ולשתות הרבה [שבת קכג:]. כמאן כר' יוסי. דלא ממעט אלא הנאה שאינה שוה בכל והנך נמי אינם אלא לצורך חולי ואסטנים והיינו תנאי דלעיל דלרבנן לא נהגא שביעית אלא בדבר שהנאתו וביעורו שוה דדרשינן ליה נמי הכי והיתה שבת הארץ נוהגת בדבר שהוא לכם דומיא דלאכלה שהנאתו וביעורו שוה ולא בעלים ורבי יוסי דריש הכי והיתה שבת הארץ נוהגת כולו שהנאתו שוה בכל אדם ואפילו עלים להסקה [סוכה מ:]. הלכה כרבי יהושע בן קרחה. דשרי במלוה על פה [עבודה זרה ז.]. רב יוסף לאפיה. בכעס [סוכה יא.]. מלוה בשטר אין נפרעין מהן. לפני אידיהן מפני ששמח הוא לאחר זמן ביום אידו דכיון דנקט [ישראל שטרא] עילויה כל שעתא מסתפי מיניה [ע"ז ו:]. מחלוקת. דרבי מאיר ורבי יהודה בהגוזל בב"ק. ואח"כ סתם. ואחר כך סתם לן תנא בבבא מציעא כר' יהודה וכל מחלוקת שנחלקו תנאים ואח"כ סתם לנו במשנתינו כאחד מהן הלכה כמותו דכיון דסתמיה אחר המחלוקת ש"מ דקמו רבנן בטעמייהו ומסתברא טעמא דהאיך [שם ז.]. בין שסתם אחריה מיד [באותה מסכת] בין שסתם אחריה במסכת אחרת באותו הסדר כגון נתן למר לצבע דמחלוקת בב"ק בהגוזל וסתם בב"מ (דף עו.) כל המשנה ידו על התחתונה וסתם לן כר"י דאמר אם השבח יתר על היציאה כו' הלכה כסתם [יבמות מב:]. כל המשנה ידו על התחתונה. כגון נתן למר לצבע לצבעו אדום ולבעו שחור אם השבח יותר על היציאה אין נותן לו שכרו משלם אלא דמי יציאה עלים וסממנים ואם היציאה יתירה על השבח נותן לו את השבח [ב"מ עו.]. אין סדר למשנה. סידרא דמתניתין לאו דוקא ושמא משנה אחרונה היא נשנית ראשונה בבית המדרש. אי הכי כל מחלוקת ואח"כ סתמא וכו'. אלמה קיימא לן כל מחלוקת ואחר כך סתם הלכה כסתם ביבמות (דף מב:) בפ' החולץ. כי לא אמרינן אין סדר למשנה. אלא סמכינן אסידרא ה"מ בחד מסכתא. כולה נזיקין. תלתא בבי. ואיבעית אימא וכו'. להכי אהדרינהו רב יוסף לאפיה דאי נמי אין סדר למשנה לא איצטריך נומר הלכה כרבי יהודה דודאי הלכתא כי האי סתמא דכל המשנה לא הוה שייכא למיתנייה התם בהשוכר דהא לא איירי בההוא פירקא בשינוי אלא בחזרה ומדתניא התם ש"מ הלכתא קא פסיק ואזיל [ע"ז שם].

א) [ביצה לג. סוכה מ. נדרים סב:], ב) סוכה מ., ג) [מכות יג. וש"נ], ד) ע"ז ו:, ה) [סוכה יא.], ו) [ברכות ט. וש"נ], ז) [יבמות מב:], ח) לעיל ק: [וש"נ], ט) ב"מ עו. [ע"ז ז.], י) עיין ברש"י במס' סוכה שכתב פי' אחר, כ) [ד"ה ועלים], ל) [וע"ע תוס' ריש ב"מ וריש ב"ב], מ) [ועי' תוס' מנחות סו. ד"ה זכר].

גליון הש"ס

גמ' יצאו משרה וכבוסה. עיין בכורות דף יב ע"ב תוס' ד"ה ודאי:

תורה אור השלם

א) וְהָיְתָה שַׁבַּת הָאָרֶץ לָכֶם לְאָכְלָה לְךָ וּלְעַבְדְּךָ וְלַאֲמָתֶךָ וְלִשְׂכִירְךָ וּלְתוֹשָׁבְךָ הַגָּרִים עִמָּךְ: [ויקרא כה, ו]

לעזי רש"י

אלנפשט"ר. פירוש רטיה, תחבושת, אגד (פלאסטער):

ווסי"ט. פירוש גורס להקיא (עיין רש"י שבת דף קכג ע"ב וסוכה דף מ ע"ב ד"ה אפיקטויזין וערוך ערך אפקטפיזון):

בגד, ואילו התועלת מהשרייה והכיבוס אינה אלא לאחר שהפשתן או הבגד שוהים ביין כמה ימים[8].

הגמרא פונה עתה לבאר את דעת רבי יוסי:

וְרַבִּי יוֹסֵי נַמִּי, הדורש ממלת "לָכֶם" להתיר אפילו משרה וכבוסה, **הָכְתִיב** — הלא כתוב גם "**לְאָכְלָה**", שמשמע הגבלת השימוש בפירות שביעית להנאות הדומות לאכילה דוקא! כיצד הוא דורש מלה זו?

משיבה הגמרא:

אָמַר לָךְ — רבי יוסי יאמר לך: **הַהוּא מִיבָּעֵי לֵיהּ לִכְדִתַנְיָא** — הכתוב ההוא ("לְאָכְלָה") נצרך לדרשה ששנינו בברייתא הבאה, **דְּתַנְיָא:** הכתוב "**לְאָכְלָה**" שנאמר לגבי פירות שביעית, בא למעט: **וְלֹא לִמְלוּגְמָא** — שאסור לעשות מהם תחבושת לרפואה[9].

הברייתא ממשיכה (בשיטת רבי יוסי):

ואם תשאל: **אַתָּה אוֹמֵר** שהכתוב "**לְאָכְלָה**" ממעט "**וְלֹא לִמְלוּגְמָא**", **אוֹ** שמא **אֵינוֹ** כן, **אֶלָּא** יש לדרוש "**לְאָכְלָה**", **וְלֹא לִכְבוּסָה?** כלומר, מדוע אתה דורשו לאסור מלוגמא, ואינך דורשו לאסור משרה וכבוסה? אשיב לך: **כְּשֶׁהוּא** (הכתוב) **אוֹמֵר: "לָכֶם"** ("וְהָיְתָה שַׁבַּת הָאָרֶץ לָכֶם"), שמשמע שגם שאר הנאות מותרות, **הֲרֵי כְּבוּסָה אָמוּר** — בזה השמיענו הכתוב שכבוסה ומשרה מותרים. **הָא מָה אֲנִי מְקַיֵּים** — לכן, איזה מיעוט דורש אני מהמלה "**לְאָכְלָה**"? "**לְאָכְלָה**", **וְלֹא לִמְלוּגְמָא**. ואם תוסיף ותשאל: **וּמָה רָאִיתָ לְרַבּוֹת** בכלל השימושים המותרים את **הַכְּבוּסָה** ואת המשרה, **וּלְהוֹצִיא** מכלל השימושים המותרים **אֶת הַמְּלוּגְמָא**[10]? התשובה היא: **מְרַבֶּה אֲנִי אֶת הַכְּבוּסָה, לפי שֶׁהִיא שָׁוָה בְּכָל אָדָם** — כיבוס בגדים [וכן שריית פשתן] הוא שימוש הנצרך לכל אדם, והרי זה דומה לשימוש "לְאָכְלָה" המפורש בכתוב[11]; **וּמוֹצִיא אֲנִי** מכלל השימושים המותרים **אֶת הַמְּלוּגְמָא, לפי שֶׁאֵינוֹ שָׁוֶה בְּכָל אָדָם** — אינו צורך כל אדם, אלא לחולים בלבד, ועל כן אינו שימוש הדומה לאכילה[12].

ברייתא נוספת בענין זה:

כְּמַאן אַזְלָא הָא דְתַנְיָא — כדעת מי הולכת הברייתא הבאה? ששנינו: הכתוב אומר: "וְהָיְתָה שַׁבַּת הָאָרֶץ לָכֶם לְאָכְלָה", והרינו למדים שגידולי שביעית ניתנו "**לְאָכְלָה**", **וְלֹא לִמְלוּגְמָא**; "**לְאָכְלָה**", **וְלֹא לְזִילוּף**, שאסור לזלף יין שביעית כדי להוליד ריח טוב בבית[13]; "**לְאָכְלָה**", **וְלֹא לַעֲשׂוֹת מִמֶּנָּה אַפִּיקְטְוִיזִין**, שאסור להשתמש בגידולי שביעית כסם הגורם להקאה[14]. **כְּמַאן** — כדעת איזה תנא שנויה ברייתא זו? **כְּרַבִּי יוֹסֵי**, הסובר שהכתוב "לְאָכְלָה" ממעט הנאות שאינן "שוות בכל אדם", ומשום כך נתמעטו שימושי מלוגמא, זילוף ואפיקטויזין, שאינם נצרכים אלא לאדם חולה או לאנשים מעונגים ומפונקים[15]. **דְּאִי כְּרַבָּנָן** — שאילו לפי שיטת חכמים, **אִיכָּא נַמִּי** — הרי יש גם שימושים כגון **מִשְׁרָה וּכְבוּסָה** שנתמעטו מן הכתוב "לְאָכְלָה", כי אין "הנאתן וביעורן שוה"! מזה שלא הזכירה הברייתא איסור שימושים אלו, מוכח שאינה הולכת בשיטת חכמים, אלא דעת רבי יוסי היא[16].

והנה, המחלוקת שבין רבי יוסי וחכמים אם מותר להשתמש ביין שביעית למשרה וכבוסה, בודאי אינה עוסקת ביין שנעשה מענבים שנלקטו לשם מאכל אדם (היינו, לאכילת הענבים או לשתיית היין), משום שבמקרה כזה פשוט שהכל מודים שאסור להשתמש בו למשרה ולכבוסה[17]. בהכרח, איפוא, שמדובר בענבים שנלקטו על דעת לעשות

הערות

8. רש"י. והיינו מה שאמרה הגמרא לעיל שחכמים דורשים "לְאָכְלָה" — ולא למשרה, "לְאָכְלָה" — ולא לכבוסה, לפי ששתי הנאות אלו אינן **דומות** לאכילה (והוא הדין שאסור לדעתם להסיק תנור במאכל אדם; ראה לעיל סוף הערה 2).

[בסוכה מ, א מפרש רש"י (ד"ה ולא לכבוסה) באופן אחר — שיין המשרה והכביסה מתקלקל בשעה ששורים בתוכו את הבגדים או הפשתן, ואילו ההנאה אינה אלא לאחר זמן, כאשר לובשים את בגד הפשתן או את הבגד המכובס. עיין תוספות שם (ד"ה יצאו), וראה ערוך לנר שם שישב את הסתירה ברש"י; ראה עוד לעיל קא, ב הערה 28 לענין הגדרת צמחי צבע כדבר ש'הנאתו וביעורו שוה'.]

9. רש"י. "מלוגמא" היא רטיה ששמים על מכה ויש עליה דבר המועיל לרפואת המכה, כגון חיטים או תאנים לעוסות. השם "מלוגמא" הוא נוטריקון של "מלוא לוגמא", דהיינו, מלא לגימת הפה, על שם לעיסה זו (רמב"ם ורע"ב שביעית ח, א). [מפירוש רש"י בסוכה שם נראה ש"מלוגמא" הוא גם שם כללי לרפואה (וכן הוא בערוך ערך מלגמא; עיין גם שבת קיט, ב וברש"י שם ד"ה מלוגמא). ואכן, אין להשתמש בפירות שביעית לצורך שום רפואה (רמב"ם שביעית שם; עיין גם תוספתא שביעית ו, ב).]

רבי יוסי מודה שמלת "לְאָכְלָה" באה להגביל את השימושים המותרים בפירות שביעית. אולם הוא סובר שכיון שהכתוב "לָכֶם" מרבה עוד הנאות מלבד אכילה, אין לנו למעט מ"לְאָכְלָה" אלא אותן הנאות שאינן דומות כלל לאכילה (כגון מלוגמא), כפי שהברייתא הולכת ומבארת. [גם חכמים מודים שאסור לעשות מלוגמא; ראה להלן הערה 16.]

במשנה שביעית (ח, א) מבואר שהגבלה זו היא רק בפירות שביעית המיוחדים למאכל אדם, אבל מאכלי בהמה — אף על פי שיש בהם קדושת שביעית — עושים מהם מלוגמא לאדם (אבל לא לבהמה). הירושלמי (שם) לומד זאת מהלשון "...לָכֶם לְאָכְלָה": דוקא המיוחד "לָכֶם" (היינו, מאכל אדם) יהיה לאכלה ולא למלוגמא, אבל דבר שאינו מיוחד לכם (כגון מאכל בהמה), יהיה גם למלוגמא. [לענין אם מותר להשתמש במאכל בהמה לשאר הנאות שנאסרו במאכל אדם, כגון להסקה ולמשרה וכבוסה (לדעת חכמים) — עיין חזון איש שביעית יג, ו-ז; משפטי ארץ פרק כד הערה 8; לעיל סוף הערה 2.]

10. [כלומר: אמנם למדים אנו מ"לְאָכְלָה" שלא לרבות מכח מלת "לָכֶם" אלא הנאות הדומות לאכילה, אך איזו סברא יש למעט את המלוגמא יותר מכבוסה ומשרה?]

11. רש"י סוכה ריש מ, ב.

12. מאחר שמלוגמא מיועדת לחולים בלבד, נמצא שלרוב בני אדם אין תועלת משימוש זה, והרי זה כעין "הפסד" פירות שביעית (ראה לעיל הערה 6). אבל משרה וכבוסה הן "חיי נפש" של כל האנשים [וכפי שסובר רבי יוסי עצמו בנדרים (פ, ב — פא, א) לענין כביסה], ולפיכך סובר רבי יוסי ששימושים אלו נתרבו מ"לָכֶם" ואינם נחשבים הפסד (ראב"ד; ועיין מקדש דוד נט, ד ד"ה אמרינן אין נותנין לא לבייר).

13. רש"י כאן ובסוכה שם.

14. רש"י. מלת "אפיקטויזין" היא מורכבת מהמלים "אפיק טפי זין" — 'מוציא מאכל עודף' (רש"י סוכה שם; ראה גם הערוך ערך אפקטפיזון), או מהמלים "אפיק טוי זין" — 'מוציא מאכל ממקום בישולו (עיכולו)', ש"טְוֵי" הוא לשון צלי [כעין בישול] בארמית (רע"ב שבת פרק כב, ו; ראה גם פירוש הרמב"ם שם).

15. רש"י כאן ובסוכה שם (ראה לעיל הערה 12).

16. הוכחת הגמרא היא רק מזה שהברייתא השמיטה איסורי משרה וכבוסה, ולא מגוף הברייתא. מבואר, איפוא, שאיסורם של השימושים שהברייתא כן מזכירה — מלוגמא, זילוף ואפיקטויזין — מוסכם גם על דעת חכמים, שהכל מודים ש"לְאָכְלָה" ממעט שימושים אלו [כיון שאינם 'שוים לכל נפש'] (ראה רמב"ם הלכות שמיטה ה, י-יא). וכן מפורש בסתם משנה במסכת שביעית (ח, א), ש"כל המיוחד למאכל אדם, אין עושין ממנו מלוגמא לאדם". [יש שכתב שמלוגמא נחשבת שימוש שאין הנאתו וביעורו שוה, שכן פירות השביעית מתקלקלים מיד (בלעיסה או בהנחה על המכה — ראה לעיל הערה 9), ואילו השפעתם המרפאת אינה אלא לאחר זמן. אם כן, לדעת חכמים יש לאסור שימוש זה כמו משרה וכבוסה (משנה ראשונה שביעית ח, ב ד"ה שניתנו; ועיין משנת יוסף חלק ג עמודים צב-צג).]

17. היינו, אפילו אם נאמר שרבי יוסי חולק על התנאי שיהא השימוש באופן ש"הנאתו וביעורו שוה" — ומשרה וכבוסה אכן נחשבות שימושים המותרים בגידולי שביעית — מכל מקום עשייתן ביין [העומד למאכל] תהא אסורה מצד הפסד פירות שביעית, שכן אחד מדיני שביעית הוא שדבר העומד בעיקרו לשימוש חשוב אסור לעשות בו שימוש פָּחוּת (אפילו אם רגילים לעשות כן בכל השנים — ראה לעיל הערה 6)! ועוד, למה הוצרכו חכמים לאסור משרה וכבוסה מטעם שאין הנאתן וביעורן שוה? הלא אסור להוריד את היין מחשיבותו ולהשתמש בו להנאה פחותה אפילו אם ההנאה הפחותה באה בזמן הכילוי, כשם שאין מאכילים לבהמה גידולי שביעית הראויים למאכל אדם [תוספתא שביעית ה, יג; רמב"ם הלכות שמיטה ה, ה; ועיין ר"ש וראב"ד בפירושם לתורת כהנים (ויקרא כה, ו), שמשום הפסד שביעית הוא] (פני יהושע, בביאור רש"י ד"ה יצאו; עיין גם פני יהושע סוכה מ, א).

[הפני יהושע נוקט כדבר פשוט שמאכל אדם הקדוש בקדושת שביעית, אין להשתמש בו אלא לאכילה בלבד. אמנם יש סוברים שאין איסור אלא ליתנו לבהמה, אך לשאר צרכי האדם (שהנאתם וביעורם שוה, ודרכם בכך), מותר להשתמש אפילו במאכל אדם ואין בכך משום הפסד שביעית, שהרי נאמר בתורה "לָכֶם" — לכל צרכיכם. וכן שנינו (שביעית ח, ב) שמותר להדליק נר בשמן של שביעית (ומשמע שם שמדובר בשמן הראוי למאכל). עיין גם רמב"ם (הלכות שמיטה ה, ט) שפסק שמותר לצבוע בגידולי שביעית שדרכם לכך "אף על פי שהן מאכל אדם", ומקורו מהירושלמי שביעית ח, א (ראה כסף משנה). אכן בירושלמי במקום אחר (שם ז, א) משמע לכאורה שהדבר אסור (ראה מהדורתנו לירושלמי שם דף נג, א הערה 4 ובחילופי גירסאות וביאורים ב). עיין עוד חזון איש שביעית יג, כא וקהילות יעקב שביעית יז; ועיין ראב"ד המובא לעיל הערה 12, ובערוך לנר סוכה שם ד"ה לאכלה.]

א) סתם עצים להסקה הן עומדין אמר רב כהנא ועצים להסקה תנאי היא דתניא ב) א אין מוסרין פירות שביעית לא למשרה ולא לכבוסה ור' יוסי אומר נותנין פירות שביעית לתוך המשרה ולתוך הכבוסה מאי טעמא דרבנן אמר קרא א) לאכלה ולא למשרה לאכלה ולא לכבוסה ורבי יוסי אומר אמר קרא לכם ג) לכל צרכיכם ורבנן נמי הכתיב לכם לכם דומיא דלאכלה במי שהנאתו וביעורו שוין ל) יצאו משרה וכבוסה שהנאתן אחר ביעורן ור"י נמי הכתיב לאכלה אמר לך ההוא מיבעי ליה לכדתניא דתניא לאכלה ולא למלוגמא אתה אומר לאכלה ולא למלוגמא או אינו אלא לאכלה ולא לכבוסה כשהוא אומר לכם הרי כבוסה אמור הא מה אני מקיים לאכלה לאכלה ולא למלוגמא ומה ראית לרבות הכבוסה ולהוציא את המלוגמא מרבה אני את הכבוסה ששוה בכל אדם ומוציא אני את המלוגמא שאינו שוה בכל אדם כמאן אזלא הא דתניא ב לאכלה ולא למלוגמא לאכלה ולא לזילוף לאכלה ולא לעשות ממנה אפיקטויזין כמאן כר' יוסי דאי כרבנן ג איכא נמי משרה וכבוסה: רבי יהודה אומר אם השבח כו': (סימן סבן) ד) יתיב רב יוסף אחורי דרבי אבא קמיה דרב הונא ויתיב רב הונא וקאמר הלכה כרבי יהושע בן קרחה והלכה כרבי יהודה ה) אהדרינהו רב יוסף לאפיה אמר בשלמא רבי יהושע בן קרחה אצטריך סלקא דעתך אמינא ו) יחיד ורבים הלכה כרבים קמ"ל הלכה כיחיד ר' יהושע בן קרחה מאי היא דתניא רבי יהושע בן קרחה אומר ד מלוה בשטר אין נפרעין מהן מלוה על פה נפרעין מהן מפני שהוא כמציל מידם אלא הלכה כר' יהודה למה לי מחלוקת ואחר כך סתם היא ז) ומחלוקת ואח"כ סתם הלכה כסתם מחלוקת בבבא קמא ח) לצבוע לו אדום וצבעו שחור וצבעו אדום רבי מאיר אומר נותן לו דמי צמרו רבי יהודה אומר אם השבח יתר על היציאה נותן לו את היציאה ואם היציאה יתירה על השבח נותן לו את השבח וסתם בבבא מציעא דתנן ט) כל המשנה ידו על התחתונה ה וכל החוזר בו ידו על התחתונה ורב הונא אצטריך סלקא דעתך אמינא אין סדר למשנה וסתם ואחר כך מחלוקת היא ורב יוסף אי הכי כל מחלוקת ואח"כ סתמא נימא אין סדר למשנה וסתם ואח"כ מחלוקת היא ורב הונא כי לא אמרינן אין סדר למשנה בחדא מסכתא אבל בתרי מסכתות אמרינן ורב יוסף כולה נזיקין חדא מסכתא היא ואיבעית אימא משום דקתני לה גבי הלכתא פסיקתא כל המשנה ידו על התחתונה וכל החוזר בו ידו על התחתונה: תנו רבנן הנותן מעות לשלוחו ליקח

רש"י

סתם עצים להסקה ניתנו. ולא להאיר הלכך עצים נינהו ומעיקרא לא חל עלייהו שביעית אבל ספיחי סטים סתמן לצביעה הלכך חל עלייהו קדושה ואסירי לאחר הביעור אף להיסק ועלי קנים וגפנים יש שאוכלין אותן ויש שמסיקין אותן הלכך בתר מחשבת לקיטה אזלינן: תנאי היא. איכא למאן דאמר סתם עצים להסקה ניתנו ולא חיילא שביעית אפילו אעצים דמשחן ואיכא למאן דלית ליה ואעצים דמשחן מיהא חיילא: לתוך המשרה. אין שורין פשתן ביין של שביעית וכן אין מכבסין בגדים דהוי סחורה: מי שהנאתו וביעורו שוה. הנאה שהיא בשעה שהוא כלה מן העולם אתה יכול ליהנות מפירות שביעית קודם זמן הביעור: י) יצאו משרה וכבוסה. שמשעה שמטילין פשתן או בגד ביין נתקלקל ונבער והנאתו אינו אלא עד שלשה ימים וד' עד שיהא הפשתן שרוי וכן הבגד והיינו תנאי דרבנן סברי סתם פירות לאכילה וחיילא עלייהו קדושת שביעית כדאמרן לעיל דכל דבר שהנאתו וביעורו שוה חיילא הלכך אפילו לקטן למשרה וכביסה לא מהניא מחשבה לאפקועי איסורן למיהוי כעלי קנים שלקטן לעצים דמשתרו דהתם סתמייהו להכי ולהכי אבל פירות סתמן לאכילה ומשעת יצירתן חייל קדושתן ותו לא מהני מחשבה לאפקועי ואסורין למשרה וכביסה דאין נהנין בקדושת שביעית אלא הנאה הדומה לאכילה וגבי עצים נמי סתם עצים להסקה ניתנו ולא חיילא אפילו אעצים דמשחן ור' יוסי סבר לא אמרינן סתם פירות לאכילה ניתנו ומהניא בהו מחשבה כעלי קנים וגפנים דהיכא דליקטן למשרה הוי דבר שהנאתו אחר ביעורו ולא חל עלייהו שביעית כך מצאתי ויש לשונות אחרים וזו שמעתי והגון: למלוגמא. אלנפשט"ר: אינה שוה בכל אדם. אינה צריכה אלא לחולים: לזילוף. שמזלפין יין בבית והאי נמי אין שוה בכל אדם שא"צ זילוף אלא אדם מעונג ומעודן: אפיקטויזין. ושי"ט להקיא: איכא נמי משרה וכביסה. והכא לא נקט אלא דבר שאין שוה בכל אדם: מלוה בשטר אין נפרעין מהן. לפני אידיהן מפני שממחה היא לו ואזיל ומודה לעכו"ם ביום חגם ורבנן סברי אסור לפורען וליפרע מהן כלל: ואיבעית אימא. הך סתמא ודאי עיקר הוא דקתני לה התם בב"מ (עו.) גבי הלכתא פסיקתא דהא לא שייכא התם ולא תני אלא משום פיסוק הלכה שפסקה התנא עם כל החוזר בו שלא נחלק אדם עליהן:

תוספות

ה"ג בקונטרס במס' סוכה (דף מ. ושם כ) אמר רב כהנא ועצים להסקה תנאי היא כו'. וכן עיקר פי' כל עצים בשביעית הויא פלוגתא דתנאי אי אית בהו קדושת שביעית דכיון דטעמא דשרינא להו היינו משום דהנאתן אחר ביעורן אם כן לרבי יוסי דלית ליה דרשה דהנאתו וביעורו שוה לענין פירות שביעית ה"נ לא דריש לה לענין דלא לחול קדושת שביעית ואם תאמר לר' יוסי היאך מותרין עצים בארץ ישראל להסיק בהן תנור והלא יש בהן איסור שביעית לאחר הביעור וי"ל דבטלי בשאר עצים דשאר שנים ועוד י"ל לפי גירסת הספרים ועצים להסקה תנאי היא פירוש עצים שיש בהם קדושת שביעית כגון לולב דהנאתו וביעורו שוה דסתמיה קאי לכבד בו את הבית אם מותר להסיקו דהוי הנאה לאחר ביעורו או לא דתניא אין מוכרין פירות שביעית כו' הרי לרבנן אסור להסיקו מידי דהוי אמשרה וכביסה ולר' יוסי מותר אבל שאר עצים לדברי הכל אין בהן קדושת שביעית אבל הטעם אין מיושב דכי היכי דר' יוסי דריש לכם לכל צרכיכם אפירות שביעית ולא בעי לכם דומיא דלאכלה הכי נמי לענין לחול קדושת שביעית על כל דבר שהוא לכם דמ"ש דהא כוליה חד קרא הוא והיתה שבת הארץ לכם לאכלה וגו': אין סדר למשנה. דפעמים היה שונה שלא על הסדר ושמא תחילה שנה ב"מ ואחר כך ב"ק אבל ודאי אח"כ סדרן רבי על הסדר כדדייק בריש (פרק) שבועות (דף ב:) מכדי תנא ממכות קסליק כו' ל): גבי הלכתא פסיקתא. תימה אמאי קרי לה הלכתא פסיקתא להא דכל החוזר בו ידו על התחתונה הא בפרק האומנין (ב"מ דף עז:) מוקמינן לה כיחידאה כרבי דוסא ורבנן פליגי עליה ומוכח התם דרב לא סבר לה כרבי דוסא בההוא דכל החוזר בו וי"ל דהכא סבר כאיבעית אימא דהתם דאמר כל החוזר בו ידו על התחתונה לאתויי כדקתני וי"מ דקתני לה בלשון הלכתא פסיקתא דלישנא דכל החוזר וכל המשנה משמע לפסוק הלכתא מ): הנותן מעות לשלוחו. נראה דמיירי שנותן למחצית שכר אם פחתו פחתו לו ואם הותירו הותירו לאמצע מכאן יש להביא ראיה אם אדם נותן מעות לחבירו למחצית שכר ואמר ע"מ שלא תלווה אלא על משכונות של כסף וזהב ותשמרם בקרקע ואם תשנה יהא ברשותך לחייב בכל דבר ואם פחתו פחתו לך שאין זה רבית דהא הכא אם שינה מדעתו אמר אם פחתו פחתו לו אפ"ה אם הותירו הותירו לאמצע ולא הוי רבית כיון דאם לא היה משנה דעתו לא היו כולן ברשותו אלא השכר וההפסד לאמצע כדין פלגא מלוה ופלגא פקדון: הא

מסורת הש"ס

א) [ביצה לג. סוכה מ. נדרים סב:], ב) סוכה מ., ג) [מכות יג. וש"נ], ד) ע"ז ו:, ה) [סוכה יא.], ו) [ברכות ט. וש"נ], ז) [יבמות מב:], ח) לעיל ק:, [וש"נ], ט) ב"מ עו. [ע"ז ז.], י) עיין ברש"י במס' סוכה שכתב פי' אחר, כ) [ד"ה ועצים], ל) [ועי' תוס' ריש ב"מ וריש ב"ב], מ) [ועי' תוס' מנחות סו. ד"ה זכר].

גליון הש"ס

גמ' יצאו משרה וכבוסה. עיין בכורות דף יב ע"ב תוס' ד"ה ודלי:

תורה אור השלם

א) וְהָיְתָה שַׁבַּת הָאָרֶץ לָכֶם לְאָכְלָה לְךָ וּלְעַבְדְּךָ וְלַאֲמָתֶךָ וְלִשְׂכִירְךָ וּלְתוֹשָׁבְךָ הַגָּרִים עִמָּךְ: [ויקרא כה, ו]

לעזי רש"י

אלנפשט"ר. פירוש רטיה, תחבושת, אגד (פלאסטער):
ושי"ט. פירוש גורם להקיא (עיין רש"י שבת דף קכג ע"ב וסוכה דף מ ע"ב ד"ה אפיקטויזין וערוך ערך אפקטפיזון):

עין משפט נר מצוה

צד א ב ג מיי' פ"ה מהל' שמיטין הלכה י:
צה ד מיי' פ"ט מהלכות ע"ז הלכה א סמג לאוין מה טוש"ע י"ד סי' קמח סעיף א:
צו ה מיי' פ"ח מהלכות מכירה הלכה ג סמג עשין פב טוש"ע ח"מ סי' קל סעי' יא:

ליקוטי רש"י

סתם עצים וכו'. של היסק להסקה ניתנו לבריות וסתמן לאו להאיר קיימו הלכך לא נחתא בהו קדושת שביעית מעיקרא ואפילו לקטן להאיר. ועצים להסקה תנאי היא. ועצים דהסקה גופייהו שהנאתן אחר ביעורן תנאי היא אי נהגא בהו שביעית אי לא דאיכא תנא דדריש לכם דומיא דלאכילה למעוטי כל שהנאתו אחר ביעורו כדדרשינן לעיל ומהאי דרשה אימעוט עצים ואיכא דלא ממעט מיניה אלא דבר שאין הנאתו שוה בכל אדם כגון מלוגמא וזילוף ואפיקטויזין ואני שמעתי מרבותי שהיו גורסים וסתם עצים להסקה נינהו תנאי היא וכן כתוב בכל הספרים וטרחתי מנעורי בכל צידי שיטת הש"ס ליישבה כפי דבריהם ואיני יכול ומצאתי גירסא זו בספר כתב ידו של רבינו גרשום בן יהודה מנוחתו כבוד ובסדר ישועות של רבינו יצחק בר מנחם כתוב ואינו מוגה וכן נראה בעיני. למשרה. לשרות פשתן ביין של שביעית. לכבוסה. לכבוס בגדים ביין של שביעית משרה וכבוסה הנאתן אחר ביעורן שמשעה ששורה הבגדים או הפשתן ביין שעה אחת נתבער ואבד לו והנאתו אינה עד שילבש הבגדים. למלוגמא. לרפואה. ששוה בכל אדם. שהכל צריכין לה כמו אכילה ששוה בכל אדם. ומוציא אני את המלוגמא וכו'. שאין הכל חולין. ולא לזילוף. יין שמזלפין בבית לריח טוב. אפיקטויזין. להקיא והוא בנוטריקון אפיק טפי זין מזון האוכל יותר מדאי מוציא ומקיא [סוכה מ.]. להקיא שותה משקים ומקיא ולא לרפואה אלא להריק את מעיו שיוכל לאכול ולשתות הרבה [שבת קכג:]. כמאן כר' יוסי. דלא ממעט אלא הנאה שאינה שוה בכל והנך נמי אינם אלא לצורך חולי ואסטניס והיינו תנאי דלעיל דלרבנן לא נהגא שביעית אלא בדבר שהנאתו וביעורו שוה דדרשינן ליה נמי הכי והיתה שבת הארץ נוהגת בדבר שהוא לכם דומיא דלאכלה שהנאתו וביעורו שוה ולא בעצים ורבי יוסי דריש הכי והיתה שבת הארץ נוהגת כולו שהנאתו שוה בכל אדם ואפילו עצים להסקה [סוכה מ:]. הלכה כרבי יהושע בן קרחה. דשרי במלוה על פה [עבודה זרה ז.]. רב יוסף לאפיה. בכעס [סוכה יא.]. מלוה בשטר אין נפרעין מהן. לפני אידיהן מפני ששמח הוא לאחר זמן ביום אידו דכיון דנקט [ישראל שטרא] עילויה כל שעתא מסתפי מיניה [ע"ז ו:]. מחלוקת. דרבי מאיר ורבי יהודה בהגוזל בב"ק. ואח"כ סתם. ואחר כך סתם לן תנא בבבא מציעא כר' יהודה וכל מחלוקת שנחלקו תנאים ואח"כ סתם לנו במשנתינו כאחד מהן הלכה כמותו דכיון דסתמיה אחר המחלוקת ש"מ דקמו רבנן בטעמייהו ומסתברא טעמא דהאיך [שם ז.]. בין שסתם אחריה מיד [באותה מסכת] בין שסתם אחריה במסכת אחרת באותו הסדר כגון נתן צמר לצבע דמחלוקת בב"ק בהגוזל וסתם בב"מ (דף עו.) כל המשנה ידו על התחתונה וסתם לן כר"י דאמר אם השבח יתר על היציאה כו' הלכה כסתם [יבמות מב:]. כל המשנה ידו על התחתונה. כגון נתן צמר לצבע לצבעו אדום וצבעו שחור אם השבח יותר על היציאה אין נותן לו שכרו משלם אלא דמי יציאת עצים וסממנים ואם היציאה יתירה על השבח נותן לו את השבח [ב"מ עו.]. אין סדר למשנה. סידרא דמתניתין לאו דוקא ושמא משנה אחרונה היא נשנית ראשונה בבית המדרש. אי הכי כל מחלוקת ואח"כ סתמא וכו'. אלמה קיימא לן כל מחלוקת ואחר כך סתם הלכה כסתם ביבמות (דף מב:) בפ' החולץ. כי לא אמרינן אין סדר למשנה. אלא סמכינן אסידרא ה"מ בחד מסכתא. כולה נזיקין. תלתא בבי. ואיבעית אימא וכו'. להכי אהדרינהו רב יוסף לאפיה דאי נמי אין סדר למשנה לא איצטריך לומר הלכה כרבי יהודה דודאי הלכתא כי האי סתמא דכל המשנה לא הוה שייכא למיתנייה התם בהשוכר דהא לא איירי בההוא פירקא בשינוי אלא בחוזרה ומדתנייה התם ש"מ הלכתא קא פסיק ואזיל [ע"ז שם].

מהם יין למשרה וכבוסה, ומחלוקתם היא בנוגע לשאלה אם בכגון זה חלה קדושת שביעית על הענבים: חכמים סוברים שכיון שעיקר השימוש של ענבים הוא לצרכי אכילה, הרי הם קדושים בקדושת שביעית משעת יצירתם, שכן עומדים הם לשימוש ש"הנאתו וביעורו שוה". והואיל וכבר חלה עליהם קדושת שביעית, אי אפשר להפקיעה על ידי לקיטתם לצרכים אחרים. לפיכך, אסור להשתמש בהם למשרה וכבוסה, שהן שימושים שאינם דומים לאכילה (משום שאין הנאתם וביעורם באים כאחד). לשיטה זו, מחשבת המלקט מועילה רק בצמחים דוגמת עלי קנים ועלי גפנים. מינים אלו עומדים בשוה למאכל בהמה ולהסקה, ולכן לא נקבע דינם עד שעת הלקיטה, בה יתברר אם העלים המסויימים הללו נועדו לאכילה (ואז חלה עליהם קדושת שביעית) או להסקה (ולא תחול עליהם קדושת שביעית). רבי יוסי סובר לעומת זאת שמחשבת המלקט מועילה בכל ענין, אפילו בדבר שסתמו לאכילה. לכן [נקבע דינם רק בזמן הלקיטה, ו]אם חשב בשעת לקיטת הענבים להשתמש בהם למשרה או לכבוסה, לא חלה עליהם קדושת שביעית[18].

מעתה, המחלוקת של רבי יוסי וחכמים נוגעת גם לדין עצי שמן שליקטם לשם הארה. שכן לשיטת חכמים שאין מתחשבים בדעתו של המלקט כשעיקר שימושו של הצמח לאכילה, הוא הדין להיפך: דבר שעומד בעיקר לשימוש באופן שהנאתו באה אחר ביעורו, מופקע מתחילת יצירתו מקדושת שביעית, ומחשבת המלקט אינה מעלה או מורידה. הלכך, כיון שעצים — ועצי שמן בכללם — סתמם להסקה, אין קדושת שביעית חלה עליהם אפילו אם ליקט כדי להאיר. אולם לפי רבי יוסי ההולך אחרי מחשבת המלקט אפילו במקום שהיא שונה מייעודו העיקרי של הצמח, תועיל לקיטה לשם הארה כדי להחיל על עצי השמן תורת שביעית. נמצא שדברי רבא לעיל ("סתם עצים להסקה הם עומדין") שנויים למעשה במחלוקת תנאים[19].

שנינו במשנתנו:

רַבִּי יְהוּדָה אוֹמֵר: אִם הַשֶּׁבַח כו'.

רבי מאיר ורבי יהודה נחלקו במשנתנו בצַבָּע שקיבל צמר על מנת לצובעו בצבע מסויים, ושינה וצבעו בצבע אחר. לדעת רבי מאיר, הצַבע "נותן לו דמי צמרו" (והצמר המושבח נשאר אצל הצַבע). ורבי יהודה אומר שכיון שהצַבע שינה מדעת בעל הבית, ידו על התחתונה: בעל הצמר נוטל את צמרו, ומשלם לו רק את ההוצאות או את השבח, התשלום הנמוך מביניהם[20]. הגמרא דנה עתה כמי ההלכה:

(**סימן** זיכרון לשמות האמוראים במעשה הבא: **סבן**[21].) **יָתִיב** — ישב **רַב יוֹסֵף אֲחוֹרֵי דְּרַבִּי אַבָּא** בשעה שלָמדו **קַמֵּיהּ** (לפני) **דְּרַב הוּנָא, וְיָתִיב רַב הוּנָא וְקָאָמַר: "הֲלָכָה כְּרַבִּי יְהוֹשֻׁעַ בֶּן קָרְחָה** (במחלוקת מסויימת שתבואר להלן), **וַהֲלָכָה כְּרַבִּי יְהוּדָה** במחלוקתו עם רבי מאיר במשנתנו". **אַהְדְּרִינְהוּ רַב יוֹסֵף לְאַפֵּיהּ** — החזיר רב יוסף את פניו, דרך כעס[22], **וְאָמַר**[23]: **"בִּשְׁלָמָא רַבִּי יְהוֹשֻׁעַ בֶּן קָרְחָה אִצְטְרִיךְ** — מובן מדוע הוצרך רב הונא להשמיענו שהלכה כרבי יהושע בן קרחה, **סַלְקָא דַּעְתָּךְ אֲמִינָא** — לפי שהיית יכול לומר שנפסוק על פי הכלל שכאשר **יָחִיד וְרַבִּים** חולקים, **הֲלָכָה כְּרַבִּים**, ושם נחלקו רבים כנגד רבי יהושע בן קרחה. **קָא מַשְׁמַע לָן** — לכן השמיענו רב הונא שבענין זה **הֲלָכָה כְּ**רבי יהושע בן קרחה, אף על פי שהוא **יָחִיד**"[24].

הגמרא מפסיקה באמצע מאמרו של רב יוסף, כדי לבאר על איזו הוראה של רבי יהושע בן קרחה דיבר רב הונא:

אותה הוראה של **רַבִּי יְהוֹשֻׁעַ בֶּן קָרְחָה**, שפסק רב הונא כמותה, **מַאי הִיא? דְּתַנְיָא** בברייתא: **רַבִּי יְהוֹשֻׁעַ בֶּן קָרְחָה אוֹמֵר: מִלְוָה בִּשְׁטָר** שיש לו על העכו"ם, **אֵין נִפְרָעִין מֵהֶן** לפני ימי אידיהם (חגאות שלהם), מפני ששמחה היא לַלוה להיפטר מן החוב, ושמא ילך ויודה על כך לעבודה זרה שלו ביום חגו[25]. אבל **מִלְוָה עַל פֶּה**

הערות

18. רש"י ד"ה יצאו (עיין מקדש דוד ס, ג ד"ה הנה להרמב"ם).

לפי רש"י, מחלוקת רבי יוסי וחכמים אינה לענין הגדרת השימושים המותרים בפירות שביעית [והכל מודים שדבר שחלה עליו קדושת שביעית, אסור להשתמש בו באופן שאין ההנאה והביעור שוים, כגון למשרה וכבוסה]. כמו כן, הכל מודים שדבר המיועד לשימושים שאין הנאתם וביעורם שוה (כגון עצי הסקה), אין בו תורת שביעית. המחלוקת היא כיצד מגדירים את הייעוד של הצמח: חכמים הולכים לפי שימושו העיקרי, ואילו רבי יוסי הולך אחר דעת המלקט. אולם פירוש זה תמוה מאד, שהרי מכל הסוגיא נראה שרבי יוסי וחכמים נחלקו לענין הגדרת השימושים המותרים בשביעית, או במלים אחרות — מה הם השימושים הדומים ל"אכילה": חכמים ממעטים מ"לְאָכְלָה" שימושים שאין הנאתם וביעורם שוה, כגון משרה וכבוסה, ורבי יוסי סובר ששימושים אלו נתרבו להיתר בכתוב "לָכֶם", והוא ממעט רק שימושים שאינם שוים בכל אדם, כגון מלוגמא! (תוספות רי"ד; ריטב"א סוכה מ, א ד"ה איכא נוסחי; ועיין מהרש"א ומהר"ם סוכה שם שהקשו עוד על פירוש רש"י; עיין גם מהרש"א מהדורא בתרא כאן). וצריך לומר בדוחק שכוונת הגמרא היא כך: רבי יוסי דורש מ"לָכֶם" שמותר ללקט פירות המיועדים לאכילה לצורך משרה וכבוסה — ומכאן הוא לומד שמחשבת המלקט מועילה שלא תחול על הפירות קדושת שביעית, ולכן מותרים הם בשימושים אלו [שכן אם חלה כבר קדושת שביעית על הפירות, פשוט שאסור להשתמש בהם שלא לצורך אכילה; ראה הערה קודמת]. לפי דעתו, הכתוב "לְאָכְלָה" בא למעט שימושים שאינם שוים בכל כגון מלוגמא וכיוצא בה [ולהשמיענו שבזה אין מועילה מחשבת המלקט — שאפילו אם ליקט את הפירות לצורך מלוגמא, חלה עליהם קדושת שביעית ואסור לעשות מהם מלוגמא (מהרש"א סוכה שם; אמנם צריך ביאור מדוע מודה כאן רבי יוסי שלא הולכים אחר מחשבתו)]. חכמים לעומתו דורשים מ"לְאָכְלָה" שאסור ללקט פירות לצורך דבר שאין הנאתו וביעורו שוה, כגון משרה וכבוסה. ומכאן הם לומדים שבדבר שסתמו לאכילה אין הולכים כלל אחרי מחשבת המלקט, וקדושת שביעית חלה על הפרי בכל ענין (פני יהושע; עיין עוד ערוך לנר סוכה שם על תוספות ד"ה ועצים, וחזון איש שביעית יג, ו). כאמור, פירוש זה דחוק, וכנראה לכן חזר בו רש"י — ראה הערה הבאה.

19. רש"י שם. [כפי שהוזכר לעיל הערה 3, רש"י כאן מבאר את הגמרא על פי גירסת רבותיו. אולם רש"י בסוכה דחה גירסא זו, וכתב שטרח מנעוריו ליישבה עם המשך הסוגיא ולא עלתה בידו (ראה הערה קודמת). לפיכך בסוף ימיו נקט כגירסא אחרת (שרמז לה כאן בסוף ד"ה יצאו), לפיה חולקים רבי יוסי וחכמים בכל עצי הסקה אם יש בהם קדושת שביעית או לאו. לביאור מלא של מהלך הסוגיא לפי אותה גירסא — ראה מהדורתנו לסוכה מ, א-ב.]

[מסוגייתנו עולה לפי שתי הגירסאות, שאין קדושת שביעית נוהגת אלא בדבר שעומד לשימושים שמותרים בפירות שביעית (ראה ההסבר לכך לעיל קא, ב סוף הערה 28). משום כך, כיון שאסרה התורה שימוש שאין הנאתו וביעורו שוה (על כל פנים לשיטת חכמים, שהלכה כמותם), הרי שדבר שעומד לשימוש כזה — כגון עצי הסקה — אין בו קדושת שביעית כלל. בהתאם לכלל זה, עשבי מרפא שעומדים רק לרפואה (ולא למאכל אנשים בריאים), אין בהם לכאורה קדושת שביעית, שהרי "מלוגמא" היא שימוש אסור בשביעית כמבואר לעיל (עיין דרך אמונה הלכות שמיטה ה, י בביאור ההלכה ד"ה מיני כבוסים; משפטי ארץ פרק יד הערה 18). אמנם ברמב"ם (הלכות שמיטה ה, י) מבואר שמיני צמחים העומדים לצרכי כביסה קדושים בקדושת שביעית (ומותר לכבס בהם), אף על פי שהוא עצמו פסק (שם) שמשרה וכבוסה הם שימושים אסורים בפירות שביעית! לדיון בדבריו — עיין כסף משנה ומהר"י קורקוס שם; מקדש דוד נט, ד; פאת השלחן כד, מד; חזון איש שביעית יג, ו.]

20. המחלוקת נתבארה בהרחבה בהערותינו על המשנה.

21. דהיינו: רב יוסף, רבי אבא, רב הונא.

22. רש"י סוכה יא, א.

23. בסוגיא המקבילה בעבודה זרה (ז, א) אין כאן מלת "אמר". ואכן, יש שהוכיח מהמשך הסוגיא שרב יוסף לא אמר ממש את הטענה הבאה, אלא הגמרא היא שמבארת מדוע הקפיד על דבריו של רב הונא (עיין תורת חיים, וראה להלן הערה 35). אולם עיין מהרש"א מהדורא בתרא שמפרש שאלו דברי רב יוסף עצמו.

24. [אמורא יכול לפסוק כתנא יחיד נגד רבים במקום שמסתבר טעמו של היחיד — ראה יומא לו, ב; ביצה יא, א.]

25. רש"י. המשנה בריש עבודה זרה מונה כמה עניני משא ומתן שאסור לעשות עם עובדי כוכבים שלשה ימים קודם חגם, שמא יודה על כך לעבודה זרה שלו ביום חגו, והתורה אמרה (שמות כג, יג): "וְשֵׁם אֱלֹהִים אֲחֵרִים... לֹא יִשָּׁמַע עַל פִּיךָ", כלומר, אל תגרום לעובד כוכבים שיזכיר שם אלהיו וישבחנו (עיין עבודה זרה ו, א-ב וברש"י שם עמוד א ד"ה משום הרווחה; עיין גם סנהדרין סג, ב וספר החינוך מצוה פו). מטעם זה אומרת המשנה שם שאסור לפרוע חובות שחייבים להם, וכן "אין נפרעין מהן" — אסור לגבות מהם חוב, ש"אף על פי שמיצר הוא עכשיו (בשעת הפירעון עצמו), שמח הוא לאחר זמן", ויש חשש שילך ויודה כאמור. במשנה שם משמע

[א] סתם עצים להסקה הן עומדין אמר רב כהנא ועצים להסקה תנאי היא דתניא [ב] א אין מוסרין פירות שביעית לא למשרה ולא לכבוסה ור' יוסי אומר נותנין פירות שביעית לתוך המשרה ולתוך הכבוסה מאי טעמא דרבנן אמר קרא [א] לאכלה ולא למשרה לאכלה ולא לכבוסה ורבי יוסי אומר אמר קרא לכם [ג] לכל צרכיכם ורבנן נמי הכתיב לכם לכם דומיא דלאכלה במי שהנאתו וביעורו שוין [ו] יצאו משרה וכבוסה שהנאתן אחר ביעורן ור"י נמי הכתיב לאכלה אמר לך ההוא מיבעי ליה לכדתניא דתניא לאכלה ולא למלוגמא אתה אומר לאכלה ולא למלוגמא או אינו אלא לאכלה ולא לכבוסה כשהוא אומר לכם הרי כבוסה אמור הא מה אני מקיים לאכלה לאכלה ולא למלוגמא ומה ראית לרבות הכבוסה ולהוציא את המלוגמא מרבה אני את הכבוסה ששוה בכל אדם ומוציא אני את המלוגמא שאינו שוה בכל אדם כמאן אזלא הא דתניא ב לאכלה ולא למלוגמא לאכלה ולא לזילוף לאכלה ולא לעשות ממנה אפיקטויזין כמאן כר' יוסי דאי כרבנן ג איכא נמי משרה וכבוסה: רבי יהודה אומר אם השבח כו': (סימן סבן) [ד] יתיב רב יוסף אחורי דרבי אבא קמיה דרב הונא ויתיב רב הונא וקאמר הלכה כרבי יהושע בן קרחה והלכה כרבי יהודה [ה] אהדרינהו רב יוסף לאפיה אמר בשלמא רבי יהושע בן קרחה אצטריך סלקא דעתך אמינא [ו] יחיד ורבים הלכה כרבים קמ"ל הלכה כיחיד ר' יהושע בן קרחה מאי היא דתניא רבי יהושע בן קרחה אומר ד מלוה בשטר אין נפרעין מהן מלוה על פה נפרעין מהן מפני שהוא כמציל מידם אלא הלכה כר' יהודה למה לי מחלוקת ואחר כך סתם היא [ז] ומחלוקת ואח"כ סתם הלכה כסתם מחלוקת בבבא קמא [ח] לצבוע לו אדום וצבעו שחור שחור וצבעו אדום רבי מאיר אומר נותן לו דמי צמרו רבי יהודה אומר אם השבח יתר על היציאה נותן לו את היציאה ואם היציאה יתירה על השבח נותן לו את השבח וסתם בבבא מציעא דתנן [ט] כל המשנה ידו על התחתונה ה וכל החוזר בו ידו על התחתונה ורב הונא אצטריך סלקא דעתך אמינא אין סדר למשנה וסתם ואחר כך מחלוקת היא ורב יוסף אי הכי כל מחלוקת ואח"כ סתמא נימא אין סדר למשנה וסתם ואחר כך מחלוקת היא ורב הונא כי לא אמרינן אין סדר למשנה בחדא מסכתא אבל בתרי מסכתות אמרינן ורב יוסף כולה נזיקין חדא מסכתא היא ואיבעית אימא משום דקתני לה גבי הלכתא פסיקתא כל המשנה ידו על התחתונה וכל החוזר בו ידו על התחתונה: תנו רבנן הנותן מעות לשלוחו
ליקח

רש"י

סתם עצים להסקה ניתנו. ולא להאיר הלכך עצים נינהו ומעיקרא לא חל עלייהו שביעית אבל ספיחי סטים סתמן לצביעה הלכך חל עלייהו קדושה ואסירי לאחר הביעור אף להיסק ועלי קנים וגפנים יש שאוכלין אותן ויש שמסיקין אותן הלכך בתר מחשבת לקיטה אזלינן: תנאי היא. איכא למאן דאמר סתם עצים להסקה ניתנו ולא חיילא שביעית אפילו אעצים דמשחן ואיכא למאן דלית ליה ואעצים דמשחן מיהא חיילא: לתוך המשרה. אין שורין פשתן ביין של שביעית וכן אין מכבסין בגדים דהוי סחורה: מי שהנאתו וביעורו שוה. הנאה שהיא בשעה שהוא כלה מן העולם אתה יכול ליהנות מפירות שביעית קודם זמן הביעור: [י] יצאו משרה וכבוסה. שמשעה שמטילין פשתן או בגד ביין נתקלקל ונבער והנאתו אינו אלא עד שלשה ימים וד' עד שיהא הפשתן שרוי וכן הבגד והיינו תנאי דרבנן סברי סתם פירות לאכילה וחיילא עלייהו קדושת שביעית כדאמרן לעיל דכל דבר שהנאתו וביעורו שוה חיילא הלכך אפילו לקטן למשרה וכביסה לא מהניא מחשבה לאפקועי איסורן למיהוי כעלי קנים שלקטן לעצים דמשתרו דהתם סתמייהו להכי ולהכי אבל פירות סתמן לאכילה ומשעת יצירתן חייל קדושתן ותו לא מהני מחשבה לאפקועי ואסורין למשרה וכביסה דאין נהנין בקדושת שביעית אלא הנאה הדומה לאכילה וגבי עצים נמי סתם עצים להסקה ניתנו ולא חיילא אפילו אעצים דמשחן ור' יוסי סבר לא אמרינן סתם פירות לאכילה ניתנו ומהניא בהו מחשבה כעלי קנים וגפנים דהיכא דליקטן למשרה הוי דבר שהנאתו אחר ביעורו ולא חל עלייהו שביעית כך מצאתי ויש לשונות אחרים וזו שמעתי והגון: למלוגמא. אלנפסט"ר: אינה שוה בכל אדם. אינה צריכה אלא לחולים: לזלף. שמזלפין יין בבית והאי נמי אין שוה בכל אדם שא"צ זילוף אלא אדם מעונג ומעודן: אפיקטויזין. ווסי"ט להקיא: איכא נמי משרה וכביסה. והכא לא נקט אלא דבר שאין שוה בכל אדם: מלוה בשטר אין נפרעין מהן. לפני אידיהן מפני ששמחה היא לו ואזיל ומודה לעכו"ם ביום חגם ורבנן סברי אסור לפורען וליפרע מהן כלל: ואיבעית אימא. הך סתמא ודאי עיקר הוא דקתני לה התם בב"מ (עו.) גבי הלכתא פסיקתא דהא לא שייכא התם ולא תני אלא משום פיסוק הלכה שפסקה התנא עם כל החוזר בו שלא נחלק אדם עליהן:
ליקח

תוספות

ה"ג בקונטרס במס' סוכה (דף מ. ושם כ) אמר רב כהנא ועצים להסקה תנאי היא כו'. וכן עיקר פי' כל עצים בשביעית הויא פלוגתא דתנאי אי אית בהו קדושת שביעית דכיון דטעמא דשרינא להו היינו משום דהנאתן אחר ביעורן אם כן לרבי יוסי דלית ליה דרשה דהנאתו וביעורו שוה לענין פירות שביעית ה"נ לא דריש לה לענין דלא לחול קדושת שביעית ואם תאמר לר' יוסי היאך מותרין עצים בארץ ישראל להסיק בהן תנור והלא יש בהן איסור שביעית לאחר הביעור וי"ל דבטלי בשאר עצים דשאר שנים ועוד י"ל לפי גירסת הספרים ועצים להסקה תנאי היא פירוש עצים שיש בהם קדושת שביעית כגון לולב דהנאתו וביעורו שוה דסתמיה קאי לכבד בו את הבית אם מותר להסיקו דהוי הנאה לאחר ביעורו או לא דתניא אין מוכרין פירות שביעית כו' הרי לרבנן אסור להסיקו מידי דהוי אמשרה וכביסה ולר' יוסי מותר אבל שאר עצים לדברי הכל אין בהן קדושת שביעית אבל הטעם אין מיושב דכי היכי דר' יוסי דריש לכם לכל צרכיכם אפירות שביעית ולא בעי לכם דומיא דלאכלה הכי נמי לענין לחול קדושת שביעית על כל דבר שהוא לכם דמ"ש דהא כוליה חד קרא הוא והיתה שבת הארץ לכם לאכלה וגו': אין סדר למשנה. דפעמים היה שונה שלא על הסדר ושמא תחילה שנה ב"מ ואחר כך ב"ק אבל ודאי אח"כ סדרן רבי על הסדר כדדייק בריש (פרק) שבועות (דף ב:) מכדי תנא ממכות קסליק כו' [ל]: גבי הלכתא פסיקתא. תימה אמאי קרי לה הלכתא פסיקתא להאיך דכל החוזר בו ידו על התחתונה הא בפרק האומנין (ב"מ דף עז:) מוקמינן לה כיחידאה כרבי דוסא ורבנן פליגי עליה ומוכח התם דרב לא סבר לה כרבי דוסא בההוא דכל החוזר בו וי"ל דהכא סבר כאיבעית אימא דהתם דאמר כל החוזר בו ידו על התחתונה לאתויי כדקתני וי"מ דקתני לה בלשון הלכתא פסיקתא דלישנא דכל החוזר וכל המשנה משמע לפסוק הלכתא [מ]: הנותן מעות לשלוחו. נראה דמיירי שנותן למחצית שכר אם פחתו פחתו לו ואם הותירו הותירו לאמצע מכאן יש להביא ראיה אם אדם נותן מעות לחבירו למחצית שכר ואמר ע"מ שלא תלווה אלא על משכונות של כסף וזהב ותטמנם בקרקע ואם תשנה יהא ברשותך לחייב בכל דבר ואם פחתו פחתו לך שאין זה רבית דהא הכא אם שינה מדעתו אמר אם פחתו פחתו לו אפ"ה אם הותירו הותירו לאמצע ולא הוי רבית כיון דאם לא היה משנה דעתו לא היו כולן ברשותו אלא השכר וההפסד לאמצע כדין פלגא מלוה ופלגא פקדון:
הא

עין משפט נר מצוה

צד א ב ג מיי' פ"ה מהל' שמיטין הלכה י:
צה ד מיי' פ"ט מהלכות ע"ז הלכה א סמג לאוין מה טוש"ע י"ד סי' קמח סעיף א:
צו ה מיי' פ"ח מהלכות מכירה הלכה ג סמג עשין פב טוש"ע ח"מ סי' קל סעי' יא:

ליקוטי רש"י

סתם עצים וכו'. של היסק להסקה ניתנו לבריות וסתמן לאו להאיר קיימו הלכך לא נחתא בהו קדושת שביעית מעיקרא ואפילו לקטן להאיר. ועצים להסקה תנאי היא. ועצים דהסקה גופייהו שהנאתן אחר ביעורן תנאי היא אי נהגא בהו שביעית אי לא דאיכא תנא דדריש לכם דומיא דלאכילה למעוטי כל שהנאתו אחר ביעורו כדדרשינן לעיל ומהאיך דרשה אימעוט עצים ואיכא דלא ממעט מיניה אלא דבר שאין הנאתו שוה בכל אדם כגון מלוגמא וזילוף ואפיקטויזין ואני שמעתי מרבותי שהיו גורסים וסתם עצים להסקה ניהו תנאי היא וכן כתוב בכל הספרים וטרחתי מנעורי בכל לידי שיטת הש"ס ליישבה כפי דבריהם ואיני יכול ומצאתי גירסא זו בספר כתב ידו של רבינו גרשום בן יהודה מנוחתו כבוד ובסדר ישועות של רבינו יצחק בר מנחם כתוב ואינו מוגה וכן נראה בעיני. למשרה. לשרות פשתן ביין של שביעית. לכבוסה. לכבוס בגדים ביין של שביעית משרה וכבוסה הנאתן אחר ביעורן שמשעה שטורה הבגדים או הפשתן ביין שעה אחת נתבער ואבד לו והנאתו אינה עד שילבש הבגדים. למלוגמא. לרפואה. ששוה בכל אדם. שהכל צריכין לה כמו אכילה ששוה בכל אדם. ומוציא אני את המלוגמא וכו'. שאין הכל חולין. ולא לזילוף. יין שמזלפין בבית לריח טוב. אפיקטויזין. להקיא והוא בנוטריקון אפיק טפי זין מזון האוכל יותר מדאי מוליא ומקיא [סוכה מ.]. להקיא שותה משקים ומקיא ולא לרפואה אלא להריק את מעיו שיוכל לאכול ולשתות הרבה [שבת קמג:]. כמאן כר' יוסי. דלא ממעט אלא הנאה שאינה שוה בכל והנך נמי אינם אלא לצורך חולי ואסטנים והיינו תנאי דלעיל דלרבנן לא נהגא שביעית אלא בדבר שהנאתו וביעורו שוה דדרשינן ליה נמי הכי והיתה שבת הארץ נוהגת בדבר שהוא לכם דומיא דלאכלה שהנאתו וביעורו שוה ולא בעצים ורבי יוסי דריש הכי והיתה שבת הארץ נוהגת כולו שהנאתו שוה בכל אדם ואפילו עצים להסקה [סוכה מ:]. הלכה כרבי יהושע בן קרחה. דשרי במלוה על פה [עבודה זרה ז.]. רב יוסף לאפיה. בכעס [סוכה יא.]. מלוה בשטר אין נפרעין מהן. לפני אידיהן מפני ששמח הוא לאחר זמן ביום אידו דכיון דנקט [ישראל שטרא] עילויה כל שעתא מסתפי מיניה [ע"ז ו:]. מחלוקת. דרבי מאיר ורבי יהודה בהגוזל בב"ק. ואח"כ סתם. ואחר כך סתם לן תנא בבבא מציעא כר' יהודה וכל מחלוקת שנחלקו תנאים ואח"כ סתם לנו במשנתינו כאחד מהן הלכה כמותו דכיון דסתמיה אחר המחלוקת ש"מ דקמו רבנן בטעמייהו ומסתברא טעמא דהאיך [שם ז.]. בין שסתם אחריה מיד [באותה מסכת] בין שסתם אחריה במסכת אחרת באותו הסדר כגון נתן לצבע לצבוע דמחלוקת בב"ק בהגוזל וסתם בב"מ (דף עו.) כל המשנה ידו על התחתונה וסתם לן כר"י דאמר אם השבח יתר על היציאה כו' הלכה כסתם [יבמות מב:]. כל המשנה ידו על התחתונה. כגון נתן לצבע לצבוע לצבעו אדום וצבעו שחור אם השבח יותר על היציאה אין נותן לו שכרו משלם אלא דמי יציאת עצים וסממנים ואם היציאה יתירה על השבח נותן לו את השבח [ב"מ עו.]. אין סדר למשנה. סידרא דמתניתין לאו דוקא ושמא משנה אחרונה היא נשנית ראשונה בבית המדרש. אי הכי כל מחלוקת ואח"כ סתמא וכו'. אלמה קיימא לן כל מחלוקת ואחר כך סתם הלכה כסתם ביבמות (דף מב:) בפ' החולץ. כי לא אמרינן אין סדר למשנה. אלא סמכינן אסידרא ה"מ בחד מסכתא. כולה נזיקין. תלתא בבי. ואיבעית אימא וכו'. להכי אהדרינהו רב יוסף לאפיה דאי נמי אין סדר למשנה לא איצטריך לומר הלכה כרבי יהודה דודאי הלכתא כי האי סתמא דכל המשנה לא הוה שייכא למיתנייה התם בהשוכר דהא לא איירי בההוא פירקא בשינוי אלא בחזרה ומדתניא התם ש"מ הלכתא קא פסיק ואזיל [ע"ז שם].

מסורת הש"ס

א) [בילה לג. סוכה מ. נדרים סב:], ב) סוכה מ., ג) [מכות יג. וש"נ], ד) ע"ז ו:, ה) [סוכה יא.], ו) [ברכות ט. וש"נ], ז) [יבמות מב:], ח) לעיל ק: [וש"נ], ט) ב"מ עו. [ע"ז ז.], י) עיין ברש"י במס' סוכה שכתב פי' אחר, כ) [ד"ה ועצים], ל) [וע"ע תוס' ריש ב"מ וריש ב"ב], מ) [ועי' תוס' מנחות סו. ד"ה זכר].

גליון הש"ס

גמ' יצאו משרה וכבוסה. עיין בכורות דף יב ע"ב תוס' ד"ה ודאי:

תורה אור השלם

א) וְהָיְתָה שַׁבַּת הָאָרֶץ לָכֶם לְאָכְלָה לְךָ וּלְעַבְדְּךָ וְלַאֲמָתֶךָ וְלִשְׂכִירְךָ וּלְתוֹשָׁבְךָ הַגָּרִים עִמָּךְ: [ויקרא כה, ו]

לעזי רש"י

אלנפשטמ"ר. פירוש רטיה, תחבושת, אגד (פלאסטער):
ווסי"ט. פירוש גורם להקיא (עיין רש"י שבת דף קמג ע"ב וסוכה דף מ ע"ב ד"ה אפיקטויזין וערוך ערך אפקטפיזון):

נִפְרָעִין מֵהֶן אפילו בזמנים הללו, **מִפְּנֵי שֶׁהוּא כְּמַצִּיל מִיָּדָם**; שאם לא יגבה ממנו היום, שמא למחר יכחיש את ההלואה[26].

המשך מאמרו של רב יוסף:

"...**אֶלָּא** קביעתו של רב הונא **שֶׁהֲלָכָה כְּרַבִּי יְהוּדָה, לָמָּה לִי?** פשוט שכך ההלכה, שהרי הוראה זו של רבי יהודה, **'מַחֲלוֹקֶת וְאַחַר כָּךְ סְתָם' הִיא** — הובאה במשניות תחילה כמחלוקת [כנגד רבי מאיר], ואחר כך (במשנה אחרת מאוחרת יותר) הובאה הוראה זו כ'סתם משנה', ללא חולק, **ו**כלל הוא שכאשר יש **מַחֲלוֹקֶת** במשנה **וְאַחַר כָּךְ** מובאת אחת הדעות כ**סְתָם** משנה, **הֲלָכָה כִּ'סְתָם'**[27]! אף כאן, הוראתו של רבי יהודה נשנתה תחילה כ**מַחֲלוֹקֶת בְּבָבָא קַמָּא** (במשנתנו): הנותן צמר לצַבע והתנה עמו **לִצְבּוֹעַ לוֹ** את הצמר בצבע **אָדוֹם, וּצְבָעוֹ שָׁחוֹר**, או שהתנה עמו לצובעו **שָׁחוֹר וּצְבָעוֹ אָדוֹם, רַבִּי מֵאִיר אוֹמֵר:** הצַבע **נוֹתֵן לוֹ** לבעל הצמר את **דְּמֵי צַמְרוֹ** בלי שווי השבח, והצמר המושבח נשאר אצל הצַבע. **רַבִּי יְהוּדָה אוֹמֵר:** בעל הצמר נוטל את הצמר המושבח, וידו של האומן על התחתונה. דהיינו: **אִם הַשֶּׁבַח יָתֵר עַל הַיְצִיאָה**, בעל הצמר **נוֹתֵן לוֹ אֶת** רק **הַיְצִיאָה; וְאִם הַיְצִיאָה יְתֵירָה עַל הַשֶּׁבַח**, בעל הצמר **נוֹתֵן לוֹ** רק **אֶת הַשֶּׁבַח. ו**לאחר שנשנתה מחלוקת זו, הובאה הוראתו של רבי יהודה כ'**סְתָם** משנה' **בְּבָבָא מְצִיעָא, דִּתְנַן** במשנה שם (עו, א): **כָּל** אומן **הַמְשַׁנֶּה** ממה שהתנה עמו בעל הבית (כגון במקרה הנ"ל של הצַבע), **יָדוֹ עַל הַתַּחְתּוֹנָה**, ומקבל רק את ההוצאות או את השבח, התשלום הנמוך מביניהם[28]; **וְכָל הַחוֹזֵר בּוֹ, יָדוֹ עַל הַתַּחְתּוֹנָה**[29]. הדין הראשון ("כל המשַׁנה וכו' ") של אותה 'סתם משנה' הוא כשיטת רבי יהודה; נמצא שהוראה זו שנויה כ'מחלוקת ואחר כך סתם' (שהרי רבי סידר מסכת בבא מציעא לאחר מסכת בבא קמא). מה איפוא, חידש רב הונא כשאמר שהלכה כרבי יהודה?"

הגמרא מבארת מדוע בכל זאת הוצרך רב הונא לפסוק כך:

וְרַב הוּנָא סבר, **אִצְטְרִיךְ** — צריך להורות שהלכה כרבי יהודה בענין זה. **סַלְקָא דַּעְתָּךְ אֲמִינָא** — לפי שהיה עולה על דעתך לומר שאין הלכה כמותו, שכן **אֵין סֵדֶר לַמִּשְׁנָה** — המשניות לא נשנו בבית המדרש דוקא לפי הסדר שהן מסודרות לפנינו[30]. יתכן איפוא שקודם נשנתה המשנה ההיא בבבא מציעא (ה'סתם') ואחריה נשנתה משנתנו שבבבא קמא (ה'מחלוקת'), **וּ'סְתָם וְאַחַר כָּךְ מַחֲלוֹקֶת' הִיא** (בה אין ההלכה בהכרח כמו ה'סתם'[31]). לפיכך הוצרך רב הונא לומר שמכל מקום בענייננו ההלכה כרבי יהודה.

הסבר טענתו של רב יוסף:

וְרַב יוֹסֵף שתמה מה חידושו של רב הונא, יטען: **אִי הָכִי** — אם כך, שאי אפשר לפסוק הלכה על פי סדר המשניות, ביטלת את הכלל ש"מחלוקת ואחר סתם הלכה כסתם", שהרי **בְּכָל מַחֲלוֹקֶת וְאַחַר כָּךְ סְתָמָא** (סתם) **נֵימָא** — תוכל לומר **שֶׁאֵין סֵדֶר לַמִּשְׁנָה וּ**באמת **סְתָם וְאַחַר כָּךְ מַחֲלוֹקֶת הִיא!** כיון שיש בידינו כלל כזה[32], על כרחך שהמשניות מסודרות לפנינו כפי הסדר שנשנו בבית המדרש, ואף בענייננו 'מחלוקת ואחר סתם' היא, ופשוט שהלכה כרבי יהודה!

תשובת רב הונא:

וְרַב הוּנָא ישיב: **כִּי לֹא אַמְרִינַן** — מתי אין אומרים **שֶׁאֵין סֵדֶר לַמִּשְׁנָה**, כלומר, באילו מקומות אכן הולכים לפי סדר המשניות ואומרים את הכלל ש"מחלוקת ואחר כך סתם הלכה כסתם"? כאשר שתי המשניות, ה'מחלוקת' וה'סתם', שנויות **בַּחֲדָא מַסֶּכְתָּא** — במסכת אחת (כגון ששתיהן שנויות בבבא קמא). **אֲבָל בִּתְרֵי** (בשתי) **מַסֶּכְתּוֹת** שונות, **אַמְרִינַן** — אומרים שאין סדר למשנה[33]. מאחר שבענייננו ה'מחלוקת' שנויה בבבא קמא ואילו ה'סתם' בבבא מציעא, אי אפשר לפסוק על פי סדר המשניות.

חילוק זה בין מסכת אחת לשתי מסכתות הוא דבר המסתבר, ובודאי גם רב יוסף מודה לו. הגמרא מבארת מדוע בכל זאת טען רב יוסף שפשוט שההלכה בענייננו כרבי יהודה:

וְרַב יוֹסֵף סובר: **כּוּלָּהּ נְזִיקִין חֲדָא מַסֶּכְתָּא הִיא** — כל 'נזיקין' היא מסכת אחת, כלומר, שלש ה'בבות' (בבא קמא, בבא מציעא ובבא בתרא) הן בעצם מסכת גדולה אחת הקרויה 'נזיקין'[34]. לפיכך, אף על פי שהמחלוקת והסתם נשנו בשתי 'בבות' נפרדות, דנים זאת כ"מחלוקת ואחר כך סתם". [ואילו רב הונא סובר שכל 'בבא' היא מסכת בפני עצמה, ולכן אומרים לגביהן ש"אין סדר למשנה".]

הסבר נוסף בדעת רב יוסף:

וְאִיבָּעִית אֵימָא — ואם תרצה, אמור שרב יוסף היה פשוט לו שהלכה כמו ההוראה ב'סתם משנה' בבבא מציעא **מִשּׁוּם דְּקָתָנֵי לָהּ גַּבֵּי**

הערות

שאין נפרעים מהם כל חוב שהוא. רבי יהושע בן קרחה בברייתא בא לחלוק על כך, ומגביל את האיסור לחובות שיש עליהם שטר, כפי שהוא הולך ומפרש.

26. היינו, החשש שיודה לעבודה זרה קיים רק במלוה בשטר, שכן העובד כוכבים יודע שלא יוכל להשתמט מנושהו היהודי ועל כן שמח שפרעו היום ונפטר מהחוב. מה שאין כן במלוה על פה, שיכול להשתמט ממנו, אין לו שמחה בפירעון ועל כן אין חוששים שילך ויודה (נמוקי יוסף עבודה זרה ו, ב; וכן משמע מרש"י שם ד"ה מלוה בשטר). ויש מפרשים שגם במלוה על פה קיים החשש שמא יודה, ומכל מקום התירו לגבות ממנו את החוב כדי להצילו מידו [שכן לדעתם איסור זה אינו אלא מדרבנן, ולא גזרו במקום הפסד] (רא"ה שם, ועיין ריטב"א שם ד"ה ההוא; מאירי שם ב, א ד"ה ומעתה; עיין גם ר"ן שם א, ב מדפי הרי"ף).

כאמור, חכמים חולקים על רבי יהושע בן קרחה ואוסרים לגבות שום חוב מהעכו"ם לפני ימי אידיהם [והיא דעת תנא קמא במשנה שהובאה בהערה הקודמת (רש"י). רב הונא הכריע להלכה כדעת רבי יהושע בן קרחה.

27. שכיון שהמשנה סתמה אחר המחלוקת, ודאי שהחכמים [שבימי רבי, מסַדר המשנה] עמדו על טעמיהם והסתבר להם הטעם של תנא זה שסתמו כמותו (רש"י עבודה זרה ז, א ד"ה מחלוקת).

הגמרא אומרת במקומות רבים בשם רבי יוחנן שהלכה כ'סתם משנה' (ראה לדוגמא לעיל צד, ב; וראה רש"י ביצה ב, ב ד"ה מאן סתם). אמנם יש מן האמוראים שחולקים על כלל זה וסוברים שרבי יוחנן לא אמרו (ראה יבמות טז, ב). לפיכך לא תמה רב יוסף על רב הונא מכח אותו כלל, אלא מצד "מחלוקת ואחר כך סתם", שבזה הכל מודים שהלכה כסתם, שהרי רבי עצמו שנה תחילה את המחלוקת ואחר כך סתם כאחת הדעות. מאותו טעם לא טען רב יוסף שפִּסקו של רב הונא פשוט מכח הכלל שהלכה כרבי יהודה בכל מחלוקותיו כנגד רבי מאיר (עירובין מו, ב), שכן גם הכלל ההוא שנוי במחלוקת [ראה שם מז, א] (רא"ש בשיטה מקובצת; עיין גם רשב"א, ותוספות שבת פא, ב ד"ה והאמר; אולם עיין תוספות עבודה זרה ז, א ד"ה פשיטא).

28. רש"י על המשנה שם.

29. [דין זה של המשנה בבבא מציעא אינו שייך לסוגייתנו. הגמרא (שם עז, ב) מפרשת אותו בשני אופנים.]

30. רש"י עבודה זרה ז, א. דהיינו, לאחר ששנה רבי את כל המשניות לפני החכמים, חזר וסידרן על פי עניניהן — והוא הסדר המצוי בידינו. נמצא, שאף על פי שאצלנו שנויה משנה אחת לפני חברתה, אין זה בהכרח הסדר שבה הן נלמדו (ראה תוספות ד"ה אין סדר; תוספות ריש בבא מציעא).

31. עיין יבמות מב, ב ובתוספות שם ד"ה סתם.

32. רש"י עבודה זרה ז, א ד"ה כל מחלוקת.

33. היינו, רב הונא מודה שכל מסכת בפני עצמה נשנתה לפני החכמים באותו סדר שהמשניות מצויות בידינו. לפיכך, אם רואים אנו משנה הסותמת כדברי דעה אחת במחלוקת שהובאה במשנה קודמת באותה מסכת, הרי זו באמת "מחלוקת ואחר כך סתם", ופוסקים הלכה כסתם. אולם הסדר של המסכתות (בבא קמא, בבא מציעא וכו') אינו בהכרח הסדר שבה הן נלמדו. אלא, לאחר שגמר רבי ללמד את כל הש"ס, ערך את סדר המסכתות על פי עניניהן, כפי שהן מסודרות היום. יתכן, איפוא, שבבא מציעא נלמדה בתחילה קודם בבא קמא.

[יש אומרים שאף על פי שבשתי מסכתות "אין סדר למשנה", מכל מקום בשני 'סדרים' יש סדר — שאם יש מחלוקת ואחר סתם בשני 'סדרים' שונים (כגון מחלוקת בסדר נשים, וסתם בסדר נזיקין), הלכה כסתם (כסף משנה הלכות רוצח ט, א; ועיין תוספות יום טוב סוטה ט, א).]

34. רש"י עבודה זרה ז, א ד"ה נזקין כולהו, ורבינו חננאל שם. ["נזיקין" הוא גם שם הסדר כולו (הכולל עוד מסכתות כגון סנהדרין, מכות וכו') וגם שם המסכת הגדולה בתוך סדר זה, אשר חולקה לשלש 'בבות' (שערים).] ויש מפרשים שכוונת הגמרא היא שכל '**סדר**' נזיקין נידון כמו מסכת אחת לענין סדר המשניות (עיין רמב"ן שבועות ב, ב; עיין עוד מהרש"א ריש בבא בתרא; מהר"ץ חיות כאן; רש"ש יבמות מב, ב).

א) סתם עצים להסקה הן עומדין אמר רב כהנא ועצים להסקה תנאי היא דתניא ב) *אין מוסרין פירות שביעית לא למשרה ולא לכבוסה ור' יוסי אומר נותנין פירות שביעית לתוך המשרה ולתוך הכבוסה מאי טעמא דרבנן אמר קרא א) לאכלה ולא למשרה לאכלה ולא לכבוסה ורבי יוסי אומר אמר קרא לכם ג) לכל צרכיכם ורבנן נמי הכתיב לכם לכם דומיא דלאכלה במי שהנאתו וביעורו שוין ה) יצאו משרה וכבוסה שהנאתן אחר ביעורן ור"י נמי הכתיב לאכלה אמר לך ההוא מיבעי ליה לכדתניא דתניא לאכלה ולא למלוגמא אתה אומר לאכלה ולא למלוגמא או אינו אלא לאכלה ולא לכבוסה כשהוא אומר לכם הרי כבוסה אמור הא מה אני מקיים לאכלה לאכלה ולא למלוגמא ומה ראית לרבות הכבוסה ולהוציא את המלוגמא מרבה אני את הכבוסה ששוה בכל אדם ומוציא אני את המלוגמא שאינו שוה בכל אדם כמאן אזלא הא דתניא ב לאכלה ולא למלוגמא לאכלה ולא לזילוף לאכלה ולא לעשות ממנה אפיקטויזין כמאן כר' יוסי דאי כרבנן ג איכא נמי משרה וכבוסה: רבי יהודה אומר אם השבח כו': (סימן סבן) ד) יתיב רב יוסף אחורי דרבי אבא קמיה דרב הונא ויתיב רב הונא וקאמר הלכה כרבי יהושע בן קרחה והלכה כרבי יהודה ה) אהדרינהו רב יוסף לאפיה אמר בשלמא רבי יהושע בן קרחה אצטריך סלקא דעתך אמינא ו) יחיד ורבים הלכה כרבים קמ"ל הלכה כיחיד ר' יהושע בן קרחה מאי היא דתניא רבי יהושע בן קרחה אומר ד מלוה בשטר אין נפרעין מהן מלוה על פה נפרעין מהן מפני שהוא כמציל מידם אלא הלכה כר' יהודה למה לי מחלוקת ואחר כך סתם היא ז) ומחלוקת ואח"כ סתם הלכה כסתם מחלוקת בבבא קמא ח) לצבוע לו אדום וצבעו שחור וצבעו אדום רבי מאיר אומר נותן לו דמי צמרו רבי יהודה אומר אם השבח יתר על היציאה נותן לו את היציאה ואם היציאה יתירה על השבח נותן לו את השבח וסתם בבבא מציעא דתנן ט) כל המשנה ידו על התחתונה ה וכל החוזר בו ידו על התחתונה ורב הונא אצטריך סלקא דעתך אמינא אין סדר למשנה וסתם ואחר כך מחלוקת היא ורב יוסף אי הכי כל מחלוקת ואח"כ סתמא נימא אין סדר למשנה וסתם ואח"כ מחלוקת היא ורב הונא כי לא אמרינן אין סדר למשנה בחדא מסכתא אבל בתרי מסכתות אמרינן ורב יוסף כולה נזיקין חדא מסכתא היא ואיבעית אימא משום דקתני לה גבי הלכתא פסיקתא כל המשנה ידו על התחתונה וכל החוזר בו ידו על התחתונה: תנו רבנן הנותן מעות לשלוחו ליקח

סתם עצים להסקה ניתנו. ולא להאיר הלכך עצים נינהו ומעיקרא לא חל עלייהו שביעית אבל ספיחי סטים סתמן לצביעה הלכך חל עלייהו קדושה ואסירי לאחר הביעור אף להיסק ועלי קנים וגפנים יש שאוכלין אותן ויש שמסיקין אותן הלכך בתר מחשבת לקיטה אזלינן: **תנאי היא.** איכא למאן דאמר סתם עצים להסקה ניתנו ולא חיילא שביעית אפילו אעצים דמשחן ואיכא למאן דלית ליה ואעצים דמשחן מיהא חיילא: **לתוך המשרה.** אין שורין פשתן ביין של שביעית וכן אין מכבסין בגדים דהוי סחורה: **מי שהנאתו וביעורו שוה.** הנאה שהיא בשעה שהוא כלה מן העולם אתה יכול ליהנות מפירות שביעית קודם זמן הביעור: י) **יצאו משרה וכבוסה.** שמשעה שמטילין פשתן או בגד ביין נתקלקל ונבער והנאתו אינו אלא עד שלשה ימים וד' עד שיהא הפשתן שרוי וכן הבגד והיינו תנאי דרבנן סברי סתם פירות לאכילה וחיילא עלייהו קדושת שביעית כדאמרן לעיל דכל דבר שהנאתו וביעורו שוה חיילא הלכך אפילו לקטן למשרה וכביסה לא מהניא מחשבה לאפקועי איסורן למיהוי כעלי קנים שלקטן לעצים דמשתרו דהתם סתמייהו להכי ולהכי אבל פירות סתמן לאכילה ומשעת יצירתן חייל קדושתן ותו לא מהני מחשבה לאפקועי ואסורין למשרה וכביסה דאין נהגין בקדושת שביעית אלא הנאה הדומה לאכילה וגבי עצים נמי סתם עצים להסקה ניתנו ולא חיילא אפילו אעצים דמשחן ור' יוסי סבר לא אמרינן סתם פירות לאכילה ניתנו ומהניא בהו מחשבה כעלי קנים וגפנים דהיכא דליקטן למשרה הוי דבר שהנאתו אחר ביעורו ולא חל עלייהו שביעית כך מצאתי ויש לשונות אחרים וזו שמעתי והגון: **למלוגמא.** אלנפשט"ר: **אינה שוה בכל אדם.** אינה צריכה אלא לחולים: **לזלף.** שמזלפין יין בבית והאי נמי אין שוה בכל אדם שא"ל זילוף אלא אדם מעונג ומעודן: **אפיקטויזין.** ווסי"ט להקיא: **איכא נמי משרה וכביסה.** והכא לא נקט אלא דבר שאין שוה בכל אדם: **מלוה בשטר אין נפרעין מהן.** לפני אידיהן מפני שמחה היא לו ואזיל ומודה לעכו"ם ביום חגם ורבנן סברי אסור לפורען וליפרע מהן כלל: **ואיבעית אימא.** הך סתמא ודאי עיקר הוא דקתני לה התם בב"מ (עו.) גבי הלכתא פסיקתא דהא לא שייכא התם ולא תני אלא משום פיסוק הלכה שפסקה התנא עם כל החוזר בו שלא נחלק אדם עליהן:

ה"ג בקונטרס במס' סוכה (דף מ. ושם כ)) אמר רב כהנא ועצים להסקה תנאי היא כו'. וכן עיקר פי' כל עצים בשביעית הויא פלוגתא דתנאי אי אית בהו קדושת שביעית דכיון דטעמא דשרינא להו היינו משום דהנאתן אחר ביעורן אם כן לרבי יוסי דלית ליה דרשה דהנאתו וביעורו שוה לענין פירות שביעית ה"נ לא דריש לה לענין דלא לחול קדושת שביעית ואם תאמר לר' יוסי היאך מותרין עצים בארץ ישראל להסיק בהן תנור והלא יש בהן איסור שביעית לאחר הביעור וי"ל דבטלי בשאר עצים דשאר שנים ועוד י"ל לפי גירסת הספרים ועצים דהסקה תנאי היא פירוש עצים שיש בהם קדושת שביעית כגון לולב דהנאתו וביעורו שוה דסתמיה קאי לכבד בו את הבית אם מותר להסיקו דהוי הנאה לאחר ביעורו או לא דתניא אין מוכרין פירות שביעית כו' הרי לרבנן אסור להסיקו מידי דהוי אמשרה וכביסה ולר' יוסי מותר אבל שאר עצים לדברי הכל אין בהן קדושת שביעית אבל הטעם אין מיושב דכי היכי דר' יוסי דריש לכם לכל צרכיכם אפירות שביעית ולא בעי לכם דומיא דלאכלה הכי נמי לענין לחול קדושת שביעית על כל דבר שהוא לכם דמ"מ דהא כוליה חד קרא הוא והיתה שבת הארץ לכם לאכלה וגו': **אין** סדר למשנה. דפעמים היה שונה שלא על הסדר ושמא תחילה שנה ב"מ ואחר כך ב"ק אבל ודאי אח"כ סדרן רבי על הסדר כדדייק בריש (פרק) שבועות (דף ג:) מכדי תנא ממכות קסליק כו' ל): **גבי** הלכתא פסיקתא. תימה אמאי קרי לה הלכתא פסיקתא להיא דכל החוזר בו ידו על התחתונה הא בפרק האומנין (ב"מ דף עז:) מוקמינן לה כיחידאה כרבי דוסא ורבנן פליגי עליה ומוכח התם דרב לא סבר לה כרבי דוסא בההוא דכל החוזר בו וי"ל דהכא סבר כאיבעית אימא דהתם דאמר כל החוזר בו ידו על התחתונה לאתויי כדקתני וי"מ דקתני לה בלשון הלכתא פסיקתא דלישנא דכל החוזר וכל המשנה משמע לפסוק הלכתא מ): **הנותן** מעות לשלוחו. נראה דמיירי שנותן למחצית שכר אם פחתו פחתו לו ואם הותירו הותירו לאמצע מכאן יש להביא ראיה אם אדם נותן מעות לחבירו למחצית שכר ואמר ע"מ שלא תלווה אלא על משכונות של כסף וזהב ותשמרם בקרקע ואם תשנה יהא ברשותך לחייב בכל דבר ואם פחתו פחתו לך שאין זה רבית דהא הכא אם שינה מדעתו אמר אם פחתו פחתו לו אפ"ה אם הותירו הותירו לאמצע ולא הוי רבית כיון דאם לא היה משנה דעתו לא היו כולן ברשותו אלא השכר וההפסד לאמצע כדין פלגא מלוה ופלגא פקדון:

הא

עין משפט נר מצוה

צד א ב ג מיי' פ"ה מהל' שמיטין הלכה י:

צה ד מיי' פ"ט מהלכות ע"ז הלכה א סמג לאוין מה טוש"ע י"ד סי' קמח סעיף א:

צו ה מיי' פ"ח מהלכות מכירה הלכה ג סמג עשין פב טוש"ע ח"מ סי' קל סעי' י יא:

ליקוטי רש"י

סתם עצים וכו'. של היסק להסקה ניתנו לבריות וסתמן לאו להאיר קיימו הלכך לא נחתא בהו קדושת שביעית מעיקרא ואפילו לקטן להאיר. **ועצים להסקה תנאי היא.** ועצים דהסקה גופייהו שהנאתן אחר ביעורן תנאי היא אי נהגא בהו שביעית אי לא דאיכא תנא דדריש לכם דומיא דלאכילה למעוטי כל שהנאתו אחר ביעורו כדדרשינן לעיל ומהסיא דרשה אימעוט עצים ואיכא דלא ממעט מיניה אלא דבר שאין הנאתו שוה בכל אדם כגון מלוגמא וזילוף ואפיקטויזין ואני שמעתי מרבותי שהיו גורסים וסתם עצים להסקה נינהו תנאי היא וכן כתוב בכל הספרים וטרחתי מנעורי בכל לידי שיטת הש"ס ליישבה כפי דבריהם ואיני יכול ומצאתי גירסא זו בספר כתב ידו של רבינו גרשום בן יהודה מנוחתו כבוד ובסדר ישועות של רבינו יצחק בר מנחם כתוב ואינו מוגה וכן נראה בעיני. **למשרה.** לשרות פשתן ביין של שביעית. **לכבוסה.** לכבוס בגדים ביין של שביעית משרה וכבוסה הנאתן אחר ביעורן שמשעה ששורה הבגדים או הפשתן ביין שעה אחת נתבער ואבד לו והנאתו אינה עד שילבש הבגדים. **למלוגמא.** לרפואה. **ששוה בכל אדם.** שהכל צריכין לה כמו אכילה ששוה בכל אדם. **ומוציא אני את המלוגמא וכו'.** שאין הכל חולין. **ולא לזילוף.** יין שמזלפין בבית צריך טוב. **אפיקטויזין.** להקיא והוא בנוטריקון אפיק טפי זין מזון האוכל יותר מדאי מוציא ומקיא [סוכה מ.]. להקיא שותה משקים ומקיא ולא לרפואה אלא להריק את מעיו שיוכל לאכול ולשתות הרבה [שבת קכג:]. **כמאן כר' יוסי.** דלא ממעט אלא הנאה שאינה שוה בכל והנך נמי אינם אלא לצורך חולי ואסטניס והיינו תנאי דלעיל דלרבנן לא נהגא שביעית אלא בדבר שהנאתו וביעורו שוה דדרשינן ליה נמי הכי והיתה שבת הארץ נוהגת בדבר שהוא לכם דומיא דלאכלה שהנאתו וביעורו שוה ולא בעצים ורבי יוסי דריש הכי והיתה שבת הארץ נוהגת כולו שהנאתו שוה בכל אדם ואפילו עצים להסקה [סוכה מ:]. **הלכה כרבי יהושע בן קרחה.** דשרי במלוה על פה [עבודה זרה ז.]. **רב יוסף לאפיה.** בכעס

[סוכה יא.]. **מלוה בשטר אין נפרעין מהן.** לפני אידיהן מפני ששמחה הוא לאחר זמן ביום אידו דכיון דנקט [ישראל שטרא] עילויה כל שעתא מסתפי מיניה [ע"ז ו:]. **מחלוקת.** דרבי מאיר ורבי יהודה בהגוזל בב"ק. **ואח"כ סתם.** ואחר כך סתם לן תנא בבבא מציעא כר' יהודה וכל מחלוקת שנחלקו תנאים ואח"כ סתם לנו במשנתינו כאחד מהן הלכה כמותו דכיון דסתמיה אחר המחלוקת ש"מ דקמו רבנן בטעמייהו ומסתברא טעמא דהאיך [שם ז.]. בין שסתם אחריה מיד [באותה מסכת] בין שסתם אחריה במסכת אחרת באותו הסדר כגון נתן צמר לצבע דמחלוקת בב"ק בהגוזל וסתם בב"מ (דף עו.) כל המשנה ידו על התחתונה וסתם לן כר"י דאמר אם השבח יתר על היציאה כו' הלכה כסתם [יבמות מב:] **כל המשנה ידו על התחתונה.** כגון נתן צמר לצבע לצבעו אדום וצבעו שחור אם השבח יותר על היציאה אין נותן לו שכרו משלם אלא דמי יציאת עצים וסממנים ואם היציאה יתירה על השבח נותן לו את השבח [ב"מ עו.] **אין סדר למשנה.** סידרא דמתניתין לאו דוקא ושמא משנה אחרונה היא נשנית ראשונה בבית המדרש. **אי הכי כל מחלוקת ואח"כ סתמא וכו'.** אלמא קיימא לן כל מחלוקת ואחר כך סתם הלכה כסתם ביבמות (דף מב:) בפ' החולץ. **כי לא אמרינן אין סדר למשנה.** אלא סמכינן אסידרא ה"מ בחד מסכתא. **כולה נזיקין.** תלתא בבי. **ואיבעית אימא וכו'.** להכי אהדרינהו רב יוסף לאפיה דאי נמי אין סדר למשנה לא איצטריך לומר הלכה כרבי יהודה דודאי הלכתא כי האי סתמא דכל המשנה לא הוה שייכא למיתנייה התם בהשוכר דהא לא איירי בההוא פירקא בשינוי אלא בחזרה ומדתניא התם ש"מ הלכתא קא פסיק ואזיל [ע"ז שם].

מסורת הש"ס

א) [גילה לג. סוכה מ. נדרים סב:], ב) סוכה מ., ג) [מכות יג. וש"נ], ד) ע"ז ו:, ה) [סוכה יא.], ו) [ברכות ט. וש"נ], ז) [יבמות מב:], ח) לעיל ק: [וש"נ], ט) ב"מ עו. [ע"ז ז.], י) עיין ברש"י במס' סוכה שכתב פי' אחר, כ) [ד"ה ועצים], ל) [וע"ע תוס' ריש ב"מ וריש ב"ב], מ) [ועי' תוס' מנחות סו. ד"ה זכר].

גליון הש"ס

גמ' **יצאו משרה וכבוסה.** עיין בכורות דף יב ע"ב תוס' ד"ה ודאי:

תורה אור השלם

א) וְהָיְתָה שַׁבַּת הָאָרֶץ לָכֶם לְאָכְלָה לְךָ וּלְעַבְדְּךָ וְלַאֲמָתֶךָ וְלִשְׂכִירְךָ וּלְתוֹשָׁבְךָ הַגָּרִים עִמָּךְ: [ויקרא כה, ו]

לעזי רש"י

אלנפשט"ר. פירוש רטיה, תחבושת, אגד (פלאסטער):

ווסי"ט. פירוש גורם להקיא (עיין רש"י שבת דף קכג ע"ב וסוכה דף מ ע"ב ד"ה אפיקטויזין וערוך ערך אפקטפיזון):

הִלְכְתָא פְּסִיקְתָא — משום שהיא שנויה שם אצל הלכות פסוקות: ״**כָּל** אומן **הַמְשַׁנֶּה** ממה שהתנה עמו בעל הבית, **יָדוֹ עַל הַתַּחְתּוֹנָה. וְכָל הַחוֹזֵר בּוֹ יָדוֹ עַל הַתַּחְתּוֹנָה**״. ההוראה הראשונה (״כל המשנה וכו׳ ״) אינה שייכת לענין הנידון במשנה שם, ולא הוזכרה אלא כדי לשנותה יחד עם ההוראה השניה (״כל החוזר בו וכו׳ ״), ללמדנו שכשם שההוראה השניה היא ״הלכה פסוקה״ שלא נחלק בה אדם מעולם, כך גם יש לפסוק בנוגע להוראה הראשונה[35].

נידון אחר, הקשור למחלוקת רבי מאיר ורבי יהודה:

תָּנוּ רַבָּנָן בברייתא: **הַנּוֹתֵן מָעוֹת לִשְׁלוּחוֹ**

הערות

35. רש״י כאן ובעבודה זרה שם; ועיין תוספות ד״ה גבי (וראה קובץ שיעורים קנג).

לפי הסבר זה, רב יוסף מודה שכל אחת משלש הבבות חשובה מסכת בפני עצמה, וגם לגביהן נאמר ש״אין סדר למשנה״. הטעם להקפדתו של רב יוסף לא היה משום הכלל ש״מחלוקת ואחר כך סתם, הלכה כסתם״ (כפי שהבינה הגמרא עד עתה — ראה לעיל הערה 23), אלא בגלל שדינו של רבי יהודה מופיע בין הלכות פסוקות, ולכן פשוט שהלכה כמותו (תורת חיים; ראה גם רש״י עבודה זרה שם: ״להכי אהדרינהו רב יוסף לאפיה״). פירוש אחר: רב יוסף סבר שכיון ש׳סתם׳ זה נשנה בין הלכות פסוקות, מסתבר שהוא אכן נשנה **לאחר** המחלוקת ולא לפניה. הלכך, אף על פי שמדובר בשתי מסכתות, דנים זאת כ״מחלוקת ואחר כך סתם״, שהלכה כסתם (מהרש״א מהדורא בתרא; עיין גם רמ״ה בשיטה מקובצת).

[א] סתם עצים להסקה הן עומדין אמר רב כהנא ועצים להסקה תנאי היא דתניא [ב] א אין מוסרין פירות שביעית לא למשרה ולא לכבוסה ור' יוסי אומר נותנין פירות שביעית לתוך המשרה ולתוך הכבוסה מאי טעמא דרבנן אמר קרא [א] לאכלה ולא למשרה לאכלה ולא לכבוסה ורבי יוסי אומר אמר קרא לכם [ג] לכל צרכיכם ורבנן נמי הכתיב לכם לכם דומיא דלאכלה במי שהנאתו וביעורו שוין [י] יצאו משרה וכבוסה שהנאתן אחר ביעורן ור"י נמי הכתיב לאכלה אמר לך ההוא מיבעי ליה לכדתניא דתניא לאכלה ולא למלוגמא אתה אומר לאכלה ולא למלוגמא או אינו אלא לאכלה ולא לכבוסה כשהוא אומר לכם הרי כבוסה אמור הא מה אני מקיים לאכלה לאכלה ולא למלוגמא ומה ראית לרבות הכבוסה ולהוציא את המלוגמא מרבה אני את הכבוסה ששוה בכל אדם ומוציא אני את המלוגמא שאינו שוה בכל אדם כמאן אזלא הא דתניא ב לאכלה ולא למלוגמא לאכלה ולא לזילוף לאכלה ולא לעשות ממנה אפיקטויזין כמאן כר' יוסי דאי כרבנן ג איכא נמי משרה וכבוסה: רבי יהודה אומר אם השבח כו': (סימן סבן) [ד] יתיב רב יוסף אחורי דרבי אבא קמיה דרב הונא ויתיב רב הונא וקאמר הלכה כרבי יהושע בן קרחה והלכה כרבי יהודה [ה] אהדרינהו רב יוסף לאפיה אמר בשלמא רבי יהושע בן קרחה אצטריך סלקא דעתך אמינא [ו] יחיד ורבים הלכה כרבים קמ"ל הלכה כיחיד ר' יהושע בן קרחה מאי היא דתניא רבי יהושע בן קרחה אומר ד מלוה בשטר אין נפרעין מהן מלוה על פה נפרעין מהן מפני שהוא כמציל מידם אלא הלכה כר' יהודה למה לי מחלוקת ואחר כך סתם היא [ז] ומחלוקת ואח"כ סתם הלכה כסתם מחלוקת בבבא קמא [ח] לצבוע לו אדום וצבעו שחור שחור וצבעו אדום רבי מאיר אומר נותן לו דמי צמרו רבי יהודה אומר אם השבח יתר על היציאה נותן לו את היציאה ואם היציאה יתירה על השבח נותן לו את השבח וסתם בבבא מציעא דתנן [ט] כל המשנה ידו על התחתונה ה וכל החוזר בו ידו על התחתונה ורב הונא אצטריך סלקא דעתך אמינא אין סדר למשנה וסתם ואחר כך מחלוקת היא ורב יוסף אי הכי כל מחלוקת ואח"כ סתמא נימא אין סדר למשנה וסתם ואחר כך מחלוקת היא ורב הונא כי לא אמרינן אין סדר למשנה בחדא מסכתא אבל בתרי מסכתות אמרינן ורב יוסף כולה נזיקין חדא מסכתא היא ואיבעית אימא משום דקתני לה גבי הלכתא פסיקתא כל המשנה ידו על התחתונה וכל החוזר בו ידו על התחתונה: תנו רבנן הנותן מעות לשלוחו ליקח

רש"י

סתם עצים להסקה ניתנו. ולא להאיר הלכך עצים נינהו ומעיקרא חל עלייהו שביעית אבל ספיחי סטים סתמן לצביעה הלכך חל עלייהו קדושה ואסירי לאחר הביעור אף להיסק ועלי קנים וגפנים יש שאוכלין אותן ויש שמסיקין אותן הלכך בתר מחשבת לקיטה אזלינן: תנאי היא. איכא למאן דאמר סתם עצים להסקה ניתנו ולא חיילא שביעית אפילו אעצים דמשחן ואיכא למאן דלית ליה ואעצים דמשחן מיהא חיילא: לתוך המשרה. אין שורין פשתן ביין של שביעית וכן אין מכבסין בגדים דהוי סחורה: מי שהנאתו וביעורו שוה. הנאה שהיא בשעה שהוא כלה מן העולם אתה יכול ליהנות מפירות שביעית קודם זמן הביעור: [י] יצאו משרה וכבוסה. שמשעה שמטילין פשתן או בגד ביין נתקלקל ונבער והנאתו אינו אלא עד שלשה ימים וד' עד שיהא הפשתן שרוי וכן הבגד והיינו תנאי דרבנן סברי סתם פירות לאכילה וחיילא עלייהו קדושת שביעית כדאמרן לעיל דכל דבר שהנאתו וביעורו שוה חיילא הלכך אפילו לקטן למשרה וכביסה לא מהניא מחשבה לאפקועי איסורן למיהוי כעלי קנים שלקטן לעצים דמשתרו דהתם סתמייהו להכי ולהכי אבל פירות סתמן לאכילה ומשעת יצירתן חייל קדושתן ותו לא מהני מחשבה לאפקועי ואסורין למשרה וכביסה דלאו נהנין בקדושת שביעית אלא הנאה הדומה לאכילה וגבי עצים נמי סתם עצים להסקה ניתנו ולא חיילא אפילו אעצים דמשחן ור' יוסי סבר לא אמרינן סתם פירות לאכילה ניתנו ומהניא בהו מחשבה כעלי קנים וגפנים דהיכא דליקטן למשרה הוי דבר שהנאתו אחר ביעורו ולא חל עלייהו שביעית כך מצאתי ויש לשונות אחרים וזו שמעתי והגון: למלוגמא. אלנפשט"ר: אינה שוה בכל אדם. אינה צריכה אלא לחולים: לזילוף. שמזלפין יין בבית והאי נמי אין שוה בכל אדם שא"צ זילוף אלא אדם מעונג ומעודן: אפיקטויזין. ווישי"ט להקיא: איכא נמי משרה וכביסה. והכא לא נקט אלא דבר שאין שוה בכל אדם: מלוה בשטר אין נפרעין מהן. לפני אידיהן מפני שמחה היא לו ואזיל ומודה לעכו"ם ביום חגם ורבנן סברי אסור לפורען וליפרע מהן כלל: ואיבעית אימא. הך סתמא ודאי עיקר הוא דקתני לה התם בב"מ (עו.) גבי הלכתא פסיקתא דהא לא שייכא התם ולא תני אלא משום פיסוק הלכה שפסקה התנא עם כל החוזר בו שלא נחלק אדם עליהן:
ליקח

תוספות

ה"ג בקונטרס במס' סוכה (דף מ. ושם [כ]) אמר רב כהנא ועצים להסקה תנאי היא כו'. וכן עיקר פי' כל עצים בשביעית הויא פלוגתא דתנאי אי אית בהו קדושת שביעית דכיון דטעמא דשרינא להו היינו משום דהנאתן אחר ביעורן אם כן לרבי יוסי דלית ליה דרשה דהנאתו וביעורו שוה לענין פירות שביעית ה"נ לא דריש לה לענין דלא לחול קדושת שביעית ואם תאמר לר' יוסי היאך מותרין עצים בארץ ישראל להסיק בהן תנור והלא יש בהן איסור שביעית לאחר הביעור וי"ל דבטלי בשאר עצים דשאר שנים ועוד י"ל לפי גירסת הספרים ועצים דהסקה תנאי היא פירוש עצים שיש בהם קדושת שביעית כגון לולב דהנאתו וביעורו שוה דסתמיה קאי לכבד בו את הבית אם מותר להסיקו דהוי הנאה לאחר ביעורו או לא דתניא אין מוכרין פירות שביעית כו' הרי לרבנן אסור להסיקו מידי דהוי אמשרה וכביסה ולר' יוסי מותר אבל שאר עצים לדברי הכל אין בהן קדושת שביעית אבל הטעם אין מיושב דכי היכי דר' יוסי דריש לכם לכל צרכיכם אפירות שביעית ולא בעי לכם דומיא דלאכלה הכי נמי לענין לחול קדושת שביעית על כל דבר שהוא לכם דמ"ש דהא כוליה חד קרא הוא והיתה שבת הארץ לכם לאכלה וגו': **אין** סדר למשנה. דפעמים היה שונה שלא על הסדר ושמא תחילה שנה ב"מ ואחר כך ב"ק אבל ודאי אח"כ סדרן רבי על הסדר כדדייק בריש (פרק) שבועות (דף ב:) מכדי תנא ממכות קסליק כו' [ל]: **גבי** הלכתא פסיקתא. תימה אמאי קרי לה הלכתא פסיקתא להיא דכל החוזר בו ידו על התחתונה הא בפרק האומנין (ב"מ דף עז:) מוקמינן לה כיחידאה כרבי דוסא ורבנן פליגי עליה ומוכח התם דרב לא סבר לה כרבי דוסא בההוא דכל החוזר בו וי"ל דהכא סבר כאיבעית אימא דהתם דאמר כל החוזר בו ידו על התחתונה לאתויי כדקתני וי"מ דקתני לה בלשון הלכתא פסיקתא דלישנא דכל החוזר וכל המשנה משמע לפסוק הלכתא [מ]: **הנותן** מעות לשלוחו. נראה דמיירי שנותן למחצית שכר אם פחתו פחתו לו ואם הותירו הותירו לאמצע מכאן יש להביא ראיה אם אדם נותן מעות לחבירו למחצית שכר ואמר ע"מ שלא תלווס אלא על משכונות של כסף וזהב ותשמרס בקרקע ואם תשנה יהא ברשותך לחייב בכל דבר ואם פחתו פחתו לך שאין זה רבית דהא הכא אם שינה מדעתו אמר אם פחתו פחתו לו אפ"ה אם הותירו הותירו לאמצע ולא הוי רבית כיון דאם לא היה משנה דעתו לא היו כולן ברשותו אלא השכר וההפסד לאמצע כדין פלגא מלוה ופלגא פקדון:
הא

עין משפט נר מצוה

צד א ב ג מיי' פ"ה מהל' שמיטין הלכה י:
צה ד מיי' פ"ז מהלכות ע"ז הלכה ה סמג לאוין מה טוש"ע י"ד סי' קמח סעיף א:
צו ה מיי' פ"ו מהלכות מכירה הלכה ב סמג עשין פב טוש"ע ח"מ סי' קל סעי' י יא:

ליקוטי רש"י

סתם עצים וכו'. של היסק להסקה ניתנו לבריות וסתמן לאו להאיר קיימו הלכך לא נחתא בהו קדושת שביעית מעיקרא ואפילו לקטן להאיר. ועצים להסקה תנאי היא. ועצים דהסקה גופייהו שהנאתן אחר ביעורן תנאי היא אי נהגא בהו שביעית אי לא דאיכא תנא דדריש לכם דומיא דלאכילה למעוטי כל שהנאתו אחר ביעורו כדדרשינן לעיל ומההיא דרשה אימעוט עצים ואיכא דלא ממעט מיניה אלא דבר שאין הנאתו שוה בכל אדם כגון מלוגמא וזילוף ואפיקטויזין ואני שמעתי מרבותי שהיו גורסים וסתם עצים להסקה נינהו תנאי היא וכן כתוב בכל הספרים וטרחתי מנעורי בכל לידי שיטת הש"ס ליישבה כפי דבריהם ואיני יכול ומצאתי גירסא זו בספר כתב ידו של רבינו גרשום בן יהודה מנוחתו כבוד ובסדר ישועות של רבינו יצחק בר מנחם כתוב ואינו מוגה וכן נראה בעיני. למשרה. לשרות פשתן ביין של שביעית. לכבוסה. לכבוס בגדים ביין של שביעית משרה וכבוסה הנאתן אחר ביעורן שמשעה שטורה הבגדים או הפשתן ביין שעה אחת נתבער ואבד לו והנאתו אינה עד שילבש הבגדים. למלוגמא. לרפואה. ששוה בכל אדם. שהכל צריכין לה כמו אכילה ששוה בכל אדם. ומוציא אני את המלוגמא וכו'. שאין הכל חולין. ולא לזילוף. יין שמזלפין בבית לריח טוב. אפיקטויזין. להקיא והוא בנוטריקון אפיק טפי זין מזון האוכל יותר מדאי מוליא ומקיא [סוכה מ.]. להקיא שותה משקים ומקיא ולא לרפואה אלא להריק את מעיו שיוכל לאכול ולשתות הרבה [שבת קכג:]. כמאן כר' יוסי. דלא ממעט אלא הנאה שאינה שוה בכל והנך נמי אינם אלא לצורך חולי ואסטנים והיינו תנאי דלעיל דלרבנן לא נהגא שביעית אלא בדבר שהנאתו וביעורו שוה דדרשינן ליה נמי הכי והיתה שבת הארץ נוהגת בדבר שהוא לכם דומיא דלאכלה שהנאתו וביעורו שוה ולא בעצים ורבי יוסי דריש הכי והיתה שבת הארץ נוהגת כולו שהנאתו שוה בכל אדם ואפילו עצים להסקה [סוכה מ:]. הלכה כרבי יהושע בן קרחה. דשרי במלוה על פה [עבודה זרה ז.]. רב יוסף לאפיה. בכעס

מסורת הש"ס

א) [ביצה לג. סוכה מ. נדרים סב:], ב) סוכה מ., ג) [מכות יג. וש"נ], ד) ע"ז ו:, ה) [סוכה לא.], ו) [ברכות ט. וש"נ], ז) [יבמות מב:], ח) [לעיל ק: וש"נ], ט) ב"מ עו. [ע"ז ז.], י) עיין ברש"י במס' סוכה שכתב פי' אחר, כ) [ד"ה ועצים], ל) [וע"ע תוס' ריש ב"מ וריש ב"ב], מ) [ועי' תוס' מנחות סו. ד"ה זכר].

גליון הש"ס

גמ' יצאו משרה וכבוסה. עיין בכורות דף יב ע"ב תוס' ד"ה ולאי:

תורה אור השלם

א) וְהָיְתָה שַׁבַּת הָאָרֶץ לָכֶם לְאָכְלָה לְךָ וּלְעַבְדְּךָ וְלַאֲמָתֶךָ וְלִשְׂכִירְךָ וּלְתוֹשָׁבְךָ הַגָּרִים עִמָּךְ: [ויקרא כה, ו]

לעזי רש"י

אלנפשט"ר. פירוש רטיה, תחבושת, אגד (פלאסטער):
ווישי"ט. פירוש גורם להקיא (עיין רש"י שבת דף קכג ע"ב וסוכה דף מ ע"א ד"ה אפיקטוויזין וערוך ערך אפקטפיזין):

[סוכה יא.]. מלוה בשטר אין נפרעין מהן. לפני אידיהן מפני שמחה הוא לאחר זמן לוה [ישראל שטרא] לדינו אידו בשטר עליה כל שעתא מסתפי מיניה [ע"ז ו:]. מחלוקת. דרבי מאיר ורבי יהודה בהגוזל בב"ק. ואח"כ סתם. ואחר כך סתם לה תנא בבבא מציעא כר' יהודה וכל מחלוקת שנחלקו תנאים ואח"כ סתם לנו בסתם כמותו הלכה כמותו כיון דסתמיה אחר המחלוקת ש"מ דקמו רבנן בטעמייהו ומסתברא טעמא דהאיך [שם ז.]. בין שסתם אחריה [בלשון משנה] בין שסתם אחריה בלשון ברייתא כגון נתן צמר לצבע בב"מ (דף עו.) כל המשנה ידו על התחתונה וסתם לן כר"י דאמר אם השבח יתר על היציאה כו' הלכה כסתם [יבמות מב:] כל המשנה ידו על התחתונה. כגון נתן צמר לצבע לצבעו אדום וצבעו שחור אם השבח יותר על היציאה אין נותן לו שכרו משלם אלא דמי יציאת עצים וסממנים ואם היציאה יתירה על השבח נותן לו את השבח [ב"מ עו.]. אין סדר למשנה. סידרא דמתניתין לאו דוקא ושמא משנה אחרונה היא נשנית ראשונה בבית המדרש. אי הכי כל מחלוקת ואח"כ סתמא וכו'. אלמה קיימא לן כל מחלוקת ואחר כך סתם הלכה כסתם ביבמות (דף מב:) בפ' החולץ. כי לא אמרינן אין סדר למשנה. אלא סמכינן אסידרא ה"מ בחד מסכתא. כולה נזיקין. תלתא בבי. ואיבעית אימא וכו'. להכי אהדרינהו רב יוסף לאפיה דאי נמי אין סדר למשנה לא איצטריך לומר הלכה כרבי יהודה דודאי הלכתא כי האי סתמא דכל המשנה לא הוה שייכא למיתנייה התם בהשוכר דהא לא איירי בההוא פירקא בשינוי אלא בחזרה ומדתניא התם ש"מ הלכתא קא פסיק ואזיל [ע"ז שם].

ליקח לו חטין ולקח מהם שעורין ולקח מהם חטין תניא חדא אם פחתו פחתו לו ואם הותירו הותירו לו ותני חדא [א]אם פחתו פחתו לו ואם הותירו הותירו לאמצע אמר רבי יוחנן לא קשיא הא ר"מ והא רבי יהודה הא ר"מ דאמר שינוי קונה והא רבי יהודה דאמר שינוי אינו קונה מתקיף לה ר' אלעזר ממאי דלמא עד כאן לא קאמר ר"מ אלא במידי דחזי ליה לגופיה אבל לסחורה לא אמר אלא א"ר אלעזר הא והא ר' מאיר ולא קשיא כאן לאכילה כאן לסחורה ° [א)] מחכו עלה במערבא לר' יוחנן אליבא דר' יהודה וכי מי הודיעו לבעל חטין שיקנה חטין לבעל מעות מתקיף לה רב שמואל בר ססרטי אי הכי אפילו חטין וחטין נמי לא אמר רבי אבהו שאני חטין וחטין דשליחותיה קא עביד וכי בעל הבית דמי תדע דתנן [ב)] [ב]אחד המקדיש נכסיו ואחד המעריך את עצמו אין לו בכסות אשתו ולא בכסות בניו ולא בצבע שצבע לשמן ולא בסנדלים חדשים שלקחן לשמן ואמאי לימא הכא נמי מי הודיעו לצבע שיקנה צבעו לאשה אלא לאו משום דאמרינן [דשליחותיה קא עביד וכיד אשתו דמי הכא נמי] שליחותיה קא עביד וכיד בעה"ב דמי א"ר אבא °לא כל המקדיש נכסיו אין דעתו על כסות אשתו ובניו מתקיף לה רבי זירא וכי דעתו של אדם על תפיליו [ג)] ותנן [ג]המקדיש נכסיו מעלין לו תפילין א"ל אביי אין דעתו של אדם על תפילין המקדיש נכסיו סבר [ד)] מצוה קא עבידנא ואין דעתו של אדם על כסות אשתו ובניו משום איבה מתקיף לה רב אושעיא והלא חייבי ערכין שנו כאן [ה)] ותנן [ד]חייבי ערכין ממשכנין אותן וכי דעתו של אדם על עצמו למשכנו אלא אמר רבי אבא כל המקדיש נכסיו נעשה כמי שהקנה להן כסות אשתו ובניו מעיקרא תנו רבנן הלוקח שדה בשם חבירו אין כופין אותו למכור ואם אמר לו על מנת כופין אותו למכור מאי קאמר אמר רב ששת ה"ק הלוקח שדה מחבירו בשם ריש גלותא אין כופין אותו ריש גלותא למכור ואם אמר על מנת כופין את ריש גלותא למכור אמר מר הלוקח שדה בשם ריש גלותא אין כופין אותו ריש גלותא למכור מכלל דמקנא קניא ליה לימא פליגא דבני מערבא דאמרי וכי מי הודיעו לבעל חטין שיקנה חטין לבעל הבית אי משום הא לא קשיא כגון דאודעיה לבעל שדה ואודעינהו לסהדי אלא אימא סיפא על מנת כופין אותו ריש גלותא למכור אמאי ולימא ריש גלותא לא יקרייכו בעינא ולא זילותייכו בעינא אלא אמר אביי [ה]ה"ק הלוקח שדה בשם חבירו [ו)] (ריש גלותא)

אין

ליקח בהן חטין. למחלית שכר: [הא ר"מ]. קמייתא ר"מ [דאמר] שינוי קונה בתרייתא ר' יהודה [דאמר] שינוי אינו קונה ומיהו אם פחתו פחתו לו דלאו לעוותיה שדריה: לגופיה. למר ללבוש וספסל להשתמש: אבל לסחורה. בכל מידי דאיכא רווחא ניחא ליה וכי הותירו לאו שינוי הוא: מי הודיעו. למוכר החטין שלצורך בעל המעות הן שיקנה לו דקתני הותירו לאמצע בשלמא לר' אלעזר אליבא דר"מ דאמר בכל דהו ניחא ליה לאו משנה הוא ושליחותיה דבעל הבית קעביד וקני בעל מעות מחלית השכר אלא לר' יוחנן דאמר משנה הוא ולא הוי שליחות ומיהו שינוי לא קני קשיא דממאן קבעי למקני הא לא קנינהו בעל מעות מעולם: אין לו. לגזבר לא בכסות אשתו למשכנו בשביל הערך וכן לגבי מקדיש לא הוו בכלל נכסים להקדישו: לשמן. לאשתו ובניו: חדשים. רבותא נקט: מעלין לו תפילין. ולוה המעות ויתן בשבילם להקדש: מעלין. שמין: אמר ליה אביי אין. ודאי דעתו של אדם על תפילין להקדישן דסבר האי נמי מצוה קעבידנא דיהיבנא להקדש: והלא חייבי ערכין שנו כאן. דקתני המעריך את עצמו: ממשכנין. בעל כרחו אלמא לאו משום דעתו הוא: הלוקח שדה מחבירו בשם ריש גלותא. שאמר לו למוכר לצורך ריש גלותא אני לוקחה ונתכוון להטיל אימה שלא יבאו עליה עסיקין וכתב המוכר שטר המכירה בשם ריש גלותא: אין כופין ריש גלותא. לחזור ולכתוב שטר מכירה שהוא מכרה ללוקח ואם אומר לו לוקח למוכר על מנת שיכתוב לי ריש גלותא בשמו לשמי שטר אחר כופין ריש גלותא למכור: לא יקרייכו. שעשיתם אותי ראש להטיל אימה: ולא זילותייכו. שאתם באים לעשות אותי למוכר שדות: הכי קאמר הלוקח שדה בשם חבירו ריש גלותא אין

הא רבי יהודה דאמר שינוי אין קונה. הלכך אם הותירו לאמצע שכך נותן לו למחלית שכר ואם פחתו פחתו לו דמצי אמר ליה לא היה לך לשנות מדעתי ואת הוא דפשעת: **מי** הודיעו לבעל חטין שיקנה חטין לבעל מעות. אם נפרש דמהאי טעמא אין קונה אותו המשלח אבל לוקח דהיינו שליח קנה להו איכא למפרך נמי לר' אלעזר אמאי לא אוקי נמי הא והא כרבי יהודה כאן לאכילה כאן לסחורה ההיא דקתני אם פחתו פחתו לו ואם הותירו הותירו לו היינו לאכילה דקפיד ולא שליחותיה קעביד הלכך לא קני להו לבעל המעות כלל משום טעמא דמי הודיעו לבעל חטין וההיא דקתני אם הותירו הותירו לאמצע לסחורה דלא קפיד ושליחותיה קעביד הלכך קני להו בעל המעות ואם הותירו הותירו לאמצע ומיהו אם פחתו פחתו לו דאמר ליה לתקוני שדרתיך ולא לעוותי ומיהו אין קושיא כ"כ לר"א כמו לר' יוחנן הלכך לא פריך אלא לר' יוחנן ואם נפרש מי הודיעו לבעל חטין שיקנה חטין לבעל מעות הרי בעל מעות לא קנה ושליח נמי לא קנה שלא נתכוון לקנות לעצמו וחוזר המקח כמו מקח טעות אז ליכא למפרך לר' אלעזר דלא מצי לאוקמי תרוייהו כרבי יהודה דכיון דשינוי לא קני לרבי יהודה אם כן אמאי אם פחתו פחתו לו אפילו לאכילה הא כיון דקמקפיד ולא שליחותיה קעביד ואיכא למימר מי הודיעו לבעל חטין שיקנה חטין לבעל מעות אם כן חוזר המקח ואם כן אמאי אם פחתו פחתו לו ואם הותירו הותירו לו דמשמע שקונה אותו השליח: **שאני** חטין וחטין דשליחותיה קעביד תדע דתנן כו'. תימה אמאי איצטריך לאתויי מהא דתנן והלא מגופא דברייתא משמע הכי דדוקא נקט ליקח בהן חטין ולקח בהן שעורים הא חטין וחטין משמע דפשיטא דאם הותירו הותירו לאמצע וה"נ משמע דתירוצא דרבי אלעזר דמתרץ כאן לסחורה משמע משום דלסחורה לא קפיד והוי כחטין וחטין והותירו הותירו לאמצע וי"ל דברייתא מצינן לאוקמי כגון שהודיעו שהוא קונה לבעל המעות והא דפריך מי הודיעו בעי למימר דמסתמא מיירי הברייתא בכל ענין אפילו לא הודיעו והאי פריך רב שמואל אי הכי אפילו חטין וחטין נמי אי מיירי שלא הודיעו אלא ע"כ מיירי כשהודיעו ומשני שאני חטין וחטין דשליחותיה קעביד דתנן כו' והשתא ודאי צריך להביא מהא דתנן דמגופא דברייתא ליכא למשמע מידי דאיכא לאוקמי כשהודיעו וא"ת מאי מוכח טפי מהא דתנן הא איכא לאוקמא נמי כשהודיעו לצבע דהאי צמר דאשתו היא ונראה דלא דמי דלעיל ודאי איכא למימר הוא מודיע כדי שיקנה לבעל המעות אבל הכא למה יש להודיעו הלא דעתו ליתן לאחר כך ומן ההקדש לא מסיק אדעתיה: **מי** הודיעו לצבע שיקנה צבע לאשה. תימה מאי פריך תינח אם יש שבח שמשמנין על גבי הצמר אבל אם אין שבח שמשמנין על גבי הצמר מה לנו לחוש אם אין הצבע מקנה צבעו לאשה וי"ל דהכי פריך כיון דאין הצבע מקנה צבעו לאשה ויכול הצבע לתבוע שבח מן האשה דאע"ג דאין שבח שמשמנים ע"ג הצמר מ"מ היא נהנית ממעשה ידיו וצריכה ליתן לו שכר וכיון דיכול ליקח שכר מאשה א"כ מעות שקיבל מבעל האשה הן הקדש דאין שכירות כיון שהאשה חייבת שכירות ולפי מה שפירשתי לעיל דכיון דלא הודיעו לבעל חטין שיקנה חטין לבעל המעות חוזר המקח ע"כ לא פריך הכא אלא ממעות שקיבל הצבע שיהיו הקדש אפילו אם יש שבח שמשמנין על גבי הצמר לא קנתה האשה והבעל נמי לא קנה וחוזר הצבע לצבע בכ"מ שהוא ואין לו להקדש בצבע כלום אלא המעות שקיבל הצבע כיון שחוזרין לבעל יהו הקדש והצבע יחזור ויתבע השכירות מן האשה ואמאי קתני אין לו לבעל בכסות אשתו משמע שבחנם בא לה: **אין** דעתו של אדם על כסות אשתו. הלכך אין דעתו להקדיש אותן מעות שנתן לצבע שלא יחזור ויתבע מן האשה ולפי האי טעמא הוה ליה למפרך תינח הקדש דתלוי בדעתו וכיון שאין רוצה להקדיש לא הוי הקדש אלא ערכין כיון שהעריך עצמו מה מועיל שאין דעתו עליהם מ"מ בע"כ נערך מכל מה שיש לו אלא משום דאית ליה פירכא אחריתי לא חש למפרך:

כגון

עין משפט נר מצוה

צז א מיי' פ"א מהלכות שלוחין הלכה ה ופ"ה הלכה ב סמג עשין קעד טוש"ע ח"מ סי' קפג סעיף ה וסי' קעו סעיף יא וע"ש:
צח ב מיי' פ"ג מהל' ערכין הלכה יד סמג עשין קלא:
צט ג מיי' שם פ"ו הלכה ג סמג עשין קלב:
ק ד מיי' שם פ"ג הלכה יד:
קא ה מיי' פ"ו מהלכות שלוחין הלכה ה סמג עשין פב טוש"ע ח"מ סי' קפד סעי' ב:

ליקוטי רש"י

מחכו עלה. [מחייכו עליה [זבחים טו.]. מחכו. מלתקי [סנהדרין קט.]. במערבא. בארץ ישראל [שבת סה:]. אחד המקדיש נכסיו ואחד המעריך וכו'. והגזבר בא למשכנו על ערכו הקצוב בפרשה. אין לו. לגזבר [כתובות נד.]. לא בכסות אשתו וכו'. שאינו שלו [ערכין כד.]. ולא בצבע שצבע לשמן. בגדים שצבע לשם אשתו ולשם בניו ואע"פ שלא לבשום עדיין [כתובות שם]. ולא בסנדלים חדשים. רבותא קמ"ל דאע"ג דעדיין לא נעלום הרי הן בחזקתן משעת לקיחה [ערכין שם]. מעלין לו תפילין. תפילין בכלל נכסיו ופודה אותן [שם כג:]. כלומר אף תפילין הקדש ומעלין לו בדמים ופודן בשווין [רשב"ם ב"ב קנא.]. מצוה קא עבידנא. דיהיבנא לבדק הבית הילכך אכל נכסיה הוה דעתיה [שם כד.]. חייבי ערכין ממשכנין אותן. גזבר נכנס לבתיהן ונוטל בעל כרחן [שם כג:] דכיון דלאו לכפרה אתי משהי ליה [לעיל מ.].

מסורת הש"ס

א) [סנהדרין יז: וש"נ], ב) כתובות נד. ערכין כד., ג) ב"ב קנא. ערכין כג:, ד) [ערכין כד.], ה) שם כא. [לעיל מ.], ו) ברא"ש ליתא.

גליון הש"ס

גמ' מחכו עלה במערבא. ביצה דף לא ע"ב שבועות דף כו ע"א. שם לא כל המקדיש. עי' נדרים דף מג ע"ב.

לִיקַּח לוֹ — על מנת שיקנה לו בהן **חִטִּין**, ויתחלקו שניהם ברווחים[1], והלך השליח **וְלָקַח מֵהֶם שְׂעוֹרִין**, או שנתן מעות לקנות לו **שְׂעוֹרִין, וְלָקַח מֵהֶם חִטִּין**[2], **תַּנְיָא חֲדָא** — בברייתא אחת שנינו שהדין במקרה כזה הוא: **אִם פָּחֲתוּ** החטים או השעורים שנקנו על ידי השליח (כגון שהוזלו[3]), **פָּחֲתוּ לוֹ** — ההפסד הוא על השליח בלבד; **וְאִם הוֹתִירוּ** (נתייקרו), **הוֹתִירוּ לוֹ** — הריווח הוא של השליח בלבד[4]. **וְתָנֵי חֲדָא** — ובברייתא אחרת שנינו לגבי מקרה זה: **אִם פָּחֲתוּ פָּחֲתוּ לוֹ** (לשליח), וְאולם **אִם הוֹתִירוּ, הוֹתִירוּ לָאֶמְצַע** — הריווח מתחלק בין שניהם[5]. כיצד ניתן ליישב סתירה זו?

הגמרא משיבה:

אָמַר רַבִּי יוֹחָנָן: לֹא קַשְׁיָא! הָא — הברייתא הראשונה שנויה כדעת **רַבִּי מֵאִיר** במשנתנו (לענין צֶבַע), **וְהָא** — ואילו הברייתא השניה הולכת בשיטת **רַבִּי יְהוּדָה** שם.

ומבאר רבי יוחנן:

הָא — הברייתא הראשונה, האומרת שכל הרווחים שייכים לשליח, סוברת כ**רַבִּי מֵאִיר דְּאָמַר** שכאשר אומן עושה **שִׁינּוּי** ממה שהתנה עמו בעל הבית (כגון במקרה של משנתנו, שנתן לו צמר לצובעו אדום וצבעו שחור), **קוֹנֶה** את החפץ שקיבל בקניני גזילה[6]. אף כאן, כיון שהשליח שינה וקנה דבר אחר ממה שנצטוה, דנים כאילו גזל את המעות וקנה את החטים או השעורים לעצמו; לפיכך הרווחים כולם שלו[7]. **וְהָא** — והברייתא השניה, האומרת שהרווחים מתחלקים "לאמצע", סוברת כ**רַבִּי יְהוּדָה דְּאָמַר** שאפילו אם האומן עושה **שִׁינּוּי** מדעת בעל הבית, **אֵינוֹ קוֹנֶה** את החפץ שקיבל, שאין דנים אותו כגזלן לענין זה. לפיכך גם בענייננו, אף על פי שהשליח לא השתמש במעות כפי שנצטוה, מכל מקום הוא קונה את הסחורה עבור שניהם, ועל כן מתחלקים שניהם ברווחים[8].

רבי אלעזר חולק על הסבר זה:

מַתְקִיף לָהּ — הקשה על כך **רַבִּי אֶלְעָזָר: מִמַּאי** — מניין לך שמחלוקת רבי מאיר ורבי יהודה שייכת גם בענייננו? **דִּלְמָא** — שמא **עַד כָּאן לֹא קָאָמַר רַבִּי מֵאִיר** שהמשַׁנה מדעת בעל הבית נחשב גזלן, **אֶלָּא** כאשר ה'שינוי' נעשה **בְּמִידֵי דַּחֲזֵי לֵיהּ לְגוּפֵיהּ** — בחפץ העומד לשימושו העצמי של בעל הבית, כגון צמר ללבישה (במקרה של הצֶבע במשנתנו) או ספסל לישיבה (במקרה של הברייתא לעיל קא, א)[9]. בכגון זה בודאי מקפיד בעל הבית על השינוי מהוראותיו, ולכן סובר רבי מאיר ש"המשַׁנה" נחשב גזלן וקונה את החפץ. **אֲבָל** כאשר נעשה השינוי בדבר שנקנה **לִסְחוֹרָה** (כגון החטים או השעורים בענייננו), אולי **לֹא אָמַר** רבי מאיר ש"שינוי קונה", שכן עיקר תכליתו של בעל הבית בקנייה זו הוא להרויח כסף, ונוח לו בכל דבר שיקנה השליח, ובלבד שיהא בו ריוח. יתכן איפוא שכאן מודה רבי מאיר שאם נתייקרו החטים או השעורים שנקנו, אין דנים את קנייתו של השליח כ"שינוי" מדברי בעל הבית, ואם כן, הסחורה שנקנתה אינה שייכת רק לשליח[10]!

לפיכך מיישב רבי אלעזר את הסתירה בין הברייתות באופן אחר:

אֶלָּא אָמַר רַבִּי אֶלְעָזָר: הָא וְהָא — זו וזו (שתי הברייתות) סוברות באמת כ**רַבִּי מֵאִיר**. וְאף על פי כן, **לֹא קַשְׁיָא: כָּאן** — הברייתא הראשונה מדברת בכגון שהשליח נשלח לקנות חטים או שעורים **לַאֲכִילָה**. מאחר שהקנייה היתה מיועדת לשימושו העצמי של המשלח, הרי זה כמו המקרים דלעיל (בצמר וספסל) בהם אמר רבי

הערות

1. רש"י, תוספות לעיל עמוד א, רי"ף, רא"ש ועוד (אולם עיין נמוקי יוסף בשם הרא"ה, וש"ך חשן משפט קפג, י).

דהיינו, השליח והמשלח עשו ביניהם שותפות הנקראת "עיסקא" (עסק) — בה המשלח נותן את המעות והשליח "מתעסק" בהן — וסוכם שהשליח יקנה במעות הללו חטים. אילו היה השליח ממלא אחרי הוראת המשלח, אזי החטים שנקנו היו שייכות לשניהם [שוה בשוה, או לפי חלוקה אחרת שנקבעה מראש]. כל התייקרות או הוזלה בשווי החטים היתה מתייחסת לרכוש משותף, ובהתאם לכך, שניהם היו מתחלקים בריוח או בהפסד (עיין בבא מציעא קד, ב). ברם במקרה שלפנינו, השליח שינה משליחותו.

2. [עד כאן הלשון המשותף לשתי הברייתות שיובאו בסמוך. שתי הברייתות עוסקות במקרה שהוזכר כאן, אולם הן חלוקות ביניהן (לכאורה) בנוגע לדין של אותו מקרה.]

3. [ראה להלן הערה 8 קטע שני.]

4. היינו, השליח מקבל את כל הרווחים ונושא בכל ההפסדים של עסק זה, ומחזיר למשלח את הסכום שהלה השקיע. ברייתא זו סוברת, שכיון שהשליח שינה מהוראות המשלח, נתבטלה השותפות ביניהם, וקנייתו של השליח לא היתה אלא לעצמו. בהתאם לכך, הסחורה שנקנתה שייכת אך ורק לו, והוא חייב למשלח את הכסף שקיבל ממנו.

5. ברייתא זו סוברת, שאף על פי שהשליח שינה משליחותו, השותפות עדיין קיימת, והמשלח שותף בקנייה זו. לפיכך, מקבל הוא חלק מריוחי החטים כפי שסוכם מראש. אולם אם פחתו החטים, ההפסד כולו על השליח, מפני ששינה מהשליחות ועליו לשאת באחריות (ראה להלן). על כל פנים, בנוגע למקרה שיש ריוח, שתי הברייתות סותרות זו את זו.

6. רבי מאיר אומר במשנתנו (לעיל ק, ב) שאם אדם נתן לצַבע צמר לצובעו אדום, והלה צבעו שחור, הצַבע "נותן לו דמי צמרו", כלומר, הוא משלם לבעלים את מחיר הצמר לפני הצביעה, ונוטל לעצמו את הצמר עם שבחו. הוראת רבי מאיר מבוססת על שיטתו, שהאומן נחשב "גזלן" מפני שעבר על דברי בעל הבית, ולכן קונה את הצמר על ידי השינוי [היינו, הצביעה] שעשה בו (ראה לעיל שם הערה 14).

[הלשון "שינוי קונה" בסוגייתנו אינו מתייחס לדין 'קנין שינוי', שגזלן קונה לעצמו את הגזילה על ידי שינוי בחפץ הגזול. אלא עיקר הכוונה כאן שהאומן נחשב גזלן מאחר ש'שינה' מדברי בעל הבית, ולכן 'קונה' את הגזילה בקניני גזילה, וכפי שאומרת הגמרא בבבא מציעא (עח, א) שרבי מאיר סובר ש"המעביר מדעת בעל הבית נקרא גזלן". אמנם אמת היא שגם מוכח מהוראה זו של רבי מאיר ששינוי בחפץ הגזול קונה את החפץ לגזלן, כפי שאומרת הגמרא לעיל צה, א (עיין רשב"א שם ופני יהושע כאן; ועיין ביאור הגר"א חשן משפט שו, ח).]

7. [אף על פי שהשליח לא עשה שום 'שינוי' בגוף המעות, ואם כן הן עדיין ברשותו של המשלח (עיין בית שמואל אבן העזר כח, ז), אין זו סיבה שיקנה המשלח את הסחורה. שכן הכסף אינו אלא התשלום עבור הסחורה, ואילו העברת הבעלות נעשית על ידי מעשה הקנין של השליח, כגון 'משיכה' (ראה קידושין כו, א). מאחר שהשליח נידון כגזלן מחמת ש'שינה' מדברי משלחו — ראה הערה קודמת — הריהו כקונה לעצמו (וגם דעת המוכר להקנות לו). לפיכך, הסחורה כולה שלו, והוא יחזיר למשלח כסף אחר (עיין פני יהושע והפלאה; עיין עוד רשב"א בשם בעל מתיבות; שלחן ערוך ורמ"א חשן משפט קפג, ג; נתיבות המשפט קפג, ד; חזון איש כא, ב).]

8. רבי יהודה הורה במקרה הנ"ל של צַבע ששינה, שהצַבע אינו קונה את הצמר, משום שלדעתו אין דנים את השינוי מדעת בעל הבית כגזילה (ראה לעיל ק, ב הערה 15). לשיטתו, הוא הדין בנידון שלנו: אף על פי שהשליח שינה מדברי המשלח וקנה שעורים במקום חטים, אין דנים אותו כגזלן שקונה לעצמו והרווחים שלו, אלא אומרים שהקנין נעשה גם עבור המשלח. אמנם כל זה דוקא במקרה שהשעורים "הותירו". אבל אם "פחתו" השעורים, השליח נושא בכל ההפסד אפילו לפי רבי יהודה, שכן הפסד זה בא מחמת פשיעתו, ששינה מדברי המשלח, ויכול המשלח לומר לו: "לתקן שלחתי אותך, ולא לעַוֵּת" (עיין רש"י, ותוספות ד"ה הא וד"ה מי).

[לכאורה לפי הסבר זה, לא יתחייב השליח בכל ההפסד אלא במקרה שההפסד אכן נגרם כתוצאה מהשינוי שעשה, כגון שהוזלו דמי שעורים ולא דמי חטים. אולם אם הופסדו השעורים שלא מחמת השינוי, כגון שנגנבו או שאבדו באונס, ההפסד הוא על שניהם. לפי זה, הלשון "פחתו לו" בשתי הברייתות, מתפרש לצדדים: בברייתא הראשונה הסוברת כרבי מאיר (לפי הסברו של רבי יוחנן), מדובר בכל אופן של הפסד — אפילו בגניבה ואבידה — שהרי לפי ברייתא זו, השליח נידון כגזלן וקנה את השעורים לעצמו, והמעות שהוא קיבל נהפכו למלוה. אולם לפי הברייתא השניה ההולכת בשיטת רבי יהודה, שהשליח לא קנה את השעורים, לא יתחייב השליח אלא ב'פחת' הבא מחמת פשיעתו, כפי שנתבאר (רשב"א; עיין גם ש"ך חשן משפט קפג, ט; אולם עיין משנה למלך הלכות שלוחין א, ב; קצות החשן קפג, ה; נתיבות המשפט שם ז; אור שמח הלכות שלוחין ה, ב ד"ה המשנה למלך).]

רבי מאיר ורבי יהודה נחלקו רק באומן או שליח ששינו סתם ולא פירשו את כוונתם. אבל אם אמר השליח בפירוש שהוא מתכון לגזול את המעות ולקנות לעצמו את השעורים, מודה רבי יהודה שקנאם השליח לגמרי, והרווחים וההפסדים כולם שלו (רשב"א ד"ה ושמעינן; עיין גם נתיבות המשפט קפג, ד ואבן האזל הלכות מכירה ז, יב).

9. רש"י. [הברייתא לעיל קא, א הביאה הוראת רבי מאיר לענין נגר שקיבל עצים לעשות מהם כסא, ועשה מהם ספסל. גם שם, כמו במשנתנו, הורה רבי מאיר שהנגר חייב לבעלים רק את דמי חומר הגלם שקיבל (העצים), ואילו את החפץ שעשה קנה בקניני גזילה.]

10. רש"י.

ליקח לו חטין ולקח מהם שעורין שעורין ולקח מהם חטין תניא חדא אם פחתו פחתו לו ואם הותירו הותירו לו ותני חדא [א]אם פחתו פחתו לו ואם הותירו הותירו לאמצע אמר רבי יוחנן לא קשיא הא ר"מ והא רבי יהודה הא ר"מ דאמר שינוי קונה והא רבי יהודה דאמר שינוי אינו קונה מתקיף לה ר' אלעזר ממאי דלמא עד כאן לא קאמר ר"מ אלא במידי דחזי ליה לגופיה אבל לסחורה לא אמר אלא א"ר אלעזר הא והא ר' מאיר ולא קשיא כאן לאכילה כאן לסחורה (א) מחכו עלה במערבא לר' יוחנן אליבא דר' יהודה וכי מי הודיעו לבעל חטין שיקנה חטין לבעל מעות מתקיף לה רב שמואל בר ססרטי אי הכי אפילו חטין וחטין נמי לא אמר רבי אבהו שאני חטין וחטין דשליחותיה קא עביד וכי בעל הבית דמי תדע דתנן (ב) [ב]אחד המקדיש נכסיו ואחד המעריך את עצמו אין לו בכסות אשתו ולא בכסות בניו ולא בצבע שצבע לשמן ולא בסנדלים חדשים שלקחן לשמן ואמאי לימא הכא נמי מי הודיעו לצבע שיקנה צבעו לאשה אלא לאו משום דאמרינן [דשליחותיה קא עביד וכיד אשתו דמי הכא נמי] שליחותיה קא עביד וכיד בעה"ב דמי א"ר אבא לא כל המקדיש נכסיו אין דעתו על כסות אשתו ובניו מתקיף לה רבי זירא וכי דעתו של אדם על תפיליו (ג) ותנן [ג]המקדיש נכסיו מעלין לו תפילין א"ל אביי אין דעתו של אדם על תפילין המקדיש נכסיו סבר (ד) מצוה קא עבידנא ואין דעתו של אדם על כסות אשתו ובניו משום איבה מתקיף לה רב אושעיא והלא חייבי ערכין שנו כאן (ה) ותנן [ד]חייבי ערכין ממשכנין אותן וכי דעתו של אדם על עצמו למשכנו אלא אמר רבי אבא כל המקדיש נכסיו נעשה כמי שהקנה להן כסות אשתו ובניו מעיקרא תנו רבנן הלוקח שדה בשם חבירו אין כופין אותו למכור ואם אמר לו על מנת כופין אותו למכור מאי קאמר אמר רב ששת ה"ק הלוקח שדה מחבירו בשם ריש גלותא אין כופין אותו ריש גלותא למכור ואם אמר על מנת כופין את ריש גלותא למכור אמר מר הלוקח שדה בשם ריש גלותא אין כופין אותו ריש גלותא למכור מכלל דמקנא קניא ליה לימא פליגא דבני מערבא דאמרי וכי מי הודיעו לבעל חטין שיקנה חטין לבעל הבית אי משום הא לא קשיא כגון דאודעיה לבעל שדה ואודעינהו לסהדי אלא אימא סיפא על מנת כופין אותו ריש גלותא למכור אמאי ולימא ריש גלותא לא יקרייכו בעינא ולא זילותייכו בעינא אלא אמר אביי [ה]ה"ק הלוקח שדה בשם חבירו (ו) (ריש גלותא)

אין

ליקח בהן חטין. למחצית שכר: [הא ר"מ]. קמייתא ר"מ [דאמר] שינוי קונה בתרייתא ר' יהודה [דאמר] שינוי אינו קונה ומיהו אם פחתו פחתו לו דלאו לעוותיה שדריה: לגופיה. למר ללבוש וספסל להשתמש: אבל לסחורה. בכל מידי דאיכא רווחא ניחא ליה וכי הותירו לאו שינוי הוא: מי הודיעו. למוכר החטין שלצורך בעל המעות הן שיקנה לו דקתני הותירו לאמצע בשלמא לר' אלעזר אליבא דר"מ דאמר בכל דהו ניחא ליה לאו משנה הוא ושליחותיה דבעל הבית קעביד וקני בעל מעות מחצית השכר אלא לר' יוחנן דאמר משנה הוא ולא הוי שליחות ומיהו שינוי לא קני קשיא דממאן קבעי למקני הא לא קננהו בעל מעות מעולם: אין לו. לגזבר לא בכסות אשתו למשכנו בשביל הערך וכן לגבי מקדיש לא הוו בכלל נכסים להקדישו: לשמן. לאשתו ובניו: חדשים. רבותא נקט: מעלין לו תפילין. ולוה המעות ויתן בשבילם להקדש: מעלין. שמין: אמר ליה אביי אין. ודאי דעתו של אדם על תפילין להקדישן דסבר האי נמי מלוה קעבידנא דיהיבנא להקדש: והלא חייבי ערכין שנו כאן. דקתני המעריך את עצמו: ממשכנין. בעל כרחו אלמא לאו משום דעתו הוא: הלוקח שדה מחבירו בשם ריש גלותא. שאמר לו למוכר לצורך ריש גלותא אני לוקחה ונתכוון להטיל אימה שלא יבאו עליה עסיקין וכתב המוכר שטר המכירה בשם ריש גלותא: אין כופין ריש גלותא. לחזור ולכתוב שטר מכירה שהוא מכרה ללוקח ואם אומר לו לוקח למוכר על מנת שיכתוב לי ריש גלותא בשמו לשמי שטר אחר כופין ריש גלותא למכור: לא יקרייכו. שעשיתם אותי ראש להטיל אימה: ולא זילותייכו. שאתם באים לעשות אותי למוכר שדות: הכי קאמר הלוקח שדה בשם חבירו ריש גלותא

אין

הא רבי יהודה דאמר שינוי אין קונה. הלכך אם הותירו לאמצע שכך נותן לו למחצית שכר ואם פחתו פחתו לו דמצי אמר ליה לא היה לך לשנות מדעתי ואת הוא דפשעת: מי הודיעו לבעל חטין שיקנה חטין לבעל מעות. אם נפרש דמהאי טעמא אין קונה אותו המשלח אבל לוקח דהיינו שליח קנה להו איכא למפרך נמי לר' אלעזר אמאי לא אוקי נמי הא והא כרבי יהודה כאן לאכילה כאן לסחורה והיא דקתני אם פחתו פחתו לו ואם הותירו הותירו לו היינו לאכילה דקפיד ולא שליחותיה קעביד הלכך לא קני להו לבעל המעות כלל משום טעמא דמי הודיעו לבעל חטין והיא דקתני אם הותירו הותירו לאמצע לסחורה דלא קפיד ושליחותיה קעביד הלכך קני להו בעל המעות ואם הותירו הותירו לאמצע ומיהו אם פחתו פחתו לו דאמר ליה לתקוני שדרתיך ולא לעוותי ומיהו אין קושיא כ"כ לר"א כמו לר' יוחנן הלכך לא פריך אלא לר' יוחנן ואם נפרש מי הודיעו לבעל חטין שיקנה חטין לבעל מעות הרי בעל מעות לא קנה ושליח נמי לא קנה שלא נתכוון לקנות לעצמו וחוזר המקח כמו מקח טעות אז ליכא למפרך לר' אלעזר דלא מצי לאוקמי תרוייהו כרבי יהודה דכיון דשינוי לא קני לרבי יהודה אם כן אמאי אם פחתו פחתו לו אפילו לאכילה הא כיון דקמקפיד ולא שליחותיה קעביד ואיכא למימר מי הודיעו לבעל חטין שיקנה חטין לבעל מעות אם כן חוזר המקח ואם כן אמאי אם פחתו פחתו לו ואם הותירו הותירו לו דמשמע שקונה אותו השליח:

שאני חטין וחטין דשליחותיה קעביד תדע דתנן כו'. תימה אמאי איצטריך לאתויי מהא דתנן והלא מגופא דברייתא משמע הכי דדוקא נקט ליקח בהן חטין ולקח בהן שעורים הא חטין וחטין משמע דפשיטא דאם הותירו הותירו לאמצע וה"נ משמע דתירוצא דרבי אלעזר דמתרץ כאן לסחורה משמע משום דלסחורה לא קפיד והוי כחטין וחטין והותירו לאמצע וי"ל דברייתא מצינן לאוקמי כגון שהודיעו שהוא קונה לבעל המעות והא דפריך מי הודיעו בעי למימר דמסתמא מיירי הברייתא בכל ענין אפילו לא הודיעו והא פריך רב שמואל אי הכי אפילו חטין וחטין נמי אי מיירי שלא הודיעו אלא ע"כ מיירי כשהודיעו ומשני שאני חטין וחטין דשליחותיה קעביד דתנן כו' והשתא ודאי צריך להביא מהא דתנן דמגופא דברייתא ליכא למשמע מידי דאיכא לאוקמי כשהודיעו וא"ת מאי מוכח טפי מהא דתנן הא איכא לאוקמא נמי כשהודיעו לצבע דהאי למר דאשתו היא ונראה דלא דמי דלעיל ודאי איכא למימר הוא מודיע כדי שיקנה לבעל המעות אבל הכא למה יש להודיעו הלא דעתו ליתן לאחר כך ומן ההקדש לא מסיק אדעתיה: מי הודיעו לצבע שיקנה צבע לאשה. תימה מאי פריך תינח אם יש שבח סממנין על גבי צמר אבל אם אין שבח סממנין על גבי הצמר מה לנו לחוש אם אין הצבע מקנה צבעו לאשה וי"ל דהכי פריך כיון דאין הצבע מקנה צבעו לאשה ויכול הצבע לתבוע שבח מן האשה דאע"ג דאין שבח סממנים ע"ג הצמר מ"מ היא נהנית ממעשה ידיו וצריכה ליתן לו שכר וכיון דיכול ליקח שכר מאשה א"כ מעות שקיבל מבעל האשה הן הקדש דאין שכירות כיון שהאשה חייבת שכירות ולפי מה שפירשתי לעיל דכיון דלא הודיעו לבעל חטין שיקנה חטין לבעל המעות חוזר המקח ע"כ לא פריך הכא אלא ממעות שקיבל הצבע שיהיו הקדש אפילו אם יש שבח סממנין על גבי הצמר לא קנתה האשה והבעל נמי לא קנה וחוזר הצבע לצבע בכ"מ שהוא ואין לו להקדש בצבע כלום אלא המעות שקיבל הצבע כיון שחוזרין לבעל יהו הקדש והצבע יחזור ויתבע השכירות מן האשה ואמאי קתני אין לו לבעל בכסות אשתו משמע שבחנם בא לה: אין דעתו של אדם על כסות אשתו. הלכך אין דעתו להקדיש אותן מעות שנתן לצבע שלא יחזור ויתבע מן האשה ולפי האי טעמא הוה ליה למפרך תינח הקדש דתלוי בדעתו וכיון שאין רוצה להקדיש לא הוי הקדש אלא ערכין כיון שהעריך עצמו מה מועיל שאין דעתו עליהם מ"מ בע"כ נערך מכל מה שיש לו אלא משום דאית ליה פירכא אחריתי לא חש למפרך:

כגון

עין משפט נר מצוה

צז א מיי' פ"א מהלכות שלוחין הלכה ה ופ"ה הלכה ב סמג עשין קעד טוש"ע ח"מ סי' קפג סעיף ה וסי' קעו סעיף יא וע"ש:
צח ב מיי' פ"ג מהל' ערכין הלכה יד סמג עשין קלא:
צט ג מיי' שם פ"ו הלכה ג סמג עשין קלב:
ק ד מיי' שם פ"ג הלכה יד:
קא ה מיי' פ"ב מהלכות שלוחין הלכה ה סמג עשין פב טוש"ע ח"מ סי' קפד סעי' ב:

ליקוטי רש"י

מחכו עלה. [מחייכו עליה] [זבחים טו.]. מחכו. מלחקי [סנהדרין קט.]. במערבא. בארץ ישראל [שבת סה:]. אחד המקדיש נכסיו ואחד המעריך וכו'. והגזבר בא למשכנו על ערכו הקצוב בפרשה. אין לו. לגזבר [כתובות נד.]. לא בכסות אשתו וכו'. שאינו שלו [ערכין כד.]. ולא בצבע שצבע לשמן. בגדים שלבע לשם אשתו ולשם בניו ואע"פ שלא לבשום עדיין [כתובות שם]. ולא בסנדלים חדשים. רבותא קמ"ל דאע"ג דעדיין לא נעלום הרי הן בחזקתן משעת לקיחה [ערכין שם]. מעלין לו תפילין. תפילין בכלל נכסיו ופודה אותן [שם כג:]. כלומר אף תפילין הקדש ומעלין לו בדמים ופודן בשוויהן [רשב"ם ב"ב קנא.]. מצוה קא עבידנא. דיהיבנא לבדק הבית הילכך אכל נכסיה הוה דעתיה [שם כד.]. חייבי ערכין ממשכנין אותן. גזבר נכנס לבתיהן ונוטל בעל כרחן [שם כג:] דכיון דלאו לכפרה אתי משהי ליה [לעיל מ.].

מסורת הש"ס

א) [סנהדרין יז: וש"נ], ב) כתובות נד. ערכין כד., ג) ב"ב קנא. ערכין כג:, ד) [ערכין כד.], ה) שם כא. לעיל מ., ו) ברא"ש אינו.

גליון הש"ס

גמ' מחכו עלה במערבא. ביצה דף לח ע"ב שבועות דף כו ע"א: שם לא כל המקדיש. עי' נדרים דף מג ע"ב:

מאיר שהמשַנה נחשב גזלן[11]. לפיכך, השליח קנה לעצמו את החטים או השעורים, והרווחים או ההפסדים כולם שלו. לעומת זאת, **כָּאן** – הברייתא השניה עוסקת בשליח שנשלח לקנות חטים או שעורים **לִסְחוֹרָה**, ובכגון זה השליח אינו נחשב "מְשַנה" אם הרויח על ידי קנייתו, כאמור לעיל. הלכך מודה רבי מאיר שהשליח לא קנה את הסחורה לעצמו, והוא מקבל רק מחצית מהרווחים[12].

למדנו אם כן שתי דרכים בהבנת הברייתא השניה, האומרת שהמשלח שותף ברווחים אפילו כאשר השליח עבר על דבריו: רבי יוחנן ביאר שברייתא זו שנויה כשיטת רבי יהודה, הסובר שהמשַנה מדעת בעל הבית אינו נעשה גזלן לקנות את החפץ. לפי הסבר זה, השליח אכן "משַנה" הוא (היינו, בעל הבית מקפיד על שינויו), אלא ששינוי אינו סיבה להיחשב גזלן, ולכן נשאר המשלח שותף בקנייה. רבי אלעזר לעומתו ביאר שהברייתא השניה יכולה לסבור כרבי מאיר, משום שהיא עוסקת בשליחות למטרת סחורה, ולכן השליח לא נחשב "משַנה"[13]. לאור הבדל זה, הגמרא תמהה על שיטת רבי יוחנן:

מַחֲכוּ עֲלָהּ בְּמַעֲרָבָא – שׂחקו בני 'המערב' (ארץ ישראל)[14] על הסבר זה של רבי יוחנן: **לְפִי** הבנת **רַבִּי יוֹחָנָן אַלִּיבָּא** (בדעתו) **דְּרַבִּי יְהוּדָה**, כיצד קונה המשלח את חלקו בחטים במקרה שהשליח שינה מדבריו? **וְכִי מִי הוֹדִיעוֹ לְבַעַל הַחִטִּין** (כלומר, למוכר) שהשליח קונה עבור אדם אחר כדי **שֶׁיַּקְנֶה** חלק מה**חִטִּין לְבַעַל הַמָּעוֹת** (המשלח), ולא יקנה את כולם לשליח העומד לפניו[15]? והנה, לפי הסברו של רבי אלעזר, אין כאן קושיא. שכן לשיטתו, מדובר בכגון שהמשלח אינו מקפיד על השינוי בהוראתו, ונמצא שהשליח פועל בשליחותו בקנייה זו. לפיכך, אף על פי שהמוכר לא ידע שהשליח קונה עבור אדם אחר וכוונתו היתה להקנות לשליח, מכל מקום מועיל הקנין גם עבור המשלח, שהרי הדין הוא ש"שלוחו של אדם כמותו". אולם לפי הסברו של רבי יוחנן, השליח אכן נידון כ"מְשַנה" אלא שאינו נחשב גזלן לקנות את המעות לעצמו (לדעת רבי יהודה). מעתה, אמנם השליח אינו "קונה לעצמו" על ידי השינוי, אך בודאי אינו חשוב "שליח" בקנייה זו, שהרי שינה מדעת בעל המעות ובטלה שליחותו. כיצד, איפוא, קונה בעל המעות את חלקו בחטים, כאשר בעל החטים לא ידע כלל שהוא צריך להקנות לו[16]?

הגמרא תמהה על טענת 'בני מערבא':

מַתְקִיף לָהּ – הקשה על כך **רַב שְׁמוּאֵל בַּר סַסְרְטִי: אִי הָכִי** – אם כך, שבעל המעות אינו יכול לקנות כלום אם אין המוכר יודע שהקנייה היא עבורו, **אֲפִילּוּ** במקרה שהמשלח אמר לשלוחו לקנות **חִטִּין וְ**הוא אכן קנה **חִטִּין** כפי שנצטוה, **נַמִּי** (גם כן) **לֹא** יקנה המשלח חלק בחטים, שכן מי הודיעו לבעל החטים שיַקנה חטים לבעל המעות? והנה מהברייתא עולה בבירור שאין הדין כן, אלא בכגון זה בעל המעות באמת שותף ברווחים[17]. הרי שאין צורך בידיעת המוכר שהשליח קונה עבור בעל המעות!

הגמרא משיבה (בשיטת בני מערבא):

אָמַר רַבִּי אַבָּהוּ: שָׁאנֵי – שונה המקרה הנ"ל של "**חִטִּין וְחִטִּין**", **דִּשְׁלִיחוּתֵיהּ קָא עָבֵיד** – שכן השליח עשה שליחותו כפי שנצטוה, **וְכִי בַּעַל הַבַּיִת דָּמֵי** – לכן נחשב הוא כבעל הבית (היינו, המשלח) עצמו, ששלוחו של אדם כמותו. לפיכך מועיל קנינו עבור המשלח אפילו אם המוכר אינו יודע שהוא פועל מכוחו (וכפי שנתבאר לעיל לפי שיטת רבי אלעזר במקרה של "חטים ושעורים"). אולם במקרה של "חטים ושעורים" לפי שיטת רבי יוחנן, שהשליח נידון כ"מְשַנה" משליחותו, כיצד יִקנה המשלח את חלקו בסחורה שנקנתה[18]?

הערות

11. אם ציוהו לקנות חטים לאכילה וקנה שעורים, 'מְשַנה' הוא, שכן קנה מאכל פחות משובח. ואם נצטוה לקנות שעורים לאכילה וקנה חטים, גם כן נחשב הדבר שינוי, משום שכוונת המשלח היתה לצמצם בהוצאות בני ביתו על ידי קניית מאכלים זולים יותר (רבינו יהונתן בשיטה מקובצת).

12. אמנם אם היה הפסד במה שקנה השליח, השליח נושא בכל ההפסד אפילו אם היתה זו קנייה לשם סחורה (כמפורש בברייתא השניה), משום שבמקרה זה בודאי מקפיד המשלח על השינוי מהוראתו, ועל כן נחשב השליח "משנה" וגזלן, הקונה לעצמו (בית מאיר, על פי רש"י ד"ה אבל לסחורה; וראה לעיל הערה 8 קטע שני).

[רבי אלעזר מעמיד את שתי הברייתות לפי רבי מאיר דוקא, שכן לפי רבי יהודה לעולם אין דנים את השליח כגזלן (כל זמן שלא אמר בפירוש שמתכוון לגזול), אפילו אם השינוי נעשה בדבר שעומד לשימושו העצמי של המשלח, שהרי במקרה של הצַבע במשנתנו מדובר בפשטות באדם שנתן את צמרו לצביעה כדי ללובשו, ואף על פי כן אמר רבי יהודה שהצַבע ששינה אינו קונה את הצמר (רא"ש בשיטה מקובצת; עיין גם רשב"א ד"ה ואחיכו).]

13. ראה רש"י ד"ה מי הודיעו.

14. [ארץ ישראל נמצאת מערבית דרומית לבבל, ולכן היא מכונה בפי אמוראי בבל "מערבא" – ארץ המערב.] הגמרא בסנהדרין (יז, ב) אומרת שקושיא המוצגת בלשון "מחכו עלה במערבא", מיוחסת לרבי יוסי ברבי חנינא, מאמוראי ארץ ישראל.

15. הגמרא מבינה בפשטות שהברייתא מדברת בכל ענין, אפילו במקרה שהמוכר אינו יודע שהשליח קונה עבור אדם אחר (עיין תוספות ד"ה שאני, ובפני יהושע שם). לפיכך תמהים בני מערבא, כיצד זוכה המשלח בחלק מהחטים (ומשום כך אומרת הברייתא השניה שהרווחים לאמצע)? והלא אפילו אם השליח עצמו אינו מתכוון לגזול את המעות, אלא קונה עבור שניהם, מכל מקום הקנין תלוי בדעת המַקנה, והוא הרי מתכוון להקנות את כל החטים לשליח העומד לפניו!

[עיין תוספות (ד"ה מי) שנסתפקו אם בני מערבא סוברים שבמקרה כזה השליח קונה, או שמא לדעתם המקח בטל לגמרי. ראה הסבר הספק בחזון איש כא, א; ועיין מחנה אפרים הלכות שלוחין טז.]

16. רש"י.

17. שהרי הברייתא מדברת רק במקרה של "חטים ושעורים" או להיפך, ומשמע שב"חטים וחטים" פשוט שהמשלח נעשה שותף גמור בסחורה שנקנתה (תוספות ד"ה שאני).

18. באמת, צריך להבין מה היתה מתחילה סברתו של רב שמואל בר ססרטי שתמה על בני מערבא. הלא פשוט שיש חילוק בין המקרה של "חטים וחטים" – בו השליח עושה שליחותו, ושֵם "שליח" עליו – לבין המקרה של "חטים ושעורים", שבטלה שליחותו, וכפי שאמנם ביאר רבי אבהו! רבינו פרץ מסביר את מחלוקת האמוראים כך: רב שמואל בר ססרטי סובר שאפילו במקום שהשליח פועל מכוחו של המשלח ובשליחותו, אין המשלח יכול לזכות בשום דבר אלא אם כן מתכוון המוכר להקנות לו את החפץ – שכן הכל תלוי בדעת המקנה. [עיין חידושי הר"ן בבא מציעא יא, ב ד"ה האי חצר, שאין אדם נעשה שליח לזכות בדבר עבור חבירו אלא אם כן הוא גם שלוחו של בעל החפץ, והיינו, שעל ידי שהנותן אומר לשליח "זכֵה לפלוני בדבר זה" ועושהו שליח, מקבל השליח כח לזכות עבור פלוני, והריהו שליח של שניהם (וכן מבואר בתוספות שם עא, ב ד"ה בשלמא). ראה שיעורי רבי שמואל גיטין יא, ב שהרחיב בביאור יסוד זה.] לפיכך טוען רב שמואל בר ססרטי, שאם אכן כוונתו של המוכר היא להקנות את החטים למי שעושה את הקנין (השליח) ולא למשלח שאינו ידוע לו – כפי דעת בני מערבא – הרי שאפילו במקרה שהשליח עושה שליחותו לא יוכל המשלח לקנות כלום. ומאחר שמהברייתא עולה בבירור שכאשר השליח עושה שליחותו ("חטים וחטים") נעשה המשלח שותף בחטים, על כרחנו צריך לומר שכאשר אדם מוכר דבר תמורת מעות, דעתו להקנות חפץ זה **לבעל המעות**, ולאו דוקא למי שנותן לו את המעות בפועל. לפיכך, אפילו אם לא הודיעו לו שבעל המעות (המשלח) אינו זה שעומד לפניו, הוא מקנה את החפץ לבעל המעות האלמוני (כפי התנאים שסוכמו בין בעל המעות לשליח). בהתאם לכך טוען רב שמואל בר ססרטי, שאפילו במקרה שהשליח שינה משליחותו וקנה חטים במקום שעורים – ובטלה שליחותו – המשלח עדיין זוכה בחלקו, שהרי המוכר מתכוון בכל ענין להקנות לו את החטים (וגם השליח מתכוון לזכות עבורו)! ואם אכן כך, נדחתה תמיהתם של בני מערבא, "וכי מי הודיעו לבעל החטים וכו' ".

רבי אבהו משיב שבאמת דעת בעל החטים להקנות את החטים רק למי שנותן לו את המעות ולא לבעל המעות שאינו ידוע לו, וכסברת בני מערבא. ומכל מקום, טוען רבי אבהו, כאשר השליח עושה שליחותו ("חטים בחטים"), המשלח זוכה בחלקו, כמבואר בברייתא. שכן במקרה זה, יד השליח כיד המשלח; לפיכך, די בכוונתו של בעל החטים להקנות לשליח כדי שיזכה גם המשלח. מה שאין כן במקרה של "חטים ושעורים" ששינה השליח ובטלה שליחותו, אין המשלח יכול לזכות מתורת "שליחות". לפיכך יפה הקשו בני מערבא על רבי יוחנן, כיצד יזכה 'בעל המעות' בחטים אם לא הודיעו לבעל החטים שיַקנה לו אותם (תוספות רבינו פרץ; עיין גם רא"ש בשיטה מקובצת, קצות החשן קפג, ד בדעת הרמ"ה, חזון איש כא, ג). [להסבר אחר, עיין רא"ש סימן יח וקצות החשן קפג, ג-ד בדעתו; ועיין רשב"א ד"ה ואחיכו, ולהלן ד"ה מכלל דמיקנא, ובקובץ שיעורים קנד. עיין עוד תוספות ד"ה שאני (ובקצות החשן קפג, ג בדעתם), שמבארים שהמחלוקת בין האמוראים היא רק בפירוש הברייתא, ולא להלכה.]

לסיכום: רב שמואל בר ססרטי הולך בשיטת רבי יוחנן, ואילו רבי אבהו בא ליישב את שיטת בני מערבא. המחלוקת ביניהם היא בשני ענינים: (א) רבי יוחנן ורב שמואל בר ססרטי סוברים שדעת המוכר להקנות את הסחורה אפילו לבעל המעות, ואילו

ליקח לו חטין ולקח מהם שעורין שעורין ולקח מהם חטין תניא חדא אם פחתו פחתו לו ואם הותירו הותירו לו ותני חדא [א]אם פחתו פחתו לו ואם הותירו הותירו לאמצע אמר רבי יוחנן לא קשיא הא ר"מ והא רבי יהודה הא ר"מ דאמר שינוי קונה והא רבי יהודה דאמר שינוי אינו קונה מתקיף לה ר' אלעזר ממאי דלמא עד כאן לא קאמר ר"מ אלא במידי דחזי ליה לגופיה אבל לסחורה לא אמר אלא א"ר אלעזר הא והא ר' מאיר ולא קשיא כאן לאכילה כאן לסחורה (א) מחכו עלה במערבא לר' יוחנן אליבא דר' יהודה וכי מי הודיעו לבעל חטין שיקנה חטין לבעל מעות מתקיף לה רב שמואל בר ססרטי אי הכי אפילו חטין וחטין נמי לא אמר רבי אבהו שאני חטין וחטין דשליחותיה קא עביד וכי בעל הבית דמי תדע דתנן (ב) [ב]אחד המקדיש נכסיו ואחד המעריך את עצמו אין לו בכסות אשתו ולא בכסות בניו ולא בצבע שצבע לשמן ולא בסנדלים חדשים שלקחן לשמן ואמאי לימא הכא נמי מי הודיעו לצבע שיקנה צבעו לאשה אלא לאו משום דאמרינן [דשליחותיה קא עביד וכיד אשתו דמי הכא נמי] שליחותיה קא עביד וכיד בעה"ב דמי א"ר אבא לא כל המקדיש נכסיו אין דעתו על כסות אשתו ובניו מתקיף לה רבי זירא וכי דעתו של אדם על תפיליו (ג) ותנן [ג]המקדיש נכסיו מעלין לו תפילין א"ל אביי אין דעתו של אדם על תפילין המקדיש נכסיו סבר (ד) מצוה קא עבידנא ואין דעתו של אדם על כסות אשתו ובניו משום איבה מתקיף לה רב אושעיא והלא חייבי ערכין שנו כאן (ה) ותנן [ד]חייבי ערכין ממשכנין אותן וכי דעתו של אדם על עצמו למשכנו אלא אמר רבי אבא כל המקדיש נכסיו נעשה כמי שהקנה להן כסות אשתו ובניו מעיקרא תנו רבנן הלוקח שדה בשם חבירו אין כופין אותו למכור ואם אמר לו על מנת כופין אותו למכור מאי קאמר אמר רב ששת ה"ק הלוקח שדה מחבירו בשם ריש גלותא אין כופין אותו ריש גלותא למכור ואם אמר על מנת כופין את ריש גלותא למכור אמר מר הלוקח שדה בשם ריש גלותא אין כופין אותו ריש גלותא למכור מכלל דמקנא קניא ליה לימא פליגא דבני מערבא דאמרי וכי מי הודיעו לבעל חטין שיקנה חטין לבעל הבית אי משום הא לא קשיא כגון דאודעיה לבעל שדה ואודעינהו לסהדי אלא אימא סיפא על מנת כופין אותו ריש גלותא למכור אמאי ולימא ריש גלותא לא יקרייכו בעינא ולא זילותייכו בעינא אלא אמר אביי [ה]ה"ק הלוקח שדה בשם חבירו (ו) (ריש גלותא) אין

ליקח בהן חטין. למחלית שכר: [הא ר"מ]. קמייתא ר"מ [דאמר] שינוי קונה בתרייתא ר' יהודה [דאמר] שינוי אינו קונה ומיהו אם פחתו פחתו לו דלאו לעוותיה שדריה: לגופיה. למר ללבוש וספסל להשתמש: אבל לסחורה. בכל מידי דאיכא רווחא ניחא ליה וכי הותירו לאו שינוי הוא: מי הודיעו. למוכר החטין שלצורך בעל המעות הן שיקנה לו דקתני הותירו לאמצע בשלמא לר' אלעזר אליבא דר"מ דאמר בכל דהו ניחא ליה לאו משנה הוא ושליחותיה דבעל הבית קעביד וקני בעל מעות מחלית השכר אלא לר' יוחנן דאמר משנה הוא ולא הוי שליחות ומיהו שינוי לא קני קשיא דממאן קבעי למקני הא לא קנינהו בעל מעות מעולם: אין לו. לגזבר לא בכסות אשתו למשכנו בשביל הערך וכן לגבי מקדיש לא הוו בכלל נכסים להקדישו: לשמן. לאשתו ובניו: חדשים. רבותא נקט: מעלין לו תפילין. ולוה המעות ויתן בשבילם להקדש: מעלין. שמין: אמר ליה אביי אין. ודאי דעתו של אדם על תפילין להקדישן דסבר האי נמי מלוה קעבידנא דיהיבנא להקדש: והלא חייבי ערכין שנו כאן. דקתני המעריך את עצמו: ממשכנין. בעל כרחו אלמא לאו משום דעתו הוא: הלוקח שדה מחבירו בשם ריש גלותא. שאמר לו למוכר לצורך ריש גלותא אני לוקחה ונתכוון להטיל אימה שלא יבאו עליה עסיקין וכתב המוכר שטר המכירה בשם ריש גלותא: אין כופין ריש גלותא. לחזור ולכתוב שטר מכירה שהוא מכרה ללוקח ואם אומר לו לוקח למוכר על מנת שיכתוב לי ריש גלותא בשמו לשמי שטר אחר כופין ריש גלותא למכור: לא יקרייכו. שעשיתם אותי ראש להטיל אימה: ולא זילותייכו. שאתם באים לעשות אותי למוכר שדות: הכי קאמר הלוקח שדה בשם חבירו ריש גלותא אין

הא רבי יהודה דאמר שינוי אין קונה. הלכך אם הותירו לאמצע שכך נותן לו למחלית שכר ואם פחתו פחתו לו דמצי אמר ליה לא היה לך לשנות מדעתי ואת הוא דפשעת: מי הודיעו לבעל חטין שיקנה חטין לבעל מעות. אם נפרש דמהאי טעמא אין קונה אותו המשלח אבל לוקח דהיינו שליח קנה להו איכא למפרך נמי לר' אלעזר אמאי לא אוקי נמי הא והא כרבי יהודה כאן לאכילה כאן לסחורה ההיא דקתני אם פחתו פחתו לו ואם הותירו הותירו לו היינו לאכילה דקפיד ולא שליחותיה קעביד הלכך לא קני להו לבעל המעות כלל משום טעמא דמי הודיעו לבעל חטין וההיא דקתני אם הותירו הותירו לאמצע לסחורה דלא קפיד ושליחותיה קעביד הלכך קני להו בעל המעות ואם הותירו הותירו לאמצע ומיהו אם פחתו פחתו לו דאמר ליה לתקוני שדרתיך ולא לעוותי ומיהו אין קושיא כ"כ לר"א כמו לר' יוחנן הלכך לא פריך אלא לר' יוחנן ואם נפרש מי הודיעו לבעל חטין שיקנה חטין לבעל מעות הרי בעל מעות לא קנה ושליח נמי לא קנה שלא נתכוון לקנות לעצמו וחוזר המקח כמו מקח טעות אז ליכא למפרך לר' אלעזר דלא מצי לאוקמי תרווייהו כרבי יהודה דכיון דשינוי לא קני לרבי יהודה אם כן אמאי אם פחתו פחתו לו אפילו לאכילה הא כיון דקמקפיד ולא שליחותיה קעביד ואיכא למימר מי הודיעו לבעל חטין שיקנה חטין לבעל מעות אם כן חוזר המקח ואם כן אמאי אם פחתו פחתו לו ואם הותירו הותירו לו דמשמע שקונה אותו השליח:

שאני חטין וחטין דשליחותיה קעביד תדע דתנן כו'. תימה אמאי איצטריך לאתויי מהא דתנן והלא מגופא דברייתא משמע הכי דדוקא נקט ליקח בהן חטין ולקח בהן שעורים הא חטין וחטין משמע דפשיטא דאם הותירו הותירו לאמצע וה"נ משמע דתירוצא דרבי אלעזר דמתרץ כאן לסחורה משמע משום דלסחורה לא קפיד והוי כחטין וחטין והותירו הותירו לאמצע וי"ל דברייתא מצינן לאוקמי כגון שהודיעו שהוא קונה לבעל המעות והא דפריך מי הודיעו בעי למימר דמסתמא איירי הברייתא בכל ענין אפילו לא הודיעו והאה פריך רב שמואל אי הכי אפילו חטין וחטין נמי אי איירי שלא הודיעו אלא ע"כ איירי כשהודיעו ומשני שאני חטין וחטין דשליחותיה קעביד דתנן כו' והשתא ודאי צריך להביא מהא דתנן דמגופא דברייתא ליכא למשמע מידי דאיכא לאוקמי כשהודיעו וא"ת מאי מוכח טפי מהא דתנן הא איכא לאוקמא נמי כשהודיעו לצבע דהאי צמר דאשתו היא ונראה דלא דמי דלעיל ודאי איכא למימר הוא מודיע כדי שיקנה לבעל המעות אבל הכא למה יש להודיעו הלא דעתו ליתן לאחר כך ומן ההקדש לא מסיק אדעתיה: מי הודיעו לצבע שיקנה צבע לאשה. תימה מאי פריך תינח אם יש שבח סממנין על גבי צמר אבל אם אין שבח סממנין על גבי הצמר מה לנו לחוש אם אין הצבע מקנה צבעו לאשה וי"ל דהכי פריך כיון דאין הצבע מקנה צבעו לאשה ויכול הצבע לתבוע שבח מן האשה דאע"ג דאין שבח סממנים ע"ג הצמר מ"מ היא נהנית ממעשה ידיו וצריכה ליתן לו שכר וכיון דיכול ליקח שכר מאשה א"כ מעות שקיבל מבעל האשה הן הקדש דאינן שכירות כיון שהאשה חייבת שכירות ולפי מה שפירשתי לעיל דכיון דלא הודיעו לבעל חטין שיקנה חטין לבעל המעות חוזר המקח א"כ לא פריך הכא אלא ממעות שקיבל הצבע שיהיו הקדש אפילו אם יש שבח סממנין על גבי הצמר לא קנתה האשה והבעל נמי לא קנה וחוזר הצבע לצבע בכ"מ שהוא ואין לו להקדש בצבע כלום אלא המעות שקיבל הצבע כיון שחוזרין לבעל יהו הקדש והצבע יחזור ויתבע השכירות מן האשה ואמאי קתני אין לו לבעל בכסות אשתו משמע שבכסות בה לה: אין דעתו של אדם על כסות אשתו. הלכך אין דעתו להקדיש אותן מעות שנתן לצבע שלא יחזור ויתבע מן האשה ולפי האי טעמא הוה ליה למפרך תינח הקדש דתלוי בדעתו וכיון שאין רוצה להקדיש לא הוי הקדש אלא ערכין כיון שהעריך עצמו מה מועיל שאין דעתו עליהם מ"מ בע"כ נערך מכל מה שיש לו אלא משום דלית ליה פירכא אחריתי לא חש למפרך:

כגון

עין משפט
נר מצוה

צז א מיי' פ"ח מהלכות שלוחין הלכה ה ופ"ה הלכה ב סמג עשין קעד טוש"ע ח"מ סי' קפג סעיף ה וסי' קעו סעיף יא וע"ש:
צח ב מיי' פ"ג מהל' ערכין הלכה יד סמג עשין קלא:
צט ג מיי' שם פ"ו הלכה ג סמג עשין קלב:
ק ד מיי' שם פ"ג הלכה יד:
קא ה מיי' פ"ב מהלכות שלוחין הלכה ה סמג עשין פב טוש"ע ח"מ סי' קפד סעי' ב:

ליקוטי רש"י

מחכו עלה. [מחייכו עליה] [זבחים טו.]. מחכו. מלחקי [סנהדרין קט.]. במערבא. בארץ ישראל [שבת סה:]. אחד המקדיש נכסיו ואחד המעריך וכו'. והגזבר בא למשכנו על ערכו הקצוב בפרשה. אין לו. לגזבר [כתובות נד.]. לא בכסות אשתו וכו'. שאינו שלו [ערכין כד.]. ולא בצבע שצבע לשמן. בגדים שצבע לשם אשתו ולשם בניו ואע"פ שלא לבשום עדיין [כתובות שם]. ולא בסנדלים חדשים. רבותא קמ"ל דאע"ג דעדיין לא נעלום הרי הן בחזקתן משעת לקיחה [ערכין שם]. מעלין לו תפילין. תפילין בכלל נכסיו ופודה אותן [שם כג:]. כלומר אף תפלין הקדש ומעלין לו בדמים ופודן בשויהן [רשב"ם ב"ב קנא.]. מצוה קא עבידנא. דיהיבנא לבדק הבית הילכך אכל נכסיה הוה דעתיה [שם כד.]. חייבי ערכין ממשכנין אותן. גזבר נכנס לבתיהן ונוטל בעל כרחן [שם כג:] דכיון דלאו לכפרה אתי משהי ליה [לעיל מ.].

מסורת הש"ס

א) [סנהדרין יז: וש"נ], ב) כתובות נד. ערכין כד., ג) ב"ב קנא. ערכין כג:, ד) [ערכין כד.], ה) שם כא. לעיל מ., ו) ברא"ש אינו.

גליון הש"ס

גמ' מחכו עלה במערבא. ביצה דף לח ע"ב שבועות דף כו ע"א: שם לא כל המקדיש. עי' נדרים דף מג ע"ב:

רבי אבהו מביא ראיה להסברו:

תֵּדַע שדברַי נכונים, **דִּתְנַן** במשנה (ערכין כד, א): **אֶחָד הַמַּקְדִּישׁ** כל **נְכָסָיו** לגבוה, **וְאֶחָד הַמַּעֲרִיךְ אֶת עַצְמוֹ** — שנדר לתת להקדש את ערך עצמו הקצוב בתורה[19], וגזבר ההקדש בא לקחת משכון מנכסיו עבור תשלום הערך, **אֵין לוֹ** לגזבר זכות **בִּכְסוּת אִשְׁתּוֹ** של הנודר **וְלֹא בִּכְסוּת בָּנָיו**, מפני שנכסים אלו אינם שייכים לנודר אלא לאשתו ובניו (ולכן אינם משתעבדים לחיוב נדרו); וכן במקרה של המקדיש כל נכסיו, אין לו כח להקדיש נכסים אלו[20]. **וְ**כן אין לו לגזבר זכות **לֹא בְּצֶבַע** — בבגדים צבועים **שֶׁצָּבַע לִשְׁמָן**, כלומר, שהאומן עשאם וצבעם על פי ציווי הנודר עבור אשתו ובניו[21], **וְלֹא בְּסַנְדָּלִים חֲדָשִׁים שֶׁלְּקָחָן** (שקנָאם) **לִשְׁמָן**, אף על פי שאשתו ובניו עדיין לא לבשו את הבגדים הצבועים ולא נעלו עדיין את המנעלים החדשים[22]. במשנה זו מבואר שבגדים שנעשו בציווי הבעל עבור האשה והבנים, שייכים מיד לאשה ולבנים (ולכן הגזבר אינו גובה מהם), למרות שהבעל הוא זה שקבל אותם מידי הצַבע, והצַבע לא ידע עבור מי קנאם הבעל. **וְ**הנה, לשיטת רב שמואל בר ססרטי, **אַמַּאי** — מדוע הדין הוא כך? **לֵימָא הָכָא נַמִּי** — נאמר גם כאן: **מִי הוֹדִיעוֹ לַצַּבָּע שֶׁיַּקְנֶה צִבְעוֹ** (כלומר, את הבגדים הצבועים) **לָאִשָּׁה** ולבנים[23]? **אֶלָּא, לַאו** — האם אין הטעם שאשתו ובניו קונים את הבגדים הוא **מִשּׁוּם דְּאַמְרִינַן** (שאומרים) **[דִּ**בשעה שקנאם הבעל, **שְׁלִיחוּתֵיהּ קָא עָבִיד** — הוא עושה את שליחותו, **וּכְיַד אִשְׁתּוֹ** ובניו **דָּמֵי** (הוא דומה), ששלוחו של אדם כמותו[24]? מעתה, **הָכָא נַמִּי** — גם כאן, במקרה של "חטים וחטים", כיון שהשליח ממלא את הוראת המשלח**]**,[25] **שְׁלִיחוּתֵיהּ קָא עָבִיד, וּכְיַד בַּעַל הַבַּיִת דָּמֵי.** לפיכך, אף על פי שהמוכר לא ידע שהשליח קונה את החטים עבור מישהו אחר, מועיל קנינו למשלח. לא כן במקום שהשליח שינה משליחותו, שאין לו כבר תורת שליח, אין המשלח קונה את הסחורה אלא אם כן הודיעו למוכר שיַקנה לו, כטענת בני מערבא.

הגמרא דוחה את הראיה:

אָמַר רַבִּי אַבָּא: לֹא! באמת הבעל עצמו קנה את הבגדים הצבועים, שכן הוא זה שעשה את הקנין עם המוכר, ודעת המוכר להקנות לו[26]. ומה שגזבר ההקדש אינו יכול לגבות מבגדים אלו הוא משום **שֶׁכָּל הַמַּקְדִּישׁ** את כל **נְכָסָיו, אֵין דַּעְתּוֹ עַל כְּסוּת** שקנה לצורך **אִשְׁתּוֹ וּבָנָיו**, ולא התכוון כלל להקדיש בגדים אלו[27].

הגמרא מקשה על ההסבר של רבי אבא:

מַתְקִיף לָהּ — הקשה על כך **רַבִּי זֵירָא: וְכִי דַּעְתּוֹ שֶׁל אָדָם עַל תְּפִילָּיו** — וכי סתם אדם שמקדיש כל נכסיו מתכוון גם לתפילין שלו? לכאורה, מסתבר פחות שאדם יקדיש את תפיליו מאשר בגדים חדשים שצבע לשם אשתו ובנותיו. **וּ**בכל זאת **תְּנַן** במשנה (ערכין כג, ב): **הַמַּקְדִּישׁ** כל **נְכָסָיו, מַעֲלִין לוֹ תְּפִילִּין** — אומדים את שווי התפילין שלו, ומשלם את ערכם להקדש כדי לפדותם [שלא ייבטל ממצות תפילין][28]. הרי שכאשר אדם מקדיש "כל נכסיו", גם תפיליו בכלל, עד שימעטן בפירוש. אם כן, כל שכן שיחול ההקדש על כסות שקנה המקדיש עבור אשתו ובניו[29]!

אביי משיב שהנחתו של רבי זירא לגבי דעת המקדיש, אינה נכונה:

אָמַר לוֹ אַבַּיֵי לרבי זירא: **אֵין** — אכן, **דַּעְתּוֹ שֶׁל אָדָם** שמקדיש את כל נכסיו היא באמת גם **עַל** ה**תְּפִילִּין** שלו, שכן אדם **הַמַּקְדִּישׁ** כל **נְכָסָיו, סָבַר "מִצְוָה קָא עֲבִידְנָא** — הלא מצוה אני עושה בעצם ההקדש", ולכן עשוי הוא להקדיש את תפיליו כדי לקיים מצות הקדש בשלמות, אף על פי שיתבטל בכך ממצוה אחרת של הנחת תפילין. **וְ**אולם, **אֵין דַּעְתּוֹ שֶׁל אָדָם** המקדיש נכסיו **עַל כְּסוּת** המיועדת **לְאִשְׁתּוֹ וּבָנָיו, מִשּׁוּם** שבכך יגרום **אֵיבָה** בינו לביניהם[30]. לפיכך, יפה ביאר רבי אבא שהטעם שהגזבר אינו גובה מבגדים חדשים שצבע המקדיש עבור אשתו ובניו, הוא משום שאין דעת המקדיש לכלול נכסים אלו בהקדשו (אף על פי שהם שלו, ולא של אשתו ובניו).

הערות

בני מערבא ורבי אבהו סוברים שדעתו להקנות רק למי שעושה עמו את הקנין בפועל; (ב) רבי יוחנן ורב שמואל בר ססרטי סוברים שכאשר המוכר מתכוון להקנות את סחורתו לאדם מסויים, רק אדם זה יכול לזכות בה, אפילו אם הוא שלוחו של אדם אחר. בני מערבא ורבי אבהו סוברים לעומתם שאם זה שהמוכר רוצה להקנות לו הוא שליח של אדם אחר, יכול השליח לזכות עבור המשלח.

19. התורה קובעת "ערך" של אדם על פי שנותיו ומינו, ללא קשר לשוויו האמיתי בשוק (היינו, הסכום בו היה נמכר כעבד). לדוגמא, הערך של כל זכר מבן חמש שנים עד בן עשרים שנה הוא עשרים שקלים, וערך נקבה באותה קבוצת גיל הוא עשרה שקלים (ראה ויקרא כז, א-ח). אם אדם נדר לגבוה את ערך עצמו, כגון שאמר "ערכי עלי" (או שנדר ערכו של אדם אחר), משלם להקדש את הערך שקצבה לו התורה.

20. רש"י.

21. ההסבר על פי רש"י (כתובות נד, א) ורמב"ם (הלכות ערכין ג, יד), כפי שביארום תוספות יום טוב ערכין ט, ה (ד"ה ולא בצבע) וקצות החשן צז, יד. [לפי הסבר זה, גם הבגדים עצמם היו שייכים בתחילה לצַבע, והבעל קנה את המוצר המוגמר מהצַבע עבור אשתו ובניו (עיין קצות החשן שם).] אולם עיין תוספות ד"ה מי.

22. דהיינו, לא זו בלבד שאין לגזבר זכות בבגדים שכבר לבשו אשתו ובניו של הנודר (שבודאי הם שייכים להם), אלא אפילו בגדים חדשים שמעולם לא לבשום [ולא ניתנו להם עדיין] גם כן נחשבים כרכוש שלהם משעה שלקחם הבעל, והגזבר אינו יכול לגבות מהם (עיין רש"י כאן ובכתובות שם, ובערכין כד, א).

23. כיון שמדובר בבגדים חדשים שעדיין לא הגיעו לידי האשה והבנים [ואם כן, האשה והבנים לא עשו בהם קנין לקנותם], בהכרח שהם נחשבים שלהם רק בגלל קנינו של הבעל. אם נאמר שרק אותו אדם שהמוכר מתכוון להקנות לו, הוא זה שיכול לזכות בחפץ (כשיטת רבי יוחנן ורב שמואל בר ססרטי; ראה לעיל הערה 18), הבגדים היו צריכים להיות שייכים לבעל — שעושה את הקנין בפועל — ולא לאשתו ובניו. כאן אי אפשר לטעון, כדלעיל, שדעת המוכר להקנות את הבגדים ל"בעל המעות" (ראה הערה הנ"ל), שכן מן הסתם הבעל הוא זה שמשלם מכספו עבור הבגדים, ונמצא שהוא גם "בעל המעות" וגם "נותן המעות"! מדוע, איפוא, אין הגזבר גובה מבגדים אלו? (תוספות רבינו פרץ; עיין גם קצות החשן קפג, ג-ד). [אותה קושיא ממש יש להקשות גם על דין המשנה לגבי סנדלים חדשים שהאשה והבנים עדיין לא נעלום.]

24. ואם כן מוכח מכאן שאפילו כאשר מתכוון המוכר להקנות לאדם מסויים, יכול קנין זה להועיל עבור אדם אחר, בתנאי שהוא "עושה שליחותו", כשיטת בני מערבא! (ראה הערה הנ"ל).

[אף על פי שהאשה והבנים לא מינו את הבעל להיות שלוחם, יכול הוא לזכות עבורם, שכן אדם נעשה שליח לחבירו שלא מדעתו בדבר שהוא זכות לו, ש"זכין לאדם שלא בפניו" (ראה משנה גיטין יא, ב; ועיין רש"י שם ט, ב ד"ה יחזור, ובבא מציעא יב, א ד"ה גבי מתנה, ותוספות כתובות יא, א ד"ה מטבילין; עיין עוד קצות החשן קה, א).]

25. [נוסח הגמרא שבתוך הסוגריים המרובעות, נוסף במהדורת וילנא ואינו מופיע בכתבי יד ודפוסים ישנים (ראה ספר שינויי נוסחאות). מכל מקום, ברור שזו כוונת רבי אבהו.]

26. [ולכן הבעל אינו יכול לזכות לאשתו ובניו אפילו מתורת שליחות, כמו שנתבאר לעיל בשיטת רבי יוחנן ורב שמואל בר ססרטי (ודלא כשיטת רבי אבהו ובני מערבא).]

27. דהיינו, באמת יש כח לבעל להקדיש בגדים אלו (כי הם שלו), ומכל מקום הם אינם נעשים ממון גבוה משום שאין דעת הבעל להקדישם. [ואף על פי שהבעל לא הוציא בפירוש את הבגדים הללו מכלל הקדשו, אלא הקדיש סתם את "כל" נכסיו, יש לנו אומדנא ברורה שהתכוון בליבו להגביל את הקדשו באופן כזה, שכן אף אדם אינו רוצה להקדיש בגדים שקנה לצורך אשתו ובניו. בכגון זה, מחשבות ליבו אינם נחשבים "דברים שבַּלֵּב" בלבד, שאינם מועילים — ראה קידושין מט, ב — אלא "דברים שבלב כל אדם", וכאילו נאמרו בפירוש (חזון איש כא, ד; עיין תוספות ור"ן קידושין שם).]

28. רש"י כאן ובערכין כג, ב.

29. [היינו, מוכח מהמשנה שאף על פי שבדרך כלל אדם אינו מקדיש את תפיליו, אין זו אומדנא ברורה שהוא מתכוון למעט את התפילין מכלל הקדשו, אלא דנים זאת כ"דברים שבלב" שאינם מועילים. אם כן, בודאי גם אין אומדנא ברורה שהוא מתכוון למעט את הבגדים שקנה עבור אשתו ובניו. מדוע, איפוא, אין ההקדש חל עליהם? (חזון איש שם).]

ועל כרחך, הטעם שהבגדים אינם קדושים הוא שהם נקנו לאשה ולבנים על ידי קנין הבעל בלא ידיעת המוכר, מדין "שלוחו של אדם כמותו", וכסברת בני מערבא ורבי אבהו.

30. [אביי דוחה את הנחתו של רבי זירא שאדם עשוי פחות להקדיש את תפיליו מאשר בגדי אשתו ובניו. אדרבה, ההיפך הוא הנכון! תפילין באמת עלולות להיכלל בהקדש, אך בכסות אשתו ובניו יש אומדנא ברורה שאין דעתו לכך.]

ליקח לו חטין ולקח מהם שעורין שעורין ולקח מהם חטין תניא חדא אם פחתו פחתו לו ואם הותירו הותירו לו ותני חדא [א] אם פחתו פחתו לו ואם הותירו הותירו לאמצע אמר רבי יוחנן לא קשיא הא ר"מ והא רבי יהודה הא ר"מ דאמר שינוי קונה והא רבי יהודה דאמר שינוי אינו קונה מתקיף לה ר' אלעזר ממאי דלמא עד כאן לא קאמר ר"מ אלא במידי דחזי ליה לגופיה אבל לסחורה לא אמר אלא א"ר אלעזר הא והא ר' מאיר ולא קשיא כאן לאכילה כאן לסחורה [א] מחכו עלה במערבא לר' יוחנן אליבא דר' יהודה וכי מי הודיעו לבעל חטין שיקנה חטין לבעל מעות מתקיף לה רב שמואל בר ססרטי אי הכי אפילו חטין וחטין נמי לא אמר רבי אבהו שאני חטין וחטין דשליחותיה קא עביד וכי בעל הבית דמי תדע דתנן [ב] [ב] אחד המקדיש נכסיו ואחד המעריך את עצמו אין לו בכסות אשתו ולא בכסות בניו ולא בצבע שצבע לשמן ולא בסנדלים חדשים שלקחן לשמן ואמאי לימא הכא נמי מי הודיעו לצבע שיקנה צבעו לאשה אלא לאו משום דאמרינן [דשליחותיה קא עביד וכיד אשתו דמי הכא נמי] שליחותיה קא עביד וכיד בעה"ב דמי א"ר אבא לא כל המקדיש נכסיו אין דעתו על כסות אשתו ובניו מתקיף לה רבי זירא וכי דעתו של אדם על תפיליו [ג] ותנן [ג] המקדיש נכסיו מעלין לו תפילין א"ל אביי אין דעתו של אדם על תפילין המקדיש נכסיו סבר [ד] מצוה קא עבידנא ואין דעתו של אדם על כסות אשתו ובניו משום איבה מתקיף לה רב אושעיא והלא חייבי ערכין שנו כאן [ה] ותנן [ד] חייבי ערכין ממשכנין אותן וכי דעתו של אדם על עצמו למשכנו אלא אמר רבי אבא כל המקדיש נכסיו נעשה כמי שהקנה להן כסות אשתו ובניו מעיקרא תנו רבנן הלוקח שדה בשם חבירו אין כופין אותו למכור ואם אמר לו על מנת כופין אותו למכור מאי קאמר אמר רב ששת ה"ק הלוקח שדה מחבירו בשם ריש גלותא אין כופין אותו ריש גלותא למכור ואם אמר על מנת כופין את ריש גלותא למכור אמר מר הלוקח שדה בשם ריש גלותא אין כופין אותו ריש גלותא למכור מכלל דמקנא קניא ליה לימא פליגא דבני מערבא דאמרי וכי מי הודיעו לבעל חטין שיקנה חטין לבעל הבית אי משום הא לא קשיא כגון דאודעיה לבעל שדה ואודעינהו לסהדי אלא אימא סיפא על מנת כופין אותו ריש גלותא למכור אמאי ולימא ריש גלותא לא יקרייכו בעינא ולא זילותייכו בעינא אלא אמר אביי [ה] ה"ק הלוקח שדה בשם חבירו [ו] (ריש גלותא) אין

רש"י

ליקח בהן חטין. למחלית שכר: [הא ר"מ]. קמייתא ר"מ [דאמר] שינוי קונה בתרייתא ר' יהודה [דאמר] שינוי אינו קונה ומיהו אם פחתו פחתו לו דלאו לעוותיה שדריה: לגופיה. למר ללבוש וספסל להשתמש: אבל לסחורה. בכל מידי דאיכא רווחא ניחא ליה וכי הותירו לאו שינוי הוא: מי הודיעו. למוכר החטין שלצורך בעל המעות הן שיקנה לו דקתני הותירו לאמצע בשלמא לר' אלעזר אליבא דר"מ דאמר בכל דהו ניחא ליה לאו משנה הוא ושליחותיה דבעל הבית קעביד וקני בעל מעות מחלית השכר אלא לר' יוחנן דאמר משנה הוא ולא הוי שליחות ומיהו שינוי לא קני קשיא דממאן קבעי למקני הא לא קנינהו בעל מעות מעולם: אין לו. לגזבר לא בכסות אשתו למשכנו בשביל הערך וכן לגבי מקדיש לא הוו בכלל נכסים להקדישו: לשמן. לאשתו ובניו: חדשים. רבותא נקט: מעלין לו תפילין. ולוה המעות ויתן בשבילם להקדש: מעלין. שמין: אמר ליה אביי אין. ודאי דעתו של אדם על תפילין להקדישן דסבר האי נמי מצוה קעבידנא דיהיבנא להקדש: והלא חייבי ערכין שנו כאן. דקתני המעריך את עצמו: ממשכנין. בעל כרחו אלמא לאו משום דעתו הוא: הלוקח שדה מחבירו בשם ריש גלותא. שאמר לו למוכר לצורך ריש גלותא אני לוקחה ונתכוון להטיל אימה שלא יבאו עליה עסיקין וכתב המוכר שטר המכירה בשם ריש גלותא: אין כופין ריש גלותא. לחזור ולכתוב שטר מכירה שהוא מכרה ללוקח ואם אומר לו לוקח למוכר על מנת שיכתוב לי ריש גלותא בשמו לשמי שטר אחר כופין ריש גלותא למכור: לא יקרייכו. שעשיתם אותי ראש להטיל אימה: ולא זילותייכו. שאתם באים לעשות אותי למוכר שדות: הכי קאמר הלוקח שדה בשם חבירו ריש גלותא אין

תוספות

הא רבי יהודה דאמר שינוי אין קונה. הלכך אם הותירו לאמצע שכך נותן לו למחלית שכר ואם פחתו פחתו לו דמצי אמר ליה לא היה לך לשנות מדעתי ואת הוא דפשעת: מי הודיעו לבעל חטין שיקנה חטין לבעל מעות. אם נפרש דמהאי טעמא אין קונה אותו המשלח אבל לוקח דהיינו שליח קנה להו איכא למפרך נמי לר' אלעזר אמאי לא אוקי נמי הא והא כרבי יהודה כאן לאכילה כאן לסחורה ההיא דקתני אם פחתו פחתו לו ואם הותירו הותירו לו היינו לאכילה דקפיד ולא שליחותיה קעביד הלכך לא קני להו לבעל המעות כלל משום טעמא דמי הודיעו לבעל חטין וההיא דקתני אם הותירו הותירו לאמצע לסחורה דלא קפיד ושליחותיה קעביד הלכך קני להו בעל המעות ואם הותירו הותירו לאמצע ומיהו אם פחתו פחתו לו דאמר ליה לתקוני שדרתיך ולא לעוותי ומיהו אין קושיא כ"כ לר"א כמו לר' יוחנן הלכך לא פריך אלא לר' יוחנן ואם נפרש מי הודיעו לבעל חטין שיקנה חטין לבעל מעות הרי בעל מעות לא קנה ושליח נמי לא קנה שלא נתכוון לקנות לעצמו וחוזר המקח כמו מקח טעות אז ליכא למפרך לר' אלעזר דלא מצי לאוקמי תרוייהו כרבי יהודה דכיון דשינוי לא קני לרבי יהודה אם כן אמאי אם פחתו פחתו לו אפילו לאכילה הא כיון דקמקפיד ולא שליחותיה קעביד ואיכא למימר מי הודיעו לבעל חטין שיקנה חטין לבעל מעות אם כן חוזר המקח ואם כן אמאי אם פחתו פחתו לו ואם הותירו הותירו לו דמשמע שקונה אותו השליח:

שאני חטין וחטין דשליחותיה קעביד תדע דתנן כו'. תימה אמאי איצטריך לאתויי מהא דתנן והלא מגופא דברייתא משמע הכי דלוקא נקט ליקח בהן חטין ולקח בהן שעורים הא חטין וחטין משמע דפשיטא דאם הותירו הותירו לאמצע וה"נ משמע דתירוצא דרבי אלעזר דמתרץ כאן לסחורה משמע משום דלסחורה לא קפיד והוי כחטין וחטין והותירו הותירו לאמצע וי"ל דברייתא מצינן לאוקמי כגון שהודיעו שהוא קונה לבעל המעות והא דפריך מי הודיעו בעי למימר דמסתמא איירי הברייתא בכל ענין אפילו לא הודיעו והא פריך רב שמואל אי הכי אפילו חטין וחטין נמי אי איירי שלא הודיעו אלא ע"כ איירי כשהודיעו ומשני שאני חטין וחטין דשליחותיה קעביד דתנן כו' והשתא ודאי צריך להביא מהא דתנן דמגופא דברייתא ליכא למשמע מידי דאיכא לאוקמי כשהודיעו וא"ת מאי מוכח טפי מהא דתנן הא איכא לאוקמא נמי כשהודיעו לצבע דהאי נמר דאשתו היא ונראה דלא דמי דלעיל ודאי איכא למימר הוא מודיע כדי שיקנה לבעל המעות אבל הכא למה יש להודיעו הלא דעתו ליתן לאחר כך ומן ההקדש לא מסיק אדעתיה: מי הודיעו לצבע שיקנה צבע לאשה. תימה מאי פריך תינח אם יש שבח סממנין על גבי נמר אבל אם אין שבח סממנין על גבי הנמר מה לנו לחוש אם אין הצבע מקנה צבעו לאשה וי"ל דהכי פריך כיון דאין הצבע מקנה צבעו לאשה ויכול הצבע לתבוע שבח מן האשה דאע"ג דאין שבח סממנים ע"ג הנמר מ"מ היא נהנית ממעשה ידיו וצריכה ליתן לו שכר וכיון דיכול ליקח שכר מאשה א"כ מעות שקיבל מבעל האשה הן הקדש דאין שכירות כיון שהאשה חייבת שכירות ולפי מה שפירשתי לעיל דכיון דלא הודיעו לבעל חטין שיקנה חטין לבעל המעות חוזר המקח ע"כ לא פריך הכא אלא ממעות שקיבל הצבע שיהיו הקדש אפילו אם יש שבח סממנין על גבי הנמר לא קנתה האשה והבעל נמי לא קנה וחוזר הצבע לצבע בכ"מ שהוא ואין לו להקדש בצבע כלום אלא המעות שקיבל הצבע כיון שחוזרין לבעל יהו הקדש והצבע יחזור ויתבע השכירות מן האשה ואמאי קתני אין לו לבעל בכסות אשתו משמע שבחנם בא לה: אין דעתו של אדם על כסות אשתו. הלכך אין דעתו להקדיש אותן מעות שנתן לצבע שלא יחזור ויתבע מן האשה ולפי האי טעמא הוה ליה למפרך תינח הקדש דתלוי בדעתו וכיון שאין רוצה להקדיש לא הוי הקדש אלא ערכין כיון שהעריך עצמו מה מועיל שאין דעתו עליהם מ"מ בע"כ נערך מכל מה שיש לו אלא משום דאית ליה פירכא אחריתי לא חש למפרך:

כגון

עין משפט נר מצוה

צז א מיי' פ"א מהלכות שלוחין הלכה ה ופ"ה הלכה ב סמג עשין קעד טוש"ע ח"מ סי' קפג סעיף ה וסי' קעו סעיף יא וע"ש:

צח ב מיי' פ"ג מהל' ערכין הלכה יד סמג עשין קלא:

צט ג מיי' שם פ"ו הלכה ג סמג עשין קלב:

ק ד מיי' שם פ"ג הלכה יד:

קא ה מיי' פ"ב מהלכות שלוחין הלכה ה סמג עשין פב טוש"ע ח"מ סי' קפד סעי' ב:

ליקוטי רש"י

מחכו עלה. [מחייכו עליה] [זבחים טו.]. מחכו. מלחקי [סנהדרין קט.]. במערבא. בארץ ישראל [שבת סה:]. אחד המקדיש נכסיו ואחד המעריך וכו'. והגזבר בא למשכנו על ערכו הקצוב בפרשה. אין לו. לגזבר [כתובות נד.]. לא בכסות אשתו וכו'. שאינו שלו [ערכין כד.]. ולא בצבע שצבע לשמן. בגדים שצבע לשם אשתו ולשם בניו ואע"פ שלא לבשום עדיין [כתובות שם]. ולא בסנדלים חדשים. רבותא קמ"ל דאע"ג דעדיין לא נעלום הרי הן בחזקתן משעת לקיחה [ערכין שם]. מעלין לו תפילין. תפילין בכלל נכסיו ופודה אותן [שם כג:]. כלומר אף תפלין הקדש ומעלין לו בדמים ופודן בשוויהן [רשב"ם ב"ב קנא.]. מצוה קא עבידנא. דיהיבנא לבדק הבית הילכך אכל נכסיה הוה דעתיה [שם כד.]. חייבי ערכין ממשכנין אותן. גזבר נכנס לבתיהן ונוטל בעל כרחן [שם כג:] דכיון דלאו לכפרה אתי משהי ליה [לעיל מ.].

מסורת הש"ס

א) [סנהדרין יז: וש"נ], ב) כתובות נד. ערכין כד., ג) ב"ב קנא. ערכין כג:, ד) [ערכין כד.], ה) שם כא. לעיל מ., ו) ברא"ש איננו.

גליון הש"ס

גמ' מחכו עלה במערבא. ביצה דף לח ע"ב שבועות דף כו ע"א: שם לא כל המקדיש. עי' נדרים דף מג ע"ב:

הגמרא מעלה טענה אחרת נגד הסברו של רבי אבא במשנה דלעיל:

מַתְקִיף לָהּ רַב אוֹשַׁעְיָא: וַהֲלֹא דינם של **חַיָּיבֵי עֲרָכִין שָׁנוּ כָּאן** באותה משנה! דהיינו, המשנה שהובאה לעיל עוסקת לא רק באדם שהקדיש כל נכסיו, אלא גם ב״המעריך את עצמו״, ועל שניהם אומרת המשנה שאין לגזבר זכות בבגד שנצבע עבור אשתו ובניו של הנודר. **ו**לגבי חייבי ערכין, בודאי אין הדבר תלוי בדעתו של המקדיש, **דתְנַן** במשנה (ערכין כא, א): **חַיָּיבֵי עֲרָכִין, מְמַשְׁכְּנִין אוֹתָן** — לוקחים מהם משכון בעל כרחם עבור תשלום נדרם. **וְכִי דַּעְתּוֹ שֶׁל אָדָם עַל עַצְמוֹ לְמַשְׁכְּנוֹ** — וכי אדם שנודר את ערכו, מתכוון באותה שעה שגזבר ההקדש יגבה משכון מנכסיו בעל כרחו?! ברור שלא! אף על פי כן, כיון שחל נדרו והתחייב להקדש, דעתו אינה מעלה או מורידה[31]. מעתה, אם בגדים שאדם צבע לאשתו ובניו אכן שייכים לו (כפי שטוען רבי אבא), הרי שבמקרה שהוא נדר את ערכו לגבוה, יוכל גזבר ההקדש לגבות מהבגדים את נדרו, אפילו אם נקבל את סברת רבי אבא שאין דעתו של אדם להקדיש אותם[32]! כיצד אומרת המשנה שאין לגזבר זכות בבגדים אלו?

רבי אבא חוזר בו, ומבאר את המשנה באופן אחר:

אֶלָּא אָמַר רַבִּי אַבָּא: כָּל הַמַּקְדִּישׁ נְכָסָיו, נַעֲשָׂה כְּמִי שֶׁהִקְנָה לָהֶן כְּסוּת אִשְׁתּוֹ וּבָנָיו מֵעִיקָּרָא — דנים אותו כאילו הקנה מתחילה (לפני ההקדש) את הבגדים החדשים לאשתו ובניו. דהיינו: כאשר לוקח הבעל את הבגדים מהצַבע, הם אכן נקנים לו ולא לאשתו ובניו, משום שדעת הצַבע היתה להקנותן לו[33]. אולם אנו אומדים דעתו של הבעל, שתיכף לאחר שקנה את הבגדים מהצַבע, הקנה אותם לאשתו ולבניו (אפילו אם לא אמר כן בפירוש)[34]. נמצא שבשעה שהקדיש נכסיו או נדר ערכו לגבוה, כבר לא היו הבגדים שלו; הלכך אין הגזבר יכול לגבות מהם[35].

הגמרא מביאה ברייתא סתומה, שלכאורה (לפי הפירוש דלהלן) סותרת את שיטת בני מערבא:

תָּנוּ רַבָּנָן בברייתא (ראה תוספתא בבא בתרא ט, א): **הַלּוֹקֵחַ שָׂדֶה בְּשֵׁם חֲבֵירוֹ, אֵין כּוֹפִין אוֹתוֹ לִמְכּוֹר. וְאִם אָמַר לוֹ** הלוקח למוכר שהוא קונה את השדה **עַל מְנָת** שימכור, **כּוֹפִין אוֹתוֹ לִמְכּוֹר.**

הגמרא מבארת את כוונת הברייתא:

מַאי קָאָמַר התנא? **אָמַר רַב שֵׁשֶׁת: הָכִי קָאָמַר** — כך כוונתו: **הַלּוֹקֵחַ שָׂדֶה מֵחֲבֵירוֹ בְּשֵׁם רֵישׁ גָּלוּתָא** (ראש הגולה[36]), כלומר, הקונה אמר למוכר שהוא קונה את השדה לצורך ריש גלותא (אף על פי שבאמת נתכוון לקנותה לעצמו), ואכן כתבו את שטר המכירה לשם ריש גלותא[37], **אֵין כּוֹפִין אוֹתוֹ,** את **רֵישׁ גָּלוּתָא, "לִמְכּוֹר"**, כלומר, לחזור ולכתוב שטר מכירה בינו לבין הלוקח האמיתי[38]. **וְאִם אָמַר** הלוקח למוכר, בשעת המכירה: "הריני קונה את השדה **עַל מְנָת** שיכתוב לי ריש גלותא שטר מכירה אחר בינו לביני"[39], **כּוֹפִין אֶת רֵישׁ גָּלוּתָא "לִמְכּוֹר"**, כלומר, לכתוב שטר מכירה כפי שהותנה.

הגמרא דנה בדברי הברייתא לאור הסבר זה:

אָמַר מַר בברייתא, על פי הסברו של רב ששת: "**הַלּוֹקֵחַ שָׂדֶה בְּשֵׁם רֵישׁ גָּלוּתָא, אֵין כּוֹפִין אוֹתוֹ,** את **רֵישׁ גָּלוּתָא, 'לִמְכּוֹר'** את השדה ללוקח". **מִכְּלָל דְּמִקְנָא קַנְיָא לֵיהּ** — משמע מזה שהלוקח אכן קנה את השדה (ולא ריש גלותא)[40]. **לֵימָא פְּלִיגָא** — שמא נאמר שברייתא זו חולקת על שיטתם **דִּבְנֵי מַעֲרָבָא, דְּאָמְרֵי** (האומרים) לעיל: "**וְכִי מִי הוֹדִיעוֹ לְבַעַל חִטִּין שֶׁיַּקְנֶה חִטִּין לְבַעַל הַבַּיִת** (כלומר לבעל המעות)"? לפי שיטתם, אין אדם יכול לקנות חפץ מחבירו, אלא אם כן יודע המוכר להקנותו לו[41]. והנה בענייננו, המוכר היה סבור שהשדה נמכרת לריש גלותא (ואף כתב כן בשטר המכירה). כיצד יזכה בה זה שהציג עצמו כשליח בלבד[42]?

הערות

31. רש״י. אדם שנודר את ערכו לגבוה, אינו מקדיש נכסים מסויימים, אלא מתחייב לשלם לגבוה את דמי ערכו — ולאחר שחל חיוב זה, יכול הגזבר לגבותו מנכסי הנודר כמו כל חוב. לפיכך, אפילו אם יַתנה הנודר בפירוש שלא יגבה הקדש מחפץ פלוני, תנאו בטל (שהרי זה כ׳מתנה על מה שכתוב בתורה׳), ובעל כרחו גובה ההקדש מכל אשר לו. נמצא שאין הדבר תלוי כלל בדעתו (חזון איש שם; אמנם עיין תוספות ד״ה אין דעתו, שביארו כנראה את ראית רב אושעיא באופן אחר).

32. [דהיינו, הטענה שאין דעתו של אדם להקדיש בגדים אלו, מועילה רק לבאר את הדין של המשנה בנוגע ל״מקדיש נכסיו״, אך לא בנוגע ל״מעריך את עצמו״ (חזון איש שם; ועיין תוספות שם).]

33. [ודלא כשיטת רבי אבהו ובני מערבא, שאשתו ובניו קונים את הבגדים מיד בתורת שליחות.]

34. רשב״א (ראה שם הסבר אחר).

בדרך כלל אי אפשר להעביר בעלות אלא על ידי מעשה קנין, ו״דעת להקנות״ בלבד אינה מספיקה. ברם בענייננו, לאחר שהבעל קנה את הבגדים מהצַבע, הוא מעביר את הבעלות עליהם לאשתו ובניו אפילו בלי שום מעשה קנין. טעם הדבר, לפי שמעשה קנין נצרך בכל מקום רק כדי לבטא את גמירות הדעת של הצדדים להעברת הבעלות. אולם כאן ברור לנו שהבעל גומר בדעתו להקנות את הבגדים לאשתו ובניו מיד לאחר שהגיעו לידו. בכגון זה עוברת הבעלות אפילו בלא מעשה קנין (רשב״א בפירוש ראשון; ראה שם דוגמאות נוספות ליסוד זה; עיין גם חזון איש כא, ה, ושם חשן משפט סימן כב ד״ה כלל גדול). [לפי הסבר זה, הבגדים נקנים לאשה ולבנים באופן מוחלט לכל דיני התורה, ולאו דוקא לענין הקדש. אולם עיין הגהות אשר״י ד״ה וכדמסיק; ועיין קצות החשן צז, יג).]

35. [מאותו טעם אין הגזבר גובה את נדר הערך מבגדים אלו, שהרי בשעת הנדר כבר לא היו הבגדים של הבעל, ואם כן לא נשתעבדו לחיובו.]

נמצא שגם החולקים על בני מערבא מבארים שהטעם שהגזבר אינו יכול לגבות מהבגדים הוא שאין כח לבעל להקדישם, לפי שאינם שלו בשעת ההקדש (בניגוד להבנה הקודמת שזה בגלל דעתו של המקדיש). ההבדל בין שתי השיטות הוא לענין **האופן והזמן** שבהם עוברים הבגדים לבעלות האשה והבנים. לשיטת בני מערבא, כפי שביארם רבי אבהו, הבגדים נעשים שלהם מיד עם לקיחתם מבית הצַבע, ולעולם לא היו שייכים לבעל. שכן אף על פי שהצַבע לא התכוון להקנותם לאשה ולבנים, הבעל יכול לזכות עבורם מתורת שליחות, וכפי שנתבאר לעיל. אולם לדעת רבי אבא ההולך בשיטת רבי יוחנן ורב שמואל בר ססרטי, שליחות אינה מועילה בכגון זה. לפיכך הבעל זוכה לעצמו כשלוקח את הבגדים מהאומן, אולם מיד אחר כך עוברים הבגדים לבעלות האשה והבנים על ידי גמירות הדעת של הבעל להקנותם, כאמור.

36. [״ריש גלותא״ הוא תואר ראש השלטון העצמאי למחצה של יהדות בבל בתקופת התלמוד ואחריה. ועיין רמב״ם הלכות סנהדרין (ד, יג), ש״ראשי גלויות שבבבל, במקום מלך הם עומדין״.]

37. הקונה עשה תחבולה זו כדי למנוע ערעור על המכירה [היינו, שלא יבוא אדם לטעון שקרקע זו היתה גזולה ביד המוכר ולכן לא היה יכול למוכרה], שכן אנשים יפחדו לפקפק בבעלות שדה שנרכשה על ידי ראש הגולה (רש״י; ראה סיבות אחרות לתכסיס זה במאירי, ובשיטה מקובצת בשם הגאון ובשם הראב״ד).

38. רש״י. אף על פי שהלוקח — ולא ריש גלותא — הוא הבעלים האמיתיים של השדה (כפי שהגמרא תבאר בסמוך), אין ללוקח שום ראיה לבעלותו, שהרי שטר המכירה נכתב לשם ריש גלותא. לפיכך הלוקח רוצה שריש גלותא יכתוב לו עתה שטר, בו ייאמר שריש גלותא ״מוכר״ את השדה [הרשומה על שמו] ללוקח. הברייתא משמיעתנו שריש גלותא אינו חייב לעשות כן.

39. רש״י; וראה להלן הערה 45 בשם הראב״ד.

40. מזה שהוצרכה הברייתא להשמיענו שאין מחייבים את ריש גלותא לכתוב שטר מכירה ללוקח, משמע שבאמת שייכת השדה ללוקח. והיינו שהקנין חל לפי כוונתו האמיתית, הנסתרת (ולא כפי שאמר למוכר, שהוא קונה את השדה עבור ריש גלותא), אלא שאין לו אפשרות להוציא שטר המעיד על כך (עיין רשב״א, תוספות רבינו פרץ, שיטה מקובצת בשם גאון ובשם הרא״ש, מחנה אפרים הלכות שלוחין יח ד״ה וראיתי להש״ך, קצות החשן קפג, ד ונתיבות המשפט קפג, ב). [הלכנו בביאור הגמרא אחרי הראשונים והאחרונים הנ״ל. אולם בשו״ת הרא״ש צו, ג מפורש שריש גלותא הוא שזוכה בשדה, ולא הלוקח. עיין גם ש״ך חשן משפט קפג, ב וחידושי רבי מאיר שמחה כאן.]

41. ראה לעיל הערה 18.

42. לדעת רבי יוחנן ורב שמואל בר ססרטי, החולקים לעיל על בני מערבא וסוברים שלעולם דעתו של המוכר להקנות ל״בעל המעות״ בלי קשר למציאות שהוצגה לפניו (ראה הערה הנ״ל), מובן מדוע בענייננו הלוקח זוכה בשדה, שהרי במקרה זה הלוקח הוא אכן ״בעל המעות״. אולם לשיטת בני מערבא, איך יקנה הלוקח את השדה בלי שיתכוון המוכר להקנותה לו? (רשב״א ורא״ש בשיטה מקובצת). [לעיל נתבאר שלפי בני מערבא יכול המשלח לזכות מתורת שליחות אפילו אם אין המוכר מתכוון להקנות לו. אולם אצלנו המקרה הוא להיפך — הלוקח **הטעה** את המוכר שהוא שליח של ריש גלותא, אך באמת רוצה לקנות בשביל עצמו. בכגון זה בודאי יסברו בני מערבא שקנינו אינו מועיל (תוספות רבינו פרץ).]

ליקח לו חטין ולקח מהם שעורין שעורין ולקח מהם חטין תניא חדא אם פחתו פחתו לו ואם הותירו הותירו לו ותני חדא [א] אם פחתו פחתו לו ואם הותירו הותירו לאמצע אמר רבי יוחנן לא קשיא הא ר"מ והא רבי יהודה הא ר"מ דאמר שינוי קונה והא רבי יהודה דאמר שינוי אינו קונה מתקיף לה ר' אלעזר ממאי דלמא עד כאן לא קאמר ר"מ אלא במידי דחזי ליה לגופיה אבל לסחורה לא אמר אלא א"ר אלעזר הא והא ר' מאיר ולא קשיא כאן לאכילה כאן לסחורה [א] מחכו עלה במערבא לר' יוחנן אליבא דר' יהודה וכי מי הודיעו לבעל חטין שיקנה חטין לבעל מעות מתקיף לה רב שמואל בר ססרטי אי הכי אפילו חטין וחטין נמי לא אמר רבי אבהו שאני חטין וחטין דשליחותיה קא עביד וכי בעל הבית דמי תדע דתנן [ב] [ב] אחד המקדיש נכסיו ואחד המעריך את עצמו אין לו בכסות אשתו ולא בכסות בניו ולא בצבע שצבע לשמן ולא בסנדלים חדשים שלקחן לשמן ואמאי לימא הכא נמי מי הודיעו לצבע שיקנה צבעו לאשה אלא לאו משום דאמרינן [דשליחותיה קא עביד וכיד אשתו דמי הכא נמי] שליחותיה קא עביד וכיד בעה"ב דמי א"ר אבא לא כל המקדיש נכסיו אין דעתו על כסות אשתו ובניו מתקיף לה רבי זירא וכי דעתו של אדם על תפיליו [ג] ותנן [ג] המקדיש נכסיו מעלין לו תפילין א"ל אביי אין דעתו של אדם על תפילין המקדיש נכסיו סבר [ד] מצוה קא עבידנא ואין דעתו של אדם על כסות אשתו ובניו משום איבה מתקיף לה רב אושעיא והלא חייבי ערכין שנו כאן [ה] ותנן [ד] חייבי ערכין ממשכנין אותן וכי דעתו של אדם על עצמו למשכנו אלא אמר רבי אבא כל המקדיש נכסיו נעשה כמי שהקנה להן כסות אשתו ובניו מעיקרא תנו רבנן הלוקח שדה בשם חבירו אין כופין אותו למכור ואם אמר לו על מנת כופין אותו למכור מאי קאמר אמר רב ששת ה"ק הלוקח שדה מחבירו בשם ריש גלותא אין כופין אותו ריש גלותא למכור ואם אמר על מנת כופין את ריש גלותא למכור אמר מר הלוקח שדה בשם ריש גלותא אין כופין אותו ריש גלותא למכור מכלל דמקנא קניא ליה לימא פליגא דבני מערבא דאמרי וכי מי הודיעו לבעל הבית שיקנה חטין לבעל הבית אי משום הא לא קשיא כגון דאודעיה לבעל שדה ואודעינהו לסהדי אלא אימא סיפא על מנת כופין אותו ריש גלותא למכור אמאי ולימא ריש גלותא לא יקרייכו בעינא ולא זילותייכו בעינא אלא אמר אביי [ה] ה"ק הלוקח שדה בשם חבירו [ו] (ריש גלותא)

אין

ליקח בהן חטין. למחלית שכר: [הא ר"מ]. קמייתא ר"מ [דאמר] שינוי קונה בתרייתא ר' יהודה [דאמר] שינוי אינו קונה ומיהו אם פחתו פחתו לו דלאו לעוותיה שדריה: לגופיה. למר ללבוש וספסל להשתמש: אבל לסחורה. בכל מידי דאיכא רווחא ניחא ליה וכי הותירו לאו שינוי הוא: מי הודיעו. למוכר החטין שלצורך בעל המעות הן שיקנה לו דקתני הותירו לאמצע בשלמא לר' אלעזר אליבא דר"מ דאמר בכל דהו ניחא ליה לאו משנה הוא ושליחותיה דבעל הבית קעביד וקני בעל מעות מחלית השכר אלא לר' יוחנן דאמר משנה הוא ולא הוי שליחות ומיהו שינוי לא קני קשיא דממאן קבעי למקני הא לא קננהו בעל מעות מעולם: אין לו. לגזבר לא בכסות אשתו למשכנו בשביל הערך וכן לגבי מקדיש לא הוו בכלל נכסים להקדישו: לשמן. לאשתו ובניו: חדשים. רבותא נקט: מעלין לו תפילין. ולוה המעות ויתן בשבילם להקדש: מעלין. שמין: אמר ליה אביי אין. ודאי דעתו של אדם על תפילין להקדישן דסבר האי נמי מלוה קעבידנא דליהיבנא להקדש: והלא חייבי ערכין שנו כאן. דקתני המעריך את עצמו: ממשכנין. בעל כרחו אלמא לאו משום דעתו הוא: הלוקח שדה מחבירו בשם ריש גלותא. שאמר לו למוכר לצורך ריש גלותא אני לוקחה ונתכוון להטיל אימה שלא יבאו עליה עסיקין וכתב המוכר שטר המכירה בשם ריש גלותא: אין כופין ריש גלותא. לחזור ולכתוב שטר מכירה שהוא מכרה ללוקח ואם אומר לו לוקח למוכר על מנת שיכתוב לי ריש גלותא בשמו לשמי שטר אחר כופין ריש גלותא למכור: לא יקרייכו. שעשיתם אותי ראש להטיל אימה: ולא זילותייכו. שאתם באים לעשות אותי למוכר שדות: הכי קאמר הלוקח שדה בשם חבירו ריש גלותא

אין

הא רבי יהודה דאמר שינוי אין קונה. הלכך אם הותירו לאמצע שכך נותן לו למחלית שכר ואם פחתו פחתו לו דמצי אמר ליה לא היה לך לשנות מדעתי ואת הוא דפשעת: מי הודיעו לבעל חטין שיקנה חטין לבעל מעות. אם נפרש דמהאי טעמא אין קונה אותו המשלח אבל לוקח דהיינו שליח קנה להו איכא למפרך נמי לר' אלעזר אמאי לא אוקי נמי הא והא כרבי יהודה כאן לאכילה כאן לסחורה והיא דקתני אם פחתו פחתו לו ואם הותירו הותירו לו היינו לאכילה דקפיד ולא שליחותיה קעביד הלכך לא קני להו לבעל המעות כלל משום טעמא דמי הודיעו לבעל חטין והיא דקתני אם הותירו הותירו לאמצע לסחורה דלא קפיד ושליחותיה קעביד הלכך קני להו בעל המעות ואם הותירו הותירו לאמצע ומיהו אם פחתו פחתו לו דאמר ליה לתקוני שדרתיך ולא לעוותי ומיהו אין קושיא כ"כ לר"א כמו לר' יוחנן הלכך לא פריך אלא לר' יוחנן ואם נפרש מי הודיעו לבעל חטין שיקנה חטין לבעל מעות הרי בעל מעות לא קנה ושליח נמי לא קנה שלא נתכוון לקנות לעצמו וחוזר המקח כמו מקח טעות אז ליכא למפרך לר' אלעזר דלא מצי לאוקמי תרוייהו כרבי יהודה דכיון דשינוי לא קני לרבי יהודה אם כן אמאי אם פחתו פחתו לו אפילו לאכילה הא כיון דקמקפיד ולא שליחותיה קעביד ואיכא למימר מי הודיעו לבעל חטין שיקנה חטין לבעל מעות אם כן חוזר המקח ואם כן אמאי אם פחתו פחתו לו ואם הותירו הותירו לו דמשמע שקונה אותו השליח:

שאני חטין וחטין דשליחותיה קעביד תדע דתנן כו'. תימה אמאי איצטריך לאתויי מהא דתנן והלא מגופא דברייתא משמע הכי דדוקא נקט ליקח בהן חטין ולקח בהן שעורים הא חטין וחטין משמע דפשיטא דאם הותירו הותירו לאמצע וה"נ משמע דתירוצא דרבי אלעזר דמתרץ כאן לסחורה משמע משום דלסחורה לא קפיד והוי כחטין וחטין והותירו הותירו לאמצע וי"ל דברייתא מצינן לאוקמי כגון שהודיעו שהוא קונה לבעל המעות והא דפריך מי הודיעו בעי למימר דנסתמא מיירי הברייתא בכל ענין אפילו לא הודיעו ואהא פריך רב שמואל אי הכי אפילו חטין וחטין נמי אי מיירי שלא הודיעו אלא ע"כ מיירי כשהודיעו ומשני שאני חטין וחטין דשליחותיה קעביד דתנן כו' והשתא ודאי צריך להביא מהא דתנן דמגופא דברייתא ליכא למשמע מידי דאיכא לאוקמי כשהודיעו וא"ת מאי מוכח טפי מהא דתנן הא איכא לאוקמא נמי כשהודיעו לצבע דהאי צמר דאשתו היא ונראה דלא דמי דלעיל ודאי איכא למימר הוא מודיע כדי שיקנה לבעל המעות אבל הכא למה יש להודיעו הלא דעתו ליתן לאחר כך ומן ההקדש לא מסיק אדעתיה: מי הודיעו לצבע שיקנה צבע לאשה. תימה מאי פריך תינח אם יש שבח סממנין על גבי צמר אבל אם אין שבח סממנין על גבי הצמר מה לנו לחוש אם אין הצבע מקנה צבעו לאשה וי"ל דהכי פריך כיון דאין הצבע מקנה צבעו לאשה ויכול הצבע לתבוע שבח מן האשה דאע"ג דאין שבח סממנים ע"ג הצמר מ"מ היא נהנית ממעשה ידיו וצריכה ליתן לו שכר וכיון דיכול ליקח שכר מאשה א"כ מעות שקיבל מבעל האשה הן הקדש דאין שכירות כיון שהאשה חייבת שכירות ולפי מה שפירשתי לעיל דכיון דלא הודיעו לבעל חטין שיקנה חטין לבעל המעות חוזר המקח ע"כ לא פריך הכא אלא ממעות שקיבל הצבע שיהיו הקדש אפילו אם יש שבח סממנין על גבי הצמר לא קנתה האשה והבעל נמי לא קנה וחוזר הצבע לצבע בכ"מ שהוא ואין לו להקדש בצבע כלום אלא המעות שקיבל הצבע כיון שחוזרין לבעל יהו הקדש והצבע יחזור ויתבע השכירות מן האשה ואמאי קתני אין לו לבעל בכסות אשתו משמע שבחנם בא לה: אין דעתו של אדם על כסות אשתו. הלכך אין דעתו להקדיש אותן מעות שנתן לצבע שלא יחזור ויתבע מן האשה ולפי האי טעמא הוה ליה למפרך תינח הקדש דתלוי בדעתו וכיון שאין רוצה להקדיש לא הוי הקדש אלא ערכין כיון שהעריך עצמו מה מועיל שאין דעתו עליהם מ"מ בע"כ נערך מכל מה שיש לו אלא משום דאית ליה פירכא אחריתי לא חש למפרך:

כגון

עין משפט נר מצוה

צז א מיי' פ"א מהלכות שלוחין הלכה ה ופ"ה הלכה ב סמג עשין קעד טוש"ע ח"מ סי' קפג סעיף ה וסי' קעו סעיף יא וע"ש:

צח ב מיי' פ"ג מהל' ערכין הלכה יד סמג עשין קלא:

צט ג מיי' שם פ"ו הלכה ג סמג עשין קלב:

ק ד מיי' שם פ"ג הלכה יד:

קא ה מיי' פ"ב מהלכות שלוחין הלכה ה סמג עשין פב טוש"ע ח"מ סי' קפד סעי' ב:

ליקוטי רש"י

מחכו עלה. [מחייכו עליה] [זבחים טו.]. מחכו. מלחקי [סנהדרין קט.]. במערבא. בארץ ישראל [שבת סה:]. אחד המקדיש נכסיו ואחד המעריך וכו'. והגזבר בא למשכנו על ערכו הקצוב בפרשה. אין לו. לגזבר [כתובות נד.]. לא בכסות אשתו וכו'. שאינו שלו [ערכין כד.]. ולא בצבע שצבע לשמן. בגדים שצבע לשם אשתו ולשם בניו ואע"פ שלא לבשום עדיין [כתובות שם]. ולא בסנדלים חדשים. רבותא קמ"ל דאע"ג דעדיין לא נעלום הרי הן בחזקתן משעת לקיחה [ערכין שם]. מעלין לו תפילין. תפילין בכלל נכסיו ופודה אותן [שם כג:]. כלומר אף תפלין הקדש ומעלין לו בדמים ופודן בשויהן [רשב"ם ב"ב קנא.]. מצוה קא עבידנא. דליהיבנא לבדק הבית הילכך אכל נכסיה הוה דעתיה [שם כד.]. חייבי ערכין ממשכנין אותן. גזבר נכנס לבתיהן ונוטל בעל כרחן [שם כג:] דכיון דלאו לכפרה אתי משהי ליה [לעיל מ.].

מסורת הש"ס

א) [סנהדרין יז: וש"נ], ב) כתובות נד. ערכין כד., ג) ב"ב קנא. ערכין כג:, ד) [ערכין כד.], ה) שם כא. לעיל מ., ו) ברא"ש אינו.

גליון הש"ס

גמ' מחכו עלה במערבא. ביצה דף לח ע"ב שבועות דף כו ע"א: שם לא כל המקדיש. עי' נדרים דף מג ע"ב:

משיבה הגמרא:

אִי מִשּׁוּם הָא — אם רק משום שאלה זו רוצה אתה לדחות את הסברו של רב ששת בברייתא, **לָא קַשְׁיָא.** שכן יש לומר שהברייתא מדברת ב**כְּגוֹן דְּאוֹדְעֵיהּ לְבַעַל שָׂדֶה וְאוֹדְעִינְהוּ לְסָהֲדֵי** — שהלוקח הודיע לבעל השדה וכן לעדי המכירה שהוא למעשה קונה את השדה לעצמו, ולא עבור ריש גלותא[43]. נמצא שהמוכר אכן ידע להקנות את השדה ללוקח ולא לריש גלותא.

אולם הגמרא מעוררת קושי אחר בביאורו של רב ששת:

אֶלָּא אֵימָא (פרש) את **הַסֵּיפָא** של הברייתא על פי הסברו של רב ששת: "ואם אמר הלוקח למוכר שהוא קונה את השדה **עַל מְנַת** שיכתוב לו ריש גלותא שטר מכירה נוסף, **כּוֹפִין אוֹתוֹ**, את **רֵישׁ גָּלוּתָא, לִמְכּוֹר**". **אַמַּאי** — מדוע חייב ריש גלותא לכתוב לו שטר מכירה? **וְלֵימָא** — שיאמר **רֵישׁ גָּלוּתָא: "לָא יְקָרַיְיכוּ בְּעִינָא וְלָא זִילוּתַיְיכוּ בְּעִינָא** — איני חָפֵץ לא בכיבודכם (שהשתמשתם בי כאדם חשוב כדי להטיל אימה[44]) ולא בזילותכם (שאתם באים לעשות אותי מוכר שדות)", כלומר, התנאי שעשיתם ביניכם אינו מחייב אותי[45]!

לפיכך מבארת הגמרא את הברייתא באופן אחר:

אֶלָּא אָמַר אַבַּיֵי: הָכִי קָאָמַר — כך היא כוונת הברייתא: **הַלּוֹקֵחַ שָׂדֶה** וכתב את שטר המכירה **בְּשֵׁם חֲבֵירוֹ** שהוא **רֵישׁ גָּלוּתָא**[46], אך למעשה קנה אותה לעצמו,

---

הערות

43. [ומכל מקום הועילה תחבולתו של הלוקח למנוע מערערים (ראה לעיל הערה 37), משום שכל שאר האנשים סוברים שריש גלותא קנה את השדה.]

למעשה ברור היה לגמרא מלכתחילה שמדובר שהעדים ידעו את כוונתו האמיתית של הלוקח; שאם לא כן, לא היה הלוקח נאמן לטעון עתה שבאמת התכוון לקנות את השדה לעצמו, אלא בית דין היו מעמידים את השדה בידי ריש גלותא! אמנם כוונת הגמרא בתירוצה היא שהלוקח הודיע לא רק לעדים אלא גם למוכר (תוספות רבינו פרץ; רא"ש בשיטה מקובצת; ועיין רשב"א ד"ה ולענין דינא; עיין עוד קצות החשן קפד, א ונתיבות המשפט ס, יט).

[מאחר שהעדים יודעים את כוונתו האמיתית של הלוקח, יכולים **הם** לכתוב לו שטר המעיד שהוא הקונה של השדה. אולם הברייתא מדברת בכגון שהעדים אינם רוצים לעשות כן (משום שהדבר יפגום בנאמנותם, שיימצאו חתומים על שני שטרות סותרים); לפיכך עוסקת הברייתא רק לענין אם כופים את ריש גלותא לכתוב מכירה ללוקח (תוספות, נדפס להלן קג, א).]

44. רש"י (ראה לעיל הערה 37).

45. [ביארנו על פי רש"י (לעיל ד"ה אין כופין), שהתנאי הוא בין המוכר ללוקח. אמנם הראב"ד הביא שיש מפרשים שמדובר שהתנה הלוקח עם **ריש גלותא** שריש גלותא יחזור ויכתוב שטר אחר, ואף על פי כן, אין תנאי זה מחייב את ריש גלותא מפני שאינו אלא 'דברים' בעלמא, ורשאי ריש גלותא לחזור בו (עיין גם מאירי).]

46. הכוונה כאן כמו בהסברו של רב ששת: אדם קנה שדה מחבירו בשם ריש גלותא, כדי להטיל מורא על מערערים (ראה רש"י להלן ריש קג, א). ההבדל בין אביי לרב ששת הוא רק בהסבר המשך הברייתא.

[מלות "ריש גלותא" נוספו כאן בספרים שלנו על פי רש"י (ראה מהרש"ל; ובהגהות יעב"ץ תיקן את גירסת הגמרא כאן כדלעיל: "הלוקח שדה מחבירו בשם ריש גלותא"). אולם בשאר ראשונים ובכל כתבי היד, מלים אלו אינן מופיעות כאן (ראה מסורת הש"ס ודקדוקי סופרים), וגם בנוסח שלפנינו נשמטו מלים אלו בהמשך הגמרא (להלן קג, א). מכל מקום, כל הגירסאות עולות לבאורה בקנה אחד.]

אֵין כּוֹפִין אֶת הַמּוֹכֵר "לִמְכּוֹר" לו את השדה **זִימְנָא אַחֲרִיתִי** (פעם נוספת), כלומר, לחזור ולכתוב שטר מכירה על שם הלוקח (כדי שתהא בידו ראיה שהוא הקונה האמיתי)[1]. **וְאִם אָמַר לוֹ** הלוקח למוכר, בשעת המכירה: "הריני קונה את השדה **עַל מְנָת** שתכתוב שטר אחר בשמי", **כּוֹפִין אֶת הַמּוֹכֵר "לִמְכּוֹר"**, כלומר, לכתוב לו שטר מכירה נוסף כפי שהותנה[2].

הגמרא דנה בדברי הברייתא לאור הסבר זה:

אָמַר מַר בברייתא, על פי הסברו של אביי: **הַלּוֹקֵחַ שָׂדֶה בְּשֵׁם חֲבֵירוֹ**, שהוא ריש גלותא[3], **אֵין כּוֹפִין אֶת הַמּוֹכֵר "לִמְכּוֹר"** לו את השדה **זִימְנָא אַחֲרִיתִי**.

מקשה הגמרא:

פְּשִׁיטָא — דין זה פשוט[4]! למה הוצרכה הברייתא להשמיענו זאת?

משיבה הגמרא:

מַהוּ דְּתֵימָא מָצֵי אָמַר לֵיהּ — שמא היית אומר, אלמלא הוראת הברייתא, שהלוקח יכול לומר למוכר: **"מֵידַע יָדַעְתְּ דַּאֲנָא לְנַפְשַׁאי שָׁקִילְנָא** — הלא ידעת שאני קונה את השדה לעצמי[5], **וּפַנְחַיָּא בְּעָלְמָא הוּא דְּקָבְעִינָא** — ולהצלה בלבד רציתי [שייכתב השטר בשם ריש גלותא][6], **וְ**היית צריך להבין **דזוּזֵי בִּכְדִי לֹא שְׁדֵינָא** — שלא אזרוק כסף לחנם [ואקנה שדה בלא שתהא לי ראיה על כך], **אֶלָּא** בודאי היה הדבר **אַדַּעְתָּא (דכתב ליה) [דְּכָתְבַתְּ לִי] שְׁטָרָא אַחֲרִינָא** — על דעת שתכתוב לי שטר אחר"[7]. **קָא מַשְׁמַע לָן** — לפיכך השמיענו התנא של הברייתא שהמוכר אינו צריך לכתוב לו שטר נוסף (כיון שהלוקח לא התנה זאת בפירוש בשעת המכירה). **דְּאָמַר לֵיהּ** — משום שהמוכר יכול להשיב ללוקח: "אני הייתי סבור **דעִנְיָינָא עָבְדֵי לָךְ בַּהֲדֵי הַהוּא דְּזָבַנְתְּ לֵיהּ בִּשְׁמֵיהּ** — שתנאי עשית לך עם זה (ריש גלותא) שקנית בשמו את השדה, **וְ**נדברתם ביניכם שהוא יחזור **וּיִכְתּוֹב לָךְ שְׁטָרָא אַחֲרִינָא** שהוא 'מוכר' לך את השדה[8]. נמצא שבשעת המכירה לא היה מובן מאליו שאני, המוכר, אכתוב לך שטר שני".

שנינו בסיפא של הברייתא, לפי הסברו הנ"ל של אביי:

וְאִם אָמַר לוֹ הלוקח למוכר, בשעת המכירה: "הריני קונה את השדה **עַל מְנָת** שתכתוב לי שטר מכירה אחר בשמי", **כּוֹפִין אֶת הַמּוֹכֵר "לִמְכּוֹר"**, כלומר, לכתוב לו שטר מכירה נוסף.

גם על דין זה מקשה הגמרא:

פְּשִׁיטָא — פשוט שהמוכר צריך לקיים תנאי מפורש שהותנה בשעת המכירה! מה בא התנא להשמיענו?

הגמרא משיבה שאכן אין הברייתא מדברת בתנאי מפורש עם המוכר:

לֹא צְרִיכָא — לא הוצרכה הוראת הברייתא אלא בכגון **דְּאָמַר לְהוּ לְסַהֲדֵי קַמֵּיהּ דִּידֵיהּ** — שאמר [הלוקח] לעדים בפניו (היינו, בנוכחות המוכר): **"חֲזוּ דִּשְׁטָרָא אַחֲרִינָא קָא בְּעִינָא** — ראו שאני רוצה שטר נוסף"[9]. **מַהוּ דְּתֵימָא מָצֵי אָמַר לֵיהּ** — שמא היית אומר, אלמלא דין הברייתא, שהמוכר יכול לומר ללוקח: **"אֲמִינָא שְׁטָרָא מֵהַיאךְ דְּקָא שָׁקַלְתְּ בִּשְׁמֵיהּ קָאָמְרַתְּ** — אני הייתי סבור שכוונתך היתה [לומר לעדים] שאתה רוצה שטר אחר מאותו אדם (ריש גלותא) שקנית בשמו את השדה". **קָא מַשְׁמַע לָן** — לפיכך השמיענו התנא **דְּאָמַר לֵיהּ** — שהלוקח יכול להשיב למוכר: **"לְהָכִי טָרְחִי וְאָמְרִי לְהוּ לְעֵדִים קַמָּךְ** — משום כך טרחתי ואמרתי זאת (שאני רוצה שטר נוסף) לעדים בפניך, כדי שיהיה ברור **דְּמִינָּךְ הוּא דְּקָא בְּעִינָא** — שממך רציתי את השטר השני, ולא מריש גלותא"[10].

מעשה שממנו עולה לכאורה שרב הולך בשיטת בני מערבא (לעיל קב, ב):

רַב כַּהֲנָא יָהַב זוּזָא אַכִּיתָּנָא — רב כהנא נתן כסף עבור פשתן, והניח בינתיים את הפשתן ברשות המוכר (כדי לקחתו לאחר זמן).

הערות

1. רש"י. [זהו ההבדל בין הסברו של אביי לזה של רב ששת. רב ששת הסביר לעיל שכוונת הברייתא היא שאין כופין את **ריש גלותא** לכתוב שטר ללוקח. אביי לעומתו מבאר שהכוונה היא שאין כופין את המוכר.]

המוכר רשאי לסרב לכתוב שטר נוסף ללוקח, כי יכול לומר שאינו רוצה שירבו עליו שטרי מכירה [כדי שלא יצא עליו שֵׁם של אדם שמוכר נכסיו] (רא"ש, ראה כעין זה בכתובות צט, א; ועיין ים של שלמה, שאם אינו טוען כן, כופים אותו לכתוב שטר נוסף, שמדת סדום היא להשתמט מכך בלא טעם הגון). אם הלוקח רוצה לחייב את המוכר לכתוב לו שטר נוסף, עליו להודיעו לפני המכירה שהוא קונה בשם ריש גלותא רק כדי למנוע ערעור על השדה (ראה לעיל קב, ב הערה 37), **ולהתנות מראש** שהמוכר יכתוב לו שטר אחר על שמו כדי שלא יבואו אחר כך יורשי ראש הגולה לתבוע את השדה ממנו [ואז אכן כופים את המוכר, כמפורש בסיפא של הברייתא] (רש"י; ראה להלן הערה 10).

[בברייתא מבואר, על כל פנים, שהלוקח הוא זה שקונה את השדה — ולא ריש גלותא — אלא שהלוקח אינו יכול לכוף את המוכר לכתוב לו שטר המעיד על כך. לכאורה, גם כאן נצטרך לפרש לשיטת בני מערבא, שמדובר בכגון שהלוקח הודיע למוכר שבאמת הוא קונה את השדה לעצמו; שאם לא כן, "מי הודיעו למוכר שיַּקנה את השדה ללוקח?", וכפי שביארה הגמרא לעיל לפי הסברו של רב ששת. אמנם לדעת החולקים על בני מערבא, מדובר אפילו במקרה שהלוקח לא הודיע למוכר על כוונתו, ואף על פי כן קנה הלוקח את השדה (עיין רי"ף ורא"ש; רשב"א ד"ה ולענין דינא; ים של שלמה; תורת חיים; אולם עיין מהרש"א מהדורא בתרא). ראה עוד לעיל קב, ב הערה 40.]

2. ומכל מקום, הלוקח חייב להחזיר למוכר את השטר שנכתב בשם ריש גלותא, כדי שריש גלותא או יורשיו לא יוכלו לתבוע את השדה; או שיפורש בשטר השני שהמוכר אינו מקבל אחריות על כך, ויפורט בו כל המאורע (מאירי).

3. ראה לעיל קב, ב הערה 46.

4. [שהרי יש למוכר טעם הגון לסרב לעשות כן, כמו שנתבאר לעיל הערה 1 בשם הרא"ש.]

5. [לפי בני מערבא, מדובר בהכרח שהמוכר ידע זאת (ראב"ד; ראה לעיל סוף הערה 1). אמנם גם לחולקים על בני מערבא, יש לומר שהברייתא מדברת בכגון שהמוכר יודע (עיין תורת חיים; עיין עוד מהרש"א מהדורא בתרא).]

"פנחיא" הוא לשון חוזק ושמירה (רש"י, על פי יבמות קטו, ב; עיין גם רש"י שם). ראה פירושים [וגירסאות] אחרים למלה זו בשיטה מקובצת בשם הראב"ד ובשם גאון ורבינו יהונתן.

6. [כלומר, למנוע מערערים (ראה לעיל קב, ב הערה 37).]

7. [התיקון על פי היעב"ץ; וכן הוא בראשונים ובכל כתבי היד (ראה ספר שינויי נוסחאות).]

כלומר, היה מקום לומר שיש כאן אומדנא ברורה שזו דעת הלוקח, והרי זה כאילו התנה בפירוש בשעת המכירה שיכתוב לו המוכר שטר אחר (ואז בודאי חייב לכתוב לו, כמבואר בסיפא של הברייתא).

8. ראה רש"י ד"ה עניינא. [אף על פי שהו ננאי עם ראש הגולה אינו מחייב אותו (ראה לעיל קב, ב הערה 45), מכל מקום יכול המוכר להניח שהלוקח סמך על ריש גלותא שיקיים הבטחתו לכתוב לו שטר מכירה, ועל כן אין כאן אומדנא ברורה שהלוקח קנה את השדה על מנת שהמוכר יכתוב שטר שני.]

פירוש אחר: המוכר יכול לומר ללוקח: "עניינא עבדי לך וכו' — עֵסֶק עָשָׂה לך עם ריש גלותא, עד שתפייסנו ויכתוב לך שטר אחר שהוא מכר לך" (ים של שלמה). כלומר, אפילו אם לא עשית תנאי מראש עם ראש הגולה, יכול אתה לפייסו עכשיו שיכתוב לך שטר מכירה, ונמצא שלא "זרקת מעות בחנם" כפי שאתה טוען.

9. [לשון הרי"ף והרא"ש: "אמר לעדים בפני המוכר: עוד **תכתבו** לי שטר אחר על שדה זו" (ראה גם שלחן ערוך חשן משפט קפד, ב). והיינו, שהלוקח פונה לעדים בנוכחות המוכר, ומודיע להם שהוא רוצה שיחתמו בשבילו על שטר נוסף בנוגע לשדה זו, אך לא פירש אם כוונתו לעוד שטר מהמוכר, או שמא לשטר אחר מריש גלותא.]

10. וכל שכן אם אמר הלוקח למוכר עצמו (ולא רק לעדים בפניו): "ראֵה שאני רוצה שטר נוסף", הרי זה כאילו התנה עמו בפירוש שיכתוב הוא שטר שני, ואפילו לא אמר "על מנת" (ים של שלמה).

[מפשטות הסוגיא יוצא, שכדי לחייב את המוכר לכתוב שטר נוסף, אין די שיספר הלוקח למוכר בזמן המכירה שהוא קונה בשם ריש גלותא רק בשביל למנוע ערעור, ובעצם הוא רוצה לקנות לעצמו — אלא הלוקח צריך להודיע לו בפירוש בשעת המכירה שהוא רוצה שטר נוסף. וכן מבואר לעיל, שאפילו אם המוכר "ידע" שהלוקח קונה את השדה לעצמו (ומדובר לכאורה כגון שהלוקח עצמו סיפר לו), אין כופים את המוכר לכתוב לו שטר אחר, אלא אם כן התנה כך הלוקח (עיין רש"י לעיל ד"ה אין כופין; מאירי; סמ"ע קפד, ג-ד; אולם עיין מהרש"א מהדורא בתרא; ים של שלמה סוף סימן לג; משנה למלך הלכות שלוחין ב, ה; ועיין ט"ז חשן משפט קפד סעיף ב).]

אין כופין את המוכר למכור זימנא אחריתי ואם אמר לו על מנת כופין את המוכר למכור אמר מר הלוקח שדה בשם חבירו אין כופין את המוכר למכור זימנא אחריתי פשיטא מהו דתימא מצי א"ל מידע ידעת דאנא לנפשאי שקילנא ופנחיא בעלמא הוא דקבעינא וזוזי בכדי לא שדינא אלא אדעתא דכתב ליה שטרא אחרינא קא משמע לן דאמר ליה עניינא עבדי לך בהדי ההוא דזבנת ליה בשמיה ויכתוב לך שטרא אחרינא ואם אמר לו על מנת כופין את המוכר למכור פשיטא [א]לא צריכא דאמר להו לסהדי קמיה דידיה חזו דשטרא אחרינא קא בעינא מהו דתימא מצי א"ל אמינא שטרא מהיאך דקא שקלת בשמיה קאמרת קא משמע לן דאמר ליה להכי טרחי ואמרי להו לעדים קמך דמינך הוא דקא בעינא רב כהנא יהב זוזא אכיתנא לסוף אייקר כיתנא זבניה מרוותיה דכיתנא אתא לקמיה דרב א"ל מה אעביד איזיל אישקיל זוזאי א"ל אי כי קא זבני אמרי האי כיתנא דכהנא הוא זיל שקול ואי לא לא תשקול כמאן כבני מערבא דאמרי מי הודיעו לבעל חטין שיקנה חטין לבעל מעות אטו מי יהיב רב כהנא ארבע ושקיל תמני כיתנא ממילא הוא דאייקר מיגזל גזלוה ותנן (א) כל הגזלנין משלמין כשעת הגזלה אמרי התם אמנה הואי ולא משכיה רב כהנא לכיתנא ורב לטעמיה (ב) דאמר רב [ב]עושין אמנה בפירות ואין עושין אמנה בדמים:

מתני' (ג) [ג]הגוזל את חבירו שוה פרוטה ונשבע לו יוליכנו אחריו (א) למדי [ד]לא יתן לא לבנו ולא לשלוחו [ה]אבל נותן לשליח בית דין [ו]ואם מת יחזיר ליורשיו [ז]נתן לו את הקרן ולא נתן לו את החומש (ד) מחל לו על הקרן ולא מחל לו על החומש מחל לו על זה ועל זה (ה) חוץ מפחות שוה פרוטה בקרן [ח]אינו צריך לילך אחריו [ט]נתן לו את החומש ולא נתן לו את הקרן מחל לו על החומש ולא מחל לו על הקרן מחל לו על זה ועל זה חוץ משוה פרוטה בקרן [י]צריך לילך אחריו (י) נתן לו את הקרן ונשבע לו על החומש הרי

רש"י

אין כופין את המוכר. לחזור ולכתוב שטר מכירה אחר ללוקח שהיה לו להתנות ולהודיעו כתוב שטרי בשם ריש גלותא שאם יבא עסיקין ארא להם שהוא של ריש גלותא וכתוב לי שטר אחר בשמי שלא יבאו היום או למחר יורשי ראש גולה לתובעה ממני: ופנחיא בעלמא הוא דבעינא. כלומר להללה נתכוונתי פנחיא לשון חוזק ותבירו בהאשה [שלום] ביבמות (דף קטו:) לפנחיא שבקיה גבי מנא כלי וכתוב עליו קו"ף קרבן מ"ם מעשר תי"ו תרומה: עניינא. תנאי: דאמר להו לוקח לסהדי קמי מוכר חזו כו'. ובהדי מוכר גופיה לא אתני: אמינא שטרא אחרינא מהיאך כו'. אני הייתי סובר שאתה אומר לעדים בעינא דנכתוב לי שטרא אחרינא ריש גלותא: זבניה מרוותא דכיתנא. על מנת ליתן דמיהן שהן לוקחין לרב כהנא: לא תשקול. משום רבית: כמאן כבני מערבא. בתמיה כלומר דאמרינן מי הודיען ללוקחין שיקנו מעותיהן לרב כהנא לפיכך לא זכה בהן: אטו. מאי איכפת לן בהקנאתן וכי רב כהנא עתיד ליטול מעות היה ויטול רבית שנתן לו ד' ויטול ח' והלא פשתנו היה נוטל וכל מקום שהיה שם שלו היה ואלו שמכרוהו גזלוהו מיניה ומשלמים כל דמיו ביוקר כשעת הגזילה ובשעת הגזילה כבר הוקר: אמנה הואי. שנתן להם מעות באמנה ולא היה להם פשתן כשקבלו דמים והתנו עמו כשער הזול ליתן לו כל השנה בשער זה דתנן בב"מ (דף עב:) יצא השער פוסקין אע"פ שאין לזה יש לזה: ורב. דאסר ליה למשקל זוזי: לטעמיה דא"ר. באיזהו נשך (ב"מ סג.) עושין אמנה ליתן מעות על השער של זול של עכשיו: בפירות. לקבל פירות בשער היוקר: ואין עושין אמנה בדמים. כשבא לשער היוקר לקבל פירותיו אסור ליתן לו מוכר דמים של עכשיו דמיחזי כרבית דיהיב ליה תרתי סלעים ושקיל ארבע: מתני' ונשבע לו. על שקר והודה: יוליכנו אחריו אפילו למדי. דאין לו כפרה עד שיחזיר לנגזל עצמו דכתיב לאשר הוא לו וגו' (ויקרא ה) וגבי נשבע לשקר כתיב: לא יתן לא לבנו. של נגזל להוליכו לנגזל שאם יאנסוהו חייב להחזיר דלא הוי השבה עד דמטי לידיה כדאמרן: לשליח ב"ד. תקנתא הוא דעבוד רבנן מפני תקנת השבים שלא נחייב לזה להוציא מנה בהוצאת הדרך: ואם מת. נגזל יחזיר גזלן ליורשיו דנגזל: ולא נתן לו את החומש. או שמחל לו נגזל על הקרן לאחר שהודה לו ולא מחל לו על החומש או שמחל לו על זה ועל זה כו': נתן לו את הקרן. לאחר שנשבע והודה ונתחייב קרן וחומש נשבע לו שבועה שניה על החומש שנתנו לו והודה:

תוספות

[ז] **כגון** דאודעינהו לדידיה ואודעינהו נמי לסהדי. תימה אם כן אמאי צריך לדחוק את ריש גלותא שיכתוב לו שטר יכתבו לו עדים כיון שיודעין שהוא קונה לעצמו וי"ל כגון דלא בעו עדים למיכתב ליה שטרא אחרינא: **יהב** זוזי אכיתנא. השתא ס"ד דאיירי דמשך נמי ופקדון בעלמא הוא דהוי גביה: **כמאן** כבני מערבא דאמרי מי הודיעו לבעל חטין כו'. כלומר ומשום הכי אי לאו דאודעיה ללוקח כי קמזבין דהאי כיתנא דכהנא הוא נמלא דכהנא לא קני להנהו מעות דאינהו לאו אדעתא דהכי יהבו ליה מעותיו ואי שקיל כהנא מידי דמרוותייהו ה"ל כאילו מדידהו יהבו ליה ומחזי כרבית: **התם** אמנה הוא. פי' בקונטרס שנתן להם המעות באמנה ולא היה להם פשתן כשקבלו המעות וקשה דאם כן היכי מסיק רב לטעמיה והא בכה"ג אפילו רבי ינאי מודה דאסור לקבל המעות כיון שלא היה לו פירות באותה שעה שהוא פוסק עמו דהא דאמר ר' ינאי מה לי הן מה לי דמיהן היינו דוקא כשיש לו פירות באותה שעה שהוא פוסק עמו ורב אפילו בכה"ג אוסר לקבל מעות אלא פירות דוקא דהא בפרק איזהו נשך (ב"מ דף סג. ושם [ח]) מייתי דרבי ינאי אברייתא דרבי אושעיא דהיה נושה בחבירו מנה והלך על גורנו ואמר לו תן לי מעות שאני רוצה ליקח בהן חטין אמר ליה חטין יש לי כו' עד וכולן יש לו מותר אין לו אסור וקאמר התם ש"מ איתא לר' ינאי דאמר מה לי הן מה לי דמיהן משמע דר' ינאי דוקא כי יש לו מותר ובכה"ג פליג רב ומיהו יש ליישב פי' הקונטרס דהתם דוקא דאיירי בהלואה לא שרי רבי ינאי אלא כשיש לו פירות דוקא אבל זביני אמר התם דפוסקין על שער שבשוק אפילו אין לו והיינו אמנה בפירות ומה שפירש בקונטרס [התם] דרבי ינאי מתיר דמיהן שאין מעות ממש אלא דוקא פירות דומיא דההיא דברייתא יין דמי חטים וכן יין דמי שמן שמן דמי יין דלא מחזי כרבית אבל מעות אסור אין נראה דהכא בשמעתין מוכחא דאפילו זוזי מותר לקבל והלכה כרבי ינאי כדמוכח התם:

הגוזל מחבירו שוה פרוטה ונשבע כו'. כגון שנשבע מעצמו דאין ב"ד משביעין אלא בטענת שתי כסף והודאה שוה פרוטה ואפילו [ט] בשבועה עצמו מיחייב חומש כדמוכח בשילהי פירקין ובמס' שבועות (דף לו:) תנן נמי שבועת הפקדון נוהגת באנשים ובנשים בפני ב"ד ושלא בפני ב"ד [מפי עצמו] א"נ מיירי בטענו שתי כסף והודה לו שוה פרוטה [י]: **אבל** נותן לשליח ב"ד. פי' הקונטרס מפני תקנת השבים שלא נחייבנו להוציא מנה בהוצאת הדרך משמע מתוך פירושו דנותנו לשליח ב"ד והוא שומרו בידו עד שיבא הנגזל ואין נראה חדא דלישנא לא משמע הכי דלמאי נקט שליח ב"ד הל"ל אם יש ב"ד שם נותן לב"ד ועוד דאמר בגמ' (דף קד.) שליח ב"ד פסיקא ליה מילתא ל"ש עשאו גזלן להוליך לנגזל ועוד אמאי קאמר בגמ' דלא מיתוקמא מתני' כר' טרפון והא בפרק המפקיד (ב"מ דף לז: ושם) פריך אמילתא דר' טרפון ושקלי ליה כולהו ואזלי ומשני תני ויניח וע"כ ביד בית דין קאמר כי הא דר' אלעזר בר לדוק דמסיק אליבא דר' טרפון ועוד בגמ' אמאי איצטריך לאתויי דרבי אלעזר ממתניתין ה"מ לאתויי ע"כ נראה דמתני' איירי לענין אחריות הדרך דמיפטר כשיתן לשליח ב"ד ויש לו כפרה מיד ואין צריך לו להמתין עד שיגיע ליד הנגזל כיון שקבלו שליח ב"ד אבל בתקנתא זו לא איירי מתניתין כלל:

ואם מת יחזיר לבניו. נראה דאתא לאשמועינן דאפילו ליורשים יוליך למדי א"נ אתא למימר דאין חילוק בין שהנגזל קיים בין שהוא מת לענין קרן חומש ואשם כי היכי דיש חילוק בגזלן בין הוא לבניו דבניו אין משלמין חומש על גזל אביהם קמ"ל דלענין נגזל אין חילוק:

מניח

מסורת הש"ס

א) [לעיל דף לג: לו: ב"מ מג. פסחים לב.], ב) ב"מ סג., ג) שם נה., ד) [לקמן קט.], ה) [עי' תוס' לקמן קד: ד"ה חוץ], ו) ב"מ נד: [ועי' לקמן קד: תוס' ד"ה נתן], ז) [שייך לעמוד הקוד'], ח) [ד"ה דאמר], ט) [נ"ל בשבועת עלמו], י) ונשבע על השתי כסף ואח"כ הודה על פרוטה יתר על הפרוטה שהודה כבר א"נ איירי שטענו ב' כסף והודה הכל וכפר פרוטה אחת ונשבע אח"כ על הפרוטה שכפר. העתק מחילופי גרסאות.

עין משפט נר מצוה

קב א מיי' פ"ג מהלכות שלוחין ושותפין הלכה ה סמג עשין פב טוש"ע ח"מ סי' קפד סעיף ג:

קג ב טוש"ע י"ד סי' קעה סעיף ו:

קד ג מיי' פ"ז מהלכות גזילה הלכה ט סמג עשין עג טוש"ע ח"מ סי' שסז סעיף א:

קה ד ה מיי' שם הלכה י טוש"ע שם סעיף ב:

קו ו מיי' שם פ"ח הל"א טוש"ע שם סעיף ד:

קז ז ח מיי' שם פ"ז הל' יא סמג שם טוש"ע שם סעיף ג:

קח ט י מיי' שם טוש"ע שם סעיף ב:

הגהות הב"ח

(א) במשנה אחריו אפילו למדי:

ליקוטי רש"י

ופנחיא. לשון שימור כאדם שתולה ממונו באדם חשוב כדי שלא יגזלוהו סימנו [יבמות קטו:]. כל הגזלנין משלמין כשעת הגזילה. כדכתיב (ויקרא ה) אשר גזל כמה שגזל [פסחים לב.]. עושין אמנה בפירות. נותנין מעות באמנה כשער של עכשיו שיוצא בשוק ע"מ לקבל פירות אפילו יוקירו חטין. ואין עושין אמנה. לפסוק על הפירות כדי לקבל דמים לכשיוקירו דכיון דזוזי יהיב וזוזי שקיל מחזי כרביתא [ב"מ סג.]. ונשבע לו. אם כפר בהן ונשבע [רשב"ם ב"ב קכג:]. יוליכנו אחריו אפילו למדי. אם הודה שנשבע לשקר דלא הויא ליה כפרה עד שיחזירנו לידו ממש ולא לשלוחו כדכתיב (במדבר ה) ונתן לאשר אשם לו [ב"מ נה.]. מחל לו על הקרן. ולא מקיימא מצות השבה דלמיפק ידי גזילה בעינן והא נפקא ליה במחילה [לקמן קט.]. נתן לו את הקרן. לאחר שנשבע והודה ונתחייב קרן וחומש ונשבע לו על החומש שחזר וכפר את החומש ואמר נתתיו לך ונשבע והודה [ב"מ נד:].

לְבַסּוֹף, אִיַּיקַר כִּיתָּנָא — נתייקר הפשתן. **זַבְּנֵיהּ מָרְוָותֵיהּ דְּכִיתָּנָא** — מכרוהו בעלי הפשתן (בלי רשותו של רב כהנא) במחיר היקר, על מנת לתת את הדמים שיקבלו לרב כהנא[11]. **אֲתָא לְקַמֵּיהּ דְּרַב** — בא רב כהנא לפני רב **וְאָמַר לֵיהּ: "מַה אֶעֱבִיד** — מה אעשה? **אֵיזִיל אִישְׁקוֹל זוּזַאי** — האם אלך ואקח את כספי? או שמא יש בכך איסור ריבית, שאני מקבל מהם יותר כסף ממה שנתתי"[12]. **אֲמַר לֵיהּ** רב: "**אִי כִּי קָא זָבְנֵי אָמְרֵי הַאי כִּיתָּנָא דְּכַהֲנָא הוּא** — אם כשמכרוהו, אמרו לקונים, 'זה פשתנו של רב כהנא', **זִיל שְׁקוֹל** — לך ותקח את כספך; **וְאִי לָא, לָא תִּשְׁקוֹל** — אולם אם לא אמרו כן בשעת המכירה, אל תקח את הכסף, שכן במקרה זה אכן נראה הדבר כריבית"[13].

הגמרא מבינה עתה שרב כהנא כבר זכה בפשתן על ידי מעשה קנין (כגון 'משיכה'), והשאירו כפיקדון בלבד אצל הבעלים הראשונים[14]. לאור זאת, הגמרא מבארת את הוראתו של רב:

כְּמַאן — כמי הורה רב? לכאורה פסק **כִּבְנֵי מַעֲרָבָא, דְּאָמְרֵי** (שם): "**מִי הוֹדִיעוֹ לְבַעַל חִטִּין שֶׁיַּקְנֶה חִטִּין לְבַעַל מָעוֹת?**" לפי שיטתם, אין אדם יכול לקנות דבר מחבירו, אלא אם כן נתכוון בעל הדבר להקנותו לו (ולא לאדם אחר). בהתאם לכך אמר רב, שאם התכוונו אלו שקנו את פשתנו של רב כהנא להקנות לו את כספם (וכגון שבעלי הפשתן הראשונים הודיעו להם שזה פשתנו של רב כהנא), זכה רב כהנא בכספם מיד כשקיבלוהו בעלי הפשתן עבורו, ולכן אין בכך משום ריבית[15]. מה שאין כן אם לא ידעו הקונים להקנות לו את כספם (כשלא הודיעו להם שרב כהנא הוא למעשה בעל הפשתן), נמצא שבעלי הפשתן הם שזכו בכסף ולא רב כהנא[16], ולכן אם יתנו את הכסף לרב כהנא, הרי זה כאילו נותנים משלהם לרב כהנא, ונראה כריבית[17]. אולם לפי האמוראים החולקים (שם) על בני מערבא וסוברים שאדם יכול לזכות מחבירו עבור פלוני אפילו אם אין המקנה יודע להקנות לאותו פלוני, הרי שרב כהנא זכה מיד במעות הקונים בכל ענין[18], ולעולם אין כאן ריבית.

הגמרא דוחה הסבר זה:

אַטּוּ מִי יָהֵיב רַב כַּהֲנָא אַרְבַּע וְשָׁקִיל תַּמְנֵי — וכי נתן רב כהנא לבעלי הפשתן ארבעה זוזים [בהלואה] על מנת לקבל מהם שמונה זוזים, שיהא איסור ריבית בכסף שהרויח? והלא נתן את הסכום הקטן תמורת הפשתן שקנה, **וְכִיתָּנָא מִמֵּילָא הוּא דְּאִיַּיקַר** — והפשתן התייקר מאליו. אם הפשתן אכן כבר היה שייך לו (כפי ההבנה דלעיל, שרב כהנא משך את הפשתן לפני שהפקידו ביד בעליו הראשונים), הרי שהתייקר בבעלותו, וכאשר מכרוהו בעלי הפשתן שלא מדעתו, **מִיגְזַל גַּזְלוּהּ** — גזלו אותו ממנו כשהיה יקר. **וּתְנַן** במשנה ריש הפרק (לעיל צג, ב): **כָּל הַגַּזְלָנִין מְשַׁלְּמִין** לנגזל את דמי החפץ הגזול (במקרה שהחפץ אינו קיים או שנשתנה) **כִּשְׁעַת הַגְּזֵלָה** — כפי שווי החפץ בשעת הגזילה. נמצא שבעלי הפשתן היו חייבים לשלם לרב כהנא את שווי הפשתן בשעה שמכרוהו (והוא הסכום שקיבלו עבורו מהקונים), כתשלום על גזילתם. מעתה, מה לי אם הקונים התכוונו להקנות את כספם לרב כהנא או שלא התכוונו לעשות כן? בין כך ובין כך, אין בהעברת סכום זה לרב כהנא משום איסור ריבית, שכן אינה אלא תשלום דמי הגזילה לנגזל[19]!

לפיכך מבארת הגמרא את הוראת רב באופן אחר:

אָמְרֵי — אמרו בני הישיבה: **הָתָם אֲמָנָה הֲוַאי** — שם, במעשה של רב כהנא, היה הסכם של אמנה (תשלום מראש מתוך אֵמון), דהיינו, רב כהנא נתן מעות עבור פשתן, **וְלָא מְשַׁכֵיהּ רַב כַּהֲנָא לְכִיתָּנָא** — אך רב כהנא לא משך את הפשתן לעשות בו קנין[20], לפי שלא היה להם פשתן באותה שעה, אלא התנה עמהם שיתנו לו פשתן במשך כל ימות השנה לפי השער הזול שהיה ביום התשלום[21]. והנה, אילו היו בעלי הפשתן מקיימים את ההסכם ונותנים לו לאחר זמן את הפשתן עצמו, לא היה בכך איסור ריבית, אף על פי שבינתיים הפשתן התייקר, שאין זו הלואה אלא דרך מקח וממכר[22]. ברם, מאחר שהם מכרו את הפשתן היקר ורצו לתת את דמיו לרב כהנא, אסר זאת רב, מפני שהדבר נראה כהלואה שיש בה ריבית, שכן רב כהנא נתן סכום קטן של כסף וקיבל לאחר זמן סכום גדול יותר. **וְרַב** הלך בהוראה זו **לְטַעְמֵיהּ** (לשיטתו) במקום אחר. **דְּאָמַר רַב** (בבא מציעא סג, א): **עוֹשִׂין** — מותר לעשות הסכם **אֲמָנָה בְּפֵירוֹת**, כלומר, לשלם בזמן השער הזול כדי לקבל פירות לפי שער זה לאחר שיתייקרו, **וְאֵין עוֹשִׂין אֲמָנָה בְּדָמִים**, דהיינו, לשלם בזמן השער הזול כדי לקבל את דמי הפירות (ולא את הפירות עצמם) לאחר שיתייקרו[23]. אכן, איסור זה שייך רק בכגון שבעל הפירות נותן את דמי הפירות היקרים מהכסף שלו. אולם במקרה שלפנינו מכרו בעלי הפשתן את הפשתן לאנשים אחרים, ורצו לתת לרב כהנא את הכסף של הקונים. לפיכך הורה רב שהדבר תלוי: אם התכוונו הקונים להקנות לרב כהנא את כספם (כגון שהודיעום שיעשו כן), נמצא שרב כהנא זכה מיד בכסף של הקונים,

הערות

11. רש"י.

12. מאחר שרב כהנא קיבל את התמורה לכספו רק לאחר זמן (ולא מיד), ובכסף (ולא בסחורה), נראה העסק שעשה עם בעלי הפשתן כהלואה. והואיל והסכום שהוחזר היה גדול יותר מהסכום הראשון, חשש רב כהנא לאיסור ריבית. [ברור שדמי הפשתן אינם נחשבים ריבית גמורה, שכן הם ניתנו לרב כהנא בדרך מקח וממכר, ולא כפירעון הלואה. הנידון הוא אם יש כאן איסור דרבנן משום "מחזי כריבית" — תשלום **שנראה** כמו ריבית.]

ביאורנו בסוגיא זו הוא על פי רש"י, תוספות ורוב הראשונים. אולם עיין תוספות רבינו פרץ שמבאר את כל הסוגיא באופן אחר לגמרי.

13. החילוק בין שני המקרים יבואר מיד.

14. תוספות ד"ה יהב.

15. שכן אפילו אם נחשיב את רב כהנא כ'מלוה' ואת בעלי הפשתן כ'לוה', אין איסור אלא בריבית הבאה מלוֶה למלוה (בבא מציעא סט, ב) — ואילו כאן הריבית הגיעה לרב כהנא באופן ישיר מצד שלישי (הקונים).

16. [שהרי הקונים סברו שבעלי הפשתן הם המוכרים, ונתכוונו להקנות את המעות להם (אמנם ראה לעיל קב, ב סוף הערה 15).]

17. תוספות ד"ה כמאן.

[בסוגיא לעיל קב, ב נתבאר שבני מערבא מודים שאדם יכול לזכות עבור חבירו בתורת "שליחות" בלא ידיעת המקנה (ראה שם הערות 18 ו־24). אולם כאן בעלי הפשתן לא יכלו לזכות עבור רב כהנא מתורת "שליחות", שכן אסור היה להם למכור את הפשתן שלא מדעת רב כהנא, ומכירתם היתה גזילה (כמבואר בהמשך הגמרא). אם כן בודאי שלא היו "שלוחיו".]

18. כפי שנתבאר (לעיל קב, ב הערה 18) לפי כמה ראשונים, טעם רבי יוחנן וסיעתו החולקים על בני מערבא הוא שדעת המוכר להקנות את הסחורה ל"בעל המעות" האלמוני המשלם מכיסו עבור הסחורה, ולא לזה שעושה את הקנין. אותה סברא יש לומר גם לענין דעת **הקונים** המשלמים עבור הסחורה: הקונה מתכוון להקנות את מעותיו לבעלים האמיתיים של הסחורה, ולא למי שמוכר אותה בפועל. בהתאם לכך, אלו ששילמו עבור הפשתן, התכוונו להקנות מעותיהם לבעל הפשתן האמיתי [אף על פי שלא ידעו על קיומו], דהיינו רב כהנא (עיין קצות החשן קפג סוף אות ד).

19. עיין רש"י.

20. מטלטלין אינם נקנים על ידי תשלום למוכר, אלא במשיכתם לרשות הקונה (עיין קידושין כו, א).

21. רש"י. לדוגמא, אם ביום התשלום נמכר פשתן בשני זוז לסאה, ורב כהנא נתן עשרה זוזים — הרי שיש לו זכות לקבל חמש סאים של פשתן, אפילו כאשר מחיר הפשתן יעלה ויהיה שלשה זוז לסאה.

22. וכפי ששנינו במשנה (בבא מציעא עב, ב), שאם "יצא השער" — כלומר, שנקבע מחיר מסויים לפירות, ואפשר להשיגם בקלות בשוק באותו מחיר — מותר "לפסוק על הפירות", היינו, לתת מעות למוכר ולפסוק עמו שיתן פירות אלו בזמן פלוני לפי המחיר של היום [אפילו אם אין למוכר פירות היום] (רש"י; עיין תוספות ד"ה התם; עיין עוד רש"י ותוספות בבא מציעא סב, ב, ופני יהושע שם סג, א ד"ה בגמרא מיתיבי).

23. [חילוק זה בין קבלת הפירות עצמם לקבלת דמיהם הוא שיטת רב. אולם רבי ינאי (בבא מציעא סג, א) חולק עליו וסובר: "מה לי הן, מה לי דמיהן", כלומר, כיון שמותר לפסוק על הפירות עצמם לאחר שנקבע השער הזול, יכול אחר כך לקבל את דמיהם במקומם. לשיטתו, באמת היה מותר לרב כהנא לקבל דמי פשתנו בכל ענין (עיין תוספות ד"ה התם).]

אין כופין את המוכר למכור זימנא אחריתי ואם אמר לו על מנת כופין את המוכר למכור אמר מר הלוקח שדה בשם חבירו אין כופין את המוכר למכור זימנא אחריתי פשיטא מהו דתימא מצי א"ל מידע ידעת דאנא לנפשאי שקילנא ופנחיא בעלמא הוא דקבעינא וזוזי בכדי לא שדינא אלא אדעתא דכתב ליה שטרא אחרינא קא משמע לן דאמר ליה עניינא עבדי לך בהדי ההוא דזבנת ליה בשמיה ויכתוב לך שטרא אחרינא ואם אמר לו על מנת כופין את המוכר למכור פשיטא א לא צריכא דאמר להו לסהדי קמיה דידיה חזו דשטרא אחרינא קא בעינא מהו דתימא מצי א"ל אמינא שטרא מהיאך דקא שקלת בשמיה קאמרת קא משמע לן דאמר ליה להכי טרחי ואמרי להו לעדים קמך דמינך הוא דקא בעינא רב כהנא יהב זוזא אכיתנא לסוף אייקר כיתנא זבניה מרוותיה דכיתנא אתא לקמיה דרב א"ל מה אעביד איזיל אישקיל זוזאי א"ל אי כי קא זבני אמרי האי כיתנא דכהנא הוא זיל שקול ואי לא לא תשקול כמאן כבני מערבא דאמרי מי הודיעו לבעל חטין שיקנה חטין לבעל מעות אטו מי יהיב רב כהנא ארבע ושקיל תמני כיתנא ממילא הוא דאייקר מיגזל גזלוה ותנן א כל הגזלנין משלמין כשעת הגזלה אמרי התם אמנה הואי ולא משכיה רב כהנא לכיתנא ורב לטעמיה ב דאמר רב ב עושין אמנה בפירות ואין עושין אמנה בדמים:

מתני' ג ג הגוזל את חבירו שוה פרוטה ונשבע לו יוליכנו אחריו (א) למדי ד לא יתן לא לבנו ולא לשלוחו ה אבל נותן לשליח בית דין ו ואם מת יחזיר ליורשיו ז נתן לו את הקרן ולא נתן לו את החומש ד מחל לו על הקרן ולא מחל לו על החומש מחל לו על זה ועל זה ה חוץ מפחות שוה פרוטה בקרן ח אינו צריך לילך אחריו ט נתן לו את החומש ולא נתן לו את הקרן מחל לו על החומש ולא מחל לו על הקרן מחל לו על זה ועל זה חוץ משוה פרוטה בקרן י צריך לילך אחריו ו נתן לו את הקרן ונשבע לו על החומש הרי

רש"י

אין כופין את המוכר. לחזור ולכתוב שטר מכירה אחר ללוקח שהיה לו להתנות ולהודיעו כתוב שטרי בשם ריש גלותא שאם יבאו עסיקין אראה להם שהוא של ריש גלותא וכתוב לי שטר אחר בשמי שלא יבאו היום או למחר יורשי ראש גולה לתובעה ממני: **ופנחיא בעלמא הוא דבעינא.** כלומר להצלה נתכוונתי פנחיא לשון חוזק ותבירו בהאשה [שלום] ביבמות (דף קטו:) לפנחיא שבקיה גבי מלא כלי וכתוב עליו קו"ף קרבן מ"ם מעשר תי"ו תרומה: **עניינא.** תנאי: **דאמר להו** לוקח לסהדי קמי מוכר חזו כו'. ובהדי מוכר גופיה לא אתני: **אמינא שטרא אחרינא מהיאך כו'.** אני הייתי סובר שאתה אומר לעדים בעינא דנכתוב לי שטרא אחרינא ריש גלותא: **זבניה מרוותא דכיתנא.** על מנת ליתן דמיהן שהן לוקחין לרב כהנא: **לא תשקול.** משום רבית: **כמאן כבני מערבא.** בתמיה כלומר דאמרינן מי הודיען ללוקחין שיקנו מעותיהן לרב כהנא לפיכך לא זכה בהן: **אטו.** מאי איכפת לן בהקנאתן וכי רב כהנא עתיד ליטול מעות היה ויטול רבית שנתן לו ד' ויטול ח' והלא פשתנו היה נוטל וכל מקום שהיה שם שלו היה ואלו שמכרוהו גזלוהו מיניה ומשלמים כל דמיו ביוקר כשעת הגזילה ובשעת הגזילה כבר הוקר: **אמנה הואי.** שנתן להם מעות באמנה ולא היה להם פשתן כשקבלו דמים והתנו עמו כשער הזול ליתן לו כל השנה בשער זה דתנן בב"מ (דף עב:) יצא השער פוסקין אע"פ שאין לזה יש לזה: **ורב.** דאסר ליה למשקל זוזי: **לטעמיה דא"ר.** באיזהו נשך (ב"מ סג.) עושין אמנה ליתן מעות על השער של זול של עכשיו: **בפירות.** לקבל פירות בשער היוקר: **ואין עושין אמנה בדמים.** כשבא לשער היוקר לקבל פירותיו אסור ליתן לו מוכר דמים של עכשיו דמיחזי כרבית דיהיב ליה תרתי סלעים ושקיל ארבע: **מתני' ונשבע לו.** על שקר והודה: **יוליכנו אחריו אפילו למדי.** דאין לו כפרה עד שיחזיר לנגזל עצמו דכתיב לאשר הוא לו וגו' (ויקרא ה) וגבי נשבע לשקר כתיב: **לא יתן לא לבנו.** של נגזל להוליכו לנגזל שאם יאנסוהו חייב להחזיר דלא הוי השבה עד דמטי לידיה כדאמרן: **לשליח ב"ד.** תקנתא הוא דעבוד רבנן מפני תקנת השבים שלא נחייב לזה להוציא מנה בהוצאת הדרך: **ואם מת.** נגזל יחזיר גזלן ליורשיו דנגזל: **ולא נתן לו את החומש.** או שמחל לו נגזל על הקרן לאחר שהודה לו ולא מחל לו על החומש או שמחל לו על זה ועל זה כו': **נתן לו את הקרן.** לאחר שנשבע והודה ונתחייב קרן וחומש נשבע לו שבועה שניה על החומש שנתנו לו והודה:

תוספות

ו **כגון** דאודעינהו לדידיה ואודעינהו נמי לסהדי. תימה אם כן אמאי צריך לדחוק את ריש גלותא שיכתוב לו שטר יכתבו לו עדים כיון שיודעין שהוא קונה לעצמו וי"ל כגון דלא בעו עדים למיכתב ליה שטרא אחרינא: **יהב** זוזי אכיתנא. השתא ס"ד דאיירי דמשך נמי ופקדון בעלמא הוא דהוי גביה: **כמאן** כבני מערבא דאמרי מי הודיעו לבעל חטין כו'. כלומר ומשום הכי אי לאו דאודעיה ללוקח כי קמזבין דהאי כיתנא דכהנא הוא נמצא דכהנא לא קני להנהו מעות דאינהו לאו אדעתא דהכי יהבו ליה מעותיו ואי שקיל כהנא מידי דמרוותייהו ה"ל כאילו מדידהו יהבו ליה ומחזי כרבית: **התם** אמנה הוא. פי' בקונטרס שנתן להם המעות באמנה ולא היה להם פשתן כשקבלו המעות וקשה דאם כן היכי מסיק רב לטעמיה והא בכה"ג אפילו רבי ינאי מודה דאסור לקבל המעות כיון שלא היה לו פירות באותה שעה שהוא פוסק עמו דהא דאמר ר' ינאי מה לי הן מה לי דמיהן היינו דוקא כשיש לו פירות באותה שעה שהוא פוסק עמו ורב אפילו בכה"ג אוסר לקבל מעות אלא פירות דוקא דהא בפרק איזהו נשך (ב"מ דף סג. ושם ח) מייתי דרבי ינאי אברייתא דרבי אושעיא דהיה נושה בחבירו מנה והלך על גורנו ואמר לו תן לי מעות שאני רוצה ליקח בהן חטין אמר ליה חטין יש לי כו' עד וכולן יש לו מותר אין לו אסור וקאמר התם ש"מ איתא לר' ינאי דאמר מה לי הן מה לי דמיהן משמע דר' ינאי דוקא כי יש לו מותר ובכה"ג פליג רב ומיהו יש ליישב פי' הקונטרס דהתם דוקא דאיירי בהלואה לא שרי רבי ינאי אלא כשיש לו פירות דוקא אבל זביני אמר התם דפוסקין על שער שבשוק אפילו אין לו והיינו אמנה בפירות ומה שפירש בקונטרס [התם] דרבי ינאי מתיר דמיהן שאין מעות ממש אלא דוקא פירות דומיא דההיא דברייתא יין דמי חטים וכן יין דמי שמן שמן דמי יין דלא מחזי כרבית אבל מעות אסור אין נראה דהכא בשמעתין מוכחא דאפילו זוזי מותר לקבל והלכה כרבי ינאי כדמוכח התם: **הגוזל** מחבירו שוה פרוטה ונשבע כו'. כגון שנשבע מעצמו דאין ב"ד משביעין אלא בטענת שתי כסף והודאה שוה פרוטה ואפילו ט בשבועה עצמו מיחייב חומש כדמוכח בשילהי פירקין ובמס' שבועות (דף לו:) תנן נמי שבועת הפקדון נוהגת באנשים ובנשים בפני ב"ד ושלא בפני ב"ד [מפי עצמו] א"נ מיירי בטענו שתי כסף והודה לו שוה פרוטה י: **אבל** נותן לשליח ב"ד. פי' הקונטרס מפני תקנת השבים שלא נחייבנו להוציא מנה בהוצאת הדרך משמע מתוך פירושו דנותנו לשליח ב"ד והוא שומרו בידו עד שיבא הנגזל ואין נראה חדא דלישנא לא משמע הכי דאמאי נקט שליח ב"ד הל"ל אם יש ב"ד שם נותן לב"ד ועוד דאמר בגמ' (דף קד.) שליח ב"ד פסיקא ליה מילתא ל"ש עשאו נגזל ל"ש עשאו גזלן להוליך לנגזל ועוד אמאי קאמר בגמ' דלא מיתוקמא מתני' כר' טרפון והא בפרק המפקיד (ב"מ דף לז: ושם) פריך אמילתא דר' טרפון ושקלי ליה כולהו ואזלי ומשני תני ויניח וע"כ ביד בית דין קאמר כי הא דר' אלעזר בר צדוק דמסיק אליבא דר' טרפון ועוד בגמ' אמאי איצטריך לאתויי דרבי אלעזר ממתניתין ה"מ לאתויי ע"כ נראה דמתני' איירי לענין אחריות הדרך דמיפטר כשיתן לשליח ב"ד ויש לו כפרה מיד ואין צריך לו להמתין עד שיגיע ליד הנגזל כיון שקבלו שליח ב"ד אבל בתקנתא זו לא איירי מתניתין כלל: **ואם** מת יחזיר לבניו. נראה דאתא לאשמועינן דאפילו ליורשים יוליך למדי א"נ אתא למימר דאין חילוק בין שהנגזל קיים בין שהוא מת לענין קרן חומש ואשם כי היכי דיש חילוק בגזלן בין הוא לבניו דבניו אין משלמין חומש על גזל אביהם קמ"ל דלענין נגזל אין חילוק:

מניח

מסורת הש"ס

א) [לעיל דף לג: לו: ב"מ מג. פסחים לב.], ב) ב"מ סג., ג) שם נה., ד) [לקמן קט.], ה) [עי' תוס' לקמן קד: ד"ה חוץ], ו) ב"מ נד: [ועי' לקמן קד: תוס' ד"ה נתן], ז) [שייך לעמוד הקוד'], ח) [ד"ה דאמר], ט) [צ"ל בשבועת עצמו], י) ונשבע על השתי כסף ואח"כ הודה על פרוטה יתר על הפרוטה שהודה כבר א"נ איירי שטענו ב' כסף והודה הכל וכפר פרוטה אחת ונשבע אח"כ על הפרוטה שכפר. העתק מחילופי גרסאות.

עין משפט נר מצוה

קב א מיי' פ"ב מהלכות שלוחין ושותפין הלכה ה סמג עשין פב טוש"ע ח"מ סי' קפד סעיף ב:

קג ב טוש"ע י"ד סי' קעה סעיף ו:

קד ג מיי' פ"ז מהלכות גזילה הלכה ט סמג עשין עג טוש"ע ח"מ סי' שסז סעיף א:

קה ד ה מיי' שם הלכה י טוש"ע שם סעיף ב:

קו ו מיי' שם פ"ח הל"א טוש"ע שם סעיף ד:

קז ז ח מיי' שם פ"ז הל' יא סמג שם טוש"ע שם סעיף ג:

קח ט י מיי' שם טוש"ע שם סעיף ב:

הגהות הב"ח

(א) במשנה אחריו אפילו למדי:

ליקוטי רש"י

ופנחיא. לשון שימור כאדם שתולה ממונו באדם חשוב כדי שלא יגזלוהו סימנו [יבמות קטו:]. **כל הגזלנין משלמין כשעת הגזילה.** כדכתיב (ויקרא ה) אשר גזל כמה שגזל [פסחים לב.]. **עושין אמנה בפירות.** נותנין מעות באמנה כשער של עכשיו שיוצא בשוק ע"מ לקבל פירות אפילו יוקירו חטין. **ואין עושין אמנה.** לפסוק על הפירות כדי לקבל דמים לכשיוקירו דכיון דזוזי יהיב וזוזי שקיל מחזי כרביתא [ב"מ סג.]. **ונשבע לו.** אם כפר בהן ונשבע [רשב"ם ב"ב קכג:]. **יוליכנו אחריו אפילו למדי.** אם הודה שנשבע לשקר דלא הויא ליה כפרה עד שיחזירנו לידו ממש ולא לשלוחו כדכתיב (במדבר ה) ונתן לאשר אשם לו [ב"מ נה.]. **מחל לו על הקרן.** ולא מקיימא מצות השבה דלמיפק ידי גזילה בעינן והא נפקא ליה במחילה [לקמן קט.]. **נתן לו את הקרן.** לאחר שנשבע והודה ונתחייב קרן וחומש ונשבע לו על החומש שחזר וכפר את החומש ואמר נתתיו לך ונשבע והודה [ב"מ נד:].

ואין זה ריבית כלל[24]. אבל אם לא התכוונו הקונים להקנות כספם לרב כהנא, נמצא שבעלי הפשתן זכו תחילה בכסף. במקרה זה אסר רב על רב כהנא לקבל את הכסף מידם, שכן יש בכך משום ריבית, כאמור[25].

משנה דין תורה הוא שאדם שנתחייב ממון לחבירו, בין על ידי גזילה ובין בכל אופן אחר, וכפר בחיובו ונשבע לשקר ולאחר מכן הודה, הרי הוא חייב להשיב לחבירו את הקרן בתוספת חומש ולהביא קרבן אשם[26]. משנתנו דנה בפרטי חיוב ההשבה בגזלן כזה:

הַגּוֹזֵל אֶת חֲבֵירוֹ שָׁוֶה פְּרוּטָה[27], **וְנִשְׁבַּע לוֹ** שאין בידו (שאומר שלא גזל או שהחזיר), ולאחר מכן הודה[28], הרי זה **יוֹלִיכֶנּוּ אַחֲרָיו לְמָדַי** – חייב הוא ללכת אחרי הנגזל אפילו עד מדי כדי להשיב לו את הגזילה, שאין לו כפרה עד שמשיבה לידי הנגזל עצמו[29]. **לֹא יִתֵּן** את התשלום **לֹא לִבְנוֹ** של הנגזל **וְלֹא לִשְׁלוּחוֹ** כדי שיוליכו אליו, כלומר, אינו נפטר על ידי שילוח תשלום בידם, ואם ייאנס מהם יהא חייב עדיין לשלם לנגזל, כי אין נחשבת לו השבה עד שמגיע הממון לידי הנגזל עצמו[30]. **אֲבָל נוֹתֵן** הוא **לִשְׁלִיחַ בֵּית דִּין**[31], ונפטר הוא בזה מחובתו להשיב, שאף אם לאחר מכן ייאנס הממון בטרם הגיעו לידי הנגזל, לא יהא הגזלן חייב באחריותו[32].

המשנה ממשיכה:

וְאִם מֵת הנגזל טרם השיב לו הגזלן, **יַחֲזִיר** הגזלן את הממון **לְיוֹרְשָׁיו** כדרך שהיה חייב להשיבו לנגזל עצמו[33].

המשנה דנה בחיוב הולכת ממון אל הנגזל במצבים שאין הגזלן חייב בכל הקרן והחומש בשלימותם:

אם כבר **נָתַן לוֹ** הגזלן לנגזל **אֶת הַקֶּרֶן וְלֹא נָתַן לוֹ אֶת הַחוֹמֶשׁ**, או אם **מָחַל לוֹ** הנגזל **עַל הַקֶּרֶן וְלֹא מָחַל לוֹ עַל הַחוֹמֶשׁ**, או אם **מָחַל לוֹ עַל זֶה וְעַל זֶה** (הקרן והחומש) **חוּץ מִפָּחוֹת שָׁוֶה פְּרוּטָה בַּקֶּרֶן**, הרי הגזלן **אֵינוֹ צָרִיךְ לֵילֵךְ**

הערות

24. ראה לעיל הערה 15.

25. עכשיו – בניגוד להבנה הקודמת – הוראתו של רב נכונה גם לשיטת רבי יוחנן וסיעתו החולקים בני מערבא. שכן לפי ההסבר החדש, רב כהנא מעולם לא משך את הפשתן, והפשתן באמת לא היה בבעלותו. [ובעלי הפשתן לא עברו על איסור גזל כשמכרוהו, שהרי שלהם היה.] נמצא, שאפילו החולקים על בני מערבא הסוברים שדעת הקונה להקנות מעותיו לבעלים האמיתיים של החפץ (ראה לעיל הערה 18), יודו כאן שכאשר לא הודיעו לקונים שהתשלום מיועד לרב כהנא, הקנו הם את כספם לבעלי הפשתן ולא לרב כהנא. לפיכך הורה רב שבכגון זה אסור לרב כהנא לקבל את הכסף מידי בעלי הפשתן, משום איסור ריבית (קצות החשן קפג סוף אות ד; עיין עוד שיטה מקובצת בשם גאון, ובפני יהושע; אולם עיין תורת חיים).

26. שתי פרשיות בתורה עוסקות בענין זה. בויקרא ה, כא-כו נאמר: "נֶפֶשׁ כִּי תֶחֱטָא וּמָעֲלָה מַעַל בַּה' וְכִחֵשׁ בַּעֲמִיתוֹ [כלומר, כפר לחבירו] בְּפִקָּדוֹן אוֹ בִתְשׂוּמֶת יָד [הלואה] אוֹ בְגָזֵל אוֹ עָשַׁק אֶת עֲמִיתוֹ [היינו עיכוב שכר שכיר]. אוֹ מָצָא אֲבֵדָה וְכִחֶשׁ בָּהּ וְנִשְׁבַּע עַל שָׁקֶר... וְהֵשִׁיב אֶת הַגְּזֵלָה אֲשֶׁר גָּזָל אוֹ אֶת הָעֹשֶׁק אֲשֶׁר עָשָׁק אוֹ אֶת הַפִּקָּדוֹן אֲשֶׁר הָפְקַד אִתּוֹ אוֹ אֶת הָאֲבֵדָה אֲשֶׁר מָצָא. אוֹ מִכֹּל אֲשֶׁר יִשָּׁבַע עָלָיו לַשֶּׁקֶר וְשִׁלַּם אֹתוֹ בְּרֹאשׁוֹ [היינו הקרן] וַחֲמִשִׁתָיו יֹסֵף עָלָיו [תוספת חומש] לַאֲשֶׁר הוּא לוֹ יִתְּנֶנּוּ בְּיוֹם אַשְׁמָתוֹ. וְאֶת אֲשָׁמוֹ יָבִיא לַה' אַיִל תָּמִים מִן הַצֹּאן...".

וכן כתוב בבמדבר (ה, ו-ז): "אִישׁ אוֹ אִשָּׁה כִּי יַעֲשׂוּ מִכָּל חַטֹּאת הָאָדָם לִמְעֹל מַעַל בַּה' [היינו שיישבע לשקר על כפירת ממון] וְאָשְׁמָה הַנֶּפֶשׁ הַהִוא. וְהִתְוַדּוּ אֶת חַטָּאתָם אֲשֶׁר עָשׂוּ וְהֵשִׁיב אֶת אֲשָׁמוֹ בְּרֹאשׁוֹ וַחֲמִישִׁתוֹ יֹסֵף עָלָיו וְנָתַן לַאֲשֶׁר אָשַׁם לוֹ... מִלְּבַד אֵיל הַכִּפֻּרִים אֲשֶׁר יְכַפֶּר בּוֹ עָלָיו".

קרבן אשם זה נקרא בפי חכמים "אשם גזילות" (משנה, זבחים נד, ב).

[נחלקו חכמים לגבי שיעור חומש זה, וכן לגבי שאר חומשים האמורים בתורה. יש סוברים שהוא חומש "מלגו" ("מבפנים"), כלומר, חמשית מהקרן, שאם גזל מאה זוז הרי חומשו עשרים זוז, ומשלם בסך הכל מאה ועשרים. ויש סוברים שהוא חומש "מלבר" ("מבחוץ"), כלומר, חמשית מסך הכולל את הקרן עם התוספת, שאם גזל מאה זוז הרי הוא משלם מאה עשרים וחמשה זוז, ונמצא שהתוספת היא חמשית מהסכום המשתלם. החומש, לפי הסוברים שהוא "מלבר", שיעורו איפוא רבע מהקרן, וכשיטה זו נפסק להלכה (ראה בבא מציעא נג, ב - נד, א; רמב"ם, הלכות גזילה ז, ז עם מגיד משנה; פירוש הרמב"ם למשנתנו).]

27. פחות משוה פרוטה אינו ניתן לתביעה, ואף מוחלים עליו, ואינו נקרא "ממון". לכן אף על פי שאסור לגזול פחות משוה פרוטה, מכל מקום אין הגזלן חייב להשיבו (ראה רמב"ם הלכות גזילה א הלכות א, ב ו־ו; חינוך, מצוה רכט; מגיד משנה, הלכות גניבה א, ב; מנחת חינוך קל, ד). גם הנשבע על כפירת פחות משוה פרוטה, אף על פי ששבועתו שבועת שקר, אינו מתחייב מחמת כן חומש ואשם, שאין זו נחשבת שבועת כפירת ממון. אין דיני הפרשיות דלעיל אמורים, איפוא, אלא על ממון של שוה פרוטה לפחות.

תוספות מעירים שיתכן שאין דיני פרשת אשם גזילות שייכים אלא כאשר היתה השבועה על ממון של שני סלעים. לפי זה, מבארים תוספות, כוונת המשנה באמרה "הגוזל שוה פרוטה ונשבע עליו" היא לאופן שנתבע אדם על גזילת שני סלעים וכפר בדבר ונשבע, ושוב הודה על גזילת שוה פרוטה מתוך אותה תביעה, ונמצא ששוה פרוטה זה, הוא ממון שגזל ונשבע עליו.

28. מהכתוב בספר במדבר, "וְהִתְוַדּוּ אֶת חַטָּאתָם אֲשֶׁר עָשׂוּ" (ראה לעיל הערה 26), נלמד שהדינים המיוחדים שבפרשיות אשם גזילות (כגון חיוב חומש ואשם) אינם אמורים אלא במי ששב מחטאו ומודה (רש"י סוף קג, ב ובפירושו לבמדבר שם; ראה משנה לקמן קח, ב). אולם אם עדים מעידים בו והוא אינו מודה אלא עומד בכפירתו, אמנם מחייבים אותו לשלם את הקרן (שהרי התורה האמינה לעדים), אך אין דיני הַפָּרָשָׁה המיוחדים אמורים בו.

29. רש"י. דין זה נלמד בגמרא (לקמן קג, ב) מהכתוב בפרשת אשם גזילות בויקרא (ה, כד): "לַאֲשֶׁר הוּא לוֹ יִתְּנֶנּוּ בְּיוֹם אַשְׁמָתוֹ" (סמ"ע, חושן משפט שסז, ד; קצות החושן שם ב; אך ראה ש"ך שם ה). לפיכך, אפילו אם נעשתה הגזילה במקומו של הגזלן, ושוב הלך הנגזל למקום אחר, ואפילו עד מדי הרחוקה, חייב הגזלן ללכת אחריו – ולהוציא כל ההוצאה הדרושה לכך – כדי להשיב לידיו את הגזילה, ולא די בכך שיהא מזומן במקומו להשיבה לנגזל כשיבוא אליו. המשנה לקמן קי, א מלמדת שכל זמן שלא יצא הגזלן ידי השבת הגזילה כנדרש, אינו יכול להביא את אשמו.

בגמרא יבואר שדין זה אמור דוקא בגזלן שנשבע לשקר בכפירת ממון ושוב הודה, ולא בכל גזלן. ראה להלן קג, ב עם הערות 4 ו־10 ובראש קד, א.

30. רש"י.

"שלוחו" של הגזלן המוזכר במשנה כאן אינו שליח שמינהו הנגזל לקבל עבורו את הממון, ושהסכים הנגזל לכך שבקבלת השליח את הממון ייפטר הגזלן מאחריותו. כי בשליח כזה, בודאי נפטר הגזלן במסירת הממון לידיו. אלא, כוונת המשנה היא לאדם ששלחו הנגזל להמציא את עצמו לגזלן כדי שיוכל הגזלן – על אחריותו שלו – לשגר בידו את הממון אל הנגזל (גמרא לקמן קד, א). [דין זה נכון גם בגזלן שלא נשבע, וגם בלוה ושואל הבאים להחזיר.]

לא ניתן להעמיד אדם לזכות בממון עבור הנגזל מדין "זכין לאדם שלא בפניו", כי כל זמן שלא גילה הנגזל שמסכים הוא לכך, יש לנו לומר שאין רצונו שייפטר הגזלן מאחריות הממון עד שיבוא לידיו, ונמצא שזיכוי הממון לו על ידי אחר הינו חוב לו, ו"אין חבין לאדם אלא בפניו".

31. הכוונה היא שימסור הממון לאדם הממונה על ידי בית דין, או לבית דין עצמם, ויהא הממון תחת ידם עד שיבוא הנגזל ויתבענו (רש"י לקמן קג, ב ד"ה עבוד וד"ה דקא, וכן הבינו תוספות בדעת רש"י כאן ד"ה לשליח; אך ראה הערה הבאה בשם תוספות; תוספות רבינו פרץ).

32. רש"י לקמן קד, א ד"ה ולאפוקי; תוספות; ראב"ד; רשב"א. דבר זה הוא תקנת חכמים, שתיקנו כן כדי שלא יתייאשו גזלנים מלחזור בתשובה מחמת הוצאת הדרך המרובה שתידרש כדי להשיב גזילות שבידיהם (רש"י ורשב"א, על פי ברייתא לקמן עמוד ב). גדר תקנת חכמים זו הוא ששליח בית דין אכן זוכה בממון עבור הנגזל [למרות שיש בכך משום חוב לו, כמבואר לעיל בהערה 30] (חזון איש כ, ו).

אולם תוספות חולקים על פירוש זה במשנה. לדעתם, אמנם קיימת תקנה שבמקום שהוצאות הדרך רבות מדי יוצא גזלן ידי חובתו במסירת תשלום שיוחזק בבית דין עד שיתבענו הגזלן, וכפי שמפורש בגמרא לקמן קג, ב, אך אין המשנה עוסקת בתקנה זו. אלא, המשנה עוסקת באופן שאכן מחוייב הגזלן להביא את התשלום אל הנגזל, והיא מלמדת שאם הוא משלחו אליו בידי שליח הממונה על ידי בית דין, יוצא הוא בכך ידי חובת השבה ושוב אין אחריות אונסים עליו.

מכיון שבמסירת הממון לשליח בית דין נפטר הגזלן מיד מאחריותו ואין עליו עוד חיוב השבה, יכול הוא מיד להביא את קרבן האשם שלו (תוספות; רשב"א; רא"ש; ראה לקמן קג, ב הערה 15).

33. היינו שחייב להוליך את הגזילה עד מקום היורשים [וראה שיטה מקובצת בשם מאירי]. עוד אפשר שכוונת המשנה להשמיענו עצם הדבר שחייב הגזלן לשלם ליורשים תוספת חומש על הקרן. כי לגבי מקרה שמת **הגזלן** נלמד (לקמן קד, ב-קה, א) שאין יורשו חייב אלא בהשבת קרן ולא חומש, ולכן נצרך התנא ללמדנו שבמת **הנגזל** אין הגזלן נפטר מחומש (תוספות).

אין כופין את המוכר למכור זימנא אחריתי ואם אמר לו על מנת כופין את המוכר למכור אמר מר הלוקח שדה בשם חבירו אין כופין את המוכר למכור זימנא אחריתי פשיטא מהו דתימא מצי א"ל מידע ידעת דאנא לנפשאי שקילנא ופנחיא בעלמא הוא דקבעינא וזוזי בכדי לא שדינא אלא אדעתא דכתב ליה שטרא אחרינא קא משמע לן דאמר ליה עניינא עבדי לך בהדי ההוא דזבנת ליה בשמיה ויכתוב לך שטרא אחרינא ואם אמר לו על מנת כופין את המוכר למכור פשיטא [א]לא צריכא דאמר להו לסהדי קמיה דידיה חזו דשטרא אחרינא קא בעינא מהו דתימא מצי א"ל אמינא שטרא מהיאך דקא שקלת בשמיה קאמרת קא משמע לן דאמר ליה להכי טרחי ואמרי להו לעדים קמך דמינך הוא דקא בעינא רב כהנא יהב זוזא אכיתנא לסוף אייקר כיתנא זבניה מרוותיה דכיתנא אתא לקמיה דרב א"ל מה אעביד איזיל אישקיל זוזאי א"ל אי כי קא זבני אמרי האי כיתנא דכהנא הוא זיל שקול ואי לא לא תשקול כמאן כבני מערבא דאמרי מי הודיעו לבעל חטין שיקנה חטין לבעל מעות אטו מי יהיב רב כהנא ארבע ושקיל תמני כיתנא ממילא הוא דאייקר מיגזל גזלוה ותנן [א] כל הגזלנין משלמין כשעת הגזלה אמרי התם אמנה הואי ולא משכיה רב כהנא לכיתנא ורב לטעמיה [ב] דאמר רב [ב] עושין אמנה בפירות ואין עושין אמנה בדמים:

מתני' [ג] [ג] הגוזל את חבירו שוה פרוטה ונשבע לו יוליכנו אחריו (א) למדי [ד] לא יתן לא לבנו ולא לשלוחו [ה] אבל נותן לשליח בית דין [ו] ואם מת יחזיר ליורשיו [ז] נתן לו את הקרן ולא נתן לו את החומש [ז] מחל לו על הקרן ולא מחל לו על החומש מחל לו על זה ועל זה [ח] חוץ מפחות שוה פרוטה בקרן [ח] אינו צריך לילך אחריו [ט] נתן לו את החומש ולא נתן לו את הקרן מחל לו על החומש ולא מחל לו על הקרן מחל לו על זה ועל זה חוץ משוה פרוטה בקרן [י] צריך לילך אחריו [י] נתן לו את הקרן ונשבע לו על החומש הרי

רש"י

אין כופין את המוכר. לחזור ולכתוב שטר מכירה אחר ללוקח שהיה לו להתנות ולהודיעו כתוב שטרי בשם ריש גלותא שאם יבאו עסיקין אראה להם שהוא של ריש גלותא וכתוב לי שטר אחר בשמי שלא יבאו היום או למחר יורשי ראש גולה לתובעה ממני: **ופנחיא בעלמא הוא דבעינא.** כלומר להצלה נתכוונתי פנחיא לשון חוזק ושבירו בהאשה [שלום] ביבמות (דף קטו:) לפנחיא שבקיה גבי מלא כלי וכתוב עליו קו"ף קרבן מ"ם מעשר תי"ו תרומה: **עניינא.** תנאי: **דאמר להו** לוקח לסהדי קמי מוכר חזו כו'. ובהדי מוכר גופיה לא אתני: **אמינא שטרא אחרינא מהיאך כו'.** אני הייתי סובר שאתה אומר לעדים בעינא דנכתוב לי שטרא אחרינא ריש גלותא: **זבניה מרוותא דכיתנא.** על מנת ליתן דמיהן שהן לוקחין לרב כהנא: **לא תשקול.** משום רבית: **כמאן כבני מערבא.** בתמיה כלומר דאמרינן מי הודיען ללוקחין שיקנו מעותיהן לרב כהנא לפיכך לא זכה בהן: **אטו.** מאי איכפת לן בהקנאתן וכי רב כהנא עתיד ליטול מעות היה ויטול רבית שנתן לו ד' ויטול ח' והלא פשתנו היה נוטל וכל מקום שהיה שם שלו היה ואלו שמכרוהו גזלוהו מיניה ומשלמים כל דמיו ביוקר כשעת הגזילה ובשעת הגזילה כבר הוקר: **אמנה הואי.** שנתן להם מעות באמנה ולא היה להם פשתן כשקבלו דמים והתנו עמו כשער הזול ליתן לו כל השנה בשער זה דתנן בב"מ (דף עב:) יצא השער פוסקין אע"פ שאין לזה יש לזה: **ורב.** דאסר ליה למשקל זוזי: **לטעמיה דא"ר.** באיזהו נשך (ב"מ סג.) עושין אמנה ליתן מעות על השער של זול של עכשיו: **בפירות.** לקבל פירות בשער היוקר: **ואין עושין אמנה בדמים.** כשבא לשער היוקר לקבל פירותיו אסור ליתן לו מוכר דמים של עכשיו דמיחזי כרבית דיהיב ליה תרתי סלעים ושקיל ארבע: **מתני' ונשבע לו.** על שקר והודה: **יוליכנו אחריו אפילו למדי.** דאין לו כפרה עד שיחזיר לנגזל עצמו דכתיב לאשר הוא לו וגו' (ויקרא ה) וגבי נשבע לשקר כתיב: **לא יתן לא לבנו.** של נגזל להוליכו לנגזל שאם יאנסוהו חייב להחזיר דלא הוי השבה עד דמטי לידיה כדאמרן: **לשליח ב"ד.** תקנתא הוא דעבוד רבנן מפני תקנת השבים שלא נחייב לזה להוציא מנה בהוצאת הדרך: **ואם מת.** נגזל יחזיר גזלן ליורשיו דנגזל: **ולא נתן לו את החומש.** או שמחל לו נגזל על הקרן לאחר שהודה לו ולא מחל לו על החומש או שמחל לו על זה ועל זה כו': **נתן לו את הקרן.** לאחר שנשבע והודה ונתחייב קרן וחומש נשבע לו שבועה שניה על החומש שנתנו לו והודה:

תוספות

[י] **כגון** דאודעינהו לדידיה ואודעינהו נמי לסהדי. תימה אם כן אמאי צריך לדחוק את ריש גלותא שיכתוב לו שטר יכתבו לו עדים כיון שיודעין שהוא קונה לעצמו וי"ל כגון דלא בעו עדים למיכתב ליה שטרא אחרינא: **יהב** זוזי אכיתנא. השתא ס"ד דאיירי דמשך נמי ופקדון בעלמא הוא דהוי גביה: **כמאן** כבני מערבא דאמרי מי הודיעו לבעל חטין כו'. כלומר ומשום הכי אי לאו דאודעיה ללוקח כי קמזבין דהאי כיתנא דכהנא הוא נמצא דכהנא לא קני להנהו מעות דאינהו לאו אדעתא דהכי יהבו ליה מעותיו ואי שקיל כהנא מידי דמרוותייהו ה"ל כאילו מדידהו יהבו ליה ומחזי כרבית: **התם** אמנה הוא. פי' בקונטרס שנתן להם המעות באמנה ולא היה להם פשתן כשקבלו המעות וקשה דאם כן היכי מסיק רב לטעמיה והא בכה"ג אפילו רבי ינאי מודה דאסור לקבל המעות כיון שלא היה לו פירות באותה שעה שהוא פוסק עמו דהא דאמר ר' ינאי מה לי הן מה לי דמיהן היינו דוקא כשיש לו פירות באותה שעה שהוא פוסק עמו ורב אפילו בכה"ג אוסר לקבל מעות אלא פירות דוקא דהא בפרק איזהו נשך (ב"מ דף סג. ושם [ח]) מייתי דרבי ינאי אברייתא דרבי אושעיא דהיה נושה בחבירו מנה והלך על גורנו ואמר לו תן לי מעות שאני רוצה ליקח בהן חטין אמר ליה חטין יש לי כו' עד וכולן יש לו מותר אין לו אסור וקאמר התם ש"מ איתא לר' ינאי דאמר מה לי הן מה לי דמיהן משמע דר' ינאי דוקא כי יש לו מותר ובכה"ג פליג רב ומיהו יש ליישב פי' הקונטרס דהתם דוקא דאיירי בהלואה לא שרי רבי ינאי אלא כשיש לו פירות דוקא אבל זביני אמר התם דפוסקין על שער שבשוק אפילו אין לו והיינו אמנה בפירות ומה שפירש בקונטרס [התם] דרבי ינאי מתיר דמיהן שאין מעות ממש אלא דוקא פירות דומיא דההיא דברייתא יין דמי חטים וכן יין דמי שמן שמן דמי יין דלא מחזי כרבית אבל מעות אסור אין נראה דהכא בשמעתין מוכחא דאפילו זוזי מותר לקבל והלכה כרבי ינאי כדמוכח התם:

הגוזל מחבירו שוה פרוטה ונשבע כו'. כגון שנשבע מעצמו דאין ב"ד משביעין אלא בטענת שתי כסף והודאה שוה פרוטה ואפילו [ט] בשבועה עצמו מיחייב חומש כדמוכח בשילהי פירקין ובמס' שבועות (דף לו:) תנן נמי שבועת הפקדון נוהגת באנשים ובנשים בפני ב"ד ושלא בפני ב"ד [מפי עצמו] א"נ איירי בטענו שתי כסף והודה לו שוה פרוטה [י]: **אבל** נותן לשליח ב"ד. פי' הקונטרס מפני תקנת השבים שלא נחייבנו להוציא מנה בהוצאת הדרך משמע מתוך פירושו דנותנו לשליח ב"ד והוא שומרו בידו עד שיבא הנגזל ואין נראה חדא דלישנא לא משמע הכי דלמאי נקט שליח ב"ד הל"ל אם יש ב"ד שם נותן לב"ד ועוד דאמר בגמ' (דף קד.) שליח ב"ד פסיקא ליה מילתא ל"ש עשאו נגזל ל"ש עשאו גזלן להוליך לנגזל ועוד אמאי קאמר בגמ' דלא מיתוקמא מתני' כר' טרפון והא בפרק המפקיד (ב"מ דף לז: ושם) פריך אמילתא דר' טרפון ושקלי ליה כולהו ואזלי ומשני תני ויניח וע"כ ביד בית דין קאמר כי הא דר' אלעזר בר צדוק דמסיק אליבא דר' טרפון ועוד בגמ' אמאי איצטריך לאתויי דרבי אלעזר ממתניתין ה"מ לאתויי ע"כ נראה דמתני' איירי לענין אחריות הדרך דמיפטר כשיתן לשליח ב"ד ויש לו כפרה מיד ואין צריך לו להמתין עד שיגיע ליד הנגזל כיון שקבלו שליח ב"ד אבל בתקנתא זו לא איירי מתניתין כלל:

ואם מת יחזיר לבניו. נראה דאתא לאשמועינן דאפילו ליורשים יוליך למדי א"נ אתא למימר דאין חילוק בין שהנגזל קיים בין שהוא מת לענין קרן חומש ואשם כי היכי דיש חילוק בגזלן בין הוא לבניו דבניו אין משלמין חומש על גזל אביהם קמ"ל דלענין נגזל אין חילוק:

מניח

מסורת הש"ס

א) [לעיל דף לג: לו: ב"מ מג. פסחים לב.], ב) ב"מ סג., ג) שם נה., ד) [לקמן קט.], ה) [עי' תוס' לקמן קד: ד"ה חוץ], ו) ב"מ נד: [ועי' לקמן קד: תוס' ד"ה נתן], ז) [שייך לעמוד הקוד'], ח) [ד"ה דאמר], ט) [נ"ל בשבועת עצמו], י) ונשבע על השתי כסף ואח"כ הודה על פרוטה יתר על הפרוטה שהודה כבר א"נ איירי שטענו ב' כסף והודה הכל וכפר פרוטה אחת ונשבע אח"כ על הפרוטה שכפר. הגהות מחילופי גרסאות.

עין משפט נר מצוה

קב א מיי' פ"ב מהלכות שלוחין ושותפין הלכה ה סמג עשין פב טוש"ע ח"מ סי' קפד סעיף ב:

קג ב טוש"ע י"ד סי' קעה סעיף ו:

קד ג מיי' פ"ז מהלכות גזילה הלכה ט סמג עשין עג טוש"ע ח"מ סי' שסז סעיף א:

קה ד ה מיי' שם הלכה י טוש"ע שם סעיף ב:

קו ו מיי' שם פ"ח הל"א טוש"ע שם סעיף ד:

קז ז ח מיי' שם פ"ז הל' יא סמג שם טוש"ע שם סעיף ג:

קח ט י מיי' שם טוש"ע שם סעיף ב:

הגהות הב"ח

(א) במשנה אחריו אפילו למדי:

ליקוטי רש"י

ופנחיא. לשון שימור כאדם שתולה ממונו באדם חשוב כדי שלא יגזלוהו הימנו [יבמות קטו:]. **כל הגזלנין משלמין כשעת הגזילה.** כדכתיב (ויקרא ה) אשר גזל כמה שגזל [פסחים לב.]. **עושין אמנה בפירות.** נותנין מעות באמנה כשער של עכשיו שיוצא בשוק ע"מ לקבל פירות אפילו יוקירו חטין. **ואין עושין אמנה.** לפסוק על הפירות כדי לקבל דמים לכשיוקירו דכיון דזוזי יהיב וזוזי שקיל מחזי כרביתא [ב"מ סג.]. **ונשבע לו.** אם כפר בהן ונשבע [רשב"ם ב"ב קכג:]. **יוליכנו אחריו אפילו למדי.** אם הודה שנשבע לשקר דלא הויא ליה כפרה עד שיחזירנו לידו ממש ולא לשלוחו כדכתיב (במדבר ה) ונתן לאשר אשם לו [ב"מ נה.]. **מחל לו על הקרן.** ולא מקיימא מצות השבה דלמיפק ידי גזילה בעינן והא נפקא ליה במחילה [לקמן קט.]. **נתן לו את הקרן.** לאחר שנשבע והודה ונתחייב קרן וחומש ונשבע לו על החומש שחזר וכפר את החומש ואמר נתתיו לך ונשבע והודה [ב"מ נד:].

אַחֲרָיו, כי חיוב הולכת גזילה אחרי הנגזל נאמר רק על השבת הקרן, ולא על השבת חומש[34], ואין חיובי ממון אמורים אלא על שוה פרוטה ומעלה[35]. אולם, אם **נָתַן לוֹ** הגזלן לנגזל **אֶת הַחוֹמֶשׁ וְלֹא נָתַן לוֹ אֶת הַקֶּרֶן**, או אם **מָחַל לוֹ** הנגזל **עַל הַחוֹמֶשׁ וְלֹא מָחַל לוֹ עַל הַקֶּרֶן**, או אם **מָחַל לוֹ עַל זֶה וְעַל זֶה** (גם החומש וגם הקרן), **חוּץ מִשָּׁוֶה פְּרוּטָה בַּקֶּרֶן**, הרי הגזלן **צָרִיךְ לֵילֵךְ אַחֲרָיו** כדי להשיב לו, כי על השבת שוה פרוטה מקרן נאמר חיוב זה.

המשנה דנה במקרה שבו נתחייב הגזלן חומש משום שבועת שקר, ושוב כפר בחיוב אותו חומש ונשבע על כך:

אם **נָתַן לוֹ** הגזלן לנגזל **אֶת הַקֶּרֶן** ולא נתן לו את החומש, **וְנִשְׁבַּע לוֹ עַל הַחוֹמֶשׁ** שאינו חייב בו, כגון שאמר שכבר שילמו ונשבע על כך לשקר, ושוב הודה,

הערות

34. בכתוב "אוֹ מִכֹּל אֲשֶׁר יִשָּׁבַע עָלָיו לַשֶּׁקֶר וְשִׁלַּם אֹתוֹ בְּרֹאשׁוֹ וַחֲמִשִׁתָיו יֹסֵף עָלָיו, לַאֲשֶׁר הוּא לוֹ יִתְּנֶנּוּ בְּיוֹם אַשְׁמָתוֹ" (ראה לעיל הערה 29), המלים "לַאֲשֶׁר הוּא לוֹ יִתְּנֶנּוּ", שמהן נלמד חיוב הולכת הגזילה אל הנגזל, מוסבות על הקרן המוזכרת ב"וְשִׁלַּם אֹתוֹ... עָלָיו".

35. ראה לעיל הערה 27. לכן במקרה האחרון, כשלא נשתייר מחיוב הקרן אלא פחות משוה פרוטה, הרי זה כמי שלא נשתייר מחיוב הקרן כלל.

תוספות (קד, ב ד"ה חוץ) תמהים מהו החידוש בהזכרת המשנה מקרה זה, הרי ממה שנאמר ברישא של המשנה, "הגוזל את חבירו **שוה פרוטה**... יוליכנו אחריו למדי", ניתן לדעת שאם אין ביד גזלן אלא פחות משוה פרוטה אינו חייב להוליכו! הרא"ש (מובא בשיטה מקובצת; ראה גם תורת חיים; תוספות רבי עקיבא איגר; רש"ש) מתרץ שמהרישא לבד היינו עלולים לסבור שדוקא כאשר מלכתחילה לא היה הקרן שוה פרוטה לא חל חיוב להוליך, אולם כאשר מתחילה היה שוה פרוטה ואכן נתחייב הגזלן להוליך, אזי אף כשנפחת חיובו משוה פרוטה — כגון על ידי מחילת מקצת — לא יפקע מגזילה זו החיוב להוליך. לכן הוצרכה המשנה ללמדנו שאין הדבר כן, אלא כל שלא נותר חיוב בשיעור שוה פרוטה, אין הגזלן חייב להוליך. ראה תוספות יום טוב, תירוץ אחר.

אין כופין את המוכר למכור זימנא אחריתי ואם אמר לו על מנת כופין את המוכר למכור אמר מר הלוקח שדה בשם חבירו אין כופין את המוכר למכור זימנא אחריתי פשיטא מהו דתימא מצי א"ל מידע ידעת דאנא לנפשאי שקילנא ופנחיא בעלמא הוא דקבעינא וזוזי בכדי לא שדינא אלא אדעתא דכתב ליה שטרא אחרינא קא משמע לן דאמר ליה עניינא עבדי לך בהדי ההוא דזבנת ליה בשמיה ויכתוב לך שטרא אחרינא ואם אמר לו על מנת כופין את המוכר למכור פשיטא [א]לא צריכא דאמר להו לסהדי קמיה דידיה חזו דשטרא אחרינא קא בעינא מהו דתימא מצי א"ל אמינא שטרא מהיאך דקא שקלת בשמיה קאמרת קא משמע לן דאמר ליה להכי טרחי ואמרי להו לעדים קמך דמינך הוא דקא בעינא רב כהנא יהב זוזא אכיתנא לסוף אייקר כיתנא זבניה מרוותיה דכיתנא אתא לקמיה דרב א"ל מה אעביד איזיל אישקיל זוזאי א"ל אי כי קא זבני אמרי האי כיתנא דכהנא הוא זיל שקול ואי לא לא תשקול כמאן כבני מערבא דאמרי מי הודיעו לבעל חטין שיקנה חטין לבעל מעות אטו מי יהיב רב כהנא ארבע ושקיל תמני כיתנא ממילא הוא דאייקר מיגזל גזלוה ותנן [א]כל הגזלנין משלמין כשעת הגזלה אמרי התם אמנה הואי ולא משכיה רב כהנא לכיתנא ורב לטעמיה [ב]דאמר רב [ב]עושין אמנה בפירות ואין עושין אמנה בדמים:

מתני' [ג][ג]הגוזל את חבירו שוה פרוטה ונשבע לו יוליכנו אחריו (א) למדי [ד]לא יתן לא לבנו ולא לשלוחו [ה]אבל נותן לשליח בית דין [ו]ואם מת יחזיר ליורשיו [ז]נתן לו את הקרן ולא נתן לו את החומש [ד]מחל לו על הקרן ולא מחל לו על החומש מחל לו על זה ועל זה [ה]חוץ מפחות שוה פרוטה בקרן [ח]אינו צריך לילך אחריו [ט]נתן לו את החומש ולא נתן לו את הקרן מחל לו על החומש ולא מחל לו על הקרן מחל לו על זה ועל זה חוץ משוה פרוטה בקרן [י]צריך לילך אחריו [ו]נתן לו את הקרן ונשבע לו על החומש הרי

רש"י

אין כופין את המוכר. לחזור ולכתוב שטר מכירה אחר ללוקח שהיה לו להתנות ולהודיעו כתוב שטרי בשם ריש גלותא שאם יבאו עסיקין אראה להם שהוא של ריש גלותא וכתוב לי שטר אחר בשמי שלא יבאו היום או למחר יורשי ראש גולה לתובעה ממני: **ופנחיא בעלמא הוא דבעינא.** כלומר להגלה נתכוונתי פנחיא לשון חוזק וחבירו בהאשה [שלום] ביבמות (דף קטו:) לפנחיא שבקיה גבי מלא כלי וכתוב עליו קו"ף קרבן מ"ם מעשר תי"ו תרומה: **עניינא.** תנאי: **דאמר להו** לוקח לסהדי קמי מוכר חזו כו'. ובהדי מוכר גופיה לא אתני: **אמינא שטרא אחרינא מהיאך** כו'. אני הייתי סובר שאתה אומר לעדים בעינא דנכתוב לי שטרא אחרינא ריש גלותא: **זבניה מרוותא דכיתנא.** על מנת ליתן דמיהן שהן לוקחין לרב כהנא: **לא תשקול.** משום רבית: **כמאן כבני מערבא.** בתמיה כלומר דאמרינן מי הודיען ללוקחין שיקנו מעותיהן לרב כהנא לפיכך לא זכה בהן: **אטו.** מאי איכפת לן בהקנאתן וכי רב כהנא עתיד ליטול מעות היה ויטול רבית שנתן לו ד' ויטול ח' והלא פשתנו היה נוטל וכל מקום שהיה שם שלו היה ואלו שמכרוהו גזלוהו מיניה ומשלמים כל דמיו ביוקר כשעת הגזילה ובשעת הגזילה כבר הוקר: **אמנה הואי.** שנתן להם מעות באמנה ולא היה להם פשתן כשקבלו דמים והתנו עמו כשער הזול ליתן לו כל השנה בשער זה דתנן בב"מ (דף עב:) יצא השער פוסקין אע"פ שאין לזה יש לזה: **ורב.** דאסר ליה למשקל זוזי: **לטעמיה דא"ר.** באיזהו נשך (ב"מ סג.) עושין אמנה ליתן מעות על השער של זול של עכשיו: **בפירות.** לקבל פירות בשער היוקר: **ואין עושין אמנה בדמים.** כשבא לשער היוקר לקבל פירותיו אסור ליתן לו מוכר דמים של עכשיו דמיחזי כרבית דיהיב ליה תרתי סלעים ושקיל ארבע: **מתני' ונשבע לו.** על שקר והודה: **יוליכנו אחריו אפילו למדי.** דאין לו כפרה עד שיחזיר לנגזל עצמו דכתיב לאשר הוא לו וגו' (ויקרא ה) וגבי נשבע לשקר כתיב: **לא יתן לא לבנו.** של נגזל להוליכו לנגזל שאם יאנסוהו חייב להחזיר דלא הוי השבה עד דמטי לידיה כדאמרן: **לשליח ב"ד.** תקנתא הוא דעבוד רבנן מפני תקנת השבים שלא נחייב לזה להוציא מנה בהוצאת הדרך: **ואם מת.** נגזל יחזיר גזלן ליורשיו דנגזל: **ולא נתן לו את החומש.** או שמחל לו נגזל על הקרן לאחר שהודה לו ולא מחל לו על החומש או שמחל לו על זה ועל זה כו': **נתן לו את הקרן.** לאחר שנשבע והודה ונתחייב קרן וחומש נשבע לו שבועה שניה על החומש שנתנו לו והודה:

תוספות

[ז]**כגון** דאודעינהו לדידיה ואודעינהו נמי לסהדי. תימה אם כן אמאי צריך לדחוק את ריש גלותא שיכתוב לו שטר יכתבו לו עדים כיון שיודעין שהוא קונה לעצמו וי"ל כגון דלא בעו עדים למיכתב ליה שטרא אחרינא:

יהב זוזי אכיתנא. השתא ס"ד דאיירי דמשך נמי ופקדון בעלמא הוא דהוי גביה: **כמאן** כבני מערבא דאמרי מי הודיעו לבעל חטין כו'. כלומר ומשום הכי אי לאו דאודעיה ללוקח כי קמזבין דהאי כיתנא דכהנא הוא נמצא דכהנא לא קני להנהו מעות דאינהו לאו אדעתא דהכי יהבו ליה מעותיו ואי שקיל כהנא מידי דמרוותייהו ה"ל כאילו מדידהו יהבו ליה ומחזי כרבית:

התם אמנה הוא. פי' בקונטרס שנתן להם המעות באמנה ולא היה להם פשתן כשקבלו המעות וקשה דאם כן היכי מסיק רב לטעמיה והא בכה"ג אפילו רבי ינאי מודה דאסור לקבל המעות כיון שלא היה לו פירות באותה שעה שהוא פוסק עמו דהא דאמר ר' ינאי מה לי הן מה לי דמיהן היינו דוקא כשיש לו פירות באותה שעה שהוא פוסק עמו ורב אפילו בכה"ג אוסר לקבל מעות אלא פירות דוקא דהא בפרק איזהו נשך (ב"מ דף סג. ושם [ח]) מייתי דרבי ינאי אברייתא דרבי אושעיא דהיה נושה בחבירו מנה והלך על גורנו ואמר לו תן לי מעות שאני רוצה ליקח בהן חטין אמר ליה חטין יש לי כו' עד וכולן יש לו מותר אין לו אסור וקאמר התם ש"מ איתא לר' ינאי דאמר מה לי הן מה לי דמיהן משמע דר' ינאי דוקא כי יש לו מותר ובכה"ג פליג רב ומיהו יש ליישב פי' הקונטרס דהתם דוקא דאיירי בהלואה לא שרי רבי ינאי אלא כשיש לו פירות דוקא אבל זביני אמר התם דפוסקין על שער שבשוק אפילו אין לו והיינו אמנה בפירות ומה שפירש בקונטרס [התם] דרבי ינאי מתיר דמיהן שאין מעות ממש אלא דוקא פירות דומיא דההיא דברייתא יין דמי חטים וכן יין דמי שמן שמן דמי יין דלא מחזי כרבית אבל מעות אסור אין נראה דהכא בשמעתין מוכחא דאפילו זוזי מותר לקבל והלכה כרבי ינאי כדמוכח התם:

הגוזל מחבירו שוה פרוטה ונשבע כו'. כגון שנשבע מעצמו דאין ב"ד משביעין אלא בטענת שתי כסף והודאה שוה פרוטה ואפילו [ט]בשבועה עצמו מיחייב חומש כדמוכח בשילהי פירקין ובמס' שבועות (דף לו:) תנן נמי שבועת הפקדון נוהגת באנשים ובנשים בפני ב"ד ושלא בפני ב"ד [מפי עצמו] א"נ מיירי בטענו שתי כסף והודה לו שוה פרוטה [י]: **אבל** נותן לשליח ב"ד. פי' הקונטרס מפני תקנת השבים שלא נחייבנו להוציא מנה בהוצאת הדרך משמע מתוך פירושו דנותנו לשליח ב"ד והוא שומרו בידו עד שיבא הנגזל ואין נראה חדא דלישנא לא משמע הכי דאמאי נקט שליח ב"ד הל"ל אם יש ב"ד שם נותן לב"ד ועוד דאמר בגמ' (דף קד.) שליח ב"ד פסיקא ליה מילתא לי"ש עשאו נגזל לי"ש עשאו גזלן להוליך לנגזל ועוד אמאי קאמר בגמ' דלא מיתוקמא מתני' כר' טרפון והא בפרק המפקיד (ב"מ דף לז: ושם) פריך אמילתא דר' טרפון ושקלי ליה כולהו ואזלי ומשני תני ויניח וע"כ ביד בית דין קאמר כי הא דר' אלעזר בר צדוק דמסיק אליבא דר' טרפון ועוד בגמ' אמאי איצטריך לאתויי דרבי אלעזר ממתניתין ה"מ לאתויי ע"כ נראה דמתני' איירי לענין אחריות הדרך דמיפטר כשיתן לשליח ב"ד ויש לו כפרה מיד ואין צריך לו להמתין עד שיגיע ליד הנגזל כיון שקבלו שליח ב"ד אבל בתקנתא זו לא איירי מתניתין כלל:

ואם מת יחזיר לבניו. נראה דאתא לאשמועינן דאפילו ליורשים יוליך למדי א"נ אתא למימר דאין חילוק בין שהנגזל קיים בין שהוא מת לענין קרן חומש ואם כי היכי דיש חילוק בגזלן בין הוא לבניו דבניו אין משלמין חומש על גזל אביהם קמ"ל דלענין נגזל אין חילוק:

מניח

עין משפט נר מצוה

קב א מיי' פ"ב מהלכות שלוחין ושותפין הלכה ה סמג עשין פב טוש"ע ח"מ סי' קפד סעיף ב:
קג ב טוש"ע י"ד סי' קעה סעיף ו:
קד ג מיי' פ"ז מהלכות גזילה הלכה ט סמג עשין עג טוש"ע ח"מ סי' שסז סעיף א:
קה ד ה מיי' שם הלכה י טוש"ע שם סעיף ב:
קו ו מיי' שם פ"ח הל"א טוש"ע שם סעיף ד:
קז ז ח מיי' שם פ"ז הל' יא סמג שם טוש"ע שם סעיף ג:
קח ט י מיי' שם טוש"ע שם סעיף ב:

הגהות הב"ח

(א) במשנה אחריו אפילו למדי:

ליקוטי רש"י

ופנחיא. לשון שימור כאדם שתולה ממונו באדם חשוב כדי שלא יגזלוהו שימו [יבמות קטו:]. **כל הגזלנין משלמין כשעת הגזילה.** כדכתיב (ויקרא ה) אשר גזל כמה שגזל [פסחים לב.]. **עושין אמנה בפירות.** נותנין מעות באמנה כשער של עכשיו שיוצא בשוק ע"מ לקבל פירות אפילו יוקירו חטין. **ואין עושין אמנה.** לפסוק על הפירות כדי לקבל דמים לכשיוקירו דכיון דזוזי יהיב וזוזי שקיל מחזי כרביתא [ב"מ סג.]. **ונשבע לו.** אם כפר בהן ונשבע [רשב"ם ב"ב קכג:]. **יוליכנו אחריו אפילו למדי.** אם הודה שנשבע לשקר דלא הויא ליה כפרה עד שיחזירנו לידו ממש ולא לשלוחו כדכתיב (במדבר ה) ונתן לאשר אשם לו [ב"מ נה.]. **מחל לו על הקרן.** ולא מקיימא מלות השבה דלמיפק ידי גזילה בעינן והא נפקא ליה במחילה [לקמן קט.]. **נתן לו את הקרן.** לאחר שנשבע והודה ונתחייב קרן וחומש ונשבע לו על החומש שחזר וכפר את החומש ואמר נתתיו לך ונשבע והודה [ב"מ נד:].

מסורת הש"ס

א) [לעיל דף לג: לו: ב"מ מג. פסחים לב.], ב) ב"מ סג., ג) שם נה., ד) [לקמן קט.], ה) [עי' תוס' לקמן קד: ד"ה חוץ], ו) ב"מ נד: [ועי' לקמן קד: תוס' ד"ה נתן], ז) [שייך לעמוד הקוד'], ח) [ד"ה דאמר], ט) [נ"ל בשבועת עצמו], י) ונשבע על השתי כסף ואח"כ הודה על פרוטה יתר על הפרוטה שהודה כבר א"נ איירי שטענו ב' כסף והודה הכל וכפר פרוטה אחת ונשבע אח"כ על הפרוטה שכפר. העתק מחילופי גרסאות.

[א] הרי זה משלם חומש על חומש עד שיתמעט הקרן משוה פרוטה [ב] וכן בפקדון שנאמר [א)] או בפקדון או בתשומת יד או בגזל או עשק את עמיתו [ב)] או מצא אבידה וכחש בה ונשבע על שקר [ג] הרי זה משלם קרן וחומש ואשם: **גמ'** נשבע לו אין [ד] לא נשבע לו לא מני לא רבי טרפון ולא רבי עקיבא [א)] דתניא גזל אחד מחמשה ואינו יודע (א) איזה מהן וכל אחד אומר אותי גזל מניח גזילה ביניהם ומסתלק דברי רבי טרפון ר"ע אומר [ה] לא זו דרך מוציאתו מידי עבירה עד שישלם גזילה לכל אחד [ואחד] מני אי ר"ט אע"ג דאישתבע אמר מניח גזילה ביניהם ומסתלק אי רבי עקיבא אע"ג דלא אישתבע אמר עד שישלם גזילה לכל אחד ואחד לעולם רבי עקיבא היא וכי קאמר רבי עקיבא עד שישלם גזילה לכל אחד ואחד היכא דאישתבע הוא דקאמר מאי טעמא דאמר קרא [ג)] לאשר הוא לו יתננו ביום אשמתו ורבי טרפון אע"ג דאישתבע עבוד רבנן תקנתא דתניא ר' אלעזר ברבי צדוק אומר [ו] תקנה גדולה התקינו שאם היתה הוצאה יתירה על הקרן משלם קרן וחומש לבית דין ומביא אשמו ומתכפר לו ור' עקיבא כי עבוד רבנן תקנתא היכא דידע למאן גזליה דקא מהדר ליה ממונא למריה (ב) גזל אחד מחמשה דלא ידע למאן גזליה דלא הדר ממונא למריה לא עבוד רבנן תקנתא מתיב רב הונא בר יהודה [ג)] א"ר שמעון בן אלעזר לא נחלקו רבי טרפון ורבי עקיבא על שלקח אחד מחמשה ואינו יודע מאיזה מהן לקח [ז] שמניח דמי מקח ביניהם ומסתלק על מה נחלקו שגזל אחד מחמשה בני אדם ואינו יודע מאיזה מהן גזל שר' טרפון אומר מניח דמי גזילה ביניהם ומסתלק ורבי עקיבא אומר אין לו תקנה עד שישלם גזילה לכל אחד ואחד ואי סלקא דעתך דאישתבע [ח] מה לי לקח מה לי גזל ועוד מתיב רבא מעשה בחסיד אחד שלקח משני בני אדם ולא היה יודע מאיזה מהן לקח ובא לפני רבי טרפון אמר לו הנח דמי מקחך ביניהם והסתלק בא לפני רבי עקיבא אמר לו [ט] אין לך תקנה עד שתשלם לכל אחד ואחד ואי סלקא דעתך דמישתבע חסיד מי מישתבע בשיקרא וכי תימא דמישתבע והדר הוי חסיד והא [י] כל היכא דאמרינן מעשה בחסיד אחד או רבי יהודה בן בבא או רבי יהודה ברבי אילעאי ורבי יהודה בן בבא ורבי יהודה ברבי אילעאי חסידים דמעיקרא הוו אלא לעולם ר' טרפון היא ומודה ר' טרפון היכא דאישתבע מאי טעמא דאמר קרא לאשר הוא לו יתננו ביום אשמתו ורבי עקיבא (ד) דאמר [י] אע"ג דלא מישתבע קנים ור' טרפון מכדי היכא דמישתבע לא סגיא דלא הודה מאי איריא ונשבע אפילו בלא שבועה נמי דתניא [ה)] מודה רבי טרפון [כ] באומר לשנים גזלתי אחד מכם מנה ואיני יודע איזה מכם נותן לזה מנה ולזה מנה שכבר

רש"י

הרי זה משלם חומש על חומש. חומשו של חומש דחומש ראשון נעשה קרן: עד שיתמעט כו'. שאם חזר ונתן לו חומש ראשון ונשבע על השני והודה משלם חומשו וחומשו של חומש שני וכן לעולם עד שיתמעט הקרן של חומש שלא יכפור לו שוה פרוטה: או עשק את עמיתו. שכר שכיר: תשומת יד. הלואה: גמ' לא נשבע. לא בעי להוליך אחריו עד דמטי לידיה: עד שישלם לכל אחד. דהשבה לידיה בעינן ולא סגי במניח לפניו לומר מי שהוא שלו יטלנה: מניח גזילה. ולא בעי לאמטויי לידיה וסגי במניח לפניו שהרי הבעלים שם הוא: לעולם רבי עקיבא. כר"ע מעיקרא מהדרינן לאוקמי משום דכולהו תנאי סתימתאה אליבא דר"ע סתם כדאמר באלו הן הנחנקין (סנהדרין דף פו.): עבוד רבנן תקנתא. תקנת השבים והכא דמספקא ליה תסגי להו במניח כדתניא עבוד תקנות גבי גוזל ונשבע והודה ואין הנגזל כאן דאע"פ דכתיב לאשר הוא לו תקון רבנן דנתביה לשליח בית דין ויהא תחת ידם עד שיבא נגזל ויטלנו: דקא מהדר ממונא למריה. לאחר זמן יחזירנו בית דין: לא נחלקו על שלקח. דכיון דליכא איסורא סגי ליה בהכי דלא כתיב לאשר הוא לו אלא במקום שחטא דבעי כפרה: מה לי לוקח כו'. הרי נשבע לשקר ואשבועת שקר כתיב לאשר הוא לו בין אגזל בין אתשומת יד דבהיתר אתא לידיה: תנא דחסיד אחד פליג אדר' שמעון בן אלעזר: רבי טרפון היא. מתני' דקתני נשבע דאי ר"ע אפילו לא נשבע נמי: ור' טרפון מכדי כו'. אמתניתין פריך דאמר נשבע אין לא נשבע לא ואוקימנא כר' טרפון: לא סגיא דלא הודה. דכפרה והשבון דקרא אהודה כתיב דכתיב בגזל הגר והתודו את חטאתם וגו' (במדבר ה): שכבר

תוספות

מניח גזילה ביניהם ומסתלק. בפרק המפקיד (ב"מ לז.) מוקי לה דלאו דוקא ביניהם דשקלי להו כולהו ואזלי אלא יניח עד שיתברר הדבר מי הם הבעלים: דברי רבי טרפון. ואפילו לרב הונא ולרב יהודה דאמרי בהגוזל בתרא (לקמן דף קיח.) גבי מנה לי בידך והלה אומר איני יודע חייב דשמא וברי ברי עדיף ומפקינן ממונא הכא מודו דאין צריך לשלם לכל אחד דהא לדידיה נמי ברי שארבעה משקרין שבודאי לא גזל אלא האחד הלכך ברי דידהו לא חשיב לגבי שמא דידיה לאפוקי ממונא ואפילו רב נחמן ורבי יוחנן דאמרי התם פטור דלאו ברי עדיף אלא מוקמינן ממונא בחזקת מריה מלו סברי הכא אפילו כרבי עקיבא דאמר עד שישלם גזילה לכל אחד ואחד דהכא מיהא מנה מודה דאית ליה לשלומי אבל התם לא מודי מידי: לעולם ר"ע. משום הכי מוקי פלוגתייהו בנשבע וכר"ע ולא מוקי לה בשלא נשבע ותיתי כר' טרפון משום דבכל דוכתא מהדרי לאוקמי מתני' כר' עקיבא כדאשכחן בסוף השוכר את האומנין (ב"מ דף פב.) דפריך אי הכי קמה לה מתני' דלא כרבי עקיבא: [י)] ורבי טרפון אע"ג דנשבע עבוד רבנן תקנתא כו'. תימה דמשמע הא אין הוצאת הדרך יתירה מוליכה אחריו למדי ואמאי והאמר ר' טרפון מניח גזילה ביניהם ומסתלק וכ"ת ה' בני אדם היינו הוצאה מרובה על הקרן הא בשנים נמי קתני לקמן בברייתא דחסיד ושמא השתא אכתי לא שמיע ליה ומיהו תימה כיון דמודה ר"א היכא דאין הוצאה יתירה אמאי קאמר ר"ע היא כר' טרפון נמי אתיא דאפילו למאן דמוקי לה כר"ע לא מיתוקמא מתניתין אלא באין הוצאה יתירה וי"ל דמתני' איירי אפילו בהוצאה יתירה שצריך להוליך עד מדי כשאינו מוצא ב"ד עד מדי אע"ג דלא שכיח ולא נקט מתניתין מדי אלא לפרושי דאפילו בהוצאה יתירה איירי וצריך להוליך עד מדי או עד מקום ב"ד אם יש קרוב יותר אע"ג דהוצאה יתירה עד שם ומש"ה מתוקמא כר"ע ולא כר' טרפון דלר' טרפון אפילו כי אין מוצא ב"ד לעולם אין צריך לעשות הוצאה יתירה על הקרן אלא מניח בידו עד שמוצא ב"ד במקום קרוב וא"ת מנלן דס"ל הכי לרבי טרפון דלמא כשאין ב"ד מודה וי"ל דסברא הוא דאי הוה מצריך הולכה למדי כשאין ב"ד כ"ש בגזל אחד מחמשה דלא הוי סגי במסירה לב"ד כיון דלא הדר ממונא למריה אלא עד שישלם לכל אחד ואחד והוה מצי ר"א בן צדוק לאשמועינן רבותא שאם הוצאה יתירה עד ב"ד דמניח בידו אלא אתא לאשמועינן כשב"ד קרוב טוב יותר להניח בידם ועוד י"ל דודאי מדלא תני תקנתא במתני' שמע מינה דליכא תקנתא כלל בנשבע הלכך דוקא מוקי לה כר"ע ולא כר' טרפון דאית ליה תקנתא ור"ע לית ליה תקנתא אפילו בגזל מאחד היכא דנשבע והא דקאמר ר"ע כי עבוד רבנן תקנתא היכא דידע כו' לדבריו דר' טרפון קאמר כלומר לדידי לית ליה תקנתא כלל בנשבע אלא אפילו לדידך דאית לך דרבי אלעזר בר' צדוק אפילו בנשבע אכתי איכא למימר הני מילי היכא דידע למאן גזל: כל היכא דנשבע לא סגי דלאו הודה. וכיון שהודה מסתמא בא לצאת ידי שמים כיון שלא תבעוהו וה"נ צריך להוליכו למדי כי היכי דצריך ליתן מנה לכל אחד ואחד: שכבר

עין משפט נר מצוה

קט א מיי' פ"ז מהל' גזילה הלכה יב סמג עשין עג:
קי ב מיי' שם הלכה יג סמג שם:
קיא ג מיי' שם הלכה א ב ופרק א מהלכות שבועות הלכה ח ט סמג לאוין רמ:
קיב ד מיי' פ"ז מהל' גזילה הלכה א סמג עשין עג טוש"ע ח"מ סי' שסז סעיף א:
קיג ה מיי' שם פ"ד הלכה ט סמג שם טוש"ע ח"מ סי' שסה סעיף א:
קיד ו מיי' שם פ"ז הלכה י סמג שם טוש"ע ח"מ סי' שסז סעיף ב:
קטו ז מיי' פ"כ מהלכות מכירה הלכה ב סמג עשין פב טוש"ע ח"מ סי' רכב סעיף ב:
קטז ח מיי' שם הלכה ג טוש"ע שם סעיף ג:
קיז ט מיי' שם טוש"ע שם סעיף ב:
קיח י מיי' פ"ד מהל' גזילה הלכה ט סמג עשין עג טוש"ע ח"מ סי' שסה סעיף א:
קיט כ מיי' שם הלכה י טוש"ע שם סעיף ב:

ליקוטי רש"י

הרי זה מוסיף חומש על חומש. שכפר וכן אם חזר ונתן לו חומש ראשון שנשבע עליו וחזר וכפר ונשבע על חומש שני והודה מוסיף חומש על חומש שני וכן לעולם. עד שיתמעט הקרן. חומש שהוא מחוייב כבר וחוזר וכופרו קרוי קרן עד שתהא כפירת שבועתו בפחות משוה פרוטה [ב"מ נד:]. בתשומת יד. שנתן בידו ממון להתעסק או במלוה [ויקרא ה, כא]. לאשר הוא לו. למי שהממון שלו [שם כד]. תקנה גדולה. שעקרו דבר מן התורה [ב"מ קיב:].

מסורת הש"ס

א) יבמות קיח: ב"מ לז. [וע"ל דתנן], ב) יבמות קיח: [תוספתא דיבמות פי"ד ה"ג], ג) [תמורה טו:], ד) רש"ל מ"ז, ה) ב"מ לז., ו) [עיין במפרשי ש"ס מה שכתבו בדיבור זה].

הגהות הב"ח

(א) גמ' ואינו יודע מאיזה וכו' לא זו הדרך: (ב) שם ממונא למריה אבל גזל:

גליון הש"ס

גמ' תקנה גדולה התקינו. עי' שבועות ד' מה ע"א תוס' ד"ה גדולות:

תורה אור השלם

א) נֶפֶשׁ כִּי תֶחֱטָא וּמָעֲלָה מַעַל בַּיְיָ וְכִחֵשׁ בַּעֲמִיתוֹ בְּפִקָּדוֹן אוֹ בִתְשׂוּמֶת יָד אוֹ בְגָזֵל אוֹ עָשַׁק אֶת עֲמִיתוֹ: [ויקרא ה, כא]

ב) אוֹ מָצָא אֲבֵדָה וְכִחֶשׁ בָּהּ וְנִשְׁבַּע עַל שָׁקֶר עַל אַחַת מִכֹּל אֲשֶׁר יַעֲשֶׂה הָאָדָם לַחֲטֹא בָהֵנָּה: [ויקרא ה, כב]

ג) אוֹ מִכֹּל אֲשֶׁר יִשָּׁבַע עָלָיו לַשֶּׁקֶר וְשִׁלַּם אֹתוֹ בְּרֹאשׁוֹ וַחֲמִשִׁתָיו יֹסֵף עָלָיו לַאֲשֶׁר הוּא לוֹ יִתְּנֶנּוּ בְּיוֹם אַשְׁמָתוֹ: [ויקרא ה, כד]

הֲרֵי זֶה מְשַׁלֵּם חוֹמֶשׁ עַל הַחוֹמֶשׁ הראשון, שכפירתו ושבועתו על אודות החומש הראשון הינן ככפירה ושבועה על כל ממון אחר, שהחומש ההוא נעשה קרן לגבי השבועה ההיא, ובכן מתחייב הגזלן מחמת השבועה להוסיף עליו חמישית, חומשו של חומש[1]. וכמו כן, אם שוב שילם את החומש הראשון וכפר בחיובו בחומש השני ונשבע על כך והודה, חייב הוא לשלמו ולהוסיף עליו חומש ממנו, שלגבי שבועה זו החומש השני הינו קרן. וכן לעולם, שכפירה בחיוב כל חומש שנתחייב בו הרי היא כפירה בקרן, ומתחייב עליו להוסיף את חומשו, **עַד שֶׁיִּתְמַעֵט הַקֶּרֶן מִשָּׁוֶה פְּרוּטָה** — עד שיעמוד שיעור החומש שכופר בו על פחות משוה פרוטה, שבזה שוב אין חיוב הוספת חומש עליו[2].

המשנה מוסיפה:

וְכֵן בְּפִקָּדוֹן — גם שומר פקדון שכפר בחיובו ונשבע והודה, הרי הוא חייב בחיובים שהוזכרו לעיל בגזלן שכפר ונשבע והודה, **שֶׁנֶּאֱמַר** בפרשת אשם גזילות (ויקרא ה, כא): "וְכִחֵשׁ בַּעֲמִיתוֹ **(אוֹ) בְּפִקָּדוֹן אוֹ בִתְשׂוּמֶת יָד** [הלואה] **אוֹ בְגָזֵל אוֹ עָשַׁק אֶת עֲמִיתוֹ** [עיכוב שכר שכיר] **אוֹ מָצָא אֲבֵדָה וְכִחֶשׁ בָּהּ וְנִשְׁבַּע עַל שָׁקֶר** וגו'", **הֲרֵי זֶה מְשַׁלֵּם קֶרֶן וְחוֹמֶשׁ** וְקרבן **אָשָׁם**, שנאמר (שם כד-כה): "וְשִׁלַּם אֹתוֹ בְּרֹאשׁוֹ [הקרן] וַחֲמִשִׁתָיו יֹסֵף עָלָיו [חומש]... וְאֶת אֲשָׁמוֹ יָבִיא לַה' אַיִל תָּמִים מִן הַצֹּאן..."[3].

גמרא הגמרא מדקדקת בדברי משנתנו:

מהוראת המשנה, "הגוזל... ונשבע... יוליכנו אחריו למדי", מדוייק שדוקא אם **נִשְׁבַּע לוֹ** הגוזלן לנגזל, **אִין** — אכן חייב הוא להוליך את הגזילה אחריו, אולם אם **לֹא נִשְׁבַּע לוֹ, לֹא** — אינו חייב להוליך את הגזילה אל הנגזל עד שיגיע לידיו, אלא די שיתנה לו כשיבוא אליו ויתבענו[4].

לאור בירור זה בדעת התנא במשנתנו, מקשה הגמרא:

מַנִּי — מי מהתנאים הוא ששנויה משנה זו בשיטתו? לכאורה, אינו **לֹא רַבִּי טַרְפוֹן וְלֹא רַבִּי עֲקִיבָא**, שהם שני התנאים שהשמיעו דעות בענין גדר חיוב השבת גזילה! **(דתניא) [דִּתְנַן]**[5] במשנה (יבמות קיח, ב): מי **שֶׁגָּזַל** מֵ**אֶחָד מֵחֲמִשָּׁה** אנשים **וְאֵינוֹ יוֹדֵעַ** מֵ**אֵיזֶה מֵהֶן, וְכָל אֶחָד** מהחמשה **אוֹמֵר: "אוֹתִי גָּזַל"**, הרי הגוזלן **מֵנִיחַ הַגְּזֵילָה בֵּינֵיהֶם וּמִסְתַּלֵּק, דִּבְרֵי רַבִּי טַרְפוֹן**[6]. חיוב ההשבה המוטל על הגוזלן, לפי רבי טרפון, אינו מצריך שידאג להביא תשלום לידי הנגזל, אלא די בכך **שֶׁיִּוָּדַע** לנגזל שהתשלום מזומן לו לתובעו[7]. **רַבִּי עֲקִיבָא אוֹמֵר: לֹא זוֹ הַדֶּרֶךְ מוֹצִיאָתוֹ מִידֵי עֲבֵירָה**, כלומר, אינו יוצא ידי חובת השבת הגזילה באופן זה, ואינו נפטר מחיובו **עַד שֶׁיְּשַׁלֵּם** דמי **הַגְּזֵילָה לְכָל אֶחָד [וְאֶחָד]** מחמשת התובעים. כי חיוב ההשבה המוטל על הגוזלן, לפי רבי עקיבא, הוא שידאג להביא תשלום לידי הנגזל, ולא די בכך שיזמן את התשלום לפניו לתובעו[8].

הגמרא מניחה שמשנה זו עוסקת בין במקרה שלא נשבע הגוזלן ובין במקרה שנשבע, ועל פי זה מבארת הגמרא את קושייתה:

מַנִּי — מי מתנאים אלה הוא שבשיטתו שנויה משנתנו? **אִי** (אם) **רַבִּי טַרְפוֹן, אַף עַל גַּב דְּאִישְׁתְּבַע** — הרי אף על פי שנשבע הגוזלן, **אָמַר** רבי טרפון במקרה של גזל מאחד מחמשה וכו' **שֶׁמֵּנִיחַ הַגְּזֵילָה בֵּינֵיהֶם וּמִסְתַּלֵּק**, ודעתו היא, איפוא, שאף גוזלן שנשבע אינו צריך להביא את הגזילה לידי הנגזל, שלא כפי שמורה משנתנו. **וְאִי** (אם) **רַבִּי עֲקִיבָא, אַף עַל גַּב דְּלֹא אִישְׁתְּבַע** — הרי אף על פי שלא נשבע הגוזלן, **אָמַר** רבי עקיבא במקרה של גזל מאחד מחמשה וכו' שאין הגוזלן יוצא ידי חובת השבה **עַד שֶׁיְּשַׁלֵּם** דמי **גְּזֵילָה לְכָל אֶחָד וְאֶחָד** מהתובעים, ודעתו היא, איפוא, שאף גוזלן שלא נשבע חייב להביא את הגזילה לידי הנגזל, שלא כפי שמורה משנתנו. לכאורה אין משנתנו מיושבת כפי דעת שום תנא בענין זה!

הגמרא מיישבת:

לְעוֹלָם יש לומר שמשנתנו שיטת **רַבִּי עֲקִיבָא הִיא, וְכִי קָאָמַר** — וכאשר אמר **רַבִּי עֲקִיבָא** לגבי מי שגזל מאחד מחמשה וכו' שאין הגוזלן יוצא מידי עבירה **עַד שֶׁיְּשַׁלֵּם גְּזֵילָה לְכָל אֶחָד וְאֶחָד**, כי מוטל עליו לדאוג שיגיע תשלום גזילה לידי הנגזל, **הֵיכָא דְּאִישְׁתְּבַע הוּא דְּקָאָמַר** — דוקא במקום שנשבע הגוזלן לנגזל הוא שאמר כן. כלומר, יש לפרש שהמשנה ביבמות עוסקת דוקא במקרה שנשבע הגוזלן, ודוקא בזה נחלק רבי עקיבא על רבי טרפון, אולם כל שלא נשבע הגוזלן, מודה רבי עקיבא שאין מוטל עליו לדאוג שיגיע תשלום לידי הנגזל, אלא די שיניח תשלום אחד לפני כל חמשת התובעים. לפי זה, דעת רבי עקיבא היא כדברי משנתנו, שסתם גוזלן אינו צריך להוליך את הגזילה אחרי הנגזל, ורק גוזלן שנשבע צריך להוליכו אחריו, כי אינו יוצא מידי עבירה עד שמביא תשלום לידי הנגזל[9].

הערות

1. רש"י.

נוסף על כך שנתחייב הגוזלן מעתה בחומשו של החומש הראשון, גם נתחייב להוליך את החומש הראשון אחרי הנגזל. אף על פי שכאשר נתחייב בחומש הראשון לא היה עליו חיוב להוליכו, כי אין חיוב הולכה אמור אלא על קרן שנשבע עליה ולא על החומש שמתחייב מחמת השבועה, אך מכיון ששוב נשבע על החומש עצמו, הרי שבשבועה השניה נעשה חומש זה לקרן, ונתחייב איפוא להוליכו אל הנגזל (תוספות קד, ב ד"ה נתן).

2. רש"י; רמב"ם הלכות גזילה ז, יב; אך ראה מאירי.

3. וחייב השומר להוליך את הפקדון, וכן לווה את הפרעון וכו', אחרי בעליו כדי להשיבו, שנאמר בפסוק כד: "לַאֲשֶׁר הוּא לוֹ יִתְּנֶנּוּ בְּיוֹם אַשְׁמָתוֹ".

4. רש"י. וצריך שיודיע לנגזל שהוא מוכן להשיב לו את הגזילה כשיבוא ויתבענו (טור, חושן משפט שסז, א; ראה ש"ך שסז, ג; אך ראה סמ"ע שם ג; וראה קצות החושן שם א ו־ג; ראה עוד לקמן הערה 23).

מדובר באופן שנעשתה הגזילה במקומו של הגוזלן, והלך הנגזל למקום אחר. אולם אם הגוזלן הוא שהרחיק את הגזילה ממקום הנגזל, בכל אופן צריך הוא להביאה למקום הנגזל שמשם גְּזָלָהּ [ראה משנה לקמן קיח, א] (ערוך השלחן, חושן משפט סימן שסז, א; ראה גם ש"ך שפו, ח; אך ראה נתיבות המשפט, רלב, י).

5. ההגהה על פי מסורת הש"ס; ראה גם שינויי נוסחאות [פרנקל]. המובא כאן הינה משנה, ובדרך כלל משמשת בכך לשון "תנן" ולא "תניא".

6. אין כוונת רבי טרפון שיניח הגזילה בין התובעים ויתפוס בה איזה מהם שיתפוס, אלא כוונתו היא שהגוזלן מניח הגזילה בפניהם בבית דין, ואומר להם שהוא מוכן להשיבה לאיזה מהם שיתברר כבעליה, ושוב תהא הגזילה מונחת עד שיתברר הדבר (גמרא בבא מציעא לז, ב). יש מפרשים שלאחר מכן תהא הגזילה מונחת ביד הגוזלן, דהיינו שחוזר ונוטלה מבית דין ושומרה עד שיתברר הדבר, ומה שאומר רבי טרפון שהגוזלן "מסתלק", פירושו שמסתלק הוא בכך מן הדין, דהיינו שיוצא בכך ידי החובה המוטלת עליו כעת (רש"י בבא מציעא שם; אך ראה רש"י לקמן ד"ה דקא מהדר). ראשונים אחרים מפרשים שתישאר הגזילה מונחת ביד בית דין עד שיתברר הדבר (תוספות לעיל קג, א ד"ה אבל; רשב"א).

7. רש"י ד"ה מניח. ולכן באופן המדובר, מכיון שהנגזל הוא בודאי אחד מבין חמשת התובעים, די בהנחת הגזילה לפניהם (שם).

8. רש"י. ואף חייב הגוזלן להוציא הוצאות כדי שיגיע תשלום גזילה לידי הנגזל, ולכן אם מסופק הוא מי מבין חמשה תובעים הוא שממנו אכן גזל, חייב הוא לשלם לכל אחד ואחד מהם כדי שיהא מובטח שהגיע תשלום לידי הנגזל.

9. ואילו דעת רבי טרפון היא שבכל אופן אין גוזלן חייב להביא גזילה לידי הנגזל, אפילו אם נשבע עליה.

באותה מדה יכלה הגמרא לומר להיפך — שמשנת "גזל מאחד מחמשה וכו'" עוסקת דוקא באופן **שלא** נשבע הגוזלן, ואילו באופן שנשבע הכל מודים שחייב הגוזלן לתת תשלום לכל אחד ואחד — כך שיימצא שדעת רבי טרפון היא כדברי משנתנו, שסתם גוזלן אינו צריך להוליך את הגזילה אחרי הנגזל, ורק גוזלן שנשבע הוא שחייב בכך, ואילו רבי עקיבא סובר שבכל אופן חייב גוזלן להוליך גזילה אחרי הנגזל. ואמנם, להלן דוחה הגמרא את ישובה הנוכחי, ומציעה לייחס את משנתנו כרבי טרפון בדרך הנזכרת. מלבד זאת, גם לפי ההצעה הנוכחית, יש סוברים שהמשנה

א הרי זה משלם חומש על חומש עד שיתמעט הקרן משוה פרוטה ב וכן בפקדון שנאמר א) או בפקדון או בתשומת יד או בגזל או עשק את עמיתו ב) או מצא אבידה וכחש בה ונשבע על שקר ג הרי זה משלם קרן וחומש ואשם: גמ' נשבע לו אין ד לא נשבע לו לא מני לא רבי טרפון ולא רבי עקיבא א) דתניא גזל אחד מחמשה ואינו יודע (א) איזה מהן וכל אחד אומר אותי גזל מניח גזילה ביניהם ומסתלק דברי רבי טרפון ר"ע אומר ה לא זו דרך מוציאתו מידי עבירה עד שישלם גזילה לכל אחד [ואחד] מני אי ר"ט אע"ג דאישתבע אמר מניח גזילה ביניהם ומסתלק אי רבי עקיבא אע"ג דלא אישתבע אמר עד שישלם גזילה לכל אחד ואחד לעולם רבי עקיבא היא וכי קאמר רבי עקיבא עד שישלם גזילה לכל אחד ואחד היכא דאישתבע הוא דקאמר מאי טעמא דאמר קרא ג) לאשר הוא לו יתננו ביום אשמתו ורבי טרפון אע"ג דאישתבע עבוד רבנן תקנתא דתניא ר' אלעזר ברבי צדוק אומר ו תקנה גדולה התקינו שאם היתה הוצאה יתירה על הקרן משלם קרן וחומש לבית דין ומביא אשמו ומתכפר לו ור' עקיבא כי עבוד רבנן תקנתא היכא דידע למאן גזליה דקא מהדר ליה ממונא למריה (ב) גזל אחד מחמשה דלא ידע למאן גזליה דלא הדר ממונא למריה לא עבוד רבנן תקנתא מתיב רב הונא בר יהודה ז א"ר שמעון בן אלעזר לא נחלקו רבי טרפון ורבי עקיבא על שלקח אחד מחמשה ואינו יודע מאיזה מהן לקח ז שמניח דמי מקח ביניהם ומסתלק על מה נחלקו שגזל אחד מחמשה בני אדם ואינו יודע מאיזה מהן גזל שר' טרפון אומר מניח דמי גזילה ביניהם ומסתלק ורבי עקיבא אומר אין לו תקנה עד שישלם גזילה לכל אחד ואחד ואי סלקא דעתך דאישתבע ח מה לי לקח מה לי גזל ועוד מתיב רבא מעשה בחסיד אחד שלקח משני בני אדם ולא היה יודע מאיזה מהן לקח ובא לפני רבי טרפון אמר לו הנח דמי מקחך ביניהם והסתלק בא לפני רבי עקיבא אמר לו ט אין לך תקנה עד שתשלם לכל אחד ואחד ואי סלקא דעתך דמישתבע חסיד מי משתבע בשיקרא וכי תימא דמישתבע והדר הוי חסיד והא י כל היכא דאמרינן מעשה בחסיד אחד או רבי יהודה בן בבא או רבי יהודה ברבי אילעאי ורבי יהודה בן בבא ורבי יהודה ברבי אילעאי חסידים דמעיקרא הוו אלא לעולם ר' טרפון היא ומודה ר' טרפון היכא דאישתבע מאי טעמא דאמר קרא לאשר הוא לו יתננו ביום אשמתו ורבי עקיבא (ד) דאמר אע"ג דלא מישתבע קנים ור' טרפון מכדי היכא דמישתבע לא סגיא דלא הודה מאי איריא ונשבע אפילו בלא שבועה נמי דתניא ה) מודה רבי טרפון ב באומר לשנים גזלתי אחד מכם מנה ואיני יודע איזה מכם נותן לזה מנה ולזה מנה שכבר

רש"י

הרי זה משלם חומש על חומש. חומשו של חומש דחומש ראשון נעשה קרן: עד שיתמעט כו'. שאם חזר ונתן לו חומש ראשון ונשבע על השני והודה משלם חומשו וחומשו של חומש שני וכן לעולם עד שיתמעט הקרן של חומש שלא יכפור לו שוה פרוטה: או עשק את עמיתו. שכר שכיר: תשומת יד. הלואה: גמ' לא נשבע. לא בעי להוליך אחריו עד למטי לידיה: עד שישלם לכל אחד. להשבה לידיה בעינן ולא סגי במניח לפניו לומר מי שהוא שלו יטלנה: מניח גזילה. ולא בעי לאמטויי לידיה וסגי במניח לפניו שהרי הבעלים שם הוא: לעולם רבי עקיבא. כר"ע מעיקרא מהדרינן לאוקמי משום דכולהו תנאי סתימתאה אליבא דר"ע סתם כדאמר באלו הן הנחנקין (סנהדרין דף פו.): עבוד רבנן תקנתא. תקנת השבים והכא דמספקא ליה תסגי להו במניח כדתניא עבוד תקנות גבי גוזל ונשבע והודה ואין הנגזל כאן דאע"פ דכתיב לאשר הוא לו תקון רבנן דנתביה לשליח בית דין ויהא תחת ידם עד שיבא נגזל ויטלנו: דקא מהדר ממונא למריה. לאחר זמן יחזירנו בית דין: לא נחלקו על שלקח. דכיון דליכא איסורא סגי ליה בהכי דלא כתיב לאשר הוא לו אלא במקום שחטא דבעי כפרה: מה לי לוקח כו'. הרי נשבע לשקר ואשבועת שקר כתיב לאשר הוא לו בין אגזל בין אתשומת יד דבהיתר אתא לידיה: תנא דחסיד אחד פליג אדר' שמעון בן אלעזר: רבי טרפון היא. מתני' דקתני נשבע דאי ר"ע אפילו לא נשבע נמי: ור' טרפון מכדי כו'. אמתניתין פריך דאמר נשבע אין לא נשבע לא ואוקימנא כר' טרפון: לא סגיא דלא הודה. דכפרה והשבון דקרא אהודה כתיב דכתיב בגזל הגר והתודו את חטאתם וגו' (במדבר ה): שכבר

תוספות

מניח גזילה ביניהם ומסתלק. בפרק המפקיד (ב"מ לז:) מוקי לה דלאו דוקא ביניהם דשקלי להו כולהו ואזלי אלא יניח עד שיתברר הדבר מי הם הבעלים: דברי רבי טרפון. ואפילו לרב הונא ולרב יהודה דאמרי בהגוזל בתרא (לקמן דף קיח.) גבי מנה לי בידך והלה אומר איני יודע חייב דשמא ובריא ברי עדיף ומפקינן ממונא הכא מודו דאין צריך לשלם לכל אחד דהא לדידיה נמי ברי שארבעה משקרין שבודאי לא גזל אלא האחד הלכך ברי דידהו לא חשיב לגבי שמא דידיה לאפוקי ממונא ואפילו רב נחמן ורבי יוחנן דאמרי התם פטור דלאו ברי עדיף אלא מוקמינן ממונא בחזקת מריה מצו סברי הכא אפילו כרבי עקיבא דאמר עד שישלם גזילה לכל אחד ואחד דהכא מיהא מנה מודה דאית ליה לשלומי אבל התם לא מודי מידי: לעולם ר"ע. משום הכי מוקי פלוגתייהו בנשבע וכר"ע ולא מוקי לה בשלא נשבע ותיתי כר' טרפון משום דבכל דוכתא מהדרי לאוקמי מתני' כר' עקיבא כדאשכחן בסוף השוכר את האומנין (ב"מ דף פב.) דפריך אי הכי קמה לה מתני' דלא כרבי עקיבא:

ו) **ורבי** טרפון אע"ג דנשבע עבוד רבנן תקנתא כו'. תימה דמשמע הא אין הוצאת הדרך יתירה מוליכה אחריו למדי ואמאי והאמר ר' טרפון מניח גזילה ביניהם ומסתלק וכ"ת ה' בני אדם היינו הוצאה מרובה על הקרן הא בשנים נמי קתני לקמן בברייתא דחסיד ושמא השתא אכתי לא שמיע ליה ומיהו תימה כיון דמודה ר"א היכא דאין הוצאה יתירה אמאי קאמר ר"ע היא כר' טרפון נמי אתיא דאפילו למאן דמוקי לה כר"ע לא מיתוקמא מתניתין אלא באין הוצאה יתירה וי"ל דמתני' איירי אפילו בהוצאה יתירה שצריך להוליך עד מדי כשאינו מוצא ב"ד עד מדי אע"ג דלא שכיח ולא נקט מתניתין מדי אלא לפרושי דאפילו בהוצאה יתירה איירי וצריך להוליך עד מדי או עד מקום ב"ד אם יש קרוב יותר אע"ג דהוצאה יתירה עד שם ומש"ה מתוקמא כר"ע ולא כר' טרפון דלר' טרפון אפילו כי אין מוצא ב"ד לעולם אין צריך לעשות הוצאה יתירה על הקרן אלא מניח בידו עד שמוצא ב"ד במקום קרוב וא"ת מנלן דס"ל הכי לרבי טרפון דלמא כשאין ב"ד מודה וי"ל דסברא הוא דאי הוה מצריך הולכה למדי כשאין ב"ד כ"ש בגזל אחד מחמשה דלא הוי סגי במסירה לב"ד כיון דלא הדר ממונא למריה אלא עד שישלם לכל אחד ואחד והוה מצי ר"א בן צדוק לאשמועינן רבותא שאם הוצאה יתירה עד ב"ד דמניח בידו אלא אתא לאשמועינן כשב"ד קרוב טוב יותר להניח בידם ועוד י"ל דודאי מדלא תני תקנתא במתני' שמע מינה דליכא תקנתא כלל בנשבע הלכך דוקא מוקי לה כר"ע ולא כר' טרפון דאית ליה תקנתא ור"ע לית ליה תקנתא אפילו בגזל מאחד היכא דנשבע והא דקאמר ר"ע כי עבוד רבנן תקנתא היכא דידע כו' לדבריו דר' טרפון קאמר כלומר לדידי לית ליה תקנתא כלל בנשבע אלא אפילו לדידך דאית לך דרבי אלעזר בר' צדוק אפילו בנשבע אכתי איכא למימר הני מילי היכא דידע למאן גזל: **כל** היכא דנשבע לא סגי דלאו הודה. וכיון שהודה מסתמא בא לצאת ידי שמים כיון שלא תבעוהו וה"נ צריך להוליכו למדי כי היכי דלצריך ליתן מנה לכל אחד ואחד: שכבר

עין משפט נר מצוה

קט א מיי' פ"ז מהל' גזילה הלכה יב סמג עשין עג:
קי ב מיי' שם הלכה יג סמג שם:
קיא ג מיי' שם הלכה א ב ופרק א מהלכות שבועות הלכה ח ט סמג לאוין רמ:
קיב ד מיי' פ"ז מהל' גזילה הלכה א סמג עשין עג טוש"ע ח"מ סי' שסז סעיף א:
קיג ה מיי' שם פ"ד הלכה ט סמג שם טוש"ע ח"מ סי' שסה סעיף א:
קיד ו מיי' שם פ"ז הלכה י סמג שם טוש"ע ח"מ סי' שסז סעיף ב:
קטו ז מיי' פ"כ מהלכות מכירה הלכה ב סמג עשין פב טוש"ע ח"מ סי' רכב סעיף ב:
קטז ח מיי' שם הלכה ג טוש"ע שם סעיף ג:
קיז ט מיי' שם טוש"ע שם סעיף ב:
קיח י מיי' פ"ד מהל' גזילה הלכה ט סמג עשין עג טוש"ע ח"מ סי' שסה סעיף א:
קיט כ מיי' שם הלכה י טוש"ע שם סעיף ב:

ליקוטי רש"י

הרי זה מוסיף חומש על חומש. שכפר וכן אם חזר ונתן לו חומש ראשון שנשבע עליו וחזר וכפר ונשבע על חומש שני והודה מוסיף חומש על חומש שני וכן לעולם. עד שיתמעט הקרן. חומש שהוא מחוייב כבר וחוזר וכופרו קרוי קרן עד שתהא כפירת שבועתו בפחות משוה פרוטה [ב"מ נד:]. בתשומת יד. ששם בידו ממון להתעסק או במלוה [ויקרא ה, כא]. לאשר הוא לו. למי שהממון שלו [שם כד]. תקנה גדולה. שעקרו דבר מן התורה [ב"מ קיב:].

מסורת הש"ס

א) יבמות קיח: ב"מ לז. [וע"ל דתנן], ב) יבמות קיח: [תוספתא דיבמות פי"ד ה"ג], ג) [תמורה טו:], ד) רש"ל מ"ז, ה) ב"מ לז., ו) [עיין במפרשי ש"ס מה שכתבו בדיבור זה].

הגהות הב"ח

(א) גמ' ואינו יודע מאיזה וכו' לא זו הדרך: (ב) שם ממונא למריה אבל גזל:

גליון הש"ס

גמ' תקנה גדולה התקינו. עי' שבועות ד' מה ע"א תוס' ד"ה גדולות:

תורה אור השלם

א) נֶפֶשׁ כִּי תֶחֱטָא וּמָעֲלָה מַעַל בַּיי וְכִחֵשׁ בַּעֲמִיתוֹ בְּפִקָּדוֹן אוֹ בִתְשׂוּמֶת יָד אוֹ בְגָזֵל אוֹ עָשַׁק אֶת עֲמִיתוֹ: [ויקרא ה, כא]

ב) אוֹ מָצָא אֲבֵדָה וְכִחֶשׁ בָּהּ וְנִשְׁבַּע עַל שָׁקֶר עַל אַחַת מִכֹּל אֲשֶׁר יַעֲשֶׂה הָאָדָם לַחֲטֹא בָהֵנָּה: [ויקרא ה, כב]

ג) אוֹ מִכֹּל אֲשֶׁר יִשָּׁבַע עָלָיו לַשֶּׁקֶר וְשִׁלַּם אֹתוֹ בְּרֹאשׁוֹ וַחֲמִשִׁתָיו יֹסֵף עָלָיו לַאֲשֶׁר הוּא לוֹ יִתְּנֶנּוּ בְּיוֹם אַשְׁמָתוֹ: [ויקרא ה, כד]

הגמרא מבארת את טעמו של רבי עקיבא לפי ביאורה הנוכחי; מדוע בגזלן שנשבע מחוייב הוא שתגיע הגזילה לידי הנגזל, אף על פי שגזלן שלא נשבע אינו חייב כן:

מַאי טַעְמָא דרבי עקיבא בזה? משום **דְּאָמַר קְרָא** בענין גזלן שנשבע (ויקרא ה, כד): **״לַאֲשֶׁר הוּא לוֹ יִתְּנֶנּוּ בְּיוֹם אַשְׁמָתוֹ״**; הלשון ״לַאֲשֶׁר הוּא לוֹ יִתְּנֶנּוּ״ מלמד שגזלן כזה חייב להשיב את הגזילה דוקא לידי הנגזל. ודוקא לגבי גזלן שנשבע אמר הכתוב כן, ואילו גזלן שלא נשבע אינו חייב בהשבה כזו[10].

לפי הביאור הנוכחי נמצא שרבי טרפון סובר שבגזל מאחד מחמישה וכו׳, אף על פי שנשבע הגזלן לא מוטל עליו לשלם לכל אחד ואחד מהתובעים כדי שיגיע תשלום לידי הנגזל. הגמרא מבארת מדוע אינו מחייב כן, מאחר שהכתוב ״לַאֲשֶׁר הוּא לוֹ יִתְּנֶנּוּ בְּיוֹם אַשְׁמָתוֹ״ מלמד שגזלן שנשבע חייב להביא תשלום לידי הנגזל:

וְרַבִּי טַרְפוֹן סובר ד**אַף עַל גַּב דְּאִישְׁתְּבַע** — אף על פי שנשבע הגזלן, **עָבוּד רַבָּנָן תַּקַּנְתָּא** — עשו לו חכמים ״תקנת השבים״ להקל בחיוב ההשבה שעליו, כדי שלא יתיאש מלשוב[11]. כלומר, אף על פי שהחמירה התורה על גזלן שנשבע וחייבתו לדאוג שיבוא תשלום לידי הנגזל, ככתוב ״לַאֲשֶׁר הוּא לוֹ יִתְּנֶנּוּ בְּיוֹם אַשְׁמָתוֹ״ (ויקרא ה, כד), ולכן מעיקר הדין היה על גזלן זה, שנשבע והינו מסופק ממי גזל, לשלם לכל אחד ואחד מתובעיו, מכל מקום סובר רבי טרפון שתיקנו חכמים לפטרו מהוצאה יתירה כזו, כדי שלא יתייאש מלשוב, ואמרו שיהא די לו בהנחת תשלום אחד לפני כולם[12].

הגמרא מביאה ראיה לכך שעשו חכמים ״תקנת השבים״ אף לגזלן שנשבע:

דְּתַנְיָא בברייתא: **רַבִּי אֶלְעָזָר בְּרַבִּי צָדוֹק אוֹמֵר: תַּקָּנָה גְּדוֹלָה**[13] **הִתְקִינוּ** חכמים לגזלן שנשבע, כדי שלא יתייאש מלשוב, ואמרו **שֶׁאִם הָיְתָה הַהוֹצָאָה** הדרושה בכדי להביא את התשלום אל הנגזל (כפי שמוטל על גזלן זה מעיקר הדין) **יְתֵירָה עַל הַקֶּרֶן** של הגזילה, הרי הגזלן **מְשַׁלֵּם קֶרֶן וְחוֹמֶשׁ לְבֵית דִּין** הקרוב אליו[14], **וּמֵבִיא** את **אֲשָׁמוֹ וּמִתְכַּפֵּר לוֹ**[15]. הרי מבואר שבמקרים שקיום חיוב השבה המיוחד שמוטל על גזלן שנשבע הינו כרוך בהוצאה יתירה, עשו חכמים ״תקנת השבים״ לפטרו מחיוב מיוחד זה, ואמרו שיהא די בעשיית השבה באופן המוטל על גזלן שלא נשבע[16]. רבי טרפון סובר שכמו כן עשו תקנה במקרה שהגזלן שנשבע הינו מסופק ממי גזל, שפטרוהו מלשלם לכל אחד ואחד מתובעיו כפי שמוטל עליו מעיקר הדין הואיל ונשבע, ואמרו שיהא די בהנחת תשלום אחד לפני כולם, כדין גזלן שלא נשבע.

רבי עקיבא במשנה ביבמות חולק על רבי טרפון, וסובר שאכן חייב הגזלן המסופק לשלם לכל אחד ואחד מתובעיו, ולא עשו בו חכמים ״תקנת השבים״ לפוטרו מחיוב זה. הגמרא מבארת מדוע סובר רבי עקיבא שאין להניח שעשו חכמים ״תקנת השבים״ בזה כמו שעשו לפטור את הגזלן מחיוב הולכת הגזילה במקרה שהוצאת הדרך יתירה על הקרן, כפי שלימד רבי אלעזר ברבי צדוק:

וְרַבִּי עֲקִיבָא סובר: **כִּי עָבוּד רַבָּנָן תַּקַּנְתָּא** — כאשר עשו חכמים ״תקנת השבים״ לגזלן שנשבע, היינו דוקא **הֵיכָא דְּיָדַע לְמַאן גַּזְלֵיהּ** — במקום שיודע ממי גזל, כגון במקרה של רבי אלעזר ברבי צדוק, שידוע מי הוא הנגזל אלא שהוא נמצא במקום שהוצאות הולכת התשלום אליו תהיינה גדולות מדי, **דְּקָא מַהְדַּר לֵיהּ מָמוֹנָא לְמָרֵיהּ** — שלפי התקנה (שייפטר הגזלן מללכת אחרי הנגזל, אלא ימסור התשלום לבית דין) נמצא שמחזיר את הממון לבעליו, כי לאחר זמן יתן בית דין את הממון לנגזל. אולם במקרה של **גָּזַל** מ**אֶחָד מֵחֲמִשָּׁה** בני אדם, **דְּלֹא יָדַע לְמַאן גַּזְלֵיהּ** — שאינו יודע ממי גזל, **דְּלֹא הָדַר מָמוֹנָא לְמָרֵיהּ** — שלפי התקנה (שייפטר הגזלן מלשלם לכל אחד ואחד ויהא די בהנחת תשלום אחד לפניהם) ימצא שאין הממון חוזר לבעליו, כי אין להניח שיוכל הנגזל האמיתי להוכיח את הדבר וליטול את הגזילה, **לֹא עָבוּד רַבָּנָן תַּקַּנְתָּא** — לא עשו חכמים תקנה, אלא הניחו את הדבר על עיקר הדין, אף על פי שבכך נמצא הגזלן מחוייב בהוצאה יתירה[17].

הערות

מתאימה בין לשיטת רבי עקיבא ובין לשיטת רבי טרפון (ראה להלן הערה 17), ובכל זאת הגמרא אומרת שמשנתנו ״רבי עקיבא היא״. הראשונים מבארים שדרך הגמרא לנסות לכתחילה לייחס משניות סתמיות לשיטת רבי עקיבא, כי כלל הוא בידינו (סנהדרין פו, א) שרוב המשניות הסתמיות שנויות בשיטתו (ראה רש״י; רשב״א ד״ה לעולם; ראה גם תוספות ד״ה לעולם).

10. כלומר, בכתוב ״לַאֲשֶׁר הוּא לוֹ יִתְּנֶנּוּ״ מלמדת התורה שבנוסף לחיוב השבת גזילה האמורה בכל גזלן, ככתוב (ויקרא ה, כג): ״וְהֵשִׁיב אֶת הַגְּזֵלָה אֲשֶׁר גָּזָל״, עוד חייבה התורה בגזלן שכפר בגזילתו ונשבע לשקר, שיתן את הגזילה בידי הנגזל. וביאור הדבר הוא שסתם גזלן אינו חייב לטפל ולטרוח או להוציא ממון כדי שתגיע הגזילה לידי הנגזל, אלא די שיודיעו שנמצאת אצלו הגזילה, וכשיתבענו יתנה לו (ראה הערה 4), ואילו גזלן שנשבע חייב אף לטפל ולטרוח ולהוציא הוצאות כדי שתבוא הגזילה לידי הנגזל. כמו כן, כאשר יש חמשה התובעים גזילה אחת, אם לא נשבע הגזלן אינו חייב להוציא ממון משלו ולשלם לכל החמשה כדי להבטיח שמגיע תשלום לידי הנגזל, אך אם אכן נשבע מוטל עליו להוציא ממון משלו ולשלם לכל אחד ואחד (ראה פני יהושע; ש״ך, חושן משפט שסז, ג; ראה עוד מנחת חינוך קל, ו; חידושי הרי״ם לבבא מציעא לז, א ד״ה אמנם וד״ה אם כן; אך ראה קצות החושן שם א).

נראה שהדרשה הנוכחית יוצאת ממשמעות הלשון ״לַאֲשֶׁר הוּא לוֹ״ (ראה רש״י לקמן ד״ה עבוד), ואפשר שהיא נדרשת מייתור הכתוב, שכן לחיוב ההשבה הפשוט אין צורך כלל בכתוב זה, שהרי חיוב השבה פשוט ישנו אף בלא שבועת שקר.

11. עשו חכמים ״תקנת השבים״ לגזלנים בכמה אפנים — ראה לעיל צד, א-צה, א. הגמרא כאן אומרת שאפילו בגזלן שנשבע, אף על פי שהחמירה התורה בחיוב ההשבה שלו יותר מבסתם גזלן, מכל מקום גם בו עשו חכמים ״תקנת השבים״ להקל עליו.

12. ראה רש״י; וראה תוספות ד״ה ורבי טרפון.

13. תקנה זו נקראת ״תקנה גדולה״ לפי שהיה בה צורך גדול (תוספות שבועות מה, א ד״ה גדולות; אך ראה מהר״ץ חיות).

14. ראה לעיל קג, א הערה 31.

15. אף על פי שמדין תורה אין האשם כשר כל זמן שלא קיים הגזלן חיוב השבה כנדרש, ולפי דין תורה מצות השבה בגזלן זה מחייבת להוליך אחריו את הגזילה, מכל מקום מועילה תקנת חכמים להכשיר את האשם. כי תיקנו חכמים שלאחר מסירת התשלום לבית דין שוב לא יהא על הגזלן חיוב ממון כלל — והוא דבר שיש בכח חכמים לעשותו, הואיל והוא ענין של ממון ו״הפקר בית דין הפקר״ — ומכיון שהפקיעו חכמים מעליו את חיוב ההשבה, שוב יכול הוא להביא את אשמו אף מדין תורה (ראה חזון איש כ, ו; קובץ שיעורים, פסחים אות קלג).

16. לעיל קג, א הערה 31 נתבאר שנחלקו רש״י ותוספות לגבי הוראת משנתנו, ״אבל נותנה לשליח בית דין״, אם כוונתה לאותו דין שמלמד רבי אלעזר ברבי צדוק משום ״תקנת השבים״ (רש״י) או אם היא עוסקת בדין אחר (תוספות). תוספות (לעיל קג, א ד״ה אבל) מקשים על דעת רש״י, מדוע מביאה הגמרא כאן את הברייתא של רבי אלעזר ברבי צדוק כהוכחה שעשו ״תקנת השבים״ בגזלן שנשבע; הלא היה לה להביא את הוראת משנתנו, ״אבל נותנה לשליח בית דין״?! הפני יהושע (ד״ה ור״ע) מתרץ שהעדיפה הגמרא להביא את הברייתא משום שמפורש בה ש״תקנה גדולה עשו״, ואילו במשנתנו לא נאמר במפורש שהדבר הוא תקנת חכמים.

17. יש לשאול: לפי הביאור הנוכחי, נמצא שרבי עקיבא ורבי טרפון מסכימים בכך שדין תורה הוא שגזלן שלא נשבע אינו מחוייב להוליך תשלום אחרי הנגזל, ואילו גזלן שנשבע אכן מחוייב בכך. וכמו כן, מסכימים הם שבמקום שהוצאת הדרך רבה מאוד עשו חכמים ״תקנת השבים״ ואמרו שיוצא הגזלן ידי חובה בנתינת תשלום לידי בית דין. כל מחלוקתם אינה אלא לגבי עשיית ״תקנת השבים״ במקרה שגזל מאחד מחמשה ואינו יודע מאיזה מהם; האם גם בזה עשו תקנה לפוטרו מנתינת תשלום לכל אחד ואחד (אלא יהא די בהנחת תשלום אחד לפני כולם), אף על פי שבכך יימצא שאין הנגזל מקבל את ממונו. מכיון שכן, קשה: מדוע אמרה הגמרא לפי ביאור זה שמשנתנו שנויה בשיטת רבי עקיבא? הלא, לכאורה כל הנלמד במשנתנו — דהיינו, שגזלן רגיל אינו מחוייב להוליך תשלום אחרי הנגזל ואילו גזלן שנשבע אכן חייב לעשות כן, ובמקום שהוצאת הדרך רבה מאוד יוצא גזלן שנשבע ידי חובתו במסירת תשלום ליד שליח בית דין (ראה לעיל קג, א הערה 31) — כולם דברים המוסכמים גם על דעת רבי טרפון! הרשב״א מבאר שאכן לא נתכוונה הגמרא לומר שאין המשנה מתאימה כי אם לשיטת רבי עקיבא בלבד ולא לשיטת רבי טרפון, אלא כוונתה היתה שהמשנה שנויה **אף** לפי רבי עקיבא, והיא מדגישה זאת משום שלכתחילה רצוי להעמיד כל משנה סתמית בהתאם לשיטת רבי עקיבא, כמבואר לעיל בהערה 9 (רשב״א בהסבר ראשון, והסיק שהוא עיקר; ועיין רש״י ד״ה רבי טרפון; ראה עוד רשב״א ותוספות, הסברים אחרים).

קט א מיי' פ"ז מהל' גזילה הלכה יב סמג עשין עג:

קי ב מיי' שם הלכה יג סמג שם:

קיא ג מיי' שם הלכה א ב ופרק א מהלכות שבועות הלכה ח ט סמג לאוין רמ:

קיב ד מיי' פ"ז מהל' גזילה הלכה א סמג עשין עג טוש"ע ח"מ סי' שמז סעיף א:

קיג ה מיי' שם פ"ד הלכה ט סמג שם טוש"ע ח"מ סי' שסה סעיף א:

קיד ו מיי' שם פ"ז הלכה י סמג שם טוש"ע ח"מ סי' שמז סעיף ב:

קטו ז מיי' פ"כ מהלכות מכירה הלכה ב סמג עשין פב טוש"ע ח"מ סי' רכב סעיף ב:

קטז ח מיי' שם הלכה ג טוש"ע שם סעיף ג:

קיז ט מיי' שם טוש"ע שם סעיף ב:

קיח י מיי' פ"ד מהל' גזילה הלכה ט סמג עשין עג טוש"ע ח"מ סי' שסה סעיף א:

קיט כ מיי' שם הלכה י טוש"ע שם סעיף ב:

ליקוטי רש"י

הרי זה מוסיף חומש על חומש. שכפר וכן אם חזר ונתן לו חומש ראשון שנשבע עליו וחזר וכפר ונשבע על חומש שני והודה מוסיף חומש על חומש שני וכן לעולם. עד שיתמעט הקרן. חומש שהוא מחוייב כבר וחוזר וכופרו קרוי קרן עד שתהא כפירת שבועתו בפחות משוה פרוטה [ב"מ נד:]. **בתשומת יד.** ששם בידו ממון להתעסק או במלוה [ויקרא ה, כא]. **לאשר הוא לו.** למי שהממון שלו [שם כד]. **תקנה גדולה.** שעקרו דבר מן התורה [ב"מ קיב:].

[א] הרי זה משלם חומש על חומש עד שיתמעט הקרן משוה פרוטה [ב] וכן בפקדון שנאמר (א) או בפקדון או בתשומת יד או בגזל או עשק את עמיתו (ב) או מצא אבידה וכחש בה ונשבע על שקר [ג] הרי זה משלם קרן וחומש ואשם:

גמ' נשבע לו אין [ד] לא נשבע לו לא מני לא רבי טרפון ולא רבי עקיבא (א) דתניא גזל אחד מחמשה ואינו יודע (א) איזה מהן וכל אחד אומר אותי גזל מניח גזילה בינידם ומסתלק דברי רבי טרפון ר"ע אומר [ה] לא זו דרך מוציאתו מידי עבירה עד שישלם גזילה לכל אחד [ואחד] מני אי ר"ט אע"ג דאישתבע אמר מניח גזילה בינידם ומסתלק אי רבי עקיבא אע"ג דלא אישתבע אמר עד שישלם גזילה לכל אחד ואחד לעולם רבי עקיבא היא וכי קאמר רבי עקיבא עד שישלם גזילה לכל אחד ואחד היכא דאישתבע הוא דקאמר מאי טעמא דאמר קרא (ג) לאשר הוא לו יתננו ביום אשמתו ורבי טרפון אע"ג דאישתבע עבוד רבנן תקנתא דתניא ר' אלעזר ברבי צדוק אומר (ו) [ו] תקנה גדולה התקינו שאם היתה הוצאה יתירה על הקרן משלם קרן וחומש לבית דין ומביא אשמו ומתכפר לו ור' עקיבא כי עבוד רבנן תקנתא היכא דידע למאן גזליה דקא מהדר ליה ממונא למריה (ב) גזל אחד מחמשה דלא ידע למאן גזליה דלא הדר ממונא למריה לא עבוד רבנן תקנתא מתיב רב הונא בר יהודה (ב) א"ר שמעון בן אלעזר לא נחלקו רבי טרפון ורבי עקיבא על שלקח אחד מחמשה ואינו יודע מאיזה מהן לקח [ז] שמניח דמי מקח בינידם ומסתלק על מה נחלקו שגזל אחד מחמשה בני אדם ואינו יודע מאיזה מהן גזל שר' טרפון אומר מניח דמי גזילה בינידם ומסתלק ורבי עקיבא אומר אין לו תקנה עד שישלם גזילה לכל אחד ואחד ואי סלקא דעתך דאישתבע [ח] מה לי לקח מה לי גזל ועוד מתיב רבא מעשה בחסיד אחד שלקח משני בני אדם ולא היה יודע מאיזה מהן לקח ובא לפני רבי טרפון אמר לו הנח דמי מקחך בינידם והסתלק בא לפני רבי עקיבא אמר לו [ט] אין לך תקנה עד שתשלם לכל אחד ואחד ואי סלקא דעתך דמישתבע חסיד מי מישתבע בשיקרא וכי תימא דמישתבע והדר הוי חסיד והא (ג) כל היכא דאמרינן מעשה בחסיד אחד או רבי יהודה בן בבא או רבי יהודה ברבי אילעאי ורבי יהודה בן בבא ורבי יהודה ברבי אילעאי חסידים דמעיקרא הוו אלא לעולם ר' טרפון היא ומודה ר' טרפון היכא דאישתבע מאי טעמא דאמר קרא לאשר הוא לו יתננו ביום אשמתו ורבי עקיבא (ד) דאמר) [י] אע"ג דלא מישתבע קנים ור' טרפון מכדי היכא דמישתבע לא סגיא דלא הודה מאי איריא ונשבע אפילו בלא שבועה נמי דתניא (ה) מודה רבי טרפון [כ] באומר לשנים גזלתי אחד מכם מנה ואיני יודע איזה מכם נותן לזה מנה ולזה מנה

שכבר

הרי זה משלם חומש על חומש. חומשו של חומש דחומש ראשון נעשה קרן: עד שיתמעט כו'. שאם חזר ונתן לו חומש ראשון ונשבע על השני והודה משלם חומשו וחומשו של חומש שני וכן לעולם עד שיתמעט הקרן של חומש שלא יכפור לו שוה פרוטה: או עשק את עמיתו. שכר שכיר: תשומת יד. הלואה: גמ' לא נשבע. לא בעי להוליך אחריו עד למדי לידיה: עד שישלם לכל אחד. דהשבה לידיה בעינן ולא סגי במניח לפניו לומר מי שהוא שלו יטלנה: מניח גזילה. ולא בעי לאמטויי לידיה וסגי במניח לפניו שהרי הבעלים שם הוא: לעולם רבי עקיבא. כר"ע מעיקרא מהדרינן לאוקמי משום דכולהו תנאי סתימתאה אליבא דר"ע סתם כדאמר באלו הן הנחנקין (סנהדרין דף פו.): עבוד רבנן תקנתא. תקנת השבים והכא דמספקא ליה תסגי להו במניח כדתניא עבוד תקנות גבי גוזל ונשבע והודה ואין הנגזל כאן דאע"פ דכתיב לאשר הוא לו תקון רבנן דנתביה לשליח בית דין ויהא תחת ידם עד שיבא נגזל ויטלנו: דקא מהדר ממונא למריה. לאחר זמן יחזירנו בית דין: לא נחלקו על שלקח. דכיון דליכא איסורא סגי ליה בהכי דלא כתיב לאשר הוא לו אלא במקום שחטא דבעי כפרה: מה לי לוקח כו'. הרי נשבע לשקר ואשבועת שקר כתיב לאשר הוא לו בין אגזל בין אתשומת יד דבהיתר אתא לידיה: תנא דחסיד אחד פליג אדר' שמעון בן אלעזר: רבי טרפון היא. מתני' דקתני נשבע דאי ר"ע אפילו לא נשבע נמי: ור' טרפון מכדי כו'. אמתניתין פריך דאמר נשבע אין לא נשבע לא ואוקימנא כר' טרפון: לא סגיא דלא הודה. דכפרה והשבון דקרא אהודה כתיב דכתיב בגזל הגר והתודו את חטאתם וגו' (במדבר ה):

שכבר

מניח גזילה בינידם ומסתלק. בפרק המפקיד (ב"מ לז:) מוקי לה דלאו דוקא דיניהם דשקלי להו כולהו ואזלי אלא יניח עד שיתברר הדבר מי הם הבעלים: דברי רבי טרפון. ואפילו לרב הונא ולרב יהודה דאמרי בהגוזל בתרא (לקמן דף קיח.) גבי מנה לי בידך והלה אומר איני יודע חייב דשמא ובררי ברי עדיף ומפקינן ממונא הכא מודו דאין צריך לשלם לכל אחד דהא לדידיה נמי ברי שארבעה משקרין שבודאי לא גזל אלא האחד הלכך ברי דידהו לא חשיב לגבי שמא דידיה לאפוקי ממונא ואפילו רב נחמן ורבי יוחנן דאמרי התם פטור דלאו ברי עדיף אלא מוקמינן ממונא בחזקת מריה מצו סברי הכא אפילו כרבי עקיבא דאמר עד שישלם גזילה לכל אחד ואחד דהכא מיהא מנה מודה דאית ליה לשלומי אבל התם לא מודי מידי: **לעולם** ר"ע. משום הכי מוקי פלוגתייהו בנשבע וכר"ע ולא מוקי לה בשלא נשבע ותיתי כר' טרפון משום דבכל דוכתא מהדרי לאוקמי מתני' כר' עקיבא כדאשכחן בסוף השוכר את האומנין (ב"מ דף פב.) דפריך אי הכי קמה לה מתני' דלא כרבי עקיבא:

(י) **ורבי** טרפון אע"ג דנשבע עבוד רבנן תקנתא כו'. תימה דמשמע הא אין הוצאת הדרך יתירה מוליכה אחריו למדי ואמאי והאמר ר' טרפון מניח גזילה ביניהם ומסתלק וכ"ת ה' בני אדם היינו הוצאה מרובה על הקרן הא בשנים נמי קתני לקמן בברייתא דחסיד ושמא השתא אכתי לא שמיע ליה ומיהו תימה כיון דמודה ר"א היכא דאין הוצאה יתירה אמאי קאמר ר"ע היא כר' טרפון נמי אתיא דאפילו למאן דמוקי לה כר"ע לא מיתוקמא מתניתין אלא באין הוצאה יתירה וי"ל דמתני' איירי אפילו בהוצאה יתירה שצריך להוליך עד מדי כשאינו מוצא ב"ד עד מדי אע"ג דלא שכיח ולא נקט מתניתין מדי אלא לפרושי דאפילו בהוצאה יתירה איירי וצריך להוליך עד מדי או עד מקום ב"ד אם יש קרוב יותר אע"ג דהוצאה יתירה עד שם ומש"ה מתוקמא כר"ע ולא כר' טרפון דלר' טרפון אפילו כי אין מוצא ב"ד לעולם אין צריך לעשות הוצאה יתירה על הקרן אלא מניח בידו עד שמוצא ב"ד במקום קרוב וא"ת מנלן דס"ל הכי לרבי טרפון דלמא כשאין ב"ד מודה וי"ל דסברא הוא דאי הוה מצריך הולכה למדי כשאין ב"ד כ"ש בגזל אחד מחמשה דלא הוי סגי במסירה לב"ד כיון דלא הדר ממונא למריה אלא עד שישלם לכל אחד ואחד והוה מצי ר"א בן צדוק לאשמועינן רבותא שאם הוצאה יתירה עד ב"ד דמניח בידו אלא אתא לאשמועינן כשב"ד קרוב טוב יותר להניח בידם ועוד י"ל דודאי מדלא תני תקנתא במתני' שמע מינה דליכא תקנתא כלל בנשבע הלכך דוקא מוקי לה כר"ע ולא כר' טרפון דאית ליה תקנתא ור"ע לית ליה תקנתא אפילו בגזל מאחד היכא דנשבע והא דקאמר ר"ע כי עבוד רבנן תקנתא היכא דידע כו' לדבריו דר' טרפון קאמר כלומר לדידי לית ליה תקנתא כלל בנשבע אלא אפילו לדידך דאית לך דרבי אלעזר בר' צדוק אפילו בנשבע אכתי איכא למימר הני מילי היכא דידע למאן גזל: **כל** היכא דנשבע לא סגי דלאו הודה. וכיון שהודה מסתמא בא לצאת ידי שמים כיון שלא תבעוהו וה"נ צריך להוליכו למדי כי היכי דלריך ליתן מנה לכל אחד ואחד:

שכבר

מסורת הש"ס

א) יבמות קיח: ב"מ לז. [וע"ל דתנן], ב) יבמות קיח: [תוספתא דיבמות פי"ד ה"ג], ג) [תמורה טו:], ד) רש"ל מ"ז, ה) ב"מ לז., ו) [עיין במפרשי ש"ס מה שכתבו בדיבור זה].

הגהות הב"ח

(א) גמ' ואינו יודע מאיזה וכו' לא זו הדרך: (ב) שם ממונא למריה אבל גזל:

גליון הש"ס

גמ' תקנה גדולה התקינו. עי' שבועות ד' מה ע"א תוס' ד"ה גדולות:

תורה אור השלם

א) נֶפֶשׁ כִּי תֶחֱטָא וּמָעֲלָה מַעַל בַּיְיָ וְכִחֵשׁ בַּעֲמִיתוֹ בְּפִקָּדוֹן אוֹ בִתְשׂוּמֶת יָד אוֹ בְגָזֵל אוֹ עָשַׁק אֶת עֲמִיתוֹ: [ויקרא ה, כא]

ב) אוֹ מָצָא אֲבֵדָה וְכִחֶשׁ בָּהּ וְנִשְׁבַּע עַל שָׁקֶר עַל אַחַת מִכֹּל אֲשֶׁר יַעֲשֶׂה הָאָדָם לַחֲטֹא בָהֵנָּה: [ויקרא ה, כב]

ג) אוֹ מִכֹּל אֲשֶׁר יִשָּׁבַע עָלָיו לַשֶּׁקֶר וְשִׁלַּם אֹתוֹ בְּרֹאשׁוֹ וַחֲמִשִׁתָיו יֹסֵף עָלָיו לַאֲשֶׁר הוּא לוֹ יִתְּנֶנּוּ בְּיוֹם אַשְׁמָתוֹ: [ויקרא ה, כד]

הגמרא מקשה על ביאור זה הנוקט שמחלוקת רבי טרפון ורבי עקיבא עוסקת דוקא בגזלן שנשבע, ואילו בגזלן שלא נשבע מודה רבי עקיבא שדי בהנחת תשלום אחד לפני כל התובעים:

מֵתִיב – מקשה **רַב הוּנָא בַּר יְהוּדָה** מן הברייתא: **אָמַר רַבִּי שִׁמְעוֹן בֶּן אֶלְעָזָר: לֹא נֶחְלְקוּ רַבִּי טַרְפוֹן וְרַבִּי עֲקִיבָא עַל** אודות אדם **שֶׁלָּקַח** (קנה) **מֵאֶחָד מֵחֲמִשָּׁה** בני אדם **וְאֵינוֹ יוֹדֵעַ מֵאֵיזֶה מֵהֶן לָקַח**, בכדי שישלם לו דמי המקח, וכל אחד מהחמשה אומר "אני הוא המוכר", **שֶׁ**די שיהא הלוקח **מֵנִיחַ דְּמֵי מִקָּח בֵּינֵיהֶם וּמִסְתַּלֵּק**, ואינו צריך לשלם לכל אחד ואחד[18]. כי מכיון שלא עשה הלוקח איסור, מעיקר הדין די לו בתשלום באופן זה[19]. **עַל** אודות **מָה** אכן **נֶחְלְקוּ** רבי טרפון ורבי עקיבא? על אודות אדם **שֶׁגָּזַל מֵאֶחָד מֵחֲמִשָּׁה בְּנֵי אָדָם וְאֵינוֹ יוֹדֵעַ מֵאֵיזֶה מֵהֶן גָּזַל**, וכל אחד מהם אומר "ממני גזל", **שֶׁרַבִּי טַרְפוֹן אוֹמֵר מֵנִיחַ דְּמֵי גְזֵילָה בֵּינֵיהֶם וּמִסְתַּלֵּק, וְרַבִּי עֲקִיבָא אוֹמֵר אֵין לוֹ תַּקָּנָה עַד שֶׁיְּשַׁלֵּם** דמי **הַגְּזֵילָה לְכָל אֶחָד וְאֶחָד** (עד כאן הברייתא). **וְאִי סָלְקָא דַּעְתָּךְ** – ואם עולה על דעתך שמדובר באופן **דְּאִישְׁתְּבַע** – שנשבע האדם, כלומר, אם תניח שלא אמר רבי עקיבא את דבריו אלא כאשר היתה שבועת שקר, יקשה: **מָה לִי לָקַח מָה לִי גָּזַל** – מה ההבדל בין מקרה שקנה אדם חפץ ונתחייב בכך ממון, או אם גזל חפץ, הרי מכיון שלבסוף כפר בחיובו ונשבע על כך לשקר, נאמר עליו אותו חיוב תשלומין[20], ואם בגזל ונשבע מחייב רבי עקיבא לשלם לכל אחד ואחד, הוא הדין שיחייב כן בלקח ונשבע! אלא, מכיון שלימד רבי שמעון בן אלעזר שרבי עקיבא מחלק בין גזלן ללוקח, מוכח שדברי רבי עקיבא במחלוקתו עם רבי טרפון עוסקים באופן שלא נשבע הגזלן, ואף בזה סובר רבי עקיבא שמוטל על הגזלן להוליך את הגזילה אחרי הנגזל!

קושיא נוספת:

וְעוֹד מֵתִיב (מקשה) **רָבָא** מברייתא אחרת: **מַעֲשֶׂה בְּחָסִיד אֶחָד שֶׁלָּקַח** (קנה) מאחד **מִשְּׁנֵי בְּנֵי אָדָם וְלֹא הָיָה יוֹדֵעַ מֵאֵיזֶה מֵהֶן לָקַח, וּבָא לִפְנֵי רַבִּי טַרְפוֹן** לשאלו כיצד ישלם. **אָמַר לוֹ** רבי טרפון: **"הַנַּח דְּמֵי מִקָּחֲךָ בֵּינֵיהֶם וְהִסְתַּלֵּק". שוּב בָּא לִפְנֵי רַבִּי עֲקִיבָא** לשאלו, **וְאָמַר לוֹ** רבי עקיבא: **"אֵין לְךָ תַּקָּנָה עַד שֶׁתְּשַׁלֵּם לְכָל אֶחָד וְאֶחָד** מהתובעים"[21] (עד כאן הברייתא). **וְאִי סָלְקָא דַּעְתָּךְ** – ואם עולה על דעתך שמדובר באופן **דְּמִישְׁתְּבַע** – שנשבע האדם, כלומר, אם תניח שלא אמר רבי עקיבא את דבריו אלא כאשר היתה שבועת שקר, יקשה: **חָסִיד מִי מִישְׁתְּבַע בְּשִׁיקְרָא** – וכי חסיד נשבע לשקר?! הרי הברייתא של רבי שמעון בן אלעזר מדברת אודות "מעשה בחסיד", ולא יתכן להעמידה באופן שהיתה שבועת שקר! **וְכִי תֵּימָא** – ושמא תאמר שמדובר בברייתא במקרה **דְּמִישְׁתְּבַע וַהֲדַר הָוֵי חָסִיד** – שתחילה נשבע האדם לשקר ורק לאחר מכן נהיה חסיד; **וְהָא כָּל הֵיכָא דְּאָמְרִינַן** – והרי כל מקום שאנו אומרים בברייתות "**מַעֲשֶׂה בְּחָסִיד אֶחָד**", מסורת היא בידינו שמדובר **אוֹ בְּרַבִּי יְהוּדָה בֶּן בָּבָא אוֹ בְּרַבִּי יְהוּדָה בְּרַבִּי אִילְעַאי, וְרַבִּי יְהוּדָה בֶּן בָּבָא וְרַבִּי יְהוּדָה בְּרַבִּי אִילְעַאי חֲסִידִים דְּמֵעִיקָּרָא הֲווּ** – שניהם היו חסידים מתחילה! ברור, איפוא, שבמעשה הנמסר בברייתא זו מדובר בלוקח שלא נשבע לשקר, ואף על פי כן מלמדת הברייתא שהורה רבי עקיבא שעליו לשלם לכל אחד ואחד מהתובעים. הרי שאף בלא שבועת שקר מחייב רבי עקיבא להביא תשלום לידי הבעלים!

משתי ברייתות אלה מוכח שרבי עקיבא מחייב להוליך תשלום אחרי הנגזל אף במקרה שלא נשבע הגזלן לשקר[22], ולכן לא ניתן לייחס אליו את משנתנו הסוברת שדוקא גזלן שנשבע חייב בכך, ולא גזלן שלא נשבע. משום כך מייחסת הגמרא את משנתנו לתנא אחר:

אֶלָּא, לְעוֹלָם יש לומר שמשנתנו שיטת **רַבִּי טַרְפוֹן הִיא**[23], המלמד במשנה ביבמות שבגזל מאחד מחמשה ואינו יודע מאיזה מהם, די לו להניח תשלום אחד לפני כל תובעיו. כי יש לומר שהמשנה ההיא עוסקת דוקא במקרה שלא נשבע הגזלן, **וּמוֹדֶה רַבִּי טַרְפוֹן הֵיכָא דְּאִשְׁתְּבַע** – אך מודה רבי טרפון שבמקרה שאכן נשבע הגזלן לשקר, חייב הוא לשלם לכל אחד מתובעיו[24].

הגמרא מבארת את טעמו של רבי טרפון לפי ביאור זה; מדוע בגזלן שנשבע מחייב הוא להביא את הגזילה לידי הנגזל, אף על פי שגזלן שלא נשבע אינו חייב כן:

מַאי טַעְמָא דרבי טרפון בזה? **דְּאָמַר קְרָא** בענין גזלן שנשבע לשקר (ויקרא ה, כד): "**לַאֲשֶׁר הוּא לוֹ יִתְּנֶנּוּ בְּיוֹם אַשְׁמָתוֹ**"; הלשון "לַאֲשֶׁר הוּא לוֹ יִתְּנֶנּוּ" מלמד שגזלן כזה חייב להשיב את הגזילה דוקא לידי הנגזל, אף על פי שגזלן שלא נשבע אינו חייב כן[25].

הגמרא מפרשת מדוע מחייב רבי יהודה גזלן שלא נשבע כגזלן שנשבע, אף על פי שהכתוב "לַאֲשֶׁר הוּא לוֹ יִתְּנֶנּוּ" אינו אמור בו:

וְרַבִּי עֲקִיבָא (דאמר) אַף עַל גַּב דְּלֹא מִישְׁתְּבַע קָנִיס – אף גזלן שלא נשבע, קונסו רבי עקיבא לחייבו בהשבה כדרך גזלן שנשבע. לכן, ב"גזל אחד מחמשה" מחייב רבי עקיבא לשלם לכל אחד ואחד אף על פי שלא נשבע, וכן יחייב הוא כל גזלן, אף בלא שנשבע, להוליך תשלום אחרי הנגזל[26].

הגמרא מקשה גם על ביאור זה, המייחס את משנתנו לרבי טרפון:

וְרַבִּי טַרְפוֹן, מִכְּדֵי הֵיכָא דְּמִישְׁתְּבַע לֹא סַגְיָא דְּלֹא הוֹדָה – מכיון שגם במקום שנשבע הגזלן לשקר לא די בכך אלא אם כן הודה לבסוף, כלומר, אינו מתחייב בחיוב המיוחד של השבה לידי הנגזל, הנלמד מ"לַאֲשֶׁר הוּא לוֹ יִתְּנֶנּוּ", אלא אם כן הודה לבסוף שחייב הוא ממון לנגזל, כי חיובי פרשת אשם גזילות אמורים דוקא במקרה שלבסוף הודה הנשבע, ככתוב (ויקרא ה, ז) "וְהִתְוַדּוּ אֶת חַטָּאתָם אֲשֶׁר עָשׂוּ"[27], ממילא קשה: **מַאי אִירְיָא וְנִשְׁבַּע** – מדוע נוקטת המשנה את הדין

הערות

18. היינו, הוא מביא את המעות לבית דין ואומר שמוכן הוא ליתנם למי שיתברר שהוא המוכר, כדרך המבואר לעיל הערה 6.

19. רש"י. כי הכתוב "לַאֲשֶׁר הוּא לוֹ יִתְּנֶנּוּ", המחייב הבאת תשלום לידי הבעלים, כתוב לגבי מי שחטא — לכל הפחות בכפירת ממון ושבועת שקר — וצריך כפרה (שם).

20. "לַאֲשֶׁר הוּא לוֹ יִתְּנֶנּוּ" (ויקרא ה, כד) כתוב לגבי כל הנשבע על כפירת ממון שנתחייב בו, בין שנתחייב בדרך איסור כגון על ידי גזל, ובין שנתחייב בדרך היתר כגון על ידי מלוה, שנאמר (שם כב) "וְכִחֵשׁ בַּעֲמִיתוֹ [כלומר, כפר לחבירו]. . . אוֹ בִתְשׂוּמֶת יָד [הלואה] אוֹ בְגָזֵל. . ." (רש"י).

21. התנא של ברייתא זו חולק על רבי שמעון בן אלעזר המלמד בברייתא דלעיל שדברי רבי עקיבא נאמרו דוקא בגזלן ולא בלוקח (רש"י). לפי רבי שמעון בן אלעזר, מעולם לא הורה רבי עקיבא כפי שמוסר תנא זה בשמו (רשב"א).

22. אף על פי שחולקים תנאי שתי הברייתות אם אמר רבי עקיבא את דבריו אף בענין לוקח או רק בענין גזלן, מכל מקום שניהם מסכימים בכך שדבריו נאמרו אף במי שלא נשבע (ראה רשב"א).

23. לעומת ההצעה הקודמת, שלפיה היתה משנתנו מתאימה בין לשיטת רבי עקיבא ובין לשיטת רבי טרפון (ראה הערה 17 בשם רשב"א), כעת אומרת הגמרא שמשנתנו שנויה בשיטת רבי טרפון **דוקא**, ואינה מתאימה לשיטת רבי עקיבא.

24. בהצעתה הקודמת הניחה הגמרא שמשנת "גזל אחד מחמישה" עוסקת דוקא בגזלן שנשבע, ואילו בגזלן שלא נשבע אף רבי עקיבא מודה שדי בהנחת תשלום אחד לפני כולם. הגמרא דחתה הצעה זו, בהוכיחה שרבי עקיבא מחייב לשלם לכל אחד ואחד אף בגזלן שלא נשבע. לפי דחיה זו, אפשר שמשנת "גזל אחד מחמשה" עוסקת בין בגזלן שנשבע ובין בגזלן שלא נשבע. אולם כדי ליישב את משנתנו עם אחד התנאים ממשנת "גזל אחד מחמשה", אומרת הגמרא כעת שהמשנה ההיא עוסקת דוקא בגזלן שלא נשבע, ואילו בגזלן שנשבע אף רבי טרפון מודה שצריך לשלם לכל אחד מהתובעים.

25. ראה לעיל הערה 10.

26. ולפי התנא של ברייתת "מעשה בחסיד אחד שלקח וכו' ", קנס רבי עקיבא אף לוקח שאינו יודע ממי לקח, כי הוא פשע בכך שלא נזהר לזכור למי הוא חייב לשלם (ראב"ד).

27. רש"י; ראה לעיל קג, א הערות 26 ו־28.

עין משפט
נר מצוה

קט א מיי׳ פ״ז מהל׳ גזילה הלכה יג סמג עשין עג:
קי ב מיי׳ שם הלכה יג סמג שם:
קיא ג מיי׳ שם הלכה א ב ופרק א מהלכות שבועות הלכה ח ט סמג לאוין רמ:
קיב ד מיי׳ פ״ז מהל׳ גזילה הלכה א סמג עשין עג טוש״ע ח״מ סי׳ שמז סעיף א:
קיג ה מיי׳ שם פ״ד הלכה ט סמג שם טוש״ע ח״מ סי׳ שסה סעיף א:
קיד ו מיי׳ שם פ״ז הלכה י סמג שם טוש״ע ח״מ סי׳ שמז סעיף ב:
קטו ז מיי׳ פ״כ מהלכות מכירה הלכה ב סמג עשין פב טוש״ע ח״מ סי׳ רכב סעיף ב:
קטז ח מיי׳ שם הלכה ג טוש״ע שם סעיף ג:
קיז ט מיי׳ שם טוש״ע שם סעיף ב:
קיח י מיי׳ פ״ד מהל׳ גזילה הלכה ט סמג עשין עג טוש״ע ח״מ סי׳ שסה סעיף א:
קיט כ מיי׳ שם הלכה י טוש״ע שם סעיף ב:

ליקוטי רש״י

הרי זה מוסיף חומש על חומש. שכפר וכן אם חזר ונתן לו חומש ראשון שנשבע עליו וחזר וכפר ונשבע על חומש שני והודה מוסיף חומש על חומש שני וכן לעולם. עד שיתמעט הקרן. חומש שהוא מחוייב כבר וחוזר וכופרו קרוי קרן עד שתהא כפירת שבועתו בפחות משוה פרוטה [ב״מ נד:]. בתשומת יד. שסם בידו ממון להתעסק או במלוה [ויקרא ה, כא]. לאשר הוא לו. למי שהממון שלו [שם כד]. תקנה גדולה. שעקרו דבר מן התורה [ב״מ קיב:].

מסורת הש״ס

א) יבמות קיח: ב״מ לז. [ול״ל דתנן], ב) יבמות קיח: [תוספתא דיבמות פי״ד ה״ג], ג) [תמורה טו:], ד) רש״ל מ״ז, ה) ב״מ לז., ו) [עיין במפרשי ש״ס מה שכתבו בדיבור זה].

הגהות הב״ח

(א) גמ׳ ואינו יודע מאיזה וכו׳ לא זו הדרך: (ב) שם ממונא למריה אבל גזל:

גליון הש״ס

גמ׳ תקנה גדולה התקינו. עי׳ שבועות ד׳ מה ע״א תוס׳ ד״ה גדולות:

תורה אור השלם

א) נֶפֶשׁ כִּי תֶחֱטָא וּמָעֲלָה מַעַל בַּיְיָ וְכִחֵשׁ בַּעֲמִיתוֹ בְּפִקָּדוֹן אוֹ בִתְשׂוּמֶת יָד אוֹ בְגָזֵל אוֹ עָשַׁק אֶת עֲמִיתוֹ: [ויקרא ה, כא]

ב) אוֹ מָצָא אֲבֵדָה וְכִחֶשׁ בָּהּ וְנִשְׁבַּע עַל שָׁקֶר עַל אַחַת מִכֹּל אֲשֶׁר יַעֲשֶׂה הָאָדָם לַחֲטֹא בָהֵנָּה: [ויקרא ה, כב]

ג) אוֹ מִכֹּל אֲשֶׁר יִשָּׁבַע עָלָיו לַשֶּׁקֶר וְשִׁלַּם אֹתוֹ בְּרֹאשׁוֹ וַחֲמִשִׁתָיו יֹסֵף עָלָיו לַאֲשֶׁר הוּא לוֹ יִתְּנֶנּוּ בְּיוֹם אַשְׁמָתוֹ: [ויקרא ה, כד]

א הרי זה משלם חומש על חומש עד שיתמעט הקרן משוה פרוטה ב וכן בפקדון שנאמר א) או בפקדון או בתשומת יד או בגזל או עשק את עמיתו ב) או מצא אבידה וכחש בה ונשבע על שקר ג הרי זה משלם קרן וחומש ואשם: גמ׳ נשבע לו אין ד לא נשבע לו לא מני לא רבי טרפון ולא רבי עקיבא א) דתניא גזל אחד מחמשה ואינו יודע (א) איזה מהן וכל אחד אומר אותי גזל מניח גזילה ביניהם ומסתלק דברי רבי טרפון ר״ע אומר ה לא זו דרך מוציאתו מידי עבירה עד שישלם גזילה לכל אחד [ואחד] מני אי ר״ט אע״ג דאישתבע אמר מניח גזילה ביניהם ומסתלק אי רבי עקיבא אע״ג דלא אישתבע אמר עד שישלם גזילה לכל אחד ואחד לעולם רבי עקיבא היא וכי קאמר רבי עקיבא עד שישלם גזילה לכל אחד ואחד היכא דאישתבע הוא דקאמר מאי טעמא דאמר קרא ג) לאשר הוא לו יתננו ביום אשמתו ורבי טרפון אע״ג דאישתבע עבוד רבנן תקנתא דתניא ר׳ אלעזר ברבי צדוק אומר ב ו תקנה גדולה התקינו שאם היתה הוצאה יתירה על הקרן משלם קרן וחומש לבית דין ומביא אשמו ומתכפר לו ור׳ עקיבא כי עבוד רבנן תקנתא היכא דידע למאן גזליה דקא מהדר ליה ממונא למריה (ב) גזל אחד מחמשה דלא ידע למאן גזליה דלא הדר ממונא למריה לא עבוד רבנן תקנתא מתיב רב הונא בר יהודה ג א״ר שמעון בן אלעזר לא נחלקו רבי טרפון ורבי עקיבא על שלקח אחד מחמשה ואינו יודע מאיזה מהן לקח ז שמניח דמי מקח ביניהם ומסתלק על מה נחלקו שגזל אחד מחמשה בני אדם ואינו יודע מאיזה מהן גזל שר׳ טרפון אומר מניח דמי גזילה ביניהם ומסתלק ורבי עקיבא אומר אין לו תקנה עד שישלם גזילה לכל אחד ואחד ואי סלקא דעתך דאישתבע ח מה לי לקח מה לי גזל ועוד מתיב רבא מעשה בחסיד אחד שלקח משני בני אדם ולא היה יודע מאיזה מהן לקח ובא לפני רבי טרפון אמר לו הנח דמי מקחך ביניהם והסתלק בא לפני רבי עקיבא אמר לו ט אין לך תקנה עד שתשלם לכל אחד ואחד ואי סלקא דעתך דמישתבע חסיד מי מישתבע בשיקרא וכי תימא דמישתבע והדר הוי חסיד והא ג כל היכא דאמרינן מעשה בחסיד אחד או רבי יהודה בן בבא או רבי יהודה ברבי אילעאי ורבי יהודה בן בבא ורבי יהודה ברבי אילעאי חסידים דמעיקרא הוו אלא לעולם ר׳ טרפון היא ומודה ר׳ טרפון היכא דאישתבע מאי טעמא דאמר קרא לאשר הוא לו יתננו ביום אשמתו ורבי עקיבא (ד דאמר) י אע״ג דלא מישתבע קנים ור׳ טרפון מכדי היכא דמישתבע לא סגיא דלא הודה מאי איריא ונשבע אפילו בלא שבועה נמי דתניא ה מודה רבי טרפון כ באומר לשנים גזלתי אחד מכם מנה ואיני יודע איזה מכם נותן לזה מנה ולזה מנה שכבר

הרי זה משלם חומש על חומש. חומשו של חומש דחומש ראשון נעשה קרן: עד שיתמעט כו׳. שאם חזר ונתן לו חומש ראשון ונשבע על השני והודה משלם חומשו וחומשו של חומש שני וכן לעולם עד שיתמעט הקרן של חומש שלא יכפור לו שוה פרוטה: או עשק את עמיתו. שכר שכיר: תשומת יד. הלואה: גמ׳ לא נשבע. לא בעי להוליך אחריו עד דמטי לידיה: עד שישלם לכל אחד. דהשבה לידיה בעינן ולא סגי במניח לפניו לומר מי שהוא שלו יטלנה: מניח גזילה. ולא בעי לאמטויי לידיה וסגי במניח לפניו שהרי הבעלים שם הוא: לעולם רבי עקיבא. כר״ע מעיקרא מהדרינן לאוקמי משום דכולהו תנאי סתימתאה אליבא דר״ע סתם כדאמר באלו הן הנחנקין (סנהדרין דף פו.): עבוד רבנן תקנתא. תקנת השבים והכא דמספקא ליה תסגי להו במניח כדתניא עבוד תקנות גבי גוזל ונשבע והודה ואין הנגזל כאן דאע״פ דכתיב לאשר הוא לו תקון רבנן דנתביה לשליח בית דין ויהא תחת ידם עד שיבא נגזל ויטלנו: דקא מהדר ממונא למריה. לאחר זמן יחזירנו בית דין: לא נחלקו על שלקח. דכיון דליכא איסורא סגי ליה בהכי דלא כתיב לאשר הוא לו אלא במקום שחטא דבעי כפרה: מה לי לוקח כו׳. הרי נשבע לשקר ואשבועת שקר כתיב לאשר הוא לו בין אגזל בין אתשומת יד דבהיתר אתא לידיה: תנא דחסיד אחד פליג אדר׳ שמעון בן אלעזר: רבי טרפון היא. מתני׳ דקתני נשבע דאי ר״ע אפילו לא נשבע נמי: ור׳ טרפון מכדי כו׳. אמתניתין פריך דאמר נשבע אין לא נשבע לא ואוקימנא כר׳ טרפון: לא סגיא דלא הודה. דכפרה והשבון דקרא אהודה כתיב דכתיב בגזל הגר והתודו את חטאתם וגו׳ (במדבר ה): שכבר

מניח גזילה ביניהם ומסתלק. בפרק המפקיד (ב״מ לז:) מוקי לה דלאו דוקא ביניהם דשקלי להו כולהו ואזלי אלא יניח עד שיתברר הדבר מי הם הבעלים: דברי רבי טרפון. ואפילו לרב הונא ולרב יהודה דאמרי בהגוזל בתרא (לקמן דף קיח.) גבי מנה לי בידך והלה אומר איני יודע חייב דשמא וברי ברי עדיף ומפקינן ממונא הכא מודו דאין צריך לשלם לכל אחד דהא לדידיה נמי ברי שארבעה משקרין שבודאי לא גזל אלא האחד הלכך ברי דידהו לא חשיב לגבי שמא דידיה לאפוקי ממונא ואפילו רב נחמן ורבי יוחנן דאמרי התם פטור דלאו ברי עדיף אלא מוקמינן ממונא בחזקת מריה מצו סברי הכא אפילו כרבי עקיבא דאמר עד שישלם גזילה לכל אחד ואחד דהכא מיהא מנה מודה דאית ליה לשלומי אבל התם לא מודי מידי: לעולם ר״ע. משום הכי מוקי פלוגתייהו בנשבע וכר״ע ולא מוקי לה בשלא נשבע ותיתי כר׳ טרפון משום דבכל דוכתא מהדרי לאוקמי מתני׳ כר׳ עקיבא כדאשכחן בסוף השוכר את האומנין (ב״מ דף פג.) דפריך אי הכי קמה לה מתני׳ דלא כרבי עקיבא:

ו) ורבי טרפון אע״ג דנשבע עבוד רבנן תקנתא כו׳. תימה דמשמע הא אין הוצאת הדרך יתירה מוליכה אחריו למדי ואמאי והאמר ר׳ טרפון מניח גזילה ביניהם ומסתלק וכ״ת ה׳ בני אדם היינו הוצאה מרובה על הקרן הא בשנים נמי קתני לקמן בברייתא דחסיד ושמא השתא אכתי לא שמיע ליה ומיהו תימה כיון דמודה ר״א היכא דאין הוצאה יתירה אמאי קאמר ר״ע היא כר׳ טרפון נמי אתיא דאפילו למאן דמוקי לה כר״ע לא מיתוקמא מתניתין אלא באין הוצאה יתירה וי״ל דמתני׳ איירי אפילו בהוצאה יתירה שצריך להוליך עד מדי כשאינו מוצא ב״ד עד מדי אע״ג דלא שכיח ולא נקט מתניתין מדי אלא לפרושי דאפילו בהוצאה יתירה איירי וצריך להוליך עד מדי או עד מקום ב״ד אם יש קרוב יותר אע״ג דהוצאה יתירה עד שם ומש״ה מתוקמא כר״ע ולא כר׳ טרפון דלר׳ טרפון אפילו כי אין מוצא ב״ד לעולם אין צריך לעשות הוצאה יתירה על הקרן אלא מניח בידו עד שמוצא ב״ד במקום קרוב וא״ת מנלן דס״ל הכי לרבי טרפון דלמא כשאין ב״ד מודה וי״ל דסברא הוא דאי הוה מצריך הולכה למדי כשאין ב״ד כ״ש בגזל אחד מחמשה דלא הוי סגי במסירה לב״ד כיון דלא הדר ממונא למריה אלא עד שישלם לכל אחד ואחד והוה מצי ר״א בן צדוק לאשמועינן רבותא שאם הוצאה יתירה עד ב״ד דמניח בידו אלא אתא לאשמועינן כשב״ד קרוב טוב יותר להניח בידם ועוד י״ל דודאי מדלא תני תקנתא במתני׳ שמע מינה דליכא תקנתא כלל בנשבע הלכך דוקא מוקי לה כר״ע ולא כר׳ טרפון דאית ליה תקנתא ור״ע לית ליה תקנתא אפילו בגזל מאחד היכא דנשבע והא דקאמר ר״ע כי עבוד רבנן תקנתא היכא דידע כו׳ לדבריו דר׳ טרפון קאמר כלומר לדידי לית ליה תקנתא כלל בנשבע אלא אפילו לדידך דאית לך דרבי אלעזר בר׳ צדוק אפילו בנשבע אכתי איכא למימר הני מילי היכא דידע למאן גזל: כל היכא דנשבע לא סגי דלאו הודה. וכיון שהודה מסתמא בא לצאת ידי שמים כיון שלא תבעוהו וה״נ צריך להוליכו למדי כי היכי דלריך ליתן מנה לכל אחד ואחד:
שכבר

דוקא במקרה שהגזלן נשבע; **אֲפִילוּ בְּלֹא שְׁבוּעָה נַמִּי** — והלא, אפילו בלא שנשבע הגזלן גם כן מחייב רבי טרפון, במקרה שמודה הגזלן ורוצה לשוב ולהתכפר, להשיב תשלום לידי הנגזל. **דְּתַנְיָא** בברייתא השנויה על אודות משנת "גזל אחד מחמשה": אף על פי שנחלק רבי טרפון על רבי עקיבא ואינו מחייב את הגזלן לשלם לכל אחד ואחד, מכל מקום **מוֹדֶה רַבִּי טַרְפוֹן בְּאוֹמֵר** מעצמו **לִשְׁנַיִם: "גָּזַלְתִּי אֶחָד מִכֶּם מָנֶה, וְאֵינִי יוֹדֵעַ אֵיזֶה מִכֶּם"**, שהוא **נוֹתֵן לָזֶה מָנֶה וְלָזֶה מָנֶה,**

שֶׁכְּבָר הוֹדָה מִפִּי עַצְמוֹ – כלומר, הואיל והוא מודה מעצמו ורצונו לצאת ידי שמים. אף על פי שאין בית דין מחייבים אותו לשלם לכל אחד ואחד, בכדי להיפטר מעונש שמים עליו לעשות כן, כי אינו מתכפר עד שמגיע תשלום לנגזל[1]. הרי שדעת רבי טרפון היא שכדי לצאת ידי שמים, צריך גזלן לדאוג שיגיע תשלום לידי הבעלים, אף אם לא נשבע. ומכיון שעל כרחנו עוסקת משנתנו באופן שהודה הגזלן ובא לצאת ידי שמים, הרי שאף אם תאמר שהיא שנויה בשיטת רבי טרפון, יקשה: מדוע היא מורה שדוקא אם נשבע הגזלן לשקר חייב הוא להוליך את הגזילה אחרי הנגזל, ולא אם הוא לא נשבע לשקר?

הגמרא מקבלת דחיה זו, ונמצא שלפי מה שהונח עד כה, שדין משנתנו קשור לדין השבת גזילה במקרה שאין הגזלן יודע ממי גזל, לא תהא משנתנו מתאימה לא לשיטת שום תנא, לא רבי עקיבא ולא רבי טרפון. לכן מבארת הגמרא:

אֶלָּא אָמַר רָבָא: לעולם מחלוקת רבי עקיבא ורבי טרפון בגזל מאחד מחמשה וכו׳ היא בין בשנשבע ובין בשלא נשבע, ורבי עקיבא אכן מחייב שיגיע תשלום לידי הנגזל אף בשלא נשבע, ורבי טרפון אינו מחייב בכך אף בשנשבע, והיינו לענין החיוב המוטל בדיני אדם (שמחייבים אותו בית דין), ואילו בבא לצאת ידי שמים אף רבי טרפון מודה שצריך שיגיע תשלום לידי הנגזל, אפילו בשלא נשבע[2]. אולם משנתנו אינה תלויה במחלוקת רבי עקיבא ורבי טרפון כלל, והוראתה מתאימה לשיטות שניהם, כי **שַׁאנֵי מַתְנִיתִין** – שונה היא משנתנו מהמקרים שאודותם דיברו רבי עקיבא ורבי טרפון, **דְּכֵיוָן דְּיָדַע לְמַאן גַּזְלֵיהּ** – כי מכיון שבמקרה של משנתנו יודע הגזלן ממי גזל, **וְאוֹדֵי לֵיהּ** – והודה לו[3], אזי **כֵּיוָן דְּאֶפְשָׁר לְאַהְדוּרֵי מָמוֹנָא לְמָרֵיהּ** – הואיל ואפשר להחזיר את הממון לבעליו, שמשעה שהודה הגזלן הרי הוא מזומן לשלם לנגזל כשיתבענו, **הֲוָה לֵיהּ כְּמַאן דְּאָמַר לֵיהּ** – הרי זה כמי שאמר לו הנגזל לגזלן: "**יִהְיוּ לִי** המעות פקדון **בְּיָדְךָ** עד שאטלם"[4]. **הִלְכָּךְ** – לכן, הדין בזה הוא כך: אם **נִשְׁבַּע** הגזלן לשקר, אזי **אַף עַל גַּב דְּקָאָמַר לֵיהּ** – אף על פי [שנחשב הדבר כמי] שאמר לו הנגזל, "**יִהְיוּ לִי** המעות פקדון **בְּיָדְךָ** עד שאטלם", מכל מקום **כֵּיוָן דְּבָעֵי כַּפָּרָה** – מכיון שצריך הגזלן כפרה, שאינו נפטר מעונש שמים עד שמתקן את חטאו בהשבת הגזילה לידי הנגזל, וכפי שנלמד (לעיל קג, ב) מהכתוב "לַאֲשֶׁר הוּא לוֹ יִתְּנֶנּוּ"[5], **לֹא סַגֵּי עַד דְּמָטֵי לִידֵיהּ** – לא די בלא שמגיע התשלום לידי הנגזל. **הָא לֹא אִישְׁתְּבַע** – אך אם לא נשבע הגזלן לשקר, **הָוֵי גַּבֵּיהּ פִּקָּדוֹן עַד דְּאָתֵי וְשָׁקִיל לֵיהּ** – הרי התשלום הינו כפקדון אצלו עד שבא הגזלן ונוטלו[6].

שנינו במשנתנו:

לֹא יִתֵּן לֹא לִבְנוֹ וְלֹא לִשְׁלוּחוֹ. אין הגזלן נפטר במסירת תשלום ביד בנו של הנגזל או ביד שלוחו, ואם יאנס התשלום מהם יהא חייב לשלם לנגזל מעות אחרים, כי אין נחשבת לו השבה עד שמגיע הממון לידי הנגזל עצמו.

הגמרא מביאה מחלקות אמוראים, שבדיון אודותיה תובא ראיה מהוראת משנתנו:

אִיתְּמַר – נאמר: **שָׁלִיחַ שֶׁעֲשָׂאוֹ בְּעֵדִים** – אם היו לראובן מעות ביד שמעון, ומינה ראובן שליח בפני עדים לקבלם משמעון, ונתנם שמעון לשליח; **רַב חִסְדָּא אָמַר: הָוֵי שָׁלִיחַ** – נחשב השליח כשלוחו של הבעלים לקבל המעות במקומו, שמשמוסרם שמעון לידיו נפטר הוא מחובו לראובן, ואם נאנסו המעות מהשליח טרם הגיעם לידי ראובן, אין שמעון חייב באחריותם[7]. **רַבָּה אָמַר: לֹא הָוֵי שָׁלִיחַ** – אין השליח נחשב כשלוחו של ראובן לקבלת המעות, ולכן אין שמעון נפטר מחובו לראובן עד שמגיע הממון לידי ראובן עצמו, ואם נאנסו המעות מיד השליח, חייב שמעון לשלם לראובן מעות אחרים תחתיהם[8].

הגמרא מפרשת את טעמי הדעות:

רַב חִסְדָּא אָמַר: הָוֵי שָׁלִיחַ – נחשב השליח כשלוחו של ראובן לענין שתהא קבלתו את המעות חשובה כאילו קבלם ראובן, שכן יש להניח **דִּלְהָכִי (טרחי) [טָרַח]**[9] **וְאוֹקְמֵיהּ בְּעֵדִים** – לשם כך טרח

הערות

1. רש״י.

תוספות תמהים: אם סובר רבי טרפון שאין אדם יוצא ידי שמים עד שידאג שבודאי הגיע תשלום למי שהוא מחוייב לו, מדוע נלמד בברייתא הקודמת שהורה רבי טרפון לאותו חסיד שלקח משנים ולא ידע מאיזה מהם, שדי לו להניח את דמי המקח בפני שניהם ולהסתלק, והלא בהיותו חסיד בודאי היה רצונו לצאת ידי שמים?! באחד מתירוציהם מבארים התוספות שלדעת רבי טרפון רק **גזלן** חייב, בכדי לצאת ידי שמים, לדאוג שבודאי יגיע תשלום לבעליו, כי הוא חטא כלפיו בגזילה, אולם לוקח, שלא עבר שום עבירה, אף כדי לצאת ידי שמים די לו בהנחת דמי המקח לפני שני התובעים. ראה תוספות לתירוץ נוסף.

2. ראה רש״י ד״ה אלא.

3. כפי שהוכיחה הגמרא בסוף קג, ב.

4. רש״י.

כפי שנתבאר לעיל (קג, ב הערה 10), סתם גזלן שלא נשבע יוצא ידי חובת השבה במה שמודיע לנגזל שהוא מזומן לשלם לו. ממשנתנו נלמד שכך הדין גם למעשה; שאפילו רבי עקיבא מודה בכך. אף על פי שבגזלן שאינו יודע ממי גזל סובר רבי עקיבא שאפילו בלא נשבע מחייבים אותו לשלם לכל אחד ואחד, זהו משום שכיון שאינו ידוע ממי גזל, כל זמן שאינו משלם לכל תובעיו אין כאן השבה כלל, אבל במקרה שבמשנתנו, מכיון שידוע ממי גזל, והודה לו והודיעו שהוא מזומן לשלם, בזה לבד נתקיימה השבה (רש״י, כפי שביאר מהרש״א; ראה גם מלחמות ה׳).

5. קצות החושן שסז, ב בדעת סמ״ע שם ד; אך ראה ש״ך שם ה; ראה עוד חזון איש כ, ח; אגרות משה, חושן משפט ח״א לא ד״ה עכ״פ.

6. **סיכום:**

כאשר יודע הגזלן מי הוא הנגזל, כמו במקרה של משנתנו, הכל מודים שהדין הוא כך: (א) אם לא נשבע הגזלן, די לו בהודאה ובהודעה לנגזל שהוא מזומן לשלם לו, ובזה יוצא הוא ידי חובתו גם בדיני שמים, ואינו צריך להוליך את התשלום אחרי הנגזל. (ב) אם הגזלן נשבע לשקר והודה, מוטל עליו להוליך תשלום אחרי הגזלן. (ג) אם הוצאת הדרך יתירה על הקרן, תיקנו חכמים שיהא די בהנחת התשלום בבית דין במקומו.

כאשר אין הגזלן יודע מי הוא הנגזל, כגון במקרה של המשנה ביבמות, כשגזל מאחד מחמשה ואינו יודע ממי: (א) רבי עקיבא סובר שבין אם נשבע הגזלן ובין אם לא נשבע, מחייבים אותו לשלם לכל אחד ואחד מהתובעים. (ב) רבי טרפון סובר שבין כך ובין כך אין מחייבים אותו אלא להניח תשלום אחד לפני כולם, אך אינו יוצא ידי שמים אלא בנתינת תשלום לכל אחד ואחד.

יצויין שביאורנו בדברי רבא הוא על פי גירסת רש״י (שהיא הגירסא שלפנינו) ופירושו, אולם תוספות (ד״ה אמר רבא) גורסים ומפרשים באופן אחר.

7. רש״י. כי נתכוון ראובן שיהא השליח במקומו, ותחשב קבלתו את המעות כאילו קבלם ראובן עצמו, משום ש"שלוחו של אדם רמותו" (ראה פסקי רי״ד).

טעמו של רב חסדא – מדוע שליח שעשאו בעדים עדיף משליח סתם – יבואר בגמרא בסמוך.

אין דברי רב חסדא עוסקים אלא בענין אחריות שמעון לאחר מסירת המעות לידי השליח. לענין חיוב שמעון להענות לשליח ולמסור את הממון לידו, יש סוברים שכל שלא כתב המלוה לשליח "הרשאה" (ראה לעיל ע, א והערה 2 שם), אין הלוה חייב למסור לו המעות, אף על פי שבידוע שהוא שלוחו של המלוה ובנתינה לידו ייפטר הלוה מאחריות (רא״ש סימן כא). אחרים סוברים שאין "הרשאה" נצרכת אלא כדי ליפות את כח השליח להכריח את הלוה לדון עמו בבית דין אם יש לו טענות להיפטר, אך אם אין ללוה טענות להיפטר, אינו יכול לסרב לשלם לשליח גמור של המלוה, אף על פי שלא נתן לו המלוה "הרשאה" (ים של שלמה, סימן לו). ראה עוד רשב״א לקמן קד, ב; וראה עוד לקמן קד, ב הערה 5.

8. רבה סובר שלא נתכוון ראובן שתחשב קבלת השליח את המעות כאילו קבלם הוא עצמו, ושייפטר שמעון מיד במסירת המעות ליד השליח. לדעתו, שליח שעשאו בעדים אינו עדיף משליח סתם.

יש מהראשונים סוברים שדברי רבה עוסקים אף באופן שצוה ראובן את השליח לומר לשמעון בשמו שישלח המעות בידו, ולדעתם שיטת רבה היא שאין שמעון נפטר במסירת המעות לשליח אלא אם כן אמר לו ראובן **בפיו** שימסרם לו (תוספות ד״ה שליח, וכתבו שכן נראה מרש״י; ראה רש״י ד״ה פטור [א]). אך ראשונים אחרים סוברים שכל שהודיע ראובן לשמעון שישלח המעות ביד השליח, בין אם הודיעו בפיו ובין אם הודיעו על ידי השליח, נפטר שמעון במסירת המעות ליד השליח (ראה רא״ש סימן כא; וראה להלן הערות 12 ו־25).

9. ההגהה על פי כמה ראשונים (אור זרוע; פסקי רי״ד; נימוקי יוסף) וכתב יד מינכן ועוד (ראה שינויי נוסחאות [פרנקל]).

שכבר הודה מפי עצמו אלא אמר רבא שאני מתני' דכיון דידע למאן גזליה ואודי ליה כיון דאפשר לאהדורי ממונא למריה הוה ליה כמאן דאמר ליה יהיו לי בידך הלכך נשבע אע"ג דקאמר ליה יהיו לי בידך כיון דבעי כפרה לא סגי עד דמטי לידיה [א]הא לא אישתבע הוי גביה פקדון עד דאתי ושקיל ליה: לא יתן לא לבנו ולא לשלוחו: איתמר שליח שעשאו בעדים רב חסדא אמר [ב]הוי שליח רבה אמר לא הוי שליח רב חסדא אמר הוי שליח להכי טרחי ואוקמיה בעדים דליקו ברשותיה רבה אמר לא הוי שליח ה"ק איניש מהימנא הוא אי סמכת סמוך אי בעית לשדוריה בידיה שדר בידיה תנן (א) [ג]השואל את הפרה ושילחה ביד בנו ביד עבדו ביד שלוחו או ביד בנו ביד עבדו ביד שלוחו של שואל ומתה פטור האי שלוחו היכי דמי אי דלא עשה בעדים מנא ידעינן אלא דעשה בעדים וקתני דפטור קשיא לרב חסדא כדאמר רב חסדא בשכירו ולקיטו הכא נמי בשכירו ולקיטו תנן [ד]לא יתן לא לבנו ולא לשלוחו האי שלוחו היכי דמי אי דלא עשאו בעדים מנא ידעינן אלא לאו דעשאו בעדים תרגמא רב חסדא בשכירו ולקיטו אבל שליח שעשאו בעדים מאי הכי נמי דהוי שליח אדתני סיפא אבל נותן הוא לשליח בית דין לפלוג וליתני בדידיה (א) שליח שעשאו בעדים הכי נמי דהוי שליח אמרי לא פסיקא ליה שליח ב"ד לא שנא עשאו נגזל ולא שנא עשאו גזלן הוי שליח פסיקא ליה שליח שעשאו בעדים דכי עשאו נגזל הוא דהוי שליח עשאו גזלן לא הוי שליח לא פסיקא ליה ולאפוקי מהאי תנא דתניא רבי שמעון בן אלעזר אומר שליח בית דין שעשאו נגזל ולא עשאו גזלן או עשאו גזלן ושלח הלה ונטל את שלו מידו פטור רבי יוחנן ורבי אלעזר דאמרי תרוייהו שליח שעשאו בעדים הוי שליח וא"ת משנתנו [ה]בממציא לו שליח דאמר ליה אית לי זוזי גבי פלניא ולא קא משדר להו איתחזי ליה דלמא איניש הוא דלא משכח לשדורי ליה א"נ כדרב חסדא בשכירו ולקיטו א"ר יהודה אמר שמואל

אין

שכבר הודה מפי עצמו. ובא לצאת ידי שמים ואע"ג דבי דינא לא מלו מחייבי ליה אלא מניח לפניהם מיהו ידי עונש אין יוצא עד שישלם לשניהם דהא לאו לבעלים אהדריה כו': אלא אמר רבא. מתני' דברי הכל היא ולא דמיא לאין יודע דהתם בין נשבע בין לא נשבע הוא דפליגי ר' טרפון ור"ע לענין דינא דר' טרפון לא מחייב להחזיר ליד הנגזל ור"ע מחייב אע"ג דלא נשבע והאי דפרכת לעיל ואי ר"ע אע"ג דלא אשתבע לאו פירכא היא דהתם דין הוא דאע"ג דלא משתבע דיחזיר לכל אחד שהרי אין יודע למי גזל ולא נפיק ידי שמים כלל אבל הכא במתני' דידע למאן גזל ומודי ליה משעת הודאה דמזומן הוא להשיב הוי גביה כפקדון הלכך נשבע תחילה קודם הודאה אע"ג כו': שליח שעשאו בעדים. ראובן שיש לו מעות ביד שמעון ומינה שליח בעדים לקבלם הימנו ונתנם לו: הוי שליח. ואם נאנסו בדרך פטור בעל הבית שנתנם לו: פטור. דלא קמה ברשות שואל להתחייב באונסים עד שיאמר לו מפיו לשלחה לו ביד בנו כו': מנא ידעינן. דשלוחו הוא דקרי ליה מתני' שלוחו (ב): לקיטו. שלקטו אצלו לדור עמו בביתו לצוותא בעלמא לשון מורי: ושכירו. נשכר עמו ליום ולחדש ולשנה ולשבת לישנא אחרינא לקיטו לוקט תבואתו: ולאפוקי מהאי תנא. הא מתניתין דאוקימנא שליח ב"ד אפילו עשאו גזלן ולא נגזל הוה שליח והוי באחריותו דנגזל לאפוקי מהאי תנא: שליח ב"ד. דמשמע מתני' דמשנתן לו נפטר גזלן כשעשאו נגזל קאמר ולא כשעשאו גזלן: ושלח הלה ונטל שלו. מיד השליח: פטור. מאונס הדרך טעמא דנטל הנגזל הא נאנסו מן השליח הראשון חייב: וא"ת משנתנו. דקתני לא יתן לשלוחו ואי דלא עשאו בעדים מנא ידעינן [לא] תוקמא בשעשאו בעדים אלא בממציא לו שליח ביקש מחבירו שימציא לו לגזלן את עצמו לומר לו אם תרצה לשלח כלום לפלוני שלח בידי: בדיוקני

שכבר הודה מפי עצמו. מהאי לישנא דייק בהמפקיד (ב"מ דף לז.) וגם מחמת פירכא אחריתי מוקי לה בבא לצאת ידי שמים ותימה א"כ ההוא מעשה דחסיד אחד אמאי אמר ליה רבי טרפון הנח דמי מקחך ביניהם הא כיון דחסיד הוה מסתמא היה בא לצאת ידי שמים וי"ל דלכתחילה בא עמו לדין אם הוא חייב מן הדין ושוב מה שעשה עשה א"נ אפילו לצאת ידי שמים אין חייב לר' טרפון אלא בגזל אבל בפקדון ומקח דלא עשה איסורא לא וכן משמע בהמפקיד (שם דף לז. ושם [ג]) דכי רמי התם גזל אגזל משני הכא בבא לצאת ידי שמים ולעיל מיניה כי רמי פקדון אפקדון לא בעי לשנויי הכי ואין להאריך כאן בסוגיא דהתם: אמר רבא שאני מתני' כו'. לפי הספרים דל"ג אלא משמע דאתא רבא לתרולי פירכא דפרכינן לר' טרפון ולעולם רבי טרפון היא וקאמר כיון דאודי ליה כמ"ד יהא בידך דמי א"כ מסתמא מיירי כשהודה בפניו דאם לא כן אמאי הוי כמ"ד יהא בידך וכיון דבהודאה (ג) מיירי מתניתין אכתי תקשה אמאי לא מוקי מתני' נמי כר"ע ואע"ג דקנים ר"ע אפילו היכא דלא נשבע ה"מ דלא הדר ממונא למריה אבל במתני' היכא דלא נשבע והודה לו בפניו הדר ממונא למריה דכיון דהודה לו בפניו מה לי תופס בידו מ"ל נתן ביד ב"ד הלכך לא יקנוס ר"ע וי"ל דסברת גמרא היה כיון דקנים ר"ע בכל מקום קנים כיון דעבד איסורא ולא יחלק ומיהו אין נראה דמיירי הכא בשהודה בפניו דא"כ אפילו נשבע נמי אין צריך להוליכו אחריו למדי ויכול להביא כפרה דכיון דהודה לו בפניו והניחו בידו והלך הרי הוא כהפקידו בידו ואמאי יהא צריך להוליכו אחריו אלא ודאי מיירי כשהודה שלא בפניו אלא בפני עדים והשתא א"ש דלא מתוקמא מתני' כר"ע דלא מהדר ממונא למריה כיון שלא נתן ביד ב"ד ולפי מה שפי' בקונטרס אלא אמר רבא א"ש דרבא לא בא לתרץ פירכא (ד) אלא טעמא דמתני' מפרש בכה"ג דמצי לאוקמי בין כר"ע בין כרבי טרפון: שליח שעשאו כו'. לכאורה נראה דאיירי כגון דלא אמר לו (ה) שלח לי על ידו רק עדים מעידים שעשאו שליח אבל אם היה אומר שלח לי על ידו פשיטא דהוי שליח דהא תנן בהשואל (ב"מ דף צח: ושם) אמר ליה השואל שלח לי ביד בני ביד עבדי ביד שלוחי או ביד בנך או ביד עבדך או ביד שלוחך ושלחה חייב ומ"ל א"ל בפניו שלח ומ"ל אמר ליה שלח בפניו שלח [ז] ומיהו לקמן לא משמע הכי דבעי לשמואל מאי תקנתיה הול"ל שלח ליה שלח לי ע"י זה דאז הוי שליח לכך נ"ל דבכל ענין שלא בפניו לא הוי שליח עד שיאמר לו בפניו שלח לי על ידו כההיא דהשואל דאיירי בפניו וכן מוכיח מתוך הקונטרס: רבה אמר לא הוי שליח. יש מקשים דרבה אדרבה דהכא קאמר רבה דלא הוי שליח ובפ' המוכר את הספינה (ב"ב דף פז:) אמרינן רבה ורב יוסף דאמרי תרוייהו הכא בחנוני מוכר לצוחית עסקינן ואזדא ר' יהודה לטעמיה דאמר לאתויי שדריה הרי לרבה אליבא דר' יהודה הוי שליח וי"ל דשאני התם דכיון שנתן לו פונדיון ולוה לו להביא באיסר שמן הוי כאילו א"ל בהדיא שלח לי על ידו ופטור ולפי מה שפירשתי דדוקא שאמר ליה בפניו אית לן למימר דכיון דנתן הפונדיון הוי כאילו אמר ליה בפניו שלח הלכך אמר לר' יהודה לאתויי שדריה: הכי קא"ל איניש מהימנא הוא. תימה אמאי חייב הוא מן הדין באחריות אונס הדרך והא אין יכול לומר אין רצוני שיהא פקדוני ביד אחר כיון דתפיס ליה באיניש מהימנא וי"ל דנראה דאפילו הוא עצמו הביאו בדרך ונאנס חייב דפשיעה הוא עושה שמוליכו בדרך במקום פלוני שיש בו סכנה ובע"כ חייב לשמור עד שיחזירנו לו בישוב במקום שהפקידו אלנו כדאמרינן לקמן (דף קיח.) (ו) בהמפקיד אצל חבירו בישוב לא יחזיר לו במדבר משמע דבעל כרחו חייב לשמור עד שיחזירנו בישוב במקום שהפקידו ולאו כל כמיניה להחזיר לו במדבר במקום סכנה:

אי דלא עשאו בעדים מנא ידעינן. כלומר היכי מסר לו משאיל כיון דלא ידע אי האי שליח של שואל הוא: בשכירו ולקיטו. תימה אמאי לא אמר רב חסדא נמי אהא ועוד תימה אמאי לא פריך ליה מעיקרא ממתני' והדר הוה ליה למפרך מההיא דפ' השואל:

אין

עין משפט נר מצוה

קכ א מיי' פ"ז מהל' גזילה הלכה ט סמג עשין עג טוש"ע ח"מ סי' שסז סעיף א:

קכא ב מיי' שם הלכה י ופ"ג מהלכות שלוחין ושותפין הלכה ה סמג עשין עב טוש"ע ח"מ סי' שסז סעיף ב וסי' קכא סעיף א וסעיף ב וסי' קכב סעיף א וע"ש:

קכב ג מיי' פ"ג מהל' שאלה ופקדון הלכה א סמג עשין לב טוש"ע ח"מ סי' שמ סעיף ה:

קכג ד (מיי' שם) טור ש"ע ח"מ סי' קכא סעיף ב:

ליקוטי רש"י

שכבר הודה מפי עצמו. בבא לצאת ידי שמים מאליו בא לימלך מה יעשה ולא יענש דהשתא ודאי אמרינן ידי שמים לא יצאת עד שתתן לשניהם שאם תהא מונחת עד שיבא אליהו נמצא הנגזל מפסיד על ידך [ב"מ לז.]. ביד בנו. המשאיל שלחה לו לשואל ביד בנו של משאיל. פטור. אם מתה בדרך פליגי בה רבה ורב חסדא בהגוזל קמא רב חסדא מתרץ לה להאי שלוחו דשואל דמתני' בשכירו ולקיטו שדר בביתו אבל אין עדים שהוא שלוחו דאי איכא עדים הוי שליח וחייב השואל באונסין משמסרו לו רבה אומר אפילו עשאו שליח בעדים לאו שליח הוא להתחייב על ידו באונסין דה"ק ליה איניש מהימנא הוא אי בעית לשדורי בידיה שדר [ב"מ צח:]. שכירו. שכיר לעבודת כל השנה. ולקיטו. לימות הקציר והאסיף [עירובין סד.]. שׂשוכרו ללקוט תבואתו [כתובות נז:]. לא יתן לא לבנו. של נגזל להוליכו לנגזל שאם יאנסוהו חייב להחזיר דלא הוי השבה עד דמטי לידיה כדאמרן [לעיל קג.].

מסורת הש"ס

א) ב"מ לח., ב) לעיל קג., ג) [ד"ה התם], ד) ובב"מ פ' השואל כתבו להיפך ע"ש.

הגהות הב"ח

(א) גמ' לפלוג וליתני בדידיה בד"א בשליח שלא עשאו בעדים אבל שליח שעשאו בעדים: (ב) רש"י ד"ה מנא ידעינן וכו' שלוחו הס"ד ואח"כ מ"ה שכירו נשכר וכו' ולשבת לקיטו שלקטו וכו' לשון מורי לישנא אחרינא כצ"ל: (ג) תוס' ד"ה אמר וכו' וכיון דבהודאה בפניו מיירי: (ד) בא"ד לא בא לתרץ פירכא דפרכי' לר"ט אלא טעמא: (ה) ד"ה שליח וכו' כגון דלא אמר לו אמור לפלוני ישלח לי על ידך רק עדים מעידים שעשאו שליח להביא לו אבל אם היה אומר לו אמור לפלוני ישלח לי על ידך פשיטא דהוי: (ו) ד"ה הכי וכו' דהמפקיד אצל חבירו:

ראובן והעמידו (מינהו) בפני עדים, **דְּלֵיקוּ בִּרְשׁוּתֵיהּ** — כדי שיעמוד הממון ברשותו של ראובן מיד משמקבלו השליח[10]. **וְרַבָּה אָמַר: לֹא הָוֵי שָׁלִיחַ** — אין השליח נחשב כשלוחו של ראובן לענין שתהא קבלתו את המעות חשובה כאילו קבלם ראובן, כי **הָכִי קָאָמַר** — כך נתכוון ראובן לומר לשמעון במה ששלח אליו שליח זה: "**אִינִישׁ מְהֵימְנָא הוּא** — אדם נאמן הוא, שליח זה, **אִי סָמְכַתְּ סְמוֹךְ** — ואם תרצה לסמוך עליו, סמוך, **אִי בָּעֵית לְשַׁדּוּרֵיהּ בִּידֵיהּ** — ואם תרצה לשלוח הממון בידו, **שַׁדַּר בִּידֵיהּ** — שלח בידו". כלומר, לא נתכוון ראובן אלא להעמיד לפני שמעון אדם שהוא ממליץ עליו כנאמן, ולהציע לשמעון שיסמוך עליו וישלח בידו את המעות. אך לא נתכוון ראובן שיהא אותו אדם שלוחו לקבל במקומו את המעות[11].

הגמרא מציעה ראיה ממשנה לאחת הדעות:

תְּנַן במשנה (בבא מציעא צח, ב): **הַשּׁוֹאֵל אֶת הַפָּרָה, וְשִׁילְּחָהּ** לו המשאיל **בְּיַד בְּנוֹ** (של המשאיל) **בְּיַד עַבְדּוֹ** או **בְּיַד שְׁלוּחוֹ, אוֹ** ששילחה לו **בְּיַד בְּנוֹ, בְּיַד עַבְדּוֹ** או **בְּיַד שְׁלוּחוֹ שֶׁל הַשּׁוֹאֵל, וּמֵתָה** הפרה בדרך טרם הגיעה לידי השואל, הרי השואל **פָּטוּר** מתשלומי אונסיה, שאין שואל מתחייב באחריות עד שיגיע החפץ לידיו[12].

הגמרא מבארת את ראיתה:

הַאי שְׁלוּחוֹ — "שלוחו" זה של השואל, המוזכר במשנה, **הֵיכִי דָּמֵי** — באיזה אופן מדובר, כלומר, כיצד עשאו השואל לשליח? **אִי** — אם מדובר באופן **דְּלֹא עָשָׂה** אותו **בְּעֵדִים**, קשה: **מְנָא יָדְעִינַן** — מניין אנו יודעים שהוא אכן שלוחו בכדי שתכנהו המשנה כן[13]? **אֶלָּא,** על כרחך מדובר באופן **דְּעָשָׂה** אותו לשליח **בְּעֵדִים; וְקָתָנֵי דְּפָטוּר** — והרי התנא מלמד שהשואל פטור מאחריות אונסים שיארעו בפרה אחרי שקבלה השליח, כל זמן שלא הגיעה לידיו שלו. הרי מוכח ממשנה זו ש"שליח שעשאו בעדים לא הוי שליח", ואין קבלתו נחשבת כאילו קיבל המשלח. **קַשְׁיָא לְרַב חִסְדָּא** — הרי זה קשה על רב חסדא שאמר "הוי שליח"!

הגמרא דוחה:

יש לומר בזה **כִּדְאָמַר רַב חִסְדָּא** לגבי "שלוחו" המוזכר במקום אחר[14], שמדובר **בִּשְׂכִירוֹ וּלְקִיטוֹ** — בכגון אדם ששכרו המשלח למלאכתו, או שלקטו ואספו לדור עמו להיות לו לצוותא[15], שהוא רגיל להשתלח לסדר עניניו של המשלח, ועל שם כך נקרא הוא "שלוחו", ולא משום שמינהו המשלח במפורש להיות ידו כידו בענין המדובר; **הָכָא נַמִּי** — גם כאן, לגבי "שלוחו" של השואל הנזכר במשנת "השואל את הפרה", יש לומר שמדובר **בִּשְׂכִירוֹ וּלְקִיטוֹ** של השואל, ואין הכוונה ל"שליח" ממש שמינהו השואל במפורש להיות במקומו בקבלת פרת השאלה.

הגמרא מציעה ראיה אחרת נגד רב חסדא, ממשנתנו:

תְּנַן במשנה (משנתנו): **לֹא יִתֵּן לֹא לִבְנוֹ וְלֹא לִשְׁלוּחוֹ.** אין הגזלן נפטר במסירת תשלום ביד בנו של הנגזל או ביד שלוחו, ואם יאנס התשלום מהם יהא חייב לשלם לנגזל מעות אחרים.

הגמרא מבארת את ראיתה:

הַאי שְׁלוּחוֹ — "שלוחו" זה של הנגזל, המוזכר במשנה, **הֵיכִי דָּמֵי** — באיזה אופן מדובר, כלומר, כיצד עשאו הנגזל לשליח? **אִי** — אם מדובר באופן **דְּלֹא עֲשָׂאוֹ בְּעֵדִים**, קשה: **מְנָא יָדְעִינַן** — מניין אנו יודעים שהוא אכן שלוחו בכדי שתכנהו המשנה כן[16]? **אֶלָּא לָאו דַּעֲשָׂאוֹ בְּעֵדִים** — האם לא מוכרח שמדובר באופן שעשה לשליח בפני עדים?! מכיון שכן, מהוראת המשנה שמסירת התשלום לידי שליח זה אינה פוטרת את הגזלן מאחריותו, מוכח ש"שליח שעשאו בעדים לא הוי שליח", ואין קבלתו נחשבת כאילו קיבל המשלח, שלא כדברי רב חסדא שאמר "הוי שליח"!

מתרצת הגמרא:

תִּרְגְּמָא רַב חִסְדָּא — פירש רב חסדא את משנתנו, באמרה "שלוחו", כעוסקת **בִּשְׂכִירוֹ וּלְקִיטוֹ** — בכגון אדם ששכרו הנגזל למלאכתו, או אדם שליקטו הנגזל ואספו לדור עמו להיות לו לצוותא[17], שהוא רגיל להשתלח לסדר עניניו של הנגזל, ועל שם כך נקרא הוא "שלוחו", ולא משום שמינהו הנגזל במפורש לקבל בשבילו את הגזילה.

הגמרא מקשה על הפירוש הזה:

אֲבָל שָׁלִיחַ שֶׁעֲשָׂאוֹ הנגזל **בְּעֵדִים, מַאי** דינו, לפי דבריך? **הָכִי נַמִּי דְּהָוֵי שָׁלִיחַ** — האמנם דינו הוא שאכן נחשב הוא כשליח ממש, להיות קבלתו את התשלום נחשבת כמי שקיבלו הנגזל? אם כן קשה: **אַדְּתָנֵי סֵיפָא** — במקום ששונה התנא בהמשך המשנה "**אֲבָל נוֹתֵן הוּא לִשְׁלִיחַ בֵּית דִּין**", ללמד שבכדי שאכן יצא הגזלן ידי חובת השבה בלא הבאת התשלום לידי הנגזל, צריך הוא למסור את התשלום לשליח בית דין, **לִפְלוֹג וְלִיתְנֵי בְּדִידֵיהּ** — ראוי היה שישנה חילוק באותו מקרה עצמו המוזכר ברישא, דהיינו בשליח של הנגזל שאינו שליח בית דין, שאחרי אמרו "לא יתן... ולא לשלוחו", היה לו ללמד **שֶׁשָּׁלִיחַ שֶׁעֲשָׂאוֹ** הנגזל **בְּעֵדִים, הָכִי נַמִּי דְּהָוֵי שָׁלִיחַ** — הרי הוא אכן נחשב שלוחו ממש, שקבלתו את התשלום הרי היא כאילו קיבלו הנגזל, ובנתינה בידו נפטר הגזלן[18]! כלומר, אם אמנם סובר התנא של משנתנו ששליח שעשאו הנגזל בעדים נחשב כשלוחו ממש, ונתינת

הערות

10. רב חסדא סובר שאילולא נתכוון ראובן שיהא זה שליח ממש — אלא נתכוון רק שיעמוד לשרותו של שמעון למשלוח הכסף על אחריות שמעון, כפי שסובר רבה — לא היה טורח למנותו בעדים (ראה פסקי רי"ד).

אף על פי שעל ידי מינוי השליח להיות במקומו לקבל תחתיו את המעות נמצא ראובן נפסד בכך שאחריות הדרך מוטלת עליו ולא על שמעון, ואינו מרויח שיהא שמעון מחוייב למסור המעות לשליח, כי אין מועיל לכך אלא כתיבת "הרשאה" (ראה הערה 7), מכל מקום יתכן שימנה ראובן שליח כזה כדי לזרז את שמעון, שאם לא יחפוץ לשלוח המעות אל ראובן בהיות אחריות הדרך עליו, אפשר שיתרצה למוסרם לשליח באופן שייפטר מיד ולא תהא עליו אחריות הדרך.

11. ומה שטרח ראובן למנותו בפני עדים, לפי רבה, נראה שהוא כדי שיוכלו העדים להעיד לשמעון שהמליץ ראובן על שליח זה כאדם נאמן, שבכך עשוי שמעון להתרצות לסמוך עליו ולשלוח בידיו.

12. אמנם דינו של שואל הוא להתחייב בכל האונסים הנופלים בדבר השאול (מלבד "מתה מחמת מלאכה"), אך אינו נקרא שואל לענין זה בלא שמגיע החפץ לידו, אם לא שאמר בפיו למשאיל שישלחו ביד בנו וכדומה, שאז מתחייב הוא באחריות מיד שמשלחו ביד אותו אדם (רש"י).

[הדין האחרון שבדברי רש"י, שאם אמר השואל למשאיל לשלוח את החפץ ביד אחר מתחייב הוא באחריות מיד משמסר, מפורש בהמשך משנה זו עצמה: "אמר לו השואל: שלחה לי ביד בני... או ביד בנך... ושלחה ומתה — חייב". ראה שיטה מקובצת בבא מציעא צח, ב בשם הראב"ד והר"ן, דעות שונות באשר לטעם הדבר שמתחייב השואל באחריות באופן זה, אף על פי שלא מינה את אותו אחר כשלוחו.

על כל פנים, בהוראה המובאת בגמרא כאן, שהיא הראשונה במשנה בבבא מציעא, מדובר באופן שלא אמר השואל למשאיל לשלוח את הפרה אליו, ולכן לא נתחייב השואל באונסיה כשמסרה המשאיל לידי אחר כדי שלשלחה אליו.]

13. רש"י. אף על פי שהוראת המשנה נצרכת ללמד את הדין במקום שהשואל מודה שעשה את האדם ההוא לשליח, מכל מקום לשון המשנה, "ושלחה ביד שלוחו", משמע שמדובר באדם שהיה מבורר וידוע כשלוחו של השואל בשעה ששלח המשאיל בידו את הפרה (רשב"א).

ראה תוספות המפרשים את כוונת הגמרא באופן אחר.

14. המקום שלגביו אמר רב חסדא עצמו את הדברים הוא משנתנו, כפי שיובא בגמרא בסמוך.

15. "שכיר" היינו אדם הנשכר לבעל הבית ליום או לחדש וכדומה. "לקיט" הוא אדם שלקטו בעל הבית לדור עמו להיות לו לצוותא (רש"י בשם רבו). פירוש אחר מביא רש"י ל"לקיט": אדם הנשכר ללקוט את תבואתו של בעל הבית. בעירובין (סד, א ד"ה ואמר) פירש רש"י ש"שכיר" מציין אדם הנשכר לעבודת כל השנה, ו"לקיט" מציין אדם הנשכר לעבודת ימי הקציר והאסיף.

16. ראה הערה 13.

17. ראה הערה 15.

18. כלומר, היה לו להזכיר האפשרות של שליח שמינהו הנגזל בעדים **תחת** הזכרת האפשרות של שליח בית דין (ראה שיטה מקובצת בשם רא"ש; רשב"א, אך ראה דקדוקי סופרים אות ח; הגהות הב"ח). או אפשר שכוונת הגמרא היא שהיה לתנא

שכבר הודה מפי עצמו אלא אמר רבא שאני מתני' דכיון דידע למאן גזליה ואודי ליה כיון דאפשר לאהדורי ממונא למריה הוה ליה כמאן דאמר ליה יהיו לי בידך הלכך נשבע אע"ג דקאמר ליה יהיו לי בידך כיון דבעי כפרה לא סגי עד דמטי לידיה [א] הא לא אישתבע הוי גביה פקדון עד דאתי ושקיל ליה: לא יתן לא לבנו ולא לשלוחו: איתמר שליח שעשאו בעדים רב חסדא אמר [ב] הוי שליח רבה אמר לא הוי שליח רב חסדא אמר הוי שליח להכי טרחי ואוקמיה בעדים דליקו ברשותיה רבה אמר לא הוי שליח ה"ק איניש מהימנא הוא אי סמכת סמוך אי בעית לשדוריה בידיה שדר בידיה תנן [ג] השואל את הפרה ושילחה ביד בנו ביד עבדו ביד שלוחו או ביד בנו ביד עבדו ביד שלוחו של שואל ומתה פטור האי שלוחו היכי דמי אי דלא עשה בעדים מנא ידעינן אלא דעשה בעדים וקתני דפטור קשיא לרב חסדא כדאמר רב חסדא בשכירו ולקיטו הכא נמי בשכירו ולקיטו תנן [ג] לא יתן לא לבנו ולא לשלוחו האי שלוחו היכי דמי אי דלא עשאו בעדים מנא ידעינן אלא לאו דעשאו בעדים תרגמא רב חסדא בשכירו ולקיטו אבל שליח שעשאו בעדים מאי הכי נמי דהוי שליח אדתני סיפא אבל נותן הוא לשליח בית דין לפלוג וליתני בדידיה (א) שליח שעשאו בעדים הכי נמי דהוי שליח אמרי לא פסיקא ליה שליח ב"ד לא שנא עשאו נגזל ולא שנא עשאו גזלן הוי שליח פסיקא ליה שליח שעשאו בעדים דכי עשאו נגזל הוא דהוי שליח עשאו גזלן לא הוי שליח לא פסיקא ליה ולאפוקי מהאי תנא דתניא רבי שמעון בן אלעזר אומר שליח בית דין שעשאו נגזל ולא עשאו גזלן או עשאו גזלן ושלח הלה ונטל את שלו מידו פטור רבי יוחנן ורבי אלעזר דאמרי תרווייהו שליח שעשאו בעדים הוי שליח וא"ת משנתנו [ד] בממציא לו שליח דאמר ליה אית לי זוזי גבי פלניא ולא קא משדר להו איתחזי ליה דלמא איניש הוא דלא משכח לשדורי ליה א"נ כדרב חסדא בשכירו ולקיטו א"ר יהודה אמר שמואל
אין

רש"י

שכבר הודה מפי עצמו. ובא לצאת ידי שמים ואע"ג דבי דינא לא מצו מחייבי ליה אלא מניח לפניהם מיהו ידי עונש אין יוצא עד שישלם לשניהם דהא לאו לבעלים אהדריה כו': אלא אמר רבא. מתני' דברי הכל היא ולא דמיא לאין יודע דהתם בין נשבע בין לא נשבע הוא דפליגי ר' טרפון ור"ע לענין דינא דר' טרפון לא מחייב להחזיר ליד הנגזל ור"ע מחייב אע"ג דלא נשבע והאי דפרכת לעיל ואי ר"ע אע"ג דלא אשתבע לאו פירכא היא דהתם דין הוא דאע"ג דלא משתבע דיחזיר לכל אחד שהרי אין יודע למי גזל ולא נפיק ידי שמים כלל אבל הכא במתני' דידע למאן גזל ומודי ליה משעת הודאה דמזומן הוא להשיב הוי גביה כפקדון הלכך נשבע תחילה קודם הודאה אע"ג כו': שליח שעשאו בעדים. ראובן שיש לו מעות ביד שמעון ומינה שליח בעדים לקבלם הימנו ונתנם לו: הוי שליח. ואם נאנסו בדרך פטור בעל הבית שנתנם לו: פטור. דלא קמה ברשות שואל להתחייב באונסים עד שיאמר לו מפיו לשלחה לו ביד בנו כו': מנא ידעינן. דשלוחו הוא דקרי ליה מתני' שלוחו (ב): לקיטו. שלקטו אצלו לדור עמו בביתו לצוותא בעלמא לשון מורי: ושכירו. נשכר עמו ליום ולחדש ולשנה ולשבת לישנא אחרינא לקיטו לוקט תבואתו: ולאפוקי מהאי תנא. הא מתניתין דאוקימנא שליח ב"ד אפילו עשאו גזלן ולא נגזל הוה שליח והוי באחריותו דנגזל לאפוקי מהאי תנא: שליח ב"ד. דמשמע מתני' דמשנתן לו נפטר גזלן כשעשאו נגזל קאמר ולא כשעשאו גזלן: ושלח הלה ונטל שלו. מיד השליח: פטור. מאונס הדרך טעמא דנטל הנגזל הא נאנסו מן השליח הראשון חייב: וא"ת משנתנו. דקתני לא יתן לשלוחו ואי דלא עשאו בעדים מנא ידעינן [לא] תוקמא בשעשאו בעדים אלא בממציא לו שליח דיקש מחבירו שימציא לו לגזלן את עצמו לומר לו אם תרצה לשלח כלום לפלוני שלח בידי:
בדיוקני

תוספות

שכבר הודה מפי עצמו. מהאי לישנא דייק בהמפקיד (ב"מ דף לז.) וגם מתמת פירכא אחריתי מוקי לה דבא לצאת ידי שמים ותימה א"כ ההוא מעשה דחסיד אחד אמאי אמר ליה רבי טרפון הנח דמי מקחך ביניהם הא כיון דחסיד הוה מסתמא היה בא לצאת ידי שמים וי"ל דלכתחילה בא עמו לדין אם הוא חייב מן הדין ושוב מה שעשה עשה א"נ אפילו לצאת ידי שמים אין חייב לר' טרפון אלא בגזל אבל בפקדון ומקח דלא עשה איסורא לא וכן משמע בהמפקיד (שם דף לז. ושם [ג]) דכי רמי התם גזל אגזל משני הכא דבא לצאת ידי שמים ולעיל מיניה כי רמי פקדון אפקדון לא בעי לשנויי הכי ואין להאריך כאן בסוגיא דהתם: אמר רבא שאני מתני' כו'. לפי הספרים דל"ג אלא משמע דאתא רבא לתרוצי פירכא דפרכינן לר' טרפון ולעולם רבי טרפון היא וקאמר כיון דאודי ליה כמ"ד יהא בידך דמי א"כ מסתמא מיירי כשהודה בפניו דאם לא כן אמאי הוי כמ"ד יהא בידך וכיון דבהודאה (ג) מיירי מתניתין אכתי תקשה אמאי לא מוקי מתני' נמי כר"ע ואע"ג דקנים ר"ע אפילו היכא דלא נשבע ה"מ דלא הדר ממונא למריה אבל במתני' היכא דלא נשבע והודה לו בפניו הדר ממונא למריה דכיון דהודה לו בפניו מה לי תופס בידו מ"ל נתן ביד ב"ד הלכך לא יקנוס ר"ע וי"ל דסברת גמרא היה כיון דקניס ר"ע בכל מקום קניס כיון דעבד איסורא ולא יחלק ומיהו אין נראה דמיירי הכא בשהודה בפניו דא"כ אפילו נשבע נמי אין צריך להוליכו אחריו למדי ויכול להביא כפרה דכיון דהודה לו בפניו והניחו בידו והלך הרי הוא כהפקידו בידו ואמאי יהא צריך להוליכו אחריו אלא ודאי מיירי כשהודה שלא בפניו אלא בפני עדים והשתא א"ש דלא מתוקמא מתני' כר"ע דלא מהדר ממונא למריה כיון שלא נתן ביד ב"ד ולפי מה שפי' בקונטרס אלא אמר רבא א"ש דרבא לא בא לתרץ פירכא (ד) אלא טעמא דמתני' מפרש בכה"ג דמצי לאוקמי בין כר"ע בין כרבי טרפון: שליח שעשאו כו'. לכאורה נראה דאיירי כגון דלא אמר לו (ה) שלח לי על ידו רק עדים מעידים שעשאו שליח אבל אם היה אומר שלח לי על ידו פשיטא דהוי שליח דהא תנן בהשואל (ב"מ דף צח: ושם) אמר ליה השואל שלח לי ביד בני ביד עבדי ביד שלוחי או ביד בנך או ביד עבדך או ביד שלוחך ושלחה חייב ומ"ל א"ל בפניו שלח ומ"ל אמר ליה שלח בפניו שלח [ז] ומיהו לקמן לא משמע הכי דבעי לשמואל מאי תקנתיה הול"ל שלח ליה שלח לי ע"י זה דאז הוי שליח לכך נ"ל דבכל ענין שלא בפניו לא הוי שליח עד שיאמר לו בפניו שלח לי על ידו כההיא דהשואל דאיירי בפניו וכן מוכיח מתוך הקונטרס: רבה אמר לא הוי שליח. יש מקשים דרבה אדרבה דהכא קאמר רבה דלא הוי שליח ובפ' המוכר את הספינה (ב"ב דף פו:) אמרינן רבה ורב יוסף דאמרי תרוייהו הכא בחנוני מוכר ללוחית עסקינן ואזדא ר' יהודה לטעמיה דאמר לאתויי שדריה הרי לרבה אליבא דר' יהודה הוי שליח וי"ל דשאני התם דכיון שנתן לו פונדיון וצוה לו להביא באיסר שמן הוי כאילו א"ל בהדיא שלח לי על ידו ופטור ולפי מה שפירשתי דדוקא שאמר ליה בפניו אית לן למימר דכיון דנתן הפונדיון הוי כאילו אמר ליה בפניו שלח הלכך אמר לר' יהודה לאתויי שדריה: הכי קא"ל איניש מהימנא הוא. תימה אמאי חייב הוא מן הדין באחריות אונס הדרך והא אין יכול לומר אין רצוני שיהא פקדוני ביד אחר כיון דתפיס ליה באיניש מהימנא וי"ל דנראה דאפילו הוא עצמו הביאו בדרך ונאנס חייב דפשיעה הוא עושה שמוליכו בדרך במקום פלוני שיש בו סכנה ובע"כ חייב לשמור עד שיחזירנו לו בישוב במקום שהפקידו אצלו כדאמרינן לקמן (דף קיח.) (ו) בהמפקיד אצל חבירו בישוב לא יחזיר לו במדבר משמע דבעל כרחו חייב לשמור עד שיחזירנו בישוב במקום שהפקידו ולאו כל כמיניה להחזיר לו במדבר במקום סכנה:

אי דלא עשאו בעדים מנא ידעינן. כלומר היכי מסר לו משאיל כיון דלא ידע אי האי שליח של שואל הוא: בשכירו ולקיטו. תימה אמאי לא אמר רב חסדא נמי הכא ועוד תימה אמאי לא פריך ליה מעיקרא ממתני' והדר הוה ליה למפרך מההיא דפ' השואל:
אין

מסורת הש"ס

א) ב"מ לח:, ב) לעיל קג., ג) [ד"ה התם], ד) ובב"מ פ' השואל כתבו להיפך ע"ש.

הגהות הב"ח

(א) גמ' לפלוג וליתני בדידיה בד"א בשליח שלא עשאו בעדים אבל שליח שעשאו בעדים: (ב) רש"י ד"ה מנא ידעינן וכו' שלוחו הס"ד ואח"כ מ"ה שכירו נשכר וכו' ולשבת לקיטו שלקטו וכו' לשון מורי לישנא אחרינא כצ"ל: (ג) תוס' ד"ה אמר וכו' וכיון דבהודאה בפניו מיירי: (ד) בא"ד לא בא לתרץ פירכא דפרכי' לר"ט אלא טעמא: (ה) ד"ה שליח וכו' כגון דלא אמר לו אמור לפלוני ישלח לי על ידך רק עדים מעידים שעשאו שליח להביא לו אבל אם היה אומר לו אמור לפלוני ישלח לי על ידך פשיטא דהוי: (ו) ד"ה הכי וכו' דהמפקיד אצל חבירו:

עין משפט נר מצוה

קכ א מיי' פ"ז מהל' גזילה הלכה ט סמג עשין עג טוש"ע ח"מ סי' שסז סעיף א:
קכא ב מיי' שם הלכה י ופ"ג מהלכות שלוחין ושותפין הלכה ה סמג עשין עב טוש"ע ח"מ סי' שסז סעיף ב וסי' קכא סעיף א וסעיף ב וסי' קכב סעיף א וע"ש:
קכב ג מיי' פ"ג מהל' שאלה ופקדון הלכה א סמג עשין פב טוש"ע ח"מ סי' שמ סעיף ה:
קכג ד (מיי' שם) טור ש"ע ח"מ סי' קכא סעיף ב:

ליקוטי רש"י

שכבר הודה מפי עצמו. בבא לצאת ידי שמים מאליו בא לימלך מה יעשה ולא יענש דהשתא ודאי אמרינן ידי שמים לא יצאת עד שתתן לשניהם שאם תהא מונחת עד שיבא אליהו נמצא הנגזל מפסיד על ידך [ב"מ לז.]. ביד בנו. המשאיל שלחה לו לשואל ביד בנו של משאיל. פטור. אם מתה בדרך פליגי בה רבה ורב חסדא בהגוזל קמא רב חסדא מתרץ לה להאי שלוחו דשואל דמתני' בשכירו ולקיטו שדר בביתו אבל אין עדים שהוא שלוחו דאי איכא עדים הוי שליח וחייב השואל באונסין משמסרו לו רבה אומר אפילו עשאו שליח בעדים לאו שליח הוא להתחייב על ידו באונסין דה"ק ליה איניש מהימנא הוא אי בעית לשדורי בידיה שדר [ב"מ צח:]. שכירו. שכיר לעבודת כל השנה. ולקיטו. לימות הקציר והאסיף [עירובין סד.]. שסוכרו ללקוט תבואתו [כתובות נז:]. לא יתן לא לבנו. של נגזל להוליכו לנגזל שאם יאנסוהו חייב להחזיר דלא הוי השבה עד דמטי לידיה כדאמרן [לעיל קג.].

תשלום לידו פוטרת את הגזלן מאחריות, מדוע בבואו ללמד אופן שאכן מועילה נתינה לשליח, הזכיר דוקא שליח בית דין, ולא לימד ששליח פשוט מועיל אף הוא לכך, אם רק נעשה בעדים[19]?!

מתרצת הגמרא:

אָמְרֵי — אמרו בתירוץ קושיא זו: לעולם סובר התנא ש"שליח שעשאו בעדים הוי שליח", ואם מסר הגזלן תשלום לשליח כזה נפטר הוא בכך מאחריותו, והטעם שלא הזכיר התנא אפשרות זו במשנה הוא משום **דלֹא פְּסִיקָא לֵיהּ** — אין הדבר "חתוך" לו לומר כן. כלומר, לא היה באפשרותו לומר בסתם שיכול הגזלן לתת תשלום ל"שליח שנעשה בעדים", כי אין זה נכון בכל האופנים, ולכן אמר שיכול הגזלן לתת תשלום ל"שליח בית דין", כי זה אכן נכון בכל האופנים.

הגמרא מבארת את דבריה:

שְׁלִיחַ בֵּית דִּין, שלגביו הדין הוא ד**לֹא שְׁנָא עֲשָׂאוֹ נִגְזָל וְלֹא שְׁנָא עֲשָׂאוֹ גַּזְלָן** — אין חילוק בין אם עשאו הנגזל, דהיינו שמינהו הנגזל בפני בית דין[20], ובין אם עשאו הגזלן, דהיינו שמינוהו בית דין לבקשת הגזלן, בכל אופן **הָוֵי שָׁלִיחַ** — נחשב הוא כשלוחו של הנגזל להיות קבלתו את התשלום נחשבת כאילו קבלו הנגזל, **פְּסִיקָא לֵיהּ** — דבר "חתוך" הוא לתנא לשנותו, שיכול הוא ללמד בסתם שאפשר לגזלן לתת תשלום "לשליח בית דין". אולם **שָׁלִיחַ שֶׁעֲשָׂאוֹ בְּעֵדִים**, שלגביו הדין הוא **דְּכִי עֲשָׂאוֹ נִגְזָל הוּא דְּהָוֵי שָׁלִיחַ** — דוקא אם מינהו הנגזל הוא שהינו נחשב כשלוחו, וכשמקבל התשלום הרי זה כאילו קבלו הנגזל, אבל **עֲשָׂאוֹ גַּזְלָן לֹא הָוֵי שָׁלִיחַ** — אם מינהו הגזלן אינו נחשב בכך שליח להיות קבלתו את התשלום נחשבת כאילו קבלו הנגזל, **לֹא פְּסִיקָא לֵיהּ** — אינו דבר "חתוך" לתנא לשנותו, שאינו יכול ללמד בסתם שאפשר לגזלן לתת תשלום "לשליח הנעשה בעדים". לכן הזכיר התנא האפשרות של שליח בית דין ולא הזכיר האפשרות של שליח שעשאו בעדים.

הגמרא מוסיפה שביאור זה בכוונת המשנה, שלפיו נפטר גזלן מאחריות אף במסירה לשליח בית דין שנתמנה על פי בקשת הגזלן, הנו חלוק על דעה אחרת:

וּלְאַפּוּקֵי מֵהַאי תַּנָּא — והרי זה מוציא משיטתו של תנא זה דלהלן, **דְּתַנְיָא** בברייתא: **רַבִּי שִׁמְעוֹן בֶּן אֶלְעָזָר אוֹמֵר: שְׁלִיחַ בֵּית דִּין** שאמרו חכמים שאם מסר הגזלן בידו תשלום, נפטר הוא בכך, היינו שליח **שֶׁעֲשָׂאוֹ הַנִּגְזָל, וְלֹא** שליח **שֶׁעֲשָׂאוֹ הַגַּזְלָן**[21]. **אוֹ** שליח בית דין **שֶׁעֲשָׂאוֹ גַּזְלָן**, דהיינו שמינוהו בית דין לבקשתו, **וְשָׁלַח הַלָּה** (הנגזל) **וְנָטַל אֶת שֶׁלּוֹ מִיָּדוֹ** של אותו שליח, הרי הגזלן **פָּטוּר** מאונסין שיארעו לאחר מכן, אף לפני שמגיע התשלום לידי הנגזל; אולם אם לא נטל שלוחו של הנגזל משליח הגזלן, אלא נאנסו משליח הגזלן, הרי הגזלן חייב באחריות[22]. רבי שמעון בן אלעזר סובר, איפוא, שדוקא שליח בית דין שעשאו הנגזל הוא שנתינה לידו פוטרת את הגזלן מאחריות, ולא שליח בית דין שעשאו הגזלן. הביאור שאמרו במשנה כדי ליישבה לפי שיטת רב חסדא הסובר "שליח שעשאו בעדים הוי שליח", שהטעם שהזכיר התנא את האפשרות של שליח בית דין ולא את האפשרות של שליח שעשאו הנגזל בעדים הוא משום ששליח בית דין כולל גם שליח בית דין של הגזלן, חולק על רבי שמעון בן אלעזר[23].

הגמרא מביאה אמוראים אחרים הסוברים כדעת רב חסדא:

רַבִּי יוֹחָנָן וְרַבִּי אֶלְעָזָר דְּאָמְרֵי תַּרְוַיְיהוּ — אמרו שניהם: **שָׁלִיחַ שֶׁעֲשָׂאוֹ** ראובן **בְּעֵדִים** לקבל מעות ששמעון חייב לו, **הָוֵי שָׁלִיחַ** — נחשב הוא כשלוחו של ראובן, שקבלתו את המעות נחשבת כאילו קיבלם ראובן, ולכן משנותנם שמעון בידו נפטר הוא מאחריותם. **וְאִם תֹּאמַר מִשְׁנָתֵנוּ** — ואם תשאל שממשנתנו משמע שאין הדין כך, ששנינו בה שאין הגזלן יוצא ידי חובתו בנתינת תשלום לשלוחו של הנגזל ("לא יתן... ולא לשלוחו"), ומשמע שמדובר בשליח שמינהו בעדים[24]; אומר לך שאין משנתנו עוסקת בשליח שמינהו הנגזל בעדים, אלא היא עוסקת **בְּמַמְצִיא לוֹ שָׁלִיחַ** — באופן שהנגזל ביקש מאדם זה להמציא עצמו לפני הגזלן ולהציע שישלח התשלום בידו, **דְּאָמַר לֵיהּ** הנגזל לשליח: **"אִית לִי זוּזֵי גַּבֵּי פְּלָנְיָא** — יש לי מעות אצל פלוני, **וְלֹא קָא מְשַׁדַּר לְהוּ** — ואינו שולחם אלי. **אִיתְחֲזִי לֵיהּ** — הֵרָאֶה לפניו, ואמור לו שאם רצונו לשלוח אלי דבר מה, שישלח בידך, **דִּלְמָא אִינִישׁ הוּא דְּלֹא מַשְׁכַּח לְשַׁדּוּרֵי לֵיהּ** — כי אולי [הטעם שלא שלח אלי המעות עד עתה] הוא משום שאינו מוצא אדם לשלחו"[25]. **אִי נַמִי** — או אפשר לפרש את "שלוחו" של הנגזל המוזכר

הערות

להזכיר האפשרות של שליח שמינהו הנגזל בעדים **בנוסף** להזכרת האפשרות של שליח בית דין (כן מפורש בגירסת הגמרא שבאור זרוע ובכל כתבי היד — ראה דקדוקי סופרים שם; שינויי נוסחאות [פרנקל]).

19. יש מהראשונים שתמהו על קושיית הגמרא: לכאורה, כל רצונו של התנא הוא ללמד על אפשרות לגזלן לצאת ידי חובתו בלי ללכת אל הנגזל הנמצא במקום רחוק, ובודאי נקל יותר לסדר שליח בית דין במקום הגזלן מלסדר שימנה הנגזל המרוחק שליח בעדים שיגיע עד מקום הגזלן! הראשונים מבארים שבקושייתה מניחה הגמרא ש"שליח בית דין" המוזכר במשנה אינו שליח שממנה בית דין על פי בקשת הגזלן, ואין הגזלן נפטר מאחריותו במסירה לשליח כזה, אלא כוונת המשנה היא לשליח שממנה הנגזל בפני בית דין (באמת קיימת בין התנאים דעה שכך הדין, כפי שיתבאר בגמרא בסמוך). לכן טוענת הגמרא שאם אמנם מועיל אף שליח שממנה הנגזל בעדים, היה לתנא להשמיע אפשרות זו, כי בודאי קל יותר לסדר מינוי בפני שנים הכשרים לעדות מאשר בפני שלשה הכשרים אף לדון (ראה רשב"א; שיטה מקובצת בשם הרא"ש; אך ראה חזון איש כ, ט).

20. רשב"א.

21. רש"י. ראה עוד להלן הערה 23.

22. רש"י.

מדובר אפילו בשליח שלא עשאו הנגזל בעדים. הברייתא מלמדת שאף על פי שאילו שלח הנגזל שליח זה ליטול תשלום מיד הגזלן עצמו, לא היה הגזלן נפטר מאחריות בנתינתו לאותו שליח, מכל מקום כששלחו הנגזל ליטול תשלום **משליח** שעשאו הגזלן, אכן נפטר הגזלן מאחריות בהגיע התשלום ליד שליח הנגזל. הטעם, לפי שדוקא כששולח הנגזל שליח אל הגזלן עצמו ניתן לומר שלא נתכוון אלא להציע לו שיסמוך עליו וישלח בידו את התשלום על אחריותו שלו, אולם כששולח הנגזל שליח אל **שלוחו** של הגזלן אין לומר כן, כיון שכבר הוציא הגזלן תשלום מידו ושלחו אליו, אלא בודאי כוונת הנגזל בזה היא שיעמוד שליח זה במקומו ממש (ראה תוספות רי"ד; חזון איש כ, ט; אך ראה שיטה מקובצת בשם הרא"ש).

החזון איש (שם) מוסיף, על פי הסברא הנזכרת, שבאמת אף אם שלח הגזלן תשלום ביד **שליח רגיל** — ולא שליח בית דין — ושלח הנגזל שליח ליטול ממנו, נפטר הגזלן מאחריות משבא התשלום לידי שליח הנגזל. ומה שנקט רבי שמעון בן אלעזר מקרה שנטל שליח הנגזל מיד **שליח בית דין** שעשאו הגזלן, הוא כדי להשמיענו שאפילו באופן זה אין הגזלן נפטר מאונסים עד ששולח הנגזל שליח משלו ונוטל השליח את התשלום.

23. לכאורה, כוונת הגמרא היא שלפי ההסבר הנאמר במשנתנו לפי שיטת רב חסדא, נמצא שבא התנא של משנתנו לחלוק על רבי שמעון בן אלעזר. אולם מדברי רש"י (ד"ה שליח) משמע שדברי רבי שמעון בן אלעזר עצמו נאמרו בתורת פירוש להוראה שנאמרה במשנתנו [רבי שמעון בן אלעזר היה תלמיד של רבי מאיר, שרוב משניותינו נשנו על ידו — ראה סנהדרין פו, א; אגרת רב שרירא גאון, אות כח], ולפי זה כוונת הגמרא היא שרב חסדא חולק על רבי שמעון בן אלעזר בביאור הוראת המשנה (מהריק"ש; ראה שם שתמה כיצד יתכן שיחלוק אמורא על תנא בביאור משנה, ומציע הסבר לדבר).

24. שאם לא כן, מניין לנו שהוא שלוחו של הנגזל [וכפי שאמרה הגמרא לעיל — ראה הערה 13] (רש"י).

25. רש"י. יש מפרשים בדעת רש"י, שמכיון שצוה הנגזל את השליח שיאמר לגזלן שישלח המעות בידו, הרי שאם ציוהו הנגזל כן בפני עדים ייחשב כשליח שעשאו הנגזל בעדים, ולכן מדגיש רש"י שכוונת הגמרא באומרה שמדובר "בממציא לו שליח" היא שלא עשאו בפני עדים (ים של שלמה, סימן לו; גידולי תרומה נ, ג, ג). [לכאורה, עיקר תירוץ הגמרא לפי זה הוא שאדם שנצטוה באופן זה אפשר שתכנהו המשנה "שלוחו" אף אם אין ידוע על פי עדים שנצטוה, כי אינו נקרא "שלוחו" של הנגזל על שם היותו ממונה על ידו כשליח ממש, אלא הוא נקרא כן על שם שנשלח מטעמו להציע עצמו למלא תפקיד שליחות עבור הגזלן.]

אך ראשונים אחרים מפרשים שכוונת "ממציא לו שליח" היא שלא צוה הנגזל את חבירו אלא שייראה לגזלן ויאמר לו שהולך הוא למקום הגזלן, אך לא יאמר לו

שכבר הודה מפי עצמו אלא אמר רבא שאני מתני' דכיון דידע למאן גזליה ואודי ליה כיון דאפשר לאהדורי ממונא למריה הוה ליה כמאן דאמר ליה יהיו לי בידך הלכך נשבע אע"ג דקאמר ליה יהיו לי בידך כיון דבעי כפרה לא סגי עד דמטי לידיה [א]הא לא אישתבע הוי גביה פקדון עד דאתי ושקיל ליה: לא יתן לא לבנו ולא לשלוחו: איתמר שליח שעשאו בעדים רב חסדא אמר [ב]הוי שליח רבה אמר לא הוי שליח רב חסדא אמר הוי שליח להכי טרחי ואוקמיה בעדים דליקו ברשותיה רבה אמר לא הוי שליח ה"ק איניש מהימנא הוא אי סמכת סמוך אי בעית לשדוריה בידיה שדר בידיה תנן (א) [ג]השואל את הפרה ושילחה ביד בנו ביד עבדו ביד שלוחו או ביד בנו ביד עבדו ביד שלוחו של שואל ומתה פטור האי שלוחו היכי דמי אי דלא עשה בעדים מנא ידעינן אלא דעשה בעדים וקתני דפטור קשיא לרב חסדא כדאמר רב חסדא בשכירו ולקיטו הכא נמי בשכירו ולקיטו תנן [ג]לא יתן לא לבנו ולא לשלוחו האי שלוחו היכי דמי אי דלא עשאו בעדים מנא ידעינן אלא לאו דעשאו בעדים תרגמא רב חסדא בשכירו ולקיטו אבל שליח שעשאו בעדים מאי הכי נמי דהוי שליח אדתני סיפא אבל נותן הוא לשליח בית דין לפלוג וליתני בדידיה (א) שליח שעשאו בעדים הכי נמי דהוי שליח אמרי לא פסיקא ליה שליח ב"ד לא שנא עשאו נגזל ולא שנא עשאו גזלן הוי שליח פסיקא ליה שליח שעשאו בעדים דכי עשאו נגזל הוא דהוי שליח עשאו גזלן לא הוי שליח לא פסיקא ליה ולאפוקי מהאי תנא דתניא רבי שמעון בן אלעזר אומר שליח בית דין שעשאו נגזל ולא עשאו גזלן או עשאו גזלן ושלח הלה ונטל את שלו מידו פטור רבי יוחנן ורבי אלעזר דאמרי תרוייהו שליח שעשאו בעדים הוי שליח וא"ת משנתנו [ד]בממציא לו שליח דאמר ליה אית לי זוזי גבי פלניא ולא קא משדר להו איתחזי ליה דלמא איניש הוא דלא משכח לשדורי ליה א"נ כדרב חסדא בשכירו ולקיטו א"ר יהודה אמר שמואל

אין

רש"י

שכבר הודה מפי עצמו. ובא לצאת ידי שמים ואע"ג דבי דינא לא מצו מחייבי ליה אלא מניח לפניהם מיהו ידי עונש אין יוצא עד שישלם לשניהם דהא לאו לבעלים אהדריה כו': אלא אמר רבא. מתני' דברי הכל היא ולא דמיא לאין יודע דהתם בין נשבע בין לא נשבע הוא דפליגי ר' טרפון ור"ע לענין דינא דר' טרפון לא מחייב להחזיר ליד הנגזל ור"ע מחייב אע"ג דלא נשבע והאי דפרכת לעיל ואי ר"ע אע"ג דלא אשתבע לאו פירכא היא דהתם דין הוא דאע"ג דלא משתבע ליחזיר לכל אחד שהרי אין יודע למי גזל ולא נפיק ידי שמים כלל אבל הכא במתני' דידע למאן גזל ומודי ליה משעת הודאה דמזומן הוא להשיב הוי גביה כפקדון הלכך נשבע תחילה קודם הודאה אע"ג כו': שליח שעשאו בעדים. ראובן שיש לו מעות ביד שמעון ומינה שליח בעדים לקבלם הימנו ונתנם לו: הוי שליח. ואם נאנסו בדרך פטור בעל הבית שנתנם לו: פטור. דלא קמה ברשות שואל להתחייב באונסים עד שיאמר לו מפיו לשלחה לו ביד בנו כו': מנא ידעינן. דשלוחו הוא דקרי ליה מתני' שלוחו (ב): לקיטו. שלקטו אצלו לדור עמו בביתו לצוותא בעלמא לשון מורי: ושכירו. נשכר עמו ליום ולחדש ולשנה ולשבת לישנא אחרינא לקיטו לוקט תבואתו: ולאפוקי מהאי תנא. הא מתניתין דאוקימנא שליח ב"ד אפילו עשאו גזלן ולא נגזל הוה שליח והוי באחריותו דנגזל לאפוקי מהאי תנא: שליח ב"ד. דמשמע מתני' דמשנתן לו נפטר גזלן כשעשאו נגזל קאמר ולא כשעשאו גזלן: ושלח הלה ונטל שלו. מיד השליח: פטור. מאונס הדרך טעמא דנטל הנגזל הא נאנסו מן השליח הראשון חייב: וא"ת משנתנו. דקתני לא יתן לשלוחו ואי דלא עשאו בעדים מנא ידעינן [לא] תוקמא בשעשאו בעדים אלא בממציא לו שליח דיקא מחבירו שימציא לו לגזלן את עצמו לומר לו אם תרצה לשלח כלום לפלוני שלח בידי:

בדיוקני

תוספות

שכבר הודה מפי עצמו. מהאי לישנא דייק בהמפקיד (ב"מ דף לז.) וגם מחמת פירכא אחריתי מוקי לה דבא לצאת ידי שמים ותימה א"כ ההוא מעשה דחסיד אחד אמאי אמר ליה רבי טרפון הנח דמי מקחך ביניהם הא כיון דחסיד הוה מסתמא היה בא לצאת ידי שמים וי"ל דלכתחילה בא עמו לדין אם הוא חייב מן הדין ושוב מה שעשה עשה א"נ אפילו לצאת ידי שמים אין חייב לר' טרפון אלא בגזל אבל בפקדון ומקח דלא עשה איסורא לא וכן משמע בהמפקיד (שם דף לז. ושם [ג]) דכי רמי התם גזל אגזל משני הכא בבא לצאת ידי שמים ולעיל מיניה כי רמי פקדון אפקדון לא בעי לשנויי הכי ואין להאריך כאן בסוגיא דהתם: **אמר** רבא שאני מתני' כו'. לפי הספרים דל"ג אלא משמע דאתא רבה לתרולי פירכא דפרכינן לר' טרפון ולעולם רבי טרפון היא וקאמר כיון דאודי ליה כמ"ד יהא בידך דמי א"כ מסתמא מיירי כשהודה בפניו דאם לא כן אמאי הוי כמ"ד יהא בידך וכיון דבהודאה (ג) מיירי מתניתין אכתי תקשה אמאי לא מוקי מתני' נמי כר"ע ואע"ג דקניס ר"ע אפילו היכא דלא נשבע ה"מ דלא הדר ממונא למריה אבל במתני' היכא דלא נשבע והודה לו בפניו הדר ממונא למריה דכיון דהודה לו בפניו מה לי תופס בידו מ"ל נתן ביד ב"ד הלכך לא יקנוס ר"ע וי"ל דסברת גמרא היה כיון דקניס ר"ע בכל מקום קניס כיון דעבד איסורא ולא יחלק ומיהו אין נראה דמיירי הכא בשהודה בפניו דא"כ אפילו נשבע נמי אין צריך להוליכו אחריו למדי ויכול להביא כפרה דכיון דהודה לו בפניו והניחו בידו והלך הרי הוא כהפקידו בידו ואמאי יהא צריך להוליכו אחריו אלא ודאי מיירי כשהודה שלא בפניו אלא בפני עדים והשתא א"ש דלא מתוקמא מתני' כר"ע דלא מהדר ממונא למריה כיון שלא נתן ביד ב"ד ולפי מה שפי' בקונטרס אלא אמר רבא א"ש דרבא לא בא לתרץ פירכא (ד) אלא טעמא דמתני' מפרש בכה"ג דמצי לאוקמי בין כר"ע בין כרבי טרפון: **שליח** שעשאו כו'. לכאורה נראה דאיירי כגון דלא אמר לו (ה) שלח לי על ידו רק עדים מעידים שעשאו שליח אבל אם היה אומר שלח לי על ידו פשיטא דהוי שליח דהא תנן בהשואל (ב"מ דף לח: ושם) אמר ליה השואל שלח לי ביד בני ביד עבדי ביד שלוחי או ביד בנך או ביד עבדך או ביד שלוחך ושלחה חייב ומ"ל א"ל בפניו שלח ומ"ל אמר ליה שלח בפניו שלח [ז] ומיהו לקמן לא משמע הכי דבעי לשמואל מאי תקנתיה הול"ל ששלח ליה שלח לי ע"י זה דאז הוי שליח לכך נ"ל דבכל ענין שלא בפניו לא הוי שליח עד שיאמר לו בפניו שלח לי על ידו כההיא דהשואל דאיירי בפניו וכן מוכיח מתוך הקונטרס: **רבה** אמר לא הוי שליח. יש מקשים דרבה אדרבה דהכא קאמר רבה דלא הוי שליח ובפ' המוכר את הספינה (ב"ב דף פז:) אמרינן רבה ורב יוסף דאמרי תרוייהו הכא בחנוני מוכר לצורית עסקינן ואזדא ר' יהודה לטעמיה דאמר לאתויי שדריה הרי לרבה אליבא דר' יהודה הוי שליח וי"ל דשאני התם דכיון שנתן לו פונדיון וצוה לו להביא באיסר שמן הוי כאילו א"ל בהדיא שלח לי על ידו ופטור ולפי מה שפירשתי דדוקא שאמר ליה בפניו אית לן למימר דכיון דנתן הפונדיון הוי כאילו אמר ליה בפניו שלח הלכך אמר לר' יהודה לאתויי שדריה: **הכי** קא"ל איניש מהימנא הוא. תימה אמאי חייב הוא מן הדין באחריות אונס הדרך והא אין יכול לומר אין רצוני שיהא פקדוני ביד אחר כיון דתפיס ליה באיניש מהימנא וי"ל דנראה דאפילו הוא עצמו הביאו בדרך ונאנס חייב דפשיעה הוא עושה שמוליכו בדרך במקום פלוני שיש בו סכנה ובע"כ חייב לשמור עד שיחזירנו לו בישוב במקום שהפקידו אלא כדאמרינן לקמן (דף קיח.) (ו) בהמפקיד אצל חבירו בישוב לא יחזיר לו במדבר משמע דבעל כרחו חייב לשמור עד שיחזירנו בישוב במקום שהפקידו ולאו כל כמיניה להחזיר לו במדבר במקום סכנה:

אי דלא עשאו בעדים מנא ידעינן. כלומר היכי מסר לו משאיל כיון דלא ידע אי האי שליח של שואל הוא: **בשכירו** ולקיטו. תימה אמאי לא אמר רב חסדא נמי אהא ועוד תימה אמאי לא פריך ליה מעיקרא ממתני' והדר הוה ליה למפרך מההיא דפ' השואל:

אין

מסורת הש"ס

א) ב"מ לח:, ב) לעיל קג., ג) [ד"ה התם], ד) ובב"מ פ' השואל כתבו להיפך ע"ש.

הגהות הב"ח

(א) גמ' לפלוג וליתני בדידיה בד"א בשליח שלא עשאו בעדים אבל שליח שעשאו בעדים: (ב) רש"י ד"ה מנא ידעינן וכו' שלוחו הס"ד ואח"כ מ"ה שכירו נשכר וכו' ולשבת לקיטו שלקטו וכו' לשון מורי לישנא אחרינא כצ"ל: (ג) תוס' ד"ה אמר וכו' וכיון דבהודאה בפניו מיירי: (ד) בא"ד לא בא לתרץ פירכא דפרכי' לר"ט אלא טעמא: (ה) ד"ה שליח וכו' כגון דלא אמר לו אמור לפלוני ישלח לי על ידך רק עדים מעידים שעשאו שליח להביא לו אבל אם היה אומר לו אמור לפלוני ישלח לי על ידך פשיטא דהוי: (ו) ד"ה הכי וכו' דהמפקיד אצל חבירו:

עין משפט נר מצוה

קכ א מיי' פ"ז מהל' גזילה הלכה ט סמג עשין עג טוש"ע ח"מ סי' שסז סעיף א:

קכא ב מיי' שם הלכה י ופ"ג מהלכות שלוחין ושותפין הלכה ה סמג עשין עב טוש"ע ח"מ סי' שסז סעיף ב וסי' קכא סעיף א וסעיף ב וסי' קכב סעיף א וע"ש:

קכב ג מיי' פ"ג מהל' שאלה ופקדון הלכה א סמג עשין פב טוש"ע ח"מ סי' שמ סעיף ה:

קכג ד (מיי' שם) טור ש"ע ח"מ סי' קכא סעיף ב:

ליקוטי רש"י

שכבר הודה מפי עצמו. בבא לצאת ידי שמים מאליו בא לימלך מה יעשה ולא יענש דהשתא ודאי אמרינן ידי שמים לא יצאת עד שתתן לשניהם שאם תהא מונחת עד שיבא אליהו נמצא הנגזל מפקיד על ידך [ב"מ לז.]. ביד בנו. המשאיל שלחה לו לשואל ביד בנו של משאיל. פטור. אם מתה בדרך פליגי בה רבה ורב חסדא בהגוזל קמא רב חסדא מתרץ לה להאי שלוחו דשואל דמתני' בשכירו ולקיטו שדר בביתו אבל אין עדים שהוא שלוחו דאי איכא עדים הוי שליח וחייב השואל באונסין משמסרו לו רבה אומר אפילו עשאו שליח בעדים לאו שליח הוא להתחייב על ידו באונסין דה"ק ליה איניש מהימנא הוא אי בעית לשדורי בידיה שדר [ב"מ צח:]. שכירו. שכיר לעבודת כל השנה. ולקיטו. לימות הקציר והאסיף [עירובין סד.]. שסוכרו ללקוט תבואתו [כתובות נז:]. לא יתן לא לבנו. של נגזל להוליכו לנגזל שאם יאנסוהו חייב להחזיר דלא הוי השבה עד דמטי לידיה כדאמרן [לעיל קג.].

במשנתנו **כְּדְרַב חִסְדָּא**, שמדובר **בִּשְׂכִירוֹ וּלְקִיטוֹ** של הנגזל, דהיינו בכגון אדם ששכרו המשלח למלאכתו או שלקטו ואספו לדור עמו להיות לו לצוותא[26], שהוא רגיל להשתלח לסדר עניניו של הנגזל, ועל שם כך נקרא הוא "שלוחו", ולא משום שמינהו הנגזל במפורש לקבל בשבילו את הגזילה.

הגמרא דנה עוד בענין גביית חוב על ידי שליח:

אָמַר רַב יְהוּדָה אָמַר שְׁמוּאֵל:

הערות

שישלח בידו מעות. באופן זה, בודאי לא עשאו הנגזל שליח כלל, ואין איפוא הבדל בין אם צוהו כן שלא בפני עדים או בפני עדים (רא"ש, סימן כא).

עוד יש סוברים שאף על פי שבקש הנגזל מחבירו — בפני עדים — שיאמר לגזלן לשלוח התשלום בידו, אינו נקרא שלוחו של הנגזל (נימוקי יוסף כפי שגורס מהר"ם), מכיון שלא אמר לו במפורש כגון "הריני עושה אותך שליח לקבל עבורי" (ש"ך, חושן משפט קכא, י).

עוד רבו בענין זה הפרטים והדיעות — ראה סמ"ע שם ו; נתיבות שם ג-ד; גידולי תרומה שם.

26. ראה הערה 15.

שכבר הודה מפי עצמו אלא אמר רבא שאני מתני' דכיון דידע למאן גזליה ואודי ליה כיון דאפשר לאהדורי ממונא למריה הוה ליה כמאן דאמר ליה יהיו לי בידך הלכך נשבע אע"ג דקאמר ליה יהיו לי בידך כיון דבעי כפרה לא סגי עד דמטי לידיה [א]הא לא אישתבע הוי גביה פקדון עד דאתי ושקיל ליה: לא יתן לא לבנו ולא לשלוחו: איתמר שליח שעשאו בעדים רב חסדא אמר [ב]הוי שליח רבה אמר לא הוי שליח רב חסדא אמר הוי שליח להכי טרחי ואוקמיה בעדים דליקו ברשותיה רבה אמר לא הוי שליח ה"ק איניש מהימנא הוא אי סמכת סמוך אי בעית לשדוריה בידיה שדר בידיה תנן [א] [ג]השואל את הפרה ושילחה ביד בנו ביד עבדו ביד שלוחו או ביד בנו ביד עבדו ביד שלוחו של שואל ומתה פטור האי שלוחו היכי דמי אי דלא עשה בעדים מנא ידעינן אלא דעשה בעדים וקתני דפטור קשיא לרב חסדא כדאמר רב חסדא בשכירו ולקיטו הכא נמי בשכירו ולקיטו תנן [ב]לא יתן לא לבנו ולא לשלוחו האי שלוחו היכי דמי אי דלא עשאו בעדים מנא ידעינן אלא לאו דעשאו בעדים תרגמא רב חסדא בשכירו ולקיטו אבל שליח שעשאו בעדים מאי הכי נמי דהוי שליח אדתני סיפא אבל נותן הוא לשליח בית דין לפלוג וליתני בדידיה (א) שליח שעשאו בעדים הכי נמי דהוי שליח אמרי לא פסיקא ליה שליח ב"ד לא שנא עשאו נגזל ולא שנא עשאו גזלן הוי שליח פסיקא ליה שליח שעשאו בעדים דכי עשאו נגזל הוא דהוי שליח עשאו גזלן לא הוי שליח לא פסיקא ליה ולאפוקי מהאי תנא דתניא רבי שמעון בן אלעזר אומר שליח בית דין שעשאו נגזל ולא עשאו גזלן או עשאו גזלן ושלח הלה ונטל את שלו מידו פטור רבי יוחנן ורבי אלעזר דאמרי תרווייהו שליח שעשאו בעדים הוי שליח וא"ת משנתנו [ד]בממציא לו שליח דאמר ליה אית לי זוזי גבי פלניא ולא קא משדר להו איתחזי ליה דלמא איניש הוא דלא משכח לשדורי ליה א"נ כדרב חסדא בשכירו ולקיטו א"ר יהודה אמר שמואל

אין

רש"י

שכבר הודה מפי עצמו. ובא לצאת ידי שמים ואע"ג דבי דינא לא מצו מחייבי ליה אלא מניח לפניהם מיהו ידי עונש אין יוצא עד שישלם לשניהם דהא לאו לבעלים אהדריה כו': אלא אמר רבא. מתני' דברי הכל היא ולא דמיא לאין יודע דהתם בין נשבע בין לא נשבע הוא דפליגי ר' טרפון ור"ע לענין דינא דר' טרפון לא מחייב להחזיר ליד הנגזל ור"ע מחייב אע"ג דלא נשבע והאי דפרכת לעיל ואי ר"ע אע"ג דלא אשתבע לאו פירכא היא דהתם דין הוא דאע"ג דלא משתבע דיחזיר לכל אחד שהרי אין יודע למי גזל ולא נפיק ידי שמים כלל אבל הכא במתני' דידע למאן גזל ונודי ליה משעת הודאה דמזומן הוא להשיב הוי גביה כפקדון הלכך נשבע תחילה קודם הודאה אע"ג כו': שליח שעשאו בעדים. ראובן שיש לו מעות ביד שמעון ומינה שליח בעדים לקבלם הימנו ונתנם לו: הוי שליח. ואם נאנסו בדרך פטור בעל הבית שנתנם לו: פטור. דלא קמה ברשות שואל להתחייב באונסים עד שיאמר לו מפיו לשלחה לו ביד בנו כו': מנא ידעינן. דשלוחו הוא דקרי ליה מתני' שלוחו (ב): לקיטו. שלקטו אצלו לדור עמו בביתו לצוותא בעלמא לשון מורי: ושכירו. נשכר עמו ליום ולחדש ולשנה ולשבת לישנא אחרינא לקיטו לוקט תבואתו: ולאפוקי מהאי תנא. הא מתניתין דאוקימנא שליח ב"ד אפילו עשאו גזלן ולא נגזל הוה שליח והוי באחריותו דנגזל לאפוקי מהאי תנא: שליח ב"ד. דמשמע מתני' דמשנתן לו נפטר גזלן כשעשאו נגזל קאמר ולא כשעשאו גזלן: ושלח הלה ונטל שלו. מיד השליח: פטור. מאונס הדרך טעמא דנטל הנגזל הא נאנסו מן השליח הראשון חייב: וא"ת משנתנו. דקתני לא יתן לשלוחו ואי דלא עשאו בעדים מנא ידעינן [לא] תוקמא בשעשאו בעדים אלא בממציא לו שליח ביקש מחבירו שימציא לו לגזלן את עצמו לומר לו אם תרצה לשלח כלום לפלוני שלח בידי:

בדיוקני

תוספות

שכבר הודה מפי עצמו. מהאי לישנא דייק בהמפקיד (ב"מ דף לז.) וגם מתמת פירקא אחריתי מוקי לה בבא לצאת ידי שמים ותימה א"כ ההוא מעשה דחסיד אחד אמאי אמר ליה רבי טרפון הנח דמי מקחך ביניהם הא כיון דחסיד הוה מסתמא היה בא לצאת ידי שמים וי"ל דלכתחילה בא עמו לדין אם הוא חייב מן הדין ושוב מה שעשה עשה א"כ אפילו לצאת ידי שמים אין חייב לר' טרפון אלא בגזל אבל בפקדון ומקח דלא עשה איסורא לא וכן משמע בהמפקיד (שם דף לז. ושם [ג]) דכי רמי התם גזל אגזל משני הכא בבא לצאת ידי שמים ולעיל מיניה כי רמי פקדון אפקדון לא בעי לשנויי הכי ואין להאריך כאן בסוגיא דהתם: אמר רבא שאני מתני' כו'. לפי הספרים דל"ג אלא משמע דאתא רבא לתרוצי פירכא דפרכינן לר' טרפון ולעולם רבי טרפון היא וקאמר כיון דאודי ליה כמ"ד יהא בידך דמי א"כ מסתמא מיירי כשהודה בפניו דאם לא כן אמאי הוי כמ"ד יהא בידך וכיון דבהודאה (ג) מיירי מתניתין אכתי תקשה אמאי לא מוקי מתני' נמי כר"ע ואע"ג דקניס ר"ע אפילו היכא דלא נשבע ה"מ דלא הדר ממונא למריה אבל במתני' היכא דלא נשבע והודה לו בפניו הדר ממונא למריה דכיון דהודה לו בפניו מה לי תופס בידו מ"ל נתן ביד ב"ד הלכך לא יקנוס ר"ע וי"ל דסברת גמרא היא כיון דקניס ר"ע בכל מקום קניס כיון דעבד איסורא ולא יחלק ומיהו אין נראה דמיירי הכא בשהודה בפניו דא"כ אפילו נשבע נמי אין צריך להוליכו אחריו למדי ויכול להביא כפרה דכיון דהודה לו בפניו והניחו בידו והלך הרי הוא כהפקידו בידו ואמאי יהא צריך להוליכו אחריו אלא ודאי מיירי כשהודה שלא בפניו אלא בפני עדים והשתא א"ש דלא מתוקמא מתני' כר"ע דלא מהדר ממונא למריה כיון שלא נתן ביד ב"ד ולפי מה שפי' בקונטרס אלא אמר רבא א"ש דרבא לא בא לתרץ פירכא (ד) אלא טעמא דמתני' מפרש בכה"ג דמצי לאוקמי בין כר"ע בין כרבי טרפון: שליח שעשאו כו'. לכאורה נראה דאיירי כגון דלא אמר לו (ה) שלח לי על ידו רק עדים מעידים שעשאו שליח אבל אם היה אומר שלח לי על ידו פשיטא דהוי שליח דהא תנן בהשואל (ב"מ דף צח: ושם) אמר ליה השואל שלח לי ביד בני ביד עבדי ביד שלוחי או ביד בנך או ביד עבדך או ביד שלוחך ושלחה חייב ומ"ל א"ל בפניו שלח ומ"ל אמר ליה שלח בפניו שלח [ז] ומיהו לקמן לא משמע הכי דבעי לשמואל מאי תקנתיה הול"ל ששלח ליה שלח לי ע"י זה דאז הוי שליח לכך נ"ל דבכל ענין שלא בפניו לא הוי שליח עד שיאמר לו בפניו שלח לי על ידו כההיא דהשואל דאיירי בפניו וכן מוכיח מתוך הקונטרס: רבה אמר לא הוי שליח. יש מקשים דרבה אדרבה דהכא קאמר רבה דלא הוי שליח ובפ' המוכר את הספינה (ב"ב דף פז:) אמרינן רבה ורב יוסף דאמרי תרוייהו הכא בחנוני מוכר לצלוחית עסקינן ואזדא ר' יהודה לטעמיה דאמר לאתויי שדריה הרי לרבה אליבא דר' יהודה הוי שליח וי"ל דשאני התם דכיון שנתן לו פונדיון ולוה לו להביא באיסר שמן הוי כאילו א"ל בהדיא שלח לי על ידו ופטור ולפי מה שפירשתי דדוקא שאמר ליה בפניו אית לן למימר דכיון דנתן הפונדיון הוי כאילו אמר ליה בפניו שלח הלכך אמר לר' יהודה לאתויי שדריה: הכי קא"ל איניש מהימנא הוא. תימה אמאי חייב הוא מן הדין באחריות אונס הדרך והא אין יכול לומר אין רצוני שיהא פקדוני ביד אחר כיון דתפיס ליה באינש מהימנא וי"ל דנראה דאפילו הוא עצמו הביאו בדרך ונאנס חייב דפשיעה הוא עושה שמוליכו בדרך במקום פלוני שיש בו סכנה ובע"כ חייב לשמור עד שיחזירנו לו בישוב במקום שהפקידו אלא כדאמרינן לקמן (דף קיח.) (ו) בהמפקיד אצל חבירו בישוב לא יחזיר לו במדבר משמע דבעל כרחו חייב לשמור עד שיחזירנו בישוב במקום שהפקידו ולאו כל כמיניה להחזיר לו במדבר במקום סכנה:

אי דלא עשאו בעדים מנא ידעינן. כלומר היכי מסר לו משאיל כיון דלא ידע אי האי שליח של שואל הוא: בשכירו ולקיטו. תימה אמאי לא אמר רב חסדא נמי אהא ועוד תימה אמאי לא פריך ליה מעיקרא ממתני' והדר הוה ליה למפרך מההיא דפ' השואל:

אין

מסורת הש"ס

א) ב"מ לח:, ב) לעיל קג., ג) [ד"ה התם], ד) ובב"מ פ' השואל כתבו להיפך ע"ש.

הגהות הב"ח

(א) גמ' לפלוג וליתני בדידיה בד"א בשליח שלא עשאו בעדים אבל שליח שעשאו בעדים: (ב) רש"י ד"ה מנא ידעינן וכו' שלוחו הס"ד ואח"כ מ"ה שכירו נשכר וכו' ולשבת לקיטו שלקטו וכו' לשון מורי לישנא אחרינא כצ"ל: (ג) תוס' ד"ה אמר וכו' וכיון דבהודאה בפניו מיירי: (ד) בא"ד לא בא לתרץ פירכא דפרכי' לר"ט אלא טעמא: (ה) ד"ה שליח וכו' כגון דלא אמר לו אמור לפלוני ישלח לי על ידך רק עדים מעידים שעשאו שליח להביא לו אבל אם היה אומר לו אמור לפלוני ישלח לי על ידך פשיטא דהוי: (ו) ד"ה הכי וכו' דהמפקיד אצל חבירו:

עין משפט נר מצוה

קכ א מיי' פ"ז מהל' גזילה הלכה ט סמג עשין עג טוש"ע ח"מ סי' שסז סעיף א:

קכא ב מיי' שם הלכה י ופ"ג מהלכות שלוחין ושותפין הלכה ה סמג עשין עב טוש"ע ח"מ סי' שסז סעיף ג וסי' קכא סעיף א וסעיף ג וסי' קכב סעיף א וע"ש:

קכב ג מיי' פ"ג מהל' שאלה ופקדון הלכה א סמג עשין לב טוש"ע ח"מ סי' שמ סעיף ה:

קכג ד (מיי' שם) טור ש"ע ח"מ סי' קכא סעיף ג:

ליקוטי רש"י

שכבר הודה מפי עצמו. בבא לצאת ידי שמים מאליו בא לימלך מה יעשה ולא יענש דהשתא ודאי אמרינן ידי שמים לא יצאת עד שתתן לשניהם שאם תהא מונחת עד שיבא אליהו נמצא הנגזל מפסיד על ידך [ב"מ לז.]. ביד בנו. המשאיל שלחה לו לשואל ביד בנו של משאיל. פטור. אם מתה בדרך פליגי בה רבה ורב חסדא בהגוזל קמא רב חסדא מתרץ לה להאי שלוחו דשואל דמתני' בשכירו ולקיטו שדר בביתו אבל אין עדים שהוא שלוחו דאי איכא עדים הוי שליח וחייב השואל באונסין משמסרו לו רבה אומר אפילו עשאו שליח בעדים לאו שליח הוא להתחייב על ידו באונסין דה"ק ליה איניש מהימנא הוא אי בעית לשדורי בידיה שדר [ב"מ צח:]. שכירו. שכיר לעבודת כל השנה. ולקיטו. לימות הקציר והאסיף [עירובין סד.]. שסוכרו ללקוט תבואתו [כתובות נז:]. לא יתן לא לבנו. של נגזל להוליכו לנגזל שאם יאנסוהו חייב להחזיר דלא הוי השבה עד דמטי לידיה כדאמרן [לעיל קג.].

אין משלחין מעות בדיוקני ואפילו עדים חתומים עליה ורבי יוחנן אמר אם עדים חתומים עליה משלחין אמרי לשמואל מאי תקנתא כי הא דרבי אבא הוי מסיק זוזי בדרב יוסף בר חמא א"ל לרב ספרא בהדי דאתית אייתינהו ניהלי כי אזל להתם אמר ליה רבא בריה מי כתב לך התקבלתי א"ל לא אי הכי זיל ברישא ויכתוב לך התקבלתי לסוף אמר ליה אי כתב לך נמי התקבלתי לאו כלום הוא דלמא אדאתית שכיב רבי אבא ונפלו זוזי קמי יתמי והתקבלתי דרבי אבא לאו כלום הוא א"ל ואלא מאי תקנתא זיל נקנינהו לך אגב ארעא ותא את כתוב לן התקבלתי כי (א) הא דרב פפא הוה מסיק תריסר אלפי זוזי בי חוזאי אקנינהו ניהליה לרב שמואל בר אבא אגב אסיפא דביתיה כי אתא נפק לאפיה עד תואך: נתן לו את הקרן וכו': אלמא חומש ממונא הוא ואם מיית משלמי ליה יורשין ותנן נמי נתן את הקרן ונשבע על החומש הרי מוסיף חומש על חומש אלמא חומשא ממונא הוא ותניא נמי הכי הגוזל את חבירו ונשבע לו ומת יורשין משלמים קרן וחומש ופטורין מן האשם ויורשין בני שלומי חומשא דאבוהון הוו (ג) (אלמא חומש ממונא הוא ובעי שלומי יורשין) ורמינהו עדיין אני אומר אימתי אינו משלם חומש על גזל אביו בזמן שלא נשבע לא הוא ולא אביו הוא ולא אביו אביו ולא הוא הוא ואביו מנין ת"ל (א) אשר גזל ואשר עשק והוא לא גזל ולא עשק אמר רב נחמן לא קשיא כאן שהודה כאן שלא הודה אי לא הודה קרן נמי לא משלם וכי תימא הכי נמי דלא משלם והא מדקא מהדר אחומש למימרא דקרן משלם ועוד תניא ועדיין אני אומר אימתי הוא משלם קרן על גזל אביו בזמן שנשבע הוא ואביו אביו ולא הוא הוא ולא אביו לא הוא ולא אביו מנין ת"ל גזילה ועושק אבידה ופקדון יש תלמוד ויתיב רב הונא וקאמר להא שמעתא א"ל רבה בריה יש תלמוד קאמר מר או ישתלמו קאמר מר א"ל יש תלמוד קאמינא ומריבויא דקראי אמרי אלא מאי לא הודה לא הודה אביו והודה בנו ונחייב בנו חומש אשבועה דידיה אמרי בשאין גזילה קיימת אי בשאין גזילה קיימת אפילו קרן נמי לא משלם לא צריכא דאיכא אחריות (א) וכי איכא אחריות נכסים מאי הוי מלוה על פה היא ומלוה על פה אינו גובה לא מן היורשין ולא מן הלקוחות אמרי בשעמד

רש"י

בדיוקני. מסר לו בעל הפקדון לשליח סימנין וכתב לו חותמו באגרת ומסרה לו ואמר לו לך ז) והתראה לפלוני ויתן לך מעות שיש לי בידו (ב): אי כתב לך. ר' אבא: התקבלתי. מעותי בקבלתו של רב ספרא: אדאתית. בעוד שתהיה בדרך בשובך אצלנו: שכיב רבי אבא. דזקן הוא וכבר בטל שליחותו קודם שתקבלם ואי הוו אנסי להו מינך באורחא תבעי לן יתמי: נקנינהו ניהלך אגב ארעא. ויהיו שלך בכל מקום שהן דקיימא לן בקדושין (דף כו.) נכסים שאין להם אחריות נקנין עם נכסים שיש להן אחריות: אסיפא דביתיה. מפתן ביתו דמחובר לקרקע הוא וכקרקע הוא כך שמעתי ל"א סיפא דביתיה סוף בית הקנה לו זוית אחת: נפק לאפיה עד תווך. הלך לקראתו עד תווך שם מקום שהיה שמח שהביא לו מעותיו: אלמא חומשא ממונא הוא. מדאיצטריך ליה למתני א"נ לילך אחריו אלמא ממונא הוא גביה: ואי מיית. גזלן משלמי יורשין ועוד מדקתני הרי זה מוסיף חומש על חומש ש"מ ממונא כפריה: ופטורין מן האשם. דהא מתו בעליו דאם הפרישו בחייו היה טעון [רעיה] וכי לא הפרישו פטורין דאשם כפרה הוא ולאו ממונא ואין כפרה למתים: עדיין אני אומר. רישא בתורת כהנים אשר גזל על גזילו הוא מוסיף חומש ולא על גזילת אביו: כאן שהודה. אביו בחייו אחר שנשבע ונתחייב לו חומשא משלמי יורשין וברייתא בת"כ בשלא הודה וקס"ד השתא בלא הודה לא אב ולא בן: ה"ג ויתיב רב הונא: יש תלמוד קאמר מר. ותנא מקרא מייתי לה מדכתיב כל הני ריבויא הוא שהבן חייב לשלם או ישתלמו קאמר מר ומסברא הוא משלם ולא מקראי: לא הודה אביו והודה בנו. קרן משלם אבל חומש לא דמעטיה קרא מחומש על גזל אביו: ונחייב (ג) חומש אשבועתא דידיה. דקתני נשבע הוא ואביו לפטורא דכיון דבן נשבע והודה אמאי פטור: בשאין גזילה קיימת. דלאו עליה רמיא לשלומי דתנן (לקמן דף קיא:) הגוזל ומאכיל את בניו פטורים מלשלם הלכך אי כפר כפירת דברים בעלמא היא ושבועת בטוי הוא דליכא חומש: לא צריכא דאיכא אחריות נכסים. ואמרינן לקמן (שם) דאם הניח אביהן אחריות נכסים קרקעות חייבים להחזיר מפני כבוד אביהן: וכי איכא אחריות נכסים מאי הוי כו'. ל"ג חדא דהא תני התם דמשום כבוד אביהם חייבים להחזיר

תוספות

אין משלחין מעות בדיוקני אפילו עדים חתומים עליה. פי' אם אמר לסופר כתוב לפלוני שישלח לי מעות ע"י פלוני ואחר כך חתם בדיוקני שלו ואפילו עדים חתומים עליה שהיא דיוקני שלו אינו מועיל אבל אם היו חתומים על זה שאמר ליה לשלוח על ידו אז הוי שליח אי נמי אם כתב בכתב ידו שלח על ידי פלוני וא"ת ואמאי לא מהני דיוקני דידיה והא אמרינן בהשולח (גיטין דף לו.) ובהמגרש (שם דף פז:) דמר חתים כוורא ומר חתים מכותא וי"ל דהני מילי בשמות חכמים דפקיעי אבל איניש אחרינא לא ולפי מאי שפירשנו לעיל אפילו כתב בכתב ידו וחתם בדיוקני אין מועיל כל זמן שלא אמר ליה בפניו:

ורבי יוחנן אמר אם עדים חתומים עליו שולחין. וה"ה לרבי יוחנן בלא דיוקני בשליח שעשאו בעדים כדאמר רבי יוחנן לעיל דהוי שליח והכא אתא לאשמועינן דדיוקני בלא עדים לא מהני ולא מידי ונראה דהלכתא כרב חסדא דשליח שעשאו בעדים הוי שליח דהא ר' יוחנן ור' אלעזר קיימי כוותיה ואע"ג דשמואל קאי כרבה קי"ל דרב ור' יוחנן הלכה כר' יוחנן וה"ה דלגבי שמואל הלכה כר' יוחנן:

אגב אסיפא דביתיה. ומה שכותבין בהרשאה והקניתי לו ד' אמות בחצרי לאו דוקא דהא אמרינן בפ"ק דקדושין (דף כו: ושם) דקרקע כל שהו חייב בפאה כו' וקונין עמה נכסים שאין להם אחריות ומה שכותבין הרשאה אפילו אותם שאין להם קרקע י"מ משום דהודאת בעל דין כמאה עדים דמי וקשה דבפרק חזקת הבתים (ב"ב דף מד: ושם) דפריך וליחוש דילמא אקני ליה מטלטלי אגב מקרקעי ומשני לא צריכא דאמרי עדים ידענא ביה בהאי גברא דלא הוה ליה ארעא מעולם ובפרק מי שמת (שם דף קמט.) גבי עובדא דאיסור גיורא דקאמר במאי ליקני רב מרי בריה להנהו זוזי אי דליקני ליה איסור גיורא אגב קרקע לית ליה קרקע וי"ל דההוא דאיסור גיורא מעיקרא ודאי לא אסיק אדעתיה טעמא דהודאה אבל במסקנא קאמר אדהכי נפק אודיתא מבי איסור והיא דה"ה כיון שאין אלא חששא בעלמא דלמא אקני ליה כיון דלית ליה ארעא לא חיישינן והיא דפ' הזהב (ב"מ דף מו. ושם ט) גבי היה עומד בגורן דפריך וליקני ליה אגב ארעא ומשני דלית ליה ארעא התם מדאורייתא בעינן דאית ליה ארעא דאי לית ליה ארעא לא היו קרוין מעותיו מדאורייתא שיוכל לפדות בהן פירות מעשר שני אבל לענין לגבות כיון שהודה שיש לו והקנה לו אגב קרקע למה לא יגבה:

[עי' תוס' כתובות נד: ד"ה אע"פ וב"ב מד: ד"ה דלא]:

ח) חוץ מפחות שוה פרוטה בקרן. תימה אמאי איצטריך למיתני הא כיון דברישא תנן שוה פרוטה משמע אבל פחות לא ט): נתן לו את הקרן ונשבע לו על החומש. הוא הדין אם לא נתן לו את הקרן ונשבע אתרוייהו אקרן ואחומש היה מוסיף חומש על חומש אלא אורחא דמילתא נקט דאקרן אין נשבעין שני פעמים והוא הדין אם נשבע על החומש דיוליכנו אחריו למדי דכיון שנשבע עליו נעשה כגזלן: יש תלמוד קאמינא ומריבויא דקראי. תימה אמאי איצטריך קרא לקרן דאמאי לא ישלם קרן כיון דאיכא אחריות נכסים ועמד בדין דבהכי מוקמינן לה בסמוך: מלוה על פה היא ואין גובה לא מן היורשים ולא מן הלקוחות. למ"ד שיעבודא לאו דאורייתא פריך דהכא משמע דמדאורייתא גובין מיורשין ומההיא ברייתא דהגוזל ומאכיל (לקמן דף קיא:) אם הניח להם אביהם אחריות נכסים חייבים לשלם ליכא למפרך ליה מידי דאיהו מוקי ליה מדרבנן כדי שלא תנעול דלת בפני לוין כדפסיק רב פפא בפרק גט פשוט (ב"ב דף קעו. ושם) ומיהו לרב ושמואל דאמרי מלוה ע"פ אין גובה לא מן היורשין ולא מן הלקוחות ואפילו מדרבנן כדמוכח בח"ה (שם דף מב.) ובסוף מי שמת (שם דף קנז.) איכא לאקשויי מההיא ברייתא דלקמן ואיכא למימר דאינהו מוקמי לה בשעמד בדין ומה שהקשה בקונט' דהך העמדה בדין מאי מהני הרי כפר ונשבע דהא אוקימנא לעיל בשלא הודה אביו והודה בנו י"ל בעמד בדין לאחר שבועה ע"י עדים דלא מיחייב האב חומש כדתנן לקמן במתניתין דהיכא דאיכא עדים לא מיחייב חומש:

אמר

עין משפט נר מצוה

קכד א מיי' פ"א מהל' שלוחין ושותפין הלכה ח סמג עשין עב טוש"ע ח"מ סי' קכא סעיף ג:
קכה ב ג ד (מיי' שם) טוש"ע ח"מ סי' קכב סעיף א:
קכו ה מיי' פ"ז מהלכות גזילה ואבידה הלכה ד:
קכז ו מיי' שם הלכה ו:
קכח ז מיי' שם הלכה ג:
קכט ח מיי' שם הלכה ה ו:
קל ט מיי' שם הלכה ד:
קלא י מיי' פי"א מהלכות מלוה ולוה הלכה ד סמג עשין צד טוש"ע ח"מ סי' קיא סעיף א:

ליקוטי רש"י

אקנינהו ניהליה לרב שמואל בר אבא. שהיה הולך לשם כדי שיביאם לו שאילו לא הקנה לו לא היה נותנם לו מי שהפקדון אצלו שאם יאבדו בדרך יחזור רב פפא ויתבעם לו. אגב אסיפא דביתיה. מפתן ביתו [ב"מ מו.]. סף ביתו מקרקע כדי שיביאם לו והיינו הרשאה ואילו לא אקנינהו ניהליה לא הוו יהבי ליה דלא ליחייבו באונסא דאורחא כדאמר בב"ק [רשב"ם ב"ב עז:] שהקנה לו בסודר קרקע כניסת ביתו ואגבו הקנה לו המעות בתורת הרשאה המפורשת בבבא קמא (דף ע.) אי נמי הלך והחזיק הקרקע והקנה לו המעות כל מקום שהן [שם קנ:]. נפק לאפיה. מרוב שמחת מעותיו שהביא. עד תואך. שם מקום [ב"מ שם]. מקום במסכת נדה (דף לג:) וכך שמו ולאשמועינן אתא דמשום קנין זה מסרו לו המעות דכיון דנפק לאפיה שמעינן דהביא המעות [רשב"ם ב"ב עז:] ויש מפרשין אלי הדרך ומפרשין נמי שלא יחזיק בהן לעצמו ולא היא דכיון דכתב בהרשאה וכל מאן דמתעני ליה מן דינא קבלתי בין לזכות בין לחובה שמעינן דשליח שוויה הכי מפרש בבבא קמא [שם קנ:]. כשאין גזילה קיימת. שאכלוה אחרי מותו, ונגזל אין יכול לתובען שהרי לא גזלוהו [לקמן קיא:]. מלוה על פה. היינו מלוה את חבירו בעדים [שם מב.]. אינו גובה מן היורשין. דשיעבודא לאו דאורייתא וכ"ש מן הלקוחות אבל מלוה בשטר הוא עצמו שיעבדו דכתב ליה כל נכסיי דאית לי אחראין לשטרא דנן [קדושין יג:]. וכי אמרינן מלוה על היתומים לפרוע חובת אביהן הנ"מ מלוה בשטר [רשב"ם ב"ב קנז.].

מסורת הש"ס

א) ב"מ מו. ב"ב עז: [ע"ש] קנ: [ע"ש] [ועי' בתוס' ב"ב עז: ד"ה רב פפא], ב) רש"ל מ"ז, ג) [קידושין יג: ב"ב מב. קנז. קעה. ערכין ו: ז. כ. בכורות מח:], ד) [צ"ל והראה], ה) [ד"ה ונקנינהו], ו) [שייך למתני' לעיל קג.], ז) [התוי"ט כתב יישוב לזה ע"ש].

הגהות הב"ח

(א) גמ' דאיכא אחריות נכסים וכי: (ב) רש"י ד"ה בדיוקני וכו' בידו הס"ד ואח"כ מה"ד מי כתב לך: (ג) ד"ה ונחייב בנו חומש:

תורה אור השלם

א) וְהָיָה כִּי יֶחֱטָא וְאָשֵׁם וְהֵשִׁיב אֶת הַגְּזֵלָה אֲשֶׁר גָּזָל אוֹ אֶת הָעֹשֶׁק אֲשֶׁר עָשָׁק אוֹ אֶת הַפִּקָּדוֹן אֲשֶׁר הָפְקַד אִתּוֹ אוֹ אֶת הָאֲבֵדָה אֲשֶׁר מָצָא: [ויקרא ה, כג]

אֵין מְשַׁלְּחִין מָעוֹת בִּדְיוֹקְנִי — בני אדם שיש בידיהם מעות של חבריהם, לא ישלחום ביד שליח המחזיק חותם או סימנים[1] של בעלי המעות, כי אין נפטרים בכך מאחריות. למשל, ראובן שהיה חייב מעות לשמעון, ובא אדם ואמר לו ששמעון שלחו אליו כדי שישלח לו בידו המעות, ומראה "דיוקני" שמסר שמעון בידו לראיה ששלחו, אין לו לראובן לשלוח המעות בידו, שאם ייאנסו ממנו לפני שיגיעו לשמעון, יהא ראובן חייב באחריותם. הטעם, לפי שכאשר שולח שמעון שליח באופן זה, אינו מתכוון שיהא שלוחו ממש עד שתחשב קבלתו את המעות כאילו קבלם שמעון וייפטר ראובן מאחריותו בנתינתם לו, אלא כוונתו להמציא לראובן שליח שיוביל המעות עבורו על אחריותו שלו[2]. **וַאֲפִילּוּ** אם היו **עֵדִים חֲתוּמִים עָלֶיהָ** (על הדיוקני) להעיד שהוא אכן של שמעון, כך הדין, כי אפילו באופן זה אין כוונת שמעון לעשות את השליח לשליח גמור שתחשב קבלתו את המעות כאילו קיבלם בעצמו, אלא כוונתו רק להמציא לחבירו שליח שיוכל לשלוח בידו המעות על אחריותו שלו[3]. **וְרַבִּי יוֹחָנָן אָמַר: אִם** היו **עֵדִים חֲתוּמִים עָלֶיהָ** להעיד שהיא אכן של בעל המעות, **מְשַׁלְּחִין** — יכולים לשלוח המעות בידו, כי נפטרים בכך מאחריות. הטעם, כי כיון שטרח בעל המעות להחתים עדים על הדיוקני שמסר ביד השליח, יש להניח שנתכון שיהא שלוחו ממש עד כדי שתחשב קבלתו את המעות כאילו קבלם הוא עצמו[4].

שואלת הגמרא:

אָמְרֵי — אמרו: **לְפִי שְׁמוּאֵל, מַאי תַּקַּנְתָּא** — מהי תקנתו של אדם הרוצה לשלוח שליח להביא לו מעותיו שביד חבירו? כיצד יכול הוא לסדר שבמסירת המעות לשליח ייפטר חבירו מאחריותו, כדי שיתרצה חבירו למסרם[5]?

משיבה הגמרא:

יכול הוא לעשות **כִּי הָא** — כמעשה זה **דְּרַבִּי אַבָּא הֲוֵי מַסִּיק זוּזֵי בִּדְרַב יוֹסֵף בַּר חָמָא** — לרבי אבא היו מעות בידי רב יוסף בר חמא[6]. **אָמַר לֵיהּ** רבי אבא **לְרַב סַפְרָא**, שהיה עומד ללכת למקומו של רב יוסף בר חמא: "**בַּהֲדֵי דְּאָתֵית** — בשעה שאתה בא לכאן בחזרה, **אַיְיתִינְהוּ נִיהֲלִי** — הביאם (את מעותי) לי". **כִּי אֲזַל לְהָתָם** — כאשר הלך רב ספרא לשם, וביקש את המעות, **אָמַר לֵיהּ רָבָא בְּרֵיהּ** (בנו) של רב יוסף בר חמא[7]: "**מִי כָּתַב לָךְ הִתְקַבַּלְתִּי** — האם כתב לך רבי אבא שובר קבלה בלשון "התקבלתי מעותי בקבלת רב ספרא"[8] שתוכל למוסרו לאבי כדי שלא תישאר עליו אחריות אחרי שימסור לך המעות?". **אָמַר לֵיהּ** רב ספרא: "**לֹא** מסר בידי רבי אבא שובר." השיב לו: "**אִי הָכִי** — אם כן, **זִיל בְּרֵישָׁא** — לך תחילה אל רבי אבא, **וְיִכְתּוֹב לָךְ הִתְקַבַּלְתִּי** — ויכתוב וימסור בידך שובר קבלה בלשון "התקבלתי מעותי בקבלת רב ספרא", כדי שתוכל למסרו לאבי כשיתן לך המעות". **לְסוֹף** — שוב נמלך רבא **וְאָמַר לֵיהּ** לרב ספרא: "**אִי כָּתַב לָךְ נַמִּי הִתְקַבַּלְתִּי** — גם אם יכתוב לך שובר קבלה בלשון "התקבלתי וכו' ", **לַאו כְּלוּם הוּא** — אין בכך תועלת, ולא נמסור בידך המעות על סמך קבלת אותו שובר לידינו. **דִּלְמָא אַדְּאָתֵית שָׁכִיב רַבִּי אַבָּא** — כי נחשוש שמא תוך כדי שתבוא אלינו בחזרה, עם השובר, ימות רבי אבא[9], **וְנָפְלוּ זוּזֵי קַמֵּי יַתְמֵי** — ויימצא שנפלו המעות (שהיה אבי חייב לו) ליתומים שלו בירושה, **וְהִתְקַבַּלְתִּי דְּרַבִּי אַבָּא לַאו כְּלוּם הוּא** — וממילא לא יהא שובר "התקבלתי וכו' " שכתב רבי אבא שוה כלום להימסר באותה שעה, כי כבר לא יהיו המעות שלו אלא של היתומים, ואם אמסרם לך וייאנסו לפני שתביאם אל היתומים יוכלו היתומים לשוב ולתובעני![10]" **אָמַר לֵיהּ** רב ספרא לרבא: "**וְאֶלָּא מַאי תַּקַּנְתָּא** — מהי התקנה שתועיל כדי שתמסרו לי המעות עבור רבי אבא?". השיב לו רבא: "**זִיל נַקְנִינְהוּ לָךְ אַגַּב אַרְעָא** — לך וְיַקְנֶה אותם לך רבי אבא אגב קרקע[11], באופן שתחשב

הערות

1. "דיוקני" היינו חותם או סימנים מסויימים המיוחדים לאותו אדם או שהוסכם עליהם בינו ובין בעל חובו (ראה רש"י; תוספות; שיטה מקובצת בשם רבינו יהונתן והרא"ש; רמב"ם, הלכות שלוחין א, ח; ראה עוד ים של שלמה, סימן מ).

אחרים מפרשים שמלת "דיוקני" מורכבת "דיו" (שנים) "קני" (קנים), ופירוש הדבר הוא שלקח מפקיד קנה וחילקו לשנים, ומסר חלק אחד ביד הנפקד ואמר לו שכאשר יבוא אדם ובידו החלק האחר, יוכל לדעת שהוא נשלח על ידי המפקיד (הגהות מיימוניות שם ח).

2. רשב"א; טור שם; ראה עוד ערוך השלחן שם ד. לפי זה, הדין אמור אפילו כאשר מודה שמעון ששלח את ראובן, ואין שום חשש שמא בא ראובן מעצמו במרמה.

אחרים מפרשים שטעמו של שמואל באמרו שאין משלחין מעות בדיוקני הוא לפי שחוששים שמא בא ראובן מעצמו במרמה, ואין ה"דיוקני" שבידו ראיה מספקת ששלחו שמעון, כי יתכן שזייפו ראובן או גנבו, או שהוא נפל משמעון וראובן מצאו (רמב"ם, הלכות שלוחין א, ח). לפי זה, במקרה שמודה שמעון ששלח את ראובן ומסר לו ה"דיוקני", אכן משלחין המעות בידו (שם). ראה תוספות (ד"ה אין) שהביאו שתי הדעות.

הוראת שמואל אמורה בין במלוה, בין בפקדון ובין בגזילה או בכל ממון אחר שחייב אדם לחבירו.

3. רש"י. אף אם נניח כדעת רב חסדא, רבי יוחנן ורבי אליעזר ש"שליח שעשאו בעדים הוי שליח" (לעיל קד, א), סובר שמואל שזהו דוקא אם צוה המשלח בפני עדים את השליח על נטילת המעות והבאתם, מה שאין כן במקרה של "דיוקני", שלא הועד אלא על אמיתות החותם, ואילו מינוי השליח לא נעשה בפני עדים (ראה רי"ף; מלחמות, רא"ש; טור ושלחן ערוך, חושן משפט קכא, ג; ש"ך שם טז; אבל ראה תוספות).

4. רבי יוחנן סובר שכשם שכאשר טורח המשלח לצוות את שלוחו בפני עדים על נטילת המעות והבאתם הרי הוא שלוחו ממש, כפי שהובא בשמו בסוף קד, א ש"שליח שעשאו בעדים הוי שליח", כן הדבר גם כאשר טורח המשלח להחתים עדים על דיקני שמוסר ביד שלוחו, אף כשעצם מינוי השליח לא נעשה בפני עדים (שיטה מקובצת בשם רמ"ה; רשב"א; טור שם).

5. בודאי יועיל הדבר אם יאמר בעל המעות למי שהם בידו שימסרם לשליח (ראה לעיל קד, א הערה 12), אך הגמרא מבקשת למצוא תקנה במקרה שהאדם שהמעות בידו נמצא במקום רחוק (תוספות לעיל שם ד"ה שליח; אך ראה רא"ש סימן כב).

לפי הסוברים "ששליח שעשאו בעדים הוי שליח", יש לבעל המעות תקנה על ידי שיחתים עדים על כתב מינוי שיתן ביד השליח, אך מכיון שאין מפורש מה סובר שמואל בענין "שליח שעשאו בעדים" (כי כשאמר שאין משלחין מעות בדיוקני "ואפילו עדים חתומים עליו", אפשר שאין כוונתו אלא לאופן שהעדים חתומים רק על אמיתות הדיוקני ולא על עצם השליחות, כמבואר בהערה 3), מבקשת הגמרא תקנה גם לפי הנחה ש"שליח שעשאו בעדים לא הוי שליח" (רשב"א; אך ראה רא"ש סימן כב; שיטה מקובצת בשם רבינו יהונתן; פני יהושע).

6. הפירוש המדוייק של לשון הגמרא לפי הגירסא שלפנינו, "הוה **מסיק** וכו' ", הוא ענין "נושה", כלומר שהיה לרבי אבא **חוב** ממון על רב יוסף בר חמא, ולא פקדון. אילו היה מדובר במעות פקדון, היה הלשון המתאים כגון "**הוו ליה** תריסר אלפי זוזי וכו' " (תוספות בבא בתרא ע, ב ד"ה רב פפא; נימוקי יוסף לז, ב בדפי הרי"ף). ראה להלן הערה 11.

7. רבא בנו של רב יוסף בר חמא הוא רבא בן מחלוקתו של אביי, המוזכר לרוב בש"ס בסתם — "רבא" (ראה רש"י חולין עז, א; סדר הדורות, ערך רבא).

8. רש"י. אחרים כתבו בסתם "התקבלתי מעותי" (שיטה מקובצת בשם גאון). ראה מהריק"ש המבאר מדוע סובר רש"י שהוצרך לכתוב בשובר גם "בקבלת רב ספרא"; וראה חידושי מהר"ם קזיס.

9. רש"י; ראה הערה הבאה.

10. רש"י.

רש"י מבאר שכבר היה רבי אבא זקן באותה שעה [ולכן היה מקום לחשוש שימות תוך כדי ביאת השליח]. מדברים אלה משמע שכל שמביא שליח בידו שובר קבלה מבעל המעות, אין המחזיק בהם רשאי לסרב למסרם לו (אם לא שטוען שאינו חייב למשלח כלל, כמובן) אלא אם כן טוען שיש חשש סביר שייגרם לו בכך הפסד (ים של שלמה מ; ש"ך, חושן משפט קכב, ד; ראה רא"ש כא; אך ראה רשב"א ד"ה לסוף; נימוקי יוסף; פילפולא חריפתא ח; קצות החושן קכב, א).

11. המשנה בקידושין (כו, א) מלמדת שאחת מדרכי הקנין המועילות במיטלטלין היא הקנאתם אגב קרקע, דהיינו שהקונה עושה מעשה קנין לקנות מהמקנה קרקע כל שהיא, ואגב אותה קרקע מקנה לו המקנה גם מיטלטלין בכל מקום שהם. בדרך זו יכול היה רבי אבא להקנות לרב ספרא את המעות שביד רב יוסף בר חמא (רש"י; ראה הערה הבאה).

הראשונים תמהים כיצד מועיל קנין כאן, והלא מדובר במעות שהיו מִלְוֶה ביד רב יוסף בר חמא, ואין שום קנין פועל במלוה? יש מהראשונים שמחמת קושי זה כתבו לגרוס בתחילת המעשה "רבי אבא **הוו ליה** תריסר אלפי זוזי וכו' " (במקום "הוה מסיק" — ראה הערה 6), באופן שמדובר במעות פקדון ולא בהלואה, ולכן היה מועיל בהם קנין אגב (רשב"א). ליישוב הדבר לפי הגירסא שלפנינו, ראה הערה

[א]אין משלחין מעות בדיוקני ואפילו עדים חתומים עליה ורבי יוחנן אמר אם עדים חתומים עליה משלחין אמרי לשמואל מאי תקנתא כי הא דרבי אבא הוי מסיק זוזי בדרב יוסף בר חמא א"ל לרב ספרא בהדי דאתית אייתינהו ניהלי כי אזל להתם אמר ליה רבא בריה מי כתב לך התקבלתי א"ל לא אי הכי זיל ברישא ויכתוב לך התקבלתי לסוף אמר ליה אי כתב לך נמי התקבלתי [ב]לאו כלום הוא דלמא אדאתית שכיב רבי אבא ונפלו זוזי קמי יתמי והתקבלתי דרבי אבא לאו כלום הוא א"ל ואלא מאי תקנתא [ג]זיל נקנינהו לך אגב ארעא ותא את כתוב לן התקבלתי [ד]כי (ה) הא דרב פפא הוה מסיק תריסר אלפי זוזי בי חוזאי אקנינהו ניהליה לרב שמואל בר אבא אגב אסיפא דביתיה כי אתא נפק לאפיה עד תואך: נתן לו את הקרן וכו': אלמא חומש ממונא הוא ואם מיית משלמי ליה יורשין ותנן נמי נתן את הקרן ונשבע על החומש הרי מוסיף חומש על חומש אלמא חומשא ממונא הוא ותניא נמי הכי הגוזל את חבירו ונשבע לו ומת [ה]יורשין משלמים קרן וחומש [ו]ופטורין מן האשם ויורשין בני שלומי חומשא דאבוהון הוו (ב)(אלמא חומש ממונא הוא ובעי שלומי יורשין) ורמינהו עדיין אני אומר אימתי אינו משלם חומש על גזל אביו בזמן שלא נשבע לא הוא ולא אביו הוא ולא אביו ולא הוא הוא ואביו [ז]מנין ת"ל (א) אשר גזל ואשר עשק והוא לא גזל ולא עשק אמר רב נחמן לא קשיא כאן שהודה כאן שלא הודה אי לא הודה קרן נמי לא משלם וכי תימא הכי נמי דלא משלם והא מדקא מהדר אחומש למימרא דקרן משלם ועוד תניא ועדיין אני אומר אימתי הוא משלם קרן על גזל אביו בזמן שנשבע הוא ואביו אביו ולא הוא הוא ולא אביו לא הוא ולא אביו מנין ת"ל גזילה ועושק אבידה ופקדון יש תלמוד ויתיב רב הונא וקאמר להא שמעתא א"ל רבה בריה יש תלמוד קאמר מר או ישתלמו קאמר מר א"ל יש תלמוד קאמינא ומריבויא דקראי אמרי אלא מאי לא הודה [ח]לא הודה אביו והודה בנו ונחייב בנו חומש אשבועה דידיה אמרי [ט]בשאין גזילה קיימת אי בשאין גזילה קיימת אפילו קרן נמי לא משלם לא צריכא דאיכא אחריות (א) וכי איכא אחריות נכסים מאי הוי מלוה על פה היא [ג]ומלוה על פה אינו גובה לא מן היורשין [י]ולא מן הלקוחות אמרי בשעמד

רש"י

בדיוקני. מסר לו בעל הפקדון לשליח סימנין וכתב לו חותמו באגרת ומסרה לו ואמר לו לך [ד] והתרצה לפלוני ויתן לך מעות שיש לי בידו (ג): אי כתב לך. ר' אבא: התקבלתי. מעותי בקבלתו של רב ספרא: אדאתית. בעוד שתהיה בדרך בשובך אצלנו: שכיב רבי אבא. דזקן הוא וכבר בטל שליחותו קודם שתקבלם ואי הוו אנסי להו מינך באורחא תבעי לן יתמי: נקנינהו ניהלך אגב ארעא. ויהיו שלך בכל מקום שהן דקיימא לן בקדושין (דף כו.) נכסים שאין להם אחריות נקנין עם נכסים שיש להן אחריות: אסיפא דביתיה. מפתן ביתו דמחובר לקרקע הוא וכקרקע הוא כך שמעתי ל"א סיפא דביתיה סוף בית הקנה לו זוית אחת: נפק לאפיה עד תווך. הלך לקראתו עד תווך שם מקום שהיה שמח שהביא לו מעותיו: אלמא חומשא ממונא הוא. מדאיצטריך ליה למתני א"נ ליזל אחריו אלמא ממונא הוא גביה: ואי מיית. גזלן משלמי יורשין ועוד מדקתני הרי זה מוסיף חומש על חומש ש"מ ממונא הוא דאי כפרה הוא ולאו ממונא ואין כפרה למתים: ופטורין מן האשם. דהא מתו בעליו דאם הפרישו בחייו היה טעון [רעיה] וכי לא הפרישו פטורין דאשם כפרה הוא ולאו ממונא ואין כפרה למתים: עדיין אני אומר. רישא בתורת כהנים אשר גזל על גזילו הוא מוסיף חומש ולא על גזילת אביו: כאן שהודה. אביו בחייו אחר שנשבע ונתחייב לו חומשא משלמי יורשין ובריית' בת"כ בשלא הודה וקס"ד השתא בלא הודה לא אב ולא בן: ה"ג ויתיב רב הונא: יש תלמוד קאמר מר. ותנא מקרא מייתי לה מדכתיב כל הני ריבויא הוא שהבן חייב לשלם או ישתלמו קאמר מר ומסברא הוא משלם ולא מקראי: לא הודה אביו והודה בנו. קרן משלם אבל חומש לא דמעטיה קרא מחומש על גזל אביו: ונחייב (ג) חומש אשבועתא דידיה. דקתני נשבע הוא ואביו לפטורא דכיון דבן נשבע והודה אמאי פטור: בשאין גזילה קיימת. דלאו עליה רמיא לשלומי דתנן (לקמן דף קיא:) הגוזל ומאכיל את בניו פטורים מלשלם הלכך אי כפר כפירת דברים בעלמא היא ושבועת בטוי הוא דליכא חומש: לא צריכא דאיכא אחריות נכסים. ואמרינן לקמן (שם) דאם הניח אביהן אחריות נכסים קרקעות חייבים להחזיר מפני כבוד אביהן: וכי איכא אחריות נכסים מאי הוי כו'. ל"ג חדא דהא תני התם דמשום כבוד אביהם חייבים להחזיר

תוספות

אין משלחין מעות בדיוקני אפילו עדים חתומים עליה. פי' אם אמר לסופר כתוב לפלוני שישלח לי מעות ע"י פלוני ואחר כך חתם בדיוקני שלו ואפילו עדים חתומים עליה שהיא דיוקני שלו אינו מועיל אבל אם היו חתומים על זה שאמר ליה לשלוח על ידו אז הוי שליח אי נמי אם כתב בכתב ידו שלח על ידי פלוני וא"ת ואמאי לא מהני דיוקני דידיה והא אמרינן בהשולח (גיטין דף לו.) ובהמגרש (שם דף פז:) דמר חתים כוורא ומר חתים מכותא וי"ל דהני מילי בשמות חכמים דפקיעי אבל אינש אחרינא לא ולפי מאי שפירשנו לעיל אפילו כתב בכתב ידו וחתם בדיוקני אין מועיל כל זמן שלא אמר ליה בפניו:

ורבי יוחנן אמר אם עדים חתומים עליו שולחין. וה"ה לרבי יוחנן בלא דיוקני בשליח שעשאו בעדים כדאמר רבי יוחנן לעיל דהוי שליח והכא אתא לאשמועינן דדיוקני בלא עדים לא מהני ולא מידי ונראה דהלכתא כרב חסדא דשליח שעשאו בעדים הוי שליח דהא ר' יוחנן ור' אלעזר קיימי כוותיה ואע"ג דשמואל קאי כרבה קי"ל דרב ור' יוחנן הלכה כר' יוחנן וה"ה דלגבי שמואל הלכה כר' יוחנן: אגב אסיפא דביתיה. ומה שכותבין בהרשאה והקניתי לו ד' אמות בחצרי לאו דוקא דהא אמרינן בפ"ק דקדושין (דף כו: ושם) דקרקע כל שהו חייב בפאה כו' וקונין עמה נכסים שאין להם אחריות ומה שכותבין הרשאה אפילו אותם שאין להם קרקע י"מ משום דהודאת בעל דין כמאה עדים דמי וקשה דבפרק חזקת הבתים (ב"ב דף מד: ושם) דפריך וליחוש דילמא אקני ליה מטלטלי אגב מקרקעי ומשני לא צריכא דאמרי עדים ידענא ביה בהאי גברא דלא הוה ליה ארעא מעולם ובפרק מי שמת (שם דף קמט.) גבי עובדא דאיסור גיורא דקאמר במאי ליקני רב מרי בריה להנהו זוזי אי דליקני ליה איסור גיורא אגב קרקע לית ליה קרקע וי"ל דההוא דאיסור גיורא מעיקרא ודאי לא אסיק אדעתיה טעמא דהודאה אבל במסקנא קאמר אדהכי נפק אודיתא מבי איסור והיא דה"ה כיון שאין אלא חששא בעלמא דלמא אקני ליה כיון דלית ליה ארעא לא חיישינן והיא דפ' הזהב (ב"מ דף מו. ושם ה) גבי היה עומד בגורן דפריך וליקני ליה אגב ארעא ומשני דלית ליה ארעא התם מדאורייתא בעינן דאית ליה ארעא דאי לית ליה ארעא לא היו קרוין מעותיו מדאורייתא שיוכל לפדות בהן פירות מעשר שני אבל לענין לגבות כיון שהודה שיש לו והקנה לו אגב קרקע למה לא יגבה: [עי' תוס' כתובות נד: ד"ה אע"פ וב"ב מד: ד"ה דלא]:

[ו]חוץ מפחות שוה פרוטה בקרן. תימה אמאי איצטריך למיתני הא כיון דברישא תנן שוה פרוטה משמע אבל פחות לא [ז]: נתן לו את הקרן ונשבע לו על החומש. הוא הדין אם לא נתן לו את הקרן ונשבע אתרוייהו אקרן ואחומש היה מוסיף חומש על חומש אלא אורחא דמילתא נקט דאקרן אין נשבעין שני פעמים והוא הדין אם נשבע על החומש דיוליכנו אחריו למדי דכיון שנשבע עליו נעשה כגזלן: יש תלמוד קאמינא ומריבויא דקראי. תימה אמאי איצטריך קרא לקרן דאמאי לא ישלם קרן כיון דאיכא אחריות נכסים ועמד בדין דבהכי מוקמינן לה בסמוך: מלוה על פה היא ואין גובה לא מן היורשים ולא מן הלקוחות. למ"ד שיעבודא לאו דאורייתא פריך דהכא משמע דמדאורייתא גובין מיורשין ומההיא ברייתא דהגוזל ומאכיל (לקמן דף קיא:) אם הניח להם אביהם אחריות נכסים חייבים לשלם ליכא למפרך ליה מידי דאיהו מוקי ליה מדרבנן כדי שלא תנעול דלת בפני לוין כדפסיק רב פפא בפרק גט פשוט (ב"ב דף קעו. ושם) ומיהו לרב ושמואל דאמרי מלוה ע"פ אין גובה לא מן היורשין ולא מן הלקוחות ואפילו מדרבנן כדמוכח בח"ה (שם דף מב.) ובסוף מי שמת (שם דף קנז.) איכא לאקשויי מההיא ברייתא דלקמן ואיכא למימר דאיהו מוקמי לה בשעמד בדין ומה שהקשה בקונט' דהך העמדה בדין מאי מהני הרי כפר ונשבע דהא אוקימנא לעיל בשלא הודה אביו והודה בנו י"ל בעמד בדין לאחר שבועה ע"י עדים דלא מיחייב האב חומש כדתנן לקמן במתניתין דהיכא דאיכא עדים לא מיחייב חומש:

אמר

עין משפט נר מצוה

קכד א מיי' פ"א מהל' שלוחין ושותפין הלכה ח סמג עשין עב טוש"ע ח"מ סי' קכא סעיף ג:
קכה ב ג ד (מיי' שם) טוש"ע ח"מ סי' קכב סעיף א:
קכו ה מיי' פ"ז מהלכות גזלה ואבדה הלכה ד:
קכז ו מיי' שם הלכה ו:
קכח ז מיי' שם הלכה ג:
קכט ח מיי' שם הלכה ה ו:
קל ט מיי' שם הלכה ד:
קלא י מיי' פי"א מהלכות מלוה ולוה הלכה ד סמג עשין צד טוש"ע ח"מ סי' קיא סעיף א:

ליקוטי רש"י

אקנינהו ניהליה לרב שמואל בר אבא. שהיה הולך לשם כדי שיביאם לו שאילו לא הקנה לו לא היה נותנם לו מי שהפקדון אצלו שאם יאבדו בדרך יחזור רב פפא ויתבעם לו. אגב אסיפא דביתיה. מפתן ביתו [ב"מ מו.]. סף ביתו מקרקע כדי שיביאם לו והיינו הרשאה ואילו לא אקניינהו ניהליה לא הוו יהבי ליה דלא ליחייבו באונסא דאורחא כדאמר בב"ק [רשב"ם ב"ב עז:] שהקנה לו בסודר קרקע כניסת ביתו ואגבו הקנה לו המעות בתורת הרשאה המפורשת בבבא קמא (דף ע.) אי נמי הלך והחזיק הקרקע והקנה לו המעות כל מקום שהן [שם קנ:]. נפק לאפיה. מרוב שמחת מעותיו שהביא. עד תואך. שם מקום [ב"מ שם]. מקום במסכת נדה (דף לג:) וכך שמו ולאשמועינן אתא דמשום קנין זה מסרו לו המעות דכיון דנפק לאפיה שמעינן דהביא המעות [רשב"ם ב"ב עז:] ויש מפרשין אלי הדרך ומפרשין נמי שלא יחזיק בהן לעצמו ולא היא דכיון דכתב בהרשאה וכל מאן דמתעני ליה מן דינא קבלתי בין לזכות בין לחובה שמעינן דשליח שוייה הכי מפרש בבבא קמא [שם קנ:]. כשאין גזילה קיימת. שאכלוה אחרי מותו, ונגזל אין יכול לתובען שהרי לא גזלוהו [לקמן קיא:]. מלוה על פה. היינו מלוה את חבירו בעדים [שם מב.]. אינו גובה מן היורשין. דשיעבודא לאו דאורייתא וכ"ש מן הלקוחות אבל מלוה בשטר הוא עצמו שיעבדו דכתב ליה כל נכסיי דאית לי אחראין לשטרא דנן [קדושין יג:]. וכי אמרינן מלוה על היתומים לפרוע חובת אביהן הנ"מ מלוה בשטר [רשב"ם ב"ב קנז.].

מסורת הש"ס

א) ב"מ מו. ב"ב עז: [ע"ש] קנ: [ע"ש] [ועי' בתוס' ב"ב עז: ד"ה רב פפא], ב) רש"ל מ"ז, ג) [קידושין יג: ב"ב מב. קנז. קעה. ערכין ו: ז. כ. בכורות מח:], ד) [ל"ל והרשאה], ה) [ד"ה ונקניניהו], ו) [שייך למתני' לעיל קג.], ז) [התוי"ט כתב יישוב לזה ע"ש].

הגהות הב"ח

(א) גמ' דאיכא אחריות נכסים וכי: (ב) רש"י ד"ה בדיוקני וכו' בידו הס"ד ואח"כ מה"ד מי כתב לך: (ג) ד"ה ונחייב בנו חומש:

תורה אור השלם

א) וְהָיָה כִּי יֶחֱטָא וְאָשֵׁם וְהֵשִׁיב אֶת הַגְּזֵלָה אֲשֶׁר גָּזָל אוֹ אֶת הָעֹשֶׁק אֲשֶׁר עָשָׁק אוֹ אֶת הַפִּקָּדוֹן אֲשֶׁר הָפְקַד אִתּוֹ אוֹ אֶת הָאֲבֵדָה אֲשֶׁר מָצָא: [ויקרא ה, כג]

אתה בעל החוב של אבי[12], **וְתָא אַתְּ כְּתוֹב לָן הִתְקַבַּלְתִּי** — ובוא אתה וכתוב לנו שובר קבלה בלשון "התקבלתי מעותי". באופן זה, לא נוכל להימנע מלמסור לך המעות[13].

הגמרא מזכירה מעשה שבו נקט אמורא בעצה זו:

כִּי הָא — כמו מעשה זה, **דְּרַב פָּפָּא הֲוָה מַסִּיק תְּרֵיסַר אַלְפֵי זוּזֵי בֵּי חוֹזָאֵי** — שלרב פפא היו לו שנים עשר אלפי זוז [בחוב על אדם] בבי חוזאי[14], **אַקְנִינְהוּ נִיהֲלֵיהּ לְרַב שְׁמוּאֵל בַּר אַבָּא** — הקנה אותם[15] רב פפא לשמואל בר אבא (שעמד לצאת לבי חוזאי ולחזור, ורצה רב פפא שיביא לו משם מעותיו), **אַגַּב אַסִּיפָּא דְּבֵיתֵיהּ** — אגב מפתן ביתו[16]. **כִּי אָתָא** — כאשר בא רב שמואל בר אבא בחזרה מבי חוזאי (כשהמעות בידו), **נָפַק לְאַפֵּיהּ עַד תְּוָאךְ** — יצא רב פפא לקראתו עד תואך (שם מקום)[17], שהיה שמח בביאת מעותיו[18].

שנינו במשנתנו:

נָתַן לוֹ אֶת הַקֶּרֶן וכו' ולא נתן לו את החומש **וכו'** אינו צריך לילך אחריו. המשנה מלמדת שהחיוב להוליך גזילה אחרי הנגזל נאמר דוקא לגבי הקרן או חלק ממנו, ולא לגבי החומש.

הגמרא מדייקת:

אַלְמָא — הרינו רואים, ממה שהוצרך התנא ללמדנו שאין גזלן מחוייב לילך אחרי הנגזל בכדי לשלם לו חומש[19], ש**חוֹמֶשׁ מָמוֹנָא הוּא** — גדר חיוב חומש האמור בגזלן שנשבע הוא חוב ממון. כלומר, בדין חומש זיכתה התורה לנגזל חוב ממון על הגזלן, ואינה מתנה שציותה התורה את הגזלן לתת לנגזל בכדי להתכפר[20]. **וְלכן, אִם מָיֵית** — אם מת הגזלן בטרם שילם לנגזל חומש, **מְשַׁלְּמֵי לֵיהּ יוֹרְשִׁין** — חייבים יורשיו לשלמו, כי הוא חוב ממון שהיה לנגזל ביד אביהם[21].

הגמרא מדייקת כן גם מהוראה אחרת של המשנה:

וּתְנַן נַמִּי — ושנינו גם כן (במשנתנו לעיל קג, א-ב): אם **נָתַן** הגזלן לנגזל **אֶת הַקֶּרֶן וְנִשְׁבַּע** לו **עַל הַחוֹמֶשׁ** שאינו חייב בו, כגון שאמר שכבר שילמו ונשבע על כך לשקר, ושוב הודה, **הֲרֵי** זה **מוֹסִיף חוֹמֶשׁ עַל הַחוֹמֶשׁ** הראשון, שכפירתו ושבועתו על אודות החומש הראשון הינן ככפירה ושבועה על כל ממון אחר, שהחומש ההוא נעשה קרן לגבי השבועה ההיא, ובכן מתחייב הגזלן מחמת השבועה להוסיף עליו חמשית, חומשו של חומש. **אַלְמָא** — הרינו רואים, ממה שהמשנה מחשיבה כפירה ושבועה בחיוב חומש ככפירה ושבועה בחוב ממון, ד**חוּמְשָׁא מָמוֹנָא הוּא** — גדר חיוב חומש האמור בגזלן שנשבע הוא חוב ממון המוטל עליו[22].

הגמרא מביאה ראיה מברייתא לדבריה שאם מת גזלן בטרם שילם לנגזל חומש המוטל עליו, חייבים יורשיו לשלמו מתוך נכסיו:

וְתַנְיָא נַמִּי הָכִי — וכן שנינו בברייתא: **הַגּוֹזֵל אֶת חֲבֵירוֹ** וכפר לו **וְנִשְׁבַּע לוֹ**, ושוב חזר והודה, **וּמֵת** טרם שילם לו והביא אשם, הרי **הַיּוֹרְשִׁין** שלו **מְשַׁלְּמִים קֶרֶן וְחוֹמֶשׁ** מתוך נכסיו, **וּפְטוּרִין מִן הָאָשָׁם**, כי אשם בא לכפר, ואין כפרה למתים[23].

הגמרא מביאה סתירה, לכאורה, להוראה זו שיורשי גזלן משלמים את חומשו:

וְיוֹרְשִׁין בְּנֵי שַׁלּוּמֵי חוּמְשָׁא דַּאֲבוּהוֹן הָווּ — וכי שייכים יורשים

הערות

הבאה ובראשונים המצויינים שם.

ישנה דרך נוספת להקנות מטלטלין בכל מקום שהם בלא לעשות מעשה קנין בגופם, והיינו על ידי קנין סודר ("חליפין"), הפועל על ידי שנותן הקונה למקנה כלי, כגון סודר, ובקבלת הכלי מקנה הוא לו כל דבר (בין מטלטלין ובין קרקע) בכל מקום שהוא. אולם, אף שקנין חליפין מועיל לקנות מטלטלין, אינו מועיל לקנות מעות (ראה בבא מציעא מו, א), ולכן לא היה ניתן להשתמש בו במקרה של רבי אבא ורב ספרא.

12. יש מפרשים שהכוונה היא שיקנה לו רבי אבא את המעות במתנה גמורה [ויסמוך עליו שלא יעכב המעות לעצמו] (ראה רשב"א; טור, חושן משפט קכב בשם תשובות הרא"ש, כפי שפירשו הש"ך שם ס"ק ו), ויש מפרשים שהכוונה היא לקנין לצורך "הרשאה", דהיינו ליפות את כחו של רב ספרא להיות שליח מורשה לגביית המעות כאילו הוא הבעלים, ואינה מתנה גמורה [ולא היה רב ספרא יכול לעכב המעות לעצמו; ראה לעיל ע, א עם הערות 2, 7 ו־11]. לפי השיטה האחרונה, מיושב כיצד יועיל קנין בחוב (לפי גירסת "הוה מסיק" — ראה הערה הקודמת), כי לענין הרשאה מועיל קנין אף בחוב (נימוקי יוסף; תוספות לעיל ע, א ד"ה אמטלטלין, כתובות נה, ב ד"ה שאם, ובבא בתרא עז, ב ד"ה רב פפא; מלחמות לעיל ע, א).

13. לפי המפרשים שמדובר במתנה גמורה שיתן רבי אבא לרב ספרא (ראה הערה הקודמת), כוונת רבא כאן היא שמכיון שיהא רב ספרא עצמו בעל המעות, ממילא אף אם ימות רבי אבא לפני שיקח רב ספרא המעות וימסור השובר, ייפטר רב יוסף בר חמא מאחריותו במסירתם לרב ספרא (ראה ש"ך שם).

לפי המפרשים שמדובר בקנין של הרשאה, ולא במתנה גמורה (ראה הערה הקודמת), נחלקו הפוסקים בכוונת רבא כאן: יש אומרים שכוונתו היא שמכיון שיבוא השליח בהרשאה זו, תועיל קבלת רב ספרא את המעות לפטור את רב יוסף בר חמא אפילו אם יתברר שכבר מת רבי אבא (ראה ש"ך שם). ויש אומרים שאין כוונת רבא אלא שמכיון שיבוא רב ספרא בהרשאה לא יהיה רב יוסף בר חמא רשאי לדחותו, אלא יהא מחוייב למסור לו המעות, אולם אם יִוָּדַע שכאשר נמסרו המעות כבר מת רבי אבא, יתברר למפרע שלא נפטר רב יוסף במסירה זו, כי כבר זכו היתומים במעות (ראה סמ"ע שם ד).

14. בי חוזאי היה מקום במלכות בבל (רש"י תענית כא, ב), והיה רחוק מעיקר היישוב של בבל מהלך ששה חדשים (ראה גמרא לקמן קיב, ב).

מקרה זה מוזכר גם בבבא מציעא מו, א ובבא בתרא עז, ב ו־קנ, ב. יש לציין שבגירסא שלפנינו במקומות ההם נאמר "רב פפא **הוו ליה** תריסר אלפי וכו' ", שהוא לשון פקדון, ראה הערה 11.

15. ראה הערה 12.

16. ראה הערה 11. מפתן הבית, אף אם הוא עשוי מעץ או אבן, מכיון שמחובר הוא לקרקע דינו כקרקע, וניתן להקנות מיטלטלין אגבו (רש"י). רש"י מביא גירסא אחרת, שלפיה נאמר שרב פפא הקנה לרב שמואל בר אבא את המעות אגב "סיפא (פירוש סוף) דביתיה", כלומר, אגב זוית כלשהי בקצה הבית.

17. רש"י. אך הרשב"ם בבבא בתרא (קנ, ב, בפירוש שני) הביא מפרשים ש"תווך" הוא מלשון תּוֹךְ, והכוונה היא שיצא אליו עד חצי הדרך. ראה פלפולא חריפתא אות ו המביא סמך לפירוש רש"י.

18. רש"י; אך ראה רשב"ם בבא בתרא שם בשם יש מפרשים.

19. רש"י. אך ראה הערה הבאה.

20. יש מקום להסתפק בגדר דין חומש, האם זיכתה בו התורה את הנגזל חוב ממון על הגזלן, או שמא אין בו חוב ממון, אלא שציותה התורה על הגזלן לתת לנגזל מתנה של חומש בכדי להתכפר, אך כל זמן שאינו נותנו אין לנגזל חוב עליו. 'נפקא מינה' פשוטה בין צדדים אלה, היא אם יכול הנגזל לתבוע חומש מהגזלן. אם יש על הגזלן חוב ממון של חומש, יכול הנגזל לתובעו ממנו, אך אם אין תשלום החומש אלא מצוה המוטלת על הגזלן ולא חוב ממון, אין הנגזל יכול לתובעו ממנו. 'נפקא מינה' נוספת בין הצדדים מזכירה הגמרא מיד, לענין חיוב יורשי גזלן לשלם לאחר מותו חיובי חומש שהיו עליו.

לפי רש"י (וכן ביארנו בפנים הגמרא), דיוק הגמרא הוא ממה שהתנא הוצרך ללמד שאין חיוב להוליך את החומש אחרי הנגזל. לדעתו, אילולא היה חומש חוב ממון, פשוט היה שאין על הגזלן להוליכו אחרי הנגזל.

ראשונים אחרים מפרשים שדיוק הגמרא הוא ממה שהמשנה מזכירה אפשרות של מחילת החומש. לדעתם, אין מחילה על החומש יכולה להועיל אלא אם כן החומש הינו חוב ממון השייך לנגזל, שאז יש בכחו למחול עליו כבעל כל חוב אחר. אך אם גדר חומש הוא שבכדי להתכפר הטילה התורה על הגזלן לתת מתנה לנגזל, אין חיוב זה זכות של הנגזל בכדי שיוכל למחול עליו (שיטה מקובצת בשם הראב"ד והרא"ש; אך ראה ר"ש תרומות ו, א; וראה קובץ שיעורים בבא בתרא ב ופסחים קלג).

21. נכסי אדם (המקרקעין) משועבדים לחובות ממון שעליו, ולכן לאחר מותו חייבים יורשי נכסיו לשלם מתוכם את חובותיו. מכיון שחיוב חומש הוא חוב ממון, כפי שמוכח ממשנתנו, נמצא שנכסי הגזלן משועבדים לנגזל על החומש, ולכן אם מת הגזלן חייבים יורשיו לשלם לנגזל מתוכם את החומש. אילו היה חיוב חומש רק בגדר מתנה שמוטל על הגזלן לתת לנגזל בכדי שיתכפר, ולא בגדר חוב, לא היו נכסיו משועבדים לכך, ולא היו יורשיו חייבים לשלם לנגזל.

22. דיני פרשת אשם גזילות (חיובי חומש ואשם באדם שכפר בחיוב ממון לחבירו, ונשבע על כך לשקר ושוב הודה) נאמרו רק לגבי כפירת **ממון**. אילו היה חיוב חומש רק בגדר מתנה שמוטל על הגזלן לתתה לנגזל, ולא היה חוב ממון גמור שזיכתה התורה לנגזל, לא היתה כפירת הגזלן בו, ושבועתו על כך, מחייבות אותו בחיובי פרשת אשם גזילות.

23. רש"י. אפילו אם הפריש אדם בחייו בהמה לאשם, אם לא הוקרבה עד מותו הדין הוא שאין מקריבים אותה, אלא היא יוצאת לרעות עד שנופל בה מום ואז פודים אותה [והיא יוצאת לחולין ודמיה קדושים לקרבן עולה] (שם).

[א]אין משלחין מעות בדיוקני ואפילו עדים חתומים עליה ורבי יוחנן אמר אם עדים חתומים עליה משלחין אמרי לשמואל מאי תקנתא כי הא דרבי אבא הוי מסיק זוזי בדרב יוסף בר חמא א"ל לרב ספרא בהדי דאתית אייתינהו ניהלי כי אזל להתם אמר ליה רבא בריה מי כתב לך התקבלתי א"ל לא אי הכי זיל ברישא ויכתוב לך התקבלתי לסוף אמר ליה אי כתב לך נמי התקבלתי [ב]לאו כלום הוא דלמא אדאתית שכיב רבי אבא ונפלו זוזי קמי יתמי והתקבלתי דרבי אבא לאו כלום הוא א"ל ואלא מאי תקנתא [ג]זיל נקנינהו לך אגב ארעא ותא את כתוב לן התקבלתי [ד]כי [ה] הא דרב פפא הוה מסיק תריסר אלפי זוזי בי חוזאי אקנינהו ניהליה לרב שמואל בר אבא אגב אסיפא דביתיה כי אתא נפק לאפיה עד תואך: נתן לו את הקרן וכו': אלמא חומש ממונא הוא ואם מיית משלמי ליה יורשין ותנן נמי נתן את הקרן ונשבע על החומש הרי מוסיף חומש על חומש אלמא חומשא ממונא הוא ותניא נמי הכי הגוזל את חבירו ונשבע לו ומת [ה]יורשין משלמים קרן וחומש [ו]ופטורין מן האשם ויורשין בני שלומי חומשא דאבוהון הוו (ג) (אלמא חומש ממונא הוא ובעי שלומי יורשין) ורמינהו עדיין אני אומר אימתי אינו משלם חומש על גזל אביו בזמן שלא נשבע לא הוא ולא אביו הוא ולא אביו אביו ולא הוא הוא ואביו [ז]מנין ת"ל (א) אשר גזל ואשר עשק והוא לא גזל ולא עשק אמר רב נחמן לא קשיא כאן שהודה כאן שלא הודה אי לא הודה קרן נמי לא משלם וכי תימא הכי נמי דלא משלם והא מדקא מהדר אחומש למימרא דקרן משלם ועוד תניא ועדיין אני אומר אימתי הוא משלם קרן על גזל אביו בזמן שנשבע הוא ואביו ולא הוא הוא ולא אביו לא הוא ולא אביו מנין ת"ל גזילה ועושק אבידה ופקדון יש תלמוד ויתיב רב הונא וקאמר להא שמעתא א"ל רבה בריה יש תלמוד קאמר מר או ישתלמו קאמר מר א"ל יש תלמוד קאמינא ומריבויא דקראי אמרי אלא מאי לא הודה [ח]לא הודה אביו והודה בנו ונחייב בנו חומש אשבועה דידיה אמרי [ט]בשאין גזילה קיימת אי בשאין גזילה קיימת אפילו קרן נמי לא משלם לא צריכא דאיכא אחריות (א) וכי איכא אחריות נכסים מאי הוי מלוה על פה היא [כ]ומלוה על פה אינו גובה לא מן היורשין [י]ולא מן הלקוחות אמרי בשעמד

בדיוקני. מסר לו בעל הפקדון לשליח סימנין וכתב לו חותמו באגרת ומסרה לו ואמר לו לך [ז] והתראה לפלוני ויתן לך מעות שיש לי בידו (ב): אי כתב לך. ר' אבא: התקבלתי. מעותי בקבלתו של רב ספרא: אדאתית. בעוד שתהיה בדרך בשובך אצלנו: שכיב רבי אבא. דזקן הוא וכבר בטל שליחותו קודם שתקבלם ואי הוו אנסי להו מינך באורחא תבעי לן יתמי: נקנינהו ניהלך אגב ארעא. ויהיו שלך בכל מקום שהן דקיימא לן בקדושין (דף כו.) נכסים שאין להם אחריות נקנין עם נכסים שיש להן אחריות: אסיפא דביתיה. מפתן ביתו דמחובר לקרקע הוא וכקרקע הוא כך שמעתי ל"א סיפא דביתיה סוף בית הקנה לו זוית אחת: נפק לאפיה עד תווך. הלך לקראתו עד תווך שם מקום שהיה שמח שהביא לו מעותיו: אלמא חומשא ממונא הוא. מדאיצטריך ליה למתני א"נ לילך אחריו אלמא ממונא הוא גביה: ואי מיית. גזלן משלמי יורשין ועוד מדקתני הרי זה מוסיף חומש על חומש ש"מ ממונא כפריה: ופטורין מן האשם. דהא מתו בעליו דאם הפרישו בחייו היה טעון [רעיה] וכי לא הפרישו פטורין דאשם כפרה הוא ולאו ממונא ואין כפרה למתים: עדיין אני אומר. רישא בתורת כהנים אשר גזל על גזילו הוא מוסיף חומש ולא על גזילת אביו: כאן שהודה. אביו בחייו אחר שנשבע ונתחייב לו חומשא משלמי יורשין וברייתא בת"כ בשלא הודה וקס"ד השתא בלא הודה לא אב ולא בן: ה"ג ויתיב רב הונא: יש תלמוד קאמר מר. ותנא מקרא מייתי לה מדכתיב כל הני ריבויא הוא שהבן חייב לשלם או ישתלמו קאמר מר ומסברא הוא משלם ולא מקראי: לא הודה אביו והודה בנו. קרן משלם אבל חומש לא דמעטיה קרא מחומש על גזל אביו: ונחייב (ג) חומש אשבועתא דידיה. דקתני נשבע הוא ואביו לפטורא דכיון דבן נשבע והודה אמאי פטור: בשאין גזילה קיימת. דלאו עליה רמיא לשלומי דתנן (לקמן דף קיא:) הגוזל ומאכיל את בניו פטורים מלשלם הלכך אי כפר כפירת דברים בעלמא היא ושבועת בטוי הוא דליכא חומש: לא צריכא דאיכא אחריות נכסים. ואמרינן לקמן (שם) דאם הניח אביהן אחריות נכסים קרקעות חייבים להחזיר מפני כבוד אביהן: וכי איכא אחריות נכסים מאי הוי כו'. ל"ג חדא דהא תני התם דמשום כבוד אביהם חייבים להחזיר

אין משלחין מעות בדיוקני אפילו עדים חתומים עליה. פי' אם אמר לסופר כתוב לפלוני שישלח לי מעות ע"י פלוני ואחר כך חתם בדיוקני שלו ואפילו עדים חתומים עליה שהיא דיוקני שלו אינו מועיל אבל אם היו חתומים על זה שאמר ליה לשלוח על ידו אז הוי שליח אי נמי אם כתב בכתב ידו שלא על ידי פלוני וא"ת ואמאי לא מהני דיוקני דידיה והא אמרינן בהשולח (גיטין דף לו.) ובהמגרש (שם דף פז:) דמר חתים כוורא ומר חתים מכותא וי"ל דהני מילי בשמות חכמים דפקיעי אבל אינש אחרינא לא ולפי מאי שפירשנו לעיל אפילו כתב בכתב ידו וחתם בדיוקני אין מועיל כל זמן שלא אמר ליה בפניו: ורבי יוחנן אמר אם עדים חתומים עליו שולחין. וה"ה לרבי יוחנן בלא דיוקני בשליח שעשאו בעדים כדאמר רבי יוחנן לעיל דהוי שליח והכא אתא לאשמועינן דדיוקני בלא עדים לא מהני ולא מידי ונראה דהלכתא כרב חסדא דשליח שעשאו בעדים הוי שליח דהא ר' יוחנן ור' אלעזר קיימי כוותיה ואע"ג דשמואל קאי כרבה קי"ל דרב ור' יוחנן הלכה כר' יוחנן וה"ה דלגבי שמואל הלכה כר' יוחנן: אגב אסיפא דביתיה. ומה שכותבין בהרשאה והקניתי לו ד' אמות בחצרי לאו דוקא דהא אמרינן בפ"ק דקדושין (דף כו: ושם) דקרקע כל שהו חייב בפאה כו' וקונין עמה נכסים שאין להם אחריות ומה שכותבין הרשאה אפילו אותם שאין להם קרקע י"מ משום דהודאת בעל דין כמאה עדים דמי וקשה דבפרק חזקת הבתים (ב"ב דף מד: ושם) דפריך וליחוש דילמא אקני ליה מטלטלי אגב מקרקעי ומשני לא צריכא דאמרי עדים ידענא ביה בהאי גברא דלא הוה ליה ארעא מעולם ובפרק מי שמת (שם דף קמט.) גבי עובדא דאיסור גיורא דקאמר במאי ליקני רב מרי בריה להנהו זוזי אי דליקני ליה איסור גיורא אגב קרקע לית ליה קרקע וי"ל דההוא דאיסור גיורא מעיקרא ודאי לא אסיק אדעתיה טעמא דהודאה אבל במסקנא קאמר אדהכי נפק אודיתא מבי איסור וההיא דס"ה כיון שאין אלא חששא בעלמא דלמא אקני ליה כיון דלית ליה ארעא לא חיישינן וההיא דפ' הזהב (ב"מ דף מו. ושם [ה]) גבי היה עומד בגורן דפריך וליקני ליה אגב ארעא ומשני דלית ליה ארעא התם מדאורייתא בעינן דאית ליה ארעא דאי לית ליה ארעא לא היו קרוין מעותיו מדאורייתא שיוכל לפדות בהן פירות מעשר שני אבל לענין לגבות כיון שהודה שיש לו והקנה לו אגב קרקע למה לא יגבה: [עי' תוס' כתובות נד: ד"ה אע"פ וב"ב מד: ד"ה דלא]: [ט] חוץ מפחות שוה פרוטה בקרן. תימה אמאי איצטריך למיתני הא כיון דברישא תנן שוה פרוטה משמע אבל פחות לא [י]: נתן לו את הקרן ונשבע לו על החומש. הוא הדין אם לא נתן לו את הקרן ונשבע אתרוייהו אקרן ואחומש היה מוסיף חומש על חומש אלא אורחא דמילתא נקט דאקרן אין נשבעין שני פעמים והוא הדין אם נשבע על החומש דיוליכנו אחריו למדי דכיון שנשבע עליו נעשה כגזלן: יש תלמוד קאמינא ומריבויא דקראי. תימה אמאי איצטריך קרא לקרן דאמאי לא ישלם קרן כיון דאיכא אחריות נכסים ועמד בדין דבהכי מוקמינן לה בסמוך: מלוה על פה היא ואין גובה לא מן היורשים ולא מן הלקוחות. למ"ד שיעבודא לאו דאורייתא פריך דהכא משמע דמדאורייתא גובין מיורשין ומההיא ברייתא דהגוזל ומאכיל (לקמן דף קיא:) אם הניח להם אביהם אחריות נכסים חייבים לשלם ליכא למפרך ליה מידי דאיהו מוקי ליה מדרבנן כדי שלא תנעול דלת בפני לוין כדפסיק רב פפא בפרק גט פשוט (ב"ב דף קעו. ושם) ומיהו לרב ושמואל דאמרי מלוה ע"פ אין גובה לא מן היורשין ולא מן הלקוחות ואפילו מדרבנן כדמוכח בס"ה (שם דף מב.) ובסוף מי שמת (שם דף קנז.) איכא לאקשויי מההיא ברייתא דלקמן ואיכא למימר דאיהו מוקמי לה בשעמד בדין ומה שהקשה בקונט' דהך העמדה בדין מאי מהני הרי כפר ונשבע דהא אוקימנא לעיל בשלא הודה אביו והודה בנו י"ל בעמד בדין לאחר שבועה ע"י עדים דלא מיחייב האב חומש כדתנן לקמן במתניתין דהיכא דאיכא עדים לא מיחייב חומש:

עין משפט
נר מצוה

קכד א מיי' פ"א מהל' שלוחין ושותפין הלכה ח סמג עשין פב טוש"ע ח"מ סי' קכא סעיף ג:
קכה ב ג ד (מיי' שם) טוש"ע ח"מ סי' קכג סעיף א:
קכו ה מיי' פ"ז מהלכות גזילה ואבידה הלכה ז:
קכז ו מיי' שם הלכה ו:
קכח ז מיי' שם הלכה ג:
קכט ח מיי' שם הלכה ה ו:
קל ט מיי' שם הלכה ד:
קלא י מיי' פי"א מהלכות מלוה ולוה הלכה ד סמג עשין צד טוש"ע ח"מ סי' קיא סעיף א:

ליקוטי רש"י

אקנינהו ניהליה לרב שמואל בר אבא. שהיה הולך לשם כדי שיביאם לו שאילו לא הקנה לו לא היה נותנם לו מי שהפקדון אצלו שאם יאבדו בדרך יחזור רב פפא ויתבעם לו. אגב אסיפא דביתיה. מפתן ביתו [ב"מ מו.]. סף ביתו מקרקע כדי שיביאם לו והיינו הרשאה ואילו לא אקנינהו ניהליה לא הוו יהבי ליה דלא ליחייבו באונסא דאורחא כדאמר בב"ק [רשב"ם ב"ב עז:] שהקנה לו בסודר קרקע כניסת ביתו ואגבו הקנה לו המעות בתורת הרשאה המפורשת בבבא קמא (דף ע.) אי נמי הלך והחזיק הקרקע והקנה לו המעות כל מקום שהן [שם קנ:]. נפק לאפיה. מרוב שמחת מעותיו שהביא. עד תואך. שם מקום [ב"מ שם]. מקום במסכת נדה (דף לג:) וכך שמו ולאשמועינן אתא דמשום קנין זה מסרו לו המעות דכיון דנפק לאפיה שמעינן דהביא המעות [רשב"ם ב"ב עז:] ויש מפרשין אלי הדרך ומפרשין נמי שלא יחזיק בהן לעצמו ולא היא דכיון דכתב בהרשאה וכל מאן דממטעי ליה מן דינא קבלתי בין לזכות בין לחובה שמעינן דשליח שוויה הכי מפרש בבבא קמא [שם קנ:]. כשאין גזילה קיימת. שאכלוה אחרי מותו, ונגזל אין יכול לתובען שהרי לא גזלוהו [לקמן קיא:]. מלוה על פה. היינו מלוה את חבירו בעדים [שם מב.]. אינו גובה מן היורשין. דשיעבודא לאו דאורייתא וכ"ש מן הלקוחות אבל מלוה בשטר הוא עצמו שיעבדו דכתב ליה כל נכסיי דאית לי אחראין לשטרא דנן [קדושין יג:]. וכי אמרינן מלוה על היתומים לפרוע חובת אביהן הנ"מ מלוה בשטר [רשב"ם ב"ב קנז.].

מסורת הש"ס

א) ב"מ מו. ב"ב עז: [ע"ש] קנ: [ע"ש] [ועי' בתוס' ב"ב עז: ד"ה רב פפא], ב) רש"ל מ"ז, ג) [קידושין יג: ב"ב מב. קנז. קעה. ערכין ו: ז. כ. בכורות מח:], ד) [ל"ל והראה], ה) [ד"ה ונקנינהו], ו) [שייך למתני' לעיל קג.], ז) [התוי"ט כתב יישוב לזה ע"ש].

הגהות הב"ח

(א) גמ' דאיכא אחריות נכסים וכו': (ב) רש"י ד"ה בדיוקני וכו' בידו הס"ד ואח"כ מה"ד מי כתב לך: (ג) ד"ה ונחייב בנו חומש:

תורה אור השלם

א) וְהָיָה כִּי יֶחֱטָא וְאָשֵׁם וְהֵשִׁיב אֶת הַגְּזֵלָה אֲשֶׁר גָּזָל אוֹ אֶת הָעֹשֶׁק אֲשֶׁר עָשָׁק אוֹ אֶת הַפִּקָּדוֹן אֲשֶׁר הָפְקַד אִתּוֹ אוֹ אֶת הָאֲבֵדָה אֲשֶׁר מָצָא: [ויקרא ה, כג]

בתשלום חומש של אביהם, כפי שאומרת ברייתא זו? **(אלמא חומש ממונא הוא ובעו שלומי יורשין) וּרְמִינְהוּ** — יש להקשות סתירה בין הברייתות בענין זה, שלעומת הברייתא דלעיל שנינו בברייתא אחרת: הכתוב בפרשת אשם גזילות, "אֲשֶׁר גָּזָל" ("וְהֵשִׁיב אֶת הַגְּזֵלָה אֲשֶׁר גָּזָל... וַחֲמִשִׁתָיו יֹסֵף עָלָיו"; ויקרא ה, כג-כד), מלמד שחיוב תשלום חומש נאמר על האדם עצמו שגזל, ולא על אדם שאביו גזל[24]; אך **עֲדַיִין אֲנִי אוֹמֵר**, אם לא למדנו מיעוט אלא מ"אֲשֶׁר גָּזָל" בלבד: **אֵימָתַי** אדם **אֵינוֹ מְשַׁלֵּם חוֹמֶשׁ עַל גֶּזֶל אָבִיו? בִּזְמַן שֶׁלֹּא נִשְׁבַּע** עליה **לֹא הוּא וְלֹא אָבִיו**, או שנשבע **הוּא וְלֹא אָבִיו**, או שנשבע **אָבִיו וְלֹא הוּא**; אך אם נשבע גם **הוּא וְגַם אָבִיו**, **מִנַּיִן** שאפילו באופן זה אינו משלם חומש על גזילה שגזל אביו[25]? **תַּלְמוּד לוֹמַר** — ללמדנו כן אמר הכתוב (שם): **"אֲשֶׁר גָּזָל" וַ"אֲשֶׁר עָשָׁק"**, כלומר, הוסיף הכתוב לומר עוד "אֲשֶׁר עָשָׁק", שגם כן משמע שחיובי הפרשה אמורים דוקא במי שבעצמו עשה הדבר, **וְהוּא** (הבן) **לֹא גָּזַל וְלֹא עָשַׁק** בגזילה זו, אלא אביו עשה כן[26]. הרי מפורש בברייתא זו שמיעט הכתוב יורשי גזלן מתשלום חומש על גזילו!

הגמרא מיישבת את הברייתות זו עם זו:

אָמַר רַב נַחְמָן: לֹא קַשְׁיָא — אין זו קושיא. **כָּאן**, בברייתא המחייבת יורשים לשלם חומש על גזל אביהם, מדובר באופן **שֶׁהוֹדָה** האב הגזלן בטרם מת. באופן זה, מכיון שנתחייב האב חומש משהודה, מוטל על יורשיו לשלמו מתוך נכסיו[27]. ואילו **כָּאן**, בברייתא הפוטרת יורשים מלשלם חומש על גזל אביהם, מדובר באופן **שֶׁלֹּא הוֹדָה** האב הגזלן. באופן זה, מכיון שלא חל על האב בחייו חיוב חומש, אין היורשים חייבים לשלמו לאחר מותו.

הגמרא מניחה שכוונת רב נחמן היא שהברייתא הפוטרת יורש מתשלום חומש על גזל אביו עוסקת באופן שלא היתה הודאה כלל, לא של הגזלן ולא של היורש[28]. לפיכך היא מקשה:

אִי לֹא הוֹדָה — אם לא הודה, לא הגזלן ולא היורש, **קֶרֶן נַמִּי לֹא מְשַׁלֵּם** — הרי גם את הקרן אין היורש משלם, שהרי הוא כופר בכל חיוב, ואילו בברייתא לא מוזכר פטור היורש אלא מחומש[29]!

הגמרא דוחה ישוב שהיה עולה על הדעת:

וְכִי תֵּימָא הָכִי נַמִּי דְּלֹא מְשַׁלֵּם — ואם תאמר שבאמת כוונת הברייתא היא שאין היורש משלם אף את הקרן; על זה יש להשיב: **וְהָא מִדְּקָא מְהַדַּר אַחוֹמֶשׁ** — הרי מזה שהתנא מחזר אחרי החומש, כלומר, שבבואו ללמד פטור ביורש הוא נזקק להזכיר חומש, **לְמֵימְרָא דְּקֶרֶן מְשַׁלֵּם** — הרי זה אומר שהקרן אכן משלם היורש!

הגמרא מביאה ראיה נוספת לכך שהברייתא הפוטרת יורש מחומש עוסקת במקרה שהודה היורש וחייב הוא בקרן:

וְעוֹד תַּנְיָא בברייתא, שהיא המשך הברייתא דלעיל הפוטרת יורש מחומש[30]: הכתוב בפרשת אשם גזילות, "הַגְּזֵלָה" ("וְהֵשִׁיב אֶת הַגְּזֵלָה אֲשֶׁר גָּזָל"; שם), מלמד שאדם חייב לשלם אף גזילה שגזל אביו, דהיינו הקרן[31]; **וַעֲדַיִין אֲנִי אוֹמֵר**, אם לא למדנו חיוב אלא מ"הַגְּזֵלָה" בלבד: **אֵימָתַי הוּא** (הבן) **מְשַׁלֵּם קֶרֶן עַל גֶּזֶל אָבִיו? בִּזְמַן שֶׁנִּשְׁבַּע** עליה גם **הוּא וְגַם אָבִיו**; אך אם נשבע עליה רק **אָבִיו וְלֹא הוּא**, או שנשבע **הוּא וְלֹא אָבִיו**, או אם **לֹא הוּא וְלֹא אָבִיו** נשבעו, **מִנַּיִן** שאף באופנים אלו חייב הבן לשלם את הקרן של גזילת אביו[32]? **תַּלְמוּד לוֹמַר** — ללמדנו כן אמר הכתוב (שם): **גְּזֵילָה וְעוֹשֶׁק אֲבֵידָה וּפִקָּדוֹן יֵשׁ תַּלְמוּד**[33].

הערות

24. כך שנויה ברייתא זו בתורת כהנים (רש"י). ראה תורת כהנים, דיבורא דחובה, יג, ב.

25. כך קוראים הרשב"א והראב"ד (מובא בשיטה מקובצת) בברייתא זו (ראה גם ראב"ד על תורת כהנים שם); אך ראה להלן הערה 26.

שלשת האופנים הראשונים קלים יותר מהאופן האחרון, ולכן אומרת הברייתא שכל זמן שאין כתוב מיוחד לפטור את הבן מחומש אף באופן האחרון, החמור, לא נדע לפוטרו בו.

הרשב"א תמה מדוע אומרת הברייתא שיש צורך בדרשה לפטור יורש מחומש במקרה שלא נשבע לא אביו ולא הוא, והרי אפילו גזלן עצמו לא היה חייב חומש אם לא נשבע! הוא מיישב שלא הזכירה הברייתא אופן זה בדוקא, כי בודאי אין צורך בדרשה לפטור בו את היורש, ולא הזכירה הברייתא מקרה זה אלא אגב שני המקרים שלאחריה. אמנם, כותב הרשב"א, נכונה יותר גירסא שלפיה נאמר "אימתי אינו משלם חומש? בזמן שלא נשבע הוא ואביו, אלא אביו ולא הוא [או] הוא ולא אביו".

אך האחרונים יישבו שאכן יש צורך בדרשה לפטור יורש של גזלן מתשלום חומש אף במקרה שלא נשבע לא הוא ולא הגזלן, כי אמנם היה מקום לחשוב שאף על פי שאין גזלן חייב חומש אם לא שנשבע, מכל מקום אם מת יהא יורשו חייב לשלם חומש מתוך נכסי הירושה. כי יש סברא לומר שהטעם שכל עוד הגזלן בחיים אינו חייב חומש כל זמן שלא נשבע, הוא משום שבלא שבועה אין כפירתו נגמרת, שכן בקל יכול הוא לחזור בו ולהשיב הגזילה, ורק משנשבע נשלמת הכפירה, כי לאחר שבועה רחוק הוא מלחזור ולהודות שנשבע לשקר. לפי סברא זו היינו אומרים שאם מת הגזלן כשהוא עומד בכפירתו, נמצא שנגמרה כפירתו אף בלא שבועה, ולכן יהיה יורשו חייב לשלם עבורו חומש מתוך נכסיו (קרבן אהרן על תורת כהנים שם [קלח, ב בדפי הספר], כפי שביאר בו הפני יהושע; אך ראה פני יהושע).

26. בגירסא שלפנינו בתורת כהנים נאמר בסיום הברייתא "תלמוד לומר אשר גזל ואשר עשק ואשר הפקד אתו אשר מצא". לפי ביאור המלבי"ם (סימן שפא), קריאת תחילת הברייתא אינה כפי שקראה הרשב"א וכפי שביארנו בפנים הגמרא, אלא היא כך: "אימתי אינו משלם חומש על גזל אביו? בזמן שלא נשבע לא הוא ולא אביו. [אך אם נשבע] הוא ולא אביו [או] אביו ולא הוא [או] הוא ואביו, מניין [שאפילו באופנים אלה אינו משלם חומש על גזילה שעשה אביו]?". הברייתא שואלת שמהכתוב "אֲשֶׁר גָּזָל" לבדו לא ניתן למעט יורש מחיוב חומש אלא במקרה שלא נשבע לא הוא ולא אביו, אך לא בשלשת המקרים האחרים שבהם היתה שבועה, דהיינו כשנשבע האב ולא הבן, הבן ולא האב, וכשנשבעו שניהם. על כך משיבה הברייתא שיש בכתוב ארבעה יתורים שמשמעם שאין החיוב אמור אלא על מי שגזל: "וְהֵשִׁיב אֶת הַגְּזֵלָה **אֲשֶׁר גָּזָל** אוֹ אֶת הָעֹשֶׁק **אֲשֶׁר עָשָׁק** אוֹ אֶת הַפִּקָּדוֹן **אֲשֶׁר הָפְקַד אִתּוֹ** אוֹ אֶת הָאֲבֵדָה **אֲשֶׁר מָצָא**", וארבעת הייתורים נדרשים למעט יורש בכל אחד מארבעת המקרים האפשריים. [לפי קריאה זו בברייתא וביאורה, מוכח שנצרך מיעוט מיוחד לפטור יורש מחומש על גזל אביו אף במקרה שלא נשבע לא הוא ולא אביו, ויש להסביר צורך זה כגון בדרך שנתבארה בסוף ההערה הקודמת.]

27. רש"י. כפי שנתבאר לעיל (ראה קג, א הערה 28), חיוב חומש חל כאשר מודה הגזלן שנשבע לשקר. לכן במקרה שהודה האב, כיון שחל עליו חיוב חומש בחייו, נשתעבדו נכסיו לנגזל לתשלום זה, ויש לו לגבותו מנכסיו אף משנפלו לידי היורשים.

28. רש"י.

29. בודאי מדובר בברייתא אודות אופן שלא העידו עדים נגדו, ולכן אין לחייבו אלא אם כן הודה. כי הברייתא באה ללמד פטור יורש מחומש באופן שהגזלן עצמו היה ראוי להיות חייב, והיינו בשלא העידו עדים לפני שהודה, שאילו במקרה שמעידים עדים לחייב גזלן שטרם הודה, אין עליו חיוב חומש אפילו אם מודה לאחר מכן, כמבואר במשנה לקמן קו, א (רשב"א).

30. ראה תורת כהנים שם (מצויין בהערה 24), ו.

31. כך נדרש בתורת כהנים שם, ג, כפי גירסת המלבי"ם והעזרת כהנים (חלק א, קיב, א בדפי הספר), וכן נראה מפירוש הראב"ד על תורת כהנים (ראה ציון 5 של המהדיר במהדורת מכון אופק); אך ראה גירסת הדפוס של תורת כהנים.

מכיון שלפי פשוטו די היה שיאמר הכתוב "והשיב את אשר גזל", נדרשת מלת "הַגְּזֵלָה" ללמד שיש חיוב על אדם להשיב כל ממון של גזילה שבידו, בין אם גזלו הוא ובין אם גזלו אביו (ראה מלבי"ם ועזרת כהנים שם; אך ראה ראב"ד המבאר שהדרשה היא ממלת "אֶת" הנדרשת לרבות).

32. שלשת האופנים האחרונים קלים מהאופן הראשון, ולכן אומרת הברייתא שכל זמן שאין אלא כתוב אחד לחייב יורש בתשלום קרן גזילת אביו, לא נדע לחייבו אלא במקרה הראשון, החמור, ולא בשלשת המקרים הקלים יותר.

דרשת הברייתא כאן בענין חיוב יורש בקרן היא היפוכה של דרשתה לעיל בענין פטור יורש מחומש, כפי הגירסא שלפנינו בתורת כהנים וכפי שביארה המלבי"ם (ראה הערה 26). לגבי פטור יורש מחומש, שהוא קולא, אמרה הברייתא שכל זמן שאין בכתוב אלא מיעוט אחד ללמד פטור זה, יש לנו להעמידו על המקרה הקל ביותר, דהיינו כשלא נשבע לא האב ולא היורש, ולא נדע לפטור אף בשלשת המקרים שאכן היתה בהם שבועה. ולגבי חיוב יורש בקרן, שהוא חומרא, אומרת הברייתא שכל זמן שאין בכתוב אלא ריבוי אחד ללמד חיוב זה, יש לנו להעמידו על המקרה החמור ביותר, דהיינו כשנשבעו גם האב וגם הבן, ולא נדע לחייב אף בשלשת המקרים הקלים יותר, דהיינו כשלא נשבע אלא אחד מהם בלבד או שלא היתה שבועה כלל.

33. מיד תביא הגמרא דיון בביאור כוונת הברייתא במאמר זה.

אאין משלחין מעות בדיוקני ואפילו עדים חתומים עליה ורבי יוחנן אמר אם עדים חתומים עליה משלחין אמרי לשמואל מאי תקנתא כי הא דרבי אבא הוי מסיק זוזי בדרב יוסף בר חמא א"ל לרב ספרא בהדי דאתית אייתינהו ניהלי כי אזל להתם אמר ליה רבא בריה מי כתב לך התקבלתי א"ל לא אי הכי זיל ברישא ויכתוב לך התקבלתי לסוף אמר ליה אי כתב לך נמי התקבלתי בלאו כלום הוא דלמא אדאתית שכיב רבי אבא ונפלו זוזי קמי יתמי והתקבלתי דרבי אבא לאו כלום הוא א"ל ואלא מאי תקנתא גזיל נקנינהו לך אגב ארעא ותא את כתוב לן התקבלתי דכי (א) הא דרב פפא הוה מסיק תריסר אלפי זוזי בי חוזאי אקנינהו ניהליה לרב שמואל בר אבא אגב אסיפא דביתיה כי אתא נפק לאפיה עד תואך: נתן לו את הקרן וכו': אלמא חומש ממונא הוא ואם מיית משלמי ליה יורשין ותנן נמי נתן את הקרן ונשבע על החומש הרי מוסיף חומש על חומש אלמא חומשא ממונא הוא ותניא נמי הכי הגוזל את חבירו ונשבע לו ומת היורשין משלמים קרן וחומש ופטורין מן האשם ויורשין בני שלומי חומשא דאבוהון הוו (ג) (אלמא חומש ממונא הוא ובעי שלומי יורשין) ורמינהו עדיין אני אומר אימתי אינו משלם חומש על גזל אביו בזמן שלא נשבע לא הוא ולא אביו הוא ולא אביו אביו ולא הוא הוא ואביו זמנין ת"ל (א) אשר גזל ואשר עשק והוא לא גזל ולא עשק אמר רב נחמן לא קשיא כאן שהודה כאן שלא הודה אי לא הודה קרן נמי לא משלם וכי תימא הכי נמי דלא משלם והא מדקא מהדר אחומש למימרא דקרן משלם ועוד תניא ועדיין אני אומר אימתי הוא משלם קרן על גזל אביו בזמן שנשבע הוא ואביו אביו ולא הוא הוא ולא אביו לא הוא ולא אביו מנין ת"ל גזילה ועושק אבידה ופקדון יש תלמוד ויתיב רב הונא וקאמר להא שמעתא א"ל רבה בריה יש תלמוד קאמר מר או ישתלמו קאמר מר א"ל יש תלמוד קאמינא ומריבויא דקראי אמרי אלא מאי לא הודה חלא הודה אביו והודה בנו ונחייב בנו חומש אשבועה דידיה אמרי טבשאין גזילה קיימת אי בשאין גזילה קיימת אפילו קרן נמי לא משלם לא צריכא דאיכא אחריות (א) וכי איכא אחריות נכסים מאי הוי מלוה על פה היא גומלוה על פה אינו גובה לא מן היורשין ולא מן הלקוחות אמרי בשעמד

רש"י

בדיוקני. מסר לו בעל הפקדון לשליח סימנין וכתב לו חותמו באגרת ומסרה לו ואמר לו לך והתראה לפלוני ויתן לך מעות שיש לי בידו (ב): אי כתב לך. ר' אבא: התקבלתי. מעותי דקבלתו של רב ספרא: אדאתית. בעוד שתהיה בדרך בשובך אצלנו: שכיב רבי אבא. דזקן הוא וכבר בטל שליחותו קודם שתקבלם ואי הוו אנסי להו מינך באורחא תבעי לן יתמי: נקנינהו ניהלך אגב ארעא. ויהיו שלך בכל מקום שהן דקיימא לן בקדושין (דף כו.) נכסים שאין להם אחריות נקנין עם נכסים שיש להן אחריות: אסיפא דביתיה. מפתן ביתו דמחובר לקרקע הוא וכקרקע הוא כך שמעתי ל"א סיפא דביתיה סוף בית הקנה לו זוית אחת: נפק לאפיה עד תווך. הלך לקראתו עד תווך שם מקום שהיה שמח שהביא לו מעותיו: אלמא חומשא ממונא הוא. מדאיצטריך ליה למתני א"ל ילך אחריו אלמא ממונא הוא גביה: ואי מיית. גזלן משלמי יורשין ועוד מדקתני הרי זה מוסיף חומש על חומש ש"מ ממונא כפריה: ופטורין מן האשם. דהא מתו בעליו דאם הפרישו בחייו היה טעון [רעיה] וכי לא הפרישו פטורין דאשם כפרה הוא ולאו ממונא ואין כפרה למתים: עדיין אני אומר. רישא בתורת כהנים אשר גזל על גזילו הוא מוסיף חומש ולא על גזילת אביו: כאן שהודה. אביו בחייו אחר שנשבע ונתחייב לו חומשא משלמי יורשין וברייתא בת"כ בשלא הודה וקס"ד השתא בלא הודה לא אב ולא בן: ה"ג ויתיב רב הונא: יש תלמוד קאמר מר. ותנא מקרא מייתי לה מדכתיב כל הני ריבויא הוא שהבן חייב לשלם או ישתלמו קאמר מר ומסברא הוא משלם ולא מקראי: לא הודה אביו והודה בנו. קרן משלם אבל חומש לא דמעטיה קרא מחומש על גזל אביו: ונחייב (ג) חומש אשבועתא דידיה. דקתני נשבע הוא ואביו לפטורא דכיון דבן נשבע והודה אמאי פטור: בשאין גזילה קיימת. דלאו עליה רמיא לשלומי דתנן (לקמן דף קיא:) הגוזל ומאכיל את בניו פטורים מלשלם הלכך אי כפר כפירת דברים בעלמא היא ושבועת בטוי הוא דליכא חומש: לא צריכא דאיכא אחריות נכסים. ואמרינן לקמן (שם) דאם הניח אביהן אחריות נכסים קרקעות חייבים להחזיר מפני כבוד אביהן: וכי איכא אחריות נכסים מאי הוי כו'. ל"ג הלא דהא תני התם דמשום כבוד אביהם חייבים להחזיר

תוספות

אין משלחין מעות בדיוקני אפילו עדים חתומים עליה. פי' אם אמר לסופר כתוב לפלוני שישלח לי מעות ע"י פלוני ואחר כך חתם בדיוקני שלו ואפילו עדים חתומים עליה שהיא דיוקני שלו אינו מועיל אבל אם היו חתומים על זה שאמר ליה לשלוח על ידו אז הוי שליח אי נמי אם כתב בכתב ידו שלח על ידי פלוני וא"ת ואמאי לא מהני דיוקני דידיה והא אמרינן בהשולח (גיטין דף לו.) ובהמגרש (שם דף פז:) דמר חתים כוורא ומר חתים מכותא וי"ל דהני מילי בשמות חכמים דפקיעי אבל אינש אחרינא לא ולפי מאי שפירשנו לעיל אפילו כתב בכתב ידו וחתם בדיוקני אין מועיל כל זמן שלא אמר ליה בפניו:

ורבי יוחנן אמר אם עדים חתומים עליו שולחין. וה"ה לרבי יוחנן בלא דיוקני בשליח שעשאו בעדים כדאמר רבי יוחנן לעיל דהוי שליח והכא אתא לאשמועינן דדיוקני בלא עדים לא מהני ולא מידי ונראה דהלכתא כרב חסדא דשליח שעשאו בעדים הוי שליח דהא ר' יוחנן ור' אלעזר קיימי כוותיה ואע"ג דשמואל קאי כרבה קי"ל דרב ור' יוחנן הלכה כר' יוחנן וה"ה דלגבי שמואל הלכה כר' יוחנן:

אגב אסיפא דביתיה. ומה שכותבין בהרשאה והקניתי לו ד' אמות בחצרי לאו דוקא דהא אמרינן בפ"ק דקדושין (דף כו: ושם) דקרקע כל שהו חייב בפאה כו' וקונין עמה נכסים שאין להם אחריות ומה שכותבין הרשאה אפילו אותם שאין להם קרקע י"מ משום דהודאת בעל דין כמאה עדים דמי וקשה דבפרק חזקת הבתים (ב"ב דף מד: ושם) דפריך וליחוש דילמא אקני ליה מטלטלי אגב מקרקעי ומשני לא צריכא דאמרי עדים ידענא ביה בהאי גברא דלא הוה ליה ארעא מעולם ובפרק מי שמת (שם דף קמט.) גבי עובדא דאיסור גיורא דקאמר במאי ליקני רב מרי בריה להנהו זוזי אי דליקני ליה איסור גיורא אגב קרקע לית ליה קרקע וי"ל דההוא דאיסור גיורא מעיקרא ודאי לא אסיק אדעתיה טעמא דהודאה אבל במסקנא קאמר אדהכי נפק אודיתא מבי איסור והיא דה"ה כיון שאין אלא חששא בעלמא דלמא אקני ליה כיון דלית ליה ארעא לא חיישינן והיא דפ' הזהב (ב"מ דף מו. ושם ה) גבי היה עומד בגורן דפריך וליקני ליה אגב ארעא ומשני דלית ליה ארעא התם מדאורייתא בעינן דאית ליה ארעא דאי לית ליה ארעא לא היו קרוין מעותיו מדאורייתא שיוכל לפדות בהן פירות מעשר שני אבל לענין לגבות כיון שהודה שיש לו והקנה לו אגב קרקע למה לא יגבה:
[עי' תוס' כתובות נד: ד"ה אע"פ וב"ב מד: ד"ה דלא]:

חוץ מפחות שוה פרוטה בקרן. תימה אמאי איצטריך למיתני הא כיון דברישא תנן שוה פרוטה משמע אבל פחות לא (י): נתן לו את הקרן ונשבע לו על החומש. הוא הדין אם לא נתן לו את הקרן ונשבע אתרוייהו אקרן ואחומש היה מוסיף חומש על חומש אלא אורחא דמילתא נקט דאקרן אין נשבעין שני פעמים והוא הדין אם נשבע על החומש דיוליכנו אחריו למדי דכיון שנשבע עליו נעשה כגזלן: יש תלמוד קאמינא ומריבויא דקראי. תימה אמאי איצטריך קרא לקרן דאמאי לא ישלם קרן כיון דאיכא אחריות נכסים ועמד בדין דבהכי מוקמינן לה בסמוך: מלוה על פה היא ואין גובה לא מן היורשים ולא מן הלקוחות. למ"ד שיעבודא לאו דאורייתא פריך דהכא משמע דמדאורייתא גובין מיורשין ומההיא דברייתא דהגוזל ומאכיל (לקמן דף קיא:) אם הניח להם אביהם אחריות נכסים חייבים לשלם ליכא למפרך ליה מידי דאיהו מוקי ליה מדרבנן כדי שלא תנעול דלת בפני לוין כדפסיק רב פפא בפרק גט פשוט (ב"ב דף קעו. ושם) ומיהו לרב ושמואל דאמרי מלוה ע"פ אין גובה לא מן היורשין ולא מן הלקוחות ואפילו מדרבנן כדמוכח בח"ה (שם דף מב.) ובסוף מי שמת (שם דף קנז.) איכא לאקשויי מההיא ברייתא דלקמן ואיכא למימר דאיהו מוקמי לה בשעמד בדין ומה שהקשה בקונט' דהך העמדה בדין מאי מהני הרי כפר ונשבע דהא אוקימנא לעיל בשלא הודה אביו והודה בנו י"ל בעמד בדין לאחר שבועה ע"י עדים דלא מיחייב האב חומש כדתנן לקמן במתניתין דהיכא דאיכא עדים לא מיחייב חומש:

אמר

עין משפט נר מצוה

קכד א מיי' פ"א מהל' שלוחין ושותפין הלכה ח סמג עשין עב טוש"ע ח"מ סי' קכא סעיף ג:
קכה ב ג ד (מיי' שם) טוש"ע ח"מ סי' קכב סעיף א:
קכו ה מיי' פ"ז מהלכות גזילה ואבידה הלכה ד:
קכז ו מיי' שם הלכה ו:
קכח ז מיי' שם הלכה ג:
קכט ח מיי' שם הלכה ה ו:
קל ט מיי' שם הלכה ד:
קלא י מיי' פי"א מהלכות מלוה ולוה הלכה ד סמג עשין לד טוש"ע ח"מ סי' קיא סעיף א:

ליקוטי רש"י

אקנינהו ניהליה לרב שמואל בר אבא. שהיה הולך לשם כדי שיביאם לו שאילו לא הקנה לו לא היה נותנם לו מי שהפקדון אצלו שאם יאבדו בדרך יחזור רב פפא ויתבעם לו. אגב אסיפא דביתיה. מפתן ביתו [ב"מ מו.]. סף ביתו מקרקע כדי שיביאם לו והיינו הרשאה ואילו לא אקנינהו ניהליה לא הוו יהבי ליה דלא ליחייבו באונסא דאורחא כדאמר בב"ק [רשב"ם ב"ב עז:] שהקנה לו בסודר קרקע כניסת ביתו ואגבו הקנה לו המעות בתורת הרשאה המפורשת בבבא קמא (דף ע.) אי נמי הלך והחזיק הקרקע והקנה לו המעות כל מקום שהן [שם קנ:]. נפק לאפיה. מרוב שמחת מעותיו שהביא. עד תואך. שם מקום [ב"מ שם]. מקום במסכת נדה (דף לג:) וכך שמו ולאשמועינן אתא דמשום קנין זה מסרו לו המעות דכיון דנפק לאפיה שמעינן דהביא המעות [רשב"ם ב"ב עז:] ויש מפרשין חלי הדרך ומפרשין נמי שלא יחזיק בהן לעצמו ולא היא דכיון דכתב בהרשאה וכל מאן דמתעני ליה מן דינא קבלתי בין לזכות בין לחובה שמעינן דשליח שוייה הכי מפרש בבבא קמא [שם קנ:]. כשאין גזילה קיימת. שאכלוה אחרי מותו, ונגזל אין יכול לתובען שהרי לא גזלוהו [לקמן קיא:]. מלוה על פה. היינו מלוה את חבירו בעדים [שם מב.]. אינו גובה מן היורשין. דשיעבודא לאו דאורייתא וכ"ש מן הלקוחות אבל מלוה בשטר הוא עצמו שיעבדו דכתב ליה כל נכסי דאית לי אחראין לשטרא דנן [קדושין יג:]. וכי אמרינן מלוה על היתומים לפרוע חובת אביהן הו"מ מלוה בשטר [רשב"ם ב"ב קנז.].

מסורת הש"ס

א) ב"מ מו. ב"ב עז: [ע"ש] קנ: [ע"ש] [ועי' בתוס' ב"ב עז: ד"ה רב פפא], ב) רש"ל מ"ז, ג) [קידושין יג: ב"ב מב. קנז. קעה. ערכין ו: ז. כ. בכורות מח:], ד) [נ"ל והראה], ה) [ד"ה ונקניהו], ו) [שייך למתני' לעיל קג.], ז) [התוי"ט כתב יישוב לזה ע"ש].

הגהות הב"ח

(א) גמ' דאיכא אחריות נכסים וכי: (ב) רש"י ד"ה בדיוקני וכו' בידו הס"ד ואח"כ מה"ד מי כתב לך: (ג) ד"ה ונחייב בנו חומש:

תורה אור השלם

א) וְהָיָה כִּי יֶחֱטָא וְאָשֵׁם וְהֵשִׁיב אֶת הַגְּזֵלָה אֲשֶׁר גָּזָל אוֹ אֶת הָעֹשֶׁק אֲשֶׁר עָשָׁק אוֹ אֶת הַפִּקָּדוֹן אֲשֶׁר הָפְקַד אִתּוֹ אוֹ אֶת הָאֲבֵדָה אֲשֶׁר מָצָא: [ויקרא ה, כג]

הגמרא מביאה דיון בביאור דברי הברייתא האחרונים:

יָתִיב[34] **רַב הוּנָא וְקָאָמַר לְהָא שְׁמַעְתָּא** — ישב רב הונא ואמר שמועה זו, כלומר, לימד את דברי הברייתא הנזכרת. **וְאָמַר לֵיהּ רַבָּה בְּרֵיהּ** (בנו): **יֵשׁ תַּלְמוּד קָאָמַר מַר** — האם אדוני אמר בסוף הברייתא "יש תלמוד", כלומר שהתנא דורש מהכתוב לחייב יורש לשלם את קרן גזילת אביו בכל האופנים (בין נשבעו שניהם, אחד מהם או שלא נשבעו כלל), והיינו שהמלים "הַגְּזֵלָה" "הָעֹשֶׁק" "הַפִּקָּדוֹן" "הָאֲבֵדָה" בכתוב (שם) "וְהֵשִׁיב אֶת הַגְּזֵלָה אֲשֶׁר גָּזָל אוֹ אֶת הָעֹשֶׁק אֲשֶׁר עָשָׁק אוֹ אֶת הַפִּקָּדוֹן אֲשֶׁר הָפְקַד אִתּוֹ אוֹ אֶת הָאֲבֵדָה אֲשֶׁר מָצָא" נדרשות ללמד חיוב השבת הקרן בכל האופנים הנזכרים[35], **אוֹ שֶׁמָּא יְשַׁתַּלְּמוּ קָאָמַר מַר** — או שמא אמר אדוני בסוף הברייתא "ישתלמו", כלומר שמסברא אנו אומרים שכל הדברים המנויים בכתוב (גזילה, עושק, אבידה ופקדון), אם היו ביד אביו של אדם ומת חייבים יורשיו לשלמם, ואין הדבר נלמד מדרשת הכתוב[36]?

רב הונא מבאר:

אָמַר לֵיהּ רב הונא לרבה בנו: **יֵשׁ תַּלְמוּד קָאֲמִינָא** — אמרתי "יש תלמוד", **וּמֵרִיבּוּיָא דִּקְרָאֵי אָמְרִי** — ומריבוי הכתובים אמרתי שנלמד החיוב.

על כל פנים, מדרשה זו של הברייתא מוכח שהדרשות בכתוב "וְהֵשִׁיב וכו' " עוסקות באופן שהיתה הודאה, שהרי דורשים לחייב את היורש בקרן. קשה, איפוא, על רב נחמן שביקש לומר שהברייתא הדורשת כתוב זה לפטור יורש מחומש עוסקת באופן שלא היתה הודאה[37]!

הגמרא מבארת שלא היתה כוונת רב נחמן כפי שהבינה עד כה:

אֶלָּא, מַאי לֹא הוֹדָה — מה פירוש "לא הודה" בדברי רב נחמן, באמרו שהברייתא הפוטרת בן מחומש על גזילת אביו עוסקת באופן של "לא הודה"? פירושו הוא **לֹא הוֹדָה אָבִיו וְהוֹדָה בְּנוֹ**. הברייתא דורשת מהכתוב שאף על פי שהודה הבן שגזל אביו, ולכן חייב הוא לשלם את הקרן לנגזל, מכל מקום פטור הוא מחומש, כי אין אדם מתחייב חומש אלא על גזילת עצמו[38].

מאחר שנתבאר שהברייתא הפוטרת מחומש עוסקת באופן שהודה הבן על גזל אביו שבידו, מקשה הגמרא:

וְנִחַיַּיב בְּנוֹ חוֹמֶשׁ אַשְּׁבוּעָה דִּידֵיהּ — ראוי שיתחייב הבן חומש על גזל אביו משום השבועה שהוא עצמו נשבע! הרי הברייתא מלמדת שהבן פטור מחומש על גזל אביו אפילו במקרים שנשבע הבן, דהיינו שנשבע לנגזל שאין בידו ממון השייך לו; ואם מדובר באופן שלבסוף הודה הבן, מדוע לא יתחייב חומש? הלא, אף אם אין אדם מתחייב חומש משום שבועת אביו, בן זה שהחזיק ברשותו ממון של הנגזל, וכפר בו ונשבע על כך והודה, ראוי הוא מצד עצמו להתחייב חומש של שבועת כפירת ממון[39]!

מתרצת הגמרא:

אָמְרֵי — אמרו ביישוב קושיא זו: הברייתא עוסקת **בְּ**מקרה **שֶׁאֵין הַגְּזֵילָה** עצמה **קַיֶּימֶת**. כלומר, פְּטוּר הבן מחומש המוזכר בברייתא במקרה שכפר הבן בגזילת אביו ונשבע, אמור דוקא באופן שבשעת כפירתו כבר לא היה החפץ הנגזל קיים. חיובו של בן להשיב גזילה של אביו הוא דוקא לגבי עצם החפץ הגזול, ולא לשלם דמים אם אין החפץ קיים. לכן, כאשר אין החפץ שגזל אביו קיים עוד כצורתו, אין הבן היורשו חייב ממון לנגזל — ואם כופר הוא בגזילת האב, אין זו כפירת ממון ואין שבועתו על כך מחייבת חומש[40].

מקשה הגמרא:

אִי — אם מדובר **בְּ**מקרה **שֶׁאֵין** הַ**גְּזֵילָה קַיֶּימֶת** כצורתה, **אֲפִילּוּ קֶרֶן נַמִּי לֹא מְשַׁלֵּם** — לא יהא על היורש לשלם אפילו את קרן גזילת אביו! ואילו הברייתא אינה פוטרת אותו אלא מחומש, ולא מהקרן, כפי שהוכחנו לעיל[41]!

מתרצת הגמרא:

לֹא צְרִיכָא — לא נצרכה הוראת הברייתא אלא (כלומר, הוראת הברייתא מתייחסת) למקרה **דְּאִיכָּא אַחֲרָיוּת [נְכָסִים]**[42] — שיש בירושה "נכסים שיש בהם אחריות", דהיינו מקרקעין שהם משתעבדים לחובותיו של אדם[43]. במקרה כזה אכן חייבים היורשים לשלם את גזילת אביהם מתוך נכסי הירושה כשאין חפץ הגזילה עצמו קיים כצורתו, כי אותם מקרקעין משועבדים לנגזל לכך כבר מחיי האב[44].

הערות

34. ההגהה על פי רש"י. ראה לקמן הערה 37 לביאור חשיבות הגהה זו.

35. רש"י ד"ה יש תלמוד. יש לפרש שהדרשה מיוסדת על כך שהמלים עצמן מיותרות לפי פשוטו, שכן די היה לומר "והשיב את אשר גזל או את אשר עשק או את אשר הפקד אתו או את אשר מצא" (ראה מלבי"ם ועזרת כהנים שם), אך הראב"ד (על תורת כהנים שם) מפרש שהדרשה היא ממלות "אֶת" הכתובות לצד כל אחת מארבע המלים. ארבעת הייתורים שבכתוב נדרשים לחייב יורש בקרן בכל אחד מארבעת האופנים — נשבעו הוא ואביו, אביו ולא הוא, הוא ולא אביו, לא הוא ולא אביו (ראה מלבי"ם שם).

36. רש"י. אפשר שה"סברא" שבהצעה זו היא שמכיון שלימד הכתוב פעם אחת שחייב אדם להשיב גזילה שגזל אביו, אין לחלק בין מקרה חמור למקרה קל. ואפשר שה"סברא" היא שאין צורך בכתוב לחיוב זה כלל, אלא דבר פשוט הוא שכל היורש ממון ויש בו גזילה מכל סוג שהוא, הרי הוא חייב להשיבה לבעליה.

37. ההוכחה שדרשות כתוב זה עוסקות באופן שיש הודאה, ממה שנלמד בהן חיוב היורשים בקרן, אינה תלויה בשאלה שדנו בה רב הונא ובנו אם חיוב זה הוא מחמת ריבוי הכתוב או מכח סברא, שהרי בין כך ובין כך נאמר בברייתא שהכתוב עוסק ביורש החייב בקרן! הטעם שהביאה הגמרא בסוגייתנו את דברי רב הונא ובנו, איפוא, אינו משום שקושייתה מיוסדת על בירורו של רב הונא בפירוש הברייתא, אלא הוא רק בדרך אגב, כדי ללמד את הפירוש הנכון בברייתא. לכן מגיה רש"י לגרוס בתחילת הבאת דבריהם, "יתיב רב הונא" ("ישב" במקום "ויתיב" במקום "וישב"), כי אם גורסים בוי"ו החיבור משמע שהבירור מובא לתכלית קושיית הגמרא, ואינו כן, אלא הוא מובא בדרך אגב כדבר בפני עצמו (פני יהושע בדעת רש"י; אך ראה שם שמציע לקיים הגירסא בוי"ו ומבאר שאמנם יתכן שבירור רב הונא נצרך בשביל קושיית הגמרא).

38. רש"י. [אולם, אם הודה האב בחייו ונתחייב חומש, ושוב מת, חייב הבן לשלם החומש מתוך נכסי הירושה (אם ירש מקרקעין), כפי שמשמע ממשנתנו וכפי שמפורש בברייתא המובאת לעיל. פטור יורש מחומש, הנדרש מהכתוב, עוסק דוקא בחלות חיוב חומש מלכתחילה, שהכתוב מלמד שאין חיוב חדש של חומש חל על יורש. ראה לעיל הערה 21.]

39. ראה רש"י; פני יהושע.

40. רש"י. גזלן עצמו, אם אין חפץ הגזילה קיים כצורתו ("כעין שגזל"), חייב לשלם את דמי הגזילה. אך יורשי גזלן אין חובתם אלא להשיב את חפץ הגזול עצמו, ולא את דמיו כשאין הוא עצמו קיים כצורתו — ראה משנה לקמן קיא, ב (שם).

41. הגמרא אמרה שמזה שבבוא התנא ללמד פטור ביורש הוא נזקק להזכיר חומש, משמע שאת הקרן הוא אכן משלם — "והא מדקא מהדר אחומש למימרא דקרן משלם".

42. ההגהה על פי הב"ח, וכן הוא ב"דיבור המתחיל" שברש"י, ולפנינו מיד בהמשך הגמרא: "וכי איכא אחריות **נכסים** מאי הוי". ראה עוד הערה 44.

43. מקרקעין נקראים נכסים ש"יש להם אחריות" לפי שהם קיימים לעולם במקומם, ולכן בעלי חוב סומכים דעתם עליהם להיפרע מהם. משום כך חל לבעלי חוב שיעבוד על קרקעות החייב (ראה רש"י קידושין כו, א ד"ה שיש להם אחריות).

44. רש"י; ראה רש"י לקמן קיא, ב ד"ה הכי קאמר.

רש"י מציין כמקור לכך את הנאמר לקמן "שאם הניח אביהן אחריות נכסים קרקעות חייבים להחזיר מפני כבוד אביהן", וכן כותב הוא בדיבור הבא (ד"ה וכי איכא), שבמשנה לקמן נאמר שיורשים חייבים להחזיר "משום כבוד אביהם". כוונתו היא למשנה ולגמרא לקמן קיא, ב, אולם המהרש"א תמה על דבריו כדלהלן: במשנה לקמן שם נאמר בענין גזלן שמת והוריש לבניו, "ואם היה דבר שיש בו אחריות חייבין לשלם", ונמסרו שם בגמרא שני פירושים על כך: (א) אם היה **החפץ הגזול** דבר שיש בו אחריות, דהיינו שהוא דומה לקרקע בכך שהוא מתקיים לאורך זמן והוא נראה לכל (כמו פרה שחורשים בה), חייבים היורשים להחזירו אפילו אחרי יאוש משום כבוד אביהם (כי אם ישאר אצלם הכל יכירו בו ויאמרו עליו שהיה של הנגזל, ויהיה בכך בזיון לאביהם); (ב) אם היה **בירושה** נכס שיש בו אחריות, דהיינו מקרקעין, חייבים היורשים לשלם מתוכו את הגזילה, משום שהוא משועבד לכך מחיי האב. לכן יש לתמוה, לכאורה, על מה שמזכיר רש"י שטעם חיוב היורשים

אין משלחין מעות בדיוקני ואפילו עדים חתומים עליה ורבי יוחנן אמר אם עדים חתומים עליה משלחין אמרי לשמואל מאי תקנתא כי הא דרבי אבא הוי מסיק זוזי בדרב יוסף בר חמא א"ל לרב ספרא בהדי דאתית אייתינהו ניהלי כי אזל להתם אמר ליה רבא בריה מי כתב לך התקבלתי א"ל לא אי הכי זיל ברישא ויכתוב לך התקבלתי לסוף אמר ליה אי כתב לך נמי התקבלתי לאו כלום הוא דלמא אדאתית שכיב רבי אבא ונפלו זוזי קמי יתמי והתקבלתי דרבי אבא לאו כלום הוא א"ל ואלא מאי תקנתא זיל נקנינהו לך אגב ארעא ותא את כתוב לן התקבלתי כי (א) הא דרב פפא הוה מסיק תריסר אלפי זוזי בי חוזאי אקנינהו ניהליה לרב שמואל בר אבא אגב אסיפא דביתיה כי אתא נפק לאפיה עד תואך: נתן לו את הקרן וכו': אלמא חומש ממונא הוא ואם מיית משלמי ליה יורשין ותנן נמי נתן את הקרן ונשבע על החומש הרי מוסיף חומש על חומש אלמא חומשא ממונא הוא ותניא נמי הכי הגוזל את חבירו ונשבע לו ומת יורשין משלמים קרן וחומש ופטורין מן האשם ויורשין בני שלומי חומשא דאבוהון הוו (אלמא חומש ממונא הוא ובעי שלומי יורשין) ורמינהו עדיין אני אומר אימתי אינו משלם חומש על גזל אביו בזמן שלא נשבע לא הוא ולא אביו הוא ולא אביו ולא הוא ואביו מנין ת"ל (א) אשר גזל ואשר עשק והוא לא גזל ולא עשק אמר רב נחמן לא קשיא כאן שהודה כאן שלא הודה אי לא הודה קרן נמי לא משלם וכי תימא הכי נמי דלא משלם והא מדקא מהדר אחומש למימרא דקרן משלם ועוד תניא ועדיין אני אומר אימתי הוא משלם קרן על גזל אביו בזמן שנשבע הוא ואביו אביו ולא הוא הוא ולא אביו לא הוא ולא אביו מנין ת"ל גזילה ועושק אבידה ופקדון יש תלמוד ויתיב רב הונא וקאמר להא שמעתא א"ל רבה בריה יש תלמוד קאמר מר או ישתלמו קאמר מר א"ל יש תלמוד קאמינא ומריבויא דקראי אמרי אלא מאי לא הודה לא הודה אביו והודה בנו ונחייב בנו חומש אשבועה דידיה אמרי בשאין גזילה קיימת אי בשאין גזילה קיימת אפילו קרן נמי לא משלם לא צריכא דאיכא אחריות (א) וכי איכא אחריות נכסים מאי הוי מלוה על פה היא ומלוה על פה אינו גובה לא מן היורשין ולא מן הלקוחות אמרי בשעמד

אמר

רש"י

בדיוקני. מסר לו בעל הפקדון לשליח סימנין וכתב לו חותמו באגרת ומסרה לו ואמר לו לך והתראה לפלוני ויתן לך מעות שיש לי בידו (ב): אי כתב לך. ר' אבא: התקבלתי. מעותי בקבלתו של רב ספרא: אדאתית. בעוד שתהיה בדרך בשובך אצלנו: שכיב רבי אבא. דזקן הוא וכבר בטל שליחותו קודם שתקבלם ואי הוו אנסי להו מינך באורחא תבעי לן יתמי: נקנינהו ניהלך אגב ארעא. ויהיו שלך בכל מקום שהן דקיימא לן בקדושין (דף כו.) נכסים שאין להם אחריות נקנין עם נכסים שיש להן אחריות: אסיפא דביתיה. מפתן ביתו דמחובר לקרקע הוא וכקרקע הוא כך שמעתי ל"א סיפא דביתיה סוף בית הקנה לו זוית אחת: נפק לאפיה עד תווך. הלך לקראתו עד תווך שם מקום שהיה שמח שהביא לו מעותיו: אלמא חומשא ממונא הוא. מדאיצטריך ליה למתני א"נ לילך אחריו אלמא ממונא הוא גביה: ואי מיית. גזלן משלמי יורשין ועוד מדקתני הרי זה מוסיף חומש על חומש ש"מ ממונא כפריה: ופטורין מן האשם. דהא מתו בעליו דאם הפרישו בחייו היה טעון [רעיה] וכי לא הפרישו פטורין דאשם כפרה הוא ולאו ממונא ואין כפרה למתים: עדיין אני אומר. רישא בתורת כהנים אשר גזל על גזילו הוא מוסיף חומש ולא על גזילת אביו: כאן שהודה. אביו בחייו אחר שנשבע ונתחייב לו חומשא משלמי יורשין וברייתא בת"כ בשלא הודה וקס"ד השתא בלא הודה לא אב ולא בן: ה"ג ויתיב רב הונא: יש תלמוד קאמר מר. ותנא מקרא מייתי לה מדכתיב כל הני ריבויא הוא שהבן חייב לשלם או ישתלמו קאמר מר ומסברא הוא משלם ולא מקראי: לא הודה אביו והודה בנו. קרן משלם אבל חומש לא דמעטיה קרא מחומש על גזל אביו: ונחייב (ג) חומש אשבועתא דידיה. דקתני נשבע הוא ואביו לפטורא דכיון דבן נשבע והודה אמאי פטור: בשאין גזילה קיימת. דלאו עליה רמיא לשלומי דתנן (לקמן דף קיא:) הגוזל ומאכיל את בניו פטורים מלשלם הלכך אי כפר כפירת דברים בעלמא היא ושבועת בטוי הוא דליכא חומש: לא צריכא דאיכא אחריות נכסים. ואמרינן לקמן (שם) דאם הניח אביהן אחריות נכסים קרקעות חייבים להחזיר מפני כבוד אביהן: וכי איכא אחריות נכסים מאי הוי כו'. ל"ג חדא דהא תני התם דמשום כבוד אביהם חייבים להחזיר

תוספות

אין משלחין מעות בדיוקני אפילו עדים חתומים עליה. פי' אם אמר לסופר כתוב לפלוני שישלח לי מעות ע"י פלוני ואחר כך חתם בדיוקני שלו ואפילו עדים חתומים עליה שהיא דיוקני שלו אינו מועיל אבל אם היו חתומים על זה שאמר ליה לשלוח על ידו אז הוי שליח אי נמי אם כתב בכתב ידו שלח על ידי פלוני וא"ת ואמאי לא מהני דיוקני דידיה והא אמרינן בהשולח (גיטין דף לו.) ובהמגרש (שם דף פז:) דמר חתים כוורא ומר חתים מכותא וי"ל דהני מילי בשמות חכמים דפקיעי אבל אינש אחרינא לא ולפי מאי שפירשנו לעיל אפילו כתב בכתב ידו וחתם בדיוקני אין מועיל כל זמן שלא אמר ליה בפניו: ורבי יוחנן אמר אם עדים חתומים עליו שולחין. וה"ה לרבי יוחנן בלא דיוקני בשליח שעשאו בעדים כדאמר רבי יוחנן לעיל דהוי שליח והכא אתא לאשמועינן דדיוקני בלא עדים לא מהני ולא מידי ונראה דהלכתא כרב חסדא דשליח שעשאו בעדים הוי שליח דהא ר' יוחנן ור' אלעזר קיימי כוותיה ואע"ג דשמואל קאי כרבה קי"ל דרב ור' יוחנן הלכה כר' יוחנן וה"ה לגבי שמואל הלכה כר' יוחנן: אגב אסיפא דביתיה. ומה שכותבין בהרשאה והקניתי לו ד' אמות בחצרי לאו דוקא דהא אמרינן בפ"ק דקדושין (דף כו: ושם) דקרקע כל שהו חייב בפאה כו' וקונין עמה נכסים שאין להם אחריות ומה שכותבין הרשאה אפילו אותם שאין להם קרקע י"מ משום דהודאת בעל דין כמאה עדים דמי וקשה דבפרק חזקת הבתים (ב"ב דף מד: ושם) דפריך וליחוש דילמא אקני ליה מטלטלי אגב מקרקעי ומשני לא נריכא דאמרי עדים ידענא ביה בהאי גברא דלא הוה ליה ארעא מעולם ובפרק מי שמת (שם דף קמט.) גבי עובדא דאיסור גיורא דקאמר במאי ליקני רב מרי בריה להנהו זוזי אי דליקני ליה איסור גיורא אגב קרקע לית ליה קרקע וי"ל דההוא דאיסור גיורא מעיקרא ודאי לא אסיק אדעתיה טעמא דהודאה אבל במסקנא קאמר אדהכי נפק אודיתא מבי איסור והיא דמ"ה כיון שאין אלא חששא בעלמא דלמא אקני ליה כיון דלית ליה ארעא לא חיישינן והיא דפ' הזהב (ב"מ דף מו. ושם ה) גבי היה עומד בגורן דפריך וליקני ליה אגב ארעא ומשני דלית ליה ארעא התם מדאורייתא בעינן דאית ליה ארעא דאי לית ליה ארעא לא היו קרוין מעותיו מדאורייתא שיוכל לפדות בהן פירות מעשר שני אבל לענין לגבות כיון שהודה שיש לו והקנה לו אגב קרקע למה לא יגבה: [עי' תוס' כתובות נד: ד"ה אע"פ וב"ב מד: ד"ה דלא]: (י) חוץ מפחות שוה פרוטה בקרן. תימה אמאי איצטריך למיתני הא כיון דברישא תנן שוה פרוטה משמע אבל פחות לא (י): נתן לו את הקרן ונשבע לו על החומש. הוא הדין אם לא נתן לו את הקרן ונשבע אתרוייהו אקרן ואחומש היה מוסיף חומש על חומש אלא אורחא דמילתא נקט דאקרן אין נשבעין שני פעמים והוא הדין אם נשבע על החומש דיוליכנו אחריו למדי דכיון שנשבע עליו נעשה כגזלן: יש תלמוד קאמינא ומריבויא דקראי. תימה אמאי איצטריך קרא לקרן דאמאי לא ישלם קרן כיון דאיכא אחריות נכסים ועמד בדין דבהכי מוקמינן לה בסמוך: מלוה על פה היא ואין גובה לא מן היורשים ולא מן הלקוחות. למ"ד שיעבודא לאו דאורייתא פריך דהכא משמע דמדאורייתא גובין מיורשין ומההיא ברייתא דהגוזל ומאכיל (לקמן דף קיא:) אם הניח להם אביהם אחריות נכסים חייבים לשלם ליכא למפרך ליה מידי דאיהו מוקי ליה מדרבנן כדי שלא תנעול דלת בפני לוין כדפסיק רב פפא בפרק גט פשוט (ב"ב דף קעו. ושם) ומיהו לרב ושמואל דאמרי מלוה ע"פ אין גובה לא מן היורשין ולא מן הלקוחות ואפילו מדרבנן כדמוכח בח"ה (שם דף מב.) ובסוף מי שמת (שם דף קנז.) איכא לאקשויי מההיא ברייתא דלקמן ואיכא למימר דאיהו מוקמי לה בשעמד בדין ומה שהקשה בקונט' דהך העמדה בדין מאי מהני הרי כפר ונשבע דהא אוקימנא לעיל בשלא הודה אביו והודה בנו י"ל בעמד בדין לאחר שבועה ע"י עדים דלא מיחייב האב חומש כדתנן לקמן במתניתין דהיכא דאיכא עדים לא מיחייב חומש:

עין משפט נר מצוה

קכד א מיי' פ"א מהל' שלוחין ושותפין הלכה ח סמג עשין פב טוש"ע ח"מ סי' קכא סעיף ג:
קכה ב ג ד (מיי' שם) טוש"ע ח"מ סי' קכב סעיף א:
קכו ה מיי' פ"ז מהלכות גזילה ואבידה הלכה ד:
קכז ו מיי' שם הלכה ו:
קכח ז מיי' שם הלכה ג:
קכט ח מיי' שם הלכה ה ו:
קל ט מיי' שם הלכה ד:
קלא י מיי' פי"א מהלכות מלוה ולוה הלכה ד סמג עשין צד טוש"ע ח"מ סי' קיא סעיף א:

ליקוטי רש"י

אקנינהו ניהליה לרב שמואל בר אבא. שהיה הולך לשם כדי שיביאם לו שאילו לא הקנה לו לא היה נותנם לו מי שהפקדון אצלו שאם יאבדו בדרך יחזור רב פפא ויתבעם לו. אגב אסיפא דביתיה. מפתן ביתו [ב"מ מו.]. סף ביתו מקרקע כדי שיביאם לו והיינו הרשאה ואילו לא אקנינהו ניהליה לא הוו יהבי ליה דלא ליחייבו באונסא דאורחא כדאמר בב"ק [רשב"ם ב"ב עז:] שהקנה לו בסודר קרקע כניסת ביתו ואגבו הקנה לו המעות בתורת הרשאה המפורשת בבבא קמא (דף ע.) אי נמי הלך והחזיק הקרקע והקנה לו המעות כל מקום שהן [שם קנ:]. נפק לאפיה. מרוב שמחת מעותיו שהביא. עד תואך. שם מקום [ב"מ שם]. מקום במסכת נדה (דף לג:) וכך שמו ולאשמועינן אתא דמשום קנין זה מסרו לו המעות דכיון דנפק לאפיה שמעינן דהביא המעות [רשב"ם ב"ב עז:] ויש מפרשין חצי הדרך ומפרשין נמי שלא יחזיק בהן לעצמו ולא היא דכיון דכתב בהרשאה וכל מאן דמתעני ליה מן דינא קבלתי בין לזכות בין לחובה שמעינן דשליח שוויה הכי מפרש בבבא קמא [שם קנ:]. כשאין גזילה קיימת. שאכלוה אחרי מותו, ונגזל אין יכול לתובען שהרי לא גזלוהו [לקמן קיא:]. מלוה על פה. היינו מלוה את חבירו בעדים [שם מב.]. אינו גובה מן היורשין. דשיעבודא לאו דאורייתא וכ"ש מן הלקוחות אבל מלוה בשטר הוא עצמו שיעבדו דכתב ליה כל נכסיי דאית לי אחראין לשטרא דנן [קדושין יג:]. וכי אמרינן מלוה על היתומים לפרוע חובת אביהן הנ"מ מלוה בשטר [רשב"ם ב"ב קנז.].

מסורת הש"ס

א) ב"מ מו. ב"ב עז: [ע"ש] קנ: [ע"ש] [ועי' בתוס' ב"ב עז: ד"ה רב פפא], ב) רש"ל מ"ז, ג) [קידושין יג: ב"ב מב. קנז. קעה. ערכין ו: ז. כ. בכורות מח:], ד) [ל"ל והראה], ה) [ד"ה ונקנינהו], ו) [שייך למתני' לעיל קג.], ז) [התוי"ט כתב יישוב לזה ע"ש].

הגהות הב"ח

(א) גמ' דאיכא אחריות נכסים וכי: (ב) רש"י ד"ה בדיוקני וכו' בידו הס"ד ואח"כ מה"ד מי כתב לך: (ג) ד"ה ונחייב בנו חומש:

תורה אור השלם

א) וְהָיָה כִּי יֶחֱטָא וְאָשֵׁם וְהֵשִׁיב אֶת הַגְּזֵלָה אֲשֶׁר גָּזָל אוֹ אֶת הָעֹשֶׁק אֲשֶׁר עָשָׁק אוֹ אֶת הַפִּקָּדוֹן אֲשֶׁר הָפְקַד אִתּוֹ אוֹ אֶת הָאֲבֵדָה אֲשֶׁר מָצָא: [ויקרא ה, כג]

מקשה הגמרא[45]:

וְכִי אִיכָּא אַחֲרָיוֹת נְכָסִים מַאי הָוֵי — אף אם יש בירושה נכסים שיש בהם אחריות, דהיינו מקרקעין, מה בכך? כלומר, מדוע יהא בכך בכדי לחייב את היורשים לשלם את גזילת אביהם כאשר אין החפץ הגזול קיים כצורתו? והלא, **מִלְוֶה עַל פֶּה הִיא** — חיוב זה (לשלם דמי גזילה) הרי הוא חוב על פה, כלומר, אינו כתוב בשטר, **וּמִלְוֶה עַל פֶּה** דינו שבעל חוב **אֵינוֹ גּוֹבֶה** אותו **לֹא מִן הַיּוֹרְשִׁין וְלֹא מִן הַלָּקוֹחוֹת**, שאפילו מקרקעין אינם משועבדים לו[46]!

מתרצת הגמרא:

אָמְרֵי — אמרו ביישוב קושיא זו:

הערות

לשלם מתוך מקרקעי אביהם הוא "מפני כבוד אביהם", שהרי טעם זה אינו אמור לגבי חיוב היורשים לשלם כשהניח להם אביהם מקרקעין! [ראה רש"י קיא, ב ד"ה הכי קאמר וד"ה חייבין לשלם]. ליישוב דברי רש"י, ראה פני יהושע.

45. רש"י כותב שאין לגרוס את הקטע הבא של הגמרא, אלא יש לדלג עד הקושיא בתחילת קה, א, "אפילו חומש נמי" — ראה שם הערה 2. לדעת רש"י, קושיית הגמרא שבסמוך ותירוצה מוקשים ביותר, כפי שנבאר בהערות הבאות.

46. "גבייה מן הלקוחות" היינו שאם היה אדם חייב ממון לחבירו ומכר מקרקעותיו, אם בבוא בעל חובו לגבות ממנו אין בידו נכסים, זכאי בעל החוב לגבות מהקרקעות שנמכרו ללקוחות. דין זה, וכן זכות בעל חוב לגבות מיורשי האדם שהיה חייב לו, אמורים דוקא בחוב שהיה כתוב בשטר, כי רק באופן זה יש שיעבוד. ראה בבא בתרא קעה, א - קעו, א.

רש"י תמה מאוד על קושיא זו, שהרי דברי הגמרא — באמרה שמדובר באופן שירשו הבנים מקרקעין, ושמשום כך חייבים הם לשלם לנגזל אף על פי שאין הגזילה קיימת — הסתמכו על המשנה לקמן קיא, ב, ומכיון שכן, יהיה הטעם אשר יהיה, אין לחלוק על כך שמקרקעי גזלן משועבדים לנגזל! [אפשר לשאול על המשנה, מדוע היא מחייבת כן אחר שגזל אינו חוב הכתוב בשטר, אך אין להקשות על עצם הדין, כפי שעושה הגמרא לפי גירסא זו!] מחמת תמיהה זו סובר רש"י שאין לגרוס קושיא זו בגמרא.

תוספות מקיימים את הגירסא שלפנינו, והוא מיישב את תמיהת רש"י כדלהלן: הגמרא כאן סבורה כדעה ש"שיעבודא לאו דאורייתא" (ראה בבא בתרא קעה, ב), ולפיה השתעבדות נכסי גזלן לתשלום גזילה אינה אלא **מתקנת חכמים**. על פי זה מקשה הגמרא כאן, שאף אם הניח הגזלן נכסים שיש להם אחריות — מקרקעין — אין ליישב בכך את דברי הברייתא המחייבת בקרן את יורשי גזלן, כי הברייתא עוסקת בדרשת הכתוב "וְהֵשִׁיב וגו' ", וכל החיובים המוזכרים בה צריכים איפוא להיות חיובים **שמדין תורה!**

הברייתא עוסקת **בְּ**מקרה **שֶׁעָמַד** האב **בַּדִּין** על הגזילה לפני מותו, וחייבוהו. פסק בית דין לחייבו בהשבת הגזילה מחשיב חיוב זה כמי שכתוב בשטר, ולכן חל באופן זה שיעבוד על נכסי האב, ומשום כך מורה הברייתא שחייב הבן לשלם את קרן הגזילה מנכסי הירושה[1].

מקשה הגמרא:

אִי – אם הברייתא עוסקת **בְּ**מקרה **שֶׁעָמַד** האב **בַּדִּין** על הגזילה לפני מותו, ולכן נשתעבדו נכסיו לנגזל לתשלום הגזילה, **אֲפִילּוּ חוֹמֶשׁ נַמִּי מְשַׁלֵּם** – ראוי שיהא הבן חייב גם חומש במקרה שנשבע והודה, שהרי היה בידו ממון גמור של חבירו (הנכסים המשועבדים לנגזל), שכפר בו ונשבע על כך והודה, והרי הוא ככל אדם הכופר בחיובו לחבירו ונשבע! כלומר, אף אם אין הבן מתחייב חומש מחמת שבועת אביו, כפי שנדרש מהכתוב, מכל מקום במקרה זה יש לו להתחייב מחמת שבועת עצמו, ומדוע מורה הברייתא שהבן משלם רק קרן ולא חומש[2]?

מתרצת הגמרא:

אָמַר רַב הוּנָא בְּרֵיהּ דְּרַב יְהוֹשֻׁעַ: לעולם מדובר באופן שירש הבן מקרקעין המשועבדים לנגזל לתשלום הגזילה, ולכן חייב הוא לשלם את הקרן אף על פי שאין החפץ הגזול קיים; והטעם שאינו מתחייב חומש על כפירתו ושבועתו אודות חיוב זה, הוא **לְפִי שֶׁאֵין מְשַׁלְּמִין חוֹמֶשׁ עַל כְּפִירַת שִׁעְבּוּד קַרְקָעוֹת** – אין חיוב חומש באדם שכפר ונשבע לחבירו אודות בעלות או שיעבוד על קרקע, כי חיוב חומש הוא מחמת השבועה, ואין תורת שבועות ממון לגבי קרקעות[3].

הגמרא מביאה ישוב אחר לברייתא, מדוע היא פוטרת יורש מלשלם חומש על גזילת אביו, אף על פי שהיה עליו חיוב להשיב את קרנה, וכפר בחיוב זה ונשבע על כך לשקר והודה:

רָבָא אָמַר: לעולם מדובר בברייתא באופן שהגזילה עצמה קיימת, ומשום כך חייב היורש להשיב את הקרן לנגזל; והטעם שפוטרת הברייתא את היורש מחומש אף במקרה שכפר בחיוב זה ונשבע והודה, הוא משום **דְּהָכָא בְּמַאי עַסְקִינַן** – כאן בברייתא זו, במה אנו עוסקים? באופן **כְּגוֹן שֶׁהָיְתָה דִּיסַקַּיָּא** – אמתחת[4] **שֶׁל אָבִיו**, שהגזילה בתוכה, **מוּפְקֶדֶת בְּיַד אֲחֵרִים**, כך שלא ידע הבן אודות הגזילה שנפלה לו בירושה. באופן זה, **קֶרֶן מְשַׁלֵּם** – חייב הבן לשלם את קרן הגזילה, דהיינו להשיב לנגזל את החפץ הגזול, **דְּהָא אִיתֵיהּ** – שהרי ישנו, כלומר, קיים הוא כצורתו. אולם **חוֹמֶשׁ לֹא מְשַׁלֵּם** – אינו חייב לשלם חומש, אף על פי שכפר על חיובו ונשבע, **דְּכִי אִישְׁתַּבַּע בְּקוּשְׁטָא אִישְׁתַּבַּע** – לפי שכאשר נשבע, באמת נשבע, כלומר, סבור היה ששבועתו אמת, **דְּהָא לֹא הֲוָה יָדַע** – שהרי לא היה יודע שהחפץ הגזול הינו ברשותו, ואין חייבים על שבועה כזו משום שבועת שקר[5].

שנינו במשנתנו:

מחל לו [הנגזל לגזלן] על זה ועל זה (הקרן והחומש) **חוּץ מִפָּחוֹת שָׁוֶה פְּרוּטָה בַּקֶּרֶן כו'** אינו צריך לילך אחריו. המשנה מלמדת שאם הנשאר ביד הגזלן מהקרן אינו שוה פרוטה, אינו חייב ללכת אחרי הנגזל להשיבו.

הגמרא מגבילה הוראה זו:

אָמַר רַב פָּפָּא: לֹא שָׁנוּ חכמים שאין הגזלן חייב לילך אחרי הנגזל כל שלא נותר מהקרן אלא פחות משוה פרוטה, **אֶלָּא** באופן **שֶׁאֵין הַגְּזֵילָה קַיֶּימֶת**, כלומר, כשאותו פחות משוה פרוטה הנותר אינו מהחפצים הגזולים בעצמם, אלא הוא סתם חיוב תשלום דמי גזילה, כגון אם נאבד החפץ הגזול או נשתנה. כי מכיון שאינו חייב לו אלא פחות מפרוטה, אין זה נחשב חוב ממון[6]. **אֲבָל** באופן **שֶׁהַגְּזֵילָה קַיֶּימֶת**, דהיינו, כשאותו פחות משוה פרוטה הנותר מהקרן הוא מהחפצים הגזולים בעצמם, שלא נאבדו ולא נשתנו, וכגון אם גזל שני חפצים השוים יחד פרוטה ואחד מהם הוחזר או נמחל, ונותר בידו השני[7], הרי הגזלן **צָרִיךְ לֵילֵךְ אַחֲרָיו** להשיב לו את הנשאר בידו מהגזילה, אף על פי שאינו שוה פרוטה ואין על הגזלן כעת חוב ממון,

הערות

1. ראה שיטה מקובצת בשם ראב"ד ורמ"ה; רשב"ם בבא בתרא קעה, ב ד"ה כשעמד בדין; ראה תוספות שם סוף ד"ה לא ורבי עקיבא איגר בכתב וחותם טז.

רש"י תמה על תירוץ הגמרא שתי תמיהות. ראשונה, כיצד תועיל עמידת האב בדין להחשיב את חיוב ההשבה שעליו כמלוה הכתוב בשטר, והלא מדובר בברייתא באופנים שלא הודה האב (ראה לעיל קד, ב והערה 38 שם), ואם כן, כשעמד בדין לא פסק בית דין לחיוב! שנית, הלא מעולם ידענו שמדובר בברייתא באופן שבא האב לפני בית דין אודות הגזילה, שהרי מנויים בברייתא מקרים שנשבע האב, והיינו שהשביעוהו בבית דין! משום תמיהות אלה, יחד עם התמיהה על קושיית הגמרא שהוזכרה בהערה הקודמת, דוחה רש"י את הקושיא והתירוץ מהגירסא.

ראשונים אחרים מקיימים את הגירסא שלפנינו, ומבארים שכוונת הגמרא באמרה שמדובר "בשעמד בדין" היא לאופן שחייבוהו בית דין **על פי עדים**, דהיינו, הגמרא מתרצת שיש להעמיד את הברייתא כעוסקת באופן שלאחר שנשבע האב העידו עדים נגדו וחייבוהו בית דין על פיהם, שבאופן זה אין עליו אלא חיוב קרן ולא חיוב חומש, הואיל ולא הודה (תוספות לעיל סוף קד, ב; שיטה מקובצת בשם ראב"ד ורמ"ה).

כתבו האחרונים שרש"י סובר שאי אפשר לפרש שדרשת הברייתא עוסקת באופן זה, כי אם חייבו בית דין את האב בגזילה על פי עדים, אין שום חידוש בכך שאין הבן מתחייב חומש על כפירתו בגזילת האב, שכן כפירה בדבר שכבר העידו עליו עדים אינה נחשבת כלל כפירה בממון, שכן אינה מועילה לפטור מהממון (פני יהושע סוף קד, ב).

2. ראה קד, ב הערה 39.

קושיא זו גורסים גם לפי רש"י, אלא שלפי דעתו היא באה מיד אחרי דברי הגמרא לעיל קד, ב "לא צריכא דאיכא אחריות נכסים", וגורסים בה "**אי הכי** חומש נמי משלם" (פירוש: אם כן, שחיוב הבן בקרן הוא משום מקרקעין המשועבדים לנגזל שנפלו לו בירושה, יהא חייב לשלם גם חומש), וכל מה שבינתים מוחק רש"י מהגירסא. עצם הקושיא שוה לפי גירסת רש"י ולפי הגירסא שלפנינו: מאחר שמדובר באופן שיש ביד היורש מקרקעין המשועבדים לנגזל, מדוע לא יתחייב חומש משום שבועתו ככל הנשבע לחבירו לשקר אודות ממונו שבידו. [כל ההבדל בין הגירסאות הוא שלפי הגירסא שלפנינו, אחרי שאמרה הגמרא שמדובר באופן שהניח הגזלן מקרקעין, ערערה הגמרא שמכל מקום אין המקרקעין משועבדים לתשלום הגזילה הואיל וחיוב השבת גזילה הוא כמלוה על פה, ויישבה שמדובר באופן שעמד הגזלן בדין על הגזילה ולכן נחשב חיוב ההשבה כמלוה בשטר, ואילו לפי רש"י, אחרי שאמרה הגמרא שמדובר באופן שהניח הגזלן מקרקעין לא ערערה כלל על ההנחה שהמקרקעין ההם משועבדים לתשלום הגזילה.]

3. רש"י. כך שנינו בשבועות מב, ב שאין נשבעים על הקרקעות [ובגמרא שם מובא המקור לכך מדרשת הכתוב]. מכיון שהבן בעצמו לא גזל, הרי שכל חיובו לשלם את דמי הגזילה כשאינה קיימת הוא רק מחמת השיעבוד שעל הקרקעות שירש (זאת בניגוד לגזלן עצמו, שחל על גופו חיוב לשלם אף שלא מחמת שיעבוד קרקעותיו), ונמצא שכפירתו בחיוב זה הינה כפירה בקרקע בלבד (שם; ראה עוד מגיד משנה, הלכות גזילה ח, יד ואור שמח שם; רש"ש והגהות רבי אלעזר משה הורוביץ לשבועות לז, ב; אך ראה רא"ש מובא בשיטה מקובצת לקמן קט, ב ד"ה קטן; תורת חיים לז, ב ד"ה מתניתין; מרומי שדה).

4. "דיסקייא" הוא אמתחת, שק, של עור (רש"י פסחים יג, א וכתובות צו, א). בפסחים שם מפרש רש"י שהמלה מורכבת משני חלקים, "די" (דיו) דהיינו שנים, ו"סקיא" דהיינו שקים. כנראה, מציינת המלה אמתחת עור בעל שני תאים (ראה לעזי רש"י, כתובות שם). בערוך (ערך דיוסק) מפרש אף הוא שהמלה מורכבת כך (וגורס "דיוסקיא"), ומבאר שהיא מציינת אמתחת העשויה שני שקים שמניחים על גבי החמור כשאחד השקים בצדו האחד והשק האחר בצדו השני.

5. במשנה בשבועות לו, ב נאמר שאם שגג אדם לגמרי בשבועת הפקדון, דהיינו שלא ידע כלל שהיא נמצאת בידו וסבור היה ששבועתו אמת, פטור הוא מחומש ואשם האמורים בפרשת אשם גזילות – "ואינו חייב על שגגתה גרידתא" (רש"י). שבועה כזו נחשבת כאונס, ש"לבו של האדם אנסו", ונדרש (שבועות כו, א) מהכתוב ששבועת שקר באונס אין חייבים עליה (ראה רש"י כאן; שבועות לו, א ד"ה ואינו ר"ל, א ד"ה ואין).

6. רש"י. ראה לעיל קג, א הערה 27.

7. ראה רש"י. אין רב פפא עוסק באופן שגזל אדם חפץ שהיה שוה פרוטה בשעת הגזילה ושוב הוזל ועמד על פחות משוה פרוטה. כי אמנם נכונים דבריו גם לגבי אופן זה, אך אין הדין באופן זה מהטעם שמבאר רב פפא בהמשך דבריו, אלא מטעם אחר – שכיון שהחפץ קיים עוד כצורתו הרי הוא עצמו של הנגזל, ולכן מוטל על הגזלן להשיבו. ראה אור שמח, הלכות חמץ ומצה ג, ח בדעת רש"י ד"ה חייב; אך ראה שם בדעת תוספות.

בשעמד בדין אי בשעמד בדין אפילו חומש נמי משלם אמר רב הונא בריה דרב יהושע לפי א שאין משלמין חומש על כפירת שעבוד קרקעות רבא אמר הכא במאי עסקינן כגון שהיתה דיסקייא של אביו מופקדת ביד אחרים קרן משלם דהא איתיה חומש לא משלם דכי אישתבע בקושטא אישתבע דהא לא הוה ידע: חוץ מפחות שוה פרוטה בקרן כו': אמר רב פפא לא שנו אלא שאין גזילה קיימת אבל גזילה קיימת צריך לילך אחריו חיישינן שמא תייקר איכא דאמרי אמר רב פפא ב לא שנא גזילה קיימת ולא שנא שאין גזילה קיימת אינו צריך לילך אחריו לשמא תייקר לא חיישינן אמר רבא ג גזל שלש אגודות בשלש פרוטות והוזלו ועמדו על שתים אם החזיר לו שתים חייב להחזיר לו אחרת ותנא תונא (א) גזל חמץ ועבר עליו הפסח אומר לו הרי שלך לפניך טעמא דאיתיה בעיניה הא ליתיה בעיניה אע"ג דהשתא לאו ממונא (א) כיון דמעיקרא ממונא הוא בעי שלומי הכא נמי אף על גב דהשתא לא שוה פרוטה [כיון דמעיקרא הוי שוה פרוטה] בעי שלומי בעי רבא גזל שתי אגודות בפרוטה והחזיר לו אחת מהן מהו מי אמרינן השתא ליכא גזילה (ב) או דלמא הא לא הדר גזילה דהואי גביה ד הדר פשטה גזילה אין כאן השבה אין כאן אי גזילה אין כאן השבה יש כאן ה הכי קאמר אף על פי שגזילה אין כאן מצות השבה אין כאן ו ואמר רבא הרי אמרו ו נזיר שגילח ושייר שתי שערות לא עשה ולא כלום בעי רבא גילח אחת ונשרה אחת מהו ז אמר ליה רב אחא מדיפתי לרבינא נזיר שגילח אחת אחת קא מבעיא ליה לרבא אמר ליה לא צריכא כגון שנשר אחת מהן וגילח אחת מי אמרינן השתא מיהת הא ליכא שיעור או דלמא הא לאו גילוח הוא דמעיקרא הא שייר שתי שערות והשתא כי גילח לא הוי ב' שערות הדר פשטה שער אין כאן גילוח אין כאן אי שער אין כאן גילוח יש כאן הכי קאמר אע"פ ששער אין כאן ח מצות גילוח אין כאן ואמר רבא הרי אמרו ט חבית שניקבה וסתמוה שמרים הצילוה י בעי רבא אגף חציה מהו א"ל רב יימר לרב אשי לאו משנתנו היא זו דתנן כ חבית שניקבה וסתמוה שמרים הצילוה כ פקקה בזמורה עד שימרח ל היו בה שתים עד שימרח מן הצדדים ובין זמורה לחבירתה טעמא דמרח הא לא מרח לא אמאי ותיהוי כי אגף חציה אמרי הכי השתא התם אי לא מרח לא קאי אגף חציה במידי דקאי קאי ואמר רבא הרי אמרו ז גזל חמץ ועבר עליו הפסח אומר לו הרי שלך לפניך בעי רבא

נשבע

רש"י

ועוד דקמשני ליה כשעמד בדין קודם מיתתו והך העמדה מאי מהני הרי כפר ונשבע ולא הודה דהא אוקמינן דלא הודה אב והודה בנו ועוד דקמשני כשעמד בדין מכלל דעד השתא בשלא עמד בדין והא נשבע הוא ואביו קתני מכלל דבב"ד הוה הלכך ל"ג ליה וה"ג אי הכי חומש נמי משלם א"ר הונא כו' אי הכי ממון גמור הוא וחומש נמי לשלם: לפי שאין משלמין חומש על כפירת שעבוד קרקעות. דחומש אמאי קאתי אשבועתא לאו שבועה היא דקי"ל בשבועות (דף מב:) אין נשבעין על הקרקעות והאי בן כי אישתבע כפר לה שעבוד הקרקעות דאי לאו משום אחריות נכסים לאו עליה רמיא לשלומי: רבא אמר. לעולם בגזילה קיימת ודקשיא לך ולחייב הבן חומש על שבועת עצמו כיון דהודה הכא כשהיתה דסקיא שממון אביו נתון בה מופקדת ביד אחרים וגזילה זו בתוכה דכי אשתבע האי בקושטא אשתבע (ה) ולא תימא בשיקרא אשתבע כדסברת לעיל. ותנן במס' שבועות (דף לו:) וחייבים על זדון השבועה ועל שגגתה עם זדון הפקדון ואין חייבין על שגגתה גרידתא כי הכא דליביה אנסיה: לא שנו אלא שאין. אותה חצי פרוטה קיימת מן הגזילה עצמה ואתי פרוטה הוא דמחייב ליה ולאו ממונא איכא אבל אם קיימת היא מן הגזילה עצמה צריך לילך: חיישינן שמא תייקר. ותעמוד על הפרוטה: חייב להחזיר לו. אגודה אחרת ואע"פ דהשתא לא שויא פרוטה כיון דבשעת גזילה הוי שוה פרוטה בעי לאהדוריה ולהוליכה אחריו: ותנא תונא. תנא דידן סייעתו: שגילח. אחת מהשתים שייר: ונשרה השניה מהו. הוי גילוח או לא: אמר ליה רב אחא לרבינא נזיר שגילח. כל השערות אחת אחת קמבעיא ליה בתמיה כלומר הא ודאי גילוח הוי כיון שבשעה שבא לגלח האי שיור הוה ביה שיעור גילוח וגילח אחת ואע"פ דנשרה שניה גילוח הוא: שנשרה אחת. שכשבא לגלח אין כאן שיעור גילוח: ה"ג מי אמרינן השתא מיהא ליכא שיעור: חבית שניקבה וסתמוה שמרים. ונתונה ע"פ ארובה (ג) וממרחת יפה סביבותיה וטומאה בבית מצלת על העלייה כולה מלבא בה שום טומאה דסתימת שמרים סתימה היא ולא שלטה ביה טומאה במסכת כלים בפרק (ד) ואלו מצילין: אגף. לשון מגופה אגף חציה היה בה תחתיה שיעור נקב לטמא וכלי המקבל טומאה אינו חוצץ בפני הטומאה ואגף בטיט חציה מהו מי אמרינן השתא מיהא ליכא שיעור נקב או דלמא הא לא סתם שיעור סתימה: פקקה בזמורה. ואין שם שמרים: עד שימרח. בטיט מן הצדדין של זמורה לסותמו היטב:

נשבע

תוספות

אמר רבא גזל שלש אגודות בג' פרוטות והוזלו ועמדו על שתים חייב להחזיר לו אחרת. פי' אם ישנה בעין מחזיר אותה ואם לאו משלם ליה שוה פרוטה כמו שהיתה שוה בשעת הגזילה והוא הדין באחת שגזלה והוזלה שמחזיר לו אגודה או דמיה אלא רבותא נקט דאפילו בשלשה דקיים מצות השבה בתרתי אפ"ה חייב להחזיר לו אחת אע"ג דמהאי ותנא תונא דמייתי לא משמע מינה אלא היכא דגזל אחת והוזלה דההיא דמיא לגזל חמץ ועבר עליו הפסח ההיא רבותא דג' קאמר רבא מסברא ומדנקט והוזלו משמע דפשיטא ליה דאם גזל ג' אגודות שוות שתי פרוטות והחזיר לו ב' מהן דלא מיחייב להחזיר לו שלישית כיון דמעיקרא בשעת גזלה לא הוי ממונא ולשמא תייקר לא חיישינן:

ה"ג בעי רבא גזל ב' אגודות בפרוטה והחזיר אחת מהן מהו מי אמרי' השתא מיהא ליכא גזילה גביה או דלמא הא לא אהדר גזילה ול"ג הא דגרס בספרים הוקרו ועמדה כו': **מצות** השבה אין כאן. נראה דלא בעי למיפשט אלא דלא מעכב מצות השבה ומצות השבה מיהא לא קיים: **מצות** גילוח אין כאן. ומעכב מלשתות יין ומלטמא למתים כאלו לא גילח כלומר כמ"ד גילוח מעכב דאחר ישתה הנזיר יין אחר כולם א"נ לענין מצוה קאמר דלא קיים מצות גילוח ואליבא דכ"ע דפלוגתא היא בנזיר בפ' ג' מינין (דף מו.): **הרי** אמרו חבית שנקבה וסתמוה שמרים כו'. מה שפירש בקונטרס חבית שנתנה ע"פ ארובה ומצלת על העלייה אין נראה דההיא משנה דמייתי בסמוך חבית שנקבה היא במס' כלים בפ"י (מ"ו) דמשמע דמיירי להציל מה שבתוכה אם היא באהל המת דאי הוה מיירי ע"פ ארובה היה לו לשנותה במס' אהלות ועוד דלשון הצלה לא הוה משמע הכי דה"ל למימר חוצצת ונראה לפרש דאיירי בחבית המוקפת צמיד פתיל שאין טומאה נכנסת בה באהל המת ונקבה בכונס משקה דהכי הויא שיעורא כדאמר במס' כלים (פ"ט מ"ח) וסתמוה שמרים מצלת על כל מה שבתוכה והא דאמר בסוף המצניע (שבת דף צו.) ולענין צמיד פתיל עד שיפחת רובו היינו בסתומה שאם נקבה וסתמה הוי שם כלי עליה עד שיפחות רובה דאז לא מהני לה סתימה דהוי כאוכלים שגיבלן בטיט כיון דאין שם כלי עליו ולא כמו שפי' בקונטרס בהמצניע ולענין צמיד פתיל עד שיפחת רובו דכלי חרס המוקף צמיד פתיל אין טומאה נכנסת דרך נקביו עד שיפחת רובו כדמוכח במסכת כלים בפרק שלשה דשיעורו בכונס משקה וכן משמע בההיא שמביא התם בקונטרס נתונה קדירה ע"פ ארובה דאמר ב"ש הכל טמאים בכונס משקה ואפילו ב"ה לא מטהרי אלא עלייה אבל קדירה טמאה אלמא טומאה נכנסת בתוכו בכונס משקה: **אגף** חציה. תימה היכי דמיא הך בעיא להנך בעיות דלעיל דכיון דגף אין כאן נקב ולמה לא מועיל הסתימה דמ"ל אם לא נקבה מעולם אלא כך ומ"ל שאגף חציה [ועוד] תימה דהכא אמר בסתמוה שמרים שמה סתימה ובספ"ק דיבמות (דף טו:) אמרינן חבית של זיתים מגולגלים ב"ש אומרים אין צריכה לינקב ומודים שאם נקבה וסתמוה שמרים שהיא טהורה וי"ל דהתם ודאי לענין הכשר מסתמא לא ניחא להו לבעלים במה שיוצא ממנה כיון שנקבה אף על פי שסתמוה שמרים לאו סתימה מעלייתא היא אבל לענין להציל מטומאה הויא סתימה מעלייתא:

ושמואל

מסורת הש"ס

א) לעיל ט., ב) נזיר מב., ג) כלים פ"י מ"ו, ד) לעיל ט:, ה) ס"א ל"ג.

הגהות הב"ח

(א) גמ' דהשתא לאו ממונא הוא כיון: (ב) שם ליכא גזילה גביה או דלמא: (ג) רש"י ד"ה חבית וכו' וממרחת יפה וכו': (ד) בפ' אלו כלים מצילין:

ליקוטי רש"י

בשעמד בדין. קודם שמת וחייבוהו לשלם לפיכך גובה מן היורשין דכיון דדינו חרוץ לשלם ה"ל כמלוה בשטר [ערכין ז.]. דיסקייא. שתי מלות מורכבות שני שקים אמתחת של עור [פסחים יג.]. ותנא תונא. וכן תני תנא דידן כמשנה הגונים בעינו בבית המדרש [סוטה מד.]. גזל חמץ ועבר עליו הפסח אומר לו. לנגזל. הרי שלך לפניך. בעין כמות שהוא דהזיק שאינו ניכר הוא [לעיל צח:] ולבלב שישלם לו אותו עצמו ובמקרקעין ליה והשיב את הגזלה אשר גזל (ויקרא ה) שהרי לא נשתנה [גיטין נג:]. אחת אחת קא מיבעיא ליה לרבא. פשיטא דכיון דגילח את כל ראשו לבר מהנך ב' שערות דכי הדר גילח אחת מהן ונשרה חבירתה שפיר [דמי] דקאזיל ומיגלח כי אורחיה כמאן דאזיל ומגלח שערו וההיא לנשרה מאי הוי ליה למיעבד. נשר אחת מהן וגילח אחת. מי אמרינן כיון דכל שערו גילח חוץ מעשר אחת שפיר דמי דהא לא שייר שתי שערות בלא גילוח או דלמא כיון דמעיקרא שייר לו שתי שערות לאו כלום עבד וכי חזר וגילח אחת לאחר נשירתה דחבירתה נמי לאו כלום עבד דכיון דלא הוי השתא בראשו אלא שערה אחת לא מיקרי גילוח וכנשרו שניהם דמי דכי היכי דהא שיור גילח ושייר שערה אחת שפיר דמי לשערה כנטולה דמי הכי נמי כי נשרה אחת משתא משעת נשירתה הויא חבירתה כנטולה וכי חזר וגילחה לאו כלום עבד דכנטולה דמי. שער אין כאן גילוח יש כאן. כמי שיש שיעור בכאן [הא קאמרת שער אין כאן] [מצות גילוח אין כאן. ומיהו בדיעבד שפיר דמי [נזיר מב.].

עין משפט נר מצוה

קלב א מיי' פ"ח מהל' גזילה ואבידה הלכ' יד ופ"ז מהל' שבועות הלכה ג ד סמג לאוין רכ ועשין עג:

קלג ב מיי' פ"ז מהל' גזילה ואבידה הלכה יא סמג עשין עג טור ש"ע ח"מ סי' שס סעיף ג:

קלד ג מיי' שם פ"ב הלכה ו סמג שם טוש"ע ח"מ סי' שם סעיף ג:

קלה ד ה מיי' שם טוש"ע שם סעיף ד:

קלו ו מיי' פ"ו מהלכות נזירות הלכה ו:

קלז ז ח מיי' שם הל' ז:

קלח ט י כ מיי' פכ"ג מהלכות טומאת מת הלכה ח:

כי **חַיְישִׁינַן שֶׁמָּא תִּיַּיקֵר** — חוששים שמא יתייקר אותו חפץ ויגיע לידי שווי פרוטה, ויימצא שאין הגזלן מכופר מעוונו[8].

נוסח אחר בדברי רב פפא בענין זה:

אִיכָּא דְּאָמְרֵי — יש אומרים שמועה זו בנוסח זה: **אָמַר רַב פָּפָּא: לֹא שְׁנָא גְּזֵילָה קַיֶּימֶת וְלֹא שְׁנָא שֶׁאֵין גְּזֵילָה קַיֶּימֶת** — אין הבדל בין מקרה שהגזילה קיימת ובין מקרה שאינה קיימת, כלומר, בין אם אותו פחות משוה פרוטה הנותר ביד הגזלן הוא מהחפצים הגזולים בעצמם ובין אם אינו מהחפצים הגזולים בעצמם, אלא הוא סתם חיוב תשלום דמי גזילה, בכל אופן הגזלן **אֵינוֹ צָרִיךְ לֵילֵךְ אַחֲרָיו**, כי **לְשֶׁמָּא תִּיַּיקֵר לֹא חַיְישִׁינַן** — אין חוששים שמא יתייקר אותו חפץ ויגיע לידי שווי פרוטה[9].

הגמרא מביאה הוראת אמורא בענין השבת חפץ גזול שהוזל עד שאינו שוה פרוטה:

אָמַר רָבָא: גָּזַל שָׁלֹשׁ אֲגוּדּוֹת בְּשווי כולל של **שָׁלֹשׁ פְּרוּטוֹת**, וְשוב **הוּזְלוּ וְעָמְדוּ עַל** שווי כולל של **שְׁתַּיִם** (שתי פרוטות), אף **אִם** כבר **הֶחֱזִיר לוֹ** הגזלן לנגזל **שְׁתַּיִם** מהאגודות, **חַיָּיב** הוא **לְהַחֲזִיר לוֹ** עוד אגודה **אַחֶרֶת**, דהיינו, האגודה השלישית עצמה או פרוטה כפי שהיתה האגודה שוה בשעת הגזילה[10], ואם נשבע חייב הוא אף להוליך תשלום זה אחרי הנגזל; כי אף על פי שכעת אין אגודה אחת שוה פרוטה, מכל מקום כיון שהיתה האגודה הגזולה שוה פרוטה בשעה שנגזלה, חייב הגזלן בהשבתה[11]. **וְתָנָא תּוּנָא** — והתנא שלנו, כלומר תנא של משנה, מסייע לדברי, שכך שנה במשנה[12] (לעיל צו, ב): אם **גָּזַל חָמֵץ וְעָבַר עָלָיו הַפֶּסַח** בהיותו ברשותו, ובכך נאסר בהנאה, **אוֹמֵר לוֹ** הגזלן לנגזל: "**הֲרֵי שֶׁלְּךָ לְפָנֶיךָ**", כלומר, יוצא הוא ידי חובת השבת גזילה בהחזרת החמץ, אף על פי שאינו שוה עתה כלום[13] (עד כאן המשנה). והרי מדוייק מדברים אלה, **דְטַעְמָא** — הטעם שיוצא הגזלן ידי חובתו בלא לשלם ממון גמור, הוא דוקא משום **דְּאִיתֵיהּ בְּעֵינֵיהּ** — שחפץ הגזילה קיים כצורתו, ויכול הוא להשיבו בעצמו לנגזל, **הָא לֵיתֵיהּ בְּעֵינֵיהּ** — אך במקרה שחפץ גזול אינו קיים עוד כצורתו, שבינתים נאבד או נשתנה, כך שמצות ההשבה היא בדמי הגזילה ולא בגזילה עצמה, הרי הדין הוא **דְאַף עַל גַּב דְּהַשְׁתָּא לַאו מָמוֹנָא** — אף על פי שכעת אין חפץ הגזילה נחשב ממון, שנתבטל ערכו כשעבר עליו הפסח, מכל מקום **כֵּיוָן דְּמֵעִיקָּרָא מָמוֹנָא הוּא** — מכיון שמתחילה, בשעת הגזילה, היה הוא ממון, **בָּעֵי שַׁלּוּמֵי** — צריך הגזלן לשלם (את הערך שהיה לחפץ בשעת הגזילה). **הָכָא נַמִי** — גם כאן, בגזל אגודה והוזלה אחרי הגזילה עד פחות משוה פרוטה, **אַף עַל גַּב דְּהַשְׁתָּא לֹא שָׁוֶה פְּרוּטָה** — אף על פי שכעת אין חפץ הגזילה שוה פרוטה, **[כֵּיוָן דְּמֵעִיקָּרָא הָוֵי שָׁוֶה פְּרוּטָה]** — מכל מקום כיון שמתחילה, בשעת גזילה, היה שוה פרוטה, **בָּעֵי שַׁלּוּמֵי** — חייב הגזלן לשלם עליה[14].

רבא דן בשאלה אחרת אודות דיני השבה בחפץ שאינו שוה פרוטה:

בָּעֵי (שאל) **רָבָא: גָּזַל שְׁתֵּי אֲגוּדּוֹת בִּפְרוּטָה** — בשווי כולל של פרוטה אחת, שמחוייב הוא בהשבה הואיל וגזל שוה פרוטה, **וְהֶחֱזִיר לוֹ** לנגזל **אַחַת מֵהֶן, מַהוּ** הדין לגבי השבת האגודה השניה? **מִי אַמְרִינַן** — האם אומרים: **הַשְׁתָּא לֵיכָּא גְּזֵילָה** — כעת אין גזילה בידו, כלומר, לא נותר בידו ממון בשיעור הנחשב מצד עצמו כגזילה, ולכן אינו חייב בהשבה[15]? **אוֹ דִּלְמָא** — שמא אומרים: **הָא לֹא הָדַר גְּזֵילָה דְּהָוַאי גַּבֵּיהּ** — הרי לא חזרה הגזילה שהיתה אצלו, שהואיל ובשעת הגזילה נתחייב בהשבת שתי האגודות, אינו יוצא ידי חובתו

הערות

8. ביאר הרא"ש שהטעם שחששו לכך הוא משום קרבן האשם. מכיון שהדין הוא שאין גזלן יכול להקריב את אשמו כל זמן שלא קיים את מצות השבת הגזילה המוטלת עליו (ראה משנה לקמן קי, א, והוזכר לעיל קג, א הערה 29), ואם עשה כן הרי האשם פסול, נמצא שבנידוננו אם יביא הגזלן את אשמו בעוד מקצת מהגזילה בידו, אמנם יהא האשם כשר בשעתו, הואיל ובאותה שעה לא היתה אותה מקצת גזילה שוה פרוטה ולא היה חייב להשיבה, אך אם שוב תתייקר ותעמוד על שוה פרוטה יתברר שהוקרב האשם טרם קיים מצות השבת גזילה המוטלת עליו, וייפסל למפרע.

ראה שיטה מקובצת בשם הרא"ש ותוספות שאנץ הדנים מדוע אין אומרים שבשעה שהיה ביד הגזלן רק פחות משוה פרוטה, מיד יימחל לו לגמרי כדין כל פחות משוה פרוטה.

9. המשמעות הפשוטה של לשון הגמרא היא שלפי נוסח זה סובר רב פפא שאין חוששים למציאות של התייקרות החפץ. משום כך יש מפרשים שכוונת רב פפא לפי נוסח זה היא רק שאין חוששים שמא יקרה כן, ומתירים לגזלן להקריב את אשמו אף על פי שלא השיב לנגזל חפץ זה, אולם אם לבסוף אכן מתייקר החפץ, אכן מתברר למפרע שלא יצא הגזלן ידי חובתו באשם הראשון, ועליו להחזיר לנגזל את יתר הגזילה ולהביא אשם אחר (רשב"א). אך אחרים מפרשים שלא נקט רב פפא לשון "לשמא תייקר לא חיישינן" בדוקא, אלא כוונתו היא שאין החשש להתייקרות החפץ מצריכנו לחייב את הגזלן להשיבו קודם שמקריב את אשמו, כי אפילו אם אכן יתייקר החפץ ויעמוד על שוה פרוטה לא יהא הגזלן מחוייב משום כך להקריב אשם אחר, הואיל ובשעה שהקריב את הראשון לא היתה מוטלת עליו מצות השבה (רא"ש, מובא בשיטה מקובצת; ראה גם רמ"ה, מובא בטור חושן משפט שסז). עוד יש סוברים שכוונת רבא לפי נוסח זה היא שאין חוששים להתייקרות משום שאפילו אם אכן יתייקר החפץ לא יהא הגזלן חייב להוליכו אחרי הנגזל, כי בשעה שלא היה החפץ שוה פרוטה פקע חיוב הולכתו אחרי הנגזל, ושוב אין חיוב זה חוזר לחול (ר"י, מובא בטור שם).

10. תוספות. כך מוכח מהמשך דברי רבא. ראה עוד רשב"א שעיקר חידושו של רבא הוא חיוב החזרת הדמים במקרה שאין האגודה קיימת עוד [שאילו חיוב החזרת האגודה עצמה כאשר היא עדיין קיימת הוא דבר פשוט — ראה לעיל הערה 7].

11. רש"י. עיקר חידושו של רבא הוא שכל חפץ גזול שחל עליו חיוב השבה בשעת הגזילה, חל על הגזלן חיוב להשיב אותו או את דמיו (לפי שעת הגזילה) במקרה שאינו קיים עוד כצורתו, וחיוב זה אינו פוקע אפילו אם נתבטל ערכו. חידוש זה נשמע גם ממקרה שגזל אדם אגודה אחת בשעה שהיו אגודות שוות פרוטה, ושוב הוזלו אגודות לפחות מפרוטה. הטעם שנקט רבא מקרה שבו גזל אדם שלש אגודות והחזיר שתים מהן, הוא כדי להשמיענו שהחיוב הנזכר אמור אפילו במקרה שכבר קִיֵּם הגזלן השבה באותה גזילה, שאף על פי שכבר החזיר שתי אגודות מהגזילה, חייב הוא להשיב גם את האגודה השלישית, למרות שאינה שוה כעת פרוטה (תוספות; אך ראה שיטה מקובצת בשם הרא"ש).

מדברי רבא משמע שחיוב הגזלן בהשבה של האגודה השלישית שאינה שוה פרוטה היא דוקא משום שבשעת הגזילה אכן היתה שוה פרוטה, אך אילו היתה שוה פחות מפרוטה גם מלכתחילה, לא היה מחוייב בהשבתה (תוספות; שיטה מקובצת בשם הרא"ש, ד"ה חיישינן). לדיון כיצד מתיישב דבר זה עם השיטה המובאת בגמרא לעיל ש"חיישינן שמא תייקר", ומחייבים להוליך חפץ גזול אחרי נגזל אפילו כשאינו שוה פרוטה — ראה שיטה מקובצת שם; ב"ח שסז, ג; מנחת חינוך קל, ד.

12. רש"י.

לענין הפירוש המדוייק של לשון "ותנא תונא", רש"י (יבמות נו, ב, וראה סוטה מד, א) פירש ש"חווא" היינו "החוא שלוו" (רמז: ארווא — אריוו; אחווא — אחינו), ולפי זה המלה "ותנא" שבכאן היא פוֹעַל שפירושו "שנה", ו"ותנא תונא" פירושו: "וגם שנה כן התנא שלנו". בהתאם לכך ניקדנו "וְתָנָא", כצורת פועל. אולם רבינו חננאל (בבא מציעא ג, א) מפרש, וכן מובא בערוך (ערך תן [א]): "והתנא שנאה, כלומר, שנינו במשנתנו וכו' ", ומשמע שלדעתו "ותנא" הוא שם (ולפי זה יש לנקד וְתַנָּא), ו"תונא" הוא פועל ופירושו "שנה" או "שנאה".

13. ראה לעיל צו, ב הערה 32.

14. ראיית רבא מהמשנה היא רק לעיקר חידושו, שכל שהיה החפץ שוה פרוטה בשעת הגזילה, לא יפקע מהגזלן חיוב השבה אם יוזל (ראה הערה 11). אך לחידושו הנוסף של רבא, שחיוב השבה זה מוטל עליו אף אם כבר קִיֵּם בגזילה זו מצות השבה בשוה פרוטה (ראה שם) אין ראיה ממשנה זו, אלא רבא אמרו מסברא (תוספות).

הראשונים שואלים מדוע לא הביא רבא ראיה מהוראה המפורשת במשנה שבראש פרקנו (צג, ב) "כל הגזלנים משלמין כשעת הגזילה", דהיינו ששיעור תשלומי גזילה נקבע לפי שווי החפץ בשעת הגזילה, אפילו אם הוזל אחר כך. יש מתרצים שמההוראה ההיא לבדה אין הכרח לדינו של רבא, כי אפשר היה לומר שאינה אמורה אלא באופן שאילו היתה הגזילה קיימת היתה שוה כעת פרוטה (תוספות לעיל סה, א ד"ה גופא; רשב"א; אך ראה שיטה מקובצת בשם הרא"ש ד"ה חיישינן, תירוץ אחר).

15. שהרי האגודה הנותרת ברשותו אינה שוה — ואף בשעת הגזילה לא היתה שוה — פרוטה (ראב"ד).

הראב"ד כותב ששאלת רבא עוסקת באופן שהאגודה השניה עצמה אינה קיימת עוד, והשאלה היא אם מחוייב הגזלן לשלם דמים. נראה שהוא סובר שכל שהחפץ הגזול קיים בעצמו, פשוט הדבר שחייב הגזלן להשיבו.

בשעמד בדין אי בשעמד בדין אפילו חומש נמי משלם אמר רב הונא בריה דרב יהושע לפי א שאין משלמין חומש על כפירת שעבוד קרקעות רבא אמר הכא במאי עסקינן כגון שהיתה דיסקייא של אביו מופקדת ביד אחרים קרן משלם דהא איתיה חומש לא משלם דכי אישתבע בקושטא אישתבע דהא לא הוה ידע: חוץ מפחות שוה פרוטה בקרן כו': אמר רב פפא לא שנו אלא שאין גזילה קיימת אבל גזילה קיימת צריך לילך אחריו חיישינן שמא תייקר איכא דאמרי אמר רב פפא ב לא שנא גזילה קיימת ולא שנא שאין גזילה קיימת אינו צריך לילך אחריו לשמא תייקר לא חיישינן אמר רבא ג גזל שלש אגודות בשלש פרוטות והוזלו ועמדו על שתים אם החזיר לו שתים חייב להחזיר לו אחרת ותנא תונא (א) גזל חמץ ועבר עליו הפסח אומר לו הרי שלך לפניך טעמא דאיתיה בעיניה הא ליתיה בעיניה אע"ג דהשתא לאו ממונא (א) כיון דמעיקרא ממונא הוא בעי שלומי הכא נמי אף על גב דהשתא לא שוה פרוטה [כיון דמעיקרא הוי שוה פרוטה] בעי שלומי בעי רבא גזל שתי אגודות בפרוטה והחזיר לו אחת מהן מהו מי אמרינן השתא ליכא גזילה (ב) או דלמא הא לא הדר גזילה דהואי גביה ד הדר פשטה גזילה אין כאן השבה אין כאן אי גזילה אין כאן השבה יש כאן ה הכי קאמר אף על פי שגזילה אין כאן מצות השבה אין כאן ג ואמר רבא הרי אמרו ו נזיר שגילח ושייר שתי שערות לא עשה ולא כלום בעי רבא גילח אחת ונשרה אחת מהו ז אמר ליה רב אחא מדיפתי לרבינא נזיר שגילח אחת אחת קא מבעיא ליה לרבא אמר ליה לא צריכא כגון שנשר אחת מהן וגילח אחת מי אמרינן השתא מיהת הא ליכא שיעור או דלמא הא לאו גילוח הוא דמעיקרא הא שייר שתי שערות והשתא כי גילח לא הוי ב' שערות הדר פשטה שער אין כאן גילוח אין כאן אי שער אין כאן גילוח יש כאן הכי קאמר אע"פ ששער אין כאן ח מצות גילוח אין כאן ואמר רבא הרי אמרו ט חבית שניקבה וסתמוה שמרים הצילוה י בעי רבא אגף חציה מהו א"ל רב יימר לרב אשי לאו משנתנו היא זו דתנן ג חבית שניקבה וסתמוה שמרים הצילוה כ פקקה בזמורה עד שימרח ל היו בה שתים עד שימרח מן הצדדים ובין זמורה לחבירתה טעמא דמרח הא לא מרח לא אמאי ותיהוי כי אגף חציה אמרי הכי השתא התם אי לא מרח לא קאי אגף חציה במידי דקאי ואמר רבא הרי אמרו ד גזל חמץ ועבר עליו הפסח אומר לו הרי שלך לפניך בעי רבא

נשבע

ועוד דקמשני ליה כשעמד בדין קודם מיתתו והך העמדה מאי מהני הרי כפר ונשבע ולא הודה דהא אוקמינן דלא הודה אב והודה בנו ועוד דקמשני כשעמד בדין מכלל דעד השתא בשלא עמד בדין והא נשבע הוא ואביו קתני מכלל דבב"ד הוה הלכך ל"ג ליה וה"ג אי הכי חומש נמי משלם א"ר הונא כו' אי הכי ממון גמור הוא וחומש נמי לשלם: **לפי שאין משלמין חומש על כפירת שעבוד קרקעות.** דחומש אמאי קאתי אשבועתא לאו שבועה היא דקי"ל בשבועות (דף מב:) אין נשבעין על הקרקעות והאי בן כי אישתבע כפר לה שעבוד הקרקעות דאי לאו משום אחריות נכסים לאו עליה רמיא לשלומי: **רבא אמר.** לעולם בגזילה קיימת ודקשיא לך ולחייב הבן חומש על שבועת עצמו כיון דהודה הכא כשהיתה דסקיא שממון אביו נתון בה מופקדת ביד אחרים וגזילה זו בתוכה דכי אשתבע האי בקושטא אשתבע (ה) ולא תימא בשיקרא אשתבע כדסברת לעיל) ותנן במס' שבועות (דף לו:) וחייבים על זדון השבועה ועל שגגתה עם זדון הפקדון ואין חייבין על שגגתה גרידתא כי הכא דליכא אנסיה: **לא שנו אלא שאין.** אותה חצי פרוטה קיימת מן הגזילה עצמה וחצי פרוטה הוא דמחייב ליה ולאו ממונא איכא אבל אם קיימת היא מן הגזלה עצמה צריך לילך: **חיישינן שמא תייקר. ותעמוד על הפרוטה: חייב להחזיר לו.** אגודה אחרת ואע"פ דהשתא לא שויא פרוטה כיון דבשעת גזילה הוי שוה פרוטה בעי לאהדוריה ולהוליכה אחריו: **ותנא תונא.** תנא דידן סייעתו: **שגילח.** אחת מהשתים ששייר: **ונשרה השניה מהו.** הוי גילוח או לא: **אמר ליה רב אחא לרבינא נזיר שגילח.** כל השערות אחת אחת קמבעיא ליה בתמיה כלומר הא ודאי גילוח הוי כיון שבשעה שבא לגלח האי שיור הוה ביה שיעור גילוח וגילח אחת ואע"פ דנשרה שניה גילוח הוא: **שנשרה אחת.** שכשבא לגלח אין כאן שיעור גילוח: ה"ג מי אמרינן השתא מיהא ליכא שיעור: **חבית שניקבה וסתמוה שמרים.** ונתנוה ע"פ ארובה (ג) וממרחת יפה סביבותיה וטומאה בבית מצלת על העלייה כולה מלבא בה שום טומאה דסתימת שמרים סתימה היא ולא שלטה ביה טומאה במסכת כלים בפרק (ד) ואלו מצילין: **אגף.** לשון מגופה אגף חציה היה בה תחתיה שיעור נקב לטמא וכלי המקבל טומאה אינו חוצץ בפני הטומאה ואגף בטיט חציה מהו מי אמרינן השתא מיהא ליכא שיעור נקב או דלמא הא לא סתם שיעור סתימה: **פקקה בזמורה.** ואין שם שמרים: **עד שימרח.** בטיט מן הצדדין של זמורה לסותמו היטב:

נשבע

אמר רבא גזל שלש אגודות בג' פרוטות והוזלו ועמדו על שתים חייב להחזיר לו אחרת. פי' אם ישנה בעין מחזיר אותה ואם לאו משלם ליה שוה פרוטה כמו שהיתה שוה בשעת הגזילה והוא הדין באחת שגזלה והוזלה שמחזיר לו אגודה או דמיה אלא רבותא נקט דאפילו בשלשה דקיים מצות השבה בתרתי אפ"ה חייב להחזיר לו אחת אע"ג דמהאי ותנא תונא דמייתי לא משמע מינה אלא היכא דגזל אחת והוזלה דהויא דמיא לגזל חמץ ועבר עליו הפסח ההיא רבותא דג' קאמר רבא מסברא ומדנקט והוזלו משמע דפשיטא ליה דאם גזל ג' אגודות שוות שתי פרוטות והחזיר לו ב' מהן דלא מיחייב להחזיר לו שלישית כיון דמעיקרא בשעת גזלה לא הוי ממונא ולשמא תייקר לא חיישינן:

ה"ג בעי רבא גזל ב' אגודות בפרוטה והחזיר אחת מהן מהו מי אמרי' השתא מיהא ליכא גזילה גביה או דלמא הא לא אהדר גזילה ול"ג הא דגרס בספרים הוקרו ועמדה כו': **מצות** השבה אין כאן. נראה דלא בעי למיפשט אלא דלא מעכב מצות השבה ומצות השבה מיהא לא קיים: **מצות** גילוח אין כאן. ומעכב מלשתות יין ומלטמא למתים כאלו לא גילח כלומר כמ"ד גילוח מעכב דאחר ישתה הנזיר יין אחר כולם א"נ לענין מצוה קאמר דלא קיים מצות גילוח ואליבא דכ"ע דפלוגתא היא בנזיר בפ' ג' מינין (דף מו.): **הרי** אמרו חבית שנקבה וסתמוה שמרים כו'. מה שפירש בקונטרס חבית שנתנה ע"פ ארובה ומצלת על העלייה אין נראה דההיא משנה דמייתי בסמוך חבית שנקבה היא במס' כלים בפ"י (מ"ו) דמשמע דמיירי להציל מה שבתוכה אם היא באהל המת דאי הוה מיירי ע"פ ארובה היה לו לשנותה במס' אהלות ועוד דלשון הצלה לא הוה משמע הכי דה"ל למימר חוצצת ונראה לפרש דאיירי בחבית המוקפת צמיד פתיל שאין טומאה נכנסת בה באהל המת ונקבה בכונס משקה דהכי הויא שיעורא כדאמר במס' כלים (פ"ט מ"ח) וסתמוה שמרים מצלת על כל מה שבתוכה והא דאמר בסוף המצניע (שבת דף צו.) ולענין צמיד פתיל עד שיפחת רובו היינו בסתומה שאם נקבה וסתמה הוי שם כלי עליה עד שיפחות רובה דאז לא מהני לה סתימה דהוי כאוכלים שגיבלן בטיט כיון דאין שם כלי עליו ולא כמו שפי' בקונטרס בהמצניע ולענין צמיד פתיל עד שיפחת רובו דכלי חרס המוקף צמיד פתיל אין טומאה נכנסת דרך נקביו עד שיפחת רובו כדמוכח במסכת כלים בפרק שלשה דשיעורו בכונס משקה וכן משמע בההיא שמביא התם בקונטרס נתנה קדירה ע"פ ארובה דאמר ב"ש הכל טמאים בכונס משקה ואפילו ב"ה לא מטהרי אלא עלייה אבל קדירה טמאה אלמא טומאה נכנסת במוכו בכונס משקה: **אגף** חציה. תימה היכי דמיא הך בעיא להנך בעיות דלעיל דכיון דגף אין כאן נקב ולמה לא מועיל הסתימה דמ"ל אם לא נקבה מעולם אלא כך ומ"ל שאגף חליה [ועוד] תימה דהכא אמר בסתמוה שמרים שמה סתימה ובספ"ק דיבמות (דף טו:) אמרינן חבית של זיתים מגולגלים ב"ש אומרים אין צריכה לינקב ומודים שאם נקבה וסתמוה שמרים שהיא טהורה וי"ל דהתם ודאי לענין הכשר מסתמא לא ניחא להו לבעלים במה שיוצא ממנה כיון שנקבה אף על פי שסתמוה שמרים לאו סתימה מעלייתא היא אבל לענין להציל מטומאה הויא סתימה מעלייתא:

ושמואל

מסורת הש"ס

א) לעיל לו:, ב) נזיר מב., ג) כלים פ"י מ"ו, ד) לעיל לו:, ה) ס"א ל"ג.

הגהות הב"ח

(א) גמ' דהשתא לאו ממונא הוא כיון: (ב) שם ליכא גזילה גביה או דלמא: (ג) רש"י ד"ה חבית וכו' וממרח יפה וכו': (ד) בפ' אלו כלים מצילין:

ליקוטי רש"י

בשעמד בדין. קודם שמת וחייבוהו לשלם לפיכך גובה מן היורשין דכיון דדינו חרוץ לשלם ה"ל כמלוה בשטר [ערכין ז.]. **דיסקייא.** שתי מלות מורכבות שני שקים אמתחת של עור [פסחים יג.]. **ותנא תונא.** וכן תני תנא דידן במשנה הנשנית בינינו בבית המדרש [סוטה מד.]. **גזל חמץ ועבר עליו הפסח אומר לו.** לנגזל. **הרי שלך לפניך.** בעין כמות שהוא דהיזק שאינו ניכר הוא [לעיל סו:] ובלבד שישלם לו אותו עצמו וקרינא ביה והשיב את הגזלה אשר גזל (ויקרא ה) שהרי לא נשתנה [גיטין נג:]. **אחת אחת קא מיבעיא ליה לרבא.** פשיטא דכיון דגילח את כל ראשו לבר מהנך ב' שערות דכי הדר גילח אחת מהן ונשרה חבירתה שפיר [דמי] דקאזיל ומיגלח כי אורחיה כמאן דאזיל ומגלח שערו ולהכי דנשרה מאי הוה ליה למיעבד. **נשר אחת מהן וגילח אחת.** מי אמרינן כיון דכל שערו גילח חוץ משער אחת שפיר דמי דהא לא שייר שתי שערות בלא גילוח או דלמא כיון דמעיקרא שייר לו שתי שערות לאו כלום עבד וכי חזר וגילח אחת לאחר נשירתה דחבירתה נמי לאו כלום עבד דכיון דלא הוי השתא בראשו אלא שערה אחת לא איקרי גילוח וכנשרו שניהם דמי דכי היכי דאם גילח ושייר שערה אחת שפיר גילח דשערה כנטולה דמי הכי נמי כי נשרה אחת משעת נשירותה הויא חבירתה כנטולה וכי חזר וגילחה לאו כלום עבד דכנטולה דמיא. **שער אין כאן גילוח יש כאן.** [משמע] דדמי ליה כמי שיש שיער בכאן [הא קאמרת שיער אין כאן]. **מצות גילוח אין כאן.** ומיהו בדיעבד שפיר דמי [נזיר מב.].

עין משפט נר מצוה

קלב א מיי' פ"ח מהל' גזילה ואבידה הלכ' יד ופ"ז מהל' שבועות הלכה ג ד סמג לאוין רה ועשין עג:

קלג ב מיי' פ"ז מהל' גזילה ואבידה הלכה יא סמג עשין עג טור ש"ע ח"מ סי' שסז סעיף ג:

קלד ג מיי' שם פ"א הלכה ו סמג שם טוש"ע ח"מ סי' שם סעיף ג:

קלה ד ה מיי' שם טוש"ע שם סעיף ד:

קלו ו מיי' פ"ח מהלכות נזירות הלכה ו:

קלז ז ח מיי' שם הלכ' ז:

קלח ט י כ ל מיי' פכ"ב מהלכות טומאת מת הלכה ח:

עד שמשיב את שתיהן, ולכן אף על פי שלא נשאר בידו מהגזילה אלא דבר שאינו שוה פרוטה, חייב הוא להשיב גם אותו, עד שלא ישאר בידו מהגזילה כלום[16]?

הגמרא מוסרת שרבא עצמו הכריע בספיקו:

הֲדַר פַּשְׁטָהּ — שוב פשט רבא את שאלתו, ואמר: **גְּזֵילָה אֵין כָּאן** — אין החזקת האגודה הנותרת בידו נחשבת כעמידה באיסור גזילה, הואיל ואין האגודה כשלעצמה שוה פרוטה[17]; **הֲשָׁבָה אֵין כָּאן**[18].

לכאורה, פירוש "השבה אין כאן" הוא שאין החזרת האגודה הראשונה כשלעצמה מועילה כהשבה להוציא את הגזלן מאיסור גזילה. על כן תמהה הגמרא:

אִי גְּזֵילָה אֵין כָּאן — אם אין החזקת האגודה הנותרת נחשבת כעמידה באיסור גזילה, **הֲשָׁבָה יֵשׁ כָּאן** — נמצא שהחזרת האגודה הראשונה אכן מועילה כהשבה! לכאורה, דברי רבא סותרים זה את זה[19]!

הגמרא מבארת את כוונת רבא:

הָכִי קָאָמַר — כך נתכוון רבא לומר: **אַף עַל פִּי שֶׁגְּזֵילָה אֵין כָּאן** — אף על פי שאין הגזלן נחשב כעומד עוד באיסור גזילה, כי לענין זה הועילה החזרת האגודה הראשונה כיון שלא הותירה בידו שוה פרוטה מהגזילה, ולכן אין בית דין מוציאים ממנו את האגודה השניה, מכל מקום **מִצְוַת הֲשָׁבָה אֵין כָּאן** — לא קיים הגזלן עדיין מצות השבה, עד שמחזיר את כל מה שגזל. כלומר, באמרו "השבה אין כאן" לא נתכוון רבא לומר שאין החזרת האגודה הראשונה מועילה כהשבה כלל, אלא כוונתו היתה שאף על פי שהועילה לכך שאין הגזלן נחשב עוד כעומד בגזילתו, ואין הנגזל יכול לתבעו עוד בדין, מכל מקום עדיין לא קִיֵּם מצות השבה המוטלת עליו[20].

הגמרא מביאה שאלה אחרת שנסתפק בה רבא ושוב הכריע בה, והיא דומה בצורתה לשאלתו הקודמת, אך היא עוסקת בענין אחר לגמרי:

וְאָמַר רָבָא: הֲרֵי אָמְרוּ חכמים בענין מצות תגלחת נזיר[21] (ראה נגעים ד, ד): **נָזִיר שֶׁגִּילַּח** את ראשו **וְשִׁיֵּיר שְׁתֵּי שְׂעָרוֹת** שלא גילחן, **לֹא עָשָׂה וְלֹא כְלוּם**, כלומר, לא יצא ידי חובת גילוח. **בָּעֵי** (שאל) **רָבָא:** אם לאחר ששייר שתי שערות, שוב **גִּילַּח** שערה **אַחַת** מהן **וְנָשְׁרָה אַחַת** מהן מעצמה, **מַהוּ** הדין? האם אומרים שמכיון שלא גילח באחרונה שתי שערות, אין כאן מעשה גילוח[22]? או שמא אומרים שמכיון שבשעה שהתחיל לגלח היו שתי שערות, ועל ידי גילוחו אחת מהן נותר בלא "שיער", יצא בכך ידי מצות גילוח[23]?

הגמרא תמהה על ספק זה:

אֲמַר לֵיהּ רַב אַחָא מִדִּיפְתִּי לְרָבִינָא: נָזִיר שֶׁגִּילַּח אַחַת אַחַת קָא מִבַּעְיָא לֵיהּ לְרָבָא — וכי מסתפק רבא בדין נזיר שגילח את כל שערות ראשו אחת אחת?! הרי פשוט הדבר שמצות גילוח מתקיימת גם בנזיר המגלח את שערותיו בזו אחר זו, ולא בבת אחת! וכמו כן במקרה שנסתפק בו רבא, גילוח השערה הראשונה מהשתים הנותרות מצטרף לגילוח כל השערות שלפני כן[24], ונמצא שגילח הנזיר את כל שערותיו ולא שייר אלא אחת[25]! איך יתכן, איפוא, שנסתפק רבא ב"גילח אחת ונשרה אחת"?

רבינא מבאר באיזה אופן אכן נסתפק רבא[26]:

אֲמַר לֵיהּ רבינא לרב אחא מדפתי: **לֹא צְרִיכָא** — לא נצרכה השאלה, כלומר, אין הספק אמור אלא **בִּכְגוֹן שֶׁתְּחִילָּה נָשַׁר אַחַת מֵהֶן** (משתי השערות ששייר) **וְאחר כך גִּילַּח** את **הָאַחַת** האחרונה[27]. והספק הוא זה: **מִי אַמְרִינַן** — האם אומרים: **הַשְׁתָּא מִיהַת הָא לֵיכָּא שִׁיעוּר** — כעת, על כל פנים, הרי אין שיעור שיער? כלומר, כיון שנמצא ראש הנזיר מגולח משיער, ואין אלא שערה אחת (זו שנשרה) שנשתיירה מהגילוח, די לו בכך[28]. **אוֹ דִּלְמָא** — שמא אומרים: **הָא לָאו גִּילּוּחַ הוּא** — אין כאן גילוח, **דְּמֵעִיקָּרָא** — כי מתחילה, בגילוח הראשון, **הָא** (הרי) **שִׁיֵּיר שְׁתֵּי שְׂעָרוֹת**, שהוא שיעור שיער, **וְהַשְׁתָּא כִּי גִּילַּח** — וכעת, בגילוח השני, **לֹא הָוֵי שְׁתֵּי שְׂעָרוֹת** — לא היו בראשו שתי שערות בשעה שגילח, שהרי כבר נשרה אחת, וכשאין בראש שתי שערות אין נטילת שערה נחשבת מעשה "גילוח"[29]?

הערות

16. ראה ראב"ד.

נתבאר בהערה 11 שמהוראת רבא דלעיל, בענין גזל שלש אגודות בשלש פרוטות, מדוייק שבמקרה שגזל שלש אגודות בשווי כולל של שתי פרוטות והחזיר שתים מהן, אינו חייב בהשבת האגודה הנותרת הואיל ואינה שוה פרוטה. נשאלת השאלה, איפוא, במה חלוק המקרה ההוא ממקרה של גזל שתי אגודות בשווי כולל של פרוטה והחזיר אחת מהן, שבו מסתפק רבא שמא חייב הגזלן בהשבת האגודה הנותרת הואיל והיתה חלק מגזילה של שוה פרוטה? [יצויין, אמנם, שבסמוך אומרת הגמרא שרבא עצמו אכן הכריע בספקו הנוכחי כצד שאין הגזלן חייב בהשבת האגודה השניה.] יתכן שהחילוק הוא לפי שבמקרה של גזל שלש בשתי פרוטות, קִיֵּם הגזלן מצות השבה בהחזרת שתי האגודות הראשונות, כי יש ביניהן שוה פרוטה, ולכן אין מחייבים אותו בהחזרת השלישית אם לא היתה שוה פרוטה. מה שאין כן במקרה של גזל שתי אגודות בפרוטה, שבו לא קִיֵּם הגזלן מצות השבה בשוה פרוטה כל זמן שאינו משיב את האגודה השניה.

17. ראה לחם משנה וכסף משנה, הלכות גזילה א, ו.

18. מיד תדון הגמרא בכוונת דברים אלה.

19. ראה לחם משנה וכסף משנה שם.

20. רא"ש; טור, חושן משפט שס, ד; רמב"ם הלכות גזילה א, ו כפי שפירשוהו המגיד משנה והטור שם; ראה עוד רא"ש, ים של שלמה ודרישה שס, א להרחבת הענין; אך ראה בעל המאור; מלחמות; כסף משנה שם.

21. אחד מדיני נזיר הוא שאחרי מלאת ימי נדר נזירותו יגלח את ראשו בתער (במדבר ו, ט). וכן נזיר שנטמא למת לפני סיום ימי נדר נזירותו, שעליו להיטהר ולהתחיל בנזירות מחדש, חייב לגלח את ראשו אחרי שנטהר ולפני שמתחיל במנינו החדש (שם ט).

22. שתי שערות הוא השיעור הפחות הראוי להיקרא "שֵׂיעָר", ולכן כל ששייר הנזיר שתי שערות אינו נחשב כמי שגילח את ראשו, שהרי עדיין יש לו "שיער". יש סברא לומר שכמו כן, כל שגילח פחות משתי שערות אינו נקרא שעשה "מעשה גילוח".

23. ראה רא"ש, נזיר מב, א; רש"י; אך ראה תוספות נזיר שם ד"ה נזיר [ב].

פשוט הדבר שאילולא נשרה השערה השניה, והיה מגלחה, היה יוצא בכך ידי מצות גילוח, כי קודם הגילוח השני היה בראשו שיעור "שיער", ובגילוח השני גילח שתי שערות. אך מאחר שלא גילח אלא אחת מהן, יש להסתפק אם אין נקרא "גילוח" בנטילת פחות משתי שערות, או שמא כל נטילת שערות המותירה את הראש בפחות משתי שערות נקראת "גילוח". ראה עוד נזיר שם במהדורתנו, הערה 8.

לפי הצד השני, גם בלא נשירת השערה השניה יוצא הנזיר ידי חובת גילוח משעה שגילח את השערה הראשונה — ראה קרן אורה נזיר שם.

24. וגילוח השערה הראשונה מהשתים בודאי נחשב גילוח, שהרי בשעה שבא לגלחה היו בראשו שתי שערות שהן שיעור שׂיער (ראה רש"י).

25. שיטה מקובצת בשם רמ"ה.

עוד יש לפרש שטענת רב אחא מדיפתי היא שאף אם אין מעשי גילוח מצטרפים יחד, מכל מקום דין פשוט הוא שנזיר המגלח שערותיו אחת אחת יוצא ידי חובתו, כי בגילוח השערה שלפני האחרונה משנה הוא את ראשו ממצב שיש בו שׂיער (שתי שערות) למצב שאין בו שׂיער (פחות משתי שערות) (ראה רא"ש נזיר שם; ואפשר שלכך מתכוון רש"י כאן).

26. שיטה מקובצת בשם רמ"ה.

27. ונמצא, שכאשר הוא התחיל את הגילוח השני, לא היה בראשו שיעור הנדרש למעשה "גילוח".

28. שיטה מקובצת בשם רמ"ה. לכאורה, כוונת צד זה היא שגילוח השערה האחרונה מצטרף עם הגילוח הראשון.

עוד יש לפרש שכוונת צד זה היא שמכיון שנשרה אחת השערות הנותרות, נמצא שלמעשה ראש הנזיר הינו מגולח משיער, ואין מוטלת עליו עוד מצות גילוח (ראה שיטה מקובצת נזיר מב, א בשם רבינו עזריאל).

29. שם. לפי צד זה, אין הגילוח השני מצטרף עם הגילוח הראשון. ולכן, נמצא שהגילוח הראשון לא נחשב, הואיל ונשתייר אחריו שיעור שׂיער, והגילוח השני לא נחשב, הואיל ובשעה שנעשה כבר לא היה בראש שיעור שׂיער.

לפי צד זה גם אין אומרים שמכיון שלמעשה נמצא ראש הנזיר מגולח משיער, אין מוטלת עליו עוד מצות גילוח, כי מכיון שעמד במצב שיש בראשו שתי שערות,

בשעמד בדין אי בשעמד בדין אפילו חומש נמי משלם אמר רב הונא בריה דרב יהושע לפי [א]שאין משלמין חומש על כפירת שעבוד קרקעות רבא אמר הכא במאי עסקינן כגון שהיתה דיסקייא של אביו מופקדת ביד אחרים קרן משלם דהא איתיה חומש לא משלם דכי אישתבע בקושטא אישתבע דהא לא הוה ידע: חוץ מפחות שוה פרוטה בקרן כו': אמר רב פפא לא שנו אלא שאין גזילה קיימת אבל גזילה קיימת צריך לילך אחריו חיישינן שמא תייקר איכא דאמרי אמר רב פפא [ב]לא שנא גזילה קיימת ולא שנא שאין גזילה קיימת אינו צריך לילך אחריו לשמא תייקר לא חיישינן אמר רבא [ג]גזל שלש אגודות בשלש פרוטות והוזלו ועמדו על שתים אם החזיר לו שתים חייב להחזיר לו אחרת ותנא תונא [ד]גזל חמץ ועבר עליו הפסח אומר לו הרי שלך לפניך טעמא דאיתיה בעיניה הא ליתיה בעיניה אע"ג דהשתא לאו ממונא (א) כיון דמעיקרא ממונא הוא בעי שלומי הכא נמי אף על גב דהשתא לא שוה פרוטה [כיון דמעיקרא הוי שוה פרוטה] בעי שלומי בעי רבא גזל שתי אגודות בפרוטה והחזיר לו אחת מהן מהו מי אמרינן השתא ליכא גזילה (ב) או דלמא הא לא הדר גזילה דהואי גביה [ד]הדר פשטה גזילה אין כאן השבה אין כאן אי גזילה אין כאן השבה יש כאן [ה]הכי קאמר אף על פי שגזילה אין כאן מצות השבה אין כאן [ו]ואמר רבא הרי אמרו [ז]נזיר שגילח ושייר שתי שערות לא עשה ולא כלום בעי רבא גילח אחת ונשרה אחת מהו [ח]אמר ליה רב אחא מדיפתי לרבינא נזיר שגילח אחת אחת קא מבעיא ליה לרבא אמר ליה לא צריכא כגון שנשר אחת מהן וגילח אחת מי אמרינן השתא מיהת הא ליכא שיעור או דלמא הא לאו גילוח הוא דמעיקרא הא שייר שתי שערות והשתא כי גילח לא הוי ב' שערות הדר פשטה שער אין כאן גילוח אין כאן אי שער אין כאן גילוח יש כאן הכי קאמר אע"פ ששער אין כאן [ח]מצות גילוח אין כאן ואמר רבא הרי אמרו [ט]חבית שניקבה וסתמוה שמרים הצילוה [י]בעי רבא אגף חציה מהו א"ל רב יימר לרב אשי לאו משנתנו היא זו דתנן [כ]חבית שניקבה וסתמוה שמרים הצילוה [כ]פקקה בזמורה עד שימרח [ל]היו בה שתים עד שימרח מן הצדדים ובין זמורה לחבירתה טעמא דמרח הא לא מרח לא אמאי ותיהוי כי אגף חציה אמרי הכי השתא התם אי לא מרח לא קאי אגף חציה במידי דקאי קאי ואמר רבא הרי אמרו [ד]גזל חמץ ועבר עליו הפסח אומר לו הרי שלך לפניך בעי רבא

נשבע

ועוד דקמשני ליה כשעמד בדין קודם מיתתו והך העמדה מאי מהני הרי כפר ונשבע ולא הודה דהא אוקמינן דלא הודה אב והודה בנו ועוד דקמשני כשעמד בדין מכלל דעד השתא בשלא עמד בדין והא נשבע הוא ואביו קתני מכלל דבב"ד הוה הלכך ל"ג ליה וה"ג אי הכי חומש נמי משלם א"ר הונא כו' אי הכי ממון גמור הוא וחומש נמי לשלם: **לפי שאין משלמין חומש על כפירת שעבוד קרקעות.** דחומש אמאי קאתי אשבועתא לאו שבועה היא דקי"ל בשבועות (דף מב:) אין נשבעין על הקרקעות והאי בן כי אישתבע כפר לה שעבוד הקרקעות דאי לאו משום אחריות נכסים לאו עליה רמיא לשלומי: **רבא אמר.** לעולם בגזילה קיימת ודקשיא לך ולחייב הבן חומש על שבועת עצמו כיון דהודה הכא כשהיתה דסקיא שממון אביו נתון בה מופקדת ביד אחרים וגזילה זו בתוכה דכי אשתבע האי בקושטא אשתבע (ה) ולא תימא בשיקרא אשתבע כדסברת לעיל) ותנן במס' שבועות (דף לו:) וחייבים על זדון השבועה ועל שגגתה עם זדון הפקדון ואין חייבין על שגגתה גרידתא כי הכא דליביה אנסיה: **לא שנו אלא שאין.** אותה חצי פרוטה קיימת מן הגזילה עצמה וחצי פרוטה הוא דמחייב ליה ולאו ממונא איכא אבל אם קיימת היא מן הגזילה עצמה צריך לילך: **חיישינן שמא תייקר.** ותעמוד על הפרוטה: **חייב להחזיר לו.** אגודה אחרת ואע"פ דהשתא לא שויא פרוטה כיון דבשעת גזילה הוי שוה פרוטה בעי לאהדוריה ולהוליכה אחריו: **ותנא תונא.** תנא דידן סייעתו: **שגילח.** אחת מהשתים ששייר: **ונשרה השניה מהו.** הוי גילוח או לא: **אמר ליה רב אחא לרבינא נזיר שגילח.** כל השערות אחת אחת קמבעיא ליה בתמיה כלומר הא ודאי גילוח הוי כיון שבשעה שבא לגלח האי שיור הוה ביה שיעור גילוח וגילח אחת ואע"פ דנשרה שניה גילוח הוא: **שנשרה אחת.** שכשבא לגלח אין כאן שיעור גילוח: ה"ג מי אמרינן השתא מיהא ליכא שיעור: **חבית שניקבה וסתמוה שמרים.** ונתנוה ע"פ ארובה (ג) וממרחת יפה סביבותיה וטומאה בבית מצלת על העלייה כולה מלבא בה שום טומאה דסתימת שמרים סתימה היא ולא שלטה ביה טומאה במסכת כלים בפרק (ד) ואלו מצילין: **אגף.** לשון מגופה אגף חציה היה בה תחתיה שיעור נקב לטמא וכלי המקבל טומאה אינו חוצץ בפני הטומאה ואגף בטיט חציה מהו מי אמרינן השתא מיהא ליכא שיעור נקב או דלמא הא לא סתם שיעור סתימה: **פקקה בזמורה.** ואין שם שמרים: **עד שימרח.** בטיט מן הצדדין של זמורה לסותמו היטב:

נשבע

אמר רבא גזל שלש אגודות בג' פרוטות והוזלו ועמדו על שתים חייב להחזיר לו אחרת. פי' אם ישנה בעין מחזיר אותה ואם לאו משלם ליה שוה פרוטה כמו שהיתה שוה בשעת הגזילה והוא הדין באחת שגזלה והוזלה שמחזיר לו אגודה או דמיה אלא רבותא נקט דאפילו בשלשה דקיים מצות השבה בתרתי אפ"ה חייב להחזיר לו אחת אע"ג דמהאי ותנא תונא דמייתי לא משמע מינה אלא היכא דגזל אחת והוזלה דההיא דמיא לגזל חמץ ועבר עליו הפסח ההיא רבותא דג' קאמר רבא מסברא ומדנקט והוזלו משמע דפשיטא ליה דאם גזל ג' אגודות שוות שתי פרוטות והחזיר לו ב' מהן דלא מיחייב להחזיר לו שלישית כיון דמעיקרא בשעת גזלה לא הוי ממונא ולשמא תייקר לא חיישינן:

ה"ג בעי רבא גזל ב' אגודות בפרוטה והחזיר אחת מהן מהו מי אמרי' השתא מיהא ליכא גזילה גביה או דלמא הא לא אהדר גזילה ול"ג הא דגרס בספרים הוקרו ועמדה כו': **מצות** השבה אין כאן. נראה דלא בעי למיפשט אלא דלא מעכב מצות השבה ומצות השבה מיהא לא קיים: **מצות** גילוח אין כאן. ומעכב מלשתות יין ומלטמא למתים כאלו לא גילח כלומר כמ"ד גילוח מעכב דאחר ישתה הנזיר יין אחר כולם א"נ לענין מצוה קאמר דלא קיים מצות גילוח ואליבא דכ"ע דפלוגתא היא בנזיר בפ' ג' מינין (דף מו.): **הרי** אמרו חבית שנקבה וסתמוה שמרים כו'. מה שפירש בקונטרס חבית שנתנה ע"פ ארובה ומצלת על העלייה אין נראה דההיא משנה דמייתי בסמוך חבית שנקבה היא במס' כלים בפ"י (מ"ו) דמשמע דמיירי להציל מה שבתוכה אם היא באהל המת דאי הוה מיירי ע"פ ארובה היה לו לשנותה במס' אהלות ועוד דלשון הצלה לא הוה משמע הכי דה"ל למימר חוצצת ונראה לפרש דאיירי בחבית המוקפת צמיד פתיל שאין טומאה נכנסת בה באהל המת ונקבה בכונס משקה דהכי הויא שיעורא כדאמר במס' כלים (פ"ט מ"ח) וסתמוה שמרים מצלת על כל מה שבתוכה והא דאמר בסוף המצניע (שבת דף צו.) ולענין צמיד פתיל עד שיפחת רובו היינו בסתומה שאם נקבה וסתמה הוי שם כלי עליה עד שיפחות רובה דאז לא מהני לה סתימה דהוי כאוכלים שגיבלן בטיט כיון דאין שם כלי עליו ולא כמו שפי' בקונטרס בהמצניע ולענין צמיד פתיל עד שיפחת רובו דכלי חרס המוקף צמיד פתיל אין טומאה נכנסת דרך נקביו עד שיפחת רובו כדמוכח במסכת כלים בפרק שלשה דשיעורו בכונס משקה וכן משמע בההיא שמביא התם בקונטרס נתנה קדירה ע"פ ארובה דאמר ב"ש הכל טמאים בכונס משקה ואפילו ב"ה לא מטהרי אלא עלייה אבל קדירה טמאה אלמא טומאה נכנסת בתוכו בכונס משקה: **אגף** חציה. תימה היכי דמיא הך בעיא להנך בעיות דלעיל דכיון דגף אין כאן נקב ולמה לא תועיל הסתימה דמ"ל אם לא נקבה מעולם אלא כך ומ"ל שאגף חציה [ועוד] תימה דהכא אמר בסתמוה שמרים שמה סתימה ובספ"ק דיבמות (דף טו:) אמרינן חבית של זיתים מגולגלים ב"ש אומרים אין צריכה לינקב ומודים שאם נקבה וסתמוה שמרים שהיא טהורה וי"ל דהתם ודאי לענין הכשר מסתמא לא ניחא להו לבעלים במה שיוצא ממנה כיון שנקבה אף על פי שסתמוה שמרים לאו סתימה מעלייתא היא אבל לענין להציל מטומאה הויא סתימה מעלייתא:

ושמואל

עין משפט נר מצוה

קלב א מיי' פ"ח מהל' גזילה ואבידה הלכ' יד ופ"ז מהל' שבועות הלכה ג ד סמג לאוין רה ועשין עג:
קלג ב מיי' פ"ז מהל' גזילה ואבידה הלכה יא סמג עשין עג טור ש"ע ח"מ סי' שמז סעיף ג:
קלד ג מיי' שם פ"א הלכה ו סמג שם טוש"ע ח"מ סי' שם סעיף ג:
קלה ד ה מיי' שם טוש"ע שם סעיף ד:
קלו ו מיי' פ"ח מהלכות נזירות הלכה ו:
קלז ז ח מיי' שם הלכ' ז:
קלח ט י כ ל מיי' פכ"ב מהלכות טומאת מת הלכה ח:

מסורת הש"ס

א) לעיל לו:, ב) נזיר מב., ג) כלים פ"י מ"ו, ד) לעיל לו:, ה) ס"א ל"ג.

הגהות הב"ח

(א) גמ' דהשתא לאו ממונא הוא כיון: (ב) שם ליכא גזילה גביה או דלמא: (ג) רש"י ד"ה חבית וכו' וממרח יפה וכו': (ד) בפ' אלו כלים מצילין:

ליקוטי רש"י

בשעמד בדין. קודם שמת וחייבוהו לשלם לפיכך גובה מן היורשין דכיון דדינו ערוך לשלם ה"ל כמלוה בשטר [ערכין ז.]. **דיסקייא.** שתי מלות מורכבות שני שקים אמתחת של עור [פסחים יג.]. **ותנא תונא.** וכן תני תנא דידן במשנה הנשנית בינינו בבית המדרש [סוטה מד.]. **גזל חמץ ועבר עליו הפסח אומר לו.** לנגזל. **הרי שלך לפניך.** בעין כמות שהוא דהיזק שאינו ניכר הוא [לעיל סו:] ובלבד שישלם לו אותו עצמו וקרינא ביה והשיב את הגזלה אשר גזל (ויקרא ה) שהרי לא נשתנה [גיטין נג:]. **אחת אחת קא מיבעיא ליה לרבא.** פשיטא דכיון דגילח את כל ראשו לבר מהנך ב' שערות דכי הדר גילח אחת מהן ונשרה חבירתה שפיר [דמי] דקאזיל ומיגלח כי אורחיה כמאן דאזיל ומגלח שערו ולההיא דנשרה מאי הוה ליה למיעבד. **נשר אחת מהן וגילח אחת.** מי אמרינן כיון דכל שערו גילח חוץ משער אחת שפיר דמי דהא לא שייר שתי שערות בלא גילוח או דלמא כיון דמעיקרא שייר לו שתי שערות לאו כלום עבד וכי חזר וגילח אחת לאחר נשירתה דחבירתה נמי לאו כלום עבד דכיון דלא הוי השתא בראשו אלא שערה אחת לא איקרי גילוח וכנשרו שניהם דמי דכי היכי דאם גילח ושייר שערה אחת שפיר גילח דשערה כנטולה דמי הכי נמי כי נשרה אחת מעת נשירותה הויא חבירתה כנטולה וכי חזר וגילחה לאו כלום עבד דכנטולה דמיא. **שער אין כאן גילוח יש כאן.** [משמע] דדמי ליה כמי שיש שיעור בכאן [הא קאמרת שיעור אין כאן]. **מצות גילוח אין כאן.** ומיהו בדיעבד שפיר דמי [נזיר מב.].

הגמרא מוסרת:

הֲדַר פַּשְׁטָהּ — שוב פשט רבא את שאלתו, ואמר: **שֵׂעָר אֵין כָּאן גִּילּוּחַ אֵין כָּאן**[30].

לכאורה, כוונת רבא באמרו "שיער אין כאן" הוא שמכיון שנתגלחו שערות הנזיר עד שלא נותר בראשו שיעור שיער, לכן אין מוטלת עליו עוד מצות גילוח, ופירוש "גילוח אין כאן" הוא שלא נתקיים "גילוח" בשערו, הואיל ובגילוח הראשון שייר שיעור שיער ובגילוח השני לא גילח שיעור שיער. על כן תמהה הגמרא:

אִי שֵׂעָר אֵין כָּאן — אם היות ראשו נטול שיער היא סיבה שאין מוטלת עליו עוד מצות הגילוח, **גִּילּוּחַ יֵשׁ כָּאן** — נמצא שבנטילת השיער באופן שנעשתה אכן נתקיים "גילוח"! לכאורה, דברי רבא סותרים זה את זה!

הגמרא מבארת את כוונת רבא:

הָכִי קָאָמַר — כך נתכוון רבא לומר: **אַף עַל פִּי שֶׁשֵּׂעָר אֵין כָּאן** — אף על פי שלמעשה ניטל כל שיער ראש הנזיר בגילוח, שכל שערותיו מלבד אחת ניטלו בתער, מכל מקום **מִצְוַת גִּילּוּחַ אֵין כָּאן** — לא נתקיימה מצות גילוח בנטילה זו, הואיל ובגילוח הראשון שייר שיעור שיער ובגילוח השני לא גילח שיעור שיער[31].

הגמרא מביאה שאלה נוספת שנסתפק בה רבא בענין אחר, שאף היא דומה בצורתה לשאלות הקודמות:

וְאָמַר רָבָא: הֲרֵי אָמְרוּ חכמים בענין חציצת גב כלי חרס בפני טומאת מת[32] (כלים י, ו): **חָבִית** של חרס **שֶׁנִּיקְּבָה** נקב בשיעור שנכנסת בו טומאה[33], **וּסְתָמוּהָ שְׁמָרִים** — סתמו שמרים את הנקב, **הִצִּילוּהָ** השמרים מן הטומאה[34]. **בָּעֵי** (שאל) **רָבָא: אָגַף חֶצְיָהּ** — אם סתם אדם בטיט חצי מהנקב ושייר חציו[35], **מַהוּ** הדין? האם מועילה סתימה זו להציל מן הטומאה? האם אומרים שמכיון שכעת אין הנקב פרוץ בשיעור לכניסת טומאה, מועילה הסתימה להציל מן הטומאה, או שמא אומרים שמכיון שלא נעשתה הסתימה בשיעור הנצרך לבטל הנקב לגמרי, אינה מועילה להציל מן הטומאה[36]?

הגמרא מקשה על רבא שנסתפק בכך:

אָמַר לֵיהּ רַב יֵימַר לְרַב אַשִׁי: לַאו מִשְׁנָתֵנוּ הִיא זוֹ — וכי אין הדין בזה מפורש במשנתנו? **דִּתְנַן** במשנה זו עצמה (שם): **חָבִית** של חרס **שֶׁנִּיקְּבָה וּסְתָמוּהָ שְׁמָרִים, הִצִּילוּהָ** השמרים מן הטומאה. אולם, אם לא נסתם הנקב בשמרים, אלא **פְּקָקָהּ בִּזְמוֹרָה** — סתם אדם את הנקב בזמורת גפן, אין זה מועיל להציל מן הטומאה **עַד שֶׁיְּמָרֵחַ** בטיט סביב הזמורה, כדי לסתום היטב. **הָיוּ בָּהּ שְׁתַּיִם** — אם סתם את הנקב בשתי זמורות, אין הצלה מן הטומאה **עַד שֶׁיְּמָרֵחַ** בטיט **מִן הַצְּדָדִים** — מצידי הזמורות, **וּ**בנוסף לכך גם **בֵּין זְמוֹרָה לַחֲבֶירְתָּהּ**, כדי לסתום היטב (עד כאן המשנה). הרי נלמד מהמשנה **דְּטַעְמָא דִּמֵרַח** — הטעם שסתימת נקב בזמורות מועילה להציל מן הטומאה הוא דוקא משום שמירח בטיט לסתום היטב, **הָא לֹא מֵרַח** — אך סתימה בזמורות בלא שימרח בטיט לסתום היטב, **לֹא** — אינה מועילה להציל מן הטומאה. ויש לשאול, לפי ספיקו של רבא: **אַמַּאי** — מדוע הדין כך? אם עולה על הדעת שבסותם חצי נקב בטיט ומשייר חציו מועיל הדבר להציל מן הטומאה, כל שהחלק המשוייר אין בו שיעור

הערות

מחויב היה להסיר את השיער בגילוח, ומשנשרה אחת מהשערות שוב אי אפשר לעשות בראשו מעשה הנקרא "גילוח" (שיטה מקובצת נזיר שם).

30. מיד תדון הגמרא בכוונת דברים אלה.

31. ראה לחם משנה שם; רא"ש, נזיר מב, א; ראה גם תוספות ד"ה מצות גילוח; מלחמות ובעל המאור; ים של שלמה מב.

נחלקו תנאים בנזיר מו, א אם קיום מצות גילוח בנזיר המסיים את מנין נזירותו מעכב בהיתרו באיסורי נזירות (לשתות יין ולהיטמא למת). לפי הסובר ש"תגלחת מעכבת", ה'נפקא מינה' בהכרעת רבא היא שעל נזיר זה לשוב ולגדל את שערותיו עד שיוכל לגלחם כדין, ועד שעושה כן אינו ניתר ביין ובהיטמאות למת. ולפי הסובר ש"תגלחת אינה מעכבת", אין הכרעת רבא נוגעת להיתר הנזיר באיסורי יין וכו', כי ניתר הוא על כל פנים, אלא ההכרעה נוגעת רק לקיום מצות התגלחת — שלא יצא הנזיר בכך ידי מצות תגלחת (תוספות). לפי שיטה זו, יש סוברים שעליו לגדל שערו שוב כדי לגלחו כדין ולקיים בכך המצוה (מנחת חינוך שעז, טו), ויש חולקים (לחם משנה, הלכות נזירות מ, ו בדעת הרמב"ם שם ז). ראה עוד "המפרש" בנזיר מב, א; ים של שלמה מב.

32. מת מטמא באוהל, דהיינו שאם יש מת (או חלקים ממנו) תחת אהל (היינו גג בית או כל דבר אחר המאהיל מלמעלה), מתפשטת טומאתו לכל המקום שתחת אותו אהל. [כמו כן אמורה טומאת אהל בשני אופנים נוספים — כשהדבר הנטמא מאהיל על גבי המת או שהמת מאהיל על גביו, אף שאין דבר שלישי המאהיל על שניהם.] אין טומאת מת עוברת דרך הגג או הדבר המאהיל, וכן אינה עוברת דרך כותל, אך אם יש בגג או בכותל פתח בשיעור טפח, מתפשטת הטומאה דרך אותו פתח אל העלייה או אל הבית שמעבר לכותל. אולם אם עומד בפתח חפץ שלפי דיניו אינו מקבל טומאה מהמת, והוא סותם את אויר הפתח, חוצץ הוא בפני הטומאה מלהתפשט דרך הפתח.

כלי חרס אינו מקבל טומאה אלא מתוכו אך לא מגבו. לכן, כלי חרס פתוח מקבל טומאה באהל המת, כי הטומאה נכנסת לתוכו, ואף מה שבתוכו מקבל טומאה מהמת, אך כלי חרס סגור היטב במכסה ("צמיד פתיל") אינו נטמא באהל המת, ואף מציל הוא את מה שבתוכו מן הטומאה. וכמו כן, כלי חרס העומד בפתח שבגג אהל המת, למשל, וסותמו, אם גב הכלי הוא כלפי אהל המת (או אפילו פיו כלפי אהל המת אלא שסגור הוא היטב במכסה), כך שאינו ראוי לקבל טומאה מאהל המת, אינו נטמא ואף חוצץ הוא בפני הטומאה מלעבור דרך הפתח אל העלייה.

רש"י כאן מצריך שיהא טיט ממורח סביב החבית. ראה מהרש"א בבא בתרא כ, א (ד"ה פקקה) הדן בדבר, ומבאר אם טעמו של רש"י הוא כדי שתעמוד החבית יפה או כדי לסתום כל חרכים שיהיו בין החבית וצדי הפתח.

33. נקב בצדו או בשוליו של כלי חרס אף הוא מכניס בו טומאה, שאף אם פי החבית סגור היטב במכסה, או שהוא מחוץ לאהל המת (שעומד הוא בפתח כנזכר בהערה הקודמת) ורק גב החבית — עם הנקב — הוא כלפי אהל המת, אכן נכנסת בו הטומאה (ראה תוספות שבת צו, א ד"ה ולענין). גודל הנקב המועיל לכך משתנה לפי שימושו של הכלי — ראה שבת צה, ב — צו, א עם רש"י; תוספות כאן ד"ה הרי; רמב"ם, הלכות טומאת מת כב, ג עם כסף משנה.

34. סתימת השמרים מועילה לבטל נקב בחבית ולמנוע כניסת טומאה בה, ואין צריך להחזיר את החבית לתנור ולתקן את הנקב תיקון גמור (ראה רמב"ן שבת צה, ב).

רש"י מפרש שה"הצלה" הנזכרת במשנה רומזת למקרה שעומדת החבית בפתח שבין אהל המת ובין עליה שעל גביו, באופן שהיא ראויה לחצוץ בפני הטומאה מלהיכנס לעלייה אם לא שיש בה נקב — כי על ידי הנקב תיכנס טומאה בחבית ותטמאה, וכלי ששולטת בו הטומאה אינו מועיל לחצוץ בפני הטומאה. המשנה מלמדת שעל ידי סתימת השמרים מתבטל הנקב ואין טומאה נכנסת בחבית, וממילא חוצצת החבית בעד הטומאה מלעבור מהבית לעליה, ונמצאת החבית "מצילה" מן הטומאה את העלייה ואת כל אשר בה. ראה רש"ש.

תוספות מקשים על רש"י, שמניעת מעבר טומאה ממקום למקום נקראת בכל מקום "חציצה", ואילו "הצלה" מציינת יכלתו של כלי חרס סגור היטב במכסה ("צמיד פתיל") למנוע טומאה מכלים ואוכלים שבתוכו. עוד מקשים התוספות, שדיני חציצה בפני טומאה מלעבור ממקום למקום נשנים במסכת אהלות, ואילו המשנה הנוכחית שנויה במסכת כלים, שבה נשנים דיני הצלת כלי חרס את מה שבתוכם. לכן מפרשים תוספות שמדובר במשנה זו בחבית שהיא סגורה היטב במכסה, ויש בתוכה דברים הראויים לקבל טומאה, וה"הצלה" הנזכרת במשנה רומזת לכחה של החבית למנוע מהטומאה לטמא אותם דברים שבתוכה.

35. רש"י; ראה גם שיטה מקובצת בשם רמ"ה; אך ראה ראב"ד; ספר הישר, חלק התשובות צג; שיטה מקובצת בשם תוספות שאנץ.

"אגף" הוא מלשון מגופה, מכסה חבית (רש"י).

36. תוספות מתקשים בביאור ספק זה, מהו הצד שלא תועיל סתימת חצי הנקב. לכאורה, כשם שבסתימת כל הנקב נידונת החבית כמי שאין בה נקב, כך בסתימת חלק מהנקב עד שלא נשאר בו שיעור לכניסת טומאה, תדון החבית כמי שאין בה נקב כשיעור כניסת טומאה!

מדברי הרמ"ה (מובא בשיטה מקובצת) נראה שיסוד שאלתו של רבא הוא ספק בטיב תועלתה של סתימת נקב חבית בטיט להציל מן הטומאה, אף כשסותמים את כל הנקב: האם מועילה הסתימה משום שהטיט נחשב כחלק מגוף החבית (אף על פי שלא החזירוה לכבשן), וממילא נידונת החבית כמי שאין בה נקב? או שמא אין הטיט נחשב חלק מהחבית (הואיל ולא החזירוה לכבשן), ועדיין נידונת החבית כמי שיש בה נקב, אלא שסתימת הנקב בטיט מצילה מן הטומאה כדרך שסגירת פי החבית היטב במכסה מועילה לכך, דהיינו דין "צמיד פתיל"? שאלתו של רבא תלויה בספק זה. אם סתימת טיט נחשבת כחלק מהחבית, אזי כשם שסתימת כל הנקב מבטלת את הנקב לגמרי, כך סתימה חלקית תוכל לבטל מהנקב שיעור כניסת טומאה (כטענת תוספות הנזכרת בתחילת ההערה). אך אם אין סתימת טיט נחשבת כחלק מהחבית, אלא הצלתה היא מדין "צמיד פתיל", לא תועיל אלא סתימה של כל הנקב, כי מתנאי דין "צמיד פתיל" הוא שתהיה הסגירה גמורה. ראה גם רש"ש על רש"י.

גמרא

בשעמד בדין אי בשעמד בדין אפילו חומש נמי משלם אמר רב הונא בריה דרב יהושע לפי א שאין משלמין חומש על כפירת שעבוד קרקעות רבא אמר הכא במאי עסקינן כגון שהיתה דיסקייא של אביו מופקדת ביד אחרים קרן משלם דהא איתיה חומש לא משלם דכי אישתבע בקושטא אישתבע דהא לא הוה ידע: חוץ מפחות שוה פרוטה בקרן כו': אמר רב פפא לא שנו אלא שאין גזילה קיימת אבל גזילה קיימת צריך לילך אחריו חיישינן שמא תייקר איכא דאמרי אמר רב פפא ב לא שנא גזילה קיימת ולא שנא שאין גזילה קיימת אינו צריך לילך אחריו לשמא תייקר לא חיישינן אמר רבא ג גזל שלש אגודות בשלש פרוטות והוזלו ועמדו על שתים אם החזיר לו שתים חייב להחזיר לו אחרת ותנא תונא א גזל חמץ ועבר עליו הפסח אומר לו הרי שלך לפניך טעמא דאיתיה בעיניה הא ליתיה בעיניה אע"ג דהשתא לאו ממונא (א) כיון דמעיקרא ממונא הוא בעי שלומי הכא נמי אף על גב דהשתא לא שוה פרוטה [כיון דמעיקרא הוי שוה פרוטה] בעי שלומי בעי רבא גזל שתי אגודות בפרוטה והחזיר לו אחת מהן מהו מי אמרינן השתא ליכא גזילה (ב) או דלמא הא לא הדר גזילה דהואי גביה ד הדר פשטה גזילה אין כאן השבה אין כאן אי גזילה אין כאן השבה יש כאן ה הכי קאמר אף על פי שגזילה אין כאן מצות השבה אין כאן ג ואמר רבא הרי אמרו ו נזיר שגילח ושייר שתי שערות לא עשה ולא כלום בעי רבא גילח אחת ונשרה אחת מהו ז אמר ליה רב אחא מדיפתי לרבינא נזיר שגילח אחת אחת קא מבעיא ליה לרבא אמר ליה לא צריכא כגון שנשר אחת מהן וגילח אחת מי אמרינן השתא מיהת הא ליכא שיעור או דלמא הא לאו גילוח הוא דמעיקרא הא שייר שתי שערות והשתא כי גילח לא הוי ב' שערות הדר פשטה שער אין כאן גילוח אין כאן אי שער אין כאן גילוח יש כאן הכי קאמר אע"פ ששער אין כאן ח מצות גילוח אין כאן ואמר רבא הרי אמרו ט חבית שניקבה וסתמוה שמרים הצילוה י בעי רבא אגף חציה מהו א"ל רב יימר לרב אשי לאו משנתנו היא זו דתנן ג חבית שניקבה וסתמוה שמרים הצילוה כ פקקה בזמורה עד שימרח ל היו בה שתים עד שימרח מן הצדדים ובין זמורה לחבירתה טעמא דמרח הא לא מרח לא אמאי ותיהוי כי אגף חציה אמרי הכי השתא התם אי לא מרח לא קאי אגף חציה במידי דקאי ואמר רבא הרי אמרו ד גזל חמץ ועבר עליו הפסח אומר לו הרי שלך לפניך בעי רבא

נשבע

רש"י

ועוד דקמשני ליה כשעמד בדין קודם מיתתו והך העמדה מאי מהני הרי כפר ונשבע ולא הודה דהא אוקמינן דלא הודה אב והודה בנו ועוד דקמשני כשעמד בדין מכלל דעד השתא בשלא עמד בדין והא נשבע הוא ואביו קתני מכלל דבב"ד הוה הלכך ל"ג ליה וה"ג אי הכי חומש נמי משלם א"ר הונא כו' אי הכי ממון גמור הוא וחומש נמי לשלם: לפי שאין משלמין חומש על כפירת שעבוד קרקעות. דחומש אמאי קאתי אשבועתא לאו שבועה היא דקי"ל בשבועות (דף מג:) אין נשבעין על הקרקעות והאי בן כי אישתבע כפר לה שעבוד הקרקעות דאי לאו משום אחריות נכסים לאו עליה רמיא לשלומי: רבא אמר. לעולם בגזילה קיימת ודקשיא לך ולחייב הבן חומש על שבועת עצמו כיון דהודה הכא כשהיתה דסקיא שממון אביו נתון בה מופקדת ביד אחרים וגזילה זו בתוכה דכי אשתבע האי בקושטא אשתבע (ה) ולא תימא בשיקרא אשתבע כדסברת לעיל) ותנן במס' שבועות (דף לו:) וחייבים על זדון השבועה ועל שגגתה עם זדון הפקדון ואין חייבין על שגגתה גרידתא כי הכא דליכא אנסיה: לא שנו אלא שאין. אותה חצי פרוטה קיימת מן הגזילה עצמה וחצי פרוטה הוא דמחייב ליה ולאו ממונא איכא אבל אם קיימת היא מן הגזילה עצמה צריך לילך: חיישינן שמא תייקר. ותעמוד על הפרוטה: חייב להחזיר לו. אגודה אחרת ואע"פ דהשתא לא שויא פרוטה כיון דבשעת גזילה הוי שוה פרוטה בעי לאהדוריה ולהוליכה אחריו: ותנא תונא. תנא דידן סייעתו: שגילח. אחת מהשתים ששייר: ונשרה השניה מהו. הוי גילוח או לא: אמר ליה רב אחא לרבינא נזיר שגילח. כל השערות אחת אחת קמבעיא ליה בתמיה כלומר הא ודאי גילוח הוי כיון שבשעה שבא לגלח האי שיור הוה ביה שיעור גילוח וגילח אחת ואע"פ דנשרה שניה גילוח הוא: שנשרה אחת. שכשבא לגלח אין כאן שיעור גילוח: ה"ג מי אמרינן השתא מיהא ליכא שיעור: חבית שניקבה וסתמוה שמרים. ונתנוה ע"פ ארובה (ג) וממרחת יפה סביבותיה וטומאה בבית מצלת על העלייה כולה מלבא בה שום טומאה דסתימת שמרים סתימה היא ולא שלטה ביה טומאה במסכת כלים בפרק (ד) ואלו מצילין: אגף. לשון מגופה אגף חציה היה בה תחתיה שיעור נקב לטמא וכלי המקבל טומאה אינו חוצץ בפני הטומאה ואגף בטיט חציה מהו מי אמרינן השתא מיהא ליכא שיעור נקב או דלמא הא לא סתם שיעור סתימה: פקקה בזמורה. ואין שם שמרים: עד שימרח. בטיט מן הצדדין של זמורה לסותמו היטב:

נשבע

תוספות

אמר רבא גזל שלש אגודות בג' פרוטות והוזלו ועמדו על שתים חייב להחזיר לו אחרת. פי' אם ישנה בעין מחזיר אותה ואם לאו משלם ליה שוה פרוטה כמו שהיתה שוה בשעת הגזילה והוא הדין באחת שגזלה והוזלה שמחזיר לו אגודה או דמיה אלא רבותא נקט דאפילו בשלשה דקיים מצות השבה בתרתי אפ"ה חייב להחזיר לו אחת אע"ג דמהאי ותנא תונא דמייתי לא משמע מינה אלא היכא דגזל אחת והוזלה דההיא דמיא לגזל חמץ ועבר עליו הפסח ההיא רבותא דג' קאמר רבא מסברא ומדנקט והוזלו משמע דפשיטא ליה דאם גזל ג' אגודות שוות שתי פרוטות והחזיר לו ב' מהן דלא מיחייב להחזיר לו שלישית כיון דמעיקרא בשעת גזלה לא הוי ממונא ולשמא תייקר לא חיישינן:

ה"ג בעי רבא גזל ב' אגודות בפרוטה והחזיר אחת מהן מהו מי אמרי' השתא מיהא ליכא גזילה גביה או דלמא הא לא אהדר גזילה ול"ג הא דגרס בספרים הוקרו ועמדה כו': **מצות** השבה אין כאן. נראה דלא בעי למיפשט אלא דלא מעכב מצות השבה ומצות השבה מיהא לא קיים: **מצות** גילוח אין כאן. ומעכב מלשתות יין ומלטמא למתים כאלו לא גילח כלומר כמ"ד גילוח מעכב דאמר ישתה הנזיר יין אחר כולם א"נ לענין מצוה קאמר דלא קיים מצות גילוח ואליבא דכ"ע דפלוגתא היא בנזיר בפ' ג' מינין (דף מו.): **הרי** אמרו חבית שנקבה וסתמוה שמרים כו'. מה שפירש בקונטרס חבית שנתנה ע"פ ארובה ומצלת על העלייה אין נראה דההיא משנה דמייתי בסמוך חבית שנקבה היא במס' כלים בפ"י (מ"ו) דמשמע דמיירי להציל מה שבתוכה אם היא באהל המת דאי הוה מיירי ע"פ ארובה היה לו לשנותה במס' אהלות ועוד דלשון הצלה לא הוה משמע הכי דה"ל למימר חוצצת ונראה לפרש דאיירי בחבית המוקפת צמיד פתיל שאין טומאה נכנסת בה באהל המת ונקבה בכונס משקה דהכי הויא שיעורא כדאמר במס' כלים (פ"ט מ"ח) וסתמוה שמרים מצלת על כל מה שבתוכה והא דאמר בסוף המצניע (שבת דף צו.) ולענין צמיד פתיל עד שיפחת רובו היינו בסתומה שאם נקבה וסתמה הוי שם כלי עליה עד שיפחות רובה דאז לא מהני לה סתימה דהוי כאוכלים שגיבלן בטיט כיון דאין שם כלי עליו ולא כמו שפי' בקונטרס בהמצניע ולענין צמיד פתיל עד שיפחת רובו דכלי חרס המוקף צמיד פתיל אין טומאה נכנסת דרך נקביו עד שיפחת רובו כדמוכח במסכת כלים בפרק שלשה דשיעורו בכונס משקה וכן משמע בההיא שמביא התם בקונטרס נתנה קדירה ע"פ ארובה דאמר ב"ש הכל טמאים בכונס משקה ואפילו ב"ה לא מטהרי אלא עלייה אבל קדירה טמאה אלמא טומאה נכנסת בתוכו בכונס משקה: **אגף** חציה. תימה היכי דמיא הך בעיא להנך בעיות דלעיל דכיון דגף אין כאן נקב ולמה לא תועיל הסתימה דמ"ל אם לא נקבה מעולם אלא כך ומ"ל שאגף חציה [ועוד] תימה דהכא אמר בסתמוה שמרים שמה סתימה ובספ"ק דיבמות (דף טו:) אמרינן חבית של זיתים מגולגלים ב"ש אומרים אין צריכה לינקב ומודים שאם נקבה וסתמוה שמרים שהיא טהורה וי"ל דהתם ודאי לענין הכשר מסתמא לא ניחא להו לבעלים במה שיוצא ממנה כיון שנקבה אף על פי שסתמוה שמרים לאו סתימה מעלייתא היא אבל לענין להציל מטומאה הויא סתימה מעלייתא:

ושמואל

מסורת הש"ס

א) לעיל לו:, ב) נזיר מב., ג) כלים פ"י מ"ו, ד) לעיל לו:, ה) ס"א ל"ג.

הגהות הב"ח

(א) גמ' דהשתא לאו ממונא הוא כיון: (ב) שם ליכא גזילה גביה או דלמא: (ג) רש"י ד"ה חבית וכו' וממרח יפה וכו': (ד) בפ' אלו כלים מצילין:

ליקוטי רש"י

בשעמד בדין. קודם שמת וחייבוהו לשלם לפיכך גובה מן היורשין דכיון דדינו מרוץ לשלם ה"ל כמלוה בשטר [ערכין ז.]. **דיסקייא.** שתי מלות מורכבות שני שקים אמתחת של עור [פסחים יג.]. **ותנא תונא.** וכן תני תנא דידן במשנה הנשנית בינינו בבית המדרש [סוטה מד.]. **גזל חמץ ועבר עליו הפסח אומר לו.** לנגזל. **הרי שלך לפניך.** בעין כמות שהוא דהיזק שאינו ניכר הוא [לעיל סו:] ובלבד שישלם לו אותו עצמו וקרינא ביה והשיב את הגזלה אשר גזל (ויקרא ה) שהרי לא נשתנה [גיטין נג:]. **אחת אחת קא מיבעיא ליה לרבא.** פשיטא דכיון דגילח את כל ראשו לבר מהנך ב' שערות דכי הדר גילח אחת מהן ונשרה חבירתה שפיר [דמי] דקאזיל ומיגלח כי אורחיה כמאן דאזיל ומגלח שערו ולההיא דנשרה מאי הוה ליה למיעבד. **נשר אחת מהן וגילח אחת.** מי אמרינן כיון דכל שערו גילח חוץ משער אחת שפיר דמי דהא לא שייר שתי שערות בלא גילוח או דלמא כיון דמעיקרא שייר לו שתי שערות לאו כלום עבד וכי חזר וגילח אחת לאחר נשירתה דחבירתה נמי לאו כלום עבד דכיון דלא הוי השתא בראשו אלא שערה אחת לא איקרי גילוח וכנשרו שניהם דמי דכי היכי דאם גילח ושייר שערה אחת שפיר גילח דשערה כנטולה דמי הכי נמי כי נשרה אחת משעת נשירתה הויא חבירתה כנטולה וכי חזר וגילחה לאו כלום עבד דכנטולה דמיא. **שער אין כאן גילוח יש כאן.** [משמע] דדמי ליה כמי שיש שיעור בכאן [הא קאמרת שיעור אין כאן]. **מצות גילוח אין כאן.** ומיהו בדיעבד שפיר דמי [נזיר מב.].

עין משפט נר מצוה

קלב א מיי' פ"ח מהל' גזילה ואבידה הלכ' יד ופ"ז מהל' שבועות הלכה ג ד סמג לאוין רה ועשין עג:

קלג ב מיי' פ"ז מהל' גזילה ואבידה הלכה יא סמג עשין עג טור ש"ע ח"מ סי' שסו סעיף ג:

קלד ג מיי' שם פ"א הלכה ו סמג שם טוש"ע ח"מ סי' שם סעיף ג:

קלה ד ה מיי' שם טוש"ע שם סעיף ד:

קלו ו מיי' פ"ח מהלכות נזירות הלכה ו:

קלז ז ח מיי' שם הלכ' ז:

קלח ט י כ ל מיי' פכ"ב מהלכות טומאת מת הלכה ח:

כניסת טומאה, **וְתֶיהֱוֵי כִּי אֲגַף חֲצִיָּה** – ראוי שתיחשב סתימת נקב החבית בזמורות בלא מירוח טיט כסתימת חציה בטיט ושיור חציה, ותועיל להציל מן הטומאה! אלא, מוכח מהמשנה שלא די בסתימת חציו של נקב, אף אם אין משתייר ממנו אלא פחות משיעור כניסת טומאה, אלא נצרך לסתום את כולו!

עונה הגמרא:

אָמְרֵי – אמרו בדחיית קושיא זו: **הָכִי הַשְׁתָּא** – וכי זו טענה? אין הדברים דומים זה לזה! **הָתָם** – שם, בהוראת המשנה בענין סתימה בזמורות, **אִי לֹא מֵרַח לֹא קָאֵי** – אם אינו ממרח טיט סביב לזמורות אין הסתימה מתקיימת, כי הזמורות תפולנה, ואילו **אֲגַף חֲצִיָּה בְּמִידֵי דְּקָאֵי** – כאשר סותם אדם חציה של נקב בדבר המתקיים, כגון בטיט, **קָאֵי** – מתקיימת הסתימה! כלומר, לעולם יתכן שדי בסתימת מקצת נקב, כל שהוא נפחת בכך משיעור כניסת טומאה, והטעם שאין מועילה סתימת זמורות בלא מירוח טיט אינו משום שמשתיירים חרכים בנקב, אלא הוא משום שאין הסתימה מחוזקת דיה.

הגמרא מביאה ספק אחר של רבא אודות הוראת משנה, והוא בענין המשנה שהביא רבא לעיל לגבי השבת גזילה שנתבטל ערכה בהיותה ביד הגזלן:

וְאָמַר רָבָא: הֲרֵי אָמְרוּ חכמים (משנה לקמן צו, ב): אם **גָּזַל חָמֵץ וְעָבַר עָלָיו הַפֶּסַח** בהיותו ברשותו, ובכך נאסר בהנאה, **אוֹמֵר לוֹ** הגזלן לנגזל: "**הֲרֵי שֶׁלְּךָ לְפָנֶיךָ**", כלומר, יוצא הוא ידי חובת השבת גזילה בהחזרת החמץ, אף על פי שאינו שוה עתה כלום[37]. **בָּעֵי** (שאל) **רָבָא:**

הערות

37. ראה לעיל צו, ב הערה 32.

בשעמד בדין אי בשעמד בדין אפילו חומש נמי משלם אמר רב הונא בריה דרב יהושע לפי א) שאין משלמין חומש על כפירת שעבוד קרקעות רבא אמר הכא במאי עסקינן כגון שהיתה דיסקייא של אביו מופקדת ביד אחרים קרן משלם דהא איתיה חומש לא משלם דכי אישתבע בקושטא אישתבע דהא לא הוה ידע: חוץ מפחות שוה פרוטה בקרן כו': אמר רב פפא לא שנו אלא שאין גזילה קיימת אבל גזילה קיימת צריך לילך אחריו חיישינן שמא תייקר איכא דאמרי אמר רב פפא ב) לא שנא גזילה קיימת ולא שנא שאין גזילה קיימת אינו צריך לילך אחריו לשמא תייקר לא חיישינן אמר רבא ג) גזל שלש אגודות בשלש פרוטות והוזלו ועמדו על שתים אם החזיר לו שתים חייב להחזיר לו אחרת ותנא תונא (א) גזל חמץ ועבר עליו הפסח אומר לו הרי שלך לפניך טעמא דאיתיה בעיניה הא ליתיה בעיניה אע"ג דהשתא לאו ממונא (א) כיון דמעיקרא ממונא הוא בעי שלומי הכא נמי אף על גב דהשתא לא שוה פרוטה [כיון דמעיקרא הוי שוה פרוטה] בעי שלומי בעי רבא גזל שתי אגודות בפרוטה והחזיר לו אחת מהן מהו מי אמרינן השתא ליכא גזילה (ב) או דלמא הא לא הדר גזילה דהואי גביה ד) הדר פשטה גזילה אין כאן השבה אין כאן אי גזילה אין כאן השבה יש כאן ה) הכי קאמר אף על פי שגזילה אין כאן מצות השבה אין כאן (ג) ואמר רבא הרי אמרו ו) נזיר שגילח ושייר שתי שערות לא עשה ולא כלום בעי רבא גילח אחת ונשרה אחת מהו ז) אמר ליה רב אחא מדיפתי לרבינא נזיר שגילח אחת אחת קא מבעיא ליה לרבא אמר ליה לא צריכא כגון שנשר אחת מהן וגילח אחת מי אמרינן השתא מיהת הא ליכא שיעור או דלמא הא לאו גילוח הוא דמעיקרא הא שייר שתי שערות והשתא כי גילח לא הוי ב' שערות הדר פשטה שער אין כאן גילוח אין כאן אי שער אין כאן גילוח יש כאן הכי קאמר אע"פ ששער אין כאן ח) מצות גילוח אין כאן ואמר רבא הרי אמרו ט) חבית שניקבה וסתמוה שמרים הצילוה י) בעי רבא אגף חציה מהו א"ל רב יימר לרב אשי לאו משנתנו היא זו דתנן (ג) חבית שניקבה וסתמוה שמרים הצילוה כ) פקקה בזמורה עד שימרח ל) היו בה שתים עד שימרח מן הצדדים ובין זמורה לחבירתה טעמא דמרח הא לא מרח לא אמאי ותיהוי כי אגף חציה אמרי הכי השתא התם אי לא מרח לא קאי אגף חציה במידי דקאי ואמר רבא הרי אמרו (ד) גזל חמץ ועבר עליו הפסח אומר לו הרי שלך לפניך בעי רבא

נשבע

רש"י

ועוד דקמשני ליה כשעמד בדין קודם מיתתו והך העמדה מאי מהני הרי כפר ונשבע ולא הודה דהא אוקמינן דלא הודה אב והודה בנו ועוד דקמשני כשעמד בדין מכלל דעד השתא בשלא עמד בדין והא נשבע הוא ואביו קתני מכלל דבב"ד הוה הלכך ל"ג ליה וה"ג אי הכי חומש נמי משלם א"ר הונא כו' אי הכי ממון גמור הוא וחומש נמי לשלם: לפי שאין משלמין חומש על כפירת שעבוד קרקעות. דחומש אמאי קאתי אשבועתא לאו שבועה היא דקי"ל בשבועות (דף מב:) אין נשבעין על הקרקעות והאי בן כי אישתבע כפר לה שעבוד הקרקעות דאי לאו משום אחריות נכסים לאו עליה רמיא לשלומי: רבא אמר. לעולם בגזילה קיימת ודקשיא לך ולחייב הבן חומש על שבועת עצמו כיון דהודה הכא כשהיתה דסקיא שממון אביו נתון בה מופקדת ביד אחרים וגזילה זו בתוכה דכי אשתבע האי בקושטא אשתבע (ה) ולא תימא בשיקרא אשתבע כדסברת לעיל) ותנן במס' שבועות (דף לו:) וחייבים על זדון השבועה ועל שגגתה עם זדון הפקדון ואין חייבין על שגגתה גרידתא כי הכא דליביה אנסיה: לא שנו אלא שאין. אותה חצי פרוטה קיימת מן הגזילה עצמה וחצי פרוטה הוא דמחייב ליה ולאו ממונא איכא אבל אם קיימת היא מן הגזלה עצמה צריך לילך: חיישינן שמא תייקר. ותעמוד על הפרוטה: חייב להחזיר לו. אגודה אחרת ואע"פ דהשתא לא שויא פרוטה כיון דבשעת גזילה הוי שוה פרוטה בעי לאהדוריה ולהוליכה אחריו: ותנא תונא. תנא דידן סייעתו: שגילח. אחת מהשתים ששייר: ונשרה השניה מהו. הוי גילוח או לא: אמר ליה רב אחא לרבינא נזיר שגילח. כל השערות אחת אחת קמבעיא ליה בתמיה כלומר הא ודאי גילוח הוי כיון שבשעה שבא לגלח האי שיור הוה ביה שיעור גילוח וגילח אחת ואע"פ דנשרה שניה גילוח הוא: שנשרה אחת. שכשבא לגלח אין כאן שיעור גילוח: ה"ג מי אמרינן השתא מיהא ליכא שיעור: חבית שניקבה וסתמוה שמרים. ונתנוה ע"פ ארובה (ג) וממרחת יפה סביבותיה וטומאה בבית מצלת על העלייה כולה מלבא בה שום טומאה דסתימת שמרים סתימה היא ולא שלטה ביה טומאה במסכת כלים בפרק (ד) ואלו מצילין: אגף. לשון מגופה אגף חליה היה בה תחתיה שיעור נקב לטמא וכלי המקבל טומאה אינו חוצץ בפני הטומאה ואגף בטיט חליה מהו מי אמרינן השתא מיהא ליכא שיעור נקב או דלמא הא לא סתם שיעור סתימה: פקקה בזמורה. ואין שם שמרים: עד שימרח. בטיט מן הצדדין של זמורה לסותמו היטב:

נשבע

תוספות

אמר רבא גזל שלש אגודות בג' פרוטות והוזלו ועמדו על שתים חייב להחזיר לו אחרת. פי' אם ישנה בעין מחזיר אותה ואם לאו משלם ליה שוה פרוטה כמו שהיתה שוה בשעת הגזילה והוא הדין באחת שגזלה והוזלה שמחזיר לו אגודה או דמיה אלא רבותא נקט דאפילו בשלשה דקיים מצות השבה בתרתי אפ"ה חייב להחזיר לו אחת אע"ג דמהאי ותנא תונא דמייתי לא משמע מינה אלא היכא דגזל אחת והוזלה דההיא דמיא לגזל חמץ ועבר עליו הפסח ההיא רבותא דג' קאמר רבא מסברא ומדנקט והוזלו משמע דפשיטא ליה דאם גזל ג' אגודות שוות שתי פרוטות והחזיר לו ב' מהן דלא מיחייב להחזיר לו שלישית כיון דמעיקרא בשעת גזלה לא הוי ממונא ולשמא תייקר לא חיישינן:

ה"ג בעי רבא גזל ב' אגודות בפרוטה והחזיר אחת מהן מהו מי אמרי' השתא מיהא ליכא גזילה גביה או דלמא הא לא אהדר גזילה ול"ג הא דגרס בספרים הוקרו ועמדה כו': **מצות** השבה אין כאן. נראה דלא בעי למיפשט אלא דלא מעכב מצות השבה ומצות השבה מיהא לא קיים: **מצות** גילוח אין כאן. ומעכב מלשתות יין ומלטמא למתים כאלו לא גילח כלומר כמ"ד גילוח מעכב דאחר ישתה הנזיר יין אחר כולם א"נ לענין מצוה קאמר דלא קיים מצות גילוח ואליבא דכ"ע דפלוגתא היא בנזיר בפ' ג' מינין (דף מו.): **הרי** אמרו חבית שנקבה וסתמוה שמרים כו'. מה שפירש בקונטרס חבית שנתנה ע"פ ארובה ומצלת על העלייה אין נראה דההיא משנה דמייתי בסמוך חבית שנקבה היא במס' כלים בפ"י (מ"ו) דמשמע דמיירי להציל מה שבתוכה אם היא באהל המת דאי הוה מיירי ע"פ ארובה היה לו לשנותה במס' אהלות ועוד דלשון הצלה לא הוה משמע הכי דה"ל למימר חוצצת ונראה לפרש דאיירי בחבית המוקפת צמיד פתיל שאין טומאה נכנסת בה באהל המת ונקבה בכונס משקה דהכי הויא שיעורא כדאמר במס' כלים (פ"ט מ"ח) וסתמוה שמרים מצלת על כל מה שבתוכה והא דאמר בסוף המצניע (שבת דף צו.) ולענין צמיד פתיל עד שיפחת רובו היינו בסתומה שאם נקבה וסתמה הוי שם כלי עליה עד שיפחות רובה דאז לא מהני לה סתימה דהוי כאוכלים שגיבלן בטיט כיון דאין שם כלי עליו ולא כמו שפי' בקונטרס בהמצניע ולענין צמיד פתיל עד שיפחת רובו דכלי חרס המוקף צמיד פתיל אין טומאה נכנסת דרך נקביו עד שיפחת רובו כדמוכח במסכת כלים בפרק שלשה דשיעורו בכונס משקה וכן משמע בההיא שמביא התם בקונטרס נתנה קדירה ע"פ ארובה דאמר ב"ש הכל טמאים בכונס משקה ואפילו ב"ה לא מטהרי אלא עלייה אבל קדירה טמאה אלמא טומאה נכנסת בתוכו בכונס משקה: **אגף** חציה. תימה היכי דמיא הך בעיא להנך בעיות דלעיל דכיון דגף אין כאן נקב ולמה לא תועיל הסתימה דמ"ל אם לא נקבה מעולם אלא כך ומ"ל שאגף חליה [ועוד] תימה דהכא אמר בסתמוה שמרים שמה סתימה ובספ"ק דיבמות (דף טו:) אמרינן חבית של זיתים מגולגלים ב"ש אומרים אין צריכה לינקב ומודים שאם נקבה וסתמוה שמרים שהיא טהורה וי"ל דהתם ודאי לענין הכשר מסתמא לא ניחא להו לבעלים במה שיוצא ממנה כיון שנקבה אף על פי שסתמוה שמרים לאו סתימה מעלייתא היא אבל לענין להציל מטומאה הויא סתימה מעלייתא:

ושמואל

עין משפט נר מצוה

קלב א מיי' פ"ח מהל' גזילה ואבידה הלכ' יד ופ"ז מהל' שבועות הלכה ג ד סמג לאוין רה ועשין עג:
קלג ב מיי' פ"ז מהל' גזילה ואבידה הלכה יא סמג עשין עג טור ש"ע ח"מ סי' שמז סעיף ג:
קלד ג מיי' שם פ"א הלכה ו סמג שם טוש"ע ח"מ סי' שם סעיף ג:
קלה ד ה מיי' שם טוש"ע שם סעיף ד:
קלו ו מיי' פ"ח מהלכות נזירות הלכה ו:
קלז ז ח מיי' שם הלכ' ז:
קלח ט י כ ל מיי' פכ"ב מהלכות טומאת מת הלכה ח:

מסורת הש"ס

א) לעיל לו:, ב) נזיר מב., ג) כלים פ"י מ"ו, ד) לעיל לו:, ה) ס"א ל"ג.

הגהות הב"ח

(א) גמ' דהשתא לאו ממונא הוא כיון: (ב) שם ליכא גזילה גביה או דלמא: (ג) רש"י ד"ה חבית וכו' וממרחת יפה וכו': (ד) בפ' אלו כלים מצילין:

ליקוטי רש"י

בשעמד בדין. קודם שמת וחייבוהו לשלם לפיכך גובה מן היורשין דכיון דדינו מרוץ לשלם ה"ל כמלוה בשטר [ערכין ז.]. דיסקייא. שני מלות מורכבות שני שקים אמתחת של עור [פסחים יג.]. ותנא תונא. וכן תני תנא דידן במשנה הנשנית בינינו בבית המדרש [סוטה מד.]. גזל חמץ ועבר עליו הפסח אומר לו. לנגזל. הרי שלך לפניך. בעין כמות שהוא דהיזק שאינו ניכר הוא [לעיל סו:] ובלבד שישלם לו אותו עצמו וקרינא ביה והשיב את הגזלה אשר גזל (ויקרא ה) שהרי לא נשתנה [גיטין נג:]. אחת אחת קא מיבעיא ליה לרבא. פשיטא דכיון דגילח את כל ראשו לבר מהנך ב' שערות דכי הדר גילח אחת מהן ונשרה חבירתה שפיר [דמי] דקאזיל ומיגלח כי אורחיה כמאן דאזיל ומגלח שערו ולהסיא דנשרה מאי הוה ליה למיעבד. נשר אחת מהן וגילח אחת. מי אמרינן כיון דכל שערו גילח חוץ משער אחת שפיר דמי דהא לא שייר שתי שערות בלא גילוח או דלמא כיון דמעיקרא שייר לו שתי שערות לאו כלום עבד וכי חזר וגילח אחת לאחר נשירתה דחבירתה נמי לאו כלום עבד דכיון דלא הוי השתא ברישו אלא שערה אחת לא איקרי גילוח וכשרו שניהם דמי דכי היכי דאם גילח ושייר שערה אחת שפיר גילח דשערה כנטולה דמי הכי נמי כי נשרה אחת משעת נשירותה הויא חבירתה כנטולה וכי חזר וגילחה לאו כלום עבד דכנטולה דמיא. שער אין כאן גילוח יש כאן. [משמע] דדמי ליה כמי שיש שיער בכאן [הא קאמרת שיער אין כאן]. מצות גילוח אין כאן. ומיהו בדיעבד שפיר דמי [נזיר מב.].

נשבע עליו מהו מי אמרינן כיון דאי מיגנב בעי שלומי ליה ממונא קא כפר ליה או דלמא השתא מיהת הא מנח ועפרא בעלמא הוא ולא כפר ליה ממונא מילתא דאיבעיא ליה לרבא פשיטא ליה לרבה דאמר רבה [א]שורי גנבת והוא אומר לא גנבתי מה טיבו אצלך שומר חנם אני עליו חייב שהרי פטר עצמו מגניבה ואבידה [ב]שומר שכר אני עליו חייב שהרי פטר עצמו משבורה ומתה [ג]שואל אני עליו חייב שהרי פטר עצמו ממתה מחמת מלאכה אלמא אע"ג דהא קאים כיון דאי מיגניב ממונא קא כפר השתא נמי ממונא קא כפר הכא נמי אף על גב דעפרא בעלמא הוא כיון דאי מיגניב בעי שלומי ליה ממונא מעליא השתא נמי ממונא קא כפר ליה יתיב (א) רבא וקאמר להא שמעתא איתיביה רב עמרם לרבא [א]וכחש בה פרט למודה בעיקר כיצד שורי גנבת והוא אומר לא גנבתי מה טיבו אצלך אתה מכרתו לי אתה נתתו לי במתנה אביך מכרו לי אביך נתנו לי במתנה אחר פרתי רץ מאליו בא אצלי תועה בדרך מצאתיו שומר חנם אני עליו שומר שכר אני עליו שואל אני עליו ונשבע והודה יכול יהא חייב תלמוד לומר וכחש בה [ד]פרט למודה בעיקר א"ל תדורא כי תניא ההיא [ה]דקאמר ליה הילך כי קאמינא דקיימא באגם אתה מכרתו לי מאי מודה בעיקר איכא לא צריכא דא"ל [ו]לא נתתי לך דמי שקיל תורך וזיל אתה נתתו לי אביך נתנו לי מאי מודה בעיקר איכא דאמר ליה על מנת דעבידנא לך נייח דנפשא ולא עבדי לך שקיל תורך וזיל תועה בדרך מצאתיו לימא איבעי לך לאהדוריה לי אמר אבוה דשמואל [ז]באומר שבועה אבידה מצאתי ולא הייתי יודע שהיא שלך שאחזירנה לך תניא אמר בן עזאי ג' שבועות הן הכיר בה ולא במוצאה במוצאה ולא בה לא בה ולא במוצאה לא בה ולא במוצאה קושטא אשתבע אימא בה ובמוצאה למאי הלכתא רב אמי אמר רבי חנינא לפטור ושמואל אמר לחיוב ובפלוגתא דהני תנאי דתניא [א][ח]המשביע עד אחד פטור ורבי אלעזר בר' שמעון מחייב במאי קא מיפלגי מר סבר [ב]דבר הגורם לממון כממון דמי ומר סבר לאו כממון דמי אמר רב ששת [ט]הכופר בפקדון נעשה עליו גזלן וחייב באונסין ותנא תונא וכחש בה למדנו עונש אזהרה מנין תלמוד לומר [ב]לא תכחשו מאי לאו לעונש ממון לא לעונש שבועה הא מדקתני סיפא (ב) ואישתבע מכלל דרישא דלא אישתבע דקתני סיפא ונשבע על שקר למדנו עונש אזהרה מנין ת"ל לא תשקרו ומדסיפא דאישתבע רישא דלא אישתבע אמרי אידי ואידי דאישתבע כאן שהודה כאן שבאו עדים אתו עדים חייב באונסין אודויי אודי חייב בקרן וחומש ואשם: מתיב רמי בר חמא [ג]ושכנגדו חשוד על השבועה כיצד [י]אחד שבועת העדות ואחד שבועת הפקדון ואפילו שבועת שוא ואם איתא [כ]בכפירה הוא דאיפסיל ליה אמרי [ל]הכא במאי עסקינן דקאי באגם דלאו כפירה הוא דסבר אשתמיטנא ליה אדאזילנא ומייתינא ליה תדע [ד]דאמר רב אידי בר אבין [מ]הכופר במלוה כשר לעדות בפקדון

נשבע עליו. לאחר שנאסר נשבע שאין אצלו ולא גזלו ממנו: מהו. מי אמרינן הא מנח ויכול לפטור בו את עצמו ואשתכח דלאו מידי כפריה: שומר חנם אני עליו. ונשבע והודה: חייב. קרבן שבועה אע"פ שהודה קודם שבועה בגוף הממון: שהרי פטר עצמו. בשבועה: מגניבה ואבידה. שאם היה נגנב ממנו משבועה ואילך היה נפטר בדברי שקר שהרי הוא עצמו גנבו וחייב בכל אונסין עד שיחזירנו: שואל פטור במתה מחמת מלאכה ומכחש בשר מחמת מלאכה דלמעבד מלאכה שייליה ולאו לאוקמה בכילתא: אע"ג דהא קאים. ומודה ליה בגויה והשתא איהו לא כפר מידי אפ"ה כיון דשמא סוף השבועה לבא לידי כפירת ממון חייב: הכא נמי. אע"ג דכפירה דהמך כהודאה הוא דהא עפרא בעלמא הוא כיון דשמא יאבד ויתחייב לו ממון ונמצא שתועיל לו שבועה זו להפטר חייב: אתה מכרתו. לקמן פריך מאי מודה בעיקר איכא: תועה בדרך מצאתיו. והביאותיו לבית: [ה]תדורא. אין לב: הילך. וליכא למימר אילו מיגניב דהא קמיה קאי ושקיל ליה: איבעיא לך לאהדוריה ניהלי. כשמצאתו לא היה לך לאוספו אל ביתך שהרי מכיר היית בו ואין לך גנב גדול מזה: שלש שבועות הן. בעדות אבידה שהשביע את העד אם ראית את אבידתי ואמר לאו ואח"כ הודה: הכיר בה ולא במוצאה. האבידה שאמר שראה אותה מהלכת ברשות אחרת ואינו יודע מי הוא או הודה שהכיר במוצאה ולא בה והיה לו לומר איש פלוני מצא אבידה ואיני יודע אם שלך הוא ובעד אחד קמיירי: לפטור. על כולן פטור העד: המשביע עד אחד. וכפר ואמר שבועה שאיני יודע לך עדות: פטור. העד מקרבן שבועת העדות דהא אי הוה מסהיד ליה לא הוה מחייב להיאך אלא שבועה ואע"ג דאיכא למימר דלמא לא משתבע גורם לממון פטור והני נמי גורם לממון ניהו: בה ולא במוצאה. אי הוה מסהיד ליה ראיתיה שנמצא בזוית פלוני ואיני יודע מי מצאה היה מחזר באותה שכונה עד שיודיעוהו [ו]וכ"ש במוצאה ולא בה [ז][ומיהו ממון ממש לא מפסדו דאי נמי אסהידו ליה ראינו שמצא פלוני זה היה יכול לומר נאנסה ממני ופוטר עצמו משבועה]: הכופר בפקדון. ובאו עדים: נעשה עליו גזלן. משעת כפירה ואע"פ שלא נשבע ומכאן ואילך אין לו דין דשומר חנם אלא חייב באונסים אם יאנס: וכחש בה למדנו לעונש. דכתיב בתריה והשיב את הגזילה אלמא קמה ליה ברשותיה משעת וכחש עד דעביד השבה וזהו עונשה: ה"ג מאי לאו עונש כפירה. כלומר עונש דמאי לאו דאיענים אכפירה אף על גב דלא אשתבע: לא עונש שבועה. האי עונש דענשיה קרא להתחייב באונסין משום שבועת שקר היא אבל אי לא אשתבע לא: ונשבע על שקר למדנו לעונש. דכתיב בתריה חומש ואשם: ת"ל לא תשקרו. דהיינו אזהרת שבועת שקר דסמיך ליה לא תשבעו בשמי לשקר ומלא תשקרו נפקא לן דבשבועת כפירת ממון משתעי כדכתיב איש בעמיתו כמו וכחש בעמיתו בפקדון: כאן שהודה. בסיפא כשהודה שיש חומש ואשם: ושכנגדו חשוד. במסכת שבועות (דף מד:) גבי ואלו נשבעין ונוטלין דזה אחד מהן מי שהיה לו חבירו חייב שבועה והוא חשוד על השבועה שנמצא שקרן בשבועתו שכנגדו נשבע ונוטל: אחד. שנחשד על שבועת העדות: ואחד. [ח]שנשבע על שבועת הפקדון שראינוהו שנשבע לשקר ואפילו לא נחשד אלא לשבועת שוא שאין בה כפירת ממון ורע לשמים הוא ולא רע לבריות נפסל לשבועת ממון: ואם איתא. לדרב ששת דמשעת כפירתו נעשה גזלן למה לי למתנייה גבי הנך דמשמע דלא אפסיל עד שעת שבועה כי הנך הא משעת כפירה אפסיל ליה משום דהוי גזלן: דקאי באגם. וכי אמר רב ששת כגון דאמרי סהדי דכי כפר ליה בידיה נקט ליה [ט](תדע) דהיכא דאיכא למימר לאשתמוטי איכוין עד דמייתי ליה לא מפסיל בלא שבועה: דאמר רב אידי הכופר במלוה. ולא נשבע ובאו עדים כשר לעדות דמלוה להוצאה ניתנה ואינה עכשיו בידו ורוצה לדחותו עד שתשיג ידו:

בפקדון

ושמואל אמר לחיוב. תימה היכי מ"ל לחיוב דאם כן הויא ברייתא זו ואין נ"ל זו: **מאי** לאו עונש דממון. תימה בממון מה שייך לומר לא ענש אלא א"כ הזהיר דבשלמא בעונש שבועה דהיינו קרבן שייך דבפסח ומילה ליכא קרבן משום דלית בהו לאו אע"ג דאיכא כרת: **כאן** שהודה כאן שבאו עדים. ואיצטריך שתי אזהרות משום דעונשן אין שוין דבהודה שייך חומש ואשם ובעדים לא שייך אלא חיוב עונשין ומיהו תימה אמאי קאמר ברישא מוכחש עונש שמענו ובסיפא אומר מושבע על שקר דכיון דלא מיירי אלא לאחר שבועה תרוייהו ה"ל למימר מושבע על שקר: **אחד** שבועת העדות ואחד שבועת הפקדון. וא"ת אמאי לא חשיב שבועת מלוה וי"ל משום דשבועה במלוה לא כתיב אלא מפקדון אתיא:

איתיביה

עין משפט
נר מצוה

קלט א מיי' פ"ח מהל' שבועות הלכה ח:
קמ ב ג מיי' שם הלכה ט:
קמא ד ה ו ז מיי' שם הלכה י והל' יא:
קמב ח מיי' שם פ"י הלכה ה:
קמג ט מיי' פ"ג מהל' גזילה הלכה יד סמג עשין עג טוש"ע ח"מ סי' רלד סעיף א [רב אלפס כאן ובב"מ פ"א דף סג. ובפ"ג דף עט.]:
קמד י מיי' פ"ד מהל' טוען ונטען הלכה ב סמג עשין לה טוש"ע ח"מ סי' לב סעיף ב:
קמה כ ל מ טוש"ע שם סעיף ד עיין בב"י:

ליקוטי רש"י

תדורא. שוטה בהול [זבחים כה:] לשון אחר עגל [כריתות יח:]. המשביע עד אחד. וכפר פטור העד מקרבן שבועת העדות. דבר הגורם לממון כממון דמי. ועד גורם לממון הוא שאילו הוא העיד היה מחייבו שבועה ורוב בני אדם אין נשבעין לשקר והיה משלם [שבועות לב.]. ושכנגדו חשוד על השבועה. התובע שהנתבע שכנגדו חשוד על השבועה ונתחייב הנתבע שבועה מן התורה ע"י הודאה במקצת נשבע התובע ונוטל [שבועות מד:]. אחד שבועת העדות. בין שנחשד על שבועת העדות. ואחד שבועת הפקדון. בין שנחשד על שבועת הפקדון שכפר ונשבע על שקר. ואפילו שבועת שוא. שהוא רע לשמים עליה ולא לבריות אעפ"כ הוא נפסל על ידה לשבועה [שם מה.]. אשתמיטנא. לפי שברצונו היה מודה אלא שאין בידו לפרוע וסבר עד דהוי לי ופרענא. ולאו דעתיה למיגזליה אלא לאשתמוטי עביד [ב"מ ג:]. הכופר במלוה. שבאו עדים והחזיקוהו בכפרן שהעידוהו שהוא חייב לו [ב"מ ה:]. בין על כולה בין על מקצת ובאו עדים והעידוהו עד שלא נשבע. כשר לעדות. ולא אמרינן גזלן הוא והתורה אמרה (שמות כג) אל תשת רשע עד דכיון דמלוה להוצאה נתנה דלמא צריך להוציאה וסבר עד דהוה לי [זוזי] ופרענא ליה ואי מודינא ליה השתא יתבעני מיד [שם ד.] ולא אמרן חשיד אממונא הוא אלא אשתמוטי קמשתמיט ליה משום דמלוה להוצאה ניתנה ואין עכשיו בידו במה לפרוע [שבועות מ:].

מסורת הש"ס

א) שבועות לב., ב) [לעיל עא: לח: פסחים ה: וש"נ], ג) שבועות מד:, ד) שבועות מ: ב"מ ד. ה: [ע"ש], ה) ס"א תרדא משועמם [וכן פי' רש"י בב"מ כ: וע' פרש"י כריתות יח: ובזבחים כה:], ו) ס"א כ"ש בה ובמוצאה, ז) ס"א, ח) נ"ל שנחשד, ט) רש"ל מוחק זה.

הגהות הב"ח

(א) גמ' יתיב רבה וקאמר וכו' רב עמרם לרבה: (ב) שם מדקתני סיפא דאישתבע:

תורה אור השלם

א) אוֹ מָצָא אֲבֵדָה וְכִחֶשׁ בָּהּ וְנִשְׁבַּע עַל שָׁקֶר עַל אַחַת מִכֹּל אֲשֶׁר יַעֲשֶׂה הָאָדָם לַחֲטֹא בָהֵנָּה: [ויקרא ה, כב]

ב) לֹא תִּגְנֹבוּ וְלֹא תְכַחֲשׁוּ וְלֹא תְשַׁקְּרוּ אִישׁ בַּעֲמִיתוֹ: [ויקרא יט, יא]

נִשְׁבַּע עָלָיו — אם נשבע הגזלן על החמץ לאחר שנאסר בהנאה, שכפר לנגזל ואמר שלא גזל את החמץ ואינו אצלו, ונשבע על כך לשקר, ושוב הודה, **מַהוּ** הדין? האם מתחייב בשל שבועה זו כדין הנשבע לשקר על כפירת ממון[1]? **מִי אַמְרִינַן** — האם אומרים: **כֵּיוָן דְּאִי מִיגְּנַב בָּעֵי שַׁלּוּמֵי לֵיהּ** — מכיון שאם נגנב ממנו החמץ צריך הוא לשלם לנגזל דמים כשווי החמץ בשעת הגזילה, **מָמוֹנָא קָא כָּפַר לֵיהּ** — נידון הוא ככופר לו ממון, שהרי אילו היה קורה כן לאחר השבועה היתה שבועה זו פוטרתו בשקר מממון זה? **אוֹ דִּלְמָא** — שמא אומרים: **הַשְׁתָּא מֵיהַת הָא מַנַּח** — כעת בשעת השבועה, על כל פנים, הרי החמץ מונח וקיים ברשותו של הגזלן, ואין חיובו כלפי הנגזל אלא להשיב את החמץ עצמו, **וְעַפְרָא בְּעַלְמָא הוּא** — והחמץ הרי הוא כסתם עפר, כלומר, אינו שוה כלום הואיל ונאסר בהנאה, **וְלָא כָּפַר לֵיהּ מָמוֹנָא** — ולכן אין הגזלן נידון ככופר לנגזל ממון[2]?

הגמרא מביאה דעה מוכרעת בענין זה:

מִילְּתָא דְּאִיבַּעְיָא לֵיהּ לְרָבָא — הדבר שהיה מוטל בספק לרבא, **פְּשִׁיטָא לֵיהּ לְרַבָּה** — מוכרע הוא בדעת רבה. **דְּאָמַר רַבָּה:** הרואה שורו גנוב ביד חבירו, ותובעו: **"שׁוֹרִי גָּנַבְתָּ"**, **וְהוּא** משיבו **וְאוֹמֵר: "לֹא גְּנַבְתִּיו"**, ושוב תובעו הלה: "אם כן, **מַה טִּיבוֹ אֶצְלְךָ** — בתורת מה הוא נמצא ברשותך?", והגנב משיב: **"שׁוֹמֵר חִנָּם אֲנִי עָלָיו"**, כלומר, הוא מודה שהשור הינו של התובע, אך הוא כופר בתביעה שגנבו, וטוען שקיבלו מהתובע להיות עליו שומר חנם; הרי שאם שוב נשבע הנתבע שלא גנב את השור, ולאחר מכן הודה שאכן גנבו, **חַיָּיב** הוא משום שבועת כפירת ממון. אף על פי שלא היה כופר בכך שהשור הינו של התובע, מכל מקום נחשבת זו שבועת כפירת ממון, **שֶׁהֲרֵי** בשבועתו שאין השור אצלו בגניבה **פָּטַר עַצְמוֹ** מלהיות חייב באחריות **גְּנֵיבָה וַאֲבֵידָה** במקרה שיאבד השור אחרי השבועה או ייגנב ממנו, כי בתור שומר חנם לא היו מחייבים אותו אלא על פשיעה, ואילו לפי האמת היה חייב גם על גניבה ואבידה, כיון שהוא עצמו גנב את השור מבעליו, וגנב חייב אפילו באחריות אונסים[3]. ואם לאחר שתבע בעל השור את הגנב ב"מה טיבו אצלך?", השיבו הגנב: **"שׁוֹמֵר שָׂכָר אֲנִי עָלָיו"**, ונשבע שלא גנבו ושוב הודה, גם כן הריהו **חַיָּיב** משום שבועת כפירת ממון, **שֶׁהֲרֵי** בשבועתו **פָּטַר עַצְמוֹ** מלהיות חייב באחריות **שְׁבוּרָה וּמֵתָה** אם יישבר השור באונס או ימות אחרי השבועה, כי בתור שומר שכר לא היו מחייבים אותו באונסים, ואילו לפי האמת היה חייב אף באונסי השור, כיון שגנבו מבעליו. ואם לתביעת "מה טיבו אצלך?" השיב הגנב: **"שׁוֹאֵל אֲנִי עָלָיו"**, ונשבע שלא גנבו ושוב הודה, אף בזה **חַיָּיב** הוא משום שבועת כפירת ממון, **שֶׁהֲרֵי** בשבועתו **פָּטַר עַצְמוֹ** מלהיות חייב באחריות **מֵתָה מֵחֲמַת מְלָאכָה** אם לאחר השבועה ימות השור או יכחיש מתוך שימוש רגיל. כי אף על פי שגם בתור שואל היו מחייבים אותו באחריות אונסים, מכל מקום לא היו מחייבים אותו באחריות "מתה מחמת מלאכה"[4], ואילו לפי האמת חייב היה אף באחריות זו, הואיל וגנב היה ולא שואל (עד כאן דברי רבה). **אַלְמָא** — הרינו רואים מדברי רבה, שלפי דעתו **אַף עַל גַּב דְּהָא קָאֵים** — אף על פי שהשור הריהו קיים ברשות הגנב בשעת השבועה, ונמצא שעל פי הודאתו שהשור הינו של התובע אין בשעה זו כפירת ממון בפועל, מכל מקום **כֵּיוָן דְּאִי מִיגְּנִיב מָמוֹנָא קָא כָּפַר** — הואיל ואם ייגנב השור לאחר השבועה יימצא שאכן כפר הגנב בממון במה שהכחיש הגניבה ונשבע על כך, כי יתברר שפטרתו השבועה מתשלום דמי השור[5], **הַשְׁתָּא נַמֵּי** — לכן גם עתה, כשעדיין לא נגנב השור, **מָמוֹנָא קָא כָּפַר** — נידונת הכחשת הגניבה ככפירת ממון, ושבועתו הרי היא שבועת כפירת ממון. ממילא, **הָכָא נַמֵּי** — גם כאן, באופן שנסתפק בו רבא, בגזל חמץ ועבר עליו הפסח ובעודו קיים נשבע להכחיש את הגזילה, לפי דעתו של רבה יש לנו לומר ד**אַף עַל גַּב דְּעַפְרָא בְּעַלְמָא הוּא** — אף על פי שהחמץ הריהו סתם עפר, שאינו שוה כלום, ולא מוטל על הגזלן אלא להחזירו עצמו, ונמצא שבשעת השבועה לא היתה כפירת ממון בפועל, מכל מקום **כֵּיוָן דְּאִי מִיגְּנִיב בָּעֵי שַׁלּוּמֵי לֵיהּ מָמוֹנָא מְעַלְּיָא** — מאחר שאם לאחר מכן ייגנב החמץ יצטרך הגנב לשלם לבעליו דמים מעולים, דהיינו את דמי החמץ כפי שהיה שוה בשעת הגזילה, ויתברר שהיתה שבועה זו פוטרתו מממון זה, **הַשְׁתָּא נַמֵּי** — לכן גם עתה, כשעדיין לא נגנב החמץ, **מָמוֹנָא קָא כָּפַר לֵיהּ** — נידונת הכחשת הגניבה ככפירת ממון, ושבועתו עליה היא איפוא שבועת כפירת ממון.

הגמרא מביאה משא ומתן שהיה לרבה בענין זה:

יָתֵיב — ישב (רבא) [רַבָּה][6] **וְקָאָמַר לְהָא שְׁמַעְתָּא** — ואמר

הערות

1. לפי הצד שאמנם יש באופן זה חיוב משום שבועת כפירת ממון, יתחייב הגזלן להביא קרבן אשם ולהוסיף חומש על הקרן שמשלם. במקרה שלבסוף לא יהא החמץ בעולם, שבזה מחוייב גזלן להשיב דמים כשווי החמץ בשעת הגזילה, יהא גזלן זה שנשבע מחוייב להוסיף חומש על אותה קרן (אך ראה מלבושי יום טוב ח"ב חושן משפט ה, ה המובא להלן, שומא אחרת לחומש). ובמקרה שלבסוף עדיין יהיה החמץ בעולם, שגזלן רגיל יכול לומר לנגזל "הרי שלך לפניך" ולצאת ידי חובה בהחזרת החמץ כמות שהוא, חלוקות הדעות באשר לדין הגזלן שנשבע. יש סוברים שאף הוא יוצא ידי חובה על ידי החזרת החמץ לגזלן כמות שהוא (משנה למלך, הלכות גזילה ג, ה; וראה גם ים של שלמה מה ר־סח), ולפי זה דנו האחרונים אם בפועל חייב הוא בתשלום חומש, וכיצד שמים אותו (ראה מלבושי יום טוב שם; חידושי רבי אריה ליב פ, ב; וראה להלן הערה 3). ויש סוברים שכיון שנשבע על הגזילה שוב אינו יוצא ידי חובה בהחזרת החמץ האסור, הואיל ואינו שוה כלום, אלא עליו לשלם את דמי החמץ כפי שוויו בשעת הגזילה, למרות שהחמץ קיים (רא"ש, סימן כה; ראה גם רמב"ם שם). בטעם שיטה זו מבאר החזון איש (כ, יד) שבכדי להתכפר על שבועת כפירת ממון צריך האדם לשלם את הדמים שרצה להרויח על ידי שבועת השקר, ולהוסיף עליהם חומש של אותו קרן. במקרה הנידון, לא היתה תכלית שבועת הגזלן להשאיר בידו את החמץ האסור, אלא רצונו היה לפטור עצמו מחיוב דמים שיתכן שיחול עליו אם יופסד החמץ. לכן עליו לשלם את הסך שהיה חל עליו באופן זה, ולהוסיף עליו חומש.

2. כלומר, האם אומרים שמכיון שבשעת השבועה לא היה על הגזלן חיוב אלא להחזיר את החמץ עצמו, שהוא דבר חסר ערך, אין השבועה על כפירתו בחיוב זה נחשבת שבועת כפירת ממון, או שמא אומרים שמכיון שכרוך בגזילת החמץ חיוב אחריות לשלם דמים אם לא יהא החמץ קיים, ויש בכח השבועה איפוא לגרום פטור בשקר מחיוב ממון, לכן נידונת השבועה כשבועת כפירת ממון. האם הולכים אחרי החיוב בפועל שנשבע לפטור עצמו ממנו, ולפי זה בנידוננו אין כאן שבועת "ממון", או שמא מתחשבים גם בחיובים שבכח, וכל שהועילה השבועה לבטל מעל האדם חיוב ממון כזה, הרי היא שבועת "ממון".

3. רש"י.

יש אומרים שכיון שהודה הגנב שגוף השור הוא של התובע, וכל כפירתו אינה אלא לגבי מדת אחריותו על השור, אין שבועתו אלא על כפירת שווי הפרש האחריות שבין גנב ובין שומר חנם (וכדומה במקרים שמזכיר רבה אחרי זה), ולכן אין החומש שמשלם נמדד לפי שווי גוף השור, אלא לפי שווי אותו הפרש אחריות (מלבושי יום טוב המצויין בהערה 1).

[רש"י (ד"ה חייב) אינו מזכיר אלא חיוב הבאת אשם ולא חיוב תשלום חומש. יתכן שלפי דעתו, כיון שאין במקרה זה תשלום קרן (באופן שבסופו של דבר מחזיר הנתבע את גוף השור), אין בפועל גם תשלום חומש.]

4. שואל שוה לגנב ולגזלן בכך שהוא חייב אפילו באונסים, אולם חלוק הוא מהם בכך שאם לא אירע האונס מחמת מקרה חיצוני או משונה, אלא מחמת שימוש וטיפול בחפץ באופן המותר על פי תנאי ההשאלה, כגון בהמה שאולה שמתה או הכחישה מחמת מלאכתה, אינו חייב באחריות אותו אונס. הטעם, לפי שכל עצמה של השאלה היא על מנת שישתמש השואל בדבר, ולא שיניחנו במקום מוגן (רש"י; ראה בבא מציעא צו, ב; וראה רמב"ן שם ד"ה הא; מחנה אפרים, הלכות שאלה ופקדון ד).

5. הגמרא מזכירה את האפשרות של התהוות כפירת ממון במקרה **שייגנב** השור, על פי המקרה הראשון שמנה רבה, כשטען הגנב שאינו אלא שומר חנם. בשני המקרים הנוספים שמנה רבה, אפשרות התהוות כפירת ממון היא במקרה של אונס (בטוען שאינו אלא שומר שכר) או של מתה מחמת מלאכה (בטוען שאינו אלא שואל).

6. ההגהה כאן ולהלן בסמוך על פי הב"ח, הגהות רבי יצחק אייזיק חבר, וכן הוא בכל כתבי היד, וכן הוכיחו שצריך לגרוס בדברי מהרש"ל (ראה שינויי נוסחאות [פרנקל]); אך ראה נודע ביהודה, מהדורה קמא, אורח חיים כ. מהמשך הגמרא נראה

נשבע עליו מהו מי אמרינן כיון דאי מיגנב בעי שלומי ליה ממונא קא כפר ליה או דלמא השתא מיהת הא מנח ועפרא בעלמא הוא ולא כפר ליה ממונא מילתא דאיבעיא ליה לרבא פשיטא ליה לרבה דאמר רבה [א]שורי גנבת והוא אומר לא גנבתי מה טיבו אצלך שומר חנם אני עליו חייב שהרי פטר עצמו מגניבה ואבידה [ב]שומר שכר אני עליו חייב שהרי פטר עצמו משבורה ומתה [ג]שואל אני עליו חייב שהרי פטר עצמו ממתה מחמת מלאכה אלמא אע"ג דהא קאים כיון דאי מיגניב ממונא קא כפר השתא נמי ממונא קא כפר הכא נמי אף על גב דעפרא בעלמא הוא כיון דאי מיגניב בעי שלומי ליה ממונא מעליא השתא נמי ממונא קא כפר ליה יתיב (א) רבא וקאמר להא שמעתא איתיביה רב עמרם לרבא [א]וכחש בה פרט למודה בעיקר כיצד שורי גנבת והוא אומר לא גנבתי מה טיבו אצלך אתה מכרתו לי אתה נתתו לי במתנה אביך מכרו לי אביך נתנו לי במתנה אחר פרתי רץ מאליו בא אצלי תועה בדרך מצאתיו שומר חנם אני עליו שומר שכר אני עליו שואל אני עליו ונשבע והודה יכול יהא חייב תלמוד לומר וכחש בה [ד]פרט למודה בעיקר א"ל תדורא כי תניא ההיא הילך [ה]דקאמר ליה הילך כי קאמינא דקיימא באגם אתה מכרתו לי מאי מודה בעיקר איכא לא צריכא דא"ל [ו]לא נתתי לך דמי שקיל תורך וזיל אתה נתתו לי אביך נתנו לי מאי מודה בעיקר איכא דאמר ליה על מנת דעבידנא לך נייח דנפשא ולא עבדי לך שקיל תורך וזיל תועה בדרך מצאתיו לימא איבעי לך לאהדוריה לי אמר אבוה דשמואל [ז]באומר שבועה אבידה מצאתי ולא הייתי יודע שהיא שלך שאחזירנה לך תניא אמר בן עזאי ג' שבועות הן הכיר בה ולא במוצאה במוצאה ולא בה לא בה ולא במוצאה לא בה ולא במוצאה קושטא אשתבע אימא בה ובמוצאה למאי הלכתא רב אמי אמר רבי חנינא לפטור ושמואל אמר לחיוב ובפלוגתא דהני תנאי דתניא [ב] [ח]המשביע עד אחד פטור ורבי אלעזר בר' שמעון מחייב במאי קא מיפלגי מר סבר [ג]דבר הגורם לממון כממון דמי ומר סבר לאו כממון דמי אמר רב ששת [ט]הכופר בפקדון נעשה עליו גזלן וחייב באונסין ותנא תונא וכחש בה למדנו עונש אזהרה מנין תלמוד לומר [ב]לא תכחשו מאי לאו לעונש ממון לא לעונש שבועה הא מדקתני סיפא (ג) ואישתבע מכלל דרישא דלא אישתבע דקתני סיפא ונשבע על שקר למדנו עונש אזהרה מנין ת"ל לא תשקרו ומדסיפא דאישתבע רישא דלא אישתבע אמרי אידי ואידי דאישתבע כאן שהודה כאן שבאו עדים אתו עדים חייב באונסין אודויי אודי חייב בקרן וחומש ואשם: מתיב רמי בר חמא [ג]ושכנגדו חשוד על השבועה כיצד [י]אחד שבועת העדות ואחד שבועת הפקדון ואפילו שבועת שוא ואם איתא [כ]בכפירה הוא דאיפסיל ליה אמרי [ל]הכא במאי עסקינן דקאי באגם דלאו כפירה הוא דסבר אשתמיטנא ליה אדאזילנא ומייתינא ליה תדע [ד]דאמר רב אידי בר אבין [מ]הכופר במלוה כשר לעדות

בפקדון

נשבע עליו. לאחר שנאסר נשבע שאין אצלו ולא גזלו ממנו: מהו. מי אמרינן הא מנח ויכול לפטור בו את עצמו ואשתכח דלאו מידי כפריה: שומר חנם אני עליו. ונשבע והודה: חייב. קרבן שבועה אע"פ שהודה קודם שבועה בגוף הממון: שהרי פטר עצמו. בשבועה: מגניבה ואבידה. שאם היה נגנב ממנו משבועה ואילך היה נפטר בדברי שקר שהרי הוא עצמו גנבו וחייב בכל אונסין עד שיחזירנו: שואל פטור במתה מחמת מלאכה ומכחש בשר מחמת מלאכה דלמעבד מלאכה שייליה ולאו לאוקמה בכילתא: אע"ג דהא קאים. ומודה ליה בגויה והשתא איהו לא כפר מידי אפ"ה כיון דשמא סוף השבועה לבא לידי כפירת ממון חייב: הכא נמי. אע"ג דכפירה דהמן כהודאה הוא דהא עפרא בעלמא הוא כיון דשמא יאבד ויתחייב לו ממון ונמצא שתועיל לו שבועה זו להפטר חייב: אתה מכרתו. לקמן פריך מאי מודה בעיקר איכא: תועה בדרך מצאתיו. והביאותיו לבית: [ה]תדורא. אין לב: הילך. וליכא למימר אילו מיגניב דהא קמיה קאי ושקיל ליה: איבעיא לך לאהדוריה נידלי. כשמצאתו לא היה לך לאוספו אל ביתך שהרי מכיר היית בו ואין לך גנב גדול מזה: שלש שבועות הן. בעדות אבידה שהשביע את העד אם ראית את אבידתי ואמר לאו ואח"כ הודה: הכיר בה ולא במוצאה. האבידה שאמר שראה אותה מהלכת ברשות אחרת ואינו יודע מי הוא או הודה שהכיר במוצאה ולא בה והיה לו לומר איש פלוני מצא אבידה ואיני יודע אם שלך הוא ובעד אחד קמיירי: לפטור. על כולן פטור העד: המשביע עד אחד. וכפר ואמר שבועה שאיני יודע לך עדות: פטור. העד מקרבן שבועת העדות דהא אי הוה מסהיד ליה לא הוה מחייב להיאך אלא שבועה ואע"ג דאיכא למימר דלמא לא משתבע גורם לממון פטור והני נמי גורם לממון נינהו: בה ולא במוצאה. אי הוה מסהיד ליה ראיתיה שנמצא בזוית פלוני ואיני יודע מי מצאה היה מחזר באותה שכונה עד שיודיעוהו [ו]וכ"ש במוצאה ולא בה [ז][ומיהו ממון ממש לא מפסדו דאי נמי אסהידו ליה ראינו שמצא פלוני זה היה יכול לומר נאנסה ממני ופוטר עצמו משבועה]: הכופר בפקדון. ובאו עדים: נעשה עליו גזלן. משעת כפירה ואע"פ שלא נשבע ומכאן ואילך אין לו דין דשומר חנם אלא חייב באונסים אם יאנס: וכחש בה למדנו לעונש. דכתיב בתריה והשיב את הגזילה אלמא קמה ליה ברשותיה משעת וכחש עד דעביד השבה וזהו עונשה: ה"ג מאי לאו עונש כפירה. כלומר עונש דמאי לאו דאיענש אכפירה אף על גב דלא אשתבע: לא עונש שבועה. האי עונש דענשיה קרא להתחייב באונסין משום שבועת שקר היא אבל אי לא אשתבע לא: ונשבע על שקר למדנו לעונש. דכתיב בתריה חומש ואשם: ת"ל לא תשקרו. דהיינו אזהרת שבועת שקר דסמיך ליה לא תשבעו בשמי לשקר ומלא תשקרו נפקא לן דבשבועת כפירת ממון משתעי כדכתיב איש בעמיתו כמו וכחש בעמיתו בפקדון: כאן שהודה. בסיפא כשהודה שיש חומש ואשם: ושכנגדו חשוד. במסכת שבועות (דף מד:) גבי ואלו נשבעין ונוטלין דזה אחד מהן מי שהיה לו חבירו חייב שבועה והוא חשוד על השבועה שנמצא שקרן בשבועתו שכנגדו נשבע ונוטל: אחד. שנחשד על שבועת העדות: ואחד. [ח]שנשבע על שבועת הפקדון שראינוהו שנשבע לשקר ואפילו לא נחשד אלא לשבועת שוא שאין בה כפירת ממון ורע לשמים הוא ולא רע לבריות נפסל לשבועת ממון: ואם איתא. לרב ששת דמשעת כפירתו נעשה גזלן למה לי למתנייה גבי הנך דמשמע דלא אפסיל עד שעת שבועה כי הנך הא משעת כפירה אפסיל ליה משום דהוי גזלן: דקאי באגם. וכי אמר רב ששת כגון דאמרי סהדי דכי כפר ליה בידיה נקט ליה [ט](תדע) דהיכא דאיכא למימר לאשתמוטי איכוון עד דמייתי ליה לא מפסיל בלא שבועה: דאמר רב אידי הכופר במלוה. ולא נשבע ובאו עדים כשר לעדות דמלוה להוצאה ניתנה ואינה עכשיו בידו ורוצה לדחותו עד שתשיג ידו:

בפקדון

ושמואל אמר לחיוב. תימה היכי מ"ל לחיוב דאם כן הויא ברייתא זו ואין נ"ל זו: מאי לאו עונש דממון. תימה בממון מה שייך לומר לא ענש אלא א"כ הזהיר דבשלמא בעונש שבועה דהיינו קרבן שייך דבפסח ומילה ליכא קרבן משום דלית בהו לאו אע"ג דאיכא כרת:

כאן שהודה כאן שבאו עדים. ואיצטריך שתי אזהרות משום דעונשן אין שוין דבהודה שייך חומש ואשם ובעדים לא שייך אלא חיוב עונשין ומיהו תימה אמאי קאמר ברישא מוכחש עונש שמענו ובסיפא אומר מושבע על שקר דכיון דלא איירי אלא לאחר שבועה תרוייהו ה"ל למימר מושבע על שקר:

אחד שבועת העדות ואחד שבועת הפקדון. וא"ת אמאי לא חשיב שבועת מלוה וי"ל משום דשבועה במלוה לא כתיב אלא מפקדון אתיא:

איתיביה

עין משפט
נר מצוה

קלט א מיי' פ"א מהל' שבועות הלכה א:
קמ ב ג מיי' שם הלכה ט:
קמא ד ה ו ז מיי' שם הלכה י והל' יא:
קמב ח מיי' שם פ"י הלכה ה:
קמג ט מיי' פ"ג מהל' גזילה הלכה יד סמג עשין עג טוש"ע ח"מ סי' רצד סעיף א [רב אלפס כאן ובב"מ פ"א דף סג. ובפ"ג דף עט.]:
קמד י מיי' פ"ב מהל' טוען ונטען הלכה ב סמג עשין צה טוש"ע ח"מ סי' צב סעיף ב:
קמה כ ל מ טוש"ע שם סעיף ד עיין בב"י:

ליקוטי רש"י

תדורא. שוטה בהול [זבחים כה:] לשון אחר עגל [כריתות יח:]. המשביע עד אחד. וכפר פטור העד מקרבן שבועת העדות. דבר הגורם לממון כממון דמי. ועד גורם לממון הוא שאילו הוא העיד היה מחייבו שבועה ורוב בני אדם אין נשבעין לשקר והיה משלם [שבועות לב.]. ושכנגדו חשוד על השבועה. התובע שהנתבע שכנגדו חשוד על השבועה ונתחייב הנתבע שבועה מן התורה ע"י הודאה במקצת נשבע התובע ונוטל [שבועות מד:]. אחד שבועת העדות. בין שנחשד על שבועת העדות. ואחד שבועת הפקדון. בין שנחשד על שבועת הפקדון שכפר ונשבע על שקר. ואפילו שבועת שוא. שהוא רע לשמים עליה ולא לבריות אעפ"כ הוא נפסל על ידה לשבועה [שם מה.]. אשתמיטנא. לפי שברצונו היה מודה אלא שאין בידו לפרוע וסבר עד דהוי לי ופרענא. ולאו דעתיה למיגזליה אלא לאשתמוטי עביד [ב"מ ג: ה:]. הכופר במלוה. שבאו עדים והחזיקוהו בכפרן שהעידוהו שהוא חייב לו [ב"מ ה:]. בין על כולה בין על מקצת ובאו עדים והעידוהו עד שלא נשבע. כשר לעדות. ולא אמרינן גזלן הוא והתורה אמרה (שמות כג) אל תשת רשע עד דכיון דמלוה להוצאה נתנה דלמא צריך להוציאה וסבר עד דהוה לי [זוזי] ופרענא ליה ואי מודינא ליה השתא יתבעני מיד [שם ד.] ולא אמרן חשיד אממונא הוא אלא אשתמוטי קמשתמיט ליה משום דמלוה להוצאה ניתנה ואין עכשיו בידו במה לפרוע [שבועות מ:].

מסורת הש"ס

א) שבועות לב., ב) [לעיל עא: לח: פסחים ה: וש"נ], ג) שבועות מד:, ד) שבועות מ: ב"מ ד. ה: [ע"ש], ה) ס"א תרדא משועמם [וכן פי' רש"י בב"מ כ: וע' פרש"י כריתות יח: ובזבחים כה:], ו) ס"א כ"ש בה ובמוצאה, ז) ס"א, ח) נ"ל שנחשד, ט) רש"ל מוחק זה.

הגהות הב"ח

(א) גמ' יתיב רבה וקאמר וכו' רב עמרם לרבה: (ב) שם מדקתני סיפא דאישתבע:

תורה אור השלם

א) אוֹ מָצָא אֲבֵדָה וְכִחֶשׁ בָּהּ וְנִשְׁבַּע עַל שָׁקֶר עַל אַחַת מִכֹּל אֲשֶׁר יַעֲשֶׂה הָאָדָם לַחֲטֹא בָהֵנָּה: [ויקרא ה, כב]

ב) לֹא תִּגְנֹבוּ וְלֹא תְכַחֲשׁוּ וְלֹא תְשַׁקְּרוּ אִישׁ בַּעֲמִיתוֹ: [ויקרא יט, יא]

שמועה זו (שהגונב שור והודה שהשור הוא של התובע, אך טוען שלא גנבו אלא קיבלו בפקדון או כשאילה, ונשבע על כך, הרי זו שבועת כפירת ממון הואיל ויתכן שיופסד השור באופן שתימצא השבועה פוטרת את הגנב מתשלומין, אף על פי שבשעת השבועה היה השור קיים ולא היה הגנב כופר בממון בפועל). **אֵיתִיבֵיהּ** — הקשה לו **רַב עַמְרָם (לרבא) [לְרַבָּה]** מן הברייתא: כתוב בפרשת אשם גזילות, לגבי שבועת כפירת ממון: **"וְכִחֶשׁ בָּהּ"** (ויקרא ה, כב: "אוֹ מָצָא אֲבֵדָה וְכִחֶשׁ בָּהּ וְנִשְׁבַּע עַל שָׁקֶר"), ומשמע שאין חיובי הפרשה אמורים אלא באופן שכפר ונשבע על עיקר התביעה, דהיינו בעצם הממון הנתבע, **פְּרָט לְמוֹדֶה בָּעִיקָּר** — ונתמעט בכך מי שהודה בעיקר התביעה ולא כפר אלא לגבי פרטים צדדיים בתביעה. **כֵּיצַד?** מי שגנב שור, ותבעוהו בעליו: **"שׁוֹרִי גָּנַבְתָּ", וְהוּא** משיב **וְאוֹמֵר: "לֹא גְּנַבְתִּי"**, וחזרו הבעלים ותבעו: "אם כן, **מַה טִּיבוֹ אֶצְלְךָ** — בתורת מה הוא נמצא ברשותך?", והגנב משיב: השור אמנם שלך, אך לא גנבתיו אלא **"אַתָּה מְכַרְתּוֹ לִי"**, או שאומר **"אַתָּה נְתַתּוֹ לִי בְּמַתָּנָה"**, או **"אָבִיךָ מְכָרוֹ לִי"**, **"אָבִיךָ נְתָנוֹ לִי בְּמַתָּנָה"**[7], או "השור **אַחַר פָּרָתִי רָץ** ונכנס לרשותי", **"מֵאֵלָיו בָּא אֶצְלִי"**, או **"תּוֹעֶה בַּדֶּרֶךְ מְצָאתִיו** והבאתיו לביתי", או **"שׁוֹמֵר חִנָּם אֲנִי עָלָיו"**, **"שׁוֹמֵר שָׂכָר אֲנִי עָלָיו"**, **"שׁוֹאֵל אֲנִי עָלָיו"**, **וְנִשְׁבַּע** שלא גנבו **וְשׁוּב הוֹדָה** בגניבה; בכל המקרים האלה, **יָכוֹל** הייתי לחשוב **שֶׁיְּהֵא** הנשבע **חַיָּיב** משום שבועת כפירת ממון, **תַּלְמוּד לוֹמַר** — לכן, כדי ללמדנו שאין הדין כן, אמר הכתוב **"וְכִחֶשׁ בָּהּ"**, שמשמע **פְּרָט לְמוֹדֶה בָּעִיקָּר** — למעט מכלל החיוב אופן שמודה הנשבע בעיקר התביעה, כגון מקרים אלה שבהם הודה הנתבע לתובע שגוף השור הינו שלו, ולא הכחישו אלא לגבי מדת האחריות שהיתה לו על השור. לכאורה, מפורש בברייתא זו להיפך מדברי רבה!

משיב רבה:

אָמַר לֵיהּ רבה לרב עמרם: **תְּדוֹרָא** — אין לב[8]! **כִּי תַּנְיָא הַהִיא** — כאשר שנויה הברייתא ההיא, היינו באופן **דְּקָאָמַר לֵיהּ הֵילָךְ** — שאמר הגנב לתובע, בשעה שהודה לו שהשור שלו, "הילך!" ("הֵא לך!"), כלומר, שהיה השור לפניו ואמר לתובע שיטלנו ושהוא אינו מחזיק בו יותר. באופן זה נחשב הוא כמי שהחזיר באותה שעה את השור לתובע, וממילא אף לפי האמת שהיה השור גנוב בידו, לא היה חייב עוד באחריותו. נמצא, איפוא, שבשעה שנשבע שלא גנב, כבר לא היתה אפשרות שתגרום שבועתו לפטרו בשקר מממון, ולכן אינה מחייבתו משום שבועת כפירת ממון[9]. **כִּי קָאֲמִינָא** — ואילו כאשר אמרתי אני שכאשר מודה הגנב שהשור הוא של התובע אלא שנשבע שאינו גנוב בידו אכן מחייבתו שבועה זו משום שבועת כפירת ממון, היינו בכגון **דְּקַיְימָא בַּאֲגַם** — שהיה השור עומד במקום קנים וכדומה, כלומר, שלא היה תחת יד הגנב בכדי שיאמר לתובע "הילך!"[10]. באופן זה, אין הגנב יכול להיחשב כמי שהחזיר השור לתובע בשעה שהודה, ולכן נשאר השור באחריותו, ונמצא שבשעה שנשבע שלא גנב היתה האמת שאם שוב ייגנב ממנו השור (או ימות וכו׳) יצטרך לשלם דמים. מכיון שכן, אכן היתה באופן זה אפשרות שתגרום שבועתו לפטרו בשקר מממון, ולכן אומר אני שהינה מחייבתו משום שבועת כפירת ממון.

הגמרא דנה בגוף הברייתא שהביא רב עמרם, ומקשה על חלק מהאופנים שמזכירה הברייתא כדוגמאות למקרים שבהם נחשב הנתבע כמודה בעיקר התביעה:

כשאומר הנתבע לתובע: **"אַתָּה מְכַרְתּוֹ לִי", מַאי מוֹדֶה בָּעִיקָּר אִיכָּא** — איזו הודאה בעיקר התביעה יש כאן; הרי הוא טוען שהשור הינו שלו ולא של התובע?!

מתרצת הגמרא:

לֹא צְרִיכָא — לא הוצרכה הברייתא, כלומר, לא נאמרו דבריה אלא אודות אופן **דְּאָמַר לֵיהּ** הנתבע לתובע: **"לֹא נָתַתִּי לָךְ דָּמֵי** — טרם שלמתי לך כסף תמורת השור. **שְׁקִיל תּוֹרָךְ וְזִיל** — קח את שורך ולך!". כלומר, המקרה של "אתה מכרתו לי" היינו כשטוען הנתבע שלא גנב את השור, אלא לקחו ברצון התובע בתורת מקח על מנת שישלם לו, וכעת, הואיל ועדיין לא שילם, הריהו מחזירו לתובע ואומר לו "הרי הוא שלך; הילך!"[11].

עוד מקשה הגמרא:

כשאומר הנתבע: **"אַתָּה נְתַתּוֹ לִי"** או **"אָבִיךְ נְתָנוֹ לִי", מַאי מוֹדֶה בָּעִיקָּר אִיכָּא** — איזו הודאה בעיקר התביעה יש כאן; הרי הוא טוען שהשור הינו שלו ולא של התובע[12]?!

מתרצת הגמרא:

דברי הברייתא בזה נאמרו אודות מקרה **דְּאָמַר לֵיהּ** הגנב לתובע: **"עַל מְנָת דְּעָבִידְנָא לָךְ נְיַיח דְּנַפְשָׁא** — על מנת שאעשה לך נחת רוח נתת לי השור, **וְלֹא עָבְדִי לָךְ** — ולא עשיתי לך. **שְׁקִיל תּוֹרָךְ וְזִיל** — קח את שורך ולך!". כלומר, המקרים של "נתתו לי" או "אביך נתנו לי" עוסקים באופן שטוען הנתבע שלא גנב את השור אלא נתנוהו לו במתנה על מנת שיעשה לאב או לבן דבר מסויים שיניח את רוחם, והואיל ולא עשה כן אין המתנה קיימת, ואומר הוא על השור "הרי הוא שלך; קחנו!".

הערות

שמדובר באמורא הסובר בודאות שהודאה בעצם החיוב וכפירה בפרטי החיוב (כמו המודה לחבירו ששור מסויים שבידו הינו שלו, אך מתווכח עמו אם הוא גנוב אצלו או רק פקדון) נחשבת כפירת ממון. בסוגיא לעיל זוהי דעתו של רבה, ואילו לפי רבא יוצא שהדבר ספק לו.

7. הגמרא להלן תקשה שבארבעת מקרים אלה, כשטוען שקנה או קיבל במתנה את השור מהתובע או מאביו, לכאורה אינו מודה כלל שהשור הוא של הבעלים, ואין כאן הודאה בעיקר התביעה, אלא הכחשה גמורה היא (רש״י).

8. רש״י. יתכן שהכוונה היא שכינהו חסר לב כלומר שאין לו לב מבין, ויתכן שאמר לו שאין לבו מכוון לענין, כלומר שמחשבתו טרודה בענינים אחרים ואין לבו נתון לשמועה. בין כך ובין כך, אינו ברור מה יסוד המלה במשמעות זו. יש גורסים כאן "תרדא", ומפרשים שהוא מלשון ריר (רוק), ומציין שוטה שדרכו שרוקו נוזל על זקנו (רשב״א; ראה גם ערוך השלם, ערך תרר). ראה עוד מסורת הש״ס.

לביאור טעם שהשיב רבה לרב עמרם על קושיא זו — שלכאורה טובה היא — בדרך זלזול, ראה להלן הערה 11. וראה שו״ת חוות יאיר סימן קנב (הועתק בסוף ספר חפץ חיים) לענין היתר האמוראים לנקוט לשונות גנאי כלפי חבריהם.

9. ראה רש״י עם מהדורה בתרא; רשב״א.

10. ראה רשב״א; מגיד משנה הלכות גזילה ג, ה.

11. אמנם בדרך כלל משעשה לוקח מעשה קנין במקח, כגון משיכת הבהמה הנקנית, אינו יכול לחזור בו ולבטל את המקח אלא עליו לשלם את הדמים, מכל מקום מסתבר שבאופן המדובר יכול הנתבע לטעון שמכיון שהמוכר כופר עתה במכירה וטוען שהשור נגנב ממנו, הרי הוא חפץ בשור, ומכיון שעדיין לא שילם הלוקח הרי הוא מתרצה לו ונותנו לו כאילו נתבטל המקח (ראה רשב״א בתירוץ שני; ראה שם תירוץ ראשון; וראה עוד נתיבות המשפט קצ, ז).

התורת חיים מבאר שעל כרחנו הכוונה היא שאמר הגנב לבעל השור שהשור הינו כבר שלו ושיטלנו ("הילך!"), ונחשב הדבר כמי שהחזיר מיד את השור ואינו עוד באחריותו. כי באופן שאינו אומר לו אלא שעדיין לא שילם אך בינתים מחזיק הוא עוד בשור, הרי אפשר שעוד ישלם [ולדבריו השור עדיין קנוי לו], ונמצא שיש כאן כפירה בעיקר התביעה!

בכך מבאר התורת חיים מדוע השיב רבה לרב עמרם על קושייתו מהברייתא בזלזול, וקראו "תדורא". כי מתוך הברייתא עצמה מוכח שמדובר בה באופן שאמר הגנב "הילך!" ולא בסתם הודאה, שכן בחלק מהמקרים הנזכרים בברייתא — כגון כשאומר הנתבע "אתה מכרתו לי" — אם לא מדובר בהם באופן הנחשב כ"הילך!", יהיו אלה אופנים של כפירה בעיקר התביעה! ראה גם תוספות רי״ד.

12. ולגבי אופנים אלה, שטוען שהשור ניתן לו במתנה ולא במכר, לא שייך לתרץ "לא נתתי לך דמי" כדלעיל. אמנם, התירוץ ההוא שייך לגבי האופן של "אביך מכרו לי" כמו לגבי האופן של "אתה מכרתו לי", ובאמת, בגירסת הילקוט שמעוני (סוף פרשת ויקרא) ובכתבי יד של הגמרא, בקושיא הראשונה נזכרים שני האופנים — "אתה מכרתו לי, אביך מכרו לי, מאי מודה בעיקר איכא?", ותירוץ הגמרא דלהלן נאמר לגבי שניהם (ראה שינויי נוסחאות [פרנקל]).

עין משפט
נר מצוה

קלט א מיי׳ פ״ח מהל׳ שבועות הלכה ח:
קמ ב ג מיי׳ שם הלכה ט:
קמא ד ה ו ז מיי׳ שם הלכה י והל׳ יא:
קמב ח מיי׳ שם פ״י הלכה ה:
קמג ט מיי׳ פ״ג מהל׳ גזילה הלכה יד סמג עשין עג טוש״ע ח״מ סי׳ רלד סעיף א [רב אלפס כאן ובב״מ פ״א דף סג. ובפ״ג דף עט.]:
קמד י מיי׳ פ״ב מהל׳ טוען ונטען הלכה ב סמג עשין לה טוש״ע ח״מ סי׳ לב סעיף ב:
קמה כ ל מ טוש״ע שם סעיף ד עיין בב״י:

ליקוטי רש״י

תדורא. שוטה בהול [זבחים כה:] לשון אחר עגל [כריתות יח:]. המשביע עד אחד. וכפר פטור העד מקרבן שבועת העדות. דבר הגורם לממון כממון דמי. ועד גורם לממון הוא שאילו הוא העיד היה מחייבו שבועה ורוב בני אדם אין נשבעין לשקר והיה משלם [שבועות לב.]. ושכנגדו חשוד על השבועה. התובע שהנתבע שכנגדו חשוד על השבועה ונתחייב הנתבע שבועה מן התורה ע״י הודאה במקצת נשבע התובע ונוטל [שבועות מד:]. אחד שבועת העדות. בין שנחשד על שבועת העדות. ואחד שבועת הפקדון. בין שנחשד על שבועת הפקדון שכפר ונשבע על שקר. ואפילו שבועת שוא. שהוא רע לשמים עליה ולא לבריות אעפ״כ הוא נפסל על ידה לשבועה [שם מה.]. אשתמיטנא. לפי שברצונו היה מודה אלא שאין בידו לפרוע וסבר עד דהוי לי ופרענא. ולאו דעתיה למיגזליה אלא לאשתמוטי עביד [ב״מ ג: ה:]. הכופר במלוה. שבאו עדים והחזיקוהו בכפרן שהעידוהו שהוא חייב לו [ב״מ ה:]. בין על כולה בין על מקצת ובאו עדים והעידוהו עד שלא נשבע. כשר לעדות. ולא אמרינן גזלן הוא והתורה אמרה (שמות כג) אל תשת רשע עד דכיון דמלוה להוצאה נתנה דלמא צריך להוציאה וסבר יעד דהוה לי [זוזי] ופרענא ליה ואי מודינא ליה השתא יתבעני מיד [שם ד.] ולא אמרן חשיד אממונא הוא אלא אשתמוטי קמשתמיט ליה משום דמלוה להוצאה ניתנה ואין עכשיו בידו במה לפרוע [שבועות מ:].

ושמואל אמר לחיוב. תימה היכי מ״ל לחיוב דאם כן הויא ברייתא זו ואין נ״ל זו: **מאי** לאו עונש דממון. תימה בממון מה שייך לומר לא ענש אלא א״כ הזהיר דבשלמא בעונש שבועה דהיינו קרבן שייך דפסח ומילה ליכא קרבן משום דלית בהו לאו אע״ג דאיכא כרת:

כאן שהודה כאן שבאו עדים. ואיצטריך שתי אזהרות משום דעונשן אין שוין דבהודה שייך חומש ואשם ובעדים לא שייך אלא חיוב עונשין ומיהו תימה אמאי קאמר ברישא מוכחש עונש שמענו ובסיפא אומר מושבע על שקר דכיון דלא איירי אלא לאחר שבועה תרוייהו ה״ל למימר מושבע על שקר:

אחד שבועת העדות ואחד שבועת הפקדון. וא״ת אמאי לא חשיב שבועת מלוה וי״ל משום דשבועה במלוה לא כתיב אלא מפקדון אתיא: איתיביה

נשבע עליו מהו מי אמרינן כיון דאי מיגנב בעי שלומי ליה ממונא קא כפר ליה או דלמא השתא מיהת הא מנח ועפרא בעלמא הוא ולא כפר ליה ממונא מילתא דאיבעיא ליה לרבא פשיטא ליה לרבה דאמר רבה [א]שורי גנבת והוא אומר לא גנבתי מה טיבו אצלך שומר חנם אני עליו חייב שהרי פטר עצמו מגניבה ואבידה [ב]שומר שכר אני עליו חייב שהרי פטר עצמו משבורה ומתה [ג]שואל אני עליו חייב שהרי פטר עצמו ממתה מחמת מלאכה אלמא אע״ג דהא קאים כיון דאי מיגניב ממונא קא כפר השתא נמי ממונא קא כפר הכא נמי אף על גב דעפרא בעלמא הוא כיון דאי מיגניב בעי שלומי ליה ממונא מעליא השתא נמי ממונא קא כפר ליה יתיב (א) רבא וקאמר להא שמעתא איתיביה רב עמרם לרבא א) וכחש בה פרט למודה בעיקר כיצד שורי גנבת והוא אומר לא גנבתי מה טיבו אצלך אתה מכרתו לי אתה נתתו לי במתנה אביך מכרו לי אביך נתנו לי במתנה אחר פרתי רץ מאליו בא אצלי תועה בדרך מצאתיו שומר חנם אני עליו שומר שכר אני עליו שואל אני עליו ונשבע והודה יכול יהא חייב תלמוד לומר וכחש בה [ד]פרט למודה בעיקר א״ל תדורא כי תניא ההיא [ה]דקאמר ליה הילך כי קאמינא דקיימא באגם אתה מכרתו לי מאי מודה בעיקר איכא לא צריכא דא״ל [ו]לא נתתי לך דמי שקיל תורך וזיל אתה נתתו לי אביך נתנו לי מאי מודה בעיקר איכא דאמר ליה על מנת דעבידנא לך נייח דנפשא ולא עבדי לך שקיל תורך וזיל תועה בדרך מצאתיו לימא איבעי לך לאהדוריה לי אמר אבוה דשמואל [ז]באומר שבועה אבידה מצאתי ולא הייתי יודע שהיא שלך שאחזירנה לך תניא אמר בן עזאי ג׳ שבועות הן הכיר בה ולא במוצאה במוצאה ולא בה לא בה ולא במוצאה לא בה ולא במוצאה קושטא אשתבע אימא בה ובמוצאה למאי הלכתא רב אמי אמר רבי חנינא לפטור ושמואל אמר לחיוב ובפלוגתא דהני תנאי דתניא (א) [ח]המשביע עד אחד פטור ורבי אלעזר בר׳ שמעון מחייב במאי קא מיפלגי מר סבר ג) דבר הגורם לממון כממון דמי ומר סבר לאו כממון דמי אמר רב ששת [ט]הכופר בפקדון נעשה עליו גזלן וחייב באונסין ותנא תונא וכחש בה למדנו עונש אזהרה מנין תלמוד לומר ב) לא תכחשו מאי לאו לעונש ממון לא לעונש שבועה הא מדקתני סיפא (ב) ואישתבע מכלל דרישא דלא אישתבע דקתני סיפא ונשבע על שקר למדנו עונש אזהרה מנין ת״ל לא תשקרו ומדסיפא דאישתבע רישא דלא אישתבע אמרי אידי ואידי דאישתבע כאן שהודה כאן שבאו עדים אתו עדים חייב באונסין אודויי אודי חייב בקרן וחומש ואשם: מתיב רמי בר חמא ג) ושכנגדו חשוד על השבועה כיצד [י]אחד שבועת העדות ואחד שבועת הפקדון ואפילו שבועת שוא ואם איתא [כ]בכפירה הוא דאיפסיל ליה אמרי [ל]הכא במאי עסקינן דקאי באגם דלאו כפירה הוא דסבר אשתמיטנא ליה אדאזילנא ומייתינא ליה תדע ד) דאמר רב אידי בר אבין [מ]הכופר במלוה כשר לעדות בפקדון

נשבע עליו. לאחר שנאסר נשבע שאין אצלו ולא גזלו ממנו: מהו. מי אמרינן הא מנח ויכול לפטור בו את עצמו ואשתכח דלאו מידי כפריה: שומר חנם אני עליו. ונשבע והודה: חייב. קרבן שבועה אע״פ שהודה קודם שבועה בגוף הממון: שהרי פטר עצמו. בשבועה: מגניבה ואבידה. שאם היה נגנב ממנו משבועה ואילך היה נפטר בדברי שקר שהרי הוא עצמו גנבו וחייב בכל אונסין עד שיחזירנו: שואל פטור במתה מחמת מלאכה ומכחש בשר מחמת מלאכה דלמעבד מלאכה שייליה ולאו לאוקמה בכילתא: אע״ג דהא קאים. ומודה ליה בגויה והשתא איהו לא כפר מידי אפ״ה כיון דשמא סוף השבועה לבא לידי כפירת ממון חייב: הכא נמי. אע״ג דכפירה דתמן כהודאה הוא דהא עפרא בעלמא הוא כיון דשמא יאבד ויתחייב לו ממון ונמצא שתועיל לו שבועה זו להפטר חייב: אתה מכרתו. לקמן פריך מאי מודה בעיקר איכא: תועה בדרך מצאתיו. והביאותיו לבית: ה) תדורא. אין לב: הילך. וליכא למימר אילו מיגניב דהא קמיה קאי ושקיל ליה: איבעיא לך לאהדוריה נידלי. כשמצאתו לא היה לך לאוספו אל ביתך שהרי מכיר היית בו ואין לך גנב גדול מזה: שלש שבועות הן. בעדות אבידה שהשביע את העד אם ראית את אבידתי ואמר לאו ואח״כ הודה: הכיר בה ולא במוצאה. האבידה שאמר שראה אותה מהלכת ברשות אחרת ואינו יודע מי הוא או הודה שהכיר במוצאה ולא בה והיה לו לומר איש פלוני מצא אבידה ואיני יודע אם שלך הוא ובעד אחד קמיירי: לפטור. על כולן פטור העד: המשביע עד אחד. וכפר ואמר שבועה שאיני יודע לך עדות: פטור. העד מקרבן שבועת העדות דהא אי הוה מסהיד ליה לא הוה מחייב להיאך אלא שבועה ואע״ג דאיכא למימר דלמא לא משתבע גורם לממון פטור והני נמי גורם לממון נינהו: בה ולא במוצאה. אי הוה מסהיד ליה ראיתיה שנמצא בזוית פלוני ואיני יודע מי מצאה היה מחזר באותה שכונה עד שיודיעוהו ו) וכ״ש במוצאה ולא בה ז) [ומיהו ממון ממש לא מפסדו דאי נמי אסהידו ליה ראינו שמצא פלוני זה היה יכול לומר נאנסה ממני ופוטר עצמו משבועה]: הכופר בפקדון. ובאו עדים: נעשה עליו גזלן. משעת כפירה ואע״פ שלא נשבע ומכאן ואילך אין לו דין דשומר חנם אלא חייב באונסים אם יאנס: וכחש בה למדנו לעונש. דכתיב בתריה והשיב את הגזילה אלמא קמה ליה ברשותיה משעת וכחש על דעביד השבה וזהו עונשה: ה״ג מאי לאו עונש כפירה. כלומר עונש דמאי לאו דאיענש אכפירה אף על גב דלא אשתבע: לא עונש שבועה. האי עונש דענשיה קרא להתחייב באונסין משום שבועת שקר היא אבל אי לא אשתבע לא: ונשבע על שקר למדנו לעונש. דכתיב בתריה חומש ואשם: ת״ל לא תשקרו. דהיינו אזהרת שבועת שקר דסמיך ליה לא תשבעו בשמי לשקר ומלא תשקרו נפקא לן דבשבועת כפירת ממון משתעי כדכתיב איש בעמיתו כמו וכחש בעמיתו בפקדון: כאן שהודה. בסיפא כשהודה שיש חומש ואשם: ושכנגדו חשוד. במסכת שבועות (דף מד:) גבי ואלו נשבעין ונוטלין דזה אחד מהן מי שהיה לו חבירו חייב שבועה והוא חשוד על השבועה שנמצא שקרן בשבועתו שכנגדו נשבע ונוטל: אחד. שנחשד על שבועת העדות: ואחד. ח) שנשבע על שבועת הפקדון שראוהו שנשבע לשקר ואפילו לא נחשד אלא לשבועת שוא שאין בה כפירת ממון ורע לשמים הוא ולא רע לבריות נפסל לשבועת ממון: ואם איתא. לרב ששת דמשעת כפירתו נעשה גזלן למה לי למתנייה גבי הנך דמשמע דלא אפסיל עד שעת שבועה כי הנך הא משעת כפירה אפסיל ליה משום דהוי גזלן: דקאי באגם. וכי אמר רב ששת כגון דאמרי סהדי דכי כפר ליה בידיה נקט ליה ט) (תדע) דהיכא דאיכא למימר לאשתמוטי איכון עד דמייתי ליה לא מפסיל בלא שבועה: דאמר רב אידי הכופר במלוה. ולא נשבע ובאו עדים כשר לעדות דמלוה להוצאה ניתנה ואינה עכשיו בידו ורוצה לדחותו עד שתשיג ידו: בפקדון

מסורת הש״ס

א) שבועות לב., ב) [לעיל עא: לא: פסחים ה: וש״נ], ג) שבועות מד:, ד) שבועות מ: ב״מ ד. ה: [ע״ש], ה) ס״א תרדא משועמם [וכן פי׳ רש״י בב״מ כ: וע׳ פרש״י כריתות יח: ובזבחים כה:], ו) ס״א כ״ש בה ובמוצאה, ז) ס״א, ח) נ״ל שנחשד, ט) רש״ל מוחק זה.

הגהות הב״ח

(א) גמ׳ יתיב רבה וקאמר וכו׳ רב עמרם לרבה: (ב) שם מדקתני סיפא דאישתבע:

תורה אור השלם

א) אוֹ מָצָא אֲבֵדָה וְכִחֶשׁ בָּהּ וְנִשְׁבַּע עַל שָׁקֶר עַל אַחַת מִכֹּל אֲשֶׁר יַעֲשֶׂה הָאָדָם לַחֲטֹא בָהֵנָּה: [ויקרא ה, כב]

ב) לֹא תִּגְנֹבוּ וְלֹא תְכַחֲשׁוּ וְלֹא תְשַׁקְּרוּ אִישׁ בַּעֲמִיתוֹ: [ויקרא יט, יא]

הגמרא מקשה על אופן נוסף שמזכירה הברייתא:

כשאומר הגנב לתובע: ״**תּוֹעֶה בַּדֶּרֶךְ מְצָאתִיו**, והבאתיו לביתי״, **לֵימָא** — יאמר לו התובע: ״**אִיבָּעֵי לָךְ לְאַהֲדוּרֵיהּ לִי** — היה לך להשיבו לי! כשמצאת את השור, הואיל והיית מכיר בו שהוא שלי, לא היה לך לאספו לביתך, ובעשותך כן נמצאת גונבו!״[13]. הרי אין זו הודאה בעיקר התביעה וכפירה בפרטי האחריות, אלא זוהי הודאה גמורה בתביעה ואין כאן כפירה כלל[14]!

מתרצת הגמרא:

אָמַר אֲבוּהַ (אביו) **דִּשְׁמוּאֵל**: דברי הברייתא עוסקים **בְּ**מקרה **שאוֹמֵר** הגנב: ״**שְׁבוּעָה שֶׁאֲבֵידָה מְצָאתִי, וְלֹא הָיִיתִי יוֹדֵעַ שֶׁהִיא שֶׁלְּךָ שֶׁאַחֲזִירֶנָּה לָךְ**״. לפי טענתו זו, לא היה באסיפתו אל ביתו משום גניבה.

אגב הזכרת מקרה שנשבע אדם אודות אבידה, מביאה הגמרא ברייתא העוסקת בענין שבועה אודות ראיית אבידה:

תַּנְיָא בברייתא בענין שבועת העדות אודות אבידה[15]: **אָמַר בֶּן עַזַּאי: שָׁלֹשׁ שְׁבוּעוֹת הֵן** — יש שלשה אופנים שישבע אדם לחבירו שאינו יודע לו עדות על בהמתו האבודה שנמצאה, ואחר כך יודה שהיתה זו שבועת שקר[16]: אופן אחד, **שהִכִּיר בָּהּ וְלֹא בְּמוֹצְאָהּ** — ראה העד את הבהמה מהלכת באיזו רשות [של אדם שמצאה], אך לא היה יודע מי הוא שמצאה[17]; אופן שני, שהכיר **בְּמוֹצְאָהּ וְלֹא בָּהּ** — ראה העד אדם מסויים שמצא בהמה, אך לא היה העד יודע שהיא בהמתו של התובע[18]; אופן שלישי, שלא הכיר **לֹא בָּהּ וְלֹא בְּמוֹצְאָהּ** — לא ראה שנמצאה שום בהמה על ידי שום אדם[19].

הגמרא תמהה על המקרה האחרון של הברייתא:

כאשר לא הכיר **לֹא בָּהּ וְלֹא בְּמוֹצְאָהּ**; וכי זהו אופן של שבועת שקר אודות אבידה? **קוּשְׁטָא אִשְׁתַּבַּע** — הרי הוא נשבע באמת!

הגמרא מגיהה בלשון הברייתא:

אֵימָא — אמור בגירסת הברייתא, שהאופן השלישי הוא כשהכיר **בָּהּ וּבְמוֹצְאָהּ** — ראה שפלוני מצא בהמה וגם ידע שהיא בהמתו של המשביעו.

שואלת הגמרא:

לְמַאי הִלְכְתָא — ללמד איזה דין נאמרו דברי בן עזאי; האם התכוון ללמד שיש באופנים אלה חיוב משום שבועת העדות או ללמד בהם פטור?

הגמרא מביאה מחלוקת בדבר:

רַב אַמִי אָמַר בשם **רַבִּי חֲנִינָא:** דברי בן עזאי נאמרו **לִפְטוּר** — ללמד שבכל האופנים האלה פטור העד מקרבן שבועת העדות[20]. **וּשְׁמוּאֵל אָמַר:** דברי בן עזאי נאמרו **לְחִיּוּב** — ללמד שיש באופנים אלה חיוב קרבן שבועת העדות[21].

הגמרא מבארת את טעמי שתי הדעות:

וּבִפְלוּגְתָּא דְּהָנֵי תַּנָּאֵי — שתי הדעות תלויות במחלוקת התנאים האלה, **דְּתַנְיָא** בברייתא בענין שבועת העדות: **הַמַּשְׁבִּיעַ עֵד אֶחָד** — המבקש מעד יחיד להעיד לו שחבירו חייב לו ממון, ואמר העד שאינו יודע לו עדות ונשבע על כך, ושוב הודה שאכן יודע הוא לו עדות, הרי העד **פָּטוּר** מקרבן שבועת העדות, כי בהיותו יחיד, גם אילו היה מעיד לא היה מחייב את הנתבע אלא שבועה, ואילו חיוב קרבן משום שבועת העדות נאמר באופן שאילו היה העד מעיד היה מחייב את הנתבע ממון, והיינו כאשר יש עמו עד נוסף[22]. **וְרַבִּי אֶלְעָזָר בְּרַבִּי שִׁמְעוֹן מְחַיֵּיב** את העד היחיד קרבן שבועת העדות, הואיל ואילו היה מעיד ומחייב את הנתבע שבועה, אפשר שלא היה הנתבע נשבע ואז היה חייב לשלם ממון[23]. עד כאן הברייתא, וביאור המחלוקת

הערות

13. רש״י. ועל כל פנים, משהיו הבעלים מחזרים אחרי השור ושואלים אודותיו לא היה לו לשתוק, אלא היה לו להודיעם שהשור בביתו (ראב״ד; רשב״א).

14. תוספות רי״ד. ואם נשבע הגנב על טענה זו יהא פטור משום שבועת כפירת ממון גם בלא הדין המיוחד של ״וְכִחֶשׁ בָּהּ״, פרט למודה בעיקר״ (ראה שם).

15. ״שבועת העדות״ היינו שבועה שנשבע אדם לחבירו שאינו יודע עדות מסויימת הראויה להועיל לו בדבר ממוני. התורה אומרת שאם נשבע אדם כך לשקר, ולאחר מכן הודה, הריהו חייב להביא קרבן חטאת (ראה ויקרא ה, א-טו; שבועות פרק רביעי). ברייתא זו עוסקת באדם הנשבע בשקר לחבירו שאינו יודע דבר אודות מקום הימצא בהמתו האבודה (רש״י).

16. כלומר, לשון ״שלש שבועות״ אין כוונתה שיש שלשה אופני שבועה. אלא, יש אופן אחד של שבועה — שנשבע שלא ראה את הבהמה האבודה — והברייתא מבארת שהשקר שבשבועה יתכן להיות בשלשה אופנים.

לקמן נחלקים אמוראים בכוונת בן עזאי, אם הוא בא ללמד שיש באופנים אלה [או בחלקם — ראה הערה 18] חיוב משום שבועת העדות (דעת שמואל), או אם הוא בא ללמד שאין באופנים אלה חיוב (דעת רבי חנינא).

17. רש״י; אך ראה הערה הבאה בשם רמ״ה. היינו, בשעה שראה את הבהמה לא ידע מי הוא בעל אותה רשות [שמצא את הבהמה ואספה אליו], או שידע באותה שעה אלא שכאשר ביקשו בעל הבהמה להעיד בדבר כבר לא היה זוכר ברשות מי ראה אותה.

ראה הערה הבאה לביאור כיצד שייך לדון באדם זה משום שבועת העדות מחמת ידיעה זו, כיון שלכאורה לא היתה יכולה להועיל בתורת עדות.

18. רש״י. דהיינו, העד ראה ששמעון מצא בהמה, אלא שלא ידע של מי היא.

לגבי שני אופנים אלה, ״הכיר בה ולא במוצאה״ ו״במוצאה ולא בה״, לכאורה לא היתה עדות אדם זה יכולה להועיל כלום בבית דין, כיון שאינו יודע לומר מי הוא המוצא או אינו יודע איזו בהמה נמצאה, ובכן קשה להבין כיצד יתכן לדון לגבי מקרים אלה משום שבועת העדות. הרא״ש (מובא בשיטה מקובצת) מקשה שאף אם יצוייר שעל ידי צירוף עדות אחרת תועיל עדות אדם זה, מכל מקום מכיון שעדות זו כשלעצמה רחוקה מאוד מלהועיל בבית דין, בודאי לא יתכן לחייב אדם זה משום שבועת העדות. ואמנם, דעת הרא״ש היא שלגבי שני האופנים הראשונים הכל מודים שלא בא בן עזאי ללמד בהם חיוב משום שבועת העדות, אלא דוקא לגבי המקרה השלישי יש שסובר כן.

אך מדברי רש״י (ד״ה בה ולא במוצאה) משמע דבר מחודש: שיש מקום לחייב בשני אופנים אלה משום שבועת העדות לפי שהיתה העדאת ה״עד״ יכולה לסייע לבעל השור למצוא את שורו, אף שלא היתה עדותו יכולה להועיל בבית דין. רש״י מבאר שבמקרה שראה ה״עד״ את הבהמה באיזו רשות ואינו יודע של מי היא, היה לו להודיע לבעל הבהמה באיזה אזור ראה אותה, כי על ידי כך היה הוא הולך שם ומברר אצל מי היא. וכל שכן במקרה שראה ה״עד״ שאדם פלוני מצא בהמה כלשהי, היה לו להודיע לבעל הבהמה — כאשר שאל אותו אם יודע דבר אודות בהמתו האבודה — שפלוני מצא בהמה, והיה הוא הולך אליו ומברר אם זוהי בהמתו. נראה שדעת רש״י היא שחיוב קרבן משום שבועת העדות נאמר בכל אופן שידע הנשבע דבר העשוי לסייע לחבירו להציל את ממונו, ולא רק ביודע עדות שראויה להועיל בבית דין (חתם סופר, חושן משפט לד; וראה עוד חידושי חתם סופר לשבועות לא, ב - לב, א; אך ראה מהרש״ל).

אולם הרמ״ה מפרש את שני האופנים האלה כעוסקים במקרים שהיתה עדות האדם יכולה להועיל בבית דין. לדבריו, ״הכיר בה ולא במוצאה״ פירושו שיודע העד ששור מסויים שביד אדם פלוני הוא שור שהיה של התובע (״הכיר בה״), אך אינו יודע אם הגיע השור ליד אותו פלוני בדרך מציאה או בדרך מקח (״ולא במוצאה״). עדותו יכולה להועיל במקרה שבעל השור תובע את שורו מאותו פלוני, והוא משיבו שמעולם לא היה שור זה שלו. ו״הכיר במוצאה ולא בה״ פירושו שיודע על שור מסויים שבא ליד פלוני כמציאה (״הכיר במוצאה״), אך אינו יודע של מי היה השור (״ולא בה״). עדותו יכולה להועיל במקרה שבעל השור תובע את שורו מאותו פלוני, והוא משיבו ״לא מצאתיה אלא אתה מכרתו לי״.

19. מיד תשאל הגמרא שבמקרה זה שבועתו שאינו יודע דבר אודות שורו של התובע, שבועת אמת היא!

20. רש״י. טעם שיטה זו יבואר בגמרא בסמוך.

21. מדברי רש״י (ד״ה בה) נראה שלפי שמואל מלמד בן עזאי חיוב קרבן בכל שלשת האופנים שהזכיר (שיטה מקובצת בשם הרא״ש), וכן דעת רמ״ה וראב״ד (בשיטה מקובצת). אולם דעת הרא״ש (שם) היא שכוונת שמואל היא שבן עזאי בא ללמד שיש חיוב קרבן שבועת העדות באחד מהאופנים, דהיינו באופן האחרון, אך לגבי שני האופנים הראשונים מודה שמואל שאין חיוב קרבן שבועת העדות — ראה לעיל הערה 18.

22. עד אחד המעיד שחייב אדם ממון, אין עדותו מועילה לחייבו בממון, אך הטילה עליו התורה להישבע להכחיש את העד (ראה כתובות פז, ב; שבועות מ, א). ואף על פי שהדין הוא שמשנתחייב אדם שבועה, אזי כל שאינו נשבע, בין משום שאינו רוצה ובין משום שאינו יכול (כגון שהוא בחזקת חשוד לשקר) חייב הוא לשלם (ראה שם לב, ב), ונמצא שאף כשמעיד עד אחד יתכן שלא ישבע הנתבע אלא ישלם, סובר תנא זה שלא די בכך לחייב את העד משום שבועת העדות, כפי שיתבאר (רש״י).

23. ראה הערה הקודמת. רבי אליעזר סובר שאף אפשרות שהיתה עדות **גורמת**

נשבע עליו מהו מי אמרינן כיון דאי מיגנב בעי שלומי ליה ממונא קא כפר ליה או דלמא השתא מיהת הא מנח ועפרא בעלמא הוא ולא כפר ליה ממונא מילתא דאיבעיא ליה לרבא פשיטא ליה לרבה דאמר רבה [א] שורי גנבת והוא אומר לא גנבתי מה טיבו אצלך שומר חנם אני עליו חייב שהרי פטר עצמו מגניבה ואבידה [ב] שומר שכר אני עליו חייב שהרי פטר עצמו משבורה ומתה [ג] שואל אני עליו חייב שהרי פטר עצמו ממתה מחמת מלאכה אלמא אע"ג דהא קאים כיון דאי מיגניב ממונא קא כפר השתא נמי ממונא קא כפר הכא נמי אף על גב דעפרא בעלמא הוא כיון דאי מיגניב בעי שלומי ליה ממונא מעליא השתא נמי ממונא קא כפר ליה יתיב (א) רבא וקאמר להא שמעתא איתיביה רב עמרם לרבא א) וכחש בה פרט למודה בעיקר כיצד שורי גנבת והוא אומר לא גנבתי מה טיבו אצלך אתה מכרתו לי אתה נתתו לי במתנה אביך מכרו לי אביך נתנו לי במתנה אחר פרתי רץ מאליו בא אצלי תועה בדרך מצאתיו שומר חנם אני עליו שומר שכר אני עליו שואל אני עליו ונשבע והודה יכול יהא חייב תלמוד לומר וכחש בה [ד] פרט למודה בעיקר א"ל תדורא כי תניא ההיא [ה] דקאמר ליה הילך כי קאמינא דקיימא באגם אתה מכרתו לי מאי מודה בעיקר איכא לא צריכא דא"ל [ו] לא נתתי לך דמי שקיל תורך וזיל אתה נתתו לי וזיל אביך נתנו לי מאי מודה בעיקר איכא דאמר ליה על מנת דעבידנא לך נייח דנפשא ולא עבדי לך שקיל תורך וזיל תועה בדרך מצאתיו לימא איבעי לך לאהדוריה לי אמר אבוה דשמואל [ז] באומר שבועה אבידה מצאתי ולא הייתי יודע שהיא שלך שאחזירנה לך תניא אמר בן עזאי ג' שבועות הן הכיר בה ולא במוצאה במוצאה ולא בה לא בה ולא במוצאה לא בה ולא במוצאה קושטא אשתבע אימא בה ובמוצאה למאי הלכתא רב אמי אמר רבי חנינא לפטור ושמואל אמר לחיוב ובפלוגתא דהני תנאי דתניא [ח] המשביע עד אחד פטור ורבי אלעזר בר' שמעון מחייב במאי קא מיפלגי מר סבר ג) דבר הגורם לממון כממון דמי ומר סבר לאו כממון דמי אמר רב ששת [ט] הכופר בפקדון נעשה עליו גזלן וחייב באונסין ותנא תונא וכחש בה למדנו עונש אזהרה מנין תלמוד לומר ב) לא תכחשו מאי לאו לעונש ממון לא לעונש שבועה הא מדקתני סיפא (ב) ואישתבע מכלל דרישא דלא אישתבע דקתני סיפא ונשבע על שקר למדנו עונש אזהרה מנין ת"ל לא תשקרו ומדסיפא דאישתבע רישא דלא אישתבע אמרי אידי ואידי דאישתבע כאן שהודה כאן שבאו עדים אתו עדים חייב באונסין אודויי אודי חייב בקרן וחומש ואשם: מתיב רמי בר חמא ג) ושכנגדו חשוד על השבועה כיצד [י] אחד שבועת העדות ואחד שבועת הפקדון ואפילו שבועת שוא ואם איתא [כ] בכפירה הוא דאיפסיל ליה אמרי [ל] הכא במאי עסקינן דקאי באגם דלאו כפירה הוא דסבר אשתמיטנא ליה אדאזילנא ומייתינא ליה תדע ד) דאמר רב אידי בר אבין [מ] הכופר במלוה כשר לעדות

בפקדון

רש"י

נשבע עליו. לאחר שנאסר נשבע שאין אצלו ולא גזלו ממנו: מהו. מי אמרינן הא מנח ויכול לפטור בו את עצמו והשתכח דלאו מידי כפריה: שומר חנם אני עליו. ונשבע והודה: חייב. קרבן שבועה אע"פ שהודה קודם שבועה בגוף הממון: שהרי פטר עצמו. בשבועה: מגניבה ואבידה. שאם היה נגנב ממנו משבועה ואילך היה נפטר בדברי שקר שהרי הוא עצמו גנבו וחייב בכל אונסין עד שיחזירנו: שואל. פטור במתה מחמת מלאכה ומכחש בשר מחמת מלאכה דלמעבד מלאכה שייליה ולאו לאוקמה בכילתא: אע"ג דהא קאים. ומודה ליה בגויה והשתא איהו לא כפר מידי אפ"ה כיון דשמא סוף השבועה לבא לידי כפירת ממון חייב: הכא נמי. אע"ג דכפירה דחמן כהודאה הוא דהא עפרא בעלמא הוא כיון דשמא יאבד ויתחייב לו ממון ונמצא שתועיל לו שבועה זו להפטר חייב: אתה מכרתו. לקמן פריך מאי מודה בעיקר איכא: תועה בדרך מצאתיו. והביאותיו לבית: ה) תדורא. אין לב: הילך. וליכא למימר אילו מיגניב דהא קמיה קאי ושקיל ליה: איבעיא לך לאהדוריה ניהלי. כשמצאתו לא היה לך לאוספו אל ביתך שהרי מכיר היית בו ואין לך גנב גדול מזה: שלש שבועות הן. בעדות אבידה שהשביע את העד אם ראית את אבידתי ואמר לאו ואח"כ הודה: הכיר בה ולא במוצאה. האבידה שאמר שראה אותה מהלכת ברשות אחרת ואינו יודע מי הוא או הודה שהכיר במוצאה ולא בה והיה לו לומר איש פלוני מצא אבידה ואיני יודע אם שלך הוא ובעד אחד קמיירי: לפטור. על כולן פטור העד: המשביע עד אחד. וכפר ואמר שבועה שאיני יודע לך עדות: פטור. העד מקרבן שבועת העדות דהא אי הוה מסהיד ליה לא הוה מחייב להיאך אלא שבועה ואע"ג דאיכא למימר דלמא לא משתבע גורם לממון פטור והני נמי גורם לממון נינהו: בה ולא במוצאה. אי הוה מסהיד ליה ראיתיה שנמצא בזוית פלוני ואיני יודע מי מצאה היה מחזר באותה שכונה עד שיודיעוהו ו) וכ"ש במוצאה ולא בה ז) [ומיהו ממון ממש לא מפסדו דאי נמי אסהידו ליה ראינו שמצא פלוני זה היה יכול לומר נאנסה ממני ופוטר עצמו משבועה]: הכופר בפקדון. ובאו עדים: נעשה עליו גזלן. משעת כפירה ואע"פ שלא נשבע ומכאן ואילך אין לו דין דשומר חנם אלא חייב באונסים אם יאנס: וכחש בה למדנו לעונש. דכתיב בתריה והשיב את הגזילה אלמא קמה ליה ברשותיה משעת וכחש עד דעביד השבה וזהו עונשה: ה"ג מאי לאו עונש כפירה. כלומר עונש דמאי לאו דאיענש אכפירה אף על גב דלא אשתבע: לא עונש שבועה. האי עונש דענשיה קרא להתחייב באונסין משום שבועת שקר היא אבל אי לא אשתבע לא: ונשבע על שקר למדנו לעונש. דכתיב בתריה חומש ואשם: ת"ל לא תשקרו. דהיינו אזהרת שבועת שקר דסמיך ליה לא תשבעו בשמי לשקר ולא תשקרו נפקא לן דבשבועת כפירת ממון משתעי כדכתיב איש בעמיתו כמו וכחש בעמיתו בפקדון: כאן שהודה. בסיפא כשהודה שיש חומש ואשם: ושכנגדו חשוד. במסכת שבועות (דף מד:) גבי ואלו נשבעין ונוטלין דזה אחד מהן מי שהיה לו חבירו חייב שבועה והוא חשוד על השבועה שנמצא שקרן בשבועתו שכנגדו נשבע ונוטל: אחד. שנחשד על שבועת העדות: ואחד. ח) שנשבע על שבועת הפקדון שראיוהו שנשבע לשקר ואפילו לא נחשד אלא לשבועת שוא שאין בה כפירת ממון ורע לשמים הוא ולא רע לבריות נפסל לשבועת ממון: ואם איתא. לרב ששת דמשעת כפירתו נעשה גזלן למה לי למתנייה גבי הנך דמשמע דלא אפסיל עד שעת שבועה כי הנך הא משעת כפירה אפסיל ליה משום דהוי גזלן: דקאי באגם. וכי אמר רב ששת כגון דאמרי סהדי דכי כפר ליה בידיה נקט ליה ט) (תדע) דהיכא דאיכא למימר לאשתמוטי איכוין עד דמייתי ליה לא מפסיל בלא שבועה: דאמר רב אידי הכופר במלוה. ולא נשבע ובאו עדים כשר לעדות דמלוה להוצאה ניתנה ואינה עכשיו בידו ורוצה לדחותו עד שתשיג ידו:

בפקדון

תוספות

ושמואל אמר לחיוב. תימה היכי הויא ברייתא זו ואין נ"ל זו: מאי לאו עונש דממון. תימה בממון מה שייך לומר לא ענש אלא א"כ הזהיר דבשלמא בעונש שבועה דהיינו קרבן שייך דבפסח ומילה ליכא קרבן משום דלית בהו לאו אע"ג דאיכא כרת:

כאן שהודה כאן שבאו עדים. ואיצטריך שתי אזהרות משום דעונשן אין שוין דבהודה שייך חומש ואשם ובעדים לא שייך אלא חיוב עונשין ומיהו תימה אמאי קאמר ברישא מוכחש עונש שמענו ובסיפא אומר מושבע על שקר דכיון דלא איירי אלא לאחר שבועה תרוייהו ה"ל למימר מושבע על שקר:

אחד שבועת העדות ואחד שבועת הפקדון. וא"ת אמאי לא חשיב שבועת מלוה וי"ל משום דשבועה במלוה לא כתיב אלא מפקדון אתיא:

איתיביה

עין משפט נר מצוה

קלט א מיי' פ"ח מהל' שבועות הלכה ח:

קמ ב ג מיי' שם הלכה ט:

קמא ד ה ו ז מיי' שם הלכה י והל' יא:

קמב ח מיי' שם פ"י הלכה ה:

קמג ט מיי' פ"ג מהל' גזילה הלכה יד סמג עשין עג טוש"ע ח"מ סי' רלד סעיף א [רב אלפס כאן ובב"מ פ"א דף סג. ובפ"ג דף עט.]:

קמד י מיי' פ"ב מהל' טוען ונטען הלכה ב סמג עשין לה טוש"ע ח"מ סי' לב סעיף ב:

קמה כ ל מ טוש"ע שם סעיף ד עיין בב"י:

ליקוטי רש"י

תדורא. שוטה בהול [זבחים כה:] לשון אחר עגל [כריתות יט:]. המשביע עד אחד. וכפר פטור העד מקרבן שבועת העדות. דבר הגורם לממון כממון דמי. ועד גורם לממון הוא שאילו הוא העיד היה מחייבו שבועה ורוב בני אדם אין נשבעין לשקר והיה משלם [שבועות לב.]. ושכנגדו חשוד על השבועה. התובע שהנתבע שכנגדו חשוד על השבועה ונתחייב הנתבע שבועה מן התורה ע"י הודאה במקצת נשבע התובע ונוטל [שבועות מד:]. אחד שבועת העדות. בין שנחשד על שבועת העדות. ואחד שבועת הפקדון. בין שנחשד על שבועת הפקדון שכפר ונשבע על שקר. ואפילו שבועת שוא. שהוא רע לשמים עליה ולא לבריות אעפ"כ הוא נפסל על ידה לשבועה [שם מה.]. אשתמיטנא. לפי שבלבו היה מודה אלא שאין בידו לפרוע וסבר עד דהוי לי ופרענא. ולאו דעתיה למיגזליה אלא לאשתמוטי עביד [ב"מ ג: ה:]. הכופר במלוה. שבאו עדים והחזיקוהו בכפרן שהעידוהו שהוא חייב לו [ב"מ ה:]. בין על כולה בין על מקצת ובאו עדים והעידוהו עד שלא נשבע. כשר לעדות. ולא אמרינן גזלן הוא והתורה אמרה (שמות כג) אל תשת רשע עד דכיון דמלוה להוצאה נתנה דלמא צריך להוציאה וסבר עד דהוה לי [זוזי] ופרענא ליה ואי מודינא ליה השתא יתבעני מיד [שם ד.] ולא אמרן חשיד אממונא הוא אלא אשתמוטי קמשתמיט ליה משום דמלוה להוצאה ניתנה ואין עכשיו בידו במה לפרוע [שבועות מ:].

מסורת הש"ס

א) שבועות לב., ב) [לעיל עא: לח: פסחים ה: וש"נ], ג) שבועות מד:, ד) שבועות מ: ב"מ ד. ה: [ע"ש], ה) ס"א תרדא משועמם [וכן פי' רש"י בב"מ כ: וע' פרש"י כריתות יט: ובזבחים כה:], ו) ס"א כ"ש בה ובמוצאה, ז) ס"א, ח) נ"ל שנחשד, ט) רש"ל מוחק זה.

הגהות הב"ח

(א) גמ' יתיב רבה וקאמר וכו' רב עמרם לרבה: (ב) שם מדקתני סיפא דאישתבע:

תורה אור השלם

א) אוֹ מָצָא אֲבֵדָה וְכִחֶשׁ בָּהּ וְנִשְׁבַּע עַל שָׁקֶר עַל אַחַת מִכֹּל אֲשֶׁר יַעֲשֶׂה הָאָדָם לַחֲטֹא בָהֵנָּה: [ויקרא ה, כב]

ב) לֹא תִּגְנֹבוּ וְלֹא תְכַחֲשׁוּ וְלֹא תְשַׁקְּרוּ אִישׁ בַּעֲמִיתוֹ: [ויקרא יט, יא]

הוא זה: **בְּמַאי קָא מִיפַּלְגֵי** — במה נחלקו תנא קמא ורבי אלעזר ברבי שמעון? **מַר** — רבי אלעזר ברבי שמעון **סָבַר דָּבָר הַגּוֹרֵם לְמָמוֹן כְּמָמוֹן דָּמֵי** — דבר הגורם לחיוב ממון נחשב בשל כך כממון בעצמו, ולכן עדות של יחיד, הואיל ואפשר שתגרום שישלם הנתבע ממון, הרי היא נחשבת כעדות ממון ונוהג בה חיוב משום שבועת העדות. **וּמַר** — תנא קמא של הברייתא **סָבַר** דבר הגורם לחיוב ממון **לַאו כְּמָמוֹן דָּמֵי** — אינו נחשב בשל כך כממון בעצמו, ולכן עדות של יחיד, הואיל ואינה מחייבת בעצמותה ממון כי אם שבועה, אינה נחשבת כעדות ממון, ומשום כך אין נוהג בה חיוב משום שבועת העדות[24]. גם דעות שמואל ורבי חנינא בשיטת בן עזאי תלויות בדבר זה, ששמואל (האומר שבן עזאי מלמד חיוב משום שבועת העדות בעד הנשבע שאינו יודע דבר אודות בהמת חבירו שנאבדה) סובר שדבר הגורם לממון נחשב כממון, ולכן העדות שיכול היה העד להעיד אודות הבהמה האבודה נחשבת עדות ממון, הואיל ואפשר היה שעל ידה יקבל המאבד את בהמתו. ואילו רבי חנינא (האומר שבן עזאי מלמד פטור) סובר שדבר הגורם לממון אינו נחשב כממון, ולכן העדות שיכול היה העד להעיד אודות הבהמה האבודה אינה נחשבת עדות ממון, הואיל ולא היתה מחייבת את המוצא להשיב את הבהמה למאבד[25].

הגמרא מביאה הוראת אמורא בענין שומר פקדון המכחש במפקיד:

אָמַר רַב שֵׁשֶׁת: הַכּוֹפֵר בְּפִקָּדוֹן — שומר פקדון המכחש בו[26], **נַעֲשָׂה עָלָיו גַּזְלָן** — נעשה גזלן על הפקדון מיד משכפר, אף בלא שישבע[27], **וְחַיָּיב** הוא מעתה **בְּאוֹנָסִין** — אחראי הוא להשיב את החפץ או את דמיו אף אם אירע בו אונס, כי אינו עוד לגביו שומר חנם או שומר שכר וכו׳ הפטורים באונסים, אלא הינו מעתה גזלן לגביו, וגזלן אינו נפטר לעולם עד שמשיב[28]. **וְתָנָא תּוּנָא** — והתנא שלנו מסייע לדברי, שכך שנה בברייתא[29]: כתוב בתורה לגבי שומר הכופר בפקדונו: "**וְכִחֶשׁ בָּהּ**" (ויקרא ה, כב: "אוֹ מָצָא אֲבֵדָה וְכִחֶשׁ בָּהּ וְנִשְׁבַּע עַל שָׁקֶר וגו׳ "). **לָמַדְנוּ** אודותיו **עוֹנֶשׁ,** שנאמר (שם כג) "וְהֵשִׁיב אֶת הַגְּזֵלָה... אוֹ אֶת הַפִּקָּדוֹן... אוֹ אֶת הָאֲבֵדָה...", והיינו ענשו, שהטיל עליו הכתוב לקיים השבה על כל פנים, ונמצא שאינו נפטר מאחריות החפץ אפילו אם הוא נאנס; **אַזְהָרָה מִנַּיִן** — היכן מזהיר הכתוב שלא לכפור בפקדון[30]? **תַּלְמוּד לוֹמַר** — ללמדנו אזהרה על כך אמר הכתוב (שם יט, יא): "**לֹא תְכַחֲשׁוּ**" (עד כאן הברייתא). **מַאי לַאו** — האם אין כוונת הברייתא, בדברה על "עונש" חיוב אחריות אונסים, **לְעוֹנֶשׁ מָמוֹן,** כלומר, לעונש המוטל על השומר משום חטא הממון שלו, דהיינו משום עצם כפירתו בפקדון, אף בלא שבועת שקר[31]?

הגמרא דוחה:

לֹא! אין הכרח להניח שכוונת הברייתא היא ל"עונש ממון", לומר שחיוב אחריות אונסים מוטל עקב הכפירה לבד אף בלא שבועה, אלא יש לומר שכוונתה היא **לְעוֹנֶשׁ שְׁבוּעָה,** כלומר, לעונש המוטל

הערות

להוצאת ממון, אף שלא היתה מחייבתו באופן ישיר, די בה בכדי שיהא שייך בעד חיוב משום שבועת העדות.

24. ראה רש"י ד"ה פטור. [מחלוקת תנאים אם "דבר הגורם לממון כממון דמי" נזכרת בעוד מקומות בש"ס, כגון לעיל צח, ב (ראה שם אצל הערה 9) ולעיל עו, א (ראה שם הערה 5), לענין חפץ שאינו שוה ממון בעצמותו אך גורם הוא לאדם זכות ממונית, אם נחשב הוא כממון של האדם בשל היותו גורם לו זכות ממון. הגמרא מתכוונת כאן לענין דומה: עדות שאינה מחייבת ממון בעצמותה אך יתכן שתגרום תשלום ממון, האם נחשבת היא בשל כך כעדות ממון. הראשונים דנים אם אמנם יש קשר בין דין "דבר הגורם לממון" הנזכר לגבי שוויות חפץ ובעלותו, ובין דין "דבר הגורם לממון" הנזכר כאן לגבי הגדרת עדות כעדות ממון — ראה רמב"ן בקונטרס דינא דגרמי; רשב"א וריטב"א בשבועות לב, ב.

25. מדוע נחשבת העדות שיכול היה אדם זה להעיד אודות הבהמה האבודה רק "גורם לממון" ולא כעדות ממון ממש? בהתאם לדרכו של רש"י, כפי שנתבארה לעיל הערה 18, משמע מדבריו (ד"ה בה) שבשני האופנים הראשונים נחשבת העדות כ"גורם לממון" משום שלא היה בכחה להשיג את הבהמה עבור בעליה בודאות, אלא היתה רק יכולה לסייע לו להגיע אל המוצא ולדורשה, ואפשר שלא היה מצליח להשיגה בפועל. אך בגירסא אחרת של רש"י (המודפס לפנינו בסוגרים מרובעים) נוסף מאמר המבאר שהטעם שאין כאן ממון ממש כי אם "גורם לממון", הוא משום שמוצא הבהמה יכול היה לטעון שאמנם מצאה והיתה בידו אך בינתים נאנסה ממנו ואיננה, ונמצא שלא היה בכח העדות להשיג את הבהמה עבור בעליה. יתכן שטעם זה נאמר גם לגבי שני האופנים הראשונים שבדברי בן עזאי, והוא טעם חילופי למבואר לעיל. ועוד יתכן שטעם זה בא לבאר מדוע גם באופן השלישי, כשהכיר העד גם בבהמה וגם במוצאה, ובודאי היתה מועילה לבעל הבהמה לדורשה, בכל זאת אין העדות נחשבת אלא כ"גורם לממון". ראה עוד להלן בענין דברי רש"י.

לפי הרמ"ה מדובר בכל שלשת האופנים אודות עד שהיתה עדותו יכולה להועיל בבית דין — ראה לעיל הערה 18 — אלא שהיה עד יחיד, והיה בכח עדותו רק לחייב את מוצא הבהמה להישבע, ולא להוציא ממנו את הבהמה בבית דין. לפי זה, כוונת הגמרא באומרה שנחלקו רבי חנינא ושמואל במחלוקת תנא קמא ורבי שמעון בן אלעזר היא כפשוטה ממש, שנושא שתי המחלוקת אחד הוא: האם נוהג דין שבועת העדות בעד יחיד.

רש"י כותב אף הוא (בסוף ד"ה הכיר בה) שמדובר בעד אחד. אולם לפי מה שביארנו בדעתו, שבשני האופנים הראשונים מדובר בעדות שהיתה יכולה לסייע לבעל הבהמה למוצאה, ולא בעדות שהיתה מועילה בבית דין, לכאורה אין טעם להבדיל בזה בין עד אחד לבין שני עדים. עוד יש להעיר שלפי הסברא שבגירסא האחרת של רש"י (המודפס בסוגריים מרובעים), שעדות אבידה נחשבת רק "גורם לממון" משום שהמוצא יוכל לטעון לבעלים שנאנסה ממנו הבהמה, גם כן אין טעם לחלק בין עד אחד ובין שני עדים. לדיון בדברי רש"י, ראה מהרש"ל; מהדורא בתרא; רש"ש; מראה כהן.

26. ולאחר מכן העידו עדים שאמנם היה הפקדון בידו (רש"י; ראה להלן).

מדברי הרמב"ם (הלכות גזילה ג, יד) נראה שאין דברי רב ששת אמורים אלא לגבי מקרה שכפר השומר בבית דין, אך ראה שלחן ערוך (חושן משפט רצד, א) ואור שמח (הלכות גזילה שם).

27. רש"י. הראשונים מבארים שלשון "גזלן" שנוקט רב ששת אינו בדוקא, לומר שהוא נעשה גזלן ולא גנב, כי באמת יכול השומר הכופר להתחייב אחר כך אף בתשלומי כפל (אם יטעון טענת גנב וישבע). כוונת רב ששת היא רק ללמד שמתחייב השומר באונסים [ונשתמש ב"גזלן" כשם כללי לכל הנוטל ממון שאינו שלו] (תוספות לקמן קז, ב ד"ה ושלח; ראה עוד רבי עקיבא איגר, חושן משפט רצד, א ד"ה שם וחייב; חידושי רבי שמואל כב, ב, ז ואילך).

28. רב ששת מחדש שאף על פי שבא הפקדון ליד השומר בהיתר, ולא עשה השומר בו שום מעשה, מכל מקום הכפירה מחייבתו כאילו עשה בו מעשה גזילה (ראה רא"ש, מובא בשיטה מקובצת ד"ה הכא, תירוץ ראשון; ראה עוד תרומת הכרי רצב).

29. ראה לעיל קה, א הערה 12 בענין פירושו המדוייק של לשון "תנא תונא". יש להעיר לגבי שימוש רב ששת בלשון זה כאן, שהלא לפי כל הפירושים בלשון "ותנא תונא" הוא לשון של הבאת סיוע מהוראת תנא "שלנו", דהיינו תנא הנמצא במשנה, ואילו רב ששת מביא כאן ברייתא! בספר גופי הלכות (כללי אות ו, סימן רטז) עמד על כך, וביאר בשני אופנים מדוע יכנה רב ששת גם תנא של ברייתא כתנא "שלנו": (א) מצאנו שאצל רב ששת היו ברייתות שגורות בפיו כמו משניות בפי שאר אמוראים — ראה עירובין סז, א; (ב) הברייתא שמביא רב ששת כאן היא מתורת כהנים, וברייתות תורת כהנים היו שגורות בפי כל כמו משניות [ראה רש"י חולין סו, א ד"ה תנא דבי רב, וראה מהדורתנו שם כז, א הערה 31].

30. לכאורה מיוסדת שאלת הברייתא על הכלל של "לא ענש אלא אם כן הזהיר", דהיינו שאין בכתוב עונש על מעשה כלשהו אלא אם כן נאמרה עליו אזהרה לאסרו [ראה סנהדרין נו, ב]. כך הניחו הראשונים בכוונת ברייתא זו, אך הוקשה להם שכן כלל זה נוהג בעונשי הגוף ולא בחיובי ממון (ראה תוספות ד"ה מאי; וראה רשב"א ושיטה מקובצת לתירוצים שונים; ראה גם תורת חיים).

31. ראה רש"י. מדברי רש"י נראה שאף גרס בגמרא "מאי לאו עונש **כפירה**", וכן הוא בכמה כתבי יד (ראה שינויי נוסחאות [פרנקל]), אך על כל פנים הכוונה אחת.

בכתובים אלה מוזכרת גם שבועת השומר וגם חיוב הוספת חומש והבאת קרבן אשם, שכך נאמר (פסוקים כא-כה): "נֶפֶשׁ כִּי תֶחֱטָא... וְכִחֵשׁ בַּעֲמִיתוֹ בְּפִקָּדוֹן אוֹ בִתְשׂוּמֶת יָד... אוֹ מָצָא אֲבֵדָה **וְכִחֶשׁ בָּהּ וְנִשְׁבַּע עַל שָׁקֶר**... **וְהֵשִׁיב** אֶת הַגְּזֵלָה... אוֹ אֶת הַפִּקָּדוֹן אֲשֶׁר הָפְקַד אִתּוֹ אוֹ אֶת הָאֲבֵדָה אֲשֶׁר מָצָא... אוֹ מִכֹּל אֲשֶׁר יִשָּׁבַע עָלָיו לַשֶּׁקֶר וְשִׁלַּם אֹתוֹ בְּרֹאשׁוֹ **וַחֲמִשִׁתָיו יֹסֵף עָלָיו**... **וְאֶת אֲשָׁמוֹ יָבִיא** לַה׳ אַיִל תָּמִים מִן הַצֹּאן וגו׳ ". הרי שהוזכרו שני חטאים: (א) עצם הכפירה, (ב) שבועת השקר עליה. והוזכרו בעונשים המוטלים: (א) חיוב השבה, דהיינו אחריות אונסים, (ב) חיוב הוספת חומש והבאת קרבן אשם. הגמרא מניחה שכוונת הברייתא היא שעונש חיוב השבה, דהיינו אחריות אונסים, אמור על חטא עצם הכפירה אף בלא השבועה.

נשבע עליו מהו מי אמרינן כיון דאי מיגנב בעי שלומי ליה ממונא קא כפר ליה או דלמא השתא מיהת הא מנח ועפרא בעלמא הוא ולא כפר ליה ממונא מילתא דאיבעיא ליה לרבא פשיטא ליה לרבה דאמר רבה [א] שורי גנבת והוא אומר לא גנבתי מה טיבו אצלך שומר חנם אני עליו חייב שהרי פטר עצמו מגניבה ואבידה [ב] שומר שכר אני עליו חייב שהרי פטר עצמו משבורה ומתה [ג] שואל אני עליו חייב שהרי פטר עצמו ממתה מחמת מלאכה אלמא אע"ג דהא קאים כיון דאי מיגניב ממונא קא כפר השתא נמי ממונא קא כפר הכא נמי אף על גב דעפרא בעלמא הוא כיון דאי מיגניב בעי שלומי ליה ממונא מעליא השתא נמי ממונא קא כפר ליה יתיב (א) רבא וקאמר להא שמעתא איתיביה רב עמרם לרבא [א] וכחש בה פרט למודה בעיקר כיצד שורי גנבת והוא אומר לא גנבתי מה טיבו אצלך אתה מכרתו לי אתה נתתו לי במתנה אביך מכרו לי אביך נתנו לי במתנה אחר פרתי רץ מאליו בא אצלי תועה בדרך מצאתיו שומר חנם אני עליו שומר שכר אני עליו שואל אני עליו ונשבע והודה יכול יהא חייב תלמוד לומר וכחש בה [ד] פרט למודה בעיקר א"ל תדורא כי תניא ההיא [ה] דקאמר ליה הילך כי קאמינא דקיימא באגם אתה מכרתו לי מאי מודה בעיקר איכא לא צריכא דא"ל [ו] לא נתתי לך דמי שקיל תורך וזיל אתה נתתו לי אביך נתנו לי מאי מודה בעיקר איכא דאמר ליה על מנת דעבידנא לך נייח דנפשא ולא עבדי לך שקיל תורך וזיל תועה בדרך מצאתיו לימא איבעי לך לאהדוריה לי אמר אבוה דשמואל [ז] באומר שבועה אבידה מצאתי ולא הייתי יודע שהיא שלך שאחזירנה לך תניא אמר בן עזאי ג' שבועות הן הכיר בה ולא במוצאה ולא בה לא בה ולא במוצאה לא בה ולא במוצאה קושטא אשתבע אימא בה ובמוצאה למאי הלכתא רב אמי אמר רבי חנינא לפטור ושמואל אמר לחיוב ובפלוגתא דהני תנאי דתניא (א) [ח] המשביע עד אחד פטור ורבי אלעזר בר' שמעון מחייב במאי קא מיפלגי מר סבר [ג] דבר הגורם לממון כממון דמי ומר סבר לאו כממון דמי אמר רב ששת [ט] הכופר בפקדון נעשה עליו גזלן וחייב באונסין ותנא תונא וכחש בה למדנו עונש אזהרה מנין תלמוד לומר [ב] לא תכחשו מאי לאו לעונש ממון לא לעונש שבועה הא מדקתני סיפא (ב) ואישתבע מכלל דרישא דלא אישתבע דקתני סיפא ונשבע על שקר למדנו עונש אזהרה מנין ת"ל לא תשקרו ומדסיפא דאישתבע רישא דלא אישתבע אמרי אידי ואידי דאישתבע כאן שהודה כאן שבאו עדים אתו עדים חייב באונסין אודויי אודי חייב בקרן וחומש ואשם: מתיב רמי בר חמא [ג] ושכנגדו חשוד על השבועה כיצד [י] אחד שבועת העדות ואחד שבועת הפקדון ואפילו שבועת שוא ואם איתא [כ] בכפירה הוא דאיפסיל ליה אמרי [ל] הכא במאי עסקינן דקאי באגם דלאו כפירה הוא דסבר אשתמיטנא ליה אדאזילנא ומייתינא ליה תדע [ד] דאמר רב אידי בר אבין [מ] הכופר במלוה כשר לעדות בפקדון

רש"י

נשבע עליו. לאחר שנאסר נשבע שאין אללו ולא גזלו ממנו: מהו. מי אמרינן הא מנח ויכול לפטור בו את עצמו ואשתכח דלאו מידי כפריה: שומר חנם אני עליו. ונשבע והודה: חייב. קרבן שבועה אע"פ שהודה קודם שבועה בגוף הממון: שהרי פטר עצמו. בשבועה: מגניבה ואבידה. שאם היה נגנב ממנו משבועה ואילך היה נפטר בדברי שקר שהרי הוא עצמו גנבו וחייב בכל אונסין עד שיחזירנו: שואל פטור במתה מחמת מלאכה ומכחש בשר מחמת מלאכה דלמעבד מלאכה שייליה ולאו לאוקמה בכילתא: אע"ג דהא קאים. ומודה ליה בגויה והשתא איהו לא כפר מידי אפ"ה כיון דשמא סוף השבועה לבא לידי כפירת ממון חייב: הכא נמי. אע"ג דכפירה דחמץ כהודאה הוא דהא עפרא בעלמא הוא כיון דשמא יאבד ויתחייב לו ממון ונמצא שתועיל לו שבועה זו להפטר חייב: אתה מכרתו. לקמן פריך מאי מודה בעיקר איכא: תועה בדרך מצאתיו. והביאותיו לבית: [ס] תדורא. אין לב: הילך. וליכא למימר אילו מיגניב דהא קמיה קאי ושקיל ליה: איבעיא לך לאהדוריה ניהלי. כשמצאתו לא היה לך לאוספו אל ביתך שהרי מכיר היית בו ואין לך גנב גדול מזה: שלש שבועות הן. בעדות אבידה שהשביע את העד אם ראית את אבידתי ואמר לאו ואח"כ הודה: הכיר בה ולא במוצאה. האבידה שאמר שראה אותה מהלכת ברשות אחרת ואינו יודע מי הוא או הודה שהכיר במוצאה ולא בה והיה לו לומר איש פלוני מצא אבידה ואיני יודע אם שלך הוא ובעד אחד קמיירי: לפטור. על כולן פטור העד: המשביע עד אחד. וכפר ואמר שבועה שאיני יודע לך עדות: פטור. העד מקרבן שבועת העדות דהא אי הוה מסהיד ליה לא הוה מחייב להיאך אלא שבועה ואע"ג דאיכא למימר דלמא לא משתבע גורם לממון פטור והני נמי גורם לממון נינהו: בה ולא במוצאה. אי הוה מסהיד ליה ראיתיה שנמצא בזוית פלוני ואיני יודע מי מצאה היה מחזר באותה שכונה עד שיודיעוהו [י] וכ"ש במוצאה ולא בה [י] [ומיהו ממון ממש לא מפסדו דאי נמי אסהידו ליה ראינו שמצא פלוני זה היה יכול לומר נאנסה ממני ופוטר עצמו משבועה]: הכופר בפקדון. ובאו עדים: נעשה עליו גזלן. משעת כפירה ואע"פ שלא נשבע ומכאן ואילך אין לו דין דשומר חנם אלא חייב באונסים אם יאנס: וכחש בה למדנו לעונש. דכתיב בתריה והשיב את הגזילה אלמא קמה ליה ברשותיה משעת וכחש עד דעביד השבה וזהו עונשה: ה"ג מאי לאו עונש כפירה. כלומר עונש דמאי לאו דאיענש אכפירה אף על גב דלא אשתבע: לא עונש שבועה. האי עונש דענשיה קרא להתחייב באונסין משום שבועת שקר היא אבל אי לא אשתבע לא: ונשבע על שקר למדנו לעונש. דכתיב בתריה חומש ואשם: ת"ל לא תשקרו. דהיינו אזהרת שבועת שקר דסמיך ליה לא תשבעו בשמי לשקר ומלא תשקרו נפקא לן דבשבועת כפירת ממון משתעי כדכתיב איש בעמיתו כמו וכחש בעמיתו בפקדון: כאן שהודה. בסיפא כשהודה שיש חומש ואשם: ושכנגדו חשוד. במסכת שבועות (דף מד:) גבי ואלו נשבעין ונוטלין דזה אחד מהן מי שהיה לו חבירו חייב שבועה והוא חשוד על השבועה שנמצא שקרן בשבועתו שכנגדו נשבע ונוטל: אחד. שנחשד על שבועת העדות: ואחד. [ס] שנשבע על שבועת הפקדון שראינוהו שנשבע לשקר ואפילו לא נחשד אלא לשבועת שוא שאין בה כפירת ממון ורע לשמים הוא ולא רע לבריות נפסל לשבועת ממון: ואם איתא. לרב ששת דמשעת כפירתו נעשה גזלן למה לי למתנייה גבי הנך דמשמע דלא אפסיל עד שעת שבועה כי הנך הא משעת כפירה אפסיל ליה משום דהוי גזלן: דקאי באגם. וכי אמר רב ששת כגון דאמרי סהדי דכי כפר ליה בידיה נקט ליה [ט] (תדע) דהיכא דאיכא למימר לאשתמוטי איכוין עד דמייתי ליה לא מפסיל בלא שבועה: דאמר רב אידי הכופר במלוה. ולא נשבע ובאו עדים כשר לעדות דמלוה להוצאה ניתנה ואינה עכשיו בידו ורוצה לדחותו עד שתשיג ידו:

תוספות

ושמואל אמר לחיוב. תימה היכי מ"ל לחיוב דאם כן הויא ברייתא זו ואין נ"ל זו: מאי לאו עונש דממון. תימה בממון מה שייך לומר לא ענש אלא א"כ הזהיר דבשלמא בעונש שבועה דהיינו קרבן שייך דבפסח ומילה ליכא קרבן משום דלית בהו לאו אע"ג דאיכא כרת:

כאן שהודה כאן שבאו עדים. ואיצטריך שתי אזהרות משום דעונשן אין שוין דבהודה שייך חומש ואשם ובעדים לא שייך אלא חיוב עונשין ומיהו תימה אמאי קאמר ברישא מוכחש עונש שמענו ובסיפא אומר מושבע על שקר דכיון דלא איירי אלא לאחר שבועה תרוייהו ה"ל למימר מושבע על שקר:

אחד שבועת העדות ואחד שבועת הפקדון. וא"ת אמאי לא חשיב שבועת מלוה וי"ל משום דשבועה במלוה לא כתיב אלא מפקדון אתיא: ליתיביה

עין משפט נר מצוה

קלט א מיי' פ"ח מהל' שבועות הלכה ח:
קמ ב ג מיי' שם הלכה ט:
קמא ד ה ו ז מיי' שם הלכה י והל' יא:
קמב ח מיי' שם פ"י הלכה ה:
קמג ט מיי' פ"ג מהל' גזילה הלכה יד סמג עשין עג טוש"ע ח"מ סי' רלד סעיף א [רב אלפס כאן ובב"מ פ"א דף סג. ובפ"ג דף עט.]:
קמד י מיי' פ"ב מהל' טוען ונטען הלכה ב סמג עשין לה טוש"ע ח"מ סי' לב סעיף ב:
קמה כ ל מ טוש"ע שם סעיף ד עיין בב"י:

ליקוטי רש"י

תדורא. שוטה בהול [זבחים כה:] לשון אחר עגל [כריתות יח:]. המשביע עד אחד. וכפר פטור העד מקרבן שבועת העדות. דבר הגורם לממון כממון דמי. ועד גורם לממון הוא שאילו הוא העיד היה מחייבו שבועה ורוב בני אדם אין נשבעין לשקר והיה משלם [שבועות לב.]. ושכנגדו חשוד על השבועה. התובע שהנתבע שכנגדו חשוד על השבועה ונתחייב הנתבע שבועה מן התורה ע"י הודאה במקצת נשבע התובע ונוטל [שבועות מד:]. אחד שבועת העדות. בין שנחשד על שבועת העדות. ואחד שבועת הפקדון. בין שנחשד על שבועת הפקדון שכפר ונשבע על שקר. ואפילו שבועת שוא. שהוא רע לשמים עליה ולא לבריות אעפ"כ הוא נפסל על ידה לשבועה [שם מה.]. אשתמיטנא. לפי שברצונו היה מודה אלא שאין בידו לפרוע וסבר עד דהוי לי ופרענא. ולאו דעתיה למיגזליה אלא לאשתמוטי עביד [ב"מ ג: ה:]. הכופר במלוה. שבאו עדים והחזיקוהו בכפרן שהעידוהו שהוא חייב לו [ב"מ ה:]. בין על כולה בין על מקצת ובאו עדים והעידוהו עד שלא נשבע. כשר לעדות. ולא אמרינן גזלן הוא והתורה אמרה (שמות כג) אל תשת רשע עד דכיון דמלוה להוצאה נתנה דלמא צריך להוציאה ויקדר עד דהוי לי [זוזי] ופרענא ליה ואי מודינא ליה השתא יתבעני מיד [שם ד.] ולא אמרן חשיד אממונא הוא אלא אשתמוטי קמשתמיט ליה משום דמלוה להוצאה ניתנה ואין עכשיו בידו במה לפרוע [שבועות מ:].

מסורת הש"ס

א) שבועות לב., ב) [לעיל עא: לח: פסחים ה: וש"נ], ג) שבועות מד:, ד) שבועות מ: ב"מ ד. ה: [ע"ש], ה) ס"א תרדא משועמם [וכן פי' רש"י בב"מ כ: וע' פרש"י כריתות יח: ובזבחים כה:], ו) ס"א כ"ש בה ובמוצאה, ז) ס"א, ח) נ"ל שנחשד, ט) רש"ל מוחק זה.

הגהות הב"ח

(א) גמ' יתיב רבה וקאמר וכו' רב עמרם לרבה: (ב) שם מדקתני סיפא דאישתבע:

תורה אור השלם

א) אוֹ מָצָא אֲבֵדָה וְכִחֶשׁ בָּהּ וְנִשְׁבַּע עַל שָׁקֶר עַל אַחַת מִכֹּל אֲשֶׁר יַעֲשֶׂה הָאָדָם לַחֲטֹא בָהֵנָּה: [ויקרא ה, כב]
ב) לֹא תִּגְנֹבוּ וְלֹא תְכַחֲשׁוּ וְלֹא תְשַׁקְּרוּ אִישׁ בַּעֲמִיתוֹ: [ויקרא יט, יא]

משום חטא השבועה שלו, ואין אחריות אונסים מוטלת על השומר עד שיישבע לשקר, ולא מיד משכופר[32].

הגמרא מקשה על דחיה זו:

הָא מִדְּקָתָנֵי סֵיפָא (ואישתבע) [דְּאִישְׁתַּבַּע][33] — והרי ממה שדיבר התנא בסיפא של הברייתא (כפי שיובא להלן) אודות שומר שכפר וגם נשבע לשקר, **מִכְּלָל דְּרֵישָׁא דְּלֹא אִישְׁתַּבַּע** — יוצא שדבריו ברישא הנם אודות שומר שלא נשבע אלא כפר בלבד. **דְּקָתָנֵי סֵיפָא** — שכן שנה התנא בסיפא: כתוב לגבי שומר הכופר בפקדונו ונשבע לשקר: **"וְנִשְׁבַּע עַל שֶׁקֶר"** (שם ה, כב: "אוֹ מָצָא אֲבֵדָה וְכִחֶשׁ בָּהּ וְנִשְׁבַּע עַל שָׁקֶר"). **לְמַדְנוּ** אודותיו **עוֹנֶשׁ**, שחייבו הכתוב (שם כג-כה) להוסיף חומש על הקרן ולהביא קרבן אשם; **אַזְהָרָה מִנַּיִן** — היכן מזהיר הכתוב שלא להישבע לשקר אודות ממון חבירו שבידו[34]? **תַּלְמוּד לוֹמַר** — ללמדנו אזהרה על כך אמר הכתוב (שם יט, יא): **"לֹא תְשַׁקְּרוּ"**[35] (עד כאן דברי הברייתא). **וּמִדְּסֵיפָא דְּאִישְׁתַּבַּע** — ומזה שהסיפא של הברייתא עוסקת במקרה שנשבע השומר על כפירתו, **רֵישָׁא דְּלֹא אִישְׁתַּבַּע** — מוכח שהרישא של הברייתא עוסקת במקרה שלא נשבע! מוכח איפוא מהרישא של הברייתא שגם על הכופר בפקדון בלא שבועה הטיל הכתוב חיוב אחריות אונסים, וכדברי רב ששת[36]!

הגמרא דוחה:

אָמְרֵי — אמרו בדחיית ראיה זו: לעולם אפשר **דְּאִידִי וְאִידִי** — זו וזו, בין הסיפא של הברייתא ובין הרישא, עוסקות באופן **דְּאִישְׁתַּבַּע** — שנשבע השומר על כפירתו בפקדון, שגם חטא "וְכִחֶשׁ בָּהּ", הנושא עונש אחריות אונסים, היינו דוקא כשנשבע השומר. והחילוק בין הרישא המחייבת רק באחריות אונסים, ובין הסיפא המחייבת גם חומש ואשם, הוא **שֶׁכָּאן**, בסיפא, מדובר במקרה **שֶׁהוֹדָה** השומר בשקרו, ואילו **כָּאן**, ברישא, מדובר במקרה **שֶׁבָּאוּ עֵדִים** והעידו שהיה הפקדון ביד השומר, ואילו השומר עצמו עומד בכחשו. **אָתוּ עֵדִים** — כשבאו עדים וחייבוהו, ואילו הוא עומד בכחשו, **חַיָּיב** הוא **בְּאוֹנָסִין** משום כפירתו ושבועתו, אך מכיון שלא שב מחטאו אינו ראוי לכפרה הנעשית בתשלום חומש והבאת אשם[37]. **אוֹדוּיֵי אוֹדֵי** — כשהודה בשקרו, לעומת זאת, **חַיָּיב** הוא **בְּקֶרֶן וְחוֹמֶשׁ וְאָשָׁם**, כי כיון ששב מחטאו ראוי הוא לכפרה זו. מכיון שיתכן לבאר את הברייתא כך, אין להוכיח ממנה כדברי רב ששת שחיוב אחריות אונסים מוטל על הכופר בפקדון אף בלא שבועה. דברי רב ששת עומדים, איפוא, בלא סיוע מהברייתא.

הגמרא מביאה קושיא על דברי רב ששת:

מֵתִיב — מקשה **רָמֵי בַּר חָמָא** על רב ששת ממשנה (שבועות מד, ב - מה, א)[38] בענין מי "שכנגדו חשוד על השבועה", דהיינו תובע שחבירו (הנתבע) החייב לו שבועה אינו רשאי להישבע משום שחשוד הוא להישבע לשקר[39], שהדין הוא שהתובע "נשבע ונוטל", דהיינו, הוא נשבע שתביעתו אמת, ונוטל מהנתבע: **וְשֶׁכְּנֶגְדּוֹ חָשׁוּד עַל הַשְּׁבוּעָה, כֵּיצַד?** כלומר, באילו אופנים נחשב הנתבע חשוד על השבועה בכדי שיהא התובע זכאי להיות "נשבע ונוטל"? **אֶחָד שְׁבוּעַת הָעֵדוּת** — בין אם בעבר נשבע לשקר שבועת העדות, שידע עדות ממון לחבירו ונשבע לו בשקר שאינו יודע לו[40], **וְאֶחָד שְׁבוּעַת הַפִּקָּדוֹן** — ובין אם נשבע בעבר לשקר שבועת הפקדון, שהפקיד חבירו פקדון בידו, וכשתבעו ממנו כפר בדבר ונשבע, **וַאֲפִילוּ שְׁבוּעַת שָׁוְא** — אפילו אם נשבע בעבר רק שבועת שוא, דהיינו סתם שבועת שקר שאינה נוגעת לממון חבירו[41] (עד כאן המשנה). הרי המשנה מונה בין הפסולים להישבע מחמת חשד את מי שנשבע לשקר שבועת הפקדון, **וְאִם אִיתָא** — ואם ישנם לדברי רב ששת, שהכופר בפקדון נעשה עליו גזלן מיד אף בלא שבועה, קשה: מדוע מונה המשנה בין הפסולים לשבועה את הנשבע לשקר על כפירת פקדון, שמשמע שפסולו הוא רק משעה שנשבע; **בִּכְפִירָה הוּא דְּאִפְּסִיל לֵיהּ** — והרי כבר בכפירה הוא שנפסל לשבועה, שמאותה שעה גזלן הוא, וגזלן פסול לשבועה[42]?! לכאורה מוכח ממשנה זו, איפוא, שאין הכופר בפקדון נעשה עליו גזלן עד שיישבע, שלא כדברי רב ששת!

מיישבת הגמרא:

אָמְרֵי — אמרו ביישוב קושיא זו: **הָכָא בְּמַאי עַסְקִינָן** — כאן, במשנה בשבועות, במה אנו עוסקים? במקרה **דְּקָאֵי בַּאֲגַם** — שעמד הפקדון בשעת הכפירה במקום קנים וכדומה, ולא היה תחת יד השומר, **דְּלָאו כְּפִירָה הוּא** — שאין זו כפירה, כלומר, אין הכחשתו נידונת ככפירה גמורה לעשותו גזלן, כי אנו מניחים **דְּסָבַר** — שחשב השומר לעצמו **"אֶשְׁתַּמֵּיטְנָא לֵיהּ אַדְּאָזֵילְנָא וּמַיְיתֵינָא לֵיהּ** — אשתמט ממנו עד

הערות

32. רש"י.

דחיית הגמרא היא שאפשר שכוונת הברייתא היא שאף עונש חיוב השבה, דהיינו אחריות אונסים, נאמר דוקא באופן שחטא השומר בשני החטאים, שכפר וגם נשבע.

33. ההגהה על פי הב"ח.

34. לדיון אם חיוב קרבן טעון בדרך כלל "אזהרה" בכתוב, ראה תוספות כאן וביומא פה, ב ד"ה מה, ויבמות ט, א ד"ה מה; וראה רבי עקיבא איגר, מכות יג, א.

35. לשון הכתוב במלואו הוא (ויקרא יט, יא-יב): "לֹא תִּגְנֹבוּ וְלֹא תְכַחֲשׁוּ וְלֹא תְשַׁקְּרוּ אִישׁ בַּעֲמִיתוֹ. וְלֹא תִשָּׁבְעוּ בִשְׁמִי לַשָּׁקֶר וְחִלַּלְתָּ אֶת שֵׁם אֱלֹהֶיךָ אֲנִי ה' ". ממה שהסמיך הכתוב את אזהרת "וְלֹא תְשַׁקְּרוּ" לאזהרת "וְלֹא תִשָּׁבְעוּ" אנו למדים שאזהרת "וְלֹא תְשַׁקְּרוּ" אף היא עוסקת בשבועה, וממה שנאמר "וְלֹא תְשַׁקְּרוּ **אִישׁ בַּעֲמִיתוֹ**" אנו למדים שהשבועה שהיא נושא האזהרה היא שבועה של כפירת ממון, כלשון הכתוב בפרשת אשם גזילות (שם ה, כא) "וְכִחֵשׁ **בַּעֲמִיתוֹ** בְּפִקָּדוֹן אוֹ בִתְשׂוּמֶת יָד וגו' " (רש"י). הכתוב "וְלֹא תִשָּׁבְעוּ בִשְׁמִי לַשָּׁקֶר" הוא אזהרה לשבועת ביטוי, דהיינו סתם שבועה (ראה שבועות כא, א), ואינה מיוחדת לשבועה בענין ממון שבין אדם לחבירו. ראה חינוך מצוה רכו עם מנחת חינוך אות א.

36. במלים אחרות, מכיון שמונה התנא בפרשת הכופר בפקדון שני חטאים ושני עונשים, שברישא מונה את חטא "וְכִחֶשׁ בָּהּ" הנושא עונש חיוב אחריות אונסים, ובסיפא מונה את חטא "וְנִשְׁבַּע עַל שָׁקֶר" הנושא חיוב חומש ואשם, מסתבר שהחטא הראשון, הנרמז ב"וְכִחֶשׁ בָּהּ" היינו כפירה בפקדון לחוד ללא שבועת שקר.

37. ראה קג, א הערה 28.

38. משנה זו מלמדת שאף על פי ש"כל הנשבעין שבתורה נשבעין ולא משלמין", כלומר, שמדין התורה בכל שבועה בין טוען ונטען, הנטען הוא שיישבע ויפטור את עצמו מתביעת התובע, ולעולם אין התורה אומרת שיישבע התובע לאמת את תביעתו ויגבה בכך ממון מהנתבע, מכל מקום חכמים תיקנו שבמקרים מסויימים אדם אכן "נשבע ונוטל", דהיינו שיכול התובע להישבע כדי לאמת את תביעתו ולגבות על פי שבועתו. המשנה מונה מקרים אלו, "ואלו נשבעין ונוטלין וכו' ", וחוזרת ומבארת את פרטי כל אחד מהם. כאן מביאה הגמרא את דברי המשנה בביאור פרטי אחד מהנשבעים ונוטלים, והוא מי "שכנגדו חשוד על השבועה".

39. דהיינו, הנתבע התחייב בשבועה מדין תורה (כגון שהודה במקצת הטענה או העיד עד אחד לחייבו), אלא שהוא אדם החשוד על שבועת שקר, כי בפעם אחרת נמצא שקרן בשבועה (רש"י).

40. ראה לעיל הערה 15.

41. באמת "שבועת שוא" היא שבועה על דבר שמפורסם וידוע לכל שאינו כן, כגון שנשבע על עמוד של אבן שהוא של עץ, ואילו סתם שבועה לשקר נקראת "שבועת שקר" ולא "שבועת שוא" — ראה שבועות כא, א ו־כט, א. אך כוונת משנה זו היא ל"שבועת שוא וכל הדומה לה", דהיינו כל אופן של שבועת שקר (גמרא, שבועות מו, ב - מז, א).

המשנה משמיעה לנו שלא זו בלבד שהנשבע לשקר בשבועת העדות או שבועת הפקדון הוא שנעשה מכאן ואילך חשוד להישבע לשקר על ממון שנתבע, אלא אפילו הנשבע סתם שבועת שוא נעשה חשוד לכך. אף על פי שלא ראינוהו נשבע לשקר במקום שמזיק בכך לחבירו, ואפשר שאינו אלא "רע לשמים" (לעומת שני המקרים הראשונים שבשבועתו לשקר הרי הוא "רע לשמים ולבריות"), מכל מקום כיון שאינו נרתע מלהישבע לשקר אנו חושדים בו שיעשה כן אף במקום שנוגע הדבר לממון חבירו (רש"י, על פי שבועות מו, ב; ראה עוד שיטה מקובצת בשם הרא"ש).

42. רש"י. נוטלי ממון שלא כדין פסולים אף הם לשבועה, אף על פי שלא ראינום נשבעים לשקר (ראה רמב"ן, בבא מציעא ה, ב ד"ה מגו).

נשבע עליו מהו מי אמרינן כיון דאי מיגנב בעי שלומי ליה ממונא קא כפר ליה או דלמא השתא מיהת הא מנח ועפרא בעלמא הוא ולא כפר ליה ממונא מילתא דאיבעיא ליה לרבא פשיטא ליה לרבה דאמר רבה [א] שורי גנבת והוא אומר לא גנבתי מה טיבו אצלך שומר חנם אני עליו חייב שהרי פטר עצמו מגניבה ואבידה [ב] שומר שכר אני עליו חייב שהרי פטר עצמו משבורה ומתה [ג] שואל אני עליו חייב שהרי פטר עצמו ממתה מחמת מלאכה אלמא אע"ג דהא קאים כיון דאי מיגניב ממונא קא כפר השתא נמי ממונא קא כפר הכא נמי אף על גב דעפרא בעלמא הוא כיון דאי מיגניב בעי שלומי ליה ממונא מעליא השתא נמי ממונא קא כפר ליה יתיב (א) רבא וקאמר להא שמעתא איתיביה רב עמרם לרבא [א] וכחש בה פרט למודה בעיקר כיצד שורי גנבת והוא אומר לא גנבתי מה טיבו אצלך אתה מכרתו לי אתה נתתו לי במתנה אביך מכרו לי אביך נתנו לי במתנה אחר פרתי רץ מאליו בא אצלי תועה בדרך מצאתיו שומר חנם אני עליו שומר שכר אני עליו שואל אני עליו ונשבע והודה יכול יהא חייב תלמוד לומר וכחש בה [ד] פרט למודה בעיקר א"ל תדורא כי תניא ההיא [ה] דקאמר ליה הילך כי קאמינא דקיימא באגם אתה מכרתו לי מאי מודה בעיקר איכא לא צריכא דא"ל [ו] לא נתתי לך דמי שקיל תורך וזיל אתה נתתו לי אביך נתנו לי מאי מודה בעיקר איכא דאמר ליה על מנת דעבידנא לך נייח דנפשא ולא עבדי לך שקיל תורך וזיל תועה בדרך מצאתיו לימא איבעי לך לאהדוריה לי אמר אבוה דשמואל [ז] באומר שבועה אבידה מצאתי ולא הייתי יודע שהיא שלך שאחזירנה לך תניא אמר בן עזאי ג' שבועות הן הכיר בה ולא במוצאה במוצאה ולא בה לא בה ולא במוצאה לא בה ולא במוצאה קושטא אשתבע אימא בה ובמוצאה למאי הלכתא רב אמי אמר רבי חנינא לפטור ושמואל אמר לחיוב ובפלוגתא דהני תנאי דתניא (א) [ח] המשביע עד אחד פטור ורבי אלעזר בר' שמעון מחייב במאי קא מיפלגי מר סבר [ג] דבר הגורם לממון כממון דמי ומר סבר לאו כממון דמי אמר רב ששת [ט] הכופר בפקדון נעשה עליו גזלן וחייב באונסין ותנא תונא וכחש בה למדנו עונש אזהרה מנין תלמוד לומר [ב] לא תכחשו מאי לאו לעונש ממון לא לעונש שבועה הא מדקתני סיפא (ב) ואישתבע מכלל דרישא דלא אישתבע דקתני סיפא ונשבע על שקר למדנו עונש אזהרה מנין ת"ל לא תשקרו ומדסיפא דאישתבע רישא דלא אישתבע אמרי אידי ואידי דאישתבע כאן שהודה כאן שבאו עדים אתו עדים חייב באונסין אודויי אודי חייב בקרן וחומש ואשם: מתיב רמי בר חמא [ג] ושכנגדו חשוד על השבועה כיצד [י] אחד שבועת העדות ואחד שבועת הפקדון ואפילו שבועת שוא ואם איתא [כ] בכפירה הוא דאיפסיל ליה אמרי [ל] הכא במאי עסקינן דקאי באגם דלאו כפירה הוא דסבר אשתמיטנא ליה אדאזילנא ומייתינא ליה תדע [ד] דאמר רב אידי בר אבין [מ] הכופר במלוה כשר לעדות בפקדון

נשבע עליו. לאחר שנאסר נשבע שאין אצלו ולא גזלו ממנו: מהו. מי אמרינן הא מנח ויכול לפטור בו את עצמו ואשתכח דלאו מידי כפריה: שומר חנם אני עליו. ונשבע והודה: חייב. קרבן שבועה אע"פ שהודה קודם שבועה בגוף הממון: שהרי פטר עצמו. בשבועה: מגניבה ואבידה. שאם היה נגנב ממנו משבועה ואילך היה נפטר בדברי שקר שהרי הוא עצמו גנבו וחייב בכל אונסין עד שיחזירנו: שואל. פטור במתה מחמת מלאכה ומכחש בשר מחמת מלאכה דלמעבד מלאכה שייליה ולאו לאוקמה בכילתא: אע"ג דהא קאים. ומודה ליה בגויה והשתא איהו לא כפר מידי אפ"ה כיון דשמא סוף השבועה לבא לידי כפירת ממון חייב: הכא נמי. אע"ג דכפירה דהשתא כהודאה הוא דהא עפרא בעלמא הוא כיון דשמא יאבד ויתחייב לו ממון ונמצא שתועיל לו שבועה זו להפטר חייב: אתה מכרתו. לקמן פריך מאי מודה בעיקר איכא: תועה בדרך מצאתיו. והביאותיו לבית: [ט] תדורא. אין לב: הילך. וליכא למימר אילו מיגניב דהא קמיה קאי ושקיל ליה: איבעיא לך לאהדוריה ניהלי. כשמצאתו לא היה לך לאוספו אל ביתך שהרי מכיר היית בו ואין לך גנב גדול מזה: שלש שבועות הן. בעדות אבידה שהשביע את העד אם ראית את אבידתי ואמר לאו ואח"כ הודה: הכיר בה ולא במוצאה. האבידה שאמר שראה אותה מהלכת ברשות אחרת ואינו יודע מי הוא או הודה שהכיר במוצאה ולא בה והיה לו לומר איש פלוני מצא אבידה ואיני יודע אם שלך הוא ובעד אחד קמיירי: לפטור. על כולן פטור העד: המשביע עד אחד. וכפר ואמר שבועה שאיני יודע לך עדות: פטור. העד מקרבן שבועת העדות דהא אי הוה מסהיד ליה לא הוה מחייב להיאך אלא שבועה ואע"ג דאיכא למימר דלמא לא משתבע גורם לממון פטור והני נמי גורם לממון נינהו: בה ולא במוצאה. אי הוה מסהיד ליה ראיתיה שנמצא בזוית פלוני ואיני יודע מי מצאה היה מחזר באותה שכונה עד שיודיעוהו [י] וכ"ש במוצאה ולא בה [ז] [ומיהו ממון ממש לא מפסדו דאי נמי אסהידו ליה ראינו שמצא פלוני זה היה יכול לומר נאנסה ממני ופוטר עצמו משבועה]: הכופר בפקדון. ובאו עדים: נעשה עליו גזלן. משעת כפירה ואע"פ שלא נשבע ומכאן ואילך אין לו דין דשומר חנם אלא חייב באונסים אם יאנס: וכחש בה למדנו לענש. דכתיב בתריה והשיב את הגזילה אלמא קמה ליה ברשותיה משעת וכחש עד דעביד השבה וזהו עונשה: ה"ג מאי לאו ענש כפירה. כלומר עונש דמאי לאו דאיענש אכפירה אף על גב דלא אשתבע: לא ענש שבועה. האי עונש דענשיה קרא להתחייב באונסין משום שבועת שקר היא אבל אי לא אשתבע לא: ונשבע על שקר למדנו לענש. דכתיב בתריה חומש ואשם: ת"ל לא תשקרו. דהיינו אזהרת שבועת שקר דסמיך ליה לא תשבעו בשמי לשקר ומלא תשקרו נפקא לן דבשבועת כפירת ממון משתעי כדכתיב איש בעמיתו כמו וכחש בעמיתו בפקדון: כאן שהודה. בסיפא כשהודה שיש חומש ואשם: ושכנגדו חשוד. במסכת שבועות (דף מד:) גבי ואלו נשבעין ונוטלין דזה אחד מהן מי שהיה לו חבירו חייב שבועה והוא חשוד על השבועה שנמצא שקרן בשבועתו שכנגדו נשבע ונוטל: אחד. שנחשד על שבועת העדות: ואחד. [מ] שנשבע על שבועת הפקדון שראינוהו שנשבע לשקר ואפילו לא נחשד אלא לשבועת שוא שאין בה כפירת ממון ורע לשמים הוא ולא רע לבריות נפסל לשבועת ממון: ואם איתא. לדרב ששת דמשעת כפירתו נעשה גזלן למה לי למתנייה גבי הנך דמשמע דלא אפסיל עד שעת שבועה כי הנך הא משעת כפירה אפסיל ליה משום דהוי גזלן: דקאי באגם. וכי אמר רב ששת כגון דאמרי סהדי דכי כפר ליה בידיה נקט ליה [ט] (תדע) דהיכא דאיכא למימר לאשתמוטי איכון עד דמייתי ליה לא מפסיל בלא שבועה: דאמר רב אידי הכופר במלוה. ולא נשבע ובאו עדים כשר לעדות דמלוה להוצאה ניתנה ואינה עכשיו בידו ורוצה לדחותו עד שתשיג ידו:

בפקדון

ושמואל אמר לחיוב. תימה היכי מ"ל לחיוב דאם כן הויא ברייתא זו ואין נ"ל זו: מאי לאו ענש דממון. תימה בממון מה שייך לומר לא ענש אלא א"כ הזהיר דבשלמא בעונש שבועה דהיינו קרבן שייך דבפסח ומילה ליכא קרבן משום דלית בהו לאו אע"ג דאיכא כרת:

כאן שהודה כאן שבאו עדים. ואיצטריך שתי אזהרות משום דעונשן אין שוין דבהודה שייך חומש ואשם ובעדים לא שייך אלא חיוב אונסין ומיהו תימה אמאי קאמר ברישא מוכחש עונש שמענו ובסיפא אומר מושבע על שקר דכיון דלא מיירי אלא לאחר שבועה תרוייהו ה"ל למימר מושבע על שקר:

אחד שבועת העדות ואחד שבועת הפקדון. וא"ת אמאי לא חשיב שבועת מלוה וי"ל משום דשבועה במלוה לא כתיב אלא מפקדון אתיא ליתיביה

עין משפט נר מצוה

קלט א מיי' פ"ח מהל' שבועות הלכה ח:

קמ ב ג מיי' שם הלכה ט:

קמא ד ה ו ז מיי' שם הלכה י והל' יא:

קמב ח מיי' שם פ"י הלכה ה:

קמג ט מיי' פ"ג מהל' גזילה הלכה יד סמג עשין עג טוש"ע ח"מ סי' רלד סעיף א [רב אלפס כאן ובב"מ פ"א דף סג. ובפ"ג דף עט.]:

קמד י מיי' פ"ב מהל' טוען ונטען הלכה ב סמג עשין לה טוש"ע ח"מ סי' לב סעיף ב:

קמה כ ל מ טוש"ע שם סעיף ד עיין בב"י:

ליקוטי רש"י

תדורא. שוטה בהול [זבחים כה:] לשון אחר עגל [כריתות יח:]. המשביע עד אחד. וכפר פטור העד מקרבן שבועת העדות. דבר הגורם לממון כממון דמי. ועד גורם לממון הוא שאילו הוא העיד היה מחייבו שבועה ורוב בני אדם אין נשבעין לשקר והיה משלם [שבועות לב.]. ושכנגדו חשוד על השבועה. התובע שהנתבע שכנגדו חשוד על השבועה ונתחייב הנתבע שבועה מן התורה ע"י הודאה במקצת נשבע התובע ונוטל [שבועות מד:]. אחד שבועת העדות. בין שנחשד על שבועת העדות. ואחד שבועת הפקדון. בין שנחשד על שבועת הפקדון שכפר ונשבע על שקר. ואפילו שבועת שוא. שהוא רע לשמים עליה ולא לבריות אעפ"כ הוא נפסל על ידה לשבועה [שם מה.]. אשתמיטנא. לפי שברצונו היה מודה אלא שאין בידו לפרוע וסבר עד דהוי לי ופרענא. ולאו דעתיה למיגזליה אלא לאשתמוטי עביד [ב"מ ג: ה:]. הכופר במלוה. שבאו עדים והחזיקוהו בכפרן שהעידוהו שהוא חייב לו [ב"מ ה:]. בין על כולה בין על מקצת ובאו עדים והעידוהו עד שלא נשבע. כשר לעדות. ולא אמרינן גזלן הוא והתורה אמרה (שמות כג) אל תשת רשע עד דכיון דמלוה להוצאה נתנה דלמא צריך להוציאה וסבר עד דהוה לי [זוזי] ופרענא ליה ואי מודינא ליה השתא יתבעני מיד [שם ד.] ולא אמרן חשיד אממונא הוא אלא אשתמוטי קמשתמיט ליה משום דמלוה להוצאה ניתנה ואין עכשיו בידו במה לפרוע [שבועות מ:].

מסורת הש"ס

א) שבועות לב., ב) [לעיל עא: לא: פסחים ה: וש"נ], ג) שבועות מד:, ד) שבועות מ: ב"מ ד. ה: [ע"ש], ה) ס"א תרדא משועמם [וכן פי' רש"י בב"מ כ: וע' פרש"י כריתות יח: ובזבחים כה:], ו) ס"א כ"ש בה ובמוצאה, ז) ס"א, ח) צ"ל שנחשד, ט) רש"ל מוחק זה.

הגהות הב"ח

(א) גמ' יתיב רבה וקאמר וכו' רב עמרם לרבה: (ב) שם מדקתני סיפא דאישתבע:

תורה אור השלם

א) אוֹ מָצָא אֲבֵדָה וְכִחֶשׁ בָּהּ וְנִשְׁבַּע עַל שָׁקֶר עַל אַחַת מִכֹּל אֲשֶׁר יַעֲשֶׂה הָאָדָם לַחֲטֹא בָהֵנָּה: [ויקרא ה, כב]

ב) לֹא תִּגְנֹבוּ וְלֹא תְכַחֲשׁוּ וְלֹא תְשַׁקְּרוּ אִישׁ בַּעֲמִיתוֹ: [ויקרא יט, יא]

שאלך ואביא אליו את הפקדון״, דהיינו, אין רצונו אלא לדחות את בעל הפקדון מעליו עד שיוכל להשיבו לו, ולא היתה דעתו לעכבו לעצמו[43]. דברי רב ששת, לעומת זאת, עוסקים במקרה שהעידו עדים שהיה הפקדון תחת יד השומר בשעה שכפר בו[44], שבאופן זה אין סיבה שישתמט השומר לזמן מה, אלא בודאי היתה כוונתו בכפירתו לעכב את הפקדון לעצמו.

הגמרא מביאה ראיה לשיטת רב ששת, שהכופר בפקדון נעשה גזלן אף בלא שנשבע, אך זהו דוקא במקום שאי אפשר לתלות את כפירתו בהשתמטות לזמן:

תֵּדַע שכן הדבר, **דְּאָמַר רַב אִידִי בַּר אָבִין: הַכּוֹפֵר בְּמִלְוֶה** — לוה שנתבע על ידי המַלְוֶה וכפר, ושוב העידו עדים שאכן חייב, הרי הוא עדיין **כָּשֵׁר לְעֵדוּת**, ואין אומרים שנעשה חשוד על עבירות של ממון ופסול לעדות[45], כי יש לומר שאין כוונתו אלא לדחות מעליו את המלוה עד שיהא בידו מעות לפרוע, ואין דעתו לכפור לגמרי[46].

הערות

43. הטעם שמעדיף השומר להשתמט באופן זה, ולא לומר את האמת, יתכן שהוא משום שחושש שאם יודה מיד יכריחנו בעל הפקדון ללכת ולהביאו, וכעת אין לו פנאי לכך (רבינו יהונתן, מובא בשיטה מקובצת; ראה עוד בבא מציעא ה, ב; אך ראה רא״ש, מובא בשיטה מקובצת, תירוץ שני).

44. רש״י; אך ראה רא״ש שם.

45. גזלן פסול לעדות מהכתוב (שמות כג, א) ״אַל תָּשֶׁת יָדְךָ עִם רָשָׁע לִהְיֹת עֵד חָמָס״ (רש״י בבא מציעא ד, א ד״ה כשר). בכלל זה, כל המעכב ממון חבירו לעצמו, ולאו דוקא הנוטל ממון חבירו בחזקה — ראה סנהדרין כז, א.

46. רש״י. רש״י מבאר שניתן לומר כן משום ש״מלוה להוצאה ניתנה״, דהיינו, רשאי לוה להוציא את מעות ההלואה, ולכן יש לנו לתלות שלוה זה שכפר בחיובו כבר הוציא את מעות ההלואה ואינם עוד בידו, ולכן רוצה הוא להשתמט מהמַלְוֶה עד שיהיו לו מעות לפרוע. מדברי רש״י אלה משמע שבמקרה שמעות ההלואה נמצאות עדיין ביד הלוה, אין תולים ב״השתמטות״, ואם כפר בחיובו נפסל הוא לעדות (ראה הגהות הב״ח שבועות מ, ב אות ב). אך תוספות (שבועות שם ד״ה בפקדון) סוברים שאף אם בשעת הכפירה עדיין היו מעות ההלואה עצמם ביד הלוה אינו נפסל לשבועה בשל כפירתו, כי יש לנו לתלות שבאותה שעה צריך היה למעות ההן להוצאה, ולא נתכוון בכפירתו אלא להשתמט מהמלוה עד שיזדמנו לו מעות אחרים ויוכל לפרוע. כך משמע גם מדברי רש״י בבבא מציעא ד, א ד״ה כשר.

רש״י (בסוף עמוד זה ובראש העמוד הבא) מבאר שמדובר דוקא באופן שלא נשבע הלוה על כפירתו, שאילו אם נשבע בודאי נעשה הוא פסול לעדות. לכאורה, הטעם הוא לפי שאין אומרים שיישבע אדם לשקר בכדי להשתמט לזמן, אלא כל שנשבע בודאי כוונתו לעכבו לעצמו (אך ראה אילת השחר). ראה קצות החושן צב, ד המביא בענין זה כמה שיטות.

אבל שומר הכופר **בְּפִקָּדוֹן** ובאו עדים והכחישוהו, הרי הוא **פָּסוּל לְעֵדוּת**, כי אין רשות לנפקד להוציא פקדון, ולכן אם כפר אדם בפקדון שקיבל, בודאי היתה כוונתו לגוזלו, וכיון שנעשה גזלן פסול הוא לעדות. הוראה זו עוסקת באופן שהעידו העדים שבשעת הכפירה היה הפקדון ברשות השומר במקום הידוע לו, שאם לא כן יהא השומר ככופר במלוה, שאינו נפסל לעדות כי תולים שהיה רק משתמט לזמן[1]. ומדובר בשתי הוראות אלו באופן שלא נשבע האדם על כפירתו, שאילו באופן שנשבע הרי גם הכופר במלוה פסול לעדות[2]. למדנו, איפוא, מדברי רב אידי בר אבין שהכופר בפקדון נעשה עליו גזלן אף בלא שנשבע, וכהוראת רב ששת, ושזהו דוקא במקרה שהועד שבאותה שעה היה הפקדון מזומן לו להשיבו, אך אם לא הועד כן אנו אומרים שלא נתכוון אלא להשתמט לזמן ואינו נעשה גזלן, וכפי שביארו בדעת רב ששת[3].

הגמרא מקשה על רב ששת:

וְהָאָמַר אִילְפָא — והרי אילפא אמר: **שְׁבוּעָה קוֹנָה** — שבועה שנשבע אדם לפטור עצמו מתביעה, קונה לו את הממון הנתבע. לכאורה, כוונת אילפא היא לענין קניית פקדון להתחייב באחריות אונסים[4], והוא מלמד ששומר הנשבע על כפירתו בפקדון "קונה" אותו בכך להתחייב באחריותו אפילו באונס. משמע איפוא מדברי אילפא ש**שְׁבוּעָה הִיא דְּקַנְיָא** — שבועה על הכפירה היא שקונה את הפקדון לשומר להתחייב באחריות אונסיו, **אֲבָל כְּפִירָה** לחוד **לֹא קַנְיָא** — אינה קונה אותו לשומר לכך. זהו שלא כדברי רב ששת האומר שאף בכפירה לחוד נעשה השומר גזלן על הפקדון ומתחייב באונסיו!

מתרצת הגמרא:

הָכָא נַמִּי — גם כאן, בדברי אילפא, כמו במשנה בשבועות ("ושכנגדו חשוד על השבועה... אחד שבועת הפקדון..."), מדובר במקרה **דְּקַיְימָא בַּאֲגַם** — שעומד הפקדון במקום קנים, דהיינו, שלא היה ברשותו של השומר בשעת הכפירה. דוקא משום כך הוא שלא די בכפירה לחוד בכדי שייעשה השומר גזלן ויתחייב באונסי הפקדון, אלא צריך שגם ישבע, כי כל זמן שלא נשבע יש לתלות שלא נתכוון בכפירתו אלא להשתמט לזמן, ולא לגזול. הוראת רב ששת אמורה במקרה שהיה הפקדון ברשות השומר בשעה שכפר, שבזה אין לתלות שנתכוון רק להשתמט, ולכן די בכפירה לחוד לעשות את השומר גזלן על הפקדון.

תירוץ אחר:

וְאִיבָּעִית אֵימָא — ואם תרצה, אמור: לעולם מודה אילפא לדינו של רב ששת שהכופר בפקדון נעשה עליו גזלן אף בלא שבועה, **וּמַאי** כוונת אילפא באומרו "**שְׁבוּעָה קוֹנָה**"? כוונתו **כִּדְרַב הוּנָא**. כלומר, אינו עוסק כלל בהתחייבות שומר באונסי פקדון, אלא הוא מלמד את הדין שלימד רב הונא. **דְּאָמַר רַב הוּנָא אָמַר רַב**: התובע את חבירו: "**מָנֶה לִי בְּיָדְךָ**", **וְהַלָּה** משיבו **וְאוֹמֵר**: "**אֵין לְךָ בְּיָדִי**", **וְנִשְׁבַּע** על כך, **וְאַחַר כָּךְ בָּאוּ עֵדִים** והכחישוהו, הרי הנתבע **פָּטוּר** מלשלם, שאין בית דין מוציאים מידו, **שֶׁנֶּאֱמַר** בענין שבועת שומרים (שמות כב, י): "**וְלָקַח בְּעָלָיו וְלֹא יְשַׁלֵּם**" (כלומר, יקח בעל הפקדון מהשומר שבועה שאינו חייב, ובכך יפטר השומר מלשלם[5]), ויש לדרוש ש**כֵּיוָן שֶׁקִּבְּלוּ הַבְּעָלִים שְׁבוּעָה** מהשומר ("וְלָקַח בְּעָלָיו"), **שׁוּב אֵין** השומר **מְשַׁלֵּם מָמוֹן** על פי בית דין ("וְלֹא יְשַׁלֵּם"), אפילו אם יבואו עדים ויכחישו דבריו, ומכאן לשאר נתבעים המחוייבים שבועה, שמשנשבעו אין בית דין מוציאים מהם הממון אפילו אם לאחר מכן מכחישים אותם עדים[6]. יש לומר שגם אילפא באמרו "שבועה קונה" נתכוון ללמד דין זה, ופירוש דבריו הוא שכאשר אדם הנתבע ממון נשבע להכחיש התביעה, והכחשתו ושבועתו הן שקר, "קונה" לו שבועתו את הממון, ושוב לא יוציאוהו בית דין ממנו אף אם יבואו עדים ויכחישוהו. אבל מודה אילפא לרב ששת שהכופר בפקדון בלא שבועה נעשה עליו גזלן, ואם אחר כך באו עדים והכחישוהו, מחייבים אותו בית דין כמי שגזל את החפץ, וחייב הוא אף באחריות אונסיו.

הגמרא דנה בהוראת רב הונא בשם רב:

גּוּפָא — בגוף הדברים: **אָמַר רַב הוּנָא אָמַר רַב**: התובע את חבירו: "**מָנֶה לִי בְּיָדְךָ**", **וְהַלָּה** משיבו **וְאוֹמֵר**: "**אֵין לְךָ בְּיָדִי כְּלוּם**", **וְנִשְׁבַּע** על כך, **וּבָאוּ עֵדִים** לאחר מכן והכחישוהו, הרי הנתבע **פָּטוּר** מלשלם, שאין בית דין מוציאים מידו, **שֶׁנֶּאֱמַר** בענין שבועת השומרים: "**וְלָקַח בְּעָלָיו וְלֹא יְשַׁלֵּם**", ויש לדרוש ש**כֵּיוָן שֶׁקִּבְּלוּ** ה**בְּעָלִים שְׁבוּעָה** מהשומרים, **שׁוּב אֵין** השומרים **מְשַׁלְּמִין מָמוֹן** על פי בית דין, אפילו אם יבואו עדים ויכחישו דבריהם, ומכאן לשאר נתבעים המחוייבים שבועה, שמשנשבעו אין בית דין מוציאים מהם ממון אפילו אם לאחר מכן מכחישים אותם עדים.

רבא מבאר את הוראתו של רב:

אָמַר רָבָא: **מִסְתַּבְּרָא מִילְּתֵיהּ דְּרַב** — הדבר שהורה רב מסתבר **בְּמִלְוָה** — כשהתביעה שנשבע עליה לשקר היתה מלוה, **דִּלְהוֹצָאָה נִיתְּנָה** — כי המעות שניתנו ללוה ניתנו לו על מנת להוציאן, ואין בידו איפוא חפץ השייך לתובע, אלא סתם תשלום חוב הוא שמוטל

הערות

1. ראה רש"י. כך מבארת הגמרא בבבא מציעא ה, ב.

2. רש"י; ראה לעיל קה, ב סוף הערה 46.

3. ראה רש"י. לפי רש"י, נמצא שמדברי רב אידי בר אבין יש סיוע לא רק לחילוק הנאמר בדעת רב ששת בין מקום שניתן לתלות את ההכחשה בהשתמטות לזמן ובין מקום שאי אפשר לתלותה בכך, אלא אף יש מדבריו סיוע לעצם הוראתו של רב ששת שהכופר בפקדון נעשה עליו גזלן אף בלא שבועה.

4. העמדת חפץ באחריותו של אדם לאונסים נקראת הקנאת החפץ לו, שהכתוב העמיד את החפץ ברשותו לחייבו בתמורתו אם יארע לו אונס.

5. רש"י, שמות שם. הכתובים במלואם: (ט) כִּי יִתֵּן אִישׁ אֶל רֵעֵהוּ חֲמוֹר אוֹ שׁוֹר אוֹ שֶׂה וְכָל בְּהֵמָה לִשְׁמֹר וּמֵת אוֹ נִשְׁבַּר אוֹ נִשְׁבָּה אֵין רֹאֶה. (י) שְׁבֻעַת ה' תִּהְיֶה בֵּין שְׁנֵיהֶם אִם לֹא שָׁלַח יָדוֹ בִּמְלֶאכֶת רֵעֵהוּ וְלָקַח בְּעָלָיו וְלֹא יְשַׁלֵּם.

6. דינו של רב נאמר דוקא בנשבע "שבועת הדיינים", דהיינו שבועה שהיה הנתבע מחוייב בה על פי דין, כגון שומר הטוען טענת אונס, כדוגמת הכתוב הנדרש, וכגון נתבע המודה במקצת הטענה או שמעיד נגדו עד אחד (ראה רש"י לקמן ד"ה כאן; וראה לקמן בגמרא תנאים נוספים הנדרשים לדינו של רב). לכן כתבו המפרשים שהמקרה של "מנה לי בידך והלה אומר אין לך בידי" שבו אמר רב את דינו, אינו באופן שטען הנתבע שלא היו דברים מעולם, כי בזה הרי הוא "כופר הכל" ואינו מחוייב שבועה, אלא הוא באופן כגון שאמר "אמת שהפקדת בידי אלא שנאנסו ממני" (תוספות רבינו פרץ). [זהו כשיטה ששומרים חייבים שבועה אף בלא הודאה במקצת. אמנם, נחלקו בזה אמוראים לקמן קו, ב - קז, ב. לפי השיטה שאף שומרים אינם מתחייבים שבועה בלא הודאה במקצת, לא יתקיים דינו של רב אלא באופן שהודה הנתבע בחלק מהתביעה. אך ראה לקמן בגמרא שמובאים הדברים בנוסח "והלה אומר אין לך בידי **כלום**".]

לכאורה, דינו של רב הוא גזירת הכתוב שעל ידי השבועה נקנה הממון לנשבע, וכלשון אילפא ששבועה "קונה" [ראה מעין זה בסנהדרין עב, א] (ראה גם רש"י ד"ה חוץ; שו"ת חתם סופר, חושן משפט קלב).

אך החזון איש (כ, יא) מבאר שדינו של רב הוא גדר של "קם דינא", שגזר הכתוב שיעמוד הדין שפסק בית דין על פי השבועה, ולא יבטלנו מחמת עדים הבאים לאחר מכן. חפצה התורה שלאחר שהוכרע דין על ידי בירור של שבועה, שוב לא יחזירו את הדין. ראה עוד משפטי השבועה לרב האי גאון, סוף חלק ראשון, שער שבועת היסת ד"ה ועוד ראוי. [אף על פי שבדרך כלל מקבלים עדות שני עדים כבירור החזק ביותר, אין זה משום שנחשבת עדותם כבירור מוחלט של האמת, כי הרי אף עדים יכולים לשקר, אלא הוא משום שכך גזרה התורה, שבדרך כלל יש לסמוך על עדות שנים ולהכריע בדין על פיה (ראה רמב"ם יסודי התורה ז, ז והלכות סנהדרין סוף כד, א). לכן יתכן שבאופנים מסויימים יגזור הכתוב שלא יקבל בית דין שני עדים.]

לפי שיטה זו של רב, הכופר בפקדון ונשבע על כפירתו ואחר כך באו עדים, לא יחייבוהו בית דין על הפקדון כגזלן, ולא יוציאו ממנו אף את הקרן. אך לפי המתבאר לקמן בגמרא, מכיון שיודע בעצמו שגזלן הוא, חייב הוא באחריות החפץ, וכשמודה בעצמו בשקרו אף חייבתו התורה להוסיף חומש על הקרן ולהביא קרן אשם.

בפקדון פסול לעדות והאמר אילפא שבועה קונה שבועה היא דקניא אבל כפירה לא קניא הכא נמי דקיימא באגם ואיבעית אימא מאי שבועה קונה כדרב הונא דאמר רב הונא אמר רב [א]מנה לי בידך והלה אומר אין לך בידי ונשבע ואח"כ באו עדים פטור שנאמר א) ולקח בעליו ולא ישלם כיון שקבלו הבעלים שבועה שוב אין משלם ממון גופא אמר רב הונא אמר רב מנה לי בידך והלה אומר אין לך בידי כלום ונשבע ובאו עדים פטור שנאמר ולקח בעליו ולא ישלם כיון שקבלו בעלים שבועה שוב אין משלמין ממון ° אמר רבא מסתברא מילתיה דרב במלוה דלהוצאה ניתנה אבל פקדון ברשותיה דמריה קאי והאלהים אמר רב אפילו בפקדון דכי כתיב קרא בפקדון כתיב יתיב רב נחמן וקאמר להא שמעתא איתיביה רב אחא בר מניומי לרב נחמן (א) היכן פקדוני א"ל אבד משביעך אני ואמר אמן והעדים מעידים אותו שאכלו משלם את הקרן ° הודה מעצמו משלם קרן וחומש ואשם א"ל רב נחמן הכא במאי עסקינן כגון דנשבע חוץ לב"ד א"ל אי הכי אימא סיפא היכן פקדוני אמר לו נגנב משביעך אני ואמר אמן והעדים מעידים אותו שגנבו משלם תשלומי כפל הודה מעצמו משלם קרן וחומש ואשם ואי סלקא דעתך חוץ לב"ד מי איכא כפל א"ל יכילנא לשנויי לך רישא חוץ לבית דין וסיפא בבית דין [ג] מידו שינויא דחיקא לא משנינן לך אידי ואידי בבית דין ולא קשיא כאן בקפץ כאן בשלא קפץ א"ל רמי בר חמא לרב נחמן מכדי דרב [ב] לא סבירא לך משכוני נפשך אדרב למה לך אמר ליה לפרושה לדרב דרב הכי מתרץ לה למתניתין והא רב קרא קאמר אמרי קרא (ג) [ג] לכל הנשבעין שבתורה נשבעין ולא משלמין הוא דאתא ולקח בעליו ולא ישלם מי שעליו לשלם הוא נשבע מתיב רב המנונא (ד) [ד] השביע עליו חמשה פעמים בין בפני ב"ד ובין שלא בפני בית דין וכפר עליו חייב על כל אחת ואחת ואמר ר' שמעון מה טעם הואיל ויכול לחזור ולהודות והכא קפץ לא מצית אמרת השביע עליו קתני חוץ לב"ד לא מצית אמרת בפני ב"ד קתני הוא מותיב לה והוא מפרק לה לצדדין קתני השביע עליו חוץ לבית דין ובב"ד קפץ מתיב רבא (ה) בעל הבית שטען טענת גנב בפקדון ונשבע והודה ובאו עדים אם עד שלא באו עדים הודה משלם קרן וחומש ואשם ואם משבאו עדים הודה משלם תשלומי כפל ואשם והכא חוץ לב"ד וקפץ לא מצית אמרת כפל קתני אלא אמר רבא כל הודה לא שנא טוען טענת אבד ולא שנא טוען טענת גנב (נמי) לא אמר רב דהא כתיב והתודה דבעי שלומי קרן וחומש טוען טענת גנב ובאו עדים נמי לא אמר רב דהא כתיב תשלומי כפל כי קאמר (א) כגון שטוען טענת אבד ונשבע ולא הודה ובאו עדים אזל רב גמדא ואמרה לשמעתא קמיה דרב אשי אמר ליה השתא ומה רב המנונא תלמידיה דרב וידע דאמר רב הודה וקמותיב הודה ואת אמרת הודה לא אמר רב אמר ליה רב אחא סבא לרב אשי רב המנונא הכי קא קשיא ליה

אי

רש"י

בפקדון פסול לעדות. ומוקמינן לה בריש שנים אוחזין כגון דאמרי סהדי דההיא שעתא דכפר ליה נקיט בידיה ומפסיל אף ע"ג דלא אשתבע דאי באשתבע מה לי מלוה מה לי פקדון: שבועה קונה. קס"ד להתחייב באונסים משעה שנשבע לשקר קאמר: ואיבעית אימא שבועה קונה. דקאמר אילפא לגמרי קאמר דתו לא משלם כדרב הונא: דלהוצאה ניתנה. ובעיא תשלומין ואיכא למימר דבשבועה אפטר ליה מתשלומין כדכתיב ולא ישלם: אבל פקדון ברשותיה דמריה קאי. ואין כאן ולא ישלם דהא כל היכא דאיתיה דמריה הוא: בפקדון כתיב. גבי שומר שכר: להא שמעתא. דרב הונא: משלם את הקרן. וכפל לא דאין כפל אלא בטוען נגנב וחומש ואשם נמי לא שייכי אלא כשהודה דכתיב בגזל הגר והתוודו: הודה מעצמו. לאחר שבועה קתני מיהא רישא משלם קרן על ידי עדים וקשיא לרב דאמר כיון שנשבע לא ישלם אפי' באו עדים ומסיפא לא פריך דבהודה לא קאמר רב דהא כתיב והשיב את הגזלה ובנשבע והודה משתעי קרא: חוץ לב"ד. לא אלימא שבועה לאפקועי ממונא: כאן בקפץ. ברישא דקתני משלם כשקפץ זה והשביעו קודם שחייבוהו בית דין וכי קאמר רב בלא קפץ והדיינין השביעוהו וקנייה אותה שבועה דקרא בשבועת הדיינין כתיב ואע"ג דסיפא לא מתוקמא בקפץ דקתני כפל וכפל לא איתי' אלא בשבועת הדיינין מ"מ רישא בקפץ וניחא ליה לאוקמי בתרי גווני ובחד דוכתא ולא לאוקמי בשני מקומות וסיפא לא קשיא ליה לרב דאע"ג דקתני משלם כפל לאחר שבועה וכל שכן קרן דמודה רב בטוען טענת גנב כדלקמן בשמעתין דשבועה דקא מחייב ליה כפל לא מקנייה ליה קרנא: משכוני נפשך. לבא במקומו לתרץ קושיות ולהעמיד דבריו: נשבעין ולא משלמין. הנתבע ישבע ויפטר ולא ישבע התובע ויטול: חייב על כל אחת ואחת. חומש ואשם: הואיל ויכול לחזור ולהודות. ונמצא דבכולן כופר ממון: השביע עליו קתני. ומדלא תני השביעו שמע מינה על ידי דיינין הטיל עליו שבועה וקיבל על כרחו וקתני יכול לחזור ולהודות אלמא אכתי ממונא אית ליה גביה: לצדדין קתני השביעו עליו חוץ לב"ד. דאע"ג דחייבוהו ב"ד שבועה כיון דמחוץ לב"ד השביעו לא קנייה ובפני ב"ד דקתני לא אהשביע עליו קאי: אם עד שלא באו עדים הודה משלם קרן וחומש ואשם. ולא כפל דאין משלם קנס על פי עצמו: משלם כפל ואשם. אבל חומש לא דחומשו עולה לו בכפלו כדאמרינן בפרק מרובה (לעיל דף סה.) אלמא בין נשבע ובאו עדים בין נשבע והודה חייב: אלא אמר רבא. לא תשנייה לתיובתיה דרב המנונא לצדדין דיכול לחזור ולהודות לאו תיובתא הוא לרב הונא דכיון דהודה לא קאמר רב דכל הודה לא שנא טוען טענת גנב ונשבע והודה ולא שנא טוען טענת אבד ונשבע והודה לא אמר רב דפטור: דהא כתיב והתודה. בגזל הגר כתיב (במדבר ה) ובנשבע דהא קרן וחומש כתיב: וטוען טענת גנב ובאו עדים נמי לא אמר רב. דכפל כי כתיב בהכי כתיב בנשבע ובאו עדים כדאמר בפרק מרובה: אמרה לשמעתא. להא דרבא דאמר כל הודה לא אמר רב: רב המנונא תלמידו דרב הוה. דקיימא לן אמרי בי רב רב המנונא בפ"ק דסנהדרין (דף יז:) ואי לאו דידע דאפילו בהודה פטר רב לא הוה מותיב ליה מהואיל דיכול לחזור ולהודות:

אי

תוספות

איתיביה רב אחא בר מניומי. פי' בקונט' דלא פר[יך] מרישא והעדים מעידין כו' ולא מסיפא ואין ... דהא רבא מקשה לקמן בהדיא מהודה דאכתי לא מחלק בין הו[דה] ... לעדות עד דמתרץ לקמן הכי וא"ת א"כ אמאי לא פריך נמי מסיפא ונראה דהא ודאי פשיטא דלא אמר בטוען טענת גנב ונשבע ובאו עדים שיהא פטור דא"כ לא משכחת כפל דכתיב באורייתא אבל בהודה ס"ד דרב פוטר ואע"ג דבשבועה והודאה כתיב חומש רב הוה מוקי לקרא בקפץ ונשבע דחומש ואשם מחייב אף אשבועת עצמו אבל בנשבע ע"פ ב"ד והודה בעי למימר רב דפטור דאשבועת ב"ד כתיב ולקח בעליו ולא ישלם:

כאן שקפץ. תימה אם כן אמאי נקט ברישא טוען טענת אבד אפי' בטוען טענת גנב ה"מ למנקט דלא מחייב כפל כיון שקפץ:

קפץ לא מצית אמרת דהשביע עליו קתני. ותימה דלעיל קתני משביעך אני ומוקי לה בקפץ ויש לומר דהשביע עליו משמע ע"י ב"ד אבל משביעך אני משמע שקפץ והשביעו:

וליסני

עין משפט נר מצוה

קמז ... הלכה ד ... ם טוש"ע ח"מ סי' פט סעיף א:
קמח ד מיי' פ"ז מהל' שבועות הלכה ט סמג לאוין רמח:

ליקוטי רש"י

בפקדון פסול לעדות. אפי' על מקצת ובאו ונדים והעידוהו פסול לעדות דמאי הוה ליה גבי פקדון לאשתמוטי נפשיה ושמא תאמר אבד ממנו ואשתמיט ליה עד דמשכח ליה לקמן בפרקין (דף ה:) מוקמינן בדאתו סהדי ואמרי ההיא שעתא בידיה נקיט ליה [ב"מ ד.] דמאי אשתמוטי איכא הרי לא ניתן להוצאה ובעין הוא ואם אבד יטעון שאבד ויפטר [שם ה:] ואפילו לא נשבע דמשעה דכפר איחשיד ליה אממונא ובב"מ בפ"ק מוקמי' ליה בדאתו סהדי דההיא שעתא הוה בידיה דליכא למימר אירכס ליה ומשתמיט עד דבחיש ומשכח ליה [שבועות מ:]. ולקח בעליו. השבועה: ולא ישלם. לו השומר כלום [שמות כב י]. והאלהים. בשבועה [ב"מ טז:]. היכן פקדוני. אמר לשומר חנם היכן (שורי) אמר לו אבד משביעך אני ואמר אמן והעדים מעידין אותו שאכלו משלם את הקרן ולא כפל ואם הודה מעצמו שלא באו עדים משלם קרן וחומש ואשם כדין שבועת הפקדון דאינה באה עד שמודה ושב מרשעו ובא להתכפר דכתיב בשבועת גזל הגר בפרשת נשא והתודו את חטאתם אשר עשו וגו' אמר לו נגנב משביעך כו' בהדיא ילפינן לה בפרק מרובה בשומר חנם הפוטר עצמו בטענת אבידה אינו משלם כפל אף בשבועה אבל הפוטר עצמו בטענת גנב ובשבועה ובאו עדים משלם כפל דכתיב אם לא ימצא הגנב אם לא ימצא כמו שהוא אמר אלא הוא עצמו גנבו כו' כדאיתא התם [שבועות מט.]. משלם את הקרן. דאין חומש ואשם אלא אם הודה דכתיב בגזל הגר בפרשת נשא והתוודה [לקמן קח:]. הודה מעצמו משלם קרן וחומש ואשם. אבל כפל לא דמודה בקנס הוא [שבועות שם] דכתיב (ויקרא ה) או מכל אשר ישבע עליו לשקר וגו' וזהו אשם גזילות ואינו בא אלא על הודאת פיו דאע"פ דלא כתב בההיא פרשה הודאה כתב רחמנא באשם גזל הגר בפרשת נשא והתודו את חטאתם וגו' וחומש נמי אינו בלא אשם [לעיל סג:]. שינויא דחיקא. בתרי טעמא [לעיל מג.]. לכל הנשבעין שבתורה נשבעין וכו'. כל המחויבין שבועה מן התורה נשבעין ולא משלמין כלומר לא חייבה תורה שבועה ליטבע וליטול אלא הנתבע ישבע לתובע ולא ישלם [שבועות מד:]. בין בפני ב"ד ובין שלא בפני בית דין. אם מפיו נשבע שהוציא שבועה מפיו או שענה אמן אחר שבועה ואח"כ הודה חייב קרבן דכתיב (ויקרא ה) וכחש בעמיתו כל דהו. הואיל ויכול לחזור ולהודות. אחר כפירה נמצא שבכל שבועה הוא כופרו ממון [שם לו:]. שטען טענת גנב. פטר עצמו על ידי גניבה שטען נגנב הימני ושומר חנם פטור מגניבה וקיימא לן בב"ק (דף סג:) שאם נשבע ובאו עדים משלם כפל כגנב עצמו אבל אם הודה אח"כ אין כאן כפל דמודה בקנס פטור אבל חומש ואשם יש משום שבועת הפקדון [שבועות לז:]. משלם קרן וחומש ואשם. משום שבועה ואין כאן כפל דמודה בקנס פטור. ואם משבאו עדים. ונתחייב בכפל הודה. משלם תשלומי כפל ואשם. שהרי חומש לבעלים הוא והוא שקל [לעיל סה.]. משלם תשלומי כפל. משום עדים. ואשם. משום שבועה אבל חומש לא משלם וילפינן לה בבבא קמא מהאי קרא ושלם אותו בראשו וחמישיתו יוסף עליו ממון המשתלם בראשו מוסיף חומש ושאינו משתלם בראש כגון זה שישלם עליו כפל אין מוסיף חומש [שבועות שם].

מסורת הש"ס

א) [לעיל סג:] לקמן קח: שבועות מט., ב) [לעיל מג. כתובות מב:], ג) שבועות מה., ד) שם לו:, ה) לעיל סה. שבועות לז:.

הגהות הב"ח

(א) גמ' כי קאמר רב כגון שטוען:

גליון הש"ס

גמ' אמר רבא מסתברא מילתיה דרב. גיטין דף יג ע"ב וש"נ: שם הודה מעצמו. עיין לקמן דף קח ע"א תוס' ד"ה ובאו עדים:

תורה אור השלם

א) שְׁבֻעַת יְיָ תִּהְיֶה בֵּין שְׁנֵיהֶם אִם לֹא שָׁלַח יָדוֹ בִּמְלֶאכֶת רֵעֵהוּ וְלָקַח בְּעָלָיו וְלֹא יְשַׁלֵּם: [שמות כב, י]

עליו; בזה מובן שיאמר הכתוב שעל ידי שבועת הנתבע חל דין "וְלֹא יְשַׁלֵּם", שמתבטלת מעליו התביעה ושוב אין בית דין מחייבים אותו בתשלום החוב. **אֲבָל פִּקָּדוֹן** המופקד ביד שומר, **בִּרְשׁוּתֵיהּ דְּמָרֵיהּ קָאֵי** — הרי הוא עומד ברשות בעליו, ולכן אינו מסתבר שאם נשבע השומר על כפירתו בפקדון שוב לא יחייבוהו בית דין להשיבו אפילו אם יבואו עדים, כי לכאורה אין זה בכלל "וְלֹא יְשַׁלֵּם", כי לא תשלום הוא שהיה מוטל על השומר, אלא יש בידו חפץ השייך כבר לבעליו בכל מקום שהוא[7]. **וְ**אולם, **הָאֱלֹהִים** (לשון שבועה)! האמת היא ש**אָמַר רַב** את דברו **אֲפִילּוּ בְּפִקָּדוֹן**, והטעם, **דְּכִי כְּתִיב קְרָא** — שכאשר כתוב המקרא המלמד דין "כיון שנשבע שוב אינו משלם", דהיינו "וְלָקַח בְּעָלָיו וְלֹא יְשַׁלֵּם", **בְּפִקָּדוֹן כְּתִיב** — לגבי פקדון הוא שכתוב, שהרי הוא בפרשת שומרים[8]!

הגמרא מביאה קושיא על רב:

יָתִיב — ישב **רַב נַחְמָן וְקָאָמַר לְהָא שְׁמַעְתָּא** — ואמר שמועה זו, של הוראת רב שמשנשבע הנתבע אין מוציאים ממנו הממון אפילו אם יבואו עדים. **אֵיתִיבֵיהּ** — הקשה לו **רַב אַחָא בַּר מַנְיוּמִי לְרַב נַחְמָן** מהמשנה (לקמן קח, ב): התובע את חבירו, שהוא שומר חינם: "**הֵיכָן פִּקְדוֹנִי** שמסרתי לשמירתך?", **וְאָמַר לוֹ** השומר: "**אָבַד** הפקדון, ולכן פטור אני עליו"[9], ואמר לו המפקיד: "**מַשְׁבִּיעֲךָ אֲנִי!**", **וְאָמַר** השומר: "**אָמֵן** — מקבל אני עלי את השבועה"[10], **וְ**אחר כן היו **הָעֵדִים מְעִידִים אוֹתוֹ שֶׁאֲכָלוֹ** — אכל השומר עצמו את הפקדון; הרי השומר **מְשַׁלֵּם אֶת הַקֶּרֶן** בלבד, ולא כפל, כי לא טען טענת גנב[11], ואינו חייב חומש ואשם של הנשבע לשקר על כפירת ממון, כי לא הודה מעצמו[12]. **הוֹדָה מֵעַצְמוֹ** — אולם אם לאחר שנשבע השומר שאבד הפקדון הודה מעצמו שֶׁאֲכָלוֹ[13], הרי הוא **מְשַׁלֵּם קֶרֶן וְחוֹמֶשׁ וְאָשָׁם** (עד כאן הברייתא). הרי בהוראה הראשונה של הברייתא נלמד שאם באים עדים לחייב את הנתבע לאחר שנשבע ונפטר, מחזירים את הדין ומחייבים אותו על פיהם, שלא כדברי רב[14]!

רב נחמן דוחה את הקושיא על שיטת רב:

אָמַר לֵיהּ רַב נַחְמָן לרב אחא בר מניומי: **הָכָא בְּמַאי עַסְקִינָן** — כאן, במשנת "היכן פקדוני", במה אנו עוסקים? **כְּגוֹן דְּנִשְׁבַּע** השומר **מִחוּץ לְבֵית דִּין**. דינו של רב, שכיון שנשבע שוב אינו משלם אפילו על פי עדים, אמור דוקא במקרה שנשבע בבית דין, אך שבועה שנשבעים מחוץ לבית דין אינה חזקה דיה להפקיע ממון[15].

רב אחא בר מניומי חוזר ומקשה:

אָמַר לֵיהּ רב אחא בר מניומי לרב נחמן: **אִי הָכִי** — אם כן, שההוראה הראשונה במשנת "היכן פקדוני" עוסקת במקרה שנשבע השומר שלא בבית דין, **אֵימָא סֵיפָא** — פרש מעתה את הסיפא של אותה משנה, האומרת: התובע את חבירו, שהוא שומר חנם: "**הֵיכָן פִּקְדוֹנִי** שמסרתי לשמירתך?", **וְאָמַר לוֹ** השומר: "**נִגְנַב** הפקדון, ולכן פטור אני מלשלם"[16], ואמר לו המפקיד: "**מַשְׁבִּיעֲךָ אֲנִי!**", **וְאָמַר** השומר: "**אָמֵן** — מקבל אני עלי את השבועה"[17], **וְ**אחר כן היו **הָעֵדִים מְעִידִים אוֹתוֹ שֶׁ**הוא עצמו **גְּנָבוֹ**; הרי השומר **מְשַׁלֵּם תַּשְׁלוּמֵי כֵפֶל**, שכך דין שומר הפוטר עצמו בשקר בטענת "נגנב" ונשבע[18], אך אינו חייב אשם של הנשבע לשקר על כפירת ממון, כי לא הודה מעצמו[19]. **הוֹדָה מֵעַצְמוֹ** — אולם אם לאחר שנשבע השומר שנגנב הפקדון הודה שלא נגנב ממנו אלא הוא עצמו גנבו, הרי הוא **מְשַׁלֵּם קֶרֶן וְחוֹמֶשׁ וְאָשָׁם**, אך אינו משלם כפל, משום שכפל הוא קנס ואין אדם מתחייב קנס בהודאת עצמו[20] (עד כאן המשנה). **וְאִי סַלְקָא דַּעְתָּךְ** — ואם עולה על דעתך שמדובר במשנה באופן שנשבע **חוּץ לְבֵית דִּין**, קשה: **מִי אִיכָּא כֵּפֶל** — וכי יש באופן זה תשלומי כפל של "טוען טענת גנב"? הרי אין חיוב זה אמור אלא כשנשבע השומר בבית דין[21]!

הערות

7. ראה רש"י.

החזון איש מבאר, על פי דרכו הנזכרת בהערה הקודמת, שבכלל טענת רבא הוא שחיוב (או פְּטוּר) אדם לשלם ממעותיו לחבירו הוא דבר התלוי בפסיקת בית הדין, ולכן מסתבר לומר לגביו שמשנקבע דינו של אדם לפְטוּר מחמת בירור שבועה, שוב אין מחזירים את הדין לחייבו. אולם בעלות על חפץ אינה דבר התלוי בפסיקת בית הדין, אלא הוא דבר הקיים ועומד מצד עצמו, ולכן אינו מסתבר כל כך שמחמת שבועת שומר יפסקו בית דין שרשאי הוא להחזיק בחפץ השייך למפקיד! (חזון איש שם).

החילוק שמציע רבא אינו דוקא בין מלוה לפקדון, אלא הוא בין אופן שהחיוב המוטל על הנתבע אינו חפץ מסויים השייך לתובע לבין אופן שהתביעה היא על חפץ מסויים השייך לו. גם מקרה של שומר שפשע בפקדון ונתחייב בשל כך לשלם את דמיו, ייחשב לפי רבא כ"מלוה" (ראה רש"ש, מובא בהערה הבאה).

8. ראה הערה 5. למרות הסברא שהזכיר רבא, הכתוב מלמד — לפי דרשת רב — שכל שנפסק דינו של אדם לפטוּר על פי שבועה שנתחייב בה ונשבע, אין מחזירים את הדין, אפילו על פי עדות שהחפץ שבידו הופקד אצלו על ידי חבירו. החזון איש (שם) מבאר שלפי רב כאשר גוזל אדם חפץ, קונה הוא את החפץ, אלא שיש עליו חיוב השבה (ראה סנהדרין עב, א), ולכן שומר פקדון שמעכבו לעצמו — קנאו, ומכיון שעל ידי השבועה נפטר הוא מחיוב ההשבה, נמצא שהחפץ נקנה לו לגמרי. ראה גם שו"ת חתם סופר, חושן משפט קלב; חידושי רבינו מאיר שמחה.

הרש"ש תמה: מה בכך שהכתוב עוסק במקרה של פקדון, הלא גם בפקדון יש אופן שאין התביעה על חפץ בעינו אלא על תשלומין, כגון בשומר שכר שנגנב ממנו הפקדון והרי הוא חייב לשלם דמים, ואילו הוא נשבע שהחפץ נאנס ושהוא פטור.

9. שומר חינם פטור מאחריות הפקדון אפילו במקרים של גניבה או אבידה, ואינו חייב אלא בפשיעה (משנה בבא מציעא צג, א; ראה לקמן קז, ב עם הערה 26).

10. עניית "אמן" על השבועה היא קבלת שבועה, ו"כל העונה אמן אחר השבועה [הריהו] כמוציא שבועה בפיו" (שבועות כט, ב).

11. רש"י. שומר חנם הטוען שנגנב ממנו הפקדון, ונשבע על כך, אם אחר כך באים עדים ומכחישים אותו, הרי הוא חייב תשלומי כפל כאילו הוא עצמו גנבו. כך נלמד מהכתוב בפרשת שומר חנם (שמות כב, ז-ח): "אִם לֹא יִמָּצֵא הַגַּנָּב וְנִקְרַב בַּעַל הַבַּיִת אֶל הָאֱלֹהִים... יְשַׁלֵּם שְׁנַיִם לְרֵעֵהוּ", שדרשו בו חכמים (לעיל סג, ב): אִם לֹא יִמָּצֵא כמו שאמר השומר, אלא יימצא שהוא עצמו הַגַּנָּב, וְנִקְרַב כבר בַּעַל הַבַּיִת [השומר] אֶל הָאֱלֹהִים [הדיינים] להישבע, יְשַׁלֵּם שְׁנַיִם לְרֵעֵהוּ — ראה שם הערה 14; וראה סב, ב הערה 9. דין זה, הנקרא "טוען טענת גנב", נלמד דוקא אודות מקרה שביקש השומר לפטור עצמו בטענת "נגנב", אך לא במקרה שביקש לפטור עצמו בטענת "אבד".

12. חיובי תוספת חומש והבאת קרבן אשם המוטלים על הנשבע על כפירת ממון אמורים דוקא במקרה שהנשבע חוזר ומתודה, כפי שלמדים מהכתוב בבמדבר ה, ז [ראה לעיל קג, א הערה 26] (רש"י).

13. ראה לקמן קח, ב הערה 28.

14. רש"י. הגמרא מקשה על רב דוקא מההוראה הראשונה של המשנה, המחייבת את השומר **על פי עדים** הבאים לאחר שנשבע. כי מההוראה השניה של המשנה, המחייבת את השומר במקרה **שהודה** לאחר שנשבע, אין להקשות על רב, שכן רב עצמו בודאי לא אמר את דבריו אודות מקרה שהודה הנשבע בשקרו, שהרי התורה אומרת במפורש בפרשת אשם גזילות (ויקרא ה, כג) "וְהֵשִׁיב אֶת הַגְּזֵלָה אֲשֶׁר גָּזָל", ומדובר שם באדם שכפר ונשבע וחזר והודה (רש"י; אך ראה תוספות ד"ה איתיביה). הטעם שבמודה אכן חייב הנתבע בקרן אף על פי שנשבע, למרות שלפי רב שבועה "קונה", הוא משום שהמודה בא להתכפר, וכפרתו תלויה בהשבת הממון שעיכב שלא כדין. פטורו של רב נאמר רק לגבי חיוב בית דין את האדם לשלם (ראה חזון איש כ, יד ד"ה והא ו־כ, יז ד"ה יש).

15. רש"י. אפילו אם השביעוהו דיינים אלא שנעשה כן מחוץ לבית דין, אין לשבועה תוקף מספיק בכדי ש"תקנה" לנתבע את ממון התביעה לפי רב.

[על פי דרכו של החזון איש בביאור טעם דינו של רב (ראה הערה 6), יש לבאר שלא הקפידה התורה על החזרת הדין וביטול השבועה למפרע אלא כאשר נעשתה השבועה לגמרי בסדרי בית דין. עוד יש לומר שלא הקפיד הכתוב על ביטול שבועה למפרע והחזרת הדין אלא כאשר נעשתה השבועה כדרך שמשביעים בבית דין, דהיינו בהזכרת שם ה' וב"נקיטת חפץ" (אחיזת חפץ של קדושה כגון ספר תורה), שהעונש של המשקר בה מרובה, ולא בשבועה חוץ לבית דין, שנשבעים אותה אף בלא שם ונקיטת חפץ, ואין ענשה חמור באותה מדה ראה שבועות לח, ב לט, א; רש"י גיטין לה, א ד"ה חוץ; חזון איש חושן משפט י, טז).]

16. ראה הערה 9.

17. ראה הערה 10.

18. ראה הערה 11.

19. ראה הערה 12.

20. ראה משנה כתובות מא, א וגמרא לעיל סד, ב. להרחבת הדיבור בהוראה זו של המשנה, ראה לקמן קח, ב הערה 30.

21. אפילו אם הושבע על פי דיינים, אין השבועה מחייבתו תשלומי כפל אלא אם כן נשבע בבית דין (רש"י לקמן ד"ה לצדדין). כך נלמד מהכתוב של חיוב כפל בשומר חנם הטוען טענת גנב (שמות כב, ז-ח): "וְנִקְרַב בַּעַל הַבַּיִת אֶל הָאֱלֹהִים [כלומר, יקרב לפני דיינים להישבע]... אֲשֶׁר יַרְשִׁיעֻן אֱלֹהִים יְשַׁלֵּם שְׁנַיִם לְרֵעֵהוּ" (רשב"א; ראה לעיל סד, ב).

בפקדון פסול לעדות והאמר אילפא שבועה קונה שבועה היא דקניא אבל כפירה לא קניא הכא נמי דקיימא באגם ואיבעית אימא מאי שבועה קונה כדרב הונא דאמר רב הונא אמר רב [א]מנה לי בידך והלה אומר אין לך בידי ונשבע ואח"כ באו עדים פטור שנאמר (א) ולקח בעליו ולא ישלם כיון שקבלו הבעלים שבועה שוב אין משלם ממון גופא אמר רב הונא אמר רב מנה לי בידך והלה אומר אין לך בידי כלום ונשבע ובאו עדים פטור שנאמר ולקח בעליו ולא ישלם כיון שקבלו בעלים שבועה שוב אין משלמין ממון ° אמר רבא מסתברא מילתיה דרב במלוה דלהוצאה ניתנה אבל פקדון ברשותיה דמריה קאי והאלהים אמר רב אפילו בפקדון דכי כתיב קרא בפקדון כתיב יתיב רב נחמן וקאמר להא שמעתא איתיביה רב אחא בר מניומי לרב נחמן (א) היכן פקדוני א"ל אבד משביעך אני ואמר אמן והעדים מעידים אותו שאכלו משלם את הקרן ° הודה מעצמו משלם קרן וחומש ואשם א"ל רב נחמן הכא במאי עסקינן כגון דנשבע חוץ לב"ד א"ל אי הכי אימא סיפא היכן פקדוני אמר לו נגנב משביעך אני ואמר אמן והעדים מעידים אותו שגנבו משלם תשלומי כפל הודה מעצמו משלם קרן וחומש ואשם ואי סלקא דעתך חוץ לב"ד מי איכא כפל א"ל יכילנא לשנויי לך רישא חוץ לבית דין וסיפא בבית דין (ב) מיהו שינויא דחיקא לא משנינן לך אידי ואידי בבית דין ולא קשיא כאן בקפץ כאן בשלא קפץ א"ל רמי בר חמא לרב נחמן מכדי דרב [ב]לא סבירא לך משכוני נפשך אדרב למה לך אמר ליה לפרושה לדרב דרב הכי מתרץ לה למתניתין והא רב קרא קאמר אמרי קרא (ג) [ג]לכל הנשבעין שבתורה נשבעין ולא משלמין הוא דאתא ולקח בעליו ולא ישלם מי שעליו לשלם הוא נשבע מתיב רב המנונא (ד) [ד]השביע עליו חמשה פעמים בין בפני ב"ד ובין שלא בפני בית דין וכפר עליו חייב על כל אחת ואחת ואמר ר' שמעון מה טעם הואיל ויכול לחזור ולהודות והכא קפץ לא מצית אמרת השביע עליו קתני חוץ לב"ד לא מצית אמרת בפני ב"ד קתני הוא מותיב לה והוא מפרק לה לצדדין קתני השביע עליו חוץ לבית דין ובב"ד קפץ מתיב רבא (ה) בעל הבית שטען טענת גנב בפקדון ונשבע והודה ובאו עדים אם עד שלא באו עדים הודה משלם קרן וחומש ואשם ואם משבאו עדים הודה משלם תשלומי כפל ואשם והכא חוץ לב"ד וקפץ לא מצית אמרת כפל קתני אלא אמר רבא כל הודה לא שנא טוען טענת אבד ולא שנא טוען טענת גנב (נמי) לא אמר רב דהא כתיב והתודה דבעי שלומי קרן וחומש טוען טענת גנב ובאו עדים נמי לא אמר רב דהא כתיב תשלומי כפל כי קאמר (א) כגון שטוען טענת אבד ונשבע ולא הודה ובאו עדים אזל רב גמדא ואמרה לשמעתא קמיה דרב אשי אמר ליה השתא ומה רב המנונא תלמידיה דרב וידע דאמר רב הודה וקמותיב הודה ואת אמרת הודה לא אמר רב אמר ליה רב אחא סבא לרב אשי רב המנונא הכי קא קשיא ליה

אי

בפקדון פסול לעדות. ומוקמינן לה בריש שנים אוחזין כגון דאמרי סהדי דההיא שעתא דכפר ליה נקיט בידיה ומפסיל אף ע"ג דלא אשתבע דאי באשתבע מה לי מלוה מה לי פקדון: שבועה קונה. קס"ד להתחייב באונסים משעה שנשבע לשקר קאמר: ואיבעית אימא שבועה קונה. דקאמר אילפא לגמרי קאמר דתו לא משלם כדרב הונא: דלהוצאה ניתנה. ובעיא תשלומין ואיכא למימר דבשבועה אפטר ליה מתשלומין כדכתיב ולא ישלם: אבל פקדון ברשותיה דמריה קאי. ואין כאן ולא ישלם דהא כל היכא דאיתיה דמריה הוא: בפקדון כתיב. גבי שומר שכר: להא שמעתא. דרב הונא: משלם את הקרן. וכפל לא דאין כפל אלא בטוען נגנב וחומש ואשם נמי לא שייכי אלא כשהודה דכתיב בגזל הגר והתוודו: הודה מעצמו. לאחר שבועה קתני מיהא רישא משלם קרן על ידי עדים וקשיא לרב דאמר כיון שנשבע לא ישלם אפי' באו עדים ומסיפא לא פריך דבהודה לא קאמר רב דהא כתיב והשיב את הגזלה ובנשבע והודה משתעי קרא: חוץ לב"ד. לא אלימא שבועה לאפקועי ממונא: כאן בקפץ. ברישא דקתני משלם כשקפץ זה והשביעו קודם שחייבוהו בית דין וכי קאמר רב בלא קפץ והדיינין השביעוהו וקנייה אותה שבועה דקרא בשבועת הדיינין כתיב ואע"ג דסיפא לא מתוקמא בקפץ דקתני כפל וכפל לא איתי' אלא בשבועת הדיינין מ"מ רישא בקפץ וניחא ליה לאוקמי בתרי גווני ובחד דוכתא ולא לאוקמי בשני מקומות וסיפא לא קשיא ליה לרב דאע"ג דקתני משלם כפל לאחר שבועה וכל שכן קרן דמודה רב בטוען טענת גנב כדלקמן בשמעתין דשבועה דקא מחייב ליה כפל לא מקנייה ליה קרנא: משכוני נפשך. לבא במקומו לתרץ קושיות ולהעמיד דבריו: נשבעין ולא משלמין. הנתבע ישבע ויפטר ולא ישבע התובע ליטול: חייב על כל אחת ואחת. חומש ואשם: הואיל ויכול לחזור ולהודות. ונמלא דבכולן כופר ממון: השביע עליו קתני. ומדלא תני השביעו שמע מינה על ידי דיינין הטיל עליו שבועה וקיבל על כרחו וקתני יכול לחזור ולהודות אלמא אכתי ממונא אית ליה גביה: לצדדין קתני השביעו עליו חוץ לב"ד. דאע"ג דחייבוהו ב"ד שבועה כיון דמחוץ לב"ד השביעו לא קנייה ובפני ב"ד דקתני לא אהשביע עליו קאי: אם עד שלא באו עדים הודה משלם קרן וחומש ואשם. ולא כפל דאין משלם קנס על פי עצמו: משלם כפל ואשם. אבל חומש לא דחומשו עולה לו בכפלו כדאמרינן בפרק מרובה (לעיל דף סה.) אלמא בין נשבע ובאו עדים בין נשבע והודה חייב: אלא אמר רבא. לא תשנייה לתיובתיה דרב המנונא לצדדין דיכול לחזור ולהודות לאו תיובתא הוא לרב הונא דכיון דהודה לא קאמר רב דכל הודה לא שנא טוען טענת גנב ונשבע והודה ולא שנא טוען טענת אבד ונשבע והודה לא אמר רב דפטור: דהא כתיב והתודה. בגזל הגר כתיב (במדבר ה) ובנשבע דהא קרן וחומש כתיב: וטוען טענת גנב ובאו עדים נמי לא אמר רב. דכפל כי כתיב בהכי כתיב בנשבע ובאו עדים כדאמר בפרק מרובה: אמרה לשמעתא. להא דרבא דאמר כל הודה לא אמר רב: רב המנונא תלמידו דרב הוה. דקיימא לן אמרי בי רב רב המנונא בפ"ק דסנהדרין (דף יז:) ואי לאו דידע דאפילו בהודה פטר רב לא הוה מותיב ליה מהואיל דיכול לחזור ולהודות:

אי

איתיביה רב אחא בר מניומי. פי' בקונט' דלא פריך אלא מרישא והעדים מעידין כו' ולא מסיפא ואין נראה דהא רבא מקשה לקמן בהדיא מהודה דאכתי לא מחלק בין הודה לעדות עד דמתרץ לקמן הכי וא"ת א"כ אמאי לא פריך נמי מסיפא ונראה דהא ודאי פשיטא דלא אמר בטוען טענת גנב ונשבע ובאו עדים שיהא פטור דא"כ לא משכחת כפל דכתיב באורייתא אבל בהודה ס"ד דרב פוטר ואע"ג דבשבועה והודאה כתיב חומש רב הוה מוקי לקרא בקפץ ונשבע דחומש ואשם מחייב אף אשבועת עצמו אבל בנשבע ע"פ ב"ד והודה בעי למימר רב דפטור דאשבועת ב"ד כתיב ולקח בעליו ולא ישלם:

כאן שקפץ. תימה אם כן אמאי נקט ברישא טוען טענת אבד אפי' בטוען טענת גנב ה"מ למנקט דלא מחייב כפל כיון שקפץ:

קפיץ לא מצית אמרת דהשביע עליו קתני. ותימה דלעיל קתני משביעך אני ומוקי לה בקפץ ויש לומר דהשביע עליו משמע ע"י ב"ד אבל משביעך אני משמע שקפץ והשביעו:

ולישני

עין משפט
נר מצוה

קמו א ב מיי' פ"ב מהל' טוען ונטען הלכה יא סמג עשין לה טוש"ע ח"מ סי' פז סעיף כט וסעיף ל [ודלא כרב] [רב אלפס כאן ובשבועות סוף פ"ז דף שיט]:

קמז ג מיי' פ"א שם הלכה ד סמג שם טוש"ע ח"מ סי' פט סעיף א:

קמח ד מיי' פ"ז מהל' שבועות הלכה ט סמג לאוין רמח:

ליקוטי רש"י

בפקדון פסול לעדות. אפי' על מקלת ובאו עדים והעידוהו פסול לעדות דמאי הוה ליה גבי פקדון לאשתמוטי נפשיה ושמא תאמר אבד ממנו ואשתמיט ליה עד דמשכח ליה לקמן בפרקין (דף ה:) מוקמינן בדאתו סהדי ואמרי ההיא שעתא בידיה נקיט ליה [ב"מ ד.] דמאי אשתמוטי איכא הרי לא ניתן להוצאה ובעין הוא ואם אבד יטעון שאבד ויפטר [שם ה:] ואפילו לא נשבע דמשעה דכפר איחשיד ליה אממונא ובב"מ בפ"ק מוקמי' ליה בדאתו סהדי דההיא שעתא הוה בידיה דליכא למימר אירכס ליה ומשתמיט עד דבחיש ומשכח ליה [שבועות מ:]. ולקח בעליו. השבועה: ולא ישלם. לו השומר כלום [שמות כב י]. והאלהים. בשבועה [ב"מ טז:]. היכן פקדוני. אמר לשומר חנם היכן (שורי) אמר לו אבד משביעך אני ואמר אמן והעדים מעידין אותו שאכלו משלם את הקרן ולא כפל ואם הודה מעצמו שלא באו עדים משלם קרן וחומש ואשם כדין שבועת הפקדון דאינה באה עד שמודה ושב מרשעו ובא להתכפר דכתיב בשבועת גזל הגר בפרשת נשא והתודו את חטאתם אשר עשו וגו' אמר לו נגנב משביעך כו' בהדיא ילפינן לה בפרק מרובה בשומר חנם הפוטר עצמו בטענת אבידה אינו משלם כפל אף בשבועה אבל הפוטר עצמו בטענת גנב ובשבועה ובאו עדים משלם כפל דכתיב אם לא ימצא הגנב אם לא ימצא כמו שהוא אמר אלא הוא עצמו גנבו כו' כדאיתא התם [שבועות מט.]. משלם את הקרן. דאין חומש ואשם אלא אם הודה דכתיב בגזל הגר בפרשת נשא והתוודה [לקמן קח:]. הודה מעצמו משלם קרן וחומש ואשם. אבל כפל לא דמודה בקנס הוא [שבועות שם] דכתיב (ויקרא ה) או מכל אשר ישבע עליו לשקר וגו' וזהו אשם גזילות ואינו בא אלא על הודאת פיו דאע"פ דלא כתב בההיא פרשה הודאה כתב רחמנא באשם גזל הגר בפרשת נשא והתודו את חטאתם וגו' וחומש נמי אינו בלא אשם [לעיל סג:]. שינויא דחיקא. בתרי טעמא [לעיל מג.]. לכל הנשבעין שבתורה נשבעין וכו'. כל המחויבין שבועה מן התורה נשבעין ולא משלמין כלומר לא חייבה תורה שבועה לישבע וליטול אלא הנתבע ישבע לתובע ולא ישלם [שבועות מד:]. בין בפני ב"ד ובין שלא בפני בית דין. אם מפיו נשבע שהוליא שבועה מפיו או שענה אמן אחר שבועה ואח"כ הודה חייב קרבן דכתיב (ויקרא ה) וכחש בעמיתו כל דהו. הואיל ויכול לחזור ולהודות. אחר כפירה נמלא שבכל שבועה הוא כופרו ממון [שם לו:]. שטען טענת גנב. פטר עצמו על ידי גניבה שטען נגנב הימני ושומר חנם פטור מגניבה וקיימא לן בב"ק (דף סג:) שאם נשבע ובאו עדים משלם כפל כגנב עצמו אבל אם הודה אח"כ אין כאן כפל דמודה בקנס פטור אבל חומש ואשם יש משום שבועת הפקדון [שבועות לז:]. משלם קרן וחומש ואשם. משום שבועה ואין כאן כפל דמודה בקנס פטור. ואם משבאו עדים. ומחייב בכפל הודה. משלם תשלומי כפל ואשם. שהרי חומש לבעלים הוא והוא שקל [לעיל סה.]. משלם תשלומי כפל. משום עדים. ואשם. משום שבועה אבל חומש לא משלם ילפינן לה בבבא קמא מהאי קרא ושלם אותו בראשו וחמישיתו יוסף עליו ממון המשתלם בראש מוסיף חומש ושאינו משתלם בראש כגון זה שישלם עליו כפל אין מוסיף חומש [שבועות שם].

מסורת הש"ס

א) [לעיל סג:] לקמן קח: שבועות מט., ב) [לעיל מג. כתובות מב:], ג) שבועות מה., ד) שם לו:, ה) לעיל סה. שבועות לז:.

הגהות הב"ח

(א) גמ' כי קאמר רב כגון שטוען:

גליון הש"ס

גמ' אמר רבא מסתברא מילתיה דרב. גיטין דף יג ע"ב וש"נ: שם הודה מעצמו. עיין לקמן דף קח ע"א תוס' ד"ה ובאו עדים:

תורה אור השלם

א) שְׁבֻעַת יְיָ תִּהְיֶה בֵּין שְׁנֵיהֶם אִם לֹא שָׁלַח יָדוֹ בִּמְלֶאכֶת רֵעֵהוּ וְלָקַח בְּעָלָיו וְלֹא יְשַׁלֵּם: [שמות כב, י]

לכאורה מוכח מהסיפא של משנת ״היכן פקדוני״, שכל דברי המשנה עוסקים באופן שנשבע השומר בבית דין!

רב נחמן משיב:

אָמַר לֵיהּ רב נחמן לרב אחא בר מניומי: **יָכִילְנָא לְשַׁנּוּיֵי לָךְ** — יכולני לתרץ לך ש**הָרֵישָׁא** של משנת ״היכן פקדוני״ עוסקת באופן שנשבע השומר **חוּץ לְבֵית דִּין, וְהַסֵּיפָא** עוסקת באופן שנשבע **בְּבֵית דִּין**. כלומר, אמנם יש דוחק בדבר, אך אינו מן הנמנע לפרש כן. **מִיהוּ שִׁינּוּיָא דְּחִיקָא לֹא מְשַׁנֵּינַן לָךְ** — אולם, איני מתרץ לך תירוץ דחוק, אלא לעולם **אִידִי וְאִידִי** — זו וזו, בין הסיפא של המשנה ובין הרישא, עוסקות באופן שנשבע השומר **בְּבֵית דִּין**; ובאשר לקושיא כיצד מתיישבת הוראת הרישא, שאם באו עדים לאחר שנשבע השומר ונפטר מחייבים אותו על פיהם, עם דברי רב שמשנשבע הנתבע שוב אין מחייבים אותו אפילו אם יבואו עדים, **וְלֹא קַשְׁיָא** — אין זה קשה, כי **כָּאן**, בהוראת הרישא של המשנה, מדובר **בְּ**אופן **שֶׁקָּפַץ** התובע והשביע מעצמו את השומר[22], לפני שחייבוהו בית דין להישבע, ואילו **כָּאן**, בהוראתו של רב, מדובר דוקא **בְּ**אופן **שֶׁלֹּא קָפַץ** התובע להשביע מעצמו את השומר, אלא הדיינים חייבוהו להישבע[23]. בכך נמצא שאין הוראת הרישא של המשנה סותרת לדברי רב[24].

אחר שנתאמץ רב נחמן ביישוב משנת ״היכן פקדוני״ לפי דעת רב, שאלוהו:

אָמַר לֵיהּ רָמִי בַּר חָמָא לְרַב נַחְמָן: מִכְּדִי דְּרַב לֹא סְבִירָא לָךְ — מאחר שאתה אינך סובר כהוראתו של רב, אלא לדעתך אף אם נשבע אדם ונפטר, אם אחר כך באים עדים מחזירים את הדין ומחייבים אותו על פיהם[25], **מַשְׁכּוּנֵי נַפְשָׁךְ אַדְּרַב לָמָּה לָךְ** — למה לך למשכן את עצמך לבוא במקומו לתרץ קושיות שעליו ולהעמיד את דבריו[26]?

השיב רב נחמן:

אָמַר לֵיהּ רב נחמן לרמי בר חמא: **לְפָרוּשָׁה לְדְרַב** — באתי לפרש את דעתו של רב; **דְּרַב הָכִי מְתָרֵץ לָהּ לְמַתְנִיתִין** — לבאר שכך מתרץ רב את משנתנו (משנת ״היכן פקדוני״). כלומר, לא באתי אלא לפרש את שיטתו של רב ביישוב המשנה, אף על פי שאיני סובר כן[27].

מכיון שנתברר שרב נחמן חולק על רב, שואלת הגמרא:

וְהָא רַב קְרָא קָאָמַר — והרי רב אמר את דבריו מכח כתוב, שדרש כן מ״וְלָקַח בְּעָלָיו וְלֹא יְשַׁלֵּם״! מכיון שכן, כיצד ניתן לחלוק על הוראתו?

מתרצת הגמרא:

אָמְרֵי — אמרו בתשובת שאלה זו: **קְרָא לְכָל הַנִּשְׁבָּעִין שֶׁבַּתּוֹרָה נִשְׁבָּעִין וְלֹא מְשַׁלְּמִין הוּא דְּאָתָא** — אותו כתוב, ללמד את הכלל ש״כל הנשבעין שבתורה נשבעין ולא משלמין״ הוא שבא, דהיינו שבכל מקום שהטילה התורה שבועה בין טוען ונטען, הנטען נשבע ונפטר ואין הטוען נשבע ונוטל[28], שכך דורשים: ״**וְלָקַח בְּעָלָיו וְלֹא יְשַׁלֵּם**״ (כלומר, יקח בעל הפקדון מהשומר שבועה שאינו חייב, ובכך יפטר השומר מלשלם); הרי הכתוב אומר שתוצאת השבועה היא ״לא ישלם״, ומשמע שדוקא **מִי שֶׁעָלָיו לְשַׁלֵּם**, כלומר, מי שהתביעה עליו, **הוּא** ש**נִשְׁבָּע** כדי להיפטר, ולא שמי שתובע יישבע כדי ליטול[29]. לפי רב נחמן נצרך הכתוב ללמד דין זה, ואינו פנוי לדרוש בו את דינו של רב[30].

הגמרא מביאה קושיא נוספת על הוראתו של רב:

מָתִיב (מקשה) **רַב הַמְנוּנָא** על הוראת רב, מהמשנה בענין חיוב חומש ואשם של הנשבע לשקר על כפירת ממון (שבועות לו, ב): **הִשְׁבִּיעַ עָלָיו** — אם הטיל התובע שבועה על הנתבע **חֲמִשָּׁה פְּעָמִים** על אותה תביעה, **בֵּין בִּפְנֵי בֵית דִּין וּבֵין שֶׁלֹּא בִּפְנֵי בֵית דִּין, וְכָפַר עָלָיו** הנתבע ונשבע בכל פעם ופעם, הרי הוא **חַיָּיב** חומש ואשם **עַל כָּל אַחַת וְאַחַת** מהשבועות[31]. **וְאָמַר רַבִּי שִׁמְעוֹן: מַה הַטַּעַם** שחייב

הערות

22. רש״י. בדרך כלל ״קפץ״ בענין שבועה פירושו שהקדים אדם להישבע מעצמו לפני שהשביעוהו, אך כאן הפירוש הוא שקפץ התובע והשביעו לפני שחייבו הדיינים, שהרי בדברי המשנה שמעמידים ב״קפץ״ מפורש שאופן השבועה היה שאמר התובע ״משביעך אני״ וענה הנתבע ״אמן״.

23. כי הכתוב שממנו דורש רב את דינו עוסק בשבועה שחייבו בה דיינים (רש״י). שבועה שנשבעו בה בלא שיטילוה דיינים, אפילו אם נשבעו בפני בית דין, אין בה תוקף ״לקנות״ לנתבע את ממון התביעה (רשב״א).

נחלקו ראשונים בכוונת רב נחמן. לדעת רבינו חננאל והרמ״ה, כוונתו היא ששבועה של ״קפץ״ אין לה תוקף כלל במקום שנתחייב אדם שבועה מן התורה, כגון שומרים, מודה במקצת הטענה או מי שעד אחד מעיד נגדו. כל אלה אינם נפטרים מהתביעה שעליהם עד **שיטילו עליהם דיינים** שבועה ויישבעו. אך ראשונים אחרים סוברים שגם שבועה של ״קפץ״ מועילה בדרך כלל לפטור את המחוייב שבועה מהתביעה שעליו. אין רב נחמן מבדיל בין שבועה של ״קפץ״ ובין שבועה שהטילוה דיינים אלא לגבי דינו של רב — לומר שאין שבועה ״קונה״ אלא אם כן נשבע הנתבע על פי חיוב דיינים — ולגבי דין ״טוען טענת גנב״ — לומר שאין שומר הנשבע בשקר שנגנב ממנו הפקדון מתחייב תשלומי כפל אלא אם נשבע כן על פי חיוב דיינים [כך נלמד מהכתוב המובא בהערה 21; וראה גמרא לקמן עם הערה 34] (ראה שיטה מקובצת בשם רמ״ה; רשב״א; רמב״ן, רשב״א וריטב״א גיטין לה, א; וראה רש״ש לעיל קג, א על תוספות ד״ה הגוזל).

24. אמנם תירוץ זה מעמיד את הרישא של משנת ״היכן פקדוני״ באופן של ״קפץ״ התובע והשביע, ואילו הסיפא של המשנה ההיא לא תתכן להיות באופן זה, כי חיוב כפל של טוען טענת גנב אינו אמור אלא אם כן הושבע השומר על פי דיינים (ראה הערה הקודמת), ונמצא שגם לפי תירוץ זה אין הרישא והסיפא של המשנה ההיא עוסקות באופן אחד, מכל מקום רב נחמן מחשיב תירוץ זה כדחוק פחות מלומר שהרישא עוסקת בנשבע מחוץ לבית דין והסיפא בנשבע בבית דין. כי העמדת הרישא והסיפא כעוסקות **במקומות** שונים היא דוחק גדול יותר מהעמדתן כעוסקות במקום אחד אך **באופנים** שונים (רש״י).

יש לציין שאין רב אחא בר מניומי ורב נחמן דנים אלא כיצד ליישב את הרישא של משנת ״היכן פקדוני״ לפי דעת רב, אך אין קושיא כיצד ליישב לפי דעתו את הסיפא של המשנה ההיא — אף על פי שבהוראת הסיפא נלמד ששומר שהושבע בבית דין על פי דיינים שנגנב ממנו הפקדון, ושוב באו עדים והכחישוהו, הרי הוא חייב לשלם אף תשלומי כפל, וכל שכן קרן, ואין אומרים שכיון שנשבע שוב אין מחייבים אותו לשלם! הטעם שאין הוראה זו קשה על רב מפורשת בגמרא לקמן, שהוא לפי שמודה רב בשבועה על טענת ״נגנב״ שאינה ״קונה״, שכן לגבי הנשבע כן לשקר גזר הכתוב לחייבו תשלומי כפל בדין ״טוען טענת גנב״. דברי רב לגבי שבועת שומר אמורים כגון באופן של שבועת ״נאבד״ או ״נאנס״, אך לא בשבועת ״נגנב״ (ראה רש״י).

25. נראה שבפעם אחרת שמע רמי בר חמא מרב נחמן שאינו סובר כרב בענין זה (נימוקי יוסף).

26. רש״י. [אפשר שמתכוון רש״י שלשון ״משכוני נפשך״ פירושו הכנסת רב נחמן את עצמו כערב לרב — משכון הוא לשון ערבון — לפרוע תחתיו את חובו.]

27. ולפי שיטת רב נחמן עצמו עוסקות כל הוראות משנת ״היכן פקדוני״ בנשבע בבית דין ועל פי דיינים.

כך היא דרך האמוראים בכמה מקומות, שטורחים ליישב משניות וברייתות בהתאם לדעות החולקות עליהם (יד מלאכי, אות תרמב). [יתכן שכוונת רמי בר חמא בשאלתו היתה שממה שמדקדק רב נחמן כל כך בתירוץ המשנה לפי רב (״יכולני לתרץ לך כך וכך, אך איני מתרץ לך תירוץ דחוק, אלא וכו׳ ״) נראה שחזר בו רב נחמן ממה שהיה חולק עליו, או שמודה הוא לו במקצת, ומשום כך נזקק ליישב המשנה גם לפי שיטתו שלו, ועל כך השיבו רב נחמן שאינו כן, אלא אכן חולק הוא לגמרי על רב, וכל טירחתו ביישוב המשנה אינה אלא כדי לבאר כיצד מפרשה רב.]

28. רש״י; ראה לעיל קה, ב הערה 38. ״כל הנשבעין שבתורה נשבעין ולא משלמין״ הוא לשון המשנה בשבועות מד, ב - מה, א (המובאת לעיל קה, ב).

29. ראה רש״י לעיל צו, ב ד״ה נשבעין.

אף על פי שכתוב זה עוסק בשבועת השומרים, למדים ממנה שכך הדין גם בשאר שבועות שהטילה התורה בין טוען ונטען, דהיינו שבועת מודה במקצת ושבועת מי שעד אחד מעיד נגדו.

30. רב, לעומת זאת, סובר שאין צורך בכתוב מיוחד ללמד ש״כל הנשבעין שבתורה נשבעין ולא משלמין״ (פני יהושע; ראה שם שמבאר במה תלוי הדבר אם נצרך לכך לימוד או לא).

31. רש״י. כלומר, יהא עליו לשלם את הקרן ועוד חמשה חומשין ולהביא חמשה אשמות. הרמב״ם (הלכות שבועות ז, ט) אינו מזכיר בענין זה אלא אשם, אך ראה מנחת חינוך קכט, ב. [וראה עוד אבי עזרי שם בשם הגרי״ז.]

בפקדון פסול לעדות והאמר אילפא שבועה קונה שבועה היא דקניא אבל כפירה לא קניא הכא נמי דקיימא באגם ואיבעית אימא מאי שבועה קונה כדרב הונא דאמר רב הונא אמר רב [א]מנה לי בידך והלה אומר אין לך בידי ונשבע ואח"כ באו עדים פטור שנאמר [א] ולקח בעליו ולא ישלם כיון שקבלו הבעלים שבועה שוב אין משלם ממון גופא אמר רב הונא אמר רב מנה לי בידך והלה אומר אין לך בידי כלום ונשבע ובאו עדים פטור שנאמר ולקח בעליו ולא ישלם כיון שקבלו בעלים שבועה שוב אין משלמין ממון [ב]אמר רבא מסתברא מילתיה דרב במלוה דלהוצאה ניתנה אבל פקדון ברשותיה דמריה קאי והאלהים אמר רב אפילו בפקדון דכי כתיב קרא בפקדון כתיב יתיב רב נחמן וקאמר להא שמעתא איתיביה רב אחא בר מניומי לרב נחמן [א] היכן פקדוני א"ל אבד משביעך אני ואמר אמן והעדים מעידים אותו שאכלו משלם את הקרן [ב]הודה מעצמו משלם קרן וחומש ואשם א"ל רב נחמן הכא במאי עסקינן כגון דנשבע חוץ לב"ד א"ל אי הכי אימא סיפא היכן פקדוני אמר לו נגנב משביעך אני ואמר אמן והעדים מעידים אותו שגנבו משלם תשלומי כפל הודה מעצמו משלם קרן וחומש ואשם ואי סלקא דעתך חוץ לב"ד מי איכא כפל א"ל יכילנא לשנויי לך רישא חוץ לבית דין וסיפא בבית דין [ג] מיהו שינויא דחיקא לא משנינן לך אידי ואידי בבית דין ולא קשיא כאן בקפץ כאן בשלא קפץ א"ל רמי בר חמא לרב נחמן מכדי דרב [ב]לא סבירא לך משכוני נפשך אדרב למה לך אמר ליה לפרושה לדרב דרב הכי מתרץ לה למתניתין והא רב קרא קאמר אמרי קרא [ג] [ג]לכל הנשבעין שבתורה נשבעין ולא משלמין הוא דאתא ולקח בעליו ולא ישלם מי שעליו לשלם הוא נשבע מתיב רב המנונא [ד] [ד]השביע עליו חמשה פעמים בין בפני ב"ד ובין שלא בפני בית דין וכפר עליו חייב על כל אחת ואחת ואמר ר' שמעון מה טעם הואיל ויכול לחזור ולהודות והכא קפץ לא מצית אמרת השביע עליו קתני חוץ לב"ד לא מצית אמרת בפני ב"ד קתני הוא מותיב לה והוא מפרק לה לצדדין קתני השביע עליו חוץ לבית דין ובב"ד קפץ מתיב רבא [ה] בעל הבית שטען טענת גנב בפקדון ונשבע והודה ובאו עדים אם עד שלא באו עדים הודה משלם קרן וחומש ואשם ואם משבאו עדים הודה משלם תשלומי כפל ואשם והכא חוץ לב"ד וקפץ לא מצית אמרת כפל קתני אלא אמר רבא כל הודה לא שנא טוען טענת אבד ולא שנא טוען טענת גנב (נמי) לא אמר רב דהא כתיב והתודה דבעי שלומי קרן וחומש טוען טענת גנב ובאו עדים נמי לא אמר רב דהא כתיב תשלומי כפל כי קאמר (א) כגון שטוען טענת אבד ונשבע ולא הודה ובאו עדים אזל רב גמדא ואמרה לשמעתא קמיה דרב אשי אמר ליה השתא ומה רב המנונא תלמידיה דרב וידע דאמר רב הודה וקמותיב הודה ואת אמרת הודה לא אמר רב אמר ליה רב אחא סבא לרב אשי רב המנונא הכי קא קשיא ליה

אי

רש"י

בפקדון פסול לעדות. ומוקמינן לה בריש שנים אוחזין כגון דאמרי סהדי דההיא שעתא דכפר ליה נקיט בידיה ומפסיל אף ע"ג דלא אשתבע דאי באשתבע מה לי מלוה מה לי פקדון: שבועה קונה. קס"ד להתחייב באונסים משעה שנשבע לשקר קאמר: ואיבעית אימא שבועה קונה. דקאמר אילפא לגמרי קאמר דתו לא משלם כדרב הונא: דלהוצאה ניתנה. ובעיא תשלומין ואיכא למימר דבשבועה אפטר ליה מתשלומין כדכתיב ולא ישלם: אבל פקדון ברשותיה דמריה קאי. ואין כאן ולא ישלם דהא כל היכא דאיתיה דמריה הוא: בפקדון כתיב. גבי שומר שכר: להא שמעתא. דרב הונא: משלם את הקרן. וכפל לא דאין כפל אלא בטוען נגנב וחומש ואשם נמי לא שייכי אלא כשהודה דכתיב בגזל הגר והתוודו: הודה מעצמו. לאחר שבועה קתני מיהא רישא משלם קרן על ידי עדים וקשיא לרב דאמר כיון שנשבע לא ישלם אפי' באו עדים ומסיפא לא פריך דבהודה לא קאמר רב דהא כתיב והשיב את הגזלה ובנשבע והודה משתעי קרא: חוץ לב"ד. לא אלימא שבועה לאפקועי ממונא: כאן בקפץ. ברישא דקתני משלם כשקפץ זה והשביעו קודם שחייבוהו בית דין וכי קאמר רב בלא קפץ והדיינין השביעוהו וקנייה אותה שבועה דקרא בשבועת הדיינין כתיב ואע"ג דסיפא לא מתוקמא בקפץ דקתני כפל וכפל לא איתי' אלא בשבועת הדיינין מ"מ רישא בקפץ וניחא ליה לאוקמי בתרי גווני ובחד דוכתא ולא לאוקמי בשני מקומות וסיפא לא קשיא ליה לרב דאע"ג דקתני משלם כפל לאחר שבועה וכל שכן קרן דמודה רב בטוען טענת גנב כדלקמן בשמעתין דשבועה דקא מחייב ליה כפל לא מקנייה ליה קרנא: משכוני נפשך. לבא במקומו לתרץ קושיות ולהעמיד דבריו: נשבעין ולא משלמין. הנתבע ישבע ויפטר ולא ישבע התובע ליטול: חייב על כל אחת ואחת. חומש ואשם: הואיל ויכול לחזור ולהודות. ונמצא דבכולן כופר ממון: השביע עליו קתני. ומדלא תני השביעו שמע מינה על ידי דיינין הטיל עליו שבועה וקיבל על כרחו וקתני יכול לחזור ולהודות אלמא אכתי ממונא אית ליה גביה: לצדדין קתני השביעו עליו חוץ לב"ד. דאע"ג דחייבוהו ב"ד שבועה כיון דמחוץ לב"ד השביעו לא קנייה ובפני ב"ד דקתני לא אהשביע עליו קאי: אם עד שלא באו עדים הודה משלם קרן וחומש ואשם. ולא כפל דאין משלם קנס על פי עצמו: משלם כפל ואשם. אבל חומש לא דחומשו עולה לו בכפלו כדאמרינן בפרק מרובה (לעיל דף סה.) אלמא בין נשבע ובאו עדים בין נשבע והודה חייב: אלא אמר רבא. לא תשנייה לתיובתיה דרב המנונא לצדדין דיכול לחזור ולהודות לאו תיובתא הוא לרב הונא דכיון דהודה לא קאמר רב דכל הודה לא שנא טוען טענת גנב ונשבע והודה ולא שנא טוען טענת אבד ונשבע והודה לא אמר רב דפטור: דהא כתיב והתודה. בגזל הגר כתיב (במדבר ה) ובנשבע דהא קרן וחומש כתיב: וטוען טענת גנב ובאו עדים נמי לא אמר רב. דכפל כי כתיב בהכי כתיב בנשבע ובאו עדים כדאמר בפרק מרובה: אמרה לשמעתא. להא דרבא דאמר כל הודה לא אמר רב: רב המנונא תלמידו דרב הוה. דקיימא לן אמרי בי רב רב המנונא בפ"ק דסנהדרין (דף יז:) ואי לאו דידע דאפילו בהודה פטר רב לא הוה מותיב ליה מהואיל דיכול לחזור ולהודות:

אי

תוספות

איתיביה רב אחא בר מניומי. פי' בקונט' דלא פריך אלא מרישא והעדים מעידין כו' ולא מסיפא ואין נראה דהא רבא מקשה לקמן בהדיא מהודה דהכתי לא מחלק בין הודה לעדות עד דמתרץ לקמן הכי וא"ת א"כ אמאי לא פריך נמי מסיפא ונראה דהא ודאי פשיטא דלא אמר בטוען טענת גנב ונשבע ובאו עדים שיהא פטור דא"כ לא משכחת כפל דכתיב באורייתא אבל בהודה ס"ד דרב פוטר ואע"ג דבשבועה והודאה כתיב חומש רב הוה מוקי לקרא בקפץ ונשבע דחומש ואשם מחייב אף אשבועת עצמו אבל בנשבע ע"פ ב"ד והודה בעי למימר רב דפטור דאשבועת ב"ד כתיב ולקח בעליו ולא ישלם:

כאן שקפץ. תימה אם כן אמאי נקט ברישא טוען טענת אבד אפי' בטוען טענת גנב ה"מ למנקט דלא מחייב כפל כיון שקפץ:

קפץ לא מצית אמרת דהשביע עליו קתני. ותימה דלעיל קתני משביעך אני ומוקי לה בקפץ וי"ל דהשביע עליו משמע ע"י ב"ד אבל משביעך אני משמע שקפץ והשביעו:

ולישני

עין משפט נר מצוה

קמו א ב מיי' פ"ג מהל' טוען ונטען הלכה יא סמג עשין לה טוש"ע ח"מ סי' פז סעיף כט וסעיף ל [ודלא כרב] [רב אלפס כאן ובשבועות סוף פ"ז דף שיט]:
קמז ג מיי' פ"א שם הלכה ד סמג שם טוש"ע ח"מ סי' פט סעיף א:
קמח ד מיי' פ"ז מהל' שבועות הלכה ט סמג לאוין רמח:

מסורת הש"ס

א) [לעיל סג:] לקמן קח: שבועות מט., ב) [לעיל מג. כתובות מב:], ג) שבועות מה., ד) שם לו:, ה) לעיל סה. שבועות לז:.

הגהות הב"ח

(א) גמ' כי קאמר רב כגון שטוען:

גליון הש"ס

גמ' אמר רבא מסתברא מילתיה דרב. גיטין דף יג ע"ב וש"נ: שם הודה מעצמו. עיין לקמן דף קח ע"א תוס' ד"ה ובאו עדים:

תורה אור השלם

א) שְׁבֻעַת יְיָ תִּהְיֶה בֵּין שְׁנֵיהֶם אִם לֹא שָׁלַח יָדוֹ בִּמְלֶאכֶת רֵעֵהוּ וְלָקַח בְּעָלָיו וְלֹא יְשַׁלֵּם: [שמות כב, י]

ליקוטי רש"י

בפקדון פסול לעדות. אפי' על מקלת ובאו עדים והעידוהו פסול לעדות דמאי הוה ליה גבי פקדון לאשתמוטי נפשיה ושמא תאמר אבד ממנו ואשתמיט ליה עד דמשכח ליה לקמן בפרקין (דף ה:) מוקמינן בדאתו סהדי ואמרי ההיא שעתא בידיה נקיט ליה [ב"מ ד.] דמאי אשתמוטי איכא הרי לא ניתן להוצאה ובעין הוא ואם אבד יטעון שאבד ויפטר [שם ה:] ואפילו לא נשבע דמשעה דכפר איחשיד ליה אממונא ובב"מ בפ"ק מוקמי' ליה בדאתו סהדי דההיא שעתא הוה בידיה דליכא למימר אירכס ליה ומשתמיט עד דבחיש ומשכח ליה [שבועות מ:]. ולקח בעליו. השבועה: ולא ישלם. לו השומר כלום [שמות כב י]. והאלהים. בשבועה [ב"מ טז:]. היכן פקדוני. אמר לשומר חנם היכן (שורי) אמר לו אבד משביעך אני ואמר אמן והעדים מעידין אותו שאכלו משלם את הקרן ולא כפל ואם הודה מעצמו שלא באו עדים משלם קרן וחומש ואשם כדין שבועת הפקדון דאינה באה עד שמודה ושב מרשעו ובא להתכפר דכתיב בשבועת גזל הגר בפרשת נשא והתודו את חטאתם אשר עשו וגו' אמר לו נגנב משביעך כו' בהדיא ילפינן לה בפרק מרובה בשומר חנם הפוטר עצמו בטענת אבידה אינו משלם כפל אף בשבועה אבל הפוטר עצמו בטענת גנב ובשבועה ובאו עדים משלם כפל דכתיב אם לא ימצא הגנב אם לא ימצא כמו שהוא אמר אלא הוא עצמו גנבו כו' כדאיתא התם [שבועות מט.]. משלם את הקרן. דאין חומש ואשם אלא אם הודה דכתיב בגזל הגר בפרשת נשא והתודה [לקמן קח:]. הודה מעצמו משלם קרן וחומש ואשם. אבל כפל לא דמודה בקנס הוא [שבועות שם] דכתיב (ויקרא ה) או מכל אשר ישבע עליו לשקר וגו' וזהו אשם גזילות ואינו בא אלא על הודאת פיו דאע"פ דלא כתב בההיא פרשה הודאה כתב רחמנא באשם גזל הגר בפרשת נשא והתודו את חטאתם וגו' וחומש נמי אינו בלא אשם [לעיל סג:]. שינויא דחיקא. בתרי טעמא [לעיל מג.]. לכל הנשבעין שבתורה נשבעין וכו'. כל המחויבין שבועה מן התורה נשבעין ולא משלמין כלומר לא חייבה תורה שבועה לישבע וליטול אלא הנתבע ישבע לתובע ולא ישלם [שבועות מד:]. בין בפני ב"ד ובין שלא בפני בית דין. אם מפיו נשבע שהוליא שבועה מפיו או שענה אמן אחר שבועה ואח"כ הודה חייב קרבן דכתיב (ויקרא ה) וכחש בעמיתו כל דהו. הואיל ויכול לחזור ולהודות. אחר כפירה נמלא שבכל שבועה הוא כופרו ממון [שם לו:]. שטען טענת גנב. פטר עצמו על ידי גניבה שטען נגנב הימני ושומר חנם פטור מגניבה וקיימא לן בב"ק (דף סג:) שאם נשבע ובאו עדים משלם כפל כגנב עצמו אבל אם הודה אח"כ אין כאן כפל דמודה בקנס פטור אבל חומש ואשם יש משום שבועת הפקדון [שבועות לז:]. משלם קרן וחומש ואשם. משום שבועה ואין כאן כפל למודה בקנס פטור. ואם משבאו עדים. ונתחייב בכפל הודה. משלם תשלומי כפל ואשם. שהרי חומש לבעלים הוא והוא שקל [לעיל סה.]. משלם תשלומי כפל. משום עדים. ואשם. משום שבועה אבל חומש לא משלם ולפינן לה בבבא קמא מהאי קרא ושלם אותו בראשו וחמישיתו יוסף עליו ממון המשתלם בראשו מוסיף חומש ושאינו משתלם בראש כגון זה שישלם עליו כפל אין מוסיף חומש [שבועות שם].

על כל שבועה ושבועה, והלא בשבועה הראשונה כבר נפטר מטענת התובע[32]? הטעם הוא **הוֹאִיל וְיָכוֹל** היה **לַחֲזוֹר וּלְהוֹדוֹת** בחיובו אחר כל פעם שכפר ונשבע, ובכך היה חייב בַּמָּמוֹן. כלומר, כיון שאילו הודה היו בית דין מוציאים ממנו הממון, הרי שבאמת יש עליו חיוב ממון, ולכן נידונות כל שבועותיו כשבועות כפירת ממון ודי בכך לחייבו חומש ואשם על כל אחת מהן[33]. (עד כאן המשנה.) הרי משנה זאת אומרת שגם לאחר שנשבע הנתבע אפשר שיחזרו ויחייבוהו בממון התביעה, ואין אומרים שמשנשבע "קונה" לו השבועה את ממון התביעה ולא יחוייב בו בבית דין עוד, שלא כדברי רב. **וְהָכָא** — והרי כאן במשנה זו, **קָפַץ לֹא מָצִית אָמְרַתְּ** — אינך יכול לומר שמדובר באופן של "קפץ", דהיינו, שלא היתה השבועה על פי דיינים, שכן **הִשְׁבִּיעַ עָלָיו קָתָנֵי** — התנא אומר שהתובע "השביע עליו", ולא אמר "השביעו", ומשמע שהטיל עליו שבועה על ידי דיינים שהכריחוהו להישבע[34]; וכמו כן, **חוּץ לְבֵית דִּין לֹא מָצִית אָמְרַתְּ** — אינך יכול לומר שמדובר דוקא באופן שהיו השבועות חוץ לבית דין, שכן **בִּפְנֵי בֵית דִּין קָתָנֵי** — התנא אומר במפורש שהוראתו עוסקת אף באופן שהיו השבועות בבית דין, שהרי הוא אומר "השביע עליו... בין בפני בית דין...". לכאורה מבואר במשנה זו, איפוא, שאף משנשבע הנתבע על פי דיינים ובבית דין, אין שבועתו "קונה" לו את ממון התביעה אלא עדיין אפשר שיחייבוהו בה, שלא כדברי רב[35]!

רב המנונא מתרץ את הקושיא בעצמו:

הוּא מוֹתִיב לָהּ וְהוּא מְפָרֵק לָהּ — הוא מקשה את הקושיא והוא בעצמו מתרץ אותה: **לִצְדָדִין קָתָנֵי** — התנא אמר את דבריו אודות מקרים שונים. כלומר, מאמר "בין בפני בית דין וכו׳ " בדברי התנא אינו מוסב על מאמר "השביע עליו [על ידי דיינים]", שיהא במשמעות דברי התנא שדינו אמור אפילו באופן שהוטלו השבועות על ידי דיינים וגם נשבעו בהן בפני בית דין, אלא כל מאמר עומד בפני עצמו ועוסק במקרה אחר, שבאומרו "**הִשְׁבִּיעַ עָלָיו** [על ידי דיינים]" הכוונה היא שעשה כן **חוּץ לְבֵית דִּין**, ובאומרו "**בְּבֵית דִּין**" הכוונה היא שעשה כן באופן של "**קָפַץ**", דהיינו שנעשתה השבועה בלא שיטילוה דיינים. לכן אין קושיא מהמשנה על דברי רב, כי הוא לא אמר ששבועה "קונה" אלא כאשר היתה השבועה על פי דיינים ובבית דין[36].

מדברי רב המנונא נראה שלפי הבנתו אמר רב את דינו אפילו לגבי מקרה שלאחר השבועה הודה הנתבע בשקרו, שאף בזה אומרים ששבועתו "קנתה" לו את ממון התביעה ושוב אין בית דין מוציאים אותו מידו. לכן הוצרך רב המנונא לומר שלפי רב עוסקת משנת "השביע עליו וכו׳ " דוקא באופנים שלא נעשתה השבועה לפי כל התנאים הדרושים בכדי שתהא "קונה"[37]. רבא מקשה על הבנת רב המנונא בדברי רב, וטוען שממילא אין צורך לתרץ את משנת "השביע עליו וכו׳ " כפי שתירצה רב המנונא[38]:

מָתִיב (מקשה) **רָבָא** מן הברייתא: **בַּעַל הַבַּיִת שֶׁטָּעַן טַעֲנַת גַּנָּב בְּפִקָּדוֹן** — אדם שהופקד אצלו פקדון בתורת שומר חנם[39], וטען שנגנב ממנו הפקדון ושלכן הנו פטור, **וְנִשְׁבַּע** על טענתו, **וְשׁוּב הוֹדָה** שלא נגנב הפקדון ממנו אלא הוא עצמו גנבו, **וּבָאוּ** גם **עֵדִים** והעידו כן, הדין הוא כך: **אִם עַד שֶׁלֹּא בָּאוּ הָעֵדִים הוֹדָה**, הרי הוא **מְשַׁלֵּם קֶרֶן וְחוֹמֶשׁ** וְגם מביא קרבן **אָשָׁם**, כדין הנשבע לשקר על כפירת ממון ומתודה, אך אינו חייב בתשלומי כפל של "טוען טענת גנב"[40], כי תשלום זה קנס הוא, ומודה בקנס פטור[41]. **וְאִם מִשֶּׁבָּאוּ עֵדִים הוֹדָה**, הרי הוא **מְשַׁלֵּם תַּשְׁלוּמֵי כֵּפֶל** משום דין "טוען טענת גנב"[42], **וְ**גם מביא קרבן **אָשָׁם** משום שבועת שקר של כפירת ממון[43]. (עד כאן הברייתא.) הרי בברייתא זו מבואר שלאחר שנשבע אדם על כפירת ממון, עדיין אפשר שיתחייב בבית דין בין על פי הודאת פיו ובין על ידי העדאת עדים, **וְהָכָא חוּץ לְבֵית דִּין וְקָפַץ לֹא מָצִית אָמְרַתְּ** — וכאן, בברייתא זו, אינך יכול לומר שמדובר במקרה שהיתה השבועה חוץ לבית דין או באופן של "קפץ", דהיינו שנשבע בלא שהטילו הדיינים עליו את השבועה, כי **כֵּפֶל קָתָנֵי** — התנא מזכיר חיוב כפל, כלומר, הוא מדבר על מקרה ששייך בו חיוב כפל משום "טוען טענת גנב", וזה אינו אלא כאשר נשבעים בבית דין ועל פי דיינים[44]. מכיון שמדובר בברייתא בשבועה שנעשתה באופן המועיל "לקנות" לפי רב, כיצד מתיישבת הוראתה עם דברי רב? על כרחך שלגבי המקרים של הברייתא לא אמר רב את דבריו!

על פי הוכחה זו מגביל רבא את הוראתו של רב, שאינה רחבה כל כך כפי שסבר רב המנונא:

אֶלָּא אָמַר רָבָא: כָּל הוֹדָה — בכל אופן שהודה הנתבע אחרי שבועתו, **לֹא שְׁנָא טוֹעֵן טַעֲנַת אָבַד וְלֹא שְׁנָא טוֹעֵן טַעֲנַת גַּנָּב** — בין אם היתה הטענה שעליה נשבע טענת "אבד" ובין אם היתה טענת "נגנב", **(נמי) לֹא אָמַר רַב** ששבועתו פטרתו לגמרי, אלא כיון שהודה מוציאים ממנו את ממון התביעה, **דְּהָא כְּתִיב "וְהִתְוַדָּה"**

הערות

32. אחרי שנשבע הנתבע פעם אחת, אינו חייב להיענות עוד לטענת התובע, לא באותו בית דין ולא בבית דין אחר. לכאורה, חיוב חומש ואשם משום שבועת כפירת ממון נאמר דוקא באופנים שאם לא יישבע הנתבע יהא מוטל עליו לשלם, וזה אינו מתקיים כאן!

33. ראה רש״י.

34. רש״י.

בודאי לא ישביע בית דין בכוונה את הנתבע חמש פעמים על אותה תביעה, אלא נראה שמדובר באופן כגון שהביאו התובע לחמשה בתי דינים שונים, ובכל אחד מהם הצריכוהו להישבע כי לא ידעו שכבר נשבע בבית דין אחר. אף על פי שארבע השבועות האחרונות הוטלו עליו שלא כדין, ובשל כך אינן נחשבות כשבועות שהוטלו בבית דין לגבי דינים הדורשים זאת (ראה קז, ב), מכל מקום די בהן לחייב חומש ואשם, כי חיוב זה אמור בשבועת כפירת ממון אף בלא שיטילוה דיינים (ראה רש״י לקמן קח, א ד״ה או; הגהות הב״ח לקמן קז, ב).

אולם השבועה הראשונה אכן הוטלה כדין, ולכן מקשה רב המנונא ממשנה זו על רב, שהואיל והוטלה השבועה הראשונה על ידי דיינים והוטלה כדין, לפי רב ראוי היה ש"תקנה" השבועה לנשבע את ממון התביעה, ושוב לא יוכל לחזור ולהיות מחוייב בו בבית דין. ואילו המשנה אומרת שאכן אפשר שיחזור ויחוייב בו.

35. כך מבינה הגמרא כעת את כוונת רב המנונא בקושיא זו, שהוא סובר שלפי רב שבועה "קונה" אפילו לענין שאם ישוב הנשבע ויודה בשקרו, לא יוציא בית דין ממנו את ממון התביעה. לכן מקשה רב המנונא שמכיון שמפורש במשנה זו שאם יודה הנתבע לאחר שבועתו הרי הוא יידון שוב ככל המחזיק בממון חבירו, ואם יכפור בו שוב תהא זו כפירת ממון גמורה, מוכח שאין שבועה "קונה" (ראה תורת חיים; פני יהושע על רש״י ד״ה אלא). לקמן בראש קו, ב מבארת הגמרא את כוונת רב המנונא באופן אחר.

36. רש״י; ראה הערה 21.

37. ראה הערה 35.

38. כך נראה מדברי רש״י לקמן ד״ה אלא (תורת חיים; פני יהושע); ראב״ד.

39. הברייתא קוראת לשומר "בעל הבית" (כלומר, בעל הבית שהופקד בידו הפקדון) על פי לשון הכתוב בפרשת שומר חנם, שבו מכונה השומר כן — "וְנִקְרַב בַּעַל הַבַּיִת אֶל הָאֱלֹהִים" (שמות כב, ז; ראה הערה 21).

40. ראה לעיל הערה 11.

41. רש״י. ראה לעיל הערה 20. לכאורה סוברת ברייתא זו כשיטה שמודה בקנס פטור אפילו אם לאחר מכן באים עדים — ראה לעיל עד, ב - עה, א; אך ראה אור שמח, הלכות גזילה ב, ז וחזון איש ב, יא ד״ה אם.

42. הכל מודים שהודאה לאחר שבאו עדים אינה פוטרת מקנס.

43. אין הברייתא מזכירה חיוב חומש של הנשבע לשקר על כפירת ממון, משום שבתשלום הכפל יוצא הנפקד גם ידי חובת חומש (רש״י). כלומר, כשם שחייב הוא אשם על שבועתו כך חייב הוא עליה חומש, אלא ש"חומשו עולה לו בכפילו", כי מכיון ששני התשלומים — כפל על ה"גניבה" וחומש על השבועה — משתלמים לאותו אדם, אין השומר צריך לשלם כל אחד מהם לחוד. זהו כדעת רב יעקב בברייתא לעיל סה, א-ב, אך ראה שם דעה הדורשת מהכתוב שכאשר מתחייב הנשבע כפל אינו חייב חומש כלל (אפילו כאשר היה החומש ראוי להשתלם לאדם אחר מאשר הכפל — ראה לעיל שם בהערות).

44. ראה לעיל הערה 21.

בפקדון פסול לעדות והאמר אילפא שבועה קונה שבועה היא דקניא אבל כפירה לא קניא הכא נמי דקיימא באגם ואיבעית אימא מאי שבועה קונה כדרב הונא דאמר רב הונא אמר רב מנה לי בידך והלה אומר אין לך בידי ונשבע ואח"כ באו עדים פטור שנאמר א) ולקח בעליו ולא ישלם כיון שקבלו הבעלים שבועה שוב אין משלם ממון גופא אמר רב הונא אמר רב מנה לי בידך והלה אומר אין לך בידי כלום ונשבע ובאו עדים פטור שנאמר ולקח בעליו ולא ישלם כיון שקבלו בעלים שבועה שוב אין משלמין ממון אמר רבא מסתברא מילתיה דרב במלוה דלהוצאה ניתנה אבל פקדון ברשותיה דמריה קאי והאלהים אמר רב אפילו בפקדון דכי כתיב קרא בפקדון כתיב יתיב רב נחמן וקאמר להא שמעתא איתיביה רב אחא בר מניומי לרב נחמן היכן פקדוני א"ל אבד משביעך אני ואמר אמן והעדים מעידים אותו שאכלו משלם את הקרן הודה מעצמו משלם קרן וחומש ואשם א"ל רב נחמן הכא במאי עסקינן כגון דנשבע חוץ לב"ד א"ל אי הכי אימא סיפא היכן פקדוני אמר לו נגנב משביעך אני ואמר אמן והעדים מעידים אותו שגנבו משלם תשלומי כפל הודה מעצמו משלם קרן וחומש ואשם ואי סלקא דעתך חוץ לב"ד מי איכא כפל א"ל יכילנא לשנויי לך רישא חוץ לבית דין וסיפא בבית דין מיהו שינויא דחיקא לא משנינן לך אידי ואידי בבית דין ולא קשיא כאן בקפץ כאן בשלא קפץ א"ל רמי בר חמא לרב נחמן מכדי דרב לא סבירא לך משכוני נפשך אדרב למה לך אמר ליה לפרושה לדרב דרב הכי מתרץ לה למתניתין והא רב קרא קאמר אמרי קרא לכל הנשבעין שבתורה נשבעין ולא משלמין הוא דאתא ולקח בעליו ולא ישלם מי שעליו לשלם הוא נשבע מתיב רב המנונא השביע עליו חמשה פעמים בין בפני ב"ד ובין שלא בפני בית דין וכפר עליו חייב על כל אחת ואחת ואמר ר' שמעון מה טעם הואיל ויכול לחזור ולהודות והכא קפץ לא מצית אמרת השביע עליו קתני חוץ לב"ד לא מצית אמרת בפני ב"ד קתני הוא מותיב לה והוא מפרק לה לצדדין קתני השביע עליו חוץ לבית דין ובב"ד קפץ מתיב רבא בעל הבית שטען טענת גנב בפקדון ונשבע והודה ובאו עדים אם עד שלא באו עדים הודה משלם קרן וחומש ואשם ואם משבאו עדים הודה משלם תשלומי כפל ואשם והכא חוץ לב"ד וקפץ לא מצית אמרת כפל קתני אלא אמר רבא כל הודה לא שנא טוען טענת אבד ולא שנא טוען טענת גנב (נמי) לא אמר רב דהא כתיב והתודה דבעי שלומי קרן וחומש טוען טענת גנב ובאו עדים נמי לא אמר רב דהא כתיב תשלומי כפל כי קאמר (א) כגון שטוען טענת אבד ונשבע ולא הודה ובאו עדים אזל רב גמדא ואמרה לשמעתא קמיה דרב אשי אמר ליה השתא ומה רב המנונא תלמידיה דרב וידע דאמר רב הודה וקמותיב הודה ואת אמרת הודה לא אמר רב אמר ליה רב אחא סבא לרב אשי רב המנונא הכי קא קשיא ליה אי

בפקדון פסול לעדות. ומוקמינן לה בריש שנים אוחזין כגון דאמרי סהדי דההיא שעתא דכפר ליה נקיט בידיה ומפסיל אף ע"ג דלא אשתבע דאי באשתבע מה לי מלוה מה לי פקדון: שבועה קונה. קס"ד להתחייב באונסים משעה שנשבע לשקר קאמר: ואיבעית אימא שבועה קונה. דקאמר אילפא לגמרי קאמר דתו לא משלם כדרב הונא: דלהוצאה ניתנה. ובעיא תשלומין ואיכא למימר דשבועה אפטר ליה מתשלומין כדכתיב ולא ישלם: אבל פקדון ברשותיה דמריה קאי. ואין כאן ולא ישלם דהא כל היכא דאיתיה דמריה הוא: בפקדון כתיב. גבי שומר שכר: להא שמעתא. דרב הונא: משלם את הקרן. וכפל לא דאין כפל אלא בטוען נגנב וחומש ואשם נמי לא שייכי אלא כשהודה דכתיב בגזל הגר והתודו: הודה מעצמו. לאחר שבועה קתני מיהא רישא משלם קרן על ידי עדים וקשיא לרב דאמר כיון שנשבע לא ישלם אפי' באו עדים ומסיפא לא פריך דבהודה לא קאמר רב דהא כתיב והשיב את הגזלה ובנשבע והודה משתעי קרא: חוץ לב"ד. לא אלימא שבועה לאפקועי ממונא: כאן בקפץ. ברישא דקתני משלם כשקפץ זה והשביעו קודם שחייבוהו בית דין וכי קאמר רב בלא קפץ והדיינין השביעוהו וקנייה אותה שבועה דקרא בשבועת הדיינין כתיב ואע"ג דסיפא לא מתוקמא בקפץ דקתני כפל וכפל לא איתי' אלא בשבועת הדיינין מ"מ רישא בקפץ וניחא ליה לאוקמי בתרי גווני ובחד דוכתא ולא לאוקמי בשני מקומות וסיפא לא קשיא ליה לרב דאע"ג דקתני משלם כפל לאחר שבועה וכל שכן קרן דמודה רב בטוען טענת גנב כדלקמן בשמעתין דשבועה דקא מחייב ליה כפל לא מקנייה ליה קרנא: משכוני נפשך. לבא במקומו לתרץ קושיות ולהעמיד דבריו: נשבעין ולא משלמין. הנתבע ישבע ויפטר ולא ישבע התובע ליטול: חייב על כל אחת ואחת. חומש ואשם: הואיל ויכול לחזור ולהודות. ונמצא דבכולן כופר ממון: השביע עליו קתני. ומדלא תני השביעו שמע מינה על ידי דיינין הטיל עליו שבועה וקיבל על כרחו וקתני יכול לחזור ולהודות אלמא אכתי ממונא אית ליה גביה: לצדדין קתני השביעו עליו חוץ לב"ד. דאע"ג דחייבוהו ב"ד שבועה כיון דמחוץ לב"ד השביעו לא קנייה ובפני ב"ד דקתני לא אהשביע עליו קאי: אם עד שלא באו עדים הודה משלם קרן וחומש ואשם. ולא כפל דאין משלם קנס על פי עצמו: משלם כפל ואשם. אבל חומש לא דחומשו עולה לו בכפלו כדאמרינן בפרק מרובה (לעיל דף סה.) אלמא בין נשבע ובאו עדים בין נשבע והודה חייב: אלא אמר רבא. לא תשנייה לתיובתיה דרב המנונא לאדדין דיכול לחזור ולהודות לאו תיובתא הוא לרב הונא דכיון דהודה לא קאמר רב דכל הודה לא שנא טוען טענת גנב ונשבע והודה ולא שנא טוען טענת אבד ונשבע והודה לא אמר רב דפטור: דהא כתיב והתודה. בגזל הגר כתיב (במדבר ה) ובנשבע דהא קרן וחומש כתיב: וטוען טענת גנב ובאו עדים נמי לא אמר רב. דכפל כי כתיב בהכי כתיב בנשבע ובאו עדים כדאמר בפרק מרובה: אמרה לשמעתא. להא דרבא דאמר כל הודה לא אמר רב: רב המנונא תלמידו דרב הוה. דקיימא לן אמרי בי רב רב המנונא בפ"ק דסנהדרין (דף יז:) ואי לאו דידע דאפילו בהודה פטר רב לא הוה מותיב ליה מהואיל דיכול לחזור ולהודות: אי

איתיביה רב אחא בר מניומי. פי' בקונט' דלא פריך אלא מרישא והעדים מעידין כו' ולא מסיפא ואין נראה דהא רבא מקשה לקמן בהדיא מהודה דאכתי לא מחלק בין הודה לעדות עד דמתרץ לקמן הכי וא"ת א"כ אמאי לא פריך נמי מסיפא ונראה דהא ודאי פשיטא דלא אמר בטוען טענת גנב ונשבע ובאו עדים שיהא פטור דא"כ לא משכחת כפל דכתיב באורייתא אבל בהודה ס"ד דרב פוטר ואע"ג דבשבועה והודאה כתיב חומש רב הוה מוקי לקרא בקפץ ונשבע דחומש ואשם מחייב אף אשבועת עצמו אבל בנשבע ע"פ ב"ד והודה בעי למימר רב דפטור דאשבועת ב"ד כתיב ולקח בעליו ולא ישלם:

כאן שקפץ. תימה אם כן אמאי נקט ברישא טוען טענת אבד אפי' בטוען טענת גנב ה"מ למנקט דלא מחייב כפל כיון שקפץ:

קפץ לא מצית אמרת דהשביע עליו קתני. ותימה דלעיל קתני משביעך אני ומוקי לה בקפץ ויש לומר דהשביע עליו משמע ע"י ב"ד אבל משביעך אני משמע שקפץ והשביעו:

ולישני

מסורת הש"ס

א) [לעיל סג:] לקמן קח: שבועות מט., ב) [לעיל מג. כתובות מב:], ג) שבועות מה., ד) שם לו:, ה) לעיל סה. שבועות לז:.

הגהות הב"ח

(א) גמ' כי קאמר רב כגון שטוען:

גליון הש"ס

גמ' אמר רבא מסתברא מילתיה דרב. גיטין דף יג ע"ב וש"נ: שם הודה מעצמו. עיין לקמן דף קח ע"א תוס' ד"ה ובאו עדים:

תורה אור השלם

א) שְׁבֻעַת יְיָ תִּהְיֶה בֵּין שְׁנֵיהֶם אִם לֹא שָׁלַח יָדוֹ בִּמְלֶאכֶת רֵעֵהוּ וְלָקַח בְּעָלָיו וְלֹא יְשַׁלֵּם: [שמות כב, י]

עין משפט נר מצוה

קמו א ב מיי' פ"ב מהל' טוען ונטען הלכה יא סמג עשין לה טוש"ע ח"מ סי' פז סעיף כט וסעיף ל [ודלא כרב] [רב אלפס כאן ובשבועות סוף פ"ז דף שיט]:

קמז ג מיי' פ"א שם הלכה ד סמג שם טוש"ע ח"מ סי' פט סעיף א:

קמח ד מיי' פ"ז מהל' שבועות הלכה ט סמג לאוין רמח:

ליקוטי רש"י

בפקדון פסול לעדות. אפי' על מקלת ובאו עדים והעידוהו פסול לעדות דמאי הוה ליה גבי פקדון לאשתמוטי נפשיה ושמא תאמר אבד ממנו ואשתמיט ליה עד דמשכח ליה לקמן בפרקין (דף ה:) מוקמינן בדאתו סהדי ואמרי ההיא שעתא בידיה נקיט ליה [ב"מ ד.] דמאי אשתמוטי איכא הרי לא ניתן להוצאה ובעין הוא ואם אבד יטעון שאבד ויפטר [שם ה:] ואפילו לא נשבע דמשעה דכפר איחשיד ליה אממונא ובב"מ בפ"ק מוקמי' ליה בדאתו סהדי דההיא שעתא הוה בידיה דליכא למימר אירכס ליה ומשתמיט עד דבחיש ומשכח ליה [שבועות מ:]. ולקח בעליו. השבועה: ולא ישלם. לו השומר כלום [שמות כב י]. והאלהים. בשבועה [ב"מ טז:]. היכן פקדוני. אמר לשומר חנם היכן (שורי) אמר לו אבד משביעך אני ואמר אמן והעדים מעידין אותו שאכלו משלם את הקרן ולא כפל ואם הודה מעצמו שלא באו עדים משלם קרן וחומש ואשם כדין שבועת הפקדון דליכא באה עד שמודה ושב מרשעו ובא להתכפר דכתיב בשבועת גזל הגר בפרשת נשא והתודו את חטאתם אשר עשו וגו' אמר לו נגנב משביעך כו' בהדיא ילפינן לה בפרק מרובה בשומר חנם הפוטר עצמו בטענת אבידה אינו משלם כפל אף בשבועה אבל הפוטר עצמו בטענת גנב ובשבועה ובאו עדים משלם כפל דכתיב אם לא ימצא הגנב אם לא ימצא כמו שהוא אמר אלא הוא עצמו גנבו כו' כדאיתא התם [שבועות מט.]. משלם את הקרן. דאין חומש ואשם אלא אם הודה דכתיב בגזל הגר בפרשת נשא והתוודה [לקמן קח:]. הודה מעצמו משלם קרן וחומש ואשם. אבל כפל לא דמודה בקנס הוא [שבועות שם] דכתיב (ויקרא ה) או מכל אשר ישבע עליו לשקר וגו' וזהו אשם גזילות ואינו בא אלא על הודאת פיו דאע"פ דלא כתב בההיא פרשה הודאה כתב רחמנא באשם גזל הגר בפרשת נשא והתודו את חטאתם וגו' וחומש נמי אינו בלא אשם [לעיל סג:]. שינויא דחיקא. בתרי טעמא [לעיל מג.]. לכל הנשבעין שבתורה נשבעין וכו'. כל המחויבין שבועה מן התורה נשבעין ולא משלמין כלומר לא חייבה תורה שבועה לישבע וליטול אלא הנתבע ישבע לתובע ולא ישלם [שבועות מד:]. בין בפני ב"ד ובין שלא בפני בית דין. אם מפיו נשבע שהוליא שבועה מפיו או שענה אמן אחר שבועה ואח"כ הודה חייב קרבן דכתיב (ויקרא ה) וכחש בעמיתו כל דהו. הואיל ויכול לחזור ולהודות. אחר כפירה נמצא שבכל שבועה הוא כופרו ממון [שם לו:]. שטען טענת גנב. פטר עצמו על ידי גניבה שטען נגנב הימני ושומר חנם פטור מגניבה וקיימא לן בב"ק (דף סג:) שאם נשבע ובאו עדים משלם כפל כגנב עצמו אבל אם הודה אח"כ אין כאן כפל דמודה בקנס פטור אבל חומש ואשם יש משום שבועת הפקדון [שבועות לז:]. משלם קרן וחומש ואשם. משום שבועה ואין כאן כפל דמודה בקנס פטור. ואם משבאו עדים. ונתחייב בכפל הודה. משלם תשלומי כפל ואשם. שהרי חומש לבעלים הוא והוא שקל [לעיל סה.]. משלם תשלומי כפל. משום עדים. ואשם. משום שבועה אבל חומש לא משלם וילפינן לה בבבא קמא מהאי קרא ושלם אותו בראשו וחמישיתו יוסף עליו ממון המשתלם בראש מוסיף חומש ושאינו משתלם בראש כגון זה שישלם עליו כפל אין מוסיף חומש [שבועות שם].

דְּבָעֵי שַׁלּוּמֵי קֶרֶן וְחוֹמֶשׁ — שהרי כתוב במפורש לגבי הנשבע על כפירת ממון שעל ידי שמתוודה חייב הוא לשלם קרן וחומש, והרי שבית דין מחייבים אותו לשלם את ממון התביעה, שנאמר (במדבר ה, ז) "וְהִתְוַדּוּ אֶת חַטָּאתָם אֲשֶׁר עָשׂוּ וְהֵשִׁיב אֶת אֲשָׁמוֹ בְּרֹאשׁוֹ [היינו הקרן] וַחֲמִישִׁתוֹ יֹסֵף עָלָיו וְנָתַן לַאֲשֶׁר אָשַׁם לוֹ"[45]. יתירה מזאת, **טוֹעֵן טַעֲנַת גַּנָּב** — שומר חנם שטען שהפקדון נגנב ושלכן הינו פטור, ונשבע על כך, **וּבָאוּ עֵדִים** לאחר מכן והכחישוהו, **נַמִּי לֹא אָמַר רַב** — גם לגביו לא אמר רב ששבועתו "קונה", אלא אפילו אם עומד הוא בכפירתו מוציאים ממנו הממון על פי העדים, **דְּהָא כְּתִיב תַּשְׁלוּמֵי כֵּפֶל** — שהרי כתוב במפורש לגביו חיוב תשלומי כפל (דהיינו הקרן ועוד כפל), שכן הכתוב של חיוב כפל ב"טוען טענת גנב" עוסק בשומר שנשבע כדי לפטור עצמו[46]. לא אמר רב ששבועה "קונה", איפוא, לא לגבי מקרה שחזר הנתבע והודה, ולא לגבי מקרה שהיתה הטענה שנשבע עליה טענת "נגנב". **כִּי קָאָמַר** — כאשר אמנם אמר רב את דבריו, היינו **כְּגוֹן שֶׁטּוֹעֵן טַעֲנַת אָבַד** — שומר חנם שטוען שהפקדון אבד ושלכן הינו פטור, **וְנִשְׁבַּע** על כך, **וְלֹא** חזר **וְהוֹדָה, וּבָאוּ עֵדִים** והעידו שלא היה הפקדון אבוד בשעה שנשבע[47]. ממילא, כיון שבהכרח מודה רב שכל שמתוודה הנשבע בשקרו אין אומרים ש"קנתה" לו השבועה את הממון, אלא מוציאים אותו מידו, נמצא שאין צריך לתרץ את משנת "השביע עליו חמשה פעמים וכו'" כפי שתירצה רב המנונא, דהיינו שכאשר אמר התנא "השביע עליו [על ידי דיינים]" וחזר ואמר "בפני בית דין" לא התכוון למקרה אחד כי אם למקרים חלוקים. אלא, לעולם מתכוון התנא אף למקרה אחד, שהושבע הנתבע על ידי דיינים ובבית דין, ואין כלל קושיא על רב ממה שאומרת המשנה על כך שגם לאחר שבועתו יכול הנתבע להתחייב אם יודה, כי כל שמתוודה הנשבע לא אמר רב ששבועה "קונה"[48].

הגמרא מביאה דיון לגבי דעת רבא בשיטת רב:

אֲזַל (הלך) **רַב גַּמְדָּא וַאֲמָרָהּ לִשְׁמַעְתָּא קַמֵּיהּ דְּרַב אַשִׁי** — ואמר לפני רב אשי שמועה זו של רבא, שלא אמר רב ששבועה "קונה" במקרה שמודה הנשבע בשקרו. **אֲמַר לֵיהּ** רב אשי לרב גמדא: **הַשְׁתָּא וּמָה רַב הַמְנוּנָא תַּלְמִידֵיהּ דְּרַב** — הנה אפילו רב המנונא שהיה תלמידו של רב[49], **וְיָדַע דְּאָמַר רַב הוֹדָה** — היה יודע שאמר רב את דבריו אפילו לגבי מקרה שחזר הנשבע והודה בשקרו, **וְקָמוֹתִיב הוֹדָה** — והקשה על רב מהוראת משנה המחייבת בממון את הנשבע שחזר והודה; כלומר, מאחר שהיה תלמידו של רב ויכול היה לדעת מה סובר רב, בודאי לא היה מקשה על רב מהוראה העוסקת באופן של "הודה" אם לא שידע שרב עצמו אמר את דבריו אפילו באופן זה[50]; **וְאַתְּ אָמְרַתְּ הוֹדָה לֹא אָמַר רַב** — ואתה (כלומר, רב גמדא בשם רבא שאינו תלמיד של רב) אומר שלא אמר רב את הוראתו במקרה שהודה?!

השיב חכם אחד לרב אשי שאפשר שאין רב המנונא חלוק על דברי רבא:

אֲמַר לֵיהּ רַב אַחָא סָבָא לְרַב אַשִׁי: יש לומר שאף רב המנונא מסכים לכך שלא אמר רב את דבריו לגבי מקרה שמודה הנשבע בשקרו; ובאשר למה שהוקשה לרב המנונא על רב ממה שאומרת משנת "השביע עליו חמשה פעמים וכו'" שגם לאחר שבועה אפשר שיתחייב שוב משום שבועת כפירת ממון "הואיל ויכול לחזור ולהודות", **רַב הַמְנוּנָא הָכִי קָא קַשְׁיָא לֵיהּ** — כך הוקשה לו לרב המנונא:

הערות

45. רש"י. כתוב זה עוסק באדם שנשבע על כפירת ממון, שהרי נאמר בפסוק הקודם (ו) "אִישׁ אוֹ אִשָּׁה כִּי יַעֲשׂוּ מִכָּל חַטֹּאת הָאָדָם לִמְעֹל מַעַל בַּה'", והיינו שנשבע לשקר. זהו הכתוב שממנו נדרש שאין חיובי חומש ואשם של שבועת כפירת ממון אמורים אלא באדם המודה בשקרו. ראה לעיל קג, א הערה 26. [כתוב זה נמצא בפרשת "גזל הגר" — ראה ענינה במשנה לקמן קי, א — ומדובר בו במי שגזל מן הגר וכפר לו ונשבע (לקמן קט, ב).]

46. כך נדרש לעיל סג, ב בכתובים בשמות כב, ו-ח (רש"י). ראה הדרשה בהערה 11.

47. לגבי אופן זה לא נאמר בכתוב שאפשר שיחזור הנשבע ויתחייב בממון התביעה (כדרך שנאמר לגבי טענת "נגנב"), ולגביו דורש רב מ"וְלָקַח בְּעָלָיו וְלֹא יְשַׁלֵּם" ש"כיון שקיבלו בעלים שבועה שוב לא ישלם הנתבע", ללמד שאין מוציאים מהנשבע ממון על פי עדים הבאים לאחר מכן.

הטוען טענת "אבד" היא דוגמא לניהוג דינו של רב בשומר חנם שפטר עצמו בטענה השייכת בו, אך כמו כן נוהג דינו של רב בשאר נשבעים לשקר על כפירת ממון שלא חזרו והודו, כגון כל השומרים שטענו "נאנס", שואל שטען "מתה מחמת מלאכה", המודה במקצת הטענה, ומי שהעיד עד אחד לחייבו ממון, בין במלוה ובין בפקדון.

48. רש"י.

49. כפי שאומרת הגמרא בסנהדרין (יז, ב), כשמובא בכל מקום הוראה בשם "אמרי בי רב" (כלומר, "אומרים בבית מדרשו של רב") — ולכל הפחות כשמביא רב הונא הוראה בלשון זה (רש"י יבמות פג, ב ד"ה ורב הונא) — הכוונה היא לדברים שאמר רב המנונא [בשם רב] (רש"י; ראה תוספות יבמות פג, ב ד"ה אמרי). [אפילו לפי ראשונים הסוברים שאין זו מסקנת הגמרא בסנהדרין — ראה תוספות לעיל עה, א ד"ה אמר ליה — מכל מקום מוכח שם שרב המנונא היה מחשובי תלמידי רב.]

50. רש"י.

בפקדון פסול לעדות והאמר אילפא שבועה קונה שבועה היא דקניא אבל כפירה לא קניא הכא נמי דקיימא באגם ואיבעית אימא מאי שבועה קונה כדרב הונא דאמר רב הונא אמר רב [א]מנה לי בידך והלה אומר אין לך בידי ונשבע ואח"כ באו עדים פטור שנאמר (א) ולקח בעליו ולא ישלם כיון שקבלו הבעלים שבועה שוב אין משלם ממון גופא אמר רב הונא אמר רב מנה לי בידך והלה אומר אין לך בידי כלום ונשבע ובאו עדים פטור שנאמר ולקח בעליו ולא ישלם כיון שקבלו בעלים שבועה שוב אין משלמין ממון ° אמר רבא מסתברא מילתיה דרב במלוה דלהוצאה ניתנה אבל פקדון ברשותיה דמריה קאי והאלהים אמר רב אפילו בפקדון דכי כתיב קרא בפקדון כתיב יתיב רב נחמן וקאמר להא שמעתא איתיביה רב אחא בר מניומי לרב נחמן [א] היכן פקדוני א"ל אבד משביעך אני ואמר אמן והעדים מעידים אותו שאכלו משלם את הקרן ° הודה מעצמו משלם קרן וחומש ואשם א"ל רב נחמן הכא במאי עסקינן כגון דנשבע חוץ לב"ד א"ל אי הכי אימא סיפא היכן פקדוני אמר לו נגנב משביעך אני ואמר אמן והעדים מעידים אותו שגנבו משלם תשלומי כפל הודה מעצמו משלם קרן וחומש ואשם ואי סלקא דעתך חוץ לב"ד מי איכא כפל א"ל יכילנא לשנויי לך רישא חוץ לבית דין וסיפא בבית דין [ג] מיהו שינויא דחיקא לא משנינן לך אידי ואידי בבית דין ולא קשיא כאן בקפץ כאן בשלא קפץ א"ל רמי בר חמא לרב נחמן מכדי דרב [ב] לא סבירא לך משכוני נפשך אדרב למה לך אמר ליה לפרושה לדרב דרב הכי מתרץ לה למתניתין והא רב קרא קאמר אמרי קרא [ג] [ג]לכל הנשבעין שבתורה נשבעין ולא משלמין הוא דאתא ולקח בעליו ולא ישלם מי שעליו לשלם הוא נשבע מתיב רב המנונא [ד] [ד]השביע עליו חמשה פעמים בין בפני ב"ד ובין שלא בפני בית דין וכפר עליו חייב על כל אחת ואחת ואמר ר' שמעון מה טעם הואיל ויכול לחזור ולהודות והכא קפץ לא מצית אמרת השביע עליו קתני חוץ לב"ד לא מצית אמרת בפני ב"ד קתני הוא מותיב לה והוא מפרק לה לצדדין קתני השביע עליו חוץ לבית דין ובב"ד קפץ מתיב רבא [ה] בעל הבית שטען טענת גנב בפקדון ונשבע והודה ובאו עדים אם עד שלא באו עדים הודה משלם קרן וחומש ואשם ואם משבאו עדים הודה משלם תשלומי כפל ואשם והכא חוץ לב"ד וקפץ לא מצית אמרת כפל קתני אלא אמר רבא כל הודה לא שנא טוען טענת אבד ולא שנא טוען טענת גנב (נמי) לא אמר רב דהא כתיב והתודה דבעי שלומי קרן וחומש טוען טענת גנב ובאו עדים נמי לא אמר רב דהא כתיב תשלומי כפל כי קאמר (א) כגון שטוען טענת אבד ונשבע ולא הודה ובאו עדים אזל רב גמדא ואמרה לשמעתא קמיה דרב אשי אמר ליה השתא ומה רב המנונא תלמידיה דרב וידע דאמר רב הודה וקמותיב הודה ואת אמרת הודה לא אמר רב אמר ליה רב אחא סבא לרב אשי רב המנונא הכי קא קשיא ליה

אי

רש"י

בפקדון פסול לעדות. ומוקמינן לה בריש שנים אוחזין כגון דאמרי סהדי דההיא שעתא דכפר ליה נקיט בידיה ומפסיל אף ע"ג דלא אשתבע דאי באשתבע מה לי מלוה מה לי פקדון: שבועה קונה. קס"ד להתחייב באונסים משעה שנשבע לשקר קאמר: ואיבעית אימא שבועה קונה. דקאמר אילפא לגמרי קאמר דתו לא משלם כדרב הונא: דלהוצאה ניתנה. ובעיא תשלומין ואיכא למימר דבשבועה אפטר ליה מתשלומין כדכתיב ולא ישלם: אבל פקדון ברשותיה דמריה קאי. ואין כאן ולא ישלם דהא כל היכא דאיתיה דמריה הוא: בפקדון כתיב. גבי שומר שכר: להא שמעתא. דרב הונא: משלם את הקרן. וכפל לא דאין כפל אלא בטוען נגנב וחומש ואשם נמי לא שייכי אלא כשהודה דכתיב בגזל הגר והתוודו: הודה מעצמו. לאחר שבועה קתני מיהא רישא משלם קרן על ידי עדים וקשיא לרב דאמר כיון שנשבע לא ישלם אפי' באו עדים ומסיפא לא פריך דבהודה לא קאמר רב דהא כתיב והשיב את הגזלה ובנשבע והודה משתעי קרא: חוץ לב"ד. לא אלימא שבועה לאפקועי ממונא: כאן בקפץ. ברישא דקתני משלם כשקפץ זה והשביעו קודם שחייבוהו בית דין וכי קאמר רב בלא קפץ והדיינין השביעוהו וקנייה אותה שבועה דקרא בשבועת הדיינין כתיב ואע"ג דסיפא לא מתוקמא בקפץ דקתני כפל וכפל לא איתי' אלא בשבועת הדיינין מ"מ רישא בקפץ וניחא ליה לאוקמי בתרי גווני ובחד דוכתא ולא לאוקמי בשני מקומות וסיפא לא קשיא ליה לרב דאע"ג דקתני משלם כפל לאחר שבועה וכל שכן קרן דמודה רב בטוען טענת גנב כדלקמן בשמעתין דשבועה דקא מחייב ליה כפל לא מקנייה ליה קרנא: משכוני נפשך. לבא במקומו לתרץ קושיות ולהעמיד דבריו: נשבעין ולא משלמין. הנתבע ישבע ויפטר ולא ישבע התובע ליטול: חייב על כל אחת ואחת. חומש ואשם: הואיל ויכול לחזור ולהודות. ונמצא דבכולן כופר ממון: השביע עליו קתני. ומדלא תני השביעו שמע מינה על ידי דיינין הטיל עליו שבועה וקיבל על כרחו וקתני יכול לחזור ולהודות אלמא אכתי ממונא אית ליה גביה: לצדדין קתני השביעו עליו חוץ לב"ד. דאע"ג דחייבוהו ב"ד שבועה כיון דמחוץ לב"ד השביעו לא קנייה ובפני ב"ד דקתני לא אהשביע עליו קאי: אם עד שלא באו עדים הודה משלם קרן וחומש ואשם. ולא כפל דאין משלם קנס על פי עצמו: משלם כפל ואשם. אבל חומש לא דחומשו עולה לו בכפלו כדאמרינן בפרק מרובה (לעיל דף סה.) אלמא בין נשבע ובאו עדים בין נשבע והודה חייב: אלא אמר רבא. לא תשנייה לתיובתיה דרב המנונא לצדדין דיכול לחזור ולהודות לאו תיובתא הוא לרב הונא דכיון דהודה לא קאמר רב דכל הודה לא שנא טוען טענת גנב ונשבע והודה ולא שנא טוען טענת אבד ונשבע והודה לא אמר רב דפטור: דהא כתיב והתודה. בגזל הגר כתיב (במדבר ה) ובנשבע דהא קרן וחומש כתיב: וטוען טענת גנב ובאו עדים נמי לא אמר רב. דכפל כי כתיב בהכי כתיב בנשבע ובאו עדים כדאמר בפרק מרובה: אמרה לשמעתא. להא דרבא דאמר כל הודה לא אמר רב: רב המנונא תלמידו דרב הוה. דקיימא לן אמרי בי רב רב המנונא בפ"ק דסנהדרין (דף יז:) ואי לאו דידע דאפילו בהודה פטר רב לא הוה מותיב ליה מהואיל דיכול לחזור ולהודות:

אי

תוספות

איתיביה רב אחא בר מניומי. פי' בקונט' דלא פריך אלא מרישא והעדים מעידין כו' ולא מסיפא ואין נראה דהא רבא מקשה לקמן בהדיא מהודה דאכתי לא מחלק בין הודה לעדות עד דמתרץ לקמן הכי וא"ת א"כ אמאי לא פריך נמי מסיפא ונראה דהא ודאי פשיטא דלא אמר בטוען טענת גנב ונשבע ובאו עדים שיהא פטור דא"כ לא משכחת כפל דכתיב באורייתא אבל בהודה ס"ד דרב פוטר ואע"ג דבשבועה והודאה כתיב חומש רב הוה מוקי לקרא בקפץ ונשבע דחומש ואשם מחייב אף אשבועת עצמו אבל בנשבע ע"פ ב"ד והודה בעי למימר רב דפטור דאשבועת ב"ד כתיב ולקח בעליו ולא ישלם:

כאן שקפץ. תימה אם כן אמאי נקט ברישא טוען טענת אבד אפי' בטוען טענת גנב ה"מ למנקט דלא מחייב כפל כיון שקפץ:

קפץ לא מצית אמרת דהשביע עליו קתני. ותימה דלעיל קתני משביעך אני ומוקי לה בקפץ ויש לומר דהשביע עליו משמע ע"י ב"ד אבל משביעך אני משמע שקפץ והשביעו:

ולישני

עין משפט נר מצוה

קמו א ב מיי' פ"ב מהל' טוען ונטען הלכה יא סמג עשין לה טוש"ע ח"מ סי' פז סעיף כט וסעיף ל [ודלא כרב] [רב אלפס כאן ובשבועות סוף פ"ז דף שיט]:

קמז ג מיי' פ"א שם הלכה ד סמג שם טוש"ע ח"מ סי' פט סעיף א:

קמח ד מיי' פ"ז מהל' שבועות הלכה ט סמג לאוין רמח:

מסורת הש"ס

א) [לעיל סג:] לקמן קח: שבועות מט., ב) [לעיל מג. כתובות מב:], ג) שבועות מה., ד) שם לו:, ה) לעיל סה. שבועות לז:.

הגהות הב"ח

(א) גמ' כי קאמר רב כגון שטוען:

גליון הש"ס

גמ' אמר רבא מסתברא מילתיה דרב. גיטין דף יג ע"ב וש"נ: שם הודה מעצמו. עיין לקמן דף קח ע"א תוס' ד"ה ובאו עדים:

תורה אור השלם

א) שְׁבֻעַת יְיָ תִּהְיֶה בֵּין שְׁנֵיהֶם אִם לֹא שָׁלַח יָדוֹ בִּמְלֶאכֶת רֵעֵהוּ וְלָקַח בְּעָלָיו וְלֹא יְשַׁלֵּם: [שמות כב, י]

ליקוטי רש"י

בפקדון פסול לעדות. אפי' על מקלת ובאו עדים והעידוהו פסול לעדות דמאי הוה ליה גבי פקדון לאשתמוטי נפשיה ושמא תאמר אבד ממנו ואשתמיט ליה עד דמשכח ליה לקמן בפרקין (דף ה:) מוקמינן בדאתו סהדי ואמרי ההיא שעתא בידיה נקיט ליה [ב"מ ד.] דמאי אשתמוטי איכא הרי לא ניתן להוצאה ובעין הוא ואם אבד יטעון שאבד ויפטר [שם ה:] ואפילו לא נשבע דמשעה דכפר איתפיד ליה אממונא ובב"מ בפ"ק מוקמי' ליה בדאתו סהדי דההיא שעתא הוה בידיה דליכא למימר אירכס ליה ומשתמיט עד דבחיש ומשכח ליה [שבועות מ:]. ולקח בעליו. השבועה: ולא ישלם. לו השומר כלום [שמות כב י]. והאלהים. בשבועה [ב"מ טז:]. היכן פקדוני. אמר לשומר חנם היכן (שורי) אמר לו אבד משביעך אני ואמר אמן והעדים מעידין אותו שאכלו משלם את הקרן ולא כפל ואם הודה מעצמו שלא באו עדים משלם קרן וחומש ואשם כדין שבועת הפקדון דאינה באה עד שמודה ושב מרשעו ובא להתכפר דכתיב בשבועת גזל הגר בפרשת נשא והתודו את חטאתם אשר עשו וגו' אמר לו נגנב משביעך כו' בהדיא ילפינן לה בפרק מרובה בשומר חנם הפוטר עצמו בטענת אבידה אינו משלם כפל אף בשבועה אבל הפוטר עצמו בטענת גנב ובשבועה ובאו עדים משלם כפל דכתיב אם לא ימצא הגנב אם לא ימצא כמו שהוא אמר אלא הוא עצמו גנבו כו' כדאיתא התם [שבועות מט.]. משלם את הקרן. דאין חומש ואשם אלא אם הודה דכתיב בגזל הגר בפרשת נשא והתוודה [לקמן קח:]. הודה מעצמו משלם קרן וחומש ואשם. אבל כפל לא דמודה בקנס הוא [שבועות שם] דכתיב (ויקרא ה) או מכל אשר ישבע עליו לשקר וגו' וזהו אשם גזילות ואינו בא אלא על הודאת פיו דאע"פ דלא כתב בההיא פרשה הודאה כתב רחמנא באשם גזל הגר בפרשת נשא והתודו את חטאתם וגו' וחומש נמי אינו בלא אשם [לעיל סג:]. שינויא דחיקא. בתרי טעמא [לעיל מג.]. לכל הנשבעין שבתורה נשבעין וכו'. כל המחויבין שבועה מן התורה נשבעין ולא משלמין כלומר לא חייבה תורה שבועה לישבע וליטול אלא הנתבע ישבע לתובע ולא ישלם [שבועות מד:]. בין בפני ב"ד ובין שלא בפני בית דין. אם מפיו נשבע שהוליא שבועה מפיו או שענה אמן אחר שבועה ואח"כ הודה חייב קרבן דכתיב (ויקרא ה) וכחש בעמיתו כל דהו. הואיל ויכול לחזור ולהודות. אחר כפירה נמצא שבכל שבועה הוא כופרו ממון [שם לו:]. שטען טענת גנב. פטר עצמו על ידי גניבה שטען נגנב הימני ושומר חנם פטור מגניבה וקיימא לן בב"ק (דף סג:) שאם נשבע ובאו עדים משלם כפל כגנב עצמו אבל אם הודה אח"כ אין כאן כפל דמודה בקנס פטור אבל חומש ואשם יש משום שבועת הפקדון [שבועות לז:]. משלם קרן וחומש ואשם. משום שבועה ואין כאן כפל דמודה בקנס פטור. ואם משבאו עדים. ונתחייב בכפל הודה. משלם תשלומי כפל ואשם. שהרי חומש לבעלים הוא והוא שקל [לעיל סה.]. משלם תשלומי כפל. משום עדים. ואשם. משום שבועה אבל חומש לא משלם וילפינן לה בבבא קמא מהאי קרא ושלם אותו בראשו וחמישיתו יוסף עליו ממון המשתלם בראש מוסיף חומש ושאינו משתלם בראש כגון זה שישלם עליו כפל אין מוסיף חומש [שבועות שם].

אי אמרת בשלמא נשבע כי אתו עדים מיחייב אמטו להכי מחייבינן ליה קרבן אשבועה בתרייתא הואיל ויכול לחזור ולהודות אלא אי אמרת כי אתו עדים פטור מי איכא מידי דאילו אתי סהדי ומסהדי ביה פטור ואנן ניקו ניחייביה קרבן אשבועה הואיל ויכול לחזור ולהודות השתא מיהת (א) לא אודי: [א] אמר רבי חייא בר אבא א"ר יוחנן [א] הטוען טענת גנב בפקדון משלם תשלומי כפל טבח ומכר משלם תשלומי ארבעה וחמשה הואיל וגנב משלם תשלומי כפל וטוען טענת גנב משלם תשלומי כפל מה גנב שהוא משלם כפל טבח ומכר משלם תשלומי ארבעה וחמשה אף טוען טענת גנב בפקדון כשהוא משלם תשלומי כפל טבח ומכר משלם תשלומי ארבעה וחמשה מה לגנב שכן משלם תשלומי כפל שלא בשבועה תאמר בטוען טענת גנב שאין משלם תשלומי כפל [ב] אלא בשבועה אמרי היקישא היא [ג] ואין משיבין על היקישא הניחא למ"ד חד בגנב וחד בטוען טענת גנב שפיר אלא למ"ד האי אם ימצא הגנב ואם לא ימצא תרווייהו בטוען טענת גנב מאי איכא למימר אמרי גנב הגנב איתיביה רבי חייא בר אבא לר' יוחנן [ג] היכן שורי נגנב משביעך אני ואמר אמן והעדים מעידים אותו [ד] שאכלו משלם תשלומי כפל והא הכא דאי אפשר לכזית בשר בלא שחיטה וקתני משלם תשלומי כפל תשלומי ד' וה' לא הכא במאי עסקינן כגון שאכלו נבילה ולישני ליה כגון שאכלו טריפה כר"מ דאמר [ה] שחיטה שאינה ראויה שמה שחיטה ולישני ליה בבן פקועה כר"מ דאמר [ו] בן פקועה טעון שחיטה ולישני ליה כגון שעמד בדין ואמרו לו צא תן לו דהא אמר רבא [ז] צא תן לו טבח ומכר פטור מאי טעמא כיון דפסקיה למילתיה וטבח ומכר הוי גזלן וגזלן לא משלם תשלומי ארבעה וחמשה חייב אתה ליתן לו וטבח ומכר חייב מאי טעמא כל כמה דלא פסיקא ליה מילתא אכתי גנב הוא אמרי וליטעמיך לישני ליה בשותף שטבח שלא מדעת חבירו אלא [ח] חדא מתרי ותלתא נקט [ט] ואמר רבי חייא בר אבא א"ר יוחנן הטוען טענת גנב באבידה משלם תשלומי כפל מאי טעמא דכתיב [א] על כל אבדה אשר יאמר איתיביה רבי אבא בר ממל לרבי חייא בר אבא [ב] כי יתן איש [ג] אין נתינת קטן כלום ואין לי אלא שנתנו כשהוא קטן ותבעו כשהוא קטן [ד] נתנו כשהוא קטן ותבעו כשהוא גדול מנין ת"ל [א] עד האלהים יבא דבר שניהם עד שתהא נתינה ותביעה שוין כאחד ואם איתא תיהוי נמי כאבידה א"ל הכא במאי עסקינן כגון שאכלו כשהוא קטן אבל כשהוא גדול מאי הכי נמי דמשלם אי הכי אדתנא עד שתהא נתינה ותביעה שוין כאחד ליתני עד שתהא אכילה ותביעה שוין כאחד א"ל תני עד שתהא אכילה ותביעה שוין כאחד רב אשי אמר לא דמי אבידה קא אתיא מכח בן דעת והא לא אתיא מכח בן דעת ואמר ר' חייא בר אבא א"ר יוחנן הטוען טענת גנב בפקדון אינו חייב עד שיכפור במקצת ויודה במקצת מאי טעמא דאמר קרא [א] כי הוא זה [א] ופליגא דר' חייא בר יוסף דאמר ר' חייא בר יוסף

עירוב

ולישני ליה כגון שעמד בדין ואמרו ליה צא תן לו. והשתא צריך להוסיף על הברייתא ולפרש הכי היכן שורי א"ל נגנב משביעך אני ואמר אמן ואח"כ באו עדים ואמרו שיש בידו ועמד בדין וא"ל צא ותן לו ואח"כ טבחו והעדים מעידים אותו שאכלו משלם תשלומי כפל ואף ע"ג דהשתא צריך להוסיף על הברייתא ולפרש בדוחק ניחא ליה לגמרא לאוקמי הכי מלאוקמי כשאכלו נבלה שזה נראה לו דוחק יותר: **אבל** אכלו כשהוא גדול מאי הכי נמי דמשלם כו'. משמע אם נשבע ובאו עדים שאכלו משלם תשלומי כפל ותימה אמאי בעי שבועה מעיקרא כשאמר נגנב יהא נאמן במגו דאי בעי אמר החזרתיו לך כשהייתי קטן יהא נמי נאמן לומר נגנב בלא שבועה וי"ל דהכא מיירי שטוען זה הקטן כשהגדיל נתתי לך פקדון כשהייתי קטן ויודע אני שיש בידך עכשיו דהשתא לא שייך למימר [ז] מגו דהאכלתיו כשהיה קטן דא"כ הוה כפר במה שאמר ליה עדיין ישנה בידך ואין זה מגו כדאמר לקמן דאין מעיז פניו לומר להד"ס: **הא** לא אתי מכח בן דעת. ואליבא דרב אשי דאמר אין יכול להשביע כלל כל מה שהפקידו בקטנותו אפילו הפקדון בעין אבל לשינויא קמא יכול להשביעו כשהוא בעין:

אי אמרת בשלמא אי אתו עדים. אחר שבועה קמייתא מחייב לשלומי קרנא אשתכח דהכתי ממונא הוא גביה ואמטו להכי מחייבינן ליה קרבן שבועה אשבועה שניה דמשום דאין שבועה חלה על שבועה לא תפטריה דהואיל ויכול לחזור ולהודות בין זו לזו נמצא דכל אחת שבועת כפירה בפני עצמה היא: **השתא מיהת הא לא אודי.** בין זו לזו ואשתכח דכפירת דברים בעלמא הוא ולאו ממונא הוא גביה שהרי אין יכול להוציאו בעדים: טוען טענת גנב אינו משלם כפל עד שישבע ואחר כך יבאו עדים כדילפינן במרובה: **היקישא הוא.** דאיתקש גנב וטוען טענת גנב דסמיכי קראי אהדדי אם ימצא הגנב הרי גנב ואם לא ימצא הגנב כמו שאמר אלא הוא עצמו גנבו היינו טוען טענת גנב ונמצא שהוא גנבו: **אלא למאן דאמר.** בפרק מרובה (דף סג:): **תרווייהו בטוען טענת גנב.** דגנב עצמו נפקא לן מאם המצא (ג) בידו דכתיב בפרשה אחריתי היכי איתקוש: **גנב הגנב.** מרבויא דה"א דאתרבאי בטוען טענת גנב [י] [ילפינן לה כל דיני גניבה לרבות] תשלומי [כפל] וד' וה': **משלם תשלומי כפל.** דטוען טענת גנב: **ולישני ליה כגון שאכלו טריפה.** דאיכא ר"ש דפטר בהשוחט ונמצאת טריפה מתשלומי ד' וה' לעיל (דף ע.) ומשני רבי יוחנן כר"מ ס"ל דאמר שחיטה שאינה ראויה לאכילה הואיל ונשחטה כהלכתה שמה שחיטה: **ולישני ליה בגונב בן פקועה.** שנמצא במעי אמו ופקעה לאחר שחיטה והוציאוהו דאיכא למאן דמכשר ליה בלא שחיטה בפ' בהמה המקשה (חולין דף עד:) דתנן ר"ש שזורי אומר אפילו הוא בן חמש שנים וחורש בשדה שחיטת אמו מטהרתו: **כר"מ.** בשחיטת חולין דתנן השוחט את הבהמה ומצא בה בן ט' חי כו': **ולישני ליה כגון שעמד בדין.** קודם לכן ואמר נגנב ונשבע ובאו עדים שגנבו הוא עצמו וחייבוהו ב"ד ואמרו לא תן לו קרן וכפל ואח"כ שחטו ואכלו [כ] (וחזר ונשבע עליו) דמשלם כפל אשבועה קמייתא ופטור מטביחה כדרבא כו': **בשותף שטבח.** שותפין שגנבו וטבחו האחד שלא מדעת חבירו אמרינן בפרק מרובה (לעיל ד' עח:) שפטור מד' וה' דחמשה בקר אמר רחמנא ולא חמשה חצאי בקר [*] והכא לא קרינא וטבחו כולו בחיובא דעל החצי של חבירו הוה טובח ומוכר אחר הגנב דפטור אבל לדעת חבירו משלמין שניהם דשלוחו הוא ואמרינן תחת לרבות את השליח: **על כל אבדה.** וגו' ישלם שנים: **אין נתינת קטן כלום.** דכתיב איש פרט לקטן דאין נשבעין על טענת נתינתו ואין באין לידי כפל על ידו דהכא כפל כתיב: **אין לי אלא כשנתנו כשהוא קטן ותבעו כשהוא קטן.** דאיכא למימר דהאי איש אהשתא קאי וה"ק כי יתן מי שהוא עכשיו איש בשעת טענה פרט לנתינת מי שהוא עדיין קטן אבל אי הוי עכשיו איש לא ממעט ליה: **נתנו כשהוא קטן ותבעו כשהוא גדול מנין.** דפטור: **ת"ל יבא דבר שניהם.** איתקוש נתינה והעמדה בדין להדדי דבתרווייהו בעינן איש: **תהוי נמי כאבידה.** דליכא נתינה והוי טענה להשביע ולהתחייב כפל וכי תבעו כשהוא גדול ליחייביה להאיך שבועה וכפילא אע"ג דנתינה ליכא: **שאכלו.** בעל הבית לפקדון בעוד שהמפקיד קטן דלא ירד פקדון זה לתורת טענה מעולם אבל אבידה מכי מטא לידיה דהאי איחייב ליה שהרי יש לה בעלים בני טענתא: **הכי נמי דמשלם.** דמשהגדיל קטן ונעשה בר טענה נתחייב זה לבא עמו לדין ואע"ג דנתינה לא הואי: **דאמר קרא כי הוא זה.** היינו הודה במקצת ובפרשת טוען טענת גנב כתיב:

עירוב

עין משפט
נר מצוה

קמט א ב מיי' פ"ד מהלכות גניבה הלכה א סמג עשין עא טוש"מ סי' שנב:

קנ ג מיי' פ"ה מהל' טוען ונטען הלכה י ופ"ב מהל' שכירות הל' ז ועיין בהשגות ובמ"מ ופ"ד מהל' גניבה הל' ט סמג עשין פט טוש"ע ח"מ סי' נו סעיף א:

קנא ד מיי' פ"ד מהל' גניבה הלכה ט טוש"מ סי' שנב:

ליקוטי רש"י

הטוען טענת גנב בפקדון. גנב בא וגנבו ודרשינן לקמן בשמעתין דחייבו רחמנא כפילא אם נשבע ונמצא שקרן [לעיל סב:]. **משלם תשלומי ארבעה וחמשה.** כגנב עצמו דנפקא לן מגנב הגנב. **היקישא היא.** כיון דסמיכי להדדי הני קראי איתקש גנב וטוען טענת גנב להדדי מה גנב משלם תשלומי ארבעה וחמשה אם טבח ומכר אף טוען טענת גנב משלם ארבעה וחמשה ואע"ג דאיכא למיפרך מה לגנב עצמו שכן חייב כפל בלא שבועה תאמר בטוען טענת גנב שצריך שבועה אין משיבין על ההיקש כדאמרינן להא מילתא בהגוזל עצים ואיכא דאמרי הקישא כדמפרש התם הואיל וגנב משלם כפל וטוען טענת גנב משלם כפל מה גנב טבח ומכר משלם תשלומי ארבעה וחמשה אף טוען טענת גנב טבח ומכר משלם ארבעה וחמשה ולאו מילתא היא דהאי מה מצינו בנין אב הוא ולא הקישא אלא סמיכות המקראות קרי היקש והכי נמי שמעינן התם [לעיל סג:]. **ואין משיבין על הקישא.** אע"ג דאיכא למיפרך ביה כגון הכא דאדם דן ק"ו מעצמו ואין אדם דן גז"ש [והיקש] מעצמו אלא א"כ למדה מרבו ורבו מרבו הלכה למשה מסיני [מנחות פב:]. **שחיטה שאינה ראויה.** לאכילה. **שמיה שחיטה.** וכל חיוב ואיסור הבא ע"י שחיטה וכו' חל עליה [קידושין נח.]. **בן פקועה טעון שחיטה.** דחדשים גרמי לשויה בהמה באנפי נפשיה ולא איתרבאי מכל בבהמה תאכלו [חולין עד.]. **צא תן לו.** שפסקו לו דינו בב"ד שציוו עליו לתת לו [ב"מ טז:]. **הטוען טענת גנב באבידה.** מוצא אבידה שטוען נגנבה הימני לאחר שמצאתיה [לעיל סג:]. **משלם תשלומי כפל.** לפטור עצמו ע"י גנב שטוען נגנבה הימנו האבידה שמצאתי ונמצא שבידו הוא משלם תשלומי כפל כגנב עצמו דדרשינן בפרק מרובה (לקמן דף סג:) ואם לא ימצא הגנב אם לא ימצא כמו שאמר אלא הוא עצמו גנבו וכתיב בתריה ישלם שנים [לעיל נז.]. **שנאמר על כל אבידה.** ובטוען טענת גנב מוקמינן ליה להאי קרא [לעיל סג:]. **אשר יאמר כי הוא זה.** רבותינו ז"ל דרשו כי הוא זה ללמד שאין מחייבין אותו שבועה אלא אם כן הודה במקצת לומר כך וכך אני חייב לך והמותר נגנב ממני [שמות כב, ח].

מסורת הש"ס

א) לעיל סב: סג., ב) [לעיל סג: מנחות פב:], ג) לקמן קח: [ע"ש], ד) שבועות מט. [ע"ש] [עי' בשבועות שם בתוס' ד"ה והעדים], ה) [חולין פה.], ו) [שם עד:], ז) לעיל סח: [דומה לזה ב"מ טז: יז.], ח) [יומא עט: יבמות מח: סוטה ח. זבחים י: ל. לד: מנחות פט: כריתות ג:], ט) לעיל נז. סג., י) רש"ל, כ) רש"ל מ"ז, ל) עי' רש"א.

הגהות הב"ח

(א) גמ' מיהת הא לא אודי: (ג) רש"י ד"ה תרווייהו וכו' המצא תמצא בידו:

גליון הש"ס

רש"י ד"ה בשותף וכו' והכא לא קרינא וטבחו כולו. לא ידעתי אמאי נקיט רש"י תרתי הא בטעם אחד סגי כדמפורש בפ' מרובה דף עח ע"ב ואולי יש להגיה א"נ:

הגהות מהר"ב רנשבורג

א] גמ' ופליגא דר' חייא בר יוסף. כאן נרשם אות ה' מסימני עין משפט. מצויין עליו מיי' פ"ב מהלכות שכירות הלכה ח וע"ש בהה"מ:

תורה אור השלם

א) עַל כָּל דְּבַר פֶּשַׁע עַל שׁוֹר עַל חֲמוֹר עַל שֶׂה עַל שַׂלְמָה עַל כָּל אֲבֵדָה אֲשֶׁר יֹאמַר כִּי הוּא זֶה עַד הָאֱלֹהִים יָבֹא דְּבַר שְׁנֵיהֶם אֲשֶׁר יַרְשִׁיעֻן אֱלֹהִים יְשַׁלֵּם שְׁנַיִם לְרֵעֵהוּ: [שמות כב, ח]

ב) כִּי יִתֵּן אִישׁ אֶל רֵעֵהוּ כֶּסֶף אוֹ כֵלִים לִשְׁמֹר וְגֻנַּב מִבֵּית הָאִישׁ אִם יִמָּצֵא הַגַּנָּב יְשַׁלֵּם שְׁנָיִם: [שמות כב, ו]

אִי אָמְרַתְּ בִּשְׁלָמָא — אמנם מיושב הדבר אם אתה אומר **נִשְׁבַּע כִּי אָתוּ עֵדִים מִיחַיַּיב** — מי שנשבע על כפירת ממון, כאשר שוב באים עדים ומכחישים אותו הרי הוא מתחייב ומוציאים בית דין ממנו, **אַמְּטוּ לְהָכִי** — משום כך **מְחַיְּיבִינַן לֵיהּ קָרְבָּן אַשְּׁבוּעָה בַּתְרַיְיתָא** — מחייבים אדם זה (שנשבע חמש פעמים על אותו ממון) קרבן אשם על שבועה אחרונה, דהיינו על כל שבועה הבאה אחרי שבועה, מטעם "**הוֹאִיל וְיָכוֹל לַחֲזוֹר וּלְהוֹדוֹת**". כלומר, אם הדין הוא שמוציאים ממון מן הנשבע אם אחר כך באים עדים, פירוש הדבר הוא שאף לאחר השבועה נשאר עליו חיוב ממון כמקודם (אלא שצריך לבררו בעדים), ונמצא ששבועה הבאה אחרי שבועה אף היא שבועת כפירת ממון; וממילא יהיו מובנים דברי המשנה באמרה שמתחייב הנשבע על כל שבועה ושבועה "הואיל ויכול לחזור ולהודות", שכוונתה היא שמכיון שמוטל עליו להודות, נמצא שכאשר אינו מודה אלא ממשיך לכפור וחוזר ונשבע, הרי זו כשבועה על כפירה חדשה, ולא הכפלת שבועות על כפירה אחת, ולכן ראוי הוא להתחייב על כל שבועה ושבועה[1]. **אֶלָּא אִי אָמְרַתְּ** — אולם אם אתה אומר שהדין הוא **דְּכִי אָתוּ עֵדִים פָּטוּר** — שכאשר באים עדים אחרי שנשבע אדם הרי הוא פטור, וכדברי רב ששבועה "קונה" לענין ששוב אין בית דין מוציאים ממנו הממון אפילו אם יבואו עדים, לכאורה אין הוראת המשנה מיושבת. כי לפי זה נמצא שמשנשבע האדם בראשונה, כל זמן שאינו מודה בשקרו אין עליו חיוב ממון שמוציאים בבית דין, ועל כרחנו נצטרך לומר שהטעם שנותנת המשנה לחיוב על כל שבועה ושבועה, "הואיל ויכול לחזור ולהודות", ניתן גם כטעם לעצם היות השבועות האחרונות נחשבות שבועות של כפירת ממון[2]; אך זהו דבר תמוה, שכן **מִי אִיכָּא מִידִי** — וכי יש דבר **דְּאִילּוּ אָתֵי סַהֲדֵי וּמַסְהֲדֵי בֵּיהּ פָּטוּר** — שאם באים עדים ומעידים באדם שחייב הוא ממון, הרי הוא פטור ואין בית דין מוציאים ממנו, **וַאֲנַן נֵיקוּ נִיחַיְּיבֵיהּ קָרְבַּן אַשְּׁבוּעָה** — ואנו נעמוד ונחייבו קרבן על שבועת כפירה באותו חיוב "**הוֹאִיל וְיָכוֹל לַחֲזוֹר וּלְהוֹדוֹת**", ועל ידי כך יהא עליו חיוב ממון שבית דין מוציאים ממנו?! כלומר, וכי ניתן להחשיב את שבועתו כשבועת כפירת ממון משום שאילו היה מודה היה עליו חיוב ממון שמוציאים אותו בית דין? **הַשְׁתָּא מִיהַת לֹא אוֹדֵי** — הרי כעת, על כל פנים, לא הודה בין שבועה לשבועה, ונמצא שבשעה שנשבע שבועה שניה ושלישית לא היה עליו חוב ממון הראוי להוציא בבית דין, ולא היו שבועותיו שבועות כפירת ממון[3]! כך הוקשה לרב המנונא על דעת רב, ומשום קושי זה הוא שהוצרך לפרש שלפי רב אין המשנה עוסקת באופן שהיו השבועות על פי דיינים ובבית דין, אלא כוונתה דוקא לאופנים שלא נתקיימו שני תנאים אלה גם יחד, שבזה אין שבועה "קונה" לנתבע את ממון התביעה, ונשאר עליו חוב כמקודם. אך לעולם סובר גם רב המנונא כדברי רבא, שלא אמר רב שבועה "קונה" לגבי מקרה שחוזר הנשבע ומודה בשקרו[4].

הגמרא מביאה הוראת אמורא בענין שומר הטוען טענת גנב בפקדון:

אָמַר רַבִּי חִיָּיא בַּר אַבָּא אָמַר רַבִּי יוֹחָנָן: שומר חנם **הַטּוֹעֵן טַעֲנַת גַּנָּב בְּפִקָּדוֹן** — שומר חנם הטוען שנגנב ממנו הפקדון ושלכן הינו פטור, ונשבע על כך, ובאו עדים ואמרו שלא נגנב ממנו אלא הוא עצמו גנבו, הרי הוא **מְשַׁלֵּם תַּשְׁלוּמֵי כֵּפֶל**, כפי שכתוב[5]; **טָבַח וּמָכַר** — ואם היה הפקדון שור או שה, ושחטו השומר או מכר אותו, הרי הוא **מְשַׁלֵּם תַּשְׁלוּמֵי אַרְבָּעָה וַחֲמִשָּׁה**, מהטעם הבא[6]: **הוֹאִיל וְגַנָּב** ממש **מְשַׁלֵּם תַּשְׁלוּמֵי כֵּפֶל וְ**גם שומר **הַטּוֹעֵן טַעֲנַת גַּנָּב מְשַׁלֵּם תַּשְׁלוּמֵי כֵּפֶל**, והרי שהושוה טוען טענת גנב לגנב ממש, לכן **מַה** — כשם **שֶׁגַּנָּב שֶׁהוּא מְשַׁלֵּם כֵּפֶל**, אם **טָבַח וּמָכַר** שור או שה של גניבה הרי הוא **מְשַׁלֵּם תַּשְׁלוּמֵי אַרְבָּעָה וַחֲמִשָּׁה**, **אַף טוֹעֵן טַעֲנַת גַּנָּב בְּפִקָּדוֹן, כְּשֶׁהוּא**[7] **מְשַׁלֵּם תַּשְׁלוּמֵי כֵּפֶל**, אם **טָבַח וּמָכַר** שור או שה של הפקדון הרי הוא **מְשַׁלֵּם תַּשְׁלוּמֵי אַרְבָּעָה וַחֲמִשָּׁה**.

הערות

1. רש"י. כלומר, בכדי להתחייב על כל שבועה ושבועה דרושים שני תנאים: (א) שבשעת כל אחת מהשבועות יהא האדם חייב בממון התביעה חיוב שהוא בר הוצאה בבית דין על פי עדים, שאם לא כן לא תחשבנה השבועות האחרונות שבועות כפירת ממון; (ב) שתהא כל שבועה נידונת כמי שבאה על כפירה מחודשת, שאם לא תחשבנה השבועות אלא כהכפלת שבועה על כפירה אחת, אין שבועה חלה לחייבו אחרי שבועה קודמת, ולא יהא חיוב אלא משום השבועה הראשונה. על פי זה טוען רב המנונא, לפי הביאור הנוכחי בדבריו, כך: אם ננקוט שאין שבועה "קונה", שלא כדברי רב, אלא אף משנשבע האדם נשאר עליו חוב ממון שאפשר להוציאו בעדים, יהיו דברי המשנה מובנים, כי השבועות האחרונות נחשבות בפשיטות שבועות כפירת ממון, והטעם הניתן במשנה, "הואיל ויכול לחזור ולהודות", הוא טעם יפה לכך שכל שבועה נחשבת כבאה על כפירה בפני עצמה, הואיל ומוטל היה על הנתבע להודות בחיובו.

2. דהיינו, לפי סברא זו, האפשרות להודות היא גם טעם לכך שיש תורת "כפירת ממון" אחרי שבועה, ולא רק טעם לכך שאין כל השבועות נחשבות הכפלת שבועה על אותה כפירה.

3. רש"י.

4. כך מבאר רב אחא סבא את דברי רב המנונא. רבא עצמו, לעומת זאת, הבין שלדעת רב המנונא נאמרה הוראת רב ששבועה "קונה" אפילו לגבי מקרה שחוזר הנשבע ומודה בשקרו, ושקושיית רב המנונא ממשנת "השביע עליו חמשה פעמים" היא שבמשנה ההיא מפורש שעל ידי הודאת הנשבע אכן מוציאים ממנו הממון! [לפי הבנה זו של רבא, כוונת המשנה היא אכן שהואיל ויכול הנשבע להודות, לכן גם בלא הודאה נחשב הוא כמי שיש עליו חיוב ממון לענין שתיחשב שבועתו שבועת כפירת ממון. לפי ביאור רב אחא סבא, זוהי סברא שלא ניתנה להיאמר, והוא יסוד קושיית רב המנונא, אך לפי ביאורו של רבא סברא זו היא עצמה כוונת המשנה.]

לסיכום: רב המנונא הקשה על רב ממשנת "השביע עליו חמשה פעמים", והוצרך לתרץ שלפי רב עוסקת המשנה רק בשבועות שנעשו באופנים שלא נתמלאו בהם התנאים הנדרשים לשבועה בכדי שתהא "קונה". רבא הבין שקושיית רב המנונא מיוסדת על הנחה שרב סובר ששבועה "קונה" אף לגבי מקרה שהנשבע חוזר ומודה. בהתאם לכך, הוכיח רבא מהברייתא של "בעל הבית שטען טענת גנב" שאין הנחה זו נכונה, וממילא טען רבא שאין צורך לתרץ את משנת "השביע עליו חמשה פעמים" כפי שתירצה רב המנונא. רב אשי תמה כיצד אפשר לחלוק על רב המנונא בפירוש דעת רב. בתשובה על כך ביאר רב אחא סבא לרב אשי, שבאמת מסכים רב המנונא לפירוש רבא בדעת רב, ולא היתה קושייתו ממשנת "השביע עליו חמשה פעמים" מיוסדת על הנחה שסובר רב "שבועה קונה" אפילו אם חוזר הנשבע ומודה בשקרו, אלא הוקשה לו דבר אחר, ומחמת כן הוא שהוצרך לתרץ את המשנה כפי שתירצה.

יש להעיר שלכאורה אין רב אחא סבא עונה לגמרי על תמיהת רב אשי, כיצד אפשר לחלוק על רב המנונא תלמידו של רב בדעת רב. כי אמנם מבאר רב אחא סבא שלפי האמת מסכים רב המנונא לדעת רבא בפירוש דברי רב, אולם רבא עצמו, לפי הבנתו במשנת "השביע עליו" ובדברי רב המנונא, אכן היה סבור שרב המנונא מפרש את דברי רב באופן שונה, ובא לחלוק עליו (ראה תורת חיים לעיל קו, א; וראה עוד חזון איש כ, יא).

5. מהכתוב בפרשת שומר חנם (שמות כב, ז-ח): "אִם לֹא יִמָּצֵא הַגַּנָּב וְנִקְרַב בַּעַל הַבַּיִת אֶל הָאֱלֹהִים... יְשַׁלֵּם שְׁנַיִם לְרֵעֵהוּ", דרשו חכמים (לעיל סג, ב): "אִם לֹא יִמָּצֵא כמו שאמר השומר, אלא יימצא שהוא עצמו הַגַּנָּב, וְנִקְרַב כבר בַּעַל הַבַּיִת [השומר] אֶל הָאֱלֹהִים [הדיינים] להישבע, יְשַׁלֵּם שְׁנַיִם לְרֵעֵהוּ" — ראה לעיל שם הערה 14; ולעיל סג, ב הערה 9.

6. בכתוב הנדרש ללמד את החיוב המיוחד של "טוען טענת גנב" (ראה הערה הקודמת), לא מוזכר אלא תשלום כפל — "יְשַׁלֵּם שְׁנַיִם לְרֵעֵהוּ". רבי יוחנן מלמד שאף תשלומי ארבעה וחמשה של טביחה ומכירה נוהגים בו, מהטעם שיפרש מיד.

לדעת הרמב"ם (הלכות גניבה ד, א), חיוב תשלומי כפל של "טוען טענת גנב" נאמר כאשר העידו העדים שבשעה שנשבע הגנב עדיין היה הפקדון ברשותו, והיינו שהיה הוא עצמו גונבה באותה שעה, וחיוב ארבעה וחמשה נאמר במקרה שטבח או מכר את בהמת הפקדון אחרי שנשבע בשקר שנגנבה. כן היא גם דעת הרא"ש (שיטה מקובצת ד"ה כגון שאכלו נבילה). אולם הראב"ד (שם ב) פוסק שחיוב תשלומי כפל נאמר כל שמעידים העדים שלא נגנב הפקדון אלא השומר חייב עליו, אפילו אם כבר לא היה הפקדון קיים בשעה שנשבע השומר, וחיוב ארבעה וחמשה נאמר אף במקרה שהשומר טבח או מכר את בהמת הפקדון לפני שנשבע שנגנבה. כן היא גם דעת תוספות רי"ד (ד"ה הכא במאי). להרחבת הדיבור בענין זה, ראה אבן האזל שם; אור גדול, סוף מסכת שבועות; אמרי משה לה.

7. יש כתבי יד שבהם הגירסא היא "שהוא" (דקדוקי סופרים, אות א).

אי אמרת בשלמא נשבע כי אתו עדים מיחייב אמטו להכי מחייבינן ליה קרבן אשבועה בתרייתא הואיל ויכול לחזור ולהודות אלא אי אמרת כי אתו עדים פטור מי איכא מידי דאילו אתי סהדי ומסהדי ביה פטור ואנן ניקו ניחייביה קרבן אשבועה הואיל ויכול לחזור ולהודות השתא מיהת (א) לא אודי: א) אמר רבי חייא בר אבא א"ר יוחנן א הטוען טענת גנב בפקדון משלם תשלומי כפל טבח ומכר משלם תשלומי ארבעה וחמשה הואיל וגנב משלם תשלומי כפל וטוען טענת גנב משלם תשלומי כפל מה גנב שהוא משלם כפל טבח ומכר משלם תשלומי ארבעה וחמשה אף טוען טענת גנב בפקדון כשהוא משלם תשלומי כפל טבח ומכר משלם תשלומי ארבעה וחמשה מה לגנב שכן משלם תשלומי כפל שלא בשבועה תאמר בטוען טענת גנב שאין משלם תשלומי כפל ב אלא בשבועה אמרי היקישא היא ג) ואין משיבין על היקישא הניחא למ"ד חד בגנב וחד בטוען טענת גנב שפיר אלא למ"ד האי אם ימצא הגנב ואם לא ימצא תרוייהו בטוען טענת גנב מאי איכא למימר אמרי גנב הגנב איתיביה רבי חייא בר אבא לר' יוחנן ג) היכן שורי נגנב משביעך אני ואמר אמן והעדים מעידים אותו ד) שאכלו משלם תשלומי כפל והא הכא דאי אפשר לכזית בשר בלא שחיטה וקתני משלם תשלומי כפל תשלומי כפל אין תשלומי ד' וה' לא הכא במאי עסקינן כגון שאכלו נבילה ולישני ליה כגון שאכלו טריפה כר"מ דאמר ה) שחיטה שאינה ראויה שמה שחיטה ולישני ליה בבן פקועה כר"מ דאמר ו) בן פקועה טעון שחיטה ולישני ליה כגון שעמד בדין ואמרו לו צא תן לו דהא אמר רבא ז) צא תן לו טבח ומכר פטור מאי טעמא כיון דפסקיה למילתיה וטבח ומכר הוי גזלן וגזלן לא משלם תשלומי ארבעה וחמשה חייב אתה ליתן לו וטבח ומכר חייב מאי טעמא כל כמה דלא פסקיה ליה מילתא אכתי גנב הוא אמרי וליטעמיך לישני ליה בשותף שטבח שלא מדעת חבירו אלא ח) חדא מתרי ותלתא נקט ט) ואמר רבי חייא בר אבא א"ר יוחנן הטוען טענת גנב באבידה משלם תשלומי כפל מאי טעמא דכתיב א) על כל אבדה אשר יאמר איתיביה רבי אבא בר ממל לרבי חייא בר אבא ב) כי יתן איש ג אין נתינת קטן כלום ואין לי אלא שנתנו כשהוא קטן ותבעו כשהוא קטן ד נתנו כשהוא קטן ותבעו כשהוא גדול מנין ת"ל א) עד האלהים יבא דבר שניהם עד שתהא נתינה ותביעה שוין כאחד ואם איתא תיהוי נמי כאבידה א"ל הכא במאי עסקינן כגון שאכלו כשהוא קטן אבל כשהוא גדול מאי הכי נמי דמשלם אי הכי אדתנא עד שתהא נתינה ותביעה שוין כאחד ליתני עד שתהא אכילה ותביעה שוין כאחד א"ל תני עד שתהא אכילה ותביעה שוין כאחד רב אשי אמר לא דמי אבידה קא אתיא מכח בן דעת והא לא אתיא מכח בן דעת ואמר ר' חייא בר אבא א"ר יוחנן הטוען טענת גנב בפקדון אינו חייב עד שיכפור במקצת ויודה במקצת מאי טעמא דאמר קרא א) כי הוא זה א) ופליגא דר' חייא בר יוסף דאמר ר' חייא בר יוסף

עירוב

ולישני ליה כגון שעמד בדין ואמרו ליה צא תן לו. והשתא צריך להוסיף על הברייתא ולפרש הכי היכן שורי א"ל נגנב משביעך אני ואמר אמן ואח"כ באו עדים ואמרו שיש בידו ועמד בדין וא"ל צא ותן לו ואח"כ טבחו והעדים מעידים אותו שאכלו משלם תשלומי כפל ואף ע"ג דהשתא צריך להוסיף על הברייתא ולפרש בדוחק ניחא ליה לגמרא לאוקמי הכי מלאוקמי כשאכלו נבלה שזה נראה לו דוחק יותר: **אבל** אכלו כשהוא גדול מאי הכי נמי דמשלם כו'. משמע אם נשבע ובאו עדים שאכלו משלם תשלומי כפל ותימה אמאי בעי שבועה מעיקרא כשאמר נגנב יהא נאמן במגו דאי בעי אמר החזרתיו לך כשהייתי קטן יהא נמי נאמן לומר נגנב בלא שבועה וי"ל דהכא איירי שטוען זה הקטן כשהגדיל נתתי לך פקדון כשהייתי קטן ויודע אני שיש בידך עכשיו דהשתא לא שייך למימר ל) מגו דהאכלתיו כשהיה קטן דא"כ הוה כפר במה שאמר ליה עדיין ישנה בידך ואין זה מגו כדאמר לקמן דאין מעיז פניו לומר להד"ס: **הא** לא אתי מכח בן דעת. ואליבא דרב אשי דאמר אין יכול להשביע כלל כל מה שהפקידו בקטנותו אפילו הפקדון בעין אבל לשינויא קמא יכול להשביעו כשהוא בעין:

אי אמרת בשלמא אי אתו עדים. אחר שבועה קמייתא מחייב לשלומי קרנא אשתכח דאכתי ממונא הוא גביה ואמטו להכי מחייבינן ליה קרבן שבועה אשבועה שניה דמשום דאין שבועה חלה על שבועה לא תפטריה דהואיל ויכול לחזור ולהודות בין זו לזו נמצא דכל אחת שבועת כפירה בפני עצמה היא: השתא מיהת הא לא אודי. בין זו לזו ואשתכח דכפירת דברים בעלמא הוא ולאו ממונא הוא גביה שהרי אין יכול להוציאו בעדים: טוען טענת גנב אינו משלם כפל עד שישבע ואחר כך יבאו עדים כדילפינן במרובה: היקישא הוא. דאיתקש גנב וטוען טענת גנב דסמיכי קראי אהדדי אם ימצא הגנב הרי גנב ואם לא ימצא הגנב כמו שאמר אלא הוא עצמו גנבו היינו טוען טענת גנב ונמצא שהוא גנבו: אלא למאן דאמר. בפרק מרובה (דף סג:): תרוייהו בטוען טענת גנב. דגנב עצמו נפקא לן מאם המצא (ב) בידו דכתיב בפרשה אחריתי היכי איתקוש: גנב הגנב. מרבוייא דה"א דאתרבאי בטוען טענת גנב ט) [ילפינן לה כל דיני גניבה לרבות] תשלומי [כפלן וד' וה']: משלם תשלומי כפל. דטוען טענת גנב: ולישני ליה כגון שאכלו טריפה. דאיכא ר"ש דפטר בהשוחט ונמצאת טריפה מתשלומי ד' וה' לעיל (דף ע.) ומשני רבי יוחנן כר"מ ס"ל דאמר שחיטה שאינה ראויה לאכילה הואיל ונשחטה כהלכתה שמה שחיטה: ולישני ליה בגונב בן פקועה. שנמצא במעי אמו ופקעה לאחר שחיטה והוליאוהו דאיכא למאן דמכשר ליה בלא שחיטה בפ' בהמה המקשה (חולין דף עד:) דתנן ר"ש שזורי אומר אפילו הוא בן חמש שנים וחורש בשדה שחיטת אמו מטהרתו: כר"מ. בשחיטת חולין דתנן השוחט את הבהמה ומצא בה בן ט' חי כו': ולישני ליה כגון שעמד בדין. קודם לכן ואמר נגנב ונשבע ובאו עדים שגנבו הוא עצמו וחייבוהו ב"ד ואמרו לא תן לו קרן וכפל ואח"כ שחטו ואכלו י) (וחזר ונשבע עליו) דמשלם כפל אשבועה קמייתא ופטור מטביחה כדרבא כו': בשותף שטבח. שותפין שגנבו וטבחו האחד שלא מדעת חבירו אמרינן בפרק מרובה (לעיל ד' עח:) שפטור מד' וה' דחמשה בקר אמר רחמנא ולא חמשה חצאי בקר ° והכא לא קרינא וטבחו כולו בחיובא דעל החצי של חבירו הוה טובח ומוכר אחר הגנב דפטור אבל לדעת חבירו משלמין שניהם דשלוחו הוא ואמרינן תחת לרבות את השליח: על כל אבדה. וגו' ישלם שנים: אין נתינת קטן כלום. דכתיב איש פרט לקטן דאין נשבעין על טענת נתינתו ואין באין לידי כפל על ידו דהכא כפל כתיב: אין לי אלא כשנתנו כשהוא קטן ותבעו כשהוא קטן. דאיכא למימר דהאי איש אהשתא קאי וה"ק כי יתן מי שהוא עכשיו איש בשעת טענה פרט לנתינת מי שהוא עדיין קטן אבל אי הוי עכשיו איש לא ממעט ליה: נתנו כשהוא קטן ותבעו כשהוא גדול מנין. דפטור: ת"ל יבא דבר שניהם. איתקוש נתינה והעמדה בדין להדדי דבתרווייהו בעינן איש: תהוי נמי כאבידה. דליכא נתינה והוי טענה להשביע ולהתחייב כפל וכי תבעו כשהוא גדול ליחייביה להאיך שבועה וכפילא אע"ג דנתינה ליכא: שאכלו. בעל הבית לפקדון בעוד שהמפקיד קטן דלא ירד פקדון זה לתורת טענה מעולם אבל אבידה מכי מטא לידיה דהאי איחייב ליה שהרי יש לה בעלים בני טענתא: הכי נמי דמשלם. דמשהגדיל קטן ונעשה בר טענה נתחייב זה לבא עמו לדין ואע"ג דנתינה לא הואי: דאמר קרא כי הוא זה. היינו הודה במקצת ובפרשת טוען טענת גנב כתיב:

עירוב

עין משפט נר מצוה

קמט א ב מיי' פ"ד מהלכות גניבה הלכה א סמג עשין עא טוש"מ סי' שנב:

קנ ג מיי' פ"ה מהל' טוען ונטען הלכה י ופ"ב מהל' שכירות הל' ז ועיין בהשגות ובמ"מ ופ"ד מהל' גניבה הל' ט סמג עשין פט טוש"ע ח"מ סי' לו סעיף א:

קנא ד מיי' פ"ד מהל' גניבה הלכה ט טוש"מ סי' שנב:

ליקוטי רש"י

הטוען טענת גנב בפקדון. גנב בא וגנבו ודרשינן לקמן בשמעתין דחייבו רחמנא כפילא אם נשבע ונמצא שקרן [לעיל סב:]. **משלם תשלומי ארבעה וחמשה.** כגנב עצמו דנפקא לן מגנב הגנב. **היקישא היא.** כיון דסמיכי להדדי הני קראי איתקש גנב וטוען טענת גנב להדדי מה גנב משלם תשלומי ארבעה וחמשה אם טבח ומכר אף טוען טענת גנב משלם ארבעה וחמשה ואע"ג דאיכא למיפרך מה לגנב עצמו שכן חייב כפל בלא שבועה תאמר בטוען טענת גנב שצריך שבועה אין משיבין על ההיקש כדאמרינן להא מילתא בהגוזל עצים ואיכא דאמרי הקישא כדמפרש התם הואיל וגנב משלם כפל וטוען טענת גנב משלם כפל מה גנב טבח ומכר משלם תשלומי ארבעה וחמשה אף טוען טענת גנב טבח ומכר משלם ארבעה וחמשה ולאו מילתא היא דהאי מה מצינו בנין אב הוא ולא הקישא אלא סמיכות המקראות קרי היקש והכי נמי שמעינן התם [לעיל סג:]. **ואין משיבין על הקישא.** אע"ג דאיכא למיפרך ביה כגון הכא דאדם דן ק"ו מעצמו ואין אדם דן גז"ש [והיקש] מעצמו אלא א"כ למדה מרבו ורבו מרבו הלכה למשה מסיני [מנחות פב:]. **שחיטה שאינה ראויה.** לאכילה. **שמה שחיטה.** וכל חיוב ואיסור הבא ע"י שחיטה וכו' חל עליה [קידושין נח.]. **בן פקועה טעון שחיטה.** דחדשים גרמי לשוייה בהמה באנפי נפשיה ולא איתרבאי מכל בבהמה תאכלו [חולין עד.]. **צא תן לו.** שפסקו לו דינו בב"ד שצוו עליו לתת לו [ב"מ טז:]. **הטוען טענת גנב באבידה.** מוצא אבידה שטוען נגנבה הימני לאחר שמצאתיה [לעיל סג:]. **משלם תשלומי כפל.** לפטור עצמו ע"י גנב שטוען נגנבה הימנו האבידה שמצאתי ונמצא שבידו הוא משלם תשלומי כפל כגנב עצמו דדרשינן בפרק מרובה (לקמן דף סג:) ואם לא ימצא הגנב אם לא ימצא כמו שאמר אלא הוא עצמו גנבו וכתיב בתריה ישלם שנים [לעיל נז.]. **שנאמר על כל אבידה.** ובטוען טענת גנב מוקמינן ליה להאי קרא [לעיל סג:]. **אשר יאמר כי הוא זה.** רבותינו ז"ל דרשו כי הוא זה ללמד שאין מחייבין אותו שבועה אלא אם כן הודה במקצת לומר כך וכך אני חייב לך והמותר נגנב ממני [שמות כב, ח].

מסורת הש"ס

א) לעיל סב: סג:, ב) [לעיל סג: מנחות פב:], ג) לקמן קח: [ע"ש], ד) שבועות מט. [ע"ש] [עי' בשבועות שם בתוס' ד"ה והעדים], ה) [חולין פה.], ו) [שם עד:], ז) לעיל סח: [דומה לזה ב"מ טז: יז.], ח) [יומא עט: יבמות מח: סוטה ח. זבחים י: ל. לד: מנחות פט: כריתות ג:], ט) לעיל נז. סג., י) רש"ל, כ) רש"ל מ"ז, ל) עי' רש"א.

הגהות הב"ח

(א) גמ' מיהת הא לא אודי: (ב) רש"י ד"ה תרווייהו וכו' המצא תמצא בידו:

גליון הש"ס

רש"י ד"ה בשותף וכו' והכא לא קרינא וטבחו כולו. לא ידעתי אמאי נקיט רש"י תרתי הא בטעם אחד סגי כדמפורש בפ' מרובה דף עח ע"ב ואולי יש להגיה א"נ:

הגהות מהר"ב רנשבורג

א] גמ' ופליגא דר' חייא בר יוסף. כאן נרשם אות ה' מסימני עין משפט. מלויין עליו מיי' פ"ב מהלכות שכירות הלכה ח וע"ש בהס"מ:

תורה אור השלם

א) עַל כָּל דְּבַר פֶּשַׁע עַל שׁוֹר עַל חֲמוֹר עַל שֶׂה עַל שַׂלְמָה עַל כָּל אֲבֵדָה אֲשֶׁר יֹאמַר כִּי הוּא זֶה עַד הָאֱלֹהִים יָבֹא דְּבַר שְׁנֵיהֶם אֲשֶׁר יַרְשִׁיעֻן אֱלֹהִים יְשַׁלֵּם שְׁנַיִם לְרֵעֵהוּ: [שמות כב, ח]

ב) כִּי יִתֵּן אִישׁ אֶל רֵעֵהוּ כֶּסֶף אוֹ כֵלִים לִשְׁמֹר וְגֻנַּב מִבֵּית הָאִישׁ אִם יִמָּצֵא הַגַּנָּב יְשַׁלֵּם שְׁנָיִם: [שמות כב, ו]

לכאורה, דרשת רבי יוחנן לחייב ארבעה וחמשה של טביחה ומכירה בטוען טענת גנב היא במדת "בנין אב"[8], שמכיון שמצאנו שטוען טענת גנב דומה לגנב בדבר אחד (חיוב תשלומי כפל), יש ללמד שינהגו בו גם דינים אחרים האמורים בגנב (כגון תשלומי ארבעה וחמשה של טביחה ומכירה). על כן מקשה הגמרא:

מַה לְגַנָּב — כיצד ניתן ללמוד מגנב על טוען טענת גנב, והרי יש בגנב צד חמור בכך **שֶׁכֵּן מְשַׁלֵּם תַּשְׁלוּמֵי כֶּפֶל שֶׁלֹּא בִּשְׁבוּעָה** — מתחייב הוא תשלומי כפל אף על פי שלא עבר על איסור שבועת שקר[9]? לכן, אם מצאת בו שהוא חייב תשלומי ארבעה וחמשה של טביחה ומכירה, האם **תֹּאמַר** ללמוד ממנו שכך הדין גם **בְּטוֹעֵן טַעֲנַת גַּנָּב,** שבו אין צד חמור זה, **שֶׁכֵּן אֵין מְשַׁלֵּם תַּשְׁלוּמֵי כֶּפֶל אֶלָּא בִּשְׁבוּעָה** — אינו מתחייב תשלומי כפל אלא אם כן עבר על איסור שבועת שקר, שנשבע לשקר שנגנב הפקדון[10]?! מכיון שמצאנו שהחמיר הכתוב בגנב יותר מבטוען טענת גנב, לא ניתן ללמוד ממנו ב"בנין אב" שחיוב האמור בו ינהג אף בטוען טענת גנב[11]!

הגמרא מיישבת את דברי רבי יוחנן:

אָמְרֵי — אמרו בביאור דברי רבי יוחנן: **הֶיקֵּישָׁא הִיא** — דרשת "היקש" היא שלמדים בה מגנב על טוען טענת גנב, לחייב בו ארבעה וחמשה של טביחה ומכירה, שבמה שהסמיך הכתוב טוען טענת גנב לגנב ממש, הקישם זה לזה[12], **וְאֵין מְשִׁיבִין עַל הֶיקֵּישָׁא** — ואין דוחין דרשת היקש מחמת פירכא[13]. כלומר, אין לימודו של רבי יוחנן מכח "בנין אב" כפי שעלה על דעתנו, אלא הוא מכח "היקש", ולכן אף על פי שמצאנו שהחמיר הכתוב בגנב יותר מבטוען טענת גנב (שגנב מתחייב גם בלא שנשבע לשקר וטוען טענת גנב אינו מתחייב אלא אם נשבע לשקר), מכל מקום יש ללמוד שחיוב תשלומי ארבעה וחמשה הנוהג בגנב נוהג גם בטוען טענת גנב[14].

עדיין מקשה הגמרא:

הָנִיחָא — זה אמנם מיושב **לְמַאן דְּאָמַר חַד בְּגַנָּב וְחַד בְּטוֹעֵן טַעֲנַת גַּנָּב** — לפי התנא הסובר שבפרשת שומר חנם (שמות כב, ו-ח) עוסק כתוב אחד בגנב ממש (פסוק ו: "אִם יִמָּצֵא הַגַּנָּב יְשַׁלֵּם שְׁנָיִם"), וכתוב אחד בשומר הטוען טענת גנב (פסוקים ז-ח: "אִם לֹא יִמָּצֵא הַגַּנָּב... יְשַׁלֵּם שְׁנַיִם לְרֵעֵהוּ")[15]; **שַׁפִּיר** — לפי זה טוב הדבר, שיש היקש בין טוען טענת גנב וגנב ממש. **אֶלָּא לְמַאן דְּאָמַר** — אולם לפי התנא הסובר **דְּהַאי** — כתוב זה של **"אִם יִמָּצֵא הַגַּנָּב"** (פסוק ו) **וְ**גם הכתוב של **"אִם לֹא יִמָּצֵא"** (פסוקים ז-ח), **תַּרְוַיְיהוּ בְּטוֹעֵן טַעֲנַת גַּנָּב** — שניהם עוסקים בטוען טענת גנב, ואילו גנב ממש אינו מוזכר בפרשה ההיא כלל[16], ואין איפוא היקש בין טוען טענת גנב וגנב ממש, **מַאי אִיכָּא לְמֵימַר** — מה יש לומר? לפי תנא זה, כיצד ניתן ללמוד מגנב שינהג חיוב תשלומי ארבעה וחמשה של טביחה ומכירה גם בטוען טענת גנב?

משיבה הגמרא:

אָמְרֵי — אמרו ביישוב הדבר: לפי שיטה זו, דורשים חיוב ארבעה וחמשה בטוען טענת גנב מ"**גַּנָּב**" "**הַגַּנָּב**" — מהה"א היתירה שבמלת "הַגַּנָּב" הכתובה בענין טוען טענת גנב (באחד הכתובים דלעיל), שתחת לומר "גנב" (כפי שהיה די לפי פשוטו) אמר הכתוב "הַגַּנָּב". יתור זה הכתוב לגבי טוען טענת גנב נדרש לרבות בו כל חיובי גנב, כגון תשלומי ארבעה וחמשה של טביחה ומכירה.

קושיא על רבי יוחנן:

אֵיתִיבֵיהּ — הקשה לו **רַבִּי חִיָּיא בַּר אַבָּא לְרַבִּי יוֹחָנָן** מברייתא: התובע את חבירו, שהוא שומר חנם: "**הֵיכָן שׁוֹרִי** שמסרתי לשמירתך?", ואמר לו השומר: "**נִגְנַב** שורך, ולכן פטור אני עליו", ואמר לו המפקיד: "**מַשְׁבִּיעֲךָ אֲנִי!**", **וְאָמַר** השומר "**אָמֵן** — מקבל אני עלי את השבועה", **וְ**אחר כך היו **הָעֵדִים מְעִידִים אוֹתוֹ שֶׁאֲכָלוֹ** — מעידים נגד השומר ואומרים שהוא עצמו אכל את השור, הרי השומר **מְשַׁלֵּם תַּשְׁלוּמֵי כֶּפֶל,** כדין טוען טענת גנב[17] (עד כאן הברייתא). **וְהָא הָכָא** — והרי כאן, במקרה של הברייתא, **דְּאִי אֶפְשָׁר** אפילו **לִכְזַיִת בָּשָׂר** מהשור שתיאכל **בְּלֹא שְׁחִיטָה,** ומאחר שאכל השומר

הערות

8. אחת מהמדות שהתורה נדרשת בהן היא "בנין אב", או "מה מצינו", דהיינו שאם מוצאים דין לגבי דבר אחד ניתן ללמוד מהדבר ההוא על דברים דומים, שגם בהם ינהג אותו דין. (היינו, אנו אומרים שהדבר הראשון "בנה אב" לכל הדברים הדומים לו, שיילמדו ממנו, ו"מה מצינו" — כשם שמצאנו — בדבר הראשון שנוהג בו דין פלוני, אף בדבר הדומה לו נאמר שנוהג אותו דין.)

9. הגמרא (סד, ב) דורשת מהכתוב שגנב גמור מתחייב תשלומי כפל אף בלא שיכפור בגניבתו וישבע לשקר.

10. הגמרא (סג, ב) דורשת שאין שומר חנם הטוען טענת גנב מתחייב כפל אלא אם כן נשבע לשקר על טענתו [ראה לעיל הערה 5: "וְנִקְרַב כבר בַּעַל הַבַּיִת [השומר] אֶל הָאֱלֹהִים [הדיינים] להישבע"] (רש"י; וראה רש"י נז, ב ד"ה קרנא).

11. לא נמסרה מדת "בנין אב" ללמוד בה אלא במקום שאין על הלימוד פירכא. אך אם יש עליו פירכא, שמוצאים ב"אב" תכונת חומרא [במקרה שבאים ללמוד ממנו חיוב או איסור, או תכונת קולא במקרה שבאים ללמוד ממנו פטור או היתר] שאינה קיימת בדברים שבאים ללמוד עליהם, אי אפשר ללמוד ממנו עליהם, כי יש לומר שהדין שמבקשים ללמוד אינו אמור אלא בדברים בעלי אותה תכונה.

12. בשמות כב, ו-ח כתוב: (ו) כִּי יִתֵּן אִישׁ אֶל רֵעֵהוּ כֶּסֶף אוֹ כֵלִים לִשְׁמֹר וְגֻנַּב מִבֵּית הָאִישׁ אִם יִמָּצֵא הַגַּנָּב יְשַׁלֵּם שְׁנָיִם. (ז) אִם לֹא יִמָּצֵא הַגַּנָּב וְנִקְרַב בַּעַל הַבַּיִת אֶל הָאֱלֹהִים אִם לֹא שָׁלַח יָדוֹ בִּמְלֶאכֶת רֵעֵהוּ. (ח) עַל כָּל דְּבַר פֶּשַׁע עַל שׁוֹר עַל חֲמוֹר עַל שֶׂה עַל שַׂלְמָה עַל כָּל אֲבֵדָה אֲשֶׁר יֹאמַר כִּי הוּא זֶה עַד הָאֱלֹהִים יָבֹא דְּבַר שְׁנֵיהֶם אֲשֶׁר יַרְשִׁיעֻן אֱלֹהִים יְשַׁלֵּם שְׁנַיִם לְרֵעֵהוּ". לפי שיטה אחת בתנאים (לעיל סג, ב), רק פסוקים ז-ח עוסקים בחיוב תשלומי כפל של שומר הטוען טענת גנב (ראה הערה 5), ואילו פסוק ו עוסק בחיוב כפל של גנב ממש, ומדובר בו על מקרה שאכן נגנב הפקדון מבית השומר ונמצא הגנב. לפי זה, נמצא שהסמיך הכתוב טוען טענת גנב לגנב ממש, ויש לנו לומר שבכך הקישם הכתוב זה לזה, ללמד שדינים הנוהגים בזה נוהגים גם בזה (ראה רש"י כאן; ראה עוד רש"י לעיל סג, ב ד"ה הקישא; ולענין החשבת סמיכות כתובים כהיקש, ראה תוספות יבמות ד, ב ד"ה דכתיב, וסוכה לא, א ד"ה ור"י; וראה הליכות עולם, שער ד ב, כג).

13. שלא כבמדת "בנין אב", כאשר מקיש הכתוב דבר אחד למשנהו, ניתן ללמוד מזה על זה אפילו אם יש בדבר הראשון תכונות שאינן בשני. הטעם ש"אין משיבים על ההיקש" הוא משום שאין היקשים נדרשים מסברתו של אדם, אלא הם מסורים במסורת, והרי הם כהלכה למשה מסיני [מה שאין כן דרשות "בנין אב", שאף על פי שעצם מדת הדרשה נתקבלה במסורת, מכל מקום ענינה הוא שהאדם מסברתו יעשה "אב" וידרוש, ולכן אין זה אלא כאשר אין לדרשה "פירכא", דהיינו סברא המנוגדת ללימוד] (רש"י מנחות פב, ב ד"ה זאת). ועוד, בדרשת היקש אנו אומרים שבכוונה כתבה התורה את הדברים באופן שנראה שהם מֻקָּשִׁים זה לזה, ולכן נחשב הדבר כאילו כתבה התורה במפורש שהדינים הנוהגים בדבר האחד נוהגים גם באחר (ראה הליכות עולם שער ד ב, כ; רשב"ץ בפירושו לשלש עשרה מדות שבראש תורת כהנים).

14. רש"י לעיל סג, ב ד"ה הקישא.

לכאורה אין דברי רבי יוחנן עצמו מתפרשים כמכוונים לדרשה זו. צריך עיון, איפוא, אם כוונת הגמרא לומר שלדרשה זו נתכוון רבי יוחנן, או אם אין כוונתה אלא שדינו של רבי יוחנן נלמד בדרשה זו, אף על פי שהוא עצמו הזכיר לימוד אחר.

15. היינו השיטה המבוארת בהערה 12.

16. שיטה זו מובאת גם היא לעיל סג, ב. לפיה, חיוב תשלומי כפל בגנב ממש נלמד מהכתובים בשמות כא, לז - כב, ג: "כִּי יִגְנֹב אִישׁ... אִם הִמָּצֵא תִמָּצֵא בְיָדוֹ הַגְּנֵבָה... שְׁנַיִם יְשַׁלֵּם" (רש"י; ראה לעיל שם בהרחבה).

17. רש"י.

ביארנו שהוראה זו שמביא רבי חייא בר אבא כדי להקשות על רבי יוחנן היא ברייתא. אמנם יש הוראה דומה לזו במשניות לקמן קח, ב (והיא מובאת בגמרא לעיל קו, א) ובשבועות מט, א, אך על כרחנו אין רבי חייא בר אבא מתכוון להוראה מהמשניות ההן, כי אין בהוראותיהן בכדי להקשות על רבי יוחנן כפי שרבי חייא בר אבא הולך ומקשה. במשניות ההן, לגבי שומר הטוען טענת "אבד" מתואר מקרה שהעדים העידו ש"אכלו" השומר, ולגבי שומר הטוען טענת "נגנב" מתואר מקרה שהעדים העידו ש"גנבו" השומר, ואילו קושיית רבי חייא בר אבא היא דוקא ממקרה של שומר הטוען טענת "נגנב" והעידו עדים "שאכלו"! ועוד, קושיית רבי חייא בר אבא היא ממקרה שנושא התביעה הוא שור, ואילו במשנה לקמן קח, ב לא מוזכר אלא "פקדון" סתם [אך ראה המשנה בשבועות שם] (תוספות רי"ד; ראה גם רש"ש על רש"י ד"ה לישני; תוספות ד"ה ולישני; אך ראה תוספות שבועות מט, א ד"ה והעדים).

אי אמרת בשלמא נשבע כי אתו עדים מיחייב אמטו להכי מחייבינן ליה קרבן אשבועה בתרייתא הואיל ויכול לחזור ולהודות אלא אי אמרת כי אתו עדים פטור מי איכא מידי דאילו אתי סהדי ומסהדי ביה פטור ואנן ניקו ניחייביה קרבן אשבועה הואיל ויכול לחזור ולהודות השתא מיהת (א) לא אודי: (א) אמר רבי חייא בר אבא א"ר יוחנן א הטוען טענת גנב בפקדון משלם תשלומי כפל טבח ומכר משלם תשלומי ארבעה וחמשה הואיל וגנב משלם תשלומי כפל וטוען טענת גנב משלם תשלומי כפל מה גנב שהוא משלם כפל טבח ומכר משלם תשלומי ארבעה וחמשה אף טוען טענת גנב בפקדון כשהוא משלם תשלומי כפל טבח ומכר משלם תשלומי ארבעה וחמשה מה לגנב שכן משלם תשלומי כפל שלא בשבועה תאמר בטוען טענת גנב שאין משלם תשלומי כפל ב אלא בשבועה אמרי היקישא היא (ב) ואין משיבין על היקישא הניחא למ"ד חד בגנב וחד בטוען טענת גנב שפיר אלא למ"ד האי אם ימצא הגנב ואם לא ימצא תרוייהו בטוען טענת גנב מאי איכא למימר אמרי גנב הגנב איתיביה רבי חייא בר אבא לר' יוחנן (ג) היכן שורי נגנב משביעך אני ואמר אמן והעדים מעידים אותו (ד) שאכלו משלם תשלומי כפל והא הכא דאי אפשר לכזית בשר בלא שחיטה וקתני משלם תשלומי כפל אין תשלומי ד' וה' לא הכא במאי עסקינן כגון שאכלו נבילה ולישני ליה כגון שאכלו טריפה כר"מ דאמר (ה) שחיטה שאינה ראויה שמה שחיטה ולישני ליה בבן פקועה כר"מ דאמר (ו) בן פקועה טעון שחיטה ולישני ליה כגון שעמד בדין ואמרו לו צא תן לו דהא אמר רבא (ז) צא תן לו טבח ומכר פטור מאי טעמא כיון דפסקיה למילתיה וטבח ומכר הוי גזלן וגזלן לא משלם תשלומי ארבעה וחמשה חייב אתה ליתן לו וטבח ומכר חייב מאי טעמא כל כמה דלא פסיקא ליה מילתא אכתי גנב הוא אמרי וליטעמיך לישני ליה בשותף שטבח שלא מדעת חבירו אלא (ח) חדא מתרי ותלתא נקט (ט) ואמר רבי חייא בר אבא א"ר יוחנן הטוען טענת גנב באבידה משלם תשלומי כפל מאי טעמא דכתיב (א) על כל אבדה אשר יאמר איתיביה רבי אבא בר ממל לרבי חייא בר אבא (ב) כי יתן איש ג אין נתינת קטן כלום ואין לי אלא שנתנו כשהוא קטן ותבעו כשהוא קטן ד נתנו כשהוא קטן ותבעו כשהוא גדול מנין ת"ל (א) עד האלהים יבא דבר שניהם עד שתהא נתינה ותביעה שוין כאחד ואם איתא תיהוי נמי כאבידה א"ל הכא במאי עסקינן כגון שאכלו כשהוא קטן אבל כשהוא גדול מאי הכי נמי דמשלם אי הכי אדתנא עד שתהא נתינה ותביעה שוין כאחד ליתני עד שתהא אכילה ותביעה שוין כאחד א"ל תני עד שתהא אכילה ותביעה שוין כאחד רב אשי אמר לא דמי אבידה קא אתיא מכח בן דעת והא לא אתיא מכח בן דעת ואמר ר' חייא בר אבא א"ר יוחנן הטוען טענת גנב בפקדון אינו חייב עד שיכפור במקצת ויודה במקצת מאי טעמא דאמר קרא (א) כי הוא זה אןופליגא דר' חייא בר יוסף דאמר ר' חייא בר יוסף

עירוב

ולישני ליה כגון שעמד בדין ואמרו ליה צא תן לו. והשתא לריך להוסיף על הברייתא ולפרש הכי היכן שורי א"ל נגנב משביעך אני ואמר אמן ואח"כ באו עדים ואמרו שיש בידו ועמד בדין וא"ל לא ותן לו ואח"כ טבחו והעדים מעידים אותו שאכלו משלם תשלומי כפל ואף ע"ג דהשתא לריך להוסיף על הברייתא ולפרש בדוחק ניחא ליה לגמרא לאוקמי הכי מלאוקמי כשאכלו נבלה שזה נראה לו דוחק יותר:

אבל אכלו כשהוא גדול מאי הכי נמי דמשלם כו'. משמע אם נשבע ובאו עדים שאכלו משלם תשלומי כפל ותימה אמאי בעי שבועה מעיקרא כשאמר נגנב יהא נאמן במגו דאי בעי אמר החזרתיו לך כשהייתי קטן יהא נמי נאמן לומר נגנב בלא שבועה וי"ל דהכא מיירי שטוען זה הקטן כשהגדיל נתתי לך פקדון כשהייתי קטן ויודע אני שיש בידך עכשיו דהשתא לא שייך למימר (ל) מגו דהאכלתיו כשהיה קטן דא"כ הוה כפר במה שאמר ליה עדיין ישנה בידך ואין זה מגו כדאמר לקמן דאין מעיז פניו לומר להד"ם:

הא לא אתי מכח בן דעת. ואליבא דרב אשי דאמר אין יכול להשביע כלל כל מה שהפקידו בקטנותו אפילו הפקדון בעין אבל לשינויא קמא יכול להשביעו כשהוא בעין:

אי אמרת בשלמא אי אתו עדים. אחר שבועה קמייתא מחייב לשלומי קרנא אשתכח דהכתי ממונא הוא גביה ואמטו להכי מחייבינן ליה קרבן שבועה אשבועה שניה דמשום דאין שבועה חלה על שבועה לא תפטריה דהואיל ויכול לחזור ולהודות בין זו לזו נמצא דכל אחת שבועת כפירה בפני עצמה היא: **השתא מיהת הא לא אודי**. בין זו לזו ואשתכח דכפירת דברים בעלמא הוא ולאו ממונא הוא גביה שהרי אין יכול להוציאו בעדים: טוען טענת גנב אינו משלם כפל עד שישבע ואחר כך יבאו עדים כדילפינן במרובה: **היקישא הוא**. דאיתקש גנב וטוען טענת גנב דסמיכי קראי אהדדי אם ימצא הגנב הרי גנב ואם לא ימצא הגנב כמו שאמר אלא הוא עצמו גנבו היינו טוען טענת גנב ונמצא שהוא גנבו: **אלא למאן דאמר**. בפרק מרובה (דף סג:): **תרווייהו בטוען טענת גנב**. דגנב עצמו נפקא לן מאם המצא (ג) בידו דכתיב בפרשה אחריתי היכי איתקוש: **גנב הגנב**. מרבוייא דה"א דאתרבאי בטוען טענת גנב (י) וילפינן לה כל דיני גניבה לרבות] תשלומי [כפל] וד' וה': **משלם תשלומי כפל**. דטוען טענת גנב: **ולישני ליה כגון שאכלו טריפה**. דאיכא ר"ש דפטר בהשוחט ונמצאת טריפה מתשלומי ד' וה' לעיל (דף ע.) ומשני רבי יוחנן כר"מ ס"ל דאמר שחיטה שאינה ראויה לאכילה הואיל ונשחטה כהלכתה שמה שחיטה: **ולישני ליה בגונב בן פקועה**. שנמצא במעי אמו ופקעה לאחר שחיטה והוציאוהו דאיכא למאן דמכשר ליה בלא שחיטה בפ' בהמה המקשה (חולין דף עד:) דתנן ר"ש שזורי אומר אפילו הוא בן חמש שנים וחורש בשדה שחיטת אמו מטהרתו: **כר"מ**. בשחיטת חולין דתנן השוחט את הבהמה ומצא בה בן ט' חי כו': **ולישני ליה כגון שעמד בדין**. קודם לכן ואמר נגנב ונשבע ובאו עדים שגנבו הוא עצמו וחייבוהו ב"ד ואמרו לא תן לו קרן וכפל ואח"כ שחטו ואכלו (כ) (וחזר ונשבע עליו) דמשלם כפל אשבועה קמייתא ופטור מטביחה כדרבא כו': **בשותף שטבח**. שותפין שגנבו וטבחו האחד שלא מדעת חבירו אמרינן בפרק מרובה (לעיל ד' עח:) שפטור מד' וה' דחמשה בקר אמר רחמנא ולא חמשה חצאי בקר (ל) והכא לא קרינא וטבחו כולו בחיובא דעל החצי של חבירו הוה טובח ומוכר אחר הגנב דפטור אבל לדעת חבירו משלמין שניהם דשלוחו הוא ואמרינן תחת לרבות את השליח: **על כל אבדה**. וגו' ישלם שנים: **אין נתינת קטן כלום**. דכתיב איש פרט לקטן דאין נשבעין על טענת נתינתו ואין באין לידי כפל על ידו דהכא כפל כתיב: **אין לי אלא כשנתנו כשהוא קטן ותבעו כשהוא קטן**. דאיכא למימר דהאי איש אהשתא קאי וה"ק כי יתן מי שהוא עכשיו איש בשעת טענה פרט לנתינת מי שהוא עדיין קטן אבל אי הוי עכשיו איש לא ממעט ליה: **נתנו כשהוא קטן ותבעו כשהוא גדול מנין**. דפטור: ת"ל **יבא דבר שניהם**. איתקוש נתינה והעמדה בדין להדדי דבתרווייהו בעינן איש: **תהוי נמי כאבידה**. דליכא נתינה והוי טענה להשביע ולהתחייב כפל וכי תבעו כשהוא גדול ליחייביה להאיך שבועה וכפילא אע"ג דנתינה ליכא: **שאכלו**. בעל הבית לפקדון בעוד שהמפקיד קטן דלא ירד פקדון זה לתורת טענה מעולם אבל אבידה מכי מטא לידיה דהאי איחייב ליה שהרי יש לה בעלים בני טענתא: **הכי נמי דמשלם**. דמשהגדיל קטן ונעשה בר טענה נתחייב זה לבא עמו לדין ואע"ג דנתינה לא הואי: **דאמר קרא כי הוא זה**. היינו הודה במקצת ובפרשת טוען טענת גנב כתיב:

עירוב

עין משפט
נר מצוה

קמט א ב מיי' פ"ד מהלכות גניבה הלכה א סמג עשין עא טוש"מ סי' שנב:

קנ ג מיי' פ"ה מהל' טוען ונטען הלכה י ופ"ב מהל' שכירות הל' ז ועיין בהשגות ובמ"מ ופ"ד מהל' גניבה הל' ט סמג עשין פט טוש"ע ח"מ סי' לו סעיף א:

קנא ד מיי' פ"ד מהל' גניבה הלכה ט טוש"מ סי' שנב:

ליקוטי רש"י

הטוען טענת גנב בפקדון. גנב בא וגנבו ודרשינן לקמן בשמעתין דחייבו רחמנא כפילא אם נשבע ונמצא שקרן [לעיל סב:]. **משלם תשלומי ארבעה וחמשה**. כגנב עצמו דנפקא לן מגנב הגנב. **היקישא היא**. כיון דסמיכי להדדי הני קראי איתקש גנב וטוען טענת גנב להדדי מה גנב משלם תשלומי ארבעה וחמשה אם טבח ומכר אף טוען טענת גנב משלם ארבעה וחמשה ואע"ג דאיכא למיפרך מה לגנב עצמו שכן חייב כפל בלא שבועה תאמר בטוען טענת גנב שצריך שבועה אין משיבין על ההיקש כדאמרינן להא מילתא בהגוזל עצים ואיכא דאמרי הקישא כדמפרש התם הואיל וגנב משלם כפל וטוען טענת גנב משלם כפל מה גנב טבח ומכר משלם תשלומי ארבעה וחמשה אף טוען טענת גנב טבח ומכר משלם ארבעה וחמשה ולאו מילתא היא דהאי מה מצינו בנין אב הוא ולא הקישא אלא סמיכות המקראות קרי היקש והכי נמי שמעינן התם [לעיל סג:]. **ואין משיבין על הקישא**. אע"ג דאיכא למיפרך ביה כגון הכא דאדם דן ק"ו מעצמו ואין אדם דן גז"ש [והיקש] מעצמו אלא א"כ למדה מרבו ורבו מרבו הלכה למשה מסיני [מנחות פב:]. **שחיטה שאינה ראויה**. לאכילה. **שמיה שחיטה**. וכל חיוב ואיסור הבא ע"י שחיטה וכו' חל עליה [קידושין נח.]. **בן פקועה טעון שחיטה**. דמדשים גרמי לשוייה בהמה באנפי נפשיה ולא איתרבאי מכל בבהמה תאכלו [חולין עד.]. **צא תן לו**. שפסקו לו דינו בב"ד שציוו עליו לתת לו [ב"מ טז:]. **הטוען טענת גנב באבידה**. מוצא אבידה שטוען נגנבה הימני לאחר שמצאתיה [לעיל סג:]. **משלם תשלומי כפל**. לפטור עצמו ע"י גנב שטוען נגנבה הימנו האבידה שמצאתי ונמצא שבידו הוא משלם תשלומי כפל כגנב עצמו דדרשינן בפרק מרובה (לקמן דף סג:) ואם לא ימצא הגנב אם לא ימצא כמו שאמר אלא הוא עצמו גנבו וכתיב בתריה ישלם שנים [לעיל נז:]. **שנאמר על כל אבידה**. ובטוען טענת גנב מוקמינן ליה להאי קרא [לעיל סג:]. **אשר יאמר כי הוא זה**. רבותינו ז"ל דרשו כי הוא זה ללמד שאין מחייבין אותו שבועה אלא אם כן הודה במקצת לומר כך וכך אני חייב לך והמותר נגנב ממני [שמות כב, ח].

מסורת הש"ס

א) לעיל סב: סג., ב) [לעיל סג: מנחות פב:], ג) לקמן קח: [ע"ש], ד) שבועות מט. [ע"ש] [עי' בשבועות שם בתוס' ד"ה והעדים], ה) [חולין פה.], ו) [שם עד:], ז) לעיל סח: [דומה לזה ב"מ טז: יז.], ח) [יומא עט: יבמות מח: סוטה ח. זבחים י: ל. לד: מנחות פט: כריתות ג:], ט) לעיל נז. סג., י) רש"ל, כ) רש"ל מ"ז, ל) עי' רש"א.

הגהות הב"ח

(א) גמ' מיהת הא לא אודי: (ב) רש"י ד"ה תרווייהו וכו' המצא תמצא בידו:

גליון הש"ס

רש"י ד"ה בשותף וכו' והכא לא קרינא וטבחו כולו. לא ידעתי אמאי נקיט רש"י תרתי הא בטעם אחד סגי כדמפורש בפ' מרובה דף עח ע"ב ואולי יש להגיה א"נ:

הגהות מהר"ב
רנשבורג

א] גמ' ופליגא דר' חייא בר יוסף. כאן נרשם אות ה' מסימני עין משפט. מלויין עליו מיי' פ"ג מהלכות שכירות הלכה ח וע"ש בהה"מ:

תורה אור השלם

א) עַל כָּל דְּבַר פֶּשַׁע עַל שׁוֹר עַל חֲמוֹר עַל שֶׂה עַל שַׂלְמָה עַל כָּל אֲבֵדָה אֲשֶׁר יֹאמַר כִּי הוּא זֶה עַד הָאֱלֹהִים יָבֹא דְּבַר שְׁנֵיהֶם אֲשֶׁר יַרְשִׁיעֻן אֱלֹהִים יְשַׁלֵּם שְׁנַיִם לְרֵעֵהוּ: [שמות כב, ח]

ב) כִּי יִתֵּן אִישׁ אֶל רֵעֵהוּ כֶּסֶף אוֹ כֵלִים לִשְׁמֹר וְגֻנַּב מִבֵּית הָאִישׁ אִם יִמָּצֵא הַגַּנָּב יְשַׁלֵּם שְׁנָיִם: [שמות כב, ו]

מהשור, מסתבר שעשה בו טביחה, **וְקָתָנֵי** — ואומר התנא שהשומר **מְשַׁלֵּם תַּשְׁלוּמֵי כֵּפֶל**, שמשמע **תַּשְׁלוּמֵי כֵּפֶל אֵין** — דוקא תשלומי כפל הוא אכן משלם, אך **תַּשְׁלוּמֵי אַרְבָּעָה וַחֲמִשָּׁה לֹא!** לכאורה מוכח מברייתא זו שאין חיוב ארבעה וחמשה של טביחה ומכירה אמור בטוען טענת גנב[18]!

רבי יוחנן מתרץ:

הָכָא — כאן, בברייתא זו, **בְּמַאי עַסְקִינָן** — באיזה אופן עוסקים? **כְּגוֹן שֶׁאֲכָלוֹ** השומר לשור כשהוא **נְבֵילָה**, שמת בלא מעשה שחיטה כשר, ולא נעשתה בו טביחה שתחייב בתשלומי ארבעה וחמשה[19].

הגמרא שואלת מדוע בחר רבי יוחנן לתרץ על ידי העמדת הברייתא דוקא במקרה כזה:

וְלִישַׁנֵּי לֵיהּ — ויתרץ לו רבי יוחנן לרבי חייא בר אבא שמדובר בברייתא **כְּגוֹן שֶׁאֲכָלוֹ** השומר לשור כשהוא **טְרֵיפָה**, שהיה בו אחד המומים שמחמתם אסורה הבהמה באכילה למרות שנשחטה[20], ולא נעשתה בו איפוא "שחיטה ראויה" (שחיטה המתרת באכילה), ותהא הברייתא שנויה בשיטת רבי שמעון הסובר (במשנה לעיל ע, א) ש"שחיטה שאינה ראויה" אינה מחייבת בתשלומי ארבעה וחמשה של טובח[21]!

משיבה הגמרא:

רבי יוחנן תירץ את הברייתא **כְּ**שיטת **רַבִּי מֵאִיר**, שכמוהו הוא סובר[22], **דְּאָמַר שְׁחִיטָה שֶׁאֵינָהּ רְאוּיָה שְׁמָהּ שְׁחִיטָה** — אף שחיטה שאינה מתרת את הבשר באכילה, שם "שחיטה" עליה לענין חיובים שהטילה התורה משום שחיטה[23]. לפי שיטה זו, שחיטת טריפה אכן מחייבת בתשלומי ארבעה וחמשה של טובח, וכפי שאכן מורה רבי מאיר (תנא קמא במשנה לעיל שם), ולכן הוצרך רבי יוחנן לתרץ שהברייתא הפוטרת מתשלומי ארבעה וחמשה עוסקת דוקא בשאכלו נבילה.

עוד שואלת הגמרא:

וְלִישַׁנֵּי לֵיהּ — ויתרץ לו רבי יוחנן לרבי חייא בר אבא שמדובר בברייתא **בְּ**שור שהוא **בֶּן פְּקוּעָה** — בהמה שהוצאה ממעי אמה לאחר שנשחטה האם[24], ותהא הברייתא שנויה כשיטת רבי שמעון שזורי הסובר (במשנה חולין עד, ב) ש"בן פקועה" אינו טעון שחיטה[25], ובאופן זה יתכן שאכל השומר הטוען טענת גנב את שור הפקדון בלי להתחייב משום טובח[26]!

משיבה הגמרא:

רבי יוחנן תירץ את הברייתא **כְּ**שיטת **רַבִּי מֵאִיר, דְּאָמַר** (במשנה חולין סד, א) **בֶּן פְּקוּעָה טָעוּן שְׁחִיטָה** ככל בהמה[27].

עוד שואלת הגמרא:

וְלִישַׁנֵּי לֵיהּ — ויתרץ לו רבי יוחנן לרבי חייא בר אבא שמדובר בברייתא **כְּגוֹן שֶׁעָמַד** השומר **בַּדִּין** אודות השור לפני ששחטו, והעידו עדים ששבועתו שנגנב השור היתה שקר ושבאמת הוא עצמו גנבו, **וְאָמְרוּ לוֹ** בית דין: "**צֵא תֵּן לוֹ** לבעל השור את שורו ותשלומי כפל"[28], ורק לאחר מכן שחט את השור ואכלו[29]. באופן זה, לא שייך בו חיוב ארבעה וחמשה משום טובח, **דְּהָא** (שהרי) **אָמַר רָבָא**: אם אמרו דיינים לגונב שור או שה: "**צֵא תֵּן לוֹ**", שהורו לו למעשה לשלם והרי זו קביעה סופית של הדין, ואחר כך **טָבַח** הגנב **וּמָכַר**, הרי הוא **פָּטוּר** מתשלומי ארבעה וחמשה. **מַאי טַעְמָא? כֵּיוָן דְּפַסְקֵיהּ לְמִילְּתֵיהּ** — כיון שחתך בית דין את ענינו וקבע באופן סופי שהבהמה שתחת ידו הינה של התובע, **וְ**שוב **טָבַח וּמָכַר** את הבהמה ההיא, **הָוֵי גַּזְלָן** — הרי שבטביחה ובמכירה הינו גזלן על

הערות

18. יש לתמוה על קושיית רבי חייא בר אבא: הלא, אף אם ניתן להניח ששחט השומר את השור, מכל מקום כל זמן שלא העידו עדים על הטביחה לא ניתן לחייב עליה קנס, ושמא משום כך הוא שאין הברייתא מחייבת אלא תשלומי כפל! מדברי התורת חיים (ד"ה הכא) נראה שכוונת רבי חייא בר אבא היא שעצם מה שנקטה הברייתא מקרה שמעידים העדים "שאכלו", ולא מקרה פשוט שמעידים "שגנבו", לכאורה אינו אלא כדי להשמיענו דבר זה עצמו, שאף אם שוחט השומר את הבהמה לא נאמר בו אלא חיוב כפל ולא חיוב ארבעה וחמשה. [ראה שם שמבאר מה באו המשניות (לקמן קח, ב ובשבועות מט, א) להשמיענו במה שלגבי שומר הטוען טענת "אבד" נקטו מקרה שהעידו העדים "שאכלו".]

אולם ראה אור החיים לשמות כב, ג בענין תשלומי ארבעה וחמשה של גנב, שמדבריו נראה שבכל מקרה שיש להניח ששחט הגנב את הבהמה או מכרה, די בכך כדי לחייבו תשלומי ארבעה וחמשה.

19. לפי זה, לכאורה, מה שנקטה הברייתא מקרה שהעדים מעידים "שאכלו", ולא מקרה פשוט שמעידים ש"גנבו", אינו בדוקא, ולא באה להשמיענו בכך שום חידוש (תורת חיים; ראה שם שמציע טעם מדוע נקטה הברייתא דוגמא זו בלא שום חידוש, ובפרט אחרי שצריכים להעמידה באופן הדחוק של "אכלו נבילה").

20. דהיינו, שנמצא בה אחד משמונה עשר המומים המנויים במשנה בחולין (מב, א), האוסרים את הבהמה באכילה מדין "טריפה" אף אם נעשה בה שחיטה כהלכה.

21. רש"י. במסכת חולין (פה, א) דורש רבי שמעון מהכתוב ש"שחיטה שאינה ראויה לאו שמה שחיטה", דהיינו, בכל מקום שהטילה התורה חיוב מחמת שחיטה, אין בכלל זה אלא שחיטה המתרת את הבשר לאכילה. לכן מורה רבי שמעון במשנה לעיל ע, א שאם שחט גנב בהמה ונמצאה טריפה, מכיון שכאשר נשחטה הבהמה לא הותר הבשר באכילה, אין לשחיטה זו שם "שחיטה" להתחייב עליה בתשלומי ארבעה וחמשה של טובח (ראה רש"י לעיל שם ד"ה בשני).

מדברי תוספות (ד"ה ולישני) נראה ששאלות הגמרא בסוגיא זו מיוסדות על הנחה שהעמדת הברייתא במקרה של אכילת השור כנבילה הינה דוחק, ולכן היה לו לרבי יוחנן להזכיר אופן אחר שלא שייך בו חיוב משום טובח. אפשר שהעמדת הברייתא באופן של "אכלו טריפה" אינה דחוקה כל כך כהעמדתה ב"אכלו נבילה", כי טריפה שחוטה אינה מאוסה כמו נבילה, ועוד, שב"אכלו טריפה" יתכן שאכל מהבשר לפני שנתגלתה טריפות הבהמה. ראה קיקיון דיונה ותורת חיים (ד"ה אלא) המבארים את פשר שאלות הגמרא בסוגיא באופן אחר, ותבואר שיטתם בקיצור לקמן סוף הערה 35.

22. רש"י; אך ראה תוספות שבועות שם.

מכיון שסובר רבי יוחנן כרבי מאיר בענין "שחיטה שאינה ראויה", לא רצה לתרץ את הברייתא בהתאם לשיטת רבי שמעון.

23. הגמרא בחולין (פה, א-ב) דנה בטעמו של רבי מאיר. מחלוקת רבי מאיר ורבי שמעון עוסקת בשחיטה שנעשתה כהלכתה כשלעצמה, אלא שלא הותר הבשר באכילה מפני סיבה אחרת, כגון טריפות. שחיטה שאינה נעשית כהלכתה, לכל הדעות אינה קרויה "שחיטה".

24. "פקועה" היינו בהמה שחוטה שנפקע רחמה (ראה רש"י; רמב"ן שמות טו, י).

25. שיטת רבי שמעון שזורי היא שכיון שהיה העובר במעי האם בשעת שחיטתה, הועילה שחיטתה להתיר גם אותו. ממילא, אף אם הוא נמצא חי כשחתכו את האם, והוציאוהו והוא גדל, אינו טעון שחיטה — "אפילו בן חמש שנים וחורש בשדה, שחיטת אמו מטהרתו" (לשון המשנה בחולין שם). היתר זה נדרש בחולין (סט, א) מהכתוב. באמת, גם שיטת חכמים במשנה בחולין שם (עמוד א) היא ש"בן פקועה" אינו טעון שחיטה, אלא שהם סוברים שאם עמד הולד על רגליו והתהלך, טעון הוא שחיטה מדרבנן. רבי שמעון שזורי, לעומת זאת, סובר שבשום אופן אין בן פקועה טעון שחיטה אפילו מדרבנן (גמרא חולין עה, ב עם רש"י ד"ה הפריס). ראה הערה הבאה.

26. כי לפי רבי שמעון שזורי יכול היה השומר לאכול את השור בלא לעשות בו שחיטה. אכילה זו מותרת לגמרי, ובכן היה לרבי יוחנן להעמיד באופן זה, ולא באופן של "אכלו נבילה" (על פי תוספות ד"ה ולישני; אך ראה קיקיון דיונה).

רבי עקיבא איגר תמה מדוע נצרך רש"י לומר שכוונת הגמרא היא לשיטת רבי שמעון שזורי, שהלא גם לפי חכמים אין שחיטה בבן פקועה אלא מדרבנן (ראה הערה הקודמת), ואם כן, אף אם ישחט השומר את השור שהוא בן פקועה לא תהא זו קרויה "שחיטה" לענין דיני התורה, ולא תחייב משום ארבעה וחמשה של טובח.

27. רבי מאיר סובר שכל שכלו חדשי העיבור של הולד וראוי הוא להתקיים מחוץ למעי אמו, שוב אין שחיטת אמו מטהרתו, וטעון הוא שחיטה בעצמו מדין תורה (משנה חולין עד, א עם רש"י).

28. רש"י; אך ראה נימוקי יוסף לעיל סח, ב [כז, ב בדפי הרי"ף]. אמירת בית דין "צא תן לו", שהיא הוראה למעשה, הינה קביעה מוחלטת וסופית של הדין — ראה לקמן עם הערה 32.

29. נמצא שסדר המעשה היה כך: השומר טען שהשור נגנב, ונשבע על כך. שוב באו עדים ששיקר, והטילו עליו בית דין חיוב של טוען טענת גנב, שחייבוהו להחזיר את השור ולשלם כפל. אך בטרם מילא השומר חיוב זה, שחט את השור ואכלו, ובאו עדים והעידו על כך. הברייתא מורה שמלבד הקרן אין השומר חייב אלא כפל — משום שטען טענת גנב בראשונה — ולא תשלומי ארבעה וחמישה (רש"י, כפי שהגיהו מהרש"ל, אך ראה תוספות רי"ד; תוספות).

תוספות מבארים שלמרות שיש דוחק בהעמדת הברייתא באופן זה, כי חסרה בה הזכרת העדים הראשונים ופסק הבית דין, מכל מקום הגמרא סבורה שאין זה דחוק כל כך כמו להעמידה באופן של "אכלו נבילה". אך ראה קיקיון דיונה.

אי אמרת בשלמא נשבע כי אתו עדים מיחייב אמטו להכי מחייבינן ליה קרבן אשבועה בתרייתא הואיל ויכול לחזור ולהודות אלא אי אמרת כי אתו עדים פטור מי איכא מידי דאילו אתי סהדי ומסהדי ביה פטור ואנן ניקו ניחייביה קרבן אשבועה הואיל ויכול לחזור ולהודות השתא מיהת (א) לא אודי: [א] אמר רבי חייא בר אבא א"ר יוחנן [א] הטוען טענת גנב בפקדון משלם תשלומי כפל טבח ומכר משלם תשלומי ארבעה וחמשה הואיל וגנב משלם תשלומי כפל וטוען טענת גנב משלם תשלומי כפל מה גנב שהוא משלם כפל טבח ומכר משלם תשלומי ארבעה וחמשה אף טוען טענת גנב בפקדון כשהוא משלם תשלומי כפל טבח ומכר משלם תשלומי ארבעה וחמשה מה לגנב שכן משלם תשלומי כפל שלא בשבועה תאמר בטוען טענת גנב שאין משלם תשלומי כפל [ב] אלא בשבועה אמרי היקישא היא [ג] ואין משיבין על היקישא הניחא למ"ד חד בגנב וחד בטוען טענת גנב שפיר אלא למ"ד האי אם ימצא הגנב ואם לא ימצא תרווייהו בטוען טענת גנב מאי איכא למימר אמרי גנב הגנב איתיביה רבי חייא בר אבא לר' יוחנן [ג] היכן שורי נגנב משביעך אני ואמר אמן והעדים מעידים אותו [ד] שאכלו משלם תשלומי כפל והא הכא דאי אפשר לכזית בשר בלא שחיטה וקתני משלם תשלומי כפל תשלומי כפל אין תשלומי ד' וה' לא הכא במאי עסקינן כגון שאכלו נבילה ולישני ליה כגון שאכלו טריפה כר"מ דאמר [ה] שחיטה שאינה ראויה שמה שחיטה ולישני ליה בבן פקועה כר"מ דאמר [ו] בן פקועה טעון שחיטה ולישני ליה כגון שעמד בדין ואמרו לו צא תן לו דהא אמר רבא [ז] צא תן לו טבח ומכר פטור מאי טעמא כיון דפסקיה למילתיה וטבח ומכר הוי גזלן וגזלן לא משלם תשלומי ארבעה וחמשה חייב אתה ליתן לו וטבח ומכר חייב מאי טעמא כל כמה דלא פסיקא ליה מילתא אכתי גנב הוא אמרי וליטעמיך לישני ליה בשותף שטבח שלא מדעת חבירו אלא [ח] חדא מתרי ותלתא נקט [ט] ואמר רבי חייא בר אבא א"ר יוחנן הטוען טענת גנב באבידה משלם תשלומי כפל מאי טעמא דכתיב [א] על כל אבדה אשר יאמר איתיביה רבי אבא בר ממל לרבי חייא בר אבא [ב] כי יתן איש [ג] אין נתינת קטן כלום ואין לי אלא שנתנו כשהוא קטן ותבעו כשהוא קטן [ד] נתנו כשהוא קטן ותבעו כשהוא גדול מנין ת"ל [א] עד האלהים יבא דבר שניהם עד שתהא נתינה ותביעה שוין כאחד ואם איתא תיהוי נמי כאבידה א"ל הכא במאי עסקינן כגון שאכלו כשהוא קטן אבל כשהוא גדול מאי הכי נמי דמשלם אי הכי אדתנא עד שתהא נתינה ותביעה שוין כאחד ליתני עד שתהא אכילה ותביעה שוין כאחד א"ל תני עד שתהא אכילה ותביעה שוין כאחד רב אשי אמר לא דמי אבידה קא אתיא מכח בן דעת והא לא אתיא מכח בן דעת ואמר ר' חייא בר אבא א"ר יוחנן הטוען טענת גנב בפקדון אינו חייב עד שיכפור במקצת ויודה במקצת מאי טעמא דאמר קרא [א] כי הוא זה [א] ופליגא דר' חייא בר יוסף דאמר ר' חייא בר יוסף

עירוב

רש"י

אי אמרת בשלמא אי אתו עדים. אחר שבועה קמייתא מחייב לשלומי קרנא אשתכח דאכתי ממונא הוא גביה ואמטו להכי מחייבינן ליה קרבן שבועה אשבועה שניה דמשום דאין שבועה חלה על שבועה לא תפטריה דהואיל ויכול לחזור ולהודות בין זו לזו נמצא דכל אחת שבועת כפירה בפני עצמה היא: השתא מיהת הא לא אודי. בין זו לזו ואשתכח דכפירת דברים בעלמא הוא ולאו ממונא הוא גביה שהרי אין יכול להוציאו בעדים: טוען טענת גנב אינו משלם כפל עד שישבע ואחר כך יבאו עדים כדילפינן במרובה: היקישא הוא. דאיתקש גנב וטוען טענת גנב דסמיכי קראי אהדדי אם ימצא הגנב הרי גנב ואם לא ימצא הגנב כמו שאמר אלא הוא עצמו גנבו היינו טוען טענת גנב ונמצא שהוא גנבו: אלא למאן דאמר. בפרק מרובה (דף סג:): תרווייהו בטוען טענת גנב. דגנב עצמו נפקא לן מאם המצא (ב) בידו דכתיב בפרשה אחריתי היכי איתקוש: גנב הגנב. מרבויא דה"א דאתרבאי בטוען טענת גנב [י] [ילפינן לה כל דיני גניבה לרבות] תשלומי [כפל] וד' וה': משלם תשלומי כפל. דטוען טענת גנב: ולישני ליה כגון שאכלו טריפה. דאיכא ר"ש דפטר בהשוחט ונמצאת טריפה מתשלומי ד' וה' לעיל (דף ע.) ומשני רבי יוחנן כר"מ ס"ל דאמר שחיטה שאינה ראויה לאכילה הואיל ונשחטה כהלכתה שמה שחיטה: ולישני ליה בגונב בן פקועה. שנמצא במעי אמו ופקעה לאחר שחיטה והוציאוהו דאיכא למאן דמכשר ליה בלא שחיטה בפ' בהמה המקשה (חולין דף עד:) דתנן ר"ש שזורי אומר אפילו הוא בן חמש שנים וחורש בשדה שחיטת אמו מטהרתו: כר"מ. בשחיטת חולין דתנן השוחט את הבהמה ומצא בה בן ט' חי כו': ולישני ליה כגון שעמד בדין. קודם לכן ואמר נגנב ונשבע ובאו עדים שגנבו הוא עצמו וחייבוהו ב"ד ואמרו לא תן לו קרן וכפל ואח"כ שחטו ואכלו [כ] (וחזר ונשבע עליו) דמשלם כפל אשבועה קמייתא ופטור מטביחה כדרבא כו': בשותף שטבח. שותפין שגנבו וטבחו האחד שלא מדעת חבירו אמרינן בפרק מרובה (לעיל ד' עח:) שפטור מד' וה' דחמשה בקר אמר רחמנא ולא חמשה חצאי בקר [ל] והכא לא קרינא וטבחו כולו בחיובא דעל החצי של חבירו הוה טובח ומוכר אחר הגנב דפטור אבל לדעת חבירו משלמין שניהם דשלוחו הוא ואמרינן תחת לרבות את השליח: על כל אבדה. וגו' ישלם שנים: אין נתינת קטן כלום. דכתיב איש פרט לקטן דאין נשבעין על טענת נתינתו ואין באין לידי כפל על ידו דהכא כפל כתיב: אין לי אלא כשנתנו כשהוא קטן ותבעו כשהוא קטן. דאיכא למימר דהאי איש אהשתא קאי וה"ק כי יתן מי שהוא עכשיו איש בשעת טענה פרט לנתינת מי שהוא עדיין קטן אבל אי הוי עכשיו איש לא ממעט ליה: נתנו כשהוא קטן ותבעו כשהוא גדול מנין. דפטור: ת"ל יבא דבר שניהם. איתקוש נתינה והעמדה בדין להדדי דבתרווייהו בעינן איש: תהוי נמי כאבידה. דליכא נתינה והוי טענה להשביע ולהתחייב כפל וכי תבעו כשהוא גדול ליחייביה להאיך שבועה וכפילא אע"ג דנתינה ליכא: שאכלו. בעל הבית לפקדון בעוד שהמפקיד קטן דלא ירד פקדון זה לתורת טענה מעולם אבל אבידה מכי מטא לידיה דהאי איחייב ליה שהרי יש לה בעלים בני טענתא: הכי נמי דמשלם. דמשהגדיל קטן ונעשה בר טענה נתחייב זה לבא עמו לדין ואע"ג דנתינה לא הואי: דאמר קרא כי הוא זה. היינו הודה במקצת ובפרשת טוען טענת גנב כתיב:

עירוב

תוספות

ולישני ליה כגון שעמד בדין ואמרו ליה צא תן לו. והשתא צריך להוסיף על הברייתא ולפרש הכי היכן שורי א"ל נגנב משביעך אני ואמר אמן ואח"כ באו עדים ואמרו שיש בידו ועמד בדין וא"ל צא ותן לו ואח"כ טבחו והעדים מעידים אותו שאכלו משלם תשלומי כפל ואף ע"ג דהשתא צריך להוסיף על הברייתא ולפרש בדוחק ניחא ליה לגמרא לאוקמי הכי מלאוקמי כשאכלו נבלה שזה נראה לו דוחק יותר:

אבל אכלו כשהוא גדול מאי הכי נמי דמשלם כו'. משמע אם נשבע ובאו עדים שאכלו משלם תשלומי כפל ותימה אמאי בעי שבועה מעיקרא כשאמר נגנב יהא נאמן במגו דאי בעי אמר החזרתיו לך כשהייתי קטן יהא נמי נאמן לומר נגנב בלא שבועה וי"ל דהכא מיירי שטוען זה הקטן כשהגדיל נתתי לך פקדון כשהייתי קטן ויודע אני שיש בידך עכשיו דהשתא לא שייך למימר [ל] מגו דהאכלתיו כשהיה קטן דא"כ הוה כפר במה שאמר ליה עדיין ישנה בידך ואין זה מגו כדאמר לקמן דאין מעיז פניו לומר להד"ם:

הא לא אתי מכח בן דעת. ואליבא דרב אשי דאמר אין יכול להשביע כלל כל מה שהפקידו בקטנותו אפילו הפקדון בעין אבל לשינויא קמא יכול להשביעו כשהוא בעין:

עין משפט נר מצוה

קמט א ב מיי' פ"ד מהלכות גניבה הלכה א סמג עשין עא טוש"מ סי' שנב:

קנ ג מיי' פ"ה מהל' טוען ונטען הלכה י ופ"ב מהל' שכירות הל' ז ועיין בהשגות ובכ"מ ופ"ד מהל' גניבה הל' ט סמג עשין פט טוש"ע ח"מ סי' נו סעיף א:

קנא ד מיי' פ"ד מהל' גניבה הלכה ט טוש"מ סי' שנב:

ליקוטי רש"י

הטוען טענת גנב בפקדון. גנב בא וגנבו ודרשינן לקמן בשמעתין דחייבו רחמנא כפילא אם נשבע ונמצא שקרן [לעיל סב:]. **משלם תשלומי ארבעה וחמשה.** כגנב עצמו דנפקא לן מגנב הגנב. **היקישא היא.** כיון דסמיכי להדדי הני קראי איתקש גנב וטוען טענת גנב להדדי מה גנב משלם תשלומי ארבעה וחמשה אם טבח ומכר אף טוען טענת גנב משלם ארבעה וחמשה ואע"ג דאיכא למיפרך מה לגנב עצמו שכן חייב כפל בלא שבועה תאמר בטוען טענת גנב שצריך שבועה אין משיבין על ההיקש כדאמרינן גבי מילתא בהגוזל עצים ואיכא דאמרי הקישא כדמפרש התם הואיל וגנב משלם כפל וטוען טענת גנב משלם כפל מה גנב טבח ומכר משלם תשלומי ארבעה וחמשה אף טוען טענת גנב טבח ומכר משלם ארבעה וחמשה ולאו מילתא היא דהאי מה מצינו בנין אב הוא ולא הקישא אלא סמיכות המקראות קרי היקש והכי נמי שמעינן התם [לעיל סג:]. **ואין משיבין על הקישא.** אע"ג דאיכא למיפרך ביה כגון הכא דאדם דן ק"ו מעצמו ואין אדם דן גז"ש [והיקש] מעצמו אלא א"כ למדה מרבו ורבו מרבו הלכה למשה מסיני [מנחות פב:]. **שחיטה שאינה ראויה.** לאכילה. שמיה שחיטה. וכל חיוב ואיסור הבא ע"י שחיטה וכו' חל עליה [קידושין נח.]. **בן פקועה טעון שחיטה.** דחדשים גרמי לשוייה בהמה באנפי נפשיה ולא איתרבאי מכל בבהמה תאכלו [חולין עד.]. **צא תן לו.** שפסקו לו דינו בב"ד שליוו עליו לתת לו [ב"מ טז:]. **הטוען טענת גנב באבידה.** מוצא אבידה שטוען נגנבה הימני לאחר שמצאתיה [לעיל סג:]. **משלם תשלומי כפל.** לפטור עצמו ע"י גנב שטוען נגנבה הימנו האבידה שמצאתי ונמצא שבידו הוא משלם תשלומי כפל כגנב עצמו דדרשינן בפרק מרובה (לקמן דף סג:) ואם לא ימצא הגנב אם לא ימצא כמו שאמר אלא הוא עצמו גנבו וכתיב בתריה ישלם שנים [לעיל נז.]. **שנאמר על כל אבידה.** ובטוען טענת גנב מוקמינן ליה להאי קרא [לעיל סג:]. **אשר יאמר כי הוא זה.** רבותינו ז"ל דרשו כי הוא זה ללמד שאין מחייבין אותו שבועה אלא אם כן הודה במקצת לומר כך וכך אני חייב לך והמותר נגנב ממני [שמות כב, ח].

מסורת הש"ס

א) לעיל סב: סג:, ב) [לעיל סג: מנחות פב:], ג) לקמן קח: [ע"ש], ד) שבועות מט. [ע"ש] [עי' בשבועות שם בסוף ד"ה והעדים], ה) [חולין פה.], ו) [שם עד:], ז) לעיל סח: [דומה לזה ב"מ טז: יז.], ח) [יומא עט: יבמות מח: סוטה ח. זבחים י: ל. לד: מנחות פט: כריתות ג:], ט) לעיל נז. סג., י) רש"ל, כ) רש"ל מ"ז, ל) עי' רש"א.

הגהות הב"ח

(א) גמ' מיהת הא לא אודי: (ב) רש"י ד"ה תרווייהו וכו' המצא תמצא בידו:

גליון הש"ס

רש"י ד"ה בשותף וכו' והכא לא קרינא וטבחו כולו. לא ידעתי אמאי נקיט רש"י תרתי הא בטעם אחד סגי כדמפורש בפ' מרובה דף עח ע"ב ואולי יש להגיה א"נ:

הגהות מהר"ב רנשבורג

א] גמ' ופליגא דר' חייא בר יוסף. כאן נרשם אות ה' מסימני עין משפט. מלויין עליו מיי' פ"ב מהלכות שכירות הלכה ח וע"ש בהס"מ:

תורה אור השלם

א) עַל כָּל דְּבַר פֶּשַׁע עַל שׁוֹר עַל חֲמוֹר עַל שֶׂה עַל שַׂלְמָה עַל כָּל אֲבֵדָה אֲשֶׁר יֹאמַר כִּי הוּא זֶה עַד הָאֱלֹהִים יָבֹא דְּבַר שְׁנֵיהֶם אֲשֶׁר יַרְשִׁיעֻן אֱלֹהִים יְשַׁלֵּם שְׁנַיִם לְרֵעֵהוּ: [שמות כב, ח]

ב) כִּי יִתֵּן אִישׁ אֶל רֵעֵהוּ כֶּסֶף אוֹ כֵלִים לִשְׁמֹר וְגֻנַּב מִבֵּית הָאִישׁ אִם יִמָּצֵא הַגַּנָּב יְשַׁלֵּם שְׁנָיִם: [שמות כב, ו]

הבהמה, ולא גנב[30], **וְגַזְלָן לֹא מְשַׁלֵּם תַּשְׁלוּמֵי אַרְבָּעָה וַחֲמִשָּׁה**[31]. אולם, אם אמרו הדיינים לגנב רק "**חַיָּיב אַתָּה לִיתֵּן לוֹ**", ולא הורו לו למעשה לשלם, שאין זו קביעה סופית של הדין, **וְשׁוּב טָבַח וּמָכַר** את השור או את השה שגנב, הרי הוא **חַיָּיב** בתשלומי ארבעה וחמשה. **מַאי טַעְמָא? כָּל כַּמָּה דְּלֹא פְּסִיקָא לֵיהּ מִילְּתָא** — לפי שכל זמן שלא נחתך ענינו, שלא קבע בית דין באופן סופי שהבהמה שתחת ידו הינה של התובע[32], **אַכַּתִּי גַּנָּב הוּא** — עדיין גנב הוא עליה, כלומר, עומד הוא בגניבתו הראשונה, וראוי הוא איפוא להתחייב על טביחה ומכירה[33]. מדוע לא תירץ רבי יוחנן שהברייתא אינה מחייבת בתשלומי ארבעה וחמשה משום שמדובר בה באופן שהורו בית דין לשומר שטען טענת גנב "צא תן לו" לפני שטבח את שור הפקדון?

משיבה הגמרא:

אָמְרֵי — אמרו אודות שאלה זו: **וְלִיטַעְמֵיךְ** — ולפי שיטתך, שראוי היה שיתרץ רבי יוחנן לרבי חייא בר אבא שהברייתא עוסקת במקרה שעמד השומר בדין ואמרו לו "צא תן לו", ולא יתרץ לו שהיא עוסקת באופן של "אכלו נבילה", הלא יש לשאול: **לִישַׁנֵּי לֵיהּ** — ראוי היה שיתרץ לו רבי יוחנן שהברייתא עוסקת **בְּ**מקרה של **שׁוּתָּף שֶׁטָּבַח שֶׁלֹּא מִדַּעַת חֲבֵירוֹ**, דהיינו שהיו שנים שנמסרה להם הבהמה לשמירת שניהם יחד, וטענו טענת "נגנב" ונשבעו, וטבח אחד מהם את הבהמה שלא לדעת חבירו. באופן זה, לא שייך כלל חיוב ארבעה וחמשה משום טובח, אפילו לגבי חלקו של הטובח, כי מהכתוב נדרש שאין חיוב ארבעה וחמשה אמור אלא כאשר טביחת הבהמה כולה נעשתה בתורת גנב הטובח את גניבתו, ואילו באופן המדובר, כיון שאין השותף הטובח נחשב גנב אלא לגבי חצי מהבהמה, אין טביחתו בתורת גנב הטובח את גניבתו אלא לגבי אותו חצי, ואילו לגבי חלק חבירו הינו כסתם אדם הטובח בהמה שגנבה אחר[34]! מכיון שיש גם אופנים נוספים שיכול היה רבי יוחנן לתרץ את הברייתא, מדוע יבחר דוקא באופן אחד כגון בשעמד בדין ואמרו "צא תן לו"? **אֶלָּא**, על כרחך מוכרח אתה לומר ד**חֲדָא מִתְּרֵי וּתְלָתָא נָקַט** — נקט רבי יוחנן אופן אחד מתוך שנים ושלשה! כלומר, על כרחך לא הקפיד רבי יוחנן בבחירת אופן מסויים לתרץ את הברייתא דוקא בו, אלא הזכיר אופן אחד כדוגמא מתוך כל האופנים ששייך בהם דין הברייתא. ממילא, אין מקום לשאול עליו מדוע נקט דוקא מקרה של "אכלו נבילה"[35].

הגמרא מביאה הוראה נוספת של רבי חייא בר אבא בשם רבי יוחנן בענין טוען טענת גנב:

וְאָמַר רַבִּי חִיָּיא בַּר אַבָּא אָמַר רַבִּי יוֹחָנָן: הַטּוֹעֵן טַעֲנַת גַּנָּב בַּאֲבֵידָה — אדם שמצא אבידה ונטלה על מנת להשיבה, אך כשתבעוהו הבעלים טען שנגנבה ממנו והרי הוא פטור[36], ושוב באו

הערות

30. לאחר שפסק בית דין באופן מוחלט וסופי שהבהמה הנמצאת ברשותו שייכת לתובע, יצא הדבר מכאן ואילך מתורת "גניבה", ודנים את הבהמה הגנובה כפקדון שמחזיק השומר עבור בעליה (ראב"ד לעיל סח, ב). לכן, אם שב הגנב וטובח את הבהמה או מוכרה, נידון הדבר כמעשה גזילה חדש, שאינו קשור לגניבה הראשונה. וזוהי "גזילה" ולא "גניבה", כי אחרי שפסק בית דין שהשור הוא של התובע, אין עיכוב הבהמה מכאן ואילך (או טביחתה וכדומה) מעשה סתר אלא מעשה גלוי [ראה לעיל עט, ב]. ראה עוד ברכת שמואל לז.

לשון "פסקיה למילתיה", ולקמן בסמוך "לא פסיקא ליה מילתא", ביארנו מענין חיתוך הדין וקביעתו בהחלט. כן נראה מהגירסא שבדברי רבא לפנינו לעיל סח, ב ומדברי הרמב"ם הלכות גניבה ב, טו. [והוא כמו "לא פסיקא ליה מילתא" המצוי בש"ס, כגון לעיל קד, א, שפירושו שאין הדבר 'חתוך' לו, וכמו "ופסקינן לדינא" לעיל עד, א.] אך אפשר גם שביאור לשון "פסקיה למילתיה" ו"לא פסיקא ליה מילתא" שבכאן הוא מענין חיתוך והפסקה של תורת "גניבה" שעמד בו הגנב, והעמדתו במצב חדש של תורת מחזיק בפקדון [ראה כעין זה ביבמות מח, ב וקידושין ז, ב].

31. בין תשלומי כפל ובין תשלומי ארבעה וחמשה לא נאמרו אלא בגנב ולא בגזלן.

ראה נמוקי יוסף לעיל סח, ב [כז, ב בדפי הרי"ף] עם מהר"ם שם, גירסא וביאור אחר בדברי רבא, וכן נראה בתוספות כתובות לח, ב ד"ה יש בגר.

32. אף על פי שפסק בית דין לחיוב, אין פסקם סופי עד שמורים לקיימו בפועל (ראה תוספות לעיל סט, א ד"ה חייב), ועד אותה שעה יכולים הם לחזור משיקול דעתם (ראה חזון איש יח, י; ראה עוד בבא מציעא יז, א ובמהדורתנו שם הערה 4).

33. כל זמן שלא ניתן פסק דין סופי הקובע שהבהמה הינה של התובע, אין הגנב יוצא מתורת גניבתו הראשונה (ראה שיטה מקובצת לעיל סח, א בשם ראב"ד ובשם שיטה; רמב"ם, הלכות גניבה ב, טו).

34. רש"י. דין זה נלמד לעיל עח, ב לגבי שותפים שגנבו בהמה יחד (ראה שם הערה 35), ושחט אותה אחד מהם על דעת עצמו. הגמרא (שם) דורשת מהכתוב "וּטְבָחוֹ" (שמות כא, לז), שמשמע "כולו", שדוקא טביחת כל הבהמה בתורת גנב הטובח את גניבתו היא שמחייבת בתשלומי ארבעה וחמשה. [כל הנלמד בזה לגבי גנב אמור ממילא גם בטוען טענת גנב.]

רש"י כותב עוד טעם לפטור: כיון שאין כאן "טביחת גנב" אלא לגבי חצי מהבהמה, הרי שגם אם יחול חיוב תשלומי טובח לא יחול אלא חיוב חמשה חצאי בקר או ארבעה חצאי צאן — כי לא נאמר חיוב ארבעה וחמשה על טביחת בהמה שֶׁגְּנָבָהּ אחר [ראה לעיל עו, א] — ולא נתנה הכתוב תורת חיוב של חצאין, שכן "חֲמִשָּׁה בָקָר" אמר הכתוב (שם) ולא חמשה חצאי בקר. רבי עקיבא איגר תמה מדוע מביא רש"י שני טעמים אלה, שכן בגמרא (עא, ב - עב, א) מוכח שאם דורשים "וּטְבָחוֹ — כולו", אין דורשים "בָקָר ולא חצאי בקר". [ראה שם וראה בגליון הש"ס שמציע להגיה בדברי רש"י באופן שלא יהא משמע ששתי הדרשות קיימות, אלא תהא כוונתו שטעם הדין הוא או דרשה זו או דרשה זו. ראה עוד אפיקי ים ב, יא ד"ה הדרן.]

הסיבה שמדגישה הגמרא שמדובר בשותף הטובח "שלא מדעת חבירו", היא לפי שבמקרה שטובח שותף אחד לדעת השותף האחר, אכן יש בזה תורת "גנב הטובח את גניבתו" לגבי כל הבהמה, ואכן יחול חיוב תשלומי ארבעה וחמשה [וכך מפורש בגמרא לעיל עח, ב], וכל אחד ישלם את חלקו [ראה קובץ שיעורים, אות עה]. כי הטובח טָבַח את חלקו בגניבה, ואף חבירו נחשב כמי שטבח את חלקו שלו, שכן הטובח פעל בשליחותו, ומהכתוב נדרש [לעיל עא, א ו־עט, א] שמועילה שליחות בטביחה ומכירה של גניבה [למרות שהן מעשי איסור ובדרך כלל אין שליחות מועילה בדבר עבירה] (רש"י).

[רש"י מציין שהדין נדרש מייתור מלת "תַּחַת" בכתוב (שמות כא, לז): "חֲמִשָּׁה בָקָר יְשַׁלֵּם תַּחַת הַשּׁוֹר". כן מציין רש"י גם לעיל עח, ב. למעשה, דרשה זו הינה אחד משלשה לימודים שמביאה הגמרא לעיל (עא, א), ואינו ברור מדוע בחר רש"י לציין דוקא לימוד זה. ראה קצות החושן שמ, ג.]

35. כך נראה בכוונת הגמרא לפי תוספות ד"ה ולישני.

התורת חיים מעיר שלכאורה אין בדבר זה מענה על טענת המקשן, כי מכיון שהמקרה של "אכלו נבילה" נחשב כדחוק יותר משאר האופנים שניתן לתרץ בהם את המשנה, היה לו לרבי יוחנן לנקוט כדוגמא אחד האופנים שאינם דחוקים כל כך!

לדעת כמה אחרונים, כוונת הגמרא בשאלותיה בסוגיא זו אינה משום שהעמדת הברייתא ב"אכלו נבילה" נחשבת כדוחק. אלא, הגמרא טוענת שבהעמדת הברייתא ב"אכלו נבילה" אין רבי יוחנן מלמדנו שום חידוש, וראוי היה שיעמידנה ב"אכלו טריפה" כדי להשמיענו שסובר כרבי שמעון שאין חיוב ארבעה וחמשה בשחיטת טריפה, או שיעמידנה בבן פקועה כדי להשמיענו שסובר שאין בן פקועה טעון שחיטה. הגמרא דוחה טענה זו ואומרת שלא העמיד רבי יוחנן באופנים אלה כי באמת אינו סובר כאותן שיטות, או שרצה להעמיד הברייתא דוקא בשיטת רבי מאיר. אחר כך שאלה הגמרא מדוע לא העמיד רבי יוחנן את הברייתא באופן של "עמד בדין ואמרו לו 'צא תן לו' ", והיה משמיענו בכך את ההוראה שלימד רבא [בדור מאוחר יותר]. לכאורה מוכח, טוענת בזה הגמרא, שאין רבי יוחנן סובר כהוראת רבא, אלא לדעתו אף באמרו לגנב "צא תן לו" עדיין עומד הוא בתורת גנב, ואם שוב יטבח את הבהמה יתחייב ארבעה וחמשה. על כך משיבה הגמרא "וליטעמיך וכו' ", כלומר, לפי דבריך שמניעת רבי יוחנן מלהעמיד באופן מסויים הינה ראיה שאינו סובר כן, מדוע לא תירץ שמדובר בשותף שטבח שלא מדעת חבירו, והרי בודאי אינו חולק על כך שאין בזה חיוב ארבעה וחמשה?! אלא, על כרחך לא נתכוון רבי יוחנן אלא לנקוט דוגמא אחת מתוך כמה אופנים אפשריים, ומניעתו מהזכרת אופן מסויים אינה ראיה שאינו סובר כן (ראה קיקיון דיונה; תורת חיים ד"ה אלא).

36. המוצא אבידה שיש אפשרות לברר של מי היא (כגון שיש בה סימן), חייב ליטלה ולשמרה עבור בעליה עד שמשיבה (ראה דברים כב, ב ולעיל נו, ב). לגבי דרגת אחריות המוצא על האבידה, נחלקו אמוראים (שם) אם נחשב הוא כשומר חנם עליה ואינו חייב באחריותה אלא אם כן פשע בה, או אם נחשב הוא עליה כשומר שכר וחייב הוא אף בגניבה ואבידה ואינו פטור אלא במקרה של אונס. לכאורה, מהוראה זו של רבי יוחנן, העוסקת בשומר אבידה הטוען טענת גנב ופוטר עצמו בכך, מוכח שסובר רבי יוחנן ששומר אבידה נחשב כשומר חנם. אולם הגמרא (שם) מבארת שאכן יכולה הוראתו להתפרש אף לפי השיטה ששומר אבידה נחשב כשומר שכר, שכן יש אופן של "גניבה" הנידונת כאונס (לפי דעה אחת), והיינו בלסטים מזויין הגונב בסתר. מכיון שהדבר נעשה בסתר, נחשב הוא כגניבה לחייב בתשלומי כפל וארבעה וחמשה, ולא כגזילה, אך מכיון שהגנב מזויין, נחשבת גניבה זו כאונס לענין אחריותו של השומר. לפי זה, אם שומר שכר טוען שנגנב הפקדון על ידי לסטים מזויין, הרי הוא פוטר עצמו בטענה שהחפץ **נגנב** באונס, ואם מכחישים

אי אמרת בשלמא נשבע כי אתו עדים מיחייב אמטו להכי מחייבינן ליה קרבן אשבועה בתרייתא הואיל ויכול לחזור ולהודות אלא אי אמרת כי אתו עדים פטור מי איכא מידי דאילו אתי סהדי ומסהדי ביה פטור ואנן ניקו ניחייביה קרבן אשבועה הואיל ויכול לחזור ולהודות השתא מיהת (א) לא אודי: [א] אמר רבי חייא בר אבא א"ר יוחנן [א] הטוען טענת גנב בפקדון משלם תשלומי כפל טבח ומכר משלם תשלומי ארבעה וחמשה הואיל וגנב משלם תשלומי כפל וטוען טענת גנב משלם תשלומי כפל מה גנב שהוא משלם כפל טבח ומכר משלם תשלומי ארבעה וחמשה אף טוען טענת גנב בפקדון כשהוא משלם תשלומי כפל טבח ומכר משלם תשלומי ארבעה וחמשה מה לגנב שכן משלם תשלומי כפל שלא בשבועה תאמר בטוען טענת גנב שאין משלם תשלומי כפל [ב] אלא בשבועה אמרי היקישא היא [ג] ואין משיבין על היקישא הניחא למ"ד חד בגנב וחד בטוען טענת גנב שפיר אלא למ"ד האי אם ימצא הגנב ואם לא ימצא תרווייהו בטוען טענת גנב מאי איכא למימר אמרי גנב הגנב איתיביה רבי חייא בר אבא לר' יוחנן [ג] היכן שורי נגנב משביעך אני ואמר אמן והעדים מעידים אותו [ד] שאכלו משלם תשלומי כפל והא הכא דאי אפשר לכזית בשר בלא שחיטה וקתני משלם תשלומי כפל תשלומי ד' וה' לא הכא במאי עסקינן כגון שאכלו נבילה ולישני ליה כגון שאכלו טריפה כר"מ דאמר [ה] שחיטה שאינה ראויה שמה שחיטה ולישני ליה בבן פקועה כר"מ דאמר [ו] בן פקועה טעון שחיטה ולישני ליה כגון שעמד בדין ואמרו לו צא תן לו דהא אמר רבא [ז] צא תן לו טבח ומכר פטור מאי טעמא כיון דפסקיה למילתיה וטבח ומכר הוי גזלן וגזלן לא משלם תשלומי ארבעה וחמשה חייב אתה ליתן לו וטבח ומכר חייב מאי טעמא כל כמה דלא פסקיה ליה מילתא אכתי גנב הוא אמרי וליטעמיך לישני ליה בשותף שטבח שלא מדעת חבירו אלא [ח] חדא מתרי ותלתא נקט [ט] ואמר רבי חייא בר אבא א"ר יוחנן הטוען טענת גנב באבידה משלם תשלומי כפל מאי טעמא דכתיב [א] על כל אבדה אשר יאמר איתיביה רבי אבא בר ממל לרבי חייא בר אבא [ב] כי יתן איש [ג] אין נתינת קטן כלום ואין לי אלא שנתנו כשהוא קטן ותבעו כשהוא קטן [ד] נתנו כשהוא קטן ותבעו כשהוא גדול מנין ת"ל [א] עד האלהים יבא דבר שניהם עד שתהא נתינה ותביעה שוין כאחד ואם איתא תיהוי נמי כאבידה א"ל הכא במאי עסקינן כגון שאכלו כשהוא קטן אבל כשהוא גדול מאי הכי נמי דמשלם אי הכי אדתנא עד שתהא נתינה ותביעה שוין כאחד ליתני עד שתהא אכילה ותביעה שוין כאחד א"ל תני עד שתהא אכילה ותביעה שוין כאחד רב אשי אמר לא דמי אבידה קא אתיא מכח בן דעת והא לא אתיא מכח בן דעת ואמר ר' חייא בר אבא א"ר יוחנן הטוען טענת גנב בפקדון אינו חייב עד שיכפור במקצת ויודה במקצת מאי טעמא דאמר קרא [א] כי הוא זה [א] ופליגא דר' חייא בר יוסף דאמר ר' חייא בר יוסף

עירוב

אי אמרת בשלמא אי אתו עדים. אחר שבועה קמייתא מחייב לשלומי קרנא אשתכח דהכתי ממונא הוא גביה ואמטו להכי מחייבינן ליה קרבן שבועה אשבועה שניה דמשום דאין שבועה חלה על שבועה לא תפטריה דהואיל ויכול לחזור ולהודות בין זו לזו נמצא דכל אחת שבועת כפירה בפני עצמה היא: השתא מיהת הא לא אודי. בין זו לזו ואשתכח דכפירת דברים בעלמא הוא ולאו ממונא הוא גביה שהרי אין יכול להוציאו בעדים: טוען טענת גנב אינו משלם כפל עד שישבע ואחר כך יבאו עדים כדילפינן במרובה: היקישא הוא. דאיתקש גנב וטוען טענת גנב דסמיכי קראי אהדדי אם ימצא הגנב הרי גנב ואם לא ימצא הגנב כמו שאמר אלא הוא עצמו גנבו היינו טוען טענת גנב ונמצא שהוא גנבו: אלא למאן דאמר. בפרק מרובה (דף סג:): תרווייהו בטוען טענת גנב. דגנב עצמו נפקא לן מאם המצא (ב) בידו דכתיב בפרשה אחריתי היכי איתקוש: גנב הגנב. מרבוייא דה"א דאתרבאי בטוען טענת גנב [י] [ילפינן לה כל דיני גניבה לרבות] תשלומי [כפל] וד' וה': משלם תשלומי כפל. דטוען טענת גנב: ולישני ליה כגון שאכלו טריפה. דאיכא ר"ש דפטר בהשוחט ונמצאת טריפה מתשלומי ד' וה' לעיל (דף ע.) ומשני רבי יוחנן כר"מ ס"ל דאמר שחיטה שאינה ראויה לאכילה הואיל ונשחטה כהלכתה שמה שחיטה: ולישני ליה בגונב בן פקועה. שנמצא במעי אמו ופקעה לאחר שחיטה והוציאוהו דאיכא למאן דמכשר ליה בלא שחיטה בפ' בהמה המקשה (חולין דף עד:) דתנן ר"ש שזורי אומר אפילו הוא בן חמש שנים וחורש בשדה שחיטת אמו מטהרתו: כר"מ. בשחיטת חולין דתנן השוחט את הבהמה ומצא בה בן ט' חי כו': ולישני ליה כגון שעמד בדין. קודם לכן ואמר נגנב ונשבע ובאו עדים שגנבו הוא עצמו וחייבוהו ב"ד ואמרו צא תן לו קרן וכפל ואח"כ שחטו ואכלו [כ] (וחזר ונשבע עליו) דמשלם כפל אשבועה קמייתא ופטור מטביחה כדרבא כו': בשותף שטבח. שותפין שגנבו וטבחו האחד שלא מדעת חבירו אמרינן בפרק מרובה (לעיל ד' עח:) שפטור מד' וה' דחמשה בקר אמר רחמנא ולא חמשה חצאי בקר [ס] והכא לא קרינא וטבחו כולו בחיובא דבעל החצי של חבירו הוה טובח ומוכר אחר הגנב דפטור אבל לדעת חבירו משלמין שניהם דשלוחו הוא ואמרינן תחת לרבות את השליח: על כל אבדה. וגו' ישלם שנים: אין נתינת קטן כלום. דכתיב איש פרט לקטן דאין נשבעין על טענת נתינתו ואין באין לידי כפל על ידו דהכא כפל כתיב: אין לי אלא כשנתנו כשהוא קטן ותבעו כשהוא קטן. דאיכא למימר דהאי איש אהשתא קאי וה"ק כי יתן מי שהוא עכשיו איש בשעת טענה פרט לנתינת מי שהוא עדיין קטן אבל אי הוי עכשיו איש לא ממעט ליה: נתנו כשהוא קטן ותבעו כשהוא גדול מנין. דפטור: ת"ל יבא דבר שניהם. איתקוש נתינה והעמדה בדין להדדי דבתרווייהו בעינן איש: תהוי נמי כאבידה. דליכא נתינה והוי טענה להשביע ולהתחייב כפל וכי תבעו כשהוא גדול ליחייביה להאיך שבועה וכפילא אע"ג דנתינה ליכא: שאכלו. בעל הבית לפקדון בעוד שהמפקיד קטן דלא ירד פקדון זה לתורת טענה מעולם אבל אבידה מכי מטא לידיה דהאי איחייב ליה שהרי יש לה בעלים בני טענתא: הכי נמי דמשלם. דמשהגדיל קטן ונעשה בר טענה נתחייב זה לבא עמו לדין ואע"ג דנתינה לא הואי: דאמר קרא כי הוא זה. היינו הודה במקצת ובפרשת טוען טענת גנב כתיב:

עירוב

ולישני ליה כגון שעמד בדין ואמרו ליה צא תן לו. והשתא צריך להוסיף על הברייתא ולפרש הכי היכן שורי א"ל נגנב משביעך אני ואמר אמן ואח"כ באו עדים ואמרו שיש בידו ועמד בדין וא"ל צא ותן לו ואח"כ טבחו והעדים מעידים אותו שאכלו משלם תשלומי כפל ואף ע"ג דהשתא צריך להוסיף על הברייתא ולפרש בדוחק ניחא ליה לגמרא לאוקמי הכי מלאוקמי כשאכלו נבלה שזה נראה לו דוחק יותר:

אבל אכלו כשהוא גדול מאי הכי נמי דמשלם כו'. משמע אם נשבע ובאו עדים שאכלו משלם תשלומי כפל ותימה אמאי בעי שבועה מעיקרא כשאמר נגנב יהא נאמן במגו דאי בעי אמר החזרתיו לך כשהייתי קטן יהא נמי נאמן לומר נגנב בלא שבועה וי"ל דהכא מיירי שטוען זה הקטן כשהגדיל נתתי לך פקדון כשהייתי קטן ויודע אני שיש בידך עכשיו דהשתא לא שייך למימר [ל] מגו דהאכלתיו כשהיה קטן דא"כ הוה כפר במה שאמר ליה עדיין ישנה בידך ואין זה מגו כדאמר לקמן דאין מעיז פניו לומר להד"ס:

הא לא אתי מכח בן דעת. ואליבא דרב אשי דאמר אין יכול להשביע כלל כל מה שהפקידו בקטנותו אפילו הפקדון בעין אבל לשינויא קמא יכול להשביעו כשהוא בעין:

עין משפט נר מצוה

קמט א ב מיי' פ"ד מהלכות גניבה הלכה א סמג עשין עא טוח"מ סי' שנב:

קנ ג מיי' פ"ה מהל' טוען ונטען הלכה י ופ"ב מהל' שכירות הל' ז ועיין בהשגות ובמ"מ ופ"ד מהל' גניבה הל' ט סמג עשין פט טוש"ע ח"מ סי' לו סעיף א:

קנא ד מיי' פ"ד מהל' גניבה הלכה ט טוח"מ סי' שנב:

ליקוטי רש"י

הטוען טענת גנב בפקדון. גנב בא וגנבו ודרשינן לקמן בשמעתין דחייבו רחמנא כפילא אם נשבע ונמצא שקרן [לעיל סב:]. משלם תשלומי ארבעה וחמשה. כגנב עצמו דנפקא לן מגנב הגנב. היקישא היא. כיון דסמיכי להדדי הני קראי איתקש גנב וטוען טענת גנב להדדי מה גנב משלם תשלומי ארבעה וחמשה אם טבח ומכר אף טוען טענת גנב משלם ארבעה וחמשה ואע"ג דאיכא למיפרך מה לגנב עצמו שכן חייב כפל בלא שבועה תאמר בטוען טענת גנב שצריך שבועה אין משיבין על ההיקש כדאמרינן להא מילתא בהגוזל עצים ואיכא דאמרי הקישא כדמפרש התם הואיל וגנב משלם כפל וטוען טענת גנב משלם כפל מה גנב טבח ומכר משלם תשלומי ארבעה וחמשה אף טוען טענת גנב טבח ומכר משלם ארבעה וחמשה ולאו מילתא היא דהאי מה מצינו בנין אב הוא ולא הקישא אלא סמיכות המקראות קרי היקש והכי נמי שמעינן התם [לעיל סג:]. ואין משיבין על הקישא. אע"ג דאיכא למיפרך ביה כגון הכא דאדם דן ק"ו מעצמו ואין אדם דן גז"ש [והיקש] מעצמו אלא א"כ למדה מרבו ורבו מרבו הלכה למשה מסיני [מנחות פב:]. שחיטה שאינה ראויה. לאכילה. שמיה שחיטה. וכל חיוב ואיסור הבא ע"י שחיטה וכו' חל עליה [קידושין נח.]. בן פקועה טעון שחיטה. דחדשים גרמי לשוייה בהמה באנפי נפשיה ולא איתרבאי מכל בבהמה תאכלו [חולין עד.]. צא תן לו. שפסקו לו דינו בב"ד שציוו עליו לתת לו [ב"מ טז:]. הטוען טענת גנב באבידה. מוצא אבידה שטוען נגנבה הימני לאחר שמצאתיה [לעיל סג:]. משלם תשלומי כפל. לפטור עצמו ע"י גנב שטוען נגנבה הימנו האבידה שמצאתי ונמצא שבידו הוא משלם תשלומי כפל כגנב עצמו דדרשינן בפרק מרובה (לקמן דף סג:) ואם לא ימצא הגנב אם לא ימצא כמו שאמר אלא הוא עצמו גנבו וכתיב בתריה ישלם שנים [לעיל נז.]. שנאמר על כל אבידה. ובטוען טענת גנב מוקמינן ליה להאי קרא [לעיל סג:]. אשר יאמר כי הוא זה. רבותינו ז"ל דרשו כי הוא זה ללמד שאין מחייבין אותו שבועה אלא אם כן הודה במקצת לומר כך וכך אני חייב לך והמותר נגנב ממני [שמות כב, ח].

מסורת הש"ס

א) לעיל סב: סג:, ב) [לעיל סג: מנחות פב:], ג) לקמן קח: [ע"ש], ד) שבועות מט. [ע"ש] [עי' בשבועות שם בתוס' ד"ה והעדים], ה) [חולין פה.], ו) [שם עד:], ז) לעיל סח: [דומה לזה ב"מ טז: יז.], ח) [יומא עט: יבמות מח: סוטה ח. זבחים י: ל. לד: מנחות פט: כריתות ג:], ט) לעיל נז. סג., י) רש"ל, כ) רש"ל מ"ז, ל) עי' רש"א.

הגהות הב"ח

(א) גמ' מיהת הא לא אודי: (ב) רש"י ד"ה תרווייהו וכו' המצא תמצא בידו:

גליון הש"ס

רש"י ד"ה בשותף וכו' והכא לא קרינא וטבחו כולו. לא ידעתי אמאי נקיט רש"י תרתי הא בטעם אחד סגי כדמפורש בפ' מרובה דף עח ע"ב ואולי יש להגיה א"נ:

הגהות מהר"ב רנשבורג

א] גמ' ופליגא דר' חייא בר יוסף. כאן נרשם אות ה' מסימני עין משפט. מלויין עליו מיי' פ"ב מהלכות שכירות הלכה ח וע"ש בהה"מ:

תורה אור השלם

א) עַל כָּל דְּבַר פֶּשַׁע עַל שׁוֹר עַל חֲמוֹר עַל שֶׂה עַל שַׂלְמָה עַל כָּל אֲבֵדָה אֲשֶׁר יֹאמַר כִּי הוּא זֶה עַד הָאֱלֹהִים יָבֹא דְּבַר שְׁנֵיהֶם אֲשֶׁר יַרְשִׁיעֻן אֱלֹהִים יְשַׁלֵּם שְׁנַיִם לְרֵעֵהוּ: [שמות כב, ח]

ב) כִּי יִתֵּן אִישׁ אֶל רֵעֵהוּ כֶּסֶף אוֹ כֵלִים לִשְׁמֹר וְגֻנַּב מִבֵּית הָאִישׁ אִם יִמָּצֵא הַגַּנָּב יְשַׁלֵּם שְׁנָיִם: [שמות כב, ו]

עדים והכחישוהו, הרי זה **מְשַׁלֵּם תַּשְׁלוּמֵי כֵּפֶל**[37]. **מַאי טַעְמָא? דִּכְתִיב** לענין חיוב "טוען טענת גנב" (שמות כב, ח): **"עַל כָּל אֲבֵדָה אֲשֶׁר יֹאמַר. . .** יְשַׁלֵּם שְׁנַיִם לְרֵעֵהוּ"[38].

קושיא על ההוראה:

אֵיתִיבֵיהּ — הקשה לו **רַבִּי אַבָּא בַּר מַמָּל לְרַבִּי חִיָּיא בַּר אַבָּא** מברייתא: כתוב בפרשת שומר חנם: **"כִּי יִתֵּן אִישׁ"** (שם ו: "כִּי יִתֵּן אִישׁ אֶל רֵעֵהוּ כֶּסֶף אוֹ כֵלִים לִשְׁמֹר"), ומשמע שאין דיני הכתוב עוסקים אלא בפקדון הניתן לשומר על ידי "איש", דהיינו גדול, **וְאֵין נְתִינַת קָטָן כְּלוּם** — קטן הנותן פקדון לשומר, אין נתינה זו מועילה לחייב את השומר[39]. **וְאֵין לִי** מכאן מקור למעט **אֶלָּא** אופן **שֶׁ**בעל הפקדון **נְתָנוֹ** לשומר **כְּשֶׁהוּא קָטָן וּתְבָעוֹ כְּשֶׁהוּא** עדיין **קָטָן**, כי יש לומר שהכתוב "כִּי יִתֵּן אִישׁ" עוסק בשעה שהמפקיד תובע את השומר, וכוונת הכתוב איפוא היא "כי יתן מי שהוא עתה, בשעת תביעה, איש"[40]. באופן שבעל הפקדון **נְתָנוֹ** לשומר **כְּשֶׁהוּא קָטָן וּתְבָעוֹ כְּשֶׁהוּא** כבר **גָּדוֹל, מִנַּיִן** שאף בזה אין השומר מתחייב? **תַּלְמוּד לוֹמַר** — ללמדנו כן אמר הכתוב (שם ח): **"עַד הָאֱלֹהִים** [לפני הדיינים] **יָבֹא דְּבַר שְׁנֵיהֶם"**, שהקיש הכתוב בזה את הנתינה והתביעה זו לזו[41], ללמד שאין חיובי השומר אמורים **עַד שֶׁתְּהֵא נְתִינָה וּתְבִיעָה שָׁוִין כְּאֶחָד**, דהיינו, שתהא כשהמפקיד הוא גדול, כמו שהתביעה צריכה להיות דוקא כשהמפקיד גדול[42] (עד כאן הברייתא). **וְאִם אִיתָא** — ואם ישנם לדברי רבי יוחנן, שנכונה הוראתו שיש חיוב כפל בשומר אבידה הטוען טענת גנב, יש להקשות: מדוע במקרה שהיתה נתינת הפקדון לשומר בקטנות והתביעה בגדלות לא יהא השומר חייב בשבועה כשאר שומרים; **תֶּיהֱוֵי נַמִּי כַּאֲבֵידָה** — הלא, ראוי שיהיה הפקדון כמו אבידה שמצאו אדם?! כשם שבמוצא אבידה, אף על פי שלא היתה נתינה מבעליה לידו, מכל מקום יש לבעלים זכות להשביעו ולהביאו לחיוב תשלומי כפל של טוען טענת גנב, כך במפקיד פקדון בקטנותו ותובעו בגדלותו, תהא לו הזכות להשביע את השומר ולהביאו לידי חיוב כפל אף על פי שלא היתה "נתינה" המחייבת[43]!

רבי חייא בר אבא מתרץ:

אָמַר לֵיהּ רבי חייא בר אבא לרבי אבא בר ממל: **הָכָא** — כאן, בפטור שומר מחיובי שבועה במקרה של "נתנו כשהוא קטן ותבעו כשהוא גדול", **בְּמַאי עַסְקִינָן** — במה אנו עוסקים? **כְּגוֹן שֶׁאֲכָלוֹ** השומר לפיקדון **כְּשֶׁהוּא** (המפקיד) עדיין **קָטָן**. באופן זה, נמצא שמעולם לא עמד הפקדון ביד השומר בתורת פקדון של גדול, שבו שייכים חיובי שבועה. שומר אבידה שחייב בחיובי שבועה, לעומת זאת, היתה בידו אבידתו של גדול[44].

רבי אבא בר ממל מקשה על תירוץ זה:

לפי דבריך, פְּטוּר שומר במקרה של "נתנו כשהוא קטן ותבעו כשהוא גדול" אמור דוקא במקרה שאכל את הפקדון בעוד המפקיד קטן, **אֲבָל** אם אכלו **כְּשֶׁהוּא** (המפקיד) **גָּדוֹל, מַאי** הדין לפי דעתך? **הָכִי נַמִּי דִּמְשַׁלֵּם** — האם הדין הוא שאכן משלם, כלומר, שמחוייב השומר להיענות לתביעת המפקיד ולהישבע, הואיל ועמד הפקדון בידו בשעה שכבר היה המפקיד גדול[45]? **אִי הָכִי** — אם כן, קשה: **אַדְּתָנָא** — תחת מה שאומר התנא ש"אין חיובי השומר אמורים **עַד שֶׁתְּהֵא נְתִינָה וּתְבִיעָה שָׁוִין כְּאֶחָד"**, דהיינו, שתהא הנתינה כשהמפקיד הוא גדול, כמו שהתביעה צריכה להיות דוקא כשהמפקיד גדול, **לִיתְנֵי** — ראוי היה שיאמר: "אין חיובי השומר אמורים **עַד שֶׁתְּהֵא אֲכִילָה וּתְבִיעָה שָׁוִין כְּאֶחָד"**, כלומר, שיארע הפסד הפקדון אחרי שעמד ביד השומר שעה אחת בגדלות המפקיד, כמו שהתביעה היא דוקא כשהמפקיד גדול! מכיון שדי בעמידת הפקדון ביד השומר בגדלות המפקיד, מדוע מצריך התנא שתהא אף הנתינה בגדלות המפקיד?!

הערות

אותו עדים ואומרים שהוא עצמו גנבו, מתחייב הוא תשלומי כפל מדין טוען טענת גנב (ראה מאירי; פני יהושע).

37. אף על פי ששומר אבידה לא הופקד על החפץ על ידי הבעלים, ולא קיבל על עצמו אחריות כלפיו כשאר שומרים (אלא התורה הטילה עליו אחריות), בכל זאת נוהג גם בו דין טוען טענת גנב.

38. רש"י. ראה הכתוב במלואו לעיל בהערה 12. פרשה זו עוסקת בשומר חנם, אך מוזכר בו שהחיוב אמור גם "עַל כָּל אֲבֵדָה", ומלמדנו רבי יוחנן שבא הכתוב בזה ללמדנו שחיוב תשלומי כפל של טוען טענת גנב נוהג גם במי שמצא אבידה ולאחר זמן טען בשקר שנגנבה ממנו אחרי שמצאה (ראה רש"י כאן ולעיל סג, ב ד"ה שנאמר).

39. היינו לענין שבועה, שאם טוען השומר שאירע בפקדון דבר הפוטרו, אזי אם היה המפקיד קטן אין השומר מחוייב להישבע על טענתו. וכמו כן, אין תורת חיוב כפל בטוען טענת גנב, כי חיוב זה כתוב בפרשת שומר חנם שבה כתוב המיעוט אודות מפקיד קטן (רש"י). לא ברור מדוע נצרך רש"י לומר שהמיעוט מתייחס במישרין לחיוב תשלומי כפל של טוען טענת גנב. לכאורה, כיון שאין נתינת קטן מועילה לחייב את השומר להישבע על טענתו, ממילא לא יתכן שיבוא השומר לידי חיוב כפל של טוען טענת גנב, כי אחד התנאים הנדרשים לחיוב זה הוא שיישבע השומר על טענת "נגנב" **שבועה המחוייבת** (ראה לעיל קו, א והערה 23 שם ולקמן קז, ב הערה 25). באמת, הראב"ד אכן מפרש כאן כך: כיון שאין השומר מתחייב שבועה על ידי נתינת קטן, אינו משלם על ידיה כפל.

מדברי רש"י משמע שאין הדרשה פוטרת שומר מעצם אחריות הפקדון, אלא היא פוטרתו מלהישבע שאירע לפקדון דבר הפוטרו. אך אם אירע בפקדון דבר המחייבו, כגון שפשע בו, חייב הוא להודות על כך ולשלם (יד דוד). כך משמע גם מרוב הפוסקים (ש"ך, חושן משפט צו, ב). אך דעת הרמ"ה (מובא בשיטה מקובצת) והרשב"א (שבועות מב, א) היא שהכתוב פטר שומר של מפקיד קטן מכל אחריות, ואפילו אם פשע בפקדון אינו חייב.

40. רש"י.

41. רש"י; אך ראה תוספות רי"ד. אינו ברור היכן ההיקש שמתכוונת אליו הגמרא. בתוספות רבינו פרץ מציע כגון זה: ב"עַד הָאֱלֹהִים יָבֹא" נרמז עסק התביעה, ו"דְּבַר שְׁנֵיהֶם" כולל את סיפור נתינת הפקדון, ונמצא שהזכיר הכתוב יחד את הנתינה והתביעה. עוד אפשר שההיקש הוא בעצם לשון "דְּבַר שְׁנֵיהֶם", שדברו של המפקיד הוא "נתתי לך פקדון, היכן הוא?" ודברו של השומר הוא "נגנב ממני!", ונמצא שכרך הכתוב בביטוי אחד את הנתינה והתביעה. כן נראה מהסמ"ג (עשין עא ד"ה עוד בפרק מרובה ו־צה ד"ה שנינו בפרק שבועת הדיינים) והעיטור (הלכות עיסקא וחוב יט, ב).

42. מ"כִּי יִתֵּן אִישׁ" נלמד שלכל הפחות צריכה תביעת המפקיד להיות תביעת גדול בכדי שתועיל לחייב את השומר להישבע ("כי יתן מי שהוא עתה — בשעת התביעה — איש"), ומהיקש הנתינה לתביעה (על ידי הזכרתן זו אצל זו) נלמד שבאמת לא די שיהא המפקיד גדול בשעת התביעה, אלא נצרך שיהא גדול אף בשעת נתינת הפקדון לשומר.

43. רש"י. כלומר, אף על פי שלא היתה נתינתו של המפקיד חשובה "נתינה", הואיל והיה קטן, מכל מקום עתה שהגדיל ונמצא החפץ שלו בשמירת הנפקד, אין זה גרוע מאבידה של גדול שמצאה השומר, שבזה נאמר שחייב השומר להישבע ויכול הוא לבוא לידי חיוב כפל אף על פי שלא היתה "נתינה" כלל.

44. רש"י. כלומר, לעולם אין צריך "נתינה" של אדם בר תביעה בכדי שיהא שומר מחוייב בדיני שבועה, אלא די בעצם היות חפץ של אדם בר תביעה מצוי בשמירתו. לכן, בין המוצא אבידה של גדול ובין המקבל פקדון מקטן שהגדיל, מחוייב הוא בשבועות שומרים ושייך בו חיוב כפל של טוען טענת גנב. אולם, במקרה שמעולם לא היה החפץ בידו בתורת חפץ של בר תביעה, אפילו אם כעת כבר נעשו בעליו בני תביעה, מעולם לא חלה עליו לגבי חפץ זה תורת שומר המחוייב שבועה.

לפי זה, במקרה של "נתנו כשהוא קטן ותבעו כשהוא גדול", כל זמן שאין ראיה או הודאה שעדיין היה הפקדון ביד השומר משהגדיל המפקיד, אין מחייבים את השומר להישבע על טענתו. אפילו אם המפקיד טוען שבידוע לו שעדיין היה הפקדון ביד השומר משהגדיל, כל זמן שאין ראיה על כך וגם אין השומר מודה בכך, לא נחייב את השומר להישבע (ראה מהדורא בתרא על תוספות ד"ה אבל).

המקרה המסויים של "אכלו כשהוא קטן" עוסק, לכאורה, בכגון שטען השומר שנגנב הפקדון בזמן שכבר היה המפקיד גדול, ולכן השביעוהו שנגנב, ושוב באו עדים והעידו שאכל השומר בעצמו את הפקדון בזמן שעדיין היה המפקיד קטן. באופן זה, מתברר למפרע שבשעה שנשבע השומר לא היה בתורת שומר המחוייב שבועה, ולא חל עליו דין טוען טענת גנב (עיין תוספות ד"ה אבל).

45. רש"י.

מדברי רש"י נראה שלדעתו אין לשון "דמשלם" שבכאן בדוקא (והיינו לפי שעיקר עסק הגמרא הוא בענין חיוב השומר להישבע, ולא בחיוב תשלומין), אלא הכוונה היא שמחוייב השומר לעמוד בדין עם המפקיד, ואינו יכול להיפטר בלא שבועה. אולם תוספות (ד"ה אבל) מבארים שלשון "דמשלם" הוא אכן בדוקא, כי הגמרא עוסקת לדוגמא באופן של חיוב כפל כשטען השומר טענת גנב והשביעוהו על כך [הואיל ואמר שהיתה הגניבה רק אחרי שהגדיל המפקיד (ראה הערה הקודמת)], ושוב באו עדים והעידו שאכל השומר את הפקדון כשהיה המפקיד גדול.

אי אמרת בשלמא נשבע כי אתו עדים מיחייב אמטו להכי מחייבינן ליה קרבן אשבועה בתרייתא הואיל ויכול לחזור ולהודות אלא אי אמרת כי אתו עדים פטור מי איכא מידי דאילו אתי סהדי ומסהדי ביה פטור ואנן ניקו ניחייביה קרבן אשבועה הואיל ויכול לחזור ולהודות השתא מיהת (א) לא אודי: [א] אמר רבי חייא בר אבא א"ר יוחנן [א] הטוען טענת גנב בפקדון משלם תשלומי כפל טבח ומכר משלם תשלומי ארבעה וחמשה הואיל וגנב משלם תשלומי כפל וטוען טענת גנב משלם תשלומי כפל מה גנב שהוא משלם כפל טבח ומכר משלם תשלומי ארבעה וחמשה אף טוען טענת גנב בפקדון כשהוא משלם תשלומי כפל טבח ומכר משלם תשלומי ארבעה וחמשה מה לגנב שכן משלם תשלומי כפל שלא בשבועה תאמר בטוען טענת גנב שאין משלם תשלומי כפל [ב] אלא בשבועה אמרי היקישא היא [ג] ואין משיבין על היקישא הניחא למ"ד חד בגנב וחד בטוען טענת גנב שפיר אלא למ"ד האי אם ימצא הגנב ואם לא ימצא תרוייהו בטוען טענת גנב מאי איכא למימר אמרי גנב הגנב איתיביה רבי חייא בר אבא לר' יוחנן [ג] היכן שורי נגנב משביעך אני ואמר אמן והעדים מעידים אותו [ד] שאכלו משלם תשלומי כפל והא הכא דאי אפשר לכזית בשר בלא שחיטה וקתני משלם תשלומי כפל תשלומי כפל אין תשלומי ד' וה' לא הכא במאי עסקינן כגון שאכלו נבילה ולישני ליה כגון שאכלו טריפה כר"מ דאמר [ה] שחיטה שאינה ראויה שמה שחיטה ולישני ליה בבן פקועה כר"מ דאמר [ו] בן פקועה טעון שחיטה ולישני ליה כגון שעמד בדין ואמרו לו צא תן לו דהא אמר רבא [ז] צא תן לו טבח ומכר פטור מאי טעמא כיון דפסקיה למילתיה וטבח ומכר הוי גזלן וגזלן לא משלם תשלומי ארבעה וחמשה חייב אתה ליתן לו וטבח ומכר חייב מאי טעמא כל כמה דלא פסיקא ליה מילתא אכתי גנב הוא אמרי וליטעמיך לישני ליה בשותף שטבח שלא מדעת חבירו אלא [ח] חדא מתרי ותלתא נקט [ט] ואמר רבי חייא בר אבא א"ר יוחנן הטוען טענת גנב באבידה משלם תשלומי כפל מאי טעמא דכתיב (א) על כל אבדה אשר יאמר איתיביה רבי אבא בר ממל לרבי חייא בר אבא (ב) כי יתן איש [ג] אין נתינת קטן כלום ואין לי אלא שנתנו כשהוא קטן ותבעו כשהוא קטן [ד] נתנו כשהוא קטן ותבעו כשהוא גדול מנין ת"ל (א) עד האלהים יבא דבר שניהם עד שתהא נתינה ותביעה שוין כאחד ואם איתא תיהוי נמי כאבידה א"ל הכא במאי עסקינן כגון שאכלו כשהוא קטן אבל כשהוא גדול מאי הכי נמי דמשלם אי הכי אדתנא עד שתהא נתינה ותביעה שוין כאחד ליתני עד שתהא אכילה ותביעה שוין כאחד א"ל תני עד שתהא אכילה ותביעה שוין כאחד רב אשי אמר לא דמי אבידה קא אתיא מכח בן דעת והא לא אתיא מכח בן דעת ואמר ר' חייא בר אבא א"ר יוחנן הטוען טענת גנב בפקדון אינו חייב עד שיכפור במקצת ויודה במקצת מאי טעמא דאמר קרא (א) כי הוא זה [א] ופליגא דר' חייא בר יוסף דאמר ר' חייא בר יוסף

עירוב

ולישני ליה כגון שעמד בדין ואמרו ליה צא תן לו. והשתא צריך להוסיף על הברייתא ולפרש הכי היכן שורי א"ל נגנב משביעך אני ואמר אמן ואח"כ באו עדים ואמרו שיש בידו ועמד בדין וא"ל לא ותן לו ואח"כ טבחו והעדים מעידים אותו שאכלו משלם תשלומי כפל ואף ע"ג דהשתא צריך להוסיף על הברייתא ולפרש בדוחק ניחא ליה לגמרא לאוקמי הכי מלאוקמי כשאכלו נבלה שזה נראה לו דוחק יותר: **אבל** אכלו כשהוא גדול מאי הכי נמי דמשלם כו'. משמע אם נשבע ובאו עדים שאכלו משלם תשלומי כפל ותימה אמאי בעי שבועה מעיקרא כשאמר נגנב יהא נאמן במגו דאי בעי אמר החזרתיו לך כשהייתי קטן יהא נמי נאמן לומר נגנב בלא שבועה וי"ל דהכא מיירי שטוען זה הקטן כשהגדיל נתתי לך פקדון כשהייתי קטן ויודע אני שיש בידך עכשיו דהשתא לא שייך למימר [ל] מגו דהאכלתיו כשהיה קטן דא"כ הוה כפר במה שאמר ליה עדיין ישנה בידך ואין זה מגו כדאמר לקמן דאין מעיז פניו לומר להד"ס: **הא** לא אתי מכח בן דעת. ואליבא דרב אשי דאמר אין יכול להשביע כלל כל מה שהפקידו בקטנותו אפילו הפקדון בעין אבל לשינויא קמא יכול להשביעו כשהוא בעין:

אי אמרת בשלמא אי אתו עדים. אחר שבועה קמייתא מחייב לשלומי קרנא אשתכח דהכתי ממונא הוא גביה ואמטו להכי מחייבינן ליה קרבן שבועה אשבועה שניה דמשום דאין שבועה חלה על שבועה לא תפטריה דהואיל ויכול לחזור ולהודות בין זו לזו נמצא דכל אחת שבועת כפירה בפני עצמה היא: השתא מיהת הא לא אודי. בין זו לזו ואשתכח דכפירת דברים בעלמא הוא ולאו ממונא הוא גביה שהרי אין יכול להוציאו בעדים: טוען טענת גנב אינו משלם כפל עד שישבע ואחר כך יבאו עדים כדילפינן במרובה: היקישא הוא. דאיתקש גנב וטוען טענת גנב דסמיכי קראי אהדדי אם ימצא הגנב הרי גנב ואם לא ימצא הגנב כמו שאמר אלא הוא עצמו גנבו היינו טוען טענת גנב ונמצא שהוא גנבו: אלא למאן דאמר. בפרק מרובה (דף סג:): תרוייהו בטוען טענת גנב. דגנב עצמו נפקא לן מאם המצא (ב) בידו דכתיב בפרשה אחריתי היכי איתקוש: גנב הגנב. מרבוייא דה"א דאתרבאי בטוען טענת גנב [י] [ילפינן לה כל דיני גניבה לרבות] תשלומי [כפל] וד' וה': משלם תשלומי כפל. דטוען טענת גנב: ולישני ליה כגון שאכלו טריפה. דאיכא ר"ש דפטר בהשוחט ונמצאת טריפה מתשלומי ד' וה' לעיל (דף ע.) ומשני רבי יוחנן כר"מ ס"ל דאמר שחיטה שאינה ראויה לאכילה הואיל ונשחטה כהלכתה שמה שחיטה: ולישני ליה בגונב בן פקועה. שנמצא במעי אמו ופקעה לאחר שחיטה והוליאהו דאיכא למאן דמכשר ליה בלא שחיטה בפ' בהמה המקשה (חולין דף עד:) דתנן ר"ש שזורי אומר אפילו הוא בן חמש שנים וחורש בשדה שחיטת אמו מטהרתו: כר"מ. בשחיטת חולין דתנן השוחט את הבהמה ומצא בה בן ט' חי כו': ולישני ליה כגון שעמד בדין. קודם לכן ואמר נגנב ונשבע ובאו עדים שגנבו הוא עצמו וחייבוהו ב"ד ואמרו לא תן לו קרן וכפל ואח"כ שחטו ואכלו [כ] (וחזר ונשבע עליו) דמשלם כפל אשבועה קמייתא ופטור מטביחה כדרבא כו': בשותף שטבח. שותפין שגנבו וטבחו האחד שלא מדעת חבירו אמרינן בפרק מרובה (לעיל ד' עח:) שפטור מד' וה' דחמשה בקר אמר רחמנא ולא חמשה חצאי בקר [ס] והכא לא קרינא וטבחו כולו בחיובא דעל החצי של חבירו הוה טובח ומוכר אחר הגנב דפטור אבל לדעת חבירו משלמין שניהם דשלוחו הוא ואמרינן תחת לרבות את השליח: על כל אבדה. וגו' ישלם שנים: אין נתינת קטן כלום. דכתיב איש פרט לקטן דאין נשבעין על טענת נתינתו ואין באין לידי כפל על ידו דהכא כפל כתיב: אין לי אלא כשנתנו כשהוא קטן ותבעו כשהוא קטן. דאיכא למימר דהאי איש אהשתא קאי וה"ק כי יתן מי שהוא עכשיו איש בשעת טענה פרט לנתינת מי שהוא עדיין קטן אבל אי הוי עכשיו איש לא ממעט ליה: נתנו כשהוא קטן ותבעו כשהוא גדול מנין. דפטור: ת"ל יבא דבר שניהם. איתקוש נתינה והעמדה בדין להדדי דבתרוייהו בעינן איש: תהוי נמי כאבידה. דליכא נתינה והוי טענה להשביע ולהתחייב כפל וכי תבעו כשהוא גדול ליחייביה להאיך שבועה וכפילא אע"ג דנתינה ליכא: שאכלו. בעל הבית לפקדון בעוד שהמפקיד קטן דלא ירד פקדון זה לתורת טענה מעולם אבל אבידה מכי מטא לידיה דהאי איחייב ליה שהרי יש לה בעלים בני טענתא: הכי נמי דמשלם. דמשהגדיל קטן ונעשה בר טענה נתחייב זה לבא עמו לדין ואע"ג דנתינה לא הואי: דאמר קרא כי הוא זה. היינו הודה במקצת ובפרשת טוען טענת גנב כתיב:

עירוב

עין משפט נר מצוה

קנט א ב מיי' פ"ד מהלכות גניבה הלכה א סמג עשין עא טוש"מ סי' שנב:

קנ ג מיי' פ"ה מהל' טוען ונטען הלכה י ופ"ב מהל' שכירות הל' ז ועיין בהשגות ובמ"מ ופ"ד מהל' גניבה הל' ט סמג עשין פט טוש"ע ח"מ סי' לו סעיף א:

קנא ד מיי' פ"ד מהל' גניבה הלכה ט טוש"מ סי' שנב:

ליקוטי רש"י

הטוען טענת גנב בפקדון. גנב בא וגנבו ודרשינן לקמן בשמעתין דהיינו רחמנא כפילא אם נשבע ונמצא שקרן [לעיל סב:]. משלם תשלומי ארבעה וחמשה. כגנב עצמו דנפקא לן מגנב הגנב. היקישא היא. כיון דסמיכי להדדי הני קראי איתקש גנב וטוען טענת גנב להדדי מה גנב משלם תשלומי ארבעה וחמשה אם טבח ומכר אף טוען טענת גנב משלם ארבעה וחמשה ואע"ג דאיכא למיפרך מה לגנב עצמו שכן חייב כפל בלא שבועה תאמר בטוען טענת גנב שצריך שבועה אין משיבין על ההיקש כדאמרינן להא מילתא בהגוזל עצים ואיכא דאמרי הקישא כדמפרש התם הואיל וגנב משלם כפל וטוען טענת גנב משלם כפל מה גנב טבח ומכר משלם תשלומי ארבעה וחמשה אף טוען טענת גנב טבח ומכר משלם ארבעה וחמשה ולאו מילתא היא דהאי מה מצינו בנין אב הוא ולא הקישא אלא סמיכות המקראות קרי היקש והכי נמי שמעינן התם [לעיל סג:]. ואין משיבין על הקישא. אע"ג דאיכא למיפרך ביה כגון הכא דאדם דן ק"ו מעצמו ואין אדם דן גז"ש [והיקש] מעצמו אלא א"כ למדה מרבו ורבו מרבו הלכה למשה מסיני [מנחות פב:]. שחיטה שאינה ראויה. לאכילה. שמיה שחיטה. וכל חיוב ואיסור הבא ע"י שחיטה וכו' חל עליה [קידושין נח.]. בן פקועה טעון שחיטה. דחשיב גרמי לשויה בהמה באנפי נפשיה ולא איתרבאי מכל בבהמה תאכלו [חולין עד.]. צא תן לו. שפסקו לו דינו בב"ד שציוו עליו לתת לו [ב"מ טז:]. הטוען טענת גנב באבידה. מוצא אבידה שטוען נגנבה הימני לאחר שמצאתיה [לעיל סג:]. משלם תשלומי כפל. לפטור עצמו ע"י גנב שטוען נגנבה הימנו האבידה שמצאתי ונמצא שבידו הוא משלם תשלומי כפל כגנב עצמו דדרשינן בפרק מרובה (לקמן דף סג:) ואם לא ימצא הגנב אם לא ימצא כמו שאמר אלא הוא עצמו גנבו וכתיב בתריה ישלם שנים [לעיל נז.]. שנאמר על כל אבידה. וטוען טענת גנב מוקמינן ליה להאי קרא [לעיל סג:]. אשר יאמר כי הוא זה. רבותינו ז"ל דרשו כי הוא זה ללמד שאין מחייבין אותו שבועה אלא אם כן הודה במקצת לומר כך וכך אני חייב לך והמותר נגנב ממני [שמות כב, ח].

מסורת הש"ס

א) לעיל סב: סג:, ב) [לעיל סג: מנחות פב:], ג) לקמן קח: [ע"ש], ד) שבועות מט. [ע"ש] [עי' בשבועות שם בתוס' ד"ה והעדים], ה) [חולין פה.], ו) [שם עד:], ז) לעיל סח: [דומה לזה ב"מ טז: יז.], ח) [יומא עט: יבמות מח: סוטה ח. זבחים י: ל. לד: מנחות פט: כריתות ג:], ט) לעיל נז. סג., י) רש"ל, כ) רש"ל מ"ז, ל) עי' רש"א.

הגהות הב"ח

(א) גמ' מיהת הא לא אודי: (ב) רש"י ד"ה תרוייהו וכו' המצא תמצא בידו:

גליון הש"ס

רש"י ד"ה בשותף וכו' והכא לא קרינא וטבחו כולו. לא ידעתי אמאי נקיט רש"י תרתי הא בטעם אחד סגי כדמפורש בפ' מרובה דף עח ע"ב ואולי יש להגיה א"נ:

הגהות מהר"ב רנשבורג

א] גמ' ופליגא דר' חייא בר יוסף. כאן נרשם אות ה' מסימני עין משפט. מלויין עליו מיי' פ"ב מהלכות שכירות הלכה ח וע"ש בהה"מ:

תורה אור השלם

א) עַל כָּל דְּבַר פֶּשַׁע עַל שׁוֹר עַל חֲמוֹר עַל שֶׂה עַל שַׂלְמָה עַל כָּל אֲבֵדָה אֲשֶׁר יֹאמַר כִּי הוּא זֶה עַד הָאֱלֹהִים יָבֹא דְּבַר שְׁנֵיהֶם אֲשֶׁר יַרְשִׁיעֻן אֱלֹהִים יְשַׁלֵּם שְׁנַיִם לְרֵעֵהוּ: [שמות כב, ח]

ב) כִּי יִתֵּן אִישׁ אֶל רֵעֵהוּ כֶּסֶף אוֹ כֵלִים לִשְׁמֹר וְגֻנַּב מִבֵּית הָאִישׁ אִם יִמָּצֵא הַגַּנָּב יְשַׁלֵּם שְׁנָיִם: [שמות כב, ו]

משיב רבי חייא בר אבא:

אֲמַר לֵיהּ לרבי אבא בר ממל: **תְּנֵי** — שְׁנֵה בברייתא: **"עַד שֶׁתְּהֵא אֲכִילָה וּתְבִיעָה שָׁוִין כְּאֶחָד"**, כלומר, יש להגיה בגירסת הברייתא ולשנות בה "אכילה" במקום "נתינה".

הגמרא מביאה תירוץ אחר לקושיא המקורית, מדוע הברייתא פוטרת שומר במקרה של "נתנו כשהוא קטן ותבעו כשהוא גדול", הואיל וחסרה "נתינה", ואילו שומר אבידה חייב בחיובי שומרים אף על פי שלא היתה לגביו "נתינה". לפי תירוץ זה, לא יהא צורך להגיה בברייתא:

רַב אַשִׁי אָמַר: לֹא דָמֵי — אין המקרה של "נתנו כשהוא קטן ותבעו כשהוא גדול" דומה למקרה של שומר אבידה! **אֲבֵידָה קָא אַתְיָא מִכֹּחַ בֶּן דַּעַת** — אבידה באה ליד שומרה מכח אדם בן דעת, כלומר, שמתחילת הגעת האבידה לידי השומר היתה של גדול, **וְהָא** — ואילו זה, פקדון שנתנו המפקיד כשהוא קטן ועדיין ישנו ביד השומר משהגדיל, **לֹא אַתְיָא מִכֹּחַ בֶּן דַּעַת** — לא באה לידי השומר מכח אדם בן דעת, שתחילת הגעתו לידו היתה בהיותו של קטן. כלומר, אמנם אין צריך "נתינה" בכדי שיתחייב שומר בדיני שבועה, אך צריך שתחילת ביאת החפץ לידו תהיה בתורת שמירה המחייבתו, וכל שלא היתה תחילת השמירה כן, שוב לא יחול עליו חיוב מכח אותה שמירה[46].

הוראה שלישית של רבי חייא בר אבא בשם רבי יוחנן אודות טוען טענת גנב:

וְאָמַר רַבִּי חִיָּיא בַּר אַבָּא אָמַר רַבִּי יוֹחָנָן: שומר חנם **הַטּוֹעֵן טַעֲנַת גַּנָּב בְּפִקָּדוֹן, אֵינוֹ חַיָּיב עַד שֶׁיִּכְפּוֹר בְּמִקְצָת וְיוֹדֶה בְּמִקְצָת** — אין חיוב התורה בטוען טענת גנב אמור אלא אם כן כשטען השומר "נגנב" כדי לפטור את עצמו, גם הודה במקצת תביעת בעל הפקדון[47]. **מַאי טַעְמָא? דְּאָמַר קְרָא** בפרשת שומר חנם הטוען טענת גנב (שמות כב, ח): "אֲשֶׁר יֹאמַר [השומר] **כִּי הוּא זֶה** [לשון הודאה במקצת, כלומר, "זה אני חייב לך, ולא יותר"][48]. הרי שמתנאי דין טוען טענת גנב הוא שיהא מודה במקצת הטענה!

הגמרא מעירה שיש דעה החולקת על כך:

וּפְלִיגָא — וחולקת על כך הוראתו **דְּרַב חִיָּיא בַּר יוֹסֵף. דְּאָמַר רַב חִיָּיא בַּר יוֹסֵף:**

הערות

46. ראה שיטה מקובצת בשם רמ"ה; תוספות רי"ד.

רבי אבא בר ממל ורבי חייא בר אבא סוברים שדי לחיוב שומר בעצם היות בשמירתו חפץ של בן דעת. לפי זה, אם קיבל שומר חפץ ממפקיד קטן, הרי שמשמגדיל הקטן נעשה השומר מאליו שומר גמור. אולם רב אשי סובר שבכדי לחייב שומר כשומר גמור צריך שתחילת שמירתו תהיה בתורת כן. לפי שיטתו, אם קיבל שומר חפץ ממפקיד קטן, שוב לא ייעשה שומר גמור על החפץ מכח אותה הפקדה (ראה תוספות ד"ה הא).

הראב"ד רואה בלשון רב אשי, המזכיר את ביאת החפץ מכח "בן דעת", משמעות שסברתו היא שחיוב השומר תלוי ביכלתם של בעלי החפץ עצמם לשמרו. אם בא החפץ לידי השומר בשעה שבעליו הם בני דעת שביכלתם לשמרו, גם השומר מתחייב בשמירתו, אך אם בא החפץ לידיו בשעה שבעליו אינם בני דעת לשמרו, גם השומר אינו מתחייב בשמירתו.

47. כגון, שהמפקיד תבע ממנו שני שוורים שהפקיד בידו, והשומר אמר באחד פשעתי והריני חייב עליו אך השני נגנב והריני פטור עליו.

הרא"ש (מובא בשיטה מקובצת) מפרש שהוראה זו עוסקת גם בעצם חיובו של השומר להישבע על טענתו, שלפי רבי יוחנן שומר הטוען "נגנב" אינו חייב להישבע על כך אלא אם כן הוא גם מודה במקצת הטענה, ורבי יוחנן סובר איפוא כדעת רמי בר חמא האומר לקמן (קז, א-ב) שאף שומרים אינם חייבים שבועה על טענותיהם אלא אם כן הודו במקצת התביעה וכפרו במקצתה. שומר ה"כופר בכל", כגון שומר חנם הטוען שנגנב כל הפקדון ואינו חייב כלום, אינו חייב שבועה לפי שיטה זו, וממילא לא יתכן בו חיוב כפל אם יבואו עדים ויכחישוהו, כי אין חיוב כפל אמור אלא אם כן נשבע השומר על טענתו שבועה המחוייבת (כנזכר בהערה 39). [והטעם שנקט רבי יוחנן את דבריו לגבי חיוב כפל של טוען טענת גנב, יש לומר שהוא משום שזהו הדין שעוסק בו הכתוב שבו נאמר "כִּי הוּא זֶה".]

אחרים מפרשים שאין הוראת רבי יוחנן עוסקת בעצם חיוב השבועה, ולדעתו אף אם טוען השומר שנגנב כל הפקדון ואינו מודה בכלום, חייב הוא להישבע [וכשיטת רבי חייא בר יוסף המובאת להלן בסמוך שאין נדרשת "הודאה במקצת" בשבועת שומרים]. אלא, הוראת רבי יוחנן היא רק לגבי החיוב המיוחד טוען טענת גנב, ששומר שטען "נגנב" ונשבע על כך ובאו עדים והכחישוהו, אינו חייב תשלומי כפל אלא אם כן היתה שבועתו מחוייבת גם משום "מודה במקצת הטענה" (תוספות רי"ד; ראה גם שיטה מקובצת בשם רבינו יהונתן).

הפני יהושע מבין שפירוש רש"י הוא בהתאם לשיטת הרא"ש, ובדרך זו נקטנו בביאורנו. ראה גם חידושי רבינו מאיר שמחה.

48. ראה רש"י ופני יהושע. ראה לשון הפרשה במלואה לעיל הערה 12.

עֵירוּב פָּרָשִׁיּוֹת כָּתוּב כָּאן — כתוב כאן פסוק השייך לפרשה אחרת שנתערב בפרשה זו שאינה מקומו[1], שהפסוק "אֲשֶׁר יֹאמַר כִּי הוּא זֶה", שמשמע שנצרכת הודאה במקצת הטענה בכדי לחייב שבועה[2], אינו שייך לפרשת שומר חנם שהוא כתוב בה, כי שומרים חייבים שבועה אף כשכופרים בכל התביעה ואינם מודים כלל, **וְכִי כְּתִיב** — וכאשר כתוב "**כִּי הוּא זֶה**", **אַמִּלְוָה הוּא דִּכְתִיב** — לגבי מלוה הוא שכתוב כן, כלומר, עוסק הוא במי שנתבע על הלואה, ולא על פקדון, והריהו שייך לפרשת "אִם כֶּסֶף תַּלְוֶה אֶת עַמִּי" (שמות שם כד). הכתוב מלמד שאם תובע אדם מחבירו מעות שהלוה לו והנתבע כופר בכל התביעה, אין הנתבע חייב להישבע, ורק אם הוא כפר במקצת התביעה והודה במקצתה חייב הוא להישבע. שומרים, לעומת זאת, חייבים להישבע בכל אופן[3]. הרי שדברי רבי חייא בר יוסף חלוקים על דברי רבי יוחנן, שבעוד רבי יוחנן מפרש את "כִּי הוּא זֶה" לענין שומר חנם שהוא כתוב בו, ובשל כך מצריך הוא הודאה במקצת לשבועות שומרים[4], רבי חייא בר יוסף מפרש את "כִּי הוּא זֶה" לענין מלוה, ולא לענין שומר חנם שהוא כתוב בו, ואינו מצריך לשבועות שומרים הודאה במקצת.

ביאור הטעם לדרוש כך את הכתוב[5]:

וּמַאי שְׁנָא מִלְוָה — ובמה שונה מלוה מפקדון, שמפני כן יש לעקור את משמעות הכתוב "כִּי הוּא זֶה" מפקדון שבו הוא כתוב, ולהטילה על מלוה[6]? **כִּדְרַבָּה** — הטעם הוא משום הדבר שלימד רבה[7]. **דְּאָמַר רַבָּה: מִפְּנֵי מָה אָמְרָה תּוֹרָה מוֹדֶה בְּמִקְצָת הַטַּעֲנָה יִשָּׁבַע** על כפירתו? מכיון שאילו היה כופר בכל היה פטור משבועה, מדוע לא נאמינו על כפירתו במקצת בלא שבועה; והרי אילו היה משקר היה כופר בכל[8]! הטעם הוא זה: **חֲזָקָה** היא **שֶׁאֵין אָדָם מֵעִיז פָּנָיו בִּפְנֵי בַּעַל חוֹבוֹ** לכפור לו בכל חובו[9], כלומר, סתם אדם אינו עז פנים כל כך שיוכל לעשות כן, הואיל ובעל חובו עשה לו טובה[10]. **וְהַאי בְּכוּלֵּי בָּעֵי דְּנִכְפְּרֵיהּ** — באמת היה אדם זה רוצה לכפור בכל התביעה, **וְהַאי דְּלֹא כַּפְרֵיהּ** — וזה שלא כפר כן, הוא רק **מִשּׁוּם דְּאֵין אָדָם מֵעִיז פָּנָיו** כל כך. לכן אין להאמינו על כפירתו החלקית בלא שבועה מטעם שאילו היה שקרן היה כופר בכל, כי יש לומר שלעולם שקרן הוא, ומה שלא כפר בכל הוא משום שאין בו עזות כל כך[11]. ממשיך רבה ודן בקושי אחר בדין שבועת מודה במקצת: מאחר שסיבת הטלת השבועה היא משום שחושדים בנתבע שמא משקר הוא כדי להיפטר מלשלם את שאר הממון, כיצד מטילים עליו שבועה; הלא, יש לנו לומר שכשם שחשוד הוא להחזיק ממון בגזל כך חשוד הוא להישבע לשקר, ולא נטיל עליו שבועה[12]?! על כך משיב רבה: אין לדון אדם זה כחשוד על גזילת שאר הממון, שכן **וּבְכוּלֵּי בָּעֵי דְּלוֹדֵי לֵיהּ** — באמת היה הוא רוצה להודות לתובע בכל תביעתו, **וְהַאי דְּכָפַר לֵיהּ בְּמִקְצָת** — וזה שכפר לו במקצת הוא משום **דְּסָבַר** — חשב בלבו: "**אִי מוֹדֵינָא לֵיהּ בְּכוּלֵּיהּ תָּבַע לִי בְּכוּלֵּיהּ** — אם אודה לו בכל התביעה, יתבע ממני לשלם מיד את כולו. **אֶישְׁתַּמֵּיט לִי מִיהָא הַשְׁתָּא** — אשתמט ממנו לפחות כעת מפריעת כל החוב, **אַדְּהָווּ לִי זוּזֵי וּפָרַעְנָא** — עד שיהיו לי מעות ואפרע לו". כלומר, אין המודה במקצת וכופר במקצת בחזקת חשוד לגזול את ממון הכפירה, כי אנו מניחים שאין כוונתו בכפירתו אלא לדחות את הפרעון עד שישיג מעות, ולכן אין לחשדו שישבע לשקר על כפירה זו. **הִלְכָּךְ רָמָא רַחֲמָנָא שְׁבוּעָה עִילָּוֵיהּ** — לכן הטילה עליו התורה שבועה, **כִּי הֵיכִי דְּלוֹדֵי לֵיהּ בְּכוּלֵּיהּ** — כדי שיודה לתובע בכל החוב. מכיון שאין אדם זה חשוד כגזלן על הממון, אינו חשוד על שבועת שקר, ויש להניח שאם יטילו עליו שבועה לא ישבע לשקר אלא יודה בחובו[13].

הרי נלמד מדברי רבה שהסברא לומר שדוקא מודה במקצת יהא חייב שבועה ואילו כופר הכל יפטר בלא שבועה, היא לפי שיש חזקה שאין באדם עזות פנים לשקר ולכפור בכל, ולפיכך יש להניח שהכופר בכל הינו דובר אמת ואינו צריך שבועה[14]. על פי זה יש להסיק:

וְגַבֵּי מִלְוָה הוּא דְּאִיכָּא לְמֵימַר הָכִי — ודוקא לגבי תביעת מלוה הוא שיש לומר כן, שאם אמת היה שהלוה התובע לנתבע, כיון שעשה לו טובה לא היה יכול להעיז פניו נגדו לכפור הכל, **אֲבָל גַּבֵּי פִּקָּדוֹן** — בתביעת פקדון, **מֵעִיז וּמֵעִיז** — עלול אדם להעיז פניו לכפור הכל בפני מי שאכן הפקיד אצלו, הואיל ולא עשה לו המפקיד טובה! לכן, לגבי תביעת פקדון אין כפירה בכל ראיה שהנתבע דובר אמת, וממילא אין סברא להצריך הודאה במקצת בכדי לחייב שומרים

הערות

1. רש"י; אך ראה תוספות בשם רבינו תם; רשב"א; ראה להלן הערה 16.

מהריק"ש נותן טעם לכך שקבעה התורה פסוק זה בפרשת שומר חנם למרות שהיא עוסקת במלוה: מכיון שבפרשת שומר חנם מוזכרים ענין שבועה ובית דין, "וְנִקְרַב בַּעַל הַבַּיִת אֶל הָאֱלֹהִים" (שמות כב, ז; ראה לעיל סג, ב), קיצרה התורה והזכירה שם גם חיוב מודה במקצת תביעת מלוה תחת לקבוע לכך מקום אחר, שלשם כך היתה נצרכת להאריך ולהזכיר שם שוב שבועה ובית דין. [אך ראה רשב"א בבא מציעא ג, א ד"ה והא דאמר ושבועות מב, ב ד"ה והא דאמרינן.]

יצויין שביאור בדרך זו נצרך דוקא לפי פירושו של רש"י. לפי ביאור שאר ראשונים בענין "עירוב פרשיות", הכתוב "כִּי הוּא זֶה" אכן שייך לגבי שומר חנם, ואינו כתוב שלא במקומו. ראה לקמן הערה 16.

2. ראה קו, ב עם הערה 47.

3. רש"י; ראה עוד לקמן הערה 16.

4. היינו לדעת הרא"ש (ראה קו, ב הערה 47 שהיא גם דעת רש"י) הסובר שדברי רבי יוחנן עוסקים בעצם חיוב שבועת שומרים. לדעת תוספות רי"ד (ראה שם), אף רבי יוחנן אינו מצריך הודאה במקצת בכדי לחייב שבועת שומרים, ואינו מפרש את הכתוב "כִּי הוּא זֶה" אלא לגבי חיוב כפל בשומר חנם הטוען טענת גנב. רבי חייא בר יוסף חולק אף על כך, ואינו מצריך הודאה במקצת אלא בתביעת מלוה.

5. [נראה שהגמרא היא שמבארת כך, ואינו מדברי רבי חייא בר יוסף עצמו, כי הביאור מיוסד על דבר שלימד רבה, ולא יתכן שרבי חייא בר יוסף שהיה מהדור השני של אמוראים יביא דבר שלימד רבה שהיה מהדור השלישי.]

6. רש"י. כלומר, מפני מה מסתבר שהתנאי של הודאה במקצת אמור בתביעת מלוה ולא בתביעת פקדון?

7. כפי שיתבאר, רבה פירש סברא בכך שדוקא המודה במקצת הטענה חייב שבועה ולא הכופר בכל הטענה. סברא זו, תטען הגמרא, שייכת דוקא בתביעת מלוה ולא בשבועת השומרים.

8. תוספות, רמב"ן ושאר ראשונים בבא מציעא ג, א; אך ראה רש"י שם; וראה שם במהדורתנו הערה 31. כלומר, מאחר שפטרה התורה את הכופר בכל משבועה, מדוע חייבה את המודה במקצת, והלא היה ראוי להאמין לכל מודה במקצת מכח "מיגו", ולפוטרו על ידי כך משבועה. ["מיגו" ("מתוך") הוא יסוד בהלכות טענות, שמתוך שאפשר היה לנתבע לטעון טענה טובה יותר, ולא טען אלא טענה גרועה, יש לנו להניח שטענתו אמת, שאילו רצה לשקר היה בוחר בטענה הטובה יותר.]

9. רש"י גיטין נא, ב.

10. רש"י. ראשונים אחרים מפרשים שכוונת הגמרא היא שאין אדם מעיז פנים לכפור לחבירו בכל התביעה כאשר יודע שחבירו מכיר בשקרו (רשב"א; תוספות כתובות יח, א ד"ה חזקה ובבבא מציעא שם). ראה לקמן הערה 16.

11. תוספות ורמב"ן בבא מציעא שם; אך ראה רש"י גיטין שם וקהלות יעקב, בבא בתרא כד, ב.

אין אומרים "מיגו" אלא במקום שנוח היה לטעון את הטענה הטובה בדומה לטענה הגרועה שטען, אך לא כאשר הטענה הגרועה נוחה יותר.

12. רש"י בבא מציעא ג, ב וגיטין נא, ב; אך ראה תוספות בבא מציעא שם.

בביאור טענה זו — שלא נשביע אדם החשוד להישבע לשקר — כתבו הראשונים שהכוונה היא משום ש"אין מוסרים שבועה לחשוד", כלומר, אין ראוי לבית דין להשביע אדם באופן שעשויה לצאת שבועת שקר (רמב"ן בבא מציעא ג, א ד"ה חזקה; ראה גם ריטב"א שם ה, ב ד"ה א"ר יוחנן). דרך אחרת בביאור הטענה היא, שמאחר שכל עצמה של הטלת השבועה היא כדי לברר את אמיתות כפירת הנתבע, אין שום תועלת בהטלת שבועה עליו אם חשוד הוא להישבע לשקר (חידושי רבי עקיבא איגר; ראה גם נמוקי יוסף ב, ב בדפי הרי"ף, ד"ה ולימא).

13. אף על פי שאנו מניחים שאין אדם זה רוצה לגזול את הממון בכפירתו, אלא רק לעכב את הפרעון לפי שעה ולשלם לאחר זמן, טרחה התורה ללוחצו שיודה כעת בכל חובו, כי יש לחשוש שאם יצא עתה זכאי מבית דין, לבסוף יפשע לגמרי מלשלם את שאר החוב (רמב"ן; ריטב"א; תוספות הרא"ש, כתובות יח, ב ד"ה בוליה; וראה קצות החושן עג, ב המבאר באופן אחר על פי הרמב"ם).

14. ראה תרומת הדשן, פסקים וכתבים קיג.

עירוב פרשיות כתוב כאן וכי כתיב א) כי הוא זה א אמלוה הוא דכתיב ומאי שנא מלוה כדרבה ב) דאמר רבה מפני מה אמרה תורה מודה במקצת הטענה ישבע חזקה אין אדם מעיז פניו בפני בעל חובו והאי בכולי בעי דנכפריה והאי דלא כפריה משום דאין אדם מעיז פניו ובכולי בעי דלודי ליה והאי דכפר ליה במקצת סבר אי מודינא ליה בכוליה תבע לי בכוליה אישתמיט לי מיהא השתא אדהוו לי זוזי ופרענא הלכך רמא רחמנא שבועה עילויה כי היכי דלודי ליה בכוליה וגבי מלוה הוא דאיכא למימר הכי אבל גבי פקדון מעיז ומעיז ג) תני רמי בר חמא ארבעה שומרין צריכין

רש"י

עירוב פרשיות. פסוק שהוא מפרשה אחרת נתערב בזו שאינו מקומו דהאי כי הוא זה באם כסף תלוה הוה ליה למכתביה דהתם קאי דאילו בהך פרשתא דפקדון בלא הודאה במקצת מחייב: ומאי שנא מלוה. דעקרינן לקרא מדוכתיה ומוקמינן ליה עלה: כדרבה דאמר רבה. אין אדם מעיז פניו בפני זה שעושה לו טובה הלכך היכא דכפר הכל פטור משבועה דאי לאו קושטא בהדיה לא הוה מצי למכפר ביה והיכא דמודה מקצת בכולה בעי למכפריה והא דלא כפריה משום דאין אדם מעיז: אבל בפקדון. דאין כאן טובה: מעיז ומעיז. הלכך אפי' כפר בכוליה רמיא רחמנא שבועה עליה: צריכין

תוספות

עירוב פרשיות כתוב כאן וכי כתיב כי הוא זה אמלוה הוא דכתיב. פי' בקונט' דפסוק זה דכי הוא זה מפרשה אחרת דבואם כסף תלוה את עמי הוה ליה למיכתב דהתם קאי דאי בהך פרשתא דפקדון בלא הודאה במקצת נמי מחייב וטעמא דעקרינן ליה מדוכתא כדמסיק ומ"ש מלוה כדרבה דאין אדם מעיז פניו לכן כופר הכל פטור אבל בפקדון שלא עשה לו טובה מעיז ומעיז הלכך אפי' כופר הכל חייב וקשה דבריש סנהדרין (דף ג: ושם) משמע דאפילו למ"ד עירוב פרשיות כתוב כאן לא עקרינן ליה לגמרי מפקדון לענין שלשה ומומחין ומיהו יש לדחות דלענין מודה מקצת דאיכא טעמא עקרינן ליה מפקדון לגמרי אבל לענין שלשה ומומחין דליכא טעמא קאי אתרוייהו אבל קשה דבפרק השואל (ב"מ דף צז:) גבי הא דמוקי מתניתין דהתם כשיש עסק שבועה ביניהם ומוקי רישא בתרתי וסיפא בתלת משמע דלא מחייב שבועה אלא א"כ יש חדא דקמודה והתם כרבי חייא בר יוסף מדקאמר בתר הכי ולרמי בר חמא אלמא דלא מחייב רבי חייא בר יוסף בלא הודאה מקצת אלמא לא עקר לגמרי כי הוא זה מפקדון ועוד דבכמה משניות משמע דלא מתחייב בפקדון אלא במודה מקצת כי ההיא דשבועות (דף מג.) דסלע הלויתני עליו ושתים היה שוה וכן ההיא דמנורה בת עשרה ליטרין (שם) וההיא דעשר גפנות טעונות מסרתי לך (שם דף מג:) ובהניזקין (גיטין דף נא. ושם) גבי שני כיסין קשורים מלאת לי דמחייבינן מודה מקצת ופטרינן כופר הכל אע"ג שלא עשה לו שום טובה ובפרק שני דכתובות (דף יח. ושם) ובשבועת הדיינים (שבועות דף מב.) פטרינן מנה לאביך בידי והאכלתיו פרס במגו דאי בעי כופר הכל משום דבגנו מעיז ולפירוש הקונטרס אדרבה כופר הכל ה"ל לחיובי התם וכן בפ"ק דב"מ (דף ד:) בשמעתא דהילך גבי סלעין דנרין ומפרש ר"ת דה"ק דכי כתיב כי הוא זה אמלוה נמי הוא דכתיב דבעינן הודאה בהדי שבועה דכפירה והכי נמי בעינן הודאה בהדי שבועה דנאנסו אבל כפירה לא בעינן בההיא דנאנסו ובאותו ענין דקאי כי הוא זה אמלוה קאי נמי אפקדון וכי היכי דמלוה מחייב אשתי פרות לחוד חדא דהודאה וחדא דכפירה מחייב נמי אפקדון אשתי פרות חדא דהודאה וחדא דנאנסו אבל רבי חייא בר אבא ורמי בר חמא בעו שלש פרות חדא דהודאה וחדא דכפירה וחדא דנאנסו דכי הוא זה אפקדון דוקא כתיב ולא אמלוה והא דבעיא כפירה והודאה במלוה שמא במה מצינו ילפינן מפקדון אע"ג דלענין שלשה ומומחין לא ילפינן מלוה מפקדון במסכת סנהדרין (דף ג: ושם) למאן דלית ליה עירוב פרשיות לענין מודה מקצת מסתבר למילף טפי והוא הדין דבפקדון מחייב בכפירה והודאה לחוד בלא נאנסו אבל בנאנסו בלא כי הוא זה לא מחייב דהכי משמע ליה פשטיה דקרא לאצרוכי כי הוא זה בהדי נאנסו ולא נאנסו בהדי כי הוא זה אבל כופר הכל פטור לכ"ע בכל מקום אפילו במקום שיכול להעיז דגזירת הכתוב הוא כי הוא זה דוקא ולא כופר הכל והא דקאמר מ"ש מלוה מפרש ר"ת מאי טעמא דמלוה פירוש [מאי] טעמא דמודה מקצת חייב ולא מהימן במגו דאי בעי כפר הכל והוי כי ההוא דסוף כל הנשבעין (שבועות דף מח:) גבי נשבעין שלא בטענה דקאמר מאי שנא הני ופירוש מאי טעמא דהני ומה שכתוב בספרים גבי מלוה הוא דאיכא למימר הכי אבל בפקדון מעיז ומעיז לא גרים ליה רבינו תם ובספרים ישנים ליתא והא דאמר בסוף המוכר את הבית (ב"ב דף ע:) גבי המפקיד אצל חבירו בשטר אילו אמר נאנסו לאו שבועה בעי דמשמע דנאנסו לחוד בלא הודאה כלל מחייב שבועה אור"ת דההיא שבועה דרבנן שנתקנה קודם שבועת היסת כי הנהו דפרק הכותב (כתובות דף פז:) הפוגמת כתובתה ואיך דסבר רמי בר חמא שבועה דאורייתא ומסיק אלא מדרבנן והא דתנן בפרק השואל (ב"מ דף צז:) זה אומר שאולה וזה אומר שכורה ישבע ופריך בגמרא ואמאי מה שטענו לא הודה לו והך פירכא ליתא אליבא דרב נחמן דמוקמא התם מתני' אליביה כשיש עסק שבועה ביניהם ורישא בתרתי וסיפא בתלת או רישא בתלת וסיפא בארבע ויש כאן מה שטענו הודה לו אלא לרב הונא ורב יהודה פריך דליכא אלא הך דשאלה ושכירות ומשני ע"י גלגול דכדרכה מתה ההיא שבועה נמי מדרבנן דמדאורייתא לא מחייב כיון דאין כאן הודאה ומיהו בין לפ"ה ובין לפי' ר"ת קשה מהא דאמרינן בפ' כל הנשבעין (שבועות דף מה: ושם) דאם שכרו בלא עדים מתוך שיכול לומר לא שכרתיך מעולם יכול לומר שכרתיך ונתתי לך שכרך ופריך אלא שבועת שומרים דחייב רחמנא היכי משכחת לה מתוך שיכול לומר להד"ם יכול לומר נאנסו והשתא לפירוש ר"ת אההיא קאי אי ההיא דהודאה קאי אי אמר לא היו דברים מעולם א"כ היה כופר הכל ואין זה מגו דהא"כ ליפרוך אכל מודה מקצת דליפטר במגו דאי בעי כופר הכל ואי אההיא דנאנסו קאי כי קאמר נמי להד"ם מחייב שבועה כיון דאיכא כפירה והודאה ולפי' הקונטרס נמי דליכא הודאה כי אמר אההיא דנאנסו נמי להד"ס בעי שבועה דהא מחייב שבועה בפקדון אכופר הכל ואי הוה אמרינן דלרבי יוחנן ולרמי בר חמא לא מחייב אפקדון אכפירה והודאה בלא נאנסו הוה ניחא דפריך לה התם אבל לא יתכן כלל דע"כ על כפירה והודאה לחוד מחייב אפילו אפקדון כדמוכח במשניות טובא בההיא דסלע הלויתני ומנורה ועשר גפנים ואע"ג דמוקמינן מתניתין דהשואל בכמה פרות אע"ג דלא מתני במתני' הנהו לא מסתבר לאוקמי הכי וכן בהלואה דילפינן מפקדון גבי סלעים דנרים ובשבועות גבי סלע הלויתיך ונראה כפירוש ריב"א דמפרש כי כתיב כי הוא זה אמלוה הוא דכתיב והלכך בפקדון נמי לא מוקמינן ליה אלא בטענה דשייכא במלוה דהיינו בכפירה והודאה אבל טענת נאנסו לא והכי קאמר מאי שנא טענה דשייכא במלוה מטענת נאנסו ומסיק כדרבה וגבי מלוה הוא דאיכא למימר הכי כלומר בטענה השייכא במלוה כגון כפירה והודאה דאין מעיז פניו לכפור במידי דידע בה חבריה אבל בפקדון כלומר טענה השייכא בפקדון כגון נאנסו דלא ידע ביה חבריה מעיז ומעיז ומחייב בלא הודאה דאם כופר הכל היה פטור במקצת נמי יפטר במגו דאי בעי כפר הכל ומיהו בטענות כפירה אפילו במקום שיכול להעיז פטור דגזירת הכתוב היא והשתא ניחא ההיא דכל הנשבעין דקאמר מתוך שיכול לומר להד"ס יכול לומר נאנסו אע"ג דאין זה מגו לגמרי דהאי חשוב העזה והאי לא חשוב דבהאי ידע ובהאי לא ידע מכל מקום מדמה ליה למגו דלעיל דההוא נמי לאו מגו הוא דניחא ליה למימר טפי שכרתיך ונתתי לך שכרך דחושבו טועה משום דטרוד בפועליו ולא כמשקר במזיד ממאי דנימא לא שכרתיך מעולם דליכא למיתלי בטרוד בפועליו וההיא דמ"ה (ב"ב דף לג.) גבי הנהו עיזי דאכלי חושלי בנהרדעא דיכול לטעון עד כדי דמיהם במגו שיכול לומר לקוחים הן בידי ובפ"ב דכתובות (דף יח) גבי שדה זה של אביך היה ולקחתיו ממנו דאפילו טענו הבן שהיה של אביו אלא שאין לו עדים מהימן לומר לקחתיו במגו שיכול לומר לא היה של אביך מעולם אע"ג דבהאי ידע ובהאי לא ידע לא דמי למידי דכפירה דלכפור ודאי אינו מעיז במידי דידע ביה חבריה והנהו דהתם לאו מידי דכפירה נינהו ומיהו ההיא דהשואל קשה לפירושו דמשמע דר' חייא ב"ר יוסף נמי בעי הודאה בהדי נאנסו דמוקי רישא בתרתי וסיפא בתלתא אם לא נאמר סוגיא דהתם לא כר' חייא בר אבא ולא כר' חייא ב"ר יוסף וא"ת למאן דבעי שלש פרות ליפטריה במגו דאי בעי אמר נאנסו אההיא דכפירה וי"ל כגון דההיא דכפירה קמן וא"ת ליפטריה במגו דאי בעי מודה בה ואההיא דטען דמתה בפשיעה יכפור ובאידך נאנסה דהשתא ה"ל בההיא דמודה בה הילך ופטור משבועה לאו פירכא היא דאם הילך הוא א"כ ה"ל כופר הכל ואין אדם מעיז אי נמי כגון דההיא דקיימא קמן עדיפא ואין רוצה להודות בה ואין להקשות יהא נאמן במגו דאי בעי אמר להד"ס נמי אההיא דנאנסו דבריש כל הנשבעים (שבועות דף מה:) משני לה דאפקיד ליה בשטר: **חזקה** אין אדם מעיז. הכל מפורש בכמה מקומות:

מסורת הש"ס

א) [סנהדרין ב:], ב) שבועות מב: ב"מ ג. ה: כתובות יח. גיטין נא:, ג) ב"מ ה: לא., ד) [צ"ל טו: וכמבואר שם בתוס' ד"ה ומודה ר"י].

תורה אור השלם

א) עַל כָּל דְּבַר פֶּשַׁע עַל שׁוֹר עַל חֲמוֹר עַל שֶׂה עַל שַׂלְמָה עַל כָּל אֲבֵדָה אֲשֶׁר יֹאמַר כִּי הוּא זֶה עַד הָאֱלֹהִים יָבֹא דְּבַר שְׁנֵיהֶם אֲשֶׁר יַרְשִׁיעֻן אֱלֹהִים יְשַׁלֵּם שְׁנַיִם לְרֵעֵהוּ: [שמות כב, ח]

עין משפט נר מצוה

קנב א מיי' פ"א מהל' טוען ונטען הל' א סמג עשין סה טוש"ע ח"מ סי' פז סעיף א:

ליקוטי רש"י

ערוב פרשיות. שהפרשיות הכתובות באלה המשפטים מעורבבות הן שיש מקרא כתוב בפרשה זו שאינו יכול לעמוד בה אלא מפרשה אחרת הוא כגון אשר יאמר כי הוא זה (שמות כב) דילפינן מיניה מודה במקצת הטענה ישבע כו' שכתב בשומר חנם לאו אשומר חנם קאי דשומרין אע"פ שלא הודו במקצת חייבין לישבע דהודאה מקצת הטענה אפרשת דאם כסף תלוה (שם) קאי דהתם הוא דבעינן הודאה במקצת ואי לא מודה כלום חזקה אם טענת התובע אמת לא היה יכול זה להעיז פניו נגדו ולומר לא הלויתני הלכך אפי' שבועה לא בעי אבל בפיקדון דליכא גמילות חסדים מעיז פניו וכופר הכל ובעי שבועה [סנהדרין ב:]. **מפני מה אמרה תורה.** ולא חשבו כמשיב אבידה לפטרו שלא כפר בכולו [ב"מ ג.]. **חזקה אין אדם מעיז פניו.** לכפור את הכל הלכך בשביל הודאת המקצת אינו נאמן על השאר. **ובכולי בעי דלודי ליה.** וכי תימא לא נשבעיה אשארא דמיגו דחשוד אממונא חשוד נמי אשבועתא אממונא לא חשוד מדלא כפריה בכוליה דהאי כי אודי בפלגא בכוליה נמי בעי לודי והאי דלא אודי ליה לאו דדעתו למיגזליה אלא אישתמוטי אישתמיט לדחויי השתא [גיטין נא:] וכ"ת מגו דחשיד אממונא חשיד אשבועתא ולא נרמי עליה שבועתא לא חשיד אממונא לפי שברצונו היה מודה בכולו אלא שאין בידו לפרוע וסבר עד דהוי לי [זוזי] ופרענא ליה [ב"מ שם:]. **אישתמיט לי מיהא השתא.** ולא חשיד אממונא. **אבל גבי פקדון מעיז ומעיז.** ואשתמוטי ליכא דהרי לא ניתן להוצאה ובעין הוא ואם אבד יטעון שאבד ויפטר [שם ה:].

שבועה על פקדונם[15]. כיון שהסברא נותנת להצריך הודאה במקצת בכדי לחייב שבועה בתביעת מלוה ולא בתביעת פקדון, יש לדרוש שמשמעות הכתוב "כִּי הוּא זֶה", דהיינו שחיוב שבועה מותנה בכך שהודה הנתבע במקצת התביעה, מוסבת על פרשת מלוה אף על פי שהוא כתוב בפרשת שומר פקדון, ואילו בתביעת פקדון הטילה התורה שבועה אף כשהנתבע כופר בכל התביעה[16].

הגמרא מביאה ברייתא בענין "הודאה במקצת" בשבועת שומרים:

תָּנֵי רָמִי בַּר חָמָא — שנה רמי בר חמא ברייתא: **אַרְבָּעָה** מיני **שׁוֹמְרִין**

הערות

15. רש"י; אך ראה הערה הבאה.

16. רש"י.

לכאורה, כיון שלפי רש"י טעם מניעת אדם מהעזת פניו לכפור הכל הוא מה שחבירו עשה לו טובה, הרי שבכל אופן של תביעת פקדון לא יהא צורך בהודאה במקצת בכדי לחייב את הנתבע שבועה — בין אם טוען הנתבע שלא הופקד אצלו כלום ("לא היו דברים מעולם") או שהחזיר הכל, ובין אם טוען שאמנם קיבל פקדון אך הוא נפסד באופן שאינו חייב עליו ("נאנס", "נגנב" וכו', כל שומר כפי דינו).

הראשונים מקשים על שיטה זו קושיות רבות, ומפרשים מחמתן באופן אחר [אך ראה פני יהושע המבאר, גם מחמת סברא פנימית בשיטת רש"י עצמו, שלא נתכוון רש"י כפי שנראה מדבריו לכאורה, אלא אף הוא נתכוון לפרש כעין שיטת הראשונים]. לדעתם, אין רבי חייא בר יוסף מחלק בין תביעת מלוה לתביעת פקדון, אלא הוא מחלק בין טענות פטור השייכות במלוה, דהיינו "לא היו דברים מעולם" ו"החזרתי" (אין במלוה טענות פטור אחרות, כי מי שאכן לוה אינו נפטר מלשלם בשום אופן), ובין טענות פטור השייכות רק בפקדון, דהיינו "נאנס" או "נגנב" וכדומה. לגבי טענות "לא היו דברים מעולם" ו"החזרתי", מכיון שיודע התובע אם הנתבע משקר, אנו אומרים שאין אדם מעיז פניו לשקר ולכפור בטענות אלה על כל מה שקיבל, בין אם התביעה היא על מלוה ובין אם היא על פקדון. לגבי טענות "נאנס" ו"נגנב" וכדומה, לעומת זאת, אין התובע יודע אם הנתבע משקר, ולכן בזה אנו אומרים שאכן יתכן שישקר הנתבע בטענות אלה אף לכפור באחריותו בכל הפקדון. פירוש דברי הגמרא, "וגבי מלוה הוא דאיכא למימר הכי, אבל גבי פקדון מעיז ומעיז", הוא שדוקא לגבי **טענות פטור השייכות במלוה** יש לומר שאין אדם מעיז פניו לכפור הכל, אבל לגבי **טענות פטור השייכות רק בפקדון** בודאי מעיז הוא את פניו לעשות כן". לפי שיטה זו, אף בתביעת פקדון, כל שטענת הנתבע היא "לא היו דברים מעולם" או "החזרתי", אין הנתבע חייב שבועה אלא אם כן הודה במקצת, כמו בתביעת הלואה, שאילו אם טוען כן לגבי כל התביעה אנו אומרים שבודאי לא היה מעיז פניו לשקר, כיון שהתובע מכיר בשקרו, ומאמינים לו בלא שבועה. חיוב שבועה בכופר הכל נאמר דוקא בשומרים הטוענים שאמנם קיבלו פקדון ולא החזירוהו, אך אירע בו דבר שהם פטורים עליו. כיון שזו טענה שאין התובע יכול להכיר בשקרה, אין חזקה שלא ישקר בה השומר אף לכפור בחיובו בכל הפקדון, ולכן חייב הוא שבועה אף באופן זה.

גם פירוש "עירוב פרשיות כתוב כאן, וכי כתיב 'כִּי הוּא זֶה' אמלוה הוא דכתיב" שונה לפי שיטת הראשונים מכפי שפירש רש"י. לפי רש"י, פירושו המאמר הוא שמשמעות הכתוב "כִּי הוּא זֶה" אינה שייכת כלל לגבי פרשת שומרים שהוא כתוב בה, אלא היא שייכת רק לפרשה אחרת, דהיינו מלוה. אך לפי שיטת הראשונים, פירוש המאמר הוא שבכתיבת "כִּי הוּא זֶה" בפרשת שומר פקדון, עירבה התורה בפרשת פקדון חיוב שבועה ("מודה במקצת") שאינו מיוחד לפקדון אלא שייך הוא אף במלוה, ולכן יש לנו לומר שגם לגבי פקדון אין כתוב זה עוסק אלא באופן שטוען הנתבע טענת פטור מהסוג המועיל גם במלוה ("לא היו דברים מעולם" או "החזרתי"), ולא כשטוען טענת פטור מהסוג השייך רק בפקדון ("נאנס", "נגנב" וכדומה). והיינו שאומר רבי חייא בר יוסף, "וכי כתיב 'כִּי הוּא זֶה' אמלוה הוא דכתיב", כלומר, דבר זה כתוב **דוקא** לגבי טענות פטור השייכות גם במלוה, ולא לגבי טענות פטור המיוחדות לשומרי פקדון (ראה תוספות בשם ריב"א; שיטה מקובצת בסוף קו, ב בשם כמה ראשונים; תוספות ושאר ראשונים בבא מציעא שם).

א) עירוב פרשיות כתוב כאן וכי כתיב א) כי הוא זה א אמלוה הוא דכתיב ומאי שנא מלוה כדרבה ב) דאמר רבה מפני מה אמרה תורה מודה במקצת הטענה ישבע חזקה אין אדם מעיז פניו בפני בעל חובו והאי בכולי בעי דנכפריה והאי דלא כפריה משום דאין אדם מעיז פניו ובכולי בעי דלודי ליה והאי דכפר ליה במקצת סבר אי מודינא ליה בכוליה תבע לי בכוליה אישתמיט לי מיהא השתא אדהוו לי זוזי ופרענא הלכך רמא רחמנא שבועה עילויה כי היכי דלודי ליה בכוליה וגבי מלוה הוא דאיכא למימר הכי אבל גבי פקדון מעיז ומעיז ג) תני רמי בר חמא ארבעה שומרין צריכין

עירוב פרשיות. פסוק שהוא מפרשה אחרת נתערב בזו שאינו מקומו דהאי כי הוא זה באם כסף תלוה הוה ליה למכתביה דהתם קאי דאילו בהך פרשתא דפקדון בלא הודאה במקצת מחייב: ומאי שנא מלוה. דעקרינן לקרא מדוכתיה ומוקמינן ליה עלה: כדרבה דאמר רבה. אין אדם מעיז פניו בפני זה שעושה לו טובה הלכך היכא דכפר הכל פטור משבועה דאי לאו קושטא בהדיה לא הוה מצי למכפר ביה והיכא דמודה מקצת בכולה בעי למכפריה והא דלא כפריה משום דאין אדם מעיז: אבל בפקדון. דאין כאן טובה: מעיז ומעיז. הלכך אפי' כפר בכוליה רמיא רחמנא שבועה עליה: צריכין

עירוב פרשיות כתוב כאן וכי כתיב כי הוא זה אמלוה הוא דכתיב. פי' בקונט' דפסוק זה דכי הוא זה מפרשה אחרת דבואם כסף תלוה את עמי הוה ליה למיכתב דהתם קאי דאי בהך פרשתא דפקדון בלא הודאה במקצת נמי מחייב וטעמא דעקרינן ליה מדוכתא כדמסיק ומ"ש מלוה כדרבה דאין אדם מעיז פניו לכן כופר הכל פטור אבל בפקדון שלא עשה לו טובה מעיז ומעיז הלכך אפי' כופר הכל חייב וקשה דבריש סנהדרין (דף ג: ושם) משמע דאפילו למ"ד עירוב פרשיות כתוב כאן לא עקרינן ליה לגמרי מפקדון לענין שלשה ומומחין ומיהו יש לדחות דלענין מודה מקלת דאיכא טעמא עקרינן ליה מפקדון לגמרי אבל לענין שלשה ומומחין דליכא טעמא קאי אתרוייהו אבל קשה דבפרק השואל (ב"מ דף צז:) גבי הא דמוקי מתניתין דהתם כשיש עסק שבועה ביניהם ומוקי רישא בתרתי וסיפא בתלת משמע דלא מחייב שבועה אלא א"כ יש חדא דקמודה והתם כרבי חייא בר יוסף מדקאמר בתר הכי ולרמי בר חמא אלמא דלא מחייב רבי חייא בר יוסף בלא הודאה מקלת אלמא לא עקר לגמרי כי הוא זה מפקדון ועוד דבכמה משניות משמע דלא מתחייב בפקדון אלא במודה מקלת כי ההיא דשבועות (דף מג.) דסלע הלויתני עליו ושתים היה שוה וכן ההיא דמנורה בת עשרה ליטרין (שם) וההיא דעשר גפנות טעונות מסרתי לך (שם דף מג:) ובהניזקין (גיטין דף נא. ושם) גבי שני כיסין קשורים מלאת לי דמחייבינן מודה מקלת ופטרינן כופר הכל אע"ג שלא עשה לו שום טובה ובפרק שני דכתובות (דף יח. ושם) ובשבועת הדיינים (שבועות דף מב.) פטרינן מנה לאביך בידי והחזרתיו פרס במגו דאי בעי כופר הכל משום דבגנו מעיז ולפירוש הקונטרס אדרבה כופר הכל ה"ל לחיובי התם וכן בפ"ק דב"מ (דף ד:) בשמעתא דהילך גבי סלעין דנרין ומפרש ר"ת דה"ק דכי כתיב כי הוא זה אמלוה נמי הוא דכתיב דבעינן הודאה בהדי שבועה דכפירה והכי נמי בעינן הודאה בהדי שבועה דנאנסו אבל כפירה לא בעינן בההיא דנאנסו ובאותו ענין דקאי כי הוא זה אמלוה קאי נמי אפקדון וכי היכי דמלוה מחייב אשתי פרות לחוד חדא דהודאה וחדא דכפירה מחייב נמי אפקדון אשתי פרות חדא דהודאה וחדא דנאנסו אבל רבי חייא בר אבא ורמי בר חמא בעו שלש פרות חדא דהודאה וחדא דכפירה וחדא דנאנסו דכי הוא זה אפקדון דוקא כתיב ולא אמלוה והא דבעיא כפירה והודאה במלוה שמא במה מצינו ילפינן מפקדון אע"ג דלענין שלשה ומומחין לא ילפינן מלוה מפקדון במסכת סנהדרין (דף ג: ושם) למאן דלית ליה עירוב פרשיות לענין מודה מקלת מסתבר למילף טפי והוא הדין דבפקדון מחייב בכפירה והודאה לחוד בלא נאנסו אבל בנאנסו בלא כי הוא זה לא מחייב דהכי משמע ליה פשטיה דקרא לאצרוכי כי הוא זה בהדי נאנסו ולא נאנסו בהדי כי הוא זה אבל כופר הכל פטור לכ"ע בכל מקום אפילו במקום שיכול להעיז דגזירת הכתוב הוא כי הוא זה דוקא ולא כופר הכל והא דקאמר מ"ש מלוה מפרש ר"ת מאי טעמא דמלוה פירוש [מאי] טעמא דמודה מקלת חייב ולא מהימן במגו דאי בעי כפר הכל והוי כי ההוא דסוף כל הנשבעין (שבועות דף מח:) גבי נשבעין שלא בטענה דקאמר מאי שנא הני ופירוש מאי טעמא דהני ומה שכתוב בספרים גבי מלוה הוא דאיכא למימר הכי אבל בפקדון מעיז ומעיז לא גרים ליה רבינו תם ובספרים ישנים ליתא והא דאמר בסוף המוכר את הבית (ב"ב דף ע:) גבי המפקיד אצל חבירו בשטר אילו אמר נאנסו לאו שבועה בעי דמשמע דנאנסו לחוד בלא הודאה כלל מחייב שבועה אור"ת דההיא שבועה דרבנן שנתקנה קודם שבועת היסת כי הנהו דפרק הכותב (כתובות דף פז:) הפוגמת כתובתה ואינך דסבר רמי בר חמא שבועה דאורייתא ומסיק אלא מדרבנן והא דתנן בפרק השואל (ב"מ דף צז:) זה אומר שאולה וזה אומר שכורה ישבע ופריך בגמרא ואמאי מה שטענו לא הודה לו והך פירכא ליתא אליבא דרב נחמן דמוקמא התם מתני' אליביה כשיש עסק שבועה ביניהם ורישא בתרתי וסיפא בתלת או רישא בתלת וסיפא בארבע ויש כאן מה שטענו הודה לו אלא לרב הונא ורב יהודה פריך דליכא אלא הך דשאלה ושכירות ומשני ע"י גלגול דכדרבה מתה ההיא שבועה נמי מדרבנן דמדאורייתא לא מחייב כיון דאין כאן הודאה ומיהו בין לפ"ה ובין לפי' ר"ת קשה מהא דאמרינן בפ' כל הנשבעין (שבועות דף מה: ושם) דאם שכרו בלא עדים מתוך שיכול לומר לא שכרתיך מעולם יכול לומר שכרתיך ונתתי לך שכרך ופריך אלא שבועת שומרים דחייב רחמנא היכי משכחת לה מתוך שיכול לומר להד"ס יכול לומר נאנסו והשתא לפירוש ר"ת אההיא קאי אי אמר לא היו דברים מעולם א"כ היה כופר הכל ואין זה מגו דאל"כ ליפרוך אכל מודה מקלת דליפטר במגו דאי בעי כופר הכל ואי אההיא דנאנסו קאי כי קאמר נמי להד"ס מחייב שבועה כיון דאיכא כפירה והודאה ולפי' הקונטרס נמי דליכא הודאה כי אמר אההיא דנאנסו נמי להד"ס בעי שבועה דהא מחייב שבועה בפקדון אכופר הכל ואי הוה אמרינן לרבי יוחנן ולרמי בר חמא לא מחייב אפקדון אכפירה והודאה בלא נאנסו הוה ניחא דפריך לה התם אבל לא יתכן כלל דע"כ על כפירה והודאה לחוד מחייב אפילו אפקדון כדמוכח במשניות טובא בההיא דסלע הלויתני ומנורה ועשר גפנים ואע"ג דמוקמינן מתניתין דהשואל בכמה פרות אע"ג דלא מתני במתני' הנהו לא מסתבר לאוקמי הכי וכן בהלואה דילפינן מפקדון גבי סלעים דנרים ובשבועות גבי סלע הלויתיך ונראה כפירוש ריב"א דמפרש כי כתיב כי הוא זה אמלוה הוא דכתיב והלכך בפקדון נמי לא מוקמינן ליה אלא בטענה דשייכא במלוה דהיינו בכפירה והודאה אבל טענת נאנסו לא והכי קאמר מאי שנא טענה דשייכא במלוה מטענת נאנסו ומסיק כדרבה וגבי מלוה הוא דאיכא למימר הכי כלומר בטענה השייכא במלוה כגון כפירה והודאה דאין מעיז פניו לכפור במידי דידע בה חבריה אבל בפקדון כלומר טענה השייכא בפקדון כגון נאנסו דלא ידע ביה חבריה מעיז ומעיז ומחייב בלא הודאה דאם כופר הכל היה פטור במקלת נמי יפטר במגו דאי בעי כפר הכל ומיהו בטענות כפירה אפילו במקום שיכול להעיז פטור דגזירת הכתוב היא והשתא ניחא ההיא דכל הנשבעין דקאמר מתוך שיכול לומר להד"ס יכול לומר נאנסו אע"ג דאין זה מגו לגמרי דהאי חשוב העזה והאי לא חשוב דבהאי ידע ובהאי לא ידע מכל מקום מדמה ליה למגו דלעיל דההוא נמי לאו מגו הוא דניחא ליה למימר טפי שכרתיך ונתתי לך שכרך דחושבו טועה משום דטרוד בפועליו ולא כמשקר במזיד ממאי דנימא לא שכרתיך מעולם דליכא למיתלי בטרוד בפועליו וההיא דמ"ה (ב"ב דף לג.) גבי הנהו עיזי דאכלי חושלי בנהרדעא דיכול לטעון עד כדי דמיהם במגו שיכול לומר לקוחים הן בידי ובפ"ב דכתובות (דף יח) גבי שדה זו של אביך היה ולקחתיו ממנו דאפילו טענו הבן שהיה של אביו אלא שאין לו עדים מהימן לומר לקחתיו במגו שיכול לומר לא היה של אביך מעולם אע"ג דבהאי ידע ובהאי לא ידע לא דמי למידי דכפירה דלכפור ודאי אינו מעיז במידי דידע ביה חבריה והנהו דהתם לאו מידי דכפירה נינהו ומיהו ההיא דהשואל קשה לפירושו דמשמע דר' חייא ב"ר יוסף נמי בעי הודאה בהדי נאנסו דמוקי רישא בתרתי וסיפא בתלתא אם לא נאמר סוגיא דהתם לא כר' חייא בר אבא ולא כר' חייא ב"ר יוסף וא"ת למאן דבעי שלש פרות ליפטריה במגו דאי בעי אמר נאנסו אההיא דכפירה וי"ל כגון דההיא דכפירה קמן וא"ת ליפטריה במגו דאי בעי מודה בה וההיא דטען דמתה בפשיעה יכפור ובאידך נאנסה דהשתא ה"ל בההיא דמודה בה הילך ופטור משבועה לאו פירכא היא דאם הילך הוא א"כ ה"ל כופר הכל ואין אדם מעיז אי נמי כגון דהסיא דקיימא קמן עדיפא ואין רוצה להודות בה ואין להקשות יהא נאמן במגו דאי בעי אמר להד"ס נמי אההיא דנאנסו דבריש כל הנשבעים (שבועות דף מה:) משני לה דאפקיד ליה בשטר: **חזקה** אין אדם מעיז. הכל מפורש בכמה מקומות:

א) [סנהדרין ג:], ב) שבועות מב: ב"מ ג. ה: כתובות יח. גיטין נא:, ג) ב"מ ה: לח., ד) [צ"ל טו: וכמבואר שם בתוס' ד"ה ומודה ר"י].

תורה אור השלם

א) עַל כָּל דְּבַר פֶּשַׁע עַל שׁוֹר עַל חֲמוֹר עַל שֶׂה עַל שַׂלְמָה עַל כָּל אֲבֵדָה אֲשֶׁר יֹאמַר כִּי הוּא זֶה עַד הָאֱלֹהִים יָבֹא דְּבַר שְׁנֵיהֶם אֲשֶׁר יַרְשִׁיעֻן אֱלֹהִים יְשַׁלֵּם שְׁנַיִם לְרֵעֵהוּ: [שמות כב, ח]

קנב א מיי' פ"א מהל' טוען ונטען הל' א סמג עשין צה טוש"ע ח"מ סי' פז סעיף א:

ליקוטי רש"י

ערוב פרשיות. שהפרשיות הכתובות באלה המשפטים מעורבבות הן שיש מקרא כתוב בפרשה זו שאינו יכול לעמוד בה אלא מפרשה אחרת הוא כגון אשר יאמר כי הוא זה (שמות כב) דילפינן מיניה מודה במקצת הטענה ישבע כו' שכתב בשומר חנם לאו אשומר חנם קאי דשומרין אע"פ שלא הודו במקצת חייבין לישבע דהודאה מקצת הטענה אפרשת דאם כסף תלוה (שם) קאי דהתם הוא דבעינן הודאה במקצת ואי לא מודה כלום חזקה אם טענת התובע אמת לא היה יכול זה להעיז פניו נגדו ולומר לא הלויתני הלכך אפי' שבועה לא בעי אבל בפיקדון דליכא גמילות חסדים מעיז פניו וכופר הכל ובעי שבועה [סנהדרין ב:]. **מפני מה אמרה תורה.** ולא חשבו כמשיב אבידה לפטרו שלא כפר בכולו [ב"מ ג.]. חזקה **אין אדם מעיז פניו.** לכפור את הכל הלכך בשביל הודאת המקצת אינו נאמן על השאר. **ובכולי בעי דלודי ליה.** וכי תימא לא נשבעיה אשארא דמיגו דחשוד אממונא חשוד נמי אשבועתא אממונא לא חשוד מדלא כפריה בכוליה דהאי כי אודי בפלגא בכוליה נמי בעי דלודי והאי דלא אודי ליה לאו דדעתו למיגזליה אלא אישתמוטי אישתמיט לדחויי השתא [גיטין נא:] וכ"ת מגו דחשיד אממונא חשיד אשבועתא ולא נרמי עליה שבועתא לא חשיד אממונא לפי שבדלונו היה מודה בכולו אלא שאין בידו לפרוע וסבר עד דהוי לי [זוזי] ופרענא ליה [ב"מ שם:]. **אישתמיט לי מיהא השתא.** ולא חשיד אממונא. **אבל גבי פקדון מעיז ומעיז.** ואשתמוטי ליכא דהרי לא ניתן להוצאה ובעין הוא ואם אבד יטעון שאבד ויפטר [שם ה:].

עין משפט
נר מצוה

קנג א מיי' פ"ד מהלכות גניבה הל' ג טוח"מ סי' שנ שנב:
קנד ב מיי' שם הל' ב:
קנה ג מיי' פ"ו מהל' שאלה ופקדון הל' א סמג עשין פח טוש"ע ח"מ סי' רצו סעיף א וסי' רצה סעיף ב:

ליקוטי רש"י

צריכין כפירה וכו'. בשבועות האמורות בהן כגון ש"ח לישבע שנגנבה וש"ש לישבע שנאנסה ושואל לישבע שמתה ממלאכה צריכין כפירה וכו' [ב"מ צח.]. כפירה לא הויא אלא בכופר ממש או לא היו דברים מעולם או החזרתי לך הודאה לא הויא אא"כ הודה ממש שיש לו בידו שחייב להחזיר לו נמצא שאין חיוב שבועת השומרים בזה אלא אם כן טען שלש פרות באחת כפר לו ובאחת הודה לו שישנה בידו והשלישית אומר לו נאנסה או אם שומר חנם הוא אומר לו בשלישית נגנבה דחייב עליה שבועה האמורה בפרשה (שמות כב) שלא שלח ידו במלאכת רעהו דאילו שבועה דכפירה אין זו שבועה האמורה בשומרים ובלאו כפירה נמי לא תחייביה שבועת שומרים דכתיב בשומר חנם כי הוא זה דמינה נפקא לן (שבועות לט:) שמודה במקצת וכפר במקצת ולאפוקי ממ"ד בבבא קמא בהגוזל [קמא] (דף קז.) עירוב פרשיות כתוב כאן וכי כתיב כי הוא זה לאו אשומר חנם דכתיב גביה קאי אלא אאם כסף תלוה ואשמועינן האי תנא דבשומרים נמי בעינן כפירה והודאה והשבועה האמורה בפרשה על פרה שלישית [לעיל ה.]. **נושא שכר.** שומר בשכר [שבועות מט.]. **הטוען טענת גנב בפקדון.** בבעל הבית שטוען טענת גנב בפקדון זה כדכתיב וגונב מבית האיש וגו' הכתוב מדבר וקאמר דאם ימצא שהוא גנב שישלם שנים [לעיל סג:]. **אם לא ימצא הגנב.** ובא השומר הזה שהוא בעל הבית. **ונקרב.** אל הדיינין לדון עם זה ולישבע לו שלא שלח ידו בשלו [שמות כב, ז]. **אל האלהים.** לשון דיין כמו (שמות כב) עד האלהים יבוא דבר שניהם [ברכות ס:]. **שלש שבועות משביעין אותו.** לשומר חנם שטוען נגנבה. **שלא שלחתי בה יד.** לעשות מלאכתי דאי שלח בה יד הוי גזלן עליה ומיחייב באונסיה ואפי' נאנסה ברשותיה היא קיימא ודידיה היא [ב"מ ו.].

עד שישלח בו יד. והא דקתני לעיל (דף קו.) והעדים מעידים אותו שגנבו משלם תשלומי כפל היינו ששלח בו יד: **הואיל** ויצא ידי בעלים בשבועה ראשונה. דאע"ג שהודה שלשקר נשבע אין חייב מן הדין לישבע פעם שניה שנגנב כמו שחזר וטוען אלא נאמן שלא בשבועה לומר שנגנב במגו דאי בעי אמר באמת נשבעתי והיה פטור והא קמ"ל אע"ג שמושבע מפי ב"ד כגון שטענו בפני ב"ד אחר שלא היו יודעים שנשבע כבר קודם והשביעוהו עתה דפטור כיון שמן הדין לא היה לו לישבע: **ושלח** בו יד פטור. והא דאמר לעיל והעדים מעידים אותו שאכלו משלם תשלומי כפל צ"ל כגון שאכלו לאחר שבועה ונראה דדוקא קאמר ושלא דגזירת הכתוב היא כדקאמר אם לא שלח הא שלח פטור אבל כופר בפקדון אע"ג דאמר רב ששת לעיל הכופר בפקדון נעשה עליו גזלן כפל מיהא מחייב דהא דקאמר נעשה עליו גזלן היינו להתחייב באונסין: **והלא** שלש שבועות משביעין אותו. וצריך כולהו דאי נשבע שלא פשעתי אכתי חיישינן שמא ברשותו הוא ובאמת נשבע וכשנשבע שאינה ברשותו איכא למיחש שמא שלח בה יד ומתחייב אע"פ שלא פשע ואינה ברשותו ג): **מאי** לאו שלא שלחתי כו'. ה"נ ה"מ לאותובי לרבי חייא ב"ר יוסף ולימא מאי לאו [שלא] שלחתי דומיא דלא פשעתי ולשנויי לא דומיא דאין ברשותי: **מה** שבועה שלא פשעתי בה כי מגליא מילתא דפשע בה פטור. דהא מהכא דרשינן טוען טענת גנב מדכתיב אם לא ימצא הגנב אלא הוא עצמו גנבו וזה שפשע בה לא גנבו: **כגון** שטוען טענת גנב וחזר וטען טענת אבד. ואיפכא לא מצי למימר דאם כן לא מיחייב כפל כדאמר לעיל שכבר יצא ידי בעלים בשבועה ראשונה והכי פירושו וחזר וטוען טענת אבד ואומר מה שנשבעתי שנגנב לא כי אלא אבד והיה לי לישבע שאבד אבל אין לפרש שאמר אחר שבועה אבד שא"כ לא ה"מ למפטר נפשיה באבד כיון שהיא ברשותו בשעה שנשבע דאההיא שעה שנשבע לשקר מתחייב באונסין ולא מחייב אהך שבועה חומש ואשם דלא הויא כפירת ממון אלא כשבועת ביטוי בעלמא:
ובאו

צריכין כפירה במקצת והודאה במקצת ואלו הן שומר חנם והשואל נושא שכר והשוכר אמר רבא מאי טעמא דרמי בר חמא שומר חנם בהדיא כתיב ביה א) כי הוא זה שומר שכר יליף נתינה נתינה משומר חנם שואל ב) וכי ישאל וי"ו מוסיף על ענין ראשון שוכר אי למ"ד כשומר שכר היינו שומר שכר אי למ"ד כשומר חנם היינו שומר חנם וא"ר חייא בר יוסף הטוען טענת גנב בפקדון אינו חייב עד שישלח בו יד מאי טעמא (א) ג) ונקרב בעל הבית אל האלהים אם לא שלח ידו במלאכת רעהו מכלל דאי שלח בה יד מיחייב למימרא דבשלח בה יד עסקינן אמר להו ר' חייא בר אבא הכי א"ר יוחנן בעומדת על אבוסה שנו א"ל ר' זירא לר' חייא בר אבא דוקא בעומדת על אבוסה קאמר אבל שלח בה יד קנה ושבועה לא מהניא ביה כלום או דלמא אפי' עומדת על אבוסה קאמר א"ל זו לא שמעתי כיוצא בה שמעתי דא"ר אסי א"ר יוחנן הטוען טענת אבד ונשבע וחזר וטען טענת גנב ונשבע ובאו עדים פטור מ"ט לאו משום דקנה בשבועה ראשונה א"ל לא הואיל ויצא ידי בעלים בשבועה ראשונה איתמר נמי א"ר אבין א"ר אילעא א"ר יוחנן א הטוען טענת אבידה בפקדון ונשבע וחזר וטען טענת גניבה ונשבע ובאו עדים פטור הואיל ויצא ידי בעלים בשבועה ראשונה אמר רב ששת ב הטוען טענת גנב בפקדון כיון ששלח בו יד פטור מאי טעמא הכי קאמר רחמנא ונקרב בעל הבית אל האלהים אם לא שלח ידו וגו' הא שלח ידו פטור אמר ליה רב נחמן והלא ג שלש שבועות משביעין אותו שבועה שלא פשעתי בה שבועה שלא שלחתי בה יד שבועה שאינה ברשותי מאי לאו שבועה שלא שלחתי בה יד דומיא דשבועה שאינה ברשותי מה שבועה שאינה ברשותי כי מיגליא מילתא דאיתיה ברשותיה חייב אף שבועה שלא שלחתי בה יד כי מיגליא מילתא דשלח בה יד חייב אמר ליה לא שבועה שלא שלחתי בה יד דומיא דשלא פשעתי בה מה שבועה שלא פשעתי בה כי מיגליא מילתא דפשע בה פטור מכפל אף שבועה שלא שלחתי בה יד כי מיגליא מילתא דשלח בה יד פטור מכפל בעי רמי בר חמא ממון המחייבו כפל פוטרו מן החומש או דלמא שבועה המחייבתו כפל פוטרתו מן החומש היכי דמי כגון שטען טענת גנב ונשבע וחזר וטען טענת אבד ונשבע
ובאו

צריכין כפירה במקצת והודאה במקצת. קודם שיתחייבו שבועה ואם נשבעו בלא כפירה והודאה אין שבועתו של ש"ח כלום ולא מחייבתו כפל ודרמי בר חמא פליג אדרבי חייא בר יוסף: פרשה ראשונה נאמרה בש"ח ושניה בשומר שכר: שוכר. פלוגתא דר"מ ורבי יהודה לעיל (דף מ:): **אינו חייב.** כפל: **עד שישלח** בה יד. קודם שבועה כגון שעשה בה מלאכה: ה"ג דאמר קרא ונקרב בעל הבית אל האלהים אם לא שלח: **למימרא.** דהאי דכתיב בתריה אשר ירשיעון אלהים וגו': **בששלח** בה יד עסקינן. דנמצא רשע בכך שנשבע לשקר שהרי שלח בה יד: **בעומדת על אבוסה.** שלא שלח בה יד שנו דחייב כפל: **אבל שלח בה** יד. קודם שבועה קנאה בתורת גזילה ושומר חנם אינו נעשה גנב אלא בטענת גנב וזה קודם שטען טענת גנב קנאה וקמה ליה ברשותיה שאם מתה ישלמנה ואשתכח דכי כפר דידיה קא כפר: **או דלמא אפילו** עומדת על אבוסה קאמר. וכל שכן כי שלח בה יד דבהכי קאי קרא כדאמר ר' חייא בר יוסף: **הטוען** טענת אבידה ונשבע. ל"ג והודה: **פטור.** מן הכפל: **מ"ט לאו משום** דקנה בשבועה ראשונה. להתחייב באונסין כדרב ששת דאמר לעיל הכופר בפקדון נעשה עליו גזלן אפי' בלא שבועה והיכא דאשתבע כל שכן דכ"ע מודו אלמא כיון דקמה ליה ברשותיה כי כפר דידיה קא כפר ולא מיחייב ליה כפל וה"ה לשולח בה יד כיון דפשיטא לן בפ' המפקיד (ב"מ מא:) דקמה ליה ברשותיה תו לא מיחייב עליה כפל: **לא.** התם לאו משום דקמה ליה ברשותיה הוא אלא הואיל ויצא שומר זה ידי בעלים בשבועה ראשונה שמבית דין ראשון נסתלק מידם ושבועה אחרונה זו לאו שבועת הדיינים הוא לחייבו כפל (ב) דכיון דנשבע בתחילה שוב לא היה מחויב שבועה לבעלים: **כיון ששלח** בה יד. קודם שבועה: ה"ק **אם לא** שלח. ונקרב בעל הבית וקיימא לן בהמפקיד (שם) דהאי ונקרב לשבועה הוא וכתיב בתריה ישלם שנים אם נמלא רשע: **הא שלח יד פטור.** מכל הדין הזה: **שלש שבועות** משביעין. את שומר חנם האומר נגנבה: **שבועה שלא פשעתי.** בשמירתו כשנגנבה דאי פשע בה חייב דכתיב על כל דבר פשע: **שבועה שלא שלחתי בה יד.** ליהנות בה קודם לכן דאם שלח בה יד קמה ליה ברשותיה דנעשה גזלן עליה ומיחייב באונסין וכ"ש בגניבה ואבידה: **כי מגליא מילתא דאיתיה ברשותיה.** והוא גנב עליה מחייב כפל דהיינו טוען טענת גנב: **אף שבועה שלא** שלחתי בה יד. כי משתכח שקרן נמי חייב כפל משום שבועה שאין ברשותו: **כי מגליא מילתא דפשע בה.** ונגנבה: **פטור מכפל.** דהא אינו גנב עליה: **אף שבועה דשלח בה** יד כי מגליא מילתא דשלח בה יד פטור מכפל. אפילו עדיין היא אצלו: **בעי רמי בר חמא.** דקיימא לן בפרק מרובה (לעיל דף סה:) ממון שאין משתלם בראש דאיכא כפל בהדיה אין מוסיף חומש ולעיל (דף קו.) נמי תנינן לה אם משבאו עדים הודה משלם תשלומי כפל ואשם אבל חומש לא מאן פטר ליה מחומשא ממונא או שבועה: **והיכי דמי.** כלומר למאי נ"מ כגון שטען טענת גנב כו':
ובאו

מסורת הש"ס

א) ב"מ ו., ב) [ועי' תוס' ב"מ ו. ד"ה שבועה].

הגהות הב"ח

(א) גמ' מאי טעמא דאמר קרא ונקרב: (ב) רש"י ד"ה לא התם וכו' לחייבו כפל ואי קשיא הא דאמרינן לעיל השביע עליו ה' פעמים בין בפני ב"ד בין שלא בפני ב"ד חייב על כל אחת ואחת והכא אמרינן פטור איכא לתרוצי דהתם ודאי חייב דהא בקרבן שבועה קמיירי. ולא שני לן בין בפני ב"ד בין שלא בפני ב"ד דסתמא כתיב מכל אשר ישבע עליו לשקר וגו' אבל הכא בכפל קאמר דפטור דהא שבועה בתרייתא לאו שבועת הדיינין היא ואע"פ שנעשית בב"ד שלא היה להם לב"ד להשביעו שהרי כבר נפטר מכפל משבועה ראשונה דטוען טענת אבידה ונשבע לא משלם כפל וכפל לא משלם אלא בשבועת הדיינין דבהכי כתיב ונקרב בעל הבית וגו' לשבועה לשלם שנים ואין אלהים אלא דיינין דכיון דנשבע בתחילה שוב לא היה מחויב שבועה לבעלים כצ"ל:

תורה אור השלם

א) עַל כָּל דְּבַר פֶּשַׁע עַל שׁוֹר עַל חֲמוֹר עַל שֶׂה עַל שַׂלְמָה עַל כָּל אֲבֵדָה אֲשֶׁר יֹאמַר כִּי הוּא זֶה עַד הָאֱלֹהִים יָבֹא דְּבַר שְׁנֵיהֶם אֲשֶׁר יַרְשִׁיעֻן אֱלֹהִים יְשַׁלֵּם שְׁנַיִם לְרֵעֵהוּ: [שמות כב, ח]

ב) וְכִי יִשְׁאַל אִישׁ מֵעִם רֵעֵהוּ וְנִשְׁבַּר אוֹ מֵת בְּעָלָיו אֵין עִמּוֹ שַׁלֵּם יְשַׁלֵּם: [שמות כב, יג]

ג) אִם לֹא יִמָּצֵא הַגַּנָּב וְנִקְרַב בַּעַל הַבַּיִת אֶל הָאֱלֹהִים אִם לֹא שָׁלַח יָדוֹ בִּמְלֶאכֶת רֵעֵהוּ: [שמות כב, ז]

צְרִיכִין כְּפִירָה בְּמִקְצָת וְהוֹדָאָה בְּמִקְצָת בכדי שיתחייבו בשבועת השומרים האמורה בתורה[1]; **וְאֵלּוּ הֵן** ארבעת השומרים: **שׁוֹמֵר חִנָּם וְהַשּׁוֹאֵל, נוֹשֵׂא שָׂכָר** (היינו שומר שכר) **וְהַשּׂוֹכֵר**[2]. רמי בר חמא חולק על רבי חייא בר יוסף האומר שלא נדרשת הודאה במקצת לחיוב שומרים בשבועה[3].

הגמרא מביאה את מקור הוראת רמי בר חמא בכל אחד מסוגי השומרים:

אָמַר רָבָא: מַאי טַעְמָא דְּרָמִי בַּר חָמָא? שׁוֹמֵר חִנָּם, בְּהֶדְיָא כְּתִיב בֵּיהּ — בפירוש כתוב בענינו (שמות כב, ח) **"כִּי הוּא זֶה"**, שמשמע הודאה במקצת[4]. **שׁוֹמֵר שָׂכָר, יָלֵיף "נְתִינָה" "נְתִינָה" מִשּׁוֹמֵר חִנָּם** — רמי בר חמא דורש לגביו בגזירה שוה משומר חנם, ממה שכתוב לשון נתינה לגבי שומר חנם (שם ו: "וְכִי יִתֵּן אִישׁ") וגם לגבי שומר שכר (שם ט: "כִּי יִתֵּן אִישׁ")[5]. **שׁוֹאֵל**, כתוב בתחילת ענינו (שם יג): **"וְכִי יִשְׁאַל"**[6], ומכיון שנכתב בוי"ו החיבור יש לדרוש בו **וָי"ו מוֹסִיף עַל עִנְיָן רִאשׁוֹן** — וי"ו החיבור מורה שהכתוב קשור לענין שלפניו, והרי שקשר הכתוב שואל לשומר שכר הכתוב לפניו להקישם זה לזה[7] וללמד שכשם ששומר שכר אינו חייב שבועה על טענתו אלא אם כן הודה במקצת, אף שואל כן. **שׂוֹכֵר, אִי לְמַאן דְּאָמַר** — אם לפי הסובר שדינו **כְּשׁוֹמֵר שָׂכָר** לענין אחריותו[8], **הַיְינוּ שׁוֹמֵר שָׂכָר** — הרי הוא כמו שומר שכר לענין חיוב שבועתו, ונדרשת בו הודאה במקצת כמו בשומר שכר. **וְאִי לְמַאן דְּאָמַר** — ואם לפי הסובר ששוכר דינו **כְּשׁוֹמֵר חִנָּם** לענין אחריותו[9], **הַיְינוּ שׁוֹמֵר חִנָּם** — הרי הוא כמו שומר חנם לענין חיוב שבועתו, ונדרשת בו הודאה במקצת כבשומר חנם.

הגמרא מביאה הוראה בענין חיוב כפל של טוען טענת גנב:

וְאָמַר רַבִּי חִיָּיא בַּר יוֹסֵף: שומר חנם **הַטּוֹעֵן טַעֲנַת גַּנָּב בְּפִקָּדוֹן,** ונשבע ובאו עדים והכחישוהו, **אֵינוֹ חַיָּיב עַד שֶׁיִּשְׁלַח בּוֹ יָד** — אינו חייב תשלומי כפל אלא אם כן שלח ידו בפקדון[10] לפני שנשבע עליו שנגנב. **מַאי טַעְמָא? [דְּאָמַר קְרָא]**[11] בפרשת שומר חנם הטוען טענת גנב (שם ז): **"וְנִקְרַב בַּעַל הַבַּיִת אֶל הָאֱלֹהִים אִם לֹא שָׁלַח יָדוֹ בִּמְלֶאכֶת רֵעֵהוּ"**, כלומר, הוטל על השומר להישבע שלא שלח ידו בפקדון חבירו ("מְלֶאכֶת רֵעֵהוּ")[12], **מִכְּלָל דְּאִי שָׁלַח בָּהּ יָד מִיחַיַּיב** — ומשמע שאם שלח השומר יד בפקדון לעשות בו מלאכה בלא רשות הוא חייב[13]; **לְמֵימְרָא** — הרי זה אומר **דִּבְשָׁלַח בָּהּ יָד עַסְקִינַן** — שבכתוב המחייב תשלומי כפל את השומר שנמצא שקרן בשבועתו, דהיינו מה שנכתב מיד בסמוך "אֲשֶׁר יַרְשִׁיעֻן אֱלֹהִים יְשַׁלֵּם שְׁנַיִם לְרֵעֵהוּ" (שם ח), אנו עוסקים במקרה ששלח השומר יד בפקדון, שהכתוב אומר שאם נמצא השומר רשע בבית דין, כי העידו עדים ששקר במה שנשבע שלא שלח ידו בפקדון, ישלם כפל[14]. נמצא שחיוב כפל אמור בשומר ששיקר בשתי שבועות; במה שנשבע שהפקדון נגנב ממנו כאשר באמת היה הוא גונבו לעצמו, ובמה שנשבע שלא שלח בו יד כאשר באמת אכן שלח בו ידו[15].

דעה חולקת:

אָמַר לְהוּ (להם)[16] **רַבִּי חִיָּיא בַּר אַבָּא: הָכִי** (כך) **אָמַר רַבִּי יוֹחָנָן: בְּעוֹמֶדֶת עַל אֲבוּסָהּ שָׁנוּ,** כלומר, בבהמה שלא שלח בה השומר יד לימדו חכמים חיוב כפל של טוען טענת גנב!

רבי זירא שואל את רבי חייא בר אבא אודות הדברים שמסר בשם רבי יוחנן:

הערות

1. רש"י. רש"י מוסיף שמתוך כך נלמד גם כן שאם נשבע שומר חנם לשקר על טענת גניבה בלא שהיה מודה במקצת, אין שבועתו כלום ואינה מחייבתו תשלומי כפל של טוען טענת גנב (שם; ראה בית אהרן הדן מדוע הזכיר רש"י דבר זה).

2. דיני שומרים כתובים בשלש פרשיות בשמות כב, י-יד. התורה קובעת בהם שלש דרגות אחריות שונות. **שומר חנם**, שאינו מקבל תמורה עבור שמירת הפקדון, אינו חייב על הפסד הפקדון אלא אם כן אירע הדבר מחמת פשיעתו, ופטור הוא איפוא בגניבה ואבידה שלא מחמת פשיעתו. **שומר שכר**, המקבל תמורה עבור שמירת הפקדון, חייב אף בגניבה ואבידה, ואינו פטור אלא מהפסד שאירע בפקדון מחמת אונס גמור. **שואל**, שרשאי להשתמש בחפץ שבשמירתו ואינו משלם על זכות זו, חייב אף באונס גמור, ואינו פטור אלא ב"מתה מחמת מלאכתה" (ראה לעיל קה, ב הערה 4). הסוג הרביעי של שומר, דהיינו **שוכר**, שהוא רשאי להשתמש בחפץ אך משלם עבור זכות זו, לא נאמר בתורה (שמות כב, יד) אלא שאין דינו כשואל, ונחלקו תנאים כיצד אמנם דינו, שלפי רבי יהודה דינו כשומר שכר ולפי רבי מאיר דינו כשומר חנם (ראה לעיל מה, ב ו־נז, ב).

רמי בר חמא מלמד בשם ברייתא שהשבועה שהטיל הכתוב על שומרים הטוענים שאירע בחפץ הפסד שהנם פטורים עליו, אינה אמורה אלא כשהודה השומר במקצת, כגון שנתבע על כמה בהמות ולגבי חלקן הוא מודה שהינו חייב. דין זה נוהג בכל ארבעת סוגי השומרים.

לשון הכתובים בשלש פרשיות שומרים (שמות כב):

פרשה ראשונה — שומר חנם: (ו) כִּי יִתֵּן אִישׁ אֶל רֵעֵהוּ כֶּסֶף אוֹ כֵלִים לִשְׁמֹר וְגֻנַּב מִבֵּית הָאִישׁ אִם יִמָּצֵא הַגַּנָּב יְשַׁלֵּם שְׁנָיִם. (ז) אִם לֹא יִמָּצֵא הַגַּנָּב וְנִקְרַב בַּעַל הַבַּיִת אֶל הָאֱלֹהִים אִם לֹא שָׁלַח יָדוֹ בִּמְלֶאכֶת רֵעֵהוּ. (ח) עַל כָּל דְּבַר פֶּשַׁע עַל שׁוֹר עַל חֲמוֹר עַל שֶׂה עַל שַׂלְמָה עַל כָּל אֲבֵדָה אֲשֶׁר יֹאמַר כִּי הוּא זֶה עַד הָאֱלֹהִים יָבֹא דְּבַר שְׁנֵיהֶם אֲשֶׁר יַרְשִׁיעֻן אֱלֹהִים יְשַׁלֵּם שְׁנַיִם לְרֵעֵהוּ.

פרשה שניה — שומר שכר: (ט) כִּי יִתֵּן אִישׁ אֶל רֵעֵהוּ חֲמוֹר אוֹ שׁוֹר אוֹ שֶׂה וְכָל בְּהֵמָה לִשְׁמֹר וּמֵת אוֹ נִשְׁבַּר אוֹ נִשְׁבָּה אֵין רֹאֶה. (י) שְׁבֻעַת ה' תִּהְיֶה בֵּין שְׁנֵיהֶם אִם לֹא שָׁלַח יָדוֹ בִּמְלֶאכֶת רֵעֵהוּ וְלָקַח בְּעָלָיו וְלֹא יְשַׁלֵּם. (יא) וְאִם גָּנֹב יִגָּנֵב מֵעִמּוֹ יְשַׁלֵּם לִבְעָלָיו. (יב) אִם טָרֹף יִטָּרֵף יְבִאֵהוּ עֵד הַטְּרֵפָה לֹא יְשַׁלֵּם.

פרשה שלישית — שואל ושוכר: (יג) וְכִי יִשְׁאַל אִישׁ מֵעִם רֵעֵהוּ וְנִשְׁבַּר אוֹ מֵת בְּעָלָיו אֵין עִמּוֹ שַׁלֵּם יְשַׁלֵּם. (יד) אִם בְּעָלָיו עִמּוֹ לֹא יְשַׁלֵּם אִם שָׂכִיר הוּא בָּא בִּשְׂכָרוֹ.

3. רש"י. כפי שנתבאר בעמוד הקודם, רבי חייא בר אבא אומר שהכתוב "כִּי הוּא זֶה", שמשמע הודאה במקצת, אף על פי שהוא כתוב בפרשת שומר חנם אינו בא להצריך הודאה במקצת בשבועת שומרים, אלא הוא בא ללמד חיוב שבועה של מודה במקצת בתביעת מלוה [לפי רש"י; ולפי שאר ראשונים: בנתבע הטוען טענת פטור השייכת אף במלוה — ראה קז, א הערה 16].

כפי שנתבאר לעיל קו, ב הערה 47, נחלקו ראשונים בדעת רבי יוחנן שאמר (שם) ש"הטוען טענת גנב בפקדון אינו חייב עד שיכפור במקצת ויודה במקצת", אם כוונתו כרמי בר חמא, שאין כלל חיוב שבועת שומרים בלא הודאה במקצת (רא"ש), או אם אינו מצריך הודאה במקצת אלא בכדי לחייב כפל בטוען טענת גנב, ואילו עצם חיובו של שומר להישבע הוא אף בלא הודאה כלל (תוספות רי"ד). נזכר שם בהערה, שהפני יהושע מבין שדעת רש"י היא כשיטה הראשונה. כך נראה גם מדברי רש"י כאן, שממה שכתב שרמי בר חמא חולק על רבי חייא בר אבא, ולא כתב גם שחולק על רבי יוחנן, משמע שדעת רבי יוחנן אכן שוה לדעת רמי בר חמא.

4. רמי בר חמא סובר שאין אומרים ש"עירוב פרשיות כתוב כאן" כרבי חייא בר יוסף, אלא פסוק זה אכן בא להצריך הודאה במקצת בשבועתו של שומר חנם שבענינו הוא כתוב. [אף רבי יוחנן סובר כן לעיל קו, ב. אלא שלדעת תוספות רי"ד (ראה הערה הקודמת) רבי יוחנן מגביל את הכתוב לענין המסויים של חיוב כפל בשומר חנם הטוען טענת גנב, ואילו רמי בר חמא מרחיבו לענין עצם חיוב השומר להישבע על טענתו.]

5. ראה לשון הכתובים לעיל הערה 2.

6. ראה שם.

7. ראה זבחים מח, א ש"וי"ו מוסיף על ענין ראשון" הוא בכלל מדת "היקש".

8. היינו שיטת רבי יהודה — ראה הערה 2.

9. היינו שיטת רבי מאיר — ראה שם.

10. כגון שעשה בו מלאכתו (רש"י).

11. ההגהה על פי רש"י, וכן הגיה הב"ח.

12. ראה לעיל הערה 2. הגמרא (לעיל סג, ב) מפרשת שהכתוב "וְנִקְרַב בַּעַל הַבַּיִת אֶל הָאֱלֹהִים" ענינו שיקרב לפני הדיינים לשבועה, כלומר, בית דין מחייבים אותו להישבע על טענתו. כפי שמביאה הגמרא בסמוך, למעשה משביעים את השומר גם על דברים נוספים מלבד עצם טענתו, וביניהם שבועה שלא שלח יד בפקדון, כי אם שלח בו יד, הרי נתחייב מאותה שעה אף באונסים שיארעו בו.

13. ראה הערה הבאה ביאור מאמר זה.

14. רש"י.

ביאור זה, הכתוב ברש"י על מאמר הגמרא "למימרא דבשלח בה יד עסקינן", לכאורה הוא גם ביאור המאמר הקודם, "מכלל דאי שלח בה יד מיחייב". לכן יש מהאחרונים שתמה מדוע כפלה הגמרא את לשונה (הפלאה). אמנם, בכתבי היד של הש"ס נמצא רק מאמר "למימרא וכו' " ולא מאמר "מכלל וכו' " (שינויי נוסחאות [פרנקל]).

15. תוספות רי"ד.

16. לפי גירסא זו, יש לפרש שאמר רבי חייא בר אבא כן לתלמידיו אודות ההוראה שלימד רבי חייא בר יוסף. אך בכתבי היד נמצא 'אמר ליה', או ראשי תיבות 'א"ל' או 'אמר ל' ' (שינויי נוסחאות [פרנקל]) שיש לפענח אותם "אמר ליה", והיינו שאמר רבי חייא בר אבא כן לרבי חייא בר יוסף עצמו אודות ההוראה שלימד.

צריכין כפירה במקצת והודאה במקצת ואלו הן שומר חנם והשואל נושא שכר והשוכר אמר רבא מאי טעמא דרמי בר חמא שומר חנם בהדיא כתיב ביה א) כי הוא זה שומר שכר יליף נתינה נתינה משומר חנם שואל ב) וכי ישאל וי"ו מוסיף על ענין ראשון שוכר אי למ"ד כשומר שכר היינו שומר שכר אי למ"ד כשומר חנם היינו שומר חנם וא"ר חייא בר יוסף הטוען טענת גנב בפקדון אינו חייב עד שישלח בו יד מאי טעמא (א) ג) ונקרב בעל הבית אל האלהים אם לא שלח ידו במלאכת רעהו מכלל דאי שלח בה יד מיחייב למימרא דבשלח בה יד עסקינן אמר להו ר' חייא בר אבא הכי א"ר יוחנן בעומדת על אבוסה שנו א"ל ר' זירא לר' חייא בר אבא דוקא בעומדת על אבוסה קאמר אבל שלח בה יד קנה ושבועה לא מהניא ביה כלום או דלמא אפי' עומדת על אבוסה קאמר א"ל זו לא שמעתי כיוצא בה שמעתי דא"ר אסי א"ר יוחנן הטוען טענת אבד ונשבע וחזר וטען טענת גנב ונשבע ובאו עדים פטור מ"ט לאו משום דקנה בשבועה ראשונה א"ל לא הואיל ויצא ידי בעלים בשבועה ראשונה איתמר נמי א"ר אבין א"ר אילעא א"ר יוחנן א הטוען טענת אבידה בפקדון ונשבע וחזר וטען טענת גניבה ונשבע ובאו עדים פטור הואיל ויצא ידי בעלים בשבועה ראשונה אמר רב ששת ב הטוען טענת גנב בפקדון כיון ששלח בו יד פטור מאי טעמא הכי קאמר רחמנא ונקרב בעל הבית אל האלהים אם לא שלח ידו וגו' הא שלח ידו פטור אמר ליה רב נחמן והלא (א) ג שלש שבועות משביעין אותו שבועה שלא פשעתי בה שבועה שלא שלחתי בה יד שבועה שאינה ברשותי מאי לאו שבועה שלא שלחתי בה יד דומיא דשבועה שאינה ברשותי מה שבועה שאינה ברשותי כי מיגליא מילתא דאיתיה ברשותיה חייב אף שבועה שלא שלחתי בה יד כי מיגליא מילתא דשלח בה יד חייב אמר ליה לא שבועה שלא שלחתי בה יד דומיא דשלא פשעתי בה מה שבועה שלא פשעתי בה כי מיגליא מילתא דפשע בה פטור מכפל אף שבועה שלא שלחתי בה יד כי מיגליא מילתא דשלח בה יד פטור מכפל בעי רמי בר חמא ממון המחייבו כפל פוטרו מן החומש או דלמא שבועה המחייבתו כפל פוטרתו מן החומש היכי דמי כגון שטען טענת גנב ונשבע וחזר וטען טענת אבד ונשבע ובאו

צריכין כפירה במקצת והודאה במקצת. קודם שיתחייבו שבועה ואם נשבעו בלא כפירה והודאה אין שבועתו של ש"ח כלום ולא מחייבתו כפל ודרמי בר חמא פליג אדרבי חייא בר יוסף: פרשה ראשונה נאמרה בש"ח ושניה בשומר שכר: שוכר. פלוגתא דר"מ ורבי יהודה לעיל (דף מ:): אינו חייב. כפל: עד שישלח בה יד. קודם שבועה כגון שעשה בה מלאכה: ה"ג דאמר קרא ונקרב בעל הבית אל האלהים אם לא שלח: למימרא. דהאי דכתיב בתריה אשר ירשיעון אלהים וגו': בששלח בה יד עסקינן. דנמצא רשע בכך שנשבע לשקר שהרי שלח בה יד: בעומדת על אבוסה. שלא שלח בה יד שנו דחייב כפל: אבל שלח בה יד. קודם שבועה קנאה בתורת גזילה ושומר חנם אינו נעשה גנב אלא בטענת גנב וזה קודם שטען טענת גנב קנאה וקמה ליה ברשותיה שאם מתה ישלמנה ואשתכח דכי כפר דידיה קא כפר: או דלמא אפילו עומדת על אבוסה קאמר. וכל שכן כי שלח בה יד דבהכי קאי קרא כדאמר ר' חייא בר יוסף: הטוען טענת אבידה ונשבע. ל"ג והודה: פטור. מן הכפל: מ"ט לאו משום דקנה בשבועה ראשונה. להתחייב באונסין כדרב ששת דאמר לעיל הכופר בפקדון נעשה עליו גזלן אפי' בלא שבועה והיכא דאשתבע כל שכן דכ"ע מודו אלמא כיון דקמה ליה ברשותיה כי כפר דידיה קא כפר ולא מיחייב ליה כפל וה"ה לשולח בה יד כיון דפשיטא לן בפ' המפקיד (ב"מ מא:) דקמה ליה ברשותיה תו לא מיחייב עליה כפל: לא. התם לאו משום דקמה ליה ברשותיה הוא אלא הואיל ויצא שומר זה ידי בעלים בשבועה ראשונה שמבית דין ראשון נסתלק מידם ושבועה אחרונה זו לאו שבועת הדיינים הוא לחייבו כפל (ג) דכיון דנשבע בתחילה שוב לא היה מחויב שבועה לבעלים: כיון ששלח בה יד. קודם שבועה: ה"ק אם לא שלח. ונקרב בעל הבית וקיימא לן בהמפקיד (שם) דהאי ונקרב לשבועה הוא וכתיב בתריה ישלם שנים אם נמצא רשע: הא שלח יד פטור. מכל הדין הזה: שלש שבועות משביעין. את שומר חנם האומר נגנבה: שבועה שלא פשעתי. בשמירתו כשנגנבה דאי פשע בה חייב דכתיב על כל דבר פשע: שבועה שלא שלחתי בה יד. ליהנות בה קודם לכן דאם שלח בה יד קמה ליה ברשותיה דנעשה גזלן עליה ומיחייב באונסין וכ"ש בגניבה ואבידה: כי מגליא מילתא דאיתיה ברשותיה. והוא גנב עליה מחייב כפל דהיינו טוען טענת גנב: אף שבועה שלא שלחתי בה יד. כי משתכח שקרן נמי חייב כפל משום שבועה שאין ברשותו: כי מגליא מילתא דפשע בה. ונגנבה: פטור מכפל. דהא אינו גנב עליה: אף שבועה דשלח בה יד כי מגליא מילתא דשלח בה יד פטור מכפל. אפילו עדיין היא אצלו: בעי רמי בר חמא. דקיימא לן בפרק מרובה (לעיל דף סה:) ממון שאין משתלם בראש דאיכא כפל בהדיה אין מוסיף חומש ולעיל (דף קו.) נמי תנינן לה אם משבאו עדים הודה משלם תשלומי כפל ואשם אבל חומש לא מאן פטר ליה מחומשא ממונא או שבועה: והיכי דמי. כלומר למאי נ"מ כגון שטען טענת גנב כו':

ובאו

עד שישלח בו יד. והא דקתני לעיל (דף קו.) והעדים מעידים אותו שגנבו משלם תשלומי כפל היינו ששלח בו יד:

הואיל ויצא ידי בעלים בשבועה ראשונה. דאע"ג שהודה שלשקר נשבע אין חייב מן הדין לישבע פעם שניה שנגנב כמו שחוזר וטוען אלא נאמן שלא בשבועה לומר שנגנב במגו דאי בעי אמר באמת נשבעתי והיה פטור והא קמ"ל אע"ג שמושבע מפי ב"ד כגון שטענו בפני ב"ד אחר שלא היו יודעים שנשבע כבר קודם והשביעוהו עתה דפטור כיון שמן הדין לא היה לו לישבע: **ושלח** בו יד פטור. והא דאמר לעיל והעדים מעידים אותו שאכלו משלם תשלומי כפל צ"ל כגון שאכלו לאחר שבועה ונראה דדוקא קאמר ושלא דגזירת הכתוב היא כדקאמר אם לא שלח הא שלח פטור אבל כופר בפקדון אע"ג דאמר רב ששת לעיל הכופר בפקדון נעשה עליו גזלן כפל מיהא מחייב דהא דקאמר נעשה עליו גזלן היינו להתחייב באונסין: **והלא** שלש שבועות משביעין אותו. וצריך כולהו דאי נשבע שלא פשעתי אכתי חיישינן שמא ברשותו הוא ובאמת נשבע וכשנשבע שאינה ברשותו איכא למיחש שמא שלח בה יד ומתחייב אע"פ שלא פשע ואינה ברשותו ג): **מאי** לאו שלא שלחתי כו'. ה"נ ה"מ לאותובי לרבי חייא ב"ר יוסף ולימא מאי לאו [שלא] שלחתי דומיא דלא פשעתי ולשנויי לא דומיא דאין ברשותי:

מה שבועה שלא פשעתי בה כי מגליא מילתא דפשע בה פטור. דהא מהכא דרשינן טוען טענת גנב מדכתיב אם לא ימצא הגנב אלא הוא עצמו גנבו וזה שפשע בה לא גנבו: **כגון** שטוען טענת גנב וחזר וטען טענת אבד. ואיפכא לא מצי למימר דאם כן לא מיחייב כפל כדאמר לעיל שכבר יצא ידי בעלים בשבועה ראשונה והכי פירושו וחזר וטוען טענת אבד ואומר מה שנשבעתי שנגנב לא כי אלא אבד והיה לי לישבע שאבד אבל אין לפרש שאמר אחר שבועה אבד שא"כ לא ה"מ למפטר נפשיה באבד כיון שהיא ברשותו בשעה שנשבע דאההיא שעה שנשבע לשקר מתחייב באונסין ולא מחייב אהך שבועה חומש ואשם דלא הויא כפירת ממון אלא כשבועת ביטוי בעלמא:

ובאו

ובאו

מסורת הש"ם

א) ב"מ ו., ב) [ועי' תוס' ב"מ ו. ד"ה שבועה].

הגהות הב"ח

(א) גמ' מאי טעמא דאמר קרא ונקרב: (ב) רש"י ד"ה לא התם וכו' לחייבו כפל ואי קשיא הא דאמרינן לעיל השביע עליו ה' פעמים בין בפני ב"ד בין שלא בפני ב"ד חייב על כל אחת ואחת והכא אמרינן פטור איכא לתרוצי דהתם ודאי חייב דהא בקרבן שבועה קמיירי. ולא שני לן בין בפני ב"ד בין שלא בפני ב"ד דסתמא כתיב מכל אשר ישבע עליו לשקר וגו' אבל הכא בכפל קאמר דפטור דהא שבועה נמרייתא לאו שבועת הדיינין היא ואע"פ שנעשית בב"ד שלא היה להם לב"ד להשביעו שהרי כבר נפטר מכפל משבועה ראשונה דטוען טענת אבידה ונשבע לא משלם כפל וכפל לא משלם אלא בשבועת הדיינין דבהכי כתיב ונקרב בעל הבית וגו' לשבועה לשלם שנים ואין אלהים אלא דיינין דכיון דנשבע בתחילה שוב לא היה מחויב שבועה לבעלים כצ"ל:

תורה אור השלם

א) עַל כָּל דְּבַר פֶּשַׁע עַל שׁוֹר עַל חֲמוֹר עַל שֶׂה עַל שַׂלְמָה עַל כָּל אֲבֵדָה אֲשֶׁר יֹאמַר כִּי הוּא זֶה עַד הָאֱלֹהִים יָבֹא דְּבַר שְׁנֵיהֶם אֲשֶׁר יַרְשִׁיעֻן אֱלֹהִים יְשַׁלֵּם שְׁנַיִם לְרֵעֵהוּ: [שמות כב, ח]

ב) וְכִי יִשְׁאַל אִישׁ מֵעִם רֵעֵהוּ וְנִשְׁבַּר אוֹ מֵת בְּעָלָיו אֵין עִמּוֹ שַׁלֵּם יְשַׁלֵּם: [שמות כב, יג]

ג) אִם לֹא יִמָּצֵא הַגַּנָּב וְנִקְרַב בַּעַל הַבַּיִת אֶל הָאֱלֹהִים אִם לֹא שָׁלַח יָדוֹ בִּמְלֶאכֶת רֵעֵהוּ: [שמות כב, ז]

עין משפט נר מצוה

קנג א מיי' פ"ד מהלכות גניבה הל' ג טוש"מ סי' שנ שנב:

קנד ב מיי' שם הל' ב:

קנה ג מיי' פ"ו מהל' שאלה ופקדון הל' א סמג עשין פח טוש"ע ח"מ סי' רלו סעיף ח וסי' רלה סעיף ב:

ליקוטי רש"י

צריכין כפירה וכו'. בשבועות האמורות בהן כגון ש"ח לישבע שנגנבה וש"ש לישבע שנאנסה ושואל לישבע שמתה ממלאכה צריכין כפירה וכו' [ב"מ צח.]. כפירה לא הויא אלא בכופר ממש או לא היו דברים מעולם או החזרתי לך הודאה לא הויא אא"כ הודה ממש שיש לו בידו שחייב להחזיר לו נמצא שאין חיוב שבועת השומרים בזה אלא אם כן טען שלש פרות באחת כפר לו ובאחת הודה לו שישנה בידו והשלישית אומר לו נאנסה או אם שומר חנם הוא אומר לו בשלישית נגנבה דחייב עליה שבועה האמורה בפרשה (שמות כב) שלא שלח ידו במלאכת רעהו דאילו שבועה דכפירה אין זו שבועה האמורה בשומרים ובלאו כפירה נמי לא תחייביה שבועת שומרים דכתיב בשומר חנם כי הוא זה דמינה נפקא לן (שבועות לט:) שמודה במקצת וכפר במקצת ולאפוקי ממ"ד בבבא קמא בהגוזל [קמא] (דף קז.) עירוב פרשיות כתוב כאן וכי כתיב כי הוא זה לאו אשומר חנם דכתיב גביה קאי אלא אאם כסף תלוה ואשמועינן האי תנא דבשומרים נמי בעינן כפירה והודאה והשבועה האמורה בפרשה על פרה שלישית [לעיל ה.]. **נושא שכר.** שומר בשכר [שבועות מט.]. **הטוען טענת גנב בפקדון.** בבעל הבית שטוען טענת גנב בפקדון זה כדכתיב וגונב מבית האיש וגו' הכתוב מדבר וקאמר דאם ימצא שהוא גנב שישלם שנים [לעיל סג:]. **אם לא ימצא הגנב.** וגא השומר הזה שהוא בעל הבית. **ונקרב.** אל הדיינין לדון עם זה ולישבע לו שלא שלח ידו בשלו [שמות כב, ז]. **אל האלהים.** לשון דיין כמו (שמות כב) עד האלהים יבוא דבר שניהם [ברכות ס:]. **שלש שבועות משביעין אותו.** לשומר חנם שטוען נגנבה. **שלא שלחתי בה יד.** לעשות מלאכתי דאי שלח בה יד הוי גזלן עליה ומיחייב באונסיה ואפי' נאנסה ברשותיה היא קיימא ודידיה היא [ב"מ ו.].

אָמַר לֵיהּ רַבִּי זֵירָא לְרַבִּי חִיָּיא בַּר אַבָּא: דַּוְקָא בְּעוֹמֶדֶת עַל אֲבוּסָהּ קָאָמַר — האם נתכוון רבי יוחנן לומר שלימדו חכמים חיוב כפל של טוען טענת גנב דוקא בבהמה העומדת על אבוסה, כלומר, כשלא שלח בה השומר יד, **אֲבָל** אם **שָׁלַח בָּהּ** השומר **יָד**, הרי **קָנָה** אותה כבר מאותה שעה בתורת גזילה, שנחשבת היא כשלו לענין חיוב באחריות אונסיה[17], **וּשְׁבוּעָה לֹא מְהַנְיָא בֵּיהּ כְּלוּם** — ואין השבועה שנשבע שנגנבה מועילה בו כלל[18]; ולכן אינו מתחייב כפל[19]? **אוֹ דִּלְמָא אֲפִילּוּ עוֹמֶדֶת עַל אֲבוּסָהּ קָאָמַר** — או שמא נתכוון רבי יוחנן לומר שלימדו חכמים חיוב כפל של טוען טענת גנב אפילו במקרה שהבהמה עומדת על אבוסה ולא שלח בה השומר יד, למרות שאין הכתוב עוסק בכך, וכל שכן שנוהג החיוב במקרה ששלח בה השומר יד, שבזה עוסק הכתוב[20]?

רבי חייא בר אבא משיב:

אָמַר לֵיהּ רבי חייא בר אבא לרבי זירא: **זוֹ** — הלכה זו ממש, של שומר הטוען טענת גנב בלא ששלח ידו בפקדון, **לֹא שָׁמַעְתִּי** מרבי יוחנן, אבל הלכה **כַּיּוֹצֵא בָּהּ שָׁמַעְתִּי** ממנו, וממנה נוכל ללמוד מה היתה דעתו בזו. **דְּאָמַר רַבִּי אַסִּי אָמַר רַבִּי יוֹחָנָן: הַטּוֹעֵן טַעֲנַת אָבַד** — שומר חנם שטען שנאבד הפקדון ושלכן הינו פטור, **וְנִשְׁבַּע** על כך, **וְחָזַר וְטָעַן טַעֲנַת גַּנָּב**, כלומר, הודה ששבועתו הראשונה היתה שקר, אך טוען שמכל מקום פטור הוא כי הפקדון נגנב[21], **וְנִשְׁבַּע** על טענתו שנגנב, **וּבָאוּ עֵדִים** והכחישוהו ואמרו שגנבו בעצמו, הרי הוא **פָּטוּר** מתשלומי כפל (עד כאן דברי רבי יוחנן). **מַאי טַעְמָא** דרבי יוחנן בהוראה זו? מדוע אין השומר מתחייב כפל של טוען טענת גנב מחמת שבועתו השניה[22]? **לַאו** — האם אין הטעם **מִשּׁוּם דְּקָנָה בִּשְׁבוּעָה רִאשׁוֹנָה** — שמשעת השבועה הראשונה "קנה" השומר את הפקדון, שנחשב הוא מאותה שעה כשלו לענין אחריות אונסים[23], ונמצא שבשעה שנשבע על טענת גניבה כבר היה הפקדון נחשב כשלו, ולא היתה כאן שבועה של שומר הפוטר עצמו מממון חבירו, כפי שנדרש בכדי להתחייב בכפל של טוען טענת גנב[24]? לכאורה מוכח מהוראה זו של רבי יוחנן, איפוא, שכל ש"קנה" שומר פקדון להיחשב כשלו לענין חיוב אחריות, שוב לא תחייבנו טענת "נגנב" בתשלומי כפל. וממילא, נמצאנו למדים שכאשר אמר רבי יוחנן שחיוב כפל של טוען טענת גנב נאמר בבהמה שלא שלח בה השומר יד ("בעומדת על אבוסה שנו"), היתה כוונתו שדוקא באופן זה נאמר החיוב, ולא באופן שאכן שלח בו יד.

רבי זירא דוחה את הראיה:

אָמַר לֵיהּ רבי זירא לרבי חייא בר אבא: **לֹא!** אין הכרח שטעמו של רבי יוחנן בפוטרו טוען טענת גנב שכבר נשבע קודם שנאבד הפקדון הוא משום ש"קנה" את הפקדון כבר בשבועה הראשונה. אלא יש לומר שטעמו הוא **הוֹאִיל וְיָצָא** השומר **יְדֵי הַבְּעָלִים בִּשְׁבוּעָה רִאשׁוֹנָה**, כלומר, לפי שמשנשבע השומר שנאבד הפקדון שוב לא היה מחוייב להיענות לתביעת הבעלים, ונמצא שכאשר חזר וטען

הערות

17. על ידי שליחות ידו בחפץ נעשה השומר גזלן עליו, ומתחייב הוא באחריות אונסיו. גדר התחייבות גזלן באחריות אונסים של חפץ הוא שמעמיד הכתוב את החפץ ברשותו, דהיינו שלענין אונסים נחשב הוא כמי שקנה את החפץ ונתחייב לשלם תמורתו דמים (ראה רש"י כאן ולקמן ד"ה מ"ט וד"ה שבועה; בבא מציעא מג, א-ב).

18. לכאורה היה נראה שמאמר זה הוא המשך והשלמה למאמר הקודם, והוא בא לבאר מה בכך שכבר "קנה" השומר את החפץ בשליחות ידו. רבי זירא מציע שאם שלח השומר יד ו"קנה" בכך את הפקדון, **ממילא** אין השבועה מועילה כלום. פירוש, כיון שעל ידי שליחות ידו בחפץ קנה אותו השומר להיחשב כשלו, נמצא שכאשר לאחר מכן הוא נשבע שנגנב, אינו נחשב כנשבע על כפירת פקדון חבירו, אלא כנשבע על דבר של עצמו, ואין כאן שבועה של שומר הפוטר עצמו, כפי שנדרש בכדי להתחייב בכפל של טוען טענת גנב. אולם, מעיר רבי עקיבא איגר, אין הלשון "אין השבועה מועילה" מיושבת כל כך לפי ביאור זה.

לכן מפרש רבי עקיבא איגר, בדעת רש"י, שמאמר זה הוא טעם בפני עצמו, ורבי זירא מציע במאמרים אלה שני טעמים נפרדים לכך שלאחר ששלח שומר ידו בפקדון, שוב לא תחייבנו שבועה על טענת "נגנב" בתשלומי כפל: (א) הטעם הנזכר במאמר הראשון, "אם שלח בה יד — קנה", והיינו שכיון שכבר קנה השומר את הפקדון כששלח בו יד, נמצא שכאשר נשבע לאחר מכן שנגנב, אינו כנשבע על כפירת ממון חבירו, אלא הרי הוא כנשבע על דבר של עצמו, וכפי שנתבאר; (ב) טעם נוסף הנזכר במאמר הנוכחי, ש"אין השבועה מועילה בו כלום", דהיינו שלא היתה זו שבועה שיכלה להועיל לפוטרו, אף אם היתה אמת. פירוש, שבועה המחייבת כפל בטוען טענת גנב היינו דוקא שבועה שאילו היתה אמת היתה פוטרת את השומר מתשלומין, ואילו במקרה המדובר, כיון ששלח השומר יד בפקדון ונתחייב באחריות אונסים, אפילו אם באמת נגנב הפקדון לאחר מכן, והיה נשבע באמת על גניבתו, מכל מקום היה חייב באחריות הגניבה.

לגבי הטעם הראשון מעיר רבי עקיבא איגר שהינו דבר מחודש, שכן סוף סוף לא קנה השומר את הפקדון אלא לענין חיוב אחריות אונסים, ולא שיהא שלו לגמרי לעכבו לעצמו, ונמצא שלענין זה אכן היתה כאן שבועה על כפירת ממון חבירו. אף על פי כן, מדברי הגמרא לקמן מוכח שטעם זה נכון הוא, ו"קניית" פקדון לענין חיוב אחריות הינה סבה לפטור את השומר מתשלומי כפל של טוען טענת גנב — ראה לקמן הערה 24.

יש לציין שבכתב יד מינכן אין מאמר "ושבועה לא מהניא מידי", וגם בחידושי הראב"ד נראה שלא גרסו, ולא אמר רבי זירא אלא את הטעם הראשון. גם לפי המשמעות הפשוטה של הלשון, כפי שנתבאר בתחילת ההערה, לא אמר רבי זירא אלא את הטעם הראשון.

ראה עוד רמב"ם וראב"ד, הלכות גניבה ד, ב עם מגיד משנה ואבן האזל; חזון איש כ, יא ד"ה א; זכר יצחק סג; אמרי משה לה.

19. ראה הערה הקודמת. לקמן תשאל הגמרא כיצד, לפי צד זה, יפרש רבי יוחנן את הכתוב "וְנִקְרַב בַּעַל הַבַּיִת אֶל הָאֱלֹהִים אִם לֹא שָׁלַח יָדוֹ בִּמְלֶאכֶת רֵעֵהוּ" שבתוך פרשת טוען טענת גנב.

אין לשאול שיתחייב השומר כפל משום עצם שליחות ידו בפקדון, כי אף על פי שמתחייב הוא בכך באחריות כגנב, אין זה מעשה גניבת החפץ, שהרי הוא היה ברשותו כבר קודם. לא חייב הכתוב את השומר בתשלומי כפל אלא כאשר הוא "גונב" את הפקדון בטוענו שהוא נגנב ממנו.

20. כלומר, רבי זירא מסתפק שמא מודה רבי יוחנן לרבי חייא בר יוסף בדרשת הכתוב "וְנִקְרַב בַּעַל הַבַּיִת אֶל הָאֱלֹהִים אִם לֹא שָׁלַח יָדוֹ בִּמְלֶאכֶת רֵעֵהוּ" שבתוך פרשת טוען טענת גנב, והפרשה אכן עוסקת באופן שנמצא השומר שקרן גם בשבועתו שנגנב הפקדון וגם בשבועתו שלא שלח בו יד, ולא בא רבי יוחנן לחלוק על רבי חייא בר יוסף אלא במה שסובר שהכתוב מחייב דוקא באופן זה, ואילו הוא (רבי יוחנן) סובר שיש חיוב גם באופן שלא היתה שליחות יד (ראה רש"י).

לפי צד זה בדעת רבי יוחנן, ולפי רבי חייא בר יוסף, אף על פי שהסברא נותנת שלא ייאמר חיוב תשלומי כפל במקרה ששלח השומר יד בפקדון לפני שבועתו, מכל מקום גזירת הכתוב היא שיש חיוב כפל באופן זה (ראה ראב"ד, הלכות גניבה ד, ב; שיטה מקובצת לקמן קח, א ד"ה על, בשם הרא"ש; וראה גם שיטה מקובצת כאן ד"ה אבל, בשם הרא"ש).

21. ראה תוספות ד"ה הואיל.

22. מובן שאין לדון כלל לחייבו מכח שבועתו הראשונה, אף על פי שגם בה היה "גונב" בעצמו את הפקדון, כי לא הטילה התורה חיוב כפל אלא בשומר שפטר עצמו בטענת "נגנב", ולא בשפטר עצמו בטענת "אבד". אך מדוע לא יתחייב מכח שבועתו השניה, כשטען שהפקדון נגנב?

23. כפי שלימד רב ששת לעיל קה, ב, ששומר הכופר בפקדון נעשה עליו גזלן להתחייב באונסים. רב ששת לימד כן אפילו לגבי כפירה בלא שבועה, וכל שכן שהדין כך כאשר גם נשבע השומר (רש"י). אף על פי שהגמרא לעיל מקשה על רב ששת, למעשה לא נדחו דבריו ואין חולק עליהם (פני יהושע). מלבד זה, מהגמרא (שם) נראה שלגבי מקרה של כפירה ושבועה יש הוכחה מהברייתא שהשומר נעשה בכך גזלן, ודוקא לגבי כפירה בלא שבועה נסמך הדבר על הוראת רב ששת. ראה עוד בסוף הערה הבאה.

24. זהו כהטעם הראשון שהוזכר לעיל בהערה 18 לפטור טוען טענת גנב מכפל כאשר נעשה גזלן על הפקדון כבר לפני שבועתו. הטעם השני שהוזכר שם בהערה (שלא היתה שבועתו מועילה לפוטרו אפילו אם היתה אמת) אינו שייך במקרה זה, כי אחרי שהודה השומר שלא נאבד הפקדון עומד הוא שוב בחזקת חיוב, ואכן מועילה שבועת "נגנב" לפוטרו (רבי עקיבא איגר; אך ראה הערה הבאה, שאפשר לו להיפטר אף בלא שבועה).

יש לשאול: אם אין הטוען טענת גנב מתחייב כפל כל שנעשה גזלן על הפקדון לפני שבועתו, כיצד יתכן כלל חיוב טוען טענת גנב, והלא לעולם יש כפירה בפקדון לפני השבועה — בעצם טענת השומר שהפקדון נגנב — והכופר בפקדון נעשה עליו גזלן אף בלא שבועה, כפי שלימד רב ששת לעיל קה, ב?! במפרשים מבואר שאין ה"קנין" הנעשה על ידי כפירה לחוד מספיק בכדי להחשיב את הפקדון כשל השומר בכדי לפוטרו, ודוקא ה"קנין" הנעשה על ידי שבועה או על ידי שליחות יד יכול להספיק לכך (ראה תוספות ד"ה ושלח; ברכת שמואל מב; חזון איש, חושן משפט כ, יא ד"ה ב).

עד שישלח בו יד. והא דקתני לעיל (דף קו.) והעדים מעידים אותו שגנבו משלם תשלומי כפל היינו ששלח בו יד:
הואיל ויצא ידי בעלים בשבועה ראשונה. דאע"ג שהודה שלשקר נשבע אין חייב מן הדין לישבע פעם שניה שנגנב כמו שחוזר וטוען אלא נאמן שלא בשבועה לומר שנגנב במגו דאי בעי אמר באמת נשבעתי והיה פטור והא קמ"ל אע"ג שמושבע מפי ב"ד כגון שטענו בפני ב"ד אחר שלא היו יודעים שנשבע כבר קודם והשביעוהו עתה דפטור כיון שמן הדין לא היה לו לישבע: **ושלח** בו יד פטור. והא דאמר לעיל והעדים מעידים אותו שאכלו משלם תשלומי כפל צ"ל כגון שאכלו לאחר שבועה ונראה דדוקא קאמר ושלא דגזירת הכתוב היא כדקאמר אם לא שלח הא שלח פטור אבל כופר בפקדון אע"ג דאמר רב ששת לעיל הכופר בפקדון נעשה עליו גזלן כפל מיהא מחייב דהא דקאמר נעשה עליו גזלן היינו להתחייב באונסין: **והלא** שלש שבועות משביעין אותו. וצריך כולהו דאי נשבע שלא פשעתי אכתי חיישינן שמא ברשותו הוא ובאמת נשבע וכשנשבע שאינה ברשותו איכא למיחש שמא שלח בה יד ומתחייב אע"פ שלא פשע ואינה ברשותו [ג]: **מאי** לאו שלא שלחתי כו'. ה"נ ה"מ לאותובי לרבי חייא ב"ר יוסף ולימא מאי לאו [שלא] שלחתי דומיא דלא פשעתי ולשנויי לא דומיא דאין ברשותי:
מה שבועה שלא פשעתי בה כי מגליא מילתא דפשע בה פטור. דהא מהכא דרשינן טוען טענת גנב מדכתיב אם לא ימצא הגנב אלא הוא עצמו גנבו וזה שפשע בה לא גנבו: **כגון** שטוען טענת גנב וחזר וטען טענת אבד. ואיפכא לא מלי למימר דאם כן לא מיחייב כפל כדאמר לעיל שכבר יצא ידי בעלים בשבועה ראשונה והכי פירושו וחזר וטען טענת אבד ואומר מה שנשבעתי שנגנב לא כי אלא אבד והיה לי לישבע שאבד אבל אין לפרש שאמר אחר שבועה אבד שא"כ לא ה"מ למפטר נפשיה באבד כיון שהיא ברשותו בשעה שנשבע דאההיא שעה שנשבע לשקר מתחייב באונסין ולא מחייב אהך שבועה חומש ואשם דלא הויא כפירת ממון אלא כשבועת ביטוי בעלמא:

ובאו

צריכין כפירה במקצת והודאה במקצת
ואלו הן שומר חנם והשואל נושא שכר
והשוכר אמר רבא מאי טעמא דרמי בר
חמא שומר חנם בהדיא כתיב ביה [א] כי
הוא זה שומר שכר יליף נתינה נתינה
משומר חנם שואל [ב] וכי ישאל וי"ו מוסיף
על ענין ראשון שוכר אי למ"ד כשומר
שכר היינו שומר שכר אי למ"ד כשומר
חנם היינו שומר חנם וא"ר חייא בר יוסף
הטוען טענת גנב בפקדון אינו חייב עד
שישלח בו יד מאי טעמא (א) [ג] ונקרב בעל
הבית אל האלהים אם לא שלח ידו
במלאכת רעהו מכלל דאי שלח בה יד
מיחייב למימרא דבשלח בה יד עסקינן אמר
להו ר' חייא בר אבא הכי א"ר יוחנן בעומדת
על אבוסה שנו א"ל ר' זירא לר' חייא בר
אבא דוקא בעומדת על אבוסה קאמר אבל
שלח בה יד קנה ושבועה לא מהניא ביה
כלום או דלמא אפי' עומדת על אבוסה
קאמר א"ל זו לא שמעתי כיוצא בה שמעתי
דא"ר אסי א"ר יוחנן הטוען טענת אבד
ונשבע וחזר וטען טענת גנב ונשבע ובאו
עדים פטור מ"ט לאו משום דקנה בשבועה
ראשונה א"ל לא הואיל ויצא ידי בעלים
בשבועה ראשונה איתמר נמי א"ר אבין
א"ר אילעא א"ר יוחנן [א] הטוען טענת אבידה
בפקדון ונשבע וחזר וטען טענת גניבה
ונשבע ובאו עדים פטור הואיל ויצא ידי
בעלים בשבועה ראשונה אמר רב ששת
[ב] הטוען טענת גנב בפקדון כיון שישלח בו
יד פטור מאי טעמא הכי קאמר רחמנא
ונקרב בעל הבית אל האלהים אם לא שלח
ידו וגו' הא שלח ידו פטור אמר ליה רב
נחמן והלא (ב) [ג] שלש שבועות משביעין אותו
שבועה שלא פשעתי בה שבועה שלא
שלחתי בה יד שבועה שאינה ברשותי מאי
לאו שבועה שלא שלחתי בה יד דומיא
דשבועה שאינה ברשותי מה שבועה שאינה
ברשותי כי מיגליא מילתא דאיתיה ברשותיה
חייב אף שבועה שלא שלחתי בה יד כי מיגליא
מילתא דשלח בה יד חייב אמר ליה לא
שבועה שלא שלחתי בה יד דומיא דשלא
פשעתי בה מה שבועה שלא פשעתי בה
כי מיגליא מילתא דפשע בה פטור מכפל אף שבועה שלא שלחתי בה יד
כי מיגליא מילתא דשלח בה יד פטור מכפל בעי רמי בר חמא ממון המחייבו
כפל פוטרו מן החומש או דלמא שבועה המחייבתו כפל פוטרתו מן החומש
היכי דמי כגון שטען טענת גנב ונשבע וחזר וטען טענת אבד ונשבע
ובאו

צריכין כפירה במקצת והודאה במקצת. קודם שיתחייבו שבועה ואם נשבעו בלא כפירה והודאה אין שבועתו של ש"ח כלום ולא מחייבתו כפל ודרמי בר חמא פליג אדרבי חייא בר יוסף: פרשה ראשונה נאמרה בש"ח ושניה בשומר שכר: שוכר. פלוגתא דר"מ ורבי יהודה לעיל (דף מ:): אינו חייב. כפל: עד שישלח בה יד. קודם שבועה כגון שעשה בה מלאכה: ה"ג דאמר קרא ונקרב בעל הבית אל האלהים אם לא שלח: למימרא. דהאי דכתיב בתריה אשר ירשיעון אלהים וגו': בששלח בה יד עסקינן. דנמצא רשע בכך שנשבע לשקר שהרי שלח בה יד: בעומדת על אבוסה. שלא שלח בה יד שנו דחייב כפל: אבל שלח בה יד. קודם שבועה קנאה בתורת גזילה ושומר חנם אינו נעשה גנב אלא בטענת גנב וזה קודם שטען טענת גנב קנאה וקמה ליה ברשותיה שאם מתה ישלמנה ואשתכח דכי כפר דידיה קא כפר: או דלמא אפילו עומדת על אבוסה קאמר. וכל שכן כי שלח בה יד דבהכי קאי קרא כדאמר ר' חייא בר יוסף: הטוען טענת אבידה ונשבע. ל"ג והודה: פטור. מן הכפל: מ"ט לאו משום דקנה בשבועה ראשונה. להתחייב באונסין כדרב ששת דאמר לעיל הכופר בפקדון נעשה עליו גזלן אפי' בלא שבועה והיכא דאשתבע כל שכן דכ"ע מודו אלמא כיון דקמה ליה ברשותיה כי כפר דידיה קא כפר ולא מיחייב ליה כפל וה"ה לשולח בה יד כיון דפשיטא לן בפ' המפקיד (ב"מ מא:) דקמה ליה ברשותיה תו לא מיחייב עליה כפל: **לא**. התם לאו משום דקמה ליה ברשותיה הוא אלא הואיל ויצא שומר זה ידי בעלים בשבועה ראשונה שמבית דין ראשון נסתלק מידם ושבועה אחרונה זו לאו שבועת הדיינים הוא לחייבו כפל (ב) דכיון דנשבע בתחילה שוב לא היה מחויב שבועה לבעלים: כיון ששלח בה יד. קודם שבועה: ה"ק **אם לא** שלח. ונקרב בעל הבית וקיימא לן בהמפקיד (שם) דהאי ונקרב לשבועה הוא וכתיב בתריה ישלם שנים אם נמצא רשע: **הא שלח יד פטור**. מכל הדין הזה: **שלש שבועות** משביעין. את שומר חנם האומר נגנבה: **שבועה שלא פשעתי**. בשמירתו כשנגנבה דאי פשע בה חייב דכתיב על כל דבר פשע: **שבועה שלא שלחתי בה יד**. ליהנות בה קודם לכן דאם שלח בה יד קמה ליה ברשותיה דנעשה גזלן עליה ומיחייב באונסין וכ"ש בגניבה ואבידה: **כי מגליא מילתא דאיתיה ברשותיה**. והוא גנב עליה מחייב כפל דהיינו טוען טענת גנב: **אף שבועה שלא שלחתי בה יד**. כי משתכח שקרן נמי חייב כפל משום שבועה שאין ברשותו: **כי מגליא מילתא דפשע בה**. ונגנבה: **פטור מכפל**. דהא אינו גנב עליה: **אף שבועה דשלח בה יד כי מגליא מילתא דשלח בה יד פטור מכפל**. אפילו עדיין היא אצלו: **בעי רמי בר חמא**. דקיימא לן בפרק מרובה (לעיל דף סה:) ממון שאין משתלם בראש דאיכא כפל בהדיה אין מוסיף חומש ולעיל (דף קו.) נמי תנינן לה אם משבאו עדים הודה משלם תשלומי כפל ואשם אבל חומש לא מאן פטר ליה מחומשא ממונא או שבועה: **והיכי דמי**. כלומר למאי נ"מ כגון שטען טענת גנב כו':

ובאו

עין משפט נר מצוה

קנג **א** מיי' פ"ד מהלכות גניבה הל' ג טוש"מ סי' שנ סעי' ב:
קנד **ב** מיי' שם הל' ב:
קנה **ג** מיי' פ"ו מהל' שאלה ופקדון הל' א סמג עשין פח טוש"ע ח"מ סי' רצו סעיף א וסי' רצה סעיף ב:

ליקוטי רש"י

צריכין כפירה וכו'. בשבועות האמורות בהן כגון ש"ח לישבע שנגנבה וש"ש לישבע שנאנסה ושואל לישבע שמתה ממלאכה צריכין כפירה וכו' [ב"מ צח.]. כפירה לא הויא אלא בכופר ממש או לא היו דברים מעולם או החזרתי לך הודאה לא הויא אא"כ הודה ממש שיש לו בידו שחייב להחזיר לו נמצא שאין חיוב שבועת השומרים בהם אלא אם כן טען שלש פרות באחת כפר לו ובאחת הודה לו שישנה בידו והשלישית אומר לו נאנסה או אם שומר חנם הוא אומר לו בשלישית נגנבה דחייב עליה שבועה האמורה בפרשה (שמות כב) שלא שלח ידו במלאכת רעהו דאילו שבועה דכפירה אין זו שבועה האמורה בשומרים ובלאו כפירה נמי לא מחייביה שבועת שומרים דכתיב בשומר חנם כי הוא זה דמינה נפקא לן (שבועות לט:) שמודה במקצת וכפר במקצת ולאפוקי ממ"ד בבבא קמא בהגוזל [קמא] (דף קז.) עירוב פרשיות כתוב כאן וכי כתיב כי הוא זה לאו אשומר חנם דכתיב גביה קאי אלא אאם כסף תלוה ואשמועינן האי תנא דבשומרים נמי בעינן כפירה והודאה והשבועה האמורה בפרשה על פרה שלישית [לעיל ה.]. **נושא שכר**. שומר בשכר [שבועות מט.]. **הטוען טענת גנב בפקדון**. בבעל הבית שטוען טענת גנב בפקדון זה כדכתיב וגונב מבית האיש וגו' הכתוב מדבר וקאמר דאם ימצא שהוא גנב שישלם שנים [לעיל סג:]. **אם לא ימצא הגנב**. וגא השומר הזה שהוא בעל הבית. **ונקרב**. אל הדיינין לדון עם זה ולישבע לו שלא שלח ידו בשלו [שמות כב, ז]. **אל האלהים**. לשון דיין כמו (שמות כב) עד האלהים יבוא דבר שניהם [ברכות ס:]. **שלש שבועות משביעין אותו**. לשומר חנם שטוען נגנבה. **שלא שלחתי בה יד**. לעשות מלאכתי דאי שלח בה יד הוי גזלן עליה ומיחייב באונסיה ואפי' נאנסה ברשותיה היא קיימא ודידיה היא [ב"מ ו.].

מסורת הש"ס

א) ב"מ ו., ב) [ועי' תוס' ב"מ ו. ד"ה שבועה].

הגהות הב"ח

(א) גמ' מאי טעמא דאמר קרא ונקרב: (ב) רש"י ד"ה לא התם וכו' לחייבו כפל ואי קשיא הא דאמרינן לעיל השביע עליו ה' פעמים בין בפני ב"ד בין שלא בפני ב"ד חייב על כל אחת ואחת והכא אמרינן פטור איכא לתרוצי דהתם ודאי חייב דהא בקרבן שבועה קמיירי. ולא שני לן בין בפני ב"ד בין שלא בפני ב"ד דסתמא כתיב מכל אשר ישבע עליו לשקר וגו' אבל הכא בכפל קאמר דפטור דהא שבועה בתרייתא לאו שבועת הדיינין היא ואע"פ שנעשית בב"ד שלא היה להם לב"ד להשביעו שהרי כבר נפטר מכפל משבועה ראשונה דטוען טענת אבידה ונשבע לא משלם כפל וכפל לא משלם אלא בשבועת הדיינין דבהכי כתיב ונקרב בעל הבית וגו' לשבועה לשלם שנים ואין אלהים אלא דיינין דכיון דנשבע בתחילה שוב לא היה מחויב שבועה לבעלים כצ"ל:

תורה אור השלם

א) עַל כָּל דְּבַר פֶּשַׁע עַל שׁוֹר עַל חֲמוֹר עַל שֶׂה עַל שַׂלְמָה עַל כָּל אֲבֵדָה אֲשֶׁר יֹאמַר כִּי הוּא זֶה עַד הָאֱלֹהִים יָבֹא דְּבַר שְׁנֵיהֶם אֲשֶׁר יַרְשִׁיעֻן אֱלֹהִים יְשַׁלֵּם שְׁנַיִם לְרֵעֵהוּ: [שמות כב, ח]

ב) וְכִי יִשְׁאַל אִישׁ מֵעִם רֵעֵהוּ וְנִשְׁבַּר אוֹ מֵת בְּעָלָיו אֵין עִמּוֹ שַׁלֵּם יְשַׁלֵּם: [שמות כב, יג]

ג) אִם לֹא יִמָּצֵא הַגַּנָּב וְנִקְרַב בַּעַל הַבַּיִת אֶל הָאֱלֹהִים אִם לֹא שָׁלַח יָדוֹ בִּמְלֶאכֶת רֵעֵהוּ: [שמות כב, ז]

טענת גנב ונשבע לא היתה זו שבועה המחוייבת, ולכן אין בה תורת שבועה לחייב תשלומי כפל[25]. לגבי שומר ששלח ידו בפקדון, לעומת זאת, מכיון שבשעה שנשבע על טענת "נגנב" אכן היה מחוייב שבועה לבעלים, אפשר שרבי יוחנן אכן מחייב בו תשלומי כפל[26].

הגמרא מביאה ראיה לפירושו של רבי זירא בטעם רבי יוחנן:

אִיתְּמַר נַמִּי — וכן נאמר: **אָמַר רַבִּי אָבִין אָמַר רַבִּי אִילְעָא אָמַר רַבִּי יוֹחָנָן: הַטּוֹעֵן טַעֲנַת אֲבֵידָה בְּפִקָּדוֹן** — שומר חנם הטוען שאבד הפקדון, **וְנִשְׁבַּע** על כך, **וְחָזַר וְטָעַן טַעֲנַת גְּנֵיבָה וְנִשְׁבַּע** על טענתו, **וּבָאוּ עֵדִים** והכחישוהו ואמרו שגנבו בעצמו, הרי הוא **פָּטוּר** מתשלומי כפל, **הוֹאִיל וְיָצָא יְדֵי בְּעָלִים בִּשְׁבוּעָה רִאשׁוֹנָה**. הרי שמסרו אמוראים בשם רבי יוחנן את הטעם שהציע רבי זירא.

רבי חייא בר יוסף אמר לעיל שאין חיוב כפל של טוען טענת גנב אמור אלא אם כן שלח השומר ידו בפקדון קודם שנשבע. רבי יוחנן אמר שיש חיוב כפל בלא ששלח השומר יד בפקדון, ונסתפק רבי זירא אם כוונת רבי יוחנן היא שדוקא באופן זה נאמר החיוב, או אם כוונתו היא שהחיוב נאמר גם באופן זה וגם באופן ששלח השומר יד. הגמרא מביאה הוראה של אמורא אחר בענין זה:

אָמַר רַב שֵׁשֶׁת: שומר חנם **הַטּוֹעֵן טַעֲנַת גַּנָּב בְּפִקָּדוֹן**, ובאו עדים והכחישוהו, **כֵּיוָן שֶׁשָּׁלַח בּוֹ יָד** — אם קודם השבועה שלח ידו בפקדון, הרי הוא **פָּטוּר** מתשלומי כפל. **מַאי טַעְמָא?** והלא, בפרשת טוען טענת גנב כתוב (כב, ז) "וְנִקְרַב בַּעַל הַבַּיִת אֶל הָאֱלֹהִים אִם לֹא שָׁלַח יָדוֹ בִּמְלֶאכֶת רֵעֵהוּ", ולכאורה משמע שבכדי לחייב כפל מצריך הכתוב שיימצא השומר שקרן גם בשבועה שלא שלח יד בפקדון[27]? **הָכִי קָאָמַר רַחֲמָנָא** — כך אמרה התורה: "**וְנִקְרַב בַּעַל הַבַּיִת אֶל הָאֱלֹהִים**" (שמות כב, ז) — השומר יקרב לפני בית דין להישבע על טענתו שנגנב הפקדון [טענה הנזכרת לפני כן בפרשה] על מנת שיחולו עליו כל דיני הפרשה, שאם יימצא שקרן בשבועתו יקויים בו חיוב כפל (ככתוב בפסוק ח: "אֲשֶׁר יַרְשִׁיעֻן אֱלֹהִים יְשַׁלֵּם שְׁנַיִם לְרֵעֵהוּ"), "**אִם לֹא שָׁלַח יָדוֹ וגו'** " — והיינו דוקא אם לא שלח יד בפקדון קודם שנשבע. **הָא** — אך אם אכן **שָׁלַח יָדוֹ** בפקדון קודם שנשבע, הרי הוא **פָּטוּר** מכל דיני הפרשה, ואם יימצא שקרן בשבועתו שנגנב לא יהא חייב כפל[28].

הגמרא מקשה:

אָמַר לֵיהּ רַב נַחְמָן לרב ששת: **וַהֲלֹא שָׁלֹשׁ שְׁבוּעוֹת מַשְׁבִּיעִין אוֹתוֹ** (את שומר חנם הטוען "נגנבה"): "**שְׁבוּעָה שֶׁלֹּא פָּשַׁעְתִּי בָּהּ** כשנגנבה", כלומר, שלא היתה הגניבה מחמת פשיעתו, שאם היה כן הרי הוא חייב[29]; "**שְׁבוּעָה שֶׁלֹּא שָׁלַחְתִּי בָּהּ יָד** ליהנות ממנה בלא רשות", כי אם אמנם שלח יד בפקדון לפני שנגנבה, נתחייב מאותה שעה באחריותה כגזלן, ושוב אינו פטור אם נגנבה ממנו[30]; "**שְׁבוּעָה שֶׁאֵינָהּ בִּרְשׁוּתִי**", כלומר, שאמנם נגנב ממנו הפקדון ואינו מעכבו לעצמו[31]. **מַאי לַאו** — האם אין להניח ש"**שְׁבוּעָה שֶׁלֹּא שָׁלַחְתִּי בָּהּ יָד**" **דּוּמְיָא** — הינה בדומה **דִּ"שְׁבוּעָה שֶׁאֵינָהּ בִּרְשׁוּתִי**", **וּמַה** — כשם ש"**שְׁבוּעָה שֶׁאֵינָהּ בִּרְשׁוּתִי**", **כִּי מִיגַּלְיָא מִילְּתָא דְּאִיתֵיהּ בִּרְשׁוּתֵיהּ** — כאשר מתגלה הדבר שהפקדון אכן ברשותו, שהוא עצמו היה גונבו, הרי הוא **חַיָּיב** כפל של טוען טענת גנב, **אַף "שְׁבוּעָה שֶׁלֹּא שָׁלַחְתִּי בָּהּ יָד**", **כִּי מִיגַּלְיָא מִילְּתָא דְּשָׁלַח בָּהּ יָד** — כאשר מתגלה הדבר שאכן שלח יד בפקדון, הרי הוא **חַיָּיב** כפל של טוען טענת גנב אם שיקר גם בשבועתו שהפקדון נגנב ואינו ברשותו, ואין שליחות ידו שמקודם פוטרתו[32]!

רב ששת משיב:

אָמַר לֵיהּ רב ששת לרב נחמן: **לֹא!** אין להניח כן. אלא יש לומר ש"**שְׁבוּעָה שֶׁלֹּא שָׁלַחְתִּי בָּהּ יָד" דּוּמְיָא** — הינה בדומה לשבועה **דִּ"שֶׁלֹּא פָּשַׁעְתִּי בָּהּ**", **וּמַה** — כשם ש"**שְׁבוּעָה שֶׁלֹּא פָּשַׁעְתִּי בָּהּ**", **כִּי מִיגַּלְיָא מִילְּתָא דְּפָשַׁע בָּהּ** — כאשר מתגלה הדבר שאכן פשע בפקדון ומחמת כן נגנב, הרי הוא **פָּטוּר מִכֵּפֶל**, שהרי לא גנב את הפקדון לעצמו[33], **אַף "שְׁבוּעָה שֶׁלֹּא שָׁלַחְתִּי בָּהּ יָד**", **כִּי מִיגַּלְיָא מִילְּתָא דְּשָׁלַח בָּהּ יָד** — כאשר מתגלה הדבר שאכן שלח יד בפקדון, הרי הוא **פָּטוּר מִכֵּפֶל** של טוען טענת גנב, אפילו אם הפקדון ישנו ברשותו ושיקר בשבועתו שנגנב[34].

כפי שלמדנו למעלה, שומר הכופר בפקדון ונשבע לשקר, וחזר והודה, משלם קרן וחומש לבעלים ומתחייב בקרבן אשם, ואילו שומר חנם הטוען טענת גנב בפקדון ונשבע על כך, ואחר כך באו עדים שהוא עצמו גנבו, משלם לבעלים כפל. ומבואר בברייתא (לעיל סה, א-ב, וכן לעיל קו, א) שאם נתחייב על אותו פקדון גם כפל וגם חומש,

---

הערות

25. רש"י; אך ראה רמב"ם, הלכות גניבה ד, ג עם אבן האזל; תורת חיים. אין שבועה של טוען טענת גנב מחייבת כפל אלא אם כן היתה שבועת חיוב שהוטלה כדין (תוספות רי"ד; ראה לעיל קו, א עם הערה 23). לפי הביאור הנוכחי, משמיענו רבי יוחנן בהוראה זו שאף על פי שבשבועתו השניה הושבע השומר על ידי בית דין (כגון שתבעו הבעלים בבית דין אחר שלא ידעו שכבר נשבע, והטילו עליו שבועה בהיותם סבורים שהוא מחוייב בה), מכל מקום אין זו שבועה המועילה לחייב תשלומי כפל, הואיל ולפי האמת לא היה מחוייב בה (תוספות).

אף על פי שהודה השומר שהיתה שבועתו הראשונה בשקר, אינו מחוייב להישבע עוד על פקדון זה, אלא מעתה פטור הוא בטענה כגון "נגנב" אף בלא שבועה. כי כיון שהיה אפשר לו להישאר בפטור על ידי שיעמוד בדבריו הראשונים, ולא היה צריך עוד שבועה, נאמן הוא מכח "מיגו" לפטור עצמו בטענה אחרת בלא שבועה (תוספות).

26. כי עוד לא נפסק בשום בית דין שכיון ששלח בו יד הרי הוא חייב אפילו באחריות אונסים. לכן, בית דין שהשביעוהו על טענת "נגנב" כדין השביעוהו (ראה תוספות רי"ד).

27. אף על פי שהסברא נותנת כדברי רב ששת, כמבואר לעיל בדברי רבי זירא (אמרי בינה), רב ששת בא לבאר מדוע לא נלמד מהכתוב (שמות כב, ז) "וְנִקְרַב בַּעַל הַבַּיִת אֶל הָאֱלֹהִים אִם לֹא שָׁלַח יָדוֹ בִּמְלֶאכֶת רֵעֵהוּ" שגזירת הכתוב היא שחיוב כפל הנזכר ב"אֲשֶׁר יַרְשִׁיעֻן אֱלֹהִים יְשַׁלֵּם שְׁנַיִם לְרֵעֵהוּ" (שם ח) עוסק באופן שאכן שלח השומר יד, וכפי שדרש רבי חייא בר יוסף (שיטה מקובצת ד"ה אבל, בשם הרא"ש).

28. רש"י.

רבי חייא בר יוסף דרש לעיל שמאמר "אִם לֹא שָׁלַח יָדוֹ בִּמְלֶאכֶת רֵעֵהוּ" הוא תיאור תוכן שבועה שעליה נאמר "וְנִקְרַב וכו' ", והוא על פי מסורת הגמרא (ראה לקמן הערה 30) שכוונת הכתוב היא שעל השומר להישבע שלא שלח ידו בפקדון. לפי פירוש זה, מלת "אִם" בכתוב זה מתפרשת כמו "אשר", ו"אִם לֹא שָׁלַח" פירושו "שלא שלח". רב ששת, לעומת זאת, דורש את הכתוב באופן שמלת "אִם" משמשת במובנה המצוי, כמלת תנאי, ומאמר "אִם לֹא שָׁלַח יָדוֹ" בא לומר שדיני הפרשה אמורים בתנאי שלא נעשתה שליחות יד. ראה רמב"ן שמות כב, ז.

29. רש"י; ראה לשון הכתובים בהערה 2. שומר חנם אינו פטור אלא על גניבה ואבידה שאירעו שלא מחמת פשיעתו.

30. השולח יד בפקדון נעשה עליו גזלן וחייב מאותה שעה אפילו באחריות אונסים, וכל שכן באחריות גניבה ואבידה (רש"י; ראה לעיל הערה 17).

31. כי אף אם לא פשע בפקדון ולא שלח בו יד, לא די בכך כדי לפוטרו, שכן יתכן שהוא כעת ברשותו. נמצא שלא די לפוטרו בלא שישבע על כל שלשת הדברים האלה (תוספות ד"ה והלא).

שבועה זו של "אינה ברשותי" היא עיקר שבועת השומר על טענתו, ובה הוא כולל אמירה שכך וכך אירע לפקדון (נגנב, נאנס וכו') (ראה רמב"ם, הלכות שאלה ופקדון ד, א עם מגיד משנה [אך ראה לחם משנה, הלכות טוען ונטען ה, ו]; ש"ך, חושן משפט רצב, ב; קצות החושן שם ד; ט"ז שם רצה, ב; אך ראה מאירי; סמ"ע שם ב). לכאורה, כך נראה גם מרש"י לקמן ד"ה אף שבועה שלא; אך ראה נחלת דוד בבא מציעא ו, א בדעת רש"י.

אף על פי שנשבע השומר שהפקדון נגנב ממנו, עליו להישבע שאינו ברשותו כעת, כי יש לחשוש שאמנם נגנב ממנו אך בינתיים הוחזר לו (מאירי; אך ראה סמ"ע רצה, ה).

32. רש"י; ראה עוד תוספות רי"ד.

תוספות (ד"ה מאי) נתקשו מדוע הניח רב נחמן שיש לדמות את שבועת "שלא שלחתי בה יד" לשבועת "שאינה ברשותי" יותר מאשר לשבועת "שלא פשעתי בה" (כפי שאכן אומר רב ששת בסמוך). אמנם, יש מהאחרונים שהציעו סברות בדבר — ראה תורת חיים; הפלאה ד"ה בגמרא; קיקיון דיונה.

33. רש"י.

34. רש"י.

צריכין כפירה במקצת והודאה במקצת ואלו הן שומר חנם והשואל נושא שכר והשוכר אמר רבא מאי טעמא דרמי בר חמא שומר חנם בהדיא כתיב ביה (א) כי הוא זה שומר שכר יליף נתינה נתינה משומר חנם שואל (ב) וכי ישאל וי"ו מוסיף על ענין ראשון שוכר אי למ"ד כשומר שכר היינו שומר שכר אי למ"ד כשומר חנם היינו שומר חנם וא"ר חייא בר יוסף הטוען טענת גנב בפקדון אינו חייב עד שישלח בו יד מאי טעמא (א) (ג) ונקרב בעל הבית אל האלהים אם לא שלח ידו במלאכת רעהו מכלל דאי שלח בה יד מיחייב למימרא דבשלח בה יד עסקינן אמר להו ר' חייא בר אבא הכי א"ר יוחנן בעומדת על אבוסה שנו א"ל ר' זירא לר' חייא בר אבא דוקא בעומדת על אבוסה קאמר אבל שלח בה יד קנה ושבועה לא מהניא ביה כלום או דלמא אפי' עומדת על אבוסה קאמר א"ל זו לא שמעתי כיוצא בה שמעתי דא"ר אסי א"ר יוחנן הטוען טענת אבד ונשבע וחזר וטען טענת גנב ונשבע ובאו עדים פטור מ"ט לאו משום דקנה בשבועה ראשונה א"ל לא הואיל ויצא ידי בעלים בשבועה ראשונה איתמר נמי א"ר אבין א"ר אילעא א"ר יוחנן א הטוען טענת אבידה בפקדון ונשבע וחזר וטען טענת גניבה ונשבע ובאו עדים פטור הואיל ויצא ידי בעלים בשבועה ראשונה אמר רב ששת ב הטוען טענת גנב בפקדון כיון ששלח בו יד פטור מאי טעמא הכי קאמר רחמנא ונקרב בעל הבית אל האלהים אם לא שלח ידו וגו' הא שלח ידו פטור אמר ליה רב נחמן והלא (א) ג שלש שבועות משביעין אותו שבועה שלא פשעתי בה שבועה שלא שלחתי בה יד שבועה שאינה ברשותי מאי לאו שבועה שלא שלחתי בה יד דומיא דשבועה שאינה ברשותי מה שבועה שאינה ברשותי כי מיגליא מילתא דאיתיה ברשותיה חייב אף שבועה שלא שלחתי בה יד כי מיגליא מילתא דשלח בה יד חייב אמר ליה לא שבועה שלא שלחתי בה יד דומיא דשלא פשעתי בה מה שבועה שלא פשעתי בה כי מיגליא מילתא דפשע בה פטור מכפל אף שבועה שלא שלחתי בה יד כי מיגליא מילתא דשלח בה יד פטור מכפל בעי רמי בר חמא ממון המחייבו כפל פוטרו מן החומש או דלמא שבועה המחייבתו כפל פוטרתו מן החומש היכי דמי כגון שטען טענת גנב ונשבע וחזר וטען טענת אבד ונשבע ובאו

רש"י

צריכין כפירה במקצת והודאה במקצת. קודם שיתחייבו שבועה ואם נשבעו בלא כפירה והודאה אין שבועתו של ש"ח כלום ולא מחייבתו כפל ודרמי בר חמא פליג אדרבי חייא בר יוסף: פרשה ראשונה נאמרה בש"ח ושניה בשומר שכר: שוכר. פלוגתא דר"מ ורבי יהודה לעיל (דף מ:): אינו חייב. כפל: עד שישלח בה יד. קודם שבועה כגון שעשה בה מלאכה: ה"ג דאמר קרא ונקרב בעל הבית אל האלהים אם לא שלח: למימרא. דהאי דכתיב בתריה אשר ירשיעון אלהים וגו': בששלח בה יד עסקינן. דנמצא רשע בכך שנשבע לשקר שהרי שלח בה יד: בעומדת על אבוסה. שלא שלח בה יד שנו דחייב כפל: אבל שלח בה יד. קודם שבועה קנאה בתורת גזילה ושומר חנם אינו נעשה גנב אלא בטענת גנב וזה קודם שטען טענת גנב קנאה וקמה ליה ברשותיה שאם מתה ישלמנה ואשתכח דכי כפר דידיה קא כפר: או דלמא אפילו עומדת על אבוסה קאמר. וכל שכן כי שלח בה יד דבהכי קאי קרא כדאמר ר' חייא בר יוסף: הטוען טענת אבידה ונשבע. ל"ג והודה: פטור. מן הכפל: מ"ט לאו משום דקנה בשבועה ראשונה. להתחייב באונסין כדרב ששת דאמר לעיל הכופר בפקדון נעשה עליו גזלן אפי' בלא שבועה והיכא דאשתבע כל שכן דכ"ע מודו אלמא כיון דקמה ליה ברשותיה כי כפר דידיה קא כפר ולא מיחייב ליה כפל וה"ה לשולח בה יד כיון דפשיטא לן בפ' המפקיד (ב"מ מא:) דקמה ליה ברשותיה תו לא מיחייב עליה כפל: לא. התם לאו משום דקמה ליה ברשותיה הוא אלא הואיל ויצא שומר זה ידי בעלים בשבועה ראשונה שמבית דין ראשון נסתלק מידם ושבועה אחרונה זו לאו שבועת הדיינים הוא לחייבו כפל (ב) דכיון דנשבע בתחילה שוב לא היה מחויב שבועה לבעלים: כיון ששלח בה יד. קודם שבועה: ה"ק אם לא שלח. ונקרב בעל הבית וקיימא לן בהמפקיד (שם) דהאי ונקרב לשבועה הוא וכתיב בתריה ישלם שנים אם נמצא רשע: הא שלח יד פטור. מכל הדין הזה: שלש שבועות משביעין. את שומר חנם האומר נגנבה: שבועה שלא פשעתי. בשמירתו כשנגנבה דאי פשע בה חייב דכתיב על כל דבר פשע: שבועה שלא שלחתי בה יד. ליהנות בה קודם לכן דאם שלח בה יד קמה ליה ברשותיה דנעשה גזלן עליה ומיחייב באונסין וכ"ש בגניבה ואבידה: כי מגליא מילתא דאיתיה ברשותיה. והוא גנב עליה מחייב כפל דהיינו טוען טענת גנב: אף שבועה שלא שלחתי בה יד. כי משתכח שקרן נמי חייב כפל משום שבועה שאין ברשותו: כי מגליא מילתא דפשע בה. ונגנבה: פטור מכפל. דהא אינו גנב עליה: אף שבועה דשלח בה יד כי מגליא מילתא דשלח בה יד פטור מכפל. אפילו עדיין היא אצלו: בעי רמי בר חמא. דקיימא לן בפרק מרובה (לעיל דף סה:) ממון שאין משתלם בראש דאיכא כפל בהדיה אין מוסיף חומש ולעיל (דף קו.) נמי תנינן לה אם משבאו עדים הודה משלם תשלומי כפל ואשם אבל חומש לא מאן פטר ליה מחומשא ממונא או שבועה: והיכי דמי. כלומר למאי נ"מ כגון שטען טענת גנב כו': ובאו

תוספות

עד שישלח בו יד. והא דקתני לעיל (דף קו.) והעדים מעידים אותו שגנבו משלם תשלומי כפל היינו ששלח בו יד:

הואיל ויצא ידי בעלים בשבועה ראשונה. דאע"ג שהודה שלשקר נשבע אין חייב מן הדין לישבע פעם שניה שנגנב כמו שחוזר וטוען אלא נאמן שלא בשבועה לומר שנגנב במגו דאי בעי אמר באמת נשבעתי והיה פטור והא קמ"ל אע"ג שמושבע מפי ב"ד כגון שטענו בפני ב"ד אחר שלא היו יודעים שנשבע כבר קודם והשביעוהו עתה דפטור כיון שמן הדין לא היה לו לישבע:

ושלח בו יד פטור. והא דאמר לעיל והעדים מעידים אותו שאכלו משלם תשלומי כפל צ"ל כגון שאכלו לאחר שבועה ונראה דדוקא קאמר ושלח דגזירת הכתוב היא כדקאמר אם לא שלח הא שלח פטור אבל כופר בפקדון אע"ג דאמר רב ששת לעיל הכופר בפקדון נעשה עליו גזלן כפל מיהא מחייב דהא דקאמר נעשה עליו גזלן היינו להתחייב באונסין:

והלא שלש שבועות משביעין אותו. וצריך כולהו דאי נשבע שלא פשעתי אכתי חיישינן שמא ברשותו הוא ובאמת נשבע וכשנשבע שאינה ברשותו איכא למיחש שמא שלח בה יד ומתחייב אע"פ שלא פשע ואינה ברשותו (ג):

מאי לאו שלא שלחתי כו'. ה"נ ה"מ לאותובי לרבי חייא ב"ר יוסף ולימא מאי לאו [שלא] שלחתי דומיא דלא פשעתי ולשנויי לא דומיא דאין ברשותי:

מה שבועה שלא פשעתי בה כי מגליא מילתא דפשע בה פטור. דהא מהכא דרשינן טוען טענת גנב מדכתיב אם לא ימצא הגנב אלא הוא עצמו גנבו וזה שפשע בה לא גנבו:

כגון שטוען טענת גנב וחזר וטען טענת אבד. ואיפכא לא מצי למימר דאם כן לא מיחייב כפל כדאמר לעיל שכבר יצא ידי בעלים בשבועה ראשונה והכי פירושו וחזר וטען טענת אבד ואומר מה שנשבעתי שנגנב לא כי אלא אבד והיה לי לישבע שאבד אבל אין לפרש שאמר אחר שבועה אבד שא"כ לא ה"מ למפטר נפשיה באבד כיון שהיא ברשותו בשעה שנשבע דאההיא שעה שנשבע לשקר מתחייב באונסין ולא מחייב אהך שבועה חומש ואשם דלא הויא כפירת ממון אלא כשבועת ביטוי בעלמא:

ובאו

עין משפט נר מצוה

קנג א מיי' פ"ד מהלכות גניבה הל' ג טוש"מ סי' שנ שנב:
קנד ב מיי' שם הל' ב:
קנה ג מיי' פ"ו מהל' שאלה ופקדון הל' א סמג עשין פח טוש"ע ח"מ סי' רצו סעיף ח וסי' רצה סעיף ב:

ליקוטי רש"י

צריכין כפירה וכו'. בשבועות האמורות בהן כגון ש"ח לישבע שנגנבה וש"ש לישבע שנאנסה ושואל לישבע שמתה ממלאכה צריכין כפירה וכו' [ב"מ צח.]. כפירה לא הויא אלא בכופר ממש או לא היו דברים מעולם או החזרתי לך הודאה לא הויא אא"כ הודה ממש שיש לו בידו שחייב להחזיר לו נמצא שאין חיוב שבועת השומרים באה אלא אם כן טען שלש פרות באחת כפר לו ובאחת הודה לו שישנה בידו והשלישית אומר לו נאנסה או אם שומר חנם הוא אומר לו בשלישית נגנבה דחייב עליה שבועה האמורה בפרשה (שמות כב) שלא שלח ידו במלאכת רעהו דאילו שבועה דכפירה אין זו שבועה האמורה בשומרים ובלאו כפירה נמי לא תחייביה שבועת שומרים דכתיב בשומר חנם כי הוא זה דמינה נפקא לן (שבועות לט:) שמודה במקצת וכפר במקצת ולאפוקי ממ"ד בבבא קמא בהגוזל [קמא] (דף קז.) עירוב פרשיות כתוב כאן וכי כתיב כי הוא זה לאו אשומר חנם דכתיב גביה קאי אלא אאם כסף תלוה ואשמועינן האי תנא דבשומרים נמי בעינן כפירה והודאה והשבועה האמורה בפרשה על פרה שלישית [לעיל ה.]. **נושא שכר.** שומר בשכר [שבועות מט.]. **הטוען טענת גנב בפקדון.** בבעל הבית שטוען טענת גנב בפקדון זה כדכתיב וגונב מבית האיש וגו' הכתוב מדבר וקאמר דאם ימצא שהוא גנב ישלם שנים [לעיל סג:]. **אם לא ימצא הגנב.** ובא השומר הזה שהוא בעל הבית. **ונקרב.** אל הדיינין לדון עם זה ולישבע לו שלא שלח ידו בשלו [שמות כב, ז]. **אל האלהים.** לשון דיין כמו (שמות כב) עד האלהים יבוא דבר שניהם [ברכות ס:]. **שלש שבועות משביעין אותו.** לשומר חנם שטוען נגנבה. **שלא שלחתי בה יד.** לעשות מלאכתי דאי שלח בה יד הוי גזלן עליה ומיחייב באונסיה ואפי' נאנסה ברשותיה היא קיימא ודידיה היא [ב"מ ו.].

מסורת הש"ס

א) ב"מ ו., ב) [ועי' תוס' ב"מ ו. ד"ה שבועה].

הגהות הב"ח

(א) גמ' מאי טעמא דאמר קרא ונקרב: (ב) רש"י ד"ה לא התם וכו' לחייבו כפל ואי קשיא הא דאמרינן לעיל השביע עליו ה' פעמים בין בפני ב"ד בין שלא בפני ב"ד חייב על כל אחת ואחת והכא אמרינן פטור איכא לתרוצי דהתם ודאי חייב דהא בקרבן שבועה קמיירי. ולא שני לן בין בפני ב"ד בין שלא בפני ב"ד דסתמא כתיב מכל אשר ישבע עליו לשקר וגו' אבל הכא בכפל קאמר דפטור דהא שבועה בתרייתא לאו שבועת הדיינין היא ואע"פ שנעשית בב"ד שלא היה להם לב"ד להשביעו שהרי כבר נפטר מכפל משבועה ראשונה דטוען טענת אבידה ונשבע לא משלם כפל וכפל לא משלם אלא בשבועת הדיינין דבהכי כתיב ונקרב בעל הבית וגו' לשבועה לשלם שנים ואין אלהים אלא דיינין דכיון דנשבע בתחילה שוב לא היה מחויב שבועה לבעלים כצ"ל:

תורה אור השלם

א) עַל כָּל דְּבַר פֶּשַׁע עַל שׁוֹר עַל חֲמוֹר עַל שֶׂה עַל שַׂלְמָה עַל כָּל אֲבֵדָה אֲשֶׁר יֹאמַר כִּי הוּא זֶה עַד הָאֱלֹהִים יָבֹא דְּבַר שְׁנֵיהֶם אֲשֶׁר יַרְשִׁיעֻן אֱלֹהִים יְשַׁלֵּם שְׁנַיִם לְרֵעֵהוּ: [שמות כב, ח]

ב) וְכִי יִשְׁאַל אִישׁ מֵעִם רֵעֵהוּ וְנִשְׁבַּר אוֹ מֵת בְּעָלָיו אֵין עִמּוֹ שַׁלֵּם יְשַׁלֵּם: [שמות כב, יג]

ג) אִם לֹא יִמָּצֵא הַגַּנָּב וְנִקְרַב בַּעַל הַבַּיִת אֶל הָאֱלֹהִים אִם לֹא שָׁלַח יָדוֹ בִּמְלֶאכֶת רֵעֵהוּ: [שמות כב, ז]

כגון שומר חנם שטען טענת גנב בפקדון ונשבע על כך, ובאו עדים שהוא עצמו גנבו (ונתחייב בכפל), ואחר כך הודה בעצמו בדבר (ונתחייב איפוא קרן וחומש ואשם), אינו משלם אלא כפל בלבד, ופטור מן החומש[35]. הגמרא להלן מביאה ספקות של כמה אמוראים בענין הלכה זו. ספק ראשון, של רמי בר חמא:

בָּעֵי (שאל) **רָמִי בַּר חָמָא:** האם **מָמוֹן הַמְחַיְּיבוֹ כֶּפֶל פּוֹטְרוֹ מִן הַחוֹמֶשׁ, אוֹ דִּלְמָא** (שמא) **שְׁבוּעָה הַמְחַיַּיבְתּוֹ כֶּפֶל פּוֹטַרְתּוֹ מִן הַחוֹמֶשׁ**? האם הפְּטוֹר מן החומש תלוי בממון שכפר, שאינו מתחייב על ממון זה גם כפל וגם חומש, או שתלוי הוא בשבועת השקר, שאינו מתחייב על אותה שבועה עצמה גם כפל וגם חומש. והגמרא מבארת מיד את ההבדל בין שני הצדדים של הספק:

הֵיכִי דָּמֵי — כיצד? כלומר, מה היא ה״נפקא מינה״ בספק זה? **כְּגוֹן שֶׁטָּעַן** שומר חנם **טַעֲנַת גַּנָּב וְנִשְׁבַּע** על כך, **וְחָזַר וְטָעַן טַעֲנַת אָבַד**[36] **וְנִשְׁבַּע** שוב גם על כך,

הערות

35. דבר זה נלמד (בגמרא לעיל סה, ב) מן הפסוק (ויקרא ה, כד): ״וְשִׁלַּם אֹתוֹ בְּרֹאשׁוֹ, וַחֲמִשִׁתָיו יֹסֵף עָלָיו״, ודורשים שדוקא ״ממון המשתלם בראש״, היינו ממון שאין משלם הנשבע עליו אלא קרן (״ראש״), הוא שחייבים להוסיף עליו חומש, אבל ממון שמשתלם עליו כפל, אין חייבים לשלם עליו חומש.

[הדברים האמורים הם לפי דעת חכמים בברייתא לעיל שם, אולם לדעת רבי יעקב שם אין הכפל פוטר את החומש אלא באופן שסכומי הכפל והחומש שוים (ובגמרא שם מבואר כיצד ייתכן דבר זה), אבל אם הכפל הוא פחות מן החומש או יותר ממנו, אינו פוטר את חיוב החומש. ולכאורה נראה שסוגייתנו היא לפי דעת חכמים, וכן משמע מרש״י.]

36. היינו, שחזר בו מטענתו הראשונה ואמר שאבד הפקדון מתחילה ולא נגנב (תוספות, עיין שם). או שתבעוהו הבעלים בבית דין אחר ושם טען טענת אבד (ראב״ד, וכן כתב בתורת חיים להלן קח, א ד״ה טען).

וּבָאוּ עֵדִים אַקַּמַּיְיתָא — על השבועה הראשונה, שהעידו שהשבועה הראשונה (שנגנב הפקדון) היתה שבועת שקר, ואצלו היה הפקדון בשעה שנשבע[1], ונתחייב כפל על כך, **וְהוֹדָה אַבַּתְרַיְיתָא** — ואחר כך הודה בעצמו שהשבועה האחרונה שלו (שאבד) היתה גם היא שבועת שקר, והרי זה מחייבו בחומש[2]. **מַאי** — מה הדין בזה: האם **מָמוֹן הַמְחַיְּיב(ת)וֹ**[3] **כֶּפֶל פּוֹטְרוֹ מִן הַחוֹמֶשׁ, וְהָא אִיחַיַּיב לֵיהּ עִילָּוֵיהּ כְּפֵילָא** — והרי ממון זה, היינו פקדון זה, נתחייב עליו בכפל מחמת טענת גנב שטען, וכל שחייב על ממון זה כפל פטור הוא עליו מחומש, **אוֹ דִּלְמָא** (שמא) **שְׁבוּעָה הַמְחַיַּיבְתּוֹ כֶּפֶל פּוֹטַרְתּוֹ מִן הַחוֹמֶשׁ, וְהָא שְׁבוּעָה בַּתְרַיְיתָא, הוֹאִיל דְּלָא קָא מְחַיְּיבָא לֵיהּ כְּפֵילָא, תְּחַיְּיבֵיהּ חוֹמְשָׁא** — ושבועה זו האחרונה (שאבד הפקדון), הואיל ואינה מחייבת אותו בכפל, הרי היא מחייבת אותו בחומש, שהרי יש כאן שתי שבועות נפרדות, שעל הראשונה הוא מתחייב בכפל, ועל השניה בחומש, ואין חיוב שמחמת שבועה אחת פוטר את החיוב הבא מחמת חברתה, אף על פי שממון אחד הוא.

רבא פושט את הספק מברייתא:

אָמַר רָבָא: תָּא שְׁמַע מברייתא[4]: אם **אָמַר** אדם **לְאֶחָד מִן הַשּׁוּק**, לסתם אדם, שאינו שומר של ממונו: "**הֵיכָן שׁוֹרִי שֶׁגָּנַבְתָּ?" וְהוּא** (הנתבע) **אוֹמֵר: "לֹא גְּנַבְתִּי** אותו", ואמר לו התובע: "**מַשְׁבִּיעֲךָ אֲנִי", וְאָמַר** הנתבע: "**אָמֵן**", שאמירה זו קבלת שבועה היא ונחשבת כשבועה, **וְהָעֵדִים מְעִידִים אוֹתוֹ שֶׁגְּנָבוֹ**, הרי הגנב **מְשַׁלֵּם תַּשְׁלוּמֵי כֶּפֶל**[5]. **וְאִם הוֹדָה** הגנב בגניבה **מֵעַצְמוֹ**, לפני שבאו העדים, **מְשַׁלֵּם קֶרֶן וְחוֹמֶשׁ וְאָשָׁם. וְהָא הָכָא, עֵדִים הוּא דִּמְחַיְּיבֵי לֵיהּ כְּפֵילָא** — והרי כאן העדים הם שמחייבים אותו כפל, ולא שבועתו, שחיוב הכפל הוא מחמת עצם מעשה הגניבה, ולא מחמת שבועתו, והיה חייב בו גם אילו לא נשבע כלל, ומכל מקום משמע מן הברייתא שאם **הוֹדָה מֵעַצְמוֹ, אֵין** — כן, חייב הוא בקרן וחומש ואשם, מפני שאין כאן חיוב כפל, ש"מודה בקנס פטור"[6], **אֲבָל** אם **הוֹדָה לְאַחַר** שהעידו עליו **הָעֵדִים, לֹא**, אינו חייב חומש, מכיון שכבר נתחייב בכפל, וחיוב הכפל פוטרו מן החומש. **וְאִי סַלְקָא דַּעְתָּךְ** — ואם תאמר ש**שְׁבוּעָה הַמְחַיַּיבְתּוֹ כֶּפֶל פּוֹטַרְתּוֹ מִן הַחוֹמֶשׁ, אַמַּאי הוֹדָה אַחַר עֵדִים לֹא** — מפני מה אם הודה לאחר שבאו העדים אינו חייב בחומש? **מִכְּדִי הָא שְׁבוּעָה לֹא קָא מִיחַיְּיבָא לֵיהּ כְּפֵילָא** — הרי שבועה זו אינה מחייבת אותו בכפל (שחיוב הכפל הוא על גניבתו ולא על השבועה), ואם כן **תְּחַיְּיבֵיהּ חוֹמְשָׁא** — תחייב אותו שבועה זו בחומש!? **אֶלָּא לַאו שְׁמַע מִינָּהּ** — ודאי משמע מכאן ש**מָמוֹן הַמְחַיְּיבוֹ כֶּפֶל פּוֹטְר(ת)וֹ**[7] **מִן הַחוֹמֶשׁ**, וכיון שסוף סוף מתחייב הוא בכפל על גניבת ממון זה, שוב אינו חייב עליו בחומש.

ומסיקה הגמרא:

שְׁמַע מִינָּהּ — אכן כך משמע מברייתא זו, שממון המחייבו בכפל פוטרו מן החומש.

לאחר שהסיקה הגמרא שממון המחייבו בכפל פוטרו מן החומש, מביאה הגמרא ספק של רבינא בענין זה:

בָּעֵי (שאל) **רָבִינָא: חוֹמֶשׁ וּכְפֵילָא בִּתְרֵי גַּבְרֵי, מַאי** — מה הדין בחיוב כפל וחיוב חומש המוטלים על שני אנשים שונים, על אותו ממון עצמו? האם גם באופן זה חיוב הכפל של אחד פוטר את חיוב החומש של חבירו? **הֵיכִי דָּמֵי** — כיצד? **כְּגוֹן שֶׁמָּסַר** אדם **שׁוֹרוֹ** לשמירה **לִשְׁנֵי בְנֵי אָדָם** בתורת שומרי חינם, **וְטָעֲנוּ בּוֹ טַעֲנַת גַּנָּב**[8]. **חַד** — אחד מהשומרים **נִשְׁבַּע** שנגנב השור **וְהוֹדָה** אחר כך ששקר היתה שבועתו ואצלם היה השור, ונתחייב איפוא בקרן וחומש ואשם, **וְחַד** — ואחד (השומר השני) **נִשְׁבַּע** אף הוא שנגנב השור, **וּבָאוּ עֵדִים** והעידו שהשור ברשותם של השומרים היה, ונתחייב איפוא השומר השני בכפל, כדין טוען טענת גנב[9]. **מַאי** — מה הדין במקרה זה? **מִי אַמְרִינַן** — האם אנו אומרים שדוקא **בְּחַד גַּבְרָא קָפִיד רַחֲמָנָא דְּלֹא מְשַׁלֵּם חוּמְשָׁא וּכְפֵילָא, [אֲבָל בִּתְרֵי גַּבְרֵי]**[10] **הַאי נְשַׁלֵּם כְּפֵילָא וְהַאי נְשַׁלֵּם חוּמְשָׁא** — באדם אחד הקפידה התורה שלא ישלם גם חומש וגם כפל על אותו ממון, אבל בשני אנשים, זה משלם כפל וזה משלם חומש, **אוֹ דִּלְמָא, עִלָּוֵיהּ חַד מָמוֹנָא קָפִיד רַחֲמָנָא דְּלֹא נְשַׁלֵּם עֲלָהּ חוּמְשָׁא וּכְפֵילָא, וְהָכָא נַמִּי חַד מָמוֹנָא הוּא** —

הערות

1. רש"י.

[עדות זו של העדים מכחישה גם את טענתו השניה של השומר, שאבד הפקדון, שהרי מעידים הם שאצלו היה, ומכל מקום מתחייב הוא אחר כך בהודאתו חומש על השבועה השניה, אף על פי שכבר הוכחשו דבריו על ידי העדים (תוספות, ועיין פני יהושע). ומה שאמרו שבאו עדים "אקמייתא", באמת באו גם "אבתרייתא", אלא שעדותם על השבועה הראשונה מחייבתו בכפל, ואילו על השבועה השניה אינה מחייבתו בכפל (תוספות רי"ד).]

2. לכאורה קשה, מפני מה מתחייב הוא חומש על שבועתו השניה, והלא כבר "יצא ידי בעלים בשבועה ראשונה", כדרך שאמרו בגמרא לעיל (קז, ב) במי שטען טענת אבד ונשבע וחזר וטען טענת גנב ונשבע ובאו עדים, שפטור על שבועתו השניה מכפל, מפני שכבר נפטר מן הבעלים על ידי שבועתו הראשונה, ולא היה כל צורך בשבועתו השניה, ואינה נחשבת כ"שבועת הדיינים" של כפירת ממון, שבלאו הכי כבר נפטר.

ותירץ רש"י, שדין זה, שאם "יצא ידי בעלים בשבועה ראשונה" אינו מתחייב על שבועה שניה, לא נאמר אלא לגבי חיוב כפל, שאינו מתחייב בכפל אלא על "שבועת הדיינים" של כפירת ממון, אבל חומש מתחייב הוא אף כשנשבע שבועה שלא היה בה צורך, וכמו שמבואר לעיל (קו, א), שאם השביעו חמש פעמים על אותו ממון עצמו מתחייב על כל שבועה ושבועה בחומש ובאשם, והרי כאן אנו דנים על חיוב חומש בשבועה השניה.

ומטעם זה העמיד רמי בר חמא את שאלתו דוקא באופן זה שטען בתחילה שנגנב (ונתחייב כפל) ואחר כך שאבד (ומתחייב בחומש), ולא להיפך, שנשבע בתחילה שאבד ואחר כך שנגנב, שאם כן היה פטור על שבועתו השניה מכפל, שכבר יצא ידי הבעלים בשבועה הראשונה (תוספות לעיל קז, ב ד"ה כגון, ועיין בחידושי הראב"ד שהקשה, שאפשר היה להעמיד כגון שנשבע את השבועה השניה שנגנב בבית דין אחר, שלא ידעו על השבועה הראשונה, ועיין מה שכתב שם ליישב, ועיין גם תורת חיים, ועיין תוספות ד"ה וחזר).

3. ההגהה היא על פי כתבי יד מינכן והמבורג (ועיין דקדוקי סופרים), וכך צריך לומר.

4. יש ראשונים שגרסו כן במשנה שבועות מט, א (עיין תוספות שם ד"ה אמר, וכן הוא בכתב יד מינכן שם), אולם לפי הגירסא בגמרא לפנינו שם דברים אלו אינם במשנה, וכן היא גירסת רש"י שם.

5. חיוב הכפל הוא על עצם הגניבה, ואף כשלא נשבע על כך, והברייתא נקטה "משביעך אני" משום הסיפא, שרק מחמת השבועה מתחייב הוא בחומש (רש"י).

6. סוגייתנו סוברת כשיטת האמוראים לעיל עד, ב שמודה בקנס פטור אפילו אם באו עדים אחר כך (ועיין תוספות ד"ה חד).

7. ההגהה היא על פי כתבי יד, כנ"ל הערה 3.

8. מהגמרא להלן משמע ששני השומרים צריכים להישבע במקרה זה, ואין אחד מהם יכול להיפטר בשבועת חבירו (חידושי רבנו חיים הלוי הלכות שכירות א, ד, עיין שם בביאור הדבר, ועיין קהלות יעקב בבא מציעא, לו, אות ד). ומשמע עוד שיכולים הבעלים לתבוע מכל אחד מן השומרים לשלם את כל הפקדון (והוא יתבע מחברו את חלקו), שאם תאמר שאינו יכול לתבוע אלא את חלקו, הרי יש כאן שתי תביעות נפרדות, ואין זה "ממון אחד" שמתחייבים עליו שני כפלים ושני חומשים (ים התלמוד, והגהות אור גדול על המשניות כאן, משנה ח, ועיין בארוכה בדבר אברהם ג, יא ובחזון איש חושן משפט ה, יא, ועיין על עיקר הדין בראשונים שהובאו במחנה אפרים הלכות שומרים, כז, ובש"ך חושן משפט עז, א ובהגהות חכמת שלמה שם ובפרישה חושן משפט, שנב).

האחרונים דנו עוד בנידון שבסוגייתנו, שנשבעו שני השומרים לשקר ומתחייבים זה חומש וזה כפל, אם מתחייבים בחומש שלם ובכפל שלם, או שאינם מתחייבים אלא חצי חומש וחצי כפל, ועיין מה שכתבו על כך בדבר אברהם ובחזון איש שם, ובאור שמח הלכות גניבה ד, ז.

9. השומר הראשון, שהודה, אינו מתחייב אלא בחומש, ולא בכפל, אף על פי שטען טענת גנב, והעדים מעידים שגם הוא השתתף עם חברו בגניבת השור לעצמם, מפני שהודה בדבר לפני שבאו העדים, ו"מודה בקנס" פטור, אפילו אם באו עדים אחר כך (תוספות ד"ה חד), ועיין: שיטה מקובצת בשם הרא"ש; פני יהושע; רש"ש; דבר אברהם ג, יא, ולהלן הערה 14.

10. התוספת בסוגריים מרובעים היא על פי הגהות הב"ח (ועיין גם דקדוקי סופרים).

עין משפט נר מצוה

קנו א מיי' פ"ד מהל' גניבה הל' ו:
קנז ב מיי' שם הל' ז:
קנח ג ד מיי' שם הל' ה [רב אלפס ב"מ פ"ג דף עט.]:
קנט ה מיי' פ"ח מהל' שאלה ופקדון הל' ד טוש"מ סי' רלד וסי' רלה:
קס ו מיי' שם הל' א טוש"מ שם:

הגהות הב"ח

(א) גמ' דלא משלם חומשא וכפילא אבל בתרי גברי האי נשלם כפילא: (ב) שם היכי דמי כגון שטען:

תורה אור השלם

א) אוֹ מִכֹּל אֲשֶׁר יִשָּׁבַע עָלָיו לַשֶּׁקֶר וְשִׁלַּם אֹתוֹ בְּרֹאשׁוֹ וַחֲמִשִׁתָיו יֹסֵף עָלָיו לַאֲשֶׁר הוּא לוֹ יִתְּנֶנּוּ בְּיוֹם אַשְׁמָתוֹ: [ויקרא ה, כד]

מסורת הש"ס

א) לעיל קו: [ע"ש] שבועות מט., ב) לעיל סה:, ג) ב"מ לג:, ד) מתניתין היא לקמן מע"ל וכן בשבועות ועיין בספר כוס ישועות, ה) שייך קודם ד"ה טען.

ליקוטי רש"י

אמר לאחד מן השוק. הכא לא גרסינן משביעך אני דהא בלא שבועה נמי מיחייב כפל שזה גנב ממש ובגנב כתיב (שמות כב) ישלם שנים בלא שבועה [שבועות מט.]. וחמישיתו. רבתה התורה חמשיות הרבה לקרן אחת שאם כפר בחומש ונשבע והודה חוזר ומביא חומש על אותו חומש וכן מוסיף והולך עד שיתמעט הקרן שנשבע לו פחות משוה פרוטה [ויקרא ה, כד]. ולא רצה לישבע. שבועת שומרים שלא פשע בה ושלא שלח בה יד שהיה יכול ליפטר בשבועה זו שהרי אמרו שומר חנם נשבע ויוצא. למי שהפקדון אצלו. דכיון דשילם קנה כל תשלומיה ובגמרא מפרש טעמא [ב"מ לג:].

גמרא

ובאו עדים אקמייתא והודה אבתרייתא מאי ממון המחייבתו כפל פוטרו מן החומש והא איחייב ליה עילויה כפילא או דלמא שבועה המחייבתו כפל פוטרתו מן החומש והא שבועה בתרייתא הואיל דלא קא מחייבא ליה כפילא תחייביה חומשא אמר רבא ת"ש א) אמר לאחד מן השוק היכן שורי שגנבת והוא אומר לא גנבתי משביעך אני ואמר אמן והעדים מעידים אותו שגנבו משלם תשלומי כפל ואם הודה מעצמו משלם קרן וחומש ואשם והא הכא עדים הוא דמחייבי ליה כפילא הודה מעצמו אין אבל הודה אחר עדים לא ואי סלקא דעתך שבועה המחייבתו כפל פוטרתו מן החומש אמאי הודה אחר עדים לא מכדי הא שבועה לא קא מיחייבא ליה כפילא תחייביה חומשא אלא לאו שמע מינה [א]ממון המחייבו כפל פוטרתו מן החומש ש"מ בעי רבינא חומש וכפילא בתרי גברי מאי היכי דמי כגון שמסר שורו לשני בני אדם וטענו בו טענת גנב חד נשבע והודה וחד נשבע ובאו עדים מאי מי אמרינן בחד גברא קפיד רחמנא דלא משלם חומשא וכפילא (א) האי נשלם כפילא והאי נשלם חומשא או דלמא עלויה חד ממונא קפיד רחמנא דלא נשלם עלה חומשא וכפילא והכא נמי חד ממונא הוא [ב]תיקו: בעי רב פפא תרי חומשי או תרי כפילי בחד גברא מאי היכי דמי (ב) שטען טענת אבד ונשבע והודה וחזר וטען טענת אבד ונשבע והודה אי נמי כגון שטען טענת גנב ונשבע ובאו עדים וחזר וטען טענת גנב ונשבע ובאו עדים מאי מי אמרינן [ג]תרי גווני ממונא קאמר רחמנא דלא נשתלמו עילוי חד ממונא והכא חד גוונא הוא או דלמא תרי ממונא אמר רחמנא דלא לשתלמו עילוי חד ממונא והכא נמי תרי ממונא נינהו תא שמע ב) דאמר רבא א) וחמישיתו יוסיף עליו התורה ריבתה חמישיות הרבה לקרן אחת [ד]שמע מינה: תבעוהו בעלים לשומר ונשבע ושילם והוכר הגנב כפל למי אביי אמר לבעל הפקדון רבא אמר [ה]למי שהפקדון אצלו אביי אמר לבעל הפקדון כיון דאטרחיה בשבועה לא מקני ליה כפילא רבא אמר למי שהפקדון אצלו כיון דשילם מקני ליה כפילא וקא מיפלגי בדיוקא דמתניתין דתנן ג) [ו]המפקיד אצל חבירו בהמה או כלים ונגנבו או שאבדו שילם ולא רצה לישבע שהרי אמרו שומר חנם נשבע ויוצא נמצא הגנב משלם תשלומי כפל טבח ומכר משלם תשלומי ארבעה וחמשה למי הוא משלם למי שהפקדון אצלו נשבע ולא רצה לשלם ונמצא הגנב משלם תשלומי כפל טבח ומכר משלם תשלומי ארבעה וחמשה למי הוא משלם לבעל הפקדון אביי דייק מרישא רבא דייק מסיפא אביי דייק מרישא דקתני שילם ולא רצה לישבע טעמא דלא רצה לישבע

הא

רש"י

ובאו עדים. דכשנשבע היתה אצלו לחייב כפל והדר הודה איהו אבתרייתא: מאי. מיחייב חומש אהך שבועה בתרייתא או לא: והא איחייב ליה כפילא. עליה דהאי ממון: או דלמא שבועה המחייבתו כפל פוטרתו מן החומש. כגון אי הוה מודה השתא אקמייתא אחר העדאת עדים הוה מיפטר מחומש אבל השתא דאבתרייתא אודי והך שבועה לא חייבתיה כפילא תחייביה חומשא והכא ליכא למימר יצא ידי בעלים בשבועה ראשונה דכי אמרינן ליה היכא דאתו סהדי אשבועה שניה דאמרינן אשבועת חנם לא מחייבי כפילא אבל היכא דאודי עלה קיימא לן לעיל (דף קו.) השביע עליו חמשה פעמים כו' דלענין חומש ואשם לא שני ליה בין שבועת עצמו לשבועת דיינין ובלבד שיכפור ממון: אמר לאחד מן השוק. שאין שומר על שורו: משביעך אני. משום הודה מעצמו דסיפא נקט אבל משום כפל בלא שבועה נמי מיחייב: תרי חומשי או תרי כפילי בחד גברא מאי הכי גרסינן: לקרן אחת. אם כפר וחזר וכפר וה"ה לתרין כפילי: תבעוהו בעלים לשומר חנם ונשבע. שנגנבה ונפטר ואח"כ שילם לפנים משורת הדין: כיון דאטרחיה. שומר לבעלים עד שהביאוהו לבית דין ונשבע אע"ג דהדר שילם לא מקנו ליה בעלים לשומר כפילא בשעת תשלומים: שהרי אמרו וכו'. ויכול היה ליפטר בשבועה:

הא

תוספות

ובאו עדים אקמייתא. תימה דע"כ כשבאו עדים אקמייתא ואומרים באותה שעה ראינוהו ברשותו ונמצא שמכחישין גם שבועה שניה שנשבע שאבד וכשהודה אחר עדים אמאי משלם חומש הא קתני לעיל ד) בברייתא דהיכן פקדוני כו' הודה מעצמו משלם קרן וחומש משמע דוקא הודה מעצמו אבל אחר עדים לא ויש לומר דלעולם בטענת אבד הודה לאחר עדים נמי משלם חומש כדמשמע בסמוך דקאמר מכדי האי שבועה לא מחייבא ליה כפל תחייביה חומש אלא שמע מינה ממון המחייבו כפל פוטרו מן החומש משמע הא היכא דליכא כפל בהעדאת עדים כמו בטענת אבד דמתחייב חומש בהודה אחר עדים ולעיל לאו דוקא נקט מעצמו אלא הוא הדין אחר עדים ואיידי דתנא בסיפא הודה מעצמו גבי טוען טענת גנב תנא נמי ברישא:

חד [נשבע] והודה וחד [נשבע] ובאו עדים. נראה דוקא נקט מתחילה הודה דאי מתחילה כפר חד ובאו עדים ואח"כ הודה חד הוו עדים קודמין להודאה ומחייבין תרווייהו כפילא דעדים כשבאו להעיד על שניהם העידו אבל כשהודה חד קודם אע"פ שאח"כ באו עדים יש לומר דפטור והכי משמע בכולה הך שמעתא דמודה בקנס ואח"כ באו עדים דפטור:

טען טענת אבד ונשבע והודה וחזר וטען טענת אבד. נראה דל"ג והודה דאם הודה מיד הויא ברשותו להתחייב באונסים משעה שנשבע לשקר ומה שיחזור ויטעון שוב אבד אין כופר כלום ואפי' אמר לאחר שבועה אבד אלא נראה דלא הודה אלא לאחר שבועה שניה ומיהו תימא מאי קמבעיא ליה לרב פפא הא מתניתין היא דמייתי לעיל (דף קו.) השביע עליו ה' פעמים בין בפני ב"ד בין שלא בפני ב"ד וכפר עליו חייב על כל אחת ואחת:

וחזר וטען טענת גנב ונשבע. תימה היאך השביעוהו בית דין כיון שנפטר בבית דין בשבועה ראשונה ואפילו חזר וטען שלאחר שבועה ראשונה נגנב מ"מ למה השביעוהו והלא משבועה ראשונה שנשבע לשקר חייב באונסים נמצא שלא כפר כלום במה שטען שנגנב אחר שבועה ראשונה ואין לומר שבאו לפני בית דין אחר שלא ידעו שכבר נפטר והשביעוהו וכיון שנשבע על פי בית דין (אע"ג) שלא ידעו מיחייב כפל והא דאמרינן לעיל שכבר יצא בשבועה ראשונה היינו שאותו בית דין עצמו השביעוהו וטעו דאין סברא לחלק כלל ונראה דמיירי דאמר ליה בעל הפקדון שוב לאחר שנמצא שקרן בשבועה ראשונה רצוני שתהא עליו שומר חנם כבתחילה וחזר וטען לאחר שעשיתני שומר חנם נגנב ופוטר עצמו שהרי לא נתחייב באונסין במה שעשאו בפירוש ש"ח אבל תימה דא"כ לא הוי חד ממונא דהשתא הפקידו אצלו פעם שניה ומה לי לקחו בידו ונתן לו ומ"ל שלא לקחו אלא אמר ליה בעודו בידו תהא עליו שומר חנם: ה) **ותרי** כפילי. מחמת שנעשה פסול בשבועה שניה משעה שנמצא שקרן בראשונה אין לפוטרו משום דחשוד על השבועה מדרבנן הוא דמיפסל כדמוכח בשבועות (דף מה.) דקתני ושכנגדו חשוד על השבועה ומשמע התם דמדרבנן הוא וכיון דמדאורייתא שבועתו שבועה מחייב כפל: **רבא** אמר למי שהפקדון אצלו. וא"ת דהכא סבר רבא דאע"ג דאטרחיה לבי דינא מקני ליה כפילא ובפרק המפקיד (ב"מ דף לה.) גבי ההוא גברא דאפקיד כיפי גבי חבריה קאמר רבא שפיר עבד דלא אהדר ליה הכא אטרחיה לבי דינא התם לא אטרחיה לבי דינא ויש לומר דהתם שאני דאטרחיה לבי דינא ולא פרע ליה מידי אלא רב נחמן אגבייה לאפדנא מיניה אבל הכא אע"ג דאטרחיה לבי דינא קלת שנשבע לו תחילה מכל מקום הרי שילם לו לבסוף ולא אטרח בי דינא הלכך מקני ליה כפילא:

או שמא על ממון אחד הקפידה התורה שלא ישלמו עליו חומש וכפל, ואף כאן הרי ממון אחד הוא, והכפל פוטר את החומש?

הגמרא אינה פושטת את הספק, ומסיקה:

תֵּיקוּ — יעמוד הספק במקומו[11].

ספק של רב פפא בענין זה:

בָּעֵי (שאל) **רַב פָּפָּא: תְּרֵי חוּמְשֵׁי אוֹ תְּרֵי כְּפֵילֵי בְּחַד גַּבְרָא מַאי** — שני חיובים של חומש או שני חיובים של כפל שמתחייב בהם אדם אחד על אותו ממון, מה דינם? האם חיוב אחד פוטר את חבירו, שאין אדם מתחייב שני חומשים או שני כפלים על אותו ממון עצמו, כדרך שאינו מתחייב חומש וכפל על אותו ממון, או שאין חיוב אחד פוטר את חבירו? **הֵיכִי דָּמֵי** — כיצד יתכן דבר זה, שיתחייב שני חומשים או שני כפלים על ממון אחד? לענין שני חומשים, כגון **שֶׁטָּעַן** שומר חינם **טַעֲנַת אָבַד, וְנִשְׁבַּע** על כך, **וְהוֹדָה** שנשבע לשקר, שהיה הפקדון אצלו בשעה שנשבע, ונתחייב קרן וחומש ואשם, **וְ**לאחר מכן **חָזַר וְטָעַן** שוב **טַעֲנַת אָבַד, וְנִשְׁבַּע, וְהוֹדָה**, שנמצא מתחייב שוב בקרן וחומש ואשם[12]; **אִי נַמִּי** — או (לענין שני כפלים) **כְּגוֹן שֶׁטָּעַן טַעֲנַת גַּנָּב, וְנִשְׁבַּע, וּבָאוּ עֵדִים** ששבועת שקר נשבע, ואצלו היה הפקדון, ונתחייב כפל על כך, **וְחָזַר וְטָעַן טַעֲנַת גַּנָּב, וְנִשְׁבַּע וּבָאוּ עֵדִים**, שנמצא מתחייב שוב בכפל[13]. **מַאי** — מה הדין במקרים אלה? **מִי אַמְרִינַן, תְּרֵי גַּוְונֵי מָמוֹנָא קָאָמַר רַחֲמָנָא דְּלֹא נִשְׁתַּלְּמוּ עִילָּוֵי חַד מָמוֹנָא, וְהָכָא חַד גַּוְונָא הוּא** — האם אנו אומרים שדוקא שני סוגים שונים של חיובי ממון (היינו "חומש" ו"כפל") הוא שאמרה התורה שלא ישתלמו שניהם על ממון אחד, והכפל פוטר את החומש, אבל כאן, שני החיובים מסוג אחד הם (פעמיים חומש או פעמיים כפל), ולא אמרה התורה בזה שחיוב אחד פוטר את חבירו, **אוֹ דִּלְמָא תְּרֵי מָמוֹנָא אָמַר רַחֲמָנָא דְּלֹא לִשְׁתַּלְּמוּ עִילָּוֵי חַד מָמוֹנָא, וְהָכָא נַמִּי תְּרֵי מָמוֹנָא נִינְהוּ** — או שמא כל שני חיובי ממון, אפילו שוים, אמרה התורה שאין משלמים אותם על ממון אחד, ואף כאן שני חיובי ממון הם (שני חומשים או שני כפלים), והאחד פוטר את חבירו, ולא ישלם אלא אחד מהם?[14]

הגמרא פושטת את הספק מדברי רבא בענין שני חומשים:

תָּא שְׁמַע, דְּאָמַר רָבָא: נאמר בענין חיוב חומש (ויקרא ה, כד): **"וַחֲמִשְׁתָיו יֹסֵף עָלָיו"**, ומלשון הרבים "וַחֲמִשְׁתָיו" (שלא נאמר "וַחֲמִשְׁתוֹ" בלשון יחיד) דורשים: **הַתּוֹרָה רִיבְּתָה חֲמִישִׁיּוֹת הַרְבֵּה לְקֶרֶן אַחַת**, שאם נשבע לשקר והודה, ושוב נשבע והודה כמה פעמים על אותו פקדון הרי הוא מתחייב חומש על כל פעם ופעם, הרי שאין חיוב אחד פוטר את חבירו, והוא הדין לשני כפלים, שאין חיוב אחד פוטר את חבירו[15]. ומסיקה הגמרא: **שְׁמַע מִינָּהּ** — אכן כך משמע מכאן.

הגמרא עוברת לדון בענין אחר, שעיקרו במסכת בבא מציעא, בפרק המפקיד[16]. במשנה שם (לג, ב) מבואר ששומר חינם שטען שנגנב ממנו הפקדון, ולא רצה להישבע על כך ולהיפטר, אלא שילם לבעלים את דמי הפקדון, ושוב נמצא הגנב, הרי הגנב משלם את הכפל לשומר, לפי שאנו מניחים שודאי הקנו הבעלים את הפקדון לשומר, מכיון שעשה להם טובה ושילם להם לפנים משורת הדין, אף על פי שיכול היה להישבע ולהיפטר מתשלומים[17]. הגמרא מביאה מחלוקת אביי ורבא בענין זה:

תְּבָעוּהוּ בְּעָלִים לַשּׁוֹמֵר (שומר חינם) שישיב לו את פקדונו, **וְנִשְׁבַּע** השומר שנגנב הפקדון, ופטר את עצמו בשבועה זו מתשלומים, ואף על פי כן חזר אחר כך **וְשִׁילֵּם** את דמי הפקדון לבעלים לפנים משורת הדין, **וְ**אחר כך **הוּכַּר הַגַּנָּב**, ונתחייב הגנב בתשלומי כפל, **כֶּפֶל לְמִי?**[18] לבעל הפקדון, או לשומר? **אַבַּיֵּי אָמַר:** הכפל **לְבַעַל הַפִּקָּדוֹן. וְרָבָא אָמַר:** הכפל הוא **לְמִי שֶׁהַפִּקָּדוֹן אֶצְלוֹ**, היינו, השומר.

הגמרא מבארת את טעם המחלוקת:

"אַבַּיֵּי אָמַר: לְבַעַל הַפִּקָּדוֹן", טעמו הוא, **שֶׁכֵּיוָן דְּאַטְרְחֵיהּ בִּשְׁבוּעָה לֹא מַקְנֵי לֵיהּ כְּפֵילָא** — מכיון שהטריח השומר את בעל הפקדון להביאו לבית דין ולהשביעו שנגנב (ולא שילם לו מיד בלא להישבע),

הערות

11. ועיין על ההלכה בדין זה ברמב"ם הלכות גניבה ד, ז ובכסף משנה שם, ובטור חושן משפט, שנב, ובמאירי כאן, ועיין פני יהושע ורש"ש ואור שמח שם, ועיין חזון יחזקאל לתוספתא בהשמטות לפרק י.

12. כתבו התוספות שיש להגיה בלשון הגמרא ולמחוק את המלה "והודה" אחרי השבועה הראשונה, כי מוכרחים לפרש שהודה לאחר שתי השבועות, אבל אם הודה לפני שנשבע את השבועה השניה, הרי כבר התברר הדבר שנטל את הפקדון לעצמו, ומעכשיו חייב הוא עליו באונסין, ומה שטען אחר כך שאבד אין זה פוטרו מתשלומין, וכפירתו אינה כפירת ממון, ואף אם נשבע על כך אינו מתחייב על כך בחומש (ועיין אור שמח הלכות שבועות ח, ח). ויש מיישבים את גירסתנו, שמדובר אפילו כשהודה לפני השבועה השניה, אלא שתבעוהו הבעלים אחר כך בבית דין אחר, ושם חזר וטען טענת אבד ונשבע על כך, שנמצא שבבית דין זה היתה זו כפירת ממון, והרי הוא מתחייב על כך (תורת חיים, ועיין תוספות ד"ה וחזר).

13. הראשונים תמהו, שהרי כבר "יצא ידי הבעלים בשבועה ראשונה" (עיין לעיל הערה 2), שכבר נשבע שנגנבה, ולא היה כל צורך בשבועתו השניה, ומפני מה הוא מתחייב עליה. ואם תאמר, שמדובר כשטען שנגנבה ממנו עכשיו, לאחר שכבר באו עדים ששבועתו הראשונה שקר היתה, מכיון שהעדים מעידים שנטל את הפקדון לעצמו הרי נתחייב עליו באונסין, וטענת גניבה אינה פוטרתו מתשלומין, וכיצד השביעוהו על כך (תוספות, ועיין שם).

ויש מהראשונים שתירצו, שמדובר כשאת השבועה השניה השביעוהו בבית דין אחר, שלא ידעו שנתברר ששיקר בשבועתו הראשונה (תוספות רי"ד), ואף על פי שלאמיתו של דבר כבר חייב היה באונסין (ונמצא שהשבועה שהשביעוהו היתה בטעות, שלאמיתו של דבר היה חייב אף בגניבה), בעייתו של רב פפא היא לפי דברי רב חייא בר יוסף (לעיל קז, ב) ששומר ששלח יד בפקדון ואחר כך טען טענת גנב ונשבע ובאו עדים חייב כפל, אף על פי שלאמיתו של דבר בשעת שבועתו חייב היה באונסין, מכיון שסוף סוף נשבע בבית דין (תוספות רי"ד ושיטה מקובצת בשם הרא"ש). וגם מטעם ש"כבר יצא ידי הבעלים בשבועה ראשונה" אין לפוטרו, מכיון ששבועתו הראשונה בבית הדין הראשון כבר הוכחשה על ידי העדים, ונמצא שעדיין לא יצא ידי הבעלים (עיין רשב"א ושיטה מקובצת בשם הרא"ש, וכן כתב בים של שלמה, נג, בדעת הרמב"ם הלכות גניבה ד, ה, ועיין חזון איש בבא קמא כ, יא אות ג).

[אמנם כיון שבאו עדים שנשבע לשקר בפעם הראשונה התברר למפרע שבשעת שבועתו השניה היה "חשוד על השבועה", שפסול לשבועה, ומכל מקום אין לפוטרו מטעם זה על שבועתו השניה, משום שפסול "חשוד" לשבועה אינו אלא מדרבנן, אבל מן התורה שבועתו שבועה ומתחייב עליה כפל (תוספות, ואולם ראשונים רבים סוברים שפסול חשוד לשבועה הוא מן התורה, ועיין מה שביאר בדעת התוספות בחזון איש חושן משפט ט, ד). ויש מתרצים שמדובר כגון שכבר עשה תשובה על שבועתו הראשונה ופקע ממנו פסול "חשוד" (ראב"ד ורשב"א). ועיין עוד מגיד משנה הלכות גניבה ד, ה.]

14. [מספיקו של רב פפא משמע לכאורה שכשם שכפל פוטר מחומש, כך להיפך, כשקדם חיוב החומש לכפל, הרי חומש פוטר מכפל, שהרי לצד אחד של הספק אפילו כפל נפטר על ידי כפל אחר, ואף לפי הצד שאינו נפטר על ידי כפל, הרי זה מפני ששני החיובים הם מסוג אחד, אבל משמע שחיובים מסוגים שונים, כגון חומש וכפל, פוטרים זה את זה (רא"ש בשיטה מקובצת). ויש סוברים שאין חומש פוטר מכפל (עיין טור חושן משפט שנב, ו), ועיין על כך במקורות שצויינו בהערות 9, 11.]

15. רש"י, וכן כתבו הרמ"ה (בשיטה מקובצת) והרמב"ם הלכות גניבה ד, ה, והמאירי.

אולם הראב"ד כתב שהגמרא פשטה את הספק רק לגבי שני חומשים, אבל לגבי שני כפלים נשאר הדבר בספק (וכן כתב במאירי בשם יש אומרים, ועיין רשב"א בשם רבנו חננאל שמסופק בדבר זה, אם הפשיטות היא גם לגבי כפל או לא).

16. הראשונים נתקשו בדבר זה, מפני מה הובאה סוגיא זו כאן, ולא נקבעה במסכת בבא מציעא, ועיין מה שכתבו בזה בתוספות רי"ד ובשיטה מקובצת בשם תוספות שאנץ.

17. בגמרא בבא מציעא (לג, ב — לד, א) מבואר כיצד בדיוק מקנים הבעלים את הפקדון לשומר.

18. את הקרן ודאי מקבל השומר, הואיל ושילם אותה לבעלים, והנידון הוא רק לגבי הכפל.

ובאו עדים אקמייתא והודה אבתרייתא מאי ממון המחייבתו כפל פוטרו מן החומש והא איחייב ליה עילויה כפילא או דלמא שבועה המחייבתו כפל פוטרתו מן החומש והא שבועה בתרייתא הואיל דלא קא מחייבא ליה כפילא תחייביה חומשא אמר רבא ת"ש [א] אמר לאחד מן השוק היכן שורי שגנבת והוא אומר לא גנבתי משביעך אני ואמר אמן והעדים מעידים אותו שגנבו משלם תשלומי כפל ואם הודה מעצמו משלם קרן וחומש ואשם והא הכא עדים הוא דמחייבי ליה כפילא הודה מעצמו אין אבל הודה אחר עדים לא ואי סלקא דעתך שבועה המחייבתו כפל פוטרתו מן החומש אמאי הודה אחר עדים לא מכדי הא שבועה לא קא מיחייבא ליה כפילא תחייביה חומשא אלא לאו שמע מינה [א] ממון המחייבו כפל פוטרתו מן החומש ש"מ בעי רבינא חומש וכפילא בתרי גברי מאי היכי דמי כגון שמסר שורו לשני בני אדם וטענו בו טענת גנב חד נשבע והודה וחד נשבע ובאו עדים מאי מי אמרינן בחד גברא קפיד רחמנא דלא משלם חומשא וכפילא (א) האי נשלם כפילא והאי נשלם חומשא או דלמא עלויה חד ממונא קפיד רחמנא דלא נשלם עלה חומשא וכפילא והכא נמי חד ממונא הוא [ב] תיקו: בעי רב פפא תרי חומשי או תרי כפילי בחד גברא מאי היכי דמי (ב) שטען טענת אבד ונשבע והודה וחזר וטען טענת אבד ונשבע והודה אי נמי כגון שטען טענת גנב ונשבע ובאו עדים וחזר וטען טענת גנב ונשבע ובאו עדים מאי מי אמרינן [ג] תרי גווני ממונא קאמר רחמנא דלא נשתלמו עילוי חד ממונא והכא חד גוונא הוא או דלמא תרי ממונא אמר רחמנא דלא לשתלמו עילוי חד ממונא והכא נמי תרי ממונא נינהו תא שמע [ג] דאמר רבא [א] וחמישיתו יוסיף עליו התורה ריבתה חמישיות הרבה לקרן אחת [ד] שמע מינה: תבעוהו בעלים לשומר ונשבע ושילם והוכר הגנב כפל למי אביי אמר לבעל הפקדון רבא אמר [ה] למי שהפקדון אצלו אביי אמר לבעל הפקדון כיון דאטרחיה בשבועה לא מקני ליה כפילא רבא אמר למי שהפקדון אצלו כיון דשילם מקני ליה כפילא וקא מיפלגי בדיוקא דמתניתין דתנן [ג] [ו] המפקיד אצל חבירו בהמה או כלים ונגנבו או שאבדו שילם ולא רצה לישבע שהרי אמרו שומר חנם נשבע ויוצא נמצא הגנב משלם תשלומי כפל טבח ומכר משלם תשלומי ארבעה וחמשה למי הוא משלם למי שהפקדון אצלו נשבע ולא רצה לשלם ונמצא הגנב משלם תשלומי כפל טבח ומכר משלם תשלומי ארבעה וחמשה למי הוא משלם לבעל הפקדון אביי דייק מרישא רבא דייק מסיפא אביי דייק מרישא דקתני שילם ולא רצה לישבע טעמא דלא רצה לישבע הא

רש"י

ובאו עדים. דכשנשבע היתה אלו לחייב כפל והדר הודה איהו אבתרייתא: **מאי.** מיחייב חומש אהך שבועה בתרייתא או לא: **והא איחייב ליה כפילא.** עליה דהאי ממון: **או דלמא שבועה המחייבתו כפל פוטרתו מן החומש.** כגון אי הוה מודה השתא אקמייתא אחר העדאת עדים הוה מיפטר מחומש אבל השתא דאבתרייתא אודי והך שבועה לא חייבתיה כפילא תחייביה חומשא והכא ליכא למימר יצא ידי בעלים בשבועה ראשונה דכי אמרינן ליה היכא דאתו סהדי אשבועה שניה דאמרינן אשבועת חנם לא מחייבי כפילא אבל היכא דאודי עלה קיימא לן לעיל (דף קו.) השביע עליו חמשה פעמים כו' לענין חומש ואשם לא שני ליה בין שבועת עצמו לשבועת דיינין ובלבד שיכפור ממון: **אמר לאחד מן השוק.** שאין שומר על שורו: **משביעך אני.** משום הודה מעצמו דסיפא נקט אבל משום כפל בלא שבועה נמי מיחייב: **תרי חומשי** או תרי כפילי בחד גברא מאי הכי גרסינן: **לקרן אחת.** אם כפר וחזר וכפר וה"ה לתרין כפילי: **תבעוהו בעלים לשומר חנם ונשבע.** שנגנבה ונפטר ואח"כ שילם לפנים משורת הדין: **כיון דאטרחיה.** שומר לבעלים עד שהביאוהו לבית דין ונשבע אע"ג דהדר שילם לא מקנו ליה בעלים לשומר כפילא בשעת תשלומים: **שהרי אמרו וכו'.** ויכול היה ליפטר בשבועה:

הא

תוספות

ובאו עדים אקמייתא. תימה דע"כ כשבאו עדים אקמייתא ואומרים באותה שעה ראינוהו ברשותו ונמצא שמכחישין גם שבועה שניה שנשבע שאבד וכשהודה אחר עדים אמאי משלם חומש הא קתני לעיל [ד] בברייתא דהיכן פקדוני כו' הודה מעצמו משלם קרן וחומש משמע דוקא הודה מעצמו אבל אחר עדים לא ויש לומר דלעולם בטענת אבד הודה לאחר עדים נמי משלם חומש כדמשמע בסמוך דקאמר מכדי האי שבועה לא מחייבא ליה כפל תחייביה חומש אלא שמע מינה ממון המחייבו כפל פוטרו מן החומש משמע הא היכא דליכא כפל בהעדאת עדים כמו בטענת אבד דמתחייב חומש בהודה אחר עדים ולעיל לאו דוקא נקט מעצמו אלא הוא הדין אחר עדים ואיידי דתנא בסיפא הודה מעצמו גבי טוען טענת גנב תנא נמי ברישא:

חד [נשבע] והודה וחד [נשבע] ובאו עדים. נראה דוקא נקט מתחילה הודה דאי מתחילה כפר חד ובאו עדים ואח"כ הודה חד הוו עדים קודמין להודאה ומחייבין תרוייהו כפילא דעדים כשבאו להעיד על שניהם העידו אבל כשהודה חד קודם אע"פ שאח"כ באו עדים יש לומר דפטור והכי משמע בכולה הך שמעתא דמודה בקנס ואח"כ באו עדים דפטור:

טען טענת אבד ונשבע והודה וחזר וטען טענת אבד. נראה דל"ג והודה דאם הודה מיד הויא ברשותו להתחייב באונסים משעה שנשבע לשקר ומה שיחזור ויטעון שוב אבד אין כופר כלום ואפי' אמר לאחר שבועה אבד אלא נראה דלא הודה אלא לאחר שבועה שניה ומיהו תימא מאי קמבעיא ליה לרב פפא הא מתניתין היא דמייתי לעיל (דף קו.) השביע עליו ה' פעמים בין בפני ב"ד בין שלא בפני ב"ד וכפר עליו חייב על כל אחת ואחת:

וחזר וטען טענת גנב ונשבע. תימה היאך השביעוהו בית דין כיון שנפטר בבית דין בשבועה ראשונה ואפילו חזר וטען שלאחר שבועה ראשונה נגנב מ"מ למה השביעוהו והלא משבועה ראשונה שנשבע לשקר חייב באונסים נמצא שלא כפר כלום במה שטען שנגנב אחר שבועה ראשונה ואין לומר שבאו לפני בית דין אחר שלא ידעו שכבר נפטר והשביעוהו וכיון שנשבע על פי בית דין (אע"ג) שלא ידעו מיחייב כפל והא דאמרינן לעיל שכבר יצא בשבועה ראשונה היינו שאותו בית דין עצמו השביעוהו וטעו דאין סברא לחלק כלל ונראה דמיירי דאמר ליה בעל הפקדון שוב לאחר שנמצא שקרן בשבועה ראשונה רצוני שתהא עליו שומר חנם כבתחילה וחזר וטען לאחר שעשיתני שומר חנם נגנב ופוטר עצמו שהרי לא נתחייב באונסין במה שעשאו בפירוש ש"ח אבל תימה דא"כ לא הוי חד ממונא דהשתא הפקידו אצלו פעם שניה ומה לי לקחו בידו ונתן לו ומ"ל שלא לקחו אלא אמר ליה בעודו בידו תהא עליו שומר חנם: [ה] **ותרי** כפילי. מחמת שנעשה פסול בשבועה שניה משעה שנמצא שקרן בראשונה אין לפוטרו משום דחשוד על השבועה מדרבנן הוא דמיפסל כדמוכח בשבועות (דף מה.) דקתני ושכנגדו חשוד על השבועה ומשמע התם דמדרבנן הוא וכיון דמדאורייתא שבועתו שבועה מחייב כפל: **רבא** אמר למי שהפקדון אצלו. וא"ת דהכא סבר רבא דאע"ג דאטרחיה לבי דינא מקני ליה כפילא ובפרק המפקיד (ב"מ דף לה.) גבי ההוא גברא דאפקיד כיפי גבי חבריה קאמר רבא שפיר עבד דלא אהדר ליה הכא אטרחיה לבי דינא התם לא אטרחיה לבי דינא ויש לומר דהתם שאני דאטרחיה לבי דינא ולא פרע ליה מידי אלא רב נחמן אגבייה לאפדנא מיניה אבל הכא אע"ג דאטרחיה לבי דינא קלת שנשבע לו תחילה מכל מקום הרי שילם לו לבסוף ולא אטרח בי דינא הלכך מקני ליה כפילא:

מסורת הש"ס

א) לעיל קו: [ע"ש] שבועות מט., ב) לעיל סה:, ג) ב"מ לג:, ד) מתניתין היא לקמן מע"ל וכן בשבועות ועיין בספר כוס ישועות, ה) שייך קודם ד"ה טען.

ליקוטי רש"י

אמר לאחד מן השוק. הכא לא גרסינן משביעך אני דהא בלא שבועה נמי מיחייב כפל שזה גנב ממש ובגנב כתיב (שמות כב) ישלם שנים בלא שבועה [שבועות מט.]. **וחמישיתו.** רבתה התורה חמשיות הרבה לקרן אחת שאם כפר בחומש ונשבע והודה חוזר ומביא חומש על אותו חומש וכן מוסיף והולך עד שיתמעט הקרן שנשבע לו פחות משוה פרוטה [ויקרא ה, כד]. **ולא רצה לישבע.** שבועת שומרים שלא פשע בה ושלא שלח בה יד שהיה יכול ליפטר בשבועה זו שהרי אמרו שומר חנם נשבע ויוצא. **למי שהפקדון אצלו.** דכיון דשילם קנה כל תשלומיה ובגמרא מפרש טעמא [ב"מ לג:].

עין משפט נר מצוה

קנו א מיי' פ"ד מהל' גניבה הל' ו:
קנז ב מיי' שם הל' ז:
קנח ג ד מיי' שם הל' ה [רב אלפס ב"מ פ"ג דף עט.]:
קנט ה מיי' פ"ח מהל' שאלה ופקדון הל' ד טוש"מ סי' רלד וסי' רלה:
קס ו מיי' שם הל' א טוש"מ שם:

הגהות הב"ח

(א) גמ' דלא משלם חומשא וכפילא אבל בתרי גברי האי נשלם כפילא: (ב) שם היכי דמי כגון שטען:

תורה אור השלם

א) אוֹ מִכֹּל אֲשֶׁר יִשָּׁבַע עָלָיו לַשֶּׁקֶר וְשִׁלַּם אֹתוֹ בְּרֹאשׁוֹ וַחֲמִשִׁתָיו יֹסֵף עָלָיו לַאֲשֶׁר הוּא לוֹ יִתְּנֶנּוּ בְּיוֹם אַשְׁמָתוֹ: [ויקרא ה, כד]

ודאי לא הקנה לו בעל הפקדון את הזכות לקבל את הכפל, אף על פי שלאחר שבועתו שילם השומר. ואילו "**רָבָא אָמַר: לְמִי שֶׁהַפִּקָּדוֹן אֶצְלוֹ**", ש**כֵּיוָן דְּשִׁילֵּם, מַקְנֵי לֵיהּ כְּפֵילָא** — מכיון שבסופו של דבר שילם השומר לבעלים לפנים משורת הדין, ודאי הקנה לו בעל הפקדון את הזכות לקבל את הכפל.

הגמרא מוסיפה ומבארת מנין המקור לכל אחת משתי הדעות, של אביי ושל רבא:

וְקָא מִיפְלְגֵי בְּדִיוּקָא דְּמַתְנִיתִין — מחלוקתם היא כיצד יש לדייק במשנה הבאה, **דִּתְנַן** במשנה הנזכרת (בבא מציעא לג, ב): "**הַמַּפְקִיד אֵצֶל חֲבֵירוֹ בְּהֵמָה אוֹ כֵּלִים** בתורת שומר חינם, **וְנִגְנְבוּ אוֹ שֶׁאָבְדוּ**[19], שמן הדין פטור הוא השומר בשבועה מן התשלומין, אם **שִׁילֵּם** השומר למפקיד את דמי הפקדון, **וְלֹא רָצָה לִישָּׁבַע, שֶׁהֲרֵי אָמְרוּ** שמצד הדין במקרה כזה **שׁוֹמֵר חִנָּם נִשְׁבָּע, וְיוֹצֵא** ידי חובתו, ונפטר בכך, והוא לא רצה לעשות כך, אלא שילם, אם אחר כך **נִמְצָא הַגַּנָּב**, הרי הוא **מְשַׁלֵּם תַּשְׁלוּמֵי כֵּפֶל**, ואם היה הפקדון שור או שה, והגנב **טָבַח וּמָכַר** אותו, הרי הוא **מְשַׁלֵּם תַּשְׁלוּמֵי אַרְבָּעָה וַחֲמִשָּׁה, לְמִי הוּא מְשַׁלֵּם? לְמִי שֶׁהַפִּקָּדוֹן אֶצְלוֹ**, לשומר (כפי שביארנו למעלה). אבל אם **נִשְׁבַּע** השומר **וְלֹא רָצָה לְשַׁלֵּם, וְנִמְצָא הַגַּנָּב** אחר כך, והוא **מְשַׁלֵּם תַּשְׁלוּמֵי כֵּפֶל**, ואם שור או שה הוא **וְטָבַח וּמָכַר** אותו, הוא **מְשַׁלֵּם תַּשְׁלוּמֵי אַרְבָּעָה וַחֲמִשָּׁה, לְמִי הוּא מְשַׁלֵּם? לְבַעַל הַפִּקָּדוֹן**". **אַבַּיֵי דָּיֵיק מֵרֵישָׁא, רָבָא דָּיֵיק מִסֵּיפָא** — אביי מדייק כשיטתו מלשון הרישא של משנה זו, ואילו רבא מדייק כשיטתו מן הסיפא, וכפי שיבואר:

"**אַבַּיֵי דָּיֵיק מֵרֵישָׁא**", כיצד? **דְּקָתָנֵי** — ששנינו שם: "**שִׁילֵּם וְלֹא רָצָה לִישָּׁבַע**. . . משלם למי שהפקדון אצלו", ומשמע **שֶׁטַּעְמָא** — דוקא מפני **דְּלֹא רָצָה לִישָּׁבַע**, הוא שמשלם הגנב לשומר,

---

הערות

19. בתוספות (בבא מציעא לג, ב ד"ה המפקיד) כתבו שיש שאינם גורסים במשנה "או שאבדו", מכיון שבאבידה אין תשלומי כפל. וכתבו התוספות שיש ליישב את גירסתנו "או שאבדו", שהכוונה היא שכך טען השומר, שאבד הפקדון, אבל באמת לבסוף התברר שנגנב (ועיין תירוצים אחרים בתוספות שם וברמב"ן וברשב"א ובריטב"א ובנמוקי יוסף שם).

ובאו עדים אקמייתא והודה אבתרייתא מאי ממון המחייבתו כפל פוטרו מן החומש והא איחייב ליה עילויה כפילא או דלמא שבועה המחייבתו כפל פוטרתו מן החומש והא שבועה בתרייתא הואיל דלא קא מחייבא ליה כפילא תחייביה חומשא אמר רבא ת"ש א) אמר לאחד מן השוק היכן שורי שגנבת והוא אומר לא גנבתי משביעך אני ואמר אמן והעדים מעידים אותו שגנבו משלם תשלומי כפל ואם הודה מעצמו משלם קרן וחומש ואשם והא הכא עדים הוא דמחייבי ליה כפילא הודה מעצמו אין אבל הודה אחר עדים לא ואי סלקא דעתך שבועה המחייבתו כפל פוטרתו מן החומש אמאי הודה אחר עדים לא מכדי הא שבועה לא קא מיחייבא ליה כפילא תחייביה חומשא אלא לאו שמע מינה [א]ממון המחייבו כפל פוטרתו מן החומש ש"מ בעי רבינא חומש וכפילא בתרי גברי מאי היכי דמי כגון שמסר שורו לשני בני אדם וטענו בו טענת גנב חד נשבע והודה וחד נשבע ובאו עדים מאי מי אמרינן בחד גברא קפיד רחמנא דלא משלם חומשא וכפילא (א) האי נשלם כפילא והאי נשלם חומשא או דלמא עלויה חד ממונא קפיד רחמנא דלא נשלם עלה חומשא וכפילא והכא נמי חד ממונא הוא [ב]תיקו: בעי רב פפא תרי חומשי או תרי כפילי בחד גברא מאי היכי דמי (ב) שטען טענת אבד ונשבע והודה וחזר וטען טענת אבד ונשבע והודה אי נמי כגון שטען טענת גנב ונשבע ובאו עדים וחזר וטען טענת גנב ונשבע ובאו עדים מאי מי אמרינן [ג]תרי גווני ממונא קאמר רחמנא דלא נשתלמו עילוי חד ממונא והכא חד גוונא הוא או דלמא תרי ממונא אמר רחמנא דלא לשתלמו עילוי חד ממונא והכא נמי תרי ממונא נינהו תא שמע ג) דאמר רבא א) וחמישיתו יוסיף עליו התורה ריבתה חמישיות הרבה לקרן אחת [ד]שמע מינה: תבעוהו בעלים לשומר ונשבע ושילם והוכר הגנב כפל למי אביי אמר לבעל הפקדון רבא אמר [ה]למי שהפקדון אצלו אביי אמר לבעל הפקדון כיון דאטרחיה בשבועה לא מקני ליה כפילא רבא אמר למי שהפקדון אצלו כיון דשילם מקני ליה כפילא וקא מיפלגי בדיוקא דמתניתין דתנן ד) [ו]המפקיד אצל חבירו בהמה או כלים ונגנבו או שאבדו שילם ולא רצה לישבע שהרי אמרו שומר חנם נשבע ויוצא נמצא הגנב משלם תשלומי כפל טבח ומכר משלם תשלומי ארבעה וחמשה למי הוא משלם למי שהפקדון אצלו נשבע ולא רצה לשלם ונמצא הגנב משלם תשלומי כפל טבח ומכר משלם תשלומי ארבעה וחמשה למי הוא משלם לבעל הפקדון אביי דייק מרישא רבא דייק מסיפא אביי דייק מרישא דקתני שילם ולא רצה לישבע טעמא דלא רצה לישבע הא

רש"י

ובאו עדים. דכשנשבע היתה אלו לחייב כפל והדר הודה איהו אבתרייתא: **מאי.** מיחייב חומש אהך שבועה בתרייתא או לא: **והא איחייב ליה כפילא.** עליה דהאי ממון: **או דלמא שבועה המחייבתו כפל פוטרתו מן החומש.** כגון אי הוה מודה השתא אקמייתא אחר העדאת עדים הוה מיפטר מחומש אבל השתא דאבתרייתא אודי והך שבועה לא חייבתיה כפילא תחייביה חומשא והכא ליכא למימר יצא ידי בעלים בשבועה ראשונה דכי אמרינן ליה היכא דאתו סהדי אשבועה שניה דאמרינן אשבועת שקר לא מחייבי כפילא אבל היכא דאודי עלה קיימא לן לעיל (דף קו.) השביע עליו חמשה פעמים כו' לענין חומש ואשם לא שני ליה בין שבועת עצמו לשבועת דיינין ובלבד שיכפור ממון: **אמר לאחד מן השוק.** שאין שומר על שורו: **משביעך אני.** משום הודה מעצמו דסיפא נקט אבל משום כפל בלאו שבועה נמי מיחייב: **תרי חומשי או תרי כפילי בחד גברא מאי** הכי גרסינן: **לקרן אחת.** אם כפר וחזר וכפר וה"ה לתרין כפילי: **תבעוהו בעלים לשומר חנם ונשבע.** שנגנבה ונפטר ואח"כ שילם לפנים משורת הדין: **כיון דאטרחיה.** שומר לבעלים עד שהביאוהו לבית דין ונשבע אע"ג דהדר שילם לא מקנו ליה בעלים לשומר כפילא בשעת תשלומים: **שהרי אמרו וכו'.** ויכול היה ליפטר בשבועה:

תוספות

ובאו עדים אקמייתא. תימה דע"כ כשבאו עדים אקמייתא ואומרים באותה שעה ראינוהו ברשותו ונמצא שמכחישין גם שבועה שניה שנשבע שאבד וכשהודה אחר עדים אמאי משלם חומש הא קתני לעיל ד) בברייתא דהיכן פקדוני כו' הודה מעצמו משלם קרן וחומש משמע דוקא הודה מעצמו אבל אחר עדים לא ויש לומר דלעולם בטענת אבד הודה לאחר עדים נמי משלם חומש כדמשמע בסמוך דקאמר מכדי האי שבועה לא מחייבא ליה כפל תחייביה חומש אלא שמע מינה ממון המחייבו כפל פוטרו מן החומש משמע הא היכא דליכא כפל בהעדאת עדים כמו בטענת אבד דמתחייב חומש בהודה אחר עדים ולעיל לאו דוקא נקט מעצמו אלא הוא הדין אחר עדים ואיידי דתנא בסיפא הודה מעצמו גבי טוען טענת גנב תנא נמי ברישא:

חד [נשבע] והודה וחד [נשבע] ובאו עדים. נראה דוקא נקט מתחילה הודה דאי מתחילה כפר חד ובאו עדים ואח"כ הודה חד הוו עדים קודמין להודאה ומחייבין תרוייהו כפילא דעדים כשבאו להעיד על שניהם העידו אבל כשהודה חד קודם אע"פ שאח"כ באו עדים יש לומר דפטור והכי משמע בכולה הך שמעתא דמודה בקנס ואח"כ באו עדים דפטור:

טען טענת אבד ונשבע והודה וחזר וטען טענת אבד. נראה דל"ג והודה דאם הודה מיד הויא ברשותו להתחייב באונסים משעה שנשבע לשקר ומה שיחזור ויטעון שוב אבד אין כופר כלום ואפי' אמר לאחר שבועה אבד אלא נראה דלא הודה אלא לאחר שבועה שניה ומיהו תימא מאי קמבעיא ליה לרב פפא הא מתניתין היא דמייתי לעיל (דף קו.) השביע עליו ה' פעמים בין בפני ב"ד בין שלא בפני ב"ד וכפר עליו חייב על כל אחת ואחת:

וחזר וטען טענת גנב ונשבע. תימה היאך השביעוהו בית דין כיון שנפטר בבית דין בשבועה ראשונה ואפילו חזר וטען שלאחר שבועה ראשונה נגנב מ"מ למה השביעוהו והלא משבועה ראשונה שנשבע לשקר חייב באונסים נמצא שלא כפר כלום במה שטען שנגנב אחר שבועה ראשונה ואין לומר שבאו לפני בית דין אחר שלא ידעו שכבר נפטר והשביעוהו וכיון שנשבע על פי בית דין (אע"ג) שלא ידעו מיחייב כפל והא דאמרינן לעיל שכבר יצא בשבועה ראשונה היינו שאותו בית דין עצמו השביעוהו וטעו דאין סברא לחלק כלל ונראה דמיירי דאמר ליה בעל הפקדון שוב לאחר שנמצא שקרן בשבועה ראשונה רצוני שתהא עליו שומר חנם כבתחילה וחזר וטען לאחר שעשיתני שומר חנם נגנב ופוטר עצמו שהרי לא נתחייב באונסין במה שעשאו בפירוש ש"ח אבל תימה דא"כ לא הוי חד ממונא דהשתא הפקידו אצלו פעם שניה ומה לי לקחו בידו ונתן לו ומ"ל שלא לקחו אלא אמר ליה בעודו בידו תהא עליו שומר חנם: ה) **ותרי** כפילי. מחמת שנעשה פסול בשבועה שניה משעה שנמצא שקרן בראשונה אין לפוטרו משום דחשוד על השבועה מדרבנן הוא דמיפסל כדמוכח בשבועות (דף מה.) דקתני ושכנגדו חשוד על השבועה ומשמע התם דמדרבנן הוא וכיון דמדאורייתא שבועתו שבועה מחייב כפל: **רבא** אמר למי שהפקדון אצלו. וא"ת דהכא סבר רבא דאע"ג דאטרחיה לבי דינא מקני ליה כפילא ובפרק המפקיד (ב"מ דף לה.) גבי ההוא גברא דאפקיד כיפי גבי חבריה קאמר רבא שפיר עבד דלא אהדר ליה הכא אטרחיה לבי דינא התם לא אטרחיה לבי דינא ויש לומר דהתם שאני דאטרחיה לבי דינא ולא פרע ליה מידי אלא רב נחמן אגבייה לאפדנא מיניה אבל הכא אע"ג דאטרחיה לבי דינא קלת שנשבע לו תחילה מכל מקום הרי שילם לו לבסוף ולא אטרח בי דינא הלכך מקני ליה כפילא:

מסורת הש"ס

א) לעיל קו: [ע"ש] שבועות מט., ב) לעיל סה:, ג) ב"מ לג:, ד) מתניתין היא לקמן מע"ל וכן בשבועות ועיין בספר כוס ישועות, ה) שייך קודם ד"ה טען.

ליקוטי רש"י

אמר לאחד מן השוק. הכא לא גרסינן משביעך אני דהא בלא שבועה נמי מיחייב כפל שזה גנב ממש ובגנב כתיב (שמות כב) ישלם שנים בלא שבועה [שבועות מט.]. **וחמישיתו.** רבתה התורה חמשיות הרבה לקרן אחת שאם כפר בחומש ונשבע והודה חוזר ומביא חומש על אותו חומש וכן מוסיף והולך עד שיתמעט הקרן שנשבע לו פחות משוה פרוטה [ויקרא ה, כד]. **ולא רצה לישבע.** שבועת שומרים שלא פשע בה ושלא שלח בה יד שהיה יכול ליפטר בשבועה זו שהרי אמרו שומר חנם נשבע ויוצא. **למי שהפקדון אצלו.** דכיון דשילם קנה כל תשלומיה ובגמרא מפרש טעמא [ב"מ לג:].

עין משפט נר מצוה

קנו א מיי' פ"ד מהל' גניבה הל' ו:
קנז ב מיי' שם הל' ז:
קנח ג ד מיי' שם הל' ה [רב אלפס ב"מ פ"ג דף עט.]:
קנט ה מיי' פ"ח מהל' שאלה ופקדון הל' ד טוש"ע ח"מ סי' רצד וסי' רצה:
קס ו מיי' שם הל' א טוש"ע ח"מ שם:

הגהות הב"ח

(א) גמ' דלא משלם חומשא וכפילא אבל בתרי גברי האי נשלם כפילא: (ב) שם היכי דמי כגון שטען:

תורה אור השלם

א) אוֹ מִכֹּל אֲשֶׁר יִשָּׁבַע עָלָיו לַשֶּׁקֶר וְשִׁלַּם אֹתוֹ בְּרֹאשׁוֹ וַחֲמִשִׁתָיו יֹסֵף עָלָיו לַאֲשֶׁר הוּא לוֹ יִתְּנֶנּוּ בְּיוֹם אַשְׁמָתוֹ: [ויקרא ה, כד]

הא נשבע אע"פ ששילם למי משלם לבעל הפקדון רבא דייק מסיפא (א) נשבע ולא רצה לשלם טעמא דלא רצה לשלם הא שילם אע"פ שנשבע למי משלם למי שהפקדון אצלו לאביי קשיא סיפא אמר לך אביי הכי קתני נשבע ולא רצה לשלם קודם השבועה אלא לאחר השבועה למי משלם לבעל הפקדון לרבא קשיא רישא אמר לך רבא הכי קתני שילם ולא רצה לעמוד בשבועתו אלא שילם למי משלם למי שהפקדון אצלו תבעוהו בעלים לשומר ונשבע והוכר הגנב תבעו שומר והודה [א]תבעוהו בעלים וכפר והביאו עדים מי נפטר הגנב בהודאת שומר או לא נפטר הגנב בהודאת שומר אמר רבא [ב]אם באמת נשבע נפטר הגנב בהודאת שומר אם בשקר נשבע לא נפטר הגנב בהודאת שומר בעי רבא עמד לישבע בשקר ולא הניחוהו מהו תיקו רב כהנא מתני הכי רב טביומי מתני (ב) [ג]בעי רבא נשבע לשקר מהו תיקו תבעוהו בעלים לשומר ושילם והוכר הגנב [ד]תבעוהו בעלים והודה תבעו שומר וכפר והביא עדים נפטר גנב בהודאת בעלים או לא מי אמרינן מצי אמר ליה שומר לבעלים אתון כיון דשקליתו לכו דמי אסתליקתו לכו מהכא או דלמא מצי אמרי ליה כי היכי דאת עבדת לן מילתא אנן נמי עבדינן לך טרחינן בתר גנבא שקלנא אנן דידן ושקול את דידך [ה]תיקו (א) אתמר נגנבה באונס והוכר הגנב אמר אביי אם שומר חנם הוא רצה עושה עמו דין רצה נשבע אם שומר שכר הוא עושה עמו דין ואינו נשבע רבא אמר אחד זה ואחד זה [ו]עושה עמו דין ואינו נשבע לימא פליגא אדרב הונא בר אבין דשלח רב הונא בר אבין נגנבה באונס והוכר הגנב אם שומר חנם הוא רצה עושה עמו דין רצה נשבע ואם שומר שכר הוא עושה עמו דין ואינו נשבע אמר לך רבא הכא במאי עסקינן [ז]כגון שקדם ונשבע והא רצה עושה עמו דין רצה נשבע קאמר הכי קאמר [ח]רצה שומר חנם עומד בשבועתו רצה עושה עמו דין רבה זוטי בעי לה הכי [ט]נגנבה באונס והחזיר גנב בבית שומר ומתה בפשיעה מהו מי אמרינן כיון דנגנבה באונס כליא ליה שמירתו או דלמא כיון דהדרה הדרה לשמירתו [י]תיקו:

מתני' (ג) היכן פקדוני אמר לו אבד משביעך אני ואמר אמן והעדים מעידים אותו שאכלו משלם קרן [הודה מעצמו משלם קרן וחומש ואשם] היכן פקדוני אמר לו נגנב משביעך אני ואמר אמן והעדים מעידים אותו שגנבו משלם תשלומי כפל הודה מעצמו משלם קרן חומש ואשם [כ]הגוזל [א] את אביו ונשבע לו ומת הרי זה משלם קרן וחומש (ג) ואשם לבניו או לאחיו ואם אינו רוצה או שאין לו לוה ובעלי חוב באין ונפרעים (ד) האומר [ל]לבנו קונם אי אתה נהנה משלי אם מת ירשנו

בחייו

רש"י

הא נשבע אע"פ ששילם. כיון דאטרחיה בשבועה למי משלם גנב כפל לבעל הפקדון כטעמיה דאביי דלעיל: **מי נפטר הגנב.** מן הכפל כשאר מודה בקנס: **בהודאה.** שהודה לשומר: **או לא נפטר.** דכיון דנשבע שומר תחילה נסתלק ושוב אינה בשמירתו ולא הויא הודאה: **אם באמת נשבע.** השומר שטען נגנבה באונס ונמצא כן: **נפטר הגנב בהודאת שומר.** דכיון דנאמן הוא אנן סהדי דאי הוה משתכחא בהמה ניחא ליה למריה דתיהוי בידיה דהאיך הלכך על שומר זה לחזור אחריה ותביעתו תביעה והודאת גנב הודאה: **ואם נשבע לשקר.** שטוען מת או נשבר או נשבה או נגנבה באונס ובא ומצא שאינו כן דכיון דמגליא מילתא דשקרן הוה אנן סהדי דלא ניחא ליה למרה דליהוי תו שומר עלה ותביעתו אינה תביעה: **ולא הניחוהו מאי.** מדלא נשבע נאמן הוא עדיין לבעלים או דלמא כיון דעמד לישבע תו לא מהימני ליה (ג) בעלים: **נשבע לשקר מהו.** מי אמרינן אכתי עליה רמיא דכיון דלשקר נשבע סופו להתחרט ולשלם הלכך תביעתו תביעה או לא: אית דגרס אם באמת נשבע דלא פשע לא נפטר הגנב דכיון דבאמת נשבע אפטר ליה שומר ותו לא רמיא עליה למתבעיה לגנב ואם לשקר נשבע כגון דפשע נפטר הגנב בהודאת שומר דאכתי עליה רמיא לשלומי ולשון שמעתי ועיקר הוא דהכא ליכא לאקשויי א"כ מאי בעי רבא עמד לישבע לשקר ולא הניחוהו מהו השתא נשבע ממש דאסתלק ליה מבי דינא דתו לא רמיא עליה לא שבועה ולא פרעון עד שיבאו עדים שפשע אמרינן דנפטר הגנב דאכתי אשומר רמיא למתבעיה כל שכן היכא דלא נשבע דעליה רמיא לשלומי: **את עבדת לן מילתא.** טובה שילמת לפנים משורת הדין הלכך על דידן נמי רמיא למיעבד מילתא דטיבותא לאהדורי בתר גנבא ולמתבעיה ותביעתן תביעה: **נגנבה באונס.** בלסטים מזוין דשומר שכר פטור בו ואח"כ הוכר הגנב ויכול לכופו ולהוציא מידו: **רצה נשבע.** והבעלים יפרעו מן הגנב: **עושה עמו דין.** משלם לבעלים והוא יפרע מן הגנב: **ואם שומר שכר הוא.** אע"ג דפטור בלסטים מזוין הכא הואיל והוכר הגנב ולא יפסיד כלום עליו לטרוח אחריה לפיכך הוא ישלם לבעלים ויחזור ויפרע מן הגנב: **עושה עמו דין.** ישלם דמלוה עליו לחזור אחר האבידה: **לימא פליגא.** דרבא אדרב הונא בר אבין: **כגון שקדם ונשבע.** קודם שהוכר הגנב: **מתני' משלם קרן.** דאין חומש ואשם אלא אם הודה דכתיב בגזל הגר בפרשת נשא והתוודה: (ד) **ואחר כך מת אביו.** ואחר מיתת האב הודה: **הרי זה משלם קרן וחומש לבניו.** של אביו או לאחיו של אביו אם אין לו בנים ואף על גב דנפלה ירושה קמיה דהאיך בעי למעבד השבה ואין מעכב אפילו כנגד חלקו: **אין לו.** נכסים כל כך שיכול לוותר על חלקו או שאין רוצה להפסיד חלקו: **לוה.** מאחרים ומשיב לאחיו לקיים מצות השבה: **ובעלי החוב באין ונפרעין.** מן (ו ההשבה את חלקו כגון אם היו שנים אחין והוא שלישי נפרעים בעלי חובים מן (ו ההשבה שליש החוב) והשאר יגבו ממנו:

בחייו

תוספות

תבעו שומר והודה תבעוהו בעלים והביא עדים. משמע דהודה לאחר שאין בעל הדבר דלא הויא הודאה ותימה אמאי לא בעי לענין קרן גופיה בשלא באו עדים אי הויא הודאה אי לאו ואמאי נקט והביא עדים משמע דלא מבעיא אלא לענין כפל וי"ל דמשום דאקרן לא הוי מצי למיפשט הא דפשיט אם בשקר נשבע לא נפטר הגנב כו': **ולא** הניחוהו מהו. הקשה בקונט' אהך גירסא דגרסינן אם באמת נשבע לא נפטר גנב וכו' דא"כ מאי בעי רבא עמד לישבע לשקר ולא הניחוהו מהו השתא נשבע לשקר ממש דאיסתליק ליה מבי דינא דתו לא רמיא עליה כ"ש היכא דלא נשבע דעליה רמיא לשלומי ויש מתרצים דכיון (ח) דלא הניחוהו לישבע מחל לו והרי נפטר נמי שומר כאילו שומר נשבע באמת ותו לא רמיא עליה ולהכי קבעי ולאו מילתא היא דמשום דלא הניחוהו לישבע לא מחל לו ולא מיפטר שומר בהכי וכן פוסק בה"ג דאע"פ שמחל לו השבועה לנתבע בשביל כך לא מחל לו ממון לגמרי וכל שכן היכא דלא מחל לו שבועה אלא שלא הניחו לישבע באותה שעה: **נגנבה** באונס. נראה דאין שום גניבה קרויה אונס אלא בלסטים מזוין כדפירש בקונט' וכן מוכח לעיל בהכונס (דף נז.): **לבניו** או לאחיו. נראה לבניו של גזלן או לאחיו של גזלן כלומר בתחילה לבניו אם יש לו דהם קודמים לכל אדם בחלק המגיעו ונחשב אותו כאילו מת הוא והרי בניו יורשים חלקו עם אחיו והם אין באים מכחו אלא מכח אבוה דאבא כדאמר בסוף מי שמת (ב"ב דף קנט.) תחת אבותיך יהיו בניך הלכך אע"פ שאין לאביהן בהן כלום שהרי יש לו להחזיר גזילה אפ"ה הם קודמין בחלקו מההוא טעמא דב"ב או לאחיו כשאין לו בנים: **לוה** וב"ח באין ונפרעין. נראה לפרש לוה על הקרקע שלו מאחרים אפי' בלא אפותיקי דקרקע משועבד לבעל חוב ואח"כ נותן קרקע שלו לבניו או לאחיו בעבור הגזילה וכגון שאין הגזילה קיימת וחוזרים ב"ח ונפרעין מאותה קרקע אע"ג דיש לו שאר נכסים במה לפרוע ונראה דאין צריך לומר בשעת נתינתו לבניו או לאחיו ע"מ שיפרעו בעלי חוב מכס דבלאו הכי אין יכולין לזכות שלא מדעתו ואם הגזילה בעין צריך לפרש שלוה עליה או יעשנה אפותיקי למלוה ויחזירנה לבניו

עין משפט נר מצוה

קסא א ב ג ד ה מיי' פ"ד מהלכות גניבה הלכה ח טוש"מ סי' שנב:

קסב ו ז ח מיי' פ"ח מהל' שאלה ופקדון הלכה ו סמג עשין פח טוש"ע ח"מ סי' רלד סעיף ו:

קסג ט י מיי' שם סמג שם:

קסד כ מיי' פ"ח מהל' גזילה ואבידה הל' ג סמג עשין עג טוש"ע ח"מ סי' שסז סעיף ה:

קסה ל מיי' פ"ה מהל' נדרים הל' ו סמג לאוין רמב טוש"ע י"ד סי' רט"ז סעיף ז וסי' רכג סעיף ג:

ליקוטי רש"י

עושה עמו דין. פרעון [ב"מ צג:]. **היכן פקדוני.** אמר לשומר חנם היכן (שורי) אמר לו אבד משביעך אני ואמר אמן והעדים מעידין אותו שאכלו משלם את הקרן ולא כפל ואם הודה מעצמו שלא באו עדים משלם קרן וחומש ואשם כדין שבועת הפקדון דאינה באה עד שמודה ושב מרשעו ובא להתכפר דכתיב בשבועת גזל הגר בפרשת נשא והתודו את חטאתם אשר עשו וגו' אמר לו נגנב משביעך כו' בהדיא ילפינן לה בפרק מרובה בשומר חנם הפוטר עצמו בטענת אבידה אינו משלם כפל אף בשבועה אבל הפוטר עצמו בטענת גנב ובשבועה ובאו עדים משלם כפל דכתיב אם לא ימצא הגנב אם לא ימצא כמו שהוא אמר אלא הוא עצמו גנבו כו' כדאיתא התם [שבועות מט.]. **משלם את הקרן.** דאין חומש ואשם אלא אם הודה דכתיב בגזל הגר בפרשת נשא והתוודה [לקמן קח:]. **הודה מעצמו משלם קרן וחומש ואשם.** אבל כפל לא דמודה בקנס הוא [שבועות שם] דכתיב (ויקרא ה) או מכל אשר ישבע עליו לשקר וגו' וזהו אשם גזילות ואינו בא אלא על הודאת פיו דאע"פ דלא כתב בההיא פרשה הודאה כתב רחמנא באשם גזל הגר בפרשת נשא והתודו את חטאתם וגו' וחומש נמי אינו בלא אשם [לעיל סג:]. **קונם אי אתה נהנה משלי.** כלומר שאי אתה נהנה לי מכל נכסי. **אם מת ירשנו.** שלא אסר עליו אלא כל זמן שהנכסים שלו לפיכך יירשנו אם מת [נדרים מב.].

מסורת הש"ס

א) ב"מ לג., ב) לעיל סג: קו. שבועות מט., ג) [צריך תיקון ובפרש"י וכן בברטנורא ליתא תיבת ואשם], ד) [נדרים מב. מז.], ה) עיין רש"א ובספר פ"י, ו) ס"א הירושה, ז) ס"א מן שליש הירושה, ח) רש"ל מ"ז וגורס דכיון דשומר נשבע.

הגהות הב"ח

(א) גמ' דייק מסיפא דקתני נשבע: (ב) שם רב טביומי מתני הכי בעי: (ג) רש"י ד"ה ולא הניחוהו וכו' לבעלים הס"ד: (ד) ד"ה ונשבע לו ואח"כ מת אביו:

הגהות הגר"א

[א] מתני' הגוזל כו' לבניו. נ"ב גירסת הרמב"ם לאחיו או לבניו ואם אין לו לוה כו' ור"ל שאין לו אחים ובנים ולא מצריך אלא שילא מתחת ידו ואף באחיו מחשב עמהם אח"כ וכל זה בגזילה קיימת:

הָא — הרי שאם **נִשְׁבַּע, אַף עַל פִּי שֶׁשִּׁילֵּם** לבסוף, **לְמִי מְשַׁלֵּם** הגנב את הכפל? **לְבַעַל הַפִּקָּדוֹן**, מכיון שהטריחו השומר לבעלים להשביעו, וכדברי אביי.

"**רָבָא דָּיֵיק מִסֵּיפָא**", כיצד? ששנינו בסיפא: "**נִשְׁבַּע וְלֹא רָצָה לְשַׁלֵּם**... משלם לבעל הפקדון", ומשמע **שַׁטַּעְמָא** — דוקא משום **דְּלֹא רָצָה לְשַׁלֵּם** הוא שמשלם הגנב לבעל הפקדון ולא לשומר, **הָא** — אבל אם **שִׁילֵּם** השומר, **אַף עַל פִּי שֶׁנִּשְׁבַּע** בתחילה, **לְמִי מְשַׁלֵּם** הגנב את הכפל? **לְמִי שֶׁהַפִּקָּדוֹן אֶצְלוֹ**, וכדברי רבא.

שואלת הגמרא:

לְאַבָּיֵי, קַשְׁיָא סֵיפָא — לאביי קשה מן הסיפא של המשנה, וכפי שדייק רבא, שמשמע משם שדוקא אם לא רצה השומר לשלם הוא שהכפל לבעלים, אבל אם שילם הכפל לשומר, אפילו אם לא שילם אלא לאחר שנשבע!?

מתרצת הגמרא:

אָמַר לָךְ אַבָּיֵי — אביי יכול לומר לך: **הָכִי קָתָנֵי** — כך היא כוונת המשנה במלים "נשבע ולא רצה לשלם": **נִשְׁבַּע, וְלֹא רָצָה לְשַׁלֵּם קוֹדֶם הַשְּׁבוּעָה, אֶלָּא** אפילו אם שילם **לְאַחַר הַשְּׁבוּעָה, לְמִי מְשַׁלֵּם** הגנב את הכפל? **לְבַעַל הַפִּקָּדוֹן**.

עכשיו שואלת הגמרא על רבא:

לְרָבָא קַשְׁיָא רֵישָׁא — לרבא קשה מן הרישא של המשנה, וכפי שדייק אביי, שממשמע משם שדוקא אם לא נשבע השומר כלל הוא שהכפל לשומר, אבל אם מתחילה נשבע, אפילו אם שילם לבסוף, הכפל לבעלים!?

מתרצת הגמרא:

אָמַר לָךְ רָבָא — רבא יכול לומר לך: **הָכִי קָתָנֵי** — כך היא כוונת המשנה במלים "שילם ולא רצה לישבע": **שִׁילֵּם וְלֹא רָצָה לַעֲמוֹד בִּשְׁבוּעָתוֹ, אֶלָּא שִׁילֵּם**, שאפילו אם נשבע, אם לבסוף שילם ולא רצה לעמוד בפטורו מחמת השבועה, **לְמִי מְשַׁלֵּם** הגנב את הכפל? **לְמִי שֶׁהַפִּקָּדוֹן אֶצְלוֹ**.

הגמרא עוברת לענין אחר, הנוגע אף הוא לגניבת פקדון מבית שומר ותשלומי כפל עליו, ושואלת:

אם **תְּבָעוּהוּ בְּעָלִים לַשּׁוֹמֵר** שישיב להם את הפקדון, **וְנִשְׁבַּע** השומר שנגנב הפקדון, ונפטר בכך מתשלומין, **וְהוּכַּר הַגַּנָּב** לאחר מכן, **וּתְבָעוֹ שׁוֹמֵר** לגנב שיחזיר את הגניבה, **וְהוֹדָה** הגנב בגניבה, ואחר כך **תְּבָעוּהוּ** (את הגנב) **הַבְּעָלִים** עצמם, **וְכָפַר** הגנב לבעלים, והכחיש את הגניבה, **וְהֵבִיאוּ** הבעלים **עֵדִים** שאכן גנב, מה הדין במקרה זה? **מִי** (האם) **נִפְטַר הַגַּנָּב** מכפל בדין "מודה בקנס" **בְּהוֹדָאַת שׁוֹמֵר**, בהודאה זו שהודה כשתבעו השומר, ושוב אינו מתחייב בכפל אף כשבאו עדים לבסוף שגנב[1], **אוֹ לֹא נִפְטַר הַגַּנָּב בְּהוֹדָאַת שׁוֹמֵר**, שכיון שכבר נשבע השומר ונפטר מתשלומין הסתלק מן השמירה, ושוב אין הפקדון באחריותו, והודאה על פי תביעתו אינה פוטרת מקנס[2], שהרי הוא כאדם אחר שאין לו שייכות לגניבה, ואין הודאה פוטרת אלא כשמודה הגנב לבעל הדבר, ולא לאדם אחר[3]?

רבא פושט את הספק:

אָמַר רָבָא: אִם בֶּאֱמֶת נִשְׁבַּע השומר, ששבועתו היתה שנגנב הפקדון באונס[4], ואכן כך היה הדבר, **נִפְטַר הַגַּנָּב** מכפל **בְּהוֹדָאַת שׁוֹמֵר**, שהואיל ונשבע השומר באמת, ושומר נאמן היה, ודאי אילו היה הפקדון נמצא היו הבעלים רוצים שיחזור שומר זה וישמרנו, ולכן עדיין הוא נחשב כשומר על פקדון זה, ומוטל עליו לתובעו מן הגנב, ותביעתו נחשבת כתביעת הבעלים, והודאה בפניו הודאה היא לפטור מקנס[5]. אבל **אִם בְּשֶׁקֶר נִשְׁבַּע** השומר, ששבועתו היתה שהפקדון נגנב באונס או שאבד מן העולם באונס[6], והתברר שלא היתה הגניבה באונס, **לֹא נִפְטַר הַגַּנָּב** מכפל **בְּהוֹדָאַת שׁוֹמֵר**, שהואיל והתברר ששקרן הוא, ודאי לא היו הבעלים רוצים שימשיך בשמירתו על הפקדון, ואין תביעתו תביעה[7].

לאחר שפשט את הספק הקודם, שואל רבא:

בָּעֵי (שאל) **רָבָא:** מה הדין במקרה הנזכר למעלה, שהודה הגנב לתביעתו של השומר, וכפר לבעלים, אם בתחילה **עָמַד** השומר **לִישָּׁבַע בְּשֶׁקֶר, וְלֹא הִנִּיחוּהוּ** להישבע, שפטרוהו הבעלים משבועה[8], **מַהוּ** הדין? האם גם במקרה כזה אין תביעתו תביעה, שכבר אינו נאמן לבעלים, מכיון שרצונו היה להישבע לשקר, ונסתלק מן השמירה, או שכיון שבסופו של דבר לא נשבע לשקר, עדיין נאמן הוא בעיני הבעלים[9], ונחשב הוא עדיין כשומר, ותביעתו תביעה, וההודאה לתביעתו פוטרת מן הקנס?

הגמרא אינה פושטת את הספק, ומסיקה:

תֵּיקוּ — תעמוד השאלה במקומה[10].

גירסא אחרת של דברי רבא:

רַב כַּהֲנָא מַתְנֵי הָכִי — רב כהנא שנה את דברי רבא כך, כפי שנתבאר למעלה. אבל **רַב טַבְיוֹמֵי מַתְנֵי** — שנה את דבריו של רבא כך: **בָּעֵי** (שאל) **רָבָא: נִשְׁבַּע לַשֶּׁקֶר מַהוּ** הדין? כלומר, שספקו של רבא היה בעיקר החילוק בין נשבע באמת לנשבע לשקר, האם

הערות

1. שהמודה בקנס פטור אפילו כשבאו עדים אחר כך (עיין לעיל עד, ב).

2. רש"י.

3. תוספות ד"ה תבעו, ותוספות רי"ד.

[לדעת התוספות הודאת בעל דין על פי תביעתו של מי שאינו "בעל דבר" אינה מועילה גם לענין חיוב ממון, כגון בענייננו, אם הודה הגנב לאדם אחר, ואחר כך תבעוהו הבעלים בבית דין וכפר, ולא באו עדים שגנב, אינו חייב לשלם את הקרן של הגניבה על פי הודאתו, שאין הודאת בעל דין מועילה אלא על פי תביעת בעל הדבר. ועל פי זה כתבו התוספות שהגמרא היתה יכולה להסתפק גם לענין **הקרן** של הגניבה, אם הודאת הגנב לשומר נחשבת כהודאה בפני הבעלים לחייבו קרן או לאו (ועיין שם מה הטעם שהזכירה הגמרא כפל ולא קרן, ועיין מהרש"א).

אולם יש אומרים שהודאת בעל דין מחייבת ממון אף כשהודה למי שאינו הבעלים (שלחן ערוך חושן משפט פא, כד), והנידון בסוגייתנו אינו אלא לענין פטור הכפל משום "מודה בקנס", שהודאה לפטור מקנס אינה פוטרת אלא כשמודה לבעלים (קצות החשן פא, י; כג, ותרומת הכרי, א, וביאור הגר"א לשלחן ערוך שם, ועיין מה שהקשו בקצות החשן ובתרומת הכרי על שיטה זו, ומה שתירץ בחזון איש בבא קמא יח, ז, ועיין חלקת יואב תניינא, יח).]

4. רש"י (ועיין להלן).

5. רש"י. מכיון שהוא שומר נאמן, ו"אנן סהדי" שנוח להם לבעלים שיישאר הפקדון בשמירתו, עדיין "לא כלתה שמירתו" (רשב"א). ויש מסבירים באופן אחר, שהואיל ונשבע באמת, ודאי נוח לו לשומר לטרוח ולחזור אחר הפקדון ולהחזירו לבעלים, כדי להחזיק את נאמנותו ולברר לכל העולם שנשבע באמת, ולכן נחשב הוא כבעל דבר לענין זה (תוספות רבינו פרץ).

6. כגון שהיה הפקדון בהמה, ונשבע שמתה או נשבתה או נגנבה באונס, והתברר שאין הדבר כן (רש"י). ועיין להלן.

7. רש"י.

מדברי רש"י משמע לכאורה שמדובר כאן בשומר שכר, שחייב על גניבה, ואינו פטור אלא באונס. ולפי זה אם "בשקר נשבע" נמצא שלאמיתו של דבר חייב השומר לשלם לבעלים, ולפי זה קשה, מפני מה אינו נחשב כ"בעל דבר" לתבוע מן הגנב, והלא לאמיתו של דבר מוטל עליו לשלם לבעלים, ולגבות חזרה את הדמים מן הגנב.

ולכן יש מפרשים שכוונת רש"י שאכן מדובר בשומר חנם, הפטור בגניבה אף שלא באונס, ואף כשנשבע לשקר שנגנבה באונס והתברר שנגנבה שלא באונס פטור הוא, אלא שמכל מקום מכיון שנמצא שקרן לא נוח להם לבעלים בשמירתו, ולכן נסתלק מן השמירה ואין תביעתו תביעה (בית מאיר וערוך השלחן חושן משפט שנב, ט, וכן פירש המאירי, ועיין מהדורא בתרא שנסתפק בפירוש דברי רש"י, ועיין מהרש"א לתוספות ד"ה תבעו, וחזון איש בבא קמא יח, ז). ועיין הערה 11.

8. רמ"ה בשיטה מקובצת (וכן מבואר בתוספות ד"ה ולא).

9. רש"י.

10. [פירשנו על פי הגירסא שלפנינו בדברי רבא. וכן היא גירסת רש"י והמאירי והראב"ד.

רש"י מביא גירסא הפוכה בדברי רבא, שאם נשבע השומר באמת, לא נפטר הגנב

הא נשבע אע"פ ששילם למי משלם לבעל הפקדון רבא דייק מסיפא (א) נשבע ולא רצה לשלם טעמא דלא רצה לשלם הא שילם אע"פ שנשבע למי משלם למי שהפקדון אצלו לאביי קשיא סיפא אמר לך אביי הכי קתני נשבע ולא רצה לשלם קודם השבועה אלא לאחר השבועה למי משלם לבעל הפקדון לרבא קשיא רישא אמר לך רבא הכי קתני שילם ולא רצה לעמוד בשבועתו אלא שילם למי משלם למי שהפקדון אצלו תבעוהו בעלים לשומר ונשבע והוכר הגנב תבעו שומר והודה [א]תבעוהו בעלים וכפר והביאו עדים מי נפטר הגנב בהודאת שומר או לא נפטר הגנב בהודאת שומר אמר רבא [ב]אם באמת נשבע נפטר הגנב בהודאת שומר אם בשקר נשבע לא נפטר הגנב בהודאת שומר בעי רבא עמד לישבע בשקר ולא הניחוהו מהו תיקו רב כהנא מתני הכי רב טביומי מתני (ב) [ג]בעי רבא נשבע לשקר מהו תיקו תבעוהו בעלים לשומר ושילם והוכר הגנב [ד]תבעוהו בעלים והודה תבעו שומר וכפר והביא עדים נפטר גנב בהודאת בעלים או לא מי אמרינן מצי אמר ליה שומר לבעלים אתון כיון דשקליתו לכו דמי אסתליקתו לכו מהכא או דלמא מצי אמרי ליה כי היכי דאת עבדת לן מילתא אנן נמי עבדינן לך טרחינן בתר גנבא שקלנא אנן דידן ושקול את דידך [ה]תיקו (ב) אתמר נגנבה באונס והוכר הגנב אמר אביי אם שומר חנם הוא רצה עושה עמו דין רצה נשבע אם שומר שכר הוא עושה עמו דין ואינו נשבע רבא אמר אחד זה ואחד זה [ו]עושה עמו דין ואינו נשבע לימא פליגא אדרב הונא בר אבין דשלח רב הונא בר אבין נגנבה באונס והוכר הגנב אם שומר חנם הוא רצה עושה עמו דין רצה נשבע ואם שומר שכר הוא עושה עמו דין ואינו נשבע אמר לך רבא הכא במאי עסקינן [ז]כגון שקדם ונשבע והא רצה עושה עמו דין רצה נשבע קאמר הכי קאמר [ח]רצה שומר חנם עומד בשבועתו רצה עושה עמו דין רבה זוטי בעי לה הכי [ט]נגנבה באונס והחזיר גנב בבית שומר ומתה בפשיעה מהו מי אמרינן כיון דנגנבה באונס כליא ליה שמירתו או דלמא כיון דהדרה הדרה לשמירתו [י]תיקו:

מתני' [כ]היכן פקדוני אמר לו אבד משביעך אני ואמר אמן והעדים מעידים אותו שאכלו משלם קרן [הודה מעצמו משלם קרן וחומש ואשם] היכן פקדוני אמר לו נגנב משביעך אני ואמר אמן והעדים מעידים אותו שגנבו משלם תשלומי כפל הודה מעצמו משלם קרן חומש ואשם [ל]הגוזל [א] את אביו ונשבע לו ומת הרי זה משלם קרן וחומש [מ]ואשם לבניו או לאחיו ואם אינו רוצה או שאין לו לוה ובעלי חוב באין ונפרעים [נ]האומר [ס]לבנו קונם אי אתה נהנה משלי אם מת ירשנו בחייו

רש"י

הא נשבע אע"פ ששילם. כיון דאטרחיה בשבועה למי משלם גנב כפל לבעל הפקדון כטעמיה דאביי דלעיל: מי נפטר הגנב. מן הכפל כשאר מודה בקנס: בהודאה. שהודה לשומר: או לא נפטר. דכיון דנשבע שומר תחילה נסתלק ושוב אינה בשמירתו ולא הויא הודאה: אם באמת נשבע. השומר שטען נגנבה באונס ונמלא כן: נפטר הגנב בהודאת שומר. דכיון דנאמן הוא אגן סהדי דאי הוה משתכחא בהמה ניחא ליה למריה דתיהוי בידיה דהאיך הלכך על שומר זה לחזר אחריה ותביעתו תביעה והודאת גנב הודאה: ואם נשבע לשקר. שטוען מת או נשבר או נשבה או נגנבה באונס ובא ומצא שאינו כן דכיון דמגליא מילתא דשקרן הוה אגן סהדי דלא ניחא ליה למרה דליהוי תו שומר עלה ותביעתו אינה תביעה: ולא הניחוהו מאי. מדלא נשבע נאמן הוא עדיין לבעלים או דלמא כיון דעמד לישבע תו לא מהימני ליה (ג) בעלים: נשבע לשקר מהו. מי אמרינן אכתי עליה רמיא דכיון דלשקר נשבע סופו להתחרט ולשלם הלכך תביעתו תביעה או לא: אית דגרס אם באמת נשבע דלא פשע לא נפטר הגנב דכיון דבאמת נשבע אפטר ליה שומר ותו לא רמיא עליה למתבעיה לגנב ואם לשקר נשבע כגון דפשע נפטר הגנב בהודאת שומר דאכתי עליה רמיא לשלומי ורמשון שמעתי ועיקר הוא דהכא איכא לאקשויי א"כ מאי בעי רבא עמד לישבע לשקר ולא הניחוהו מהו השתא נשבע ממש דאסתלק ליה מבי דינא דתו לא רמיא עליה לא שבועה ולא פרעון עד שיבאו עדים שפשע אמרינן דנפטר הגנב דאכתי אשומר רמיא למתבעיה כל שכן היכא דלא נשבע דעליה רמיא לשלומי: את עבדת לן מילתא. טובה שישלמת לפנים משורת הדין הלכך על דידן נמי רמיא למיעבד מילתא דטיבותא לאהדורי בתר גנבא ולמתבעיה ותביעתן תביעה: נגנבה באונס. בלסטים מזויין דשומר שכר פטור בו ואח"כ הוכר הגנב ויכול לכופו ולהוציא מידו: רצה נשבע. והבעלים יפרעו מן הגנב: עושה עמו דין. משלם לבעלים והוא יפרע מן הגנב: ואם שומר שכר הוא. אע"ג דפטור בלסטים מזויין הכא הואיל והוכר הגנב ולא יפסיד כלום עליו לטרוח אחריה לפיכך הוא ישלם לבעלים ויחזור ויפרע מן הגנב: עושה עמו דין. ישלם דמלוה עליו לחזר אחר האבידה: לימא פליגא. דרבא אדרב הונא בר אבין: כגון שקדם ונשבע. קודם שהוכר הגנב: מתני' משלם קרן. דאין חומש ואשם אלא אם הודה דכתיב בגזל הגר בפרשת נשא והתוודה: (ד) ואחר כך מת אביו. [ה]ואחר מיתת האב הודה: הרי זה משלם קרן וחומש לבניו. של אביו או לאחיו של אביו אם אין לו בנים ואף על גב דנפלה ירושה קמיה דהאיך בעי למעבד השבה ואין מעכב אפילו כנגד חלקו: אין לו. נכסים כל כך שיכול לוותר על חלקו או שאין רוצה להפסיד חלקו: לוה. מאחרים ומשיב לאחיו לקיים מצות השבה: ובעלי החוב באין ונפרעין. מן [ו]ההשבה את חלקו כגון אם היו שנים אחין והוא שלישי נפרעים בעלי חובים מן ([ז]ההשבה שליש החוב) והשאר יגבו ממנו: בחייו

תוספות

תבעו שומר והודה תבעוהו בעלים והביא עדים. משמע דהודה לאחר שאין בעל הדבר דלא הויא הודאה ותימה אמאי לא בעי לענין קרן גופיה בשלא באו עדים אי הויא הודאה אי לאו ואמאי נקט והביא עדים משמע דלא מבעיא אלא לענין כפל וי"ל דמשום דאקרן לא הוי מצי למיפשט הא דפשיט אם בשקר נשבע לא נפטר הגנב כו': **ולא** הניחוהו מהו. הקשה בקונט' אהך גירסא דגרסינן אם באמת נשבע לא נפטר גנב וכו' דא"כ מאי בעי רבא עמד לישבע לשקר ולא הניחוהו מהו השתא נשבע לשקר ממש דאיסתליק ליה מבי דינא דתו לא רמיא עליה כ"ש היכא דלא נשבע דעליה רמיא לשלומי ויש מתרצים דכיון ([ח]דלא הניחוהו לישבע מחל לו והרי נפטר נמי שומר כאילו) שומר נשבע באמת ותו לא רמיא עליה ולהכי קבעי ולאו מילתא היא דמשום דלא הניחוהו לישבע לא מחל לו ולא מיפטר שומר בהכי וכן פוסק בה"ג דאע"פ שמחל לו השבועה לנתבע בשביל כך לא מחל לו ממון לגמרי וכל שכן היכא דלא מחל לו שבועה אלא שלא הניחו לישבע באותה שעה:

נגנבה באונס. נראה דאין שום גניבה קרויה אונס אלא בלסטים מזויין כדפירש בקונט' וכן מוכח לעיל בהכונס (דף נז.):

לבנין או לאחיו. נראה לבניו של גזלן או לאחיו של גזלן כלומר בתחילה לבניו אם יש לו דהם קודמים לכל אדם בחלק המגיעו ונחשב אותו כאילו מת הוא והרי בניו יורשים חלקו עם אחיו והם אין באים מכחו אלא מכח אבוה דאבא כדאמר בסוף מי שמת (ב"ב דף קנט.) תחת אבותיך יהיו בניך הלכך אע"פ שאין לאביהן בהן כלום שהרי יש לו להחזיר גזילה אפ"ה הם קודמין בחלקו מההוא טעמא דב"ב או לאחיו כשאין לו בנים: **לוה** וב"ח באין ונפרעין. נראה לפרש לוה על הקרקע שלו מאחרים אפי' בלא אפותיקי דקרקע משועבד לבעל חוב ואח"כ נותן קרקע שלו לבניו או לאחיו בעבור הגזילה וכגון שאין הגזילה קיימת וחוזרים ב"ח ונפרעין מאותה קרקע אע"ג דיש לו שאר נכסים במה לפרוע ונראה דאין צריך לומר בשעת נתינתו לבניו או לאחיו ע"מ שיפרעו בעלי חוב מכס דבלאו הכי אין יכולין לזכות שלא מדעתו ואם הגזילה בעין צריך לפרש שלוה עליה או יעשנה אפותיקי למלוה ויחזירנה לבניו

עין משפט נר מצוה

קסא א ב ג ד ה מיי' פ"ד מהלכות גניבה הלכה ח טוש"מ סי' שנב:

קסב ו ז ח מיי' פ"ח מהל' שאלה ופקדון הלכה ו סמג עשין פח טוש"ע ח"מ סי' רלד סעיף ו:

קסג ט י מיי' שם סמג שם:

קסד כ מיי' פ"ח מהל' גזילה ואבידה הל' ב סמג עשין עג טוש"ע ח"מ סי' שסז סעיף ה:

קסה ל מיי' פ"ה מהל' נדרים הל' ו סמג לאוין רמב טוש"ע י"ד סי' רע"ז סעיף ז וסי' רכג סעיף ב:

ליקוטי רש"י

עושה עמו דין. פרעון [ב"מ צג:]. היכן פקדוני. אמר לשומר חנם היכן (שורי) אמר לו אבד משביעך אני ואמר אמן והעדים מעידין אותו שאכלו משלם את הקרן ולא כפל ואם הודה מעצמו שלא באו עדים משלם קרן וחומש ואשם כדין שבועת הפקדון דאינה באה עד שמודה ושב מרשעו ובא להתכפר דכתיב בשבועת גזל הגר בפרשת נשא והתודו את חטאתם אשר עשו וגו' אמר לו נגנב משביעך כו' בהדיא ילפינן לה בפרק מרובה בשומר חנם הפוטר עצמו בטענת אבידה אינו משלם כפל אף בשבועה אבל הפוטר עצמו בטענת גנב ובשבועה ובאו עדים משלם כפל דכתיב אם לא ימצא הגנב אם לא ימצא כמו שהוא אמר אלא הוא עצמו גנבו כו' כדאיתא התם [שבועות מט.]. משלם את הקרן. דאין חומש ואשם אלא אם הודה דכתיב בגזל הגר בפרשת נשא והתודה [לקמן קח:]. הודה מעצמו משלם קרן וחומש ואשם. אבל כפל לא דמודה בקנס הוא [שבועות שם] דכתיב (ויקרא ה) או מכל אשר ישבע עליו לשקר וגו' וזהו אשם גזילות ואינו בא אלא על הודאת פיו דאע"פ דלא כתב בההיא פרשה הודאה כתב רחמנא באשם גזל הגר בפרשת נשא והתודו את חטאתם וגו' וחומש נמי אינו בלא אשם [לעיל סג:]. קונם אי אתה נהנה משלי. כלומר שאי אתה נהנה לי מכל נכסי. אם מת ירשנו. שלא אסר עליו אלא כל זמן שהנכסים שלו לפיכך יירשנו אם מת [נדרים מב.].

מסורת הש"ס

א) ב"מ לג:, ב) לעיל סג: קו. שבועות מט., ג) [צריך תיקון ובפרש"י וכן בברטנורא ליתא תיבת ואשם], ד) [נדרים מב. מז.], ה) עיין רש"א ובספר פ"י, ו) ס"א הירושה, ז) ס"א מן שליש הירושה, ח) רש"ל מ"ז וגורס דכיון דשומר נשבע.

הגהות הב"ח

(א) גמ' דייק מסיפא דקתני נשבע: (ב) שם רב טביומי מתני הכי בעי: (ג) רש"י ד"ה ולא הניחוהו וכו' לבעלים הס"ד: (ד) ד"ה ונשבע לו ואח"כ מת אביו:

הגהות הגר"א

[א] מתני' הגוזל כו' לבניו. נ"ב גירסת הרמב"ם לאחיו או לבניו ואם אין לו לוה כו' ור"ל שאין לו אחים ובנים ולא מצריך אלא שילא מתחת ידו ואף באחיו מחשב עמהם אח"כ וכל זה בגזילה קיימת:

כשנשבע לשקר כבר אין עליו שם "שומר", ואין תביעתו תביעה (וכפי שאמר רבא לפי גירסתו של רב כהנא), או שמא אפילו אם נשבע השומר לשקר תביעתו תביעה היא, שאנו אומרים שסופו להתחרט ולשלם, ועדיין נחשב הוא כ"שומר" של פקדון זה, והגנב המודה בפניו נפטר מכפל[11].

גם לפי גירסא זו הגמרא אינה פושטת את הספק, ומסיקה:

תֵּיקוּ — תעמוד השאלה במקומה.

ספק בענין זה במקרה הפוך, שהודה הגנב לבעלים ולא לשומר: **תְּבָעוּהוּ בְּעָלִים לַשּׁוֹמֵר** שישיב לו את הפקדון, **וְשִׁילֵּם** לו השומר, אף על פי שמן הדין היה יכול לפטור את עצמו בשבועה שנגנבה, וכיון ששילם הרי הדין הוא שאם נמצא הגנב משלם את הכפל לשומר, כמבואר למעלה (עמוד א), **וְהוּכַּר הַגַּנָּב; וּתְבָעוּהוּ בְּעָלִים, וְהוֹדָה** הגנב שאכן גנבו, ואחר כך **תְּבָעוֹ הַשּׁוֹמֵר** לגנב, **וְכָפַר** בו, **וְהֵבִיא** השומר **עֵדִים** שהעידו שאכן גנבו, מה הדין? האם **נִפְטָר גַּנָּב** מלשלם כפל לשומר **בְּהוֹדָאַת בְּעָלִים**, בהודאה שהודה לבעלים, כדין "מודה בקנס", **אוֹ לֹא? מִי אַמְרִינַן** — האם אנו אומרים **שֶׁמָּצֵי אָמַר לֵיהּ שׁוֹמֵר לִבְעָלִים** — שיכול השומר לומר לבעלים: "**אַתּוּן, כֵּיוָן דְּשָׁקְלִיתוּ לְכוּ דְּמֵי, אִסְתַּלִּיקְתּוּ לְכוּ מֵהָכָא** — אתם, מכיון שנטלתם לכם את דמי הפקדון, כבר סילקתם את עצמכם מכאן", ואני לבדי הוא בעל הדבר ולא אתם, ולכן מה שהודה הגנב בפניכם אינה הודאה לפוטרו מן הקנס, שהרי הוא כמי שהודה בפני אדם אחר, **אוֹ דִּלְמָא, מָצֵי אָמְרֵי לֵיהּ** — או שמא יכולים הבעלים לומר לשומר: "**כִּי הֵיכִי דְּאַתְּ עָבַדְתְּ לָן מִילְּתָא, אֲנַן נַמִּי עַבְדִינַן לָךְ, טַרְחִינַן בָּתַר גַּנָּבָא** — כשם שאתה עשית לנו טובה, ששילמת לנו לפנים משורת הדין, כך גם אנחנו מוטל עלינו לעשות עמך טובה, לטרוח לחפש אחר הגנב, ולתבוע אותו, **שָׁקַלְנָא אֲנַן דִּידָן, וּשְׁקוֹל אַתְּ דִּידָךְ** — נטלנו אנו את שלנו, היינו שקיבלנו ממך את דמי הפקדון, ולכן רוצים אנו שתיטול אתה את שלך[12], ומוטל עלינו לתבוע זאת מן הגנב", ואם כן תביעתם תביעה היא, שנחשבים כבעל דבר, והודאתו של הגנב לתביעה זו הודאה היא, ונפטר על ידיה מן הכפל?

הגמרא אינה פושטת את הספק, ומסיקה:

תֵּיקוּ — תעמוד השאלה במקומה.

הגמרא עוברת לדון בשומר שנגנב ממנו הפקדון באופן שפטור הוא מתשלומין, ונמצא הגנב, האם אחראי השומר לתבוע מן הגנב את הפקדון כדי להשיבו לבעליו, ומביאה מחלוקת אמוראים בדבר: **אִתְּמַר: נִגְנְבָה** בהמה של פקדון **בְּאוֹנֶס**, כגון שהיה הגנב "לסטים מזוין", שאף שומר שכר פטור על גניבה באופן זה[13], ועדיין לא נשבע השומר לבעלים, **וְהוּכַּר הַגַּנָּב**, באופן שאפשר להיפרע ממנו ולכופו לשלם, נחלקו אביי ורבא בדין זה: **אָמַר אַבַּיֵּי: אִם שׁוֹמֵר חִנָּם הוּא**, הדין הוא שהברירה בידי השומר, שאם **רָצָה** השומר, **עוֹשֶׂה עִמּוֹ דִּין**, כלומר, "עושה דין" עם הבעלים ומשלם להם[14], ואחר כך הולך הוא ונפרע מן הגנב, ואם **רָצָה, נִשְׁבָּע** לבעלים שנגנבה, ופוטר את עצמו[15], והבעלים ילכו וייפרעו מן הגנב; **וְאִם שׁוֹמֵר שָׂכָר הוּא, עוֹשֶׂה עִמּוֹ דִּין, וְאֵינוֹ נִשְׁבָּע**, שחייב לשלם לבעלים, ויחזור וייפרע מן הגנב, ואינו יכול להישבע ולהיפטר, ואף על פי שגם שומר שכר פטור מתשלומין על גניבה באונס, כאן שכבר הוכר הגנב וייפרע ממנו בסופו של דבר, ואינו מפסיד כלום בתשלום זה, אלא שצריך לטרוח בדבר להיפרע מן הגנב, טירחא זו מוטלת היא על השומר[16], הואיל ושומר שכר הוא[17]. **וְרָבָא אָמַר: אֶחָד זֶה וְאֶחָד זֶה**, בין שומר שכר ובין שומר חינם, **עוֹשֶׂה עִמּוֹ דִּין, וְאֵינוֹ נִשְׁבָּע**, שאף שומר חינם מוטל עליו טורח זה, להיפרע מן הגנב[18].

הגמרא מקשה על רבא מדברי אמורא אחר:

הערות

בהודאתו לשומר, ואם נשבע לשקר, נפטר הגנב בהודאתו. וטעם הדבר, שאם נשבע באמת כבר נפטר השומר מתשלומין לבעלים, ולכן אינו נחשב כ"בעל דבר", ואין תביעתו תביעה, ואין הודאת הגנב לשומר נחשבת כהודאה לפטור, אבל אם נשבע לשקר, והתברר שפשע בשמירתו, הרי לאמיתו של דבר חייב עדיין השומר לשלם לבעלים, ולכן נחשב הוא כבעל דבר, ותביעתו תביעה היא, והודאת הגנב הודאה היא (וכן גרסו ופירשו רבנו חננאל, הובא ברשב"א, והרמ"ה בשיטה מקובצת).

רש"י דוחה גירסא זו ומקשה עליה, שאם כן מה היה ספיקו של רבא בשומר שרצה לישבע לשקר ולא הניחוהו הבעלים, שאם אפילו כשנשבע בבית דין לשקר אנו אומרים שהוא בעל דבר, מכיון שלאמיתו של דבר חייב הוא לשלם, אף על פי שלמעשה נפטר מן הבעלים בשבועתו, כל שכן כשלא נשבע, שעדיין יש עליו חיוב לשלם.

[ובחידושי הראב"ד תירץ, שהספק הוא, שאפשר שכיון שלא הניחוהו הבעלים לישבע הרי מחלו לו אף על הממון, ואינו בעל דבר, או שמא לא מחלו לו אלא על חיוב השבועה, אבל לא על הממון עצמו. ועיין תוספות. ועיין מה שפירש הרמ"ה לפי גירסא זו.]

11. רש"י.

[מדברי רש"י, שהיה השומר מתחרט ומשלם, משמע לכאורה שמדובר באופן שחייב הוא מן הדין לשלם, כגון שהוא שומר שכר שחייב בגניבה (וכן דייק במהדורא בתרא), ולא כפירוש האחרונים שהבאנו לעיל הערה 7.]

12. פירשנו את המלים "שקלנא אנן דידן, ושקול את דידך" על פי חידושי אנשי שם על הרי"ף בבא מציעא לג, ב (דף יח, ב בדפי הרי"ף דפוס וילנא, ד"ה אמר הקטן יוסף).

[ויש מפרשים באופן אחר, שהבעלים אומרים לשומר: אתה תיטול את שלך, היינו את תשלומי הכפל מן הגנב, ואנו ניטול את שלנו, היינו את גוף הפקדון (כאשר הוא עדיין קיים בעינו אצל הגנב), והביאו מכאן ראיה שאף על פי שמקנים הבעלים לשומר את הפקדון, אינם מקנים אותו לו אלא לזכות זו שיהא הכפל שלו, אבל גוף הפקדון נשאר של הבעלים, ואין השומר יכול ליטול אותו לעצמו (תלמידי הרשב"א, הובאו בכסף משנה הלכות שאלה ופקדון ח, א, וכן משמע ברמב"ם שם, אולם יש חולקים וסוברים שאין הבעלים יכולים לתבוע את גוף הפקדון, ועיין על דין זה: תוספות רי"ד לעיל עמ' א; ש"ך חושן משפט רצה, יא, וקצות החושן שם, ד, וחידושי רבנו חיים הלוי הלכות מכירה כג, ג).

אולם תמהו האחרונים על כך, שאם כך הוא הדין, שגוף הפקדון שייך לבעלים, ודאי שהם "בעלי דבר" לתבוע אותו מן הגנב, ומה הוא הצד הראשון של הספק, שאינם נחשבים "בעלי דבר"? (חידושי אנשי שם הנ"ל). ויש מתרצים, שאמנם ודאי נחשבים הם "בעלי דבר" לגבי גוף הפקדון, אבל ייתכן שאינם נחשבים "בעלי דבר" לגבי תביעת הכפל, שמן הכפל כבר הסתלקו (דברי חיים דיני שומרים, יד).

ועיין עוד פירוש באופן אחר בשיטה מקובצת בשם הרמ"ה.]

13. רש"י ותוספות (ועיין שיטה מקובצת בשם תוספות שאנץ).

14. עיין רש"י ד"ה עושה עמו דין (וכן פירשו ר"י מלוניל ושיטה מקובצת בשם גאון, ועיין ראב"ד בפירוש ראשון).

[לשון "עושה עמו דין" פירושה לפי זה שהשומר "עושה דין" עם הבעלים ומשלם להם, והלשון קצת קשה לפירוש זה. ויש מהראשונים מפרשים שאם רצה השומר עושה דין **עם הגנב**, ותובע ממנו לשלם (ראב"ד בפירוש שני, ורשב"א ורמ"ה בשיטה מקובצת, וחידושי תלמיד הרשב"א והרא"ש, וכן כתבו להלכה הרמב"ם הלכות שאלה ופקדון ח, ו, ושלחן ערוך חושן משפט רצד, ו). ולפי פירוש זה משמע שאין השומר צריך **לשלם** לבעלים מיד, ואחר כך ללכת להיפרע מן הגנב, אלא יכול הוא להקדים ולעשות דין עם הגנב, וכשייפרע ממנו ישלם לבעלים (עיין רשב"א, וסמ"ע חושן משפט שם, ז).]

15. ואף על פי ש"הוכר הגנב", אין הכוונה שיש עדים על מעשה הגניבה, שאם כן אין השומר צריך להישבע על כך, אלא שהכיר השומר את הבהמה ביד הגנב (עיין הגהות מלא הרועים, ושם כיצד יכול השומר להוציא את הבהמה מן הגנב באופן זה, ועיין שלחן ערוך חושן משפט רצד, ב, ונתיבות המשפט שם, ב).

16. רש"י.

המדובר הוא כגון שברור שיוכל השומר להוציא את שלו מיד הגנב, ולא יפסיד כלום, אלא שצריך לטרוח בדבר, אבל אם אין זה ברור שיוציא ממנו, אינו מחוייב לשלם (ש"ך חושן משפט רצד, ח, ועיין שיטה מקובצת בשם הר"מ מסרקסטה).

[לדעת הראשונים הנ"ל בהערה 14, המפרשים שאין השומר צריך לשלם לבעלים משל עצמו, ואין הנידון כאן אלא אם מחוייב הוא לטרוח להוציא מן הגנב, מדובר כגון שיש טירחא בדבר, שהגנב הוא אדם אלים וקשה, ואין הבעלים רוצים לטרוח בכך (ראב"ד ורשב"א).]

17. שומר שכר, מכיון שנהנה משמירתו, שנוטל שכר עליה, והתורה החמירה עליו לחייבו בגניבה ואבידה, מחוייב אף בטירחא זו (ר"י מלוניל).

18. "שמצוה עליו לחזור אחר האבידה" (רש"י).

ויש מסבירים, שכשם שבשעת הגניבה עצמה, אילו היה השומר רואה את הגנב, והיה יכול לעמוד כנגדו ולהציל, אם לא עשה כך הרי הוא כפושע, כך עכשיו שיש

הא נשבע אע"פ ששילם למי משלם לבעל הפקדון רבא דייק מסיפא (א) נשבע ולא רצה לשלם טעמא דלא רצה לשלם הא שילם אע"פ שנשבע למי משלם למי שהפקדון אצלו לאביי קשיא סיפא אמר לך אביי הכי קתני נשבע ולא רצה לשלם קודם השבועה אלא לאחר השבועה למי משלם לבעל הפקדון לרבא קשיא רישא אמר לך רבא הכי קתני שילם ולא רצה לעמוד בשבועתו אלא שילם למי משלם למי שהפקדון אצלו תבעוהו בעלים לשומר ונשבע והוכר הגנב תבעו שומר והודה [א]תבעוהו בעלים וכפר והביאו עדים מי נפטר הגנב בהודאת שומר או לא נפטר הגנב בהודאת שומר אמר רבא [ב]אם באמת נשבע נפטר הגנב בהודאת שומר אם בשקר נשבע לא נפטר הגנב בהודאת שומר בעי רבא עמד לישבע בשקר ולא הניחוהו מהו תיקו רב כהנא מתני הכי רב טביומי מתני (ב) [ג]בעי רבא נשבע לשקר מהו תיקו תבעוהו בעלים לשומר ושילם והוכר הגנב [ד]תבעוהו בעלים והודה תבעו שומר וכפר והביא עדים נפטר גנב בהודאת בעלים או לא מי אמרינן מצי אמר ליה שומר לבעלים אתון כיון דשקליתו לכו דמי אסתליקתו לכו מהכא או דלמא מצי אמרי ליה כי היכי דאת עבדת לן מילתא אנן נמי עבדינן לך טרחינן בתר גנבא שקלנא אנן דידן ושקול את דידך [ה]תיקו (א) אתמר נגנבה באונס והוכר הגנב אמר אביי אם שומר חנם הוא רצה עושה עמו דין רצה נשבע אם שומר שכר הוא עושה עמו דין ואינו נשבע רבא אמר אחד זה ואחד זה [ו]עושה עמו דין ואינו נשבע לימא פליגא אדרב הונא בר אבין דשלח רב הונא בר אבין נגנבה באונס והוכר הגנב אם שומר חנם הוא רצה עושה עמו דין רצה נשבע ואם שומר שכר הוא עושה עמו דין ואינו נשבע אמר לך רבא הכא במאי עסקינן [ז]כגון שקדם ונשבע והא רצה עושה עמו דין רצה נשבע קאמר הכי קאמר [ח]רצה שומר חנם עומד בשבועתו רצה עושה עמו דין רבה זוטי בעי לה הכי [ט]נגנבה באונס והחזיר גנב בבית שומר ומתה בפשיעה מהו מי אמרינן כיון דנגנבה באונס כליא ליה שמירתו או דלמא כיון דהדרה הדרה לשמירתו [י]תיקו: **מתני׳** [כ]היכן פקדוני אמר לו אבד משביעך אני ואמר אמן והעדים מעידים אותו שאכלו משלם קרן [הודה מעצמו משלם קרן וחומש ואשם] היכן פקדוני אמר לו נגנב משביעך אני ואמר אמן והעדים מעידים אותו שגנבו משלם תשלומי כפל הודה מעצמו משלם קרן חומש ואשם [ל]הגוזל [א] את אביו ונשבע לו ומת הרי זה משלם קרן וחומש [מ]ואשם לבניו או לאחיו ואם אינו רוצה או שאין לו לוה ובעלי חוב באין ונפרעים [נ]האומר [ס]לבנו קונם אי אתה נהנה משלי אם מת ירשנו

בחייו

תבעו שומר והודה תבעוהו בעלים והביא עדים. משמע דהודה לאחר שאין בעל הדבר דלא הויא הודאה ותימה אמאי לא בעי לענין קרן גופיה בשלא באו עדים אי הויא הודאה אי לאו ואמאי נקט והביא עדים משמע דלא מבעיא אלא לענין כפל וי"ל דמשום דאקרן לא הוי מצי למיפשט הא דפשיט אם בשקר נשבע לא נפטר הגנב כו׳: **ולא** הניחוהו מהו. הקשה בקונט׳ אהך גירסא דגרסינן אם באמת נשבע לא נפטר גנב וכו׳ דא"כ מאי בעי רבא עמד לישבע לשקר ולא הניחוהו מהו השתא נשבע לשקר ממש דאיסתליק ליה מבי דינא דתו לא רמיא עליה כ"ש היכא דלא נשבע דעליה רמיא לשלומי ויש מתרצים דכיון (ח) דלא הניחוהו לישבע מחל לו והרי נפטר נמי שומר כאילו שומר נשבע באמת ותו לא רמיא עליה ולהכי קבעי ולאו מילתא היא דמשום דלא הניחוהו לישבע לא מחל לו ולא מיפטר שומר בהכי וכן פוסק בה"ג דאע"פ שמחל לו השבועה לנתבע בשביל כך לא מחל לו ממון לגמרי וכל שכן היכא דלא מחל לו שבועה אלא שלא הניחו לישבע באותה שעה: **נגנבה** באונס. נראה דאין שום גניבה קרויה אונס אלא בלסטים מזויין כדפירש בקונט׳ וכן מוכח לעיל בהכונס (דף מ.): **לבניו** או לאחיו. נראה לבניו של גזלן או לאחיו של גזלן כלומר בתחילה לבניו אם יש לו דהם קודמים לכל אדם בחלק המגיעו ונחשב אותו כאילו מת הוא והרי בניו יורשים חלקו עם אחיו והם אין באים מכחו אלא מכח אבוה דאבא כדאמר בסוף מי שמת (ב"ב דף קנט.) תחת אבותיך יהיו בניך הלכך אע"פ שאין לאביהן בהן כלום שהרי יש לו להחזיר גזילה אפ"ה הם קודמין בחלקו מההוא טעמא דב"ב או לאחיו כשאין לו בנים: **לוה** וב"ח באין ונפרעין. נראה לפרש לוה על הקרקע שלו מאחרים אפי׳ בלא אפותיקי דקרקע משועבד לבעל חוב ואח"כ נותן קרקע שלו לבניו או לאחיו בעבור הגזילה וכגון שאין הגזילה קיימת וחוזרים ב"ח ונפרעין מאותה קרקע אע"ג דיש לו שאר נכסים במה לפרוע ונראה דאין צריך לומר בשעת נתינתו לבניו או לאחיו ע"מ שיפרעו בעלי חוב מהם דבלאו הכי אין יכולין לזכות שלא מדעתו ואם הגזילה בעין צריך לפרש שילוה עליה או יעשנה אפותיקי למלוה ויחזירנה לבניו

הא נשבע אע"פ ששילם. כיון דאטרחיה בשבועה למי משלם גנב כפל לבעל הפקדון כטעמיה דאביי דלעיל: מי נפטר הגנב. מן הכפל כשאר מודה בקנס: בהודאה. שהודה לשומר: או לא נפטר. דכיון דנשבע שומר תחילה נסתלק ושוב אינה בשמירתו ולא הויא הודאה: **אם באמת נשבע.** השומר שטען נגנבה באונס ונמצא כן: **נפטר הגנב בהודאת שומר.** דכיון דנאמן הוא אנן סהדי דאי הוה משתכחא בהמה ניחא ליה למריה דתיהוי בידיה דהאיך הלכך על שומר זה לחזר אחריה ותביעתו תביעה והודאת גנב הודאה: **ואם נשבע לשקר.** שטוען מת או נשבר או נשבה או נגנבה באונס ובא ומצא שאינו כן דכיון דמגליא מילתא דשקרן הוה אנן סהדי דלא ניחא ליה למרה דליהוי תו שומר עלה ותביעתו אינה תביעה: **ולא הניחוהו מאי.** מדלא נשבע נאמן הוא עדיין לבעלים או דלמא כיון דעמד לישבע תו לא מהימני ליה (ג) בעלים: **נשבע לשקר מהו.** מי אמרינן אכתי עליה רמיא דכיון דלשקר נשבע סופו להתחרט ולשלם הלכך תביעתו תביעה או לא: אית דגרס אם באמת נשבע דלא פשע לא נפטר הגנב דכיון דבאמת נשבע אפטר ליה שומר ותו לא רמיא עליה למתבעיה לגנב ואם לשקר נשבע כגון דפשע נפטר הגנב בהודאת שומר דאכתי עליה רמיא לשלומי ולשון ראשון שמעתי ועיקר הוא דהכא איכא לאקשויי א"כ מאי בעי רבא עמד לישבע לשקר ולא הניחוהו מהו השתא נשבע ממש דאסתלק ליה מבי דינא דתו לא רמיא עליה לא שבועה ולא פרעון עד שיבאו עדים שפשע אמרינן דנפטר הגנב דאכתי אשומר רמיא למתבעיה כל שכן היכא דלא נשבע דעליה רמיא לשלומי: **את עבדת לן מילתא.** טובה שגלמת לפנים משורת הדין הלכך על דידן נמי רמיא למיעבד מילתא דטיבותא להדורי בתר גנבא ולמתבעיה ותביעתן תביעה: **נגנבה באונס.** בלסטים מזויין דשומר שכר פטור בו ואח"כ הוכר הגנב ויכול לכופו ולהוציא מידו: **רצה נשבע.** והבעלים יפרעו מן הגנב: **עושה עמו דין.** משלם לבעלים והוא יפרע מן הגנב: **ואם שומר שכר הוא.** אע"ג דפטור בלסטים מזויין הכא הואיל והוכר הגנב ולא יפסיד כלום עליו לטרוח אחריה לפיכך הוא ישלם לבעלים ויחזור ויפרע מן הגנב: **עושה עמו דין.** ישלם דמלוה עליו לחזור אחר האבידה: **לימא פליגא.** דרבא אדרב הונא בר אבין: **כגון שקדם ונשבע.** קודם שהוכר הגנב: **מתני׳ משלם קרן.** דאין חומש ואשם אלא אם הודה דכתיב בגזל הגר בפרשת נשא והתוודה: (ד) **ואחר כך מת אביו.** [ה]ואחר מיתת האב הודה: **הרי זה משלם קרן וחומש לבניו.** של אביו או לאחיו של אביו אם אין לו בנים ואף על גב דנפלה ירושה קמיה דהאיך בעי למעבד השבה ואין מעכב אפילו כנגד חלקו: **אין לו.** נכסים כל כך שיכול לוותר על חלקו או שאין רוצה להפסיד חלקו: **לוה.** מאחרים ומשיב לאחיו לקיים מצות השבה: **ובעלי החוב באין ונפרעין.** מן [ו]ההשבה את חלקו כגון אם היו שנים אחין והוא שלישי נפרעים בעלי חובים מן ([ז]ההשבה שליש החוב) והשאר יגבו ממנו:

בחייו

עין משפט נר מצוה

קסא א ב ג ד ה מיי׳ פ"ד מהלכות גניבה הלכה ח טוש"מ סי׳ שנב:

קסב ו ז ח מיי׳ פ"ח מהל׳ שאלה ופקדון הלכה ו סמג עשין פח טוש"ע ח"מ סי׳ רלד סעיף ו:

קסג ט י מיי׳ שם סמג שם:

קסד כ מיי׳ פ"ח מהל׳ גזילה ואבידה הל׳ ב סמג עשין עג טוש"ע ח"מ סי׳ שסז סעיף ה:

קסה ל מיי׳ פ"ה מהל׳ נדרים הל׳ ו סמג לאוין רמב טוש"ע י"ד סי׳ רט"ז סעיף ז וסי׳ רכג סעיף ב:

ליקוטי רש"י

עושה עמו דין. פרעון [ב"מ צג:]. **היכן פקדוני.** אמר לשומר חנם היכן (שורי) אמר לו אבד משביעך אני ואמר אמן והעדים מעידין אותו שאכלו משלם את הקרן ולא כפל ואם הודה מעצמו שלא באו עדים משלם קרן וחומש ואשם כדין שבועת הפקדון דאינה באה עד שמודה ושב מרשעו ובא להתכפר דכתיב בשבועת גזל הגר בפרשת נשא והתודו את חטאתם אשר עשו וגו׳ אמר לו נגנב משביעך כו׳ בהדיא ילפינן לה בפרק מרובה בשומר חנם הפוטר עצמו בטענת אבידה אינו משלם כפל אף בשבועה אבל הפוטר עצמו בטענת גנב ובשבועה ובאו עדים משלם כפל דכתיב אם לא ימצא הגנב אם לא ימצא כמו שהוא אמר אלא הוא עצמו גנבו כו׳ כדאיתא התם [שבועות מט.]. **משלם את הקרן.** דאין חומש ואשם אלא אם הודה דכתיב בגזל הגר בפרשת נשא והתוודה [לקמן קח:]. **הודה מעצמו משלם קרן וחומש ואשם.** אבל כפל לא דמודה בקנס הוא [שבועות שם] דכתיב (ויקרא ה) או מכל אשר ישבע עליו לשקר וגו׳ וזהו אשם גזילות ואינו בא אלא על הודאת פיו דאע"פ דלא כתב בההיא פרשה הודאה כתב רחמנא באשם גזל הגר בפרשת נשא והתודו את חטאתם וגו׳ וחומש נמי אינו בלא אשם [לעיל סג:]. **קונם אי אתה נהנה משלי.** כלומר שאי אתה נהנה לי מכל נכסי. **אם מת ירשנו.** שלא אסר עליו אלא כל זמן שהנכסים שלו לפיכך יירשנו אם מת [נדרים מב.].

מסורת הש"ס

א) ב"מ לג:, ב) לעיל סג: קו. שבועות מט., ג) [צריך תיקון ובפרש"י וכן בברטנורא ליתא תיבת ואשם], ד) [נדרים מב. מז.], ה) עיין רש"א ובספר פ"י, ו) ס"א הירושה, ז) ס"א מן שליש הירושה, ח) רש"ל מ"ז וגורס דכיון דשומר נשבע.

הגהות הב"ח

(א) גמ׳ דייק מסיפא דקתני נשבע: (ב) שם רב טביומי מתני הכי בעי: (ג) רש"י ד"ה ולא הניחוהו וכו׳ לבעלים הס"ד: (ד) ד"ה ונשבע לו ואח"כ מת אביו:

הגהות הגר"א

[א] מתני׳ הגוזל כו׳ לבניו. נ"ב גירסת הרמב"ם לאחיו או לבניו ואם אין לו לוה כו׳ ור"ל שאין לו אחים ובנים ולא מצריך אלא שילא מתחת ידו ואף באחיו מחשב עמהם אח"כ וכל זה בגזילה קיימת:

לֵימָא פְּלִיגָא אַדְּרַב הוּנָא בַּר אָבִין — האם נאמר שרבא חולק על דברי רב הונא בר אבין, **דְּשָׁלַח רַב הוּנָא בַּר אָבִין: "נִגְנְבָה בְּאוֹנֶס, וְהוּכַּר הַגַּנָּב, אִם שׁוֹמֵר חִנָּם הוּא, רָצָה עוֹשֶׂה עִמּוֹ דִּין, רָצָה נִשְׁבָּע; וְאִם שׁוֹמֵר שָׂכָר הוּא, עוֹשֶׂה עִמּוֹ דִּין וְאֵינוֹ נִשְׁבָּע"**, וכדברי אביי, ששומר חינם יכול להישבע ולא לשלם לבעלים!?

הגמרא דוחה:

אָמַר לָךְ רָבָא — רבא יכול לומר לך: **הָכָא בְּמַאי עַסְקִינָן** — במה אנו עוסקים כאן, במימרא של רב הונא בר אבין? **כְּגוֹן שֶׁקָּדַם וְנִשְׁבַּע**, שכבר נשבע השומר לבעלים קודם שהוכר הגנב[19], ולכן אינו חייב לשלם להם ולהיפרע מן הגנב, שכבר נפטר מהבעלים על ידי שבועתו[20].

שואלת הגמרא:

וְהָא "רָצָה עוֹשֶׂה עִמּוֹ דִּין, רָצָה נִשְׁבָּע" קָאָמַר — והרי רב הונא בר אבין אמר: "רצה עושה עמו דין, רצה נשבע", ומשמע שמדובר כשעדיין לא נשבע, וכיצד אתה מפרש את דבריו שמדובר כשקדם ונשבע?

מתרצת הגמרא:

הָכִי קָאָמַר — כך היא כוונת דבריו של רב הונא בר אבין: **רָצָה שׁוֹמֵר חִנָּם, "עוֹמֵד בִּשְׁבוּעָתוֹ"**, שאינו משלם אלא נפטר מן הבעלים על ידי השבועה שכבר נשבע, **רָצָה עוֹשֶׂה עִמּוֹ דִּין**. ולשון "נשבע", לאו דוקא, אלא הכוונה ש"עומד בשבועתו".

בין לפי אביי ובין לפי רבא שומר שכר חייב לטרוח אחר הגנב ולהיפרע ממנו, שזה בכלל חיוב שמירתו (ולפי רבא כן הוא אפילו בשומר חינם), ומשמע איפוא שאף כשנגנב הפקדון לא נסתלק חיוב השמירה מן השומר[21]. הגמרא מביאה עכשיו את דעתו של אחד האמוראים, רבה "זוטי" (הקטן), שנסתפק בדבר זה:

רַבָּה זוּטִי בָּעֵי לָהּ הָכִי — שאל על הלכה זו כך: **נִגְנְבָה** בהמה של פקדון **בְּאוֹנֶס**[22], **וְהֶחֱזִיר הַגַּנָּב** אותה **בְּבֵית שׁוֹמֵר, וּמֵתָה** הבהמה לאחר מכן **בִּפְשִׁיעָה** של השומר, **מַהוּ? מִי אַמְרִינַן** — האם אנו אומרים **שכֵּיוָן דְּנִגְנְבָה בְּאוֹנֶס, כַּלְיָא לֵיהּ שְׁמִירָתוֹ** — מכיון שנגנבה הבהמה באונס מביתו של השומר, ונפטר מלשלם עליה, כבר כלתה לה שמירתו, ואף כשהחזירה הגנב לביתו אינו חייב לשמור עליה, ופטור הוא, **אוֹ דִלְמָא כֵּיוָן דְּהַדְרָה, הַדְרָה לִשְׁמִירָתוֹ** — או שמא מכיון שחזרה הבהמה לביתו, חזרה לשמירתו, וממילא חייב הוא בפשיעה?[23]

הגמרא אינה פושטת את הספק, ומסיקה:

תֵּיקוּ — תעמוד השאלה במקומה.

משנה במשנה הקודמת (קג, א-ב) למדנו שהכופר בתביעה ממונית של חבירו ונשבע לשקר, ואחר כך הודה, חייב לשלם לתובע קרן וחומש, ולהביא קרבן "אשם"[24]. משנתנו מוסיפה לדון בדינו של הכופר ונשבע לשקר, והיא מבארת באילו מקרים נוהג חיוב זה לשלם קרן וחומש ואשם, באילו מקרים חייב השומר לשלם כפל, ובאילו מקרים אין הוא חייב לשלם אלא קרן בלבד[25]:

האומר לחבירו (שהיה שומר חינם שלו): **"הֵיכָן פִּקְדוֹנִי** שמסרתי לשמירתך"? **אָמַר לוֹ** השומר: "פקדונך **אָבַד**, ומאחר שאיני אלא שומר חינם, איני חייב לשלם על האבידה". אמר לו בעל הפקדון: **"מַשְׁבִּיעֲךָ אֲנִי** שאתה דובר אמת"! **וְאָמַר** השומר: **"אָמֵן** — אני מקבל על עצמי את השבועה"[26], **וְאחר כך הָעֵדִים מְעִידִים אוֹתוֹ שֶׁ**הוא בעצמו **אֲכָלוֹ**; הרי זה **מְשַׁלֵּם קֶרֶן** (דהיינו את דמי הפקדון) בלבד, ופטור מתשלומי חומש והבאת קרבן "אשם", לפי שאין חיובים אלו נוהגים אלא אם כן הודה מעצמו[27]. [אולם אם **הוֹדָה מֵעַצְמוֹ** שנשבע לשקר, **מְשַׁלֵּם קֶרֶן וְחוֹמֶשׁ** לבעל הפקדון, **וְעָלָיו** להביא קרבן **אָשָׁם**[28].]

המשנה דנה כיצד הדין במקרה שהשומר לא טען שהפקדון נאבד אלא שנגנב:

האומר לחבירו (שהיה שומר חנם שלו): **"הֵיכָן פִּקְדוֹנִי** שמסרתי לשמירתך"? **אָמַר לוֹ** השומר: "פקדונך **נִגְנַב**, ומאחר שאיני אלא שומר חינם, איני חייב לשלם על הגניבה". אמר לו בעל הפקדון: **"מַשְׁבִּיעֲךָ אֲנִי** שאתה דובר אמת"! **וְאָמַר** השומר: **"אָמֵן** - אני מקבל על עצמי את השבועה"; **וְאחר כך הָעֵדִים מְעִידִים אוֹתוֹ שֶׁ**הוא בעצמו **גְּנָבוֹ**, השומר **מְשַׁלֵּם**

הערות

בידו להחזיר את הגניבה לבעלים, אם אינו עושה כך הרי הוא כפושע, ולכן מוטלת טירחא זו עליו (עיין רשב"א ושיטה מקובצת בשם הרמ"ה).

19. רש"י (וכן הוא ברמב"ם הלכות שאלה ופקדון ח, ו, ועיין ר"י מלוניל ומאירי).

20. שומר שכר מחוייב לטרוח להיפרע מן הגנב אפילו כשכבר נשבע, שאף על פי שהיה אנוס בשעת הגניבה, עכשיו שכבר הוכר הגנב ויש בידו להשיב את הפקדון לבעליו הרי כבר אינו אנוס, וכל שאינו אונס הרי הוא בכלל חיוב שמירתו, אבל שומר חינם שאינו חייב אלא בפשיעה, מיד כשנשבע שלא פשע כלתה לה שמירתו (רמ"ה בשיטה מקובצת, ועיין שם).

21. עיין שיטה מקובצת בשם הרא"ש והרמ"ה, ותוספות רי"ד, ופני יהושע, ועיין להלן.

22. מדובר בשומר שכר, שאינו פטור אלא כשנגנבה באונס (רא"ש בשיטה מקובצת).

[יש אומרים שספיקו של רבה זוטי הוא בין בשומר חינם ובין בשומר שכר, אלא שנקט "נגנבה באונס" משום שומר שכר (פני יהושע, וכן משמע ברמ"ה בשיטה מקובצת). ויש אומרים שלא נסתפק אלא בשומר שכר, אבל שומר חינם ודאי כלתה שמירתו מיד כשנגנבה (תורת חיים, עיין שם).]

23. לפי אביי ורבא, ששומר שכר חייב לטרוח לדון עם הגנב, ודאי לא כלתה שמירתו, ואם החזירה הגנב לביתו, מחוייב הוא בשמירה, ואם פשע חייב לשלם, אולם רבה זוטי מסופק בדבר זה אם כלתה שמירתו (רא"ש ורמ"ה בשיטה מקובצת ותוספות רי"ד וחידושי תלמיד הרשב"א והרא"ש).

[ויתכן שספיקו של רבה זוטי הוא גם לענין הטירחא לדון עם הגנב, האם כלתה שמירתו של השומר עם הגניבה ופטור מלדון עם הגנב, או שמחוייב בדבר זה (תלמיד הרשב"א והרא"ש ופני יהושע). וייתכן שפשוט לו שאין השומר מחוייב לדון עם הגנב, אלא שאחרי שהחזירה הגנב לביתו נסתפק שמא מחוייב הוא עדיין בשמירה (פני יהושע).

ויש ראשונים המחלקים בין חיוב השמירה לבין החיוב לדון עם הגנב, שאף לפי אביי ורבא שחייב השומר לדון עם הגנב, מכל מקום אפשר שאינו מחוייב בשמירה לאחר שהחזירה הגנב לביתו, ולפי זה נמצא שאין כלל מחלוקת בין רבה זוטי לאביי ורבא (עיין ראב"ד ומאירי, וכן בתורת חיים, וכן משמע ברמב"ם הלכות שאלה ופקדון ח, ו, ועיין חידושי רבי עקיבא איגר, וקצות החושן רצר, ז).]

24. ליתר פירוט בענין זה ראה קג, א הערה 26.

25. רבינו יהונתן מלוניל; מאירי.

26. אף על פי שלא נשבע בעצמו, חלה עליו השבועה, וכפי שלמדנו (שבועות כט, ב) שכל העונה אמן אחר שבועה, הרי זה כמוציא שבועה מפיו (מאירי).

27. החיוב לשלם חומש ולהביא קרבן אשם, אינו נוהג אלא אם הודה הגזלן על כך שנשבע לשקר. שכן נאמר בפרשה זו של הכופר בממון חבירו ונשבע לשקר (במדבר ה, ז): "וְהִתְוַדּוּ אֶת חַטָּאתָם אֲשֶׁר עָשׂוּ" [וזה אחד משני חידושים, שכדי ללמדם חזרה התורה וכתבה פרשה זו בספר במדבר, לאחר שנכתבה כבר בספר ויקרא - ראה רש"י במדבר שם, ו] (רש"י; אולם ראה רש"י לעיל סג, ב ד"ה הודה מעצמו, הכותב בדרך שונה במקצת, לביאור דבריו עיין שו"ת אמרי ישר ב פח, ג). ויש מי שנתן טעם לדבר, שהחומש והקרבן לכפרה הם באים, ואין להביאם אלא אם מודה בדבר ורוצה לכפר על חטאו (רמב"ם הלכות גזלה ואבדה ז, ח).

[במקרה זה שהשומר טען שהפיקדון אבד, אין הוא חייב לשלם כפל אף אם באו עדים. לביאור נוסף ראה הערה 29.]

28. מה שכתבה המשנה "הודה מעצמו" הוא לאו בדוקא. אלא גם אם באו עדים ואחר כך הודה, חייב לשלם חומש ולהביא קרבן אשם [והמשנה נקטה שהודה מעצמו בגלל הסיפא — ראה להלן הערה 30] (תוספות, לעיל עמוד א ד"ה ובאו עדים וראה; וראה בדברי הרמב"ם שהובאו בהערה הקודמת).

הא נשבע אע"פ ששילם למי משלם לבעל הפקדון רבא דייק מסיפא (א) נשבע ולא רצה לשלם טעמא דלא רצה לשלם הא שילם אע"פ שנשבע למי משלם למי שהפקדון אצלו לאביי קשיא סיפא אמר לך אביי הכי קתני נשבע ולא רצה לשלם קודם השבועה אלא לאחר השבועה למי משלם לבעל הפקדון לרבא קשיא רישא אמר לך רבא הכי קתני שילם ולא רצה לעמוד בשבועתו אלא שילם למי משלם למי שהפקדון אצלו תבעוהו בעלים לשומר ונשבע והוכר הגנב תבעו שומר והודה [א]תבעוהו בעלים וכפר והביאו עדים מי נפטר הגנב בהודאת שומר או לא נפטר הגנב בהודאת שומר אמר רבא [ב]אם באמת נשבע נפטר הגנב בהודאת שומר אם בשקר נשבע לא נפטר הגנב בהודאת שומר בעי רבא עמד לישבע בשקר ולא הניחוהו מהו תיקו רב כהנא מתני הכי רב טביומי מתני (ב) [ג]בעי רבא נשבע לשקר מהו תיקו תבעוהו בעלים לשומר ושילם והוכר הגנב [ד]תבעוהו בעלים והודה תבעו שומר וכפר והביא עדים נפטר גנב בהודאת בעלים או לא מי אמרינן מצי אמר ליה שומר לבעלים אתון כיון דשקליתו לכו דמי אסתליקתו לכו מהכא או דלמא מצי אמרי ליה כי היכי דאת עבדת לן מילתא אנן נמי עבדינן לך טרחינן בתר גנבא שקלנא אנן דידן ושקול את דידך [ה]תיקו (א) אתמר נגנבה באונס והוכר הגנב אמר אביי אם שומר חנם הוא רצה עושה עמו דין רצה נשבע אם שומר שכר הוא עושה עמו דין ואינו נשבע רבא אמר אחד זה ואחד זה [ו]עושה עמו דין ואינו נשבע לימא פליגא אדרב הונא בר אבין דשלח רב הונא בר אבין נגנבה באונס והוכר הגנב אם שומר חנם הוא רצה עושה עמו דין רצה נשבע ואם שומר שכר הוא עושה עמו דין ואינו נשבע אמר לך רבא הכא במאי עסקינן [ז]כגון שקדם ונשבע והא רצה עושה עמו דין רצה נשבע קאמר הכי קאמר [ח]רצה שומר חנם עומד בשבועתו רצה עושה עמו דין רבה זוטי בעי לה הכי [ט]נגנבה באונס והחזיר גנב בבית שומר ומתה בפשיעה מהו מי אמרינן כיון דנגנבה באונס כליא ליה שמירתו או דלמא כיון דהדרה הדרה לשמירתו [י]תיקו:

מתני' (ג) היכן פקדוני אמר לו אבד משביעך אני ואמר אמן והעדים מעידים אותו שאכלו משלם קרן [הודה מעצמו משלם קרן וחומש ואשם] היכן פקדוני אמר לו נגנב משביעך אני ואמר אמן והעדים מעידים אותו שגנבו משלם תשלומי כפל הודה מעצמו משלם קרן חומש ואשם [כ]הגוזל [א] את אביו ונשבע לו ומת הרי זה משלם קרן וחומש (ג) ואשם לבניו או לאחיו ואם אינו רוצה או שאין לו לוה ובעלי חוב באין ונפרעים (ד) האומר [ל]לבנו קונם אי אתה נהנה משלי אם מת ירשנו בחייו

תבעו שומר והודה תבעוהו בעלים והביא עדים. משמע להודה לאחר שאין בעל הדבר דלא הויא הודאה ותימה אמאי לא בעי לענין קרן גופיה בשלא באו עדים אי הויא הודאה אי לאו ואמאי נקט והביא עדים משמע דלא מבעיא אלא לענין כפל וי"ל דמשום דאקרן לא הוי מצי למיפשט הא דפשיט אם בשקר נשבע לא נפטר הגנב כו': **ולא** הניחוהו מהו. הקשה בקונט' אהך גירסא דגרסינן אם באמת נשבע לא נפטר גנב וכו' דא"כ מאי בעי רבא עמד לישבע לשקר ולא הניחוהו מהו השתא נשבע לשקר ממש דאיסתליק ליה מבי דינא דתו לא רמיא עליה כ"ש היכא דלא נשבע דעליה רמיא לשלומי ויש מתרצים דכיון (ח) דלא הניחוהו לישבע מחל לו והרי נפטר נמי שומר כאילו) שומר נשבע באמת ותו לא רמיא עליה ולהכי קבעי ולאו מילתא היא דמשום דלא הניחוהו לישבע לא מחל לו ולא מיפטר שומר בהכי וכן פוסק בה"ג דאע"פ שמחל לו השבועה לנתבע בשביל כך לא מחל לו ממון לגמרי וכל שכן היכא דלא מחל לו שבועה אלא שלא הניחו לישבע באותה שעה: **נגנבה** באונס. נראה דאין שום גניבה קרויה אונס אלא בלסטים מזוין כדפירש בקונט' וכן מוכח לעיל בהכונס (דף נו.): **לבנין** או לאחיו. נראה לבניו של גזלן או לאחיו של גזלן כלומר בתחילה לבניו אם יש לו דהם קודמים לכל אדם בחלק המגיעו ונחשב אותו כאילו מת הוא והרי בניו יורשים חלקו עם אחיו והם אין באים מכחו אלא מכח אבוה דאבא כדאמר בסוף מי שמת (ב"ב דף קנט.) תחת אבותיך יהיו בניך הלכך אע"פ שאין לאביהן בהן כלום שהרי יש לו להחזיר גזילה אפ"ה הם קודמין בחלקו מההוא טעמא דב"ב או לאחיו כשאין לו בנים: **לוה** ובע"ח באין ונפרעין. נראה לפרש לוה על הקרקע שלו מאחרים אפי' בלא אפותיקי דקרקע משועבד לבעל חוב ואח"כ נותן קרקע שלו לבניו או לאחיו בעבור הגזילה וכגון שאין הגזילה קיימת וחוזרים ב"ח ונפרעין מאותה קרקע אע"ג דיש לו שאר נכסים במה לפרוע ונראה דאין צריך לומר בשעת נתינתו לבניו או לאחיו ע"מ שיפרעו בעלי חוב מכם דבלאו הכי אין יכולין לזכות שלא מדעתו ואם הגזילה בעין צריך לפרש שילוה עליה או יעשנה אפותיקי למלוה ויחזירנה לבניו

הא נשבע אע"פ ששילם. כיון לאטרחיה בשבועה למי משלם גנב כפל לבעל הפקדון כטעמיה דאביי דלעיל: מי נפטר הגנב. מן הכפל כשאר מודה בקנס: בהודאה. שהודה לשומר: או לא נפטר. דכיון דנשבע שומר תחילה נסתלק ושוב אינה בשמירתו ולא הויא הודאה: **אם באמת נשבע.** השומר שטען נגנבה באונס ונמצא כן: **נפטר הגנב בהודאת שומר.** דכיון דנאמן הוא אנן סהדי דאי הוה משתכחא בהמה ניחא ליה למריה דתיהוי בידיה דהאיך הלכך על שומר זה לחזר אחריה ותביעתו תביעה והודאת גנב הודאה: **ואם נשבע לשקר.** שטוען מת או נשבר או נשבה או נגנבה באונס ובא ומצא שאינו כן דכיון דמגליא מילתא דשקרן הוה אנן סהדי דלא ניחא ליה למרה דליהוי תו שומר עלה ותביעתו אינה תביעה: **ולא הניחוהו מאי.** מדלא נשבע נאמן הוא עדיין לבעלים או דלמא כיון דעמד לישבע תו לא מהימני ליה (ג) בעלים: **נשבע לשקר מהו.** מי אמרינן אכתי עליה רמיא דכיון דלשקר נשבע סופו להתחרט ולשלם הלכך תביעתו תביעה או לא: אית דגרס אם באמת נשבע דלא פשע לא נפטר הגנב דכיון דבאמת נשבע אפטר ליה שומר ותו לא רמיא עליה למתבעיה לגנב ואם לשקר נשבע כגון דפשע נפטר הגנב בהודאת שומר דאכתי עליה רמיא לשלומי ולשון שמעתי ועיקר הוא דהכא היכא לאקשויי א"כ מאי בעי רבא עמד לישבע לשקר ולא הניחוהו מהו השתא נשבע ממש דאסתלק ליה מבי דינא דתו לא רמיא עליה לא שבועה ולא פרעון עד שיבאו עדים שפשע אמרינן דנפטר הגנב דאכתי אשומר רמיא למתבעיה כל שכן היכא דלא נשבע דעליה רמיא לשלומי: **את עבדת לן מילתא.** טובה שגילת לפנים משורת הדין הלכך על דידן נמי רמיא למיעבד מילתא דטיבותא לאהדורי בתר גנבא ולמתבעיה ותביעתן תביעה: **נגנבה באונס.** בלסטים מזויין דשומר שכר פטור בו ואח"כ הוכר הגנב ויכול לכופו ולהוציא מידו: **רצה נשבע.** והבעלים יפרעו מן הגנב: **עושה עמו דין.** משלם לבעלים והוא יפרע מן הגנב: **ואם שומר שכר הוא.** אע"ג דפטור בלסטים מזויין הכא הואיל והוכר הגנב ולא יפסיד כלום עליו לטרוח אחריה לפיכך הוא ישלם לבעלים ויחזור ויפרע מן הגנב: **עושה עמו דין.** ישלם דמלוה עליו לחזר אחר האבידה: **לימא פליגא.** דרבא אדרב הונא בר אבין: **כגון שקדם ונשבע.** קודם שהוכר הגנב: **מתני'** משלם קרן. דאין חומש ואשם אלא אם הודה דכתיב בגזל הגר בפרשת נשא והתוודה: (ד) **ואחר כך מת אביו.** (ה) ואחר מיתת האב הודה: **הרי זה משלם קרן וחומש לבניו.** של אביו או לאחיו של אביו אם אין לו בנים ואף על גב דנפלה ירושה קמיה דהאיך בעי למעבד השבה ואין מעכב אפילו כנגד חלקו: **אין לו.** נכסים כל כך שיכול לוותר על חלקו או שאין רוצה להפסיד חלקו: **לוה.** מאחרים ומשיב לאחיו לקיים מצות השבה: **ובעלי החוב באין ונפרעין.** מן (ו) ההשבה את חלקו כגון אם היו שנים אחין והוא שלישי נפרעים בעלי חובים מן (ז) ההשבה שליש החוב) והשאר יגבו ממנו:

בחייו

עין משפט נר מצוה

קסא א ב ג ד ה מיי' פ"ד מהלכות גניבה הלכה ח טוש"מ סי' שנג:
קסב ו ז ח מיי' פ"ח מהל' שאלה ופקדון הלכה ו סמג עשין פח טוש"ע ח"מ סי' רלד סעיף ו:
קסג ט י מיי' שם סמג שם:
קסד כ מיי' פ"ח מהל' גזילה ואבידה הל' ב סמג עשין עג טוש"ע ח"מ סי' שסז סעיף ה:
קסה ל מיי' פ"ה מהל' נדרים הל' ו סמג לאוין רמב טוש"ע י"ד סי' רט"ז סעיף ז וסי' רכג סעיף ב:

ליקוטי רש"י

עושה עמו דין. פרעון [ב"מ צג:]. **היכן פקדוני.** אמר לשומר חנם היכן (שורי) אמר לו אבד משביעך אני ואמר אמן והעדים מעידין אותו שאכלו משלם את הקרן ולא כפל ואם הודה מעצמו שלא באו עדים משלם קרן וחומש ואשם כדין שבועת הפקדון דאינה באה עד שמודה ושב מרשעו ובא להתכפר דכתיב בשבועת גזל הגר בפרשת נשא והתודו את חטאתם אשר עשו וגו' אמר לו נגנב משביעך כו' בהדיא ילפינן לה בפרק מרובה בשומר חנם הפוטר עצמו בטענת אבידה אינו משלם כפל אף בשבועה אבל הפוטר עצמו בטענת גנב ובשבועה ובאו עדים משלם כפל דכתיב אם לא ימצא הגנב אם לא ימצא כמו שהוא אמר אלא הוא עצמו גנבו כו' כדאיתא התם [שבועות מט.]. **משלם את הקרן.** דאין חומש ואשם אלא אם הודה דכתיב בגזל הגר בפרשת נשא והתודה [לקמן קח:]. **הודה מעצמו משלם קרן וחומש ואשם.** אבל כפל לא דמודה בקנס הוא [שבועות שם] דכתיב (ויקרא ה) או מכל אשר ישבע עליו לשקר וגו' וזהו אשם גזילות ואינו בא אלא על הודאת פיו דאע"פ דלא כתב בההיא פרשה הודאה כתב רחמנא באשם גזל הגר בפרשת נשא והתודו את חטאתם וגו' וחומש נמי אינו בלא אשם [לעיל סג:]. **קונם אי אתה נהנה משלי.** כלומר שאי אתה נהנה לי מכל נכסי. **אם מת ירשנו.** שלא אסר עליו אלא כל זמן שהנכסים שלו לפיכך יירשנו אם מת [נדרים מב.].

מסורת הש"ס

א) ב"מ לג:, ב) לעיל סג: קו. שבועות מט., ג) [צריך תיקון ובפרש"י וכן בברטנורא ליתא תיבת ואשם], ד) [נדרים מב. מז.], ה) עיין רש"א ובספר פ"י, ו) ס"א הירושה, ז) ס"א מן שליש הירושה, ח) רש"ל מ"ז וגורס דכיון דשומר נשבע.

חגהות הב"ח

(א) גמ' דייק מסיפא דקתני נשבע: (ב) שם רב טביומי מתני הכי בעי: (ג) רש"י ד"ה ולא הניחוהו וכו' לבעלים הס"ד: (ד) ד"ה ונשבע לו ואח"כ מת אביו:

הגהות הגר"א

[א] מתני' הגוזל כו' לבניו. נ"ב גירסת הרמב"ם לאחיו או לבניו ואם אין לו לוה כו' ור"ל שאין לו אחים ובנים ולא מצריך אלא שילא מתחת ידו ואף באחיו מחשב עמהם אח"כ וכל זה בגזילה קיימת:

תַּשְׁלוּמֵי כֵּפֶל[29]. ואם **הוֹדָה מֵעַצְמוֹ** שנשבע לשקר, **מְשַׁלֵּם קֶרֶן** ו**חוֹמֶשׁ** למפקיד, **וְ**חייב להביא קרבן **אָשָׁם**[30].

כעת חוזרת המשנה לדון בדיני חיוב השבת הגזילה של הגוזל מחבירו ונשבע לשקר[31]:

הַגּוֹזֵל אֶת אָבִיו וְנִשְׁבַּע לוֹ שלא גזלו, **וּמֵת** האב, ואחר מותו הודה הבן שגזל[32], **הֲרֵי זֶה מְשַׁלֵּם קֶרֶן וְחוֹמֶשׁ (ואשם**[33]**) לְבָנָיו** האחרים של אביו, **אוֹ לְאֶחָיו** של אביו (אם אין לאביו בנים אחרים). ואף על פי שגם הוא ראוי לרשת את נכסי אביו (ובמקרה שאין לאביו בנים אחרים, ראוי לרשת לבדו), צריך להשיב את הגזילה ליורשים האחרים של אביו, ואינו מעכב לעצמו אפילו כנגד חלקו[34]. **וְאִם אֵינוֹ רוֹצֶה** להפסיד את חלקו בירושה, **אוֹ שֶׁאֵין לוֹ** נכסים כל כך שיוכל לוותר על חלקו בירושה[35], הרי הוא **לֹוֶה** מאחרים, ומשיב ליורשים כדי לקיים את מצות ההשבה[36], **וּבַעֲלֵי הַחוֹב** שלו **בָּאִין** אחר כך **וְנִפְרָעִים** ממה שהשיב ליורשים את החלק שהיה ראוי להיות שלו מדין ירושה[37].

הערות

29. שהטוען טענת גנב בפקדון, ונשבע לשקר, ואחר כך נמצא שהוא עצמו גנבו, הרי הוא כגנב, וחייב לשלם כפל [שכן נאמר בפרשת שומר חינם (שמות כב, ז-ח): "אִם לֹא יִמָּצֵא הַגַּנָּב וְנִקְרַב בַּעַל הַבַּיִת אֶל הָאֱלֹהִים... יְשַׁלֵּם שְׁנַיִם לְרֵעֵהוּ", ופירשו חכמים: אִם לֹא יִמָּצֵא כמו שאמר השומר, אלא נמצא שהוא עצמו הַגַּנָּב, וְנִקְרַב — והוא כבר קרב אֶל הָאֱלֹהִים — אל הדיינים להישבע, יְשַׁלֵּם שְׁנַיִם לְרֵעֵהוּ (ראה לעיל סג, ב)]. לעומת זאת במקרה של הרישא, שהשומר טען שהפיקדון אבד, אין הוא חייב לשלם כפל, שאין חיוב לשלם כפל אלא בטוען טענת גנב [ובגמרא לעיל (שם) מובא המקור מהכתוב לכך שהטוען טענת אבידה אינו חייב לשלם כפל] (מאירי).

ברישא נקטה המשנה את דינה במקרה שהשומר אכל את הפקדון, כדי ללמדנו שאף שאבדו מן העולם אין לחייבו לשלם כפל במקרה שטען טענת אבידה. ואילו בסיפא נקטה המשנה את דינה במקרה שנמצא שהוא גנבו, כדי ללמדנו שאף על פי שהפקדון קיים בעולם, חייב לשלם כפל כאשר טען טענת גניבה (תוספות לעיל שם ד"ה והעדים מעידים).

30. אולם אין השומר חייב לשלם כפל. משום שתשלומי כפל הינם "קנס", ולא חייבה התורה לשלם קנס אלא כאשר עדים העידו על חיובו, ואילו המודה ב"קנס" פטור (רע"ב; ראה משנה כתובות מא, א; גמרא לעיל סד, ב).

המשנה נוקטת "אם הודה מעצמו" (דהיינו שהודה לפני שבאו העדים), משום שאם הודה לאחר שבאו עדים, מכיון שחייב לשלם כפל, אין הודאתו מחייבת אותו לשלם בנוסף לכפל גם חומש [ואם כן משנתנו סתמה כדעת חכמים לעיל (סה, ב), שבמקום שיש חיוב לשלם כפל, לא שייך דין חומש (ראה רש"י שם ד"ה ושאינו משתלם בראש)]. ואגב שבבבא זו נוקטת המשנה בלשון "אם הודה מעצמו", היא נקטה בלשון זו גם ברישא, אף שבמקרה שבו עוסקת המשנה ברישא, שאין חיוב כפל נוהג, חייב השומר לשלם חומש אף אם הודה לאחר שבאו העדים [ראה לעיל הערה 28] (תוספות לעיל עמוד א ד"ה אם באו עדים).

31. דברי המשנה כאן הם המשך למה שלמדנו במשנה הקודמת (קג, א-ב), שהגוזל ונשבע לשקר, חייב להוליך את הגזילה אפילו לארץ רחוקה, כדי להשיבה ליד הנגזל. ובגמרא לעיל (קד, א) התבאר שדין זה נוהג דוקא בגזלן שנשבע לשקר. אבל גזלן סתם, אינו מחוייב להוליך את הגזילה למקום רחוק (אלא די בכך שהוא מוכן להשיבה לנגזל, שאז הגזילה נעשית כפקדון בידו). והיינו משום שהנשבע לשקר צריך כפרה, ואין לו כפרה עד שיחזיר את הגזילה ליד הנגזל ממש (עיין לעיל קג, ב — קד, א, וברש"י קד, א ד"ה אלא אמר רבא; להרחבה בענין זה ראה לעיל קג, א הערה 29, ושם עמוד ב הערה 8 והערה 15). משנתנו מביאה מקרה נוסף, שחיוב ההשבה של הגוזל ונשבע לשקר חמור מחיובו של גזלן סתם (ראה ערוך השלחן חושן משפט שסז, יג; וראה להלן סוף הערה 34).

32. רש"י; אולם ראה הערה 34.

33. במסורת הש"ס מעיר שיש למחוק את תיבת "ואשם" [שכן כלפי החיוב להביא קרבן, אין הבדל בין אם גזל את אביו או אדם אחר], וכן ברש"י וברע"ב תיבה זו אינה מופיעה.

34. רש"י. כלומר, שאף על פי שמצד דיני ממונות הגזלן יורש חלק מהגזילה (כאשר יש לאביו בנים נוספים) או את כולה (כאשר אין לאביו בנים נוספים), עליו להוציא את הגזילה מתחת ידו כדי לקיים את מצוות השבת הגזילה (עיין תוספות ד"ה לוה; רבינו יהונתן; רע"ב). ויש שהוסיפו שאין בית דין מכריחים אותו לעשות כך, אלא שאם רצה לחזור בתשובה, זו היא עיקר תשובתו (מאירי; ועיין ראב"ד ורשב"א). ויש שכתבו שמדין תורה באמת אין הגזלן צריך ליתן את הגזילה ליורשים, אלא שחכמים קנסוהו והצריכוהו להוציא את הגזילה מתחת ידו (ראה רבינו יהונתן; שיטה מקובצת בשם הרא"ש; אולם עיין פני יהושע; חזון איש כ, יב).

המשנה נקטה בדרך של "לא זו אף זו". דהיינו שהיא מלמדת שלא זו בלבד שכאשר יש בנים לאביו — שגם הם יורשים את נכסי האב, ואת חלקם בירושה חייב הגזלן להחזיר מעיקר הדין — חייב להוציא מתחת ידו גם את חלקו בירושה. אלא אפילו אם אין בנים לאביו, ומעיקר הדין הגזלן הינו היורש היחידי בנכסים, מכל מקום מאחר שגזל ונשבע לשקר, חייב להוציא את הגזילה מתחת ידו, וליתנה למי שהיה יורש את אביו אילו הוא עצמו לא היה קיים (רבינו יהונתן).

[פירשנו את המשנה לפי דרכו של רש"י. אולם תוספות מפרשים שכוונת המשנה שהגזלן נותן את הגזילה לבניו שלו (שהרי זה כאילו שהוא אינו בעולם, ובניו יורשים את אבי אביהם), ואם אין לו בנים נותן את הגזילה לאחיו שהם היורשים האחרים של אביו (לביאור מחלוקתם עיין קובץ הערות מ, י; וראה טור חושן משפט שסז, ה וים של שלמה נט, שהסכימו לשיטת רש"י; לפירוש נוסף בדברי המשנה ראה רמב"ם בפירוש המשנה, ובהלכות גזלה ואבדה ח, ב).]

מדברי רש"י מבואר שכאשר הגולן משיב את הגזילה לאחיו, אין הוא יכול ליטול מממון הירושה כנגד מה שהשיב להם (ראה ביאור הגר"א חושן משפט שסז, ה; וראה גם להלן הערה 37 בשם התוספות). אולם הרמב"ם (הלכות גזלה ואבדה ח, ב) כתב שאם משיב את הגזילה לאחיו, יכול לעשות עמהם חשבון, וליטול כנגד חלקו משאר הירושה (לדיון בדבריו עיין מגיד משנה שם; טור חושן משפט שסז, ה; כסף משנה שם ובבית יוסף שם; הגהות הגר"א כאן, וביאור הגר"א שם, ה; חזון איש כ, יג).

רש"י (ד"ה ואחר כך מת אביו) כתב שהמשנה מדברת במקרה שהגזלן הודה לאחר מות אביו. ומשמע מדבריו שדוקא באופן כזה חייב להחזיר לשאר היורשים. אבל אם הודה לפני שמת אביו, שכבר נתחייב בהשבה בחיי אביו, לאחר שמת אביו והוא יורש מכחו, יכול למחול את החוב לעצמו, ואינו חייב להחזיר את חלקו בירושה. אולם יש חולקים, וכתבו שאף אם הודה בחיי אביו, מכל מקום מפני חומר השבועה אינו נפטר עד שיוציא את הגזילה מתחת ידו (תוספות רי"ד; וראה מהרש"א שכתב שאולי אין אלו דברי רש"י, אלא איזה תלמיד טועה הכניס דברים אלו לתוך פירושו; ראה גם חזון איש כ, יב; אולם עיין פני יהושע וחידושי רבינו מאיר שמחה, המיישבים את דעת רש"י כפי שהם לפנינו; ראה גם להלן קט, ב הערה 6 והערה 16).

דין זה אינו נוהג אלא במקום שנשבע לשקר, אבל הגוזל את אביו ולא נשבע, זוכה בחלק ירושתו ואינו צריך להחזיר את הגזילה ליורשים (ראה רבינו יהונתן; תוספות רי"ד; שו"ת הרשב"א ב, שח; מאירי; דרכי משה חושן משפט שסז, א; סמ"ע שם, ט; ביאור הגר"א שם, ח; אולם ראה בית יוסף שם, ה שהסתפק בזה).

35. כלומר, שהוא איש נדיב, שאם היו לו נכסים לא היה מקפיד והיה נותן ליורשים את כל הגזילה. אלא שמחמת שאין לו נכסים, הוא מקפיד בזה (רבינו יהונתן; וראה להלן הערה 37; אולם עיין ים של שלמה נט).

36. רש"י. דהיינו שמשיב ליורשים את הגזילה (רע"ב).

37. כגון אם היו לגזלן שני אחים, ולוה סכום השוה לערך מה שגזל, בעלי חובו יכולים לגבות שליש מהחוב ממה שהשיב לאחיו [שזה מקביל לחלקו בגזילה], ואת יתר החוב יגבו ממנו (רש"י, כפי הסבר החכמת שלמה בדבריו; אולם עיין שיטה מקובצת בשם הרא"ש). וכך הדין גם אם לוה סכום השוה לערך שליש מהגזילה, יכולים בעלי חובו לגבות את כל החוב ממה שהחזיר ליורשים (חכמת שלמה; וראה רבינו יהונתן; רע"ב). אמנם לפי זה קשה, לשם מה כתב רש"י שילוה כנגד כל הגזילה, והרי די בכך שילוה כנגד חלקו בגזילה!? (פרישה חושן משפט שסז, ה; יד דוד; וראה שם מה שכתבו ליישב). ויש מי שכתב שאולי באמת דעת רש"י שבאופן כזה שילוה כנגד חלקו בגזילה, אין הוא יוצא ידי חובתו. שמאחר שבעל חובו יגבה את כל החוב מהיורשים, הרי הדבר יראה כצחוק. ולכן הצריכוהו ללוות סכום גדול יותר מחלקו בגזילה, שאז נראה שההלואה לא היתה לצורך הערמה בלבד (שיטה למהריק"ש).

הטעם שמותר לו לעשות כן, הוא משום שכאמור מעיקר הדין הגזלן יורש את חלקו בגזילה, ומצד דיני ממונות החלק הזה שייך לו. אלא שמוטל עליו להחזיר גם את חלקו ליורשים האחרים, כדי לקיים מצות השבה. ומאחר שהחזיר את הגזילה ליורשים, הרי הוא מקיים בכך את מצות ההשבה, ועל ידי כך מתכפר לו עוונו. ובזה שבאים אחר כך בעלי חובו לגבות מהגזילה, אין בכך בכדי לבטל את ההשבה, מכיון שהגזלן עצמו אינו נוטל מהם את הממון (עיין תוספות; רבינו יהונתן; מאירי; חזון איש כ, יב). ויש שהוסיפו שבאמת אין הוא חייב להשיב את הגזילה ממש, וכל חיובו אינו אלא להראות שרוצה להוציא את הגזילה מתחת ידו (רשב"א; מאירי). אכן, היינו דוקא באופן כזה שבעלי חובו נוטלים את הגזילה מהאחים. אבל אם הוא עצמו יחזור ויטול אותה מידיהם, בזה ודאי נראה שאין זו השבה כלל. ולכן לימדה המשנה, שילוה מאחרים והם יגבו את חלקו בגזילה (תוספות; אולם עיין רמב"ם הלכות גזלה ואבדה ח, ב).

לפי הגירסא לפנינו "ואם אינו רוצה או שאין לו", המשנה נשנית בדרך של "זו ואין צריך לומר זו", שהרי אם במקרה שאינו רוצה יכול להשיב באופן כזה, כל שכן שאם אין לו שיוכל להשיב. אולם רש"י והרע"ב העתיקו להיפך, "אם אין לו או שאינו רוצה". וגירסא זו עדיפה, שהרי לפיה המשנה נשנית בדרך של "לא זו אף זו" (תוספות יום טוב).

מלשון המשנה "ואם אינו רוצה...", משמע שמצוה מן המובחר שיתן ליורשים מתנה גמורה על מנת שלא לחזור ולגבות מהם, אלא שאם אינו רוצה לקיים מצוה מן המובחר, יכול לנהוג באופן הזה שבעלי חובו ישובו ויטלו מהם את מה שהחזיר (חזון איש כ, יב; וראה תוספות יום טוב, משנה י ד"ה ואם אין לו; מהרש"א מהדורא בתרא קט, א על רש"י ד"ה ונמחליה).

פירשנו את משנתנו כפי שפירשוה רש"י ועוד הרבה ראשונים. אולם הרמב"ם

הא נשבע אע"פ ששילם למי משלם לבעל הפקדון רבא דייק מסיפא (א) נשבע ולא רצה לשלם טעמא דלא רצה לשלם הא שילם אע"פ שנשבע למי משלם למי שהפקדון אצלו לאביי קשיא סיפא אמר לך אביי הכי קתני נשבע ולא רצה לשלם קודם השבועה אלא לאחר השבועה למי משלם לבעל הפקדון לרבא קשיא רישא אמר לך רבא הכי קתני שילם ולא רצה לעמוד בשבועתו אלא שילם למי משלם למי שהפקדון אצלו תבעוהו בעלים לשומר ונשבע והוכר הגנב תבעו שומר והודה [א]תבעוהו בעלים וכפר והביאו עדים מי נפטר הגנב בהודאת שומר או לא נפטר הגנב בהודאת שומר אמר רבא [ב]אם באמת נשבע נפטר הגנב בהודאת שומר אם בשקר נשבע לא נפטר הגנב בהודאת שומר בעי רבא עמד לישבע בשקר ולא הניחוהו מהו תיקו רב כהנא מתני הכי רב טביומי מתני (ב) [ג]בעי רבא נשבע לשקר מהו תיקו תבעוהו בעלים לשומר ושילם והוכר הגנב [ד]תבעוהו בעלים והודה תבעו שומר וכפר והביא עדים נפטר גנב בהודאת בעלים או לא מי אמרינן מצי אמר ליה שומר לבעלים אתון כיון דשקליתו לכו דמי אסתליקתו לכו מהכא או דלמא מצי אמרי ליה כי היכי דאת עבדת לן מילתא אנן נמי עבדינן לך טרחינן בתר גנבא שקלנא אנן דידן ושקול את דידך [ה]תיקו [ו]אתמר נגנבה באונס והוכר הגנב אמר אביי אם שומר חנם הוא רצה עושה עמו דין רצה נשבע אם שומר שכר הוא עושה עמו דין ואינו נשבע רבא אמר אחד זה ואחד זה [ז]עושה עמו דין ואינו נשבע לימא פליגא אדרב הונא בר אבין דשלח רב הונא בר אבין נגנבה באונס והוכר הגנב אם שומר חנם הוא רצה עושה עמו דין רצה נשבע ואם שומר שכר הוא עושה עמו דין ואינו נשבע אמר לך רבא הכא במאי עסקינן [ח]כגון שקדם ונשבע והא רצה עושה עמו דין רצה נשבע קאמר הכי קאמר [ט]רצה שומר חנם עומד בשבועתו רצה עושה עמו דין רבה זוטי בעי לה הכי [י]נגנבה באונס והחזיר גנב בבית שומר ומתה בפשיעה מהו מי אמרינן כיון דנגנבה באונס כליא ליה שמירתו או דלמא כיון דהדרה הדרה לשמירתו [יא]תיקו:

מתני' [ג]היכן פקדוני אמר לו אבד משביעך אני ואמר אמן והעדים מעידים אותו שאכלו משלם קרן [הודה מעצמו משלם קרן וחומש ואשם] היכן פקדוני אמר לו נגנב משביעך אני ואמר אמן והעדים מעידים אותו שגנבו משלם תשלומי כפל הודה מעצמו משלם קרן חומש ואשם [כ]הגוזל [א] את אביו ונשבע לו ומת הרי זה משלם קרן וחומש [ג]ואשם לבניו או לאחיו ואם אינו רוצה או שאין לו לוה ובעלי חוב באין ונפרעים [ד]האומר [ל]לבנו קונם אי אתה נהנה משלי אם מת ירשנו בחייו

רש"י

הא נשבע אע"פ ששילם. כיון דאטרחיה בשבועה למי משלם גנב כפל לבעל הפקדון כטעמיה דאביי דלעיל: מי נפטר הגנב. מן הכפל כשאר מודה בקנס: בהודאה. שהודה לשומר: או לא נפטר. דכיון דנשבע שומר תחילה נסתלק ושוב אינה בשמירתו ולא הויא הודאה: אם באמת נשבע. השומר שטען נגנבה באונס ונמצא כן: נפטר הגנב בהודאת שומר. דכיון דנאמן הוא אנן סהדי דאי הוה משתכחא בהמה ניחא ליה למריה דתיהוי בידיה דהאיך הלכך על שומר זה לחזר אחריה ותביעתו תביעה והודאת גנב הודאה: ואם נשבע לשקר. שטוען מת או נשבר או נשבה או נגנבה באונס ובא ומצא שאינו כן דכיון דמגליא מילתא דשקרן הוא אנן סהדי דלא ניחא ליה למרה דליהוי תו שומר עלה ותביעתו אינה תביעה: ולא הניחוהו מאי. מדלא נשבע נאמן הוא עדיין לבעלים או דלמא כיון דעמד לישבע תו לא מהימני ליה (ג) בעלים: נשבע לשקר מהו. מי אמרינן אכתי עליה רמיא דכיון דלשקר נשבע סופו להתחרט ולשלם הלכך תביעתו תביעה או לא: אית דגרס אם באמת נשבע דלא פשע לא נפטר הגנב דכיון דבאמת נשבע איפטר ליה שומר ותו לא רמיא עליה למתבעיה לגנב ואם לשקר נשבע כגון דפשע נפטר הגנב בהודאת שומר דאכתי עליה רמיא לשלומי וראשון שמעתי ועיקר הוא דהכא ליכא לאקשויי א"כ מאי בעי רבא עמד לישבע לשקר ולא הניחוהו מהו השתא נשבע ממש דאסתלק ליה מבי דינא דתו לא רמיא עליה לא שבועה ולא פרעון עד שיבאו עדים שפשע אמרינן דנפטר הגנב דאכתי אשומר רמיא למתבעיה כל שכן היכא דלא נשבע דעליה רמיא לשלומי: את עבדת לן מילתא. טובה שהשלמת לפנים משורת הדין הלכך על דידן נמי רמיא למיעבד מילתא דטיבותא לאהדורי בתר גנבא ולמתבעיה ותביעתן תביעה: נגנבה באונס. בלסטים מזויין דשומר שכר פטור בו ואח"כ הוכר הגנב ויכול לכופו ולהוציא מידו: רצה נשבע. והבעלים יפרעו מן הגנב: עושה עמו דין. משלם לבעלים והוא יפרע מן הגנב: ואם שומר שכר הוא. אע"ג דפטור בלסטים מזויין הכא הואיל והוכר הגנב ולא יפסיד כלום עליו לטרוח אחריה לפיכך הוא ישלם לבעלים ויחזור ויפרע מן הגנב: עושה עמו דין. ישלם דמלוה עליו לחזור אחר האבידה: לימא פליגא. דרבא אדרב הונא בר אבין: כגון שקדם ונשבע. קודם שהוכר הגנב: מתני' משלם קרן. דאין חומש ואשם אלא אם הודה דכתיב בגזל הגר בפרשת נשא והתוודה: (ד) ואחר כך מת אביו. [ה]ואחר מיתת האב הודה: הרי זה משלם קרן וחומש לבניו. של אביו או לאחיו של אביו אם אין לו בנים ואף על גב דנפלה ירושה קמיה דהאיך בעי למעבד השבה ואין מעכב אפילו כנגד חלקו: אין לו. נכסים כל כך שיכול לוותר על חלקו או שאין רוצה להפסיד חלקו: לוה. מאחרים ומשיב לאחיו לקיים מצות השבה: ובעלי החוב באין ונפרעין. מן [ו]ההשבה את חלקו כגון אם היו שנים אחין והוא שלישי נפרעים בעלי חובים מן ([ז]ההשבה שליש החוב) והשאר יגבו ממנו:

בחייו

תוספות

תבעו שומר והודה תבעוהו בעלים והביא עדים. משמע דהודה לאחר שאין בעל הדבר דלא הויא הודאה ותימה אמאי לא בעי לענין קרן גופיה בשלא באו עדים אי הויא הודאה אי לאו ואמאי נקט והביא עדים משמע דלא מבעיא אלא לענין כפל וי"ל דמשום דאקרן לא הוי מצי למיפשט הא דפשיט אם בשקר נשבע לא נפטר הגנב כו': **ולא** הניחוהו מהו. הקשה בקונט' אהך גירסא דגרסינן אם באמת נשבע לא נפטר גנב וכו' דא"כ מאי בעי רבא עמד לישבע לשקר ולא הניחוהו מהו השתא נשבע לשקר ממש דאיסתליק ליה מבי דינא דתו לא רמיא עליה כ"ש היכא דלא נשבע דעליה רמיא לשלומי ויש מתרצים דכיון ([ח]דלא הניחוהו לישבע מחל לו והרי נפטר נמי שומר כאילו) שומר נשבע באמת ותו לא רמיא עליה ולהכי קבעי ולאו מילתא היא דמשום דלא הניחוהו לישבע לא מחל לו ולא מיפטר שומר בהכי וכן פוסק בה"ג דאע"פ שמחל לו השבועה לנתבע בשביל כך לא מחל לו ממון לגמרי וכל שכן היכא דלא מחל לו שבועה אלא שלא הניחו לישבע באותה שעה:

נגנבה באונס. נראה דאין שום גניבה קרויה אונס אלא בלסטים מזויין כדפירש בקונט' וכן מוכח לעיל בהכונס (דף נז.):

לבנין או לאחיו. נראה לבניו של גזלן או לאחיו של גזלן כלומר בתחילה לבניו אם יש לו דהם קודמים לכל אדם בחלק המגיעו ונחשב אותו כאילו מת הוא והרי בניו יורשים חלקו עם אחיו והם אין באים מכחו אלא מכח אבוה דאבא כדאמר בסוף מי שמת (ב"ב דף קנט.) תחת אבותיך יהיו בניך הלכך אע"פ שאין לאביהן בהן כלום שהרי יש לו להחזיר גזילה אפ"ה הם קודמין בחלקו מההוא טעמא דב"ב או לאחיו כשאין לו בנים: **לוה**, וב"ח באין ונפרעין. נראה לפרש לוה על הקרקע שלו מאחרים אפי' בלא אפותיקי דקרקע משועבד לבעל חוב ואח"כ נותן קרקע שלו לבניו או לאחיו בעבור הגזילה וכגון שאין הגזילה קיימת וחוזרים ב"ח ונפרעין מאותה קרקע אע"ג דיש לו שאר נכסים במה לפרוע ונראה דאין צריך לומר בשעת נתינתו לבניו או לאחיו ע"מ שיפרעו בעלי חוב מכס דבלאו הכי אין יכולין לזכות שלא מדעתו ואם הגזילה בעין צריך לפרש שילוה עליה או יעשנה אפותיקי למלוה ויחזירנה לבניו

עין משפט נר מצוה

קסא א ב ג ד ה מיי' פ"ד מהלכות גניבה הלכה ח טוש"מ סי' שנב:

קסב ו ז ח מיי' פ"ח מהל' שאלה ופקדון הלכה ו סמג עשין פח טוש"ע ח"מ סי' רלד סעיף ו:

קסג ט י מיי' שם סמג שם:

קסד כ מיי' פ"ח מהל' גזילה ואבידה הל' ב סמג עשין עג טוש"ע ח"מ סי' שסז סעיף ה:

קסה ל מיי' פ"ה מהל' נדרים הל' ו סמג לאוין רמב טוש"ע י"ד סי' רט"ז סעיף ז וסי' רכג סעיף ב:

ליקוטי רש"י

עושה עמו דין. פרעון [ב"מ צג:]. היכן פקדוני. אמר לשומר חנם היכן (שורי) אמר לו אבד משביעך אני ואמר אמן והעדים מעידין אותו שאכלו משלם את הקרן ולא כפל ואם הודה מעצמו שלא באו עדים משלם קרן וחומש ואשם כדין שבועת הפקדון דאינה באה עד שמודה ושב מרשעו ובא להתכפר דכתיב בשבועת גזל הגר בפרשת נשא והתודו את חטאתם אשר עשו וגו' אמר לו נגנב משביעך כו' בהדיא ילפינן לה בפרק מרובה בשומר חנם הפוטר עצמו בטענת אבידה אינו משלם כפל אף בשבועה אבל הפוטר עצמו בטענת גנב ובשבועה ובאו עדים משלם כפל דכתיב אם לא ימצא הגנב אם לא ימצא כמו שהוא אמר אלא הוא עצמו גנבו כו' כדאיתא התם [שבועות מט.]. משלם את הקרן. דאין חומש ואשם אלא אם הודה דכתיב בגזל הגר בפרשת נשא והתודה [לקמן קח:]. הודה מעצמו משלם קרן וחומש ואשם. אבל כפל לא דמודה בקנס הוא [שבועות שם] דכתיב (ויקרא ה) או מכל אשר ישבע עליו לשקר וגו' וזהו אשם גזילות ואינו בא אלא על הודאת פיו דאע"פ דלא כתב בהאי פרשה הודאה כתב רחמנא באשם גזל הגר בפרשת נשא והתודו את חטאתם וגו' וחומש נמי אינו בלא אשם [לעיל סג:]. קונם אי אתה נהנה משלי. כלומר שאי אתה נהנה לי מכל נכסי. אם מת ירשנו. שלא אסר עליו אלא כל זמן שהנכסים שלו לאפוקי ירשנו אם מת [נדרים מב.]

מסורת הש"ס

א) ב"מ לג:, ב) לעיל סג: קו. שבועות מט., ג) [צריך תיקון ובפרש"י וכן בברטנורא ליתא תיבת ואשם], ד) [נדרים מב. מז.], ה) עיין רש"א ובספר פ"י, ו) ס"א הירושה, ז) ס"א מן שליש הירושה, ח) רש"ל מ"ז וגורס דכיון דשומר נשבע.

הגהות הב"ח

(א) גמ' דייק מסיפא דקתני נשבע: (ב) שם רב טביומי מתני הכי בעי: (ג) רש"י ד"ה ולא הניחוהו וכו' לבעלים הס"ד: (ד) ד"ה ונשבע לו ואח"כ מת אביו:

הגהות הגר"א

[א] מתני' הגוזל כו' לבניו. נ"ב גירסת הרמב"ם לאחיו או לבניו ואם אין לו לוה כו' ור"ל שאין לו אחים ובנים ולא מצריך אלא שילא מתחת ידו ואף באחיו מחשב עמהם אח"כ וכל זה בגזילה קיימת:

אגב שלימדה המשנה שניתן לקיים את מצות השבת הגזילה בדרך כזו, היא מביאה הלכה דומה בדיני נדרים[38]:

הָאוֹמֵר לִבְנוֹ: "קוֹנָם, שֶׁאִי אַתָּה נֶהֱנֶה מִשֶּׁלִּי"[39]**, אִם מֵת, יִרָשֶׁנּוּ** בנו, ומותר לו ליהנות מנכסי הירושה, לפי שאין זו הנאה משל אביו, אלא משל עצמו[40].

הערות

(בפירוש המשנה ובהלכות גזילה ח, ג) מפרש שכוונת המשנה היא שאם אין לו אחים או בנים, הרי הוא נותן את הממון הגזול בהלואה לאדם אחר, ובלבד שיוציא את הגזילה מתחת ידו (לדיון בדעתו עיין מגיד משנה שם; מאירי; טור חושן משפט שסז, ה; בית יוסף שם וכסף משנה שם; פרישה ודרישה שם; ב"ח שם).

מדברי רש"י משמע, שדינים אלו שלימדה המשנה, נוהגים בין אם הגזילה עצמה קיימת עדיין ובין אם נאבדה והגזלן צריך להחזיר את דמיה (ראה ביאור הגר"א חושן משפט שסז, ה). אולם מדברי הרמב"ם (הלכות גזילה ח, ג) נראה שאין הגזלן חייב להוציא את הגזילה מתחת ידו אלא אם הגזילה עצמה קיימת. ויש שפירשו, שהיינו משום שכאשר הגזילה עצמה אינה קיימת אין נוהגת המצוה שאמרה התורה (ויקרא ה, כג): "וְהֵשִׁיב אֶת הַגְּזֵלָה אֲשֶׁר גָּזָל", אלא שיש עליו חיוב ממוני להשיב ממון כנגד מה שגזל (ראה רמב"ם שם א, א). הלכך במקרה שלפנינו שהחיוב הממוני פקע, אין עליו חיוב להוציא ממון כלשהוא מתחת ידו (תוספות יום טוב; קובץ שיעורים אות כז; ראה גם דברי חיים דיני גזילה לז [בהגהה מבן המחבר]; חידושי רבינו חיים הלוי שם ט, לא; אולם עיין ים של שלמה נט וחזון איש כ, יג).

38. מאירי.

39. "קונם" הוא כינוי למלה "קרבן" (ראה משנה נדרים י, א; וראה ר"ן שם ב, א, שבני אדם שיבשו את המלה "קרבן", והיו אומרים "קונם"; אולם ראה רבינו יהונתן מלוניל כאן). נמצא שהאומר "קונם אי אתה נהנה משלי", פירוש דבריו הוא: "כל נכסי יהיו אסורים עליך כקרבן, אם תהנה מהם". ובנדרים (מב, א) מובאת משנתנו בלשון זו: "קונם שאתה נהנה משלי" [שפירושה: נכסי אסורים עליך כקרבן שלא תהנה מהם], וכך העתיק הטור (יורה דעה רטז), וזו לשון נכונה יותר (תוספות יום טוב; לדיון נוסף בענין זה ראה מהדורתנו נדרים מז, א הערה 4).

40. מאחר שהאב אמר "קונם אי אתה נהנה **משלי**", ולאחר מות האב אין הבן נהנה משל אביו, אלא התורה זיכתה לו את נכסי אביו על פי דיני ירושה, נמצא שהוא נהנה משל עצמו, ואינו עובר על הנדר של אביו (רשב"א נדרים לד, ב; ר"ן שם מב, א ד"ה אם מת יירשנו; וראה מאירי; ראה גם להלן קט, א הערה 2).

אבל אם אסר את נכסיו על בנו **בְּחַיָּיו וּבְמוֹתוֹ**[1], **אִם מֵת** האב **לֹא יִרָשֶׁנּוּ** בנו, כלומר, שאסור לו ליהנות מנכסי אביו[2], מכיון שאביו אמר בפירוש שהנדר יחול גם לאחר מותו[3]. **וְיַחֲזִיר** — ומותר לו לתת את חלקו בנכסים **לְבָנָיו אוֹ לְאֶחָיו** של אביו[4]. **וְאִם אֵין לוֹ** מה לאכול[5], **לֹוֶה** מאחרים ומשתמש במעות לצורכי אכילתו, **וּבַעֲלֵי חוֹב בָּאִים וְנִפְרָעִים** את חובו מחלקו בירושה[6].

גמרא הגמרא מלמדת כיצד יעשה הגוזל מאביו שאינו מוצא יורשים של אביו להשיב להם את הגזילה:

אָמַר רַב יוֹסֵף: אֲפִילּוּ אם אינו מוצא יורש אחר לאביו, יתן את הגזילה **לְאַרְנָקֵי שֶׁל צְדָקָה**, ולא יעכבנה בידו[7]. **אָמַר רַב פָּפָּא:** וכאשר נותן את מה שגזל לארנקי של צדקה, **צָרִיךְ שֶׁיֹּאמַר: "זֶה גֶּזֶל אָבִי"**[8].

הגמרא תמהה על הוראת המשנה, שהגוזל את אביו ומת, צריך להחזיר את הגזילה ליורשים האחרים:

אַמַּאי — מדוע צריך להחזיר את מה שגזל ליורשים האחרים? **נִמְחֲלֵיהּ לְנַפְשֵׁיהּ** — שימחל לעצמו על החוב! דהיינו, במקום שאין לאביו בנים אחרים, ואין יורש בנכסים אלא הוא בלבד, הרי לאחר מות אביו הגזילה כולה שייכת לו, ויכול הוא למחול לעצמו על חיוב השבתה[9]! **מִי לֹא תְּנַן** — וכי לא שנינו במשנה הקודמת (לעיל קג, א): **מָחַל לוֹ** הנגזל **עַל הַקֶּרֶן וְלֹא מָחַל לוֹ עַל הַחוֹמֶשׁ**... אינו צריך לילך אחריו (למדי)[10]? **אַלְמָא בַּר מְחִילָה הוּא** — הרי שניתן למחול על חיוב השבת הגזילה! כלומר, שמהמשנה שם למדנו, שאף

הערות

1. כגון שאמר לו: "קונם שאי אתה נהנה מנכסי בחיי ובמותי" (מאירי).

2. אין להבין את דברי המשנה כפשוטם — שמכיון שהנכסים אסורים בהנאה על הבן, אין הוא זוכה בהם. שהרי המשנה ממשיכה ואומרת שהבן נותן את הנכסים לבניו או לאחיו, ואם לא זכה בהם, כיצד יכול ליתנם לאחרים?! אלא ודאי כוונת המשנה שהבן יורש את נכסי אביו [שכל עוד לא נתן האב את נכסיו לאחרים, בנו יורשו מאליו, ואין הירושה תלויה ברצון האב (מאירי)], אלא שאינו רשאי ליהנות מהם. ולשון "לא יירשנו" היא לאו בדוקא, אלא אגב שנקטה המשנה ברישא שאם מת "ירשנו", דהיינו שמותר לו ליהנות מהנכסים ככל יורש, נקטה גם בסיפא שאם מת "לא ירשנו", דהיינו שאינו יכול ליהנות מהנכסים ככל יורש רגיל (ר"ן, נדרים מז, א ד"ה והוי יודע; וראה מאירי; אולם ראה להלן הערה 6).

3. הגמרא בנדרים (מז, א) מוכיחה ממשנתנו שיש בכוחו של אדם לאסור את נכסיו על אחרים גם לאחר שיצאו מרשותו, ובלבד שנדר בשעה שאותם נכסים היו ברשותו.

4. כלומר, שלמרות שאסור לו ליהנות מהנכסים, רשאי הוא לתת אותם ליורשי אביו (ראה רמב"ם הלכות נדרים ה, ח; וראה בהמשך הערה זו). ויש מי שכתב שכוונת המשנה היא, שמשום כבוד אביו אסור לו למכור את נכסיו, שיש חילול ה' בדבר, על כן יניח את חלקו ליורשי אביו (רבינו יהונתן; לפירוש נוסף ראה ים של שלמה ס [וראה שם שכתב שאם אין לאביו בנים או אחים, יתן את הנכסים לצדקה]).

כפי שהתבאר לעיל (הערה 2) הנכסים הללו שייכים לבן. ואם כן קשה, מדוע מותר לו לתת אותם ליורשים האחרים, והרי אותם יורשים יחזיקו לו טובה על כך שנתן להם מתנה, ונמצא שנהנה מהנכסים!? וצריך לומר שאין כוונת המשנה שיתן להם את הנכסים במתנה, אלא כוונתה שיראה אותם להם, ויאמר: "נכסים אלו אסר עלי אבא, ואיני יודע מה אעשה בהם, טלו אותם לעצמכם ועשו בהם מה שתרצו". ובאופן כזה אין זו דרך מתנה אלא דרך הפקר, ואין איסור בדבר (ר"ן נדרים שם; מאירי). אולם יש סוברים שמכיון שמודיעם שאין לו יכולת ליהנות מהנכסים ובגלל זה הוא נותנם להם, וגם להם יש שייכות בממון הזה, באופן כזה מקבלי המתנה לא יחזיקו לו טובה. הלכך מותר לו לתת להם אפילו במתנה רגילה (בית יוסף יורה דעה רטז, ד"ה אמר לבנו; לדעה דומה ראה ים של שלמה שם; לדעה אחרת עיין רשב"א [וראה להלן הערה 6]; לדיון נוסף בענין זה ראה דרישה שם רכג, ד; ב"ח שם ד"ה ומ"ש ואיני מבין דבריו; מחנה אפרים הלכות טובת הנאה ד"ה איברא).

לשון "ויחזיר" אינה מובנת כל כך, שהרי הנכסים לא היו שלהם מעולם, ולא שייך כאן לשון חזרה. ואכן, בירושלמי כאן ובר"ן בנדרים (מז, א ד"ה והוי יודע), הגירסא היא "**ויתן** לבניו או לאחיו" (תוספות יום טוב; וראה שם ובתפארת ישראל מה שכתבו ליישב את הגירסא שלפנינו).

מדברי המשנה כאן יש ללמוד שמה שאומרת המשנה "לבניו או לאחיו" פירושו לבניו של אביו או לאחיו של אביו, וכמו שפירש רש"י לעיל לגבי השבת הגזילה. שהרי כאן נראה פשוט שאסור למודר לתת את הנכסים לבנים שלו, שאין לך הנאה גדולה מזו (ים של שלמה שם).

5. רש"י; וראה בהערה הבאה.

6. אף שהבן נהנה מכך שחובו נפרע מהנכסים, מכל מקום מאחר שבעלי חובו אינם גובים מהם מדעתו, אלא בית דין מגבים אותם להם, נמצא שנהנה מהנכסים בדרך עקיפה בלבד, ואין זו הנאה האסורה בדיני נדרים. ואכן, אסור לבן לומר לבעלי חובו שיגבו מנכסים אלו, שאם יעשה כן הרי זו הנאה ישירה מהנכסים, והנאה כזו ודאי אסורה בדיני נדרים (עיין ר"ן, נדרים מז, א ד"ה והוי יודע; תוספות; אולם עיין רמב"ם הלכות נדרים ה, ח; רשב"א; מאירי [לדיון בדעת הרמב"ם עיין טור יורה דעה רכג; בית יוסף שם; רדב"ז שם; ים של שלמה ס; ב"ח שם; דרישה שם, ד; ט"ז שם, א; לחם משנה שם]). [למקרה דומה לדין זה ראה משנה נדרים מג, א, וראה גם מהדורתנו שם הערה 13.]

רש"י כאן מפרש "ואם אין לו" שאין לו מה **יאכל**, למרות שבדין הקודם שהובא במשנה הוא מפרש לשון זו שאין לו כל כך נכסים שיכול לוותר על חלקו. משום שבמקרה הקודם אין לו איסור ליהנות מהנכסים, אלא שצריך לקיים מצות השבה, ולכן מותר לו לנהוג באופן הזה אפילו במקום שאין בזה צורך כל כך. אולם במקרה שלפנינו שהנכסים אסורים עליו בהנאה, וכאשר בעלי חובו נפרעים מהנכסים הרי יש לו הנאה עקיפה מהם, לא התירו לו חכמים לנהוג כך אלא במקום צורך גדול שאין לו מה לאכול. וגם מהמשנה עצמה ניתן ללמוד שהדין שונה בשני המקרים הללו. שהרי במקרה הראשון אמרה המשנה שכך הדין גם באופן ש"אינו רוצה" לתת את הגזילה, ואילו כאן המשנה אומרת שמותר לו לנהוג כך רק במקרה ש"אין לו" (תוספות יום טוב; וראה תוספות, בתירוץ השני; ים של שלמה ס; אולם ראה תוספות בתירוץ הראשון, ובנדרים מג, א ד"ה המודר הנאה; רמב"ם הלכות נדרים ה, ח; לפירוש נוסף בדעת רש"י ראה מהרש"א מהדורא בתרא).

פירשנו את משנתנו לפי דעת הר"ן והמאירי, הסוברים שמצד דיני ממונות הבן יורש מאביו גם נכסים שאסורים עליו בהנאה. אולם יש חולקים וסוברים שהבן אינו יורש כלל את הנכסים, שמאחר שהם אסורים עליו בהנאה אין להם שום ערך לגביו, ואינו יכול לזכות בהם. לדעה זו, כוונת המשנה היא שהאב המדיר יכול לתת את הנכסים לבניו או לאחיו של הבן, וכן יכול הבן ללוות כדי לאכול והאב יפרע מנכסיו לבעלי החוב (עיין רשב"א כאן, ובנדרים מז, א ו־מח, ב, ובתשובותיו ד, רב; לדיון נרחב במחלוקת זו, האם אדם יכול לזכות בדיני ממונות בדבר האסור עליו בהנאה, עיין מחנה אפרים, הלכות זכיה מההפקר ד; נתיבות המשפט רעה, א; העמק שאלה שאילתא קלב, יז; בית הלוי א, מח; שו"ת מרחשת א א, ג; קהלות יעקב נדרים כח [לב]; "קונטרס בענין זכיה באיסורי הנאה" בסוף שו"ת ריב"ש, מאמר ג; ראה גם מהדורתנו לנדרים מב, ב הערה 1, ו־מז, א הערה 7).

7. רש"י; לפירושים נוספים בדברי רב יוסף, ראה שיטה מקובצת בשם גאון; ראב"ד [ועיין רשב"א לדיון בדבריו].

מכך שכתב רש"י "אם אינו מוצא", עולה שהוא מפרש שהמשנה שאמרה שמשיב לבניו או לאחיו קיצרה בדבריה. ובאמת אם אין לאב בנים או אחים, נותן ליורשים האחרים, הקרוב קרוב לפי דיני ירושה קודם. ומפני שאין לך אדם מישראל שאין לו יורשים עד יעקב אבינו, כתב רש"י "אם אינו מוצא", דהיינו שיש לאביו יורשים אחרים, אלא שאינם מצויים לפנינו (פרישה חושן משפט שסז, ה; מהרש"א מהדורא בתרא; אולם ראה רמב"ם בפירוש המשנה ובהלכות גזילה ואבידה ח, ב; מאירי; ים של שלמה נט; עיין גם קובץ הערות מ, י). ואין הגזלן חייב ללכת למדי למצוא את היורשים, מכיון שמעיקר הדין הרי הוא זוכה בגזילה לעצמו, אלא שמוטלת עליו החובה להוציא הגזילה מתחת ידו כדי לקיים מצות השבה, ולפיכך די בכך שיתן את הכסף לצדקה (עיין מאירי על המשנה; פני יהושע ד"ה אמאי נמחליה לנפשיה).

8. כדי שיהיה ניכר שמקיים בנתינה זו את חיוב השבת הגזילה המוטל עליו, ואינו נותן סתם ממון לצדקה (רמב"ם בפירוש המשנה; וראה ערוך השלחן, חושן משפט שסז, יד).

מדברי רש"י משמע שהגזלן צריך לומר כן רק כשנותן את הכסף לצדקה, ולא אם משיב את הגזילה ליורשים (ביאור הגר"א, שם, ו; ערוך השלחן שם; אולם עיין בית יוסף, שם, ה). אולם בשיטה מקובצת בשם גאון כתב שאף אם נותן ליורשים עליו לומר כן, וכן משמע מדברי הטור (בית יוסף שם; ים של שלמה נט [ראה שם שכתב שכל שכן שכאשר משיב ליורשים שצריך לומר כן]; ראה גם רמב"ם הלכות גזילה ואבידה ח, ג, ובמאירי ובבית יוסף שם ובים של שלמה שם, בדעתו; ועיין עוד רמב"ם, הלכות נדרים ה, ח).

9. רש"י. וכמו כן יש להקשות כך על מה שלימדה המשנה שאם יש לאביו בנים אחרים, שיתן להם את כל הגזילה ואינו יכול לעכב לעצמו את חלקו, והרי יכול למחול לעצמו על חלקו בגזילה (מהרש"א; וראה שם לביאור מדוע נקט רש"י במקרה שאין בנים אחרים לאביו; אולם ראה מהרש"א מהדורא בתרא וכוס הישועות).

10. המשנה שם מלמדת שחיובו של הגזלן ללכת אחר הנגזל עד למדי אינו נוהג אלא לגבי הקרן שגזל, ולא לגבי החומש שחייבתו התורה להוסיף. ומשום כך אם מחל לו הנגזל על הקרן, אין הוא מחוייב ללכת אחריו למדי כדי לשלם לו את החומש.

מסורת הש"ס

א) [לעיל קג.], ב) קדושין כא. סנהדרין סח:, ג) רש"ל, ד) [ול"ע שם].

הגהות הב"ח

(א) רש"י ד"ה הא והא וכו' דמודי ר' יוסי דלנפשיה לא מצי: (ב) תוס' ד"ה לוה וכו' דכיון דליכא קלא לא מפסידין ללקוחות: (ג) ד"ה ב"ח וכו' בפ' השותפין האומר לאשתו קונס שאני נהנית לך:

גליון הש"ס

תוס' ד"ה לוה וכו' אבל נתנו במתנה. עיין כתובות דף מט ע"ב תוס' ד"ה הוא ועיין בתשובת הרשב"א סי' תרי"ח דחולק ע"ז: בא"ד הכי נמי לא משתעבדי מטלטלי. עיין יבמות לט ע"א תוס' ד"ה כתב ובכתובות דף מט ע"ב תוס' ד"ה הוא:

תורה אור השלם

א) וְאִם אֵין לָאִישׁ גֹּאֵל לְהָשִׁיב הָאָשָׁם אֵלָיו הָאָשָׁם הַמּוּשָׁב לַייָ לַכֹּהֵן מִלְּבַד אֵיל הַכִּפֻּרִים אֲשֶׁר יְכַפֶּר בּוֹ עָלָיו: [במדבר ה, ח]

בחייו ובמותו אם מת לא ירשנו א ויחזיר לבניו או לאחיו ב ואם אין לו לוה ובעלי חוב באים ונפרעים: **גמ'** אמר רב יוסף ג אפילו לארנקי של צדקה אמר רב פפא ד וצריך שיאמר זה גזל אבי אמאי נמחליה לנפשיה מי לא תנן א) מחל לו על הקרן ולא מחל לו על החומש אלמא בר מחילה הוא אמר רבי יוחנן לא קשיא הא רבי יוסי הגלילי הא רבי עקיבא דתניא ב) א) ואם אין לאיש גואל להשיב האשם וכי יש אדם בישראל שאין לו גואלים אלא בגזל הגר הכתוב מדבר הרי שגזל הגר ונשבע לו ושמע שמת הגר והיה מעלה כספו ואשמו לירושלים ופגע באותו הגר וזקפו עליו במלוה ומת זכה הלה במה שבידו דברי רבי יוסי הגלילי ר' עקיבא אומר ה אין לו תקנה עד שיוציא גזילו מתחת ידו לרבי יוסי הגלילי לא שנא לנפשיה ל"ש לאחרים מצי מחיל ולרבי עקיבא ל"ש לאחרים ולא שנא לנפשיה לא מצי מחיל ולר' יוסי הוא הדין דאפי' לא זקפו במלוה והאי דקתני זקפו עליו במלוה להודיעך כחו דרבי עקיבא דאפילו זקפן עליו במלוה אין לו תקנה עד שיוציא גזילה מתחת ידו מתקיף לה רב ששת אי הכי לרבי יוסי הגלילי לשמעינן לנפשיה וכל שכן לאחרים לרבי עקיבא לשמעינן לאחרים דלא מצי מחיל וכ"ש לנפשיה דלא מצי מחיל אלא אמר רב ששת הא והא רבי יוסי הגלילי כי קאמר רבי יוסי הגלילי דמצי מחיל לאחרים אבל לנפשיה לא מצי מחיל אלא אמאי זכה הלה במה שבידו משום דזקפן עליו במלוה רבא אמר הא והא רבי עקיבא כי אמר רבי עקיבא דלא מצי מחיל לנפשיה אבל לאחרים מצי מחיל מכלל

רש"י

בחייו ובמותו אם מת לא ירשנו: ואם אין לו. מה יאכל לוה ואוכל ובעלי חוב באין ונפרעין מן הירושה את חלקו: **גמ' ואפי' לארנקי של צדקה.** אם אינו מוצא יורש לאביו למי ישיב יתן אותה לארנקי של צדקה ולא יעכבנו בידו: **וצריך שיאמר.** כשהוא משיב לארנקי של צדקה זה גזל אבא: **ונמחליה לנפשיה.** היכא דאין יורש אלא הוא וכולה שלו: **מי לא תנן** מחל לו על הקרן. ולא מקיימא מצות השבה אלמא למיפק ידי גזילה בעינן והא נפקא ליה במחילה הכא נמי כיון דירושה קמיה נפלה נפק ליה מידי גזילה: **להשיב האשם.** זה קרן של גזילה כדתניא לקמן בפרקין (דף קי.): **גואל.** יורש: **וכי יש לך אדם בישראל שאין לו גואלים.** אם אין לו בן או בת או אח יש לו קרוב עד יעקב אבינו הקרוב קרוב יורש: **אלא בגזל הגר.** ונשבע לשקר דכתיב למעול מעל בה': **והיה מעלה כספו ואשמו לירושלים.** לכהנים כדכתיב האשם המושב לה' לכהן ואמרינן לקמן בשמעתין אשם זה קרן: **וזקפו עליו.** גר במלוה נפק ליה מתורת גזילה ולכי מיית גר הוה ליה האי מוחזק וזכה מן ההפקר: **לא שנא לנפשיה.** כגון הכא דמחיל ליה האי גברא גזל הגר לנפשיה וה"ה גוזל את אביו ונשבע לו ומת אביו דמחיל לנפשיה: **ול"ש לאחרים.** נגזל לגוזל מצי מחיל ומתני' דקתני מחל לו על הקרן רבי יוסי הגלילי היא ואשמעינן לאחרים וה"ה לנפשיה היכא דנפק מידי גזילה כגון יורש או גזל הגר וקס"ד האי זקפו לאו דוקא כדמפרש ואזיל: **לר' עקיבא לא שנא כו'.** ומתני' דקתני משלם קרן וחומש לבניו או לאחיו ר' עקיבא היא ולאשמועינן לנפשיה דלא מצי מחיל וה"ה לאחרים דאפילו מחיל ליה נגזל גופיה לאו מחילה היא: **ה"ה אפי' לא זקפן.** הלכך יורש את אביו נמי אע"ג דלא זקפו עליו במלוה ולא יצא מתורת גזילה בחיי אביו כיון דמת אביו ונפלו נכסים לפניו מחיל לנפשיה ולקמן (ע"ב) פריך א"כ גזל הגר דנפיק לכהנים היכי משכחת לה: **א"ה.** דבלא זקפו נמי קאמר ר' יוסי לנפשיה מצי מחיל מתני' דמחל לו על הקרן דאמרת ר' יוסי היא כיון דאמר לנפשיה מצי מחיל לשמעי' ביורש את אביו דמחיל לנפשיה וליתני פטור ולוקמה כר' יוסי וכ"ש דנגזל גופיה לגזלן מצי מחיל וגבי מחל לו על הקרן דאוקמיה כר' יוסי ליתני אינה מחילה ולוקמה כרבי עקיבא דלשמעינן מתני' לרבי עקיבא דלאחרים לא מצי מחיל ומהתם שמעינן שפיר דכל שכן לנפשיה דזקפו במלוה היינו אחרים וקאמר ר' עקיבא דלא מצי מחיל אבל השתא דאשמועינן לאחרים הויא מחילה ולנפשיה לא הויא מחילה איכא למימר דדוקא קתני וחד תנא הוא רישא דמתני' וסיפא: **הא והא ר' יוסי.** הא דאמר בזקפו במלוה דכיון דאפקה גר גופיה דהוה נגזל מתורת גזילה דהוי כמוחל לאחרים הוי מחילה ולכי מיית קנייה האי הלכך מחל לו על הקרן דמתני' ר' יוסי היא דאי לרבי עקיבא בעי השבה משלו כדקתני אין לו תקנה עד שיוציא גזילה וסיפא נמי רבי יוסי היא דמודי רבי יוסי (א) לנפשיה דלא מצי מחיל כיון דלא אפקיה נגזל מתורת גזילה: **רבא אמר הא והא רבי עקיבא.** דלרבי יוסי לנפשיה נמי מצי מחיל דזקפו לאו דוקא וכי אמר רבי עקיבא דלא מצי מחיל לנפשיה הוא דקאמר דאע"ג דגר זקפו כיון דלא מחיל מחילה גמורה לא נפקא ליה מתורת גזילה אבל נגזל לגזלן מודה ר' עקיבא דמחיל: ורבא דמוקי לה כרבי עקיבא סבר דזקפו במלוה אינו מועיל כלום לכ"ע אי לא מצי מחיל לנפשיה הלכך רבי יוסי דקאמר זכה הלה במה שבידו ע"כ משום דסבר דמצי מחיל לנפשיה הלכך מתני' לא מיתוקמא כוותיה אלא כרבי עקיבא ומודה רבי עקיבא דלאחריני מצי מחיל והשתא הא דנקט זקפו במלוה להודיעך כחו דרבי עקיבא דאפי' זקפו במלוה לא מצי מחיל לנפשיה כיון דליכא מחילה דאחריני:

תוספות

לבניו או לאחיו ויחזור ויטרפנה מהם ב"ח אע"ג דאמרינן לעיל (דף יא:) עשה שורו אפותיקי ומכרו אין ב"ח גובה הימנו היינו דוקא מכרו דכיון דליכא קלא לא (ב) אפסדינא ללקוחות *אבל נתנו במתנה דלא שייך פסידא ללקוחות ב"ח גובה הימנו דאין יכול ליתן מה שמשועבד לאחרים אבל לא עשאו אפותיקי לא היה ב"ח חוזר וטורף מהם דכי היכי דמטלטלי דיתמי לא משתעבדי לב"ח *ה"נ לא משתעבדי מטלטלי דמקבל מתנה לבעל חוב והוי כאילו נותן להם במתנה כיון שהוא עצמו אינו יכול לחזור ולטרוף מהן ומיהו נראה דלא חשיב הכא מה שמחזיר להן כאילו נתן להם דאינו נותן להם לשם מתנה אלא סתמא בשתיקה מחזיר להם ואין דעתו אלא לקיים מצות השבה בעלמא הלכך לא הויא מתנה ויכול ב"ח לטרוף מהם והוא ודאי אינו יכול לחזור וליקח מהן דאז לא היתה מתקיים השבה כלל אם היה לוקח בעצמו מה שנתן אבל מה שב"ח נוטל מתקיימא שפיר מצות השבה כיון שבעצמו אין נוטל ומיירי אפי' בלא אפותיקי:

ב"ח באין ונפרעין. אחר מיתה ואפילו בחייו הוי שרי בכה"ג כדאמרינן (נדרים דף מג.) המודר הנאה מחבירו ואין לו מה יאכל ילך אצל חנוני הרגיל אצלו ויאמר לו איש פלוני מודר הנאה ממני ואין לו מה יאכל ואיני יודע מה אעשה לו נותן לו ובא ונוטל מזה אלא לפי שזה אין רוצה שיהנה ממנו כלל בחייו ואין יכול לעשות תקנה אלא מדעתו והא דלא תני הכא ואם אין רוצה כדקתני רישא משום שהרי ודאי [ג) אינו] רוצה או שמא דוקא אין לו מה יאכל שרי כדקתני גבי המודר הנאה מחבירו אבל אם יש לו מה יאכל אפי' [אינו] רוצה אין לו תקנה בכך וא"ת והיאך נפרע ממנו והא תנן בפרק אין בין המודר (שם דף לג.) המודר הנאה מחבירו שוקל לו שקלו ופורע לו חובו ופר"ת דדוקא במזונות אשתו אבל שאר חובות אסור לפרוע דודאי קא משתרשי ליה ואסור וה"נ משתרשי ליה וי"ל דלא דמי דהתם כיון שמתחייב למי שפרע בעבורו אם יפרע בחנם בעבורו א"כ מהנהו ואסור אבל הכא מה שבאים ב"ח ונפרעין מן הנכסים אין זה נהנה מן הנכסים והיא דהולך אצל חנוני לא תקשה דהתם דרך מתנה מיירי שהחנוני נותן לזה פירות במתנה וחוזר ומקבל מזה מעות דרך מתנה אבל הא דאמר בפרק השותפין (שם דף מז:[ד]) (ג) קונס אשתי שאני נהנית לך כו' לוה וב"ח באין ונפרעין מבעל בשלמא קונס שאני נהנה לאשתי איכא למימר במזונות אשתו ואליבא דחנן אלא קונס שאני נהנה לך משמע שאומר לחבירו נמצא שהוא פורע חובו ויש לומר כגון שלוה הימנו על מנת שלא לפרוע דהשתא אין נהנה כלום במה שפורע חובו וא"ת וכי בשופטני עסקינן שילוה ע"מ שלא לפרוע וי"ל שהוא אוהבו שלא יניח מלפרוע בעבורו: **אלא** אמר רב ששת הא והא ר' יוסי הגלילי. וא"ת ואמאי לא מוקי מתני' כר' עקיבא ומודה דלאחרים מצי מחיל ולנפשיה לא מצי מחיל ובזקפו עליו במלוה הוא דפליג עליו רבי עקיבא ארבי יוסי דלא חשיב ליה זקיפה כמו מחילה דאחריני וי"ל דרב ששת סבר כיון דמחילה דאחריני מועלת זקפו נמי מועיל לכ"ע וכיון דאמר ר' עקיבא דזקפו במלוה אינו מועיל א"כ ודאי ס"ל דמחילת אחרים נמי אינו מועיל הלכך לא מתוקמא מתני' כר' עקיבא דקתני במתניתין מחל לו את הקרן משמע דמחילת אחריני מועלת אלא

עין משפט
נר מצוה

קטו א ב מיי' פ"ה מהלכות נדרים הל' ו ועיין בכ"מ סמג לאוין רמב טוש"ע יו"ד סי' רכג סעיף ד:

קטז ג ד מיי' פ"ח מהל' גזילה ואבידה הלכה ג סמג עשין עג טוש"ע ח"מ סי' שסז סעיף ה:

קטח ה מיי' שם הלכה ד ה ועיין בהשגות ובמ"מ טוש"ע שם סעי' ו:

ליקוטי רש"י

בחייו ובמותו. כיון דמפרש במותו מת לא יירשנו אלמא דאדם אוסר דבר שברשותו לכשיצא מרשותו לאחר מותו [נדרים מב:]. **אם מת לא יירשנו.** לאו למימרא דכיון שנכסים אסורים לו בהנאה לא יזכה בהן דהא קתני בסיפא דההיא מתניתין בפרק הגוזל קמא (דף קט.) ויתן לבניו או לאחיו ואם אין לו לווה ובעלי חובין באין ונפרעין ואם לא זכה בגוף הנכסים היאך נותנן לבניו או לאחיו והיאך בעלי חובין באין ונפרעין אלא ודאי נכסים דידיה ניהו אלא שאינו רשאי ליהנות מהן ואיידי דתנא רישא יירשנו לומר שמותר ליהנות מהן כשאר היורשין תנא סיפא נמי לא יירשנו ולאו דוקא [ר"ן נדרים מז.]. **ואם אין לאיש גואל.** שמת התובע שהשביעו ואין לו יורשים. **להשיב האשם.** כשנמלך זה להתודות על עונו ואמרו רבותינו וכי יש לך אדם בישראל שאין לו גואלים או בן או בת או אח או שאר בשר הקרוב ממשפחת אביו למעלה עד יעקב אלא זה הגר שמת ואין לו יורשים [במדבר ה, ח]. **ואם אין לאיש גואל.** גבי גזל ונשבע על שקר דכתיב לעיל מיניה והתודו את חטאתם אשר עשו והשיב את אשמו בראשו והאי אשמו קרן של גזלה. **וכי יש לך אדם בישראל.** אין לך אדם בישראל שאין לו גואלים כל זמן שלא בני יעקב קודש הקרוב קרוב [סנהדרין סח:]. מנוטלי חלק בארץ שאין לו גואלין מזרע יעקב נכנס לאחד מכל ישראל קיים הוא קרוב לו [קדושין כא.]. **בגזל הגר.** ומת לאחר שנשבע לו ואין לו יורשים [סנהדרין שם].

שהגזלן לא קיים את מצות השבת הגזילה, מכל מקום עיקר חיובו אינו אלא שלא יהיה ממון גזול בידו, ומאחר שמחל לו הנגזל, ועל פי דיני ממונות אין הממון נחשב כגזול בידו, הרי הוא יוצא בכך ידי חובתו. אם כן גם בנידון שבמשנתנו, שהגזלן ירש מאביו את הגזילה, שימחל לעצמו, ובכך יפטר מהחיוב להשיב את הגזילה[11]!

תירוצו של רבי יוחנן:

אָמַר רַבִּי יוֹחָנָן: לֹא קַשְׁיָא — אין זו קושיא! משום **שהָא** — המשנה הקודמת, שלימדה שהגזלן מתכפר במחילה, שנויה בשיטת **רַבִּי יוֹסֵי הַגְּלִילִי**; ואילו **הָא** — משנתנו, שממנה ניתן ללמוד שלא די במחילה וצריך הגזלן להוציא את הגזילה מרשותו, שנויה בשיטת **רַבִּי עֲקִיבָא**.

רבי יוחנן מסביר את דבריו, ומביא את הברייתא שבה נשנתה מחלוקת רבי יוסי הגלילי ורבי עקיבא, לגבי גזל הגר. הברייתא פותחת בפירוש הפסוק העוסק בענין זה:

דְּתַנְיָא בברייתא: נאמר בתורה לגבי הגוזל מחבירו (במדבר ה, ח): ״**וְאִם אֵין לָאִישׁ גֹּאֵל** [יורש[12]] **לְהָשִׁיב הָאָשָׁם** אֵלָיו [להשיב לו את הקרן של הגזילה[13]] הָאָשָׁם הַמּוּשָׁב לַה׳ לַכֹּהֵן [הקרן והחומש שצריך הגזלן להשיב, קנאו ה׳, ונתנו לכהן[14]]״; ולכאורה אינו מובן על מי מדברת התורה בפסוק זה, **וְכִי יֵשׁ אָדָם בְּיִשְׂרָאֵל שֶׁאֵין לוֹ גּוֹאֲלִים** (קרובים)? והרי גם אם אין לו בן או בת או אח, ודאי שיש לו קרוב כלשהו ממשפחת אביו שראוי לרשתו, והקרוב קרוב יורש[15]! **אֶלָּא**, בהכרח **שבְּגֶזֶל הַגֵּר הַכָּתוּב מְדַבֵּר**, שגר שנתגייר הרי הוא כקטן שנולד, ואם מת בלא בנים אין שום אדם שראוי לרשתו, ולימדה התורה שהגזלן חייב לשלם את הקרן והחומש לכהנים[16].

הברייתא עוברת לדון בשאלה האם במקרה שהגזלן יזכה בחוב יתבטל חיובו להשיב את הגזילה, ומביאה מחלוקת רבי יוסי הגלילי ורבי עקיבא בענין זה:

הֲרֵי שֶׁגָּזַל את **הַגֵּר וְנִשְׁבַּע לוֹ** לשקר, וכאשר רצה לחזור בתשובה ולהשיב לו את הגזילה, **שָׁמַע שֶׁמֵּת הַגֵּר, וְהָיָה מַעֲלֶה** משום כך את **כַּסְפּוֹ וַאֲשָׁמוֹ לִירוּשָׁלַיִם**, לשלם את הקרן והחומש לכהנים[17], ולהקריב את קרבן האשם בבית המקדש; **וּפָגַע** בדרכו לירושלים **בְּאוֹתוֹ הַגֵּר** שממנו גזל, והתברר שהוא עדיין חי, ועליו לשלם לו את הקרן והחומש[18]; **וּזְקָפוֹ עָלָיו** הגר את חוב הגזילה **בְּמִלְוֶה**, כלומר הסכים לכך שלא יחזיר לו את הגזילה מיד, ודמי הגזילה יחשבו כהלואה[19]; **וּמֵת** הגר לאחר זמן; **זָכָה הַלָּה** (הגזלן) **בְּמַה שֶּׁבְּיָדוֹ** (בחובו), מכיון שנכסי הגר הרי הם הפקר, והוא מוחזק בחוב וזוכה מן ההפקר[20], אלו **דִּבְרֵי רַבִּי יוֹסֵי הַגְּלִילִי**[21]. **רַבִּי עֲקִיבָא אוֹמֵר: אֵין לוֹ** (לגזלן) **תַּקָּנָה** (כפרה), **עַד שֶׁיּוֹצִיא** את **גְּזֵילוֹ מִתַּחַת יָדוֹ**[22].

רבי יוחנן מסביר את מחלוקתם:

לְדעת רַבִּי יוֹסֵי הַגְּלִילִי, לֹא שְׁנָא לְנַפְשֵׁיהּ לֹא שְׁנָא לַאֲחֵרִים — אין הבדל בין אם הגזלן זוכה בגזילה והוא מוחל לעצמו, לבין אם הנגזל מוחל לאדם אחר (דהיינו לגזלן), שבכל אופן מי שהגזילה שייכת לו **מָצֵי מָחִיל** — יכול למחול על החיוב להשיב לו את הגזילה, והגזלן נפטר בכך מחיובו. ולפיכך הורה רבי יוסי הגלילי בברייתא שהגזלן יכול לזכות מן ההפקר בחוב של הגזילה, ולמחול לעצמו על החוב הזה[23]. וכמו כן לשיטתו, במקרה שגזל את אביו ומת אביו, יכול למחול לעצמו על חלקו בירושה, ודלא כמו ששנינו במשנתנו. וכדעתו נשנית המשנה לעיל, שממנה משמע שהנגזל יכול למחול לגזלן על חיובו[24]. **וּלְדעת רַבִּי עֲקִיבָא, לֹא שְׁנָא לַאֲחֵרִים וְלֹא שְׁנָא לְנַפְשֵׁיהּ** — אין הבדל בין אם הנגזל מוחל לאדם אחר לבין אם הגזלן זוכה בגזילה ומוחל לעצמו, שבכל אופן מי שהגזילה

הערות

11. רש״י.

רש״י כתב בלשון זו: ״כיון דירושה קמיה נפלה, נפק ליה מידי גזילה״. ומשמע מדבריו שאין צורך שהגזלן יאמר בפיו שמוחל לעצמו, אלא אפילו אם אינו אומר כלום, ממילא חלה המחילה, מכיון שהוא יורש בנכסים (הפלאה).

12. רש״י.

13. רש״י, על פי ברייתא להלן קי, א. היינו שכאשר נמלך הגזלן ובא להתוודות על עוונו, נמצא שמת הנגזל ואין לו יורשים (רש״י, במדבר שם). [שאם יש לנגזל יורשים, חייב לשלם ליורשיו (ראה משנה לעיל קג, א).]

14. רש״י במדבר שם, על פי הברייתא להלן עמוד ב. בברייתא להלן (קי, א) מבואר שהמילה ״הָאָשָׁם״ מלמדת על הקרן, והמילה ״הַמּוּשָּׁב״ מלמדת על החומש, שאותם חייב הגזלן ליתן לכהן. ובהמשך הפסוק נאמר ״מִלְּבַד אֵיל הַכִּפֻּרִים אֲשֶׁר יְכַפֶּר בּוֹ עָלָיו״, הרי שעליו להביא גם קרבן אשם.

15. כל אדם מישראל שמת, הנחלה ממשמשת והולכת עד יעקב אבינו. שאם אין לו זרע, אביו יורשו; ואם אין לו אב, הירושה עוברת לזרעו של אביו; ואם אין לאביו זרע, אבי אביו יורש אותו; ואם אין אבי אביו קיים, הירושה עוברת לזרעו של אבי אביו; וכך הלאה למעלה עד יעקב אבינו (ראה במדבר כז, ח-יא; בבא בתרא קטו, א-ב). נמצא שאין לך אדם מישראל שאין לו יורשים, שהרי כל ישראל הם בניו של יעקב אבינו, וכל זמן שאחד מהם קיים הרי הוא יורש של אותו אדם ממשפחת אביו (רש״י).

16. גר שנתגייר הרי הוא כקטן שנולד, ואין קרובי משפחתו מלפני שנתגייר יורשים אותו. נמצא שגר שמת בלא שהשאיר אחריו זרע שנולד לו לאחר שנתגייר, אין לו יורשים כלל. במקרה הזה מדברת התורה בפסוק זה, והיא מלמדת, שאם גזל את הגר ומת הגר בלא יורשים, חייב הנגזל לשלם את הקרן והחומש לכהנים, ולהביא קרבן אשם למזבח (ראה משנה להלן קי, א).

יש להדגיש שגם בפרשה זו מדובר במקרה שהגר תבע את הגזלן לדין והגזלן כפר בו ונשבע לשקר, שכן נאמר בתחילת הפרשה (שם, ו): ״לִמְעֹל מַעַל בַּה׳ ״ (רש״י; וראה להלן קי, א הערה 20).

ונמצא שפרשה זו היא אותה פרשה שנאמרה כבר בספר ויקרא, ונשנית בספר במדבר מפני שני חידושים שנתחדשו בה: א. שבפרשה זו נאמר ״וְהִתְוַדּוּ״, ומכאן למדנו שאין חיוב להוסיף חומש ולהביא קרבן אשם אלא במקרה שהודה הגזלן, וכפי שלמדנו במשנתנו; ב. שהגוזל את הגר משלם קרן וחומש לכהנים (רש״י, במדבר שם).

17. כלומר, שהיה סבור שעליו לשלם קרן וחומש לכהנים, וכפי שלומדת הברייתא להלן (קי, א) מהפסוק ״הָאָשָׁם [זה קרן] הַמּוּשָּׁב [זה חומש] לַה׳ לַכֹּהֵן״, שהגוזל את הגר ומת משלם קרן [וחומש] לכהנים (ראה רש״י).

18. ראה להלן הערה 21 לביאור הדבר מדוע הוסיפה הברייתא שבתחילה טעה והיה מעלה את כספו לירושלים.

19. באופן כזה חיובו של הגזלן אכן נהפך מחוב של השבת הגזילה לחוב של הלוואה (רש״י; לדיון בענין זה ראה נתיבות המשפט שדמ, א; להרחבת הדיון ראה להלן הערה 31).

20. גר שמת בלי יורשים, נכסיו נעשים הפקר, והראשון שתופס בהם זוכה מן ההפקר. לפיכך במקרה שלפנינו שהגזלן מוחזק בחובו, הרי הוא התופס הראשון בנכס זה, וזוכה בו מן ההפקר (רש״י).

21. הגמרא בהמשך תברר האם רבי יוסי הגלילי סובר כך גם במקרה שלא זקף עליו את חוב הגזילה במלוה, או רק במקרה שזקף במלוה.

הברייתא הוסיפה בתחילת דבריה שהגזלן טעה והיה מעלה את מעותיו לירושלים, כדי להשמיענו, שאף במקרה כזה, שכבר ייחד מעות כדי לשלם לכהנים, סובר רבי יוסי הגלילי שכאשר מת הגר זוכה הגזלן במעות שבידו (שיטה מקובצת בשם הרא״ש; פני יהושע).

22. מלשונו של רבי עקיבא ״שיוציא הגזילה מתחת ידו״, משמע שאין הוא צריך לתת את הגזילה לכהנים, אלא יוצא ידי חובה בכל דרך שיוציא את הגזילה מתחת ידו (תורת חיים; וראה רמב״ם הלכות גזילה ואבידה ח, ד-ה, ומגיד משנה שם בדעתו; השגות הראב״ד שם; עיין גם פני יהושע). אכן, יש סוברים שהיינו דוקא במקרה שהגר זקף את החוב עליו במלוה, שאז חיובו של הגזלן נהפך לחוב של הלוואה, ואין זה גזל הגר שזיכתה התורה לכהנים. אבל אם לא זקף עליו במלוה, הרי זהו גזל הגר שחייבה התורה לשלם קרן וחומש לכהנים (השגות ראב״ד שם; תורת חיים; וראה דבר אברהם ב יא, ו, שכתב שנראה שזו גם דעת רש״י; אולם עיין רמב״ם שם; ראה גם להלן עמוד ב הערה 4). ויש שכתבו שמדברי רש״י ותוספות נראה שחולקים על כל האמור כאן, והם מפרשים שלדעת רבי עקיבא, אף בזקפו עליו במלוה, חייב לתת את הגזילה לכהנים (ביאור הגר״א חושן משפט שם, ט; חידושי רבינו מאיר שמחה על עמוד ב; אולם עיין פני יהושע).

23. רבי יוחנן סובר שלדעת רבי יוסי הגלילי הגזלן זוכה במה שבידו גם במקום שהנגזל לא זקף עליו את הגזילה במלוה, וכפי שתבאר הגמרא מיד בסמוך (רש״י).

24. והמשנה שם השמיעה את דעתו של רבי יוסי הגלילי שהמחילה מועילה במקרה שאדם אחר מחל לגזלן, והוא הדין בכל מקום שהגזלן זוכה בממון הגזילה, דהיינו אם גזל מאביו ומת אביו, או כאשר זכה מההפקר בממון הגר, שאינו צריך להוציא את הגזילה מתחת ידו (רש״י).

מסורת הש"ס

א) [לעיל קג.], ב) קדושין כא. סנהדרין סח:, ג) רש"ל, ד) [ול"ע שם].

הגהות הב"ח

(א) רש"י ד"ה הא והא וכו' דמודי ר' יוסי דלנפשיה לא מצי: (ב) תוס' ד"ה לוה וכו' דכיון דליכא קלא לא מפסידינן ללקוחות: (ג) ד"ה ב"ח וכו' בפ' השותפין האומר לאשתו קונס שאני נהנית לך:

גליון הש"ס

תוס' ד"ה לוה וכו' אבל נתנו במתנה. עיין כתובות דף מט ע"ב תוס' ד"ה הוא ועיין בתשובת הרשב"א סי' תרי"ח דחולק ע"ז: בא"ד הכי נמי לא משתעבדי מטלטלי. עיין יבמות לט ע"א תוס' ד"ה כתב ובכתובות דף מט ע"ב תוס' ד"ה הוא:

תורה אור השלם

א) וְאִם אֵין לָאִישׁ גֹּאֵל לְהָשִׁיב הָאָשָׁם אֵלָיו הָאָשָׁם הַמּוּשָׁב לַיְיָ לַכֹּהֵן מִלְּבַד אֵיל הַכִּפֻּרִים אֲשֶׁר יְכַפֶּר בּוֹ עָלָיו: [במדבר ה, ח]

בחייו ובמותו אם מת לא ירשנו [א] ויחזיר לבניו או לאחיו [ב] ואם אין לו לוה ובעלי חוב באים ונפרעים: **גמ'** אמר רב יוסף [ג] אפילו לארנקי של צדקה אמר רב פפא [ד] וצריך שיאמר זה גזל אבי אמאי נמחליה לנפשיה מי לא תנן [א] מחל לו על הקרן ולא מחל לו על החומש אלמא בר מחילה הוא אמר רבי יוחנן לא קשיא הא רבי יוסי הגלילי הא רבי עקיבא דתניא [ב] [א] ואם אין לאיש גואל להשיב האשם וכי יש אדם בישראל שאין לו גואלים אלא בגזל הגר הכתוב מדבר הרי שגזל הגר ונשבע לו ושמע שמת הגר והיה מעלה כספו ואשמו לירושלים ופגע באותו הגר וזקפו עליו במלוה ומת זכה הלה במה שבידו דברי רבי יוסי הגלילי ר' עקיבא אומר [ה] אין לו תקנה עד שיוציא גזילו מתחת ידו לרבי יוסי הגלילי לא שנא לנפשיה ל"ש לאחרים מצי מחיל ולרבי עקיבא ל"ש לאחרים ולא שנא לנפשיה לא מצי מחיל ולר' יוסי הוא הדין דאפי' לא זקפו במלוה והאי דקתני זקפו עליו במלוה להודיעך כחו דרבי עקיבא דאפילו זקפן עליו במלוה אין לו תקנה עד שיוציא גזילה מתחת ידו מתקיף לה רב ששת אי הכי לרבי יוסי הגלילי לשמעינן לנפשיה וכל שכן לאחרים לרבי עקיבא לשמעינן לאחרים דלא מצי מחיל וכ"ש לנפשיה דלא מצי מחיל אלא אמר רב ששת הא והא רבי יוסי הגלילי כי קאמר רבי יוסי הגלילי דמצי מחיל לאחרים אבל לנפשיה לא מצי מחיל אלא אמאי זכה הלה במה שבידו משום דזקפן עליו במלוה רבא אמר הא והא רבי עקיבא כי אמר רבי עקיבא דלא מצי מחיל לנפשיה אבל לאחרים מצי מחיל

מכלל

רש"י

בחייו ובמותו אם מת לא ירשנו: ואם אין לו. מה יאכל לוה ואוכל ובעלי חוב באין ונפרעין מן הירושה את חלקו: גמ' ואפי' לארנקי של צדקה. אם אינו מוצא יורש לאביו למי ישיב יתן אותה לארנקי של צדקה ולא יעכבנו בידו: וצריך שיאמר. כשהוא משיב לארנקי של צדקה זה גזל אבא: ונמחליה לנפשיה. היכא דאין יורש אלא הוא וכולה שלו: מי לא תנן מחל לו על הקרן. ולא מקיימא מצות השבה אלמא למיפק ידי גזילה בעינן והא נפקא ליה במחילה הכא נמי כיון דירושה קמיה נפלה נפק ליה מידי גזילה: להשיב האשם. זה קרן של גזילה כדתניא לקמן בפרקין (דף קי.): גואל. יורש: וכי יש לך אדם בישראל שאין לו גואלים. אם אין לו בן או בת או אח יש לו קרוב עד יעקב אבינו הקרוב קרוב יורש: אלא בגזל הגר. ונשבע לשקר דכתיב למעול מעל בה': והיה מעלה כספו ואשמו לירושלים. לכהנים כדכתיב האשם המושב לה' לכהן ואמרינן לקמן בשמעתין אשם זה קרן: וזקפו עליו. גר במלוה נפק ליה מתורת גזילה ולכי מיית גר הוה ליה האי מוחזק וזכה מן ההפקר: לא שנא לנפשיה. כגון הכא דמחיל ליה האי גברא גזל הגר לנפשיה וה"ה גוזל את אביו ונשבע לו ומת אביו דמחיל לנפשיה: ול"ש לאחרים. נגזל לגוזל מצי מחיל ומתני' דקתני מחל לו על הקרן רבי יוסי הגלילי היא ואשמעינן לאחרים וה"ה לנפשיה היכא דנפק מידי גזילה כגון יורש או גזל הגר וקס"ד האי זקפו לאו דוקא כדמפרש ואזיל: לר' עקיבא לא שנא כו'. ומתני' דקתני משלם קרן וחומש לבניו או לאחיו ר' עקיבא היא ולאשמועינן לנפשיה דלא מצי מחיל וה"ה לאחרים דאפילו מחיל ליה נגזל גופיה לאו מחילה היא: ה"ה אפי' לא זקפן. הלכך יורש את אביו נמי אע"ג דלא זקפו עליו במלוה ולא יצא מתורת גזילה בחיי אביו כיון דמת אביו ונפלו נכסים לפניו מחיל לנפשיה ולקמן (ע"ב) פריך א"כ גזל הגר דנפיק לכהנים היכי משכחת לה: א"ה. דבלא זקפו נמי קאמר ר' יוסי לנפשיה מצי מחיל מתני' דמחל לו על הקרן דאמרת ר' יוסי היא כיון דאמר לנפשיה מצי מחיל לשמעי' ביורש את אביו דמחיל לנפשיה וליתני פטור ולוקמה כר' יוסי וכ"ש דנגזל גופיה לגזלן מצי מחיל וגבי מחל לו על הקרן דאוקמיה כר' יוסי ליתני אינה מחילה ולוקמה כרבי עקיבא דלשמעינן מתני' לרבי עקיבא דלאחרים לא מצי מחיל ומהתם שמעינן שפיר דכל שכן לנפשיה דזקפו במלוה היינו אחרים וקאמר ר' עקיבא דלא מצי מחיל אבל השתא דאשמועינן לאחרים הויא מחילה ולנפשיה לא הויא מחילה איכא למימר דדוקא קתני וחד תנא הוא רישא דמתני' וסיפא: הא והא ר' יוסי. הא דאמר בזקפו במלוה דכיון דאפקה גר גופיה דהוה נגזל מתורת גזילה דהוי כמוחל לאחרים הוי מחילה ולכי מיית קנייה האי הלכך מחל לו על הקרן דמתני' ר' יוסי היא דאי לרבי עקיבא בעי השבה מעלו כדקתני אין לו תקנה עד שיוציא גזילה וסיפא נמי רבי יוסי היא דמודי רבי יוסי (א) לנפשיה דלא מצי מחיל כיון דלא אפקיה נגזל מתורת גזילה: רבא אמר הא והא רבי עקיבא. דלרבי יוסי לנפשיה נמי מצי מחיל דזקפו לאו דוקא וכי אמר רבי עקיבא דלא מצי מחיל לנפשיה הוא דקאמר דאע"ג דגר זקפו כיון דלא מחיל מחילה גמורה לא נפקא ליה מתורת גזילה אבל נגזל לגזלן מודה ר' עקיבא דמחיל:

מכלל

תוספות

לבניו או לאחיו ויחזור ויטרפנה מהם ב"ח אע"ג דאמרינן לעיל (דף יא:) עשה שורו אפותיקי ומכרו אין ב"ח גובה הימנו היינו דוקא מכרו דכיון דליכא קלא לא (ב) אפסדינא ללקוחות ° אבל נתנו במתנה דלא שייך פסידא ללקוחות ב"ח גובה הימנו דאין יכול ליתן מה שמשועבד לאחרים אבל לא עשאו אפותיקי לא היה ב"ח חוזר וטורף מהם דכי היכי דמטלטלי דיתמי לא משתעבדי לב"ח ° ה"נ לא משתעבדי מטלטלי דמקבל מתנה לבעל חוב והוי כאילו נותן להם במתנה כיון שהוא עצמו אינו יכול לחזור ולטרוף מהן ומיהו נראה דלא חשיב הכא מה שמחזיר להן כאילו נתן להם דאינו נותן להם לשם נתינה אלא סתמא בשתיקה מחזיר להם ואין דעתו אלא לקיים מצות השבה בעלמא הלכך לא הויא מתנה ויכול ב"ח לטרוף מהם והוא ודאי אינו יכול לחזור וליקח מהן דאז לא היתה מתקיים השבה כלל אם היה לוקח בעצמו מה שנתן אבל מה שב"ח נוטל מתקיימא שפיר מצות השבה כיון שבעצמו אין נוטל ומיירי אפי' בלא אפותיקי:

ב"ח באין ונפרעין. אחר מיתה ואפילו בחייו הוי שרי בכה"ג כדאמרינן (נדרים דף מג.) המודר הנאה מחבירו ואין לו מה יאכל ילך אצל חנוני הרגיל אצלו ויאמר לו איש פלוני מודר הנאה ממני ואין לו מה יאכל ואיני יודע מה אעשה לו נותן לו ובא ונוטל מזה אלא לפי שזה אין רוצה שיהנה ממנו כלל בחייו ואין יכול לעשות תקנה אלא מדעתו והא דלא תני הכא ואם אין רוצה כדקתני רישא משום שהרי ודאי [(ג) אינו] רוצה או שמא דוקא אין לו מה יאכל שרי כדקתני גבי המודר הנאה מחבירו אבל אם יש לו מה יאכל אפי' [אינו] רוצה אין לו תקנה בכך וא"ת והיאך נפרע ממנו והא תנן בפרק אין בין המודר (שם דף לג.) המודר הנאה מחבירו שוקל לו שקלו ופורע לו חובו ופר"ת דדוקא במזונות אשתו אבל שאר חובות אסור לפרוע דודאי קא משתרשי ליה ואסור וה"נ משתרשי ליה וי"ל דלא דמי דהתם כיון שמתחייב למי שפרע בעבורו אם יפרע בחנם בעבורו א"כ מהנהו ואסור אבל הכא מה שבאים ב"ח ונפרעין מן הנכסים אין זה נהנה מן הנכסים והיא דהולך אצל חנוני לא תקשה דהתם דרך מתנה מיירי שהחנוני נותן לזה פירות במתנה וחוזר ומקבל מזה מעות דרך מתנה אבל הא דאמר בפרק השותפין (שם דף מז:) (ג) קונס אשתי שאני נהנית לך כו' לוה וב"ח באין ונפרעין מבעל בשלמא קונס שאני נהנה לאשתי איכא למימר במזונות אשתו ואליבא דחנן אלא קונס שאני נהנה לך משמע שאומר לחבירו נמצא שהוא פורע חובו ויש לומר כגון שלוה הימנו על מנת שלא לפרוע דהשתא אין נהנה כלום במה שפורע חובו וא"ת וכי בשופטני עסקינן שילוה ע"מ שלא לפרוע וי"ל שהוא אוהבו שלא יניח מלפרוע בעבורו:

אלא אמר רב ששת הא והא ר' יוסי הגלילי. וא"ת ואמאי לא מוקי מתני' כר' עקיבא ומודה דלאחרים מצי מחיל ולנפשיה לא מצי מחיל ובזקפו עליו במלוה הוא דפליג עליו רבי עקיבא ארבי יוסי דלא חשיב ליה זקיפה כמו מחילה דאחריני וי"ל דרב ששת סבר כיון דמחילה דאחריני מועלת זקפו נמי מועיל לכ"ע וכיון דאמר ר' עקיבא דזקפו במלוה אינו מועיל א"כ ודאי ס"ל דמחילת אחרים נמי אינו מועיל הלכך לא מתוקמא מתני' כר' עקיבא דקתני במתניתין מחל לו את הקרן משמע דמחילת אחריני מועלת ורבא דמוקי לה כרבי עקיבא סבר דזקפו במלוה אינו מועיל כלום לכ"ע אי לא מצי מחיל לנפשיה הלכך רבי יוסי דקאמר זכה הלה במה שבידו ע"כ משום דסבר דמצי מחיל לנפשיה הלכך מתני' לא מיתוקמא כוותיה אלא כרבי עקיבא ומודה רבי עקיבא דלאחריני מצי מחיל והשתא הא דנקט זקפו במלוה להודיעך כחו דרבי עקיבא דאפי' זקפו במלוה לא מצי מחיל לנפשיה כיון דליכא מחילה לאחריני:

אלא

עין משפט נר מצוה

קטו א ב מיי' פ"ה מהלכות נדרים הל' ו ועיין בכ"מ סמג לאוין רמב טוש"ע יו"ד סי' רכג סעיף ז:

קטז ג ד מיי' פ"ח מהל' גזילה ואבידה הלכה ג סמג עשין עג טוש"ע ח"מ סי' שסז סעיף ה:

קטח ה מיי' שם הלכה ד ה ועיין בהשגות ובכ"מ טוש"ע שם סעי' ו:

ליקוטי רש"י

בחייו ובמותו. כיון דמפרש במותו מת לא יירשנו אלמא דאדם אוסר דבר שברשותו לכשיצא מרשותו לאחר מותו [נדרים מב:]. אם מת לא יירשנו. לאו למימרא דכיון שנכסים אסורים לו בהנאה לא יזכה בהן דהא קתני בסיפא דהסיא מתניתין בפרק הגוזל קמא (דף קט.) ויתן לבניו או לאחיו ואם אין לו לווה ובעלי חובין באין ונפרעין ואם לא זכה בגוף הנכסים היאך נותנן לבניו או לאחיו והיאך בעלי חובין באין ונפרעין אלא ודאי נכסים דידיה נינהו אלא שאינו רשאי ליהנות מהן ואיידי דתנא רישא יירשנו לומר שמותר ליהנות מהן כשאר היורשין תנא סיפא נמי לא יירשנו ולאו דוקא [ר"ן נדרים מז.]. ואם אין לאיש גואל. שמת התובע שהשביעו ואין לו יורשים. להשיב האשם. כשנמלך זה להתודות על עונו ואמרו רבותינו וכי יש לך אדם בישראל שאין לו גואלים או בן או בת או אח או שאר בשר הקרוב ממשפחת אביו למעלה עד יעקב אלא זה הגר שמת ואין לו יורשים [במדבר ה, ח]. ואם אין לאיש גואל. גבי גזל ונשבע על שקר דכתיב לעיל מיניה והתודו את חטאתם אשר עשו והשיב את אשמו בראשו והאי אשמו קרן של גזלה. וכי יש לך אדם בישראל. אין לך אדם בישראל שאין לו גואלים כל זמן שלא כלו בני יעקב הקרוב קרוב קודם [סנהדרין סח:] מנוטלי חלק בארץ שאין לו גואלין מזרע יעקב בעוד אחד מכל ישראל קיים הוא קרוב לו [קדושין כא.]. בגזל הגר. ומת לאחר שנשבע לו ואין לו יורשים [סנהדרין שם].

שלו **לֹא מָצֵי מָחִיל** – אינו יכול למחול על חיובו של הגוזלן להשיב את הגזילה, ועל הגוזלן מוטלת החובה להוציא את הגזילה מתחת ידו. ולפיכך הורה רבי עקיבא בברייתא שהגוזלן אינו יכול לזכות בחובו לגר, ועליו להוציא את הגזילה מתחת ידו. וכדעתו נשנית משנתנו, ולפיכך היא מורה שהגוזלן אינו יכול למחול לעצמו על חלקו בירושה, ועליו להוציא את הגזילה מתחת ידו. וכמו כן לשיטתו במקרה של המשנה הקודמת, אף אם מחל הנגזל לגוזלן על הקרן, חייב הגוזלן ללכת אחריו למדי כדי להשיב לו את הגזילה[25].

רבי יוחנן ממשיך בדבריו, ומבהיר את דברי הברייתא לפי דרכו:

וּלְדעת **רַבִּי יוֹסֵי** הגלילי, באמת **הוּא הַדִּין דַּאֲפִילּוּ** אם הגר **לֹא זְקָפוֹ בְּמִלְוֶה** – לא זקף את דמי הגזילה כהלואה על הגוזלן, אלא נשאר על הגוזלן החיוב להשיב את הגזילה, מכל מקום כאשר מת הגר הרי הגוזלן זוכה בחוב זה מן ההפקר, ויכול למחול לעצמו על החיוב להשיב[26]. **וְהַאי דְּקָתָנֵי** – וזה שהברייתא שנתה: "**זְקָפוֹ עָלָיו בְּמִלְוֶה**", הוא כדי **לְהוֹדִיעֲךָ כֹּחוֹ דְּרַבִּי עֲקִיבָא**, שהוא סובר **דַּאֲפִילּוּ** אם הגר **זְקָפָן עָלָיו בְּמִלְוֶה** לפני מותו, **אֵין לוֹ תַּקָּנָה עַד שֶׁיּוֹצִיא** את **הַגְּזֵילָה מִתַּחַת יָדוֹ**[27].

הגמרא מקשה על פירושו של רבי יוחנן:

מַתְקִיף לָהּ רַב שֵׁשֶׁת – הקשה על כך רב ששת: **אִי הָכִי** – אם אכן כך הוא, שאף בלא זקפו עליו במלוה סובר רבי יוסי הגלילי שזוכה הגוזלן במה שבידו, משום שהוא סובר שהגוזלן יכול למחול לעצמו על החוב[28]; אם כן, התנא ששנה את המשנה הקודמת שהנגזל יכול למחול לגזלן, שאמרת שמשנה זו שנויה **לְ**פי שיטתו של **רַבִּי יוֹסֵי הַגְּלִילִי, לַשְׁמְעִינַן לְנַפְשֵׁיהּ** – שישמיענו התנא שהמוחל לעצמו מחילתו מועילה (כלומר, שישנה התנא את דינו במקרה שגזל מאביו ומת אביו, ויאמר שהגוזלן אינו מחוייב להוציא את הגזילה מתחת ידו), **וְ**היינו יודעים ש**כָּל שֶׁכֵּן** שלשיטתו הנגזל יכול למחול **לַאֲחֵרִים!** וכן התנא ששנה את משנתנו שהגוזלן אינו יכול למחול לעצמו, שאמרת שמשנה זו שנויה **לְ**פי שיטתו של **רַבִּי עֲקִיבָא, לַשְׁמְעִינַן לַאֲחֵרִים דְּלֹא מָצֵי מָחִיל** – שישמיענו התנא שהנגזל אינו יכול למחול לאחרים (כלומר, שישנה את דינו במקרה שהנגזל מחל לגוזלן, ויאמר שהמחילה אינה מועילה וצריך ללכת אחריו עד למדי), **וְ**היינו יודעים ש**כָּל שֶׁכֵּן לְנַפְשֵׁיהּ דְּלֹא מָצֵי מָחִיל** – שלעצמו אין הגוזלן יכול למחול! מאחר שהמשנה הראשונה לימדה שהמחילה מועילה במקרה שמחל הנגזל לאחרים, והמשנה השניה לימדה שהמחילה אינה מועילה במקרה שהגוזלן מחל לעצמו, נראה יותר לומר ששתי המשניות נשנו כדעת תנא אחד, הסובר שמחילה לאחרים מועילה ומחילת הגוזלן לעצמו אינה מועילה[29]!

לפיכך מציע רב ששת הסבר אחר ביישוב הסתירה לכאורה שישנה בין שתי המשניות, והוא מפרש בדרך אחרת את שיטת רבי יוסי הגלילי:

אֶלָּא, אָמַר רַב שֵׁשֶׁת: הָא וְהָא – זו וזו, דהיינו שתי המשניות הללו, שנויות בשיטת **רַבִּי יוֹסֵי הַגְּלִילִי.** ואין הן סותרות זו לזו, משום ש**כִּי קָאָמַר רַבִּי יוֹסֵי הַגְּלִילִי דְּמָצֵי מָחִיל** – שמה שאמר רבי יוסי הגלילי שבעל הגזילה יכול למחול, היינו במקרה שהנגזל מוחל **לַאֲחֵרִים, אֲבָל לְנַפְשֵׁיהּ,** לעצמו גם הוא מודה ש**לֹא מָצֵי מָחִיל** – שאין בעל הגזילה יכול למחול. ולכן במקרה של המשנה הראשונה, שהנגזל מחל לגזלן על הגזילה, הורתה המשנה שמחילתו מועילה. אבל במקרה שבו עוסקת משנתנו שהגוזלן זכה מעצמו בגזילה, והנגזל לא מחל לו על חובתו להשיב, מודה רבי יוסי הגלילי שמחילת הגזלן לעצמו אינה מועילה, לפיכך מורה המשנה שעליו להוציא את הגזילה מתחת ידו. **אֶלָּא,** לפי פירוש זה בדעת רבי יוסי הגלילי, **אַמַּאי** – מדוע הורה רבי יוסי בברייתא שכשמת הגר **זָכָה הַלָּה** (הגוזלן) **בְּמַה שֶּׁבְּיָדוֹ,** הרי גם הוא מודה שהגוזלן אינו יכול למחול לעצמו!? **מִשּׁוּם** שהברייתא מדברת באמת רק במקרה **דִּזְקָפָן** הגר את הגזילה **עָלָיו בְּמִלְוֶה,** ובמקרה כזה שהנגזל עצמו הפך את חוב הגזילה לחוב של הלוואה, הרי זה כמו מחילה על חיוב השבת הגזילה, שמחילה כזו מועילה לדעת רבי יוסי הגלילי. הלכך כאשר מת הגר, הגוזלן יכול לזכות בחובו מההפקר[30].

הסבר הפוך במחלוקת התנאים:

רָבָא אָמַר: הָא וְהָא – זו וזו, דהיינו שתי המשניות הללו, שנויות בשיטת **רַבִּי עֲקִיבָא.** ואין הן סותרות זו לזו, משום ש**כִּי אָמַר רַבִּי עֲקִיבָא דְּלֹא מָצֵי מָחִיל** – מה שאמר רבי עקיבא שבעל הגזילה אינו יכול למחול, היינו כאשר הגוזלן מוחל **לְנַפְשֵׁיהּ** (לעצמו), ואף במקרה שהגר זקפו עליו במלוה, מכל מקום מכיון שלא מחל לו על חיוב ההשבה במחילה גמורה, לא יצא הממון מתורת גזל, ולכן לאחר מותו חייב הגוזלן להוציא את הגזילה מתחת ידו. ולכן גם בנידון שבמשנתנו, מורה המשנה שהגוזלן אינו יכול לזכות בגזילה ועליו להוציאה מידו. **אֲבָל** אם הנגזל מחל **לַאֲחֵרִים** במחילה גמורה על החיוב שלהם להשיב את הגזילה, מודה רבי עקיבא ש**מָצֵי מָחִיל** – שיכול הוא למחול, ולפיכך הורתה המשנה הראשונה שמחילת הנגזל לגוזלן מועילה[31].

הערות

25. ומשנתנו השמיעה את דעתו של רבי עקיבא שהמחילה אינה מועילה, במקרה שהגוזלן זכה בגזילה ומחל לעצמו, והוא הדין שאפילו אם הנגזל עצמו מחל לו, לא תועיל מחילתו (רש"י).

26. ולכן גם במקרה שירש הגוזלן את אביו, אף על פי שאביו לא זקף עליו את הגזילה במלוה, ובחיי אביו לא יצא הגוזלן מתורת גזילה, מכל מקום לאחר שמת האב והנכסים נפלו לפניו, סובר רבי יוסי הגלילי שיכול הגוזלן למחול לעצמו על החיוב להשיב את הגזילה (רש"י).

הגמרא להלן (עמוד ב) שואלת: אם אכן רבי יוסי הגלילי סובר שהגוזלן יכול לזכות בגזל הגר מההפקר, אם כן באיזה מקרה נאמר דין התורה שעליו לשלם קרן וחומש לכהנים? (רש"י).

27. ראה להלן הערה 30.

[לסיכום: רבי יוחנן סובר שאין הבדל בין אם הנגזל מוחל לגזלן ובין אם הגזלן מוחל לעצמו. והוא מבאר שרבי יוסי הגלילי סובר שהגזלן זוכה במה שבידו אף אם לא זקף עליו במלוה. ולפי זה ניתן ללמוד מהברייתא שנחלקו רבי עקיבא ורבי יוסי הגלילי האם מועילה מחילה לגזלן כדי לפוטרו מחיוב ההשבה שלו. ואם כן אפשר ליישב את הסתירה ששאלה הגמרא בין משנתנו למשנה הקודמת. שמשנתנו שאמרה שהגזלן צריך להוציא את הגזילה מתחת ידו, שנויה כדעת רבי עקיבא. ואילו המשנה הקודמת שממנה משמע שמועילה מחילת הנגזל, שנויה כדעת רבי יוסי הגלילי.]

28. רב ששת אינו מקשה אלא על מה שאמר רבי יוחנן שלדעת רבי יוסי הגלילי המחילה מועילה אפילו כאשר הגזלן מוחל לעצמו, אבל במה שאמר רבי יוחנן שלדעת רבי עקיבא המחילה אינה מועילה בכל מקרה, בזה מודה לו רב ששת (ראה רש"י, ליתר ביאור ראה להלן הערה 30).

29. רש"י.

30. רש"י.

רב ששת מודה למה שאמר רבי יוחנן שלדעת רבי עקיבא הגזלן אינו יכול למחול אפילו לאחרים. מפני שרב ששת סובר שזקפו עליו במלוה הרי זה כמו מחילה לאחרים, ומכיון שרבי עקיבא חולק בפירוש גם במקרה שזקפו עליו במלוה, וסובר שאין לגזלן תקנה עד שיוציא את הגזילה מתחת ידו, נמצא שלשיטתו גם מחילה לאחרים אינה מועילה (ראה רש"י ד"ה אי הכי, וד"ה הא והא רבי יוסי; תוספות ד"ה אלא אמר רב ששת; וראה בהערה הבאה).

31. ולעומת זאת, בדעת רבי יוסי הגלילי סובר רבא שגם מחילת הגזלן לעצמו מועילה. ומה ששנתה הברייתא את דבריו במקרה שזקף עליו הנגזל את חובו במלוה, הוא לאו בדוקא, ובאמת גם בלא זה זוכה הגזלן בחוב (רש"י). כלומר, שרבא סובר שזקיפה במלוה אינה נחשבת כמחילת הנגזל לגזלן. ולכן לפי דעתו, רבי יוסי הגלילי שאמר שזכה הגזלן במה שבידו, בהכרח סובר שמועילה מחילה אף לעצמו, והוא באמת חולק גם במקרה שלא זקף עליו את הגזילה במלוה. ולעומת זאת, ניתן לומר שמה שאמר רבי עקיבא שהגזלן צריך להוציא את הגזילה מתחת ידו, היינו משום שבמקרה זה שמת הגר הרי זו מחילת הגזלן לעצמו, אבל במקרה שהנגזל מחל ממש על הגזילה, מחילתו מועילה (תוספות).

נמצא שלדעת רב ששת זקיפה במלוה דינה כמחילה, ואילו לדעת רבא אין דינה כמחילה. ונראה שהם חולקים בביאור המושג "זקפו עליו במלוה". שלדעת

בחייו ובמותו אם מת לא ירשנו [א] ויחזיר לבניו או לאחיו [ב] ואם אין לו לוה ובעלי חוב באים ונפרעים: **גמ'** אמר רב יוסף [ג] אפילו לארנקי של צדקה אמר רב פפא [ד] וצריך שיאמר זה גזל אבי אמאי נמחליה לנפשיה מי לא תנן [א] מחל לו על הקרן ולא מחל לו על החומש אלמא בר מחילה הוא אמר רבי יוחנן לא קשיא הא רבי יוסי הגלילי הא רבי עקיבא דתניא [ב] א) ואם אין לאיש גואל להשיב האשם וכי יש אדם בישראל שאין לו גואלים אלא בגזל הגר הכתוב מדבר הרי שגזל הגר ונשבע לו ושמע שמת הגר והיה מעלה כספו ואשמו לירושלים ופגע באותו הגר וזקפו עליו במלוה ומת זכה הלה במה שבידו דברי רבי יוסי הגלילי ר' עקיבא אומר [ה] אין לו תקנה עד שיוציא גזילו מתחת ידו לרבי יוסי הגלילי לא שנא לנפשיה ל"ש לאחרים מצי מחיל ולרבי עקיבא ל"ש לאחרים ולא שנא לנפשיה לא מצי מחיל ולר' יוסי הוא הדין דאפי' לא זקפו במלוה והאי דקתני זקפו עליו במלוה להודיעך כחו דרבי עקיבא דאפילו זקפן עליו במלוה אין לו תקנה עד שיוציא גזילה מתחת ידו מתקיף לה רב ששת אי הכי לרבי יוסי הגלילי לשמעינן לנפשיה וכל שכן לאחרים לרבי עקיבא לשמעינן לאחרים דלא מצי מחיל וכ"ש לנפשיה דלא מצי מחיל אלא אמר רב ששת הא והא רבי יוסי הגלילי כי קאמר רבי יוסי הגלילי דמצי מחיל לאחרים אבל לנפשיה לא מצי מחיל אלא אמאי זכה הלה במה שבידו משום דזקפן עליו במלוה רבא אמר הא והא רבי עקיבא כי אמר רבי עקיבא דלא מצי מחיל לנפשיה אבל לאחרים מצי מחיל מכלל

רש"י

בחייו ובמותו אם מת לא ירשנו: **ואם אין לו.** מה יאכל לוה ואוכל ובעלי חוב באין ונפרעין מן הירושה את חלקו: **גמ' ואפי' לארנקי של צדקה.** אם אינו מוצא יורש לאביו למי ישיב יתן אותה לארנקי של צדקה ולא יעכבנו בידו: **וצריך שיאמר.** כשהוא משיב לארנקי של צדקה זה גזל אבא: **ונמחליה לנפשיה.** היכא דאין יורש אלא הוא וכולה שלו: **מי לא תנן מחל לו על הקרן.** ולא מקיימא מצות השבה אלמא למיפק ידי גזילה בעינן והא נפקא ליה במחילה הכא נמי כיון דירושה קמיה נפלה נפק ליה מידי גזילה: **להשיב האשם.** זה קרן של גזילה כדתניא לקמן בפרקין (דף קי.): **גואל.** יורש: **וכי יש לך אדם בישראל שאין לו גואלים.** אם אין לו בן או בת או אח יש לו קרוב עד יעקב אבינו הקרוב קרוב יורש: **אלא בגזל הגר.** ונשבע לשקר דכתיב למעול מעל בה': **והיה מעלה כספו ואשמו לירושלים.** לכהנים כדכתיב האשם המושב לה' לכהן ואמרינן לקמן בשמעתין אשם זה קרן: **וזקפו עליו.** גר במלוה נפק ליה מתורת גזילה ולכי מיית גר הוה ליה האי מוחזק וזכה מן ההפקר: **לא שנא לנפשיה.** כגון הכא דמחיל ליה האי גברא גזל הגר לנפשיה וה"ה גוזל את אביו ונשבע לו ומת אביו דמחיל לנפשיה: **ול"ש לאחרים.** נגזל לגוזל מצי מחיל ומתני' דקתני מחל לו על הקרן רבי יוסי הגלילי היא ואשמעינן לאחרים וה"ה לנפשיה היכא דנפק מידי גזילה כגון יורש או גזל הגר וקס"ד האי זקפו לאו דוקא כדמפרש ואזיל: **לר' עקיבא לא שנא כו'.** ומתני' דקתני משלם קרן וחומש לבניו או לאחיו ר' עקיבא היא ולאשמועינן לנפשיה דלא מצי מחיל וה"ה לאחרים דאפילו מחיל ליה נגזל גופיה לאו מחילה היא: **ה"ה אפי' לא זקפן.** הלכך יורש את אביו נמי אע"ג דלא זקפו עליו במלוה ולא יצא מתורת גזילה בחיי אביו כיון דמת אביו ונפלו נכסים לפניו מחיל לנפשיה ולקמן (ע"ב) פריך א"כ גזל הגר דנפיק לכהנים היכי משכחת לה: **א"ה.** דבלא זקפו נמי קאמר ר' יוסי לנפשיה מצי מחיל מתני' דמחל לו על הקרן דאמרת ר' יוסי היא כיון דאמר לנפשיה מצי מחיל לשמעי' ביורש את אביו דמחיל לנפשיה וליתני פטור ולוקמה כר' יוסי וכ"ש דנגזל גופיה לגזלן מצי מחיל וגבי מחל לו על הקרן דאוקמיה כר' יוסי ליתני אינה מחילה ולוקמה כרבי עקיבא דלשמעינן מתני' לרבי עקיבא דלאחרים לא מצי מחיל ומהתם שמעינן שפיר דכל שכן לנפשיה דזקפו במלוה היינו אחרים וקאמר ר' עקיבא דלא מצי מחיל אבל השתא דאשמועינן לאחרים הויא מחילה ולנפשיה לא הויא מחילה איכא למימר דדוקא קתני וחד תנא הוא רישא דמתני' וסיפא: **הא והא ר' יוסי.** הא דאמר בזקפו במלוה דכיון דאפקה גר גופיה דהוה נגזל מתורת גזילה דהוי כמוחל לאחרים הוי מחילה ולכי מיית קנייה האי הלכך מחל לו על הקרן דמתני' ר' יוסי היא דאי לרבי עקיבא בעי השבה משלו כדקתני אין לו תקנה עד שיוציא גזילה וסיפא נמי רבי יוסי היא דמודי רבי יוסי (א) לנפשיה דלא מצי מחיל כיון דלא אפקיה נגזל מתורת גזילה: **רבא אמר הא והא רבי עקיבא.** דלרבי יוסי לנפשיה נמי מצי מחיל דזקפו לאו דוקא וכי אמר רבי עקיבא דלא מצי מחיל לנפשיה הוא דקאמר דאע"ג דגר זקפו כיון דלא מחיל מחילה גמורה לא נפקא ליה מתורת גזילה אבל נגזל לגזלן מודה ר' עקיבא דמחיל: מכלל

ורבא דמוקי לה כרבי עקיבא סבר דזקפו במלוה אינו מועיל כלום לכ"ע אי לא מצי מחיל לנפשיה הלכך רבי יוסי דקאמר זכה הלה במה שבידו ע"כ משום דסבר דמצי מחיל לנפשיה הלכך מתני' לא מיתוקמא כוותיה אלא כרבי עקיבא ומודה רבי עקיבא דלאחריני מצי מחיל והשתא הא דנקט זקפו במלוה להודיעך כחו דרבי עקיבא דאפי' זקפו במלוה לא מצי מחיל לנפשיה כיון דליכא מחילה דאחריני:

תוספות

לבניו או לאחיו ויחזור ויטרפנה מהם ב"ח אע"ג דאמרינן לעיל (דף יא:) עשה שורו אפותיקי ומכרו אין ב"ח גובה הימנו היינו דוקא מכרו דכיון דליכא קלא לא (ב) אפסדינא ללקוחות ° אבל נתנו במתנה דלא שייך פסידא ללקוחות ב"ח גובה הימנו דאין יכול ליתן מה שמשועבד לאחרים אבל לא עשאו אפותיקי לא היה ב"ח חוזר וטורף מהם דכי היכי דמטלטלי דיתמי לא משתעבדי לב"ח ° ה"נ לא משתעבדי מטלטלי דמקבל מתנה לבעל חוב והוי כאילו נותן להם במתנה כיון שהוא עצמו אינו יכול לחזור ולטרוף מהן ומיהו נראה דלא חשיב הכא מה שמחזיר להן כאילו נתן להם דאינו נותן להם לשם מתנה אלא סתמא בשתיקה מחזיר להם ואין דעתו אלא לקיים מצות השבה בעלמא הלכך לא הויא מתנה ויכול ב"ח לטרוף מהם והוא ודאי אינו יכול לחזור וליקח מהן דאז לא היתה מתקיים השבה כלל אם היה לוקח בעצמו מה שנתן אבל מה שב"ח נוטל מתקיימא שפיר מצות השבה כיון שבעצמו אין נוטל ומיירי אפי' בלא אפותיקי:

ב"ח באין ונפרעין. אחר מיתה ואפילו בחייו הוי שרי בכה"ג כדאמרינן (נדרים דף מג.) המודר הנאה מחבירו ואין לו מה יאכל ילך אצל חנוני הרגיל אצלו ויאמר לו איש פלוני מודר הנאה ממני ואין לו מה יאכל ואיני יודע מה אעשה לו נותן לו ובא ונוטל מזה אלא לפי שזה אין רוצה שיהנה ממנו כלל בחייו ואין יכול לעשות תקנה אלא מדעתו והא דלא תני הכא ואם אין רוצה כדקתני רישא משום שהרי ודאי [[ג] אינו] רוצה או שמא דוקא אין לו מה יאכל שרי כדקתני גבי המודר הנאה מחבירו אבל אם יש לו מה יאכל אפי' [אינו] רוצה אין לו תקנה בכך וא"ת והיאך נפרע ממנו והא תנן בפרק אין בין המודר (שם דף לג.) המודר הנאה מחבירו שוקל לו שקלו ופורע לו חובו ופר"ת דדוקא במזונות אשתו אבל שאר חובות אסור לפרוע דודאי קא משתרשי ליה ואסור וה"נ משתרשי ליה וי"ל דלא דמי דהתם כיון שמתחייב למי שפרע בעבורו אם יפרע בחנם בעבורו א"כ מהנהו ואסור אבל הכא מה שבאים ב"ח ונפרעין מן הנכסים אין זה נהנה מן הנכסים וההיא דהולך אצל חנוני לא תקשה דהתם דרך מתנה איירי שהחנוני נותן לזה פירות במתנה וחוזר ומקבל מזה מעות דרך מתנה אבל הא דאמר בפרק השותפין (שם דף מז:) (ג) קונם אשתי שאני נהנית לך כו' לוה וב"ח באין ונפרעין מבעל בשלמא קונם שאני נהנה לאשתי איכא למימר במזונות אשתו ואליבא דחנן אלא קונם שאני נהנה לך משמע שאומר לחבירו נמצא שהוא פורע חובו ויש לומר כגון שלוה הימנו על מנת שלא לפרוע דהשתא אין נהנה כלום במה שפורע חובו וא"ת וכי בשופטני עסקינן שילוה ע"מ שלא לפרוע וי"ל שהוא אוהבו שלא יניח מלפרוע בעבורו:

אלא אמר רב ששת הא והא ר' יוסי הגלילי. וא"ת ואמאי לא מוקי מתני' כר' עקיבא ומודה דלאחרים מצי מחיל ולנפשיה לא מצי מחיל ובזקפו עליו במלוה הוא דפליג עליו רבי עקיבא ארבי יוסי דלא חשיב ליה זקיפה כמו מחילה דאחריני וי"ל דרב ששת סבר כיון דמחילה דאחריני מועלת זקפו נמי מועיל לכ"ע וכיון דאמר ר' עקיבא דזקפו במלוה אינו מועיל א"כ ודאי ס"ל דמחילת אחרים נמי אינו מועיל הלכך לא מתוקמא מתני' כר' עקיבא דקתני במתניתין מחל לו את הקרן משמע דמחילת אחריני מועלת אלא

קטו א ב מיי' פ"ה מהלכות נדרים הל' ו ועיין בכ"מ סמג לאוין רמב טוש"ע יו"ד סי' רכג סעיף ד:

קטז ג ד מיי' פ"ח מהל' גזילה ואבידה הלכה ג סמג עשין עג טוש"ע ח"מ סי' שמז סעיף ה:

קטח ה מיי' שם הלכה ד ה ועיין בהשגות ובמ"מ טוש"ע שם סעי' ו:

ליקוטי רש"י

בחייו ובמותו. כיון דמפרש במותו מת לא יירשנו אלמא דאדם אוסר דבר שברשותו לכשילא מרשותו לאחר מותו [נדרים מב:]. **אם מת לא יירשנו.** לאו למימרא דכיון שנכסים אסורים לו בהנאה לא יזכה בהן דהא קתני בסיפא דההיא מתניתין בפרק הגוזל קמא (דף קט.) ויתן לבניו או לאחיו ואם אין לו לווה ובעלי חובין באין ונפרעין ואם לא זכה בגוף הנכסים היאך נותנן לבניו או לאחיו והיאך בעלי חובין באין ונפרעין אלא ודאי נכסים דידיה נינהו אלא שאינו רשאי ליהנות מהן ואיידי דתנא רישא יירשנו לומר שמותר ליהנות מהן כשאר היורשין תנא סיפא נמי לא יירשנו ולאו דוקא [ר"ן נדרים מז.]. **ואם אין לאיש גואל.** שמת התובע שהשביעו ואין לו יורשים. **להשיב האשם.** כשנמלך זה להתודות על עונו ואמרו רבותינו וכי יש לך אדם בישראל שאין לו גואלים או בן או בת או אח או שאר בשר הקרוב ממשפחת אביו למעלה עד יעקב אלא זה הגר שמת ואין לו יורשים [במדבר ה, ח]. **ואם אין לאיש גואל.** גבי גזל ונשבע על שקר דכתיב לעיל מיניה והתודו את חטאתם אשר עשו והשיב את אשמו בראשו והאי אשמו קרן של גזלה. **וכי יש לך אדם בישראל.** אין לך אדם בישראל שאין לו גואלים כל זמן שלא כלו בני יעקב הקרוב קרוב קודם [סנהדרין סח:] מנוטלי חלק בארץ שאין לו גואלין מזרע יעקב בעוד אחד מכל ישראל קיים הוא קרוב לו [קדושין כא.]. **בגזל הגר.** ומת לאחר שנשבע לו ואין לו יורשים [סנהדרין שם].

מסורת הש"ס

א) [לעיל קג.], ב) קדושין כא. סנהדרין סח:, ג) רש"ל, ד) [ול"ע שם].

הגהות הב"ח

(א) רש"י ד"ה הא והא וכו' דמודי ר' יוסי דלנפשיה לא מצי: (ב) תום' ד"ה לוה וכו' דכיון דליכא קלא לא מפסידינן ללקוחות: (ג) ד"ה ב"ח וכו' בפ' השותפין האומר לאשתו קונם שאני נהנית לך:

גליון הש"ס

תוס' ד"ה לוה וכו' אבל נתנו במתנה. עיין כתובות דף מט ע"ב תוס' ד"ה הוא ועיין בתשובת הרשב"א סי' תרי"ח דחולק ע"ז: בא"ד הכי נמי לא משתעבדי מטלטלי. עיין יבמות לט ע"א תוס' ד"ה כתב ובכתובות דף מט ע"ב תוס' ד"ה הוא:

תורה אור השלם

א) וְאִם אֵין לָאִישׁ גֹּאֵל לְהָשִׁיב הָאָשָׁם אֵלָיו הָאָשָׁם הַמּוּשָׁב לַיְיָ לַכֹּהֵן מִלְּבַד אֵיל הַכִּפֻּרִים אֲשֶׁר יְכַפֶּר בּוֹ עָלָיו: [במדבר ה, ח]

הערות

רב ששת, זקיפה במלוה פירושה שבעל החוב (ובמקרה שלנו הנגזל) מוחל באמת על חובו, ובתמורה לזה מתחייב לו שכנגדו בחיוב חדש, שדינו כמלוה. לפיכך לשיטתו אם מחילת הנגזל לגזלן מועילה לבטל את החיוב להשיב את הגזילה, כמו כן יועיל מה שהנגזל זקף את חוב הגזילה במלוה. אולם רבא סובר שאין זו מחילה ממש על החוב, אלא הסכמה בין בעל החוב למתחייב שמכאן ואילך ינהגו בחוב כעין שנוהגים במלוה. הלכך לפי שיטתו ניתן לומר שאף אם מחילה גמורה מועילה לבטל את חיובו של הגזלן להשיב את הגזילה, מכל מקום זקיפה במלוה אינה מועילה לבטל את חיובו (שו״ת משנת רבי אהרן עה, א; לתוספת דיון בענין זה עיין רש״י בבא מציעא עז, ב ד״ה והרי אני נושה בו; קובץ שמועות שם עב, א; חזון יחזקאל, השמטות והוספות לחידושים י, ו; אבי עזרי [במכתב שנדפס בהלכות גזילה סוף פרק ז]).

[לסיכום: רב ששת ורבא מפרשים שהמשניות שלפנינו סוברות, שמחילת הנגזל לגזלן מועילה, ולעומת זאת מחילת הגזלן לעצמו אינה מועילה. אלא שרב ששת סובר שזו דעתו של רבי יוסי הגלילי, ואילו לדעת רבי עקיבא אף מחילת הנגזל לגזלן אינה מועילה. לעומת זאת רבא סובר להיפך, שזו דעת רבי עקיבא, ואילו רבי יוסי הגלילי סובר שאף מחילת הגזלן לעצמו מועילה.]

[ומכל מקום לדעת כולם, דוקא הגוזל אינו יכול למחול לעצמו, מפני שצריך להוציא את הגזילה מתחת ידו. אבל סתם אדם שהיה חייב לאביו ממון ומת אביו, מאחר שהוא יורשו יכול למחול על החוב [ומשום כך גם אם אביו מכר את החוב לאחר, יכול היורש למחול על החוב, ועל ידי כך פוקע החוב] (רמ״ה, מובא בשיטה מקובצת; רשב״א; וראה רא״ש כתובות ט, י שהוכיח כן משאלת הגמרא כאן ״ואמאי ונמחליה לנפשיה״; וראה יד דוד; אולם עיין בעל התרומות שער נא ו, ו; שיטה מקובצת כתובות פא, ב בשם הרא״ה והריב״ש; לתוספת דיון בענין זה עיין בית יוסף חושן משפט סו, כד; תומים שם, מג).]

בחייו ובמותו אם מת לא ירשנו [א] ויחזיר לבניו או לאחיו [ב] ואם אין לו לוה ובעלי חוב באים ונפרעים: **גמ'** אמר רב יוסף [ג] אפילו לארנקי של צדקה אמר רב פפא [ד] וצריך שיאמר זה גזל אבי אמאי נמחליה לנפשיה מי לא תנן (א) מחל לו על הקרן ולא מחל לו על החומש אלמא בר מחילה הוא אמר רבי יוחנן לא קשיא הא רבי יוסי הגלילי הא רבי עקיבא דתניא (ב) א) ואם אין לאיש גואל להשיב האשם וכי יש אדם בישראל שאין לו גואלים אלא בגזל הגר הכתוב מדבר הרי שגזל הגר ונשבע לו ושמע שמת הגר והיה מעלה כספו ואשמו לירושלים ופגע באותו הגר וזקפו עליו במלוה ומת זכה הלה במה שבידו דברי רבי יוסי הגלילי ר' עקיבא אומר [ה] אין לו תקנה עד שיוציא גזילו מתחת ידו לרבי יוסי הגלילי לא שנא לנפשיה ל"ש לאחרים מצי מחיל ולרבי עקיבא ל"ש לאחרים ולא שנא לנפשיה לא מצי מחיל ולר' יוסי הוא הדין דאפי' לא זקפו במלוה והאי דקתני זקפו עליו במלוה להודיעך כחו דרבי עקיבא דאפילו זקפן עליו במלוה אין לו תקנה עד שיוציא גזילה מתחת ידו מתקיף לה רב ששת אי הכי לרבי יוסי הגלילי לשמעינן לנפשיה וכל שכן לאחרים לרבי עקיבא לשמעינן לאחרים דלא מצי מחיל וכ"ש לנפשיה דלא מצי מחיל אלא אמר רב ששת הא והא רבי יוסי הגלילי כי קאמר רבי יוסי הגלילי דמצי מחיל לאחרים אבל לנפשיה לא מצי מחיל אלא אמאי זכה הלה במה שבידו משום דזקפן עליו במלוה רבא אמר הא והא רבי עקיבא כי אמר רבי עקיבא דלא מצי מחיל לנפשיה אבל לאחרים מצי מחיל

מכלל

רש"י

בחייו ובמותו אם מת לא ירשנו: **ואם אין לו.** מה יאכל לוה ואוכל ובעלי חוב באין ונפרעין מן הירושה את חלקו: **גמ' ואפי' לארנקי של צדקה.** אם אינו מוצא יורש לאביו למי ישיב יתן אותה לארנקי של צדקה ולא יעכבנו בידו: **וצריך שיאמר.** כשהוא משיב לארנקי של צדקה זה גזל אבא: **ונמחליה לנפשיה.** היכא דאין יורש אלא הוא וכולה שלו: **מי לא תנן** מחל לו על הקרן. ולא מקיימא מצות השבה אלמא למיפק ידי גזילה בעינן והא נפקא ליה במחילה הכא נמי כיון דירושה קמיה נפלה נפק ליה מידי גזילה: **להשיב האשם.** זה קרן של גזילה כדתניא לקמן בפרקין (דף קי.): **גואל.** יורש: **וכי יש לך אדם בישראל שאין לו גואלים.** אם אין לו בן או בת או אח יש לו קרוב עד יעקב אבינו הקרוב קרוב יורש: **אלא בגזל הגר.** ונשבע לשקר דכתיב למעול מעל בה': **והיה מעלה כספו ואשמו לירושלים.** לכהנים כדכתיב האשם המושב לה' לכהן ואמרינן לקמן בשמעתין אשם זה קרן: **וזקפו עליו.** גר במלוה נפק ליה מתורת גזילה ולכי מיית גר הוה ליה האי מוחזק וזכה מן ההפקר: **לא שנא לנפשיה.** כגון הכא דמחיל ליה האי גברא גזל הגר לנפשיה וה"ה גוזל את אביו ונשבע לו ומת אביו דמחיל לנפשיה: **ול"ש לאחרים.** נגזל לגוזל מצי מחיל ומתני' דקתני מחל לו על הקרן רבי יוסי הגלילי היא ואשמעינן לאחרים וה"ה לנפשיה היכא דנפק מידי גזילה כגון יורש או גזל הגר וקס"ד האי זקפו לאו דוקא כדמפרש ואזיל: **לר' עקיבא לא שנא כו'.** ומתני' דקתני משלם קרן וחומש לבניו או לאחיו ר' עקיבא היא ואשמועינן לנפשיה דלא מצי מחיל וה"ה לאחרים דאפילו מחיל ליה נגזל גופיה לאו מחילה היא: **ה"ה אפי' לא זקפן.** הלכך יורש את אביו נמי אע"ג דלא זקפו עליו במלוה ולא יצא מתורת גזילה בחיי אביו כיון דמת אביו ונפלו נכסים לפניו מחיל לנפשיה ולקמן (ע"ב) פריך א"כ גזל הגר דנפיק לכהנים היכי משכחת לה: **א"ה.** דבלא זקפו נמי קאמר ר' יוסי לנפשיה מצי מחיל מתני' דמחל לו על הקרן דאמרת ר' יוסי היא כיון דאמר לנפשיה מצי מחיל לשמעי' ביורש את אביו דמחיל לנפשיה וליתני פטור ולוקמה כר' יוסי וכ"ש דנגזל גופיה לגזלן מצי מחיל וגבי מחל לו על הקרן דאוקמיה כר' יוסי ליתני אינה מחילה ולוקמה כרבי עקיבא דלשמעינן מתני' לרבי עקיבא דלאחרים לא מצי מחיל ומהתם שמעינן שפיר דכל שכן לנפשיה דזקפו במלוה היינו אחרים וקאמר ר' עקיבא דלא מצי מחיל אבל השתא דאשמועינן לאחרים הויא מחילה ולנפשיה לא הויא מחילה איכא למימר דדוקא קתני וחד תנא הוא רישא דמתני' וסיפא: **הא והא ר' יוסי.** הא דאמר בזקפו במלוה דכיון דאפקה גר גופיה דהוה נגזל מתורת גזילה דהוי כמוחל לאחרים הוי מחילה ולכי מיית קנייה האי הלכך מחל לו על הקרן דמתני' ר' יוסי היא דאי לרבי עקיבא בעי השבה משלו כדקתני אין לו תקנה עד שיוציא גזילה וסיפא נמי רבי יוסי היא דמודי רבי יוסי (א) לנפשיה דלא מצי מחיל כיון דלא אפקיה נגזל מתורת גזילה: **רבא אמר הא והא רבי עקיבא.** דלרבי יוסי לנפשיה נמי מצי מחיל דזקפו לאו דוקא וכי אמר רבי עקיבא דלא מצי מחיל לנפשיה הוא דקאמר דאע"ג דגר זקפו כיון דלא מחיל מחילה גמורה לא נפקא ליה מתורת גזילה אבל נגזל לגזלן מודה ר' עקיבא דמחיל:

מכלל

תוספות

לבניו או לאחיו ויחזור ויטרפנה מהם ב"ח אע"ג דאמרינן לעיל (דף יא:) עשה שורו אפותיקי ומכרו אין ב"ח גובה הימנו היינו דוקא מכרו דכיון דליכא קלא לא (ב) אפסדינא ללקוחות ° אבל נתנו במתנה דלא שייך פסידא ללקוחות ב"ח גובה הימנו דאין יכול ליתן מה שמשועבד לאחרים אבל לא עשאו אפותיקי לא היה ב"ח חוזר וטורף מהם דכי היכי דמטלטלי דיתמי לא משתעבדי לב"ח ° ה"נ לא משתעבדי מטלטלי דמקבל מתנה לבעל חוב והוי כאילו נותן להם במתנה כיון שהוא עצמו אינו יכול לחזור ולטרוף מהן ומיהו נראה דלא חשיב הכא מה שמחזיר להן כאילו נתן להם דאינו נותן להם לשם מתנה אלא סתמא בשתיקה מחזיר להם ואין דעתו אלא לקיים מצות השבה בעלמא הלכך לא הויא מתנה ויכול ב"ח לטרוף מהם והוא ודאי אינו יכול לחזור וליקח מהן דאז לא היתה מתקיים השבה כלל אם היה לוקח בעצמו מה שנתן אבל מה שב"ח נוטל מתקיימא שפיר מצות השבה כיון שבעצמו אין נוטל ומיירי אפי' בלא אפותיקי:

ב"ח באין ונפרעין. אחר מיתה ואפילו בחייו הוי שרי בכה"ג כדאמרינן (נדרים דף מג.) המודר הנאה מחבירו ואין לו מה יאכל ילך אצל חנוני הרגיל אצלו ויאמר לו איש פלוני מודר הנאה ממני ואין לו מה יאכל ואיני יודע מה אעשה לו נותן לו ובא ונוטל מזה אלא לפי שזה אין רוצה שיהנה ממנו כלל בחייו ואין יכול לעשות תקנה אלא מדעתו והא דלא תני הכא ואם אין רוצה כדקתני רישא משום שהרי ודאי [ד) אינו] רוצה או שמא דוקא אין לו מה יאכל שרי כדקתני גבי המודר הנאה מחבירו אבל אם יש לו מה יאכל אפי' [אינו] רוצה אין לו תקנה בכך וא"ת והיאך נפרע ממנו והא תנן בפרק אין בין המודר (שם דף לג.) המודר הנאה מחבירו שוקל לו שקלו ופורע לו חובו ופר"ת דדוקא במזונות אשתו אבל שאר חובות אסור לפרוע דודאי קא משתרשי ליה ואסור וה"נ משתרשי ליה וי"ל דלא דמי דהתם כיון שמתחייב למי שפרע בעבורו אם יפרע בחנם בעבורו א"כ מהנהו ואסור אבל הכא מה שבאים ב"ח ונפרעין מן הנכסים אין זה נהנה מן הנכסים וההיא דהולך אצל חנוני לא תקשה דהתם דרך מתנה מיירי שהחנוני נותן לזה פירות במתנה וחוזר ומקבל מזה מעות דרך מתנה אבל הא דאמר בפרק השותפין (שם דף מז:) (ג) קונם אשתי שאני נהנית לך כו' לוה וב"ח באין ונפרעין מבעל בשלמא קונם שאני נהנה לאשתי איכא למימר במזונות אשתו ואליבא דחנן אלא קונם שאני נהנה לך משמע שאומר לחבירו נמצא שהוא פורע חובו ויש לומר כגון שלוה הימנו על מנת שלא לפרוע דהשתא אין נהנה כלום במה שפורע חובו וא"ת וכי בשופטני עסקינן שילוה ע"מ שלא לפרוע וי"ל שהוא אוהבו שלא יניח מלפרוע בעבורו: **אלא** אמר רב ששת הא והא ר' יוסי הגלילי. וא"ת ואמאי לא מוקי מתני' כר' עקיבא ומודה דלאחרים מצי מחיל ולנפשיה לא מצי מחיל ובזקפו עליו במלוה הוא דפליג עליו רבי עקיבא ארבי יוסי דלא חשיב ליה זקיפה כמו מחילה דאחריני וי"ל דרב ששת סבר כיון דמחילה דאחריני מועלת זקפו נמי מועיל לכ"ע וכיון דאמר ר' עקיבא דזקפו במלוה אינו מועיל א"כ ודאי ס"ל דמחילת אחרים נמי אינו מועיל הלכך לא מתוקמא מתני' כר' עקיבא דקתני במתניתין מחל לו את הקרן משמע דמחילת אחריני מועלת ורבא דמוקי לה כרבי עקיבא סבר דזקפו במלוה אינו מועיל כלום לכ"ע אי לא מצי מחיל לנפשיה הלכך רבי יוסי דקאמר זכה הלה במה שבידו ע"כ משום דסבר דמצי מחיל לנפשיה הלכך מתני' לא מיתוקמא כוותיה אלא כרבי עקיבא ומודה רבי עקיבא דלאחריני מצי מחיל והשתא הא דנקט זקפו במלוה להודיעך כחו דרבי עקיבא דאפי' זקפו במלוה לא מצי מחיל לנפשיה כיון דליכא מחילה דאחריני:

אלא

מסורת הש"ס

א) [לעיל קג.], ב) קדושין כא. סנהדרין סח:, ג) רש"ל, ד) [ול"ע שם].

הגהות הב"ח

(א) רש"י ד"ה הא והא וכו' דמודי ר' יוסי דלנפשיה לא מצי: (ב) תוס' ד"ה לוה וכו' דכיון דליכא קלא לא מפסידין ללקוחות: (ג) ד"ה ב"ח וכו' בפ' השותפין האומר לאשתו קונם שאני נהנית לך:

גליון הש"ס

תוס' ד"ה לוה וכו' אבל נתנו במתנה. עיין כתובות דף מט ע"ב תוס' ד"ה הוא ועיין בתשובת הרשב"א סי' תרי"ח דחולק ע"ז: **בא"ד הכי נמי לא משתעבדי מטלטלי.** עיין יבמות לט ע"א תוס' ד"ה כתב ובכתובות דף מט ע"ב תוס' ד"ה הוא:

תורה אור השלם

א) וְאִם אֵין לָאִישׁ גֹּאֵל לְהָשִׁיב הָאָשָׁם אֵלָיו הָאָשָׁם הַמּוּשָׁב לַיְיָ לַכֹּהֵן מִלְּבַד אֵיל הַכִּפֻּרִים אֲשֶׁר יְכַפֶּר בּוֹ עָלָיו: [במדבר ה, ח]

עין משפט נר מצוה

קסו א ב מיי' פ"ה מהלכות נדרים הל' ו ועיין בכ"מ סמג לאוין רמב טוש"ע יו"ד סי' רכג סעיף ז:

קסז ג ד מיי' פ"ח מהל' גזילה ואבידה הלכה ג סמג עשין עג טוש"ע ח"מ סי' שמז סעיף ה:

קסח ה מיי' שם הלכה ד ה ועיין בהשגות ובמ"מ טוש"ע שם סעי' ו:

ליקוטי רש"י

בחייו ובמותו. כיון דמפרש במותו מת לא יירשנו אלמא דאדם אוסר דבר שברשותו לכשיצא מרשותו לאחר מותו [נדרים מב:]. **אם מת לא יירשנו.** לאו למימרא דכיון שנכסים אסורים לו בהנאה לא יזכה בהן דהא קתני בסיפא דההיא מתניתין בפרק הגוזל קמא (דף קט.) ויתן לבניו או לאחיו ואם אין לו לווה ובעלי חובין באין ונפרעין ואם לא זכה בגוף הנכסים היאך נותנן לבניו או לאחיו והיאך בעלי חובין באין ונפרעין אלא ודאי נכסים דידיה נינהו אלא שאינו רשאי ליהנות מהן ואיידי דתנא רישא יירשנו לומר שמותר ליהנות מהן כשאר היורשין תנא סיפא נמי לא יירשנו ולאו דוקא [ר"ן נדרים מז.]. **ואם אין לאיש גואל.** שמת התובע שהשביעו ואין לו יורשים. **להשיב האשם.** כשנמלך זה להתודות על עונו ואמרו רבותינו וכי יש לך אדם בישראל שאין לו גואלים או בן או בת או אח או שאר בשר הקרוב ממשפחת אביו למעלה עד יעקב אלא זה הגר שמת ואין לו יורשים [במדבר ה, ח]. **ואם אין לאיש גואל.** גבי גזל ונשבע על שקר דכתיב לעיל מיניה והתודו את חטאתם אשר עשו והשיב את אשמו בראשו והאי אשמו קרן של גזלה. **וכי יש לך אדם בישראל.** אין לך אדם בישראל שאין לו גואלים כל זמן שלא כלו בני יעקב הקרוב קרוב קודם [סנהדרין סח:] מנוטלי חלק בארץ שאין לו גואלין מזרע יעקב בעוד אחד מכל ישראל קיים הוא קרוב לו [קדושין כא.]. **בגזל הגר.** ומת לאחר שנשבע לו ואין לו יורשים [סנהדרין שם].

מכלל דרבי יוסי הגלילי סבר אפילו לנפשיה נמי מצי מחיל אלא גזל הגר דקאמר רחמנא נתינה לכהנים היכי משכחת לה אמר רבא (א) הכא במאי עסקינן [א]כשגזל את הגר ונשבע לו ומת הגר והודה לאחר מיתה דבעידנא דאודי קנאו השם ונתנו לכהנים בעי רבינא גזל הגיורת מהו (א) איש אמר רחמנא ולא אשה או דלמא אורחיה דקרא הוא אמר ליה רב אהרן לרבינא תא שמע דתניא איש אין לי אלא איש אשה מנין כשהוא אומר (א) המושב הרי כאן שנים א"כ מה ת"ל איש (ב) [ב]איש אתה צריך לחזור אחריו אם יש לו גואלים אם לאו קטן אי אתה צריך לחזור אחריו בידוע שאין לו גואלין (ג) תנו רבנן (א) לה' לכהן (ד) קנאו השם [ג]ונתנו לכהן שבאותו משמר אתה אומר לכהן שבאותו משמר או אינו אלא לכל כהן שירצה כשהוא אומר (א) מלבד איל הכפורים אשר יכפר בו עליו הרי לכהן שבאותו משמר הכתוב מדבר ת"ר הרי שהיה גוזל כהן מנין שלא יאמר הואיל ויוצא לכהנים והרי הוא תחת ידי יהא שלי ודין הוא אי בשל אחרים הוא זוכה בשל עצמו לא כ"ש רבי נתן אומר בלשון אחר ומה דבר שאין לו חלק בו עד שיכנס ברשותו כשיכנס לרשותו אינו יכול להוציאו מידו דבר שיש לו חלק בו עד שלא יכנס ברשותו משנכנס לרשותו אינו דין דאין אחר יכול להוציאו מידו לא אם אמרת בדבר שאין לו חלק בו שכשם שאין לו חלק בו כך אין לאחרים חלק בו תאמר בגזל שכשם שיש לו חלק בו כך יש לאחרים חלק בו [ד]אלא גזילו יוצא מתחת ידו ומתחלק לכל אחיו הכהנים והכתיב (ב) ואיש את קדשיו לו יהיו הכא במאי עסקינן בכהן טמא אי בכהן טמא דבר שיש לו חלק בו מי אית ליה אלא אתיא לכהן לכהן משדה אחוזה דתניא (ה) (ג) אחוזתו מה ת"ל מנין לשדה היוצאה לכהנים ביובל וגאלה אחד מן הכהנים מנין שלא יאמר הואיל ויוצאה לכהנים ביובל והרי היא תחת ידי תהא שלי ודין הוא בשל אחרים אני זוכה בשל עצמי לא כ"ש ת"ל (ג) כשדה החרם לכהן תהיה אחוזתו אחוזה שלו ואין זו שלו הא כיצד [ה]יוצאה מתחת ידו ומתחלקת לכל אחיו הכהנים: תנו רבנן (ו) מנין [ו]לכהן שבא ומקריב קרבנותיו בכל עת ובכל שעה שירצה תלמוד לומר (ד) ובא בכל אות נפשו ושרת [ז]ומניין שעבודתה ועורה שלו תלמוד לומר (ב) ואיש את קדשיו לו יהיו הא כיצד [ח]אם היה בעל מום נותנה לכהן שבאותו משמר ועבודתה ועורה שלו

ואם

רש"י

מכלל דרבי יוסי הגלילי סבר מצי מחיל לנפשיה. אפי' לא זקפו לרבא פרכינן: קנאו השם. הקב"ה כדכתיב המושב לה' לכהן: קנאו השם ונתנו לכהנים. אבל הודה בחיי הגר נעשה אצלו כמלוה וכי מיית גר מחיל לנפשיה: גזל הגיורת. שגזל אותה ונשבע והודה לאחר מיתה: מהו. מי נפיק לכהנים או זכה בה איהו: איש אמר רחמנא. אם אין לאיש גואל: הרי כאן שנים. תרי השבות כתיב להשיב המושב לישנא אחרינא תרי אשמות כתיבי להשיב האשם האשם המושב: צריכין לחזור אחריו. ולשאול אם יש לו בנים קודם שתתנהו לכהן: קטן. שאין איש בידוע שאין לו בנים יתנהו לכהנים ומהכא נפקא לן דקטן לאו בר אולודי הוא בסנהדרין בבן סורר ומורה (דף סט.): לכהן שבאותו משמר. שהוא בא להתכפר בו: כשהוא אומר מלבד איל הכפורים. משמע למי שזה ניתן זה ניתן ואיל הכפורים אין יכול להקריב אלא כהן שבאותו משמר כדכתיב (דברים יח) לבד ממכריו על האבות אני בשבתי ואתה בשבתך: הרי שהיה כהן גוזל. את הגר וכשהגיע משמר שלו בא והודה לאחר מיתת הגר: בשל אחרים. אם היה ישראל מביא גזל הגר במשמר זה הריני נוטל חלקי עם אחיי הכהנים בני המשמר: בשל עצמי לא כ"ש. שאטול את הכל: מה דבר שאין לו חלק בו. כגון כהן שהתנדב קרבן דאמרינן לקמן בשמעתין כהן בא ומקריב קרבנותיו בכל שעה שירצה ובשרה ועורה שלו דכתיב ואיש את קדשיו לו יהיו נמצא שאין לבני משמר חלק בו: (א) משנכנס לרשותו אין אחר יכול כו'. שאם נתנה לכהן אחר של אותו משמר שוב אין יכול להוציאו מידו שנאמר ואיש אשר יתן לכהן לו יהיה: דבר שיש לו חלק בו עד שלא נכנס ברשותו. שכיון שבא ישראל והביא גזל הגר למשמר זה אע"פ שנתנו לאחד מאחיו יש לו חלק בו: ל"א מה דבר (שלא נכנס ברשותו) כגון תרומות ומעשרות מפי עוקר הרים: כך אין לאחרים חלק בו. לפיכך משנתנו לך מי יעכב עליך: תאמר בגזל. הגר שהוא לכל בני משמר וכולם תובעין: והכתיב ואיש את קדשיו [וגו']. ונפקא לן לקמן מיניה שכהן מקריב קרבנותיו בכל עת שירצה ובשרה ועורה שלו והכא נמי האי איל אשם קרבנות דכהן הוא וזכי ביה וכיון דמקריב ליה וזכי ביה גזל נמי דידיה הוא כדאמרינן מלבד איל הכפורים למי שזה ניתן זה ניתן: בכהן טמא. דאין ראוי להקריב איל האשם: אי [בכהן] טמא. היכי מצי למימר דבר שיש לו חלק בו והא קיימא לן בזבחים (דף צח:) דאין טמא חולק בקדשי המקדש ואפילו בעורות (ב) וגזל הגר נמי קדשי המקדש הוא:

אלא. לעולם בכהן טהור והאי דמוציאין מידו משום דילפינן ג"ש כהן כהן משדה אחוזה ואיש את קדשיו במילי אחריני מתוקמא: אחוזתו. לכהן תהיה היה לו למימר ודיו ומה ת"ל אחוזתו: לשדה היוצאה לכהנים. מקדיש שדה אחוזה ולא גאלה מן ההקדש ומכרה גזבר לאחרים כשהיא יוצאה מיד הלוקח ביובל מתחלקת לכהנים משמר שנכנס בו יובל שנאמר ואם לא יגאל את השדה ואם מכר את השדה גזבר לא יגאל עוד בעלים אלא והיה השדה וגו' והכי תניא בת"כ ובערכין: וגאלה אחד מן הכהנים. כלומר והלוקח מן הגזבר כהן היה ומבני המשמר של יובל היה: שבא ומקריב. אם נדר קרבן או שהיה מוטל עליו חטאת ואשם חובה מקריב אף במשמר שאינו שלו: שעבודתה. שכר עבודתה דהיינו בשרה: אם היה בעל מום. ראוי לאכול ואין ראוי להקריב אין יכול לעשות שליח להקרבה מי שירצה אלא נותנה לבני המשמר והואיל והוא ראוי לאכילה קרינן ביה ואיש את קדשיו לפיכך עבודה ועורה שלו לשון אחר גרסינן עבודה ועורה לאנשי משמר כיון דהם הקריבוהו:

ואם

תוספות

אלא גזל הגר דקאמר (ג) היכי משכחת לה. ה"ה דה"מ למפרך בתחילת סוגיא כי קאמר ר' יוסי הגלילי לא שנא לנפשיה ולא שנא לאחריני מצי מחיל אלא משום דהוו ליה פירכי אחריני לא חש למפרך: **קטן** אי אתה צריך לחזור עליו. וא"ת גזל גר קטן היכי משכחת לה והא אין זכיה לקטן כדאמרינן בפ"ק דב"מ (דף יב.) דגזל קטן מדבריהם ולא מדאורייתא וירושה ליכא למימר דגר אין יורש אביו דבר תורה (ח) וי"ל דדוקא מציאה דאין דעת אחרת מקנה אותו לא הוה אלא מדבריהם אבל כשדעת אחרת מקנה אותו קני מדאורייתא ובקטן שנתגייר עם אביו איירי דלכ"ע מטבילין אותו אבל בלא אביו פלוגתא היא בפרק קמא דכתובות (דף יא.) אם מטבילים אותו על דעת בית דין: [ועי' תוס' סנהדרין סח: ד"ה קטן]

לכהן שבאותו משמר. אין נראה לפרש דבשעת הודאה כשמתחייב אלא למשמר שהיה בשעת הבאה שהרי בכל הקרבנות חטאות ואשמות נדרים ונדבות אין אנו הולכים אחר שעת החיוב ליתנו לאותו משמר שהיה באותה שעה שנדר או נדב או חטא שהוא מתחייב בה אלא אחר הבאה אנו הולכים וכמו כן בכאן:

מנין שלא יאמר. תימה דנקיט האי לישנא כיון דלא מקרא מייתי לה אלא מדינא:

ומה דבר שאין לו חלק בו עד שיכנס לרשותו. כגון תרומה וחלה וראשית הגז שטובת הנאה לבעלים ליתן לאיזה כהן שירצה משנכנס לרשותו אין אחר יכול להוציא מידו שיתחלק לבני משמר דאין מתחלק לאנשי משמר אלא מתנות:

לא אם אמרת בדבר שאין כו'. ללשון ראשון נמי דקאמר ודין הוא בשל אחרים אני זוכה יכול להקשות דיו לבא מן הדין להיות כנדון שלא יזכה בשל עצמו אלא כפי חלקו כמו בשל אחרים:

אחוזתו מה ת"ל. תימה להרשב"א למ"ל אחוזתו לומר שיוצאה מתחת ידו ומתחלקת לכל אחיו הכהנים דהיכי הוה אמינא בשל אחרים אני זוכה בשל עצמי לא כ"ש הא הכא שייך נמי למפרך כמו לעיל דיו לבא כו' ויש לומר דאיצטריך אחוזתו משום דה"א כיון שהיא תחת ידו תהא שלו דהוה ילפינן כהן כהן מגזל הגר ובגזל הגר ה"א דהוי שלו כדקאמר ואיש את קדשיו לו יהיו משום הכי איצטריך אחוזתו: **מנין** ליוצאה לכהנים כו'. ברייתא היא בערכין בפרק אין מקדישין (דף כה:): דכי

קסט א מיי' פ"ח מהל' גזילה ואבידה הל' ה ועי' בהשגות ובמ"מ:
קע ב מיי' שם הל' ז:
קעא ג מיי' שם הל' ה:
קעב ד מיי' שם הל' ט:
קעג ה מיי' פ"ד מהל' ערכין הלכה כג סמג עשין קלא:
קעד ו ז מיי' פ"ד מהלכות כלי המקדש הלכה ז וע"ש בהשגות ובכ"מ:
קעה ח מיי' שם הל' ח:

ליקוטי רש"י

מה ת"ל איש. ולא כתיב ואם אין לו גואל מאי טעמא כתיב איש אלא משום דכתיב ואם דמשמע פעמים שיש לו יורשים ולהכי כתיב איש ללמדך איש הוא דאיכא לספוקי שמא יוליד בנים משנתגייר ואינך רשאי להפקיע קרן שלו ולתתו לכהן עד שתדע שאין לו יורשים אבל קטן גר מסתמא גזל שלו שנשבע עליו ישראל לשקר לכהן הוא בידוע שאין לו גואלים [סנהדרין סט.]. לה' לכהן. בגזל הגר הכתוב מדבר שהרי בישראל אין לך אדם מישראל שאין לו גואלין אלא הגוזל את הגר ונשבע והודה ואחר כך מת [הגר] משלם קרן וחומש לכהן ואשם למזבח ואמרינן בפרק הגוזל בב"ק האשם זה הקרן המושב זה החומש מלבד איל הכפורים זה איל אשם שמביא על שבועת שקר שנשבע. הרי לכהן שבאותו משמר וכו'. דה"ק קרא שלכהן המכפר בו באיל הכפורים יהא קרן וחומש [ערכין כח:]. קנאו השם ונתנו לכהן. דמשולחן גבוה קזכו [מנחות מה:]. ואיש את קדשיו לו יהיו. לפי שנאמרו מתנות כהונה ולויה יכול יבואו ויטלום בזרוע תלמוד לומר ואיש את קדשיו לו יהיו [במדבר ה, ט]. לשדה היוצאה לכהנים ביובל. שראוי לתת לכהנים ביובל שהקדישה בעלים ולא גאלה. וגאלה אחד מן הכהנים. מיד גזבר. בשל אחרים אני זוכה. אם גאלה ישראל היתה יוצאה מידו ואני זוכה בה עם שאר אחיי. ת"ל לכהן תהיה אחוזתו. ואיכא למידרש הכי אחוזתו של כהן שירש מאביו תהא שלו אבל זו אינה שלו [ערכין כה:]. ומקריב קרבנותיו. של עצמו אפי' במשמר שאינו שלו. [מנחות עד.]. ובא בכל אות נפשו ושרת. למד על הכהן שבא ומקריב קרבנות נדבתו או חובתו ואפילו במשמר שאינו שלו [דברים יח, ו ז]. ומנין שעבודתה ועורה שלו. שהוא עצמו מקריבה ונוטל את העור ואפילו אינו מאותו משמר המשמרת באותה שבת [תמורה כ:].

א) ס"א משכחת לה כשגזל רש"א, ב) [סנהדרין סט.], ג) ערכין כח:, ד) [מנחות מה:], ה) ערכין כה:, ו) [מנחות עד.], ז) ס"א שאין לו חלק בו, ח) [כדאי' בקדושין יז:].

הגהות הב"ח

(א) רש"י ד"ה משנכנס וכו'. נ"ב עיין בסמוך במשנה דף קי ע"א: (ב) ד"ה אי [בכהן] טמא וכו' וגזל הגר. נ"ב עיין לקמן סוף דף קי: (ג) תוס' ד"ה אלא גזל הגר דקאמר רחמנא נתינה לכהנים היכי משכחת:

תורה אור השלם

א) וְאִם אֵין לָאִישׁ גֹּאֵל לְהָשִׁיב הָאָשָׁם אֵלָיו הָאָשָׁם הַמּוּשָׁב לַייָ לַכֹּהֵן מִלְּבַד אֵיל הַכִּפֻּרִים אֲשֶׁר יְכַפֶּר בּוֹ עָלָיו: [במדבר ה, ח]

ב) וְאִישׁ אֶת קֳדָשָׁיו לוֹ יִהְיוּ אִישׁ אֲשֶׁר יִתֵּן לַכֹּהֵן לוֹ יִהְיֶה: [במדבר ה, י]

ג) וְהָיָה הַשָּׂדֶה בְּצֵאתוֹ בַיֹּבֵל קֹדֶשׁ לַייָ כִּשְׂדֵה הַחֵרֶם לַכֹּהֵן תִּהְיֶה אֲחֻזָּתוֹ: [ויקרא כז, כא]

ד) וְכִי יָבֹא הַלֵּוִי מֵאַחַד שְׁעָרֶיךָ מִכָּל יִשְׂרָאֵל אֲשֶׁר הוּא גָּר שָׁם וּבָא בְּכָל אַוַּת נַפְשׁוֹ אֶל הַמָּקוֹם אֲשֶׁר יִבְחַר יְיָ: [דברים יח, ו]

וְשֵׁרֵת בְּשֵׁם יְיָ אֱלֹהָיו כְּכָל אֶחָיו הַלְוִיִּם הָעֹמְדִים שָׁם לִפְנֵי יְיָ: [דברים יח, ז]

הגמרא מקשה על רבא:

מִכְּלָל דברי רבא משמע, **דְּרַבִּי יוֹסֵי הַגְּלִילִי סָבַר** שׁ**אֲפִילּוּ לְנַפְשֵׁיהּ נַמִּי מָצֵי מָחִיל** – שרבי יוסי הגלילי סובר שאף לעצמו יכול הגוזלן למחול, ואפילו אם הגר לא זקף את חובו במלוה, לאחר מותו זוכה הגוזלן בחוב שבידו[1]. **אֶלָּא** אם כן, **גֶּזֶל הַגֵּר** שמת בלי יורשים, **דְּקָאָמַר רַחֲמָנָא** – שבו לימדה התורה דין **נְתִינָה לְכֹהֲנִים, הֵיכִי מַשְׁכַּחַת לָהּ** – איך נמצא מקרה שבו נוהג דין זה? הרי לדבריך כשמת הגר זוכה הגזלן בחובו[2]!

רבא עונה:

אָמַר רָבָא: הָכָא – כאן, בפסוק המחייב לתת את הגזילה לכהנים, **בְּמַאי עַסְקִינָן** – במה אנו עוסקים? **כְּשֶׁגָּזַל אֶת הַגֵּר וְנִשְׁבַּע לוֹ** לשקר, **וּמֵת הַגֵּר** בלי יורשים, **וְהוֹדָה** הגוזלן על הגזילה **לְאַחַר מִיתָה** של הגר. **דִּבְעִידְּנָא דְּאוֹדֵי** – שבזמן הודאתו **קְנָאוֹ הַשֵּׁם** (את הממון הגזול) **וּנְתָנוֹ לַכֹּהֲנִים**[3]. ומה שאמר רבי יוסי הגלילי שהגוזלן יכול למחול לעצמו על החוב, היינו כאשר הודה לפני מיתת הגר, שמשעה שהודה החיוב להשיב את הגזילה נעשה אצלו חיוב ממוני כעין הלוואה, וכשמת הגר יכול לזכות בחוב זה ולמחול עליו לעצמו[4].

הגמרא מרחיבה את הדיון בענין גזל הגר הניתן לכהנים, ומביאה כמה הלכות בענין זה[5]. תחילה דנה הגמרא בשאלה כיצד הדין בגזל הגיורת:

בָּעֵי (שאל) **רָבִינָא: גֶּזֶל הַגִּיּוֹרֶת** – אדם שגזל גיורת ונשבע לה לשקר שלא גזלה, ולאחר שמתה בלי יורשים הודה שגזל[6], **מַהוּ** דינו? האם גם בגוזל אשה נאמר הדין שעל הגזלן לשלם קרן וחומש לכהנים, או אולי דין זה נאמר באיש בלבד, והגוזל גיורת ומתה בלי יורשים יכול לזכות בגזילה לעצמו? צדדי הספק הם: האם אנו אומרים ש"**אִישׁ" אָמַר רַחֲמָנָא** – שמכיון שכתבה התורה את המילה "אִישׁ" בפרשה המלמדת על דין גזל הגר ["וְאִם אֵין לָאִישׁ גֹּאֵל"], יש ללמוד מכך שדין זה נוהג רק בגוזל איש, **וְלֹא** בגוזל **אִשָּׁה? אוֹ דִּלְמָא אוֹרְחֵיהּ דִּקְרָא הוּא** – או אולי דרך הכתוב היא לנקוט בלשון זכר, והוא הדין לאשה[7]?

הגמרא פושטת את הספק מברייתא:

אָמַר לֵיהּ רַב אַהֲרֹן לְרָבִינָא: תָּא (בא) **וּשְׁמַע** ראיה לשאלתך: **דְּתַנְיָא** בברייתא: נאמר בתורה בפרשת גזל הגר: "וְאִם אֵין לָאִישׁ גֹּאֵל...", ולכאורה **אֵין לִי** יכולת ללמוד מפסוקים אלו **אֶלָּא** את דינו של הגוזל **מֵאִישׁ**, הגוזל **מֵאִשָּׁה מִנַּיִן** שגם בו נוהג הדין שנאמר בתורה בפרשה זו? **כְּשֶׁהוּא אוֹמֵר** בהמשך הפסוק "הָאָשָׁם **הַמּוּשָׁב** לַה' לַכֹּהֵן", **הֲרֵי כָּאן שְׁנַיִם** – הרי שהתורה כתבה שתי פעמים לשון השבה ("לְהָשִׁיב" ו"הַמּוּשָׁב"), שאחד מהם מלמד על השבת גזל הגר והשני על השבת גזל הגיורת[8]. **אִם כֵּן,** שחובה לתת לכהנים גם את גזל הגיורת, **מַה תַּלְמוּד לוֹמַר** – מה מלמדנו הפסוק באומרו "**אִישׁ**"[9]? מילה זו באה ללמדך, שרק גר שהוא "**אִישׁ**", דהיינו אדם גדול, **אַתָּה צָרִיךְ לַחֲזוֹר אַחֲרָיו** ולברר ה**אִם יֵשׁ לוֹ גּוֹאֲלִים** (יורשים) **אִם לַאו** לפני שתתן את הגזילה לכהנים, שהרי אולי נולדו לו בנים לאחר שנתגייר, והם יורשים אותו, וצריך להשיב להם את הגזילה; אבל גר **קָטָן** שמת, **אִי אַתָּה צָרִיךְ לַחֲזוֹר אַחֲרָיו** כדי לברר האם יש לו יורשים, שכן **בְּיָדוּעַ שֶׁאֵין לוֹ** לקטן **גּוֹאֲלִין** (יורשים), מפני שקטן אינו יכול להוליד[10].

הערות

1. רש"י; ראה לעיל עמוד א הערה 31.

2. הגמרא היתה יכולה לשאול שאלה זו גם על דברי רבי יוחנן לעיל, שאמר בפירוש שלדעת רבי יוסי הגלילי הגזלן יכול למחול לעצמו. אלא שמכיון שדברי רבי יוחנן נדחו ממילא, אין היא חוששת לשאול שאלה נוספת על דבריו (תוספות; וראה רש"י, לעיל עמוד א ד"ה ה"ה אפילו לא זקפן; ראה גם קט, א הערה 26).

3. שהרי נאמר בפסוק (במדבר ה, ח): "הָאָשָׁם הַמּוּשָׁב [דהיינו הקרן החומש] לַה' לַכֹּהֵן", ופירושו שה' זכה כביכול בחיוב ההשבה של הקרן והחומש של הגזילה, ונתן זכות זו לכהנים (רש"י, על פי הברייתא להלן).

4. רש"י. כלומר, שלפני שמודה הגזלן מוטל עליו חיוב להשיב את הגזילה כדי לכפר על מעשיו, וחיוב זה שייך לדיני איסור והיתר, ולא שייך לומר שהגזלן יזכה בממון וימחול לעצמו על חיובו. לעומת זאת לאחר שהודה, נעשה חיובו חוב ממוני כעין הלוואה, ובזה שייך לומר שהגזלן ימחול לעצמו על חיובו. לפיכך אם הודה בחיי הגר, שמאותה שעה אין מוטל עליו אלא חיוב ממוני בלבד, כשמת הגר יכול לזכות בממון ולמחול לעצמו על החיוב להשיב את הגזילה, וממילא אין ה' "זוכה" בה. לעומת זאת אם הודה לאחר מות הגר, בשעת הודאתו מיד ה' "זוכה" בגזילה ונותנה לכהנים, ולכן גם אחר כך אין הגזלן יכול למחול לעצמו על החוב (ראה שיטה למהריק"ש; דבר אברהם ב יא, ו; לפירושים נוספים בדברי הגמרא עיין ראב"ד; פנים יפות, במדבר ה, ח; לתוספת דיון בענין זה עיין מהרש"א).

לכאורה נראה שהדיון בגמרא כאן אינו אלא לשיטת רבי יוסי הגלילי. אבל לדעת רבי עקיבא אין מקום לשאלת הגמרא, משום שלשיטתו הגזלן באמת אינו יכול לזכות בגזילה, ועליו להשיבה לכהנים (עיין השגות הראב"ד הלכות גזילה ואבידה ח, ד-ה; וראה ביאור הגר"א חושן משפט שסז, ט ודבר אברהם שם וחידושי רבינו מאיר שמחה, שנראה שזו גם דעת רש"י; אולם עיין פני יהושע על עמוד א; ספרי דבי רב, נשא פיסקא ד; ראה גם להלן הערה 6, ולעיל עמוד א הערה 22). אולם יש סוברים שמסקנת הגמרא כאן שייכת גם לדברי רבי עקיבא. שאף רבי עקיבא אינו חולק על רבי יוסי הגלילי אלא בזה שלשיטתו חייב הגזלן להוציא את הגזילה מתחת ידו, אולם גם הוא מודה שהגזלן זוכה בגזילה לענין שאינו מחוייב ליתנה לכהנים. ולפיכך גם לפי דרכו צריך לומר שמה שלימדה התורה שהגזלן נותן את הקרן והחומש לכהנים, היינו כאשר הודה לאחר שמת הגר (ראה רמב"ם שם, ומגיד משנה שם בביאור דבריו; לתוספת דיון בענין זה ראה פני יהושע; ביאור הגר"א שם; חידושי רבינו מאיר שמחה).

5. כפי שלמדנו לעיל התורה לימדה את דיני גזל הגר בפסוקים אלו (במדבר ה, ו-ח): "דַּבֵּר אֶל בְּנֵי יִשְׂרָאֵל אִישׁ אוֹ אִשָּׁה כִּי יַעֲשׂוּ מִכָּל חַטֹּאת הָאָדָם לִמְעֹל מַעַל בַּה' וְאָשְׁמָה הַנֶּפֶשׁ הַהִוא. וְהִתְוַדּוּ אֶת חַטָּאתָם אֲשֶׁר עָשׂוּ וְהֵשִׁיב אֶת אֲשָׁמוֹ בְּרֹאשׁוֹ וַחֲמִישִׁתוֹ יֹסֵף עָלָיו וְנָתַן לַאֲשֶׁר אָשַׁם לוֹ. וְאִם אֵין לָאִישׁ גֹּאֵל לְהָשִׁיב הָאָשָׁם אֵלָיו הָאָשָׁם הַמּוּשָׁב לַה' לַכֹּהֵן מִלְּבַד אֵיל הַכִּפֻּרִים אֲשֶׁר יְכַפֶּר בּוֹ עָלָיו". הגמרא כאן מרחיבה את הדיון בדיני גזל הגר, ובדרשות הפסוקים הללו.

6. רש"י. [יש מי שכתב שמדברי רש"י כאן שכותב בפשיטות שהגמרא מדברת במקרה שהודה לאחר שמתה הגיורת (ולא במקרה שהודה לה ואחר כך מתה), יש ללמוד שדעת רש"י שגם רבי עקיבא מודה לרבי יוסי הגלילי שאם הודה הגזלן בחיי הגר הרי הוא זוכה בגזילה לענין שאינו מחוייב ליתנה לכהנים, ואין הוא חלוק עליו אלא בזה שלשיטתו חייב הגזלן להוציא את הגזילה מתחת ידו [וכשיטת הרמב"ם שהבאנו בהערה 4] (ספרי דבי רב, נשא פיסקא ד; אך עיין בהערה שם; עיין גם רש"י לעיל קח, ב ד"ה ואחר כך מת אביו, ובפני יהושע שם ובהערה 34 שם; רש"י להלן ד"ה הרי שהיה כהן גוזל.]

7. בדרך כלל כאשר המילה "אִישׁ" כתובה בתורה בפירוש, יש לפרש שמילה זו באה למעט אשה, אלא אם כן יש ריבוי מיוחד לרבות אשה (עיין תוספות לעיל טו, א ד"ה השוה). אלא שמאחר שבנידון שלנו לא מסתבר לומר שיש חילוק בין איש לאשה, שאל רבינא שאולי גם כאן יש פסוק המלמד לרבות אשה, והתורה כתבה "אִישׁ" רק בגלל שדרך הכתוב לדבר בלשון זכר (שיטה מקובצת בשם הרא"ש; אולם עיין תורת חיים).

8. ראה רש"י [בפירוש ראשון]; רשב"א [בפירוש שני]. אולם יש להקשות על פירוש זה, שהרי המילים הללו אינן מיותרות, שכן המילה "לְהָשִׁיב" נצרכת לגוף הפסוק, והמילה "הַמּוּשָׁב" נצרכת כדי ללמד שגם את החומש עליו לתת לכהנים (ראה להלן קי, א), וכיצד למדו מהן לרבות השבה נוספת? (שיטה למהריק"ש).

עוד יש לומר שכוונת הגמרא לדרוש מכך שנאמרו בפסוק שני אשמות: "לְהָשִׁיב הָאָשָׁם" ו"הָאָשָׁם הַמּוּשָׁב" (רש"י [בפירוש שני]; רשב"א [בפירוש ראשון]; וראה שיטה למהריק"ש).

9. הרי התורה היתה יכולה לכתוב "ואם אין לו גואל", מדוע היא כותבת "וְאִם אֵין **לָאִישׁ** גֹּאֵל (רש"י, סנהדרין סט, א ד"ה ואמר רחמנא איש).

10. מלשון התורה "**וְאִם** אֵין לָאִישׁ גֹּאֵל", משמע שמדובר באדם שיתכן שיש לו גואל. בכך רומזת התורה שגר שמת יש להסתפק שמא נולדו לו בנים לאחר שנתגייר, ואין הגזלן רשאי להפקיע מהם את הירושה ולתת את הגזילה לכהנים, אלא לאחר שיברר שאכן לא היו בנים לגר. ולכך הוסיפה התורה וכתבה את המילה "אִישׁ", כדי ללמד שדוקא אם הגר שמת היה "אִישׁ", דהיינו אדם גדול, יש לחשוש לכך. אבל אם מת הגר בקטנותו, רשאי הגזלן לתת את הגזילה שגזל ממנו ונשבע עליה לשקר לכהן גם בלא שיברר האם נולדו לו בנים לאחר שנתגייר, מכיון שקטן אינו ראוי להוליד, ובודאי מת בלי יורשים (רש"י סנהדרין שם). נמצא שהמילה "אִישׁ" מלמדת שקטן אינו ראוי להוליד (רש"י).

[מדברי הברייתא כאן עולה שיתכן שיהיו לגר קטן נכסים ששייכים לו מדין תורה, לדיון נרחב בענין זה ראה תוספות כאן ובסנהדרין סח, ב ד"ה קטן; לדיון בשאלה כיצד יתכן שהגזלן נשבע לקטן, עיין תוספות סנהדרין שם; שיטה מקובצת כאן בשם הרא"ש; ראה גם קצות החושן רמג, ה. לדיון בשאלה באלו אופנים ניתן לגייר קטן, עיין כתובות יא, א, ובתוספות שם ושם.]

מכלל דרבי יוסי הגלילי סבר אפילו לנפשיה נמי מצי מחיל אלא גזל הגר דקאמר רחמנא נתינה לכהנים היכי משכחת לה אמר רבא א) הכא במאי עסקינן א כשגזל את הגר ונשבע לו ומת הגר והודה לאחר מיתה דבעידנא דאודי קנאו השם ונתנו לכהנים בעי רבינא גזל הגיורת מהו א) איש אמר רחמנא ולא אשה או דלמא אורחיה דקרא הוא אמר ליה רב אהרן לרבינא תא שמע דתניא איש אין לי אלא איש אשה מנין כשהוא אומר א) המושב הרי כאן שנים א"כ מה ת"ל איש ב) ב איש אתה צריך לחזור אחריו אם יש לו גואלים אם לאו קטן אי אתה צריך לחזור אחריו בידוע שאין לו גואלין ג) תנו רבנן א) לה' לכהן ד) קנאו השם ג ונתנו לכהן שבאותו משמר אתה אומר לכהן שבאותו משמר או אינו אלא לכל כהן שירצה כשהוא אומר א) מלבד איל הכפורים אשר יכפר בו עליו הרי לכהן שבאותו משמר הכתוב מדבר ת"ר הרי שהיה גוזל כהן מנין שלא יאמר הואיל ויוצא לכהנים והרי הוא תחת ידי יהא שלי ודין הוא אי בשל אחרים הוא זוכה בשל עצמו לא כ"ש רבי נתן אומר בלשון אחר ומה דבר שאין לו חלק בו עד שיכנס ברשותו כשיכנס לרשותו אינו יכול להוציאו מידו דבר שיש לו חלק בו עד שלא יכנס ברשותו משנכנס לרשותו אינו דין דאין אחר יכול להוציאו מידו לא אם אמרת בדבר שאין לו חלק בו שכשם שאין לו חלק בו כך אין לאחרים חלק בו תאמר בגזל שכשם שיש לו חלק בו כך יש לאחרים חלק בו ד אלא גזילו יוצא מתחת ידו ומתחלק לכל אחיו הכהנים והכתיב ב) ואיש את קדשיו לו יהיו הכא במאי עסקינן בכהן טמא אי בכהן טמא דבר שיש לו חלק בו מי אית ליה אלא אתיא לכהן לכהן משדה אחוזה דתניא ה) ג) אחוזתו מה ת"ל מנין לשדה היוצאה לכהנים ביובל וגאלה אחד מן הכהנים מנין שלא יאמר הואיל ויוצאה לכהנים ביובל והרי היא תחת ידי תהא שלי ודין הוא בשל אחרים אני זוכה בשל עצמי לא כ"ש ת"ל ג) כשדה החרם לכהן תהיה אחוזתו אחוזה שלו ואין זו שלו הא כיצד ה יוצאה מתחת ידו ומתחלקת לכל אחיו הכהנים: תנו רבנן ו) מנין ו לכהן שבא ומקריב קרבנותיו בכל עת ובכל שעה שירצה תלמוד לומר ד) ובא בכל אות נפשו ושרת ז ומניין שעבודתה ועורה שלו תלמוד לומר ב) ואיש את קדשיו לו יהיו הא כיצד ח אם היה בעל מום נותנה לכהן שבאותו משמר ועבודתה ועורה שלו ואם

אלא גזל הגר דקאמר (ג) היכי משכחת לה. ה"ה דה"מ למפרך בתחילת סוגיא כי קאמר ר' יוסי הגלילי לא שנא לנפשיה ולא שנא לאחריני מצי מחיל אלא משום דהוו ליה פירכי אחריני לא חש למפרך: **קטן** אי אתה צריך לחזור עליו. וא"ת גזל גר קטן היכי משכחת לה והא אין זכיה לקטן כדאמרינן בפ"ק דב"מ (דף יב.) דגזל קטן מדבריהם ולא מדאורייתא וירושה ליכא למימר דגר אין יורש אביו דבר תורה ה) וי"ל דדוקא מציאה דאין דעת אחרת מקנה אותו לא הוה אלא מדבריהם אבל כשדעת אחרת מקנה אותו קני מדאורייתא ובקטן שנתגייר עם אביו איירי דלכ"ע מטבילין אותו אבל בלא אביו פלוגתא היא בפרק קמא דכתובות (דף יא.) אם מטבילים אותו על דעת בית דין: [ועי' תוס' סנהדרין סח: ד"ה קטן]

לכהן שבאותו משמר. אין נראה לפרש דבשעת הודאה כשמתחייב אלא למשמר שהיה בשעת הבאה שהרי בכל הקרבנות חטאות ואשמות נדרים ונדבות אין אנו הולכים אחר שעת החיוב ליתנו לאותו משמר שהיה באותה שעה שנדר או נדב או חטא שהוא מתחייב בה אלא אחר הבאה אנו הולכים וכמו כן בכאן:

מנין שלא יאמר. תימה דנקיט האי לישנא כיון דלא מקרא מייתי לה אלא מדינא:

ומה דבר שאין לו חלק בו עד שיכנס לרשותו. כגון תרומה וחלה וראשית הגז שטובת הנאה לבעלים ליתן לאיזה כהן שירצה משנכנס לרשותו אין אחר יכול להוציא מידו שיתחלק לבני משמר דאין מתחלק לאנשי משמר אלא מתנות:

לא אם אמרת בדבר שאין כו'. ללשון ראשון נמי דקאמר ודין הוא בשל אחרים אני זוכה יכול להקשות דיו לבא מן הדין להיות כנדון שלא יזכה בשל עצמו אלא כפי חלקו כמו בשל אחרים:

אחוזתו מה ת"ל. תימה להרשב"א למ"ל אחוזתו לומר שיוצאה מתחת ידו ומתחלקת לכל אחיו הכהנים דהיכי הוה אמינא בשל אחרים אני זוכה בשל עצמי לא כ"ש הא הכא שייך נמי למפרך כמו לעיל דיו לבא כו' ויש לומר דאיצטריך אחוזתו משום דה"א כיון שהיא תחת ידו תהא שלו דהוה ילפינן כהן כהן מגזל הגר ובגזל הגר ה"א דהוי שלו כדקאמר ואיש את קדשיו לו יהיו משום הכי איצטריך אחוזתו: **מנין** ליוצאה לכהנים כו'. ברייתא היא בערכין בפרק אין מקדישין (דף כה:) דכי

מכלל דרבי יוסי הגלילי סבר מצי מחיל לנפשיה. אפי' לא זקפו לרבא פרכינן: קנאו השם. הקב"ה כדכתיב המושב לה' לכהן: קנאו השם ונתנו לכהנים. אבל הודה בחיי הגר נעשה אצלו כמלוה וכי מיית גר מחיל לנפשיה: גזל הגיורת. שגזל אותה ונשבע והודה לאחר מיתה: מהו. מי נפיק לכהנים או זכה בה איהו: איש אמר רחמנא. אם אין לאיש גואל: הרי כאן שנים. תרי השבות כתיב להשיב המושב לישנא אחרינא תרי אשמות כתיבי להשיב האשם האשם המושב: צריכין לחזור אחריו. ולשאול אם יש לו בנים קודם שתתנהו לכהן: קטן. שאין איש בידוע שאין לו בנים יתנהו לכהנים ומהכא נפקא לן דקטן לאו בר אולודי הוא בסנהדרין בבן סורר ומורה (דף סט.): לכהן שבאותו משמר. שהוא בא להתכפר בו: כשהוא אומר מלבד איל הכפורים. משמע למי שזה ניתן זה ניתן ואיל הכפורים אין יכול להקריב אלא כהן שבאותו משמר כדכתיב (דברים יח) לבד ממכריו על האבות אני בשבתי ואתה בשבתך: הרי שהיה כהן גוזל. את הגר וכשהגיע משמר שלו בא והודה לאחר מיתת הגר: בשל אחרים. אם היה ישראל מביא גזל הגר במשמר זה הריני נוטל חלקי עם אחיי הכהנים בני המשמר: בשל עצמי לא כ"ש. שאטול את הכל: מה דבר שאין לו חלק בו. כגון כהן שהתנדב קרבן דאמרינן לקמן בשמעתין כהן בא ומקריב קרבנותיו בכל שעה שירצה ובשרה ועורה שלו דכתיב ואיש את קדשיו לו יהיו נמצא שאין לבני משמר חלק בו: (א) משנכנס לרשותו אין אחר יכול כו'. שאם נתנה לכהן אחר של אותו משמר שוב אין יכול להוציאו מידו שנאמר ואיש אשר יתן לכהן לו יהיה: דבר שיש לו חלק בו עד שלא נכנס ברשותו. שכיון שבא ישראל והביא גזל הגר למשמר זה אע"פ שנתנו לאחד מאחיו יש לו חלק בו: ל"א מה דבר (ז) שלא נכנס ברשותו) כגון תרומות ומעשרות מפי עוקר הרים: כך אין לאחרים חלק בו. לפיכך משנתנו לך מי יעכב עליך: תאמר בגזל. הגר שהוא לכל בני משמר וכולם תובעין: והכתיב ואיש את קדשיו [וגו']. ונפקא לן לקמן מיניה שכהן מקריב קרבנותיו בכל עת שירצה ובשרה ועורה שלו והכא נמי האי איל אשם קרבנות דכהן הוא וזכי ביה וכיון דמקריב ליה וזכי ביה גזל נמי דידיה הוא כדאמרינן מלבד איל הכפורים למי שזה ניתן זה ניתן: בכהן טמא. דאין ראוי להקריב איל האשם: אי [בכהן] טמא. היכי מצי למימר דבר שיש לו חלק בו והא קיימא לן בזבחים (דף לח:) דאין טמא חולק בקדשי המקדש ואפילו בעורות (ב) וגזל הגר נמי קדשי המקדש הוא:

אלא. לעולם בכהן טהור והאי דמוציאין מידו משום דילפינן ג"ש כהן כהן משדה אחוזה ואיש את קדשיו במילי אחריני מתוקמא: אחוזתו. לכהן תהיה היה לו למימר ודיו ומה ת"ל אחוזתו: לשדה היוצאה לכהנים. מקדיש שדה אחוזה ולא גאלה מן ההקדש ומכרה גזבר לאחרים כשהיא יוצאה מיד הלוקח ביובל מתחלקת לכהנים משמר שנכנס בו יובל שנאמר ואם לא יגאל את השדה בעלים ואם מכר את השדה גזבר לא יגאל עוד בעלים אלא והיה השדה וגו' והכי תניא בת"כ ובערכין: וגאלה אחד מן הכהנים. כלומר והלוקח מן הגזבר כהן היה ומבני המשמר של יובל היה: שבא ומקריב. אם נדר קרבן או שהיה מוטל עליו חטאת ואשם חובה מקריב אף במשמר שאינו שלו: שעבודתה. שכר עבודתה דהיינו בשרה: אם היה בעל מום. ראוי לאכול ואין ראוי להקריב אין יכול לעשות שליח להקרבה מי שירצה אלא נותנה לבני המשמר והואיל והוא ראוי לאכילה קרינן ביה ואיש את קדשיו לפיכך עבודה ועורה שלו לשון אחר גרסינן עבודה ועורה לאנשי משמר כיון דהם הקריבוהו: ואם

עין משפט
נר מצוה

קסט א מיי' פ"ח מהל' גזילה ואבידה הל' ה ועי' בהשגות ובמ"מ:
קע ב מיי' שם הל' ז:
קעא ג מיי' שם הל' ה:
קעב ד מיי' שם הל' ט:
קעג ה מיי' פ"ד מהל' ערכין הלכה כג סמג עשין קלא:
קעד ו ז מיי' פ"ד מהלכות כלי המקדש הלכה ז וע"ש בהשגות ובכ"מ:
קעה ח מיי' שם הל' ח:

ליקוטי רש"י

מה ת"ל איש. ולא כתיב ואם אין לו גואל מאי טעמא כתיב איש אלא משום דכתיב ואם דמשמע פעמים שיש לו יורשים ולהכי כתיב איש ללמדך איש הוא דאיכא לספוקי שמא יוליד בנים משנתגייר ואינך רשאי להפקיע קרן שלו ולתתו לכהן עד שתדע שאין לו יורשים אבל קטן גר מסתמא גזל שלו שנשבע עליו ישראל לשקר לכהן הוא בידוע שאין לו גואלים [סנהדרין סט.]. לה' לכהן. בגזל הגר הכתוב מדבר שהרי בישראל אין לך אדם מישראל שאין לו גואלין אלא הגוזל את הגר ונשבע והודה ואחר כך מת [הגר] משלם קרן וחומש לכהן ואשם למזבח ואמרינן בפרק הגוזל בב"ק האשם זה הקרן המושב זה החומש מלבד איל הכפורים זה איל אשם שמביא על שבועת שקר שנשבע. הרי לכהן שבאותו משמר וכו'. דה"ק קרא שלכהן המכפר בו באיל הכפורים יהא קרן וחומש [ערכין כח:]. קנאו השם ונתנו לכהן. דמשולחן גבוה קזכו [מנחות מה:]. ואיש את קדשיו לו יהיו. לפי שנאמרו מתנות כהונה ולויה יכול יבואו ויטלום בזרוע תלמוד לומר ואיש את קדשיו לו יהיו [במדבר ה, ט]. לשדה היוצאה לכהנים ביובל. שראוי לתת לכהנים ביובל שהקדישה בעלים ולא גאלה. וגאלה אחד מן הכהנים. מיד גזבר. בשל אחרים אני זוכה. אם גאלה ישראל היתה יוצאה מידו ואני זוכה בה עם שאר אחיי. ת"ל לכהן תהיה אחוזתו. ואיכא למידרש הכי אחוזתו של כהן שירש מאביו תהא שלו אבל זו אינה שלו [ערכין כה:]. ומקריב קרבנותיו. של עצמו אפי' במשמר שאינו שלו. [מנחות עד.]. ובא בכל אות נפשו ושרת. למד על הכהן שבא ומקריב קרבנות נדבתו או חובתו ואפילו במשמר שאינו שלו [דברים יח, ו ז]. ומנין שעבודתה ועורה שלו. שהוא עצמו מקריבה ונוטל את העור ואפילו אינו מאותו משמר המשמרת באותה שבת [תמורה כ:].

מסורת הש"ס

א) ס"א משכחת לה כשגזל רש"א, ב) [סנהדרין סט.], ג) ערכין כח:, ד) [מנחות מה:], ה) ערכין כה:, ו) [מנחות עד.], ז) ס"א שאין לו חלק בו, ח) [כדאי' בקדושין יז:].

הגהות הב"ח

(א) רש"י ד"ה משנכנס וכו'. נ"ב עיין בסמוך במשנה דף קי ע"א: (ב) ד"ה אי [בכהן] טמא וכו' וגזל הגר. נ"ב עיין לקמן סוף דף קי: (ג) תוס' ד"ה אלא גזל הגר דקאמר רחמנא נתינה לכהנים היכי משכחת:

תורה אור השלם

א) וְאִם אֵין לָאִישׁ גֹּאֵל לְהָשִׁיב הָאָשָׁם אֵלָיו הָאָשָׁם הַמּוּשָׁב לַיְיָ לַכֹּהֵן מִלְּבַד אֵיל הַכִּפֻּרִים אֲשֶׁר יְכַפֶּר בּוֹ עָלָיו: [במדבר ה, ח]

ב) וְאִישׁ אֶת קֳדָשָׁיו לוֹ יִהְיוּ אִישׁ אֲשֶׁר יִתֵּן לַכֹּהֵן לוֹ יִהְיֶה: [במדבר ה, י]

ג) וְהָיָה הַשָּׂדֶה בְּצֵאתוֹ בַיֹּבֵל קֹדֶשׁ לַייָ כִּשְׂדֵה הַחֵרֶם לַכֹּהֵן תִּהְיֶה אֲחֻזָּתוֹ: [ויקרא כז, כא]

ד) וְכִי יָבֹא הַלֵּוִי מֵאַחַד שְׁעָרֶיךָ מִכָּל יִשְׂרָאֵל אֲשֶׁר הוּא גָּר שָׁם וּבָא בְּכָל אַוַּת נַפְשׁוֹ אֶל הַמָּקוֹם אֲשֶׁר יִבְחַר יְיָ: [דברים יח, ו]

וְשֵׁרֵת בְּשֵׁם יְיָ אֱלֹהָיו כְּכָל אֶחָיו הַלְוִיִּם הָעֹמְדִים שָׁם לִפְנֵי יְיָ: [דברים יח, ז]

הגמרא עוברת לדון בשאלה, למי מהכהנים צריך לתת את גזל הגר, ומביאה ברייתא בענין זה:

תָּנוּ רַבָּנָן בברייתא: נאמר בתורה (במדבר ה, ח): "הָאָשָׁם הַמּוּשָׁב **לַה'** **לַכֹּהֵן**", ופירוש הפסוק הוא שכשמת הגר **קְנָאוֹ הַשֵּׁם** (את "הָאָשָׁם הַמּוּשָׁב")[11], **וּנְתָנוֹ** — וה' זיכה אותו **לַכֹּהֵן**[12], והיינו לכהן **שֶׁבְּאוֹתוֹ מִשְׁמָר** המשרת בבית המקדש בזמן שהגזלן בא לשם כדי להתכפר[13]. **אַתָּה אוֹמֵר** שהגזלן צריך לתת את הגזילה **לְכֹהֵן שֶׁבְּאוֹתוֹ מִשְׁמָר, אוֹ** אולי **אֵינוֹ** כן, **אֶלָּא** רשאי הוא ליתנה **לְכָל כֹּהֵן שֶׁיִּרְצֶה? כְּשֶׁהוּא אוֹמֵר** מיד בהמשך הפסוק: "**מִלְּבַד אֵיל הַכִּפֻּרִים אֲשֶׁר יְכַפֶּר בּוֹ עָלָיו**", משמע שלכהן שנותן את "הָאָשָׁם הַמּוּשָׁב" (דהיינו הכסף) נותן גם את "אֵיל הַכִּפֻּרִים" שיקריבנו עבורו לקרבן, ואם כן **הֲרֵי** מבואר מכאן **שֶׁלַּכֹּהֵן** (שעל הכהן) **שֶׁבְּאוֹתוֹ מִשְׁמָר הַכָּתוּב מְדַבֵּר**, שכן את איל הכפורים בודאי שחייב לתת לכהן שבאותו משמר[14], ונמצא שגם את כסף הגזילה עליו לתת לכהן שבאותו משמר[15].

כעת דנה הגמרא כיצד הדין במקרה שכהן גזל מגר:

תָּנוּ רַבָּנָן בברייתא: **הֲרֵי שֶׁהָיָה הַגּוֹזֵל** מן הגר **כֹּהֵן**, וכשהגיע זמן המשמר שלו בא אותו כהן לבית המקדש והודה על הגזילה לאחר מיתת הגר[16], **מִנַּיִן שֶׁלֹּא יֹאמַר** כך: **הוֹאִיל וּמַה** שגזלתי דינו שיהא **יוֹצֵא** (ניתן) **לַכֹּהֲנִים** שבמשמר המשרת, שזה המשמר שלי, **וַהֲרֵי הוּא** (הדבר שגזלתי) **תַּחַת יָדִי** כעת, אם כן יכול אני לזכות בו לעצמי **שֶׁיְּהֵא שֶׁלִּי**, ואיני חייב לחלקו בין שאר כהני המשמר. **וְדִין הוּא** — ולכאורה יש קל וחומר שמסייע לדבריו: **אִי** — אם אף **בְּגוֹזֵל שֶׁל אֲחֵרִים** — אם היה ישראל אחר מביא את מה שגזל מגר, היה **הוּא זוֹכֶה** בחלק מהגזילה יחד עם שאר אחיו הכהנים שבאותו משמר; **בְּגוֹזֵל** הגר **שֶׁל עַצְמוֹ** — שהוא עצמו גזל מהגר, שהגזילה נמצאת בידו, **לֹא כָּל שֶׁכֵּן** שיכול לזכות בה וליטול את כולה[17]? **רַבִּי נָתָן אוֹמֵר** את הקל וחומר **בְּלָשׁוֹן אַחֵר: וּמַה דָּבָר שֶׁאֵין לוֹ** לכהן שבמשמר **חֵלֶק בּוֹ עַד שֶׁיִּכָּנֵס בִּרְשׁוּתוֹ**, כגון קרבן של כהן ממשמר אחר, שהדין הוא שאותו כהן יכול לבוא ולהקריב את קרבנותיו בכל שעה שירצה, והבשר והעור של הקרבן שייכים לו, ואם כן אין לכהני המשמר חלק בו, ומכל מקום **כְּשֶׁיִּכָּנֵס לִרְשׁוּתוֹ** של אחד מהכהנים שבמשמר המשרת, דהיינו אם הכהן שהוא הבעלים נתן את קרבנו לאחד הכהנים שבאותו משמר, אף אחד מכהני המשמר **אֵינוֹ יָכוֹל לְהוֹצִיאוֹ מִיָּדוֹ**[18]; **דָּבָר שֶׁיֵּשׁ לוֹ**

הערות

11. כי כשאין הבעלים קיימים, ראוי להשיב את הגזילה לבעלי בעליו, שהוא ה' יתברך (ספורנו, במדבר שם). ויש מי שכתב שהטעם לדבר הוא משום שהגזלן נשבע לשקר, ובכך הוא פגע כביכול בה', וכמו שנאמר בפסוק "לִמְעֹל מַעַל בַּה' ", לפיכך דרך התשובה שלו היא להשיב את הגזילה לה' (פירוש הרש"ר הירש שם).

12. כוונת הברייתא, שלכאורה האמור בפסוק "לַה' לַכֹּהֵן", אינו מובן. שאם האשם המושב שייך לה', הרי אינו שייך לכהן, ואם הוא שייך לכהן, הרי אינו שייך לה'! ואין לומר שהפירוש הוא שהוא שייך לשניהם, דהיינו שיקנו מכספי הגזילה קרבן, שהאימורים יהיו לה' והבשר לכהן, שאם כן תכתוב התורה "לה' ולכהן"! לפיכך מבארת הברייתא שהאשם שייך לה', והוא נתנו לכהן (שפתי חכמים, במדבר שם; ראה מנחות מה, ב).

מכך שהוסיפה התורה שה' זכה כביכול בגזילה, ניתן ללמוד שהממון המושב לכהנים הינו ממון גבוה, והכהנים זוכים בו "משלחן גבוה" [כעין זכייתם של הכהנים בחלקם בבשר הקרבנות] (עיין רש"י מנחות מה, ב ד"ה קנאו השם, ותוספות זבחים מד, ב ד"ה ואפילו בדעתו). אמנם קשה, שהרי למדנו במקום אחר (מנחות עג, א) שהגזילה נחשבת לממון הכהן לכל דבר, ויכול אפילו לקדש אשה במה שהגיע לחלקו מהגזילה [בניגוד לכך שאין הכהנים יכולים לקדש אשה בחלקם בבשר הקרבנות, לפי שהם זוכים בבשר מ"שלחן גבוה" ואין זה ממונם] (תוספות שם, ומנחות עג, א-ב ד"ה ואפילו לקדש בו את האשה; וראה שם מה שכתבו ביישוב שאלה זו; עיין גם שיטה מקובצת בשם תוספות שאנץ; עמק הנצי"ב, נשא פיסקא ד; דבר אברהם ב, יא; וראה להלן קי, ב הערה 6; ראה גם בהערה הבאה).

13. הכהנים מצווים לעבוד בבית המקדש במשמרות, ולא שיעבדו כולם יחד (רמב"ם, ספר המצוות עשין לו; ספר החינוך מצוה תקט; אולם עיין השגות הרמב"ן שם; ראה גם מנחת חינוך שם, א). משה רבינו חילק את הכהנים לשמונה משמרות, ושמואל ודוד הוסיפו וחילקום לעשרים וארבעה משמרות. כל משמר היה עולה לירושלים לשרת בבית המקדש לשבוע ימים. ומידי שבת היו מתחלפים ביניהם, שהמשמר ששרת במשך השבוע היה יוצא, ומשמר אחר היה נכנס לשרת עד לשבת הבאה (ראה תענית כז, א; רמב"ם הלכות כלי המקדש והעובדים בו ד, ג). כהני המשמר מקריבים את כל הקרבנות הקרבים באותו שבוע, וזכאים לקבל את הבשר והעור של אותם קרבנות, מלבד הקרבנות הבאים מחמת הרגלים (ראה סוכה נה, ב — נו, א; רמב"ם שם, ג-ה).

הברייתא מלמדת שהגזלן צריך ליתן את גזל הגר לכהנים המשרתים בשבוע שבו הוא מגיע למקדש כדי לכפר על עוונו (רש"י). ואף שתרומה ושאר מתנות כהונה, יכול ליתן לאיזה כהן שירצה, גזל הגר דינו כקרבנות לענין זה, וחייב ליתנו לכהן שבאותו משמר בלבד (ראה חזון איש כ, יד ד"ה ק"י א'). ויש שהוסיפו בטעם הדבר, שמאחר שה' זכה בגזילה, והוא כביכול נותן אותה לכהנים, הרי זה כאילו שה' הוא הבעלים של הגזילה ויכול ליתנה לאיזה כהן שירצה, וברצונו נתנה לכהני המשמר המשרת (גור אריה, במדבר ה, ח; לפירוש נוסף על דרך זו ראה מלבי"ם שם).

כפי שהתבאר, כוונת הברייתא שיתן את הגזילה למשמר המשרת בשעה שמביא את הכסף, ולא למשמר המשרת בשעה שהודה שגזל. שהרי גם בקרבנות הדין הוא שהקרבן ניתן לכהנים שבמשמר המשרת בשעת הבאת הקרבן, ולא למשמר המשרת בשעה שחל החיוב להביאו, או בשעה שהפרישו הבעלים את הבהמה לקרבן (תוספות; וראה ים של שלמה סג).

14. שהרי כהן ממשמר אחר אינו יכול להקריב את איל הכפורים. שנאמר (דברים יח, ח): "לְבַד מִמְכָּרָיו עַל הָאָבוֹת", ופירושו שמה שנאמר שם בתחילת הפסוק שכל כהן יכול להקריב איזה קרבן שירצה, אינו כולל את הקרבנות שמכרו האבות זה לזה [דהיינו את כל הקרבנות שמובאים לבית המקדש, מלבד קרבנותיו של אותו כהן, או קרבנות הבאים מחמת הרגל — ראה להלן הערה 36], בזמן שנחלקו הכהנים למשמרות, ואמרו טול אתה את הקרבנות הבאים בשבתך ואני אטול את הקרבנות הבאים בשבתי (רש"י; ראה סוכה נה, ב — נו, א).

15. עיין רש"י כאן, ובערכין כח, ב ד"ה הרי בכהן; וראה שפתי חכמים במדבר שם; ראה גם ראב"ד ורשב"א; לפירוש אחר בדברי רש"י עיין מהרש"א מהדורא בתרא.

לדיון בשאלה האם בכל מקרה צריך לתת את הגזילה לכהן שלו ניתן הקרבן, ראה להלן קי, א הערה 26.

[אף שבפסוק נאמר "לַכֹּהֵן" בלשון יחיד, אין פירושו שהגזלן נותן את הגזילה לכהן מסויים שבמשמר, אלא עליו לתת את הגזילה לכל הכהנים שבאותו משמר, והם חולקים אותה ביניהם. ואף אם נתן את הגזילה לאחד מבני המשמר, שאר בני המשמר מוציאים אותה מידו וחולקים ביניהם (ראה רש"י ד"ה דבר שיש לו חלק בו; וראה להלן קי, א ושיטה מקובצת שם בשם הרמ"ה, ובהערה 46 שם). והנה, כל משמר היה מחולק לבתי אב, וכל בית אב היה משרת יום אחד, ונוטל את הבשר והעורות של הקרבנות שהוקרבו באותו יום (עיין פסחים נז, א ורש"י שם ד"ה ולערב; רש"י ויקרא ז, ט; רמב"ם, הלכות מעשה הקרבנות י, יד). אולם משמעות הברייתא היא שבגזל הגר זוכים כל הכהנים שבמשמר, ולא רק אותו בית אב שהיה משרת באותו יום שהחזיר הגזלן את הגזילה. והיינו משום שהקרבנות קריבים בכל יום, ולכן תיקנו שכל בית אב יזכה בקרבנות שהוקרבו ביומו, אפילו אם במקרה בית אב אחד יקבל יותר מאשר חבירו. מה שאין כן השבת גזל הגר, שזה דבר שמזדמן לעיתים רחוקות ואינו קבוע כלל, זוכים בה כל כהני המשמר (תוספות רי"ד; לטעם נוסף לדבר זה עיין חזון איש כ, יד ד"ה ק"י א'; לדיון נוסף בענין זה ראה אבן האזל הלכות כלי המקדש ד, ה; ראה גם להלן הערה 34, ולהלן קי, ב הערה 1).]

16. רש"י. [יש להעיר, שגם כאן נוקט רש"י שהנידון של הברייתא הוא במקרה שהודה לאחר מיתת הגר — ראה לעיל הערה 6.]

17. רש"י. ניתן להקשות על קל וחומר זה, שהרי הכלל הוא ש"דיו לבא מן הדין להיות כנידון", דהיינו, שדי לו לדבר הנלמד בקל וחומר שיהא כדבר המלמד (כלל זה נידון במשנה ובגמרא לעיל כד, ב — כה, א). על כן, הקל וחומר יכול ללמדנו רק שכהן שגזל את הגר זכאי לחלק מהגזילה שברשותו, כפי שהוא זכאי בחלק מהגזילה שאחר מחזיר, אולם אין בכוחו ללמדנו שיכול הוא לזכות בכל הגזילה. ומשום כך, הגמרא בהמשך אינה מתייחסת לקל וחומר זה, אלא לקל וחומר הנוסף שתביא מיד (תוספות ד"ה לא אם אמרת).

18. וכפי שמבואר בגמרא בהמשך הסוגיא, שכהן יכול לבוא ולהקריב את קרבנותיו בכל עת ובכל שעה שירצה, שנאמר (דברים יח, ו-ז): "וְכִי יָבֹא הַלֵּוִי מֵאַחַד שְׁעָרֶיךָ מִכָּל יִשְׂרָאֵל אֲשֶׁר הוּא גָּר שָׁם וּבָא בְּכָל אַוַּת נַפְשׁוֹ אֶל הַמָּקוֹם אֲשֶׁר יִבְחַר ה' וְשֵׁרֵת בְּשֵׁם ה' אֱלֹהָיו כְּכָל אֶחָיו הַלְוִיִּם הָעֹמְדִים שָׁם לִפְנֵי ה' ". וממה שנאמר (במדבר ה, י): "וְאִישׁ אֶת קֳדָשָׁיו לוֹ יִהְיוּ", למדו שהבשר והעור של הקרבן שייכים לכהן שהוא בעליו של הקרבן. נמצא שאין לבני המשמר חלק בקרבן של הכהן. אולם אם הכהן נותנו לכהן אחר מאותו משמר, שוב אין יכול להוציאו מידו, שנאמר שם מיד בהמשך הפסוק: "אִישׁ אֲשֶׁר יִתֵּן לַכֹּהֵן לוֹ יִהְיֶה" (רש"י).

[הכהן בעל הקרבן יכול למנות שליח אף כהן אחר שאינו מהמשמר המשרת (ראה להלן קי, א הערה 2). ומה שנקט רש"י כאן שאם נתנו לכהן אחר של אותו משמר, הוא לאו דוקא. או אפשר לומר שרש"י כתב כך כדי להשמיענו שאף במקרה כזה אין הכהנים האחרים מאותו משמר יכולים להוציא את הקרבן מידו (עמק הנצי"ב, נשא פיסקא ד).]

[במקרה שהכהן נותן את הקרבן לכהן אחר, בשר הקרבן ועורו שייכים לכהן המקריב (רמב"ם, הלכות כלי המקדש והעובדים בו ד, ז; מאירי; וראה פנים מאירות שכן נראה מדברי רש"י כאן; אולם עיין השגות הראב"ד שם שחולק; וראה להלן קי, א הערה 4).]

מכלל דרבי יוסי הגלילי סבר אפילו לנפשיה נמי מצי מחיל אלא גזל הגר דקאמר רחמנא נתינה לכהנים היכי משכחת לה אמר רבא [א] הכא במאי עסקינן [א] כשגזל את הגר ונשבע לו ומת הגר והודה לאחר מיתה דבעידנא דאודי קנאו השם ונתנו לכהנים בעי רבינא גזל הגיורת מהו [א] איש אמר רחמנא ולא אשה או דלמא אורחיה דקרא הוא אמר ליה רב אהרן לרבינא תא שמע דתניא איש אין לי אלא איש אשה מנין כשהוא אומר [א] המושב הרי כאן שנים א"כ מה ת"ל איש [ב] איש אתה צריך לחזור אחריו אם יש לו גואלים אם לאו קטן אי אתה צריך לחזור אחריו בידוע שאין לו גואלין [ג] תנו רבנן [א] לה' לכהן [ד] קנאו השם [ג] ונתנו לכהן שבאותו משמר אתה אומר לכהן שבאותו משמר או אינו אלא לכל כהן שירצה כשהוא אומר [א] מלבד איל הכפורים אשר יכפר בו עליו הרי לכהן שבאותו משמר הכתוב מדבר ת"ר הרי שהיה גוזל כהן מנין שלא יאמר הואיל ויוצא לכהנים והרי הוא תחת ידי יהא שלי ודין הוא אי בשל אחרים הוא זוכה בשל עצמו לא כ"ש רבי נתן אומר בלשון אחר ומה דבר שאין לו חלק בו עד שיכנס ברשותו כשיכנס לרשותו אינו יכול להוציאו מידו דבר שיש לו חלק בו עד שלא יכנס ברשותו משנכנס לרשותו אינו דין דאין אחר יכול להוציאו מידו לא אם אמרת בדבר שאין לו חלק בו שכשם שאין לו חלק בו כך אין לאחרים חלק בו תאמר בגזל שכשם שיש לו חלק בו כך יש לאחרים חלק בו [ד] אלא גזילו יוצא מתחת ידו ומתחלק לכל אחיו הכהנים והכתיב [ב] ואיש את קדשיו לו יהיו הכא במאי עסקינן בכהן טמא אי בכהן טמא דבר שיש לו חלק בו מי אית ליה אלא אתיא לכהן לכהן משדה אחוזה דתניא [ה] [ג] אחוזתו מה ת"ל מנין לשדה היוצאה לכהנים ביובל וגאלה אחד מן הכהנים מנין שלא יאמר הואיל ויוצאה לכהנים ביובל והרי היא תחת ידי תהא שלי ודין הוא בשל אחרים אני זוכה בשל עצמי לא כ"ש ת"ל [ג] כשדה החרם לכהן תהיה אחוזתו אחוזה שלו ואין זו שלו הא כיצד [ה] יוצאה מתחת ידו ומתחלקת לכל אחיו הכהנים: תנו רבנן [ו] מנין [ו] לכהן שבא ומקריב קרבנותיו בכל עת ובכל שעה שירצה תלמוד לומר [ד] ובא בכל אות נפשו ושרת [ז] ומניין שעבודתה ועורה שלו תלמוד לומר [ב] ואיש את קדשיו לו יהיו הא כיצד [ח] אם היה בעל מום נותנה לכהן שבאותו משמר ועבודתה ועורה שלו ואם

רש"י

מכלל דרבי יוסי הגלילי סבר מצי מחיל לנפשיה. אפי' לא זקפו לרבא פרכינן: קנאו השם. הקב"ה כדכתיב המושב לה' לכהן: קנאו השם ונתנו לכהנים. אבל הודה בחיי הגר נעשה אצלו כמלוה וכי מיית גר מחיל לנפשיה: גזל הגיורת. שגזל אותה ונשבע והודה לאחר מיתה: מהו. מי נפיק לכהנים או זכה בה איהו: איש אמר רחמנא. אם אין לאיש גואל: הרי כאן שנים. תרי השבות כתיב להשיב המושב לישנא אחרינא תרי אשמות כתיבי להשיב האשם האשם המושב: צריכין לחזור אחריו. ולשאול אם יש לו בנים קודם שתתנהו לכהן: קטן. שאין איש בידוע שאין לו בנים יתנהו לכהנים ומהכא נפקא לן דקטן לאו בר אולודי הוא בסנהדרין בבן סורר ומורה (דף סט.): לכהן שבאותו משמר. שהוא בא להתכפר בו: כשהוא אומר מלבד איל הכפורים. משמע למי שזה ניתן זה ניתן ואיל הכפורים אין יכול להקריב אלא כהן שבאותו משמר כדכתיב (דברים יח) לבד ממכריו על האבות אני בשבתי ואתה בשבתך: הרי שהיה כהן גוזל. את הגר וכשהגיע משמר שלו בא והודה לאחר מיתת הגר: בשל אחרים. אם היה ישראל מביא גזל הגר במשמר זה הריני נוטל חלקי עם אחיי הכהנים בני המשמר: בשל עצמי לא כ"ש. שאטול את הכל: מה דבר שאין לו חלק בו. כגון כהן שהתנדב קרבן דאמרינן לקמן בשמעתין כהן בא ומקריב קרבנותיו בכל שעה שירצה ובשרה ועורה שלו דכתיב ואיש את קדשיו לו יהיו נמצא שאין לבני משמר חלק בו: [א] משנכנס לרשותו אין אחר יכול כו'. שאם נתנה לכהן אחר של אותו משמר שוב אין יכול להוציאו מידו שנאמר ואיש אשר יתן לכהן לו יהיה: דבר שיש לו חלק בו עד שלא נכנס ברשותו. שכיון שבא ישראל והביא גזל הגר למשמר זה אע"פ שנתנו לאחד מאחיו יש לו חלק בו: ל"א מה דבר (י) שלא נכנס ברשותו) כגון תרומות ומעשרות מפי עוקר הרים: כך אין לאחרים חלק בו. לפיכך משנתנו לך מי יעכב עליך: תאמר בגזל. הגר שהוא לכל בני משמר וכולם תובעין: והכתיב ואיש את קדשיו [וגו']. ונפקא לן לקמן מיניה שכהן מקריב קרבנותיו בכל עת שירצה ובשרה ועורה שלו והכא נמי האי איל אשם קרבנות דכהן הוא וזכי ביה וכיון דמקריב ליה וזכי ביה גזל נמי דידיה הוא כדאמרינן מלבד איל הכפורים למי שזה ניתן זה ניתן: בכהן טמא. דאין ראוי להקריב איל האשם: אי [בכהן] טמא. היכי מצי למימר דבר שיש לו חלק בו והא קיימא לן בזבחים (דף צח:) דאין טמא חולק בקדשי המקדש ואפילו בעורות (ב) וגזל הגר נמי קדשי המקדש הוא:

אלא. לעולם בכהן טהור והאי דמוציאין מידו משום דילפינן ג"ש כהן כהן משדה אחוזה ואיש את קדשיו במילי אחריני מתוקמא: אחוזתו. לכהן תהיה היה לו למימר ודיו ומה ת"ל אחוזתו: לשדה היוצאה לכהנים. מקדיש שדה אחוזה ולא גאלה מן ההקדש ומכרה גזבר לאחרים כשהיא יוצאה מיד הלוקח ביובל מתחלקת לכהנים משמר שנכנס בו יובל שנאמר ואם לא יגאל את השדה ואם מכר את השדה גזבר לא יגאל עוד בעלים אלא והיה השדה וגו' והכי תניא בת"כ ובערכין: וגאלה אחד מן הכהנים. כלומר והלוקח מן הגזבר כהן היה ומבני המשמר של יובל היה: שבא ומקריב. אם נדר קרבן או שהיה מוטל עליו חטאת ואשם חובה מקריב אף במשמר שאינו שלו: שעבודתה. שכר עבודתה דהיינו בשרה: אם היה בעל מום. ראוי לאכול ואין ראוי להקריב אין יכול לעשות שליח להקרבה מי שירצה אלא נותנה לבני המשמר והואיל והוא ראוי לאכילה קרינן ביה ואיש את קדשיו לפיכך עבודה ועורה שלו לשון אחר גרסינן עבודה ועורה לאנשי משמר כיון דהם הקריבוהו: ואם

תוספות

אלא גזל הגר דקאמר (ג) היכי משכחת לה. ה"ה דה"מ למפרך בתחילת סוגיא כי קאמר ר' יוסי הגלילי לא שנא לנפשיה ולא שנא לאחריני מצי מחיל אלא משום דהוו ליה פירכי אחריני לא חש למפרך: **קטן** אי אתה צריך לחזור עליו. וא"ת גזל גר קטן היכי משכחת לה והא אין זכיה לקטן כדאמרינן בפ"ק דב"מ (דף יב.) דגזל קטן מדבריהם ולא מדאורייתא וירושה ליכא למימר דגר אין יורש אביו דבר תורה [ט] וי"ל דדוקא מציאה דאין דעת אחרת מקנה אותו לא הוה אלא מדבריהם אבל כשדעת אחרת מקנה אותו קני מדאורייתא ובקטן שנתגייר עם אביו מיירי דלכ"ע מטבילין אותו אבל בלא אביו פלוגתא היא בפרק קמא דכתובות (דף יא.) אם מטבילים אותו על דעת בית דין: [ועי' תוס' סנהדרין סח: ד"ה קטן]

לכהן שבאותו משמר. אין נראה לפרש דבשעת הודאה כשמתחייב אלא למשמר שהיה בשעת הבאה שהרי בכל הקרבנות חטאות ואשמות נדרים ונדבות אין אנו הולכים אחר שעת החיוב ליתנו לאותו משמר שהיה באותה שעה שנדר או נדב או חטא שהוא מתחייב בה אלא אחר הבאה אנו הולכים וכמו כן בכאן:

מנין שלא יאמר. תימה דנקיט האי לישנא כיון דלא מקרא מייתי לה אלא מדינא:

ומה דבר שאין לו חלק בו עד שיכנס לרשותו. כגון תרומה וחלה וראשית הגז שטובת הנאה לבעלים ליתן לאיזה כהן שירצה משנכנס לרשותו אין אחר יכול להוציא מידו שיתחלק לבני משמר דאין מתחלק לאנשי משמר אלא מתנות:

לא אם אמרת בדבר שאין כו'. ללשון ראשון נמי דקאמר ודין הוא בשל אחרים אני זוכה יכול להקשות דיו לבא מן הדין להיות כנדון שלא יזכה בשל עצמו אלא כפי חלקו כמו בשל אחרים:

אחוזתו מה ת"ל. תימה להרשב"א למ"ל אחוזתו לומר שיוצאה מתחת ידו ומתחלקת לכל אחיו הכהנים דהיכי הוה אמינא בשל אחרים אני זוכה בשל עצמי לא כ"ש הא הכא שייך נמי למפרך כמו לעיל דיו לבא כו' ויש לומר דאיצטריך אחוזתו משום דה"א כיון שהיא תחת ידו תהא שלו דהוה ילפינן כהן כהן מגזל הגר ובגזל הגר ה"א דהוי שלו כדקאמר ואיש את קדשיו לו יהיו משום הכי איצטריך אחוזתו: **מנין** ליוצאה לכהנים כו'. ברייתא היא בערכין בפרק אין מקדישין (דף כה:): דכי

עין משפט נר מצוה

קסט א מיי' פ"ח מהל' גזילה ואבידה הל' ה ועי' בהשגות ובמ"מ:
קע ב מיי' שם הל' ז:
קעא ג מיי' שם הל' ה:
קעב ד מיי' שם הל' ט:
קעג ה מיי' פ"ד מהל' ערכין הלכה כג סמג עשין קלא:
קעד ו ז מיי' פ"ד מהלכות כלי המקדש הלכה ז וע"ש בהשגות ובכ"מ:
קעה ח מיי' שם הל' ח:

ליקוטי רש"י

מה ת"ל איש. ולא כתיב ואם אין לו גואל מאי טעמא כתיב איש אלא משום דכתיב ואם דמשמע פעמים שיש לו יורשים ולהכי כתיב איש ללמדך איש הוא דאיכא לספוקי שמא יוליד בנים משנתגייר ואינך רשאי להפקיע קרן שלו ולתתו לכהן עד שתדע שאין לו יורשים אבל קטן גר מסתמא גזל שלו שנשבע עליו ישראל לשקר לכהן הוא בידוע שאין לו גואלים [סנהדרין סט.]. לה' לכהן. בגזל הגר הכתוב מדבר שהרי בישראל אין לך אדם מישראל שאין לו גואלין אלא הגוזל את הגר ונשבע והודה ואחר כך מת [הגר] משלם קרן וחומש לכהן ואשם למזבח ואמרינן בפרק הגוזל בב"ק האשם זה הקרן המושב זה החומש מלבד איל הכפורים זה איל אשם שמביא על שבועת שקר שנשבע. הרי לכהן שבאותו משמר וכו'. דה"ק קרא שלכהן המכפר בו באיל הכפורים יהא קרן וחומש [ערכין כח:]. קנאו השם ונתנו לכהן. דמשולחן גבוה קזכו [מנחות מה:]. ואיש את קדשיו לו יהיו. לפי שנאמרו מתנות כהונה ולויה יכול יבואו ויטלום בזרוע תלמוד לומר ואיש את קדשיו לו יהיו [במדבר ה, ט]. לשדה היוצאה לכהנים ביובל. שראוי לתת לכהנים ביובל שהקדישה בעלים ולא גאלה. וגאלה אחד מן הכהנים. מיד גזבר. בשל אחרים אני זוכה. אם גאלה ישראל היתה יוצאה מידו ואני זוכה בה עם שאר אחיי. ת"ל לכהן תהיה אחוזתו. ואיכא למידרש הכי אחוזתו של כהן שירש מאביו תהא שלו אבל זו אינה שלו [ערכין כה:]. ומקריב קרבנותיו. של עצמו אפי' במשמר שאינו שלו. [מנחות עד.]. ובא בכל אות נפשו ושרת. למד על הכהן שבא ומקריב קרבנות נדבתו או חובתו ואפילו במשמר שאינו שלו [דברים יח, ו ז]. ומנין שעבודתה ועורה שלו. שהוא עצמו מקריבה ונוטל את העור ואפילו אינו מאותו משמר המשמרת באותה שבת [תמורה כ:].

מסורת הש"ס

א) ס"א משכחת לה כשגזל רש"א, ב) [סנהדרין סט.], ג) ערכין כח:, ד) [מנחות מה:], ה) ערכין כה:, ו) [מנחות עד.], ז) ס"א שאין לו חלק בו, ח) [כדאי' בקדושין יז:].

הגהות הב"ח

(א) רש"י ד"ה משנכנס וכו'. נ"ב עיין בסמוך במשנה דף קי ע"א: (ב) ד"ה אי [בכהן] טמא וכו' וגזל הגר. נ"ב עיין לקמן סוף דף קי: (ג) תוס' ד"ה אלא גזל הגר דקאמר רחמנא נתינה לכהנים היכי משכחת:

תורה אור השלם

א) וְאִם אֵין לָאִישׁ גֹּאֵל לְהָשִׁיב הָאָשָׁם אֵלָיו הָאָשָׁם הַמּוּשָׁב לַייָ לַכֹּהֵן מִלְּבַד אֵיל הַכִּפֻּרִים אֲשֶׁר יְכַפֶּר בּוֹ עָלָיו: [במדבר ה, ח]

ב) וְאִישׁ אֶת קֳדָשָׁיו לוֹ יִהְיוּ אִישׁ אֲשֶׁר יִתֵּן לַכֹּהֵן לוֹ יִהְיֶה: [במדבר ה, י]

ג) וְהָיָה הַשָּׂדֶה בְּצֵאתוֹ בַיֹּבֵל קֹדֶשׁ לַייָ כִּשְׂדֵה הַחֵרֶם לַכֹּהֵן תִּהְיֶה אֲחֻזָּתוֹ: [ויקרא כז, כא]

ד) וְכִי יָבֹא הַלֵּוִי מֵאַחַד שְׁעָרֶיךָ מִכָּל יִשְׂרָאֵל אֲשֶׁר הוּא גָּר שָׁם וּבָא בְּכָל אַוַּת נַפְשׁוֹ אֶל הַמָּקוֹם אֲשֶׁר יִבְחַר יְיָ: [דברים יח, ו] וְשֵׁרֵת בְּשֵׁם יְיָ אֱלֹהָיו כְּכָל אֶחָיו הַלְוִיִּם הָעֹמְדִים שָׁם לִפְנֵי יְיָ: [דברים יח, ז]

לכהן שבמשמר **חֵלֶק בּוֹ** אף **עַד שֶׁלֹּא יִכָּנֵס בִּרְשׁוּתוֹ**, דהיינו גזל הגר, שאם הביא ישראל את גזל הגר למשמר זה אף אם נתנו לאחד הכהנים כל הכהנים שבאותו משמר זוכים בו, **מִשֶּׁנִּכְנַס** הדבר שנגזל מהגר **לִרְשׁוּתוֹ** של אחד הכהנים שבמשמר, כגון במקרה שהוא עצמו גזל והגזילה נמצאת ברשותו, **אֵינוֹ דִּין דְּאֵין** שום כהן **אַחֵר** מאותו משמר **יָכוֹל לְהוֹצִיאוֹ מִיָּדוֹ**[19]?

הברייתא דוחה את הקל וחומר של רבי נתן[20]:

לֹא — אין זו טענה נכונה! שכן **אִם אָמַרְתָּ** שאף **בְּדָבָר** (דהיינו בקרבן של כהן אחר) **שֶׁאֵין לוֹ** לכהן שבמשמר **חֵלֶק בּוֹ** לפני שנכנס לרשותו, מכל מקום משנכנס לרשותו אין מוציאים אותו מידו; היינו משום **שֶׁכְּשֵׁם שֶׁאֵין לוֹ חֵלֶק בּוֹ** (בקרבן) לפני שנכנס לרשותו, **כָּךְ אֵין לַאֲחֵרִים** — לכהנים אחרים שבאותו משמר **חֵלֶק בּוֹ** באותה שעה, ואין להם שום זכות לתבוע חלק ממנו, לפיכך משנתנו לו הכהן שהוא בעליו של הקרבן, מי יכול לעכב על ידו? אבל האם **תֹּאמַר** כך גם **בְּגֶזֶל** הגר שמביא הגזלן בזמן שהמשמר שלו משרת, **שֶׁכְּשֵׁם שֶׁיֵּשׁ לוֹ** (לכהן הגזלן) **חֵלֶק בּוֹ** (בגזל), **כָּךְ יֵשׁ** גם **לַאֲחֵרִים** — לכהנים האחרים שבאותו משמר **חֵלֶק בּוֹ**, שהרי גזל הגר המובא דינו להתחלק לכל בני המשמר, וכולם תובעים אותו!? הלא בדבר כזה ודאי שאין סברא לומר שאם הגזילה נמצאת ברשותו הוא לבדו זוכה בה[21]!

מכח פירכא זו הברייתא מסיקה:

אֶלָּא, הדין הוא **שֶׁגְּזֵילוֹ** של הגר, **יוֹצֵא מִתַּחַת יָדוֹ** של הכהן הגזלן **וּמִתְחַלֵּק לְכָל אֶחָיו הַכֹּהֲנִים** שבמשמר שלו[22].

הגמרא מקשה על מסקנת הברייתא:

וְהָכְתִיב — והרי כתוב (במדבר ה, י): "**וְאִישׁ אֶת קֳדָשָׁיו לוֹ יִהְיוּ**", ופסוק זה מלמד שכהן שמקריב את קרבנותיו בכל עת שירצה, הבשר והעור של קרבנו שייכים לו; נמצא שכהן שגזל מגר, רשאי להקריב את "איל האשם" שמוטל עליו להביא כדי לכפר על חטאו, וזוכה בבשרו ובעורו; ואם כן מדוע אין הוא רשאי לקחת את הכסף לעצמו, והרי למדנו לעיל מהפסוק (שם, ח): "הָאָשָׁם הַמּוּשָׁב לַה' לַכֹּהֵן מִלְּבַד אֵיל הַכִּפֻּרִים אֲשֶׁר יְכַפֶּר בּוֹ עָלָיו", שלכהן שנותנים את "איל הכפורים" יש לתת גם את כסף "האשם המושב"[23]!?

הגמרא עונה:

הָכָא — כאן, בברייתא שלימדה שכהן גזלן חייב לתת את הגזילה לאחיו הכהנים, **בְּמַאי עַסְקִינָן** — באיזה מקרה אנו עוסקים? **בְּכֹהֵן טָמֵא**, שאינו ראוי להקריב את איל האשם שלו ולאוכלו, ועליו ליתנו לכהני המשמר, הלכך גם את הכסף חייב הוא לתת לאחיו הכהנים שבאותו משמר. אולם כהן טהור שראוי להקריב את "איל האשם", זוכה באמת גם בכסף הגזילה[24].

הגמרא מקשה על תירוץ זה:

אִי — אם הברייתא מדברת **בְּכֹהֵן טָמֵא**, אם כך מה שאמרה הברייתא שגזל הגר הוא "**דָּבָר שֶׁיֵּשׁ לוֹ חֵלֶק בּוֹ**", אינו מובן, שהרי **מִי אִית לֵיהּ** — וכי לכהן טמא יש חלק בגזל הגר? הרי למדנו (זבחים צח, ב) שכהן טמא אינו חולק בקדשי המקדש, ואפילו בעור של הקרבנות, וגזל הגר הרי הוא כקדשי המקדש[25]!

מפני שאלה זו הגמרא חוזרת בה מתשובתה הראשונה, ומיישבת את שאלתה באופן אחר:

אֶלָּא, באמת הברייתא מדברת אפילו בכהן טהור, והטעם לכך שמוציאים את הגזילה מידו הוא משום **שֶׁאָתְיָא** "**לַכֹּהֵן**" "**לַכֹּהֵן**" **מִשְּׂדֵה אֲחוּזָּה** — שלמדנו בגזירה שוה מהמילה "לַכֹּהֵן" המופיעה בפרשתנו ובפרשת מקדיש שדה אחוזה[26]. שכשם שישראל שהקדיש את שדה אחוזתו ולא גאלה, ומכרה הגזבר לכהן כלשהו, כשמגיע היובל מתחלקת השדה לכהני המשמר שנכנס היובל בזמנם, ואין הכהן שלקחה יכול להחזיק בשדה לעצמו[27]. כך גם כהן שגזל מגר, חייב להשיב את הגזילה לאחיו הכהנים שבאותו משמר, ואינו יכול להחזיק בגזילה לעצמו[28].

הגמרא מביאה ברייתא המלמדת מניין למדו שכך הדין במקדיש שדה אחוזתו:

דְּתַנְיָא בברייתא: נאמר בתורה על המקדיש שדה אחוזה ומכרה הגזבר של ההקדש לאדם אחר (ויקרא כז, כא): "וְהָיָה הַשָּׂדֶה בְּצֵאתוֹ בַיֹּבֵל קֹדֶשׁ לַה' כִּשְׂדֵה הַחֵרֶם לַכֹּהֵן תִּהְיֶה אֲחֻזָּתוֹ"[29]; ולכאורה המילה

הערות

19. רש"י. פירוש אחר: "דבר שאין לו חלק בו", היינו תרומות ומעשרות, שאין לכהנים של המשמר חלק בהם יותר משאר הכהנים אחרים, ומכל מקום משנכנס לרשותו של אחד מהכהנים, אין שאר אחיו הכהנים יכולים להוציאו מידו (רש"י, בשם "עוקר הרים"; תוספות; לפירוש נוסף עיין רשב"א).

20. כפי שביארנו לעיל (הערה 17), את הקל וחומר הראשון ניתן לפרוך בנקל, ומשום כך הגמרא מתייחסת רק לקל וחומר של רבי נתן (ראה תוספות ד"ה לא אם אמרת).

21. רש"י; ראב"ד; רשב"א.

22. כלומר מאחר שטענת הקל וחומר נדחתה [היינו טענת הקל וחומר של רבי נתן, וכל שכן שיש לדחות את טענת הקל וחומר הראשונה — ראה לעיל הערה 17], הרי ודאי שהסברא היא שהכהן צריך להוציא את הגזילה מתחת ידו וליתנה לכל בני המשמר שלו. אמנם קשה קצת אם כך מדוע נקטה הברייתא בלשון "**מִנַּיִן** שלא יאמר. . .", הרי אין היא מביאה מקור מפסוק לדין זה, אלא מלמדת שמאחר שנדחתה האפשרות ללמוד אחרת מקל וחומר, חזר הדין כפי הנראה מסברא!? (תוספות ד"ה מנין שלא יאמר; וראה מהרש"א מהדורא בתרא ד"ה אלא אתיא).

23. ראה רש"י; ראב"ד; רשב"א. ונראה מפירושם שגם כהן שאינו מהמשמר המשרת יכול לזכות בגזילה, שהרי הוא רשאי להקריב את קרבנו, ולמי שניתן הקרבן ניתן גם הכסף. וזה פירוש דחוק! שהרי לפי מה שרצתה הגמרא בתחילה ללמוד מקל וחומר שהכהן זוכה בגזילה, הנידון היה רק על כהן במשמר המשרת בשעת הבאת הכסף לבית המקדש (ים של שלמה סד, וראה שם שבגלל שאלה זו כתב לפרש באופן אחר; לפירוש אחר בדברי רש"י, עיין מהרש"א מהדורא בתרא).

24. ראה רש"י; ראב"ד; רשב"א.

25. כשם שלמדנו שאפילו בעורות אין הכהן הטמא חולק [אף שיכול ליהנות מהם], כמו כן בכסף של גזל הגר הראוי להתחלק בין כהני המשמר, אין לכהן הטמא חלק בו [למרות שיכול ליהנות ממנו]. שהרי עיקר הטעם לכך שגזל הגר מתחלק בין כהני המשמר, הוא משום שדינו כקרבן לענין זה, ואם כן כל מי שאין לו חלק בקרבנות אין לו חלק גם בגזל הגר (ראה רש"י).

אולם יש מי שפירש שמכיון שאין הכהן הטמא יכול להקריב ולאכול את קרבן האשם, אין לו גם חלק בכסף המושב, שהרי כפי שלמדנו יש ליתן את הכסף לכהן שלו ניתן האיל לקרבן (ראב"ד; ראה גם הערה 28).

26. בענין גזל הגר כתוב "הָאָשָׁם הַמּוּשָׁב לַה' **לַכֹּהֵן**", וכן בענין מקדיש שדה אחוזתו נאמר (ויקרא כז, כא): "**לַכֹּהֵן** תִּהְיֶה אֲחֻזָּתוֹ".

27. פרטי הדינים בענין זה ומקור הדין יתבארו בברייתא שמביאה הגמרא מיד בסמוך.

28. ומאחר שלמדנו מגזירה שוה שאת הכסף עליו ליתן לאחיו הכהנים, כמו כן אין הוא זכאי להקריב ולאכול את קרבן האשם שלו, שהרי כפי שלמדנו הכסף והקרבן צריכים להינתן לאותו כהן. ובהכרח שהפסוק "וְאִישׁ אֶת קֳדָשָׁיו לוֹ יִהְיוּ", מדבר במקרים אחרים (עיין רש"י; ראב"ד). אולם יש חולקים וסוברים שהלימוד מגזירה שוה אינו מועיל אלא לגבי הכסף, אבל קרבן האשם שמביא הכהן שגזל, דינו ככל קרבנות כהן, שהכהן המביא רשאי להקריב ולאכול את הקרבן בכל זמן שירצה (תוספות רי"ד; מאירי).

אמנם גם לאחר תירוץ זה, דברי הברייתא שהביאה הגמרא טעונים הסבר. שאם התנא ששנה את הברייתא ידע שיש כאן גזירה שוה, אם כן מה אכפת לו שאפשר לומר שהכהן יכול להחזיק את הגזילה בידו מקל וחומר, הרי מכל מקום ניתן ללמוד מהגזירה שוה שאין הדין כך!? ואם התנא אינו יודע שיש גזירה שוה, מניין לו באמת שהכהן אינו זוכה בגזילה, והרי הוא מקריב את אשמו ואוכל אותו, ואם כך גם את הגזילה יכול הוא ליתן לעצמו!? (פני יהושע, וראה שם מה שכתב ליישב). ויש מי שהסביר שאכן הברייתא יודעת שישנה גזירה שוה, אלא שמאידך ניתן ללמוד מהפסוק "וְאִישׁ אֶת קֳדָשָׁיו לוֹ יִהְיוּ" שהכהן מקריב את אשמו ואוכל אותו וממילא גם הגזילה שייכת לו. ולכן אם ניתן ללמוד מהקל וחומר שהגזילה שלו, היינו אומרים שכך הדין, והגזירה שוה בהכרח נדרשת לענין אחר. אבל מאחר שיש פירכא לקל וחומר, מסתבר ללמוד מהגזירה שוה שעליו לתת את הגזילה לאחיו הכהנים, והפסוק מלמד על קרבנות אחרים (מהרש"א מהדורא בתרא).

29. נאמר בתורה (ויקרא כז, טז-כא): "וְאִם מִשְּׂדֵה אֲחֻזָּתוֹ יַקְדִּישׁ אִישׁ לַה'. . . וְאִם [המקדיש] לֹא יִגְאַל אֶת הַשָּׂדֶה וְאִם מָכַר [הגזבר] אֶת הַשָּׂדֶה לְאִישׁ אַחֵר לֹא יִגָּאֵל עוֹד [על ידי הבעלים]. [אלא] וְהָיָה הַשָּׂדֶה בְּצֵאתוֹ בַיֹּבֵל קֹדֶשׁ לַה' כִּשְׂדֵה הַחֵרֶם לַכֹּהֵן תִּהְיֶה אֲחֻזָּתוֹ". בפסוקים אלו לימדה התורה שאדם שהקדיש את שדה אחוזתו ולא גאלה עד שמכרה הגזבר לאיש אחר, אין הבעלים יכול לשוב ולגאול את שדהו. אלא השדה קנויה ללוקח עד היובל, וביובל יוצאת לכהנים, דהיינו שמתחלקת לכהני המשמר שבשבוע שלהם נכנסה שנת היובל (רש"י, על פי ערכין כה, ב).

מכלל דרבי יוסי הגלילי סבר אפילו לנפשיה נמי מצי מחיל אלא גזל הגר דקאמר רחמנא נתינה לכהנים היכי משכחת לה אמר רבא הכא במאי עסקינן כשגזל את הגר ונשבע לו ומת הגר והודה לאחר מיתה דבעידנא דאודי קנאו השם ונתנו לכהנים בעי רבינא גזל הגיורת מהו איש אמר רחמנא ולא אשה או דלמא אורחיה דקרא הוא אמר ליה רב אהרן לרבינא תא שמע דתניא איש אין לי אלא איש אשה מנין כשהוא אומר המושב הרי כאן שנים א"כ מה ת"ל איש איש אתה צריך לחזור אחריו אם יש לו גואלים אם לאו קטן אי אתה צריך לחזור אחריו בידוע שאין לו גואלין תנו רבנן לה' לכהן קנאו השם ונתנו לכהן שבאותו משמר אתה אומר לכהן שבאותו משמר או אינו אלא לכל כהן שירצה כשהוא אומר מלבד איל הכפורים אשר יכפר בו עליו הרי לכהן שבאותו משמר הכתוב מדבר ת"ר הרי שהיה גוזל כהן מנין שלא יאמר הואיל ויוצא לכהנים והרי הוא תחת ידי יהא שלי ודין הוא אי בשל אחרים הוא זוכה בשל עצמו לא כ"ש רבי נתן אומר בלשון אחר ומה דבר שאין לו חלק בו עד שיכנס ברשותו כשיכנס לרשותו אינו יכול להוציאו מידו דבר שיש לו חלק בו עד שלא יכנס ברשותו משנכנס לרשותו אינו דין דאין אחר יכול להוציאו מידו לא אם אמרת בדבר שאין לו חלק בו שכשם שאין לו חלק בו כך אין לאחרים חלק בו תאמר בגזל שכשם שיש לו חלק בו כך יש לאחרים חלק בו אלא גזילו יוצא מתחת ידו ומתחלק לכל אחיו הכהנים והכתיב ואיש את קדשיו לו יהיו הכא במאי עסקינן בכהן טמא אי בכהן טמא דבר שיש לו חלק בו מי אית ליה אלא אתיא לכהן לכהן משדה אחוזה דתניא אחוזתו מה ת"ל מנין לשדה היוצאה לכהנים ביובל וגאלה אחד מן הכהנים מנין שלא יאמר הואיל ויוצאה לכהנים ביובל והרי היא תחת ידי תהא שלי ודין הוא בשל אחרים אני זוכה בשל עצמי לא כ"ש ת"ל כשדה החרם לכהן תהיה אחוזתו אחוזה שלו ואין זו שלו הא כיצד יוצאה מתחת ידו ומתחלקת לכל אחיו הכהנים: תנו רבנן מנין לכהן שבא ומקריב קרבנותיו בכל עת ובכל שעה שירצה תלמוד לומר ובא בכל אות נפשו ושרת ומניין שעבודתה ועורה שלו תלמוד לומר ואיש את קדשיו לו יהיו הא כיצד אם היה בעל מום נותנה לכהן שבאותו משמר ועבודתה ועורה שלו ואם

רש"י

מכלל דרבי יוסי הגלילי סבר מצי מחיל לנפשיה. אפי' לא זקפו לרבא פרכינן: קנאו השם. הקב"ה כדכתיב המושב לה' לכהן: קנאו השם ונתנו לכהנים. אבל הודה בחיי הגר נעשה אצלו כמלוה וכי מיית גר מחיל לנפשיה: גזל הגיורת. שגזל אותה ונשבע והודה לאחר מיתה: מהו. מי נפיק לכהנים או זכה בה איהו: איש אמר רחמנא. אם אין לאיש גואל: הרי כאן שנים. תרי השבות כתיב להשיב המושב לישנא אחרינא תרי אשמות כתיבי להשיב האשם האשם המושב: צריכין לחזור אחריו. ולשאול אם יש לו בנים קודם שתתנהו לכהן: קטן. שאין איש בידוע שאין לו בנים יתנהו לכהנים ומהכא נפקא לן דקטן לאו בר אולודי הוא בסנהדרין בבן סורר ומורה (דף סט.): לכהן שבאותו משמר. שהוא בא להתכפר בו: כשהוא אומר מלבד איל הכפורים. משמע למי שזה ניתן זה ניתן ואיל הכפורים אין יכול להקריב אלא כהן שבאותו משמר כדכתיב (דברים יח) לבד ממכריו על האבות אני בשבתי ואתה בשבתך: הרי שהיה כהן גוזל. את הגר וכשהגיע משמר שלו בא והודה לאחר מיתת הגר: בשל אחרים. אם היה ישראל מביא גזל הגר במשמר זה הריני נוטל חלקי עם אחיי הכהנים בני המשמר: בשל עצמי לא כ"ש. שאטול את הכל: מה דבר שאין לו חלק בו. כגון כהן שהתנדב קרבן דאמרינן לקמן בשמעתין כהן בא ומקריב קרבנותיו בכל שעה שירצה ובשרה ועורה שלו דכתיב ואיש את קדשיו לו יהיו נמצא שאין לבני משמר חלק בו: (א) משנכנס לרשותו אין אחר יכול כו'. שאם נתנה לכהן אחר של אותו משמר שוב אין יכול להוציאו מידו שנאמר ואיש אשר יתן לכהן לו יהיה: דבר שיש לו חלק בו עד שלא נכנס ברשותו. שכיון שבא ישראל והביא גזל הגר למשמר זה אע"פ שנתנו לאחד מאחיו יש לו חלק בו: ל"א מה דבר (שלא נכנס ברשותו) כגון תרומות ומעשרות מפי עוקר הרים: כך אין לאחרים חלק בו. לפיכך משנתנו לך מי יעכב עליך: תאמר בגזל. הגר שהוא לכל בני משמר וכולם תובעין: והכתיב ואיש את קדשיו [וגו']. ונפקא לן לקמן מיניה שכהן מקריב קרבנותיו בכל עת שירצה ובשרה ועורה שלו והכא נמי האי איל אשם קרבנות דכהן הוא וזכי ביה וכיון דמקריב ליה וזכי ביה גזל נמי דידיה הוא כדאמרינן מלבד איל הכפורים למי שזה ניתן זה ניתן: בכהן טמא. דאין ראוי להקריב איל האשם: אי [בכהן] טמא. היכי מצי למימר דבר שיש לו חלק בו והא קיימא לן בזבחים (דף צח:) דאין טמא חולק בקדשי המקדש ואפילו בעורות (ב) וגזל הגר נמי קדשי המקדש הוא:

אלא. לעולם בכהן טהור והאי דמוציאין מידו משום דילפינן ג"ש כהן כהן משדה אחוזה ואיש את קדשיו במילי אחריני מתוקמא: אחוזתו. לכהן תהיה היה לו למימר ודיו ומה ת"ל אחוזתו: לשדה היוצאה לכהנים. מקדיש שדה אחוזה ולא גאלה מן ההקדש ומכרה גזבר לאחרים כשהיא יוצאה מיד הלוקח ביובל מתחלקת לכהנים משמר שנכנס בו יובל שנאמר ואם לא יגאל את השדה ואם מכר את השדה גזבר לא יגאל עוד בעלים אלא והיה השדה וגו' והכי תניא בת"כ ובערכין: וגאלה אחד מן הכהנים. כלומר והלוקח מן הגזבר כהן היה ומבני המשמר של יובל היה: שבא ומקריב. אם נדר קרבן או שהיה מוטל עליו חטאת ואשם חובה מקריב אף במשמר שאינו שלו: שעבודתה. שכר עבודתה דהיינו בשרה: אם היה בעל מום. ראוי לאכול ואין ראוי להקריב אין יכול לעשות שליח להקרבה מי שירצה אלא נותנה לבני המשמר והואיל והוא ראוי לאכילה קרינן ביה ואיש את קדשיו לפיכך עבודה ועורה שלו לשון אחר גרסינן עבודה ועורה לאנשי משמר כיון דהם הקריבוהו: ואם

תוספות

אלא גזל הגר דקאמר (ג) היכי משכחת לה. ה"ה דה"מ למפרך בתחילת סוגיא כי קאמר ר' יוסי הגלילי לא שנא לנפשיה ולא שנא לאחריני מצי מחיל אלא משום דהוו ליה פירכי אחריני לא חש למפרך: קטן אי אתה צריך לחזור עליו. וא"ת גזל גר קטן היכי משכחת לה והא אין זכיה לקטן כדאמרינן בפ"ק דב"מ (דף יב.) דגזל קטן מדבריהם ולא מדאורייתא וירושה ליכא למימר דגר אין יורש אביו דבר תורה וי"ל דדוקא מציאה דאין דעת אחרת מקנה אותו לא הוה אלא מדבריהם אבל כשדעת אחרת מקנה אותו קני מדאורייתא ובקטן שנתגייר עם אביו מיירי דלכ"ע מטבילין אותו אבל בלא אביו פלוגתא היא בפרק קמא דכתובות (דף יא.) אם מטבילים אותו על דעת בית דין: [ועי' תוס' סנהדרין סח: ד"ה קטן]

לכהן שבאותו משמר. אין נראה לפרש דבשעת הודאה כשמתחייב אלא למשמר שהיה בשעת הבאה שהרי בכל הקרבנות חטאות ואשמות נדרים ונדבות אין אנו הולכים אחר שעת החיוב ליתנו לאותו משמר שהיה באותה שעה שנדר או נדב או חטא שהוא מתחייב בה אלא אחר הבאה אנו הולכים וכמו כן בכאן:

מנין שלא יאמר. תימה דנקיט האי לישנא כיון דלא מקרא מייתי לה אלא מדינא:

ומה דבר שאין לו חלק בו עד שיכנס לרשותו. כגון תרומה וחלה וראשית הגז שטובת הנאה לבעליה ליתן לאיזה כהן שירצה משנכנס לרשותו אין אחר יכול להוציא מידו שיתחלק לבני משמר דאין מתחלק לאנשי משמר אלא מתנות:

לא אם אמרת בדבר שאין כו'. ללשון ראשון נמי דקאמר ודין הוא בשל אחרים אני זוכה יכול להקשות דיו לבא מן הדין להיות כנדון שלא יזכה בשל עצמו אלא כפי חלקו כמו בשל אחרים:

אחוזתו מה ת"ל. תימה להרשב"א למ"ל אחוזתו לומר שיוצאה מתחת ידו ומתחלקת לכל אחיו הכהנים דהיכי הוה אמינא בשל אחרים אני זוכה בשל עצמי לא כ"ש הא הכא שייך נמי למפרך כמו לעיל דיו לבא כו' ויש לומר דאיצטריך אחוזתו משום דה"א כיון שהיא תחת ידו תהא שלו דהוה ילפינן כהן כהן מגזל הגר ובגזל הגר ה"א דהוי שלו כדקאמר ואיש את קדשיו לו יהיו משום הכי איצטריך אחוזתו: מנין ליוצאה לכהנים כו'. ברייתא היא בערכין בפרק אין מקדישין (דף כה:): דכי

עין משפט נר מצוה

קסט א מיי' פ"ח מהל' גזילה ואבידה הל' ה ועי' בהשגות ובמ"מ:
קע ב מיי' שם הל' ז:
קעא ג מיי' שם הל' ה:
קעב ד מיי' שם הל' ט:
קעג ה מיי' פ"ד מהל' ערכין הלכה כג סמג עשין קלא:
קעד ו ז מיי' פ"ד מהלכות כלי המקדש הלכה ז וע"ש בהשגות ובכ"מ:
קעה ח מיי' שם הל' ח:

ליקוטי רש"י

מה ת"ל איש. ולא כתיב ואם אין לו גואל מאי טעמא כתיב איש אלא משום דכתיב ואם דמשמע פעמים שיש לו יורשים ולהכי כתיב איש ללמדך איש הוא דאיכא לספוקי שמא יוליד בנים משנתגייר ואיך ראשי להפקיע קרן שלו ולתתו לכהן עד שתדע שאין לו יורשים אבל קטן גר מסתמא גזל שלו שנשבע עליו ישראל לשקר לכהן הוא בידוע שאין לו גואלים [סנהדרין סט.]. לה' לכהן. בגזל הגר הכתוב מדבר שהרי בישראל אין לך אדם מישראל שאין לו גואלין אלא הגוזל את הגר ונשבע והודה ואחר כך מת [הגר] משלם קרן וחומש לכהן ואשם למזבח ואמרינן בפרק הגוזל בב"ק האשם זה הקרן המושב זה החומש מלבד איל הכפורים זה איל אשם שמביא על שבועת שקר שנשבע. הרי לכהן שבאותו משמר וכו'. דה"ק קרא שלכהן המכפר בו באיל הכפורים יהא קרן וחומש [ערכין כח:]. קנאו השם ונתנו לכהן. דמשולחן גבוה קזכו [מנחות מה:]. ואיש את קדשיו לו יהיו. לפי שנאמרו מתנות כהונה ולויה יכול יבואו ויטלום בזרוע תלמוד לומר ואיש את קדשיו לו יהיו [במדבר ה, ט]. לשדה היוצאה לכהנים ביובל. שראוי לתת לכהנים ביובל שהקדישה בעלים ולא גאלה. וגאלה אחד מן הכהנים. מיד גזבר. בשל אחרים אני זוכה. אם גאלה ישראל היתה יוצאה מידו ואני זוכה בה עם שאר אחיי. ת"ל לכהן תהיה אחוזתו. ואיכא למידרש הכי אחוזתו של כהן שירש מאביו תהא שלו אבל זו אינה שלו [ערכין כה:]. ומקריב קרבנותיו. של עצמו אפי' במשמר שאינו שלו. [מנחות עד.]. ובא בכל אות נפשו ושרת. למד על הכהן שבא ומקריב קרבנות נדבתו או חובתו ואפילו במשמר שאינו שלו [דברים יח, ו ז]. ומנין שעבודתה ועורה שלו. שהוא עצמו מקריבה ונוטל את העור ואפילו אינו נמלונו משמר המשמרת באותה שבת [תמורה כ:].

מסורת הש"ס

א) ס"א משכחת לה כשגזל רש"א, ב) [סנהדרין סט.], ג) ערכין כח:, ד) [מנחות מה:], ה) ערכין כה:, ו) [מנחות עד.], ז) ס"א שאין לו חלק בו, ח) [כדאי' בקדושין יז:].

הגהות הב"ח

(א) רש"י ד"ה משנכנס וכו'. נ"ב עיין בסמוך במשנה דף קי ע"א: (ב) ד"ה אי [בכהן] טמא וכו' וגזל הגר. נ"ב עיין לקמן סוף דף קי: (ג) תוס' ד"ה אלא גזל הגר דקאמר רחמנא נתינה לכהנים היכי משכחת:

תורה אור השלם

א) וְאִם אֵין לָאִישׁ גֹּאֵל לְהָשִׁיב הָאָשָׁם אֵלָיו הָאָשָׁם הַמּוּשָׁב לַיְיָ לַכֹּהֵן מִלְּבַד אֵיל הַכִּפֻּרִים אֲשֶׁר יְכַפֶּר בּוֹ עָלָיו: [במדבר ה, ח]

ב) וְאִישׁ אֶת קֳדָשָׁיו לוֹ יִהְיוּ אִישׁ אֲשֶׁר יִתֵּן לַכֹּהֵן לוֹ יִהְיֶה: [במדבר ה, י]

ג) וְהָיָה הַשָּׂדֶה בְּצֵאתוֹ בַיֹּבֵל קֹדֶשׁ לַיְיָ כִּשְׂדֵה הַחֵרֶם לַכֹּהֵן תִּהְיֶה אֲחֻזָּתוֹ: [ויקרא כז, כא]

ד) וְכִי יָבֹא הַלֵּוִי מֵאַחַד שְׁעָרֶיךָ מִכָּל יִשְׂרָאֵל אֲשֶׁר הוּא גָּר שָׁם וּבָא בְּכָל אַוַּת נַפְשׁוֹ אֶל הַמָּקוֹם אֲשֶׁר יִבְחַר יְיָ: [דברים יח, ו]

וְשֵׁרֵת בְּשֵׁם יְיָ אֱלֹהָיו כְּכָל אֶחָיו הַלְוִיִּם הָעֹמְדִים שָׁם לִפְנֵי יְיָ: [דברים יח, ז]

"**אֲחֻזָּתוֹ**" מיותרת, שהרי היה די בכך שתאמר התורה "לַכֹּהֵן תִּהְיֶה", **מַה תַּלְמוּד לוֹמַר** – מה באה התורה ללמדנו באומרה מילה זו[30]? התורה באה ללמד: **מִנַּיִן לְשָׂדֶה הַיּוֹצְאָה לַכֹּהֲנִים בַּיּוֹבֵל**, דהיינו, שדה אחוזה שהקדישה בעליה ולא פדאה ומכרה הגזבר לאדם אחר, **וּגְאָלָהּ** – והלוקח מן הגזבר היה **אֶחָד מִן הַכֹּהֲנִים** של המשמר שעתיד לשרת במקדש בשעת כניסת היובל[31]; **מִנַּיִן שֶׁלֹּא יֹאמַר** אותו כהן: **הוֹאִיל** וְהשדה **יוֹצְאָה לַכֹּהֲנִים בַּיּוֹבֵל**, ודינה להתחלק בין בני המשמר שלי, **וַהֲרֵי הִיא** כבר **תַּחַת יָדִי**, אם כן אזכה בה **שֶׁתְּהֵא שֶׁלִּי? וְדִין הוּא** – ויש לי קל וחומר המסייע לדברי: שכן אם **בְּשֶׁל אֲחֵרִים** – בשדה שקנו אחרים מהגזבר, דהיינו שהקדישוה הבעלים וקנאה ישראל אחר, השדה היתה יוצאת מידו ביובל **וַאֲנִי** הייתי **זוֹכֶה** בה יחד עם אחי הכהנים שבמשמר שלי, שהרי היובל נכנס בזמן המשמר שלנו; אם כן, **בְּשדה שֶׁל עַצְמִי** – שאני עצמי קניתי, **לֹא כָּל שֶׁכֵּן** שאוכל להחזיק בכל השדה[32]? **תַּלְמוּד לוֹמַר** – כדי ללמד דבר זה אמרה התורה: "**כִּשְׂדֵה הַחֵרֶם לַכֹּהֵן תִּהְיֶה אֲחֻזָּתוֹ**", והכתוב נדרש כך: שדה **אֲחוּזָּה** של הכהן שירשה מאבותיו, היא יכולה להיות **שֶׁלּוֹ** לעולם, **וְאֵין זוֹ** – השדה שהוקדשה וקנאה מהגזבר, יכולה להיות **שֶׁלּוֹ** לעולם[33]. **הָא כֵּיצַד** הוא דין שדה זו? שתהא **יוֹצְאָה** ביובל **מִתַּחַת יָדוֹ**, ותהא **מִתְחַלֶּקֶת לְכָל אֶחָיו הַכֹּהֲנִים** שבמשמר שבזמנו נכנס היובל[34].

מדברי הברייתא והגמרא לעיל התבאר שכהן המביא קרבן רשאי להקריבו וליטול לעצמו את הבשר והעור, אף בזמן שמשמר אחר משרת בבית המקדש. כעת מביאה הגמרא את הברייתא שלימדה דין זה:

תָּנוּ רַבָּנָן בברייתא: **מִנַּיִן לְכֹהֵן** שנדר להביא בהמה לקרבן או שמוטל עליו חיוב להביא בהמה לקרבן חטאת או אשם, **שֶׁבָּא וּמַקְרִיב** את **קָרְבְּנוֹתָיו בְּכָל עֵת וּבְכָל שָׁעָה שֶׁיִּרְצֶה**, ואפילו בזמן המשמר שאינו שלו[35]? **תַּלְמוּד לוֹמַר** – התורה מלמדת דין זה באומרה (דברים יח, ו-ז): "וְכִי יָבֹא הַלֵּוִי מֵאַחַד שְׁעָרֶיךָ... **וּבָא בְּכָל אַוַּת נַפְשׁוֹ** אֶל הַמָּקוֹם אֲשֶׁר יִבְחַר ה׳ **וְשֵׁרֵת** בְּשֵׁם ה׳ אֱלֹהָיו כְּכָל אֶחָיו הַלְוִיִּם הָעֹמְדִים שָׁם לִפְנֵי ה׳"[36]. **וּמִנַּיִין** שכהן שמביא את קרבנותיו, **שֶׁעֲבוֹדָתָהּ** (שכר עבודתה, דהיינו בשרה[37]) **וְעוֹרָהּ** של הבהמה שהביא, **שֶׁלּוֹ** הם? **תַּלְמוּד לוֹמַר** – התורה מלמדת דין זה באומרה (במדבר ה, י): "**וְאִישׁ אֶת קֳדָשָׁיו לוֹ יִהְיוּ**". **הָא כֵּיצַד** – באיזה מקרה יש צורך בלימוד הזה[38]? **אִם** הכהן בעל הקרבן **הָיָה בַּעַל מוּם**, שראוי לאכילה ואינו ראוי לעבודה; הרי הוא **נוֹתְנָהּ** (את הבהמה שהביא לקרבן) **לְכֹהֵן שֶׁבְּאוֹתוֹ מִשְׁמָר** שיקריב אותה, שמאחר שהוא עצמו אינו יכול להקריב קרבן זה, אין הוא יכול למנות שליח להקרבה את מי שירצה[39]; ומכל מקום הואיל והוא ראוי לאכילה, הרי גם הוא נכלל בפסוק "וְאִישׁ אֶת קֳדָשָׁיו לוֹ יִהְיוּ", **וְלכן עֲבוֹדָתָהּ** (בשרה) **וְעוֹרָהּ** של בהמת הקרבן **שֶׁלּוֹ** הם[40].

הערות

30. רש"י.

31. רש"י.

32. אמנם גם קל וחומר זה ניתן לפרוך בנקל, על פי הכלל ש"דיו לבא מן הדין להיות כנידון" (ראה לעיל הערה 17). ומכל מקום כאן יש מקום לטענת הכהן, שהרי כל עוד אין לנו מקור לכך ששדה אחוזה מתחלקת לשאר הכהנים, היה הדין שבגזל הגר יכול הכהן הגזלן להחזיק בגזילה, ואם כן היינו לומדים שדה אחוזה בגזירה שוה מגזל הגר (תוספות ד"ה אחוזתו; וראה תוספות רי"ד).

33. רש"י ערכין כה, ב ד"ה תלמוד לומר לכהן תהיה אחוזתו.

נמצא שהברייתא דורשת שהאמור בסוף הפסוק "לַכֹּהֵן תִּהְיֶה", אינו מתייחס לשדה שהקדישוה הבעלים ולא פדאוה, שעליה מדובר בתחילת הפסוק. אלא הרי זה כאילו נאמרו בפסוק שני דינים: (א) "וְהָיָה הַשָּׂדֶה [שהקדישו הבעלים ומכר הגזבר לאחר] בְּצֵאתוֹ בַיֹּבֵל קֹדֶשׁ לַה׳ כִּשְׂדֵה הַחֵרֶם", דהיינו שביובל הכהנים זוכים בשדה, כדין שדה החרם שנתונה לכהנים; (ב) "לַכֹּהֵן תִּהְיֶה אֲחֻזָּתוֹ", דהיינו, שדוקא שדה אחוזתו של הכהן תהיה שלו לעולם, אבל אם קנה מהגזבר את שדה אחוזתו של אדם אחר, אותה שדה לא תהיה שייכת לו לעולם. ויש לדבר זה רמז בלשון הכתוב, שכן בחלקו הראשון של הפסוק, השדה נקראת בלשון זכר "וְהָיָה הַשָּׂדֶה בְּצֵאתוֹ", ואילו בחלקו השני כתבה התורה "לַכֹּהֵן תִּהְיֶה אֲחֻזָּתוֹ" בלשון נקיבה, ומשמע שהיא מתייחסת לשדה אחר, דהיינו לשדה אחוזתו של הכהן (תוספות רבינו פרץ; שיטה מקובצת בשם הרא"ש; דעת זקנים מבעלי התוספות, ויקרא שם).

34. נמצא שלגבי שדה אחוזה, הדין הוא שאפילו כהן מבני המשמר שבזמנו נכנס היובל המחזיק בשדה, חייב ליתנה לאחיו הכהנים שבאותו משמר. הלכך הגזירה שוה "לַכֹּהֵן" "לַכֹּהֵן" מלמדת שהוא הדין כהן שגזל גר שמת בלי יורשים, חייב להוציא את הגזילה מתחת ידו וליתנה לאחיו הכהנים שבמשמר שבזמנו הביא הגזילה, אף אם הוא עצמו הינו אחד מכהני אותו משמר.

לגבי שדה אחוזה, נראה פשוט לכאורה שהכהן שקנה את השדה זוכה בחלקו ככל כהני המשמר. ואם כן מסתבר לומר שגם לגבי גזל הגר, הכהן הגזלן יזכה בחלקו יחד עם שאר כהני המשמר. וכל הנידון בברייתות אינו אלא ללמד שאין הכהן זוכה בכל השדה ובכל הגזילה. ואף שלגבי הגוזל את אביו למדנו שהגזלן מחוייב להוציא את הגזילה מידו, יש לומר שמאחר שה׳ זכה בגזילה והכהן זוכה בה מ"שלחן גבוה", הרי זה כאילו הוציאה מידו, אלא שה׳ החזיר לו את חלקו (ים של שלמה סד; וראה תוספות ד"ה לכהן).

[המשמר שמשרת בזמן כניסת היובל, היינו המשמר שמשרת ביום הכפורים בשנה שבה חל היובל, שאז מתחילה שנת היובל (ראה רש"י ויקרא שם, על פי ערכין כח, ב). אולם יש סוברים שהכוונה למשמר המשרת בראש השנה של שנת היובל (ראה רמב"ם, הלכות ערכים וחרמים ד, כא; לדיון נרחב בשאלה זו עיין לחם משנה שם; משנה למלך שם).]

[גם בדין זה של מקדיש שדה אחוזה, השדה אינה מתחלקת לאנשי הבית אב שמשרת ביום כניסת היובל בלבד, אלא לכל כהני המשמר שמשרתים באותו שבוע (תוספות רי"ד ד"ה לכהן שבאותו משמר; חזון איש כ, יד ד"ה וכן שדה אחוזה; ראה לעיל הערה 15).]

35. רש"י.

36. "הַלֵּוִי" שנאמר בפסוק זה הינו כהן, שהרי נאמר "וְשֵׁרֵת", והלויים אינם ראויים לשרת במקדש (רש"י דברים שם, על פי הספרי שם פיסקא קסח; וראה גם רמב"ם הלכות כלי המקדש ד, ו). הפסוק מדבר על קרבנות שכל הכהנים יכולים להקריב, ואף כהן שאינו מהמשמר המשרת באותו זמן [וכפי שנאמר שם בסוף הפרשה: "לְבַד מִמְכָּרָיו עַל הָאָבוֹת", שפירושו מלבד מהקרבנות שמכרו האבות זה לזה בזמן שנחלקו הכהנים למשמרות, שאותם מקריבים רק בני המשמר המשרת (ראה לעיל הערה 14)]. הברייתא לומדת שהמילים "וּבָא בְּכָל אַוַּת נַפְשׁוֹ", רומזות לקרבנות שהובאו בגלל תאות נפשו של הכהן [דהיינו מחמת עצמו], ולא בגלל חיובו לעבוד בזמן המשמר שלו. ונמצא שמפסוק זה למדנו שהכהן יכול להקריב את קרבנותיו בכל עת שירצה, ואין כהני המשמר המשרת באותה שעה יכולים לעכב בידו (מזרחי דברים שם; עמק הנצי"ב על הספרי שם). [ראה גם בספרי וברש"י שם, שפסוק זה מלמד גם שהכהנים העולים לרגל לירושלים מקריבים יחד עם כהני המשמר את הקרבנות הבאים מחמת הרגל.]

37. רש"י. אולם יש שהקשו על דבריו, שמדברי הברייתא מיד בסמוך מבואר שישנם מקרים שהכהן העובד אינו זוכה בבשר, ואם כן נראה שהבשר אינו ניתן לכהנים כשכר על עבודתם. ולכן פירשו הם שהבשר נקרא "עבודתה" משום שאכילת הבשר על ידי הכהנים נחשבת כעבודה, וכפי שלמדנו (פסחים נט, ב) שאין הבעלים מתכפרים לגמרי כל זמן שהכהנים לא אכלו את הבשר (רשב"א; וראה להלן קי, א הערה 3; לתוספת דיון במחלוקת זו עיין רדב"ז הלכות כלי המקדש והעובדים בו ד, ז; וראה להלן הערה 40).

38. אין לומר שהדרשה מהפסוק "וְאִישׁ אֶת קֳדָשָׁיו לוֹ יִהְיוּ" מתייחסת למקרה הפשוט שהכהן מקריב את קרבנו. שכן במקרה כזה אין צורך ללמוד מפסוק זה שהוא זוכה בבשר ובעור, שהרי כבר נאמר לגבי כל הקרבנות (ויקרא ז, ט): "לַכֹּהֵן הַמַּקְרִיב אֹתָהּ לוֹ תִהְיֶה" (ראה סוכה נו, א ורש"י שם ד"ה מהתם נפקא). משום כך שואלת הברייתא "הא כיצד", כלומר באיזה מקרה יש צורך לדרשה מיוחדת מהפסוק "וְאִישׁ אֶת קֳדָשָׁיו לוֹ יִהְיוּ" כדי ללמד שהבשר והעור שייכים לכהן בעל הקרבן (ראה תוספות רבינו פרץ; שיטה מקובצת בשם הרא"ש; חכמת שלמה; תורת חיים; לתוספת דיון ראה להלן הערה 40).

39. שאף שהכהן יכול למנות כהן אחר שיקריב עבורו את קרבנו, היינו כאשר הוא עצמו ראוי להקרבה, אבל כהן שאינו ראוי להקרבה, אינו יכול למנות שליח (עיין להלן קי, א; רש"י כאן, ושם ד"ה לכל כהן שירצה; שיטה מקובצת שם בשם הרמ"ה; לדיון בטעם הדבר ראה שם הערה 5).

40. רש"י.

כפי שהתבאר לעיל (הערה 38), אין לומר שהדרשה מהפסוק "וְאִישׁ אֶת קֳדָשָׁיו לוֹ יִהְיוּ" מתייחסת למקרה הפשוט שהכהן מקריב את קרבנו, לפיכך מבארת הברייתא שהפסוק מלמד שאפילו במקרה שהכהן אינו מקריב את קרבנותיו, מכל מקום אם הוא ראוי לאכילה, הרי הוא זוכה בבשר ובעור (תוספות רבינו פרץ; שיטה מקובצת בשם הרא"ש).

אולם יש גורסים כאן "ועבודתה ועורה **לאנשי משמר**", שמכיון שהקריבו את הקרבן הרי הם זוכים בבשר ובעור (רש"י, בשם "לשון אחר"; וכן פסק הרמב"ם הלכות כלי המקדש והעובדים בו ד, ח; וראה רדב"ז שם; ראה גם לעיל הערה 37). לפי גירסא זו לשון "הא כיצד" אינה מתיישבת, שהרי במקרה זה הדין אינו כמו שדרשנו מהפסוק. ואולי אלו שגורסים כך באמת אינם גורסים את המילים "הא כיצד" (חכמת שלמה; וראה תורת חיים).

וְאִם הָיָה הכהן המביא את הקרבן **זָקֵן אוֹ חוֹלֶה** שראוי לעבודה ואינו ראוי לאכילה[1]; **נוֹתְנָהּ** (את הבהמה שמביא לקרבן) **לְכָל כֹּהֵן שֶׁיִּרְצֶה** שיקריב אותה עבורו, שמאחר שהוא עצמו ראוי לעבודה, יכול לעשות שליח שיקריב בשליחותו; **וַעֲבוֹדָתָהּ** (בשרה) **וְעוֹרָהּ** של הבהמה ניתנים **לְאַנְשֵׁי מִשְׁמָר**, שמאחר שבעליה אינו ראוי לאכילה, אין הוא יכול לעשות שליח לאכילה[2].

הגמרא מעיינת בהוראה האחרונה שבברייתא:

הַאי זָקֵן אוֹ חוֹלֶה הֵיכִי דָּמֵי — באיזה זקן או חולה מדברת הברייתא? **אִי דְּמָצֵי עָבִיד עֲבוֹדָה** — אם מדובר במי שלמרות זקנתו או מחלתו יכול לעבוד עבודה, בין אם זו עבודת ההקרבה ובין אם זו עבודת האכילה[3], אם כן **עֲבוֹדָתָהּ וְעוֹרָהּ נַמִּי תֶּיהֱוֵי דִּידֵיהּ** — גם בשר הבהמה ועורה שיהיו של הכהן המקריבה בשליחותו, שמאחר שהמשלח ראוי בעצמו לאכול את הקרבן, ודאי שיכול לעשות שליח לאכילה כפי שיכול לעשות שליח להקרבה[4]! **וְאִי דְּלָא מָצֵי עָבִיד עֲבוֹדָה** — ואם מדובר במי שמחמת זקנתו או מחלתו אינו ראוי לעבודות ההקרבה והאכילה, **שָׁלִיחַ הֵיכִי מְשַׁוֵּי** — כיצד יכול הוא למנות שליח להקריב עבורו[5]?

משיבה הגמרא:

אָמַר רַב פָּפָּא: הברייתא מדברת בכהן **שֶׁיָּכוֹל לַעֲשׂוֹת** את עבודות ההקרבה והאכילה **עַל יְדֵי הַדְּחָק**, כלומר, שקשה לו לעשותן אבל יכול לדחוק את עצמו ולעשות. הלכך לגבי **עֲבוֹדָה** של הקרבת הקרבן, **דְּכִי עָבִיד לֵיהּ עַל יְדֵי הַדְּחָק עֲבוֹדָה הִיא** — שאם עושה אותה על ידי הדחק עבודתו כשרה[6], הרי הוא נחשב ראוי לעבודה זו, **וּמְשַׁוֵּי שָׁלִיחַ** — ויכול למנות שליח במקומו. אבל לגבי **אֲכִילָה, דְּכִי אָכִיל עַל יְדֵי הַדְּחָק אֲכִילָה גַּסָּה הִיא** — שאם היה אוכל על ידי הדחק אכילתו היתה נחשבת ל"אכילה גסה", דהיינו אכילה שנפשו קצה בה[7], **וַאֲכִילָה גַּסָּה לַאו כְּלוּם הוּא** — ואכילה גסה אינה נחשבת "אכילה" לענין דיני התורה התלויים באכילה[8]; נמצא שאין הוא ראוי לאכול בעצמו את הקרבן, הלכך אינו יכול למנות כהן אחר לשליח שיאכל במקומו, **וּמִשּׁוּם הָכִי** (ומשום כך) **עֲבוֹדָתָהּ** (בשרה) **וְעוֹרָהּ** ניתנים **לְאַנְשֵׁי מִשְׁמָר**[9].

הערות

1. וכפי שמפרשת הגמרא בהמשך, שהברייתא מדברת באופן שהכהן נחשב ראוי לעבודה ואינו ראוי לאכילה (רש"י).

2. רש"י. נמצא שהכלל הוא שכל עבודה שיכול לעשות בעצמו, בין עבודת הקרבת הקרבן ובין עבודת אכילתו, הרי הוא זוכה בה ויכול גם למנות שליח שיעשנה במקומו. אולם דבר שאינו יכול לעשות בעצמו, חייב ליתן לאנשי המשמר. ולכן כהן בעל מום, שראוי לאכילה ואינו ראוי לעבודה, זוכה בבשר ובעור ולא בהקרבה. ואילו זקן או חולה, הראויים להקרבה ולא לאכילה, זוכים בהקרבה ויכולים למנות שליח מי שירצו, ואינם זוכים בבשר ובעור (שיטה מקובצת בשם הרמ"ה; בטעם הדבר שיכול למנות שליח רק בדבר שיכול לעשות בעצמו, ראה להלן הערה 5; לבירור נוסף בענין הצורך בשליחות לאכילת הקרבן על ידי הכהנים, ראה מהר"ץ חיות ומהר"ם שיק על תרי"ג מצוות תקט, ג; לדיון בשאלה האם גם העורות אינם ניתנים לכהן הטמא ראה להלן הערה 9).

[באופנים שהכהן יכול למנות שליח, יכול הוא למנות אף כהן שאינו במשמר המשרת (מאירי; מנחת חינוך תקט, ה; אור שמח הלכות כלי המקדש והעובדים בו ד, ח; וראה לעיל קט, ב הערה 18 ולהלן הערה 11.]

3. שיטה מקובצת בשם הרמ"ה. [גם אכילת הקרבן נקראת "עבודה" (ראה רשב"א לעיל קט, ב; אך עיין הערה 37 שם).]

שאלת הגמרא מבוססת על ההנחה שמבחינת הקושי בדבר אין הבדל בין הקרבה לאכילה. ואם כן, כהן שאינו יכול לאכול את הקרבן מחמת חולשתו, ודאי שכמו כן אין ביכולתו להקריבו, ואם יש ביכולתו להקריב, ודאי שכמו כן יכול הוא גם לאוכלו (מהרש"א מהדורא בתרא).

4. כאשר כהן שראוי להקרבה ולאכילה נותן לכהן אחר להקריב את קרבנו, הכהן המקריב זוכה גם בבשר ובעור של הקרבן. שכשם שאילו המשלח היה מקריב בעצמו, הבשר והעור היו שייכים לו, ואין לאנשי המשמר זכות בהם. כך גם כשעושה שליח שיקריב במקומו, הבשר והעור שייכים לשליח, ואין לאנשי המשמר זכות בהם. וכמו כן אין הכהן המשלח זוכה בבשר ובעור, שהרי הבשר והעור הם שכר עבור עבודת ההקרבה (ראה רמב"ם, הלכות כלי המקדש והעובדים בו ד, ז, ומהר"י קורקוס וכסף משנה ורדב"ז שם בדעתו; וראה במהר"י קורקוס וברדב"ז שם ובפנים מאירות לעיל קט, ב, שנראה שזו גם דעת רש"י, עיין לעיל שם הערה 18 והערה 37). לפי זה, צריך לפרש שמה שאומרת הגמרא כאן "עבודתה ועורה נמי תהוי **דידיה**", כוונתה שיהיו של הכהן השליח [וכמו שפירשנו בפנים] (מהר"י קורקוס שם; כסף משנה שם; רדב"ז שם; אולם עיין מנחת חינוך תקט, ה).

אולם יש חולקים על האמור, וסוברים שבמקרה שכהן נותן את קרבנו לכהן אחר, הבשר והעור שייכים לכהן המשלח שהוא הבעלים של הקרבן (ראב"ד שם). לפי דרכם צריך לפרש שמה שאומרת הגמרא כאן "עבודתה ועורה נמי תהוי **דידיה**", כוונתה שיהיו של הכהן בעל הקרבן (מהר"י קורקוס שם; כסף משנה שם; רדב"ז שם; וראה כסף משנה שם, שפשט הגמרא נראה כפירוש זה; אולם עיין רדב"ז שם ומרכבת המשנה שם; לדיון נוסף במחלוקתם ראה אבן האזל שם; זכרון שמואל, עז; לדעה נוספת בדין זה עיין מאירי).

5. כפי שביארנו לעיל (קט, ב הערה 39, וכאן הערה 2), אין הכהן יכול למנות כהן אחר לשליח שיעבוד במקומו, אלא אם הוא ראוי לעבודה בעצמו. והיינו משום שכך הוא הכלל בדיני שליחות, שכל דבר שאדם אינו ראוי לעשותו, אין הוא יכול למנות שליח שיעשנו עבורו (ראה נזיר יב, ב), ואף בנדון שלפנינו אין הכהן יכול למנות שליח אלא לעבודה שיכול לעשות בעצמו (ראה שו"ת בית אפרים, חושן משפט סז [קא, ד]; שו"ת שואל ומשיב, קמא ב, קי [נג, א]; מהר"ץ חיות; מנחת חינוך תקט, ה; אך ראה מחנה אפרים על הרמב"ם הלכות גירושין ג, טו; מהר"ם שיק לתרי"ג מצוות, תקט, ג). ואמנם בדרך כלל אין צורך שהבעלים ימנו את הכהן לשלוחם, שהרי ההלכה היא שהכהנים נחשבים שלוחי ה' לעבודה. אלא שהיינו במקום שכהני המשמר עובדים כדינם. אולם בנדון שלפנינו שבעל הקרבן רוצה למנות כהן מיוחד [ואף שאינו מהמשמר המשרת], אין זה אלא מחמת שהוא עצמו יכול להקריב, והוא ממנה את הכהן השני לשלוחו, ומשום כך זוכה השני בכל מה שהיה זוכה הראשון. ולכן במקום שאינו יכול למנות שליח, חזר הדין שכהני המשמר זכאים להקריב את הקרבן ולאוכלו (בית אפרים שם; שואל ומשיב שם). ויש מי שכתב שגם באופנים שמצד דיני שליחות היה הכהן יכול למנות שליח, מכל מקום כהן שאינו ראוי להקריב אינו יכול למנות כהן אחר תחתיו. משום שמעיקר הדין הקרבנות שייכים לאנשי המשמר, ואף שלכהן עצמו זיכתה התורה שיבוא בכל עת להקריב את קרבנותיו, זכות זו ניתנה לו בלבד, ואין הוא יכול להעבירה לכהן אחר. לפיכך היה מהראוי להיות שבני המשמר יעכבו עליו שלא יתן את זכותו לכהן אחר. אלא שאם יכול להקריב, הרי הוא אומר לבני המשמר, מה הפסד יש לכם, הרי אם הייתי רוצה הייתי יכול להקריב בעצמי. אבל במקום שאינו יכול להקריב בעצמו, חוזר הדין למקומו שבני המשמר יכולים לעכב עליו שלא יתן את קרבנו אלא להם (נודע ביהודה ב, אבן העזר סט; וראה זכרון שמואל סוף סימן עז; עיין גם רש"י יבמות צט, ב ד"ה ואין מוציאין, ותוספות שם ד"ה ואין מוציאין).

6. שלא מצאנו שהגבילה התורה את גילו של הכהן שראוי לעבוד בבית המקדש. אלא שחכמים נתנו שיעור עד שיהיו ידיו ורגליו רועדות מחמת חולשה (תוספות).

7. רש"י; וראה בהערה הבאה.

8. והיינו כמו שהורה ריש לקיש (יומא פ, ב; יבמות מ, א) שהאוכל אכילה גסה ביום הכפורים פטור. ולמד זאת מהכתוב (ויקרא כג, כט): "כִּי כָל הַנֶּפֶשׁ אֲשֶׁר לֹא תְעֻנֶּה", ואכילה גסה אינה מבטלת את העינוי, שכן אינה מהנה את הגוף אלא מזיקתו, והרי היא עצמה עינוי (ראה רש"י יבמות שם ד"ה אכילה גסה). ומדבריו הוכיחה הגמרא ביבמות שכמו כן אין הכהנים רשאים לאכול אכילה גסה את שיירי המנחה, לפי שנאמר בה (ויקרא ו, ט): "וְהַנּוֹתֶרֶת מִמֶּנָּה **יֹאכְלוּ** אַהֲרֹן וּבָנָיו", ואכילה גסה אינה נחשבת "אכילה" (ראה רש"י שם ד"ה פטור; וראה ריטב"א שם המבאר כיצד ניתן ללמוד מיום הכפורים, שלא נאמר בו בפירוש איסור "אכילה", לכל דיני התורה התלויים באכילה). וכמו כן במקרה שלפנינו, מכיון שהוא קץ באכילתו מפני זקנתו או חוליו, אין הוא ראוי לקיים את מצות (שמות כט, לג): "**וְאָכְלוּ** אֹתָם אֲשֶׁר כֻּפַּר בָּהֶם" (תוספות).

[רש"י כאן כותב שאכילה גסה היינו אכילה שנפשו קצה בה. ואכן, יש ראשונים שסוברים שמה שאמרו שאכילה גסה אינה נחשבת "אכילה", היינו דוקא אכילה כזו שהאדם שבע כל כך עד שקץ באכילתו. אולם כל שאינו שבע כל כך, אף שאינו מתאוה לאכול ואין לו הנאה מהאכילה, אין זו אכילה גסה (עיין תוספות כאן [בתירוץ השלישי], וביבמות שם ד"ה אכילה גסה, ובפסחים קז, ב ד"ה דלמא; תוספות ישנים ותוספות הרא"ש יומא שם; וראה שלחן ערוך אורח חיים תריב, ו; אולם עיין פרי חדש שם, ו, שדייק מלשון רש"י יומא פ, ב ד"ה אכילה גסה, שאינו סובר כדעה זו; ראה גם מהדורתנו ליומא שם הערה 29 וביבמות שם הערה 6).]

9. הגמרא מתרצת שודאי אין הבדל במציאות בין עבודת הקרבה לעבודת אכילה, ומי שראוי לזה ראוי גם לזה, ומי שאינו ראוי לזה אינו ראוי גם לזה. אלא שהברייתא מדברת במי שראוי לשתי העבודות על ידי הדחק, וההבדל ביניהן הוא בדינו של הראוי על ידי הדחק (מהרש"א מהדורא בתרא).

ואכן, במקום שהכהן אינו ראוי מחמת זקנתו או מחלתו לעבודה אף על ידי הדחק, אין הוא יכול למנות שליח להקרבה, אלא עליו לתת את הקרבן לאנשי המשמר שיקריבוהו עבורו (רמב"ם הלכות כלי המקדש והעובדים בו ד, ח; מאירי).

לפי הגירסא לפנינו "עבודתה ועורה לאנשי משמר", מבואר שאף שהכהן החולה ראוי להשתמש בעורות, גם בהם אין הוא זוכה. והיינו משום שכפי שלימדה המשנה

ואם היה זקן או חולה נותנה לכל כהן שירצה ועבודתה ועורה לאנשי משמר האי זקן או חולה היכי דמי אי דמצי עביד עבודה עבודתה ועורה נמי תיהוי דידיה ואי דלא מצי עביד עבודה שליח היכי משוי אמר רב פפא [א]שיכול לעשות על ידי הדחק עבודה דכי עביד ליה ע"י הדחק עבודה היא ומשוי שליח אכילה (א) דכי אכיל על ידי הדחק אכילה גסה היא [ב]ואכילה גסה לאו כלום הוא משום הכי עבודתה ועורה לאנשי משמר אמר רב ששת [ג]אם היה כהן טמא בקרבן צבור נותנה לכל מי שירצה ועבודתה ועורה לאנשי משמר היכי דמי אי דאיכא טהורים טמאים מי מצו עבדי ואי דליכא טהורים עבודתה ועורה לאנשי משמר הא טמאים נינהו ולא מצו אכלי אמר רבא [ד]אימא לבעלי מומין טהורין שבאותו משמר אמר רב אשי [ה]אם היה כהן גדול אונן נותנה לכל כהן שירצה ועבודתה ועורה לאנשי משמר מאי קמ"ל תנינא (ב) [ו]כהן גדול מקריב אונן [ז]ואינו אוכל [ח]ואינו חולק לאכול לערב ס"ד אמינא כי חס רחמנא עליה דכהן גדול לקרובי הוא אבל לשוויי שליח לא מצי משוי קמ"ל:

מתני' [ט]הגוזל את הגר ונשבע לו ומת הרי זה משלם קרן וחומש לכהנים ואשם למזבח שנאמר (א) ואם אין לאיש גואל להשיב האשם אליו האשם המושב לה' לכהן מלבד איל הכפורים אשר יכפר בו עליו [י]היה מעלה את הכסף ואת האשם ומת הכסף ינתן לבניו והאשם ירעה עד שיסתאב וימכר ויפלו דמיו לנדבה (א) [כ]נתן הכסף לאנשי משמר ומת אין היורשין יכולין להוציא מידם שנאמר (ב) ואיש אשר יתן לכהן לו יהיה [ל]נתן הכסף ליהויריב ואשם לידעיה יצא [מ]אשם ליהויריב וכסף לידעיה אם קיים האשם יקריבוהו בני ידעיה ואם לא יחזיר ויביא אשם אחר שהמביא גזילו עד שלא הביא אשמו יצא הביא אשמו עד שלא הביא גזילו לא יצא [נ]נתן את הקרן ולא נתן את החומש אין החומש מעכב:

גמ' ת"ר אשם זה קרן המושב זה חומש או אינו אלא אשם זה איל ולמאי נפקא מינה לאפוקי מדרבא דאמר רבא [ס]גזל הגר שהחזירו בלילה לא יצא החזירו חצאין לא יצא מ"ט אשם קרייה רחמנא כשהוא אומר מלבד איל הכפורים הוי אומר אשם זה קרן תניא אידך אשם זה קרן המושב זה חומש או אינו אלא אשם זה חומש למאי נפקא מינה לאפוקי ממתניתין דתנן נתן לו את הקרן ולא נתן לו את החומש אין החומש מעכב אדרבה חומש מעכב כשהוא אומר (ג) והשיב את אשמו בראשו וחמישיתו הוי אומר אשם זה קרן תניא אידך אשם זה קרן המושב זה חומש ובגזל הגר הכתוב מדבר או אינו אלא המושב זה כפל ובגניבת הגר הכתוב מדבר כשהוא אומר והשיב את אשמו בראשו וחמישיתו הרי בממון המשתלם בראש הכתוב מדבר גופא [ע]אמר רבא גזל הגר שהחזירו בלילה לא יצא החזירוהו חצאין לא יצא מאי טעמא אשם קרייה רחמנא ואמר רבא [פ]גזל הגר שאין בו שוה פרוטה לכל כהן וכהן לא יצא ידי חובתו מ"ט דכתיב האשם המושב עד שיהא השבה לכל כהן וכהן בעי רבא אין בו למשמרת יהויריב ויש בו למשמרת

רש"י

ואם היה זקן. וראוי לעבודה כדמפרש לקמן ואין ראוי לאכילה: **נותנה.** להקריב: **לכל כהן שירצה.** דהואיל דהוא חזי לעבודה מצי לשוייה שליח: **ועבודתה ועורה לאנשי משמר.** דכיון דלא חזי לאכילה לא משוי שליח לאכילה: **אכילה גסה.** שנפשו קצה בה: **אם היה הכהן.** של המשמר טמא ויש לו קרבן צבור להקריב: **נותנו לכל כהן שירצה.** דהואיל דהוא יכול להקריבו דהא קרבן צבור דוחה את הטומאה שליח נמי מצי עביד. קרבן צבור בא בטומאה ואין נאכל בטומאה בכילד צולין (פסחים ד' עו:): **אי דאיכא טהורין.** בההוא משמר: **טמאים מי מצו עבדי.** וכיון דלא מצו עבדי שליח היכי משוי: **לבעלי מומין טהורין.** מתחלקת דקיימא לן בזבחים (ד' צח:) איש חולק ואפי' בעל מום בקדשים ובמנחות: **אם היה כהן גדול אונן.** ויש לו קרבן עצמו להקריב: **נותנו לכל כהן שירצה.** דכיון דכהן גדול מקריב אונן (ב) דכתיב לאביו ולאמו לא יטמא ומן המקדש לא יצא אם מת אביו ואמו דהוי אונן אפילו הכי מקדושתו לא יצא ולא יחלל כלומר דעבודתו שיעבוד באנינות לא תתחלל הא אחר הדיוט שלא יצא חילל: **ואינו חולק לאכול לערב.** כשתסתלק אנינותו דאנינות לילה דרבנן דאנינות דאורייתא אינו אלא יום מיתה דכתיב (עמוס ח) ואחריתה כיום מר אלמא אין מרירות אלא יום אחד: **מתני' היה מעלה את הכסף ומת.** בדרך: **הכסף ינתן לבניו.** של גזלן דהא זכה ביה ממיתת הגר אלא דבעי למעבד השבה כי היכי דתיהוי ליה כפרה אשבועתיה והשתא תו ליכא כפרה כיון דמית ליה: **האשם ירעה.** דהוי אשם שמתו בעליו וקיי"ל (ג) לקמן כל שבחטאת מתה באשם רועה: **לנדבה.** לשופרות קיץ המזבח עולות בשר לשם ועורות לכהנים: **משמרת יהויריב.** ראשונה לכל המשמרות ושל ידעיה אחריה: **נתן.** הגזלן את הכסף ליהויריב במשמרתו ואח"כ נתן אשם לידעיה במשמרתו: **יצא.** כדמפרש ואזיל שהמביא גזילו עד שלא הביא קרבן אשמו יצא וזה זכה בשלו וזה בשלו: **אם קיים האשם יקריבוהו בני ידעיה.** דקנסינהו ליהויריב להחזיר האשם דשלא כדין עבוד בני יהויריב דקבול אשם מקמי כסף ולידעיה ליכא למקנס מידי דבמשמר דידהו קבילי ור' יהודה דפליג אברייתא בגמרא במתניתין מודה: **נתן הקרן.** לכהנים אין החומש מעכב מלהקריב את האשם אם לא נתן עדיין ולבסוף (ג) נתן: **גמ' או אינו אלא אשם זה איל.** אשם ומושב זה קרן: **ולמאי נ"מ.** דהא ממה נפשך תרווייהו קאמר קרא תיפוק ליה מינה לאפוקי מדרבא דאמר דאשם קרייה רחמנא לקרן ומה אשם אינו בא בלילה דכתיב (ויקרא ז) ביום צותו ואינו בא לחצאין אף קרן כו': **כשהוא אומר מלבד איל הכפורים הוי אומר אשם.** דרישא קרן הוא: **או אינו אלא אשם זה חומש.** ומושב זה קרן ונ"מ לאפוקי ממתניתין דתנן אין החומש מעכב נימא אדרבה חומש מעכב דאשם קרייה רחמנא לשון קרבן כשהוא אומר כו': **משתלם בראש.** קרן לבדו שהוא ראש: **לכל כהן וכהן.** שבמשמר ומוסיף משלו עוד להשלים: **אין בו.** שוה פרוטה לכל משמר יהויריב ויש בו שוה פרוטה לכל משמר ידעיה שהן מועטין מהו:

אין

תוספות

דכי עביד ע"י הדחק עבודה היא. דלא מלינו בכהנים פסול בשנים אלא דנתנו חכמים שיעור עד שירתת בהכל שוחטין (חולין ד' כד:): **אכילה** גסה לאו כלום היא. מפיק (ד) מדריש לקיש דאמר בהחולץ (יבמות ד' מ. ושם [ז]) האוכל אכילה גסה ביום הכפורים פטור מלא [ה]תענו וא"ת דבפרק מי שאמר הריני נזיר ושמע (נזיר דף כג. ושם) גבי הא דאמר רבה בר בר חנה אמר ר' יוחנן מאי דכתיב (ה) לדיקים ילכו בם ופושעים יכשלו בם משל לשני בני אדם שצלו פסחיהם אחד אכלו לשם מצוה ואחד אכלו לשם אכילה גסה זה שאכלו לשם אכילה גסה ופושעים יכשלו בם א"ל ריש לקיש רשע קרית ליה נהי דלא עבד מצוה מן המובחר מצוה מיהא עביד משמע דיצא ידי חובה וי"ל דהתם לא קאמר דיצא אלא דלא מיקרי רשע ועוד דהתם לא איירי באוכלו אכילה גסה ממש אלא כלומר שאין אוכלו לשם פסח אלא כדי להיות שבע תדע דלא קאמר אכילה גסה אלא לשם אכילה גסה ועי"ל דשתי אכילות גסות הן [ו]: **אי** דאיכא טהורין טמאין מי מצו עבדי. לרב ששת פריך דשמעינן ליה לרב ששת דאמר בפ"ק דיומא (דף ו:) טומאה דחויה בצבור ואי איכא טמאים וטהורין לא מצו עבדי טמאים ואיכא דפליג התם ואמר דטומאה הותרה בצבור ואפי' איכא טמאים וטהורים מצו עבדי טמאים:

[א] **לבעלי** מומין טהורין. תימה ועורה אמאי הויא לבעלי מומין:

תנינא כ"ג מקריב אונן. תימה אמאי לא פריך נמי לרב ששת תנינא טמא מותר בקרבן ציבור:

למאי נ"מ לאפוקי ממתניתין. תימה אמאי לא קאמר לאפוקי מדרבא כדקאמר לעיל:

או אינו אלא המושב זה כפל. תימה היכי מ"ל זה כפל והלא אין מתחייב כאן אלא בהודאתו [א] דכתיב והתודה וכפל לא מחייב בהודאה:

או

גליון הש"ס

גמ' אמר רבא. כעין זה בב"מ דף קט ע"ב תוס' ד"ה לבעלי וכו' עד סס"ד מוסגר בב"מ עגולה למחקו (ועיין במ"מ ולחם משנה ודלא כפסק"י):

הגהות הגר"א

[א] תוס' ד"ה לבעלי וכו' עד סס"ד מוסגר בב"מ עגולה למחקו (ועיין במ"מ ולחם משנה ודלא כפסק"י):

הגהות מהר"ב רנשבורג

א] תוס' ד"ה או אינו וכו' דכתיב והתודה וכפל לא מחייב. עיין שיטה מקובצת ודו"ק:

תורה אור השלם

א) וְאִם אֵין לָאִישׁ גֹּאֵל לְהָשִׁיב הָאָשָׁם אֵלָיו הָאָשָׁם הַמּוּשָׁב לַייָ לַכֹּהֵן מִלְּבַד אֵיל הַכִּפֻּרִים אֲשֶׁר יְכַפֶּר בּוֹ עָלָיו: [במדבר ה, ח]

ב) וְאִישׁ אֶת קֳדָשָׁיו לוֹ יִהְיוּ אִישׁ אֲשֶׁר יִתֵּן לַכֹּהֵן לוֹ יִהְיֶה: [במדבר ה, י]

ג) וְהִתְוַדּוּ אֶת חַטָּאתָם אֲשֶׁר עָשׂוּ וְהֵשִׁיב אֶת אֲשָׁמוֹ בְּרֹאשׁוֹ וַחֲמִישִׁתוֹ יֹסֵף עָלָיו וְנָתַן לַאֲשֶׁר אָשַׁם לוֹ: [במדבר ה, ז]

מסורת הש"ס

א) [לעיל יט: שבת עו.], ב) זבחים לט. [יומא יג: מ"ק יד: הוריות יב: תוס' דזבחים פי"א ה"ב], ג) [צ"ל נותן ועי' תי"ט], ד) [ד"ה אכילה], ה) צ"ל תענה, ו) [ועי' תוספות פסחים קז: ד"ה דלמא ותוספות יבמות מ. ד"ה אכילה ותוס' נזיר כג. ד"ה פסח].

הגהות הב"ח

(א) במשנה נתן הכסף לאנשי משמר ומת. נ"ב פירוש מת קודם שהקריבו הקרבן: (ב) רש"י ד"ה נותנו לכל כהן שירצה דכיון דכ"ג מקריב אונן משוי נמי שליח הס"ד ואח"כ מ"ה ועבודתה ועורה לאנשי משמר דהוא אינו ראוי לחלוק הלכך שליח נמי לא מצי משוי הס"ד ואח"כ מ"ה מקריב אונן דכתיב: (ג) ד"ה אשם וכו' וקיימא לן. נ"ב עי' סוף דף קז: (ד) תוס' ד"ה אכילה וכו' מפיק לה ריש לקיש בהחולץ וקאמר האוכל: (ה) בא"ד מאי דכתיב כי ישרים דרכי ה' לדיקים ילכו:

ליקוטי רש"י

כהן גדול מקריב אונן. דרחמנא שרייה דכתיב (ויקרא כא) לאביו ולאמו לא יטמא ומן המקדש לא יצא ולא יחלל וגו' ודרשינן לה בשמעתא קמא דזבחים (זבחים טז.) במת אביו ואמו [שאינו] צריך לצאת מקדושתו כלל [ויוכל] להיות עומד ומקריב כי לא חילל עבודתו בכך ומינה ילפינן הא כהן הדיוט שלא יצא חילל [יומא יג:]. מלמדך לו הכהן לאמו ולאמו הוא לא ומלבושו ולאבלו עשה לו יום (ויקרא י) ואם אמר למשה והקרבתי חללכם המקריבם באנינות ולמדנו דכ"ג מקריב אונן [מו"ק יד:]. **ואינו חולק לערב.** לאכלם לערב דאנינות לילה דרבנן (ר"ל הגירסא...) [זבחים צט.]. שלא תאכל עבודתם על קדשים שאין באנינות ושכן מתם לכולם מסכתם ובנים בבחי עופות... תורה הקל שאמרה (דברים כו) לא אכלתי באוני ממנו [יומא שם]. **ואם אין לאיש גואל.** שמת התובע שהשביעו ואין לו יורשים. **להשיב האשם.** כשנמלך זה להתודות על עונו ואמרו רבותינו וכי יש לך אדם בישראל שאין לו גואלים או בן או בת או אח או שאר בשר הקרוב ממשפחת אביו למעלה עד יעקב אלא זה הגר שמת ואין לו יורשים [במדבר ה, ח]. **ואם אין לאיש גואל.** גבי גזל ונשבע על שקר כתיב לעיל מיניה והתודו את חטאתם אשר עשו והשיב את אשמו בראשו והאי אשמו קרן של גזלה [סנהדרין סח:]. **גואל.** יורש [לעיל קט.]. **בממון המשתלם בראש.** שאינו משלם אלא קרן והשיב את אשמו בראשו וקרן היינו אשם והאי אשמו עליו וכתיב האשם המושב לה' וגו' [לעיל סה:].

הוראה דומה של רב ששת:

אָמַר רַב שֵׁשֶׁת: אִם הָיָה כֹּהֵן של המשמר **טָמֵא, בְּקָרְבַּן צִבּוּר** — ויש לו קרבן צבור להקריב[10], **נוֹתְנָהּ לְכָל מִי שֶׁיִּרְצֶה** שיקריב במקומו, שמאחר שיכול להקריבו בעצמו, שהרי הקרבת קרבן צבור דוחה את הטומאה, יכול גם למנות שליח שיקריב במקומו[11]. **וַעֲבוֹדָתָהּ** (בשרה) **וְעוֹרָהּ** ניתנים **לְאַנְשֵׁי מִשְׁמָר**, שמאחר שאינו יכול לאכול את הבשר, שכן אף קרבן ציבור אינו נאכל בטומאה, אינו יכול לתת את הבשר והעור לכהן אחר[12].

הגמרא שואלת על דברי רב ששת:

הֵיכִי דָּמֵי — באיזה מקרה דבר רב ששת? **אִי דְּאִיכָּא טְהוֹרִים** — אם יש כהנים טהורים במשמר המשרת[13], **טְמֵאִים מִי מָצוּ עָבְדֵי** — וכי מותר לכהנים טמאים להקריב את הקרבן? ומאחר ואין הטמא יכול להקריב, איך הוא יכול למנות שליח שיקריב במקומו[14]? **וְאִי דְּלֵיכָּא טְהוֹרִים** — ואם אין כהנים טהורים במשמר המשרת, מדוע אמר רב ששת ש**עֲבוֹדָתָהּ וְעוֹרָהּ** שייכים **לְאַנְשֵׁי** ה**מִשְׁמָר, הָא טְמֵאִים נִינְהוּ וְלֹא מָצוּ אָכְלֵי** — הרי טמאים הם ואינם יכולים לאכול מבשר הקרבן!

הגמרא עונה:

אָמַר רָבָא: אֵימָא — אמור שכוונת רב ששת שהבשר של הקרבן ניתן **לְבַעֲלֵי מוּמִין טְהוֹרִין שֶׁבְּאוֹתוֹ מִשְׁמָר**. כלומר, שבאמת מדובר שישנם כהנים טהורים במשמר המשרת, אלא שהם בעלי מום ואינם ראויים לעבודה. ולפיכך הקרבת הקרבנות צריכה להעשות על ידי הטמאים. אולם מכיון שהטהורים יכולים לאכול, הבשר ששייך לאנשי המשמר ניתן להם[15].

הוראה נוספת באותו ענין:

אָמַר רַב אַשִׁי: אִם הָיָה כֹּהֵן גָּדוֹל אוֹנֵן, ויש לו קרבן של עצמו להקריב, **נוֹתְנָהּ לְכָל כֹּהֵן שֶׁיִּרְצֶה**, שמאחר שכהן גדול יכול להקריב בעצמו אפילו כשהוא אונן, יכול גם למנות אחר במקומו[16]. **וַעֲבוֹדָתָהּ** (בשרה) **וְעוֹרָהּ** ניתנים **לְאַנְשֵׁי מִשְׁמָר**, שמאחר שאינו יכול לאכול מהקרבן, אין הוא יכול לתת את בשר הבהמה ועורה לכהן אחר[17].

הגמרא תמהה:

מַאי קָא מַשְׁמַע לָן — מה מחדש לנו רב אשי בזה? **תָּנֵינָא** — הרי שנינו בברייתא: **כֹּהֵן גָּדוֹל מַקְרִיב** קרבנות כשהוא **אוֹנֵן, וְאֵינוֹ אוֹכֵל** מבשר הקרבנות, **וְאֵינוֹ חוֹלֵק לֶאֱכוֹל לָעֶרֶב** — ואין הוא נוטל חלק בקרבנות כדי לאכול בערב לאחר שתסתיים אנינותו[18]. מאחר שהברייתא לימדה שכהן גדול אונן יכול להקריב קרבנות אבל לא לאכול מבשרם, פשוט הוא שיכול למנות כהן אחר לעבוד במקומו, ואינו יכול לתת את הבשר והעור לכהן אחר, וכפי שלמדנו בברייתא לעיל לגבי זקן או חולה [וכך הורה גם רב ששת לגבי כהן טמא בקרבן ציבור], אם כן מה החידוש בדברי רב אשי?

משיבה הגמרא:

סַלְקָא דַּעְתָּךְ אֲמִינָא — היה עולה על דעתך לומר: **כִּי חָס רַחֲמָנָא עֲלֵיהּ דְּכֹהֵן גָּדוֹל לְקָרוּבֵי הוּא** — שזה שהתורה חסה על הכהן גדול והתירה לו לעבוד באנינות, היינו דוקא לענין שהוא עצמו יוכל להקריב, **אֲבָל לְשַׁוּוּיֵי שָׁלִיחַ לֹא מָצֵי מְשַׁוֵּי** — אבל אין הוא יכול למנות שליח שיקריב במקומו. **קָא מַשְׁמַע לָן** — לכן רב אשי השמיענו שהכהן גדול יכול גם למנות שליח שיקריב במקומו אף כשהוא אונן[19].

הערות

(זבחים צח, ב) כל מי שאינו חולק בבשר אין לו חלק בעורות. על כן, גם העורות ניתנים לכהני המשמר (עיין תורת חיים ד"ה לבעלי מומין; מנחת חינוך תקט, ה; וראה רש"י לעיל קט, ב ד"ה אי בכהן טמא). אולם יש גורסים "ועבודתה לאנשי משמר". ולפי גירסא זו כתבו שגם כהן זקן או חולה זוכה בעורה של הבהמה שהביא לקרבן. שמאחר שלגבי העור לא שייך החיסרון שאינו ראוי לאכילה, הרי חל כאן הדין שנלמד מהפסוק "וְאִישׁ אֶת קֳדָשָׁיו לוֹ יִהְיוּ" שבעל הקרבן זוכה בעורו (שיטה מקובצת בשם הרמ"ה; ראה גם תוספות ד"ה לבעלי מומין, ובפני יהושע בדעתם; אולם ראה הגהות הגר"א; לדיון במחלוקת זו עיין זכרון שמואל עז).

10. רש"י. כלומר, שזכה בו על ידי פיס. שאם לא כן איזה זכות יש לו בקרבן ציבור יותר משאר הכהנים (תוספות רי"ד; מאירי; וראה בהערה הבאה).

11. המשנה בפסחים (עו, ב) מלמדת שניתן להקריב קרבנות ציבור על ידי כהנים טמאים, אבל אין לאוכלם על ידי כהנים טמאים. לפיכך הכהן שעלה בגורלו להקריב, מאחר שיכול להקריב בעצמו, יכול גם למנות אחר שיקריב במקומו (רש"י; אולם עיין רמב"ם, הלכות כלי המקדש והעובדים בו ד, ט; לדיון בדבריו עיין השגות הראב"ד שם; כסף משנה שם; אור שמח שם). [ולמדנו מכאן שכהן שזוכה בפיס בהקרבת קרבן ציבור, יש לו זכות גמורה בהקרבת הקרבן כאילו שזה קרבן שלו, ולכן יש ביכולתו למנות אדם אחר שיקריב במקומו (אבן האזל שם).]

[יש סוברים שבמקרה זה יכול הכהן למנות רק כהן מכהני המשמר שלו, מכיון שקרבנות ציבור שייכים לכהני המשמר המשרת בלבד (רשב"א). אולם יש סוברים שאף במקרה זה הכהן יכול למנות אפילו כהן ממשמר אחר (מאירי).]

12. מאחר ואף קרבנות ציבור אינם נאכלים בטומאה (ראה בהערה הקודמת), והכהן עצמו אינו יכול לאכול את הקרבן, אין הוא יכול לתת את בשרו לכהן אחר שיאכלנו במקומו (ראה רש"י; מאירי).

כוונת רב ששת שאף את חלקו של אותו כהן בבשר, אין הוא יכול לתת לכהן אחר, מכיון שכהנים טמאים אינם חולקים כלל בבשר. אבל אין לפרש שכוונתו לכל הבשר של הבהמה, שכן גם כהן טהור שעלה בגורל להקריב את הקרבן, אינו זוכה בכל בשרו, אלא כל כהני בית אב שמשרתים באותו יום חולקים עימו (תוספות רי"ד).

13. רש"י; לדיון בדבריו עיין מהרש"א ומהדורא בתרא.

14. רש"י.

[בענין קרבן ציבור נחלקו אמוראים, האם טומאה **הותרה** בציבור, או שטומאה **דחויה** בציבור. לדעת הסוברים שטומאה הותרה בצבור, כהן טמא יכול להקריב קרבן ציבור אפילו כשיש כהן אחר טהור שיכול להקריבו (עיין יומא ו, ב). אולם רב ששת עצמו אמר בפירוש שטומאה דחויה בציבור, וכשיש כהן אחר טהור אין הטמא יכול להקריב (ראה יומא שם), ולפיכך מקשה הגמרא כאן על הוראתו (תוספות).]

15. וכפי שלימדה המשנה בזבחים (צח, ב), שאף כהנים בעלי מום של המשמר המשרת חולקים בבשר הקרבנות (רש"י; לדיון בשאלה מה החידוש בדברי רב ששת, עיין תוספות ד"ה תנינא; שיטה מקובצת בשם הרא"ש).

16. כהן גדול מקריב אפילו אם הוא אונן. שנאמר (ויקרא כא, יא-יב): "וְעַל כָּל נַפְשֹׁת מֵת לֹא יָבֹא לְאָבִיו וּלְאִמּוֹ לֹא יִטַּמָּא וּמִן הַמִּקְדָּשׁ לֹא יֵצֵא וְלֹא יְחַלֵּל אֵת מִקְדַּשׁ אֱלֹהָיו", ודרשו חכמים שאפילו אם מתו אביו או אמו, שביום מותם הרי הוא אונן, מכל מקום אינו צריך לצאת מקדושתו ("וּמִן הַמִּקְדָּשׁ לֹא יֵצֵא"), אלא עומד ומקריב; "וְלֹא יְחַלֵּל...", כלומר, שעבודתו שעבד באנינות אינה מתחללת [ומכאן שכהן הדיוט שעבד באנינות עבודתו מחוללת] (רש"י; ראה זבחים טז, א ורש"י שם ד"ה ומן המקדש; רש"י, יומא יג, ב ד"ה מקריב אונן; אך עיין רש"י, מועד קטן יד, ב ד"ה הא כהן גדול).

[כתבנו בפנים שרב אשי מדבר במקרה שיש לכהן הגדול קרבן של עצמו להביא, וכמו שכתב רש"י. אמנם הדין הוא שהכהן הגדול יכול להקריב כל קרבן שבוחר להקריב (ראה משנה יומא יד, א ורש"י שם), ואם כן היה אפשר לומר לכאורה שרב אשי מדבר גם על קרבנות של אנשים אחרים, מאחר שזכותו של הכהן הגדול להקריבם אם חפץ בכך (עיין גם שיטה מקובצת בשם הרמ"ה). ואולי דעת רש"י שאף שהכהן הגדול יכול להקריב איזה קרבן שרוצה, מכל מקום אין ביכולתו למנות כהן אחר לשליח שיקריב עבורו.]

17. גם כהן גדול אונן אסור באכילת קדשים. שכך אמר אהרן למשה ביום שמתו נדב ואביהו (ויקרא י, יט): "וְאָכַלְתִּי חַטָּאת הַיּוֹם הַיִיטַב בְּעֵינֵי ה׳", והיינו משום שהיה אונן באותה שעה, ואונן אסור באכילת קדשים [שנאמר בתורה לגבי וידוי מעשרות (דברים כו, יד): "לֹא אָכַלְתִּי בְאֹנִי מִמֶּנּוּ", ומבואר שאסור לאכול מעשר שני באנינות, וקל וחומר לקדשים שחמורים ממעשר שאסור לאוכלם באנינות (ראה זבחים קא, א; רמב"ם הלכות ביאת המקדש ב, ח)]. הרי שאף לאהרן, שהיה כהן גדול, נאסרה אכילת החטאת באנינות. ולא הותרה לכהן הגדול אלא עבודה באנינות ולא אכילה (ראה רש"י, מועד קטן יד, ב ד"ה הא כהן גדול).

18. שמן התורה אין אנינות אלא ביום המיתה, שנאמר (עמוס ח, י): "וְאַחֲרִיתָהּ כְּיוֹם מָר", ומשמע שאין מרירות אלא יום אחד בלבד. ואנינות בלילה שלאחר יום המיתה אינה אלא מדרבנן (רש"י). [והיינו לשיטת רבי שמעון, אבל רבי יהודה סובר שאף אנינות לילה היא מדאורייתא (ראה זבחים צט, ב).]

אף שבערב כבר אין הוא אונן מהתורה, ויכול לאכול מן הקדשים, אין הכהן זכאי ליטול חלק בבשר מבעוד יום כדי לאכלו בלילה, לפי שרק הראויים לאכילת הקדשים ביום חולקים בבשר (עיין זבחים שם, א).

19. היה אפשר לומר שגם לכהן גדול יש פסול של אנינות, אלא שהתורה חסה על כבודו, ולפיכך לא חייבתו לצאת מן המקדש והתירה לו לעבוד אם ירצה. ואם כך יש לומר שכלפי מינוי שליח שאין זה חסרון בכבודו כל כך, חוזר הדין שהוא נחשב פסול לעבודה. רב אשי השמיענו שההיתר שלו לעבוד באנינות הינו היתר מוחלט, ואין בו שום פסול לעבודה, לכן יכול הוא אף למנות שליח שיעבוד במקומו (ראה שו"ת חלקת יעקב, יורה דעה קנב, ד).

ואם היה זקן או חולה נותנה לכל כהן שירצה ועבודתה ועורה לאנשי משמר האי זקן או חולה היכי דמי אי דמצי עביד עבודה עבודתה ועורה נמי תיהוי דידיה ואי דלא מצי עביד עבודה שליח היכי משוי אמר רב פפא א שיכול לעשות על ידי הדחק עבודה דכי עביד ליה ע"י הדחק עבודה היא ומשוי שליח אכילה (א) דכי אכיל על ידי הדחק אכילה גסה היא ב ואכילה גסה לאו כלום הוא משום הכי עבודתה ועורה לאנשי משמר אמר רב ששת ג אם היה כהן טמא בקרבן צבור נותנה לכל מי שירצה ועבודתה ועורה לאנשי משמר היכי דמי אי דאיכא טהורים טמאים מי מצו עבדי ואי דליכא טהורים עבודתה ועורה לאנשי משמר הא טמאים נינהו ולא מצו אכלי אמר רבא ד אימא לבעלי מומין טהורין שבאותו משמר אמר רב אשי ה אם היה כהן גדול אונן נותנה לכל כהן שירצה ועבודתה ועורה לאנשי משמר מאי קמ"ל תנינא (ב) ו כהן גדול מקריב אונן ז ואינו אוכל ח ואינו חולק לאכול לערב ס"ד אמינא כי חס רחמנא עליה דכהן גדול לקרובי הוא אבל לשוויי שליח לא מצי משוי קמ"ל: **מתני'** ט הגוזל את הגר ונשבע לו ומת הרי זה משלם קרן וחומש לכהנים ואשם למזבח שנאמר א) ואם אין לאיש גואל להשיב האשם אליו האשם המושב לה' לכהן מלבד איל הכפורים אשר יכפר בו עליו י היה מעלה את הכסף ואת האשם ומת הכסף ינתן לבניו והאשם ירעה עד שיסתאב וימכר ויפלו דמיו לנדבה (א) כ נתן הכסף לאנשי משמר ומת אין היורשין יכולין להוציא מידם שנאמר ב) ואיש אשר יתן לכהן לו יהיה ל נתן הכסף ליהויריב ואשם לידעיה יצא מ אשם ליהויריב וכסף לידעיה אם קיים האשם יקריבוהו בני ידעיה ואם לא יחזיר ויביא אשם אחר שהמביא גזילו עד שלא הביא אשמו יצא הביא אשמו עד שלא הביא גזילו לא יצא נ נתן את הקרן ולא נתן את החומש אין החומש מעכב: **גמ'** ת"ר אשם זה קרן המושב זה חומש או אינו אלא אשם זה איל ולמאי נפקא מינה לאפוקי מדרבא דאמר רבא ס גזל הגר שהחזירו בלילה לא יצא החזירו חצאין לא יצא מ"ט אשם קרייה רחמנא כשהוא אומר מלבד איל הכפורים הוי אומר אשם זה קרן תניא אידך אשם זה קרן המושב זה חומש או אינו אלא אשם זה חומש למאי נפקא מינה לאפוקי ממתניתין דתנן נתן לו את הקרן ולא נתן לו את החומש אין החומש מעכב אדרבה חומש מעכב כשהוא אומר ג) והשיב את אשמו בראשו וחמישיתו הוי אומר אשם זה קרן תניא אידך אשם זה קרן המושב זה חומש ובגזל הגר הכתוב מדבר או אינו אלא המושב זה כפל ובגניבת הגר הכתוב מדבר כשהוא אומר והשיב את אשמו בראשו וחמישיתו הרי בממון המשתלם בראש הכתוב מדבר גופא ° אמר רבא גזל הגר שהחזירו בלילה לא יצא החזירוהו חצאין לא יצא מאי טעמא אשם קרייה רחמנא ואמר רבא ע גזל הגר שאין בו שוה פרוטה לכל כהן וכהן לא יצא ידי חובתו מ"ט דכתיב האשם המושב עד שיהא השבה לכל כהן וכהן בעי רבא אין בו למשמרת יהויריב ויש בו למשמרת

רש"י

ואם היה זקן. וראוי לעבודה כדמפרש לקמן ואין ראוי לאכילה: נותנה. להקריב: לכל כהן שירצה. דהואיל דהוא חזי לעבודה מצי לשוייה שליח: ועבודתה ועורה לאנשי משמר. דכיון דלא חזי לאכילה לא משוי שליח לאכילה: אכילה גסה. שנפשו קצה בה: אם היה הכהן. של המשמר טמא ויש לו קרבן צבור להקריב: נותנו לכל כהן שירצה. דהואיל דהוא יכול להקריבו דהא קרבן צבור דוחה את הטומאה שליח נמי מצי עביד. קרבן צבור בא בטומאה ואין נאכל בטומאה בכילד צולין (פסחים ד' עו:): אי דאיכא טהורין. בההוא משמר: טמאים מי מצו עבדי. וכיון דלא מצו עבדי שליח היכי משוי: לבעלי מומין טהורין. מתחלקת דקיימא לן בזבחים (ד' צח:) איש חולק ואפי' בעל מום בקדשים ובמנחות: אם היה כהן גדול אונן. ויש לו קרבן עצמו להקריב: נותנו לכל כהן שירצה. דכיון דכהן גדול מקריב אונן (ב) דכתיב לאביו ולאמו לא יטמא ומן המקדש לא יצא אם מת אביו ואמו דהוי אונן אפילו הכי מקדושתו לא יצא ולא יחלל כלומר דעבודתו שיעבוד באנינות לא תתחלל הא אחר הדיוט שלא יצא חילל: ואינו חולק לאכול לערב. כשתסתלק אנינותו דאנינות לילה דרבנן דאנינות דאורייתא אינו אלא יום מיתה דכתיב (עמוס ח) ואחריתה כיום מר אלמא אין מרירות אלא יום אחד: **מתני'** היה מעלה את הכסף ומת. בדרך: הכסף ינתן לבניו. של גזלן דהא זכה ביה ממיתת הגר אלא דבעי למעבד השבה כי היכי דתיהוי ליה כפרה אשבועתיה והשתא תו ליכא כפרה כיון דמית ליה: האשם ירעה. דהוי אשם שמתו בעליו וקיי"ל (ג) לקמן כל שבחטאת מתה באשם רועה: לנדבה. לשופרות קיץ המזבח עולות בשר לשם ועורות לכהנים: משמרת יהויריב. ראשונה לכל המשמרות ושל ידעיה אחריה: נתן. הגזלן את הכסף ליהויריב במשמרתו ואח"כ נתן אשם לידעיה במשמרתו: יצא. כדמפרש ואזיל שהמביא גזילו עד שלא הביא קרבן אשמו יצא וזה זכה בשלו וזה בשלו: אם קיים האשם יקריבוהו בני ידעיה. דקנסינהו ליהויריב להחזיר האשם דשלא כדין עבוד בני יהויריב דקבול אשם מקמי כסף ולידעיה ליכא למקנס מידי דבמשמר דידהו קבילי ור' יהודה דפליג אברייתא בגמרא במתניתין מודה: נתן הקרן. לכהנים אין החומש מעכב מלהקריב את האשם אם לא נתן עדיין ולבסוף ג) נתן: **גמ'** או אינו אלא אשם זה איל. אשם ומושב זה קרן: ולמאי נ"מ. דהא ממה נפשך תרווייהו קאמר קרא תיפוק ליה מינה לאפוקי מדרבא דאמר דאשם קרייה רחמנא לקרן ומה אשם אינו בא בלילה דכתיב (ויקרא ז) ביום צותו ואינו בא לחצאין אף קרן כו': כשהוא אומר מלבד איל הכפורים הוי אומר אשם. דרישא קרן הוא: או אינו אלא אשם זה חומש. ומושב זה קרן ונ"מ לאפוקי ממתניתין דתנן אין החומש מעכב נימא אדרבה חומש מעכב דאשם קרייה רחמנא לשון קרבן כשהוא אומר כו': משתלם בראש. קרן לבדו שהוא ראש: לכל כהן וכהן. שבמשמר ומוסיף משלו עוד להשלים: אין בו. שוה פרוטה לכל משמר יהויריב ויש בו שוה פרוטה לכל משמר ידעיה שהן מועטין מהו:
אין

תוספות

דכי עביד ע"י הדחק עבודה היא. דלא מצינו בכהנים פסול בשנים אלא דנתנו חכמים שיעור עד שירתת בהכל שוחטין (חולין ד' כד:): **אכילה** גסה לאו כלום היא. מפיק (ד) מדריש לקיש דאמר בהחולץ (יבמות ד' מ. ושם ד) האוכל אכילה גסה ביום הכפורים פטור מלא ה) תענו וא"ת דבפרק מי שאמר הריני נזיר ושמע (נזיר דף כג. ושם) גבי הא דאמר רבה בר בר חנה אמר ר' יוחנן מאי דכתיב (ה) צדיקים ילכו בם ופושעים יכשלו בם משל לשני בני אדם שצלו פסחיהם אחד אכלו לשם מצוה ואחד אכלו לשם אכילה גסה זה שאכלו לשם אכילה גסה ופושעים יכשלו בם א"ל ריש לקיש רשע קרית ליה נהי דלא עבד מצוה מן המובחר מצוה מיהא עביד משמע דיצא ידי חובה וי"ל דהתם לא קאמר דיצא אלא דלא מיקרי רשע ועוד דהתם לא מיירי באוכלו אכילה גסה ממש אלא כלומר שאין אוכלו לשם פסח אלא כדי להיות שבע תדע דלא קאמר אכילה גסה אלא לשם אכילה גסה ועי"ל דשתי אכילות גסות הן ו): **אי** דאיכא טהורין טמאין מי מצו עבדי. לרב ששת פריך דשמעינן ליה לרב ששת דאמר בפ"ק דיומא (דף ו:) טומאה דחויה בצבור ואי איכא טמאים וטהורין לא מצו עבדי טמאים ואיכא דפליג התם ואמר דטומאה הותרה בצבור ואפי' איכא טמאים וטהורים מצו עבדי טמאים:

[א] **לבעלי** מומין טהורין. תימה ועורה אמאי הויא לבעלי מומין: **תנינא** כ"ג מקריב אונן. תימה אמאי לא פריך נמי לרב ששת תנינא טמא מותר בקרבן ציבור:

למאי נ"מ לאפוקי ממתניתין. תימה אמאי לא קאמר לאפוקי מדרבא כדקאמר לעיל:

או אינו אלא המושב זה כפל. תימה היכי מ"ל זה כפל והלא אין מתחייב כאן אלא בהודאתו א] דכתיב והתודה וכפל לא מחייב בהודאה:
או

מסורת הש"ס

א) [לעיל יט: שבת עו.], ב) זבחים לט. [יומא יג: מ"ק יד: הוריות יב: תוס' דזבחים פי"א ה"ב], ג) [ל"ל נותן ועי' תי"ט], ד) [ד"ה אכילה], ה) ל"ל תעונה, ו) [ועי' תוספות פסחים קז: ד"ה דלמא ותוספות יבמות מ. ד"ה אכילה ותוס' נזיר כג. ד"ה פסח].

הגהות הב"ח

(א) במשנה נתן הכסף לאנשי משמר ומת. נ"ב פירוש מת קודם שהקריבו הקרבן: (ב) רש"י ד"ה נותנו לכל כהן שירצה דכיון דכ"ג מקריב אונן משוי נמי שליח הס"ד ואח"כ מ"ה ועבודתה ועורה לאנשי משמר דהוא אינו ראוי לחלוק הלכך שליח נמי לא מצי משוי הס"ד ואח"כ מ"ה מקריב אונן דכתיב: (ג) ד"ה האשם וכו' וקיימא לן. נ"ב עי' סוף דף זה: (ד) תוס' ד"ה אכילה וכו' מפיק לה ריש לקיש בהחולץ וקאמר האוכל: (ה) בא"ד מאי דכתיב כי ישרים דרכי ה' צדיקים ילכו:

ליקוטי רש"י

כהן גדול מקריב אונן. דרחמנא שרייה דכתיב (ויקרא כא) לאביו ולאמו לא יטמא ומן המקדש לא יצא ולא יחלל וגו' ודרשינן לה בשחיטת קדשים (זבחים טז.) במת אביו ואמו [שאינו] צריך לצאת מקדושתו כלל [ויכול] להיות עומד ומקריב כי לא חילל עבודתו בכך ומינה ילפינן הא כהן הדיוט שלא יצא חילל [יומא יג:] מדאמר לו אהרן למשה ואכלתי חטאת היום (ויקרא י) ולא אמר למשה והקרבתי מכלל דהקרבה באנינות ולמדנו דכ"ג מקריב אונן [מו"ק יד:]. ואינו חולק לערב. כשיפטר מאנינותו [זבחים צט.]. שלא הותרה כאן אלא עבודה וקדשים אסורין לאונן קל וחומר ממעשר הקל שאמרה תורה (דברים כו) לא אכלתי באוני ממנו [יומא שם]. ואם אין לאיש גואל. שמת התובע שהשביעו ואין לו יורשים. להשיב האשם. כשנמלך זה להתודות על עונו ואמרו רבותינו וכי יש לך אדם בישראל שאין לו גואלים או בן או בת או אח או שאר בשר הקרוב ממשפחת אביו למעלה עד יעקב אלא זה הגר שמת ואין לו יורשים [במדבר ה, ח]. ואם אין לאיש גואל. גבי גזל ונשבע על שקר דכתיב לעיל מיניה והתודו את חטאתם אשר עשו והשיב את אשמו בראשו והאי אשמו קרן של גזלה [סנהדרין סח:]. גואל. יורש [לעיל קט.]. בממון המשתלם בראש. שאינו משלם אלא קרן והשיב את אשמו היינו קרן שהוא אשם וחומש עליו ובקרא אחרינא כתיב התם ואת אשמו יביא לה' וגו' [לעיל סה:].

עין משפט נר מצוה

קעו א מיי' פ"ד מהל' כלי המקדש הל' ח:
קעז ב מיי' פ"י מהל' מעשה קרבנות הלכה יא:
קעח ג ד מיי' פ"ד מהלכות כלי המקדש הלכה ט ועיין בהשגות ובכ"מ:
קעט ה מיי' שם הלכה י סמג עשין קעב:
קפ ו מיי' פ"ב מהלכות ביאת המקדש הלכה ו ופרק ד מהלכות כלי המקדש הלכה י:
קפא ז ח מיי' פ"ב מהל' ביאת המקדש הלכה ח:
קפב ט מיי' פ"ח מהל' גזילה הלכה ד ה:
קפג י מיי' שם הל' י:
קפד כ מיי' שם הלכה יא:
קפה ל מיי' שם הלכה יב:
קפו מ נ מיי' שם הלכה יג:
קפז ס מיי' שם ה"ו:
קפח ע מיי' שם ה"ז:

גליון הש"ס

גמ' אמר רבא. כעין זה בב"מ דף קט ע"ב גופא א"ר מניומי וכו' ובשיטה מקובצת שם כתב בשם הרא"ש אע"פ שלא חידש דבר קאמר גופא משום דבעי מימר אחריני ודכוותה בפרק הגוזל וכו':

הגהות הגר"א

[א] תוס' ד"ה לבעלי וכו' עד סה"ד מוסגר בב"ח עגולה למחקו (ועיין בת"ח ודלא כספ"י):

הגהות מהר"ב רנשבורג

א] תוס' ד"ה או אינו וכו' דכתיב והתודה וכפל לא מחייב. עיין שיטה מקובצת ודו"ק:

תורה אור השלם

א) וְאִם אֵין לָאִישׁ גֹּאֵל לְהָשִׁיב הָאָשָׁם אֵלָיו הָאָשָׁם הַמּוּשָׁב לַייָ לַכֹּהֵן מִלְּבַד אֵיל הַכִּפֻּרִים אֲשֶׁר יְכַפֶּר בּוֹ עָלָיו: [במדבר ה, ח]

ב) וְאִישׁ אֶת קֳדָשָׁיו לוֹ יִהְיוּ אִישׁ אֲשֶׁר יִתֵּן לַכֹּהֵן לוֹ יִהְיֶה: [במדבר ה, י]

ג) וְהִתְוַדּוּ אֶת חַטָּאתָם אֲשֶׁר עָשׂוּ וְהֵשִׁיב אֶת אֲשָׁמוֹ בְּרֹאשׁוֹ וַחֲמִישִׁתוֹ יֹסֵף עָלָיו וְנָתַן לַאֲשֶׁר אָשַׁם לוֹ: [במדבר ה, ז]

משנה המשנה מוסיפה לעסוק בדיני הגוזל ונשבע לשקר ואחר כך הודה, ומלמדת את דינו של הגוזל מגר ומת הגר בלא יורשים:

הַגּוֹזֵל אֶת הַגֵּר, וְנִשְׁבַּע לוֹ לשקר שלא גזלו, **וּמֵת** הגר בלי יורשים, **הֲרֵי זֶה מְשַׁלֵּם קֶרֶן וְחוֹמֶשׁ לַכֹּהֲנִים,** ונוסף לכך עליו להביא קרבן **אָשָׁם לַמִּזְבֵּחַ. שֶׁנֶּאֱמַר** (במדבר ה, ח): "**וְאִם אֵין לָאִישׁ גֹּאֵל לְהָשִׁיב הָאָשָׁם אֵלָיו הָאָשָׁם הַמּוּשָׁב לַה' לַכֹּהֵן מִלְּבַד אֵיל הַכִּפֻּרִים אֲשֶׁר יְכַפֶּר בּוֹ עָלָיו**"[20].

המשנה דנה בדינו של אדם שהפריש מעות לתת לכהנים ובהמה להקריב לאשם, ומת לפני שהספיק לתת את המעות או להקריב את האשם:

הָיָה הגוזל **מַעֲלֶה אֶת הַכֶּסֶף וְאֶת הָאָשָׁם** לירושלים, **וּמֵת** בדרך, לפני שהספיק לתת להם את הכסף ולהקריב את האשם; **הַכֶּסֶף יִנָּתֵן לְבָנָיו** של הגוזל, ואין הם צריכים ליתנו לכהנים, משום שמצד דיני ממונות הגוזל זוכה בגזילה כשמת הגר, אלא שהוא עצמו היה חייב ליתנה לכהנים כדי לכפר על שנשבע לשקר, ומאחר שמת ואין לו צורך בכפרה[21], אין לחייב את יורשיו בחיוב זה, וממילא חוזר הדין שזכה הגוזל בגזילה והם יורשים אותו[22]; **וְ**את קרבן **הָאָשָׁם,** אי אפשר להקריב על המזבח, אלא **יִרְעֶה עַד שֶׁיִּסְתָּאֵב** (שיפול בו מום הפוסלו להקרבה), **וְ**אחרי שיסתאב **יִמָּכֵר, וְיִפְּלוּ דָּמָיו** לקופה שממנה נוטלים כסף **לִ**קניית עולות **נְדָבָה**[23]. אולם אם הגוזל **נָתַן** כבר את **הַכֶּסֶף לְאַנְשֵׁי הַמִּשְׁמָר, וּמֵת** לפני שהקריב את אשמו, **אֵין הַיּוֹרְשִׁין יְכוֹלִין לְהוֹצִיא** את הכסף **מִיָּדָם** של הכהנים, **שֶׁנֶּאֱמַר** (במדבר ה, י): "**(ו)אִישׁ אֲשֶׁר יִתֵּן לַכֹּהֵן לוֹ יִהְיֶה**"[24].

כעת פונה המשנה לדון בדינו של אדם שהקדים את נתינת המעות להקרבת הקרבן או להיפך:

נָתַן הגוזל את **הַכֶּסֶף לִ**בני משמר **יְהוֹיָרִיב** (שזה המשמר הראשון שמשרת) בשבוע שלהם, **וְ**את **הָאָשָׁם** נתן **לִ**בני משמר **יְדַעְיָה** (שזה המשמר השני) בשבוע שלהם[25], **יָצָא** ידי חובתו[26]. אבל אם נתן תחילה את **הָאָשָׁם לִ**בני **יְהוֹיָרִיב** בשבוע שלהם, **וְ**אחר כך נתן את **הַכֶּסֶף לִ**בני **יְדַעְיָה** בשבוע שלאחריו, דהיינו שעשה שלא כדין, בכך שהקדים את הקרבן להשבת הגזילה[27]; כך הוא דינו: **אִם קַיָּים הָאָשָׁם,** שבני יהויריב לא הקריבוהו עדיין, **יַקְרִיבוּהוּ בְּנֵי יְדַעְיָה,** ואף שהקרבן ניתן לבני יהויריב בזמן שלהם, אין הם רשאים להשהות את הקרבן ולהקריבו כשיגיע זמנם לשרת בפעם הבאה, מפני שחכמים קנסו אותם על שעשו שלא כהוגן וקיבלו את האשם לפני הבאת הכסף[28]; ומכל מקום הגוזל יוצא ידי חובה, שהרי בסופו של דבר השיב את הכסף לפני הקרבת הקרבן. **וְאִם לֹא** המתינו בני יהויריב, והקריבו את האשם בשבוע שלהם, **יַחֲזִיר וְיָבִיא אָשָׁם אַחֵר,** ואין הוא יוצא ידי חובה באשם שהביא.

המשנה מסבירה את דבריה:

שֶׁהַמֵּבִיא את **גְּזֵילוֹ** למקדש ונתנו לכהני המשמר המשרת **עַד שֶׁלֹּא הֵבִיא** את **אֲשָׁמוֹ, יָצָא** ידי חובה, אם יביא אחר כך את אשמו. אבל אם **הֵבִיא** את **אֲשָׁמוֹ** והקריבוהו הכהנים **עַד שֶׁלֹּא הֵבִיא** את **גְּזֵילוֹ, לֹא יָצָא** ידי חובה, ועליו לחזור ולהביא אשם אחר[29].

הערות

20. כפי שהתבאר לעיל (קט, א-ב) בפסוק זה עוסקת התורה בדינו של הגוזל מגר, ונשבע לו לשקר, ומת הגר בלא יורשים [ומשום כך צריך לומר שמדובר בגר, לפי שאין לך אדם אחר מישראל שאין לו יורשים]. הפסוק מלמד שאף על פי שנכסי גר זה הרי הם הפקר וכל הקודם לזכות בהם זכה, מכל מקום הגוזל אינו יכול לזכות בגזילה לעצמו, אלא ה' זכה בגזילה, והוא נתנה לכהנים שבמשמר המשרת במקדש. הלכך הגוזל חייב לתת להם את הקרן והחומש, ובנוסף לכך עליו להביא קרבן אשם, ככל גוזל ונשבע לשקר שחייב להביא קרבן זה. בגמרא להלן מובאת ברייתא המפרשת היכן התפרש בפסוק החיוב לשלם קרן וחומש והחיוב להביא קרבן אשם.

דין זה שחייב לתת את הגזילה לכהנים, אינו נוהג אלא כאשר נשבע לשקר. אבל אם לא נשבע לשקר זוכה בגזילה מן ההפקר, ואינו חייב ליתנה לכהנים (ראה רש"י לעיל קט, א ד"ה אלא בגזל הגר; שו"ת הרשב"א ב, שח; ים של שלמה מה; דרכי משה חושן משפט שסז, א; ב"ח שם, ה; ביאור הגר"א שם, ח; אולם עיין בית יוסף שם, ו שהסתפק בזה; ראה גם לעיל קח, ב הערה 34).

בזמן הזה שאין קרבן אשם, אין הכהנים זוכים בגזילה. אולם מכל מקום הגוזל חייב להוציא את הגזילה מתחת ידו, וצריך ליתנה לצדקה, ומחלקים אותה לכל העניים בשוה (סמ"ע חושן משפט שסז, יח; וראה ביאור הגר"א שם, י; אולם עיין העמק שאלה, שאילתא קיט, ב; וראה להלן עמוד ב הערה 50).

21. שלאחר מותו אין הגוזל צריך כפרה עוד, שאין כפרה למתים. שאם עשה תשובה בחייו, מיתתו היא כפרתו. ואם לא עשה תשובה, אף אם יביאו בניו עבורו את כל אילי נביות שבעולם, אין בכך בכדי לכפר על חטאו כלל (רבינו יהונתן).

22. רש"י. המשנה מלמדת שלמרות שהגוזל הפריש כבר את הכסף, ובשעת ההפרשה כבר "זכה" ה' בגזילה, מכל מקום לאחר שמת הגוזל ואין לו עוד צורך בכפרה, פוקעת זכייה זו, וממילא בניו יורשים את הכסף (דבר אברהם ב יא, ו; לתוספת דיון עיין חזון איש כ, יז ד"ה ומהא).

23. שכך ההלכה באשם שמתו בעליו, ואי אפשר להקריבו, שירעה עד שיפול בו מום, ואז ימכר. ודמי המכירה ניתנים בקופה מיוחדת במקדש [הנקראת "שופר"], שממנה נוטלים מעות לקניית עולות להקרבה על גבי המזבח בזמן שאין קרבנות אחרים ["קיץ המזבח"] (רש"י, על פי הגמרא להלן עמוד ב, וראה רש"י שם ד"ה באשם רועה; ליתר ביאור בענין זה ראה להלן שם הערה 55).

24. ואין היורש יכול להוציא את הכסף מיד הכהנים בטענה שמורישו נתן להם את הכסף על דעת זה שיכופר עוונו, ומאחר שלא התכפר באשם הרי התברר למפרע שנתינתו בטעות היתה. מפני שכפי שמבארת הגמרא (עמוד ב) הכסף גם הוא מסייע לכפרה ("כסף מכפר מחצה"), ונמצא שכבר נתכפר לו מה שביד הכסף לכפר, ואין כאן טעות כלל (מאירי). אמנם לכאורה קשה, שאם כך, לשם מה צריכה המשנה ללמוד שאין היורשים יכולים להוציא את הכסף מידי הכהנים מהפסוק "אִישׁ אֲשֶׁר יִתֵּן לַכֹּהֵן לוֹ יִהְיֶה", והרי מכיון שהכסף מכפר מחצה ממילא פשוט שאין זו נתינה בטעות!? וצריך לומר שהפסוק מלמד דבר זה עצמו, שהכסף מכפר מחצה, שמאחר שהוא רומז לכך שהיורשים אינם יכולים להוציא את הכסף מידי הכהנים, בהכרח שהתשלום מכפר במקצת (תוספות יום טוב; אולם עיין רע"ב).

25. כפי שנזכר לעיל (קט, ב הערה 13), הכהנים נחלקו לעשרים וארבעה משמרות, שהיו משרתים בזה אחר זה, וכל משמר היה משרת משבת עד לשבת שלאחריו. המשמר שעלה בגורל לשרת ראשון הוא המשמר של משפחת יהויריב, והשני הוא המשמר של משפחת ידעיה (רש"י; ראה דברי הימים־א כד, ז). המשנה נקטה את שני המשמרות הללו כדוגמא לשני משמרות שמשרתים בזה אחר זה, וכך הדין גם בשאר המשמרות (רמב"ם).

26. וכפי שיתבאר בהמשך המשנה, שהמשיב את הגזילה ואחר כך הביא את האשם, יצא ידי חובה. ובמקרה כזה, כל משמר זוכה במה שניתן לו (רש"י). ואף שלמדנו לעיל (קט, ב), שמכך שנאמר "הָאָשָׁם הַמּוּשָׁב לַה' לַכֹּהֵן מִלְּבַד אֵיל הַכִּפֻּרִים", למדו שלכהן שלו ניתן הכסף יש לתת גם את הקרבן, היינו במקרה שכבר הפריש את הבהמה לקרבן, שאז אסור לו להשהות את כפרתו, ועליו לתת את הבהמה לאותו כהן. אבל אם לא הפרישה עדיין, יכול להמתין ולהפריש בשבוע שלאחריו, ואז נותן את הקרבן למשמר המשרת באותו שבוע (ראב"ד; וראה רשב"א לעיל שם). ויש מי שפרש, שבאמת לכתחילה צריך לתת את הכסף והקרבן לאותו משמר, והמשנה כאן מלמדת שבדיעבד יוצא ידי חובה אף אם אינו עושה כך (מהרש"א מהדורא בתרא שם).

27. מאירי.

28. ואילו את בני ידעיה אין שום סיבה לקנוס, שהרי הם לא נהגו שלא כהוגן בכך שקבלו את המעות בשבוע שלהם. ואף שבגמרא (קיא, א) מובאת ברייתא שבה שנינו שלדעת רבי יהודה יש לקנוס את בני ידעיה, היינו דוקא במקרה שבו עוסקת הברייתא שם, שבני ידעיה אף הם נהגו שלא כהוגן, אבל במקרה שלפנינו גם רבי יהודה מודה שאין שום טעם לקונסם (רש"י; ליתר ביאור ראה להלן שם הערה 5). [אם לא היינו קונסים את בני יהויריב, היה הדין שימתינו עד שיגיע זמנם לשרת בפעם הבאה, ואז יקריבו את הקרבן (ראה רש"י להלן קיא, א ד"ה קמשמע לן; לדיון בדבריו ראה שם הערה 12).]

29. הגמרא (קיא, א) תבאר מהו המקור לדין זה.

אף על פי שהמשנה אומרת "**הביא** אשמו עד שלא הביא גזילו לא יצא", אין

ואם היה זקן או חולה נותנה לכל כהן שירצה ועבודתה ועורה לאנשי משמר האי זקן או חולה היכי דמי אי דמצי עביד עבודה עבודתה ועורה נמי תיהוי דידיה ואי דלא מצי עביד עבודה שליח היכי משוי אמר רב פפא [א]שיכול לעשות על ידי הדחק עבודה דכי עביד ליה ע"י הדחק עבודה היא ומשוי שליח אבילה [א]דכי אכיל על ידי הדחק אכילה גסה היא [ב]ואכילה גסה לאו כלום הוא משום הכי עבודתה ועורה לאנשי משמר אמר רב ששת [ג]אם היה כהן טמא בקרבן צבור נותנה לכל מי שירצה ועבודתה ועורה לאנשי משמר היכי דמי אי דאיכא טהורים טמאים מי מצו עבדי ואי דליכא טהורים עבודתה ועורה לאנשי משמר הא טמאים נינהו ולא מצו אכלי אמר רבא [ד]אימא לבעלי מומין טהורין שבאותו משמר אמר רב אשי [ה]אם היה כהן גדול אונן נותנה לכל כהן שירצה ועבודתה ועורה לאנשי משמר מאי קמ"ל תנינא [ב][ו]כהן גדול מקריב אונן [ז]ואינו אוכל [ח]ואינו חולק לאכול לערב ס"ד אמינא כי חס רחמנא עליה דכהן גדול לקרובי הוא אבל לשווי שליח לא מצי משוי קמ"ל:

מתני' [ט]הגוזל את הגר ונשבע לו ומת הרי זה משלם קרן וחומש לכהנים ואשם למזבח שנאמר (א) ואם אין לאיש גואל להשיב האשם אליו האשם המושב לה' לכהן מלבד איל הכפורים אשר יכפר בו עליו [י]היה מעלה את הכסף ואת האשם ומת הכסף ינתן לבניו והאשם ירעה עד שיסתאב וימכר ויפלו דמיו לנדבה (א) [כ]נתן הכסף לאנשי משמר ומת אין היורשין יכולין להוציא מידם שנאמר (ב) ואיש אשר יתן לכהן לו יהיה [ל]נתן הכסף ליהויריב ואשם לידעיה יצא [מ]אשם ליהויריב וכסף לידעיה אם קיים האשם יקריבוהו בני ידעיה ואם לא יחזיר ויביא אשם אחר שהמביא גזילו עד שלא הביא אשמו יצא הביא אשמו עד שלא הביא גזילו לא יצא [נ]נתן את הקרן ולא נתן את החומש אין החומש מעכב:

גמ' ת"ר אשם זה קרן המושב זה חומש או אינו אלא אשם זה איל ולמאי נפקא מינה לאפוקי מדרבא דאמר רבא [ס]גזל הגר שהחזירו בלילה לא יצא החזירו חצאין לא יצא מ"ט אשם קרייה רחמנא כשהוא אומר מלבד איל הכפורים הוי אומר אשם זה קרן תניא אידך אשם זה קרן המושב זה חומש או אינו אלא אשם זה חומש למאי נפקא מינה לאפוקי ממתניתין דתנן נתן לו את הקרן ולא נתן לו את החומש אין החומש מעכב אדרבה חומש מעכב כשהוא אומר (ג) והשיב את אשמו בראשו וחמישיתו הוי אומר אשם זה קרן תניא אידך אשם זה קרן המושב זה חומש ובגזל הגר הכתוב מדבר או אינו אלא המושב זה כפל ובגניבת הגר הכתוב מדבר כשהוא אומר והשיב את אשמו בראשו וחמישיתו הרי בממון המשתלם בראש הכתוב מדבר גופא [ע]אמר רבא גזל הגר שהחזירו בלילה לא יצא החזירוהו חצאין לא יצא מאי טעמא אשם קרייה רחמנא ואמר רבא [פ]גזל הגר שאין בו שוה פרוטה לכל כהן וכהן לא יצא ידי חובתו מ"ט דכתיב האשם המושב עד שיהא השבה לכל כהן וכהן בעי רבא אין בו למשמרת יהויריב ויש בו למשמרת

ואם היה זקן. ורחוי לעבודה כדמפרש לקמן וחין רחוי לחכילה: נותנה. להקריב: לכל כהן שירצה. דהוחיל דהוח חזי לעבודה מלי לשוייה שליח: ועבודתה ועורה לאנשי משמר. דכיון דלח חזי לחכילה לח משוי שליח לחכילה: אכילה גסה. שנפשו קלה בה: אם היה הכהן. של המשמר טמח ויש לו קרבן לבור להקריב: נותנו לכל כהן שירצה. דהוחיל דהוח יכול להקריבו דהח קרבן לבור דוחה חת הטומחה שליח נמי מלי עביד. קרבן לבור בח בטומחה וחין נחכל בטומחה בכילד לולין (פסחים ד' עו:): אי דאיכא טהורין. בההוח משמר: טמאים מי מצו עבדי. וכיון דלח מלו עבדי שליח היכי משוי: לבעלי מומין טהורין. מתחלקת דקיימח לן בזבחים (ד' לח:) חיש חולק וחפי' בעל מום בקדשים ובמנחות: אם היה כהן גדול אונן. ויש לו קרבן עלמו להקריב: נותנו לכל כהן שירצה. דכיון דכהן גדול מקריב חונן (ב) דכתיב לחביו ולחמו לח יטמח ומן המקדש לח ילח חם מת חביו וחמו דהוי חונן חפילו הכי מקדושתו לח ילח ולח יחלל כלומר דעבודתו שיעבוד בחנינות לח תתחלל הח חחר הדיוט שלח ילח חילל: ואינו חולק לאכול לערב. כשמסתלק חנינותו דחנינות לילה דרבנן דחנינות דחורייתח חינו חלח יום מיתה דכתיב (עמוס ח) וחחריתה כיום מר חלמח חין מרירות חלח יום חחד: מתני' היה מעלה את הכסף ומת. בדרך: הכסף ינתן לבניו. של גזלן דהח זכה ביה ממיתת הגר חלח דבעי למעבד השבה כי היכי דתיהוי ליה כפרה חשבועתיה והשתח תו ליכח כפרה כיון דמית ליה: האשם ירעה. דהוי חשם שמתו בעליו וקיי"ל (ג) לקמן כל שבחטחת מתה בחשם רועה: לנדבה. לשופרות קיץ המזבח עולות בשר לשם ועורות לכהנים: משמרת יהויריב. רחשונה לכל המשמרות ושל ידעיה חחריה: נתן. הגזלן חת הכסף ליהויריב במשמרתו וחח"כ נתן חשם לידעיה במשמרתו: יצא. כדמפרש וחזיל שהמביח גזילו עד שלח הביח קרבן חשמו ילח וזה זכה בשלו וזה בשלו: אם קיים האשם יקריבוהו בני ידעיה. דקנסינהו ליהויריב להחזיר החשם דשלח כדין עבוד בני יהויריב דקבול חשם מקמי כסף ולידעיה ליכח למקנס מידי דבמשמר דידהו קבילי ור' יהודה דפליג חברייתח בגמרח במתניתין מודה: נתן הקרן. לכהנים חין החומש מעכב מלהקריב חת החשם חם לח נתן עדיין ולבסוף [ג]נתן: גמ' או אינו אלא אשם זה איל. חשם ומושב זה קרן: ולמאי נ"מ. דהח ממה נפשך תרוייהו קחמר קרח תיפוק ליה מינה לחפוקי מדרבח דחמר דחשם קרייה רחמנח לקרן ומה חשם חינו בח בלילה דכתיב (ויקרח ז) ביום לותו וחינו בח לחלחין חף קרן כו': כשהוא אומר מלבד איל הכפורים הוי אומר אשם. דרישח קרן הוח: או אינו אלא אשם זה חומש. ומושב זה קרן ונ"מ לחפוקי ממתניתין דתנן חין החומש מעכב נימח חדרבה חומש מעכב דחשם קרייה רחמנח לשון קרבן כשהוח חומר כו': משתלם בראש. קרן לבדו שהוח רחש: לכל כהן וכהן. שבמשמר ומוסיף משלו עוד להשלים: אין בו. שוה פרוטה לכל משמר יהויריב ויש בו שוה פרוטה לכל משמר ידעיה שהן מועטין מהו:

דכי עביד ע"י הדחק עבודה היא. דלח מלינו בכהנים פסול בשנים חלח דנתנו חכמים שיעור עד שירתת בהכל שוחטין (חולין ד' כד:): אכילה גסה לאו כלום היא. מפיק (ד) מדריש לקיש דחמר בהחולך (יבמות ד' מ. ושם [ו]) החוכל חכילה גסה ביום הכפורים פטור מלח [ה]תענו וח"ת דבפרק מי שחמר הריני נזיר ושמע (נזיר דף כג. ושם) גבי הח דחמר רבה בר בר חנה חמר ר' יוחנן מחי דכתיב (ה) לדיקים ילכו בם ופושעים יכשלו בם משל לשני בני חדם שללו פסחיהם חחד חכלו לשם מלוה וחחד חכלו לשם חכילה גסה זה שחכלו לשם חכילה גסה ופושעים יכשלו בם ח"ל ריש לקיש רשע קרית ליה נהי דלח עבד מלוה מן המובחר מלוה מיהח עביד משמע דילח ידי חובה וי"ל דהתם לח קחמר דילח חלח דלח מיקרי רשע ועוד דהתם לח מיירי בחוכלו חכילה גסה ממש חלח כלומר שחין חוכלו לשם פסח חלח כדי להיות שבע תדע דלח קחמר חכילה גסה חלח לשם חכילה גסה ועי"ל דשתי חכילות גסות הן [ו]: **אי דאיכא** טהורין טמאין מי מצו עבדי. לרב ששת פריך דשמעינן ליה לרב ששת דחמר בפ"ק דיומח (דף ו:) טומחה דחויה בלבור וחי חיכח טמחים וטהורין לח מלו עבדי טמחים וחיכח דפליג התם וחמר דטומחה הותרה בלבור וחפי' חיכח טמחים וטהורים מלו עבדי טמחים:

[א] **לבעלי** מומין טהורין. תימה ועורה חמחי הוית לבעלי מומין: **תנינא** כ"ג מקריב אונן. תימה חמחי לח פריך נמי לרב ששת תנינח טמח מותר בקרבן לבור:

למאי נ"מ לאפוקי ממתניתין. תימה חמחי לח קחמר לחפוקי מדרבח כדקחמר לעיל:

או אינו אלא המושב זה כפל. תימה היכי מ"ל זה כפל והלח חין מתחייב כחן חלח בהודחתו [א] דכתיב והתודה וכפל לח מחייב בהודחה:

חו

מסורת הש"ס

א) [לעיל יט: שבת עו.], ב) זבחים לט. [יומא יג: מ"ק יד: הוריות יב: תוס' דזבחים פי"א ה"ב], ג) [צ"ל נותן ועי' תי"ט], ד) [ד"ה אכילה], ה) צ"ל תענה, ו) [ועי' תוספות פסחים קז: ד"ה דלמא ותוספות יבמות מ. ד"ה אכילה ותוס' נזיר כג. ד"ה פסח].

הגהות הב"ח

(א) במשנה נתן הכסף לאנשי משמר ומת. נ"ב פירוש מת קודם שהקריבו הקרבן: (ב) רש"י ד"ה נותנו לכל כהן שירצה דכיון דכ"ג מקריב אונן משוי נמי שליח הס"ד ואח"כ מ"ה ועבודתה ועורה לאנשי משמר דהוא אינו ראוי לחלוק הלכך שליח נמי לא מצי משוי הס"ד ואח"כ מ"ה מקריב אונן דכתיב: (ג) ד"ה האשם וכו' וקיימא לן. נ"ב עי' סוף דף זה: (ד) תוס' ד"ה אכילה וכו' מפיק לה ריש לקיש בהחולץ וקאמר האוכל: (ה) בא"ד מאי דכתיב כי ישרים דרכי ה' צדיקים ילכו:

ליקוטי רש"י

כהן גדול מקריב אונן. דרחמנא שרייה דכתיב (ויקרא כא) לאביו ולאמו לא יטמא ומן המקדש לא יצא ולא יחלל וגו' ודרשינן לה בשחיטת קדשים (זבחים טז.) במת אביו ואמו [שאינו] צריך לצאת מקדושתו כלל [ויכול] להיות עומד ומקריב כי לא חילל עבודתו בכך ומינה ילפינן הא כהן הדיוט שלא יצא חילל [יומא יג:] מדאמר לו אהרן למשה ואכלתי חטאת היום (ויקרא י) ולא אמר למשה והקרבתי מכלל דהקרבה באנינות ולמדנו דכ"ג מקריב אונן [מו"ק יד:]. **ואינו חולק לערב.** כשיפטר מאנינותו [זבחים צט.]. שלא הותרה כאן אלא עבודה וקדשים אסורין לאונן קל וחומר ממעשר הקל שאמרה תורה (דברים כו) לא אכלתי באוני ממנו [יומא שם]. **ואם אין לאיש גואל.** שמת התובע שהשביעו ואין לו יורשים. **להשיב האשם.** כשנמלך זה להתודות על עונו ואמרו רבותינו וכי יש לך אדם בישראל שאין לו גואלים או בן או בת או אח או שאר בשר הקרוב ממשפחת אביו למעלה עד יעקב אלא זה הגר שמת ואין לו יורשים [במדבר ה, ח]. **ואם אין לאיש גואל.** גבי גזל ונשבע על שקר דכתיב לעיל מיניה והתודו את חטאתם אשר עשו והשיב את אשמו בראשו והאי אשמו קרן של גזלה [סנהדרין סח:]. **גואל.** יורש [לעיל קט.]. **בממון המשתלם בראש.** שאינו משלם אלא קרן והשיב את אשמו היינו קרן שהוא אשם וחוטא עליו ובקרא אחרינא כתיב התם ואת אשמו יביא לה' וגו' [לעיל סה:].

עין משפט נר מצוה

קעו א מיי' פ"ד מהל' כלי המקדש הל' ח:
קעז ב מיי' פ"י מהל' מעשה קרבנות הלכה יא:
קעח ג ד מיי' פ"ד מהלכות כלי המקדש הלכה ט ועיין בהשגות ובכ"מ:
קעט ה מיי' שם הלכה י סמג עשין קעב:
קפ ו מיי' פ"ב מהלכות ביאת המקדש הלכה ו ופרק ד מהלכות כלי המקדש הלכה י:
קפא ז ח מיי' פ"ב מהל' ביאת המקדש הלכה ח:
קפב ט מיי' פ"ח מהל' גזילה הלכה ד ה:
קפג י מיי' שם הל' י:
קפד כ מיי' שם הלכה יא:
קפה ל מיי' שם הלכה יב:
קפו מ נ מיי' שם הלכה יג:
קפז ס מיי' שם ה"ו:
קפח ע מיי' שם ה"ז:

גליון הש"ס

גמ' אמר רבא. כעין זה בב"מ דף קט ע"ב גופא א"ר תניומי וכו' ובשיטה מקובצת שם כתב בשם הרא"ש אע"פ שלא חידש דבר קאמר גופא משום דבעי מימר אחריתי ודכוותה בפרק הגוזל וכו':

הגהות הגר"א

[א] תוס' ד"ה לבעלי וכו' עד סה"ד מוסגר בב"ח עגולה למחקו (ועיין בת"ח ודלא כהפ"י):

הגהות מהר"ב רנשבורג

א] תוס' ד"ה או אינו וכו' דכתיב והתודה וכפל לא מחייב. עיין שיטה מקובלת ודו"ק:

תורה אור השלם

א) וְאִם אֵין לָאִישׁ גֹּאֵל לְהָשִׁיב הָאָשָׁם אֵלָיו הָאָשָׁם הַמּוּשָׁב לַייָ לַכֹּהֵן מִלְּבַד אֵיל הַכִּפֻּרִים אֲשֶׁר יְכַפֶּר בּוֹ עָלָיו: [במדבר ה, ח]

ב) וְאִישׁ אֶת קֳדָשָׁיו לוֹ יִהְיוּ אִישׁ אֲשֶׁר יִתֵּן לַכֹּהֵן לוֹ יִהְיֶה: [במדבר ה, י]

ג) וְהִתְוַדּוּ אֶת חַטָּאתָם אֲשֶׁר עָשׂוּ וְהֵשִׁיב אֶת אֲשָׁמוֹ בְּרֹאשׁוֹ וַחֲמִישִׁתוֹ יֹסֵף עָלָיו וְנָתַן לַאֲשֶׁר אָשַׁם לוֹ: [במדבר ה, ז]

הגבלה של הדין הקודם:

נָתַן לכהנים **אֶת הַקֶּרֶן** שגזל, **וְלֹא נָתַן** להם עדיין **אֶת הַחוֹמֶשׁ, אֵין הַחוֹמֶשׁ מְעַכֵּב** מלהקריב את האשם, ויכול להקריב את האשם ואחר כך יתן את החומש[30].

גמרא הגמרא מביאה ברייתא המפרשת את הפסוק בענין השבת גזל הגר שהביאה המשנה:

תָּנוּ רַבָּנָן בברייתא: נאמר בתורה (במדבר ה, ח): "...הָאָשָׁם הַמּוּשָׁב לַה' לַכֹּהֵן מִלְּבַד אֵיל הַכִּפֻּרִים אֲשֶׁר יְכַפֶּר בּוֹ עָלָיו". וכך יש לפרש את הפסוק: **"אָשָׁם" זֶה הַקֶּרֶן** של הגזילה[31], **"הַמּוּשָׁב" זֶה הַחוֹמֶשׁ,** נמצא שהפסוק מלמדנו שהקרן והחומש ניתנים לכהנים. **אוֹ** אולי **אֵינוֹ** כך, **אֶלָּא, "אָשָׁם" זֶה הָאַיִל** שמביא הגזלן להקריב לקרבן אָשָׁם, ו"הַמּוּשָׁב" זה הקרן [והחומש][32]?

הגמרא מפסיקה את דברי הברייתא ומסבירה:

וּלְמַאי נַפְקָא מִינָּהּ – ומה ההבדל להלכה שיצא לנו אם נפרש כך? הרי גם אם נפרש ש"הָאָשָׁם" זה האיל של קרבן האשם, מכל מקום נאמר בפסוק גם החיוב לשלם כסף וגם החיוב להביא את האיל לקרבן אשם[33]! ההבדל הוא, שאם נפרש ש"הָאָשָׁם" זה האיל של קרבן האשם, ניתן יהיה להסיק מכך, **לְאַפּוּקֵי מִדְּרָבָא** – שהדין הוא שלא כדברי רבא. **דְּאָמַר רָבָא: גֶּזֶל הַגֵּר שֶׁהֶחֱזִירוֹ** הגוזלן לכהנים **בַּלַּיְלָה, לֹא יָצָא** ידי חובתו; וכן אם **הֶחֱזִירוֹ לַחֲצָאִין, לֹא יָצָא** ידי חובתו[34]. **מַאי טַעְמָא** – מה הטעם לכך שאינו יוצא ידי חובה אם משיב בלילה או לחצאין? מפני ש**"אָשָׁם" קַרְיֵיהּ רַחֲמָנָא** – התורה קראה לתשלום הכסף לכהנים "אָשָׁם", בכך היא רומזת שיש להשבת הכסף דינים של קרבן אשם, שאינו בא בלילה[35], ואינו בא לחצאין[36]. אולם אם נפרש שהמילה "אָשָׁם" בפסוק זה, פירושה קרבן האשם, אין מקור לדברי רבא.

כעת מביאה הגמרא את המשך דברי הברייתא, המסבירה מדוע אין לפרש ש"אָשָׁם" זה האיל של קרבן האשם:

כְּשֶׁהוּא אוֹמֵר בהמשך הפסוק: **"מִלְּבַד אֵיל הַכִּפֻּרִים..."**, שזה האיל של קרבן האשם, **הֱוֵי אוֹמֵר** ש**"אָשָׁם"** האמור בתחילת הפסוק, **זֶה הַקֶּרֶן** של הגזילה.

ברייתא נוספת שדנה בפירוש הפסוק:

תַּנְיָא אִידָךְ – בברייתא אחרת שנינו: **"אָשָׁם" זֶה הַקֶּרֶן** של הגזילה, **"הַמּוּשָׁב" זֶה הַחוֹמֶשׁ. אוֹ** אולי **אֵינוֹ** כך, **אֶלָּא "אָשָׁם", זֶה הַחוֹמֶשׁ,** ואילו "הַמּוּשָׁב" זה הקרן?

הגמרא מפסיקה בדברי הברייתא ומסבירה:

לְמַאי נַפְקָא מִינָּהּ – ומה ההבדל שיצא לנו להלכה, אם נפרש כך? ההבדל הוא, שאם נפרש ש"הָאָשָׁם" זה החומש, אז היה ניתן ללמוד מהפסוק **לְאַפּוּקֵי מִמַּתְנִיתִין** – שלא כמו הוראת משנתנו. **דִּתְנַן** במשנתנו: **נָתַן לוֹ אֶת הַקֶּרֶן וְלֹא נָתַן לוֹ אֶת הַחוֹמֶשׁ, אֵין הַחוֹמֶשׁ מְעַכֵּב** את הקרבת הקרבן. ואם המילה "אָשָׁם" מתייחסת לחומש, הרי **אַדְּרַבָּה** צריך לומר להיפך, ש**הַחוֹמֶשׁ מְעַכֵּב**, מפני שהתורה קראה לו בלשון קרבן[37]!

כעת מביאה הגמרא את המשך דברי הברייתא, המסבירה מדוע אין לפרש ש"אָשָׁם" זה החומש:

כְּשֶׁהוּא אוֹמֵר בפסוק שלפני כן (במדבר ה, ז): **"וְהֵשִׁיב אֶת אֲשָׁמוֹ בְּרֹאשׁוֹ וַחֲמִישִׁתוֹ** יֹסֵף עָלָיו", **הֱוֵי אוֹמֵר** ש**"אָשָׁם" זֶה הַקֶּרֶן** של הגזילה, ולא החומש.

ברייתא נוספת באותו בענין:

תַּנְיָא אִידָךְ – בברייתא אחרת שנינו: **"אָשָׁם" זֶה הַקֶּרֶן, "הַמּוּשָׁב" זֶה הַחוֹמֶשׁ, וּבְגֶזֶל הַגֵּר הַכָּתוּב מְדַבֵּר. אוֹ** אולי **אֵינוֹ** כך, **אֶלָּא "הַמּוּשָׁב" זֶה כֶּפֶל, וּבִגְנֵיבַת הַגֵּר הַכָּתוּב מְדַבֵּר,** דהיינו שהתורה מלמדת שהגונב מגר ומת הגר בלא יורשים, חייב לשלם כפל לכהנים[38]. **כְּשֶׁהוּא אוֹמֵר** בפסוק שלפני כן **"וְהֵשִׁיב אֶת אֲשָׁמוֹ**

הערות

כוונתה אלא שאם הקריב את האשם לפני שהביא את הגזילה שלא יצא, אבל ודאי שאם הביא את האשם ולא הקריבו ואחר כך הביא את הכסף, מקריב את האשם ויוצא ידי חובה [וכפי שמבואר מדברי המשנה לעיל] (ראב"ד להלן קיא, א; ראה גם להלן שם הערה 17).

[פירשנו את משנתנו כפי דרכו של רש"י. לפירוש נוסף עיין רמב"ם בפירוש המשנה, וראה גם בדבריו הלכות גזילה ח, יב, ובמגיד משנה שם. לדיון בדבריהם עיין ים של שלמה סט; מרכבת המשנה שם; הלכה למשה שם; חזון איש כ, טו; אבן האזל שם.]

30. כלומר, שמה שלימדה המשנה שהמביא אשמו עד שלא יביא גזילו לא יצא, היינו רק אם הביא את האשם לפני שהביא את הקרן של הגזילה. אבל אם הביא כבר את הקרן, אף שלא הביא את החומש, אין זה מעכב את הקרבת קרבן האשם (רש"י; מאירי). אולם יש מי שכתב שיותר נראה לפרש שכוונת המשנה שהחומש אינו מעכב כלל את הכפרה, ואם נתן לכהנים את הקרן והביא את הקרבן, נתכפר לו חטאו אף אם לא יביא את החומש כלל [וכך נראה לכאורה דעת רש"י להלן (קיא, א, ד"ה אין החומש מעכב), ואם כן צריך עיון מדוע כאן אין הוא מפרש כך?] (מהרש"א; וראה רמב"ם הלכות גזילה ואבידה ח, יג; מאירי להלן שם; ראה גם הערה 25 שם; אולם עיין פנים מאירות; אבני נזר חושן משפט פד).

אמנם לכל הדעות, גם אחר שהביא את הקרבן, החיוב לשלם חומש עומד בעינו, ועליו ליתנו לכהנים (עיין רש"י, ותוספות יום טוב בדעתו; רמב"ם שם; מאירי; לפירושים אחרים בדעת רש"י ולדיון נוסף בענין זה עיין מהרש"א; פנים מאירות; לחם שמים; אבני נזר שם).

31. היינו הגזילה עצמה אם היא קיימת, או שוויה אם אינה קיימת (רמב"ם הלכות גזילה ואבידה ח, ו).

32. רש"י.

רש"י אמנם כתב ש"הַמּוּשָׁב" זה הקרן, אולם נראה פשוט שכוונתו גם לחומש. וניתן לומר ששני החיובים הללו נרמזו במילה זו, מכיון שבפסוק שלפני כן נזכר שגזלן חייב לשלם לנגזל קרן וחומש [שנאמר שם: "וְהֵשִׁיב אֶת אֲשָׁמוֹ בְּרֹאשׁוֹ וַחֲמִישִׁתוֹ יֹסֵף עָלָיו"], ובודאי מסתבר לומר שגם בפסוק שאחריו העוסק בגזל הגר, המילה "הַמּוּשָׁב" שמלמדת על החיוב להשיב את הגזילה לכהנים, מתייחסת גם לחומש (רש"ש; וראה בהערה הבאה).

33. רש"י. והיינו כמו שפירשנו לעיל (בהערה הקודמת), שלפי הפירוש השני בברייתא המילה "הַמּוּשָׁב" רומזת גם לקרן וגם לחומש. שאם לא נאמר כך, הרי יש הבדל פשוט בין שני הפירושים, שלפי הפירוש השני אין מקור מהתורה לחייב את הגוזל מהגר לתת לכהנים חומש, ואין לחייבו אלא קרן בלבד (רש"ש).

34. לדיון בדברי רבא ראה להלן הערות 42-43.

35. שכל הקרבנות אינם קרבים אלא ביום, לפי שנאמר (ויקרא ז, לח): "בְּיוֹם צַוֹּתוֹ אֶת בְּנֵי יִשְׂרָאֵל לְהַקְרִיב אֶת קָרְבְּנֵיהֶם" (רש"י, על פי זבחים צח, א).

36. שאם יביאו את הבהמה לחצאין, הרי היא תהפוך לבעלת מום, ולא ניתן להקריבה כלל (שיטה מקובצת בשם הרמ"ה). ויש מי שפירש שכוונת הגמרא לכך שהבהמה שמובאת לשם אשם צריכה להיות בשווי שני סלעים (עיין כריתות כו, ב), ואם מביא שתי בהמות שכל אחת שוה סלע לא יצא ידי חובתו (מהרי"ט אלגאזי, הלכות בכורות ח, פא ד"ה דבר; וראה שם מה שהקשה על פירושו של הרמ"ה).

37. רש"י.

יש לתמוה מדוע הגמרא אינה משיבה כדרך שחשיבה לעיל, שאם נפרש ש"אָשָׁם" זה החומש, אין מקור לדברי רבא לגבי הקרן (תוספות)? ויש מי שכתב שאין זו קושיא כלל, שכן אם "אָשָׁם" זה החומש, הרי ניתן ללמוד מכך שהתורה קראה לחומש בשם זה שאין לשלמו בלילה או לחצאין, וממילא היינו למדים מקל וחומר שהוא הדין בקרן, שהרי ודאי אין לומר שהקרן פחות חמור מהחומש. רק אם נפרש ש"אָשָׁם" זה הקרבן עצמו, וכפי שרוצה הברייתא הראשונה לומר, אפשר לדחות את דברי רבא (תורת חיים).

מה שאומרת הגמרא כאן "אדרבה חומש מעכב", אין כוונתה לומר שהיה צריך לומר שהחומש מעכב והקרן אינו מעכב, שכן ודאי שהתשלום של הקרן חמור יותר מתשלום החומש. אלא כוונתה שהיה צריך לומר שגם החומש מעכב, ולא כמו שמורה המשנה שהקרן בלבד מעכב (תורת חיים; ראה גם כוס הישועות; אולם עיין מהרש"א ובמהדורא בתרא).

38. ולכאורה קשה כיצד ניתן לפרש כך את הפסוקים הללו, והרי נאמר בפרשה שם "וְהִתְוַדּוּ אֶת חַטָּאתָם אֲשֶׁר עָשׂוּ", ואין אדם חייב לשלם כפל כשהודה, אלא כשהעידו

רש"י

ואם היה זקן. ורלוי לעבודה כדמפרש לקמן ואין רלוי לאכילה: נותנה. להקריב: לכל כהן שירצה. דהואיל דהוא חזי לעבודה מלי לשוויי שליח: ועבודתה ועורה לאנשי משמר. דכיון דלא חזי לאכילה לא משוי שליח לאכילה: אכילה גסה. שנפשו קלה בה: אם היה הכהן. של המשמר טמא ויש לו קרבן לבור להקריב: נותנו לכל כהן שירצה. דהואיל דהוא יכול להקריבו דהא קרבן לבור דוחה את הטומאה שליח נמי מלי עביד. קרבן לבור בא בטומאה ואין נאכל בטומאה בכליל עולין (פסחים ד' עו:): אי דאיכא טהורין. בההוא משמר: טמאים מי מצו עבדי. וכיון דלא מלו עבדי שליח היכי משוו: לבעלי מומין טהורין. מתחלקת דקיימא לן בזבחים (ד' צח:) איש חולק ואפי' בעל מום בקדשים ובמנחות: אם היה כהן גדול אונן. ויש לו קרבן עלמו להקריב: נותנו לכל כהן שירצה. דכיון דכהן גדול מקריב אונן (ג) דכתיב לאביו ולאמו לא יטמא ומן המקדש לא יצא אם מת אביו ואמו דהוי אונן אפילו הכי מקדושתו לא יצא ולא יחלל כלומר דעבודתו שיעבוד באנינות לא תתחלל הא אחר הדיוט שלא יצא חילל: ואינו חולק לאכול לערב. כשמסתלק אנינותו דאנינות לילה דרבנן דאנינות דאורייתא אינו אלא יום מיתה דכתיב (עמוס ח) ואחריתה כיום מר אלמא אין מרירות אלא יום אחד: מתני' היה מעלה את הכסף ומת. בדרך: הכסף ינתן לבניו. של גזלן דהא זכה ביה ממיתת הגר אלא דבעי למעבד השבה כי היכי דתיהוי ליה כפרה אשבועתיה והשתא תו ליכא כפרה כיון דמית ליה: והאשם ירעה. דהוי אשם שמתו בעליו וקיי"ל (ג) לקמן כל שבחטאת מתה באשם רועה: לנדבה. לשופרות קיץ המזבח עולות בשר לשם ועורות לכהנים: משמרת יהויריב. ראשונה לכל המשמרות ושל ידעיה אחריה: נתן. הגזלן את הכסף ליהויריב ואח"כ נתן אשם לידעיה במשמרתו: יצא. כדמפרש ואזיל שהמביא גזילו עד שלא הביא קרבן אשמו יצא וזה זכה בשלו וזה בשלו: אם קיים האשם יקריבוהו בני ידעיה. דקנסינהו ליהויריב להחזיר האשם דשלא כדין עבוד בני יהויריב דקבול אשם מקמי כסף ולידעיה ליכא למקנס מידי דבמשמר דידהו קבילי ור' יהודה דפליג אברייתא בגמרא במתניתין מודה: נתן הקרן. לכהנים אין החומש מעכב מלהקריב את האשם אם לא נתן עדיין ולבסוף [ג] נתן: גמ' או אינו אלא אשם זה איל. אשם ומושב זה קרן: ולמאי נ"מ. דהא ממה נפשך תרווייהו קאמר קרא תיפוק ליה מינה לאפוקי מדרבא דאמר דאשם קרייה רחמנא לקרן ומה אשם אינו בא בלילה דכתיב (ויקרא ז) ביום לותו ואינו בא לחלאין אף קרן כו': כשהוא אומר מלבד איל הכפורים הוי אומר אשם. דרישא קרן הוא: או אינו אלא אשם זה חומש. ומושב זה קרן ונ"מ לאפוקי ממתניתין דתנן אין החומש מעכב נימא אדרבה חומש מעכב דאשם קרייה רחמנא לשון קרבן כשהוא אומר כו': משתלם בראש. קרן לבדו שהוא ראש: לכל כהן וכהן. שבמשמר ומוסיף משלו עוד להשלים: אין בו. שוה פרוטה לכל משמר יהויריב ויש בו שוה פרוטה לכל משמר ידעיה שהן מועטין מהו: אין

גמרא

ואם היה זקן או חולה נותנה לכל כהן שירצה ועבודתה ועורה לאנשי משמר האי זקן או חולה היכי דמי אי דמצי עביד עבודה עבודתה ועורה נמי תיהוי דידיה ואי דלא מצי עביד עבודה שליח היכי משוי אמר רב פפא [א]שיכול לעשות על ידי הדחק עבודה דכי עביד ליה ע"י הדחק עבודה היא ומשוי שליח אכילה [א]דכי אכיל על ידי הדחק אכילה גסה היא [ב]ואכילה גסה לאו כלום הוא משום הכי עבודתה ועורה לאנשי משמר אמר רב ששת [ג]אם היה כהן טמא בקרבן צבור נותנה לכל מי שירצה ועבודתה ועורה לאנשי משמר היכי דמי אי דאיכא טהורים טמאים מי מצו עבדי ואי דליכא טהורים עבודתה ועורה לאנשי משמר הא טמאים נינהו ולא מצו אכלי אמר רבא [ד]אימא לבעלי מומין טהורין שבאותו משמר אמר רב אשי [ה]אם היה כהן גדול אונן נותנה לכל כהן שירצה ועבודתה ועורה לאנשי משמר מאי קמ"ל תנינא [ג] [ו]כהן גדול מקריב אונן [ז]ואינו אוכל [ח]ואינו חולק לאכול לערב ס"ד אמינא כי חס רחמנא עליה דכהן גדול לקרובי הוא אבל לשוויי שליח לא מצי משוי קמ"ל: **מתני'** [ט]הגוזל את הגר ונשבע לו ומת הרי זה משלם קרן וחומש לכהנים ואשם למזבח שנאמר א) ואם אין לאיש גואל להשיב האשם אליו האשם המושב לה' לכהן מלבד איל הכפורים אשר יכפר בו עליו [י]היה מעלה את הכסף ואת האשם ומת הכסף ינתן לבניו והאשם ירעה עד שיסתאב וימכר ויפלו דמיו לנדבה (א) [כ]נתן הכסף לאנשי משמר ומת אין היורשין יכולין להוציא מידם שנאמר ב) ואיש אשר יתן לכהן לו יהיה [ל]נתן הכסף ליהויריב ואשם לידעיה יצא [מ]אשם ליהויריב וכסף לידעיה אם קיים האשם יקריבוהו בני ידעיה ואם לא יחזיר ויביא אשם אחר שהמביא גזילו עד שלא הביא אשמו יצא הביא אשמו עד שלא הביא גזילו לא יצא [נ]נתן את הקרן ולא נתן את החומש אין החומש מעכב: **גמ'** ת"ר אשם זה קרן המושב זה חומש או אינו אלא אשם זה איל ולמאי נפקא מינה לאפוקי מדרבא דאמר רבא [ס]גזל הגר שהחזירו בלילה לא יצא החזירו חצאין לא יצא מ"ט אשם קרייה רחמנא כשהוא אומר מלבד איל הכפורים הוי אומר אשם זה קרן תניא אידך אשם זה קרן המושב זה חומש או אינו אלא אשם זה חומש למאי נפקא מינה לאפוקי ממתניתין דתנן נתן לו את הקרן ולא נתן לו את החומש אין החומש מעכב אדרבה חומש מעכב כשהוא אומר ג) והשיב את אשמו בראשו וחמישיתו הוי אומר אשם זה קרן תניא אידך אשם זה קרן המושב זה חומש וגזל הגר הכתוב מדבר או אינו אלא המושב זה כפל ובגניבת הגר הכתוב מדבר כשהוא אומר והשיב את אשמו בראשו וחמישיתו הרי בממון המשתלם בראש הכתוב מדבר גופא [ע]אמר רבא גזל הגר שהחזירו בלילה לא יצא החזירו חצאין לא יצא מאי טעמא אשם קרייה רחמנא ואמר רבא [פ]גזל הגר שאין בו שוה פרוטה לכל כהן וכהן לא יצא ידי חובתו מ"ט דכתיב האשם המושב עד שיהא השבה לכל כהן וכהן בעי רבא אין בו למשמרת יהויריב ויש בו למשמרת

תוספות

דכי עביד ע"י הדחק עבודה היא. דלא מלינו בכהנים פסול בשנים אלא דנתנו חכמים שיעור עד שירתת בהכל שוחטין (חולין ד' כד:): **אכילה** גסה לאו כלום היא. מפיק (ד) מדריש לקיש דאמר בהחולץ (יבמות ד' מ. ושם [ד]) האוכל אכילה גסה ביום הכפורים פטור אלא [ה] תענו וא"ת דבפרק מי שאמר הריני נזיר ושמע (נזיר דף כג. ושם) גבי הא דאמר רבה בר בר חנה אמר ר' יוחנן מאי דכתיב (ה) לדיקים ילכו בם ופושעים יכשלו בם משל לשני בני אדם שללו פסחיהם אחד אכלו לשם מלוה ואחד אכלו לשם אכילה גסה זה שאכלו לשם אכילה גסה ופושעים יכשלו בם א"ל ריש לקיש רשע קרית ליה נהי דלא עבד מלוה מן המובחר מלוה מיהא עביד משמע דילא ידי חובה וי"ל דהתם לא קאמר דילא אלא דלא מיקרי רשע ועוד דהתם לא מיירי באוכלו אכילה גסה ממש אלא כלומר שאין אוכלו לשם פסח אלא כדי להיות שבע תדע דלא קאמר אכילה גסה אלא לשם אכילה גסה ועי"ל דשתי אכילות גסות הן [ו]: **אי** דאיכא טהורין טמאין מי מצו עבדי. לרב ששת פריך דשמעינן ליה לרב ששת דאמר בפ"ק דיומא (דף ו:) טומאה דחויה בלבור ואי איכא טמאים וטהורין לא מלו עבדי טמאים ואיכא דפליג התם ואמר דטומאה הותרה בלבור ואפי' איכא טמאים וטהורים מלו עבדי טמאים:

[א] **לבעלי** מומין טהורין. תימה ועורה אמאי הויא לבעלי מומין: **תנינא** כ"ג מקריב אונן. תימה אמאי לא פריך נמי לרב ששת תנינא טמא מותר בקרבן ליבור:

למאי נ"מ לאפוקי ממתניתין. תימה אמאי לא קאמר לאפוקי מדרבא כדקאמר לעיל: **או** אינו אלא המושב זה כפל. תימה היכי מ"ל זה כפל והלא אין מתחייב כהן אלא בהודאתו [א] דכתיב והתודו וכפל לא מחייב בהודאה: או

א) [לעיל קט: שבת עו.], ב) זבחים לט. [יומא יג:] מ"ק יד: הוריות יב: תוס' זבחים פי"א ה"ג], ג) [ל"ל נותן ועי' מי"ט], ד) [ד"ה אכילה], ה) ל"ל תענוג, ו) [ועי' תוספות פסחים קז: ד"ה דלמא ותוספות יבמות מ. ד"ה אכילה ותוס' נזיר כג. ד"ה פסח].

הגהות הב"ח

(א) במשנה נתן הכסף לאנשי משמר ומת. נ"ב פירוש מת קודם שהקריבו הקרבן: (ב) רש"י ד"ה לכל כהן שירצה דכיון דכ"ג מקריב אונן משוי נמי שליח הס"ד ואח"כ מ"ה ועבודתה ועורה לאנשי משמר דהוא אינו ראוי לאכול הלכך שליח נמי לא מלי משוי הס"ד ואח"כ מ"ה מקריב אונן כדכתיב: (ג) ד"ה האשם וכו' וקיימא לן. נ"ב עי' סוף דף קז: (ד) תוס' ד"ה אכילה וכו' מפיק לה ריש לקיש בהחולץ וקאמר האוכל: (ה) בא"ד מאי דכתיב כי ישרים דרכי ה' לדיקים ילכו:

ליקוטי רש"י

כהן גדול מקריב אונן. דרחמנא שרייה דכתיב (ויקרא כא) לאביו ולאמו לא יטמא ומן המקדש לא יצא ולא יחלל וגו' ודרשינן לה בשחיטות קדשים (זבחים צט.) במת אביו ואמו [שאינו] לריך לצאת מקדושתו כלל [ויכול] להיות עומד ומקריב כי לא חילל עבודתו בכך ומינה ילפינן הא כהן הדיוט שלא יצא חילל [יומא יג:] מדאמר ליה לאהרן ולבניו ומשה ולמדו ממה דכתיב [ויקרא י] מכלל דכ"ג מקריב אונן [מ"ק יד:]. ואינו חולק לערב. כשמסתלק אנינותו [זבחים צט:]. שלא הותרה כהן אלא עבודה וקדשים אסורין שעבודה לא קל וחומר ממעשר הקל שאמרה תורה (דברים כו) לא אכלתי באוני ממנו [יומא שם]. ואם אין לאיש גואל. שמת התובע שהשביעו ואין לו יורשים. להשיב האשם. כשמתודה זה להודות על עונו ואמרו רבותינו וכי יש לך אדם בישראל שאין לו גואל או בן או בת או אח או שאר בשר הקרוב ממשפחת אביו למעלה עד יעקב אלא זה הגר שמת ואין לו יורשים [במדבר ה, ח]. ואם אין לאיש גואל. גבי גזל ונשבע על שקר דכתיב לעיל מיניה והתודו את חטאתם אשר עשו והשיב את אשמו בראשו והאי אשמו קרן של גזלה [סנהדרין סח:]. גואל. יורש [לעיל קט.]. המשתלם בראש. שאינו משלם אלא קרן והשיב את אשמו היינו קרן שהוא אשם ומוטל עליו ונקרא אחריתה כתיב התם ואת אשמו יביא לה' וגו' [לעיל סה:].

קטו א מיי' פ"ד מהל' כלי המקדש הל' ח:
קטז ב מיי' פ"ו מהל' מעשה קרבנות הלכה יא:
קיז ג ד מיי' פ"ד מהלכות כלי המקדש הלכה ט ועיין בהשגות ובכ"מ:
קיח ה מיי' שם הלכה י סמג עשין קעב:
קיט ו מיי' פ"ב מהלכות ביאת המקדש הלכה ו ופרק ד מהלכות כלי המקדש הלכה י:
קכ ז ח מיי' פ"ב מהל' ביאת המקדש הלכה ח:
קכא ט מיי' פ"ח מהל' גזילה הלכה ד ה:
קכב י מיי' שם הל' ו:
קכג כ מיי' שם הלכה יא:
קכד ל מיי' שם הלכה יב:
קכה מ נ מיי' שם הלכה יג:
קכו ס מיי' שם ה"ו:
קכז ע מיי' שם ה"ז:

גליון הש"ס

גמ' אמר רבא. כעין זה בב"מ דף קט ע"ב גופא א"ר מנימוי וכו' ובשיטה מקובלת שם כתב בשם הרא"ש דע"פ שלא מצינו דבר קאמר גופא משום דבעי מימר מלתיה ודכוותה שם בפרק הגוזל וכו':

הגהות הגר"א

[א] תוס' ד"ה לבעלי וכו' על סק"ד מוסגר בב"מ עגולה למחקו (ועיין בס"מ ודלא כהפ"י):

הגהות מהר"ב רנשבורג

א] תוס' ד"ה או אינו וכו' דכתיב והתודה ומחייב. נ"ב לא מחייב. עיין שיטה מקובלת ודו"ק:

תורה אור השלם

א) וְאִם אֵין לָאִישׁ גֹּאֵל לְהָשִׁיב הָאָשָׁם אֵלָיו הָאָשָׁם הַמּוּשָׁב לַיי לַכֹּהֵן מִלְּבַד אֵיל הַכִּפֻּרִים אֲשֶׁר יְכַפֶּר בּוֹ עָלָיו: [במדבר ה, ח]

ב) וְאִישׁ אֶת קֳדָשָׁיו לוֹ יִהְיוּ אִישׁ אֲשֶׁר יִתֵּן לַכֹּהֵן לוֹ יִהְיֶה: [במדבר ה, י]

ג) וְהִתְוַדּוּ אֶת חַטָּאתָם אֲשֶׁר עָשׂוּ וְהֵשִׁיב אֶת אֲשָׁמוֹ בְּרֹאשׁוֹ וַחֲמִישִׁתוֹ יֹסֵף עָלָיו וְנָתַן לַאֲשֶׁר אָשַׁם לוֹ: [במדבר ה, ז]

בְּרֹאשׁוֹ וַחֲמִישִׁתוֹ יֹסֵף עָלָיו", **הֲרֵי** שׁ**בְּמָמוֹן הַמִּשְׁתַּלֵּם בְּרֹאשׁ** (בתחילה) **הַכָּתוּב מְדַבֵּר** בפסוקים אלו, דהיינו הקרן שמשתלם בתחילה[39]; ואילו תשלומי כפל לא הוזכרו בכתוב, לפי שאותם לא זיכתה התורה לכהנים, ואם מת הגר בלא יורשים נפטר הגנב מתשלומי הכפל[40].

הגמרא חוזרת להוראת רבא:

גּוּפָא — נחזור לגוף הדברים[41]: **אָמַר רָבָא: גֶּזֶל הַגֵּר שֶׁהֶחֱזִירוֹ** הגזלן לכהנים **בַּלַּיְלָה, לֹא יָצָא** ידי חובתו[42]. וכן אם **הֶחֱזִירוּהוּ לַחֲצָאִין, לֹא יָצָא** ידי חובתו[43]. **מַאי טַעְמָא** — מה הטעם לכך שאינו יוצא ידי חובה כשמחזיר באופנים הללו? מפני ש"**אָשָׁם" קַרְיֵיהּ רַחֲמָנָא** — התורה קראה לתשלום הכסף לכהנים "אָשָׁם", בכך היא רומזת שיש להשבת הכסף דינים מסויימים של קרבן אשם, שאינו בא בלילה, ואינו בא לחצאין[44].

הוראה נוספת של רבא בדיני גזל הגר:

וְאָמַר רָבָא: גֶּזֶל הַגֵּר שֶׁאֵין בּוֹ כדי לתת **שָׁוֶה פְּרוּטָה לְכָל כֹּהֵן וְכֹהֵן** שבמשמר המשרת בשעה שמשיב את הגזילה, **לֹא יָצָא** הגזלן **יְדֵי חוֹבָתוֹ** אף אם השיב את מה שגזל, אלא עליו להשלים משלו עד שיגיע לכל כהן וכהן שבמשמר שוה פרוטה[45]. **מַאי טַעְמָא** — מהו הטעם לכך? **דִּכְתִיב "הָאָשָׁם הַמּוּשָׁב. . . לַכֹּהֵן"**, ומשמע שלא יצא ידי חובתו **עַד שֶׁיְּהֵא הֲשָׁבָה לְכָל כֹּהֵן וְכֹהֵן** שבאותו משמר, והשבה של פחות משוה פרוטה אינה נחשבת השבה[46].

ספק של רבא בדין זה:

בָּעֵי (שאל) **רָבָא:** אם הממון שמשיב **אֵין בּוֹ** כדי לתת שוה פרוטה **לְ**כל כהן וכהן **מִמִּשְׁמֶרֶת יְהוֹיָרִיב, וְ**אולם **יֵשׁ בּוֹ** כדי לתת שוה פרוטה

הערות

עדים על הגניבה (תוספות). וצריך לומר שכוונת הברייתא שיש לפרש את הפסוקים במקרה שבאו עדים ואחר כך הודה, שבאופן כזה הגנב חייב לשלם כפל (שיטה מקובצת בשם הרא"ש; פני יהושע; ליישוב נוסף ראה תורת חיים).

39. הקרן נקרא "בְּרֹאשׁוֹ", שהרי אין אדם משלם את התוספות, חומש או כפל, אלא אם שילם תחילה את הקרן. ומשום כך נכתבה המילה "בְּרֹאשׁוֹ" — אף על פי שגם אלמלא נכתבה היינו יודעים ש"אֲשָׁמוֹ" הוא הקרן בלבד ולא החומש, שהרי נאמר בהמשך "וַחֲמִישִׁתוֹ יֹסֵף עָלָיו" — כדי ללמד שגם בפסוק שאחריו, הכתוב מדבר בקרן בלבד (גור אריה, במדבר שם).

40. אכן, אין הוא נפטר אלא מתשלומי הכפל בלבד, אבל לגבי הקרן והחומש דין גנב כדין גזלן. הלכך אדם שגנב מגר ונשבע לו ואחר כך באו עדים ואחר כך הודה בעצמו, משלם קרן וחומש ולא כפל [אף שלגר עצמו היה חייב לשלם כפל ולא חומש, שמאחר שבאו עדים כבר התחייב בכפל, ובמקום שמוטל עליו חיוב לשלם כפל לא חל עליו החיוב לשלם חומש. אולם לאחר שמת הגר, מכיון שבטל החיוב לשלם כפל, חל עליו החיוב לשלם לכהנים גם את החומש] (ראב"ד; לדיון בדבריו ראה אבי עזרי הלכות גזילה ח, ה). אולם יש מי שפירש שכוונת הגמרא שבגניבת הגר זוכה הגנב לגמרי, בין בקרן ובין בכפל (מאירי; לדיון בדבריו עיין אבי עזרי שם אות ב).

41. בדרך כלל כאשר הגמרא אומרת "גופא", היא מוסיפה על דברי האמורא שהביאה לפני כן. וביטוי זה פירושו, שלעיל הוזכרו דבריו בדרך אגב, ואילו כעת מובאים עיקרי דבריו בביאור ובהרחבה. אמנם כאן הגמרא משתמשת בלשון זו, אף על פי שאין כאן תוספת על דברי רבא, והיינו משום שהיא מביאה הוראות נוספות של רבא בענין זה (ראה הליכות עולם ב, נה; גליון הש"ס, על פי הרא"ש המובא בשיטה מקובצת בבא מציעא קט, ב).

42. נראה שהתורה הצריכה להחזיר את הגזילה ביום, כדי שיחזיר הגזלן את הגזילה בפרסום (מאירי). ויש מי שכתב שנראה שהיינו דוקא במקרה שנתאכלו המעות לפני תחילת היום, אבל אם המעות עדיין קיימות בתחילת היום, הרי הכהנים זוכים בהן, וממילא יוצא הגזלן ידי חובה. אלא שיתכן שצריכים ליטול ממנו רשות ביום לזכות במעות (חזון איש כ, טז, וראה שם מה שכתב עוד בזה; אולם עיין אבי עזרי, הלכות גזילה ח, י אות ב; ראה גם בהערה הבאה).

43. יש מי שכתב שגם בדין זה נראה שהיינו דוקא במקרה שנתאכלו המעות, אבל אם המחצית הראשונה עדיין קיימת, הרי יש כאן עכשיו את כל הגזילה (חזון איש שם). ועוד אפשר לומר, שמדובר במקרה שנתן חצי מהמעות למשמר אחד ואת החצי השני למשמר אחר, שאז לא יצא ידי חובה ויכול להוציא את המעות מידם (חזון איש שם; חידושי רבינו מאיר שמחה; אולם עיין מהרי"ט אלגאזי, הלכות בכורות ח, פא ד"ה דבר; לפירושים נוספים עיין חידושי הגר"ח על הש"ס; אבי עזרי שם).

44. ראה לעיל הערות 35-36.

45. רש"י. ולכאורה קשה מה יועיל מה שנותן להם משלו, והרי אין זו השבת הגזילה, אלא הרי הוא כנותן להם מתנה משלו (שיטה מקובצת בשם הרא"ש; אך ראה שם שכתב להוכיח כדעת רש"י מהמשך הסוגיא). ויש מי שכתב ליישב את דעת רש"י, שמכיון שחייב בכפרה ואינו יכול להתכפר מבלי שיוסיף דמים, הממון שמוסיף מצטרף לגזילה, וכל מה שנותן להם מועיל לו לכפרה (חזון איש כ, טז). אכן, יש מי שחולק על דברים אלו, וכתב שאף שאין הגזלן יוצא ידי חובה, אין הוא מחוייב לעשות כלום במקרה כזה (מאירי).

46. הפסוק מלמד שכדי להתכפר על הגזלן להשיב את הגזילה לכל אחד מהכהנים שבאותו משמר, ולא די בכך שמשיב לכהני המשמר באופן כללי [ולשם כך כתבה התורה שישיב "לַכֹּהֵן", בלשון יחיד, למרות שהכסף ניתן לכל כהני המשמר]. ומאחר שנתינה של פחות משוה פרוטה אינה נחשבת נתינה, לפיכך אם הגזלן אינו נותן לכל אחד מכהני המשמר שוה פרוטה, נמצא שלא קיים את דינו להשיב את הגזילה (ראה רא"ש, מובא בשיטה מקובצת להלן עמוד ב ד"ה למאי נפקא מינה).

מדברי הגמרא כאן מוכח שאף אם נתן הגזלן את הגזילה לאחד מהכהנים שבמשמר המשרת, יכולים כל בני המשמר להוציא את הכסף מידו וחולקים ביניהם. שאם לא כן, מה הטעם לומר שאם אין שוה פרוטה לכל אחד לא יצא ידי חובה, והרי יכול לתת לאיזה כהן שירצה!? (שיטה מקובצת בשם הרמ"ה; ראה לעיל קט, ב הערה 15).

ואם היה זקן או חולה נותנה לכל כהן שירצה ועבודתה ועורה לאנשי משמר האי זקן או חולה היכי דמי אי דמצי עביד עבודה עבודתה ועורה נמי תיהוי דידיה ואי דלא מצי עביד עבודה שליח היכי משוי אמר רב פפא א שיכול לעשות על ידי הדחק עבודה דכי עביד ליה ע"י הדחק עבודה היא ומשוי שליח אכילה ה) דכי אכיל על ידי הדחק אכילה גסה היא ב ואכילה גסה לאו כלום הוא משום הכי עבודתה ועורה לאנשי משמר אמר רב ששת ג אם היה כהן טמא בקרבן צבור נותנה לכל מי שירצה ועבודתה ועורה לאנשי משמר היכי דמי אי דאיכא טהורים טמאים מי מצו עבדי ואי דליכא טהורים עבודתה ועורה לאנשי משמר הא טמאים נינהו ולא מצו אכלי אמר רבא ד איצטריך לבעלי מומין טהורין שבאותו משמר אמר רב אשי ה אם היה כהן גדול אונן נותנה לכל כהן שירצה ועבודתה ועורה לאנשי משמר מאי קמ"ל תנינא ב) ו כהן גדול מקריב אונן ז ואינו אוכל ח ואינו חולק לאכול לערב ס"ד אמינא כי חס רחמנא עליה דכהן גדול לקרובי הוא אבל לשוויי שליח לא מצי משוי קמ"ל:

מתני' ט הגוזל את הגר ונשבע לו ומת הרי זה משלם קרן וחומש לכהנים ואשם למזבח שנאמר א) ואם אין לאיש גואל להשיב האשם אליו האשם המושב לה' לכהן מלבד איל הכפורים אשר יכפר בו עליו י היה מעלה את הכסף ואת האשם ומת הכסף ינתן לבניו והאשם ירעה עד שיסתאב וימכר ויפלו דמיו לנדבה (א) כ נתן הכסף לאנשי משמר ומת אין היורשין יכולין להוציא מידם שנאמר ב) ואיש אשר יתן לכהן לו יהיה ל נתן הכסף ליהויריב ואשם לידעיה יצא מ אשם ליהויריב וכסף לידעיה אם קיים האשם יקריבוהו בני ידעיה ואם לא יחזיר ויביא אשם אחר שהמביא גזילו עד שלא הביא אשמו יצא הביא אשמו עד שלא הביא גזילו לא יצא נ נתן את הקרן ולא נתן את החומש אין החומש מעכב:

גמ' ת"ר אשם זה קרן המושב זה חומש או אינו אלא אשם זה איל ולמאי נפקא מינה לאפוקי מדרבא דאמר רבא ס גזל הגר שהחזירו בלילה לא יצא החזירו חצאין לא יצא מ"ט אשם קרייה רחמנא כשהוא אומר מלבד איל הכפורים הוי אומר אשם זה קרן תניא אידך אשם זה קרן המושב זה חומש או אינו אלא אשם זה חומש למאי נפקא מינה לאפוקי ממתניתין דתנן נתן לו את הקרן ולא נתן לו את החומש אין החומש מעכב אדרבה חומש מעכב כשהוא אומר ג) והשיב את אשמו בראשו וחמישיתו הוי אומר אשם זה קרן תניא אידך אשם זה קרן המושב זה חומש ובגזל הגר הכתוב מדבר או אינו אלא המושב זה כפל ובגניבת הגר הכתוב מדבר כשהוא אומר והשיב את אשמו בראשו וחמישיתו הרי בממון המשתלם בראש הכתוב מדבר גופא ע אמר רבא גזל הגר שהחזירו בלילה לא יצא החזירוהו חצאין לא יצא מאי טעמא אשם קרייה רחמנא ואמר רבא פ גזל הגר שאין בו שוה פרוטה לכל כהן וכהן לא יצא ידי חובתו מ"ט דכתיב האשם המושב עד שיהא השבה לכל כהן וכהן בעי רבא אין בו למשמרת יהויריב ויש בו למשמרת

רש"י

ואם היה זקן. ורחוי לעבודה כדמפרש לקמן ואין ראוי לאכילה: נותנה. להקריב: לכל כהן שירצה. דהואיל דהוא חזי לעבודה מלי לשוייה שליח: ועבודתה ועורה לאנשי משמר. דכיון דלא חזי לאכילה לא משוי שליח לאכילה: אכילה גסה. שנפשו קצה בה: אם היה הכהן. של המשמר טמא ויש לו קרבן צבור להקריב: נותנו לכל כהן שירצה. דהואיל דהוא יכול להקריבו דהא קרבן צבור דוחה את הטומאה שליח נמי מלי עביד. קרבן צבור בא בטומאה ואין נאכל בטומאה בכילד צולין (פסחים ד' עו:): אי דאיכא טהורין. בההוא משמר: טמאים מי מצו עבדי. וכיון דלא מלו עבדי שליח היכי משוי: לבעלי מומין טהורין. מתחלקת דקיימא לן בזבחים (ד' נח:) איש חולק ואפי' בעל מום בקדשים ובמנחות: אם היה כהן גדול אונן. ויש לו קרבן עלמו להקריב: נותנו לכל כהן שירצה. דכיון דכהן גדול מקריב אונן (ב) דכתיב לאביו ולאמו לא יטמא ומן המקדש לא יצא אם מת אביו ואמו דהוי אונן אפילו הכי מקדושתו לא יצא ולא יחלל כלומר דעבודתו שיעבוד באנינות לא תתחלל הא אחר הדיוט שלא יצא חילל: ואינו חולק לאכול לערב. כשנסתלק אנינותו דאנינות לילה דרבנן דאנינות דאורייתא אינו אלא יום מיתה דכתיב (עמוס ח) ואחריתה כיום מר אלמא אין מרירות אלא יום אחד: **מתני'** היה מעלה את הכסף ומת. בדרך: הכסף ינתן לבניו. של גזלן דהא זכה ביה ממיתת הגר אלא דבעי למעבד השבה כי היכי דתיהוי ליה כפרה אשבועתיה והשתא תו ליכא כפרה כיון דמית ליה: האשם ירעה. דהוי אשם שמתו בעליו וקיי"ל (ג) לקמן כל שבחטאת מתה באשם רועה: לנדבה. לשופרות קיץ המזבח עולות בשר לשם ועורות לכהנים: משמרת יהויריב. ראשונה לכל המשמרות ושל ידעיה אחריה: נתן. הגזלן את הכסף ליהויריב במשמרתו ואח"כ נתן אשם לידעיה במשמרתו: יצא. כדמפרש ואזיל שהמביא גזילו עד שלא הביא קרבן אשמו יצא וזה זכה בשלו וזה בשלו: אם קיים האשם יקריבוהו בני ידעיה. דקנסינהו ליהויריב להחזיר האשם דשלא כדין עבוד בני יהויריב דקבול אשם מקמי כסף ולידעיה ליכא למקנס מידי דבמשמר דידהו קבילי ור' יהודה דפליג אברייתא בגמרא במתניתין מודה: נתן הקרן. לכהנים אין החומש מעכב מלהקריב את האשם אם לא נתן עדיין ולבסוף ג) נתן: **גמ'** או אינו אלא אשם זה איל. אשם ומושב זה קרן: ולמאי נ"מ. דהא ממה נפשך תרוייהו קאמר קרא תיפוק ליה מינה לאפוקי מדרבא דאמר דאשם קרייה רחמנא לקרן ומה אשם אינו בא בלילה דכתיב (ויקרא ז) ביום צותו ואינו בא לחצאין אף קרן כו': כשהוא אומר מלבד איל הכפורים הוי אומר אשם. דרישא קרן הוא: או אינו אלא אשם זה חומש. ומושב זה קרן ונ"מ לאפוקי ממתניתין דתנן אין החומש מעכב נימא אדרבה חומש מעכב דאשם קרייה רחמנא לשון קרבן כשהוא אומר כו': משתלם בראש. קרן לבדו שהוא ראש: לכל כהן וכהן. שבמשמר ומוסיף משלו עוד להשלים: אין בו. שוה פרוטה לכל משמר יהויריב ויש בו שוה פרוטה לכל משמר ידעיה שהן מועטין מהו: אין

תוספות

דכי עביד ע"י הדחק עבודה היא. דלא מלינו בכהנים פסול בשנים אלא דנתנו חכמים שיעור עד שירתת בהכל שוחטין (חולין ד' כד:): **אכילה** גסה לאו כלום היא. מפיק (ד) מדריש לקיש דאמר בהחולץ (יבמות ד' מ. ושם ד) האוכל אכילה גסה ביום הכפורים פטור מלא ה) תענו וא"ת דבפרק מי שאמר הריני נזיר (נזיר דף כג. ושם) גבי הא דאמר רבה בר בר חנה אמר ר' יוחנן מאי דכתיב (ה) לדיקים ילכו בם ופושעים יכשלו בם משל לשני בני אדם שללו פסחיהם אחד אכלו לשם מלוה ואחד אכלו לשם אכילה גסה זה שאכלו לשם אכילה גסה ופושעים יכשלו בם א"ל ריש לקיש רשע קרית ליה נהי דלא עבד מלוה מן המובחר מלוה מיהא עביד משמע דילא ידי חובה וי"ל דהתם לא קאמר דילא אלא דלא מיקרי רשע ועוד דהתם לא איירי באוכלו אכילה גסה ממש אלא כלומר שאין אוכלו לשם פסח אלא כדי להיות שבע תדע דלא קאמר אכילה גסה אלא לשם אכילה גסה ועי"ל דשתי אכילות גסות הן ו): **אי** דאיכא טהורין טמאין מי מצו עבדי. לרב ששת פריך דשמעינן ליה לרב ששת דאמר בפ"ק דיומא (דף ו:) טומאה דחויה בצבור ואי איכא טמאים וטהורין לא מלו עבדי טמאים ואיכא דפליג התם ואמר דטומאה הותרה בצבור ואפי' איכא טמאים וטהורים מלו עבדי טמאים:

[א] **לבעלי** מומין טהורין. תימה ועורה אמאי הויא לבעלי מומין: **תנינא** כ"ג מקריב אונן. תימה אמאי לא פריך נמי לרב ששת תנינא טמא מותר בקרבן ליבור:

למאי נ"מ לאפוקי ממתניתין. תימה אמאי לא קאמר לאפוקי מדרבא כדקאמר לעיל:

או אינו אלא המושב זה כפל. תימה היכי מ"ל זה כפל והלא אין מתחייב כפל אלא בהודאתו א] דכתיב והתודה וכפל לא מחייב בהודאה: או

מסורת הש"ס

א) [לעיל יט: שבת עו.], ב) זבחים לט. [יומא יג: מ"ק יד: הוריות יב: תוס' דזבחים פי"א ה"ב], ג) [ל"ל נותן ועי' תי"ט], ד) [ד"ה אכילה], ה) ל"ל תענה, ו) [ועי' תוספות פסחים קז: ד"ה דלמא ותוספות יבמות מ. ד"ה אכילה ותוס' נזיר כג. ד"ה פסח].

הגהות הב"ח

(א) במשנה נתן הכסף לאנשי משמר ומת. נ"ב פירוש מת קודם שהקריבו הקרבן: (ב) רש"י ד"ה נותנו לכל כהן שירלה דכיון דכ"ג מקריב אונן משוי נמי שליח הס"ד ואח"כ מ"ה ועבודתה ועורה לאנשי משמר דהוא אינו ראוי לחלוק הלכך שליח נמי לא מלי משוי הס"ד ואח"כ מ"ה מקריב אונן דכתיב: (ג) ד"ה האשם וכו' וקיימא לן. נ"ב עי' סוף דף זה: (ד) תוס' ד"ה אכילה וכו' מפיק לה ריש לקיש בהחולץ וקאמר האוכל: (ה) בא"ד מאי דכתיב כי ישרים דרכי ה' לדיקים ילכו:

ליקוטי רש"י

כהן גדול מקריב אונן. דרחמנא שרייה דכתיב (ויקרא כא) לאביו ולאמו לא יטמא ומן המקדש לא יצא ולא יחלל וגו' ודרשינן לה בשחיטת קדשים (זבחים טז.) במת אביו ואמו [שאינו] לריך לצאת מקדושתו כלל [ויכול] להיות עומד ומקריב כי לא חילל עבודתו בכך ומינה ילפינן הא כהן הדיוט שלא יצא חילל [יומא יג:] מדאמר לו אהרן למשה ואכלתי חטאת היום (ויקרא י) ולא אמר למשה והקרבתי מכלל דהקרבה באנינות ולמדנו דכ"ג מקריב אונן [מו"ק יד:]. ואינו חולק לערב. כשיפטר מאנינותו [זבחים צט.]. שלא הותרה כאן אלא עבודה וקדשים אסורין לאונן קל וחומר ממעשר הקל שאמרה תורה (דברים כו) לא אכלתי באוני ממנו [יומא שם]. ואם אין לאיש גואל. שמת התובע שהשביעו ואין לו יורשים. להשיב האשם. כשנמלך זה להתודות על עונו ואמרו רבותינו וכי יש לך אדם בישראל שאין לו גואלים או בן או בת או אח או שאר בשר הקרוב ממשפחת אביו למעלה עד יעקב אלא זה הגר שמת ואין לו יורשים [במדבר ה, ח]. ואם אין לאיש גואל. גבי גזל ונשבע על שקר דכתיב לעיל מיניה והתודו את חטאתם אשר עשו והשיב את אשמו בראשו והאי אשמו קרן של גזלה [סנהדרין סח:]. גואל. יורש [לעיל קט.]. בממון המשתלם בראש. שאינו משלם אלא קרן והשיב את אשמו היינו קרן שהוא אשם ומוטא עליו ובקרא אחרינא כתיב התם ואת אשמו יביא לה' וגו' [לעיל סה:].

עין משפט נר מצוה

קעו א מיי' פ"ד מהל' כלי המקדש הל' ח:
קעז ב מיי' פ"י מהל' מעשה קרבנות הלכה יא:
קעח ג ד מיי' פ"ד מהלכות כלי המקדש הלכה ט ועיין בהשגות ובכ"מ:
קעט ה מיי' שם הלכה י סמג עשין קעב:
קפ ו מיי' פ"ב מהלכות ביאת המקדש הלכה ו ופרק ד מהלכות כלי המקדש הלכה י:
קפא ז ח מיי' פ"ב מהל' ביאת המקדש הלכה ח:
קפב ט מיי' פ"ח מהל' גזילה הלכה ד ה:
קפג י מיי' שם הל' י:
קפד כ מיי' שם הלכה יא:
קפה ל מיי' שם הלכה יב:
קפו מ נ מיי' שם הלכה יג:
קפז ס מיי' שם ה"ו:
קפח ע מיי' שם ה"ז:

גליון הש"ס

גמ' אמר רבא. כעין זה בב"מ דף קט ע"ב גופא א"ר תניותי וכו' ובשיטה מקובלת שם כתב בשם הרא"ש אע"פ שלא חידש דבר קאמר גופא משום דבעי מימר אחריתי ודכוותה בפרק הגוזל וכו':

הגהות הגר"א

[א] תוס' ד"ה לבעלי וכו' עד סה"ד מוסגר בב"ח עגולה למחקו (ועיין בת"ח ודלא כהפ"י):

הגהות מהר"ב רנשבורג

א] תוס' ד"ה או אינו וכו' דכתיב והתודה וכפל לא מחייב. עיין שיטה מקובלת ודו"ק:

תורה אור השלם

א) וְאִם אֵין לָאִישׁ גֹּאֵל לְהָשִׁיב הָאָשָׁם אֵלָיו הָאָשָׁם הַמּוּשָׁב לַייָ לַכֹּהֵן מִלְּבַד אֵיל הַכִּפֻּרִים אֲשֶׁר יְכַפֶּר בּוֹ עָלָיו: [במדבר ה, ח]

ב) וְאִישׁ אֶת קֳדָשָׁיו לוֹ יִהְיוּ אִישׁ אֲשֶׁר יִתֵּן לַכֹּהֵן לוֹ יִהְיֶה: [במדבר ה, י]

ג) וְהִתְוַדּוּ אֶת חַטָּאתָם אֲשֶׁר עָשׂוּ וְהֵשִׁיב אֶת אֲשָׁמוֹ בְּרֹאשׁוֹ וַחֲמִישִׁתוֹ יֹסֵף עָלָיו וְנָתַן לַאֲשֶׁר אָשַׁם לוֹ: [במדבר ה, ז]

גמרא

למשמרת ידעיה מהו היכי דמי אילימא דיהביה לידעיה במשמרת ידעיה הא [א] אית ביה לא צריכא דיהביה לידעיה במשמרתו דיהויריב מאי מי אמרינן כיון דלאו משמרתו הוא ולא כלום הוא או דלמא כיון דלא חזי ליה מעיקרא לידעיה קאי תיקו בעי רבא כהנים מהו שיחלקו גזל הגר כנגד גזל הגר מי אמרינן אשם קרייה רחמנא מה אשם [א] אין חולקין אשם כנגד אשם אף גזל (א) אין חולקין גזל הגר כנגד גזל הגר או דלמא גזל הגר ממונא הוא הדר פשטה אשם קרייה רחמנא רב אחא בריה דרבא מתני לה בהדיא אמר רבא [ב] כהנים אין חולקין גזל הגר כנגד גזל הגר מ"ט אשם קרייה רחמנא: בעי רבא כהנים בגזל הגר יורשין הוו או מקבלי מתנות הוו למאי נפקא מינה כגון [א] שגזל חמץ (ב) שעבר עליו הפסח אי אמרת יורשין הוו היינו האי דירתי מורית ואי אמרת מקבלי מתנות הוו מתנה קאמר רחמנא דניתיב להו והא לא קא יהיב להו מידי דעפרא בעלמא הוא רב זעירא בעי הכי אפילו אם תימצי לומר [ג] מקבלי מתנה הוו הא לא איבעיא לן דההיא מתנה אמר רחמנא דניתיב להו אלא כי קמבעיא לן כגון שנפלו לו עשר בהמות בגזל הגר מחייבי לאפרושי מינייהו מעשר או [ד] לא יורשין הוו (ג) דאמר מר [ה] קנו בתפיסת הבית חייבין או דלמא מקבלי מתנות הוו ותנן [ו] הלוקח והניתן לו במתנה פטור ממעשר בהמה מאי ת"ש [ז] עשרים וארבע מתנות כהונה ניתנו לאהרן ולבניו וכולן ניתנו בכלל ופרט וכלל וברית מלח כל המקיימן כאילו מקיים כלל ופרט וכלל וברית מלח כל העובר עליהם כאילו עובר על כלל ופרט וכלל וברית מלח [ח] ואלו הן עשר במקדש וד' בירושלים ועשר בגבולים [ט] עשר במקדש חטאת בהמה וחטאת העוף ואשם ודאי ואשם תלוי וזבחי שלמי צבור ולוג שמן של מצורע ומותר העומר ושתי הלחם ולחם הפנים ושירי מנחות [י] וארבע בירושלים הבכורה והביכורים והמורם מן התודה ואיל נזיר ועורות קדשים [כ] ועשרה בגבולין תרומה ותרומת מעשר וחלה וראשית הגז והמתנות ופדיון הבן ופדיון פטר חמור ושדה אחוזה ושדה חרמים וגזל הגר וקא קרי מיהת מתנה ש"מ [ל] מקבלי מתנות הוו ש"מ: נתן את הכסף לאנשי משמר [וכו']: אמר אביי ש"מ כסף מכפר מחצה דאי לא מכפר הוה אמינא מהדר ליורשין מ"ט אדעתא דהכי לא יהב ליה אלא מעתה חטאת שמתו בעליה תיפוק לחולין דאדעתא דהכי לא אפרשה אמרי חטאת שמתו בעליה [מ] הלכתא גמירי לה דלמיתה אזלא אלא מעתה אשם שמתו בעליו ליפוק לחולין דאדעתא דהכי לא אפרשיה אשם נמי [ז] הלכתא גמירי לה [נ] כל שבחטאת מתה באשם רועה אלא מעתה יבמה שנפלה לפני מוכה שחין תיפוק בלא חליצה דאדעתא דהכי לא קדשה עצמה התם אנן סהדי

רש"י

אין חולקים מנחות כנגד מנחות וקרבן כנגד קרבן מלכל בני אהרן תהיה איש כאחיו נפקא לן בקדושין (דף נג.) ובמנחות פרק אלו מנחות (דף עג.): יורשין. הגר הן או מקבלי מתנות גבוה הן: היינו האי דירתי. ירושה זאת נפלה להן והרי היא לפניהן שאילו היה הגר קיים היה זה אומר לו הרי שלך לפניך: רב זעירי בעי לה הכי אפילו אם תמצי לומר מקבלי מתנות הוו הא לא מבעיא לן דהא מתנה יהיב להו רחמנא. והרי הן לפניהן: כגון שנפלו לו. לכהן: קנו. יתומים שקנו בהמות: בתפיסת הבית. כלומר נפלו להן בהמות בירושה עד שלא חלקו: הלוקח. לקח עשרה טלאים שלא נתעשרו מן השוק: פטור. ובמסכת בכורות [ה] מפרש טעמא: בכלל ופרט וכלל. לכל קדשי בני ישראל לך [ו] נתונים למשחה כלל וזה יהיה לך מקדש הקדשים מן האש פרט כל מתנה בפני עצמה וכל תרומת קדשים חזר וכלל והדר כתיב ברית מלח עולם הוא וגו' בסוף הפרשה (במדבר יח): כל המקיימן כאילו קיים. כל התורה כולה שניתנה לדרוש בכלל ופרט וכלל וכאילו קיים כל הקרבנות שניתנה בהן ברית מלח: עשר במקדש. נאכל לפנים מן הקלעים: ארבע בירושלים. בכל העיר: ועשר בגבולים. בערי ארץ ישראל: אשם ודאי. חמשה הן גזילות מעילות שפחה חרופה נזיר ומצורע וחד חשיב להו: אשם תלוי. בא על ספק כרת שלא נודע לו שעבר ולאי שיביא חטאת: וזבחי שלמי צבור. כבשי עצרת שנקראו שלמים כדכתיב (ויקרא כג) ושני כבשים בני שנה (ד) וקדשי קדשים הן כדכתיב (שם) קדש יהיו לה' לכהן ונאכלים לפנים מן הקלעים: ולוג שמן של מצורע. מה שנשאר בלוג מליקה לכף כהן של השמאלית נאכל לכהנים דתניא במנחות (דף עג.) ובזבחים (דף מד:) לכל קרבנם לרבות לוג שמן של מצורע דהוא נמי קרוי קרבן דכתיב והקריב אותו לאשם ואת לוג השמן וסמיך ליה לקרא קמא בקדש הקדשים תאכלנו בויקא קרא: מותר העומר. מנחת העומר נקמלת ושיריה נאכלים (ה) וכל המנחות קדשי הקדשים הן כדכתיב לא ([ז] תאכל עליו חמץ) וגו': ושירי מנחות. כל מנחות הנקמצות מנחת נדבה ומנחת חוטא ומנחת סוטה: הבכורה. בכור תם נאכל בכל העיר וכן הבכורים צריכין חומה כדכתיב (דברים יב) ואכלתם שם לפני ה' אלהיכם וגו' ואמר מר תרומת ידך אלו בכורים במכות (דף יז.): והמורם מתודה. חזה ושוק וארבע חלות מארבע מינים שבה חלות ורקיקין חמץ ורבוכה וכתיב (ויקרא ז) והקריב ממנו אחד מכל קרבן תרומה לכהן הזורק וגו': והמורם מאיל נזיר. זרוע בשלה וחלה ורקיק וחזה ושוק של שלמים בכלל תודה הוא דתודה שלמים אקרי והנך תרתי תודה ואיל נזיר משום דדמיין להדדי חשיב להו בחדא כדאמר בשחיטת חולין בפרק הזרוע [ח]: ועורות קדשים. עורות עולה וחטאות ואשמות אבל קדשים קלים עורותיהן לבעלים כדאמר בזבחים פרק טבול יום (דף קג.) ומש"ה קא חשיב להו בהדי הנך דירושלים למעוטי דאין נחשבים בהדי הנך דגבולים דהני עורות לא מתייהבי להו אלא בירושלים ובהדי הנך דבמקדש לא חשיב אלא הנהו דלאי נפקי חוץ לקלעים מפסלי ביוצא: ושדה אחוזה. שהקדישוה בעליה ולא גאלה ומכרה גזבר כשהלוקח מחזירה ביובל מתחלקת לכהנים: ושדה חרמים. ישראל שהחרימו שדיהן: וגזל הגר. נמי קרי ליה מתנת גבולין שאם נתנו לכהן המשמר חוץ לירושלים יצא ואיל אשמו יעלה לירושלים להקריב: אדעתא דהכי. דלא תיהוי ליה כפרה: תיפוק לחולין. ולא תיזל למיתה: באשם רועה. עד שיומם וימכר ויפלו דמיו לקיץ המזבח עולה (ו) לשם ועורה לכהנים זה מדרש דרש יהוידע הכהן בשקלים (דף ט:) ובתמורה (דף כג:) וכל זמן שהוא תם אין יוצא לחולין לימכר לפיכך ירעה והוא מעצמו אין יכול להשתנות מאשם לעולה: דמינח

תוספות

או דלמא כיון דלא חזי ליהויריב לידעיה קאי. ויכול להביא אשם מיד וליתנה לפני יהויריב להתכפר אע"פ שהכסף נתון לידעיה כדקתני בפירקין נתן את הכסף ליהויריב והאשם לידעיה יצא:

למאי נ"מ לגזל חמץ ועבר עליו הפסח. תימה אמאי לא פשיט ליה מדידיה דאמר לעיל גזל הגר שאין בו שוה פרוטה לכל אחד ואחד לא יצא אלמא מקבלי מתנות הוו [א] דאי יורשין הוו אמאי לא יצא מאי דשבק להון אבוהון יהב להון ונראה דבחד מנהון גרסינן רבה:

בכלל ופרט וכלל וברית מלח. הך שמעתא מפורש בפרק הזרוע (חולין דף קלג:):

וגזל הגר. תימה אמאי חשיב גזל הגר מעשרה בגבולין דכי היכי דאמר רבא החזירו בלילה ולחצאין לא יצא דאשם קרייה רחמנא ה"נ אם החזירו בגבולין לא יצא כדין אשם:

כסף מכפר מחצה. מכאן נראה דכהן אין יכול למחול כיון דהוי כפרה:

דאדעתא דהכי לא קדשה נפשה. נראה דנפלה מן האירוסין איירי דאי מן הנישואין ודאי מקדשה נפשה כדי שתהא נשואה לבעלה דמשום אחר מיתת בעלה לא מסקא אנפשה מלהיות נשואה אלא מן האירוסין איירי דמקדושין אין לה שום טובה וא"ת אדם שקנה מחבירו שום דבר ונתקלקל יבטל המקח דאדעתא דהכי לא קנה וי"ל דהתם לאו בלוקח לחודיה תליא מילתא אלא כמו כן בדעת מוכר ומוכר אקנה ליה אדעתא דהכי אבל הכא דקדושין בדידה קיימא והוא אינו חושש היאך דעתה להתקדש וכן גבי מקדיש נמי בדידיה קאי וכן נותן הגזל בדידיה קאי: [ועי' בתוספות כתובות מז: ד"ה שלא] אמר

עין משפט נר מצוה

קפט א מיי' פ"י מהלכות מעשה קרבנות הלכה טו טז:
קצ ב מיי' פ"ח מהל' גזילה הלכה ו סמג עשין עג:
קצא ג מיי' שם הל' ח:
קצב ד מיי' פ"ו מהל' בכורות הלכה יג סמג עשין ריב:
קצג ה ו מיי' שם הלכה י:
קצד ז מיי' פ"א מהל' ביכורים הל' א:
קצה ח מיי' שם הלכה יב:
קצו ט מיי' שם הלכה יג:
קצז י מיי' שם הלכה יד:
קצח כ מיי' שם הלכה טו:
קצט ל מיי' פ"ח מהלכות גזילה הלכה ח ופ"ו מהלכות בכורות הלכה יג:
ר מ מיי' פ"ד מהלכות פסולי המוקדשין הלכה א:
רא נ מיי' שם הלכה יד:

ליקוטי רש"י

אין חולקין. כפי דמים לומר טול אתה מנחה ואני חזה ושוק או בשר חטאת ואשם [קידושין נג.]. שלא יחלקו זה כנגד זה אלא בין כולם יחלקו המנחות [מנחות עג.]. **בכלל ופרט.** בויקח קרח לכל קדשי בני ישראל לך נתתים והדר מפרש כל חד וחד וזה יהיה לך מקדש הקדשים מן האש וגו'. **וברית מלח.** כתיב בסיפיה ברית מלח עולם הוא כשם שברית מלח אינה שובתת כך זו לא תשבות. **כאילו קיים וכו'.** שבתורה. **וברית מלח.** של קרבנות. **עשר במקדש.** ניתנו להם בתוך עזרה לאוכלן שם. **וזבחי שלמי צבור.** כבשי עצרת והם קדשי קדשים לאכול בעזרה. **ולוג שמן של מצורע.** מה שנשאר ממתנותיו נאכל לכהנים כדאמרינן במנחות (דף עג.) ובזבחים (דף מד:) לכל קרבנם דכתיב בויקח קרח לרבות לוג שמן של מצורע דקרוי קרבנם דכתיב ביה והקריב אותם לאשם ואת לוג השמן וכתיב בויקח קרח בקדש הקדשים תאכלנו אכולהו לכל קרבנם ולכל מנחתם ולכל חטאתם ולכל אשמם וגו'. עומר לא חשיב ליה בהדי שאר מנחת צבור מפני שהיא מנחת צבור הנקמצת ונאכלת ואין לך עוד בצבור. **ושירי מנחות.** של יחיד. **וארבע בירושלים.** הנאכלים ומתחלקים לכל העיר. **הבכורה.** בכור תם. **והבכורים.** אינם נאכלים אלא בירושלים דכתיב (דברים יב) לא תוכל לאכול בשעריך וגו' ואמר מר (מכות דף יז:) ותרומת ידך אלו הבכורים. **והמורם מן התודה.** חזה ושוק וד' חלות כדכתיב (ויקרא ז) והקריב ממנו אחד מכל קרבן תרומה לה' לכהן הזורק וגו' מארבע מינים חלות ורקיקים ורבוכה וחמץ אחת מכל מין. **ואיל נזיר.** זרוע בשלה וחלה ורקיק כדכתיב בפרשת נשא שמניפין אותן והני חד חשיב להו משום דדמו אהדדי דתרווייהו מורם מקדשים קלים ניהו וחזה ושוק של שאר שלמים נמי בכלל זה הן והאי דנקט תודה משום דאית ביה מורם אחרינא ותניהו לכולהו בחדא שמא. **ועורות קדשים.** של עולה חטאת ואשם כדכתיב (שם) עור חטאת ואשם [חולין קלג:]. **עורות קדשים.** עור עולה וחטאות ואשמות וקרבנות ציבור שמתחלקין עורות קדשי הקדשים לכהנים כדכתיב (ויקרא ז) עור העולה אשר הקריב ובתורת כהנים נמי מרבה עור חטאת ואשם [חולין קלג:]. **בגבולין.** נתנין להן בכל ערי ישראל. **והמתנות.** הזרוע והלחיים והקבה. **ופדיון הבן.** ה' סלעים. **ופדיון פטר חמור.** שה. **ושדה אחוזה.** שהקדיש ולא גאלה ומכרה גזבר לאחר והרי היא יוצאה ביובל ומתחלקת לכהנים של אותו משמר שאירע בו יובל שנאמר (שם כז) והיה השדה בצאתו ביובל וגו' לכהן תהיה אחוזתו. **וגזל הגר.** האשם המושב לה' בפרשת נשא וגזל הגר שנשבע לו לשקר ואח"כ הודה לאחר מיתת הגר כדפי' לעיל (קלא.) בפרקין [חולין שם]. **באשם רועה.** וכשיסתאב יפלו דמיו לנדבת צבור דהיינו עולה [תמורה יח.].

מסורת הש"ס

א) נ"א זכו, ב) בכורות נה: [ודף יא.], ג) חולין קלג: [תוספתא חלה פ"ב ה"ח], ד) [נזיר כה: תמורה יח. בכורות טז.], ה) [דף נה:], ו) [צ"ל נתתים], ז) ס"א תאפה חמץ חלקם וגו'. רש"א, ח) [דף קלג:].

הגהות הב"ח

(א) גמ' אף גזל הגר אין חולקין: (ב) שם שגזל חמץ ועבר עליו הפסח וכו' האי דירתי דקא מורית להון אבוהון ואי אמרת מקבלי: (ג) שם יורשין הוו ואמר מר: (ד) רש"י ד"ה וזבחי וכו' בני שנה לזבח שלמים וקדשי: (ה) ד"ה מותר העומר. נ"ב אבל מותר עומר דחשיב פ"א דחלה משנה ג דנפדה ונאכל לכל אדם היינו המותר מהסאין שאין שלוקח ומוציא ממנו עשירית איפה כדאיתא במנחות פרק ר' ישמעאל במשנה: (ו) ד"ה באשם רועה וכו' עולה בשר לשם ועורה:

הגהות הגר"א

[א] גמ' שגזל חמץ ועבר. כצ"ל:

הגהות מהר"ב רנשבורג

א] תוס' ד"ה למאי נ"מ וכו' דאי יורשין הוו אמאי לא יצא. עיין מהרש"א ושיטה מקובצת ודו"ק:

לְכל כהן וכהן שב**מִשְׁמֶרֶת יְדַעְיָה** (שהיו בה פחות כהנים), והשיב את הגזילה לבני ידעיה, **מַהוּ** הדין[1]?

הגמרא מבארת את השאלה:

הֵיכִי דָּמֵי — באיזה מקרה הסתפק רבא? **אִילֵימָא דְּיַהֲבֵיהּ לִידַעְיָה** — אם מדובר במקרה שנתן את הגזילה לבני ידעיה **בְּ**עת שירותה של **מִשְׁמֶרֶת יְדַעְיָה, הָא אִית בֵּיהּ** — הרי יש בהשבה שוה פרוטה לכל כהן וכהן שבמשמר המשרת, ופשוט שהנתינה מועילה! במה הסתפק רבא? אלא, **לֹא צְרִיכָא דְּיַהֲבֵיהּ לִידַעְיָה בְּמִשְׁמַרְתּוֹ דִּיהוֹיָרִיב** — השאלה אינה נצרכת אלא במקרה שנתן לבני ידעיה בשבוע של משמר יהויריב, ובמקרה כזה יש להסתפק: **מַאי** — מה הדין? **מִי אַמְרִינַן** — האם אנו אומרים ש**כֵּיוָן דְּלַאו מִשְׁמַרְתּוֹ הוּא** — שאין זה זמנם של בני ידעיה, **וְלֹא כְּלוּם הוּא** — נתינת הגזילה להם אינה מועילה[2]? **אוֹ דִּלְמָא** או אולי יש לומר ש**כֵּיוָן דְּלֹא חֲזֵי לֵיהּ** — שהגזילה ממילא אינה ראויה להינתן לבני יהויריב, שהרי אין בה שוה פרוטה לכל כהן וכהן שבמשמר שלהם, נמצא ש**מֵעִיקָּרָא לִידַעְיָה קָאֵי** — מתחילה עומדת הגזילה להינתן לבני ידעיה, ולכן אף אם נתן להם בזמן שעדיין המשמר שלהם אינו משרת, יצא ידי חובה[3]?

הגמרא מסיקה:

תֵּיקוּ — תעמוד השאלה במקומה, אין לנו כח להכריע בזה.

שאלה נוספת של רבא בדין גזל הגר:

בָּעֵי רָבָא: כֹּהֲנִים מַהוּ שֶׁיַּחְלְקוּ גֶּזֶל הַגֵּר כְּנֶגֶד גֶּזֶל הַגֵּר? היינו, האם כהן יכול לומר לחבירו: "טול אתה את חלקי בגזילה של גר זה שנפלה כעת לפנינו, ותן לי את חלקך בגזילה של גר אחר"? צדדי הספק הם: **מִי אַמְרִינַן "אָשָׁם" קַרְיֵיהּ רַחֲמָנָא** — האם אנו אומרים שמכיון שהתורה קראה לגזל הגר "אָשָׁם", ניתן ללמוד מכך: **מָה אָשָׁם** — כשם שלגבי קרבן אשם הדין הוא ש**אֵין חוֹלְקִין** קרבן **אָשָׁם** **כְּנֶגֶד** קרבן **אָשָׁם** אחר[4], **אַף** לגבי **גֶּזֶל** הגר הדין הוא ש**אֵין חוֹלְקִין גֶּזֶל הַגֵּר כְּנֶגֶד גֶּזֶל הַגֵּר**[5]? **אוֹ דִּלְמָא** — או אולי יש לומר ש**גֶּזֶל הַגֵּר מָמוֹנָא הוּא** — ממון הכהן הוא, שמה שמגיע לחלקו של הכהן מהגזילה הרי הוא ממונו לכל דבר ויכול לעשות בו כרצונו, ואם כן יש לומר שכמו כן יכול לחלוק גזילה של גר אחד כנגד גזילה של גר אחר[6]?

רבא פושט את הספק:

הֲדַר פַּשְׁטָהּ — לאחר שהעלה את השאלה רבא עצמו פשט את הספק, ואמר כך: **"אָשָׁם" קַרְיֵיהּ רַחֲמָנָא** — התורה קוראת לגזל הגר "אָשָׁם", ומכך יש ללמוד שיש לו דינים של קרבן אשם, ולכן הדין הוא שאין חולקים גזל הגר כנגד גזל הגר[7].

לשון אחר בדברי רבא:

רַב אַחָא בְּרֵיהּ דְּרָבָא מַתְנֵי לָהּ בְּהֶדְיָא — שנה את הדברים כהוראה פשוטה של רבא. **אָמַר רָבָא: כֹּהֲנִים אֵין חוֹלְקִין גֶּזֶל הַגֵּר כְּנֶגֶד גֶּזֶל הַגֵּר. מַאי טַעְמָא** — מהו הטעם לכך? מפני ש**"אָשָׁם" קַרְיֵיהּ רַחֲמָנָא**, הלכך יש לגזל הגר דין של קרבן אשם לענין זה שאין חולקים גזל הגר כנגד גזל הגר.

שאלה נוספת של רבא:

בָּעֵי (שאל) **רָבָא:** מהי הגדרת זכותם של ה**כֹּהֲנִים בְּגֶזֶל הַגֵּר, יוֹרְשִׁין הָווּ** — האם הם נחשבים היורשים של הגר, **אוֹ מְקַבְּלֵי מַתָּנוֹת הָווּ** — או שהם נחשבים מקבלי מתנה מגבוה[8]?

הגמרא מבארת:

לְמַאי נַפְקָא מִינָּהּ — מהו ההבדל למעשה אם הם נחשבים ליורשים או למקבלי מתנה? ההבדל הוא **כְּגוֹן שֶׁגָּזַל** מגר שאין לו יורשים **חָמֵץ (שעבר) [וְעָבַר**[9]**] עָלָיו הַפֶּסַח**, שהחמץ נאסר בהנאה ואינו שוה כלום, והגזלן רוצה לתת לכהנים את החמץ שגזל. **אִי אָמְרַתְּ יוֹרְשִׁין**

הערות

1. רש"י.

מדברי הגמרא כאן נראה שיש לחלק את גזל הגר בין כל כהני המשמר [בניגוד לקרבנות, שאותם חולקים רק כהני בית אב המשרת באותו יום, וכפי שביארנו לעיל קט, ב הערה 15] (חזון איש כ, יד).

2. בדרך כלל אדם שהשיב את הכסף למשמר שאינו משרת באותה שעה, לא זכו בני המשמר בכסף, ומוציאים אותו מידם (ראה רמב"ם הלכות גזילה ואבידה ח, יב). ואם כן אף במקרה שלפנינו יש לומר שלא זכו בני ידעיה בממון ומוציאים אותו מידם, והרי זה כמו שלא נתן להם כלום (ראה תוספות רי"ד; מאירי).

3. מאחר שזמנו של משמר ידעיה הוא בשבוע שאחר כך, ולבני משמר יהויריב ממילא אין הגזלן יכול להשיב את הגזילה, יש לומר שגזילה זו מיועדת לבני משמר ידעיה, ובמקרה כזה אין טעם שימתין עד שיגיע השבוע שלהם, אלא יכול להשיב להם את הגזילה גם בשבוע של משמר יהויריב. אכן, אין הדברים אמורים אלא במקרה כזה שנותן לבני המשמר המשרת בשבוע שאחר כך, שאז יש לומר שהכסף מיועד להם ממילא. אולם אם נותן לבני משמר אחר, פשוט הדבר שאין הנתינה מועילה (מאירי).

לפי הצד הזה בגמרא שהועילה הנתינה, יכול הגזלן להביא באותו שבוע את קרבן האשם, וליתנו לבני יהויריב שיקריבוהו. ואף שהכסף ניתן לבני ידעיה, הרי שנינו במשנתנו שגם אם נתן את הכסף למשמר אחד ואת הקרבן למשמר השני, יוצא ידי חובה (תוספות; לתוספת דיון בדבריהם ראה מהרש"א).

4. וכפי שלמדו חכמים (קידושין נג, א ומנחות עג, א) מהפסוק (ויקרא ז, י): "לְכָל בְּנֵי אַהֲרֹן תִּהְיֶה אִישׁ כְּאָחִיו", שאין הכהנים חולקים מנחה כנגד מנחה וקרבן כנגד קרבן (רש"י).

5. לגבי קרבנות, הדין הוא שאם כהן ויתר לחבירו על חלקו בקרבן זה על מנת שיוותר לו על חלקו בקרבן אחר, אינו יכול לכופו שיעמוד בדיבורו, אלא חבירו אוכל עימו גם בקרבן השני אם ירצה בכך. לפי שהקרבנות אינם ממון הכהנים, ואין הם יכולים למכרם או לחלוק בהם זה כנגד זה, אלא לפי כללי החלוקה שקבעה התורה (עיין קידושין נג, א). ואם כן אפשר לומר שגם בגזל הגר, שאף הוא אינו ממון הכהנים והם זוכים בו משלחן גבוה, אין הם יכולים לחלוק גזל הגר כנגד גזל הגר (תוספות רי"ד; חזון איש כ, כא).

6. אף שרבא עצמו אמר לעיל שגזל הגר דינו כאשם לענין שאם השיב בלילה או לחצאין לא יצא ידי חובה, אולם מאידך הגמרא במנחות (עג, א) דורשת מהכתוב שנאמר לגבי מתנות כהונה (במדבר יח, ט): "אֲשֶׁר יָשִׁיבוּ לִי [שזה גזל הגר]. . . לְךָ הוּא וּלְבָנֶיךָ", שהכסף המושב לכהנים שייך לכהן ולבניו לגמרי, ויכולים אפילו לקדש בו אשה [בניגוד לקרבנות שגם לאחר חלוקה נחשבים לממון גבוה]. וצריך לומר שעד שהכהן זוכה בחלקו נוהגים בגזילה דיני קרבן אשם, אולם לאחר שחלקו של הכהן בגזילה בא לידו, התורה זיכתה לו את הממון שיהיה שלו לגמרי, והרי הוא כחולין לכל דבר. ולכן מסתפק רבא, מה דינו של גזל הגר בשעת החלוקה עצמה [דהיינו לאחר שניתן הממון לכהני המשמר, אלא שעדיין לא חילקוהו ביניהם]? האם גם בשעה זו יש לו עדיין דיני קרבן [ומה שלימדה הגמרא במנחות שהגזילה נעשית ממון הכהן, היינו רק לאחר שהכהנים חולקים בגזילה], ולפי זה אין הכהנים יכולים לחלוק גזל הגר כנגד גזל הגר. או אולי כבר משעה זו נעשית הגזילה ממון הכהנים לכל דבר [שמשעה שהמשמר זכה בגזילה, כבר זכו בה הכהנים ונעשית ממון גמור בידם, ואין דיני קרבן אשם נוהגים אלא לפני שנתן הגזלן את הגזילה לבני המשמר], ולפי זה יכולים הכהנים לחלוק גזל הגר כנגד גזל הגר (עיין רא"ש, מובא בשיטה מקובצת; שיטה מקובצת, מנחות שם אות ה; דבר אברהם, ב יא, ב; חזון איש כ, כא).

7. במסקנה לומד רבא שלשון "אָשָׁם" שנאמר על גזל הגר מלמד שעד אחרי חלוקה הגזילה נחשבת ממון גבוה, ומה שלימדה הגמרא במנחות שהגזילה נחשבת ממון כהן לכל דבר ויכול לקדש בו אשה, היינו רק לאחר שחלקו הכהנים והגיע הממון לידם (עיין תוספות, מנחות שם ד"ה ואפילו; שיטה מקובצת שם וכאן; חזון איש שם [וראה בתוספות שם, שכתבו שכל עוד לא הגיעה הגזילה ליד כהן יש לה דיני הקדש ממש, והנהנה ממנה הרי הוא מועל בהקדש; עיין גם רש"י, מנחות מה, ב ד"ה קנאו השם; תוספות, זבחים מד, ב ד"ה ואפילו; קרן אורה, זבחים שם]). ואכן, לאחר שחלקו הכהנים בגזילה וכל אחד מהם זכה במה שבידו, יכולים להחליף את מה שקבל כל אחד מהם בחלקו של חבירו, ואינם יכולים לחזור בהם [בניגוד לחלקם בקרבנות, שאף לאחר חלוקה אינו ממונם, ואין הם יכולים לחלוק קרבן כנגד קרבן] (חזון איש שם).

8. רש"י. רבא ידע את הברייתא לעיל (קט, ב), הדורשת ממה שנאמר בפסוק "לַה' לַכֹּהֵן" שקנאו ה' ונתנו לכהן [שהרי רבא עצמו לעיל שם הזכיר דברים אלו]. והוא מסתפק האם ה' הקנה את הגזילה לכהנים בתורת יורשים של הגר [שודאי אין לומר שהם יורשים ממש, שהרי אין הם זוכים בגזילה עד שתגיע לידם, ואם מת הגזלן לפני שהגיע הממון לידם, חוזרת הגזילה ליורשיו], או שהקנה להם את הגזילה בתורת מתנה. [ומה שכתב רש"י "או מקבלי מתנות גבוה הן", אין כוונתו שרק לפי הצד השני זו מתנה מגבוה, אלא רש"י כתב כך לפי האמת, שלצד שהם קונים את הממון בתורת מתנה, זו מתנה מגבוה, שהרי כאמור ה' זכה בגזילה והוא מקנה אותה להם.] (דבר אברהם ב יא, ד; עיין גם נודע ביהודה, קמא אורח חיים כ).

9. כך הגיהו הב"ח והגר"א. לפירוש הגירסא שלפנינו עיין תשובות עמודי אור קיג, ג.

למשמרת ידעיה מהו היכי דמי אילימא דיהביה לידעיה במשמרת ידעיה הא (א) אית ביה לא צריכא דיהביה לידעיה במשמרתו דיהויריב מאי מי אמרינן כיון דלאו משמרתו הוא ולא כלום הוא או דלמא כיון דלא חזי ליה מעיקרא לידעיה קאי תיקו בעי רבא כהנים מהו שיחלקו גזל הגר כנגד גזל הגר מי אמרינן אשם קרייה רחמנא מה אשם [א] אין חולקין אשם כנגד אשם אף גזל (א) אין חולקין גזל הגר כנגד גזל הגר או דלמא גזל הגר ממונא הוא הדר פשטה אשם קרייה רחמנא רב אחא בריה דרבא מתני לה בהדיא אמר רבא [ב] כהנים אין חולקין גזל הגר כנגד גזל הגר מ"ט אשם קרייה רחמנא: בעי רבא כהנים בגזל הגר יורשין הוו או מקבלי מתנות הוו למאי נפקא מינה כגון [א] שגזל חמץ (ב) שעבר עליו הפסח אי אמרת יורשין הוו היינו האי דירתי מורית ואי אמרת מקבלי מתנות הוו מתנה קאמר רחמנא דניתיב להו והא לא קא יהיב להו מידי דעפרא בעלמא הוא רב זעירא בעי הכי אפילו אם תימצי לומר [ג] מקבלי מתנה הוו הא לא איבעיא לן דההיא מתנה אמר רחמנא דניתיב להו אלא כי קמבעיא לן כגון שנפלו לו עשר בהמות בגזל הגר מחייבי לאפרושי מינייהו מעשר או [ד] לא יורשין הוו (ג) דאמר מר [ה] קנו בתפיסת הבית חייבין או דלמא מקבלי מתנות הוו ותנן (ב) [ו] הלוקח והניתן לו במתנה פטור ממעשר בהמה מאי ת"ש (ג) [ז] עשרים וארבע מתנות כהונה ניתנו לאהרן ולבניו וכולן ניתנו בכלל ופרט וכלל וברית מלח כל המקיימן כאילו מקיים כלל ופרט וכלל וברית מלח כל העובר עליהם כאילו עובר על כלל ופרט וכלל וברית מלח [ח] ואלו הן עשר במקדש וד' בירושלים ועשר בגבולים [ט] עשר במקדש חטאת בהמה וחטאת העוף ואשם ודאי ואשם תלוי וזבחי שלמי צבור ולוג שמן של מצורע ומותר העומר ושתי הלחם ולחם הפנים ושירי מנחות [י] וארבע בירושלים הבכורה והביכורים והמורם מן התודה ואיל נזיר ועורות קדשים [כ] ועשרה בגבולין תרומה ותרומת מעשר וחלה וראשית הגז והמתנות ופדיון הבן ופדיון פטר חמור ושדה אחוזה ושדה חרמים וגזל הגר וקא קרי מיהת מתנה ש"מ [ל] מקבלי מתנות הוו ש"מ: נתן את הכסף לאנשי משמר [וכו']: אמר אביי ש"מ כסף מכפר מחצה דאי לא מכפר הוה אמינא מהדר ליורשין מ"ט אדעתא דהכי לא יהב ליה אלא מעתה חטאת שמתו בעליה תיפוק לחולין דאדעתא דהכי לא אפרשה אמרי חטאת שמתו בעליה [מ] הלכתא גמירי לה דלמיתה אזלא אלא אשם שמתו בעליו ליפוק לחולין דאדעתא דהכי לא אפרשיה אשם נמי [נ] הלכתא גמירי לה [ס] כל שבחטאת מתה באשם רועה אלא מעתה יבמה שנפלה לפני מוכה שחין תיפוק בלא חליצה דאדעתא דהכי לא קדשה עצמה התם אנן סהדי

תוספות

או דלמא כיון דלא חזי ליהויריב לידעיה קאי. ויכול להביא אשם מיד וליתבה לפני יהויריב להתכפר אע"פ שהכסף נתון לידעיה כדקתני בפירקין נתן את הכסף ליהויריב והאשם לידעיה יצא:

למאי נ"מ לגזל חמץ ועבר עליו הפסח. תימה אמאי לא פשיט ליה מדידיה דאמר לעיל גזל הגר שאין בו שוה פרוטה לכל אחד ואחד לא יצא אלמא מקבלי מתנות הוו [א] דאי יורשין הוו אמאי לא יצא מאי דשבק להון אבוהון יהב להון ונראה דבחד מנהון גרסינן רבה:

בכלל ופרט וכלל וברית מלח. הך שמעתא מפורש בפרק הזרוע (חולין דף קלג:):

וגזל הגר. תימה אמאי חשיב גזל הגר מעשרה בגבולין דכי היכי דאמר רבא החזירו בלילה ולחצאין לא יצא דאשם קרייה רחמנא ה"נ אם החזירו בגבולין לא יצא כדין אשם:

כסף מכפר מחצה. מכאן נראה דכהן אין יכול למחול כיון דהוי כפרה:

דאדעתא דהכי לא קדשה נפשה. נראה דבנפלה מן האירוסין איירי דאי מן הנישואין ודאי מקדשה נפשה כדי שתהא נשואה לבעלה דמשום אחר מיתת בעלה לא מסקא אנפשה מלהיות נשואה אלא מן האירוסין איירי דמקדושין אין לה שום טובה וא"ת אדם שקנה מחבירו שום דבר ונתקלקל יבטל המקח דאדעתא דהכי לא קנה וי"ל דהתם לאו בלוקח לחודיה תליא מילתא אלא כמו כן בדעת מוכר ומוכר אקנה ליה אדעתא דהכי אבל הכא דקדושין בדידה קיימא והוא אינו חושש היאך דעתה להתקדש וכן גבי מקדיש נמי בדידיה קאי וכן נותן הגזל בדידיה קאי: [ועי' בתוספות כתובות מז: ד"ה שלא אמר]

רש"י

אין חולקים מנחות כנגד מנחות וקרבן כנגד קרבן מלכל בני אהרן תהיה איש כאחיו נפקא לן בקדושין (דף נג.) ובמנחות פרק אלו מנחות (דף עג.): **יורשין.** הגר הן או מקבלי מתנות גבוה הן: **היינו האי דירתי.** ירושה זאת נפלה להן והרי היא לפניהן שאילו היה הגר קיים היה זה אומר לו הרי שלך לפניך: **רב זעירי בעי לה הכי אפילו אם תמצי לומר מקבלי מתנות הוו הא לא מבעיא לן דהא מתנה יהיב להו רחמנא. והרי הן לפניהן:** כגון שנפלו לו. לכהן: **קנו.** יתומים שקנו בהמות: **בתפיסת הבית.** כלומר נפלו להן בהמות בירושה עד שלא חלקו: **הלוקח.** לקח עשרה טלאים שלא נתעשרו מן השוק: **פטור.** ובמסכת בכורות (ה) מפרש טעמא: **בכלל ופרט וכלל.** לכל קדשי בני ישראל לך (ו) נתונים למשחה כלל וזה יהיה לך מקדש הקדשים מן האש פרט כל מתנה בפני עצמה וכל תרומת קדשים חזר וכלל והדר כתיב ברית מלח עולם הוא וגו' בסוף הפרשה (במדבר יח): **כל המקיימן כאילו קיים.** כל התורה כולה שניתנה לדרוש בכלל ופרט וכלל וכאילו קיים כל הקרבנות שניתנה בהן ברית מלח: **עשר במקדש.** נאכל לפנים מן הקלעים: **ארבע בירושלים.** בכל העיר: **ועשר בגבולים.** בערי ארץ ישראל: **אשם ודאי.** חמשה הן גזילות מעילות שפחה חרופה נזיר ומצורע וחד חשיב להו: **אשם תלוי.** בא על ספק כרת שלא נודע לו שעבר ודאי שיביא חטאת: **וזבחי שלמי צבור.** כבשי עצרת שנקראו שלמים כדכתיב (ויקרא כג) ושני כבשים בני שנה (ד) וקדשי קדשים הן כדכתיב (שם) קדש יהיו לה' לכהן ונאכלים לפנים מן הקלעים: **ולוג שמן של מצורע.** מה שנשאר בלוג מיציקה לכף כהן של השמאלית נאכל לכהנים דתניא במנחות (דף עג.) ובזבחים (דף מד:) לכל קרבנם לרבות לוג שמן של מצורע דהוא נמי קרוי קרבן דכתיב והקריב אותו לאשם ואת לוג השמן וסמיך ליה לקרא קמא בקדש הקדשים תאכלנו בויקח קרח: **מותר העומר.** מנחת העומר נקמצת ושיריה נאכלים (ה) וכל המנחות קדשי הקדשים הן כדכתיב לא (ז) תאכל עליו חמץ) וגו': **ושירי מנחות.** כל מנחות הנקמצות מנחת נדבה ומנחת חוטא ומנחת סוטה: **הבכורה.** בכור תם נאכל בכל העיר וכן הבכורים לריכין חומה כדכתיב (דברים יב) ואכלתם שם לפני ה' אלהיכם וגו' ואמר מר תרומת ידך אלו בכורים במכות (דף יז.): **והמורם מתודה.** חזה ושוק וארבע חלות מארבע מינים שבה חלות ורקיקין חמץ ורבוכה וכתיב (ויקרא ז) והקריב ממנו אחד מכל קרבן תרומה לכהן הזורק וגו': **והמורם מאיל נזיר.** זרוע בשלה וחלה ורקיק וחזה ושוק של שלמים בכלל תודה הוא דתודה שלמים אקרי והנך תרתי תודה ואיל נזיר משום דדמיין להדדי חשיב להו בחדא כדאמר בשחיטת חולין בפרק הזרוע (ח): **ועורות קדשים.** עורות עולה וחטאות ואשמות אבל קדשים קלים עורותיהן לבעלים כדאמר בזבחים פרק טבול יום (דף קג.) ומש"ה קא חשיב להו בהדי הנך דירושלים למעוטי דאין נחשבים בהדי הנך דגבולים דהני עורות לא מתייהבי להו אלא בירושלים ובהדי הנך דבמקדש לא חשיב אלא הנהו דלא נפקי חוץ לקלעים מפסלי ביוצא: **ושדה אחוזה.** שהקדישוה בעליה ולא גאלה ומכרה גזבר כשהלוקח מחזירה ביובל מתחלקת לכהנים: **ושדה חרמים.** ישראל שהחרימו שדיהן: **וגזל הגר.** נמי קרי ליה מתנת גבולין שאם נתנו לכהן המשמר חוץ לירושלים יצא ואיל אשמו יעלה לירושלים להקריב: **אדעתא דהכי.** דלא תיהוי ליה כפרה: **תיפוק לחולין.** ולא תיזיל למיתה: **באשם רועה.** עד שיומם וימכר ויפלו דמיו לקיץ המזבח עולה (ו) לשם ועורה לכהנים זה מדרש דרש יהוידע הכהן בשקלים (דף ט:) ובתמורה (דף כג.) וכל זמן שהוא תם אין יוצא לחולין לימכר לפיכך ירעה והוא מעצמו אין יכול להשתנות מאשם לעולה:

דמינח

עין משפט נר מצוה

קפט א מיי' פ"י מהלכות מעשה קרבנות הלכה טו טז:
קצ ב מיי' פ"ח מהל' גזילה הלכה ו סמג עשין עג:
קצא ג מיי' שם הל' ח:
קצב ד מיי' פ"ו מהל' בכורות הלכה יג סמג עשין ריב:
קצג ה ו מיי' שם הלכה י:
קצד ז מיי' פ"א מהל' ביכורים הל' א:
קצה ח מיי' שם הלכה יב:
קצו ט מיי' שם הלכה יג:
קצז י מיי' שם הלכה יד:
קצח כ מיי' שם הלכה טו:
קצט ל מיי' פ"ח מהלכות גזילה הלכה ח ופ"ו מהלכות בכורות הלכה יג:
ר מ מיי' פ"ד מהלכות פסולי המוקדשין הלכה א:
רא נ מיי' שם הלכה יד:

ליקוטי רש"י

אין חולקין. כפי דמים לומר טול אתה מנחה ואני חזה ושוק או בשר חטאת ואשם [קידושין נג.]. שלא יחלקו זה כנגד זה אלא בין כולם יחלקו המנחות [מנחות עג.]. **בכלל ופרט.** בויקח קרח לכל קדשי בני ישראל לך נתתים והדר מפרש כל חד וחד וזה יהיה לך מקדש הקדשים מן האש וגו'. **וברית מלח.** כתיב בסיפיה ברית מלח עולם הוא כשם שברית מלח אינה שובתת כך זו לא תשבות. **כאילו קיים וכו'.** שבתורה. **וברית מלח.** של קרבנות. **עשר במקדש.** ניתנו להם בתוך עזרה לאוכלן שם. **וזבחי שלמי צבור.** כבשי עצרת והם קדשי קדשים לאכול בעזרה. **ולוג שמן של מצורע.** מה שנשאר ממתנותיו נאכל לכהנים כדאמרינן במנחות (דף נח.) ובזבחים (דף מד:) לכל קרבנם דכתיב בויקח קרח לרבות לוג שמן של מצורע דקרוי קרבנם דכתיב ביה והקריב אותם לאשם ואת לוג השמן וכתיב בויקח קרח בקדש הקדשים תאכלנו אכולהו לכל קרבנם ולכל מנחתם ולכל חטאתם ולכל אשמם וגו'. עומר לא חשיב ליה בהדי שאר מנחת צבור מפני שהיא מנחת צבור הנקמצת ונאכלת ואין לך עוד בצבור. **ושירי מנחות.** של יחיד. **וארבע בירושלים.** הנאכלים ומתחלקים לכל העיר. **הבכורה.** בכור תם. **והבכורים.** אינם נאכלים אלא בירושלים דכתיב (דברים יב) לא תוכל לאכול בשעריך וגו' ואמר מר (מכות דף יז:) ותרומת ידך אלו הבכורים. **והמורם מן התודה.** חזה ושוק וד' חלות כדכתיב (ויקרא ז) והקריב ממנו אחד מכל קרבן תרומה לה' לכהן הזורק וגו' מארבע מינים חלות ורקיקים ורבוכה וחמץ אחת מכל מין. **ואיל נזיר.** זרוע בשלה וחלה ורקיק כדכתיב בפרשת נשא שמניפין אותן והני חד חשיב להו משום דדמו אהדדי דתרווייהו מורם מקדשים קלים נינהו וחזה ושוק של שאר שלמים נמי בכלל זה הן והאי דנקט תודה משום דאית ביה מורם אחרינא ותניינהו לכולהו בחדא שמא. **ועורות קדשים.** של עולה חטאת ואשם כדכתיב (שם) עור העולה אשר הקריב ובתורת כהנים נמי מרבה עור חטאת ואשם [חולין קלג:]. **עורות קדשים.** עור עולה וחטאות ואשמות וקרבנות ליבור שמתחלקין עורות קדשי הקדשים לכהנים כדכתיב (ויקרא ז) עור העולה אשר הקריב וילפינן בזבחים (דף קג:) מעולה כל עורות קדשי קדשים [פסחים נז.]. **בגבולין.** נתנין להן בכל ערי ישראל. **והמתנות.** הזרוע והלחיים והקבה. **ופדיון הבן.** ה' סלעים. **ופדיון פטר חמור.** שה. **ושדה אחוזה.** שהקדיש ולא גאלה ומכרה גזבר לאחר והרי היא יוצאה ביובל ומתחלקת לכהנים של אותו משמר שאירע בו יובל שנאמר (שם כז) והיה השדה בצאתו ביובל וגו' לכהן תהיה אחוזתו. **וגזל הגר.** האשם המושב לה' בפרשת נשא וגזל הגר שנשבע לו לשקר ואח"כ הודה לאחר מיתת הגר כדפי' לעיל (קט.) בפרקין [חולין שם]. **באשם רועה.** וכשיסתאב יפלו דמיו לנדבת לבור דהיינו עולה [תמורה יח.].

מסורת הש"ס

א) נ"א זכו, ב) בכורות נה: [ודף יא.], ג) חולין קלג: [תוספתא חלה פ"ב ה"ח], ד) [נזיר כה: תמורה יח. בכורות טז.], ה) [דף נה:], ו) [נ"ל נתתים], ז) ס"א תאפה חמץ חלקם וגו'. רש"א, ח) [דף קלג:].

הגהות הב"ח

(א) גמ' אף גזל הגר אין חולקין: (ב) שם שגזל חמץ ועבר עליו הפסח וכו' האי דירתי דקא מוריח להון אבוהון ואי אמרת מקבלי: (ג) שם יורשין הוו ואמר מר: (ד) רש"י ד"ה וזבחי וכו' בני שנה לזבח שלמים וקדשי: (ה) ד"ה מותר העומר. נ"ב אבל מותר עומר דקשיב פ"א דחלה משנה ג דנפדה ונאכל לכל אדם היינו המותר מהשני סאין שלוקח ומוציא ממנו עשירית איפה כדאיתא במנחות פרק ר' ישמעאל במשנה: (ו) ד"ה באשם רועה וכו' עולה בשר לשם ועורה:

הגהות הגר"א

[א] גמ' שגזל חמץ ועבר. כל"ל:

הגהות מהר"ב רנשבורג

א] תוס' ד"ה למאי נ"מ וכו' דאי יורשין הוו אמאי לא יצא. עיין מהרש"א ושיטה מקובלת ודו"ק:

הָווּ — אם תאמר שהכהנים נחשבים כיורשי הגר, אם כן **הַיְינוּ הַאי דְּיָרְתֵי מוֹרִית** — החמץ הזה זו הירושה שנפלה להם מהגר, שהרי גם בחיי הגר היה הגזלן יכול לומר לו הרי שלך לפניך, ומאחר שנותן להם את מה שירשו מהגר, ודאי שיוצא ידי חובתו בהשבה זו[10]. **וְאִי אָמְרַתְּ מְקַבְּלֵי מַתָּנוֹת הָווּ** — אבל אם תאמר שהם נחשבים כמקבלי מתנה, אם כן יוצא ש**מַתָּנָה קָאָמַר רַחֲמָנָא דְּנֵיתִיב לְהוּ** — התורה אמרה שהגזלן צריך לתת לכהנים מתנה כדי לכפר על עוונו, **וְהָא לֹא קָא יָהֵיב לְהוּ מִידִי** — וגזלן זה הרי לא נתן להם כלום, **דְּעַפְרָא בְּעָלְמָא הוּא** — שכן החמץ נחשב כסתם עפר, לפי שאסור ליהנות ממנו ואין לו שום ערך, ומכיון שכך אין הגזלן יוצא ידי חובתו בהשבה זו, ועליו לתת להם דמים כנגד מה שהיה החמץ שוה בשעת הגזילה[11].

דעה אחרת בהבדל שבין שני הצדדים:

רַב זְעֵירָא בָּעֵי הָכִי — העמיד את השאלה כך: **אֲפִילּוּ אִם תִּימְצֵי לוֹמַר מְקַבְּלֵי מַתָּנָה הָווּ** — אפילו אם תאמר שהכהנים נחשבים כמקבלי מתנה, **הָא לֹא אִיבַּעְיָא לָן** — בזה אין לנו ספק האם הגזלן יכול לצאת ידי חובה בהשבת החמץ לאחר הפסח, **דְּהַהִיא מַתָּנָה אֲמַר רַחֲמָנָא דְּנֵיתִיב לְהוּ** — שאת המתנה הזו אמרה התורה לתת לכהנים, והרי היא לפניהם, ואם כן ודאי שהגזלן יוצא ידי חובה בנתינה זו[12]. **אֶלָּא, כִּי קָמִבַּעְיָא לָן** — מה שהסתפקנו בו הוא **כְּגוֹן** (במקרה) **שֶׁנָּפְלוּ לוֹ** לכהן **עֶשֶׂר בְּהֵמוֹת בְּגֶזֶל הַגֵּר**, והספק שלנו היה האם **מְחַיְּיבֵי לְאַפְרוּשֵׁי מִינַּיְיהוּ מַעֲשֵׂר** — הכהנים מחוייבים להפריש מבהמות הניתנות להם כגזל הגר מעשר בהמה, **אוֹ לֹא** — או שאינם מחוייבים להפריש? וצדדי הספק הם: **יוֹרְשִׁין הָווּ** — האם הכהנים נחשבים כיורשים, **(דאמר) [וְאָמַר**[13]**] מַר** במשנה (בכורות נו, ב): יתומים ש**קָנוּ** בהמות **בִּתְפִיסַת הַבַּיִת**, דהיינו שנפלו להם עשר בהמות בירושה מאביהם ועדיין לא חלקו בהן, **חַיָּיבִין** במעשר בהמה[14], ואם כן גם הכהנים שהם כיורשים חייבים לעשר? **אוֹ דִּלְמָא מְקַבְּלֵי מַתָּנוֹת הָווּ** — או אולי הכהנים נחשבים כמקבלי מתנות, **וּתְנַן** במשנה (שם נה, ב): **הַלּוֹקֵחַ** מן השוק עשר בהמות שלא הפרישו מהן מעשר בהמה, **וְכֵן הַנִּיתַּן לוֹ בְּמַתָּנָה** עשר בהמות, **פָּטוּר מִמַּעְשַׂר בְּהֵמָה**[15], ואם כן גם הכהנים שהם כמקבלי מתנה פטורים מלעשר. **מַאי** — מה הדין במקרים אלו, האם הכהנים נחשבים כיורשים או כמקבלי מתנה?

הגמרא פושטת את הספק:

תָּא (בא) **וּשְׁמַע** ראיה מברייתא: **עֶשְׂרִים וְאַרְבַּע מַתְּנוֹת כְּהוּנָּה נִיתְּנוּ לְאַהֲרֹן וּלְבָנָיו. וְכוּלָּן נִיתְּנוּ בִּכְלָל וּפְרָט וּכְלָל** — את כל המתנות הללו ציוותה התורה לתת לכהנים בלשון כלל ופרט וכלל, שבתחילה אמרה התורה בלשון כללית (במדבר יח, ח): "וַיְדַבֵּר ה' אֶל אַהֲרֹן וַאֲנִי הִנֵּה נָתַתִּי לְךָ... לְכָל קָדְשֵׁי בְנֵי יִשְׂרָאֵל לְךָ נְתַתִּים לְמָשְׁחָה וּלְבָנֶיךָ לְחָק עוֹלָם", ואחר כך (בפסוקים ט—יח) פרטה התורה את המתנות כל אחת בפני עצמה[16], ואחר כך בסוף הפרשה חזרה וכתבה בלשון כללית (שם, יט): "כֹּל תְּרוּמֹת הַקֳּדָשִׁים אֲשֶׁר יָרִימוּ בְנֵי יִשְׂרָאֵל לַה' נָתַתִּי לְךָ וּלְבָנֶיךָ וְלִבְנֹתֶיךָ אִתְּךָ לְחָק עוֹלָם"[17]. **וּ**בנוסף לזה כרת הקב"ה עם הכהנים "**בְּרִית מֶלַח**", דהיינו ברית כעין הברית שנכרתה עם המלח, שלא יסריח לעולם, כך תהא הכהונה מוחזקת להם לעולם, שנאמר (שם): "בְּרִית מֶלַח עוֹלָם הִוא לִפְנֵי ה' לְךָ וּלְזַרְעֲךָ אִתָּךְ"[18]. ללמדך ש**כָּל הַמְקַיְּימָן** — הנותן לכהנים את המתנות הללו, הרי זה **כְּאִילּוּ מְקַיֵּים** את כל התורה כולה שניתנה להידרש ב**כְּלָל וּפְרָט וּכְלָל**, וכאילו קיים את כל הקרבנות שניתנה בהן **בְּרִית מֶלַח** [שנאמר (ויקרא ב, יג): "וְלֹא תַשְׁבִּית מֶלַח בְּרִית אֱלֹהֶיךָ... עַל כָּל קָרְבָּנְךָ תַּקְרִיב מֶלַח"][19]. ומכאן ש**כָּל הָעוֹבֵר עֲלֵיהֶם** — שאינו נותן לכהנים את המתנות הללו, הרי זה **כְּאִילּוּ עוֹבֵר עַל** כל התורה כולה שניתנה ב**כְּלָל וּפְרָט וּכְלָל**, וכאילו ביטל את כל הקרבנות שניתנה בהן **בְּרִית מֶלַח**.

הברייתא מפרטת את המתנות, תחילה היא מקדימה:

וְאֵלּוּ הֵן עשרים וארבע מתנות הכהונה: **עֶשֶׂר** מהן ניתנות לכהנים **בַּמִּקְדָּשׁ** בתוך העזרה, כדי שיאכלום שם[20], **וְאַרְבַּע** מהן ניתנות **בִּירוּשָׁלַיִם** בכל העיר[21], **וְעֶשֶׂר** מהן **בִּגְבוּלִים** — בערי ארץ ישראל[22].

הערות

10. רש"י.

11. ראה רמב"ם, הלכות גזילה ח, ח; מאירי.

מדברי הגמרא כאן עולה שכאשר הגזלן אינו יכול לקיים את מצות ההשבה בגזילה עצמה, עליו לתת לכהנים ממון אחר משלו כדי שיתכפר לו. ואם כן יש מכאן קצת ראיה למה שפירש רש"י לעיל (עמוד א ד"ה לכל כהן וכהן) שכאשר אין די בגזילה כדי שיגיע לכל כהן וכהן מהמשמר המשרת שוה פרוטה, צריך הגזלן להשלים משלו כדי לקיים את המצוה להשיב את הגזילה (רא"ש, מובא בשיטה מקובצת לעיל שם).

לכאורה קשה, מדוע רבא אינו פושט את הספק מדברי עצמו? שהרי רבא עצמו אמר לעיל שאם אינו נותן שוה פרוטה לכל כהן וכהן שבמשמר, אין הגזלן יוצא ידי חובה אף אם משיב את כל מה שגזל. ואם כן הרי זו ראיה שמקבלי מתנות הם, שאם הם יורשים הרי הוא נותן להם את כל מה שירשו, ומדוע אינו יוצא ידי חובה!? ונראה שבאחת המימרות הללו צריך לגרוס רבה (תוספות). ויש שכתבו ליישב שמקרים אלו אינם דומים זה לזה. שבמקרה שמדבר רבא לעיל, גם בשעת ההשבה יש ביד הגזלן ממון גמור. הלכך אף אם נאמר שהכהנים נחשבים כיורשים, מכל מקום כל אחד ואחד מהם נחשב יורש, והוא עומד במקום הגר, ומכיון שכך אין הגזלן יוצא ידי חובה אם אינו משיב לכל אחד מהם שוה פרוטה לפחות. לעומת זאת במקרה שלפנינו, שבשעת ההשבה החפץ שנגזל אינו שוה כלום, אם הם נחשבים כיורשים, ודאי שתועיל השבת החמץ, וכדין כל גוזל חמץ ועבר עליו הפסח, שאומר לנגזל הרי שלך לפניך (שיטה מקובצת בשם הרא"ש; לדיון נוסף עיין פני יהושע; חזון איש ב, טז).

12. לדעת רב זעירא, אפילו אם הכהנים נחשבים כמקבלי מתנה, מכל מקום המתנה שאותה ציותה עליו התורה לתת לכהנים, זו היא הגזילה שהיה משיב לגר עצמו אילו היה עדיין בחיים. לפיכך כאשר מניח לפניהם את הגזילה, אף שכעת אין לה שום ערך, הרי הוא מקיים בכך את מה שציותה עליו התורה, ואין לחייבו ביותר מכך (ראה רש"י).

13. הוגה על פי הב"ח.

14. המשנה מלמדת שאף ששותפים פטורים ממעשר בהמה, אחים שיש להם עשר בהמות בתפיסת הבית, הרי זה כאילו הממון עדיין בחזקת האב, וחייבים במעשר [ולכן היינו דוקא אם לא חלקו עדיין את הירושה ביניהם, אבל אם חלקו וחזרו ונשתתפו, הרי הם ככל השותפים שפטורים ממעשר]. הגמרא שם מבארת כיצד למדו דינים אלו מהכתוב (עיין רש"י שם ד"ה וכשחייבין במעשר בהמה).

15. הגמרא בבכורות שם מביאה מקור מן הכתוב לפטור זה (רש"י).

16. [רוב המתנות שהוזכרו כאן כבר פירשה התורה במקומות אחרים שהן ניתנות לכהנים, וכאן חזרה התורה ופירטה מתנות אלו, רובן בפירוש ומקצתן בדרך רמז, וכפי שיבואר להלן.]

17. רש"י. שמחיבתה של פרשה זו, כללה הכתוב בתחילה וחזר וכללה בסוף ופרט באמצע (רש"י במדבר שם, יט).

[בתוספתא (חלה ב, ח) וכן בחולין (קלג, ב) הגירסא "בכלל ופרט".]

18. רש"י כאן ועל הפסוק שם.

פרשה זו נאמרה בתורה לאחר מחלוקת קרח ועדתו. שלאחר שערער קרח על הכהונה, חזרה התורה ונתנה לכהנים את המתנות ב"כלל ופרט וכלל ובברית מלח". ואמרו חכמים: משל למלך, שנתן שדה לאוהבו, ולא כתב ולא חתם ולא העלה בערכאין [בערכאות]. בא אחד וערער על השדה. אמר לו המלך [לאוהבו]: כל מי שירצה יבוא ויערער לנגדך, הריני כותב וחותם לך ומעלה בערכאין. אף כאן, לפי שבא קרח וערער כנגד אהרן על הכהונה, בא הכתוב ונתן לו עשרים וארבע מתנות כהונה בברית מלח עולם (ספרי שם פיסקא קיז, הובא ברש"י לפסוק ח; ראה גם רש"י זבחים מד, ב סוף ד"ה אשר ישיבו).

19. רש"י; אולם עיין תוספתא חלה ב, ח.

20. רש"י חולין קלג, ב. [רש"י כאן כותב "לפנים מן הקלעים", וכלשון המשנה בזבחים (נג, א). והכוונה לחצר המשכן, שהיתה מוקפת ב"קַלְעֵי הֶחָצֵר". ובבית המקדש היתה חומת העזרה במקום הקלעים, ולפיכך בכל דבר שנאמר בו בתורה שיש לאוכלו "בַּחֲצַר אֹהֶל מוֹעֵד", בבית המקדש צריך לאוכלו בעזרה (רש"י שם ד"ה לפנים מן הקלעים).]

21. רש"י. וראה להלן הערה 37.

22. רש"י. אמנם יש מהן שנוהגות אף בחוץ לארץ (ראה רמב"ם הלכות ביכורים א, ג; וראה להלן הערה 47).

[בספרי (במדבר פיסקא קיט) נמנו עשרים וארבע המתנות בדרך אחרת: שתים עשרה במקדש (כולל ירושלים), ושתים עשרה בגבולין, ראה שם פירוטם (לדיון

למשמרת ידעיה מהו היכי דמי אילימא דיהביה לידעיה במשמרת ידעיה הא [א] אית ביה לא צריכא דיהביה לידעיה במשמרתו דיהויריב מאי מי אמרינן כיון דלאו משמרתו הוא ולא כלום הוא או דלמא כיון דלא חזי ליה מעיקרא לידעיה קאי תיקו בעי רבא כהנים מהו שיחלקו גזל הגר כנגד גזל הגר מי אמרינן אשם קרייה רחמנא מה אשם [א]אין חולקין אשם כנגד אשם אף גזל (א) אין חולקין גזל הגר כנגד גזל הגר או דלמא גזל הגר ממונא הוא הדר פשטה אשם קרייה רחמנא רב אחא בריה דרבא מתני לה בהדיא אמר רבא [ב]כהנים אין חולקין גזל הגר כנגד גזל הגר מ"ט אשם קרייה רחמנא: בעי רבא כהנים בגזל הגר יורשין הוו או מקבלי מתנות הוו למאי נפקא מינה כגון [א] שגזל חמץ (ב) שעבר עליו הפסח אי אמרת יורשין הוו היינו האי דירתי מורית ואי אמרת מקבלי מתנות הוו מתנה קאמר רחמנא דניתיב להו והא לא קא יהיב להו מידי דעפרא בעלמא הוא רב זעירא בעי הכי אפילו אם תימצי לומר [ג]מקבלי מתנה הוו הא לא איבעיא לן דההיא מתנה אמר רחמנא דניתיב להו אלא כי קמבעיא לן כגון שנפלו לו עשר בהמות בגזל הגר מחייבי לאפרושי מינייהו מעשר או [ד]לא יורשין הוו (ג) דאמר מר [ה]קנו בתפיסת הבית חייבין או דלמא מקבלי מתנות הוו ותנן [ו]הלוקח והניתן לו במתנה פטור ממעשר בהמה מאי ת"ש [ז]עשרים וארבע מתנות כהונה ניתנו לאהרן ולבניו וכולן ניתנו בכלל ופרט וכלל וברית מלח כל המקיימן כאילו מקיים כלל ופרט וכלל וברית מלח כל העובר עליהם כאילו עובר על כלל ופרט וכלל וברית מלח [ח]ואלו הן עשר במקדש וד' בירושלים ועשר בגבולים [ט]עשר במקדש חטאת בהמה וחטאת העוף ואשם ודאי ואשם תלוי וזבחי שלמי צבור ולוג שמן של מצורע ומותר העומר ושתי הלחם ולחם הפנים ושירי מנחות [י]וארבע בירושלים הבכורה והביכורים והמורם מן התודה ואיל נזיר ועורות קדשים [כ]ועשרה בגבולין תרומה ותרומת מעשר וחלה וראשית הגז והמתנות ופדיון הבן ופדיון פטר חמור ושדה אחוזה ושדה חרמים וגזל הגר וקא קרי מיהת מתנה ש"מ [ל]מקבלי מתנות הוו ש"מ: נתן את הכסף לאנשי משמר [וכו']: אמר אביי ש"מ כסף מכפר מחצה דאי לא מכפר הוה אמינא מהדר ליורשין מ"ט אדעתא דהכי לא יהב ליה אלא מעתה חטאת שמתו בעליה תיפוק לחולין דאדעתא דהכי לא אפרשה אמרי חטאת שמתו בעליה [מ]הלכתא גמירי לה דלמיתה אזלא אלא מעתה אשם שמתו בעליו ליפוק לחולין דאדעתא דהכי לא אפרשיה אשם נמי הלכתא גמירי לה [נ]כל שבחטאת מתה באשם רועה אלא מעתה יבמה שנפלה לפני מוכה שחין תיפוק בלא חליצה דאדעתא דהכי לא קדשה עצמה התם אנן סהדי

תוספות

או דלמא כיון דלא חזי ליהויריב לידעיה קאי. ויכול להביא אשם מיד וליתנה לפני יהויריב להתכפר אע"פ שהכסף נתון לידעיה כדקתני בפירקין נתן את הכסף ליהויריב והאשם לידעיה יצא:

למאי נ"מ לגזל חמץ ועבר עליו הפסח. תימה אמאי לא פשיט ליה מדידיה דאמר לעיל גזל הגר שאין בו שוה פרוטה לכל אחד ואחד לא יצא אלמא מקבלי מתנות הוו א] דאי יורשין הוו אמאי לא יצא מאי דשבק להון אבוהון יהב להון ונראה דבחד מנהון גרסינן רבה:

בכלל ופרט וכלל וברית מלח. הך שמעתא מפורש בפרק הזרוע (חולין דף קלג:):

וגזל הגר. תימה אמאי חשיב גזל הגר מעשרה בגבולין דכי היכי דאמר רבא החזירו בלילה ולחצאין לא יצא דאשם קרייה רחמנא ה"נ אם החזירו בגבולין לא יצא כדין אשם:

כסף מכפר מחצה. מכאן נראה דכהן אין יכול למחול כיון דהוי כפרה:

דאדעתא דהכי לא קדשה נפשה. נראה דבנפלה מן האירוסין איירי דאי מן הנישואין ודאי מקדשה נפשה כדי שתהא נשואה לבעלה דמשום אחר מיתת בעלה לא מסקא אנפשה מלהיות נשואה אלא מן האירוסין איירי דמקדושין אין לה שום טובה וא"ת אדם שקנה מחבירו שום דבר ונתקלקל יבטל המקח דאדעתא דהכי לא קנה וי"ל דהתם לאו בלוקח לחודיה תליא מילתא אלא כמו כן בדעת מוכר ומוכר אקנה ליה אדעתא דהכי אבל הכא דקדושין בדידה קיימא והוא אינו חושש היאך דעתה להתקדש וכן גבי מקדיש נמי בדידיה קאי וכן נותן הגזל בדידיה קאי: [ועי' בתוספות כתובות מז: ד"ה שלא]

אמר

רש"י

אין חולקים מנחות כנגד מנחות וקרבן כנגד קרבן מלכל בני אהרן תהיה איש כאחיו נפקא לן בקדושין (דף נג.) ובמנחות פרק אלו מנחות (דף עג.): **יורשין.** הגר הן או מקבלי מתנות גבוה הן: **היינו האי דירתי.** ירושה זאת נפלה להן והרי היא לפניהן שאילו היה הגר קיים היה זה אומר לו הרי שלך לפניך: **רב זעירי בעי לה הכי אפילו אם תמצי לומר מקבלי מתנות הוו הא לא מבעיא לן דהא מתנה** יהיב להו רחמנא. והרי הן לפניהן: **כגון שנפלו לו.** לכהן: **קנו.** יתומים שקנו בהמות: **בתפיסת הבית.** כלומר נפלו להן בהמות בירושה עד שלא חלקו: **הלוקח.** לקח עשרה טלאים שלא נתעשרו מן השוק: **פטור.** ובמסכת בכורות (ה) מפרש טעמא: **בכלל ופרט וכלל.** לכל קדשי בני ישראל לך (ו) נתונים למשחה כלל וזה יהיה לך מקדש הקדשים מן האש פרט כל מתנה בפני עצמה וכל תרומת קדשים חזר וכלל והדר כתיב ברית מלח עולם הוא וגו' בסוף הפרשה (במדבר יח): **כל המקיימן כאילו קיים.** כל התורה כולה שניתנה לדרוש בכלל ופרט וכלל וכאילו קיים כל הקרבנות שניתנה בהן ברית מלח: **עשר במקדש.** נאכל לפנים מן הקלעים: **ארבע בירושלים.** בכל העיר: **ועשר בגבולים.** בערי ארץ ישראל: **אשם ודאי.** חמשה הן גזילות מעילות שפחה חרופה נזיר ומצורע וחד חשיב להו: **אשם תלוי.** בא על ספק כרת שלא נודע לו שעבר ודאי שיביא חטאת: **וזבחי שלמי צבור.** כבשי עצרת שנקראו שלמים כדכתיב (ויקרא כג) ושני כבשים בני שנה (ד) וקדשי קדשים הן כדכתיב (שם) קדש יהיו לה' לכהן ונאכלים לפנים מן הקלעים: **ולוג שמן של מצורע.** מה שנשאר בלוג מיציקה לכף כהן של השמאלית נאכל לכהנים דתניא במנחות (דף עג.) ובזבחים (דף מד:) לכל קרבנם לרבות לוג שמן של מצורע דהוא נמי קרוי קרבן דכתיב והקריב אותו לאשם ואת לוג השמן וסמיך ליה לקרא קמא בקדש הקדשים תאכלנו בויקרא קרח: **מותר העומר.** מנחת העומר נקמצת ושיריה נאכלים (ה) וכל המנחות קדשי הקדשים הן כדכתיב לא (ז) תאכל עליו חמץ) וגו': **ושירי מנחות.** כל מנחות הנקמצות מנחת נדבה ומנחת חוטא ומנחת סוטה: **הבכורה.** בכור תם נאכל בכל העיר וכן הבכורים צריכין חומה כדכתיב (דברים יב) ואכלתם שם לפני ה' אלהיכם וגו' ואמר מר תרומת ידך אלו בכורים במכות (דף יז.): **והמורם מתודה.** חזה ושוק וארבע חלות מארבע מינים שבה חלות ורקיקין חמץ ורבוכה וכתיב (ויקרא ז) והקריב ממנו אחד מכל קרבן תרומה לכהן הזורק וגו': **והמורם מאיל נזיר.** זרוע בשלה וחלה ורקיק וחזה ושוק של שלמים בכלל תודה הוא דתודה שלמים אקרי והנך תרתי תודה ואיל נזיר משום דדמיין להדדי חשיב להו בחדא כדאמר בשחיטת חולין בפרק הזרוע (ח): **ועורות קדשים.** עורות עולה וחטאות ואשמות אבל קדשים קלים עורותיהן לבעלים כדאמר בזבחים פרק טבול יום (דף קג.) ומש"ה קא חשיב להו בהדי הנך דבירושלים למעוטי דאין נחשבים בהדי הנך דגבולים דהני עורות לא מתייהבי להו אלא בירושלים ובהדי הנך דבמקדש לא חשיב אלא הנהו דלא נפקי חוץ לקלעים מפסלי ביוצא: **ושדה אחוזה.** שהקדישה בעליה ולא גאלה ומכרה גזבר כשהלוקח מחזירה ביובל מתחלקת לכהנים: **ושדה חרמים.** ישראל שהחרימו שדיהן: **וגזל הגר.** נמי קרי ליה מתנת גבולין שאם נתנו לכהן המשמר חוץ לירושלים יצא ואיל אשמו יעלה לירושלים להקריב: **אדעתא דהכי.** דלא תיהוי ליה כפרה: **תיפוק לחולין.** ולא תיזל למיתה: **באשם רועה.** עד שיומם וימכר ויפלו דמיו לקיץ המזבח עולה (ו) לשם ועורה לכהנים זה מדרש דרש יהוידע הכהן בשקלים (דף ט:) ובתמורה (דף כג:) וכל זמן שהוא תם אין יוצא לחולין לימכר לפיכך ירעה והוא מעצמו אין יכול להשתנות מאשם לעולה:

דמינח

עין משפט נר מצוה

קפט א מיי' פ"י מהלכות מעשה קרבנות הלכה טו טז:
קצ ב מיי' פ"ח מהל' גזילה הלכה ו סמג עשין עג:
קצא ג מיי' שם הל' ח:
קצב ד מיי' פ"ו מהל' בכורות הלכה יג סמג עשין ריב:
קצג ה ו מיי' שם הלכה י:
קצד ז מיי' פ"א מהל' ביכורים הל' א:
קצה ח מיי' שם הלכה יב:
קצו ט מיי' שם הלכה יג:
קצז י מיי' שם הלכה יד:
קצח כ מיי' שם הלכה טו:
קצט ל מיי' פ"ח מהלכות גזילה הלכה ח ופ"ו מהלכות בכורות הלכה יג:
ר מ מיי' פ"ד מהלכות פסולי המוקדשין הלכה א:
רא נ מיי' שם הלכה יד:

ליקוטי רש"י

אין חולקין. כפי דמים לומר טול אתה מנחה ואני חזה ושוק או בשר חטאת ואשם [קידושין נג.]. שלא יחלקו זה כנגד זה אלא בין כולם יחלקו המנחות [מנחות עג.]. **בכלל ופרט.** בויקרא קרח לכל קדשי בני ישראל לך נתתים והדר מפרש כל חד וחד וזה יהיה לך מקדש הקדשים מן האש וגו'. **וברית מלח.** כתיב בסיפיה ברית מלח עולם הוא כשם שברית מלח אינה שובתת כך זו לא תשבות. **כאילו קיים** וכו'. שבתורה. **וברית מלח.** של קרבנות. **עשר במקדש.** ניתנו להם בתוך עזרה לאוכלן שם. **וזבחי שלמי צבור.** כבשי עצרת והם קדשי קדשים לאכול בעזרה. **ולוג שמן של מצורע.** מה שנשאר ממתנותיו נאכל לכהנים כדאמרינן במנחות (דף נח.) ובזבחים (דף מד:) לכל קרבנם דכתיב בויקרא קרח לרבות לוג שמן של מצורע דקרוי קרבנם דכתיב ביה והקריב אותם לאשם ואת לוג השמן וכתיב בויקרא קרח בקדש הקדשים תאכלנו אכולהו לכל קרבנם ולכל מנחתם ולכל חטאתם ולכל אשמם וגו'. עומר לא חשיב ליה בהדי שאר מנחת צבור מפני שהיא מנחת צבור הנקמצת ונאכלת ואין לך עוד בצבור. **ושירי מנחות.** של יחיד. **וארבע בירושלים.** הנאכלים ומתחלקים לכל העיר. **הבכורה.** בכור תם. **והבכורים.** אינם נאכלים אלא בירושלים דכתיב (דברים יב) לא תוכל לאכול בשעריך וגו' ואמר מר (מכות דף יז:) ותרומת ידך אלו הבכורים. **והמורם מן התודה.** חזה ושוק וד' חלות כדכתיב (ויקרא ז) והקריב ממנו אחד מכל קרבן תרומה לה' לכהן הזורק וגו' מארבע מינים חלות ורקיקים ורבוכה וחמץ אחת מכל מין. **ואיל נזיר.** זרוע בשלה וחלה ורקיק כדכתיב בפרשת נשא שמניפין אותן והני חד חשיב להו משום דדמו אהדדי דתרווייהו מורם מקדשים קלים ניהו וחזה ושוק של שאר שלמים נמי בכלל זה הן והאי דנקט תודה משום דאית ביה מורם אחרינא ותנייהו לכולהו בחדא שמא. **ועורות קדשים.** של עולה חטאת ואשם כדכתיב (שם) עור העולה אשר הקריב ובתורת כהנים נמי מרבה עור חטאת ואשם [חולין קלג:]. עורות קדשים. עור עולה וחטאות ואשמות וקרבנות ציבור שמתחלקין עורות קדשי הקדשים לכהנים כדכתיב (ויקרא ז) עור העולה אשר הקריב וילפינן בזבחים (דף קג.) מעולה כל עורות קדשי קדשים [פסחים נז.]. **בגבולין.** נתנין להן בכל ערי ישראל. **והמתנות.** הזרוע והלחיים והקבה. **ופדיון הבן.** ה' סלעים. **ופדיון פטר חמור.** שה. **ושדה אחוזה.** שהקדיש ולא גאלה ומכרה גזבר לאחר והרי היא יוצאה ביובל ומתחלקת לכהנים של אותו משמר שאירע בו יובל שנאמר (שם כז) והיה השדה בצאתו ביובל וגו' לכהן תהיה אחוזתו. **וגזל הגר.** האשם המושב לה' בפרשת נשא וגזל הגר שנשבע לו לשקר ואח"כ הודה לאחר מיתת הגר כדפי' לעיל (קלא.) בפרקין [חולין שם]. **באשם רועה.** וכשיסתאב יפלו דמיו לנדבת צבור דהיינו עולה [תמורה יח.].

מסורת הש"ס

א) נ"א זכו, ב) בכורות נה: [ודף יא.], ג) חולין קלג: [תוספתא חלה פ"ב ה"ח], ד) [נזיר כה: תמורה יח. בכורות טז.], ה) [דף נה:], ו) [צ"ל נתתים], ז) ס"א תאפה חמץ חלקם וגו'. רש"א, ח) [דף קלג:].

הגהות הב"ח

(א) גמ' אף גזל הגר אין חולקין: (ב) שם שגזל חמץ ועבר עליו הפסח וכו' האי דירתי דקא מורית להון אבוהון ואי אמרת מקבלי: (ג) שם יורשין הוו ואמר מר: (ד) רש"י ד"ה וזבחי וכו' בני שנה לזבח שלמים וקדשי: (ה) ד"ה מותר העומר. נ"ב אבל מותר עומר דחשיב פ"א דחלה משנה ג דנפדה ונאכל לכל אדם היינו המותר מהשני סאין שלוקח ומוציא ממנו עשירית איפה כדאיתא במנחות פרק ר' ישמעאל במשנה: (ו) ד"ה באשם רועה וכו' עולה בשר לשם ועורה:

הגהות הגר"א

[א] גמ' שגזל חמץ ועבר. כצ"ל:

הגהות מהר"ב רנשבורג

א] תוס' ד"ה למאי נ"מ וכו' דאי יורשין הוו אמאי לא יצא. עיין מהרש"א ושיטה מקובצת ודו"ק:

המתנות שבמקדש:

עֶשֶׂר המתנות הניתנות **בַּמִּקְדָּשׁ** הן: (א) הבשר של קרבן **חַטַּאת בְּהֵמָה**[23]; (ב) וְהבשר של קרבן **חַטַּאת הָעוֹף**[24]; (ג) וְהבשר של קרבן **אָשָׁם וַדַּאי**[25]; (ד) וְהבשר של קרבן **אָשָׁם תָּלוּי**[26]; (ה) וְהבשר של **זִבְחֵי שַׁלְמֵי צִבּוּר** — שני כבשים הבאים לקרבן שלמים של ציבור בחג השבועות[27]; (ו) **וְלוֹג שֶׁמֶן שֶׁל מְצוֹרָע** — שהמצורע מביא ביום השמיני לטהרתו[28]; (ז) **וּמוֹתַר הָעוֹמֶר** — שיירי מנחת העומר, שמביאים ביום השני של חג הפסח[29]; (ח) **וּשְׁתֵּי הַלֶּחֶם** שמביאים בחג השבועות[30]; (ט) **וְלֶחֶם הַפָּנִים** שמניחים על השלחן שבהיכל מידי שבת[31]; (י) **וּשְׁיָרֵי מְנָחוֹת** — הנשאר ממנחות היחיד הנקמצות,

הערות

בדברי הספרי הללו, עיין ספרי דבי רב ועמק הנצי״ב שם). והרמב״ם בהלכות ביכורים (שם) בחר דרך שלישית. והוא מונה: שמנה מתנות שאותן אוכלים הכהנים במקדש, חמש מתנות שאוכלים בירושלים, חמש מתנות שזוכים בהן בארץ ישראל בלבד, חמש מתנות שזוכים בהן בין בארץ בין בחוץ לארץ, ומתנה אחת שזוכים בה מן המקדש (וראה להלן הערות 24, 26, 36-37 ו־47). אולם בהמשך דבריו (שם, יב-טו) ציין לדברי התנא שמנה את המתנות כפי שמביאה הגמרא כאן. ואין הבדל בדין בין כל המנינים הללו, אלא שהם מחשיבים את הפירוט של המתנות בדרך שונה (רדב״ז שם). וכנראה היה מקובל ביד חכמים המנין של עשרים וארבע מתנות, ולכן הם מציעים דרכים שונות לפרש כיצד נמנו המתנות הללו (עמק הנצי״ב שם).]

23. ״חטאת בהמה״ כוללת שלשה מיני חטאת: (א) חטאת היחיד שמביא החוטא כדי לכפר על חטאו. וישנם שני סוגי חטאות כאלו: ״חטאת קבועה״, שמביא אדם שעבר בשוגג על איסור לאו שעל זדונו חייבים כרת [ונפרטו במשנה תחילת מסכת כריתות] (ראה שבת סט, א); או קרבן ״עולה ויורד״, שמביא אדם שעבר על אחת מארבע עבירות שנפרטו בכתוב (ויקרא ה, א-ד), שאם הוא עשיר מביא כבשה או שעירת עיזים לחטאת (ראה שם, ו). (ב) מין נוסף של חטאת היחיד, היא החטאת שאינה באה על חטא. כגון המצורע שנטהר מצרעתו, שעליו להביא ביום השמיני לטהרתו שלשה כבשים שאחד מהם הוא חטאת [גם קרבן זה הוא ״עולה ויורד״ שאם אין ידו משגת מביאו מן העוף] (ראה ויקרא יד, י-יט). וכן נזיר טהור לאחר שמשלים את נזירותו בטהרה, מביא שלשה קרבנות, שאחד מהם הוא קרבן חטאת (ראה במדבר ו, יד). (ג) חטאות הציבור, והן השעירים הקרבים עם קרבן המוסף בראשי חדשים וימים טובים (ראה במדבר כח — כט), וכן השעיר הקרב עם מנחת שתי הלחם בחג השבועות (ראה ויקרא כג, יט).

כל החטאות, בין חטאות היחיד ובין חטאות ציבור, בשרן נאכל לזכרי כהונה ובחצר העזרה בלבד, שנאמר (ויקרא ו, יח-יט): ״זֹאת תּוֹרַת הַחַטָּאת... הַכֹּהֵן הַמְחַטֵּא אֹתָהּ יֹאכְלֶנָּה בְּמָקוֹם קָדֹשׁ תֵּאָכֵל בַּחֲצַר אֹהֶל מוֹעֵד״ (משנה זבחים נג, א ורש״י שם ד״ה לפנים מן הקלעים וד״ה לזכרי כהונה).

למרות שישנם כמה מיני חטאת בהמה, התנא מונה את כל מיני החטאת כמתנה אחת (ראה רש״י ד״ה אשם ודאי). מפני שקרבנות אלו שוים בדיני ההקרבה והאכילה שלהם (ראה רדב״ז הלכות ביכורים א, ג-ד; וראה בהערה הבאה).

[ישנו מין נוסף של חטאות, היינו החטאות הפנימיות (שדמן נזרק בתוך ההיכל), כגון פר ושעיר של יום הכפורים, ופר העלם דבר של ציבור ושל הכהן המשיח שחטא. אולם חטאות אלו אינן בכלל מתנות הכהונה, לפי שבקרבנות אלו כל הקרבן טעון שריפה והכהנים אינם אוכלים את בשרו.]

24. גם ב״חטאת העוף״ ישנם כמה מינים: (א) יש חטאת שבאה על חטא, דהיינו אדם שהתחייב קרבן ״עולה ויורד״, על אחד מארבעת החטאים שמחייבים להביא קרבן זה, ואין ידו משגת לקנות בהמה לקרבן, שמביא תחתיה שני תורים או שני בני יונה, שאחד מהם בא לחטאת (ראה ויקרא ה, ז). (ב) וישנו קרבן חטאת ״עולה ויורד״ שאינו בא על חטא, וזו החטאת שמביא המצורע ביום השמיני לטהרתו, שאם אין ידו משגת להביא בהמה, מביא שני תורים או שני בני יונה שאחד מהם בא לחטאת (ראה שם יד, כא-כב). (ג) ישנן חטאות שתחילת החיוב הוא להביא עוף. כגון יולדת שמביאה בן יונה או תור לחטאת (ראה ויקרא יב, ו); וכן זב או זבה לאחר שספרו שבעה ימים לטהרתם, מביאים ביום השמיני שני תורים או שני בני יונה שאחד מהם לחטאת (ראה ויקרא טו, יד-טו; ושם, כט-ל); וכן נזיר שנטמא טומאת מת, מביא ביום השמיני לטהרתו שני תורים או שני בני יונה, שאחד מהם בא לחטאת (ראה במדבר ו, ט-י). [בחטאת בהמה, האימורים קרבים על גבי המזבח, והכהנים אוכלים את הבשר בלבד. לעומת זאת בחטאת העוף, הכהנים אוכלים את כל העוף, ואין קרב על המזבח אלא הדם בלבד (משנה זבחים סד, ב).]

חטאת העוף דינה כחטאת בהמה, ואף היא אינה נאכלת אלא לכהנים זכרים ובחצר העזרה בלבד (רשב״א; מאירי).

כאמור הרמב״ם (הלכות ביכורים א, ג) מונה את המתנות בדרך אחרת, והוא מנה את כל מיני החטאות, אחד חטאת בהמה ואחד חטאת העוף, כמתנה אחת (שם, ד). והיינו משום ששם חטאת אחד הוא. והתנא שמונה את החטאות כשתי מתנות, היינו לפי שיש הבדל בצורת ההקרבה בין חטאת העוף לחטאת בהמה, ולכך חילקן לשתי מתנות (רדב״ז שם).

25. ישנם חמשה מיני ״אשם ודאי״: (א) ״אשם גזילות״, שחייב להביא מי שכפר בתביעת ממון שתבעו חבירו, ונשבע לשקר, וחזר והודה (ראה ויקרא ה, כ-כו); (ב) ״אשם מעילות״, שחייב להביא מי שנהנה בשוגג מההקדש (ראה שם, טו-טז); (ג) ״אשם שפחה חרופה״, שחייב להביא מי שבא על שפחה כנענית המיוחדת לעבד עברי (ראה משנה כריתות יא, א); (ד) ״אשם נזיר״, שמביא הנזיר שנטמא למת בתוך ימי נזירותו (ראה במדבר ו, יב); (ה) ״אשם מצורע״ שמביא המצורע בסיום ימי טהרתו (ראה ויקרא יד, יב).

כל מיני האשם נאכלים לכהנים זכרים בחצר העזרה בלבד, שנאמר (במדבר יח, ט-י): ״וּלְכָל אֲשָׁמָם... בְּקֹדֶשׁ הַקֳּדָשִׁים תֹּאכְלֶנּוּ כָּל זָכָר יֹאכַל אֹתוֹ קֹדֶשׁ יִהְיֶה לָּךְ״ (ראה משנה זבחים נד, ב ורש״י שם). וכן נאמר (ויקרא ז, ז): ״כַּחַטָּאת כָּאָשָׁם תּוֹרָה אַחַת לָהֶם הַכֹּהֵן אֲשֶׁר יְכַפֶּר בּוֹ לוֹ יִהְיֶה״ (רשב״א; מאירי).

התנא מונה את כל חמשת מיני האשם הללו כמתנה אחת (רש״י). מפני שקרבנות אלו שוים בדיני ההקרבה והאכילה שלהם (ראה רדב״ז הלכות ביכורים א, ג-ד; וראה להלן בהערה הבאה).

26. ״אשם תלוי״, חייב להביא אדם שיש לו ספק האם עבר בשוגג על עבירה, שאילו היה ידוע בודאי שעבר עליה בשוגג היה מתחייב להביא קרבן חטאת [כגון מי שהיו מונחות לפניו שתי חתיכות, אחת של שומן ואחת של חֵלֶב, ואכל אחת מהן, ואינו יודע האם אכל את השומן או את החֵלֶב] (רש״י, ראה ויקרא ה, יז-יח). אשם תלוי דינו כאשם ודאי, ואף הוא אינו נאכל אלא לכהנים זכרים בעזרה בלבד (משנה זבחים נד, ב).

כאמור הרמב״ם (הלכות ביכורים א, ג) מונה את המתנות בדרך אחרת, והוא מנה אשם ודאי ואשם תלוי כמתנה אחת (שם, ד). והיינו משום ששניהם נקראים אשם, ובנוסף לכך אין הבדל ביניהם בדיני ההקרבה והאכילה שלהם. והתנא שמונה שתי מתנות, אשם ודאי ואשם ספק, היינו משום שיש ביניהן הבדל במהות הקרבן, וכמו שהתבאר (רדב״ז שם).

27. שנאמר (ויקרא כג, יט): ״וּשְׁנֵי כְבָשִׂים בְּנֵי שָׁנָה לְזֶבַח שְׁלָמִים״. [שלמים אלו מובאים יחד עם עוד קרבנות שציותה התורה להביא בחג השבועות עם שתי הלחם, בנוסף למוספי החג שעליהם ציותה התורה במקום אחר (ראה רש״י על הפסוק שם). וקדושת שתי הלחם תלויה בשני הכבשים הללו, שרק לאחר שהוקרבו לקרבן, הלחם קדוש ומותר באכילה (רש״י פסחים יג, ב ד״ה שתי הלחם, על פי מנחות מז, א).] ושלמי ציבור אלו הם קדשי קדשים [בניגוד לשלמי יחיד שהם קדשים קלים], שנאמר (שם, כ): ״קֹדֶשׁ יִהְיוּ לַה׳ לַכֹּהֵן״, ונאכלים [לכהנים זכרים] בתוך העזרה בלבד (רש״י; ראה משנה זבחים נד, ב; ראה גם בגמרא שם נה, א).

28. ביום השמיני לטהרתו, מביא המצורע לוג אחד של שמן [בנוסף לשלשה כבשים שמביא לקרבן: אחד לאשם, אחד לחטאת ואחד לעולה]. הכהן שעוסק בטהרתו יוצק חלק מהשמן אל תוך כף ידו השמאלית של כהן אחר, והכהן השני טובל את אצבעו הימנית בשמן שבכפו, ומזה מהשמן שבע פעמים לכיוון קדש הקדשים. ומהשמן שנותר, נותן על תנוך האוזן הימנית של המיטהר ועל בהן ידו הימנית ועל בהן רגלו הימנית. ואת שאר השמן שבכפו נותן על ראש המיטהר (ראה ויקרא יד, טו-יח). השמן שנשאר בכלי לאחר שיצקו ממנו לתוך כף ידו של הכהן, נאכל לכהנים. שכך שנינו בברייתא במנחות (עג, א) ובזבחים (מד, ב), שממה שנאמר בפסוק לגבי מתנות כהונה (במדבר יח, ט): ״כָּל קָרְבָּנָם״, למדו חכמים לרבות לוג שמן של מצורע [שאף הוא נקרא קרבן, שכן נאמר (ויקרא יד, יב): ״וְהִקְרִיב אֹתוֹ לְאָשָׁם וְאֶת לֹג הַשָּׁמֶן״, והרי זה כאילו שכתבה התורה שמקריב את לוג השמן], שיש ליתנו לכהנים. שמן זה נאכל בתוך העזרה בלבד, שכן מה שנאמר בפסוק שאחרי כן (במדבר שם, י): ״בְּקֹדֶשׁ הַקֳּדָשִׁים תֹּאכְלֶנּוּ״, מתייחס לכל מה שנאמר בפסוק שלפניו, דהיינו גם ללוג השמן של המצורע הנרמז במילים ״כָּל קָרְבָּנָם״ (ראה רש״י כאן ובחולין קלג, ב ד״ה לוג שמן).

29. ״מנחת העומר״, היא מנחה משעורים [במידה של עשירית האיפה הנקראת ״עומר״], שמביאים ביום השני של חג הפסח. מנחה זו מתירה לאכול מהתבואה החדשה שצמחה באותה שנה (ראה ויקרא כג, י-יד). מנחת העומר דינה ככל המנחות הנאכלות, שנקמצת והקומץ קרב על גבי המזבח, ושיירי המנחה נאכלים לכהנים [לשיירים אלו קוראת הברייתא ״מותר העומר״]. כל המנחות הן קדש קדשים, שנאמר (ויקרא ו, ז-י): ״וְזֹאת תּוֹרַת הַמִּנְחָה... קֹדֶשׁ קָדָשִׁים הִוא כַּחַטָּאת וְכָאָשָׁם״. ונאכלות [לזכרי כהונה] בעזרה בלבד, שנאמר (שם, ט) ״וְהַנּוֹתֶרֶת מִמֶּנָּה יֹאכְלוּ אַהֲרֹן וּבָנָיו... בְּמָקוֹם קָדֹשׁ בַּחֲצַר אֹהֶל מוֹעֵד יֹאכְלוּהָ״ (ראה רש״י, כפי שהגיה המהרש״א).

30. ״שתי הלחם״, זו מנחה של שני לחמי חמץ העשויים מקמח סולת, שמביאים לבית המקדש חמישים יום לאחר הקרבת מנחת העומר. והיא מתירה להקריב במקדש מנחות מהתבואה החדשה שצמחה באותה שנה (ראה ויקרא כג, יז-כ). מנחה זו אינה קריבה על גבי המזבח, אלא הכהן מניף אותה ביחד עם שני הכבשים שמובאים עימה, ונאכלת כולה לכהנים, שנאמר (שם, כ): ״וְהֵנִיף הַכֹּהֵן אֹתָם עַל לֶחֶם הַבִּכּוּרִים... קֹדֶשׁ יִהְיוּ לַה׳ לַכֹּהֵן״ (ראה משנה מנחות מה, ב ו־עד, ב). הלחמים הללו דינם ככל מנחה, והם קדשי קדשים ואינם נאכלים אלא לכהנים זכרים בעזרה בלבד.

31. מדי שבת היו מניחים על השלחן שבצפונו של ההיכל שתים עשרה חלות העשויות מקמח סולת, הנקראות ״לחם הפנים״, יחד עם שני בזיכי לבונה. הלחם היה נשאר על השלחן עד לשבת הבאה, ואז הקטירו את בזיכי הלבונה, והלחם היה נאכל לכהנים (ראה ויקרא כד, ה-ט). גם לחם הפנים אינו קרב כלל על המזבח, וכולו נאכל לכהנים (משנה מנחות עד, ב). לחם הפנים הוא קדש קדשים, ונאכל לכהנים זכרים בעזרה בלבד, שנאמר (שם, ט): ״וְהָיְתָה [המנחה הזאת, שכל דבר הבא מן התבואה

למשמרת ידעיה מהו היכי דמי אילימא דיהביה לידעיה במשמרת ידעיה הא (א) אית ביה לא צריכא דיהביה לידעיה במשמרתו דיהויריב מאי מי אמרינן כיון דלאו משמרתו הוא ולא כלום הוא או דלמא כיון דלא חזי ליה מעיקרא לידעיה קאי תיקו בעי רבא כהנים מהו שיחלקו גזל הגר כנגד גזל הגר מי אמרינן אשם קרייה רחמנא מה אשם א אין חולקין אשם כנגד אשם אף גזל (א) אין חולקין גזל הגר כנגד גזל הגר או דלמא גזל הגר ממונא הוא הדר פשטה אשם קרייה רחמנא רב אחא בריה דרבא מתני לה בהדיא אמר רבא ב כהנים אין חולקין גזל הגר כנגד גזל הגר מ"ט אשם קרייה רחמנא: בעי רבא כהנים בגזל הגר יורשין הוו או מקבלי מתנות הוו למאי נפקא מינה כגון [א] שגזל חמץ (ב) שעבר עליו הפסח אי אמרת יורשין הוו היינו האי דירתי מורית ואי אמרת מקבלי מתנות הוו מתנה קאמר רחמנא דניתיב להו והא לא קא יהיב להו מידי דעפרא בעלמא הוא רב זעירא בעי הכי אפילו אם תמצי לומר ג מקבלי מתנה הוו הא לא איבעיא לן דההיא מתנה אמר רחמנא דניתיב להו אלא כי קמבעיא לן כגון שנפלו לו עשר בהמות בגזל הגר מחייבי לאפרושי מינייהו מעשר או ד לא יורשין הוו (ג) דאמר מר ה קנו בתפיסת הבית חייבין או דלמא מקבלי מתנות הוו ותנן ו ז הלוקח והניתן לו במתנה פטור ממעשר בהמה מאי ת"ש ח ז עשרים וארבע מתנות כהונה ניתנו לאהרן ולבניו וכולן ניתנו בכלל ופרט וכלל וברית מלח כל המקיימן כאילו מקיים כלל ופרט וכלל וברית מלח כל העובר עליהם כאילו עובר על כלל ופרט וכלל וברית מלח ח ואלו הן עשר במקדש וד' בירושלים ועשר בגבולים ט עשר במקדש חטאת בהמה וחטאת העוף ואשם ודאי ואשם תלוי וזבחי שלמי צבור ולוג שמן של מצורע ומותר העומר ושתי הלחם ולחם הפנים ושירי מנחות י וארבע בירושלים הבכורה והביכורים והמורם מן התודה ואיל נזיר ועורות קדשים כ ועשרה בגבולין תרומה ותרומת מעשר וחלה וראשית הגז והמתנות ופדיון הבן ופדיון פטר חמור ושדה אחוזה ושדה חרמים וגזל הגר וקא קרי מיהת מתנה ש"מ ל מקבלי מתנות הוו ש"מ: נתן את הכסף לאנשי משמר [וכו']: אמר אביי ש"מ כסף מכפר מחצה דאי לא מכפר הוה אמינא מהדר ליורשין מ"ט אדעתא דהכי לא יהב ליה אלא מעתה חטאת שמתו בעליה תיפוק לחולין דאדעתא דהכי לא אפרשה אמרי חטאת שמתו בעליה מ הלכתא גמירי לה דלמיתה אזלא אלא מעתה אשם שמתו בעליו ליפוק לחולין דאדעתא דהכי לא אפרשיה אשם נמי ד הלכתא גמירי לה נ כל שבחטאת מתה באשם רועה אלא מעתה יבמה שנפלה לפני מוכה שחין תיפוק בלא חליצה דאדעתא דהכי לא קדשה עצמה התם אנן סהדי

דמינח

רש"י

אין חולקים מנחות כנגד מנחות וקרבן כנגד קרבן מלכל בני אהרן תהיה איש כאחיו נפקא לן בקדושין (דף נג.) ובמנחות פרק אלו מנחות (דף עג.): יורשין. הגר הן או מקבלי מתנות גבוה הן: היינו האי דירתי. ירושה זאת נפלה להן והרי היא לפניהן שאילו היה הגר קיים היה זה אומר לו הרי שלך לפניך: רב זעירי בעי לה הכי אפילו אם תמצי לומר מקבלי מתנות הוו הא לא מבעיא לן דהא מתנה יהיב להו רחמנא. והרי הן לפניהן: כגון שנפלו לו. לכהן: קנו. יתומים שקנו בהמות: בתפיסת הבית. כלומר נפלו להן בהמות בירושה עד שלא חלקו: הלוקח. לקח עשרה טלאים שלא נתעשרו מן השוק: פטור. ובמסכת בכורות ה) מפרש טעמא: בכלל ופרט וכלל. לכל קדשי בני ישראל לך ו) נתונים למשחה כלל וזה יהיה לך מקדש הקדשים מן האש פרט כל מתנה בפני עצמה וכל תרומת קדשים חזר וכלל והדר כתיב ברית מלח עולם הוא וגו' בסוף הפרשה (במדבר יח): כל המקיימן כאילו קיים. כל התורה כולה שניתנה לדרוש בכלל ופרט וכלל וכאילו קיים כל הקרבנות שניתנה בהן ברית מלח: עשר במקדש. נאכל לפנים מן הקלעים: ארבע בירושלים. בכל העיר: ועשר בגבולים. בערי ארץ ישראל: אשם ודאי. חמשה הן גזילות מעילות שפחה חרופה נזיר ומצורע וחד חשיב להו: אשם תלוי. בא על ספק כרת שלא נודע לו שעבר ואי שידיא חטאת: וזבחי שלמי צבור. כבשי עצרת שנקראו שלמים כדכתיב (ויקרא כג) ושני כבשים בני שנה (ד) וקדשי קדשים הן כדכתיב (שם) קדש יהיו לה' לכהן ונאכלים לפנים מן הקלעים: ולוג שמן של מצורע. מה שנשאר בלוג מיליקה לכף כהן של השמאלית נאכל לכהנים דתניא במנחות (דף עג.) ובזבחים (דף מד:) לכל קרבנם לרבות לוג שמן של מצורע דהוא נמי קרוי קרבן דכתיב והקריב אותו לאשם ואת לוג השמן וסמיך ליה לקרא קמא בקדש הקדשים תאכלנו בויקח קרח: מותר העומר. מנחת העומר נקמצת ושיריה נאכלים (ה) וכל המנחות קדשי הקדשים הן כדכתיב לא (י' תאכל עליו חמץ) וגו': ושירי מנחות. כל מנחות הנקמצות מנחת נדבה ומנחת חוטא ומנחת סוטה: הבכורה. בכור תם נאכל בכל העיר וכן הבכורים צריכין חומה כדכתיב (דברים יב) ואכלתם שם לפני ה' אלהיכם וגו' ואמר מר תרומת ידך אלו בכורים במכות (דף יז.): והמורם מתודה. חזה ושוק וארבע חלות מארבע מינים שבה חלות ורקיקין חמץ ורבוכה וכתיב (ויקרא ז) והקריב ממנו אחד מכל קרבן תרומה לכהן הזורק וגו': והמורם מאיל נזיר. זרוע בשלה וחלה ורקיק וחזה ושוק של שלמים בכלל תודה הוא דתודה שלמים אקרי והנך תרתי תודה ואיל נזיר משום דדמיין להדדי חשיב להו בחדא כדאמר בשחיטת חולין בפרק הזרוע ח): ועורות קדשים. עורות עולה וחטאות ואשמות אבל קדשים קלים עורותיהן לבעלים כדאמר בזבחים פרק טבול יום (דף קג.) ומש"ה קא חשיב להו בהדי הנך דבירושלים למעוטי דאין נחשבים בהדי הנך דגבולים דהני עורות לא מתייהבי להו אלא בירושלים ובהדי הנך דבמקדש לא חשיב אלא הנהו דלאי נפקי חוץ לקלעים מפסלי ביוצא: ושדה אחוזה. שהקדישה בעליה ולא גאלה ומכרה גזבר כשהלוקח מחזירה ביובל מתחלקת לכהנים: ושדה חרמים. ישראל שהחרימו שדיהן: וגזל הגר. נמי קרי ליה מתנת גבולין שאם נתנו לכהן המשמר חוץ לירושלים יצא ואיל אשמו יעלה לירושלים להקריב: אדעתא דהכי. דלא תיהוי ליה כפרה: תיפוק לחולין. ולא תיזל למיתה: באשם רועה. עד שיומם וימכר ויפלו דמיו לקיץ המזבח עולה (ו) לשם ועורה לכהנים זה מדרש דרש יהוידע הכהן בשקלים (דף ט:) ובתמורה (דף כג.) וכל זמן שהוא תם אין יוצא לחולין לימכר לפיכך ירעה והוא מעצמו אין יכול להשתנות מאשם לעולה:

תוספות

או דלמא כיון דלא חזי ליהויריב לידעיה קאי. ויכול להביא אשם מיד וליתנה לפני יהויריב להתכפר אע"פ שהכסף נתון לידעיה כדקתני בפירקין נתן את הכסף ליהויריב והאשם לידעיה יצא:

למאי נ"מ לגזל חמץ ועבר עליו הפסח. תימה אמאי לא פשיט ליה מדידיה דאמר לעיל גזל הגר שאין בו שוה פרוטה לכל אחד ואחד לא יצא אלמא מקבלי מתנות הוו אן דאי יורשין הוו אמאי לא יצא מאי דשבק להון אבוהון יהב להון ונראה דבחד מנהון גרסינן רבה:

בכלל ופרט וכלל וברית מלח. הך שמעתא מפורש בפרק הזרוע (חולין דף קלג:):

וגזל הגר. תימה אמאי חשיב גזל הגר מעשרה בגבולין דכי היכי דאמר רבא החזירו בלילה ולחצאין לא יצא דאשם קרייה רחמנא ה"נ אם החזירו בגבולין לא יצא כדין אשם:

כסף מכפר מחצה. מכאן נראה דכהן אין יכול למחול כיון דהוי כפרה:

דאדעתא דהכי לא קדשה נפשה. נראה דבנפלה מן האירוסין איירי דאי מן הנישואין ודאי מקדשה נפשה כדי שתהא נשואה לבעלה דמשום אחר מיתת בעלה לא מסקא אנפשה מלהיות נשואה אלא מן האירוסין איירי דמקדושין אין לה שום טובה וא"ת אדם שקנה מחבירו שום דבר ונתקלקל יבטל המקח דאדעתא דהכי לא קנה וי"ל דהתם לאו בלוקח לחודיה תליא מילתא אלא כמו כן בדעת מוכר ומוכר אקנה ליה אדעתא דהכי אבל הכא דקדושין בדידה קיימא והוא אינו חושש היאך דעתה להתקדש וכן גבי מקדיש נמי בדידיה קאי וכן נותן הגזל בדידיה קאי: [ועי' בתוספות כתובות מז: ד"ה שלא]

אמר

עין משפט נר מצוה

קפט א מיי' פ"י מהלכות מעשה קרבנות הלכה טו טז:
קצ ב מיי' פ"ח מהל' גזילה הלכה ו סמג עשין עג:
קצא ג מיי' שם הל' ח:
קצב ד מיי' פ"ו מהל' בכורות הלכה יג סמג עשין ריב:
קצג ה ו מיי' שם הלכה י:
קצד ז מיי' פ"א מהל' ביכורים הל' א:
קצה ח מיי' שם הלכה יב:
קצו ט מיי' שם הלכה יג:
קצז י מיי' שם הלכה יד:
קצח כ מיי' שם הלכה טו:
קצט ל מיי' פ"ח מהלכות גזילה הלכה ח ופ"ו מהלכות בכורות הלכה יג:
ר מ מיי' פ"ד מהלכות פסולי המוקדשין הלכה א:
רא נ מיי' שם הלכה יד:

ליקוטי רש"י

אין חולקין. כפי דמים לומר טול אתה מנחה ואני חזה ושוק או בשר חטאת ואשם [קידושין נג.]. שלא יחלקו זה כנגד זה אלא בין כולם יחלקו המנחות [מנחות עג.]. בכלל ופרט. בויקח קרח לכל קדשי בני ישראל לך נתתים והדר מפרש כל חד וחד וזה יהיה לך מקדש הקדשים מן האש וגו'. וברית מלח. כתיב בסיפיה ברית מלח עולם הוא כשם שברית מלח אינה שובתת כך זו לא תשבות. כאילו קיים וכו'. שבתורה. וברית מלח. של קרבנות. עשר במקדש. ניתנו להם בתוך עזרה לאוכלן שם. וזבחי שלמי צבור. כבשי עצרת והם קדשי קדשים לאכול בעזרה. ולוג שמן של מצורע. מה שנשאר ממתנותיו נאכל לכהנים כדאמרינן במנחות (דף עג.) ובזבחים (דף מד:) לכל קרבנם דכתיב בויקח קרח לרבות לוג שמן של מצורע דקרוי קרבנם דכתיב ביה והקריב אותם לאשם ואת לוג השמן וכתיב בויקח קרח בקדש הקדשים תאכלנו אכולהו לכל קרבנם ולכל מנחתם ולכל חטאתם ולכל אשמם וגו'. עומר לא חשיב ליה בהדי שאר מנחת צבור מפני שהיא מנחת צבור הנקמצת ונאכלת ואין לך עוד בצבור. ושירי מנחות. של יחיד. וארבע בירושלים. הנאכלים ומתחלקים לכל העיר. הבכורה. בכור תם. והבכורים. אינם נאכלים אלא בירושלים דכתיב (דברים יב) לא תוכל לאכול בשעריך וגו' ואמר מר (מכות דף יז:) ותרומת ידך אלו הבכורים. והמורם מן התודה. חזה ושוק וד' חלות כדכתיב (ויקרא ז) והקריב ממנו אחד מכל קרבן תרומה לה' לכהן הזורק וגו' מארבע מינים חלות ורקיקים ורבוכה וחמץ אחת מכל מין. ואיל נזיר. זרוע בשלה וחלה ורקיק כדכתיב בפרשת נשא שמניפין אותן והני חד חשיב להו משום דדמו אהדדי דתרווייהו מורם מקדשים קלים נינהו וחזה ושוק של שאר שלמים נמי בכלל זה הן והאי דנקט תודה משום דאית ביה מורם אחרינא ותניינהו לכולהו בחדא שמא. ועורות קדשים. של עולה חטאת ואשם כדכתיב (שם) עור העולה אשר הקריב ובתורת כהנים נמי מרבה עור חטאת ואשם [חולין קלג:]. עורות קדשים. עור עולה וחטאות ואשמות וקרבנות ציבור שמתחלקין עורות קדשי הקדשים לכהנים כדכתיב (ויקרא ז) עור העולה אשר הקריב וילפינן בזבחים (דף קג:) מעולה כל עורות קדשי קדשים [פסחים נז.]. בגבולין. נתנין להן בכל ערי ישראל. והמתנות. הזרוע והלחיים והקבה. ופדיון הבן. ה' סלעים. ופדיון פטר חמור. שה. ושדה אחוזה. שהקדיש ולא גאלה ומכרה גזבר לאחר והרי היא יוצאה ביובל ומתחלקת לכהנים של אותו משמר שאירע בו יובל שנאמר (שם כז) והיה השדה בצאתו ביובל וגו' לכהן תהיה אחוזתו. וגזל הגר. האשם המושב לה' בפרשת נשא וגזל הגר שנשבע לו לשקר ואח"כ הודה לאחר מיתת הגר כדפי' לעיל (קלא.) בפרקין [חולין שם]. באשם רועה. וכשיסתאב יפלו דמיו לנדבת צבור דהיינו עולה [תמורה יח.].

מסורת הש"ס

א) נ"א זכו, ב) בכורות נה: [ודף יא.], ג) חולין קלג: [תוספתא חלה פ"ב ה"ח], ד) [נזיר כה: תמורה יח. בכורות טז.], ה) [דף נה:], ו) [צ"ל נתתים], ז) ס"א תאפה חמץ חלקם וגו'. רש"א, ח) [דף קלג:].

הגהות הב"ח

(א) גמ' אף גזל הגר אין חולקין: (ב) שם שגזל חמץ ועבר עליו הפסח וכו' האי דירתי דקא מורית להון אבוהון ואי אמרת מקבלי: (ג) שם יורשין הוו ואמר מר: (ד) רש"י ד"ה וזבחי וכו' בני שנה לזבח שלמים וקדשי: (ה) ד"ה מותר העומר. נ"ב אבל מותר עומר דחשיב פ"א דחלה משנה ג דנפדה ונאכל לכל אדם היינו המותר מהשני סאין שלוקח ומוציא ממנו עשירית איפה כדאיתא במנחות פרק ר' ישמעאל במשנה: (ו) ד"ה באשם רועה וכו' עולה בשר לשם ועורה:

הגהות הגר"א

[א] גמ' שגזל חמץ ועבר. כצ"ל:

הגהות מהר"ב רנשבורג

א] תוס' ד"ה למאי נ"מ וכו' דאי יורשין הוו אמאי לא יצא. עיין מהרש"א ושיטה מקובצת ודו"ק:

לאחר שנקמצו והוקרב הקומץ על גבי המזבח[32].

המתנות שבירושלים:

וְאַרְבַּע המתנות הניתנות **בִּירוּשָׁלַיִם** הן: (א) **הַבְּכוֹרָה** – הבשר של בכור תם [שאינו בעל מום][33]; (ב) **וְהַבִּיכּוּרִים** – פירות משבעת המינים שהבכירו ראשונים, שהבעלים מעלים לבית המקדש[34]; (ג) **וְהַמּוּרָם מִן הַתּוֹדָה** – החזה והשוק הימני, שאותם מפרישים הבעלים מקרבן התודה, וארבע חלות המופרשות מארבעים החלות המובאות עם הקרבן[35]; **וְכן המורם מֵאֵיל הַנָּזִיר** – הזרוע הבשלה, החזה והשוק הימני, המופרשים מכבש השלמים שאותו מביא הנזיר ביום שמשלים את נזירותו בטהרה, ושתי חלות המופרשות מהמנחה שמביא עימו[36]; (ד) **וְעוֹרוֹת קָדָשִׁים** – העור של קרבנות קדשי קדשים[37].

המתנות בגבולין:

הערות

בכלל מנחה הוא – רש"י] לְאַהֲרֹן וּלְבָנָיו וַאֲכָלֻהוּ [את הלחם – רש"י] בְּמָקוֹם קָדֹשׁ כִּי קֹדֶשׁ קָדָשִׁים הוּא לוֹ".

32. מתנה זו כוללת את כל המנחות הנקמצות. דהיינו חמשת מיני המנחות שמביאים בנדר או בנדבה (מנחת סולת, מנחת מחבת, מנחת מרחשת, מנחת מאפה תנור העשויה חלות ומנחת מאפה תנור העשויה רקיקים), שנפרטו בחומש ויקרא (ב, א-יא). וכן מנחת חוטא, שמביא אדם שהתחייב בקרבן עולה ויורד, והוא עני ביותר ["דלי דלות"] שאין ידו משגת לקנות אפילו עוף, שעליו להביא עשירית האיפה סולת לחטאת (ראה שם ה, יא-יב). וכן מנחת קנאות שמביא בעלה של הסוטה, בשעה שמביאה לבית המקדש להשקותה (ראה במדבר ה, טו). בכל המנחות הללו התורה ציותה לקומצן, ולהקטיר את הקומץ על גבי המזבח, והנותר ממנה נאכל לכהנים (רש"י). כאמור לעיל (הערה 29) כל המנחות הן קדש קדשים, ושייריהן נאכלים לזכרי כהונה בעזרה בלבד, שנאמר (ויקרא ו, ז-י): "וְזֹאת תּוֹרַת הַמִּנְחָה... וְהַנּוֹתֶרֶת מִמֶּנָּה יֹאכְלוּ אַהֲרֹן וּבָנָיו... בְּמָקוֹם קָדֹשׁ בַּחֲצַר אֹהֶל מוֹעֵד יֹאכְלוּהָ... קֹדֶשׁ קָדָשִׁים הִוא כַּחַטָּאת וְכָאָשָׁם".

[ישנן עוד שלש מנחות שאינן נכללות בכלל מתנות כהונה. ואלו הן: (א) "מנחת כהן", דהיינו מנחת נדבה שמביא כהן; (ב) "מנחת כהן משיח", והיא המנחה שמביא הכהן הגדול בכל יום, וכן כל כהן ביום שבו הוא מתחנך לעבודה; (ג) "מנחת נסכים", דהיינו המנחה שמביאים עם קרבן העולה והשלמים. מנחות אלו אינן נכללות בכלל המתנות, לפי שהן נשרפות כליל, ואין לכהנים בהן כלום (ראה משנה מנחות עד, ב).]

למרות שהברייתא כאן מנתה את כל שיירי המנחות, היא מונה את שיירי מנחת העומר כמתנה בפני עצמה, מפני שהיא מנחת ציבור, ואילו כאן כוונת התנא למנחות היחיד. ומבין מנחות הציבור, מנחת העומר היא המנחה היחידה שנקמצת. ששתי הלחם ולחם הפנים אינם נקמצים אלא הכל נאכל לכהנים, ומנחות נסכים נשרפות כליל על המזבח (רש"י חולין קלג, ב, כפי הגהת הרש"ש שם; לפירוש נוסף ראה שיטה מקובצת בשם הרא"ש).

כל המתנות שפירטה הברייתא עד כה, נזכרו בפסוק לגבי מתנות כהונה. שכן נאמר שם (במדבר יח, ט) "זֶה יִהְיֶה לְךָ מִקֹּדֶשׁ הַקֳּדָשִׁים מִן הָאֵשׁ כָּל קָרְבָּנָם לְכָל מִנְחָתָם וּלְכָל חַטָּאתָם וּלְכָל אֲשָׁמָם אֲשֶׁר יָשִׁיבוּ לִי קֹדֶשׁ קָדָשִׁים לְךָ הוּא וּלְבָנֶיךָ". המילים "לְכָל מִנְחָתָם", כוללות את כל המנחות האמורות (שיירי מנחת העומר, שתי הלחם, לחם הפנים ושיירי מנחות היחיד); המילים "וּלְכָל חַטָּאתָם", כוללות את כל החטאות האמורות (חטאת בהמה וחטאת העוף); המילים "וּלְכָל אֲשָׁמָם" כוללות את כל קרבנות האשם (אשם ודאי ואשם תלוי). זבחי שלמי ציבור ולוג שמן של מצורע, לא נזכרו בפסוק בפירוש, אולם הם נתרבו מהמילים "כָּל קָרְבָּנָם" שבתחילת הפסוק (ראה רש"י ד"ה ולוג שמן, ורש"י במדבר שם; אולם עיין ספרי שם פיסקא קיז; חידושי הגר"א לאבות ו, ו). [כפי שנאמר בתחילת הפסוק, כל הקרבנות הללו הינם קדש קדשים. ועל כל הקרבנות הללו נאמר בפסוק שאחר כך (שם, י): "בְּקֹדֶשׁ הַקֳּדָשִׁים תֹּאכְלֶנּוּ כָּל זָכָר יֹאכַל אֹתוֹ קֹדֶשׁ יִהְיֶה לָּךְ" (ראה רש"י ד"ה ולוג שמן), ולמדנו מכאן שכל קדשי הקדשים אינם נאכלים אלא בעזרה ולזכרי כהונה בלבד (רש"י במדבר שם; אולם עיין רמב"ן שם).]

33. בכור תם ניתן לכהן, והוא מקריבו על גבי המזבח, ואוכל את בשרו. שנאמר (במדבר יח, יז-יח): "אַךְ בְּכוֹר שׁוֹר אוֹ בְכוֹר כֶּשֶׂב אוֹ בְכוֹר עֵז לֹא תִפְדֶּה קֹדֶשׁ הֵם אֶת דָּמָם תִּזְרֹק עַל הַמִּזְבֵּחַ וְאֶת חֶלְבָּם תַּקְטִיר אִשֶּׁה לְרֵיחַ נִיחֹחַ לַה' וּבְשָׂרָם יִהְיֶה לָּךְ כַּחֲזֵה הַתְּנוּפָה וּכְשׁוֹק הַיָּמִין לְךָ יִהְיֶה". הבכור הוא קדשים קלים [אולם כאמור, בניגוד לשאר הקדשים הקלים שבשרם נאכל על ידי הבעלים, בשר הבכור ניתן כולו לכהנים], ונאכל לכהנים בכל ירושלים. שנאמר (דברים יב, ו-ז): "וַהֲבֵאתֶם שָׁמָּה... וּבְכֹרֹת בְּקַרְכֶם וְצֹאנְכֶם וַאֲכַלְתֶּם שָׁם לִפְנֵי ה' אֱלֹהֵיכֶם", ומכך שלא קבע להם הכתוב מחיצה, משמע שהם נאכלים בכל העיר שלפנים מן החומה (ראה משנה זבחים נו, ב, ורש"י שם ד"ה הבכור, וד"ה בכל העיר).

במתנה זו נכלל גם בכור בעל מום, שאף הוא ניתן לכהנים, אף על פי שאין בו קדושה, ויכולים לאוכלו בכל מקום (מאירי, חולין קלג, ב; וראה דרך אמונה, הלכות ביכורים א, ה, באור ההלכה ד"ה ובכור בהמה טהורה; עיין גם חידושי מרן רי"ז הלוי, הלכות בכורות ד"ה והנה באמת נראה [נד, א]).

34. הביכורים ניתנים לכהנים, שנאמר (במדבר יח, יג): "בִּכּוּרֵי כָּל אֲשֶׁר בְּאַרְצָם אֲשֶׁר יָבִיאוּ לַה' לְךָ יִהְיֶה כָּל טָהוֹר בְּבֵיתְךָ יֹאכֲלֶנּוּ". והם נאכלים בירושלים לפנים מן החומה, שנאמר (דברים יב, ו-ז): "וַהֲבֵאתֶם שָׁמָּה... וְאֵת תְּרוּמַת יֶדְכֶם... וַאֲכַלְתֶּם שָׁם לִפְנֵי ה' אֱלֹהֵיכֶם", ופירשו חכמים (מכות יז, א): "תְּרוּמַת יֶדְכֶם" אלו הביכורים (רש"י).

35. קרבן תודה הוא קרבן שלמים, כמו שנאמר (ויקרא ז, יא-יב): "וְזֹאת תּוֹרַת זֶבַח הַשְּׁלָמִים... אִם עַל תּוֹדָה יַקְרִיבֶנּוּ". לפיכך זוכים הכהנים בחזה ובשוק הימני של הבהמה, וכפי שנאמר לגבי שלמים (ויקרא ז, לא, לא-לב): "וְהָיָה הֶחָזֶה לְאַהֲרֹן וּלְבָנָיו וְאֵת שׁוֹק הַיָּמִין תִּתְּנוּ תְרוּמָה לַכֹּהֵן מִזִּבְחֵי שַׁלְמֵיכֶם" (ראה רש"י זבחים נה, א ד"ה המורם מהם). יחד עם הקרבן צריכים הבעלים להביא ארבעים חלות מארבעה מינים (חלות, רקיקים, חמץ ורבוכה). עשר חלות מכל מין (ראה ויקרא שם, יא-יג). ועליהם להפריש ארבע חלות – חלה אחת מכל מין, ולתת אותן לכהן, שנאמר (שם, יד): "וְהִקְרִיב מִמֶּנּוּ אֶחָד מִכָּל קָרְבָּן תְּרוּמָה לַה' לַכֹּהֵן הַזֹּרֵק אֶת דַּם הַשְּׁלָמִים לוֹ יִהְיֶה" (רש"י). לדיון נוסף בענין מתנה זו ראה בהערה הבאה.

36. הנזיר ביום מלאת ימי נזרו, מביא איל לשלמים, ועשר חלות בלולות בשמן ועשר רקיקי מצות משוחים בשמן (ראה במדבר ו, יג-יז). מהקרבן מקבל הכהן את הזרוע לאחר שנתבשלה, בנוסף לחזה ושוק כדין כל קרבן שלמים, וכן חלה אחת ורקיק אחד, וכמו שנאמר (שם, יט-כ): "וְלָקַח הַכֹּהֵן אֶת הַזְּרֹעַ בְּשֵׁלָה [לאחר שנתבשלה – רש"י] מִן הָאַיִל וְחַלַּת מַצָּה אַחַת מִן הַסַּל וּרְקִיק מַצָּה אֶחָד... קֹדֶשׁ הוּא [החלה, הרקיק והזרוע – רש"י] לַכֹּהֵן עַל [מלבד] חֲזֵה הַתְּנוּפָה וְעַל [ומלבד] שׁוֹק הַתְּרוּמָה" (רש"י).

התנא מונה את המורם מן התודה ומאיל הנזיר כמתנה אחת, כיון שהם דומים זה לזה, ששניהם מופרשים מקדשים קלים. וכן החזה והשוק שניתנים לכהן בשאר קרבנות השלמים, נכללים בדברי התנא "המורם מן התודה", לפי שהתודה גם היא קרבן שלמים (ראה לעיל הערה 35). אלא שהתנא הזכיר את התודה ואיל הנזיר, מפני שצריך להפריש מהם מתנות נוספות (ארבע חלות מהתודה, וזרוע בשלה ושתי חלות מאיל הנזיר), ומכל מקום כוונתו לכל המתנות המופרשות מקרבנות קדשים קלים, ואת כולן מנה כמתנה אחת [ואת הבכור שכולו נאכל לכהנים, כמתנה בפני עצמה] (ראה חולין קלג, ב וברש"י כאן ושם ד"ה ומורם מאיל נזיר; אך עיין תוספות רי"ד).

אולם הרמב"ם (הלכות ביכורים א, ה) מנה מתנות אלו כשלש מתנות: (א) חזה ושוק של שלמים, (ב) המורם מן התודה, (ג) המורם מאיל נזיר. ובנוסף מנה: (ד) בכור בהמה טהורה, (ה) וביכורים. ואלו הן חמש המתנות הנאכלות בירושלים שמנה הרמב"ם (שם, ג; ראה גם בהערה הבאה).

המתנות הללו נאכלות לכהנים ולבני ביתם, אלא שעליהם לאוכלן בירושלים, שנאמר (ויקרא י, יד): "וְאֵת חֲזֵה הַתְּנוּפָה וְאֵת שׁוֹק הַתְּרוּמָה תֹּאכְלוּ בְּמָקוֹם טָהוֹר אַתָּה וּבָנֶיךָ וּבְנֹתֶיךָ אִתָּךְ", ופסוק זה מלמד בין על החזה ושוק המפורשים בו ובין על החלות המובאות עם הקרבנות (ראה משנה וגמרא זבחים נה, א וברש"י שם ד"ה המורם מהן).

שלשת המתנות הללו נזכרו בכתוב לגבי מתנות כהונה, שכן נאמר שם (במדבר יח, יא): "וְזֶה לְּךָ תְּרוּמַת מַתָּנָם לְכָל תְּנוּפֹת בְּנֵי יִשְׂרָאֵל לְךָ נְתַתִּים וּלְבָנֶיךָ וְלִבְנֹתֶיךָ אִתְּךָ לְחָק עוֹלָם כָּל טָהוֹר בְּבֵיתְךָ יֹאכַל אֹתוֹ". המילים "תְּרוּמַת מַתָּנָם", פירושן המורם מהתודה ומהשלמים ומאיל הנזיר, שהרי אלו המתנות שטעונות תנופה, ועליהן נאמר "לְכָל תְּנוּפֹת בְּנֵי יִשְׂרָאֵל" (רש"י שם). הבכור והביכורים נזכרו בפסוקים שם במפורש, וכמו שהבאנו לעיל (הערות 33-34).

37. דהיינו: עולה, חטאת ואשם, שעורן ניתן לכהנים, שנאמר (ויקרא ז, ח): "עוֹר הָעֹלָה אֲשֶׁר הִקְרִיב לַכֹּהֵן לוֹ יִהְיֶה", ובתורת כהנים דרשו לרבות שכך הדין גם בחטאות ואשמות. לעומת זאת לגבי קרבנות קדשים קלים, למדו חכמים (זבחים קג, א) מדרשה שעורותיהם שייכים לבעלים ואינם ניתנים לכהנים (רש"י כאן ובחולין קלג, ב ד"ה ועורות קדשים).

הכהנים רשאים להשתמש בעורות גם מחוץ לירושלים [שהרי אין בהם קדושה, והם חולין לכל דבר (מאירי חולין שם)]. ולמרות זאת מונה התנא את העורות בכלל המתנות שניתנות לכהנים בירושלים, מפני שהעור ניתן לכהנים בירושלים, שהרי שם הוא מקום הקרבת הקרבנות ושם מפשיטים את העור. ובאמת לפי זה היה מקום למנות את העורות בכלל הדברים שניתנים במקדש, שהרי שם הוא מקום הקרבנות. אלא שהתנא אינו מחשיב בכלל הדברים הניתנים במקדש אלא דברים שאם יצאו חוץ לחומת העזרה הרי הם נפסלים בכך. ומכיון שעורות אינם נפסלים ביציאתם, צירפם למתנות הניתנות בירושלים (רש"י; מאירי חולין שם; ראה גם תוספות שם ד"ה ועורות הקדשים, ובמהרש"א ומסורת הש"ס על דבריהם; לפירוש נוסף עיין רשב"א).

אולם יש מי שכתב שאלו דברים תמוהים, שאם התנא הולך אחר המקום שהכהנים זוכים במתנות, היה לו למנות את העורות בכלל הדברים שזוכים בהם במקדש, ואם הוא הולך אחר המקום שמותר להם ליהנות מהן, היה לו למנות את העורות בכלל הדברים שבכל מקום. ומטעם זה הרמב"ם (הלכות ביכורים א, ג) אינו מונה את העורות בכלל המתנות שבירושלים, אלא מנה אותם כמתנה בפני עצמה, שהכהנים זוכים בה מן המקדש (רדב"ז שם, ה).

עורות קדשי הקדשים נרמזו בכתוב המפרט את עשרים וארבע מתנות כהונה, שכן נאמר שם (במדבר יח, ט): "זֶה יִהְיֶה לְךָ מִקֹּדֶשׁ הַקֳּדָשִׁים מִן הָאֵשׁ", ואמרו חכמים: איזהו דבר שהוא קדש קדשים שכולו עולה לאישים ויש לך הימנו היתר, אין אתה מוצא אלא עולת בהמה [שעורה לכהנים] (ספרי, במדבר פיסקא קיז).

למשמרת ידעיה מהו היכי דמי אילימא דיהביה לידעיה במשמרת ידעיה הא א) אית ביה לא צריכא דיהביה לידעיה במשמרתו דיהויריב מאי מי אמרינן כיון דלאו משמרתו הוא ולא כלום הוא או דלמא כיון דלא חזי ליה מעיקרא לידעיה קאי תיקו בעי רבא כהנים מהו שיחלקו גזל הגר כנגד גזל הגר מי אמרינן אשם קרייה רחמנא מה אשם [א]אין חולקין אשם כנגד אשם אף גזל (א) אין חולקין גזל הגר כנגד גזל הגר או דלמא גזל הגר ממונא הוא הדר פשטה אשם קרייה רחמנא רב אחא בריה דרבא מתני לה בהדיא אמר רבא [ב]כהנים אין חולקין גזל הגר כנגד גזל הגר מ"ט אשם קרייה רחמנא: בעי רבא כהנים בגזל הגר יורשין הוו או מקבלי מתנות הוו למאי נפקא מינה כגון [א] שגזל חמיץ (ב) שעבר עליו הפסח אי אמרת יורשין הוו היינו האי דירתי מורית ואי אמרת מקבלי מתנות הוו מתנה קאמר רחמנא דניתיב להו והא לא קא יהיב להו מידי דעפרא בעלמא הוא רב זעירא בעי הכי אפילו אם תימצי לומר [ג]מקבלי מתנה הוו הא לא איבעיא לן דההיא מתנה אמר רחמנא דניתיב להו אלא כי קמבעיא לן כגון שנפלו לו עשר בהמות בגזל הגר מחייבי לאפרושי מינייהו מעשר או [ד]לא יורשין הוו (ג) דאמר מר [ה]קנו בתפיסת הבית חייבין או דלמא מקבלי מתנות הוו ותנן ב) [ו]הלוקח והניתן לו במתנה פטור ממעשר בהמה מאי ת"ש ג) [ז]עשרים וארבע מתנות כהונה ניתנו לאהרן ולבניו וכולן ניתנו בכלל ופרט וכלל וברית מלח כל המקיימן כאילו מקיים כלל ופרט וכלל וברית מלח כל העובר עליהם כאילו עובר על כלל ופרט וכלל וברית מלח [ח]ואלו הן עשר במקדש וד' בירושלים ועשר בגבולים [ט]עשר במקדש חטאת בהמה וחטאת העוף ואשם ודאי ואשם תלוי וזבחי שלמי צבור ולוג שמן של מצורע ומותר העומר ושתי הלחם ולחם הפנים ושירי מנחות [י]וארבע בירושלים הבכורה והביכורים והמורם מן התודה ואיל נזיר ועורות קדשים [כ]ועשרה בגבולין תרומה ותרומת מעשר וחלה וראשית הגז והמתנות ופדיון הבן ופדיון פטר חמור ושדה אחוזה ושדה חרמים וגזל הגר וקא קרי מיהת מתנה ש"מ [ל]מקבלי מתנות הוו ש"מ: נתן את הכסף לאנשי משמר [וכו']: אמר אביי ש"מ כסף מכפר מחצה דאי לא מכפר הוה אמינא מהדר ליורשין מ"ט אדעתא דהכי לא יהב ליה אלא מעתה חטאת שמתו בעליה תיפוק לחולין דאדעתא דהכי לא אפרשה אמרי חטאת שמתו בעליה [מ]הלכתא גמירי לה דלמיתה אזלא אלא מעתה אשם שמתו בעליו ליפוק לחולין דאדעתא דהכי לא אפרשיה אשם נמי ד) הלכתא גמירי לה [נ]כל שבחטאת מתה באשם רועה אלא מעתה יבמה שנפלה לפני מוכה שחין תיפוק בלא חליצה דאדעתא דהכי לא קדשה עצמה התם אנן סהדי

אין חולקים מנחות כנגד מנחות וקרבן כנגד קרבן מלכל בני אהרן תהיה איש כאחיו נפקא לן בקדושין (דף נג.) ובמנחות פרק אלו מנחות (דף עג.): **יורשין.** הגר הן או מקבלי מתנות גבוה הן: **היינו האי דירתי.** ירושה זאת נפלה להן והרי היא לפניהן שאילו היה הגר קיים היה זה אומר לו הרי שלך לפניך: **רב זעירי בעי לה הכי אפילו אם תמצי לומר מקבלי מתנות הוו הא לא מבעיא לן דהא מתנה יהיב להו רחמנא.** והרי הן לפניהן: **כגון שנפלו לו.** לכהן: **קנו.** יתומים שקנו בהמות: **בתפיסת הבית.** כלומר נפלו להן בהמות בירושה עד שלא חלקו: **הלוקח.** לקח עשרה טלאים שלא נתעשרו מן השוק: **פטור.** ובמסכת בכורות ה) מפרש טעמא: **בכלל ופרט וכלל.** לכל קדשי בני ישראל לך ו) נתונים למשחה כלל וזה יהיה לך מקדש הקדשים מן האש פרט כל מתנה בפני עצמה וכל תרומת קדשים חזר וכלל והדר כתיב ברית מלח עולם הוא וגו' בסוף הפרשה (במדבר יח): **כל המקיימן** כאילו קיים. כל התורה כולה שניתנה לדרוש בכלל ופרט וכלל וכאילו קיים כל הקרבנות שניתנה בהן ברית מלח: **עשר במקדש.** נאכל לפנים מן הקלעים: **ארבע בירושלים.** בכל העיר: **ועשר בגבולים.** בערי ארץ ישראל: **אשם ודאי.** חמשה הן גזילות מעילות שפחה חרופה נזיר ומצורע וחד חשיב להו: **אשם תלוי.** בא על ספק כרת שלא נודע לו שעבר ודאי שיביא חטאת: **וזבחי שלמי צבור.** כבשי עצרת שנקראו שלמים כדכתיב (ויקרא כג) ושני כבשים בני שנה (ד) וקדשי קדשים הן כדכתיב (שם) קדש יהיו לה' לכהן ונאכלים לפנים מן הקלעים: **ולוג שמן של מצורע.** מה שנשאר בלוג מליקה לכף כהן של השמאלית נאכל לכהנים דתניא במנחות (דף עג.) ובזבחים (דף מד:) לכל קרבנם לרבות לוג שמן של מצורע דהוא נמי קרוי קרבן דכתיב והקריב אותו לאשם ואת לוג השמן וסמיך ליה לקרא קמא בקדש הקדשים תאכלנו בויקח קרח: **מותר העומר.** מנחת העומר נקמצת ושיריה נאכלים (ה) וכל המנחות קדשי הקדשים הן כדכתיב לא (ז) תאכל עליו חמץ) וגו': **ושירי מנחות.** כל מנחות הנקמצות מנחת נדבה ומנחת חוטא ומנחת סוטה: **הבכורה.** בכור תם נאכל בכל העיר וכן הבכורים צריכין חומה כדכתיב (דברים יב) ואכלתם שם לפני ה' אלהיכם וגו' ואמר מר תרומת ידך אלו בכורים במכות (דף יז.): **והמורם מתודה.** חזה ושוק וארבע חלות מארבע מינים שבה חלות ורקיקין חמץ ורבוכה וכתיב (ויקרא ז) והקריב ממנו אחד מכל קרבן תרומה לכהן הזורק וגו': **והמורם מאיל נזיר.** זרוע בשלה וחלה ורקיק וחזה ושוק של שלמים בכלל תודה הוא דתודה שלמים אקרי והנך תרתי תודה ואיל נזיר משום דדמיין להדדי חשיב להו בחדא כדאמר בשחיטת חולין בפרק הזרוע ח): **ועורות קדשים.** עורות עולה וחטאות ואשמות אבל קדשים קלים עורותיהן לבעלים כדאמר בזבחים פרק טבול יום (דף קג.) ומש"ה קא חשיב להו בהדי הנך דבירושלים למעוטי דאין נחשבים בהדי הנך דגבולים דהני עורות לא מתייהבי להו אלא בירושלים ובהדי הנך דבמקדש לא חשיב אלא הנהו דלא נפקי חוץ לקלעים מפסלי ביוצא: **ושדה אחוזה.** שהקדישה בעליה ולא גאלה ומכרה גזבר כשהלוקח מחזירה ביובל מתחלקת לכהנים: **ושדה חרמים.** ישראל שהחרימו שדיהן: **וגזל הגר.** נמי קרי ליה מתנת גבולין שאם נתנו לכהן המשמר חוץ לירושלים יצא ואיל אשמו יעלה לירושלים להקריב: **אדעתא דהכי.** דלא תיהוי ליה כפרה: **תיפוק לחולין.** ולא תיזל למיתה: **באשם רועה.** עד שיומם וימכר ויפלו דמיו לקיץ המזבח עולה (ו) לשם ועורה לכהנים זה מדרש דרש יהוידע הכהן בשקלים (דף ט:) ובתמורה (דף כג:) וכל זמן שהוא תם אין יוצא לחולין לימכר לפיכך ירעה והוא מעצמו אין יכול להשתנות מאשם לעולה:

דמינח

או דלמא כיון דלא חזי ליהויריב לידעיה קאי. ויכול להביא אשם מיד וליתבה לפני יהויריב להתכפר אע"פ שהכסף נתון לידעיה כדקתני בפירקין נתן את הכסף ליהויריב והאשם לידעיה יצא:

למאי נ"מ לגזל חמץ ועבר עליו הפסח. תימה אמאי לא פשיט ליה מדידיה דאמר לעיל גזל הגר שאין בו שוה פרוטה לכל אחד ואחד לא יצא אלמא מקבלי מתנות הוו אן] דאי יורשין הוו אמאי לא יצא מאי דשבק להון אבוהון יהב להון ונראה דבחד מנהון גרסינן רבה:

בכלל ופרט וכלל וברית מלח. הך שמעתא מפורש בפרק הזרוע (חולין דף קלג:):

וגזל הגר. תימה אמאי חשיב גזל הגר מעשרה בגבולין דכי היכי דאמר רבא החזירו בלילה ולחצאין לא יצא דאשם קרייה רחמנא ה"נ אם החזירו בגבולין לא יצא כדין אשם:

כסף מכפר מחצה. מכאן נראה דכהן אין יכול למחול כיון דהוי כפרה:

דאדעתא דהכי לא קדשה נפשה. נראה דבנפלה מן האירוסין איירי דאי מן הנישואין ודאי מקדשה נפשה כדי שתהא נשואה לבעלה דמשום אחר מיתת בעלה לא מסקא אנפשה מלהיות נשואה אלא מן האירוסין איירי דמקודשין אין לה שום טובה וא"ת אדם שקנה מחבירו שום דבר ונתקלקל יבטל המקח דאדעתא דהכי לא קנה וי"ל דהתם לאו בלוקח לחודיה תליא מילתא אלא כמו כן בדעת מוכר ומוכר אקנה ליה אדעתא דהכי אבל הכא דקדושין בדידה קיימא והוא אינו חושש היאך דעתה להתקדש וכן גבי מקדיש נמי בדידיה קאי וכן נותן הגזל בדידיה קאי: [ועי' בתוספות כתובות מז: ד"ה שלא]

אמר

עין משפט נר מצוה

קפט א מיי' פ"י מהלכות מעשה קרבנות הלכה טו טז:
קצ ב מיי' פ"ח מהל' גזילה הלכה ו סמג עשין עג:
קצא ג מיי' שם הל' ח:
קצב ד מיי' פ"ו מהל' בכורות הלכה יג סמג עשין ריב:
קצג ה ו מיי' שם הלכה י:
קצד ז מיי' פ"א מהל' ביכורים הל' א:
קצה ח מיי' שם הלכה יב:
קצו ט מיי' שם הלכה יג:
קצז י מיי' שם הלכה יד:
קצח כ מיי' שם הלכה טו:
קצט ל מיי' פ"ח מהלכות גזילה הלכה ח ופ"ו מהלכות בכורות הלכה יג:
ר מ מיי' פ"ד מהלכות פסולי המוקדשין הלכה א:
רא נ מיי' שם הלכה יד:

ליקוטי רש"י

אין חולקין. כפי דמים לומר טול אתה מנחה ואני חזה ושוק או בשר חטאת ואשם [קידושין נג.]. שלא יחלקו זה כנגד זה אלא בין כולם יחלקו המנחות [מנחות עג.]. **בכלל ופרט.** בויקח קרח לכל קדשי בני ישראל לך נתתים והדר מפרש כל חד וחד וזה יהיה לך מקדש הקדשים מן האש וגו'. **וברית מלח.** כתיב בסיפיה ברית מלח עולם הוא כשם שברית מלח אינה שובתת כך זו לא תשבות. **כאילו קיים וכו'.** שבתורה. **וברית מלח.** של קרבנות. **עשר במקדש.** ניתנו להם בתוך עזרה לאוכלן שם. **וזבחי שלמי צבור.** כבשי עצרת והם קדשי קדשים לאכול בעזרה. **ולוג שמן של מצורע.** מה שנשאר ממתנותיו נאכל לכהנים כדאמרינן במנחות (דף נח.) ובזבחים (דף מד:) לכל קרבנם דכתיב בויקח קרח לרבות לוג שמן של מצורע דקרוי קרבנם דכתיב ביה והקריב אותם לאשם ואת לוג השמן וכתיב בויקח קרח בקדש הקדשים תאכלנו אכולהו לכל קרבנם ולכל מנחתם ולכל חטאתם ולכל אשמם וגו'. עומר לא חשיב ליה בהדי שאר מנחת צבור מפני שהיא מנחת צבור הנקמצת ונאכלת ואין לך עוד בצבור. **ושירי מנחות.** של יחיד. **וארבע בירושלים.** הנאכלים ומתחלקים לכל העיר. **הבכורה.** בכור תם. **והבכורים.** אינם נאכלים אלא בירושלים דכתיב (דברים יב) לא תוכל לאכול בשעריך וגו' ואמר מר (מכות דף יז:) ותרומת ידך אלו הבכורים. **והמורם מן התודה.** חזה ושוק וד' חלות כדכתיב (ויקרא ז) והקריב ממנו אחד מכל קרבן תרומה לה' לכהן הזורק וגו' מארבע מינים חלות ורקיקים ורבוכה וחמץ אחת מכל מין. **ואיל נזיר.** זרוע בשלה וחלה ורקיק כדכתיב בפרשת נשא שמניפין אותן והני חד חשיב להו משום דדמו אהדדי דתרווייהו מורם מקדשים קלים נינהו וחזה ושוק של שאר שלמים נמי בכלל זה הן והאי דנקט תודה משום דאית ביה מורם אחרינא ותניהו לכולהו בחדא שמא. **ועורות קדשים.** של עולה חטאת ואשם כדכתיב (שם) עור העולה אשר הקריב ובתורת כהנים נמי מרבה עור חטאת ואשם [חולין קלג:]. **עורות קדשים.** עור עולה וחטאות ואשמות וקרבנות ציבור שמתחלקין עורות קדשי הקדשים לכהנים כדכתיב (ויקרא ז) עור העולה אשר הקריב ולפינן בזבחים (דף קג:) מעולה כל עורות קדשי קדשים [פסחים נז.]. **בגבולין.** נתנין להן בכל ערי ישראל. **והמתנות.** הזרוע והלחיים והקבה. **ופדיון הבן.** ה' סלעים. **ופדיון פטר חמור.** שה. **ושדה אחוזה.** שהקדיש ולא גאלה ומכרה גזבר לאחר והרי היא יוצאה ביובל ומתחלקת לכהנים של אותו משמר שאירע בו יובל שנאמר (שם כז) והיה השדה בצאתו ביובל וגו' לכהן תהיה אחוזתו. **וגזל הגר.** האשם המושב לה' בפרשת נשא וגזל הגר שנשבע לו לשקר ואח"כ הודה לאחר מיתת הגר כדפי' לעיל (קלא.) בפרקין [חולין שם]. **באשם רועה.** וכשיסתאב יפלו דמיו לנדבת צבור דהיינו עולה [תמורה יח.].

מסורת הש"ס

א) נ"א זכו, ב) בכורות נה: [ודף יא.], ג) חולין קלג: [תוספתא חלה פ"ב ה"ח], ד) [נזיר כה: תמורה יח. בכורות טז.], ה) [דף נה:], ו) [צ"ל נתתים], ז) ס"א תאפה חמץ חלקם וגו'. רש"א, ח) [דף קלג:].

הגהות הב"ח

(א) גמ' אף גזל הגר אין חולקין: (ב) שם שגזל חמץ ועבר עליו הפסח וכו' האי דירתי דקא מורית להון אבוהון ואי אמרת מקבלי: (ג) שם יורשין הוו ואמר מר: (ד) רש"י ד"ה וזבחי וכו' בני שנה לזבח שלמים וקדשי: (ה) ד"ה מותר העומר. נ"ב אבל מותר עומר דחשיב פ"א דחלה משנה ג דנפדה ונאכל לכל אדם היינו המותר מהשני סאין שלוקח ומוציא ממנו עשירית איפה כדאיתא במנחות פרק ר' ישמעאל במשנה: (ו) ד"ה באשם רועה וכו' עולה בשר לשם ועורה:

הגהות הגר"א

[א] גמ' שגזל חמץ ועבר. כצ"ל:

הגהות מהר"ב רנשבורג

א] תוס' ד"ה למאי נ"מ וכו' דאי יורשין הוו **אמאי לא יצא.** עיין מהרש"א ושיטה מקובצת ודו"ק:

וְעֶשֶׂר(ה) מתנות הניתנות **בִּגְבוּלִין** הן: (א) **תְּרוּמָה** גדולה[38]; (ב) **וּתְרוּמַת מַעֲשֵׂר** שמפריש הלוי מן המעשר ראשון שניתן לו[39]; (ג) **וְחַלָּה** שמפריש הבעלים מהעיסה בעת לישתה[40]; (ד) **וְרֵאשִׁית הַגֵּז** — מקצת מצמר הכבשים שמפריש הבעלים בשעה שגוזזם[41]; (ה) **וְהַמַּתָּנוֹת** — הזרוע, לחיים וקיבה שאדם מפריש כששוחט את בהמתו[42]; (ו) **וּפִדְיוֹן הַבֵּן** — חמשה סלעים שאדם פודה בהם את בנו הבכור[43]; (ז) **וּפִדְיוֹן פֶּטֶר חֲמוֹר** — השה שאדם פודה בו את בכור החמור[44]; (ח) **וּשְׂדֵה אֲחוּזָּה** — שדה שירש אדם מאבותיו והקדישה ומכרה הגזבר לאחרים[45]; (ט) **וּשְׂדֵה חֲרָמִים** — שדה שבעליה הקדישה ועשאה "חרם"[46]; (י) **וְגֶזֶל הַגֵּר** — הגוזל את הגר ונשבע לו לשקר[47].

הגמרא מבארת את הראיה מהברייתא לספק שבו הסתפקנו:

וְקָא קָרֵי מִיהַת — על כל פנים הברייתא קוראת לגזל הגר "**מַתָּנָה**", **שְׁמַע מִינָּהּ מְקַבְּלֵי מַתָּנוֹת הָווּ** — תלמד מכך שהכהנים נחשבים לגבי גזל הגר הניתן להם כ"מקבלי מתנות"[48].

הגמרא מסיקה:

שְׁמַע מִינָּהּ — אכן תלמד כן מהברייתא[49].

שנינו במשנה:

נָתַן אֶת הַכֶּסֶף לְאַנְשֵׁי מִשְׁמָר ומת, אין היורשים יכולין להוציא מידם **[וכו']**.

הגמרא מציינת:

אָמַר אַבַּיֵי: שְׁמַע מִינָּהּ — תלמד מכאן, ש**הַכֶּסֶף מְכַפֵּר מֶחֱצָה** — שהשבת הכסף מועילה לכפר על חלק מהעוון אף בלא הקרבת קרבן האשם. **דְּאִי לֹא מְכַפֵּר** — שאם נאמר שהכסף אינו מכפר כלל בלא הקרבן, **הֲוָה אֲמִינָא מַהְדַּר לְיוֹרְשִׁין** — הייתי אומר שצריך להיות הדין שיחזיר את הכסף ליורשים, אף אם מת הגזלן לאחר שנתן את הכסף לכהנים. **מַאי טַעְמָא** — מהו הטעם לומר כך? משום ש**אַדַּעְתָּא דְּהָכִי לֹא יָהַב לֵיהּ** — על דעת כן, שלא תהיה לו כפרה בסופו של דבר, לא נתן הגזלן את הגזילה לכהנים; שהוא ודאי נתנה להם על מנת לכפר על עוונו, ומאחר שמת והתברר שנתינת הכסף לא הועילה לדבר זה, הרי זו נתינה בטעות, והכסף חוזר ליורשיו[50].

הגמרא מקשה על דברי אביי:

אֶלָּא מֵעַתָּה, לדבריך (שאדם שנותן דבר לכהנים על דעת שתהיה לו כפרה, ואחר כך התברר שאין לו כפרה, יכול ליטול את מה שנתן בחזרה, משום שנתינתו בטעות היתה), אם כן, **חַטָּאת שֶׁמֵּתוּ בְּעָלֶיהָ** לפני שהקריבוה הכהנים, **תֵּיפּוּק לְחוּלִּין** — שתצא לחולין, **דְּאַדַּעְתָּא דְּהָכִי לֹא אַפְרְשָׁהּ** — שעל דעת כן, שלא תהיה לו כפרה, לא הפריש הבעלים את הבהמה לחטאת, והרי זו הפרשה בטעות! מדוע הדין הוא שחטאת שמתו בעליה הולכת למיתה[51]?

הערות

38. התרומה ניתנת לכהנים, שנאמר (דברים יח, ד): "רֵאשִׁית דְּגָנְךָ תִּירֹשְׁךָ וְיִצְהָרֶךָ... תִּתֶּן לּוֹ" (רשב"א; מאירי).

39. תרומת מעשר ניתנת לכהן, שנאמר (במדבר יח, כח): "כֵּן תָּרִימוּ גַם אַתֶּם תְּרוּמַת ה' מִכֹּל מַעְשְׂרֹתֵיכֶם אֲשֶׁר תִּקְחוּ מֵאֵת בְּנֵי יִשְׂרָאֵל וּנְתַתֶּם מִמֶּנּוּ אֶת תְּרוּמַת ה' לְאַהֲרֹן הַכֹּהֵן" (רשב"א; מאירי).

40. חלה ניתנת לכהן, שנאמר (במדבר טו, יט): "רֵאשִׁית עֲרִסֹתֵכֶם חַלָּה תָּרִימוּ תְרוּמָה כִּתְרוּמַת גֹּרֶן כֵּן תָּרִימוּ אֹתָהּ", ותרומת גורן ניתנת לכהן (רשב"א; מאירי).

41. ראשית הגז ניתן לכהן, שנאמר: (דברים יח, ד): "וְרֵאשִׁית גֵּז צֹאנְךָ תִּתֶּן לּוֹ" (רשב"א).

42. רש"י.

הזרוע, הלחיים והקיבה מבהמת חולין שנשחטה ניתנים לכהן, שנאמר (דברים יח, ג): "וְזֶה יִהְיֶה מִשְׁפַּט הַכֹּהֲנִים מֵאֵת הָעָם מֵאֵת זֹבְחֵי הַזֶּבַח אִם שׁוֹר אִם שֶׂה וְנָתַן לַכֹּהֵן הַזְּרֹעַ וְהַלְּחָיַיִם וְהַקֵּבָה" (מאירי).

43. חמשת השקלים של פדיון הבן ניתנים לכהן, שנאמר (במדבר ג, מז-מח): "וְלָקַחְתָּ חֲמֵשֶׁת חֲמֵשֶׁת שְׁקָלִים לַגֻּלְגֹּלֶת... וְנָתַתָּה הַכֶּסֶף לְאַהֲרֹן וּלְבָנָיו" (רשב"א; מאירי).

44. השה שבו נפדה בכור החמור ניתן לכהנים, שנאמר (במדבר יח, טו): "כָּל פֶּטֶר רֶחֶם לְכָל בָּשָׂר אֲשֶׁר יַקְרִיבוּ לַה' בָּאָדָם וּבַבְּהֵמָה יִהְיֶה לָּךְ אַךְ פָּדֹה תִפְדֶּה אֵת בְּכוֹר הָאָדָם וְאֵת בְּכוֹר הַבְּהֵמָה הַטְּמֵאָה תִּפְדֶּה", ומכך שנאמר "יִהְיֶה לָּךְ", למדנו שהדבר שבו פודים את הבהמה הטמאה יהיה לכהן (ראה רמב"ם הלכות ביכורים יב, ב וכסף משנה שם).

45. המקדיש שדה אחוזה ולא גאלה ומכרה הגזבר לאדם אחר, כאשר מגיע היובל השדה אינה חוזרת לבעליה, אלא ניתנת לכהנים. שנאמר (ויקרא כז, כא): "וְאִם לֹא יִגְאַל אֶת הַשָּׂדֶה וְאִם מָכַר אֶת הַשָּׂדֶה לְאִישׁ אַחֵר לֹא יִגָּאֵל עוֹד וְהָיָה הַשָּׂדֶה בְּצֵאתוֹ בַיֹּבֵל קֹדֶשׁ לַה' כִּשְׂדֵה הַחֵרֶם לַכֹּהֵן תִּהְיֶה אֲחֻזָּתוֹ" (רשב"א).

46. ישראל שהחרים את שדהו, הכהנים זוכים בשדה, שנאמר (במדבר יח, יד): "כָּל חֵרֶם בְּיִשְׂרָאֵל לְךָ יִהְיֶה" (רשב"א; מאירי).

47. כפי שלמדנו לעיל גזל הגר שמת ואין לו יורשים ניתן לכהנים, שנאמר (במדבר ה, ח): "הָאָשָׁם הַמּוּשָׁב לַה' לַכֹּהֵן" (רשב"א).

גזל הגר נמנה בין המתנות הניתנות בגבולין, אף על פי שכפי שלמדנו לעיל הוא ניתן לכהני המשמר המשרת בבית המקדש, משום שאם נתן לכהני המשמר את הגזילה אפילו מחוץ לירושלים יצא ידי חובה, ואחר כך יעלה לירושלים כדי להקריב את קרבן האשם המוטל עליו (רש"י; אולם עיין תוספות ד"ה וגזל ותורת חיים).

המתנות שבגבולין נזכרו בפסוקים שבהם פירטה התורה עשרים וארבע מתנות, וכדלהלן: (א-ה) נאמר שם (במדבר יח, יב): "כֹּל חֵלֶב יִצְהָר וְכָל חֵלֶב תִּירוֹשׁ וְדָגָן רֵאשִׁיתָם אֲשֶׁר יִתְּנוּ לַה' לְךָ נְתַתִּים", ופירשו חכמים: "כֹּל חֵלֶב יִצְהָר וְכָל חֵלֶב תִּירוֹשׁ וְדָגָן" — זה תרומה גדולה ותרומת מעשר [כך הגיה בעמק הנצי"ב, וכן הגירסא בילקוט שמעוני], "רֵאשִׁיתָם" — זה ראשית הגז, "אֲשֶׁר יִתְּנוּ" — זה הזרוע הלחיים והקיבה, "לַה' " — זו חלה (ספרי, במדבר פיסקא קיז; וראה חידושי הגר"א אבות ו, ו; עמק הנצי"ב שם). (ו-ז) פדיון הבן ופדיון פטר חמור נזכרו בפסוקים שם בפירוש, שנאמר (שם, טו): "כָּל פֶּטֶר רֶחֶם לְכָל בָּשָׂר אֲשֶׁר יַקְרִיבוּ לַה' בָּאָדָם וּבַבְּהֵמָה יִהְיֶה לָּךְ אַךְ פָּדֹה תִפְדֶּה אֵת בְּכוֹר הָאָדָם וְאֵת בְּכוֹר הַבְּהֵמָה הַטְּמֵאָה תִּפְדֶּה". (ח) שדה אחוזה, נרמזה בפסוק במילים (שם, יג): "בִּכּוּרֵי כָּל **אֲשֶׁר בְּאַרְצָם** אֲשֶׁר יָבִיאוּ לַה' לְךָ יִהְיֶה" (חידושי הגר"א אבות ו, ו). (ט) שדה חרמים נזכרה בכתוב בפירוש, שנאמר (שם, יד): "כָּל חֵרֶם בְּיִשְׂרָאֵל לְךָ יִהְיֶה". (י) גזל הגר נרמז בכתוב (שם, ט): "אֲשֶׁר יָשִׁיבוּ" — זה גזל הגר (ראה ספרי שם). [התורה כללה מתנה זו יחד עם קדשי הקדשים, לפי שעל הגזלן להביא קרבן אשם כשמשיב את הגזילה (עמק הנצי"ב שם).]

מבין עשר המתנות הללו, חמש מהן נוהגות בארץ ישראל: התרומה, תרומת מעשר, החלה, ראשית הגז ושדה אחוזה. ושלש מתוכן הן קדש (תרומה, תרומת מעשר והחלה), ושתים חולין (ראשית הגז ושדה אחוזה). וחמש מתנות נוהגות בין בארץ ובין בחוץ לארץ: זרוע לחיים וקיבה [אולם שיטת רש"י (שבת י, ב ד"ה הוה נקיט) שבזמן הזה אין נוהגים לתת מתנות אלו בחוץ לארץ, ראה גם שלחן ערוך יורה דעה סא, כא], פדיון הבן, פדיון פטר חמור, חרמים וגזל הגר. וחמשתן חולין לכל דבר (רמב"ם הלכות ביכורים א, ו-ז).

48. לכאורה יתכן לקרוא לגזל הגר "מתנה", אף אם הכהנים נחשבים כיורשים, שכן מכל מקום כח הירושה ניתן להם במתנה! וצריך לומר שכוונת הגמרא היא שאם הם נחשבים יורשים, הגזלן אינו נותן להם כלום, אלא הרי זה כאילו נותן לגר בקבר והגר מוריש להם. ואם כן לא שייך לומר על זה שכל המקיים מתנות כהונה כאילו קיים וכו' וכל העובר עליהם כאילו עבר וכו'. שהרי אין זו מתנה ממתנות כהונה שנותן הגזלן לכהן, אלא הוא משיב את הגזילה לגר, והתורה זיכתה את הממון לכהן. ואם אינו נותן, אין הוא גוזל מהכהן מתנות כהונה, אלא גוזל את הגר, וממילא גוזל גם מהכהן ממון שמגיע לו מדין ירושה (חזון איש כ, יח).

49. ולגבי מחלוקת רבא ורב זעירא, הלכה כדעת רבא. הלכך הגוזל מגר חמץ ועבר עליו הפסח, חייב לתת לכהנים את דמיו כשעת הגזילה (ראה רמב"ם הלכות גזילה ח, ח; מאירי).

50. כלומר, מאחר שכבר נתכפר לו מה שביד הכסף לכפר, נמצא שנתינת הכסף לא היתה בטעות, ולכן זכו הכהנים במעות שנתן להם הגזלן (מאירי; וראה לעיל עמוד א הערה 26).

מדברי אביי מבואר שהגזילה אינה נעשית ממון הכהנים, אלא שעל הגזלן מוטל לתת להם את הגזילה כדי לכפר על עוונו, וכעין החיוב שלו להביא קרבן אשם. שאם נאמר שהגזילה נעשית ממון הכהנים, אם כן אפילו אם הכסף אינו מכפר כלל, מכל מקום כאשר הגזלן נתן להם את הגזילה הרי הם זוכים בה, ואין טעם לומר שהוא יוכל להוציאה מידם (העמק שאלה, שאילתא קיט, ב; חזון איש כ, יז; לדיון נוסף בדברי אביי עיין חזון איש שם, ואבן העזר קיח, ג; אבן האזל, הלכות רוצח י, ו ד"ה ובזה; אבי עזרי הלכות גזילה ח, י ד"ה והנה).

דברי אביי שכסף מכפר מחצה, אמורים בין בגזל הגר ובין בגזל כל אדם. ולפיכך אף בזמן הזה שאין אפשרות להביא קרבן אשם לכפרה, נוהגים כל דיני הגוזל מחבירו ונשבע לו לשקר, שצריך ללכת אחריו עד למדי, וכן שהגוזל מאביו ומת אביו צריך להוציא את הגזילה מתחת ידו [ולגבי גזל הגר בזמן הזה, כיצד יש לנהוג בו, ראה לעיל עמוד א הערה 20] (חזון איש כ, יז; ראה רא"ש לעיל כד; אולם עיין העמק שאלה שם; אבני נזר חושן משפט פד).

51. כמבואר במשנה (תמורה כא, ב, ומעילה י, ב), שחטאת שמתו בעליה היא אחת החטאות שהולכות למיתה. דהיינו, שמכניסים אותה לחדר סגור עד שתמות שם (רמב"ם, הלכות פסולי המוקדשין ד, א).

למשמרת ידעיה מהו היכי דמי אילימא דיהביה לידעיה במשמרת ידעיה הא [א] אית ביה לא צריכא דיהביה לידעיה במשמרתו דיהויריב מאי מי אמרינן כיון דלאו משמרתו הוא ולא כלום הוא או דלמא כיון דלא חזי ליה מעיקרא לידעיה קאי תיקו בעי רבא כהנים מהו שיחלקו גזל הגר כנגד גזל הגר מי אמרינן אשם קרייה רחמנא מה אשם [א]אין חולקין אשם כנגד אשם אף גזל (א) אין חולקין גזל הגר כנגד גזל הגר או דלמא גזל הגר ממונא הוא הדר פשטה אשם קרייה רחמנא רב אחא בריה דרבא מתני לה בהדיא אמר רבא [ב]כהנים אין חולקין גזל הגר כנגד גזל הגר מ"ט אשם קרייה רחמנא: בעי רבא כהנים בגזל הגר יורשין הוו או מקבלי מתנות הוו למאי נפקא מינה כגון [א] שגזל חמץ (ב) שעבר עליו הפסח אי אמרת יורשין הוו היינו האי דירתי מורית ואי אמרת מקבלי מתנות הוו מתנה קאמר רחמנא דניתיב להו והא לא קא יהיב להו מידי דעפרא בעלמא הוא רב זעירא בעי הכי אפילו אם תימצי לומר [ג]מקבלי מתנה הוו הא לא איבעיא לן דההיא מתנה אמר רחמנא דניתיב להו אלא כי קמבעיא לן כגון שנפלו לו עשר בהמות בגזל הגר מחייבי לאפרושי מינייהו מעשר או [ד]לא יורשין הוו (ג) דאמר מר [ה]קנו בתפיסת הבית חייבין או דלמא מקבלי מתנות הוו ותנן [ו]הלוקח והניתן לו במתנה פטור ממעשר בהמה מאי ת"ש [ז]עשרים וארבע מתנות כהונה ניתנו לאהרן ולבניו וכולן ניתנו בכלל ופרט וכלל וברית מלח כל המקיימן כאילו מקיים כלל ופרט וכלל וברית מלח כל העובר עליהם כאילו עובר על כלל ופרט וכלל וברית מלח [ח]ואלו הן עשר במקדש וד' בירושלים ועשר בגבולים [ט]עשר במקדש חטאת בהמה וחטאת העוף ואשם ודאי ואשם תלוי וזבחי שלמי צבור ולוג שמן של מצורע ומותר העומר ושתי הלחם ולחם הפנים ושירי מנחות [י]וארבע בירושלים הבכורה והביכורים והמורם מן התודה ואיל נזיר ועורות קדשים [כ]ועשרה בגבולין תרומה ותרומת מעשר וחלה וראשית הגז והמתנות ופדיון הבן ופדיון פטר חמור ושדה אחוזה ושדה חרמים וגזל הגר וקא קרי מיהת מתנה ש"מ [ל]מקבלי מתנות הוו ש"מ: נתן את הכסף לאנשי משמר [וכו']: אמר אביי ש"מ כסף מכפר מחצה דאי לא מכפר הוה אמינא מהדר ליורשין מ"ט אדעתא דהכי לא יהב ליה אלא מעתה חטאת שמתו בעליה תיפוק לחולין דאדעתא דהכי לא אפרשה אמרי חטאת שמתו בעליה [מ]הלכתא גמירי לה דלמיתה אזלא אלא מעתה אשם שמתו בעליו ליפוק לחולין דאדעתא דהכי לא אפרשיה אשם נמי (ד) הלכתא גמירי לה [נ]כל שבחטאת מתה באשם רועה אלא מעתה יבמה שנפלה לפני מוכה שחין תיפוק בלא חליצה דאדעתא דהכי לא קדשה עצמה התם אנן סהדי

או דלמא כיון דלא חזי ליהויריב לידעיה קאי. ויכול להביא אשם מיד וליתבה לפני יהויריב להתכפר אע"פ שהכסף נתון לידעיה כדקתני בפירקין נתן את הכסף ליהויריב והאשם לידעיה יצא: **למאי** נ"מ לגזל חמץ ועבר עליו הפסח. תימה אמאי לא פשיט ליה מדידיה דאמר לעיל גזל הגר שאין בו שוה פרוטה לכל אחד ואחד לא יצא אלמא מקבלי מתנות הוו אן] דאי יורשין הוו אמאי לא יצא מאי דשבק להון אבוהון יהב להון ונראה דבחד מנהון גרסינן רבה: **בכלל** ופרט וכלל וברית מלח. הך שמעתא מפורש בפרק הזרוע (חולין דף קלג:): **וגזל** הגר. תימה אמאי חשיב גזל הגר מעשרה בגבולין דכי היכי דאמר רבא החזירו בלילה ולחצאין לא יצא דאשם קרייה רחמנא ה"נ אם החזירו בגבולין לא יצא כדין אשם: **כסף** מכפר מחצה. מכאן נראה דכהן אין יכול למחול כיון דהוי כפרה: **דאדעתא** דהכי לא קדשה נפשה. נראה דנפלה מן האירוסין איירי דאי מן הנישואין ודאי מקדשה נפשה כדי שתהא נשואה לבעלה דמשום אחר מיתת בעלה לא מסקא אנפשה מלהיות נשואה אלא מן האירוסין איירי דמקדושין אין לה שום טובה וא"ת אדם שקנה מחבירו שום דבר ונתקלקל יבטל המקח דאדעתא דהכי לא קנה וי"ל דהתם לאו בלוקח לחודיה תליא מילתא אלא כמו כן בדעת מוכר ומוכר אקנה ליה אדעתא דהכי אבל הכא דקדושין בדידה קיימא והוא אינו חושש היאך דעתה להתקדש וכן גבי מקדיש נמי בדידיה קאי וכן נותן הגזל בדידיה קאי: [ועי' בתוספות כתובות מז: ד"ה שלא]

אין חולקים מנחות כנגד מנחות וקרבן כנגד קרבן מלכל בני אהרן תהיה איש כאחיו נפקא לן בקדושין (דף נג.) ובמנחות פרק אלו מנחות (דף עג.): יורשין. הגר הן או מקבלי מתנות גבוה הן: היינו האי דירתי. ירושה זאת נפלה להן והרי היא לפניהן שאילו היה הגר קיים היה זה אומר לו הרי שלך לפניך: רב זעירי בעי לה הכי אפילו אם תמצי לומר מקבלי מתנות הוו הא לא מבעיא לן דהא מתנה יהיב להו רחמנא. והרי הן לפניהן: כגון שנפלו לו. לכהן: קנו. יתומים שקנו בהמות: **בתפיסת הבית**. כלומר נפלו להן בהמות בירושה עד שלא חלקו: הלוקח. לקח עשרה טלאים שלא נתעשרו מן השוק: פטור. ובמסכת בכורות [ה] מפרש טעמא: **בכלל ופרט וכלל**. לכל קדשי בני ישראל לך [י] נתונים למשחה כלל וזה יהיה לך מקדש הקדשים מן האש פרט כל מתנה בפני עצמה וכל תרומת קדשים חזר וכלל והדר כתיב ברית מלח עולם הוא וגו' בסוף הפרשה (במדבר יח): **כל המקיימן** כאילו קיים. כל התורה כולה שניתנה לדרוש בכלל ופרט וכלל וכאילו קיים כל הקרבנות שניתנה בהן ברית מלח: עשר במקדש. נאכל לפנים מן הקלעים: **ארבע בירושלים**. בכל העיר: **ועשר בגבולים**. בערי ארץ ישראל: **אשם ודאי**. חמשה הן גזילות מעילות שפחה חרופה נזיר ומצורע וחד חשיב להו: **אשם תלוי**. בא על ספק כרת שלא נודע לו שעבר ודאי שיביא חטאת: **וזבחי שלמי צבור**. כבשי עצרת שנקראו שלמים כדכתיב (ויקרא כג) ושני כבשים בני שנה (ד) וקדשי קדשים הן כדכתיב (שם) קדש יהיו לה' לכהן ונאכלים לפנים מן הקלעים: **ולוג שמן של מצורע**. מה שנשאר בלוג מיליקה לכף כהן של השמאלית נאכל לכהנים דתניא במנחות (דף עג.) ובזבחים (דף מד:) לכל קרבנם לרבות לוג שמן של מצורע דהוא נמי קרוי קרבן דכתיב והקריב אותו לאשם ואת לוג השמן וסמיך ליה לקרא קמא בקדש הקדשים תאכלנו בויקח קרח: **מותר העומר**. מנחת העומר נקמצת ושיריה נאכלים (ה) וכל המנחות קדשי הקדשים הן כדכתיב לא [ז] תאכל עליו חמץ) וגו': **ושירי מנחות**. כל מנחות הנקמצות מנחת נדבה ומנחת חוטא ומנחת סוטה: **הבכורה**. בכור תם נאכל בכל העיר וכן הבכורים צריכין חומה כדכתיב (דברים יב) ואכלתם שם לפני ה' אלהיכם וגו' ואמר מר תרומת ידך אלו בכורים במכות (דף יז.): **והמורם מתודה**. חזה ושוק וארבע חלות מארבע מינים שבה חלות ורקיקין חמץ ורבוכה וכתיב (ויקרא ז) והקריב ממנו אחד מכל קרבן תרומה לכהן הזורק וגו': **והמורם מאיל נזיר**. זרוע בשלה וחלה ורקיק וחזה ושוק של שלמים בכלל תודה הוא דתודה שלמים אקרי והנך תרתי תודה ואיל נזיר משום דדמיין להדדי חשיב להו בחדא כדאמר בשחיטת חולין בפרק הזרוע [ח]: **ועורות קדשים**. עורות עולה וחטאות ואשמות אבל קדשים קלים עורותיהן לבעלים כדאמר בזבחים פרק טבול יום (דף קג.) ומש"ה קא חשיב להו בהדי הנך דבירושלים למעוטי דאין נחשבים בהדי הנך דגבולים דהני עורות לא מתייהבי להו אלא בירושלים ובהדי הנך דבמקדש לא חשיב אלא הנהו דאי נפקי חוץ לקלעים מפסלי ביוצא: **ושדה אחוזה**. שהקדישוה בעליה ולא גאלה ומכרה גזבר כשהלוקח מחזירה ביובל מתחלקת לכהנים: **ושדה חרמים**. ישראל שהחרימו שדיהן: **וגזל הגר**. נמי קרי ליה מתנת גבולין שאם נתנו לכהן המשמר חוץ לירושלים יצא ואיל אשמו יעלה לירושלים להקריב: **אדעתא דהכי**. דלא תיהוי ליה כפרה: **תיפוק לחולין**. ולא תיזל למיתה: **באשם רועה**. עד שיומם וימכר ויפלו דמיו לקיץ המזבח עולה (ו) לשם ועורה לכהנים זה מדרש דרש יהוידע הכהן בשקלים (דף ט:) ובתמורה (דף כג:) וכל זמן שהוא תם אין יוצא לחולין לימכר לפיכך ירעה והוא מעצמו אין יכול להשתנות מאשם לעולה:

דמינה

עין משפט נר מצוה

קפט א מיי' פ"י מהלכות מעשה קרבנות הלכה טו טז:
קצ ב מיי' פ"ח מהל' גזילה הלכה ו סמג עשין עג:
קצא ג מיי' שם הל' ח:
קצב ד מיי' פ"ו מהל' בכורות הלכה יג סמג עשין ריב:
קצג ה ו מיי' שם הלכה י:
קצד ז מיי' פ"א מהל' ביכורים הל' א:
קצה ח מיי' שם הלכה יב:
קצו ט מיי' שם הלכה יג:
קצז י מיי' שם הלכה יד:
קצח כ מיי' שם הלכה טו:
קצט ל מיי' פ"ח מהלכות גזילה הלכה ח ופ"ו מהלכות בכורות הלכה יג:
ר מ מיי' פ"ד מהלכות פסולי המוקדשין הלכה א:
רא נ מיי' שם הלכה יד:

ליקוטי רש"י

אין חולקין. כפי דמים לומר טול אתה מנחה ואני חזה ושוק או בשר חטאת ואשם [קידושין נג.]. שלא יחלקו זה כנגד זה אלא בין כולם יחלקו המנחות [מנחות עג.]. **בכלל ופרט**. בויקח קרח לכל קדשי בני ישראל לך נתתים והדר מפרש כל חד וחד וזה יהיה לך מקדש הקדשים מן האש וגו'. **וברית מלח**. כתיב בסיפיה ברית מלח עולם הוא כשם שברית מלח אינה שובתת כך זו לא תשבות. **כאילו קיים** וכו'. שבתורה. **וברית מלח**. של קרבנות. **עשר במקדש**. ניתנו להם בתוך עזרה לאוכלן שם. **וזבחי שלמי צבור**. כבשי עצרת והם קדשי קדשים לאכול בעזרה. **ולוג שמן של מצורע**. מה שנשאר ממתנותיו נאכל לכהנים כדאמרינן במנחות (דף עג.) ובזבחים (דף מד:) לכל קרבנם דכתיב בויקח קרח לרבות לוג שמן של מצורע דקרוי קרבנם דכתיב ביה והקריב אותם לאשם ואת לוג השמן וכתיב בויקח קרח בקדש הקדשים תאכלנו אכולהו לכל קרבנם ולכל מנחתם ולכל חטאתם ולכל אשמם וגו'. עומר לא חשיב ליה בהדי שאר מנחת צבור מפני שהיא מנחת צבור הנקמצת ונאכלת ואין לך עוד בצבור. **ושירי מנחות**. של יחיד. **וארבע בירושלים**. הנאכלים ומתחלקים לכל העיר. **הבכורה**. בכור תם. **והבכורים**. אינם נאכלים אלא בירושלים דכתיב (דברים יב) לא תוכל לאכול בשעריך וגו' ואמר מר (מכות דף יז:) ותרומת ידך אלו הבכורים. **והמורם מן התודה**. חזה ושוק וד' חלות כדכתיב (ויקרא ז) והקריב ממנו אחד מכל קרבן תרומה לה' לכהן הזורק וגו' מארבע מינים חלות ורקיקים ורבוכה וחמץ אחת מכל מין. **ואיל נזיר**. זרוע בשלה וחלה ורקיק כדכתיב בפרשת נשא שמניפין אותן והני חד חשיב להו משום דדמו אהדדי דתרווייהו מורם מקדשים קלים נינהו וחזה ושוק של שאר שלמים נמי בכלל זה הן והאי דנקט תודה משום דאית ביה מורם אחרינא ותנינהו לכולהו בחדא שמא. **ועורות קדשים**. של עולה חטאת ואשם כדכתיב (שם) עור העולה אשר הקריב ובתורת כהנים נמי מרבה עור חטאת ואשם [חולין קלג:]. **עורות קדשים**. עור עולה וחטאות ואשמות וקרבנות ציבור שמתחלקין עורות קדשי הקדשים לכהנים כדכתיב (ויקרא ז) עור העולה אשר הקריב וילפינן בזבחים (דף קג:) מעולה כל עורות קדשי קדשים [פסחים נז.]. **בגבולין**. נתנין להן בכל ערי ישראל. **והמתנות**. הזרוע והלחיים והקבה. **ופדיון הבן**. ה' סלעים. **ופדיון פטר חמור**. שה. **ושדה אחוזה**. שהקדיש ולא גאלה ומכרה גזבר לאחר והרי היא יוצאה ביובל ומתחלקת לכהנים של אותו משמר שאירע בו יובל שנאמר (שם כז) והיה השדה בצאתו ביובל וגו' לכהן תהיה אחוזתו. **וגזל הגר**. האשם המושב לה' בפרשת נשא וגזל הגר שנשבע לו לשקר ואח"כ הודה לאחר מיתת הגר כדפי' לעיל (קלא.) בפרקין [חולין שם]. **באשם רועה**. וכשיסתאב יפלו דמיו לנדבת צבור דהיינו עולה [תמורה יח.].

מסורת הש"ס

א) נ"א זכו, ב) בכורות נה: [ודף יא.], ג) חולין קלג: [תוספתא חלה פ"ב ה"ח], ד) [נזיר כה: תמורה יח. בכורות נז.], ה) [דף נה:], ו) [נ"ל נתתים], ז) ס"א תאפה חמץ חלקם וגו'. רש"א, ח) [דף קלג:].

הגהות הב"ח

(א) גמ' אף גזל הגר אין חולקין: (ב) שם שגזל חמץ ועבר עליו הפסח וכו' האי דירתי דקא מורית להון אבוהון ואי אמרת מקבלי: (ג) שם יורשין הוו ואמר מר: (ד) רש"י ד"ה וזבחי וכו' בני שנה לזבח שלמים וקדשי: (ה) ד"ה מותר העומר. נ"ב אבל מותר עומר דחשיב פ"ב דחלה משנה ג בגמרא ונאכל לכל אדם דהיינו המותר מהשלש סאין שלוקט ומוציא ממנו עשירית איפה כדאיתא במנחות פרק ר' ישמעאל משנה: (ו) ד"ה באשם רועה וכו' עולה בשר לאשם ועורה:

הגהות הגר"א

[א] גמ' שגזל חמץ ועבר. כצ"ל:

הגהות מהר"ב רנשבורג

א] תוס' ד"ה למאי נ"מ וכו' דאי יורשין הוו אמאי לא יצא. עיין מהרש"א ושיטה מקובצת ודו"ק:

הגמרא עונה:

אָמְרֵי — אמרו בני בית המדרש: **חַטָּאת שֶׁמֵּתוּ בְּעָלֶיהָ, הִלְכְתָא גְּמִירֵי לָהּ דִּלְמִיתָה אַזְלָא** — כך נאמרה ההלכה למשה מסיני שהבהמה תלך למיתה[52]. אבל במקומות שבהם לא נאמרה הלכה כזו, אדם שנותן או מפריש דבר מסויים כדי לכפר על עוונו, אם בסופו של דבר אותה נתינה או הפרשה לא הועילה לו לכפרה, הרי היא בטלה[53].

הגמרא ממשיכה להקשות:

אֶלָּא מֵעַתָּה, אָשָׁם שֶׁמֵּתוּ בְּעָלָיו לפני שהקריבוהו הכהנים, **לֵיפּוּק לְחוּלִּין** — שיצא לחולין, **דְּאַדַּעְתָּא דְּהָכִי לֹא אַפְרְשֵׁיהּ** — שעל דעת כן, שלא תהיה לו כפרה, לא הפריש הבעלים את הבהמה לאשם! מדוע הדין הוא שאשם שמתו בעליו ירעה עד שיסתאב (שיפול בו מום) ואז ימכר ובדמיו קונים עולות לקיץ המזבח[54]?

משיבה הגמרא:

אָשָׁם נַמִּי הִלְכְתָא גְּמִירֵי לָהּ — גם באשם למדו מהלכה למשה מסיני, שכך הוא הדין: **כֹּל שֶׁבְּחַטָּאת מֵתָה** — כל מקרה שבקרבן חטאת הדין הוא שהבהמה הולכת למיתה, **בְּ**קרבן **אָשָׁם** הדין הוא שתהיה **רוֹעָה** עד שתסתאב. לפיכך כשם שחטאת שמתו בעליה הדין הוא שתלך למיתה, כך באשם שמתו בעליו הדין הוא שירעה עד שיסתאב[55].

הגמרא ממשיכה להקשות:

אֶלָּא מֵעַתָּה, יְבָמָה שֶׁנָּפְלָה לייבום **לִפְנֵי מוּכֵּה שְׁחִין, תֵּיפּוּק** — תוכל לצאת ולהינשא לשוק **בְּלֹא חֲלִיצָה, דְּאַדַּעְתָּא דְּהָכִי לֹא קִדְּשָׁה עַצְמָהּ** — שעל דעת כן, שתפול לפני מוכה שחין לייבום, לא התקדשה לראשון, ונמצא שבעת מתברר שקידושיה לאח המת לא היו קידושין, ואין היא זקוקה לייבום או לחליצה[56]!

משיבה הגמרא:

הָתָם — שם, לגבי הנישואין לראשון, **אֲנַן סָהֲדֵי** — אנו יכולים להעיד על כך

הערות

52. ולכאורה קשה, הרי אם התנה בפירוש שהבהמה לא תתקדש אם לא תועיל לו לכפרה, ודאי שיועיל תנאו. ואם כן מאחר שהגמרא מניחה שיש לנו אומדן דעת שהמקדיש סתם הקדיש על דעת כן, ובאופן כזה הרי זה כאילו שהתנה כך בפירוש, הרי צריך להיות הדין שיועיל תנאו וההקדש יתבטל, וחוזרת השאלה מדוע הבהמה הולכת למיתה? ולא מסתבר כלל לומר שההלכה חידשה שהבהמה תלך למיתה אף על פי שבאמת ההקדש מתבטל והיא בהמת חולין. וצריך לומר שהלכה מלמדת שזה תנאי בחטאת שתהיה קדושה בכל מקרה, בין להקרבה ובין למיתה, ואם התנה כנגד זה פסולה להקרבה. ולכן המקדיש בסתם כוונתו להקדיש אף אם לא תועיל לכפרה (חזון איש אבן העזר קיח, ג; להרחבת הדיון בענין זה עיין פרי יצחק ב, לד; אחיעזר ב יג, ב; חזון איש מנחות כח, ח).

53. מכיון שהכלל הוא שאין למדים מדבר שנאמר בהלכה למשה מסיני (ראה נזיר נז, א), חוזר הדין כפי הנראה מסברא, שנתינה בטעות אינה מועילה (ראה ראב״ד).

54. ראה משנה תמורה כ, ב.

55. היינו שירעה עד שיפול בו מום, ואז ימכר, ויפלו דמיו לקניית עולות נדבה. וכפי שמובא במשנה בשקלים (יח, א), שכך דרש יהוידע הכהן מכך שנאמר (ויקרא ה, יט): ״אָשָׁם הוּא אָשֹׁם אָשַׁם לַה׳ ״, ומשמע שהאשם ניתן כולו לה׳, ואי אפשר לומר כך שהרי נאמר (ויקרא ז, ז): ״כַּחַטָּאת כָּאָשָׁם תּוֹרָה אַחַת לָהֶם הַכֹּהֵן אֲשֶׁר יְכַפֶּר בּוֹ לוֹ יִהְיֶה״, וכיצד יתיישבו שני הפסוקים הללו? אלא ללמד שדבר שהוקדש לקרבן אשם ואינו ראוי להקרבה, שיקנו בדמיו עולות נדבה, ובעולה מתקיימים שני הפסוקים, שהרי בשרה ניתן לה׳ ועורה לכהנים (ראה רש״י זבחים קג, א ד״ה אשם לה׳). וכל זמן שהקרבן תמים ואין בו מום, אי אפשר למוכרו ולהוציאו לחולין, לפיכך ירעה עד שיפול בו מום, ואז ניתן למוכרו. וכמו כן אין לומר שיקריבו את האשם עצמו לעולה, שהרי לא ניתן לשנות בהמה שהוקדשה לקרבן אחד ולהקריבה לקרבן אחר (רש״י). [מדברי רש״י משמע שההלכה לימדה רק שהאשם אינו יוצא לחולין כאשר מתו בעליו, אבל הדין שירעה עד שיסתאב נלמד מכך שיהוידע הכהן דרש שיקנו בדמיו עולה, ואין אפשרות לעשות כן אלא על ידי שירעה עד שיסתאב ויימכר ובדמיו ניתן לקנות עולות נדבה.]

56. גם לפי הבנת הגמרא כעת, אין לומר שהמוכר חפץ לחבירו ונתקלקל החפץ אחר כך שיוכל הלוקח לחזור בו. מכיון שלגבי מכירה הקנין תלוי גם בדעתו של המוכר, והוא ודאי רוצה שהמכירה תחול בכל מקרה, ומן הסתם אם המוכר היה אומר ללוקח בפירוש שהקנין יחול גם אם יתברר שהחפץ יתקלקל אחר כך, היה הלוקח מסכים לכך. אולם לגבי קידושין, שמן הסתם הבעל אינו מתנגד לתנאי כזה שלאחר מותו יתבטלו הקידושין, והאשה ודאי רוצה שהקידושין לא יחולו אם תפול לפני יבם מוכה שחין, הלכך מן הסתם יש לומר שעל דעת זו נעשו הקידושין. [ואין אלו ״דברים שבלב״ שאינם מועילים (ראה קידושין מט, ב), שמאחר שיש לנו אומדנא ברורה שזו היתה דעתם, אין צורך להתנות בפה, ואף דברים שבלב מועילים באופן כזה (בית הלוי ג, ג; ראה תוספות שם ד״ה דברים שבלב).] וזה גם הטעם למה שאמר אביי, שבנותן את הגזילה לכהנים, מועילה האומדנא שעל דעת זה נתן להם [אלמלא שהכסף מכפר מחצה], והיינו משום שהנתינה תלויה בדעתו של הנותן בלבד. וכן המבואר בגמרא שלגבי מקדיש בהמה מועילה אומדנא שעל דעת כן הקדיש [אלמלא ההלכה למשה מסיני], היינו משום שההקדש תלוי בדעתו בלבד (עיין תוספות כאן, ובכתובות מז, ב ד״ה שלא כתב לה; וראה בתוספות שכתבו שדברי הגמרא כאן אינם אמורים אלא בנפלה לייבום מהאירוסין; לדיון נרחב בענין זה ובדברי התוספות הללו, עיין שיטה מקובצת בכתובות שם בשם הרא״ש; משנה למלך הלכות זכיה ו, א; פני יהושע; מחנה אפרים הלכות שכירות ד; נודע ביהודה, קמא, יורה דעה סט; נתיבות המשפט רל, א; שו״ת חמדת שלמה, אבן העזר סב, יז; שו״ת חתם סופר ד, עד; בית הלוי שם; שו״ת עין יצחק, אבן העזר א, כד ענף ד; חזון איש אבן העזר קיח, ג; ראה גם להלן קיא, א הערה 2).

דְּמֵינַח נִיחָא לָהּ בְּכָל דְּהוּ — שבדרך כלל נוח לאשה בכל בעל שהוא, **כְּפִי** שאמר **רֵישׁ לָקִישׁ, דְּאָמַר רֵישׁ לָקִישׁ:** כך רגילות הנשים לומר: **טַב לְמֵיתַב טַן דּוּ מִלְּמֵיתַב אַרְמְלוּ** — טוב לשבת בשני גופים (עם כל בעל שהוא) מלשבת אלמנה[1]. הלכך יש לומר שנוח לאשה להתקדש לבעל, שהוא עצמו שלם ובריא, למרות שיש חשש שמא ימות ותיפול לייבום לפני אחיו שהוא מוכה שחין, ואין לנו אומדנא ברורה שקיבלה קידושין רק על דעת כן שלא תפול לפני אחיו שהוא מוכה שחין לייבום[2].

שנינו במשנה:

נָתַן אֶת הַכֶּסֶף לִיהוֹיָרִיב ואשם לידעיה, יצא. אשם ליהויריב וכסף לידעיה, אם קיים האשם, יקריבוהו בני ידעיה, ואם לא, יחזיר ויביא אשם אחר **וכו'**.

ברייתא בענין זה:

תָּנוּ רַבָּנָן בברייתא: **נָתַן** את **הָאָשָׁם לִבני יהוֹיָרִיב, וְ**את **הַכֶּסֶף לִבני יְדַעְיָה, יַחֲזִיר כֶּסֶף אֵצֶל אָשָׁם** — בני ידעיה צריכים לתת את הכסף לבני יהויריב שאצלם נמצא האשם, ובני יהויריב זוכים בכסף ובקרבן, אלו **דִּבְרֵי רַבִּי יְהוּדָה. וַחֲכָמִים אוֹמְרִים: יַחֲזִיר אָשָׁם אֵצֶל כֶּסֶף** — בני יהויריב צריכים לתת את האשם לבני ידעיה שאצלם נמצא הכסף, ובני ידעיה זוכים בכסף ובקרבן.

הגמרא מבררת באיזה מקרה נחלקו רבי יהודה וחכמים:

הֵיכִי דָּמֵי — באיזה מקרה מדובר? **אִילֵימָא** — אם נאמר שמדובר במקרה **דְּיָהִיב לֵיהּ אָשָׁם לִיהוֹיָרִיב בְּמִשְׁמַרְתּוֹ דִּיהוֹיָרִיב וְכֶסֶף לִידַעְיָה בְּמִשְׁמַרְתּוֹ דִּידַעְיָה** — שנתן את האשם לבני יהויריב בזמן המשמרת שלהם, ואת הכסף לבני ידעיה בזמן המשמרת שלהם; אם כן שיטת רבי יהודה אינה מובנת, שהרי במקרה כזה לכל היותר יש לומר **שֶׁזֶּה זָכָה בְּשֶׁלּוֹ וְזֶה זָכָה בְּשֶׁלּוֹ** — שכל משמר יזכה במה שניתן לו, אבל אין טעם לומר שעל בני ידעיה לתת את הכסף לבני יהויריב, שכן בני ידעיה נהגו כהוגן, ואין סיבה לקונסם, ומדוע הורה רבי יהודה שעליהם לתת את הכסף לבני יהויריב[3]?

הגמרא מבארת:

אָמַר רָבָא: הָכָא בְּמַאי עַסְקִינָן — כאן (בברייתא) במה אנו עוסקים? במקרה **דְּיָהֵיב אָשָׁם לִיהוֹיָרִיב בְּמִשְׁמַרְתּוֹ דִּיהוֹיָרִיב וְכֶסֶף לִידַעְיָה בְּמִשְׁמַרְתּוֹ דִּיהוֹיָרִיב** — שנתן את האשם לבני יהויריב בזמן המשמרת שלהם, וכן נתן את הכסף לבני ידעיה בזמן המשמרת של בני יהויריב[4]. ובזה הם חולקים: **רַבִּי יְהוּדָה סָבַר: כֵּיוָן דְּלַאו מִשְׁמֶרֶת דִּידַעְיָה הִיא** — מכיון שבני ידעיה נהגו שלא כהוגן וקיבלו את הכסף שלא בזמן המשמרת שלהם, **לִידַעְיָה קַנְסִינַן לֵיהּ** — יש לקנוס את בני ידעיה על כך, **הִלְכָּךְ** — לכן הוא מורה **שֶׁיַּחֲזִיר כֶּסֶף אֵצֶל אָשָׁם** — שעל בני ידעיה להחזיר את הכסף לבני יהויריב שאצלם נמצא האשם. **וְרַבָּנָן סָבְרֵי** — ואילו חכמים סוברים: **שֶׁלֹּא כַּדִּין הוּא עָבוּד בְּנֵי יְהוֹיָרִיב דְּקִיבְּלוּ אָשָׁם מִקַּמֵּי כֶּסֶף** — שבני יהויריב עשו שלא כהוגן במה שקבלו את האשם לפני שקבלו את הכסף, **הִלְכָּךְ** — לכן הם מורים **שֶׁלְּדִידְהוּ קַנְסִינַן לְהוּ** — שיש לקנוס את בני יהויריב, **וְיַחֲזוֹר אָשָׁם אֵצֶל כֶּסֶף** — ועליהם לתת את האשם לבני ידעיה שאצלם נמצא הכסף[5].

ברייתא המגבילה את שיטת רבי יהודה:

תַּנְיָא בברייתא: **אָמַר רַבִּי:** אפילו **לְדִבְרֵי רַבִּי יְהוּדָה**, הסובר שיש לקנוס את בני ידעיה על כך שקיבלו את הכסף שלא בזמן המשמרת שלהם, מכל מקום **אִם קָדְמוּ בְּנֵי יְהוֹיָרִיב וְהִקְרִיבוּ אֶת הָאָשָׁם** בזמן המשמרת שלהם, שבמקרה כזה הדין הוא **שֶׁיַּחֲזוֹר** הגזלן **וְיָבִיא אָשָׁם אַחֵר** (מכיון שהאשם הראשון שהביא נפסל, מחמת שהוקרב לפני השבת הכסף[6]), **וְ**את האשם הזה, מודה רבי יהודה **שֶׁיַּקְרִיבוּהוּ**

הערות

1. ראה רש"י כאן, ובקידושין מא, א ד"ה דאמר ריש לקיש.

2. דהיינו שמטעם זה נוח לה להינשא לבעלה שאינו מוכה שחין בכל תנאי, אף אם יתכן שבעתיד תיפול לפני אחיו שהוא מוכה שחין. אולם טעם זה אינו מספיק לומר שנוח לה להינשא למוכה שחין עצמו (ראה רש"י, ושו"ת שאלת יעבץ כט ושו"ת חתם סופר ד, עד, בדעתו; אולם עיין מרדכי יבמות סימן כט ותשובות מימוניות השייכות לספר נשים אות כט, בשם המהר"ם מרוטנבורג; להרחבת הדיון בענין זה ראה תרומת הדשן רלז; בית הלוי ג, ג; שו"ת עין יצחק, אבן העזר א כד ענף ה; חזון איש אבן העזר קיח, ג; אגרות משה, אבן העזר א, עט).

אין כוונת הגמרא שלכל הנשים נוח להינשא בכל תנאי, שהרי עינינו הרואות שנשים רבות אינן חפצות בכך. אלא כוונתה שישנן נשים שנוח להן להינשא ואינן חוששות להיכנס לספק זה, ואין כאן אומדנא מוכחת שעל דעת זה קיבלה קידושין. וממילא גם אשה שאינה רוצה להינשא אלא בתנאי, אין קידושיה בטלים, שהרי אלו דברים שבלב שאינם דברים (בית הלוי ג, ג; ראה לעיל קי, ב הערה 56).

אמנם לכאורה קשה, הרי לפי מה שביארו התוספות (לעיל קי, ב ד"ה דאדעתא דהכי) עיקר שאלת הגמרא בנויה על ההנחה שלמקדש לא איכפת שיתבטלו הקידושין לאחר מותו, והכל תלוי בדעת האשה (ראה לעיל שם הערה 56). אם כן ודאי שגם אשה שמעדיפה להינשא לכל אחד, מכל מקום מאחר שלבעל לא איכפת שהקידושין יחולו בתנאי, מדוע עליה להסכים להינשא בלא תנאי, הרי גם אם תתקדש בתנאי לא יחסר לה דבר בחיי בעלה!? ויש ליישב שבאמת האשה בשעת הקידושין הרי אינה חושבת כלל בליבה שהקידושין יהיו בתנאי, אלא שאנו באים לדון שיש כאן אומדנא מוכחת שעל דעת כן התקדשה, וממילא הרי זה כאילו חשבה על כך והתנתה במפורש. ודבר זה שייך רק בתנאי שאם היתה מעלה אותו בדעתה לא היתה מסכימה להתקדש אם הבעל לא היה מסכים לתנאי. אבל מאחר שנוח לה להינשא בכל מקרה, אין להחשיבה שכאילו התנתה כן בפירוש, ואין אלו אלא דברים שבלב שאינם דברים (ראה חזון איש אבן העזר שם, ושם עט, טז; לדיון נוסף בענין זה עיין תרומת הדשן רלז; ט"ז יורה דעה קמ, ה; אגרות משה שם).

3. כלומר, שבמקרה כזה שיטת חכמים מובנת היטב, שמכיון שבני יהויריב נהגו שלא כהוגן, יש לקונסם שיתנו את הקרבן לבני ידעיה, וכפי שמורה משנתנו. אולם שיטת רבי יהודה אינה מובנת. שאף אם נאמר שהוא חולק על חכמים וסובר שמטעם כלשהו אין לקנוס את בני יהויריב, אולם מאידך ודאי שאין שום סיבה לקנוס את בני ידעיה, שהרי הם נהגו כהוגן. ואם כן לכל היותר היה אפשר לומר שכל משמר יזכה במה שניתן לו! מדוע רבי יהודה קונס את בני ידעיה, ומורה שיתנו את הכסף שניתן להם לבני יהויריב? (ראה רש"י, וים של שלמה סט בדעתו; ראב"ד; וראה שיטה מקובצת בשם מורי ורבי; שו"ת תורת חיים א, סה; ראה גם להלן הערה 5; לפירוש אחר בדברי הגמרא עיין שיטה מקובצת בשם גאון).

4. ונמצא שגם בני ידעיה עשו שלא כדין, בכך שקיבלו את הכסף בזמן משמרת יהויריב (משנה למלך, הלכות גזילה ח, יב).

5. כלומר, שרבי יהודה סובר שאף ששניהם נהגו שלא כדין, מכל מקום עדיף לקנוס את בני ידעיה, לפי שהם נהגו שלא כהוגן כלל, ולעומתם בני יהויריב לא פשעו כל כך, שהרי סוף סוף עדיין לא הקריבו את הקרבן, ועיקר ההקפדה שהקפידה תורה היא שלא יקריבו את הקרבן לפני נתינת הכסף. ואילו חכמים סוברים שבני יהויריב נהגו יותר שלא כראוי מבני ידעיה, שהם קיבלו את הקרבן לפני זמנו, ויש לחשוש שיקריבוהו בפסול, ולכן עדיף לקונסם ולא את בני ידעיה (שו"ת תורת חיים א, סה; וראה חידושי רבינו מאיר שמחה; ראה גם להלן הערה 7).

למסקנת הגמרא נראה, שרבי יהודה אינו חולק על חכמים אלא רק במקרה שגם בני ידעיה נהגו שלא כהוגן וקיבלו את הכסף בזמן המשמרת של בני יהויריב. אבל אם בני ידעיה קיבלו את הכסף במשמרת שלהם — שהם נהגו כהוגן, ורק בני יהויריב נהגו שלא כהוגן — גם רבי יהודה מודה שיש לקנוס את בני יהויריב, ועליהם לתת את הקרבן לבני ידעיה [שאם רבי יהודה קונס את בני ידעיה אף במקום שבני יהויריב גם הם נהגו שלא כהוגן, כל שכן שיש לו לקנוס את בני יהויריב במקום שרק הם נהגו שלא כהוגן (שיטה מקובצת בשם מורי ורבי)]. וזו היא הוראת משנתנו, ואף רבי יהודה אינו חולק על הוראה זו, ולכן לא הובאו דבריו אלא לחלוק על הוראת חכמים שבברייתא (ראה רש"י לעיל קי, א ד"ה אם קיים האשם; משנה למלך שם; שו"ת תורת חיים שם).

כל הקנסות שהוזכרו כאן, אינם דומים לקנסות שקנסו חכמים בדיני ממונות (שיש כוח לחכמים לקנוס משום "הפקר בית דין הפקר"). אלא עיקר חלוקת הקרבנות חלה כפי הראוי, ומי שעל פי שיקול דעתם של חכמים ראוי לקנס, מפסיד את חלקו (חזון איש כ, טו).

[פירשנו את סוגייתנו כפי דרכו של רש"י. אולם כפי שציינו לעיל (קי, א הערה 28) הרמב"ם בפירוש המשנה מפרש את דברי המשנה ואת דברי הגמרא כאן באופן אחר. ראה גם בדבריו הלכות גזילה ח, יב. לדיון בדבריו עיין מגיד משנה שם; ים של שלמה סט; תורת חיים; מרכבת המשנה שם; הלכה למשה שם; חזון איש כ, טו; אבן האזל שם.]

6. וכפי שלומדת הגמרא להלן מהכתוב, שאם הוקרב האשם לפני שהשיב הגזלן את הקרן של הגזילה, הרי זה קרבן פסול (רש"י). ואף שנתן את הכסף לבני ידעיה, מכל מקום מאחר שהדין הוא שעליהם לתת את הכסף לבני יהויריב, נמצא שלא זכו בני

דמינח ניחא לה בבל דהו (א) כריש לקיש[א] דאמר ר"ל טב למיתב טן דו מלמיתב ארמלו: נתן את הכסף ליהויריב וכו': תנו רבנן נתן אשם ליהויריב וכסף לידעיה [א] יחזיר כסף אצל אשם דברי רבי יהודה וחכמים אומרים יחזיר אשם אצל כסף היכי דמי אילימא דיהיב ליה אשם ליהויריב במשמרתו דיהויריב וכסף לידעיה במשמרתו דידעיה זה זכה בשלו וזה זכה בשלו אמר רבא [ב] הכא במאי עסקינן דיהיב אשם ליהויריב במשמרתו דיהויריב וכסף לידעיה במשמרתו דיהויריב ר' יהודה סבר כיון דלאו משמרת דידעיה היא לידעיה קנסינן ליה הלכך יחזיר כסף אצל אשם ורבנן סברי שלא כדין הוא עבוד בני יהויריב דקיבלו אשם מקמי כסף הלכך לדידהו קנסינן להו ויחזור אשם אצל כסף תניא אמר רבי לדברי רבי יהודה אם קדמו בני יהויריב והקריבו את האשם יחזור ויביא אשם אחר ויקריבוהו בני ידעיה וזכו הללו במה שבידן אמרי למאי חזי אשם פסול הוא אמר רבא לעורו תניא אמר רבי לדברי רבי יהודה אם קיים אשם יחזיר אשם אצל כסף והא רבי יהודה יחזיר כסף אצל אשם אית ליה הכא במאי עסקינן כגון דנפק משמרתו דיהויריב ולא תבעו והא קמ"ל דאחולי אחילו גבייהו תניא אידך אמר רבי לדברי רבי יהודה אם קיים אשם יחזור כסף אצל אשם פשיטא הכי אית ליה הכא במאי עסקינן כגון דנפיק משמרתם דהני ודהני ולא תבעו מהו דתימא אחולי גבי הדדי קמ"ל דאמרינן כיון דלא תבעי להדרו ברישא: שהמביא גזילו עד שלא הביא אשמו [וכו']: מנהני מילי אמר רבא דאמר קרא (א) האשם המושב לה' לכהן מלבד איל הכפורים אשר יכפר בו מכלל דכסף ברישא אמר ההוא מרבנן לרבא אלא מעתה (ב) מלבד עולת הבקר הכי נמי מכלל דמוספין ברישא והתניא (ג) [ג] מנין שלא יהא דבר קודם לתמיד של שחר תלמוד לומר (ג) וערך עליה העולה ואמר רבא העולה עולה ראשונה אמר ליה אנא (א) מאשר יכפר בו נפקא ליה ועדיין לא כיפר: נתן לו את הקרן וכו': ת"ר מנין שאם הביא מעילתו ולא הביא אשמו ולא הביא מעילתו שלא יצא תלמוד לומר (ד) באיל האשם ונסלח לו ומנין שאם הביא אשמו עד שלא הביא מעילתו שלא יצא תלמוד לומר באיל האשם האשם בכבר יכול כשם שאיל ואשם מעכבים כך חומש מעכב תלמוד לומר באיל האשם ונסלח לו [ד] איל ואשם מעכבים בהקדש [ה] ואין חומש מעכב וילמד הקדש מהדיוט והדיוט מהקדש הקדש מהדיוט מה אשם דהתם קרן אף אשם דהכא קרן והדיוט מהקדש מה הקדש אין חומש מעכב אף הדיוט נמי אין חומש מעכב:

הדרן עלך הגוזל עצים

רש"י

דמינח ניחא לה. להתקדש לראשון שהוא שלם על ספק זה שאם ימות תזקק לאחיו: טן דו. גוף שנים כלומר אשה בכל דהו ניחא לה: זה זכה בשלו וזה זכה בשלו. ונהי נמי לרבנן דקנסו ליהויריב דקבול אשם מקמי כסף אלא לרבי יהודה מ"ט דקניס לידעיה: לדברי רבי יהודה. ואע"ג דקניס ליה לידעיה ה"מ היכא דאשם ראשון קיים דיכולין בני יהויריב להקריבו בעוד משמרתן קיימת ובהכשר אבל אם קדמו והקריבוהו בפסול דאשם הבא קודם הקרן פסול הוא כדמפורש לקמן יתן אשם השני לידעיה: למאי חזי. דקתני זכו: כגון דנפק משמרתם. דהני ודהני ולא תבעו בני יהויריב את הכסף במשמרתם ולא בני ידעיה את האשם במשמרתם ואיצטריך לאשמועינן דלא תימא טעמא דרבי יהודה בדתבעו בני יהויריב שיחזור בעוד משמרתן קיימת אבל היכא דלא תבעו מחלו לבני ידעיה: קמ"ל. דכיון דבני ידעיה נמי לא תבעו לאשם במשמרתן יחזור כסף אצל אשם ויקריבוהו בני יהויריב כשיחזור שבת משמרתם: האשם המושב [לה'] לכהן מלבד איל הכפורים אשר יכפר בו. כלומר לא קרב האיל עדיין: אנא מאשר יכפר קאמינא. דכתיב בלשון עתיד מדלא כתיב אשר כיפר ומשמע דכשהשיב לכהן את האשם דהיינו קרן הכסף עדיין לא כיפר: מנין שאם הביא מעילתו. גבי נהנה מן ההקדש קאמר: מעילתו. קרן דהקדש שמעל בו: באיל האשם ונסלח. משמע אין סליחה אלא בשניהם איל כמשמעו האשם קרן כדיליף לקמיה הקדש מהדיוט מה האשם דכתיב בגזל הגר קרן הוא כדאמר לעיל (דף קי.) אף אשם דכתיב בהקדש קרן הוא: באיל האשם. משמע באיל שהוא בא חובה לאשם שהוא קרן אלמא קרן ברישא מייתי: אין החומש מעכב. את הכפרה:

הדרן עלך הגוזל עצים

תוספות

אמר רבא לעורו. תימה דהכא משמע אפילו בפסול קודם זריקה וגם כשהעור מחובר עדיין בבשר ונעשה בו פסול קודם שחיטה שהביא קודם הכסף שרי בהנאה ובזבחים בפרק טבול יום (דף קד. ושם) אמר רבי דם מרצה על העור בפני עצמו פי' כשהוא מופשט ואירע פסול בבשר הדם מרצה על העור וכשהוא עם הבשר [ג] ונולד בו פסול קודם זריקה הרי הוא כיוצא בו אחר זריקה הורצה בשר שעה אחת יפשיטנו ועורו לכהנים אלמא כשהוא עם הבשר ונפסל קודם זריקה יוצא לשריפה והכא אירע בו פסול קודם שחיטה שהובא קודם הכסף ואמאי לא יצא העור לשריפה:

ת"ל העולה עולה ראשונה. פי' ראשונה שבפרשת פנחס וכי היכי דמלבד עולת הבקר גלי לך בהדיא דמלבד דבר הקודם לו קאמר הכי נמי מלבד איל הכפורים דבר הקודם לו קאמר ותימה דיליף הכא מהעולה ובפרק כל התדיר (זבחים דף פט. ושם [ד]) יליף ממלבד עולת הבקר לחודיה וי"ל דהתם נמי אהעולה קסמיך ועוד יש תירוץ אחר ואין להאריך כאן [ה]:

וילמד הקדש מהדיוט והדיוט מהקדש. תימה אמאי איצטריך קרא לעיל גבי הדיוט שאם הביא אשמו עד שלא הביא גזילו לא יצא נילף מהקדש ויש לומר דאי לאו דאשכחן שהשוה הכתוב הדיוט להקדש להך מילתא לא הוה ילפינן האי מהאי לענין שאר דברים אבל השתא דאשכחן שהשוה אותן דבתרוייהו אם הביא אשמו תחילה לא יצא כמו כן יש להשוותם לענין שאר דברים:

הדרן עלך הגוזל עצים

עין משפט נר מצוה

רב א ב מיי' פ"ח מהל' גזילה ואבידה הלכה יב:

רג ג מיי' פ"א מהלכות תמידין הלכה ג:

רד ד מיי' פ"א מהל' מעילה הל' ה' [ועי' בהשגות ובכ"מ]:

רה ה ו שם הל' ד סמג עשין רי:

ליקוטי רש"י

טן דו. גוף שנים משל הדיוט הוא שהנשים אומרות טוב לשבת עם גוף שנים משבת אלמנה [כתובות עה.] בגופים שנים בעל ואשתו ואפילו אינו לה אלא לצוות בעלמא [קידושין ז.]. גופים שנים כל דהו בעל [יבמות קיח:]. טן. גוף. דו. שנים [קידושין מא.]. מנין שלא יהא דבר. נקטר במערכה משנערכה שחרית קודם לתמיד של שחר ת"ל וערך עליה בתר ובער עליה הכהן כתיב דהוא סידור מערכה שלא יהא דבר ניתן על מערכה גדולה קודם לאברי התמיד [יומא לג:]. העולה עולה ראשונה. מדלא כתיב וערך עליה עולה אלא העולה הכי קאמר וערך עליה מיד העולה החשובה האמורה תחלה לכל העולות והיינו עולת תמיד דפרשת קרבנות דקרבן תמיד כתיב ברישא [פסחים נח:] העולה משמע העולה האמורה ראשון בסדרי קרבנות והיא עולת הבקר שנא' ואמרת להם זה האשה וכו' וה"א יתירא קא דריש [כתובות קו:]. העולה משמע תהא ראשונה דאי לאורויי בעלמא אתא שיקטירו עליה עולה ושלמים נכתוב וערך עליה [יומא לד.]. העולה משמע העולה תהא ראשונה לכל הקרבנות [מנחות מט.]. דכתיב גבי סדר המערכה ובער עליה הכהן עצים בבקר בבקר וערך עליה העולה ה' יתירה דריש שתהא היא ראשונה שלא יהא הקטר קודם לתמיד של שחר [ב"מ נה.].

מסורת הש"ס

א) יבמות קיח: כתובות עה. קדושין ז. מא., ב) פסחים נח:, יומא לג:, כתובות קו:, ב"מ נה. [זבחים קג.] מנחות מט. תמיד כח:, ג) ונולד בו פסול בין קודם זריקה בין לאחר זריקה הרי הוא כיוצא בו (ולהרשב"א) [ולרא"ש] כשהוא עם הבשר ונולד בו פסול קודם כל"ל. העתק מחילופי גרסאות, ד) [ד"ה כל], ה) [ועיין תוספות כתובות קו: ד"ה כדאמר ותוספות זבחים פט. ד"ה כל ומנחות מט. ד"ה ת"ל ופסחים נח: ויומא לד. ד"ה העולה].

הגהות הב"ח

(א) גמ' כדריש לקיש:

תורה אור השלם

א) וְאִם אֵין לָאִישׁ גֹּאֵל לְהָשִׁיב הָאָשָׁם אֵלָיו הָאָשָׁם הַמּוּשָׁב לַיְיָ לַכֹּהֵן מִלְּבַד אֵיל הַכִּפֻּרִים אֲשֶׁר יְכַפֶּר בּוֹ עָלָיו: [במדבר ה, ח]

ב) מִלְּבַד עֹלַת הַבֹּקֶר אֲשֶׁר לְעֹלַת הַתָּמִיד תַּעֲשׂוּ אֶת אֵלֶּה: [במדבר כח, כג]

ג) וְהָאֵשׁ עַל הַמִּזְבֵּחַ תּוּקַד בּוֹ לֹא תִכְבֶּה וּבִעֵר עָלֶיהָ הַכֹּהֵן עֵצִים בַּבֹּקֶר בַּבֹּקֶר וְעָרַךְ עָלֶיהָ הָעֹלָה וְהִקְטִיר עָלֶיהָ חֶלְבֵי הַשְּׁלָמִים: [ויקרא ו, ה]

ד) וְאֵת אֲשֶׁר חָטָא מִן הַקֹּדֶשׁ יְשַׁלֵּם וְאֶת חֲמִישִׁתוֹ יוֹסֵף עָלָיו וְנָתַן אֹתוֹ לַכֹּהֵן וְהַכֹּהֵן יְכַפֵּר עָלָיו בְּאֵיל הָאָשָׁם וְנִסְלַח לוֹ: [ויקרא ה, טז]

בְּנֵי יְדַעְיָה. שאף רבי יהודה לא אמר שבני ידעיה יתנו את הכסף לבני יהויריב, אלא כאשר האשם הראשון קיים, ויכולים בני יהויריב להקריבו בזמן משמרתם ובהכשר, שאז לדעתו יש לקנוס את בני ידעיה שיתנו את הכסף למי שהאשם נמצא אצלו. אולם אם בני יהויריב כבר הקריבו את האשם, גם רבי יהודה מודה שינתן האשם השני לבני ידעיה[7]. **וְעִם** כל זאת **זָכוּ הַלָּלוּ** (בני יהויריב) **בְּמַה שֶׁבְּיָדָן** — במתנות הכהונה של האשם הראשון, אף שהקריבוהו שלא כדין ופסלוהו.

הגמרא תמהה על הוראת הברייתא שבני יהויריב זכו במה שבידם:

אָמְרֵי אמרו בני בית המדרש: **לְמַאי חָזֵי** — למה ראוי אשם זה? הרי **אָשָׁם פָּסוּל הוּא**, ובשרו טעון שריפה! מה כוונת הברייתא באומרה שבני יהויריב זכו באשם הראשון, במה יש להם לזכות?

משיבה הגמרא:

אָמַר רָבָא: האשם ראוי **לְעוֹרוֹ**, שהעור אינו טעון שריפה[8]. והברייתא לימדה שבני יהויריב זוכים בעור של האשם, אף שהקריבוהו שלא כדין ופסלוהו[9].

ברייתא נוספת הדנה בשיטת רבי יהודה:

תַּנְיָא בברייתא: **אָמַר רַבִּי: לְדִבְרֵי רַבִּי יְהוּדָה, אִם** עדיין **קַיָּים הָאָשָׁם**, שטרם הקריבוהו בני יהויריב, **יַחֲזִיר אָשָׁם אֵצֶל כֶּסֶף** — בני יהויריב צריכים לתת את האשם לבני ידעיה שאצלם נמצא הכסף.

הגמרא תמהה על דברי רבי:

וְהָא רַבִּי יְהוּדָה יַחֲזִיר כֶּסֶף אֵצֶל אָשָׁם אִית לֵיהּ — והרי רבי יהודה סובר שבני ידעיה צריכים לתת את הכסף לבני יהויריב! איך יתכן שרבי אומר בשמו להיפך?

משיבה הגמרא:

הָכָא בְּמַאי עַסְקִינָן — כאן (בברייתא) במה אנו עוסקים? **כְּגוֹן דְּנָפַק מִשְׁמַרְתּוֹ דִּיהוֹיָרִיב** — במקרה שהסתיים השבוע של משמר יהויריב, **וְלֹא תָּבְעוּ** בני יהויריב את הכסף מבני ידעיה. **וְהָא קָא מַשְׁמַע לָן** — ובמקרה זה השמיענו רבי שכיון שבני יהויריב לא תבעו את הכסף בשבוע שלהם, מן הסתם יש לומר **דְּאַחוּלֵי אַחִילוּ גַּבַּיְיהוּ** — שהם מחלו לבני ידעיה על זכותם לתבוע את הכסף. על כן, בני ידעיה זוכים בכסף, ובמקרה כזה מודה רבי יהודה שיחזיר אשם אצל כסף, ויקריבוהו בני ידעיה[10].

ברייתא נוספת בענין דומה:

תַּנְיָא אִידָךְ — בברייתא אחרת שנינו: **אָמַר רַבִּי: לְדִבְרֵי רַבִּי יְהוּדָה, אִם** עדיין **קַיָּים הָאָשָׁם, יַחֲזוֹר כֶּסֶף אֵצֶל אָשָׁם.**

הגמרא תמהה:

פְּשִׁיטָא — דבר זה פשוט הוא, שהרי **הָכִי אִית לֵיהּ** — זה בדיוק מה שאמר רבי יהודה עצמו בברייתא הראשונה! מה החידוש בדברי רבי?

משיבה הגמרא:

הָכָא בְּמַאי עַסְקִינָן — כאן (בברייתא) במה אנו עוסקים? **כְּגוֹן דְּנָפִיק מִשְׁמַרְתָּם דְּהָנֵי וּדְהָנֵי** — במקרה שכבר עבר זמן המשמרת של אלו ושל אלו, **וְלֹא תָּבְעוּ** זה את זה, דהיינו שבני יהויריב לא תבעו את הכסף בזמן המשמרת שלהם, וכן בני ידעיה לא תבעו את האשם בזמן המשמרת שלהם. **מַהוּ דְּתֵימָא** שבמקרה כזה היית יכול לומר ש**אַחוּלֵי גַּבֵּי הֲדָדֵי** — שבני שני המשמרות מחלו על זכותם לתבוע אלו את אלו, וממילא כל משמר זוכה במה שניתן לו[11], **קָא מַשְׁמַע לָן** — והשמיענו רבי שאין הדין כך, **דְּאַמְרִינַן** — אלא אנו אומרים ש**כֵּיוָן דְּלֹא תָּבְעֵי** — שבני ידעיה גם הם לא תבעו בזמן המשמרת שלהם את האשם מבני יהויריב, **לֶהְדְּרוּ בְּרֵישָׁא** — הרי הם חוזרים לדינם כבראשונה, שבני ידעיה יתנו את הכסף לבני יהויריב, והם זוכים בכסף, וימתינו עד שיגיע זמן המשמרת שלהם בפעם הבאה, ואז יקריבו את האשם[12].

הערות

ידעיה בכסף, והרי זה כאילו לא נתן להם הגזלן כלום. [ואכן, לדעת חכמים הסוברים שיחזור אשם אצל כסף, ודאי שאם הקריבו בני יהויריב את האשם, אין הוא נפסל בכך, שהרי כבר זכו בני ידעיה בכסף.] (חזון איש כ, טו).

7. רש"י.

ואפילו אם הביא הגזלן את האשם השני בזמן המשמרת של יהויריב, מכל מקום מכיון שהם היו יכולים ליטול את הכסף מבני ידעיה ולהקריב את הקרבן בכשרות, ולא עשו כן אלא הקריבוהו בפסול, חזר הדין לרבי יהודה כמו לחכמים שיש לקנוס את בני יהויריב ולתת את האשם השני לבני ידעיה שהכסף נמצא אצלם. אמנם היינו דוקא אם הקריבו את האשם לאחר שניתן הכסף לבני ידעיה, אבל אם הקריבוהו לפני שנתן הגזלן את הכסף, אם כן ודאי כאשר מביא כעת את האשם והכסף בזמן המשמרת של בני יהויריב, עליו ליתנם להם. שלא מצאנו שקנסו את בני המשמר על שהקריבו קרבן שלא כדין [אלא שאם עשו כן במזיד הרי הם מזיקים את ממונו של הגזלן וחייבים לשלם לו על הבהמה]. ורק במקרה שהכסף ניתן לבני ידעיה, מלמדת הברייתא שבאופן הזה שבני יהויריב הקריבו את האשם בפסול, מודה רבי יהודה לחכמים שיש לקנוס את בני יהויריב, ויחזור האשם אצל הכסף (חזון איש כ, טו).

8. וקשה, שהרי בגמרא בזבחים (קד, א) משמע שקרבן שנפסל קודם זריקה ובאותה שעה העור היה מחובר לבשר, גם העור טעון שריפה (תוספות; ליישוב שאלתם ולדיון בדבריהם עיין תוספות זבחים קג, ב ד"ה ומודה רבי; ראב"ד; שיטה מקובצת בשם הרא"ש; מהרש"א; ים של שלמה סט; פני יהושע; חזון איש כ, טו).

9. אמנם היינו דוקא לשיטת רבי יהודה הסובר שלבני יהויריב היתה זכות להקריב את האשם, אבל לדעת חכמים הסוברים שאין לבני יהויריב זכות באשם, אף אם קדמו והקריבוהו אין בכך כלום, ולא זכו בעורו (ראב"ד). אולם יש מי שכתב שבדין זה אין הבדל בין רבי יהודה לחכמים, ואף לדעת חכמים אם הקריבו בני יהויריב את האשם בפסול, הרי הם זוכים בעורו (ים של שלמה סט).

10. שיטה מקובצת בשם הרמ"ה.

מדברי הגמרא כאן מבואר שמכך שבני יהויריב לא תבעו את הכסף המגיע להם, יש להבין שהם מחלו לבני ידעיה. ואם כן יש להוכיח מכאן שבכל מקום שאדם צריך לתבוע את חבירו ואינו עושה כן, הרי הוא מוחל בזה על תביעתו (עיין מהרי"ק קכג). אכן, יש מי שכתב שדברים אלו אינם אמורים אלא באופנים הדומים לנידון שלפנינו, שבני יהויריב היו צריכים לתבוע את הכסף בזמן המשמרת שלהם כדי שיוכלו להקריב את האשם, ואין הם רשאים להמתין עד שיגיע זמן המשמרת שלהם בפעם הבאה. ולכן יש לומר שמכך שלא תבעו את המעות, יש להניח שהסכימו לכך שבני ידעיה יזכו בהם והם יקריבו את הקרבן. אולם ודאי שסתם אדם שאינו תובע את חובו, אין להביא מכך ראיה שמוחל על החוב, ויכול לתבוע מתי שירצה. ומטעם זה עצמו פשוט שאין לומר שבני יהויריב מחלו אלא לאחר שעבר השבוע שלהם, אבל בתוך הזמן, ודאי שיכולים לתבוע מתי שירצו, ואין לומר שמכך שלא תבעו מיד יש להוכיח שמחלו על זכותם (שו"ת תורת חיים א, סה; ראה גם כתובות קד, א; לתוספת דיון בענין זה עיין משפט שלום על חושן משפט קעו, י).

11. היה אפשר לומר שרבי יהודה סובר שאין לקנוס את בני ידעיה אלא כאשר בני יהויריב עומדים על זכותם ותובעים את הכסף בזמן המשמרת שלהם. אולם אם בני יהויריב לא תבעו את הכסף בזמן המשמרת שלהם, ומחלו לבני ידעיה על הכסף, שוב אין מקום לקנוס את בני ידעיה כלל. ואף שגם בני ידעיה בשבוע שלאחריו לא תבעו את האשם [ומטעם זה באמת אין הם זוכים בו], מכל מקום הקנס שהיה ראוי לקונסם בו בטל, וחוזר הדין שכל משמר זוכה במה שניתן לו (עיין רש"י; אך עיין משנה למלך הלכות גזילה ח, יב).

12. רש"י.

מדברי רש"י מבואר שבני משמר שהובא בזמן המשמרת שלהם קרבן להקרבה ולא הקריבוהו, ממתינים עד שיגיע זמן המשמרת שלהם בפעם הבאה, ואז הם מקריבים את הקרבן. אולם יש מי שתמה על דבריו, שמניין לו דין זה? ומסברא היה נראה לומר שאף שעבר זמן המשמרת שלהם יכולים להקריב בכל זמן שירצו. שכשם שלמדנו לעיל (קט, ב) שכהן יכול להקריב את קרבנותיו בכל זמן שירצה, כמו כן בני המשמר שזכו בקרבן להקריבו, הרי זה כאילו הקרבן שלהם, ויוכלו להקריבו בכל שעה שירצו (משנה למלך, הלכות גזילה ח, יב). ויש מי שדחה דברים אלו, משום שלכאורה נראה שאין לבני המשמר שום זכות בקרבן הניתן להם להקרבה בזמן המשמרת שלהם, אלא שיש להם זכות לעבוד באותו שבוע שבו המשמר משרת, וממילא כל קרבן שמובא לבית המקדש באותו זמן קרב על ידם. אבל אם לא הקריבו עד לאחר שעבר זמן עבודתם, ועכשיו הוא זמן העבודה של משמר אחר, מסתבר לומר שעליהם לתת את הקרבן למשמר המשרת. ואם כן יש לתמוה על רש"י להיפך, מניין לו שבני המשמר רשאים לעכב את הכפרה של הבעלים עד שיגיע זמנם בפעם הבאה, והרי מסברא היה נראה לומר שיתנו את הקרבן למשמר המשרת ובני אותו משמר יקריבוהו (חזון איש כ, טו).

יש שכתבו שדברי רבי, שמועילה מחילה על הקנס שקנסו חכמים, אינם אמורים

דמינח ניחא לה בכל דהו (א) כריש לקיש [א] דאמר ר"ל טב למיתב טן דו מלמיתב ארמלו: נתן את הכסף ליהויריב וכו': תנו רבנן נתן אשם ליהויריב וכסף לידעיה [א] יחזיר כסף אצל אשם דברי רבי יהודה וחכמים אומרים יחזיר אשם אצל כסף היכי דמי אילימא דיהיב ליה אשם ליהויריב במשמרתו דיהויריב וכסף לידעיה במשמרתו דידעיה זה זכה בשלו וזה זכה בשלו אמר רבא [ב] הכא במאי עסקינן דיהיב אשם ליהויריב במשמרתו דיהויריב וכסף לידעיה במשמרתו דיהויריב ר' יהודה סבר כיון דלאו משמרת דידעיה היא לידעיה קנסינן ליה הלכך יחזיר כסף אצל אשם ורבנן סברי שלא כדין הוא עבוד בני יהויריב דקיבלו אשם מקמי כסף הלכך לדידהו קנסינן להו ויחזור אשם אצל כסף תניא אמר רבי לדברי רבי יהודה אם קדמו בני יהויריב והקריבו את האשם יחזור ויביא אשם אחר ויקריבוהו בני ידעיה וזכו הללו במה שבידן אמרי למאי חזי אשם פסול הוא אמר רבא לעורו תניא אמר רבי לדברי רבי יהודה אם קיים אשם יחזיר אשם אצל כסף והא רבי יהודה יחזיר כסף אצל אשם אית ליה הכא במאי עסקינן כגון דנפק משמרתו דיהויריב ולא תבעו והא קמ"ל דאחולי אחילו גבייהו תניא אידך אמר רבי לדברי רבי יהודה אם קיים אשם יחזור כסף אצל אשם פשיטא הכי אית ליה הכא במאי עסקינן כגון דנפיק משמרתם דהני ודהני ולא תבעו מהו דתימא אחולי גבי הדדי קמ"ל דאמרינן כיון דלא תבעי להדרו ברישא: שהמביא גזילו עד שלא הביא אשמו [וכו']: מנהני מילי אמר רבא דאמר קרא (א) האשם המושב לה' לכהן מלבד איל הכפורים אשר יכפר בו מכלל דכסף ברישא אמר ההוא מרבנן לרבא אלא מעתה (ב) מלבד עולת הבקר הכי נמי מכלל דמוספין ברישא והתניא [ג] [ג] מנין שלא יהא דבר קודם לתמיד של שחר תלמוד לומר (ג) וערך עליה העולה ואמר רבא העולה עולה ראשונה אמר ליה אנא (א) מאשר יכפר בו נפקא ליה ועדיין לא כיפר: נתן לו את הקרן וכו': ת"ר מנין שאם הביא מעילתו ולא הביא אשמו ולא הביא מעילתו שלא יצא תלמוד לומר (ד) באיל האשם ונסלח לו ומנין שאם הביא אשמו עד שלא הביא מעילתו שלא יצא תלמוד לומר באיל האשם האשם בכבר יכול כשם שאיל ואשם מעכבים כך חומש מעכב תלמוד לומר באיל האשם ונסלח לו [ד] איל ואשם מעכבים בהקדש [ה] ואין חומש מעכב וילמד הקדש מהדיוט והדיוט מהקדש הקדש מהדיוט מה אשם דהתם קרן אף אשם דהכא קרן והדיוט מהקדש מה הקדש אין חומש מעכב אף הדיוט נמי אין חומש מעכב:

הדרן עלך הגוזל עצים

רש"י

דמינח ניחא לה. להתקדש לראשון שהוא שלם על ספק זה שאם ימות תזקק לאחיו: טן דו. גוף שנים כלומר אשה בכל דהו ניחא לה: זה זכה בשלו וזה זכה בשלו. ונהי נמי לרבנן דקנסו ליהויריב דקבול אשם מקמי כסף אלא לרבי יהודה מ"ט דקניס לידעיה: לדברי רבי יהודה. ואע"ג דקניס ליה לידעיה ה"מ היכא דאשם ראשון קיים דיכולין בני יהויריב להקריבו בעוד משמרתן קיימת ובהכשר אבל אם קדמו והקריבוהו בפסול דאשם הבא קודם הקרן פסול הוא כדמפורש לקמן ינתן אשם השני לידעיה: למאי חזי. דקתני זכו: כגון דנפק משמרתם. דהני ודהני ולא תבעו בני יהויריב את הכסף במשמרתם ולא בני ידעיה את האשם במשמרתם ואיצטריך לאשמועינן דלא תימא טעמא דרבי יהודה בדתבעו בני יהויריב שיחזור בעוד משמרתן קיימת אבל היכא דלא תבעו מחלו לבני ידעיה: קמ"ל. דכיון דבני ידעיה נמי לא תבעו לאשם במשמרתן יחזור כסף אצל אשם ויקריבוהו בני יהויריב כשיחזיר שבת משמרתם: האשם המושב [לה'] לכהן מלבד איל הכפורים אשר יכפר בו. כלומר לא קרב האיל עדיין: אנא מאשר יכפר קאמינא. דכתיב בלשון עתיד מדלא כתיב אשר כיפר ומשמע דכשהשיב לכהן את האשם דהיינו קרן הכסף עדיין לא כיפר: מנין שאם הביא מעילתו. גבי נהנה מן ההקדש קאמר: מעילתו. קרן דהקדש שמעל בו: באיל האשם ונסלח. משמע אין סליחה אלא בשניהם איל כמשמעו האשם קרן כדיליף לקמיה הקדש מהדיוט מה האשם דכתיב בגזל הגר קרן הוא כדאמר לעיל (דף קי.) אף אשם דכתיב בהקדש קרן הוא: באיל האשם. משמע באיל שהוא בא חובה לאשם שהוא קרן אלמא קרן ברישא מייתי: אין החומש מעכב. את הכפרה:

הדרן עלך הגוזל עצים

תוספות

אמר רבא לעורו. תימה דהכא משמע אפילו בפסול קודם זריקה וגם כשהעור מחובר עדיין בבשר ונעשה בו פסול קודם שחיטה שהביא קודם הכסף שרי בהנאה ובזבחים בפרק טבול יום (דף קד. ושם) אמר רבי דם מרצה על העור בפני עצמו פי' כשהוא מופשט ואירע פסול בבשר הדם מרצה על העור וכשהוא עם הבשר [ג] ונולד בו פסול קודם זריקה הרי הוא כיוצא בו אחר זריקה הורצה בשר שעה אחת יפשיטנו ועורו לכהנים אלמא כשהוא עם הבשר ונפסל קודם זריקה יוצא לשריפה והכא אירע בו פסול קודם שחיטה שהובא קודם הכסף ואמאי לא יצא העור לשריפה:

ת"ל העולה עולה ראשונה. פי' ראשונה שבפרשת פנחס וכי היכי דמלבד עולת הבקר גלי לך בהדיא דמלבד דבר הקודם לו קאמר הכי נמי מלבד איל הכפורים דבר הקודם לו קאמר ותימה דיליף הכא מהעולה ובפרק כל התדיר (זבחים דף פט. ושם [ד]) יליף ממלבד עולת הבקר לחודיה וי"ל דהתם נמי אהעולה קסמיך ועוד יש תירוץ אחר ואין להאריך כאן [ה]:

וילמד הקדש מהדיוט והדיוט מהקדש. תימה אמאי איצטריך קרא לעיל גבי הדיוט שאם הביא אשמו עד שלא הביא גזילו לא יצא נילף מהקדש ויש לומר דאי לאו דאשכחן שהשוה הכתוב הדיוט להקדש להך מילתא לא הוה ילפינן האי מהאי לענין שאר דברים אבל השתא דאשכחן שהשוה אותן דבתרוייהו אם הביא אשמו תחילה לא יצא כמו כן יש להשוותם לענין שאר דברים:

הדרן עלך הגוזל עצים

מסורת הש"ס

א) יבמות קיח: כתובות עה. קדושין ז. מא., ב) פסחים נח., יומא לג., כתובות קו., ב"מ נה. [זבחים קג.] מנחות מט. תמיד כח., ג) ונולד בו פסול בין קודם זריקה בין לאחר זריקה הרי הוא כיוצא בו (ולהרש"א) [ולרא"ש] כשהוא עם הבשר ונולד בו פסול קודם כצ"ל. העתק מחילופי גרסאות, ד) [ד"ה כלן], ה) [ועיין תוספות כתובות קו: ד"ה כדאמר ותוספות זבחים פט. ד"ה כל ומנחות מט. ד"ה ת"ל ופסחים נח: ויומא לד. ד"ה העולה].

הגהות הב"ח

(א) גמ' כריש לקיש:

תורה אור השלם

א) וְאִם אֵין לָאִישׁ גֹּאֵל לְהָשִׁיב הָאָשָׁם אֵלָיו הָאָשָׁם הַמּוּשָׁב לַיְיָ לַכֹּהֵן מִלְּבַד אֵיל הַכִּפֻּרִים אֲשֶׁר יְכַפֶּר בּוֹ עָלָיו: [במדבר ה, ח]

ב) מִלְּבַד עֹלַת הַבֹּקֶר אֲשֶׁר לְעֹלַת הַתָּמִיד תַּעֲשׂוּ אֶת אֵלֶּה: [במדבר כח, כג]

ג) וְהָאֵשׁ עַל הַמִּזְבֵּחַ תּוּקַד בּוֹ לֹא תִכְבֶּה וּבִעֵר עָלֶיהָ הַכֹּהֵן עֵצִים בַּבֹּקֶר בַּבֹּקֶר וְעָרַךְ עָלֶיהָ הָעֹלָה וְהִקְטִיר עָלֶיהָ חֶלְבֵי הַשְּׁלָמִים: [ויקרא ו, ה]

ד) וְאֵת אֲשֶׁר חָטָא מִן הַקֹּדֶשׁ יְשַׁלֵּם וְאֶת חֲמִישִׁתוֹ יוֹסֵף עָלָיו וְנָתַן אֹתוֹ לַכֹּהֵן וְהַכֹּהֵן יְכַפֵּר עָלָיו בְּאֵיל הָאָשָׁם וְנִסְלַח לוֹ: [ויקרא ה, טז]

עין משפט נר מצוה

רב א ב מיי' פ"ח מהל' גזילה ואבידה הלכה יב:
רג ג מיי' פ"א מהלכות תמידין הלכה ג:
רד ד מיי' פ"א מהל' מעילה הל' ה' [ועי' בהשגות ובכ"מ]:
רה ה ו שם הל' ד סמג עשין רי:

ליקוטי רש"י

טן דו. גוף שנים משל הדיוט הוא שהנשים אומרות טוב לשבת עם גוף שנים משבת אלמנה [כתובות עה.] בגופים שנים בעל ואשתו ואפילו אינו לה אלא לנוות בעלמא [קידושין ז.]. גופים שנים כל דהו בעל [יבמות קיח:]. טן. גוף. דו. שנים [קידושין מא.]. מנין שלא יהא דבר. נקטר במערכה משנערכה שחרית קודם לתמיד של שחר ת"ל וערך עליה בתר ובער עליה הכהן כתיב דהוא סידור מערכה שלא יהא דבר ניתן על מערכה גדולה קודם לאברי התמיד [יומא לג:]. העולה עולה ראשונה. מדלא כתיב וערך עליה עולה אלא העולה הכי קאמר וערך עליה מיד העולה החשובה האמורה תחלה לכל העולות והיינו עולת תמיד דפרשת קרבנות דקרבן תמיד כתיב ברישא [פסחים נח:] העולה משמע העולה האמורה ראשון בסדרי קרבנות והיא עולת הבקר שנא' ואמרת להם זה האשה וכו' וה"א יתירא קא דריש [כתובות קו:]. העולה משמע תהא ראשונה דאי לאורויי בעלמא אתא שיקטירו עליה עולה ושלמים נכתוב וערך עליה [יומא לד.]. העולה משמע העולה תהא ראשונה לכל הקרבנות [מנחות מט.]. דכתיב גבי סדר המערכה ובער עליה הכהן עצים בבקר בבקר וערך עליה העולה ה' יתירה דריש שתהא היא ראשונה שלא יהא הקטר קודם לתמיד של שחר [ב"מ נה.].

שנינו במשנה:

שֶׁהַמֵּבִיא גְּזֵילוֹ עַד שֶׁלֹּא הֵבִיא אֲשָׁמוֹ, יצא. הביא אשמו עד שלא הביא גזילו, לא יצא **[וכו']**.

הגמרא מביאה מקור מהפסוק להוראת המשנה:

מְנָהָנֵי מִילֵּי — מניין למדנו דברים אלו? **אָמַר רָבָא: דְּאָמַר קְרָא** (במדבר ה, ח): "**הָאָשָׁם הַמּוּשָׁב לַה' לַכֹּהֵן מִלְּבַד אֵיל הַכִּפֻּרִים אֲשֶׁר יְכַפֶּר בּוֹ**", ומשמעות הפסוק היא שהכסף מושב לכהן בשעה שהאיל עדיין לא הוקרב[13], **מִכְּלָל דְּכֶסֶף בְּרֵישָׁא** — הרי שעליו להשיב את הכסף תחילה, ורק אחר כך יכול להביא את האשם.

אחד מחכמי בית המדרש הבין, שמה שאמר רבא שמשמעות הפסוק היא שהכסף הושב לפני הקרבת האיל, היינו משום שלשון "מִלְּבַד" משמעותה בנוסף לדבר אחר הבא אחרי מה שנזכר קודם לכן. על כך הוא הקשה לרבא:

אָמַר לו **הַהוּא מֵרַבָּנָן** (אחד מחכמי בית המדרש) **לְרָבָא: אֶלָּא מֵעַתָּה** לפי דבריך, כאשר נאמר בתורה לגבי מוספי חג הפסח (במדבר כח, כג): "**מִלְּבַד עֹלַת הַבֹּקֶר** אֲשֶׁר לְעֹלַת הַתָּמִיד תַּעֲשׂוּ אֶת אֵלֶּה [את מוספי הפסח]", **הָכִי נַמִּי מִכְּלָל דְּמוּסָפִין בְּרֵישָׁא** — גם כן נלמד שיש להקריב את המוספין תחילה, ואחר כך את התמיד של שחר? **וְהָתַנְיָא** — והרי שנינו בברייתא: **מִנַּיִן שֶׁלֹּא יְהֵא דָּבָר** נקטר על המזבח **קוֹדֶם לְתָמִיד שֶׁל שַׁחַר? תַּלְמוּד לוֹמַר** — כדי ללמד דבר זה אומר הכתוב (ויקרא ו, ה): "וּבִעֵר עָלֶיהָ [על המערכה שעל גבי המזבח] הַכֹּהֵן עֵצִים בַּבֹּקֶר בַּבֹּקֶר **וְעָרַךְ עָלֶיהָ הָעֹלָה**", כלומר שמיד לאחר שמניח הכהן את העצים על המערכה (שזו העבודה הראשונה שיש לעשות בבוקר), עליו לערוך עליה את העולה, וזו היא עולת התמיד[14]. **וְאָמַר רָבָא:** הברייתא לומדת שהפסוק מדבר על עולת התמיד, מכך שנאמר בפסוק "**הָעֹלָה**" בה"א הידיעה, ולא נאמר סתם "וערך עליה עולה", ומזה יש ללמוד שהפסוק מדבר על **עוֹלָה** ידועה וחשובה, וזו עולת התמיד, שנזכרה **רִאשׁוֹנָה** בפרשת הקרבנות שבפרשת פנחס (במדבר כח-כט)[15]. נמצא שהפסוק "מִלְּבַד עֹלַת הַבֹּקֶר אֲשֶׁר לְעֹלַת הַתָּמִיד תַּעֲשׂוּ אֶת אֵלֶּה", פירושו, שיעשו את המוספים אחרי עולת הבוקר. וכמו כן יש לומר שהפסוק "הָאָשָׁם הַמּוּשָׁב לַה' לַכֹּהֵן מִלְּבַד אֵיל הַכִּפֻּרִים", פירושו, שישיב את האשם תחילה ואחר כך יביא את איל הכפורים! מניין לך שפירוש הפסוק הוא שבשעה שמביא את הכסף עדיין לא הוקרב האשם[16]?

תשובת רבא:

אָמַר לֵיהּ רבא: **אֲנָא מֵ"אֲשֶׁר יְכַפֶּר בּוֹ" נַפְקָא לֵיהּ** — אני למדתי זאת מכך שכתבה התורה "יְכַפֶּר" בלשון עתיד, ולא כתבה "אשר כיפר", ומשמע ש"הָאָשָׁם" (דהיינו הקרן), כבר הושב לכהן, **וַעֲדַיִין לֹא כִּיפֵּר** הקרבן, ואם כן למדנו שהשבת הכסף קודמת להבאת הקרבן[17].

המשנה סיימה:

נָתַן לוֹ אֶת הַקֶּרֶן ולא נתן את החומש, אין החומש מעכב.

ברייתא המביאה מקור לכך שהחומש אינו מעכב את הכפרה:

תָּנוּ רַבָּנָן — שנינו בברייתא לגבי אדם שנהנה מההקדש בשוגג[18]: **מִנַּיִן שֶׁאִם הֵבִיא מְעִילָתוֹ** — ששילם להקדש את הקרן של המעילה (דהיינו, השווי של ההנאה שנהנה מההקדש) **וְלֹא הֵבִיא** את **אֲשָׁמוֹ** — את קרבן "אשם מעילות" שמחוייב המועל בהקדש להביא, או שהביא את **אֲשָׁמוֹ וְלֹא הֵבִיא** את **מְעִילָתוֹ, שֶׁלֹּא יָצָא** ידי חובה וטעון כפרה עדיין? **תַּלְמוּד לוֹמַר** — כדי ללמד דבר זה נאמר (ויקרא ה, טז): "וְהַכֹּהֵן יְכַפֵּר עָלָיו **בְּאֵיל הָאָשָׁם וְנִסְלַח לוֹ**", ומשמע שאין עוונו נסלח לו אלא אם מביא את "אֵיל" (שזה האיל שמביא לקרבן), ואת "הָאָשָׁם" (שזה הקרן של המעילה[19]), ואם לא הביא את שניהם לא יצא ידי חובה, וטעון כפרה עדיין[20]. **וּמִנַּיִן שֶׁאִם הֵבִיא** את **אֲשָׁמוֹ** (הקרבן) **עַד שֶׁלֹּא הֵבִיא** את **מְעִילָתוֹ** (הקרן), **שֶׁלֹּא יָצָא** ידי חובה? **תַּלְמוּד לוֹמַר** — כדי ללמד דבר זה נאמר: "**בְּאֵיל הָאָשָׁם**", ומשמע שהחיוב להביא את האיל (הקרבן) הינו מדיני השבת האשם (הקרן), ואם כן הבאת האיל צריכה להיות בשעה **שֶׁהָאָשָׁם בִּכְבָר** — שכבר הובא האשם[21]. **יָכוֹל כְּשֵׁם שֶׁאַיִל וְאָשָׁם** (דהיינו, הקרבן והקרן) **מְעַכְּבִים** את הכפרה של המועל, **כָּךְ** גם תשלום ה**חוֹמֶשׁ מְעַכֵּב** את כפרתו? **תַּלְמוּד לוֹמַר** — כדי ללמד דבר זה נאמר: "**בְּאֵיל הָאָשָׁם וְנִסְלַח לוֹ**", ומשמע שהסליחה תלויה בשניהם בלבד, הרי שרק **הָאַיִל וְהָאָשָׁם** (דהיינו, הבאת הקרבן ותשלום הקרן) **מְעַכְּבִים** את הכפרה של המועל **בְּהֶקְדֵּשׁ, וְאֵין** תשלום ה**חוֹמֶשׁ מְעַכֵּב** את כפרתו[22].

לאחר שלימדה את הדין במעילה, הברייתא קושרת בין דין זה לדין גזלן שנשבע לשקר:

וְיִלָּמֵד הֶקְדֵּשׁ מֵהֶדְיוֹט — דין מעילה בהקדש מדין גוזל הדיוט ונשבע

הערות

אלא לשיטת רבי יהודה, הסובר שיש לקנוס את בני ידעיה על שקיבלו את הכסף שלא בזמן המשמרת שלהם, שהקנס הוא על שפגעו בזכותם של בני יהויריב, ומשום כך יכולים בני יהויריב למחול על הקנס הזה. אולם לדעת חכמים, הסוברים שיש לקנוס את בני יהויריב על שקיבלו את האשם לפני השבת הכסף, שהקנס הוא מפני שיש לחשוש שיקריבו את הקרבן בפסול, על קנס כזה אין מחילת בני ידעיה מועילה כלל [ומה שאמר רבי בברייתא השניה שבני ידעיה מחלו לבני יהויריב, היינו שהם לא קיבלו את מחילת בני יהויריב על הכסף, וממילא חוזר הדין שהכסף ינתן לבני יהויריב שאצלם נמצא האשם] (שיטה למהריק"ש; משנה למלך שם).

13. רש"י. [בגמרא להלן יבואר מניין למד רבא שזו משמעות הפסוק.]

14. רש"י, פסחים נח, ב ד"ה מניין שלא יהא דבר.

15. רש"י, פסחים שם ד"ה העולה; וראה תוספות; אולם עיין רש"י, יומא לד, א ד"ה תלמוד לומר, ומנחות מט, א ד"ה העולה.

16. תוספות.

17. רש"י.

העולה מדברי רבא, שהמילה "מִלְּבַד" יכולה להתפרש בשתי דרכים, יתכן לפרשה בנוסף לדבר שבא אחר כך, ויתכן לפרשה בנוסף לדבר שכבר הובא. ולכן את הפסוק "**מִלְּבַד** עֹלַת הַבֹּקֶר... תַּעֲשׂוּ אֶת אֵלֶּה", יש לפרש שיעשו את המוספים אחרי עולת הבוקר, מאחר שבמקום אחר ציותה התורה שאין להקריב על המזבח שום דבר לפני עולת הבוקר. ואילו לגבי הפסוק "הָאָשָׁם הַמּוּשָׁב... **מִלְּבַד** אֵיל הַכִּפֻּרִים", מאחר שהתורה כתבה "יְכַפֶּר" בלשון עתיד, הרי היא מגלה בכך שפסוק זה יש לפרשו שישיב את האשם לפני הבאת הקרבן (שיטה מקובצת בשם תוספות שאנץ; לתוספת ביאור עיין מלבי"ם על הפסוק [שנח]).

כפי שהתבאר לעיל (קי, א הערה 29), מה שאמרה המשנה "הביא אשמו עד שלא הביא גזילו לא יצא", אין כוונתה אלא שאם הקריב את האשם לפני שהביא את הגזילה לא יצא, אבל ודאי שאם הביא את האשם ולא הקריבו ואחר כך הביא את הכסף, מקריב את האשם ויוצא ידי חובה. ויש מי שכתב שאף אם שחט את הקרבן ואחר כך הביא את הגזילה, יכול לזרוק את הדם על המזבח ויוצא ידי חובה. שמכיון שהמקור לכך שיש להביא את הכסף לפני הקרבן, הוא ממה שנאמר "יְכַפֶּר", הרי שהתורה הקפידה שהכפרה של הקרבן תהיה לאחר השבת הגזילה, וזריקת הדם על המזבח היא שמכפרת (שיטה מקובצת בשם הרא"ש; אולם עיין תוספות ד"ה אמר רבא, שמדבריהם מבואר שאם שחט את הקרבן לפני השבת הכסף אינו יוצא ידי חובה).

18. המועל בהקדש [דהיינו שנהנה מההקדש] בשוגג, חייב לשלם להקדש את שווי הנאתו ["קרן"], ולהוסיף חומש. ובנוסף עליו להביא איל לקרבן אשם ודאי (ראה ויקרא ה, טו-טז). [נמצא שדינו של המועל בהקדש דומה לדינו של גזלן שנשבע לשקר.]

19. וכפי שתבאר הברייתא בהמשך, שכשם ש"הָאָשָׁם" האמור לגבי גזל הגר, היינו הקרן, כך גם "הָאָשָׁם" שנאמר בפסוק זה, היינו הקרן (רש"י).

20. רש"י.

21. רש"י. מאחר שהתורה קוראת לאיל "אֵיל הָאָשָׁם", משמע שהאיל טפל לאשם, הלכך יש להביא את האשם בתחילה (שיטה מקובצת בשם הרמ"ה; מלבי"ם על הפסוק [שנז]).

22. דהיינו שאם שילם להקדש את הקרן והביא את הקרבן, נתכפר לו על שנהנה מההקדש, ותשלום החומש אינו מעכב את הכפרה (ראה רש"י, ומהרש"א [לעיל קי, א על רש"י שם ד"ה נתן הקרן] בדעתו; רמב"ם הלכות מעילה א, ד; מאירי; אולם עיין ראב"ד; פנים מאירות על רש"י לעיל שם). אמנם אף על פי שנגמרה כפרתו, חייב לשלם גם את החומש להקדש, וחיוב זה הינו כעין חיוב ממוני רגיל, שכפרת העוון אינה תלויה בו (תוספות יום טוב על המשנה; וראה להלן הערה 25).

דמינח ניחא לה בבכל דהו (א) כריש לקיש [א] דאמר ר"ל טב למיתב טן דו מלמיתב ארמלו: נתן את הכסף ליהויריב וכו': תנו רבנן נתן אשם ליהויריב וכסף לידעיה [א] יחזיר כסף אצל אשם דברי רבי יהודה וחכמים אומרים יחזיר אשם אצל כסף היכי דמי אילימא דיהיב ליה אשם ליהויריב במשמרתו דיהויריב וכסף לידעיה במשמרתו דידעיה זה זכה בשלו וזה זכה בשלו אמר רבא [ב] הכא במאי עסקינן דיהיב אשם ליהויריב במשמרתו דיהויריב וכסף לידעיה במשמרתו דיהויריב ר' יהודה סבר כיון דלאו משמרת דידעיה היא לידעיה קנסינן ליה הלכך יחזיר כסף אצל אשם ורבנן סברי שלא כדין הוא עבוד בני יהויריב דקיבלו אשם מקמי כסף הלכך לדידהו קנסינן להו ויחזור אשם אצל כסף תניא אמר רבי לדברי רבי יהודה אם קדמו בני יהויריב והקריבו את האשם יחזור ויביא אשם אחר ויקריבוהו בני ידעיה וזכו הללו במה שבידן אמרי למאי חזי אשם פסול הוא אמר רבא לעורו תניא אמר רבי לדברי רבי יהודה אם קיים אשם יחזיר אשם אצל כסף והא רבי יהודה יחזיר כסף אצל אשם אית ליה הכא במאי עסקינן כגון דנפק משמרתו דיהויריב ולא תבעו והא קמ"ל דאחולי אחילו גבייהו תניא אידך אמר רבי לדברי רבי יהודה אם קיים אשם יחזור כסף אצל אשם פשיטא הכי אית ליה הכא במאי עסקינן כגון דנפיק משמרתם דהני ודהני ולא תבעו מהו דתימא אחולי גבי ההדדי קמ"ל דאמרינן כיון דלא תבעי להדרו ברישא: שהמביא גזילו עד שלא הביא אשמו [וכו']: מנהני מילי אמר רבא דאמר קרא א) האשם המושב לה' לכהן מלבד איל הכפורים אשר יכפר בו מכלל דכסף ברישא אמר ההוא מרבנן לרבא אלא מעתה ב) מלבד עולת הבקר הכי נמי מכלל דמוספין ברישא והתניא [ג] מנין שלא יהא דבר קודם לתמיד של שחר תלמוד לומר ג) וערך עליה העולה ואמר רבא העולה עולה ראשונה אמר ליה אנא א) מאשר יכפר בו נפקא ליה ועדיין לא כיפר: נתן לו את הקרן וכו': ת"ר מנין שאם הביא מעילתו ולא הביא אשמו ולא הביא מעילתו שלא יצא תלמוד לומר ד) באיל האשם ונסלח לו ומנין שאם הביא אשמו עד שלא הביא מעילתו שלא יצא תלמוד לומר באיל האשם האשם בכבר יכול כשם שאיל ואשם מעכבים כך חומש מעכב תלמוד לומר באיל האשם ונסלח לו [ד] איל ואשם מעכבים בהקדש [ה] ואין חומש מעכב וילמד הקדש מהדיוט והדיוט מהקדש הקדש מהדיוט מה אשם דהתם קרן אף אשם דהכא קרן והדיוט מהקדש מה הקדש אין חומש מעכב אף הדיוט נמי אין חומש מעכב:

הדרן עלך הגוזל עצים

רש"י

דמינח ניחא לה. להתקדש לראשון שהוא שלש על ספק זה שאם ימות תזקק לאחיו: טן דו. גוף שנים כלומר אשה בכל דהו ניחא לה: זה זכה בשלו וזה זכה בשלו. והוי נמי לרבנן דקנסו ליהויריב דקבול אשם מקמי כסף אלא לרבי יהודה מ"ט דקניס לידעיה: לדברי רבי יהודה. ואע"ג דקניס ליה לידעיה ה"מ היכא דאשם ראשון קיים דיכולין בני יהויריב להקריבו בעוד משמרתן קיימת ובהכשר אבל אם קדמו והקריבוהו בפסול דאשם הבא קודם הקרן פסול הוא כדמפורש לקמן ינתן אשם השני לידעיה: למאי חזי. דקתני זכו: כגון דנפק משמרתם. דהני ודהני ולא תבעו בני יהויריב את הכסף במשמרתם ולא בני ידעיה את האשם במשמרתם ואיצטריך לאשמועינן דלא תימא טעמא דרבי יהודה בדתבעו בני יהויריב שיחזור בעוד משמרתן קיימת אבל היכא דלא תבעו מחלו לבני ידעיה: קמ"ל. דכיון דבני ידעיה נמי לא תבעו לאשם במשמרתן יחזור כסף אצל אשם ויקריבוהו בני יהויריב כשיחזיר שבת משמרתם: האשם המושב [לה'] לכהן מלבד איל הכפורים אשר יכפר בו. כלומר לא קרב האיל עדיין: אנא מאשר יכפר קאמינא. דכתיב בלשון עתיד מדלא כתיב אשר כיפר ומשמע דכשהשיב לכהן את האשם דהיינו קרן הכסף עדיין לא כיפר: מנין שאם הביא מעילתו. גבי נהנה מן ההקדש קאמר: מעילתו. קרן דהקדש שמעל בו: באיל האשם ונסלח. משמע אין סליחה אלא בשניהם איל כמשמעו האשם קרן כדיליף לקמיה הקדש מהדיוט מה האשם דכתיב בגזל הגר קרן הוא כדאמר לעיל (דף קי.) אף אשם דכתיב בהקדש קרן הוא: באיל האשם. משמע באיל שהוא בא חובה לאשם שהוא קרן אלמא קרן ברישא מייתי: אין החומש מעכב. את הכפרה:

הדרן עלך הגוזל עצים

תוספות

אמר רבא לעורו. תימה דהכא משמע אפילו בפסול קודם זריקה וגם כשהעור מחובר עדיין בבשר ונעשה בו פסול קודם שחיטה שהביא קודם הכסף שרי בהנאה ובזבחים בפרק טבול יום (דף קד. ושם) אמר רבי דם מרצה על העור בפני עצמו פי' כשהוא מופשט ואירע פסול בבשר הדם מרצה על העור וכשהוא עם הבשר [ג] ונולד בו פסול קודם זריקה הרי הוא כיוצא בו אחר זריקה הורצה בשר שעה אחת יפשיטנו ועורו לכהנים אלמא כשהוא עם הבשר ונפסל קודם זריקה יוצא לשריפה והכא אירע בו פסול קודם שחיטה שהובא קודם הכסף ואמאי לא יצא העור לשריפה:

ת"ל העולה עולה ראשונה. פי' ראשונה שבפרשת פנחס וכי היכי דמלבד עולת הבקר גלי לך בהדיא דמלבד דבר הקודם לו קאמר הכי נמי מלבד איל הכפורים דבר הקודם לו קאמר ותימה דיליף הכא מהעולה ובפרק כל התדיר (זבחים דף פט. ושם [ז]) יליף ממלבד עולת הבקר לחודיה וי"ל דהתם נמי אהעולה קסמיך ועוד יש תירוץ אחר ואין להאריך כאן [ה]:

וילמד הקדש מהדיוט והדיוט מהקדש. תימה אמאי איצטריך קרא לעיל גבי הדיוט שאם הביא אשמו עד שלא הביא גזילו לא יצא נילף מהקדש ויש לומר דאי לאו דאשכחן שהשוה הכתוב הדיוט להקדש להך מילתא לא הוה ילפינן האי מהאי לענין שאר דברים אבל השתא דאשכחן שהשוה אותן דבתרוייהו אם הביא אשמו תחילה לא יצא כמו כן יש להשוותם לענין שאר דברים:

הדרן עלך הגוזל עצים

מסורת הש"ס

א) יבמות קיח: כתובות עה. קדושין ז. מא., ב) פסחים נח:, יומא לג:, כתובות קו:, ב"מ נה. [זבחים קג.] מנחות מט. תמיד כח:, ג) ונולד בו פסול בין קודם זריקה בין לאחר זריקה הרי הוא כיוצא בו (ולהרשב"א) [ולרא"ש] כשהוא עם הבשר ונולד בו פסול קודם כצ"ל. העתק מחילופי גרסאות, ד) [ד"ה כל], ה) [ועיין תוספות כתובות קו: ד"ה כדאמר ותוספות זבחים פט. ד"ה כל ומנחות מט. ד"ה ת"ל ופסחים נח: ויומא לד. ד"ה העולה].

הגהות הב"ח

(א) גמ' כדריש לקיש:

תורה אור השלם

א) וְאִם אֵין לָאִישׁ גֹּאֵל לְהָשִׁיב הָאָשָׁם אֵלָיו הָאָשָׁם הַמּוּשָׁב לַיי לַכֹּהֵן מִלְּבַד אֵיל הַכִּפֻּרִים אֲשֶׁר יְכַפֶּר בּוֹ עָלָיו: [במדבר ה, ח]

ב) מִלְּבַד עֹלַת הַבֹּקֶר אֲשֶׁר לְעֹלַת הַתָּמִיד תַּעֲשׂוּ אֶת אֵלֶּה: [במדבר כח, כג]

ג) וְהָאֵשׁ עַל הַמִּזְבֵּחַ תּוּקַד בּוֹ לֹא תִכְבֶּה וּבִעֵר עָלֶיהָ הַכֹּהֵן עֵצִים בַּבֹּקֶר בַּבֹּקֶר וְעָרַךְ עָלֶיהָ הָעֹלָה וְהִקְטִיר עָלֶיהָ חֶלְבֵי הַשְּׁלָמִים: [ויקרא ו, ה]

ד) וְאֵת אֲשֶׁר חָטָא מִן הַקֹּדֶשׁ יְשַׁלֵּם וְאֶת חֲמִישִׁתוֹ יוֹסֵף עָלָיו וְנָתַן אֹתוֹ לַכֹּהֵן וְהַכֹּהֵן יְכַפֵּר עָלָיו בְּאֵיל הָאָשָׁם וְנִסְלַח לוֹ: [ויקרא ה, טז]

עין משפט נר מצוה

רב א ב מיי' פ"ח מהל' גזילה ואבידה הלכה יב:

רג ג מיי' פ"א מהלכות תמידין הלכה ג:

רד ד מיי' פ"א מהל' מעילה הל' ה' [ועי' בהשגות ובכ"מ]:

רה ה ו שם הל' ד סמג עשין רי:

ליקוטי רש"י

טן דו. גוף שנים משל הדיוט הוא שהנשים אומרות טוב לשבת עם גוף שנים משבת אלמנה [כתובות עה.] בגופים שנים בעל ואשתו ואפילו אינו לה אלא לגוות בעלמא [קידושין ז.]. גופים שנים כל דהו בעל [יבמות קיח:]. טן. גוף. דו. שנים [קידושין מא.]. מנין שלא יהא דבר. נקטר במערכה משנערכה שחרית קודם לתמיד של שחר ת"ל וערך עליה בתר ובער עליה הכהן כתיב דהוא סידור מערכה שלא יהא דבר ניתן על מערכה גדולה קודם לאברי התמיד [יומא לג:]. העולה עולה ראשונה. מדלא כתיב וערך עליה עולה אלא העולה הכי קאמר וערך עליה מיד העולה החשובה האמורה תחלה לכל העולות והיינו עולת תמיד דפרשת קרבנות דקרבן תמיד כתיב ברישא [פסחים נח:] העולה משמע העולה האמורה ראשון בסדרי קרבנות והיא עולת הבקר שנא' ואמרת להם זה האשה וכו' וה"א יתירא קא דריש [כתובות קו:]. העולה משמע תהא ראשונה דאי לאורויי בעלמא אתא שיקטירו עליה עולה ושלמים נכתוב וערך עליה [יומא לד.]. העולה משמע העולה תהא ראשונה לכל הקרבנות [מנחות מט.]. דכתיב גבי סדר המערכה ובער עליה הכהן עצים בבקר בבקר וערך עליה העולה ה' יתירה דריש שתהא היא ראשונה שלא יהא הקטר קודם לתמיד של שחר [ב"מ נה.].

לו לשקר, **וְהֶדְיוֹט** — דין גוזל הדיוט ונשבע לו לשקר **מֵהֶקְדֵּשׁ** — מדין מעילה בהקדש[23]. דין מעילה ב**הֶקְדֵּשׁ** נלמד **מֵהֶדְיוֹט**, לדבר זה: **מָה "אָשָׁם" דְּהָתָם** — שנאמר שם, לגבי הגוזל את ההדיוט ("הָאָשָׁם הַמּוּשָׁב"), פירושו הַ**קֶּרֶן** של הגזילה[24], **אַף "אָשָׁם" דְּהָכָא** — שנאמר כאן, לגבי מעילה בהקדש ("אֵיל הָאָשָׁם"), היינו הַ**קֶּרֶן** של המעילה. **וְ**דין גוזל **הֶדְיוֹט** נלמד **מֵהֶקְדֵּשׁ**, לדבר זה: **מַה** — כשם שלגבי מעילה ב**הֶקְדֵּשׁ אֵין** תשלום ה**חוֹמֶשׁ מְעַכֵּב** את הכפרה של המועל, **אַף** לגבי גזל **הֶדְיוֹט אֵין** תשלום ה**חוֹמֶשׁ מְעַכֵּב** את הכפרה של הגזלן[25].

הדרן עלך הגוזל עצים

הערות

23. מאחר שמצאנו שהתורה השותה בין שני הדינים הללו, שבשניהם הדין הוא שאם הביא את הקרבן לפני שהשיב את מה שלקח אינו יוצא ידי חובה, מסתבר לומר שגם לענין שאר דברים יש להשוות ביניהם (תוספות; לדיון בדבריהם עיין מהרש"א).

24. וכפי שלימדה הברייתא לעיל (קי, א).

25. דהיינו שאם נתן לכהנים את הקרן והקריב את האשם, כבר נתכפר לו על שנשבע לשקר, ואין החומש מעכב את כפרתו (ראה רש"י, ומהרש"א [לעיל קי, א על רש"י שם ד"ה נתן הקרן] בדעתו; רמב"ם הלכות גזילה ואבידה ח, יג; אולם עיין ראב"ד; פנים מאירות על רש"י לעיל שם; אבני נזר, חושן משפט פד; ראה גם לעיל שם הערה 26). אמנם אף על פי שנגמרה כפרתו חייב לתת לכהנים את החומש (רמב"ם שם). אלא שחיוב זה הינו חיוב ממוני רגיל, שאין הכפרה תלויה בו (תוספות יום טוב על המשנה; ראה גם לעיל הערה 22).

דמינח ניחא לה בכל דהו (א) כריש לקיש[א] דאמר ר"ל טב למיתב טן דו מלמיתב ארמלו: נתן את הכסף ליהויריב וכו': תנו רבנן נתן אשם ליהויריב וכסף לידעיה [א] יחזיר כסף אצל אשם דברי רבי יהודה וחכמים אומרים יחזיר אשם אצל כסף היכי דמי אילימא דיהיב ליה אשם ליהויריב במשמרתו דיהויריב וכסף לידעיה במשמרתו דידעיה זה זכה בשלו וזה זכה בשלו אמר רבא [ב] הכא במאי עסקינן דיהיב אשם ליהויריב במשמרתו דיהויריב וכסף לידעיה במשמרתו דיהויריב ר' יהודה סבר כיון דלאו משמרת דידעיה היא לידעיה קנסינן ליה הלכך יחזיר כסף אצל אשם ורבנן סברי שלא כדין הוא עבוד בני יהויריב דקיבלו אשם מקמי כסף הלכך לדידהו קנסינן להו ויחזור אשם אצל כסף תניא אמר רבי לדברי רבי יהודה אם קדמו בני יהויריב והקריבו את האשם יחזור ויביא אשם אחר ויקריבוהו בני ידעיה וזכו הללו במה שבידן אמרי למאי חזי אשם פסול הוא אמר רבא לעורו תניא אמר רבי לדברי רבי יהודה אם קיים אשם יחזיר אשם אצל כסף והא רבי יהודה יחזיר כסף אצל אשם אית ליה הכא במאי עסקינן כגון דנפק משמרתו דיהויריב ולא תבעו והא קמ"ל דאחולי אחילו גבייהו תניא אידך אמר רבי לדברי רבי יהודה אם קיים אשם יחזור כסף אצל אשם פשיטא הכי אית ליה הכא במאי עסקינן כגון דנפיק משמרתם דהני ודהני ולא תבעו מהו דתימא אחולי גבי הדדי קמ"ל דאמרינן כיון דלא תבעי להדרו ברישא: שהמביא גזילו עד שלא הביא אשמו [וכו']: מנהני מילי אמר רבא דאמר קרא (א) האשם המושב לה' לכהן מלבד איל הכפורים אשר יכפר בו מכלל דכסף ברישא אמר ההוא מרבנן לרבא אלא מעתה (ב) מלבד עולת הבקר הכי נמי מכלל דמוספין ברישא והתניא [ג] [ג]מנין שלא יהא דבר קודם לתמיד של שחר תלמוד לומר (ג) וערך עליה העולה ואמר רבא העולה עולה ראשונה אמר ליה אנא (א) מאשר יכפר בו נפקא ליה ועדיין לא כיפר: נתן לו את הקרן וכו': ת"ר מנין שאם הביא מעילתו ולא הביא אשמו ולא הביא מעילתו שלא יצא תלמוד לומר (ד) באיל האשם ונסלח לו ומנין שאם הביא אשמו עד שלא הביא מעילתו שלא יצא תלמוד לומר באיל האשם האשם בכבר יכול כשם שאיל ואשם מעכבים כך חומש מעכב תלמוד לומר באיל האשם ונסלח לו [ד]איל ואשם מעכבים בהקדש [ה]ואין חומש מעכב וילמד הקדש מהדיוט והדיוט מהקדש הקדש מהדיוט מה אשם דהתם קרן אף אשם דהכא קרן והדיוט מהקדש מה הקדש אין חומש מעכב אף הדיוט נמי אין חומש מעכב:

הדרן עלך הגוזל עצים

רש"י

דמינח ניחא לה. להתקדש לראשון שהוא שלם על ספק זה שאם ימות תזקק לאחיו: טן דו. גוף שנים כלומר אשה בכל דהו ניחא לה: זה זכה בשלו וזה זכה בשלו. והני נמי לרבנן דקנסו ליהויריב דקבול אשם מקמי כסף אלא לרבי יהודה מ"ט דקנים לידעיה: לדברי רבי יהודה. ואע"ג דקנים ליה לידעיה ה"מ היכא דאשם ראשון קיים דיכולין בני יהויריב להקריבו בעוד משמרתן קיימת והכשר אבל אם קדמו והקריבוהו בפסול דאשם הבא קודם הקרן פסול הוא כדמפורש לקמן יתן אשם השני לידעיה: למאי חזי. דקתני זכו: כגון דנפק משמרתם. דהני ודהני ולא תבעו בני יהויריב את הכסף במשמרתם ולא בני ידעיה את האשם במשמרתם ואיצטריך לאשמועינן דלא תימא טעמא דרבי יהודה בדתבעו בני יהויריב שיחזור בעוד משמרתן קיימת אבל היכא דלא תבעו מחלו לבני ידעיה: קמ"ל. דכיון דבני ידעיה נמי לא תבעו לאשם במשמרתן יחזור כסף אצל אשם ויקריבוהו בני יהויריב כשיחזור שבת משמרתם: האשם המושב [לה'] לכהן מלבד איל הכפורים אשר יכפר בו. כלומר לא קרב האיל עדיין: אנא מאשר יכפר קאמינא. דכתיב בלשון עתיד מדלא כתיב אשר כיפר ומשמע דכשהשיב לכהן את האשם דהיינו קרן הכסף עדיין לא כיפר: מנין שאם הביא מעילתו. גבי נהנה מן ההקדש קאמר: מעילתו. קרן דהקדש שמעל בו: באיל האשם ונסלח. משמע אין סליחה אלא בשניהם איל כמשמעו האשם קרן כדיליף לקמיה הקדש מהדיוט מה האשם דכתיב בגזל הגר קרן הוא כדאמר לעיל (דף קי.) אף אשם דכתיב בהקדש קרן הוא: באיל האשם. משמע באיל שהוא בא חובה לאשם שהוא קרן אלמא קרן ברישא מייתי: אין החומש מעכב. את הכפרה:

הדרן עלך הגוזל עצים

תוספות

אמר רבא לעורו. תימה דהכא משמע אפילו בפסול קודם זריקה וגם כשהעור מחובר עדיין בבשר ונעשה בו פסול קודם שחיטה שהביא קודם הכסף שרי בהנאה ובזבחים בפרק טבול יום (דף קד. ושם) אמר רבי דם מרצה על העור בפני עצמו פי' כשהוא מופשט ואירע פסול בבשר הדם מרצה על העור וכשהוא עם הבשר [ג] ונולד בו פסול קודם זריקה הרי הוא כיוצא בו אחר זריקה הורצה בשר שעה אחת יפשיטנו ועורו לכהנים אלמא כשהוא עם הבשר ונפסל קודם זריקה יוצא לשריפה והכא אירע בו פסול קודם שחיטה שהובא קודם הכסף ואמאי לא יצא העור לשריפה: **ת"ל** העולה עולה ראשונה. פי' ראשונה שבפרשת פנחס וכי היכי דמלבד עולת הבקר גלי לך בהדיא דמלבד דבר הקודם לו קאמר הכי נמי מלבד איל הכפורים דבר הקודם לו קאמר ותימה דיליף הכא מהעולה ובפרק כל התדיר (זבחים דף פט. ושם [ד]) יליף ממלבד עולת הבקר לחודיה וי"ל דהתם נמי אהעולה קסמיך ועוד יש תירוץ אחר ואין להאריך כאן [ה]:

וילמד הקדש מהדיוט והדיוט מהקדש. תימה אמאי איצטריך קרא לעיל גבי הדיוט שאם הביא אשמו עד שלא הביא גזילו לא יצא נילף מהקדש ויש לומר דאי לאו דאשכחן שהשוה הכתוב הדיוט להקדש להך מילתא לא הוה ילפינן האי מהאי לענין שאר דברים אבל השתא דאשכחן שהשוה אותן דבתרוייהו אם הביא אשמו תחילה לא יצא כמו כן יש להשוותם לענין שאר דברים:

הדרן עלך הגוזל עצים

מסורת הש"ס

א) יבמות קיח: כתובות עה. קדושין ז. מא., ב) פסחים נח:, יומא לג:, כתובות קו:, ב"מ נה. [זבחים קג.] מנחות מט. תמיד כח:, ג) ונולד בו פסול בין קודם זריקה בין לאחר זריקה הרי הוא כיוצא בו (ולהרשב"א) [ולרא"ש] כשהוא עם הבשר ונולד בו פסול קודם כצ"ל. העתק מחילופי גרסאות, ד) [ד"ה כל], ה) [ועיין תוספות כתובות קו: ד"ה כדאמר ותוספות זבחים פט. ד"ה כל ומנחות מט. ד"ה ת"ל ופסחים נח: ויומא לד. ד"ה העולה].

הגהות הב"ח

(א) גמ' כדריש לקיש:

תורה אור השלם

א) וְאִם אֵין לָאִישׁ גֹּאֵל לְהָשִׁיב הָאָשָׁם אֵלָיו הָאָשָׁם הַמּוּשָׁב לַיי לַכֹּהֵן מִלְּבַד אֵיל הַכִּפֻּרִים אֲשֶׁר יְכַפֶּר בּוֹ עָלָיו: [במדבר ה, ח]

ב) מִלְּבַד עֹלַת הַבֹּקֶר אֲשֶׁר לְעֹלַת הַתָּמִיד תַּעֲשׂוּ אֶת אֵלֶּה: [במדבר כח, כג]

ג) וְהָאֵשׁ עַל הַמִּזְבֵּחַ תּוּקַד בּוֹ לֹא תִכְבֶּה וּבִעֵר עָלֶיהָ הַכֹּהֵן עֵצִים בַּבֹּקֶר בַּבֹּקֶר וְעָרַךְ עָלֶיהָ הָעֹלָה וְהִקְטִיר עָלֶיהָ חֶלְבֵי הַשְּׁלָמִים: [ויקרא ו, ה]

ד) וְאֵת אֲשֶׁר חָטָא מִן הַקֹּדֶשׁ יְשַׁלֵּם וְאֶת חֲמִישִׁתוֹ יוֹסֵף עָלָיו וְנָתַן אֹתוֹ לַכֹּהֵן וְהַכֹּהֵן יְכַפֵּר עָלָיו בְּאֵיל הָאָשָׁם וְנִסְלַח לוֹ: [ויקרא ה, טז]

עין משפט נר מצוה

רב א ב מיי' פ"ח מהל' גזילה ואבידה הלכה יב:

רג ג מיי' פ"א מהלכות תמידין הלכה ג:

רד ד מיי' פ"א מהל' מעילה הל' ה' [ועי' בהשגות ובכ"מ]:

רה ה ו שם הל' ד סמג עשין ר':

ליקוטי רש"י

טן דו. גוף שנים משל הדיוט הוא שהנשים אומרות טוב לשבת עם גוף שנים משבת אלמנה [כתובות עה.] בגופים שנים בעל ואשתו ואפילו אינו לה אלא לצוות בעלמא [קידושין ז.]. גופים שנים כל דהו בעל [יבמות קיח:]. טן. גוף. דו. שנים [קידושין מא.]. מנין שלא יהא דבר. נקטר במערכה משנערכה שחרית קודם לתמיד של שחר ת"ל וערך עליה בתר ובער עליה הכהן כתיב דהוא סידור מערכה שלא יהא דבר ניתן על מערכה גדולה קודם לאברי התמיד [יומא לג:]. העולה עולה ראשונה. מדלא כתיב וערך עליה עולה אלא העולה הכי קאמר וערך עליה מיד העולה החשובה האמורה תחלה לכל העולות והיינו עולת תמיד דפרשת קרבנות דקרבן תמיד כתיב ברישא [פסחים נח:] העולה משמע העולה האמורה ראשון בסדרי קרבנות והיא עולת הבקר שנא' ואמרת להם זה האשה וכו' וה"א יתירא קא דריש [כתובות קו:]. העולה משמע תהא ראשונה דאי לאורויי בעלמא אתא שיקטירו עליה עולה ושלמים נכתוב וערך עליה [יומא לד.]. העולה משמע העולה תהא ראשונה לכל הקרבנות [מנחות מט.]. דכתיב גבי סדר המערכה ובער עליה הכהן עצים בבקר בבקר וערך עליה העולה ה' יתירה דריש שתהא היא ראשונה שלא יהא הקטר קודם לתמיד של שחר [ב"מ נה.].

הגוזל ^(א) ומאכיל את בניו והניח לפניהם [א] פטורין מלשלם ואם היה דבר שיש בו אחריות חייבין לשלם: **גמ'** ^(ב) ^(ג) אמר רב חסדא [ב] גזל ולא נתייאשו הבעלים ובא אחר ואכלו [ג] ממנו רצה מזה גובה רצה מזה גובה מאי טעמא כל כמה דלא נתייאשו הבעלים ברשותיה דמריה קאי תנן הגוזל ומאכיל את בניו והניח לפניהם פטורין מלשלם תיובתא דרב חסדא אמר לך רב חסדא [ג] כי תניא ההיא לאחר יאוש: אם הניח לפניהם פטורין מלשלם: אמר רמי בר חמא זאת אומרת ^(ד) רשות יורש כרשות לוקח דמי רבא אמר [ד] רשות יורש לאו כרשות לוקח דמי והכא במאי עסקינן [ה] כשאכלום (א) הא מדקתני סיפא אם היה דבר שיש בו אחריות חייבין לשלם מכלל דרישא בגזילה קיימת עסקינן אמר לך רבא הכי קאמר [ו] אם הניח להם אביהם אחריות נכסים חייבין לשלם והא ^(ה) מתני ליה רבי לרבי שמעון בריה לא דבר שיש בו אחריות ממש אלא אפילו פרה וחורש בה חמור ומחמר אחריו חייבין להחזיר מפני כבוד אביהן אלא אמר רבא ^(ו) כי שכיבנא ר' אושעיא נפיק לוותי דתריצנא מתני' כוותיה דתני רבי אושעיא [ז] הגוזל ומאכיל את בניו פטורין מלשלם הניח לפניהם גזילה קיימת חייבין אין הגזילה קיימת פטורין הניח להם אביהם אחריות נכסים חייבין לשלם אמר מר אין הגזילה קיימת פטורין נימא תיהוי תיובתא דרב חסדא אמר לך רב חסדא כי תניא ההיא לאחר יאוש אמר מר גזילה קיימת חייבין לשלם נימא תיהוי תיובתא דרמי בר חמא אמר לך רמי בר חמא כי תניא ההיא לפני

רש"י

הגוזל ומאכיל. והניח לפניהם. או שהניח לפניהם (ב) הגזילה קיימת: **פטורים מלשלם.** בגמרא מפרש טעמא: **אם היה** דבר כו'. בגמ' מפרשי לה מר הכי ומר הכי: **גמ' ברשותיה דמריה** קאי. וזה שאכלו נעשה כגוזלו מבעליו: **זאת אומרת.** דקתני והניח לפניהם פטורין: **רשות יורש** כרשות לוקח דמי. והויא לה כרשות אחרת וכיון דאוקימנא למתניתין לאחר יאוש קני להו יתמי ביאוש ושינוי רשות דאי ביאוש כדי לא קני מדלא קתני פטורא באבוהון: **כשאכלום.** לאחר מיתת אביהן ונגזל אין יכול לתובען שהרי לא גזלוהו: **והא מדקתני סיפא אם היה דבר** שיש בו אחריות. כגון דבר הניכר לרבים ונראה כל שעה כעין קרקע או כגון טלית וכסות: **חייבים** להחזירה. מפני כבוד אביהן שהבריות אומרות זו טלית שגזל פלוני: **מכלל** דבגזילה קיימת עסקינן. ואפ"ה היכא דלאו משום כבוד פטר להו ברישא במתני': **הכי קאמר אם הניח** להן אביהן. קרקעות משלו אפילו אכלו את הגזילה חייבין דאשתעביד נכסים דאבוהון מחיים: **לא דבר** שיש בו אחריות ממש. לא שגזל קרקע והניחה לפניהן: **אלא אפילו** גזל פרה וחרש בה או חמור ומחמר אחריו. והכל מעידין שהיה דנגזל חייבין אלמא בגזילה קיימת עסקינן: **אמר רבא כי שכיבנא רבי אושעיא** נפק לוותי. יצא לקראתי: **דמתריצנא** למתניתין כוותיה. באחריות ממש ובשאין גזילה קיימת וחסורי מיחסרא ולא מוקי לה בדבר המסויים ובגזילה קיימת כרבי ^(ז) [דכיון דאשכחן (ג) הכי מתריצנא לה מתניתין כברייתא ולא חיישינן למאי דמתני רבי לר' שמעון בריה דברייתא קיימא כוותיה]: **גזילה** קיימת. שלא אכלוה אחרי מותו ותבען הנגזל: **חייבין.** דרשות יורש לאו כרשות לוקח דמי ויאוש כדי לא קני: **אין גזילה קיימת.** שאכלוה אחרי מותו: **פטורין.** דאינהו לא גזול מידי: **הניח להן אביהן אחריות נכסים.** קרקע משלו: **חייבין לשלם.** דאשתעבוד נכסיה: **דרב חסדא.** דאמר לעיל רצה מזה גובה: **לאחר יאוש.** ואכלוה: **תיהוי תיובתא דרמי בר חמא.** כיון דלאחר יאוש אוקימתה:

תוספות

הגוזל ומאכיל. לאו דוקא מאכיל דה"ה נותן להם דפטורין לרב חסדא דמוקי בגמרא מתניתין לאחר יאוש דהוה ליה יאוש ושינוי רשות אלא אורחא דמילתא נקט אי נמי דוקא נקט מאכיל אפי' לרב חסדא דלא חשיב שינוי רשות במה שנותן לבניו הסמוכין על שולחנו אפילו לשמואל דאמר בבבא מציעא (דף יב.) דמציאתן לעצמן כיון דלאכילה נותן להם ומזונותיו עליו לא חשיב שינוי רשות ומיהו לרב דאית ליה יאוש כדי קני ואמר נמי בפירקין (דף קטו.) דאית ליה דרב חסדא וא"כ לדידיה נמי צריך לאוקמי מתניתין לאחר יאוש כדמוקי רב חסדא לדידיה ודאי מאכיל לאו דוקא דה"ה נותן ועוד י"ל דלרב נמי מאכיל דוקא ובדבר המסויים:

גזל ולא נתייאשו הבעלים ובא אחר כו'. אבל נתייאשו אין גובה אלא מן הראשון כיון דאכלו האחרון ואפי' היכא דאילו לא אכלו היה חייב להחזיר כגון היכא דליכא שינוי רשות שנתייאש אחר שבא ליד השני וכן משמע לקמן דאוקים רב חסדא ברייתא דר' אושעיא דקתני גזילה קיימת חייבין אחר יאוש משום דרשות יורש לאו כרשות לוקח דמי כדרבא ואפ"ה אין גזילה קיימת קתני דפטור ותימה כיון דכי הגזילה קיימת חייבין אמאי פטורין כשאכלום וכן קשה לרמי בר חמא דמוקי לה לפני יאוש ועוד לרב חסדא ולרבא כיון דרשות יורש לאו כרשות לוקח דמי מה לי לפני יאוש מה לי לאחר יאוש אפי' אין גזילה קיימת חייבין וי"ל דדרשינן מקרא לקמן בשמעתין דפטור באין גזילה קיימת אשר גזל אם כעין שגזל יחזיר מכאן אמרו הגוזל ומאכיל כו' ומסתברא ליה לרב חסדא לאוקמי קרא דדוקא לאחר יאוש ורמי בר חמא מוקי לה אף לפני יאוש ומיהו לרב דאמר יאוש כדי קני וסבר נמי כרב חסדא לדידיה צ"ל דאסמכתא היא דבלאו קרא נמי פטורין כיון דביאוש כדי קני ומה שבגזילה קיימת חייבין נפרש בסמוך בע"ה ומיהו קשה למ"ד במרובה (לעיל דף סז.) דשינוי לא קני ודריש והשיב הגזילה מ"מ ולא דריש אשר גזל אם כעין אשר גזל יחזיר אלא למעוטי גזל אביו מנא ליה האי דרשה ואין לומר דאותו אמורא יסבור דיאוש כדי קני דהשתא לא צריך להאי דרשה ואסמכתא היא דהא ר' חייא בר אבא אמר ר' יוחנן דריש בריש הגוזל (לעיל דף צד:) דבר תורה גזילה המשתנית חוזרת בעין מוהשיב את הגזילה מ"מ ולית ליה דרשה כעין שגזל וסובר במרובה (לעיל דף סח.) ובפירקין דיאוש כדי לא קני וא"כ מנליה באין גזילה קיימת דפטורין מלשלם לכך נראה דהך דרשה דלקמן אסמכתא היא לכ"ע ומסברא מחלק רב חסדא בין לפני יאוש בין לאחר יאוש דלא הוי כל כך ברשות מריה אחר יאוש כמו לפני יאוש שנקל לצאת מרשות בעלים בשינוי רשות או בשינוי השם ואין זה דוחק דכי הוה מפקינן נמי מקרא צריך סברא זו דאמאי מוקמינן קרא טפי אחר יאוש מלפני יאוש כיון דגם אחר יאוש חשיבא ברשות מריה ולרמי בר חמא ניחא טפי דאיהו לית ליה טעמא דרשות מריה כלל דכיון שהוא לא גזלן אינו יכול לתובעו כלל שהרי אין לגמרי ברשות מריה שהרי אינו יכול (לו) להקדישו וגם הגזלן יכול לקנותו בשינוי מעשה ותדע דהא רב חסדא הוצרך לפרש מ"ט כו' וגמרא נמי פריך ליה ממתניתין:

ואם הניח להן אביהן אחריות נכסים חייבין לשלם. למ"ד מלוה על פה אין גובה לא מן היורשים ולא מן הלקוחות בגט פשוט (ב"ב דף קעה:) איכא לאוקמי כשעמד בדין דהוה כמלוה בשטר כדמוכח בכמה דוכתי: [ועי' תוס' לעיל קד: ד"ה מלוה ע"פ]:

דמתריצנא מתניתין כוותיה. כך היה רגיל לתרץ משניות כמותו כדאשכחן באיזהו נשך (ב"מ דף סב:) גבי כילד לקח הימנו חיטים אבל בשביל שהיה מתרץ משנה אחת לא היה אומר כן: **אין** גזילה קיימת פטורין לימא תיהוי תיובתא דרב חסדא. מרישא דקתני הגוזל ומאכיל את בניו פטורין ה"מ למפרך לרב חסדא כל כמה דלא ידע דלאחר יאוש איירי כי היכי דפריך ליה לעיל ממתניתין אלא משום דניחא ליה למפרך מסיפא משום דפריך מינה לתרוייהו לרמי בר חמא ולרב חסדא:

רב חסדא מוקי לה לאחר יאוש. וא"ת רב דסבר יאוש כדי קני וסבר נמי כרב חסדא וע"כ צריך לאוקמי נמי לאחר יאוש א"כ כי גזילה קיימת אמאי חייבין כיון דיאוש כדי קני וי"ל דרב מוקי לה בדבר המסויים והא דקתני אין גזילה קיימת פטורין ה"ה דה"מ לפלוגי בגזילה קיימת גופה בין דבר המסויים לשאין מסויים אלא דניחא ליה לאשמועינן דאפילו בדבר המסויים באין גזילה קיימת פטורין אע"ג דאושא מילתא שאכלו מה שגזל אביהן וכן ברייתא דלקמן דקתני הגוזל ומאכיל את בניו פטורין מלשלם ומיבעי ליה לאוקמי אליבא דרב חסדא לאחר יאוש לרב צריך לאוקמי בדבר המסויים מדקתני אם הניח לבניו גדולים חייבין לשלם וכן באידך קתני בין גדולים בין קטנים חייבין ואי בדבר שאינו מסויים אמאי חייבין לרב כיון דאיירי לאחר יאוש ופליגי הני ברייתות אליבא דרב אם קטנים חייבין משום כבוד אביהן אי לאו והא כסומכוס והא כרבנן דפלוגתא דסומכוס ורבנן בסמוך מיבעי ליה לאוקמי אליבא דרב דפליגי בהכי אי שייך בקטנים טעמא דכבוד אביהן אי לא אבל לרמי בר חמא דמיירי ברייתות לפני יאוש ולרב חסדא דאיירי לאחר יאוש פליגי בגזילה גמורה שביד קטן ולא קנאה קטן אם מקבלין עדים להוציא מידו או לא וכן פלוגתא דסומכוס ורבנן:

אע"פ

עין משפט נר מצוה

א א מיי' פ"ה מהלכות גזילה ואבידה הלכה ה סמג עשין עג טוש"ע ח"מ סימן שסא סעיף ז:
ב ב מיי' שם הלכה ד טוש"ע שם סעיף ה ו:
ג ג מיי' שם טוש"ע שם סעיף ז:
ד ד מיי' שם פ"ב הל' א סמג שם טוש"ע ח"מ סימן שנג סעיף ד וסימן שסא סעיף ז וסי' שסב סעיף א:
ה ה ו מיי' פ"ה שם הלכה ה סמג שם טוש"ע שם סימן שסא סעיף ז:
ו ז מיי' שם ופ"ב שם הלכה א סמג שם טוש"ע שם וסימן שסב סעיף א:

ליקוטי רש"י

הגוזל ומאכיל. אע"פ שנהנו בניו עצמן מן הגזילה פטורין דאינהו לא גזול מידי. **והניח לפניהם.** כלומר או שהניח לפניהם גזילה קיימת לאחר מותו. **פטורין מלשלם.** דקנייה ביאוש ושינוי רשות אי נמי כשאכלום כדמוקי לה התם [רשב"ם ב"ב מד.]. **רצה מזה גובה.** דכיון דקודם יאוש אכלו זה האחרון הוה ליה איהו גזלן עלייהו דהא כל מקמי יאוש ברשותייהו דמרייהו קיימי כל היכא דאיתנהו [חולין קלד.]. **רשות יורש כרשות לוקח דמי.** דקנייה יורש ואע"פ שגזילה קיימת כדקתני והניח לפניהם פטורין דמשמע אפילו גזילה קיימת. **רשות יורש לאו וכו'.** רשות יורש דגזלן לאו כרשות לוקח מגזלן דמי דאילו גבי לוקח איכא יאוש ושינוי רשות וקני דלוקח רשותא אחריתי הוא ואילו יורש כרעיה דאבוה וכברשות גזלן מורישו דמי ולא קניה ביאוש גרידא דהא שינוי רשות ליכא גבי יורש וכל היכא דאיתא הדרא בעין לנגזל. **כשאכלום.** דלא הויא גזילה קיימת והלכך פטורין [רשב"ם ב"ב מד.]. **כי שכיבנא ר' אושעיא נפיק לוותי.** כשאמות ר' אושעיא יצא לקראתי [ב"מ סב:].

מסורת הש"ס

א) ב"ב מד., ב) חולין קלד. [לקמן קטו.], ג) ברי"ף וברא"ש ליתא תיבת ממנו, ד) [ב"ב מד.], ה) [לקמן קיג. קיד:], ו) [ב"מ סב:], ז) ס"א.

הגהות הב"ח

(א) גמ' והא מדקתני סיפא: (ב) רש"י ד"ה הגוזל וכו' שהגזילה קיימת: (ג) ד"ה דמתריצנא וכו' דאשכחן לברייתא הכי מתריצנא וכו' כוותי:

גליון הש"ס

גמ' אמר רב חסדא גזל. עיין פ"ז משנה ג' דתרומות ובירושלמי שם.

פרק עשירי

משנה בפרק הקודם נתבאר באלו אופנים קונה הגזלן את הגזילה לעצמו, ומשלם לנגזל את דמיה. המשניות הראשונות בפרק שלפנינו מלמדות באלו מקרים נוהגת הלכה זו בנוגע לאדם אחר שקיבל את החפץ הגזול מהגזלן:

הַגּוֹזֵל חפץ **וּמַאֲכִיל** אותו **אֶת בָּנָיו, וְהִנִּיחַ** — או שהניח **לִפְנֵיהֶם** את החפץ בתורת ירושה, **פְּטוּרִין מִלְּשַׁלֵּם**[1]. **וְאִם הָיָה דָּבָר שֶׁיֵּשׁ בּוֹ אַחֲרָיוּת, חַיָּיבִין לְשַׁלֵּם**[2].

גמרא הגמרא מביאה הוראה של אמורא:

אָמַר רַב חִסְדָּא: גָּזַל חפץ מחבירו, **וְלֹא נִתְיָיאֲשׁוּ** עדיין **הַבְּעָלִים** ממנו, אלא הם מצפים להוציא את הגזילה מיד הגזלן, **וּבָא** אדם **אַחֵר וַאֲכָלוֹ מִמֶּנּוּ**, דהיינו שנטל את החפץ מן הגזלן ואכלו, זכאי הנגזל לגבות את דמי החפץ באחת משתי הדרכים: אם **רָצָה, מִזֶּה** — מן הגזלן עצמו הוא **גּוֹבֶה**, שהרי הוא גזלו ונתחייב לשלם לו; ואם **רָצָה, מִזֶּה** — מן השני שאכלו הוא **גּוֹבֶה**. **מַאי טַעְמָא** — מהו הטעם שגם השני מתחייב בתשלומים? מפני **שֶׁכָּל כַּמָּה דְּלֹא נִתְיָיאֲשׁוּ הַבְּעָלִים** מן החפץ הגזול, **בִּרְשׁוּתֵיהּ דְּמָרֵיהּ קָאֵי** — ברשותו של בעליו הוא עומד. ואם כן זה שאכלו נחשב כגוזלו מבעליו, ולפיכך מתחייב אף הוא לשלם לבעלים[3].

הגמרא מקשה על דברי רב חסדא ממשנתנו:

תְּנַן: הַגּוֹזֵל חפץ **וּמַאֲכִיל** אותו **אֶת בָּנָיו, וְהִנִּיחַ** — או שהניח **לִפְנֵיהֶם** את החפץ בירושה, **פְּטוּרִין מִלְּשַׁלֵּם**. המשנה מלמדת במקרה הראשון שבני הגזלן פטורים מלשלם את דמי הגזילה שאביהם האכיל אותם[4].

תְּיוּבְתָּא — והרי זו קושיא על הוראתו **דְּרַב חִסְדָּא**[5]!

מתרצת הגמרא:

אָמַר לָךְ רַב חִסְדָּא — רב חסדא יאמר לך: **כִּי תַּנְיָא הַהִיא** — מה שאותה משנה מלמדת, זהו כשהבנים אכלו את הגזילה **לְאַחַר יֵאוּשׁ**. במקרה זה מודה רב חסדא שאין הבנים נחשבים כגזלנים כלפי הבעלים, ולפיכך פטרה אותם המשנה מלשלם[6].

על פי ביאורו של רב חסדא להוראה הראשונה של המשנה, דנה הגמרא בהוראה השניה:

אִם הגזלן מת **וְהִנִּיחַ לִפְנֵיהֶם** את הגזילה בירושה, הרי הם **פְּטוּרִין מִלְּשַׁלֵּם**.

הגמרא מסיקה מהוראה זו:

אָמַר רָמִי בַּר חָמָא: זֹאת אוֹמֶרֶת שֶׁ**רְשׁוּת יוֹרֵשׁ, כִּרְשׁוּת לוֹקֵחַ דָּמֵי** (נחשבת). כלומר, חפץ גזול העובר לאחר מות הגזלן לרשות יורשיו, נחשב הדבר כ״שינוי רשות״, וכאילו מכר הגזלן את הגזילה לאדם אחר. ולפיכך לימדה המשנה שהבנים פטורים מלהחזיר את הגזילה אפילו אם היא עדיין קיימת. שהרי העמדנו את המשנה שהיא

הערות

1. המשנה עוסקת בשני מקרים: (א) הגזלן נתן את הגזילה לבניו, והם אכלו אותה [והוא הדין אם אכלו אותה אנשים אחרים, או הפסידו אותה באופן אחר]; (ב) הגזלן מת והניח את הגזילה לפני בניו, והיא עדיין קיימת. המשנה מלמדת שבשני המקרים הבנים פטורים מלשלם [והיינו, שבמקרה הראשון הם פטורים מלשלם את דמי הגזילה, ובמקרה השני הם פטורים מלהחזיר את הגזילה לבעלים]. הטעם להוראות אלה יתבאר בגמרא (רש״י). [בנוגע למקרה השני ישנה מחלוקת אמוראים בגמרא אם מדובר כשהגזילה עדיין קיימת. רש״י נקט כאן כפי שהבינה הגמרא בתחילה מפשטות לשון המשנה, שמדובר כשהגזילה קיימת.]

[הגזלן עצמו — אם הוא עדיין חי — בודאי שחייב לשלם. המשנה מתייחסת לחיובם של הבנים, ומלמדת שאין הנגזל יכול לתבוע מהם את תשלומי הגזילה.]

2. [המושג ״דבר שיש בו אחריות״ מתייחס בדרך כלל לקרקעות. אדם המלוה מעות לחבירו (או נושה בו חוב אחר) סומך בעיקר על הקרקעות שיש ללוה, כיון שהן קיימות לעולם ואי אפשר להבריחן. ולפיכך נקראות הקרקעות ״דבר שיש בו אחריות״, כיון שאחריות החובות מוטלת בדרך כלל עליהן. מטעם זה משתעבדות קרקעותיו של החייב למלוה, ואם ימכור אותן, או ימות, יוכל הנושה לגבות מהן את חובו (ראה רש״י קידושין כו, א ד״ה שיש להם אחריות; ועיין תוספות כאן ד״ה ואם).] הוראת המשנה כאן תתפרש בגמרא בשני אופנים, בהתאם לפירושים של הקטע הקודם במשנה (ראה רש״י).

3. רש״י. הגזילה לא יצאה לגמרי מרשות הבעלים גם לאחר שנגזלה ממנו, שהרי כל עוד היא בעינה חייב הגזלן להשיבה כמות שהיא (ראה בבא מציעא מג, א, ורש״י לעיל סה, א ד״ה תברה). ולפיכך נחשב גם זה שאכלו כגוזל מהבעלים עצמם. [ואף על פי שבמדה מסויימת יצא החפץ מרשות הבעלים מחמת הגזילה — ומשום כך אין הבעלים יכולים להקדישו כשהוא ביד הגזלן (ראה לעיל סט, א) — מכל מקום די בכך שהוא עדיין ממון הבעלים כדי להחשיבו כ״ברשותם״, ולחייב גם את הגזלן השני כגוזל מהבעלים (עיין תוספות רי״ד).]

אמנם כל זה הוא דוקא במקרה שאכל את הגזילה לפני שהבעלים התייאשו, וכפי שמפורש בדברי רב חסדא. אבל אם אכלה לאחר יאוש, אין הנגזל יכול לתבוע את השני, אלא רק את הראשון. בגמרא להלן (קיב, א) תובא ברייתא שדורשת הלכה זו מהכתוב. אמנם התוספות (ד״ה גזל) מסיקים שדרשה זו היא ״אסמכתא״ בלבד, ומה שמחלק רב חסדא בין לפני יאוש לאחר יאוש, זהו מסברה. שכן לאחר יאוש אין הגזילה נחשבת כל כך ברשות בעליה, שהרי בקלות יכול הגזלן להפקיעה מן הבעלים, על ידי שינוי רשות או שינוי השם (ראה הקדמה לפרק שביעי). ואם כן הדעת נותנת שאם אכל אדם את הגזילה לאחר שהבעלים התייאשו, אין הוא נחשב כגזלן כלפי הבעלים. [ויש אומרים שהטעם שאין הנגזל יכול לתבוע מהשני אם אכלה לאחר יאוש, זהו מפני שבמקרה זה קנה השני את הגזילה על ידי ״יאוש ושינוי רשות״, ולפיכך אין הנגזל יכול עוד לדון עמו (ראה ראב״ד, תוספות רי״ד; ראה גם תוספות ד״ה גזל). אכן להלכה נקטו הפוסקים שאין נחשב ״שינוי רשות״ אלא אם כן נתן הגזלן את הגזילה לאדם אחר מדעתו. אבל אם נטלה אדם מהגזלן ללא רשות, אין זה ״שינוי רשות״ (ראה רא״ש א; רשב״א; חושן משפט שסא, ה עם ביאור הגר״א ו; ועיין חזון איש בבא קמא טז, ה ד״ה קי״א ב׳ תוד״ה גזל, ולעיל סח, א הערה 6).]

דבריו של רב חסדא מתייחסים לכל מקרה שאדם אחר נטל את הגזילה מן הגזלן לפני יאוש, בין אם נטלה ללא רשות הגזלן, ובין אם נטלה ברשותו; בכל אופן, אם איבדה מן העולם, הרי הוא מתחייב לשלם לבעלים. אלא שאם נטלה ברשות הגזלן, אין הוא מתחייב לשלם את כל דמי החפץ, אלא אם כן ידע שגזול הוא [שאז נחשב הוא כגזלן כלפי הבעלים (ראה להלן)]. אבל אם לא ידע שחפץ גזול הוא [אם כן אין מעשהו נחשב כ״גזילה״, ולפיכך] אינו מתחייב לשלם לבעלים את כל דמיו. אלא שאם אכלו, הרי הוא חייב לשלם ״דמי בשר בזול״, כדין נהנה ממון חבירו [ראה להלן קיב, א, ובהערה 21 שם] (רמ״ה, הובא בשיטה מקובצת כאן; ראב״ד, הובא בשיטה מקובצת להלן קיב, א; רמב״ן, רשב״א, ריטב״א כתובות לד, ב; ועיין מחנה אפרים הלכות גזילה ז; חזון איש בבא קמא טז, כא).

[מדברי הראשונים נראה שחיובו של השני כלפי הבעלים הוא מדין ״גזלן״. והיינו, שמאחר שהתכוון לגזול את החפץ (אם מהבעלים או מהגזלן; ראה קטע הקודם), הרי מתייחס מעשה הגזילה לבעלים, והוא מתחייב כלפיהם (ראה רש״י כאן, ולהלן קטו, א ד״ה דרב חסדא, ובחולין קלד, א ד״ה רצה; ראב״ד כאן, ולהלן קיב, א; מאירי ד״ה מי שגזל; רמב״ן, רשב״א וריטב״א כתובות לד, ב; שו״ת הרא״ש סד, א). אולם עיין קצות החושן לד, ג, ונתיבות המשפט שם ה; ועיין חזון איש בבא קמא טז, ז ד״ה אח״כ.]

נמצא מעתה, למסקנת הדברים, שבמקרה שנטל אדם את הגזילה מן הגזלן לפני יאוש ואכלה, נחשבים שניהם — לדעת רב חסדא — כגזלנים כלפי הבעלים, ולפיכך יוכל הנגזל לתבוע את דמי הגזילה מאיזה מהם שירצה. וכמו כן יוכל לתבוע חצי מזה וחצי מזה. אבל בודאי שלא יוכל לתבוע את כל הגזילה מזה וכל הגזילה מזה, שהרי רק ממון אחד הוא תובע, וכשחזר הממון לבעלים הרי נפטרו שניהם ממנו (רמ״ה, הובא בשיטה מקובצת).

4. על פי התוספות להלן ד״ה אין; ראב״ד; תוספות רי״ד; אולם עיין בעל המאור.

5. [לפי רב חסדא יכולים הבעלים לתבוע גם את הבנים. והיינו, שאם הבנים ידעו שהחפץ היה גזול ביד אביהם, יש להחשיבם כגזלנים גמורים כלפי הבעלים, ולחייבם במלוא דמי הגזילה. ואם לא ידעו, יש לחייבם על כל פנים לשלם ״דמי בשר בזול״, כדין ״נהנה״ (ראה הערה 3, קטע שלישי; ועיין חזון איש בבא קמא טז, כא).]

6. ראה הערה 3, קטע שני.

[לפי תירוץ זה, מה שנקטה המשנה ״הגוזל **ומאכיל** את בניו״, זהו לאו דוקא. שכן אפילו אם לא האכילם את הגזילה, אלא נתנה להם ועדיין לא אכלוה, גם כן פטורים הם מלהחזיר את הגזילה. שהרי מאחר שהבעלים התייאשו, הרי קנו אותה הבנים ב״יאוש ושינוי רשות״. ועוד יש לומר, שאדם הנותן לבניו הסמוכים על שלחנו, ומזונותיהם עליו, אין זה נחשב כ״שינוי רשות״. ולפיכך, אם היתומים לא אכלו עדיין את הגזילה, חייבים הם להשיבה לבעליה (תוספות ד״ה הגוזל ומאכיל).]

הגוזל

הגוזל (א) ומאכיל את בניו והניח לפניהם א פטורין מלשלם ואם היה דבר שיש בו אחריות חייבין לשלם: גמ' ט ב) אמר רב חסדא ב גזל ולא נתייאשו הבעלים ובא אחר ואכלו ג) ממנו רצה מזה גובה רצה מזה גובה מאי טעמא כל כמה דלא נתייאשו הבעלים ברשותיה דמריה קאי תנן הגוזל ומאכיל את בניו והניח לפניהם פטורין מלשלם תיובתא דרב חסדא אמר לך רב חסדא ג כי תניא ההיא לאחר יאוש: אם הניח לפניהם פטורין מלשלם: אמר רמי בר חמא זאת אומרת ד) רשות יורש כרשות לוקח דמי רבא אמר ד רשות יורש לאו כרשות לוקח דמי והכא במאי עסקינן ה כשאכלום (א) הא מדקתני סיפא אם היה דבר שיש בו אחריות חייבין לשלם מכלל דרישא בגזילה קיימת עסקינן אמר לך רבא הכי קאמר ו אם הניח להם אביהם אחריות נכסים חייבין לשלם והא ה) מתני ליה רבי לרבי שמעון בריה לא דבר שיש בו אחריות ממש אלא אפילו פרה וחורש בה חמור ומחמר אחריו חייבין להחזיר מפני כבוד אביהן אלא אמר רבא ו) כי שכיבנא ר' אושעיא נפיק לוותי דתריצנא מתני' כוותיה דתני רבי אושעיא ז הגוזל ומאכיל את בניו פטורין מלשלם הניח לפניהם גזילה קיימת חייבין אין הגזילה קיימת פטורין הניח להם אביהם אחריות נכסים חייבין לשלם אמר מר אין הגזילה קיימת פטורין נימא תיהוי תיובתא דרב חסדא אמר לך רב חסדא כי תניא ההיא לאחר יאוש אמר מר גזילה קיימת חייבין לשלם נימא תיהוי תיובתא דרמי בר חמא אמר לך רמי בר חמא כי תניא ההיא לפני

רש"י

הגוזל ומאכיל. והניח לפניהם. או שהניח לפניהם (ב) הגזילה קיימת: פטורים מלשלם. בגמרא מפרש טעמא: אם היה דבר כו'. בגמ' מפרשי לה מר הכי ומר הכי: גמ' ברשותיה דמריה קאי. וזה שאכלו נעשה כגוזלו מבעליו: זאת אומרת. דקתני והניח לפניהם פטורין: רשות יורש כרשות לוקח דמי. והויא לה כרשות אחרת וכיון דאוקימנא למתניתין לאחר יאוש קני להו יתמי ביאוש ושינוי רשות דאי ביאוש כדי לא קני נהלא קתני פטורא באבוהון: כשאכלום. לאחר מיתת אביהן ונגזל אין יכול לתובען שהרי לא גזלוהו: והא מדקתני סיפא אם היה דבר שיש בו אחריות. כגון דבר הניכר לרבים ונראה כל שעה כעין קרקע או כגון טלית וכסות: חייבים להחזירה. מפני כבוד אביהן שהבריות אומרות זו טלית שגזל פלוני: מכלל דבגזילה קיימת עסקינן. ואפ"ה היכא דלאו משום כבוד פטר להו ברישא במתני': הכי קאמר אם הניח להן אביהן. קרקעות משלו אפילו אכלו את הגזילה חייבין דאשתעביד נכסים דאבוהון מחיים: לא דבר שיש בו אחריות ממש. לא שגזל קרקע והניחה לפניהן: אלא אפילו גזל פרה וחרש בה או חמור ומחמר אחריו. והכל מעידין שהיה דנגזל חייבין אלמא בגזילה קיימת עסקינן: אמר רבא כי שכיבנא רבי אושעיא נפק לוותי. יצא לקראתי: דמתריצנא למתניתין כוותיה. באחריות ממש ובשאין גזילה קיימת וחסורי מיחסרא ולא מוקי לה בדבר המסויים ובגזילה קיימת כרבי ז) [דכיון דאשכחן (ג) הכי מתריצנא לה מתניתין כברייתא ולא חיישינן למאי דמתני רבי לר' שמעון בריה דברייתא קיימא כוותיה]: גזילה קיימת. שלא אכלוה אחרי מותו ותבען הנגזל: חייבין. דרשות יורש לאו כרשות לוקח דמי ויאוש כדי לא קני: אין גזילה קיימת. שאכלוה אחרי מותו: פטורין. דאינהו לא גזול מידי: הניח להן אביהן אחריות נכסים. קרקע משלו: חייבין לשלם. דאשתעבוד נכסיה: דרב חסדא. דאמר לעיל רצה מזה גובה: לאחר יאוש. ואכלוה: תיהוי תיובתא דרמי בר חמא. כיון דלאחר יאוש אוקימתה:

תוספות

הגוזל ומאכיל. לאו דוקא מאכיל דה"ה נותן להם דפטורין לרב חסדא דמוקי בגמרא מתניתין לאחר יאוש דהוה ליה יאוש ושינוי רשות אלא אורחא דמילתא נקט אי נמי דוקא נקט מאכיל אפי' לרב חסדא דלא חשיב שינוי רשות במה שנותן לבניו הסמוכין על שולחנו אפילו לשמואל דאמר בבבא מציעא (דף יב.) דמציאתן לעצמן כיון דלאכילה נותן להם ומזונותיו עליו לא חשיב שינוי רשות ומיהו לרב דאית ליה יאוש כדי קני ואמר נמי בפירקין (דף קטו.) דאית ליה דרב חסדא וא"כ לדידיה נמי צריך לאוקמי מתניתין לאחר יאוש כדמוקי רב חסדא לדידיה ודאי מאכיל לאו דוקא דה"ה נותן ועוד י"ל דלרב נמי מאכיל דוקא ובדבר המסויים:

גזל ולא נתייאשו הבעלים ובא אחר כו'. אבל נתייאשו אין גובה אלא מן הראשון כיון דאכלו האחרון ואפי' היכא דאילו לא אכלו היה חייב להחזיר כגון היכא דליכא שינוי רשות שנתייאש אחר שבא ליד השני וכן משמע לקמן דאוקים רב חסדא ברייתא דר' אושעיא דקתני גזילה קיימת חייבין אחר יאוש משום דרשות יורש לאו כרשות לוקח דמי כדרבא ואפ"ה אין גזילה קיימת קתני דפטור ותימה כיון דכי הגזילה קיימת חייבין אמאי פטורין כשאכלום וכן קשה לרמי בר חמא דמוקי לה לפני יאוש ועוד לרב חסדא ולרבא כיון דרשות יורש לאו כרשות לוקח דמי מה לי לפני יאוש מה לי לאחר יאוש אפי' אין גזילה קיימת חייבין וי"ל דדרשינן מקרא לקמן בשמעתין דפטור באין גזילה קיימת אשר גזל אם כעין שגזל יחזיר מכאן אמרו הגוזל ומאכיל כו' ומסתברא ליה לרב חסדא לאוקמי קרא דדוקא לאחר יאוש ורמי בר חמא מוקי לה אף לפני יאוש ומיהו לרב דאמר יאוש כדי קני וסבר נמי כרב חסדא לדידיה צ"ל דאסמכתא היא דבלאו קרא נמי פטורין כיון דביאוש כדי קני ומה שבגזילה קיימת חייבין נפרש בסמוך בע"ה ומיהו קשה למ"ד במרובה (לעיל דף סו.) דשינוי לא קני ודריש והשיב הגזילה מ"מ ולא דריש אשר גזל אם כעין אשר גזל יחזיר אלא למעוטי גזל אביו מנא ליה האי דרשה ואין לומר דאותו אמורא יסבור דיאוש כדי קני דהשתא לא צריך להאי דרשה ואסמכתא היא דהא ר' חייא בר אבא אמר ר' יוחנן דריש בריש הגוזל (לעיל דף צג:) דבר תורה גזילה המשתנית חוזרת בעין מוהשיב את הגזילה מ"מ ולית ליה דרשה כעין שגזל וסובר במרובה (לעיל דף סח:) ובפירקין דיאוש כדי לא קני וא"כ מנליה באין גזילה קיימת דפטורין מלשלם לכך נראה דהך דרשה דלקמן אסמכתא היא לכ"ע ומסברא מחלק רב חסדא בין לפני יאוש בין לאחר יאוש דלא הוי כל כך ברשות מריה אחר יאוש כמו לפני יאוש שנקל לצאת מרשות בעלים בשינוי רשות או בשינוי השם ואין זה דוחק דכי הוה מפקינן נמי מקרא צריך סברא זו דאמאי מוקמינן קרא טפי אחר יאוש מלפני יאוש כיון דגם אחר יאוש חשיבא ברשות מריה ולרמי בר חמא ניחא טפי דאיהו לית ליה טעמא דרשות מריה כלל דכיון שהוא לא גזלן אינו יכול לתובעו כלל שהרי אין לגמרי ברשות מריה שהרי אינו יכול (לו) להקדישו וגם הגזלן יכול לקנותו בשינוי מעשה ותדע דהא רב חסדא הוצרך לפרש מ"ט כו' וגמרא נמי פריך ליה ממתניתין:

ואם הניח להן אביהן אחריות נכסים חייבין לשלם. למ"ד מלוה על פה אין גובה לא מן היורשים ולא מן הלקוחות בגט פשוט (ב"ב דף קעה:) איכא לאוקמי כשעמד בדין דהוה כמלוה בשטר כדמוכח בכמה דוכתי: [ועי' תוס' לעיל קד: ד"ה מלוה ע"פ]:

דמתריצנא מתניתין כוותיה. כך היה רגיל לתרץ משניות כמותו כדאשכחן באיזהו נשך (ב"מ דף סג:) גבי כילד לקח הימנו חיטים אבל בשביל שהיה מתרץ משנה אחת לא היה אומר כן: אין גזילה קיימת פטורין לימא תיהוי תיובתא דרב חסדא. מרישא דקתני הגוזל ומאכיל את בניו פטורין ה"מ למפרך לרב חסדא כל כמה דלא ידע דלאחר יאוש מיירי כי היכי דפריך ליה לעיל ממתניתין אלא משום דניחא ליה למפרך מסיפא משום דפריך מינה לתרוייהו לרמי בר חמא ולרב חסדא:

רב חסדא מוקי לה לאחר יאוש. וא"ת רב דסבר יאוש כדי קני וסבר נמי כרב חסדא וע"כ צריך לאוקמי נמי לאחר יאוש א"כ כי גזילה קיימת אמאי חייבין כיון דיאוש כדי קני וי"ל דרב מוקי לה בדבר המסויים והא דקתני אין גזילה קיימת פטורין ה"ה דה"מ לפלוגי בגזילה קיימת גופה בין דבר המסויים לשאין מסויים אלא דניחא ליה לאשמועינן דאפילו בדבר המסויים באין גזילה קיימת פטורין אע"ג דאושא מילתא שאכלו מה שגזל אביהן וכן ברייתא דלקמן דקתני הגוזל ומאכיל את בניו פטורין מלשלם ומיבעי ליה לאוקמי אליבא דרב חסדא לאחר יאוש לרב צריך לאוקמי בדבר המסויים מדקתני אם הניח לבניו גדולים חייבין לשלם וכן באידך קתני בין גדולים בין קטנים חייבין ואי בדבר שאינו מסויים אמאי חייבין לרב כיון דאיירי לאחר יאוש ופליגי הני ברייתות אליבא דרב אם קטנים חייבין משום כבוד אביהן אי לאו והא כסומכוס והא כרבנן דפלוגתא דסומכוס ורבנן בסמוך מיבעי ליה לאוקמי אליבא דרב דפליגי בהכי אי שייך בקטנים טעמא דכבוד אביהן אי לא אבל לרמי בר חמא דמיירי ברייתות לפני יאוש ולרב חסדא דאיירי לאחר יאוש פליגי בגזילה גמורה שביד קטן ולא קנאה קטן אם מקבלין עדים להוציא מידו או לא וכן פלוגתא דסומכוס ורבנן:

עין משפט נר מצוה

א א מיי' פ"ה מהלכות גזילה ואבידה הלכה ה סמג עשין עג טוש"ע ח"מ סימן שסא סעיף ז:
ב ב מיי' שם הלכה ד טוש"ע שם סעיף ה ו:
ג ג מיי' שם טוש"ע שם סעיף ז:
ד ד מיי' שם פ"ב הל' א סמג שם טוש"ע ח"מ סימן שנג סעיף ד וסימן שסא סעיף ז וסי' שסב סעיף א:
ה ה ו מיי' פ"ה שם הלכה ה סמג שם טוש"ע שם סימן שסא סעיף ז:
ו ז מיי' שם ופ"ב שם הלכה א סמג שם טוש"ע שם וסימן שסב סעיף א:

ליקוטי רש"י

הגוזל ומאכיל. אע"פ שנהנו בניו עצמן מן הגזילה פטורין דאינהו לא גזול מידי. והניח לפניהם. כלומר או שהניח לפניהם גזילה קיימת לאחר מותו. פטורין מלשלם. דקנייה ביאוש ושינוי רשות אי נמי כשאכלום כדמוקי לה התם [רשב"ם ב"ב מד.]. רצה מזה גובה. דכיון דקודם יאוש אכלו זה האחרון הוה ליה איהו גזלן עלייהו דהא כל מקמי יאוש ברשותייהו דמרייהו קיימי כל היכא דאיתנהו [חולין קלד.]. רשות יורש כרשות לוקח דמי. דקנייה יורש ואע"פ שגזילה קיימת כדקתני והניח לפניהם פטורין דמשמע אפילו גזילה קיימת. רשות יורש לאו וכו'. רשות יורש דגזלן לאו כרשות לוקח מגזלן דמי דאילו גבי לוקח איכא יאוש ושינוי רשות וקני דלוקח רשותא אחריתי הוא ואילו יורש כרעיה דאבוה וכברשות גזלן מוריש דמי ולא קנייה ביאוש גרידא דהא שינוי רשות ליכא גבי יורש וכל היכא דאיתא הדרא בעין לנגזל. כשאכלום. דלא הויא גזילה קיימת והלכך פטורין [רשב"ם ב"ב מד.]. כי שכיבנא ר' אושעיא נפיק לוותי. כשאמות ר' אושעיא יצא לקראתי [ב"מ סב:].

מסורת הש"ס

א) ב"ב מד., ב) חולין קלד. [לקמן קטו.], ג) ברי"ף וברא"ש ליתא תיבת ממנו, ד) [ב"ב מד.], ה) [לקמן קיג. קיד:], ו) [ב"מ סב:], ז) ס"א.

הגהות הב"ח

(א) גמ' והא מדקתני סיפא: (ב) רש"י ד"ה הגוזל וכו' שהגזילה קיימת: (ג) ד"ה דמתריצנא וכו' דאשכחן לברייתא הכי מתריצנא וכו' כוותי:

גליון הש"ס

גמ' אמר רב חסדא גזל. עיין פ"ז משנה ג' דתרומות ובירושלמי שם:

עוסקת במקרה שהבעלים כבר התייאשו מהגזילה, ונמצא שהבנים קנו אותה ב"יאוש ושינוי רשות"[7].

הגמרא מביאה דעה החולקת על ביאור זה של המשנה:

רָבָא אָמַר: באמת **רְשׁוּת יוֹרֵשׁ, לַאו כִּרְשׁוּת לוֹקֵחַ דָּמֵי** (נחשבת), וכל עוד הגזילה קיימת, חייבים היורשים להחזירה לבעלים[8]. **וְהָכָא** — וכאן במשנתנו, שלימדה שהבנים פטורים מלשלם, **בְּמַאי עַסְקִינָן** — במה אנו עוסקים? **כְּשֶׁאֲכָלוּם** הבנים לאחר מות אביהם. המשנה מלמדת שהנגזל אינו יכול לתבוע את בני הגזלן, שהרי הם לא גזלוהו[9].

מקשה הגמרא:

הָא מִדְּקָתָנֵי — והרי ממה ששנתה המשנה **בְּסֵיפָא: "אִם הָיָה דָּבָר שֶׁיֵּשׁ בּוֹ אַחֲרָיוּת חַיָּיבִין לְשַׁלֵּם", מִכְּלָל דְּרֵישָׁא בִּגְזֵילָה קַיֶּימֶת עַסְקִינָן** — יש ללמוד מכאן שגם ברישא אנו עוסקים במקרה שהגזילה קיימת[10]!

מתרצת הגמרא:

אָמַר לָךְ רָבָא — רבא יאמר לך: **הָכִי קָאָמַר** — כך מתכוונת המשנה לומר: **אִם הִנִּיחַ לָהֶם אֲבִיהֶם אַחֲרָיוּת נְכָסִים**, דהיינו קרקעות, **חַיָּיבִין** היורשים **לְשַׁלֵּם** את דמי הגזילה מנכסים אלו. שהרי נכסי האב השתעבדו בחייו לחוב הגזילה[11].

הגמרא מקשה על פירוש זה של המשנה:

וְהָא מַתְנֵי לֵיהּ — והרי שנה לו **רַבִּי לְרַבִּי שִׁמְעוֹן בְּרֵיהּ** (בנו) בברייתא: מה שאמרה המשנה "ואם היה דבר שיש בו אחריות", **לֹא דָּבָר שֶׁיֵּשׁ בּוֹ אַחֲרָיוּת מַמָּשׁ** (דהיינו קרקעות), **אֶלָּא אֲפִילוּ** אם גזל **פָּרָה וְהַבֵּן חוֹרֵשׁ בָּהּ**, או שגזל **חֲמוֹר וּמְחַמֵּר אַחֲרָיו**[12], **חַיָּיבִין** הבנים **לְהַחֲזִיר** לנגזל, **מִפְּנֵי כְבוֹד אֲבִיהֶן**. הרי שהמשנה עוסקת במקרה שהגזילה עדיין קיימת, ולא כפירושו של רבא[13]!

רבא מודה שרבי פירש את המשנה שלא כדבריו, אלא שהוא מביא ברייתא אחרת המסייעת לפירושו:

אֶלָּא[14] **אָמַר רָבָא: כִּי שָׁכִיבְנָא רַבִּי אוֹשַׁעְיָא נָפִיק לְוָותִי** — כשאפטר מן העולם יֵצֵא לקראתי רבי אושעיא בעולם העליון, **דְּתָרִיצְנָא מַתְנִיתִין כְּוָותֵיהּ** — לפי שמיישב אני את משנתנו (וכן משניות אחרות) על פי הברייתות שסידר[15]. **דְּתָנֵי רַבִּי אוֹשַׁעְיָא** בברייתא: **הַגּוֹזֵל** חפץ **וּמַאֲכִיל** אותו **אֶת בָּנָיו, פְּטוּרִין מִלְּשַׁלֵּם**. ואם **הִנִּיחַ לִפְנֵיהֶם** את החפץ בתורת ירושה, כל עוד **הַגְּזֵילָה קַיֶּימֶת**, שלא אכלוה היורשים לאחר מות אביהם, **חַיָּיבִין** הם להחזירה לנגזל[16]. ואם **אֵין הַגְּזֵילָה קַיֶּימֶת**, שאכלוה לאחר מותו, הרי הם **פְּטוּרִין**, שהרי הם לא גזלוהו[17]. ואם **הִנִּיחַ לָהֶם אֲבִיהֶם אַחֲרָיוּת**

הערות

7. גזלן המעביר את הגזילה לאדם אחֵר לאחַר שהבעלים התייאשו, נקנית הגזילה לאותו אדם על ידי "יאוש ושינוי רשות", והגזלן חייב לשלם לבעלים את דמי הגזילה (ראה הקדמה לפרק שביעי). לדעת רמי בר חמא, זהו הטעם שפטרה המשנה את הבנים מלהחזיר את הגזילה, מפני שהם נחשבים כאדם אחר, ונמצא שקנו את הגזילה ב"יאוש ושינוי רשות" (ועיין לעיל סח, א הערה 6).

ואין לומר שהטעם שפטרה המשנה את הבנים, זהו מפני שהיא סוברת שהגזילה נקנית ביאוש בלבד (ראה לעיל סו, א; סח, א). שאם כן, היתה המשנה יכולה לנקוט הלכה זו בייחס לאב, ולומר שהוא פטור מלשלם. וממה שנקטה המשנה את דבריה בייחס לבנים, נראה שהיא סוברת שאין הגזילה נקנית ביאוש בלבד, אלא בצירוף שינוי הרשות (רש"י).

[יש לתמוה על דברי רש"י, הרי אם יאוש לבד קונה, אין הגזלן נפטר אלא מלהחזיר את הגזילה עצמה, אבל מכל מקום צריך הוא לשלם את דמיה (ראה רש"י לעיל סו, א ד"ה יאוש). וכיצד אם כן כתב רש"י שאם יאוש קונה היתה המשנה צריכה לפטור גם את הגזלן עצמו? (ראה תוספות רי"ד). ויש לפרש, שכך היא כוונת רש"י: אם תאמר שיאוש לבד קונה, אם כן היתה המשנה צריכה ללמדנו הלכה זו — שהגזילה נקנית ביאוש בלבד — לגבי האב עצמו; והיינו, שהמשנה היתה צריכה לומר שהאב פטור מלהחזיר את גוף הגזילה לבעלים, ואינו חייב אלא את דמיה. ומדוע הוצרכה המשנה ללמד זאת לגבי הבנים? (ראה מהרש"א; ועיין עוד פני יהושע).]

8. לדעת רבא ירושה נחשבת כהמשך קנין האב, ולפיכך אינה יכול להחשב כ"שינוי רשות" (ראה סמ"ע שסא, ח). ואם כן במקרה של המשנה, אף על פי שבני הגזלן ירשו את הגזילה לאחר יאוש, מכל מקום אינם קונים אותה בכך.

9. רש"י. [כלומר, מאחר שאכלו את הגזילה לאחר יאוש, אין הם נחשבים כגזלנים כלפי הבעלים הראשונים (ראה הערה 3).]

[לפי רבא צריך לפרש שמה שהוסיפה המשנה ונקטה את המקרה השני — שהבנים אכלו את הגזילה לאחר מות אביהם — זהו כדי ללמד את ההלכה שבהמשך, "ואם היה דבר שיש בו אחריות חייבין לשלם"; ראה להלן בסוגיא (עיין תפארת ישראל ב).]

סיכום דיני גזילה שעברה מיד הגזלן לאדם אחר:

(א) לפני יאוש: אם הגזילה קיימת, הרי היא חוזרת לבעליה. אם אותו אדם אכל אותה, לדעת רב חסדא יכול הנגזל לתבוע ממנו (או מהגזלן הראשון) לשלם את דמי הגזילה. [ועיין להלן קיב, א הערה 1 לדעה חולקת.]

(ב) לאחר יאוש: אם הגזילה קיימת, צריך להחזירה (אלא אם כן קנאה ב"שינוי רשות"; ראה להלן). ואם אכל אותה, הוא פטור מלשלם.

(ג) אם היה "יאוש ושינוי רשות" — הגזילה נקנית לו, ואינו חייב להחזירה. [רמי בר חמא ורבא נחלקו האם ירושה נחשבת כ"שינוי רשות".]

10. הגמרא מבינה כעת שמה שאמרה המשנה בסיפא "ואם היה דבר שיש בו אחריות", הכוונה היא שהגזילה היתה **כעין** דבר שיש בו אחריות. והיינו, שהחפץ הגזול ניכר לרבים שהוא שייך לנגזל (וכגון טלית או כסות), כדרך שקרקע ניכרת שהיא שייכת לבעליה. והמשנה מלמדת שאם הגזילה היתה חפץ מעין זה, היורשים חייבים להחזירה מפני כבוד אביהם, שלא יאמרו "זו היא הטלית שפלוני גזל".

על פי זה נמצא שהמשנה עוסקת במקרה שהגזילה עדיין קיימת, שהרי רק באופן זה שייך הטעם של "כבוד אביהם". ואם כן הרישא של המשנה מלמדת שאפילו אם הגזילה קיימת, מכל מקום אם אין זה חפץ ניכר, ואין כאן משום כבוד אביהם, הם פטורים מלהחזירה (רש"י). והרי זה כנגד דברי רבא, הסובר שהיורשים אינם קונים את הגזילה, ואם היא קיימת הם חייבים להחזירה.

11. רבא מסביר את הסיפא של המשנה, "ואם היה דבר שיש בו אחריות", שאינה מתייחסת לחפץ הגזול, אלא לשאר נכסי הגזלן שהניח לבניו. וכוונת המשנה, שאם היה [בין נכסי האב] דבר שיש בו אחריות (דהיינו קרקע), חייבים היורשים לשלם את דמי הגזילה מנכסים אלו. שהרי קרקעותיו של הגזלן נשתעבדו בחייו לנגזל עבור חוב הגזילה (ראה הערה 2). ולפיכך, אם הבנים אכלו את הגזילה (וכפי שמפרש רבא), אף על פי שהם עצמם פטורים מלשלם, מכל מקום יוכל הנגזל לגבות את תשלום הגזילה מקרקעותיו של הגזלן שהשתעבדו לו (רש"י). [אמנם אם הגזלן הניח רק מטלטלין, אין הנגזל יכול לגבות מהם לאחר מות הגזלן, מפני שאין שעבוד חל עליהם.]

לסיכום: הגמרא הביאה שני פירושים למשנה:

(א) רמי בר חמא:

אם **הניח** הגזלן את הגזילה **לפניהם** בתורת ירושה, הרי הם **פטורים מלשלם** אותה אפילו אם היא עדיין קיימת, מפני שקנו אותה ב"יאוש ושינוי רשות" (ראה הערה 7). **ואם** החפץ הגזול **היה** כעין **דבר שיש בו אחריות**, דהיינו שהיה ניכר לרבים שהוא של הנגזל, **חייבין לשלם** אותו, מפני כבוד אביהם (ראה הערה הקודמת).

(ב) רבא:

אם **הניח לפניהם** את הגזילה בתורת ירושה והם אכלו אותה, **פטורין מלשלם**. [אמנם אם הגזילה עדיין קיימת הם חייבים להחזירה, מפני שירושה אינה נחשבת כ"שינוי רשות".] **ואם היה** בין נכסי האב **דבר שיש בו אחריות** (דהיינו קרקעות), **חייבין לשלם** את דמי הגזילה מנכסים אלו, מאחר שהם השתעבדו לחוב הגזילה. [ועיין עוד הערה 18.]

12. כלומר, הגזילה היתה חפץ שהוא **כעין** דבר שיש בו אחריות, שאם היורש ישתמש בו יכירו אנשים שהיה של הנגזל (ראה רש"י).

13. ראה הערה 10.

14. [מרש"י נראה שאינו גורס מלה זו, וכן בתוספות רי"ד כתב שיש להשמיטה, שהרי רבא אינו חוזר בו עתה מהדברים שאמר קודם, אלא אדרבה, מחזקם (ועיין ספר שינויי נוסחאות).]

15. רבא היה רגיל לעשות כן, לפרש משניות שלנו, שסתם רבינו הקדוש, על פי הברייתות של רבי אושעיא. וכפי שמצינו כדוגמתו במסכת בבא מציעא סג, א (ראה תוספות כאן ורש"י בבא מציעא שם).

רבי אושעיא היה מתלמידיו של רבינו הקדוש, וחיבר ספר מעין ה"תוספתא" שבידינו, כדי לבאר את המשנה שבידינו ולהוסיף דברים שאינם מפורשים בה (רמב"ם בהקדמה לפירוש המשניות). וכן עשה גם רבי חייא, ואמרו בגמרא (חולין קמא, א-ב): "כל מתניתא דלא תניא בי רבי חייא ובי רבי אושעיא משבשתא היא (כל ברייתא שלא נשנתה בבית המדרש של רבי חייא ובבית המדרש של רבי אושעיא משובשת היא)", לפי שהם "סידרו את הברייתות ודקדקו בדברי כל חכם לומר כמו שאמר" (רש"י שם). ומובן שעל פי הברייתות הללו אפשר לפרש כמה משניות סתומות.

16. ברייתא זו סוברת [כדעת רבא] שירושה אינה נחשבת כ"שינוי רשות". ולפיכך אין היורשים קונים את הגזילה אפילו אם הנגזל התייאש, שכן יאוש בלבד אינו קונה (רש"י).

17. רש"י; ראה הערה 3.

הגוזל [א] ומאכיל את בניו והניח לפניהם [א] פטורין מלשלם ואם היה דבר שיש בו אחריות חייבין לשלם: גמ' [ב][ג] אמר רב חסדא [ב] גזל ולא נתייאשו הבעלים ובא אחר ואכלו [ג] ממנו רצה מזה גובה רצה מזה גובה מאי טעמא כל כמה דלא נתייאשו הבעלים ברשותיה דמריה קאי תנן הגוזל ומאכיל את בניו והניח לפניהם פטורין מלשלם תיובתא דרב חסדא אמר לך רב חסדא [ג] כי תניא ההיא לאחר יאוש: אם הניח לפניהם פטורין מלשלם: אמר רמי בר חמא זאת אומרת [ד] רשות יורש כרשות לוקח דמי רבא אמר [ד] רשות יורש לאו כרשות לוקח דמי והכא במאי עסקינן [ה] כשאכלום (א) הא מדקתני סיפא אם היה דבר שיש בו אחריות חייבין לשלם מכלל דרישא בגזילה קיימת עסקינן אמר לך רבא הכי קאמר [ו] אם הניח להם אביהם אחריות נכסים חייבין לשלם והא [ה] מתני ליה רבי לרבי שמעון בריה לא דבר שיש בו אחריות ממש אלא אפילו פרה וחורש בה חמור ומחמר אחריו חייבין להחזיר מפני כבוד אביהן אלא אמר רבא [ו] כי שכיבנא ר' אושעיא נפיק לוותי דתריצנא מתני' כוותיה דתני רבי אושעיא [ז] הגוזל ומאכיל את בניו פטורין מלשלם הניח לפניהם גזילה קיימת חייבין אין הגזילה קיימת פטורין הניח להם אביהם אחריות נכסים חייבין לשלם אמר מר אין הגזילה קיימת פטורין נימא תיהוי תיובתא דרב חסדא אמר לך רב חסדא כי תניא ההיא לאחר יאוש אמר מר גזילה קיימת חייבין לשלם נימא תיהוי תיובתא דרמי בר חמא אמר לך רמי בר חמא כי תניא ההיא לפני

רש"י

הגוזל ומאכיל. והניח לפניהם. או שהניח לפניהם (ב) הגזילה קיימת: פטורים מלשלם. בגמרא מפרש טעמא: אם היה דבר כו'. בגמ' מפרשי לה מר הכי ומר הכי: גמ' ברשותיה דמריה קאי. וזה שאכלו נעשה כגוזלו מבעליו: זאת אומרת. דקתני והניח לפניהם פטורין: רשות יורש כרשות לוקח דמי. והויא לה כרשות אחרת וכיון דאוקימנא למתניתין לאחר יאוש קני להו יתמי ביאוש ושינוי רשות דאי ביאוש כדי לא קני מדלא קתני פטורא באבוהון: כשאכלום. לאחר מיתת אביהן וגזל אין יכול לתובען שהרי לא גזלוהו: והא מדקתני סיפא אם היה דבר שיש בו אחריות. כגון דבר הניכר לרבים ונראה כל שעה כעין קרקע או כגון טלית וכסות: חייבים להחזירה. מפני כבוד אביהן שהבריות אומרות זו טלית שגזל פלוני: מכלל דבגזילה קיימת עסקינן. ואפ"ה היכא דלאו משום כבוד פטר להו ברישא במתני': הכי קאמר אם הניח להן אביהן. קרקעות משלו אפילו אכלו את הגזילה חייבין דאשתעביד נכסים דאבוהון מחיים: לא דבר שיש בו אחריות ממש. לא שגזל קרקע והניחה לפניהן: אלא אפילו גזל פרה וחרש בה או חמור ומחמר אחריו. והכל מעידין שהיה דנגזל חייבין אלמא בגזילה קיימת עסקינן: אמר רבא כי שכיבנא רבי אושעיא נפק לוותי. יצא לקראתי: דמתריצנא למתניתין כוותיה. באחריות ממש ובשאין גזילה קיימת וחסורי מיחסרא ולא מוקי לה בדבר המסויים ובגזילה קיימת כרבי [ז] [דכיון דאשכחן (ג) הכי מתריצנא לה מתניתין כברייתא ולא חיישינן למאי דמתני רבי לר' שמעון בריה דברייתא קיימא כוותיה]: גזילה קיימת. שלא אכלוה אחרי מותו ותבען הנגזל: חייבין. דרשות יורש לאו כרשות לוקח דמי ויאוש כדי לא קני: אין גזילה קיימת. שאכלוה אחרי מותו: פטורין. דאינהו לא גזול מידי: הניח להן אביהן אחריות נכסים. קרקע משלו: חייבין לשלם. דאשתעבוד נכסיה: דרב חסדא. דאמר לעיל רצה מזה גובה: לאחר יאוש. ואכלוה: תיהוי תיובתא דרמי בר חמא. כיון דלאחר יאוש אוקימתה:

תוספות

הגוזל ומאכיל. לאו דוקא מאכיל דה"ה נותן להם דפטורין לרב חסדא דמוקי בגמרא מתניתין לאחר יאוש דהוה ליה יאוש ושינוי רשות אלא אורחא דמילתא נקט אי נמי דוקא נקט מאכיל אפי' לרב חסדא דלא חשיב שינוי רשות במה שנותן לבניו הסמוכין על שולחנו אפילו לשמואל דאמר בבבא מציעא (דף יב.) דמציאתן לעצמן כיון דלאכילה נותן להם ומזונותיו עליו לא חשיב שינוי רשות ומיהו לרב דאית ליה יאוש כדי קני ואמר נמי בפירקין (דף קטו.) דאית ליה דרב חסדא וא"כ לדידיה נמי צריך לאוקמי מתניתין לאחר יאוש כדמוקי רב חסדא לדידיה ודאי מאכיל לאו דוקא דה"ה נותן ועוד י"ל דלרב נמי מאכיל דוקא ובדבר המסויים:

גזל ולא נתייאשו הבעלים ובא אחר כו'. אבל נתייאשו אין גובה אלא מן הראשון כיון דאכלו האחרון ואפי' היכא דאילו לא אכלו היה חייב להחזיר כגון היכא דליכא שינוי רשות שנתייאש אחר שבא ליד השני וכן משמע לקמן דאוקים רב חסדא ברייתא דר' אושעיא דקתני גזילה קיימת חייבין אחר יאוש משום דרשות יורש לאו כרשות לוקח דמי כדרבא ואפ"ה אין גזילה קיימת קתני דפטור ותימה כיון דכי הגזילה קיימת חייבין אמאי פטורין כשאכלום וכן קשה לרמי בר חמא דמוקי לה לפני יאוש ועוד לרב חסדא ולרבא כיון דרשות יורש לאו כרשות לוקח דמי מה לי לפני יאוש מה לי לאחר יאוש אפי' אין גזילה קיימת חייבין וי"ל דדרשינן מקרא לקמן בשמעתין דפטור באין גזילה קיימת אשר גזל אם כעין שגזל יחזיר מכאן אמרו הגוזל ומאכיל כו' ומסתברא ליה לרב חסדא לאוקמי קרא דדוקא לאחר יאוש ורמי בר חמא מוקי לה אף לפני יאוש ומיהו לרב דאמר יאוש כדי קני וסבר נמי כרב חסדא לדידיה נ"ל דאסמכתא היא דבלאו קרא נמי פטורין כיון דיאוש כדי קני ומה שבגזילה קיימת חייבין נפרש בסמוך בע"ה ומיהו קשה למ"ד במרובה (לעיל דף סו.) דשינוי לא קני ודריש והשיב הגזילה מ"מ ולא דריש אשר גזל אם כעין אשר גזל יחזיר אלא למעוטי גזל אביו מנא ליה האי דרשה ואין לומר דאותו אמורא יסבור דיאוש כדי קני דהשתא לא צריך להאי דרשה ואסמכתא היא דהא ר' חייא בר אבא אמר ר' יוחנן דריש בריש הגוזל (לעיל דף סו:) דבר תורה גזילה המשתנית חוזרת בעין מוהשיב את הגזילה מ"מ ולית ליה דרשה כעין שגזל וסובר במרובה (לעיל דף סח:) ובפירקין דיאוש כדי לא קני וא"כ מנליה באין גזילה קיימת דפטורין מלשלם לכך נראה דהך דרשה דלקמן אסמכתא היא לכ"ע ומסברא מחלק רב חסדא בין לפני יאוש בין לאחר יאוש דלא הוי כל כך ברשות מריה אחר יאוש כמו לפני יאוש שנקל לצאת מרשות בעלים בשינוי רשות או בשינוי השם ואין זה דוחק דכי הוה מפקינן נמי מקרא צריך סברא זו דאמאי מוקמינן קרא טפי אחר יאוש מלפני יאוש כיון דגם אחר יאוש חשיבא ברשות מריה ולרמי בר חמא ניחא טפי דאיהו לית ליה טעמא דרשות מריה כלל דכיון שהוא לא גזלן אינו יכול לתובעו כלל שהרי אין לגמרי ברשות מריה שהרי אינו יכול (לו) להקדישו וגם הגזלן יכול לקנותו בשינוי מעשה ותדע דהא רב חסדא הוצרך לפרש מ"ט כו' וגמרא נמי פריך ליה ממתניתין:

ואם הניח להן אביהן אחריות נכסים חייבין לשלם. למ"ד מלוה על פה אין גובה לא מן היורשים ולא מן הלקוחות בגט פשוט (ב"ב דף קעה:) איכא לאוקמי כשעמד בדין דהוה כמלוה בשטר כדמוכח בכמה דוכתי: [ועי' תוס' לעיל קד: ד"ה מלוה ע"פ]:

דמתריצנא מתניתין כוותיה. כך היה רגיל לתרץ משניות כמותו כדאשכחן באיזהו נשך (ב"מ דף סג:) גבי כילד לקח הימנו חיטים אבל בשביל שהיה מתרץ משנה אחת לא היה אומר כן: אין גזילה קיימת פטורין לימא תיהוי תיובתא דרב חסדא. מרישא דקתני הגוזל ומאכיל את בניו פטורין ה"מ למפרך לרב חסדא כל כמה דלא ידע דלאחר יאוש איירי כי היכי דפריך ליה לעיל ממתניתין אלא משום דניחא ליה למפרך מסיפא משום דפריך מינה לתרוייהו לרמי בר חמא ולרב חסדא:

רב חסדא מוקי לה לאחר יאוש. וא"ת רב דסבר יאוש כדי קני וסבר נמי כרב חסדא וע"כ צריך לאוקמי נמי לאחר יאוש א"כ כי גזילה קיימת אמאי חייבין כיון דיאוש כדי קני וי"ל דרב מוקי לה בדבר המסויים והא דקתני אין גזילה קיימת פטורין ה"ה דה"מ לפלוגי בגזילה קיימת גופה בין דבר המסויים לשאין מסויים אלא דניחא ליה לאשמועינן דאפילו בדבר המסויים באין גזילה קיימת פטורין אע"ג דאושא מילתא שאכלו מה שגזל אביהן וכן ברייתא דלקמן דקתני הגוזל ומאכיל את בניו פטורין מלשלם ומיבעי ליה לאוקמי אליבא דרב חסדא לאחר יאוש לרב צריך לאוקמי בדבר המסויים מדקתני אם הניח לבניו גדולים חייבין לשלם וכן באידך קתני בין גדולים בין קטנים חייבין ואי בדבר שאינו מסויים אמאי חייבין לרב כיון דאיירי לאחר יאוש ופליגי הני ברייתות אליבא דרב אם קטנים חייבין משום כבוד אביהן אי לאו והא כסומכוס והא כרבנן דפלוגתא דסומכוס ורבנן בסמוך מיבעי ליה לאוקמי אליבא דרב דפליגי בהכי אי שייך בקטנים טעמא דכבוד אביהן אי לא אבל לרמי בר חמא דמיירי ברייתות לפני יאוש ולרב חסדא דאיירי לאחר יאוש פליגי בגזילה גמורה שביד קטן ולא קנאה קטן אם מקבלין עדים להוציא מידו או לא וכן פלוגתא דסומכוס ורבנן:

אע"פ

עין משפט נר מצוה

א א מיי' פ"ה מהלכות גזילה ואבידה הלכה ה סמג עשין עג טוש"ע ח"מ סימן שסא סעיף ז:

ב ב מיי' שם הלכה ד טוש"ע שם סעיף ה ו:

ג ג מיי' שם טוש"ע שם סעיף ז:

ד ד מיי' שם פ"ב הל' א סמג שם טוש"ע ח"מ סימן שנג סעיף ד וסימן שסא סעיף ז וסי' שסב סעיף א:

ה ה ו מיי' פ"ה שם הלכה ה סמג שם טוש"ע שם סימן שסא סעיף ז:

ו ז מיי' שם ופ"ב שם הלכה א סמג שם טוש"ע שם וסימן שסב סעיף א:

ליקוטי רש"י

הגוזל ומאכיל. אע"פ שנהנו בניו עצמן מן הגזילה פטורין דאינהו לא גזול מידי. והניח לפניהם. כלומר או שהניח לפניהם גזילה קיימת לאחר מותו. פטורין מלשלם. דקניוה ביאוש ושינוי רשות אי נמי כשאכלום כדמוקי לה התם [רשב"ם ב"ב מד.]. רצה מזה גובה. דכיון דקודם יאוש אכלו זה האחרון הוה ליה איהו גזלן עלייהו דהא כל מקמי יאוש ברשותייהו דמרייהו קיימי כל היכא דאיתנהו [חולין קלד.]. רשות יורש כרשות לוקח דמי. דקנייה יורש ואע"פ שגזילה קיימת כדקתני והניח לפניהם פטורין דמשמע אפילו גזילה קיימת. רשות יורש לאו וכו'. רשות יורש דגזלן לאו כרשות לוקח מגזלן דמי דאילו גבי לוקח איכא יאוש ושינוי רשות וקני דלוקח רשותא אחריתי הוא ואילו יורש כרעיה דאבוה וכברשות גזלן מורישו דמי ולא קניה ביאוש גרידא דהא שינוי רשות ליכא גבי יורש וכל היכא דאיתא הדרא בעין לנגזל. כשאכלום. דלא הויא גזילה קיימת והלכך פטורין [רשב"ם ב"ב מד.]. כי שכיבנא ר' אושעיא נפיק לוותי. כשאמות ר' אושעיא יצא לקראתי [ב"מ סב:].

מסורת הש"ס

א) ב"ב מד., ב) חולין קלד. [לקמן קטו.], ג) ברי"ף וברא"ש ליתא תיבת ממנו, ד) [ב"ב מד.], ה) [לקמן קיג. קיד:], ו) [ב"מ סב:], ז) ס"א.

הגהות הב"ח

(א) גמ' והא מדקתני סיפא: (ב) רש"י ד"ה הגוזל וכו' שהגזילה קיימת: (ג) ד"ה דמתריצנא וכו' דאשכחן לברייתא הכי מתריצנא וכו' כוותי:

גליון הש"ס

גמ' אמר רב חסדא גזל. עיין פ"ז משנה ג' דתרומות ובירושלמי שם:

נְכָסִים, דהיינו קרקעות, **חַיָּיבִין** היורשים **לְשַׁלֵּם** את דמי הגזילה מנכסים אלו[18].

הגמרא הביאה בתחילת הסוגיא את הוראתו של רב חסדא, "גזל ולא נתייאשו הבעלים ובא אחר ואכלו ממנו, רצה מזה גובה רצה מזה גובה". הגמרא מקשה על הוראה זו מהברייתא של רבי אושעיא:

אָמַר מַר בברייתא: אם **אֵין הַגְּזֵילָה קַיֶּימֶת**, הרי הם **פְּטוּרִין. נֵימָא תֶּיהֱוֵי תְּיוּבְתָּא** — נאמר שתהיה מכאן קושיא על הוראתו **דְּרַב חִסְדָּא**[19]!

מתרצת הגמרא:

אָמַר לָךְ — יאמר לך **רַב חִסְדָּא: כִּי תַּנְיָא הַהִיא** — מה שאותה ברייתא מלמדת, זהו כשהבנים אכלו את הגזילה **לְאַחַר יֵאוּשׁ**[20].

הגמרא מוסיפה להקשות מהברייתא של רבי אושעיא:

אָמַר מַר בברייתא: כל עוד **הַגְּזֵילָה קַיֶּימֶת, חַיָּיבִין** היורשים **לְשַׁלֵּם**, כלומר להחזירה לנגזל. **נֵימָא תֶּיהֱוֵי תְּיוּבְתָּא** — נאמר שתהיה מכאן קושיא על דבריו **דְּרָמִי בַּר חָמָא**, הסובר ש"רשות יורש כרשות לוקח". שהרי לפי רמי בר חמא, מאחר שהיה "שינוי רשות" (והנגזל התייאש מהגזילה)[21], קנו הבנים את הגזילה. ומדוע חייבה אותם הברייתא להחזירה?

מתרצת הגמרא:

אָמַר לָךְ — יאמר לך **רָמִי בַּר חָמָא: כִּי תַּנְיָא הַהִיא** — מה שאותה ברייתא מלמדת,

הערות

18. הברייתא של רבי אושעיא מתאימה לפירושו של רבא למשנתנו. ומאחר שמצא רבא ברייתא כזו, רשאי הוא לפרש את משנתנו על פיה, ואין הוא צריך להתחשב בברייתא ששנה רבי לרבי שמעון בנו, המפרשת את המשנה באופן אחר [המתאים לשיטתו של רמי בר חמא].

מאחר שמשנתנו מתפרשת על פי הברייתא של רבי אושעיא (כפי שסובר רבא), חסרות בה המלים המורות שהגזילה כבר אינה קיימת (רש"י). ואם כן כך יש לקרוא את המשנה: **והניח** — או שהניח **לפניהם** את החפץ בתורת ירושה [ואין הגזילה קיימת], הרי הם **פטורים מלשלם**.

19. הגמרא מבינה עתה שהברייתא עוסקת במקרה שהנגזל לא התייאש מהחפץ.

התוספות מעירים שהגמרא היתה יכולה להקשות על רב חסדא גם מהרישא של הברייתא, "הגוזל ומאכיל את בניו פטורין מלשלם", וכפי שהקשתה הגמרא על רב חסדא בתחילת הסוגיא מהרישא של המשנה. אלא שהגמרא מעדיפה עתה להקשות מהסיפא, מפני שבסמוך היא תקשה מהסיפא על רמי בר חמא (אולם עיין בעל המאור, מאירי ד"ה כל, ופני יהושע; ועיין עוד רבי עקיבא איגר).

20. שבמקרה זה מודה רב חסדא שהם פטורים מלשלם; ראה הערה 3.

21. וכפי שאמרה עתה הגמרא [בביאור שיטתו של רב חסדא] (רש"י).

זהו **לִפְנֵי יֵאוּשׁ**. במקרה זה לא קנו היורשים את הגזילה, שהרי שינוי רשות ללא יאוש אינו מועיל[1].

הגמרא הביאה לעיל את דברי רמי בר חמא, שדייק ממשנתנו ש"רשות יורש כרשות לוקח". הגמרא מביאה עתה גירסא אחרת של דברי רמי בר חמא, שעל פיה לא דייק רמי בר חמא את דבריו ממשנתנו, אלא מברייתא:

רַב אַדָּא בַּר אַהֲבָה מַתְנֵי לְהָא דְּרָמִי בַּר חָמָא אַהָא — רב אדא בר אהבה שונה דברים אלו של רמי בר חמא על ברייתא זו: יורשים **שֶׁהִנִּיחַ לָהֶן אֲבִיהֶן מָעוֹת שֶׁל רִבִּית** שקיבל שלא כדין, **אַף עַל פִּי שֶׁהֵם יוֹדְעִין** בודאי **שֶׁ**מעות אלה **הֵן שֶׁל רִבִּית, אֵין חַיָּיבִין לְהַחֲזִיר** אותן[2]. **אָמַר רָמִי בַּר חָמָא: זֹאת אוֹמֶרֶת** ש**רְשׁוּת יוֹרֵשׁ כִּרְשׁוּת לוֹקֵחַ דָּמֵי** (נחשבת). כלומר, חפץ העובר לרשות היורשים, נחשב הדבר כ"שינוי רשות", וכאילו מכר האב את החפץ לאדם אחר. ולפיכך קנו הבנים את מעות הרבית ואינם חייבים להחזירן, אפילו אם הן קיימות בעינן[3].

רבא חולק על פירוש זה של הברייתא:

רָבָא אָמַר: לְעוֹלָם אֵימָא לָךְ — באמת אוכל לומר לך ש**רְשׁוּת יוֹרֵשׁ, לַאו כִּרְשׁוּת לוֹקֵחַ דָּמֵי. וְשַׁאנִי הָכָא** — ושונה הדבר כאן (לגבי רבית), **דְּאָמַר קְרָא** (ויקרא כה, לו): "**אַל תִּקַּח מֵאִתּוֹ נֶשֶׁךְ וְתַרְבִּית**. . . וְחֵי אָחִיךָ עִמָּךְ". וסוף הפסוק מתפרש: אם לקחת נשך ותרבית, **אַהְדַּר לֵיהּ כִּי הֵיכִי דְּנֵחֵי בַּהֲדָךְ** — החזר לו ללוה מה שלקחת, כדי שיוכל לחיות עמך. פסוק זה הוא המקור לחיוב השבת הרבית[4]. ואם כן **לְדִידֵיהּ קָא מַזְהַר לֵיהּ רַחֲמָנָא** — רק לו עצמו (למלוה) הזהירה התורה שיחזיר את הרבית; **לִבְרֵיהּ לֹא מַזְהַר לֵיהּ רַחֲמָנָא** — אבל לבנו לא הזהירה התורה כן[5].

הגמרא דנה בהבדל שבין שתי הגירסאות של דברי רמי בר חמא:

מַאן דְּמַתְנֵי לָהּ אַבָּרַיְיתָא — מי ששונה את דברי רמי בר חמא שהם נאמרו על הברייתא (בענין רבית), **כָּל שֶׁכֵּן** שהוא סובר שניתן לומר דברים אלו **אַמַּתְנִיתִין** — בנוגע למשנתנו (בענין גזילה). שהרי משנתנו כפי פשוטה עוסקת במקרה שהגזילה עדיין קיימת ביד הבנים[6]. ואם כן אין לנו טעם לפטור את הבנים מלהחזיר את הגזילה, אלא אם כן נאמר שהירושה נחשבת כ"שינוי רשות", וכדברי רמי בר חמא[7]. **מַאן דְּמַתְנֵי לָהּ אַמַּתְנִיתִין** — אבל מי ששונה את דברי רמי בר חמא על משנתנו, לדעתו אי אפשר ללמוד הלכה זו (ש"רשות יורש כרשות לוקח"), אלא מן המשנה; **אֲבָל אַבָּרַיְיתָא, רָמִי בַּר חָמָא כְּרָבָא מַתְנֵי לָהּ** — אפשר שרמי בר חמא ילמד את הברייתא כרבא, שהטעם שהיורשים פטורים מלהחזיר את מעות הרבית הוא משום שרק על המלוה עצמו ציותה התורה להחזיר את הרבית. ואם כן אין ראיה מכאן ש"רשות יורש כרשות לוקח"[8].

הגמרא מביאה ברייתא נוספת הדנה בגזלן שהעביר את הגזילה לבניו:

תָּנוּ רַבָּנָן: הַגּוֹזֵל חפץ **וּמַאֲכִיל** אותו **אֶת בָּנָיו, פְּטוּרִין מִלְּשַׁלֵּם**[9]. **הִנִּיחַ לִפְנֵיהֶם** את החפץ בתורת ירושה, אם הם **גְּדוֹלִים, חַיָּיבִין לְשַׁלֵּם**[10]; ואם הם **קְטַנִּים, פְּטוּרִין מִלְּשַׁלֵּם**. ואף על פי שהגזילה קיימת והיא שייכת לנגזל, מכל מקום אינו יכול להוציאה מהם אלא על ידי גביית בית דין, ואי אפשר לתבוע קטנים בבית דין[11]. **וְאִם אָמְרוּ הַגְּדוֹלִים: "אֵין אָנוּ יוֹדְעִין חֶשְׁבּוֹנוֹת שֶׁחִשֵּׁב אָבִינוּ עִמְּךָ**, ושמא אבינו חישב עמך את דמי הגזילה ושילם לך עבורה"[12], **פְּטוּרִין**.

הגמרא תמהה על כך:

מִשּׁוּם דְּאָמְרֵי — וכי מפני שהם אומרים "**אֵין אָנוּ יוֹדְעִין**", **פְּטוּרִים** הם[13]?

הערות

1. רמי בר חמא מפרש את הברייתא של רבי אושעיא שהיא עוסקת לפני יאוש (שלא כפירושו של רב חסדא). ולפיכך אמרה הברייתא שאם הגזילה קיימת הם חייבים להחזירה.

על פי זה, גם מה שאמרה הברייתא בהמשך, "אין הגזילה קיימת פטורין", מדובר לפני יאוש. ונמצא אם כן שרמי בר חמא חולק על רב חסדא, שאמר שאם בא אחר ואכל את הגזילה לפני יאוש, יכול הנגזל לגבות ממנו. לדעת רמי בר חמא הגזלן השני פטור לעולם, אפילו אם אכל את הגזילה לפני יאוש (ראה רש"י). [והיינו, מפני שלאחר שהחפץ נגזל, ואינו לגמרי ברשות בעליו, נחלש קנין הבעלים. והרי מטעם זה אין הבעלים יכולים להקדיש את החפץ הגזול, אפילו אם לא התייאשו ממנו (ראה לעיל סט, א). ולפיכך סובר רמי בר חמא שאפילו אם הגזלן השני אכל את הגזילה לפני יאוש, אין הוא נחשב כגזלן כלפי הבעלים.]

[על פי האמור עולה שמשנתנו והברייתא של רבי אושעיא מתפרשות — לדעת רמי בר חמא — בשני אופנים שונים. שכן המשנה עוסקת **לאחר יאוש**, ולפיכך לימדה המשנה שהבנים פטורים מלשלם אפילו אם הגזילה קיימת. (והיינו, מפני ש"רשות יורש כרשות לוקח", ונמצא שיש כאן "יאוש ושינוי רשות".) ולא רצה רמי בר חמא להעמיד את המשנה לפני יאוש (כמו הברייתא של רבי אושעיא), מפני שמשמעות המשנה היא שהגזילה עדיין קיימת, ולפיכך הוצרך רמי בר חמא להעמידה לאחר יאוש. ואמנם מה שאמרה המשנה במקרה הראשון, "הגוזל ומאכיל את בניו. . . פטורין מלשלם", זהו גם לפני יאוש (שהרי רמי בר חמא סובר שהגזלן השני פטור גם לפני יאוש), אבל המקרה השני הוא דוקא לאחר יאוש. ואילו הברייתא של רבי אושעיא עוסקת — לדעת רמי בר חמא — דוקא **לפני יאוש**. שהרי לאחר יאוש קנו היורשים את הגזילה, ואינם חייבים להחזירה אפילו אם היא קיימת (ראה תורת חיים).]

2. נאמר בתורה בענין איסור הלואה ברבית (ויקרא כה, לו): "אַל תִּקַּח מֵאִתּוֹ נֶשֶׁךְ וְתַרְבִּית, וְיָרֵאתָ מֵאֱלֹהֶיךָ, וְחֵי אָחִיךָ עִמָּךְ". הגמרא במסכת בבא מציעא (סב, א) לומדת מסוף הפסוק — "וְחֵי אָחִיךָ עִמָּךְ" — שאם אדם עבר על האיסור ולקח רבית, הוא חייב להחזיר אותה ללוה, כדי שיוכל אחיו לחיות עמו.

הברייתא מלמדת שאף על פי שהמלוה חייב להחזיר את הרבית, מכל מקום אם לא עשה כן ומת, אין היורשים חייבים להחזיר את מעות הרבית ללוה.

3. והיינו, שהם קונים את המעות ב"יאוש ושינוי רשות". [כשהלוה שילם את הרבית לא היתה דעתו לחזור ולקבלה, ולפיכך נחשב הדבר כ"יאוש".]

לפי גירסא זו סובר רמי בר חמא שמאחר שהמלוה חייב להחזיר את מעות הרבית, נחשבות הן כ"גזל" בידו; ואין היורשים יכולים לזכות בהן אלא אם כן נחשבת הירושה כ"שינוי רשות" (ראה תוספות).

4. ראה הערה 2.

5. רבא סובר שמעות של רבית אינן נחשבות כ"גזל" ביד המלוה, שהרי הלוה נתנן לו מדעתו, אלא שהתורה ציותה את המלוה להחזירן ללוה, כדי שיחיה עמו. מצוה זו מוטלת דוקא על המלוה, שהוא זה שעבר על האיסור ליטול רבית, אבל הבנים אינם מצוּוים בכך (ראה רשב"א, וחתם סופר לבבא מציעא סא, ב ד"ה מכאן ואילך). [ויש ללמוד מכאן שמעות של רבית שפרע הלוה למלוה, קנה אותן המלוה לגמרי, והן ממונו הגמור, אלא שמוטלת עליו חובה להחזירן (ריטב"א קידושין ו, ב ד"ה בהנאת מלוה; ועיין נתיבות המשפט רח, א, ושערי ישר ה, ב; אולם עיין מחנה אפרים רבית ב).]

6. ראה לעיל קיא, ב הערה 18 קטע שני, ובעמוד זה הערה 1, קטע שלישי.

7. רש"י.

8. [שהרי לפי טעם זה אין המעות נחשבות כ"גזל" ביד האב (ראה הערה 5). ואם כן הבנים זוכים בהן אפילו אם אין כאן "שינוי רשות".]

9. לפי רב חסדא, מדובר כאן כשאכלו את הגזילה לאחר יאוש. ולפי רמי בר חמא הם פטורים אפילו אם אכלו אותה לפני יאוש (ראה רשב"א להלן ד"ה תניא אידך, יובא בהערה 15).

10. לפי רמי בר חמא [הסובר ש"רשות יורש כרשות לוקח"], הברייתא עוסקת דוקא לפני יאוש (רש"י). שהרי אם הבעלים התייאשו, קנו הבנים את הגזילה ב"יאוש ושינוי רשות".

11. ברייתא זו סוברת כדעת סומכוס (שתובא בברייתא בסוף העמוד), שקטנים אינם בני העמדה בדין (רש"י).

12. רש"י.

13. הגמרא להלן (קיח, ב) מביאה מחלוקת בנוגע למקרה שהתובע טוען טענת "ברי" (וכגון, "אני יודע בודאי שאתה חייב לי מנה"), והנתבע טוען "שמא" ("איני יודע אם אני חייב לך מנה"), האם הנתבע חייב לשלם. אמנם מחלוקת זו מתייחסת למקרה שהנתבע אינו יודע אם נתחייב מלכתחילה (וכגון, "איני יודע אם לויתי ממך מנה"). אבל אם הוא מודה שהיה חייב, אלא שאינו יודע אם נפטר מחיובו ("איני יודע אם פרעתיך"), הכל מודים שהוא חייב.

במקרה שלפנינו, היורשים מודים שאביהם גזל את החפץ [אלא שהם מסופקים אם הוא שילם לנגזל את דמיה]. ואם כן לכל הדעות טענת הברי של הנגזל עדיפה, ויש לחייבם להחזיר את הגזילה (רש"י, לפי פני יהושע). ומדוע אם כן פטרה הברייתא את היורשים?

לפני יאוש רב אדא בר אהבה מתני להא דרמי בר חמא אהא (א) [א]הניח להן אביהן מעות של רבית אע"פ שיודעין שהן של רבית אין חייבין להחזיר אמר רמי בר חמא זאת אומרת רשות יורש כרשות לוקח דמי רבא אמר לעולם אימא לך רשות יורש לאו כרשות לוקח דמי ושאני הכא דאמר קרא (א) אל תקח מאתו נשך ותרבית אהדר ליה כי היכי דנחי בהדך לדידיה קא מזהר ליה רחמנא לבריה לא מזהר ליה רחמנא (א) מאן דמתני לה אברייתא כ"ש אמתניתין מאן דמתני לה אמתניתין אבל אברייתא רמי בר חמא כרבא מתני לה ת"ר הגוזל ומאכיל את בניו פטורין מלשלם הניח לפניהם גדולים חייבין לשלם קטנים פטורין מלשלם ואם אמרו גדולים אין אנו יודעין חשבונות שחשב אבינו עמך פטורין משום דאמרי אין אנו יודעין פטורים אמר רבא הכי קאמר [ב]גדולים שאמרו יודעים אנו חשבונות שחשב אבינו עמך ולא פש לך גביה ולא מידי פטורין תניא אידך הגוזל ומאכיל (ב) בניו פטורין מלשלם הניח לפניהם ואכלום [ג]בין גדולים בין קטנים חייבין קטנים מי מיחייבי לא יהא אלא דאזיק אזוקי א"ר פפא [ד]הכי קאמר הניח לפניהם ועדיין לא אכלום בין גדולים בין קטנים חייבין (ג) אמר רבא [ה]הניח להם אביהם [ו]פרה שאולה משתמשין בה כל ימי שאלתה [ו]מתה אין חייבין באונסיה [ז]כסבורים של אביהם היא וטבחוה ואכלוה משלמין (ג) דמי בשר בזול הניח להם אביהם אחריות נכסים חייבין לשלם איכא דמתני לה ארישא ואיכא דמתני לה [ח]אסיפא מאן דמתני לה ארישא כל שכן אסיפא ופליגא דרב פפא מאן דמתני לה אסיפא אבל ארישא לא והיינו דרב פפא דא"ר פפא (ד) [ט]היתה פרה גנובה לו וטבחה בשבת חייב שכבר חייב בגניבה קודם שיבא לידי איסור שבת [י]היתה פרה שאולה לו וטבחה בשבת פטור שאיסור שבת ואיסור גניבה באין כאחד ת"ר (ב) והשיב את הגזילה אשר גזל (ה) מה ת"ל אשר גזל יחזיר כעין שגזל מכאן אמרו הגוזל ומאכיל את בניו פטורין מלשלם הניח לפניהם בין גדולים בין קטנים חייבין משום סומכוס אמרו גדולים חייבין קטנים פטורין בר חמוה דרבי ירמיה טרק גלי באפיה דרבי ירמיה אתא לקמיה דרבי אבין אמר [כ]שלו הוא תובע א"ל והא מייתינא סהדי דאחזקי ביה בחיי דאבוה [ל]א"ל וכי מקבלין עדים שלא

רש"י

לפני יאוש. דשינוי רשות בלא יאוש לא קני וכי אין גזילה קיימת שאכלוה אחרי מות אביהן פטורין דלית ליה דרב חסדא: מאן דמתני לה. להא דרמי בר חמא אברייתא כ"ש אמתניתין דליכא טעמא אחרינא למפטריה אלא האי כל כמה דלא מחסרת לה למתניתין משמע דגזילה קיימת: מאן דמתני לה אמתניתין אבל אברייתא רמי בר חמא. משום טעמא דקרא מתני לה כרבא ל"א איפכא גרסינן מאן דמתני לה אמתני' כ"ש אברייתא דמתניתין איכא לאוקמא בשאכלום אבל ברייתא קתני שיודעין שהן של רבית אלמא דקיימי בעין וקתני פטורים דרשות יורש כרשות לוקח ומאן דמתני לה אברייתא אבל אמתניתין רמי בר חמא בשאכלום מתני לה כרבא (ג) ולאשון שמעתיו ועיקר: גדולים חייבים. ורמי בר חמא מוקי לה לפני יאוש: קטנים פטורים. דלאו בני דינא נינהו ואע"פ דגזילה קיימת מיהו מחסרא גודיינא וסומכוס הוא דפטר קטנים לקמן: ואין אנו יודעין חשבונות. ושמא אבינו חישב לך דמים: משום דאין יודעים פטורים. בתמיה הואיל ויודעים שבגזילה באה לידו דברי ושמא הוא וברי עדיף: לא יהא אלא דאזיק אזוקי. נכנס לחצר דנגזל והזיקו מי מחייבי קטנים לשלם והא אנן תנן לעיל (דף פז.) והם שחבלו באחרים פטורים והכא כיון דאכלום מאן כפי להו לשלומי: הניח לפניהם. ועדיין לא אכלום אפילו קטנים חייבים כיון דגזילה קיימת ברשותא דמריה הוא ורבנן הוא דפליגי עליה דסומכוס ולא תקשי אברייתא דלעיל דאמר גדולים חייבין קטנים פטורים: אין חייבין באונסיה. דלא קבילו עלייהו נטירותא: בזול. כל זוזא חשבינא בארבע דנקי וכן כל היכא דתני בזול בפרק מי שמת (ב"ב דף קמו:) והיינו שני שלישי דמים וכולהו דמים לא נשלמו דאי הוו ידעי דבעו שלומי לא הוו אכלי בשרא והעור יחזירנו כמות שהוא: איכא דמתני (ד) להא. הניח להן אביהן אחריות נכסים חייבין: ארישא. דקאמר מתה אין חייבין באונסיה ואם הניח להן אביהן קרקעות חייבין לשלם דאשתעבוד נכסים מחיים דאבוהון דקסבר רבא חיוב אונסים משעת שאלה מוטל על השואל ופליגא דרב פפא דאמר לקמן לא רמי חיוב אונסים אשואל עד שעה שתיאנס: ואיכא דמתני לה אסיפא. טבחוה ואכלוה משלמים דמי בשר בזול ואם הניח להן אביהן קרקע משלמין פרעון שלם דהוו אינהו במקום אבוהון והואיל והן אכלוה משלמין: אבל ארישא. דמתה כדרכה לא דלא אמרינן אשתעבוד נכסים דלא רמי חיוב אונסין על השואל עד שעת אונסין והכא כי אתניסא ליתיה לשואל והני לא קבול עלייהו מידי: והיינו דרב פפא דאמר היתה פרה גנובה לו. כלומר גנב פרה מערב שבת וטבח בשבת חייב אף בתשלומין ארבעה וחמשה שהרי נתחייב בקרן קודם שיבא לידי איסור סקילה ואף על גב דקנסא לא אתי עליה עד שבת לא פטרינא ליה מקנסא משום חיוב מיתה דאמר באלו נערות (כתובות דף לד:) קנס חידוש הוא שחידשה תורה הלכך אע"ג דמקטיל משלם: היתה פרה שאולה לו וטבחה בשבת פטור. מן הכל דלא אמרינן משעת שאלה מחייב ליה אקרנא וקמה ברשותיה אפילו למלאך המות אלא בשעת טביחה הוא דגזליה ואיסור שבת וגניבה באין כאחד ונפטר מן הקרן משום דקם ליה בדרבה מיניה וקנסא ליכא דהא אין כפל ולא ארבעה וחמשה אלא בגנב עצמו שגנב מבית בעלים או בשומר חנם הבא לפטור עצמו בטענת גניבה אבל שואל ונושא שכר ושוכר שאין יכולין להפטר בטענת גנב אין בהן כפל כדאמר בכמה דוכתי לא אם אמרת בשומר חנם שכן משלם תשלומי כפל תאמר בש"ש כו': שאם אין גניבה אין טביחה ואין מכירה לא גרס ליה ואנן שמעינן כאן ובכתובות וכן פירש לנו רבינו שאם אין גניבה אחר שפטור מן הקרן משום דקם ליה בדרבה מיניה אין טביחה קנס נמי לא משלם ואף על גב דחידוש הוא ואין מיתה פוטרתו הכא דליכא קרן פטור דתשלומי ארבעה וחמשה אמר רחמנא ולא תשלומי ג' וד' וכי מדלית מהכא קרנא הוו להו ג' לגאן וד' לבקר ולא היה לי לב להבין את מושל שטעם זה אין צריך לכאן שהרי אין קנס בשואל הטובח ואפילו אמרינן כרב פפא דעד השתא קם ברשותא דמריה אפילו הכי גזלן נעשה עליה ולא גנב שאין דין גנב אלא בטוען טענת גנב והוא שומר חנם וכי גרס ליה בכתובות גרסינן ליה ובמלתא (ו) דרבא דאמר התם גנב וטבח בשבת פטור שאם אין גניבה כו' דהתם בגנב עצמו קאי וליכא למיפטריה מקנסא אלא משום האי טעמא אבל בדרב פפא ליכא למגרסא לא התם ולא הכא ואיידי דמילתא דרב פפא איתמר התם גבי מלתא דרבא איגרסא נמי אגב שטפא בדרב פפא ותשובות רב האי גאון מסייעא לי: כעין שגזל. כלומר אם גזילה קיימת יחזיר אבל אין גזילה קיימת פטור ובדידיה ליכא לאוקמה אלא בבניו: בר חמוה דרבי ירמיה. קטן הוה: טרק גלי. דלת פתוחה בבית אביו סגר ולא הניח ליכנס לפי שהיה רוצה רבי ירמיה להחזיק בה: דאחזקי בה בחיי דאבוה. והיה טוען שאביו מכרה לו או נתנה לו:

שלא

תוספות

אע"פ שהן יודעין שהם של רבית כו'. וא"ת והיכי מדקדק מינה דכרשות לוקח דמי דאפילו לאו כרשות לוקח דמי א"ש דפטורין כיון דמדעת נתן לו ליתנהו גביה בתורת גזילה אלא בתורת הלואה א] ולכך אין חייבין להחזיר דמלוה על פה אינו גובה מן היורשין וי"ל דאע"ג דמדעת נתנם לו איתנייהו גביה בתורת גזילה דהוי כנתינה בטעות דלא נתן לשם מתנה אלא בתורת רבית ומיקרי גזילה בעיניה כיון שהמעות בעין והיו חייבין להחזיר אי לאו דכרשות לוקח דמי והוי שנוי רשות:

ולא פש לך גביה ולא מידי פטורין. מגו שהיו יכולין לומר החזרנו לך א"נ כגון שאין עדי גזילה אלא הודאת הבנים בלבד:

קטנים והא אמר קטנים פטורי'. ל"ג דהא לאו קושיא היא דההיא דלעיל כסומכוס והך כרבנן כדפירש בקונטרס אלא ה"ג בכל הספרים ואכילת קטן מידי משמא אית ביה לא יהא אלא מזיק ותנן חש"ו פגיעתן רעה כו' וה"נ ה"מ למפרך מאכילת גדולים אמאי חייבין כי אכלו לרב חסדא לאחר יאוש ולרמי בר חמא לפני יאוש אע"ג דכי גזילה קיימת חייבין כי אכלו פטורים כדפ"ל אלא פריך טפי להדיא אקטנים וליכא לאוקמי כגון שהניח להן אביהן אחריות נכסים ולהכי א"ש הא דגדולים חייבין לשלם אבל קטנים קשה דמ"מ יש לפטור מטעם דאין מקבלין עדות אלא בפני בעל דין דהא לא פטורים מהאי טעמא אלא לסומכוס ולא לרבנן:

אבל

עין משפט נר מצוה

ז א מיי' פ"ד מהלכות מלוה ולוה הלכה ד סמג עשין קלג טוש"ע י"ד סימן קסא סעיף ו:

ח ב ג ד טוש"ע ח"מ סימן שסא סעיף ז:

ט ה ו מיי' פ"א מהל' שאלה ופקדון הלכה ה סמג עשין לב טוש"ע ח"מ סימן שמא סעיף א וסעיף ג [רב אלפס כאן ובב"מ פ"ח דף קכא]:

י ז ח מיי' שם ועיין במ"מ טוש"ע שם סעיף ד:

יא ט מיי' פ"ג מהל' גניבה הל' א טוש"ע ח"מ סימן שנא:

יב י מיי' שם הלכה ד:

יג כ ל מיי' פי"ב מהל' מלוה ולוה הלכה ז סמג עשין לד טוש"ע ח"מ סימן קי סעיף ו:

ליקוטי רש"י

אין חייבין להחזיר. דכתיב והשיב את הגזלה אשר גזל והני לא גזול מידי דקנינהו בשינוי רשות וקסבר רשות יורש כרשות לוקח דמי [לעיל צד:]. כל ימי שאלתה. כל ימי משך הזמן ששאלה אביהן מן הבעלים. מתה אין חייבין באונסיה. דאינהו לאו שואלין נינהו עלה. דמי בשר בזול. כל זוזא חשבינן בארבעה דנקי הכי אמרינן בפרק מי שמת (ב"ב קמו:) והעור יחזירו לבעלים. אחריות נכסים. קרקעות. איכא דמתני לה ארישא. לאאי הניח להן אביהן אחריות נכסים חייבין לשלם ואמרינן דחייבין באונסין דאישתעבוד נכסים דאבוהון מחיים משעת שאלה. כל שכן אסיפא. כשטבחוה ואכלוה. ופליגא דרב פפא. דאמר לעיל ההיא שעתא דמטו לה אונסין הוא דאתי חיובא עליה ולא משעת שאלה. מאן דמתני לה אסיפא. היכא דטבחוה אם הניח להן אביהן אחריות נכסים משלמין תשלומי מעליא ולא בזול דאיבעי להו למידק. אבל ארישא לא. אם מתה לא מיחייבי לשלומי ולא אמרינן אישתעבוד נכסי דאבוהון משעת שאלה. והיינו דרב פפא. דאמר לעיל לא אמרינן משעת שאלה רמו עליה תשלומין אלא משעת אונסין ואילך וההיא שעתא ליתיה לשואל דליחייב. היתה פרה שאולה לו וטבחה בשבת פטור. דההיא שעתא דקא טבח לה גזיל לה ממרה ומיתה וממון באין כאחד ולא גרסינן שאם אין גניבה אין טביחה ואין מכירה דגבי שואל לא שייך לא כפל ולא ארבעה וחמשה שהרי חייב בקרן לעולם אפילו טוען טענת גנב ואין קנס אלא או בגנב או בשומר חנם הפוטר עצמו בטוען טענת גנב שאומר נגנבה [כתובות לד:]. טרק גלי. שפתס שער שלו [סנהדרין קיג.]. אגלי. דלתות כמו (ברכות דף כח.) טרוקו גלי [ב"ב ח.].

מסורת הש"ס

א) ב"מ סב. לעיל לד: [תוספתא דב"מ ספ"ה], ב) כתובות לד:, ג) [לעיל כ. ב"מ מב: ב"ב קמו:], ד) כתובות לד:, ה) [לעיל סו. וש"נ], ו) [ל"ל דרבה וכן בסמוך].

הגהות הב"ח

(א) גמ' לא מזהר ליה רחמנא (מאן דמתני' וכו' מתני לה) תא"מ ונ"ב ס"א מאן דמתני אמתניתין כ"ש אברייתא ומאן דמתני לה אברייתא אבל אמתניתין רמי בר חמא כרבא מתני לה: (ב) שם ומאכיל את בניו: (ג) רש"י ד"ה מאן דמתני וכו' כרבא (ולאשון שמעתי ועיקר) תא"מ ונ"ב ס"א ראשון שמעתי ואחרון עיקר: (ד) ד"ה איכא דמתני לה להא דהניח:

גליון הש"ס

גמ' פרה שאולה משתמשים בה כל ימי שאלתה. עיין שיטה מקובצת בב"מ דף קט ע"א ד"ה אר"י עד האידנא בשם הרשב"א והר"ן:

הגהות מהר"ב רנשבורג

א] תוס' ד"ה אע"פ וכו' ולכך אין חייבין להחזיר דמלוה על פה. עיין שער המלך פי"ט מהלכות מלוה ולוה הלכה ה' ד"ה ודאי:

תורה אור השלם

א) אַל תִּקַּח מֵאִתּוֹ נֶשֶׁךְ וְתַרְבִּית וְיָרֵאתָ מֵאֱלֹהֶיךָ וְחֵי אָחִיךָ עִמָּךְ: [ויקרא כה, לו]

ב) וְהָיָה כִּי יֶחֱטָא וְאָשֵׁם וְהֵשִׁיב אֶת הַגְּזֵלָה אֲשֶׁר גָּזָל אוֹ אֶת הָעֹשֶׁק אֲשֶׁר עָשָׁק אוֹ אֶת הַפִּקָּדוֹן אֲשֶׁר הָפְקַד אִתּוֹ אוֹ אֶת הָאֲבֵדָה אֲשֶׁר מָצָא: [ויקרא ה, כג]

הגמרא מבארת את כוונת הברייתא:

אָמַר רָבָא: הָכִי קָאָמַר — כך מתכוונת הברייתא לומר: בנים **גְּדוֹלִים שֶׁאָמְרוּ: "יוֹדְעִים אָנוּ חֶשְׁבּוֹנוֹת שֶׁחִשֵּׁב אָבִינוּ עִמְּךָ, וְלֹא פַּשׁ לָךְ גַּבֵּיהּ וְלֹא מִידִי** — ולא נשאר לך אצלו שום דבר", **פְּטוּרִין**[14].

ברייתא נוספת בענין זה:

תַּנְיָא אִידָךְ — שנינו בברייתא אחרת: **הַגּוֹזֵל** חפץ **וּמַאֲכִיל** אותו את **בָּנָיו, פְּטוּרִין מִלְּשַׁלֵּם**[15]. **הִנִּיחַ לִפְנֵיהֶם** את החפץ בתורת ירושה, **וַאֲכָלוּם**, אזי **בֵּין** אם הם **גְּדוֹלִים, בֵּין** אם הם **קְטַנִּים, חַיָּבִין**[16].

הגמרא תמהה על כך:

קְטַנִּים, מִי מִיחַיְּיבֵי — וכי ניתן לחייבם? **לֹא יְהֵא אֶלָּא דְּאַזִּיק אַזּוּקֵי** — הרי אפילו אם היו נכנסים לחצר הנגזל ומזיקים אותו, הם פטורים מלשלם[17]; ואם כן כיצד ניתן לחייבם על מה שאכלו את הגזילה?

הגמרא מבארת את כוונת הברייתא:

אָמַר רַב פָּפָּא: הָכִי קָאָמַר — כך מתכוונת הברייתא לומר: **הִנִּיחַ לִפְנֵיהֶם** את החפץ בתורת ירושה **וַעֲדַיִין לֹא אֲכָלוּם**, אזי **בֵּין** אם הם **גְּדוֹלִים, בֵּין** אם הם **קְטַנִּים, חַיָּבִין**[18].

הגמרא מביאה הוראה בענין "ירושה" של חפץ שאול:

אָמַר רָבָא: בנים **שֶׁהִנִּיחַ לָהֶם אֲבִיהֶם פָּרָה שְׁאוּלָה**, דהיינו שאביהם שאל פרה ומת לפני שנגמר זמן השאלה, **מִשְׁתַּמְּשִׁין בָּהּ כָּל יְמֵי שְׁאֵלָתָהּ** — כל משך הזמן שניתן לאביהם להשתמש בה; שהרי היתה קנויה לאביהם להשתמש בה עד אותו זמן, והבנים יורשים את זכות אביהם[19]. ואף על פי ששואל חייב באונסין, אם הפרה **מֵתָה, אֵין** הבנים **חַיָּבִין בְּאוֹנְסֶיהָ**, כי הם לא שאלו את הפרה, ולא קיבלו עליהם את חיובי שמירתה[20]. **כִּסְבוּרִים** — אם טעו הבנים וסברו שהפרה **שֶׁל אֲבִיהֶם הִיא וּטְבָחוּהָ וַאֲכָלוּהָ, מְשַׁלְּמִין** לבעלים **דְּמֵי בָשָׂר בְּזוֹל**, דהיינו שני שליש משווי בשר הנמכר בשוק[21], וגם את העור יחזירו לבעליו[22]. ואם **הִנִּיחַ לָהֶם אֲבִיהֶם אַחֲרָיוּת נְכָסִים**, דהיינו קרקעות שהשתעבדו לחוב[23], **חַיָּבִין** הבנים **לְשַׁלֵּם**.

הגמרא מביאה שני הסברים לדין האחרון שהוזכר בדברי רבא, "הניח להם אביהם אחריות נכסים, חייבין לשלם":

אִיכָּא דְּמַתְנֵי לָהּ אַרֵישָׁא — יש מפרשים שדברים אלו מתייחסים לתחילת דברי רבא: "הניח להם אביהם פרה שאולה... מתה אין חייבין באונסיה", ועל זה הוסיף רבא ואמר שאם הניח להם אביהם נכסים שיש להם אחריות, חייבים באונסיה. והיינו, מפני שחיוב אונסים מוטל על השואל מזמן השאלה, ונמצא שהשתעבדו נכסי האב לחיוב זה בחייו[24]. **וְאִיכָּא דְּמַתְנֵי לָהּ אַסֵּיפָא** — ויש מפרשים שדברים אלו

הערות

14. ומה שאמרה הברייתא "אין אנו יודעים" וכו', הכוונה היא בלשון תמיהה: "וכי אין אנו יודעים חשבונות שחישב אבינו עמך? [בודאי שאנו יודעים, והוא שילם לך את כל דמי הגזילה]" (תורת חיים, הגהות יעב"ץ).

[כך צריך לפרש לפי הגירסא שלפנינו בגמרא: "הכי קאמר", שמשמעותה שרבא אינו מגיה את הברייתא, אלא רק מפרש את כוונתה. אמנם יש גורסים "הכי קתני", ולפי גירסא זו רבא מתקן את לשון הברייתא (ראה תוספות רי"ד, וספר שינויי נוסחאות).]

על כל פנים הברייתא מלמדת שאם היורשים טוענים טענת ברי שאביהם שילם את דמי הגזילה, הם פטורים. ופירש הרא"ש, שמדובר כשלא נודע שהחפץ היה גזול ביד אביהם אלא על פי הודאת הבנים. אבל אם היה ידוע שהחפץ בא ליד אביהם בגזילה, לא היו נאמנים לומר שאביהם שילם את הגזילה. שכן אפילו האב עצמו, אם היה ידוע שהחפץ בא לידיו בגזילה, אין הוא נאמן לומר שחזר וקנה אותו (ראה גם תוספות, בעל המאור ומלחמת ה', וש"ך חושן משפט שסא, ז).

עוד כתב הרא"ש, שאף על פי שבדרך כלל טוענים ליורשים כל מה שהיה אביהם יכול לטעון, מכל מקום במקרה זה אין פוטרים את היתומים אלא אם כן טענו כן בפירוש, ואין טוענים עבורם. שכן אין זה מצוי שהגזלן יקנה את הגזילה מהנגזל, ואין טוענים ליתומים אלא בדבר המצוי (ראה גם בעל המאור; אולם עיין מלחמת ה'; ועיין ש"ך שם ד).

15. לפי רב חסדא, מדובר כאן דוקא לאחר יאוש (רשב"א). ולפי רמי בר חמא (ראה הערה 1), הם פטורים אפילו אם אכלו לפני יאוש.

16. הוראה זו קשה בין לרב חסדא ובין לרמי בר חמא. שהרי לפי רב חסדא הם חייבים רק אם אכלו את הגזילה לפני יאוש, ואילו מהרישא של הברייתא מוכח (לפי שיטתו) שהברייתא עוסקת לאחר יאוש (ראה הערה הקודמת). ולפי רמי בר חמא הרי תמיד האוכל פטור, אפילו לפני יאוש! (ראה הערה 1). הגמרא היתה יכולה להקשות כן, אלא שהיא מקשה קושיא חמורה יותר, על הברייתא עצמה. בתירוץ קושיית הגמרא תתיישב גם הקושיא דלעיל (תוספות, רשב"א).

17. וכפי ששנינו לעיל (פז, א): "חרש שוטה וקטן פגיעתן רעה, החובל בהן חייב, והם שחבלו באחרים פטורין" (רש"י).

18. מאחר שהגזילה עדיין קיימת, הם חייבים להחזירה, שהרי עדיין לא יצאה מרשות בעליה (רש"י). [לפי רמי בר חמא, הסובר שירושה נחשבת כ"שינוי רשות", צריך לומר שהברייתא עוסקת דוקא לפני יאוש. שאם לא כן, היו היורשים קונים את הגזילה ב"יאוש ושינוי רשות".]

ברייתא זו סותרת את הברייתא הקודמת, שפטרה את הבנים מלהחזיר את הגזילה. ובהכרח עלינו לומר שהברייתא הקודמת שנויה כדעת סומכוס, הסובר שקטנים אינם בני העמדה בדין (ראה הערה 11), ואילו ברייתא זו סוברת כחכמים, החולקים על סומכוס בענין זה (בברייתא שבסוף העמוד), וסוברים שאפשר לחייב גם את הקטנים (רש"י).

[כפי שהוזכר לעיל (בהערה 14), הלשון "הכי קאמר" משמעותה שהוא מפרש את הברייתא, ואינו מגיה אותה. עיין תורת חיים המבאר כיצד ניתן ליישב את פירושו של רב פפא בלשון הברייתא.]

19. ראב"ד כאן, ורשב"א וריטב"א כתובות לד, ב.

20. רש"י. ואפילו אם הפרה מתה לאחר שהשתמשו בה, מכל מקום אינם חייבים באונסיה, מאחר שלא קיבלו עליהם את שמירתה. אמנם הם חייבים עליה בגניבה ואבידה, שמכיון שהם משתמשים בה ונהנים ממנה הרי הם כשומר שכר המקבל שכר על שמירתו, שחייב בגניבה ואבידה (רא"ש, רשב"א; חושן משפט שמא, ג; ועיין רשב"א כתובות לד, ב).

הרא"ש כותב שנראה שדין זה הוא בסתם, כשהשאירו הבעלים את הפרה ברשותם ללא תנאי. אבל אם אמר המשאיל ליתומים: "פרה זו השאלתי לאביכם, אם רצונכם להשתמש בה, קבלו עליכם את אונסיה, ואם לאו החזירוה לי", הדין עמו, מפני שעל דעת כן השאיל את הפרה לאביהם, כדי שיתחייב באונסיה, ואינו צריך להניחם להשתמש מבלי קבלת אחריות על אונסין. ועיין חושן משפט שמא, ג.

21. חיוב זה הוא מדין "נהנה מממון חבירו" (ראה להלן).

הבנים אינם חייבים לשלם את מלוא דמי הפרה, לא מדין "גזלן" ולא מדין "מזיק". הם אינם נחשבים כ"גזלנים" על הפרה, מפני שלא התכוונו לגזול אותה מבעליה, שהרי היו סבורים שהיא של אביהם. ואין נחשב גזלן, אלא מי שמתכוון להוציא את הממון מרשות בעליו, אבל מי שסבור שממון זה שלו הוא, אינו גזלן. ומה שאמר רב חסדא לעיל (קיא, ב), "גזל ולא נתייאשו הבעלים ובא אחר ואכלו, רצה מזה גובה רצה מזה גובה", זהו כשהשני התכוון לגזול את החפץ, אם מבעליו או מהגזלן. אבל אם לא ידע שהחפץ גזול, אינו משלם עליו אלא כדין "נהנה", כמבואר כאן (ראב"ד; רמב"ן, רשב"א, ריטב"א כתובות לד, ב; ועיין לעיל קיא, ב הערה 3 קטע שלישי).

וכמו כן אינם חייבים על הפרה משום "מזיק", משום שהם אנוסים בנזק זה, שהרי לא ידעו שהפרה אינה של אביהם. ואף על פי שאדם חייב בנזקי גופו גם באונס (ראה לעיל כו, ב), מכל מקום באונס גמור אינו חייב. ומקרה זה נחשב כאונס גמור, מאחר שלא היה להם להעלות על דעתם שפרה זו שאולה היא ביד אביהם (תוספות לעיל כז, ב ד"ה ושמואל; ועיין קהלות יעקב כד ד"ה עוד).

ואם כן אי אפשר לחייב אותם אלא משום שנהנו מממון הבעלים (וכדין "זה נהנה וזה חסר"; ראה לעיל כ, א). ואין מחייבים אותם לשלם את מלוא דמי הבשר, שהרי אילו היו יודעים שיצטרכו לשלם על הבשר, יתכן שלא היו אוכלים אותו. ולפיכך הם חייבים לשלם רק "דמי בשר בזול", שזהו שני שליש ממחירו המלא (רש"י, על פי בבא בתרא קמו, ב). שכן אפילו אנשים שאינם קונים בשר במחיר מלא, מכל מקום אם יזדמן להם לקנות בשני שליש ממחיר השוק, יש להניח שישלמו עליו מחיר זה (ראה סמ"ע שמא, י).

22. רש"י. [ואף על פי שנעשה שינוי בעור על ידי הטביחה וההפשטה, מכל מקום לא קנו אותו בשינוי זה, שהרי אינם גזלנים (כמבואר בהערה הקודמת), ורק גזלן קונה בשינוי (קצות החושן שמא, ב; נתיבות המשפט שם ז; אולם עיין פרישה ו וסמ"ע יא שם).

23. [ראה לעיל קיא, ב הערה 2. הגמרא תדון מיד לאיזה קטע של דברי רבא מתייחס המשפט האחרון.]

24. רש"י. לפי פירוש זה מתחייב השואל בשעת ההשאלה להחזיר את הפרה לבעליה, או לשלם את דמיה (אם אי אפשר להחזירה). ונמצא שחיובו של השואל לשלם את דמי הפרה במקרה שנאנסה, הוא מחמת התחייבותו בזמן ההשאלה. מאחר שנכסי השואל השתעבדו לחוב זה כבר בזמן ההשאלה, יוכל המשאיל לגבות את דמי הפרה מן היורשים, אף על פי שהם עצמם אינם נחשבים כ"שואלים" עליה (עיין רמב"ן בבא מציעא צז, ב ד"ה גמ'; אולם עיין ריטב"א שם; ועיין קצות החושן רצא, א ר"שמ, ד).

לפני יאוש רב אדא בר אהבה מתני להא דרמי בר חמא אהא (א) [א]הניח להן אביהן מעות של רבית אע"פ שיודעין שהן של רבית אין חייבין להחזיר אמר רמי בר חמא זאת אומרת רשות יורש כרשות לוקח דמי רבא אמר לעולם אימא לך רשות יורש לאו כרשות לוקח דמי ושאני הכא דאמר קרא א) אל תקח מאתו נשך ותרבית אהדר ליה כי היכי דנחי בהדך לדידיה קא מזהר ליה רחמנא לבריה לא מזהר ליה רחמנא (א) מאן דמתני לה אברייתא כ"ש אמתניתין מאן דמתני לה אמתניתין אבל אברייתא רמי בר חמא כרבא מתני לה ת"ר הגוזל ומאכיל את בניו פטורין מלשלם הניח לפניהם גדולים חייבין לשלם קטנים פטורין מלשלם ואם אמרו גדולים אין אנו יודעין חשבונות שחשב אבינו עמך פטורין משום דאמרי אין אנו יודעין פטורים אמר רבא הכי קאמר [ב]גדולים שאמרו יודעים אנו חשבונות שחשב אבינו עמך ולא פש לך גביה ולא מידי פטורין תניא אידך הגוזל ומאכיל (ב) בניו פטורין מלשלם הניח לפניהם ואכלום [ג]בין גדולים בין קטנים חייבין קטנים מי מיחייבי לא יהא אלא דאזיק אזוקי א"ר פפא [ד]הכי קאמר הניח לפניהם ועדיין לא אכלום בין גדולים בין קטנים חייבין (ג) אמר רבא [ה]הניח להם אביהם [ו]פרה שאולה משתמשין בה כל ימי שאלתה [ז]מתה אין חייבין באונסיה [ז]כסבורים של אביהם היא וטבחוה ואכלוה משלמין (ג) דמי בשר בזול הניח להם אביהם אחריות נכסים חייבין לשלם איכא דמתני לה ארישא ואיכא דמתני לה [ח]אסיפא מאן דמתני לה ארישא כל שכן אסיפא ופליגא דרב פפא מאן דמתני לה אסיפא אבל ארישא לא והיינו דרב פפא דא"ר פפא (ד) [ט]היתה פרה גנובה לו וטבחה בשבת חייב שכבר חייב בגניבה קודם שיבא לידי איסור שבת [י]היתה פרה שאולה לו וטבחה בשבת פטור שאיסור שבת ואיסור גניבה באין כאחד ת"ר ב) והשיב את הגזילה אשר גזל (ה) מה ת"ל אשר גזל יחזיר כעין שגזל מכאן אמרו הגוזל ומאכיל את בניו פטורין מלשלם הניח לפניהם בין גדולים בין קטנים חייבין משום סומכוס אמרו גדולים חייבין קטנים פטורין בר חמוה דרבי ירמיה טרק גלי באפיה דרבי ירמיה אתא לקמיה דרבי אבין אמר [כ]שלו הוא תובע א"ל והא מייתינא סהדי דאחזקי ביה בחיי דאבוה [ל]א"ל וכי מקבלין עדים

שלא

רש"י

לפני יאוש. דשינוי רשות בלא יאוש לא קני וכי אין גזילה קיימת שאכלוה אחרי מות אביהן פטורין דלית ליה דרב חסדא: מאן דמתני לה. להא דרמי בר חמא אברייתא כ"ש אמתניתין דליכא טעמא אחרינא למפטריה אלא האי כל כמה דלא מחסרת לה למתניתין משמע דגזילה קיימת: מאן דמתני לה אמתניתין אבל אברייתא רמי בר חמא. משום טעמא דקרא מתני לה כרבא ל"א איפכא גרסינן מאן דמתני לה אמתני' כ"ש אברייתא דמתניתין איכא לאוקמא בשאכלום אבל ברייתא קתני שיודעין שהן של רבית אלמא דקיימי בעין וקתני פטורים דרשות יורש כרשות לוקח ומאן דמתני לה אברייתא אבל אמתניתין רמי בר חמא בשאכלום מתני לה כרבא (ג) וראשון שמעתיו ועיקר: גדולים חייבים. ורמי בר חמא מוקי לה לפני יאוש: קטנים פטורים. דלאו בני דינא נינהו ואע"פ דגזילה קיימת מיהו מחסרא גוביינא וסומכוס הוא דפטר קטנים לקמן: ואין אנו יודעין חשבונות. ושמא אבינו חישב לך דמים: משום דאין יודעים פטורים. בתמיה הואיל ויודעים שבגזילה באה לידו דברי ושמא הוא וברי עדיף: לא יהא אלא דאזיק אזוקי. נכנס לחצר דנגזל והזיקו מי מחייבי קטנים לשלם והא אנן תנן לעיל (דף פז.) והם שחבלו באחרים פטורים והכא כיון דאכלום מאן כפי להו לשלומי: הניח לפניהם. ועדיין לא אכלום אפילו קטנים חייבים כיון דגזילה קיימת ברשותא דמרה הוא ורבנן הוא דפליגי עליה דסומכוס ולא תקשי אברייתא דלעיל דאמר גדולים חייבין קטנים פטורים: אין חייבין באונסיה. דלא קבילו עלייהו נטירותא: בזול. כל זוזא חשבינא בארבע דנקי וכן כל היכא דתני בזול בפרק מי שמת (ב"ב דף קמו:) והיינו שני שלישי דמים וכולהו דמים לא נשלמו דאי הוו ידעי דבעו שלומי לא הוו אכלי בשרא והעור יחזירנו כמות שהוא: איכא דמתני (ד) להא. הניח להן אביהן אחריות נכסים חייבין: ארישא. דקאמר מתה אין חייבין באונסיה ואם הניח להן אביהן קרקעות חייבין לשלם דאשתעבוד נכסים מחיים דאבוהון דקסבר רבא חיוב אונסים משעת שאלה מוטל על השואל ופליגא דרב פפא דאמר לקמן לא רמי חיוב אונסים אשואל עד שעה שתיאנס: ואיכא דמתני לה אסיפא. טבחוה ואכלוה משלמים דמי בשר בזול ואם הניח להן אביהן קרקע משלמין פרעון שלם דהוו איהו במקום אבוהון והואיל והן אכלוה משלמין: אבל ארישא. דמתה כדרכה לא דלא אמרינן אשתעבוד נכסים דלא רמי חיוב אונסין על השואל עד שעת אונסין והכא כי אתניסא ליתיה לשואל והני לא קבול עלייהו מידי: והיינו דרב פפא דאמר היתה פרה גנובה לו. כלומר גנב פרה מערב שבת וטבח בשבת חייב אף בתשלומין ארבעה וחמשה שהרי נתחייב בקרן קודם שיבא לידי איסור סקילה ואף על גב דקנסא לא אתי עליה עד שבת לא פטרינא ליה מקנסא משום חיוב מיתה דאמר באלו נערות (כתובות דף לד:) קנס חידוש הוא שחידשה תורה הלכך אע"ג דמקטיל משלם: היתה פרה שאולה לו וטבחה בשבת פטור. מן הכל דלא אמרינן משעת שאלה מחייב ליה אקרנא וקמה ברשותיה אפילו למלאך המות אלא בשעת טביחה הוא דגזליה ואיסור שבת וגניבה באין כאחד ונפטר מן הקרן משום דקם ליה בדרבה מיניה וקנסא ליכא דהא אין כפל ולא ארבעה וחמשה אלא בגנב עצמו שגנב מבית בעלים או בשומר חנם הבא לפטור עצמו בטענת גניבה אבל שואל ונושא שכר ושוכר שאין יכולין להפטר בטענת גנב אין בהן כפל כדאמר בכמה דוכתי לא אם אמרת בשומר חנם שכן משלם תשלומי כפל תאמר בש"ש כו': שאם אין גניבה אין טביחה ואין מכירה לא גרס ליה ואנן שמעינן כאן ובכתובות וכן פירש לנו רבינו שאם אין גניבה אחר שפטור מן הקרן משום דקם ליה בדרבה מיניה אין טביחה קנס נמי לא משלם ואף על גב דחידוש הוא ואין מיתה פוטרתו הכא דליכא קרן פטור דתשלומי ארבעה וחמשה אמר רחמנא ולא תשלומי ג' וד' וכי מדלית מהכא קרנא הוו להו ג' לאלן וד' לבקר ולא היה לי לב להבין את מושל שטעם זה אין צריך לכאן שהרי אין קנס בשואל הטובח ואפילו אמרינן כרב פפא דעד השתא קם ברשותא דמרה אפילו הכי גזלן נעשה עליה ולא גנב שאין דין גנב אלא בטוען טענת גנב והוה שומר חנם וכי גרס ליה בכתובות גרסינן ליה ובמלתא [ו]דרבא דאמר התם גנב וטבח בשבת פטור שאם אין גניבה כו' דהתם בגנב עצמו קאי וליכא למיפטריה מקנסא אלא משום האי טעמא אבל בדרב פפא ליכא למגרסא לא התם ולא הכא ואיידי דמילתא דרב פפא איתמר התם גבי מלתא דרבא איגרסא נמי אגב שטפא בדרב פפא ותשובות רב האי גאון מסייעא לי: כעין שגזל. כלומר אם גזילה קיימת יחזיר אבל אין גזילה קיימת פטור ובדידיה ליכא לאוקמה אלא בבניו: בר חמוה דרבי ירמיה. קטן הוה: טרק גלי. דלת פתוחה בבית אביו סגר ולא הניח ליכנס לפי שהיה רוצה רבי ירמיה להחזיק בה: דאחזקי בה בחיי דאבוה. והיה טוען שאביו מכרה לו או נתנה לו:

שלא

תוספות

אע"פ שהן יודעין שהם של רבית כו'. וא"ת והיכי מדקדק מינה דכרשות לוקח דמי דאפילו לאו כרשות לוקח דמי א"ש דפטורין כיון דמדעת נתן לו ליתנהו גביה בתורת גזילה אלא בתורת הלואה אן] ולכך אין חייבין להחזיר דמלוה על פה אינו גובה מן היורשין וי"ל דאע"ג דמדעת נתנם לו איתנייהו גביה בתורת גזילה דהוי כנתינה בטעות דלא נתן לשם מתנה אלא בתורת רבית ומיקרי גזילה בעינייה כיון שהמעות בעין והיו חייבין להחזיר אי לאו דכרשות לוקח דמי והוי שנוי רשות:

ולא פש לך גביה ולא מידי פטורין. מגו שהיו יכולין לומר החזרנו לך א"נ כגון שאין עדי גזילה אלא הודאת הבנים בלבד:

קטנים והא אמר קטנים פטורי'. ל"ג דהא לאו קושיא היא דההיא דלעיל כסומכוס והך כרבנן כדפירש בקונטרס אלא ה"ג בכל הספרים ואכילת קטן מידי משמא אית ביה לא יהא אלא מזיק ותנן חש"ו פגיעתן רעה כו' וה"נ ה"מ למפרך מאכילת גדולים אמאי חייבין כי אכלו לרב חסדא לאחר יאוש ולרמי בר חמא לפני יאוש אע"ג דכי גזילה קיימת חייבין כי אכלו פטורים כדפ"ל אלא פריך טפי להדיא אקטנים וליכא לאוקמי כגון שהניח להן אביהן אחריות נכסים ולהכי א"ש הא דגדולים חייבין לשלם אבל קטנים קשה דמ"מ יש לפטור מטעם דאין מקבלין עדות אלא בפני בעל דין דהא לא פטורים מהאי טעמא אלא לסומכוס ולא לרבנן:

אבל

עין משפט נר מצוה

ז א מיי' פ"ד מהלכות מלוה ולוה הלכה ד סמג עשין קצג טוש"ע י"ד סימן קסא סעיף ו:

ח ב ג ד טוש"ע ח"מ סימן שסא סעיף ז:

ט ה ו מיי' פ"א מהל' שאלה ופקדון הלכה ה סמג עשין פב טוש"ע ח"מ סימן שמא סעיף א וסעיף ג [רב אלפס כאן ובב"מ פ"ח דף קכא]:

י ז ח מיי' שם ועיין במ"מ טוש"ע שם סעיף ד:

יא ט מיי' פ"ג מהל' גניבה הל' א טוש"ע ח"מ סימן שנא:

יב י מיי' שם הלכה ד:

יג כ ל מיי' פי"ב מהל' מלוה ולוה הלכה ז סמג עשין צד טוש"ע ח"מ סימן קי סעיף ו:

ליקוטי רש"י

אין חייבין להחזיר. דכתיב והשיב את הגזלה אשר גזל והני לא גזול מידי דקנינהו בשינוי רשות וקסבר רשות יורש כרשות לוקח דמי [לעיל צד:]. **כל ימי שאלתה.** כל ימי משך הזמן ששאלה אביהן מן הבעלים. **מתה אין חייבין באונסיה.** דאינהו לאו שואלין נינהו עלה. **דמי בשר בזול.** כל זוזא חשבינן בארבעה דנקי הכי אמרינן בפרק מי שמת (ב"ב קמו:) והעור יחזירו לבעלים. **אחריות נכסים.** קרקעות. **איכא דמתני לה ארישא.** להאי הניח להן אביהן אחריות נכסים חייבין לשלם ואמרינן דחייבין באונסין דאישתעבוד נכסים דאבוהון מחיים משעת שאלה. **כל שכן אסיפא.** כשטבחוה ואכלוה. **ופליגא דרב פפא.** דאמר לעיל ההיא שעתא דמטו לה אונסין הוא דאתי חיובא עליה ולא משעת שאלה. **מאן דמתני לה אסיפא.** היכא דטבחוה אם הניח להן אביהן אחריות נכסים משלמין תשלומי מעליא ולא בזול דאיבעי להו למידק. **אבל ארישא לא.** אם מתה לא מיחייבי לשלומי ולא אמרינן אישתעבוד נכסי דאבוהון משעת שאלה. **והיינו דרב פפא.** דאמר לעיל לא אמרינן משעת שאלה רמו עליה תשלומין אלא משעת אונסין ואילך והשתא שעתא ליתיה לשואל דליחייב. **היתה פרה שאולה לו וטבחה בשבת פטור.** דההיא שעתא דקא טבח לה גזיל לה ממרה ומיתה וממון באין כאחד ולא גרסינן שאם אין גניבה אין טביחה ואין מכירה דגבי שואל לא שייך לא כפל ולא ארבעה וחמשה שהרי חייב בקרן לעולם אפילו טוען טענת גנב ואין קנס אלא או בגנב או בשומר חנם הפוטר עצמו בטוען טענת גנב שאומר נגנבה [כתובות לד:]. **טרק גלי.** שסתם שער שלו [סנהדרין קיג.]. **אגלי.** דלתות כמו (ברכות דף כח.) טרוקו גלי [ב"ב ח.].

מסורת הש"ס

א) ב"מ סב. לעיל לד: [תוספתא דב"מ ספ"ה], ב) כתובות לד:, ג) [לעיל כ. ב"מ מב: ב"ב קמו:], ד) כתובות לד:, ה) [לעיל סו. וש"נ], ו) [צ"ל דרבה וכן בסמוך].

הגהות הב"ח

(א) גמ' לא מזהר ליה רחמנא (מאן דמתני' וכו' מתני לה) תא"מ ונ"ב ס"א מאן דמתני אמתניתין כ"ש אברייתא ומאן דמתני לה אברייתא אבל אמתניתין רמי בר חמא כרבא מתני לה: (ב) שם ומאכיל את בניו: (ג) רש"י ד"ה מאן דמתני וכו' כרבא (ולשון שמעתי ועיקר) תא"מ ונ"ב ס"א לשון שמעתי ואחרון עיקר: (ד) ד"ה איכא דמתני לה להא דהניח:

גליון הש"ס

גמ' פרה שאולה משתמשים בה כל ימי שאלתה. עיין שיטה מקובצת בב"מ דף קט ע"א ד"ה אר"י עד האידנא בשם הרשב"א והר"ן:

הגהות מהר"ב רנשבורג

אן] תוס' ד"ה אע"פ וכו' ולכך אין חייבין להחזיר דמלוה על פה. עיין שער המלך פי"ט מהלכות מלוה ולוה הלכה ה' ד"ה וראיתי:

תורה אור השלם

א) אַל תִּקַּח מֵאִתּוֹ נֶשֶׁךְ וְתַרְבִּית וְיָרֵאתָ מֵאֱלֹהֶיךָ וְחֵי אָחִיךָ עִמָּךְ: [ויקרא כה, לו]

ב) וְהָיָה כִּי יֶחֱטָא וְאָשֵׁם וְהֵשִׁיב אֶת הַגְּזֵלָה אֲשֶׁר גָּזָל אוֹ אֶת הָעֹשֶׁק אֲשֶׁר עָשָׁק אוֹ אֶת הַפִּקָּדוֹן אֲשֶׁר הָפְקַד אִתּוֹ אוֹ אֶת הָאֲבֵדָה אֲשֶׁר מָצָא: [ויקרא ה, כג]

מתייחסים לסוף דבריו: "כסבורים של אביהם היא וטבחוה ואכלוה, משלמין דמי בשר בזול". ועל זה הוסיף רבא ואמר שאם הניח להם אביהם נכסים שיש להם אחריות, גובה המשאיל מנכסים אלו את כל דמי הפרה, ולא רק "דמי בשר בזול"[25].

הגמרא ממשיכה ומבארת:

מַאן דְּמַתְנֵי לָהּ אַרֵישָׁא — מי שמפרש שהדברים מתייחסים לתחילת דברי רבא, שאפילו אם הפרה נאנסה גובה מנכסי האב, **כָּל שֶׁכֵּן** שיאמר כן **אַסֵּיפָא**, כשהבנים טבחוה ואכלוה, שהמשאיל גובה מהנכסים המשועבדים[26]. **וּלפי זה, פְּלִיגָא** — חולק רבא על הוראתו **דְּרַב פָּפָּא** שתובא מיד, שעל פיה אין השואל מתחייב באונסין משעת השאלה, אלא משעת האונס. שכן לדעת רבא מתחייב השואל באונסין כבר משעת השאלה, ולפיכך השתעבדו נכסיו לחיוב האונסין. **מַאן דְּמַתְנֵי לָהּ אַסֵּיפָא** — ומי שמפרש שהדברים מתייחסים לסוף דברי רבא, כשטבחוה ואכלוה, הוא סובר שרק במקרה זה גובה המשאיל את כל דמי הפרה מנכסי האב, **אֲבָל אַרֵישָׁא**, כשהפרה נאנסה, **לֹא** יגבה המשאיל מנכסי האב. **וְהַיְינוּ** — ואם כן דברי רבא מתאימים להוראתו **דְּרַב פָּפָּא**[27].

הגמרא מביאה את דבריו של רב פפא, שמהם עולה שהשואל אינו מתחייב באונסין בשעת השאלה, אלא בשעת האונס:

דְּאָמַר רַב פַּפָּא: הָיְתָה פָּרָה גְּנוּבָה לוֹ — גנב שהיתה ברשותו פרה גנובה מלפני שבת, **וּטְבָחָהּ בְּשַׁבָּת, חַיָּיב** לשלם תשלומי חמשה[28], מפני **שֶׁכְּבָר** היה **חַיָּיב בִּגְנֵיבָה** — לשלם את קרן הגניבה, **קוֹדֶם שֶׁיָּבֹא לִידֵי אִיסּוּר שַׁבָּת**. ואף על פי שחיוב הקנס חל בשעה שהוא עובר על איסור שבת ומתחייב מיתה, אין אומרים בקנס "קם ליה בדרבה מיניה", אלא מת ומשלם[29]. אולם אם **הָיְתָה פָּרָה שְׁאוּלָה לוֹ** — שהיתה ברשותו פרה שאולה, **וּטְבָחָהּ בְּשַׁבָּת, פָּטוּר** לגמרי, מפני **שֶׁאִיסּוּר שַׁבָּת וְאִיסּוּר גְּנֵיבָה בְּאֵין כְּאֶחָד**[30]. ומאחר שחיוב התשלומים עבור הפרה חל בשעה שהוא עובר על איסור שבת, הוא פטור מלשלם, משום "קם ליה בדרבה מיניה".

מדברי רב פפא אלו עולה שהוא סובר שחיוב השואל חל בשעת מיתת הפרה. ולפיכך אמר רב פפא שאם באותה שעה שטבח את הפרה נתחייב השואל מיתה, הרי הוא פטור מן התשלומים. אבל אם היינו אומרים שכבר בשעת השאלה נכנסת הפרה לרשות השואל, ובאותה שעה הוא מתחייב באונסיה, אם כן לא היה השואל נפטר מתשלומים במקרה שטבחה בשבת[31].

למדנו במשנה (ובברייתות שהובאו לעיל) שאדם האוכל חפץ שנגזל על ידי אדם אחר, פטור מלשלם לבעלים. הברייתא שלפנינו מביאה מקור מן הכתוב להלכה זו:

תָּנוּ רַבָּנָן: נאמר בתורה (ויקרא ה, כג): "**וְהֵשִׁיב אֶת הַגְּזֵלָה אֲשֶׁר**

הערות

25. והיינו, מפני שהבנים עומדים במקום אביהם, ומאחר שאכלו את הפרה [או הזיקו אותה באופן אחר], הרי הם חייבים לשלם את כל דמיה [מהקרקעות שירשו מאביהם] (רש"י). [בחידושי רבי משה קזיס מבאר את דברי רש"י כך: מאחר שהבנים היו סבורים שהפרה היתה של אביהם, והם ירשו אותה ממנו, הרי הם עומדים במקום אביהם, וכאילו האב עצמו שחט אותה עכשיו. ואם כן יוכל המשאיל לגבות את מלוא דמי הפרה מנכסי האב. אמנם במקרה הראשון, כשהפרה מתה מאליה באונס, הרי לא בא האונס מחמת שהם יורשים את אביהם, שהרי הבנים לא עשו שום מעשה. ולפיכך במקרה זה לא יוכל המשאיל לגבות את דמי הפרה מנכסי האב.]

ראשונים אחרים מבארים את כוונת הגמרא באופן אחר: במקרה שהבנים אכלו את הפרה לאחר מיתת אביהם, נחשב הדבר כפשיעה מצד האב, שלא הודיע לבניו לפני מותו שהפרה אינה שלו. ולפיכך התחייב האב בתשלום מלא על נזק זה משעת פשיעתו (דהיינו לפני מותו), ונשתעבדו נכסיו לחיוב זה. וכאשר אכלו הבנים את הפרה לאחר מותו, יוכל המשאיל לגבות את דמיה מנכסי המת שנשתעבדו לו בחיי האב מחמת פשיעתו (רא"ש וראב"ד כאן; תוספות כתובות לד, ב ד"ה אבל ארישא; רמב"ן, רשב"א וריטב"א כתובות שם; אולם עיין מה שהקשו על כך הרשב"א שם וש"ך חושן משפט שמא, ו; ועיין נתיבות המשפט שם ח). [לפירוש שלישי, עיין רש"י כתובות שם ד"ה ואיכא דמתני לה אסיפא; ועיין מה שהקשו הראשונים שם על פירושו.]

26. [ואם כן אלה שמפרשים את דברי רבא "הניח להם אביהם" וכו' בייחס למקרה הראשון, כוונתם היא **שאפילו** במקרה הראשון, שהפרה מתה באונס, יוכל המשאיל לגבות את דמי הפרה מנכסי האב.]

27. לפי מי שמפרש שסוף דברי רבא מתייחס רק למקרה השני, נמצא שהאב לא התחייב בשעת ההשאלה לשלם את דמי הפרה במקרה שתיאנס, ולא השתעבדו נכסיו לכך בחייו. ורק אם הבנים אכלו את הפרה לאחר מות אביהם, הם חייבים לשלם את דמיה מנכסי אביהם (מהטעם שנתבאר בהערה 25). לפי דעה זו, חיוב האונסין המוטל על השואל חל בשעת האונס, ולא בשעת השאלה. ומאחר שהאונס קרה לאחר מות האב, אין חיוב זה מוטל על נכסיו. דעה זו מתאימה לשיטת רב פפא, הסובר שחיוב האונסין חל על השואל רק בשעת האונס, וכפי שיבואר מיד.

28. אדם הגונב חפץ (בסתר, שלא כ"גזלן" הנוטל חפץ מבעליו בכח) חייב לשלם — מלבד קרן הגניבה — גם תשלומי כפל, דהיינו תשלום נוסף כערך הגניבה. ואם גנב שור או פרה, וטבח (שחט) או מכר אותו, הרי הוא משלם תשלום נוסף, פי שלשה מערך הגניבה. ונמצא שבסך הכל חייב לשלם חמש פעמים כערך הגניבה (שמות כא, לז). [במקרה של שה, הוא משלם תשלומי ארבעה (שם).]

29. הכלל הוא שאדם העובר עבירה שחייבים עליה מיתה, פטור מלשלם עבור כל חיוב ממוני שחל בשעת מעשה העבירה ["קָם לֵיהּ בִּדְרַבָּה מִינֵּיהּ"] (ראה משנה כתובות לו, ב). לדעת רבי מאיר, וכפי שמבאר רבה את שיטתו (שם לד, ב), מתייחס כלל זה רק לחיובי ממון רגילים, ולא לתשלומי "קנס", דהיינו חיובי תשלומים היתירים על הקרן. ואם כן תשלומי כפל, וכן תשלומי שלשה על טביחת פרה (ראה הערה הקודמת), אין נוהג בהם הכלל של "קם ליה בדרבה מיניה".

על פי זה מלמד עתה רב פפא שאם אדם גנב פרה לפני שבת ושחט אותה בשבת, הרי הוא חייב בתשלומי חמשה, אף על פי ששחיטה בשבת היא עבירה שחייבים עליה מיתה. שכן הוא התחייב כבר בתשלומי הקרן והכפל בשעה שגנב את הפרה, לפני שבת. וכאשר שחט את הפרה, נתחייב גם בתשלומי השלשה הנוספים. ואף על פי שחיוב זה חל בשעה שעבר על איסור שבת, מכל מקום אינו נפטר מתשלומים, מפני שהכלל של "קם ליה בדרבה מיניה" אינו נוהג בייחס לתשלומי קנסות. ונמצא שהגנב חייב לשלם תשלומי חמשה, אף על פי שהוא מתחייב מיתה על מעשה השחיטה (ראה רש"י).

רב פפא מדגיש שמדובר במקרה שהפרה היתה גנובה אצלו כבר מלפני שבת. שכן אם הגניבה נעשתה בשבת — באופן שהגנב חילל שבת במעשה הגניבה (ראה כתובות לא, א-ב) — הרי הוא פטור לגמרי מתשלומים, בין מתשלומי הקרן ובין מתשלומי הקנס. שהרי הקרן היא תשלום ממון רגיל, שנוהג בו הכלל של "קם ליה בדרבה מיניה". ומאחר שהוא נפטר מהקרן, הוא פטור גם מהקנס, שכן אין אדם מתחייב בתשלומי קנס על טביחה או מכירה, אלא אם כן הוא חייב לשלם את הקרן. וזהו שאמר כאן רב פפא, שאם היתה פרה גנובה אצלו מלפני שבת וטבחה בשבת חייב, מפני שבאופן זה כבר נתחייב הגנב בתשלומי הקרן (והכפל) קודם שיבוא לידי איסור שבת, ואין כאן "קם ליה בדרבה מיניה" לגבי קרן הגניבה (ראה כתובות לד, ב).

30. כלומר, טביחת הפרה, שהיא למעשה "גניבתה" מרשות בעליה, נעשתה יחד עם איסור שבת. חיובו של השואל עבור "גניבה" זו הוא חיוב ממוני, ולפיכך נוהג בו הכלל של "קם ליה בדרבה מיניה".

31. [ראה רש"י.] רב פפא סובר ששואל אינו כגנב, המתחייב בשעת הגניבה באחריות מלאה להחזיר את החפץ או את דמיו. לגבי גנב, שעת **הגניבה** היא שעת חיוב הקרן, ולא שעת אובדן החפץ (וכפי שאמר רב פפא במקרה הקודם, "שכבר חייב בגניבה קודם שיבֹא לידי איסור שבת"). אמנם לגבי שואל, כל זמן שהחפץ השאול קיים, הרי הוא ברשות בעליו, ואין מוטל על השואל אלא להחזירו לבעליו. ורק בשעה שהחפץ נאנס חייבה התורה את השואל בתשלומים עבורו (ראה נתיבות המשפט פו, א). ולפיכך אמר רב פפא שאם השואל התחייב מיתה (מחמת חילול שבת) בשעה שהפרה השאולה מתה, נפטר השואל מתשלומים משום "קם ליה בדרבה מיניה".

כפי שנתבאר לעיל, יש השלכה מדברי רב פפא אלו על מקרה של אדם שהניח לבניו פרה שאולה, והיא מתה. מאחר שחיוב האונסין של השואל לא חל בשעת השאלה, לא נשתעבדו נכסי האב לחוב זה, ואין הבנים צריכים לשלם את דמי הפרה מנכסי אביהם.

רש"י מוסיף ומציין שבמקרה של שואל שטבח בשבת, אין מקום לחיוב קנס. שכן חיוב כפל, או תשלומי ארבעה וחמשה, אינם נוהגים אלא בגנב הגונב מבית הבעלים, או בשומר חנם המבקש לפטור עצמו בטענת גניבה (ראה משנה לעיל קח, ב). אבל שואל, שומר שכר ושוכר, שאינם יכולים לפטור עצמם בטענת גניבה, לא שייך בהם חיוב כפל (ראה לעיל סג, ב; אולם עיין בבא מציעא צה, א לענין שומר שכר). [אכן רש"י (כאן, ובכתובות לד, ב) מביא בשם רבותיו גירסא אחרת בגמרא, שעל פיה נראה שתשלומי ארבעה וחמשה שייכים גם במקרה של שואל הטובח את הבהמה השאולה שבידו. רש"י דוחה גירסא זו, אבל כפי הנראה, זוהי גירסת הרמב"ם בהלכות גניבה ג, ד; ראה גם רמב"ם שם ד, י עם ראב"ד, כסף משנה ואור שמח. ועיין ראב"ד כאן, הובא ברשב"א; שיטה מקובצת כתובות לד, ב; פני יהושע כאן; מנחת חינוך מב, א; חזון איש בבא קמא טז, כ. ועיין עוד חידושי רבי עקיבא איגר כתובות שם.]

לפני יאוש רב אדא בר אהבה מתני להא דרמי בר חמא אהא (א) [א]הניח להן אביהן מעות של רבית אע"פ שיודעין שהן של רבית אין חייבין להחזיר אמר רמי בר חמא זאת אומרת רשות יורש כרשות לוקח דמי רבא אמר לעולם אימא לך רשות יורש לאו כרשות לוקח דמי ושאני הכא דאמר קרא (א) אל תקח מאתו נשך ותרבית אהדר ליה כי היכי דנחי בהדך לדידיה קא מזהר ליה רחמנא לבריה לא מזהר ליה רחמנא (א) מאן דמתני לה אברייתא כ"ש אמתניתין מאן דמתני לה אמתניתין אבל אברייתא רמי בר חמא כרבא מתני לה ת"ר הגוזל ומאכיל את בניו פטורין מלשלם הניח לפניהם גדולים חייבין לשלם קטנים פטורין מלשלם ואם אמרו גדולים אין אנו יודעין חשבונות שחשב אבינו עמך פטורין משום דאמרי אין אנו יודעין פטורים אמר רבא הכי קאמר [ב]גדולים שאמרו יודעים אנו חשבונות שחשב אבינו עמך ולא פש לך גביה ולא מידי פטורין תניא אידך הגוזל ומאכיל (ב) בניו פטורין מלשלם הניח לפניהם ואכלום [ג]בין גדולים בין קטנים חייבין קטנים מי מיחייבי לא יהא אלא דאזיק אזוקי א"ר פפא [ד]הכי קאמר הניח לפניהם ועדיין לא אכלום בין גדולים בין קטנים חייבין (ג) אמר רבא [ה]הניח להם אביהם (ו) פרה שאולה משתמשין בה כל ימי שאלתה [ו]מתה אין חייבין באונסיה [ז]כסבורים של אביהם היא וטבחוה ואכלוה משלמין (ג) דמי בשר בזול הניח להם אביהם אחריות נכסים חייבין לשלם איכא דמתני לה ארישא ואיכא דמתני לה [ח]אסיפא מאן דמתני לה ארישא כל שכן אסיפא ופליגא דרב פפא מאן דמתני לה אסיפא אבל ארישא לא והיינו דרב פפא דא"ר פפא (ד) [ט]היתה פרה גנובה לו וטבחה בשבת חייב שכבר חייב בגניבה קודם שיבא לידי איסור שבת [י]היתה פרה שאולה לו וטבחה בשבת פטור שאיסור שבת ואיסור גניבה באין כאחד ת"ר (ב) והשיב את הגזילה אשר גזל (ה) מה ת"ל אשר גזל יחזיר כעין שגזל מכאן אמרו הגוזל ומאכיל את בניו פטורין מלשלם הניח לפניהם בין גדולים בין קטנים חייבין משום סומכוס אמרו גדולים חייבין קטנים פטורין בר חמוה דרבי ירמיה טרק גלי באפיה דרבי ירמיה אתא לקמיה דרבי אבין אמר [כ]שלו הוא תובע א"ל והא מייתינא סהדי דאחזקי ביה בחיי דאבוה [ל]א"ל וכי מקבלין עדים שלא

רש"י

לפני יאוש. דשינוי רשות בלא יאוש לא קני וכי אין גזילה קיימת שאכלוה אחרי מות אביהן פטורין דלית ליה דרב חסדא: מאן דמתני לה. להא דרמי בר חמא אברייתא כ"ש אמתניתין דליכא טעמא אחרינא למפטריה אלא האי כל כמה דלא מחסרת לה למתניתין משמע דגזילה קיימת: מאן דמתני לה אמתניתין אבל אברייתא רמי בר חמא. משום טעמא דקרא מתני לה כרבא ל"א איפכא גרסינן מאן דמתני לה אמתני' כ"ש אברייתא דמתניתין איכא לאוקמא בשאכלום אבל ברייתא קתני שיודעין שהן של רבית אלמא דקיימי בעין וקתני פטורים דרשות יורש כרשות לוקח ומאן דמתני לה אברייתא אבל אמתניתין רמי בר חמא בשאכלום מתני לה כרבא (ג) ולאשון שמעתיו ועיקר: גדולים חייבים. ורמי בר חמא מוקי לה לפני יאוש: קטנים פטורים. דלאו בני דינא נינהו ואע"פ דגזילה קיימת מיהו מחסרא גודיינא וסומכוס הוא דפטר קטנים לקמן: ואין אנו יודעין חשבונות. ושמא אבינו חישב לך דמים: משום דאין יודעים פטורים. בתמיה הואיל ויודעים שבגזילה באה לידו דברי ושמא הוא וברי עדיף: לא יהא אלא דאזיק אזוקי. נכנס לחצר דנגזל והזיקו מי מחייבי קטנים לשלם והא אנן תנן לעיל (דף פז.) והם שחבלו באחרים פטורים והכא כיון דאכלום מאן כפי להו לשלומי: הניח לפניהם. ועדיין לא אכלום אפילו קטנים חייבים כיון דגזילה קיימת ברשותא דמרה הוא ורבנן הוא דפליגי עליה דסומכוס ולא תקשי אברייתא דלעיל דאמר גדולים חייבין קטנים פטורים: אין חייבין באונסיה. דלא קבילו עלייהו נטירותא: בזול. כל זוזא חשבינא בארבע דנקי וכן כל היכא דתני בזול בפרק מי שמת (ב"ב דף קמו:) והיינו שני שלישי דמים וכולהו דמים לא נשלמו דאי הוו ידעי דבעו שלומי לא הוו אכלי בשרא והעור יחזירנו כמות שהוא: איכא דמתני (ד) להא. הניח להן אביהן אחריות נכסים חייבין: ארישא. דקאמר מתה אין חייבין באונסיה ואם הניח להן אביהן קרקעות חייבין לשלם דאשתעבוד נכסים מחיים דאבוהון דקסבר רבא חיוב אונסים משעת שאלה מוטל על השואל ופליגא דרב פפא דאמר לקמן לא רמי חיוב אונסים אשואל עד שעה שתיאנס: ואיכא דמתני לה אסיפא. טבחוה ואכלוה משלמים דמי בשר בזול ואם הניח להן אביהן קרקע משלמין פרעון שלם דהוו איהו במקום אבוהון והואיל והן אכלוה משלמין: אבל ארישא. דמתה כדרכה לא דלא אמרינן אשתעבוד נכסים דלא רמי חיוב אונסין על השואל עד שעת אונסין והכא כי אתניסא ליתיה לשואל והני לא קבול עלייהו מידי: והיינו דרב פפא דאמר היתה פרה גנובה לו. כלומר גנב פרה מערב שבת וטבח בשבת חייב אף בתשלומין ארבעה וחמשה שהרי נתחייב בקרן קודם שיבא לידי איסור סקילה ואף על גב דקנסא לא אתי עליה עד שבת לא פטרינא ליה מקנסא משום חיוב מיתה דאמר באלו נערות (כתובות דף לד:) קנס חידוש הוא שחידשה תורה הלכך אע"ג דמקטיל משלם: היתה פרה שאולה לו וטבחה בשבת פטור. מן הכל דלא אמרינן משעת שאלה מחייב ליה אקרנא וקמה ברשותיה אפילו למלאך המות אלא בשעת טביחה הוא דגזליה ואיסור שבת וגניבה באין כאחד ונפטר מן הקרן משום דקם ליה בדרבה מיניה וקנסא ליכא דהא אין כפל ולא ארבעה וחמשה אלא בגנב עצמו שגנב מבית בעלים או בשומר חנם הבא לפטור עצמו בטענת גניבה אבל שואל ונושא שכר ושוכר שאין יכולין להפטר בטענת גנב אין בהן כפל כדאמר בכמה דוכתי לא אם אמרת בשומר חנם שכן משלם תשלומי כפל תאמר בש"ש כו': שאם אין גניבה אין טביחה ואין מכירה לא גרס ליה ואנן שמעינן כאן ובכתובות וכן פירש לנו רבינו שאם אין גניבה אחר שפטור מן הקרן משום דקם ליה בדרבה מיניה אין טביחה קנס נמי לא משלם ואף על גב דחידוש הוא ואין מיתה פוטרתו הכא דליכא קרן פטור דתשלומי ארבעה וחמשה אמר רחמנא ולא תשלומי ג' וד' וכי מדלית מהכא קרנא הוו להו ג' לצאן וד' לבקר ולא היה לי לב להבין את מושל שטעם זה אין צריך לכאן שהרי אין קנס בשואל הטובח ואפילו אמרינן כרב פפא דעד השתא קם ברשותא דמרה אפילו הכי גזלן נעשה עליה ולא גנב שאין דין גנב אלא בטוען טענת גנב והוה שומר חנם וכי גרס ליה בכתובות גרסינן ליה ובמלתא [י]דרבא דאמר התם גנב וטבח בשבת פטור שאם אין גניבה כו' דהתם בגנב עצמו קאי וליכא למיפטריה מקנסא אלא משום האי טעמא אבל בדרב פפא ליכא למגרסא לא התם ולא הכא ואיידי דמילתא דרב פפא איתמר התם גבי מלתא דרבא איגרסא נמי אגב שטפא בדרב פפא ותשובות רב האי גאון מסייעא לי: כעין שגזל. כלומר אם גזילה קיימת יחזיר אבל אין גזילה קיימת פטור ובדידיה ליכא לאוקמה אלא בבניו: בר חמוה דרבי ירמיה. קטן הוה: טרק גלי. דלת פתוחה בבית אביו סגר ולא הניח ליכנס לפי שהיה רוצה רבי ירמיה להחזיק בה: דאחזקי בה בחיי דאבוה. והיה טוען שאביו מכרה לו או נתנה לו:
שלא

תוספות

אע"פ שהן יודעין שהם של רבית כו'. וא"ת והיכי מדקדק מינה דכרשות לוקח דמי דאפילו לאו כרשות לוקח דמי א"ש דפטורין כיון דמדעת נתן לו ליתנהו גביה בתורת גזילה אלא בתורת הלואה [א] ולכך אין חייבין להחזיר דמלוה על פה אינו גובה מן היורשין וי"ל דאע"ג דמדעת נתנם לו איתנייהו גביה בתורת גזילה דהוי כנתינה בטעות דלא נתן לשם מתנה אלא בתורת רבית ומיקרי גזילה בעיניה כיון שהמעות בעין והיו חייבין להחזיר אי לאו דכרשות לוקח דמי והוי שנוי רשות:

ולא פש לך גביה ולא מידי פטורין. מגו שהיו יכולין לומר החזרנו לך א"נ כגון שאין עדי גזילה אלא הודאת הבנים בלבד:

קטנים והא אמר קטנים פטורי'. ל"ג דהא לאו קושיא היא דההיא דלעיל כסומכוס והך כרבנן כדפירש בקונטרס אלא ה"ג בכל הספרים ואכילת קטן מידי משמע אית ביה לא יהא אלא מזיק ותנן חש"ו פגיעתן רעה כו' וה"נ ה"מ למפרך מאכילת גדולים מאי חייבין כי אכלו לרב חסדא לאחר יאוש ולרמי בר חמא לפני יאוש אע"ג דכי גזילה קיימת חייבין כי אכלו פטורים כדפ"ל אלא פריך טפי להדיא אקטנים וליכא לאוקמי כגון שהניח להן אביהן אחריות נכסים ולהכי א"ש הא דגדולים חייבין לשלם אבל קטנים קשה דמ"מ יש לפטור מטעם דאין מקבלין עדות אלא בפני בעל דין דהא לא פטורים מהאי טעמא אלא לסומכוס ולא לרבנן:
אבל

א) ב"מ סב. לעיל לד: [תוספתא דב"מ ספ"ה], ב) כתובות לד:, ג) [לעיל כ. ב"מ מב: ב"ב קמו:], ד) כתובות לד:, ה) [לעיל סו. וש"נ], ו) [נ"ל דרבה וכן בסמוך].

הגהות הב"ח

(א) גמ' לא מזהר ליה רחמנא (מאן דמתני' וכו' מתני לה) תא"מ ונ"ב ס"א מאן דמתני אמתניתין כ"ש אברייתא ומאן דמתני לה אברייתא אבל אמתניתין רמי בר חמא כרבא מתני לה: (ב) שם ומאכיל את בניו: (ג) רש"י ד"ה מאן דמתני וכו' כרבא (ולאשון שמעתי ועיקר) תא"מ ונ"ב ס"א לאשון שמעתי ואחרון עיקר: (ד) ד"ה איכא דמתני לה להא דהניח:

גליון הש"ס

גמ' פרה שאולה משתמשים בה כל ימי שאלתה. עיין שיטה מקובלת בב"מ דף קט ע"א ד"ה א"ר עד הלידנא בשם הרשב"א והר"ן:

הגהות מהר"ב רנשבורג

א] תוס' ד"ה אע"פ וכו' ולכך אין חייבין להחזיר דמלוה על פה. עיין שער המלך פי"ט מהלכות מלוה ולוה הלכה ה' ד"ה ולאימי:

תורה אור השלם

א) אַל תִּקַּח מֵאִתּוֹ נֶשֶׁךְ וְתַרְבִּית וְיָרֵאתָ מֵאֱלֹהֶיךָ וְחֵי אָחִיךָ עִמָּךְ: [ויקרא כה, לו]

ב) וְהָיָה כִּי יֶחֱטָא וְאָשֵׁם וְהֵשִׁיב אֶת הַגְּזֵלָה אֲשֶׁר גָּזָל אוֹ אֶת הָעֹשֶׁק אֲשֶׁר עָשָׁק אוֹ אֶת הַפִּקָּדוֹן אֲשֶׁר הָפְקַד אִתּוֹ אוֹ אֶת הָאֲבֵדָה אֲשֶׁר מָצָא: [ויקרא ה, כג]

עין משפט נר מצוה

ז א מיי' פ"ד מהלכות מלוה ולוה הלכה ד סמג עשין קצג טוש"ע י"ד סימן קסא סעיף ו:

ח ב ג ד טוש"ע ח"מ סימן שסא סעיף ז:

ט ה ו מיי' פ"א מהל' שאלה ופקדון הלכה ה סמג עשין לב טוש"ע ח"מ סימן שמא סעיף א וסעיף ג [רב אלפס כאן ובב"מ פ"ח דף קכא]:

י ז ח מיי' שם ועיין בכ"מ טוש"ע שם סעיף ד:

יא ט מיי' פ"ג מהל' גניבה הל' א טוש"ע ח"מ סימן שנא:

יב י מיי' שם הלכה ד:

יג כ ל מיי' פי"ב מהל' מלוה ולוה הלכה ז סמג עשין לד טוש"ע ח"מ סימן קי סעיף ו:

ליקוטי רש"י

אין חייבין להחזיר. דכתיב והשיב את הגזלה אשר גזל והני לא גזול מידי דקנינהו בשינוי רשות וקסבר רשות יורש כרשות לוקח דמי [לעיל צד:]. כל ימי שאלתה. כל ימי משך הזמן ששאלה אביהן מן הבעלים. מתה אין חייבין באונסיה. דאינהו לאו שואלין נינהו עלה. דמי בשר בזול. כל זוזא חשבינן בארבעה דנקי הכי אמרינן בפרק מי שמת (ב"ב קמו:) והעור יחזירו לבעלים. אחריות נכסים. קרקעות. איכא דמתני לה ארישא. להאי הניח להן אביהן אחריות נכסים חייבין לשלם ואמרינן דחייבין באונסין דאישתעבוד נכסים דאבוהון מחיים משעת שאלה. כל שכן אסיפא. כשטבחוה ואכלוה. ופליגא דרב פפא. דאמר לעיל ההיא שעתא דמטו לה אונסין הוא דאתי חיובא עליה ולא משעת שאלה. מאן דמתני לה אסיפא. היכא דטבחוה אם הניח להן אביהן אחריות נכסים משלמין תשלומי מעליא ולא בזול דאיבעי להו למידק. אבל ארישא לא. אם מתה לא מיחייבי לשלומי ולא אמרינן אישתעבוד נכסי דאבוהון משעת שאלה. והיינו דרב פפא. דאמר לעיל לא אמרינן משעת שאלה רמו עליה תשלומין אלא משעת אונסין ואילך וההיא שעתא ליתיה לשואל דליחייב. היתה פרה שאולה לו וטבחה בשבת פטור. דההיא שעתא דקא טבח לה גזיל לה ממרה ומיתה וממון באין כאחד ולא גרסינן שאם אין גניבה אין טביחה ואין מכירה דגבי שואל לא שייך לא כפל ולא ארבעה וחמשה שהרי חייב בקרן לעולם אפילו טוען טענת גנב ואין קנס אלא או בגנב או בשומר חנם הפוטר עצמו בטוען טענת גנב שאומר נגנבה [כתובות לד:]. טרק גלי. שפסס שער שלו [סנהדרין קיג.]. אגלי. דלתות כמו (ברכות דף כח.) טרוקו גלי [ב"ב ח.].

גָּזָל״. מַה תַּלְמוּד לוֹמַר — מה בא הכתוב ללמד במלים המיותרות ״**אֲשֶׁר גָּזָל**״? שהגזלן **יַחֲזִיר** את החפץ הגזול דוקא אם הוא **כְּעֵין שֶׁגָּזַל** אותו, דהיינו שהגזילה עדיין קיימת; אבל אם אין הגזילה קיימת, פטור. ובודאי לא התכוונה התורה לפטור את הגזלן עצמו מלשלם במקרה שהגזילה אינה קימת[32]. ובהכרח שהכוונה היא לבניו של הגזלן [או אדם אחר, מלבד הגזלן] שאכל את הגזילה[33]. **מִכָּאן אָמְרוּ** חכמים: **הַגּוֹזֵל** חפץ **וּמַאֲכִיל** אותו **אֶת בָּנָיו, פְּטוּרִין מִלְּשַׁלֵּם**, מאחר שהחפץ אינו קיים, ולא הם שגזלו אותו. ואם **הִנִּיחַ** את החפץ **לִפְנֵיהֶם** בתורת ירושה, אזי **בֵּין** אם הם **גְּדוֹלִים, בֵּין** אם הם **קְטַנִּים, חַיָּיבִין**[34]. **מִשּׁוּם** (בשם) **סוּמְכוֹס אָמְרוּ:** אם הבנים **גְּדוֹלִים, חַיָּיבִין** הם להחזיר את החפץ הגזול, ואם **קְטַנִּים** הם, **פְּטוּרִין**[35].

הגמרא מביאה מעשה הקשור למחלוקת התנאים הנזכרת:

בַּר חֲמוּהַ דְּרַבִּי יִרְמְיָה טָרַק גַּלֵּי בְּאַפֵּיהּ דְּרַבִּי יִרְמְיָה — בן חמיו (דהיינו אחי אשתו) של רבי ירמיה, שהיה קטן, סגר את דלת בית אביו (לאחר מותו) בפני רבי ירמיה. רבי ירמיה טען שחמיו מכר לו את הבית או נְתנוֹ לו במתנה בחייו, ורצה להחזיק בבית, ובן חמיו לא הניחו להיכנס[36]. **אֲתָא לְקַמֵּיהּ** — בא רבי ירמיה לפניו **דְּרַבִּי אָבִין**, לדון בענין. **אֲמַר** לו רבי אבין: ״את **שֶׁלּוֹ הוּא תּוֹבֵעַ**״. שהרי הוא יורש את אביו, ואם כן הוא עושה כדין בכך שהוא מונע ממך להחזיק בבית. **אֲמַר לֵיהּ** רבי ירמיה לרבי אבין: ״**וְהָא מַיְיתִינָא סַהֲדֵי דְּאַחְזְקִי בֵּיהּ בְּחַיֵּי דַּאֲבוּהַ** — והרי אוכל להביא עדים שיעידו שהחזקתי בבית זה עוד בחיי אביו[37]!״ **אֲמַר לֵיהּ** רבי אבין: ״**וְכִי מְקַבְּלִין עֵדִים**

הערות

32. שהרי גזלן מתחייב באחריות מלאה על החפץ שגזל, ואם אין החפץ קיים, חייב הוא לשלם את דמיו.

33. רש״י.

לדעת רב חסדא מתייחסת דרשה זו למקרה שהבנים אכלו את הגזילה לאחר יאוש (ראה לעיל קיא, ב הערה 3). ולדעת רמי בר חמא הבנים פטורים אפילו אם אכלו לפני יאוש (ראה לעיל הערה 1). [ועיין לעיל קיא, ב הערה 3 קטע שני, שם הבאנו את דברי התוספות, שכתבו שדרשה זו היא ״אסמכתא״ בלבד, ועיקר הלכה זו נלמד מסברה.]

34. ראה הערה 18.

35. ראה הערה 11.

36. ראה רש״י ד״ה טרק גלי וד״ה דאחזקי.

37. אדם המחזיק במשך שלש שנים בקרקע שהיתה ידועה כקרקע של אדם אחר, והלה לא מחה כנגדו במשך כל תקופה זו, יכול המחזיק לטעון לבעלות על הקרקע מכח חזקתו. והיינו, שאם הוא טוען שקנה את הקרקע, או קיבל אותה במתנה מהבעלים הראשונים, הרי הוא נאמן בטענתו, ואין מוציאים אותו מהקרקע (משנה בבא בתרא כח, א). ואף על פי שאין בידו שטר (או עדים) להוכיח את דבריו, אין זה מגרע את טענתו, שכן אין אדם עשוי לשמור את שטרו יותר משלש שנים (ראה גמרא שם כח, א — כט, א).

לרבי ירמיה לא היה שטר המוכיח שקנה את הקרקע מחמיו או שקיבלה ממנו במתנה. אבל הוא טען שמאחר שיש לו עדים שהוא דר בבית במשך שלש שנים בחיי חמיו, אם כן הוא נאמן מכח חזקתו לטעון שהבית אכן שייך לו (ראה רש״י). [רבי ירמיה הדגיש שהוא החזיק בבית **בחיי חמיו**, שכן אם שלש שנות החזקה היו מסתיימות לאחר מותו, לא היה בכך כדי ליצור ״חזקה״ על הבית (ראה כתובות יז, ב).]

לפני יאוש רב אדא בר אהבה מתני להא דרמי בר חמא אהא [א] הניח להן אביהן מעות של רבית אע"פ שיודעין שהן של רבית אין חייבין להחזיר אמר רמי בר חמא זאת אומרת רשות יורש כרשות לוקח דמי רבא אמר לעולם אימא לך רשות יורש לאו כרשות לוקח דמי ושאני הכא דאמר קרא (א) אל תקח מאתו נשך ותרבית אהדר ליה כי היכי דנחי בהדך לדידיה קא מזהר ליה רחמנא לבריה לא מזהר ליה רחמנא (א) מאן דמתני לה אברייתא כ"ש אמתניתין מאן דמתני לה אמתניתין אבל אברייתא רמי בר חמא כרבא מתני לה ת"ר הגוזל ומאכיל את בניו פטורין מלשלם הניח לפניהם גדולים חייבין לשלם קטנים פטורין מלשלם ואם אמרו גדולים אין אנו יודעין חשבונות שחשב אבינו עמך פטורין משום דאמרי אין אנו יודעין פטורים אמר רבא הכי קאמר [ב] גדולים שאמרו יודעים אנו חשבונות שחשב אבינו עמך ולא פש לך גביה ולא מידי פטורין תניא אידך הגוזל ומאכיל (ב) בניו פטורין מלשלם הניח לפניהם ואכלום [ג] בין גדולים בין קטנים חייבין קטנים מי מיחייבי לא יהא אלא דאזיק אזוקי א"ר פפא [ד] הכי קאמר הניח לפניהם ועדיין לא אכלום בין גדולים בין קטנים חייבין (ג) אמר רבא [ה] הניח להם אביהם (ה) פרה שאולה משתמשין בה כל ימי שאלתה [ו] מתה אין חייבין באונסיה [ז] כסבורים של אביהם היא וטבחוה ואכלוה משלמין (ו) דמי בשר בזול הניח להם אביהם אחריות נכסים חייבין לשלם איכא דמתני לה ארישא ואיכא דמתני לה [ח] אסיפא מאן דמתני לה ארישא כל שכן אסיפא ופליגא דרב פפא מאן דמתני לה אסיפא אבל ארישא לא והיינו דרב פפא דא"ר פפא (ז) [ט] היתה פרה גנובה לו וטבחה בשבת חייב שכבר חייב בגניבה קודם שיבא לידי איסור שבת [י] היתה פרה שאולה לו וטבחה בשבת פטור שאיסור שבת ואיסור גניבה באין כאחד ת"ר (ב) והשיב את הגזילה אשר גזל (ח) מה ת"ל אשר גזל יחזיר כעין שגזל מכאן אמרו הגוזל ומאכיל את בניו פטורין מלשלם הניח לפניהם בין גדולים בין קטנים חייבין משום סומכוס אמרו גדולים חייבין קטנים פטורין בר חמוה דרבי ירמיה טרק גלי באפיה דרבי ירמיה אתא לקמיה דרבי אבין אמר [כ] שלו הוא תובע א"ל והא מייתינא סהדי דאחזקי ביה בחיי דאבוה [ל] א"ל וכי מקבלין עדים שלא

רש"י

לפני יאוש. דשינוי רשות בלא יאוש לא קני וכי אין גזילה קיימת שאכלוה אחרי מות אביהן פטורין דלית ליה דרב חסדא: מאן דמתני לה. להא דרמי בר חמא אברייתא כ"ש אמתניתין דליכא טעמא אחרינא למפטריה אלא האי כל כמה דלא מחסרת לה למתניתין משמע דגזילה קיימת: מאן דמתני לה אמתניתין אבל אברייתא רמי בר חמא. משום טעמא דקרא מתני לה כרבא ל"א איפכא גרסינן מאן דמתני לה אמתני' כ"ש אברייתא דמתניתין איכא לאוקמא בשאכלום אבל ברייתא קתני שיודעין שהן של רבית אלמא דקיימי בעין וקתני פטורים דרשות יורש כרשות לוקח ומאן דמתני לה אברייתא אבל אמתניתין רמי בר חמא בשאכלום מתני לה כרבא (ג) ולאשון שמעתיו ועיקר: גדולים חייבים. ורמי בר חמא מוקי לה לפני יאוש: קטנים פטורים. דלאו בני דינא נינהו ואע"פ דגזילה קיימת מיהו מחסרא גודיינא וסומכוס הוא דפטר קטנים לקמן: ואין אנו יודעין חשבונות. ושמא אבינו חישב לך דמים: משום דאין יודעים פטורים. בתמיה הואיל ויודעים שבגזילה באה לידו דברי ושמא הוא וברי עדיף: לא יהא אלא דאזיק אזוקי. נכנס לחצר דנגזל והזיקו מי מחייבי קטנים לשלם והא אנן תנן לעיל (דף פז.) והם שחבלו באחרים פטורים והכא כיון דאכלום מאן כפי להו לשלומי: הניח לפניהם. ועדיין לא אכלום אפילו קטנים חייבים כיון דגזילה קיימת ברשותא דמרה הוא ורבנן הוא דפליגי עליה דסומכוס ולא תקשי אברייתא דלעיל דאמר גדולים חייבין קטנים פטורים: אין חייבין באונסיה. דלא קבילו עלייהו נטירותא: בזול. כל זוזא חשבינא בארבע דנקי וכן כל היכא דתני בזול בפרק מי שמת (ב"ב דף קמו:) והיינו שני שלישי דמים וכולהו דמים לא נשלמו דאי הוו ידעי דבעו שלומי לא הוו אכלי בשרא והעור יחזירנו כמות שהוא: איכא דמתני (ד) להא. הניח להן אביהן אחריות נכסים חייבין: ארישא. דקאמר מתה אין חייבין באונסיה ואם הניח להן אביהן קרקעות חייבין לשלם דאשתעבוד נכסים מחיים לאבוהון דקסבר רבא חיוב אונסים משעת שאלה מוטל על השואל ופליגא דרב פפא דאמר לקמן לא רמי חיוב אונסים אשואל עד שעה שתיאנס: ואיכא דמתני לה אסיפא. טבחוה ואכלוה משלמים דמי בשר בזול ואם הניח להן אביהן קרקע משלמין פרעון שלם דהוו איהו במקום אבוהון והואיל והן אכלוה משלמין: אבל ארישא. דמתה כדרכה לא דלא אמרינן אשתעבוד נכסים דלא רמי חיוב אונסין על השואל עד שעת אונסין והכא כי אתניסא ליתיה לשואל והני לא קבול עלייהו מידי: והיינו דרב פפא דאמר היתה פרה גנובה לו. כלומר גנב פרה מערב שבת וטבח בשבת חייב אף בתשלומין ארבעה וחמשה שהרי נתחייב בקרן קודם שיבא לידי איסור סקילה ואף על גב דקנסא לא אתי עליה עד שבת לא פטרינא ליה מקנסא משום חיוב מיתה דאמר באלו נערות (כתובות דף לד:) קנס חידוש הוא שחידשה תורה הלכך אע"ג דמקטיל משלם: היתה פרה שאולה לו וטבחה בשבת פטור. מן הכל דלא אמרינן משעת שאלה מחייב ליה אקרנא וקמה ברשותיה אפילו למלאך המות אלא בשעת טביחה הוא דגזליה ואיסור שבת וגניבה באין כאחד ונפטר מן הקרן משום דקם ליה בדרבה מיניה וקנסא ליכא דהא אין כפל ולא ארבעה וחמשה אלא בגנב עצמו שגנב מבית בעלים או בשומר חנם הבא לפטור עצמו בטענת גניבה אבל שואל ונושא שכר ושוכר שאין יכולין להפטר בטענת גנב אין בהן כפל כדאמר בכמה דוכתי לא אם אמרת בשומר חנם שכן משלם תשלומי כפל תאמר בש"ש כו': שאם אין גניבה אין טביחה ואין מכירה לא גרס ליה ואנן שמעינן כאן ובכתובות וכן פירש לנו רבינו שאם אין גניבה אחר שפטור מן הקרן משום דקם ליה בדרבה מיניה אין טביחה קנס נמי לא משלם ואף על גב דחידוש הוא ואין מיתה פוטרתו הכא דליכא קרן פטור דתשלומי ארבעה וחמשה אמר רחמנא ולא תשלומי ג' וד' וכי מדלית מהכא קרנא הוו להו ג' לצאן וד' לבקר ולא היה לי לב להבין את מושל שטעם זה אין צריך לכאן שהרי אין קנס בשואל הטובח ואפילו אמרינן כרב פפא דעד השתא קם ברשותא דמרה אפילו הכי גזלן נעשה עליה ולא גנב שאין דין גנב אלא בטוען טענת גנב והוה שומר חנם וכי גרס ליה בכתובות גרסינן ליה ובמלתא [י] דרבא דאמר התם גנב וטבח בשבת פטור שאם אין גניבה כו' דהתם בגנב עצמו קאי וליכא למיפטריה מקנסא אלא משום האי טעמא אבל בדרב פפא ליכא למגרסא לא התם ולא הכא ואיידי דמילתא דרב פפא איתמר התם גבי מלתא דרבא איגרסא נמי אגב שטפא בדרב פפא ותשובות רב האי גאון מסייעא לי: כעין שגזל. כלומר אם גזילה קיימת יחזיר אבל אין גזילה קיימת פטור ובדידיה ליכא לאוקמה אלא בבניו: בר חמוה דרבי ירמיה. קטן הוה: טרק גלי. דלת פתוחה בבית אביו סגר ולא הניח ליכנס לפי שהיה רוצה רבי ירמיה להחזיק בה: דאחזקי בה בחיי דאבוה. והיה טוען שאביו מכרה לו או נתנה לו:

שלא

תוספות

אע"פ שהן יודעין שהם של רבית כו'. וא"ת והיכי מדקדק מינה דכרשות לוקח דמי דאפילו לאו כרשות לוקח דמי א"ש דפטורין כיון דמדעת נתן לו ליתנהו גביה בתורת גזילה אלא בתורת הלואה [א] ולכך אין חייבין להחזיר דמלוה על פה אינו גובה מן היורשין וי"ל דאע"ג דמדעת נתנם לו איתנייהו גביה בתורת גזילה דהוי כנתינה בטעות דלא נתן לשם מתנה אלא בתורת רבית ומיקרי גזילה בעינייה כיון שהמעות בעין והיו חייבין להחזיר אי לאו דכרשות לוקח דמי והוי שנוי רשות:

ולא פש לך גביה ולא מידי פטורין. מגו שהיו יכולין לומר החזרנו לך א"נ כגון שאין עדי גזילה אלא הודאת הבנים בלבד:

קטנים והא אמר קטנים פטורי'. ל"ג דהא לאו קושיא היא דההיא דלעיל כסומכוס והך כרבנן כדפירש בקונטרס אלא ה"ג בכל הספרים ואכילת קטן מידי משמא אית ביה לא יהא אלא מזיק ותנן הש"ו פגיעתן רעה כו' וה"נ ה"מ למפרך מאכילת גדולים אמאי חייבין כי אכלו לרב חסדא לאחר יאוש ולרמי בר חמא לפני יאוש אע"ג דכי גזילה קיימת חייבין כי אכלו פטורים כדפ"ל אלא פריך טפי להדיא אקטנים וליכא לאוקמי כגון שהניח להן אביהן אחריות נכסים ולהכי א"ש הא דגדולים חייבין לשלם אבל קטנים קשה דמ"מ יש לפטור מטעם דאין מקבלין עדות אלא בפני בעל דין דהא לא פטורים מהאי טעמא אלא לסומכוס ולא לרבנן:

אבל

עין משפט נר מצוה

ז א מיי' פ"ד מהלכות מלוה ולוה הלכה ד סמג עשין קצג טוש"ע י"ד סימן קסא סעיף ו:

ח ב ג ד טוש"ע ח"מ סימן שסא סעיף ז:

ט ה ו מיי' פ"א מהל' שאלה ופקדון הלכה ה סמג עשין פג טוש"ע ח"מ סימן שמא סעיף א וסעיף ג [רב אלפס כאן ובב"מ פ"ח דף קכא]:

י ז ח מיי' שם ועיין בכ"מ טוש"ע שם סעיף ד:

יא ט מיי' פ"ג מהל' גניבה הל' א טוש"ע ח"מ סימן שנא:

יב י מיי' שם הלכה ד:

יג כ ל מיי' פי"ג מהל' מלוה ולוה הלכה ז סמג עשין צד טוש"ע ח"מ סימן קי סעיף ו:

ליקוטי רש"י

אין חייבין להחזיר. דכתיב והשיב את הגזלה אשר גזל והני לא גזול מידי דקניוהו בשינוי רשות וקסבר רשות יורש כרשות לוקח דמי [לעיל צד:]. כל ימי שאלתה. כל ימי משך הזמן ששאלה אביהן מן הבעלים. מתה אין חייבין באונסיה. דאינהו לאו שואלין נינהו עלה. דמי בשר בזול. כל זוזא חשבינן בארבעה דנקי הכי אמרינן בפרק מי שמת (ב"ב קמו:) והעור יחזירו לבעלים. אחריות נכסים. קרקעות. איכא דמתני לה ארישא. להאי הניח להן אביהן אחריות נכסים חייבין לשלם ואמרינן דחייבין באונסין דאישתעבוד נכסים לאבוהון מחיים משעת שאלה. כל שכן אסיפא. כשטבחוה ואכלוה. ופליגא דרב פפא. דאמר לעיל ההיא שעתא דמטו לה אונסין הוא דאתי חיובא עליה ולא משעת שאלה. מאן דמתני לה אסיפא. היכא דטבחוה אם הניח להן אביהן אחריות נכסים משלמין תשלומי מעליא ולא בזול דאיבעי להו למידק. אבל ארישא לא. אם מתה לא מיחייבי לשלומי ולא אמרינן אישתעבוד נכסי דאבוהון משעת שאלה. והיינו דרב פפא. דאמר לעיל לא אמרינן משעת שאלה רמו עליה תשלומין אלא משעת אונסין ואילך וההיא שעתא ליתיה לשואל דליחייב. היתה פרה שאולה לו וטבחה בשבת פטור. דההיא שעתא דקא טבח לה גזיל לה ממרה ומיתה וממון באין כאחד ולא גרסינן שאם אין גניבה אין טביחה ואין מכירה דגבי שואל לא שייך לא כפל ולא ארבעה וחמשה שהרי חייב בקרן לעולם אפילו טוען טענת גנב ואין קנס אלא או בגנב או בשומר חנם הפוטר עצמו בטוען טענת גנב שאומר נגנבה [כתובות לד:]. טרק גלי. שסתם שער שלו [סנהדרין קיג.]. אגלי. דלתות כמו (ברכות דף כח.) טרוקו גלי [ב"ב ח.].

מסורת הש"ס

א) ב"מ סב. לעיל לד: [תוספתא דב"מ ספ"ה], ב) כתובות לד:, ג) [לעיל כ. ב"מ מג: ב"ב קמו:], ד) כתובות לד:, ה) [לעיל סו. וש"נ], ו) [ל"ל דרבה וכן בסמוך].

הגהות הב"ח

(א) גמ' לא מזהר ליה רחמנא (מאן דמתני' וכו' מתני לה) תא"מ ונ"ב ס"א מאן דמתני אמתניתין כ"ש אברייתא ומאן דמתני לה אברייתא אבל אמתניתין רמי בר חמא כרבא מתני לה: (ב) שם ומאכיל את בניו: (ג) רש"י ד"ה מאן דמתני וכו' כרבא (ולאשון שמעתי ועיקר) תא"מ ונ"ב ס"א לאשון שמעתי ואחרון עיקר: (ד) ד"ה איכא דמתני לה להא דהניח:

גליון הש"ס

גמ' פרה שאולה משתמשים בה כל ימי שאלתה. עיין שיטה מקובצת בב"מ דף קט ע"א ד"ה אר"י עד האידנא בשם הרשב"א והר"ן:

הגהות מהר"ב רנשבורג

א] תוס' ד"ה אע"פ וכו' ולכך אין חייבין להחזיר דמלוה על פה. עיין שער המלך פי"ט מהלכות מלוה ולוה הלכה ה' ד"ה ולאיתי:

תורה אור השלם

א) אַל תִּקַּח מֵאִתּוֹ נֶשֶׁךְ וְתַרְבִּית וְיָרֵאתָ מֵאֱלֹהֶיךָ וְחֵי אָחִיךָ עִמָּךְ: [ויקרא כה, לו]

ב) וְהָיָה כִּי יֶחֱטָא וְאָשֵׁם וְהֵשִׁיב אֶת הַגְּזֵלָה אֲשֶׁר גָּזָל אוֹ אֶת הָעֹשֶׁק אֲשֶׁר עָשָׁק אוֹ אֶת הַפִּקָּדוֹן אֲשֶׁר הָפְקַד אִתּוֹ אוֹ אֶת הָאֲבֵדָה אֲשֶׁר מָצָא: [ויקרא ה, כג]

עין משפט נר מצוה

יד א מיי' פ"ב מהל' מלוה ולוה הלכה ו סמג עשין סד טוש"ע ח"מ סימן קי סעיף ה:
טו ב מיי' שם הלכה ז טוש"ע שם סעיף ו:
טז ג מיי' פ"ג מהלכות עדות הלכה יא סמג עשין קט טוש"ע ח"מ סי' כח סעיף טו טז:
יז ד מיי' שם טוש"ע שם סעיף טז:
יח ה טוש"ע שם בהג"ה:
יט ו מיי' פ"ו מהלכות סנהדרין הלכה ו ועי' בכ"מ סמג עשין עד טוש"ע ח"מ סימן יד סעיף א בהג"ה:
כ ז מיי' פ"ג מהלכות עדות הלכה יא סמג עשין לד טוש"ע ח"מ סי' מו סעיף ה:
כא ח מיי' פכ"ב מהל' מלוה ולוה הלכה ב סמג שם טוש"ע ח"מ סימן לח סעיף ד:
כב ט י מיי' שם הלכה ג טוש"ע שם סעי' ה:
כג כ ל מיי' שם הלכה ד טוש"ע שם סעי' ו:
כד מ מיי' שם הלכה ה טוש"ע שם סעי' ז:
כה נ ס מיי' שם הלכה ד טוש"ע שם סעי' ה:
כו ע פ מיי' פכ"ה מהל' סנהדרין הלכה ה סמג לאוין רח טוש"ע ח"מ סימן ח סעיף ה וסימן יא סעיף א [רב אלפס כאן ובמו"ק פ"ג (דף רפ"ו) והתם והכא גרים אמר רבא]:
כז צ מיי' שם הלכה ח טוש"ע שם סימן יא סעיף ד:
כח ק מיי' שם הלכה י טוש"ע שם סעי' ג:

תוספות

אבל היכא דאית ליה חזקה דאבהתא כו'. משמע דהיינו אפי' היה רבי ירמיה בתוך הבית מדלא מפליג התם בעל השדה מוחזק בשדה הכא רבי ירמיה לא היה מוחזק משמע דלא תלי בהכי מידי אלא במה דאית ליה חזקה מאבות אפילו היה רבי ירמיה מוחזק בבית:

ושלחו לו ולא בא. אור"י דמשמע דבעי שלחו לו [ט] ולא בא בהדי שהיו עדיו חולים או שהיו מבקשין לילך למדינת הים מדלא קאמר או שלחו כדקאמר או שהיו עדיו חולים או שהיו כו' ומיהו בסמוך משמע דבעי למימר או ושלחו דקאמר כגון דפתחו ליה בדיניה ושלחו ליה ולא אתא משמע דמשום האי מילתא לחודיה דשלחו לו ולא אתא מקבלין עדים שלא בפני בעל דין ויש לדחות דשאני התם דפתחו ליה בדיניה ודין גדול הוא זה [ה] [ויש ספרים שכתוב בהן או שלחו אחריו ולא בא] וכ"ע בספרים ישנים ובפי' ר"ח ובספר ישן נמצא כתוב ושלחו לו:

מצי טעין לב"ד הגדול קאזילנא כו'. פירש בה"ג ומצי נתבע לאשתמוטי בהכי והיה נראה לומר דדוקא נתבע יכול לפטור עצמו בכך אבל לא תובע דאל"כ כל אדם יאמר לחבירו או תן לי מנה או בא עמי לב"ד הגדול אבל נראה לר"ת דכ"ש תובע דהשתא נתבע שנראה עושה ערמה כדי לפטור עצמו ממה שזה תובעו מצי למימר הכי כ"ש תובע שמתחילה תובע כך ואין נראה כמערים ועוד דאפילו לוה דעבד לוה לאיש מלוה מצי למימר לב"ד הגדול קאזילנא כ"ש מלוה ואע"ג דאמר בפרק זה בורר (סנהדרין דף לא: ושם) אמר אמימר הלכתא כופין אותו והולך עמו למקום הועד ומסיק דהני מילי מלוה אבל לוה עבד לאיש מלוה ולא מ"ל נלך למקום הועד בית הועד לאו היינו ב"ד הגדול דבית הועד היינו מקום ב"ד קבוע אבל יש ב"ד הגדול ממנו בחכמה והילכתא אפילו לוה מצי למימר לב"ד הגדול קאזילנא אבל לבית הועד לא מצי אמר אלא כופין אותו ודן בעירו:

מקיימין את השטר שלא בפני בעל דין. פי' בקונט' אם עדיו מבקשין לילך למדינת הים ואין נראה לר"י דא"כ אמאי נקט קיום השטר הא קבלת עדים אמר נמי לעיל דבכה"ג מקבלין שלא בפני בעל דין ונראה לר"י דבכל ענין קאמר דמקיימין דקיום שטר דרבנן ועדים החתומים על השטר כמי שנחקרה עדותן בב"ד דמי ואין צריך קיום ומדרבנן הוא דצריך הלכך מקיימינן שלא בפני בעל דין ורבי יוחנן דאמר אין מקיימין סבר דלא פלוג רבנן בין קיום שטרות לקבלת עדות והא דקאמר אסברה לך טעמא דר' יוחנן ה"ק דאפילו בקיום שטרות אית ליה לר' יוחנן יבא בעל השור ויעמוד על שורו ומיהו רב נמי אית ליה בעלמא יבא בעל השור כו':

עד דאזיל שליח בתלתא בשבתא. דמסתמא בשני דנהו:

דקבעי למיתב זוזא לפתיחא. כשקורעין אותה משלם הוא שכר הסופר: ומר

גמרא

שלא בפני בעל דין ולא והא קתני בין גדולים בין קטנים חייבין א"ל הרי מחלוקת סומכוס בצידך אמר איכפל כולי עלמא וקאי כסומכוס לאפקוען לדידי אדהכי איגלגל מילתא אתא ומטא לקמיה דרבי אבהו אמר לא שמיע לכו הא דרב יוסף בר חמא א"ר אושעיא דאמר רב יוסף בר חמא אמר רבי אושעיא [א]תינוק שתקף בעבדיו וירד לתוך שדה של חבירו ואמר שלי הוא אין אומרים נמתין עד שיגדיל אלא מוציאין מידו מיד ולכשיגדיל יביא עדים ונראה מי דמי התם הוא דמפקינן מיניה דלא קיימא ליה (א) אחזקה דאבוה [ב]אבל היכא דאית ליה חזקה דאבוה לא אמר רב [א]אשי א"ר שבתאי מקבלין עדים שלא בפני בעל דין [ב]תהי בה ר' יוחנן וכי מקבלין עדים שלא בפני בעל דין קיבלה מיניה ר' יוסי בר חנינא [ג]כגון שהיה הוא חולה או עדיו חולים או שהיו עדיו מבקשין לילך למדינת הים ושלחו לו ולא בא אמר רב יהודה אמר שמואל מקבלין עדים שלא בפני בעל דין אמר מר עוקבא לדידי מיפרשא לי מיניה דשמואל [ד]כגון דפתחו ליה בדיניה ושלחו ליה ולא אתא אבל לא פתחו ליה בדינא [ה]מצי א"ל אנא לב"ד הגדול אזילנא אי הכי כי פתחו ליה נמי [ו]מצי א"ל לב"ד הגדול אזילנא אמר רבינא כגון דנקט דיסקא מבית דין הגדול אמר רב מקיימין את השטר שלא בפני בעל דין ור' יוחנן אמר אין מקיימין את השטר שלא בפני בעל דין א"ל רב ששת לרבי יוסי בר אבהו אסברה לך טעמיה דרבי יוחנן אמר קרא (א) והועד בבעליו ולא ישמרנו אמרה תורה יבא בעל השור ויעמוד על שורו אמר רבא [ט][ז]הלכתא מקיימין את השטר שלא בפני בעל דין ואפי' עומד וצווח ואי אמר נקיטו לי זימנא עד דמייתינא סהדי ומרענא ליה לשטרא [ח]נקטינן ליה אי אתא אתא אי לא אתא [ט]נטרינן ליה בה"ב אי לא אתא [י]כתבינן פתיחא עלויה תשעין יומין תלתין קמאי לא נחתינן לנכסיה (ב) דאמר קא טרח בזוזי וניזוף מציעאי נמי לא נחתינן ליה לנכסיה דאמר דלמא לא אשכח למיזף וקא טרח ומזבין בתראי נמי לא נחתינן לנכסיה דאמר לוקח גופיה קא טרח בזוזי לא אתא כתבינן אדרכתא אניכסיה [כ]והני מילי דאמר אתינא אבל אמר לא אתינא לאלתר כתבינן [ל]והני מילי במלוה אבל בפקדון לאלתר כתבינן וכי כתבינן אמקרקעי אבל אמטלטלי לא דלמא שמיט ואכיל להו מלוה למטלטלי וכי אתי לוה ומייתי סהדי ומרע ליה לשטרא לא משכח מידי למיגבה ואי אית ליה מקרקעי למלוה כתבינן [מ]ולא היא אדרכתא אמטלטלי לא כתבינן אף על גב דאית ליה מקרקעי חיישינן שמא תכסיף וכי כתבינן אדרכתא [נ]מודעינן ליה והני מילי דמיקרב אבל מירחק לא ואי מירחק ואיכא קרובים אי נמי איכא שיירתא דאזלי ואתו התם משהינן ליה תריסר ירחי שתא עד דאזלא ואתי שיירתא כי הא דרבינא שהא למר אחא תריסר ירחי שתא עד דאזלא ואתייא שיירתא מבי חוזאי ולא היא התם איניש אלימא הוה אי הויא מטיא אדרכתא לידיה לא הוה אפשר לאפוקי מיניה אבל הכא לא נטרינן ליה אלא [ס]עד דאזיל שליחא בתלתא בשבתא ואתא בארבעה בשבתא ולחמשא בשבתא קאי בדיניה אמר רבינא [ע]האי שלוחא דרבנן מהימנינן ליה כבי תרי [פ]וה"מ לשמתא אבל לפתיחא כיון דממונא קא מחסר ליה [צ]דקא בעי ליה למיתב זוזי לספרא לא אמר רבינא [ק]יהבינן זמנא אפומא דאיתתא ואפומא דשיבבי ולא אמרן אלא דליתיה במתא אבל

רש"י

שלא בפני בעל דין. והאי קטן כמאן דליתיה דמי: שתקף בעבדיו. שלקח עבדיו עמו שסייעוהו [ג] [לישנא אחרינא שתקף בעבדיו ואמר שלי הן]: ונראה. אם שלו הוא: התם. הוא דירד לתוך שדה חבירו דלית ליה להך תינוק בהך שדה חזקה דאבוה אבל היכא דאית ליה להאי תינוק בבית זה חזקה דאבוה לא מפקינן ליה מיניה ולכשיגדיל יביא רבי ירמיה עדיו וידון עמו: חולים. מסוכנים למות ואם לא עכשיו אימתי: לב"ד הגדול. שבארץ ישראל: כגון דנקט. בעל דין חבירו: דסקא. אגרת מב"ד הגדול ששלחו לב"ד של כאן [ד] [לכופו]: מקיימים את השטר. היו עדים החתומים מבקשים לילך למדינת הים מביאן מלוה לב"ד ומעידין על כתב ידן ובית דין כותבין תחתיו במותב תלתא הוינא ואתו פלוני ופלוני ואסהידו אחתימת ידייהו ואשרנוהי וקיימנוהי כדחזי: ואע"פ שעומד. בעל דין וצווח אל תקיימוהו מזויף הוא אין חוששין: פתיחא. שטר שמתא על שאין פורע החוב: אדרכתא. פסק דין לירד המלוה לתוך נכסים של לוה וליטלם בשומא בחובו: שמא תכסיף. קרקעות של מלוה תבור ותפחות מדמיה: מר אחא. זה שמו והיה לו חוב על חבירו ולא היה הלוה בעיר: שני וחמישי בתי דינין קבועים בעיירות תקנת עזרא בפרק מרובה (לעיל דף פב.): שליח דרבנן. שהלך להזמין איש לדין וחזר ואמר לב"ד אינו רוצה לבא: מהימנינן ליה כבי תרי. דלא משקר בבי דינא: פתיחא. שטר שמתא וכי שרו ליה שמתא לא שרו ליה עד דיהיב זוזא דפתיחא לספרא: יהבינן זמנא. מזמנין בעל דין ליום פלוני לדין: על פי אשה. ההולכת אצלו לפי דרכה או ע"פ שכיניו וסמכינן עלייהו דעבדין שליחותייהו אי לא אתי מחזקינן באפקרותא ומשמתינן ליה: אלא דליתיה במתא. שאין אותו פלוני עכשיו בעיר שב"ד בה ואמר לשכניו כשישוב פלוני אמרו לו לבא: אבל

מסורת הש"ס

א) [אולי רב אשי הקדמון הוא או סיומא דתהי בה רבי יוחנן רב אשי אמרה], ב) [פירושו תמלא ברש"י עירובין סו. וברש"י לעיל עו: ד"ה תהין], ג) רש"ל, ד) רש"ל, ה) יש"ש.

הגהות הב"ח

(א) גמ' דלא קיימא ליה חזקה כצ"ל ואות א' נמחק: (ב) שם לנכסיה דאימור קא טרח בזוזי וניזוף וכו' לנכסיה דאימור דלמא לא אשכח:

גליון הש"ס

גמ' הלכתא מקיימי'. עי' בב"מ דף טז ע"ב ברש"י ד"ה כל מעשה ב"ד וצ"ע: תוס' ד"ה ושלחו לו כו' ולא בא בהדי וכו'. עי' לעיל דף לט ע"א תוד"ה ורי"א:

תורה אור השלם

א) וְאִם שׁוֹר נַגָּח הוּא מִתְּמֹל שִׁלְשֹׁם וְהוּעַד בִּבְעָלָיו וְלֹא יִשְׁמְרֶנּוּ וְהֵמִית אִישׁ אוֹ אִשָּׁה הַשּׁוֹר יִסָּקֵל וְגַם בְּעָלָיו יוּמָת: [שמות כא, כט]

ליקוטי רש"י

הרי מחלוקת סומכוס בצידך. מחלוקת המסייעתך דאיכא וכו' דקאי כוותך [זבחים ה.]. תהי. לשון מריח בקנקן כמו תהי ליה אקנקניה (ב"ב דף כב.) כלומר דייק ליה [לעיל עו:] תהי בה בהא מילתא לשון מריח כמו בת תיהא דמס' ע"ז (סו:) כלומר מעיין ומחשב טעמו של דבר [ערובין סו.]. מחשב ומקשה בה [רשב"ם ב"ב לט:]. יבוא בעל השור ויעמוד על שורו. כיון דהעדאה לחייבו ממון על נגיחותיו היא באה ולהעמיד שורו בחזקת מועד בעינן בפני בעלים שידעו לטעון ולהכחיש העדים ולהביא אחרים להזימן [ב"ב כח:]. אדרכתא. שלא מצאו לו עכשיו נכסים וכתבו לו שירדוף לחזור על נכסיו ואם ימצא יגבה. אדרכתא לשון רודף ומשיג כמו פרסה בתלא ולא אדרכיה (כתובות דף ס:) ולשון המקרא (שופטים כ) כתרו את בנימין הרדיפוהו מנוחה הדריכוהו [ב"מ טז:]. שכתבו פסק דין ונתנו ללוקח על נכסיו של גזלן שבכ"מ שימצאם יחזיק בהן [שם.].

שֶׁלֹּא בִּפְנֵי בַעַל הַדִּין שכנגדו הם מעידים[1]?" ואם כן גם במקרה זה לא נוכל לקבל עדות כנגד הקטן, שכן קטן נחשב כמי שאינו.

רבי ירמיה משיב כנגד טענה זו:

וְכִי **לֹא** מקבלים עדות כנגד קטן? **וְהָא קָתָנֵי** — והרי שנינו בברייתא (לעיל עמוד א): אם הגזלן הניח את הגזילה לפני בניו בתורת ירושה, **בֵּין** אם הם **גְּדוֹלִים בֵּין** אם הם **קְטַנִּים, חַיָּיבִין**. הרי שאפשר לחייב קטן להחזיר חפץ שאינו שלו לבעליו!

רבי אבין משיב:

אֲמַר לֵיהּ רבי אבין לרבי ירמיה: **הֲרֵי מַחֲלוֹקֶת סוּמְכוֹס בְּצִידְּךָ!** כלומר, באותה ברייתא שהבאת מובאת דעתו של סומכוס, הסובר שאי אפשר לתבוע קטן לדין[2]!

רבי ירמיה טוען על כך:

אָמַר לו רבי ירמיה לרבי אבין: **אִיכַּפַּל כּוּלֵּי עָלְמָא וְקָאֵי** — וכי טורחים כולם לסבור **כְּסוּמְכוֹס, לְאַפְקוּעַן לְדִידִי** — כדי להפקיע ממני את שלי[3]?

הגמרא מספרת את המשך המעשה:

אַדְּהָכִי אִיגַּלְגַּל מִילְּתָא — בינתיים התגלגל הדבר, **אָתָא וּמָטָא לְקַמֵּיהּ** — ובא והגיע לפניו **דְּרַבִּי אַבָּהוּ**[4]. **אָמַר** רבי אבהו: **לֹא שְׁמִיעַ לְכוּ הָא** — וכי לא שמעתם הוראה זו **דְּרַב יוֹסֵף בַּר חָמָא**, שאָמַר בשם **רַבִּי אוֹשַׁעְיָא? דְּאָמַר רַב יוֹסֵף בַּר חָמָא אָמַר רַבִּי אוֹשַׁעְיָא: תִּינוֹק שֶׁתָּקַף בַּעֲבָדָיו** — קטן שלקח את עבדיו (שירש מאביו) שיסייעוהו[5], **וְיָרַד** עמם **לְתוֹךְ שָׂדֶה שֶׁל חֲבֵירוֹ וְאָמַר: "שֶׁלִּי הוּא"**[6], **אֵין אוֹמְרִים: "נַמְתִּין עַד שֶׁיַּגְדִּיל"**[7], **אֶלָּא מוֹצִיאִין מִיָּדוֹ** את השדה **מִיָּד, וְלִכְשֶׁיַּגְדִּיל יָבִיא עֵדִים, וְנִרְאֶה** אם היא שלו. הרי לנו מכאן שהלכה כחכמים, הסוברים שאפשר להוציא מיד קטן ממון שהוא מחזיק שלא כדין. ואם כן גם במקרה של רבי ירמיה, אם יווכחו בית דין שהדין עמו, יש להם להעמיד את הקרקע בידו, אף על פי שבעל דינו הוא קטן.

הגמרא דוחה את ההשוואה בין הוראתו של רבי אושעיא למקרה של רבי ירמיה:

מִי דָּמֵי — וכי אפשר לדמות את שני המקרים[8]? **הָתָם הוּא דְּמַפְּקִינַן מִינֵּיהּ** — דוקא שם, במקרה של רבי אושעיא, אנו מוציאים את השדה מן הקטן, **דְּלֹא קַיְּימָא לֵיהּ אַחֲזָקָה דַּאֲבוּהַ** — מפני שהיא אינה עומדת אצלו בחזקת אביו[9]. **אֲבָל הֵיכָא דְּאִית לֵיהּ חֲזָקָה דַּאֲבוּהַ** — במקרה שיש לו חזקה של אביו (וכמו שהיה אצל בן חמיו של רבי ירמיה), **לֹא** — אין אנו מוציאים את הקרקע מידו[10].

הגמרא פותחת בדיון בענין קבלת עדות שלא בפני בעל דין:

אָמַר רַב אַשִׁי אָמַר רַבִּי שַׁבְּתַאי[11]: **מְקַבְּלִין עֵדִים** אפילו **שֶׁלֹּא בִּפְנֵי בַעַל** הַדִּין שכנגדו הם מעידים.

הגמרא מתקשה בהוראה זו:

תָּהֵי בָּהּ רַבִּי יוֹחָנָן — רבי יוחנן עיין בהוראה זו, והקשה עליה[12]: **וְכִי** אפשר הדבר **שֶׁמְּקַבְּלִין עֵדִים שֶׁלֹּא בִּפְנֵי בַעַל דִּין?**

הגמרא מבארת את כוונתו של רבי שבתאי:

קִיבְּלָהּ מִינֵּיהּ — קיבל ממנו **רַבִּי יוֹסֵי בַּר חֲנִינָא** מרבי יוחנן[13] את הסבר הענין: מדובר כאן **כְּגוֹן שֶׁהָיָה הוּא** (התובע)[14] **חוֹלֶה** מסוכן, **אוֹ** שהיו **עֵדָיו חוֹלִים** מסוכנים[15], **אוֹ שֶׁהָיוּ עֵדָיו מְבַקְּשִׁין לֵילֵךְ לִמְדִינַת הַיָּם, וְשָׁלְחוּ לוֹ** בית דין לנתבע שיבוא לבית דין, **וְלֹא בָּא**[16].

הערות

1. [המקור להלכה זו יבואר להלן הערה 24.] ואפילו בדיעבד, אם כבר העידו עדים כנגד אדם שלא בפניו, אין עדותם עדות (ריב"א, הובא ברא"ש; רשב"א בעמוד א ד"ה משום; חושן משפט כח, טו; אולם עיין מאירי ד"ה עברו; ועיין באריכות בחידושי רבי עקיבא איגר).

2. רבי אבין סובר שהלכה כסומכוס בענין זה (ים של שלמה ז).

3. בודאי שאין הלכה כסומכוס כנגד חכמים, שהם רבים. וכי להכעיסני ולהפסידני באת, לפסוק הלכה כסומכוס? (שם).

4. לרבי אבין לא היתה ראיה שיש לפסוק כסומכוס, והיה מסופק בדבר, ולפיכך לא היה יכול להוציא את הדין לאמיתו. וכך התגלגל הענין עד שהגיע לישיבתו של רבי אבהו, ושם נשאו ונתנו בדבר עד שהגיעו למסקנה, וכפי שהגמרא ממשיכה לספר (שם).

5. רש"י בפירוש ראשון (ועיין שם לפירוש נוסף).

6. כלומר, השדה היתה של אבי וירשתי אותה ממנו (ים של שלמה שם).

7. כלומר, אין אנו מניחים אותו להחזיק בשדה עד שיגדל, שאז נוכל להביא עדים כנגדו לדון בענין.

8. מהוראתו של רבי אושעיא אכן עולה שהלכה כחכמים, הסוברים שאפשר להוציא מיד קטן ממון שהוא מחזיק שלא כדין. אבל אי אפשר להביא ראיה מדבריהם של חכמים ושל רבי אושעיא למקרה של רבי ירמיה (ראה ים של שלמה שם).

9. כלומר, שדה זו לא היתה ידועה לנו מעולם כשדה של אביו. ולפיכך, כל עוד לא יוכיח הקטן שהיתה של אביו, אנו מסלקים אותו ממנה, וכפי שיטת חכמים, שאפשר להוציא מיד קטן ממון שאינו שלו.

10. במקרה של רבי ירמיה, הבית היה ידוע תחילה כבית אביו של הקטן, ולפיכך אין מוציאים אותו מידו. וכאשר יגדל, יביא רבי ירמיה את עדיו וידון עמו (רש"י).

[מלשון רש"י (לעיל עמוד א ד"ה טרק גלי) נראה שרבי ירמיה לא היה מוחזק בבית בשעה שבן חמיו סגר את הדלת בפניו. ומשמע שאם היה רבי ירמיה מוחזק בבית, לא היה הקטן יכול להוציאו ממנו, אף על פי שהבית היה מוחזק כבית אביו של הקטן. וכן נראה דעת רוב הראשונים (ראה ריב"א, הובא בהגהות מרדכי רטו; רבינו תם, הובא בהגהות אשרי; רשב"א ד"ה ומכל מקום; רמב"ם הלכות מלוה ולוה יב, ז עם מגיד משנה; אולם עיין תוספות ד"ה אבל; ועיין בית יוסף חושן משפט כח ד"ה אין מקבלין; לחם משנה לרמב"ם שם; סמ"ע שם יד, וש"ך טו; פני יהושע).]

11. [הגירסא "רַב אַשִׁי" היא קשה, שכן רב אשי הידוע, מסדר התלמוד, נולד שנים רבות לאחר מות רבי יוחנן, המקשה (בסמוך) על הדברים האמורים כאן (ועיין בהגהה שבגליון הגמרא). ובכמה כתבי יד, וכן בראשונים רבים, הגירסא היא "רַבִּי אַסִּי" (ראה ספר שינויי נוסחאות; ועיין הגהות יעב"ץ ויפה עיניים).]

ולענין השם "שבתאי" ראה תוספות גטין יא, א ד"ה שבתאי, שלפי דבריהם יש לגרס כאן "שבתי".

12. המלה תָּהֵי" פירושה "הריח" (כמו "בת תיהא", עבודה זרה סו, ב; "תהי בקנקניה", בבא בתרא כב, א), וענינה כאן שעיין ובחן את ההוראה לדעת את טעמה [כאדם המריח דבר כדי להבחין בטיבו] (רש"י עירובין סו, א; וראה רש"י לעיל עו, ב). [אכן הערוך (ערך תה [א]) פירשה מלשון תימה; עיין רש"י בראשית א, ב: "תֹהוּ לשון תימה... שאדם תוהה ומשתומם..."]

13. ראה רא"ש פרק ד סוף סימן ד. רבי יוחנן נקט שבודאי לא התיר רבי שבתאי לקבל עדות שלא בפני בעל דין. ולפיכך פירש רבי יוחנן שדברי רבי שבתאי מתייחסים למקרים מיוחדים, וכפי שהוא ממשיך לבאר.

14. ריב"א, הובא ברא"ש; ראב"ד; תלמיד הרשב"א; אולם עיין שיטה מקובצת בשם ר"מ מסרקסטה ור"י מיגש.

התובע היה חולה מסוכן, והוא מבקש שיקבלו את העדים בחייו, מפני שהוא יכול לעזור לעדים להיזכר בפרטי העדות (ראה רא"ש), או מפני שבניו קטנים, והוא חושש שאם ימות לא יהיה מי שישתדל לטרוח אחר העדים ולהביאם לבית דין (ראב"ד).

אמנם אם **הנתבע** חולה, אין מקבלים עדות שלא בפניו, אפילו אם יורשי הנתבע הם קטנים, ואם ימות יצטרך התובע להמתין עד שיגדלו כדי שיהיה אפשר לקבל עדות כנגדם. שכן אם היינו חוששים לעיכוב הפרעון, הרי היינו מקבלים עדות גם לאחר מותו של הנתבע. אלא שמזלו הרע של התובע גרם שהנתבע חלה או מת, ואי אפשר לקבל את העדות שלא בפניו (ריב"א, הובא ברא"ש). ורק אם התובע חולה, שיש לחשוש שמא ימות ויפסיד את כל החוב, הקילו לקבל עדות שלא בפני הנתבע (סמ"ע כח, נא).

15. ואם לא יעידו עכשיו, יש לחשוש שמא ימותו והתובע יאבד את עדותו (רש"י).

16. הסיום "ושלחו לו ולא בא" מתייחס לכל המקרים שהוזכרו קודם, ואינו אופן נוסף שבו מקבלים עדות שלא בפני בעל דין. [שהרי לא נאמר כאן "**או** שלחו לו", וכפי שנאמר במקרים הקודמים.] והיינו, שאפילו אם היו התובע או עדיו חולים, או שהיו עדיו מבקשים ללכת למדינת הים, מכל מקום לא יקבלו בית דין את העדות שלא בפני הנתבע אלא אם כן הזמינו אותו לבית דין ולא בא. במקרה זה נחשב הנתבע כפושע בכך שלא בא לבית דין, ולפיכך מקבלים את העדות שלא בפניו [אפילו אם עדיין לא פתחו בדינו; ראה להלן]. אבל אם הנתבע לא פשע, אין מקבלים בשום אופן עדות שלא בפניו, אפילו אם התובע או עדיו חולים. שמאחר שהנתבע לא פשע, הרי מזלו של התובע גרם לו שאינו יכול לתובעו, וכמו במקרה שהנתבע חלה (ריב"א, הובא ברא"ש; ראה גם תוספות).

ויש אומרים שהסיום "ושלחו לו ולא בא" מתייחס רק למקרה האחרון, כשביקשו העדים ללכת למדינת הים. במקרה זה ניתן להמתין מעט, ולפיכך צריך להודיע לנתבע. אבל במקרים הראשונים, כשהתובע או עדיו היו חולים מסוכנים, אי אפשר להמתין כלל, שהרי אפשר שימותו פתאום, ולפיכך אין צריך להודיע (ראה רא"ש; ועיין חושן משפט כח, טז).

שלא בפני בעל דין ולא והא קתני בין גדולים בין קטנים חייבין א"ל הרי מחלוקת סומכוס בצידך אמר איכפל כולי עלמא וקאי כסומכוס לאפקוען לדידי אדהכי איגלגל מילתא אתא ומטא לקמיה דרבי אבהו אמר לא שמיע לכו הא דרב יוסף בר חמא א"ר אושעיא דאמר רב יוסף בר חמא אמר רבי אושעיא [א]תינוק שתקף בעבדיו וירד לתוך שדה של חבירו ואמר שלי הוא אין אומרים נמתין עד שיגדיל אלא מוציאין מידו מיד ולכשיגדיל יביא עדים ונראה מי דמי התם הוא דמפקינן מיניה דלא קיימא ליה (א) אחזקה דאבוה [ב]אבל היכא דאית ליה חזקה דאבוה לא אמר רב [א]אשי א"ר שבתאי מקבלין עדים שלא בפני בעל דין [ג]תהי בה ר' יוחנן וכי מקבלין עדים שלא בפני בעל דין קיבלה מיניה ר' יוסי בר חנינא [ג]כגון שהיה הוא חולה או עדיו חולים או שהיו עדיו מבקשין לילך למדינת הים ושלחו לו ולא בא אמר רב יהודה אמר שמואל מקבלין עדים שלא בפני בעל דין אמר מר עוקבא לדידי מיפרשא לי מיניה דשמואל [ד]כגון דפתחו ליה בדיניה ושלחו ליה ולא אתא אבל לא פתחו ליה בדינא [ה]מצי א"ל אנא לב"ד הגדול אזילנא אי הכי כי פתחו ליה נמי [ו]מצי א"ל לב"ד הגדול אזילנא אמר רבינא כגון דנקט דיסקא מבית דין הגדול אמר רב מקיימין את השטר שלא בפני בעל דין ור' יוחנן אמר אין מקיימין את השטר שלא בפני בעל דין א"ל רב ששת לרבי יוסי בר אבהו אסברה לך טעמיה דרבי יוחנן אמר קרא [א]והועד בבעליו ולא ישמרנו אמרה תורה יבא בעל השור ויעמוד על שורו אמר רבא [ט][ז]הלכתא מקיימין את השטר שלא בפני בעל דין ואפי' עומד וצווח ואי אמר נקיטו לי זימנא עד דמייתינא סהדי ומרענא ליה לשטרא [ח]נקטינן ליה אי אתא אתא אי לא אתא [ט]נטרינן ליה בה"ב אי לא אתא [י]כתבינן פתיחא עלויה תשעין יומין תלתין קמאי לא נחתינן לנכסיה (ב) דאמר קא טרח בזוזי וניזוף מציעאי נמי לא נחתינן ליה לנכסיה דאמר דלמא לא אשכח למיזף וקא טרח ומזבין בתראי נמי לא נחתינן לנכסיה דאמר לוקח גופיה קא טרח בזוזי לא אתא כתבינן אדרכתא אניכסיה [כ]והני מילי דאמר אתינא אבל אמר לא אתינא לאלתר כתבינן [ל]והני מילי במלוה אבל בפקדון לאלתר כתבינן וכי כתבינן אמקרקעי אבל אמטלטלי לא דלמא שמיט ואכיל להו מלוה למטלטלי וכי אתי לוה ומייתי סהדי ומרע ליה לשטרא לא משכח מידי למיגבה ואי אית ליה מקרקעי למלוה כתבינן [מ]ולא היא אדרכתא אמטלטלי לא כתבינן אף על גב דאית ליה מקרקעי חיישינן שמא תכסיף וכי כתבינן אדרכתא [נ]מודעינן ליה והני מילי דמיקרב אבל מירחק לא ואי מירחק ואיכא קרובים אי נמי איכא שיירתא דאזלי ואתו התם משהינן ליה תריסר ירחי שתא עד דאזלא ואתי שיירתא כי הא דרבינא שהא למר אחא תריסר ירחי שתא עד דאזלא ואתייא שיירתא מבי חוזאי ולא היא התם איניש אלימא הוה אי הויא מטיא אדרכתא לידיה לא הוה אפשר לאפוקי מיניה אבל הכא לא נטרינן ליה אלא [ס]עד דאזיל שליחא בתלתא בשבתא ואתא בארבעה בשבתא ולחמשא בשבתא קאי בדיניה אמר רבינא [ע]האי שלוחא דרבנן מהימנינן ליה כבי תרי [פ]וה"מ לשמתא אבל לפתיחא כיון דממונא קא מחסר ליה [צ]דקא בעי ליה למיתב ליה זוזי לספרא לא אמר רבינא [ק]יהבינן זימנא אפומא דאיתתא ואפומא דשיבבי ולא אמרן אלא דליתיה במתא אבל

רש"י

שלא בפני בעל דין. והאי קטן כמאן דליתיה דמי: **שתקף בעבדיו.** שלקח עבדיו עמו שיסייעוהו [ג] [לישנא אחרינא שתקף בעבדיו ואמר שלי הן]: **ונראה.** אם שלו הוא: **התם.** הוא דירד לתוך שדה חבירו דלית ליה להך תינוק בהך שדה חזקה דאבוה אבל היכא דאית ליה להאי תינוק בבית זה חזקה דאבוה לא מפקינן ליה מיניה ולכשיגדיל יביא רבי ירמיה עדיו וידון עמו: **חולים.** מסוכנים למות ואם לא עכשיו אימתי: **לב"ד הגדול.** שבארץ ישראל: **כגון דנקט.** בעל דין חבירו: **דסקא.** אגרת מב"ד הגדול ששלחו לב"ד של כאן [ד] [לכופו]: **מקיימים את השטר.** היו עדים החתומים מבקשים לילך למדינת הים מביאן מלוה לב"ד ומעידין על כתב ידן ובית דין כותבין תחתיו במותב תלתא הוינא ואתו פלוני ופלוני ואסהידו אחתימת ידייהו ואשרנוהי וקיימנוהי כדחזי: **ואע"פ שעומד.** בעל דין וצווח אל תקיימוהו מזויף הוא אין חוששין: **פתיחא.** שטר שמתא על שאין פורע החוב: **אדרכתא.** פסק דין לירד המלוה לתוך נכסים של לוה וליטלם בשומא בחובו: **שמא תכסיף.** קרקעות של מלוה תבור ותפחות מדמיה: **מר אחא.** זה שמו והיה לו חוב על חבירו ולא היה הלוה בעיר: **שני וחמישי.** בתי דינין קבועים בעיירות תקנת עזרא בפרק מרובה (לעיל דף פב.): **שליח דרבנן.** שהלך להזמין איש לדין וחזר ואמר לב"ד אינו רוצה לבא: **מהימנינן ליה כבי תרי.** דלא משקר בבי דינא: **פתיחא.** שטר שמתא וכי שרו ליה שמתא לא שרו ליה עד דיהיב זוזא דפתיחא לספרא: **יהבינן זמנא.** מזמנין בעל דין ליום פלוני לדין: **על פי אשה.** ההולכת אצלו לפי דרכה או ע"פ שכיניו וסמכינן עלייהו דעבדין שליחותייהו אי לא אתי מחזקינן באפקרותא ומשמתינן ליה: **אלא דליתיה במתא.** שאין אותו פלוני עכשיו בעיר שב"ד בה ואמר לשכניו כשישוב פלוני אמרו לו לבא:

אבל

תוספות

אבל היכא דאית ליה חזקה דאבהתא כו'. משמע דהיינו אפי' היה רבי ירמיה בתוך הבית מדלא מפליג התם בעל השדה מוחזק בשדה הכא רבי ירמיה לא היה מוחזק משמע דלא תלי בהכי מידי אלא במה דאית ליה חזקה מאבות אפילו היה רבי ירמיה מוחזק בבית:

ושלחו לו ולא בא. אור"י דמשמע דבעי שלחו לו [ט]ולא בא בהדי שהיו עדיו חולים או שהיו מבקשין לילך למדינת הים מדלא קאמר או שלחו כדקאמר או שהיו עדיו חולים או שהיו כו' ומיהו בסמוך משמע דבעי למימר או ושלחו דקאמר כגון דפתחו ליה בדיניה ושלחו ליה ולא אתא משמע דמשום האי מילתא לחודיה דשלחו לו ולא אתא מקבלין עדים שלא בפני בעל דין ויש לדחות דשאני התם דפתחו ליה בדיניה ודין גדול הוא זה [ה] [ויש ספרים שכתוב בהן או שלחו אחריו ולא בא] וכ"ע בספרים ישנים ובפי' ר"ח ובספר ישן נמצא כתוב ושלחו לו:

מצי טעין לב"ד הגדול קאזילנא כו'. פירש בה"ג ומצי נתבע לאשתמוטי בהכי והיה נראה לומר דדוקא נתבע יכול לפטור עצמו בכך אבל לא תובע דא"כ כל אדם יאמר לחבירו או תן לי מנה או בא עמי לב"ד הגדול אבל נראה לר"ת דכ"ש תובע דהשתא נתבע שנראה עושה ערמה כדי לפטור עצמו ממה שזה תובעו מצי למימר הכי כ"ש תובע שמתחילה תובע כך ואין נראה כמערים ועוד דאפילו לוה דעבד לוה לאיש מלוה מצי למימר לב"ד הגדול קאזילנא כ"ש מלוה ואע"ג דאמר בפרק זה בורר (סנהדרין דף לא: ושם) אמר אימימר הלכתא כופין אותו והולך עמו למקום הועד ומסיק דהני מילי מלוה אבל לוה עבד לאיש מלוה ולא מ"ל נלך למקום הועד בית הועד לאו היינו ב"ד הגדול דבית הועד היינו מקום ב"ד קבוע אבל יש ב"ד הגדול ממנו בחכמה והילכתא אפילו לוה מצי למימר לב"ד הגדול קאזילנא אבל לבית הועד לא מצי אמר אלא כופין אותו ודן בעירו:

מקיימין את השטר שלא בפני בעל דין. פי' בקונט' אם עדיו מבקשין לילך למדינת הים ואין נראה לר"י דא"כ אמאי נקט קיום השטר הא קבלת עדים אמר נמי לעיל דכה"ג מקבלין שלא בפני בעל דין ונראה לר"י דבכל ענין קאמר דמקיימין דקיום שטר דרבנן ועדים החתומים על השטר כמי שנחקרה עדותן בב"ד דמי ואין צריך קיום ומדרבנן הוא דצריך הלכך מקיימינן שלא בפני בעל דין ורבי יוחנן דאמר אין מקיימין סבר דלא פלוג רבנן בין קיום שטרות לקבלת עדות והא דקאמר אסברה לך טעמא דר' יוחנן ה"ק דאפילו בקיום שטרות אית ליה לר' יוחנן יבא בעל השור ויעמוד על שורו ומיהו רב נמי אית ליה בעלמא יבא בעל השור כו':

עד דאזיל שליח בתלתא בשבתא. דמסתמא בשני דנהו:

דקבעי למיתב זוזא לפתיחא. כשקורעין אותה משלם הוא שכר הסופר:

ומר

עין משפט נר מצוה

יד א מיי' פי"ב מהל' מלוה ולוה הלכה ו סמג עשין סד טוש"ע ח"מ סימן קי סעיף ה:

טו ב מיי' שם הלכה ז טוש"ע שם סעיף ו:

טז ג מיי' פ"ג מהלכות עדות הלכה יא סמג עשין קט טוש"ע ח"מ סי' כח סעיף טו טז:

יז ד מיי' שם טוש"ע שם סעיף טז:

יח ה טוש"ע שם בהג"ה:

יט ו מיי' פ"ו מהלכות סנהדרין הלכה ו ועי' בכ"מ סמג עשין עד טוש"ע ח"מ סימן יד סעיף א בהג"ה:

כ ז מיי' פ"ג מהלכות עדות הלכה יא סמג עשין לד טוש"ע ח"מ סי' מו סעיף ה:

כא ח מיי' פכ"ב מהל' מלוה ולוה הלכה ב סמג שם טוש"ע ח"מ סימן לא סעיף ד:

כב ט י מיי' שם הלכה ג טוש"ע שם סעי' ה:

כג כ ל מיי' שם הלכה ד טוש"ע שם סעי' ו:

כד מ מיי' שם הלכה ה טוש"ע שם סעי' ז:

כה נ ס מיי' שם הלכה ד טוש"ע שם סעי' ה:

כו ע פ מיי' פכ"ה מהל' סנהדרין הלכה ה סמג לאוין רח טוש"ע ח"מ סימן ח סעיף ה וסימן יא סעיף א [רב אלפס כאן ובמו"ק פ"ג (דף רפ"ו) והתם והכא גרים אמר רבא]:

כז צ מיי' שם הלכה ח טוש"ע שם סימן יא סעיף ד:

כח ק מיי' שם הלכה י טוש"ע שם סעי' ג:

ליקוטי רש"י

הרי מחלוקת סומכוס בצידך. מחלוקת המסייעתך דאיכא וכו' דקאי כוותך [זבחים ה.]. **תהי.** לשון מריח בקנקן כמו תהי ליה אקנקניה (ב"ב דף כב.) כלומר דייק ליה [לעיל עו:] תהי בה בהא מילתא לשון מריח כמו בת תיהא דמס' ע"ז (סו:) כלומר מעיין ומחשב טעמו של דבר [ערובין סו.]. מחשב ומקשה בה [רשב"ם ב"ב לט:]. **יבוא בעל השור ויעמוד על שורו.** כיון דהעדאה לחייבו ממון על נגיחותיו היא באה ולהעמיד שורו בחזקת מועד בעינן בפני בעלים שידעו לטעון ולהכחיש העדים ולהביא אחרים להזמין [ב"ב כח:]. **אדרכתא.** שלא מצאו לו עכשיו נכסים וכתבו לו שירדוף לחזור על נכסיו ואם ימצא יגבה. אדרכתא לשון רודף ומשיג כמו פרסה בחלא ולא אדרכיה (כתובות דף ס:) ולשון המקרא (שופטים כ) כתרו את בנימין הרדיפוהו מנוחה הדריכוהו [ב"מ טז:]. שכתבו פסק דין ונתנו ללוקח על נכסיו של גזלן שבכ"מ שימצאם יחזיק בהן [שם.].

מסורת הש"ס

א) [אולי רב אשי הקדמון הוא או סיומא דתהי בה רבי יוחנן רב אשי אמרה], ב) [פירושו תמצא ברש"י עירובין סו. וברש"י לעיל עו: ד"ה תהי], ג) רש"ל, ד) רש"ל, ה) יש"ש.

הגהות הב"ח

(א) גמ' דלא קיימא ליה חזקה כצ"ל ואות א' נמחק: (ב) שם לנכסיה דאימור קא טרח בזוזי וניזוף וכו' לנכסיה דאימור דלמא לא אשכח:

גליון הש"ס

גמ' הלכתא מקיימי'. עי' בב"מ דף טז ע"ב ברש"י ד"ה כל מעשה ב"ד ול"ע: תוס' ד"ה ושלחו לו כו' ולא בא בהדי וכו'. עי' לעיל דף לט ע"א תוד"ה ורי"א:

תורה אור השלם

א) וְאִם שׁוֹר נַגָּח הוּא מִתְּמֹל שִׁלְשֹׁם וְהוּעַד בִּבְעָלָיו וְלֹא יִשְׁמְרֶנּוּ וְהֵמִית אִישׁ אוֹ אִשָּׁה הַשּׁוֹר יִסָּקֵל וְגַם בְּעָלָיו יוּמָת: [שמות כא, כט]

הוראה נוספת בענין זה:

אָמַר רַב יְהוּדָה אָמַר שְׁמוּאֵל: מְקַבְּלִין עֵדִים שֶׁלֹּא בִּפְנֵי בַעַל דִּין.

הגמרא מגבילה את ההוראה:

אָמַר מַר עוּקְבָא: לְדִידִי מִיפָּרְשָׁא לִי מִינֵּיהּ דִּשְׁמוּאֵל — לי נתפרש ענין זה משמואל עצמו, שמדובר **כְּגוֹן דְּפָתְחוּ לֵיהּ בְּדִינֵיהּ** — שכבר פתחו בית דין בדינו[17], **וְשָׁלְחוּ לֵיהּ** בית דין לנתבע שיבוא, **וְלֹא אָתָא** — ולא בא[18]. **אֲבָל** אם עדיין **לֹא פָּתְחוּ לֵיהּ בְּדִינָא**[19], **מָצֵי אָמַר לֵיהּ** — יכול הנתבע לומר לתובע: "**אֲנָא לְבֵית דִּין הַגָּדוֹל אָזִילְנָא** — אני מבקש ללכת [לדון] לפני בית הדין הגדול שבארץ ישראל"[20].

הגמרא מקשה על כך:

אִי הָכִי — אם כך, **כִּי פָּתְחוּ לֵיהּ נַמִּי** — גם במקרה שכבר פתחו בדינו, **מָצֵי אָמַר לֵיהּ** — יוכל הנתבע לומר לו: "**לְבֵית דִּין הַגָּדוֹל אָזִילְנָא**"[21]**!**

עונה הגמרא:

אָמַר רָבִינָא: מדובר כאן **כְּגוֹן דְּנָקַט דִּיסְקָא** — כשהתובע מחזיק באיגרת **מִבֵּית דִּין הַגָּדוֹל**, ששלחוה לבית דין זה שיכריחו את הנתבע לדון בפניהם[22].

הגמרא ממשיכה לדון בענין קבלת עדות שלא בפני בעל דין:

אָמַר רַב: מְקַיְּימִין אֶת הַשְּׁטָר שֶׁלֹּא בִּפְנֵי בַעַל דִּין (דהיינו הלוה)[23].

דעה חולקת:

וְרַבִּי יוֹחָנָן אָמַר: אֵין מְקַיְּימִין אֶת הַשְּׁטָר שֶׁלֹּא בִּפְנֵי בַעַל דִּין.

הגמרא מבארת את טעמה של הדעה האחרונה:

אָמַר לֵיהּ רַב שֵׁשֶׁת לְרַבִּי יוֹסֵי בַּר אַבָּהוּ: אַסְבְּרָה לָךְ טַעְמֵיהּ — אסביר לך את טעמו **דְּרַבִּי יוֹחָנָן: אָמַר קְרָא** בענין שור שהמית אדם שלש פעמים (שמות כא, כט): "וְאִם שׁוֹר נַגָּח הוּא. . . **וְהוּעַד בִּבְעָלָיו וְלֹא יִשְׁמְרֶנּוּ**", **אָמְרָה תּוֹרָה: יָבֹא בַּעַל הַשּׁוֹר וְיַעֲמוֹד עַל שׁוֹרוֹ** כאשר העדים מעידים עליו[24].

הגמרא קובעת הלכה בענין זה:

אָמַר רָבָא: הִלְכְתָא — ההלכה היא ש**מְקַיְּמִין אֶת הַשְּׁטָר שֶׁלֹּא בִּפְנֵי בַעַל דִּין; וַאֲפִילּוּ** אם הוא **עוֹמֵד וְצוֹוֵחַ**, "אל תקיימוהו, מזוייף הוא", אין שומעים לו[25]. **וְ**אחרי שקיימו את השטר, ובית דין הורו ללוה לפרוע את החוב[26], **אִי אָמַר** — אם הוא אומר: "**נְקִיטוּ לִי זִימְנָא עַד דְּמַיְיתִינָא סַהֲדֵי וּמָרַעְנָא לֵיהּ לִשְׁטָרָא** — תנו לי זמן עד שאביא עדים ואוציא את השטר מחזקת כשרותו", **נַקְטִינַן לֵיהּ** — נותנים לו זמן[27]. **אִי אָתָא אָתָא** — אם הוא בא בתוך הזמן הקצוב,

---

הערות

17. כלומר, שבעלי הדין כבר אמרו את טענותיהם לפני בית הדין (רא"ש).

18. לאחר ששמעו בית דין את הטענות, ביקש התובע להביא את עדיו, ובית דין שלחו לנתבע שיבוא וישמע את העדות שכנגדו, ולא בא. במקרה זה מקבלים את העדות שלא בפני הנתבע, אפילו אם אין סיבה מיוחדת לקבל את העדות מיד.

שמואל אינו חולק על רבי יוחנן, שאמר לעיל שאין מקבלים עדות שלא בפני בעל דין אלא במקרים מיוחדים (כגון שהתובע חולה או עדיו חולים וכו'). שכן שמואל עוסק במקרה שהדין כבר נפתח, וכפי שמפורש כאן בגמרא. ואילו רבי יוחנן עוסק במקרה שהדין עדיין לא נפתח, אלא שהתובע מבקש מבית דין לקבל עתה את העדות כדי לדון על פיה בעתיד. במקרה זה מלמד רבי יוחנן שמקבלים עדות שלא בפני בעל דין רק במקרה שיש צורך מיידי בדבר, וכגון שהתובע היה חולה וכו' (ראה רא"ש).

19. ולא היה צורך מיידי לקבל את העדות (ראה הערה הקודמת).

20. במקרה שהתובע מבקש שבית דין יקבלו את העדות לפני שהדין נפתח, יכול הנתבע לטעון שאינו מסכים לבוא לבית דין, מפני שהוא רוצה שבית דין הגדול ידונו בענין. והוא הדין שיכול הוא לטעון שאינו צריך לבוא לבית דין לפני תחילת הדין רק כדי לשמוע את העדות. ורק כאשר יתחילו הדיינים לדון בענין, ויזמינו אותו לדין, ילך לבית דין ויקבל את העדות (ראה רא"ש ג עם פלפולא חריפתא צ; שיטה מקובצת בשם רמ"ה).

21. כלומר, גם לאחר ששמעו בית דין את טענות בעלי הדין, יוכל הנתבע להשתמט מלבוא לבית דין כדי לשמוע את העדות, בטענה שהוא רוצה שבית דין הגדול ידונו בענין. ומדוע אם כן אמר שמואל שאם פתחו בית דין בדינו אפשר לקבל עדים שלא בפני הנתבע? (ועיין תוספות ורא"ש לדיון בזכותו של הנתבע לדון בבית דין הגדול; ועיין באריכות בים של שלמה י).

22. ולפיכך אין הנתבע יכול להשתמט מלקבל את העדות. ואם בכל זאת לא בא לבית דין, הרי פשע בעצמו, ומקבלים את העדות שלא בפניו. אמנם אם עדיין לא פתחו בדינו, יוכל הנתבע להשתמט מלבוא לבית דין אפילו אם התובע מחזיק באיגרת מבית דין הגדול. שהרי יוכל לטעון שאינו צריך לבוא לבית דין לקבל את העדות לפני שישמעו בית דין את טענות בעלי הדין (ראה הערה 20; ועיין עוד רבינו ירוחם, הובא בבית יוסף חושן משפט כח, כב, וכפי שנתבארו דבריו בב"ח שם, ובט"ז בסוף הסימן).

23. אדם המוציא שטר חוב כנגד חבירו, והלה טוען שהשטר מזוייף, אין בעל השטר יכול לגבות על פי השטר עד ש"יקיים" את השטר, דהיינו שיוכיח שחתימת העדים אינה מזוייפת [דין זה הוא מדרבנן]. אחת הדרכים לקיום השטר היא שהעדים החתומים עליו באים בעצמם לפני בית דין ומעידים שזו היא חתימת ידם. לאחר שבית דין קיבלו את העדות, הם כותבים מתחת לשטר: "במותב תלתא הוינא ואתו פלוני ופלוני ואסהידו אחתימת ידייהו ואשרנוהי וקיימנוהי כדחזי" [במושב שלשה (דיינים) היינו, ובאו פלוני ופלוני והעידו על חתימות ידיהם, ואישרנו אותו וקיימנו אותו כראוי].

רב מלמד שאם העדים מבקשים ללכת למדינת הים, יוכל המלוה להביאם לבית דין כדי להעיד על כתב ידם, אף על פי שהלוה אינו לפנינו (רש"י; ראה פני יהושע).

התוספות הקשו על פירוש רש"י, שאם מדובר כאן כשהעדים מבקשים ללכת למדינת הים, אם כן אפילו בשאר דיני ממונות — ולא רק בקיום שטרות — אפשר לקבל עדות שלא בפני בעל דין, כמבואר בגמרא לעיל. וכתבו כמה אחרונים ליישב את פירוש רש"י, שבשאר דיני ממונות, אפילו אם העדים מבקשים ללכת למדינת הים, מכל מקום אין מקבלים אותם שלא בפני הנתבע אלא אם כן שלחו לו ולא בא (ראה הערה 16). רב מלמד כאן שבקיום שטרות די בכך שיש צורך מיידי, ואין צורך לשלוח לנתבע שיבוא (ראה מהרש"א; בית יוסף חושן משפט מו, ח; ים של שלמה יא; ועיין עוד תוספות שאנץ, הובא בשיטה מקובצת).

אמנם התוספות (ועוד ראשונים) כתבו שדברי רב נאמרו בכל אופן, וניתן לקיים את השטר שלא בפני הלוה אפילו אם אין צורך מיוחד בַּדבר. שמאחר שמן התורה אין אנו חוששים לזיוף השטר, ורק חכמים הם שהצריכו לקיימו, הקילו חכמים שיוכלו לקיימו אף שלא בפני הנתבע. [ויש אומרים שטעם הדבר הוא מפני שעדי הקיום אינם מעידים על ההלואה, אלא על חתימת העדים (ראה כתובות כא, א). ולפיכך אין הלוה נחשב כ"בעל דין" בעדות זו (ראה רשב"א כאן, ובתשובותיו ב, שעו; ראה גם שיטה מקובצת בשם הרמ"ה).]

24. שור שנגח אדם והמיתו, סוקלים את השור בבית דין. אם השור עשה כן שלש פעמים (ראה לעיל מא, א), והעידו עדים על כך ("וְהוּעַד בִּבְעָלָיו"), הרי זה "שור מועד", ואם חזר והמית, חייבים הבעלים לשלם כופר (ראה שמות כא, כח-ל). הלשון "וְהוּעַד בִּבְעָלָיו" מלמדת שהעדות צריכה להיאמר בפני הבעלים. פסוק זה הוא המקור לכך שאין מקבלים עדות אלא בפני בעל דין. ובאמת גם רב, שהתיר לקיים את השטר שלא בפני בעל דין, מודה בעיקר הלכה זו, אלא שהוא מיקל בעדות של קיום השטר, וכפי שנתבאר בהערה הקודמת. כוונת הגמרא כאן היא שרבי יוחנן סובר שגם לגבי קיום שטרות אומרים אנו ש"יבוא בעל השור ויעמוד על שורו" (תוספות; ועיין רשב"א).

יש אומרים שהלכה זו — שאין מקבלים עדות אלא בפני בעל דין — היא מן התורה, וכפי פשטות הגמרא כאן, שלומדים זאת מ"וְהוּעַד בִּבְעָלָיו". ומה שמצאנו שבמקרים מסויימים התירו לקבל עדות שלא בפני בעל דין, תקנת חכמים היא זו, כדי שלא יפסיד התובע במקרה שיש צורך מיידי לקבל את העדות (ראה תלמיד הרשב"א ד"ה א"ר אמי; שו"ת הרשב"א ב, שעו). ויש אומרים שרק בדיני נפשות הצריכה התורה שתהיה העדות בפני בעל דין, שהרי פסוק זה נאמר בענין שור שנגח אדם, שדינו כדיני נפשות (ראה משנה סנהדרין ב, א). אבל לגבי דיני ממונות, אין הלכה זו נוהגת אלא מדרבנן, והפסוק הוא "אסמכתא" בלבד (ראה רשב"א כאן ד"ה וקשיא לן, ובתשובותיו ג, שכז). ועיקר הטעם שצריך להעיד בפני בעל דין הוא כדי שתהיה העדות ברורה למעיד. שמאחר שאנו מצריכים שתהיה העדות בפני בעל דין, לא יעיד העד אלא אם כן תהיה העדות ברורה לו, שכן הוא ירא שמא בעל הדין יכחישנו (שו"ת הרי"ף ר; ראה גם רש"י בבא בתרא כח, ב ד"ה התם; ועיין קובץ שיעורים שם ק ר־קב).

25. ואפילו אם הוא טוען שיש לו עדים במקום פלוני לבטל את השטר, והם פלוני ופלוני, אין שומעים לו, אלא מקיימים את השטר כנגד רצונו, וגובים בו. אלא שאם ביקש שימתינו לו עד שיביא את העדים, עושים כן, וכפי שהגמרא ממשיכה לבאר (ראה רשב"א, ורמב"ם הלכות מלוה ולוה כב, ב עם מגיד משנה; ועיין פני יהושע).

26. ראה רא"ש, רשב"א.

27. ובתנאי שנראה לדיינים שיש ממש בדבריו. אבל אם נראה להם שהוא בא בעלילות דברים ובטענות סרק, אומרים לו שלם, ואחר כך אם תהיה לך ראיה, יחזיר [לך המלוה מה שנטל] (רמב"ם הלכות מלוה ולוה כב, ב; חושן משפט צח, ד).

מאחר שהגמרא לא פירשה כמה זמן נותנים לו, נראה שהכוונה לזמן שרגילים

שלא בפני בעל דין ולא והא קתני בין גדולים בין קטנים חייבין א"ל הרי מחלוקת סומכוס בצידך אמר איכפל כולי עלמא וקאי כסומכוס לאפקוען לדידי אדהכי איגלגל מילתא אתא ומטא לקמיה דרבי אבהו אמר לא שמיע לכו הא דרב יוסף בר חמא א"ר אושעיא דאמר רב יוסף בר חמא אמר רבי אושעיא [א]תינוק שתקף בעבדיו וירד לתוך שדה של חבירו ואמר שלי הוא אין אומרים נמתין עד שיגדיל אלא מוציאין מידו מיד ולכשיגדיל יביא עדים ונראה מי דמי התם הוא דמפקינן מיניה דלא קיימא ליה (א) אחזקה דאבוה [ב]אבל היכא דאית ליה חזקה דאבוה לא אמר רב [א]אשי א"ר שבתאי מקבלין עדים שלא בפני בעל דין [ב]תהי בה ר' יוחנן וכי מקבלין עדים שלא בפני בעל דין קיבלה מיניה ר' יוסי בר חנינא [ג]כגון שהיה הוא חולה או עדיו חולים או שהיו עדיו מבקשין לילך למדינת הים ושלחו לו ולא בא אמר רב יהודה אמר שמואל מקבלין עדים שלא בפני בעל דין אמר מר עוקבא לדידי מיפרשא לי מיניה דשמואל [ד]כגון דפתחו ליה בדיניה ושלחו ליה ולא אתא אבל לא פתחו ליה בדינא [ה]מצי א"ל אנא לב"ד הגדול אזילנא אי הכי כי פתחו ליה נמי [ו]מצי א"ל לב"ד הגדול אזילנא אמר רבינא כגון דנקט דיסקא מבית דין הגדול אמר רב מקיימין את השטר שלא בפני בעל דין ור' יוחנן אמר אין מקיימין את השטר שלא בפני בעל דין א"ל רב ששת לרבי יוסי בר אבהו אסברה לך טעמיה דרבי יוחנן אמר קרא [א]והועד בבעליו ולא ישמרנו אמרה תורה יבא בעל השור ויעמוד על שורו אמר רבא [ז]הלכתא מקיימין את השטר שלא בפני בעל דין ואפי' עומד וצווח ואי אמר נקיטו לי זימנא עד דמייתינא סהדי ומרענא ליה לשטרא [ח]נקטינן ליה אי אתא אתא אי לא אתא [ט]נטרינן ליה בה"ב אי לא אתא [י]כתבינן פתיחא עלויה תשעין יומין תלתין קמאי לא נחתינן לנכסיה (ב) דאמר קא טרח בזוזי וניזוף מציעאי נמי לא נחתינן ליה לנכסיה דאמר דלמא לא אשכח למיזף וקא טרח ומזבין בתראי נמי לא נחתינן לנכסיה דאמר לוקח גופיה קא טרח בזוזי לא אתא כתבינן אדרכתא אניכסיה [כ]והני מילי דאמר אתינא אבל אמר לא אתינא לאלתר כתבינן [ל]והני מילי במלוה אבל בפקדון לאלתר כתבינן וכי כתבינן אמקרקעי אבל אמטלטלי לא דלמא שמיט ואכיל להו מלוה למטלטלי וכי אתי לוה ומייתי סהדי ומרע ליה לשטרא לא משכח מידי למיגבה ואי אית ליה מקרקעי למלוה כתבינן [מ]ולא היא אדרכתא אמטלטלי לא כתבינן אף על גב דאית ליה מקרקעי חיישינן שמא תכסיף וכי כתבינן אדרכתא [נ]מודעינן ליה והני מילי דמיקרב אבל מירחק לא ואי מירחק ואיכא קרובים אי נמי איכא שיירתא דאזלי ואתו התם משהינן ליה תריסר ירחי שתא עד דאזלא ואתי שיירתא כי הא דרבינא שהא למר אחא תריסר ירחי שתא עד דאזלא ואתייא שיירתא מבי חוזאי ולא היא התם איניש אלימא הוה אי הויא מטיא אדרכתא לידיה לא הוה אפשר לאפוקי מיניה אבל הכא לא נטרינן ליה אלא [ס]עד דאזיל שליחא בתלתא בשבתא ואתא בארבעה בשבתא ולחמשא בשבתא קאי בדיניה אמר רבינא [ע]האי שלוחא דרבנן מהימנינן ליה כבי תרי [פ]וה"מ לשמתא אבל לפתיחא כיון דממונא קא מחסר ליה [צ]דקא בעי ליה למיתב ליה זוזי לספרא לא אמר רבינא [ק]יהבינן זימנא אפומא דאיתתא ואפומא דשיבבי ולא אמרן אלא דליתיה במתא אבל

אבל היכא דאית ליה חזקה דאבהתא כו'. משמע דהיינו אפי' היה רבי ירמיה בתוך הבית מדלא מפליג התם בעל השדה מוחזק בשדה הכא רבי ירמיה לא היה מוחזק משמע דלא תלי בהכי מידי אלא במה דאית ליה חזקה מאבות אפילו היה רבי ירמיה מוחזק בבית:

ושלחו לו ולא בא. אור"י דמשמע דבעי שלחו לו [ט]ולא בא בהדי שהיו עדיו חולים או שהיו מבקשין לילך למדינת הים מדלא קאמר או שלחו כדקאמר או שהיו עדיו חולים או שהיו כו' ומיהו בסמוך משמע דבעי למימר או ושלחו דקאמר כגון דפתחו ליה בדיניה ושלחו ליה ולא אתא משמע דמשום האי מילתא לחודיה דשלחו לו ולא אתא מקבלין עדים שלא בפני בעל דין ויש לדחות דשאני התם דפתחו ליה בדיניה ודין גדול הוא זה [ה][ויש ספרים שכתוב בהן או שלחו אחריו ולא בא] ול"ע בספרים ישנים ובפי' ר"ח ובספר ישן נמצא כתוב ושלחו לו:

מצי טעין לב"ד הגדול קאזילנא כו'. פירש בה"ג ומלי נתבע לאשתמוטי בהכי והיה נראה לומר דדוקא נתבע יכול לפטור עצמו בכך אבל לא תובע דא"כ כל אדם יאמר לחבירו או תן לי מנה או בא עמי לב"ד הגדול אבל נראה לר"ת דכ"ש תובע דהשתא נתבע שנראה עושה ערמה כדי לפטור עצמו ממה שזה תובעו מצי למימר הכי כ"ש תובע שמתחילה תובע כך ואין נראה כמערים ועוד דאפילו לוה דעבד לוה לאיש מלוה מצי למימר לב"ד הגדול קאזילנא כ"ש מלוה ואע"ג דאמר בפרק זה בורר (סנהדרין דף לא: ושם) אמר אמימר הלכתא כופין אותו והולך עמו למקום הועד ומסיק דהני מילי מלוה אבל לוה עבד לאיש מלוה ולא מ"ל נלך למקום הועד בית הועד לאו היינו ב"ד הגדול דבית הועד היינו מקום ב"ד קבוע אבל יש ב"ד הגדול ממנו בחכמה והילכתא אפילו לוה מצי למימר לב"ד הגדול קאזילנא אבל לבית הועד לא מצי אמר אלא כופין אותו ודן בעירו:

מקיימין את השטר שלא בפני בעל דין. פי' בקונט' אם עדיו מבקשין לילך למדינת הים ואין נראה לר"י דא"כ אמאי נקט קיום השטר הא קבלת עדים אמר נמי לעיל דבכה"ג מקבלין שלא בפני בעל דין ונראה לר"י דבכל ענין קאמר דמקיימין דקיום שטר דרבנן ועדים החתומים על השטר כמי שנחקרה עדותן בב"ד דמי ואין צריך קיום ומדרבנן הוא דצריך הלכך מקיימינן שלא בפני בעל דין ורבי יוחנן דאמר אין מקיימין סבר דלא פלוג רבנן בין קיום שטרות לקבלת עדות והא דקאמר אסברה לך טעמא דר' יוחנן ה"ק דאפילו בקיום שטרות אית ליה לר' יוחנן יבא בעל השור ויעמוד על שורו ומיהו רב נמי אית ליה בעלמא יבא בעל השור כו':

עד דאזיל שליח בתלתא בשבתא. דמסתמא בשני דנהו:

דקבעי למיתב זוזא לפתיחא. כשקורעין אותה משלם הוא שכר הסופר:

ומר

שלא בפני בעל דין. והאי קטן כמאן דליתיה דמי: **שתקף בעבדיו.** שלקח עבדיו עמו שיסייעוהו [ג][לישנא אחרינא שתקף בעבדיו ואמר שלי הן]: **ונראה.** אם שלו הוא: **התם.** הוא דירד לתוך שדה חבירו דלית ליה להך תינוק בהך שדה חזקה דאבוה אבל היכא דאית ליה להאי תינוק בבית זה חזקה דאבוה לא מפקינן ליה מיניה ולכשיגדיל יביא רבי ירמיה עדיו וידון עמו: **חולים.** מסוכנים למות ואם לא עכשיו אימתי: **לב"ד הגדול.** שבארץ ישראל: **כגון דנקט.** בעל דין חבירו: **דסקא.** אגרת מב"ד הגדול ששלחו לב"ד של כאן [ד][לכופו]: **מקיימים את השטר.** היו עדים החתומים מבקשים לילך למדינת הים מביאן מלוה לב"ד ומעידין על כתב ידן ובית דין כותבין תחתיו במותב תלתא הוינא ואתו פלוני ופלוני ואסהידו אחתימת ידייהו ואשרנוהי וקיימנוהי כדחזי: **ואע"פ שעומד.** בעל דין וצווח אל תקיימוהו מזויף הוא אין חוששין: **פתיחא.** שטר שמתא על שאין פורע החוב: **אדרכתא.** פסק דין לירד המלוה לתוך נכסים של לוה וליטלם בשומא בחובו: **שמא תכסיף.** קרקעות של מלוה תבור ותפחות מדמיה: **מר אחא.** זה שמו והיה לו חוב על חבירו ולא היה הלוה בעיר: **שני וחמישי** בתי דינין קבועים בעיירות תקנת עזרא בפרק מרובה (לעיל דף פב.): **שליח דרבנן.** שהלך להזמין איש לדין וחזר ואמר לב"ד אינו רוצה לבא: **מהימנינן ליה כבי תרי.** דלא משקר בבי דינא: **פתיחא.** שטר שמתא וכי שרו ליה שמתא לא שרו ליה עד דיהיב זוזא דפתיחא לספרא: **יהבינן זמנא.** מזמנין בעל דין ליום פלוני לדין: **על פי אשה.** ההולכת אצלו לפי דרכה או ע"פ שכיניו וסמכינן עלייהו דעבדין שליחותייהו אי לא אתי מחזקינן באפקרותא ומשמתינן ליה: **אלא דליתיה במתא.** שאין אותו פלוני עכשיו בעיר שב"ד בה ואמר לשכניו כשיבוא פלוני אמרו לו לבא:

אבל

עין משפט
נר מצוה

יד א מיי' פי"ב מהל' מלוה ולוה הלכה ו סמג עשין סד טוש"ע ח"מ סימן קי סעיף ה:
טו ב מיי' שם הלכה ז טוש"ע שם סעיף ו:
טז ג מיי' פ"ג מהלכות עדות הלכה יא סמג עשין קט טוש"ע ח"מ סי' כח סעיף טו טז:
יז ד מיי' שם טוש"ע שם סעיף טז:
יח ה טוש"ע שם בהג"ה:
יט ו מיי' פ"ו מהלכות סנהדרין הלכה ו ועי' בכ"מ סמג עשין עד טוש"ע ח"מ סימן יד סעיף א בהג"ה:
כ ז מיי' פ"ג מהלכות עדות הלכה יא סמג עשין לד טוש"ע ח"מ סי' מו סעיף ה:
כא ח מיי' פכ"ב מהל' מלוה ולוה הלכה ב סמג שם טוש"ע ח"מ סימן לח סעיף ד:
כב ט י מיי' שם הלכה ג טוש"ע שם סעי' ה:
כג כ ל מיי' שם הלכה ד טוש"ע שם סעי' ו:
כד מ מיי' שם הלכה ה טוש"ע שם סעי' ז:
כה נ ס מיי' שם הלכה ד טוש"ע שם סעי' ה:
כו ע פ מיי' פכ"ה מהל' סנהדרין הלכה ה סמג לאוין רח טוש"ע ח"מ סימן ח סעיף ה וסימן יא סעיף א [רב אלפס כאן ובמו"ק פ"ג (דף רפ"ו) והתם והכא גריס אמר רבא]:
כז צ מיי' שם הלכה ח טוש"ע שם סימן יא סעיף ד:
כח ק מיי' שם הלכה י טוש"ע שם סעי' ג:

ליקוטי רש"י

הרי מחלוקת סומכוס בצידך. מחלוקת המסייעתך דאיכא וכו' דקאי כוותך [זבחים ה.]. תהי. לשון מריח בקנקן כמו תהי ליה אקנקניה (ב"ב דף כב.) כלומר דייק ליה [לעיל עו:] תהי בה בהא מילתא לשון מריח כמו בת תיהא דמס' ע"ז (סו:) כלומר מעיין ומחשב טעמו של דבר [ערובין סו.]. מחשב ומקשה בה [רשב"ם ב"ב לט:]. **יבוא בעל השור ויעמוד על שורו.** כיון דהעדאה לחייבו ממון על נגיחותיו היא באה ולהעמיד שורו בחזקת מועד בעינן בפני בעלים שידעו לטעון ולהכחיש העדים ולהביא אחרים להזימן [ב"ב כח:]. **אדרכתא.** שלא מצאו לו עכשיו נכסים וכתבו לו שירדוף לחזור על נכסיו ואם ימצא יגבה. אדרכתא לשון רודף ומשיג כמו פרסה בחלא ולא אדרכיה (כתובות דף ס:) ולשון המקרא (שופטים כ) כתרו את בנימין הרדיפוהו מנוחה הדריכוהו [ב"מ טז:]. שכתבו פסק דין ונתנו ללוקח על נכסיו של גזלן שבכ"מ שימצאם יחזיק בהן [שם.].

מסורת הש"ס

א) [אולי רב אשי הקדמון הוא או טיומא דתהי בה רבי יוחנן רב אשי אמרה], ב) [פירושו תמצא ברש"י עירובין סו. וברש"י לעיל עו: ד"ה תהי], ג) רש"ל, ד) רש"ל, ה) יש"ש.

הגהות הב"ח

(א) גמ' דלא קיימא ליה חזקה כצ"ל ואות א' נמחק: (ב) שם לנכסיה דאימור קא טרח בזוזי וניזוף וכו' לנכסיה דאימור דלמא לא אשכח:

גליון הש"ס

גמ' הלכתא מקיימי'. עי' בב"מ דף טז ע"ב ברש"י ד"ה כל מעשה ב"ד וצ"ע: תוס' ד"ה ושלחו לו כו' ולא בא בהדי וכו'. עי' לעיל דף לט ע"א תוד"ה ורי"א:

תורה אור השלם

א) וְאִם שׁוֹר נַגָּח הוּא מִתְּמֹל שִׁלְשֹׁם וְהוּעַד בִּבְעָלָיו וְלֹא יִשְׁמְרֶנּוּ וְהֵמִית אִישׁ אוֹ אִשָּׁה הַשּׁוֹר יִסָּקֵל וְגַם בְּעָלָיו יוּמָת: [שמות כא, כט]

הרי בא[28]. **אִי לֹא אָתָא** — ואם לא בא, **נַטְרִינַן לֵיהּ** — ממתינים לו עוד שלשה ימים של מושב בית דין, **שֵׁנִי וַחֲמִישִׁי וְשֵׁנִי**[29]. **אִי לֹא אָתָא** — ואם עדיין לא בא, **כַּתְבִינַן פְּתִיחָא עִלָּוֵיהּ** — כותבים עליו שטר נידוי, על שאינו פורע את חובו, למשך **תִּשְׁעִין יוֹמִין** (ימים)[30]. **תְּלָתִין קַמָּאֵי לֹא נַחְתִּינַן לְנִכְסֵיהּ** — בשלשים הימים הראשונים אין יורדים עדיין לנכסיו לגבות מהם את החוב, **(דאמר) [דְּאַמְרִינָן]**[31] **קָא טָרַח בְּזוּזֵי וְנֵיזוּף** — מפני שאנו אומרים שהוא טורח עבור מעות ללוותם, כדי לפרוע את חובו. **מְצִיעָאֵי נַמִּי לֹא נַחְתִּינַן לֵיהּ לְנִכְסֵיהּ** — בשלשים האמצעיים גם כן אין יורדים לנכסיו, **(דאמר) [דְּאַמְרִינָן] דִּלְמָא לֹא אַשְׁכַּח לְמֵיזַף וְקָא טָרַח וּמְזַבֵּין** — מפני שאנו אומרים שמא לא מצא ללוות, והוא טורח למכור את נכסיו כדי לפרוע את החוב. **בַּתְרָאֵי נַמִּי לֹא נַחְתִּינַן לְנִכְסֵיהּ** — בשלשים האחרונים גם כן אין יורדים לנכסיו, **(דאמר) [דְּאַמְרִינָן]** — מפני שאנו אומרים שאמנם הוא מצא קונה, אבל **לוֹקֵחַ גּוּפֵיהּ קָא טָרַח בְּזוּזֵי** — הקונה עצמו טורח להשיג מעות כדי לקנות את הנכסים[32]. **לֹא אָתָא** — ואם לאחר תשעים יום עדיין לא בא לפרוע את חובו, **כַּתְבִינַן אַדְרַכְתָּא אַנִּיכְסֵיהּ** — כותבים פסק דין על נכסי הלוה, שיוכל המלוה לרדת וליטלם בחובו[33].

הגמרא מגבילה את האופנים שבהם מאריכים את הזמן עד כתיבת האדרכתא:

וְהָנֵי מִילֵּי — ודברים אלו אמורים דוקא במקרה **דְּ**הלוה **אָמַר: "אָתִינָא** — אבוא לבית דין [ואביא ראיה לבטל את השטר[34]]". **אֲבָל** אם **אָמַר: "לֹא אָתִינָא** — איני בא", **לְאַלְתַּר כַּתְבִינָן** — מיד כותבים אדרכתא על נכסיו[35].

הגבלה נוספת:

וְהָנֵי מִילֵּי — ודברים אלו אמורים דוקא **בְּ**נוגע **לְמִלְוָה**, שניתנה להוצאה, והמעות אינן בעינן, ולפיכך נותנים ללוה תשעים יום להשיג מעות. **אֲבָל בְּ**נוגע **לְפִקָּדוֹן**, שתבעוהו ממנו והנתבע מבקש שימתינו לו עד שימצא ראיה לבטל את התביעה כנגדו, **לְאַלְתַּר כַּתְבִינָן** — מיד כותבים אדרכתא על נכסיו, ואין ממתינים לו תשעים יום[36]. שהרי הפקדון קיים בעינו, ואינו צריך לטרוח להשיג מעות[37].

הגמרא ממשיכה לבאר פרטים בדיני כתיבת אדרכתא:

וְכִי כַּתְבִינָן — וכאשר כותבים אדרכתא[38], כותבים אותה רק **אַמְּקַרְקְעֵי** — על קרקעותיו של הלוה, **אֲבָל אַמְּטַלְטְלֵי** — על מטלטלין, **לֹא** כותבים אדרכתא[39], **דִּלְמָא שָׁמִיט וְאָכִיל לְהוּ מַלְוֶה לְמִטַּלְטְלֵי** — שמא יחטוף המלוה ויאכל את המטלטלין (כלומר יאבד אותם), **וְכִי אָתֵי לֹוֶה וּמַיְיתֵי סָהֲדֵי וּמָרַע לֵיהּ לִשְׁטָרָא** — וכאשר יבוא הלוה ויביא עדים ויפסול את השטר, **לֹא מַשְׁכַּח מִידִי לְמִיגְבָּה** — לא ימצא כלום לגבות כדי להשיב את הממון שניטל ממנו. **וְאִי אִית לֵיהּ מְקַרְקְעֵי לַמַּלְוֶה** — ואם יש למלוה קרקעות, **כַּתְבִינָן** — כותבים אדרכתא אפילו על מטלטלין, שהרי יוכל הלוה (אם יוכיח שהשטר פסול) לחזור ולגבות מקרקעותיו של המלוה.

הגמרא אינה מקבלת את ההוראה האחרונה:

וְלֹא הִיא — אין הדבר כן; **אַדְרַכְתָּא אַמְּטַלְטְלֵי לֹא כַּתְבִינָן** — אין כותבים כלל אדרכתא על מטלטלין, **אַף עַל גַּב דְּאִית לֵיהּ מְקַרְקְעֵי** — ואפילו אם יש למלוה קרקעות, **חָיְישִׁינַן שֶׁמָּא תַּכְסִיף** — שכן אנו חוששים שמא הקרקע תתקלקל, ומחירה יֵרד, ולא יהיה ללוה ממה לגבות[40].

הגמרא ממשיכה בדיני כתיבת אדרכתא:

וְכִי כַּתְבִינַן — וכאשר כותבים **אַדְרַכְתָּא, מוֹדְעִינַן לֵיהּ** — מודיעים על כך ללוה[41]. **וְהָנֵי מִילֵּי דְּמִיקָּרַב** — ודברים אלו אמורים דוקא

הערות

בית דין לתת, דהיינו שלשים יום (רא"ש; ראה בבא מציעא קיח, א). אמנם זהו בסתם, אבל אם יכולים בית דין לשער את הזמן הנצרך לו, נותנים לו כפי ראות עיניהם (ראה מגיד משנה הלכות מלוה ולוה שם; רמ"א חושן משפט שם; סמ"ע שם ז).

28. כלומר, אם הביא עדים לפני כלות הזמן, בית דין מקבלים את עדותם ודנים בענין.

29. עזרא תיקן שבית דין ידונו בכל עיר פעמיים בשבוע, ביום שני וביום חמישי (רש"י; ראה לעיל פב, א). לאחר שהלוה לא הגיע בתום הזמן שנתנו לו, קובעים לו זמן לבוא ביום שני הקרוב, ואם לא בא, מזמינים אותו ליום החמישי, ואם גם אז לא בא, מזמינים אותו ליום שני שלאחר מכן (ספר התרומות ג, ח, ז; סמ"ע שם ט; ראה להלן קיג, א הערה 8).

30. אדם המסרב לקיים פסק בית דין, מנדים אותו (ראה להלן קיג, א). דיני המנודה נתבארו ברמב"ם הלכות תלמוד תורה ז, ד.

בית דין ממתינים תשעים יום לפני שהם נותנים רשות למלוה לרדת לנכסי הלוה ולגבות מהם את חובו (מהטעמים שיבוארו להלן). ובינתיים הם מנדים את הלוה, על סירובו לשמוע בקול בית הדין ולשלם את חובו.

השטר שבית דין כותבים בו את דבר הנידוי נקרא "פְּתִיחָא", מפני שזהו השטר הראשון שבית דין כותבים כנגד הלוה, לפני שהם גובים את החוב בפועל עבור המלוה (ראה ערוך ערך פתיחה; סמ"ע שם י). ויש מפרשים שהוא לשון חֶרֶב, וכמו "וְהֵמָּה פְתִחוֹת" (תהלים נו, כב; ראה מפרשים שם), שהנידוי מכה את האדם כחרב (ראה ריטב"א מועד קטן יז, א).

31. התיקון (כאן ובהמשך) על פי רי"ף, רא"ש, כתבי היד ודפוסים ראשונים (ראה דקדוקי סופרים; וראה הגהות הב"ח).

32. תשעים יום אלו שנותנים ללוה, זהו דוקא כשהוא טוען שהשטר מזוייף, והוא מבקש שימתינו לו עד שיביא עדים לפסול את השטר. במקרה כזה אנו מהפכים בזכותו, ותולים את עיכובו בסיבות שונות, ומעכבים את הגבייה מנכסיו. אבל אם הלוה מודה בחובו, ומבקש שיתנו לו זמן כדי להשיג את הכסף הדרוש לפרעון ההלואה, נותנים לו שלשים יום בלבד. ואם שלמו שלשים היום ולא הביא, יורדים מיד לנכסיו ואין ממתינים לו (ראב"ד; מאירי ד"ה מה שביארנו; בית יוסף חושן משפט ק, ה; ים של שלמה יב; פרישה צח, ט; ראה חושן משפט ק, ג; אולם עיין רש"י בבא מציעא טז, א ד"ה עד דמטא, ר"לה, ב ד"ה אדרכתא; ועיין עוד שו"ת הרי"ף רו, וב"ח סוף סימן ק).

כתב ים של שלמה (שם), שהַמְתנה זו של תשעים יום היא דוקא במקרה שאפשר לתלות שהוא טורח להשיג את הכסף הדרוש. אבל אם יודעים אנו באדם זה שאינו טורח ללוות או למכור את נכסיו, אין ממתינים לו תשעים יום.

33. ומתירים לו את נידויו (רמב"ם הלכות מלוה ולוה כב, ג).

"אַדְרַכְתָּא" היא שטר שכותבים בית דין למלוה, שהרשות בידו לחזור על נכסי הלוה, ואם ימצא, יגבה מהם את חובו. המלה "אַדְרַכְתָּא" היא מלשון רדיפה והשגה, וכמו בפסוק (שופטים כ, מג): "כִּתְּרוּ אֶת בִּנְיָמִן הִרְדִיפֻהוּ, מְנוּחָה הִדְרִיכֻהוּ". והיינו, שכותבים לו שירדוף אחר נכסי הלוה (רש"י בבא מציעא טז, ב ד"ה אדרכתא). ויש מפרשים שהיא מלשון "דריכה", כלומר שנותנים לו רשות לדרוך ולשלוט על נכסי הלוה (ספר התרומות ג, ב, א).

34. רמב"ם שם ד; חושן משפט צח, ו.

35. מאחר שהוא מסרב לבוא לבית דין מבלי שום טענה, אין ממתינים לו כלל. ואין נותנים לו אפילו שלשים יום הראשונים, שלפני תשעים היום (סמ"ע צח, טו; ראה הערה 27).

36. אבל ממתינים לו שלשים יום הראשונים, שמא ימצא ראיה לבטל את ראיות התובע כנגדו. ולאחר כלות הזמן [והוא אינו מופיע בבית דין בימי שני חמישי ושני], כותבים מיד אדרכתא על נכסיו (סמ"ע צח, טו; אולם עיין תומים שם ד).

37. ראה נימוקי יוסף; סמ"ע צח, טז; קצות החושן שם א; אולם עיין רבי יהונתן מלוניל; מאירי ד"ה זמנים; תלמיד הרשב"א; מגיד משנה הלכות מלוה ולוה כב, ד; ועיין תומים צח, ד.

38. בסוף תשעים היום, והלוה עומד עדיין בטענתו שהשטר מזוייף (רשב"א; מאירי ד"ה זמנים; רמב"ם הלכות מלוה ולוה כב, ה; חושן משפט צח, ז; אולם עיין רא"ש ה; ועיין ספר התרומות ג, ז, ג עם גידולי תרומה).

39. כלומר, אין נותנים רשות למלוה לגבות מהמטלטלין של הלוה, מפני שחוששים שמא יצליח הלוה בסופו של דבר לפסול את השטר, ולא יוכל אחר כך לחזור וליטול מה שגבו ממנו, וכפי שהגמרא מבארת.

40. אנו חוששים שמא המטלטלין יִכלו על ידי המַלוה, **וגם** שדהו תתקלקל מחמת נזקי טבע (כגון שֵׁטף מים). במקרה כזה, אם הלוה יוכיח שהשטר מזוייף, לא יוכל לחזור ולגבות את הממון שניטל ממנו.

אמנם אין אנו מונעים מהמלוה מלגבות את **הקרקע** של הלוה, מחמת החשש שמא תתקלקל (ולא יוכל אחר כך לחזור ולגבות מהמלוה). שכן אין אנו חוששים אלא לקלקול מחמת נזק טבעי, והרי גם אם הקרקע תישאר ביד הלוה היא תינזק באותה מדה (ראה סמ"ע צח, יז).

אף על פי שאין בית דין נותנים רשות למלוה לגבות ממטלטלין, מכל מקום מפקידים אותם ביד אדם נאמן, ונותנים זמן ללוה להביא את ראיותיו, כפי הנראה לבית דין. ואם לא יביא בתוך הזמן הקצוב, נותנים אותם ביד המלוה (חושן משפט צח, ז, בשם הגאונים).

41. כלומר, אפילו לאחר שעברו כל הזמנים האלו, אין כותבים אדרכתא על נכסי הלוה עד שיודיעו לו על כך (מגיד משנה הלכות מלוה ולוה כב, ד).

שלא בפני בעל דין ולא והא קתני בין גדולים בין קטנים חייבין א"ל הרי מחלוקת סומכוס בצידך אמר איכפל כולי עלמא וקאי כסומכוס לאפקועו לדידי אדהכי איגלגל מילתא אתא ומטא לקמיה דרבי אבהו אמר לא שמיע לכו הא דרב יוסף בר חמא א"ר אושעיא דאמר רב יוסף בר חמא אמר רבי אושעיא [א]תינוק שתקף בעבדיו וירד לתוך שדה של חבירו ואמר שלי הוא אין אומרים נמתין עד שיגדיל אלא מוציאין מידו מיד ולכשיגדיל יביא עדים ונראה מי דמי התם הוא דמפקינן מיניה דלא קיימא ליה (א) אחזקה דאבוה [ב]אבל היכא דאית ליה חזקה דאבוה לא אמר רב [א]אשי א"ר שבתאי מקבלין עדים שלא בפני בעל דין [ג]תהי בה ר' יוחנן וכי מקבלין עדים שלא בפני בעל דין קיבלה מיניה ר' יוסי בר חנינא [ג]כגון שהיה הוא חולה או עדיו חולים או שהיו עדיו מבקשין לילך למדינת הים ושלחו לו ולא בא אמר רב יהודה אמר שמואל מקבלין עדים שלא בפני בעל דין אמר מר עוקבא לדידי מיפרשא לי מיניה דשמואל [ד]כגון דפתחו ליה בדיניה ושלחו ליה ולא אתא אבל לא פתחו ליה בדינא [ה]מצי א"ל אנא לב"ד הגדול אזילנא אי הכי כי פתחו ליה נמי [ו]מצי א"ל לב"ד הגדול אזילנא אמר רבינא כגון דנקט דיסקא מבית דין הגדול אמר רב מקיימין את השטר שלא בפני בעל דין ור' יוחנן אמר אין מקיימין את השטר שלא בפני בעל דין א"ל רב ששת לרבי יוסי בר אבהו אסברה לך טעמיה דרבי יוחנן אמר קרא [א]והועד בבעליו ולא ישמרנו אמרה תורה יבא בעל השור ויעמוד על שורו אמר רבא [ז]הלכתא מקיימין את השטר שלא בפני בעל דין ואפי' עומד וצווח ואי אמר נקיטו לי זימנא עד דמייתינא סהדי ומרענא ליה לשטרא [ח]נקטינן ליה אי אתא אתא אי לא אתא [ט]נטרינן ליה בה"ב אי לא אתא [י]כתבינן פתיחא עלויה תשעין יומין תלתין קמאי לא נחתינן לנכסיה (ג) דאמר קא טרח בזוזי וניזוף מציעאי נמי לא נחתינן ליה לנכסיה דאמר דלמא לא אשכח למיזף וקא טרח ומזבין בתראי נמי לא נחתינן לנכסיה דאמר לוקח גופיה קא טרח בזוזי לא אתא כתבינן אדרכתא אניכסיה [כ]והני מילי דאמר אתינא אבל אמר לא אתינא לאלתר כתבינן [ל]והני מילי במלוה אבל בפקדון לאלתר כתבינן וכי כתבינן אמקרקעי אבל אמטלטלי לא דלמא שמיט ואכיל להו מלוה למטלטלי וכי אתי לוה ומייתי סהדי ומרע ליה לשטרא לא משכח מידי למיגבה ואי אית ליה מקרקעי למלוה כתבינן [מ]ולא היא אדרכתא אמטלטלי לא כתבינן אף על גב דאית ליה מקרקעי חיישינן שמא תכסיף וכי כתבינן אדרכתא [נ]מודעינן ליה והני מילי דמיקרב אבל מירחק לא ואי מירחק ואיכא קרובים אי נמי איכא שיירתא דאזלי ואתו התם משהינן ליה תריסר ירחי שתא עד דאזלא ואתי שיירתא כי הא דרבינא שהא למר אחא תריסר ירחי שתא עד דאזלא ואתייא שיירתא מבי חוזאי ולא היא התם איניש אלימא הוה אי הויא מטיא אדרכתא לידיה לא הוה אפשר לאפוקי מיניה אבל הכא לא נטרינן ליה אלא [ס]עד דאזיל שליחא בתלתא בשבתא ואתא בארבעה בשבתא ולחמשא בשבתא קאי בדיניה אמר רבינא [ע]האי שלוחא דרבנן מהימנינן ליה כבי תרי [פ]וה"מ לשמתא אבל לפתיחא כיון דממונא קא מחסר ליה [צ]דקא בעי ליה למיתב ליה זוזי לספרא לא אמר רבינא [ק]יהבינן זימנא אפומא דאיתתא ואפומא דשיבבי ולא אמרן אלא דליתיה במתא אבל

שלא בפני בעל דין. והאי קטן כמאן דליתיה דמי: שתקף בעבדיו. שלקח עבדיו עמו שיסייעוהו [ג][לישנא אחרינא שתקף בעבדיו ואמר שלי הן]: ונראה. אם שלו הוא: התם. הוא דירד לתוך שדה חבירו דלית ליה להך תינוק בהך שדה חזקה דאבוה אבל היכא דאית ליה להאי תינוק בבית זה חזקה דאבוה לא מפקינן ליה מיניה ולכשיגדיל יביא רבי ירמיה עדיו וידון עמו: חולים. מסוכנים למות ואם לא עכשיו אימתי: לב"ד הגדול. שבארץ ישראל: כגון דנקט. בעל דין חבירו: דסקא. אגרת מב"ד הגדול ששלחו לב"ד של כאן [ד][לכופו]: מקיימים את השטר. היו עדים החתומים מבקשים לילך למדינת הים מביאן מלוה לב"ד ומעידין על כתב ידן ובית דין כותבין תחתיו במותב תלתא הוינא ואתו פלוני ופלוני ואסהידו אחתימת ידייהו ואשרנוהי וקיימנוהי כדחזי: ואע"פ שעומד. בעל דין וצווח אל תקיימוהו מזויף הוא אין חוששין: פתיחא. שטר שמתא על שאין פורע החוב: אדרכתא. פסק דין לירד המלוה לתוך נכסים של לוה וליטלם בשומא בחובו: שמא תכסיף. קרקעות של מלוה תבור ותפסות מדמיה: מר אחא. זה שמו והיה לו חוב על חבירו ולא היה הלוה בעיר: שני וחמישי בתי דינין קבועים בעיירות תקנת עזרא בפרק מרובה (לעיל דף פב.): שליח דרבנן. שהלך להזמין איש לדין וחזר ואמר לב"ד אינו רוצה לבא: מהימנינן ליה כבי תרי. דלא משקר בבי דינא: פתיחא. שטר שמתא וכי שרו ליה שמתא לא שרו ליה עד דיהיב זוזא דפתיחא לספרא: יהבינן זמנא. מזמנין בעל דין ליום פלוני לדין: על פי אשה. ההולכת אצלו לפי דרכה או ע"פ שכיניו וסמכינן עלייהו דעבדין שליחותייהו אי לא אתי מחזקינן באפקרותא ומשמתינן ליה: אלא דליתיה במתא. שאין אותו פלוני עכשיו בעיר שב"ד בה ואמר לשכניו כשישוב פלוני אמרו לו לבא:

אבל

אבל היכא דאית ליה חזקה דאבהתא כו'. משמע דהיינו אפי' היה רבי ירמיה בתוך הבית מדלא מפליג התם בעל השדה מוחזק בשדה הכא רבי ירמיה לא היה מוחזק משמע דלא תלי בהכי מידי אלא במה דאית ליה חזקה מאבות אפילו היה רבי ירמיה מוחזק בבית:

ושלחו לו ולא בא. אור"י דמשמע דבעי שלחו לו [ס]ולא בא בהדי שהיו עדיו חולים או שהיו מבקשין לילך למדינת הים מדלא קאמר או שלחו כדקאמר או שהיו עדיו חולים או שהיו כו' ומיהו בסמוך משמע דבעי למימר או ושלחו דקאמר כגון דפתחו ליה בדיניה ושלחו ליה ולא אתא משמע דמשום האי מילתא לחודיה דשלחו לו ולא אתא מקבלין עדים שלא בפני בעל דין ויש לדחות דשאני התם דפתחו ליה בדיניה ודין גדול הוא זה [ה][ויש ספרים שכתוב בהן או שלחו אחריו ולא בא] ול"ע בספרים ישנים ובפי' ר"ח ובספר ישן נמצא כתוב ושלחו לו:

מצי טעין לב"ד הגדול קאזילנא כו'. פירש בה"ג ומלי נתבע לאשתמוטי בהכי והיה נראה לומר דדוקא נתבע יכול לפטור עצמו בכך אבל לא תובע דא"כ כל אדם יאמר לחבירו או תן לי מנה או בא עמי לב"ד הגדול אבל נראה לר"ת דכ"ש תובע דהשתא נתבע שנראה עושה ערמה כדי לפטור עצמו ממה שזה תובעו מלי למימר הכי כ"ש תובע שמתחילה תובע כך ואין נראה כמערים ועוד דאפילו לוה דעבד לוה לאיש מלוה מלי למימר לב"ד הגדול קאזילנא כ"ש מלוה ואע"ג דאמר בפרק זה בורר (סנהדרין דף לא: ושם) אמר אמימר הלכתא כופין אותו והולך עמו למקום הועד ומסיק דהני מילי מלוה אבל לוה עבד לאיש מלוה ולא מ"ל נלך למקום הועד בית הועד לאו היינו ב"ד הגדול דבית הועד היינו מקום ב"ד קבוע אבל יש ב"ד הגדול ממנו בחכמה והילכתא אפילו לוה מלי למימר לב"ד הגדול קאזילנא אבל לבית הועד לא מלי אמר אלא כופין אותו ודן בעירו:

מקיימין את השטר שלא בפני בעל דין. פי' בקונט' אם עדיו מבקשין לילך למדינת הים ואין נראה לר"י דא"כ אמאי נקט קיום השטר הא קבלת עדים אמר נמי לעיל דבכה"ג מקבלין שלא בפני בעל דין ונראה לר"י דבכל ענין קאמר דמקיימין דקיום שטר דרבנן ועדים החתומים על השטר כמי שנחקרה עדותן בב"ד דמי ואין צריך קיום ומדרבנן הוא דצריך הלכך מקיימינן שלא בפני בעל דין ורבי יוחנן דאמר אין מקיימין סבר דלא פלוג רבנן בין קיום שטרות לקבלת עדות והא דקאמר אסברה לך טעמא דר' יוחנן ה"ק דאפילו בקיום שטרות אית ליה לר' יוחנן יבא בעל השור ויעמוד על שורו ומיהו רב נמי אית ליה בעלמא יבא בעל השור כו':

עד דאזיל שליח בתלתא בשבתא. דמסתמא בשני דנהו:

דקבעי למיתב זוזא לפתיחא. כשקורעין אותה משלם הוא שכר הסופר:

ומר

עין משפט נר מצוה

יד א מיי' פי"ב מהל' מלוה ולוה הלכה ו סמג עשין סד טוש"ע ח"מ סימן קי סעיף ה:

טו ב מיי' שם הלכה ז טוש"ע שם סעיף ו:

טז ג מיי' פ"ג מהלכות עדות הלכה יא סמג עשין קט טוש"ע ח"מ סי' כח סעיף טו טז:

יז ד מיי' שם טוש"ע שם סעיף טז:

יח ה טוש"ע שם בהג"ה:

יט ו מיי' פ"ו מהלכות סנהדרין הלכה ו ועי' בכ"מ סמג עשין עד טוש"ע ח"מ סימן יד סעיף א בהג"ה:

כ ז מיי' פ"ג מהלכות עדות הלכה יא סמג עשין לד טוש"ע ח"מ סי' מו סעיף ה:

כא ח מיי' פכ"ב מהל' מלוה ולוה הלכה ב סמג שם טוש"ע ח"מ סימן לא סעיף ד:

כב ט י מיי' שם הלכה ג טוש"ע שם סעי' ה:

כג כ ל מיי' שם הלכה ד טוש"ע שם סעי' ו:

כד מ מיי' שם הלכה ה טוש"ע שם סעי' ז:

כה נ ס מיי' שם הלכה ד טוש"ע שם סעי' ה:

כו ע פ מיי' פכ"ה מהל' סנהדרין הלכה ה סמג לאוין רח טוש"ע ח"מ סימן ח סעיף ה וסימן יא סעיף א [רב אלפס כאן ובמו"ק פ"ג (דף רפ"ו) והתם והכא גרים אמר רבא]:

כז צ מיי' שם הלכה ח טוש"ע שם סימן יא סעיף ד:

כח ק מיי' שם הלכה י טוש"ע שם סעי' ג:

ליקוטי רש"י

הרי מחלוקת סומכוס בצידך. מחלוקת המסייעתך דאיכא וכו' דקאי כוותך [זבחים ה.]. תהי. לשון מריח בקנקן כמו תהי ליה אקנקניה (ב"ב דף כב.) כלומר דייק ליה [לעיל עו:] תהי בה בהא מילתא לשון מריח כמו בת תיהא דמס' ע"ז (סו:) כלומר מעיין ומחשב טעמו של דבר [ערובין סו.]. מחשב ומקשה בה [רשב"ם ב"ב לט:]. יבוא בעל השור ויעמוד על שורו. כיון דהעדאה לחייבו ממון על נגיחותיו היא באה ולהעמיד שורו בחזקת מועד בעינן בפני בעלים שידעו לטעון ולהכחיש העדים ולהביא אחרים להזימן [ב"ב כח:]. אדרכתא. שלא מצאו לו עכשיו נכסים וכתבו לו שירדוף לחזור על נכסיו ואם ימצא יגבה. אדרכתא לשון רודף ומשיג כמו פרסה בחלא ולא אדרכיה (כתובות דף ס:) ולשון המקרא (שופטים כ) כתרו את בנימין הרדיפוהו מנוחה הדריכוהו [ב"מ טז:]. שכתבו פסק דין ונתנו ללוקח על נכסיו של גזלן שבכ"מ שימצאם יחזיק בהן [שם.].

מסורת הש"ס

א) [אולי רב אשי הקדמון הוא או סיומא דתהי בה רבי יוחנן רב אשי אמרה], ב) [פירושו תמצא ברש"י עירובין סו. וברש"י לעיל עו: ד"ה תהי], ג) רש"ל, ד) רש"ל, ה) יש"ש.

הגהות הב"ח

(א) גמ' דלא קיימא ליה חזקה כצ"ל ואות א' נמחק: (ב) שם לנכסיה דאימור קא טרח בזוזי וניזוף וכו' לנכסיה דאימור דלמא לא אשכח:

גליון הש"ס

גמ' הלכתא מקיימי'. עי' בב"מ דף טז ע"ב ברש"י ד"ה כל מעשה ב"ד וצ"ע: תוס' ד"ה ושלחו לו כו' ולא בא בהדי וכו'. עי' לעיל דף לט ע"א תוד"ה ורי"א:

תורה אור השלם

א) וְאִם שׁוֹר נַגָּח הוּא מִתְּמֹל שִׁלְשֹׁם וְהוּעַד בִּבְעָלָיו וְלֹא יִשְׁמְרֶנּוּ וְהֵמִית אִישׁ אוֹ אִשָּׁה הַשּׁוֹר יִסָּקֵל וְגַם בְּעָלָיו יוּמָת: [שמות כא, כט]

במקרה שהלוה נמצא במקום קרוב; **אֲבָל מִירַחֵק** — אם הוא רחוק, **לֹא** מודיעים לו[42].

הגמרא מלמדת שישנם מקרים שבהם יש להודיע ללוה גם אם הוא נמצא במקום רחוק:

וְאִי מִירַחֵק וְאִיכָּא קְרוֹבִים — ואם הוא רחוק אבל יש לו כאן קרובים, שיכולים להודיעו, **אִי נַמִּי אִיכָּא שַׁיַּירְתָא דְּאָזְלֵי וְאָתוּ הָתָם** — או שיש שיירות ההולכות ובאות לאותו מקום, **מַשְׁהֵינַן לֵיהּ תְּרֵיסַר יַרְחֵי שַׁתָּא** — ממתינים לו שנים עשר חדשי השנה, **עַד דְּאַזְלָא וְאָתֵי שַׁיַּירְתָּא** — עד שתלך השיירה ותחזור[43]. **כִּי הָא** — וכמו מעשה זה **דְּרָבִינָא שָׁהָא** (המתין) **לְמַר אַחָא** (שם אדם שהיה נושה בחבירו[44], והלוה לא היה בעיר) **תְּרֵיסַר יַרְחֵי שַׁתָּא** — שנים עשר חדשי שנה, **עַד דְּאַזְלָא וְאַתְיָיא שַׁיַּירְתָּא** — עד שהלכה השיירה ובאה **מִבֵּי חוֹזָאֵי** (שם המקום שבו היה הלוה).

הגמרא אינה מקבלת דברים אלו:

וְלֹא הִיא — אין הדבר כן; אם הלוה נמצא במקום רחוק, אין ממתינים לו אפילו אם אפשר להודיע לו על ידי קרובים או שיירות. **הָתָם** — ושם, במקרה של רבינא, שהמתין שנים עשר חודש, **אִינִישׁ אַלִּימָא הֲוָה** — אדם אלים היה (מר אחא), **אִי הַוְיָא מַטְיָא אַדְרַכְתָּא לִידֵיהּ** — ואם היתה מגיעה האדרכתא לידו, **לֹא הֲוָה אֶפְשָׁר לְאַפּוּקֵי מִינֵּיהּ** — לא היה אפשר להוציא ממנו[45]. **אֲבָל הָכָא** — כאן, דהיינו במקרה רגיל, **לֹא נַטְרִינַן לֵיהּ** — אין ממתינים לו, **אֶלָּא עַד דְּאָזִיל שְׁלִיחָא בִּתְלָתָא בְּשַׁבְּתָא** — בכדי שילך שליח בית דין בשלישי בשבת להודיע ללוה, **וְאָתָא בְּאַרְבָּעָה בְּשַׁבְּתָא** — ויבוא ברביעי בשבת, **וּלְחַמְשָׁא בְּשַׁבְּתָא קָאֵי בְּדִינֵי** — ובחמישי בשבת יעמוד בדין[46].

הגמרא דנה בענין הזמנת הנתבע לבית הדין:

אָמַר רָבִינָא: הַאי שְׁלוּחָא דְּרַבָּנָן — אותו שליח בית דין, שהלך להזמין אדם לדין, וחזר ואמר לבית דין שהנתבע מסרב לבוא[47], **מְהֵימְנִינַן לֵיהּ כְּבֵי תְּרֵי** — מאמינים לו כמו לשני עדים, שכן בודאי אינו משקר בבית דין[48].

הגמרא מגבילה את ההוראה:

וְהָנֵי מִילֵּי לְשַׁמְתָּא — ודברים אלו אמורים לענין נידוי בלבד. **אֲבָל לִפְתִיחָא** — בנוגע לכתיבת שטר נידוי כנגד הנתבע, **כֵּיוָן דְּמָמוֹנָא קָא מְחַסַּר לֵיהּ** — מאחר שעל ידי כך נגרם לו הפסד ממון, **דְּקָא בָּעֵי לֵיהּ לְמֵיתַב לֵיהּ זוּזֵי לְסַפְרָא** — שכן הנתבע צריך לשלם מעות לסופר עבור כתיבת השטר[49], **לֹא** סומכים על דברי השליח[50].

הוראה נוספת בענין זה:

אָמַר רָבִינָא: יָהֲבִינַן זִימְנָא — נותנים זמן לנתבע (כלומר, מזמינים אותו) לבוא לבית דין ביום מסויים, **אַפּוּמָא דְּאִיתְּתָא** — על פי אשה [ההולכת למקומו של הנתבע לפי דרכה], **וְאַפּוּמָא דְּשִׁיבָבֵי** — או על פי שכניו הגרים בסמוך לו. בית דין סומכים על האשה או על השכנים שבודאי יעשו שליחותם, ואם הנתבע לא בא לבית דין בזמן שנקבע, רואים את הדבר כבזיון בית הדין, ומנדים אותו[51].

הגמרא מגבילה הוראה זו:

וְלֹא אֲמָרַן — ואין אנו אומרים כן, **אֶלָּא** במקרה **דְּלֵיתֵיהּ בְּמָתָא** — שהנתבע איננו עכשיו בעיר שבה נמצא בית הדין. במקרה זה, אם בית דין אמרו לשכנים (או לאשה) שיאמרו לו לבוא, ולא בא, מנדים אותו, וכדברי רבינא[52].

הערות

42. הגמרא תבאר מה נחשב "קרוב" ו"רחוק".

43. בית דין אינם שולחים שליח מטעמם למקום רחוק לצורך זה. אבל אם ישנם אנשים שהולכים מעצמם למקומו של הלוה, בית דין משתמשים בהם, ומעכבים את הגבייה [עד שיגיעו לשם, ותהיה לו אפשרות לחזור] (תוספות רי"ד).

44. רש"י. [כוונת רש"י היא להדגיש ש"מר" אינו משמש כאן כתואר כבוד, אלא זהו חלק משמו. שהרי, כפי שיבואר מיד, היה זה אדם אלים, ואם כן אי אפשר שיכבדו אותו בתואר "מר" (תורת חיים, כוס הישועות; ועיין נחלת ישראל).]

45. את האדרכתא, או את הממון שיגבה על פיה. ובאמת במקרה שהמלוה הוא אדם אלים, יש לנהוג כרבינא, ולהמתין בכתיבת האדרכתא עד שיודיעו ללוה. אבל מכל מקום אין ממתינים יותר משנים עשר חודש, וכפי שאמרה הגמרא לעיל (רשב"א; ספר התרומות ג, ז, ד; מאירי ד"ה קבעו; בית יוסף חושן משפט צח, יב). אמנם יש אומרים שמאחר שהגמרא דחתה את הדעה הקודמת, אם כן שוב אין הדבר תלוי בשנים עשר חודש, אלא הכל לפי הצורך, ואם צריך יותר משנים עשר חודש, נותנים לו זמן ארוך יותר (ראה טור צח, יב עם פרישה; גידולי תרומה ג, ז, ד; אורים צח, טז).

46. ביום שני — שהוא יום מושב בית דין (ראה תוספות) — בית דין ממנים שליח, שיוצא לדרך למחרת, ביום שלישי. אם הלוה נמצא במקום קרוב — בכדי מהלך יום אחד — כך שהשליח יוכל לחזור למחרת היום [עם הלוה או עם תשובתו], וביום חמישי (היום הבא של מושב בית דין) יוכלו לדון בענין, שולחים לו. אבל אם הלוה נמצא במקום מרוחק יותר ממהלך יום אחד, אין שולחים לו, אלא כותבים את האדרכתא מיד (ועיין רמב"ם הלכות מלוה ולוה כב, ד עם מגיד משנה).

47. רש"י. והוא הדין אם אמר שאדם מסויים ביזה אותו, או שביזה את הדיין (רמב"ם הלכות סנהדרין כה, ה; חושן משפט יא, א).

48. רש"י.

49. במקרה שבית דין כותבים שטר נידוי כנגד אדם (ראה הערה 30), אין מתירים לו את הנידוי עד שישלם את שכר הסופר עבור כתיבת השטר (רש"י).

[ויש ללמוד מכאן, שאף על פי שבדרך כלל אין הנתבע צריך לשלם לתובע את ההוצאות שהוציא כדי לתובעו לדין, מכל מקום אם הנתבע סירב לבוא לדין, והוצרך התובע להוציא הוצאות כדי לכופו, חייב הנתבע לשלם כל הוצאות אלו. שהרי מפורש כאן שהנתבע צריך לשלם את הוצאות שטר הנידוי שכתבו בית דין על שלא רצה לבוא לדין (רמ"ה, הובא בשיטה מקובצת; מהר"ם מרוטנבורג, הובא ברא"ש; ועיין חושן משפט יד, ה).]

50. אי אפשר לחייב אדם בממון אלא על פי שני עדים. ולפיכך, אף על פי שמאמינים לשליח לענין עיקר הנידוי, מכל מקום אין בית דין כותבים שטר נידוי על פיו, מאחר שעל ידי כך נגרם לנתבע הפסד ממון.

על פי זה, במקרה ששליח בית דין אומר שהנתבע מסרב לבוא לבית דין, בית דין מנדים את הנתבע, אבל אינם כותבים כנגדו שטר נידוי (ראה סמ"ע ח, כג).

51. רש"י.

מדברי רבינא לעיל נראה שדוקא לשליח בית הדין יש נאמנות כשני עדים לומר שהנתבע מסרב לבוא, ולא לאדם אחר. והיינו, שאם שליח בית הדין אומר שהנתבע אינו רוצה לבוא, מנדים את הנתבע מיד על פי דברי השליח. אבל אדם אחר (כגון אשה ושכנים) שנשלח על ידי בית דין, אין מאמינים להם, אלא רק סומכים עליהם שמסתמא עשו את שליחותם. וכשיגיע הזמן המיועד, והנתבע לא יופיע לבית הדין, הרי זה בחזקת שהוא ממרה פי בית דין, ומנדים אותו (שו"ת מהרי"ק צג, על פי לשון רש"י; ועיין עוד שם; ועיין עוד תורת חיים; מהדורא בתרא).

52. רש"י.

אֲבָל אִיתֵיהּ בְּמָתָא — אם הוא נמצא באותה העיר, ולא בא לבית דין בזמן המיועד, **לֹא** סומכים על האשה או השכנים שעשו שליחותם, ואין מנדים אותו. **דְּאָמְרִינַן** — מפני שאנו אומרים: **אֵימַר לֹא אָמְרוּ לֵיהּ** — יש לומר שהם לא אמרו לו שהוא מוזמן לבית דין, **דְּאָמְרֵי** — מפני שאמרו, **אַשְׁכְּחִינְהוּ שְׁלִיחָא דְּבֵית דִּינָא וְאָמַר לֵיהּ** — שליח בית הדין מצא אותו ואמר לו[1].

הגבלה נוספת להוראה שבית דין סומכים על אשה או שכנים להזמנה לדין:

וְלֹא אֲמָרַן — ואין אנו אומרים כן, **אֶלָּא** במקרה **דְּלֹא חָלֵיף אַבָּבָא דְּבֵי דִינָא** — שהנתבע אינו אמור לעבור דרך פתח בית הדין בדרכו חזרה לביתו. **אֲבָל חָלֵיף אַבָּבָא דְּבֵי דִינָא** — אם הוא אמור לעבור דרך פתח בית הדין, **לֹא** סומכים על האשה או השכנים שעשו שליחותם, ואין מנדים אותו. **אָמְרֵי** — מפני שאפשר שהאשה או השכנים יאמרו: **אַשְׁכְּחוּהַּ בֵּי דִינָא וְאָמְרֵי לֵיהּ** — בית דין מצאו אותו, ואמרו לו בעצמם את דבר ההזמנה.

הגבלה נוספת להוראה זו:

וְלֹא אֲמָרַן — ואין אנו אומרים כן, **אֶלָּא** במקרה **דְּאָתֵי בְּיוֹמֵיהּ** — שהנתבע אמור לבוא לביתו באותו יום. **אֲבָל לֹא אָתֵי בְּיוֹמֵיהּ** — אם אינו אמור לבוא לביתו באותו יום, **לֹא** סומכים על האשה או השכנים שעשו שליחותם, ואין מנדים אותו, **אֵימָא אִישְׁתְּלוּיֵי אִשְׁתְּלִי** — מפני שיש לומר שהם שכחו את שליחותם, לפני שהנתבע חזר לביתו[2].

הגמרא דנה בענין אדם שנתנדה על בזיון בית הדין, מתי מתירים לו את נידויו:

אָמַר רָבָא: הַאי מַאן דִּכְתִיב עֲלֵיהּ פְּתִיחָא עַל דְּלֹא אָתֵי לְדִינָא — מי שכתבו עליו שטר נידוי על שלא בא לדין[3], **עַד דְּאָתֵי לְדִינָא לֹא מְקָרְעִינַן לֵיהּ** — עד שיבוא לדין, לא קורעים לו את השטר[4]. וכמו כן, אם כתבו עליו שטר נידוי **עַל דְּלֹא צַיֵּית לְדִינָא** — שלא קיים את פסק הדין[5], **עַד דְּצָיֵית לֹא מְקָרְעִינַן לֵיהּ** — עד שיקיים, לא קורעים לו את השטר[6].

הגמרא דוחה את ההוראה האחרונה:

וְלֹא הִיא — אין הדבר כן; **כֵּיוָן דְּאָמַר** — מיד כשהוא אומר "**צָיֵיתְנָא**" — אקיים את פסק הדין", **קָרְעִינַן לֵיהּ** — קורעים לו את השטר, אף על פי שעדיין לא שילם. שכן אפשר שאין לו עתה מעות, והוא טורח להשיגן. אבל אם נידוהו מחמת שלא בא לדין [אין במה לתלות את אי הופעתו, ולפיכך] כל עוד אינו מופיע בפועל, הרי הוא מבזה את בית הדין[7].

הגמרא מביאה הוראה בענין נידוי על אי הופעה בבית דין:

אָמַר רַב חִסְדָּא: קוֹבְעִים זְמַן לנתבע שיבוא לבית דין בימי **שֵׁנִי וַחֲמִישִׁי וְשֵׁנִי; זִמְנָא וְזִמְנָא בָּתַר זִמְנָא** — קובעים לו זמן, וזמן אחר זמן[8]. והיינו, שקובעים לו זמן ליום שני, ואם לא בא, מזמינים אותו ליום חמישי, ואם עדיין לא בא, מזמינים אותו שוב ליום שני הבא[9]. **וּ**ממתינים לו כל יום שני, ואם לא בא, הרי **לְמָחָר** (דהיינו ביום שלישי) **כָּתְבִינַן** — כותבים כנגדו שטר נידוי.

מספרת הגמרא:

רַב אַסִי[10] **אִיקְּלַע בֵּי** — הזדמן אצל **רַב כַּהֲנָא. חֲזָא הַהִיא אִיתְּתָא דְּאַזְמְנָהּ לְדִינָא בְּפַנְיָא** — הוא ראה אשה אחת שרב כהנא הזמין אותה לדין בערב, **וּבְצַפְרָא כָּתִיב עֲלָהּ פְּתִיחָא** — ובבוקר כתב עליה שטר נידוי, על שלא באה לבית הדין[11]. **אָמַר לֵיהּ** רב אסי לרב כהנא: **לֹא סָבַר לָהּ מָר לְהָא** — וכי אין אדוני סובר הוראה זו **דְּאָמַר רַב חִסְדָּא, קוֹבְעִין זְמַן שֵׁנִי וַחֲמִישִׁי וְשֵׁנִי**, ורק לאחר מכן מנדים? **אָמַר לֵיהּ** רב כהנא: **הָנֵי מִילֵּי גַּבְרָא** — דברים אלו אמורים רק בייחס לאיש, **דַּאֲנִיס וְלֵיתֵיהּ בְּמָתָא** — שלפעמים הוא אנוס ואינו נמצא בעיר. **אֲבָל אִיתְּתָא** (אשה), **כֵּיוָן דְּאִיתַהּ בְּמָתָא וְלֹא אַתְיָא** — מאחר שהיא נמצאת בעיר ובכל זאת לא באה, **מוֹרֶדֶת הִיא**, וכותבים עליה שטר נידוי מיד[12].

הגמרא מונה זמנים שאין בית דין מזמינים אדם לבוא בהם לדין:

אָמַר רַב יְהוּדָה: לֹא יָהֲבִינָא זִמְנָא — אין בית דין נותנים זמן לנתבע לבוא לדין, **לֹא בְּיוֹמֵי נִיסָן**, שהם ימי הקציר, **וְלֹא בְּיוֹמֵי תִשְׁרֵי**, שהם ימי הבציר[13]; **לֹא בְּמַעֲלֵי יוֹמָא טָבָא** — לא בערב יום טוב, **וְלֹא בְּמַעֲלֵי שַׁבְּתָא** — ולא בערב שבת[14]. **אֲבָל מִימֵי נִיסָן לְבָתַר** (לאחר) **יוֹמֵי נִיסָן**, וכמו כן **בְּיוֹמֵי תִשְׁרֵי לְבָתַר** — לאחר ימי תשרי, **קָבְעִינַן** — קובעים זמן[15]. ומכל מקום **מִמַּעֲלֵי שַׁבְּתָא לְבָתַר מַעֲלֵי**[16] **שַׁבְּתָא** — מערב שבת לאחר השבת, **לֹא קָבְעִינַן** — אין קובעים[17]. **מַאי טַעְמָא? בַּעֲבִידְתֵּיהּ דְּשַׁבְּתָא טְרִיד** — הוא טרוד בעבודות ההכנה לכבוד שבת, ולפיכך הוא עלול לשכוח את ההזמנה[18].

הערות

1. [במקרה שהנתבע נמצא בעיר, יתכן שאנשים שאינם שליחים קבועים של בית דין אינם רואים עצמם כאחראים להזמנת הנתבע, מפני שהם סומכים על שליח בית הדין, שמסתמא מצא את הנתבע ומסר לו את ההזמנה.] ולפיכך אין בית דין מנדים אותו, אלא שולחים לו עוד שליח [מיוחד מטעמם] להזמינו לדין (רש״י).

2. לסיכום: בית דין סומכים על אשה או שכנים שיזמינו את הנתבע לבית הדין, רק אם אינו נמצא כעת בעיר, ועתיד לחזור באותו יום, ואינו עתיד לעבור בדרכו על פני פתח בית הדין. [אבל על שליח בית דין הקבוע סומכים בכל אופן, אפילו ללא תנאים אלו, שכן ודאי עושה הוא את שליחותו (רמ״ה, הובא בשיטה מקובצת).]

3. בית דין הזמינו אותו לדין, והוא לא הופיע.

4. ולא די בכך שהוא מודיע שיבוא, אלא צריך שיבוא בפועל (ראה רש״י).

5. דהיינו שבית דין אמרו לו לשלם לתובע, ולא עשה כן (רש״י).

6. ולא די בכך שהוא מקבל עליו לפרוע (רש״י).

7. רש״י.

8. כלומר, אין קובעים לו את שלשת הזמנים יחד, אלא נותנים לו שלשה זמנים זה אחר זה (רשב״א; רמ״ה, הובא בשיטה מקובצת).

9. רש״י. [ימי שני וחמישי הם הימים הקבועים למושב בית דין (ראה לעיל קיב, ב הערה 29).]

בשתי הפעמים הראשונות שלא בא לבית דין אין מנדים אותו, מפני שאפשר שהיה אנוס מחמת טרדותיו (ראה גמרא להלן), ולפיכך אין דנים אותו כמבזה את בית הדין (ב״ח חושן משפט יא, א; ועיין עוד ים של שלמה טו).

10. יש גורסים "רַב אַשִׁי" (ראה מסורת הש״ס וספר שינויי נוסחאות; ועיין רש״ש).

11. הוא הזמין אותה **לפנות** ערב, שתבוא מיד לבית דין [אבל אין הכוונה שהוא הזמין אותה בערב ממש, שהרי אין דנים בלילה]. ומאחר שלא הופיעה מיד בבית דין, כתב עליה שטר נידוי למחרת בבוקר (ראה דרישה יא, א). אמנם רוב הראשונים גורסים להיפך: הוא הזמין אותה **בבוקר**, ומשלא הופיעה מיד בבית דין, כתב עליה שטר נידוי **בערב** (ראה רי״ף; רשב״א; רמב״ם הלכות סנהדרין כה, ח; רשב״א; מאירי, ועוד; ועיין ב״ח חושן משפט יא, א ודרישה שם; ועיין ספר שינויי נוסחאות).

12. וכמו כן איש הנמצא בעיר, מנדים אותו מיד לאחר פעם אחת שלא בא (רמב״ם שם; שלחן ערוך חושן משפט יא, א). וכן להיפך, אשה שרגילה לצאת מחוץ לעיר, ממתינים לה שלש פעמים (ים של שלמה טו).

13. רש״י (אולם עיין רמב״ם שם ט; ועיין ים של שלמה יז; ש״ך חושן משפט ה, ג, ופתחי תשובה שם ד).

14. מפני שבימים אלו אנשים טרודים בעבודות השדה, או בהכנות לשבת ויום טוב, ואינם יכולים לבוא לבית דין.

מה שאין מזמינים אדם לדין בחודשי ניסן ותשרי, זהו דוקא כשהוא נמצא בעיר אחרת, שאז אין מטריחים אותו לבוא מעיר לעיר. אבל אם הוא נמצא בעיר של בית הדין, קובעים לו זמן אפילו בחודשים אלו (רמ״ה, הובא בשיטה מקובצת; חושן משפט ה, ב; אולם עיין שו״ת הרשב״א ה, רא; ועיין ים של שלמה יז).

15. ולדוגמא, שולחים לו באחד מימי ניסן שיבוא לבית דין ביום מסויים בחודש אייר (רש״י).

16. מלה זו אינה מופיעה בכתבי היד ובראשונים (ראה רי״ף, רא״ש, רמב״ם שם, וספר שינויי נוסחאות).

17. דהיינו שאין שולחים לו בערב שבת שיבוא לדין ביום שני. וכמו כן אין שולחים לו בערב יום טוב, שיבוא לאחר יום טוב (ראה חושן משפט ה, ב).

18. רא״ש.

חשש זה אינו קיים במקרה שמזמינים אותו מניסן לאחר ניסן או מתשרי לאחר

אבל איתיה במתא לא דאמרינן אימר לא אמרו ליה דאמרי אשכחינהו שליחא דב"ד ואמר ליה ב ולא אמרן אלא דלא חליף אבבא דבי דינא אבל חליף אבבא דבי דינא לא אמרי אשכחוה בי דינא ואמרי ליה ג ולא אמרן אלא דאתי ביומיה אבל לא אתי ביומיה לא אימא אישתלויי אשתלי אמר רבא ד האי מאן דכתיב עליה פתיחא על דלא אתי לדינא עד דאתי לדינא לא מקרעינן ליה על דלא ציית לדינא עד דציית לא מקרעינן ליה ולא היא ה כיון דאמר צייתנא קרעינן ליה: אמר רב חסדא ו קובעים זמן שני וחמישי ושני זמנא וזמנא בתר זמנא ולמחר כתבינן רב א) אסי איקלע בי רב כהנא חזא ההיא איתתא דאזמנה לדינא בפניא ובצפרא כתיב עלה פתיחא א"ל לא סבר לה מר להא דאמר רב חסדא קובעין זמן שני וחמישי ושני א"ל ז ה"מ גברא דאנים וליתיה במתא אבל איתתא כיון דאיתה במתא ולא אתיא מורדת היא: אמר רב יהודה ח לא יהבינא זמנא לא ביומי ניסן ולא ביומי תשרי לא במעלי יומא טבא ולא במעלי שבתא ט אבל מניסן לבתר יומי ניסן וביומי תשרי לבתר תשרי קבעינן י ממעלי שבתא לבתר מעלי שבתא לא קבעינן מאי טעמא בעבידתיה דשבתא טריד אמר רב נחמן כ לא יהבינן זמנא לא לבני כלה בכלה ולא לבני ריגלא בריגלא כי הוו אתו לקמיה דרב נחמן אמר להו וכי לדידכו כנופייכו ל והאידנא דאיכא רמאי חיישינן: אם היה דבר שיש בו אחריות ב) חייב לשלם: מ מתני ליה רבי לר"ש בריה לא דבר שיש בו אחריות ממש אלא אפילו פרה וחורש בה חמור ומחמר אחריו חייבין להחזיר מפני כבוד אביהן בעי מיניה רב כהנא מרב מטה ומיסב עליה שולחן ואוכל עליו מהו ס אמר לו א) תן לחכם ויחכם עוד: **מתני'** מ אין פורטין לא מתיבת המוכסין ולא מכים של גבאין ואין נוטלין מהם צדקה נ אבל נוטל הוא מתוך ביתו או מן השוק: **גמ'** תנא ס אבל נותן לו דינר ונותן לו את השאר: ומוכסין ד) והאמר שמואל ע דינא דמלכותא דינא אמר רב חנינא בר כהנא אמר שמואל פ במוכס שאין לו קצבה דבי ר' ינאי אמרי צ במוכס העומד מאליו איכא דמתני לה אהא ה) ק לא ילבש אדם כלאים אפי' על גבי עשרה בגדים להבריח בו את המכס מתני' דלא כר"ע דתניא א] ו) ר אסור להבריח את המכס ר"ש אומר משום י) ר"ע מותר להבריח את המכס בשלמא לענין כלאים בהא קמיפלגי ט) דמר סבר דבר שאין מתכוין מותר ומר סבר דבר שאין מתכוין אסור אלא להבריח בו את המכס מי שרי והאמר שמואל דינא דמלכותא דינא א"ר חנינא בר כהנא אמר שמואל במוכס שאין לו קצבה דבי ר' ינאי אמרי במוכס העומד מאליו ואיכא דמתני (א) אהא ז) ש נודרין להרגין ולחרמין ולמוכסין שהיא של תרומה שהיא של בית מלך אע"פ שאינה של תרומה אע"פ שאינה של מלך ולמוכסין והאמר שמואל דינא דמלכותא דינא א"ר חנינא בר כהנא אמר שמואל ת במוכס שאין לו קצבה דבי ר' ינאי אמרי א במוכס העומד מאליו רב אשי אמר ב במוכס כנעני דתניא ג ישראל וכנעני אנס שבאו לדין אם אתה יכול לזכהו בדיני ישראל זכהו ואמור לו כך דינינו בדיני כנענים זכהו ואמור לו כך דינכם ואם לאו באין עליו בעקיפין דברי ר' ישמעאל ר"ע אומר אין באין עליו בעקיפין מפני קידוש השם ור"ע טעמא דאיכא קידוש השם הא ליכא קידוש השם באין וגזל כנעני מי שרי והתניא אמר ר' שמעון דבר זה דרש ר"ע כשבא מזפירין מנין ד לגזל כנעני שהוא אסור ת"ל ב) אחרי נמכר גאולה תהיה לו

רש"י

אבל איתיה במתא לא. משמתינן ליה להנהו איתתא ושיבבי לא עבדי שליחותם: דאמרי שליחא דבי דינא אשכחיה ואמר ליה. אלא משדרינן ליה עוד שליחות אחרינא בתריה: ולא אמרן אלא דלא חליף אבבא דבי דינא. כי אתי ההוא פלוני לביתיה לית ליה אורחא לבבא דבי דינא אבל חליף אבבא דבי דינא לא סמכינן אשיבבי דאמרי בי דינא אמרי ליה: אישתלי. שכחו שליחותם קודם שבא אותו פלוני לביתו: עד דאתא לבי דינא לא קרעינא ליה. ואע"ג דאמר אתינא אתינא: על דלא ציית לבי דינא. שאמרו [לו] לא תן לו ולא קיים: עד דציית דינא. ויפרע לו: לא מקרעינן ליה. ואע"ג דאמר פרענא: ולא היא כיון דאמר דצייתנא קרענא. לאלתר דדלמא לית ליה זוזי השתא וטרח אבל באתא לדינא כל כמה דלא אתי אפקרותא הוא: קובעין זמן. ליום שני בשבת ואם לא יבא מזמנין אותו ליום חמישי ואם לא יבא מזמנין אותו ליום שני ועד למחר לא כתבינן פתיחא שכל היום ממתינין שמא יבא: לא יהבינן זימנא ביומי ניסן. אין מזמנין אדם לדין בניסן ובתשרי שהן זמן קציר ובציר: אבל ח) לבתר ניסן. שולחים שיבא ביום פלוני באייר: לבני כלה בכלה. באין לשמוע הדרשה בכל שבת אין אומרים לו בא ביום שני לדין דממנע ולא אתי לכלה: בריגלא. באין לשמוע הלכות הרגל קודם הרגל ל' יום: כי אתו. תובעין לקמיה דרב נחמן ביום כלה להזמין בעלי דינין לדין: אמר להו וכי לדידכו כנופייכו. לצורך דינכם הקהלתי אתכם: מטה ושלחן מהו. כיון דמידי דקאי בגו בית' הוא ולא מתחזי לעלמא כי פרה וחמור וליכא זילותא דאבוהון או דלמא כיון דנפקי ועיילי אינשי לביתייהו וחזו להו איכא זילותא: ויחכם עוד. כפרה וחמור כן מטה ושלחן: מתני' אין פורטין. להחליף סלעים בפרוטות מיד מוכסים ליטול הפרוטות מתיבתן שנותנין בה מעות המכס וכן מכים של גבאי המכס שגובה כסף גולגולת וארנונא לפי שהן של גזל: מתוך ביתו. של מוכס ממעות שלו: או מן השוק. אם יש לו מעות בשוק שאין לוקח מתיבת המכס: גמ' אבל נותן לו דינר. היה חייב לו פרוטות למוכס מן המכס בשוה חצי דינר ואין לו הפרוטות נותן לו דינר כסף ומקבל הימנו פרוטות בשוה חציו מפני שהוא כמציל מידו: דינא דמלכותא דינא. וזה שקיבל את המכס מן המלך בדבר קצוב כך וכך לשנה אין (ב) גזלן: שאין לו קצבה. אלא נוטל ככל חפצו: מאליו. שלא מאת המלך אפי' יש לו קצבה: כדי להבריח את המכס. ואע"פ שאין כוונתו להנאת לבישה אלא להבריח בו בלבישת כלאים: דינא דמלכותא דינא. ונמצא שגוזל את המוכס ישראל זה שקיבל את המכס מיד המלך נכרי בהיתר: נודרין. קונם כל פירות עלי אם אין תבואה זו של בית המלך: הורגים. רוצחים: חרמים. בעלי תיגרה ומריבה וגוזלי ממון: במוכס שהוא כנעני אנס. ואין לחוש אם גוזלו היכא דליכא חילול השם שאין מבין שזה מכס: באין עליו בעקיפין. בחכמה עד שפוטרין את הישראל: אחרי נמכר. בעבד עברי הנמכר לנכרי בשוק משתעי:

תוספות

ט) **ומר** סבר דבר שאין מתכוין מותר. ושרי אפי' ללבוש והא נמי (ג) דתניא מוכרי כסות מוכרין כדרכן ומוקי בגמרא מדליקין (שבת דף כט: ושם) כרבי שמעון דשרי דבר שאין מתכוין התם נמי שרי אף ללבוש ולא שישאם דוקא על כתפיו:

אין פורטין לא מתיבת המוכסין. לרבנן דאמרי סתם גזילה לא הוי יאוש בעלים א"ש ומ"מ קתני דנותן דינר ויחזיר לו השאר הואיל ואין ידוע בברור שהם של גזל ור"ש נמי דאמר סתם גזילה הוי יאוש בעלים דהשתא ה"ל יאוש ושינוי רשות מ"מ אין פורטין משום דדבר מגונה הוא דתיבה וכיס מיוחדת להצניע שם גזילות שלהם ודרכו כל שעה להניח שם:

נודרין להרגים. בנדרים (דף כח.) מפרש דאמר בשפתיו סתם יאסרו כל פירות שבעולם עלי אם אינם של תרומה ומחשב בלבו היום דאין נאסר אלא אותו יום בלבד ואע"ג דדברים שבלב אין דברים משום אונסא שרו ליה הכי מפרש התם וה"ה שיכול לחשוב בלבו שעה אחת או רגע וכן נוהגים כשהאנסים מדירים היהודים הדרים תחתיהם שלא יצאו לדור בעיר אחרת יכולין לידור סתם שלא יצאו ובלבם יחשבו היום ואפי' הוא מפרש בשפתיו שלא יצא ממנו כל ימי חייו יכול להערים ולחשוב בלבו שום תנאי ואם מבטל בשפתיו בלאש כ"ש דהוי ביטול גמור י): שלא

מסורת הש"ס

א) [נ"ל אשי], ב) [נ"ל חייבין], ג) [לעיל קיא: לקמן קיד:], ד) גיטין י: נדרים כח. ב"ב נד: נה., ה) כלאים פ"ט מ"ב, ו) [ע' תוס' זבחים לא: ד"ה הא ר' יהודה], ז) נדרים כז:, ח) [מניסן לבתר ניסן כצ"ל], ט) שייך אחר ד"ה אין פורטין, י) וכ"ז דוקא להנצל מן האנסים אבל בלא"ה אסור לגנוב דעת הבריות מ"ו כל שהוא אפי' שלא בשעת נדר.

תורה אור השלם

א) תֵּן לְחָכָם וְיֶחְכַּם עוֹד הוֹדַע לְצַדִּיק וְיוֹסֶף לֶקַח: [משלי ט, ט]

ב) אַחֲרֵי נִמְכַּר גְּאֻלָּה תִּהְיֶה לּוֹ אֶחָד מֵאֶחָיו יִגְאָלֶנּוּ: [ויקרא כה, מח]

ליקוטי רש"י

ביומי ניסן. ימי הקציר. ביומי תשרי. דריכות הגתות והבדים [ברכות לה:]. כלה. שבת שלפני הרגל שהכל נאספין לשמוע הלכות הרגל [שם ו:]. לא דבר שיש בו אחריות ממש. לא שגזל קרקע והניחה לפניהן. אלא אפילו גזל פרה וחרש בה או חמור ומחמר אחריו. והכל מעידין שהיה דגזל חייבין אלמא בגזילה קיימת עסקינן [לעיל קיא:]. דינא דמלכותא דינא. של עובדי כוכבים [גיטין י:] כל מסים וארנוניות ומנהגות של משפטי מלכים שרגילים להנהיג במלכותם דינא הוא שכל בני המלכות מקבלים עליהם מרצונם חוקי המלך ומשפטיו והלכך דין גמור הוא ואין למחזיק בממון חבירו ע"פ חוק המלך הנהוג בעיר משום גזל [רשב"ם ב"ב נד:]. נודרים להרגין. שהוא הורג על עסקי ממון שאם בא להורגו יכול לדור על זה שהוא של תרומה ויאמר נדר זה עלי אם אינו של תרומה אע"פ שאינו של תרומה כדי שלא יטלם לפי שיש חיוב מיתה לזו והנדר מותר. ולחרמין. שהוא ליסטים בעלמא שאינו הורג. ולמוכסין. נוטל מכס המלך ורוצה ליטול פירותיו בע"כ. אע"פ שאינה של תרומה. יכול לידור שהן של תרומה כדי שלא יטלם ומתני' לא זו אף זו קתני [נדרים כז:].

עין משפט נר מצוה

כט א (מיי' פ' כ"ה מהל' סנהדרין הל' י) טוש"ע ח"מ סי' יא סעי' ג בהג"ה:
ל ב ג מיי' פכ"ה מהל' סנהדרין הלכה י סמג עשין רח טוש"ע שם ס"ג:
לא ד ה מיי' שם הל' ח טוש"ע שם סעי' ד:
לב ו ז מיי' שם סמג שם טוש"ע שם סעי' א:
לג ח ט י מיי' שם הל' ט סמג שם טוש"ע ח"מ סי' ה סעי' א ב:
לד כ ל (מיי' שם) טוש"ע שם סעי' ב בהג"ה:
לה מ נ ס מיי' פ"ה מהל' גזילה הל' ט ועיין מ"מ סמג עשין עג טוש"ע ח"מ סי' שסט ס"ד:
לו ע מיי' שם הלכה יא טוש"ע שם סעי' ב וסעי' ז ח ט:
לז פ צ מיי' שם טוש"ע שם סעיף י:
לח ק מיי' פ"י מהל' כלאים הלכה יח סמג לאוין רטו טוש"ע י"ד סי' שא סעי' ה:
לט ר מיי' פ"ה מהל' גזילה הלכה יא סמג עשין עג טוש"ע ח"מ סי' שסט סעי' ו:
מ ש ת א מיי' פ"ג מהל' שבועות הל' א ב ופ"ד מה' נדרים הל' א סמג לאוין רמב טוש"ע יו"ד סי' רל"ב סעי' יד:
מא ב מיי' שם ופ"ה מהל' גזילה הל' יא סמג שם ועשין עג טוש"ע שם וטוש"ע ח"מ סי' שסט סעי' ו:
מב ג מיי' פ"י מהל' מלכים הל' יב:
מג ד מיי' פ"א מהל' גזילה הלכה ב ופ"א מהל' גניבה ה"א סמג עשין עג טוש"ע ח"מ סי' שמח סעי' ב וסי' שנט סעי' א:

הגהות הב"ח

(א) גמ' דמתני לה אהא נודרין וכו' של תרומה אע"פ שאינה של תרומה שהיא של בית מלך אע"פ שאינה של מלך: (ב) רש"י ד"ה דינא וכו' אין זה גזלן: (ג) תוספות ד"ה ומר וכו' והא נמי דתנן בפ' בתרא דכלאים מוכרי כסות:

גליון הש"ס

גמ' א"ל תן לחכם וכו'. עירובין סה ע"ב: שם אסור להבריח. עיין פסחים דף קיב ע"ב: שם דמ"ס דבר שאין מתכוין מותר. זבחים לא ע"ב תוד"ה הא ר"י:

הגהות מהר"ב רנשבורג

א] גמ' דתניא אסור להבריח בהם כצ"ל. וכ"ה ברי"ף ור"ל בכלאים ובנימוקי יוסף הגירסא בו וכן בדר' עקיבא ויעו"ש בנ"י דגרים להדיא בלשון הת"ק תניא אסור ללבוש עשרה בגדים כלאים זה על זה להבריח בו את המכס וכ"כ הרא"ש וכן נלע"ד שהיתה גירסת התוס' בזבחים דף לא ע"ב ד"ה הא ר"י ויעוש"ה ולשון סוגיין בשלמא לעניין כלאים וכו' הכי מוכח וע' פני יהושע ודו"ק:

עוד בענין זה:

אָמַר רַב נַחְמָן: לֹא יָהֲבִינַן זִמְנָא — אין נותנים זמן לנתבע לבוא לבית דין, **לֹא לִבְנֵי כַלָּה** — לבאים לשמוע את דרשת החכם בשבת, **בְּכַלָּה**[19], וְכן **לֹא לִבְנֵי רִיגְלָא** — לבאים לשמוע את הלכות הרגל שלשים יום קודם הרגל, **בְּרִיגְלָא** — בזמן דרשות הרגל.

מספרת הגמרא:

כִּי הָווּ אָתוּ לְקַמֵּיהּ — כשהיו באים אנשים לפניו **דְּרַב נַחְמָן** ביום כלה להזמין את בעלי דינם לדין, **אָמַר לְהוּ: "וְכִי לְדִידְכוּ כְּנוּפַיְיכוּ** — וכי לצורך עצמכם הקהלתי אתכם, שתהיה לכם הזדמנות להזמין את בעלי דינכם"?

הגמרא מעירה על כך:

וְהָאִידְנָא דְּאִיכָּא רַמָּאֵי — ובזמן הזה, שישנם רמאים הבאים מעירם לצורך עסקיהם ולא לשמוע את הדרשה, ונכנסים לבית המדרש כדי שלא יזמינו אותם לדין[20], **חַיְישִׁינָן** — חוששים לכך, ומזמינים לדין אפילו בזמני הדרשות[21].

הגמרא חוזרת לדברי המשנה (קיא, ב), שהורתה שאם אדם גזל חפץ והניח אותו ליורשיו, הם פטורים מלהחזירו לבעלים[22]. המשנה המשיכה:

אִם הָיָה דָּבָר שֶׁיֵּשׁ בּוֹ אַחֲרָיוּת (חייב) [חַיָּיבִין][23] **לְשַׁלֵּם.**

הגמרא מביאה ברייתא המבארת את כוונת המשנה:

מַתְנֵי לֵיהּ — שנה לו **רַבִּי לְרַבִּי שִׁמְעוֹן בְּרֵיהּ** בברייתא: מה שאמרה המשנה "אם היה דבר שיש בו אחריות", **לֹא דָּבָר שֶׁיֵּשׁ בּוֹ אַחֲרָיוּת מַמָּשׁ** (דהיינו קרקעות), **אֶלָּא אֲפִילּוּ** אם גזל **פָּרָה וְחוֹרֵשׁ בָּהּ**, או שגזל **חֲמוֹר וּמְחַמֵּר אַחֲרָיו, חַיָּיבִין** הבנים **לְהַחֲזִיר** לנגזל, **מִפְּנֵי כְּבוֹד אֲבִיהֶן**[24].

הגמרא מביאה ספק בענין זה:

בָּעֵי מִינֵּיהּ — שאל ממנו **רַב כַּהֲנָא מֵרַב: גזל האב מִטָּה וּמֵיסֵב עָלֶיהָ**, או **שׁוּלְחָן וְאוֹכֵל עָלָיו, מַהוּ** הדין לפי רבי? מאחר שחפצים אלו נמצאים בתוך הבית, ואינם נראים לאנשים בחוץ (כמו לגבי פרה וחמור), אם כן אפשר שאין בכך זלזול בכבוד אביהם; או שמא מאחר שאנשים נכנסים ויוצאים בבית ורואים את החפץ הגזול, יש בכך בזיון לאב, ויצטרכו להחזיר אותו[25]?

רב משיב:

אָמַר לוֹ רב בלשון הפסוק (משלי ט, ט): **"תֵּן לְחָכָם וְיֶחְכַּם עוֹד"**. כלומר, מאחר שהחכמנו ללמוד שהיורשים צריכים להחזיר פרה וחמור שאביהם גזל, יש להוסיף וללמוד מכך שהוא הדין לגבי מטה ושלחן[26].

משנה המשנה ממשיכה לדון בענין שימוש בממון גזול:

אֵין פּוֹרְטִין מטבעות, **לֹא מִתֵּיבַת הַמּוֹכְסִין** שגובי המכס נותנים בתוכה את המעות שגבו, **וְלֹא מִכִּיס שֶׁל גַּבָּאִין** — מהארנק של גובי המס, **וְאֵין נוֹטְלִין מֵהֶם צְדָקָה**[27]. **אֲבָל נוֹטֵל הוּא** מעות **מִתּוֹךְ בֵּיתוֹ** של המוכס או הגבאי, **אוֹ מִן הַשּׁוּק**[28].

גמרא הגמרא מביאה ברייתא המלמדת שישנו מקרה שבו מותר ליטול מעות מתיבת המוכסין:

תָּנָא: אֲבָל אם היה חייב לשלם עבור המכס פרוטות בשוה חצי דינר, ואין לו פרוטות די הצורך, **נוֹתֵן לוֹ** למוכס **דִּינָר** שלם, **וְהַמּוֹכֵס נוֹתֵן לוֹ אֶת הַשְּׁאָר** — מחזיר לו את יתרת חצי הדינר מתוך התיבה במטבעות של פרוטה. במקרה זה אין איסור לקבל מטבעות מתיבת המוכסין, מפני שהוא כמציל מידו[29].

נתבאר במשנתנו שהמעות הנמצאות בתיבת המוכסין הן בחזקת גזולות. הגמרא מקשה על כך:

וּמוֹכְסִין, וכי נחשבים הם כגזלנים? **וְהָאָמַר שְׁמוּאֵל: דִּינָא דְּמַלְכוּתָא דִּינָא** — דין המלכות דין הוא, כלומר, חוקי המסים שמטיל המלך

הערות

תשרי. שהרי יש לו זמן ארוך עד שיגיע היום שנקבע לו, ואפילו אם ישכח יום אחד, ייזכר לאחר מכן. אבל אם יקבעו לו מערב שבת לאחר השבת, יש לחשוש שבזמן קצר כזה יהיה טרוד ולא ייזכר במה ששלחו לו (רמ"ה ורבינו יהונתן, הובאו בשיטה מקובצת).

19. אם הנתבע מגיע לשמוע את הדרשה בשבת, אין אומרים לו לבוא ביום שני לדין, שמא מתוך כך יימנע ולא יבוא לדרשה (רש"י).

20. רמ"ה, הובא בשיטה מקובצת.

21. אלא אם כן ידוע לנו שעיקר ביאתו של אדם זה היא ללמוד תורה (שם).

22. מפני ש"רשות יורש כרשות לוקח", ונמצא שהם קנו את החפץ ב"יאוש ושינוי רשות" (ראה לעיל קיא, ב הערה 7).

כך מתפרשת המשנה לפי רמי בר חמא. אמנם לפי רבא מדובר כשהחפץ אינו בעולם, והמשנה פוטרת את היורשים מלשלם את דמיו לבעלים (ראה שם הערות 8-9). דברי הגמרא בקטע שלהלן הם על פי שיטתו של רמי בר חמא.

23. התיקון על פי גירסת המשנה; ראה מסורת הש"ס.

24. המשנה עוסקת במקרה שהגזילה היתה **בעין** דבר שיש בו אחריות. והיינו, שהחפץ הנגזל ניכר לרבים שהוא של הנגזל, כדרך שקרקע ניכרת שהיא שייכת לבעליה. במקרה כזה חייבים היורשים להחזיר את הגזילה לבעליה [אף על פי שקנו אותה ב"יאוש ושינוי רשות"], שלא יאמרו "זו היא הטלית שפלוני גזל" (ראה רש"י לעיל קיא, ב ד"ה והא מדקתני וד"ה חייבים להחזירה).

לדעת רבא מתפרשת המשנה באופן אחר, על פי הברייתא של רבי אושעיא (ראה שם הערה 18).

25. רש"י.

26. ראה רש"י.

[לכאורה נידון זה אינו נוגע לנו להלכה, שכן אין הלכה כרמי בר חמא, אלא כרבא, ש"רשות יורש לאו כרשות לוקח", והיורשים לא זכו בגזילה שגזל אביהם (ראה הערה 22). אכן יש נפקא מינה להלכה מדברי הגמרא לענין השבת רבית. שהרי למדנו (לעיל צד, ב) שאם הניח האב לבניו חפץ שגבה ברבית, אם היה זה "דבר המסויים", חייבים הבנים להחזירו, משום כבוד אביהם. ואם כן יש ללמוד מסוגייתנו שגם מטה או שלחן נחשבים כ"דבר המסויים" שחייבים היורשים להחזירו (רשב"א; ראה שאלתות דרב אחאי קיד).]

27. ["מוכסין" הם גובי המכס, דהיינו המס המוטל על אדם העובר ממקום למקום, או מעביר סחורה ממקום למקום.] וה"גבאין" הם גובי המסים, כגון "כסף גולגולת" המוטל על כל אדם ואדם, או "ארנונא", שהיא מס הנגבה מיבול השדות והבהמות (ראה רש"י בבא בתרא ח, א ד"ה ארנונא). המעות הנמצאות בתיבת המוכסים ובכיס הגבאים הן בחזקת גזולות, ואסור לקבל אותן מהם. ולפיכך, מי שיש לו מטבעות גדולות ורוצה להחליפן בפרוטות, אסור לו לפרוט מתיבת המוכסים או מכיס הגבאים, וכן אסור לקבל מהם צדקה מתוך התיבה או הכיס המיועדים לכספי המסים (רש"י). [בגמרא יתבאר שמדובר במסים שנגבים שלא כדין, ולפיכך הם נחשבים כגזילה.]

אף על פי שבדרך כלל משלמי המסים מתייאשים מהמעות שהם נותנים לגובי המס (ראה רא"ש ורשב"א), מכל מקום אסור ליטול מהם את המעות, שהרי יאוש לבד אינו קונה. ואף על פי שאם ייקח מהם את המעות הוא יקנה אותן על ידי "יאוש ושינוי רשות", מכל מקום אסור לעשות כן, לקחת חפץ מהגזלן ולהפקיעו בכך מרשות בעליו. וכך כתב הרמב"ם (הלכות גזילה ה, א): "אסור לקנות דבר הגזול מן הגזלן, ואסור לסעדו (לסייעו) על שינויו כדי שיקנהו, שכל העושה דברים אלו וכיוצא בהן מחזק ידי עוברי עבירה, ועובר על 'ולפני עור לא תתן מכשול'" (ראה מגיד משנה שם; ועיין חושן משפט שסט, א; ועיין עוד תוספות, רא"ש, רשב"א ומאירי).

28. האיסור ליטול מעות מן המוכס [או מן הגבאי], זהו דוקא מהמעות שיש לו בתיבה [או בכיס], שהן בחזקת גזל. אבל מותר ליטול ממנו מעות שלו שנמצאות בביתו, או אם יש לו מעות בשוק, שאינו לוקח אותן מתיבת המכס (רש"י). ואין לחשוש במעות אלו שהן של גזל, מפני שדרכם לתת את מעות המכס רק בתיבה המיוחדת לכך (מאירי; רבינו יהונתן, הובא בשיטה מקובצת). [ועיין רמב"ם הלכות גזילה ה, ט עם משנה למלך; טור חושן משפט שסט, ו עם בית יוסף, פרישה ודרישה; שלטי הגבורים מ, א מדפי הרי"ף אות ב.]

29. רש"י. כלומר, מותר לו לקחת מעות מתיבת המוכסין אם אינו עושה זאת להנאתו, אלא כדי למנוע מעצמו הפסד (ועיין שלטי הגבורים שם).

אאבל איתיה במתא לא דאמרינן אימר לא אמרו ליה דאמרי אשכחינהו שליחא דב"ד ואמר ליה בולא אמרן אלא דלא חליף אבבא דבי דינא אבל חליף אבבא דבי דינא לא אמרי אשכחוה בי דינא ואמרי ליה גולא אמרן אלא דאתי ביומיה אבל לא אתי ביומיה לא אימא אישתלויי אשתלי אמר רבא דהאי מאן דכתיב עליה פתיחא על דלא אתי לדינא עד דאתי לדינא לא מקרעינן ליה על דלא ציית לדינא עד דציית לא מקרעינן ליה ולא היא הכיון דאמר צייתנא קרעינן ליה: אמר רב חסדא וקובעים זמן שני וחמישי ושני זמנא וזמנא בתר זמנא ולמחר כתבינן רב א) אסי איקלע בי רב כהנא חזא ההיא איתתא דאזמנה לדינא בפניא ובצפרא כתיב עלה פתיחא א"ל לא סבר לה מר להא דאמר רב חסדא קובעין זמן שני וחמישי ושני א"ל זה"מ גברא דאנים וליתיה במתא אבל איתתא כיון דאיתה במתא ולא אתיא מורדת היא: אמר רב יהודה חלא יהבינא זמנא לא ביומי ניסן ולא ביומי תשרי לא במעלי יומא טבא ולא במעלי שבתא טאבל מניסן לבתר יומי ניסן וביומי תשרי לבתר תשרי קבעינן ימעלי שבתא לבתר מעלי שבתא לא קבעינן מאי טעמא בעבידתיה דשבתא טריד אמר רב נחמן כלא יהבינן זמנא לא לבני כלה בכלה ולא לבני ריגלא בריגלא כי הוו אתו לקמיה דרב נחמן אמר להו וכי לדידכו כנופייכו להואידנא דאיכא רמאי חיישינן: אם היה דבר שיש בו אחריות מחייב לשלם: גמתני ליה רבי לר"ש בריה לא דבר שיש בו אחריות ממש אלא אפילו פרה וחורש בה חמור ומחמר אחריו חייבין להחזיר מפני כבוד אביהן בעי מיניה רב כהנא מרב מטה ומיסב עליה שולחן ואוכל עליו מהו סאמר לו א) תן לחכם ויחכם עוד: **מתני'** מאין פורטין לא מתיבת המוכסין ולא מכים של גבאין ואין נוטלין מהם צדקה נאבל נוטל הוא מתוך ביתו או מן השוק: **גמ'** תנא סאבל נותן לו דינר ונותן לו את השאר: ומוכסין דוהאמר שמואל עדינא דמלכותא דינא אמר רב חנינא בר כהנא אמר שמואל פבמוכס שאין לו קצבה דבי ר' ינאי אמרי צבמוכס העומד מאליו איכא דמתני לה אהא הקלא ילבש אדם כלאים אפי' על גבי עשרה בגדים להבריח בו את המכס מתני' דלא כר"ע דתניא א] ו ראסור להבריח את המכס ר"ש אומר משום יר"ע מותר להבריח את המכס בשלמא לענין כלאים בהא קמיפלגי ודמר סבר דבר שאין מתכוין מותר ומר סבר דבר שאין מתכוין אסור אלא להבריח בו את המכס מי שרי והאמר שמואל דינא דמלכותא דינא א"ר חנינא בר כהנא אמר שמואל במוכס שאין לו קצבה דבי ר' ינאי אמרי במוכס העומד מאליו ואיכא דמתני (א) אהא זשנודרין להרגין ולחרמין ולמוכסין שהיא של תרומה שהיא של בית מלך אע"פ שאינה של תרומה אע"פ שאינה של מלך ולמוכסין והאמר שמואל דינא דמלכותא דינא א"ר חנינא בר כהנא אמר שמואל תבמוכס שאין לו קצבה דבי ר' ינאי אמרי אבמוכס העומד מאליו רב אשי אמר בבמוכס כנעני דתניא גישראל וכנעני אנס שבאו לדין אם אתה יכול לזכהו בדיני ישראל זכהו ואמור לו כך דינינו בדיני כנענים זכהו ואמור לו כך דיניכם ואם לאו באין עליו בעקיפין דברי ר' ישמעאל ר"ע אומר אין באין עליו בעקיפין מפני קידוש השם ור"ע טעמא דאיכא קידוש השם הא ליכא קידוש השם באין וגזל כנעני מי שרי והתניא אמר ר' שמעון דבר זה דרש ר"ע כשבא מזפירין מנין דלגזל כנעני שהוא אסור ת"ל ב) אחרי נמכר גאולה תהיה לו

אבל איתיה במתא לא. משמתינן ליה דהנהו איתתא ושיבבי לא עבדי שליחותם: דאמרי שליחא דבי דינא אשכחיה ואמר ליה. אלא משדרינן ליה עוד שליחות אחרינא בתריה: ולא אמרן אלא דלא חליף אבבא דבי דינא. כי אתי ההוא פלוני לביתיה לית ליה אורחא לבבא דבי דינא אבל חליף אבבא דבי דינא לא סמכינן אשיבבי דאמרי בי דינא אמרי ליה: אישתלי. שכחו שליחותם קודם שבא אותו פלוני לביתו: עד דאתא לבי דינא לא קרעינא ליה. ואע"ג דאמר אתינא אתינא: על דלא ציית לבי דינא. שאמרו [לו] לא תן לו ולא קיים: עד דציית דינא. ויפרע לו: לא מקרעינן ליה. ואע"ג דאמר פרענא: ולא היא כיון דאמר דצייתנא קרענא. לאלתר דדלמא לית ליה זוזי השתא וטרח אבל באתא לדינא כל כמה דלא אתי אפקרותא הוא: קובעין זמן. ליום שני בשבת ואם לא יבא מזמנין אותו ליום חמישי ואם לא יבא מזמנין אותו ליום שני ועד למחר לא כתבינן פתיחא שכל היום ממתינין שמא יבא: לא יהבינן זימנא ביומי ניסן. אין מזמנין אדם לדין בניסן ובתשרי שהן זמן קציר ובציר: אבל ח) לבתר ניסן. שולחים שיבא ביום פלוני באייר: לבני כלה בכלה. באין לשמוע הדרשה בכל שבת אין אומרים לו בא ביום שני לדין דממנע ולא אתי לכלה: בריגלא. באין לשמוע הלכות הרגל קודם הרגל ל' יום: כי אתו. תובעין לקמיה דרב נחמן ביום כלה להזמין בעלי דינין לדין: אמר להו וכי לדידכו כנופייכו. לצורך דינכם הקהלתי אתכם: מטה ושלחן מהו. כיון דמידי דקאי בגו בית' הוא ולא מתחזי לעלמא כי פרה וחמור וליכא זילותא דאבוהון או דלמא כיון דנפקי ועיילי אינשי לביתייהו וחזו להו איכא זילותא: ויחכם עוד. כפרה וחמור כן מטה ושלחן: **מתני'** אין פורטין. להחליף סלעים בפרוטות מיד מוכסים ליטול הפרוטות מתיבתן שנותנין בה מעות המכס וכן מכים של גבאי המכס שגובה כסף גולגולת וארנונא לפי שהן של גזל: מתוך ביתו. של מוכס ממעות שלו: או מן השוק. אם יש לו מעות בשוק שאין לוקח מתיבת המכס: **גמ'** אבל נותן לו דינר. היה חייב לו פרוטות למוכס מן המכס בשוה חצי דינר ואין לו הפרוטות נותן לו דינר כסף ומקבל הימנו פרוטות בשוה חציו מפני שהוא כמציל מידו: דינא דמלכותא דינא. וזה שקיבל את המכס מן המלך בדבר קצוב כך וכך לשנה אין (ב) גזלן: שאין לו קצבה. אלא נוטל ככל חפצו: מאליו. שלא מאת המלך אפי' יש לו קצבה: כדי להבריח את המכס. ואע"פ שאין כוונתו להנאת לבישה אלא להבריח בו בלבישת כלאים: דינא דמלכותא דינא. ונמצא שגוזל את המוכס ישראל זה שקיבל את המכס מיד המלך נכרי בהיתר: נודרין. קונם כל פירות עלי אם אין תבואה זו של בית המלך: הורגים. רוצחים: חרמים. בעלי תיגרה ומריבה וגוזלי ממון: במוכס שהוא כנעני אנס. ואין לחוש אם גוזלו היכא דליכא חילול השם שאין מבין שזה מכזב: באין עליו בעקיפין. בחכמה עד שפוטרין את הישראל: אחרי נמכר. בעבד עברי הנמכר לנכרי בשוק משתעי: שלא

ט) **ומר** סבר דבר שאין מתכוין מותר. ושרי אפי' ללבוש והא נמי (ג) דתניא מוכרי כסות מוכרין כדרכן ומוקי בגמרא מדליקין (שבת דף כט: ושם) כרבי שמעון דשרי דבר שאין מתכוין התם נמי שרי אף ללבוש ולא שישאם דוקא על כתיפיו:

אין פורטין לא מתיבת המוכסין. לרבנן דאמרי סתם גזילה לא הוי יאוש בעלים א"ש ומ"מ קתני דנותן דינר ויחזיר לו השאר הואיל ואין ידוע בברור שהם של גזל ור"ש נמי דאמר סתם גזילה הוי יאוש בעלים דהשתא ה"ל יאוש ושינוי רשות מ"מ אין פורטין משום דדבר מגונה הוא דתיבה וכיס מיוחדת להצניע שם גזילות שלהם ודרכו כל שעה להניח שם:

נודרין להרגים. בנדרים (דף כח.) מפרש דאמר בשפתיו סתם יאסרו כל פירות שבעולם עלי אם אינם של תרומה ומחשב בלבו היום דאין נאסר אלא אותו יום בלבד ואע"ג דדברים שבלב אין דברים משום אונסא שרו ליה הכי מפרש התם וה"ה שיכול לחשוב בלבו שעה אחת או רגע וכן נוהגים כשהאנסים מדירים היהודים הדרים תחתיהם שלא יצאו לדור בעיר אחרת יכולין לידור סתם שלא יצאו ובלבם יחשבו היום ואפי' הוא מפרש בשפתיו שלא יצא ממנו כל ימי חייו יכול להערים ולחשוב בלבו שום תנאי ואם מבטל בשפתיו בלחש כ"ש דהוי ביטול גמור י):

מסורת הש"ס

א) [נ"א אשי], ב) [נ"ל חייבין], ג) [לעיל קיא: לקמן קיד:], ד) גיטין י: נדרים כח. ב"ב נד: נה., ה) כלאים פ"ט מ"ב, ו) [ע' תוס' זבחים לא: ד"ה הא ר' יהודה], ז) נדרים כז:, ח) [מניסן לבתר ניסן כל"ן], ט) שייך אחר ד"ה אין פורטין, י) וכ"ז דוקא להנצל מן האנסים אבל בלא"ה אסור לגנוב דעת הבריות ח"ו כל שהוא אפי' שלא בשעת נדר.

תורה אור השלם

א) תֵּן לְחָכָם וְיֶחְכַּם עוֹד הוֹדַע לְצַדִּיק וְיוֹסֶף לֶקַח: [משלי ט, ט]

ב) אַחֲרֵי נִמְכַּר גְּאֻלָּה תִּהְיֶה לּוֹ אֶחָד מֵאֶחָיו יִגְאָלֶנּוּ: [ויקרא כה, מח]

ליקוטי רש"י

ביומי ניסן. ימי הקציר. ביומי תשרי. דריכות הגתות והבדים [ברכות לה:]. כלה. שבת שלפני הרגל שהכל נאספין לשמוע הלכות הרגל [שם ו:]. לא דבר שיש בו אחריות ממש. לא שגזל קרקע והניחה לפניהן. אלא אפילו גזל פרה וחרש בה או חמור ומחמר אחריו. והכל מעידין שהיה דגזל חייבין אלמא בגזילה קיימת עסקינן [לעיל קיא:]. דינא דמלכותא דינא. של עובדי כוכבים [גיטין י:] כל מסים וארנוניות ומנהגות של משפטי מלכים שרגילים להנהיג במלכותם דינא הוא שכל בני המלכות מקבלים עליהם מרצונם חוקי המלך ומשפטיו והלכך דין גמור הוא ואין למחזיק בממון חבירו ע"פ חוק המלך הנהוג בעיר משום גזל [רשב"ם ב"ב נד:]. נודרים להרגין. שהוא הורג על עסקי ממון שאם בא להורגו יכול לדור על זה שהוא של תרומה ואומר נדר זה עלי אם אינו של תרומה כדי שלא יטלם לפי שיש חיוב מיתה לזר והנדר מותר. ולחרמין. שהוא ליסטים בעלמא שאינו הורג. ולמוכסין. נוטל מכס המלך ורוצה ליטול פירותיו בע"כ. אע"פ שאינה של תרומה. יכול לידור שכן של תרומה כדי שלא יטלם ותמני לא אף זו קתני [נדרים כז:].

עין משפט נר מצוה

כט א (מיי' פ' כ"ה מהל' סנהדרין הל' י) טוש"ע ח"מ סי' יא סעי' ג בהג"ה:
ל ב ג מיי' פכ"ה מהל' סנהדרין הלכה י סמג עשין רח טוש"ע שם ס"ג:
לא ד ה מיי' שם הל' ח טוש"ע שם סעי' ד:
לב ו ז מיי' שם סמג שם טוש"ע שם סעי' א:
לג ח ט י מיי' שם הל' ט סמג שם טוש"ע ח"מ סי' ה סעי' א ב:
לד כ ל (מיי' שם) טוש"ע שם סעי' ב בהג"ה:
לה מ נ ס מיי' פ"ה מהל' גזילה הל' ט ועיין מ"מ סמג עשין עג טוש"ע ח"מ סי' שסט ס"ד:
לו ע מיי' שם הלכה יא טוש"ע שם סעי' ב וסעי' ז ח ט:
לז פ צ מיי' שם טוש"ע שם סעיף י:
לח ק מיי' פ"י מהל' כלאים הלכה יח סמג לאוין רטו טוש"ע י"ד סי' שא סעי' ה:
לט ר מיי' פ"ה מהל' גזילה הלכה יא סמג עשין עג טוש"ע ח"מ סי' שסט סעי' ו:
מ ש ת א מיי' פ"ג מהל' שבועות הל' א ב ופ"ד מה' נדרים הל' א סמג לאוין רמב טוש"ע יו"ד סי' רל"ב סעי' יד:
מא ב מיי' שם ופ"ה מהל' גזילה הל' יא סמג שם ועשין עג טוש"ע שם וטוש"ע ח"מ סי' שסט סעי' ו:
מב ג מיי' פ"י מהל' מלכים הל' יב:
מג ד מיי' פ"א מהל' גזילה הלכה ב ופ"א מהל' גניבה ה"א סמג עשין עד טוש"ע ח"מ סי' שמח סעי' ב וסי' שנט סעי' א:

הגהות הב"ח

(א) גמ' דמתני לה אהא נודרין וכו' של תרומה אע"פ שאינה של תרומה שהיא של בית מלך אע"פ שאינה של מלך:
(ב) רש"י ד"ה דינא וכו' אין זה גזלן:
(ג) תוספות ד"ה ומר וכו' והא נמי דתנן בפ' בתרא דכלאים מוכרי כסות:

גליון הש"ס

גמ' א"ל תן לחכם וכו'. עירובין סה ע"ב: שם אסור להבריח. עיין פסחים דף קיב ע"ב: שם דמ"ם דבר שאין מתכוין מותר. זבחים לא ע"ב תוד"ה הא ר"י:

הגהות מהר"ב רנשבורג

א] גמ' דתניא אסור להבריח בהם כצ"ל. וכ"ה ברי"ף ור"ל בכלאים ובנימוקי יוסף הגירסא בו וכן בדר' עקיבא ויעו"ש בנ"י דגרים להדיא בלשון הת"ק תניא אסור ללבוש עשרה בגדים כלאים זה על זה להבריח בו את המכס וכ"כ הרא"ש וכן נלע"ד שהיתה גירסת התוס' בזבחים דף לא ע"ב ד"ה הא ר"י ויעוש"ה ולשון סוגיין בשלמא לעניין כלאים וכו' הכי מוכח וע' פני יהושע ודו"ק:

על תושבי המדינה יש להם תוקף על פי דין תורה. ואם כן המוכס גובה את המכס כדין, ומדוע מחשיבה המשנה את המעות שבתיבתו כגזולות[30]?

הגמרא מביאה שני תירוצים לשאלה זו. תירוץ ראשון:

אָמַר רַב חֲנִינָא בַּר כַּהֲנָא אָמַר שְׁמוּאֵל: מדובר במשנה **בְּמוֹכֵס שֶׁאֵין לוֹ קִצְבָה,** שנוטל ככל חפצו[31]; גבייה באופן כזה אינה יכולה להיחשב כ"דין", ואין חייבים לשלם מכס כזה.

תירוץ שני:

דְּבֵי רַבִּי יַנַּאי אָמְרֵי – בבית מדרשו של רבי ינאי אמרו: מדובר **בְּמוֹכֵס הָעוֹמֵד מֵאֵלָיו,** שלא מאת המלך, אלא מעצמו עמד. מוכס כזה נחשב גזלן, אפילו אם יש לו קצבה[32].

הגמרא מביאה גירסא אחרת של הדיון הנזכר:

אִיכָּא דְּמַתְנֵי לָהּ אַהָא – יש ששונים דברים אלו, שהם נאמרו בנוגע למשנה זו (כלאים ט, ב): **לֹא יִלְבַּשׁ אָדָם** בגד **כִּלְאַיִם**[33] **אֲפִילוּ עַל גַּבֵּי עֲשָׂרָה בְּגָדִים לְהַבְרִיחַ בּוֹ אֶת הַמֶּכֶס**[34].

הגמרא מעירה על כך:

מַתְנִיתִין – משנה זו היא **דְּלֹא כְּ**דעת **רַבִּי עֲקִיבָא** בברייתא הבאה. **דְּתַנְיָא: אָסוּר לְהַבְרִיחַ [בּוֹ]**[35] (בבגד כלאים) **אֶת הַמֶּכֶס; רַבִּי שִׁמְעוֹן אוֹמֵר מִשּׁוּם רַבִּי עֲקִיבָא: מוּתָּר לְהַבְרִיחַ [בּוֹ] אֶת הַמֶּכֶס.**

הגמרא דנה במחלוקת התנאים:

בִּשְׁלָמָא – מובן הדבר שנחלקו התנאים **לְעִנְיַן** לבישת **כִּלְאַיִם** באופן שאינו מתכוון ליהנות מהלבישה, **בְּהָא קָמִיפְלְגֵי** – שכן בזה נחלקו: **דְּמַר** (רבי עקיבא) **סָבַר** ש**דָּבָר שֶׁאֵין מִתְכַּוֵּין מוּתָּר, וּמַר** (תנא קמא) **סָבַר** ש**דָּבָר שֶׁאֵין מִתְכַּוֵּין אָסוּר**[36]. **אֶלָּא** לענין מה שנראה מדברי כולם שמותר **לְהַבְרִיחַ בּוֹ אֶת הַמֶּכֶס,** ואין בכך איסור גזל, **מִי שָׁרֵי** – וכי מותר הדבר? **וְהָאָמַר שְׁמוּאֵל: דִּינָא דְּמַלְכוּתָא דִּינָא,** ואם כן חייבים לשלם את דמי המכס כפי שנקבע על ידי המלכות[37]!

עונה הגמרא:

אָמַר רַב חֲנִינָא בַּר כַּהֲנָא אָמַר שְׁמוּאֵל: מדובר **בְּמוֹכֵס שֶׁאֵין לוֹ**

הערות

30. הרגילות היא שהמלך מוכר את זכות גביית המכס לאנשים פרטיים בסכום קצוב לכל שנה, ותמורת סכום זה נוטלים הקונים את דמי המכס לעצמם. מאחר שיש למלך זכות לגבות מסים (שהרי "דינא דמלכותא דינא"; ראה להלן), והוא מכר זכות זו לאדם אחר, נמצא שיש למוכס זכות מלאה לגבות את דמי המכס. ומדוע אם כן מחשיבה המשנה את הכסף שברשותו כגזול? (רש"י).

[לכאורה היתה הגמרא יכולה לשאול כך גם לגבי ה"גבאין" שהוזכרו במשנה, ולא רק על ה"מוכסין". עיין בענין זה ברשב"א ובתורת חיים.]

"דינא דמלכותא דינא"

התורה נותנת סמכות למלך – בין מלך מישראל ובין מלך מאומות העולם – לקבוע חוקים לבני מלכותו, ולהטיל עליהם מסים. לחוקי המלכות יש תוקף הלכתי, ואסור לעבור עליהם (ראה מאירי עמוד ב ד"ה כל).

לדעת רוב הפוסקים, התוקף של דין המלכות הוא מן התורה (ראה אבני מלואים כח, ב; שו"ת חתם סופר יורה דעה שיד ד"ה אמנם; ועיין באריכות בדבר אברהם א, א ענף ב; אולם עיין בית שמואל אבן העזר כח, ג). אמנם אין תוקף לדיני המלכות במקרה שהם עומדים כנגד דיני תורה מפורשים (ראה רמ"א חושן משפט שסט, ח ו־יא, וש"ך שם עג, לט).

מאחר שיש למלך סמכות לגבות מסים, זכותו לקבל תשלומים אלו והם נעשים ממונו. ולפיכך, המבריח עצמו מתשלום המס עובר בכך איסור, מפני שהוא גוזל מהמלך את המגיע לו (רמב"ם הלכות גזילה ה, יא; חושן משפט שסט, ו; שלחן ערוך הרב הלכות גזילה טו; ועיין מסכת שמחות ב, ט לחומרת איסור הברחה מן המכס).

אף שהכלל של "דינא דמלכותא דינא" מוסכם הוא, מכל מקום נחלקו הראשונים בטעמה של הלכה זו. יש אומרים שסמכותו של המלך נובעת מהסכמתם של כל בני המלכות לקבל על עצמם את חוקי המלך ומשפטיו, ולפיכך נחשבים חוקים אלו כדין גמור (רשב"ם בבא בתרא נד, ב ד"ה והאמר שמואל; ועיין תרומת הדשן שמא). לפי שיטה זו, תוקף משפטי המלכות מבוסס על הצורך הכללי של כל ציבור לְמַנות אנשים שיעמדו בראשו ויתקנו תקנות לטובת הכלל. תקנות אלו מחייבות כל אחד מהאנשים השייכים לציבור, אפילו נגד רצונו (ראה משנה בבא בתרא ז, ב; גמרא מגילה כו, א; שו"ת הרשב"א א, תריז, הובא במשנה ברורה קנג, כט; ועיין עוד שו"ת הרשב"א א, תרלז, ושו"ת מהרי"ק סוף שורש קצד).

ויש מפרשים שטעם ההלכה של "דינא דמלכותא דינא" הוא מפני שכל הארץ שייכת למלך, והוא רשאי לגרש ממנה את מי שירצה, ומי שרוצה לדור בה רשאי המלך לגבות ממנו מסים, כדרך שרשאי כל אדם לגבות תשלום ממי שבא לדור בחצירו (ר"ן, רא"ש ורשב"א נדרים כח, א). ועל פי זה כתבו ראשונים שאין דין זה נוהג אלא בחוץ לארץ, אבל מלכי ישראל בארץ ישראל אין בהם "דינא דמלכותא", לפי שארץ ישראל כל ישראל שותפים בה, ואין המלך רשאי לגרש ממנה (רבי אליעזר ממיץ, הובא בראשונים שם; ראה גם אור זרוע בבא קמא תמז). [לדעת החתם סופר (שו"ת חושן משפט מד), מודים הכל לדעה הראשונה (שהובאה לעיל בשם רשב"ם), שמשפטי המלכות שנתקנו לצורך תקנת העם יש להם תוקף מכח הסכמת בני המדינה. ואם כן חוקים כאלו יש להם תוקף גם בארץ ישראל. אלא שהדעה השניה (הר"ן ושאר ראשונים שהובאו לעיל) סוברת שיש תוקף גם למסים שמטילה המלכות בעל כרחם של בני המדינה, שלא לטובתם. בחוקים כאלו אי אפשר לומר שבני המדינה מסכימים להם, אלא שמכל מקום יש להם תוקף, מפני שהמלך הוא אדון הארץ. ואם כן בארץ ישראל, שהיא ירושה לכל ישראל, אין המלך יכול להטיל מסים שלא לטובת בני המדינה.] להלכה נפסק שהכלל של "דינא דמלכותא דינא" נוהג בין במלך ישראל ובין במלך מאומות העולם (רמב"ם הלכות גזילה ואבידה ה, יא; חושן משפט שסט, ו; ועיין רמ"א שם ח).

[לביאורים נוספים בטעם ההלכה של "דינא דמלכותא דינא", עיין מאירי להלן עמוד ב ד"ה כל, וקרית ספר הלכות גזילה ה; שו"ת חתם סופר חושן משפט מד ד"ה והנה הא דפשיטא; אבן האזל הלכות נזקי ממון ח, ה, על פי רש"י גיטין ט, ב ד"ה חוץ; ועיין באריכות בדבר אברהם א, א ענף ב, ובהוספה שם).]

31. והיינו, שאין לו סכום קצוב כמה ליטול מכל סוג של סחורה, אלא נוטל כפי רצונו, ממעט לזה ומרבה לזה (ראב"ד, הובא בשיטה מקובצת; רא"ש נדרים כח, א בפירוש ראשון).

ויש מפרשים שהמוכס נוטל יותר מהסכום שהוסכם על ידי המלך, ולפיכך נחשב כל הסכום שנוטל כגזל (רא"ש שם בפירוש שני). שמאחר שכל זכותו היא מחמת דין המלכות, והרי המלך אינו חפץ כלל שיקחו יותר ממה שקצב, אם כן אין לו כלל זכות גבייה, וכל מה שנוטל הרי זה גזל (שו"ת מבי"ט א, רסא; קצות החושן שסט, א בביאור דברי הרא"ש; אולם עיין בית יוסף שם ד"ה ומ"ש וכן אם ישראל, הובא ברמ"א שם ו).

32. רש"י.

33. דהיינו בגד שעטנז, שיש בו תערובת של צמר ופשתן, ואסרה התורה ללובשו (ויקרא יט, יט; דברים כב, יא).

34. בגדים שאדם לבוש בהם, אין גובים עבורם מכס (רא"ש יא; ר"ש כלאים ט, ב; נמוקי יוסף בשם רש"י). ויש מפרשים שמדובר במקום שגובים מכס רק מיהודים, והוא רוצה ללבוש בגד כלאים כדי שייראה כגוי, ולא יגבו ממנו מכס (מאירי; רש"י שעל הרי"ף). [הרא"ש דוחה פירוש זה, מפני שאסור לאדם להיראות ככופר ביהדותו כדי להיפטר מן המכס. ועיין נמוקי יוסף; ים של שלמה יט; ביאור הגר"א שסט, יז; יורה דעה קנז, ב.]

המשנה מלמדת שאסור לאדם ללבוש בגד כלאים אפילו אם אינו מתכוון ליהנות ממנו, וכגון שלובשו על גבי עשרה בגדים, ואינו לובש את הבגד כדי להתחמם על ידו, אלא כדי להבריח על ידו את המכס (ראה הערה 36; ועיין ספר שינויי נוסחאות).

משמעות המשנה היא שבמקרה שאין איסור בלבישת הבגד, מותר להבריח את המכס. הגמרא תדון בענין זה מיד.

35. [התיקון (כאן ובהמשך) על פי הראשונים, כתבי היד ודפוסים ראשונים (ראה ספר שינויי נוסחאות; פני יהושע; רש"ש; הגהות רבי יצחק אייזיק חבר ורבי בצלאל רנשבורג).]

36. אדם המתכוון לעשות פעולה מותרת, אשר כתוצאה ממנה עלולה להיעשות פעולה נוספת שהיא מעשה איסור, הרי המעשה השני נחשב "דבר שאין מתכוון". לדוגמא: אדם הגורר בשבת מיטה על גבי קרקע, וכתוצאה מכך עלול להיווצר חריץ באדמה; מעשה הגרירה מצד עצמו אין בו איסור, אבל המעשה שעלול להיעשות כתוצאה מכך, יש בו איסור של מלאכה בשבת (חרישה או בנין). ישנה מחלוקת תנאים כללית אם במקרה כזה מותר לעשות את הפעולה הראשונה: רבי שמעון סובר ש"דבר שאין מתכוון מותר", ורבי יהודה סובר ש"דבר שאין מתכוון אסור" (ראה שבת מא, ב, ביצה כג, ב, ועוד).

התורה אסרה בגד כלאים רק בדרך של "לבישה", וכמו שנאמר (דברים כב, יא): "לֹא תִלְבַּשׁ שַׁעַטְנֵז". ואם כן אין איסור זה נוהג אלא בלבישה שהיא כדי להתחמם, וכדרך כל לובשי בגדים (רש"י שבת כט, ב ד"ה מוכרין כדרכן). הלובש כלאים למטרה אחרת (וכגון כדי להבריח את המכס), אין בלבישה זו מצד עצמה איסור. אלא שמאחר שאפשר שתגיע לו הנאה, הרי זה "דבר שאין מתכוון". רבי שמעון מתיר ללבוש את הבגד, על פי שיטתו הכללית ש"דבר שאין מתכוון מותר". ואילו תנא קמא של הברייתא (וכן התנא של המשנה במסכת כלאים) סובר [כדעת רבי יהודה,] ש"דבר שאין מתכוון אסור". [ומדובר באופן שאין זה ודאי שייהנה מהבגד, וכמו במקרה שהוזכר במשנה, שלובש את הבגד על גבי בגדים אחרים. שכן אם ודאי שייהנה, הרי זה "פְּסִיק רֵישֵׁיהּ", שאסור לדברי הכל (ראה תוספות רי"ד, ותוספות שבת כט, ב ד"ה ובלבד; אולם עיין ר"ן חולין לב, א מדפי הרי"ף).]

[ברמב"ם (הלכות כלאים י, יח) פסק להלכה כמשנה זו, אף על פי שבדרך כלל ההלכה היא ש"דבר שאין מתכוון מותר". עיין בענין זה בנושאי כלים שם, ובשלחן ערוך יורה דעה שא, ה-ו עם נושאי כלים, ובספר המפתח לרמב"ם שם.]

37. מאחר שיש תוקף לדין המלכות, נמצא שהמוכס שקנה את זכות הגבייה מהמלך, גובה את דמי המכס כדין. ואם כן המבריח את עצמו מתשלום המכס גוזל בכך את המוכס! (רש"י; ראה הערה 30).

אבל איתיה במתא לא דאמרינן אימר לא אמרו ליה דאמרי אשכחינהו שליחא דב"ד ואמר ליה [ב] ולא אמרן אלא דלא חליף אבבא דבי דינא אבל חליף אבבא דבי דינא לא אמרי אשכחוה בי דינא ואמרי ליה [ג] ולא אמרן אלא דאתי ביומיה אבל לא אתי ביומיה לא אימא אישתלויי אשתלי אמר רבא [ד] האי מאן דכתיב עליה פתיחא על דלא אתי לדינא עד דאתי לדינא לא מקרעינן ליה על דלא ציית לדינא עד דציית לא מקרעינן ליה ולא היא [ה] כיון דאמר צייתנא קרעינן ליה: אמר רב חסדא [ו] קובעים זמן שני וחמישי ושני זמנא וזמנא בתר זמנא ולמחר כתבינן רב (א) אסי איקלע בי רב כהנא חזא ההיא איתתא דאזמנה לדינא בפניא ובצפרא כתיב עלה פתיחא א"ל לא סבר לה מר להא דאמר רב חסדא קובעין זמן שני וחמישי ושני א"ל [ז] ה"מ גברא דאנים וליתיה במתא אבל איתתא כיון דאיתה במתא ולא אתיא מורדת היא: אמר רב יהודה [ח] לא יהבינא זמנא לא ביומי ניסן ולא ביומי תשרי לא במעלי יומא טבא ולא במעלי שבתא [ט] אבל מניסן לבתר יומי ניסן וביומי תשרי לבתר תשרי קבעינן [י] ממעלי שבתא לבתר מעלי שבתא לא קבעינן מאי טעמא בעבידתיה דשבתא טריד אמר רב נחמן [כ] לא יהבינן זמנא לא לבני כלה בכלה ולא לבני ריגלא בריגלא כי הוו אתו לקמיה דרב נחמן אמר להו וכי לדידכו כנופייכו [ל] והאידנא דאיכא רמאי חיישינן: אם היה דבר שיש בו אחריות [ג] חייב לשלם: [ג] מתני ליה רבי לר"ש בריה לא דבר שיש בו אחריות ממש אלא אפילו פרה וחורש בה חמור ומחמר אחריו חייבין להחזיר מפני כבוד אביהן בעי מיניה רב כהנא מרב מטה ומיסב עליה שולחן ואוכל עליו מהו [ה] אמר לו [א] תן לחכם ויחכם עוד: **מתני'** [מ] אין פורטין לא מתיבת המוכסין ולא מכים של גבאין ואין נוטלין מהם צדקה [נ] אבל נוטל הוא מתוך ביתו או מן השוק: **גמ'** תנא [ס] אבל נותן לו דינר ונותן לו את השאר: ומוכסין [ז] והאמר שמואל [ע] דינא דמלכותא דינא אמר רב חנינא בר כהנא אמר שמואל [פ] במוכס שאין לו קצבה דבי ר' ינאי אמרי [צ] במוכס העומד מאליו איכא דמתני לה אהא [ה] [ק] לא ילבש אדם כלאים אפי' על גבי עשרה בגדים להבריח בו את המכס מתני' דלא כר"ע דתניא [א] [ו] [ר] אסור להבריח את המכס ר"ש אומר משום [י] ר"ע מותר להבריח את המכס בשלמא לענין כלאים בהא קמיפלגי [ט] דמר סבר דבר שאין מתכוין מותר ומר סבר דבר שאין מתכוין אסור אלא להבריח בו את המכס מי שרי והאמר שמואל דינא דמלכותא דינא א"ר חנינא בר כהנא אמר שמואל במוכס שאין לו קצבה דבי ר' ינאי אמרי במוכס העומד מאליו ואיכא דמתני (א) אהא [ז] [ש] נודרין להרגין ולחרמין ולמוכסין שהיא של תרומה שהיא של בית מלך אע"פ שאינה של תרומה אע"פ שאינה של מלך ולמוכסין והאמר שמואל דינא דמלכותא דינא א"ר חנינא בר כהנא אמר שמואל [ת] במוכס שאין לו קצבה דבי ר' ינאי אמרי [א] במוכס העומד מאליו רב אשי אמר [ב] במוכס כנעני דתניא [ג] ישראל וכנעני אנס שבאו לדין אם אתה יכול לזכהו בדיני ישראל זכהו ואמור לו כך דינינו בדיני כנענים זכהו ואמור לו כך דינכם ואם לאו באין עליו בעקיפין דברי ר' ישמעאל ר"ע אומר אין באין עליו בעקיפין מפני קידוש השם ור"ע טעמא דאיכא קידוש השם הא ליכא קידוש השם באין וגזל כנעני מי שרי והתניא אמר ר' שמעון דבר זה דרש ר"ע כשבא מזפירין מנין [ד] לגזל כנעני שהוא אסור ת"ל [ב] אחרי נמכר גאולה תהיה לו

אבל איתיה במתא לא. משמתינן ליה להנהו איתתא ושיבבי לא עבדי שליחותם: דאמרי שליחא דבי דינא אשכחיה ואמר ליה. אלא משדרינן ליה עוד שליחות אחרינא בתריה: ולא אמרן אלא דלא חליף אבבא דבי דינא. כי אתי ההוא פלוני לביתיה לית ליה אורחא לבבא דבי דינא אבל חליף אבבא דבי דינא לא סמכינן אשיבבי דאמרי בי דינא אמרי ליה: אישתלי. שכחו שליחותם קודם ששב אותו פלוני לביתו: עד דאתא לבי דינא לא קרעינא ליה. ואע"ג דאמר אתינא: על דלא ציית לבי דינא. שאמרו [לו] לא תן לו ולא קיים: עד דציית דינא. ויפרע לו: לא מקרעינן ליה. ואע"ג דאמר פרענא: ולא היא כיון דאמר דצייתנא קרענא. לאלתר דדלמא לית ליה זוזי השתא וטרח אבל באתא לדינא כל כמה דלא אתי אפקרותא הוא: קובעין זמן. ליום שני בשבת ואם לא יבא מזמנין אותו ליום חמישי ואם לא יבא מזמנין אותו ליום שני ועד למחר לא כתבינן פתיחא שכל היום ממתינין שמא יבא: לא יהבינן זימנא ביומי ניסן. אין מזמנין אדם לדין בניסן ובתשרי שהן זמן קציר ובציר: אבל [ח] לבתר ניסן. שולחים שיבא ביום פלוני באייר: לבני כלה בכלה. באין לשמוע הדרשה בכל שבת אין אומרים לו בא ביום שני לדין דממנע ולא אתי לכלה: בריגלא. באין לשמוע הלכות הרגל קודם הרגל ל' יום: כי אתו. תובעין לקמיה דרב נחמן ביום כלה להזמין בעלי דינין לדין: אמר להו וכי לדידכו כנופייכו. לצורך דינכם הקהלתי אתכם: מטה ושלחן מהו. כיון דמידי דקאי בגו בית' הוא ולא מתחזי לעלמא כי פרה וחמור וליכא זילותא דאבוהון או דלמא כיון דנפקי ועיילי אינשי לביתייהו וחזו להו איכא זילותא: ויחכם עוד. כפרה וחמור כן מטה ושלחן: מתני' אין פורטין. להחליף סלעים בפרוטות מיד מוכסים ליטול הפרוטות מתיבתן שנותנין בה מעות המכס וכן מכים של גבאי המכס שגובה כסף גולגולת וארנונא לפי שהן של גזל: מתוך ביתו. של מוכס ממעות שלו: או מן השוק. אם יש לו מעות בשוק שאין לוקח מתיבת המכס: גמ' אבל נותן לו דינר. היה חייב לו פרוטות למוכס מן המכס בשוה חצי דינר ואין לו הפרוטות נותן לו דינר כסף ומקבל הימנו פרוטות בשוה חציו מפני שהוא כמציל מידו: דינא דמלכותא דינא. וזה שקיבל את המכס מן המלך בדבר קצוב כך וכך לשנה אין (ב) גזלן: שאין לו קצבה. אלא נוטל ככל חפצו: מאליו. שלא מאת המלך אפי' יש לו קצבה: כדי להבריח את המכס. ואע"פ שאין כוונתו להנאת לבישה אלא להבריח בו בלבישת כלאים: דינא דמלכותא דינא. ונמצא שגוזל את המוכס ישראל זה שקיבל את המכס מיד המלך נכרי בהיתר: נודרין. קונם כל פירות עלי אם אין תבואה זו של בית המלך: הורגים. רוצחים: חרמים. בעלי תיגרה ומריבה וגוזלי ממון: במוכס שהוא כנעני אנס. ואין לחוש אם גוזלו היכא דליכא חילול השם שאין מבין שזה מבריח: באין עליו בעקיפין. בחכמה עד שפוטרין את הישראל: אחרי נמכר. בעבד עברי הנמכר לנכרי בשוק משתעי:

[ט] **ומר** סבר דבר שאין מתכוין מותר. ושרי אפי' ללבוש והא נמי (ג) דתניא מוכרי כסות מוכרין כדרכן ומוקי בגמרא מדליקין (שבת דף כט: ושם) כרבי שמעון דשרי דבר שאין מתכוין התם נמי שרי אף ללבוש ולא שישאם דוקא על כתיפיו:

אין פורטין לא מתיבת המוכסין. לרבנן דאמרי סתם גזילה לא הוי יאוש בעלים א"ש ומ"מ קתני דנותן דינר ויחזיר לו השאר הואיל ואין ידוע בברור שהם של גזל ור"ש נמי דאמר סתם גזילה הוי יאוש בעלים דהשתא ה"ל יאוש ושינוי רשות מ"מ אין פורטין משום דדבר מגונה הוא דתיבה וכיס מיוחדת להכניס שם גזילות שלהם ודרכו כל שעה להניח שם:

נודרין להרגים. בנדרים (דף כח.) מפרש דאמר בשפתיו הטס יאסרו כל פירות שבעולם עלי אם אינם של תרומה ומחשב בלבו היום דאין נאסר אלא אותו יום בלבד ואע"ג דדברים שבלב אין דברים משום אונסא שרו ליה הכי מפרש התם וה"ה שיכול לחשוב בלבו שעה אחת או רגע וכן נוהגים כשהאנסים מדירים היהודים הדרים תחתיהם שלא יצאו לדור בעיר אחרת יכולין לידור סתם שלא יצאו ובלבם יחשבו היום ואפי' הוא מפרש בשפתיו שלא יצא ממנו כל ימי חייו יכול להערים ולחשוב בלבו שום תנאי ואם מבטל בשפתיו בלחש כ"ש דהוי ביטול גמור [י]:

שלא

מסורת הש"ס

א) [נ"ל אשין], ב) [נ"ל חייבין], ג) [לעיל קיא:, לקמן קיד:], ד) גיטין י: נדרים כח. ב"ב נד: נה., ה) כלאים פ"ט מ"ב, ו) [ע' תוס' זבחים לא: ד"ה הא ר' יהודה], ז) נדרים כז:, ח) [מניסן לבתר ניסן כצ"ל], ט) שייך אחר ד"ה אין פורטין, י) וכ"ז דוקא להנצל מן האנסים אבל בלא"ה אסור לגנוב דעת הבריות מ"ו כל שהוא אפי' שלא בשעת נדר.

תורה אור השלם

א) תֵּן לְחָכָם וְיֶחְכַּם עוֹד הוֹדַע לְצַדִּיק וְיוֹסֶף לֶקַח: [משלי ט, ט]

ב) אַחֲרֵי נִמְכַּר גְּאֻלָּה תִּהְיֶה לּוֹ אֶחָד מֵאֶחָיו יִגְאָלֶנּוּ: [ויקרא כה, מח]

ליקוטי רש"י

ביומי ניסן. ימי הקציר. ביומי תשרי. דריכות הגתות והבדים [ברכות לה:]. כלה. שבת שלפני הרגל שהכל נאספין לשמוע הלכות הרגל [שם ו:]. לא דבר שיש בו אחריות ממש. לא שגזל קרקע והניחה לפניהן. אלא אפילו גזל פרה וחרש בה או חמור ומחמר אחריו. והכל מעידין שהיה דגזל חייבין אלמא בגזילה קיימת עסקינן [לעיל קיא:]. דינא דמלכותא דינא. של עובדי כוכבים [גיטין י:] כל מסים וארנוניות ומנהגות של משפטי מלכים שרגילים להנהיג במלכותם דינא הוא שכל בני המלכות מקבלים עליהם מרצונם חוקי המלך ומשפטיו והלכך דין גמור הוא ואין למחזיק בממון חבירו ע"פ חוק המלך הנהוג בעיר משום גזל [רשב"ם ב"ב נד:]. נודרים להרגין. שהוא הורג על עסקי ממון שאם בא להורגו יכול לדור על זה שהוא של תרומה ויאמר נדר זה עלי אם אינו של תרומה אע"פ שאינו של תרומה כדי שלא יטלם לפי שיש חיוב מיתה לזו והנדר מותר. ולחרמין. שהוא ליסטים בעלמא שאינו הורג. ולמוכסין. נוטל מכס המלך ורוצה ליטול פירותיו בע"כ. אע"פ שאינה של תרומה. יכול לידור שהן של תרומה כדי שלא יטלם ומתני' לא זו אף זו קתני [נדרים כז:].

עין משפט נר מצוה

כט א (מיי' פ' כ"ה מהל' סנהדרין הל' י) טוש"ע ח"מ סי' יא סעי' ג בהג"ה:
ל ב ג מיי' פכ"ה מהל' סנהדרין הלכה י סמג עשין רח טוש"ע שם ס"ג:
לא ד ה מיי' שם הל' ח טוש"ע שם סעי' ד:
לב ו ז מיי' שם סמג שם טוש"ע שם סעי' א:
לג ח ט י מיי' שם הל' ט סמג שם טוש"ע ח"מ סי' ה סעי' א ב:
לד כ ל (מיי' שם) טוש"ע שם סעי' ב בהג"ה:
לה מ נ ס מיי' פ"ה מהל' גזילה הל' ט ועיין מ"מ סמג עשין עג טוש"ע ח"מ סי' שסט ס"ד:
לו ע מיי' שם הלכה יא טוש"ע שם סעי' ב וסעי' ז ח ט:
לז פ צ מיי' שם טוש"ע שם סעיף י:
לח ק מיי' פ"י מהל' כלאים הלכה יח סמג לאוין רטו טוש"ע י"ד סי' שא סעי' ה:
לט ר מיי' פ"ה מהל' גזילה הלכה יא סמג עשין עג טוש"ע ח"מ סי' שסט סעי' ו:
מ ש ת א מיי' פ"ג מהל' שבועות הל' א ב ופ"ד מה' נדרים הל' א סמג לאוין רמב טוש"ע יו"ד סי' רל"ב סעי' יד:
מא ב מיי' שם ופ"ה מהל' גזילה הל' יא סמג שם ועשין עג טוש"ע שם וטוש"ע ח"מ סי' שסט סעי' ו:
מב ג מיי' פ"י מהל' מלכים הל' יב:
מג ד מיי' פ"א מהל' גזילה הלכה ב ופ"א מהל' גניבה ה"א סמג עשין עד טוש"ע ח"מ סי' שמח סעי' ב וסי' שנט סעי' א:

הגהות הב"ח

(א) גמ' דמתני לה אהא נודרין וכו' של תרומה אע"פ שאינה של תרומה שהיא של בית מלך אע"פ שאינה של מלך: (ב) רש"י ד"ה דינא וכו' אין זה גזלן: (ג) תוספות ד"ה ומר וכו' והא נמי דתנן בפ' בתרא דכלאים מוכרי כסות:

גליון הש"ס

גמ' א"ל תן לחכם וכו'. עירובין סה ע"ב: שם אסור להבריח. עיין פסחים דף קיב ע"ב: שם דמ"ם דבר שאין מתכוין מותר. זבחים לא ע"ב תוד"ה הא ר"י:

הגהות מהר"ב רנשבורג

א] גמ' דתניא אסור להבריח בהם כצ"ל. וכ"ה ברי"ף ור"ל בכלאים ובנימוקי יוסף הגירסא בו וכן בדר' עקיבא ויעו"ש בנ"י דגרים להדיא בלשון הת"ק תניא אסור ללבוש עשרה בגדים כלאים זה על זה להבריח בו את המכס וכ"כ הרא"ש וכן נלע"ד שהיתה גירסת התוס' בזבחים דף לא ע"ב ד"ה הא ר"י ויעוש"ה ולשון סוגיין בשלמא לענין כלאים וכו' הכי מוכח וע' פני יהושע ודו"ק:

קִצְבָה[38]. גבייה באופן כזה אינה יכולה להיחשב כ"דין", ולפיכך אין איסור להבריח ממנו.

תירוץ שני:

דְּבֵי רַבִּי יַנַּאי אָמְרֵי: מדובר **בְּמוֹכֵס הָעוֹמֵד מֵאֵלָיו.**

גירסא שלישית של דיון זה:

וְאִיכָּא דְּמַתְנֵי אַהָא — ויש ששונים דברים אלו בנוגע למשנה זו (נדרים כז, ב): **נוֹדְרִין לְהָרָגִין** (רוצחים) **וּלְחָרָמִין** (גוזלי ממון) **וּלְמוֹכְסִין שֶׁ**הסחורה שבידו, שרוצים לקחתה ממנו, **הִיא שֶׁל תְּרוּמָה** ואסורה לזרים, או **שֶׁהִיא שֶׁל בֵּית הַמֶּלֶךְ, אַף עַל פִּי שֶׁאֵינָהּ שֶׁל תְּרוּמָה וְאַף עַל פִּי שֶׁאֵינָהּ שֶׁל** בית **הַמֶּלֶךְ**[39].

הגמרא מקשה על המשנה:

וּלְמוֹכְסִין? וכי מותר לשקר להם, ולהימנע על ידי כך מתשלום המכס? **וְהָאָמַר שְׁמוּאֵל: דִּינָא דְּמַלְכוּתָא דִּינָא**; ואם כן אסור להבריח את המכס!

עונה הגמרא:

אָמַר רַב חֲנִינָא בַּר כַּהֲנָא אָמַר שְׁמוּאֵל: מדובר **בְּמוֹכֵס שֶׁאֵין לוֹ קִצְבָה.**

תירוץ שני:

דְּבֵי רַבִּי יַנַּאי אָמְרֵי: מדובר **בְּמוֹכֵס הָעוֹמֵד מֵאֵלָיו.**

הגמרא מביאה תירוץ שלישי:

רַב אַשִׁי אָמַר: מדובר **בְּמוֹכֵס כְּנַעֲנִי**, שגובה יותר ממה שהמלך קצב[40].

הגמרא דנה במקרה אחר הקשור לכנעני גולן:

(ד)תַּנְיָא — שנינו בברייתא[41]: **יִשְׂרָאֵל וּכְנַעֲנִי אַנָּס** (גולן) **שֶׁבָּאוּ** לפניך **לְדִין**[42], **אִם אַתָּה יָכוֹל לְזַכֵּהוּ** — לזכות את הישראל **בְּדִינֵי יִשְׂרָאֵל, זַכֵּהוּ, וֶאֱמוֹר לוֹ** לכנעני האנס: **"כָּךְ דִּינֵנוּ"**. ואם אתה יכול לזכות את הישראל **בְּדִינֵי כְּנַעֲנִים, זַכֵּהוּ, וֶאֱמוֹר לוֹ** לכנעני האנס: **"כָּךְ דִּינְכֶם"**. **וְאִם לָאו**, שאינך יכול לזכותו לא בדיני ישראל ולא בדיני כנענים, **בָּאִין עָלָיו בַּעֲקִיפִין** — באים כנגד הכנעני בתחבולות עד שפוטרים את הישראל[43], **דִּבְרֵי רַבִּי יִשְׁמָעֵאל. רַבִּי עֲקִיבָא אוֹמֵר: אֵין בָּאִין עָלָיו בַּעֲקִיפִין, מִפְּנֵי קִידּוּשׁ הַשֵּׁם**[44].

הגמרא מקשה סתירה בהוראותיו של רבי עקיבא:

וּלְפִי רַבִּי עֲקִיבָא, טַעְמָא דְּאִיכָּא קִידּוּשׁ הַשֵּׁם — מה שאין מערימים על הכנעני, זהו דוקא מפני שיש בכך קידוש השם; **הָא לֵיכָּא קִידּוּשׁ**

הערות

38. ראה הערה 31.

39. בעל הסחורה מבקש להציל אותה מיד הגזלנים על ידי שישקר להם ויאמר שהפירות שבידו הם תרומה, או שהסחורה היא של בית המלכות. על ידי כך הם יימנעו מליטול את רכושו, שכן אף על פי שהם גזלנים — או אפילו רוצחים — מכל מקום הם נזהרים מלאכול תרומה (פירוש הרא"ש נדרים כז, ב בפירוש ראשון). וכמו כן הם יראים מלקחת ממון של המלכות.

המשנה מלמדת שמותר לבעל הסחורה לחזק את דבריו על ידי שידור נדר בפני הגזלנים. וכגון שיאמר: "אם אין תבואה זו של בית המלך (או של תרומה), הרי כל הפירות שבעולם אסורים עלי" (רש"י, על פי הגמרא בנדרים כח, א). הגמרא בנדרים (שם) מוסיפה לבאר, שהוא צריך לחשוב בלבו שהנדר יחול לזמן מוגבל בלבד (כגון לאותו יום). באופן זה הנדר חל כפי מחשבתו, ולאחר הזמן המוגבל, האיסור ניתר. ואמנם בדרך כלל אנו אומרים ש"דברים שבלב אינם דברים", ואין דנים את הנדר אלא כפי מה שהוציא בשפתיו, ולא מתחשבים במה שחשב בלבו. ואם כן היו הפירות צריכים להיאסר עליו לעולם, וכפי המשתמע מדיבורו. אלא שמאחר שהוא אנוס, התירו לו לסמוך על מה שבלבו, ולנהוג איסור בנדר כפי מה שהגביל במחשבתו (תוספות, על פי הגמרא בנדרים שם; ועיין רשב"א ומאירי; ועיין ר"ן ורא"ש שם, ובמהדורתנו לנדרים שם, הערה 15). [הגזלנים יסברו שהוא אוסר על עצמו את הפירות **לעולם**, כפי מה שהוציא בשפתיו. ולפיכך הם יאמינו לו שהסחורה שברשותו היא של תרומה או של בית המלך, ולא יטלוה מידו (ראה נדרים שם).]

40. מוכסים כנענים גובים בדרך כלל סכום גבוה יותר ממה שהורשו על ידי המלך (רמב"ם הלכות גזילה ה, יא, כפי שנתבאר על ידי מגיד משנה, לחם משנה, משנה למלך ועוד; אולם עיין רש"י להלן עמוד ב ד"ה בהפקעת). מוכס הגובה יותר מדינו מיפר בכך את אימונו של המלך, ומפסיד את זכותו — שמכח "דינא דמלכותא" — לגבות אפילו את הסכום שהוקצב לו. ולפיכך אין צריך לשלם לו כלל, וכל מה שגובה הרי זה גזל (רא"ש נדרים כח, א ד"ה במוכס, עם קצות החושן שסט, א; רבי חיים מוולוזין בשו"ת חוט המשולש יז ד"ה אמנם; ועיין הערה 31, בפירוש השני).

דין זה נוהג באותה מדה גם כלפי מוכס יהודי הגובה יותר מדינו (מאירי). ואכן בתקופה מאוחרת יותר קבעו חכמים שכל מוכס הוא בחזקת שגובה יותר מדינו — וממילא נחשב כגזלן — אלא אם כן תוכח כשרותו (ברייתא סנהדרין כה, ב; רמב"ם הלכות עדות י, ד; חושן משפט לד, יד). רב אשי נקט דוקא "כנעני", מפני שהוא בא לבאר את משנתנו, ואת המשניות בכלאים ובנדרים, שנשנו לפני שנתחדשה קביעה זו (חוט המשולש טז ד"ה הנה, על פי סנהדרין שם; שלחן ערוך הרב הלכות גזילה טז, עם קונטרס אחרון יא).

41. פירשנו על פי הרמב"ם, הגורס כאן "תַּנְיָא" (ביאור הגר"א חושן משפט שסט, טו; חוט המשולש שם; אולם עיין רש"י בעמוד ב ד"ה בהפקעת הלוואתו).

42. כלומר, כנעני הידוע כגזלן תבע את ישראל בבית דין (ראה רש"י ד"ה באין, ים של שלמה יח וחידושי רבי משה קזיס).

43. במקרה שהתובע הוא כנעני אנס, יש לבית דין יסוד להניח שבסופו של דבר הוא יגזול מהנתבע. במקרה כזה סובר רבי ישמעאל שאף על פי שהנתבע חייב מן הדין, מכל מקום יש לבית דין להתנהג בערמה כדי לפטור אותו מלשלם [וכגון לדחות את הדיון], ולהצילו בכך מהפסד גמור שייגרם לו מחמת הגזילה העתידה (ראה חוט המשולש יד ד"ה ועל כן נראה).

פירוש אחר: הכוונה ב"כנעני אנס" היא לכנעני אלים, הנוהג בתוקפנות כלפי הנתבע. רק במקרה כזה רשאים בית דין לפטור את הנתבע מלשלם (ראה סמ"ג לא תעשה קנב, הובא בהגהות מיימוניות הלכות גזילה ז, ח ובים של שלמה יח; שלחן ערוך הרב הלכות גזילה א עם קונטרס אחרון יא).

המאירי כותב שברייתא זו עוסקת בעובדי אלילים הקדמונים (כדוגמת הכנענים שבתנ"ך), שאינם גדורים במשפטי צדק ומוסר. אבל עמים בעלי תרבות המכירים בבורא עולם — אף על פי שאמונתם רחוקה מאמונתנו — אינם בכלל זה, אלא הרי הם כישראל גמור לענינים אלה. ובמקרה שאחד מהם תובע אדם מישראל לדין, חייבים הדיינים לשפוט ביניהם כדיני ישראל בכל המקרים, ללא שום הבדל (מאירי ד"ה כבר וד"ה היה וד"ה נמצא, ולעיל לז, ב ד"ה שור; ועיין חידושי רבי משה קזיס ד"ה אבידתו וד"ה קי"ל; ספר חסידים תתרעד; רבינו יהונתן, הובא בשיטה מקובצת לעיל לח, א ד"ה עמד). ונמצא אם כן שברייתא זו, והסוגיא שבעקבותיה, מתייחסות לתקופת התלמוד ואין להן השלכה מעשית בזמננו (ערוך השלחן חושן משפט שמח, ב; באר הגולה שם רסו, ב ו־תכה, ש; חוט המשולש בהקדמה לסימן יד; תורה תמימה שמות כא, לה אות רעז, ויקרא כה, יד אות פג).

44. אם בית דין ינהגו בדרך הנראית כבלתי הוגנת, יהיה בכך חילול שם שמים. ולפיכך, אם הנתבע חייב בין לפי דיני ישראל ובין לפי דיני כנענים, על הדיינים לפסוק כנגדו ולחייבו לשלם. הלכה כדעה זו (מאירי; רמב"ם הלכות מלכים י, יב; ראה עמוד ב הערה 12). [רבי ישמעאל אינו חושש בהערמה זו לחילול השם, כנראה מפני שהכל יודעים שהתובע הוא אנס וראוי להנהגה כזו (ראה הערה הקודמת). אולם רבי עקיבא סובר שאפילו במקרה כזה, מאחר שנראה לתובע (או לבני חבורתו) שאין דנים אותו כפי הראוי, יש בכך חילול השם.]

איסור חילול השם

כל בית ישראל מצווים על קידוש השם, שנאמר (ויקרא כב, לב): "וְנִקְדַּשְׁתִּי בְּתוֹךְ בְּנֵי יִשְׂרָאֵל", ומוזהרים שלא לחללו, שנאמר (שם): "וְלֹא תְחַלְּלוּ אֶת שֵׁם קָדְשִׁי" (רמב"ם הלכות יסודי התורה ה, א).

איסור חילול השם נוהג בשלשה אופנים: (א) במצוות שחייבים למסור עליהן את הנפש, אם עבר ולא נהרג הרי זה מחלל את השם (שם ד). (ב) העובר מדעתו בלא אונס על אחת מכל המצוות האמורות בתורה בשאט נפש להכעיס, הרי זה מחלל את השם. ואם עשה כן בפני עשרה מישראל, הרי זה חילל את השם ברבים (שם י). (ג) אדם שהוא גדול בתורה ומפורסם בחסידות, העושה דברים שהבריות מרננות אחריו, אף על פי שאינם עבירות, הרי זה בכלל חילול השם (שם יא).

איסור חילול השם חמור מכל העבירות שבתורה, אפילו מעבודה זרה, וכמו שנאמר (יחזקאל כ, לט): "וְאַתֶּם בֵּית יִשְׂרָאֵל... אִישׁ גִּלּוּלָיו לְכוּ עֲבֹדוּ... וְאֶת שֵׁם קָדְשִׁי לֹא תְחַלְּלוּ עוֹד" וגו' (ירושלמי נדרים ג, ט; ראה רמב"ם הלכות שבועות יב, ב). והמחלל את השם, אפילו תשובה, יום הכפורים ויסורים (המכפרים על שאר עבירות חמורות) אינם מכפרים לו כפרה גמורה, עד שימות (ברייתא יומא פו, א, מובא ברמב"ם הלכות תשובה א, ד; ועיין אבות ד, ד עם רש"י ורבינו יונה; שערי תשובה ג, קמג ו־קנח, ושם ד, ד-ו ו־טז).

הגוזל מנכרי, מלבד שעובר בכך על איסור גזל מן התורה, הרי הוא עובר על איסור חילול השם (שו"ת חכם צבי כו; ראה תוספות בבא מציעא פז, ב ד"ה אלא). ואמרו חז"ל (תוספתא בבא קמא י, ח): "חמור גזל הנכרי מגזל ישראל, מפני חילול השם". רבינו בחיי מבאר, שכאשר אדם גוזל את חבירו מישראל, הנגזל מאשים בכך רק את הגזלן, ואינו נותן דופי באמונת ישראל. אבל כאשר ישראל גוזל מנכרי, הוא גורם בכך לנגזל לערער ולפגום באמונת ישראל ובתורת משה, ונמצא מחלל את השם (פירוש התורה ויקרא כה, נ; ועיין סמ"ג לא תעשה ב ועשה עד; ראה גם פלא יועץ ערך גזל, ולהלן עמוד ב הערה 19).

וכפי חומר איסור חילול השם, כך גודל מעלת קידוש השם. ומי שנאמר בו יהרג

אאבל איתיה במתא לא דאמרינן אימר לא אמרו ליה דאמרי אשכחינהו שליחא דב"ד ואמר ליה בולא אמרן אלא דלא חליף אבבא דבי דינא אבל חליף אבבא דבי דינא לא אמרי אשכחוה בי דינא ואמרי ליה גולא אמרן אלא דאתי ביומיה אבל לא אתי ביומיה לא אימא אישתלויי אשתלי אמר רבא דהאי מאן דכתיב עליה פתיחא על דלא אתי לדינא עד דאתי לדינא לא מקרעינן ליה על דלא ציית לדינא עד דציית לא מקרעינן ליה ולא היא הכיון דאמר צייתנא קרעינן ליה: אמר רב חסדא וקובעים זמן שני וחמישי ושני זמנא וזמנא בתר זמנא ולמחר כתבינן רב (א) אסי איקלע בי רב כהנא חזא ההיא איתתא דאזמנה לדינא בפניא ובצפרא כתיב עלה פתיחא א"ל לא סבר לה מר להא דאמר רב חסדא קובעין זמן שני וחמישי ושני א"ל זה"מ גברא דאנים וליתיה במתא אבל איתתא כיון דאיתה במתא ולא אתיא מורדת היא: אמר רב יהודה חלא יהבינא זמנא לא ביומי ניסן ולא ביומי תשרי לא במעלי יומא טבא ולא במעלי שבתא טאבל מניסן לבתר יומי ניסן וביומי תשרי לבתר תשרי קבעינן יממעלי שבתא לבתר מעלי שבתא לא קבעינן מאי טעמא בעבידתיה דשבתא טריד אמר רב נחמן כלא יהבינן זמנא לא לבני כלה בכלה ולא לבני ריגלא בריגלא כי הוו אתו לקמיה דרב נחמן אמר להו וכי לדידכו כנופייכו לוהאידנא דאיכא רמאי חיישינן: אם היה דבר שיש בו אחריות (ב) חייב לשלם: גמתני ליה רבי לר"ש בריה לא דבר שיש בו אחריות ממש אלא אפילו פרה וחורש בה חמור ומחמר אחריו חייבין להחזיר מפני כבוד אביהן בעי מיניה רב כהנא מרב מטה ומיסב עליה שולחן ואוכל עליו מהו ○אמר לו (א) תן לחכם ויחכם עוד: **מתני'** מאין פורטין לא מתיבת המוכסין ולא מכים של גבאין ואין נוטלין מהם צדקה נאבל נוטל הוא מתוך ביתו או מן השוק: **גמ'** תנא סאבל נותן לו דינר ונותן לו את השאר: ומוכסין (ד) והאמר שמואל עדינא דמלכותא דינא אמר רב חנינא בר כהנא אמר שמואל פבמוכס שאין לו קצבה דבי ר' ינאי אמרי צבמוכס העומד מאליו איכא דמתני לה אהא (ה) קלא ילבש אדם כלאים אפי' על גבי עשרה בגדים להבריח בו את המכס מתני' דלא כר"ע דתניא אן ○ראסור להבריח את המכס ר"ש אומר משום (ו) ר"ע מותר להבריח את המכס בשלמא לענין כלאים בהא קמיפלגי ○דמר סבר דבר שאין מתכוין מותר ומר סבר דבר שאין מתכוין אסור אלא להבריח בו את המכס מי שרי והאמר שמואל דינא דמלכותא דינא א"ר חנינא בר כהנא אמר שמואל במוכס שאין לו קצבה דבי ר' ינאי אמרי במוכס העומד מאליו ואיכא דמתני (א) אהא (ז) שנודרין להרגין ולחרמין ולמוכסין שהיא של תרומה שהיא של בית מלך אע"פ שאינה של תרומה אע"פ שאינה של מלך ולמוכסין והאמר שמואל דינא דמלכותא דינא א"ר חנינא בר כהנא אמר שמואל תבמוכס שאין לו קצבה דבי ר' ינאי אמרי אבמוכס העומד מאליו רב אשי אמר בבמוכס כנעני דתניא גישראל וכנעני אנם שבאו לדין אם אתה יכול לזכהו בדיני ישראל זכהו ואמור לו כך דינינו בדיני כנענים זכהו ואמור לו כך דינכם ואם לאו באין עליו בעקיפין דברי ר' ישמעאל ר"ע אומר אין באין עליו בעקיפין מפני קידוש השם ור"ע טעמא דאיכא קידוש השם הא ליכא קידוש השם באין וגזל כנעני מי שרי והתניא אמר ר' שמעון דבר זה דרש ר"ע כשבא מזפירין מנין דלגזל כנעני שהוא אסור ת"ל (ב) אחרי נמכר גאולה תהיה לו

אבל איתיה במתא לא. משמתינן ליה דהנהו איתתא ושיבבי לא עבדי שליחותם: דאמרי שליחא דבי דינא אשכחיה ואמר ליה. אלא משדרינן ליה עוד שליחות אחרינא בתריה: ולא אמרן אלא דלא חליף אבבא דבי דינא. כי אתי ההוא פלוני לביתיה לית ליה אורחא לבבא דבי דינא אבל חליף אבבא דבי דינא לא סמכינן אשיבבי דאמרי בי דינא אמרי ליה: אישתלי. שכחו שליחותם קודם ששב אותו פלוני לביתו: עד דאתא לבי דינא לא קרעינא ליה. ואע"ג דאמר אתינא אתינא: על דלא ציית לבי דינא. שאמרו [לו] לא תן לו ולא קיים: עד דציית דינא. ויפרע לו: לא מקרעינן ליה. ואע"ג דאמר פרענא: ולא היא כיון דאמר דצייתנא קרענא. לאלתר דדלמא לית ליה זוזי השתא וטרח אבל באתא לדינא כל כמה דלא אתי אפקרותא הוא: קובעין זמן. ליום שני בשבת ואם לא יבא מזמנין אותו ליום חמישי ואם לא יבא מזמנין אותו ליום שני ועד למחר לא כתבינן פתיחא שכל היום ממתינין שמא יבא: לא יהבינן זימנא ביומי ניסן. אין מזמנין אדם לדין בניסן ובתשרי שהן זמן קציר ובציר: אבל (ח) לבתר ניסן. שולחים שיבא ביום פלוני באייר: לבני כלה בכלה. באין לשמוע הדרשה בכל שבת אין אומרים לו בא ביום שני לדין דממנע ולא אתי לכלה: בריגלא. באין לשמוע הלכות הרגל קודם הרגל ל' יום: כי אתו. תובעין לקמיה דרב נחמן ביום כלה להזמין בעלי דינין לדין: אמר להו וכי לדידכו כנופייכו. לצורך דינכם הקהלתי אתכם: מטה ושלחן מהו. כיון דמידי דקאי בגו בית' הוא ולא מתחזי לעלמא כי פרה וחמור וליכא זילותא דאבוהון או דלמא כיון דנפקי ועיילי אינשי לביתייהו וחזו להו איכא זילותא: ויחכם עוד. כפרה וחמור כן מטה ושלחן: **מתני'** אין פורטין. להחליף סלעים בפרוטות מיד מוכסים ליטול הפרוטות מתיבתן שנותנין בה מעות המכס וכן מכים של גבאי המכס שגובה כסף גולגולת וארנונא לפי שהן של גזל: מתוך ביתו. של מוכס ממעות שלו: או מן השוק. אם יש לו מעות בשוק שאין לוקח מתיבת המכס: **גמ'** אבל נותן לו דינר. היה חייב לו פרוטות למוכס מן המכס בשוה חצי דינר ואין לו הפרוטות נותן לו דינר כסף ומקבל הימנו פרוטות בשוה חציו מפני שהוא כמציל מידו: דינא דמלכותא דינא. וזה שקיבל את המכס מן המלך בדבר קצוב כך וכך לשנה אין (ב) גזלן: שאין לו קצבה. אלא נוטל ככל חפצו: מאליו. שלא מאת המלך אפי' יש לו קצבה: כדי להבריח את המכס. ואע"פ שאין כוונתו להנאת לבישה אלא להבריח בו בלבישת כלאים: דינא דמלכותא דינא. ונמצא שגוזל את המוכס ישראל זה שקיבל את המכס מיד המלך נכרי בהיתר: נודרין. קונם כל פירות עלי אם אין תבואה זו של בית המלך: הורגים. רוצחים: חרמים. בעלי תיגרה ומריבה וגוזלי ממון: במוכס שהוא כנעני אנס. ואין לחוש אם גוזלו היכא דליכא חילול השם שאין מבין שזה מכזב: באין עליו בעקיפין. בחכמה עד שפוטרין את הישראל: אחרי נמכר. בעבד עברי הנמכר לנכרי בשוק משתעי: שלא

(ט) **ומר** סבר דבר שאין מתכוין מותר. ושרי אפי' ללבוש והא נמי (ג) דתניא מוכרי כסות מוכרין כדרכן ומוקי בבמה מדליקין (שבת דף כט: ושם) כרבי שמעון דשרי דבר שאין מתכוין התם נמי שרי אף ללבוש ולא שישאם דוקא על כתיפיו:

אין פורטין לא מתיבת המוכסין. לרבנן דאמרי סתם גזילה לא הוי יאוש בעלים א"ש ומ"מ קתני דנותן דינר ויחזיר לו השאר הואיל ואין ידוע בברור שהם של גזל ור"ש נמי דאמר סתם גזילה הוי יאוש בעלים דהשתא ה"ל יאוש ושינוי רשות מ"מ אין פורטין משום דדבר מגונה הוא דתיבה וכיס מיוחדת להצניע שם גזילות שלהם ודרכו כל שעה להניח שם:

נודרין להרגים. בנדרים (דף כח.) מפרש דאמר בשפתיו סתם יאסרו כל פירות שבעולם עלי אם אינם של תרומה ומחשב בלבו היום דאין נאסר אלא אותו יום בלבד ואע"ג דדברים שבלב אין דברים משום אונסא שרו ליה הכי מפרש התם וה"ה שיכול לחשוב בלבו שעה אחת או רגע וכן נוהגים כשהאנסים מדירים היהודים הדרים תחתיהם שלא יצאו לדור בעיר אחרת יכולין לידור סתם שלא יצאו ובלבם יחשבו היום ואפי' הוא מפרש בשפתיו שלא יצא ממנו כל ימי חייו יכול להעריץ ולחשוב בלבו שום תנאי ואם מבטל בשפתיו בלאש כ"ש דהוי ביטול גמור (י): שלא

מסורת הש"ס

א) [נ"ל אשין], ב) [נ"ל חייבין], ג) [לעיל קיא:], לקמן קיד:], ד) גיטין י: נדרים כח. ב"ב נד: נה., ה) כלאים פ"ט מ"ב, ו) [ע' תוס' זבחים לא: ד"ה הא ר' יהודה], ז) נדרים כז:, ח) [מניסן לבתר ניסן כצ"ל], ט) שייך אחר ד"ה אין פורטין, י) וכ"ז דוקא להנצל מן האנסים אבל בלא"ה אסור לגנוב דעת הבריות ח"ו כל שהוא אפי' שלא בשעת נדר.

תורה אור השלם

א) תֵּן לְחָכָם וְיֶחְכַּם עוֹד הוֹדַע לְצַדִּיק וְיוֹסֶף לֶקַח: [משלי ט, ט]

ב) אַחֲרֵי נִמְכַּר גְּאֻלָּה תִּהְיֶה לּוֹ אֶחָד מֵאֶחָיו יִגְאָלֶנּוּ: [ויקרא כה, מח]

ליקוטי רש"י

ביומי ניסן. ימי הקציר. ביומי תשרי. דריכות הגתות והבדים [ברכות לה:]. כלה. שבת שלפני הרגל שהכל נאספין לשמוע הלכות הרגל [שם ו:]. לא דבר שיש בו אחריות ממש. לא שגזל קרקע והניחה לפניהן. אלא אפילו גזל פרה וחרש בה או חמור ומחמר אחריו. והכל מעידין שהיה דנגזל חייבין אלמא בגזילה קיימת עסקינן [לעיל קיא:]. דינא דמלכותא דינא. של עודדי כוכבים [גיטין י:] כל מסים וארנוניות ומנהגות של משפטי מלכים שרגילים להנהיג במלכותם דינא הוא שכל בני המלכות מקבלים עליהם מרצונם חוקי המלך ומשפטיו והלכך דין גמור הוא ואין למחזיק בממון חבירו ע"פ חוק המלך הנהוג בעיר משום גזל [רשב"ם ב"ב נד:]. נודרים להרגין. שהוא הורג על עסקי ממון שאם בא להורגו יכול לדור על זה שהוא של תרומה ויאמר נדר זה עלי אם אינו של תרומה אע"פ שאינו של תרומה כדי שלא יטלם לפי שיש חיוב מיתה לזו והנדר מותר. ולחרמין. שהוא ליסטים בעלמא שאינו הורג. ולמוכסין. נוטל מכס המלך ורוצה ליטול פירותיו בע"כ. אע"פ שאינה של תרומה. יכול לידור שהן של תרומה כדי שלא יטלם ומתני' לא זו אף זו קתני [נדרים כז:].

עין משפט נר מצוה

כט א (מיי' פ' כ"ה מהל' סנהדרין הל' י) טוש"ע ח"מ סי' יא סעי' ג בהג"ה:

ל ב ג מיי' פכ"ה מהל' סנהדרין הלכה י סמג עשין רח טוש"ע שם ס"ג:

לא ד ה מיי' שם הל' ח טוש"ע שם סעי' ד:

לב ו ז מיי' שם סמג שם טוש"ע שם סעי' א:

לג ח ט י מיי' שם הל' ט סמג שם טוש"ע ח"מ סי' ה סעי' א ב:

לד כ ל (מיי' שם) טוש"ע שם סעי' ב בהג"ה:

לה מ נ ס מיי' פ"ה מהל' גזילה הל' ט ועיין מ"מ סמג עשין עג טוש"ע ח"מ סי' שסט ס"ד:

לו ע מיי' שם הלכה יא טוש"ע שם סעי' ב וסעי' ז ח ט:

לז פ צ מיי' שם טוש"ע שם סעיף י:

לח ק מיי' פ"י מהל' כלאים הלכה יח סמג לאוין רטו טוש"ע י"ד סי' שא סעי' ה:

לט ר מיי' פ"ה מהל' גזילה הלכה יא סמג עשין עג טוש"ע ח"מ סי' שסט סעי' ו:

מ ש ת א מיי' פ"ג מהל' שבועות הל' א ב ופ"ד מה' נדרים הל' א סמג לאוין רמב טוש"ע יו"ד סי' רל"ב סעי' יד:

מא ב מיי' שם ופ"ה מהל' גזילה הל' יא סמג שם ועשין עג טוש"ע שם וטוש"ע ח"מ סי' שסט סעי' ו:

מב ג מיי' פ"י מהל' מלכים הל' יב:

מג ד מיי' פ"א מהל' גזילה הלכה ב ופ"א מהל' גניבה ה"א סמג עשין עד טוש"ע ח"מ סי' שמח סעי' ב וסי' שנט סעי' א:

הגהות הב"ח

(א) גמ' דמתני לה אהא נודרין וכו' של תרומה אע"פ שאינה של תרומה שהיא של בית מלך אע"פ שאינה של מלך: (ב) רש"י ד"ה דינא וכו' אין זה גזלן: (ג) תוספות ד"ה ומר וכו' והא נמי דתנן בפ' בתרא דכלאים מוכרי כסות:

גליון הש"ס

גמ' א"ל תן לחכם וכו'. עירובין סה ע"ב: שם אסור להבריח. עיין פסחים דף קיב ע"ב: שם דמ"ס דבר שאין מתכוין מותר. זבחים לא ע"ב תוד"ה הא ר"י:

הגהות מהר"ב רנשבורג

אן גמ' דתניא אסור להבריח בהם כצ"ל. וכ"ה ברי"ף ור"ל בכלאים ובנימוקי יוסף הגירסא בו וכן בדר' עקיבא ויעו"ש בנ"י דגרים להדיא בלשון הת"ק תניא אסור ללבוש עשרה בגדים כלאים זה על זה להבריח בו את המכס וכ"כ הרא"ש וכן נלע"ד שהיתה גירסת התוס' בזבחים דף לא ע"ב ד"ה הא ר"י ויעוש"ה ולשון סוגיין בשלמא לענין כלאים וכו' הכי מוכח וע' ני' יהושע ודו"ק:

הַשֵּׁם — ומשמע שאם אין בכך משום קידוש השם, **בָּאִין** כנגדו בתחבולות. **וְיש להקשות על כך: גֶּזֶל כְּנַעֲנִי, מִי שָׁרֵי** — וכי הוא מותר לפי רבי עקיבא[45]? **וְהָתַנְיָא** — והרי לא כך שנינו בברייתא: **אָמַר רַבִּי שִׁמְעוֹן: דָּבָר זֶה דָּרַשׁ רַבִּי עֲקִיבָא כְּשֶׁבָּא מִזְּפִירִין: מִנַּיִן לְגֶזֶל כְּנַעֲנִי שֶׁהוּא אָסוּר? תַּלְמוּד לוֹמַר** — יש ללמוד זאת ממה שאמרה התורה בענין ישראל שמכר עצמו כעבד לכנעני (ויקרא כה, מח): "**אַחֲרֵי נִמְכַּר גְּאֻלָּה תִּהְיֶה לּוֹ**, אֶחָד מֵאֶחָיו יִגְאָלֶנּוּ" וגו׳. והיינו, שקרוביו של העבד יפדו אותו מיד הכנעני[46].

הערות

ואל יעבור ועשה כן, הרי זה קידש את השם. ואם היה בפני עשרה מישראל, הרי זה קידש את השם ברבים, והוא בכלל הרוגי מלכות, שאין מעלה על מעלתם (רמב"ם הלכות יסודי התורה ה, ד). והפורש מעבירה, או עשה מצוה, לא מפני דבר בעולם, לא פחד ולא יראה ולא לבקש כבוד, אלא מפני הבורא ברוך הוא כמניעת יוסף הצדיק את עצמו מאשת רבו, הרי זה מקדש את השם (שם י). וכן חכם מישראל שדיבורו בנחת עם הבריות, ודעתו מעורבת עמהם ומקבלם בסבר פנים יפות, ונעלב מהם ואינו עולבם, מכבד אותם ואפילו למקילים לו, ונושא ונותן באמונה... עד שיימָּצאו הכל מקלסים אותו ואוהבים אותו ומתאוים למעשיו, הרי זה קידש את השם, ועליו הכתוב אומר (ישעיה מט, ג): "וַיֹּאמֶר לִי עַבְדִּי אָתָּה, יִשְׂרָאֵל אֲשֶׁר בְּךָ אֶתְפָּאָר" (רמב"ם שם יא).

45. הימנעות מפרעון חוב היא כגזל (ראה חוט המשולש יז ד"ה ונפלאתי, מבבא מציעא קיא, א, זה הוא עושק וכו׳). וגם הגוזל מגזלן נחשב גזלן (ראה ברכות ה, ב, בתר גנבא גנוב וכו׳, ובית יוסף חושן משפט שסט, ח). אף על פי כן, אלמלא איסור חילול השם היה רבי עקיבא מתיר לנתבע להימנע מלשלם לכנעני התובע. האם נוכל ללמוד מכך שלפי רבי עקיבא אין איסור לגזול מכנעני? [הגמרא (בעמוד ב) תסיק שאכן רבי עקיבא סובר שיש בכך איסור.]

46. אדם מישראל המוכר עצמו כעבד לנכרי, יכולים קרוביו לפדות אותו על ידי שישלמו לאדונו עבור השנים הנותרות עד תום תקופת השעבוד. הגמרא בקידושין (כא, ב) דורשת מן הכתוב שהקרובים מחוייבים לעשות כן, כדי שהעבד לא ייטמע בין הגויים (ראה רש"י שם ד"ה ואפילו לר׳ יהושע).

אאבל איתיה במתא לא דאמרינן אימר לא אמרו ליה דאמרי אשכחינהו שליחא דבי"ד ואמר ליה בולא אמרן אלא דלא חליף אבבא דבי דינא אבל חליף אבבא דבי דינא לא אמרי אשכחוה בי דינא ואמרי ליה גולא אמרן אלא דאתי ביומיה אבל לא אתי ביומיה לא אימא אישתלויי אשתלי אמר רבא דהאי מאן דכתיב עליה פתיחא על דלא אתי לדינא עד דאתי לדינא לא מקרעינן ליה על דלא ציית לדינא עד דציית לא מקרעינן ליה ולא היא הכיון דאמר צייתנא קרעינן ליה: אמר רב חסדא וקובעים זמן שני וחמישי ושני זמנא וזמנא בתר זמנא ולמחר כתבינן רב (א) אסי איקלע בי רב כהנא חזא ההיא איתתא דאזמנה לדינא בפניא ובצפרא כתיב עלה פתיחא א"ל לא סבר לה מר להא דאמר רב חסדא קובעין זמן שני וחמישי ושני א"ל זה"מ גברא דאניס וליתיה במתא אבל איתתא כיון דאיתה במתא ולא אתיא מורדת היא: אמר רב יהודה חלא יהבינא זמנא לא ביומי ניסן ולא ביומי תשרי לא במעלי יומא טבא ולא במעלי שבתא טאבל מניסן לבתר יומי ניסן וביומי תשרי לבתר תשרי קבעינן יממעלי שבתא לבתר מעלי שבתא לא קבעינן מאי טעמא בעבידתיה דשבתא טריד אמר רב נחמן כלא יהבינן זמנא לא לבני כלה בכלה ולא לבני ריגלא בריגלא כי הוו אתו לקמיה דרב נחמן אמר להו וכי לדידכו כנופייכו להואידנא דאיכא רמאי חיישינן: אם היה דבר שיש בו אחריות (ב) חייב לשלם: (ג) מתני ליה רבי לר"ש בריה לא דבר שיש בו אחריות ממש אלא אפילו פרה וחורש בה חמור ומחמר אחריו חייבין להחזיר מפני כבוד אביהן בעי מיניה רב כהנא מרב מטה ומיסב עליה שולחן ואוכל עליו מהו (ס) אמר לו א) תן לחכם ויחכם עוד: **מתני'** מאין פורטין לא מתיבת המוכסין ולא מכים של גבאין ואין נוטלין מהם צדקה נאבל נוטל הוא מתוך ביתו או מן השוק: **גמ'** תנא סאבל נותן לו דינר ונותן לו את השאר: ומוכסין ז) והאמר שמואל עדינא דמלכותא דינא אמר רב חנינא בר כהנא אמר שמואל פבמוכס שאין לו קצבה דבי ר' ינאי אמרי צבמוכס העומד מאליו איכא דמתני לה אהא ס) קלא ילבש אדם כלאים אפי' על גבי עשרה בגדים להבריח בו את המכס מתני' דלא כר"ע דתניא אן ° ראסור להבריח את המכס ר"ש אומר משום י) ר"ע מותר להבריח את המכס בשלמא לענין כלאים בהא קמיפלגי ° דמר סבר דבר שאין מתכוין מותר ומר סבר דבר שאין מתכוין אסור אלא להבריח בו את המכס מי שרי והאמר שמואל דינא דמלכותא דינא א"ר חנינא בר כהנא אמר שמואל במוכס שאין לו קצבה דבי ר' ינאי אמרי במוכס העומד מאליו ואיכא דמתני (א) אהא ז) שנודרין להרגין ולחרמין ולמוכסין שהיא של תרומה שהיא של בית מלך אע"פ שאינה של תרומה אע"פ שאינה של מלך ולמוכסין והאמר שמואל דינא דמלכותא דינא א"ר חנינא בר כהנא אמר שמואל תבמוכס שאין לו קצבה דבי ר' ינאי אמרי אבמוכס העומד מאליו רב אשי אמר בבמוכס כנעני דתניא גישראל וכנעני אנס שבאו לדין אם אתה יכול לזכהו בדיני ישראל זכהו ואמור לו כך דינינו בדיני כנענים זכהו ואמור לו כך דינכם ואם לאו באין עליו בעקיפין דברי ר' ישמעאל ר"ע אומר אין באין עליו בעקיפין מפני קידוש השם ור"ע טעמא דאיכא קידוש השם הא ליכא קידוש השם באין וגזל כנעני מי שרי והתניא אמר ר' שמעון דבר זה דרש ר"ע כשבא מזפירין מנין דלגזל כנעני שהוא אסור ת"ל ב) אחרי נמכר גאולה תהיה לו

רש"י

אבל איתיה במתא לא. משמתינן ליה דהנהו איתתא ושיבבי לא עבדי שליחותא: דאמרי שליחא דבי דינא אשכחיה ואמר ליה. אלא משדרינן ליה עוד שליחות אחרינא בתריה: ולא אמרן אלא דלא חליף אבבא דבי דינא. כי אתי ההוא פלוני לביתיה לית ליה אורחא לבבא דבי דינא אבל חליף אבבא דבי דינא לא סמכינן אשיבבי דאמרי בי דינא אמרי ליה: אישתלי. שכחו שליחותם קודם שבא אותו פלוני לביתו: עד דאתא לבי דינא לא קרעינא ליה. ואע"ג דאמר אתינא: על דלא ציית לבי דינא. שאמרו [לו] לא תן לו ולא קיים: עד דציית דינא. ויפרע לו: לא מקרעינן ליה. ואע"ג דאמר פרענא: ולא היא כיון דאמר דצייתנא קרענא. לאלתר דדלמא לית ליה זוזי השתא וטרח אבל באתא לדינא כל כמה דלא אתי אפקרותא הוא: קובעין זמן. ליום שני בשבת ואם לא יבא מזמנין אותו ליום חמישי ואם לא יבא מזמנין אותו ליום שני ועד למחר לא כתבינן פתיחא שכל היום ממתינין שמא יבא: לא יהבינן זימנא ביומי ניסן. אין מזמנין אדם לדין בניסן ובתשרי שהן זמן קציר ובציר: אבל ס) לבתר ניסן. שולחים שיבא ביום פלוני באייר: לבני כלה בכלה. באין לשמוע הדרשה בכל שבת אין אומרים לו בא ביום שני לדין דממנע ולא אתי לכלה: בריגלא. באין לשמוע הלכות הרגל קודם הרגל ל' יום: כי אתו. תובעין לקמיה דרב נחמן ביום כלה להזמין בעלי דינין לדין: אמר להו וכי לדידכו כנופייכו. לצורך דינכם הקהלתי אתכם: מטה ושלחן מהו. כיון דמידי דקאי בגו בית' הוא ולא מתחזי לעלמא כי פרה וחמור וליכא זילותא דאבוהון או דלמא כיון דנפקי ועיילי אינשי לביתייהו וחזו להו איכא זילותא: ויחכם עוד. כפרה וחמור כן מטה ושלחן: **מתני'** אין פורטין. להחליף סלעים בפרוטות מיד מוכסים ליטול הפרוטות מתיבתן שנותנין בה מעות המכס וכן מכים של גבאי המכס שגובה כסף גולגולת וארנונא לפי שהן של גזל: מתוך ביתו. של מוכס ממעות שלו: או מן השוק. אם יש לו מעות בשוק שאין לוקח מתיבת המכס: **גמ'** אבל נותן לו דינר. היה חייב לו פרוטות למוכס מן המכס בשוה חצי דינר ואין לו הפרוטות נותן לו דינר כסף ומקבל הימנו פרוטות בשוה חציו מפני שהוא כמציל מידו: דינא דמלכותא דינא. וזה שקיבל את המכס מן המלך בדבר קצוב כך וכך לשנה אין (ב) גזלן: שאין לו קצבה. אלא נוטל ככל חפצו: מאליו. שלא מאת המלך אפי' יש לו קצבה: כדי להבריח את המכס. ואע"פ שאין כוונתו להנאת לבישה אלא להבריח בו בלבישת כלאים: דינא דמלכותא דינא. ונמצא שגוזל את המוכס ישראל זה שקיבל את המכס מיד המלך נכרי בהיתר: נודרין. קונם כל פירות עלי אם אין תבואה זו של בית המלך: הורגים. רוצחים: חרמים. בעלי תיגרה ומריבה וגוזלי ממון: במוכס שהוא כנעני אנס. ואין לחוש אם גוזלו היכא דליכא חילול השם שאין מבין שזה מכזב: באין עליו בעקיפין. בחכמה עד שפוטרין את הישראל: אחרי נמכר. בעבד עברי הנמכר לנכרי בשוק משתעי: שלא

תוספות

ט) **ומר** סבר דבר שאין מתכוין מותר. ושרי אפי' ללבוש והא נמי (ג) דתניא מוכרי כסות מוכרין כדרכן ומוקי בבמה מדליקין (שבת דף כט: ושם) כרבי שמעון דשרי דבר שאין מתכוין התם נמי שרי אף ללבוש ולא שישאם דוקא על כתיפיו:

אין פורטין לא מתיבת המוכסין. לרבנן דאמרי סתם גזילה לא הוי יאוש בעלים א"ש ומ"מ קתני דנותן דינר ויחזיר לו השאר הואיל ואין ידוע בברור שהם של גזל ור"ש נמי דאמר סתם גזילה הוי יאוש בעלים דהשתא ה"ל יאוש ושינוי רשות מ"מ אין פורטין משום דדבר מגונה הוא דתיבה וכיס מיוחדת להצניע שם גזילות שלהם ודרכו כל שעה להניח שם:

נודרין להרגים. בנדרים (דף כח.) מפרש דאמר בשפתיו סתם יאסרו כל פירות שבעולם עלי אם אינם של תרומה ומחשב בלבו היום דאין נאסר אלא אותו יום בלבד ואע"ג דדברים שבלב אין דברים משום אונסא שרו ליה הכי מפרש התם וה"ה שיכול לחשוב בלבו שעה אחת או רגע וכן נוהגים כשהאנסים מדירים היהודים הדרים תחתיהם שלא יצאו לדור בעיר אחרת יכולין לידור סתם שלא יצאו ובלבם יחשבו היום ואפי' הוא מפרש בשפתיו שלא יצא ממנו כל ימי חייו יכול להערים ולחשוב בלבו שום תנאי ואם מבטל בשפתיו בלאם כ"ש דהוי ביטול גמור י): שלא

מסורת הש"ס

א) [נ"ל אשין], ב) [נ"ל חייבין], ג) [לעיל קיא:, לקמן קיד:], ד) גיטין י: נדרים כח. ב"ב נד: נה., ה) כלאים פ"ט מ"ב, ו) [ע' תוס' זבחים לא: ד"ה הא ר' יהודה], ז) נדרים כז:, ח) [מניסן לבתר ניסן כל"ל], ט) שייך אחר ד"ה אין פורטין, י) וכ"ז דוקא להנצל מן האנסים אבל בלא"ה אסור לגנוב דעת הבריות ח"ו כל שהוא אפי' שלא בשעת נדר.

תורה אור השלם

א) תֵּן לְחָכָם וְיֶחְכַּם עוֹד הוֹדַע לְצַדִּיק וְיוֹסֶף לֶקַח: [משלי ט, ט]

ב) אַחֲרֵי נִמְכַּר גְּאֻלָּה תִּהְיֶה לּוֹ אֶחָד מֵאֶחָיו יִגְאָלֶנּוּ: [ויקרא כה, מח]

ליקוטי רש"י

ביומי ניסן. ימי הקציר. ביומי תשרי. דריכות הגתות והבדים [ברכות לה:]. כלה. שבת שלפני הרגל שהכל נאספין לשמוע הלכות הרגל [שם ו:]. לא דבר שיש בו אחריות ממש. לא שגזל קרקע והניחה לפניהן. אלא אפילו גזל פרה וחרש בה או חמור ומחמר אחריו. והכל מעידין שהיה דגזל חייבין אלמא בגזילה קיימת עסקינן [לעיל קיא:]. דינא דמלכותא דינא. של עובדי כוכבים [גיטין י:] כל מסים וארנוניות ומנהגות של משפטי מלכים שרגילים להנהיג במלכותם דינא הוא שכל בני המלכות מקבלים עליהם מרצונם חוקי המלך ומשפטיו והלכך דין גמור הוא ואין למחזיק בממון חבירו ע"פ חוק המלך הנהוג בעיר משום גזל [רשב"ם ב"ב נד:]. נודרים להרגין. שהוא הורג על עסקי ממון שאם בא להורגו יכול לדור על זה שהוא של תרומה ויאמר נדר זה עלי אם אינו של תרומה אע"פ שאינו של תרומה כדי שלא יטלם לפי שיש חיוב מיתה לזו והנדר מותר. ולחרמין. שהוא ליסטים בעלמא שאינו הורג. ולמוכסין. נוטל מכס המלך ורוצה ליטול פירותיו בע"כ. אע"פ שאינה של תרומה. יכול לידור שהן של תרומה כדי שלא יטלם ומתני' לא זו אף זו קתני [נדרים כז:].

עין משפט נר מצוה

כט א (מיי' פ' כ"ה מהל' סנהדרין הל' י) טוש"ע ח"מ סי' יא סעי' ג בהג"ה:
ל ב ג מיי' פכ"ה מהל' סנהדרין הלכה י סמג עשין רח טוש"ע שם ס"ג:
לא ד ה מיי' שם הל' ח טוש"ע שם סעי' ד:
לב ו ז מיי' שם סמג שם טוש"ע שם סעי' א:
לג ח ט י מיי' שם הל' ט סמג שם טוש"ע ח"מ סי' ה סעי' א ב:
לד כ ל (מיי' שם) טוש"ע שם סעי' ב בהג"ה:
לה מ נ ס מיי' פ"ה מהל' גזילה הל' ט ועיין מ"מ סמג עשין עג טוש"ע ח"מ סי' שסט ס"ד:
לו ע מיי' שם הלכה יא טוש"ע שם סעי' ב וסעי' ז ח ט:
לז פ צ מיי' שם טוש"ע שם סעיף י:
לח ק מיי' פ"י מהל' כלאים הלכה יח סמג לאוין רפו טוש"ע י"ד סי' שא סעי' ה:
לט ר מיי' פ"ה מהל' גזילה הלכה יא סמג עשין עג טוש"ע ח"מ סי' שסט סעי' ו:
מ ש ת א מיי' פ"ג מהל' שבועות הל' א ב ופ"ד מה' נדרים הל' א סמג לאוין רמב טוש"ע יו"ד סי' רל"ב סעי' יד:
מא ב מיי' שם ופ"ה מהל' גזילה הל' יא סמג שם ועשין עג טוש"ע שם וטוש"ע ח"מ סי' שסט סעי' ו:
מב ג מיי' פ"י מהל' מלכים הל' יב:
מג ד מיי' פ"א מהל' גזילה הלכה ב ופ"א מהל' גניבה ה"א סמג עשין עד טוש"ע ח"מ סי' שמח סעי' ב וסי' שנט סעי' א:

הגהות הב"ח

(א) גמ' דמתני לה אהא נודרין וכו' של תרומה אע"פ שאינה של תרומה שהיא של בית מלך אע"פ שאינה של מלך:
(ב) רש"י ד"ה דינא וכו' אין זה גזלן:
(ג) תוספות ד"ה ומר וכו' והא נמי דתנן בפ' בתרא דכלאים מוכרי כסות:

גליון הש"ס

גמ' א"ל תן לחכם וכו'. עירובין סה ע"ב: שם אסור להבריח. עיין פסחים דף קיב ע"ב: שם דמ"ם דבר שאין מתכוין מותר. זבחים לא ע"ב תוד"ה הא ר"י:

הגהות מהר"ב רנשבורג

א] גמ' דתניא אסור להבריח בהם כצ"ל. וכ"ה ברי"ף ור"ל בכלאים ובנימוקי יוסף הגירסא בו וכן בדר' עקיבא ויעו"ש בנ"י דגרים להדיא בלשון הת"ק תניא אסור ללבוש עשרה בגדים כלאים זה על זה להבריח בו את המכס וכ"כ הרא"ש וכן נלע"ד שהיתה גירסת התוס' בזבחים דף לא ע"ב ד"ה הא ר"י ויעוש"ה ולשון סוגיין בשלמא לענין כלאים וכו' הכי מוכח וע' פני יהושע ודו"ק:

שלא ימשכנו ויצא יכול יגלום עליו ת"ל א) וחשב עם קונהו ° א ידקדק עם קונהו אמר רב יוסף לא קשיא הא בכנעני הא בגר תושב אמר ליה אביי והא תרווייהו גבי הדדי כתיבי א) לא לך אלא לגר שנאמר ב) לגר ולא לגר צדק אלא לגר תושב שנאמר לגר תושב ג) משפחת גר זה העובד כוכבים כשהוא אומר או לעקר זה הנמכר לעבודת כוכבים אלא אמר רבא לא קשיא כאן בגזילו וכאן ב בהפקעת הלוואתו א"ל אביי עבד עברי הפקעת הלוואתו הוא רבא לטעמיה ג) דאמר רבא ° ג עבד עברי גופו קנוי אמר רב ביבי בר גידל אמר ר"ש חסידא ד) גזל כנעני אסור ד אבידתו מותרת גזילו אסור דאמר רב הונא מנין לגזל הכנעני שהוא אסור שנאמר ג) ואכלת את כל העמים אשר ה' אלהיך נותן לך בזמן שהן מסורים בידך ולא בזמן שאינם מסורין בידך אבידתו מותרת דאמר רב חמא בר גוריא אמר רב מנין לאבידת הכנעני שהיא מותרת שנאמר ד) לכל אבדת אחיך לאחיך ה) אתה מחזיר ואי אתה מחזיר ו) לכנעני ואימא הני מילי היכא דלא אתי לידיה דלא מחייב לאהדורי בתרה אבל היכא דאתי לידיה אימא ליהדרה ז) אמר רבינא ד) ומצאתה דאתאי לידיה משמע: תניא ר' פנחס בן יאיר אומר ה במקום שיש חילול השם אפי' אבידתו אסור אמר שמואל טעותו מותרת כי הא דשמואל זבן מכותי לקנא דדהבא במר דפרזלא בד' זוזי ואבלע ליה חד זוזא רב כהנא זבן מכותי מאה ועשרים חביתא במאה ואבלע ליה חד זוזא אמר ליה ו חזי דעלך קא סמיכנא רבינא זבן דיקלא הוא וכותי לצלחא א"ל לשמעיה קדם ואייתי מעיקרו דכותי מניינא ידע רב אשי הוה קאזיל באורחא חזא שיבשא דגופנא בפרדיסא ותלי בה קיטופי דעינבי אמר ליה לשמעיה ° זיל חזי אי דכותי נינהו אייתי אי דישראל נינהו לא אייתי לי שמע ההוא כותי דהוה יתיב בפרדיסא אמר ליה דכותי שרי א"ל כותי שקיל דמי ישראל לא שקיל דמי גופא אמר שמואל ח דינא דמלכותא דינא אמר רבא תדע ט דקטלי דיקלי וגשרי גישרי ועברינן עלייהו א"ל אביי ודלמא משום דאייאוש להו מינייהו מרייהו אמר ליה אי לא דינא דמלכותא דינא היכי מייאשי והא לא קא עבדי כדאמר מלכא מלכא אמר זילו וקטלו מכל באגי ואינהו אזלו וקטלו מחד באגא י שלוחא דמלכא כמלכא ולא טרח ואינהו אפסיד אנפשייהו דאיבעי להו דאינקוט מכוליה באגי ומשקל דמי אמר רבא כ מאן דמשתכח בבי דרי פרע מנתא דמלכא וה"מ שותפא ל אבל אריסא אריסותיה הוא דקא מפיק ואמר רבא מ בר מתא אבר מתא מיעבט נ וה"מ ח) דברלא ארעא וכרגא דהאי שתא אבל שתא דחליף הואיל ואפיים מלכא חליף ואמר רבא הני דדיירי דרי בתוך התחום אסור ליקח מהן מאי טעמא משום דמערבא חיותא דמתא בהדייהו חוץ לתחום מותר ליקח מהם אמר רבינא אם היו בעלים מרדפים אחריהם אפילו חוץ לתחום אסור מכריז רבא ואיתימא רב הונא דסלקין לעילא ודנחתין לתתא ס האי בר ישראל דידע סהדותא לכותי [א] ולא תבעו מיניה ואזל ואסהיד ליה בדיני דכותי על ישראל חבריה משמתינן ליה מאי טעמא דאינהו מפקי ממונא

רש"י

שלא ימשכנו ויצא. כלומר שלא יוציאוהו בית דין מיד הכותי אלא בגאולה: יגלום. יכול יניח את הכנעני לכפול ולהוסיף ולתבוע מה שלא נתן: גר תושב. אין עובד ע"ז ואוכל נבילות: ולא לך אלא לגר. בקדושין היא (ד' כ.) ובערכין (דף ל:) כמה קשה אבקה של שביעית אדם שנושא ונותן בפירות שביעית סוף מוכר את עצמו שנאמר ונמכר לך לא לך אלא לכנעני כו' ולע"ז עצמה לחטוב עצים ולשאוב מים ואכולהו קאי גאולה תהיה לו אלמא גזל כנעני אסור: בהפקעת הלוואתו. שאין גזל ממש שרי כי ליכא חילול השם ולהבריח המכס הוי כהפקעת הלואתו: הפקעת הלואתו הוא. שהלוהו על עבודתו ואפי' הכי אמר ר' עקיבא לא יצא על כרחו: גופו קנוי. כל שש שנים ונמצא שגזלו ממש: טעותו. היה חייב לו לישראל וטעה בחשבון דליכא חילול השם: לקנא דדהבא במר דפרזלא. מזרק של זהב בחזקת של נחושת: ואיבלע ליה זוזא. ועוד טעות אחרת שעיכב זוז מדמיו והטעהו בחשבון שלקח ג' במקום ד': ואמר. רב כהנא לכותי חזי דעלך סמיכנא איני מונה אותם כדי להוציא עצמו מן החשד ל"א כותי א"ל לרב כהנא חזי דעלך סמיכנא זו שמעתי: לצלחא. לבקע: מעיקרו. פסקית של כל העיקר קא לצרכי שהן עבים: דכותי מניינא ידע. מנין הפסקים מנה אבל לא נתן עיניו כמה דקים יש וכמה גסים יש: שיבשא. זמורות: קטופי. אשכולות: היכי מיאשי. כלומר מי הוי יאוש הא יאוש כדי הוי (א) ואין כאן שנוי רשות שברה"ר הן ושינוי מעשה נמי ליכא דהשתא נמי גופא דדיקלא מקרו: והא לא עבדי שליחותיה כדקאמר מלכא. ואשתכח דלאו דינא דמלכותא הוא ואמאי עברינן עלייהו: ולא טרח. אין עליו לטרוח וליקח מזה אחד ומזה אחד: באגא. בקעה: דמשתכח בבי דרי. היו ארבעה שותפין בגורן והביאו שלשה חלקן בביתן והרביעי' נמצא בגורן: פרע מנתא דמלכא. בשביל כולם ולכשיבאו חביריו אין יכולין לומר שלך היה ולא שלנו ואם גבאי זה ישראל הוא שקנה מן המלך את המס אין כאן משום גזל דדינא דמלכותא דינא ואם כותי הוא מותר לקנות ממנו: אריסותיה מפיק. דאין לו חלק בגופו של קרקע ואין עליו לפרוע חלק על הבית ולענין זבוני לא מזבנינן מיניה דגזל הוא מה שנטלו מן האריס: בר מתא אבר מתא מיעבט. רשות ביד ישראל גבאי המלך למשכן בן העיר על מס בן עיר חבירו דדינא דמלכותא דינא: והני מילי דבורלא. (ב) אברול ארעא מס קרקע שאכל פירות: וכרגא. כסף גולגולת דשתא דא: אבל שתא דחליף חליף. (ג) והוא הגבאי כבר פרע למלך כל קצבה שקיבל עליו שנה שעברה ומעתה המס שלו ולו אין כח למשכן את זה על חבירו: דדיירי דרי. עכו"ם שיש להם בהמות ומזבלין מהן שדות בשכר: אסור ליקח מהן. בהמה שמא נתחברה עם בהמותיהם של ישראל ושל בני ישראל הוא:

אפומא

תוספות

שלא ימשכנו ויצא כו'. והני תנאי דפרק המקבל (ב"מ דף קיא: ושם) דסברי דגזל הכנעני מותר מוקמי לה להאי קרא לדרשה אחריתי:

יכול יגלום עליו. פי' בקונטרס יכול יניח (ד) הכנעני לכפול ולהוסיף על הלואתו לתבוע מה שלא נתן ותימה לר"י דאמאי אצטריך קרא להכי דאטו יפסיד ויניח את הכנעני להטעות את עצמו ונראה לר"י דה"פ יכול יגלום עליו שיטעה את הכנעני ויתן לו פחות ממה שנתן לו ת"ל וחשב עם קונהו וכן פי' בערוך בערך גלם אע"ג דטעות כנעני היה מותר אסור להטעותו במקום שהכנעני יודע שגוזל ועושה עצמו כלא ידע:

הכי קאמינא אי דכותי נינהו. נראה לר"י שכן היה דעתו מתחילה כמו שהשיב להכותי ולא כמו שהיה הכותי סובר דא"כ היה סובר דגזל הכותי מותר דאין חילוק בין גניבה לגזילה דבגניבה איכא (ה) חילול השם כשידע לבסוף וכל הנך שמעתא לא אייתי אלא הנהו דאסרי גזל כנעני ולא מייתי תנאי דהמקבל (שם) דשרי:

היכי מייאשי. היה להם לתבוע בדין את כל אדם העוברים עליהם אלא ודאי לכך מתייאשים לפי שבדין אין משלמין להם כלום משום דדינא דמלכותא דינא ובקונטרס פי' היכי מייאשי כלומר מי הוי יאוש והא יאוש כדי הוא ולא קני דאין כאן שינוי רשות שהרי הן מונחים ברשות הרבים ושינוי מעשה נמי ליכא דהשתא נמי הוי גודי דדיקלי מיקרו כדאמר לעיל בהגוזל קמא (דף סו. ושם):

ולא

עין משפט נר מצוה

מד א מיי' פ"ז מהל' גניבה הל' ח סמג לאוין קנב:

מה ב טוש"ע ח"מ סי' שמח סעי' ב בהג"ה:

מו ג מיי' פ"ב מהל' נזירות הל' יח [ופ"ב מהל' עבדים הל' יא]:

מז ד ה מיי' פי"א מהל' גזלה ואבדה הלכה ג סמג עשין עד טוש"ע ח"מ סי' רסו סעי' א:

מח ו ז מיי' שם הלכה ד וה סמג שם טוש"מ סימן שמח וש"ע שם סעי' ב בהג"ה:

מט ח ט י מיי' פ"ה שם הלכה יד והל' טו והל' יז סמג עשין עג טוש"ע ח"מ סי' שסט סעי' ב:

נ כ מיי' שם הלכה יב טוש"ע שם סעי' ז:

נא ל טור ח"מ שם:

נב מ מיי' שם ופ"ח מהל' חובל ומזיק הלכה ו סמג שם טוש"ע שם וסי' קכח סעי' ב וסימן שפח סעי' ו:

נג נ מיי' שם וע' בהגהות מיימוני שם סמג שם טוש"ע שם סי' קכח סעי' ב בהג"ה:

נד ס מיי' פ"ו מהל' ת"ת בהלכות קטנות הלכה ט סמג עשין קז טוש"ע ח"מ סי' כח סעי' ג וטוש"ע י"ד סי' שלד סעי' מג:

הגהות הב"ח

(א) רש"י ד"ה היכי מיאשי וכו' דאין כאן וכו' נמי גודי. נ"ב ע"ל דף נו ע"א: (ב) ד"ה והני מילי דבורלא ארעא כצ"ל ותיבת אברול נמחק: (ג) ד"ה אבל וכו' חליף הואיל דהגבאי כבר וכו' משנה שעברה: (ד) תוס' ד"ה יכול וכו' יניח את הכנעני: (ה) ד"ה הכי וכו' דבגניבה איכא נמי חילול:

הגהות הגר"א

[א] גמרא (ולא תבעו מיניה) תא"מ:

גליון הש"ס

גמ' ידקדק עם קונהו. עיין פי' המשניות להרמב"ם פ"ב מ"ז דכלים: שם עבד עברי גופו קנוי. עיין יבמות דף מו ע"ב וכו"ש: שם זיל חזי אי דכותי. עיין בב"מ דף מח ע"א תוס' ד"ה נתנה לסיטון:

מסורת הש"ס

א) קדושין כ. ב"מ עא. [ערכין ל:], ב) [יבמות מו.], ג) קדושין טז. כח., ד) [ב"מ פז: בכורות יג:], ה) שיש גם לו כמוך נמוסים ומשפטים לדיקים בדברים שבין אדם לחבירו, ו) שנוהגים הפקר בקניני אחרים, ז) [ב"מ ב. כז.], ח) [גי' הערוך ערך בלר ג' וה"מ בבולרא פירוש יבול הארץ כלומר מס הארץ].

תורה אור השלם

א) וְחִשַּׁב עִם קֹנֵהוּ מִשְּׁנַת הִמָּכְרוֹ לוֹ עַד שְׁנַת הַיֹּבֵל וְהָיָה כֶּסֶף מִמְכָּרוֹ בְּמִסְפַּר שָׁנִים כִּימֵי שָׂכִיר יִהְיֶה עִמּוֹ: [ויקרא כה, נ]

ב) וְכִי תַשִּׂיג יַד גֵּר וְתוֹשָׁב עִמָּךְ וּמָךְ אָחִיךָ עִמּוֹ וְנִמְכַּר לְגֵר תּוֹשָׁב עִמָּךְ אוֹ לְעֵקֶר מִשְׁפַּחַת גֵּר: [ויקרא כה, מז]

ג) וְאָכַלְתָּ אֶת כָּל הָעַמִּים אֲשֶׁר יְיָ אֱלֹהֶיךָ נֹתֵן לָךְ לֹא תָחוֹס עֵינְךָ עֲלֵיהֶם וְלֹא תַעֲבֹד אֶת אֱלֹהֵיהֶם כִּי מוֹקֵשׁ הוּא לָךְ: [דברים ז, טז]

ד) וְכֵן תַּעֲשֶׂה לַחֲמֹרוֹ וְכֵן תַּעֲשֶׂה לְשִׂמְלָתוֹ וְכֵן תַּעֲשֶׂה לְכָל אֲבֵדַת אָחִיךָ אֲשֶׁר תֹּאבַד מִמֶּנּוּ וּמְצָאתָהּ לֹא תוּכַל לְהִתְעַלֵּם: [דברים כב, ג]

ליקוטי רש"י

לא לך אלא לגר. פרשה אחרת היא הסמוכה לנמכר לך וכי תשיג יד גר ותושב עמך וגו' [קדושין כ.] רישא דברייתא במסכת ערכין (דף ל:) בא וראה כמה קשה אבקה של שביעית אדם נושא ונותן בפירות שביעית סוף מוכר מטלטליו כו' עד לא באת לידו עד שמוכר עצמו שנאמר ונמכר לך ולא לך אלא לגר. לגר תושב. שקיבל עליו שלא לעבוד עבודת כוכבים ואוכל נבילות [ב"מ עא.]. זה הנמכר לעבודת כוכבים. שהיה נעשה משרת לעבודת כוכבים לחטוב עצים ולשאוב מים [ערכין שם]. לחטוב עצים ושאר צרכיה ולא לשם אלהות [קידושין כ:]. עבד עברי גופו קנוי. עד שיגיעו ימי חיפושו [שם טז.]. ומצאתה. שתהא קרויה אבידה. דאתאי לידיה משמע. ואפילו הכי אחיך ולא עובד כוכבים ולמדך שאבידת כנעני מותרת ולא תימא כי אמעוט אבידת כנעני מלטרוח אחריה אמעוט אבל אי נקטה חייב לאהדורה [ב"מ כז.]. לשמעיה. שלוחו [קדושין ע.]. דסלקין לעילא. מבבל לארץ ישראל. ודנחתין לתתא. מארץ ישראל לבבל. הוו בקיאין בדין זה [לעיל כג:].

הכתוב מלמד **שֶׁלֹּא יִמְשְׁכֶנּוּ** מרשות הכנעני **וְיֵצֵא;** כלומר, שלא יוציאוהו בית דין [או הקרובים] מיד הכנעני אלא ב״גְּאֻלָּה״ (דהיינו על ידי פדיון)[1]. **יָכוֹל יְגַלּוֹם עָלָיו** — שמא תאמר שיניח לכנעני לכפול את דמי הפדיון, ולתבוע עבורו יותר ממה ששילם[2]; **תַּלְמוּד לוֹמַר** (ויקרא כה, נ): ״**וְחִשַּׁב עִם קֹנֵהוּ**״, כלומר, **יְדַקְדֵּק עִם קוֹנֵהוּ** בחשבון, ולא יוסיף לפדותו ביותר משוויו[3]. הרי לנו מברייתא זו שרבי עקיבא סובר שגזל הכנעני אסור!

הגמרא מציעה ישוב לסתירה שבין הוראותיו של רבי עקיבא:

אָמַר רַב יוֹסֵף: לֹא קַשְׁיָא — אין זה קשה; **הָא** — ההוראה הראשונה של רבי עקיבא, שממנה עולה שגזל הכנעני אינו אסור מצד עצמו, עוסקת **בִּכְנַעֲנִי**, ואילו **הָא** — ההוראה השניה, עוסקת **בְּגֵר תּוֹשָׁב**, דהיינו נכרי שפרש מעבודה זרה, אבל לא התגייר, והוא אוכל נבילות[4].

הגמרא דוחה תירוץ זה:

אָמַר לֵיהּ אַבַּיֵי לרב יוסף: **וְהָא תַּרְוַיְיהוּ גַּבֵּי הֲדָדֵי כְּתִיבֵי** — והרי שניהם (כנעני וגר תושב) כתובים זה בצד זה בפסוק הנזכר לעיל (האוסר לגזול עבד עברי מאדוניו)[5], וכפי שמוכח מתוך ברייתא זו[6]: אדם שעבר עבירה ולא שב בתשובה, סופו שיצטרך למכור עצמו לעבד, כמו שנאמר (ויקרא כה, לט): ״וְכִי יָמוּךְ אָחִיךָ עִמָּךְ וְנִמְכַּר לָךְ״. **וְלֹא** רק **לְךָ** (דהיינו לישראל) עלול הוא להימכר, **אֶלָּא** אפילו **לְגֵר, שֶׁנֶּאֱמַר** בפרשה הסמוכה (שם מז): ״**לְגֵר**״. **וְלֹא** רק **לְגֵר צֶדֶק, אֶלָּא** אפילו **לְגֵר תּוֹשָׁב, שֶׁנֶּאֱמַר** (שם): ״**לְגֵר תּוֹשָׁב**״[7]. וכשאומר הפסוק לאחר מכן ״**מִשְׁפַּחַת גֵּר**״, **זֶה** נכרי **הָעוֹבֵד** עבודת **כּוֹכָבִים**, ולמדנו מכאן שפעמים שנמכר אפילו לעובד כוכבים[8]. **כְּשֶׁהוּא** (הפסוק) **אוֹמֵר** ״**אוֹ לְעֵקֶר**״, **זֶה הַנִּמְכָּר לַעֲבוֹדַת כּוֹכָבִים** עצמה, כגון לחטוב עצים ולשאוב מים עבורה[9]. והרי לגבי כל המקרים שהוזכרו בברייתא אומרת התורה בפסוק הבא (שם מח): ״אַחֲרֵי נִמְכַּר גְּאֻלָּה תִּהְיֶה לּוֹ״, שזהו הפסוק שממנו לומד רבי עקיבא שאסור לגזול את העבד מאדונו. ואם כן מוכח מכאן שאיסור זה נוהג גם במקרה שהאדון הוא עובד עבודה זרה!

הגמרא מסכימה שאכן אסור לגזול נכרי אפילו אם עובד עבודה זרה, ולפיכך מתרצת באופן אחר את הסתירה שבין הוראותיו של רבי עקיבא:

אֶלָּא אָמַר רָבָא: לֹא קַשְׁיָא — אין זה קשה; **כָּאן**, בהוראה השניה של רבי עקיבא, מדובר **בִּגְזֵילוֹ** של הכנעני, **וְאִילּוּ כָּאן**, בהוראה הראשונה, מדובר **בְּהַפְקָעַת הַלְוָאָתוֹ**, כלומר, בהימנעות מתשלום חובו[10].

אביי מקשה על כך:

אָמַר לֵיהּ אַבַּיֵי לרבא: הרי המקרה של גזילת **עֶבֶד עִבְרִי** מאדונו הכנעני, **כְּהַפְקָעַת הַלְוָאָתוֹ הוּא!** שכן התשלום ששילם האדון נחשב כהלוואה, והעבד פורע לו את ההלוואה על ידי עבודתו; ואף על פי כן דרש רבי עקיבא מן הכתוב שאסור לקחת את העבד מתחת האדון. ואם כן מוכח מכאן שרבי עקיבא אוסר גם הפקעת הלוואה של כנעני[11]!

הערות

1. רש״י.

מוכח מכאן שהתורה אוסרת לגזול מנכרי אפילו אם הוא עובד עבודה זרה (ראה גמרא בהמשך עם הערות 5-9). יש צורך בפסוק ללמדנו זאת, משום שנאמר לגבי איסור גזל (ויקרא יט, יג): ״לֹא תַעֲשֹׁק אֶת רֵעֲךָ וְלֹא תִגְזֹל״, ומשמע שהאיסור נוהג דוקא לגבי ״רֵעֲךָ״. ולפיכך מלמדת כאן התורה שאיסור זה נוהג בייחס לכל אדם (אבן האזל הלכות גזילה א, ב ד״ה ולפ״ז, על פי בבא מציעא קיא, ב, ״אמר קרא רעך״ וכו׳).

גזל כנעני, או כל אדם שאינו מישראל, אסור מצד עצמו, אפילו אם אין בכך משום חילול השם (רא״ש, הובא בשיטה מקובצת; ים של שלמה יח ו־כ; ועיין מרומי שדה ד״ה ושיטת). איסור זה נוהג אפילו לגבי נכרי המצער את ישראל בגופו (סמ״ג לא תעשה קנב, ועוד), וכל שכן במקרה שעשה לו נזק בממונו (ראה שלחן ערוך הרב הלכות גזילה, קונטרס אחרון יא). [ולפיכך יש סתירה בין דבריו אלו של רבי עקיבא לבין הוראתו בברייתא שבעמוד א.]

2. רש״י. היה עולה על דעתנו לומר שאין מדקדקים על מחיר הפדיון, ויש לפדותו מיד הכנעני אפילו ביותר מדמיו, כדי שלא ייטמע בין הגויים (קיקיון דיונה, פני יהושע; ראה עמוד א הערה 46; אולם עיין תוספות ושאר ראשונים, יובאו בהערה הבאה).

[רש״י מפרש, כנראה, ש״יְגַלּוֹם״ הוא לשון כריכה וכפילה, וכמו בפסוק ״וַיִּקַּח אֵלִיָּהוּ אֶת אַדַּרְתּוֹ וַיִּגְלֹם״ (מלכים־ב ב, ח), דהיינו שכרך את אדרתו כדי להכות בה את המים (ראה מפרשים שם). וכך גם כאן, הכוונה היא שהכנעני יכפול את דמי הפדיון (ראה רבינו ברוך; ועיין הערה הבאה).]

3. פירשנו לפי רש״י. אולם רוב הראשונים מפרשים את דברי הברייתא כאן באופן אחר: **יָכוֹל יְגַלּוֹם עָלָיו** — אולי נאמר שהפודה יַטעה את בעל העבד וישלם לו פחות מדמיו; **תַּלְמוּד לוֹמַר** ״**וְחִשַּׁב עִם קֹנֵהוּ**״, כלומר שהפודה **יְדַקְדֵּק עִם קוֹנֵהוּ**, וישלם לו כפי המגיע לו. והיינו, שלא רק שאסור לגזול את העבד מבעליו, אלא גם אסור להטעות את הבעלים בחשבון (ערוך ערך גלם; תוספות; רשב״א; רא״ש, תוספות שאנץ, הובאו בשיטה מקובצת; רמב״ם הלכות גניבה ז, ח; ועיין הערה 12). [לפי פירוש זה, ״יְגַלּוֹם״ הוא מלשון ״גֹּלֶם״, כלומר, דבר בלתי שלם, וכמו ״גולמי כלי עץ״ (חולין כה, א), שהם כלים בלתי שלמים. וכן כאן, הכוונה היא שלא יְחַסר מדמי פדיונו (רשב״א, על פי הערוך שם). ויש מפרשים שהכוונה היא שלא יעשה את הכנעני כגולם, דהיינו שלא יטעה אותו (רא״ש, הובא בשיטה מקובצת; ראה גם רמב״ם בפירוש המשניות כלים יב, ז).]

פסוק זה עוסק בכנעני שהוא כבוש תחת יד ישראל, וכפי שמוכח מהמשך הכתוב (פסוק נד), שהאדון הכנעני חייב לשחרר את העבד בשנת היובל, דבר שניתן לעשותו רק כשהוא תחת בית דין של ישראל (קידושין טו, ב — טז, א). ואם כן התורה אוסרת לגזול כנעני אפילו אם הוא תחת רשות ישראל, וכל שכן כשאינו תחת רשותו (רמב״ם הלכות גניבה שם; ים של שלמה כ; ועיין הערה 15).

4. רש״י (ראה עבודה זרה סד, ב). ״גר תושב״ נקרא בשם זה מפני שמותר להושיבו בינינו בארץ ישראל [בניגוד לעובדי עבודה זרה, שבזמן שיד ישראל תקיפה אסור להניחם בארץ ישראל] (רמב״ם הלכות איסורי ביאה יד, ז, והלכות עבודה זרה י, ו). לפי תירוץ זה, רבי עקיבא סובר שאיסור התורה מתייחס רק לגר תושב.

5. אותו פסוק שממנו לומד רבי עקיבא שגזל הכנעני אסור, עוסק בין בעבד הנמכר לגר תושב ובין בעבד הנמכר לעובד עבודה זרה (וכפי שאביי ממשיך להוכיח). ואם כן יש ללמוד מכאן שגם נכרי העובד עבודה זרה אסור לגוזלו.

6. הברייתא (המובאת במלואה בקידושין כ, א, ובערכין ל, ב) דורשת את סדר הפסוקים בויקרא כה, א — כו, ב. התורה פותחת בדיני שמיטה ויובל, ולאחר מכן עוסקת בדיני מכירת מטלטלין ושדות ובתים, הלוואה ברבית, ודין עבד עברי הנמכר לישראל והנמכר לנכרי. הברייתא מלמדת שפרשיות אלו מסודרות בהדרגה מן הקל אל החמור. והיינו, שאדם שנשא ונתן בפירות שביעית (שניתנו לאכילה בלבד, ולא לסחורה), סופו שיֵרד מנכסיו. בתחילה יצטרך למכור את מטלטליו; אם לא ישוב בתשובה, יוחמר ענשו. הוא יצטרך למכור את קרקעותיו ואת ביתו, ואחר כך ללוות ברבית. בסופו של דבר ימכור את עצמו לעבד, תחילה לאדם מישראל ואחר כך לנכרי (ראה רש״י).

7. לשון הפסוק הוא: ״וְכִי תַשִּׂיג יַד גֵּר וְתוֹשָׁב עִמָּךְ וּמָךְ אָחִיךָ עִמּוֹ וְנִמְכַּר לְגֵר תּוֹשָׁב עִמָּךְ אוֹ לְעֵקֶר מִשְׁפַּחַת גֵּר״. הברייתא דורשת את המלים ״לְגֵר תּוֹשָׁב״, שהן מתייחסות לשני אנשים שונים: המלה ״לְגֵר״ מתייחסת לגר צדק (דהיינו נכרי שקיבל על עצמו דת ישראל לכל פרטיה), ו״תּוֹשָׁב״ הוא גר תושב (ראה הערה 4). [הברייתא מסתמכת בדרשה זו על תחילת הפסוק, שם נאמר ״גֵּר וְתוֹשָׁב״, ומשמע שהכוונה לשני אנשים נפרדים (ראה חכמת שלמה בבא מציעא עא, א).] התורה מזהירה את החוטא שאם לא ישוב בתשובה לאחר שנמכר לגר צדק, סופו שיצטרך למכור עצמו לגר תושב.

8. [״משפחת גר״ הם קרובי גר הצדק או התושב, שהם נכרים, ולא קיבלו על עצמם שלא לעבוד עבודה זרה.]

9. עבודה זרה מכונה ״עֵקֶר״, מפני שסופה להיעקר (ראה רמב״ן לפסוק זה, ותוספות קידושין כ, א ד״ה לעקר). אם החוטא לא יחזור בו, סופו שיצטרך למכור עצמו להיות משמש לצרכי עבודה זרה, וכגון לחטוב עצים ולשאוב מים עבורה. אבל אין הכוונה שיימכר לעבוד ולשמש את העבודה זרה עצמה [שכן במקרה כזה אין מוטל עלינו לפדותו] (ראה רש״י לפסוק, ובקידושין כ, ב; ועיין עוד רשב״א כאן).

10. הגמרא הניחה עד עתה שהימנעות מתשלום חוב כמוה כגזילה (ראה עמוד א הערה 45). רבא מחלק עתה בין שני המקרים: מה שדרש רבי עקיבא (בברייתא השניה) שגזל הכנעני אסור, הכוונה לגזילה ממש (וכמו גזילת העבד מאדונו, שבזה עוסק הפסוק). ואילו הברייתא הראשונה עוסקת בהפקעת הלוואה (ראה עמוד א הערה 42), שמותרת מעיקר הדין (במקרה של כנעני אנס, שעלול לגזול ממנו בעתיד). ולפיכך לא אסר רבי עקיבא בברייתא זו לבוא על הכנעני בעקיפין, אלא מפני חילול השם.

11. אביי טוען שישראל המוכר עצמו כעבד, באמת אין זו ״מכירה״, אלא ״הלוואה״. האדון ״מלוה״ לו כסף, והעבד ״פורע״ לו את החוב על ידי עבודתו. ונמצא שהוצאת העבד מתחת יד האדון היא, לאמיתו של דבר, ״הפקעת הלוואה״ ולא ״גזילה״ (ראה רש״י).

שלא ימשכנו ויצא יכול יגלום עליו ת"ל א) וחשב עם קונהו ידקדק עם קונהו אמר רב יוסף לא קשיא הא בכנעני הא בגר תושב אמר ליה אביי והא תרווייהו גבי הדדי כתיבי לא לך אלא לגר שנאמר ב) לגר ולא לגר צדק אלא לגר תושב שנאמר לגר תושב משפחת גר זה העובד כוכבים כשהוא אומר או לעקר זה הנמכר לעבודת כוכבים אלא אמר רבא לא קשיא כאן בגזילו וכאן בהפקעת הלוואתו א"ל אביי עבד עברי הפקעת הלוואתו הוא רבא לטעמיה דאמר רבא עבד עברי גופו קנוי אמר רב ביבי בר גידל אמר ר"ש חסידא גזל כנעני אסור אבידתו מותרת גזילו אסור דאמר רב הונא מנין לגזל הכנעני שהוא אסור שנאמר ג) ואכלת את כל העמים אשר ה' אלהיך נותן לך בזמן שהן מסורים בידך ולא בזמן שאינם מסורין בידך אבידתו מותרת דאמר רב חמא בר גוריא אמר רב מנין לאבידת הכנעני שהיא מותרת שנאמר ד) לכל אבדת אחיך לאחיך אתה מחזיר ואי אתה מחזיר לכנעני ואימא הני מילי היכא דלא אתי לידיה דלא מחייב לאהדורי בתרה אבל היכא דאתי לידיה אימא ליהדרה אמר רבינא ומצאתה דאתאי לידיה משמע: תניא ר' פנחס בן יאיר אומר במקום שיש חילול השם אפי' אבידתו אסור אמר שמואל טעותו מותרת כי הא דשמואל זבן מכותי לקנא דדהבא במר דפרזלא בד' זוזי ואבלע ליה חד זוזא רב כהנא זבן מכותי מאה ועשרים חביתא במאה ואבלע ליה חד זוזא אמר ליה חזי דעלך קא סמיכנא רבינא זבן דיקלא הוא וכותי לצלחא א"ל לשמעיה קדם ואייתי מעיקרו דכותי מניינא ידע רב אשי הוה קאזיל באורחא חזא שיבשא דגופנא בפרדיסא ותלי בה קיטופי דעינבי אמר ליה לשמעיה זיל חזי אי דכותי נינהו אייתי אי דישראל נינהו לא אייתי לי שמע ההוא כותי דהוה יתיב בפרדיסא אמר ליה דכותי שרי א"ל כותי שקיל דמי ישראל לא שקיל דמי גופא אמר שמואל דינא דמלכותא דינא אמר רבא תדע דקטלי דיקלי וגשרי גישרי ועברינן עלייהו א"ל אביי ודלמא משום דאייאוש להו מינייהו מרייהו אמר ליה אי לא דינא דמלכותא דינא היכי מייאשי והא לא קא עבדי כדאמר מלכא מלכא אמר זילו וקטלו מכל באגי ואינהו אזלו וקטלו מחד באגא שלוחא דמלכא כמלכא ולא טרח ואינהו אפסיד אנפשייהו דאיבעי להו דאינקוט מכוליה באגי ומשקל דמי אמר רבא מאן דמשתכח בבי דרי פרע מנתא דמלכא וה"מ שותפא אבל אריסא אריסותיה הוא דקא מפיק ואמר רבא בר מתא אבר מתא מיעבט וה"מ דברלא ארעא וכרגא דהאי שתא אבל שתא דחליף הואיל ואפיים מלכא חליף ואמר רבא הני דדיירי דרי בתוך התחום אסור ליקח מהן מאי טעמא משום דמערבא חיותא דמתא בהדייהו חוץ לתחום מותר ליקח מהם אמר רבינא אם היו בעלים מרדפים אחריהם אפילו חוץ לתחום אסור מכריז רבא ואיתימא רב הונא דסלקין לעילא ודנחתין לתתא האי בר ישראל דידע סהדותא לכותי [א] ולא תבעו מיניה ואזל ואסהיד ליה בדיני דכותי על ישראל חבריה משמתינן ליה מאי טעמא דאינהו מפקי ממונא

שלא ימשכנו ויצא. כלומר שלא יוליאוהו בית דין מיד הכותי אלא בגאולה: יגלום. יכול יניח את הכנעני לכפול ולהוסיף ולתבוע מה שלא נתן: גר תושב. אין עובד ע"ז ואוכל נבילות: ולא לך אלא לגר. בקדושין היא (ד' כ.) ובערכין (דף ל:) כמה קשה אבקה של שביעית אדם שנושא ונותן בפירות שביעית סוף מוכר את עצמו שנאמר ונמכר לך לא לך אלא לכנעני כו' ולע"ז עצמה לחטוב עצים ולשאוב מים ואכולהו קאי גאולה תהיה לו אלמא גזל כנעני אסור: בהפקעת הלוואתו. שאין גזל ממש שרי כי ליכא חילול השם ולהבריח המכס הוי כהפקעת הלואתו: הפקעת הלוואתו הוא. שהלוהו על עבודתו ואפי' הכי אמר ר' עקיבא לא יצא על כרחו: גופו קנוי. כל שש שנים ונמצא שגזלו ממש: טעותו. היה חייב לו לישראל וטעה בחשבון דליכא חילול השם: לקנא דדהבא במר דפרזלא. מזרק של זהב בחזקת של נחושת: ואיבלע ליה זוזא. ועוד טעות אחרת שעיכב זוז מדמיו והטעהו בחשבון שלקח ג' במקום ד': ואמר. רב כהנא לכותי חזי דעלך סמיכנא אינו מונה אותם כדי להוציא עצמו מן החשד ל"א כותי א"ל לרב כהנא חזי דעלך סמיכנא זו שמעתי: לצלחא. לבקע: מעיקרו. פסקית של לד העיקר קח לצרכי שהן עבים: דכותי מניינא ידע. מנין הפסקים מנה אבל לא נתן עיניו כמה דקים יש וכמה גסים יש: שיבשא. זמורות: קטופי. אשכולות: היכי מיאשי. כלומר מי הוי יאוש הא יאוש כדי הוי (א) ואין כאן שנוי רשות שברה"ר הן ושינוי מעשה נמי ליכא דהשתא נמי גופא דדיקלא מקרו: והא לא עבדי שליחותיה כדקאמר מלכא. ואשתכח דלאו דינא דמלכותא הוא ואמאי עברינן עלייהו: ולא טרח. אין עליו לטרוח וליקח מזה אחד ומזה אחד: באגא. בקעה: דמשתכח בבי דרי. היו ארבעה שותפין בגורן והביאו שלשה חלקן בביתן והרביעי' נמצא בגורן: פרע מנתא דמלכא. בשביל כולם ולכשיבאו חביריו אין יכולין לומר שלך היה ולא שלנו ואם גבאי זה ישראל הוא שקנה מן המלך את המס אין כאן משום גזל דדינא דמלכותא דינא ואם כותי הוא מותר לקנות ממנו: אריסותיה מפיק. דאין לו חלק בגופו של קרקע ואין עליו לפרוע חלק על הבית ולענין זבוני לא מזבנינן מיניה דגזל הוא מה שנטלו מן האריס: בר מתא אבר מתא מיעבט. רשות ביד ישראל גבאי המלך למשכן בן העיר על מס בן עיר חבירו דדינא דמלכותא דינא: והני מילי דבורלא. (ב) אברול ארעא מס קרקע שאכל פירות: וכרגא. כסף גולגולת דשתא דא: אבל שתא דחליף חליף. (ג) והוא הגבאי כבר פרע למלך כל קצבה שקיבל עליו שנה שעברה ומעתה המס שלו ולו אין כח למשכן את זה על חבירו: דדיירי דרי. עכו"ם שיש להם בהמות ומזבלין מהן שדות בשכר: אסור ליקח מהן. בהמה שמא נתחברה עם בהמותיהם של ישראל ושל בני ישראל הוא:

אפומא

שלא ימשכנו ויצא כו'. והני תנאי דפרק המקבל (ב"מ דף קיא: ושם) דסברי דגזל הכנעני מותר מוקמי לה להאי קרא לדרשה אחריתי:

יכול יגלום עליו. פי' בקונטרס יכול יניח (ד) הכנעני לכפול ולהוסיף על הלואתו לתבוע מה שלא נתן ותימה לר"י דאמאי אצטריך קרא להכי דאטו יפסיד ויניח את הכנעני להטעות את עצמו ונראה לר"י דה"פ יכול יגלום עליו שיטעה את הכנעני ויתן לו פחות ממה שנתן לו ת"ל וחשב עם קונהו וכן פי' בערוך בערך גלם אע"ג דטעות כנעני היה מותר אסור להטעותו במקום שהכנעני יודע שגוזל ועושה עצמו כלא ידע:

הכי קאמינא אי דכותי נינהו. נראה לר"י שכן היה דעתו מתחילה כמו שהשיב להכותי ולא כמו שהיה הכותי סובר דא"כ היה סובר דגזל הכותי מותר דאין חילוק בין גניבה לגזילה דבגניבה איכא (ה) חילול השם כשידע לבסוף וכל הנך שמעתא לא אייתי אלא הנהו דאסרי גזל כנעני ולא מייתי תנאי דהמקבל (שם) דשרי:

היכי מייאשי. היה להם לתבוע בדין את כל אדם העוברים עליהם אלא ודאי לכך מתייאשים לפי שבדין אין משלמין להם כלום משום דדינא דמלכותא דינא ובקונטרס פי' היכי מייאשי כלומר מי הוי יאוש והא יאוש כדי הוא ולא קני דאין כאן שינוי רשות שהרי הן מונחים ברשות הרבים ושינוי מעשה נמי ליכא דהשתא נמי הוי גודי דדיקלי מיקרו כדאמר לעיל בהגוזל קמא (דף סו. ושם): ולא

עין משפט נר מצוה

מד א מיי' פ"ז מהל' גניבה הל' ח סמג לאוין קנב:

מה ב טוש"ע ח"מ סי' שמח סעי' ב בהג"ה:

מו ג מיי' פ"ב מהל' מזירות הל' יח [ופ"ב מהל' עבדים הל' יא]:

מז ד ה מיי' פי"א מהל' גזלה ואבדה הלכה ג סמג עשין עד טוש"ע ח"מ סי' רסו סעי' א:

מח ו ז מיי' שם הלכה ד וה סמג שם טוח"מ סימן שמח וש"ע שם סעי' ב בהג"ה:

מט ח ט י מיי' פ"ה שם הלכה יד והל' טו והל' יז סמג עשין עג טוש"ע ח"מ סי' שסט סעי' ב:

נ כ מיי' שם הלכה יב טוש"ע שם סעי' ז:

נא ל טור ח"מ שם:

נב מ מיי' שם ופ"ח מהל' חובל ומזיק הלכה ו סמג שם טוש"ע שם וסי' קכח סעי' ב וסימן שפח סעי' ו:

נג נ מיי' שם וע' בהגהות מיימוני שם סמג שם טוש"ע שם סי' קכח סעי' ב בהג"ה:

נד ס מיי' פ"ו מהל' ת"ת בהלכות קטנות הלכה ט סמג עשין קו טוש"ע ח"מ סי' כח סעי' ג וטוש"ע י"ד סי' שלד סעי' מג:

הגהות הב"ח

(א) רש"י ד"ה היכי מיאשי וכו' דאין כאן וכו' נמי גודי. נ"ב ע"ל דף לו ע"א: (ב) ד"ה והני מילי דבורלא ארעא כצ"ל ותיבת אברול נמחק: (ג) ד"ה אבל וכו' חליף הואיל דהגבאי כבר וכו' משנה שעברה: (ד) תום' ד"ה יכול וכו' יניח את הכנעני: (ה) ד"ה הכי וכו' דבגניבה איכא נמי חילול:

הגהות הגר"א

[א] גמרא (ולא תבעו מיניה) תא"מ:

גליון הש"ס

גמ' ידקדק עם קונהו. עיין פי' המשניות להרמב"ם פי"ב מ"ז דכלים: שם עבד עברי גופו קנוי. עיין יבמות דף מו ע"א ובנ"י שם: שם זיל חזי אי דכותי. עיין בב"ב דף מח ע"א תוס' ד"ה נתנה לסיטון:

מסורת הש"ס

א) קדושין כ. ב"מ עא. [ערכין ל:], ב) [יבמות מו.], ג) קדושין טז. כח., ד) [ב"מ פז: בכורות יג:], ה) שיש גם לו כמוך נמוסים ומשפטים לדיקים בדברים שבין אדם לחבירו, ו) שנוהגים הפקר בקנייני אחרים, ז) [ב"מ ב. כז.], ח) [גי' הערוך ערך בלר ג' וה"מ בבולרא פירוש יבול הארץ כלומר מס הארץ].

תורה אור השלם

א) וְחִשַּׁב עִם קֹנֵהוּ מִשְּׁנַת הִמָּכְרוֹ לוֹ עַד שְׁנַת הַיֹּבֵל וְהָיָה כֶּסֶף מִמְכָּרוֹ בְּמִסְפַּר שָׁנִים כִּימֵי שָׂכִיר יִהְיֶה עִמּוֹ: [ויקרא כה, נ]

ב) וְכִי תַשִּׂיג יַד גֵּר וְתוֹשָׁב עִמָּךְ וּמָךְ אָחִיךָ עִמּוֹ וְנִמְכַּר לְגֵר תּוֹשָׁב עִמָּךְ אוֹ לְעֵקֶר מִשְׁפַּחַת גֵּר: [ויקרא כה, מז]

ג) וְאָכַלְתָּ אֶת כָּל הָעַמִּים אֲשֶׁר יְיָ אֱלֹהֶיךָ נֹתֵן לָךְ לֹא תָחוֹס עֵינְךָ עֲלֵיהֶם וְלֹא תַעֲבֹד אֶת אֱלֹהֵיהֶם כִּי מוֹקֵשׁ הוּא לָךְ: [דברים ז, טז]

ד) וְכֵן תַּעֲשֶׂה לַחֲמֹרוֹ וְכֵן תַּעֲשֶׂה לְשִׂמְלָתוֹ וְכֵן תַּעֲשֶׂה לְכָל אֲבֵדַת אָחִיךָ אֲשֶׁר תֹּאבַד מִמֶּנּוּ וּמְצָאתָהּ לֹא תוּכַל לְהִתְעַלֵּם: [דברים כב, ג]

ליקוטי רש"י

לא לך אלא לגר. פרשה אחרת היא הסמוכה לנמכר לך וכי תשיג יד גר ותושב עמך וגו' [קדושין כ.] רישא דברייתא במסכת ערכין (דף ל:) בא וראה כמה קשה אבקה של שביעית אדם נושא ונותן בפירות שביעית סוף מוכר מטלטליו כו' עד לא באת לידו עד שמוכר עצמו שנאמר ונמכר לך ולא לך אלא לגר. לגר תושב. שקיבל עליו שלא לעבוד עבודת כוכבים ואוכל נבילות [ב"מ עא.]. זה הנמכר לעבודת כוכבים. שהיה נעשה משרת לעבודת כוכבים לחטוב עצים ולשאוב מים [ערכין שם]. לחטוב עצים ושאר צרכיה ולא לשם אלהות [קידושין כ:]. עבד עברי גופו קנוי. עד שיגיעו ימי חיפושו [שם טז.]. ומצאתה. שהיא קרויה אבידה. דאתאי לידיה משמע. ואפילו הכי אחיך ולא עובד כוכבים ולמדך שאבידת כנעני מותרת ולא תימא כי אמעוט אבידת כנעני מלטרוח אחריה אמעוט אבל אי נקטה חייב לאהדורה [ב"מ כז.]. לשמעיה. שלוחו [קדושין ע.]. דסלקין לעילא. מבבל לארץ ישראל. ודנחתין לתתא. מארץ ישראל לבבל. הוו בקיאין בדין זה [לעיל כג:].

הגמרא מיישבת את הקושיא על פי שיטתו של רבא:

רָבָא לְטַעְמֵיהּ – רבא הולך לשיטתו במקום אחר (קידושין טז, א), **דְּאָמַר רָבָא: עֶבֶד עִבְרִי, גּוּפוֹ קָנוּי** לאדונו למשך תקופת עבודתו. ואם כן, לפי שיטת רבא, לקיחת העבד מיד אדונו נחשבת כגזילה ממש, ולא כהפקעת הלואה[12].

הגמרא מביאה הוראה נוספת בענין זה:

אָמַר רַב בִּיבִי בַּר גִּידֵּל אָמַר רַבִּי שִׁמְעוֹן חֲסִידָא: גֶּזֶל כְּנַעֲנִי אָסוּר; אבל **אֲבֵידָתוֹ מוּתֶּרֶת**[13].

הגמרא מביאה את המקור להוראה הראשונה:

גְּזֵילוֹ אָסוּר, דְּאָמַר רַב הוּנָא: מִנַּיִן לְגֶזֶל הַכְּנַעֲנִי שֶׁהוּא אָסוּר? שֶׁנֶּאֱמַר בענין כיבוש ארץ ישראל (דברים ז, טז): **"וְאָכַלְתָּ אֶת כָּל הָעַמִּים אֲשֶׁר ה' אֱלֹהֶיךָ נֹתֵן לָךְ"**[14]. ההיתר "לאכול" את העמים הוא דוקא **בִּזְמַן שֶׁהֵן מְסוּרִים בְּיָדְךָ, וְלֹא בִּזְמַן שֶׁאֵינָם מְסוּרִין בְּיָדְךָ**[15].

המקור להוראה השניה:

אֲבֵידָתוֹ מוּתֶּרֶת, דְּאָמַר רַב חָמָא בַּר גּוּרְיָא אָמַר רַב: מִנַּיִן לַאֲבֵידַת הַכְּנַעֲנִי שֶׁהִיא מוּתֶּרֶת? שֶׁנֶּאֱמַר בענין השבת אבידה (דברים כב, ג): "וְכֵן תַּעֲשֶׂה **לְכָל אֲבֵדַת אָחִיךָ**"[16]; **לְאָחִיךָ אַתָּה מַחֲזִיר** אבידה, **וְאִי אַתָּה מַחֲזִיר** אבידה **לִכְנַעֲנִי.**

שואלת הגמרא:

וְאֵימָא הָנֵי מִילֵּי – נאמר שדברים אלו (שאין צריך להחזיר אבידה לכנעני), הם דוקא **הֵיכָא דְּלֹא אָתֵי לִידֵיהּ** – במקרה שהאבידה לא הגיעה עדיין לידיו של ישראל, ועל מקרה זה מלמדת התורה **דְּלֹא מְחַיֵּיב לְאַהְדּוּרֵי בָּתְרָהּ** – שאין הישראל חייב לחזור אחרי האבידה כדי להחזירה לבעליה. **אֲבָל הֵיכָא דְּאָתֵי לִידֵיהּ** – במקרה שהאבידה הגיעה כבר לידיו של ישראל, **אֵימָא לִיהַדְרָהּ** – נאמר שחייב להחזירה[17]!

עונה הגמרא:

אָמַר רָבִינָא: המלה **"וּמְצָאתָהּ"** שבהמשך הפסוק, **דַּאֲתַאי לִידֵיהּ מַשְׁמַע** – משמעה שמדובר באבידה שכבר הגיעה לידיו. ונמצא שהמיעוט מהמלה "אָחִיךָ" מתייחס גם למקרה שהאבידה הגיעה כבר לידיו של ישראל, ואפילו באופן זה אינו חייב להחזירה[18].

הערות

12. רש"י. [רש"י כאן כותב שתקופת עבודתו היא שש שנים. אמנם במסכת קידושין (טו, ב) מבואר שעבד עברי הנמכר לנכרי אינו יוצא אחר שש שנים (כמו עבד עברי הנמכר לישראל); אלא, אם לא פדו אותו, הוא עובד עד שנת היובל.]

[רבא אינו מתכוון לומר שגופו של עבד עברי קנוי לגמרי לאדונו, כמו עבד כנעני שנחשב כשורו וחמורו של האדון ואין לו בעלות לעצמו. אלא, הכוונה היא שהעבד קנוי לבעליו לענין מלאכתו. ואין אנו אומרים שהוא נחשב רק כ"משכון" ביד האדון, עבור ה"הלואה" שהִלוה האדון בשעת הקנייה. וכך אמרו במפורש במסכת גיטין (לח, א), שאין עובד כוכבים קונה ישראל לגופו, אלא למעשי ידיו. והכוונה היא, שאינו יכול לקנות את גופו **קנין גמור**, אבל יכול הוא לקנות את גופו לענין מעשי ידיו (ראב"ד; רא"ש, הובא בשיטה מקובצת; ועיין עוד רמב"ן ורשב"א קידושין טז, א; בית הלוי א, כא, ד-ה).]

בכך נתיישבה שיטתו של רבא, שאיסור גזילת עכו"ם מתייחס רק לגזילה ממש, ולא להפקעת הלואתו. שיטה זו היא בניגוד למה שהניחה הגמרא תחילה, שהפקעת הלואה היא כגזילה (ראה עמוד א הערה 45). וכך היא גם דעתו של אביי (ראה הערה הקודמת). יתר על כן, כל האמוראים שהובאו בסוגיא הקודמת (בעמוד א), האוסרים להבריח את המכס (במקרה שגבייתו היא כדין), סוברים שאסור להפקיע הלואתו של עכו"ם. [וכך היא גם דעתם של האמוראים שיובאו בהמשך הגמרא (ראה הערה 15).] ונמצא אם כן שלפי רוב הדעות, איסור גזילת עכו"ם מתייחס גם להפקעת הלואתו (רמב"ם, רי"ף ומרדכי [קידושין תצא], כפי שנתבארו בשו"ת חוט המשולש יד ד"ה ולפ"ז; מאירי; ועיין ים של שלמה יח; מרומי שדה; סמ"ע רפג, ו; אולם עיין רש"י ד"ה בהפקעת).

אמוראים אלה יתרצו את הסתירה שבין הוראותיו של רבי עקיבא, על ידי שיאמרו שגירסאות חלוקות הן בשיטת רבי עקיבא. וההלכה היא כפי הגירסא המובאת בברייתא השניה, שעל פיה סובר רבי עקיבא שגזל עכו"ם – וכן הפקעת הלואתו – אסור מן התורה. ונמצא אם כן שבמקרה שבברייתא הראשונה, של כנעני אנס התובע את ישראל לדין, אסור לישראל להימנע מתשלום אפילו במקרה שאין חשש של חילול השם. ואכן כך נראה מדברי הרמב"ם בהלכות מלכים י, יב (חוט המשולש שם; ועיין מרומי שדה לדרך אחרת בענין זה).

איסורי ממון שבין ישראל לנכרי

הגמרא הסיקה שאסור לגזול מכל אדם, בין מישראל ובין מנכרי, בין אם הוא מאמין בקב"ה ובין אם הוא עובד אלילים. לאור זאת, מסתבר שכל איסורי הממון הקשורים לגזילה מתייחסים באותה מדה לכל אדם (ראה מגיד משנה הלכות גניבה א, א ו־ז, ח; ריטב"א חולין צד, א ד"ה כדאמר). נסכם כאן איסורים אלו כפי שנפסקו ברמב"ם, שולחן ערוך ושאר פוסקים.

(א, ב) גזילה והפקעת הלואה – אסור מן התורה לגזול או להפקיע הלואה בין מישראל ובין מנכרי (אפילו אם הוא עובד עבודה זרה). העובר על איסור זה חייב להחזיר לנגזל את החפץ הגזול או את דמיו (רמב"ם הלכות גזילה א, ב, וכפי שנתבאר בים של שלמה כ, ועוד; שלחן ערוך חושן משפט שנט, א; ש"ך שם ב; ביאור הגר"א שם שמח, ח).

(ג) גניבה – הגונב (בסתר) מישראל או מנכרי (אפילו עובד עבודה זרה), עובר על איסור תורה של "לֹא תִּגְנֹבוּ" (ויקרא יט, יא), וחייב להשיב מה שגנב (רמב"ם הלכות גניבה א, א; שלחן ערוך שם שמח, ב).

(ד) אונאה – הנושא ונותן עם ישראל או עם נכרי (אפילו עובד עבודה זרה), ושוקל או מודד במדה חסרה, עובר באיסור תורה, שנאמר (ויקרא יט, לה): "לֹא תַעֲשׂוּ עָוֶל בַּמִּשְׁפָּט, בַּמִּדָּה בַּמִּשְׁקָל וּבַמְּשׂוּרָה". ואם נטל שלא כדין, חייב להחזיר (רמב"ם שם ז, ח; שלחן ערוך שם רלא, א). וכן אסור להטעות שום אדם בחשבון דמי החפץ, אלא חייב לדקדק עמו, וכמו שנאמר (שם כה, נ): "וְחִשַּׁב עִם קֹנֵהוּ" [ראה הערה 3] (רמב"ם והגהות מיימוניות שם; מרדכי בבא קמא קנח, מובא בדרכי משה שם; שלחן ערוך הרב הלכות אונאה יא, והלכות גזילה ד).

המרמה אדם כלשהו במשא ומתן, הרי הוא מתועב בעיני ה', וכמו שנאמר בענין מדות ומשקלות (דברים כה, טז): "כִּי תוֹעֲבַת ה' אֱלֹהֶיךָ כָּל עֹשֵׂה אֵלֶּה כֹּל עֹשֵׂה עָוֶל", בכל אופן שהוא (רמב"ם שם; ועיין פירוש המשנה לרמב"ם כלים יב, ז באריכות; ספר חסידים תתרעד).

(ה) גניבת דעת – האיסור "לֹא תִּגְנֹבוּ" (ויקרא יט, יא) כולל גם גניבת דעת, דהיינו לשקר לאדם או להטעותו (ריטב"א חולין צד, א; סמ"ג לא תעשה קנה). והיינו, שאסור להטעות שום אדם – ישראל, נכרי, או עובד עבודה זרה – אפילו אם אין בכך הפסד ממון. לדוגמא, סוחר היודע על פגם בסחורתו, חייב להודיע על כך לקונה, אפילו אם הוא מוכר כפי המחיר הראוי. דוגמא נוספת: אסור למכור לנכרי בשר טריפה ולהראות כאילו הוא בשר כשרה, אף על פי שכלפי הנכרי אין הבדל במחיריהם (ראה רמב"ם הלכות מכירה יח, א ו־ג; הלכות דעות ב, ו; טור ושלחן ערוך שם רכח, ו עם פרישה וסמ"ע; שלחן ערוך הרב הלכות אונאה יא-יב).

(ו) הברחת מכס – המבריח מכס ממלך יהודי או נכרי עובר על "לֹא תִגְזֹל" (רמב"ם הלכות גזילה ה, יא; טור ושלחן ערוך שסט, ג; שלחן ערוך הרב הלכות גזילה טו). ועיין עמוד א הערה 30.

בנוסף לכל איסורים אלה, במקרים רבים נוהג הכלל של "דינא דמלכותא דינא" (ראה שם). ועל כולם, הנוהֵג שלא ביושר כלפי ישראל או נכרי, עובר בכך על העוון החמור של חילול השם (שם הערה 44).

13. כלומר, אף על פי שאסור לגזול מכנעני, מכל מקום אם אדם מוצא אבידה של כנעני, אינו חייב להשיבה לו. ועיין הערה 18.

14. אף על פי שעיקר הפסוק עוסק בשבעה עמי כנען, מכל מקום מאחר שהתורה אמרה "אֶת **כָּל** הָעַמִּים", יש ללמוד מכאן גם לענין שאר עמים עובדי עבודה זרה כמותם (ראה מהרש"א).

15. כלומר, התורה מתירה לישראל לקחת לעצמם את רכוש העמים, רק בזמן שה' נותן אותם ביד ישראל במלחמה; אבל שלא בשעת מלחמה, אסור לישראל לגזול מעכו"ם. ואפילו אם העכו"ם הם תחת רשותנו, אסור לגוזלם. ומה שהתירה התורה לאוכלם "בזמן שהם מסורים בידך", אין הכוונה שהם תחת רשותך, אלא הכוונה היא לזמן הכיבוש והמלחמה, וכמו שנתבאר. ונמצא שדברי רב הונא מתאימים לדברי רבי עקיבא, שאסר לגזול מעכו"ם אפילו כשהוא תחת רשותנו [ראה הערה 3] (ים של שלמה כ; אולם עיין רמ"ה, הובא בשיטה מקובצת; ראה גם רא"ש שם).

אכן דרשתו של רב הונא מרחיבה את איסור גזל עכו"ם, מֵעבר לְמה שמשתמע מדרשתו של רבי עקיבא. שהרי מדרשתו של רבי עקיבא ניתן ללמוד שהאיסור מתייחס רק לגזילה ממש, ולא להפקעת הלואה (ראה הערות 12-10). אבל הפסוק שהובא על ידי רב הונא כולל כל "אכילה" של עמים אחרים, כולל הפקעת הלואה. ונמצא שלפי רב הונא – וכן לפי רב ביבי בר גידל ורבי שמעון חסידא שהביאו את דרשתו – התורה אוסרת גם הפקעת הלואתו של עכו"ם, ולא רק גזילה ממש. ובאמת לצורך זה הביאו רב ביבי ורבי שמעון חסידא את דרשתו של רב הונא, כדי להבהיר נקודה זו, שאינה נלמדת מדרשתו של רבי עקיבא (ראה מרומי שדה; ראה גם חוט המשולש יד ד"ה והנה מדברי).

16. לשון הכתוב (דברים כב, א-ג): "לֹא תִרְאֶה אֶת שׁוֹר אָחִיךָ אוֹ אֶת שֵׂיוֹ נִדָּחִים וְהִתְעַלַּמְתָּ מֵהֶם, הָשֵׁב תְּשִׁיבֵם לְאָחִיךָ... וְכֵן תַּעֲשֶׂה לַחֲמֹרוֹ וְכֵן תַּעֲשֶׂה לְשִׂמְלָתוֹ וְכֵן תַּעֲשֶׂה לְכָל אֲבֵדַת אָחִיךָ אֲשֶׁר תֹּאבַד מִמֶּנּוּ וּמְצָאתָהּ" וגו'.

17. כלומר, אולי התורה מתכוונת למעט במלה "אָחִיךָ", שרק באבידה של "אָחִיךָ" אתה מצווה ליטול את האבידה כדי להשיבה לבעליה, ולא באבידה של עכו"ם. אבל אם כבר באה לידך, חייב אתה להשיבה, ואינך רשאי לקחתה לעצמך, אפילו אם היא של עכו"ם.

18. משמעות הכתוב היא שגם אבידה ש"מְצָאתָהּ", דהיינו שכבר הגיעה לידך, אין אתה חייב להשיבה אלא ל"אָחִיךָ", ולא לכנעני (ראה הערה 16). [ועיין עוד סנהדרין עו, ב עם רש"י ד"ה והמחזיר, ורמב"ם הלכות גזילה יא, ג.]

המוצא אבידה ומכניסה לרשותו, יש לו בה מקצת קנין, ומעיקר הדין היה מותר

שלא ימשכנו ויצא יכול יגלום עליו ת"ל (א) וחשב עם קונהו ° [א] ידקדק עם קונהו אמר רב יוסף לא קשיא הא בכנעני הא בגר תושב אמר ליה אביי והא תרוייהו גבי הדדי כתיבי (א) לא לך אלא לגר שנאמר (ב) לגר ולא לגר צדק אלא לגר תושב שנאמר לגר תושב (ב) משפחת גר זה העובד כוכבים כשהוא אומר או לעקר זה הנמכר לעבודת כוכבים אלא אמר רבא לא קשיא כאן בגזילו וכאן [ב] בהפקעת הלוואתו א"ל אביי עבד עברי הפקעת הלוואתו הוא רבא לטעמיה (ג) דאמר רבא ° [ג] עבד עברי גופו קנוי אמר רב ביבי בר גידל אמר ר"ש חסידא (ד) גזל כנעני אסור [ד] אבידתו מותרת גזילו אסור דאמר רב הונא מנין לגזל הכנעני שהוא אסור שנאמר (ג) ואכלת את כל העמים אשר ה' אלהיך נותן לך בזמן שהן מסורים בידך ולא בזמן שאינם מסורין בידך אבידתו מותרת דאמר רב חמא בר גורי' אמר רב מנין לאבידת הכנעני שהיא מותרת שנאמר (ד) לכל אבדת אחיך לאחיך (ה) אתה מחזיר ואי אתה מחזיר (ו) לכנעני ואימא הני מילי היכא דלא אתי לידיה דלא מחייב לאהדורי בתרה אבל היכא דאתי לידיה אימא ליהדרה (ז) אמר רבינא (ד) ומצאתה דאתאי לידיה משמע: תניא ר' פנחס בן יאיר אומר [ה] במקום שיש חילול השם אפי' אבידתו אסור אמר שמואל טעותו מותרת כי הא דשמואל זבן מכותי לקנא דדהבא במר דפרזלא בד' זוזי ואבלע ליה חד זוזא רב כהנא זבן מכותי מאה ועשרים חביתא במאה ואבלע ליה חד זוזא אמר ליה [ו] חזי דעלך קא סמיכנא רבינא זבן דיקלא הוא וכותי לצלחא א"ל לשמעיה קדם ואייתי מעיקרו דכותי מניינא ידע רב אשי הוה קאזיל באורחא חזא שיבשא דגופנא בפרדיסא ותלי בה קיטופי דעינבי אמר ליה לשמעיה ° זיל חזי אי דכותי נינהו אייתי אי דישראל נינהו לא אייתי לי שמע ההוא כותי דהוה יתיב בפרדיסא אמר ליה דכותי שרי א"ל כותי שקיל דמי ישראל לא שקיל דמי גופא אמר שמואל [ח] דינא דמלכותא דינא אמר רבא תדע [ט] דקטלי דיקלי וגשרי גישרי ועברינן עלייהו א"ל אביי ודלמא משום דאייאוש להו מינייהו מרייהו אמר ליה אי לא דינא דמלכותא דינא היכי מייאשי והא לא קא עבדי כדאמר מלכא אמר זילו וקטלו מכל באגי ואינהו אזלו וקטלו מחד באגא [י] שלוחא דמלכא כמלכא ולא טרח ואינהו אפסיד אנפשייהו דאיבעי להו דאינקוט מכוליה באגי ומשקל דמי אמר רבא [כ] מאן דמשתכח בבי דרי פרע מנתא דמלכא וה"מ שותפא [ל] אבל אריסא אריסותיה הוא דקא מפיק ואמר רבא [מ] בר מתא אבר מתא מיעבט [נ] וה"מ (ח) דברלא ארעא וכרגא דהאי שתא אבל שתא דחליף הואיל ואפיים מלכא חליף ואמר רבא הני דדיירי דרי בתוך התחום אסור ליקח מהן מאי טעמא משום דמערבא חיותא דמתא בהדייהו חוץ לתחום מותר ליקח מהם אמר רבינא אם היו בעלים מרדפים אחריהם אפילו חוץ לתחום אסור מכריז רבא ואיתימא רב הונא דסלקין לעילא ודנחתין לתתא [ס] האי בר ישראל דידע סהדותא לכותי [א] ולא תבעו מיניה ואזל ואסהיד ליה בדיני דכותי על ישראל חבריה משמתינן ליה מאי טעמא דאינהו מפקי ממונא

רש"י

שלא ימשכנו ויצא. כלומר שלא יוציאוהו בית דין מיד הכותי אלא בגאולה: יגלום. יכול יניח את הכנעני לכפול ולהוסיף ולתבוע מה שלא נתן: גר תושב. אין עובד ע"ז ואוכל נבילות: ולא לך אלא לגר. בקדושין היא (ד' כ.) ובערכין (דף ל:) כמה קשה אבקה של שביעית אדם שנושא ונותן בפירות שביעית סוף מוכר את עצמו שנאמר ונמכר לך לא לך אלא לכנעני כו' ולע"ז עצמה לחטוב עצים ולשאוב מים ואכולהו קאי גאולה תהיה לו אלמא גזל כנעני אסור: בהפקעת הלוואתו. שאין גזל ממש שרי כי ליכא חילול השם ולהבריח המכס הוי כהפקעת הלואתו: הפקעת הלוואתו הוא. שהלוהו על עבודתו ואפי' הכי אמר ר' עקיבא לא יצא על כרחו: גופו קנוי. כל שש שנים ונמצא שגזלו ממש: טעותו. היה חייב לו לישראל וטעה בחשבון דליכא חילול השם: לקנא דדהבא במר דפרזלא. מזרק של זהב בחזקת של נחושת: ואיבלע ליה זוזא. ועוד טעות אחרת שעיכב זוז מדמיו והטעהו בחשבון שלקח ג' במקום ד': ואמר. רב כהנא לכותי חזי דעלך סמיכנא אינו מונה אותם כדי להוציא עצמו מן החשד ל"א כותי א"ל לרב כהנא חזי דעלך סמיכנא זו שמעתי: לצלחא. לבקע: מעיקרו. פסקית של לד העיקר קח לצרכי שהן עבים: דכותי מניינא ידע. מנין הפסקים מנה אבל לא נתן עיניו כמה דקים יש וכמה גסים יש: שיבשא. זמורות: קטופי. אשכולות: היכי מיאשי. כלומר מי הוי יאוש הא יאוש כדי הוי (א) ואין כאן שנוי רשות שברה"ר הן ושינוי מעשה נמי ליכא דהשתא נמי גודא דדיקלא מקרו: והא לא עבדי שליחותיה כדקאמר מלכא. ואשתכח דלאו דינא דמלכותא הוא ואמאי עברינן עלייהו: ולא טרח. אין עליו לטרוח וליקח מזה אחד ומזה אחד: באגא. בקעה: דמשתכח בבי דרי. היו ארבעה שותפין בגורן והביאו שלשה חלקן בביתן והרביעי' נמצא בגורן: פרע מנתא דמלכא. בשביל כולם ולכשיבאו חביריו אין יכולין לומר שלך היה ולא שלנו ואם גבאי זה ישראל הוא שקנה מן המלך את המס אין כאן משום גזל דדינא דמלכותא דינא ואם כותי הוא מותר לקנות ממנו: אריסותיה מפיק. דאין לו חלק בגופו של קרקע ואין עליו לפרוע חלק על הבית ולענין זבוני לא מזבנינן מיניה דגזל הוא מה שנטלו מן האריס: בר מתא אבר מתא מיעבט. רשות ביד ישראל גבאי המלך למשכן בן העיר על מס בן עיר חבירו דדינא דמלכותא דינא: והני מילי דבורלא. (ב) אברול ארעא מס קרקע שאכל פירות: וכרגא. כסף גולגולת דשתא דא: אבל שתא דחליף חליף. (ג) והוא הגבאי כבר פרע למלך כל קצבה שקיבל עליו שנה שעברה ומעתה המס שלו ולו אין כח למשכן את זה על חבירו: דדיירי דרי. עכו"ם שיש להם בהמות ומזבלין מהן שדות בשכר: אסור ליקח מהן. בהמה שמא נתחברה עם בהמותיהם של ישראל ושל בני ישראל הוא:

אפומא

תוספות

שלא ימשכנו ויצא כו'. והני תנאי דפרק המקבל (ב"מ דף קיא: ושם) דסברי דגזל הכנעני מותר מוקמי לה להאי קרא לדרשה אחריתי:

יכול יגלום עליו. פי' בקונטרס יכול יניח (ד) הכנעני לכפול ולהוסיף על הלואתו לתבוע מה שלא נתן ותימה לר"י דלמאי אצטריך קרא להכי דאטו יפסיד ויניח את הכנעני להטעות את עצמו ונראה לר"י דה"פ יכול יגלום עליו שיטעה את הכנעני ויתן לו פחות ממה שנתן לו ת"ל וחשב עם קונהו וכן פי' בערוך בערך גלם אע"ג דטעות כנעני היה מותר אסור להטעותו במקום שהכנעני יודע שגוזל ועושה עצמו כלא ידע:

הכי קאמינא אי דכותי נינהו. נראה לר"י שכן היה דעתו מתחילה כמו שהשיב להכותי ולא כמו שהיה הכותי סובר דא"כ היה סובר דגזל הכותי מותר דאין חילוק בין גניבה לגזילה דבגניבה איכא (ה) חילול השם כשידע לבסוף וכל הנך שמעתא לא אייתי אלא הנהו דאסרי גזל כנעני ולא מייתי תנאי דהמקבל (שם) דשרי:

היכי מייאשי. היה להם לתבוע בדין את כל אדם העוברים עליהם אלא ודאי לכך מתייאשים לפי שבדין אין משלמין להם כלום משום דדינא דמלכותא דינא ובקונטרס פי' היכי מייאשי כלומר מי הוי יאוש והא יאוש כדי הוא ולא קני דאין כאן שינוי רשות שהרי הן מונחים ברשות הרבים ושינוי מעשה נמי ליכא דהשתא נמי הוי גודי דדיקלי מיקרו כדאמר לעיל בהגוזל קמא (דף צו. ושם):

ולא

עין משפט נר מצוה

מד א מיי' פ"ז מהל' גניבה הל' ח סמג לאוין קנב:
מה ב טוש"ע ח"מ סי' שמח סעי' ב בהג"ה:
מו ג מיי' פ"ב מהל' נזירות הל' יח [ופ"ב מהל' עבדים הל' יא]:
מז ד ה מיי' פי"א מהל' גזלה ואבדה הלכה ג סמג עשין עד טוש"ע ח"מ סי' רסו סעי' א:
מח ו ז מיי' שם הלכה ד וה סמג שם טוש"ע ח"מ סימן שמח וש"ע שם סעי' ב בהג"ה:
מט ח ט י מיי' פ"ה שם הלכה יד והל' טו והל' יז סמג עשין עג טוש"ע ח"מ סי' שסט סעי' ב:
נ כ מיי' שם הלכה יב טוש"ע שם סעי' ז:
נא ל טור ח"מ שם:
נב מ מיי' שם ופ"ח מהל' חובל ומזיק הלכה ו סמג שם טוש"ע שם וסי' קכח סעי' ב וסימן שפח סעי' ו:
נג נ מיי' שם וע' בהגהות מיימוני שם סמג שם טוש"ע שם סי' קכח סעי' ב בהג"ה:
נד ס מיי' פ"ו מהל' ת"ת בהלכות קטנות הלכה ט סמג עשין קז טוש"ע ח"מ סי' כח סעי' ג וטוש"ע י"ד סי' שלד סעי' מג:

הגהות הב"ח

(א) רש"י ד"ה היכי מיאשי וכו' דאין כאן וכו' נמי גודי. נ"ב ע"ל דף צו ע"א: (ב) ד"ה והני מילי דבורלא ארעא כצ"ל ותיבת אברול נמחק: (ג) ד"ה אבל וכו' חליף הואיל דהגבאי כבר וכו' משנה שעברה: (ד) תוס' ד"ה יכול וכו' יניח את הכנעני: (ה) ד"ה הכי וכו' דבגניבה איכא נמי חילול:

הגהות הגר"א

[א] גמרא (ולא תבעו מיניה) תא"מ:

גליון הש"ס

גמ' ידקדק עם קונהו. עיין פי' המשניות להרמב"ם פ"ח מ"ז דכלים: שם עבד עברי גופו קנוי. עיין יבמות דף מו ע"א ובנ"י שם: שם זיל חזי אי דכותי. עיין בב"מ דף מח ע"א תוס' ד"ה נתנה לסיטון:

מסורת הש"ס

א) קדושין כ. ב"מ עא. [ערכין ל:], ב) [יבמות מו.], ג) קדושין טז. כח., ד) [ב"מ פז: בכורות יג:], ה) שיש גם לו כמוך נמוסים ומשפטים לדיקים בדברים שבין אדם לחבירו, ו) שנוהגים הפקר בקנייני אחרים, ז) [ב"מ ג. כז.], ח) [גי' הערוך ערך בלר ג' וה"מ בבולרא פירוש יבול הארץ כלומר מס הארץ].

תורה אור השלם

א) וְחִשַּׁב עִם קֹנֵהוּ מִשְּׁנַת הִמָּכְרוֹ לוֹ עַד שְׁנַת הַיֹּבֵל וְהָיָה כֶּסֶף מִמְכָּרוֹ בְּמִסְפַּר שָׁנִים כִּימֵי שָׂכִיר יִהְיֶה עִמּוֹ: [ויקרא כה, נ]

ב) וְכִי תַשִּׂיג יַד גֵּר וְתוֹשָׁב עִמָּךְ וּמָךְ אָחִיךָ עִמּוֹ וְנִמְכַּר לְגֵר תּוֹשָׁב עִמָּךְ אוֹ לְעֵקֶר מִשְׁפַּחַת גֵּר: [ויקרא כה, מז]

ג) וְאָכַלְתָּ אֶת כָּל הָעַמִּים אֲשֶׁר יְיָ אֱלֹהֶיךָ נֹתֵן לָךְ לֹא תָחוֹס עֵינְךָ עֲלֵיהֶם וְלֹא תַעֲבֹד אֶת אֱלֹהֵיהֶם כִּי מוֹקֵשׁ הוּא לָךְ: [דברים ז, טז]

ד) וְכֵן תַּעֲשֶׂה לַחֲמֹרוֹ וְכֵן תַּעֲשֶׂה לְשִׂמְלָתוֹ וְכֵן תַּעֲשֶׂה לְכָל אֲבֵדַת אָחִיךָ אֲשֶׁר תֹּאבַד מִמֶּנּוּ וּמְצָאתָהּ לֹא תוּכַל לְהִתְעַלֵּם: [דברים כב, ג]

ליקוטי רש"י

לא לך אלא לגר. פרשה אחרת היא הסמוכה לנמכר לך וכי תשיג יד גר ותושב עמך וגו' [קדושין כ.] רישא דברייתא במסכת ערכין (דף ל:) בא וראה כמה קשה אבקה של שביעית אדם נושא ונותן בפירות שביעית סוף מוכר מטלטליו כו' עד לא באת לידו עד שמוכר עצמו שנאמר ונמכר לך ולא לך אלא לגר. לגר תושב. שקיבל עליו שלא לעבוד עבודת כוכבים ואוכל נבילות [ב"מ עא.]. זה הנמכר לעבודת כוכבים. שהיה נעשה משרת לעבודת כוכבים לחטוב עצים ולשאוב מים [ערכין שם]. לחטוב עצים ושאר צרכיה ולא לשם אלהות [קידושין כ:]. עבד עברי גופו קנוי. עד שיגיעו ימי חיפושו [שם טז.]. ומצאתה. שהשתא קרויה אבידה. דאתאי לידיה משמע. ואפילו הכי אחיך ולא עובד כוכבים ולמדך שאבידת כנעני מותרת ולא תימא כי אמעוט אבידת כנעני מלטרוח אחריה אמעוט אבל אי נקטה חייב לאהדורה [ב"מ כז.]. לשמעיה. שלוחו [קדושין ע.]. דסלקין לעילא. מבבל לארץ ישראל. ודנחתין לתתא. מארץ ישראל לבבל. הוו בקיאין בדין זה [לעיל כג:].

הגמרא מגבילה את ההוראה הקודמת:

תַּנְיָא: רַבִּי פִּנְחָס בֶּן יָאִיר אוֹמֵר: בְּמָקוֹם שֶׁיֵּשׁ חשש של **חִילּוּל הַשֵּׁם, אֲפִילּוּ אֲבֵידָתוֹ** של הכנעני **אָסוּר**[19].

הוראה נוספת בענין ממון של כנעני המגיע ליד ישראל:

אָמַר שְׁמוּאֵל: טָעוּתוֹ של כנעני **מוּתֶּרֶת.** וכגון שכנעני היה חייב ממון לישראל, וטעה בחשבון ושילם לו יותר מדי, אין הישראל צריך להחזיר לו[20].

הגמרא מביאה שני מעשים שבהם נהגו אמוראים על פי הוראה זו:

כִּי הָא — וכמו מעשה זה, **דִּשְׁמוּאֵל זָבַן מִכּוּתִי לַקְנָא דְּדַהֲבָא בְּמַר דִּפַרְזְלָא**[21] — ששמואל קנה מכותי ספל של זהב בחזקת שהוא של נחושת **בְּאַרְבַּע זוּזֵי**[22], **וְאַבְלַע לֵיהּ חַד זוּזָא** — והבליע לו שמואל בתוך דמי המכר זוז נוסף[23]. **רַב כַּהֲנָא זָבַן מִכּוּתִי מֵאָה וְעֶשְׂרִים חֲבִיָּתָא בְּמֵאָה** — רב כהנא קנה מכותי מאה ועשרים חביות במחיר של מאה, **וְאַבְלַע לֵיהּ חַד זוּזָא**[24]. **אָמַר לֵיהּ** רב כהנא לכותי: "**חֲזֵי דַּעֲלָךְ קָא סָמִיכְנָא** — ראה שאני סומך עליך, ואיני מונה את החביות שקניתי"[25].

מעשה נוסף:

רָבִינָא זָבַן דִּיקְלָא — קנה עץ דקל **הוּא וְכוּתִי** בשותפות **לְצַלָּחָא** — כדי לבקע אותו ולחלוק ביניהם את הבקעים. **אָמַר לֵיהּ** רבינא **לְשַׁמָּעֵיהּ** (למשמשו): "**קְדַם וְאַיְיתֵי מֵעִיקָּרוֹ** — הקדם תחילה והבא עבורי את הבקעים שבתחתית הדקל, שהם עבים יותר, **דְּכוּתִי מִנְיָנָא יָדַע** — שכן הכותי שם לב רק למנין הבקעים, ואינו נותן עיניו לראות כמה דקים וכמה עבים יש"[26].

עוד מעשה:

רַב אַשִׁי הֲוָה קָאָזִיל בְּאוֹרְחָא — היה הולך בדרך, **חֲזָא שִׁיבְשָׁא דְּגוּפְנָא בְּפַרְדֵּיסָא** — ראה זמורה של גפן בכרם, **וּתְלֵי בָהּ קִיטוּפֵי דְּעִינְבֵי** — ותלויים בה אשכולות של ענבים. **אָמַר לֵיהּ** רב אשי **לְשַׁמָּעֵיהּ** (למשמשו): "**זִיל חֲזֵי** — לֵך ראה, **אִי דְּכוּתִי נִינְהוּ אַיְיתֵי** — אם של כותי הם, הבא לי מהם, **אִי דְּיִשְׂרָאֵל נִינְהוּ לֹא אַיְיתֵי לִי** — ואם של ישראל הם, אל תביא לי". רב אשי התכוון שמשמשו ישלם עבור הענבים[27], אבל ידע שישראל לא יקבל ממנו תשלום[28]. ולפיכך אמר למשמשו שייקח את הענבים רק אם הם של כותי. **שָׁמַע הַהוּא כּוּתִי דַּהֲוָה יָתִיב בְּפַרְדֵּיסָא** — שמע זאת אותו כותי שהיה יושב בכרם, ולא הבין שרב אשי התכוון לשלם עבור הענבים. **אָמַר לֵיהּ** הכותי לרב אשי: "**דְּכוּתִי שָׁרֵי** — וכי ענבים של כותי מותר לקחתם ללא תשלום?" **אָמַר לֵיהּ** רב אשי: "כוונתי היתה ש**כּוּתִי שָׁקִיל דְּמֵי** — יטול ממני דמים עבור הענבים, ואילו **יִשְׂרָאֵל לֹא שָׁקִיל דְּמֵי** — לא יטול דמים".

הערות

לו לקחתה לעצמו. אלא שהתורה מצַווה אותנו לנהוג בדרכי חסד, ולהשיבה. אבל מי שאינו בן דת, אין אנו צריכים לנהוג עמו במדה זו (מאירי). ולפיכך אין מחזירים אבידה לעובדי עבודה זרה ופורקי עול מצוות, אפילו אם הם מזרע ישראל (רמב"ם שם ב; חושן משפט רסו, ב).

הפְּטור מלהחזיר אבידה לנכרי, מתייחס לנכרים שהם עובדי עבודה זרה, וכפי הרגילות של כל הנכרים באותם ימים. אבל אם אדם מוצא אבידה של נכרי שאינו עובד עבודה זרה, הוא חייב להשיבה לו (רבי משה קזיס; ראה באר הגולה חושן משפט רסו אות ב, על פי לשון הרמב"ם הלכות גזילה יא, ג; ועיין בית יוסף שם). המאירי כותב שפטור זה מתייחס רק לעובדי אלילים הקדמונים (כדוגמת הכנענים שבתנ"ך). אבל עמי תרבות המאמינים בה' וגדורים בדרכי הדת — אפילו אם אמונתם רחוקה מאמונתנו — יש לנהוג כלפיהם כמו לגבי ישראל בכל עניני הממון, כולל השבת אבידה.

במקומות שהמלכות מחייבת להחזיר אבידה לבעליה, חייבים לעשות כן כלפי כל אדם, וכפי ההלכה ש"דינא דמלכותא דינא" (ראה רמ"א חושן משפט רנט, ז, ובית שמואל אבן העזר כח, ג; ראה גם אבני מלואים כח, ב). עיין עמוד א הערה 30.

19. אדם שמצא חפץ של כנעני במקום שרוב ישראל מצויים שם, חייב להשיבו לבעליו. שכן בעל החפץ מסתמא יניח שישראל מְצאו, ואם הישראל לא יחזיר את החפץ, יאמרו שאין אמונה בישראל, שהם שקרנים וגזלנים, ונמצא שם שמים מתחלל (בית יוסף רסו, א, וב"ח שם). במקרה כזה, לא רק שאסור לקחת את החפץ לעצמו, אלא אף חייב לטפל בו ולהשיבו לבעליו, ואינו רשאי להניחו (בית יוסף שם, על פי לשון הרמב"ם הלכות גזילה יא, ג).

אפילו במקום שאין חשש של חילול השם (כגון במקרה שאין סיבה להניח שישראל מצא את האבידה), מכל מקום ראוי להחזיר את אבדת הכנעני כדי **לקדש** שם שמים, שיפארו את ישראל וידעו שהם בעלי אמונה (רמב"ם שם, מירושלמי בבא מציעא ב, ה; חושן משפט שם; ועיין דרישה שם, ובאר הגולה שמח אות ה). הירושלמי (שם) מביא כמה מעשים של חכמי ישראל שהחזירו אבידות לבעליהם הכנענים כדי לקדש את השם. אחד מהם הוא המעשה המפורסם בשמעון בן שטח, שתלמידיו קנו עבורו חמור מישמעאלי כדי להתפרנס ממנו, ומצאו מרגלית יקרה תלויה בצואר החמור. אמרו לו התלמידים: "מעתה לא תצטרך עוד לטרוח לפרנסתך, שכן קנינו עבורך חמור מישמעאלי אחד, ותלויה בו מרגלית". אמר להם: "האם בעל החמור ידע מזה?", וכשהשיבוהו בשלילה, הורה להם להחזיר את המרגלית. אמרו לו תלמידיו: "הרי הכל מודים שאבידת העכו"ם מותרת!" אמר להם: "וכי סבורים אתם ששמעון בן שטח חטפן הוא, ואָץ להעשיר? לא כן; רוצה הוא שמעון בן שטח לשמוע את הישמעאלי אומר 'ברוך אלקי היהודים', ונוח לו דבר זה יותר מכל שכר ורווח ממון שבעולם". ובמדרש (דברים רבה ג, ה) מסופר שאכן לאחר שהחזיר את האבן, קרא עליו הישמעאלי: "ברוך ה' אלקי שמעון בן שטח".

20. ובאופן שאין בכך חשש של חילול השם [והיינו, שהדבר אינו עתיד להיוודע לכנעני] (ראה רש"י). מאחר שהכנעני טעה מעצמו, הרי זה כאבידתו (רמב"ם הלכות גזילה יא, ד). על פי זה, כל ההלכות שנתבארו בשתי ההערות הקודמות בנוגע לאבדת הכנעני, נוהגות באותה מדה גם כאן. ועיין עוד הערה 25.

ומדובר, כאמור, במקרה שהכנעני טעה מעצמו. אבל אסור לישראל להטעות את הכנעני, שהרי אסור אפילו לגנוב דעתו של כנעני, וכל שכן להטעותו בממון (רמב"ם הלכות גזילה יא, ד, והלכות גניבה ז, ח; רבינו חננאל וראבי"ה, הובאו בהגהות מיימוניות שם; מאירי; ים של שלמה כ; ראה הערה 12 אות ה).

21. [בראשונים רבים, וכן בכתבי יד רבים, הגירסא היא "**דִּפְלִיזָא**". וכן היתה כנראה גם גירסת רש"י (וכפי שהוא בכתבי היד של פירוש רש"י), שפירש שמדובר בכלי של נחושת. שכן "פַּרְזְלָא" בארמית הוא ברזל, ולא נחושת (ראה ספר שינויי נוסחאות).]

[לביאור לשון "מַר" ("במר דפרזלא"), עיין רש"י חולין צד, א ד"ה במר דשחוטה, ובתוספות בכורות ל, א ד"ה תרבא.]

22. הכותי היה סבור שהספל היה עשוי מנחושת מוזהבת, ולפיכך מכר אותו בארבעה זוזים. אבל לאמיתו של דבר היה עשוי מזהב (רבינו חננאל, הובא בשיטה מקובצת). שמואל לא הטעה כלל את הכותי, אלא היתה זו טעות של הכותי עצמו, ולפיכך היה שמואל פטור מלשלם לו את הפרש המחיר (ים של שלמה כ). [אלא שעדיין צריך ביאור, מדוע לא ביקש שמואל לקיים מצות קידוש השם (ראה הערה 19).]

23. כלומר, הוא שילם לו חמשה זוזים במקום ארבעה (רי"ף; ערוך ערך פלז; הגהות מרדכי רטו; רבינו חננאל, רא"ש ורמ"ה, הובאו בשיטה מקובצת; נמוקי יוסף; ים של שלמה כ; אולם עיין רש"י).

שמואל עשה כן כדי להוציא עצמו מחשד. אם יתברר לכותי שהספל היה של זהב, הוא יחשוב שמסתמא שמואל טעה והיה סבור שהוא של נחושת, וכמו שטעה בסכום המעות (ראה רא"ש שם; אבן האזל הלכות גזילה ה, יא, בביאור שיטת הרמב"ם; ועיין עוד רבינו חננאל שם, ונמוקי יוסף בשם הערוך).

24. מלים אלו אינן מופיעות ברי"ף, ברא"ש ובכמה מכתבי היד (ראה ספר שינויי נוסחאות; ועיין אבן האזל שם, ובהערה הבאה).

25. על ידי כך ביקש רב כהנא להוציא את עצמו מחשד שהוא מרמה את הכותי (רש"י בפירוש ראשון).

הגמרא מביאה את דבריו של רב כהנא כדי ללמדנו בכך שאסור לישראל לנצל את טעותו של הכותי, אלא אם כן אומר לו שהוא סומך על חשבונו (מאירי; רמב"ם שם; ים של שלמה כ; ועיין מגיד משנה שם; עיין עוד ביאור הגר"א חושן משפט שמח, יג). [במקרה הקודם, שמואל הוציא את עצמו מחשד בדרך אחרת, וכמו שנתבאר בהערה 23 (אבן האזל שם).]

26. רש"י.

המנהג הוא שחלוקת הבקעים תלויה במנין בלבד, ולפיכך יש להניח שאין מדקדקים בחלוקה, ומוחלים זה לזה, ואינם מקפידים בכך (מאירי; ועיין ים של שלמה כ; חוט המשולש יז ד"ה ונפלאתי; אבן האזל שם ד"ה ומה).

27. בהכרח שכך היתה כוונתו של רב אשי, שאם לא כן, כיצד ביקש ליטול דבר שאינו שלו, והרי הגמרא הסיקה שאסור לגזול מכותי? (תוספות, רא"ש, נמוקי יוסף; ראה גם מאירי). [לפירושים אחרים, עיין נמוקי יוסף ושיטה מקובצת.]

28. רב אשי ידע שמאחר שהוא גדול הדור (סנהדרין לו, א), לא ירצה שום ישראל לקחת ממנו תשלום עבור כמה ענבים. אמנם לא רצה לקבל את הענבים כמתנה, שכן "שׂוֹנֵא מַתָּנֹת יִחְיֶה" (משלי טו, כז; ראה מגילה כח, א). ולפיכך ביקש ממשמשו שלא יקח מהענבים אלא אם כן הם של כותי.

גמרא

שלא ימשכנו ויצא יכול יגלום עליו ת"ל א) וחשב עם קונהו ° א ידקדק עם קונהו אמר רב יוסף לא קשיא הא בכנעני הא בגר תושב אמר ליה אביי והא תרוייהו גבי הדדי כתיבי ח) לא לך אלא לגר שנאמר ב) לגר ולא לגר צדק אלא לגר תושב שנאמר לגר תושב ג) משפחת גר זה העובד כוכבים כשהוא אומר או לעקר זה הנמכר לעבודת כוכבים אלא אמר רבא לא קשיא כאן בגזילו וכאן ב בהפקעת הלוואתו א"ל אביי עבד עברי הפקעת הלוואתו הוא רבא לטעמיה ג) דאמר רבא ° ג עבד עברי גופו קנוי אמר רב ביבי בר גידל אמר ר"ש חסידא ד) גזל כנעני אסור ד אבידתו מותרת גזילו אסור דאמר רב הונא מנין לגזל הכנעני שהוא אסור שנאמר ג) ואכלת את כל העמים אשר ה' אלהיך נותן לך בזמן שהן מסורים בידך ולא בזמן שאינם מסורין בידך אבידתו מותרת דאמר רב חמא בר גורי' אמר רב מנין לאבידת הכנעני שהיא מותרת שנאמר ד) לכל אבדת אחיך לאחיך ה) אתה מחזיר ואי אתה מחזיר ו) לכנעני ואימא הני מילי היכא דלא אתי לידיה דלא מחייב לאהדורי בתרה אבל היכא דאתי לידיה אימא ליהדרה ז) אמר רבינא ד) ומצאתה דאתאי לידיה משמע: תניא ר' פנחס בן יאיר אומר ה במקום שיש חילול השם אפי' אבידתו אסור אמר שמואל טעותו מותרת כי הא דשמואל זבן מכותי לקנא דדהבא במר דפרזלא בד' זוזי ואבלע ליה חד זוזא רב כהנא זבן מכותי מאה ועשרים חביתא במאה ואבלע ליה חד זוזא אמר ליה ו חזי דעלך קא סמיכנא רבינא זבן דיקלא הוא וכותי לצלחא א"ל לשמעיה קדם ואייתי מעיקרו דכותי מניינא ידע רב אשי הוה קאזיל באורחא חזא שיבשא דגופנא בפרדיסא ותלי בה קיטופי דעינבי אמר ליה לשמעיה ° זיל חזי אי דכותי נינהו אייתי אי דישראל נינהו לא אייתי לי שמע ההוא כותי דהוה יתיב בפרדיסא אמר ליה דכותי שרי א"ל כותי שקיל דמי ישראל לא שקיל דמי גופא אמר שמואל ח דינא דמלכותא דינא אמר רבא תדע ט דקטלי דיקלי וגשרי גישרי ועברינן עלייהו א"ל אביי ודלמא משום דאייאוש להו מינייהו מרייהו אמר ליה אי לא דינא דמלכותא דינא היכי מייאשי והא לא קא עבדי כדאמר מלכא מלכא אמר זילו וקטלו מכל באגי ואינהו אזלו וקטלו מחד באגא י שלוחא דמלכא כמלכא ולא טרח ואינהו אפסיד אנפשייהו דאיבעי להו דאינקוט מכוליה באגי ומשקל דמי אמר רבא כ מאן דמשתכח בבי דרי פרע מנתא דמלכא וה"מ שותפא ל אבל אריסא אריסותיה הוא דקא מפיק ואמר רבא מ בר מתא אבר מתא מיעבט נ וה"מ ס) דברלא ארעא וכרגא דהאי שתא אבל שתא דחליף הואיל ואפיים מלכא חליף ואמר רבא הני דדיירי דרי בתוך התחום אסור ליקח מהן מאי טעמא משום דמערבא חיותא דמתא בהדייהו חוץ לתחום מותר ליקח מהם אמר רבינא אם היו בעלים מרדפים אחריהם אפילו חוץ לתחום אסור מכריז רבא ואיתימא רב הונא דסלקין לעילא ודנחתין לתתא ס האי בר ישראל דידע סהדותא לכותי [א] ולא תבעו מיניה ואזל ואסהיד ליה בדיני דכותי על ישראל חבריה משמתינן ליה מאי טעמא דאינהו מפקי ממונא

תוספות

שלא ימשכנו ויצא כו'. והני תנאי דפרק המקבל (ב"מ דף קיא: ושם) דסברי דגזל הכנעני מותר מוקמי לה להאי קרא לדרשה אחריתי:

יכול יגלום עליו. פי' בקונטרס יכול יניח (ד) הכנעני לכפול ולהוסיף על הלואתו לתבוע מה שלא נתן ותימה לר"י דלמאי אצטריך קרא להכי דאטו יפסיד ויניח את הכנעני להטעות את עצמו ונראה לר"י דה"פ יכול יגלום עליו שיטעה את הכנעני ויתן לו פחות ממה שנתן לו ת"ל וחשב עם קונהו וכן פי' בערוך בערך גלם אע"ג דטעות כנעני היה מותר אסור להטעותו במקום שהכנעני יודע שגוזל ועושה עצמו כלא ידע:

הכי קאמינא אי דכותי נינהו. נראה לר"י שכן היה דעתו מתחילה כמו שהשיב להכותי ולא כמו שהיה הכותי סובר דא"כ היה סובר דגזל הכותי מותר דאין חילוק בין גניבה לגזילה דבגניבה איכא (ה) חילול השם כשידע לבסוף וכל הנך שמעתא לא אייתי אלא הנהו דאסרי גזל כנעני ולא מייתי תנאי דהמקבל (שם) דשרי:

היכי מייאשי. היה להם לתבוע בדין את כל אדם העוברים עליהם אלא ודאי לכך מתייאשים לפי שבדין אין משלמין להם כלום משום דדינא דמלכותא דינא ובקונטרס פי' היכי מייאשי כלומר מי הוי יאוש והא יאוש כדי הוא ולא קני דאין כאן שינוי רשות שהרי הן מונחים ברשות הרבים ושינוי מעשה נמי ליכא דהשתא נמי הוי גודי דדיקלי מיקרו כדאמר לעיל בהגוזל קמא (דף צו. ושם): ולא

רש"י

שלא ימשכנו ויצא. כלומר שלא יוציאוהו בית דין מיד הכותי אלא בגאולה: יגלום. יכול יניח את הכנעני לכפול ולהוסיף ולתבוע מה שלא נתן: גר תושב. אין עובד ע"ז ואוכל נבילות: ולא לך אלא לגר. בקדושין היא (ד' כ.) ובערכין (דף ל:) כמה קשה אבקה של שביעית אדם שנושא ונותן בפירות שביעית סוף מוכר את עצמו שנאמר ונמכר לך לא לך אלא לכנעני כו' ולע"ז עצמה לחטוב עצים ולשאוב מים ואכולהו קאי גאולה תהיה לו אלמא גזל כנעני אסור: בהפקעת הלוואתו. שאין גזל ממש שרי כי ליכא חילול השם ולהבריח המכס הוי כהפקעת הלואתו: הפקעת הלוואתו הוא. שהלוהו על עבודתו ואפי' הכי אמר ר' עקיבא לא יצא על כרחו: גופו קנוי. כל שש שנים ונמצא שגזלו ממש: טעותו. היה חייב לו לישראל וטעה בחשבון דליכא חילול השם: לקנא דדהבא במר דפרזלא. מזרק של זהב בחזקת של נחושת: ואיבלע ליה זוזא. ועוד טעות אחרת שעיכב זוז מדמיו והטעהו בחשבון שלקח ג' במקום ד': ואמר. רב כהנא לכותי חזי דעלך סמיכנא אינו מונה אותם כדי להוציא עצמו מן החשד ל"א כותי א"ל לרב כהנא חזי דעלך סמיכנא זו שמעתי: לצלחא. לבקע: מעיקרו. פסקית של לד העיקר קח לצרכי שהן עבים: דכותי מניינא ידע. מנין הפסקים מנה אבל לא נתן עיניו כמה דקים יש וכמה גסים יש: שיבשא. זמורות: קטופי. אשכולות: היכי מיאשי. כלומר מי הוי יאוש הא יאוש כדי הוי (א) ואין כאן שנוי רשות שברה"ר הן ושינוי מעשה נמי ליכא דהשתא נמי גושא דדיקלא מקרו: והא לא עבדי שליחותיה כדקאמר מלכא. ואשתכח דלאו דינא דמלכותא הוא ואמאי עברינן עלייהו: ולא טרח. אין עליו לטרוח וליקח מזה אחד ומזה אחד: באגא. בקעה: דמשתכח בבי דרי. היו ארבעה שותפין בגורן והביאו שלשה חלקן בביתן והרביעי' נמצא בגורן: פרע מנתא דמלכא. בשביל כולם ולכשיבאו חביריו אין יכולין לומר שלך היה ולא שלנו ואם גבאי זה ישראל הוא שקנה מן המלך את המס אין כאן משום גזל דדינא דמלכותא דינא ואם כותי הוא מותר לקנות ממנו: אריסותיה מפיק. דאין לו חלק בגופו של קרקע ואין עליו לפרוע חלק על הבית ולענין זבוני לא מזבנינן מיניה דגזל הוא מה שנטלו מן האריס: בר מתא אבר מתא מיעבט. רשות ביד ישראל גבאי המלך למשכן בן העיר על מס בן עיר חבירו דדינא דמלכותא דינא: והני מילי דבורלא. (ב) אברול ארעא מס קרקע שאכל פירות: וכרגא. כסף גולגלת דשתא דא: אבל שתא דחליף חליף. (ג) והוא הגבאי כבר פרע למלך כל קצבה שקיבל עליו שנה שעברה ומעתה המס שלו ולו אין כח למשכן את זה על חבירו: דדיירי דרי. עכו"ם שיש להם בהמות ומזבלין מהן שדות בשכר: אסור ליקח מהן. בהמה שמא נתחברה עם בהמותיהם של ישראל ושל בני ישראל הוא:

אפומא

עין משפט נר מצוה

מד א מיי' פ"ז מהל' גניבה הל' ח סמג לאוין קנב:

מה ב טוש"ע ח"מ סי' שמח סעי' ב בהג"ה:

מו ג מיי' פ"ב מהל' נזירות הל' יח [ופ"ב מהל' עבדים הל' יא]:

מז ד ה מיי' פי"א מהל' גזלה ואבדה הלכה ג סמג עשין עד טוש"ע ח"מ סי' רסו סעי' א:

מח ו ז מיי' שם הלכה ד וה סמג שם טוח"מ סימן שמח וש"ע שם סעי' ב בהג"ה:

מט ח ט י מיי' פ"ה שם הלכה יד והל' טו והל' יז סמג עשין עג טוש"ע ח"מ סי' שסט סעי' ב:

נ כ מיי' שם הלכה יב טוש"ע שם סעי' ז:

נא ל טור ח"מ שם:

נב מ מיי' שם ופ"ח מהל' חובל ומזיק הלכה ו סמג שם טוש"ע שם וסי' קכח סעי' ב וסימן שפח סעי' ו:

נג נ מיי' שם וע' בהגהות מיימוני שם סמג שם טוש"ע שם סי' קכח סעי' ב בהג"ה:

נד ס מיי' פ"ו מהל' ת"ת בהלכות קטנות הלכה ט סמג עשין קז טוש"ע ח"מ סי' כח סעי' ג וטוש"ע י"ד סי' שלד סעי' מג:

הגהות הב"ח

(א) רש"י ד"ה היכי מיאשי וכו' דאין כאן וכו' נמי גודי. נ"ב ע"ל דף צו ע"א: (ב) ד"ה והני מילי דבורלא ארעא כצ"ל ותיבת אברול נמחק: (ג) ד"ה אבל וכו' חליף הואיל דהגבאי כבר וכו' משנה שעברה: (ד) תום' ד"ה יכול וכו' יניח את הכנעני: (ה) ד"ה הכי וכו' דבגניבה איכא נמי חילול:

הגהות הגר"א

[א] גמרא (ולא תבעו מיניה) תא"מ:

גליון הש"ס

גמ' ידקדק עם קונהו. עיין פי' המשניות להרמב"ם פי"ב מ"ז דכלים: שם עבד עברי גופו קנוי. עיין יבמות דף ע ע"א ובנ"י שם: שם זיל חזי אי דכותי. עיין בב"מ דף מח ע"א תוס' ד"ה נתנה לסיטון:

מסורת הש"ס

א) קדושין כ. ב"מ עא. [ערכין ל:], ב) [יבמות מו.], ג) קדושין טז. כח., ד) [ב"מ פז: בכורות יג:], ה) שיש גם לו כמוך נמוסים ומשפטים לדיקים בדברים שבין אדם לחבירו, ו) שנוהגים הפקר בקנייני אחרים, ז) [ב"מ ב. כז.], ח) [גי' הערוך ערך בלר ג' וה"מ בבולרא פירוש יבול הארץ כלומר מס הארץ].

תורה אור השלם

א) וְחִשַּׁב עִם קֹנֵהוּ מִשְּׁנַת הִמָּכְרוֹ לוֹ עַד שְׁנַת הַיֹּבֵל וְהָיָה כֶּסֶף מִמְכָּרוֹ בְּמִסְפַּר שָׁנִים כִּימֵי שָׂכִיר יִהְיֶה עִמּוֹ: [ויקרא כה, נ]

ב) וְכִי תַשִּׂיג יַד גֵּר וְתוֹשָׁב עִמָּךְ וּמָךְ אָחִיךָ עִמּוֹ וְנִמְכַּר לְגֵר תּוֹשָׁב עִמָּךְ אוֹ לְעֵקֶר מִשְׁפַּחַת גֵּר: [ויקרא כה, מז]

ג) וְאָכַלְתָּ אֶת כָּל הָעַמִּים אֲשֶׁר יְיָ אֱלֹהֶיךָ נֹתֵן לָךְ לֹא תָחוֹס עֵינְךָ עֲלֵיהֶם וְלֹא תַעֲבֹד אֶת אֱלֹהֵיהֶם כִּי מוֹקֵשׁ הוּא לָךְ: [דברים ז, טז]

ד) וְכֵן תַּעֲשֶׂה לַחֲמֹרוֹ וְכֵן תַּעֲשֶׂה לְשִׂמְלָתוֹ וְכֵן תַּעֲשֶׂה לְכָל אֲבֵדַת אָחִיךָ אֲשֶׁר תֹּאבַד מִמֶּנּוּ וּמְצָאתָהּ לֹא תוּכַל לְהִתְעַלֵּם: [דברים כב, ג]

ליקוטי רש"י

לא לך אלא לגר. פרשה אחרת היא הסמוכה לנמכר לך וכי תשיג יד גר ותושב עמך וגו' [קדושין כ.] רישא דברייתא במסכת ערכין (דף ל:) בא וראה כמה קשה אבקה של שביעית אדם נושא ונותן בפירות שביעית סוף מוכר מטלטליו כו' עד לא באת לידו עד שמוכר עצמו שנאמר ונמכר לך ולא לך אלא לגר. **לגר תושב.** שקיבל עליו שלא לעבוד עבודת כוכבים ואוכל נבילות [ב"מ עא.]. **זה הנמכר לעבודת כוכבים.** שאינו נעשה משרת לעבודת כוכבים לחטוב עצים ולשאוב מים [ערכין שם]. לחטוב עצים ושאר צרכיה ולא לשם אלהות [קידושין כ:]. **עבד עברי גופו קנוי.** עד שיגיעו ימי חיפושו [שם טז.]. **ומצאתה.** שתהא קרויה אבידה. **דאתאי לידיה משמע.** ואפילו הכי אחיך ולא עובד כוכבים ולמדך שאבידת כנעני מותרת ולא תימא כי אמעוט אבידת כנעני מלטרוח אחריה אמעוט אבל אי נקטה חייב לאהדורה [ב"מ כז.]. **לשמעיה.** שלוחו [קידושין ע.]. **דסלקין לעילא.** מבבל לארץ ישראל. **ודנחתין לתתא.** מארץ ישראל לבבל. הוו בקיאין בדין זה [לעיל כג:].

הגמרא חוזרת לגופם של דברי שמואל שהובאו בעמוד א:

גּוּפָא: אָמַר שְׁמוּאֵל: דִּינָא דְּמַלְכוּתָא דִּינָא[29].

הגמרא מביאה ראיה לכלל זה:

אָמַר רָבָא: תֵּדַע שכך הוא, **דְּקָטְלֵי דִּיקְלֵי** — שהרי הם (שלוחי המלכות) קוצצים דקלים [ללא רשות בעליהם], **וְגָשְׁרֵי גִּישְׁרֵי** — ועושים מהם גשרים, **וְעַבְרִינַן עֲלַיְיהוּ** — ואנחנו עוברים עליהם. אם לא נאמר ש"דינא דמלכותא דינא", הָיִינוּ צריכים להחשיב את הגשרים כממון גזול, ולהימנע מלהשתמש בהם[30].

אביי מקשה על הוכחה זו:

אָמַר לֵיהּ אַבַּיֵי לרבא: **וְדִלְמָא** — אולי מה שמותר להשתמש בגשרים, אין זה משום ש"דינא דמלכותא דינא", אלא **מִשּׁוּם דְּאִיַּיאוּשׁ לְהוּ מִינַּיְיהוּ מָרַיְיהוּ** — מפני שבעליהם של הדקלים התייאשו מהם[31]!

רבא עונה:

אָמַר לֵיהּ רבא לאביי: **אִי לֹא** — אם לא נאמר ש"**דִּינָא דְּמַלְכוּתָא דִּינָא**", **הֵיכִי מִיַּיאֲשֵׁי** — איך הם מתייאשים? כלומר, איך מועיל היאוש להפקיע מהם את בעלותם? הרי יאוש לבד אינו מועיל[32]!

אביי ממשיך להקשות:

וְהָא לֹא קָא עָבְדֵי כִּדְאָמַר מַלְכָּא — והרי [שלוחי המלך שקוצצים את הדקלים] אינם עושים כפי שאמר המלך! **מַלְכָּא אָמַר** — שכן המלך אמר להם, "**זִילוּ וְקִטְלוּ מִכָּל בָּאגֵי** — לכו וקצצו דקלים מכל הבקעות", **וְאִינְהוּ אָזְלוּ וְקָטְלוּ מֵחַד בָּאגָא** — והם הולכים וקוצצים את כל הדקלים מבקעה אחת[33]!

רבא מתרץ:

שְׁלוּחָא דְּמַלְכָּא כְּמַלְכָּא — שליח המלך דינו כמלך, **וְלֹא טָרַח** — ולא מוטל עליו לטרוח לקחת עצים מכל בקעה. **וְאִינְהוּ אַפְסִיד אַנַּפְשַׁיְיהוּ** — והם (בני הבקעה שממנה לקחו את העצים) הפסידו לעצמם, **דְּאִיבָּעֵי לְהוּ דְּאִינְקוּט מִכּוּלֵּיהּ בָּאגֵי וּמִשְׁקַל דְּמֵי** — שהיה להם לקחת את בני כל הבקעות [ולתובעם לדין], וליטול מהם דמים[34]. שהרי לפי חוק המלכות מוטלת חובת אספקת העצים על כל בני הבקעות בשוה, ואם כן זכאים הם בני אותה בקעה לתבוע את שאר בני הבקעות להשתתף עמם בהפסד העצים שנטלו מהם. ואם לא עשו כן, אין זה מונע מאתנו מלהשתמש בגשרים, מאחר שפקידי המלכות עשו כראוי בנטילת העצים.

הגמרא עוברת לדון במקרה נוסף שבו גובים פקידי המלכות מס מאדם אחד על חשבון חבריו. מדובר במקרה של כמה שותפים שהכניסו את תבואותיהם לתוך גורן אחת. לאחר שחילקו ביניהם את התבואה, לקח כל אחד את חלקו לביתו, מלבד אחד מהם, שחֶלקו נשאר בגורן. כשהגיע פקיד המלכות לגורן לגבות את מס המלך מהתבואות, מצא שם רק את התבואה של אותו אחד:

אָמַר רָבָא: מַאן דְּמִשְׁתְּכַח בְּבֵי דָּרֵי פָּרַע מְנָתָא דְּמַלְכָּא — מי שנמצא בגורן, פורע את מס המלך. כלומר, השותף שתבואתו נשארה בגורן פורע את המס עבור כל השותפים. לאחר מכן הוא גובה מחבריו את חלקם במס, ואינם יכולים לומר לו שגבייה זו היתה רק עבור חלקו, ולא עבור חלקם[35].

הגמרא מגבילה הלכה זו:

וְהָנֵי מִילֵּי שׁוּתָּפָא — ודברים אלו אמורים רק בנוגע לשותף, שיש לו חלק בקרקע. **אֲבָל אֲרִיסָא** — אם הוא גובה את המס מאריס, אין לו רשות לגבות ממנו עבור חלקו של בעל השדה, מפני **שֶׁאֲרִיסוּתֵיהּ הוּא דְּקָא מַפִּיק** — האריס מוציא לעצמו רק את חלק אריסותו, ואין לו חלק בגוף הקרקע, ולפיכך אין מוטל עליו לפרוע את חלקו של בעל הקרקע[36].

הוראה שלישית של רבא בענין גבייה מאדם אחד עבור חבירו:

וְאָמַר רָבָא: בַּר מָתָא אַבַּר מָתָא מִיעֲבַט — בן עיר מתמשכן עבור בן עיר. כלומר, יש רשות לגובה המס (שקנה מהמלך את זכות הגבייה) למשכן את אחד מבני העיר עבור חוב המס של אדם אחר מבני העיר[37].

הגמרא מגבילה הוראה זו:

וְהָנֵי מִילֵּי דִּבְרָלָא אַרְעָא וְכַרְגָּא דְּהַאי שַׁתָּא — ודברים אלו

הערות

29. ראה לעיל עמוד א הערה 30.

30. [מאחר שלא שמענו איסור לעבור בגשרים אלו, בהכרח שהלכה מקובלת ומוסכמת היא שאין כאן גזל, מפני שהדבר נעשה על פי חוק המלכות.]

31. אולי באמת הדקלים נגזלו שלא כדין, ומה שאנו נהנים מהם, זהו מפני שהבעלים התייאשו, ופקעה בעלותם מהממון, ושוב אין זה "ממון גזול" (ועיין הערה הבאה).

32. אפילו אם נאמר שהבעלים התייאשו, הרי לא היה כאן "שינוי רשות" לאחר שהדקלים נגזלו, שהרי הגשרים מונחים ברשות הרבים, ולא הועברו לאדם אחר. ונמצא שאין כאן אלא יאוש בלבד, שאינו מועיל להפקיע את הממון הגזול מבעליו (ראה לעיל קיא, ב הערה 7). וכמו כן מה שהפכו את הדקלים לנסרים ועשו מהם גשרים, אינו נחשב כ"שינוי מעשה" [שמועיל לקנות את הגזילה], מפני שלא נשתנה שמם של הדקלים, והם עדיין נקראים "חתיכות דקל" (רש"י; ראה לעיל צו, א; ועיין פני יהושע; דבר אברהם א, ח, ה).

[יש מפרשים שאכן הנחת הגשרים נחשבת כ"שינוי רשות". שכן שלוחי המלך נותנים את הגשרים לשימוש הרבים, ואם כן יש כאן שינוי רשות, מחמת מסירת הממון לרבים (ראה רשב"א; מגיד משנה הלכות גזילה ה, ג). לפי שיטה זו מתפרשים דברי רבא כאן באופן אחר: **אִי לֹא דִּינָא דְּמַלְכוּתָא דִּינָא, הֵיכִי מִיַּיאֲשֵׁי** — מדוע צריכים הם להתייאש? הרי יכולים הם לתבוע לדין כל מי שעובר עליהם! אלא בודאי שלא יועיל להם לתבוע את העוברים, מפני שהם עושים כדין, על פי דין המלכות (ראה תוספות; ועיין לחם משנה שם; רמ"א חושן משפט שסט, ב עם ביאור הגר"א ז; דבר אברהם א, א ענף ו).]

33. ["בָּאגָא" (בקעה) היא שטח גדול שיש בו הרבה שדות.] לפי חוק המלכות צריך לחלק את נטל אספקת העצים לצורך הגשרים בין כל הבקעות שבאזור בשוה. אמנם למעשה שלוחי המלך נוטלים את כל הדקלים הנצרכים להם מבקעה אחת. נטילה כזו בודאי שאין לה תוקף על פי חוק המלכות. ואם כן מדוע מותר לנו לעבור על הגשרים שהם עושים? (רש"י).

34. [פירשנו על פי רבינו ברוך, אור זרוע תמו ונוסחאות כתבי היד (ראה ספר שינויי נוסחאות).]

35. רש"י. פקידי המלך אינם צריכים לטרוח ולחזור אחר כל אחד מהשותפים כדי לגבות ממנו את חלקו. אלא, הם נוטלים את כל המס ממי שנמצא בגורן, והוא יגבה מכל אחד את חלקו (רא"ש; רמ"ה, הובא בשיטה מקובצת).

אופן זה של גביית המס מכל השותפים — על ידי גבייה מאותו שנמצא בגורן — נכון הוא בהתאם לחוק המלכות, ואין בכך משום גזל. ולפיכך, אם גובה המס הוא ישראל שקנה מהמלך את זכות גביית המס (ראה עמוד א הערה 30), מותר לו לנהוג כן. וכן אם גובה המס הוא נכרי, יש נפקא מינה בכך שהתבואה שלקח אינה גזל, לענין זה שמותר לקנותה ממנו (רש"י; ועיין פרישה חושן משפט שסט, ט).

36. במקרה של כמה שותפים שיש לכל אחד מהם חלק בקרקע, הרי כל אחד מהם משתעבד למס המלך מחמת חלקו. ומאחר שמשתעבד לחלקו, משתעבד הוא גם עבור שאר השותפים. אבל אריס (העובד בקרקע של חבירו ומקבל חלק מהתבואה בשכרו), אין לו חלק בקרקע, ולפיכך אינו משתעבד למס המלך. ומאחר שהוא עצמו אינו חייב כלום למס המלך, אי אפשר לגבות מחלקו את המס המוטל על בעל השדה (ראה רמ"ה, הובא בשיטה מקובצת; רבינו יהונתן; נמוקי יוסף; ועיין עוד רשב"א). ואם בכל זאת נטל הגובה מס מחלק האריס, הרי זה גזל בידו, ואסור לקנות ממנו (רש"י).

[בנוגע לשאלה האם יוכל האריס לחזור ולגבות מבעל השדה מה שגבו ממנו שלא כדין, עיין רמב"ם הלכות חובל ומזיק ח, ו עם מגיד משנה; ים של שלמה כא; פרישה חושן משפט שסט, ח.]

37. כך הוא דין המלכות, שרשאי הגובה לקחת משכון מאחד מבני העיר עבור חבירו. ולפיכך, אם גובה המס הוא ישראל, מותר לו לעשות כן, ואין בכך משום גזל (ראה רש"י). אמנם זהו דוקא במקרה שהחייב ברח מבלי לשלם את מס הקרקע המוטל עליו. במקרה כזה לא מוטל על הגובה לטרוח ולחפש אותו, אלא נוטל משכון מאדם אחר, והלה הולך ותובע את החייב ומוציא ממנו (רמ"ה, הובא בשיטה מקובצת).

במקרה הקודם, של שותפים בקרקע, רשאי הגובה ליטול אפילו את גוף התשלום מאחד השותפים עבור כולם. אבל במקרה זה, כששני בני העיר אינם שותפים, אין הגובה יכול לגבות את המס מאחד מהם, אלא רק ליטול ממנו משכון. ואפילו זאת אין יכול לעשות אלא אם כן החייב ברח (שם).

עין משפט נר מצוה

מד א מיי' פ"ז מהל' גניבה הל' ח סמג לאוין קנב:

מה ב טוש"ע ח"מ סי' שמח סעי' ב בהג"ה:

מו ג מיי' פ"ב מהל' נזירות הל' יח [ופ"ב מהל' עבדים הל' יא]:

מז ד ה מיי' פי"א מהל' גזלה ואבדה הלכה ג סמג עשין עד טוש"ע ח"מ סי' רסו סעי' א:

מח ו ז מיי' שם הלכה ד וה סמג שם טוש"ע ח"מ סימן שמח וש"ע שם סעי' ב בהג"ה:

מט ח ט י מיי' פ"ה שם הלכה יד והל' טו והל' יז סמג עשין עג טוש"ע ח"מ סי' שסט סעי' ב:

נ כ מיי' שם הלכה יב טוש"ע שם סעי' ז:

נא ל טור ח"מ שם:

נב מ מיי' שם ופ"ח מהל' חובל ומזיק הלכה ו סמג שם טוש"ע שם וסי' קכח סעי' ב וסימן שפח סעי' ו:

נג נ מיי' שם וע' בהגהות מיימוני שם סמג שם טוש"ע שם סי' קכח סעי' ב בהג"ה:

נד ס מיי' פ"ו מהל' ת"ת בהלכות קטנות הלכה ט סמג עשין קו טוש"ע ח"מ סי' כח סעי' ג וטוש"ע י"ד סי' שלד סעי' מג:

הגהות הב"ח

(א) רש"י ד"ה היכי מיאשי וכו' דאין כאן וכו' נמי גודי. נ"ב ע"ל דף נו ע"א: (ב) ד"ה והני מילי דבורלא ארעא כצ"ל ותיבת אברול נמחק: (ג) ד"ה אבל וכו' חליף הואיל דהגבאי כבר וכו' משנה שעברה: (ד) תוס' ד"ה יכול וכו' יניח את הכנעני: (ה) ד"ה הכי וכו' דבגניבה איכא נמי חילול:

הגהות הגר"א

[א] גמרא (ולא תבעו מיניה) תא"מ:

גליון הש"ס

גמ' ידקדק עם קונהו. עיין פי' המשניות להרמב"ם פי"ב מ"ז דכלים: שם עבד עברי גופו קנוי. עיין יבמות דף מו ע"א וברש"י שם: שם זיל חזי אי דכותי. עיין בב"מ דף מח ע"א תוס' ד"ה נתנה לסיטון:

גמרא

שלא ימשכנו ויצא יכול יגלום עליו ת"ל [א] וחשב עם קונהו [א] ידקדק עם קונהו אמר רב יוסף לא קשיא הא בכנעני הא בגר תושב אמר ליה אביי והא תרווייהו גבי הדדי כתיבי [א] לא לך אלא לגר שנאמר [ב] לגר ולא לגר צדק אלא לגר תושב שנאמר לגר תושב [ב] משפחת גר זה העובד כוכבים כשהוא אומר או לעקר זה הנמכר לעבודת כוכבים אלא אמר רבא לא קשיא כאן בגזילו וכאן [ב] בהפקעת הלוואתו א"ל אביי עבד עברי הפקעת הלוואתו הוא רבא לטעמיה [ג] דאמר רבא [ג] עבד עברי גופו קנוי אמר רב ביבי בר גידל אמר ר"ש חסידא [ד] גזל כנעני אסור [ד] אבידתו מותרת גזילו אסור דאמר רב הונא מנין לגזל הכנעני שהוא אסור שנאמר [ג] ואכלת את כל העמים אשר ה' אלהיך נותן לך בזמן שהן מסורים בידך ולא בזמן שאינם מסורין בידך אבידתו מותרת דאמר רב חמא בר גוריא אמר רב מנין לאבידת הכנעני שהיא מותרת שנאמר [ד] לכל אבדת אחיך לאחיך [ה] אתה מחזיר ואי אתה מחזיר [ו] לכנעני ואימא הני מילי היכא דלא אתי לידיה דלא מחייב לאהדורי בתרה אבל היכא דאתי לידיה אימא ליהדרה [ז] אמר רבינא [ה] ומצאתה דאתאי לידיה משמע: תניא ר' פנחס בן יאיר אומר [ה] במקום שיש חילול השם אפי' אבידתו אסור אמר שמואל טעותו מותרת כי הא דשמואל זבן מכותי לקנא דדהבא במר דפרזלא בד' זוזי ואבלע ליה חד זוזא רב כהנא זבן מכותי מאה ועשרים חביתא במאה ואבלע ליה חד זוזא אמר ליה [ו] חזי דעלך קא סמיכנא רבינא זבן דיקלא הוא וכותי לצלחא א"ל לשמעיה קדם ואייתי מעיקרו דכותי מניינא ידע רב אשי הוה קאזיל באורחא חזא שיבשא דגופנא בפרדיסא ותלי בה קיטופי דעינבי אמר ליה לשמעיה [ח] זיל חזי אי דכותי נינהו אייתי אי דישראל נינהו לא אייתי לי שמע ההוא כותי דהוה יתיב בפרדיסא אמר ליה דכותי שרי א"ל כותי שקיל דמי ישראל לא שקיל דמי גופא אמר שמואל [ח] דינא דמלכותא דינא אמר רבא תדע [ט] דקטלי דיקלי וגשרי גישרי ועברינן עלייהו א"ל אביי ודלמא משום דאייאוש להו מינייהו מרייהו אמר ליה אי לא דינא דמלכותא דינא היכי מייאשי והא לא קא עבדי כדאמר מלכא מלכא אמר זילו וקטלו מכל באגי ואינהו אזלו וקטלו מחד באגא [י] שלוחא דמלכא כמלכא ולא טרח ואינהו אפסיד אנפשייהו דאיבעי להו דאינקוט מכוליה באגי ומשקל דמי אמר רבא [כ] מאן דמשתכח בבי דרי פרע מנתא דמלכא וה"מ שותפא [ל] אבל אריסא אריסותיה הוא דקא מפיק ואמר רבא [מ] בר מתא אבר מתא מיעבט [נ] וה"מ [ח] דברלא ארעא וכרגא דהאי שתא אבל שתא דחליף הואיל ואפיים מלכא חליף ואמר רבא הני דדיירי דרי בתוך התחום אסור ליקח מהן מאי טעמא משום דמערבא חיותא דמתא בהדייהו חוץ לתחום מותר ליקח מהם אמר רבינא אם היו בעלים מרדפים אחריהם אפילו חוץ לתחום אסור מכריז רבא ואיתימא רב הונא דסלקין לעילא ודנחתין לתתא [ס] האי בר ישראל דידע סהדותא לכותי [א] ולא תבעו מיניה ואזל ואסהיד ליה בדיני דכותי על ישראל חבריה משמתינן ליה מאי טעמא דאינהו מפקי ממונא

תוספות

שלא ימשכנו ויצא כו'. והני תנאי דפרק המקבל (ב"מ דף קיא: ושם) דסברי דגזל הכנעני מותר מוקמי לה להאי קרא לדרשה אחריתי:

יכול יגלום עליו. פי' בקונטרס יכול יניח (ד) הכנעני לכפול ולהוסיף על הלואתו לתבוע מה שלא נתן ותימה לר"י דלמאי אצטריך קרא להכי דלטו יפסיד ויניח את הכנעני להטעות את עצמו ונראה לר"י דה"פ יכול יגלום עליו שיטעה את הכנעני ויתן לו פחות ממה שנתן לו ת"ל וחשב עם קונהו וכן פי' בערוך בערך גלם אע"ג דטעות כנעני היה מותר אסור להטעותו במקום שהכנעני יודע שגוזל ועושה עצמו כלא ידע:

הכי קאמינא אי דכותי נינהו. נראה לר"י שכן היה דעתו מתחילה כמו שהשיב להכותי ולא כמו שהיה הכותי סובר דא"כ היה סובר דגזל הכותי מותר דאין חילוק בין גניבה לגזילה דבגניבה איכא (ה) חילול השם כשידע לבסוף וכל הנך שמעתא לא אייתי אלא הנהו דאסרי גזל כנעני ולא מייתי תנאי דהמקבל (שם) דשרי:

היכי מייאשי. היה להם לתבוע בדין את כל אדם העוברים עליהם אלא ודאי לכך מתייאשים לפי שבדין אין משלמין להם כלום משום דדינא דמלכותא דינא ובקונטרס פי' היכי מייאשי כלומר מי הוי יאוש והא יאוש כדי הוא ולא קני דאין כאן שינוי רשות שהרי הן מונחים ברשות הרבים ושינוי מעשה נמי ליכא דהשתא נמי הוי גודי דדיקלי מיקרו כדאמר לעיל בהגוזל קמא (דף נו. ושם): ולא

רש"י

שלא ימשכנו ויצא. כלומר שלא יוציאוהו בית דין מיד הכותי אלא בגאולה: יגלום. יכול יניח את הכנעני לכפול ולהוסיף ולתבוע מה שלא נתן: גר תושב. אין עובד ע"ז ואוכל נבילות: ולא לך אלא לגר. בקדושין היא (ד' כ.) ובערכין (דף ל:) כמה קשה אבקה של שביעית אדם שנושא ונותן בפירות שביעית סוף מוכר את עצמו שנאמר ונמכר לך לא לך אלא לכנעני כו' ולע"ז עצמה לחטוב עצים ולשאוב מים ואכולהו קאי גאולה תהיה לו אלמא גזל כנעני אסור: בהפקעת הלוואתו. שאין גזל ממש שרי כי ליכא חילול השם ולהבריח המכס הוי כהפקעת הלואתו: הפקעת הלוואתו הוא. שהלוהו על עבודתו ואפי' הכי אמר ר' עקיבא לא יצא על כרחו: גופו קנוי. כל שש שנים ונמצא שגזלו ממש: טעותו. היה חייב לו לישראל וטעה בחשבון דליכא חילול השם: לקנא דדהבא במר דפרזלא. מזרק של זהב בחזקת של נחושת: ואיבלע ליה זוזא. ועוד טעות אחרת שעיכב זוז מדמיו והטעהו בחשבון שלקח ג' במקום ד': ואמר. רב כהנא לכותי חזי דעלך סמיכנא אינו מונה אותם כדי להוציא עצמו מן החשד ל"א כותי א"ל לרב כהנא חזי דעלך סמיכנא זו שמעתי: לצלחא. לבקע: מעיקרו. פסקית של לד העיקר קח לצרכי שהן עבים: דכותי מניינא ידע. מנין הפסקים מנה אבל לא נתן עיניו כמה דקים יש וכמה גסים יש: שיבשא. זמורות: קטופי. אשכולות: היכי מיאשי. כלומר מי הוי יאוש הא יאוש כדי הוי (א) ואין כאן שנוי רשות שברה"ר הן ושינוי מעשה נמי ליכא דהשתא נמי גודא דדיקלא מקרו: והא לא עבדי שליחותיה כדקאמר מלכא. ואשתכח דלאו דינא דמלכותא הוא ואמאי עברינן עלייהו: ולא טרח. אין עליו לטרוח וליקח מזה אחד ומזה אחד: באגא. בקעה: דמשתכח בבי דרי. היו ארבעה שותפין בגורן והביאו שלשה חלקן בביתן והרביעי' נמלא בגורן: פרע מנתא דמלכא. בשביל כולם ולכשיבאו חביריו אין יכולין לומר שלך היה ולא שלנו ואם גבאי זה ישראל הוא שקנה מן המלך את המס אין כאן משום גזל דדינא דמלכותא דינא ואם כותי הוא מותר לקנות ממנו: אריסותיה מפיק. דאין לו חלק בגופו של קרקע ואין עליו לפרוע חלק על הבית ולענין זבוני לא מזבנינן מיניה דגזל הוא מה שנטלו מן האריס: בר מתא אבר מתא מיעבט. רשות ביד ישראל גבאי המלך למשכן בן העיר על מס בן עיר חבירו דדינא דמלכותא דינא: והני מילי דבורלא. (ב) אברול ארעא מס קרקע שאוכל פירות: וכרגא. כסף גולגולת דשתא דא: אבל שתא דחליף חליף. (ג) והוא הגבאי כבר פרע למלך כל קצבה שקיבל עליו שנה שעברה ומעתה המס שלו ולו אין כח למשכן את זה על חבירו: דדיירי דרי. עכו"ם שיש להם בהמות ומזבלין מהן שדות בשכר: אסור ליקח מהן. בהמה שמא נתחברה עם בהמותיהם של ישראל ושל בני ישראל הוא:
אפומא

מסורת הש"ס

א) קדושין כ. ב"מ עא. [ערכין ל:], ב) [יבמות מו.], ג) קדושין טז. כח., ד) [ב"מ פז: בכורות יג:], ה) שיש גם לו כמוך נמוסים ומשפטים לדיקים בדברים שבין אדם לחבירו, ו) שנוהגים הפקר בקנייני אחרים, ז) [ב"מ ב. כז.], ח) [גי' הערוך ערך בלר ג' וה"מ בבולרא פירוש יבול הארץ כלומר מס הארץ].

תורה אור השלם

א) וְחִשַּׁב עִם קֹנֵהוּ מִשְּׁנַת הִמָּכְרוֹ לוֹ עַד שְׁנַת הַיֹּבֵל וְהָיָה כֶּסֶף מִמְכָּרוֹ בְּמִסְפַּר שָׁנִים כִּימֵי שָׂכִיר יִהְיֶה עִמּוֹ: [ויקרא כה, נ]

ב) וְכִי תַשִּׂיג יַד גֵּר וְתוֹשָׁב עִמָּךְ וּמָךְ אָחִיךָ עִמּוֹ וְנִמְכַּר לְגֵר תּוֹשָׁב עִמָּךְ אוֹ לְעֵקֶר מִשְׁפַּחַת גֵּר: [ויקרא כה, מז]

ג) וְאָכַלְתָּ אֶת כָּל הָעַמִּים אֲשֶׁר יְיָ אֱלֹהֶיךָ נֹתֵן לָךְ לֹא תָחוֹס עֵינְךָ עֲלֵיהֶם וְלֹא תַעֲבֹד אֶת אֱלֹהֵיהֶם כִּי מוֹקֵשׁ הוּא לָךְ: [דברים ז, טז]

ד) וְכֵן תַּעֲשֶׂה לַחֲמֹרוֹ וְכֵן תַּעֲשֶׂה לְשִׂמְלָתוֹ וְכֵן תַּעֲשֶׂה לְכָל אֲבֵדַת אָחִיךָ אֲשֶׁר תֹּאבַד מִמֶּנּוּ וּמְצָאתָהּ לֹא תוּכַל לְהִתְעַלֵּם: [דברים כב, ג]

ליקוטי רש"י

לא לך אלא לגר. פרשה אחרת היא הסמוכה לנמכר לך וכי תשיג יד גר ותושב עמך וגו' [קדושין כ.] רישא דברייתא במסכת ערכין (דף ל:) בא וראה כמה קשה אבקה של שביעית אדם נושא ונותן בפירות שביעית סוף מוכר מטלטליו כו' עד לא באת לידו עד שמוכר עצמו שנאמר ונמכר לך ולא לך אלא לגר. לגר תושב. שקיבל עליו שלא לעבוד עבודת כוכבים ואוכל נבילות [ב"מ עא.]. זה הנמכר לעבודת כוכבים. שהיה נעשה משרת לעבודת כוכבים לחטוב עלים ולשאוב מים [ערכין שם]. לחטוב עלים ושאר צרכיה ולא לשם אלהות [קידושין כ:]. עבד עברי גופו קנוי. עד שיגיעו ימי חיפושו [שם טז.]. ומצאתה. שהוא קרויה אבידה. דאתאי לידיה משמע. ואפילו הכי אחיך ולא עובד כוכבים ולמדך שאבידת כנעני מותרת ולא תימא כי אמעוט אבידת כנעני מלטרות אחריה אמעוט אבל אי נקטה חייב לאהדורה [ב"מ כז.]. לשמעיה. שלוחו [קדושין ע.]. דסלקין לעילא. מבבל לארץ ישראל. ודנחתין לתתא. מארץ ישראל לבבל. הוו בקיאין בדין זה [לעיל כג:].

אמורים רק בנוגע למס הקרקע[38] ולמס הגולגולת של שנה זו. **אֲבָל שַׁתָּא דְּחָלִיף** – אבל שנה שחלפה, והגובה מבקש לגבות את המס עבור השנה שעברה, **הוֹאִיל וְאִפַּיֵּיס מַלְכָּא** – מאחר שהמלך כבר התרצה בתשלום המס על ידי הגובה, ששילם למלך את הקצבה המוטלת עליו, **חָלִיף** – הרי חלפה השנה, ושוב אין הגובה רשאי ליטול משכון מאחד מבני העיר עבור חבירו[39].

הוראה רביעית של רבא:

וְאָמַר רָבָא: הָנֵי דְּדַיְרֵי דָּרֵי – אלו שמזבלים שדות של אחרים על ידי בהמותיהם תמורת תשלום[40], אם עושים הם כן **בְּתוֹךְ הַתְּחוּם** של העיר[41], **אָסוּר לִיקַּח מֵהֶן** בהמה[42]. **מַאי טַעְמָא? מִשּׁוּם דְּמִעַרְבָא חֵיוָתָא דְּמָתָא בַּהֲדַיְיהוּ** – מפני שמתערבות בהמות של בני העיר עם בהמותיהם, ויש לחשוש שמא הוא קונה בהמה גזולה. אולם אם השדות הן **חוּץ לַתְּחוּם** של העיר, **מוּתָּר לִיקַּח** בהמה **מֵהֶם**, מפני שאין בהמות של אנשי העיר רגילות להיות שם[43].

הגמרא מעירה על כך:

אָמַר רָבִינָא: אִם הָיוּ בְּעָלִים של בהמה **מְרַדְּפִים אַחֲרֵיהֶם** להשיב את בהמתם, **אֲפִילוּ** אם הם מזבלים **חוּץ לַתְּחוּם, אָסוּר** לקנות מהם בהמה[44].

הוראה חמישית בשם רבא:

מַכְרִיז רָבָא, וְאִיתֵימָא – ויש אומרים ש**רַב הוּנָא** הוא שהכריז: **דְּסָלְקִין לְעֵילָא** – אותם אנשים העולים למעלה, מבבל לארץ ישראל, **וּדְנָחֲתִין לְתַתָּא** – והיורדים למטה, מארץ ישראל לבבל, הֱיו בקיאים בדין זה[45]: **הַאי בַּר יִשְׂרָאֵל דְּיָדַע סַהֲדוּתָא לְכוּתִי** – אדם מישראל היודע עדות עבור כותי, **וְלֹא תָּבְעוּ מִינֵּיהּ**[46], **וְאָזַל וְאַסְהִיד לֵיהּ בְּדִינֵי דְּכוּתִי עַל יִשְׂרָאֵל חַבְרֵיהּ** – והלך והעיד עבורו בבית משפט של כותים (שדיניהם שונים מדינינו) כנגד בן ישראל חבירו, **מְשַׁמְּתִינַן לֵיהּ** – מנדים אותו[47].

הגמרא מבארת את טעם הדבר:

מַאי טַעְמָא? דְּאִינְהוּ מַפְּקֵי מָמוֹנָא – מפני שהם (השופטים הכותים) מוציאים ממון

הערות

38. כלומר, המס המוטל על בעלי הקרקעות המעבדים אותן ואוכלים מפירותיהן (ראה רש״י ונמוקי יוסף).

39. גובה המס קנה מהמלך את זכות הגבייה כדי לקחת את המס לעצמו, ותמורת זאת התחייב לשלם למלך בתום השנה את הסכום שקצבו ביניהם, בין אם השלים את הגבייה ובין אם לאו. על פי חוק המלכות, רק המלך יכול ליטול משכון מאדם אחד עבור חוב המס של חבירו. ולפיכך, כל עוד לא שילם הגובה את הקצבה המוטלת עליו, הרי חייבים עדיין בני העיר את המסים למלך, ולפיכך יכול הגובה ליטול משכון מאחד על חבירו, עבור חוב המס למלך. אבל בשנה הבאה, לאחר שהמלך כבר קיבל את קצבתו, הרי אין עוד למלך צורך בגביית המס, ואין הגובה נוטל את המס אלא לצורך עצמו, כדי להשלים את המגיע לו מחמת זכותו בשנה שעברה. ולפיכך אין לו עוד רשות למשכן את אחד מבני העיר על חוב של חבירו (ראה רש״י; אולם עיין רא״ש, הובא בשיטה מקובצת ובנמוקי יוסף; ועיין חידושי אנשי שם אות ב).

40. ״דַּיְרֵי דָּרֵי״ הוא מלשון ״דיר״, דהיינו מקום גדור שמעמידים בתוכו בהמות (ראה רע״ב שביעית ג, ד). המנהג היה שהיו גודרים חלק מהשדה, ומניחים שם בהמות כדי שהשדה תזדבל על ידיהן. לאחר שאותו מקום הזדבל היו מעבירים את הבהמות למקום אחר לאותה מטרה (ראה מאירי לעיל נה, ב).

41. דהיינו בתוך אלפיים אמות סמוך לעיר.

42. רש״י; ראה רמ״ה, הובא בשיטה מקובצת; אולם עיין ראב״ד, תוספות רי״ד, רשב״א ומאירי.

43. ראה רמ״ה, הובא בשיטה מקובצת.

44. ואף על פי שאין אנו יודעים בודאות שטענת הרודף נכונה, ובהמתו אכן מעורבת בין בהמות המזבלים, מכל מקום יש לחשוש לכך, ואסור לקנות מהם בהמה (ראה פני יהושע).

45. ראה רש״י לעיל כג, ב ד״ה ודנחתין לתתא, ורשב״ם בבא בתרא מה, א (ועיין קידושין סט, א-ב).

46. [מלים אלו אינן מופיעות בראשונים, ובכל כתבי היד, ובדפוסים ראשונים (ראה ספר שינויי נוסחאות, והגהות הגר״א).]

47. מדובר במקרה שכותי תובע ממון מישראל בבית משפט של כותים, ויש לכותי עד אחד מישראל כנגד הנתבע. הגמרא מלמדת שאסור לעד זה להעיד כנגד ישראל חבירו, מפני שהשופטים הכותים יוציאו ממון על פי עדותו שלא כדין (וכפי שיתבאר מיד). ואם עשה כן, מנדים אותו.

אַפּוּמָא דְּחַד – על פי עד אחד, ונמצא שעד זה מפסיד את הנתבע שלא כדין[1].

הגמרא מגבילה את ההוראה:

וְלָא אֲמָרַן אֶלָּא חַד – ואין אנו אומרים כן אלא במקרה שיש רק עד אחד כנגד הישראל. **אֲבָל בִּתְרֵי** – אם ישנם שני עדים, **לֹא.** שהרי שני עדים מועילים להוציא ממון גם בדיני ישראל, ונמצא שאין העדים גורמים לנתבע הפסד בעדותם[2].

הגבלה נוספת:

וְחַד נַמִּי לֹא אֲמָרַן אֶלָּא בְּדִינֵי דְּמַגִּיסְתָּא – וגם במקרה שיש רק עד אחד, אין אנו אומרים כן אלא בבתי משפט של כפרים, שאינם יודעים לדון כמשפט[3]; **אֲבָל בֵּי דַוָּואר** – אבל בבית משפט של השלטון, אין איסור בכך, מפני ש**אִינְהוּ נַמִּי חַד אַמּוֹמְתָא שָׁדוּ לֵיהּ** – גם הם, על פי עד אחד הם מטילים שבועה בלבד, ולא מחייבים ממון, כמו בדיני ישראל.

הגמרא מסתפקת בנוגע למקרה שיש רק עד אחד:

אָמַר רַב אַשִׁי: כִּי הֲוֵינָא בֵּי רַב הוּנָא[4] **אִיבַּעְיָא לָן** – כשהיינו בבית מדרשו של רב הונא הסתפקנו בשאלה זו: **אָדָם חָשׁוּב, דְּסָמְכֵי עֲלֵיהּ כְּבֵי תְּרֵי** – שבתי המשפט [של השלטון] סומכים עליו כבעל שני עדים, האם מותר לו להעיד כנגד ישראל? האם נאמר שמאחר שהם סומכים עליו, **מַפְּקֵי מָמוֹנָא אַפּוּמֵיהּ** – הם יוציאו ממון על פיו, **וְלָא אִיבָּעֵי לֵיהּ לְאַסְהוּדֵי** – ולפיכך אין לו להעיד בפניהם[5]; **אוֹ דִּלְמָא** – או שמא נאמר ש**מִכֵּיוָן דְּאָדָם חָשׁוּב הוּא, לָא מָצֵי מִשְׁתַּמֵּיט לְהוּ** – אין הוא יכול להשתמט מהם, **וּמָצֵי לְאַסְהוּדֵי** – ולפיכך יוכל להעיד[6]?

הגמרא אינה מכריעה את הספק:

תֵּיקוּ – תעמוד השאלה בספק[7].

מקרה אחר שבו מנדים אדם שגרם נזק לחבירו:

אָמַר רַב אַשִׁי: הַאי בַּר יִשְׂרָאֵל דְּזַבִּין לֵיהּ אַרְעָא לְעוֹבֵד כּוֹכָבִים אַמִּצְרָא דְּבַר יִשְׂרָאֵל חַבְרֵיהּ – בן ישראל שמכר קרקע לעובד כוכבים בגבול שדהו של בן ישראל חבירו[8], **מְשַׁמְּתִינַן לֵיהּ** – מנדים אותו[9].

הגמרא מבררת את טעם הדבר:

מַאי טַעְמָא? אִי נֵימָא – אם נאמר שהטעם שמנדים אותו הוא **מִשּׁוּם** שעבר על **"דִּינָא דְּבַר מִצְרָא"**[10], **וְהָאָמַר מַר** (בבא מציעא קח, ב): **זָבִין** – הקונה שדה **מֵעוֹבֵד כּוֹכָבִים, וְזַבִּין** – והמוכר שדה **לְעוֹבֵד כּוֹכָבִים, לֵיכָּא** – אין בזה **מִשּׁוּם "דִּינָא דְּבַר מִצְרָא"**, ואין בן המצר יכול לסלק את הלוקח מהשדה שקנה[11]!

הגמרא מבארת:

אֶלָּא, הטעם הוא **דְּאָמְרִינַן**[12] **לֵיהּ** – מפני שבעל השדה אומר למוכר: **"אַרְבְּעִית לִי אַרְיָא אַמִּצְרַאי** – השכבת לי אריה על גבולי", כלומר, הבאת לשכנותי אדם שעלול לגרום לי נזק[13].

על פי זה הגמרא מסיקה:

לפיכך, **מְשַׁמְּתִינַן לֵיהּ עַד דְּקַבִּיל עֲלֵיהּ כָּל אוֹנְסָא דְּאָתֵי מֵחֲמָתֵיהּ** – מנדים את המוכר עד שיקבל עליו [לשלם עבור] כל נזק שיבוא מחמת הקונה[14].

הערות

1. שהרי לפי דין תורה אי אפשר להוציא ממון אלא על פי שני עדים. ומאחר שהכותים מוציאים ממון מהנתבע על פי העד, נמצא שהוא גורם הפסד ממון לישראל.

האיסור להעיד כנגד הישראל הוא אפילו במקרה שהעד יודע בוודאות שהנתבע חייב לכותי והוא כופר בשקר. שהרי על פי דינינו אי אפשר להוציא ממנו ממון בדין, ואם כן העד גורם בעדותו להוציא ממון שלא כפי הדין (ראה מרדכי קיז ו־קנז; שלטי הגבורים; ים של שלמה כג; ב"ח חושן משפט כח, ב; חפץ חיים הלכות רכילות כלל ט, באר מים חיים יז ד"ה והאיר; אולם עיין ראב"ד, הובא ברשב"א).

מאחר שהעד עשה שלא כדין בכך שגרם להוציא ממון שהנתבע לא היה מתחייב בו בדיני ישראל, מנדים אותו. אבל אין מחייבים אותו לשלם, מפני שיכול לומר אמת העדתי (מרדכי קיז; רמ"א חושן משפט כח, ג; אולם עיין רמב"ם הלכות תלמוד תורה ו, יד, הובא ביורה דעה שלד, מג; ועיין בנושאי כלים בחושן משפט שם).

הלכה זו נוהגת באותה מדה במקרה שהתובע הוא **ישראל**, התובע את חבירו ישראל בבית משפט של כותים. גם במקרה זה, אם יעיד עד אחד כנגד הנתבע, ינדו אותו. ומה שנקטה הגמרא שהתובע הוא כותי, זהו מפני שאסור לישראל לתבוע את חבירו בבית משפט של כותים (ראה גיטין פח, ב), והגמרא אינה עוסקת ברשעים (ראה אורים ותומים כח, אורים יב; ט"ז חושן משפט כח, ד; חפץ חיים שם ד"ה ואין; אולם עיין ים של שלמה כג).

הגמרא עוסקת כאן במקרה שהכותי הוא התובע והישראל הוא הנתבע. במקרה כזה אסור לישראל להעיד עבור הכותי, מפני שבדיני ישראל אי אפשר להוציא ממון על פי עד אחד. אבל במקרה הפוך, שישראל תובע כותי בבית משפט של כותים, מותר לישראל להעיד עבור הכותי. שכן במקרה כזה לא נגרם לישראל הפסד על ידי עדות זו, יותר ממה שהיה נגרם לו בבית דין ישראל. שהרי גם בבית דין ישראל היה הכותי נאמן לטעון שאינו חייב כלום (רא"ש; נמוקי יוסף; חושן משפט כח, ד).

2. ולפיכך מותר להם להעיד אפילו לכתחילה (רא"ש; מאירי; רמ"א חושן משפט כח, ד; אולם עיין תוספות; ועיין ים של שלמה כג, ותומים כח, ט).

3. רש"י (ועיין רש"י לגירסא אחרת; ראה גם רש"י בבא מציעא ל, ב ד"ה דיני דמגיזתא).

4. [צריך לומר **רַב כַּהֲנָא** (מסורת הש"ס; וכן הוא בראשונים ובכתבי היד), שהרי רב הונא היה כמה דורות לפני רב אשי (ראה ספר שינויי נוסחאות).]

5. לפי חוקי המשפט של הכותים, ניתן לסמוך על עדות של אדם חשוב, שאינו חשוד לשקר, כמו על שני עדים. ואם כן יהיה אסור לאדם חשוב להעיד לפני בית משפט של כותים – אפילו של השלטון – מאחר שעל פי עדותו יגרם הפסד לנתבע, שלא היה מגיע לו לפי דיני ישראל.

6. [אם אדם נכבד ישתמט מלהעיד, יש בכך חשש של חילול השם (ראה חתם סופר). ולפיכך אפשר שיש להתיר לו להעיד, אף על פי שעל ידי כך יגרם לישראל הפסד שלא כדין.]

7. ולהלכה, מותר להעיד במקרה כזה (ראב"ד, הובא ברשב"א; רא"ש; עיין בית יוסף חושן משפט כח, ב; אולם עיין ים של שלמה כג; ועיין שו"ת חתם סופר חושן משפט כג).

8. כלומר, היו שתי שדות זו בצד זו שהיו שייכות לשני ישראלים, ואחד מהם מכר את שדהו לעובד כוכבים.

9. הטעם לכך יתבאר בהמשך; ראה הערה 13.

10. "דִּינָא דְּבַר מֶצְרָא" היא הלכה המורה שבמקרה שקרקע עומדת למכירה, יש זכות קדימה לבעל הקרקע הסמוכה ("בַּר מֶצְרָא" – בן הגבול) לקנותה. הלכה זו היא תקנת חכמים, המבוססת על ציווי התורה (דברים ו, יח): "וְעָשִׂיתָ הַיָּשָׁר וְהַטּוֹב", דהיינו שמוטל על אדם להיטיב לחבירו מֵעבר לשורת הדין, כל עוד אין לו מכך הפסד גמור. בעליה של הקרקע הסמוכה ירויח בודאי מקניית השדה, שכן על ידי כך תהיינה לו שתי שדות סמוכות, ויוכל לחסוך בהוצאות עבודה ושמירה, ועוד. ומצד שני, כל אדם אחר המבקש לקנות את הקרקע יוכל למצוא קרקע אחרת שתתאים לצרכיו באותה מדה. ולפיכך חייבו חכמים את הבא לקנות את הקרקע, לוותר עליה לטובת בן המצר. [הלכות "דינא דבר מצרא" נידונות באריכות בבבא מציעא קח, א-ב.]

11. אדם **הקונה** שדה מעובד כוכבים בגבול שדה של חבירו, אין נוהגת לגביו ההלכה של "דינא דבר מצרא". שכן יכול הקונה לטעון לבן המצר: "הברחתי מגבולך אדם שהיה עלול להזיק לך, ואין לך עשיית 'הַיָּשָׁר וְהַטּוֹב' גדולה מזו" (בבא מציעא קח, ב עם רש"י ד"ה אריא). [ואין השכן יכול לטעון שגם אילו היה הוא קונה את השדה, היה מבריח בכך את שכנו הרע. שכן הלוקח יכול לומר לו שאלמלא היה ממהר לקנותה, היה העובד כוכבים מוכרה בינתיים לעובד כוכבים אחר (ראה נמוקי יוסף שם).]

וכן אדם **המוכר** שדה לעובד כוכבים, אין נוהגת בו הלכה זו. שכן הדין של "בר מצרא" מוטל על הקונה, ולא על המוכר. [המוכר אינו מזיק כלל במכירתו לבן המצר, שהרי גם אם לא היה מוכרה לא היתה השדה שייכת לבן המצר.] הקונה צריך למשוך ידיו מן הקנייה, כדי לאפשר לבן המצר לקנות את השדה הסמוכה לו. ובמקרה שהקונה הוא עובד כוכבים, הרי הוא אינו מצווה לעשות "הַיָּשָׁר וְהַטּוֹב", ולפיכך אי אפשר לחייבו לתת את השדה לבן המצר (גמרא שם עם רש"י ד"ה עכו"ם).

12. צריך לומר **דְּאָמַר** (הגהות יעב"ץ; רי"ף, רא"ש).

13. עובדי כוכבים אינם מקפידים על הלכות שכנים, כגון הימנעות מפעולות העלולות לגרום נזק לשדה הסמוכה. ויש לחשוש שבמקרה שיבוא נזק לבן המצר מחמת העובד כוכבים, לא יוכל בן המצר לכופו להתנהג על פי דין תורה (ראה רמב"ם הלכות שכנים יב, ז; טור חושן משפט קעה, נח; ועיין עוד רבינו יהונתן, הובא בשיטה מקובצת).

14. ומשמע שאם המוכר לא קיבל על עצמו לשלם עבור נזקים אלו, לא נוכל לחייבו, מפני שאין זה נזק ישיר, אלא "גרמא בנזקין", שפטור מלשלם (ראה ראב"ד, הובא ברשב"א ועוד; אולם עיין רא"ש בבא מציעא ט, כח; ועיין בית יוסף חושן משפט קעה, נח; רמ"א שם מ עם ביאור הגר"א צג).

הלכה זו נוהגת רק במקרה שישנו ישראל הרוצה לקנות את השדה במחיר שמציע העובד כוכבים, או בשווייה האמיתי (ראה רא"ש כאן ובבבא מציעא ט, כח;

אפומא דחד ולא אמרן אלא חד [א] אבל בתרי לא וחד נמי לא אמרן אלא בדיני דמגיסתא אבל בי דוואר [ב] אינהו נמי (א) חד אמומתא שדו ליה אמר רב אשי כי הוינא בי [א] רב הונא איבעיא לן אדם חשוב דסמכי עליה כבי תרי מפקי ממונא אפומיה ולא איבעי ליה לאסהודי או דלמא כיון דאדם חשוב הוא לא מצי משתמיט להו ומצי לאסהודי תיקו אמר רב אשי האי בר ישראל דזבין ליה ארעא לעובד כוכבים אמצרא דבר ישראל חבריה משמתינן ליה מאי טעמא אי נימא משום דינא דבר מצרא [ב] והאמר מר [ג] זבין מעכו"ם [ד] וזבין לעכו"ם ליכא משום דינא דבר מצרא אלא [ג] דאמרי' ליה ארבעית לי אריא אמצראי [ה] משמתינן ליה עד דקביל עליה כל אונסא דאתי מחמתיה: **מתני'** [ו] נטלו מוכסין את חמורו ונתנו לו חמור אחר נטלו לסטים את כסותו ונתנו לו כסות אחרת הרי אלו שלו מפני שהבעלים מתייאשין מהן: [ז] המציל מן הנהר או מן הגיים או מן הלסטין אם נתייאשו הבעלים הרי אלו שלו וכן נחיל של דבורים אם נתייאשו הרי אלו שלו א"ר יוחנן בן ברוקה [ח] נאמנת אשה או קטן לומר מכאן יצא נחיל זה [ט] ומהלך בתוך שדה חבירו להציל את נחילו ואם הזיק משלם מה שהזיק אבל [י] לא יקוץ את סוכו על מנת ליתן את הדמים ר' ישמעאל בנו של ר' יוחנן בן ברוקה אומר אף קוצץ ונותן את הדמים: **גמ'** תנא אם נטל מחזיר לבעלים הראשונים קסבר [ה] יאוש כדי לא קני ומעיקרא באיסורא אתא לידיה ואיכא דאמרי [כ] אם בא להחזיר יחזיר לבעלים ראשונים מ"ט [ד] יאוש כדי קני מיהו אי אמר אי אפשי בממון שאינו שלי מחזיר לבעלים הראשונים: הרי אלו שלו מפני שהבעלים כו': אמר [ה] רב אשי [ו] לא שנו אלא לסטים עובד כוכבים אבל ליסטים ישראל לא סבר למחר נקיטנא ליה בדינא מתקיף לה רב יוסף [ל] אדרבה איפכא מסתברא עכו"ם דדייני [ו] בגיתי לא מייאש ישראל כיון דאמרי מימר מייאש אלא אי איתמר אסיפא איתמר המציל מן העכו"ם ומן הלסטים אם נתייאשו הבעלים אין [מ] סתמא לא לא שנו אלא עכו"ם משום דדייני בגיתי אבל לסטים ישראל כיון דאמרי מימר מייאש [ז] תנן התם עורות של בעל הבית מחשבה מטמאתן ושל עבדן אין מחשבה מטמאתן של גזלן אין מחשבה מטמאתן ושל גנב מחשבה מטמאתן ר"ש אומר [ח] חילוף הדברים של גזלן מחשבה מטמאתן של גנב אין מחשבה מטמאתן לפי שלא נתייאשו הבעלים אמר עולא מחלוקת בסתם אבל בידוע דברי הכל יאוש קני רבה אמר בידוע נמי מחלוקת א"ל אביי לרבה לא תיפלוג עליה דעולא דתנן במתני' כוותיה לפי שלא נתייאשו הבעלים טעמא דלא נתייאשו הבעלים אבל נתייאשו הבעלים הרי אלו שלו אמר ליה אנן לפי שאין יאוש לבעלים מתנינן לה תנן נטלו מוכסין חמורו כו' מני אי רבנן קשיא גזלן אי ר"ש קשיא גנב בשלמא לעולא דאמר בידוע קני הכא נמי בידוע ודברי הכל אלא לרבה דאמר בידוע נמי מחלוקת הא מני לא רבנן ולא ר"ש בלסטים מזוין ור"ש היא אי הכי היינו גזלן תרי גווני גזלן ת"ש [ט] הגנב והגזלן והאנס הקדשן הקדש ותרומתן תרומה ומעשרותן מעשר מני אי רבנן קשיא גזלן אי ר"ש קשיא גנב בשלמא לעולא דאמר בידוע קני הכא נמי בידוע ודברי הכל היא אלא לרבה דאמר בידוע נמי מחלוקת הא מני לא רבנן ולא ר"ש הכא נמי בלסטים מזויין ור' שמעון היא אי הכי היינו גזלן תרי גווני גזלן ואי בעית אימא הא מתניתא רבי היא דתניא רבי אמר גנב כגזלן וקיימא

רש"י

אפומא דחד. ונמלא שהפסידו שלא כדין: דמגיסתא. בני כפר שאין יודעין לדון במשפט: בי דוואר. שלטון: חד אמומתא שדו ליה. על פי עד אחד אין מוליאין ממון אבל מחייבין בעל דין שבועה להכחיש העד כדין תורה לשון אחר דמגוזתא אנסין בחזקה כמו אתו גוזאי וקא מחו ליה (מגילה כח.) סריסים (של בית רבי) העומדין לרדות בחזקה: והאמר מר זבין מעכו"ם כו'. בבבא מליעא בהמקבל: ארבעית. הרבעת: **מתני'** הרי אלו שלו. דמסתמא נתייאשו הבעלים מיד וקננהו הילך ביאוש [°] ושינוי רשות: אם נתייאשו. הבעלים דשמעינן דאייאוש דאמר ווי לחסרון כיס אבל סתמא לא וקשיא לסטים דסיפא אלסטים דרישא ובגמרא פריך ומשני לה חדא בלסטים עכו"ם וחדא בליסטים ישראל דמייאש מסתמא: נחיל. גיור"א: לא יקוץ את הסוכה. נתיישבו דבורים על סוכת חבירו וירא ליטלן אחת אחת שלא יברחו לא יקוץ את הסוכה להוליכן כולן ביחד ואפילו ע"מ ליתן דמים: **גמ'** אם נטל. חמור מן המוכסין: יחזיר לראשונים. ופליגא ברייתא אמתני': יאוש כדי. שנתייאשו הבעלים ביד מוכס לא קנה המוכס ביאוש לבדו בלא נתינת דמים או שינוי מעשה וכי אתא ליד שני באיסור אתא לידיה: אם בא להחזיר. שחסיד הוא: יחזיר לבעלים הראשונים. ולא למוכס: בגיותא. [°] בגאוה ובזרוע: אמרי מימר. לא ותן לו ואין חובטין במקלות. לשון אחר דאמרי לנגזל מי יימר כדקאמרת הבא עדים שגנבו ממך: מחשבתו מטמאתן. חישב עליהם בדבר שאין בו חסרון מלאכה כגון (ב) לעוכבא ולמטה ירדו לטומאה מיד: ושל עבדן. שאומנותו בכך סתמיה למכירה הלכך אין מחשבתו מחשבה שאם יבאו בני אדם לקנותו ימכרנו להן ונמלא שסופן למנעלין ועדיין לא נגמרה מלאכתן לכך: של גזלן אין מחשבתו מטמאתן. דלאו דידיה הוא דכיון דידע מאן שקליה מיניה לא מייאש: ושל גנב מחשבתו מטמאתן. דאייאוש מרייהו דלא ידעי למאן יתבעו: חילוף הדברים. גזלן כיון דשקליה מיניה בהדיא ולא מלי קאי באפיה מייאש גנב סבר בחישנא ליה ומשכחינא ליה: בסתם. דלא שמעינן דמייאש דבהא פליגי דמר סבר סתם גניבה יאוש בעלים הוא ולא סתם גזילה ומר סבר חילוף הדברים כדפרישית: אבל בידוע. דשמעינן דמייאש: דברי הכל יאוש כדי קני. ואפי' גנב לר"ש וגזלן לרבנן: בידוע נמי מחלוקת. דאי נמי דשמעינן דמייאש אמרי רבנן בגזלן דלא הוי יאוש דכל שעתא דעתיה למנקטיה בדינא וכן גנב לרבי שמעון: דתנן במתניתין. הך מתניתין דעורות דטהרות דקתני לפי שלא נתייאשו הבעלים: שאין יאוש לבעלים. אין יאושן יאוש: מוכס גזלן לסטים גנב: ומשני בלסטים מזויין. דגזלן הוא: היינו גזלן. והא תנא ליה מוכס: אנס. דקתני גבי גזלן הוי חמסן דיהיב זוזי: ורבי שמעון היא. דאמר גזלן קני: וקיימא

תוספות

ולא אמרן אלא חד אבל בתרי לא. וא"ת והא לעיל שרי להפקעת הלואה וא"כ מפסידים אותו הרבה שאם היה רוצה יכול לכפור וי"ל דמכל מקום לא משמתינן ליה כיון שאין משלם על ידם אלא מה שחייב לו:

ליכא משום דינא דבר מצרא. פירשתי בפרק המקבל (ב"מ דף קח:):

עד דמקבל עליה כו'. אומר ר"ת דהיינו דוקא כשישראל רוצה ליתן לו כמו שנותן לו העכו"ם אבל אם העכו"ם רוצה ליתן לו יותר [°] אין להפסיד בשביל כן:

תנא ואם נטל כו'. מפורש לעיל במרובה (דף סז.[כ]):

רבה אומר בידוע נמי מחלוקת. והא דאמר במרובה (לעיל דף סח.) ואף רבי אלעזר סבר חיוביה לאחר יאוש כו' עד דפריך ודלמא דשמעי' דאייאש האי פירכא לא אתי אליבא דרבה דאיהו לא מפליג מידי בין סתם לידוע:

לפי שאין יאוש לבעלים מתנינן לה. אין מגיה המשנה אלא כך מפרש שלא נתייאשו הבעלים בלבם אפילו אומרים שנתייאשו:

היינו גזלן. ואפי' למ"ד [א] לסטים מזוין גנב הוא לענין שמשלם כפל אבל מ"מ גזלן הוא דמקרי:

ת"ש הגנב והגזלן. ומשום דמיטמר מאינשי קרי ליה גנב אע"ג דלא משלם כפל למ"ד (שם) גזלן הוא: דתקנה

נה א ב טוש"ע ח"מ סי' כח סעיף ד בהג"ה:

נו ג מיי' פי"ב מהל' שכנים הלכה ו סמג עשין כב טוש"ע ח"מ סי' קעה סעיף לח:

נז ד (מיי' שם) טוש"ע שם סעיף לט:

נח ה מיי' שם הלכה ז ופ"ו מהל' ח"מ הל' יד סי' ח סמג שם וסי' קז טוש"ע ח"מ שם סעיף מ וטוש"ע י"ד סי' שלד סעיף מג:

נט ו מיי' פ"ה מהלכות גזלה ואבידה הל' י סמג עשין מב טוש"ע ח"מ סי' שסט סעיף ה:

ס ז מיי' שם פ"ו הל' ג ועיין בהשגות ובמ"מ ופי"א הל' י סמג שם טוש"ע ח"מ סי' רנט סעיף ז וסימן שסח סעיף א:

סא ח מיי' פ"ו שם הל' טו סמג שם טוש"ע ח"מ סי' שע:

סב ט י מיי' שם הל' יד סמג שם טוש"ע ח"מ שם:

סג כ מיי' פ"ה שם הלכה י סמג שם טוש"ע ח"מ סי' שסט סעיף ה:

סד ל מ מיי' שם פ"ו הלכה ג סמג שם טוש"ע ח"מ סי' שסח:

ליקוטי רש"י

בדיני דמגוזתא. הדנין ביסורים ובחזקה [ב"מ ל:]. נחיל. של דבורים [לעיל פא:]. יאוש כדי קני. שנתייאשו הבעלים אמור רבנן דנקני ודיו אם משלם דמיו [לעיל סו.]. מחשבה מטמאתן. בעל הבית אינו עשוי למוכרן ועושה מהן מטות ולוכבאות וקטבלאות ומשחשב עליהן לדבר שראוי לו בלא חסרון מלאכה מקבלין טומאה מיד. ושל עבדן. העשוי למכור אין מחשבתו מטמאתו דעביד דממליך ומזבין והלוקח יעשה מהם מנעלים ועדיין לא נגמרה מלאכתן לכך. של גזלן אין מחשבה מטמאתן. ולא"פ שחישב עליהן לדבר שאין בו חסרון מלאכה כגון לכיסוי תבילות סוסים ופרדים כמו שעושין מעורות דובין מ"ט דסתם גזילות ליכא יאוש דכיון דידע מאן שקליה אזיל ותבע ליה לדינא. ושל גנב מחשבתו מטמאתם. דקננהו ביאוש דקסבר סתם גניבה יאוש בעלים היא דלא ידע למאן לתבעו. חילוף הדברים. סתם גזלה איכא יאוש דכיון דלעיניה גזלה מיניה איניש אלמא הוא אבל סתם גניבה ליכא יאוש דסבר כיון דלא ידע מאן גנבה... לגנב [לעיל סז:]. ושל גזלן מחשבה מטמאתן דקסבר כיון דידע מאן גזליה ולא מצי לאגבויי מיניה לאיאושי [קדושין נב:]. והאנס. ממון דיהיב דמי. הקדשן הקדש. ואסור ליהנות. ותרומתן תרומה. אסור לזרים [לעיל סז.]. בלסטים מזוין. גנב מזוין נטל הימנו בחזקה [לעיל נז.].

מסורת הש"ס

א) נ"ל רב כהנא וכן הוא גירסת הרא"ש, ב) ב"מ קח:, ג) [נ"ל דאמר יעב"ן], ד) לעיל סו., ה) נ"ל רב אסי וכן הוא גירס' הרא"ש, ו) [מפירש"י ב"מ ל: ד"ה דיני דמגיזתא נראה דגרס הכא בגזותא ע"ש ופירש"י דהכא וע"ע קלא וגי' הערוך בערך גת ב' דדיני בגיתי פי' בכח בגיאות בלי טענה], ז) לעיל סו: כלים פכ"ו מ"ח, ח) [קדושין נב:], ט) לעיל סז., י) [ס"א איתו], כ) [ד"ה אמר].

הגהות הב"ח

(א) גמ' אינהו נמי אחד מומחא שדי: (ב) רש"י ד"ה מחשבתו וכו' לעוכבא. נ"ב ע"ל בדף סו ע"ב:

גליון הש"ס

גמ' קסבר יאוש כדי לא קני. תמוה לי בסוגיא דלעיל דף סו ע"ב דהקשה אביי לר"י מעורות של בעה"ב וכו' הא ממתניתין דהכא מוכס כר"י דעכ"פ יאוש לחוד לא קני: שם ל"ש אלא לסטים עכו"ם. עיין עירובין דף סב ע"א תוד"ה בן נח: רש"י ד"ה הרי אלו שלו וכו' ושינוי רשות. ק"ל דא"כ האיך אמרי' בגמ' קסבר יאוש כדי ל"ק הא הוי יאוש ושינוי רשות אלא ע"כ דלא מקרי שינוי רשות כמ"ש תוס' לעיל דף סז ולי דסברא זו דתוספ' פליגי מתני' וברייתא מתני' ס"ל דמקרי שינוי רשות א"כ איך אמרי' א"ד אם בא וכו' מ"ט יאוש כדי קני הא י"ל דס"ל כמתני' דמקרי ש"ר וצ"ע: שם ד"ה בגיותא בגאוה. ברש"י בב"מ דף ל ע"ב הביא הגי' כאן גוזיא ובערוך ערך מגסתא הגיר' בדיני דמגוסתא ופי' דדנין בגסות: תוס' ד"ה עד וכו' אין להפסיד בשביל כן. עיין ב"ב דף כא ע"א תוס' ד"ה ולא לסופר:

הגהות מהר"ב רנשבורג

א] תד"ה היינו גזלן ואפילו למ"ד. נ"ב לעיל נז ודף עט:

לעזי רש"י

גיור"א. אין זה לעז אלא נ"ל גדוד וכן הוא בשני כת"י (ועיין רש"י ב"ק דף פא ע"ב ד"ה נחיל וערוך ערך נחיל).

משנה המשנה הקודמת לימדה על ממון המוכסין, שהוא בחזקת גזל. משנתנו מורה הלכה נוספת בענין המוכסין:

נָטְלוּ מוֹכְסִין אֶת חֲמוֹרוֹ וְנָתְנוּ לוֹ חֲמוֹר אַחֵר[15], או **שֶׁנָּטְלוּ לִסְטִים אֶת כְּסוּתוֹ וְנָתְנוּ לוֹ כְּסוּת אַחֶרֶת, הֲרֵי אֵלוּ שֶׁלּוֹ, מִפְּנֵי שֶׁ**מסתמא **הַבְּעָלִים מִתְיָיאֲשִׁין מֵהֶן**, ונמצא שהמקבל קנה את החמור או את הכסות ב"יאוש ושינוי רשות"[16].

הַמַּצִּיל חפץ **מִן הַנָּהָר** ששטף אותו, **אוֹ מִן הַגַּיִיס** (חֵיל הצבא), **אוֹ מִן הַלִּסְטִין, אִם** נודע **שֶׁנִּתְיָיאֲשׁוּ הַבְּעָלִים, הֲרֵי אֵלּוּ שֶׁלּוֹ**[17]. **וְכֵן נְחִיל** (גדוד) **שֶׁל דְּבוֹרִים** שיצא מהכוורת ואבד מבעליו, ובא אחר ומצאו, **אִם** נודע **שֶׁנִּתְיָיאֲשׁוּ** הבעלים, **הֲרֵי אֵלּוּ שֶׁלּוֹ**[18].

המשנה מלמדת הלכות נוספות בענין נחיל של דבורים שאבד:

אָמַר רַבִּי יוֹחָנָן בֶּן בְּרוֹקָה: נֶאֱמֶנֶת אִשָּׁה אוֹ קָטָן לוֹמַר: "מִכָּאן יָצָא נְחִיל זֶה", ומחזירים על פיהם את הנחיל לבעליו[19]. **וּ**מי שיצא נחילו מכוורתו ועבר לשדה של חבירו, רשאי בעל הנחיל להיות **מְהַלֵּךְ בְּתוֹךְ שְׂדֵה חֲבֵירוֹ לְהַצִּיל אֶת נְחִילוֹ; וְאִם הִזִּיק** בדרכו את השדה, **מְשַׁלֵּם מַה שֶּׁהִזִּיק**[20]. **אֲבָל לֹא יָקוֹץ** בעל הנחיל **אֶת סוֹכוֹ** – ענף עץ של חבירו, שהדבורים התיישבו עליו, אפילו **עַל מְנָת לִיתֵּן** לו **אֶת הַדָּמִים** של הענף[21]. **רַבִּי יִשְׁמָעֵאל בְּנוֹ שֶׁל רַבִּי יוֹחָנָן בֶּן בְּרוֹקָה אוֹמֵר: אַף** רשאי הוא להיות **קוֹצֵץ** את הענף של חבירו, **וְ**אחר כך **נוֹתֵן אֶת הַדָּמִים**[22].

גמרא הגמרא מביאה ברייתא החולקת על ההוראה הראשונה במשנה:

תָּנָא: אִם נָטַל חמור מן המוכסים[23], **מַחֲזִיר** אותו **לַבְּעָלִים הָרִאשׁוֹנִים.** ברייתא זו חולקת על משנתנו, שאמרה על מקרה זה "הרי אלו שלו"[24].

הגמרא מבארת את שיטת התנא של הברייתא:

קָסָבַר יֵאוּשׁ כְּדִי לֹא קָנֵי – הוא סובר שיאוש לבד אינו קונה, **וּמֵעִיקָּרָא** – ומתחילה, כשבא החמור ליד השני, **בְּאִיסּוּרָא אָתָא לִידֵיהּ** – באיסור בא לידו[25].

פירוש אחר לדברי הברייתא:

וְאִיכָּא דְּאָמְרֵי – ויש אומרים שכך היא כוונת הברייתא[26]: **אִם בָּא לְהַחֲזִיר** את החמור שקיבל מהמוכסים, **יַחֲזִיר** אותו **לַבְּעָלִים הָרִאשׁוֹנִים.** לפי פירוש זה, הברייתא לא מתכוונת לומר שהוא חייב להחזיר את החמור, אלא רק שיש בכך מדת חסידות. **מַאי טַעְמָא** – מהו טעמו של התנא בהוראה זו? **יֵאוּשׁ כְּדִי קָנֵי** – הוא סובר שיאוש בלבד קונה[27]. **מִיהוּ אִי אָמַר** – אבל אם המקבל אומר: "**אִי אֶפְשִׁי** – אין רצוני **בְּמָמוֹן שֶׁאֵינוֹ שֶׁלִּי**", **מַחֲזִיר לַבְּעָלִים הָרִאשׁוֹנִים**[28].

הערות

פרישה קעה, ס; אולם עיין רבינו יהונתן, הובא בשיטה מקובצת; ועיין טור שם, ושלטי הגבורים בבא מציעא סה, א מדפי הרי"ף). איסור זה נוהג בכל סוגי הקרקעות, כולל בתים (רבינו יהונתן שם).

15. הם ריחמו עליו, ונתנו לו במקום החמור שלקחו ממנו – חמור אחר, גרוע יותר (מאירי קיג, א ד"ה נטלו).

גם במשנה זו, כבקודמתה, מדובר במוכסים הגובים שלא כדין (ראה גמרא לעיל קיג, א).

16. רש"י.

17. מאחר שהבעלים התייאשו מן הממון, הרי זה כאבידה שהתייאשו בעליה ממנה, שדינה כהפקר, ולפיכך יכול המציל ליטול את הממון לעצמו (ראה מאירי; ועיין להלן).

המשנה מדגישה שמדובר במקרה שאנו יודעים שהבעלים התייאשו, וכגון שאמרו: "וַי לחסרון כיס" (כלומר, אוי לי שהפסדתי ממוני). ומשמע שאם לא שמענו כן, אין אומרים שמסתמא התייאשו מלקבל בחזרה את הממון שנגזל מהם על ידי הליסטים. הוראה זו סותרת, לכאורה, את ההוראה הקודמת של המשנה, שלימדה שהבעלים מסתמא התייאשו מהכסות שנלקחה מהם על ידי הליסטים. הגמרא תפרש שהוראה אחת אמורה בליסטים עובדי כוכבים, והאחרת – בליסטים ישראל (רש"י; ראה הערה 33).

[יש לתמוה על מה שנקטה המשנה שהמציל מן הליסטים, והבעלים התייאשו, הרי אלו שלו. שהרי יאוש בלבד מועיל רק באבידה; אבל בגזילה – שהגיעה ליד הגזלן באיסור – ההלכה היא שיאוש לבד אינו קונה (ראה חושן משפט שסא, א). וצריך לומר שמציל מהליסטים קונה את הגזילה על ידי "יאוש ושינוי רשות". אכן קשה, הרי אין נחשב כ"שינוי רשות" אלא אם כן נתן הגזלן את הגזילה לאדם אחר מדעתו, ולא כשלקחו ממנו בעל כרחו! (ראה רמ"א חושן משפט סא, ה עם ביאור הגר"א ב, ולעיל קיא, ב הערה 3, קטע שני). וצריך לפרש שבאמת המשנה עוסקת במקרה שהציל את הממון מיד הליסטים על ידי שפייס אותו, או שנתן לו ממון (ראה תלמיד הרשב"א; ט"ז חושן משפט שסא ו־שסח; חזון איש טז, ה ד"ה והא; אולם עיין נתיבות המשפט שסא, ב; ועיין עוד להלן קטז, ב הערה 22).]

18. הדבורים ברחו מהכוורת ליער, והבעלים התייאשו מלרדוף אחריהם, ובא אדם אחר ורדף והציל, הרי אלו שלו (ראה מאירי).

הגמרא (בעמוד ב) תבאר מדוע הוצרכה המשנה להוסיף את המקרה של הדבורים.

19. בקטע זה של המשנה מדובר במקרה שהבעלים לא התייאשו עדיין מהנחיל שאבד מהם, ובא אדם אחר ומצא אותו (ראה תפארת ישראל). רבי יוחנן בן ברוקה מלמד שאם אשה או קטן מעידים שנחיל זה יצא מרשותו של אדם מסויים, חייב המוצא להחזיר את הנחיל לאותו אדם. ואמנם בדרך כלל אין אשה או קטן נאמנים להעיד בדיני ממונות. הגמרא תבאר מדוע במקרה זה הם נאמנים.

20. כלומר, אף על פי שהתירו לו ללכת בשדה חבירו לצורך הצלת הנחיל, מכל מקום הוא אחראי על הנזקים שנגרמו על ידי כך.

21. הדבורים התיישבו על ענף עץ של חבירו, והבעלים יראים ליטול אותם אחד אחד, שמא יברחו. אסור לו לקצוץ את הענף כדי לקחת אותן כולן יחד, אפילו אם כוונתו לשלם עבור הנזק (רש"י).

["סוֹכוֹ" הוא מלשון שׂוֹכָה, דהיינו ענף, וכמו שכתוב (שופטים ט, מט): "וַיִּכְרְתוּ גַם כָּל הָעָם אִישׁ שׂוֹכֹה" (תוספות רבי עקיבא איגר).]

22. הטעם לכך יתבאר בגמרא (עמוד ב).

23. דהיינו שהמוכסים נתנו לו חמור אחר במקום חמורו, וכמו במקרה הראשון במשנה.

24. רש"י; ועיין הערה 28.

25. אף על פי שהבעלים הראשונים של החמור התייאשו ממנו כשהיה ביד המוכס, מכל מקום לא קנה המוכס את החמור ביאוש בלבד, ללא נתינת דמים או שינוי מעשה. ונמצא שהחמור בא ליד השני באיסור [דהיינו בתור ממון הבעלים הראשונים] (רש"י; ועיין פני יהושע, וספר שינויי נוסחאות).

לאמיתו של דבר, התנא של הברייתא סובר שהגזילה לא נקנית אפילו על ידי יאוש ושינוי רשות (וכפי שמוכח ממה שאמרה הברייתא שצריך להחזיר לבעלים הראשונים, אף על פי שהגזילה עברה מרשות הגזלן לרשותו). ומה שאמרה הגמרא שהתנא סובר שיאוש בלבד אינו קונה, זהו כדי להקדים ולהסביר את הטעם לכך שיאוש ושינוי רשות אינו קונה. והיינו, שמאחר שיאוש בלבד אינו קונה, נמצא שהגזילה נחשבת עדיין כממון הבעלים הראשונים בשעה שהיא מגיעה ליד השני. ומאחר שבאה לידו באיסור, אין הוא יכול לקנותה (תוספות רי"ד; רש"ש; וכעין זה ברבינו ברוך; ועיין להלן הערה 28).

26. [על פי תוספות רי"ד סוף ד"ה תנא; ועיין שער המלך הלכות גזילה ב, ב.]

27. הגמרא לא מתכוונת לומר שבאמת קונה הגזלן את הגזילה ביאוש בלבד. אלא, כוונת הגמרא היא שאף על פי שלפני שבאה הגזילה ליד המקבל לא היה בה אלא יאוש בלבד [ונמצא שבאה ליד המקבל "באיסור"], מכל מקום נקנתה למקבל. והיינו, מפני שדי בכך שהיה יאוש ביד הגזלן, ושינוי רשות ביד המקבל. ואין צריך שתהיה הגזילה ביד אדם נוסף, לפני שתבוא לידיו של זה (רשב"א; ראה גם תוספות רי"ד; ועיין דרישה חושן משפט שסט, ז, וגליון הש"ס).

28. ולא למוכס (רש"י).

פירוש אחר לסוגיית הגמרא:

תָּנָא: אִם נָטַל מַחֲזִיר לַבְּעָלִים הָרִאשׁוֹנִים. הברייתא אינה נוקטת "משלם" לבעלים הראשונים, או "חייב להחזיר", אלא "מחזיר". שכן מעיקר הדין קנה המקבל את החמור, אלא שלא עשה כראוי בכך שנטל חמור שאינו שלו, והפקיעוֹ בכך מרשות בעליו (ראה לעיל קיג, א הערה 27). הברייתא מלמדת שאם הוא בא לחזור בתשובה, ולצאת ידי שמים, יש לו להחזיר את החמור לבעליו הראשונים. הגמרא מסבירה את שיטתו של התנא: **קָסָבַר יֵאוּשׁ כְּדִי לֹא קָנֵי, וּמֵעִיקָּרָא בְּאִיסּוּרָא אָתָא לִידֵיהּ.**

אפומא דחד ולא אמרן אלא חד [א] אבל בתרי לא וחד נמי לא אמרן אלא בדיני דמגיסתא אבל בי דוואר [ב] אינהו נמי (א) חד אמומתא שדו ליה אמר רב אשי כי הוינא בי [א] רב הונא איבעיא לן אדם חשוב דסמכי עליה כבי תרי מפקי ממונא אפומיה ולא איבעי ליה לאסהודי או דלמא כיון דאדם חשוב הוא לא מצי משתמיט להו ומצי לאסהודי תיקו אמר רב אשי האי בר ישראל דזבין ליה ארעא לעובד כוכבים אמצרא דבר ישראל חבריה משמתינן ליה מאי טעמא אי נימא משום דינא דבר מצרא [ב] והאמר מר [ג] זבין מעכו"ם [ד] וזבין לעכו"ם ליכא משום דינא דבר מצרא אלא [ג] דאמרי' ליה ארבעית לי אריא אמצראי [ה] משמתינן ליה עד דקביל עליה כל אונסא דאתי מחמתיה: מתני' [ו] נטלו מוכסין את חמורו ונתנו לו חמור אחר נטלו לסטים את כסותו ונתנו לו כסות אחרת הרי אלו שלו מפני שהבעלים מתייאשין מהן: [ז] המציל מן הנהר או מן הגייס או מן הלסטין אם נתייאשו הבעלים הרי אלו שלו וכן נחיל של דבורים אם נתייאשו הרי אלו שלו א"ר יוחנן בן ברוקה [ח] נאמנת אשה או קטן לומר מכאן יצא נחיל זה [ט] ומהלך בתוך שדה חבירו להציל את נחילו ואם הזיק משלם מה שהזיק אבל [י] לא יקוץ את סוכו על מנת ליתן את הדמים ר' ישמעאל בנו של ר' יוחנן בן ברוקה אומר אף קוצץ ונותן את הדמים: גמ' תנא אם נטל מחזיר לבעלים הראשונים קסבר [ס] יאוש כדי לא קני ומעיקרא באיסורא אתא לידיה ואיכא דאמרי [כ] אם בא להחזיר יחזיר לבעלים ראשונים מ"ט [ד] יאוש כדי קני מיהו אי אמר אי אפשי בממון שאינו שלי מחזיר לבעלים הראשונים: הרי אלו שלו מפני שהבעלים כו': אמר [ה] רב אשי [ס] לא שנו אלא לסטים עובד כוכבים אבל ליסטים ישראל לא סבר למחר נקיטנא ליה בדינא מתקיף לה רב יוסף [ל] אדרבה איפכא מסתברא עכו"ם דדייני [ו] בגיתי לא מייאש ישראל כיון דאמרי מימר מייאש אלא אי איתמר אסיפא איתמר המציל מן העכו"ם ומן הלסטים אם נתייאשו הבעלים אין [מ] סתמא לא לא שנו אלא עכו"ם משום דדייני בגיתי אבל לסטים ישראל כיון דאמרי מימר מייאש [ז] תנן התם עורות של בעל הבית מחשבה מטמאתן ושל עבדן אין מחשבה מטמאתן של גזלן אין מחשבה מטמאתן ושל גנב מחשבה מטמאתן ר"ש אומר [ח] חילוף הדברים של גזלן מחשבה מטמאתן של גנב אין מחשבה מטמאתן לפי שלא נתייאשו הבעלים אמר עולא מחלוקת בסתם אבל בידוע דברי הכל יאוש קני רבה אמר בידוע נמי מחלוקת א"ל אביי לרבה לא תיפלוג עליה דעולא דתנן במתני' כוותיה לפי שלא נתייאשו הבעלים טעמא דלא נתייאשו הבעלים אבל נתייאשו הבעלים הרי אלו שלו אמר ליה אנן לפי שאין יאוש לבעלים מתנינן לה תנן נטלו מוכסין חמורו כו' מני אי רבנן קשיא גזלן אי ר"ש קשיא גנב בשלמא לעולא דאמר בידוע קני הכא נמי בידוע ודברי הכל אלא לרבה דאמר בידוע נמי מחלוקת הא מני לא רבנן ולא ר"ש בלסטים מזויין ור"ש היא אי הכי היינו גזלן תרי גווני גזלן ת"ש [ט] הגנב והגזלן והאנס הקדשן הקדש ותרומתן תרומה ומעשרותן מעשר מני אי רבנן קשיא גזלן אי ר"ש קשיא גנב בשלמא לעולא דאמר בידוע קני הכא נמי בידוע ודברי הכל היא אלא לרבה דאמר בידוע נמי מחלוקת הא מני לא רבנן ולא ר"ש הכא נמי בלסטים מזויין ור' שמעון היא אי הכי היינו גזלן תרי גווני גזלן ואי בעית אימא הא מתניתא רבי היא דתניא רבי אמר גנב כגזלן וקיימא

רש"י

אפומא דחד. ונמלא שהפסידו שלא כדין: דמגיסתא. בני כפר שאין יודעין לדון במשפט: בי דוואר. שלטון: חד אמומתא שדו ליה. על פי עד אחד אין מוציאין ממון אבל מחייבין בעל דין שבועה להכחיש העד כדין תורה לשון אחר דמגוסתא אנסין בחזקה כמו אתו גוזאי וקא מחו ליה (מגילה כח.) סריסים (י) של בית רבי העומדין לרדות בחזקה: והאמר מר זבין מעכו"ם כו'. בבבא מליעא בהמקבל: ארבעית. הרבעת: מתני' הרי אלו שלו. דמסתמא נתייאשו הבעלים מיד וקנינהו היאך ביאוש ° ושינוי רשות: אם נתייאשו. הבעלים דשמעינן דאייאוש דאמר ווי לחסרון כיס אבל סתמא לא וקשיא לסטים דסיפא אלסטים דרישא ובגמרא פריך ומשני לה הדא בלסטים עכו"ם והדא בליסטים ישראל דמייאש מסתמא: נחיל. גיור"א: לא יקוץ את הסוכה. נתיישבו דבורים על סוכת חבירו וירא ליטלן אחת אחת שלא יברחו לא יקוץ את הסוכה להוליכן כולן ביחד ואפילו ע"מ ליתן דמים: גמ' אם נטל. חמור מן המוכסין: יחזיר לראשונים. ופליגא ברייתא אמתני': יאוש כדי. שנתייאשו הבעלים ביד מוכס לא קנה המוכס ביאוש לבדו בלא נתינת דמים או שינוי מעשה וכי אתא ליד שני באיסור אתא לידיה: אם בא להחזיר. שחסיד הוא: יחזיר לבעלים הראשונים. ולא למוכס: בגיותא. ° בגאוה וזרוע: אמרי מימר. לא ותן לו ואין חובטין במקלות. לשון אחר דאמרי לנגזל מי יימר כדקאמרת הבא עדים שגנבו ממך: מחשבתו מטמאתן. חישב עליהם בדבר שאין בו חסרון מלאכה כגון (ב) לעוצבא ולמטה ירדו לטומאה מיד: ושל עבדן. שאומנותו בכך סתמיה למכירה הלכך אין מחשבתו מחשבה שאם יבאו בני אדם לקונתו ימכרנו להן ונמלא שסופן למנעלין ועדיין לא נגמרה מלאכתן לכך: של גזלן אין מחשבתו מטמאתן. דלאו דידיה הוא דכיון דידע מאן שקליה מיניה לא מייאש: ושל גנב מחשבתו מטמאתן. דאייאוש מרייהו דלא ידעי למאן יתבעו: חילוף הדברים. גזלן כיון דשקליה מיניה בהדיא ולא מצי קאי באפיה מייאש גנב סבר בחישנא ליה ומשכחינא ליה: בסתם. דלא שמעינן דמייאש דבהא פליגי דמר סבר סתם גניבה יאוש בעלים הוא ולא סתם גזילה ומר סבר חילוף הדברים כדפרישית: אבל בידוע. דשמעינן דמייאש: דברי הכל יאוש כדי קני. ואפי' גנב לר"ש וגזלן לרבנן: בידוע נמי מחלוקת. דאי נמי דשמעינן דמייאש אמרי רבנן בגזלן דלא הוי יאוש דכל שעתא דעתיה למנקטיה בדינא וכן גנב לרבי שמעון: דתנן במתניתין. הך מתניתין דעורות דטהרות דקתני לפי שלא נתייאשו הבעלים: שאין יאוש לבעלים. אין יאושן יאוש: מוכס גזלן לסטים גנב: ומשני בלסטים מזויין. דגזלן הוא: היינו גזלן. והא תנא ליה מוכס: אנס. דקתני גבי גזלן הוי חמסן דיהיב זוזי: ורבי שמעון היא. דאמר גזלן קני: וקיימא

תוספות

ולא אמרן אלא חד אבל בתרי לא. וא"ת והא לעיל שרי להפקעת הלואה וא"כ מפסידים אותו הרבה שאם היה רוצה יכול לכפור וי"ל דמכל מקום לא משמתינן ליה כיון שאין משלם על ידם אלא מה שחייב לו: ליכא משום דינא דבר מצרא. פירשתי בפרק המקבל (ב"מ דף קח:): עד דמקבל עילויה כו'. אומר ר"ת דהיינו דוקא כשישראל רוצה ליתן לו כמו שנותן לו העכו"ם אבל אם העכו"ם רוצה ליתן לו יותר ° אין להפסיד בשביל כן: תנא ואם נטל כו'. מפורש לעיל במרובה (דף סז.(כ)): רבה אומר בידוע נמי מחלוקת. והא דאמר במרובה (לעיל דף סח.) ואף רבי אלעזר סבר חיוביה לאחר יאוש כו' עד דפריך ודלמא דשמעי' דאייאש האי פירכא לא אתי אליבא דרבה דאיהו לא מפליג מידי בין סתם לידוע: לפי שאין יאוש לבעלים מתנינן לה. אין מגיה המשנה אלא כך מפרש שלא נתייאשו הבעלים בלבם אפילו אומרים שנתייאשו: היינו גזלן. ואפי' למ"ד אן לסטים מזויין גנב הוא לענין שמשלם כפל אבל מ"מ גזלן הוא דמקרי: ת"ש הגנב והגזלן. ומשום דמיטמר מאינשי קרי ליה גנב אע"ג דלא משלם כפל למ"ד (שם) גזלן הוא: דתקנה

עין משפט נר מצוה

נה א ב טוש"ע ח"מ סי' כח סעיף ד בהג"ה:
נו ג מיי' פי"ג מהל' שכנים הלכה ו סמג עשין כב טוש"ע ח"מ סי' קעה סעיף לח:
נז ד (מיי' שם) טוש"ע שם סעיף לט:
נח ה מיי' שם הלכה ז ופ"ו מהל' ת"ת הל' יד סי' ח סמג שם וסי' קז טוש"ע ח"מ שם סעיף מ וטוש"ע י"ד סי' שלד סעיף מג:
נט ו מיי' פ"ה מהלכות גזילה ואבידה הל' י סמג עשין מב טוש"ע ח"מ סי' שסט סעיף ה:
ס ז מיי' שם פ"ו הל' ב ועיין בהשגות ובמ"מ ופי"א הל' י סמג שם טוש"ע ח"מ סי' רנט סעיף ז וסימן שסח סעיף א:
סא ח מיי' פ"ו שם הל' טו סמג שם טוח"מ סי' שע:
סב ט י מיי' שם הל' יד סמג שם טוח"מ שם:
סג כ מיי' פ"ה שם הלכה י סמג שם טוש"ע ח"מ סי' שסט סעיף ה:
סד ל מ מיי' שם פ"ו הלכה ג סמג שם טוש"ע ח"מ סי' שסח:

ליקוטי רש"י

בדיני דמגוזתא. הדנין ביסורים ובחזקה [ב"מ ל:]. נחיל. של דבורים [לעיל פא:]. יאוש כדי קני. שנתייאשו הבעלים אמור רבנן דנקני ודיו אם משלם דמיו [לעיל סו.]. מחשבה מטמאתן. בעל הבית אינו עשוי למוכרן ועושה מהן מטות ודלובקאות וקטבלאות ומשחשב עליהן לדבר שראוי לו בלא חסרון מלאכה מקבלין טומאה מיד. ושל עבדן. העשוי למכור אין מחשבתו מטמאתו דעביד דממליך ומזבין והלוקח יעשה מהם מנעלים ועדיין לא נגמרה מלאכתן לכך. של גזלן אין מחשבה מטמאתן. ואע"פ שחישב עליהן לדבר שאין בו חסרון מלאכה כגון לכיסוי חבילות סוסים ופרדים כמו שעושין מעורות דובין מ"ט דסתם גזילות ליכא יאוש דכיון דידע מאן שקליה אזיל ותבע ליה לדינא. ושל גנב מחשבתו מטמאתם. דקננהו ביאוש דקסבר סתם גניבה יאוש בעלים היא דלא ידע למאן לתבעו. חילוף הדברים. סתם גזילה איכא יאוש דכיון דלעיניה גזלה מיניה איניש אלמא הוא אבל סתם גניבה ליכא יאוש דסבר משכחנא ליה לגנב [לעיל סו:]. ושל גזלן מחשבה מטמאתן דקסבר כיון דידע מאן גזליה ולא מצי לאגבויי מיניה אייאושי מייאש [קדושין נב:]. והאנס. חמסן דיהיב דמי. הקדשן הקדש. ואסור ליהנות. ותרומתן תרומה. אסור לזרים [לעיל סז.]. בלסטים מזויין. גנב מזויין נטל הימנו בחזקה [לעיל נז.].

מסורת הש"ס

א) נ"ל רב כהנא וכן הוא גירסת הרא"ש, ב) ב"מ קח:, ג) [נ"ל דאמר יעב"ן], ד) לעיל סו., ה) נ"ל רב אסי וכן הוא גירס' הרא"ש, ו) [מפירש"י ב"מ ל: ד"ה דיני דמגיזתא נראה דגרס הכא בגזמיא ע"ש ופירש"י דהכא ול"ע קצת וגי' הערוך בערך גת ב' דדיני בגיתי פי' בכח בגיאות בלי טענה], ז) לעיל סו: כלים פכ"ו מ"ח, ח) [קדושין נב:], ט) לעיל סז., י) [ס"א אינו], כ) [ד"ה אמר].

הגהות הב"ח

(א) גמ' אינהו נמי אחד מומחא שדי: (ב) רש"י ד"ה מחשבתו וכו' לעוצבא. נ"ב ע"ל בדף סו ע"ב:

גליון הש"ס

גמ' קסבר יאוש כדי לא קני. תמוה לי בסוגיא דלעיל דף סו ע"ב דהקשה אביי לר"י מעורות של בעה"ב וכו' הא ממתניתין דהכא מוכח כר"י דעכ"פ יאוש לחוד לא קני: שם ל"ש אלא לסטים עכו"ם. עיין עירובין דף סב ע"א תוד"ה בן נח: רש"י ד"ה הרי אלו שלו וכו' ושינוי רשות. ק"ל דא"כ האיך אמרי' בגמ' קסבר יאוש כדי ל"ק הא הוי יאוש ושינוי רשות אלא ע"כ דלא מקרי שינוי רשות כמ"ש תוס' לעיל דף סז ואי דבסברא זו דתוספ' פליגי מתני' וברייתא מתני' ס"ל דמקרי שינוי רשות א"כ איך אמרי' א"ד אם בא וכו' מ"ט יאוש כדי קני הא י"ל דס"ל כמתני' דמקרי ש"ר ול"ע: שם ד"ה בגיותא בגאוה. ברש"י בב"מ דף ל ע"ב הביא הגי' כאן גזמיא ובערוך ערך מגסתא הגיר' בדיני דמגוסתא ופי' דדנין בגסות: תוס' ד"ה עד וכו' אין להפסיד בשביל כן. עיין ב"ב דף כא ע"א תוס' ד"ה ולא לסופר:

הגהות מהר"ב רנשבורג

אן תד"ה היינו גזלן ואפילו למ"ד. נ"ב לעיל נז ודף עט:

לעזי רש"י

גיור"א. אין זה לעז אלא נ"ל גדוד וכן הוא בשני כת"י של רש"י (ועיין רש"י ב"ק דף פא ע"ב ד"ה נחיל וערוך ערך נחיל).

שנינו במשנה:
נטלו ליסטים את כסותו ונתנו לו כסות אחרת **הֲרֵי אֵלּוּ שֶׁלּוֹ, מִפְּנֵי שֶׁהַבְּעָלִים כו׳** מתייאשין מהן.

המשנה לימדה שאנו מניחים שהבעלים מתייאשים מהחפץ שנגזל מהם על ידי הליסטים. הגמרא מגבילה הוראה זו:

אָמַר רַב אַשִׁי[29]**: לֹא שָׁנוּ** שהבעלים מתייאשים, **אֶלָּא** ב**לִסְטִים עוֹבֵד כּוֹכָבִים; אֲבָל** במקרה של **לִיסְטִים יִשְׂרָאֵל, לֹא** — אין הם מתייאשים, **סָבַר** — מפני שהנגזל חושב לעצמו, ״**לְמָחָר נְקִיטְנָא לֵיהּ בְּדִינָא** — מחר אקח את הגזלן לדין״.

הגמרא מקשה על כך:

מַתְקִיף לָהּ — הקשה על כך **רַב יוֹסֵף: אַדְּרַבָּה; אִיפְּכָא מִסְתַּבְּרָא** — מסתבר לומר להיפך, שדוקא אם היה הגזלן עובד כוכבים אין הבעלים מתייאשים! שכן **עוֹבְדֵי כּוֹכָבִים, דְּדַיְינֵי בְּגֵיתִי** — מאחר שהם דנים בגאוה ובכח, **לֹא מִיַּאַשׁ** — הנגזל אינו מתייאש[30]. אבל אם הגזלן הוא **מִיִשְׂרָאֵל, כֵּיוָן דְּאָמְרֵי מֵימַר** — מאחר שבית דין של ישראל רק אומרים לגזלן להשיב את החפץ, ואינם כופים אותו בכח[31], **מִיַּאַשׁ** — הנגזל מתייאש!

משום כך מתקנת הגמרא את דברי רב אשי:

אֶלָּא, אִי אִיתְּמַר אַסֵּיפָא אִיתְּמַר — אם אכן נֶאמר דבר זה (שהמשנה מתייחסת רק לעובדי כוכבים), על הסיפא נאמר: **הַמַּצִּיל מִן (העכו״ם) [הַגַּיִיס]**[32] **וּמִן הַלִּסְטִים**, אם נתייאשו הבעלים הרי אלו שלו. ומשמע ש**אִם** ידוע לנו ש**נִתְיָיאֲשׁוּ הַבְּעָלִים, אֵין** — כן; דוקא אז הרי אלו שלו. אבל **סְתָמָא** — בסתם, שלא נודע לנו שהתייאשו, **לֹא** — אין אומרים שהרי אלו שלו. ואם כן המשנה מלמדת שאין אנו מניחים שמסתמא הנגזל התייאש. ועל זה אמר רב אשי: **לֹא שָׁנוּ** שאין הנגזל מתייאש, **אֶלָּא** בליסטים **עוֹבֵד כּוֹכָבִים, מִשּׁוּם דְּדַיְינֵי בְּגֵיתִי** — מפני שהם דנים בגאוה ובכח; **אֲבָל** במקרה של **לִסְטִים יִשְׂרָאֵל, כֵּיוָן דְּאָמְרֵי מֵימַר** — מאחר שבית דין של ישראל רק אומרים, **מִיַּאַשׁ** — הנגזל מתייאש[33].

הגמרא מביאה מחלוקת אמוראים, כדי להקשות ממשנתנו על אחת הדעות:

תְּנַן הָתָם — שנינו שם, במסכת כלים (כו, ח)[34]: **עוֹרוֹת שֶׁל בַּעַל הַבַּיִת**, שהוא רגיל להשתמש בהם לעצמו ולא למוכרם, **מַחֲשָׁבָה מְטַמְּאָתָן** — מחשבתם של הבעלים להשתמש בהם כמו שהם מועילה לעשותם ראויים לקבל טומאה[35]; **וְאִילוּ עורות שֶׁל עַבְּדָן** — מעבד עורות, הרגיל למוכרם, **אֵין מַחֲשָׁבָה** של בעליהם **מְטַמְּאָתָן**, מפני שאפשר שיימלך וימכור אותם, והקונה ישתמש בהם לדבר שצריך תיקון מלאכה[36]. עורות **שֶׁל גַּזְלָן אֵין הַמַּחֲשָׁבָה** של הגזלן **מְטַמְּאָתָן**[37], **וְאִילוּ עורות שֶׁל גַּנָּב, הַמַּחֲשָׁבָה** של הגנב **מְטַמְּאָתָן**[38]. **רַבִּי שִׁמְעוֹן אוֹמֵר: חִילּוּף הַדְּבָרִים**[39]: עורות **שֶׁל גַּזְלָן, מַחֲשָׁבָה מְטַמְּאָתָן**, ואילו עורות **שֶׁל גַּנָּב, אֵין מַחֲשָׁבָה מְטַמְּאָתָן, לְפִי שֶׁלֹּא נִתְיָיאֲשׁוּ הַבְּעָלִים.**

הגמרא מביאה מחלוקת אמוראים בנוגע למשנה זו:

אָמַר עוּלָּא: מַחֲלוֹקֶת התנאים במשנה עוסקת **בִּסְתָם** גניבה או גזילה, שלא נודע לנו שהבעלים התייאשו. ועל מקרה זה נחלקו התנאים: תנא

הערות

מאחר שהמוכס לא קנה את החמור על ידי יאוש בלבד, נמצא שהחמור בא לידיו של המקבל באיסור, ולפיכך יש לו לצאת ידי שמים ולהחזיר את החמור לבעליו. הברייתא אינה חולקת על המשנה, שכן המשנה אמרה את עיקר הדין — שהחמור שייך למקבל — ואילו הברייתא מלמדת את דרך תשובתו של המקבל, שעשה שלא כראוי בכך שהפקיע את החמור מרשות בעליו.

וְאִיכָּא דְּאָמְרֵי: כך היא כוונת הברייתא: **אִם בָּא לְהַחֲזִיר, יַחֲזִיר לַבְּעָלִים הָרִאשׁוֹנִים.** לפי לשון זו אין המקבל צריך להחזיר את החמור, אפילו כדי לצאת ידי שמים. אלא שאם רוצה לעשות לפנים משורת הדין, ולנהוג במדת חסידות, יחזיר את החמור. **מַאי טַעְמָא** — מהו טעמו של התנא, לפי לשון זו? **יֵאוּשׁ כְּדִי קָנֵי** — התנא סובר שיאוש לבד מועיל לקנות את הגזילה לגזלן, ונמצא שהחמור יָצא מרשות בעליו כשהיה ברשות המוכס. ואם כן המקבל לא עשה שום איסור בכך שקיבל את החמור מהמוכס, ואינו צריך להחזירו לבעליו, אפילו כדי לצאת ידי שמים. **מִיהוּ אִי אָמַר אִי אֶפְשִׁי בְּמָמוֹן שֶׁאֵינוֹ שֶׁלִּי**, דהיינו שהוא רוצה לנהוג במדת חסידות לפנים משורת הדין, **מַחֲזִיר לַבְּעָלִים הָרִאשׁוֹנִים** (רמב״ן במלחמת ה׳; רמ״ה, הובא בשיטה מקובצת; וכן מופיע פירוש זה בכתב יד של פירוש רש״י, ראה ספר שינויי נוסחאות; וכן נראה מתוספות רי״ד, שהיה לפניו פירוש זה של רש״י; ראה גם ביאור הגר״א חושן משפט שסט, א).

[לפירושים נוספים של סוגיית הגמרא, עיין רבינו תם ור״י בתוספות לעיל סז, א-ב סוף ד״ה אמר; ראב״ד; בעל המאור; מאירי; ועיין רמב״ם הלכות גזילה ה, יד עם כסף משנה, ולחם משנה שם ב, א, וביאור הגר״א חושן משפט שסט, יב.]

29. [צריך לומר **רַב אַסִּי** (מסורת הש״ס; רי״ף, רא״ש), שכן רב אשי היה מאוחר לרב יוסף, המקשה בסמוך על הדברים הנאמרים כאן (ועיין ספר שינויי נוסחאות).]

30. במקרה שהגזלן הוא עובד כוכבים, יוכל הנגזל לתובעו בבית משפט של עובדי כוכבים. שופטים אלו סומכים בגאוה על סברתם, והם עשויים לחייב את הגזלן גם ללא עדות ברורה. כמו כן, הם מוציאים לפועל את פסק דינם בכח (ראה רש״י). ולפיכך אין הנגזל מתייאש מהחפץ שנגזל ממנו.

31. רש״י, לפי גירסתנו. ויש גורסים: **כֵּיוָן דְּאָמְרֵי מִי יֵימַר** — מאחר שהם (בית דין ישראל) אומרים: מי אומר שהאמת כדבריך? הבא עדים שיעידו שהוא גזל ממך! (רש״י; וכן היא גירסת הרי״ף והרא״ש; ועיין ספר שינויי נוסחאות).

במקרה שהגזלן הוא מישראל, לא יוכל הנגזל לתובעו בבית משפט של עובדי כוכבים (ראה גיטין פח, ב), ולפיכך הוא מתייאש.

32. כן צריך לומר, וכפי הגירסא במשנה (ראה ספר שינויי נוסחאות, כאן ובמשנה).

33. מפירוש רש״י למשנה (ד״ה אם נתייאשו) משמע שהגמרא מחלקת כך כדי ליישב את הסתירה שבין הוראות המשנה (ראה הערה 17; ראה גם תוספות שאנץ, הובא בשיטה מקובצת). ונמצא אם כן שההוראה הראשונה שבמשנה — שלימדה שמסתמא הנגזל מתייאש — עוסקת במקרה של גזלן ישראל, ואילו ההוראה השניה (״אם נתייאשו הבעלים הרי אלו שלו״, ומשמע שבסתם אין אנו אומרים שהתייאשו) עוסקת בגזלן עובד כוכבים (ראה מהרש״א).

34. כדי שחפץ יקבל טומאה, צריכה לחול עליו תורת ״כלי״. והיינו, שהוא ראוי לשימוש מסויים, ומיועד לשימוש זה. חפץ שצריך עיבוד, ואינו ראוי להשתמש בו כמו שהוא, אינו מקבל טומאה. אמנם פעמים שאפילו חפץ גולמי, שלא נעשה בו עיבוד כלשהו, יכול להיחשב כ״כלי״ (ולהיות ראוי לקבל טומאה) על ידי מחשבתו של בעליו, שהחליט להשתמש בו כפי שהוא. לדוגמא: עור של בהמה, אם הוא עומד לעשות ממנו מנעלים, לא יקבל טומאה עד שתיגמר מלאכתו. אמנם אם החליט בעליו להשתמש בו כפי שהוא כשטיח — שימוש שהעור ראוי לו ללא צורך בעיבוד כלשהו — חלה על העור מיד תורת ״כלי״ על ידי מחשבתו של בעליו, וראוי לקבל טומאה (ראה משנה כלים כו, ז). המשנה שלפנינו מלמדת כמה חילוקי דינים בענין זה, אימתי מועילה מחשבה בלבד להחיל על החפץ תורת כלי.

35. בעל בית אינו רגיל למכור את עורותיו, אלא להשתמש בהם לעצמו (ראה הערה הבאה). ופעמים שהוא עושה מהם דברים שאינם צריכים עיבוד ותיקון, כגון מיטות, מגשים ומשטחים. מחשבתו של בעל הבית להשתמש בעור שימוש שאין בו צורך למלאכה היא מחשבה מוחלטת, העושה אותו מיד כ״כלי״ הראוי לקבל טומאה (רש״י כאן ולעיל סו, ב ד״ה מחשבה מטמאתן).

36. אפילו אם חשב העבדן לעשות מעורותיו דבר שאינו צריך תיקון נוסף, אין העורות נעשים בכך ראויים לקבל טומאה. שמאחר שהוא רגיל למכור את עורותיו, אם כן אפשר שיחזור בו וימכרם, והלוקח יעשה מהם דבר שצריך מלאכה, כגון מנעלים. ונמצא שמחשבתו של העבדן להשתמש בהם כמו שהם אינה מחשבה מוחלטת (רש״י).

37. גזלן נוטל את החפץ לעיני הבעלים. ומאחר שהבעלים יודעים מיהו הגזלן, מסתמא אינם מתייאשים, אלא מתכוונים לתבוע את הגזלן לדין. מאחר שהבעלים אינם מתייאשים, אין הגזלן קונה את העורות שגזל, ולפיכך לא תועיל מחשבתו לעשות את העורות ראויים לקבל טומאה, אפילו אם יחשוב להשתמש בהם שימוש שאין בו חסרון מלאכה. וכגון שיחשוב להשתמש בהם ככיסוי לחבילות (רש״י כאן, ושם ד״ה ושל גזלן).

38. מאחר שאין הבעלים יודעים מיהו הגנב כדי לתובעו, מסתמא מתייאשים הם מיד. ואם כן קנה הגנב את העורות על ידי יאוש הבעלים (רש״י כאן, ושם ד״ה של גנב). [מאחר שהעורות עברו לבעלותו של הגנב, מועילה מחשבתו להשתמש בהם כמו שהם, לעשותם ראויים לקבל טומאה.]

[מפשטות המשנה נראה שהיא סוברת שגניבה נקנית לגנב ביאוש בלבד. אולם הגמרא לעיל (סו, ב) מיישבת את המשנה גם לפי הדעה שיאוש לבד אינו קונה.]

39. רבי שמעון סובר להיפך מתנא קמא: במקרה של גזילה — שהגזלן נטל את החפץ בגלוי והבעלים לא יכלו לעמוד בפניו — מסתמא הבעלים מתייאשים מיד, שכן נראה שהגזלן הוא אדם אלים, שלא ניתן לתובעו לדין. אבל בגניבה אין הבעלים מתייאשים, מפני שהם מקווים לחפש אחר הגנב ולמוצאו (ראה רש״י כאן, ושם ד״ה חילוף הדברים).

אפומא דחד ולא אמרן אלא חד [א]אבל בתרי לא וחד נמי לא אמרן אלא בדיני דמגיסתא אבל בי דוואר [ב]אינהו נמי (א) חד אמומתא שדו ליה אמר רב אשי כי הוינא בי [א]רב הונא איבעיא לן אדם חשוב דסמכי עליה כבי תרי מפקי ממונא אפומיה ולא איבעי ליה לאסהודי או דלמא כיון דאדם חשוב הוא לא מצי משתמיט להו ומצי לאסהודי תיקו אמר רב אשי האי בר ישראל דזבין ליה ארעא לעובד כוכבים אמצרא דבר ישראל חבריה משמתינן ליה מאי טעמא אי נימא משום דינא דבר מצרא [ג]והאמר מר [ג]זבין מעכו"ם [ד]וזבין לעכו"ם ליכא משום דינא דבר מצרא אלא [ג]דאמרי' ליה ארבעית לי אריא אמצראי [ה]משמתינן ליה עד דקביל עליה כל אונסא דאתי מחמתיה: **מתני'** [ו]נטלו מוכסין את חמורו ונתנו לו חמור אחר נטלו לסטים את כסותו ונתנו לו כסות אחרת הרי אלו שלו מפני שהבעלים מתייאשין מהן: [ז]המציל מן הנהר או מן הגיים או מן הלסטין אם נתייאשו הבעלים הרי אלו שלו וכן נחיל של דבורים אם נתייאשו הרי אלו שלו א"ר יוחנן בן ברוקה [ח]נאמנת אשה או קטן לומר מכאן יצא נחיל זה [ט]ומהלך בתוך שדה חבירו להציל את נחילו ואם הזיק משלם מה שהזיק אבל [י]לא יקוץ את סוכו על מנת ליתן את הדמים ר' ישמעאל בנו של ר' יוחנן בן ברוקה אומר אף קוצץ ונותן את הדמים: **גמ'** תנא אם נטל מחזיר לבעלים הראשונים קסבר [ה]יאוש כדי לא קני ומעיקרא באיסורא אתא לידיה ואיכא דאמרי [כ]אם בא להחזיר יחזיר לבעלים ראשונים מ"ט [ד]יאוש כדי קני מיהו אי אמר אי אפשי בממון שאינו שלי מחזיר לבעלים הראשונים: הרי אלו שלו מפני שהבעלים כו': אמר [ה]רב אשי [ו]לא שנו אלא לסטים עובד כוכבים אבל ליסטים ישראל לא סבר למחר נקיטנא ליה בדינא מתקיף לה רב יוסף [ל]אדרבה איפכא מסתברא עכו"ם דדייני [ו]בגיתי לא מייאש ישראל כיון דאמרי מימר מייאש אלא אי איתמר אסיפא איתמר המציל מן העכו"ם ומן הלסטים אם נתייאשו הבעלים אין [מ]סתמא לא לא שנו אלא עכו"ם משום דדייני בגיתי אבל לסטים ישראל כיון דאמרי מימר מייאש [ז]תנן התם עורות של בעל הבית מחשבה מטמאתן ושל עבדן אין מחשבה מטמאתן של גזלן אין מחשבה מטמאתן ושל גנב מחשבה מטמאתן ר"ש אומר [ח]חילוף הדברים של גזלן מחשבה מטמאתן של גנב אין מחשבה מטמאתן לפי שלא נתייאשו הבעלים אמר עולא מחלוקת בסתם אבל בידוע דברי הכל יאוש קני רבה אמר בידוע נמי מחלוקת א"ל אביי לרבה לא תיפלוג עליה דעולא דתנן במתני' כוותיה לפי שלא נתייאשו הבעלים טעמא דלא נתייאשו הבעלים אבל נתייאשו הבעלים הרי אלו שלו אמר ליה אנן לפי שאין יאוש לבעלים מתנינן לה תנן נטלו מוכסין חמורו כו' מני אי רבנן קשיא גזלן אי ר"ש קשיא גנב בשלמא לעולא דאמר בידוע קני הכא נמי בידוע ודברי הכל אלא לרבה דאמר בידוע נמי מחלוקת הא מני לא רבנן ולא ר"ש בלסטים מזוין ור"ש היא אי הכי היינו גזלן תרי גווני גזלן ת"ש [ט]הגנב והגזלן והאנס הקדשן הקדש ותרומתן תרומה ומעשרותן מעשר מני אי רבנן קשיא גזלן אי ר"ש קשיא גנב בשלמא לעולא דאמר בידוע קני הכא נמי בידוע ודברי הכל היא אלא לרבה דאמר בידוע נמי מחלוקת הא מני לא רבנן ולא ר"ש הכא נמי בלסטים מזוין ור' שמעון היא אי הכי היינו גזלן תרי גווני גזלן ואי בעית אימא הא מתניתא רבי היא דתניא רבי אמר גנב כגזלן

וקיימא

אפומא דחד. ונמלא שהפסידו שלא כדין: **דמגיסתא.** בני כפר שאין יודעין לדון במשפט: **בי דוואר.** שלטון: **חד אמומתא שדו ליה.** על פי עד אחד אין מוליאין ממון אבל מחייבין בעל דין שבועה להכחיש העד כדין תורה לשון אחר דמגוזתא אנסין בחזקה כמו אתו גוזאי וקא מחו ליה (מגילה כח.) סריסים ([י]של בית רבי) העומדין לרדות בחזקה: **והאמר מר זבין מעכו"ם כו'.** בבבא מליעא בהמקבל: **ארבעית.** הרבעת: **מתני' הרי אלו שלו.** דמסתמא נתייאשו הבעלים מיד וקנינהו היאך ביאוש [ט]ושינוי רשות: **אם נתייאשו.** הבעלים דשמעינן דאייאוש דאמר ווי לחסרון כיס אבל סתמא לא וקשיא לסטים דסיפא אלסטים דרישא ובגמרא פריך ומשני לה חדא בלסטים עכו"ם וחדא בליסטים ישראל דמייאש מסתמא: **נחיל.** גיור"א: **לא יקוץ את הסוכה.** נתיישבו דבורים על סוכת חבירו וירא ליטלן אחת אחת שלא יברחו לא יקוץ את הסוכה להוליכן כולן ביחד ואפילו ע"מ ליתן דמים: **גמ' אם נטל.** חמור מן המוכסין: **יחזיר לראשונים.** ופליגא ברייתא אמתני': **יאוש כדי.** שנתייאשו הבעלים ביד מוכס לא קנה המוכס ביאוש לבדו בלא נתינת דמים או שינוי מעשה וכי אתא ליד שני באיסור אתא לידיה: **אם בא להחזיר.** שחסיד הוא: **יחזיר לבעלים הראשונים.** ולא למוכס: **בגיותא.** [ט]בגאוה ובזרוע: **אמרי מימר.** לא יתן לו ואין שוטין במקלות. לשון אחר דאמרי לנגזל מי יימר כדקאמרת הבא עדים שגנבו ממך: **מחשבתו מטמאתן.** חישב עליהם בדבר שאין בו חסרון מלאכה כגון (ב) לעוצבא ולמטה ירדו לטומאה מיד: **ושל עבדן.** שאומנותו בכך סתמיה למכירה הלכך אין מחשבתו מחשבה שאם יבאו בני אדם לקנותו ימכרנו להן ונמצא שסופן למנעלין ועדיין לא נגמרה מלאכתן לכך: **של גזלן אין מחשבתו מטמאתן.** דלאו דידיה הוא דכיון דידע מאן שקליה מיניה לא מייאש: **ושל גנב מחשבתו מטמאתן.** דאייאוש מרייהו דלא ידעי למאן יתבעו: **חילוף הדברים.** גזלן כיון דשקליה מיניה בהדיא ולא מלי קאי באפיה מייאש גנב סבר בחישנא ליה ומשכחינא ליה: **בסתם.** דלא שמעינן דמייאש דבהא פליגי דמר סבר סתם גניבה יאוש בעלים הוא ולא סתם גזילה ומר סבר חילוף הדברים כדפרישית: **אבל בידוע.** דשמעינן דמייאש: **דברי הכל יאוש כדי קני.** ואפי' גנב לר"ש וגזלן לרבנן: **בידוע נמי מחלוקת.** דאי נמי דשמעינן דמייאש אמרי רבנן בגזלן דלא הוי יאוש דכל שעתא דעתיה למנקטיה בדינא וכן גנב לרבי שמעון: **דתנן במתניתין.** הך מתניתין דעורות דטהרות דקתני לפי שלא נתייאשו הבעלים: **שאין יאוש לבעלים.** אין יאושן יאוש: **מוכס גזלן לסטים גנב: ומשני בלסטים מזוין.** דגזלן הוא: **היינו גזלן.** והא תנא ליה מוכס: **אנס.** דקתני גבי גזלן הוי חמסן דיהיב זוזי: **ורבי שמעון היא.** דאמר גזלן קני:

וקיימא

ולא אמרן אלא חד אבל בתרי לא. וא"ת והא לעיל שרי להפקעת הלואה וא"כ מפסידים אותו הרבה שאם היה רוצה יכול לכפור וי"ל דמכל מקום לא משמתינן ליה כיון שאין משלם על ידם אלא מה שחייב לו: **ליכא** משום דינא דבר מצרא. פירשתי בפרק המקבל (ב"מ דף קח:): **עד** דמקבל עילויה כו'. אומר ר"ת דהיינו דוקא כשישראל רוצה ליתן לו כמו שנותן לו העכו"ם אבל אם העכו"ם רוצה ליתן לו יותר [ט]אין להפסיד בשביל כן: **תנא** ואם נטל כו'. מפורש לעיל במרובה (דף סו.[ל]): **רבה** אומר בידוע נמי מחלוקת. והא דאמר במרובה (לעיל דף סח.) ואף רבי אלעזר סבר חיוביה לאחר יאוש כו' עד דפריך ודלמא דשמעי' דאייאש האי פירכא לא אתי אליבא דרבה דאיהו לא מפליג מידי בין סתם לידוע: **לפי** שאין יאוש לבעלים מתנינן לה. אין מגיה המשנה אלא כך מפרש שלא נתייאשו הבעלים בלבם אפילו אומרים שנתייאשו: **היינו** גזלן. ואפי' למ"ד [א] לסטים מזוין גנב הוא לענין שמשלם כפל אבל מ"מ גזלן הוא דמקרי: **ת"ש** הגנב והגזלן. ומשום דמיטמר מאינשי קרי ליה גנב אע"ג דלא משלם כפל למ"ד (שם) גזלן הוא:

דתקנה

עין משפט
נר מצוה

נה א ב טוש"ע ח"מ סי' כח סעיף ד בהג"ה:
נו ג מיי' פי"ב מהל' שכנים הלכה ו סמג עשין כב טוש"ע ח"מ סי' קעה סעיף לח:
נז ד (מיי' שם) טוש"ע שם סעיף לט:
נח ה מיי' שם הלכה ז ופ"ו מהל' ת"ת הל' יד סי' ח סמג שם וסי' קו טוש"ע ח"מ שם סעיף מ וטוש"ע י"ד סי' שלד סעיף מג:
נט ו מיי' פ"ה מהלכות גזילה ואבידה הל' י סמג עשין עג טוש"ע ח"מ סי' שסט סעיף ה:
ס ז מיי' שם פ"ו הל' ג ועיין בהשגות ובמ"מ ופי"א הל' י סמג שם טוש"ע ח"מ סי' רנט סעיף ז וסימן שסח סעיף א:
סא ח מיי' פ"ו שם הל' טו סמג שם טוש"מ סי' שע:
סב ט י מיי' שם הל' יד סמג שם טוש"מ שם:
סג כ מיי' פ"ה שם הלכה י סמג שם טוש"ע ח"מ סי' שסט סעיף ה:
סד ל מ מיי' שם פ"ו הלכה ג סמג שם טוש"ע ח"מ סי' שסח:

ליקוטי רש"י

בדיני דמגוזתא. הדנין ביסורים ובחזקה [ב"מ ל:]. **נחיל.** של דבורים [לעיל פא:]. **יאוש כדי קני.** שנתייאשו הבעלים אמור רבנן דנקני ודיו אם משלם דמיו [לעיל סו.]. **מחשבה מטמאתן.** בעל הבית אינו עשוי למוכרן ועושה מהן מטות ולוכקאות וקטבלאות ומשחשב עליהן לדבר שראוי לו בלא חסרון מלאכה מקבלין טומאה מיד. **ושל עבדן.** העשוי למכור אין מחשבתו מטמאתו דעביד דממליך ומזבין והלוקח יעשה מהם מנעלים ועדיין לא נגמרה מלאכתן לכך. **של גזלן אין מחשבה מטמאתן.** ואע"פ שחישב עליהן לדבר שאין בו חסרון מלאכה כגון לכיסוי חבילות סוסים ופרדים כמו שעושין מעורות דובין מ"ט דסתם גזילות ליכא יאוש דכיון דידע מאן שקליה אזיל ותבע ליה לדינא. **ושל גנב מחשבתו מטמאתם.** דקננהו ביאוש דקסבר סתם גניבה יאוש בעלים היא דלא ידע למאן לתבעו. **חילוף הדברים.** סתם גזילה איכא יאוש דכיון דלעיניה גזלה מיניה איניש אלמא הוא אבל סתם גניבה ליכא יאוש דסבר משכחנא ליה לגנב [לעיל סו:]. **ושל גזלן מחשבה מטמאתן** דקסבר כיון דידע מאן גזליה ולא מלי לאגבויי מיניה אייאושי מייאש [קדושין נב:]. **והאנס.** חמסן דיהיב דמי. **הקדשן הקדש.** ואסור ליהנות. **ותרומתן תרומה.** אסור לזרים [לעיל סז.]. **בלסטים מזוין.** גנב מזוין נטל הימנו בחזקה [לעיל נז.].

מסורת הש"ס

א) נ"ל רב כהנא וכן הוא גירסת הרא"ש, ב) ב"מ קח:, ג) [נ"ל דאמר יעב"ץ], ד) לעיל סו., ה) נ"ל רב אסי וכן הוא גירס' הרא"ש, ו) [מפירש"י ב"מ ל: ד"ה דיני דמגיזתא נראה דגרס הכא בגזתיא ע"ש ופירש"י דהכא ול"ע קלת וגי' הערוך בערך גת ב' דדיני בגיתי פי' בכח בגיאות בלי טענה], ז) לעיל סו: כלים פכ"ו מ"ח, ח) [קדושין נב:], ט) לעיל סז., י) [ס"א אינו], כ) [ד"ה אמר].

הגהות הב"ח

(א) גמ' אינהו נמי אחד מומתא שדי: (ב) רש"י ד"ה מחשבתו וכו' לעוצבא. נ"ב ע"ל בדף סו ע"ב:

גליון הש"ס

גמ' קסבר יאוש כדי לא קני. תמוה לי בסוגיא דלעיל דף סו ע"ב דהקשה אביי לר"י מעורות של בעה"ב וכו' הא ממתניתין דהכא מוכח כר"י דעכ"פ יאוש לחוד לא קני: שם ל"ש אלא לסטים עכו"ם. עיין עירובין דף סב ע"א תוד"ה בן נח: רש"י ד"ה הרי אלו שלו וכו' ושינוי רשות. ק"ל דא"כ האיך אמרי' בגמ' קסבר יאוש כדי ל"ק הא הוי יאוש ושינוי רשות אלא ע"כ דלא מקרי שינוי רשות כמ"ש תוס' לעיל דף סז ואי דבסברא זו דתוספ' פליגי מתני' וברייתא מתני' ס"ל דמקרי שינוי רשות א"כ איך אמרי' א"ד אם בא וכו' מ"ט יאוש כדי קני הא י"ל דס"ל כמתני' דמקרי ש"ר ול"ע: שם ד"ה בגיותא בגאוה. ברש"י בב"מ דף ל ע"ב הביא הגי' כאן גזתיא ובערוך ערך מגסתא הגיר' בדיני דמגוסתא ופי' דדנין בגסות: תוס' ד"ה עד וכו' אין להפסיד בשביל כן. עיין ב"ב דף כא ע"א תוס' ד"ה ולא לסופר:

הגהות מהר"ב רנשבורג

א] תד"ה היינו גזלן ואפילו למ"ד. נ"ב לעיל נז ודף עט:

לעזי רש"י

גיור"א. אין זה לעז אלא נ"ל גדוד וכן הוא בשני כת"י של רש"י (ועיין רש"י ב"ק דף פא ע"ב ד"ה נחיל וערוך ערך נחיל).

קמא סובר שבגניבה אנו מניחים שהבעלים התייאשו, ואילו בגזילה אינם מתייאשים, ורבי שמעון סובר להיפך. **אֲבָל בְּ**מקרה **שֶׁיָּדוּעַ** לנו שהבעלים התייאשו, וכגון ששמענו אותם מתייאשים, **לְדִבְרֵי הַכֹּל יֵאוּשׁ קָנֵי**[40], אפילו בגניבה לפי רבי שמעון, ובגזילה לפי תנא קמא. ואילו **רַבָּה אָמַר: בְּ**מקרה **שֶׁיָּדוּעַ** שהבעלים התייאשו, **נַמִּי** — גם כן קיימת **הַמַּחֲלוֹקֶת.** ולפי תנא קמא, במקרה של גזלן אנו אומרים שהבעלים באמת אינם מתייאשים, אלא דעתם לעולם לתבוע את הגזלן לדין. וכן במקרה של גנב לפי רבי שמעון[41].

הגמרא מקשה על רבה מלשון משנה זו עצמה:

אָמַר לֵיהּ אַבַּיֵי לְרַבָּה: לֹא תִּיפְלוֹג עֲלֵיהּ דְּעוּלָּא — אל תחלוק על עולא בענין זה, **דִּתְנַן בְּמַתְנִיתִין כְּוָותֵיהּ** — שכן שנינו במשנה כמותו: רבי שמעון אומר... של גנב אין מחשבה מטמאתן, **לְפִי שֶׁלֹּא נִתְיָיאֲשׁוּ הַבְּעָלִים. טַעְמָא** — הטעם שמחשבת הגנב אינה מועילה, הוא משום **דְּלֹא נִתְיָיאֲשׁוּ הַבְּעָלִים; אֲבָל** אם **נִתְיָיאֲשׁוּ הַבְּעָלִים, הֲרֵי אֵלּוּ שֶׁלּוֹ**, ומחשבתו מועילה לטמא את העורות!

רבה משיב:

אָמַר לֵיהּ רבה לאביי: **אֲנַן** — אנחנו לא שונים "לפי שלא נתייאשו הבעלים", אלא **"לְפִי שֶׁאֵין יֵאוּשׁ לַבְּעָלִים" מַתְנִינַן לָהּ** — שונים במשנה. כלומר, אפילו אם שמענו אותם מתייאשים, אין זה יאוש[42].

הגמרא מקשה על רבה ממשנתנו:

תְּנַן: נָטְלוּ מוֹכְסִין את **חֲמוֹרוֹ כו'** ונתנו לו חמור אחר, נטלו ליסטים את כסותו ונתנו לו כסות אחרת, הרי אלו שלו, מפני שהבעלים מתייאשים מהן. **מַנִּי** — כדעת מי היא משנתנו, הנוקטת שמסתמא הבעלים מתייאשים בין במקרה של גזלן (מוכס), ובין במקרה של גנב (ליסטים)[43]? **אִי רַבָּנָן** — אם כדעת חכמים היא (דהיינו תנא קמא של המשנה שהובאה לעיל, הסובר שרק בגנב הבעלים מתייאשים), אם כן **קַשְׁיָא** — קשה המקרה של **גַּזְלָן** (דהיינו מוכס), שהמשנה לימדה שגם בו הבעלים מתייאשים. **אִי** — ואם משנתנו כדעת **רַבִּי שִׁמְעוֹן** היא (הסובר שרק בגזלן הבעלים מתייאשים), אם כן **קַשְׁיָא** — קשה המקרה של **גַּנָּב** (דהיינו ליסטים), שהמשנה לימדה שגם בו הבעלים מתייאשים!

הגמרא ממשיכה:

בִּשְׁלָמָא — מובן הדבר **לְפִי עוּלָּא, דְּאָמַר בְּיָדוּעַ קָנֵי** — הסובר שבמקרה שידוע לנו שהבעלים התייאשו מודים הכל שיאוש קונה, אם כן נוכל לומר **שֶׁהָכָא נַמִּי** — גם כאן, במשנתנו, מדובר **בְּ**מקרה **שֶׁיָּדוּעַ** שהבעלים התייאשו, **וְ**המשנה היא **כְּדִבְרֵי הַכֹּל** (דהיינו בין כחכמים ובין כרבי שמעון)[44]. **אֶלָּא לְפִי רַבָּה, דְּאָמַר שֶׁבְּיָדוּעַ נַמִּי** (גם כן) יש **מַחֲלוֹקֶת** בן חכמים לרבי שמעון, אם כן **הָא מַנִּי** — משנה זו, כדעת מי היא? **לֹא כְּרַבָּנָן וְלֹא כְּרַבִּי שִׁמְעוֹן!**

מתרצת הגמרא:

המשנה עוסקת **בְּלִסְטִים מְזוּיָּין** (חמוש בנשק), שנחשב כגזלן[45], **וְ**הוראת המשנה **רַבִּי שִׁמְעוֹן הִיא**, הסובר שבמקרה של גזלן מסתמא הבעלים מתייאשים.

מקשה הגמרא:

אִי הָכִי — אם כך, שה"ליסטים" האמור במשנה הוא ליסטים מזויין, אם כן **הַיְינוּ** — הרי זהו ממש **גַּזְלָן**; ומדוע הוצרכה המשנה לנקוט מקרה זה בנוסף למוכס, הנחשב אף הוא כגזלן?

עונה הגמרא:

תְּרֵי גַּוְונֵי — המשנה נוקטת שני סוגים של "**גַּזְלָן**"[46].

קושיא שלישית על רבה:

תָּא שְׁמַע ראיה מברייתא: **הַגַּנָּב וְהַגַּזְלָן וְהָאַנָּס**[47], **הֶקְדֵּשָׁן הֶקְדֵּשׁ**[48], **וּתְרוּמָתָן תְּרוּמָה**[49], **וּמַעְשְׂרוֹתָן מַעֲשֵׂר.** והנה, אין אדם יכול להקדיש, או לתרום, או לעשר, דבר שאינו שלו. ובהכרח שהברייתא עוסקת במקרה שהבעלים התייאשו מהגזילה, והיא נקנתה לגזלן[50]. **מַנִּי** — ברייתא זו, הנוקטת שהבעלים מתייאשים בין בגנב ובין בגזלן, כדעת מי היא? **אִי** אם כדעת **רַבָּנָן** היא (הסוברים שרק בגנב הבעלים מתייאשים), אם כן **קַשְׁיָא** — קשה המקרה של **גַּזְלָן** האמור בברייתא; **אִי** — ואם כדעת **רַבִּי שִׁמְעוֹן** היא (הסובר שרק בגזלן הבעלים מתייאשים), אם כן **קַשְׁיָא** — קשה המקרה של **גַּנָּב** האמור בברייתא!

הגמרא ממשיכה:

בִּשְׁלָמָא — מובן הדבר **לְפִי עוּלָּא, דְּאָמַר שֶׁבְּיָדוּעַ** לנו שהבעלים התייאשו מודים הכל שיאוש **קָנֵי**, אם כן נוכל לומר **שֶׁהָכָא נַמִּי** — גם כאן, בברייתא, מדובר **בְּ**מקרה **שֶׁיָּדוּעַ** שהבעלים התייאשו, **וְ**הברייתא **כְּדִבְרֵי הַכֹּל הִיא** (דהיינו בין כחכמים ובין כרבי שמעון). **אֶלָּא לְפִי רַבָּה, דְּאָמַר שֶׁבְּיָדוּעַ נַמִּי** יש **מַחֲלוֹקֶת** בין חכמים לרבי שמעון, אם כן **הָא מַנִּי** — ברייתא זו, כדעת מי היא? **לֹא כְּרַבָּנָן וְלֹא כְּרַבִּי שִׁמְעוֹן!**

מתרצת הגמרא:

הָכָא נַמִּי — גם כאן צריכים לומר שהברייתא עוסקת **בְּלִסְטִים מְזוּיָּין;** כלומר ה"גנב" האמור בברייתא הוא ליסטים מזויין, שדינו לענין יאוש כגזלן[51], **וְ**הברייתא כדעת **רַבִּי שִׁמְעוֹן הִיא**, הסובר שבמקרה של גזלן מסתמא הבעלים מתייאשים.

הערות

40. כלומר, נחשב הדבר כיאוש גמור, ומועילה מחשבת הגנב או הגזלן לטמא את העורות (ראה רש"י; תוספות רי"ד; בעל המאור; רשב"א; ועיין תוספות לעיל סז, א ד"ה אמר).

41. רש"י.

42. רבה אינו מגיה את לשון המשנה, אלא מפרש את כוונתה, שמה שאמרה "לפי שלא נתייאשו הבעלים", הכוונה היא שאפילו אם הם אומרים שהתייאשו, מכל מקום בליבם לא התייאשו (תוספות).

43. מוכס הגובה שלא כדין (ראה לעיל קיג, א) נחשב כגזלן, מאחר שהוא נוטל את הממון שהוא גובה בגלוי. ולגבי "ליסטים", הגמרא מניחה שהכוונה לגנבים שגונבים מהבתים בסתר [ולפיכך נקטה המשנה שני מקרים (מוכס וליסטים), כדי ללמד את הדין בין בגזלן ובין בגנב] (תוספות רי"ד ד"ה הכא במאי עסקינן; ועיין עוד תורת חיים).

44. [הגמרא היתה יכולה להקשות על פירוש זה מלשון המשנה, שאמרה "**מפני** שהבעלים מתייאשים מהן", ולא כמו בסיפא, "**אם** נתייאשו הבעלים הרי אלו שלו", ומשמע שברישא אנו מניחים שהבעלים התייאשו אפילו אם לא שמענו כן בפירוש (ראה הערות 17 ו־33). ואכן לאמיתו של דבר צריך גם עולא ליישב את המשנה כפי התירוץ שיובא בהמשך (רשב"א; ראה מהרש"א; ועיין עוד רא"ש, הובא בשיטה מקובצת; ועיין להלן עמוד ב הערה 2).]

45. אף על פי שליסטים מזויין מסתתר מאנשים [ולפיכך נחשב הוא, לפי אחת הדעות, כגנב (ראה לעיל נז, א)], מכל מקום מאחר שהוא נוטל את הממון בחוזקה בפני הבעלים, הרי הוא (לענין יאוש הבעלים) כגזלן (ראה תוספות; תוספות רי"ד; תורת חיים).

46. התנא של המשנה (רבי שמעון) מלמד שבכל אופן של גזלן אנו מניחים שהבעלים מתייאשים, בין במוכס הגוזל בפני כל, ובין בליסטים מזויין, המסתתר מאנשים (תוספות רי"ד, תורת חיים).

47. בדרך כלל, "אנס" הוא גזלן. אמנם כשהוא נזכר ביחד עם גזלן (כמו בברייתא זו), הכוונה לחמסן, הנוטל חפץ מבעליו ללא רשות, ומשלם את דמיו (ראה רש"י). [אף על פי שהחמסן משלם את דמי החפץ, מכל מקום אינו קונה אותו בכך, מאחר שהבעלים לא הסכימו למוכרו (ראה לעיל סב, א).]

48. כלומר, אם הם הקדישו את החפץ הגזול, ההקדש חל, והחפץ נאסר בהנאה (רש"י לעיל סז, א ד"ה הקדישן; ועיין במהדורתנו שם הערה 11).

49. כלומר, אם גזלו פירות של טבל, והפרישו מהם תרומה, ההפרשה חלה, והתרומה נאסרת לזרים (ראה רש"י שם).

50. [לכאורה נראה שהברייתא סוברת שיאוש לבד מועיל לקנות את הגזילה. ועיין לעיל סז, א, שם מיישבת הגמרא את הברייתא גם לפי הדעה שיאוש לבד אינו קונה.]

51. [ומכל מקום הברייתא קוראת לו "גנב", מפני שהוא מסתתר מאנשים כגנב (ראה הערה 45).]

אפומא דחד. ונמלא שהפסידו שלא כדין: **דמגיסתא.** בני כפר שאין יודעין לדון במשפט: **בי דוואר.** שלטון: **חד אמומתא שדו ליה.** על פי עד אחד אין מוליאין ממון אבל מחייבין בעל דין שבועה להכחיש העד כדין תורה לשון אחר דמגוזתא אנסין בחזקה כמו אתו גוזאי וקא מחו ליה (מגילה כח.) סריסים (י' של בית רבי) העומדין לרדות בחזקה: **והאמר מר זבין מעכו"ם כו'.** בבבא מליעא בהמקבל: **ארבעית.** הרבעת: **מתני' הרי אלו שלו.** דמסתמא נתייאשו הבעלים מיד וקנהו היאך ביאוש ושינוי רשות: **אם נתייאשו.** הבעלים דשמעינן דאייאוש דאמר ווי לחסרון כיס אבל סתמא לא וקשיא לסטים דסיפא אלסטים דרישא ובגמרא פריך ומשני לה חדא בלסטים עכו"ם וחדא בליסטים ישראל דמייאש מסתמא: **נחיל.** גיור"א: **לא יקוץ את הסוכה.** נתיישבו דבורים על סוכת חבירו וירא ליטלן אחת אחת שלא יברחו לא יקוץ את הסוכה להוליכן כולן ביחד ואפילו ע"מ ליתן דמים: **גמ' אם נטל.** חמור מן המוכסין: **יחזיר לראשונים.** ופליגא ברייתא אמתני': **יאוש כדי.** שנתייאשו הבעלים ביד מוכס לא קנה המוכס ביאוש לבדו בלא נתינת דמים או שינוי מעשה וכי אתא ליד שני באיסור אתא לידיה: **אם בא להחזיר.** שחסיד הוא: **יחזיר לבעלים הראשונים.** ולא למוכס: **בגיותא.** ° בגאוה ובזרוע: **אמרי מימר.** לא ותן לו ואין חובטין במקלות. לשון אחר דאמרי לנגזל מי יימר כדקאמרת הבא עדים שגנבו ממך: **מחשבתו מטמאתן.** חישב עליהם בדבר שאין בו חסרון מלאכה כגון (ב) לעוצבא ולמטה ירדו לטומאה מיד: **ושל עבדן.** שאומנותו בכך סתמיה למכירה הלכך אין מחשבתו מחשבה שאם יבאו בני אדם לקנותו ימכרנו להן ונמלא שסופן למנעלין ועדיין לא נגמרה מלאכתן לכך: **של גזלן אין מחשבתו מטמאתן.** דלאו דידיה הוא דכיון דידע מאן שקליה מיניה לא מייאש: **ושל גנב מחשבתו מטמאתן.** דאייאוש מרייהו דלא ידעי למאן יתבעו: **חילוף הדברים.** גזלן כיון דשקליה מיניה בהדיא ולא מצי קאי באפיה מייאש גנב סבר בחישנא ליה ומשכחינא ליה: **בסתם.** דלא שמעינן דמייאש דבהא פליגי דמר סבר סתם גניבה יאוש בעלים הוא ולא סתם גזילה ומר סבר חילוף הדברים כדפרישית: **אבל בידוע.** דשמעינן דמייאש: **דברי הכל יאוש כדי קני.** ואפי' גנב לר"ש וגזלן לרבנן: **בידוע נמי מחלוקת.** דאי נמי דשמעינן דמייאש אמרי רבנן בגזלן דלא הוי יאוש דכל שעתא דעתיה למנקטיה בדינא וכן גנב לרבי שמעון: **דתנן במתניתין.** הך מתניתין דעורות דטהרות דקתני לפי שלא נתייאשו הבעלים: **שאין יאוש לבעלים.** אין יאושן יאוש: **מוכס גזלן** לסטים גנב: **ומשני בלסטים מזויין.** דגזלן הוא: **היינו גזלן.** והא תנא ליה מוכס: **אנס.** דקתני גבי גזלן הוי חמסן דיהיב זוזי: **ורבי שמעון היא.** דאמר גזלן קני: וקיימא

אפומא דחד ולא אמרן אלא חד [א] אבל בתרי לא וחד נמי לא אמרן אלא בדיני דמגיסתא אבל בי דוואר [ב] אינהו נמי (א) חד אמומתא שדו ליה אמר רב אשי כי הוינא בי [ה] רב הונא איבעיא לן אדם חשוב דסמכי עליה כבי תרי מפקי ממונא אפומיה ולא איבעי ליה לאסהודי או דלמא כיון דאדם חשוב הוא לא מצי משתמיט להו ומצי לאסהודי תיקו אמר רב אשי האי בר ישראל דזבין ליה ארעא לעובד כוכבים אמצרא דבר ישראל חבריה משמתינן ליה מאי טעמא אי נימא משום דינא דבר מצרא [ג] והאמר מר [ג] זבין מעכו"ם [ד] וזבין לעכו"ם ליכא משום דינא דבר מצרא אלא [ג] דאמרי' ליה ארבעית לי אריא אמצראי [ה] משמתינן ליה עד דקביל עליה כל אונסא דאתי מחמתיה: **מתני'** [ו] נטלו מוכסין את חמורו ונתנו לו חמור אחר נטלו לסטים את כסותו ונתנו לו כסות אחרת הרי אלו שלו מפני שהבעלים מתייאשין מהן: [ז] המציל מן הנהר או מן הגייס או מן הלסטין אם נתייאשו הבעלים הרי אלו שלו וכן נחיל של דבורים אם נתייאשו הרי אלו שלו א"ר יוחנן בן ברוקה [ח] נאמנת אשה או קטן לומר מכאן יצא נחיל זה [ט] ומהלך בתוך שדה חבירו להציל את נחילו ואם הזיק משלם מה שהזיק אבל [י] לא יקוץ את סוכו על מנת ליתן את הדמים ר' ישמעאל בנו של ר' יוחנן בן ברוקה אומר אף קוצץ ונותן את הדמים: **גמ'** תנא אם נטל מחזיר לבעלים הראשונים קסבר ° יאוש כדי לא קני ומעיקרא באיסורא אתא לידיה ואיכא דאמרי [כ] אם בא להחזיר יחזיר לבעלים ראשונים מ"ט [ד] יאוש כדי קני מיהו אי אמר אי אפשי בממון שאינו שלי מחזיר לבעלים הראשונים: הרי אלו שלו מפני שהבעלים כו': אמר [ה] רב אשי ° לא שנו אלא לסטים עובד כוכבים אבל ליסטים ישראל לא סבר למחר נקיטנא ליה בדינא מתקיף לה רב יוסף [ל] אדרבה איפכא מסתברא עכו"ם דדייני [ו] בגיתי לא מייאש ישראל כיון דאמרי מימר מייאש אלא אי איתמר אסיפא איתמר המציל מן העכו"ם ומן הלסטים אם נתייאשו הבעלים אין [מ] סתמא לא לא שנו אלא עכו"ם משום דדייני בגיתי אבל לסטים ישראל כיון דאמרי מימר מייאש [ז] תנן התם עורות של בעל הבית מחשבה מטמאתן ושל עבדן אין מחשבה מטמאתן של גזלן אין מחשבה מטמאתן ושל גנב מחשבה מטמאתן ר"ש אומר [ח] חילוף הדברים של גזלן מחשבה מטמאתן של גנב אין מחשבה מטמאתן לפי שלא נתייאשו הבעלים אמר עולא מחלוקת בסתם אבל בידוע דברי הכל יאוש קני רבה אמר בידוע נמי מחלוקת א"ל אביי לרבה לא תיפלוג עליה דעולא דתנן במתני' כוותיה לפי שלא נתייאשו הבעלים טעמא דלא נתייאשו הבעלים אבל נתייאשו הבעלים הרי אלו שלו אמר ליה אנן לפי שאין יאוש לבעלים מתנינן לה תנן נטלו מוכסין חמורו כו' מני אי רבנן קשיא גזלן אי ר"ש קשיא גנב בשלמא לעולא דאמר בידוע קני הכא נמי בידוע ודברי הכל אלא לרבה דאמר בידוע נמי מחלוקת הא מני לא רבנן ולא ר"ש בלסטים מזויין ור"ש היא אי הכי היינו גזלן תרי גווני גזלן ת"ש [ט] הגנב והגזלן והאנס הקדשן הקדש ותרומתן תרומה ומעשרותן מעשר מני אי רבנן קשיא גזלן אי ר"ש קשיא גנב בשלמא לעולא דאמר בידוע קני הכא נמי בידוע ודברי הכל היא אלא לרבה דאמר בידוע נמי מחלוקת הא מני לא רבנן ולא ר"ש הכא נמי בלסטים מזויין ור' שמעון היא אי הכי היינו גזלן תרי גווני גזלן ואי בעית אימא הא מתניתא רבי היא דתניא רבי אמר גנב כגזלן וקיימא

ולא אמרן אלא חד אבל בתרי לא. וא"ת והא לעיל שרי להפקעת הלואה וא"כ מפסידים אותו הרבה שאם היה רוצה יכול לכפור וי"ל דמכל מקום לא משמתינן ליה כיון שאין משלם על ידם אלא מה שחייב לו: **ליכא** משום דינא דבר מצרא. פירשתי בפרק המקבל (ב"מ דף קח:): **עד** דמקבל עליה כו'. אומר ר"ת דהיינו דוקא כשישראל רוצה ליתן לו כמו שנותן לו העכו"ם אבל אם העכו"ם רוצה ליתן לו יותר ° אין להפסיד בשביל כן: **תנא** ואם נטל כו'. מפורש לעיל במרובה (דף סז.[כ]): **רבה** אומר בידוע נמי מחלוקת. והא דאמר במרובה (לעיל דף סח.) ואף רבי אלעזר סבר חיוביה לאחר יאוש כו' עד דפריך ודלמא דשמעי' דאייאש האי פירכא לא אתי אליבא דרבה דאיהו לא מפליג מידי בין סתם לידוע: **לפי** שאין יאוש לבעלים מתנינן לה. אין מגיה המשנה אלא כך מפרש שלא נתייאשו הבעלים בלבם אפילו אומרים שנתייאשו: **היינו** גזלן. ואפי' למ"ד [א] לסטים מזויין גנב הוא לענין שמשלם כפל אבל מ"מ גזלן הוא דמקרי: **ת"ש** הגנב והגזלן. ומשום דמיטמר מאינשי קרי ליה גנב אע"ג דלא משלם כפל למ"ד (שם) גזלן הוא: דתקנה

א) נ"ל רב כהנא וכן הוא גירסת הרא"ש, ב) ב"מ קח:, ג) [נ"ל דאמר יעב"ץ], ד) לעיל סו., ה) נ"ל רב אסי וכן הוא גירס' הרא"ש, ו) [מפירש"י ב"מ ל: ד"ה דיני דמגיזתא נראה דגרס הכא בגזזיא ע"ש ופירש"י דהכא וצ"ע קצת וגי' הערוך בערך גת ב' דדיני בגיתי פי' בכח בגיאות בלי טענה], ז) לעיל סו: כלים פכ"ו מ"ח, ח) [קדושין נב:], ט) לעיל סז., י) [ס"א אינו], כ) [ד"ה אמר].

הגהות הב"ח

(א) גמ' אינהו נמי אחד מומחא שדי: (ב) רש"י ד"ה מחשבתו וכו' לעוצבא. נ"ב ע"ל בדף סו ע"ב:

גליון הש"ס

גמ' קסבר יאוש כדי לא קני. תמוה לי בסוגיא דלעיל דף סו ע"ב דהקשה אביי לר"י מעורות של בעה"ב וכו' הא ממתניתין דהכא מוכס כר"י דעכ"פ יאוש לחוד לא קני: שם ל"ש אלא לסטים עכו"ם. עיין עירובין דף סב ע"א תוד"ה בן נח: רש"י ד"ה הרי אלו שלו וכו' ושינוי רשות. ק"ל דא"כ האיך אמרי' בגמ' קסבר יאוש כדי ל"ק הא הוי יאוש ושינוי רשות אלא ע"כ דלא מקרי שינוי רשות כמ"ש תוס' לעיל דף סז ואי דבכרא זו דתוספ' פליגי מתני' ובריית' מתני' ס"ל דמקרי שינוי רשות א"כ איך אמרי' א"ד אם בא וכו' מ"ט יאוש כדי קני הא י"ל דס"ל כמתני' דמקרי ש"ר וצ"ע: שם ד"ה בגיותא בגאוה. ברש"י בב"מ דף ל ע"ב הביא הגי' כאן גוזיא ובערוך ערך מגסתא הגיר' בדיני דמגוסתא ופי' דדינין בגזלות: תוס' ד"ה אין וכו' אין להפסיד בשביל כן. עיין ב"ב דף כא ע"א תוס' ד"ה ולא לסופר:

הגהות מהר"ב רנשבורג

א] תד"ה היינו גזלן ואפילו למ"ד. נ"ב לעיל נז ודף עט:

לעזי רש"י

גיור"א. אין זה לעז אלא נ"ל גדוד וכן הוא בשני כת"י של רש"י (ועיין רש"י ב"ק דף פא ע"ב ד"ה נחיל וערוך ערך נחיל).

עין משפט נר מצוה

נה א ב טוש"ע ח"מ סי' קמ סעיף ד בהג"ה:
נו ג מיי' פי"ב מהל' שכנים הלכה ו סמג עשין כב טוש"ע ח"מ סי' קעה סעיף לח:
נז ד (מיי' שם) טוש"ע שם סעיף לט:
נח ה מיי' שם הלכה ז ופ"ו מהל' ת"ת הל' יד סי' ח סמג שם וסי' קז טוש"ע ח"מ שם סעיף מ וטוש"ע י"ד סי' שלד סעיף מג:
נט ו מיי' פ"ה מהלכות גזילה ואבידה הל' י סמג עשין מב טוש"ע ח"מ סי' שסט סעיף ה:
ס ז מיי' שם פ"ו הל' ב ועיין בהשגות ובמ"מ ופי"א הל' י סמג שם טוש"ע ח"מ סי' רנט סעיף ז וסימן שסח סעיף א:
סא ח מיי' פ"ו שם הל' טו סמג שם טוש"מ סי' שע:
סב ט י מיי' שם הל' יד סמג שם טוש"מ שם:
סג כ מיי' פ"ה שם הלכה י סמג שם טוש"ע ח"מ סי' שסט סעיף ה:
סד ל מ מיי' שם פ"ו הלכה ג סמג שם טוש"ע ח"מ סי' שסח:

ליקוטי רש"י

בדיני דמגוזתא. הדנין ביסורים ובחזקה [ב"מ ל:]. **נחיל.** של דבורים [לעיל פא:]. **יאוש כדי קני.** שנתייאשו הבעלים אמור רבנן דנקני ודיו אם משלם דמיו [לעיל סו.]. **מחשבה מטמאתן.** בעל הבית אינו עשוי למוכרן ועושה מהן מטות ודלובקאות וקטבלאות ומשחשב עליהן לדבר שראוי לו בלא חסרון מלאכה מקבלין טומאה מיד. **ושל עבדן.** העשוי למכור אין מחשבתו מטמאתו דעביד דממליך ומזבין והלוקח יעשה מהם מנעלים ועדיין לא נגמרה מלאכתן לכך. **של גזלן אין מחשבה מטמאתן.** ואע"פ שחישב עליהן לדבר שאין בו חסרון מלאכה כגון לכיסוי חבילות סוסים ופרדים כמו שעושין מעורות דובין מ"ט דסתם גזילות ליכא יאוש דכיון דידע מאן שקליה אזיל ותבע ליה לדינא. **ושל גנב מחשבתו מטמאתם.** דקננהו ביאוש דקסבר סתם גניבה יאוש בעלים היא דלא ידע למאן לתבעו. **חילוף הדברים.** סתם גזילה איכא יאוש דכיון דלעייניה גזלה מיניה איניש אלמא הוא אבל סתם גניבה ליכא יאוש דסבר משכחנא ליה לגנב [לעיל סו:]. ושל גזלן מחשבה מטמאתן דקסבר כיון דידע מאן גזליה ולא מצי לאגבויי מיניה אייאושי מייאש [קדושין נב:]. **והאנס.** חמסן דיהיב דמי. **הקדשן הקדש.** ואסור ליהנות. **ותרומתן תרומה.** אסור לזרים [לעיל סז.]. **בלסטים מזויין.** גנב מזויין נטל הימנו בחזקה [לעיל נז.].

מקשה הגמרא:

אִי הָכִי — אם כך, שה״גנב״ האמור בברייתא הוא ליסטים מזויין, אם כן **הַיְינוּ גַּזְלָן**, ומדוע הזכירה הברייתא את דין הגזלן פעמיים?

עונה הגמרא:

תְּרֵי גַּוְונֵי — הברייתא נוקטת שני סוגים של **גַּזְלָן**[52].

תירוץ נוסף:

וְאִי בָּעֵית אֵימָא — ואם תרצה, אמור: **הָא מַתְנִיתָא** — ברייתא זו, כדעת **רַבִּי הִיא**[53]. **דְּתַנְיָא** — ששנינו בברייתא על המשנה במסכת כלים שהובאה לעיל, בענין עורות של גזלן או של גנב: **רַבִּי (אמר) [אוֹמֵר: אוֹמֵר אֲנִי:]**[54] **גַּנָּב** הוא **כְּגַזְלָן**.

הערות

52. ראה הערה 46.

53. ה״גנב״ האמור בברייתא הוא אכן גנב כפשוטו, הגונב בסתר. ואם כן חוזרת קושייתנו למקומה: מאחר שהברייתא נוקטת שהבעלים מתייאשים בין בגנב ובין בגזלן, אם כן היא אינה מתאימה לא לשיטת חכמים ולא לשיטת רבי שמעון (כפי שנתבאר לעיל). אכן היא מתאימה לשיטת תנא שלישי — רבי — וכפי שהגמרא ממשיכה לבאר.

54. [התיקון על פי כתבי היד, וכפי גירסת הברייתא להלן ראש עמוד ב (ראה דקדוקי סופרים).]

אפומא דחד ולא אמרן אלא חד [א] אבל בתרי לא וחד נמי לא אמרן אלא בדיני דמגיסתא אבל בי דוואר [ב] אינהו נמי (א) חד אמומתא שדו ליה אמר רב אשי כי הוינא בי [א] רב הונא איבעיא לן אדם חשוב דסמכי עליה כבי תרי מפקי ממונא אפומיה ולא איבעי ליה לאסהודי או דלמא כיון דאדם חשוב הוא לא מצי משתמיט להו ומצי לאסהודי תיקו אמר רב אשי האי בר ישראל דזבין ליה ארעא לעובד כוכבים אמצרא דבר ישראל חבריה משמתינן ליה מאי טעמא אי נימא משום דינא דבר מצרא [ב] והאמר מר [ג] זבין מעכו"ם [ד] וזבין לעכו"ם ליכא משום דינא דבר מצרא אלא [ג] דאמרי' ליה ארבעית לי אריא אמצראי [ה] משמתינן ליה עד דקביל עליה כל אונסא דאתי מחמתיה: **מתני'** [ו] נטלו מוכסין את חמורו ונתנו לו חמור אחר נטלו לסטים את כסותו ונתנו לו כסות אחרת הרי אלו שלו מפני שהבעלים מתייאשין מהן: [ז] המציל מן הנהר או מן הגייס או מן הלסטין אם נתייאשו הבעלים הרי אלו שלו וכן נחיל של דבורים אם נתייאשו הרי אלו שלו א"ר יוחנן בן ברוקה [ח] נאמנת אשה או קטן לומר מכאן יצא נחיל זה [ט] ומהלך בתוך שדה חבירו להציל את נחילו ואם הזיק משלם מה שהזיק אבל [י] לא יקוץ את סוכו על מנת ליתן את הדמים ר' ישמעאל בנו של ר' יוחנן בן ברוקה אומר אף קוצץ ונותן את הדמים: **גמ'** תנא אם נטל מחזיר לבעלים הראשונים קסבר [ס] יאוש כדי לא קני ומעיקרא באיסורא אתא לידיה ואיכא דאמרי [כ] אם בא להחזיר יחזיר לבעלים ראשונים מ"ט [ד] יאוש כדי קני מיהו אי אמר אי אפשי בממון שאינו שלי מחזיר לבעלים הראשונים: הרי אלו שלו מפני שהבעלים כו': אמר [ה] רב אשי [ס] לא שנו אלא לסטים עובד כוכבים אבל ליסטים ישראל לא סבר למחר נקיטנא ליה בדינא מתקיף לה רב יוסף [ל] אדרבה איפכא מסתברא עכו"ם דדייני [ו] בגיתי לא מייאש ישראל כיון דאמרי מימר מייאש אלא אי איתמר אסיפא איתמר המציל מן העכו"ם ומן הלסטים אם נתייאשו הבעלים אין [מ] סתמא לא לא שנו אלא עכו"ם משום דדייני בגיתי אבל לסטים ישראל כיון דאמרי מימר מייאש [ז] תנן התם עורות של בעל הבית מחשבה מטמאתן ושל עבדן אין מחשבה מטמאתן של גזלן אין מחשבה מטמאתן ושל גנב מחשבה מטמאתן ר"ש אומר [ח] חילוף הדברים של גזלן מחשבה מטמאתן של גנב אין מחשבה מטמאתן לפי שלא נתייאשו הבעלים אמר עולא מחלוקת בסתם אבל בידוע דברי הכל יאוש קני רבה אמר בידוע נמי מחלוקת א"ל אביי לרבה לא תיפלוג עליה דעולא דתנן במתני' כוותיה לפי שלא נתייאשו הבעלים טעמא דלא נתייאשו הבעלים אבל נתייאשו הבעלים הרי אלו שלו אמר ליה אנן לפי שאין יאוש לבעלים מתנינן לה תנן נטלו מוכסין חמורו כו' מני אי רבנן קשיא גזלן אי ר"ש קשיא גנב בשלמא לעולא דאמר בידוע קני הכא נמי בידוע ודברי הכל אלא לרבה דאמר בידוע נמי מחלוקת הא מני לא רבנן ולא ר"ש בלסטים מזויין ור"ש היא אי הכי היינו גזלן תרי גווני גזלן ת"ש [ט] הגנב והגזלן והאנס הקדשן הקדש ותרומתן תרומה ומעשרותן מעשר מני אי רבנן קשיא גזלן אי ר"ש קשיא גנב בשלמא לעולא דאמר בידוע קני הכא נמי בידוע ודברי הכל היא אלא לרבה דאמר בידוע נמי מחלוקת הא מני לא רבנן ולא ר"ש הכא נמי בלסטים מזויין ור' שמעון היא אי הכי היינו גזלן תרי גווני גזלן ואי בעית אימא הא מתניתא רבי היא דתניא רבי אמר גנב כגזלן וקיימא

רש"י

אפומא דחד. ונמלא שהפסידו שלא כדין: דמגיסתא. בני כפר שאין יודעין לדון במשפט: בי דוואר. שלטון: חד אמומתא שדו ליה. על פי עד אחד אין מוליאין ממון אבל מחייבין בעל דין שבועה להכחיש העד כדין תורה לשון אחר דמגוזתא אנסין בחזקה כמו אתו גוזאי וקא מחו ליה (מגילה כח.) סריסים ([י] של בית רבי) העומדין לרדות בחזקה: והאמר מר זבין מעכו"ם כו'. בבבא מליעא בהמקבל: ארבעית. הרבעת: **מתני'** הרי אלו שלו. דמסתמא נתייאשו הבעלים מיד וקננהו היאך ביאוש [ס] ושינוי רשות: אם נתייאשו. הבעלים דשמעינן דאייאוש דאמר ווי לחסרון כיס אבל סתמא לא וקשיא לסטים דסיפא אלסטים דרישא ובגמרא פריך ומשני לה הדא בלסטים עכו"ם והדא בליסטים ישראל דמייאש מסתמא: נחיל. גיור"א: לא יקוץ את הסוכה. נתיישבו דבורים על סוכת חבירו וירא ליטלן אחת אחת שלא יברחו לא יקוץ את הסוכה להוליכן כולן ביחד ואפילו ע"מ ליתן דמים: **גמ'** אם נטל. חמור מן המוכסין: יחזיר לראשונים. ופליגא ברייתא אמתני': יאוש כדי. שנתייאשו הבעלים ביד מוכס לא קנה המוכס ביאוש לבדו בלא נתינת דמים או שינוי מעשה וכי אתא ליד שני באיסור אתא לידיה: אם בא להחזיר. שחסיד הוא: יחזיר לבעלים הראשונים. ולא למוכס: בגיותא. [ס] בגאוה ובזרוע: אמרי מימר. לא ותן לו ואין חובטין במקלות. לשון אחר דאמרי לנגזל מי יימר כדקאמרת הבא עדים שגנבו ממך: מחשבתו מטמאתן. חישב עליהם בדבר שאין בו חסרון מלאכה כגון (ב) לעולבא ולמטה ירדו לטומאה מיד: ושל עבדן. שאומנותו בכך סתמיה למכירה הלכך אין מחשבתו מחשבה שאם יבאו בני אדם לקנותו ימכרנו להן ונמלא שסופן למנעלין ועדיין לא נגמרה מלאכתן לכך: של גזלן אין מחשבתו מטמאתן. דלאו דידיה הוא דכיון דידע מאן שקליה מיניה לא מייאש: ושל גנב מחשבתו מטמאתן. דאייאוש מרייהו דלא ידעי למאן יתבעו: חילוף הדברים. גזלן כיון דשקליה מיניה בהדיא ולא מלי קאי באפיה מייאש גנב סבר בחישנא ליה ומשכחינא ליה: בסתם. דלא שמעינן דמייאש דבהא פליגי דמר סבר סתם גניבה יאוש בעלים הוא ולא סתם גזילה ומר סבר חילוף הדברים כדפרישית: אבל בידוע. דשמעינן דמייאש: דברי הכל יאוש כדי קני. ואפי' גנב לר"ש וגזלן לרבנן: בידוע נמי מחלוקת. דאי נמי דשמעינן דמייאש אמרי רבנן בגזלן דלא הוי יאוש דכל שעתא דעתיה למנקטיה בדינא וכן גנב לרבי שמעון: דתנן במתניתין. הך מתניתין דעורות דטהרות דקתני לפי שלא נתייאשו הבעלים: שאין יאוש לבעלים. אין יאושן יאוש: מוכס גזלן לסטים גנב: ומשני בלסטים מזויין. דגזלן הוא: היינו גזלן. והא תנא ליה מוכס: אנס. דקתני גבי גזלן הוי חמסן דיהיב זוזי: ורבי שמעון היא. דאמר גזלן קני: וקיימא

תוספות

ולא אמרן אלא חד אבל בתרי לא. וא"ת והא לעיל שרי להפקעת הלואה וא"כ מפקידים אותו הרבה שאם היה רוצה יכול לכפור וי"ל דמכל מקום לא משמתינן ליה כיון שאין משלם על ידם אלא מה שחייב לו:

ליכא משום דינא דבר מצרא. פירשתי בפרק המקבל (ב"מ דף קח:):

עד דמקבל עליה כו'. אומר ר"ת דהיינו דוקא כשישראל רוצה ליתן לו כמו שנותן לו העכו"ם אבל אם העכו"ם רוצה ליתן לו יותר [ס] אין להפסיד בשביל כן:

תנא ואם נטל כו'. מפורש לעיל במרובה (דף סז.[כ]):

רבה אומר בידוע נמי מחלוקת. והא דאמר במרובה (לעיל דף סח.) ואף רבי אלעזר סבר חיוביה לאחר יאוש כו' עד דפריך ודלמא דשמעי' דאייאש האי פירכא לא אתי אליבא דרבה דאיהו לא מפליג מידי בין סתם לידוע:

לפי שאין יאוש לבעלים מתנינן לה. אין מגיה המשנה אלא כך מפרש שלא נתייאשו הבעלים בלבם אפילו אומרים שנתייאשו:

היינו גזלן. ואפי' למ"ד [א] לסטים מזויין גנב הוא לענין שמשלם כפל אבל מ"מ גזלן הוא דמקרי:

ת"ש הגנב והגזלן. ומשום דמיטמר מאינשי קרי ליה גנב אע"ג דלא משלם כפל למ"ד (שם) גזלן הוא:

דתקנה

מסורת הש"ס

א) נ"ל רב כהנא וכן הוא גירסת הרא"ש, ב) ב"מ קח:, ג) [נ"ל דאמר יעב"ץ], ד) לעיל סו., ה) נ"ל רב אסי וכן הוא גירס' הרא"ש, ו) [מפירש"י ב"מ ל: ד"ה דיני דמגיסתא נראה דגרס הכא בגזותא ע"ש ופירש"י דהכא ול"ע קצת וגי' הערוך בערך גת ב' דדיני בגיתי פי' בכח בגיאות בלי טענה], ז) לעיל סו: כלים פכ"ו מ"ח, ח) [קדושין נב:], ט) לעיל סז., י) [ס"א ליתו], כ) [ד"ה אמר].

הגהות הב"ח

(א) גמ' אינהו נמי אחד אומתא שדי: (ב) רש"י ד"ה מחשבתו וכו' לעולבא. נ"ב ע"ל בדף סו ע"ב:

גליון הש"ס

גמ' קסבר יאוש כדי לא קני. תמוה לי בסוגיא דלעיל דף סו ע"ב דהקשה אביי לר"י מעורות של בעה"ב וכו' הא ממתניתין דהכא מוכח כר"י דעכ"פ יאוש לחוד לא קני: שם ל"ש אלא לסטים עכו"ם. עיין עירובין דף סב ע"א תוד"ה בן נח: רש"י ד"ה הרי אלו שלו וכו' ושינוי רשות. ק"ל דא"כ האיך אמרי' בגמ' קסבר יאוש כדי ל"ק הא הוי יאוש ושינוי רשות אלא ע"כ דלא מקרי שינוי רשות כמ"ש תוס' לעיל דף סז ואי דבסברא זו דתוספ' פליגי מתני' וברייתא מתני' ס"ל דמקרי שינוי רשות א"כ איך אמרי' א"ד אם בא וכו' מ"ט יאוש כדי קני הא י"ל דס"ל כמתני' דמקרי ש"ר ול"ע: שם ד"ה בגיותא בגאוה. ברש"י בב"מ דף ל ע"ב הביא הגי' כאן גזותא ובערוך ערך מגסתא הגיר' בדיני דמגוסתא ופי' דדנין בגסות: תוס' ד"ה עד וכו' אין להפסיד בשביל כן. עיין ב"ב דף כא ע"א תוס' ד"ה ולא לסופר:

הגהות מהר"ב רנשבורג

א] תד"ה היינו גזלן ואפילו למ"ד. כ"ב לעיל נז ודף עט:

לעזי רש"י

גיור"א. אין זה לעז אלא נ"ל גדוד וכן הוא בשני כת"י של רש"י (ועיין רש"י ב"ק דף פא ע"ב ד"ה נחיל וערוך ערך נחיל):

עין משפט נר מצוה

נה א ב טוש"ע ח"מ סי' כח סעיף ד בהג"ה:
נו ג מיי' פי"ב מהל' שכנים הלכה ו סמג עשין כב טוש"ע ח"מ סי' קעה סעיף לח:
נז ד (מיי' שם) טוש"ע שם סעיף לט:
נח ה מיי' שם הלכה ז ופ"ו מהל' ח"מ הל' יד סי' ח סמג שם וסי' קו טוש"ע ח"מ שם סעיף מ וטוש"ע י"ד סי' שלד סעיף מג:
נט ו מיי' פ"ה מהלכות גזילה ואבידה הל' י סמג עשין עג טוש"ע ח"מ סי' שסט סעיף ה:
ס ז מיי' שם פ"ו הל' ג ועיין בהשגות ובמ"מ ופי"א הל' י סמג שם טוש"ע ח"מ סי' רנט סעיף ז וסימן שסח סעיף א:
סא ח מיי' פ"ו שם הל' טו סמג שם טוש"ע ח"מ סי' שע:
סב ט י מיי' שם הל' יד סמג שם טוש"ע ח"מ שם:
סג כ מיי' פ"ה שם הלכה י סמג שם טוש"ע ח"מ סי' שסט סעיף ה:
סד ל מ מיי' שם פ"ו הלכה ג סמג שם טוש"ע ח"מ סי' שסח:

ליקוטי רש"י

בדיני דמגוזתא. הדנין ביסורים ובחזקה [ב"מ ל:]. נחיל. של דבורים [לעיל פא:]. יאוש כדי קני. שנתייאשו הבעלים אמור רבנן דנקני ודיו אם משלם דמיו [לעיל סו.]. מחשבה מטמאתן. בעל הבית אינו עשוי למוכרן ועושה מהן מטות ודלובקאות וקטבלאות ומשחשב עליהן לדבר שראוי לו בלא חסרון מלאכה מקבלין טומאה מיד. ושל עבדן. העשוי למכור אין מחשבתו מטמאתו דעביד דממליך ומזבין והלוקח יעשה מהם מנעלים ועדיין לא נגמרה מלאכתן לכך. של גזלן אין מחשבה מטמאתן. ואע"פ שחישב עליהן לדבר שאין בו חסרון מלאכה כגון לכיסוי תבילות סוסים ופרדים כמו שעושין מעורות דובין מ"ט דסתם גזילות ליכא יאוש דכיון דידע מאן שקליה אזיל ותבע ליה לדינא. ושל גנב מחשבתו מטמאתם. דקננהו ביאוש דקסבר סתם גניבה יאוש בעלים היא דלא ידע למאן לתבעו. חילוף הדברים. סתם גזילה איכא יאוש דכיון דלעיניה גזלה מיניה איניש אלמא הוא אבל סתם גניבה ליכא יאוש דסבר משכחנא ליה לגנב [לעיל סו:]. ושל גזלן מחשבה מטמאתן דקסבר כיון דידע מאן גזליה ולא מצי לאגבויי מיניה אייאושי מייאש [קדושין נב:]. והאנס. חמסן דיהיב דמי. הקדשן הקדש. ואסור ליהנות. ותרומתן תרומה. אסור לזרים [לעיל סז.]. בלסטים מזויין. גנב מזויין נטל הימנו בחזקה [לעיל נז.].

וקיימא לן כגזלן לר"ש: גופא רבי אומר אומר אני גנב כגזלן איבעיא להו כגזלן דרבנן קאמר ולא קני או דלמא כגזלן דר"ש קאמר וקני ת"ש נטלו מוכסין חמורו וכו' מני אי רבנן קשיא גזלן אי ר"ש קשיא גנב אי אמרת בשלמא רבי כגזלן דר"ש קאמר וקני הא מני רבי היא משום הכי קני אלא אי אמרת כגזלן דרבנן קאמר ולא קני הא מני לא רבי ולא ר"ש ולא רבנן הב"ע בלסטים מזויין ור"ש היא אי הכי היינו גזלן תרי גווני גזלן ת"ש הגנב והגזלן והאנס הקדשן הקדש ותרומתן תרומה ומעשרותן מעשר מני אי רבנן קשיא גזלן אי ר"ש קשיא גנב אי אמרת בשלמא (א) גנב כגזלן דר"ש קאמר משום הכי קני אלא אי אמרת גנב כגזלן דרבנן הא מני בלסטים מזויין ור"ש היא אי הכי היינו גזלן תרי גווני גזלן א"ל רב אשי לרבה ת"ש [א] דמתני רבי לרבי שמעון בריה לא דבר שיש בו אחריות ממש אלא אפילו פרה וחורש בה חמור ומחמר אחריו חייבין להחזיר מפני כבוד אביהן טעמא מפני כבוד אביהן הא לאו כבוד אביהן לא ש"מ רבי גזלן דר"ש קאמר ש"מ: וכן נחיל של דבורים: מאי וכן הכי קאמר אפילו נחיל של דבורים [א] דקנין דרבנן הוא סד"א האי כיון דרבנן בעלמא הוא דקני ליה אפילו סתמא נמי מייאש קמ"ל אם נתייאשו הבעלים אין אי לא לא: א"ר יוחנן בן ברוקה נאמנת אשה וקטן כו': אשה וקטן בני עדות נינהו אמר רב יהודה אמר שמואל הכא במאי עסקינן [ב] כגון שהיו בעלים מרדפין אחריהם ואשה וקטן [ג] מסיחין לפי תומם ואומר מכאן יצא נחיל זה אמר רב אשי אין מסיח לפי תומו כשר [ג] אלא לעדות אשה בלבד א"ל רבינא לרב אשי ולא והרי נחיל של דבורים מסיח לפי תומו הוא שאני נחיל של דבורים דקנין דרבנן הוא ודאורייתא לא [ג] והאמר רב יהודה אמר שמואל [ד] מעשה באדם אחד שהיה מסיח לפי תומו ואומר זכורני כשאני תינוק ומורכבני על כתיפו של אבא והוציאוני מבית הספר והפשיטוני את כתנתי והטבילוני לאכול בתרומה לערב ורבי חנינא מסיים בה הכי וחבירי בדילין ממני והיו קורין אותי יוחנן אוכל חלות והעלהו רבי לכהונה על פיו [ה] בתרומה דרבנן ואכתי דאורייתא לא והא [ד] כי אתא רב דימי אמר רב חנא קרטיגנא ואמרי לה רב אחא קרטיגנא משתעי מעשה בא לפני ריב"ל ואמרי לה מעשה בא לפני רבי בתינוק אחד שהיה מסיח לפי תומו ואמר אני ואמי נשבינו לבין העכו"ם יצאתי לשאוב מים דעתי על אמי ללקוט עצים דעתי על אמי [ו] והשיאה רבי על פיו לכהונה [ה] בשבויה הקילו: אבל לא יקוץ את סוכו [וכו']: [ו] תניא ר' ישמעאל בנו של רבי יוחנן בן ברוקה אומר תנאי ב"ד הוא שיהא יורד לתוך שדה של חבירו וקוצץ סוכו של חבירו להציל את נחילו ונוטל דמי סוכו מתוך נחילו של חבירו ותנאי ב"ד הוא שיהא שופך יינו ומציל את דובשנו של חבירו ונוטל דמי יינו מתוך דובשנו של חבירו ותנאי ב"ד הוא שיהא מפרק את עציו וטוען פשתנו של חבירו ונוטל דמי עציו מתוך פשתנו של חבירו שע"מ כן הנחיל יהושע לישראל את הארץ: מתני' [ז] המכיר כליו וספריו ביד אחר ויצא לו שם גניבה בעיר ישבע לו לוקח כמה נתן ויטול ואם לאו לאו כל המנו שאני אומר מכרן לאחר ולקחן זה הימנו: גמ' וכי יצא לו שם גניבה בעיר מאי הוי ליחוש דילמא זבנינהו והוא ניהו קא מפיק שמא א"ר יהודה אמר רב [ח] כגון שבאו בני אדם בתוך ביתו ועמד והפגין בלילה ואמר נגנבו כליי כ"ש עילא מצא רב כהנא מסיים בה משמיה דרב [ט] כגון שהיתה מחתרת חתורה בתוך ביתו ובני אדם שלנו בתוך ביתו יצאו ואנבורקאות של כלים על כתפיהם [א] והכל אומרים נגנבו כליו של פלוני ודלמא כלים הוו ספרים לא הוו א"ר חייא בר אבא א"ר יוחנן כגון דקאמרי נמי ספרים וליחוש דלמא זוטרי וקא טעין רברבי א"ר יוסי בר חנינא דקאמרי ספר פלוני ופלוני ודלמא הוו עתיקי וקא טעין חדתי [ז] אמר רב [י] כגון דאמרי הללו כליו של פלוני הללו ספריו של פלוני ומי אמר רב הכי והאמר רב [ט] בא במחתרת ונטל כלים ויצא פטור מ"ט בדמי קננהו ה"מ דקננהו בבא במחתרת דמעיקרא מסר נפשיה לקטלא אבל הני כיון דלא מסרו נפשייהו לקטלא לא אמר רבא [כ] לא שנו אלא בעל הבית העשוי למכור כליו אבל בעל הבית שאינו עשוי למכור כליו

לא

דתקנה בעלמא תקנו ליה. משום דרכי שלום כמו יוני שובך ותימה דאמאי לא קני להו מדאורייתא בהגבהת הכוורת:

המכיר כליו וספריו ביד אחר כו'. לפני יאוש איירי כדפירש הקונטרס דאי לאחר יאוש דאיכא יאוש ושינוי רשות לא היה מתחייב להחזיר ונראה דבספרים הוי לעולם לפני יאוש שאין רגילות להתייאש מספרים ולא מיבעיא מגנבים עובדי כוכבים דלא מייאש אפי' מכלים כיון דדייני בגיותא כדאמר לעיל אלא אפי' בגנב ישראל אין רגילות להתייאש מספרים דסוף יבאו ליד ישראל דאין גנבים מוכרין אותן רק לישראל ולסוף חוזרין לבעלים ובכלים נמי איירי לפני יאוש ואפילו לרבנן נמי דאמרי סתם גניבה יאוש בעלים הוא מיירי כגון שהבעלים רודפין אחריו וידוע שלא נתייאשו מהן מעולם מ"מ נוטל מה שנתן מפני תקנת השוק כדאמר בגמרא וא"ת בלא תקנה יטול מה שנתן דמאי אמר להציל נתכוונתי ולהשיב אבידה וי"ל דמיירי שהיה יכול לתבוע מבני אדם שלנו בתוך ביתו אפילו לא היה זה קונה אותם ועי"ל דלא שייך למימר הכי כלל שהרי הלוקח טוען שקנה מאדם אחר נאמן ולא מאותם שלנו בתוך ביתו כדקתני סיפא שאני אומר מכרן לאחר ולקחן זה ממנו והא דלא קאמר שאני אומר שהוא מכרן לו משום שאין הלוקח טוען שזה מכרן ומה שמקש' אמאי נאמן לומר לקוחין הן בידי והלא ספרים עשויין להשאיל ולהשכיר מפורש בסוף המקבל (ב"מ דף קטז. ושם [ט]):

דקאמרי הללו כליו של פלוני. כלומר כשילא הקול אומרים אלו כליו וספריו של פלוני שבני אדם הללו נושאין והן מכירין שהם חדשים:

אמר

וקיימא לן. לקמן דהא גנב כגזלן דקאמר רבי כגזלן דר"ש קאמר דקני ולא כגזלן דרבנן דלא קני: הא לאו מפני כבוד אביהם לא. אלמא גזלן לרבי קני כר"ש וקאמר גנב כגזלן אלמא תרוייהו קני: מאי וכן. (ב) פשיטא דקני ביאוש דמ"ש נחיל מכסות: קנין דרבנן הוא. דאין כאן גזל אלא מפני דרכי שלום דהא דהפקר נינהו ותניא (חולין דף קמא:) יוני שובך ויוני עלייה אין בהן משום גזל אלא מפני דרכי שלום: מרדפין אחריהם. קודם דיבור הקטן דרגלים לדבר דשלו הם: לעדות אשה. שמע מן התינוקות שהיו אומרים הרי אנו הולכין לספוד ולקבור איש פלוני בפ' בתרא דיבמות (דף קכא:): והטבילוני. לפי שדרכו של תינוק לטפח בשרצים ובטומאות: בדילין ממני. מפני תרומתי: בתרומה דרבנן. בזמן הזה דרבי לאחר חורבן היה ואיכא מ"ד לא קידשה לעתיד לבא: והשיאה רבי לכהונה. ואע"ג דאיסורא דאורייתא היא משום זונה: בשבויה הקילו. דספיקא בעלמא היא: שיהא שופך יינו. במתני' הוא זה בא בחביתו של יין וזה בא בכדו של דבש נסדקה חבית של דבש: וטוען פשתנו. אם מת חמור חבירו הטעון פשתן בדרך וחמורו של זה טעון עצים: מתני' שם גניבה. שילא קול שנגנבו כליו: נשבע לוקח כמה נתן ויטול. ויחזיר לו כליו ולפני יאוש קמיירי: גמ' הפגין. לעק: עילא מצא. פירלא היא כלומר עילא מלא כשמכר כליו ונתחרט וידע שמכרן לוקח לאחר עמד והפגין ולעק בלילה להאמין דבריו כשיערער: אנברקראות. חבילות: בדמי קננהו. דהבא במחתרת בר מיתה הוא כדכתיב אם במחתרת ימלא הגנב וגו' וכיון דאי הוה בידיה פטור כי מכרן לאחר אמאי מהדר להו לוקח:

לא

עין משפט
נר מצוה

סה א מיי' פ"ו מהלכות גזילה הל' יד טוש"מ סי' שע:
סו ב מיי' שם הל' טו:
סז ג מיי' פי"ב מהלכות גירושין הל' טו והל' יח ופי"ג שם הלכה כט סמג עשין נ טוש"ע אה"ע סי' יז סעיף ג:
סח ד מיי' פ"כ מהל' איסורי ביאה הל' יד סמג לאוין קנב טוש"ע אה"ע סי' ג סעיף א:
סט ה מיי' שם הל' א:
ע ו מיי' שם פי"ח הל' יח סמג שם טוש"ע אה"ע סי' ז סעיף א:
עא ז ח ט י כ מיי' פ"ה מהלכות גניבה הל' י והלכה יא ועיין בהשגות ובמ"מ ובכ"מ סמג עשין עא טוש"ע ח"מ סי' שנו סעיף א:

ליקוטי רש"י

לא דבר שיש בו אחריות ממש. לא שגזל קרקע והניחה לפניהן. **אלא אפילו גזל פרה וחרש בה או חמור ומחמר אחריו.** והכל מעידין שהיה דגזל חייבין [לעיל קיא:]. **והטבילוני.** מפני שסתם תינוק מטפח באשפות ושרצים מצויין שם. **לערב.** דצריך הערב שמש [כתובות כו.]. **רב חנא קרטיגנא.** רב חנן דמן קרטיגי היה מספר מעשה זה [שם כז:]. **בשבויה הקילו.** דחששא בעלמא הוא דאיכא שמא נבעלה לעובד כוכבים ונפסלה לכהונה [שם כג.]. **להציל את נחילו.** נחיל של דבורים שהלכו לשדה חבירו ונתיישבו על שוכתה של אילן ואם יטול אחד אחד הן פורחות ואובדות מאחר שנתנו עיניהן באותה שוכה לפיכך קוצצה ונותן לו דמים. **ומציל את דובשנו.** זה בא בכדו של יין וזה בא בכדו של דבש ונסדקה חבית של דבש וכן זה בא בחבילת פשתן על חמורו וזה בא בחבילת עצים ומת חמורו של בעל פשתן יפרק זה את עציו וטוענו [לעיל פא:]. **הבא במחתרת.** חתר את הבית ממש. **פטור.** מלהחזירם אע"פ שהם קיימין. **בדמי קננהו.** בדמי נפשו קנאן הואיל ונתחייב מיתה בלקיחתם שאמרה תורה יהרג [סנהדרין עב.]. **והפגין.** לעקו בשוקים וברחובות [ר"ה יט.]

מסורת הש"ס

א) [לעיל קיא: קיג.], ב) [יבמות קכא: גיטין יט: כח:], ג) כתובות כו., ד) שם כז:, ה) [כתובות כג. וש"נ], ו) לעיל פא:, ז) גי' הרי"ף א"ר אבהו, ח) [סנהדרין עב.], ט) [ד"ה והא].

הגהות הב"ח

(א) גמרא אי אמרת בשלמא גזלן דר' שמעון קאמר משום הכי קני אלא אי אמרת גזלן דרבנן קאמר מני כצ"ל ותיבת גנב נמחק ב' פעמים: (ב) רש"י ד"ה מאי וכן. נ"ב עיין פרשב"ם ב"ב דף נב ע"ב:

הגהות הגר"א

[א] גמ' והכל (רשום עליו אות א') אומרים כו' כגון (רשום עליו אות ב') דאמרי הללו כו'. נ"ב למסקנא (רשום על תיבת למסקנא אות א"ב) כגון דאמרי הללו כו' א"ל לכ"ז מכאן עד שם ועי' רמב"ם:

וְקַיְימָא לָן — אנו נוקטים, כפי שיתבאר בהמשך, שכוונת רבי היא שגנב הוא **כְּגַזְלָן לְפִי רַבִּי שִׁמְעוֹן**. כלומר, כשם שלפי רבי שמעון הבעלים מתייאשים במקרה של גזלן, כך סובר רבי גם לגבי גנב[1]. ואם כן יכולים אנו להעמיד את הברייתא כדעת רבי, הסובר שבין בגנב ובין בגזלן הבעלים מתייאשים[2].

הגמרא מביאה את הדיון בדברי רבי שבמסקנתו יתבאר שאכן כך היא כוונתו:

גּוּפָא — נדון בגופם של הדברים: **רַבִּי אוֹמֵר: אוֹמֵר אֲנִי: גַּנָּב** הוא **כְּגַזְלָן**[3]. **אִיבַּעְיָא לְהוּ** — הסתפקו בני הישיבה: **כְּגַזְלָן דְּרַבָּנָן קָאָמַר** — האם רבי מתכוון לומר שגנב הוא כמו גזלן לפי חכמים, **וְאם כן לֹא קָנֵי** — הוא לא קונה את העורות, וכפי שאמרו חכמים לגבי גזלן; **אוֹ דִּלְמָא כְּגַזְלָן דְּרַבִּי שִׁמְעוֹן קָאָמַר** — או שמא כוונתו לומר שגנב הוא כגזלן לפי רבי שמעון, **וְאם כן קָנֵי** — הוא קונה את העורות, וכפי שסובר רבי שמעון לגבי גזלן?

הגמרא מנסה לפשוט את הספק ממשנתנו:

תָּא שְׁמַע: נָטְלוּ מוֹכְסִין את **חֲמוֹרוֹ וכו'** ונתנו לו חמור אחר, נטלו ליסטים את כסותו ונתנו לו כסות אחרת, הרי אלו שלו, מפני שהבעלים מתייאשים מהם. **מַנִּי** — כדעת מי היא משנתנו, הנוקטת שמסתמא הבעלים מתייאשים בין במקרה של גזלן (מוכס) ובין במקרה של גנב (ליסטים)[4]? **אִי רַבָּנָן** — אם כדעת חכמים היא (הסוברים שרק בגנב הבעלים מתייאשים), אם כן **קַשְׁיָא** — קשה המקרה של **גַּזְלָן** (דהיינו מוכס), שהמשנה לימדה שגם בו הבעלים מתייאשים. **אִי** — ואם משנתנו היא כדעת **רַבִּי שִׁמְעוֹן** (הסובר שרק בגזלן הבעלים מתייאשים), אם כן **קַשְׁיָא** — קשה המקרה של **גַּנָּב** (דהיינו ליסטים), שהמשנה לימדה שגם בו הבעלים מתייאשים!

הגמרא ממשיכה:

אִי אָמְרַתְּ בִּשְׁלָמָא — מובן הדבר אם תאמר **שרַבִּי**, שאמר "גנב כגזלן", **כְּגַזְלָן דְּרַבִּי שִׁמְעוֹן קָאָמַר, וְקָנֵי** — והוא קונה את העורות, אם כן נוכל לומר **הָא מַנִּי** — שמשנה זו, כדעת מי היא שנויה? כדעת **רַבִּי הִיא**, הסובר שהבעלים מתייאשים בין בגנב ובין בגזלן, **מִשּׁוּם הָכִי קָנֵי** — ומשום כך אמרה המשנה שהוא קונה את החמור ואת הכסות שקיבל מהמוכס או מהליסטים. **אֶלָּא אִי אָמְרַתְּ** — אבל אם תאמר שמה שאמר רבי "גנב כגזלן", **כְּגַזְלָן דְּרַבָּנָן קָאָמַר, וְלֹא קָנֵי** — והוא לא קונה את העורות, אם כן **הָא מַנִּי** — משנה זו, כדעת מי היא? **לֹא** כדעת **רַבִּי, וְלֹא** כדעת **רַבִּי שִׁמְעוֹן, וְלֹא** כדעת **רַבָּנָן!** ואם כן בהכרח עלינו לומר שכוונת רבי היא שגנב הוא כגזלן לפי רבי שמעון; והיינו, שבין בגנב ובין בגזלן הבעלים מתייאשים[5].

הגמרא דוחה, שבאמת אפשר לפרש את דברי רבי להיפך (דהיינו שבשני המקרים אין הבעלים מתייאשים), ואת משנתנו נפרש כדלהלן:

הָכָא בְּמַאי עַסְקִינָן — כאן במה אנו עוסקים? **בְּלִסְטִים מְזוּיָּין**, שנחשב כגזלן[6], **וְהוראת משנתנו כדעת רַבִּי שִׁמְעוֹן הִיא**, הסובר שבמקרה של גזלן מסתמא הבעלים מתייאשים.

מקשה הגמרא:

אִי הָכִי — אם כך, שה"ליסטים" האמור במשנה הוא ליסטים מזויין, אם כן **הַיְינוּ גַּזְלָן**, ומדוע הוצרכה המשנה לנקוט מקרה זה בנוסף למוכס, הנחשב אף הוא כגזלן?

עונה הגמרא:

תְּרֵי גַּוְונֵי — המשנה נוקטת שני סוגים של **גַּזְלָן**[7].

נסיון שני לפשוט את הספק:

תָּא שְׁמַע ראיה מברייתא: **הַגַּנָּב וְהַגַּזְלָן וְהָאַנָּס, הֶקְדֵּשָׁן הֶקְדֵּשׁ, וּתְרוּמָתָן תְּרוּמָה, וּמַעְשְׂרוֹתָן מַעֲשֵׂר**. והנה, אין אדם יכול להקדיש, או לתרום, או לעשר, דבר שאינו שלו. ובהכרח שהברייתא עוסקת במקרה שהבעלים התייאשו מהגזילה, והיא נקנתה לגזלן[8]. **מַנִּי** — ברייתא זו, הנוקטת שהבעלים מתייאשים בין בגנב ובין בגזלן, כדעת מי היא? **אִי** — אם כדעת **רַבָּנָן** היא (הסוברים שרק בגנב הבעלים מתייאשים), אם כן **קַשְׁיָא** — קשה המקרה של **גַּזְלָן** האמור בברייתא; **אִי** — ואם כדעת **רַבִּי שִׁמְעוֹן** היא (הסובר שרק בגזלן הבעלים מתייאשים), אם כן **קַשְׁיָא** — קשה המקרה של **גַּנָּב** האמור בברייתא. **אִי אָמְרַתְּ בִּשְׁלָמָא** — מובן הדבר אם תאמר שרבי, שאמר **"גַּנָּב כְּגַזְלָן"**, כגזלן **דְּרַבִּי שִׁמְעוֹן קָאָמַר**, והיינו שבין בגנב ובין בגזלן הבעלים מתייאשים, נוכל לומר שהברייתא היא כדעת רבי, **מִשּׁוּם הָכִי קָנֵי** — ומשום כך הברייתא מלמדת שבין גנב ובין גזלן קונים את הממון שבידם. **אֶלָּא אִי אָמְרַתְּ** — אבל אם תאמר שמה שאמר רבי **"גַּנָּב כְּגַזְלָן"**, הכוונה היא שהוא כגזלן **דְּרַבָּנָן**, והיינו שבשני המקרים הבעלים אינם מתייאשים, אם כן **הָא מַנִּי** — ברייתא זו, כדעת מי היא?

הגמרא דוחה את הראיה:

מה שאמרה הברייתא "גנב", מדובר **בְּלִסְטִים מְזוּיָּין**, שדינו לענין יאוש כגזלן[9], **וְהברייתא כדעת רַבִּי שִׁמְעוֹן הִיא**, הסובר שבמקרה של גזלן מסתמא הבעלים מתייאשים.

הגמרא מקשה על כך:

אִי הָכִי — אם כך, שה"גנב" האמור בברייתא הוא ליסטים מזוין, אם כן **הַיְינוּ גַּזְלָן**, ומדוע הזכירה הברייתא את דין הגזלן פעמיים?

עונה הגמרא:

תְּרֵי גַּוְונֵי — הברייתא נוקטת שני סוגים של **גַּזְלָן**.

הגמרא פושטת את הספק:

אֲמַר לֵיהּ רַב אַשִׁי לְרַבָּה[10]**: תָּא שְׁמַע, דְּמַתְנֵי** (ששנה) **רַבִּי לְרַבִּי שִׁמְעוֹן בְּרֵיהּ** (בנו) בברייתא: מה שאמרה המשנה (לעיל קיא, ב) "ואם היה דבר שיש בו אחריות חייבים לשלם"[11], **לֹא דָּבָר שֶׁיֵּשׁ**

הערות

1. אבל אין כוונת רבי שדין גנב הוא כדין גזלן לפי **חכמים**, שכשם שבגזלן אין הבעלים מתייאשים, כך גם בגנב (רש"י). כך תסיק הגמרא בסוף הסוגיא הבאה.

2. ומעתה נוכל להעמיד גם את משנתנו כרבי. ושוב לא נצטרך לומר שה"ליסטים" האמור במשנה הוא ליסטים מזוין, אלא כפי שהבַנו מתחילה, שזהו ליסטים גנב. ותתפרש משנתנו כפשוטה, שנקטה המשנה שני מקרים, של "מוכס" (שהוא גזלן), ושל "ליסטים" (שהוא גנב), ובשניהם אמרה המשנה "הרי אלו שלו, מפני שהבעלים מתייאשין מהן". והיינו, שבשני המקרים אנו אומרים שמסתמא הבעלים מתייאשים, וכדעת רבי, שבין בגנב ובין בגזלן הבעלים מתייאשים. וכך מתפרשת המשנה גם לעולא, ואין אנו צריכים לדחוק שהמשנה עוסקת במקרה שידוע שהבעלים התייאשו (ראה בעל המאור, ובאריכות בפני יהושע ד"ה איבעיא להו; אולם עיין רשב"א ד"ה הא דאמרינן).

3. כלומר, אני חולק על חכמים ורבי שמעון, המחלקים (במשנה שהובאה בעמוד א) בין גנב וגזלן, ואני סובר שאין הבדל ביניהם לענין יאוש הבעלים.

4. ראה עמוד א הערה 43.

5. [הוכחת הגמרא (כאן, ובהמשך) היא לפי רבה, הסובר (בעמוד א) שמחלוקת התנאים נוהגת גם במקרה ששמענו שהבעלים מתייאשים. אבל לפי עולא, הסובר שאם נודע לנו שהבעלים התייאשו מודים הכל שהיאוש מועיל, נוכל לדחות שהמשנה עוסקת במקרה שנודע לנו שהבעלים התייאשו, וכפי שאמרה הגמרא לעיל (ראה תוספות רי"ד ד"ה אלא; קיקיון דיונה; ועיין עוד לעיל עמוד א הערה 44, וברשב"א שם סוף ד"ה הא דאמרינן; ועיין פני יהושע שהובא לעיל בהערה 2).]

6. ראה עמוד א הערה 45.

7. ראה שם הערה 46.

8. ראה שם הערות 47-50.

9. ראה שם הערה 51.

10. צריך לומר **לְרָבִינָא** (דקדוקי סופרים; ועיין ספר שינויי נוסחאות).

11. המשנה הראשונה בפרקנו לימדה שגזלן שמת והניח את הגזילה לבניו, פטורים מלשלם. רבי מסביר לבנו את המשך המשנה.

וקיימא לן כגזלן לר"ש: גופא רבי אומר אומר אני גנב כגזלן איבעיא להו כגזלן דרבנן קאמר ולא קני או דלמא כגזלן דר"ש קאמר וקני ת"ש נטלו מוכסין חמורו וכו' מני אי רבנן קשיא גזלן אי ר"ש קשיא גנב אי אמרת בשלמא רבי כגזלן דר"ש קאמר וקני הא מני רבי היא משום הכי קני אלא אי אמרת כגזלן דרבנן קאמר ולא קני הא מני לא רבי ולא ר"ש ולא רבנן הב"ע בלסטים מזויין ור"ש היא אי הכי היינו גזלן תרי גווני גזלן ת"ש הגנב והגזלן והאנס הקדישן הקדש ותרומתן תרומה ומעשרותן מעשר מני אי רבנן קשיא גזלן אי ר"ש קשיא גנב אי אמרת בשלמא (א) גנב כגזלן דר"ש קאמר משום הכי קני אלא אי אמרת גנב כגזלן דרבנן הא מני בלסטים מזויין ור"ש היא אי הכי היינו גזלן תרי גווני גזלן א"ל רב אשי לרבה ת"ש [א] דמתני רבי לרבי שמעון בריה לא דבר שיש בו אחריות ממש אלא אפילו פרה וחורש בה חמור ומחמר אחריו חייבין להחזיר מפני כבוד אביהן טעמא מפני כבוד אביהן הא לאו כבוד אביהן לא ש"מ רבי גזלן דר"ש קאמר ש"מ: וכן נחיל של דבורים: מאי וכן הכי קאמר אפילו נחיל של דבורים [א] דקנין דרבנן הוא סד"א האי כיון דרבנן בעלמא הוא דקני ליה אפילו סתמא נמי מייאש קמ"ל אם נתייאשו הבעלים אין אי לא לא: א"ר יוחנן בן ברוקה נאמנת אשה וקטן כו': אשה וקטן בני עדות נינהו אמר רב יהודה אמר שמואל הכא במאי עסקינן [ב] כגון שהיו בעלים מרדפין אחריהם ואשה וקטן [ג] מסיחין לפי תומם ואומר מכאן יצא נחיל זה אמר רב אשי אין מסיח לפי תומו כשר [ג] אלא לעדות אשה בלבד א"ל רבינא לרב אשי ולא והרי נחיל של דבורים מסיח לפי תומו הוא שאני נחיל של דבורים דקנין דרבנן הוא ודאורייתא לא [ג] והאמר רב יהודה אמר שמואל [ד] מעשה באדם אחד שהיה מסיח לפי תומו ואומר זכורני כשאני תינוק ומורכבני על כתיפו של אבא והוציאוני מבית הספר והפשיטוני את כתנתי והטבילוני לאכול בתרומה לערב ורבי חנינא מסיים בה הכי וחבירי בדילין ממני והיו קורין אותי יוחנן אוכל חלות והעלהו רבי לכהונה על פיו [ה] בתרומה דרבנן ואכתי דאורייתא לא והא [ד] כי אתא רב דימי אמר רב חנא קרטיגנא ואמרי לה רב אחא קרטיגנא משתעי מעשה בא לפני ריב"ל ואמרי לה מעשה בא לפני רבי בתינוק אחד שהיה מסיח לפי תומו ואמר אני ואמי נשבינו לבין העכו"ם יצאתי לשאוב מים דעתי על אמי ללקוט עצים דעתי על אמי [ו] והשיאה רבי על פיו לכהונה [ה] בשבויה הקילו: אבל לא יקוץ את סוכו [וכו']: [ו] תניא ר' ישמעאל בנו של רבי יוחנן בן ברוקה אומר תנאי ב"ד הוא שיהא יורד לתוך שדה של חבירו וקוצץ סוכו של חבירו להציל את נחילו ונוטל דמי סוכו מתוך נחילו של חבירו ותנאי ב"ד הוא שיהא שופך יינו ומציל את דובשנו של חבירו ונוטל דמי יינו מתוך דובשנו של חבירו ותנאי ב"ד הוא שיהא מפרק את עציו וטוען פשתנו של חבירו ונוטל דמי עציו מתוך פשתנו של חבירו שע"מ כן הנחיל יהושע לישראל את הארץ: **מתני'** [ז] המכיר כליו וספריו ביד אחר ויצא לו שם גניבה בעיר ישבע לו לוקח כמה נתן ויטול ואם לאו לאו כל המנו שאני אומר מכרן לאחר ולקחן זה הימנו: **גמ'** וכי יצא לו שם גניבה בעיר מאי הוי ליחוש דילמא זבנינהו והוא ניהו קא מפיק שמא א"ר יהודה אמר רב [ח] כגון שבאו בני אדם בתוך ביתו ועמד והפגין בלילה ואמר נגנבו כליי כ"ש עילא מצא רב כהנא מסיים בה משמיה דרב [ט] כגון שהיתה מחתרת חתורה בתוך ביתו ובני אדם שלנו בתוך ביתו יצאו ואנבורקראות של כלים על כתפיהם [א] והכל אומרים נגנבו כליו של פלוני ודלמא כלים הוו ספרים לא הוו א"ר חייא בר אבא א"ר יוחנן כגון דקאמרי נמי ספרים וליחוש דלמא זוטרי וקא טעין רברבי א"ר יוסי בר חנינא דקאמרי ספר פלוני ופלוני ודלמא הוו עתיקי וקא טעין חדתי [ז] אמר רב [י] כגון דאמרי הללו כליו של פלוני ספריו של פלוני ומי אמר רב הכי והאמר רב [ח] בא במחתרת ונטל כלים ויצא פטור מ"ט בדמי קננהו ה"מ דקננהו בבא במחתרת דמעיקרא מסר נפשיה לקטלא אבל הני כיון דלא מסרו נפשייהו לקטלא לא אמר רבא [כ] לא שנו אלא בעל הבית העשוי למכור כליו אבל בעל הבית שאינו עשוי למכור כליו

לא

וקיימא לן. לקמן דהא גנב כגזלן דקאמר רבי כגזלן דר"ש קאמר דקני ולא כגזלן דרבנן דלא קני: **הא לאו מפני כבוד אביהם לא.** אלמא גזלן לרבי קני כר"ש וקאמר גנב כגזלן אלמא תרווייהו קני: **מאי וכן.** (ב) פשיטא דקני ביאוש דמ"ש נחיל מכסות: **קנין דרבנן הוא.** דאין כאן גזל אלא מפני דרכי שלום דהא דהפקר נינהו ותניא (חולין דף קמא:) יוני שובך ויוני עלייה אין בהן משום גזל אלא מפני דרכי שלום: **מרדפין אחריהם.** קודם דיבור הקטן דרגלים לדבר דשלו הם: **לעדות אשה.** שמע מן התינוקות שהיו אומרים הרי אנו הולכין לספוד ולקבור איש פלוני בפ' בתרא דיבמות (דף קכא:): **והטבילוני.** לפי שדרכו של תינוק לטפח בשרצים ובטומאות: **בדילין ממני.** מפני תרומתי: **בתרומה דרבנן.** בזמן הזה דרבי לאחר חורבן היה ואיכא מ"ד לא קידשה לעתיד לבא: **והשיאה רבי לכהונה.** ואע"ג דאיסורא דאורייתא היא משום זונה: **בשבויה הקילו.** דספיקא בעלמא היא: **שיהא שופך יינו.** במתני' הוא זה בא בחביתו של יין וזה בא בכדו של דבש נסדקה חבית של דבש: **וטוען פשתנו.** אם מת חמור חבירו הטעון פשתן בדרך וחמורו של זה טעון עצים: **מתני' שם גניבה.** שיצא קול שנגנבו כליו: **נשבע לוקח כמה נתן ויטול.** ויחזיר לו כליו ולפני יאוש קמיירי: **גמ' הפגין.** צעק: **עילא מצא.** פירכא היא כלומר עילה מצא כשמכר כליו ונתחרט וידע שמכרן לוקח לאחר עמד והפגין וצעק בלילה להאמין דבריו כשיערער: **אנברקראות.** חבילות: **בדמי קננהו.** דהבא במחתרת בר מיתה הוא דכתיב אם במחתרת ימצא הגנב וגו' וכיון דאי הוה בידיה פטור כי מכרן לאחר אמאי מהדר להו לוקח:

לא

דתקנה בעלמא תקנו ליה. משום דרכי שלום כמו יוני שובך ותימה דאמאי לא קני להו מדאורייתא בהגבהת הכוורת: **המכיר** כליו וספריו ביד אחר כו'. לפני יאוש איירי כדפירש הקונטרס דאי לאחר יאוש דאיכא יאוש ושינוי רשות לא היה מתחייב להחזיר ונראה דבספרים הוי לעולם לפני יאוש שאין רגילות להתייאש מספרים ולא מיבעיא מגנבים עובדי כוכבים דלא מייאש אפי' מכלים כיון דדייני בגיותא כדאמר לעיל אלא אפי' בגנב ישראל אין רגילות להתייאש מספרים דסוף יבאו ליד ישראל דאין גנבים מוכרין אותן רק לישראל ולסוף חוזרין לבעלים ובכלים נמי איירי לפני יאוש ואפילו לרבנן נמי דאמרי סתם גניבה יאוש בעלים הוא איירי כגון שהבעלים רודפין אחריו וידוע שלא נתייאשו מהן מעולם מ"מ נוטל מה שנתן מפני תקנת השוק כדאמר בגמרא וא"ת בלא תקנה יטול מה שנתן דמאי אמר להציל נתכוונתי ולהשיב אבידה וי"ל דמיירי שהיה יכול לתבוע מבני אדם שלנו בתוך ביתו אפילו לא היה זה קונה אותם ועי"ל דלא שייך למימר הכי כלל שהרי הלוקח טוען שקנה מאדם אחר נאמן ולא מאותם שלנו בתוך ביתו כדקתני סיפא שאני אומר מכרן לאחר ולקחן זה ממנו והא דלא קאמר שאני אומר שהוא מכרן לו משום שאין הלוקח טוען שזה מכרן ומה שמקש' אמאי נאמן לומר לקוחין הן בידי והלא ספרים עשויין להשאיל ולהשכיר מפורש בסוף המקבל (ב"מ דף קטז. ושם [ט]):

דקאמרי הללו כליו של פלוני. כלומר כשיצא הקול אומרים אלו כליו וספריו של פלוני שבני אדם הללו נושאין והן מכירין שהם חדשים:

אמר

עין משפט נר מצוה

סה א מיי' פ"ו מהלכות גזילה הל' יד טוש"מ סי' שע:

סו ב מיי' שם הל' טו:

סז ג מיי' פי"ב מהלכות גירושין הל' טז והל' יח ופי"ג שם הלכה כט סמג עשין נ טוש"ע אה"ע סי' יז סעיף ג:

סח ד מיי' פ"כ מהל' איסורי ביאה הל' יד סמג לאוין קנב טוש"ע אה"ע סי' ג סעיף א:

סט ה מיי' שם הל' א:

ע ו מיי' שם פי"ח הל' יח סמג שם טוש"ע אה"ע סי' ז סעיף א:

עא ז ח ט י כ מיי' פ"ה מהלכות גניבה הל' י והלכה יא ועיין בהשגות ובמ"מ ובכ"מ סמג עשין עא טוש"ע ח"מ סי' שנז סעיף א:

ליקוטי רש"י

לא דבר שיש בו אחריות ממש. לא שגזל קרקע והניחה לפניהן. **אלא אפילו גזל פרה וחרש בה או חמור ומחמר אחריו.** והכל מעידין שהיה דגגזל חייבין [לעיל קיא:]. **והטבילוני.** מפני שסתם תינוק מטפח באשפות ושרצים מצויין שם. **לערב.** דצריך הערב שמש [כתובות כו.]. **רב חנא קרטיגנא.** רב חנן דמן קרטיגי היה מספר מעשה זה [שם כז:]. **בשבויה הקילו.** דחששא בעלמא הוא דאיכא שמא נבעלה לעובד כוכבים ונפסלה לכהונה [שם כג.]. **להציל את נחילו.** נחיל של דבורים שהלכו לשדה חבירו ונתיישבו על שוכתה של אילן ואם יטול אחד אחד הן פורחות ואובדות מאחר שנתנו עיניהן באותה שוכה לפיכך קוצצה ונותן לו דמים. **ומציל את דובשנו.** זה בא בכדו של יין וזה בא בכדו של דבש ונסדקה חבית של דבש וכן זה בא בחבילת פשתן על חמורו וזה בא בחבילת עצים ומת חמורו של בעל פשתן יפרק זה את עציו וטוענו [לעיל פא:]. **הבא במחתרת.** חתר את הבית ממש. **פטור.** מלהחזירם אע"פ שהם קיימין. **בדמי קננהו.** בדמי נפשו קנאן הואיל ונתחייב מיתה בלקיחתם שאמרה תורה יהרג [סנהדרין עב.]. **והפגין.** לעקו בשוקים וברחובות [ר"ה יט.].

מסורת הש"ס

א) [לעיל קיא: קיג.], ב) [יבמות קכא: גיטין יט: כח:], ג) כתובות כו., ד) שם כז:, ה) [כתובות כג. וש"נ], ו) לעיל פא., ז) גי' הרי"ף א"ר אבהו, ח) [סנהדרין עב.], ט) [ד"ה והא].

הגהות הב"ח

(א) **גמרא** אי אמרת בשלמא גזלן דר' שמעון קאמר משום הכי קני אלא אי אמרת גזלן דרבנן קאמר מני כצ"ל ותיבת גנב נמחק ב' פעמים: (ב) רש"י ד"ה מאי וכן. נ"ב עיין פרשב"ם ב"ב דף נג ע"ב:

הגהות הגר"א

[א] גמ' והכל (רשום עליו אות א') **אומרים כו' כגון** (רשום עליו אות ב') **דאמרי הללו כו'.** נ"ב למסקנא (רשום על תיבת למסקנא אות א"ב) כגון דאמרי הללו כו' א"ל לכ"ז מכאן עד שם ועי' רמב"ם:

בּוֹ אַחֲרָיוּת מַמָּשׁ (דהיינו קרקעות), **אֶלָּא אֲפִילוּ** אם גזל **פָּרָה וְ**הבן **חוֹרֵשׁ בָּהּ**, או שגזל **חֲמוֹר וּמְחַמֵּר אַחֲרָיו, חַיָּיבִין** הבנים **לְהַחֲזִיר** לנגזל, **מִפְּנֵי כְּבוֹד אֲבִיהֶן**[12]. ויש לדייק מכאן: **טַעְמָא** — הטעם שהיורשים חייבים להחזיר, זהו **מִפְּנֵי כְּבוֹד אֲבִיהֶן; הָא לָאו** — אבל אם לא משום **כְּבוֹד אֲבִיהֶן, לֹא** היו חייבים להחזיר. ובהכרח זהו מפני שהנגזל התייאש, וכשהגזלן מת קנו היורשים את הגזילה ב"יאוש ושינוי רשות"[13]. ואם כן רבי סובר שבמקרה של גזילה, אנו מניחים שהבעלים מתייאשים. **שְׁמַע מִינָּהּ** — תלמד מכאן שמה שאמר **רַבִּי** "גנב כגזלן", **גַּזְלָן דְּרַבִּי שִׁמְעוֹן קָאָמַר**. והיינו, שכשם שהבעלים מתייאשים בגזלן (כדעת רבי שמעון), כך הם מתייאשים בגנב.

הגמרא מסיקה:

שְׁמַע מִינָּהּ — אכן יש ללמוד מכאן שכך היא שיטתו של רבי[14].

שנינו במשנה:

וְכֵן נְחִיל שֶׁל דְּבוֹרִים, אם נתייאשו [הבעלים] הרי אלו שלו.

שואלת הגמרא:

מַאי — מה מתכוונת המשנה ללמד במה שהוסיפה "**וְכֵן** נחיל של דבורים"? הרי המשנה כבר לימדה בקטע הקודם: "המציל מן הנהר או מן הגייס או מן הליסטין, אם [נודע ש]נתייאשו הבעלים הרי אלו שלו", ואם כן מדוע הוצרכה להוסיף גם את המקרה של נחיל[15]?

מתרצת הגמרא:

הָכִי קָאָמַר — כך מתכוונת המשנה לומר: **אֲפִילוּ נְחִיל שֶׁל דְּבוֹרִים, דִּקְנִיָּן** הבעלים בו **מִדְּרַבָּנָן הוּא**[16], **סַלְקָא דַּעְתָּךְ אֲמִינָא** — ולפיכך היה עולה על דעתך לומר: **הַאי כֵּיוָן דְּרַבָּנָן בְּעָלְמָא הוּא דְּקָנֵי לֵיהּ** — אדם זה (בעל הנחיל), מאחר שהַנחיל קנוי לו מדרבנן בלבד, אם כן יש לומר **שֶׁאֲפִילּוּ סְתָמָא** — בסתם, שלא שמענו שהתייאש, **נַמִּי מְיַיאַשׁ** — גם כן יש להניח שהתייאש[17]; **קָא מַשְׁמַע לָן** — לפיכך הוצרכה המשנה ללמדנו שאפילו במקרה זה, **אִם** נודע **שֶׁנִּתְיָיאֲשׁוּ הַבְּעָלִים, אֵין** — כן, הרי אלו שלו; אבל **אִי** (אם) **לֹא** נודע שהתייאשו, **לֹא** — אין הוא יכול לזכות בנחיל.

המשנה ממשיכה:

אָמַר רַבִּי יוֹחָנָן בֶּן בְּרוֹקָה: נֶאֱמֶנֶת אִשָּׁה וְקָטָן כו' לומר "מכאן יצא נחיל זה".

כוונת המשנה היא, לכאורה, שסומכים על עדות של אשה או קטן, ומחייבים על פי דבריהם את מוצא הנחיל להחזירו (אלא אם כן נודע שהבעלים התייאשו). הגמרא מקשה על כך:

אִשָּׁה וְקָטָן, וכי **בְּנֵי עֵדוּת נִינְהוּ** (הם)[18]?

מתרצת הגמרא:

אָמַר רַב יְהוּדָה אָמַר שְׁמוּאֵל: הָכָא בְּמַאי עַסְקִינָן — כאן, במה אנו עוסקים? **כְּגוֹן שֶׁהָיוּ הַבְּעָלִים** של הדבורים **מְרַדְּפִין אַחֲרֵיהֶם** לפני ששמענו את דבריהם של האשה או הקטן[19], **וְאִשָּׁה וְקָטָן** (או קטן) **מְסִיחִין לְפִי תוּמָּם**, כלומר, הוא מספר את הדבר בדרך שיחה, ללא כוונת עדות, **וְאוֹמֵר: "מִכָּאן יָצָא נְחִיל זֶה"**[20].

הגמרא מביאה הוראה בענין "מסיח לפי תומו":

אָמַר רַב אַשִׁי: אֵין מֵסִיחַ לְפִי תוּמוֹ כָּשֵׁר, אֶלָּא לְעֵדוּת אִשָּׁה בִּלְבָד, להתירה להינשא. והיינו, שאם שמענו קטן המספר לפי תומו על אדם פלוני שמת, מתירים את אשתו להינשא על פיו[21].

הגמרא מקשה על רב אשי ממשנתנו:

הערות

12. המשנה מתייחסת לגזילה שהיא **כעין** דבר שיש בו אחריות. והיינו, שהחפץ הגזול ניכר לרבים שהוא שייך לנגזל (כגון טלית או כסות), כדרך שקרקע ניכרת שהיא של בעליה. והמשנה מלמדת שאם הגזילה היתה חפץ מעין זה, היורשים חייבים להחזירה מפני כבוד אביהם, שלא יאמרו "זו היא הטלית שפלוני גזל" (רש"י לעיל קיא, ב).

13. והיינו מפני ש"רשות יורש כרשות לוקח", וכשהגזילה עברה לרשות היורשים נחשב הדבר כ"שינוי רשות" (ראה לעיל קיא, ב הערה 7 ו־11).

14. בסיום הסוגיא, נסכם בקצרה את הענינים שנידונו בה, ואת המסקנות העולות ממנה להלכה.

א. נחלקו תנאים בענין גניבה וגזילה, אם אנו מניחים שהבעלים מתייאשים בהם. ושלש דעות בדבר: (א) חכמים: בגזילה לא מתייאשים ובגניבה מתייאשים. (ב) רבי שמעון: בגזילה מתייאשים ובגניבה לא מתייאשים. (ג) רבי: בין בגניבה ובין בגזילה הבעלים מתייאשים.

הלכה כחכמים, ש"סתם גזילה לא הוי יאוש בעלים", אבל בסתם גניבה הבעלים מתייאשים (ראה קידושין נב, ב; רמב"ם הלכות כלים כד, ז; חושן משפט שסא, ג).

ב. נחלקו אמוראים במקרה שנודע לנו שהבעלים התייאשו (בגזילה לפי חכמים ובגניבה לפי רבי שמעון): עולא סובר שלדברי הכל נחשב הדבר כיאוש, ורבה סובר שאפילו באופן זה אין זה יאוש.

הלכה כעולא, שאם נודע שהבעלים התייאשו, הרי זה יאוש בכל אופן (עיין בעל המאור ורא"ש, שהוכיחו כן מכמה סוגיות המראות כעולא, שיאוש מפורש מועיל בגזילה; רמב"ם וחושן משפט שם).

ג. רב אשי חילק בין ליסטים עובד כוכבים לבין ליסטים ישראל: בליסטים עובד כוכבים אין הבעלים מתייאשים, ובליסטים ישראל הם מתייאשים (ראה עמוד א הערה 33). לדעת הרבה פוסקים, דברי רב אשי מתייחסים לליסטים **גנב** (וכפי שהבינה הגמרא מתחילה, שמדובר בליסטים גנב; ראה עמוד א הערה 43, ולעיל הערה 2). ואם כן דברי רב אשי מתאימים לשיטת חכמים — שהלכה כמותם — שבסתם גניבה הבעלים מתייאשים (ראה אות א). ובא רב אשי ללמד שמה שהבעלים מתייאשים בגניבה, זהו בגנב ישראל. אבל אם ידוע לנו שהגנב הוא עובד כוכבים, אין הבעלים מתייאשים (ראה תוספות ד"ה המכיר; בעל המאור; ים של שלמה כז; ש"ך חושן משפט שסח, ב; ביאור הגר"א שם ג; תפארת שמואל על הרא"ש אות ב; פני יהושע; אולם עיין טור ורמ"א חושן משפט שסח).

15. הרי פשוט שאין חילוק בין נחיל של דבורים לבין כסות או כל חפץ אחר שאדם מתייאש ממנו, שבודאי הרי זה של מוצאו (ראה רש"י עם מהרש"א).

16. מעיקר דין תורה נחשבות הדבורים שבנחיל כהפקר, וכפי ששנינו בברייתא לענין יונים (חולין קמא, ב): יוני שובך ויוני עלייה (דהיינו יוני בר שקיננו מאליהן בשובך או בעליית הבית), אין בהן משום גזל [מן התורה], אלא מפני דרכי שלום (רש"י).

[מעיקר הדין אין היונים (והדבורים) שייכות לבעלים, מפני שהן באו מעצמן לרשותו (רש"י סנהדרין כה, א ד"ה מפני), וחצירו לא קנתה לו אותן, כיון שאם בא לתופסן הן פורחות ומשתמטות ממנו, ונמצא שאינן משתמרות בחצירו (ראה תוספות שאנץ, הובא בשיטה מקובצת ד"ה והא איכא). אלא שחכמים תיקנו שיהיה בהן איסור גזל, מאחר שבני אדם נותנים דעתם עליהן, ודרכם להחשיבן כשלהם (ועיין תוספות; ים התלמוד).]

17. [מאחר שהדבורים היו קנויות לו רק מדרבנן, היה מקום להקל בהן ולתלות שהבעלים מתייאשים, אפילו אם לא נודע לנו כן בפירוש.]

18. אשה וקטן פסולים לעדות (ראה שבועות ל, א; בבא בתרא קנה, ב). ואם כן מדוע הם נאמנים להוציא את הנחיל מיד מוצאו?

[מקושיית הגמרא נראה שאם יעיד עד **כשר** על הנחיל, בודאי נאמין לו. ואף על פי שבדרך כלל אין עד אחד נאמן בדיני ממונות, מכל מקום כאן, שקנין הנחיל הוא מדרבנן בלבד (כמבואר בגמרא לעיל), יש לסמוך גם על עד אחד. אלא שהוקשה לגמרא, כיצד ניתן לסמוך על עדות של אשה או קטן, שהם פסולים לעדות, ואין להם נאמנות כלל, אפילו בדיני ממונות שמדרבנן (עיין שו"ת בית אפרים אבן העזר א, יג; ועיין פני יהושע).]

19. רש"י; ראה הערה הבאה.

20. מאחר שאינו מתכוון להעיד, אלא אומר כן בדרך סיפור דברים בעלמא, יש להניח שאינו משקר, ולפיכך סומכים על דבריו, ומחייבים את המוצא להחזיר את הנחיל לבעליו.

אמנם, כפי שהקדימה הגמרא, מדובר באופן שראינו את הבעלים (שהאשה או הקטן מספרים שהדבורים יצאו מרשותו) מרדפים אחרי הדבורים, לפני ששמענו את דבריהם של האשה או הקטן. במקרה כזה יש [בנוסף לְמה ששמענו מפי האשה או הקטן, גם] רגליים לדבר שאכן הדבורים יצאו מרשותו (רש"י).

[מה שכתב רש"י שהבעלים רדפו אחרי הדבורים **לפני** דיבור האשה או הקטן, זהו מפני שאם היו מרדפים לאחר ששמעו את דברי האשה או הקטן, בודאי שלא נוכל להסיק מכך שאכן הם הבעלים של הדבורים. אכן אם לא שמעו את דברי האשה או הקטן, תועיל רדיפתם לגלות על בעלותם אפילו אם רדפו לאחר דיבור האשה או הקטן (ים של שלמה כח).]

[מפשטות דברי הגמרא משמע שהאשה או הקטן נאמנים אפילו אם ראו לפני כן את הבעלים שהם מרדפים אחר הנחיל. ואף על פי ששמעו מפי הבעלים שהַנחיל הוא שלהם, מכל מקום מאחר שהאשה או הקטן סיפרו את הדבר מעצמם, מבלי שנשאלו על כך, נחשב הדבר כ"מסיח לפי תומו", וסומכים על דבריהם (שו"ת מהרי"ק קכא; אולם עיין ים של שלמה שם; ועיין רמ"א אבן העזר יז, טו; שב שמעתתא ז, ח ו־י).]

21. וכפי ששנינו בסוף מסכת יבמות (קכא, ב), שאם שמענו קטנים אומרים: "הרי אנו הולכים לספוד ולקבור את איש פלוני", מתירים את אשתו על פיהם (רש"י; ראה גמרא שם).

[אף על פי שמן התורה אין מתירים איסור ערוה אלא על פי שני עדים כשרים,

וקיימא לן כגזלן לר"ש: גופא רבי אומר אומר אני גנב כגזלן איבעיא להו כגזלן דרבנן קאמר ולא קני או דלמא כגזלן דר"ש קאמר וקני ת"ש נטלו מוכסין חמורו וכו' מני אי רבנן קשיא גזלן אי ר"ש קשיא גנב אי אמרת בשלמא רבי כגזלן דר"ש קאמר וקני הא מני רבי היא משום הכי קני אלא אי אמרת כגזלן דרבנן קאמר ולא קני הא מני לא רבי ולא ר"ש ולא רבנן הב"ע בלסטים מזויין ור"ש היא אי הכי היינו גזלן תרי גווני גזלן ת"ש הגנב והגזלן והאנס הקדש ותרומתן תרומה ומעשרותן מעשר מני אי רבנן קשיא גזלן אי ר"ש קשיא גנב אי אמרת בשלמא (א) גנב כגזלן דר"ש קאמר משום הכי קני אלא אי אמרת גנב כגזלן דרבנן הא מני בלסטים מזויין ור"ש היא אי הכי היינו גזלן תרי גווני גזלן א"ל רב אשי לרבה ת"ש [א]דמתני רבי לרבי שמעון בריה לא דבר שיש בו אחריות ממש אלא אפילו פרה וחורש בה חמור ומחמר אחריו חייבין להחזיר מפני כבוד אביהן טעמא מפני כבוד אביהן הא לאו כבוד אביהן לא ש"מ רבי גזלן דר"ש קאמר ש"מ: וכן נחיל של דבורים: מאי וכן הכי קאמר אפילו נחיל של דבורים [א]דקנין דרבנן הוא סד"א האי כיון דרבנן בעלמא הוא דקני ליה אפילו סתמא נמי מייאש קמ"ל אם נתייאשו הבעלים אין אי לא לא: א"ר יוחנן בן ברוקה נאמנת אשה וקטן כו': אשה וקטן בני עדות נינהו אמר רב יהודה אמר שמואל הכא במאי עסקינן [ב]כגון שהיו בעלים מרדפין אחריהם ואשה וקטן [ג]מסיחין לפי תומם ואומר מכאן יצא נחיל זה אמר רב אשי אין מסיח לפי תומו כשר [ג]אלא לעדות אשה בלבד א"ל רבינא לרב אשי ולא והרי נחיל של דבורים מסיח לפי תומו הוא שאני נחיל של דבורים דקנין דרבנן הוא ודאורייתא לא [ג]והאמר רב יהודה אמר שמואל [ד]מעשה באדם אחד שהיה מסיח לפי תומו ואומר זכורני כשאני תינוק ומורכבני על כתיפו של אבא והוציאוני מבית הספר והפשיטוני את כתנתי והטבילוני לאכול בתרומה לערב ורבי חנינא מסיים בה הכי וחבירי בדילין ממני והיו קורין אותי יוחנן אוכל חלות והעלהו רבי לכהונה על פיו [ה]בתרומה דרבנן ואכתי דאורייתא לא והא [ו]כי אתא רב דימי אמר רב חנא קרטיגנא ואמרי לה רב אחא קרטיגנא משתעי מעשה בא לפני ריב"ל ואמרי לה מעשה בא לפני רבי בתינוק אחד שהיה מסיח לפי תומו ואמר אני ואמי נשבינו לבין העכו"ם יצאתי לשאוב מים דעתי על אמי ללקוט עצים דעתי על אמי [י]והשיאה רבי על פיו לכהונה [ה]בשבויה הקילו: אבל לא יקוץ את סוכו [וכו']: [י]תניא ר' ישמעאל בנו של רבי יוחנן בן ברוקה אומר תנאי ב"ד הוא שיהא יורד לתוך שדה של חבירו וקוצץ סוכו של חבירו להציל את נחילו ונוטל דמי סוכו מתוך נחילו של חבירו ותנאי ב"ד הוא שיהא שופך יינו ומציל את דובשנו של חבירו ונוטל דמי יינו מתוך דובשנו של חבירו ותנאי ב"ד הוא שיהא מפרק את עציו וטוען פשתנו של חבירו ונוטל דמי עציו מתוך פשתנו של חבירו שע"מ כן הנחיל יהושע לישראל את הארץ: **מתני'** [ז]המכיר כליו וספריו ביד אחר ויצא לו שם גניבה בעיר ישבע לו לוקח כמה נתן ויטול ואם לאו לאו כל המנו שאני אומר מכרן לאחר ולקחן זה הימנו: **גמ'** וכי יצא לו שם גניבה בעיר מאי הוי ליחוש דילמא זבנינהו והוא ניהו קא מפיק שמא א"ר יהודה אמר רב [ח]כגון שבאו בני אדם בתוך ביתו ועמד והפגין בלילה ואמר נגנבו כליי כ"ש עילא מצא רב כהנא מסיים בה משמיה דרב [ט]כגון שהיתה מחתרת חתורה בתוך ביתו ובני אדם שלנו בתוך ביתו יצאו ואנבורקראות של כלים על כתפיהם [א] והכל אומרים נגנבו כליו של פלוני ודלמא כלים הוו ספרים לא הוו א"ר חייא בר אבא א"ר יוחנן כגון דקאמרי נמי ספרים וליחוש דלמא זוטרי וקא טעין רברבי א"ר יוסי בר חנינא דקאמרי ספר פלוני ופלוני ודלמא הוו עתיקי וקא טעין חדתי [י]אמר רב [י]כגון דאמרי הללו כליו של פלוני הללו ספריו של פלוני ומי אמר רב הכי והאמר רב [כ]בא במחתרת ונטל כלים ויצא פטור מ"ט בדמי קנינהו ה"מ דקננהו בבא במחתרת דמעיקרא מסר נפשיה לקטלא אבל הני כיון דלא מסרו נפשייהו לקטלא לא אמר רבא [כ]לא שנו אלא בעל הבית העשוי למכור כליו אבל בעל הבית שאינו עשוי למכור כליו

לא

רש"י

וקיימא לן. לקמן דהא גנב כגזלן דקאמר רבי כגזלן דר"ש קאמר דקני ולא כגזלן דרבנן דלא קני: הא לאו מפני כבוד אביהם לא. אלמא גזלן לרבי קני כר"ש וקאמר גנב כגזלן אלמא תרוייהו קני: מאי וכן. (ב) פשיטא דקני ביאוש דמ"ש נחיל מכסות: קנין דרבנן הוא. דאין כאן גזל אלא מפני דרכי שלום דהא דהפקר נינהו ותניא (חולין דף קמא:) יוני שובך ויוני עלייה אין בהן משום גזל אלא מפני דרכי שלום: מרדפין אחריהם. קודם דיבור הקטן דרגלים לדבר דשלו הם: לעדות אשה. שמע מן התינוקות שהיו אומרים הרי אנו הולכין לספוד ולקבור איש פלוני בפ' בתרא דיבמות (דף קכא:): והטבילוני. לפי שדרכו של תינוק לטפח בשרצים ובטומאות: בדילין ממני. מפני תרומתי: בתרומה דרבנן. בזמן הזה דרבי לאחר חורבן היה ואיכא מ"ד לא קידשה לעתיד לבא: והשיאה רבי לכהונה. ואע"ג דאיסורא דאורייתא היא משום זונה: בשבויה הקילו. דספיקא בעלמא היא: שיהא שופך יינו. במתני' הוא זה בא בחביתו של יין וזה בא בכדו של דבש נסדקה חבית של דבש: וטוען פשתנו. אם מת חמור חבירו הטעון פשתן בדרך וחמורו של זה טעון עצים: **מתני'** שם גניבה. שיצא קול שנגנבו כליו: נשבע לוקח כמה נתן ויטול. ויחזיר לו כליו ולפני יאוש קמיירי: **גמ'** הפגין. לעק: עילא מצא. פירכא היא כלומר עילא מצא כשמכר כליו ונתחרט וידע שמכרן לוקח לאחר עמד והפגין וצעק בלילה להאמין דבריו כשיערער: אנברקראות. חבילות: בדמי קננהו. דהבא במחתרת בר מיתה הוא כדכתיב אם במחתרת ימצא הגנב וגו' וכיון דאי הוה בידיה פטור כי מכרן לאחר אמאי מהדר להו לוקח:

לא

תוספות

דתקנה בעלמא תקנו ליה. משום דרכי שלום כמו יוני שובך ותימה דאמאי לא קני להו מדאורייתא בהגבהת הכוורת:

המכיר כליו וספריו ביד אחר כו'. לפני יאוש איירי כדפירש הקונטרס דאי לאחר יאוש דאיכא יאוש ושינוי רשות לא היה מתחייב להחזיר ונראה דבספרים הוי לעולם לפני יאוש שאין רגילות להתייאש מספרים ולא מיבעיא מגנבים עובדי כוכבים דלא מייאש אפי' מכלים כיון דדייני בגיותא כדאמר לעיל אלא אפי' בגנב ישראל אין רגילות להתייאש מספרים דסוף יבאו ליד ישראל דאין גנבים מוכרין אותן רק לישראל ולסוף חוזרין לבעלים ובכלים נמי איירי לפני יאוש ואפילו לרבנן נמי דאמרי סתם גניבה יאוש בעלים הוא מיירי כגון שהבעלים רודפין אחריו וידוע שלא נתייאשו מהן מעולם מ"מ נוטל מה שנתן מפני תקנת השוק כדאמר בגמרא וא"ת בלא תקנה יטול מה שנתן דמלי אמר להציל נתכוונתי ולהשיב אבידה וי"ל דמיירי שהיה יכול לתבוע מבני אדם שלנו בתוך ביתו אפילו לא היה זה קונה אותם ועי"ל דלא שייך למימר הכי כלל שהרי הלוקח טוען שקנה מאדם אחר נאמן ולא מאותם שלנו בתוך ביתו כדקתני סיפא שאני אומר מכרן לאחר ולקחן זה ממנו והא דלא קאמר שאני אומר שהוא מכרן לו משום שאין הלוקח טוען שזה מכרן ומה שמקש' אמאי נאמן לומר לקוחין הן בידי והלא ספרים עשויין להשאיל ולהשכיר מפורש בסוף המקבל (ב"מ דף קטז. ושם ט):

דקאמרי הללו כליו של פלוני. כלומר כשיצא הקול אומרים אלו כליו וספריו של פלוני שבני אדם הללו נושאין והן מכירין שהם חדשים:

אמר

עין משפט נר מצוה

סה א מיי' פ"ו מהלכות גזילה הל' יד טוש"מ סי' שע:

סו ב מיי' שם הל' טו:

סז ג מיי' פי"ב מהלכות גירושין הל' טז והל' יח ופי"ג שם הלכה כט סמג עשין נ טוש"ע אה"ע סי' יז סעיף ג:

סח ד מיי' פ"כ מהל' איסורי ביאה הל' יד סמג לאוין קנב טוש"ע אה"ע סי' ג סעיף א:

סט ה מיי' שם הל' א:

ע ו מיי' שם פי"ח הל' יח סמג שם טוש"ע אה"ע סי' ז סעיף א:

עא ז ח ט י כ מיי' פ"ה מהלכות גניבה הל' י והלכה יא ועיין בהשגות ובמ"מ ובכ"מ סמג עשין עא טוש"ע ח"מ סי' שנו סעיף א:

ליקוטי רש"י

לא דבר שיש בו אחריות ממש. לא שגזל קרקע והניחה לפניהן. אלא אפילו גזל פרה וחרש בה או חמור ומחמר אחריו. והכל מעידין שהיה דגזל חייבין [לעיל קיא:]. והטבילוני. מפני שסתם תינוק מטפח באשפות ושרצים מצויין שם. לערב. דצריך הערב שמש [כתובות כו.]. רב חנא קרטיגנא. רב חנן דמן קרטיגי היה מספר מעשה זה [שם כז:]. בשבויה הקילו. דספקא בעלמא הוא דאיכא שמא נבעלה לעובד כוכבים ונפסלה לכהונה [שם כג.]. להציל את נחילו. נחיל של דבורים שהלכו לשדה חבירו ונתיישבו על סוכתה של אילן ואם יטול אחד אחד הן פורחות ואובדות מאחר שנתנו עייהן באותה סוכה לפיכך קוצצה ונותן לו דמים. ומציל את דובשנו. זה בא בכדו של יין וזה בא בכדו של דבש ונסדקה חבית של דבש וכן זה בא בחבילת פשתן על חמורו וזה בא בחבילת עצים ומת חמורו של בעל פשתן יפרק זה את עציו וטוענו [לעיל פא:]. הבא במחתרת. חתר את הבית ממש. פטור. מלהחזירם אע"פ שהם קיימין. בדמי קננהו. בדמי נפשו קנאן הואיל ונתחייב מיתה בלקיחתם שאמרה תורה יהרג [סנהדרין עב.]. והפגין. צעקו בשוקים וברחובות [ר"ה יט.].

מסורת הש"ס

א) [לעיל קיא: קיג.], ב) [יבמות קכא: גיטין יט: כח:], ג) כתובות כו., ד) שם כז:, ה) [כתובות כג. וש"נ], ו) לעיל פא:, ז) גי' הרי"ף א"ר אבהו, ח) [סנהדרין עב.], ט) [ד"ה והא].

הגהות הב"ח

(א) גמרא אי אמרת בשלמא גזלן דר' שמעון קאמר משום הכי קני אלא אי אמרת גזלן דרבנן קאמר מני כצ"ל ותיבת גנב נמחק ב' פעמים: (ב) רש"י ד"ה מאי וכן. נ"ב עיין פרשב"ם ב"ב דף נב ע"ב:

הגהות הגר"א

[א] גמ' והכל (רשום עליו אות א') אומרים כו' כגון (רשום עליו אות ב') דאמרי הללו כו'. נ"ב למסקנא (רשום על תיבת למסקנא אות א"ב) כגון דאמרי הללו כו' א"ל לכ"ז מכאן עד שם ועי' רמב"ם:

אָמַר לֵיהּ רָבִינָא לְרַב אַשִׁי: וְכִי **לֹא** מצאנו מקרים אחרים שמסיח לפי תומו כשר? **וַהֲרֵי** במקרה של **נְחִיל שֶׁל דְּבוֹרִים** המוזכר במשנתנו, האשה או הקטן **מֵסִיחַ לְפִי תוּמּוֹ הוּא**, ובכל זאת סומכים עליו[22]!

מתרצת הגמרא:

שַׁאנִי — שונה הוא המקרה של **נְחִיל שֶׁל דְּבוֹרִים, דְּקִנְיָן** הבעלים בו **מִדְּרַבָּנָן הוּא**, ולפיכך הקילו חכמים לסמוך על אשה או קטן המסיח לפי תומו[23].

הגמרא מוסיפה להקשות:

וּלגבי דינים שהם **מִדְּאוֹרַיְיתָא, לֹא** סומכים על מסיח לפי תומו? **וְהָאָמַר רַב יְהוּדָה אָמַר שְׁמוּאֵל: מַעֲשֶׂה בְּאָדָם אֶחָד שֶׁהָיָה מֵסִיחַ לְפִי תוּמּוֹ, וְאוֹמֵר: ״זְכוּרַנִי כְּשֶׁאֲנִי** הייתי עדיין **תִּינוֹק** (ילד) **וּמוּרְכְּבַנִי עַל כְּתֵיפוֹ שֶׁל אַבָּא, וְהוֹצִיאוּנִי מִבֵּית הַסֵּפֶר, וְהִפְשִׁיטוּנִי אֶת כֻּתָּנְתִּי, וְהִטְבִּילוּנִי** במקוה כדי שאוכל **לֶאֱכוֹל בִּתְרוּמָה לָעֶרֶב״**[24]. **וְרַבִּי חֲנִינָא מְסַיֵּים בָּהּ הָכִי** — רבי חנינא המשיך את סיפורו של אותו אדם, שסיים את דבריו כך: ״**וַחֲבֵירַי** היו **בְּדֵילִין מִמֶּנִּי** — פורשים מלנגוע בי, כדי שלא לטמא את תרומתי, **וְהָיוּ** חבירי **קוֹרִין אוֹתִי: ׳יוֹחָנָן אוֹכֵל חַלּוֹת׳ ״**[25]. **וְהֶעֱלָהוּ רַבִּי לִכְהוּנָּה עַל פִּיו**, דהיינו שהתיר לו לאכול תרומה על פי סיפורו. הרי לנו מכאן שסומכים על מסיח לפי תומו אפילו בדיני תורה[26]!

מתרצת הגמרא:

מה שהתיר לו רבי לאכול תרומה על פי סיפורו, זהו **בִּתְרוּמָה דְּרַבָּנָן**[27].

הגמרא מקשה עוד:

וְאַכַּתִּי — ועדיין, וכי בדבר שהוא **מִדְּאוֹרַיְיתָא לֹא** סומכים על מסיח לפי תומו? **וְהָא כִּי אֲתָא** — והרי כאשר בא **רַב דִּימִי** לבבל, **אָמַר: רַב חָנָא** מִקַּרְטִיגְנָא, **וְאָמְרֵי לָהּ** — ויש אומרים: **רַב אַחָא** מִקַּרְטִיגְנָא, **מִשְׁתָּעֵי** — סיפר: **מַעֲשֶׂה בָּא לִפְנֵי רַבִּי יְהוֹשֻׁעַ בֶּן לֵוִי, וְאָמְרֵי לָהּ** — ויש אומרים שה**מַעֲשֶׂה בָּא לִפְנֵי רַבִּי, בְּתִינוֹק אֶחָד שֶׁהָיָה מֵסִיחַ לְפִי תוּמּוֹ וְאָמַר: ״אֲנִי וְאִמִּי נִשְׁבֵּינוּ לְבֵין הָעוֹבְדֵי כּוֹכָבִים.** כ**שֶׁיָּצָאתִי לִשְׁאוֹב מַיִם**, היתה **דַּעְתִּי עַל אִמִּי**, וכשיצאתי **לִלְקוֹט עֵצִים**, היתה **דַּעְתִּי עַל אִמִּי.** לא הסחתי דעתי ממנה כלל, והיא לא נסתרה מעיני כל זמן השבי״. **וְהִשִּׂיאָהּ רַבִּי עַל פִּיו לִכְהוּנָּה.** הרי שסומכים על מסיח לפי תומו אפילו בדיני תורה[28]!

מתרצת הגמרא:

בִּשְׁבוּיָה, שיש בה רק חשש בלבד, **הֵקִילוּ** חכמים לסמוך על קטן המסיח לפי תומו[29].

לאחר שלימדה המשנה שרשאי אדם להלך בשדה חבירו כדי להציל את נחילו, הביאה המשנה מחלוקת תנאים:

אֲבָל לֹא יָקוֹץ אֶת סוֹכוֹ [וכו׳] על מנת ליתן את הדמים[30]. רבי ישמעאל בנו של רבי יוחנן בן ברוקה אומר: אף קוצץ ונותן את הדמים.

הגמרא מביאה ברייתא המרחיבה בדברי רבי ישמעאל בנו של רבי יוחנן בן ברוקה:

תַּנְיָא: רַבִּי יִשְׁמָעֵאל בְּנוֹ שֶׁל רַבִּי יוֹחָנָן בֶּן בְּרוֹקָה אוֹמֵר: תְּנַאי בֵּית דִּין הוּא (כלומר, תקנת חכמים) **שֶׁיְּהֵא** בעל הנחיל **יוֹרֵד לְתוֹךְ שָׂדֶה שֶׁל חֲבֵירוֹ וְקוֹצֵץ** את **סוֹכוֹ** (ענף אילנו) **שֶׁל חֲבֵירוֹ** כדי **לְהַצִּיל אֶת נְחִילוֹ**, ואין בעל הענף יכול לעכב בעדו; **וְ**אחר כך **נוֹטֵל** בעל הענף את **דְּמֵי סוֹכוֹ מִתּוֹךְ נְחִילוֹ שֶׁל חֲבֵירוֹ**[31]. **וּתְנַאי בֵּית דִּין הוּא** במקרה שהיה אדם הולך בדרך עם חבית של יין, ופגש את חבירו עם חבית של דבש, ונסדקה החבית של דבש, **שֶׁיְּהֵא** בעל היין **שׁוֹפֵךְ** את **יֵינוֹ** מן החבית **וּמַצִּיל** בחבית הריקה שלו **אֶת דּוּבְשָׁנוֹ שֶׁל חֲבֵירוֹ**, שהוא יקר יותר מיין; **וְ**אחר כך **נוֹטֵל** בעל היין את **דְּמֵי יֵינוֹ מִתּוֹךְ דּוּבְשָׁנוֹ שֶׁל חֲבֵירוֹ**[32]. **וּתְנַאי בֵּית דִּין הוּא** במקרה של אדם המוביל

הערות

מכל מקום במקרה זה הקלו חכמים לסמוך על עד אחד — ואפילו על קטן המסיח לפי תומו — כדי שהאשה לא תתעגן. ראה יבמות פז, ב — פח, א לדיון כיצד יכולים חכמים להקל באיסור תורה (ועיין מהדורתנו שם פח, א הערה 20).]

22. מדברי רב אשי משמע שבשום מקום אין אנו סומכים על ״מסיח לפי תומו״, מלבד בעדות אשה. ואם כן קשה עליו ממשנתנו, שלימדה שסומכים על אשה או קטן המסיחים לפי תומם, ומחזירים על פיהם את הנחיל לבעליו.

ואף על פי שבמקרה של נחיל מדובר כשהיו הבעלים מרדפים, ואם כן יש רגליים לדבר שהנחיל שלהם (ראה הערה 20), הרי גם בעדות אשה יש רגליים לדבר שהבעל מת. שכן חכמים הטילו חומרות רבות על אשה שנישאה ואחר כך בא בעלה הקודם, ויש להניח שהאשה לא תינשא עד שתדקדק היטב בדבר (ראה יבמות פח, א וברש״י שם ד״ה הקלת). ולפיכך יש להשוות בין המקרה של נחיל דבורים למקרה של עדות אשה (קיקיון דיונה; שב שמעתתא ז, י; אולם עיין ים של שלמה ותורת חיים; ועיין עוד פרי חדש יורה דעה סט, מ).

23. [ראה הערה 16.] דברי רב אשי מתייחסים להלכות שהן מן התורה (כדוגמת עדות אשה להתירה להינשא). ועל זה אמר רב אשי שאין מסיח לפי תומו נאמן [בדיני תורה], אלא לעדות אשה בלבד. אבל מודה רב אשי לגבי הלכות שהן מדרבנן, שסומכים בהן על מסיח לפי תומו. ולפיכך, במקרה שלפנינו, שמוצא הדבורים זוכה בהן רק מדרבנן, הקלו חכמים לסמוך על אשה או קטן המסיח לפי תומו, ולהחזיר על פיו את הנחיל לבעליו הראשונים.

24. דרכם של ילדים קטנים להתעסק באשפות, שמצויים שם שרצים מתים, ולפיכך חזקתם שהם טמאים מחמת מגע שרץ (רש״י). [שמונה שרצים המטמאים במותם מנויים בויקרא יא, כט-ל.] מי שנטמא בשרץ צריך טבילה, ועדיין אינו רשאי לאכול תרומה עד הלילה.

25. ״חלה״ היא החלק המופרש מהעיסה וניתן לכהן (במדבר טו, יז-כא). התורה (שם) קוראת לחלה ״תרומה״, ולפיכך נוהגים בה כל דיני תרומה; היא מותרת באכילה רק לכהן טהור (ראה חלה א, י).

26. זר אסור באכילת תרומה מן התורה (ויקרא כב, י). אדם שאינו מוכָּר לנו ככהן, אינו נאמן לומר על עצמו שהוא כהן ולאכול תרומה, אלא צריך שיעידו עליו (ראה משנה כתובות כג, ב, ולהלן שם). אף על פי כן, רבי סמך על דבריו של אותו אדם והעלה אותו לכהונה על פי עצמו, מאחר שהיה מסיח לפי תומו.

27. ישנה מחלוקת אם קדושת ארץ ישראל — לענין המצוות התלויות בה — נוהגת גם לאחר חורבן בית המקדש. לפי דעה אחת בטלה קדושת הארץ מן התורה, וחיוב תרומות ומעשרות בזמן הזה הוא מדרבנן בלבד (ראה יבמות פב, א-ב). ואם כן יש לומר שרבי סובר כדעה זו, ומאחר שהוא חי לאחר החורבן, אין חיוב התרומה (ואיסורה לזרים) מן התורה, אלא מדרבנן. ולפיכך סמך רבי על סיפורו של אותו אדם להתירו בתרומה (ראה רש״י עם לחם אבירים).

[לגבי תרומה אין צורך שיהיו גם רגליים לדבר, וכמו שהצריכו לגבי נחיל של דבורים. שכן נחיל של דבורים הוא ענין של ממון, שבדרך כלל אין עד אחד נאמן בו, ולפיכך לא הקלו לסמוך על מסיח לפי תומו לבד, אלא בצירוף ״רגליים לדבר״. אבל תרומה היא ענין של איסור, ובדרך כלל עד אחד נאמן באיסורים. ולפיכך במקרה של תרומה דרבנן, הקילו לסמוך על המסיח לפי תומו (פני יהושע; ראה גם שו״ת הריב״ש שפ).]

28. אשה הנבעלת לעובד כוכבים נחשבת כ״זונה״, ואסורה מן התורה להינשא לכהן (ויקרא כא, ז; יבמות סח, א — סט, א). ולפיכך אסור לכהן לשאת אשה שנשבתה על ידי עובדי כוכבים, שמא נבעלה לאחד מהם (ראה משנה כתובות כב, א). ואף על פי כן התיר רבי לשבויה זו להינשא לכהן על פי סיפורו של בנה, שהיה מסיח לפי תומו.

29. חכמים הקלו קולות רבות באיסור שבויה, שכן סתם אשה משמרת עצמה מזנות, ויש להעמידה על חזקתה שלא נבעלה. ולפיכך הקלו חכמים לסמוך על דברי המסיח לפי תומו ולהכשירה לכהונה (ראה רש״י כאן, ובכתובות כג, א, ורשב״ם בבא בתרא קלה, א ד״ה אם הקלו בשבויה; ריטב״א כתובות כג, א ד״ה כש״כ [על פי קידושין יב, ב]; ועיין עוד מהרש״א; משנה למלך הלכות איסור ביאה יח, א; פני יהושע כתובות כג, א ד״ה גמרא מאן דמתני).

[לכאורה היתה הגמרא יכולה לתרץ בפשטות, שאיסור שבויה הוא רק מדרבנן, ולפיכך יש לסמוך בו על מסיח לפי תומו, וכפי שתירצה הגמרא לענין תרומה; ומדוע היתה הגמרא צריכה לומר ש״בשבויה הקלו״? ויש לומר, שאף על פי שאיסור שבויה הוא מדרבנן, מכל מקום הרי איסור זה הוא מחשש שמא היא אסורה לכהן מן התורה. ולפיכך לא היה ראוי להקל באיסור זה ולסמוך על מסיח לפי תומו. אלא שמכל מקום, מאחר שהחשש שנבעלה הוא רחוק, הקלו בו חכמים (אתוון דאורייתא י ד״ה וכעין זה; ראה תוספות יבמות קיד, א ד״ה אמר).]

30. ראה עמוד א הערה 21.

31. כלומר, בעל הנחיל צריך לשלם לבעל השדה את נזקו.

32. מקרה זה מופיע במשנה להלן קטו, א-ב: ״זה בא בחביתו של יין וזה בא בכדו של דבש; נסדקה חבית של דבש ושפך זה את יינו והציל את הדבש לתוכו, אין לו אלא שכרו״, דהיינו, דמי השכירות עבור השימוש בחבית, ושכר פעולתו בהצלת הדבש

וקיימא לן כגזלן לר"ש: גופא רבי אומר אומר אני גנב כגזלן איבעיא להו כגזלן דרבנן קאמר ולא קני או דלמא כגזלן דר"ש קאמר וקני ת"ש נטלו מוכסין חמורו וכו' מני אי רבנן קשיא גזלן אי ר"ש קשיא גנב אי אמרת בשלמא רבי כגזלן דר"ש קאמר וקני הא מני רבי היא משום הכי קני אלא אי אמרת כגזלן דרבנן קאמר ולא קני הא מני לא רבי ולא ר"ש ולא רבנן הב"ע בלסטים מזויין ור"ש היא אי הכי היינו גזלן תרי גווני גזלן ת"ש הגנב והגזלן והאנס הקדשן הקדש ותרומתן תרומה ומעשרותן מעשר מני אי רבנן קשיא גזלן אי ר"ש קשיא גנב אי אמרת בשלמא (א) גנב כגזלן דר"ש קאמר משום הכי קני אלא אי אמרת גנב כגזלן דרבנן הא מני בלסטים מזויין ור"ש היא אי הכי היינו גזלן תרי גווני גזלן א"ל רב אשי לרבה ת"ש [א]דמתני רבי לרבי שמעון בריה לא דבר שיש בו אחריות ממש אלא אפילו פרה וחורש בה חמור ומחמר אחריו חייבין להחזיר מפני כבוד אביהן טעמא מפני כבוד אביהן הא לאו כבוד אביהן לא ש"מ רבי גזלן דר"ש קאמר ש"מ: וכן נחיל של דבורים: מאי וכן הכי קאמר אפילו נחיל של דבורים [א]דקנין דרבנן הוא סד"א האי כיון דרבנן בעלמא הוא דקני ליה אפילו סתמא נמי מייאש קמ"ל אם נתייאשו הבעלים אין אי לא לא: א"ר יוחנן בן ברוקה נאמנת אשה וקטן כו': אשה וקטן בני עדות נינהו אמר רב יהודה אמר שמואל הכא במאי עסקינן [ב]כגון שהיו בעלים מרדפין אחריהם ואשה וקטן [ג]מסיחין לפי תומם ואומר מכאן יצא נחיל זה אמר רב אשי אין מסיח לפי תומו כשר [ג]אלא לעדות אשה בלבד א"ל רבינא לרב אשי ולא והרי נחיל של דבורים מסיח לפי תומו הוא שאני נחיל של דבורים דקנין דרבנן הוא ודאורייתא לא [ג]והאמר רב יהודה אמר שמואל [ד]מעשה באדם אחד שהיה מסיח לפי תומו ואומר זכורני כשאני תינוק ומורכבני על כתיפו של אבא והוציאוני מבית הספר והפשיטוני את כתנתי והטבילוני לאכול בתרומה לערב ורבי חנינא מסיים בה הכי וחבירי בדילין ממני והיו קורין אותי יוחנן אוכל חלות והעלהו רבי לכהונה על פיו [ה]בתרומה דרבנן ואכתי דאורייתא לא והא [ד]כי אתא רב דימי אמר רב חנא קרטיגנא ואמרי לה רב אחא קרטיגנא משתעי מעשה בא לפני ריב"ל ואמרי לה מעשה בא לפני רבי בתינוק אחד שהיה מסיח לפי תומו ואמר אני ואמי נשבינו לבין העכו"ם יצאתי לשאוב מים דעתי על אמי ללקוט עצים דעתי על אמי [ו]והשיאה רבי על פיו לכהונה [ה]בשבויה הקילו: אבל לא יקוץ את סוכו [וכו']: [ו]תניא ר' ישמעאל בנו של רבי יוחנן בן ברוקה אומר תנאי ב"ד הוא שיהא יורד לתוך שדה של חבירו וקוצץ סוכו של חבירו להציל את נחילו ונוטל דמי סוכו מתוך נחילו של חבירו ותנאי ב"ד הוא שיהא שופך יינו ומציל את דובשנו של חבירו ונוטל דמי יינו מתוך דובשנו של חבירו ותנאי ב"ד הוא שיהא מפרק את עציו וטוען פשתנו של חבירו ונוטל דמי עציו מתוך פשתנו של חבירו שע"מ כן הנחיל יהושע לישראל את הארץ: **מתני'** [ז]המכיר כליו וספריו ביד אחר ויצא לו שם גניבה בעיר ישבע לו לוקח כמה נתן ויטול ואם לאו לאו כל המנו שאני אומר מכרן לאחר ולקחן זה הימנו: **גמ'** וכי יצא לו שם גניבה בעיר מאי הוי ליחוש דילמא זבנינהו והוא ניהו קא מפיק שמא א"ר יהודה אמר רב [ח]כגון שבאו בני אדם בתוך ביתו ועמד והפגין בלילה ואמר נגנבו כליי כ"ש עילא מצא רב כהנא מסיים בה משמיה דרב [ט]כגון שהיתה מחתרת חתורה בתוך ביתו ובני אדם שלנו בתוך ביתו יצאו ואנבורקראות של כלים על כתפיהם [א] והכל אומרים נגנבו כליו של פלוני ודלמא כלים הוו ספרים לא הוו א"ר חייא בר אבא א"ר יוחנן כגון דקאמרי נמי ספרים וליחוש דלמא זוטרי וקא טעין רברבי א"ר יוסי בר חנינא דקאמרי ספר פלוני ופלוני ודלמא הוו עתיקי וקא טעין חדתי [י]אמר רב [י]כגון דאמרי הללו כליו של פלוני ספריו של פלוני ומי אמר רב הכי והאמר רב [כ]בא במחתרת ונטל כלים ויצא פטור מ"ט בדמי קננהו ה"מ דקננהו בבא במחתרת דמעיקרא מסר נפשיה לקטלא אבל הני כיון דלא מסרו נפשייהו לקטלא לא אמר רבא [כ]לא שנו אלא בעל הבית העשוי למכור כליו אבל בעל הבית שאינו עשוי למכור כליו

לא

רש"י

וקיימא לן. לקמן דהא גנב כגזלן דקאמר רבי כגזלן דר"ש קאמר דקני ולא כגזלן דרבנן דלא קני: הא לאו מפני כבוד אביהם לא. אלמא גזלן לרבי קני כר"ש וקאמר גנב כגזלן אלמא תרוייהו קני: מאי וכן. (ב) פשיטא דקני ביאוש דמ"ש נחיל מכסות: קנין דרבנן הוא. דאין כאן גזל אלא מפני דרכי שלום דהא דהפקר נינהו ותניא (חולין דף קמא:) יוני שובך ויוני עלייה אין בהן משום גזל אלא מפני דרכי שלום: מרדפין אחריהם. קודם דיבור הקטן דרגלים לדבר דשלו הם: לעדות אשה. שמע מן התינוקות שהיו אומרים הרי אנו הולכין לספוד ולקבור איש פלוני כפ' בתרא דיבמות (דף קכא:): והטבילוני. לפי שדרכו של תינוק לטפח בשרצים ובטומאות: בדילין ממני. מפני תרומתי: בתרומה דרבנן. בזמן הזה דרבי לאחר חורבן היה ואיכא מ"ד לא קידשה לעתיד לבא: והשיאה רבי לכהונה. ואע"ג דאיסורא דאורייתא היא משום זונה: בשבויה הקילו. דספיקא בעלמא היא: שיהא שופך יינו. במתני' הוא זה בא בחביתו של יין וזה בא בכדו של דבש נסדקה חבית של דבש: וטוען פשתנו. אם מת חמור חבירו הטעון פשתן בדרך וחמורו של זה טעון עצים: מתני' שם גניבה. שיצא קול שנגנבו כליו: נשבע לוקח כמה נתן ויטול. ויחזיר לו כליו ולפני יאוש קמיירי: גמ' הפגין. לעק: עילא מצא. פירכא היא כלומר עילא מצא כשמכר כליו ונתחרט וידע שמכרן לוקח לאחר עמד והפגין וצעק בלילה להאמין דבריו כשיערער: אנברקראות. חבילות: בדמי קננהו. דהבא במחתרת בר מיתה הוא דכתיב אם במחתרת ימצא הגנב וגו' וכיון דאי הוה בידיה פטור כי מכרן לאחר אמאי מהדר להו לוקח:

לא

תוספות

דתקנה בעלמא תקנו ליה. משום דרכי שלום כמו יוני שובך ותימה דאמאי לא קני להו מדאורייתא בהגבהת הכוורת:

המכיר כליו וספריו ביד אחר כו'. לפני יאוש איירי כדפירש הקונטרס דאי לאחר יאוש דאיכא יאוש ושינוי רשות לא היה מתחייב להחזיר ונראה דבספרים הוי לעולם לפני יאוש שאין רגילות להתייאש מספרים ולא מיבעיא מגנבים עובדי כוכבים דלא מייאש אפי' מכלים כיון דדייני בגיותא כדאמר לעיל אלא אפי' בגנב ישראל אין רגילות להתייאש מספרים דסוף יבאו ליד ישראל דאין גנבים מוכרין אותן רק לישראל ולסוף חוזרין לבעלים ובכלים נמי מיירי לפני יאוש ואפילו לרבנן נמי דאמרי סתם גניבה יאוש בעלים הוא מיירי כגון שהבעלים רודפין אחריו וידוע שלא נתייאשו מהן מעולם מ"מ נוטל מה שנתן מפני תקנת השוק כדאמר בגמרא וא"ת בלא תקנה יטול מה שנתן דמצי אמר להציל נתכוונתי ולהשיב אבידה וי"ל דמיירי שהיה יכול לתבוע מבני אדם שלנו בתוך ביתו אפילו לא היה זה קונה אותם ועי"ל דלא שייך למימר הכי כלל שהרי הלוקח טוען שקנה מאדם אחר נאמן ולא מאותם שלנו בתוך ביתו כדקתני סיפא שאני אומר מכרן לאחר ולקחן זה ממנו והא דלא קאמר שאני אומר שהוא מכרן לו משום שאין הלוקח טוען שזה מכרן ומה שמקש' אמאי נאמן לומר לקוחין הן בידי והלא ספרים עשויין להשאיל ולהשכיר מפורש בסוף המקבל (ב"מ דף קטז. ושם [ט]):

דקאמרי הללו כליו של פלוני. כלומר כשילא הקול אומרים אלו כליו וספריו של פלוני שבני אדם הללו נושאין והן מכירין שהם חדשים:

אמר

עין משפט נר מצוה

סה א מיי' פ"ו מהלכות גזילה הל' יד טוש"מ סי' שע:

סו ב מיי' שם הל' טו:

סז ג מיי' פי"ב מהלכות גירושין הל' טז והל' יז ופי"ג שם הלכה כט סמג עשין נ טוש"ע אה"ע סי' יז סעיף ג:

סח ד מיי' פ"כ מהל' איסורי ביאה הל' יד סמג לאוין קנב טוש"ע אה"ע סי' ג סעיף א:

סט ה מיי' שם הל' א:

ע ו מיי' שם פי"ח הל' יח סמג שם טוש"ע אה"ע סי' ז סעיף א:

עא ז ח ט י כ מיי' פ"ה מהלכות גניבה הל' י והלכה יא ועיין בהשגות ובמ"מ ובכ"מ סמג עשין עא טוש"ע ח"מ סי' שנו סעיף א:

ליקוטי רש"י

לא דבר שיש בו אחריות ממש. לא שגזל קרקע והניחה לפניהן. אלא אפילו גזל פרה וחרש בה או חמור ומחמר אחריו. והכל מעידין שהיה דגזל חייבין [לעיל קיא:]. והטבילוני. מפני שסתם תינוק מטפח באשפות ושרצים מצויין שם. לערב. דצריך הערב שמש [כתובות כו.]. רב חנא קרטיגנא. רב חנן דמן קרטיגי היה מספר מעשה זה [שם כז:]. בשבויה הקילו. דחששא בעלמא הוא דאיכא שמא נבעלה לעובד כוכבים ונפסלה לכהונה [שם כג.]. להציל את נחילו. נחיל של דבורים שהלכו לשדה חבירו ונתיישבו על שוכתה של אילן ואם יטול אחד אחד הן פורחות ואובדות מאחר שנתנו עיניהן באותה שוכה לפיכך קוצצה ונותן לו דמים. ומציל את דובשנו. זה בא בכדו של יין וזה בא בכדו של דבש ונסדקה חבית של דבש וכן זה בא בחבילת פשתן על חמורו וזה בא בחבילת עצים ומת חמורו של בעל פשתן יפרק זה את עציו וטוענו [לעיל פא:]. הבא במחתרת. חתר את הבית ממש. פטור. מלהחזירם אע"פ שהם קיימין. בדמי קננהו. בדמי נפשו קנאן הואיל ונתחייב מיתה בלקיחתם שאמרה תורה יהרג [סנהדרין עב.]. והפגין. צעקו בשוקים וברחובות [ר"ה יט.].

מסורת הש"ס

א) [לעיל קיא: קיג.], ב) [יבמות קכא: גיטין יט: כח:], ג) כתובות כו., ד) שם כז:, ה) [כתובות כג. וש"נ], ו) לעיל פא:, ז) גי' הרי"ף א"ר אבהו, ח) [סנהדרין עב.], ט) [ד"ה והא].

הגהות הב"ח

(א) גמרא אי אמרת בשלמא גזלן דר' שמעון קאמר משום הכי קני אלא אי אמרת גזלן דרבנן קאמר מני כצ"ל ותיבת גנב נמחק ב' פעמים: (ב) רש"י ד"ה מאי וכן. נ"ב עיין פרשב"ם ב"ב דף נב ע"ב:

הגהות הגר"א

[א] גמ' והכל (רשום עליו אות א') אומרים כו' כגון (רשום עליו אות ב') דאמרי הללו כו'. נ"ב למסקנא (רשום על תיבת למסקנא אות א"ב) כגון דאמרי הללו כו' א"ל לכ"ז מכאן עד שם ועי' רמב"ם:

חבילת עצים על חמורו ופגש את חבירו המוביל חבילת פשתן על החמור שלו, ומת חמורו של בעל הפשתן, **שֶׁיְּהֵא** בעל העצים **מְפָרֵק אֶת עֵצָיו** מחמורו **וְטוֹעֵן** את **פִּשְׁתָּנוֹ שֶׁל חֲבֵירוֹ**, שהוא יקר יותר מעצים; **וְ**אחר כך **נוֹטֵל** בעל העצים את **דְּמֵי עֵצָיו מִתּוֹךְ פִּשְׁתָּנוֹ שֶׁל חֲבֵירוֹ. שֶׁעַל מְנָת כֵּן הִנְחִיל יְהוֹשֻׁעַ** בן נון ובית דינו **לְיִשְׂרָאֵל אֶת הָאָרֶץ**[33].

משנה המשנה דנה במקרה של מי שטוען על חפצים שחבירו קנה, כי גנובים הם ממנו:

הַמַּכִּיר — המזהה את **כֵּלָיו וּסְפָרָיו**[34] והם **בְּיַד** אדם **אַחֵר, וְיָצָא לוֹ שֵׁם גְּנֵיבָה בָּעִיר** — ואכן יצא קול בעיר שנגנבו כליו וספריו, וזה שבידו נמצאו טוען שקנה אותם, הרי אנו מקבלים את דברי שניהם, וקובעים שהלה לקחם מן הגנב[35]. לפיכך **יִשָּׁבַע לוֹ לוֹקֵחַ כַּמָּה נָתַן** במחיר חפצים אלו **וְיִטּוֹל** מחיר זה, ויחזיר את החפצים לבעלים[36]. **וְאִם לַאו** — אם לא יצא לו שם גניבה בעיר, **לַאו כָּל הֵימֶנּוּ** — אין בכוחו לטעון שנגנבו ממנו, **שֶׁאֲנִי אוֹמֵר:** החפצים לא נגנבו, אלא הבעלים הראשונים **מְכָרָן לְאַחֵר, וּלְקָחָן** אדם **זֶה הֵימֶנּוּ** — מן הקונה שקנה מהבעלים הראשונים[37].

גמרא מקשה הגמרא:

וְכִי יָצָא לוֹ שֵׁם גְּנֵיבָה בָּעִיר, מַאי הָוֵי — מה בכך? **לֵיחוּשׁ דִּילְמָא זַבְּנִינְהוּ וְהוּא נִיהוּ קָא מַפִּיק שְׁמָא** — נחשוש שמא באמת מכר את הכלים [והתחרט על המכירה] והוא זה המוציא את הקול אודות גניבה (שבאמת לא היתה) ומדוע נאמין לו להחזיר לו את החפצים[38]?

משיבה הגמרא:

אָמַר רַב יְהוּדָה אָמַר רַב: מדובר במשנה **כְּגוֹן שֶׁבָּאוּ בְּנֵי אָדָם בְּתוֹךְ בֵּיתוֹ** ללון אצלו בלילה[39], **וְעָמַד** בעל הבית **וְהִפְגִּין** (וצעק) **בַּלַּיְלָה** [לאחר שהלכו האורחים] **וְאָמַר: "נִגְנְבוּ כֵּלַיי** על ידי האורחים!"

הגמרא דוחה את היישוב:

במקרה כזה, **כָּל שֶׁכֵּן** שיש לחשוש שמא **עִילָּא** (תואנה) **מָצָא** להיתלות באותם אורחים כדי לבסס את טענתו השקרית שנגנבו כליו[40]!

הגמרא מבארת את היישוב:

רַב כַּהֲנָא מְסַיֵּים בָּהּ (ביישוב הוראה זו) **מִשְּׁמֵיהּ דְּרַב:** מדובר במשנה **כְּגוֹן שֶׁהָיְתָה מַחְתֶּרֶת חֲתוּרָה בְּתוֹךְ בֵּיתוֹ, וּבְנֵי אָדָם שֶׁלָּנוּ בְּתוֹךְ בֵּיתוֹ יָצְאוּ וְאַנְבּוּרְקָרָאוֹת** (חבילות) **שֶׁל כֵּלִים עַל כִּתְפֵיהֶם, וְהַכֹּל אוֹמְרִים** אחר שראו אותם יוצאים כך מתוך המחתרת, **"נִגְנְבוּ כֵּלָיו שֶׁל פְּלוֹנִי"**[41].

הערות

(ראה רש"י כאן ולהלן קטו ראש עמוד ב). רבי ישמעאל בנו של רבי יוחנן בן ברוקה, המלמד כאן שבעל הדבש משלם את כל דמי היין, אינו חולק על הוראת המשנה. שכן המשנה עוסקת במקרה שבעל היין שפך את יינו מדעת עצמו. במקרה זה אין בעל היין יכול לגבות מבעל הדבש אלא את שכרו. אמנם רבי ישמעאל בנו של רבי יוחנן בן ברוקה מלמד שיכול בעל הדבש לדרוש מבעל היין לשפוך את יינו כדי להציל את הדבש, ואין בעל היין רשאי לסרב. ובמקרה כזה — שבעל היין שפך את יינו מחמת דרישתו של בעל הדבש — צריך בעל הדבש לשלם לו את דמי יינו. והרי זה כעין המקרה הקודם, שבעל הנחיל קוצץ את הענף בעל כרחו של בעל השדה, וחייב לשלם לו את נזקו (תוספות לעיל פא, ב — פב, א ד"ה ונוטל; רא"ש כאן; ראה גם רשב"א ומאירי לעיל שם; אולם עיין רי"ף כאן).

33. בברייתא שהובאה בסוף פרק שביעי (לעיל פ, ב — פא, א) מנויות עשר תקנות שהתקין יהושע בן נון הנוגעות לזכויות הקרקע של נוחלי הארץ. רבי ישמעאל בנו של רבי יוחנן בן ברוקה מוסיף עוד שלש תקנות אלו, שגם אותן התנה יהושע בשעה שהנחיל לישראל את הארץ (ראה גמרא שם פא סוף עמוד ב).

ממשנתנו נראה שרבי ישמעאל בנו של רבי יוחנן בן ברוקה חולק על תנא קמא, שאסר לבעל הנחיל לקצוץ את הענף, אפילו על דעת לשלם את הדמים. ואם כן נראה שחכמים (תנא קמא) אינם סוברים שיהושע בן נון התקין תקנה כזו. והוא הדין שהם חולקים על שתי התקנות האחרות שהזכיר רבי ישמעאל, שהרי טעם אחד יש לכל התקנות (ראה גמרא ותוספות שם). ואכן כך היא דעת הרי"ף, שיש לפסוק כחכמים, ולא כרבי ישמעאל. וכך עולה גם מדברי הרמב"ם (הלכות נזקי ממון ה, ג, והלכות גזילה ו, יד). אולם עיין רי"ף לדעה חולקת; ועיין רא"ש שכתב ליישב דעה זו. ונחלקו הפוסקים להלכה בענין זה — עיין טור חושן משפט רעד וברמ"א שם; שלחן ערוך שם רסד, ה.

34. ראה תוספות יום טוב ותפארת ישראל, לביאור למה נקטה המשנה כלים וגם ספרים. עיין תוספות.

35. אבל הלוקח לא קנה אותם בשינוי הרשות, לפי שמדובר באופן שהבעלים לא התייאש, ושינוי רשות בלא יאוש אינו קונה, לכן החפצים הגנובים חוזרים לבעליהם (ראה רש"י, תוספות ומאירי; אבל ראה שיטה מקובצת בשם רמ"ה).

מדובר במקרה שהבעלים מביא עדים שהכלים והספרים הללו שלו הם [או שנותן בהם סימנים מובהקים (ים של שלמה)]. אם אינו מביא עדים על כך [או שאינו נותן סימנים], הרי יתכן שהקול יצא בגין כלים אחרים שנגנבו ממנו ולא אלה שהוא טוען עליהם (ראה תוספות רי"ד; ראה גם רמב"ם וכסף משנה, הלכות גניבה ה, י); ראה בגמרא המגבילה עוד את המקרה בו נאמרה הוראה זו.

קבלת דברי שניהם — שאכן הכלים נגנבו וזה שבידו הכלים קנאם מן הגנב — אפשרית רק אם קול הגניבה יצא **קודם** שהלה קנה את הכלים (חידושים וביאורים).

36. בדרך כלל, מי שיש לו מטלטלין ברשותו **אינו** חשוד שנטלם שלא כדין. על כן, אפילו כשעדים מעידים שהכלים שברשות שמעון היו של ראובן, נאמן שמעון לומר שקנאם מראובן או מכל אדם אחר [שמן הסתם קנאם מראובן], ואין ראובן נאמן לטעון ששמעון, או מי שמכרם לשמעון, גנב אותם ממנו. אולם, בנידון שבמשנתנו, כיון שיצא לו שם גניבה בעיר, מקבלים את טענת ראובן שנגנבו הכלים. מאידך, שמעון אינו חשוד שהוא עצמו גנבם. לפיכך נוקטים ששמעון לקחם ממי שגנבם מראובן. על כן, שמעון חייב להחזירם לראובן (שהם עדיין שלו; ראה הערה הקודמת) אך אינו מפסיד את הכסף ששילם בעבורם, אלא ראובן משלם לשמעון (ולאחר מכן תובע ראובן את הגנב שישלם לו אותו הסכום).

בטעם הדבר, מדוע צריך ראובן לשלם לשמעון, אף על פי שהכלים והספרים עדיין שלו הם, ניתן לומר שני הסברים (שיוצאים מתוך הסוגיא להלן קטו, א): (א) כיון ששמעון לא גנב ממנו, אין לראובן שום טענה נגדו, ולכן אינו יכול לחייב אותו להפסיד ("לאו בעל דברים דידי את", וכשיטת רמי בר חמא לעיל קיא, ב — קיב, א), ולכן גם אם ראובן נוטל בדין את הכלים שעדיין שלו הם, לפי שלא התיאש, אין שמעון חייב לתת לו אותם ללא שיקבל מה ששילם עבורם (ראה קטו, א הערות 3, 8). (ב) אכן יש לראובן תביעה על שמעון, שאמנם לא גנב ממנו, אבל למעשה הוא מחזיק בחפצים של ראובן והרי הוא כמי שגנב מראובן (וכשיטת רב חסדא לעיל שם). לפי זה, על פי דין התורה היה שמעון חייב להחזיר בלי שום פיצוי. אלא שמשום "תקנת השוק" תקנו חכמים שהקונה דברים גנובים בתום לב (דהיינו כאשר המוכר אינו ידוע כגנב) שיקבל את הכסף ששילם עליהם (ראה קטו, א הערות 4, 6, 18).

[בהגדרת שבועה זו, האם היא ככל שבועה החלה על מי שנוטל, או שזו תקנה מיוחדת, ראה רמב"ם הלכות טוען ונטען ח, ו (לדיון נוסף ראה אור שמח שם); רשב"א בבא בתרא מו, א ד"ה כתב; שו"ת מלבושי יום טוב חושן משפט חלק ב ב, ג-ה; לדיון למה לא נפטר הלוקח משבועה מחמת מגו שהיה יכול לטעון שלקחם מראובן, ראה שיטה מקובצת בשם רמ"ה; חידושי רבי עקיבא איגר.]

37. כלומר, אנו נוקטים שראובן מכר כלים אלו לאחר, והלה הלך ומכרם לשמעון. ראובן התחרט על העסק ולכן בדה מלבו את סיפור הגניבה כדי להחזיר לידיו את החפצים שמכר. על כן, אין שום חיוב על שמעון להחזיר את הכלים.

[לדיון, למה אין ראובן נאמן בטענת הגניבה, מכח "מגו" שיכול היה לומר שהשאיל את הכלים, ראה תוספות בבא מציעא קטז, א ד"ה והא; תוספות הרא"ש שם; ש"ך חושן משפט שנז, ב; קצות החושן שם א, ועוד.]

38. בדרך כלל, אין אדם נאמן לטעון שרכוש שבידי אחר נגנב ממנו (ראה הערה 36).

39. [ובני העיר ראו שהיו לו אורחים]. גירסת הראשונים וכל כתבי היד: כגון שבאו בני אדם **ולנו** בתוך ביתו (ראה דקדוקי סופרים וספר שנויי נוסחאות).

40. שיש לחשוש שהתחרט על שמכר את כליו ולאחר ששמע שהקונה מכרם לאדם אחר [ולנו אצלו אורחים והלכו מביתו] בדה את סיפור הגניבה ועמד וצעק בלילה כדי שיאמינו לו בטענתו שנגנבו כליו (רש"י). [לפי המבואר לעיל סוף הערה 33, כדי לקבל את טענת שניהם צריך שקול הגניבה יצא קודם לקיחתו של שמעון, ואילו כאן זה להיפך; כנראה מדובר כאן במקרה שאין שמעון טוען או זוכר בודאות מתי קנה את הכלים.]

מלשון הגמרא ("כל שכן") משמע שהעובדה שאורחים לנו בתוך ביתו, מעוררת חשש גדול יותר שהוא משקר (ראה רבינו יהונתן, מובא בשיטה מקובצת); אבל גירסת רוב הראשונים וכן כתבי היד: "**ודילמא** (ושמא) עילא מצא" (ספר שנויי נוסחאות).

41. [רב כהנא מקבל אף הוא את היישוב של רב, שמדובר במקרה שבאו בני אדם ולנו בתוך ביתו, אלא שהוא (שלא כרב יהודה בשם רב) **מסיים** בשמו של רב את היישוב באופן אחר: לא הבעלים הוציא את הקול (שאז אכן יש לחשוש שבדה את

וקיימא לן כגזלן לר"ש: גופא רבי אומר אומר אני גנב כגזלן איבעיא להו כגזלן דרבנן קאמר ולא קני או דלמא כגזלן דר"ש קאמר וקני ת"ש נטלו מוכסין חמורו וכו' מני אי רבנן קשיא גזלן אי ר"ש קשיא גנב אי אמרת בשלמא רבי כגזלן דר"ש קאמר וקני הא מני רבי היא משום הכי קני אלא אי אמרת כגזלן דרבנן קאמר ולא קני הא מני לא רבי ולא ר"ש ולא רבנן הב"ע בלסטים מזויין ור"ש היא אי הכי היינו גזלן תרי גווני גזלן ת"ש הגנב והגזלן והאנס הקדישן הקדש ותרומתן תרומה ומעשרותן מעשר מני אי רבנן קשיא גזלן אי ר"ש קשיא גנב אי אמרת בשלמא (א) גנב כגזלן דר"ש קאמר משום הכי קני אלא אי אמרת גנב כגזלן דרבנן הא מני בלסטים מזויין ור"ש היא אי הכי היינו גזלן תרי גווני גזלן א"ל רב אשי לרבה ת"ש [א] דמתני רבי לרבי שמעון בריה לא דבר שיש בו אחריות ממש אלא אפילו פרה וחורש בה חמור ומחמר אחריו חייבין להחזיר מפני כבוד אביהן טעמא מפני כבוד אביהן הא לאו כבוד אביהן לא ש"מ רבי גזלן דר"ש קאמר ש"מ: וכן נחיל של דבורים: מאי וכן הכי קאמר אפילו נחיל של דבורים [א]דקנין דרבנן הוא סד"א האי כיון דרבנן בעלמא הוא דקני ליה אפילו סתמא נמי מייאש קמ"ל אם נתייאשו הבעלים אין אי לא לא: א"ר יוחנן בן ברוקה נאמנת אשה וקטן כו': אשה וקטן בני עדות נינהו אמר רב יהודה אמר שמואל הכא במאי עסקינן [ב]כגון שהיו בעלים מרדפין אחריהם ואשה וקטן [ג]מסיחין לפי תומם ואומר מכאן יצא נחיל זה אמר רב אשי אין מסיח לפי תומו כשר [ג]אלא לעדות אשה בלבד א"ל רבינא לרב אשי ולא והרי נחיל של דבורים מסיח לפי תומו הוא שאני נחיל של דבורים דקנין דרבנן הוא ודאורייתא לא [ו]והאמר רב יהודה אמר שמואל [ד]מעשה באדם אחד שהיה מסיח לפי תומו ואומר זכורני כשאני תינוק ומורכבני על כתיפו של אבא והוציאוני מבית הספר והפשיטוני את כתנתי והטבילוני לאכול בתרומה לערב ורבי חנינא מסיים בה הכי וחבירי בדילין ממני והיו קורין אותי יוחנן אוכל חלות והעלהו רבי לכהונה על פיו [ה]בתרומה דרבנן ואכתי דאורייתא לא והא [ז]כי אתא רב דימי אמר רב חנא קרטיגנא ואמרי לה רב אחא קרטיגנא משתעי מעשה בא לפני ריב"ל ואמרי לה מעשה בא לפני רבי בתינוק אחד שהיה מסיח לפי תומו ואמר אני ואמי נשבינו לבין העכו"ם יצאתי לשאוב מים דעתי על אמי ללקוט עצים דעתי על אמי [י]והשיאה רבי על פיו לכהונה [ח]בשבויה הקילו: אבל לא יקוץ את סוכו [וכו']: [י]תניא ר' ישמעאל בנו של רבי יוחנן בן ברוקה אומר תנאי ב"ד הוא שיהא יורד לתוך שדה של חבירו וקוצץ סוכו של חבירו להציל את נחילו ונוטל דמי סוכו מתוך נחילו של חבירו ותנאי ב"ד הוא שיהא שופך יינו ומציל את דובשנו של חבירו ונוטל דמי יינו מתוך דובשנו של חבירו ותנאי ב"ד הוא שיהא מפרק את עציו וטוען פשתנו של חבירו ונוטל דמי עציו מתוך פשתנו של חבירו שע"מ כן הנחיל יהושע לישראל את הארץ: **מתני'** [ז]המכיר כליו וספריו ביד אחר ויצא לו שם גניבה בעיר ישבע לו לוקח כמה נתן ויטול ואם לאו לאו כל המנו שאני אומר מכרן לאחר ולקחן זה הימנו: **גמ'** וכי יצא לו שם גניבה בעיר מאי הוי ליחוש דילמא זבנינהו והוא ניהו קא מפיק שמא א"ר יהודה אמר רב [ח]כגון שבאו בני אדם בתוך ביתו ועמד והפגין בלילה ואמר נגנבו כליי כ"ש עילא מצא רב כהנא מסיים בה משמיה דרב [ט]כגון שהיתה מחתרת חתורה בתוך ביתו ובני אדם שלנו בתוך ביתו יצאו ואנבורקראות של כלים על כתפיהם [א] והכל אומרים נגנבו כליו של פלוני ודלמא כלים הוו ספרים לא הוו א"ר חייא בר אבא א"ר יוחנן כגון דקאמרי נמי ספרים וליחוש דלמא זוטרי וקא טעין רברבי א"ר יוסי בר חנינא דקאמרי ספר פלוני ופלוני ודלמא הוו עתיקי וקא טעין חדתי [י]אמר רב [י]כגון דאמרי הללו כליו של פלוני ספריו של פלוני ומי אמר רב הכי והאמר רב [ס]בא במחתרת ונטל כלים ויצא פטור מ"ט בדמי קננהו ה"מ דקננהו בבא במחתרת דמעיקרא מסר נפשיה לקטלא אבל הני כיון דלא מסרו נפשייהו לקטלא לא אמר רבא [כ]לא שנו אלא בעל הבית העשוי למכור כליו אבל בעל הבית שאינו עשוי למכור כליו

לא

רש"י

וקיימא לן. לקמן דהא גנב כגזלן דקאמר רבי כגזלן דר"ש קאמר דקני ולא כגזלן דרבנן דלא קני: **הא לאו מפני כבוד אביהם לא.** אלמא גזלן לרבי קני כר"ש וקאמר גנב כגזלן אלמא תרוייהו קני: **מאי וכן.** (ב) פשיטא דקני ביאוש דמ"ש נחיל מכסות: **קנין דרבנן הוא.** דאין כאן גזל אלא מפני דרכי שלום דהא דהפקר נינהו ותניא (חולין דף קמא:) יוני שובך ויוני עלייה אין בהן משום גזל אלא מפני דרכי שלום: **מרדפין אחריהם.** קודם דיבור הקטן דרגלים לדבר דשלו הם: **לעדות אשה.** שמע מן התינוקות שהיו אומרים הרי אנו הולכין לספוד ולקבור איש פלוני בפ' בתרא דיבמות (דף קכא:): **והטבילוני.** לפי שדרכו של תינוק לטפח בשרצים ובטומאות: **בדילין ממני.** מפני תרומתי: **בתרומה דרבנן.** בזמן הזה דרבי לאחר חורבן היה ואיכא מ"ד לא קידשה לעתיד לבא: **והשיאה רבי לכהונה.** ואע"ג דאיסורא דאורייתא היא משום זונה: **בשבויה הקילו.** דספיקא בעלמא היא: **שיהא שופך יינו.** במתני' הוא זה בא בחביתו של יין וזה בא בכדו של דבש נסדקה חבית של דבש: **וטוען פשתנו.** אם מת חמור חבירו הטעון פשתן בדרך וחמורו של זה טעון עצים: **מתני' שם גניבה.** שיצא קול שנגנבו כליו: **נשבע לוקח כמה נתן ויטול.** ויחזיר לו כליו ולפני יאוש קמיירי: **גמ' הפגין.** לעק: **עילא מצא.** פירכא היא כלומר עילא מצא כשמכר כליו ונתחרט וידע שמכרן לוקח לאחר עמד והפגין ולעק בלילה להאמין דבריו כשיערער: **אנברקראות.** חבילות: **בדמי קננהו.** דהבא במחתרת בר מיתה הוא כדכתיב אם במחתרת ימצא הגנב וגו' וכיון דאי הוה בידיה פטור כי מכרן לאחר אמאי מהדר להו לוקח:

לא

תוספות

דתקנה בעלמא תקנו ליה. משום דרכי שלום כמו יוני שובך ותימה דאמאי לא קני להו מדאורייתא בהגבהת הכוורת: **המכיר** כליו וספריו ביד אחר כו'. לפני יאוש איירי כדפירש הקונטרס דאי לאחר יאוש דאיכא יאוש ושינוי רשות לא היה מתחייב להחזיר ונראה דבספרים הוי לעולם לפני יאוש שאין רגילות להתייאש מספרים ולא מיבעיא מגנבים עובדי כוכבים דלא מייאש אפי' מכלים כיון דדייני בגיותא כדאמר לעיל אלא אפי' בגנב ישראל אין רגילות להתייאש מספרים דסוף יבאו ליד ישראל דאין גנבים מוכרין אותן רק לישראל ולסוף חוזרין לבעלים ובכלים נמי מיירי לפני יאוש ואפילו לרבנן נמי דאמרי סתם גניבה יאוש בעלים הוא מיירי כגון שהבעלים רודפין אחריו וידוע שלא נתייאשו מהן מעולם מ"מ נוטל מה שנתן מפני תקנת השוק כדאמר בגמרא וא"ת בלא תקנה יטול מה שנתן דמאי אמר להציל נתכוונתי ולהשיב אבידה וי"ל דמיירי שהיה יכול לתבוע מבני אדם שלנו בתוך ביתו אפילו לא היה זה קונה אותם ועי"ל דלא שייך למימר הכי כלל שהרי הלוקח טוען שקנה מאדם אחר נאמן ולא מאותם שלנו בתוך ביתו כדקתני סיפא שאני אומר מכרן לאחר ולקחן זה ממנו והא דלא קאמר שאני אומר שהוא מכרן לו משום שאין הלוקח טוען שזה מכרן ומה שמקש' אמאי נאמן לומר לקוחין הן בידי והלא ספרים עשויין להשאיל ולהשכיר מפורש בסוף המקבל (ב"מ דף קטז. ושם ט):

דקאמרי הללו כליו של פלוני. כלומר כשיצא הקול אומרים אלו כליו וספריו של פלוני שבני אדם הללו נושאין והן מכירין שהם חדשים:

אמר

עין משפט
נר מצוה

סה א מיי' פ"ו מהלכות גזילה הל' יד טוש"מ סי' שע:

סו ב מיי' שם הל' טו:

סז ג מיי' פי"ב מהלכות גירושין הל' טו והל' יח ופי"ג שם הלכה כט סמג עשין נ טוש"ע אה"ע סי' יז סעיף ג:

סח ד מיי' פ"כ מהל' איסורי ביאה הל' יד סמג לאוין קנב טוש"ע אה"ע סי' ג סעיף א:

סט ה מיי' שם הל' א:

ע ו מיי' שם פי"ח הל' יח סמג שם טוש"ע אה"ע סי' ז סעיף א:

עא ז ח ט י כ מיי' פ"ה מהלכות גניבה הל' י והלכה יא ועיין בהשגות ובמ"מ ובכ"מ סמג עשין עא טוש"ע ח"מ סי' שנו סעיף א:

ליקוטי רש"י

לא דבר שיש בו אחריות ממש. לא שגזל קרקע והניחה לפניהן. **אלא אפילו גזל פרה וחרש בה או חמור ומחמר אחריו.** והכל מעידין שהיה דגגזל חייבין [לעיל קיא:]. **והטבילוני.** מפני שסתם תינוק מטפח באשפות ושרצים מצויין שם. **לערב.** דצריך הערב שמש [כתובות כו.]. **רב חנא קרטיגנא.** רב חנן דמן קרטיגי היה מספר מעשה זה [שם כז:]. **בשבויה הקילו.** דחששא בעלמא הוא דאיכא שמא נבעלה לעובד כוכבים ונפסלה לכהונה [שם כג.]. **להציל את נחילו.** נחיל של דבורים שהלכו לשדה חבירו ונתיישבו על שוכתה של אילן ואם יטול אחד אחד הן פורחות ואובדות מאחר שנתנו עיניהן באותה שוכה לפיכך קוצצה ונותן לו דמים. **ומציל את דובשנו.** זה בא בכדו של יין וזה בא בכדו של דבש ונסדקה חבית של דבש וכן זה בא בחבילת פשתן על חמורו וזה בא בחבילת עצים ומת חמורו של בעל פשתן יפרק זה את עציו וטוענו [לעיל פא:]. **הבא במחתרת.** חתר את הבית ממש. **פטור.** מלהחזירם אע"פ שהם קיימין. **בדמי קננהו.** בדמי נפשו קנאן הואיל ונתחייב מיתה בלקיחתם שאמרה תורה יהרג [סנהדרין עב.]. **והפגין.** לעקו בשוקים וברחובות [ר"ה יט.].

מסורת הש"ס

א) [לעיל קיא: קיג.], ב) [יבמות קכא: גיטין יט: כח:], ג) כתובות כו., ד) שם כו:, ה) [כתובות כג. וש"נ], ו) לעיל פא:, ז) גי' הרי"ף א"ר אבהו, ח) [סנהדרין עב.], ט) [ד"ה והא].

הגהות הב"ח

(א) גמרא אי אמרת בשלמא גזלן דר' שמעון קאמר משום הכי קני אלא אי אמרת גזלן דרבנן קאמר מני כצ"ל ותיבת גנב נמחק ב' פעמים: (ב) רש"י ד"ה מאי וכן. נ"ב עיין פרש"ס ב"ב דף נג ע"ב:

הגהות הגר"א

[א] גמ' והכל (רשום עליו אות א') אומרים כו' כגון (רשום עליו אות ב') דאמרי הללו כו'. נ"ב למסקנא (רשום על תיבת למסקנא אות א"ב) כגון דאמרי הללו כו' א"ל לכ"ז מכאן עד שם ועי' רמב"ם:

הגמרא מקשה וטוענת:

במקרה שתיאר רב כהנא, עדיין יש לחשוש, **וְדִלְמָא** רק **כֵּלִים הֲווּ** בחבילות ואילו **סְפָרִים לֹא הֲווּ** בתוכם, ובאמת הספרים לא נגנבו ממנו אלא הוא מכרם! יישובו של רב כהנא, אין בו כדי ליישב את הוראת המשנה לפיה מאמינים לבעלים שהספרים נגנבו ממנו[42]!

הגמרא מיישבת:

אָמַר רַבִּי חִיָּיא בַּר אַבָּא, אָמַר רַבִּי יוֹחָנָן: אכן, על יישובו של רב כהנא יש להוסיף: **כְּגוֹן דְּקָאָמְרֵי נַמִּי סְפָרִים** — שאמרו הכל שגם ספרים נראו בחבילות שעל כתפי היוצאים. רק במקרה זה נאמרה הוראת המשנה.

גם לפי רבי חייא, עדיין אין בכך הוכחה גמורה שהספרים הללו נגנבו:

וְלֵיחוּשׁ דִּלְמָא זוּטְרֵי וְקָא טָעִין רַבְרְבֵי — ונחשוש שמא הגנבים יצאו עם ספרים קטנים, ואילו הבעלים הראשונים טוען שנגנבו ממנו ספרים גדולים; עדיין אין הוכחה שאלו הם אותם הספרים[43]!

הגמרא מיישבת:

אָמַר רַבִּי יוֹסֵי בַּר חֲנִינָא: אכן, על היישוב הקודם יש להוסיף שמדובר במקרה **דְּקָאָמְרֵי** — שאלו שראו אותם יוצאים אומרים: **סֵפֶר פְּלוֹנִי וּפְלוֹנִי** נראו בחבילות שעל כתפי היוצאים[44]. רק במקרה זה נאמרה הוראת המשנה.

עדיין אין במקרה זה הוכחה ברורה שאלו הם אותם הספרים שנגנבו:

וְדִלְמָא הֲווּ עַתִּיקֵי וְקָא טָעִין חַדְתֵּי — ואולי הספרים שנראו על כתפי היוצאים היו ישנים, והבעלים הראשונים טוען על ספרים חדשים שבידיו של האחר כי אלו הם שנגנבו ממנו? מכך שהרואים מציינים את שמותיהם של הספרים, אין הוכחה שמדובר באותם ספרים ממש!

הגמרא מיישבת:

אָמַר (רב) [רַבִּי אַבָּהוּ][45]: אכן, על יישובו של רב כהנא יש להוסיף: **כְּגוֹן דְּאָמְרֵי: "הַלָּלוּ כֵּלָיו שֶׁל פְּלוֹנִי הַלָּלוּ סְפָרָיו שֶׁל פְּלוֹנִי"** — אלו שראו את היוצאים מתוך ביתו, מזהים את הכלים והספרים שביד האחר, כאותם הכלים והספרים שראו על כתפי היוצאים[46].

לפי גירסת רב כהנא (והאמוראים שביארו עוד) ביישובו של רב בדברי המשנה, נמצא שלדעת רב, חפצים שנגנבו על ידי גנבים שנראו יוצאים מתוך מחתרת, עדיין שייכים לבעלים. הגמרא מקשה על כך:

וּמִי אָמַר רַב הָכִי — וכי כך אמר רב? **וְהָאָמַר רַב** עצמו במקום אחר: **בָּא** הגנב **בַּמַּחְתֶּרֶת וְנָטַל כֵּלִים וְיָצָא, פָּטוּר** מלהחזיר את הכלים. **מַאי טַעְמָא** — מהו הטעם שפטור? **בִּדְמֵי קְנִנְהוּ** — כי קנאם בדמיו, היינו, בכך שסיכן את נפשו בהריגה בבואו במחתרת[47]. לדעתו של רב, לא יתכן שהקונה חייב להחזיר את הכלים והספרים, שהרי קנה אותם מן הגנבים שקנו אותם ב"דמם"!

הגמרא משיבה:

הָנֵי מִילֵּי — דברים הללו שאמר רב **דִּקְנִנְהוּ** — שקונה את הכלים שגנב, אמורים רק **בְּבָא בַּמַּחְתֶּרֶת** — גנב שנכנס לתוך הבית במחתרת, **דְּמֵעִיקָּרָא מָסַר נַפְשֵׁיהּ לִקְטָלָא** — שמתחילת כניסתו מוסר את עצמו למיתה. **אֲבָל הָנֵי** — אבל אנשים אלו, שהיו לנים בביתו, כמבואר לעיל, **כֵּיוָן דְּלֹא מָסְרוּ נַפְשַׁיְיהוּ לִקְטָלָא** — כיון שלא מסרו את עצמם למיתה בכניסה לבית דרך מחתרת, **לֹא** — אינם קונים את מה שגנבו[48].

התבאר עד כה, לפי יישובו של רב בדין המשנה, שהוראת המשנה לא נאמרה אלא כשיש הוכחות ברורות שהחפצים שביד הקונה הם אלו שנגנבו. הגמרא מחלקת בדין זה:

אָמַר רָבָא: לֹא שָׁנוּ שצריכים הרואים לזהות את החפצים שנגנבו, **אֶלָּא** במקרה של **בַּעַל הַבַּיִת הֶעָשׂוּי לִמְכּוֹר כֵּלָיו**[49], **אֲבָל** במקרה של **בַּעַל הַבַּיִת שֶׁאֵינוֹ עָשׂוּי לִמְכּוֹר כֵּלָיו,**

הערות

הגניבה מלבו), אלא הכל ראו שהאורחים יוצאים מן המחתרת כגנבים עם חבילות כלים, וכך התפרסם בעיר שהיתה אצלו גניבה.]

42. אכן אם נראו בני אדם שלנו בתוך ביתו יוצאים מן המחתרת וחבילות של כלים על כתפיהם, יש סיוע לטענתו שנגנבו **כלים**; אולם, אף כי **אפשר** שבתוך החבילות של הכלים היו גם ספרים, אין הוכחה ודאית לכך שנגנבו גם ספרים.

הגמרא טוענת כי המקרה שתיאר רב כהנא, אין בו כדי לחייב את הקונה להחזיר את הספרים, כל עוד לא נראו ספרים בחבילותיהם של אלו שיצאו מן המחתרת [וזו גם הכוונה בשאלות ובתשובות הבאות] (ראה ים של שלמה; עיין גם דברות משה פד סוף ענף ו).

43. אולי נגנבו ממנו ספרים אחרים, ואילו אלו שברשות שמעון, מכר ראובן.

44. כשיצא לו שם גניבה בעיר היו אומרים את שמות הספרים הגנובים (כגון יהושע, שופטים). ומצאו ספרים בעלי אותם שמות [וממילא באותו גודל] ברשות שמעון.

45. ראה מסורת הש"ס וספר שנויי נוסחאות. [אי אפשר לגרוס כאן "רב", שכן כל הדיון הוא ביישוב שאמר רב כהנא בשמו של רב.]

46. ומכך, שאם מדובר במקרה שהספרים שנמצאו ביד אחר הם חדשים, מקבלים את טענת הבעלים רק במקרה שאין ספק שהספרים שראו הכל היו גם כן ספרים חדשים (ראה תוספות, וחידושי רבי משה קזיס; לעיון נוסף ראה אבן האזל הלכות גניבה ה).

47. כתוב בתורה (שמות כב, א): "אִם בַּמַּחְתֶּרֶת יִמָּצֵא הַגַּנָּב, וְהֻכָּה וָמֵת, אֵין לוֹ דָּמִים". היינו, מותר לבעל הבית להרוג גנב הנכנס לביתו במחתרת. הטעם לכך הוא שכיון שיודע הגנב שבעל הבית, אם יראהו, יתנגד לו כדי לשמור על רכושו, חזקה עליו שהתכוון להרוג את בעל הבית אם יראה צורך בכך. משום כך, חל עליו דין "רודף" ש"אם בא להורגך השכם להורגו" (עיין סנהדרין עב, א ורש"י שם; רמב"ם הלכות גניבה ט, ז-ט).

במקרה זה, שייך לומר הכלל "קם ליה בדרבה מיניה" (דהיינו, די לו בעונש החמור יותר; היינו, הראוי להתחייב בעונש מות וחיוב ממוני בבת אחת, מקבל רק את העונש החמור יותר, היינו מיתה, ואינו משלם כלום; עיין כתובות כט, א-לה, ב; מכות מ, א-ב). הבא במחתרת לגנוב, הרי הוא כ"חייב מיתה", שכן התיר את עצמו למיתה, במה שמותר לבעל הבית להרוג אותו בשעת מעשה. משום כך, הגנב פטור מלשלם על כל נזק לרכוש שעושה באותו זמן (משנה סנהדרין עב, א). נחלקו אמוראים (שם) האם הוא פטור מלשלם רק על **נזק** שעשה (דעת רבא שם), או שהוא גם פטור מלהחזיר מה **שגנב** (דעת רב שם); ההלכה נפסקה כרבא, אלא שהגמרא מקשה כאן על רב משיטת עצמו (רשב"א; ראה עוד בגמרא שם שאף רבא החמיר על עצמו כשיטת רב). עיין קובץ שיעורים חלק א, בבא קמא אות יד, להרחבת הביאור בשיטת רב.

48. מאחר שנכנסו לבית ברשות בעל הבית (וחפרו מחתרת רק כדי לצאת באופן שלא יראה בעל הבית), הרי בשעה שגנבו אסור לו להרוג אותם (כיון שלא נכנסו לבית בכוונה להרוג). נמצא שלא התירו עצמם למיתה בשעת הגניבה (מה שלפי רב היה פוטר אותם מלהחזיר את הגניבה). [עיין שיטה מקובצת כתובות לד, ב ד"ה ורש"י ז"ל כתב וז"ל מחתרת; ראה גם רמב"ם הלכות גניבה ט, יא, שאפילו גנב שבא במחתרת, כיון שפנה לצאת כבר אינו "רודף" ואסור לבעלים להרגו; לפי זה מובן שהגנבים שלנו בביתו של ראובן, שעברו במחתרת רק בדרך יציאתם, מעולם לא נכנסו לגדר דין "הבא במחתרת".]

49. לביאורים בהגדרת "בעל הבית העשוי למכור את כליו" ראה שיטה מקובצת בשם רמ"ה, ובשם רבינו יהונתן.

לֹא צָרִיךְ לְאַהְדּוּרֵי עֲלֵיהּ כּוּלֵּי הַאי — אינם צריכים לפרט כל כך[1].

שואלת הגמרא:

וְדִלְמָא — ואולי אף מי שאין דרכו למכור כליו, **אִיצְטְרִיךְ לֵיהּ זוּזֵי וְזַבִּין** — נצרך למעות ומכר [על אף שאינו רגיל בכך]. למה לא נצריך שיפרטו הרואים מה נגנב, גם במקרה של מי שאין דרכו למכור כליו?

משיבה הגמרא: **אָמַר רַב אַשִׁי: הֲרֵי יָצָא לוֹ שֵׁם גְּנֵיבָה בְּעִיר**, ודי בכך למי שאין דרכו למכור כליו[2].

משנתנו דנה במקרה בו מי שהכיר את כליו ביד אחר וטוען שנגנבו ממנו, אין לו עם מי לדון מלבד זה שנמצאו בידו (כי לא ידוע על גנב עמו יוכל לדון). הגמרא תדון במקרה שידוע מי הגנב, האם יכול הבעלים לדון גם עם הקונה:

אִיתְּמַר (נאמר בבית המדרש): **גָּנַב** כלים **וּמָכַר** אותם, ונמצאים הכלים ביד הקונה, **וְאַחַר כָּךְ הוּכַּר הַגַּנָּב** (נודע מי הוא). **רַב מִשְּׁמֵיהּ דְּרַבִּי חִיָּיא אָמַר: הַדִּין** שעושה הבעלים לתבוע את כליו הוא רק **עִם הָרִאשׁוֹן**, הגנב[3]. **רַבִּי יוֹחָנָן מִשְּׁמֵיהּ דְּרַבִּי יַנַּאי אָמַר: הַדִּין** אפילו **עִם הַשֵּׁנִי** — יכול הבעלים, אם ירצה, לתבוע את הקונה. כלומר, אם הוא נוטל את כליו מן הקונה, אינו צריך לשלם לו (אלא הקונה יתבע את הפסדו מן הגנב)[4].

הגמרא מבארת את ההבדל בין שתי הדעות:

אָמַר רַב יוֹסֵף: לֹא פְּלִיגֵי — רב ורבי יוחנן אינם חלוקים בהלכה. אלא **כָּאן**, בהוראת רבי יוחנן, מדובר בכלים שנמכרו לשני על ידי הגנב **לִפְנֵי יֵאוּשׁ** בעלים, שאז **הַדִּין עִם הַשֵּׁנִי** — יכול הבעלים לתבוע את הקונה, בלי לשלם לו שום פיצוי. ואילו **כָּאן**, בהוראת רב, מדובר בכלים שנמכרו **לְאַחַר יֵאוּשׁ** הבעלים, שאז הקונה זוכה בהם ביאוש ושינוי רשות, ולכן **הַדִּין** שעושה הבעלים הוא **עִם הָרִאשׁוֹן** (הגנב) בלבד, שרק ממנו הוא תובע את הגניבה, ולא מן הקונה[5]. **וְתַרְוַיְיהוּ אִית לְהוּ דְּרַב חִסְדָּא** — שניהם סוברים כהוראת רב חסדא שאם מכר הגנב את הגניבה קודם יאוש בעלים, יכול הבעלים לעשות דין עם הקונה; ומכך, שהוראת רב שהבעלים עושה דין עם הראשון בלבד, עוסקת במקרה שקנה לאחר יאוש[6].

לפי פירוש רב יוסף נמצא שאם קנה לפני שנתייאשו הבעלים, אף רב סובר שיכול הבעלים לתבוע מן הקונה. הגמרא מקשה על כך:

אָמַר לֵיהּ אַבַּיֵּי לרב יוסף: **וְלֹא פְּלִיגֵי** — ולא נחלקו במקרה שקנה לפני יאוש? **הָא מַתְּנוֹת כְּהוּנָּה** שנמכרו לזר (במקום לתת אותם לכהן) **כְּלִפְנֵי יֵאוּשׁ דָּמֵי** — שהם דומים לחפץ גנוב שעבר לידי הקונה לפני יאוש[7], **וּפְלִיגֵי** — ואף על פי כן נחלקו באותו מקרה[8]! **דִּתְנַן** במשנה (חולין קלב, א): **אָמַר לוֹ** לטבח, "**מְכוֹר לִי** את בני **מֵעֶיהָ** (החלקים הפנימיים) **שֶׁל פָּרָה** זו", ומכר לו, **וְהָיוּ בָּהֶן מַתָּנוֹת** — היתה בין בני המעיים אחת ממתנות הכהונה (היינו הקיבה), הרי הקונה **נוֹתְנָן** את המתנות **לְכֹהֵן, וְאֵינוֹ מְנַכֶּה לוֹ מִן הַדָּמִים** — אין הטבח צריך להפחית ללוקח את שווי הקיבה מדמי המקח שפסקו ביניהם מתחילה, לפי שהלוקח ידע בשעת פיסוק הדמים שהקיבה בכלל בני המעיים, ואין הטבח מתכוון למכרה לו [אלא נתנה לו יחד עם בני המעיים שמכר לו, על דעת שיתננה לאיזה כהן שירצה][9]. אבל אם **לָקַח הֵימֶנּוּ** — אם קנה ממנו את בני המעיים **בְּמִשְׁקָל** (כך וכך לליטרא), ושקל בכללם את הקיבה, הרי שמכר לו בגזילה את הקיבה, ולכן הלוקח **נוֹתְנוֹ** (את הקיבה) **לְכֹהֵן**, שהרי אינה שלו אלא של כהן, והיא כגזולה אצלו, **וּמְנַכֶּה לוֹ מִן הַדָּמִים** — והטבח צריך להפחית לקונה כפי משקל הקיבה, שהרי אינו יכול למכור לו דבר שאינו שלו[10]. **וְאָמַר רַב** (על ההוראה האחרונה): **לֹא שָׁנוּ** חכמים

הערות

1. אין האנשים שראו את היוצאים, צריכים לזהות בדיוק אילו ספרים [או כלים] נגנבו [אלא די שיאמרו שנראו הגנבים מוציאים חבילות של כלים וספרים] (רש״י). ראשונים אחרים מפרשים, שכל שאינו עשוי למכור את כליו, אין צריך שום תנאי מהתנאים המוזכרים לעיל, אלא די בכך שיצא לו שם גניבה בעיר (חידושי הראב״ד ומאירי; וכן דעת הרמב״ם הלכות גניבה ה, י, ראה כסף משנה שם). לפירוש נוסף ראה רבינו יהונתן, מובא בשיטה מקובצת בעמוד הקודם.

2. כיון שיש רגלים לתביעתו במה שיצא לו שם גניבה בעיר (דהיינו, לפי רש״י, שלנו אנשים בתוך ביתו וכו׳) ובנוסף על כך אין דרכו למכור כליו, די בכך להאמינו שהספרים והכלים שנמצאו ברשות שמעון אכן נגנבו מביתו, ואין צורך שהרואים יזהו בדיוק את הספרים והכלים.

3. כלומר, אין לבעלים תביעה כלפי הקונה, אלא כלפי הגנב בלבד. לפיכך אם רוצה הבעלים ליטול את כליו מיד הקונה [דהיינו כשהבעלים לא התייאש והכלים עדיין שלו], עליו לשלם לו את הסכום ששילם הקונה בעבורם [וסכום זה יתבע מן הגנב]. ואף על פי שהוכר הגנב [ונמצא שיש לקונה ממי לתבוע את הפסדו אם הבעלים נוטל הימנו את הכלים בלי לשלם], מכל מקום אין הבעלים יכול לקחת את הכלים מן הקונה ללא תשלום [אף שהקונה לא זכה בכלים] (רש״י, בביאור הבנת הגמרא עכשיו בהוראה זו; להלן תביא הגמרא פירושים אחרים; בטעם הדבר שהבעלים צריך לשלם, ראה אילת השחר; חידושים וביאורים).

4. הרשות ביד הבעלים לבחור אם לגבות את דמי הכלים מהגנב **או** לקבל את רכושו חזרה מהקונה בלי לפצותו (ראה רש״י). יסוד דעה זו הוא שאף שהקונה שילם לגנב על הכלים, מכל מקום לגבי הבעלים הוא נחשב לגזלן, כיון שהוא מונע מהבעלים מלהשתמש ברכושו (ראה מחנה אפרים, הלכות גזילה ז ד״ה אבל לע״ד). על כן יש לבעלים תביעה עליו, כפי שיש לו על הגנב עצמו. [מדובר במקרה שידוע מי הגנב, ויש לקונה ממי לתבוע את הפסדו; במקרה שלא ידוע מי הגנב עשו חכמים תקנה שהבעלים ישלם ללוקח, כמבואר במשנה.]

לא נחלקו רב ורבי יוחנן שיש זכות לבעלים לתבוע בעצמו את הגנב. גם לא נחלקו שהקונה צריך להחזיר את הגניבה (כל זמן שלא זכה בה, כגון באופנים שיתבארו בגמרא להלן). כל המחלוקת ביניהם היא אם הבעלים חייב לפצות את הקונה כשנוטל ממנו את הגניבה.

[לדיון נרחב בענין, עיין אור שמח הלכות גזילה ה, ד, הלכות ביכורים ט, יד, ואילת השחר.]

5. הבעלים הראשונים אינו יכול לתבוע מהקונה להחזיר את הכלים הגנובים אפילו תמורת תשלום, כיון שעכשיו הם שייכים לקונה.

[פירוש זה בהוראת רב, אינו כפי שביאר רש״י לעיל בדעתו של רב, שהבעלים **יכול** להוציא את הכלים בתשלום (ראה הערה 3); לעיל ביאר רש״י את דעתו של רב לפי מקרה שהקונה קנה **לפני** שהתייאשו הבעלים, ואילו רב יוסף הוא שמחדש שהוראתו של רב נאמרה במקרה שקנה **לאחר** יאוש בעלים (מהרש״א; אולם עיין פני יהושע).]

6. רב חסדא אמר (לעיל קיא, ב) שאם אחד גזל, וקודם שנתייאשו הבעלים בא אחר ואכל את הגזילה, הבעלים יכול לגבות את דמי הגזילה מאיזה מהם שירצה. טעם הדבר הוא, שלפי שהשני אכל דבר שהיה עדיין של הבעלים, הרי הוא גזלן לגבי הבעלים. אף במקרה הנדון שהקונה שילם עבור הכלים, אם קנה אותם קודם יאוש בעלים, דינו כגזלן בייחס לבעלים (ראה לעיל הערה 4), ולכן עליו להחזיר את הגזילה ואין הבעלים חייב לפצותו על הפסדו [מה שאין כן אם קנה לאחר יאוש, אין הקונה חייב כלום לנגנב] (רש״י).

אם לא ידוע מי הגנב — כבמשנתנו — הקונה זכאי (מדרבנן, משום תקנת השוק) לקבל פיצוי מהבעלים (ראה להלן הערה 18). אולם במקרה הנדון, שהוכר הגנב, אין שום חיוב על הבעלים לשלם לקונה, אלא הקונה יתבע את כספו מהגנב (רש״י).

[יש להקשות (ראה תוספות חולין קלד, א ד״ה דמר; נתיבות המשפט שנג, ג): הרי גם החולק על רב חסדא (רמי בר חמא, לעיל שם) שלדעתו אין השני נחשב גזלן (אלא יכול לטעון לבעלים "לאו בעל דברים דידי את"), חולק רק במקרה שהגזילה אינה קיימת, ואילו כשהגזילה קיימת חייב הוא להחזיר את החפץ גופו ומקבל דמים עבורו; אם כן מה הצורך לומר שרב ורבי יוחנן סוברים כרב חסדא, והרי כשהגזילה קיימת אין ביניהם מחלוקת ואין הוראתו של רב חסדא משנה לעניננו! יש שתירץ, כי לפי שהלוקח שילם על החפץ הגנוב, הרי לדעתו של רמי בר חמא יכול הוא לטעון לבעל החפץ שאינו חייב להפסיד בשבילו מה ששילם (ולהחזיר ללא תשלום מהבעלים), ולכן מקרה זה דומה לאין הגזילה קיימת, ורק לפי רב חסדא חייב הוא להחזיר ללא פיצוי (מחנה אפרים הלכות גזילה ז ד״ה אבל לע״ד; עיין אור שמח, ביכורים ט, יד; אבל ראה חזון איש בבא קמא טז, כא ד״ה ומש״כ).]

7. התורה (דברים יח, ג) מצווה על כל מי שאינו כהן השוחט שור, כשב או עז שלא לשם קרבן לתת את זרוע הימין, הלחיים והקיבה לכהן. נמצא שקצב הטובח בהמה ומוכר מתנות כהונה אלו, למעשה גזל אותם מן הכהן.

גזילה זו נחשבת שנמכרה לפני יאוש, כיון שלא נתייאשו [כל] הכהנים מלקבל מתנות אלו (רש״י).

8. כלומר, אף במקרה זה של לפני יאוש, סובר רב שהבעלים (הכהן) יכול לתבוע רק את הראשון (הטבח, שגזל את המתנות), ולא את הקונה (רש״י; ראה קיד, ב הערה 36 [א]).

9. רש״י. [נמצא שבמקרה זה אין שום גזילה כלל, כי בקיבה השייכת לכהן לא נעשתה כל מכירה; אלא שהקונה הוא זה שצריך לתת את הקיבה לכהן, לפי שכעת היא נמצאת אצלו.]

10. עיין רש״י ד״ה לא שנו; רש״י חולין קלא, א.

לא צריך לאהדורי עליה כולי האי ודלמא איצטריך ליה זוזי וזבין אמר רב אשי הרי יצא לו שם גניבה בעיר: איתמר גנב ומכר ואח"כ הוכר הגנב רב משמיה דרבי חייא אמר הדין עם הראשון ר' יוחנן משמיה דרבי ינאי אמר הדין עם השני אמר רב יוסף (א) לא פליגי כאן לפני יאוש הדין עם השני כאן לאחר יאוש הדין עם הראשון [א]ותרוייהו אית להו דרב חסדא א"ל אביי ולא פליגי הא מתנות כהונה כלפני יאוש דמי ופליגי דתנן (ב) [א]אמר לו מכור לי מעיה של פרה והיו בהן מתנות נותנן לכהן ואינו מנכה לו מן הדמים לקח הימנו במשקל (ב) נותנו לכהן ומנכה לו מן הדמים [ג]ואמר רב לא שנו אלא ששקל לעצמו אבל שקל לו הטבח הדין עם הטבח אימא אף דין עם הטבח מהו דתימא (ג) אין מתנות כהונה נגזלות קמ"ל ולאביי דאמר פליגי במאי פליגי בדרב חסדא רב זביד אמר כגון שנתייאשו הבעלים ביד לוקח ולא נתייאשו ביד גנב ובהא פליגי מר סבר יאוש ואח"כ שינוי רשות קני שינוי רשות ואח"כ יאוש לא קני ומ"ס [ב]לא שנא רב פפא אמר בגלימא דכ"ע לא פליגי דהדר למריה והכא בעשו בו תקנת השוק קמיפלגי רב משמיה דר' חייא אמר הדין עם הראשון דינא דלוקח דלישקול זוזי מגנב ולא עשו בו תקנת השוק ור' יוחנן משום דר' ינאי אמר הדין עם השני [ג]דינא דלוקח דלישקול מבעל הבית ועשו בו תקנת השוק וסבר רב לא עשו בו תקנת השוק [ט]והא רב הונא תלמידיה דרב הוה וחנן בישא גנב גלימא וזבנה אתא לקמיה דרב הונא א"ל להההוא גברא זיל שרי עביטך שאני חנן בישא כיון דליכא לאישתלומי מיניה כלא הוכר (ד) דמי אמר רבא [ד]אם גנב מפורסם הוא לא עשו בו תקנת השוק והא חנן בישא דמפורסם הוה ועשו בו תקנת השוק נהי דמפורסם לבישותא לגניבותא לא מפורסם איתמר [ה]גנב ופרע בחובו גנב ופרע בהיקיפו לא עשו בו תקנת השוק דאמרי לא אדעתא דהנהו יהיבת ליה מידי משכנתא שוי מאתן במאה עשו בו תקנת השוק שוה בשוה אמימר אמר לא עשו בו תקנת השוק מר זוטרא אמר עשו בו תקנת השוק [ו](והלכתא עשו בו תקנת השוק) זבינא שוה בשוה עשו בו תקנת השוק שוה מאה במאתן רב ששת אמר לא עשו בו תקנת השוק רבא אמר עשו בו תקנת השוק [י]והלכתא בכולהו עשו בו תקנת השוק לבר מגנב ופרע בחובו גנב ופרע בהיקיפו: אבימי בר נאזי חמוה דרבינא הוה מסיק בההוא גברא ארבעה זוזי גנב גלימא אתיא ניהליה אוזפיה ארבעה זוזי אחריני לסוף הוכר הגנב אתא לקמיה דרבינא אמר קמאי גנב ופרע בחובו ולא בעי למיתב ליה ולא מידי הנך ארבעה זוזי אחריני שקול זוזך והדר גלימי מתקיף לה רב כהן ודלמא גלימא בהני זוזי קמאי יהבה ניהליה גנב ופרע בהיקיפו וארבעה זוזי בתראי הימוני הימניה כי היכי דהימניה מעיקרא איגלגל מילתא מטא לקמיה דרבי אבהו אמר [ז]הלכתא כרב כהן נרשאה גנב ספרא זבניה לפפונאה בתמנן זוזי אזל פפונאה זבניה לבר מחוזאה במאה ועשרין זוזי לסוף הוכר הגנב אמר אביי ליזיל מרי דספרא ויהב ליה לבר מחוזא תמנן זוזי ושקיל ספריה ואזיל בר מחוזאה ושקיל ארבעין מפפונאה מתקיף לה רבא השתא לוקח מגנב עשו בו תקנת השוק לוקח מלוקח מיבעיא אלא אמר רבא [ח]ליזיל מריה דספרא ויהיב ליה לבר מחוזאה מאה ועשרין זוזי ושקיל ספריה וליזיל מרי דספרא ולישקול ארבעין מפפונאה ותמנן מנרשאה: **מתני'** (ה) [ט]זה בא בחביתו של יין וזה בא בכדו של דבש נסדקה חבית של דבש ושפך זה את יינו והציל את הדבש לתוכו
אין

רש"י

לא צריך לאהדורי כולי האי. [א] דנימא ספר פלוני ופלוני: הדין עם הראשון. דינו של בע"ה ותביעתו על הגנב היא ואין הלוקח בעל דינו ואם בא לגבותו הימנו יתן דמים ואע"ג שהוכר הגנב לא אמרינן יחזיר לוקח הכלים בחנם ויפרע מן הגנב: הדין עם השני. דינו של בעל הבית עם הלוקח הוא ויוציא הימנו כליו בחנם: לפני יאוש. לקחו מן הגנב לפני יאוש: דרב חסדא. גזל ולא נתייאשו הבעלים ובא אחר ואכלו רצה מזה גובה כו' בריש פירקין והאי נמי אע"ג דיהיב דמי לגנב לגבי האי מיהא גזלן הוא ומיהו היכא דלא הוכר הגנב עבוד ליה רבנן תקנת השוק ליטול מה שנתן אבל היכא דהוכר הגנב עליו להחזיר אחריו: כלפני יאוש דמי. דכהן לא מייאש מינייהו: ופליגי. כלומר ואמר רב הדין עם הראשון: מתנות. קיבה: נותן הלוקח. קיבה לכהן דמסתמא מתנות לא זבין ליה: לא שנו. לקח הימנו במשקל נותנן לכהן דמשמע דהלוקח ע"כ נותנן לכהן והוא יתבע דמים מן המוכר: אלא ששקל. הוא לעצמו: הדין עם הטבח. דינו של כהן וערעורו על הטבח הוא רב לטעמיה דאמר הדין עם הראשון דטבח כגנב ראשון ולוקח הוי שני וקאמר הדין עם הטבח אלמא רב לית ליה דרב חסדא: אינן נגזלות. דאלימא קנייה דידהו דמכח גבוה קאתו ליה וכל היכא דאיתנהו אימא דכהן נינהו ואפילו שקל לו הטבח יגבה הכהן נמי מן הלוקח קמ"ל: פליגי בלפני יאוש ובדרב חסדא. דרב לית ליה דרב חסדא: רב זביד אמר. היכא דלא אייאוש בעלים דכ"ע אית להו דרב חסדא והדין עם השני והכא כגון שנתייאשו כו': לא שנא. דקני לגמרי ואפילו בדמי לא מהדר לו: רב פפא אמר. לעולם בדלפני יאוש פליגי ותרוייהו אית להו דרב חסדא ובגלימא דגניבה כ"ע לא פליגי דהדרא למרה מיד בחנם ואין הלוקח יכול לעכבה על מעותיו וכדרב חסדא והדין עם הראשון דאמר רב לא בדין הבעל הבית קאמר אלא בדינו של לוקח קאמר (ה): תקנת השוק. על שקנאו לוקח בשוק בפרהסיא ולא הבין בו שנגנב עשו לו תקנה שישלם לו בעל הבית מעותיו: ורבי יוחנן סבר עשו תקנה. ונהי דאית לן דרב חסדא ולא מצי לוקח למימר לבעל הבית לאו בעל דברים דידי את מיהו לאחר שישלם הגניבה יתבע מעותיו מבעל הבית ואי קשיא מ"מ דמי שקיל מה לי משום תקנה מה לי משום טענת לאו בעל דברים דידי את נפקא מינה היכא דגזל ובא אחר ואכל בלא דמים דאמרינן כדרב חסדא ואם השני נוח לו מן הראשון גובה הימנו: שרי עביטך. התר משכונך כלומר פדה משכונך שבידו: חוב. מלוה: הקף. לחנוני: לאו אדעתא. דהאי גניבה יהבתה ליה זוזי דמקמי הכא אוזפת ליה: משכנתא שוה בשוה. אין דרך לעשות כן להלוות על המשכון כל שויו הלכך לאו אדעתא דהאי משכנתא אוזפיה אלא הימוני הימניה: רב ששת אמר לא עשו. ואפילו ליטול מאה דכי היכי דמאה יתירין מתנה היא מאה דשויה נמי מתנה הוו: ורבא אמר עשו תקנה. אפילו ליטול מאתים דאורחיה למזבין בדמים יקרים: בר מגנב ופרע בחובו ובהיקיפו. דלא יהיב זוזי אהאי חפץ: הלכתא כרב כהן. דכיון דהימניה מעיקרא הסתא נמי הימניה: נרשאה ופפונאה ובני מחוזאה. על שם מקומן נקראו: **מתני'**
אין

תוספות

אמר ליה אביי הרי מתנות כהונה כלפני יאוש דמי ופליגי. דמשמע ליה לאביי דהדין עם הטבח דוקא וה"נ הדין עם הראשון מכאן קשה על פי' הקונטרס דפרק הזרוע (חולין דף קלד.) ואין להאריך בזה:

והלכתא בכולהו עשו בו תקנת השוק. נ"ל דלא קאי אלא אהני דפליגי בהו אמוראי (ו) אמימר ומר זוטרא [רבא ורב ששת] דאתו לפסוק כמ"ד עשו בו תקנת השוק אבל אמילתא דרבא דגנב מפורסם דלא פליג עליה שום אמורא לא קאי:
הרי

עין משפט נר מצוה

עב א מיי' פ"ט מהל' בכורים הלכה טו סמג עשין קמב טוש"ע י"ד סי' סא סעיף לג:
עג ב ג מיי' פ"ה מהל' גניבה הל' ג ועיין בה"מ ובכ"מ סמג עשין עא טוש"ע ח"מ סי' שנו סעיף ג:
עד ד מיי' שם הל' ב ועיין בהשגות ובמ"מ טוש"ע שם סעיף ב:
עה ה מיי' שם הל' ו ועיין בהשגות ובמ"מ:
עו ו מיי' שם הל' ז טוש"ע שם סעיף ח:
עז ז מיי' שם הלכה ח טוש"ע שם סעיף ט:
עח ח מיי' שם הל' ט ועיין בהשגות ובמ"מ טוש"ע שם סעיף י:
עט ט מיי' פי"ב מהל' גזלה ואבדה הל' ה סמג עשין עד טוש"ע ח"מ סי' רסד סעיף ה:

ליקוטי רש"י

אמר לו. לטבח. מכור לי מעיה. בני מעיה של פרה זו. והיו בהן מתנות. הקבה. נותנן. לוקח זה לכהן. ואינו מנכה לו מן הדמים. ואין המוכר מנכה לו ללוקח מן הדמים שהרי היה יודע הלוקח שהמתנות שם וזה לא מכר לו הקבה [חולין קלא.] לפי שלא מכר לו את המתנות מסתמא [שם קלח:]. לקח הימנו במשקל. הליטרא כך וכך ושקל לו הקבה. נותנן לו. לוקח לכהן שהרי הגזל אצלו וצריך להשיב. והטבח ינכה לו מן הדמים. על כרחו שמכר דבר שאינו שלו [שם קלא.] משנשחטה זכו הכהנים במתנותיהן והדין על הטבח [שם קלח:]. לא שנו. היכא דלקח הימנו במשקל דקתני נותנן לוקח לכהן והוא חוזר ותובע דמים מן הטבח. אלא. כששקלן לוקח לעצמו דכיון דטבח לא נגע בהן אינו בעל דברים של כהן לפיכך זה הלוקח נותנן והוא שואל לו הדמים שבעל הטבח היה מוטל ליתן. אבל שקל לו הטבח הדין. של כהן ומחלוקתו ותביעתו אף [עם] הטבח הוא והטבח חוזר עליהן אם [ישנן] בעין נותנן לכהן והכי מפרש לה בריש הגוזל בבב"ק דלף עם הטבח קאמר ר' [שם קלד.]. נרשאה. מיושבי נרש [חולין קכז.]. והציל את הדבש. מפני שהדבש דמיו יקרים [לעיל כו.].

מסורת הש"ס

א) [לעיל קיא:], ב) חולין קלא. קלב. קלח., ג) [שם קלד.], ד) רש"ל מ"ז, ה) לעיל כו ע"א.

הגהות הב"ח

(א) גמ' ולא פליגי: (ב) שם במשקל נותן לכהן: (ג) שם מהו דתימא מתנות כהונה אין נגזלות: (ד) שם כלא הוכר הגנב דמי: (ה) רש"י ד"ה רב פפא וכו' קאמר הס"ד ואח"כ מ"ה ולא עשו בו תקנת השוק וכו' שנגנב לא עשו לו: (ו) תוס' ד"ה והלכתא וכו' אמוראי (אמימר וכו' השוק) תא"מ ונ"ב ס"א אין זה:

הגהות הגר"א

[א] רש"י ד"ה לא כו' דנימא כו'. נ"ב אבל הרמב"ם כתב דא"צ לכל (ועבהגר"א סי' שנ"ז ס"ק ב'):

גליון הש"ס

גמ' והא רב הונא תלמידיה דרב. עיין שבת קכח ע"א ביצה דף מ ע"א סנהדרין דף ו ע"ב:

שגם במקרה שלקח את הבני מעיים במשקל, אין לכהן תביעה על הטבח, **אֶלָּא** במקרה **שֶׁשָּׁקַל** הלוקח את בני המעיים **לְעַצְמוֹ**, שנמצא שהטבח לא מכר את הקיבה בגזילה, ולפיכך אין לו לכהן דין ודברים עליו, אלא על הלוקח לבדו שהמתנות אצלו[11]; **אֲבָל** אם **שָׁקַל לוֹ הַטַּבָּח** את בני המעיים ונתן לו בתוכם את הקיבה, נמצא שהטבח הוא שגזל את הקיבה, ואז **הַדִּין** של הכהן הוא **עִם הַטַּבָּח**. היינו, הוא יכול לתבוע דמי הקיבה רק מהטבח; ואם הוא רוצה לתבוע את הקיבה מן הלוקח, עליו לשלם עבורה[12].

מתרץ רב יוסף:

אֵימָא — אמור שכוונת רב אינה שיכול הכהן לעשות דין רק עם הטבח, אלא: **אַף דִּין עִם הַטַּבָּח** — יכול הכהן אם ירצה לעשות דין אף עם הטבח, ולקחת ממנו דמי הקיבה שגזל ממנו, ובודאי שאם רצה ליטול מהלוקח את הקיבה, אינו צריך לשלם לקונה, לפי שהקיבה באה לידו לפני יאוש. והחידוש בהוראה שיכול לקחת גם מן הטבח הוא[13], כי **מַהוּ דְּתֵימָא** — יכול היית לומר **שאֵין מַתְּנוֹת כְּהוּנָּה נִגְזָלוֹת**, כלומר, אין שייך לגזול אותם, שכיון שהמתנות באות מכח גבוה, בכל מקום הן נחשבות ברשות הכהן. נמצא, שאף כששקל הטבח ונתן את בני המעיים ללוקח אינו נחשב כגזלן ולא עשה כלום, וממילא הכהן יכול לתבוע רק את הלוקח; **קָא מַשְׁמַע לָן** — לכן מלמדנו רב שהעברת מתנות כהונה לאחר, אכן נחשבת לגזילה. משום כך, הכהן יכול לתבוע לא רק את הלוקח שמתנות הכהונה ברשותו, אלא אף את הטבח.

הגמרא מפרשת את שיטות רב ורבי יוחנן לפי אביי[14]:

וּלְאַבַּיֵי דְּאָמַר פְּלִיגֵי — נחלקו רב ורבי יוחנן, **בְּמַאי פְּלִיגֵי** — במה נחלקו? נחלקו **בִּדְרַב חִסְדָּא**[15].

פירוש שלישי במחלוקת שבין רב ורבי יוחנן:

רַב זְבִיד אָמַר: כשלא נתייאשו הבעלים, רב ורבי יוחנן סוברים כרב חסדא ויכול הבעלים לעשות דין אף עם הלוקח; המקרה בו נחלקו הוא **כְּגוֹן שֶׁנִּתְיָיאֲשׁוּ הַבְּעָלִים** כשהכלים כבר היו **בְּיַד הלוֹקֵחַ**, **וְלֹא נִתְיָיאֲשׁוּ** כשהיו עדיין **בְּיַד הַגַּנָּב**, היינו, ששינוי הרשות קדם ליאוש. **וּבְהָא פְּלִיגֵי** — ובזה נחלקו: **מַר** (רבי יוחנן) **סָבַר** שרק במקרה שהיה **יֵאוּשׁ** תחילה **וְאַחַר כָּךְ שִׁינּוּי רְשׁוּת**, **קָנֵי** הלוקח, ואילו במקרה שהיה **שִׁינּוּי רְשׁוּת וְרק אַחַר כָּךְ יֵאוּשׁ**, **לֹא קָנֵי** הלוקח, ולכן יכול הבעלים אף ליטול את הכלים מיד הלוקח, לפי שלא קנה אותם. **וּמַר** (רב) **סָבַר לֹא שְׁנָא** — אין הבדל, וגם במקרה שהיאוש היה רק כשכבר היה החפץ הגנוב ביד הלוקח, קנה הלוקח, ולכן לדעתו, הבעלים אינו יכול לתבוע את הכלים אפילו תמורת תשלום[16].

פירוש רביעי במחלוקת ביניהם:

רַב פָּפָּא אָמַר: לעולם מדובר במקרה שלא נתייאשו הבעלים; **בִּגְלִימָא דְּכוּלֵּי עָלְמָא לֹא פְּלִיגֵי דְּהָדַר לְמָרֵיהּ** — לגבי הגלימה הגנובה עצמה, אין מחלוקת, ודעת רב ורבי יוחנן היא שצריך להחזיר אותה לבעלים[17]. **וְהָכָא בְּעָשׂוּ בּוֹ תַּקָּנַת הַשּׁוּק קָמִיפַּלְגֵי** — ונחלקו כאן אם עשו חכמים תקנת השוק גם במקרה זה שהוכר הגנב. היינו, לאחר שהלוקח החזיר את הגלימא לבעלים, האם יכול הוא לתבוע את הפסדו מן הבעלים, או שמא רק מן הגנב[18]. **רַב מִשְּׁמֵיהּ דְּרַבִּי חִיָּיא אָמַר: הַדִּין** של הלוקח, כלומר הדין שעושה לתבוע את הפסדו[19] הוא רק **עִם הָרִאשׁוֹן**, הגנב, ולא עם הבעלים. היינו, **דִּינָא דְּלוֹקֵחַ דְּלִישְׁקוֹל זוּזֵי מִגַּנָּב** — הדין של הלוקח הוא ליטול כסף [רק] מן הגנב, **וְ**הטעם הוא משום שחכמים **לֹא עָשׂוּ בּוֹ** (בלוקח מן הגנב והוכר הגנב) **תַּקָּנַת הַשּׁוּק** (שיוכל לתבוע מן הבעלים) ואינו יכול לתבוע אלא מן הגנב. **וְ**אילו **רַבִּי יוֹחָנָן מִשּׁוּם דְּרַבִּי יַנַּאי אָמַר: הַדִּין** של הלוקח הוא גם **עִם הַשֵּׁנִי** (בעל הבית). היינו, **דִּינָא דְּלוֹקֵחַ דְּלִישְׁקוֹל מִבַּעַל הַבַּיִת** — הדין של הלוקח הוא שיוכל לתבוע את כספו [אף] מן הבעלים, **וְ**הטעם הוא שחכמים **עָשׂוּ בּוֹ תַּקָּנַת הַשּׁוּק** אף על פי שהוכר הגנב ויכול הוא לתבוע גם ממנו[20].

מקשה הגמרא:

וְכִי סָבַר רַב שבמקרה שהוכר הגנב **לֹא עָשׂוּ בּוֹ תַּקָּנַת הַשּׁוּק? וְהָא**

הערות

11. ונמצא שהלוקח הוא זה שגזל את הקיבה, ולכן ראוי לכהן לתבוע אותה הימנו בלי לשלם לו על כך.

12. שכיון שהטבח הוא הגזלן, ולפי רב לעיל הנגזל יכול לתבוע רק את הגזלן ("הראשון"), הכהן יכול לתבוע רק את הטבח ולא את הלוקח. נמצא שאף לפני יאוש, רב סובר — שלא כרב חסדא — שאין לבעלים שום תביעה על הלוקח (רש"י). וקשה מכך על רב יוסף, שאמר שאף רב סובר כרב חסדא, והעמיד את דבריו בנדון שלנו דוקא לאחר יאוש.

13. רב יוסף צריך לפרש מדוע נקט רב שאם הטבח גזל את המתנות, רשאי הכהן לתבוע **אף** מן הטבח. הרי אם רב סובר כרב חסדא, פשוט הוא שיכול לתבוע משניהם כפי בחירתו. [מה שאין כן לפי אביי, כוונת רב היתה להדגיש שאם הטבח גזל את המתנות, הכהן יכול לתבוע **רק** את הטבח, ושלא כדעת רב חסדא.]

14. לעיל אמר אביי שנחלקו רב ורבי יוחנן אף במכירה שלפני יאוש: רב סובר שאפשר לתבוע רק את הגנב, ואילו רבי יוחנן סובר שאפשר לתבוע אף את הלוקח. אולם אביי לא פירש את יסוד המחלוקת.

15. כפי שהוזכר לעיל (הערה 6), רב חסדא סובר שהאוכל [או קונה] רכוש גנוב לפני יאוש, הרשות ביד הבעלים לבחור ממי לגבות. רבי יוחנן מקבל את הוראת רב חסדא. ואילו רב חולק וסובר שאינו יכול לתבוע את הלוקח. [עיין רשב"א כאן; תוספות חולין קלד, א ד"ה דמר; חזון איש בבא קמא טז, ט; ראה לעיל סוף הערה 6.]

16. רש"י. [עיין פני יהושע, וחזון איש טז, ח; להרחבה עיין קצות החושן שנג, א; אמרי משה לב, לד.]

17. לפי רב פפא, רב ורבי יוחנן אינם חלוקים לגבי תביעתו של הבעלים, אם יכול לתבוע את החפץ הגנוב מן הלוקח או רק מן הגנב; אלא שניהם סוברים כרב חסדא שיכול הבעלים לגבות את החפץ הגנוב מן הלוקח, לפי שעדיין שלו הוא, ואין הלוקח יכול לעכב את החפץ בידו עד שיקבל מה ששילם (רש"י; עיין יד דוד).

18. הקונה חפצים גנובים (לפני יאוש בעלים) צריך להשיב אותם לבעלים כשנודע שהם גנובים. מעיקר הדין, אין הבעלים חייב לשלם לו כלום (לפי רב חסדא). על כן, יתכן שאדם הקונה בתום לב חפצים גנובים בשוק יסבול מהפסד גמור שאינו צפוי. לכן [כדי שאנשים לא ימנעו מלקנות חפצים, מחשש שיבואו ליטול אותם מהם; רשב"א ועוד], תקנו חכמים שהבעלים ישלמו ללוקח את הפסדו (רש"י).

עד עכשיו נקטה הגמרא שתקנת השוק אינה שייכת לאחר שהוכר הגנב, שכן אז יכול הלוקח לתבוע את הגנב על הפסדו. רב פפא מעלה אפשרות שחכמים תקנו כן אף במקרה בו הוכר הגנב (עיין רשב"א).

19. לפי רב פפא, כשרב ורבי יוחנן אמרו: "הדין עם. . ." לא התכוונו לדין של **הבעלים**, שלפי רב חסדא אין כל ספק שיש לו הרשות לתבוע איזה מהם שירצה: הוא יכול לתבוע את הגנב על ערך החפץ הגנוב, וכן יכול ליטול את החפץ מיד הקונה. רב ורבי יוחנן התייחסו **ללוקח** (רש"י; אולם עיין מהרש"א; ראה גם תוספות רי"ד לפירוש אחר). המחלוקת ביניהם היא האם הלוקח — לאחר שהחזיר את החפצים הגנובים לבעלים כדין (ראה הערה 17) — יכול עכשיו לתבוע את הפסדו גם מן הבעלים, או רק מן הגנב. בייחס ללוקח, "הראשון" הוא הגנב (שאתו התעסק תחילה) ו"השני" הוא הבעלים.

20. רש"י מקשה, [הרי גם אם נאמר שלא כרב חסדא, יכול הבעלים ליטול את הכלים מן הקונה, לפי שעדיין שלו הם, רק שצריך לשלם לו, כי הקונה טוען לו: אינך בעל דברים שלי (לא גנבתי דבר ממך); ראה לעיל הערה 3], מה ההבדל איפוא אם הקונה צריך להחזיר את הכלים לפי שנחשב כגזלן לגבי הבעלים, וכרב חסדא, ורק מצד תקנת השוק יכול לתבוע את כספו מבעל הבית; או אם נאמר שהקונה אינו נחשב כגזלן לגבי הבעלים (ושלא כרב חסדא), ומה שהבעלים צריכים לשלם לו הוא משום שאינו נחשב לבעל דברים שלו? בין כך ובין כך יוצא שהקונה מקבל את כספו מן הבעלים! מדוע פירש רב פפא שתביעת הלוקח לפיצוי היא על פי תקנת חכמים, ודוקא כרב חסדא?

רש"י מתרץ שהנפקא מינה הוא במקרה שגזל ובא אחר **ואכל** את הגזילה בלי לשלם עבורה (ראה הערה 6). במקרה זה אין תקנת חכמים, כיון שהתקנה היא רק להגן על הקונה שלא יפסיד מה ששילם. רב פפא מלמד שאדם זה שאכל את הגניבה חייב לשלם לבעל הבית, כהוראת רב חסדא במקרה זה, שהבעלים יכול לתבוע מאיזה מהם שירצה: הגנב או האוכל את הגניבה [ואילו לפי החולקים על רב חסדא, אין האוכל חייב ליתן לבעלים כלום]. ראה רשב"א וים של שלמה, לנפקא מינה נוספת.

לא צריך לאהדורי עליה כולי האי ודלמא איצטריך ליה זוזי וזבין אמר רב אשי הרי יצא לו שם גניבה בעיר: איתמר גנב ומכר ואח"כ הוכר הגנב רב משמיה דרבי חייא אמר הדין עם הראשון ר' יוחנן משמיה דרבי ינאי אמר הדין עם השני אמר רב יוסף (א) לא פליגי כאן לפני יאוש הדין עם השני כאן לאחר יאוש הדין עם הראשון [א] ותרוייהו אית להו דרב חסדא א"ל אביי ולא פליגי הא מתנות כהונה כלפני יאוש דמי ופליגי דתנן [ב] [א] אמר לו מכור לי מעיה של פרה והיו בהן מתנות נותנן לכהן ואינו מנכה לו מן הדמים לקח הימנו במשקל (ב) נותנו לכהן ומנכה לו מן הדמים [ג] ואמר רב לא שנו אלא ששקל לעצמו אבל שקל לו הטבח הדין עם הטבח אימא אף דין עם הטבח מהו דתימא (ג) אין מתנות כהונה נגזלות קמ"ל ולאביי דאמר פליגי במאי פליגי בדרב חסדא רב זביד אמר כגון שנתייאשו הבעלים ביד לוקח ולא נתייאשו ביד גנב ובהא פליגי מר סבר יאוש ואח"כ שינוי רשות קני שינוי רשות ואח"כ יאוש לא קני ומ"ס [ב] לא שנא רב פפא אמר בגלימא דכ"ע לא פליגי דהדר למריה והכא בעשו בו תקנת השוק קמיפלגי רב משמיה דר' חייא אמר הדין עם הראשון דינא דלוקח דלישקול זוזי מגנב ולא עשו בו תקנת השוק ור' יוחנן משום דר' ינאי אמר הדין עם השני [ג] דינא דלוקח דלישקול מבעל הבית ועשו בו תקנת השוק וסבר רב לא עשו בו תקנת השוק [ה] והא רב הונא תלמידיה דרב הוה וחנן בישא גנב גלימא וזבנה אתא לקמיה דרב הונא א"ל להההוא גברא זיל שרי עביטך שאני חנן בישא כיון דליכא לאישתלומי מיניה כלא הוכר (ד) דמי אמר רבא [ד] אם גנב מפורסם הוא לא עשו בו תקנת השוק והא חנן בישא דמפורסם הוה ועשו בו תקנת השוק נהי דמפורסם לבישותא לגניבותא לא מפורסם איתמר [ה] גנב ופרע בחובו גנב ופרע בהיקיפו לא עשו בו תקנת השוק דאמרי לא אדעתא דהנהו יהיבת ליה מידי משכנתא שוי מאתן במאה עשו בו תקנת השוק שוה בשוה אמימר אמר לא עשו בו תקנת השוק מר זוטרא אמר עשו בו תקנת השוק [ו] (והלכתא עשו בו תקנת השוק) זבינא שוה בשוה עשו בו תקנת השוק שוה מאה במאתן רב ששת אמר לא עשו בו תקנת השוק רבא אמר עשו בו תקנת השוק [ז] והלכתא בכולהו עשו בו תקנת השוק לבר מגנב ופרע בחובו גנב ופרע בהיקיפו: אבימי בר נאזי חמוה דרבינא הוה מסיק בההוא גברא ארבעה זוזי גנב גלימא אתיא ניהליה אוזפיה ארבעה זוזי אחריני לסוף הוכר הגנב אתא לקמיה דרבינא אמר קמאי גנב ופרע בחובו ולא בעי למיתב ליה ולא מידי הנך ארבעה זוזי אחריני שקול זוזך והדר גלימי מתקיף לה רב כהן ודלמא גלימא בהני זוזי קמאי יהבה ניהליה גנב ופרע בהיקיפו וארבעה זוזי בתראי הימוני הימניה כי היכי דהימניה מעיקרא איגלגל מילתא מטא לקמיה דרבי אבהו אמר [ז] הלכתא כרב כהן נרשאה גנב ספרא זבניה לפפונאה בתמנן זוזי אזל פפונאה זבניה לבר מחוזאה במאה ועשרין זוזי לסוף הוכר הגנב אמר אביי ליזיל מרי דספרא ויהב ליה לבר מחוזא תמנן זוזי ושקיל ספריה ואזיל בר מחוזאה ושקיל ארבעין מפפונאה מתקיף לה רבא השתא לוקח מגנב עשו בו תקנת השוק לוקח מלוקח מיבעיא אלא אמר רבא [ח] ליזיל מריה דספרא ויהיב ליה לבר מחוזאה מאה ועשרין זוזי ושקיל ספריה וליזיל מרי דספרא ולישקול ארבעין מפפונאה ותמנן מנרשאה: **מתני'** [ט] [ט] זה בא בחביתו של יין וזה בא בכדו של דבש נסדקה חבית של דבש ושפך זה את יינו והציל את הדבש לתוכו

אין

רש"י

לא צריך לאהדורי כולי האי. [א] דנימא ספר פלוני ופלוני: **הדין עם הראשון.** דינו של בעה"ה ותביעתו על הגנב היא ואין הלוקח בעל דינו ואם בא לגבותו הימנו יתן דמים ואע"ג שהוכר הגנב לא אמרינן יחזיר לוקח הכלים בחנם ויפרע מן הגנב: **הדין עם השני.** דינו של בעל הבית עם הלוקח הוא ויוציא הימנו כליו בחנם: **לפני יאוש.** לקחו מן הגנב לפני יאוש: **דרב חסדא.** גזל ולא נתייאשו הבעלים ובא אחר ואכלו רצה מזה גובה כו' בריש פירקין והאי נמי אע"ג דיהיב דמי לגנב לגבי האי מיהא גזלן הוא ומיהו היכא דלא הוכר הגנב עבוד ליה רבנן תקנת השוק ליטול מה שנתן אבל היכא דהוכר הגנב עליו להחזיר אחריו: **כלפני יאוש דמי.** דכהן לא מייאש מינייהו: **ופליגי.** כלומר ואמר רב הדין עם הראשון: **מתנות. קיבה:** נותן הלוקח. קיבה לכהן דמסתמא מתנות לא זבין ליה: **לא שנו.** לקח הימנו במשקל נותנן לכהן דמשמע דהלוקח ע"כ נותנן לכהן והוא יתבע דמים מן המוכר: **אלא ששקל.** הוא לעצמו: **הדין עם הטבח.** דינו של כהן וערעורו על הטבח הוא רב לטעמיה דאמר הדין עם הראשון דטבח כגנב ראשון ולוקח הוי שני וקאמר הדין עם הטבח אלמא רב לית ליה דרב חסדא: **אינן נגזלות.** דאלימא קנייה דידהו דמכח גבוה קאתו ליה וכל היכא דאיתנהו אימא דכהן נינהו ואפילו שקל לו הטבח יגבה הכהן נמי מן הלוקח קמ"ל: **פליגי בלפני יאוש ובדרב חסדא.** דרב לית ליה דרב חסדא: **רב זביד אמר.** היכא דלא אייאוש בעלים דכ"ע אית להו דרב חסדא והדין עם השני והכא כגון שנתייאשו כו': **לא שנא.** דקני לגמרי ואפילו בדמי לא מהדר לו: **רב פפא אמר.** לעולם בדלפני יאוש פליגי ותרוייהו אית להו דרב חסדא ובגלימא דגניבה כ"ע לא פליגי דהדרא למרה מיד בחנם ואין הלוקח יכול לעכבה על מעותיו וכדרב חסדא והדין עם הראשון דאמר רב לא בדין הבעל הבית קאמר אלא בדינו של לוקח קאמר (ה): **תקנת השוק.** על שקנאו לוקח בשוק בפרהסיא ולא הבין בו שנגנב עשו לו תקנה שישלם לו בעל הבית מעותיו: **ורבי יוחנן סבר עשו תקנה.** ונהי דאית לן דרב חסדא ולא מצי לוקח למימר לבעל הבית לאו בעל דברים דידי את מיהו לאחר שישלם הגניבה יתבע מעותיו מבעל הבית ואי קשיא מ"מ דמי שקיל מה לי משום תקנה מה לי משום טענת לאו בעל דברים דידי את נפקא מינה היכא דגזל ובא אחר ואכל בלא דמים דאמרינן כדרב חסדא ואם השני נוח לו מן הראשון גובה הימנו: **שרי עביטך.** התר משכונך כלומר פדה משכונך שבידו: **חוב.** מלוה: **הקף.** לחנוני: **לאו אדעתא.** דהאי גניבה יהבתה ליה זוזי דמקמי הכא אוזפת ליה: **משכנתא שוה בשוה.** אין דרך לעשות כן להלוות על המשכון כל שויו הלכך לאו אדעתא דהאי משכנתא אוזפיה אלא הימוני הימניה: **רב ששת אמר לא עשו.** ואפילו ליטול מאה דכי היכי דמאה יתירין מתנה היא מאה דשויה נמי מתנה הוו: **ורבא אמר עשו תקנה.** אפילו ליטול מאתים דאורחיה למזבין בדמים יקרים: **בר מגנב ופרע בחובו ובהיקיפו.** דלא יהיב זוזי אהאי חפץ: **הלכתא כרב כהן.** דכיון דהימניה מעיקרא השתא נמי הימניה: **נרשאה ופפונאה ובני מחוזאה.** על שם מקומן נקראו: **מתני'**

אין

תוספות

אמר ליה אביי הרי מתנות כהונה כלפני יאוש דמי ופליגי. דמשמע ליה לאביי דהדין עם הטבח דוקא וה"נ הדין עם הראשון מכאן קשה על פי' הקונטרס דפרק הזרוע (חולין דף קלד.) ואין להאריך בזה: **והלכתא** בכולהו עשו בו תקנת השוק. נ"ל דלא קאי אלא אהני דפליגי בהו אמוראי (ו) אמימר ומר זוטרא [רבא ורב ששת] דאתו לפסוק כמ"ד עשו בו תקנת השוק אבל אמילתא דרבא דגנב מפורסם דלא פליג עליה שום אמורא לא קאי:

הרי

עין משפט נר מצוה

עב א מיי' פ"ט מהל' בכורים הלכה טו סמג עשין קמב טוש"ע י"ד סי' סא סעיף לב:

עג ב ג מיי' פ"ה מהל' גניבה הל' ג ועיין בכ"מ ובכ"מ סמג עשין עא טוש"ע ח"מ סי' שנו סעיף ג:

עד ד מיי' שם הל' ב ועיין בהשגות ובמ"מ טוש"ע שם סעיף ב:

עה ה מיי' שם הל' ו ועיין בהשגות ובמ"מ:

עו ו מיי' שם הל' ז טוש"ע שם סעיף ח:

עז ז מיי' שם הלכה ח טוש"ע שם סעיף ט:

עח ח מיי' שם הל' ט ועיין בהשגות ובמ"מ טוש"ע שם סעיף י:

עט ט מיי' פי"ב מהל' גזילה ואבידה הל' ה סמג עשין עד טוש"ע ח"מ סי' רסד סעיף ה:

ליקוטי רש"י

אמר לו. לטבח. **מכור לי מעיה.** בני מעיה של פרה זו. **והיו בהן מתנות.** הקבה. **נותנן.** לוקח זה לכהן. **ואינו מנכה לו מן הדמים.** ואין המוכר מנכה לו ללוקח מן הדמים שהרי היה יודע הלוקח שהמתנות שם וזה לא מכר לו הקבה [חולין קלא.] לפי שלא מכר לו את המתנות מסתמא [שם קלח:]. **לקח הימנו במשקל.** הליטרא כך וכך ושקל לו הקבה. **נותנן לו.** לוקח לכהן שהרי הגזל אצלו וצריך להשיב. **והטבח ינכה לו מן הדמים.** על כרחו שמכר דבר שאינו שלו [שם קלא.] משנשחטה זכו הכהנים במתנותיהן והדין על הטבח [שם קלח:]. **לא שנו.** היכא דלקח הימנו במשקל דקתני נותנן לוקח לכהן והוא חוזר ותובע דמים מן הטבח. **אלא.** כששקלן לוקח לעצמו דכיון דטבח לא נגע בהן אינו בעל דברים של כהן לפיכך זה הלוקח נותנן והוא שואל לו הדמים שעל הטבח היה מוטל ליתן. **אבל שקל לו הטבח הדין.** של כהן וממלוקתו ותביעתו אף [עם] הטבח הוא והטבח חוזר עליהן אם [ישנן] בעין נותנן לכהן והכי מפרש לה בריש הגוזל בב"ק דאף עם הטבח קאמר ר' יהודה [שם קלד.]. **נרשאה.** מיושבי נרש [חולין קכז.]. **והציל את הדבש.** מפני שהדבש דמיו יקרים [לעיל כז.].

מסורת הש"ס

א) [לעיל קיא:], ב) חולין קלא. קלב. קלח., ג) [שם קלד.], ד) רש"ל מ"ז, ה) לעיל כז ע"א.

הגהות הב"ח

(א) גמ' ולא פליגי: (ב) שם במשקל נותן לכהן: (ג) שם מהו דתימא מתנות כהונה אינן נגזלות: (ד) שם כלא הוכר הגנב דמי: (ה) רש"י ד"ה רב פפא וכו' קאמר הס"ד ואח"כ מ"ה ולא עשו בו תקנת השוק וכו' שנגנב לא עשו לו: (ו) תום' ד"ה והלכתא וכו' אמוראי (אמימר וכו' השוק) תא"מ ונ"ב ס"א אין זה:

הגהות הגר"א

[א] רש"י ד"ה לא כו' דנימא כו'. נ"ב אבל הרמב"ם כתב דא"ל לכל (ועבהגר"א סי' שנ"ז ס"ק ב'):

גליון הש"ס

גמ' והא רב הונא תלמידיה דרב. עיין שבת קכח ע"א בילה דף מ ע"א סנהדרין דף ו ע"ב:

רַב הוּנָא תַּלְמִידֵיהּ דְּרַב הֲוָה — והרי רב הונא היה תלמידו של רב (ומן הסתם היה מורה כרבו), והיה מעשה **וְחָנָן בִּישָׁא** (הרע) **גְּנַב גְּלִימָא וְזַבְנָהּ** —ומכר אותה. **אֲתָא לְקַמֵּיהּ דְּרַב הוּנָא** — בא בעל הגלימה לדין לפני רב הונא. **אֲמַר לֵיהּ** רב הונא **לְהַהוּא גַּבְרָא** — לאותו אדם (בעל הגלימה): "**זִיל שְׁרֵי עֲבִיטָךְ**" — לך התר משכונך שבידו"; כלומר, עליך לשלם לו אם תיטול ממנו את גלימתך[21]. נמצא שגם במקרה שהוכר הגנב, הורה תלמידו של רב שישלם הבעלים ללוקח מכח תקנת השוק!

הגמרא משיבה:

לעולם סבר רב הונא (כרבו, רב) שבמקרה שהוכר הגנב לא עשו תקנת השוק, ויתבע הלוקח את הפסדו מיד הגנב, אלא **שַׁאנִי** — שונה המקרה בו הגנב היה **חָנָן בִּישָׁא, כֵּיוָן דְּלֵיכָּא לְאִישְׁתַּלּוּמֵי מִינֵּיהּ, כְּלֹא הוּכַּר דָּמֵי** — שכיון שאי אפשר להוציא ממנו תשלום[22], נחשב הדבר כאילו לא הוכר הגנב.

הגמרא מגבילה "תקנת השוק":

אָמַר רָבָא: אִם המוכר **גַּנָּב מְפוּרְסָם הוּא, לֹא עָשׂוּ בּוֹ** חכמים **תַּקָּנַת הַשּׁוּק**[23].

מקשה הגמרא:

וְהָא (והרי) **חָנָן בִּישָׁא, דִּמְפוּרְסָם הֲוָה** (היה), ואף על פי כן **עָשׂוּ בּוֹ תַּקָּנַת הַשּׁוּק!** משיבה הגמרא: **נְהִי דִּמְפוּרְסָם לְבִישׁוּתָא, לִגְנֵיבוּתָא לֹא מְפוּרְסָם** — אף שהיה מפורסם ברעתו, לא היה מפורסם בתור גנב.

הגמרא דנה בכמה מקרים האם עשו בהם תקנת השוק. הדיון הראשון, מקרה שהחפץ הגנוב התקבל בתשלום חוב:

אִיתְּמַר: גָּנַב חפץ **וּפָרַע** בו **בְּחוֹבוֹ** — בעבור תשלום חובו, או **גָּנַב וּפָרַע בְּהֵיקֵיפוֹ** — ופרע בו הקפה שלו[24], **לֹא עָשׂוּ בּוֹ** חכמים **תַּקָּנַת הַשּׁוּק**, והבעלים נוטל את שלו ללא תשלום. הטעם לכך הוא משום **דְּאָמְרֵי** — שאנו אומרים לזה שקיבל את החפץ כתשלום: **לֹא אַדַּעְתָּא דְּהָנְהוּ יְהִיבַתְּ לֵיהּ מִידִי** — לא על דעת שתקבל דברים אלו (הגנובים) נתת לו מה שנתת[25].

דיון באיזה אופן עשו תקנת השוק במי שקיבל חפץ גנוב כמשכון:

מַשְׁכַּנְתָּא שָׁוֵי מָאתָן בְּמָאָה — המקבל חפץ השוה מאתיים זוז כמשכון על הלואה של מאה זוז והתברר שהוא גנוב ועליו לתתו לבעליו, **עָשׂוּ בּוֹ** חכמים **תַּקָּנַת הַשּׁוּק**, שהבעלים חייב לשלם לו את הפסדו, כי הוא נתן את המעות על דעת שיוכל לגבות מן המשכון (והרי זה כמו מקח). **שָׁוֶה בְּשָׁוֶה** — ואילו המקבל כמשכון חפץ השוה לסכום ההלואה, **אֲמֵימָר אָמַר: לֹא עָשׂוּ בּוֹ תַּקָּנַת הַשּׁוּק.** שכיון שאין דרך להלוות על המשכון סכום שהוא ככל שוויו, הרי שהמלוה לא סמך על המשכון, אלא הלוהו על סמך שהיה נאמן אצלו. **מַר זוּטְרָא אָמַר: עָשׂוּ בּוֹ תַּקָּנַת הַשּׁוּק (והלכתא עשו בו תקנת השוק)**[26].

דיון באיזה אופן של מכר עשו תקנת השוק:

זְבִינָא שָׁוֶה בְּשָׁוֶה — כשהחפץ נמכר לפי שוויו, והתברר שהוא גנוב והקונה נדרש להחזירו **עָשׂוּ בּוֹ תַּקָּנַת הַשּׁוּק** והבעלים נותן לקונה מה ששילם[27]. אבל חפץ גנוב **הַשָּׁוֶה מְאָה** שנמכר **בְּמָאתָן** (במאתיים), **רַב שֵׁשֶׁת אָמַר: לֹא עָשׂוּ בּוֹ תַּקָּנַת הַשּׁוּק**, שנוקטים שכמו ששילם מאה זוז נוספים כמתנה למוכר כך גם המאה הראשונים לא ניתנו בעבור קניית החפץ, ותקנת השוק עשו במכר ולא במתנה. **רָבָא אָמַר: עָשׂוּ בּוֹ תַּקָּנַת הַשּׁוּק**, ויכול לתבוע מהנגזל את כל מאתיים הזוז ששילם, כיון שדבר רגיל הוא שקונים חפצים בהרבה יותר מערכם[28].

מסקנת הגמרא:

וְהִלְכְתָא בְּכוּלְּהוּ — והלכה היא שבכל המקרים הללו **עָשׂוּ בּוֹ** חכמים **תַּקָּנַת הַשּׁוּק, לְבַר מִגָּנַב וּפָרַע בְּחוֹבוֹ, גָּנַב וּפָרַע בְּהֵיקֵיפוֹ** — חוץ מהמקרים של מי שגנב ופרע בו את חובו או הקפתו[29].

מעשה בו נדון מקרה מסויים אם עשו בו תקנת השוק:

אֲבִימִי בַּר נָאזִי, חֲמוּהַּ (חמיו) **דְּרַבִּינָא, הֲוָה מַסִּיק בְּהַהוּא גַּבְרָא אַרְבְּעָה זוּזֵי** — היה נושה באדם אחד ארבעה זוזים (כלומר, הלה היה חייב לו ארבעה זוזים שהלוהו). **גְּנַב גְּלִימָא אַתְיָא נִיהֲלֵיהּ** — גנב הלה גלימה והביא אותה אל אבימי, **אוֹזְפֵיהּ אַרְבְּעָה זוּזֵי אַחֲרִינֵי** — ואבימי (שלא ידע שהגלימה גנובה) הלוה לו ארבעה זוזים אחרים[30].

הערות

21. ביארנו לפי רש"י (ד"ה ורבי יוחנן) שאין הלוקח יכול לעכב החפץ הגנוב בידיו עד שיקבל מעותיו מן הבעלים, אלא עליו להחזיר מיד והבעלים חייב לשלם לו. אבל ראה שיטה מקובצת בשם רמ"ה המדייק מכאן שהקונה יכול לעכב עד שיקבל את התשלום המגיע לו.

22. ראה לעיל לז, א כיצד נהג חנן בישא במקרה שנתבע לשלם בבית דין; מסתבר שלא היתה אפשרות לגבות מנכסיו בעל כרחו, או שלא היו לו נכסים.

23. שהיה לו ללוקח לדעת שיתכן שמה שקונה גנוב הוא, ולא היה לו לקנות ממנו (סמ"ע, חושן משפט שנו, ו). נמצא שהלוקח הביא את ההפסד על עצמו, ואין צורך לתקן בעבורו שלא יפסיד.

24. בין המלוה שקיבל את החפץ הגנוב כהחזר על הלוואתו (שהלוה לגנב) ובין החנוני שקיבלו כתשלום על מה שנתן בהקפה (לגנב), חייבים להשיב את הגניבה לבעליה (מדובר כשלא נתייאשו הבעלים קודם שהגיעה לידיהם, כי אז היו קונים אותה ביאוש ושינוי רשות). השאלה היא האם הבעלים צריך לשלם להם את הפסדם כאשר הוא נוטל מהם את החפץ הגנוב.

25. תקנת השוק נעשתה למי שנתן מעות תמורת חפץ שהיה סבור שהוא שייך למוכר, ולאחר מכן התברר שקנה חפץ גנוב. במקרים אלו, המלוה (או החנוני) לא הלוהו על דעת לקבל חפץ זה בתמורה. הוא הלוהו לפני שניתן לו החפץ (רש"י).

[ביאור הדבר: כאשר אדם קונה חפץ ולאחר מכן מתברר שהוא גנוב, עשו בו תקנת השוק, שמטרתה להבטיח שמי שקונה חפץ בתום לב לא יפול עליו הפסד בלתי צפוי (אם יתברר שטעה והחפץ גנוב ובעצם לא קנה כלום). מה שאין כן במקרה הנדון, הרי מלכתחילה המלוה (או החנוני) סבור היה שיוכל לתובעו או לגבות ממנו בכל אופן שיהיה, ונמצא שסמך על האדם (זה שהתברר שהוא גנב) ולא על חפץ כלשהו. לאחר שנוטלים ממנו את החפץ, הוא נשאר באותו מצב שהיה בעת ההלואה. חכמים לא עשו תקנת השוק על כל **תשלום** (אין צורך לתקן דבר כדי שאנשים לא יימנעו מליטול חפצים כתשלום; שכן אם יתברר שהחפץ גנוב, הרי זה כאילו לא נעשה כל תשלום) אלא רק על **מקח**, כדי למנוע מצב בו אנשים יימנעו מלקנות (ראה רש"י ד"ה משכנתא).]

26. [לדעת מר זוטרא, דרך בני אדם להלוות על המשכון אף אם המשכון אינו שוה יותר מסכום ההלואה.]

נחלקו הראשונים בדעתו של מר זוטרא (שנפסקה להלכה), מה הדין במקרה שהמשכון שוה **פחות** מסכום ההלואה. יש שכתב, כי במקרה זה מודה מר זוטרא שלא עשו בו תקנת השוק, כי מכך שהלוהו סכום גדול יותר מן המשכון, גילה המלוה דעתו שהוא סומך על הלוה ולא על המשכון (תוספות רי"ד, וראה שם ראייתו). ויש שכתב, כי גם במקרה זה עשו תקנת השוק, ואומרים שהמלוה סמך על המשכון שבעיניו יש לו ערך יותר מכפי דמיו (מאירי; וכן פסק הרמב"ם בהלכות גניבה ה, ו, וראה בנושאי כלים שם לטעמים נוספים).

[המלים שבסוגריים נמחקו על ידי המהרש"ל, שהרי אחרי הקטע הבא הגמרא מסכמת "והלכתא בכולהו וכו' " (וראה ספר שינויי נוסחאות ברזא דשבתי).]

27. [זהו המקרה הרגיל שעליו תקנו משום תקנת השוק. הגמרא מזכירה מקרה זה רק כפתיחה למקרה הבא.]

28. רש"י. שדרך בני אדם לשלם יותר על חפץ החביב בעיניהם (תוספות רי"ד). עיין גם שיטה מקובצת בשם רבינו יהונתן. ראה שם עוד בשם ר"מ מסרקסטא המוסיף הסבר ש[אם הוכר הגנב] הרי יוכל הבעלים לגבות סכום זה מן הגנב.

29. ראה הערה 25.

ראה תוספות, שמסקנת הגמרא נאמרה רק לגבי המקרים שנחלקו אמוראים לגביהם, אבל אינה כוללת מקרה של גנב מפורסם, בו לא נחלקו כלל; לדעה ראה רא"ש יח; פלפולא חריפתא ש; לעיון נוסף ראה רשב"א וים של שלמה.

30. הלוה רצה ללוות ארבעה זוזים נוספים מאבימי. אולם אבימי לא סמך עליו על חוב גדול יותר. משום כך, הלך הלוה והביא לו גלימה כמשכון, ולכן הלוה לו אבימי ארבעה זוזים נוספים. אולם לא סוכם ביניהם אם הגלימה היא משכון עבור ההלואה הראשונה (שטרם נפרעה) או עבור שתי ההלוואות (חידושי רבי משה קזיס).

לא צריך לאהדורי עליה כולי האי ודלמא איצטריך ליה זוזי וזבין אמר רב אשי הרי יצא לו שם גניבה בעיר: איתמר גנב ומכר ואח"כ הוכר הגנב רב משמיה דרבי חייא אמר הדין עם הראשון ר' יוחנן משמיה דרבי ינאי אמר הדין עם השני אמר רב יוסף (א) לא פליגי כאן לפני יאוש הדין עם השני כאן לאחר יאוש הדין עם הראשון [א] ותרוייהו אית להו דרב חסדא א"ל אביי ולא פליגי הא מתנות כהונה כלפני יאוש דמי ופליגי דתנן [ב] [א] אמר לו מכור לי מעיה של פרה והיו בהן מתנות נותנן לכהן ואינו מנכה לו מן הדמים לקח הימנו במשקל (ב) נותנו לכהן ומנכה לו מן הדמים [ג] ואמר רב לא שנו אלא ששקל לעצמו אבל שקל לו הטבח הדין עם הטבח אימא אף דין עם הטבח מהו דתימא (ג) אין מתנות כהונה נגזלות קמ"ל ולאביי דאמר פליגי במאי פליגי בדרב חסדא רב זביד אמר כגון שנתייאשו הבעלים ביד לוקח ולא נתייאשו ביד גנב ובהא פליגי מר סבר יאוש ואח"כ שינוי רשות קני שינוי רשות ואח"כ יאוש לא קני ומ"ס [ב] לא שנא רב פפא אמר בגלימא דכ"ע לא פליגי דהדר למריה והכא בעשו בו תקנת השוק קמיפלגי רב משמיה דר' חייא אמר הדין עם הראשון דינא דלוקח דלישקול זוזי מגנב ולא עשו בו תקנת השוק ור' יוחנן משום דר' ינאי אמר הדין עם השני [ג] דינא דלוקח דלישקול מבעל הבית ועשו בו תקנת השוק וסבר רב לא עשו בו תקנת השוק [ה] והא רב הונא תלמידיה דרב הוה וחנן בישא גנב גלימא וזבנה אתא לקמיה דרב הונא א"ל להוא גברא זיל שרי עביטך שאני חנן בישא כיון דליכא לאישתלומי מיניה כלא הוכר (ד) דמי אמר רבא [ד] אם גנב מפורסם הוא לא עשו בו תקנת השוק והא חנן בישא דמפורסם הוה ועשו בו תקנת השוק נהי דמפורסם לבישותא לגניבותא לא מפורסם איתמר [ה] גנב ופרע בחובו גנב ופרע בהיקיפו לא עשו בו תקנת השוק דאמרי לא אדעתא דהנהו יהיבת ליה מידי משכנתא שוי מאתן במאה עשו בו תקנת השוק שוה בשוה אמימר אמר לא עשו בו תקנת השוק מר זוטרא אמר עשו בו תקנת השוק [ו] (והלכתא עשו בו תקנת השוק) זבינא שוה בשוה עשו בו תקנת השוק שוה מאה במאתן רב ששת אמר לא עשו בו תקנת השוק רבא אמר עשו בו תקנת השוק [י] והלכתא בכולהו עשו בו תקנת השוק לבר מגנב ופרע בחובו גנב ופרע בהיקיפו: אבימי בר נאזי חמוה דרבינא הוה מסיק בההוא גברא ארבעה זוזי גנב גלימא אתיא ניהליה אוזפיה ארבעה זוזי אחריני לסוף הוכר הגנב אתא לקמיה דרבינא אמר קמאי גנב ופרע בחובו ולא בעי למיתב ליה ולא מידי הנך ארבעה זוזי אחריני שקול זוזך והדר גלימי מתקיף לה רב כהן ודלמא גלימא בהני זוזי קמאי יהבה ניהליה גנב ופרע בחובו ופרע בהיקיפו וארבעה זוזי בתראי הימוני הימניה כי היכי דהימניה מעיקרא איגלגל מילתא מטא לקמיה דרבי אבהו אמר [ז] הלכתא כרב כהן נרשאה גנב ספרא זבניה לפפונאה בתמנן זוזי אזל פפונאה זבניה לבר מחוזאה במאה ועשרין זוזי לסוף הוכר הגנב אמר אביי ליזיל מרי דספרא ויהב ליה לבר מחוזא תמנן זוזי ושקיל ספריה ואזיל בר מחוזאה ושקיל ארבעין מפפונאה מתקיף לה רבא השתא לוקח מגנב עשו בו תקנת השוק לוקח מלוקח מיבעיא אלא אמר רבא [ח] ליזיל מריה דספרא ויהיב ליה לבר מחוזאה מאה ועשרין זוזי ושקיל ספריה וליזיל מרי דספרא ולישקול ארבעין מפפונאה ותמנן מנרשאה: **מתני'** [ה] [ט] זה בא בחביתו של יין וזה בא בכדו של דבש נסדקה חבית של דבש ושפך זה את יינו והציל את הדבש לתוכו

אין

לא צריך לאהדורי כולי האי. [א] דנימא ספר פלוני ופלוני: **הדין עם הראשון.** דינו של בע"ה ותביעתו על הגנב היא ואין הלוקח בעל דינו ואם בא לגבותו הימנו יתן דמים ואע"ג שהוכר הגנב לא אמרינן יחזיר לוקח הכלים בחנם ויפרע מן הגנב: **הדין עם השני.** דינו של בעל הבית עם הלוקח הוא ויוציא הימנו כליו בחנם: **לפני יאוש.** לקחו מן הגנב לפני יאוש: **דרב חסדא.** גזל ולא נתייאשו הבעלים ובא אחר ואכלו רצה מזה גובה כו' בריש פירקין והאי נמי אע"ג דיהיב דמי לגנב לגבי האי מיהא גזלן הוא ומיהו היכא דלא הוכר הגנב עבוד ליה רבנן תקנת השוק ליטול מה שנתן אבל היכא דהוכר הגנב עליו להחזיר אחריו: **כלפני יאוש דמי.** דכהן לא מייאש מינייהו: **ופליגי.** כלומר ואמר רב הדין עם הראשון: **מתנות.** קיבה: **נותן הלוקח.** קיבה לכהן דמסתמא מתנות לא זבין ליה: **לא שנו.** לקח הימנו במשקל נותנן לכהן דמשמע דהלוקח ע"כ נותנן לכהן והוא יתבע דמים מן המוכר: **אלא ששקל.** הוא לעצמו: **הדין עם הטבח.** דינו של כהן וערעורו על הטבח הוא רב לטעמיה דאמר הדין עם הראשון דטבח כגנב ראשון ולוקח הוי שני וקאמר הדין עם הטבח אלמא רב לית ליה דרב חסדא: **אינן נגזלות.** דאלימא קנייה דידהו דמכח גבוה קאתו ליה וכל היכא דאיתנהו אימא דכהן נינהו ואפילו שקל לו הטבח יגבה הכהן נמי מן הלוקח קמ"ל: **פליגי בלפני יאוש ובדרב חסדא.** דרב לית ליה דרב חסדא: **רב זביד אמר.** היכא דלא אייאוש בעלים דכ"ע אית להו דרב חסדא והדין עם השני והכא כגון שנתייאשו כו': **לא שנא.** דקני לגמרי ואפילו בדמי לא מהדר לו: **רב פפא אמר.** לעולם בדלפני יאוש פליגי ותרוייהו אית להו דרב חסדא ובגלימא דגניבה כ"ע לא פליגי דהדרא למרה מיד בחנם ואין הלוקח יכול לעכבה על מעותיו וכדרב חסדא והדין עם הראשון דאמר רב לא בדין הבעל הבית קאמר אלא בדינו של לוקח קאמר (ה): **תקנת השוק.** על שקנאו לוקח בשוק בפרהסיא ולא הבין בו שנגנב עשו לו תקנה שישלם לו בעל הבית מעותיו: **ורבי יוחנן סבר עשו תקנה.** ונהי דאית לן דרב חסדא ולא מצי לוקח למימר לבעל הבית לאו בעל דברים דידי את מיהו לאחר שישלם הגניבה יתבע מעותיו מבעל הבית ואי קשיא מ"מ דמי שקיל מה לי משום תקנה מה לי משום טענת לאו בעל דברים דידי את נפקא מינה היכא דגזל ובא אחר ואכל בלא דמים דאמרינן כדרב חסדא ואם השני נוח לו מן הראשון גובה הימנו: **שרי עביטך.** התר משכונך כלומר פדה משכונך שבידו: **חוב.** מלוה: **הקף.** לחנוני: **לאו אדעתא.** דהאי גניבה יהבתה ליה זוזי דמקמי הכא אוזפת ליה: **משכנתא שוה בשוה.** אין דרך לעשות כן להלוות על המשכון כל שויו הלכך לאו אדעתא דהאי משכנתא אוזפיה אלא הימוני הימניה: **רב ששת אמר לא עשו.** ואפילו ליטול מאה דכי היכי דמאה יתירין מתנה היא מאה דשויה נמי מתנה הוו: **ורבא אמר עשו תקנה.** אפילו ליטול מאתים דאורחיה למזבין בדמים יקרים: **בר מגנב ופרע בחובו ובהיקיפו.** דלא יהיב זוזי אהאי חפץ: **הלכתא כרב כהן.** דכיון דהימניה מעיקרא השתא נמי הימניה: **נרשאה ופפונאה ובני מחוזאה.** על שם מקומן נקראו: **מתני'**

אין

אמר ליה אביי הרי מתנות כהונה כלפני יאוש דמי ופליגי. דמשמע ליה לאביי דהדין עם הטבח דוקא וה"נ הדין עם הראשון מכאן קשה על פי' הקונטרס דפרק הזרוע (חולין דף קלד.) ואין להאריך בזה:

והלכתא בכולהו עשו בו תקנת השוק. נ"ל דלא קאי אלא אהני דפליגי בהו אמוראי (ו) אמימר ומר זוטרא [רבא ורב ששת] דאתו לפסוק כמ"ד עשו בו תקנת השוק אבל אמילתא דרבא דגנב מפורסם דלא פליג עליה שום אמורא לא קאי:

הרי

מסורת הש"ס

א) [לעיל קיא:], ב) חולין קלא. קלב. קלג., ג) [שם קלד.], ד) רש"ל מ"ז, ה) לעיל כז ע"א.

הגהות הב"ח

(א) גמ' ולא פליגי: (ב) שם במשקל נותן לכהן: (ג) שם מהו דתימא מתנות כהונה אין נגזלות: (ד) שם כלא הוכר הגנב דמי: (ה) רש"י ד"ה רב פפא וכו' קאמר הס"ד ואח"כ מ"ה ולא עשו בו תקנת השוק וכו' שנגנב לא עשו לו: (ו) תוס' ד"ה והלכתא וכו' אמוראי (אמימר וכו' השוק) תא"מ ונ"ב ס"א אין זה:

הגהות הגר"א

[א] רש"י ד"ה לא כו' דנימא כו'. נ"ב אבל הרמב"ם כתב דא"ל לכל (ועבהגר"א סי' שנ"ז ס"ק ב'):

גליון הש"ס

גמ' והא רב הונא תלמידיה דרב. עיין שבת קכח ע"א ביצה דף מ ע"א סנהדרין דף ו ע"ב:

עין משפט נר מצוה

עב א מיי' פ"ט מהל' בכורים הלכה טו סמג עשין קמב טוש"ע י"ד סי' סא סעיף לב:

עג ב ג מיי' פ"ה מהל' גניבה הל' ג ועיין במ"מ ובכ"מ סמג עשין עא טוש"ע ח"מ סי' שנו סעיף ג:

עד ד מיי' שם הל' ב ועיין בהשגות ובמ"מ טוש"ע שם סעיף ב:

עה ה מיי' שם הל' ו ועיין בהשגות ובמ"מ:

עו ו מיי' שם הל' ז טוש"ע שם סעיף ח:

עז ז מיי' שם הלכה ח טוש"ע שם סעיף ט:

עח ח מיי' שם הל' ט ועיין בהשגות ובמ"מ טוש"ע שם סעיף י:

עט ט מיי' פי"ב מהל' גזילה ואבידה הל' ה סמג עשין עד טוש"ע ח"מ סי' רסד סעיף ה:

ליקוטי רש"י

אמר לו. לטבח. **מכור לי מעיה.** בני מעיה של פרה זו. **והיו בהן מתנות.** הקבה. **נותנן.** לוקח זה לכהן. **ואינו מנכה לו מן הדמים.** ואין המוכר מנכה לו ללוקח מן הדמים שהרי היה יודע הלוקח שהמתנות שם וזה לא מכר לו הקבה [חולין קלא.] לפי שלא מכר לו את המתנות מסתמא [שם קלח:]. **לקח הימנו במשקל.** הליטרא כך וכך ושקל לו הקבה. **נותנן לו.** לוקח לכהן שהרי הגזל אצלו וצריך להשיב. **והטבח ינכה לו מן הדמים.** על כרחו שמכר דבר שאינו שלו [שם קלא.] משנשחטה זכו הכהנים במתנותיהן והדין על הטבח [שם קלח:]. **לא שנו.** היכא דלקח הימנו במשקל דקתני נותנן לוקח לכהן והוא חוזר ותובע דמים מן הטבח. **אלא.** כששקלן לוקח לעצמו דכיון דטבח לא נגע בהן אינו בעל דברים של כהן לפיכך זה הלוקח נותנן והוא שואל לו הדמים שבעל הטבח היה מוטל ליתן. **אבל שקל לו הטבח הדין.** של כהן וממלוקחו ונגיעתו אף [עם] הטבח הוא והטבח חוזר עליהן אם [ישנן] בעין נותנן לכהן והכי מפרש לה בריש הגוזל בב"ק דף קח. קאמר ר' יהודה [שם קלד.]. **נרשאה.** מיושבי נרש [חולין קכז.]. **והציל את הדבש.** מפני שהדבש דמיו יקרים [לעיל כו.].

לַסּוֹף הוּכַּר הַגַּנָּב, היינו נודע שהלוה גנב את הגלימה, ובעליה תבע את אבימי לדין, שיחזירה לו. **אָתָא לְקַמֵּיהּ דְּרָבִינָא** — בא לפני רבינא לדין[31]. **אֲמַר** לו רבינא: **קַמָּאֵי** — ארבעת הזוזים הראשונים, הם כמקרה של **גָּנַב וּפָרַע בְּחוֹבוֹ**, כלומר, מאחר שההלואה הראשונה לא היתה על סמך הגלימה, הרי זה כגנב ופרע בו חוב ישן, שבזה לא עשו תקנת השוק, **וְלֹא בָּעֵי לְמֵיתַב לֵיהּ וְלֹא מִידִי** — הבעלים אינם צריכים לתת כלום למלוה בעבור החזרת הגלימה. אולם **הָנָךְ אַרְבָּעָה זוּזֵי אַחֲרִינֵי** — אותם ארבעת הזוזים האחרים, שהלוית על סמך הגלימה, הרי יש בזה תקנת השוק ואינך צריך להשיב את הגלימה ללא שתקבל אותם זוזים; ולכן, **שְׁקוֹל זוּזָךְ וַהְדַר גְּלִימֵי** — גְּבֵה ארבעה זוזים מהבעלים והחזר את הגלימה[32].

דעה אחרת:

מַתְקִיף לָהּ (הקשה על ההוראה) **רַב כֹּהֵן: וְדִלְמָא גְּלִימָא בְּהָנֵי זוּזֵי קַמָּאֵי יַהֲבָה נִיהֲלֵיהּ** — ואולי נאמר שנתן הלוה את הגלימה לאבימי רק בעבור אותם ארבעה זוזים ראשונים, שאת דמי הלואה זו לכל הדעות אין אבימי יכול לדרוש מבעל הגלימה, וכדברי רבינא שזה כמקרה של **גָּנַב וּפָרַע בְּחוֹבוֹ**, או **גָּנַב וּפָרַע בְּהֶיקֵּיפוֹ**, שבזה לא עשו תקנת השוק; **וְאַרְבָּעָה זוּזֵי בַּתְרָאֵי** — ו[נמצא שאף] את ארבעת הזוזים הנוספים שהלוהו לא יוכל אבימי לדרוש מבעל הגלימה, כי לא על סמך הגלימה הלוה אותם, אלא **הֵימוּנֵי הֵימְנֵיהּ כִּי הֵיכִי דְּהֵימְנֵיהּ מֵעִיקָּרָא** — האמינו והלוהו בלי משכון, כפי שהאמין לו מתחילה[33]!

סיום המעשה:

אִיגַּלְגַּל מִילְּתָא מָטָא לְקַמֵּיהּ דְּרַבִּי אַבָּהוּ — התגלגל הענין בין החכמים עד שהגיע לפני רבי אבהו. **אָמַר: הִלְכְתָא כְּרַב כֹּהֵן**, שכיון שאבימי נתן בו אמון בפעם הראשונה והלוה לו בלא משכון, יש להניח שגם בפעם השניה הלוהו מחמת שהאמינו ולא על סמך הגלימה כמשכון.

מעשה בו נדון אם עשו תקנת השוק בקונה חפץ גנוב ממי שלקחו מן הגנב:

נַרְשָׁאָה גָּנַב סִפְרָא זַבְּנֵיהּ לְפַפּוּנָאָה בִּתְמָנָן זוּזֵי — אדם מן העיר נרש גנב ספר ומכר אותו בשמונים זוז לאדם מפפוניא[34]. **אֲזַל פַּפּוּנָאָה זַבְּנֵיהּ לְבַר מְחוֹזָאָה** — הלך הפפונאי ומכר את הספר לבן מחוזא **בְּמְאָה וְעֶשְׂרִין זוּזֵי. לַסּוֹף הוּכַּר הַגַּנָּב** — נודע שהנרשאי גנב את הספר, ובעל הספר תבע את ספרו מן המחוזאי (הלקוח השני). **אָמַר אַבַּיֵי: לֵיזִיל מָרֵי דְּסִפְרָא וִיהַב לֵיהּ לְבַר מְחוֹזָא תְּמָנָן זוּזֵי וְשָׁקִיל סִפְרֵיהּ** — ילך בעל הספר ויתן שמונים זוז (בלבד) לבן מחוזא ויטול ממנו את ספרו. **וְאָזִיל בַּר מְחוֹזָאָה וְשָׁקִיל אַרְבְּעִין מִפַּפּוּנָאָה** — וילך המחוזאי ויטול הארבעים זוז הנוספים (ששילם על הספר ולא קיבלם מבעל הספר) מהפפונאי[35].

דעה אחרת:

מַתְקִיף לָהּ רָבָא: הַשְׁתָּא (עכשיו) כלומר, הרי מי **שלוֹקֵחַ מִגַּנָּב עָשׂוּ בוֹ תַּקָּנַת הַשּׁוּק, לוֹקֵחַ מִלּוֹקֵחַ מִיבַּעְיָא** — וכי יש ספק שהוא הדין בלוקח מלוקח[36]? **אֶלָּא, אָמַר רָבָא:** תקנת השוק חלה גם על הלוקח השני, ולכן **לֵיזִיל מָרֵיהּ דְּסִפְרָא וְיָהִיב לֵיהּ לְבַר מְחוֹזָאָה מְאָה וְעֶשְׂרִין זוּזֵי וְשָׁקִיל סִפְרֵיהּ** — ילך בעל הספר ויתן לבן מחוזא מאה ועשרים זוז ויטול את ספרו ממנו. **וְלֵיזִיל מָרֵי דְּסִפְרָא וְלִישְׁקוֹל אַרְבְּעִין מִפַּפּוּנָאָה וּתְמָנָן מִנַּרְשָׁאָה** — ואז ילך בעל הספר ויגבה ארבעים מהפפונאי ושמונים מהנרשאי (הגנב)[37].

משנה המשנה דנה בענין המפסיד ממון כדי להציל את ממונו של חבירו:

שנים שהיו מהלכים בדרך, **זֶה בָּא בַּחֲבִיתוֹ שֶׁל יַיִן וְזֶה בָּא בְּכַדּוֹ שֶׁל דְּבַשׁ, נִסְדְּקָה חָבִית שֶׁל דְּבַשׁ**[38], **וְשָׁפַךְ זֶה** (בעל היין) **אֶת יֵינוֹ** מן החבית **וְהִצִּיל אֶת הַדְּבַשׁ לְתוֹכוֹ**[39],

---

הערות

31. [בדרך כלל, דיין פסול לדון על קרוביו, כגון חמיו. אולם כאן לא שייך הפסול, כיון ששני הצדדים הסכימו לקבלו כדיין (ים של שלמה לד; שו״ת שואל ומשיב ד חלק ג, קב).

32. לפי הצד שהגלימה ניתנה כמשכון רק על ההלואה הראשונה, היה אבימי חייב להחזירה ללא תשלום, שכן אבימי הלוה את ארבעת הזוזים הראשונים **לפני** שהביא הלוה את המשכון, ובזה לא עשו תקנת השוק (ראה הערה 25). רבינא הכריע שהגלימה ניתנה עבור שתי ההלואות, ולכן אבימי יכול על כל פנים לדרוש את הפסד ההלואה **השניה**, שניתנה על סמך הגלימה.

[ראה ספר שנויי נוסחאות, לגירסאות שונות זו מזו בדברי הראשונים וכתבי היד בדברי רבינא; ראה גם ים של שלמה; למעשה אין הבדל בין הגירסאות באשר לפסק דינו של רבינא, אלא רק האם רבינא אמר את דבריו לאבימי או לבעל הגלימה או בסתם.]

33. לדעת רב כהן, מסתבר יותר להשוות את מעשהו של אבימי בהלואה השניה, למעשהו בהלואה הראשונה, וכמו שאת הראשונה נתן ללא משכון (שכן סמך על הלוה שיוכל להחזיר ארבעה זוזים) כך היה גם בשניה. לפי זה, אין הגלימה קשורה להלואה השניה כלל, אלא ניתנה רק עבור ההלואה הראשונה, ובה אין ספק שלא עשו תקנת השוק, מאחר שניתנה ללא משכון (עיין חידושי רבי משה קזיס; רש״י ד״ה הלכתא; ראה גם רבינו יהונתן, מובא בשיטה מקובצת).

[לפי שיטת רש״י (ראה הערה 21) שמי שקיבל את החפץ הגנוב חייב בכל אופן להחזירו ואינו יכול לעכבו בעד התשלום שהוא זכאי לו מכח תקנת השוק, מובן שבכל אופן היה אבימי צריך להחזיר את המשכון, והוראתו של רב כהן מתייחסת רק **לבעל הגלימה**, שלפי שיש ספק שמא ניתנה הגלימה רק בעבור ההלואה הראשונה, אין הבעלים צריך לשלם לו; אולם לפי הרמ״ה (ראה בהערה שם) שיכול לעכב] יש להקשות: הרי אבימי היה תפוס בגלימה, וכיצד אפשר להוציאה מידו מחמת **ספק**? ליישוב ראה משפט שלום קעו, כח; נחל יצחק, קונטרס ביאור ספק תקנה, ענף ו.

34. נרשאה, פפונאה ומחוזאה [בהמשך] נקראים כן על שם מקומם [נרש, פפוניא ומחוזא] (רש״י; אולם עיין שיטה מקובצת בשם רבינו יהונתן). [בני נרש היו מוחזקים לגנבים (ראה חולין קכז, א; רבינו יהונתן).]

35. לדעת אביי, תקנת השוק [שנעשתה למי שלקח מן הגנב], תלויה בסכום שיוכל הבעלים לקבל מהגנב עצמו. במקרה זה, הגנב היה משלם רק שמונים זוז, שזה מה שקיבל עבור מכירת הספר. על כן, זה הסכום שעל הבעלים לשלם למחוזאי; אין הבעלים צריך לשלם את הארבעים זוז הנוספים. על כן, המחוזאי יצטרך לגבות ארבעים זוז אלו מהקונה שקדמו (תוספות רי״ד).

[נראה שטעמו של אביי הוא שהלוקח ממי שאינו גנב לא הוצרכו לעשות בו תקנת השוק, שלפי שלקח מאדם ישר לא יצטרך לטרוח הרבה כדי לקבל את כספו ממנו.]

הפפונאי מפסיד איפוא את הארבעים זוז שהרויח במכירת הספר (אף שמכר בתום לב), לפי שהספר לא היה שלו, ועל ריוח שכזה לא תיקנו משום תקנת השוק (ביאור הגר״א חושן משפט שנו, יט).

36. לדעת רבא, אם בקשו חכמים להגן על הלוקח הראשון (אף על פי שקנה ישירות מהגנב) שלא יצטרך לחזור אחר הגנב לתבוע ממנו את הכסף שהפסיד, ודאי יש להגן על הקונה הבא אחריו (שלא היה לו שום קשר ישיר עם הגנב) שלא יצטרך לחזור אחר מי שמכר לו (תוספות רי״ד).

37. מסוגייתנו משמע שדנים דיני גזילות בבבל וגובים מן הגזלנים את הגזילה שלא כפי שמשמע מסוגיות אחרות. ליישוב ראה תוספות לעיל פד, ב ד״ה אי; צד, ב ד״ה בימי.

38. התנא פתח ב״כד״ (״זה בא בכדו של דבש״) וסיים ב״חבית״ (״נסדקה חבית של דבש״) משום ששני הכלים נקראים בשני השמות (ראה לעיל כז, א ושם הערות 5 ו־9).

39. בעל היין רוקן את החבית שלו כדי להציל את הדבש שדמיו יקרים יותר (רש״י לעיל כז, א ד״ה והציל).

לא צריך לאהדורי עליה כולי האי ודלמא איצטריך ליה זוזי וזבין אמר רב אשי הרי יצא לו שם גניבה בעיר: איתמר גנב ומכר ואח"כ הוכר הגנב רב משמיה דרבי חייא אמר הדין עם הראשון ר' יוחנן משמיה דרבי ינאי אמר הדין עם השני אמר רב יוסף (א) לא פליגי כאן לפני יאוש הדין עם השני כאן לאחר יאוש הדין עם הראשון [א] ותרוייהו אית להו דרב חסדא א"ל אביי ולא פליגי הא מתנות כהונה כלפני יאוש דמי ופליגי דתנן (ב) [א] אמר לו מכור לי מעיה של פרה והיו בהן מתנות נותנן לכהן ואינו מנכה לו מן הדמים לקח הימנו במשקל (ב) נותנו לכהן ומנכה לו מן הדמים [ג] ואמר רב לא שנו אלא ששקל לעצמו אבל שקל לו הטבח הדין עם הטבח אימא אף דין עם הטבח מהו דתימא (ג) אין מתנות כהונה נגזלות קמ"ל ולאביי דאמר פליגי במאי פליגי בדרב חסדא רב זביד אמר כגון שנתייאשו הבעלים ביד לוקח ולא נתייאשו ביד גנב ובהא פליגי מר סבר יאוש ואח"כ שינוי רשות קני שינוי רשות ואח"כ יאוש לא קני ומ"ס [ב] לא שנא רב פפא אמר בגלימא דכ"ע לא פליגי דהדר למריה והכא בעשו בו תקנת השוק קמיפלגי רב משמיה דר' חייא אמר הדין עם הראשון דינא דלוקח דלישקול זוזי מגנב ולא עשו בו תקנת השוק ור' יוחנן משום דר' ינאי אמר הדין עם השני [ג] דינא דלוקח דלישקול מבעל הבית ועשו בו תקנת השוק וסבר רב לא עשו בו תקנת השוק [ה] והא רב הונא תלמידיה דרב הוה וחנן בישא גנב גלימא וזבנה אתא לקמיה דרב הונא א"ל לההוא גברא זיל שרי עביטך שאני חנן בישא כיון דליכא לאישתלומי מיניה כלא הוכר (ד) דמי אמר רבא [ד] אם גנב מפורסם הוא לא עשו בו תקנת השוק והא חנן בישא דמפורסם הוה ועשו בו תקנת השוק נהי דמפורסם לבישותא לגניבותא לא מפורסם איתמר [ה] גנב ופרע בחובו גנב ופרע בהיקיפו לא עשו בו תקנת השוק דאמרי לא אדעתא דהנהו יהיבת ליה מידי משכנתא שוי מאתן במאה עשו בו תקנת השוק שוה בשוה אמימר אמר לא עשו בו תקנת השוק מר זוטרא אמר עשו בו תקנת השוק [ו] (והלכתא עשו בו תקנת השוק) זבינא שוה בשוה עשו בו תקנת השוק שוה מאה במאתן רב ששת אמר לא עשו בו תקנת השוק רבא אמר עשו בו תקנת השוק [י] והלכתא בכולהו עשו בו תקנת השוק לבר מגנב ופרע בחובו גנב ופרע בהיקיפו: אבימי בר נאזי חמוה דרבינא הוה מסיק בההוא גברא ארבעה זוזי גנב גלימא אתיא ניהליה אוזפיה ארבעה זוזי אחריני לסוף הוכר הגנב אתא לקמיה דרבינא אמר קמאי גנב ופרע בחובו ולא בעי למיתב ליה ולא מידי הנך ארבעה זוזי אחריני שקול זוזך והדר גלימי מתקיף לה רב כהן ודלמא גלימא בהני זוזי קמאי יהבה ניהליה גנב ופרע בחובו ובהיקיפו וארבעה זוזי בתראי הימוני הימניה כי היכי דהימניה מעיקרא איגלגל מילתא מטא לקמיה דרבי אבהו אמר [ז] הלכתא כרב כהן נרשאה גנב ספרא וזבניה לפפונאה בתמנן זוזי אזל פפונאה זבניה לבר מחוזאה במאה ועשרין זוזי לסוף הוכר הגנב אמר אביי ליזיל מרי דספרא ויהב ליה לבר מחוזא תמנן זוזי ושקיל ספריה ואזיל בר מחוזאה ושקיל ארבעין מפפונאה מתקיף לה רבא השתא לוקח מגנב עשו בו תקנת השוק לוקח מלוקח מיבעיא אלא אמר רבא [ח] ליזיל מריה דספרא ויהיב ליה לבר מחוזאה מאה ועשרין זוזי ושקיל ספריה וליזיל מרי דספרא ולישקול ארבעין מפפונאה ותמנן מנרשאה: **מתני'** (ה) [ט] זה בא בחביתו של יין וזה בא בכדו של דבש נסדקה חבית של דבש ושפך זה את יינו והציל את הדבש לתוכו

אין

אמר ליה אביי הרי מתנות כהונה כלפני יאוש דמי ופליגי. דמשמע ליה לאביי דהדין עם הטבח דוקא וה"נ הדין עם הראשון מכאן קשה על פי' הקונטרס דפרק הזרוע (חולין דף קלד.) ואין להאריך בזה: **והלכתא** בכולהו עשו בו תקנת השוק. נ"ל דלא קאי אלא אהני דפליגי בהו אמוראי (ו) אמימר ומר זוטרא [רבא ורב ששת] דאתו לפסוק כמ"ד עשו בו תקנת השוק אבל אמילתא דרבא דגנב מפורסם דלא פליג עליה שום אמורא לא קאי:

הרי

לא צריך לאהדורי כולי האי. [א] דנימא ספר פלוני ופלוני: הדין עם הראשון. דינו של בע"ה ותביעתו על הגנב היא ואין הלוקח בעל דינו ואם בא לגבותו הימנו יתן דמים ואע"ג שהוכר הגנב לא אמרינן יחזיר לוקח הכלים בחנם ויפרע מן הגנב: הדין עם השני. דינו של בעל הבית עם הלוקח הוא ויוציא הימנו כליו בחנם: לפני יאוש. לקחו מן הגנב לפני יאוש: דרב חסדא. גזל ולא נתייאשו הבעלים ובא אחר ואכלו רצה מזה גובה כו' בריש פירקין והאי נמי אע"ג דיהיב דמי לגנב לגבי האי מיהא גזלן הוא ומיהו היכא דלא הוכר הגנב עבוד ליה רבנן תקנת השוק ליטול מה שנתן אבל היכא דהוכר הגנב עליו להחזיר אחריו: כלפני יאוש דמי. דכהן לא מייאש מינייהו: ופליגי. כלומר ואמר רב הדין עם הראשון: מתנות. קיבה: נותן הלוקח. קיבה לכהן דמסתמא מתנות לא זבין ליה: לא שנו. לקח הימנו במשקל נותנן לכהן דמשמע דהלוקח ע"כ נותנן לכהן והוא יתבע דמים מן המוכר: אלא ששקל. הוא לעצמו: הדין עם הטבח. דינו של כהן וערעורו על הטבח הוא רב לטעמיה דאמר הדין עם הראשון דטבח כגנב ראשון ולוקח הוי שני וקאמר הדין עם הטבח אלמא רב לית ליה דרב חסדא: אינן נגזלות. דאלימא קנייה דידהו דנכח גבוה קאתו ליה וכל היכא דאיתנהו אימא דכהן נינהו ואפילו שקל לו הטבח יגבה הכהן נמי מן הלוקח קמ"ל: פליגי בלפני יאוש ובדרב חסדא. דרב לית ליה דרב חסדא: רב זביד אמר. היכא דלא אייאוש בעלים דכ"ע אית להו דרב חסדא והדין עם השני והכא כגון שנתייאשו כו': לא שנא. דקני לגמרי ואפילו בדמי לא מהדר לו: רב פפא אמר. לעולם בדלפני יאוש פליגי ותרוייהו אית להו דרב חסדא ובגלימא דגניבה כ"ע לא פליגי דהדרא למרה מיד בחנם ואין הלוקח יכול לעכבה על מעותיו וכדרב חסדא והדין עם הראשון דאמר רב לא בדין הבעל הבית קאמר אלא בדינו של לוקח קאמר (ה): תקנת השוק. על שקנאו לוקח בשוק בפרהסיא ולא הבין בו שנגנב עשו לו תקנה שישלם לו בעל הבית מעותיו: ורבי יוחנן סבר עשו תקנה. ונהי דאית לן דרב חסדא ולא מצי לוקח למימר לבעל הבית לאו בעל דברים דידי את מיהו לאחר שישלם הגניבה יתבע מעותיו מבעל הבית ואי קשיא מ"מ דמי שקיל מה לי משום תקנה מה לי משום טענת לאו בעל דברים דידי את נפקא מינה היכא דגזל ובא אחר ואכל בלא דמים דאמרינן כדרב חסדא ואם השני נוח לו מן הראשון גובה הימנו: שרי עביטך. התר משכונך כלומר פדה משכונך שבידו: חוב. מלוה: הקף. לחנוני: לאו אדעתא. דהאי גניבה יהבתה ליה זוזי דמקמי הכא אוזפת ליה: משכנתא שוה בשוה. אין דרך לעשות כן להלוות על המשכון כל שויו הלכך לאו אדעתא דהאי משכנתא אוזפיה אלא הימוני הימניה: רב ששת אמר לא עשו. ואפילו ליטול מאה דכי היכי דמאה יתירין מתנה היא מאה דשויה נמי מתנה הוו: ורבא אמר עשו תקנה. אפילו ליטול מאתים דאורחיה למזבין בדמים יקרים: בר מגנב ופרע בחובו ובהיקיפו. דלא יהיב זוזי אהאי חפץ: הלכתא כרב כהן. דכיון דהימניה מעיקרא השתא נמי הימניה: נרשאה ופפונאה ובני מחוזאה. על שם מקומן נקראו: **מתני'**

אין

מסורת הש"ס

א) [לעיל קיא:], ב) חולין קלא. קלב. קלח., ג) [שם קלד.], ד) רש"ל מ"ז, ה) לעיל כז ע"א.

הגהות הב"ח

(א) גמ' ולא פליגי: (ב) שם במשקל נותן לכהן: (ג) שם מהו דתימא מתנות כהונה אין נגזלות: (ד) שם כלא הוכר הגנב דמי: (ה) רש"י ד"ה רב פפא וכו' קאמר הס"ד ואח"כ מ"ה ולא עשו בו תקנת השוק וכו' שנגנב לא עשו לו: (ו) תוס' ד"ה והלכתא וכו' אמוראי (אמימר וכו' השוק) תא"מ ונ"ב ס"א אין זה:

הגהות הגר"א

[א] רש"י ד"ה לא כו' דנימא כו'. נ"ב אבל הרמב"ם כתב דא"צ לכל (ועבהגר"א סי' שנ"ז ס"ק ב'):

גליון הש"ס

גמ' והא רב הונא תלמידיה דרב. עיין שבת קכח ע"א ביצה דף מ ע"א סנהדרין דף ו ע"ב:

עין משפט נר מצוה

עב א מיי' פ"ט מהל' בכורים הלכה טו סמג עשין קמב טוש"ע י"ד סי' סא סעיף לב:

עג ב ג מיי' פ"ה מהל' גניבה הל' ג ועיין במ"מ ובכ"מ סמג עשין עא טוש"ע ח"מ סי' שנו סעיף ג:

עד ד מיי' שם הל' ב ועיין בהשגות ובמ"מ טוש"ע שם סעיף ב:

עה ה מיי' שם הל' ו ועיין בהשגות ובמ"מ:

עו ו מיי' שם הל' ז טוש"ע שם סעיף ח:

עז ז מיי' שם הלכה ח טוש"ע שם סעיף ט.

עח ח מיי' שם הל' ט ועיין בהשגות ובמ"מ טוש"ע שם סעיף י:

עט ט מיי' פי"ב מהל' גזילה ואבידה הל' ה סמג עשין עד טוש"ע ח"מ סי' רסד סעיף ה:

ליקוטי רש"י

אמר לו. לטבח. מכור לי מעיה. בני מעיים של פרה זו. והיו בהן מתנות. הקבה. נותנן. לוקח זה לכהן. ואינו מנכה לו מן הדמים. ואין המוכר מנכה לו ללוקח מן הדמים שהרי היה יודע הלוקח שהמתנות שם וזה לא מכר לו הקבה [חולין קלא.] לפי שלא מכר לו את המתנות מסתמא [שם קלח:]. לקח הימנו במשקל. הליטרא כך וכך ושקל לו הקבה. נותנן לו. לוקח לכהן שהרי הגזל אצלו וצריך להשיב. והטבח ינכה לו מן הדמים. על כרחו שמכר דבר שאינו שלו [שם קלא.] משנשחטה זכו הכהנים במתנותיהן והדין על הטבח [שם קלח:]. לא שנו. היכא דלקח הימנו במשקל דקתני נותנן לוקח לכהן והוא חוזר ותובע דמים מן הטבח. אלא. כששקלן לוקח לעצמו דכיון דטבח לא נגע בהן אינו בעל דברים של כהן לפיכך זה הלוקח נותנן והוא שואל לו הדמים שעל הטבח היה מוטל ליתן. אבל שקל לו הטבח הדין. של כהן ומחלוקתו ותביעתו אף [עם] הטבח הוא והטבח חוזר עליהן אם [ישנן] בעין נותנן לכהן והכי מפרש לה בריש הגוזל בב"ק דאף עם הטבח קאמר ר' יהודה [שם קלד.]. נרשאה. מיושבי נרש [חולין קכז.]. והציל את הדבש. מפני שהדבש דמיו יקרים [לעיל כז.].

עין משפט נר מצוה

פ א מיי׳ פי״ב מהל׳ גזילה ואבידה הל׳ ה סמג עשין עד טוש״ע ח״מ סי׳ רסד סעיף ה:
פא ב ג מיי׳ שם הל׳ ג טוש״ע שם סעיף ג:
פב ד מיי׳ פ״ג מהלכות תרומות הלכה יז:
פג ה מיי׳ פי״ב מהל׳ גזילה ואבידה הל׳ ה ועיין במ״מ סמג עשין עד טוש״ע ח״מ סי׳ רסד סעיף ה:
פד ו ז מיי׳ פ״ד מהלכות מעשר שני הל׳ יב:
פה ח מיי׳ פי״א מהל׳ רוצח ושמירת נפש הלכה טו סמג עשין עט טוי״ד סי׳ קטז:
פו ט מיי׳ שם הל׳ יד:
פז י מיי׳ פ״ה מהלכות תרומות הלכה ח:

א] אין לו אלא שכרו [א] ואם אמר אציל את שלך ואתה נותן לי דמי שלי חייב ליתן לו: [ב] שטף נחל חמורו וחמור חבירו שלו יפה מנה ושל חבירו מאתים והניח זה את שלו והציל את של חבירו אין לו אלא שכרו [ג] ואם אמר לו אני אציל את שלך ואתה נותן לי את שלי חייב ליתן לו: **גמ׳** ואמאי לימא ליה מהפקירא קא זכינא מי לא תניא [ד] הרי שהיה טעון כדי יין וכדי שמן וראה שהן משתברות לא יאמר הרי זה תרומה ומעשר על פירות שיש לי בתוך ביתי ואם אמר לא אמר כלום כדא״ר ירמיה כשעקל בית הבד כרוך עליה ה״נ [ה] כשעקל בית הבד כרוך עליה ואם אמר לא אמר כלום והתניא [ו] מי שבא בדרך ומעות בידו ואנס כנגדו לא יאמר הרי פירות שיש לי בתוך ביתי מחוללים על מעות הללו ואם אמר דבריו קיימין הכא במאי עסקינן בשיכול להציל אי בשיכול להציל לכתחלה אמאי לא יאמר [ז] בשיכול להציל על ידי הדחק (א) וכל היכא דאיכא הפסידא לכתחלה לא יאמר והתניא הרי שהיו לו עשר חביות של טבל טמא וראה אחת מהן שנשברה או שנתגלתה אומר הרי היא תרומת מעשר על תשע חברותיה ובשמן לא יעשה כן מפני הפסד כהן א״ר ירמיה כשעקל בית הבד כרוך עליה בשלמא שנשברה חזיא אלא נתגלתה למאי חזיא וכ״ת חזיא לזילוף והתניא (ב) [ח] מים שנתגלו הרי זה לא ישפכם ברשות הרבים ולא יגבל בהן את הטיט ולא ירביץ בהן את הבית ולא ישקה מהם את בהמתו ולא בהמת חבירו דעבר לה במסננת כר׳ נחמיה דתניא (ג) [ט] מסננת יש בה משום גילוי אמר רבי נחמיה אימתי בזמן שהתחתונה מגולה אבל בזמן שהתחתונה מכוסה אף על פי שהעליונה מגולה אין בה משום גילוי לפי שארס של נחש דומה לספוג וצף ועומד במקומו לאו איתמר עלה א״ר סימון אריב״ל לא שנו אלא שלא טרקו אבל טרקו אסור התם נמי אפשר דמנח מידי אפומא דחביתא (ג) דשפי ליה ורבי נחמיה (מטמא אטמא) מי תרמינן והתניא תורמין מן הטמא על הטמא ומן הטהור על הטהור ומן הטהור על הטמא [י] אבל לא מן הטמא על הטהור ר׳ נחמיה אומר אף מן הטמא על הטמא לא התירו לתרום אלא בשל דמאי הכא נמי בשל דמאי אמר מר ובשמן לא יעשה כן מפני הפסד כהן (ד) מאי שנא שמן דראוי להדליק יין נמי ראוי לזילוף וכי תימא זילוף לאו מילתא היא והאמר שמואל משום רבי חייא שותין מלוג בסלע ומזלפין מלוג בשתים הכא במאי עסקינן בחדש והא ראוי לישנו (ה) אתי ביה לידי תקלה שמן נמי אתי ביה לידי תקלה דמנח בכלי מאוס יין נמי מנח ליה בכלי מאוס השתא לזילוף קא בעי ליה בכלי מאוס קא מנח ליה ותקלה עצמה תנאי היא דתניא חבית של יין של תרומה שנטמאת בית שמאי אומרים תשפך

רש״י

אין לו אלא שכרו. שכר כלי ושכר פעולה: **גמ׳** ולימא ליה מהפקירא זכינא. דבש שלך היה הולך כולו לאיבוד והריני כמציל מן ההפקר ואמאי אין לו אלא שכרו כוליה דבש לישקול וגבי חמור ליכא למימר הכי דיכול להצילה הוא: משתברות. והכל נשפך ביחד: לא אמר כלום. אלמא כיון דלאיבוד אזל לית בהו זכייה והפקירא הוא: כדאמר ר׳ ירמיה. לקמן: בעקל. דדובשא כרוך עליה חבית של דבש קשורה בעקל ולא ישפך הכל אלא מנטף מעט מעט וליכא הפקר: הרי פירות. של מעשר שני שיש לי בתוך ביתי מחוללין כו׳: (ב) וכל היכא דאיכא. קצת הפסד וליכא איבוד לגמרי כי הכא דמוקמת לה בשיכול להציל ע״י הדחק ושמא יציל: לכתחלה לא יאמר. בתמיה: הרי שהיו לו. ללוי: עשר חביות של טבל. הטבול לתרומת מעשר והוא טמא דתרומת מעשר דידיה לא חזיא לכהן לשתיה אלא לזלף ולקמיה מוקי לה ביין חדש דלא חזי כולי האי לזלף דלא אליס ריחא ופסידא פורתא הוא דאיכא (ג) כמו זה שיכול להציל על ידי הדחק: ה״ג אומר הרי היא תרומת מעשר על תשע חברותיה (ד): שמן דתרומה טמאה. חזי להדליק וכי מפסיד לה לכהן איכא פסידא טובא: כשעקל בית הבד כרוך עליה. (ה) דלא חשיב פסידא כולי האי כגון זה שאין יכול להציל אלא ע״י הדחק: למאי חזיא. ואפ״ה קתני אומר הרי הוא תרומה אלמא להפסד מועט לא חששו: לא ישפכם. שלא יעבור עליהם אדם יחף ויכנס ארס של נחש ברגלו ע״י מכת לרור וימות: (י) ולא יגבל בהן את הטיט) ולא ישקה בהן לבהמתו. משום סכנת נפשות שמא ישחטנה אחרי כן: מסננת. כלי ע״ג כלי ונותנין השמרים בתוך העליון והוא ככברה והיין מסתנן מאליו: יש בה משום גילוי. לריך לכסות העליון כדי שלא ישתה בו נחש ואף על פי שהיין מסתנן והולך חיישינן שמא יעבור הארס עם היין לתוך הכלי וכ״ש כשהתחתון מגולה: שלא טרקו. בשלא עירבו אדם וכגון הך מסננת שאין איש נוגע בה: אבל טרקו אסור. והכא בהך חבית כי מערה ושדי ליה מחבית למסננת מטריק ומתבלבל הארס עם היין ויולא דרך המסננת לכלי: דמנח מידי. בגד או שולי כברה על פי חבית ושפי ליה ומסננו בנחת. שפי לשון שופך כמו השופה יין (לתמרי) [לחבירו] בבבא מליעא (דף ס. ע״ש) רודיי״ר: ורבי נחמיה. ואי ההיא די׳ חביות רבי נחמיה היא: מי תרמינן. מן הטמא על הטמא: אלא בשל דמאי. הקילו משום דרוב עמי הארץ מעשרין הן וכבר נתעשר: שותין מלוג בסלע ומזלפין מלוג בשתים. לשתיה אם ימלא יין בזול לוג בסלע יקח אבל לזלף יקח אפי׳ ביוקר הלוג בשתים סלעים דהנאה יתירא היא: תקלה. לשתותן והרי היא טמאה: תשפך

תוספות

הרי שהיה טעון כדי יין וכדי שמן לא יאמר הרי הן כו׳. וא״ת אפי׳ אין משתבר נמי לא יאמר דאסור לתרום אלא מן המוקף וי״ל דנקט משתברות משום דבעי למיתני סיפא ואם אמר לא אמר כלום א״נ בשבתות וימים טובים איירי שמותר לתרום שלא מן המוקף כדאמר בהאשה רבה (יבמות דף צג:):

וכל היכא דאיכא פסידא לכתחלה לא. ל״ג ליה כדפי׳ הקונט׳ דהא בברייתא דמייתי נמי אסור לכתחלה היכא דאיכא הפסד כהן דקתני ובשמן לא יעשה וא״כ לעיל נמי דאיכא הפסד כהן שפיר אסור לכתחלה אלא אמאי דקאמר לעיל דאפי׳ דיעבד לא אמר כלום פריך: **אלא** נתגלתה למאי חזיא. אבל משמן לא פריך דקתני בשמן לא יעשה אבל התרומה חלה וכי נתגלתה למאי חזיא דאיכא למימר דחזיא להדלקה ומ״מ איכא הפסד כהן כיון שאין יכול להדליק בו כי נתגלתה אלא בטורח כי לריך שלא יגע בשמן כלל ולא בכלי במקום שיש שמן: **ולא** ישקה מהן לבהמה. פי׳ בקונטרס שמא ישחטנה ואיכא סכנת נפשות. ואין נראה דאפי׳ לבהמה טמאה לא ישקה משום בל תשחית כדמשמע בפרק ב׳ דע״ז (דף ל: ושם) דמוקי התם הא דתניא שמותר להשקות לבהמתו בשונרא שאין קשה לה ופריך א״ה דחבירו נמי ומשני כחיש דידיה נמי כחש הדר ביה מדפריך דידיה נמי כחיש משמע דאסור משום בל תשחית ועוד מדלא מוקי לה בכל בהמה טמאה שאין לחוש שמא ישחטנה משמע דבשאר בהמות טמאות דקשה לה אסור משום בל תשחית ומיהו י״ל דבשאר בהמות טמאות לא בעי לאוקומי משום דאטו בשופטני עסקינן שמשקין לבהמה דבר שמתה על ידן: **אימתי** בזמן שהתחתונה מגולה. וא״ת א״כ פשיטא דיש בהן משום גילוי דהוי כשאר מגולין וי״ל דס״ד שהנחש ירא לבא מפני הקול שהוא שומע שנופל היין ממסננת לתחתונה כדאמרינן בפ״ב דע״ז (דף ל:) טיף טיף אין בו משום גילוי קמ״ל דכה״ג שרואה היין שנשפך בבת אחת לכלי התחתון אין מתיירא להיות סבור שהוא קול בני אדם אלא סבור שכך מסננין את היין:

אתי לידי תקלה. ומסיק אי חיישי׳ לתקלה תנאי היא והא דאמר בפ״ק דשבת (דף יז: ושם) גבי י״ח דבר גידולי תרומה כתרומה בו ביום גזרו ומפרש התם טעמא משום תרומה טמאה ביד כהן דילמא משהי לה ואתי לידי תקלה והתם ליכא מאן דפליג דכ״ע אית להו י״ח דבר אור״י דשאני התם דפעמים שמשהה אותה ביותר ואין זורעה באותה שנה שאירע שום דבר שלא יזרע בעת הזרע וימתין עד שנה אחרת אבל הכא לעולם יכול הוא לעשות

ליקוטי רש״י

אין לו אלא שכרו. כשאר פועל ואין בעל הדבש משלם דמי היין [לעיל כז:]. הרי זה לא ישפכם. שמא יעבור אדם יחף ויעמוד הארס בין קשרי אלבעותיו וכיון שנכנס מעט ונוקב בבשר שוב אין לו רפואה. ולא ירביץ. להשכיב את העפר ואבק שלא יעלה [ע״ז ל:]. מסננת. קולי״ר בלע״ז מסננת שמסננין בה קונדיטון כמו שעושין בעלי חנויות שתלוי כמין כברה ובו אבקת רוכל ויין ותחתיה כלי והקונדיטון מסתנן לתוכו. יש בו משום גילוי. אם הניחו בלא שמירה כשעור שהיית גילוי המפורש בהכל שוחטין (חולין י.) כדי שילא נחש מתחת אזן כלי וישתה ויחזור לחורו ואסורה בשתיה. שהתחתונה. כלי התחתון [סוכה נ.]. וכי תימא זילוף לאו מילתא היא. לא חשיב והרי הפסידו. שותין מלוג. שנמכר בסלע ומזלפין מלוג הנמכר בשתים נוח לקנות לוג בשתי סלעים לזילוף מלקנותו לשתיה ומי שאינו עשיר יקח יין בזול לשתייתו לוג בסלע ויין ביוקר לזילוף. בחדש. דלאו ריחו נודף ולאו ראוי לזילוף. אתי ביה לידי תקלה. אם ישהו אללו על שיתיישו אתי מאכיל לאפשיה מיניה. לזילוף לא בעי ליה. וצריך שיהא לו ריחו טוב ובכלי מאוס יש ליה בתמיה. ותקלה עצמה. אי חיישינן לה ולאסור לשמור אי לא תנאי היא [פסחים כ:].

לעזי רש״י

רודיי״ר. פירוש לשפוך (עיין רש״י ב״מ דף ס ע״א ד״ה השופה יין וערוך ערך שף ד׳).

מסורת הש״ס

א) ע״ז ל: [תוספתא תרומות פ״ז הי״ז], ב) סוכה נ. [וע׳ ב״ב לז: מ״ש שם], ג) [נ״ל ושפי], ד) פסחים כ:, ה) [שם לג: וע״ש חולין נג:], ו) ס״א ל״ג.

הגהות הב״ח

(א) גמ׳ על ידי הדחק. (וכל היכא וכו׳ לא יאמר). תא״מ ונ״ב רש״י ותוס׳ לא גרסי ליה: (ב) רש״י ד״ה (וכל היכא וכו׳ לכתחלה לא יאמר). תא״מ ונ״ב זהו פי׳ למאן דגרס לכתחלה לא יאמר ואחר כך מתחיל הדיבור ה״ג והתניא וכו׳ ואמתניתין דלעיל קרמי דקתני ואם אמר לא אמר כלום ול״ג לכתחלה לא יאמר בתמיה הס״ד ואח״כ מ״ה הרי שהיו: (ג) ד״ה עשר וכו׳ לכהן לשתיה וכו׳ הוא דאיכא (כמו זה וכו׳ הדחק). תא״מ ונ״ב גם זה למאן דגרים לכתחלה לא יאמר: (ד) ד״ה ה״ג אומר וכו׳ חברותיה וקס״ד חבית המשתברת כאבודה דמיא דקתני לעיל ואם אמר לא אמר כלום הכא היכי מתקן טבלים במידי דליתיה בעין בשלמא אי תנא לעיל ואם אמר דבריו קיימים איכא למימר הכא דליכא הפסד כולי האי אומר לכתחלה אבל השתא דקתני לא אמר כלום וקשרי ההיא חבית לזרים דלא חל שם מעשר עליה הכא במאי מתקן האי טיבלא הס״ד: (ה) ד״ה (כשעקל בית וכו׳ לא חששו). תא״מ ונ״ב גם זה למאן דגרס לכתחלה לא יאמר:

הגהות מהר״ב רנשבורג

א] גמ׳ אין לו אלא שכרו. עיין לעיל דף נח ע״א תוס׳ ד״ה אי נמי וכו׳ בסוף הדבור מה שכתבו בזה:

אֵין לוֹ מבעל הדבש **אֶלָּא** את **שְׂכָרוֹ** — שכר החבית ושכר הפעולה[1], ואין בעל הדבש חייב לשלם לו את דמי יינו שאבד[2]. **וְאִם אָמַר** לבעל הדבש קודם ששפך את היין: **אַצִּיל אֶת** הדבש **שֶׁלְּךָ וְאַתָּה נוֹתֵן לִי** את **דְּמֵי** היין **שֶׁלִּי**, ובעל הדבש הסכים לכך[3], **חַיָּיב** בעל הדבש **לִיתֵּן לוֹ** את דמי יינו[4].

מקרה נוסף:

שָׁטַף נַחַל חֲמוֹרוֹ וַחֲמוֹר חֲבֵירוֹ, והיה החמור **שֶׁלּוֹ יָפֶה מָנֶה** — שוה מאה זוז **וְשֶׁל חֲבֵירוֹ** שוה **מָאתַיִם** זוז, **וְהִנִּיחַ זֶה אֶת** החמור **שֶׁלּוֹ וְהִצִּיל אֶת** החמור **שֶׁל חֲבֵירוֹ**, **אֵין לוֹ** מחבירו **אֶלָּא** את **שְׂכָרוֹ** — שכר הפעולה, ואין הוא חייב לשלם לו את דמי חמורו שאבד. **וְאִם אָמַר לוֹ** לחבירו קודם שהניח את חמורו: **אֲנִי אַצִּיל אֶת** החמור **שֶׁלְּךָ וְאַתָּה נוֹתֵן לִי אֶת** דמי החמור **שֶׁלִּי**, וחבירו הסכים לכך, **חַיָּיב** חבירו **לִיתֵּן לוֹ** את דמי חמורו[5].

גמרא הגמרא מקשה על הוראת המשנה:

וְאַמַּאי — ומדוע אין לבעל היין אלא את שכרו? **לֵימָא לֵיהּ** — יאמר לו לבעל הדבש: **מֵהֶפְקֵירָא קָא זָכֵינָא** — הריני זוכה [בדבש] מהפקר, שהרי הדבש שלך היה הולך כולו לאיבוד, ויכול אני לזכות בכולו[6]! **מִי לֹא תַּנְיָא** — וכי לא שנינו בברייתא: **הֲרֵי שֶׁהָיָה טָעוּן כַּדֵּי יַיִן וְכַדֵּי שֶׁמֶן** של טבל, **וְרָאָה שֶׁהֵן מִשְׁתַּבְּרוֹת** והכל נשפך מתוכן בבת אחת והולך לאיבוד[7], **לֹא יֹאמַר: ״הֲרֵי** יין ושמן **זֶה** יהיו **תְּרוּמָה וּמַעֲשֵׂר עַל פֵּירוֹת** של טבל **שֶׁיֵּשׁ לִי בְּתוֹךְ בֵּיתִי״**[8], **וְאִם אָמַר** כן **לֹא אָמַר כְּלוּם**, לפי שהיין והשמן ההולכים לאיבוד הם הפקר, ומאחר שאינם שלו אין הוא יכול לעשותם תרומה ומעשר[9]. הרי שדבר ההולך לאיבוד הוא הפקר, ומדוע אם כן אין בעל היין יכול לזכות בכל הדבש[10]?

מתרצת הגמרא:

יש לתרץ **כִּדְאָמַר** — כפי שאמר **רַבִּי יִרְמְיָה** להלן, בנוגע לברייתא אחרת, שמדובר **כְּשֶׁעֶקֶל** של **בֵּית הַבַּד כָּרוּךְ עָלֶיהָ** (על החבית) ומונע ממה שבתוכה להישפך בבת אחת[11], **הָכִי נַמִּי** — ואף כאן, במשנתנו, יש להעמיד **כְּשֶׁעֶקֶל בֵּית הַבַּד כָּרוּךְ עָלֶיהָ** (על חבית הדבש), ואין הדבש נשפך כולו בבת אחת אלא נוטף מעט מעט, ומאחר שניתן להצילו אין הוא נחשב הפקר[12].

הגמרא מקשה על הוראת הברייתא דלעיל:

שנינו בברייתא: ״הרי שהיה טעון כדי יין וכדי שמן וראה שהן משתברות, לא יאמר הרי זה תרומה ומעשר. . . **וְאִם אָמַר** כן **לֹא אָמַר כְּלוּם**״, משום שדבר ההולך לאיבוד נחשב הפקר. **וְהָתַנְיָא** — והרי

הערות

1. רש״י.

אף שבדרך כלל אין נוטלים שכר עבור קיום מצות השבת אבידה (ראה טור יורה דעה שלו; חתם סופר בבא מציעא סח, א ד״ה והנה; אבן האזל הלכות גזילה ואבידה יב, ג), מכל מקום במקום הפסד, שאין חיוב להשיב אבידה (ראה בבא מציעא ל, א-ב), תקנו חכמים שיטול שכר כדי שישיב את האבידה לחבירו (רא״ש בבא מציעא ב, כח; עיין גם אבן האזל שם; ראה הערה הבאה).

2. יש לעיין, הלא הגמרא בבבא מציעא (לא, ב) אומרת שמשיב אבידה נוטל שכר כפועל בטל, דהיינו כפי שהיה מוכן ליטול כדי להיבטל מהמלאכה הכבדה שעוסק בה ולעסוק במלאכה קלה כהשבת אבידה (עיין רש״י שם ד״ה כפועל בטל ותוספות שם סח, א ד״ה ונותן; אמנם ראה רמב״ם הלכות גזילה ואבידה יב, ד), הרי שחכמים תקנו למשיב אבידה שיטול כל מה שהפסיד בהשבתו, ומדוע במשנתנו אין בעל היין נוטל כל מה שהפסיד? ויש לומר, שמאחר שהבעלים עומד שם ויכול בעל היין להתנות עמו שישלם לו דמי יינו (כפי שיתבאר בהמשך המשנה) לא הוצרכו חכמים לתקן זאת. אמנם שכר פעולה (כפי שפועל בטל לגמרי היה נוטל עבור מלאכה קלה כזו) ושכר הכלי הוא נוטל, משום שברור לנו שהבעלים מוכנים לשלם תשלום מועט כזה כדי להציל את ממונם (תוספות לעיל נח, א ד״ה א״נ בתירוצו הראשון; מרדכי נז; רא״ש בבא מציעא ב, כח; נמוקי יוסף בבא מציעא טז, ב בדפי הרי״ף). נמצא לפי זה שהוראת המשנה אמורה דוקא במקרה שבעל הדבש עומד שם, ויכול בעל היין להתנות עמו שיתן לו דמי יינו, אולם אם בעל הדבש אינו עומד שם עליו לשלם לבעל היין את כל הפסדו (רא״ש שם; עיין גם ים של שלמה לו; רמ״א חושן משפט רסד, ג ו־רסה, א; סמ״ע חושן משפט רסה, ח; לתירוצים נוספים עיין תוספות לעיל שם ובבא מציעא לא, ב ד״ה אם; ראה גם נמוקי יוסף כאן בשם רמב״ן).

3. שיטה מקובצת בשם הר״מ מסרקסטה; ים של שלמה לו; ראה גם תוספות יום טוב.

4. ואין הוא יכול לומר לבעל היין ״משטה אני בך״, כפי שיתבאר לקמן קטז, א (ועיין רבינו יהונתן לעיל עמוד א). והוא הדין אם התנה זאת בעל היין בפני בית דין (של שלשה הדיוטות), וכפי ששנינו בבבא מציעא (ל, ב) לגבי משיב אבידה: ״היה בטל מסלע [ורוצה ליטול את כל שכרו ולא רק כפועל בטל]. . . אם יש שם בית דין מתנה בפני בית דין״ (עיין רמב״ם הלכות גזילה ואבידה יב, ה; שיטה מקובצת בשם ר״מ מסרקסטה; תוספות יום טוב; ראה גם נמוקי יוסף; לנדון אם יכול להתנות בפני בית דין אף כשהבעלים עומדים שם עיין סמ״ע חושן משפט רסד, ח; ט״ז שם; נתיבות המשפט שם, ד; ים של שלמה לו).

[יש אומרים שבמקרה שבעל הדבש נתרצה לשלם לבעל היין את כל הפסדו רשאי הוא לכופו לשפוך את יינו ולהציל את הדבש (רא״ש לעיל קיד, ב; מאירי לעיל פא, ב; טור חושן משפט רעד; שלחן ערוך חושן משפט רסד, ה; אמנם עיין תוספות, רשב״א ומאירי לעיל פא, ב; רי״ף ונמוקי יוסף מא, ב בדפי הרי״ף; רמ״א חושן משפט רסד, ה; עיין גם סמ״ע שם יח ורמ״א חושן משפט רסה הגהה שניה; ראה גם לעיל קיד, ב הערה 32).]

5. הוראה זו זהה לכאורה להוראה הקודמת, והגמרא להלן (קטז, א) תבאר מדוע נשנו שני המקרים.

6. רש״י; ראה להלן הערה 10.

7. רש״י.

8. כוונת בעל הפירות היא למנוע מעצמו הפסד. אילו היה הדבר עולה בידו הרי שהפירות שבביתו היו ניתרים באכילה, וההפסד של היין והשמן היה מתייחס לכהנים וללויים המקבלים את התרומות והמעשרות.

9. עיין רש״י (ראה גם ירושלמי תרומות א, א ואור שמח הלכות תרומות ד, ב). ויש מפרשים שמאחר שהפקר פטור ממעשר אי אפשר להפרישו על פירות אחרים החייבים במעשר (ראב״ד; לנדון אם פירות שהופקרו לאחר גמר מלאכה פטורים ממעשר עיין תוספות בבא מציעא כא, ב ד״ה ופטורות ו־פח, א ד״ה תבואת; ר״ש ופירוש מהר״י בן מלכי צדק פאה א, ו; ירושלמי מעשרות ג, א ומהר״א פולדא שם; שער המלך הלכות לולב ח, ב).

[מסוגייתנו משמע שהטעם של הברייתא הוא משום שפירות ההולכים לאיבוד נחשבים הפקר. אמנם השלחן ערוך (יורה דעה שלא, כה) פוסק שבזמן הזה, שממילא אין נותנים את התרומה לכהן, מותר להפריש אף פירות ההולכים לאיבוד, ומשמע שהטעם הוא משום הפסד הכהן (עיין ש״ך יורה דעה שם נא; ראה גם תוספתא דמאי ח, ח עם הגהות הגר״א ח; ליישוב דעת המחבר עיין דבר אברהם ב, טז, ח; ראה גם פני יהושע; חזון איש דמאי טז, יז).]

10. קושיית הגמרא מתייחסת רק לחבית שנסדקה, שמאחר שבעליה אינו יכול להצילה [ובעל היין אינו חייב לשפוך את יינו כל זמן שבעליה אינו מתרצה לשלם לו את דמיו (רא״ש, מובא בשיטה מקובצת)] נחשבת היא הפקר, אולם לגבי חמור ששטפו נהר אין להקשות כן, שמאחר שבעליו נמצא שם ויכול להצילו אין הוא נחשב הפקר (רש״י ד״ה ולימא ליה; ועיין תוספות לעיל נח, א ד״ה א״נ ובבא מציעא ל, ב ד״ה אם).

מרש״י משמע שדבר ההולך לאיבוד נחשב הפקר גמור (עיין גם רש״י כריתות כד, א ד״ה נרבע שורו). ויש שכתבו שההיתר לזכות בו הוא מדין יאוש, שמאחר שאי אפשר להצילו מן הסתם נתייאשו בעליו ממנו (תרומת הכרי רסב; עיין גם ירושלמי בבא קמא י, ה; שו״ת מהר״ם מרוטנבורג ד, תתרט; מרדכי קסג; שו״ת תרומת הדשן שטו; דרכי משה חושן משפט רסד, ו). ויש אומרים שמאחר שאי אפשר להצילו הרי הוא כ״אבוד ממנו ומכל אדם״ שהתורה התירה לזכות בו [ראה בבא מציעא כא, ב] (דבר אברהם ב, טז, ב; ראה גם שעורי ר׳ שמואל בבא מציעא כא, א).

11. ״עקל בית הבד״ הוא כעין רשת שבתוכה קושרים את הזיתים בשעה שכובשים אותם תחת הקורה בבית הבד (רש״י סנהדרין כו, א ד״ה עקל).

12. רש״י.

מרש״י משמע שאלמלא היה ניתן להציל את הדבש הוא היה נחשב הפקר אף קודם שנשפך לארץ. אמנם הרמב״ם (הלכות גזילה ואבידה יב, ה) פוסק שדבש ההולך לאיבוד אינו הפקר עד שישפך לארץ, וכפי הנראה הוא מפרש שעקל בית הבד אינו מונע מהדבש ללכת לאיבוד אלא מעכבו מלהישפך מיד לארץ, ומאחר שבעל היין מצילו קודם שנשפך אין הוא יכול לזכות בו (מגיד משנה שם; ועיין שיטה מקובצת בשם הרמ״ה מסרקסטה; ראה גם שלחן ערוך חושן משפט רסד, ה; עיין תוספתא דמאי ח, ח עם הגהות הגר״א ז; אמנם ראה חזון איש כא, לג).

א] אין לו אלא שכרו [א] ואם אמר אציל את שלך ואתה נותן לי דמי שלי חייב ליתן לו [ב] שטף נחל חמורו וחמור חבירו שלו יפה מנה ושל חבירו מאתים והניח זה את שלו והציל את של חבירו אין לו אלא שכרו [ג] ואם אמר לו אני אציל את שלך ואתה נותן לי את שלי חייב ליתן לו: גמ' ואמאי לימא ליה מהפקירא קא זכינא מי לא תניא [ד] הרי שהיה טעון כדי יין וכדי שמן וראה שהן משתברות לא יאמר הרי זה תרומה ומעשר על פירות שיש לי בתוך ביתי ואם אמר לא אמר כלום כדא"ר ירמיה כשעקל בית הבד כרוך עליה ה"נ [ה] כשעקל בית הבד כרוך עליה ואם אמר לא אמר כלום והתניא [ו] מי שבא בדרך ומעות בידו ואנס כנגדו לא יאמר הרי פירות שיש לי בתוך ביתי מחוללים על מעות הללו ואם אמר דבריו קיימין הכא במאי עסקינן בשיכול להציל אי בשיכול להציל לכתחלה אמאי לא יאמר [ז] בשיכול להציל על ידי הדחק (א) וכל היכא דאיכא הפסידא לכתחלה לא יאמר והתניא הרי שהיו לו עשר חביות של טבל טמא וראה אחת מהן שנשברה או שנתגלתה אומר הרי היא תרומת מעשר על תשע חברותיה ובשמן לא יעשה כן מפני הפסד כהן א"ר ירמיה כשעקל בית הבד כרוך עליה בשלמא שנשברה חזיא אלא נתגלתה למאי חזיא וכ"ת חזיא לזילוף והתניא [א] [ח] מים שנתגלו הרי זה לא ישפכם ברשות הרבים ולא יגבל בהן את הטיט ולא ירביץ בהן את הבית ולא ישקה מהם את בהמתו ולא בהמת חבירו דעבר לה במסננת כר' נחמיה דתניא [ב] [ט] מסננת יש בה משום גילוי אמר רבי נחמיה אימתי בזמן שהתחתונה מגולה אבל בזמן שהתחתונה מכוסה אף על פי שהעליונה מגולה אין בה משום גילוי לפי שארס של נחש דומה לספוג וצף ועומד במקומו לאו איתמר עלה א"ר סימון אריב"ל לא שנו אלא שלא טרקו אבל טרקו אסור התם נמי אפשר דמנח מידי אפומא דחביתא [ג] דשפי ליה ורבי נחמיה (מטמא אטמא) מי תרמינן והתניא תורמין מן הטמא על הטמא ומן הטהור על הטהור ומן הטהור על הטמא [י] אבל לא מן הטמא על הטהור ר' נחמיה אומר אף מן הטמא על הטמא לא התירו לתרום אלא בשל דמאי הכא נמי בשל דמאי אמר מר ובשמן לא יעשה כן מפני הפסד כהן [ד] מאי שנא שמן דראוי להדליק יין נמי ראוי לזילוף וכי תימא זילוף לאו מילתא היא והאמר שמואל משום רבי חייא שותין מלוג בסלע ומזלפין מלוג בשתים הכא במאי עסקינן בחדש והא ראוי לישנו [ה] אתי ביה לידי תקלה שמן נמי אתי ביה לידי תקלה דמנח בכלי מאוס יין נמי מנח ליה בכלי מאוס השתא לזילוף קא בעי ליה בכלי מאוס קא מנח ליה ותקלה עצמה תנאי היא דתניא חבית של יין של תרומה שנטמאת בית שמאי אומרים תשפך

תוספות

הרי שהיה טעון כדי יין וכדי שמן לא יאמר הרי הן כו'. וא"ת אפי' אין משתבר נמי לא יאמר דאסור לתרום אלא מן המוקף וי"ל דנקט משתברות משום דבעי למיתני סיפא ואם אמר לא אמר כלום א"נ בשבתות וימים טובים איירי שמותר לתרום שלא מן המוקף כדאמר בהאשה רבה (יבמות דף פג:):

וכל היכא דאיכא פסידא לכתחלה לא. ל"ג ליה כדפי' הקונט' דהא בברייתא דמייתי נמי אסור לכתחלה היכא דאיכא הפסד כהן דקתני ובשמן לא יעשה וא"כ לעיל נמי דאיכא הפסד כהן שפיר אסור לכתחלה אלא אמאי דקאמר לעיל דאפי' דיעבד לא אמר כלום פריך:

אלא נתגלתה למאי חזיא. אבל משמן לא פריך דקתני בשמן לא יעשה אבל התרומה אלה וכי נתגלתה למאי חזיא דאיכא למימר דחזיא להדלקה ומ"מ איכא הפסד כהן כיון שאין יכול להדליק בו כי נתגלתה אלא בטורח כי צריך שלא יגע בשמן כלל ולא בכלי במקום שיש שמן:

ולא ישקה מהן לבהמה. פי' בקונטרס שמא ישחטנה ואיכא סכנת נפשות. ואין נראה דאפי' לבהמה טמאה לא ישקה משום בל תשחית כדמשמע בפרק ב' דע"ז (דף ל: ושם) דמוקי התם הא דתניא שמותר להשקות לבהמתו בשונרא שאין קשה לה ופריך א"ה דחבירו נמי ומשני כחש דידיה נמי כחש הדר בריא מדפריך דידיה נמי כחיש משמע דאסור משום בל תשחית ועוד מדלא מוקי לה בכל בהמה טמאה שאין לחוש שמא ישחטנה משמע דבשאר בהמות טמאות דקשה לה אסור משום בל תשחית ומיהו י"ל דבשאר בהמות טמאות לא בעי לאוקומי משום דאטו בשופטני עסקינן שמשקין לבהמה דבר שמתה על ידן:

אימתי בזמן שהתחתונה מגולה. וא"ת א"כ פשיטא דיש בהן משום גילוי דהוי כשאר מגולין וי"ל דס"ד שהנחש ירא לבא מפני הקול שהוא שומע שנופל היין ממסננת לתחתונה כדאמרינן בפ"ב דע"ז (דף ל:) טיף טיף אין בו משום גילוי קמ"ל דכה"ג שרואה היין שנשפך בבת אחת לכלי התחתון אין מתיירא להיות סבור שהוא קול בני אדם אלא סבור שכך מסננין את היין:

אתי לידי תקלה. ומסיק אי חיישי' לתקלה תנאי היא והא דאמר בפ"ק דשבת (דף יז: ושם) גבי י"ח דבר גידולי תרומה כתרומה בו ביום גזרו ומפרש התם טעמא משום תרומה טמאה ביד כהן דילמא משהי לה ואתי לידי תקלה והתם ליכא מאן דפליג דכ"ע אית להו י"ח דבר אור"י דשאני התם דפעמים שמשהה אותה ביותר ואין זורעה באותה שנה שאירע שום דבר שלא יזרע בעת הזרע וימתין עד שנה אחרת אבל הכא לעולם יכול הוא לעשות

רש"י

אין לו אלא שכרו. שכר כלי ושכר פעולה: גמ' ולימא ליה מהפקירא זכינא. דבש שלך היה הולך כולו לאיבוד והריני כמציל מן ההפקר ואמאי אין לו אלא שכרו כוליה דבש ליסקול וגבי חמור ליכא למימר הכי דיכול להצילה הוא: משתברות. והכל נשפך ביחד: לא אמר כלום. אלמא כיון דלאיבוד אזל לית בהו זכייה והפקירא הוא: כדאמר ר' ירמיה. לקמן: בעקל. דדובשא כרוך עליה חבית של דבש קשורה בעקל ולא ישפך הכל אלא מנטף מעט מעט וליכא הפקר: הרי פירות. של מעשר שני שיש לי בתוך ביתי מחוללין כו': (ב) וכל היכא דאיכא. קצת הפסד וליכא איבוד לגמרי כי הכא דמוקמת לה בשיכול להציל ע"י הדחק ושמא יציל: לכתחלה לא יאמר. בתמיה: הרי שהיו לו. ללוי: עשר חביות של טבל. הטבול לתרומת מעשר והוא טמא דתרומת מעשר דידיה לא חזיא לכהן לשתיה אלא לזלף ולקמיה מוקי לה ביין חדש דלא חזי כולי האי לזלף דלא אליס ריחא ופסידא פורתא הוא דאיכא (ג) כמו זה שיכול להציל על ידי הדחק: ה"ג אומר הרי היא תרומת מעשר על תשע חברותיה (ד): שמן דתרומה טמאה. חזי להדליק וכי מפסיד לה לכהן איכא פסידא טובא: כשעקל בית הבד כרוך עליה. (ה) דלא חשיב פסידא כולי האי כגון זה שאין יכול להציל אלא ע"י הדחק: למאי חזיא. ואפ"ה קתני אומר הרי הוא תרומה אלמא להפסד מועט לא חששו: לא ישפכם. שלא יעבור עליהם אדם יחף ויכנס ארס של נחש ברגלו ע"י מכת צרור וימות: (י) ולא יגבל בהן את הטיט) ולא ישקה בהן לבהמתו. משום סכנת נפשות שמא ישחטנה אחרי כן: מסננת. כלי ע"ג כלי ונותנין השמרים בתוך העליון והוא ככברה והיין מסתנן מאליו: יש בה משום גילוי. צריך לכסות העליון כדי שלא ישתה בו נחש ואף על פי שהיין מסתנן והולך חיישינן שמא יעבור הארס עם היין לתוך הכלי וכ"ש כשהתחתון מגולה: שלא טרקו. בשלא עירבו אדם וכגון הך מסננת שאין איש נוגע בה: אבל טרקו אסור. והכא בהך חבית כי מערה ושדי ליה מחבית למסננת מטריק ומתבלבל הארס עם היין ויוצא דרך המסננת לכלי: דמנח מידי. בגד או שולי כברה על פי חבית ושפי ליה ומסננו בנחת. שפי לשון שופך כמו השופה יין (לחמרי) [לחבירו] בבבא מציעא (דף ס. ע"ש) רודיי"ר: ורבי נחמיה. ואי ההיא די' חביות רבי נחמיה היא: מי תרמינן. מן הטמא על הטמא: אלא בשל דמאי. הקילו משום דרוב עמי הארץ מעשרין הן וכבר נתעשר: שותין מלוג בסלע ומזלפין מלוג בשתים. לשתיה אם ימצא יין בזול לוג בסלע יקח אבל לזלף יקח אפי' ביוקר הלוג בשתים סלעים דהנאה יתירא היא: תקלה. לשתותן והרי היא טמאה:

תשפך

מסורת הש"ס

א) ע"ז ל: [תוספתא תרומות פ"ז ה"ין], ב) סוכה נ. [וע' ב"ב לז: מ"ש שם], ג) [צ"ל ושפי], ד) פסחים כ:, ה) [שם לג: וע"ש חולין נג:], ו) ס"א ל"ג.

הגהות הב"ח

(א) גמ' על ידי הדחק. (וכל היכא וכו' לא יאמר). תא"מ ונ"ב רש"י ותוס' לא גרסי ליה: (ב) רש"י ד"ה (וכל היכא וכו' לכתחלה לא יאמר). תא"מ ונ"ב זהו פי' למאן דגרס לכתחלה לא יאמר ואחר כך מתחיל הדיבור ה"ג והתניא וכו' ולמתניתין לעיל קרמי דקתני ואם אמר לא אמר כלום ול"ג לכתחלה לא יאמר בתמיה הס"ד ואח"כ מ"ה הרי שהיו: (ג) ד"ה עשר וכו' לכהן לשתיה וכו' הוא דאיכא (כמו זה וכו' הדחק). תא"מ ונ"ב גם זה למאן דגרים לכתחלה לא יאמר: (ד) ד"ה ה"ג אומר וכו' חברותיה וקס"ד חבית המשתברת כאבודה דמיא דקתני לעיל ואם אמר לא אמר כלום הכא היכי מתקן טבלים במידי דליתיה בעין בשלמא אי תנא לעיל ואם אמר דבריו קיימים איכא למימר הכא דליכא הפסד כולי האי אומר לכתחלה אבל השתא דקתני לא אמר כלום וקשרי הכא חבית לזרים דלא חל שם מעשר עליה הכא במאי מתקן האי טיבלא הס"ד: (ה) ד"ה (כשעקל בית וכו' לא חששו). תא"מ ונ"ב גם זה למאן דגרס לכתחלה לא יאמר:

הגהות מהר"ב רנשבורג

א] גמ' אין לו אלא שכרו. עיין לעיל דף נח ע"א תוס' ד"ה אי נמי וכו' בסוף הדבור מה שכתבו בזה:

עין משפט נר מצוה

פ א מיי' פי"ב מהל' גזילה ואבידה הל' ה סמג עשין עד טוש"ע ח"מ סי' רסד סעיף ה:

פא ב ג מיי' שם הל' ג טוש"ע שם סעיף ג:

פב ד מיי' פ"ג מהלכות תרומות הלכה יז:

פג ה מיי' פי"ב מהל' גזילה ואבידה הל' ה ועיין במ"מ סמג עשין עד טוש"ע ח"מ סי' רסד סעיף ה:

פד ו ז מיי' פ"ד מהלכות מעשר שני הל' יב:

פה ח מיי' פי"א מהל' רוצח ושמירת נפש הלכה טו סמג עשין עט טוי"ד סי' קטז:

פו ט מיי' שם הל' יד:

פז י מיי' פ"ה מהלכות תרומות הלכה ח:

ליקוטי רש"י

אין לו אלא שכרו. כשאר פועל ואין בעל הדבש משלם דמי היין [לעיל כז:]. הרי זה לא ישפכם. שמא יעבור אדם יחף ויעמוד הארס בין קשרי אצבעותיו וכיון שנכנס מעט ונוקב בבשר שוב אין לו רפואה. ולא ירביץ. להשכיב את העפר ואבק שלא יעלה [ע"ז ל:]. מסננת. קולי"ר בלע"ז מסננת שמסננין בה קונדיטון כמו שעושין בעלי חנויות שתלוי כמין כברה ובו אבקת רוכל ויין ותחתיה כלי והקונדיטון מסתנן לתוכו. יש בו משום גילוי. אם הניחו בלא שמירה כשעור שהיית גילוי המפורש בהכל שוחטין (חולין י.) כדי שיצא נחש מתחת אזן כלי וישתה ויחזור לחורו ואסורה בשתיה. שהתחתונה. כלי התחתון [סוכה נ.]. וכי תימא זילוף לאו מילתא היא. לא חשיב והרי הפסידו. שותין מלוג. שנמכר בסלע ומזלפין מלוג הנמכר בשתים נוח לקנות לוג בשתי סלעים לזילוף מלקנותו לשתיה ומי שאינו עשיר יקח יין בזול לשתייתו לוג בסלע ויין ביוקר לזילוף. בחדש. דאין ריחו נודף ואין ראוי לזילוף. אתי ביה לידי תקלה. אם ישהנו אצלו עד שיתיישן אתי למשתי מיניה. לזילוף קא בעי ליה. וצריך שיהא לו ריחו טוב ובכלי מאוס רמי ליה בתמיה. ותקלה עצמה. אי חיישינן לה ואסור לשהויי אי לא תנאי היא [פסחים כ:].

לעזי רש"י

רודיי"ר. פירוש לשפוך (עיין רש"י ב"מ דף ס ע"א ד"ה השופה יין וערוך ערך שף ד').

שנינו בברייתא אחרת: **מִי שֶׁבָּא בַּדֶּרֶךְ וּמָעוֹת בְּיָדוֹ**, וּבא **אַנָּס** (גזלן) **כְּנֶגְדּוֹ** לגזול את מעותיו, **לֹא יֹאמַר: "הֲרֵי פֵּירוֹת** מעשר שני **שֶׁיֵּשׁ לִי בְּתוֹךְ בֵּיתִי מְחוּלָּלִים עַל הַמָּעוֹת הַלָּלוּ"**[13], שמאחר שהמעות הולכות לאיבוד נמצא מפסיד למעשר שני, **וְאִם אָמַר** כן בדיעבד **דְּבָרָיו קַיָּימִין**. הרי שאף על פי שהמעות הולכות לאיבוד אין הן נחשבות הפקר[14], וזוהי סתירה לברייתא הקודמת!

מתרצת הגמרא:

הָכָא בְּמַאי עַסְקִינַן — כאן, בברייתא השניה, במה אנו עוסקים? במקרה **שֶׁיָּכוֹל לְהַצִּיל** את מעותיו מיד האנס, ולפיכך אין הן נחשבות הפקר. אולם בברייתא הראשונה מדובר שאינו יכול להציל את היין והשמן מללכת לאיבוד, ולפיכך נחשבים הם הפקר.

מקשה הגמרא:

אִי — אם מדובר **בְּשֶׁיָּכוֹל לְהַצִּיל** את מעותיו מיד האנס, **לְכַתְּחִלָּה אַמַּאי לֹא יֹאמַר**, כלומר, מדוע לא יחלל עליהן מעשר שני אפילו לכתחילה, הלא אין בכך הפסד למעשר שני!

מתרצת הגמרא:

מדובר **בְּשֶׁיָּכוֹל לְהַצִּיל** את מעותיו רק **עַל יְדֵי הַדְּחָק**, ולפיכך אף שהמעות אינן הפקר, משום שיתכן שלא ילכו לאיבוד, מכל מקום לכתחילה לא יחלל עליהן שמא לא יצילן ונמצא מפסיד למעשר שני[15].

הגמרא מקשה על תירוץ זה:

וְכָל הֵיכָא דְּאִיכָּא הֶפְסֵידָא — וכי בכל מקום שיש הפסד מועט ואין איבוד גמור, כגון במקרה זה שיכול להציל את מעותיו על ידי הדחק, **לְכַתְּחִלָּה לֹא יֹאמַר** שיהיו הפירות תרומה או מעשר[16]? **וְהָתַנְיָא: הֲרֵי שֶׁהָיוּ לוֹ** ללוי **עֶשֶׂר חָבִיּוֹת שֶׁל** יין **טֶבֶל טָמֵא**, דהיינו של מעשר ראשון טמא שלא הופרשה ממנו תרומת מעשר[17], **וְרָאָה אַחַת מֵהֶן שֶׁנִּשְׁבְּרָה אוֹ שֶׁנִּתְגַּלְּתָה**[18], **אוֹמֵר: הֲרֵי הִיא תְּרוּמַת מַעֲשֵׂר עַל תֵּשַׁע חַבְרוֹתֶיהָ**[19]. **וּבְשֶׁמֶן לֹא יַעֲשֶׂה כֵּן מִפְּנֵי** שיש בכך **הֶפְסֵד** מרובה **לַכֹּהֵן**[20]. הרי שאף על פי שביין ההולך לאיבוד יש לכהן הפסד מועט מותר לכתחילה לעשותו תרומת מעשר, ומדוע איפוא אין מחללין מעשר שני על מעות שיכול להצילן על ידי הדחק[21]?

מתרצת הגמרא:

אָמַר רַבִּי יִרְמְיָה: בברייתא השניה (בענין חביות של טבל טמא) מדובר **כְּשֶׁעֶקֶל** של **בֵּית הַבָּד כָּרוּךְ עָלֶיהָ** (על החבית), ומאחר שאין היין נשפך כולו בבת אחת אלא נוטף מעט מעט אין בזה הפסד כל כך כמו במעות שאינו יכול להצילן אלא על ידי הדחק, ולפיכך מותר לכתחילה לעשותו תרומת מעשר[22].

הגמרא ממשיכה להקשות:

בִּשְׁלָמָא שֶׁנִּשְׁבְּרָה — מובן הדבר במקרה שהחבית נשברה שאין בזה הפסד כל כך, משום **שֶׁחַזְיָא** — שראויה היא לשמוש, ומאחר שעקל של בית הבד כרוך עליה וניתן להציל את היין אין בזה הפסד כל כך כמו ביכול להציל על ידי הדחק, **אֶלָּא** חבית **שֶׁנִּתְגַּלְּתָה לְמַאי חַזְיָא** — לְמה היא ראויה? הלא משקין שנתגלו אסורים בשמוש, ונמצא שיש לכהן הפסד מועט. ומאחר ששנינו שמותר לעשותה תרומת מעשר הרי שאין חוששים להפסד מועט של הכהן, ומדוע איפוא אין מחללין מעשר שני על מעות שיכול להצילן על ידי הדחק[23]? **וְכִי תֵּימָא** — ואם תאמר שיין שנתגלה **חַזְיָא** (ראוי) **לְזִילּוּף** בבית כדי להוליד בו ריח טוב, **וְהָתַנְיָא: מַיִם שֶׁנִּתְגַּלּוּ הֲרֵי זֶה לֹא יִשְׁפְּכֵם בִּרְשׁוּת הָרַבִּים**[24], **וְלֹא יְגַבֵּל בָּהֶן אֶת הַטִּיט**[25], **וְלֹא יְרַבֵּץ בָּהֶן אֶת הַבַּיִת**[26], **וְלֹא יַשְׁקֶה מֵהֶם אֶת בְּהֶמְתּוֹ וְלֹא** את **בֶּהֱמַת חֲבֵירוֹ**[27], והוא הדין איפוא שאין מזלפין יין שנתגלה[28]!

מתרצת הגמרא:

יין שנתגלה ראוי לשמוש על ידי **דְּעָבַר לָהּ** — שיעבירנו **בִּמְסַנֶּנֶת**, **כְּדַעַת רַבִּי נְחֶמְיָה. דְּתַנְיָא: מְסַנֶּנֶת** העשויה משני כלים זה על גב זה, ובתחתיתו של הכלי העליון יש חורים שדרכם מסתנן היין לכלי

הערות

13. "מעשר שני" מופרש מפירות ארץ ישראל בשנה הראשונה, השניה, הרביעית והחמישית למחזור השמיטה (לאחר הפרשת תרומה גדולה ומעשר ראשון). את פירות המעשר שני צריך הבעלים להעלות לירושלים ולאכלם שם בטהרה, ובמקרה הצורך יכול הוא לחללם על כסף, להעלות את הכסף לירושלים, לקנות בו דברי מאכל ולאכלם שם בטהרה (ראה דברים יד, כב-כו). במקרה שלפנינו רוצה בעל המעשר שני לחללו על מעות ההולכות לאיבוד כדי לחסוך מעצמו את הטרחה שבהעלאתו לירושלים (מאירי).

14. שהרי אילו היו המעות הפקר לא ניתן היה לחלל עליהן מעשר שני אפילו בדיעבד (עיין לעיל צח, א ורמב"ם הלכות מעשר שני ד, יא-יב).

15. שיטה מקובצת בשם רמ"ה; אמנם עיין ראב"ד.

16. רש"י, על פי הגירסא שלפנינו. אמנם יש שאינם גורסים קטע זה ומפרשים את הקושיא באופן אחר (עיין להלן הערה 22).

17. "מעשר ראשון" ניתן ללוי, והוא עצמו הינו טבל עד שיפריש ממנו הלוי "תרומת מעשר" לכהן (ראה במדבר יח, כא-כו).

18. משקין שנתגלו אסורים בשתיה (וכן בשמושים נוספים שיפורטו בגמרא להלן) לפי שחכמים חששו שמא נחש שתה מהם והטיל את ארסו לתוכם. דין זה נוהג בחמשה סוגי משקין: מים, יין, חלב, דבש וציר של דגים, אולם משקין אחרים אינם נאסרים בגילוי משום שנחשים אינם רגילים לשתות מהם (ראה תרומות ח, ד; חולין מט, ב; רמב"ם הלכות רוצח ושמירת הנפש יא, ו-ז).

[בזמן הזה אין מקפידים על איסור גילוי לפי שאין נחשים מצויים במקומותינו (תוספות עבודה זרה לה, א ד"ה חדא וביצה ו, א ד"ה והאידנא; מאירי חולין ט, ב; טור ושלחן ארוך יורה דעה קטז, א; אמנם ראה פתחי תשובה שם בשם השל"ה והגר"א; ועיין מעשה רב צז; ראה גם פרי חדש וכף החיים יורה דעה שם הנוקטים שבמקום שמצויים נחשים יש לחשוש לגילוי אף בזמן הזה).]

19. אף שהיין הולך לאיבוד מותר לעשותו תרומת מעשר, לפי שתרומה טמאה אינה ראויה לשתיה ונמצא שאין בכך הפסד מרובה לכהן. ואף שתרומה טמאה ראויה לזילוף (כדי להוליד בבית ריח טוב), מכל מקום הגמרא תבאר שמדובר ביין חדש שאין ריחו חזק ואינו ראוי כל כך לזילוף (רש"י).

20. שהרי שמן של תרומה טמאה ראוי לעיקר שמושו, דהיינו הדלקה (ראה שבת כה, א-ב), וכאשר הולך לאיבוד הרי זה הפסד מרובה (רש"י; ראה גם רשב"א; ועיין בעל המאור מב, א בדפי הרי"ף). אמנם יש לעיין מהו ההפסד בחבית שנתגלתה, הלא שמן שנתגלה ראוי עדיין להדלקה! ויש לומר שמאחר שהדלקתו כרוכה בטרחה מרובה, שהרי צריך להיזהר שלא לגעת בו (ראה גמרא להלן), נחשבת הפרשתו הפסד מרובה (עיין תוספות ד"ה אלא ומהרש"א שם).

21. אף שאם לא יצליח להציל את מעותיו יהיה לו הפסד מרובה, מכל מקום הגמרא משוה בין הפסד מרובה המוטל בספק לבין הפסד מועט אך ודאי (ראה רש"י ד"ה וכל היכא; עיין גם רשב"א וראב"ד; ראה הערה הבאה).

22. רש"י. כלומר, מאחר שאין לכהן שמוש רב ביין (ראה לעיל הערה 9), ובנוסף על כך ניתן להצילו, אין בזה הפסד כמו במעות שיכול להצילן רק על ידי הדחק.

ביארנו את הגמרא על פי הגירסא שלפנינו: "וכל היכא דאיכא הפסידא לכתחילה לא יאמר". אמנם תוספות אינם גורסים זאת, ולדבריהם קושיית הגמרא היא מדוע לגבי חביות שנשברו או שנתגלו שנינו שיכול לעשותן תרומת מעשר, ואילו לגבי כדי יין וכדי שמן ההולכים לאיבוד שנינו לעיל שאי אפשר לעשותם תרומה ומעשר אפילו בדיעבד! ומתרצת הגמרא שבברייתא השניה מדובר שהיין והשמן אינם הולכים לאיבוד (עיין מהרש"א; ראה גם תוספות רי"ד וראב"ד).

23. רש"י; ראה לעיל הערה 21.

24. שמא ידרוך עליהם אדם יחף שנשרט ברגלו מאבן, ויכנס הארס לרגלו וימיתנו (רש"י). פירוש אחר: שמא יעמוד הארס בין קשרי אצבעותיו, וינקוב מעט את בשרו וימיתנו (רש"י עבודה זרה ל, ב ד"ה לא ישפכם).

25. שמא יכנס הארס דרך ידיו וימיתנו.

26. בבתים שהרצפה עשויה מעפר נהגו לזלף מים כדי שהעפר והאבק לא יעלו (רש"י עבודה זרה ל, ב ד"ה ולא ירבץ). ובמים שנתגלו אסור לעשות זאת שמא ידרוך עליהם אדם יחף ויבוא לידי סכנה (ראה לעיל הערה 24).

27. שמא לאחר מכן ישחטנה [ויאכלנה] ויבוא לידי סכנה (רש"י). פירוש אחר: שמא תמות הבהמה או תוכחש ונמצא עובר על איסור "בל תשחית" [ראה דברים כ, יט ושבת קכט, א] (תוספות ד"ה ולא; רשב"א).

דין זה שנוי בדרך של "זו ואין צריך לומר זו". כלומר, תחילה נקט התנא את החידוש הגדול יותר, שאסור להשקות מים מגולים לבהמתו, ולאחר מכן הוסיף שכל שכן שאסור להשקות אותם לבהמת חבירו (תוספות עבודה זרה ל, ב ד"ה לא).

28. שהרי גם בזה יש לחשוש שמא ידרוך עליהם אדם יחף ויבוא לידי סכנה (רא"ש תרומות ח, ד אות ה; ראה לעיל הערה 24).

עין משפט נר מצוה

פ א מיי' פי"ב מהל' גזילה ואבידה הל' ה סמג עשין עד טוש"ע ח"מ סי' רסד סעיף ה:
פא ב ג מיי' שם הל' ג טוש"ע שם סעיף ג:
פב ד מיי' פ"ג מהלכות תרומות הלכה יח:
פג ה מיי' פי"ב מהל' גזילה ואבידה הל' ה ועיין בכ"מ סמג עשין עד טוש"ע ח"מ סי' רסד סעיף ה:
פד ו ז מיי' פ"ד מהלכות מעשר שני הל' יב:
פה ח מיי' פי"א מהל' רוצח ושמירת נפש הלכה טו סמג עשין עט טור"ד סי' קטז:
פו ט מיי' שם הל' יד:
פז י מיי' פ"ה מהלכות תרומות הלכה ח:

ליקוטי רש"י

אין לו אלא שכרו. כשאר פועל ואין בעל הדבש משלם דמי היין [לעיל כז:]. **הרי זה לא ישפכם.** שמא יעבור אדם יחף ויעמוד הארס בין קשרי אצבעותיו וכיון שנכנס מעט ונוקב בבשר שוב אין לו רפואה. **ולא ירביץ.** להשכיב את העפר ואבק שלא יעלה [ע"ז ל:]. **מסננת.** קולי"ר בלע"ז מסננת שמסננין בה קונדיטון כמו שעושין בעלי חנויות שתלוי כמין כברה ובו אבקת רוכל ויין ותחתיה כלי והקונדיטון מסתנן לתוכו. **יש בו משום גילוי.** אם הניחו בלא שמירה כשעור שהיית גילוי המפורש בהכל שוחטין (חולין י.) כדי שילא נחש מתחת אזן כלי וישתה ויחזור לחורו ואסורה בשתיה. **שהתחתונה.** כלי התחתון [סוכה נ.]. **וכי תימא זילוף לאו מילתא היא.** לא חשיב והרי הפסידו. **שותין מלוג.** שנמכר בסלע ומזלפין מלוג הנמכר בשתים נוח לקנות לוג בשתי סלעים לזילוף מלקנותו לשתיה ומי שאינו עשיר יקח יין בזול לשתייתו לוג בסלע ויין ביוקר לזילוף. **בחדש.** דאין ריחו נודף ואין ראוי לזילוף. **אתי ביה לידי תקלה.** אם ישהנו אצלו עד שיתייאשן אתי למשתי מיניה. **לזילוף קא בעי ליה.** וצריך שיהא לו ריחו טוב ובכלי מאוס רמי ליה בתמיה. **ותקלה עצמה.** אי חייסינן לה ואסור לשתויי אי לא תנאי היא [פסחים כ:].

לעזי רש"י

רודיי"ר. פירוש לשפוך (עיין רש"י ב"מ דף ס ע"א ד"ה השופה יין וערוך ערך שף ד'):

הרי שהיה טעון כדי יין וכדי שמן לא יאמר הרי הן כו'. וא"ת אפי' אין משתבר נמי לא יאמר דאסור לתרום אלא מן המוקף וי"ל דנקט משתברות משום דבעי למיתני סיפא ואם אמר לא אמר כלום א"נ בשבתות וימים טובים איירי שמותר לתרום שלא מן המוקף כדאמר בהאשה רבה (יבמות דף נג:):

וכל היכא דאיכא פסידא לכתחלה לא. ל"ג ליה כדפי' הקונט' דהא בברייתא דמייתי נמי אסור לכתחלה היכא דאיכא הפסד כהן דקתני ובשמן לא יעשה וא"כ לעיל נמי דאיכא הפסד כהן שפיר אסור לכתחלה אלא אמאי דקאמר לעיל דאפי' דיעבד לא אמר כלום פריך:

אלא נתגלתה למאי חזיא. אבל משמן לא פריך דקתני בשמן לא יעשה אבל התרומה חלה וכי נתגלתה למאי חזיא דאיכא למימר דחזיא להדלקה ומ"מ איכא הפסד כהן כיון שאין יכול להדליק בו כי נתגלתה אלא בטורח כי צריך שלא יגע בשמן כלל ולא בכלי במקום שיש שמן: **ולא** ישקה מהן לבהמה. פי' בקונטרס שמא ישחטנה ואיכא סכנת נפשות. ואין נראה דאפי' לבהמה טמאה לא ישקה משום בל תשחית כדמשמע בפרק ב' דע"ז (דף ל: ושם) דמוקי התם הא דתניא שמותר להשקות לבהמתו בשונרא שאין קשה לה ופריך א"ה לחבירו נמי ומשני כחיש דידיה נמי כחש הדר בריא מדפריך דידיה נמי כחיש משמע לאסור משום בל תשחית ועוד מדלא מוקי לה בכל בהמה טמאה שאין לחוש שמא ישחטנה משמע דבשאר בהמות טמאות דקשה לה אסור משום בל תשחית ומיהו י"ל דבשאר בהמות טמאות לא בעי לאוקומי משום דאטו בשוטני עסקינן שמשקין לבהמה דבר שמתה על ידן: **אימתי** בזמן שהתחתונה מגולה. וא"ת א"כ פשיטא דיש בהן משום גילוי דהוי כשאר מגולין וי"ל דס"ד שהנחש ירא לבא מפני הקול שהוא שומע שנופל היין ממסננת לתחתונה כדאמרינן בפ"ב דע"ז (דף ל:) טיף טיף אין בו משום גילוי קמ"ל דכה"ג שרואה היין שנשפך בבת אחת לכלי התחתון אין מתיירא להיות סבור שהוא קול בני אדם אלא סבור שכך מסננין את היין:

אתי לידי תקלה. ומסיק אי חייסי' לתקלה תנאי היא והא דאמר בפ"ק דשבת (דף יז: ושם) גבי י"ח דבר גידולי תרומה כתרומה בו ביום גזרו ומפרש התם טעמא משום תרומה טמאה ביד כהן דילמא משהי לה ואתי לידי תקלה והתם ליכא מאן דפליג דכ"ע אית להו י"ח דבר אור"י דשאני התם דפעמים שמשהה אותה ביותר ואין זורעה באותה שנה שאירע שום דבר שלא יזרע בעת הזרע וימתין עד שנה אחרת אבל הכא לעולם יכול הוא לעשות

א] אין לו אלא שכרו [א] ואם אמר אציל את שלך ואתה נותן לי דמי שלי חייב ליתן לו [ב] שטף נחל חמורו וחמור חבירו שלו יפה מנה ושל חבירו מאתים והניח זה את שלו והציל את של חבירו אין לו אלא שכרו [ג] ואם אמר לו אני אציל את שלך ואתה נותן לי את שלי חייב ליתן לו: **גמ'** ואמאי לימא ליה מהפקירא קא זכינא מי לא תניא [ד] הרי שהיה טעון כדי יין וכדי שמן וראה שהן משתברות לא יאמר הרי זה תרומה ומעשר על פירות שיש לי בתוך ביתי ואם אמר לא אמר כלום כדא"ר ירמיה כשעקל בית הבד כרוך עליה ה"נ [ה] כשעקל בית הבד כרוך עליה ואם אמר לא אמר כלום והתניא [ו] מי שבא בדרך ומעות בידו ואנס כנגדו לא יאמר הרי פירות שיש לי בתוך ביתי מחוללים על מעות הללו ואם אמר דבריו קיימין הכא במאי עסקינן בשיכול להציל אי בשיכול להציל לכתחלה אמאי לא יאמר [ז] בשיכול להציל על ידי הדחק (א) וכל היכא דאיכא הפסידא לכתחלה לא יאמר והתניא הרי שהיו לו עשר חביות של טבל טמא וראה אחת מהן שנשברה או שנתגלתה אומר הרי היא תרומת מעשר על תשע חברותיה ובשמן לא יעשה כן מפני הפסד כהן א"ר ירמיה כשעקל בית הבד כרוך עליה בשלמא שנשברה חזיא אלא נתגלתה למאי חזיא וכ"ת חזיא לזילוף והתניא (א) [ח] מים שנתגלו הרי זה לא ישפכם ברשות הרבים ולא יגבל בהן את הטיט ולא ירביץ בהן את הבית ולא ישקה מהם את בהמתו ולא בהמת חבירו דעבר לה במסננת כר' נחמיה דתניא (ב) [ט] מסננת יש בה משום גילוי אמר רבי נחמיה אימתי בזמן שהתחתונה מגולה אבל בזמן שהתחתונה מכוסה אף על פי שהעליונה מגולה אין בה משום גילוי לפי שארס של נחש דומה לספוג וצף ועומד במקומו לאו איתמר עלה א"ר סימון אריב"ל לא שנו אלא שלא טרקו אבל טרקו אסור התם נמי אפשר דמנח מידי אפומא דחביתא (ג) דשפי ליה ורבי נחמיה (מטמא אטמא) מי תרמינן והתניא תורמין מן הטמא על הטמא ומן הטהור על הטהור ומן הטהור על הטמא [י] אבל לא מן הטמא על הטהור ר' נחמיה אומר אף מן הטמא על הטמא לא התירו לתרום אלא בשל דמאי הכא נמי בשל דמאי אמר מר ובשמן לא יעשה כן מפני הפסד כהן (ד) מאי שנא שמן דראוי להדליק יין נמי ראוי לזילוף וכי תימא זילוף לאו מילתא היא והאמר שמואל משום רבי חייא שותין מלוג בסלע ומזלפין מלוג בשתים הכא במאי עסקינן בחדש והא ראוי לישנו (ה) אתי ביה לידי תקלה שמן נמי אתי ביה לידי תקלה דמנח בבלי מאוס יין נמי מנח ליה בבלי מאוס השתא לזילוף קא בעי ליה בבלי מאוס קא מנח ליה ותקלה עצמה תנאי היא דתניא חבית של יין של תרומה שנטמאת בית שמאי אומרים תשפך

אין לו אלא שכרו. שכר כלי ושכר פעולה: **גמ' ולימא ליה** מהפקירא זכינא. דגם שלך היה הולך כולו לאיבוד והריני כמציל מן ההפקר ואמאי אין לו אלא שכרו כוליה דגש ליסקול וגבי חמור ליכא למימר הכי דיכול להצילה הוא: **משתברות.** והכל נשפך ביחד: **לא אמר כלום.** אלמא כיון דלאיבוד אזל לית בהו זכייה והפקירא הוא: **כדאמר ר' ירמיה.** לקמן: **בעקל.** דדושא כרוך עליה חבית של דבש קשורה בעקל ולא ישפך הכל אלא מנטף מעט מעט וליכא הפקר: **הרי פירות.** של מעשר שני שיש לי בתוך ביתי מחוללין כו': (ב) **וכל היכא דאיכא.** קצת הפסד וליכא איבוד לגמרי כי הכא דמוקמת לה בשיכול להציל ע"י הדחק ושמא יציל: **לכתחלה לא יאמר.** בתמיה: **הרי שהיו לו.** ללוי: **עשר חביות של טבל.** הטבול לתרומת מעשר והוא טמא דתרומת מעשר דידיה לא חזיא לכהן לשתיה אלא לזלף ולקמיה מוקי לה ביין חדש דלא חזי כולי האי לזלף דלא אליס ריחא ופסידא פורתא הוא דאיכא (ג) כמו זה שיכול להציל על ידי הדחק: ה"ג אומר הרי היא תרומת מעשר על תשע חברותיה (ד): **שמן** דתרומה טמאה. חזי להדליק וכי מפסיד לה לכהן איכא פסידא טובא: **כשעקל בית הבד כרוך עליה.** (ה) דלא חשיב פסידא כולי האי כגון זה שאין יכול להציל אלא ע"י הדחק: **למאי חזיא.** ואפ"ה קתני אומר הרי הוא תרומה אלמא להפסד מועט לא חששו: **לא ישפכם.** שלא יעבור עליהם אדם יחף ויכנס ארס של נחש ברגלו ע"י מכת צרור וימות: (י) **ולא יגבל בהן את הטיט) ולא ישקה** בהן לבהמתו. משום סכנת נפשות שמא ישחטנה אחרי כן: **מסננת.** כלי ע"ג כלי ונותנין השמרים בתוך העליון והוא ככברה והיין מסתנן מאליו: **יש בה משום גילוי.** צריך לכסות העליון כדי שלא ישתה בו נחש ואף על פי שהיין מסתנן והולך חיישינן שמא יעבור הארס עם היין לתוך הכלי וכ"ש כשהתחתון מגולה: **שלא טרקו.** בשלא עירבו אדם וכגון הך מסננת שאין איש נוגע בה: **אבל טרקו אסור.** והכא בהך חבית כי מערה ושדי ליה מחבית למסננת מטריק ומתבלבל הארס עם היין ויוצא דרך המסננת לכלי: **דמנח מידי.** בגד או שולי כברה על פי חבית ושפי ליה ומסננו בנחת. שפי לשון שופך כמו השופה יין (לתמרי) [לחבירו] בבבא מציעא (דף ס. ע"ש) רודיי"ר: **ורבי נחמיה.** ואי ההיא ד' חביות רבי נחמיה היא: **מי תרמינן.** מן הטמא על הטמא: **אלא בשל דמאי.** הקילו משום דרוב עמי הארץ מעשרין הן וכבר נתעשר: **שותין מלוג בסלע ומזלפין מלוג בשתים.** לשתיה אם ימצא יין בזול לוג בסלע יקח אבל לזלף יקח אפי' ביוקר הלוג בשתים סלעים דהנאה יתירא היא: **תקלה.** לשתותן והרי היא טמאה:

תשפך

מסורת הש"ס

א) ע"ז ל: [תוספתא תרומות פ"ז הי"ז], ב) סוכה נ. [וע' ב"ב לז: מ"ש שם], ג) [ל"ל ושפי], ד) פסחים כ:, ה) [שם לג: וע"ש חולין נג:], ו) ס"א ל"ג.

הגהות הב"ח

(א) גמ' על ידי הדחק. (וכל היכא וכו' לא יאמר). תא"מ ונ"ב רש"י ותוס' לא גרסי ליה: (ב) רש"י ד"ה (וכל היכא וכו' לכתחלה לא יאמר). תא"מ ונ"ב זהו פי' למאן דגרס לכתחלה לא יאמר ואחר כך מתחיל הדיבור ה"ג והתניא וכו' ואמתניתין דלעיל קרמי דקתני ואם אמר לא אמר כלום ול"ג לכתחלה לא יאמר בתמיה הס"ד ואח"כ מ"ה הרי שהיו: (ג) ד"ה עשר וכו' לכהן לשתיה וכו' הוא דאיכא (כמו זה וכו' הדחק). תא"מ ונ"ב גם זה למאן דגרים לכתחלה לא יאמר: (ד) ד"ה ה"ג אומר וכו' חברותיה וקס"ד חבית המשתברת כאבודה דמיא דקתני לעיל ואם אמר לא אמר כלום הכא היכי מתקן טבלים במידי דליתיה בעין בשלמא אי תנא לעיל ואם אמר דבריו קיימים איכא למימר הכא דליכא הפסד כולי האי אומר לכתחלה אבל השתא דקתני לא אמר כלום וקשרי ההיא חבית לזרים דלא חל שם מעשר עליה הכא במאי מתקן האי טיבלא הס"ד: (ה) ד"ה (כשעקל בית וכו' לא חששו). תא"מ ונ"ב גם זה למאן דגרם לכתחלה לא יאמר:

הגהות מהר"ב רנשבורג

א] גמ' אין לו אלא שכרו. עיין לעיל דף נח ע"א תוס' ד"ה אי נמי וכו' בסוף הדבור מה שכתבו בזה:

התחתון[29], **יֵשׁ בָּהּ מִשּׁוּם גִּילּוּי**, שאם הניח את הכלי העליון מגולה נאסר היין בשמוש שמא שתה ממנו נחש, ואף שהיין מסתנן והולך לכלי התחתון חוששים שמא יעבור הארס עמו. וכל שכן שאם הניח את הכלי התחתון מגולה נאסר היין בשמוש[30]. **אָמַר רַבִּי נְחֶמְיָה: אֵימָתַי** יש במסננת משום גילוי? רק **בִּזְמַן שֶׁהַתַּחְתּוֹנָה מְגוּלָּה** — שהכלי התחתון היה מגולה, לפי שיש לחשוש שמא שתה נחש מהיין לאחר שנסתנן[31], **אֲבָל בִּזְמַן שֶׁהַתַּחְתּוֹנָה מְכוּסָּה אַף עַל פִּי שֶׁהָעֶלְיוֹנָה מְגוּלָּה אֵין בָּהּ מִשּׁוּם גִּילּוּי**, ומותר להשתמש ביין לאחר שהסתנן לכלי התחתון, **לְפִי שֶׁאֶרֶס שֶׁל נָחָשׁ דּוֹמֶה לִסְפוֹג**, **וְהוּא צָף** על פני היין **וְעוֹמֵד בִּמְקוֹמוֹ** ואינו מתערב עם היין, ולפיכך אינו מסתנן עמו לכלי התחתון. הרי שלדעת רבי נחמיה יין שנתגלה ראוי לשמוש על ידי סינון, ולפיכך מותר לעשותו תרומת מעשר[32].

הגמרא מקשה על תירוץ זה:

לַאו אִיתְּמַר עֲלָהּ — וכי לא נאמר לגבי הוראת רבי נחמיה: **אָמַר רַבִּי סִימוֹן אָמַר רַבִּי יְהוֹשֻׁעַ בֶּן לֵוִי: לֹא שָׁנוּ** שבזמן שהתחתונה מכוסה אף על פי שהעליונה מגולה אין בה משום גילוי, **אֶלָּא** במקרה **שֶׁלֹּא טְרָקוֹ** — שלא עירב את היין בכלי העליון לאחר שנתגלה[33], **אֲבָל טְרָקוֹ** — אם עירב את היין בכלי העליון לאחר שנתגלה הרי הוא **אָסוּר** אף לאחר שנסתנן, משום שהארס מתערב עמו ויוצא דרך המסננת לכלי התחתון. וכאן, בחבית שנתגלתה, כאשר שופך את היין מהחבית למסננת הרי הארס מתערב עמו ויוצא דרך המסננת לכלי התחתון[34], ואף לדעת רבי נחמיה אין הוא ניתר בסינון זה!

מתרצת הגמרא:

הָתָם נַמִּי — גם שם, בחבית שנתגלתה, **אֶפְשָׁר דְּמַנַּח מִידִי אַפּוּמָא דַּחֲבִיתָא** — יכול הוא להניח דבר מה על פי החבית, כגון בגד או שולי מסננת, **(דשפי) וְשָׁפֵי**[35] **לֵיהּ** — ושופך את היין ומסננו בנחת, ובאופן זה אין הארס מתערב עמו[36].

הגמרא מקשה על העמדת הברייתא כרבי נחמיה:

וְרַבִּי נְחֶמְיָה — ואם הברייתא בענין טבל טמא שנויה כדעת רבי נחמיה, **(מטמא אטמא) מִי תָּרְמִינַן** — וכי תורמים מפירות טמאים על פירות טמאים? **וְהָתַנְיָא** (תוספתא תרומות ג, יט): **תּוֹרְמִין** תרומת מעשר[37] **מִן הַטָּמֵא עַל הַטָּמֵא, וּמִן הַטָּהוֹר עַל הַטָּהוֹר, וּמִן הַטָּהוֹר עַל הַטָּמֵא**[38], **אֲבָל לֹא מִן הַטָּמֵא עַל הַטָּהוֹר**[39]. **רַבִּי נְחֶמְיָה אוֹמֵר: אַף מִן הַטָּמֵא עַל הַטָּמֵא לֹא הִתִּירוּ לִתְרוֹם** תרומת מעשר **אֶלָּא בְּפירות שֶׁל דְּמַאי**[40]. הרי שלדעת רבי נחמיה אין תורמים תרומת מעשר מן הטמא על הטמא, וכיצד אם כן ניתן להעמיד את הברייתא של עשר חביות (המתירה לתרום מן הטמא על הטמא) כרבי נחמיה?

מתרצת הגמרא:

הָכָא נַמִּי — גם כאן, בברייתא של עשר חביות, מדובר **בְּ**יין ושמן **שֶׁל דְּמַאי**[41], ובמקרה כזה, כאמור, מודה רבי נחמיה שתורמים מן הטמא על הטמא.

הגמרא דנה בהוראת הברייתא בענין חביות של שמן:

אָמַר מַר: וּבְשֶׁמֶן לֹא יַעֲשֶׂה כֵּן, כלומר, לא יעשנו תרומת מעשר על שאר החביות, **מִפְּנֵי** שיש בכך **הֶפְסֵד** מרובה **לְכֹהֵן**[42].

מקשה הגמרא:

מַאי שְׁנָא — במה שונה **שֶׁמֶן** טמא ההולך לאיבוד שאסור לעשותו תרומת מעשר? משום **דְּרָאוּי לְהַדְלִיק** בו את הנר, ולפיכך יש בהפרשתו הפסד מרובה לכהן, אם כן **יַיִן** טמא **נַמִּי** (גם כן) **רָאוּי לְזִילּוּף** בבית כדי להוליד בו ריח טוב[43], ומדוע מתירה הברייתא לעשותו תרומת

הערות

29. רש״י.

30. רש״י.

31. עיין תוספות ד״ה אימתי וראב״ד המבארים מהו החידוש במקרה זה.

32. אמנם בשמן לא יעשה כן, משום שאף על פי שניתן לסננו מכל מקום מאחר שהדבר כרוך בטרחה מרובה דמיו נפחתים ויש בזה הפסד מרובה, מה שאין כן ביין שממילא אין ערכו רב (ראה לעיל הערה 19) ולפיכך מה שדמיו נפחתים אינו אלא הפסד מועט (מהרש״א).

33. כגון במקרה של הברייתא שהיין מסתנן מאליו לכלי התחתון (רש״י).

34. רש״י.

35. על פי הגהת מסורת הש״ס.

36. ״שפי״ פירושו שופך, כפי ששנינו בבבא מציעא (ס, א): ״השופה יין לחבירו״ (רש״י).

37. עיין הגהות הגר״א שם יח; מנחת ביכורים שם; ירושלמי תרומות ב, א; ראה הערה הבאה.

38. הברייתא עוסקת בתרומת מעשר, אולם לגבי תרומה גדולה שנינו (תרומות ב, א): ״אין תורמין מן הטהור על הטמא, ואם תרמו תרומתן תרומה״ (ראה גם בכורים ב, ה). דינה של תרומה גדולה נלמד מהפסוק (במדבר יח, כז): ״וְנֶחְשַׁב לָכֶם תְּרוּמַתְכֶם כַּדָּגָן מִן הַגֹּרֶן״, שכשם שדגן (חיטה) אינו יכול להיות חציו טמא וחציו טהור אף כאן, בתרומה, אין תורמים מן הטהור על הטמא. אמנם לגבי תרומת מעשר נאמר (שם, כח): ״וּנְתַתֶּם מִמֶּנּוּ אֶת תְּרוּמַת ה׳ לְאַהֲרֹן הַכֹּהֵן״, ומשמע שמותר להפריש כל דבר הראוי לכהן, דהיינו שהוא טהור, ואפילו על הטמא. ויש שלמדו זאת ממה שנאמר (שם, כט): ״מִכָּל חֶלְבּוֹ אֶת מִקְדְּשׁוֹ מִמֶּנּוּ״, ומשמע שכל דבר המקודש לתרומת מעשר מותר להפרישו, ואפילו על הטמא (תוספות רי״ד על פי ירושלמי תרומות שם). ויש שכתבו שפסוקים אלו אינם אלא אסמכתא, ועיקר הטעם הוא משום שתרומה גדולה אינה ניטלת אלא מן המוקף, דהיינו מפירות הסמוכים לפירות הניתרים (ראה עירובין ל, ב), וחששו חכמים שאם יתרום מן הטהור על הטמא יבוא לתרום שלא מן המוקף כדי שלא לטמא את הפירות הטהורים. אולם תרומת מעשר ניטלת אף שלא מן המוקף (ראה ירושלמי שם), ולפיכך מותר לתורמה אפילו מן הטהור על הטמא (ר״ש ורא״ש תרומות שם; מנחת בכורים, תוספתא תרומות ג, יט; ועיין שו״ת נודע ביהודה תניינא אבן העזר קמב הנוקט שלפי טעם זה מותר להפריש תרומה גדולה בזמן הזה אף מן הטהור על הטמא, שהרי ממילא הולכת היא לאיבוד; ראה גם שו״ת עמודי אש יח, ד).

39. משום שהוא מפסיד בכך לכהן, שהרי תרומה טמאה אסורה באכילה ואינה ראויה אלא להדלקה (רש״י פסחים לג, א ויבמות פט, א ד״ה אין תורמין; ר״ש תרומות ב, ב). מלבד זאת, מאחר שתרומה טמאה אינה ראויה אלא להדלקה הרי הוא כמפריש מפירות גרועים על פירות יפים, ועובר בכך על מצות התורה לתרום מן היפה ביותר (עיין רש״י יבמות שם ומנחות כה, ב ד״ה בשוגג; ר״ש תרומות שם; תוספות יבמות שם ד״ה אין תורמין בשם ר״י; ראה גם שלחן ערוך יורה דעה שלא, נב וביאור הגר״א שם; להרחבה בענין זה עיין מקור ברוך [גינזבורג] לא; מקדש דוד נה, ח; לטעמים נוספים עיין תוספות שם). איסור זה נוהג בין בתרומה גדולה ובין בתרומת מעשר (ראה תרומות ב, ב).

40. לדעת תנא קמא מותר להפריש תרומת מעשר (וכן תרומה גדולה) מן הטמא על הטמא, שנאמר (במדבר יח, כח): ״וּנְתַתֶּם **מִמֶּנּוּ** אֶת תְּרוּמַת ה׳ לְאַהֲרֹן הַכֹּהֵן״, ומשמע שאף אם היו הפירות טמאים מותר לתרום מהם על עצמם (ראה תוספתא תרומות ג, יט עם חזון יחזקאל). אמנם רבי נחמיה אוסר לתרום תרומת מעשר מן הטמא על הטמא, משום שהייתור של ״הַכֹּהֵן״ מלמד שצריך לתת לכהן דבר הראוי לו בכהונתו, דהיינו כשהוא טהור וראוי לעבוד במקדש (מנחת בכורים תוספתא תרומות שם; ראה ירושלמי חלה ג, ב). [והיינו דוקא בתרומת מעשר, שמאחר שמותר לתורמה מן הטהור על הטמא עליו לעשות כן כדי לתת לכהן דבר הראוי לו בכהונתו, אולם בתרומה גדולה שאין תורמים בה מן הטהור על הטמא (ראה לעיל הערה 38) מודה רבי נחמיה שמותר לתרום מן הטמא על הטמא (מנחת בכורים שם; פני משה תרומות שם ד״ה כך אינה ניטלת; אמנם עיין מקדש דוד נה, ח ד״ה אמרינן בב״ק).] אמנם בפירות של דמאי (היינו, פירות הנקחים מעם הארץ שאין ידוע אם הופרשו מהם מעשרות ותרומת מעשר [ראה מעשר שני ה, טו; סוטה מח, א; רמב״ם הלכות מעשר ט, א-ב]) מתיר רבי נחמיה לתרום תרומת מעשר אף מן הטמא על הטמא, משום שרוב עמי הארץ מקפידים לעשר כדין, ופירות הנקחים מהם הינם בחזקת מעושרים (רש״י; ראה שבת יג, א וכתובות כד, א).

41. כלומר, ביין ושמן של מעשר ראשון שנקנו מעם הארץ ואין ידוע אם הופרשה מהם תרומת מעשר.

[מכאן יש להוכיח שתרומת מעשר של דמאי ניתנת לכהן בחינם כשאר תרומת מעשר. שהרי לפי תירוץ הגמרא נמצא שהברייתא עוסקת בתרומת מעשר של דמאי, ומכל מקום חוששת היא להפסד הכהן (עיין רש״י סוטה מח, א ד״ה מפריש; תוספות יומא ט, א ד״ה מעשר; פירוש המשנה לרמב״ם תחילת דמאי). אמנם הטור (יורה דעה שלא, קז) פוסק שתרומת מעשר של דמאי אינה ניתנת לכהן בחינם, ולדבריו אין הכוונה שהכהן מפסיד את התרומה המגיעה לו בחינם, אלא שהוא מפסיד בכך שלא תהא מצויה לו תרומה בזול (חזון איש דמאי א, ב; עיין תוספות רבי עקיבא איגר דמאי א אות ו).]

42. ראה לעיל הערה 20.

43. אף על פי שתרומה טמאה דינה בשריפה (ראה תמורה לג, ב), מכל מקום יין אינו ראוי לשריפה אלא צריך לבערו על ידי שפיכה. ומאחר שמותר להנות מתרומה טמאה בשעת ביעורה (ראה שבת כה, א-ב) אין צריך לשפוך את כולו בבת אחת,

גמרא

[א] אין לו אלא שכרו [א] ואם אמר אציל את שלך ואתה נותן לי דמי שלי חייב ליתן לו: [ב] שטף נחל חמורו וחמור חבירו שלו יפה מנה ושל חבירו מאתים והניח זה את שלו והציל את של חבירו אין לו אלא שכרו [ג] ואם אמר לו אני אציל את שלך ואתה נותן לי את שלי חייב ליתן לו: **גמ'** ואמאי לימא ליה מהפקירא קא זכינא מי לא תניא [ד] הרי שהיה טוען כדי יין וכדי שמן וראה שהן משתברות לא יאמר הרי זה תרומה ומעשר על פירות שיש לי בתוך ביתי ואם אמר לא אמר כלום כדא"ר ירמיה כשעקל בית הבד כרוך עליה ה"נ [ה] כשעקל בית הבד כרוך עליה ואם אמר לא אמר כלום והתניא [ו] מי שבא בדרך ומעות בידו ואנס כנגדו לא יאמר הרי פירות שיש לי בתוך ביתי מחוללים על מעות הללו ואם אמר דבריו קיימין הכא במאי עסקינן בשיכול להציל אי בשיכול להציל לכתחלה אמאי לא יאמר [ז] בשיכול להציל על ידי הדחק (א) וכל היכא דאיכא הפסידא לכתחלה לא יאמר והתניא הרי שהיו לו עשר חביות של טבל טמא וראה אחת מהן שנשברה או שנתגלתה אומר הרי היא תרומה מעשר על תשע חברותיה ובשמן לא יעשה כן מפני הפסד כהן א"ר ירמיה כשעקל בית הבד כרוך עליה בשלמא שנשברה חזיא אלא נתגלתה למאי חזיא וכ"ת חזיא לזילוף והתניא [ח] מים שנתגלו הרי זה לא ישפכם ברשות הרבים ולא יגבל בהן את הטיט ולא ירביץ בהן את הבית ולא ישקה מהם את בהמתו ולא בהמת חבירו דעבר לה במסננת כר' נחמיה דתניא [ט] מסננת יש בה משום גילוי אמר רבי נחמיה אימתי בזמן שהתחתונה מגולה אבל בזמן שהתחתונה מכוסה אף על פי שהעליונה מגולה אין בה משום גילוי לפי שארס של נחש דומה לספוג וצף ועומד במקומו לאו איתמר עלה א"ר סימון אריב"ל לא שנו אלא שלא טרקו אבל טרקו אסור התם נמי אפשר דמנח מידי אפומא דחביתא [י] דשפי ליה ורבי נחמיה (מטמא אטמא) מי תרמינן והתניא תורמין מן הטמא על הטמא ומן הטהור על הטהור ומן הטהור על הטמא [יא] אבל לא מן הטמא על הטהור ר' נחמיה אומר אף מן הטמא על הטמא לא התירו לתרום אלא בשל דמאי הכא נמי בשל דמאי אמר מר ובשמן לא יעשה כן מפני הפסד כהן [ד] מאי שנא שמן דראוי להדליק יין נמי ראוי לזילוף וכי תימא זילוף לאו מילתא היא והאמר שמואל משום רבי חייא שותין מלוג בסלע ומזלפין מלוג בשתים הכא במאי עסקינן בחדש והא ראוי לישנו [ה] אתי ביה לידי תקלה שמן נמי אתי ביה לידי תקלה דמנח בכלי מאוס יין נמי מנח ליה בכלי מאוס השתא לזילוף קא בעי ליה בכלי מאוס קא מנח ליה ותקלה עצמה תנאי היא דתניא חבית של יין של תרומה שנטמאת בית שמאי אומרים תשפך

רש"י

אין לו אלא שכרו. שכר כלי ושכר פעולה: **גמ'** ולימא ליה מהפקירא זכינא. דבש שלך היה הולך כולו לאיבוד והריני כמציל מן ההפקר ואמאי אין לו אלא שכרו כוליה דבש לישקול וגבי חמור ליכא למימר הכי דיכול להצילה הוא: משתברות. והכל נשפך ביחד: לא אמר כלום. אלמא כיון דלאיבוד אזל לית בהו זכייה והפקירא הוא: כדאמר ר' ירמיה. לקמן: בעקל. דדושא כרוך עליה חבית של דבש קשורה בעקל ולא ישפך הכל אלא מנטף מעט מעט וליכא הפקר: הרי פירות. של מעשר שני שיש לי בתוך ביתי מחוללין כו': (ב) וכל היכא דאיכא. קצת הפסד וליכא איבוד לגמרי כי הכא דמוקמת לה בשיכול להציל ע"י הדחק ושמא יציל: לכתחלה לא יאמר. בתמיה: הרי שהיו לו. ללוי: עשר חביות של טבל. הטבול לתרומת מעשר והוא טמא דתרומת מעשר דידיה לא חזיא לכהן לשתיה אלא לזלף ולקמיה מוקי לה ביין חדש דלא חזי כולי האי לזלף דלא אליס ריחא ופסידא פורתא הוא דאיכא (ג) כמו זה שיכול להציל על ידי הדחק: ה"ג אומר הרי היא תרומת מעשר על תשע חברותיה (ד): שמן דתרומה טמאה. חזי להדליק וכי מפסיד לה לכהן איכא פסידא טובא: כשעקל בית הבד כרוך עליה. (ה) דלא חשיב פסידא כולי האי כגון זה שאין יכול להציל אלא ע"י הדחק: למאי חזיא. ואפ"ה קתני אומר הרי הוא תרומה אלמא להפסד מועט לא חששו: לא ישפכם. שלא יעבור עליהם אדם יחף ויכנס ארס של נחש ברגלו ע"י מכת צרור וימות: (י ולא יגבל בהן את הטיט) ולא ישקה בהן לבהמתו. משום סכנת נפשות שמא ישחטנה אחרי כן: מסננת. כלי ע"ג כלי ונותנין השמרים בתוך העליון והוא ככברה והיין מסתנן מאליו: יש בה משום גילוי. צריך לכסות העליון כדי שלא ישתה בו נחש ואף על פי שהיין מסתנן והולך חיישינן שמא יעבור הארס עם היין לתוך הכלי וכ"ש כשהתחתון מגולה: שלא טרקו. בשלא עירבו אדם וכגון הך מסננת שאין איש נוגע בה: אבל טרקו אסור. והכא בהך חבית כי מערה ושדי ליה מחבית למסננת מטריק ומתבלבל הארס עם היין ויורד דרך המסננת לכלי: דמנח מידי. בגד או שולי כברה על פי חבית ושפי ליה ומסננו בנחת. שפי לשון שופך כמו השופה יין (לתמרי) [לחבירו] בבבא מציעא (דף ס. ע"ש) רודיי"ר: ורבי נחמיה. ואי ההיא די' חביות רבי נחמיה היא: מי תרמינן. מן הטמא על הטמא: אלא בשל דמאי. הקילו משום דרוב עמי הארץ מעשרין הן וכבר נתעשר: שותין מלוג. בסלע ומזלפין מלוג בשתים. לשתיה אם ימצא יין בזול לוג בסלע יקח אבל לזלף יקח אפי' ביוקר הלוג בשתים סלעים דהנאה יתירא היא: תקלה. לשותן והרי היא טמאה: תשפך

תוספות

הרי שהיה טוען כדי יין וכדי שמן לא יאמר הרי הן כו'. וא"ת אפי' אין משתבר נמי לא יאמר לאסור לתרום אלא מן המוקף וי"ל דנקט משתברות משום דבעי למיתני סיפא ואם אמר לא אמר כלום א"נ בשבתות וימים טובים איירי שמותר לתרום שלא מן המוקף כדאמר בהאשה רבה (יבמות דף צג:):

וכל היכא דאיכא פסידא לכתחלה לא. ל"ג ליה כדפי' הקונט' דהא בברייתא דמייתי נמי אסור לכתחלה היכא דאיכא הפסד כהן דקתני ובשמן לא יעשה וא"כ לעיל נמי דאיכא הפסד כהן שפיר אסור לכתחלה אלא אמאי דקאמר לעיל דאפי' דיעבד לא אמר כלום פריך:

אלא נתגלתה למאי חזיא. אבל משמן לא פריך דקתני בשמן לא יעשה אבל התרומה אלה וכי נתגלתה למאי חזיא דאיכא למימר דחזיא להדלקה ומ"מ איכא הפסד כהן כיון שאין יכול להדליק בו כי נתגלתה אלא בטורח כי צריך שלא יגע בשמן כלל ולא בכלי במקום שיש שמן:

ולא ישקה מהן לבהמה. פי' בקונטרס שמא ישחטנה ואיכא סכנת נפשות. ואין נראה דאפי' לבהמה טמאה לא ישקה משום בל תשחית כדמשמע בפרק ב' דע"ז (דף ל: ושם) דמוקי התם הא דתניא שמותר להשקות לבהמתו בשונרא שאין קשה לה ופריך א"ה דחבירו נמי ומשני כחיש דידיה נמי כחש הדר בריא מדפריך דידיה נמי כחיש משמע דאסור משום בל תשחית ועוד מדלא מוקי לה בכל בהמה טמאה שאין לחוש שמא ישחטנה משמע דבשאר בהמות טמאות דקשה לה אסור משום בל תשחית ומיהו י"ל דבשאר בהמות טמאות לא בעי לאוקומי משום דלאו בשופטני עסקינן שמשקין לבהמה דבר שמתה על ידן:

אימתי בזמן שהתחתונה מגולה. וא"ת א"כ פשיטא דיש בהן משום גילוי דהוי כשאר מגולין וי"ל דס"ד שהנחש ירא לבא מפני הקול שהוא שומע שנופל היין ממסננת לתחתונה כדאמרינן בפ"ב דע"ז (דף ל:) טיף טיף אין בו משום גילוי קמ"ל דהכא שרואה היין שנשפך בבת אחת לכלי התחתון אין מתיירא להיות סבור שהוא קול בני אדם אלא סבור שכך מסננין את היין:

אתי לידי תקלה. ומסיק אי חיישי' לתקלה תנאי היא והא דאמר בפ"ק דשבת (דף יז: ושם) גבי י"ח דבר גידולי תרומה כתרומה בו ביום גזרו ומפרש התם טעמא משום תרומה טמאה ביד כהן דילמא משהי לה ואתי לידי תקלה והתם ליכא מאן דפליג דכ"ע אית להו י"ח דבר אור"י דשאני התם דפעמים שמשהה אותה ביותר ואין זורעה באותה שנה שאירע שום דבר שלא יזרע בעת הזרע וימתין עד שנה אחרת אבל הכא לעולם יכול הוא לעשות

עין משפט נר מצוה

פ א מיי' פי"ב מהל' גזילה ואבידה הל' ה סמג עשין עד טוש"ע ח"מ סי' רסד סעיף ה:

פא ב ג מיי' שם הל' ג טוש"ע שם סעיף ג:

פב ד מיי' פ"ג מהלכות תרומות הלכה יז:

פג ה מיי' פי"ב מהל' גזילה ואבידה הל' ה ועיין במ"מ סמג עשין עד טוש"ע ח"מ סי' רסד סעיף ה:

פד ו ז מיי' פ"ד מהלכות מעשר שני הל' יב:

פה ח מיי' פי"א מהל' רוצח ושמירת נפש הלכה טו סמג עשין עט טור"ד סי' קטו:

פו ט מיי' שם הל' יד:

פז י מיי' פ"ה מהלכות תרומות הלכה ח:

ליקוטי רש"י

אין לו אלא שכרו. כשאר פועל ואין בעל הדבש משלם דמי היין [לעיל כז:]. הרי זה לא ישפכם. שמא יעבור אדם יחף ויעמוד הארס בין קשרי אצבעותיו וכיון שנכנס מעט ונוקב בבשר שוב אין לו רפואה. ולא ירביץ. להשכיב את העפר ואבק שלא יעלה [ע"ז ל:]. מסננת. קולי"ר בלע"ז מסננת שמסננין בה קונדיטון כמו שעושין בעלי חנויות שתלוי כמין כברה ובו אבקת רוכל ויין ותחתיה כלי והקונדיטון מסתנן לתוכו. יש בו משום גילוי. אם הניחו בלא שמירה כשעור שהיית גילוי המפורש בהכל שוחטין (חולין י.) כדי שילא נחש מתחת אזן כלי וישתה ויחזור לחורו ואסורה בשתיה. שהתחתונה. כלי התחתון [סוכה נ.]. וכי תימא זילוף לאו מילתא היא. לא חשיב והרי הפסידו. שותין מלוג. שנמכר בסלע ומזלפין מלוג הנמכר בשתים נוח לקנות לוג בשתי סלעים לזילוף מלקנותו לשתיה ומי שאינו עשיר יקח יין בזול לשתייתו לוג בסלע ויין ביוקר לזילוף. בחדש. דאין ריחו נודף ואין ראוי לזילוף. אתי ביה לידי תקלה. אם ישהנו אצלו עד שיתייישן אתי למשתי מיניה. לזילוף קא בעי ליה. וצריך שיהא לו ריחו טוב ובכלי מאוס רמי ליה בתמיה. ותקלה עצמה. אי חיישינן לה ואסור לשהויי אי לא תנאי היא [פסחים כ:].

לעזי רש"י

רודיי"ר. פירוש לשפוך (עיין רש"י ב"מ דף ס ע"א ד"ה השופה יין וערוך ערך שף ד'):

מסורת הש"ס

א) ע"ז ל: [תוספתא תרומות פ"ז הי"ז], ב) סוכה נ. [וע' ב"ב לז: מ"ש שם], ג) [נ"ל ושפי], ד) פסחים כ:, ה) [שם לג: וע"ש חולין נג:], ו) ס"א ל"ג.

הגהות הב"ח

(א) גמ' על ידי הדחק. (וכל היכא וכו' לא יאמר). תא"מ ונ"ב רש"י ותוס' לא גרסי ליה: (ב) רש"י ד"ה (וכל היכא וכו' לכתחלה לא יאמר). תא"מ ונ"ב זהו פי' למאן דגרס לכתחלה לא יאמר ואחר כך מתחיל הדיבור ה"ג והתניא וכו' ואמתניתין דלעיל קרמי דקתני ואם אמר לא אמר כלום ול"ג לכתחלה לא יאמר בתמיה הס"ד ואח"כ מ"ה הרי שהיו: (ג) ד"ה עשר וכו' לכהן לשתיה וכו' הוא דאיכא (כמו זה וכו' הדחק). תא"מ ונ"ב גם זה למאן דגרים לכתחלה לא יאמר: (ד) ד"ה ה"ג אומר וכו' חברותיה וקס"ד חבית המשתברת כאבודה דמיא דקתני לעיל ואם אמר לא אמר כלום הכא היכי מתקן טבלים במידי דליתיה בעין בשלמא אי תנא לעיל ואם אמר דבריו קיימים איכא למימר הכא דליכא הפסד כולי האי אומר לכתחלה אבל השתא דקתני לא אמר כלום וקשרי ההיא חבית לזרים דלא חל שם מעשר עליה הכא במאי מתקן האי טיבלא הס"ד: (ה) ד"ה (כשעקל בית וכו' לא חששו). תא"מ ונ"ב גם זה למאן דגרס לכתחלה לא יאמר:

הגהות מהר"ב רנשבורג

א] גמ' אין לו אלא שכרו. עיין לעיל דף נח ע"א תוס' ד"ה אי נמי וכו' בסוף הדבור מה שכתבו בזה:

מעשר על שאר החביות? **וְכִי תֵּימָא** – ואם תאמר **שֶׁזִּילוּף לָאו מִילְּתָא הִיא** – אינו דבר חשוב, ולפיכך אין בהפרשת היין הפסד מרובה לכהן, **וְהָאָמַר שְׁמוּאֵל מִשּׁוּם** (בשם) **רַבִּי חִיָּיא: שׁוֹתִין מִיַּיִן** הנמכר **לוֹג בְּסֶלַע וּמְזַלְּפִין** מִיַּין הנמכר **לוֹג בִּשְׁתַּיִם**, כלומר, לשתיה יקח יין זול הנמכר לוג בסלע, אולם לזילוף, שהוא הנאה יתרה, יקח אפילו יין יקר הנמכר לוג בשני סלעים[44]. הרי שזילוף הוא דבר חשוב, ומדוע אם כן הפרשת היין אינה נחשבת הפסד מרובה?

מתרצת הגמרא:

הָכָא בְּמַאי עַסְקִינַן – כאן, בברייתא, במה אנו עוסקים? **בְּיַיִן חָדָשׁ** שאין ריחו נודף ואינו ראוי כל כך לזילוף.

מקשה הגמרא:

וְהָא רָאוּי לְיַשְּׁנוֹ – והרי ניתן להשהותו עד שיתיישן ויהיה ראוי לזילוף!

מתרצת הגמרא:

אם ישהנו אצלו **אָתֵי בֵּיהּ לִידֵי תַּקָּלָה** – עלול הוא לבוא בו לידי תקלה, שישתה ממנו בשוגג ויעבור על איסור אכילת תרומה טמאה, ומאחר שאסור להשהותו אין הפרשתו נחשבת הפסד מרובה לכהן.

הגמרא ממשיכה להקשות:

אם כן, **שֶׁמֶן נַמִּי** (גם כן), אם ישהנו אצלו להדלקה **אָתֵי בֵּיהּ לִידֵי תַּקָּלָה** – עלול הוא לבוא בו לידי תקלה, שיאכל ממנו בשוגג[45], ומזה שהפרשתו נחשבת הפסד מרובה מוכח שמותר להשהותו ואין חוששים לתקלה!

מתרצת הגמרא:

שמן מותר להשהותו על ידי **דְּמַנַּח** – שמניחו **בִּכְלִי מָאוּס**, ובאופן זה אין חשש שיבוא לאוכלו.

מקשה הגמרא:

אם כן, **יַיִן** חדש **נַמִּי** (גם כן) מותר להשהותו על ידי **דְּמַנַּח לֵיהּ** – שמניחו **בִּכְלִי מָאוּס** עד שיתיישן!

מתרצת הגמרא:

הַשְׁתָּא לְזִילוּף קָא בָּעֵי לֵיהּ – כעת, אם הוא צריך את היין לזילוף, **בִּכְלִי מָאוּס קָא מַנַּח לֵיהּ** – וכי יניח אותו בכלי מאוס? ודאי שלא, שהרי הדבר יקלקל את ריחו הטוב! וכיון שלא ניתן למנוע בו תקלה אסור להשהותו, וממילא אין בהפרשתו הפסד מרובה לכהן[46].

הגמרא נקטה שאסור להשהות יין של תרומה טמאה שמא יבוא בו לידי תקלה. כעת מציגה הגמרא מחלוקת תנאים בענין זה:

וְתַקָּלָה עַצְמָהּ תַּנָּאֵי הִיא – ונדון זה עצמו, אם חוששים לתקלה ואסור להשהות אצלו תרומה טמאה, שנוי במחלוקת תנאים[47].

דְּתַנְיָא בברייתא: **חָבִית שֶׁל יַיִן שֶׁל תְּרוּמָה שֶׁנִּטְמֵאת, בֵּית שַׁמַּאי אוֹמְרִים**

הערות

אלא רשאי הוא לזלפו מעט מעט כדי להנות מריחו (תוספות פסחים כ, ב ד״ה ראוי; ראה גם חידושי הר״ן ורבינו דוד שם).

44. רש״י; ראה גם רש״י פסחים כ, ב ד״ה שותין מלוג; ועיין רש״ש שם.

45. שהרי אין מדליקים את כולו בבת אחת, אלא מניחים אותו באוצר ומסתפקים ממנו מעט מעט (ראה רש״י פסחים לג, ב ד״ה מדליקין בפת ובשמן).

46. לסיכום: הברייתא עוסקת ביין חדש שאינו ראוי לזילוף, ומאחר שאי אפשר ליישנו (משום חשש תקלה) אין בהפרשתה של החבית שנשברה הפסד מרובה לכהן. אולם בשמן ההולך לאיבוד אסור לעשות כן, משום שניתן להשהותו בכלי מאוס ולהשתמש בו להדלקה, ולפיכך יש בהפרשתו הפסד מרובה לכהן (אמנם עיין לקמן קטז, א הערה 8).

47. רש״י פסחים כ, ב ד״ה ותקלה עצמה; שיטה מקובצת בשם רמ״ה; ועיין לקמן קטז, א הערה 8.

תִּשָּׁפֵךְ הַכֹּל — כולה בבת אחת, ולא יזלף ממנה מעט מעט, ואפילו באותו היום, שמא יבוא לשתות ממנה[1]. **וּבֵית הִלֵּל אוֹמְרִים: תֵּעָשֶׂה זִילוּף** — מותר לזלף ממנה מעט מעט, ואין חוששין שמא יבוא לשתות ממנה[2]. **אָמַר רַבִּי יִשְׁמָעֵאל בְּרַבִּי יוֹסֵי: אֲנִי אַכְרִיעַ** במחלוקת זו[3]: אם נטמאה החבית **בַּבַּיִת תֵּעָשֶׂה זִילוּף**, ואף שמשהה אותה מעט אין חוששים שבזמן מועט כזה יבוא לידי תקלה. **וּבַשָּׂדֶה** — אולם אם נטמאה החבית בשדה, שאין מזלפין שם, **תִּשָּׁפֵךְ הַכֹּל** — כולה בבת אחת, ולא יביאנה לביתו שמא בינתים יבוא לידי תקלה[4].

נוסח אחר בדברי רבי ישמעאל:

אִיכָּא דְּאָמְרֵי — יש אומרים שכך הוא אמר: **בְּיַיִן יָשָׁן** שריחו טוב והוא ראוי לזילוף מיד **תֵּעָשֶׂה זִילוּף**, ואפילו אם נטמאה החבית בשדה, כיון שבשהייה מועטת כזו אין חוששין שמא יבוא לידי תקלה[5], **וּבְיַין חָדָשׁ** שאין ריחו נודף ואינו ראוי לזילוף עד שיתיישן **תִּשָּׁפֵךְ הַכֹּל** — כולה בבת אחת, ואסור להשהותו עד שיתיישן, כיון שבשהייה מרובה כזו יש חשש שמא יבוא לידי תקלה.

ממשיכה הברייתא:

אָמְרוּ לוֹ חבריו לרבי ישמעאל ברבי יוסי[6]: **אֵין הַכְרָעָה שְׁלִישִׁית מַכְרַעַת** — הכרעה שהיא דעה שלישית, דהיינו שהיא סברא חדשה שהחולקים הראשונים לא הזכירוה, אינה יכולה להכריע בין הדעות הראשונות. ואף כאן, מאחר שבית שמאי ובית הלל לא הזכירו חילוק בין בית לשדה או בין יין ישן לחדש, ומדעתך אתה אומר חילוק זה, אין דעתך יכולה להכריע במחלוקתם[7]. מכל מקום שנינו שבית שמאי ובית הלל נחלקו אם חוששין לתקלה או לא, ונמצא שהברייתא של עשר חביות החוששת לתקלה שנויה כדעת בית שמאי[8].

שנינו בהמשך המשנה:

אִם אָמַר לוֹ בעל היין לבעל הדבש: "**אַצִּיל אֶת שֶׁלְּךָ** ואתה נותן לי דמי שלי" חייב [בעל הדבש] ליתן לו [את דמי יינו] **וכו'**.

מקשה הגמרא:

אַמַּאי — מדוע חייב בעל הדבש לשלם לבעל היין את דמי יינו? **וְנֵימָא לֵיהּ** — הלא יכול הוא לומר לו: "**מְשַׁטֶּה אֲנִי בְּךָ** — לא התכוונתי באמת לשלם לך עבור היין, ולא אמרתי זאת אלא כדי שתציל את הדבש שלי". **מִי לֹא תַּנְיָא** — וכי לא שנינו בברייתא: **הֲרֵי שֶׁהָיָה** אדם **בּוֹרֵחַ מִבֵּית הָאֲסוּרִין, וְהָיְתָה מַעְבּוֹרֶת לְפָנָיו** לעבור בה את הנהר[9], **וְאָמַר לוֹ** הבורח לבעל המעבורת: **טוֹל דִּינָר וְהַעֲבִירֵנִי** את הנהר, כלומר, אם תעבירני את הנהר אשלם לך דינר שהוא הרבה יותר מהשכר הראוי עבור פעולה כזו[10], **אֵין לוֹ** לבעל המעבורת **אֶלָּא שְׂכָרוֹ** הראוי לו, דהיינו כפי שמקובל לשלם עבור העברת הנהר. **אַלְמָא אָמַר לֵיהּ** — הרי שיכול הבורח לומר לבעל המעבורת: "**מְשַׁטֶּה אֲנִי בְּךָ** במה שפסקתי עמך יותר מכדי שכרך"[11], ואם כן **הָכָא נַמִּי** — אף כאן, **לֵימָא לֵיהּ** — יאמר לו בעל הדבש לבעל היין: "**מְשַׁטֶּה אֲנִי בְּךָ** במה שהסכמתי לשלם לך דמי יינך"[12].

מתרצת הגמרא:

הָא לֹא דָּמֵי אֶלָּא לְסֵיפָא — מקרה זה של משנתנו אינו דומה אלא למה ששנינו בסוף הברייתא: **וְאִם אָמַר לוֹ** הבורח לבעל המעבורת: "**טוֹל דִּינָר זֶה בִּשְׂכָרְךָ וְהַעֲבִירֵנִי** את הנהר" **נוֹתֵן לוֹ שְׂכָרוֹ מִשָּׁלֵם**

הערות

1. רש"י פסחים כ, ב ד"ה תשפך חבל.

2. בארנו את המחלוקת על פי רש"י ותוספות כאן (ראה גם שיטה מקובצת בשם רמ"ה; תוספות פסחים כא, א ד"ה אין הכרעה שלישית ושבת מ, א ד"ה הלכה כדברי המכריע). אולם רש"י בפסחים (שם ד"ה אין הכרעת שלישית) מפרש את המחלוקת באופן אחר (עיין להלן הערה 7).

3. הכלל הוא ש"כל מקום שאתה מוצא שנים חלוקים ואחד מכריע הלכה כדברי המכריע" (ראה שבת לט, ב). כלל זה נאמר בין כשהדעה המכריעה נוקטת כאחת השיטות, ובין כשהיא דעה ממוצעת הנוקטת במקרה מסויים כדברי זה ובמקרה אחר כדברי זה, לפי שבשני האופנים מצטרפת דעת המכריע לאחת הדעות והלכה כרבים במקום יחיד, שנאמר (שמות כג, א): "אַחֲרֵי רַבִּים לְהַטֹּת".

["הכרעה" היא מלשון הכרעת כף המאזנים. שכאשר שנים חולקים הרי זה כאילו המאזנים שקולים, וכאשר בא השלישי הרי הוא מטה את כף המאזנים לצד אחד ומכריע את הכף שכנגדה (רש"י שבת מ, א ד"ה הדר ביה).]

4. רש"י.

5. רש"י פסחים כ, ב ד"ה בחדש וד"ה ואיכא דאמרי.

6. אין לפרש שבית שמאי ובית הלל עצמם השיבו לרבי ישמעאל, שהרי הוא היה כמה דורות אחריהם (רש"י פסחים שם ד"ה אמר, כפי שהגיהו הב"ח).

7. הכלל ש"הלכה כדברי המכריע" (במקרה שהדעה המכריעה היא דעה ממוצעת) נאמר רק כאשר מדברי החולקים הראשונים משמע שאכן יש מקום לחלק כפי שחילק המכריע, אלא שהם אינם מחלקים בכך (דוגמא לדבר ראה שבת כט, א בענין "קולי מטלניות"). והנה, אילו שנינו "בית שמאי אומרים בין בבית בין בשדה תשפך כולה, ובית הלל אומרים בין בבית בין בשדה תעשה זילוף. רבי ישמעאל אומר: נטמא בשדה תשפך הכל ובבית תעשה זילוף", היתה דעת רבי ישמעאל מכריעה את המחלוקת, משום שלגבי שדה הוא סובר כבית שמאי, והרי הם שנים כנגד בית הלל, ולגבי בית הוא סובר כבית הלל, והרי הם שנים כנגד בית שמאי. אולם כיון שבית שמאי ובית הלל לא הזכירו שיש מקום לחלק בין בית לשדה נראה שלדעתם אין מקום לחלק בכך, ורבי ישמעאל הוא דעה שלישית החולקת על שניהם, ולפיכך אין הוא מצטרף עם אחד מהם להכריע את הדין כנגד חבירו (רש"י; ראה גם רש"י שבת מ, א ד"ה הדר ביה וחולין קלז, א ד"ה והאמר מר; תוספות ד"ה הכרעה בשם ר"י; לפירוש אחר עיין תוספות בשם ר"ת).

[רש"י בפסחים (כא, א ד"ה אין הכרעת שלישית) מפרש שמאחר שבית שמאי ובית הלל לא הזכירו חילוק בין בית לשדה בהכרח שאין הם חוששים כלל לתקלה, ומטעם אחר הוא שנחלקו, ורבי ישמעאל החושש לתקלה הוא דעה שלישית, ולפיכך אינו יכול להכריע במחלוקתם.]

8. ואין לחוש לכך, שהרי פעמים רבות מעמידה הגמרא ברייתא כדעת בית שמאי (ראה לעיל סה, ב). ומעתה יש להעמיד את הברייתא אף ביין ישן, שהרי בית שמאי אוסרים לזלף אפילו יין ישן, ונמצא שאין בהפרשתו הפסד מרובה לכהן (תוספות רי"ד; ראה גם שיטה מקובצת בשם רמ"ה). ויש מפרשים שהברייתא שנויה אף כדעת בית הלל, משום שלא נחלקו בית שמאי ובית הלל אלא ביין ישן שניתן לזלפו מיד, שלדעת בית הלל מאחר שיכול לזלף מיד אין חוששין לתקלה, ולדעת בית שמאי חוששין לתקלה אף בזמן מועט כזה, אולם ביין חדש שצריך לישנו וכן בשמן שמדליקים אותו מעט מעט לדברי הכל חוששים לתקלה (רשב"א).

9. "מעבורת" היא ספינה רחבה שעוברים בה את הנהר (רש"י). [ביבמות קו, א הגירסא היא "מעברא", כלומר מקום מעבר הנהר (ראה רש"י שם).]

10. הבורח הציע זאת לבעל המעבורת מתוך פחד שמא יחזור ויתפס.

11. מאחר שבעל המעבורת היה חייב לסייע לבורח לחצות את הנהר משום מצות השבת גופו (ראה לעיל פא, ב וסנהדרין עג, א), והוא לא היה עושה זאת אלמלא התחייב לו הבורח דינר, אין הבורח צריך לשלם לו יותר מכדי שכרו (ריטב"א יבמות קו, א בביאור דברי רש"י שם ד"ה אמר ליה; רמב"ן ורשב"א שם בשם יש מי שפירש; ראב"ד; רבינו יהונתן; שיטה מקובצת בשם רמ"ה; מרדכי קעד). ואף שבדרך כלל אין נוטלים שכר עבור מצות השבת אבידה מכל מקום נוטל בעל המעבורת את שכרו, משום שאין זה מן הדין שיפסיד את שכרו משום הצלת גופו של זה (סמ"ע חושן משפט רסד, יט בפירושו השני; אולם ראה מחנה אפרים הלכות שכירות טו ואבן האזל הלכות גניבה יב, ו). ויש אומרים שאף שלא במקום מצוה יכול הבורח לומר "משטה אני בך", משום שפסיקה על יותר מכדי שכרו אינה חלה כאשר המתחייב עשה זאת מחמת אונס (רמב"ן, רשב"א ורא"ש יבמות שם; ראה גם תורת האדם לרמב"ן סוף ענין הסכנה; לנדון באריכות בענין פסיקה באונס ראה ריטב"א קידושין ח, א). ויש אומרים שכל פסיקה על יותר מכדי שכרו אינה חלה בלא קנין (שו"ת הרא"ש סד, ג; לנדון אם לאחר ששילם את הדינר יכול הבורח לטעון "משטה אני בך" עיין רבינו יהונתן; מאירי; שלחן ערוך חושן משפט רסד, ח).

[הבדל להלכה בין הטעמים השונים קיים במקרה שפסק עם רופא לשלם לו יותר מכדי שכרו. לפי הטעם הראשון (רש"י וסיעתו), מאחר שהיה מוטל על הרופא לרפאותו אין הפסיקה חלה, ואין צריך לתת לו אלא שכר טרחה ושכר בטלה (עיין ריטב"א יבמות שם). אך לפי הטעמים האחרים, מאחר שרגילות היא לשלם לרופא שכר מרובה חייב לשלם לו כל מה שפסק (ראה תוספות יבמות קו, א ד"ה אין עם מהרש"ל; רמב"ן, רשב"א ורא"ש שם; ים של שלמה לח; שלחן ערוך ורמ"א יורה דעה שלו, ג; ט"ז שם ג; ביאור הגר"א שם יא; רמ"א חושן משפט רסד, ז; לנדון בענין דמי שדכנות עיין אור זרוע ג, תנז; מרדכי קעב; ים של שלמה שם; רמ"א חושן משפט שם; ש"ך שם טו; ראה גם מחנה אפרים הלכות שכירות טו).]

12. שהרי בעל היין היה חייב להציל את הדבש שלו בשכר (רבינו יהונתן; שיטה מקובצת בשם רמ"ה; ראב"ד).

[פירשנו את הקושיא לפי שיטת רש"י ביבמות (ראה הערה קודמת). אולם לדעת הרמב"ן וסיעתו הקושיא היא משום שבעל הדבש לא הסכים לשלם יותר מכדי שכרו אלא מחמת אונסו.]

עין משפט נר מצוה

פח א מיי׳ פי״ב מהל׳ תרומות הל׳ יב:
פט ב ג מיי׳ פי״ב מהל׳ גזילה ואבידה הל׳ ז סמג עשין עד טוש״ע ח״מ סי׳ רסד סעי׳ ז:
צ ד מיי׳ שם הל׳ ג טוש״ע שם סעי׳ ג:
צא ה מיי׳ שם הל׳ ד טוש״ע שם סעי׳ ד:
צב ו מיי׳ פ״ט מהל׳ שכירות הל׳ ח ועיין בהשגות ובמ״מ סמג עשין פב טור ש״ע ח״מ סי׳ שלה סעי׳ ג:

הגהות הב״ח

(א) גמ׳ מן הים דא״ל כצ״ל:

גליון הש״ס

גמ׳ וא״ל אפסדתני כוורי. עיין בהרא״ש פ״ב דב״מ סי׳ כח: שם אדעתא דאריה. עיין ב״ב דף קלא ע״א תוס׳ ד״ה כאן בלווה:

מסורת הש״ס

א) [פסחים כא. נזיר נג. חולין קלז.], ב) יבמות קו., ג) נ״ל שדר, ד) [זבחים ל: צב:], ה) [נ״ל ר׳ ישמעאל], ו) [נ״ל ור״ת], ז) [נ״ל ר״ת].

גמרא

[א] תשפך הכל וב״ה אומרים תעשה זילוף אמר ר׳ ישמעאל ב״ר יוסי אני אכריע בבית תעשה זילוף ובשדה תשפך הכל איכא דאמרי בישן תעשה זילוף ובחדש תשפך הכל אמרו לו (א) אין הכרעה שלישית מכרעת: אם אמר לו אציל את שלך וכו׳: אמאי ונימא ליה משטה אני בך מי לא תניא (ב) [ב] הרי שהיה בורח מבית האסורין והיתה מעבורת לפניו אמר לו טול דינר והעבירני אין לו אלא שכרו אלמא אמר ליה משטה אני בך הכא נמי לימא ליה משטה אני בך הא לא דמי אלא לסיפא ואם אמר לו טול דינר זה בשכרך והעבירני נותן לו שכרו משלם מאי שנא רישא ומאי שנא סיפא אמר רמי בר חמא [ג] בצייד השולה דגים מן הים (א) וא״ל אפסדתני כוורי בזוזא: שטף נהר חמורו וחמור חבירו שלו יפה מנה וכו׳: וצריכא דאי אשמעינן קמייתא התם הוא דכי פירש יהיב ליה דמי כוליה משום דבידים קא פסיד אבל הכא דממילא נימא אין לו אלא שכרו ואי אשמעינן סיפא הכא הוא דבסתמא אין לו אלא שכרו משום דממילא אבל התם דבידים אימא אפילו בסתמא יהיב ליה דמי כולה צריכא בעא מיניה רב כהנא מרב ירד להציל ועלה שלו מאליו מהו א״ל [ד] משמיא רחימו עליה כי הא דרב ספרא הוה קא אזיל בשיירתא לוינהו ההוא ארי כל לילא קא (ג) שדר ליה חמרא דחד מינייהו וקא אכיל כי מטא זמניה דרב ספרא שדר ליה חמרא ולא אכליה קדים רב ספרא וזכה ביה א״ל רב אחא מדיפתי לרבינא למה ליה למיזכי ביה נהי דכי אפקריה [ה] אדעתא דאריה אפקריה אדעתא דכ״ע לא אפקריה א״ל רב ספרא לרווחא דמילתא הוא דעבד בעא מיניה רב מרבי ירד להציל ולא הציל מהו אמר לו (ד) וזו שאילה [ה] אין לו אלא שכרו איתיביה [ו] השוכר את הפועל

להביא

רש״י

תשפך הכל. כולה ביחד: בשדה תשפך הכל. דלאדמומי ליה לגו ביתא אתי ביה לידי תקלה: אין הכרעה שלישית מכרעת. טעם עצמך אתה אומר ולא כדברי אחד מהן שנייהם לא הזכירו בית ושדה והיכי דמי הכרעה כגון אי הוה תני ב״ש בין נטמאת בבית בין בשדה תשפך הכל וב״ה אומרים בין בבית ובין בשדה תעשה זילוף (ה) ר״ש אומר נטמא בשדה תשפך הכל בבית תעשה זילוף דטעמא דתרוייהו קמכרע והוו להו לגבי בית תרי ולגבי שדה תרי והלכתא כתרי שאין עומדין דברי יחיד במקום שנים דאחרי רבים להטות כתיב (שמות כג) כי ההוא דקולי מטלניות דבמה מדליקין (שבת דף כט.) אבל הכא דאינהו לא גלו דעתייהו דליהוי שום מידי חילוק בין בית לשדה טעמא דנפשיה קאמר: מעבורת. ספינה רחבה שעוברים בה רוחב הנהר: דאפסדתן כוורי בזוזא. והיינו בשכרו דקתני טול דינר בשכר שאתה נפסיד כאן ותעבירני נותן לו אותו שכר משלם ומתני׳ נמי הרי הפסידו ניכר: דבידים קא פסיד. שופך את יינו בידים בשבילו: ירד להציל. ע״מ שיתן לו דמי שלו: ועלה שלו מאיליו מהו. מי אמרינן מעיקרא דאפקריה כאבוד דמי ומחייב לו היאך לשלומי והדר זכה ביה מריה מהפקירא או דלמא כיון דסליק סליק: מן שמיא רחימו עליה. ויהיב ליה דמי כאילו מת: לוינהו. נתחבר עמהם ארי והיה משמר בהמותיהם מחיות וליסטים: קדים רב ספרא. קודם שיחזיק בהן אחר שהרי הפקר היה: לרווחא דמילתא. שלא יהא ערעור בדבר:

דורמסקינן

תוספות

לעשות זילוף אחר שיתיישן מעט ועוד יש מתרץ דשאני התם דבההיא גזירה ליכא הפסד כהן דכי היכי דהויא תרומה מעיקרא ה״נ הויא אחר שזורעה ולכך לכ״ע חיישינן לתקלה אבל הכא דאיכא הפסד לגמרי שתשפך הכל איכא מאן דלא חייש לתקלה ולפי׳ זה קשה דקאמר בפרק כל שעה (פסחים דף לג: ושם) מדליקין בפת ובשמן של תרומה שנטמאה ואמר אביי עלה משמיה דרבי יצחק בר מרתא אמר רב הונא לא שנו אלא פת אבל חיטין לא שמא יבא בהן לידי תקלה ורבי יוחנן אמר אפי׳ חיטין ומוקמינן לה בשליקתא ומאיסתא מכלל דרב הונא אפילו בשליקתא ומאיסתא לא הוה שרי אלמא משום תקלה מפסדי ליה לכהן לגמרי וי״ל דלא פליגי דרב הונא לא איירי בשליקתא ואיהו נמי שרי בענין זה והשתא ליכא פסידא כיון דיכול לשלקו ולמאסו ולהחזיק בהן:

הכרעה שלישית. נראה לר״י עיקר כפ״ה דדעת ג׳ הוא דתנאי קמאי לא גילו בדעתם שיש שום חילוק בין בית לשדה אבל ההוא דקולי מטלניות דבמה מדליקין (שבת דף כט. ושם ד״ה בין) הויא הכרעה דרבי אליעזר קאמר בין מן המוכן בין שלא מן המוכן טמא רבי יהושע אומר בין מן המוכן כו׳ טהור ר״ע אומר מן המוכן טמא שלא מן המוכן טהור ובכירה (שם דף לט:) בההיא חשיב ליה הכרעה אי לאו משום דר״ע תלמיד הוה ועוד דהדר ביה ר״ע לגבי רבי יהושע וההיא דהתם לא ישתטף גופו בין בחמין בין בצונן חשיבא הכרעה דתנאי קמאי גילו בדעתם דשייך לפלוגי בין חמין לצונן אבל הך דשמעתין לא גילו בדעתם חשיב ליה הכרעה שלישית וכן בנזיר פ׳ כ״ג (דף נג. ושם ד״ה ב״ד) גבי ר״א אומר [זקינים] הראשונים [מקלתן היו] אומרים חצי קב עצמות כו׳ התם נמי קרי ליה הכרעה שלישית דתנאי קמאי לא גילו בדעתם דשייך לפלוגי בין תרומה לקדשים לנזיר ועושה פסח וברחשית הגז (חולין דף קלה.) גבי ראשית הגז אין נוהג אלא במרובה וכמה מרובה ב״ש אומרים שתים ב״ה אומרים חמש ורבי ישמעאל אומר ארבעה וקרי נמי התם (דף קלז.) לרבי ישמעאל הכרעה שלישית ואותה הכרעה אין חשובה אפילו כדהכא ודנזיר דבהני סבירא ליה למכריע פלגא כמר ופלגא כמר אבל התם לא ס״ל לא כמר ולא כמר והא דפריך בכל הני והא הכרעה שלישית אין הכרעה ה״מ למיפרך תלמיד הוא ואין הלכה כהכרעת תלמיד אבל עדיפא קפריך דלאו הכרעה היא כלל ואור״י הא דתניא בכילד מברכין (ברכות דף מג:) ב״ש אומר מברך על השמן ואח״כ על ההדס וב״ה אומרים מברך על ההדס תחילה וקאמר רשב״ג אני אכריע שמן זכינו לריחו ולסיכתו הדס לא זכינו אלא לריחו הלכך שמן עדיף וקאמר רבי יוחנן בגמרא הלכה כדברי המכריע לא שייכא ההיא הכרעה לשאר הכרעות שהבאתי דלא סבירא ליה פלגא כמר ופלגא כמר אלא דמפרש טעמא דחד מינייהו וס״ל כוותיה לגמרי וכן בכל מקום שאם תנא אחד יסבור כתנא אחר לא יקרא בכך מכריע תדע מדאיצטריך ר׳ יוחנן עלה למימר הלכה כדברי המכריע אע״ג דאיהו גופיה כבר אמר בכירה (שבת דף לט:) כל מקום ששתה מולא שנים חלוקים ואחד מכריע הלכה כדברי המכריע ש״מ דודאי לא שייכא ההיא הכרעה דשבת ודהכא ולא קרי ליה הכרעה אלא מפני שהכריע דברי ב״ש על דברי ב״ה (ו) ור״ת פי׳ הכרעה שלישית דור שלישית כלומר תלמיד אתה ואין זו הכרעה כדאמר ר״ע תלמיד הוה וה״נ הוה מ״ל דור שני דהיינו נמי תלמיד אלא כך היה המעשה ובנזיר (דף נג.) דקרי ליה הגמרא לב״ד של אחרים הכרעה שלישית לישנא דהך ברייתא דהכא נקט וא״ת בפ״ק דפסחים (דף יג.) גבי ר׳ מאיר אומר אוכלין כל חמש רבי יהודה אומר אוכלים כל כו׳ ר״ג אומר חולין אוכלין כל ארבע ותרומה כל חמש וקאמר בגמרא ר״ג לאו מכריע הוא לטעמא דנפשיה קאמר ולפי׳ הקו׳ ניחא אלא לפי׳ (ז) ר״ת אמאי לא מכריע הוא והא לאו תלמיד הוה וי״ל דלאו מכריע הוא דלא עלייהו קאי שלפניהם היה ופ״ה נראה לר״י עיקר וי״מ הכא טעמא דתשפך משום דריחא מילתא היא ואסור לזלף משום דהוי כשתיה ולא משום חשש תקלה ואין נראה דא״כ לא הוי רבי ישמעאל מכריע אלא טעמא דנפשיה קאמר דקמאי לא איפליגי במיחש לתקלה ואין להקשות לפי׳ זה לאביי דאית ליה (ע״ז דף סו:) גבי בת תיהא ריחא מילתא היא לימא דאמר כר״מ אמאי לא מייתי נמי התם אפלוגתא דאביי ורבא פלוגתא דב״ש וב״ה דהכא איכא למימר דאביי א״ש כב״ה ומודו בה דריחא מילתא היא ליחשב הנאה והתם לענין איסור הנאת יין נסך איירי ודוקא לענין תרומה טמאה הכא המותרת בהנאה ריחא לאו מילתא ליחשב כשתיה ואע״ג דמייתי התם ההיא דתנור שהסיקו בכמון של תרומה וההיא דהרודה פת חמה והניחה ע״פ חבית של יין של תרומה התם ודאי אי ריחא מילתא ואסור בהנאה יש לנו כמו כן לאסור הפת לאכול לזרים שנקלט מן הכמון או היין של תרומה אבל ריחא לחודיה כגון בת תיהא וזילוף לא הוי כשתיה ומותר בתרומה: [וע׳ תוס׳ ע״ז סו: ד״ה אמר רבא]:

אדעתא דאריה אפקריה כו׳. לא דמי להא דאמר באלו מציאות (ב״מ ד׳ כד.) המציל מן הארי ומן הדוב כו׳ הרי הוא שלו מפני שהבעלים מתייאשים מהן דהתם ודאי שהארי בא לטרוף כדמשמע המציל מן הארי מתייאש לגמרי אבל הכא הארי היה עמהם והיה מלוה אותם לשמור בהמותיהם מחיות וליסטים רק שהיו נותנים לו לאכול חמור בכל לילה ואפשר שפעמים היה שבע ולא אכיל הלכך אין מפקיר אלא אדעתא דאכיל ליה אריה והא לא אכיל ליה:

להביא

ליקוטי רש״י

תשפך הכל. כלומר תשפך יחד ולא לזלף דילמא אדמזלף קלי קלי אפילו בו ביום אתי למשתייה. ר׳ ישמעאל ב״ר יוסי. כמה שנים אחר בית הלל ובית שמאי היה. ובשדה תשפך הכל. שאין מזלפין בשדה והא לא אמרינן שיביאנה בבית לזלפו דאדהכי אתי ביה לידי תקלה. איכא דאמרי. לשהייה מועטת כי הא מן השדה לבית לא חיישינן אלא בחדש תשפך הכל. אמרו לו. בני דורו. אין הכרעה שלישית מכרעת. דעת שלישית היא זו שבית שמאי ובית הלל לא הזכירו לגלות דעתם דניהוי חיישינן לתקלה כלל דאי הוו אמרו הכי ב״ש אומרים בין בבית בין בשדה תשפך הכל וב״ה אומרים בין בבית בין בשדה תיעשה זילוף ואתה בא להכריע ולומר בבית כב״ה בשדה כבית שמאי הויא הכרעה אבל השתא דלא הזכירו בית ושדה טעמא אחרינא הוא ולאו משום תקלה ור׳ ישמעאל חייש לתקלה והיינו תנאי [פסחים כ:]. כשזה אומר כך וזה אומר כך וזה אומר דעת שלישית אפילו אמצעית היא ביניהם אין זה הכרע כגון (פסחים כ:) חבית של תרומה שנתגלתה ב״ש אומר תשפך הכל וב״ה אומרים תעשה זילוף א״ר ישמעאל בר׳ יוסי אני אכריע בשדה תשפך הכל בבית תעשה זילוף אמרו לו אין הכרעה שלישית מכרעת והיכי הויא הכרעה כגון ההיא דקולי מטלניות דבמה מדליקין (שבת דף כט.) ר׳ אליעזר אומר בין מן המוכן בין שלא מן המוכן טמא ר׳ יהושע אומר בין מן המוכן בין שלא מן המוכן טהור ר״ע אומר מן המוכן טמא שלא מן המוכן טהור א״ר יוחנן עלה כל מקום ששתה מולא שנים חולקים ואחד מכריע כו׳ אלמא כה״ג קרי הכרעה היכא דגלו (מאי) דעתייהו דשייך לפלוגי בין מוכן לשאינו מוכן אפ״ה לא פלגינן ואתא ר״ע ונתן חילוק בדבר הוי הכרעה שהכריע במוכן כר׳ אליעזר ונמצאו שנים מטמאים במוכן ור׳ יהושע יחיד מטהר ובשאינו מוכן כר׳ יהושע והוו שנים מטהרים בשאינו מוכן אבל גבי חבית דלא גלו דעתייהו ב״ש וב״ה דנהוי שייך חילוק בין בית לשדה שלא אמרו כך ב״ש אומר בין בבית בין בשדה תשפך הכל וב״ה אומר בין בבית בין בשדה תעשה זילוף ובא שלישי וחלק בין שדה לבית התם אין זה הכרע לדבריהם אלא דעת שלישית דהכרע לשון כף מאזנים הוי בשנים חולקין ובא שלישי ומכריע המשקל כאחד מהן או בכל הדבר או בחציו כזה ובחציו כזה [חולין קלז.]. כל הכרעה שהיא במקצת כדברי זה ומקצת כדברי זה אינה הכרעה עד שתהא כולה כדברי א׳ מהן דהכרעה לשון שיקול ששוקל דברי שנים יותר מאחד [נזיר נג.]. משטה אני בך. שוחק הייתי בך בשביל שהיית שואלני מה שלא היה [סנהדרין כט.]. מעבורת. מעבר ים בספינה [יבמות קו.]. וזו שאילה. בניחותא שאילה גדולה שאלת [זבחים ל:]. בניחותא יפה שאלת ואשיבך עליה [שם צב:].

– בשלמות, כפי שפסק עמו. **מַאי שְׁנָא רֵישָׁא וּמַאי שְׁנָא סֵיפָא** – מהו ההבדל בין הרישא לסיפא[13]? **אָמַר רָמִי בַּר חָמָא:** הסיפא עוסקת **בְּ**בעל מעבורת שהוא גם **צַיָּיד הַשּׁוֹלֶה דָּגִים מִן הַיָּם, וְאָמַר לֵיהּ** לבורח: **אַפְסַדְתַּנִי כְּווֹרֵי בְּזוּזָא** – הפסדת לי דגים בשווי זוז (דינר), כלומר, באותו זמן שהעברתי אותך את הנהר יכול הייתי לצוד דגים בשווי זוז, ומאחר שפסיקת השכר היא עבור הפסדו אין הבורח יכול לומר לו "משטה אני בך"[14]. אולם הרישא עוסקת בבעל מעבורת שאינו צייד, ומאחר שאין לו הפסד יכול הבורח לומר לו "משטה אני בך". ואף במשנתנו, מאחר שבעל היין מפסיד את יינו כדי להציל את הדבש אין בעל הדבש יכול לומר לו "משטה אני בך", אלא חייב לשלם לו דמי יינו כפי שפסק עמו[15].

שנינו בהמשך המשנה:

שָׁטַף נָהָר חֲמוֹרוֹ וַחֲמוֹר חֲבֵירוֹ, שֶׁלּוֹ יָפֶה מָנֶה וכו׳.

הוראה זו דומה להוראה הקודמת (בענין חבית של יין ושל דבש), והגמרא תבאר כעת מדוע הוצרך התנא לשנות את שתי ההוראות:

וּצְרִיכָא – ושתי ההוראות נצרכות. משום **דְּאִי אַשְׁמְעִינַן קַמַּיְיתָא** – שאילו השמיעה המשנה רק את ההוראה הראשונה (בענין חביות של יין ושל דבש) היינו אומרים שדוקא **הָתָם** (שם) הדין **הוּא דְּכִי פֵּירֵשׁ יָהִיב לֵיהּ דְּמֵי כּוּלֵּיהּ** – שאם התנה בעל היין עם בעל הדבש שיתן לו דמי יינו חייב בעל הדבש לתת לו את כל דמיו, **מִשּׁוּם דִּבְיָדַיִם קָא פָּסִיד** – שהוא הפסיד את יינו בידים כדי להציל את הדבש של חבירו[16], **אֲבָל הָכָא דְּמִמֵּילָא** – אבל כאן, לגבי חמורים ששטפם נהר, שחמורו נפסד מאליו, **נֵימָא** – נאמר שאף אם התנה עם חבירו שיתן לו דמי חמורו **אֵין לוֹ אֶלָּא שְׂכָרוֹ**[17]. **וְאִי אַשְׁמְעִינַן סֵיפָא** – ואילו השמיעה המשנה רק את הסיפא (בענין חמורים ששטפם נהר), היינו אומרים שדוקא **הָכָא** (כאן) הדין **הוּא דְּבִסְתָמָא** – שאם הציל את חמורו של חבירו בסתם, בלי להתנות שיתן לו דמי חמורו, **אֵין לוֹ אֶלָּא שְׂכָרוֹ, מִשּׁוּם דְּמִמֵּילָא** – שחמורו נפסד מאליו[18], **אֲבָל הָתָם דְּבִיְדַיִם** – אבל שם, לגבי חביות של יין ושל דבש, שבעל היין הפסיד את יינו בידים כדי להציל את הדבש של חבירו, **אֵימָא אֲפִילוּ בִּסְתָמָא יָהִיב לֵיהּ דְּמֵי כּוּלֵּהּ** – אמור שאפילו הציל את הדבש בסתם, בלי להתנות שיתן לו דמי יינו, חייב בעל הדבש לתת לו את דמיו[19]. **צְרִיכָא** – לפיכך הוצרכו שתי ההוראות.

שנינו במשנה: "ואם אמר לו אני אציל את [החמור] שלך ואתה נותן לי את [דמי החמור] שלי חייב ליתן לו". הגמרא מציגה ספק בענין זה: **בְּעָא מִינֵּיהּ** – שאל ממנו **רַב כַּהֲנָא מֵרַב:** אם **יָרַד לְהַצִּיל** את חמורו של חבירו על מנת שיתן לו את דמי החמור שלו, **וְעָלָה** החמור **שֶׁלּוֹ מֵאֵלָיו** מן הנהר, **מַהוּ** הדין? האם נאמר שמתחילה כשהפקירו היה חמורו אבוד וחייב חבירו לשלם לו את דמיו, ואף שבעת חזר וזכה בו אין זה אלא זוכה מן ההפקר, או שמא כיון שסוף סוף לא הפסיד את חמורו פטור חבירו מלשלם לו[20]?

הגמרא פושטת את הספק:

אֲמַר לֵיהּ רב לרב כהנא: **מִשְּׁמַיָּא רַחֲמוּ עֲלֵיהּ** – מן השמים ריחמו עליו והצילו את חמורו, וצריך חבירו לתת לו את דמיו כאילו מת[21].

כִּי הָא – כמו אותו מקרה **דְּרַב סַפְרָא הֲוָה קָא אָזִיל בְּשַׁיַּירְתָּא** – היה הולך בשיירה, **לַוְינְהוּ הַהוּא אַרְיָא** – נתלוה אליהם אותו אריה, והיה משמר את בהמותיהם מפני חיות רעות ולסטים[22]. **כָּל לֵילְיָא קָא שָׁדַר לֵיהּ חֲמָרָא דְּחַד מִינַּיְיהוּ וְקָא אָכִיל** – כל לילה היו שולחים לו (לאריה) חמור של אחד מבני השיירה והיה אוכלו[23]. **כִּי מְטָא זִמְנֵיהּ** – כאשר הגיע תורו **דְּרַב סַפְרָא** לשלוח לו חמור, **שָׁדַר לֵיהּ חֲמָרָא וְלָא אַכְלֵיהּ** – שלח לו חמור ולא אכלו. **קְדֵים** – מיהר **רַב סַפְרָא וְזָכָה בֵּיהּ** (בו) קודם שיחזיק בו אחר ויזכה בו[24]. הרי שבנתינת החמור קיים רב ספרא את התחייבותו לבני השיירה[25], ואף שבדרך נס חזר וזכה בו אין אומרים שנתינתו נתבטלה וצריך לתת פעם נוספת, אלא שמהשמים ריחמו עליו והחזירו לו את חמורו[26]. וכן בעניננו, אף שבדרך נס עלה חמורו מן הנהר אין אומרים שהפסיקה נתבטלה, אלא שמהשמים ריחמו עליו והחזירו לו את חמורו, וצריך חבירו לתת לו את דמיו כפי שפסק[27].

הערות

13. כלומר, מדוע אם אמר "טול דינר והעבירני" אין לו אלא שכרו, ואילו אם אמר "טול דינר בשכרך והעבירני" נותן לו מה שפסק?

[קושיא זו היא המשך התירוץ, שכדי לבאר מדוע המקרה של משנתנו דומה לסיפא של הברייתא הוצרכה הגמרא לברר מהו ההבדל בין שתי ההוראות (פני יהושע).]

14. וזהו מה ששנינו "טול דינר בשכרך", דהיינו בשכר מה שהפסדת (רש"י). ואף שיתכן שבעל המעבורת לא היה מצליח לצוד דגים באותו זמן, מכל מקום מאחר שהפסיקה היתה עבור הפסד אפשרי אין הבורח יכול לומר "משטה אני בך" (עיין שיטה מקובצת בשם ר"מ מסרקסטה; אמנם עיין ראב"ד). ודוקא אם אמר לו בפירוש שהפסיקה היא עבור הפסדו ("בשכרך"), אולם אם אמר לו "טול דינר" סתם אף על פי שיש לו הפסד יכול הבורח לומר "משטה אני בך" (שיטה מקובצת בשם רמ"ה).

מרש"י משמע שאין הבורח חייב לשלם אלא כשיעור ההפסד, אולם אם ברור שבעל המעבורת לא היה צד דגים כשיעור הפסיקה אין צריך לתת לו אלא כפי מה שהיה יכול לצוד (עיין גם תוספות בעמוד ב ד"ה להביא; מרדכי קעד). ויש אומרים שבמקום הפסד מועט צריך לשלם לו כל מה שפסק (רא"ש בבא מציעא ב, כח; ראה גם רמב"ם הלכות גזילה ואבידה יב, ז עם לחם משנה), שמאחר שנהנה מחסרונו של חבירו מגלגלין עליו את הכל, בדומה למה שלמדנו לעיל (כ, ב) בענין "שחרוריתא דאשייתא" (פלפולא חריפתא בבא מציעא שם אות ה; קצות החושן רסד, ב; עיין גם מחנה אפרים הלכות שכירות יח; לביאור אחר בדברי הרא"ש עיין סמ"ע חושן משפט רסד, כ; ראה גם שיעורי ר׳ שמואל בבא מציעא לב, א).

15. לפי זה, אם היו לו קנקנים ריקים ופסק עם בעל הדבש שישלם לו יותר מכדי שכרו יכול בעל הדבש לומר לו "משטה אני בך", שהרי לא הפסידו כלום (רמב"ם הלכות גזילה ואבידה יב, ו; מאירי; שיטה מקובצת בשם רמ"ה; ראה שלחן ערוך חושן משפט רסד, ו וסמ"ע שם יט).

16. רש"י.

17. כלומר, מאחר שחמורו נפסד מאליו היה מקום לומר שאין זה מחמת הצלת ממון חבירו, שהרי יתכן שבכל מקרה היה הנהר שוטפו, ולפיכך אף אם התנה עם חבירו שיתן לו את דמיו אין הוא נוטל יותר מכדי שכרו (עיין רש"י ד"ה דבידים קא פסיד).

18. ויתכן שאין זה מחמת הצלת ממון חבירו (ראה הערה קודמת).

19. לפי שהפסדו נובע מהצלת ממון חבירו.

20. רש"י; לביאור אחר בספק עיין ראב"ד; לנדון במקרה שחמורו של חבירו עלה מאליו עיין לקמן עמוד ב הערה 3.

21. רש"י. כלומר, מאחר שהחמור יצא מרשותו חייב חבירו לשלם לו את דמיו כאילו מת. ואף על פי שבסופו של דבר התרחש לו נס ולא הפסיד את חמורו, מכל מקום מזלו הוא שגרם לכך ואין הוא מפסיד משום כך את זכותו. ודוקא אם הניח את חמורו בשטיפת הנהר עד שנתייאש ממנו או עד שלא ניתן היה להצילו, אולם אם ניתן היה להצילו על ידי הדחק ולא נתייאש ממנו אין לו אלא שכרו, שהרי לא יצא החמור מרשותו (חזון איש יח, ג; ראה גם נמוקי יוסף).

מכאן מוכח שייאוש דינו כהפקר, דהיינו שמיד בשעת הייאוש יוצא החפץ מרשות בעליו. שהרי אם אין הוא יוצא מרשותו עד שיזכה בו אחר נמצא שהחמור לא יצא כלל מרשות המציל, ומדוע איפוא נוטל הוא את דמיו (חזון איש שם). אמנם יש שהוכיחו מסוגייתנו שייאוש אינו כהפקר, שהרי אם החמור יצא מרשות המציל מדוע הוצרך רב לומר "משמיא רחימו עליה", הלא מאחר שהחמור יצא מרשותו, וכשחזר וזכה בו הרי הוא כזוכה מן ההפקר, ברור שנוטל את דמיו. אלא, בהכרח, מאחר שחזר וזכה בו נמצא שלא יצא מרשותו כלל [ומכל מקום נוטל את דמיו, משום שבשעה ששטפו נהר הוא נחשב אבוד] (נתיבות המשפט רסב, ג; עיין גם קצות החשן תה, ב; תרומת הכרי רסב; אור שמח הלכות מלוה ולוה כ, ב).

22. רש"י.

23. הם עשו זאת כדי שלא יטרוף האריה את בהמותיהם (תוספות רי"ד). [בני השיירה התחייבו על כך בקנין סודר, וכל אחד בתורו היה חייב מן הדין לספק חמור.]

24. שהרי בשעה שהניחו רב ספרא לפני האריה הוא נהיה הפקר (רש"י).

25. שאם לא כן צריכים היו כל בני השיירה ליטול חלק בחמורו של רב ספרא (נמוקי יוסף).

26. אמנם אילו נודע שהאריה לא אכל מחמת שהיה שבע צריך היה רב ספרא לתת את חלקו פעם נוספת, שהרי כל ההצלה נעשתה מחמת החמורים הקודמים (חזון איש יח, ג).

27. נמוקי יוסף; חזון איש שם; ראה להלן הערה 29.

תשפך הכל וב"ה אומרים תעשה זילוף אמר ר' ישמעאל ב"ר יוסי אני אכריע בבית תעשה זילוף ובשדה תשפך הכל איכא דאמרי בישן תעשה זילוף ובחדש תשפך הכל אמרו לו אין הכרעה שלישית מכרעת: אם אמר לו אציל את שלך וכו': אמאי ונימא ליה משטה אני בך מי לא תניא הרי שהיה בורח מבית האסורין והיתה מעבורת לפניו אמר לו טול דינר והעבירני אין לו אלא שכרו אלמא אמר ליה משטה אני בך הכא נמי לימא ליה משטה אני בך הא לא דמי אלא לסיפא ואם אמר לו טול דינר זה בשכרך והעבירני נותן לו שכרו משלם מאי שנא רישא ומאי שנא סיפא אמר רמי בר חמא בצייד השולה דגים מן הים (א) וא"ל אפסדתני כוורי בזוזא: שטף נהר חמורו וחמור חבירו שלו יפה מנה וכו': וצריכא דאי אשמעינן קמייתא התם הוא דכי פירש יהיב ליה דמי כוליה משום דבידים קא פסיד אבל הכא דממילא נימא אין לו אלא שכרו ואי אשמעינן סיפא הכא הוא דבסתמא אין לו אלא שכרו משום דממילא אבל התם דבידים אימא אפילו בסתמא יהיב ליה דמי כוליה צריכא בעא מיניה רב כהנא מרב ירד להציל ועלה שלו מאליו מהו א"ל משמיא רחימו עליה כי הא דרב ספרא הוה קא אזיל בשיירתא לוינהו ההוא ארי כל לילא קא שדר ליה חמרא דחד מינייהו וקא אכיל כי מטא זמניה דרב ספרא שדר ליה חמרא ולא אכליה קדים רב ספרא וזכה ביה א"ל רב אחא מדיפתי לרבינא למה ליה למיזכי ביה נהי דכי אפקריה דאריה אפקריה אדעתא דכ"ע לא אפקריה א"ל רב ספרא לרווחא דמילתא הוא דעבד בעא מיניה רב מרבי ירד להציל ולא הציל מהו אמר לו וזו שאילה אין לו אלא שכרו איתיביה השוכר את הפועל להביא

רש"י

תשפך הכל. כולה ביחד: בשדה תשפך הכל. דלאמטויי ליה לגו ביתא אתי ביה לידי תקלה: אין הכרעה שלישית מכרעת. טעם עצמך אתה אומר ולא כדברי אחד מהן ששניהם לא הזכירו בית ושדה והיכי דמי הכרעה כגון אי הוה תני ב"ש בין נטמאת בבית בין בשדה תשפך הכל וב"ה אומרים בין בבית ובין בשדה תעשה זילוף ה) ר"ש אומר נטמא בשדה תשפך הכל בבית תעשה זילוף דטעמא דתרוייהו קמכרע והוו להו לגבי בית תרי ולגבי שדה תרי והלכתא כתרי שאין עומדין דברי יחיד במקום שנים דאחרי רבים להטות כתיב (שמות כג) כי ההוא דקולי מטלניות דבמה מדליקין (שבת דף כט.) אבל הכא דאינהו לא גלו דעתייהו דליהוי שום מידי חילוק בין בית לשדה טעמא דנפשיה קאמר: מעבורת. ספינה רחבה שעוברים בה רוחב הנהר: דאפסדתן כוורי בזוזא. והיינו בשכרו דקתני טול דינר בשכר שאתה מפסיד כאן ותעבירני נותן לו אותו שכר משלם ומתני' נמי הרי הפסידו ניכר: דבידים קא פסיד. שופך את יינו בידים בשבילו: ירד להציל. ע"מ שיתן לו דמי שלו: ועלה שלו מאליו מהו. מי אמרינן מעיקרא לאפקריה כאבוד דמי ומחייב לו היאך לשלומי והדר זכה ביה מריה מהפקירא או דלמא כיון דסליק סליק: מן שמיא רחימו עליה. ויהיב ליה דמי כאילו מת: לוינהו. נתחבר עמהם ארי והיה משמר בהמותיהם מחיות וליסטים: קדים רב ספרא. קודם שיחזיק בהן אחר שהרי הפקר היה: לרווחא דמילתא. שלא יהא ערעור בדבר:

דורמסקנין

תוספות

לעשות זילוף אחר שיתיישן מעט ועוד יש מתרץ דשאני התם דבההיא גזירה ליכא הפסד כהן דכי היכי דהויא תרומה מעיקרא ה"נ הויא אחר שזורעה ולכך לכ"ע חיישינן לתקלה אבל הכא דאיכא הפסד לגמרי שתשפך הכל איכא מאן דלא חייש לתקלה ולפי' זה קשה דקאמר בפרק כל שעה (פסחים דף לג: ושם) מדליקין בפת ובשמן של תרומה שנטמאה ואמר אביי עלה משמיה דרבי יצחק בר מרתא אמר רב הונא לא שנו אלא פת אבל חיטין לא שמא יבא בהן לידי תקלה ורבי יוחנן אמר אפי' חיטין ומוקמינן לה בשליקתא ומאיסתא מכלל דרב הונא אפילו בשליקתא ומאיסתא לא הוה שרי אלמא משום תקלה מפסדי ליה לכהן לגמרי וי"ל דלא פליגי דרב הונא לא איירי בשליקתא ואיהו נמי שרי בענין זה והשתא ליכא פסידא כיון דיכול לשלקו ולמאסו ולהחזיק בהן:

הכרעה שלישית. נראה לר"י עיקר כפ"ה דדעת ג' הוא דתנאי קמאי לא גילו בדעתם שיש שום חילוק בין בית לשדה אבל ההוא דקולי מטלניות דבמה מדליקין (שבת דף כט. ושם ד"ה בין) הויא הכרעה דרבי אליעזר קאמר בין מן המוכן בין שלא מן המוכן טמא רבי יהושע אומר בין מן המוכן כו' טהור ר"ע אומר מן המוכן טמא שלא מן המוכן טהור ובכירה (שם דף לט:) בהדיא חשיב ליה הכרעה אי לאו משום דר"ע תלמיד הוה ועוד דהדר ביה ר"ע לגבי רבי יהושע וההיא דהתם לא ישתטף גופו בין בחמין בין בצונן חשיבא הכרעה דתנאי קמאי גילו בדעתם דשייך לפלוגי בין חמין לצונן אבל הך דשמעתין לא גילו בדעתם חשיב ליה הכרעה שלישית וכן בנזיר פ' כ"ג (דף נג. ושם ד"ה ב"ד) גבי ר"א אומר [זקינים] הראשונים [מקצתן היו] אומרים חצי קב עצמות כו' התם נמי קרי ליה הכרעה שלישית דתנאי קמאי לא גילו בדעתם דשייך לפלוגי בין תרומה לקדשים לנזיר ועושה פסח ובראשית הגז (חולין דף קלה.) גבי ראשית הגז אין נוהג אלא במרובה וכמה מרובה ב"ש אומרים שתים ב"ה אומרים חמש ורבי ישמעאל אומר ארבעה וקרי נמי התם (דף קלז.) לרבי ישמעאל הכרעה שלישית ואותה הכרעה אין חשובה אפילו כדהכא ודנזיר דבהני סבירא ליה למכריע פלגא כמר ופלגא כמר אבל התם לא ס"ל לא כמר ולא כמר והא דפריך בכל הני והא הכרעה שלישית אין הכרעה ה"מ למיפרך תלמיד הוא ואין הלכה כהכרעת תלמיד אבל עדיפא קפריך דלאו הכרעה היא כלל ואור"י הא דתניא בכילד מברכין (ברכות דף מג:) בש"א מברך על השמן ואח"כ על ההדס וב"ה אומרים מברך על ההדס תחילה וקאמר רשב"ג אני אכריע שמן זכינו לריחו ולסיכתו הדס לא זכינו אלא לריחו הלכך שמן עדיף וקאמר רבי יוחנן בגמרא הלכה כדברי המכריע לא שייכא ההיא הכרעה לשאר הכרעות שהבאתי דלא סבירא ליה פלגא כמר ופלגא כמר אלא דמפרש טעמא דחד מינייהו וס"ל כוותיה לגמרי וכן בכל מקום שאם תנא אחד יסבור כתנא אחר לא יקרא בכך מכריע תדע מדאיצטריך ר' יוחנן עלה למימר הלכה כדברי המכריע אע"ג דאיהו גופיה כבר אמר בכירה (שבת דף לט:) כל מקום שאתה מוצא שנים חלוקים ואחד מכריע הלכה כדברי המכריע ש"מ דודאי לא שייכא להאי הכרעה דשבת ודהכא ולא קרי ליה הכרעה אלא מפני שהכריע דברי ב"ש על דברי ב"ה ור"ת פי' הכרעה שלישית דור שלישית כלומר תלמיד אתה ואין זו הכרעה כדאמר ר"ע תלמיד הוה וה"נ הוה מ"ל דור שני דהיינו נמי תלמיד אלא כך היה המעשה ובנזיר (דף נג.) דקרי ליה הגמרא לב"ד של אחרים הכרעה שלישית לישנא דהך ברייתא דהכא נקט וא"ת בפ"ק דפסחים (דף יג.) גבי ר' מאיר אומר אוכלין כל חמש רבי יהודה אומר אוכלים כל כו' ר"ג אומר חולין אוכלין כל ארבע ותרומה כל חמש וקאמר בגמרא ר"ג לאו מכריע הוא לטעמא דנפשיה קאמר ולפי' הקו' ניחא אלא לפי' ר"ת אמאי לא מכריע הוא והא לאו תלמיד הוה וי"ל דלאו מכריע הוא דלא עלייהו קאי שלפניהם היה ופ"ה נראה לר"י עיקר וי"מ הכא טעמא דתשפך משום דריחא מילתא היא ואסור לזלף משום דהוי כשתיה ולא משום חשש תקלה ואין נראה דא"כ לא הוי רבי ישמעאל מכריע אלא טעמא דנפשיה קאמר דקמאי לא איפליגי במיחש לתקלה ואין להקשות לפי' זה לאביי דאית ליה (ע"ז דף סו:) גבי בת תיהא ריחא מילתא היא לימא דאמר כר"מ אמאי לא מייתי נמי התם אפלוגתא דאביי ורבא פלוגתא דב"ש וב"ה דהכא איכא למימר דאביי א"ש כב"ה ומודו בה דריחא מילתא היא ליחשב הנאה והתם לענין איסור הנאת יין נסך איירי ודוקא לענין תרומה טמאה הכא המותרת בהנאה ריחא לאו מילתא ליחשב כשתיה ואע"ג דמייתי התם ההיא דתנור שהסיקו בכמון של תרומה וההיא דהרודה פת חמה והניחה ע"פ חבית של יין של תרומה התם ודאי אי ריחא מילתא ואסור בהנאה יש לנו כמו כן לאסור הפת לאכול לזרים שנקלט מן הכמון או היין של תרומה אבל ריחא לחודיה כגון בת תיהא וזילוף לא הוי כשתיה ומותר בתרומה: [וע' תוס' ע"ז סו: ד"ה אמר רבא]:

אדעתא דאריה אפקריה כו'. לא דמי להא דאמר באלו מציאות (ב"מ ד' כד.) המציל מן הארי ומן הדוב כו' הרי הוא שלו מפני שהבעלים מתייאשים מהן דהתם ודאי שהארי בא לטרוף כדמשמע המציל מן הארי מתייאש לגמרי אבל הכא הארי היה עמהם והיה מלוה אותם לשמור בהמותיהם מחיות וליסטים רק שהיו נותנים לו לאכול חמור בכל לילה ואפשר שפעמים היה שבע ולא אכיל הלכך אין מפקיר אלא אדעתא דאכיל ליה אריה והא לא אכיל ליה:

להביא

מסורת הש"ס

א) [פסחים כ: נזיר נג. חולין קלז.], ב) יבמות קו., ג) צ"ל שדר, ד) [זבחים ל: לב:], ה) [צ"ל ר' ישמעאל], ו) [צ"ל ור"ת], ז) [צ"ל ר"ת].

ליקוטי רש"י

תשפך הכל. כלומר תשפך יחד ולא לזלף דילמא אדמזלף קלי קלי אפילו בו ביום אתי למשתייה. ר' ישמעאל ב"ר יוסי. כמה שנים אחר בית הלל ובית שמאי היה. ובשדה תשפך הכל. שאין מזלפין בשדה והא לא אמרינן שיביאנה בבית לזלפו דלהכי אתי ביה לידי תקלה. איכא דאמרי. לשהייה מועטת כי הא מן השדה לבית לא חיישינן אלא בחדש תשפך הכל. אמרו לו. בני דורו. אין הכרעה שלישית מכרעת. דעת שלישית היא זו שבית שמאי ובית הלל לא הזכירו לגלות דעתם דניהוי חיישינן לתקלה כלל דאי הוו אמרו הכי ב"ש אומרים בין בבית בין בשדה תשפך הכל וב"ה אומרים בין בבית בין בשדה תיעשה זילוף ואתה בא להכריע ולומר בבית כב"ה בשדה כבית שמאי הויא הכרעה אבל השתא דלא הזכירו בית ושדה טעמא אחרינא הוא ולאו משום תקלה ור' ישמעאל חייש לתקלה והיינו תנאי [פסחים כ:]. כשזה אומר כך וזה אומר כך וזה אומר דעת שלישית אפילו אמצעית היא ביניהם אין זה הכרע כגון (פסחים כ:) חבית של תרומה שנתגלתה ב"ש אומר תשפך הכל וב"ה אומרים תעשה זילוף א"ר ישמעאל בר' יוסי אני אכריע בשדה תשפך הכל בבית תעשה זילוף אמרו לו אין הכרעה שלישית מכרעת והיכי הויא הכרעה כגון ההיא דקולי מטלניות דבמה מדליקין (שבת דף כט.) ר' אליעזר אומר בין מן המוכן בין שלא מן המוכן טמא ר' יהושע אומר בין מן המוכן בין שלא מן המוכן טהור ר"ע אומר מן המוכן טמא שלא מן המוכן טהור א"ר יוחנן עלה כל מקום שאתה מוצא שנים חולקים ואחד מכריע כו' אלמא כה"ג קרי הכרעה היכא דגלו (מאי) דעתייהו דשייך לפלוגי בין מוכן לשאינו מוכן אפ"ה לא פלגינן ואתא ר"ע ונתן חילוק בדבר הוי הכרעה שהכריע במוכן כר' אליעזר ונמצאו שנים מטמאים במוכן ור' יהושע יחיד מטהר ובשאינו מוכן כר' יהושע והוו שנים מטהרים בשאינו מוכן אבל גבי חבית דלא גלו דעתייהו ב"ש וב"ה דנהוי שייך חילוק בין בית לשדה שלא אמרו כך ב"ש אומר בין בבית בין בשדה תשפך הכל וב"ה אומר בין בבית בין בשדה תעשה זילוף ובא שלישי וחלק בין שדה לבית התם אין זה הכרע לדבריהם אלא דעת שלישית דהכרע לשון כף מאזנים הוי בשנים חולקין ובא שלישי ומכריע המשקל כאחד מהן או בכל הדבר או בחציו כזה ובחציו כזה [חולין קלז.]. כל הכרעה שהיא במקצת כדברי זה ומקצת כדברי זה אינה הכרעה עד שתהא כולה כדברי א' מהן דהכרעה לשון שיקול ששוקל דברי שנים יותר מאחד [נזיר נג.]. משטה אני בך. שוחק הייתי בך בשביל שהיית שואלני מה שלא היה [סנהדרין כט.]. מעבורת. מעבר יש בספינה [יבמות קו.]. וזו שאילה. בניחותא שאילה גדולה שאלת [זבחים ל:]. בניחותא יפה שאלת ואשיבך עליה [שם צב:].

עין משפט נר מצוה

פח א מיי' פי"ב מהל' תרומות הל' יב:

פט ב ג מיי' פי"ב מהל' גזילה ואבידה הל' ז סמג עשין עד טוש"ע ח"מ סי' רסד סעי' ז:

צ ד מיי' שם הל' ג טוש"ע שם סעי' ג:

צא ה מיי' שם הל' ד טוש"ע שם סעי' ד:

צב ו מיי' פ"ט מהל' שכירות הל' ח ועיין בהשגות ובמ"מ סמג עשין פב טור ש"ע ח"מ סי' שלה סעי' ג:

הגהות הב"ח

(א) גמ' מן הים דא"ל כצ"ל:

גליון הש"ס

גמ' וא"ל אפסדתני כוורי. עיין בהרא"ש פ"ב דב"מ סי' כח: שם אדעתא דאריה. עיין ב"ב דף קלח ע"א תוס' ד"ה כאן בצווח:

הגמרא מקשה על מעשהו של רב ספרא:

אָמַר לֵיהּ רַב אַחָא מִדִּיפְתִּי לְרָבִינָא: לָמָּה לֵיהּ לְמִיזְכֵּי בֵּיהּ – מדוע הוצרך רב ספרא לשוב ולזכות בחמורו? **נְהִי דְּכִי אַפְקְרֵיהּ אַדַּעְתָּא דְּאַרְיֵה אַפְקְרֵיהּ** – אמנם נכון שכאשר הפקירו הוא עשה זאת לצורך האריה, אולם **אַדַּעְתָּא דְּכוּלֵּי עָלְמָא לֹא אַפְקְרֵיהּ** – על דעת שיוכל כל העולם לזכות בו לא הפקירו[28]!

מתרצת הגמרא:

אָמַר לֵיהּ רבינא לרב אחא: **רַב סַפְרָא לְרַוְוחָא דְּמִילְּתָא הוּא דַּעֲבַד** – עשה זאת ליתר ביטחון, כדי שלא יהיה שום ערעור בדבר[29].

הגמרא מציגה ספק נוסף:

בְּעָא מִינֵּיהּ – שאל ממנו **רַב מֵרַבִּי:** אם **יָרַד לְהַצִּיל** את חמורו של חבירו על מנת שיתן לו את דמי החמור שלו, **וְלֹא הִצִּיל** – ולא עלה בידו להצילו, **מַהוּ** הדין? האם נוטל הוא את דמי חמורו שאבד מחמת הנסיון להציל את חמורו של חבירו, או שמא כיון שלא הצליח להציל את החמור פטור חבירו מלשלם לו[30]?

פושטת הגמרא:

אָמַר לוֹ רבי לרב: **וְזוֹ שְׁאֵילָה** – אכן שאלה גדולה שאלת[31], והתשובה היא שבמקרה כזה **אֵין לוֹ אֶלָּא שְׂכָרוֹ**, ואינו נוטל את דמי חמורו[32].

הגמרא מקשה על הוראת רבי:

אֵיתִיבֵיהּ – הקשה לו רב מהברייתא הבאה (תוספתא בבא מציעא ז, ב): **הַשּׂוֹכֵר אֶת הַפּוֹעֵל**

הערות

28. כלומר, רב ספרא באמת לא הפקיר את חמורו אלא הניחו לפני האריה כדי שיאכל, ומאחר שהאריה לא אכלו הרי הוא נשאר ברשותו של רב ספרא. ואין זה דומה למה ששנינו בבבא מציעא (כד, א): "המציל מן הארי ומן הדוב... הרי אלו שלו מפני שהבעלים מתייאשין מהן", משום ששם מדובר שהאריה בא על מנת לטרוף ולפיכך הבעלים מתייאשים, אולם כאן מדובר שהאריה היה משמר את בהמותיהם מחיות ומלסטים, ויתכן שלפעמים יהיה שבע ולא יאכל, ולפיכך לא התיאש רב ספרא מחמורו (תוספות ד"ה אדעתא). ואף שעל פי דרך הטבע גם במקרה זה היה האריה צריך לאכול את החמור, כפי שעשה בשאר הלילות, מכל מקום רב ספרא היה מלומד בניסים ולפיכך לא התייאש מחמורו. אמנם אילו היה זה נס גלוי (כגון שהאריה בא על מנת לטרוף) לא היה הדין משתנה במקרה של רב ספרא, שהתורה התירה לזכות בדבר ההולך לאיבוד, אולם מאחר שבמקרה זה יתכן שיארע נס נסתר, כגון שיהיה לאריה קלקול במעיו ויהיה שבע, לפיכך לא נעשה חמורו של רב ספרא הפקר (חזון איש שם; לתירוצים אחרים עיין תוספות רי"ד; ראה גם נתיבות המשפט רסב, ג).

מקושיית הגמרא מוכיחים הראשונים שאם נתן אדם מתנה לחבירו והלה סירב לקבלה הרי היא חוזרת לרשות הנותן ואינה נחשבת הפקר (ראה רא"ש כאן ובתשובות עה, ב; ספר הישר לרבינו תם, חידושים תקלו; עיין גם פסקי תוספות כריתות ל; אולם ראה רבינו אפרים, מובא ברא"ש כאן).

29. רש"י.

למסקנת הגמרא נמצא שחמורו של רב ספרא לא יצא כלל מרשותו, וזאת בשונה מחמור שעלה מאליו מן הנהר שרשאי כל אחד לזכות בו (עיין לעיל הערה 21). ומכל מקום הדמיון בין המקרים נותר בעינו, שכשם שבמקרה של רב ספרא מה שהרויחו לו מן השמים לא ביטל את נתינתו, כך במקרה שעלה חמורו של המציל מן הנהר אין המציל מפסיד מחמת מה שהרויחו לו מן השמים (נמוקי יוסף; חזון איש שם; ראה גם ים של שלמה מ וביאור הגר"א חושן משפט רסד, ה).

30. כלומר, האם תוספת השכר שפסק לו הבעלים היא עבור הצלת החמור או עבור הנסיון להצילו (ראה להלן הערה 32).

31. ראה רש"י זבחים ל, ב ד"ה זו שאילה וזבחים צב, ב ד"ה זו שאלה.

32. ומכל מקום שכר טרחו הוא נוטל, משום שמן הסתם הבעלים הסכים לשלם לו זאת כדי שינסה להציל את חמורו (חזון איש כג, יט). ודוקא כשהתנה עם הבעלים שיתן לו דמי חמורו אם יציל את שלו, שמאחר שגילה הבעלים דעתו שברצונו לשכור מצילים עליו לשלם לו שכר טרחה כפי שהיה משלם לאחר, אולם אם לא התנה כן אין הוא נוטל אפילו שכר טרחו, משום שלא הרויח לבעלים כלום (רמ"א חושן משפט רסד, ד כפי שביארו הסמ"ע שם יא; עיין נתיבות המשפט שם, ג; מחנה אפרים הלכות שכירות כג; לביאור אחר בדברי הרמ"א עיין לבוש עיר שושן רסה, ד; עיין גם מחנה אפרים הלכות שכירות ח).

א תשפך הכל וב"ה אומרים תעשה זילוף אמר ר' ישמעאל ב"ר יוסי אני אכריע בבית תעשה זילוף ובשדה תשפך הכל איכא דאמרי בישן תעשה זילוף ובחדש תשפך הכל אמרו לו (ה) אין הכרעה שלישית מכרעת: אם אמר לו אציל את שלך וכו': אמאי ונימא ליה משטה אני בך מי לא תניא (ב) ב הרי שהיה בורח מבית האסורין והיתה מעבורת לפניו אמר לו טול דינר והעבירני אין לו אלא שכרו אלמא אמר ליה משטה אני בך הכא נמי לימא ליה משטה אני בך הא לא דמי אלא לסיפא ואם אמר לו טול דינר זה בשכרך והעבירני נותן לו שכרו משלם מאי שנא רישא ומאי שנא סיפא אמר רמי בר חמא ג בצייד השולה דגים מן הים (א) ° וא"ל אפסדתני כוורי בזוזא: שטף נהר חמורו וחמור חבירו שלו יפה מנה וכו': וצריכא דאי אשמעינן קמייתא התם הוא דכי פירש יהיב ליה דמי כוליה משום דבידים קא פסיד אבל הכא דממילא נימא אין לו אלא שכרו ואי אשמעינן סיפא הכא הוא דבסתמא אין לו אלא שכרו משום דממילא אבל התם דבידים אימא אפילו בסתמא יהיב ליה דמי כולה צריכא בעא מיניה רב כהנא מרב ירד להציל ועלה שלו מאליו מהו א"ל ד משמיא רחימו עליה כי הא דרב ספרא הוה קא אזיל בשיירתא לוינהו ההוא ארי כל לילא קא (ג) שדר ליה חמרא דחד מינייהו וקא אכיל כי מטא זמניה דרב ספרא שדר ליה חמרא ולא אכליה קדים רב ספרא וזכה ביה א"ל רב אחא מדיפתי לרבינא למה ליה למיזכי ביה נהי דכי אפקריה ° אדעתא דאריה אפקריה אדעתא דכ"ע לא אפקריה א"ל רב ספרא לרווחא דמילתא הוא דעבד בעא מיניה רב מרבי ירד להציל ולא הציל מהו אמר לו (ד) וזו שאילה ה אין לו אלא שכרו איתיביה ו השוכר את הפועל להביא

רש"י

תשפך הכל. כולה ביחד: בשדה תשפך הכל. דאדממטי ליה לגו ביתא אתי ביה לידי תקלה: אין הכרעה שלישית מכרעת. טעס עצמך אתה אומר ולא כדברי אחד מהן שהניחו לא הזכירו בית ושדה והיכי דמי הכרעה כגון אי הוה תני ב"ש בין נטמאת בבית בין בשדה תשפך הכל וב"ה אומרים בין בבית ובין בשדה תעשה זילוף (ה) ר"ש אומר נטמא בשדה תשפך הכל בבית תעשה זילוף דטעמא דתרוייהו קמכרע והוו להו לגבי בית תרי ולגבי שדה תרי והלכתא כתרי שאין עומדין דברי יחיד במקום שנים דאחרי רבים להטות כתיב (שמות כג) כי ההוא דקולי מטלניות דבמה מדליקין (שבת דף כט.) אבל הכא דאינהו לא גלו דעתייהו דליהוי שום מידי חילוק בין בית לשדה טעמא דנפשיה קאמר: מעבורת. ספינה רחבה שעוברים בה רוחב הנהר: דאפסדתן כוורי בזוזא. והיינו בשכרו דקתני טול דינר בשכר שאתה מפסיד כאן ותעבירני נותן לו אותו שכר משלם ומתני' נמי הרי הפסידו ניכר: דבידים קא פסיד. שופך את יינו בידים בשבילו: ירד להציל. ע"מ שיתן לו דמי שלו: ועלה שלו מאליו מהו. מי אמרינן מעיקרא דאפקריה כאבוד דמי ומחייב לו היאך לשלומי והדר זכה ביה מריה מהפקירא או דלמא כיון דסליק סליק: מן שמיא רחימו עליה. ויהיב ליה דמי כאילו מת: לוינהו. נתחבר עמהם ארי והיה משמר בהמותיהם מחיות וליסטים: קדים רב ספרא. קודם שיחזיק בהן אחר שהרי הפקר היה: לרווחא דמילתא. שלא יהא ערעור בדבר:

דורמסקנין

תוספות

לעשות זילוף אחר שיתיישן מעט ועוד יש מתרץ דשאני התם דבההיא גזירה ליכא הפסד כהן דכי היכי דהויא תרומה מעיקרא ה"נ הויא אחר שזורעה ולכך לכ"ע חיישינן לתקלה אבל הכא דאיכא הפסד לגמרי שתשפך הכל איכא מאן דלא חייש לתקלה ולפי' זה קשה דקאמר בפרק כל שעה (פסחים דף לג: ושם) מדליקין בפת ובשמן של תרומה שנטמאה ואמר אביי עלה משמיה דרבי יצחק בר מרתא אמר רב הונא לא שנו אלא פת אבל חיטין לא שמא יבא בהן לידי תקלה ורבי יוחנן אמר אפי' חיטין ומוקמינן לה בשליקתא ומאיסתא מכלל דרב הונא אפילו בשליקתא ומאיסתא לא הוה שרי אלמא משום תקלה מפסדי ליה לכהן לגמרי וי"ל דלא פליגי דרב הונא לא איירי בשליקתא ואיהו נמי שרי בענין זה והשתא ליכא פסידא כיון דיכול לשלקו ולמאסו ולהחזיק בהן:

הכרעה שלישית. נראה לר"י עיקר כפ"ה דלעת ג' הוא דתנאי קמאי לא גילו בדעתם שיש שום חילוק בין בית לשדה אבל ההוא דקולי מטלניות דבמה מדליקין (שבת דף כט. ושם ד"ה בין) הויא הכרעה דרבי אליעזר קאמר בין מן המוכן בין שלא מן המוכן טמא רבי יהושע אומר בין מן המוכן כו' טהור ר"ע אומר מן המוכן טמא שלא מן המוכן טהור ובכירה (שם דף לט:) בהדיא חשיב ליה הכרעה אי לאו משום דר"ע תלמיד הוה ועוד דהדר ביה ר"ע לגבי רבי יהושע והיא דהתם לא ישתטף גופו בין בחמין בין בצונן חשיבא הכרעה דתנאי קמאי גילו בדעתם דשייך לפלוגי בין חמין לצונן אבל הך דשמעתין לא גילו בדעתם חשיב ליה הכרעה שלישית וכן בנזיר פ' כ"ג (דף נג. ושם ד"ה ב"ד) גבי ר"א אומר [זקינים] הראשונים [מקלתן היו] אומרים חצי קב עצמות כו' התם נמי קרי ליה הכרעה שלישית דתנאי קמאי לא גילו בדעתם דשייך לפלוגי בין תרומה לקדשים לנזיר ועושה פסח ובראשית הגז (חולין דף קלה.) גבי ראשית הגז אין נוהג אלא במרובה וכמה מרובה ב"ש אומרים שתים ב"ה אומרים חמש ורבי ישמעאל אומר ארבעה וקרי נמי התם (דף קלז.) לרבי ישמעאל הכרעה שלישית ואותה הכרעה אין חשובה אפילו כדהכא ודנזיר דבהני סבירא ליה למכריע פלגא כמר ופלגא כמר אבל התם לא ס"ל לא כמר ולא כמר והא דפריך בכל הני והא הכרעה שלישית אין הכרעה ה"מ למיפרך תלמיד הוא ואין הלכה כהכרעת תלמיד אבל עדיפא קפריך דלאו הכרעה היא כלל ואור"י הא דתניא בכילד מברכין (ברכות דף מג:) בש"א מברך על השמן ואח"כ על ההדס וב"ה אומרים מברך על ההדס תחילה וקאמר רשב"ג אני אכריע שמן זכינו לריחו ולסיכתו הדס לא זכינו אלא לריחו הלכך שמן עדיף וקאמר רבי יוחנן בגמרא הלכה כדברי המכריע לא שייכא ההיא הכרעה לשאר הכרעות שהבאתי דלא סבירא ליה פלגא כמר ופלגא כמר אלא דמפרש טעמא דחד מינייהו וס"ל כוותיה לגמרי וכן בכל מקום שאם תנא אחד יסבור כתנא אחר לא יקרא בכך מכריע תדע מדאיצטריך ר' יוחנן עלה למימר הלכה כדברי המכריע אע"ג דאיהו גופיה כבר אמר בכירה (שבת דף לט:) כל מקום שאתה מוצא שנים חלוקים ואחד מכריע הלכה כדברי המכריע ש"מ דודאי לא שייכא לההיא הכרעה דשבת ודהכא ולא קרי ליה הכרעה אלא מפני שהכריע דברי ב"ש על דברי ב"ה (י) ור"ת פי' הכרעה שלישית דור שלישית כלומר תלמיד אתה ואין זו הכרעה כדאמר ר"ע תלמיד הוה וה"נ הוה מ"ל דור שני דהיינו נמי תלמיד אלא כך היה המעשה ובנזיר (דף נג.) דקרי ליה הגמרא לב"ד של אחרים הכרעה שלישית לישנא דהך ברייתא דהכא נקט וא"ת בפ"ק דפסחים (דף יג.) גבי ר' מאיר אומר אוכלין כל חמש רבי יהודה אומר אוכלים כל כו' ר"ג אומר חולין אוכלין כל ארבע ותרומה כל חמש וקאמר בגמרא ר"ג לאו מכריע הוא דטעמא דנפשיה קאמר ולפי' הקו' (ו) ר"ת אמאי לא מכריע הוא והא לאו תלמיד הוה וי"ל דלאו מכריע הוא דלא עלייהו קאי שלפניהם היה ופ"ה נראה לר"י עיקר וי"מ הכא טעמא דתשפך משום דריחא מילתא היא ואסור לזלף משום דהוי כשתיה ולא משום חשש תקלה ואין נראה דא"כ לא הוי רבי ישמעאל מכריע אלא טעמא דנפשיה קאמר דקמאי לא איפליגי במיחש לתקלה ואין להקשות לפי' זה לאביי דאית ליה (ע"ז דף סו:) גבי בת תיהא ריחא מילתא היא לימא דאמר כר"מ אמאי לא מייתי נמי התם אפלוגתא דאביי ורבא פלוגתא דב"ש וב"ה דהכא איכא למימר דאביי א"ש כב"ה ומודו בה דריחא מילתא היא ליחשב הנאה והתם לענין איסור הנאת יין נסך איירי ודוקא לענין תרומה טמאה הכא המותרת בהנאה ריחא לאו מילתא ליחשב כשתיה ואע"ג דמייתי התם ההיא דתנור שהסיקו בכמון של תרומה והאיא דהרודה פת חמה והניחה ע"פ חבית של יין של תרומה התם ודאי אי ריחא מילתא ואסור בהנאה יש לנו כמו כן לאסור הפת לאכול לזרים שנקלט מן הכמון או היין של תרומה אבל ריחא לחודיה כגון בת תיהא וזילוף לא הוי כשתיה ומותר בתרומה: [וע' תוס' ע"ז סו: ד"ה אמר רבא]:

אדעתא דאריה אפקריה כו'. לא דמי להא דאמר באלו מציאות (ב"מ ד' כד.) המציל מן הארי ומן הדוב כו' הרי הוא שלו מפני שהבעלים מתייאשים מהן דהתם ודאי שהארי בא לטרוף כדמשמע המציל מן הארי מתייאש לגמרי אבל הכא הארי היה עמהם והיה מלוה אותם לשמור בהמותיהם מחיות וליסטים רק שהיו נותנים לו לאכול חמור בכל לילה ואפשר שפעמים היה שבע ולא אכיל הלכך אין מפקיר אלא אדעתא דאכיל ליה אריה והא לא אכיל ליה:

עין משפט נר מצוה

פח א מיי' פי"ב מהל' תרומות הל' יב:
פט ב ג מיי' פי"ב מהל' גזילה ואבידה הל' ז סמג עשין עד טוש"ע ח"מ סי' רסד סעי' ז:
צ ד מיי' שם הל' ג טוש"ע שם סעי' ג:
צא ה מיי' שם הל' ד טוש"ע שם סעי' ד:
צב ו מיי' פ"ט מהל' שכירות הל' ח ועיין בהשגות ובמ"מ סמג עשין פב טור ש"ע ח"מ סי' שלה סעי' ג:

הגהות הב"ח

(א) גמ' מן הים דא"ל כצ"ל:

גליון הש"ס

גמ' וא"ל אפסדתני כוורי. עיין בהרא"ש פ"ב דב"מ סי' כח: שם אדעתא דאריה. עיין ב"ב דף קלח ע"א תוס' ד"ה כאן בנווה:

מסורת הש"ס

א) [פסחים כא. נזיר נג. חולין קלז.], ב) יבמות קו., ג) ל"ל שדרו, ד) [זבחים ל: לב:], ה) [ל"ל ר' ישמעאל], ו) [ל"ל ור"ח], ז) [ל"ל ר"ח].

ליקוטי רש"י

תשפך הכל. כלומר תשפך יחד ולא לזלף דילמא אדמזלף קלי קלי אפילו בו ביום אתי למשתייה. ר' ישמעאל ב"ר יוסי. כמה שנים אחר בית הלל ובית שמאי היה. ובשדה תשפך הכל. שאין מזלפין בשדה והא לא אמרינן שיביאנה בבית לזלפו דאדהכי אתי ביה לידי תקלה. איכא דאמרי. לשהייה מועטת כי הא מן השדה לבית לא חיישינן אלא בחדש תשפך הכל. אמרו לו. בני דורו. אין הכרעה שלישית מכרעת. דעת שלישית היא זו שבית שמאי ובית הלל לא הזכירו לגלות דעתם דניחוי חיישינן לתקלה כלל דאי הוו אמרו הכי ב"ש אומרים בין בבית בין בשדה תשפך הכל וב"ה אומרים בין בבית בין בשדה תיעשה זילוף ואתה בא להכריע ולומר בבית כב"ה בשדה כבית שמאי הויא הכרעה אבל השתא דלא הזכירו בית ושדה טעמא אחרינא הוא ולאו משום תקלה ור' ישמעאל חייש לתקלה והיינו תנאי [פסחים כ:]. כשזה אומר כך וזה אומר כך וזה אומר דעת שלישית אפילו אמצעית היא ביניהם אין זה הכרע כגון (פסחים כ:) חבית של תרומה שנתגלתה ב"ש אומר תשפך הכל וב"ה אומרים תעשה זילוף א"ר ישמעאל בר' יוסי אני אכריע בשדה תשפך הכל בבית תעשה זילוף אמרו לו אין הכרעה שלישית מכרעת והיכי הויא הכרעה כגון ההיא דקולי מטלניות דבמה מדליקין (שבת דף כט.) ר' אליעזר אומר בין מן המוכן בין שלא מן המוכן טמא ר' יהושע אומר בין מן המוכן בין שלא מן המוכן טהור ר"ע אומר מן המוכן טמא שלא מן המוכן טהור א"ר יוחנן עלה כל מקום שאתה מוצא שנים חולקים ואחד מכריע כו' אלמא כה"ג קרי הכרעה היכא דגלו (מאי) דעתייהו דשייך לפלוגי בין מוכן לשאינו מוכן אפ"ה לא פלגינן ואתא ר"ע ונתן חילוק בדבר הוי הכרעה שהכריע במוכן כר' אליעזר ונמצאו שנים מטמאים במוכן ור' יהושע יחיד מטהר ובשאינו מוכן כר' יהושע והוו שנים מטהרים בשאינו מוכן אבל גבי חבית דלא גלו דעתייהו ב"ש וב"ה דנהוי שייך חילוק בין בית לשדה שלא אמרו כך ב"ש אומר בין בבית בין בשדה תשפך הכל וב"ה אומר בין בבית בין בשדה תעשה זילוף ובא שלישי וחלק בין שדה לבית התם אין זה הכרע לדבריהם אלא דעת שלישית דהכרע לשון כף מאזנים הוי בשנים חולקין ובא שלישי ומכריע המשקל כאחד מהן או בכל הדבר או בחציו כזה ובחציו כזה [חולין קלז.]. כל הכרעה שהיא במקצת כדברי זה ומקצת כדברי זה אינה הכרעה עד שתהא כולה כדברי א' מהן דהכרעה לשון שיקול ששוקל דברי שנים יותר מאחד [נזיר נג.]. משטה אני בך. שוחק הייתי בך בשביל שהיית שואלני מה שלא היה [סנהדרין כט.]. מעבורת. מעבר יש בספינה [יבמות קו.]. וזו שאילה. בניחותא שאילה גדולה שאלת [זבחים ל:]. בניחותא יפה שאלת ואשיבך עליה [שם צב:].

להביא כרוב ודורמסקנין לחולה והלך ומצאו שמת או שהבריא נותן לו שכרו משלם א"ל מי דמי התם עביד שליח שליחותיה הכא לא עביד שליח שליחותיה: ת"ר שיירא שהיתה מהלכת במדבר ועמד עליה גייס לטורפה מחשבין לפי ממון ואין מחשבין לפי נפשות ואם שכרו תייר ההולך לפניהם מחשבין אף לפי נפשות ולא ישנו ממנהג החמרין רשאין החמרין להתנות שכל מי שיאבד לו חמורו יעמיד לו חמור אחר בכוסיא אין מעמידין שלא בכוסיא מעמידין לו ואם אמר תנו לי ואני אשמור אין שומעין לו פשיטא לא צריכא דאית ליה חמרא אחרינא מהו דתימא הא קא מינטר ליה קמ"ל שאני נטירותא דחד מנטירותא דבי תרי: ת"ר ספינה שהיתה מהלכת בים ועמד עליה נחשול לטובעה והקילו ממשאה מחשבין לפי משאוי ואין מחשבין לפי ממון ולא ישנו ממנהג הספנים ורשאין הספנים להתנות שכל מי שאבדה לו ספינה יעמיד לו ספינה אחרת אבדה לו בכוסיא אין מעמידין שלא בכוסיא מעמידין לו ואי פירש למקום שאין הספינות הולכין אין מעמידין פשיטא לא צריכא דבניסן מרחקי חד אשלא ובתשרי מרחקי תרי אשלי וקא אזיל ביומי ניסן למקום תשרי מהו דתימא דוושיה נקיט ואזיל קמ"ל ת"ר שיירא שהיתה מהלכת במדבר ועמד גייס וטרפה ועמד אחד מהן והציל הציל לאמצע ואם אמר אני אציל לעצמי הציל לעצמו היכי דמי אי דיכול להציל אפילו סיפא נמי לאמצע ואי דלא יכול להציל אפילו רישא נמי לעצמו אמר רמי בר חמא הכא בשותפין עסקינן וכגון זה שותף חולק שלא לדעת חבירו אמר פליג לא אמר לא פליג רבא אמר הכא בפועלין עסקינן וכרב דאמר רב פועל יכול לחזור בו אפילו בחצי היום וכמה דלא הדר ביה ברשותיה דבעל הבית דמי וכי הדר ביה טעמא אחרינא הוא דכתיב כי לי בני ישראל עבדים ולא עבדים לעבדים רב אשי אמר כשיכול להציל ע"י הדחק גלי דעתיה לעצמו לא גלי דעתיה לאמצע: מתני' הגוזל שדה מחבירו ונטלוה מסיקין אם מכת מדינה היא אומר לו הרי שלך לפניך אם מחמת הגזלן חייב להעמיד לו שדה אחר: גמ' אמר רב נחמן בר יצחק מאן דתני מסיקין לא משתבש ומאן דתני מציקין לא משתבש מאן דתני מציקין לא משתבש דכתיב במצור ובמצוק ומאן דתני מסיקין לא משתבש דכתיב יירש הצלצל ומתרגמינן יחסניניה סקאה: אם מחמת הגזלן חייב: היכי דמי אילימא דאנסוה לארעא דידיה ולא אנסוה כולי ארעתא הא מרישא שמעת מינה אם מכת מדינה היא כו' אי לא לא צריכא דאחוי אחוויי לישנא אחרינא הב"ע כגון דאנסוה עכו"ם ואמרי ליה אחווי ארעתיה ואחוי ההוא בהדייהו

ההוא גברא דאחוי אכריא דחטי דבי ריש גלותא אתא לקמיה דרב נחמן חייביה רב נחמן לשלומי יתיב רב יוסף אחוריה דרב הונא בר חייא ויתיב רב הונא בר חייא קמיה דרב נחמן א"ל רב הונא בר חייא לרב נחמן דינא או קנסא א"ל מתניתין היא דתנן אם מחמת הגזלן חייב להעמיד לו שדה (א) ואוקימנא דאחוי אחוויי בתר דנפק א"ל רב יוסף לרב הונא בר חייא מאי נפקא לך מיניה אי

רש"י

דורמסקנין. פרוסים לשון מורי לשון אחר אדרופיי"ש ועשב הוא הנאכל בשלקות קדירה: לטורפה. לבוזזה ונתפשרו עמהן בממון: תייר. מרגלא להם הדרך: אף לפי נפשות. שטעות הדרך במדבר סכנת נפשות היא: ולא ישנו ממנהג החמרים. שאם נהגו לתייר לפי ממון או לפי נפשות עושין: בכוסיא. בפשיעה: אין שומעין לו. שמא לא יקח החמור והם לא התנו אלא כדי שיקח החמור ויהיה מוסר נפשו לשמור עמהן בלילות מן החיות וליסטים: קא מנטר ליה. ואפילו אם יאמר האחד אני יכול לשמור יפה אבל שנים איני יכול לשמור: קמ"ל. דאמרי ליה לא כ"ש דהשתא מסרת נפשך טפי: מחשבין לפי משוי. אם השליך זה מאה ליטרין זהב ישליך זה מאה ליטרין ברזל: בניסן. שגדל הנהר מהפשרת שלגים ומן הגשמים מרחקים חד אשלא מלא חבל משפת הנהר לתוך המים ובתשרי שהמים חסרים והספינה גוששת אצל שפת הנהר רגילים להתרחק לתוך עומק המים תרי אשלי: ואזל היאך בניסן למקום תשרי. באמצע המים ומתוך שהנהר גדול וחזק נטבעה: הציל לאמצע. כל אחד מכיר את שלו ונוטל: אי שיכולים. בעלים להציל לא אייאוש ואפי' אמר לעצמו גזלן הוא: הכא בשותף. ובין יכולים להציל ובין אין יכולין להציל: וכגון זה. במקום איבוד ממון: שותף חולק. ואפי' לא ירצה חבירו: אמר פליג. ומעכב חלקו את מה שהציל: לא אמר לא פליג. ושפיר עבד דמסר נפשי' אעיסקא דתרוייהו הואיל והוא שותף עמו אורחיה למטרח אכולה עיסקא: בפועל. שהיה שכיר לבעלי ספינה וכשאין יכולין להציל: הדר ביה. וזכי מהפקירא: רב אשי אומר. לעולם באינש דעלמא וכגון דיכולין להציל ע"י הדחק: אמר לעצמי. ושמעו בעלים ושתקו ולא מסרו עצמן אסח דעתייהו וגלו דאייאוש ולא בעו ממסר נפשייהו ומיהו היכא דיכולין להציל להדיא אפילו שמעו ושתקו לא קני דמסתמא לא אייאוש: מתני' ונטלוה מסיקין. אנסין גזלוה מן הגזלן: מכת מדינה היא. דאנסוה ארעתא דאחריני ודהאיך: ואם מחמת הגזלן. מפרש בגמרא: גמ' צלצל. ארבה גזלן הוא שאוכל תבואות כל אדם: דאחוי אחויי. שלא גזלה הוא עצמו אלא שמע מבית המלך שמבקשין לגזול שדות והראה להם טלו קרקע זו של פלוני:

אי

תוספות

להביא כרוב ודורמסקנין לחולה. שכרוהו בשביל החולה יותר ממה שהיה ראוי לשוכרו דהכי משמע לשון נותן לו שכרו משלם וצ"ל דמיירי כגון דליכא למימר משטה אני בך שהוא מפסיד במקום אחר כיוצא בזה: ורשאים החמרים להתנות ביניהם. פירוש רשאים להסיע ממון אם כבר עשו תנאי קודם כמו ורשאין בני העיר להסיע על קצתן דב"ב (דף ח:):

יחסנינה סקאה. פי' בקונ' ארבה כמו [ומעלה את] הסקאין דבתענית (דף ו.) שהוא מין ארבה ואין נראה לר"ת דלשון ירושה ואחסנתא משמע דאבני אדם איירי ונטלוה מסיקין נמי איירי בבני אדם ונראה שהאויב קרי סקאה שעולין ומכסין את הארץ כדכתיב (שמות י) והנה כסה את עין הארץ ועל שם כך נקרא צלצל שמכסה כל הארץ כצל כמו הוי ארץ צלצל כנפים (ישעיה יח) ר"ת ונראה דירושה שייכא שפיר בעופות וחיות כמו וירשוה קאת וקפוד (שם לד):

הא מרישא שמעי' מינה. תימה דבכמה מקומות איכא הכי שכופל דבריו וי"ל דדייק מדה"ל למיתני ואם לאו חייב מדקתני ואם מחמת הגזלן חייב להעמיד לו שדה אחר משמע דמילתא באפי' נפשה היא:

לא צריכא דאחוי אחויי. פי' בקונט' שמע מבית המלך שהיו רוצין לגזול (ב) לו קרקע והראה להם זה קרקע פלוני אמת הוא כמו שפי' דאפילו בענין זה מחייבים ליה אע"ג שאינו ברור שיטלוה שלא אמרו תחילה הראה לנו ונגזול אלא מעצמו הראה להם דהא ה"נ אמר לקמן (קיז.) ואם הראה מעצמו כמו שנשא ונתן דמי וי"ס דגרס הכא כגון שאנסוהו עכו"ם ואחוי ארעא ואחוי נמי הא בהדייהו ואין להקשות (ג) לפ"ז מדאמר לקמן נאנס פטור דהתם אנסוהו להראות קרקעותיו של פלוני אבל הכא דאנסוהו להראות שלו חייב שלא היה לו להראות אותה שגזל שאין שלו:

לא צריכא דאחוי אחויי. וחייב משום דינא דגרמי כדמשמע לקמן בשמעתין דקאמר זיל לגביה ר' שמעון בן אליקים ור' אלעזר בן פדת דדאין דינא דגרמי וחייבוהו ממתניתין ואם מחמת הגזלן חייב להעמיד לו שדה אחר ותימה לרשב"א דלעיל בהגוזל קמא (דף ק. ושם) לא משכחת דר"מ דאין דינא דגרמי אלא ברייתא דמחילת הכרם שנפרצה דלא שמעינן דאתא כר"מ אלא מכח ההיא משנה דהמסכך ואמאי לא מייתי התם ממתני' דהכא דמחייבינן בדינא דגרמי ואומר ר"י דלא ניחא ליה לאתויי ממתניתין דהכא דלא קתני בה בהדיא דאחוי אלא מיתורא דמתני' מוקי לה הכי:

לאו

עין משפט נר מצוה

צג א ב מיי' פי"ב מהל' אבידה הל' יא סמג עשין עד טוש"ע ח"מ סי' רעב סעי' טו:
צד ג ד ה מיי' שם הל' יב יג טוש"ע שם סעיף טו:
צה ו מיי' שם הל' יד טוש"ע שם סעי' יז:
צו ז ח ט מיי' שם הל' טו טוש"ע שם סעי' יח:
צז י מיי' שם הלכה ח ופ"ה מהל' שותפין הל' ז סמג עשין עד טוש"ע ח"מ סי' קפא ס"א:
צח כ מיי' פי"ב מהל' אבידה הל' י טוש"ע שם סעיף ב וסי' קעו סעיף כח:
צט ל מיי' שם טוש"ע ח"מ סי' קפא ס"ג:
ק מ נ מיי' פ"ט מהל' שכירות הלכה ד סמג עשין פט טוש"ע ח"מ סי' שלג סעי' ג:
קא ס מיי' פי"ב מהל' אבידה הל' ט ופ"ה מהל' שלוחין ושותפין הל' ה סמג עשין עד טוש"ע ח"מ סי' קפא סעי' א:
קב ע מיי' פ"ט מהל' גזלה ואבידה הל' ב טוש"ע ח"מ סי' שעא סעי' ג:
קג פ מיי' שם הל"ג טוש"ע שם סעי' ד:

לעזי רש"י

פרושים. נ"ל פרונ"ש. פירוש שזיפין (פלוימען) (רש"י יומא דף פא ע"א ועיין ערוך ערך דרמסקן): אדרופיי"ש. פירוש מלוח עלי שיח (איוב ל, ד):

ליקוטי רש"י

ודורמסקנין. שלקות מעשב שקורין אקדלשי"ט בלע"ז כך ראיתי בפירוש ב"ה של רבינו יצחק ב"ר יהודה אבל כאן פירש פרוש"ש וכן שמעתי אני כאן ובבבא קמא פרוש"ש [ברכות לט.]. נחשול. רוח סערה [גיטין נו:]. כי לי בני ישראל עבדים. שטרי קודם [ויקרא כה, נה].

מסורת הש"ס

א) [תוספתא דב"מ פ"ז ה"ז], ב) [תוספתא דב"מ פ' יא הי"ב], ג) גי' ת"ח תנו לי ואני לוקח, ד) [תוספת' שם פ"ז ה"ז], ה) [תוספתא שם פי"א הי"ב], ו) [תוספתא דב"מ פ"ח ה"ט], ז) ב"מ י. עז., ח) [ב"מ י. ע"ש קידושין כב: ושם איתא עבדי הם ולא עבדים כו'], ט) [לקמן קיז:], י) נ"ל הנה כסה וכו' (במדבר כ"ב) רש"ש.

הגהות הב"ח

(א) גמ' שדה אחר ואוקימנא: (ב) תוס' ד"ה לא צריכא וכו' לגזול קרקע כצ"ל ותיבת לו נמחק: (ג) בא"ד ואין להקשות לפי גירסא זו:

גליון הש"ס

גמ' להביא כרוב וכו'. עיין יבמות דף קו ע"א תוד"ה אין לו: רש"י ד"ה דורמסקנין. עיין בברכות לט ע"א ברש"י ד"ה דורמסקנין:

תורה אור השלם

א) כִּי לִי בְנֵי יִשְׂרָאֵל עֲבָדִים הֵם אֲשֶׁר הוֹצֵאתִי אוֹתָם מֵאֶרֶץ מִצְרָיִם אֲנִי יְיָ אֱלֹהֵיכֶם: [ויקרא כה, נה]

ב) וְאָכַלְתָּ פְרִי בִטְנְךָ בְּשַׂר בָּנֶיךָ וּבְנֹתֶיךָ אֲשֶׁר נָתַן לְךָ יְיָ אֱלֹהֶיךָ בְּמָצוֹר וּבְמָצוֹק אֲשֶׁר יָצִיק לְךָ אֹיְבֶךָ: [דברים כח, נג]

ג) כָּל עֵצְךָ וּפְרִי אַדְמָתֶךָ יְיָרֵשׁ הַצְּלָצַל: [דברים כח, מב]

לְהָבִיא כְּרוּב וְדוּרְמַסְקָנִין — שזיפים[1] **לַחוֹלֶה, וְהָלַךְ** הפועל והביאם, **וּמְצָאוֹ** לחולה **שֶׁמֵּת אוֹ שֶׁהִבְרִיא** ואינו זקוק להם יותר, **נוֹתֵן לוֹ** (לפועל) **שְׂכָרוֹ מְשַׁלֵּם** — בשלמות, כפי שפסק עמו. הרי שאף על פי שמעשהו של הפועל לא הועיל מכל מקום נוטל הוא את מלא שכרו כפי שפסק עמו, ומדוע בירד להציל ולא הציל אינו נוטל את דמי חמורו[2]?

מתרצת הגמרא:

אֲמַר לֵיהּ רבי לרב: **מִי דָּמֵי** — וכי מקרים אלו דומים זה לזה? **הָתָם** — שם, במקרה של חולה, **עָבִיד שָׁלִיחַ שְׁלִיחוּתֵיהּ** — עשה השליח את שליחותו והביא את הפירות ולפיכך נוטל שכרו בשלימות, אולם **הָכָא** — כאן, במקרה שירד להציל ולא הציל, **לֹא עָבִיד שָׁלִיחַ שְׁלִיחוּתֵיהּ** — לא עשה השליח את שליחותו ולפיכך אינו נוטל את דמי חמורו[3].

הגמרא מציגה הוראה בענין חלוקת הוצאות בין אנשי השיירה:

תָּנוּ רַבָּנָן (תוספתא בבא מציעא ז, ז): **שַׁיָּירָא שֶׁהָיְתָה מְהַלֶּכֶת בַּמִּדְבָּר וְעָמַד עָלֶיהָ גַּיִיס** של לסטים **לְטוֹרְפָהּ** — לבוזזה, ונתפשרו עמם בני השיירה על סכום מסויים[4], **מְחַשְּׁבִין** את התשלום של כל אחד **לְפִי הַמָּמוֹן** שברשותו, שמי שיש ברשותו ממון רב יותר משלם יותר, **וְאֵין מְחַשְּׁבִין** אותו **לְפִי** מנין **הַנְּפָשׁוֹת**, לפי שהגייס בא על עסקי ממון ולא על עסקי נפשות[5]. **וְאִם שָׂכְרוּ** בני השיירה **תַּיָּיר** — מורה דרך **הַהוֹלֵךְ לִפְנֵיהֶם** במדבר כדי שלא יטעו בדרך ויבואו לידי סכנה[6], **מְחַשְּׁבִין** את שכרו **אַף לְפִי** מנין **הַנְּפָשׁוֹת**, לפי שטעות הדרך במדבר היא סכנת נפשות[7]. **וְלֹא יְשַׁנּוּ** בדבר זה **מִמִּנְהַג הַחַמָּרִין** המוליכים את בני השיירה, שאם נהגו לחשב את שכרו של התייר רק לפי ממון או רק לפי נפשות לא ישנו ממנהגם[8].

הוראה נוספת בענין חמרין:

רַשָּׁאִין הַחַמָּרִין של השיירה **לְהַתְנוֹת** ביניהם **שֶׁכָּל מִי שֶׁיֹּאבַד לוֹ חֲמוֹרוֹ יַעֲמִיד לוֹ** — יתנו לו שאר החמרין **חֲמוֹר אַחֵר**[9]. **בְּכוּסְיָא** — אם אחד מהם איבד את חמורו בפשיעה **אֵין מַעֲמִידִין** לו חמור אחר[10]. **שֶׁלֹּא בְּכוּסְיָא** — אם החמור אבד שלא בפשיעה **מַעֲמִידִין לוֹ** חמור אחר, כפי שהתנו. **וְאִם אָמַר** החמר שחמורו אבד: "**תְּנוּ לִי** דמים לקנות חמור, **וַאֲנִי אֶשְׁמוֹר** עמכם על שאר החמורים", **אֵין שׁוֹמְעִין לוֹ**, שמא לא יקנה חמור אחר, והם לא התנו כן אלא כדי שיהיה לו חמור ויתאמץ לשמור עמם בלילות מחיות ומלסטים[11].

הערות

1. רש"י בפירושו הראשון, כפי שהגיהו לעזי רש"י (ראה גם רש"י ברכות לט, א ד"ה דורמסקין ותרגום הלעז שם תתתקנ). שזיפים אלו קרויים כך משום שמקורם מ"דרמשק", שהוא שמה הארמי של דמשק (ערוך ערך דרמסקן עם מוסף הערוך; ראה גם ערוך ערך דרמסק ותרגום יהונתן בראשית יד, טו). פירוש אחר: "דורמסקין" הוא מין שיח הנאכל על ידי בישול בקדירה (רש"י בפירושו השני), וכפי הנראה הכוונה היא לשיח הקרוי "מלוח" או "תרד הרים" (תרגום הלעז יד).

2. יש לעיין, הלא גם בירד להציל ולא הציל נוטל הוא את שכרו הראוי לו (ראה לעיל עמוד א הערה 32), ומהי איפוא הקושיא מהברייתא? ויש לומר שמלשון הברייתא ("נותן לו שכרו **משלם**") משמע שפסק לפועל יותר משכרו הראוי לו, ואף על פי שמעשי הפועל לא הועילו כלום מכל מקום נוטל הוא את מלא שכרו [ואין השוכר יכול לומר לו "משטה אני בך", משום שבאותו זמן יכול היה הפועל להשתכר כשיעור הפסיקה (ראה לעיל עמוד א ושם הערה 14)], לפיכך מקשה הגמרא מדוע בירד להציל ולא הציל אין לו אלא שכרו הראוי לו ואינו נוטל את דמי חמורו כפי שפסק עמו (תוספות ד"ה להביא; ראה גם תוספות שאנץ, מובא בשיטה מקובצת; תורת חיים; אמנם עיין תוספות יבמות קו, א ד"ה אין; רא"ש שם יב, טז; דרישה חושן משפט שלה, ב; נתיבות המשפט שם, ב).

3. במקרה של הברייתא הפועל נשכר להביא את הפירות ולא לרפא את החולה, ומאחר שקיים את שליחותו נוטל הוא את מלא שכרו. במקרה של רב, לעומת זאת, הפועל נשכר להציל את החמור, ומאחר שלא עלה הדבר בידו אין הוא נוטל אלא את שכרו הראוי לו.

נחלקו הראשונים מה הדין במקרה שירד להציל ועלה חמורו של חבירו מאליו. יש אומרים שכיון שהחמור עלה מאליו הרי זה בכלל "ירד להציל ולא הציל" ואין לו אלא שכרו הראוי לו (שיטה מקובצת בשם ר"מ מסרקסטה; רמב"ן בבא מציעא עז, א; ריטב"א גיטין עד, ב; שו"ת מהר"ם פדובה סג; ראה גם ירושלמי י, ה; סמ"ג עשין עד; רמ"א חושן משפט רסד, ד). ויש אומרים שמאחר שסוף סוף החמור ניצל נוטל המציל את דמי חמורו (רבינו יהונתן; ים של שלמה מ; סמ"ע שם יב; ראה גם חידושי רבינו מאיר שמחה; לנדון במקרה ששני החמורים עלו מאליהם עיין מאירי).

4. רש"י; ראה הערה הבאה.

5. מאחר שהגייס בא על עסקי ממון יש לחשב את התשלום לפי מידת התועלת הממונית שיש לכל אחד. לפיכך, אם לדוגמא היו בשיירה עשרה אנשים והתשלום הנדרש היה אלף זוז, אין אומרים שכל אחד ישלם מאה זוז, אלא מחשבים את התשלום של כל אחד על פי חלקו הייחסי בממון של אנשי השיירה (עיין רא"ש בבא בתרא א, כב; ראה גם שו"ת תשב"ץ ג, רכח).

מרש"י משמע שהגייס לא בא אלא על עסקי ממון ולא על עסקי נפשות, שאילו בא גם על עסקי נפשות היה התשלום מחושב אף לפי נפשות, בדומה לתייר המובא בסמוך (בית יוסף חושן משפט רעב; ראה להלן הערה 7). אלא שהירושלמי (בבא מציעא ו, ד) אינו גורס בברייתא "לטורפה", ומשמע שהגייס כבר טרף את השיירה והנדון הוא כיצד לחלק את הממון שנשאר, אולם אם עדיין לא טרפה ונתפשרו עמו בממון מחשבים את התשלום אף לפי נפשות, לפי שפעמים שהוא בא גם על עסקי נפשות (עיין מרדכי קעה עם חידושי אנשי שם, ר; אור זרוע פסקי בבא מציעא רסד; ראה גם ב"ח חושן משפט רעב; מגן אברהם על התוספתא בבא מציעא ז, ז אות ג; ים של שלמה מב; אולם עיין שיטה מקובצת בשם מאירי).

6. היינו, לידי סכנת נפשות מחמת חיות רעות, או לידי סכנת ממון מחמת לסטים (רא"ש; ראה סמ"ע חושן משפט רעב, כז).

7. רש"י. כלומר, מאחר שהתייר מונע מהם גם סכנת ממון גם סכנת נפשות (ראה הערה קודמת) מחשבים את שכרו גם לפי ממון וגם לפי נפשות (עיין רש"י ד"ה ולא ישנו; רמב"ם הלכות גזילה ואבידה יב, יא; שלחן ערוך חושן משפט רעב, טו; אמנם עיין רבינו יהונתן הנוקט בדעת רש"י שמחשבים את שכרו **רק** לפי נפשות, וכפי הנראה מקורו הוא מרש"י על הרי"ף ד"ה ולא ישנו; ראה גם ירושלמי בבא מציעא ו, ד).

באופן חישוב התשלום נחלקו הראשונים. יש אומרים שמחשבים את השכר חציו לפי ממון וחציו לפי נפשות (רא"ש; טור חושן משפט רעב; סמ"ע שם). ויש אומרים שאת הסכום שנהגו לשלם לתייר כדי שיצילם מסכנת נפשות מחשבים לפי נפשות, ואת שאר הסכום מחשבים לפי ממון (ראב"ד; שיטה מקובצת בשם מאירי).

8. רש"י. וכן לגבי תשלום לגייס, שאם נהגו החמרין לחשבו לפי נפשות אין משנים ממנהגם (סמ"ג עשין עד בשם רש"י; עיין רש"י על הרי"ף ד"ה ולא ישנו).

מכאן מוכח שבעניני ממון מנהג מבטל הלכה, ואפילו מנהג שהוקבע על פי חמרים (מרדכי בבא בתרא תעז). והיינו משום שכל דבר שרבים מצורפים בו יחד (כגון בני עיר אחת או בעלי אומנות מסויימת) אם תצריכם ללכת אחר דין תורה תיפול ביניהם מחלוקת, ולפיכך מלכתחילה מוחלים הם זה לזה ללכת אחר המנהג, ותנאם חל אף בלא קנין (ראה הערה הבאה). אמנם רק דבר שנהגו בו לכל הפחות שלש פעמים נחשב מנהג, אולם דבר שלא נהגו בו אלא פעם או פעמיים אינו נחשב מנהג (תרומת הדשן שמב; ראה גם שו"ת ריב"ש תעה; רמ"א חושן משפט שלא, א; ועיין חזון איש בבא בתרא ד, ט ו־ה, ב).

9. כלומר, אם התנו כן מדעת כולם רשאים הם לכפות זה את זה לקיים את תנאם (תוספות ד"ה ורשאים). ואין לפרש שרשאים להתנות בעל כרחו של אחד מהם, שהרי אין בידם כח להוציא ממנו ממון בעל כרחו (שיטה מקובצת ד"ה ורשאין החמרין; אור זרוע פסקי בבא קמא תנח; ראה גם מרדכי בבא בתרא תפ-תפא; רשב"א ורמב"ן בבא בתרא ט, א).

המטרה של תנאי זה היא לדאוג שכל החמרים יסייעו בשמירת החמורים מפני לסטים וחיות רעות (ראה רש"י להלן ד"ה אין שומעין לו). ומאחר שכולם מסכימים על כך חל התנאי אף בלא קנין, משום שבאותה הנאה שיש להם מכך שהם נשמעים זה לזה גומרים הם בדעתם להתחייב. וכן הדין בכל דבר ששותפים מתנים זה עם זה [ראה בבא בתרא קו, ב] (מרדכי קעו בשם מהר"ם; הגהות מיימוניות הלכות גזילה ואבידה יב, י; ראה גם ים של שלמה מג; לנדון בגדר הקנין של "בההיא הנאה" עיין מהדורתנו למסכת כתובות קב, ב הערה 10). ויש אומרים שכאשר בעלי אומנות מסויימת מסכימים על דבר הנוגע להם הרי הם נחשבים לגבי עצמם כבני העיר שיש לתקנתם כח בית דין (ראה בבא בתרא ח, ב) ורשאים הם לכפות עליה (רשב"א בבא בתרא ט, א; עיין חזון איש בבא בתרא ד אות ח, ט, יד ושם ה, ב; לנדון באריכות בענין זה עיין שו"ת מהרי"ק קפא).

10. משום שמן הסתם לא היתה דעתם להתחייב במקרה של פשיעה (ים של שלמה מג).

11. רש"י. משמע מפירושו שהחמר רצה לקנות בדמים חמור אחר, וכפי הנראה גירסתו היתה "תנו לי ואני לוקח" [ולא "תנו לי ואני אשמור" כפי שמופיע לפנינו] (חידושי אנשי שם, א; ב"ח חושן משפט רעב, כ; ים של שלמה מג; וכן היא הגירסא בכתב יד ויניציאה, בתוספתא וברש"י על הרי"ף; לביאור אחר ברש"י עיין דרישה חושן משפט שם, כ). ויש מפרשים כפי הגירסא שלפנינו, דהיינו שהחמר רצה ליטול את הדמים לעצמו אולם הוא התחייב להמשיך ולשמור עמם על שאר החמורים, ומאחר שהתנאי היה כדי שיהיה לו חמור ויתאמץ לשמור עמם רשאים חבריו לסרב

להביא כרוב ודורמסקנין לחולה והלך ומצאו שמת או שהבריא נותן לו שכרו משלם א"ל מי דמי התם עביד שליח שליחותיה הכא לא עביד שליח שליחותיה: ת"ר (א) שיירא שהיתה מהלכת במדבר ועמד עליה גייס לטורפה מחשבין לפי ממון ואין מחשבין לפי נפשות ואם שכרו תייר ההולך לפניהם מחשבין אף לפי נפשות ולא ישנו ממנהג החמרין (ב) רשאין החמרין להתנות שכל מי שיאבד לו חמורו יעמיד לו חמור אחר בכוסיא אין מעמידין לו שלא בכוסיא מעמידין לו ואם אמר תנו לי (ג) ואני אשמור אין שומעין לו פשיטא לא צריכא דאית ליה חמרא אחרינא מהו דתימא הא קא מינטר ליה קמ"ל שאני נטירותא דחד מנטירותא דבי תרי: ת"ר (ד) ספינה שהיתה מהלכת בים ועמד עליה נחשול לטובעה והקילו ממשאה מחשבין לפי משאוי ואין מחשבין לפי ממון ולא ישנו ממנהג הספנים (ה) ורשאין הספנים להתנות שכל מי שאבדה לו ספינה יעמיד לו ספינה אחרת אבדה לו בכוסיא אין מעמידין שלא בכוסיא מעמידין לו ואי פירש למקום שאין הספינות הולכין אין מעמידין פשיטא לא צריכא דבניסן מרחקי חד אשלא ובתשרי מרחקי תרי אשלי וקא אזיל ביומי ניסן למקום תשרי מהו דתימא דוושיה נקיט ואזיל קמ"ל ת"ר (ו) שיירא שהיתה מהלכת במדבר ועמד גייס וטרפה ועמד אחד מהן והציל הציל לאמצע ואם אמר אני אציל לעצמי הציל לעצמו היכי דמי אי דיכול להציל אפילו סיפא נמי לאמצע ואי דלא יכול להציל אפילו רישא נמי לעצמו אמר רמי בר חמא הכא בשותפין עסקינן וכגון זה שותף חולק שלא לדעת חבירו אמר פליג לא אמר לא פליג רבא אמר הכא בפועלין עסקינן וכרב (ז) דאמר רב פועל יכול לחזור בו אפילו בחצי היום וכמה דלא הדר ביה כברשותיה דבעל הבית דמי וכי הדר ביה טעמא אחרינא הוא דכתיב (א) כי לי בני ישראל עבדים (ח) ולא עבדים לעבדים רב אשי אמר כשיכול להציל ע"י הדחק גלי דעתיה לעצמו לא גלי דעתיה לאמצע: מתני' (ט) הגוזל שדה מחבירו ונטלוה מסיקין אם מכת מדינה היא אומר לו הרי שלך לפניך אם מחמת הגוזל חייב להעמיד לו שדה אחר: גמ' אמר רב נחמן בר יצחק מאן דתני מסיקין לא משתבש ומאן דתני מציקין לא משתבש מאן דתני מציקין לא משתבש דכתיב (ב) במצור ובמצוק ומאן דתני מסיקין לא משתבש דכתיב (ג) יירש הצלצל ומתרגמינן יחסניניה סקאה: אם מחמת הגזלן חייב: היכי דמי אילימא דאנסוה לארעא דידיה ולא אנסוה כולי ארעתא הא מרישא שמעת מינה אם מכת מדינה היא כו' אי לא לא לא צריכא דאחוי אחווי לישנא אחרינא הב"ע כגון דאנסוה עכו"ם ואמרי ליה אחווי ארעתיה ואחוי ההוא בהדייהו ההוא גברא דאחוי אכריא דחטי דבי ריש גלותא אתא לקמיה דרב נחמן חייביה רב נחמן לשלומי יתיב רב יוסף אחוריה דרב הונא בר חייא ויתיב רב הונא בר חייא קמיה דרב נחמן א"ל רב הונא בר חייא לרב נחמן דינא או קנסא א"ל מתניתין היא דתנן אם מחמת הגזלן חייב להעמיד לו שדה אחר (א) ואוקימנא דאחוי אחוויי בתר דנפק א"ל רב יוסף לרב הונא בר חייא מאי נפקא לך מיניה אי

רש"י

דורמסקנין. פרוסים לשון מורי לשון אחר אדרופיי"ש ועשב הוא הנאכל בשלקות קדירה: לטורפה. לבוזה ונתפשרו עמהן בממון: תייר. מראה להם הדרך: אף לפי נפשות. שטעות הדרך במדבר סכנת נפשות היא: ולא ישנו ממנהג החמרים. שאם נהגו לתייר לפי ממון או לפי נפשות עושין: בכוסיא. בפשיעה: אין שומעין לו. שמא לא יקח החמור והם לא התנו אלא כדי שיקח החמור ויהיה מוסר נפשו לשמור עמהן בלילות מן החיות וליסטים: קא מנטר ליה. ואפילו אם יאמר האחד אני יכול לשמור יפה אבל שנים איני יכול לשמור: קמ"ל. דאמרי ליה לא כ"ש דהשתא מסרת נפשך טפי: מחשבין לפי משוי. אם השליך זה מאה ליטרין זהב ישליך זה מאה ליטרין ברזל: בניסן. שגדל הנהר מהפשרת שלגים ומן הגשמים מרחקים חד אשלא מלא חבל משפת הנהר לתוך המים ובתשרי שהמים חסרים והספינה גוששת אצל שפת הנהר רגילים להתרחק לתוך עומק המים תרי אשלי: ואזל היאך בניסן למקום תשרי. באמצע המים ומתוך שהנהר גדול וחזק נטבעה: הציל לאמצע. כל אחד מכיר את שלו ונוטל: אי שיכולים. בעלים להציל לא אייאוש ואפי' אמר לעצמו גזלן הוא: הכא בשותף. ובין יכולים להציל ובין אין יכולין להציל: וכגון זה. במקום איבוד ממון: שותף חולק. ואפי' לא ירצה חבירו: אמר פליג. ומעכב חלקו את מה שהציל: לא אמר לא פליג. ושפיר עבד דמסר נפשי' אעיסקא דתרוייהו הואיל והוא שותף עמו אורחיה למטרח אכולה עיסקא: בפועל. שהיה שכיר לבעלי ספינה וכשאין יכולין להציל: הדר ביה. וזכי מהפקירא: רב אשי אומר. לעולם באינש דעלמא וכגון דיכולין להציל ע"י הדחק: אמר לעצמי. ושמעו בעלים ושתקו ולא מסרו עצמן אסח דעתייהו וגלו דאייאוש ולא בעו ממסר נפשייהו ומיהו היכא דיכולין להציל להדיא אפילו שמעו ושתקו לא קני דמסתמא לא אייאוש: מתני' ונטלוה מסיקין. אנסין גזלוה מן הגזלן: מכת מדינה היא. דאנסוה ארעתא דאחריני ודהאיך: ואם מחמת הגזלן. מפרש בגמרא: גמ' צלצל. ארבה גזלן הוא שאוכל תבואות כל אדם: דאחוי אחויי. שלא גזלה הוא עצמו אלא שמע מבית המלך שמבקשין לגזול שדות והראה להם טלו קרקע זו של פלוני: אי

תוספות

להביא כרוב ודורמסקנין לחולה. שכרוהו בשביל החולה יותר ממה שהיה ראוי לשוכרו דהכי משמע לשון נותן לו שכרו משלם וצ"ל דמיירי כגון דליכא למימר משטה אני בך שהוא מפסיד במקום אחר כיוצא בזה: ורשאים החמרים להתנות ביניהם. פירוש רשאים להסיע ממון אם כבר עשו תנאי קודם כמו ורשאין בני העיר להסיע על קצתן דב"ב (דף ח:):

יחסנינה סקאה. פי' בקונ' ארבה כמו [ומעלה את] הסקאין דבתענית (דף ו.) שהוא מין ארבה ואין נראה לר"ת דלשון ירושה ואחסנתא משמע דאבני אדם איירי ונטלוה מסיקין נמי איירי בבני אדם ונראה שהאויב קרי סקאה שעולין ומכסין את הארץ כדכתיב (שמות י) והנה כסה את עין הארץ ועל שם כך נקרא צלצל שמכסה כל הארץ כצל כמו הוי ארץ צלצל כנפים (ישעיה יח) ר"ת ונראה דירושה שייכא שפיר בעופות וחיות כמו וירשוה קאת וקפוד (שם לד):

הא מרישא שמעי' מינה. תימה דבכמה מקומות איכא הכי שכופל דבריו וי"ל דדייק מדה"ל למיתני ואם לאו חייב מדקתני ואם מחמת הגזלן חייב להעמיד לו שדה אחר משמע דמילתא באפי' נפשה היא:

לא צריכא דאחוי אחויי. פי' בקונט' שמע מבית המלך שהיו רוצין לגזול (ב) לו קרקע והראה להם זה קרקע פלוני אמת הוא כמו שפי' דאפילו בענין זה מחייבים ליה אע"ג שאינו ברור שיטלוה שלא אמרו תחילה הראה לנו ונגזול אלא מעצמו הראה להם דהא ה"נ אמר לקמן (קיז.) ואם הראה מעצמו כמו שנשא ונתן דמי וי"ס דגרס הכא כגון שאנסוהו עכו"ם ואחוי ארעא ואחוי נמי הא בהדייהו ואין להקשות (ג) לפ"ז מדאמר לקמן נאנס פטור דהתם אנסוהו להראות קרקעותיו של פלוני אבל הכא דאנסוהו להראות שלו חייב שלא היה לו להראות אותה שגזל שאין שלו:

לא צריכא דאחוי אחויי. וחייב משום דינא דגרמי כדמשמע לקמן בשמעתין דקאמר זיל לגביה ר' שמעון בן אליקים ור' אלעזר בן פדת דדאין דינא דגרמי וחייבוהו ממתניתין ואם מחמת הגזלן חייב להעמיד לו שדה אחר ותימה לרשב"א דלעיל בהגוזל קמא (דף ק. ושם) לא משכחת דר"מ דאין דינא דגרמי אלא ברייתא דמחילת הכרם שנפרצה דלא שמעינן דאתא כר"מ אלא מכה ההיא משנה דהמסכך ואמאי לא מייתי התם ממתני' דהכא דמחייבינן בדינא דגרמי ואומר ר"י דלא ניחא ליה לאתויי ממתניתין דהכא דלא קתני בה בהדיא דאחוי אלא מיתורא דמתני' מוקי לה הכי:

לאו

צג א ב מיי' פי"ב מהל' אבידה הל' יא סמג עשין עד טוש"ע ח"מ סי' רעב סעי' טו:
צד ג ד ה מיי' שם הל' יב יג טוש"ע שם סעיף טז:
צה ו מיי' שם הל' יד טוש"ע שם סעי' יז:
צו ז ח ט מיי' שם הל' טו טוש"ע שם סעי' יח:
צז י מיי' שם הלכה ח ופ"ה מהל' שותפין הל' ז סמג עשין עד טוש"ע ח"מ סי' קפא ס"א:
צח כ מיי' פי"ב מהל' אבידה הל' י טוש"ע שם סעיף ג וסי' קעו סעיף כח:
צט ל מיי' שם טוש"ע ח"מ סי' קפא ס"ג:
ק מ נ מיי' פ"ט מהל' שכירות הלכה ד סמג עשין פט טוש"ע ח"מ סי' שלג סעי' ג:
קא ס מיי' פי"ב מהל' אבידה הל' ט ופ"ה מהל' שלוחין ושותפין הל' ה סמג עשין עד טוש"ע ח"מ סי' קפא סעי' א:
קב ע מיי' פ"ט מהל' גזילה ואבידה הל' ג טוש"ע ח"מ סי' שעא סעי' ג:
קג פ מיי' שם הל"ג טוש"ע שם סעי' ד:

לעזי רש"י

פרושים. נ"ל פרונ"ש. פירוש שזיפין (פלוימען) (רש"י יומא דף פא ע"א ועיין ערוך ערך דרמסקן): אדרופיי"ש. פירוש מלוח עלי שיח (איוב ל, ד):

ליקוטי רש"י

ודורמסקנין. שלקות מעשב שקורין אקדלשי"ט בלע"ז כך ראיתי בפירוש ב"ק של רבינו יצחק ב"ר יהודה אבל כאן פירש פרונ"ש וכן שמעתי אני כאן ובבבא קמא פרונ"ש [ברכות לט.]. נחשול. רוח סערה [גיטין נו:]. כי לי בני ישראל עבדים. שטרי קודם [ויקרא כה, נה].

א) [תוספתא דב"מ פ"ז ה"ז], ב) [תוספתא דב"מ פ' יא הי"ב], ג) גי' ת"ח תנו לי ואני לוקח, ד) [תוספת' שם פ"ז ה"ז], ה) [תוספתא שם פי"א הי"ב], ו) [תוספתא דב"מ פ"ח ה"ט], ז) ב"מ י. עז., ח) [ב"מ י. ע"ש קידושין כב: ושם איתא עבדי הם ולא עבדים כו'], ט) [לקמן קיז:], י) צ"ל הנה כסה וכו' (במדבר כ"ב) רש"ש.

הגהות הב"ח

(א) גמ' שדה אחר ואוקימנא: (ב) תוס' ד"ה לא צריכא וכו' לגזול קרקע כצ"ל ותיבת לו נמחק: (ג) בא"ד ואין להקשות לפי גירסא זו:

גליון הש"ס

גמ' להביא כרוב וכו'. עיין יבמות דף קו ע"א תוד"ה אין לו: רש"י ד"ה דורמסקנין. עיין בברכות לט ע"א ברש"י ד"ה דורמסקנין:

תורה אור השלם

א) כִּי לִי בְנֵי יִשְׂרָאֵל עֲבָדִים עֲבָדַי הֵם אֲשֶׁר הוֹצֵאתִי אוֹתָם מֵאֶרֶץ מִצְרָיִם אֲנִי יְיָ אֱלֹהֵיכֶם: [ויקרא כה, נה]

ב) וְאָכַלְתָּ פְרִי בִטְנְךָ בְּשַׂר בָּנֶיךָ וּבְנֹתֶיךָ אֲשֶׁר נָתַן לְךָ יְיָ אֱלֹהֶיךָ בְּמָצוֹר וּבְמָצוֹק אֲשֶׁר יָצִיק לְךָ אֹיְבֶךָ: [דברים כח, נג]

ג) כָּל עֵצְךָ וּפְרִי אַדְמָתֶךָ יְיָרֵשׁ הַצְּלָצַל: [דברים כח, מב]

מקשה הגמרא:

פְּשִׁיטָא — הלא ברור שאין שומעים לו מהטעם שנתבאר, ומדוע הוצרכה הברייתא להשמיענו זאת?

מתרצת הגמרא:

לֹא צְרִיכָא — הוראת הברייתא אינה נצרכת אלא למקרה **דְּאִית לֵיהּ חֲמָרָא אַחֲרִינָא** — שיש לו חמור אחר. **מַהוּ דְּתֵימָא הָא קָא מִינַּטַּר לֵיהּ** — יכול היית לומר: הרי הוא שומר על אותו חמור ואין לחשוש אם לא יקנה חמור אחר, **קָא מַשְׁמַע לָן** — לפיכך הוצרכה הברייתא להשמיענו **שֶׁשַּׁאנִי נְטִירוּתָא דְּחַד מִנְּטִירוּתָא דְּבֵי תְּרֵי** — ששונה שמירת חמור אחד משמירת שני חמורים, שכאשר יש לו שני חמורים הרי הוא מתאמץ יותר בשמירתם[12], ולפיכך אין נותנים לו דמים אלא מעמידים לו חמור אחר תחת החמור שאבד.

המשך הברייתא דלעיל:

תָּנוּ רַבָּנָן (תוספתא בבא מציעא ז, ז): **סְפִינָה שֶׁהָיְתָה מְהַלֶּכֶת בַּיָּם וְעָמַד עָלֶיהָ נַחְשׁוֹל** — גל גדול **לְטוֹבְעָהּ, וְהֵקִילוּ** יושבי הספינה **מִמַּשָּׂאָהּ** על ידי השלכתו לים, **מְחַשְּׁבִין** כמה צריך כל אחד להשליך **לְפִי מַשּׂאוֹי** — משקל המשא, **וְאֵין מְחַשְּׁבִין** זאת **לְפִי מָמוֹן** — שווי המשא[13]. **וְלֹא יְשַׁנּוּ** בדבר זה **מִמִּנְהַג הַסַּפָּנִים**, שאם נהגו לחשב לפי ממון או באופן אחר לא ישנו ממנהגם[14].

הוראה נוספת בענין ספנים:

וְרַשָּׁאִין הַסַּפָּנִים בשיירה של ספינות **לְהַתְנוֹת** ביניהם **שֶׁכָּל מִי שֶׁאָבְדָה לוֹ סְפִינָה יַעֲמִיד לוֹ** — יתנו לו שאר הספנים **סְפִינָה אַחֶרֶת**[15]. אם אחד מהם **אָבְדָה לוֹ** ספינתו **בְּכוּסְיָא** — בפשיעה **אֵין** שאר הספנים **מַעֲמִידִין** לו ספינה אחרת[16]. אם אבדה הספינה **שֶׁלֹּא בְּכוּסְיָא** — שלא בפשיעה **מַעֲמִידִין לוֹ** ספינה אחרת. **וְאִי פֵּירַשׁ** אחד מהם **לְמָקוֹם שֶׁאֵין הַסְּפִינוֹת הוֹלְכִין** שם, וכתוצאה מכך אבדה ספינתו, **אֵין מַעֲמִידִין** לו ספינה אחרת[17].

הגמרא מקשה על ההוראה האחרונה:

פְּשִׁיטָא — הלא ברור שאם פירש למקום שאין הספינות הולכות שם אין מעמידים לו ספינה אחרת, שהרי כבר שנינו שכך הוא הדין במקרה של פשיעה, ומדוע הוצרכה הברייתא לפרט מקרה זה?

מתרצת הגמרא:

לֹא צְרִיכָא — הוראת הברייתא אינה נצרכת אלא למקרה הבא: **דִּבְנִיסָן מְרַחֲקֵי חַד אַשְׁלָא** — שבימי ניסן, שהנהר גדל מגשמים ומהפשרת שלגים, מתרחקות הספינות משפת הנהר לאמצעו מלא אורך חבל אחד, **וּבְתִשְׁרֵי מְרַחֲקֵי תְּרֵי אַשְׁלֵי** — ובימי תשרי, שהמים מתחסרים והספינה נוגעת בקרקע, מתרחקות הספינות משפת הנהר מלא אורך שני חבלים, **וְקָא אָזִיל בְּיוֹמֵי נִיסָן** — ואותו ספן הלך בימי ניסן **לְמְקוֹם** שהספינות הולכות בו בימי **תִּשְׁרֵי**, דהיינו לאמצע הנהר, ומתוך שהנהר עמוק וסוער טבעה ספינתו[18]. **מַהוּ דְּתֵימָא דַּוְושֵׁיהּ נָקִיט וְאָזִיל** — יכול היית לומר שהוא הלך לשם מחמת רגילותו בחדשים הקודמים ואין זו פשיעה, **קָא מַשְׁמַע לָן** — לפיכך הוצרכה הברייתא להשמיענו שאף זו פשיעה היא, ואין מעמידים לו ספינה אחרת.

ברייתא נוספת בענין שיירה:

תָּנוּ רַבָּנָן: שַׁיָּירָא שֶׁהָיְתָה מְהַלֶּכֶת בַּמִּדְבָּר, וְעָמַד עליה **גַּיִיס וּטְרָפָהּ** — ובזזה, **וְעָמַד אֶחָד מֵהֶן וְהִצִּיל** את הממון מיד הגייס, הרי זה **הִצִּיל לָאֶמְצַע**, כלומר, כל אחד מבני השיירה בא ונוטל את שלו[19]. **וְאִם אָמַר** המציל: **"אֲנִי אַצִּיל לְעַצְמִי"** הרי זה **הִצִּיל לְעַצְמוֹ**, כלומר, רשאי הוא לזכות בממון לעצמו.

מקשה הגמרא:

הֵיכִי דָּמֵי — באיזה אופן מדובר? **אִי דְּיָכוֹל לְהַצִּיל** — אם מדובר שהבעלים עצמו יכול להציל את ממונו מיד הגייס[20], אם כן **אֲפִילוּ בְּסֵיפָא**, שאמר המציל "אני אציל לעצמי", **נַמִּי לָאֶמְצַע** — גם כן צריך הממון להתחלק בין כל בני השיירה, שהרי לא נתייאשו בעליו ממנו, ואם נטלו המציל לעצמו הרי הוא גזלן[21]. **וְאִי דְּלֹא יָכוֹל לְהַצִּיל** — ואם מדובר שהבעלים עצמו אינו יכול להציל את ממונו, אם כן **אֲפִילוּ בְּרֵישָׁא**, שלא אמר המציל דבר, **נַמִּי לְעַצְמוֹ** — גם כן רשאי הוא לזכות בו לעצמו, שהרי נתייאשו בעליו[22]!

מתרצת הגמרא:

אָמַר רָמִי בַּר חָמָא: הָכָא בְּשׁוּתָּפִין עַסְקִינָן — כאן, בברייתא, אנו עוסקים במקרה שבני השיירה היו שותפים בממון הגזול, ומדובר בין שיכול הבעלים להציל את ממונו ובין שאינו יכול להצילו[23], שמאחר ששותפו טורח בהצלתו אין הוא מתייאש[24]. **וּבמקרה כְּגוֹן זֶה**, שיש איבוד ממון, **שׁוּתָּף חוֹלֵק** את השותפות ונוטל את חלקו אף **שֶׁלֹּא לְדַעַת חֲבֵירוֹ** — בלא הסכמת חבירו. לפיכך, אם **אָמַר** המציל "אני אציל לעצמי", **פָּלִיג** — הרי חילק את השותפות ונוטל חלקו ממה

הערות

לו (רי"ף; רא"ש; רמב"ם הלכות גזילה ואבידה יב, יג). ולפי זה אם אמר "תנו לי ואני לוקח" שומעים לו, ואין חוששים שמא לא יקנה חמור אחר (דרישה שם; ש"ך חושן משפט שם, ז).

12. ואף אם יטען החמר שעל חמור אחד יכול הוא לשמור טוב יותר מאשר על שני חמורים, יכולים חבריו לומר לו שבודאי אם יהיו לו שני חמורים הוא יתאמץ יותר (רש"י; עיין מהרש"ל ובית יוסף חושן משפט רעב; לדיון בדברי רש"י עיין דרישה שם, כ).

13. כלומר, אם אחד השליך לים מאה ליטרין זהב [אין אומרים שחבירו הנושא עמו ברזל ישליך ברזל באותו שווי, אלא] ישליך זה מאה ליטרין ברזל (רש"י). [משקלה של ליטרא זהב הוא כמשקל מאה דינרי זהב (ראה רש"י שמות כה, לט ובכורות נ, א ד"ה ליטרין; ראה גם ערוך ערך לטר; אמנם עיין רמב"ם הלכות מתנות עניים ו, ח והלכות חובל ומזיק ג, ה).]

מהלשון "והקלו ממשאה" יש לדייק שמדובר במקרה שבעל הזהב כבר השליך את משאו, אולם אם עדיין לא עשה זאת יכול הוא לכפות את בעל הברזל להשליך מאתיים לטרין ברזל, ולאחר מכן ישלם לו עבור מאה הלטרין הנוספים (שו"ת צמח צדק הקדמון יח, מובא בפתחי תשובה חושן משפט רעב, ב; ראה גם שלחן ערוך חושן משפט רסד, ה וביאור הגר"א שם יד; אמנם עיין מאירי).

14. נמוקי יוסף; ים של שלמה מב.

15. כלומר, אם התנו כן מדעת כולם רשאים הם לכפות זה את זה לקיים את תנאם (עיין לעיל הערה 9).

16. משום שמן הסתם לא היתה דעתם להתחייב במקרה של פשיעה.

17. משום שהפלגה במקומות כאלו נחשבת פשיעה.

18. רש"י; אמנם עיין ראב"ד ומאירי.

19. רש"י.

הלשון "לאמצע" אינה מתפרשת כאן כפשוטה (היינו, לכל בני השיירה), שהרי מאחר שבני השיירה אינם שותפים נמצא שכל אחד נוטל את שלו, ואם הציל ממון של אדם מסויים אין שאר בני השיירה מתחלקים בו (סמ"ע חושן משפט קפא, ב; ראה להלן הערה 26; ועיין שו"ת מהר"י בן לב ג, מב).

20. כגון שבני השיירה רבים יותר או גבורים יותר מבני הגייס (רמ"ך, מובא בשיטה מקובצת).

21. רש"י.

22. וכפי ששנינו לעיל (קיד, א): "המציל מן הנהר או מן הגייס... אם נתייאשו הבעלים הרי אלו שלו". ואף על פי שיאוש בגזילה אינו מועיל בלא שינוי רשות או שינוי השם, והוצאת הגזילה מרשות הגייס שלא ברצונם אינה נחשבת שינוי רשות (ראה שלחן ערוך חושן משפט שסא, ה), היינו דוקא אם נתייאשו הבעלים לאחר שהגיעה הגזילה ליד הגזלן, אולם אם ראה אנס בא כנגדו ונתיאש קודם שבאה הגזילה לידו הרי זה כיאוש באבידה, וניתן לזכות בה מיד האנס אף בלא שינוי כלל (נתיבות המשפט שסא, ב; לתירוצים נוספים עיין נתיבות המשפט קפא, א; מחנה אפרים הלכות גזילה כח; אור שמח הלכות גזילה ה, ד ד"ה והנה; ראה גם חידושי רבי עקיבא איגר).

23. רש"י; רבינו יהונתן; ראה להלן הערה 25.

24. רבינו יהונתן; רמ"ה, מובא בשיטה מקובצת; ויש מפרשים שאף על פי שהבעלים מתייאש, מכל מקום כשמציל השותף את הממון מן הסתם דעתו לזכות בו עבור כל השותפים (קצות החשן קפא, א; ראה גם חזון איש בבא בתרא ה, יג).

עין משפט
נר מצוה

צג א ב מיי' פי"ב מהל' אבידה הל' יא סמג עשין עד טוש"ע ח"מ סי' רעב סעי' טו:
צד ג ד ה מיי' שם הל' יב יג טוש"ע שם סעיף טז:
צה ו מיי' שם הל' יד טוש"ע שם סעי' יז:
צו ז ח ט מיי' שם הל' טו טוש"ע שם סעי' יח:
צז י מיי' שם הלכה ח ופ"ה מהל' שותפין הל' ז סמג עשין עד טוש"ע ח"מ סי' קפא ס"א:
צח כ מיי' פי"ב מהל' אבידה הל' י טוש"ע שם סעיף ג וסי' קעו סעיף כח:
צט ל מיי' שם טוש"ע ח"מ סי' קפא ס"ג:
ק מ נ מיי' פ"ט מהל' שכירות הלכה ד סמג עשין פט טוש"ע ח"מ סי' שלג סעי' ג:
קא ס מיי' פי"ב מהל' אבידה הל' ט ופ"ה מהל' שלוחין ושותפין הל' ה סמג עשין עד טוש"ע ח"מ סי' קפא סעי' א:
קב ע מיי' פ"ט מהל' גזילה ואבידה הל' ג טוש"ע ח"מ סי' שעא סעי' ג:
קג פ מיי' שם הל"ג טוש"ע שם סעי' ד:

לעזי רש"י

פרושים. נ"ל פרונ"ש. פירוש שזפין (פלוימען) (רש"י יומא דף פא ע"א ועיין ערוך ערך דרמסקן): אדרופיי"ש. פירוש מלוח עלי שיח (איוב ל, ד):

ליקוטי רש"י

ודורמסקנין. שלקות מעשב שקורין אקדלשי"ט בלע"ז כך ראיתי בפירוש ב"ק של רבינו יצחק ב"ר יהודה אבל כאן פירש פרונ"ש וכן שמעתי אני כאן ובבבא קמא פרונ"ש [ברכות לט.]. נחשול. רוח סערה [גיטין נו:]. כי לי בני ישראל עבדים. שטרי קודם [ויקרא כה, נה].

להביא כרוב ודורמסקנין לחולה והלך ומצאו שמת או שהבריא נותן לו שכרו משלם א"ל מי דמי התם עביד שליח שליחותיה הכא לא עביד שליח שליחותיה: ת"ר (א) א שיירא שהיתה מהלכת במדבר ועמד עליה גיים לטורפה מחשבין לפי ממון ואין מחשבין לפי נפשות ב ואם שכרו תייר ההולך לפניהם מחשבין אף לפי נפשות ולא ישנו ממנהג החמרין (ב) ג רשאין החמרין להתנות שכל מי שיאבד לו חמורו יעמיד לו חמור אחר ד בכוסיא אין מעמידין שלא בכוסיא מעמידין לו ואם אמר תנו לי (ג) ואני אשמור אין שומעין לו פשיטא לא צריכא ה דאית ליה חמרא אחרינא מהו דתימא הא קא מינטר ליה קמ"ל שאני נטירותא דחד מנטירותא דבי תרי: ת"ר (ד) ו ספינה שהיתה מהלכת בים עמד עליה נחשול לטובעה והקילו ממשאה מחשבין לפי משאוי ואין מחשבין לפי ממון ולא ישנו ממנהג הספנים (ה) ז ורשאין הספנים להתנות שכל מי שאבדה לו ספינה יעמיד לו ספינה אחרת ח אבדה לו בכוסיא אין מעמידין שלא בכוסיא מעמידין לו ואי פירש למקום שאין הספינות הולכין אין מעמידין פשיטא ט לא צריכא דבניסן מרחקי חד אשלא ובתשרי מרחקי תרי אשלי וקא אזיל ביומי ניסן למקום תשרי מהו דתימא דוושיה נקיט ואזיל קמ"ל ת"ר (ו) י שיירא שהיתה מהלכת במדבר ועמד גיים וטרפה ועמד אחד מהן והציל הציל לאמצע ואם אמר אני אציל לעצמי הציל לעצמו היכי דמי אי דיכול להציל אפילו סיפא נמי לאמצע ואי דלא יכול להציל אפילו רישא נמי לעצמו אמר רמי בר חמא הכא כ בשותפין עסקינן וכגון זה שותף חולק שלא לדעת חבירו אמר פליג לא אמר לא פליג רבא אמר הכא ל בפועלין עסקינן וכרב (ז) דאמר רב מ פועל יכול לחזור בו אפילו בחצי היום וכמה דלא הדר ביה כברשותיה דבעל הבית דמי וכי הדר ביה נ טעמא אחרינא הוא דכתיב א) כי לי בני ישראל עבדים (ח) ולא עבדים לעבדים רב אשי אמר ס כשיכול להציל ע"י הדחק גלי דעתיה לעצמו לא גלי דעתיה לאמצע: **מתני'** ע הגוזל שדה מחבירו ונטלוה מסיקין אם מכת מדינה היא אומר לו הרי שלך לפניך (ט) אם מחמת הגזלן חייב להעמיד לו שדה אחר: **גמ'** אמר רב נחמן בר יצחק מאן דתני מסיקין לא משתבש ומאן דתני מציקין לא משתבש מאן דתני מציקין לא משתבש דכתיב ב) במצור ובמצוק ומאן דתני מסיקין לא משתבש דכתיב ג) יירש הצלצל ומתרגמינן יחסניניה סקאה: אם מחמת הגזלן חייב: היכי דמי אילימא דאנסוה לארעא דידיה ולא אנסוה כולי ארעתא הא מרישא שמעת מינה אם מכת מדינה היא כו' אי לא לא לא צריכא דאחוי אחווי לישנא אחרינא הב"ע פ כגון דאנסוה עכו"ם ואמרי ליה אחווי ארעתיה ואחוי ההוא בהדייהו ההוא גברא דאחוי אכריא דחטי דבי ריש גלותא אתא לקמיה דרב נחמן חייביה רב נחמן לשלומי יתיב רב יוסף אחוריה דרב הונא בר חייא ויתיב רב הונא בר חייא קמיה דרב נחמן א"ל רב הונא בר חייא לרב נחמן דינא או קנסא א"ל מתניתין היא דתנן אם מחמת הגזלן חייב להעמיד לו שדה (א) ואוקימנא דאחוי אחווי בתר דנפק א"ל רב יוסף לרב הונא בר חייא מאי נפקא לך מיניה אי

תוספות

להביא כרוב ודורמסקנין לחולה. שכרוהו בשביל החולה יותר ממה שהיה ראוי לשוכרו דהכי משמע לשון נותן לו שכרו משלם וצ"ל דמיירי כגון דליכא למימר משטה אני בך שהוא מפסיד במקום אחר כיוצא בזה: **ורשאים** החמרים להתנות ביניהם. פירוש רשאים להסיע ממון אם כבר עשו תנאי קודם כמו ורשאין בני העיר להסיע על קצתן דב"ב (דף ח:):

יחסנינה סקאה. פי' בקונ' ארבה כמו [ומעלה את] הסקאין דבתענית (דף ו.) שהוא מין ארבה ואין נראה לר"ת דלשון ירושה ואחסנתא משמע דאבני אדם איירי ונטלוה מסיקין נמי איירי בבני אדם ונראה שהאויב קרי סקאה שעולין ומכסין את הארץ כדכתיב (שמות י) י) והנה כסה את עין הארץ ועל שם כך נקרא צלצל שמכסה כל הארץ כלל כמו הוי ארץ צלצל כנפים (ישעיה יח) ר"ת ונראה דירושה שייכא שפיר בעופות וחיות כמו וירשוה קאת וקפוד (שם לד):

הא מרישא שמעי' מינה. תימה דבכמה מקומות איכא הכי שכופל דבריו וי"ל דדייק מדה"ל למיתני ואם לאו חייב מדקתני ואם מחמת הגזלן חייב להעמיד לו שדה אחר משמע דמילתא באפי' נפשה היא: **לא** צריכא דאחוי אחויי. פי' בקונט' שמע מבית המלך שהיו רוצין לגזול (ב) לו קרקע והראה להם זה קרקע פלוני אמת הוא כמו שפי' דאפילו בענין זה מחייבים ליה אע"ג שאינו ברור שיטלוה שלא אמרו תחילה הראה לנו ונגזול אלא מעצמו הראה להם דהא ה"נ אמר לקמן (קיז.) ואם הראה מעצמו כמו שנשא ונתן דמי וי"ס דגרס הכא כגון שאנסוהו עכו"ם ואחוי ארעא ואחוי נמי הא בהדייהו ואין להקשות (ג) לפ"ז מדאמר לקמן נאנס פטור דהתם אנסוהו להראות קרקעותיו של פלוני אבל הכא דאנסוהו להראות שלו חייב שלא היה לו להראות אותה שגזל שאין שלו: **לא** צריכא דאחוי אחויי. וחייב משום דינא דגרמי כדמשמע לקמן בשמעתין דקאמר זיל לגביה ר' שמעון בן אליקים ור' אלעזר בן פדת דדאין דינא דגרמי וחייבוהו ממתניתין ואם מחמת הגזלן חייב להעמיד לו שדה אחר ותימה לרשב"א דלעיל בהגוזל קמא (דף ק. ושם) לא משכחת דר"מ דאין דינא דגרמי אלא ברייתא דמחילת הכרם שנפרצה דלא שמעינן דאתא כר"מ אלא מכח ההיא משנה דהמסכך ואמאי לא מייתי התם ממתני' דהכא דמחייבינן בדינא דגרמי ואומר ר"י דלא ניחא ליה לאתויי ממתניתין דהכא דלא קתני בה בהדיא דאחוי אלא מיתורא דמתני' מוקי לה הכי: לאו

רש"י

דורמסקנין. פרוסים לשון מורי לשון אחר אדרופיי"ש ועשב הוא הנאכל בשלקות קדירה: לטורפה. לבוזזה ונתפשרו עמהן בממון: תייר. מראה להם הדרך: אף לפי נפשות. שטעות הדרך במדבר סכנת נפשות היא: ולא ישנו ממנהג החמרים. שאם נהגו לתייר לפי ממון או לפי נפשות עושין: בכוסיא. בפשיעה: אין שומעין לו. שמא לא יקח החמור והם לא התנו אלא כדי שיקח החמור ויהיה מוסר נפשו לשמור עמהן בלילות מן החיות וליסטים: קא מנטר ליה. ואפילו אם יאמר האחד אני יכול לשמור יפה אבל שנים איני יכול לשמור: קמ"ל. דאמרי ליה לא כ"ש דהשתא מסרת נפשך טפי: מחשבין לפי משוי. אם השליך זה מאה ליטרין זהב ישליך זה מאה ליטרין ברזל: בניסן. שגדל הנהר מהפשרת שלגים ומן הגשמים מרחקים חד אשלא מלא חבל משפת הנהר לתוך המים ובתשרי שהמים חסרים והספינה גוששת אצל שפת הנהר רגילים להתרחק לתוך עומק המים תרי אשלי: ואזל היאך בניסן למקום תשרי. באמצע המים ומתוך שהנהר גדול וחזק נטבעה: הציל לאמצע. כל אחד מכיר את שלו ונוטל: אי שיכולים. בעלים להציל לא אייאוש ואפי' אמר לעצמו גזלן הוא: הכא בשותף. ובין יכולים להציל ובין אין יכולין להציל: וכגון זה. במקום איבוד ממון: שותף חולק. ואפי' לא ירצה חבירו: אמר פליג. ומעכב חלקו את מה שהציל: לא אמר לא פליג. ושפיר עבד דמסר נפשי' אעיסקא דתרווייהו הואיל והוא שותף עמו אורחיה למטרח אכולה עיסקא: בפועל. שהיה שכיר לבעלי ספינה וכשאין יכולין להציל: הדר ביה. וזכי מהפקירא: רב אשי אומר. לעולם באניס דעלמא וכגון דיכולין להציל ע"י הדחק: אמר לעצמי. ושמעו בעלים ושתקו ולא מסרו עצמן אסח דעתייהו וגלו דאייאוש ולא בעו ממסר נפשייהו ומיהו היכא דיכולין להציל להדיא אפילו שמעו ושתקו לא קני דמסתמא לא אייאוש: **מתני'** ונטלוה מסיקין. אנסין גזלוה מן הגזלן: מכת מדינה היא. דאנסוה ארעתא דאחריני והאיך: ואם מחמת הגזלן. מפרש בגמרא: **גמ'** צלצל. ארבה גזלן הוא שאוכל תבואות כל אדם: דאחוי אחווי. שלא גזלה הוא עצמו אלא שמע מבית המלך שמבקשין לגזול שדות והראה להם טלו קרקע זו של פלוני: אי

מסורת הש"ס

א) [תוספתא דב"מ פ"ז ה"ז], ב) [תוספתא דב"מ פ' יא הי"ב], ג) גי' ת"ח תנו לי ואני לוקח, ד) [תוספת' שם פ"ז ה"ז], ה) [תוספתא שם פי"א הי"ב], ו) [תוספתא דב"מ פ"ח ה"ט], ז) ב"מ י. עז., ח) [ב"מ י. ע"ש קידושין כב: ושם איתא עבדי הם ולא עבדים כו'], ט) [לקמן קיז:], י) נ"ל הנה כסה וכו' (במדבר כ"ב) רש"ש.

הגהות הב"ח

(א) גמ' שדה אחר ואוקימנא: (ב) תום' ד"ה לא צריכא וכו' לגזול קרקע כצ"ל ותיבת לו נמחק: (ג) בא"ד ואין להקשות לפי גירסא זו:

גליון הש"ס

גמ' להביא כרוב וכו'. עיין יבמות דף קו ע"א תוד"ה אין לו: רש"י ד"ה דורמסקנין. עיין בברכות לט ע"א ברש"י ד"ה דורמסקנין:

תורה אור השלם

א) כִּי לִי בְנֵי יִשְׂרָאֵל עֲבָדִים עֲבָדַי הֵם אֲשֶׁר הוֹצֵאתִי אוֹתָם מֵאֶרֶץ מִצְרָיִם אֲנִי יְיָ אֱלֹהֵיכֶם: [ויקרא כה, נה]

ב) וְאָכַלְתָּ פְרִי בִטְנְךָ בְּשַׂר בָּנֶיךָ וּבְנֹתֶיךָ אֲשֶׁר נָתַן לְךָ יְיָ אֱלֹהֶיךָ בְּמָצוֹר וּבְמָצוֹק אֲשֶׁר יָצִיק לְךָ אֹיְבֶךָ: [דברים כח, נג]

ג) כָּל עֵצְךָ וּפְרִי אַדְמָתֶךָ יְיָרֵשׁ הַצְּלָצַל: [דברים כח, מב]

שהציל[25], ואם **לֹא אָמַר** כלום, **לֹא פָּלִיג** — לא חילק את השותפות, ומה שהציל מתחלק בין כל בני השיירה[26].

תירוץ נוסף:

רָבָא אָמַר: הָכָא בְּפוֹעֲלִין עַסְקִינַן — כאן, בברייתא, אנו עוסקים במקרה שהמציל היה שכיר של בני השיירה, וכשאין הבעלים יכול להציל[27], **וּכְרַב** — והברייתא שנויה כדעת רב, **דְּאָמַר רַב: פּוֹעֵל יָכוֹל לַחֲזוֹר בּוֹ** מעבודתו **אֲפִילּוּ בַּחֲצִי הַיּוֹם.** ממשיך רבא: **וְכַמָּה דְּלֹא הָדַר בֵּיהּ** — וכל זמן שלא חזר בו **כְּבִרְשׁוּתֵיהּ דְּבַעַל הַבַּיִת דָּמֵי** — נחשב הוא ברשותו של בעל הבית, ואם זכה בהפקר הרי הוא של בעל הבית[28], **וְכִי הָדַר בֵּיהּ** — וכאשר חוזר בו, כפי שאמר רב שהרשות בידו, אין הטעם משום שלא היה מעולם ברשות בעל הבית, אלא **טַעְמָא אַחֲרִינָא הוּא** — מטעם אחר הוא, **דִּכְתִיב** (ויקרא כה, נה): **"כִּי לִי בְנֵי יִשְׂרָאֵל עֲבָדִים"**, ובא הכתוב ללמדנו שבני ישראל הם עבדי ה' **וְלֹא עֲבָדִים לַעֲבָדִים**, כלומר, שפועל אינו קנוי לבעל הבית כעבד שחייב לעבוד בעל כרחו, אלא אם רוצה להפסיק את עבודתו בחצי היום ולוותר על שכרו מכאן ואילך הרשות בידו[29]. מעתה, אף על פי שהבעלים עצמו אינו יכול להציל את ממונו מכל מקום זוכה הוא במה שהציל שכירו[30], אולם אם אמר המציל "אני אציל לעצמי" הרי גילה דעתו שחוזר בו מהשכירות, ורשאי הוא לזכות לעצמו מן ההפקר[31].

תירוץ נוסף:

רַב אַשִׁי אָמַר: הברייתא עוסקת במציל שאינו שותף ואינו פועל, ומדובר **כְּשֶׁיָּכוֹל** הבעלים **לְהַצִּיל** את ממונו רק **עַל יְדֵי הַדְּחָק.** לפיכך, **גַּלֵּי דַעְתֵּיהּ** — אם גילה המציל דעתו שהוא מציל את הממון לעצמו, והבעלים שמעו ושתקו ולא ניסו להצילו בעצמם, הציל **לְעַצְמוֹ**, לפי שמשתיקת הבעלים מוכח שהם התייאשו מממונם ואינם רוצים להתאמץ ולהצילו[32]. **לֹא גַּלֵּי דַעְתֵּיהּ** — ואם לא גילה המציל דעתו שהוא מציל לעצמו, הרי זה הציל **לָאֶמְצַע**, וכל אחד מבני השיירה נוטל את שלו, שמאחר שהיה ביד הבעלים להציל את ממונם מן הסתם לא נתייאשו ממנו.

משנה **הַגּוֹזֵל שָׂדֶה מֵחֲבֵירוֹ**[33], **וּ**לאחר מכן **נְטָלוּהָ** ממנו **מַסִּיקִין** — אנסים[34], הדין הוא כדלהלן: **אִם מַכַּת מְדִינָה הִיא**, דהיינו שהמסיקין נטלו גם שדות של אחרים[35], **אוֹמֵר לוֹ** הגזלן לבעל השדה: **"הֲרֵי** השדה **שֶׁלְּךָ לְפָנֶיךָ"**, ואינו חייב להעמיד לו שדה אחר[36]. **וְאִם** ניטל השדה **מֵחֲמַת הַגַּזְלָן חַיָּיב** הגזלן **לְהַעֲמִיד לוֹ שָׂדֶה אַחֵר**[37].

גמרא הגמרא דנה בגירסת המשנה:

אָמַר רַב נַחְמָן בַּר יִצְחָק: מַאן דְּתָנֵי — מי ששונה במשנה **"מַסִּיקִין" לֹא מִשְׁתַּבֵּשׁ** — אינו טועה, **וּמַאן דְּתָנֵי** — ומי ששונה במשנה **"מַצִּיקִין" לֹא מִשְׁתַּבֵּשׁ** — אינו טועה, משום שלשתי הגירסאות יש מקור.

רב נחמן בר יצחק מבאר את דבריו:

הערות

25. ואף אם הבעלים יכול להציל את ממונו, מכל מקום מאחר שהממון נתון בסכנה רשאי חבירו לחלוק את השותפות שלא מדעתו (רבינו יהונתן; רשב"א וראב"ד בפירושם השני). ויש שכתבו שלפי תירוץ זה מדובר שהבעלים אינו יכול להציל את ממונו, ולפיכך רשאי המציל לחלוק את השותפות שלא מדעתו (רשב"א וראב"ד בפירושם הראשון).

אם הציל השותף יותר מכדי חלקו הדין הוא כדלהלן: אם שאר בני השיירה יכלו להציל את ממונם מתחלק הממון הנותר ביניהם, אולם אם לא יכלו להצילו רשאי המציל לזכות בכל הממון, אף יותר מכדי חלקו, שמאחר שגילה דעתו שלעצמו הוא מציל מן הסתם נתייאשו השאר מחלקם (רא"ש; ים של שלמה מד; טור ורמ"א חושן משפט קפא, ב; ראה גם רמ"ה, מובא בשיטה מקובצת). אולם מרש"י (ד"ה הכא בשותף וד"ה אמר פליג) משמע שבכל מקרה אין המציל רשאי לזכות ביותר מכדי חלקו (עיין שו"ת ושב הכהן יב).

26. ואין לומר שהמציל לא התאמץ להציל את הממון אלא כדי ליטול את חלקו, והרי זה כאילו אמר "לעצמי אני מציל", משום שדרכו של שותף לטרוח עבור הממון של השותפות (רש"י; רבינו יהונתן).

יש אומרים שאם לא אמר המציל בפירוש [לחבירו או לעדים] שלעצמו הוא מציל אין הוא נאמן לומר שלכך נתכוון, משום ש"דברים שבלב אינם דברים" (ראה ראב"ד; רבינו יהונתן; שו"ת הרשב"א א, תתקלח ו־ז, תסד). ויש שכתבו שאם אין שם אדם להודיע לו ישבע המציל שלכך נתכוון ויטול את חלקו (מרדכי קפד כפי שביארו ב"ח חושן משפט קפא, ב; עיין גם מאירי; לביאורים אחרים בדברי המרדכי ראה בית יוסף שם; ש"ך שם, ה; קצות החשן שם, א; עיין גם משנה למלך הלכות גזילה ואבידה יב, ח-י).

לפי תירוץ זה הלשון "הציל לאמצע" מתפרשת כפשוטה (דהיינו, לכל בני השיירה), שמאחר שבני השיירה שותפים בממון הגזול הרי הם חולקים בכל מה שהציל (סמ"ע חושן משפט קפא, ב; ראה גם שו"ת מהר"י בן לב ג, מב; ועיין לעיל הערה 19).

27. רש"י, על פי הגהות מאילפס ישן מב, ב בדפי הרי"ף; ראה גם מגיד משנה הלכות גזילה ואבידה יב, י.

28. ודוקא כששכרו בסתם ולא פירש לו מלאכה מסויימת, אולם אם שכרו למלאכה מסויימת (כגון לעדור או לנכש עשבים) אין הזכייה בהפקר בכלל מלאכת בעל הבית, ואם הגביהו הפועל קנאו לעצמו (עיין בבא מציעא י, א). ולדעת רב פפא (שם יב, ב) אין בעל הבית זוכה במציאת הפועל אלא אם שכרו במיוחד לצורך כך (עיין טור ושלחן ערוך חשן משפט ער, ג; לנדון בגדר זכיית בעל הבית במציאת הפועל עיין ריטב"א בבא מציעא י, א; נתיבות המשפט קה, ב ו־קפח, א; מחנה אפרים הלכות שלוחין ושותפין יא; חידושי רבי שמעון שקאפ גיטין ד בשם הגר"ח מבריסק; אור שמח הלכות שכירות ט, יא; חזון איש חושן משפט לקוטים כ לדף י, א).

29. רבא התקשה ליישב את שתי ההלכות זו עם זו. שהרי אם פועל נחשב ברשותו של בעל הבית, כיצד יכול הוא לחזור בו ולהפקיע את קנינו של בעל הבית? לפיכך מבאר רבא שפועל אכן נחשב ברשותו של בעל הבית, אולם גזירת הכתוב היא שרשאי הוא לחזור בו באמצע השכירות (עיין רש"י בבא מציעא י, א ד"ה כי הדר ביה; ריטב"א שם; ראה גם תוספות שם ד"ה יכול ורבי עקיבא איגר שם).

30. ודוקא אם שכרוהו בסתם, אולם אם שכרוהו למלאכה מסויימת אין הם זוכים במה שהציל (רמ"ה, מובא בשיטה מקובצת; עיין לעיל הערה 28). ויש אומרים שמדובר כגון ששכרוהו להציל מן הלסטים, וכדעת רב פפא (הובאה לעיל הערה 28) שאין בעל הבית זוכה במציאת הפועל אלא אם שכרו במיוחד לצורך כך (ראב"ד; רמב"ם הלכות גזילה ואבידה יב, י; ראה גם שלחן ערוך חושן משפט קפא, ג וסמ"ע שם ד).

31. רש"י.

מסוגייתנו משמע שפועל רשאי לחזור בו באמצע השכירות אף שכתוצאה מכך יְאַבֵּד הבעלים את ממונו, ויש להקשות ממה ששנינו בבבא מציעא (עו, ב) שבדבר האבד אין פועל רשאי לחזור בו. יש אומרים שמה ששנינו שבדבר האבד אין פועל רשאי לחזור בו היינו דוקא אם בשעה ששכרו היה בעל הבית יכול לשכור פועלים אחרים ועכשיו אינו מוצא, אולם אם בין כה וכה לא היה מוצא פועלים אחרים רשאי הפועל לחזור בו (רשב"א בבא מציעא עז, א). ויש אומרים שבכל מקרה אין פועל רשאי לחזור בו ממלאכת דבר האבד (רמב"ן, הובא בבית יוסף חושן משפט שלג), ולדבריהם יש לומר שמאחר שהבעלים אינו יכול להציל את ממונו, וכבר נעשה ממונו הפקר, אין זה נחשב "דבר האבד" (מחנה אפרים הלכות שכירות פועלים, ו; חזון איש כא, לג; לתירוצים נוספים ראה שו"ת ושב הכהן יב; פתחי תשובה חושן משפט קפא, ה).

32. אולם אם הבעלים יכולים להציל בקלות, אף אם אמר המציל "לעצמי אני מציל" והם שמעו ושתקו אין המציל רשאי לזכות לעצמו, משום שבודאי הבעלים לא נתייאשו (רש"י; ראה שלטי הגבורים מב, ב בדפי הרי"ף אות א; לנדון מה הדין ביכול להציל על ידי הדחק כאשר המציל הוא שותף או פועל עיין ב"ח חושן משפט קפא, ב; פרישה שם, א; ביאור הגר"א שם, ב).

33. כגון שהוציא את חבירו בכח משדהו, או שנטל את סימן הגבול שבין שדהו לשדה חבירו והזיזו לתוך שדה חבירו (עיין תוספות רי"ד; ראה גם תוספות לעיל סב, ב ד"ה יצאו קרקעות).

34. "מסיקין" הם פקידי המלך הגוזלים קרקעות מיד בעליהן (תפארת ישראל, כה; ראה גם רמב"ם הלכות גזילה ואבידה ט, ב).

35. רש"י. ויש אומרים שאין נקראת מכת מדינה אלא אם כן נטלו המסיקין שדות מרוב בני העיר (רמ"ה, מובא בשיטה מקובצת; ראה גם רבינו יהונתן ורמב"ם הלכות גזילה ואבידה ט, ב; ועיין ערוך השלחן יורה דעה שעא, ד).

36. מאחר ש"קרקע אינה נגזלת" (ראה לעיל צה, א ולקמן קיז, ב) הרי היא ברשות בעליה, ולפיכך אם נאנסה אין הגזלן חייב באחריותה (מאירי; תוספות רי"ד; רבינו יהונתן; עיין גם ים של שלמה מו; ראה להלן הערה 40).

37. הגמרא להלן תפרש הוראה זו (רש"י).

עין משפט
נר מצוה

צג א ב מיי׳ פי״ב מהל׳ אבידה הל׳ יא סמג עשין עד טוש״ע ח״מ סי׳ רעב סעי׳ טו:
צד ג ד ה מיי׳ שם הל׳ יב יג טוש״ע שם סעיף טז:
צה ו מיי׳ שם הל׳ יד טוש״ע שם סעי׳ יז:
צו ז ח ט מיי׳ שם הל׳ טו טוש״ע שם סעי׳ יח:
צז י מיי׳ שם הלכה ח ופ״ה מהל׳ שותפין הל׳ ז סמג עשין עד טוש״ע ח״מ סי׳ קפא ס״א:
צח כ מיי׳ פי״ב מהל׳ אבידה הל׳ י טוש״ע שם סעיף ב וסי׳ קעו סעיף כח:
צט ל מיי׳ שם טוש״ע ח״מ סי׳ קפא ס״ג:
ק מ נ מיי׳ פ״ט מהל׳ שכירות הלכה ד סמג עשין פט טוש״ע ח״מ סי׳ שלג סעי׳ ג:
קא ס מיי׳ פי״ב מהל׳ אבידה הל׳ ט ופ״ה מהל׳ שלוחין ושותפין הל׳ ה סמג עשין עד טוש״ע ח״מ סי׳ קפא סעי׳ א:
קב ע מיי׳ פ״ט מהל׳ גזלה ואבידה הל׳ ב טוש״ע ח״מ סי׳ שעא סעי׳ ג:
קג פ מיי׳ שם הל״ג טוש״ע שם סעי׳ ד:

לעזי רש״י

פרושים. נ״ל פרונ״ש. פירוש שזיפין (פלוימען) (רש״י יומא דף פא ע״א ועיין ערוך ערך דרמסקן): **אדרופיי״ש.** פירוש מלוח עלי שיח (איוב ל, ד):

ליקוטי רש״י

ודורמסקנין. שלקות מעשב שקורין אקדלשי״ט בלע״ז כך ראיתי בפירוש ב״ק של רבינו יצחק ב״ר יהודה אבל כאן פירש פרונ״ש וכן שמעתי אני כאן ובבבא קמא פרונ״ש [ברכות לט.]. **נחשול.** רוח סערה [גיטין נו:]. **כי לי בני ישראל עבדים.** שטרי קודם [ויקרא כה, נה].

להביא כרוב ודורמסקנין לחולה. שכרוהו בשביל החולה יותר ממה שהיה ראוי לשוכרו דהכי משמע לשון נותן לו שכרו משלם וצ״ל דמיירי כגון דליכא למימר משטה אני בך שהוא מפסיד במקום אחר כיוצא בזה: **ורשאים** החמרים להתנות ביניהם. פירוש רשאים להסיע ממון אם כבר עשו תנאי קודם כמו ורשאין בני העיר להסיע על קצתן דב״ב (דף ח:):

יחסנינה סקאה. פי׳ בקונ׳ ארבה כמו [ומעלה את] הסקאין דבתענית (דף ו.) שהוא מין ארבה ואין נראה לר״ת דלשון ירושה ואחסנתא משמע דאבני אדם איירי ונטלוה מסיקין נמי איירי בבני אדם ונראה שהאויב קרי סקאה שעולין ומכסין את הארץ כדכתיב (שמות י) והנה כסה את עין הארץ ועל שם כך נקרא צלצל שמכסה כל הארץ כלל כמו הוי ארץ צלצל כנפים (ישעיה יח) ר״ת ונראה דירושה שייכא שפיר בעופות וחיות כמו וירשוה קאת וקפוד (שם לד):

הא מרישא שמעי׳ מינה. תימה דבכמה מקומות איכא הכי שכופל דבריו וי״ל דדייק מדה״ל למיתני ואם לאו חייב מדקתני ואם מחמת הגזלן חייב להעמיד לו שדה אחר משמע דמילתא באפי׳ נפשה היא: **לא** צריכא דאחוי אחויי. פי׳ בקונט׳ שמע מבית המלך שהיו רוצין לגזול (ב) לו קרקע והראה להם זה קרקע פלוני אמת הוא כמו שפי׳ דאפילו בענין זה מחייבים ליה אע״ג שאינו ברור שיטלוה שלא אמרו תחילה הראה לנו ונגזול אלא מעצמו הראה להם דהא ה״נ אמר לקמן (קיז.) ואם הראה מעצמו כמו שנשא ונתן דמי וי״ס דגרס הכא כגון שאנסוהו עכו״ם ואחוי ארעא ואחוי נמי הא בהדייהו ואין להקשות (ג) לפ״ז מדאמר לקמן נאנס פטור דהתם אנסוהו להראות קרקעותיו של פלוני אבל הכא דאנסוהו להראות שלו חייב שלא היה לו להראות אותה שגזל שאין שלו: **לא** צריכא דאחוי אחויי. וחייב משום דינא דגרמי כדמשמע לקמן בשמעתין דקאמר זיל לגביה ר׳ שמעון בן אליקים ור׳ אלעזר בן פדת דדאין דינא דגרמי וחייבוהו ממתניתין ואם מחמת הגזלן חייב להעמיד לו שדה אחר ותימה לרשב״א דלעיל בהגוזל קמא (דף ק. ושם) לא משכחת דר״מ דאין דינא דגרמי אלא ברייתא דמחילת הכרם שנפרצה דלא שמעינן דאתא כר״מ אלא מכה ההיא משנה דהמסכך ואמאי לא מייתי התם ממתני׳ דהכא דמחייבינן בדינא דגרמי ואומר ר״י דלא ניחא ליה לאתויי ממתניתין דהכא דלא קתני בה בהדיא דאחוי אלא מיתורא דמתני׳ מוקי לה הכי:

להביא כרוב ודורמסקנין לחולה והלך ומצאו שמת או שהבריא נותן לו שכרו משלם א״ל מי דמי התם עביד שליח שליחותיה הכא לא עביד שליח שליחותיה: ת״ר (א) שיירא שהיתה מהלכת במדבר ועמד עליה גיים לטורפה מחשבין לפי ממון ואין מחשבין לפי נפשות ואם שכרו תייר ההולך לפניהם מחשבין אף לפי נפשות ולא ישנו ממנהג החמרין (ב) רשאין החמרין להתנות שכל מי שיאבד לו חמורו יעמיד לו חמור אחר בכוסיא אין מעמידין שלא בכוסיא מעמידין לו ואם אמר תנו לי (ג) ואני אשמור אין שומעין לו פשיטא לא צריכא דאית ליה חמרא אחרינא מהו דתימא הא קא מינטר ליה קמ״ל שאני נטירותא דחד מנטירותא דבי תרי: ת״ר (ד) ספינה שהיתה מהלכת בים עמד עליה נחשול לטובעה והקילו ממשאה מחשבין לפי משאוי ואין מחשבין לפי ממון ולא ישנו ממנהג הספנים (ה) ורשאין הספנים להתנות שכל מי שאבדה לו ספינה יעמיד לו ספינה אחרת אבדה לו בכוסיא אין מעמידין שלא בכוסיא מעמידין לו ואי פירש למקום שאין הספינות הולכין אין מעמידין פשיטא לא צריכא דבניסן מרחקי חד אשלא ובתשרי מרחקי תרי אשלי וקא אזיל ביומי ניסן למקום תשרי מהו דתימא דוושיה נקיט ואזיל קמ״ל ת״ר (ו) שיירא שהיתה מהלכת במדבר ועמד גיים וטרפה ועמד אחד מהן והציל הציל לאמצע ואם אמר אני אציל לעצמי הציל לעצמו היכי דמי אי דיכול להציל אפילו סיפא נמי לאמצע ואי דלא יכול להציל אפילו רישא נמי לעצמו אמר רמי בר חמא הכא בשותפין עסקינן וכגון זה שותף חולק שלא לדעת חבירו אמר פליג לא אמר לא פליג רבא אמר הכא בפועלין עסקינן וכרב (ז) דאמר רב פועל יכול לחזור בו אפילו בחצי היום וכמה דלא הדר ביה כברשותיה דבעל הבית דמי וכי הדר ביה טעמא אחרינא הוא דכתיב (א) כי לי בני ישראל עבדים (ח) ולא עבדים לעבדים רב אשי אמר כשיכול להציל ע״י הדחק גלי דעתיה לעצמו לא גלי דעתיה לאמצע: **מתני׳** הגוזל שדה מחבירו ונטלוה מסיקין אם מכת מדינה היא אומר לו הרי שלך לפניך (ט) אם מחמת הגזלן חייב להעמיד לו שדה אחר: **גמ׳** אמר רב נחמן בר יצחק מאן דתני מסיקין לא משתבש ומאן דתני מציקין לא משתבש מאן דתני מציקין לא משתבש דכתיב (ב) במצור ובמצוק ומאן דתני מסיקין לא משתבש דכתיב (ג) יירש הצלצל ומתרגמינן יחסניניה סקאה: אם מחמת הגזלן חייב: היכי דמי אילימא דאנסוה לארעא דידיה ולא אנסוה כולי ארעתא הא מרישא שמעת מינה אם מכת מדינה היא כו׳ אי לא לא לא צריכא דאחוי אחויי לישנא אחרינא הב״ע כגון דאנסוה עכו״ם ואמרי ליה אחויי ארעתיה ואחוי ההוא בהדייהו ההוא גברא דאחוי אכריא דחטי דבי ריש גלותא אתא לקמיה דרב נחמן חייביה רב נחמן לשלומי יתיב רב יוסף אחוריה דרב הונא בר חייא ויתיב רב הונא בר חייא קמיה דרב נחמן א״ל רב הונא בר חייא לרב נחמן דינא או קנסא א״ל מתניתין היא דתנן אם מחמת הגזלן חייב להעמיד לו שדה (א) ואוקימנא דאחוי אחויי בתר דנפק א״ל רב יוסף לרב הונא בר חייא מאי נפקא לך מיניה אי

דורמסקנין. פרוסים לשון מורי לשון אחר אדרופיי״ש ועשב הוא הנאכל בשלקות קדירה: **לטורפה.** לבוזזה ונתפשרו עמהן בממון: **תייר.** מראה להם הדרך: **אף לפי נפשות.** שטעות הדרך במדבר סכנת נפשות היא: **ולא ישנו ממנהג החמרים.** שאם נהגו לתייר לפי ממון או לפי נפשות עושין: **בכוסיא.** בפשיעה: **אין שומעין לו.** שמא לא יקח החמור והם לא התנו אלא כדי שיקח החמור ויהיה מוסר נפשו לשמור עמהן בלילות מן החיות וליסטים: **קא מנטר ליה.** ואפילו אם יאמר האחד אני יכול לשמור יפה אבל שנים איני יכול לשמור: **קמ״ל.** דאמרי ליה לא כ״ש דהשתא מסרת נפשך טפי: **מחשבין לפי משוי.** אם השליך זה מאה ליטרין זהב ישליך זה מאה ליטרין ברזל: **בניסן.** שגדל הנהר מהפשרת שלגים ומן הגשמים מרחקים חד אשלא מלא חבל משפת הנהר לתוך המים ובתשרי שהמים חסרים והספינה גוששת אצל שפת הנהר רגילים להתרחק לתוך עומק המים תרי אשלי: **ואזל היאך בניסן למקום תשרי.** באמצע המים ומתוך שהנהר גדול וחזק נטבעה: **הציל לאמצע.** כל אחד מכיר את שלו ונוטל: **אי שיכולים.** בעלים להציל לא איאוש ואפי׳ אמר לעצמו גזלן הוא: **הכא בשותף.** ובין יכולים להציל ובין אין יכולין להציל: **וכגון זה.** במקום איבוד ממון: **שותף חולק.** ואפי׳ לא ירצה חבירו: **אמר פליג.** ומעכב חלקו את מה שהציל: **לא אמר לא פליג.** ושפיר עבד דמסר נפשי׳ אעיסקא דתרוייהו הואיל והוא שותף עמו אורחיה למטרח אכולה עיסקא: **בפועל.** שהיה שכיר לבעלי ספינה וכשאין יכולין להציל: **הדר ביה.** וחכי מהפקירא: **רב אשי אומר.** לעולם באינש דעלמא וכגון דיכולין להציל ע״י הדחק: **אמר לעצמי.** ושמעו בעלים ושתקו ולא מסרו עצמן אסח דעתייהו וגלו דאייאוש ולא בעו ממסר נפשייהו ומיהו היכא דיכולין להציל בהדיא אפילו שמעו ושתקו לא קני דמסתמא לא אייאוש: **מתני׳** ונטלוה מסיקין. אנסין גזלוה מן הגזלן: **מכת מדינה היא.** דאנסוה ארעתא דאחריני והאיך: **ואם מחמת הגזלן.** מפרש בגמרא: **גמ׳** צלצל. ארבה גזלן הוא שאוכל תבואות כל אדם: **דאחוי אחויי.** שלא גזלה הוא עצמו אלא שמע מבית המלך שמבקשין לגזול שדות והראה להם טלו קרקע זו של פלוני:

מסורת הש״ס

א) [תוספתא דב״מ פ״ז ה״ז], ב) [תוספתא דב״מ פ׳ יא הי״ב], ג) גי׳ ת״ח תנו לי ואני לוקח, ד) [תוספת׳ שם פ״ז ה״ז], ה) [תוספתא שם פי״א הי״ב], ו) [תוספתא דב״מ פ״ח ה״ט], ז) ב״מ י. עז., ח) [ב״מ י. ע״ש קידושין כב: ושם איתא עבדי הם ולא עבדים כו׳], ט) [לקמן קיז:], י) נ״ל הנה כסה וכו׳ (במדבר כ״ב) רש״ש.

הגהות הב״ח

(א) גמ׳ שדה אחר ואוקימנא: (ב) תוס׳ ד״ה לא צריכא וכו׳ לגזול קרקע כנ״ל ותיבת לו נמחק: (ג) בא״ד ואין להקשות לפי גירסא זו:

גליון הש״ס

גמ׳ להביא כרוב וכו׳. עיין יבמות דף קו ע״א תוד״ה אין לו: רש״י ד״ה דורמסקנין. עיין בברכות לט ע״א ברש״י ד״ה דורמסקנין:

תורה אור השלם

א) כִּי לִי בְנֵי יִשְׂרָאֵל עֲבָדִים עֲבָדַי הֵם אֲשֶׁר הוֹצֵאתִי אוֹתָם מֵאֶרֶץ מִצְרָיִם אֲנִי יְיָ אֱלֹהֵיכֶם: [ויקרא כה, נה]

ב) וְאָכַלְתָּ פְרִי בִטְנְךָ בְּשַׂר בָּנֶיךָ וּבְנֹתֶיךָ אֲשֶׁר נָתַן לְךָ יְיָ אֱלֹהֶיךָ בְּמָצוֹר וּבְמָצוֹק אֲשֶׁר יָצִיק לְךָ אֹיְבֶךָ: [דברים כח, נג]

ג) כָּל עֵצְךָ וּפְרִי אַדְמָתֶךָ יְיָרֵשׁ הַצְּלָצַל: [דברים כח, מב]

מַאן דְּתָנֵי – מי ששונה "**מַצִּיקִין**" **לֹא מִשְׁתַּבֵּשׁ** – אינו טועה, משום **דִּכְתִיב** (דברים כח, נג): "וְאָכַלְתָּ פְרִי בִטְנְךָ... **בְּמָצוֹר וּבְמָצוֹק** אֲשֶׁר יָצִיק לְךָ אֹיְבֶךָ", הרי ש"מצוק" הוא לשון צוקה וצרה, ולפיכך נקראים האנסים "מציקין". **וּמַאן דְּתָנֵי** – ומי ששונה "**מַסִּיקִין**" **לֹא מִשְׁתַּבֵּשׁ** – אינו טועה, משום **דִּכְתִיב** (שם, מב): "כָּל עֵצְךָ וּפְרִי אַדְמָתֶךָ **יְיָרֵשׁ הַצְּלָצַל** – יָרֵשׁ הארבה"[38], **וּמְתַרְגְּמִינַן** – ומתרגם זאת אונקלוס: **יַחְסְנִינֵּיה סַקָּאָה.** הרי שארבה, שהוא גזלן האוכל תבואות שאינן שלו[39], קרוי "סקאה", ולפיכך נקראים האנסים "מסיקין".

שנינו במשנה:

אִם [ניטל השדה] **מֵחֲמַת הַגַּזְלָן חַיָּיב** להעמיד לו שדה אחר.

מקשה הגמרא:

הֵיכִי דָמֵי – באיזה אופן מדובר? **אִילֵימָא דַּאֲנָסוּהָ לְאַרְעָא דִידֵיהּ** – אם תאמר שהמסיקין נטלו את שדהו של הגזלן, **וְלֹא אֲנָסוּהָ כּוּלֵּי אַרְעָתָא** – ולא נטלו את כל שדות העיר, ומכך יש להסיק שהם עשו זאת מחמת הגזלן, ולפיכך חייב להעמיד לו שדה אחר, **הָא מֵרֵישָׁא שָׁמְעַתְּ מִינָּהּ** – הלא כבר למדנו זאת מתחילת המשנה, ששנינו: "**אִם מַכַּת מְדִינָה הִיא** אומר לו הרי שלך לפניך **כו'** ", ויש לדייק **שֶׁאִי לֹא** – אם אין זו מכת מדינה, כגון שלא נטלו אלא את שדותיו של הגזלן, **לֹא** – אין הוא יכול לומר "הרי שלך לפניך" וחייב להעמיד לו שדה אחר[40]. מדוע איפוא הוצרכה המשנה לשנות דין זה פעם נוספת?

מתרצת הגמרא:

לֹא צְרִיכָא – הוראת המשנה אינה נצרכת אלא למקרה **דְּאַחֲוֵי אַחֲווּיֵי** – שלא גזל את השדה בעצמו, אלא שמע שבית המלך מבקשים לגזול שדות והראה להם על שדה חבירו, ואמר: "טלו קרקע זו של פלוני"[41], ומלמדת המשנה שהמוסר ממון חבירו חייב לשלם[42].

גירסא אחרת בתירוץ:

לִישָּׁנָא אַחֲרִינָא – לשון אחרת: **הָכָא בְּמַאי עַסְקִינַן** – כאן, בסיפא של המשנה, במה אנו עוסקים? **כְּגוֹן דַּאֲנָסוּהָ** – שהכריחוהו **עוֹבְדֵי כּוֹכָבִים** את הגזלן **וְאָמְרֵי לֵיהּ אַחֲוֵיי אַרְעָתֵיהּ** – ואמרו לו להראות להם את שדותיו, **וְאַחֲוֵי הַהוּא בַּהֲדַיְיהוּ** – והראה להם את השדה הגזול ביחד עם שאר שדותיו[43].

מעשה בענין מוסר:

הַהוּא גַּבְרָא דְּאַחֲוֵי אַכַּרְיָא דְּחִטֵּי דְּבֵי רֵישׁ גָּלוּתָא – אותו אדם שהראה למסיקין על אוצר של חטין[44] שעמד בביתו של ראש הגולה, והלכו ונטלוהו[45]. **אָתָא לְקַמֵּיהּ** – בא לפניו **דְּרַב נַחְמָן, חַיְּיבֵיהּ רַב נַחְמָן לְשַׁלּוּמֵי** – חייבו רב נחמן לשלם עבור החטין. **יָתִיב רַב יוֹסֵף אֲחוֹרֵיהּ דְּרַב הוּנָא בַּר חִיָּיא** – ישב רב יוסף מאחורי רב הונא בר חייא, **וְיָתִיב רַב הוּנָא בַּר חִיָּיא קַמֵּיהּ דְּרַב נַחְמָן** – וישב רב הונא בר חייא לפני רב נחמן. **אָמַר לֵיהּ רַב הוּנָא בַּר חִיָּיא לְרַב נַחְמָן: דִּינָא אוֹ קְנָסָא** – האם מה שחייבת את המוסר לשלם הוא מעיקר הדין, או שזהו קנס שקנסת אותו מדעתך משום שהיה רגיל למסור ממון חבירו[46]? **אָמַר לֵיהּ** רב נחמן לרב הונא בר חייא: **מַתְנִיתִין הִיא** – ענין זה מבואר במשנתנו, **דִּתְנַן: אִם** ניטל השדה **מֵחֲמַת הַגַּזְלָן חַיָּיב לְהַעֲמִיד לוֹ שָׂדֶה** אחר, **וְאוֹקִימְנָא דְּאַחֲוֵי אַחֲווּיֵי** – והעמדנו זאת במקרה שהראה את שדה חבירו למסיקין. הרי שחיובו של המוסר הוא מעיקר הדין, ואין זה קנס שקנסתי אותו מדעתי[47].

המשך המעשה:

בָּתַר דְּנָפַק – לאחר שיצא רב נחמן **אָמַר לֵיהּ רַב יוֹסֵף לְרַב הוּנָא בַּר חִיָּיא: מַאי נַפְקָא לָךְ מִינֵּיהּ** – מהו ההבדל לגביך

הערות

38. רש"י. לשון ירושה שייכת גם בבעלי חיים, שנאמר (ישעיה לד, יא): "וִירֵשׁוּהָ קָאַת וְקִפּוֹד" (תוספות ד"ה יחסנינה). אמנם רש"י על הפסוק מפרש ש"יְיָרֵשׁ" אינו לשון 'ירושה' אלא לשון 'רַשׁ' (עני), דהיינו שהארבה יעשה את העצים רָשִׁים מן הפרי (לפירושים אחרים מהו "צלצל" עיין תוספות שם ורמב"ן על הפסוק).

39. רש"י.

40. אף על פי שקרקע אינה נגזלת (ראה לעיל הערה 36), מכל מקום מאחר שהשדה נאנסה מחמת הגזלן קנסוהו חכמים לשלם את דמיה (רשב"א ורמ"ה בשם ירושלמי י, ו). ויש שכתבו שבמקרה כגון זה קרקע נגזלת, שמאחר שהבעלים אינו יכול להיכנס לשדהו הרי זה כחפר בה בורות שיחין ומערות והוציאה מן העולם (ראה בבא מציעא יד, ב). אמנם אם מכת מדינה היא יכול הגזלן לומר לבעלים "הרי שלך לפניך", משום שגם אילו היתה ברשותו היתה השדה נפסדת (רבינו יהונתן; מאירי; ראה אגרות משה חושן משפט א, פט; ועיין להלן קיז, ב הערה 43). ויש אומרים שמאחר שהשדה נפסדה מחמת הגזלן הרי הוא חייב לשלם משום "דינא דגרמי" (תוספות רי"ד; ראה גם ש"ך חושן משפט שפו, א; אולם עיין אור שמח הלכות גזילה ואבידה ט, ב; לדעה נוספת עיין ראב"ד ורמב"ן בקונטרס דינא דגרמי).

41. רש"י. ואף שהוא עצמו לא גזל את השדה מכל מקום מכנה אותו המשנה "גזלן" ("אם מחמת הגזלן...") משום שהלשין ומסר את שדה חבירו (תוספות רי"ד; ים של שלמה מו; עיין לקמן קיז, א הערה 2).

42. לקמן (קיז, ב) יתבאר שחיובו של המוסר הוא משום "דינא דגרמי", דהיינו שהמזיק את חבירו באופן של "גרמי" חייב לשלם אף שלא הזיקו בידים (תוספות ד"ה לא צריכא [ב]; אולם עיין רא"ש כז ומרדכי קפז בשם גאוני מגנצא; ראה גם תוספות לעיל ה, א ד"ה למעוטי; לבירור הגדר של "דינא דגרמי" עיין לעיל צח, ב הערה 15). ואף שלא ברור שהמסיקין אכן יטלו את השדה שהראה עליה, שהרי הם לא אמרו לו "הראה לנו ונגזול" אלא מעצמו הראה להם, מכל מקום חייב המוסר לשלם (תוספות ד"ה לא צריכא [א]). והוא הדין אם מסר את השדה בדיבור בלבד (בלא להראות עליה), שהרי המוכר שטר חוב לחבירו ולאחר מכן מחל עליו חייב לשלם לחבירו (ראה כתובות פו, א) אף שההיזק נעשה בדיבור בלבד (מרדכי קפז; ים של שלמה מו; תורת חיים).

מה ששנינו "חייב להעמיד לו שדה אחר" אין פירושו שהמוסר חייב לתת דוקא שדה, אלא רשאי הוא אם ירצה לתת את דמיה (ראה רמב"ם הלכות גזילה ואבידה ט, ג; קרית ספר שם). ומאחר שחיובו הוא מדין מזיק עליו לשלם כפי שהיתה שוה השדה בשעה שנטלוה המסיקין, אף אם לאחר מכן הוזלה. אלא שבמקרה שניטלה השדה מחמת הגזלן מסתבר שאם הוזלה אין הגזלן צריך לשלם אלא כפי שהיא שוה בשעת העמדה בדין, שהרי אלמלא קנסוהו חכמים יכול היה לומר "הרי שלך לפניך" (אור שמח הלכות גזילה ואבידה ט, ב; ראה לעיל הערה 40).

43. לפי לשון זו מדובר שגזל את השדה, ולאחר מכן אנסוהו מסיקין להראות את שדותיו והראה להם גם את השדה הגזול (עיין תוספות ד"ה לא צריכא [א]; רמב"ם הלכות גזילה ואבידה ט, ג; טור ושלחן ערוך חושן משפט שעא, ד; אולם עיין ראב"ד ותוספות רי"ד). [ומדובר כגון שנטלו גם שדות של אחרים, שאם לא כן היה הגזלן חייב לשלם אף אם לא אמר להם דבר (רמ"ה, מובא בשיטה מקובצת; ים של שלמה מו; רש"ש).] ואף שהמוסר ממון חבירו באונס פטור (עיין לקמן קיז, א ושם הערה 17), היינו דוקא אם אנסוהו להראות את ממון חבירו, אבל כאן שאנסוהו להראות את שלו לא היה לו להראות את השדה הגזול (תוספות שם). והוא הדין אם לא גזל את השדה, ונקטה המשנה דין זה בגזלן להשמיענו שאף על פי שהשדה מוחזק כשלו אין הוא נחשב אנוס לגביו (רמ"ה, מובא בשיטה מקובצת; עיין גם הגהות מיימוניות הלכות גזילה ואבידה ט, א; ים של שלמה מו).

מהגירסא שלפנינו נראה שהגמרא מציגה שני תירוצים שונים. אולם תוספות (ד"ה צריכא [א]) נוקט ששתי הלשונות הן שתי גירסאות בגמרא, ובראשונים נראה שחלקם גרסו רק את הלשון הראשונה (ראה נמוקי יוסף בדעת רש"י) וחלקם גרסו רק את הלשון השניה (ראה רי"ף; רא"ש; רבינו יהונתן; רמב"ם הלכות גזילה ואבידה ט, ג; טור ושלחן ערוך חושן משפט שעא, ד; עיין גם ט"ז שם). על כל פנים להלכה אין כל הבדל בין שתי הלשונות (ביאור הגר"א חושן משפט שם, ט).

44. נמוקי יוסף.

45. אותו אדם עשה זאת מעצמו בלא שאנסוהו לכך (נמוקי יוסף; רמב"ן, קונטרס דינא דגרמי).

46. עיין רש"י לקמן קיז, א ד"ה אי דינא וד"ה ואי קנסא; ראב"ד; מאירי; ועיין להלן קיז, א הערה 2.

אף שאין דנים דיני קנסות בבבל (ראה לעיל פד, ב), מכל מקום לצורך שעה רשאים בית דין לקנוס (ראה לעיל צו, ב), ולפיכך הסתפק רב הונא שמא קנס רב נחמן את אותו אדם משום שהיה רגיל למסור (רשב"א).

47. ראב"ד; עיין להלן קיז, א הערה 2.

אִי דִּינָא אִי קְנָסָא — אם חיובו של המוסר הוא דין או קנס? **אֲמַר לֵיהּ** רב הונא בר חייא לרב יוסף: **אִי דִּינָא** — אם חיובו של המוסר הוא מעיקר הדין, **גַּמְרִינַן מִינֵּיהּ** — ניתן ללמוד ממעשה זה לשאר המקרים של "גרמי" בנזיקין שחייבים לשלם[1], **אִי קְנָסָא** — ואם קנס הוא שקנס אותו רב נחמן משום שהיה רגיל למסור, **לֹא גַּמְרִינַן מִינֵּיהּ** — אין לומדים ממנו למקרים דומים[2].

הגמרא מחפשת מקור לדברי רב הונא בר חייא:

וּמְנָא תֵּימְרָא — ומניין לך לומר **דְּמִקְנָסָא לֹא גַּמְרִינָן** — שאין לומדים מקנס למקרים דומים? **דְּתַנְיָא: בָּרִאשׁוֹנָה** — בתחילה **הָיוּ אוֹמְרִים: הַמְטַמֵּא** טהרותיו של חבירו **וְהַמְנַסֵּךְ** יינו של חבירו לעבודה זרה חייבים לשלם מה שהזיקו, ואף שהטהרות והיין מונחים לפנינו ואין היזקם ניכר קנסום חכמים לשלם[3]. לאחר מכן **חָזְרוּ לוֹמַר שֶׁאַף הַמְדַמֵּעַ** — המערב פירות חולין של חבירו בפירות של תרומה חייב לשלם[4]. ויש לדייק: **חָזְרוּ אֵין** — דוקא משום שחזרו לומר "אף המדמע" חייב המדמע לשלם, אולם אילו **לֹא חָזְרוּ לֹא** היינו לומדים את דינו ממנסך וממטמא[5]. **מַאי טַעְמָא** — מהו הטעם? **לָאו מִשּׁוּם דִּקְנָסָא הוּא** — וכי אין זה משום שהחיוב של מנסך ומטמא שאין היזקם ניכר הוא קנס, **וּקְנָסָא לֹא גַּמְרִינַן מִינֵּיהּ** — ואין לומדים מקנס לחייב במקרים דומים[6]?

דוחה הגמרא:

לֹא, אין זה הטעם! יתכן שבאמת ניתן ללמוד מקנס, אולם כאן הטעם הוא, **שֶׁמֵּעִיקָּרָא סָבְרֵי** — מתחילה סברו שדוקא **לְהֶפְסֵד מְרוּבֶּה**, כגון מטמא ומנסך, **חָשְׁשׁוּ** חכמים וקנסוהו לשלם, אולם **לְהֶפְסֵד מוּעָט**, כגון מדמע, **לֹא חָשְׁשׁוּ** חכמים ולא קנסוהו לשלם[7]. **וּלְבַסּוֹף**, כאשר חזרו בהם, **סָבְרֵי שֶׁלְּהֶפְסֵד מוּעָט**, כגון מדמע, **נַמִּי** (גם כן) **חָשְׁשׁוּ** חכמים וקנסוהו לשלם.

הגמרא מנסה להוכיח מברייתא אחרת:

אֵינִי — האמנם כן הוא, שניתן ללמוד מקנס למקרים דומים? **וְהָא תָּנֵי** — והרי שנה **אֲבוּהַּ** (אביו) **דְּרַבִּי אָבִין: בָּרִאשׁוֹנָה** — בתחילה **הָיוּ אוֹמְרִים: הַמְטַמֵּא וְהַמְדַמֵּעַ** חייבים לשלם מה שהזיקו, ואף שאין היזקם ניכר קנסום חכמים לשלם. לאחר מכן **חָזְרוּ לוֹמַר שֶׁאַף הַמְנַסֵּךְ** חייב[8]. ויש לדייק: **חָזְרוּ אֵין** — דוקא משום שחזרו לומר "אף המנסך" חייב המנסך לשלם, אולם אילו **לֹא חָזְרוּ לֹא** היינו לומדים את דינו ממטמא וממדמע. **מַאי טַעְמָא** — מהו הטעם? **לָאו מִשּׁוּם דְּלֹא גַּמְרִינַן מִקְּנָסָא** — וכי אין זה משום שאין לומדים מקנס לחייב במקרים דומים[9]?

דוחה הגמרא:

לֹא, אין זה הטעם! יתכן שבאמת ניתן ללמוד מקנס, אולם כאן הטעם הוא משום **שֶׁמֵּעִיקָּרָא סָבְרֵי** — מתחילה סברו **כְּרַבִּי אָבִין, וּלְבַסּוֹף**, כאשר חזרו בהם, **סָבְרֵי** (סברו) **כְּרַבִּי יִרְמְיָה**.

הגמרא מבארת את דבריה:

מֵעִיקָּרָא סָבְרֵי — מתחילה סברו **כְּרַבִּי אָבִין, דְּאָמַר רַבִּי אָבִין:** אם **זָרַק** אדם **חֵץ** בשבת ברשות הרבים **מִתְּחִילַּת אַרְבַּע** אמות **(ולבסוף) [לְסוֹף]**[10] **אַרְבַּע** אמות, ועבר בזה על איסור "הוצאה" בשבת שחייב עליה סקילה[11], **וְקָרַע** החץ **שִׁירָאִין** (בגדים) של חבירו **בַּהֲלִיכָתוֹ** — תוך כדי מעופו, **פָּטוּר** הזורק מלשלם עבור השיראין משום ש"קם

הערות

1. רש"י; ראה הערה הבאה.

2. רש"י. יש לעיין כיצד פשט רב נחמן את ספיקו של רב הונא ממשנתנו? הלא אף שמוכח מהמשנה שחיובו של המוסר הוא משום "דינא דגרמי" (ולא משום קנס לצורך שעה), מכל מקום יתכן שדינא דגרמי עצמו אינו אלא קנס, ואין ללמוד מכאן למקרים אחרים! ויש לומר שמאחר שאין זה קנס לצורך שעה בהכרח שזהו חיוב ממון גמור, שהרי אילו היה דינא דגרמי קנס לא היה רב נחמן יכול לגבותו בבבל (ראב"ד; לתירוץ נוסף עיין רשב"א).

ביארנו את הגמרא על פי רש"י והראשונים שצויינו לעיל. אולם הרמב"ן (בקונטרס דינא דגרמי) מקשה על פירוש זה מדוע שאל רב יוסף "מאי נפקא לך מיניה"? הלא אם רב נחמן קנס את המוסר לצורך שעה ברור שאין ללמוד מכאן למקרים אחרים! לפיכך הוא מפרש שאין כל ספק שחיובו של המוסר הוא משום "דינא דגרמי", אולם רב הונא הסתפק האם חיוב זה הוא מעיקר הדין, וניתן ללמוד מכאן למקרים אחרים של גרמי שחייב לשלם, או שחיוב זה אינו אלא קנס ואין ללמוד מכאן למקרים אחרים [ומכל מקום ניתן לגבותו בבבל, משום שדבר שכיח שיש בו חסרון כיס גובים בבבל (עיין רשב"א ולעיל פד, ב; ראה גם רש"י סנהדרין יג, ב ד"ה למידן דיני קנסות; אמנם עיין סמ"ע חושן משפט א, ה)]. והוכיח רב נחמן ממשנתנו שחיובו של המוסר הוא מעיקר הדין, שהרי התנא מכנהו "גזלן" ("אם מחמת הגזלן") אף שלא גזל את השדה בעצמו, ובהכרח הטעם הוא משום שבדומה לגזלן חיובו הוא מעיקר הדין (ראה גם חזון איש ה, א; ועיין לעיל קטז, ב הערה 41). פירוש נוסף: רב נחמן לא בא לפשוט את ספיקו של רב הונא אלא לומר שמאחר שדינו שנוי במשנה אין כל חשיבות מהו גדר החיוב (עיין מרומי שדה המפרש כן אף בדעת רש"י; לדרך נוספת בביאור הספק עיין תוספות רי"ד; תרומת הכרי שפו; מרומי שדה; חזון איש ה, א-ג; לנדון באריכות אם "דינא דגרמי" הוא ממון או קנס עיין רמב"ן בקונטרס דינא דגרמי; תוספות לעיל נד, א ד"ה חמור ו־עא, ב ד"ה וסבר; תוספות בבא בתרא כב, ב ד"ה זאת; תוספות כתובות לד, א ד"ה סבר; סמ"ג עשין עא; מרדכי קפ; ש"ך חושן משפט שפו, א; קצות החשן שם).

הגמרא יכלה לומר הבדל נוסף במקרה שהמוסר מת קודם שעמד בדין. שאם חיובו הוא מעיקר הדין גובים את החוב מהיורשים כשאר חיובי ממון, אולם אם חיובו אינו אלא קנס אין גובים אותו מהיורשים (מגיד משנה ולחם משנה הלכות חובל ומזיק ח, א על פי גיטין מד, ב; אמנם עיין חזון איש ה, ג).

3. רש"י. המטמא תרומה טהורה והמנסך את יין חבירו לעבודה זרה מפסידים לבעלים, שכן תרומה טמאה אסורה באכילה (ראה שבת כה, א) ויין נסך אסור אף בהנאה (ראה עבודה זרה כט, ב; ועיין להלן הערה 7). ואף שהיזק שאינו ניכר אינו נחשב 'היזק' מכל מקום קנסום חכמים לשלם, כדי שלא יהא כל אחד הולך ומטמא טהרותיו של חבירו [או מנסך את יינו] ואומר "פטור אני" (ראה גיטין נג, א-ב).

4. המערב חולין בתרומה מפחית את דמי החולין, שכן מעתה אין הם ראויים אלא לכהנים מחמת התרומה המעורבת בהם, וצריך הבעלים למוכרם בזול (רש"י). [תרומה נמכרת בזול לפי שאינה ראויה אלא לכהנים בימי טהרתם, וכן משום שאם תיטמא היא תאסר באכילה לגמרי (רש"י בבא מציעא נד, א ד"ה דמי תרומה).] ודוקא כשעירב תרומה בייחס של יותר מאחד תרומה למאה חולין, אולם אם עירב כמות קטנה יותר של תרומה הרי התרומה בטלה וכל התערובת מותרת (אלא שעליו להפריש כשיעור התרומה מפני גזל השבט), וממילא אין לבעל הפירות כל נזק (שיטות קדמונים גיטין נב, ב; ראה משנה תרומות ד, ז; רמב"ם הלכות תרומות יג, א-ב).

שלשת המקרים האלו מוזכרים במשנה בגיטין (נב, ב). הברייתא מלמדת שבתחילה סברו התנאים שחכמים גזרו רק על מטמא ומנסך, ולבסוף חזרו לומר שאף מדמע נכלל בגזירתם.

5. רש"י.

6. משום שיתכן שחכמים לא קנסו אלא במקרה מסויים בלבד (רש"י גיטין נג, א ד"ה וקנסא מקנסא).

תוספות מקשים: אמנם אין לומדים מחיוב קנס, אולם מדוע לא גזרו חכמים מתחילה על מדמע כפי שגזרו על מטמא ועל מנסך? תוספות מתרצים שהגמרא סוברת כעת שחכמים גזרו גזירות אלו מחמת מעשים שאירעו (שאנשים טמאו טהרות של חבריהם ונסכו את יינם), ומאחר שלא אירע מקרה של מדמע לא הוצרכו לגזור עליו.

7. במטמא [ובמנסך] יש הפסד מרובה, שכן תרומה טמאה אסורה באכילה [ויין נסך אסור אף בהנאה]. במדמע, לעומת זאת, ההפסד הינו מועט, שכן ניתן למכור את הפירות לכהנים בדמי תרומה (רש"י).

בגמרא בגיטין (נג, א) משמע שאף המטמא פירות חולין חייב לשלם, שכן חולין טמאים אינם ראויים לפרושים המקפידים לאכול חולין בטהרה ולפיכך דמיהם פחותים (ראה חגיגה יח, ב; ועיין תוספות רי"ד גיטין נב, ב). ואף שאין זה הפסד מרובה, שהרי ניתן למוכרם לכל מי שאינו מקפיד לאכול חולין בטהרה, מכל מקום הגמרא (שם) מבארת שאין ללמוד מכך למדמע, משום שיתכן שחכמים קנסוהו משום שעבר על האיסור לגרום טומאה לחולין שבארץ ישראל (עיין חתם סופר וגרש ירחים גיטין נב, ב).

8. במסכת גיטין (נג, א) הגירסא הפוכה, דהיינו שהברייתא ששנה אביו של רבי אבין נוקטת שבתחילה סברו שרק המטמא והמנסך חייבים ולאחר מכן חזרו לומר שאף המדמע חייב, כפי ששנינו לעיל. ובמקומות רבים בתלמוד מצינו סוגיות הפוכות (תוספות גיטין נג, א ד"ה בראשונה; ראה גם תוספות שאנץ, מובא בשיטה מקובצת; תוספות מנחות נח, ב ד"ה ואיכא דאמרי; ועיין פני יהושע גיטין שם).

9. ואין לומר שמתחילה סברו שלא גזרו אלא בהפסד מרובה, שהרי ההפסד במנסך [האוסר את היין בהנאה] מרובה מזה שבמטמא [האוסר את התרומה רק באכילה] ובמדמע [האוסר את הפירות רק לזרים ולא לכהנים] (רש"י).

10. על פי הגהת רבי יעקב עמדין, וכך היא הגירסא בכתובות לא, א.

11. "הוצאה" היא אחת מל"ט מלאכות האסורות בשבת, והיא כוללת הוצאת חפץ מרשות היחיד לרשות הרבים (או הכנסתו מרשות הרבים לרשות היחיד) וכן

אי דינא אי קנסא א"ל אי דינא גמרינן מיניה אי קנסא לא גמרינן מיניה ומנא תימרא דמקנסא לא גמרינן דתניא (א) בראשונה היו אומרים א המטמא והמנסך חזרו לומר אף ב המדמע חזרו אין לא חזרו לא מאי טעמא לאו משום דקנסא הוא וקנסא לא גמרינן מיניה לא מעיקרא סברי (ב) להפסד מרובה חששו להפסד מועט לא חששו ולבסוף סברי להפסד מועט נמי חששו איני והא תני אבוה דרבי אבין (ג) בראשונה היו אומרים המטמא והמדמע חזרו לומר אף המנסך חזרו אין לא חזרו לא מאי טעמא לאו משום דלא גמרינן מקנסא לא מעיקרא סברי כרבי אבין ולבסוף סברי כרבי ירמיה מעיקרא סברי כרבי אבין (ד) דאמר רבי אבין ג זרק חץ מתחילת ארבע (ה) ולבסוף ארבע וקרע שיראין בהליכתו פטור שהרי עקירה צורך הנחה היא ומתחייב בנפשו ולבסוף סברי כר' ירמיה (ו) דא"ר ירמיה משעת הגבהה קנייה איחייב ליה ממון מתחייב בנפשו לא הוי עד שעת ניסוך רב הונא בר יהודה איקלע לבי אביוני אתא לקמיה דרבא א"ל כלום מעשה בא לידך א"ל ישראל שאנסוהו עובדי כוכבים והראה ממון חבירו בא לידי וחייבתיו א"ל אהדר עובדא למריה דתניא ד ישראל שאנסוהו עובדי כוכבים והראה ממון חבירו פטור ואם נטל ונתן ביד חייב אמר רבה ה אם הראה מעצמו כנשא ונתן ביד דמי ההוא גברא דאנסוהו עובדי כוכבים ואחוי אחמרא דרב מרי בריה דרב פנחס בריה דרב חסדא א"ל דרי ואמטי בהדן דרא ואמטי בהדייהו אתא לקמיה דרב אשי פטריניה א"ל רבנן לרב אשי והתניא אם נשא ונתן ביד חייב א"ל הני מילי היכא דלא אוקמיה עילויה מעיקרא ו אבל היכא דאוקמיה עילויה מעיקרא מיקלי קלייה איתיביה רבי אבהו לרב אשי אמר לו אנס הושיט לי פקיע עמיר זה או אשכול ענבים זה והושיט לו חייב הכא במאי עסקינן (ז) כגון דקאי בתרי עברי נהרא ° דיקא נמי דקתני הושיט ולא תני תן ש"מ: ההוא שותא דהוו מנצו עלה בי תרי האי אמר דידי הוא והאי אמר דידי הוא אזל חד מנייהו ומסרה לפרהגנא דמלכא אמר אביי יכול לומר אנא כי מסרי דידי מסרי א"ל רבא וכל כמיניה אלא אמר רבא ז משמתינן ליה עד דמייתי ליה וקאי בדינא ההוא גברא דהוה בעי אחוויי אתיבנא דחבריה אתא לקמיה דרב א"ל לא תחוי ולא תחוי א"ל מחוינא ומחוינא יתיב רב כהנא קמיה דרב שמטיה ח לקועיה מיניה קרי רב עילויה א) בניך עולפו שכבו בראש כל חוצות כתוא מכמר מה תוא זה כיון שנפל במכמר אין מרחמין עליו אף ממון של ישראל כיון שנפל ביד עובדי כוכבים אין מרחמין עליו א"ל רב כהנא עד האידנא הוו (ח) פרסאי דלא קפדי אשפיכות דמים והשתא איכא (ט) יוונאי דקפדו אשפיכות דמים ואמרי (י) מרדין מרדין קום סק לארעא דישראל וקביל עלך דלא תקשי לרבי יוחנן שבע שנין אזיל אשכחיה לריש לקיש דיתיב וקא מסיים מתיבתא דיומא לרבנן אמר להו ריש לקיש היכא אמרו ליה אמאי אמר להו האי קושיא והאי קושיא והאי פירוקא והאי פירוקא אמרו ליה לריש לקיש אזל ריש לקיש א"ל לרבי יוחנן ארי עלה מבבל לעיין מר במתיבתא דלמחר למחר אותבוה בדרא קמא קמיה דר' יוחנן אמר שמעתתא ולא אקשי אנחתיה אחורי שבע דרי עד דאותביה בדרא בתרא א"ל רבי יוחנן לר"ש בן לקיש ארי שאמרת נעשה שועל אמר יהא רעוא דהני שבע דרי להוו חילוף שבע שנין דאמר לי רב קם אכרעיה א"ל נהדר מר בורישא אמר שמעתתא ואקשי אוקמיה בדרא קמא אמר שמעתתא ואקשי ר' יוחנן הוה יתיב אשבע (כ) בסתרקי שלפי ליה חדא בסתרקא מתותיה אמר שמעתתא ואקשי ליה עד דשלפי ליה כולהו בסתרקי מתותיה עד דיתיב על ארעא רבי יוחנן גברא סבא הוה ומסרחי גביניה אמר להו דלו לי עיני ואחזייה דלו ליה במכחלתא דכספא חזא דפרטיה שפוותיה סבר אחוך קמחייך ביה חלש דעתיה ונח נפשיה למחר אמר להו רבי יוחנן לרבנן חזיתו לבבלאה היכי עביד אמרו ליה דרכיה הכי על לגבי מערתא חזא דהוה

הדרא

רש"י

אי דינא. הוא שמסור ישלם: **גמרינן.** מהאי מעשה דרב נחמן לשאר גרמי דנזקין דעלמא: **ואי קנסא.** הוא דקנסיה רב נחמן משום דרגיל היה בכך לא גמרינן מיניה: **המטמא.** טהרותיו של חבירו או מנסך יינו של חבירו לע"ז דאע"ג דקמיה מנח ואין הזיקו ניכר משלם: **לא חזרו לא.** היינו גמרי' מדמע ממנסך: **המדמע.** ערב חולין בתרומה דהפחית דמי החולין דלא חזו מהשתא אלא להמכר לכהנים: **להפסד מרובה.** מטמא תרומה הפסד מרובה הוא דתו לא חזיא לאכילה מדמע הפסד מועט הוא דהא מזדבן לכהנים בדמי תרומה: **אף המנסך [כו'] לא חזרו לא.** גמרינן מנסך אע"ג דהפסידו מרובה ממדמע ומטמא דהפסידן מועט לגבי מנסך: **זרק חץ.** בשבת: **עקירה צורך הנחה.** דכיון דבין עקירה להנחה קרע נמצא מעשה שבת ומעשה (א) עקירה באין כאחד ולא אמרינן משעת עקירה חייב ממון ומתחייב בנפשו לא הוי עד שעת הנחת חץ והכא נמי הגבהת יין לורך ניסוך הוא ותשלומין וחיוב מיתה דע"ז באין כאחד: **לבי אביוני.** מקום: **נשא ונתן ביד חייב.** דהציל עלמו בממון חברו: **מעצמו.** בלא אונס: **דרי ואמטי.** שאי והולך עמנו לבית המלך: **ה"מ.** דאם נשא ונתן ביד חייב: **היכא דלא אוקמינהו.** העובדי כוכבים על הממון מעיקרא ע"י האונס אלא הלך ונטל ונתנו להם אבל הכא דאוקמינהו על היין קלייה ואההיא שעתא פטור כי אמטי תו דידהו אמטי: **פקיע.** קשר: **חייב.** ואע"ג דקאי עכו"ם ע"ג הממון הואיל ונשא ונתן ביד חייב: **בתרי עיברי נהרא.** עכו"ם מלד זה והעמיר מלד זה דאי לא יהביה ניהליה לא מלי אנס למשקליה: **שותא.** מכמורת לדגים או לחיות: **לקועיה.** לצואריה שבר מפרקתו: **תוא.** חיה והוא שור הבר כדמתרגם (דברים יד) תוא וזמר תורבלא תור שור בלא יער: **אין מרחמין עליו.** ושפיר עבדת דקטלתיה: **מסיים מתיבתא דיומא לרבנן.** היה מחזר ושונה להם מה שדרש רבי יוחנן אותו היום לפי שר"ל חכם גדול היה ולאחר ששמעו כולן מפי הרב חוזר ומכוונה בידם: **בדרא קמא.** שבע שורות תלמידים יושבים לפניו זו לפנים מזו: **ביסתרקי.** תפי"ד בלעז: **מסרחי גביניה.** גבות עיניו גדולים ומכסין עיניו: **פריטא שפתיה.** נקרעה שפתו על ידי מכה:

תוספות

לאו משום דקנס הוא. והא דמעיקרא לא גזרו על זה כמו על זה למאי דלא מסיק אדעתיה השתא טעמא דהפסד מועט איכא למימר דמעשה אירע במטמא ובמנסך לכך גזרו עליהם בשעת מעשה: **כיון** שנפל בידי עובדי כוכבים אין מרחמים עליו. כלומר שפיר מיקרי מסור שדבר ברור הוא שיקחו מאחר שהראהו: **השתא** יווני נינהו כו'. קשה לר"י דבפ"ב דגיטין (דף טז: ושם יז. ד"ה הא) אמר רבה בר בר חנה חלש על לגביה כו' אמר רחמנא או בטולך וכו' ופריך למימרא דרומאי מעלי מפרסאי אלמא משמע שאז עדיין היו פרסיים בבבל ולכאורה משמע שאותו מעשה היה אחר מעשה שבכאן ואור"י שהשרים והפקידים היו משתנים והיו פעמים מפרסיים ופעמים מיוונים:

דילכון

מסורת הש"ם

א) גיטין נג. ע"ש, ב) [שבת קנד: וש"נ], ג) [גיטין נג. וע"ש בתוס' ד"ה בראשונה ותוס' מנחות נח: ד"ה וא"ד ודע דבתוספתא דגיטין פ"ג ה"ב תני' כמו דאיתא הכא], ד) כתובות לא., ה) [נ"ל לסוף יעב"ץ], ו) גיטין נב:, ז) [ע"ז ו:], ח) ס"א יוונאי, ט) ס"א פרסאי, י) [עי' פרש"י ב"מ לט. ד"ה מחמת מרדין], כ) פי' כרים וכסתות.

הגהות הב"ח

(א) רש"י ד"ה עקירה וכו' מעשה שבת ומעשה קריעה באין כאחד ולא אמרינן משעת קריעה חייב:

גליון הש"ס

גמ' דיקא נמי דקתני הושיט כו'. כעין זה ע"ז דף ו ע"ב:

תורה אור השלם

א) בָּנַיִךְ עֻלְּפוּ שָׁכְבוּ בְּרֹאשׁ כָּל חוּצוֹת כְּתוֹא מִכְמָר הַמְלֵאִים חֲמַת יְיָ גַּעֲרַת אֱלֹהָיִךְ: [ישעיה נא, כ]

לעזי רש"י

תפי"ד. פירוש סטיה:

עין משפט נר מצוה

קד א ב מיי' פ"ז מהל' חובל ומזיק הל' א ב סמג עשין ע טוש"ע ח"מ סי' שפה סעי' א:

קה ג מיי' פ"ג מהל' גניבה הל' ב:

קו ד ה ו מיי' פ"ח מהל' חובל ומזיק הל' ג ד ועיין בהשגות ובמ"מ סמג עשין ע טוש"ע ח"מ סי' שפח סעי' ב:

קז ז מיי' שם הלכה ה טוש"ע שם סעי' ה:

קח ח מיי' שם הל' י טוש"ע שם סעי' י:

ליקוטי רש"י

המטמא. טהרותיו של חברו כגון תרומה. **והמדמע.** תרומה בחולין של חברו ומפסידו שאוסרו לזרים וצריך למוכרו לכהנים בזול. **והמנסך.** יין חברו [גיטין נב:]. **בראשונה היו אומרים המטמא והמנסך.** מנסך מפסיד לגמרי שאוסרו בהנאה אבל מטמא אע"ג דמפסיד ליה לגמרי לענין שהוא עלמו אינו יכול לאכול אבל חזי הוא עדיין להסקה או למאכל בהמה דאפי' מטמא תרומה חזי להסקה או לבהמת כהן [שם נג.]. **שהרי עקירה צורך הנחה היא.** הלכך אע"ג דחיוב ממון מקמי הנחה אתיא ליה פטור הואיל ובין עקירה והנחה אתיא ליה מיתה ותשלומין באין כאחד שעקירה לורך הנחה היא ומההיא שעתא אתחלה לה מלאכה [כתובות לא.]. **משעת הגבהה.** ע"מ לגוזלו [גיטין נב:]. **לפרהגנא.** ממונה של מלך [ב"מ פג:]. גבאי המס [עירובין לו:]. מליק [גיטין מד.]. **לקועיה.** חרטומו בי"ק בלע"ז [לעיל נה.]. **תוא.** תורבלא תור היער. באל"א. יער בלשון ארמי [דברים יד, ה]. תאו מתרגמינן תורבלא. שור הלבנון [חולין פ.]. **מרדין.** היא רליחה בלשון פרסי וכן מפורש בשערים דרב האי גאון (שער מ) [ב"מ לט.]. **דלו ליה במכחלתא דכספא.** שהיו עפעפיו מכסין את עיניו ומגביהן במזלגא דכספא. **ואחזייה.** שהיה רוצה לראותו מפני שהוא חריף [תענית ט.].

ליה בדרבה מיניה", כלומר, שעונש מיתה החמור פוטרו מעונש ממון הקל[12]. ואף שחיוב התשלומים חל בשעת קריעת השיראין ואילו חיוב המיתה אינו חל עד הנחת החץ בסוף ארבע אמות, מכל מקום פטור הוא מלשלם, **שֶׁהֲרֵי הָעֲקִירָה** של החץ בתחילת ארבע האמות **צוֹרֶךְ הַנָּחָה הִיא** — נעשתה לצורך הנחתו בסוף ארבע האמות, **וּ**לפיכך משעת העקירה כבר התחילה מלאכת הוצאה שעליה הוא **מִתְחַיֵּיב בְּנַפְשׁוֹ**, ומאחר שהשיראין נקרעו בין עקירת החץ להנחתו נמצא שמעשה המלאכה ומעשה הקריעה באים כאחד. וכמו כן בעניננו, מאחר שהמנסך חייב מיתה סברו התנאים מתחילה שהוא פטור מלשלם משום ש"קם ליה בדרבה מיניה"[13]. ואף שחיוב התשלומים חל בשעת הגבהת היין ואילו חיוב המיתה אינו חל עד שעת הניסוך, מכל מקום מאחר שההגבהה צורך הניסוך היא לפיכך משעת ההגבהה כבר התחיל המעשה המחייבו מיתה, ונמצא שחיוב מיתה וחיוב תשלומים באים כאחד[14]. **וּלְבַסּוֹף**, כאשר חזרו בהם, **סָבְרֵי כְּרַבִּי יִרְמְיָה. דְּאָמַר רַבִּי יִרְמְיָה** לגבי המנסך יינו של חבירו: **מִשְּׁעַת הַהַגְבָּהָה** של היין **קַנְיֵיהּ** — קנה אותו בקניני גזילה **וְאִיחַיַּיב לֵיהּ** — ונתחייב **מָמוֹן, וּמִתְחַיֵּיב בְּנַפְשׁוֹ לֹא הָוֵי** — אין הוא נחשב **עַד שְׁעַת הַנִּיסּוּךְ**, ומאחר שחיוב התשלומים וחיוב המיתה אינם באים כאחד אין אומרים כאן "קם ליה בדרבה מיניה", וחייב לשלם עבור היין[15]. נמצא איפוא שאין הוכחה מהברייתא לדברי רב הונא שאין לומדים מחיוב קנס למקרים דומים[16].

הגמרא ממשיכה לדון בענין מוסר:

רַב הוּנָא בַּר יְהוּדָה אִיקְלַע — נזדמן **לְ**מקום בשם **בֵּי אַבְיוֹנֵי. אָתָא לְקַמֵּיהּ** — בא לפניו **דְּרָבָא, אָמַר לֵיהּ** רבא: **כְּלוּם מַעֲשֶׂה בָּא לְיָדְךָ** ופסקת בו הלכה? **אָמַר לֵיהּ** רב הונא: **יִשְׂרָאֵל שֶׁאֲנָסוּהוּ עוֹבְדֵי כוֹכָבִים וְהֶרְאָה** להם את **מָמוֹן חֲבֵירוֹ בָּא לְיָדִי, וְחִיַּיבְתִּיו** לשלם. **אָמַר לֵיהּ** רבא: **אַהְדַּר עוּבְדָא לְמָרֵיהּ** — החזר את הדין [ויחזור הממון] לבעליו, **דְּתַנְיָא** — שהרי שנינו בברייתא: **יִשְׂרָאֵל שֶׁאֲנָסוּהוּ עוֹבְדֵי כוֹכָבִים וְהֶרְאָה** להם את **מָמוֹן חֲבֵירוֹ פָּטוּר** מלשלם[17]. **וְאִם נָטַל** את הממון **וְנָתַן** להם אותו **בְּיָד חַיָּיב** לשלם[18]. הרי שהמראה ממון חבירו מחמת אונס פטור, והוראתך, רב הונא, היתה איפוא מוטעית.

הערות

העברתו ארבע אמות ברשות הרבים. מתנאי החיוב של מלאכה זו הם שיעקור את החפץ ממקומו ויניחנו ברשות השניה או בסוף ארבע אמות.

12. כל המתחייב מיתה וממון במעשה אחד (או ברגע אחד) נענש רק בעונש החמור (מיתה) ונפטר מהעונש הקל (ממון). המשנה בכתובות (לו, ב) לומדת זאת מהפסוק (שמות כא, כב): "וְכִי יִנָּצוּ אֲנָשִׁים וְנָגְפוּ אִשָּׁה הָרָה וְיָצְאוּ יְלָדֶיהָ וְלֹא יִהְיֶה אָסוֹן עָנוֹשׁ יֵעָנֵשׁ", ומשמע שאין המַּכֶּה חייב בדמי הוולדות אלא אם כן לא אירע לאשה אסון (מיתה), אולם אם אירע לה אסון (ונתחייב המכה מיתה על רציחתה) נפטר הוא מדמי הוולדות (ראה כתובות לו, ב). דין זה קרוי "קם ליה בדרבה מיניה", כלומר, עומד הוא בעונש החמור [ונפטר מהעונש הקל].

13. ואין לומר שחכמים יקנסוהו לשלם כדי שלא יהא כל אחד הולך ומנסך יינו של חבירו, לפי שחכמים לא חייבוהו יותר מאילו היה ההיזק ניכר (תוספות גיטין נב, ב ד"ה מנסך).

14. רש"י. עיקר הניסוך הוא שיגביה את היין וישפכנו לפני עבודה זרה, ולפיכך נחשבת ההגבהה צורך הניסוך. ואף שאפשר לנסך גם בלא הגבהה, כגון שמשכשך ידיו ביין לשם עבודה זרה (ראה עבודה זרה נז, ב), היינו דוקא שלא בפני עבודה זרה, אבל בפני עבודה זרה אין דרך לשכשך אלא לשפוך (רא"ש עבודה זרה ד, יג; ראה גם תוספות רא"ש גיטין נב, ב; אמנם עיין רש"י גיטין שם ד"ה מנסך ממש; ראה גם חתם סופר שם).

15. רבי ירמיה חולק על הסברא ש"עקירה צורך הנחה", ומאחר שההגבהה אינה נחשבת כתחילת הניסוך נמצא שחיוב התשלומים קדם לחיוב המיתה (תוספות לעיל ע, ב ד"ה לענין בשם רבינו תם; תוספות גיטין נב, ב - נג, א בפירושו השלישי). ויש אומרים שרבי ירמיה מודה לסברא ש"עקירה צורך הנחה", אולם הוא מחלק בין זורק חץ למגביה על מנת לנסך. שדוקא בזורק חץ נחשבת הזריקה כתחילת המלאכה, משום שלאחר שזרק את החץ אין הוא יכול עוד להחזירו, אולם במגביה על מנת לנסך אין ההגבהה נחשבת כתחילת הניסוך משום שיכול הוא עדיין לחזור בו ולא לנסך (ראב"ד ומאירי על פי כתובות לא, א; ראה גם תוספות שם בפירושו הראשון). ויש אומרים שלדעת רבי ירמיה עיקר הניסוך הוא אף בלא הגבהה, ולפיכך אין ההגבהה נחשבת צורך הניסוך (תוספות שם בפירושו השני).

רש"י בגיטין (נב, ב ד"ה דאגבהה) מפרש שהמנסך הגביה את היין על מנת לגוזלו, ומשמע שאם הגביהו על מנת לנסכו אין הוא מתחייב בדמיו. ואף שלמדנו לעיל (צח, א) שהנוטל חפץ על מנת להזיקו נחשב גזלן אף אם אין דעתו ליטלו לעצמו, היינו דוקא אם דעתו להוציאו מרשות בעליו (כגון שנטלו על מנת לזורקו לים), אבל כאן שלאחר הניסוך יכול הוא מעיקר הדין להשיב את היין לבעליו, שהרי היזק שאינו ניכר אינו נחשב היזק, אין הוא נחשב גזלן אלא אם כן דעתו ליטלו לעצמו (שו"ת עונג יום טוב אורח חיים מח; דברי יחזקאל נב, ה). אמנם יש לעיין, מדוע הוצרכו חכמים לתקן שמנסך חייב? הלא מאחר שאינו חייב אלא אם כן הגביה את היין על מנת לגוזלו יש לחייבו משום גזלן! ויש לומר שאלמלא תקנת חכמים יכול היה המנסך לומר לבעלים "הרי שלך לפניך" ולהיפטר, אולם מאחר שתקנו שהניסוך נחשב 'היזק' הרי זה שינוי בגוף היין, ואין המנסך יכול להשיבו לבעליו (ראה תוספות גיטין נג, ב ד"ה גזלן; ראה גם שו"ת רבי עקיבא איגר א, קסד). ויש שביארו בכוונת רש"י, שמאחר שחכמים תקנו שניסוך נחשב 'היזק' ממילא אם הגביה את היין על מנת לנסכו הרי זה כאילו הגביהו על מנת לגוזלו, וכפי שלמדנו לעיל שהנוטל חפץ על מנת להזיקו נחשב גזלן (תורת גיטין וגרש ירחים גיטין נב, ב; ראה גם רש"י חולין מא, א ד"ה פטור מלשלם; ועיין חידושי רבינו חיים הלוי הלכות חובל ומזיק ז, ד; חידושי רבי שמעון שקאפ ג, ב).

16. למעשה הנדון אם לומדים מקנס למקרים אחרים הוא מחלוקת רב ושמואל במסכת גיטין (נב, ב - נג, א). להלכה יש שפסקו כשמואל שאין לומדים מקנס, שכן הלכה כמותו בדיני ממונות [ראה בכורות מט, ב] (רי"ף לב, ב בדפי הרי"ף; רמב"ן בקונטרס דינא דגרמי; רב האי גאון, משפטי שבועות יט, ב; רא"ש ח, יד). ויש שפסקו כרב שניתן ללמוד מקנס (עיין רמב"ם הלכות חובל ומזיק ז, א; מגיד משנה שם, ו), משום שבכמה מקומות נוקטת הגמרא כדעתו (ש"ך חושן משפט שפה, א; ראה גם ביאור הגר"א חושן משפט שפב, ג).

17. אף שבדרך כלל המוסר ממון חבירו חייב לשלם משום "דינא דגרמי" (עיין לעיל קטז, ב הערה 42) מכל מקום במקום אונס פטרוהו חכמים. יש מבארים שהטעם הוא משום שדינא דגרמי אינו אלא קנס מדרבנן, ובמקום אונס לא קנסוהו חכמים (מרדכי קצג; רבינו יהונתן לקמן קיז, ב; הגהות מיימוניות הלכות חובל ומזיק ח, ד; ש"ך חושן משפט שפו, א ד"ה ועוד נראה לי; ביאור הגר"א חושן משפט שפח, כח). אמנם הרמב"ן (בקונטרס דינא דגרמי) סובר שדינא דגרמי הוא חיוב מהתורה, ומכל מקום מאחר שאין הוא עושה מעשה בידים הקלו חכמים לפוטרו במקום אונס (ראה גם מלחמות ה' כאן מג, א בדפי הרי"ף ובסנהדרין יא, ב בדפי הרי"ף; ים של שלמה מז). עוד אומר הרמב"ן, מאחר שהאנסים הם שהכריחוהו למסור את הממון אין הוא נחשב כמי שגרם את הנזק.

יש אומרים שהוראת הברייתא מתייחסת רק לאונס מחמת נפשות [או מחמת יסורים (בית יוסף חשן משפט שפח)], אולם אם אנסוהו אונס ממון (היינו, שאיימו ליטול את ממונו) חייב לשלם (מרדכי קצג; רמ"א חושן משפט שפח, ב; ראה גם רמב"ם הלכות חובל ומזיק ח, ג; מלחמות ה' לרמב"ן מג, א בדפי הרי"ף). ויש אומרים שאף במקום אונס ממון פטרוהו חכמים (ראב"ד, הובא בשיטה מקובצת לקמן עמוד ב ובהגהות על הרי"ף, א; תמים דעים לראב"ד, רג; ספר החינוך לרא"ה רמג; ש"ך חושן משפט שם, כב; לביאור המחלוקת ראה ביאור הגר"א חושן משפט שם כח; עיין גם להלן הערה 20).

18. משום שהציל עצמו בממון חבירו (רש"י). ואף שרשאי היה לעשות כן, שהרי פיקוח נפש דוחה את כל התורה כולה (מלבד עבודה זרה, גילוי עריות ושפיכות דמים), מכל מקום עליו לשלם לחבירו מה שהפסידו (עיין לעיל ס, ב ותוספות שם ד"ה מהו; לקמן קיז, ב; סנהדרין עד, א; ראה גם מלחמת ה').

לדעת רוב הראשונים, אם נשא ונתן ביד חייב לשלם אף אם עשה זאת מחמת אונס, בין שאנסוהו להביא ממון סתם והביא את של חבירו, ובין שאנסוהו להביא את ממונו של חבירו. ואף שהמראה ממון חבירו באונס פטור (ראה הערה קודמת), היינו משום שלא הזיק בידים אלא בדרך גרמי, אולם כשנשא ונתן ביד לא פטרוהו חכמים במקום אונס (רי"ף; מלחמת ה' לרמב"ן; רמב"ם הלכות חובל ומזיק ח, ד; בעל המאור; רשב"א; רבינו יהונתן; רא"ש; ראה גם תוספות לקמן קיז, ב ד"ה מאי לאו ושם הערה 13; לטעמים אחרים לחלק בין מראה לנושא ונותן בידים עיין רבינו יהונתן וים של שלמה מז). אמנם רבינו חננאל (מובא בנמוקי יוסף מד, א בדפי הרי"ף) סובר שאם אנסוהו להביא ממון חבירו הרי הוא פטור אף אם נשא ונתן ביד [ואין הוא נחשב "מציל עצמו בממון חבירו", משום שהאנסים לא באו מחמתו אלא מחמת ממון חבירו (נמוקי יוסף)], ומה ששנינו "אם נטל ונתן ביד חייב" מתייחס למקרה שאנסוהו על ממון סתם. שאף על פי שאם הראה להם את ממון חבירו פטור משום שלא הזיק בידים (ראה הערה קודמת), מכל מקום אם נשא ונתן ביד חייב משום שהציל עצמו בממון חבירו (ראה גם ספר העיטור עד, ב; רבינו אפרים מג, א בדפי הרי"ף; תוספות רי"ד; ש"ך חושן משפט שפח, כד; אמנם עיין רשב"א). ויש אומרים שאין חילוק כלל בין מראה לנושא ונותן ביד, שאם עשה זאת מעצמו חייב ואם מחמת אונס פטור, ומה ששנינו "אם נטל ונתן ביד חייב" הכוונה היא שאם אנסוהו להראות והוא הוסיף מעצמו ונטל ונתן ביד הרי הוא חייב, שהרי לא אנסוהו לכך (רב האי גאון, מובא במלחמת ה' ובנמוקי יוסף; לדעה נוספת עיין ראב"ד, מובא בשיטה מקובצת לקמן עמוד ב ובהגהות על הרי"ף מג, א - מג, ב בדפי הרי"ף).

[בדעת רש"י נחלקו המפרשים. יש שדייקו מהלשון "הציל עצמו בממון חבירו"

אי דינא אי קנסא א"ל אי דינא גמרינן מיניה אי קנסא לא גמרינן מיניה ומנא תימרא דמקנסא לא גמרינן דתניא [א] בראשונה היו אומרים [א] המטמא והמנסך חזרו לומר אף [ב] המדמע חזרו אין לא חזרו לא מאי טעמא לאו משום דקנסא הוא וקנסא לא גמרינן מיניה לא מעיקרא סברי [ג] להפסד מרובה חששו להפסד מועט לא חששו ולבסוף סברי להפסד מועט נמי חששו איני והא תני אבוה דרבי אבין [ג] בראשונה היו אומרים המטמא והמדמע חזרו לומר אף המנסך חזרו אין לא חזרו לא מאי טעמא לאו משום דלא גמרינן מקנסא לא מעיקרא סברי כרבי אבין ולבסוף סברי כרבי ירמיה מעיקרא סברי כרבי אבין [ד] דאמר רבי אבין [ג] זרק חץ מתחילת ארבע [ה] ולבסוף ארבע וקרע שיראין בהליכתו פטור שהרי עקירה צורך הנחה היא ומתחייב בנפשו ולבסוף סברי כר' ירמיה [ו] דא"ר ירמיה משעת הגבהה קנייה איחייב ליה ממון מתחייב בנפשו לא הוי עד שעת ניסוך רב הונא בר יהודה איקלע לבי אביוני אתא לקמיה דרבא א"ל כלום מעשה בא לידך א"ל ישראל שאנסוהו עובדי כוכבים והראה ממון חבירו בא לידי וחייבתיו א"ל אהדר עובדא למריה דתניא [ד] ישראל שאנסוהו עובדי כוכבים והראה ממון חבירו פטור ואם נטל ונתן ביד חייב אמר רבה [ה] אם הראה מעצמו כנשא ונתן ביד דמי ההוא גברא דאנסוהו עובדי כוכבים ואחוי אחמרא דרב מרי בריה דרב פנחס בריה דרב חסדא א"ל דרי ואמטי בהדן דרא ואמטי בהדיהו אתא לקמיה דרב אשי פטריניה א"ל רבנן לרב אשי והתניא אם נשא ונתן ביד חייב א"ל הני מילי היכא דלא אוקמיה עילויה מעיקרא [ו] אבל היכא דאוקמיה עילויה מעיקרא מיקלי קלייה איתיביה רבי אבהו לרב אשי אמר לו אנס הושיט לי פקיע עמיר זה או אשכול ענבים זה והושיט לו חייב הכא במאי עסקינן [ז] כגון דקאי בתרי עברי נהרא [ט] דיקא נמי דקתני הושיט ולא תני תן ש"מ: ההוא שותא דהוו מנצו עלה בי תרי האי אמר דידי הוא והאי אמר דידי הוא אזל חד מנייהו ומסרה לפרהגנא דמלכא אמר אביי יכול לומר אנא כי מסרי דידי מסרי א"ל רבא וכל כמיניה אלא אמר רבא [ז] משמתינן ליה עד דמייתי ליה וקאי בדינא ההוא גברא דהוה בעי אחוויי אתיבנא דחבריה אתא לקמיה דרב א"ל לא תחוי ולא תחוי א"ל מחוינא ומחוינא יתיב רב כהנא קמיה דרב שמטיה [ח] לקועיה מיניה קרי רב עילויה [א] בניך עולפו שכבו בראש כל חוצות כתוא מכמר מה תוא זה כיון שנפל במכמר אין מרחמין עליו אף ממון של ישראל כיון שנפל ביד עובדי כוכבים אין מרחמין עליו א"ל רב כהנא עד האידנא הוו [ח] פרסאי דלא קפדי אשפיכות דמים והשתא איכא [ט] יווניי דקפדו אשפיכות דמים ואמרי [י] מרדין מרדין קום סק לארעא דישראל וקביל עלך דלא תקשי לרבי יוחנן שבע שנין אזיל אשכחיה לריש לקיש דיתיב וקא מסיים מתיבתא דיומא לרבנן אמר להו ריש לקיש היכא אמרו ליה אמאי אמר להו האי קושיא והאי קושיא והאי פירוקא והאי פירוקא אמרו ליה לריש לקיש אזל ריש לקיש א"ל לרבי יוחנן ארי עלה מבבל לעיין מר במתיבתא דלמחר למחר אותבוה בדרא קמא קמיה דר' יוחנן אמר שמעתתא ולא אקשי שמעתתא ולא אקשי אנחתיה אחורי שבע דרי עד דאותביה בדרא בתרא א"ל רבי יוחנן לר"ש בן לקיש ארי שאמרת נעשה שועל אמר יהא רעוא דהני שבע דרי להוו חילוף שבע שנין דאמר לי רב קם אכרעיה א"ל נהדר מר ברישא אמר שמעתתא ואקשי אוקמיה בדרא קמא אמר שמעתתא ואקשי ר' יוחנן הוה יתיב אשבע [כ] בסתרקי שלפי ליה חדא בסתרקא מתותיה אמר שמעתתא ואקשי ליה עד דשלפי ליה כולהו בסתרקי מתותיה עד דיתיב על ארעא רבי יוחנן גברא סבא הוה ומסרחי גביניה אמר להו דלו לי עיני ואחזייה דלו ליה במכחלתא דכספא חזא דפרטיה שפוותיה סבר אחוך קמחייך ביה חלש דעתיה ונח נפשיה למחר אמר להו רבי יוחנן לרבנן חזיתו לבבלאה היכי עביד אמרו ליה דרכיה הכי על לגבי מערתא חזא דהוה

הדרא

רש"י

אי דינא. הוא שמסור ישלם: **גמרינן.** מהאי מעשה דרב נחמן לשאר גרמי דנזקין דעלמא: **ואי קנסא.** הוא דקנסיה רב נחמן משום דרגיל היה בכך לא גמרינן מיניה: **המטמא.** טהרותיו של חבירו או מנסך יינו של חבירו לע"ז דאע"ג דקמיה מנח ואין הזיקו ניכר משלם: **לא חזרו לא.** היינו גמרי' מדמע ממנסך: **המדמע.** ערב חולין בתרומה דהפחית דמי החולין דלא חזו מהשתא אלא להמכר לכהנים: **להפסד מרובה.** מטמא תרומה הפסד מרובה הוא דתו לא חזיא לאכילה מדמע הפסד מועט הוא דהא מזדבן לכהנים בדמי תרומה: **אף המנסך [כו'] לא חזרו לא.** גמרינן מנסך אע"ג דהפסידו מרובה ממדמע ומטמא דהפסידן מועט לגבי מנסך: **זרק חץ. בשבת:** עקירה צורך הנחה. דכיון דבין עקירה להנחה קרע נמצא מעשה שבת ומעשה (א) עקירה באין כאחד ולא אמרינן משעת עקירה חייב ממון ומתחייב בנפשו לא הוי עד שעת הנחת חץ והכא נמי הגבהת יין לורך ניסוך הוא ותשלומין וחיוב מיתה דע"ז באין כאחד: **לבי אביוני.** מקום: **נשא ונתן ביד חייב.** דהציל עצמו בממון חברו: **מעצמו.** בלא אונס: **דרי ואמטי.** שאי והולך עמנו לבית המלך: **ה"מ.** דאם נשא ונתן ביד חייב: **היכא דלא אוקמינהו.** העובדי כוכבים על הממון מעיקרא ע"י האונס אלא הלך ונטל ונתנו להם אבל הכא דאוקמינהו על היין קלייה ואההיא שעתא פטור כי אמטי תו דידהו אמטי: **פקיע.** קשר: **חייב.** ואע"ג דקאי עכו"ם ע"ג הממון הואיל ונשא ונתן ביד חייב: **בתרי עיברי נהרא.** עכו"ם מלד זה והעמיר מלד זה דאי לא יהביה נהליה לא מצי אנס למשקליה: **שותא.** מכמורת לדגים או לחיות: **לקועיה.** לצואריה שבר מפרקתו: **תוא.** חיה והוא שור הבר כדמתרגם (דברים יד) תוא וזמר תורבלא תור שור בלא יער: **אין מרחמין עליו.** ושפיר עבדת דקטלתיה: **מסיים מתיבתא דיומא לרבנן.** היה מחזר ושונה להם מה שדרש רבי יוחנן אותו היום לפי שר"ל חכם גדול היה ולאחר ששמעו כולן מפי הרב חוזר ומכוונה בידם: **בדרא קמא.** שבע שורות תלמידים יושבים לפניו זו לפנים מזו: **ביסתרקי.** תפי"ד בלעז: **מסרחי גביניה.** גבות עיניו גדולים ומכסין עיניו: **פריטא שפתיה.** נקרעה שפתו על ידי מכה:

תוספות

לאו משום דקנס הוא. והא דמעיקרא לא גזרו על זה כמו על זה לאביי דלא מסיק אדעתיה השתא טעמא דהפסד מועט איכא למימר דמעשה אירע במטמא ובמנסך לכך גזרו עליהם בשעת מעשה: **כיון** שנפל בידי עובדי כוכבים אין מרחמים עליו. כלומר שפיר מיקרי מסור שדבר ברור הוא שיקחו מאחר שהראהו: **השתא** יווני נינהו כו'. קשה לר"י דבפ"ב דגיטין (דף טז: ושם יז. ד"ה הא) אמר רבה בר בר חנה חלש על לגביה כו' אמר רחמנא או בטולך וכו' ופריך למימרא דרומאי מעלי מפרסאי אלמא משמע שאז עדיין היו פרסיים בבבל ולכאורה משמע שאותו מעשה היה אחר מעשה שבכאן ואור"י שהשרים והפקידים היו משתנים והיו פעמים מפרסיים ופעמים מיוונים:

דילכון

מסורת הש"ס

א) גיטין נג. ע"ש, ב) [שבת קנד: וש"נ], ג) [גיטין נג. וע"ש בתוס' ד"ה בראשונה ותוס' מנחות נח: ד"ה וא"ד ודע דבתוספתא דגיטין פ"ג הי"ב תני' כמו דאיתא הכא], ד) כתובות לא., ה) [נ"ל לסוף יעב"ץ], ו) גיטין נב:, ז) [ע"ז ו:], ח) ס"א יונאי, ט) ס"א פרסאי, י) [עי' פרש"י ב"מ לט. ד"ה מחמת מרדין], כ) פי' כרים וכסתות.

הגהות הב"ח

(א) רש"י ד"ה עקירה וכו' מעשה שבת ומעשה קריעה באין כאחד ולא אמרינן משעת קריעה חייב:

גליון הש"ס

גמ' דיקא נמי דקתני הושיט כו'. כעין זה ע"ז דף ו ע"ב:

תורה אור השלם

א) בָּנַיִךְ עֻלְּפוּ שָׁכְבוּ בְּרֹאשׁ כָּל חוּצוֹת כְּתוֹא מִכְמָר הַמְלֵאִים חֲמַת יְיָ גַּעֲרַת אֱלֹהָיִךְ: [ישעיה נא, כ]

לעזי רש"י

תפי"ד. פירוש שטיח:

עין משפט נר מצוה

קד א ב מיי' פ"ז מהל' חובל ומזיק הל' א ב סמג עשין ע טוש"ע ח"מ סי' שפה סעי' א:
קה ג מיי' פ"ג מהל' גניבה הל' ב:
קו ד ה ו מיי' פ"ח מהל' חובל ומזיק הל' ג ד ועיין בהשגות ובמ"מ סמג עשין ע טוש"ע ח"מ סי' שפח סעי' ב:
קז ז מיי' שם הלכה ה טוש"ע שם סעי' ה:
קח ח מיי' שם הל' י טוש"ע שם סעי' י:

ליקוטי רש"י

המטמא. טהרותיו של חברו כגון תרומה. **והמדמע.** תרומה בחולין של חברו ומפסידו שאוסרו לזרים וצריך למוכרו לכהנים בזול. **והמנסך.** יין חברו [גיטין נב:]. **בראשונה היו אומרים המטמא והמנסך.** מנסך מפסיד לגמרי שאוסרו בהנאה אבל מטמא אע"ג דמפסיד ליה לגמרי לענין שהוא עצמו אינו יכול לאכול אבל חזי הוא עדיין להסקה או למאכל בהמה דאפי' מטמא תרומה חזי להסקה או לבהמת כהן [שם נג.]. **שהרי עקירה צורך הנחה היא.** הלכך אע"ג דחיוב ממון מקמי הנחה אתיא ליה פטור הואיל ובין עקירה והנחה אתיא ליה מיתה ותשלומין באין כאחד שעקירה צורך הנחה היא ומהכיא שעתא אתחלה לה מלאכה [כתובות לא.]. **משעת הגבהה.** ע"מ לגוזלו [גיטין נב:]. **לפרהגנא.** ממונה של מלך [ב"מ פג:]. גבאי המס [עירובין לו:]. מליק [גיטין מד.]. **לקועיה.** חרטומו בי"ק בלע"ז [לעיל נה.]. **תוא.** תורבלא תור היער. באל"א. יער בלשון ארמי [דברים יד, ה]. תאו מתרגמינן תורבלא. שור הלבנון [חולין פ.]. **מרדין.** היא רציחה בלשון פרסי וכן מפורש בשערים דרב האי גאון (שער מ) [ב"מ לט.]. **דלו ליה במכחלתא דכספא.** שהיו עפעפיו מכסין את עיניו ומגביהן במזלגא דכספא. **ואחזייה.** שהיה רוצה לראותו מפני שהוא חריף [תענית ט.].

מוסיפה הגמרא:

אָמַר רַבָּה[19]**: אִם הֶרְאָה** את ממון חבירו **מֵעַצְמוֹ**, בלא אונס, **כְּנָשָׂא וְנָתַן בַּיָּד דָּמֵי** — הרי הוא כמי שנטלו ונתנו בידו, וחייב לשלם[20].

מעשה בענין דומה:

הַהוּא גַּבְרָא — אותו אדם **דַּאֲנָסוּהוּ עוֹבְדֵי כּוֹכָבִים וְאַחְוֵי אַחַמְרָא** — והראה על יינו **דְּרַב מָרִי בְּרֵיהּ** (בנו) **דְּרַב פִּנְחָס בְּרֵיהּ** (בנו) **דְּרַב חִסְדָּא**[21]. לאחר מכן **אָמְרוּ לֵיהּ** — אמרו לו: "**דְּרֵי וְאַמְטֵי בַּהֲדַן** — שא את היין והולך אותו עמנו לבית המלך", **דְּרָא וְאַמְטֵי בַּהֲדַיְיהוּ** — נשא את היין והוליכו עמם לבית המלך. **אָתָא לְקַמֵּיהּ** — בא אותו אדם לפניו **דְּרַב אַשִׁי, פַּטְרֵינֵיהּ** — ופטרו רב אשי מלשלם על היין. **אָמְרוּ לֵיהּ רַבָּנָן לְרַב אַשִׁי: וְהָתַנְיָא** — והרי שנינו בברייתא: **אִם נָשָׂא וְנָתַן בַּיָּד חַיָּיב**, ומדוע איפוא פטרת אותו מלשלם על היין? **אָמַר לְהוּ** (להם) רב אשי: **הָנֵי מִילֵּי** — דברים אלו, שאם נשא ונתן ביד חייב, אמורים רק **הֵיכָא דְּלֹא אוֹקְמֵיהּ עִילָּוֵיהּ מֵעִיקָּרָא** — במקום שלא העמיד אותם תחילה על הממון, כלומר שלא הראה להם אותו תחילה מחמת אונס, אלא הלך ונטלו ונתנו להם, **אֲבָל הֵיכָא דְּאוֹקְמֵיהּ עִילָּוֵיהּ מֵעִיקָּרָא** — במקום שהעמיד אותם תחילה על הממון מחמת אונס, כגון כאן שקודם שנטל את היין הראה להם אותו ויכלו לקחתו בעצמם, **מִיקְלֵי קַלְיֵיהּ** — כבר "שרף" את הממון, כלומר כבר בא הממון לרשותם, וכאשר נתנו להם הרי הוא כנותן להם מה שברשותם, ולפיכך פטור הוא מלשלם[22].

מקשה הגמרא:

אֵיתִיבֵיהּ — הקשה לו **רַבִּי אַבָּהוּ לְרַב אַשִׁי** מהברייתא הבאה: אם **אָמַר לוֹ אַנָּס** לישראל: "**הוֹשֵׁיט לִי פְּקִיעַ עָמִיר** — אגודת קש **זֶה**", **אוֹ**: "הושט לי **אֶשְׁכּוֹל עֲנָבִים זֶה**", **וְהלה הוֹשִׁיט לוֹ, חַיָּיב** לשלם. הרי שאף על פי שהאנס עומד בסמוך לממון ויכול לקחתו בעצמו[23] חייב הישראל לשלם על שנשא ונתן ביד, וזוהי סתירה לדברי רב אשי!

מתרצת הגמרא:

הָכָא בְּמַאי עַסְקִינָן — כאן, בברייתא, במה אנו עוסקים? **כְּגוֹן דְּקָאֵי בִּתְרֵי עֶבְרֵי נַהֲרָא** — שעובד הכוכבים והעמיר (או האשכול) עומדים משני עברי הנהר, שאם לא היה הישראל נותנו לו לא היה עובד הכוכבים יכול ליטלו מעצמו[24], ולפיכך חייב הישראל לשלם.

הגמרא מסייעת לפירוש זה:

דַּיְקָא נַמִּי — תירוץ זה מדוייק גם מלשון הברייתא: **דְּקָתָנֵי** — ששנינו: "**הוֹשֵׁיט** לי פקיע עמיר זה", **וְלֹא תָּנֵי** — ולא שנינו: "**תֵּן** לי פקיע עמיר זה", ומשמע שהעובד כוכבים אינו עומד בסמוך לעמיר.

מסיקה הגמרא:

שְׁמַע מִינָּהּ — אכן יש ללמוד זאת מכאן[25].

מעשה בענין מוסר:

הַהוּא שׁוּתָא דַּהֲווּ מִנְצוּ עֲלָהּ בֵּי תְּרֵי — אותה מלכודת (לדגים או לחיות)[26] שרבו עליה שני בני אדם. **הַאי אָמַר דִּידִי הוּא** — זה אמר "שלי היא", **וְהַאי אָמַר דִּידִי הוּא** — וזה אמר "שלי היא". **אָזַל חַד מִנַּיְיהוּ** — הלך אחד מהם **וּמְסָרָהּ לְפַרְהַגָּנָא דְּמַלְכָּא** — לפקיד המלך[27]. **אָמַר אַבַּיֵי: יָכוֹל** המוסר **לוֹמַר**: "**אֲנָא כִּי מַסְרִי דִּידִי מַסְרִי** — אני כשמסרתי את שלי מסרתי"[28].

דעה חולקת:

אָמַר לֵיהּ רָבָא: וְכָל כְּמִינֵיהּ — וכי יכול הוא לומר כן? ודאי שלא[29]! **אֶלָּא אָמַר רָבָא: מְשַׁמְתִינַן לֵיהּ** — מנדים אותו **עַד דְּמַיְיתֵי לֵיהּ וְקָאֵי בְּדִינָא** — עד שיביא את המלכודת מפקיד המלך, ויעמוד עליה בדין עם חבירו[30].

הערות

שמדובר באנסוהו להביא ממון סתם, אולם אם אנסוהו להביא ממון חבירו הרי הוא פטור אפילו נשא ונתן ביד, כדעת רבינו חננאל (תוספות רי"ד; ראה גם הגהות מאילפס ישן, ג). ויש שגרסו את המלים "מעצמו בלא אונס" שכתב רש"י בהמשך כסוף הדיבור בענין נשא ונתן ביד, ודייקו מכך שהנושא ונותן ביד אינו חייב אלא אם עשה זאת מעצמו בלא אונס כלל, כדעת רב האי גאון (נמוקי יוסף; מהרש"ל). אולם בספרים שלפנינו מלים אלו הן דיבור בפני עצמו המתייחס להוראת רבה בסמוך בענין "הראה מעצמו" (ראה מהרש"א ופני יהושע).]

19. יש הגורסים כאן "רבא" (ראה רי"ף; רמב"ן במלחמת ה' ובקונטרס דינא דגרמי; תוספות רי"ד; ש"ך חושן משפט שפו, א ד"ה ועוד נ"ל ראיה ממאי דפטרינן), שכן רבה אינו מחייב לשלם על נזקי גרמי (עיין לעיל צח, א).

20. כלומר, אם שמע שעבדי המלך מבקשים לגזול שדות והראה להם על שדה חבירו חייב לשלם (ראה רש"י כאן ולעיל קטז, ב ד"ה דאחוי אחויי; תוספות שם ד"ה לא צריכא [א]; מלחמת ה').

מרש"י משמע שאין המוסר חייב אלא אם עשה זאת בלא אונס כלל, אולם אם אנסוהו אונס סתם והראה על ממון חבירו כדי להינצל מידם, וכל שכן אם אנסוהו להראות ממון והראה על ממון חבירו הרי הוא פטור, משום שלא הראה אלא מחמת אונסו (ראה גם תמים דעים, רג; ש"ך חושן משפט שפח, כא). ויש מקשים, הלא המקרה של הראה מעצמו בלא אונס כבר שנוי במשנתנו ("אם מחמת הגזלן חייב להחזיר"), כפי שביארה הגמרא לעיל (קטז, ב), ומה בא רבה לחדש? לפיכך הם מפרשים שאם אנסוהו אונס סתם והראה על ממון חבירו כדי להינצל הרי הוא בכלל "הראה מעצמו" וחייב לשלם, ומה ששנינו לעיל שבאונס פטור היינו דוקא אם אנסוהו להראות ממון והראה על ממון חבירו, וכל שכן אם אנסוהו להראות את ממון חבירו (רשב"א; רבינו יהונתן; טור חושן משפט שפח; רמ"א שם, ב; ועיין בית יוסף וב"ח שם; ראה גם חזון איש טז, כו). ויש שכתבו שאף אם אנסוהו על ממון סתם והראה על ממון חבירו הרי הוא בכלל "הראה מעצמו", ומה ששנינו שבאונס פטור היינו דוקא אם אנסוהו להראות את ממון חבירו (נמוקי יוסף בדעת הרי"ף; ים של שלמה מז).

21. לנדון באיזה אונס מדובר עיין לעיל הערות 17 ו-20.

22. ואין לחייבו על כך שהראה להם את היין [שהרי הוא היה אנוס על כך] (רש"י).

מכאן מוכיח הרי"ף שהנושא ונותן ביד חייב אפילו באונס (ראה לעיל הערה 18), שהרי אותו אדם היה אנוס להביא את היין, ואף על פי כן הקשו חכמים שהיה לרב אשי לחייבו משום שנשא ונתן ביד. לישוב דעת החולקים ראה בעל העיטור, מובא בנמוקי יוסף; ש"ך חושן משפט שפח, כד.

23. כפי שמשמע מהלשון "עמיר **זה**... אשכול ענבים **זה**".

24. ומכל מקום יכול הוא לאנוס את הישראל על ידי זריקת אבנים או בליסטראות (רבינו יהונתן; ים של שלמה מז; ראה הערה הבאה).

25. גם מכאן מוכיח הרי"ף שהנושא ונותן ביד חייב אפילו באונס (ראה לעיל הערה 18), שהרי במקרה זה היה הישראל אנוס להושיט את הממון לעובד כוכבים, ומכל מקום חייב לשלם משום שנשא ונתן ביד! יש מיישבים את דעת החולקים, שכאשר תירצה הגמרא שהאנס והממון עומדים משני עברי הנהר כוונתה היתה שאין כאן אונס כלל, כיון שאין ביד האנס להזיק לישראל, ולפיכך חייב הישראל לשלם (בעל העיטור, מובא בנמוקי יוסף; רבינו אפרים מג, ב בדפי הרי"ף; ליישוב דומה עיין ראב"ד שם; ש"ך חושן משפט שפח, כד; פני יהושע; אמנם עיין מלחמת ה' לרמב"ן).

26. רש"י; אולם ראה ראב"ד, מובא בשיטה מקובצת.

27. "פרהנגא" הוא ממונה מטעם המלך לגבות מסים (ראה רש"י בבא מציעא פג, ב ד"ה פרהגונא ועירובין לו, ב ד"ה פרהגבני; לפירוש אחר ראה רש"י גיטין מד, א ד"ה פרהנג).

28. במקרה זה אף אחד מבעלי הדין לא היה מוחזק בממון, ומאחר שאין לאף אחד מהם ראיה יותר מחבירו הדין הוא ש"כל דאלים גבר", כלומר בית דין נמנעים מלדון בענין ומניחים לבעל הדין החזק יותר (בכח או בראיות) לגבור על חבירו (ראה בבא בתרא לד, ב). אביי סובר שכשם שרשאי בעל הדין לתפוס את הממון בעצמו, כך רשאי הוא לומר לאדם אחר, כגון פקיד המלך, שיתפסנו תחתיו (ראב"ד, מובא בשיטה מקובצת; רשב"א; רבינו יהונתן).

29. לפי שאין רשות לבעל הדין לומר לאדם אחר שיתפוס את הממון תחתיו (רשב"א; ראב"ד בפירושו הראשון, מובא בשיטה מקובצת). ויש אומרים שטעמו של רבא הוא משום שאין בעל הדין רשאי להעמיד את הממון ביד מי שלא יוכל חבירו להוציאו מידו בכח או בעדים (רבינו יהונתן; מרדכי קצג; ראה גם ראב"ד שם בפירושו השני). ויש שכתבו שאותו אדם עשה כדין, אולם רבא קנס אותו משום שאין זה ראוי למסור ממון ישראל ביד עובד כוכבים (מרדכי קיז).

30. ואף אם ידרשו עבורה דמים מרובים עליו לפדותה ולעמוד עליה בדין (רבינו יהונתן; עיין ים של שלמה מט).

יש אומרים שרבא מודה שאותו אדם אינו נחשב "מוסר", לפי שלא נתכוון להזיק לחבירו אלא ליטול את שלו, ומכל מקום הוא קנס אותו כדי שלא יהא רגיל בכך (מרדכי קצג בשם רבי אליעזר מטולא; תשובות מיימוניות, נזיקין כא; שו"ת מהר"ם מלובלין כו). ויש אומרים שלדעת רבא אותו אדם נחשב "מוסר", ולפיכך הוא קנס אותו שיהא בנדוי עד שיביא את המלכודת ויעמוד עליה בדין (רבינו יהונתן; מרדכי לז; מרדכי קיז בשם מהר"ם). ויש שכתבו שאף על פי שלענין לפוסלו לעדות ולשבועה אין לו דין "מוסר", משום שלא נתכוון להזיק את חבירו, מכל מקום לענין חיוב ממון אין הדבר תלוי בכוונתו להזיק. אמנם במקרה זה אין הוא חייב לשלם משום שהממון מוטל בספק (ים של שלמה שם; ועיין רמ"א חושן משפט שפח, ה וש"ך שם, כו).

אי דינא אי קנסא א"ל אי דינא גמרינן מיניה אי קנסא לא גמרינן מיניה ומנא תימרא דמקנסא לא גמרינן דתניא א) בראשונה היו אומרים א המטמא והמנסך חזרו לומר אף ב המדמע חזרו אין לא חזרו לא מאי טעמא לאו משום דקנסא הוא וקנסא לא גמרינן מיניה לא מעיקרא סברי ג) להפסד מרובה חששו להפסד מועט לא חששו ולבסוף סברי להפסד מועט נמי חששו איני והא תני אבוה דרבי אבין ג) בראשונה היו אומרים המטמא והמדמע חזרו לומר אף המנסך חזרו אין לא חזרו לא מאי טעמא לאו משום דלא גמרינן מקנסא לא מעיקרא סברי כרבי אבין ולבסוף סברי כרבי ירמיה מעיקרא סברי כרבי אבין ד) דאמר רבי אבין ג זרק חץ מתחילת ארבע ה) ולבסוף ארבע וקרע שיראין בהליכתו פטור שהרי עקירה צורך הנחה היא ומתחייב בנפשו ולבסוף סברי כר' ירמיה ו) דא"ר ירמיה משעת הגבהה קנייה איחייב ליה ממון מתחייב בנפשו לא הוי עד שעת ניסוך רב הונא בר יהודה איקלע לבי אביוני אתא לקמיה דרבא א"ל כלום מעשה בא לידך א"ל ישראל שאנסוהו עובדי כוכבים והראה ממון חבירו בא לידי וחייבתיו א"ל אהדר עובדא למריה דתניא ד ישראל שאנסוהו עובדי כוכבים והראה ממון חבירו פטור ואם נטל ונתן ביד חייב אמר רבה ה אם הראה מעצמו כנשא ונתן ביד דמי ההוא גברא דאנסוהו עובדי כוכבים ואחוי אחמרא דרב מרי בריה דרב פנחס בריה דרב חסדא א"ל דרי ואמטי בהדן דרא ואמטי בהדייהו אתא לקמיה דרב אשי פטריניה א"ל רבנן לרב אשי והתניא אם נשא ונתן ביד חייב א"ל הני מילי היכא דלא אוקמיה עילויה מעיקרא ו אבל היכא דאוקמיה עילויה מעיקרא מיקלי קלייה איתיביה רבי אבהו לרב אשי אמר לו אנס הושיט לי פקיע עמיר זה או אשכול ענבים זה והושיט לו חייב הכא במאי עסקינן ז) כגון דקאי בתרי עברי נהרא ° דיקא נמי דקתני הושיט ולא תני תן ש"מ: ההוא שותא דהוו מנצו עלה בי תרי האי אמר דידי הוא והאי אמר דידי הוא אזל חד מנייהו ומסרה לפרהגנא דמלכא אמר אביי יכול לומר אנא כי מסרי דידי מסרי א"ל רבא וכל כמיניה אלא אמר רבא ז משמתינן ליה עד דמייתי ליה וקאי בדינא ההוא גברא דהוה בעי אחוויי אתיבנא דחבריה אתא לקמיה דרב א"ל לא תחוי ולא תחוי א"ל מחוינא ומחוינא יתיב רב כהנא קמיה דרב שמטיה ח לקועיה מיניה קרי רב עילויה א) בניך עולפו שכבו בראש כל חוצות כתוא מכמר מה תוא זה כיון שנפל במכמר אין מרחמין עליו אף ממון של ישראל כיון שנפל ביד עובדי כוכבים אין מרחמין עליו א"ל רב כהנא עד האידנא הוו ט) פרסאי דלא קפדי אשפיכות דמים והשתא איכא ט) יוונאי דקפדו אשפיכות דמים ואמרי י) מרדין מרדין קום סק לארעא דישראל וקביל עלך דלא תקשי לרבי יוחנן שבע שנין אזיל אשכחיה לריש לקיש דיתיב וקא מסיים מתיבתא דיומא לרבנן אמר להו ריש לקיש היכא אמרו ליה אמאי אמר להו האי קושיא והאי קושיא והאי פירוקא והאי פירוקא אמרו ליה לריש לקיש אזל ריש לקיש א"ל לרבי יוחנן ארי עלה מבבל לעיין מר במתיבתא דלמחר למחר אותבוה בדרא קמא קמיה דר' יוחנן אמר שמעתתא ולא אקשי שמעתתא ולא אקשי אנחתיה אחורי שבע דרי עד דאותביה בדרא בתרא א"ל רבי יוחנן לר"ש בן לקיש ארי שאמרת נעשה שועל אמר יהא רעוא דהני שבע דרי להוו חילוף שבע שנין דאמר לי רב קם אכרעיה א"ל נהדר מר ברישא אמר שמעתתא ואקשי אוקמיה בדרא קמא אמר שמעתתא ואקשי ר' יוחנן הוה יתיב אשבע ° בסתרקי שלפי ליה חדא בסתרקא מתותיה אמר שמעתתא ואקשי ליה עד דשלפי ליה כולהו בסתרקי מתותיה עד דיתיב על ארעא רבי יוחנן גברא סבא הוה ומסרחי גביניה אמר להו דלו לי עיני ואחזייה דלו ליה במכחלתא דכספא חזא דפרטיה שפוותיה סבר אחוך קמחייך ביה חלש דעתיה ונח נפשיה למחר אמר להו רבי יוחנן לרבנן חזיתו לבבלאה היכי עביד אמרו ליה דרכיה הכי על לגבי מערתא חזא דהוה

הדרא

רש"י

אי דינא. הוא שמסור ישלם: גמרינן. מהאי מעשה דרב נחמן לשאר גרמי דנזקין דעלמא: ואי קנסא. הוא דקנסיה רב נחמן משום דרגיל היה בכך לא גמרינן מיניה: המטמא. טהרותיו של חבירו או מנסך יינו של חבירו לע"ז דאע"ג דקמיה מנה ואין היזקו ניכר משלם: לא חזרו לא. היינו גמרי' מדמע ממנסך: המדמע. ערב חולין בתרומה דהפחית דמי החולין דלא חזו מהשתא אלא להמכר לכהנים: להפסד מרובה. מטמא תרומה הפסד מרובה הוא דתו לא חזיא לאכילה מדמע הפסד מועט הוא דהא מזדבן לכהנים בדמי תרומה: אף המנסך [כו'] לא חזרו לא. גמרינן מנסך אע"ג דהפסידו מרובה ממדמע ומטמא דהפסידן מועט לגבי מנסך: זרק חץ. בשבת: עקירה צורך הנחה. דכיון דבין עקירה להנחה קרע נמצא מעשה שבת ומעשה (א) עקירה באין כאחד ולא אמרינן משעת עקירה חייב ממון ומתחייב בנפשו לא הוי עד שעת הנחת חץ והכא נמי הגבהת יין לורך ניסוך הוא ותשלומין וחיוב מיתה דע"ז באין כאחד: לבי אביוני. מקום: נשא ונתן ביד חייב. דהציל עצמו בממון חברו: מעצמו. בלא אונס: דרי ואמטי. שאי והולך עמנו לבית המלך: ה"מ. דאם נשא ונתן ביד חייב: היכא דלא אוקמינהו. העובדי כוכבים על הממון מעיקרא ע"י האונס אלא הלך ונטל ונתנו להם אבל הכא דאוקמינהו על היין קלייה ואההיא שעתא פטור כי אמטי תו דידהו אמטי: פקיע. קשר: חייב. ואע"ג דקאי עכו"ס ע"ג הממון הואיל ונשא ונתן ביד חייב: בתרי עיברי נהרא. עכו"ס מצד זה והעמיר מצד זה דאי לא יהביה נהליה לא מצי אנס למשקליה: שותא. מכמורת לדגים או לחיות: לקועיה. לצואריה שבר מפרקתו: תוא. חיה והוא שור הבר כדמתרגם (דברים יד) תוא וזמר תורבלא תור שור בלא יער: אין מרחמין עליו. ושפיר עבדת דקטלתיה: מסיים מתיבתא דיומא לרבנן. היה מחזר ושונה להם מה שדרש רבי יוחנן אותו היום לפי שר"ל חכם גדול היה ולאחר ששמעו כולן מפי הרב חוזר ומכוונה בידם: בדרא קמא. שבע שורות תלמידים יושבים לפניו זו לפנים מזו: ביסתרקי. תפי"ד בלעז: מסרחי גביניה. גבות עיניו גדולים ומכסין עיניו: פריטא שפתיה. נקרעה שפתו על ידי מכה:

תוספות

לאו משום דקנס הוא. והא דמעיקרא לא גזרו על זה כמו על זה למאי דלא מסיק אדעתיה השתא טעמא דהפסד מועט איכא למימר דמעשה אירע במטמא ובמנסך לכך גזרו עליהם בשעת מעשה: כיון שנפל בידי עובדי כוכבים אין מרחמים עליו. כלומר שפיר מיקרי מסור שדבר ברור הוא שיקחו מאחר שהראהו: השתא יווני נינהו כו'. קשה לר"י דבפ"ב דגיטין (דף טז: ושם יז. ד"ה הא) אמר רבה בר בר חנה חלש על לגביה כו' אמר רחמנא או בטולך וכו' ופריך למימרא דרומאי מעלי מפרסאי אלמא משמע שאז עדיין היו פרסיים בבבל ולכאורה משמע שאותו מעשה היה אחר מעשה שבכאן ואור"י שהשרים והפקידים היו משתנים והיו פעמים מפרסיים ופעמים מיוונים: דילכון

מסורת הש"ס

א) גיטין נג. ע"ש, ב) [שבת קנד: וש"נ], ג) [גיטין נג. וע"ש בתוס' ד"ה בראשונה ותוס' מנחות נח: ד"ה וא"ד ודע דבתוספתא דגיטין פ"ג הי"ב תני' כמו דאיתא הכא], ד) כתובות לא., ה) [נ"ל לסוף יעב"ן], ו) גיטין נב:, ז) [ע"ז ו:], ח) ס"א יוונאי, ט) ס"א פרסאי, י) [עי' פרש"י ב"מ לט. ד"ה מחמת מרדין], כ) פי' כרים וכסתות.

הגהות הב"ח

(א) רש"י ד"ה עקירה וכו' מעשה שבת ומעשה קריעה באין כאחד ולא אמרינן משעת קריעה חייב:

גליון הש"ס

גמ' דיקא נמי דקתני הושיט כו'. כעין זה ע"ז דף ו ע"ב:

תורה אור השלם

א) בָּנַיִךְ עֻלְּפוּ שָׁכְבוּ בְּרֹאשׁ כָּל חוּצוֹת כְּתוֹא מִכְמָר הַמְלֵאִים חֲמַת יְיָ גַּעֲרַת אֱלֹהָיִךְ: [ישעיה נא, כ]

לעזי רש"י

תפי"ד. פירוש שטיח:

עין משפט נר מצוה

קד א ב מיי' פ"ז מהל' חובל ומזיק הל' א ב סמג עשין ע טוש"ע ח"מ סי' שפה סעי' א:

קה ג מיי' פ"ג מהל' גניבה הל' ב:

קו ד ה ו מיי' פ"ח מהל' חובל ומזיק הל' ג ד ועיין בהשגות ובמ"מ סמג עשין ע טוש"ע ח"מ סי' שפח סעי' ב:

קז ז מיי' שם הלכה ה טוש"ע שם סעי' ה:

קח ח מיי' שם הל' י טוש"ע שם סעי' י:

ליקוטי רש"י

המטמא. טהרותיו של חברו כגון תרומה. והמדמע. תרומה בחולין של חברו ומפסידו שאוסרו לזרים וצריך למוכרו לכהנים בזול. והמנסך. יין חברו [גיטין נב:]. בראשונה היו אומרים המטמא והמנסך. מנסך מפסיד לגמרי שאוסרו בהנאה אבל מטמא אע"ג דמפסיד ליה לגמרי לענין שהוא עצמו אינו יכול לאכול אבל חזי הוא עדיין להסקה או למאכל בהמה דאפי' מטמא תרומה חזי להסקה או לבהמת כהן [שם נג.]. שהרי עקירה צורך הנחה היא. הלכך אע"ג דחיוב ממון מקמי הנחה אתיא ליה פטור הואיל ובין עקירה והנחה אתיא ליה מיתה ותשלומין באין כאחד שעקירה צורך הנחה היא ומההיא שעתא אתחלה לה מלאכה [כתובות לא.]. משעת הגבהה. ע"מ לגוזלו [גיטין נב:]. לפרהגנא. ממונה של מלך [ב"מ פג:]. גבאי המס [עירובין לו:]. מליק [גיטין מד.]. לקועיה. פרקתו בי"ק בלע"ז [לעיל נה.]. תוא. תורבלא תור היער. בלא"ה. יער בלשון ארמי [דברים יד, ה]. תאו מתרגמינן תורבאלא. שור הלבנון [חולין פ.]. מרדין. היא רציחה בלשון פרסי וכן מפורש בשערים דרב האי גאון (שער מ) [ב"מ לט.]. דלו ליה במכחלתא דכספא. שהיו עפעפיו מכסין את עיניו ומגביהן במזלגא דכספא. ואחזייה. שהיה רוצה לראותו מפני שהוא חריף [תענית ט.].

מעשה נוסף בענין מוסר:

הַהוּא גַּבְרָא דַּהֲוָה בָּעֵי אַחְוּוֹיֵי אַתִּיבְנָא דְּחַבְרֵיהּ — אותו אדם שרצה להראות על תבן של חבירו לפקיד המלך. **אֲתָא לְקַמֵּיהּ דְּרַב** — בא לפני רב, **אָמַר לֵיהּ** רב: **לָא תַּחְוֵי וְלָא תַּחְוֵי** — אל תראה אותו ואל תראה אותו! **אָמַר לֵיהּ** אותו אדם לרב: **מַחְוִינָא וּמַחְוִינָא** — אראה ואראה אותו! **יָתִיב רַב כָּהֲנָא קַמֵּיהּ דְּרַב** — אותה שעה ישב רב כהנא לפני רב, וכששמע את דברי המוסר **שַׁמְטֵיהּ לְקוֹעֵיהּ מִינֵּיהּ** — הוציא את צוארו ממקומו, כלומר, שבר את מפרקתו והרגו[31]. **קָרֵי רַב עִילָּוֵיהּ** — קרא עליו רב פסוק זה (ישעיה נא, כ): **"בָּנַיִךְ עֻלְּפוּ שָׁכְבוּ בְּרֹאשׁ כָּל חוּצוֹת כְּתוֹא מִכְמָר"**. הפסוק מדמה את ישראל תחת שלטון עובדי כוכבים לשור בר שנלכד במלכודת[32], **מַה תּוֹא** — כשם ששור **זֶה, כֵּיוָן שֶׁנָּפַל בְּמִכְמָר** — במלכודת **אֵין** הציידים **מְרַחֲמִין עָלָיו, אַף מָמוֹן שֶׁל יִשְׂרָאֵל, כֵּיוָן שֶׁנָּפַל בְּיַד עוֹבְדֵי כּוֹכָבִים אֵין** הם **מְרַחֲמִין עָלָיו** — על הישראל, ועלולים הם להורגו עבור ממונו[33]. ומאחר שמסירת ממון ישראל לידי עובד כוכבים עלולה להביא להריגתו יפה עשית שהרגת את המוסר[34]!

המשך המעשה:

אָמַר לֵיהּ רַב לרב כהנא: **כָּהֲנָא, עַד הָאִידָּנָא הֲווּ פַּרְסָאֵי דְּלָא קָפְדֵי אַשְּׁפִיכוּת דָּמִים** — עד עתה היו בשלטון הפרסיים שאינם מקפידים על שפיכות דמים, **וְהַשְׁתָּא אִיכָּא יְוָנָאֵי דְּקָפְדוּ אַשְּׁפִיכוּת דָּמִים** — אולם כעת יש בשלטון יוונים המקפידים על שפיכות דמים, **וְאָמְרֵי מַרְדִּין מַרְדִּין** — ואומרים "רצח, רצח"[35], ותחת שלטונם נתון אתה בסכנה. לפיכך, **קוּם סַק לְאַרְעָא דְּיִשְׂרָאֵל** — קום עלה לארץ ישראל, **וְקַבֵּיל עֲלָךְ דְּלָא תַּקְשֵׁי** — וקבל על עצמך שלא תקשה **לְרַבִּי יוֹחָנָן** במשך **שְׁבַע שְׁנִין** — שבע שנים[36]. **אֲזַל** — הלך רב כהנא לארץ ישראל, וכשהגיע לבית מדרשו של רבי יוחנן **אַשְׁכְּחֵיהּ לְרֵישׁ לָקִישׁ** — מצאו את ריש לקיש **דְּיָתִיב וְקָא מְסַיֵּים מְתִיבְתָּא דְּיוֹמָא לְרַבָּנָן** — שהיה יושב ומברר לתלמידים מה שדרש רבי יוחנן אותו היום[37]. **אָמַר לְהוּ** — אמר להם רב כהנא לתלמידים: **רֵישׁ לָקִישׁ הֵיכָא** — היכן הוא? **אָמְרוּ לֵיהּ** התלמידים: **אַמַּאי** — מדוע אתה שואל? **אָמַר לְהוּ** — אמר להם: **הַאי קוּשְׁיָא וְהַאי קוּשְׁיָא וְהַאי פֵּירוּקָא וְהַאי פֵּירוּקָא** — יש לי קושיא כזו וכזו ויש לי תירוץ כזה וכזה, וברצוני לדון עמו בכך[38]. **אָמְרוּ לֵיהּ לְרֵישׁ לָקִישׁ** את דברי רב כהנא, **אֲזַל** — הלך **רֵישׁ לָקִישׁ וְאָמַר לֵיהּ לְרַבִּי יוֹחָנָן: אֲרִי עָלָה מִבָּבֶל! לְעַיֵּין מַר בְּמְתִיבְתָּא דִּלְמָחָר** — יעיין כבודו היטב בשיעור של מחר כדי שיוכל לענות לרב כהנא. **לְמָחָר אוֹתְבוּהּ בְּדָרָא קַמָּא קַמֵּיהּ דְּרַבִּי יוֹחָנָן** — הושיבו את רב כהנא בשורה הראשונה בפני רבי יוחנן, על מנת לכבדו[39]. **אָמַר** רבי יוחנן **שְׁמַעְתְּתָא** — שמועה, **וְלָא אַקְשֵׁי** — ולא הקשה לו רב כהנא. אמר רבי יוחנן **שְׁמַעְתְּתָא** — שמועה נוספת **וְגַם עליה לָא אַקְשֵׁי** — לא הקשה רב כהנא. לאור זאת **אַנְחָתֵיהּ אֲחוֹרֵי שְׁבַע דָּרֵי** — הוריד רבי יוחנן את רב כהנא אחורה שבע שורות, **עַד דְּאוֹתְבֵיהּ בְּדָרָא בַּתְרָא** — עד שהושיבו בשורה האחרונה. **אָמַר לֵיהּ רַבִּי יוֹחָנָן לְרַבִּי שִׁמְעוֹן בֶּן לָקִישׁ: אֲרִי שֶׁאָמַרְתָּ נַעֲשָׂה שׁוּעָל**[40]! משמשע זאת רב כהנא **אָמַר** לעצמו: **יְהֵא רַעֲוָא דְּהָנֵי שְׁבַע דָּרֵי לֶהֱווּ חִילּוּף שְׁבַע שְׁנִין דְּאָמַר לִי רַב** — יהי רצון שאותן שבע שורות שהורידוני [ונתביישתי] יהיו תחת שבע השנים שאמר לי רב שלא אקשה לרבי יוחנן. **קָם אַכַּרְעֵיהּ** — נעמד רב כהנא על רגליו, **וְאָמַר לֵיהּ** לרבי יוחנן: **נְהֲדַר מַר בְּרֵישָׁא** — יחזור כבודו על השיעור מתחילה. **אָמַר** רבי יוחנן **שְׁמַעְתְּתָא** — שמועה, **וְאַקְשֵׁי** — והקשה לו רב כהנא. לאור זאת **אוֹקְמֵיהּ בְּדָרָא קַמָּא** — העמידו רבי יוחנן חזרה בשורה הראשונה. **אָמַר** רבי יוחנן **שְׁמַעְתְּתָא** — שמועה נוספת **וְגַם עליה אַקְשֵׁי** — הקשה רב כהנא. **רַבִּי יוֹחָנָן הֲוָה יָתִיב אַשְּׁבַע בִּסְתַּרְקֵי** — היה יושב על שבע כסתות, ולאחר שהקשה לו רב כהנא **שַׁלְפֵי לֵיהּ חֲדָא בִּסְתַּרְקָא מִתּוּתֵיהּ** — שלפו אחת מתחתיו[41]. **אָמַר** רבי יוחנן **שְׁמַעְתְּתָא** — שמועה נוספת **וְגַם עליה אַקְשֵׁי לֵיהּ** — הקשה לו רב כהנא, וכך נמשך הדבר

הערות

31. רש"י.

יש לעיין מניין ידע רב כהנא שאותו אדם באמת התכוון לקיים את דבריו, הלא הגמרא בשבועות (מו, א) אומרת שאדם עשוי להגזים בדיבורו! ויש לומר שממה שהעיז פניו כנגד רב ואמר "מחוינא ומחוינא" ניכר היה שבכוונתו לקיים את דבריו (שו"ת הרשב"א ג, שסז; ראה גם ים של שלמה נ; משנה למלך הלכות חובל ומזיק ח, י).

32. "תוא" הוא שור הבר, כפי שמתרגם אונקלוס את ה"תְּאוֹ" המוזכר בין המינים הטהורים (דברים יד, ה) "תורבלא" ["תור" היינו שור ו"בלא" היינו יער] (רש"י).

33. שבתחילה הם נוטלים מקצת ממונו, לאחר מכן נוטלים את כולו, ולבסוף מייסרים את נפשו והורגים אותו כדי שיודה שיש לו עוד ממון (רא"ש; עיין אגדות מהרש"א המבאר מדוע דימה אותו הכתוב דוקא לשור הבר).

34. רש"י. כלומר, מאחר שהמוסר סיכן את חיי חבירו דינו כ"רודף" שמותר להורגו כדי להציל את הנרדף (רא"ש; ראה סנהדרין עג, א). ומכאן יש ללמוד שמותר להרוג מוסר אף בזמן הזה [במקום שיש לכך רשות מצד המלכות]. ואף על פי שמיום שגלו הסנהדרין אין דנים דיני נפשות, היינו דוקא על עבירות שחייבים עליהם מיתה, אולם אלו ששנינו שמותר לכל אדם להורגם כדי למונעם מעבירה (ראה סנהדרין עג, א) מותר להורגם אף בזמן הזה (שו"ת הרא"ש יז, א; ראה גם רמב"ם הלכות חובל ומזיק ח, י; שו"ת הרשב"א החדשות שמה; ש"ך חושן משפט שפח, נו). אמנם קודם שיהרגנו צריך שיתרה בו ויאמר לו "אל תמסור", כפי שעשה רב, ואם אמר "אף על פי כן אמסור" וקיבל עליו את ההתראה מותר להורגו (רמב"ם שם; ראה גם ביאור הגר"א חושן משפט שם, סה; ועיין ספר החינוך רלו ומנחת חינוך שם, ט). ויש אומרים שמוסר אינו נחשב "רודף" ואסור להורגו בידים, אלא שכדי למונעו מלמסור התירו חכמים להורידו לבור ולהניחו שימות שם מעצמו, וכפי ששנינו בעבודה זרה (כו, ב): "המינין והמסורות... מורידין ולא מעלין" (רבינו חננאל, הובא בשו"ת הרא"ש שם; אמנם עיין רמב"ם הלכות רוצח ד, י המפרש שלא נאמר "מורידין" אלא במקום שאי אפשר להורגו בידים). ולפי דעה זו רב כהנא עשה שלא כדין בכך שהרג את המוסר בידים, ואף על פי שדרש עליו רב את הפסוק, היינו לומר שאינו נחשב רוצח ולא יצאה תקלה מתחת ידו (ים של שלמה נ).

מקשים המפרשים: מאחר שמוסר חייב מיתה מדוע חייב הוא לשלם? הלא לגבי רודף שנינו בסנהדרין (עב, א) שאם שבר כלים בשעת רדיפתו פטור מלשלם משום ש"קם ליה בדרבה מיניה" (עיין לעיל הערה 12). יש מתרצים שמאחר שאין המוסר חייב מיתה אלא קודם שמסר, אולם לאחר שכבר מסר אסור להורגו (ראה רמב"ם הלכות חובל ומזיק ח, יא; שלחן ערוך חושן משפט שפח, יא), נמצא שבשעה שחל עליו חיוב תשלומים כבר פקע ממנו חיוב מיתה (פני יהושע; ראה גם שו"ת אחיעזר א, יח, ב; לדיון נוסף אם מותר להרוג את המוסר לאחר שכבר מסר עיין מרדכי קצו בשם רבינו שמחה; ים של שלמה שם; ש"ך חושן משפט שם, נה). ויש אומרים שהיתר להרוג מוסר אינו אלא כדי שימנעו אנשים מלמסור, ומאחר שעצם מעשה המסירה אינו מחייב מיתה לא נאמר בזה הדין של "קם ליה בדרבה מיניה" (דברי יחזקאל כו, ג על פי תמים דעים רג; לתירוץ נוסף עיין חידושי רבינו מאיר שמחה).

35. ראה רש"י בבא מציעא לט, א ד"ה מחמת מרדין.

[מרש"י שם משמע שהגירסא היא: "עד האידנא הוו **יוונאי** דלא קפדי אשפיכות דמים, והשתא איכא **פרסאי** דקפדי אשפיכות דמים" (ראה גם מסורת הש"ס ח-ט).]

36. אף שרב כהנא עשה כדין בהריגת המוסר, מכל מקום הטיל עליו רב דבר זה כתשובה על מעשהו משום שהוא עשה זאת בלא נטילת רשות, והרי זה כמורה הלכה בפני רבו שחייב מיתה בידי שמים (ראה עירובין סג, א), ולפיכך אמר לו רב שיקבל על עצמו שלא יקשה לרבו אפילו שאלות המותרות (אגדות מהרש"א). עוד יש לומר שרב כהנא נזקק לתשובה משום שסיכן עצמו בהריגת המוסר (מאירי). ולדעת רבינו חננאל (הובאה לעיל הערה 34) נזקק רב כהנא לתשובה משום שעשה שלא כדין בכך שהרג את המוסר בידים (לביאור מהו הענין של "שבע שנים" עיין אגדות מהרש"א; תורת חיים; בן יהוידע).

37. ריש לקיש היה חכם גדול, ולאחר ששמעו את השיעור מפי רבי יוחנן היה ריש לקיש חוזר עליו עם התלמידים ומבאר להם את הדברים הקשים (רש"י).

38. רב כהנא הגיע לאחר שריש לקיש סיים לחזור על השיעור, ואמר לתלמידים שדנו בו באותה שעה שברצונו לדון עם ריש לקיש על ענינים מסויימים שלא עמדו עליהם. כוונתו היתה שהתלמידים יאמרו זאת לריש לקיש כדי שהלה יכבדו ויושיבו בשורה הראשונה בפני רבי יוחנן (בן יהוידע).

39. התלמידים ישבו לפני רבי יוחנן בשבע שורות, אחת לפני השניה (רש"י).

40. אף שהאומר על אדם המוחזק כתלמיד חכם שאינו כזה עובר באיסור לשון הרע (ראה חפץ חיים הלכות לשון הרע ה, ד), במקרה זה לא חידש רבי יוחנן בדבריו כלום, שהרי התלמידים ראו שרב כהנא לא הקשה לו דבר (באר מים חיים שם, ח).

41. רבי יוחנן צוה לעשות זאת כדי לכפר על מה שזלזל ברב כהנא כשהורידו שבע שורות (חיד"א, מובא בבן יהוידע).

אי דינא אי קנסא א"ל אי דינא גמרינן מיניה אי קנסא לא גמרינן מיניה ומנא תימרא דמקנסא לא גמרינן דתניא [א]בראשונה היו אומרים [א]המטמא והמנסך חזרו לומר אף [ב]המדמע חזרו אין לא חזרו לא מאי טעמא לאו משום דקנסא הוא וקנסא לא גמרינן מיניה לא מעיקרא סברי [ג]להפסד מרובה חששו להפסד מועט לא חששו ולבסוף סברי להפסד מועט נמי חששו איני והא תני אבוה דרבי אבין [ג]בראשונה היו אומרים המטמא והמדמע חזרו לומר אף המנסך חזרו אין לא חזרו לא מאי טעמא לאו משום דלא גמרינן מקנסא לא מעיקרא סברי כרבי אבין ולבסוף סברי כרבי ירמיה מעיקרא סברי כרבי אבין [ד]דאמר רבי אבין [ג]זרק חץ מתחילת ארבע [ה]ולבסוף ארבע וקרע שיראין בהליכתו פטור שהרי עקירה צורך הנחה היא ומתחייב בנפשו ולבסוף סברי כר' ירמיה [ו]דא"ר ירמיה משעת הגבהה קנייה איחייב ליה ממון מתחייב בנפשו לא הוי עד שעת ניסוך רב הונא בר יהודה איקלע לבי אביוני אתא לקמיה דרבא א"ל כלום מעשה בא לידך א"ל ישראל שאנסוהו עובדי כוכבים והראה ממון חבירו בא לידי וחייבתיו א"ל אהדר עובדא למריה דתניא [ד]ישראל שאנסוהו עובדי כוכבים והראה ממון חבירו פטור ואם נטל ונתן ביד חייב אמר רבה [ה]אם הראה מעצמו כנשא ונתן ביד דמי ההוא גברא דאנסוהו עובדי כוכבים ואחוי אחמרא דרב מרי בריה דרב פנחס בריה דרב חסדא א"ל דרי ואמטי בהדן דרא ואמטי בהדייהו אתא לקמיה דרב אשי פטריניה א"ל רבנן לרב אשי והתניא אם נשא ונתן ביד חייב א"ל הני מילי היכא דלא אוקמיה עילויה מעיקרא [ו]אבל היכא דאוקמיה עילויה מעיקרא מיקלי קלייה איתיביה רבי אבהו לרב אשי אמר לו אנס הושיט לי פקיע עמיר זה או אשכול ענבים זה והושיט לו חייב הכא במאי עסקינן [ז]כגון דקאי בתרי עברי נהרא [ס]דיקא נמי דקתני הושיט ולא תני תן ש"מ: ההוא שותא דהוו מנצו עלה בי תרי האי אמר דידי הוא והאי אמר דידי הוא אזל חד מנייהו ומסרה לפרהגנא דמלכא אמר אביי יכול לומר אנא כי מסרי דידי מסרי א"ל רבא וכל כמיניה אלא אמר רבא [ז]משמתינן ליה עד דמייתי ליה וקאי בדינא ההוא גברא דהוה בעי אחוויי אתיבנא דחבריה אתא לקמיה דרב א"ל לא תחוי ולא תחוי א"ל מחוינא ומחוינא יתיב רב כהנא קמיה דרב שמטיה [ח]לקועיה מיניה קרי רב עילויה [א]בניך עולפו שכבו בראש כל חוצות כתוא מכמר מה תוא זה כיון שנפל במכמר אין מרחמין עליו אף ממון של ישראל כיון שנפל ביד עובדי כוכבים אין מרחמין עליו א"ל רב כהנא עד האידנא הוו [ח]פרסאי דלא קפדי אשפיכות דמים והשתא איכא [ט]יוונאי דקפדו אשפיכות דמים ואמרי [י]מרדין מרדין קום סק לארעא דישראל וקביל עלך דלא תקשי לרבי יוחנן שבע שנין אזיל אשכחיה לריש לקיש דיתיב וקא מסיים מתיבתא דיומא לרבנן אמר להו ריש לקיש היכא אמרו ליה אמאי אמר להו האי קושיא והאי קושיא והאי פירוקא והאי פירוקא אמרו ליה לריש לקיש אזל ריש לקיש א"ל לרבי יוחנן ארי עלה מבבל לעיין מר במתיבתא דלמחר למחר אותבוה בדרא קמא קמיה דר' יוחנן אמר שמעתתא ולא אקשי שמעתתא ולא אקשי אנחתיה אחורי שבע דרי עד דאותביה בדרא בתרא א"ל רבי יוחנן לר"ש בן לקיש ארי שאמרת נעשה שועל אמר יהא רעוא דהני שבע דרי להוו חילוף שבע שנין דאמר לי רב קם אכרעיה א"ל נהדר מר ברישא אמר שמעתתא ואקשי אוקמיה בדרא קמא אמר שמעתתא ואקשי ר' יוחנן הוה יתיב אשבע [כ]בסתרקי שלפי ליה חדא בסתרקא מתותיה אמר שמעתתא ואקשי ליה עד דשלפי ליה כולהו בסתרקי מתותיה עד דיתיב על ארעא רבי יוחנן גברא סבא הוה ומסרחי גביניה אמר להו דלו לי עיני ואחזייה דלו ליה במכחלתא דכספא חזא דפרטיה שפוותיה סבר אחוך קמחייך ביה חלש דעתיה ונח נפשיה למחר אמר להו רבי יוחנן לרבנן חזיתו לבבלאה היכי עביד אמרו ליה דרכיה הכי על לגבי מערתא חזא דהוה

הדרא

אי דינא. הוא שמסור ישלם: **גמרינן.** מהאי מעשה דרב נחמן לשאר גרמי דנזקין דעלמא: **ואי קנסא.** הוא דקנסיה רב נחמן משום דרגיל היה בכך לא גמרינן מיניה: **המטמא.** טהרותיו של חבירו או מנסך יינו של חבירו לע"ז דאע"ג דקמיה מנח ואין הזיקו ניכר משלם: **לא חזרו לא.** הייתו גמרי' מדמע ממנסך: **המדמע.** ערב חולין בתרומה דהפסיד דמי החולין דלא חזו מהשתא אלא להמכר לכהנים: **להפסד מרובה.** מטמא תרומה הפסד מרובה הוא דתו לא חזיא לאכילה מדמע הפסד מועט הוא דהא מזדבן לכהנים בדמי תרומה: **אף המנסך [כו'] לא חזרו לא.** גמרינן מנסך אע"ג דהפסידו מרובה ממדמע ומטמא דהפסידן מועט לגבי מנסך: **זרק חץ.** בשבת: **עקירה צורך הנחה.** דכיון דבין עקירה להנחה קרע נמצא מעשה שבת ומעשה (א) עקירה באין כאחד ולא אמרינן משעת עקירה חייב ממון ומתחייב בנפשו לא הוי עד שעת הנחת חץ והכא נמי הגבהת יין צורך ניסוך הוא ותשלומין וחיוב מיתה דע"ז באין כאחד: **לבי אביוני.** מקום: **נשא ונתן ביד חייב.** דהציל עצמו בממון חברו: **מעצמו.** בלא אונס: **דרי ואמטי.** שאי והולך עמנו לבית המלך: **ה"מ.** דאם נשא ונתן ביד חייב: **היכא דלא אוקמינהו.** העובדי כוכבים על הממון מעיקרא ע"י האונס אלא הלך ונטל ונתנו להם אבל הכא דאוקמינהו על היין קלייה ואההיא שעתא פטור כי אמטי תו דידהו אמטי: **פקיע.** קשר: **חייב.** ואע"ג דקאי עכו"ס ע"ג הממון הואיל ונשא ונתן ביד חייב: **בתרי עיברי נהרא.** עכו"ס מצד זה והעמיר מצד זה דאי לא יהביה נהליה לא מצי אנס למשקליה: **שותא.** מכמורת לדגים או לחיות: **לקועיה.** לצואריה שבר מפרקתו: **תוא.** חיה והוא שור הבר כדמתרגם (דברים יד) תוא וזמר תורבלא תור שור בלא יער: **אין מרחמין עליו.** ושפיר עבדת דקטלתיה: **מסיים מתיבתא דיומא לרבנן.** היה מחזר ושונה להם מה שדרש רבי יוחנן אותו היום לפי שר"ל חכם גדול היה ולאחר ששמעו כולן מפי הרב חוזר ומכוונה בידם: **בדרא קמא.** שבע שורות תלמידים יושבים לפניו זו לפנים מזו: **ביסתרקי.** תפי"ד בלעז: **מסרחי גביניה.** גבות עיניו גדולים ומכסין עיניו: **פריטא שפתיה.** נקרעה שפתו על ידי מכה:

לאו משום דקנס הוא. והא דמעיקרא לא גזרו על זה כמו על זה למאי דלא מסיק אדעתיה השתא טעמא דהפסד מועט איכא למימר דמעשה אירע במטמא ובמנסך לכך גזרו עליהם בשעת מעשה: **כיון** שנפל בידי עובדי כוכבים אין מרחמים עליו. כלומר שפיר מיקרי מסור שדבר ברור הוא שיקחו מאחר שהראהו: **השתא** יווני נינהו כו'. קשה לר"י דבפ"ב דגיטין (דף טז: ושם יז. ד"ה הא) אמר רבה בר בר חנה חלש על לגביה כו' אמר רחמנא או בטולך וכו' ופריך למימרא דרומאי מעלי מפרסאי אלמא משמע שאז עדיין היו פרסיים בבבל ולכאורה משמע שאותו מעשה היה אחר מעשה שבכאן ואור"י שהשרים והפקידים היו משתנים והיו פעמים מפרסיים ופעמים מיוונים:

דילכון

מסורת הש"ס

א) גיטין נג. ע"ש, ב) [שבת קנד: וש"נ], ג) [גיטין נג. וע"ש בתוס' ד"ה בראשונה ותוס' מנחות נח: ד"ה וא"ד ודע דבתוספתא דגיטין פ"ג הי"ב תני' כמו דאיתא הכא], ד) כתובות לא., ה) [נ"ל לסוף יעב"ץ], ו) גיטין נב:, ז) [ע"ז ו:], ח) ס"א יוונאי, ט) ס"א פרסאי, י) [עי' פרש"י ב"מ לט. ד"ה מחמת מרדין], כ) פי' כרים וכסתות.

הגהות הב"ח

(א) רש"י ד"ה עקירה וכו' מעשה שבת ומעשה קריעה באין כאחד ולא אמרינן משעת קריעה חייב:

גליון הש"ס

גמ' דיקא נמי דקתני הושיט כו'. כעין זה ע"ז דף ו ע"ב:

תורה אור השלם

א) בָּנַיִךְ עֻלְּפוּ שָׁכְבוּ בְּרֹאשׁ כָּל חוּצוֹת כְּתוֹא מִכְמָר הַמְלֵאִים חֲמַת יְיָ גַּעֲרַת אֱלֹהָיִךְ: [ישעיה נא, כ]

לעזי רש"י

תפי"ד. פירוש שטיח.

עין משפט נר מצוה

קד א ב מיי' פ"ז מהל' חובל ומזיק הל' א ב סמג עשין ע טוש"ע ח"מ סי' שפה סעי' א:

קה ג מיי' פ"ג מהל' גניבה הל' ב:

קו ד ה ו מיי' פ"ח מהל' חובל ומזיק הל' ג ד ועיין בהשגות ובמ"מ סמג עשין ע טוש"ע ח"מ סי' שפח סעי' ב:

קז ז מיי' שם הלכה ה טוש"ע שם סעי' ה:

קח ח מיי' שם הל' י טוש"ע שם סעי' י:

ליקוטי רש"י

המטמא. טהרותיו של חברו כגון תרומה. **והמדמע.** תרומה בחולין של חברו ומפסידו שאוסרו לזרים וצריך למוכרו לכהנים בזול. **והמנסך.** יין חברו [גיטין נב:]. **בראשונה היו אומרים המטמא והמנסך.** מנסך מפסיד לגמרי שאוסרו בהנאה אבל מטמא אע"ג דמפסיד ליה לגמרי לענין שהוא עצמו אינו יכול לאכול אבל חזי הוא עדיין להסקה או למאכל בהמה דאפי' מטמא תרומה חזי להסקה או לבהמת כהן [שם נג.]. **שהרי עקירה צורך הנחה היא.** הלכך אע"ג דחיוב ממון מקמי הנחה אתיא ליה פטור הואיל ובין עקירה והנחה אתיא ליה מיתה ותשלומין באין כאחד שעקירה צורך הנחה היא ומהשיא שעתא אתחלה לה מלאכה [כתובות לא.]. **משעת הגבהה.** ע"מ לגוזלו [גיטין נב:]. **לפרהגנא.** ממונה של מלך [ב"מ פג:]. גבאי המס [עירובין לו:]. מליק [גיטין מד.]. **לקועיה.** חרטומו בי"ק בלע"ז [לעיל נה.]. **תוא.** תורבלא תור היער. באל"א. יער בלשון ארמי [דברים יד, ה]. תאו מתרגמינן תורבאלא. שור הלבנון [חולין פ.]. **מרדין.** היא רליהה בלשון פרסי וכן מפורש בשערים דרב האי גאון (שער מ) [ב"מ לט.]. **דלו ליה במכחלתא דכספא.** שהיו עפעפיו מכסין את עיניו ומגביהן במזלגא דכספא. **ואחזייה.** שהיה רוצה לראותו מפני שהוא חריף [תענית ט.].

עַד דְּשַׁלְפֵי לֵיהּ כּוּלְּהוּ בִּסְתַרְקֵי מִתּוּתֵיהּ – עד ששלפו לו את כל הכסתות מתחתיו, **עַד דְּיָתֵיב עַל אַרְעָא** – עד שישב על הארץ.

הגמרא מספרת מה אירע לאחר מכן:

רַבִּי יוֹחָנָן גַּבְרָא סָבָא הֲוָה – אדם זקן היה, **וּמַסְרְחֵי גְּבִינֵיהּ** – וגבות עיניו היו ארוכות ותלויות על עיניו ומכסות אותן. **אָמַר לְהוּ** רבי יוחנן לתלמידיו: **דְּלוּ לִי עֵינַי וְאֶחְזְיֵיהּ** – גלו לי את עיני ואראה את רב כהנא[42]. **דְּלוּ לֵיהּ בְּמַכְחַלְתָּא דְּכַסְפָּא** – הרימו לו את גבות עיניו במכחול של כסף[43]. **חֲזָא דְּפַרְטֵיהּ שִׂפְוָותֵיהּ** – ראה רבי יוחנן ששפתיו של רב כהנא סדוקות[44], **וְסָבַר אֲחוּךְ קָמְחַיֵּיךְ בֵּיהּ** – שהוא לועג לו. **חֲלַשׁ דַּעְתֵּיהּ וְנָח נַפְשֵׁיהּ** – חלשה דעתו של רבי יוחנן וכתוצאה מכך נפטר רב כהנא[45]. **לְמָחָר אָמַר לְהוּ** (להם) **רַבִּי יוֹחָנָן לְרַבָּנָן** – לתלמידים: **חֲזִיתוּ לְבַבְלָאָה הֵיכִי עָבִיד** – הראיתם כיצד עשה הבבלי, שלעג לי? **אָמְרוּ לֵיהּ** התלמידים: **דַּרְכֵּיהּ הָכִי** – זהו מראהו הרגיל והוא לא התכוון ללעוג לך. משמע זאת רבי יוחנן **עַל לְגַבֵּי מְעַרְתָּא** – עלה למערה שבה נקבר רב כהנא. **חֲזָא דַּהֲוָה**

הערות

42. רבי יוחנן ביקש לראות את רב כהנא משום שאדם מבין טוב יותר את חבירו ואת רבו כאשר רואה את פניהם, שנאמר (ישעיה ל, כ): "וְהָיוּ עֵינֶיךָ רֹאוֹת אֶת מוֹרֶיךָ" (אגדות מהרש"א).

43. "מכחול" הוא כמין כף דקה שנוטלים בה את ה"כחול" (מין חומר בצבע כחול) ונותנים אותו בעין (ראה רש"י גיטין סט, א ד"ה תלתא מכחלי). הגמרא מתארת את חשיבותו הרבה של רבי יוחנן, שהיה משתמש במכחול של כסף, כדי לבאר מדוע נענש רב כהנא בהמשך על שגרם לו חלישות הדעת (חידושי אגדות מהר"ל).

44. שפתיו של רב כהנא נסדקו מחמת מכה (רש"י).

45. חכמי התורה היו מחשבים והוגים בתורה תמיד בלא הפסק, והגורם להם חלישות הדעת ומפסיק את מחשבתם מהתורה אפילו לרגע אחד מסתכן במיתה (רבינו בחיי במדבר כב, מא).

אי דינא אי קנסא א"ל אי דינא גמרינן מיניה אי קנסא לא גמרינן מיניה ומנא תימרא דמקנסא לא גמרינן דתניא [א] בראשונה היו אומרים [א] המטמא והמנסך חזרו לומר אף [ב] המדמע חזרו אין לא חזרו לא מאי טעמא לאו משום דקנסא הוא וקנסא לא גמרינן מיניה לא מעיקרא סברי [ב] להפסד מרובה חששו להפסד מועט לא חששו ולבסוף סברי להפסד מועט נמי חששו איני והא תני אבוה דרבי אבין [ג] בראשונה היו אומרים המטמא והמדמע חזרו לומר אף המנסך חזרו אין לא חזרו לא מאי טעמא לאו משום דלא גמרינן מקנסא לא מעיקרא סברי כרבי אבין ולבסוף סברי כרבי ירמיה מעיקרא סברי כרבי אבין [ד] דאמר רבי אבין [ג] זרק חץ מתחילת ארבע [ה] ולבסוף ארבע וקרע שיראין בהליכתו פטור שהרי עקירה צורך הנחה היא ומתחייב בנפשו ולבסוף סברי כר' ירמיה [ו] דא"ר ירמיה משעת הגבהה קנייה איחייב ליה ממון מתחייב בנפשו לא הוי עד שעת ניסוך רב הונא בר יהודה איקלע לבי אביוני אתא לקמיה דרבא א"ל כלום מעשה בא לידך א"ל ישראל שאנסוהו עובדי כוכבים והראה ממון חבירו בא לידי וחייבתיו א"ל אהדר עובדא למריה דתניא [ד] ישראל שאנסוהו עובדי כוכבים והראה ממון חבירו פטור ואם נטל ונתן ביד חייב אמר רבה [ה] אם הראה מעצמו כנשא ונתן ביד דמי ההוא גברא דאנסוהו עובדי כוכבים ואחוי אחמרא דרב מרי בריה דרב פנחס בריה דרב חסדא א"ל דרי ואמטי בהדן דרא ואמטי בהדייהו אתא לקמיה דרב אשי פטריניה א"ל רבנן לרב אשי והתניא אם נשא ונתן ביד חייב א"ל הני מילי היכא דלא אוקמיה עילויה מעיקרא [ו] אבל היכא דאוקמיה עילויה מעיקרא מיקלי קלייה איתיביה רבי אבהו לרב אשי אמר לו אנס הושיט לי פקיע עמיר זה או אשכול ענבים זה והושיט לו חייב הכא במאי עסקינן [ז] כגון דקאי בתרי עברי נהרא [ס] דיקא נמי דקתני הושיט ולא תני תן ש"מ: ההוא שותא דהוו מנצו עלה בי תרי האי אמר דידי הוא והאי אמר דידי הוא אזל חד מנייהו ומסרה לפרהגנא דמלכא אמר אביי יכול לומר אנא כי מסרי דידי מסרי א"ל רבא וכל כמיניה אלא אמר רבא [ז] משמתינן ליה עד דמייתי ליה וקאי בדינא ההוא גברא דהוה בעי אחוויי אתיבנא דחבריה אתא לקמיה דרב א"ל לא תחוי ולא תחוי א"ל מחוינא ומחוינא יתיב רב כהנא קמיה דרב שמטיה [ח] לקועיה מיניה קרי רב עילויה [א] בניך עולפו שכבו בראש כל חוצות כתוא מכמר מה תוא זה כיון שנפל במכמר אין מרחמין עליו אף ממון של ישראל כיון שנפל ביד עובדי כוכבים אין מרחמין עליו א"ל רב כהנא עד האידנא הוו [ט] פרסאי דלא קפדי אשפיכות דמים והשתא איכא [ט] יוונאי דקפדו אשפיכות דמים ואמרי [י] מרדין מרדין קום סק לארעא דישראל וקביל עלך דלא תקשי לרבי יוחנן שבע שנין אזיל אשכחיה לריש לקיש דיתיב וקא מסיים מתיבתא דיומא לרבנן אמר להו ריש לקיש היכא אמרו ליה אמאי אמר להו האי קושיא והאי קושיא והאי פירוקא והאי פירוקא אמרו ליה לריש לקיש אזל ריש לקיש א"ל לרבי יוחנן ארי עלה מבבל לעיין מר במתיבתא דלמחר למחר אותבוה בדרא קמא קמיה דר' יוחנן אמר שמעתתא ולא אקשי שמעתתא ולא אקשי אנחתיה אחורי שבע דרי עד דאותביה בדרא בתרא א"ל רבי יוחנן לר"ש בן לקיש ארי שאמרת נעשה שועל אמר יהא רעוא דהני שבע דרי להוו חילוף שבע שנין דאמר לי רב קם אכרעיה א"ל נהדר מר ברישא אמר שמעתתא ואקשי אוקמיה בדרא קמא אמר שמעתתא ואקשי ר' יוחנן הוה יתיב אשבע [כ] בסתרקי שלפי ליה חדא בסתרקא מתותיה אמר שמעתתא ואקשי ליה עד דשלפי ליה כולהו בסתרקי מתותיה עד דיתיב על ארעא רבי יוחנן גברא סבא הוה ומסרחי גביניה אמר להו דלו לי עיני ואחזייה דלו ליה במכחלתא דכספא חזא דפרטיה שפוותיה סבר אחוך קמחייך ביה חלש דעתיה ונח נפשיה למחר אמר להו רבי יוחנן לרבנן חזיתו לבבלאה היכי עביד אמרו ליה דרכיה הכי על לגבי מערתא חזא דהוה

הדרא

רש"י

אי דינא. הוא שמסור ישלם: **גמרינן.** מהאי מעשה דרב נחמן לשאר גרמי דנזקין דעלמא: **ואי קנסא.** הוא דקנסיה רב נחמן משום דרגיל היה בכך לא גמרינן מיניה: **המטמא.** טהרותיו של חבירו או מנסך יינו של חבירו לע"ז דלאע"ג דקמיה מנח ואין הזיקו ניכר משלם: **לא חזרו לא.** היינו גמרי' מדמע ממנסך: **המדמע.** ערב חולין בתרומה דהפחית דמי החולין דלא חזו מהשתא אלא להמכר לכהנים: **להפסד מרובה.** מטמא תרומה הפסד מרובה הוא דתו לא חזיא לאכילה מדמע הפסד מועט הוא דהא מזדבן לכהנים בדמי תרומה: **אף המנסך [כו'] לא חזרו לא.** גמרינן מנסך אע"ג דהפסידו מרובה ממדמע ומטמא דהפסידן מועט לגבי מנסך: **זרק חץ.** בשבת: **עקירה צורך הנחה.** דכיון דבין עקירה להנחה קרע נמצא מעשה שבת ומעשה (א) עקירה באין כאחד ולא אמרינן משעת עקירה חייב ממון ומתחייב בנפשו לא הוי עד שעת הנחת חץ והכא נמי הגבהת יין לורך ניסוך הוא ותשלומין וחיוב מיתה דע"ז באין כאחד: **לבי אביוני.** מקום: **נשא ונתן ביד חייב.** דהציל עצמו בממון חברו: **מעצמו.** בלא אונס: **דרי ואמטי.** שאי והולך עמנו לבית המלך: **ה"מ.** דאם נשא ונתן ביד חייב: **היכא דלא אוקמינהו.** העובדי כוכבים על הממון מעיקרא ע"י האונס אלא הלך ונטל ונתנו להם אבל הכא דאוקמינהו על היין קלייה ואההיא שעתא פטור כי אמטי תו דידהו אמטי: **פקיע.** קשר: **חייב.** ואע"ג דקאי עכו"ם ע"ג הממון הואיל ונשא ונתן ביד חייב: **בתרי עיברי נהרא.** עכו"ם מצד זה והעמיר מצד זה דאי לא יהביה נהליה לא מצי אנס למשקליה: **שותא.** מכמורת לדגים או לחיות: **לקועיה.** לצואריה שבר מפרקתו: **תוא.** חיה והוא שור הבר כדמתרגם (דברים יד) תוא וזמר תורבלא תור שור בלא יער: **אין מרחמין עליו.** ושפיר עבדת דקטלתיה: **מסיים מתיבתא דיומא לרבנן.** היה מחזר ושונה להם מה שדרש רבי יוחנן אותו היום לפי שר"ל חכם גדול היה ולאחר ששמעו כולן מפי הרב חוזר ומכוונה בידם: **בדרא קמא.** שבע שורות תלמידים יושבים לפניו זו לפנים מזו: **ביסתרקי.** תפי"ד בלעז: **מסרחי גביניה.** גבות עיניו גדולים ומכסין עיניו: **פריטא שפתיה.** נקרעה שפתו על ידי מכה:

תוספות

לאו משום דקנס הוא. והא דמעיקרא לא גזרו על זה כמו על זה למאי דלא מסיק אדעתיה השתא טעמא דהפסד מועט איכא למימר דמעשה אירע במטמא ובמנסך לכך גזרו עליהם בשעת מעשה: **כיון** שנפל בידי עובדי כוכבים אין מרחמים עליו. כלומר שפיר מיקרי מסור שדבר ברור הוא שיקחו מאחר שהראהו: **השתא** יווני נינהו כו'. קשה לר"י דבפ"ב דגיטין (דף טז: ושם יז. ד"ה הא) אמר רבה בר בר חנה חלש על לגביה כו' אמר רחמנא או בטולך וכו' ופריך למימרא דרומאי מעלי מפרסאי אלמא משמע שאז עדיין היו פרסיים בבבל ולכאורה משמע שאותו מעשה היה אחר מעשה שבכאן ואור"י שהשרים והפקידים היו משתנים והיו פעמים מפרסיים ופעמים מיוונים:

דילכון

מסורת הש"ס

א) גיטין נג. ע"ש, ב) [שבת קנד: וש"נ], ג) [גיטין נג. וע"ש בתוס' ד"ה בראשונה ותוס' מנחות נח: ד"ה וא"ד ודע דבתוספתא דגיטין פ"ג הי"ב תני' כמו דאיתא הכא], ד) כתובות לא., ה) [נ"ל לסוף יעב"ן], ו) גיטין נב:, ז) [ע"ז ו:], ח) ס"א יוונאי, ט) ס"א פרסאי, י) [עי' פרש"י ב"מ לט. ד"ה מחמת מרדין], כ) פי' כרים וכסתות.

הגהות הב"ח

(א) רש"י ד"ה עקירה וכו' מעשה שבת ומעשה קריעה באין כאחד ולא אמרינן משעת קריעה חייב:

גליון הש"ס

גמ' דיקא נמי דקתני הושיט כו'. כעין זה ע"ז דף ו ע"ב:

תורה אור השלם

א) בָּנַיִךְ עֻלְּפוּ שָׁכְבוּ בְּרֹאשׁ כָּל חוּצוֹת כְּתוֹא מִכְמָר הַמְלֵאִים חֲמַת יְיָ גַּעֲרַת אֱלֹהָיִךְ: [ישעיה נא, כ]

לעזי רש"י

תפי"ד. פירוש שטיח:

עין משפט נר מצוה

קד א ב מיי' פ"ז מהל' חובל ומזיק הל' א ב סמג עשין ע טוש"ע ח"מ סי' שפה סעי' א:

קה ג מיי' פ"ג מהל' גניבה הל' ב:

קו ד ה ו מיי' פ"ח מהל' חובל ומזיק הל' ג ד ועיין בהשגות ובמ"מ סמג עשין ע טוש"ע ח"מ סי' שפח סעי' ב:

קז ז מיי' שם הלכה ה טוש"ע שם סעי' ה:

קח ח מיי' שם הל' י טוש"ע שם סעי' י:

ליקוטי רש"י

המטמא. טהרותיו של חברו כגון תרומה. **והמדמע.** תרומה בחולין של חברו ומפסידו שאוסרו לזרים וצריך למוכרו לכהנים בזול. **והמנסך.** יין חברו [גיטין נב:]. **בראשונה היו אומרים המטמא והמנסך.** מנסך מפסיד לגמרי שאוסרו בהנאה אבל מטמא אע"ג דמפסיד ליה לגמרי לענין שהוא עצמו אינו יכול לאכול אבל חזי הוא עדיין להסקה או למאכל בהמה דלאפי' מטמא תרומה חזי להסקה או לבהמת כהן [שם נג.]. **שהרי עקירה צורך הנחה היא.** הלכך אע"ג דחיוב ממון מקמי הנחה אתיא ליה פטור הואיל ובין עקירה והנחה אתיא ליה מיתה ותשלומין באין כאחד שעקירה צורך הנחה היא ומההיא שעתא אתחלה לה מלאכה [כתובות לא.]. **משעת הגבהה.** ע"מ לגוזלו [גיטין נב:]. **לפרהגנא.** ממונה של מלך [ב"מ פג:]. גבאי המס [עירובין לו:]. מליק [גיטין מד.]. **לקועיה.** חרטומו בי"ק בלע"ז [לעיל נה.]. **תוא.** תורבלא תור סיער. בלא"ה. יער בלשון ארמי [דברים יד, ה]. תאו מתרגמינן תורבלא. שור הלבנון [חולין פ.]. **מרדין.** היא רציפה בלשון פרסי וכן מפורש בשערים דרב האי גאון (שער מ) [ב"מ לט.]. **דלו ליה במכחלתא דכספא.** שהיו עפעפיו מכסין את עיניו ומגביהן במזלגא דכספא. **ואחזייה.** שהיה רוצה לראותו מפני שהוא חריף [תענית ט.].

הדרא ליה עכנא א"ל עכנא עכנא פתח פומיך ויכנס הרב אצל תלמיד ולא פתח יכנס חבר אצל חבר ולא פתח יכנס תלמיד אצל הרב פתח ליה בעא רחמי ואוקמיה א"ל אי הוה ידענא דדרכיה דמר הכי לא חלשא דעתי השתא ליתי מר בהדן א"ל אי מצית למיבעי רחמי דתו לא שכיבנא אזילנא ואי לא לא אזילנא הואיל וחליף שעתא חליף תיריה אוקמיה שייליה כל ספיקא דהוה ליה ופשטינהו ניהליה היינו [א] דאמר ר' יוחנן דילכון אמרי דילהון היא: ההוא דאחוי אמטכסא דר' אבא יתיב ר' אבהו ור' חנינא בר פפי ור' יצחק נפחא ויתיב ר' אילעא גבייהו סבור לחיוביה מהא דתנן [ג] דן את הדין זיכה את החייב וחייב את הזכאי טימא את הטהור וטיהר את הטמא מה שעשה עשוי וישלם מביתו א"ל ר' אילעא הכי אמר רב והוא שנשא ונתן ביד אמרי ליה זיל לגבי דר"ש בן אליקים ורבי אלעזר בן פדת דדייני דינא דגרמי אזל לגבייהו חייבי' ממתני' [ג] אם מחמת הגזלן חייב להעמיד לו שדה אחר ואוקימנא דאחוי אחווייי: ההוא גברא דהוה מפקיד ליה כסא דכספא סליקו גנבי עילויה שקלה יהבה להו אתא לקמיה דרבה פטריה א"ל אביי האי מציל עצמו בממון חבירו הוא אלא אמר רב אשי [א] חזינן אי איניש אמיד הוא אדעתא דידיה אתו ואי לא אדעתא דכספא אתו: ההוא גברא דהוה מפקיד גביה ארנקא דפדיון שבויים סליקו גנבי עילויה שקלה יהבה ניהלייהו אתא לקמיה (א) דרבא פטריה א"ל אביי והא מציל עצמו בממון חבירו הוא א"ל [ב] אין לך פדיון שבויים גדול מזה: ההוא גברא [ד] דאקדים ואסיק חמרא למברא קמי דסליקו אינשי במברא בעי לאטבועי אתא ההוא גברא מלח ליה לחמרא דההוא גברא ושדייה לנהרא וטבע אתא לקמיה דרבה [ג] פטריה אמר ליה אביי והא מציל עצמו בממון חבירו הוא א"ל האי מעיקרא רודף הוה רבה לטעמיה [ה] דאמר רבה [ד] רודף שהיה רודף אחר חבירו להורגו ושיבר את הכלים בין של נרדף בין של כל אדם פטור שהרי מתחייב בנפשו [ה] ונרדף ששיבר את הכלים של רודף פטור [ו] שלא יהא ממונו חביב עליו מגופו אבל של כל אדם חייב [ז] דאסור להציל עצמו בממון חבירו [ו] ורודף שהיה רודף אחר רודף להציל ושבר כלים בין של נרדף בין של כל אדם פטור ולא מן הדין אלא שאם אי אתה אומר כן אין לך אדם שמציל את חבירו מן הרודף: **מתני'** [ז] שטפה נהר אומר לו הרי שלך לפניך: **גמ'** [ח] ת"ר הגוזל שדה מחבירו ושטפה נהר חייב להעמיד לו שדה אחר דברי ר' אלעזר וחכ"א אומר לו הרי שלך לפניך במאי קא מיפלגי ר"א דרש ריבויי ומיעוטי [א] וכחש בעמיתו ריבוי בפקדון מיעט (ב) [ב] כל אשר ישבע עליו לשקר חזר וריבה ריבה ומיעט וריבה ריבה הכל ומאי רבי כל מילי ומאי מיעט מיעט שטרות ורבנן דרשי כללי ופרטי וכחש כלל בפקדון פרט או מכל חזר וכלל כלל ופרט וכלל אי אתה דן אלא כעין הפרט מה הפרט דבר המיטלטל וגופו ממון אף [ח] כל דבר המיטלטל וגופו ממון יצאו קרקעות שאין מטלטלין יצאו עבדים שהוקשו לקרקעות יצאו שטרות שאע"פ שמטלטלין אין גופן ממון והדתניא הגוזל את הפרה ושטפה נהר חייב להעמיד לו פרה דברי ר' אלעזר וחכמים אומרים אומר לו הרי שלך לפניך התם במאי קמיפלגי אמר רב פפא התם במאי עסקינן כגון שגזל שדה מחבירו והיתה

פרה

דילכון אמרי דילהון היא. פי' הקונטרס התורה היא של בני בבל וקשה בפרק לולב וערבה (סוכה דף מד. ושם ד"ה והא) גבי הא דקאמר ערבה יסוד נביאים היא ושכחום וחזרו ויסדום ופריך מי א"ר יוחנן הכי והא"ר יוחנן דילכון אמרי דילהון הוא ופירש בקונטרס אלמא לא שכחוה בגולה ומאי פירכא היא וכי מפני שהיו בעלי תורה אין יכול להיות ששכחו תורת ערבה ועוד בכמה דוכתין אמר שכחום וחזרו ויסדום ולא פריך עלה הכי ואור"ת כפר"ח שלתלמידיו מבבל שהיו בפניו היה מדבר וה"ק דילכון אמרי רב כהנא שהיה שלכם אמר שערבה דילהון הוא כלומר מנהג של נביאים ופריך אמאי דקאמר התם לעיל תסתיים דרבי יוחנן דאמר יסוד נביאים היא והאמר ר' יוחנן דילכון אמרי דילהון הוא ולשון דילהון משמע ליה מנהג נביאים ולא יסוד נביאים וכן נ"ל בהמגרש (גיטין פד: ושם ד"ה ר"י) גבי הסיא דא"ר יוחנן דילכון אמר הואיל וקנאתו להתגרש בו שלתלמידיו מבבל היה אומר כן על רב כהנא ובקונט' פי' שם דלחזקיה רבו שהיה חולק שם עליו היה אומר כן ואין נראה [לומר] שבשעה שלמד רב כהנא לפני ר' יוחנן היה רבי יוחנן ראש ישיבה בעוד שרבו חזקיה היה בחיים: [ועיין תוספות מנחות כג: ד"ה כי]:

ואי לאו אדעתא דכספא אתו. ואע"ג דאמר לעיל נשא ונתן ביד חייב אור"י דשאני שומר שלדעת כן הפקידוהו שיציל עצמו בו אם יבואו עליו אדעתא דכסא דכספא:

אין לך פדיון שבויים גדול מזה. אע"ג דמשמע דהוי אמיד מדלא מפליג כדמפליג לעיל מ"מ הואיל ולא היה לו באותה שעה מה ליתן להם חשיב פדיון שבויים:

והלה

הדרא ליה עכנא. נחש גדול עשה עצמו כגלגל ומקיף את פי המערה ונותן זנבו לתוך פיו ואין אדם יכול ליכנס: פתח פיך. הרחיבי פתחיך להסיר זנביך מפיך ועשה פתח ליכנס: אי מצית למבעי רחמי דתו לא שכיבנא. אי אקשינא לך אזלינא בהדך ואעמוד אלך בבית המדרש: ואי לא הואיל וחליף שעתא. ואתרחיש ניסא חליף ולא אלך עוד עמך שמא תכעוס עלי ואמות עוד פעם אחרת אלא אלך לביתי חי ולא אעמוד עוד אלך פן אמות פעם אחרת ואית דמפרש הואיל וחליף שעתא וקבלתי צער מיתה לא אקבל עוד פעם אחרת ליגך מכאן ובפסחים (דף מט.) מוכח שהלך לביתו דאמר רב כהנא אי לאו דנסיבנא כהנתא לאו אנא גלאי אמרי ליה והא למקום תורה גלית א"ל לאו אנא גלאי כדגלו שאר אינשי שהרי לא בעבור מקום תורה גליתי אלא מאימת מלכות ברחתי אלמא בתר הכי חי הוה ועוד אמרי' בברכות ירושלמי אן] דפגע ביה ההוא גברא אמר ליה מאי עביד בשמיא כלומר שליעג עליו שהיה מת וחיה א"ל גזר דיניה דההוא גברא מחתם ומת ההוא גברא פגע ביה אחרינא אמר ליה הכי נמי ומית אתי לקמיה דר' יוחנן אמר ליה בר איניש דאמיה מבסרא ליה ואנתתיה דאבוה מיקרא כו': תיירידה. הקיפו משנתו: א"ל דילכון אמרי. שלכם הייתי אומר תורה של בני א"י היא: דילהון היא. של בני בבל: מטכסא. תכשיט משי: וישלם מביתו. דאדבורא בעלמא חייב: שנשא ונתן ביד. ובכולם מפרש שנשא ונתן ביד באחד דיני ממונות בסנהדרין [ט]: אמיד. עשיר: אסיק חמריה למברא. מכניס חמורו לספינה מעבר הנהר והיו בה אנשים: בעא. חמרא לטבועי מעברא: מלח ליה. דחפו לחמור והשליכו למים לשון אחר מלח ליה כמו המלחים (יונה א) התחיל המלח להציל הספינה ודחפו והשליכו: [האי]. בעל החמור רודף הוא להרוג נפשות: ושיבר את הכלים. בין של נרדף בין של כל אדם פטור מלשלם שהרי מתחייב בנפשו הוא ברדיפה זו ואפילו אין הורגו דתנן בפרק בן סורר ומורה ואלו ניתנו להציל בנפשו הרודף אחר חבירו להרגו ונמלא תשלומין וחיוב מיתה באין כאחד: מגופו. שהרי נרדף זה רשאי להרוג את רודפו שנאמר (שמות כב) אם במחתרת ימצא הגנב התורה אמרה אם בא להרגך השכם להרגו: ולא מן הדין. שהרי המציל עצמו בממון חבירו חייב כ"ש מציל אחרים בממון חבירו: שטפה נהר. שהיתה על שפת הנהר והגביה שפתו והמים שוחקים וכורין תחת השפה ומתפשט בתוך השדה: רבי כל מילי. ואפילו קרקעות לשבועה ולהשבון: מיעט שטרות. שאין גופן ממון דיהיב ליה ניירא בעלמא:

פרה

מסורת הש"ס

א) סוכה מד., ב) לעיל ק. סנהדרין ו. לג. בכורות כח:, ג) [לעיל קטז:], ד) [עיין ברא"ש גרס' אחרת], ה) סנהדרין עד. [וע' תוס' כתובות ל: ד"ה רב אשי], ו) [לקמן קיט.], ז) [לעיל ס:], ח) שבועות לז: [ע"ש], ט) דף לג ע"א.

ליקוטי רש"י

עכנא. נחש. דהדרא ליה. למערה הקיפה את המערה כעין גלגל וזנבה אצל פיה [ב"מ פד:]. דילכון אמרי דילהון היא. רב כהנא היה מתלמידי רב והיה חריף מאד וברח לא"י לפני ר' יוחנן מחמת מרדין [שהרג לאדם אחד] כדאמרינן בפרק בתרא דב"ק והולך לו ר' יוחנן לכמה ספיקות והיה אומר ר' יוחנן לבני א"י סבור הייתי שתורה שלכם שלא גליתם מארצכם ולא היה לכם טירוף הדעת אבל ראיתי שהיא של בני בבל שאע"פ שגלו עמדה להם חכמת החרש והמסגר שגלו עם יכניה כדכתיב (מ"ב כד) הכל גבורים עושי מלחמה ותניא בסדר עולם וכי מה גבורה עושין בני אדם הנתונים בשלשלאות של ברזל אלא שגבורים היו במלחמתה של תורה [סוכה מד.]. והוא שנשא ונתן ביד. שנטל הוא המעות ממנו בידו ופרעו לבעל דין [בכורות כח:]. וזיכה את החייב שהיה לו משכון למלוה ממנו ונטל דיין למשכון והחזירו ללוה. וחייב את הזכאי נטל ביד ממון מן הנתבע ושילם לתובע. וטימא את הטהור נטל שרץ בידים וחרקו עליה לטמאו ודאי להחזיק דבריו. וטיהר את הטמא נטל הדיין לפירות טמאים וערבן עם שאר פירות האיש השואלו והוה ליה עושה מעשה בידים ומזיק והכי מפרש בסנהדרין (דף לג.) בפרק אחד דיני ממונות [לעיל ק.]. שהרי מתחייב בנפשו. ברדיפה זו שהרי ניתן להציל בנפשו ואע"ג דכלים הללו של שאר כל אדם הן דמיתה לזה ותשלומין לזה פטור. ורודף שהיה רודף. אחר חבירו להורגו וזה רודף אחריו להצילו ושיבר את הכלים וכו' [סנהדרין עד:]. חייב להעמיד לו שדה אחר. דקסבר קרקע נגזלת וקיימא לה ברשות גזלן וקרינן ביה והשיב את הגזלה. הרי שלך לפניך. קסבר קרקע אינה נגזלת וכי שטפה נהר ברשותיה דמרא קמא היא קיימא. מיעט שטרות. שאין גופן ממון שאינן אלא לראיה שבהן [שבועות לז:]. שאין גופן ממון. אלא גורמין לגבות ממון [לעיל סב.].

עין משפט נר מצוה

קט א מיי' פ"ה מהל' שאלה ופקדון הל' ב סמג עשין פח טוש"ע ח"מ סי' רלב סעיף ח:
קי ב מיי' שם הלכה א סמג שם טוש"ע שם סעי' ט וסי' שא סעי' ז:
קיא ג מיי' פ"ח מהל' חובל ומזיק הל' טו ועיין בהשגות ובמ"מ סמג עשין ע טוש"ע ח"מ סי' שפ סעי' ד ובהג"ה:
קיב ד ה ו מיי' שם הלכה יב הל' יג הל' יד טוש"ע שם סעי' ג:
קיג ז מיי' פ"ט מהל' גזילה ואבידה הל' א ועיין שם טוש"ע ח"מ סי' שעא סעי' ב:
קיד ח מיי' פ"ז מהל' שבועות הל' ד ופ"ה מהל' טוען ונטען הל' א סמג לאוין רמח ועשין לה טוש"ע ח"מ סי' לה סעי' א:

הגהות הב"ח

(א) גמ' דפדיון שבוים וכו' לקמיה דרבה פטריה: (ב) שם בפקדון מיעט או מכל אשר ישבע:

הגהות מהר"ב רנשבורג

א] רש"י ואי לא כו' בברכות ירושלמי. נ"ב פ"ב הלכה ח יעו"ש:

תורה אור השלם

א) נֶפֶשׁ כִּי תֶחֱטָא וּמָעֲלָה מַעַל בַּיְיָ וְכִחֵשׁ בַּעֲמִיתוֹ בְּפִקָּדוֹן אוֹ בִתְשׂוּמֶת יָד אוֹ בְגָזֵל אוֹ עָשַׁק אֶת עֲמִיתוֹ: [ויקרא ה, כא]

ב) אוֹ מִכֹּל אֲשֶׁר יִשָּׁבַע עָלָיו לַשֶּׁקֶר וְשִׁלַּם אֹתוֹ בְּרֹאשׁוֹ וַחֲמִשִׁתָיו יֹסֵף עָלָיו לַאֲשֶׁר הוּא לוֹ יִתְּנֶנּוּ בְּיוֹם אַשְׁמָתוֹ: [ויקרא ה, כד]

הַדְרָא לֵיהּ עַכְנָא — ראה שהיה נחש גדול מקיף את פתח המערה וזנבו בתוך פיו, ואין אדם יכול להיכנס[1]. **אָמַר לֵיהּ** רבי יוחנן לנחש: "**עַכְנָא עַכְנָא פְּתַח פּוּמָיךְ** — נחש נחש, פתח פיך כדי שיצא זנבך מפיך, ועשה פתח להיכנס[2], **וְיִכָּנֵס הָרַב אֵצֶל** הַתַּלְמִיד"! **וְלֹא פָּתַח** הנחש את פיו. אמר לו רבי יוחנן: "פתח פיך כדי שׁ**יִּכָּנֵס חָבֵר אֵצֶל חָבֵר**", וְאף על פי **לֹא פָּתַח** הנחש את פיו. אמר לו רבי יוחנן: "פתח פיך כדי שׁ**יִּכָּנֵס תַּלְמִיד אֵצֶל הָרַב**", ואז **פָּתַח לֵיהּ** (לו) הנחש את פיו ונתן לו להיכנס. לאחר שנכנס **בְּעָא רַחֲמֵי וְאוֹקְמֵיהּ** — ביקש רבי יוחנן רחמים והעמיד את רב כהנא. **אָמַר לֵיהּ** רבי יוחנן לרב כהנא: **אִי הֲוָה יָדַעְנָא דְּדַרְכֵּיהּ דְּמַר הָכִי** — אילו הייתי יודע שכך היא דרכו של כבודו, דהיינו שזהו מראהו הרגיל, **לֹא חָלְשָׁא דַּעְתִּי** — לא היתה דעתי נחלשת, **הַשְׁתָּא לֵיתֵי מַר בַּהֲדַן** — כעת יבוא כבודו עמנו לבית המדרש[3]. **אָמַר לֵיהּ** רב כהנא: **אִי מָצֵית לְמִיבְעֵי רַחֲמֵי דְּתוּ לֹא שָׁכִיבְנָא** — אם יכול אתה לבקש רחמים ששוב לא אמות אם אקשה לך, **אָזִילְנָא** — אזי אבוא עמך לבית המדרש, **וְאִי לֹא, לֹא אָזִילְנָא** — לא אבוא עמך, **הוֹאִיל וְחָלִיף שַׁעְתָּא חָלִיף** — שמאחר שחלפה שעת מיתתי בדרך נס חלפה, ולא אלך עוד עמך שמא תכעס עלי ואמות פעם נוספת, אלא אלך לביתי חי[4]. **תַּיְּירֵיהּ אוֹקְמֵיהּ** — הקיצו רבי יוחנן משנתו והקימו לתחיה, **שַׁיְילֵיהּ כָּל סְפֵיקָא דַּהֲוָה לֵיהּ** — שאל אותו רבי יוחנן את כל הספיקות שהיו לו, **וּפַשְׁטִינְהוּ נִיהֲלֵיהּ** — והוא פשט לו אותן. **הַיְינוּ דְּאָמַר** — וזהו מה שאמר **רַבִּי יוֹחָנָן** לתלמידיו שבארץ ישראל: "**דִּילְכוֹן אָמְרִי** — בתחילה אמרתי שהתורה שלכם היא, לפי שלא גליתם מארצכם ולא היה לכם טירוף הדעת, אולם כעת (לאחר שפגשתי את רב כהנא) רואה אני שבאמת **דִּילְהוֹן הִיא** — של בני בבל היא"[5].

מעשה נוסף בענין מוֹסר:

הַהוּא דְּאַחֲוֵי אַמְטַכְסָא דְּרַבִּי אַבָּא — אדם אחד הראה לפקידי המלך על תכשיט משי של רבי אבא, ונטלוהו. **יָתִיב** — ישב **רַבִּי אַבָּהוּ וְרַבִּי חֲנִינָא בַּר פַּפִּי וְרַבִּי יִצְחָק נַפְחָא** לדון את דינו, **וְיָתִיב רַבִּי אִילְעָא גַּבַּיְיהוּ** — וישב רבי אילעא אצלם. **סָבוּר לְחַיּוּבֵיהּ מֵהָא דִּתְנַן** — סברו שלשת הדיינים לחייבו מכח מה ששנינו במשנה הבאה (בכורות כח, ב): מי שׁ**דָּן אֶת הַדִּין** בדיני ממונות, וטעה בדינו **וְזִיכָּה אֶת הַחַיָּיב וְחִיֵּיב אֶת הַזַּכַּאי**, וכן מי שהורה בדיני טומאה וטהרה, וטעה בהוראתו **וְטִימֵּא אֶת הַטָּהוֹר וְטִיהֵר אֶת הַטָּמֵא**, וגרם בכך הפסד לבעלים, **מַה שֶּׁעָשָׂה עָשׂוּי**, כלומר, פסק דינו והוראתו קיימים, **וִישַׁלֵּם מִבֵּיתוֹ** — מכספו לזה שהפסיד לו[6]. הרי שהמזיק את חבירו בדיבור חייב לשלם לו אף שאין זה אלא "גרמי"[7], ואם כן אף מוסר זה חייב לשלם לרבי אבא מה שהזיקו. **אָמַר לְהוּ רַבִּי אִילְעָא: הָכִי** (כך) **אָמַר רַב** לגבי משנה זו[8]: **וְהוּא** — ודין זה (שהדיין חייב לשלם) אמור רק במקרה **שֶׁנָּשָׂא וְנָתַן בַּיָּד** — נטל את הממון מבעל דין אחד ונתן בידו לבעל הדין השני, אולם אם הזיק באופן של גרמי אין הוא חייב לשלם[9]. נמצא שאין הוכחה ממשנה זו שהמזיק בגרמי חייב לשלם, ואין אתם יכולים איפוא לחייב מכחה את המוסר.

המשך המעשה:

אָמְרֵי לֵיהּ — אמרו לו החכמים לרבי אבא: איננו יכולים להכריע בנדון זה, **זִיל** (לך) **לְגַבֵּי דְּרַבִּי שִׁמְעוֹן בֶּן אֶלְיָקִים וְרַבִּי אֶלְעָזָר בֶּן פְּדָת, דְּדַיְינֵי** — שהם דנים **דִּינָא דְּגַרְמִי**, והם יחייבו את המוסר לשלם לך[10]. **אֲזַל לְגַבַּיְיהוּ** — הלך רבי אבא אליהם, **חַיְּיבֵיהּ מִמַּתְנִיתִין** — וחייבו את המוסר מכח מה ששנינו במשנתנו (לעיל קטז, ב): "**אִם** ניטל השדה **מֵחֲמַת הַגַּזְלָן חַיָּיב לְהַעֲמִיד לוֹ שָׂדֶה אַחֵר**", **וְאוֹקִימְנָא דְּאַחֲוֵי אַחֲוּוֵיי** — והעמדנו זאת (שם) במקרה שהראה את השדה למסיקין, ומוכח איפוא שהמוסר ממון חבירו חייב לשלם.

הערות

1. רש"י; לביאור מעשה זה בדרך הרמז, עיין חידושי אגדות מהר"ל ובן יהוידע.

2. רש"י.

3. רבי יוחנן אמר לרב כהנא שדעתו נחלשה מפני שלא ידע שזהו מראהו הרגיל, אולם כעת שנודע לו הדבר לא תחלש דעתו ואין לרב כהנא ממה לחשוש.

4. רש"י. יש מפרשים שרב כהנא ביקש מרבי יוחנן שיתפלל עליו שלא ימות לעולם, שכיון שסבל צער מיתה פעם אחת לא רצה לסבול זאת פעם נוספת, ומאחר שלא היה באפשרותו של רבי יוחנן לעשות זאת העדיף רב כהנא שלא לקום לתחיה. [אמנם, כפי שנראה בסמוך, רבי יוחנן העמידו לזמן מועט כדי שיפשוט לו את הספיקות שהיו לו.] אמנם רש"י דוחה פירוש זה, משום שמהגמרא בפסחים (מט, א) ומהירושלמי בברכות (ב, ח) משמע שלאחר מעשה זה חזר רב כהנא לביתו.

5. רש"י. אף שלבני בבל לא היה ישוב הדעת כחבריהם שבארץ ישראל, מכל מקום חכמתם של גדולי התורה שגלו לבבל עם יכניה מלך יהודה עמדה להם שתורתם לא תפגם, ואף תעלה על של חבריהם שבארץ ישראל (ראה רש"י סוכה מד, א ד"ה והא"ר יוחנן; לביאור אחר בדברי רבי יוחנן עיין תוספות ד"ה דילכון).

6. הדיין אינו יכול לחייב את הנתבע לאחר שפסק בטעות שהוא פטור, או לפוטרו לאחר שפסק בטעות שהוא חייב. ומאחר שפסק דינו גרם הפסד לאחד מבעלי הדין עליו לשלם לו מה שהפסידו. כמו כן, אם הורה בטעות על תרומה טהורה שהיא טמאה הוראתו קיימת, ומאחר שהתרומה נשארת באיסורה עליו לשלם לבעלים מה שהפסידו (עיין תוספות לעיל ק, א ד"ה טיהר; רא"ש סנהדרין ד, ה; רמב"ן עבודה זרה מ, א; רשב"א שם ז, א; ר"ן שם א, ב — ב, א בדפי הרי"ף בשם ראב"ד). אמנם אם טיהר את הטמא ברור שאין הוראתו קיימת, ומה ששנינו "מה שעשה עשוי" היינו שאם מחמת הוראתו עירב בעל הבית את הפירות הטמאים עם פירות טהורים מרובים (באופן שהפירות הטהורים לא נטמאו במגע) הרי הם בטלים ברוב. ואף שבדרך כלל "אין מבטלים איסור לכתחילה", ואם עשה כן אין האיסור בטל (ראה תרומות ה, ט; ביצה ד, ב), מכל מקום מאחר שעשה זאת מחמת הוראת החכם מעשיו קיימים. אמנם ברור שבמקרה זה אין החכם צריך לשלם, שהרי בעל הבית לא הפסיד דבר, ומה ששנינו "משלם מביתו" מתייחס למקרה שבעל הבית עירב את הפירות עם פירות טהורים מועטים, וכשנתבררה הטעות נמצא שכל הפירות טמאים מספק (תוספות לעיל שם; תוספות סנהדרין לג, א ד"ה מה שעשה; לפירושים אחרים בענין "טיהר את הטמא" עיין חידושי הר"ן סנהדרין שם; ש"ך חושן משפט כה, ה אות ג — ד; נתיבות המשפט כה, ג; קצות החשן שם, ה). ויש אומרים שאף בטימא את הטהור אין הוראתו קיימת, ומה ששנינו "מה שעשה עשוי ומשלם מביתו" היינו שאם מחמת הוראתו לא נזהר בעל הבית וטימא את הפירות צריך החכם לשלם לו עבור הפסדו (רבינו יונה סנהדרין שם).

7. עיין רש"י. מרש"י משמע שכל נזק הנעשה בדיבור נחשב "גרמי", ולדבריו אף "זיכה את החייב" ו"טימא את הטהור" נחשבים גרמי (ראה גם רמב"ם הלכות סנהדרין ו, א; רי"ף סנהדרין יב, ב בדפי הרי"ף; יד רמה סנהדרין לג, א בבא דחדיסר ובבא דתריסר). ויש אומרים שדיבור נחשב כמעשה בידים, ולדבריהם הוכחת הגמרא היא רק מ"חייב את הזכאי" ומ"טיהר את הטמא" שדיבורו אינו מזיק באופן ישיר אלא רק גורם לנזק (תוספות לעיל ק, א ד"ה טיהר; רא"ש סנהדרין ד, ה; להרחבה בענין זה עיין קצות החשן כה, ב).

8. ראה בכורות כח, ב.

9. לדעת רב המשנה עוסקת במקרה שהדיין הזיק בידים, וכדלהלן: (א) בחייב את הזכאי מדובר שנטל את הממון מהנתבע ונתנו לתובע. (ב) בזיכה את החייב מדובר שנטל משכון מיד התובע והחזירו לנתבע. (ג) בטימא את הטהור מדובר שהשליך שרץ מת על הפירות כדי לקיים את הוראתו. (ד) בטיהר את הטמא מדובר שעירב את הפירות עם פירות טהורים של בעל הבית ואסר את כולם מספק (רש"י לעיל ק, א ד"ה שנשא ונתן ביד, על פי סנהדרין לג, א-ב; עיין לעיל הערה 6).

יש לעיין מדוע נטילת משכון נחשבת היזק בידים, הלא אין הוא מזיק בכך את גוף הממון אלא רק מונע מהתובע לגבות את חובו (עיין לעיל לג, ב)! ויש לומר שהגמרא בסנהדרין סוברת כדעת רב חסדא (שם), שדינו אינו קיים אלא אם כן עשה מעשה לקיימו, ומאחר שנטילת המשכון מקיימת את דינו שהלוה פטור הרי הוא נחשב בכך כמזיק בידים (קצות החושן כה, ח).

עוד יש לעיין מה משמיעה המשנה ב"טימא את הטהור"? הלא מאחר שהשליך שרץ על הפירות ברור שעליו לשלם כשאר מזיק בידים! ויש לומר שהשרץ לא טימא את כל הפירות (שהרי השרץ הוא אב הטומאה, פרי הנוגע בו הוא ראשון לטומאה, פרי הנוגע בפרי זה הוא שני לטומאה ואין הוא מטמא פירות אחרים של חולין [ראה טהרות ב, ג]), אולם מאחר שעשה מעשה לקיים את הוראתו הרי הוראתו מתקיימת גם בשאר הפירות, ומאחר שהוראתו נתקיימה על ידי מעשה נחשב הוא כמזיק בידים (קצות החשן שם, ט).

[יש לציין שלדעת תוספות ורא"ש (הובאה לעיל הערה 7) "זיכה את החייב" ו"טימא את הטהור" נחשבים היזק גמור אף אם לא נשא ונתן ביד, ומה שהעמידה אותם הגמרא בנטל משכון ובהשליך שרץ אינו אלא אגב המקרים האחרים (עיין תוספות לעיל ק, א ד"ה טיהר).]

10. שלשת החכמים לא מצאו מקור שהמזיק בגרמי חייב לשלם, ולפיכך שלחו את רבי אבא לחכמים אחרים המחייבים על היזק כזה.

הדרא ליה עכנא א"ל עכנא עכנא פתח פומיך ויכנס הרב אצל תלמיד ולא פתח יכנס חבר אצל חבר ולא פתח יכנס תלמיד אצל הרב פתח ליה בעא רחמי ואוקמיה א"ל אי הוה ידענא דדרכיה דמר הכי לא חלשא דעתי השתא ליתי מר בהדן א"ל אי מצית למיבעי רחמי דתו לא שכיבנא אזילנא ואי לא לא אזילנא הואיל וחליף שעתא חליף תיירידה אוקמיה שייליה כל ספיקא דהוה ליה ופשטינהו ניהליה היינו (א) דאמר ר' יוחנן דילכון אמרי דילהון היא: ההוא דאחוי אמטכסא דר' אבא יתיב ר' אבהו ור' חנינא בר פפי ור' יצחק נפחא ויתיב ר' אילעא גבייהו סבור לחיוביה מהא דתנן ב) דן את הדין זיכה את החייב וחייב את הזכאי טימא את הטהור וטיהר את הטמא מה שעשה עשוי וישלם מביתו א"ל ר' אילעא הכי אמר רב והוא שנשא ונתן ביד אמרי ליה זיל לגבי דר"ש בן אליקים ורבי אלעזר בן פדת דדייני דינא דגרמי אזל לגבייהו חייבי' ממתני' ג) אם מחמת הגזלן חייב להעמיד לו שדה אחר ואוקימנא דאחוי אחוויי: ההוא גברא דהוה מפקיד ליה כסא דכספא סליקו גנבי עילויה שקלה יהבה להו אתא לקמיה דרבה פטריה א"ל אביי האי מציל עצמו בממון חבירו הוא אלא אמר רב אשי א חזינן אי איניש אמיד הוא אדעתא דידיה אתו ואי לא אדעתא דכספא אתו: ההוא גברא דהוה מפקיד גביה ארנקא דפדיון שבויים סליקו גנבי עילויה שקלה יהבה ניהלייהו אתא לקמיה (א) דרבא פטריה א"ל אביי והא מציל עצמו בממון חבירו הוא א"ל ב אין לך פדיון שבויים גדול מזה: ההוא גברא ד) דאקדים ואסיק חמרא למברא קמי דסליקו אינשי במברא בעי לאטבועי אתא ההוא גברא מלח ליה לחמרא דההוא גברא ושדייה לנהרא וטבע אתא לקמיה דרבה ג פטריה אמר ליה אביי והא מציל עצמו בממון חבירו הוא א"ל האי מעיקרא רודף הוה רבה לטעמיה ה) דאמר רבה ד רודף שהיה רודף אחר חבירו להורגו ושיבר את הכלים בין של נרדף בין של כל אדם פטור שהרי מתחייב בנפשו ה ונרדף ששיבר את הכלים של רודף פטור ו) שלא יהא ממונו חביב עליו מגופו אבל של כל אדם חייב ז) דאסור להציל עצמו בממון חבירו ו ורודף שהיה רודף אחר רודף להציל ושבר כלים בין של נרדף בין של כל אדם פטור ולא מן הדין אלא שאם אי אתה אומר כן אין לך אדם שמציל את חבירו מן הרודף:

מתני' ז שטפה נהר אומר לו הרי שלך לפניך:

גמ' ח) ת"ר הגוזל שדה מחבירו ושטפה נהר חייב להעמיד לו שדה אחר דברי ר' אלעזר וחכ"א אומר לו הרי שלך לפניך במאי קא מיפלגי ר"א דרש ריבויי ומיעוטי א) וכחש בעמיתו ריבוי בפקדון מיעט (ב) ב) כל אשר ישבע עליו לשקר חזר וריבה ריבה ומיעט וריבה ריבה הכל ומאי רבי כל מילי ומאי מיעט מיעט שטרות ורבנן דרשי כללי ופרטי וכחש כלל בפקדון פרט או מכל חזר וכלל כלל ופרט וכלל אי אתה דן אלא כעין הפרט מה הפרט דבר המיטלטל וגופו ממון אף ח כל דבר המיטלטל וגופו ממון יצאו קרקעות שאין מטלטלין יצאו עבדים שהוקשו לקרקעות יצאו שטרות שאע"פ שמטלטלין אין גופן ממון והדתניא הגוזל את הפרה ושטפה נהר חייב להעמיד לו פרה דברי ר' אלעזר וחכמים אומרים אומר לו הרי שלך לפניך התם במאי קמיפלגי אמר רב פפא התם במאי עסקינן כגון שגזל שדה מחבירו והיתה

פרה

תוספות

דילכון אמרי דילהון היא. פי' הקונטרס התורה היא של בני בבל וקשה בפרק לולב וערבה (סוכה דף מד. ושם ד"ה והא) גבי הא דקאמר ערבה יסוד נביאים היא ושכחום וחזרו ויסדום ופריך מי א"ר יוחנן הכי והא"ר יוחנן דילכון אמרי דילהון הוא ופירש בקונטרס אלמא לא שכחוה בגולה ומאי פירכא היא וכי מפני שהיו בעלי תורה אין יכול להיות ששכחו תורת ערבה ועוד בכמה דוכתין אמר שכחום וחזרו ויסדום ולא פריך עלה הכי ואור"ת כפר"ח שלתלמידיו מבבל שהיו בפניו היה מדבר וה"ק דילכון אמרי רב כהנא שהיה שלכם אמר שערבה דילהון הוא כלומר מנהג של נביאים ופריך אמאי דקאמר התם לעיל תסתיים דרבי יוחנן דאמר יסוד נביאים היא והאמר ר' יוחנן דילכון אמרי דילהון הוא ולשון דילהון משמע ליה מנהג נביאים ולא יסוד נביאים וכן נ"ל בהמגרש (גיטין פד: ושם ד"ה ר"י) גבי ההיא דא"ר יוחנן דילכון אמר הואיל וקנאתו להתגרש בו שלתלמידיו מבבל היה אומר כן על רב כהנא ובקונט' פי' שם דלחזקיה רבו שהיה חולק שם עליו היה אומר כן ואין נראה [לומר] שבשעה שלמד רב כהנא לפני ר' יוחנן היה רבי יוחנן ראש ישיבה בעוד שרבו חזקיה היה בחיים: [ועיין תוספות מנחות כג: ד"ה כי]:

ואי לאו אדעתא דכספא אתו. ואע"ג דאמר לעיל נשא ונתן ביד חייב אור"י דשאני שומר שלדעת כן הפקידוהו שיציל עצמו בו אם יבואו עליו אדעתא דכספא:

אין לך פדיון שבויים גדול מזה. אע"ג דמשמע דהוי אמיד מדלא מפליג כדמפליג לעיל מ"מ הואיל ולא היה לו באותה שעה מה ליתן להם חשיב פדיון שבויים:

והלה

רש"י

הדרא ליה עכנא. נחש גדול עשה עצמו כגלגל ומקיף את פי המערה ונותן זנבו לתוך פיו ואין אדם יכול ליכנס: **פתח פיך.** הרחיבי פתחיך להסיר זנביך מפיך ועשה פתח ליכנס: **אי מצית למבעי רחמי דתו לא שכיבנא.** אי אקשינא לך אזילנא בהדך ואעמוד אצלך בבית המדרש: **ואי לא הואיל וחליף שעתא.** ואתרחיש ניסא חליף ולא אלך עוד עמך שמא תכעוס עלי ואמות עוד פעם אחרת אלא אלך לביתי חי ולא אעמוד עוד אצלך פן אמות פעם אחרת ואית דמפרש הואיל וחליף שעתא וקבלתי צער מיתה לא אקבל עוד פעם אחרת ליילך מכאן ובפסחים (דף מט.) מוכח שהלך לביתו דאמר רב כהנא אי לאו דנסיבנא כהנתא לאו אנא גלאי אמרי ליה והא למקום תורה גלית א"ל לאו אנא גלאי כדגלו שאר אינשי שהרי לא בעבור מקום תורה גליתי אלא מאימת מלכות ברחתי אלמא בתר הכי חי הוה ועוד אמרי' בברכות ירושלמי א] דפגע ביה ההוא גברא אמר ליה מאי עביד בשמיא כלומר שליעג עליו שהיה מת וחיה א"ל גזר דיניה דההוא גברא מחתם ומת ההוא גברא פגע ביה אחרינא אמר ליה הכי נמי ומית אתי לקמיה דר' יוחנן אמר ליה בר איניש דאמיה מבסרא ליה ואנתתיה דאבוה מיקרא כו': **תיירידה.** הקילו משנתו: **א"ל דילכון אמרי.** שלכם הייתי אומר תורה של בני א"י היא: **דילהון היא.** של בני בבל: **מטכסא.** תכשיט משי: **וישלם מביתו.** דאדבורא בעלמא חייב: **שנשא ונתן ביד.** ובכולם מפרש שנשא ונתן ביד באחד דיני ממונות בסנהדרין ט): **אמיד.** עשיר: **אסיק חמריה למברא.** מכניס חמורו לספינה מעבר הנהר והיו בה אנשים: **בעא.** חמרא לטבועי מעברא: **מלח ליה.** דחפו לחמור והשליכו למים לשון אחר מלח ליה כמו המלחים (יונה א) התחיל המלח להציל הספינה ודחפו והשליכו: **[האי].** בעל החמור רודף הוא להרוג נפשות: **ושיבר את הכלים.** בין של נרדף בין של כל אדם פטור מלשלם שהרי מתחייב בנפשו הוא ברדיפה זו ואפילו אין הורגו דתנן בפרק בן סורר ומורה ואלו ניתנו להציל בנפשו הרודף אחר חבירו להרגו ונמצא תשלומין וחיוב מיתה באין כאחד: **מגופו.** שהרי נרדף זה רשאי להרוג את רודפו שנאמר (שמות כב) אם במחתרת ימצא הגנב התורה אמרה אם בא להרגך השכם להרגו: **ולא מן הדין.** שהרי המציל עצמו בממון חבירו חייב כ"ש מציל אחרים בממון חבירו: **שטפה נהר.** שהיתה על שפת הנהר והגביה שפתו והמים שוחקים וכורין תחת השפה ומתפשט בתוך השדה: **רבי כל מילי.** ואפילו קרקעות לשבועה ולהשבון: **מיעט שטרות.** שאין גופן ממון דיהיב ליה ניירא בעלמא:

פרה

עין משפט נר מצוה

קט א מיי' פ"ה מהל' שאלה ופקדון הל' ג סמג עשין פח טוש"ע ח"מ סי' רצב סעיף ח:

קי ב מיי' שם הלכה א סמג שם טוש"ע שם סעי' ט וסי' שא סעי' ז:

קיא ג מיי' פ"ח מהל' חובל ומזיק הל' טו ועיין בהשגות ובמ"מ סמג עשין ע טוש"ע ח"מ סי' שפ סעי' ד ובהג"ה:

קיב ד ה ו מיי' שם הלכה יב הל' יג הל' יד טוש"ע שם סעי' ג:

קיג ז מיי' פ"ט מהל' גזילה ואבידה הל' א ועיין שם טוש"ע ח"מ סי' שעא סעי' ב:

קיד ח מיי' פ"ז מהל' שבועות הל' ד ופ"ה מהל' טוען ונטען הל' א סמג לאוין רמח ועשין נה טוש"ע ח"מ סי' נה סעי' א:

הגהות הב"ח

(א) גמ' דפדיון שבוים וכו' לקמיה דרבה פטריה: (ב) שם בפקדון מיעט או מכל אשר ישבע:

הגהות מהר"ב רנשבורג

א] רש"י ואי לא כו' בברכות ירושלמי. נ"ב פ"ב הלכה ח יעו"ש:

תורה אור השלם

א) נֶפֶשׁ כִּי תֶחֱטָא וּמָעֲלָה מַעַל בַּיְיָ וְכִחֵשׁ בַּעֲמִיתוֹ בְּפִקָּדוֹן אוֹ בִתְשׂוּמֶת יָד אוֹ בְגָזֵל אוֹ עָשַׁק אֶת עֲמִיתוֹ: [ויקרא ה, כא]

ב) אוֹ מִכֹּל אֲשֶׁר יִשָּׁבַע עָלָיו לַשֶּׁקֶר וְשִׁלַּם אֹתוֹ בְּרֹאשׁוֹ וַחֲמִשִׁתָיו יֹסֵף עָלָיו לַאֲשֶׁר הוּא לוֹ יִתְּנֶנּוּ בְּיוֹם אַשְׁמָתוֹ: [ויקרא ה, כד]

מסורת הש"ס

א) סוכה מד., ב) לעיל ק. סנהדרין ו. לג. בכורות כח:, ג) [לעיל קטז:], ד) [עיין ברא"ש גרס' אחרת], ה) סנהדרין עד. [וע' תוס' כתובות ל: ד"ה רב אשי], ו) [לקמן קיט.], ז) [לעיל ס:], ח) שבועות לז: [ע"ש], ט) דף לג ע"א.

ליקוטי רש"י

עכנא. נחש. דהדרא ליה. למערה הקיפה את המערה כעין גלגל וזנבה אצל פיה [ב"מ פד:]. **דילכון אמרי דילהון היא.** רב כהנא היה מתלמידי רב והיה חריף מאד וברח לא"י לפני ר' יוחנן מחמת מרדין [שהרג לאדם אחד] כדאמרינן בפרק בתרא דב"ק והולרך לו ר' יוחנן לכמה ספיקות והיה אומר ר' יוחנן לבני א"י סבור הייתי שתורה שלכם שלא גליתם מארלכם ולא היה לכם טירוף הדעת אבל ראיתי שהיא של בני בבל שאע"פ שגלו עמדה להם חכמת החרש והמסגר שגלו עם יכניה כדכתיב (מ"ב כד) הכל גבורים עושי מלחמה ותניא בסדר עולם וכי מה גבורה עושין בני אדם הנתונים בשלשלאות של ברזל אלא שגבורים היו במלחמתה של תורה [סוכה מד.]. **והוא שנשא ונתן ביד.** שנטל הוא המעות ממנו בידו ופרעו לבעל דין [בכורות כח:]. וזיכה את החייב שהיה לו משכון למלוה ממנו ונטל דיין למשכון והחזירו ללוה. וחייב את הזכאי נטל ביד ממון מן הנתבע ושילם לתובע. וטימא את הטהור נטל שרץ בידים וזרקו עליה לטמאו ודאי להחזיק דבריו. וטיהר את הטמא נטל הדיין לפירות טמאים וערבן עם שאר פירות האיש השואלו והוה ליה עושה מעשה בידים ומזיק והכי מפרש בסנהדרין (דף לג.) בפרק אחד דיני ממונות [לעיל ק.]. **שהרי מתחייב בנפשו.** ברדיפה זו שהרי ניתן להציל בנפשו ואע"ג דכלים הללו של שאר כל אדם הן דמיתה לזה ותשלומין לזה פטור. **ורודף שהיה רודף.** אחר חבירו להורגו וזה רודף אחריו להצילו ושיבר את הכלים וכו' [סנהדרין עד:]. **חייב להעמיד לו שדה אחר.** דקסבר קרקע נגזלת וקיימא לה ברשות גזלן וקרינן ביה והשיב את הגזלה. **הרי שלך לפניך.** קסבר קרקע אינה נגזלת וכי שטפה נהר ברשותיה דמרה קמא היא קיימא. **מיעט שטרות.** שאין גופן ממון שאינן אלא לראיה שבהן [שבועות לז:]. **שאין גופן ממון.** אלא גורמין לגבות ממון [לעיל סב.].

מעשה נוסף בענין מוסר:

הַהוּא גַּבְרָא דַּהֲוָה מַפְקִיד לֵיהּ כָּסָא דְּכַסְפָּא — אדם אחד היתה מופקדת אצלו כוס של כסף. **סְלִיקוּ גַּנָּבֵי עִילָּוֵיהּ** — עלו עליו גנבים ואיימו להורגו[11], **שַׁקְלָהּ יַהֲבָהּ לְהוּ** — נטל את הכוס ונתנה להם כדי לפייסם. לאחר מכן **אָתָא לְקַמֵּיהּ דְּרַבָּה** — בא לפני רבה, **פַּטְרֵיהּ** — ופטרו רבה מלשלם עבור הכוס. **אָמַר לֵיהּ אַבַּיֵּי** לרבה: **הַאי** — הלא אדם זה **מַצִּיל עַצְמוֹ בְּמָמוֹן חֲבֵירוֹ הוּא,** והדין הוא שהמציל עצמו בממון חבירו חייב לשלם, ומדוע איפוא פטרת אותו[12]?

הגמרא מיישבת את הוראת רבה:

אֶלָּא אָמַר רַב אַשִׁי: חָזֵינַן — אנו רואים: **אִי אִינִישׁ אֲמִיד הוּא** — אם השומר הוא אדם עשיר, **אַדַּעְתָּא דִּידֵיהּ אָתוּ** — יש להניח שהגנבים באו על דעת ליטול את ממונו, ובנתינת הכוס הרי הוא מציל עצמו בממון חבירו וחייב לשלם. **וְאִי לֹא** — ואם השומר אינו אדם עשיר, כפי שהיה במקרה של רבה, **אַדַּעְתָּא דְּכַסְפָּא אָתוּ** — יש להניח שהם באו על דעת ליטול את אותה כוס של כסף, ולפיכך אין הוא נחשב מציל עצמו בממון חבירו ופטור מלשלם[13].

מעשה נוסף:

הַהוּא גַּבְרָא דַּהֲוָה מַפְקִיד גַּבֵּיהּ אַרְנְקָא דְּפִדְיוֹן שְׁבוּיִים — אדם אחד היה מופקד אצלו ארנק ובו מעות של פדיון שבויים. **סְלִיקוּ גַּנָּבֵי עִילָּוֵיהּ** — עלו עליו גנבים ואיימו להורגו, **שַׁקְלָהּ יַהֲבָהּ נִיהֲלַיְיהוּ** — נטל את הארנק ונתנו להם כדי לפייסם. לאחר מכן **אָתָא לְקַמֵּיהּ (דרבא) [דְּרַבָּה]**[14] — בא לפני רבה, **פַּטְרֵיהּ** — ופטרו רבה מלשלם. **אָמַר לֵיהּ אַבַּיֵּי** לרבה: **וְהָא** (והרי) **מַצִּיל עַצְמוֹ בְּמָמוֹן חֲבֵירוֹ הוּא,** ומדוע פטרת אותו מלשלם? **אָמַר לֵיהּ** רבה: כיון שהשתמש במעות כדי להינצל מן הגנבים **אֵין לְךָ פִּדְיוֹן שְׁבוּיִים גָּדוֹל מִזֶּה,** ומאחר שלכך יועדו המעות אין הוא חייב לשלם[15].

מעשה אחרון:

הַהוּא גַּבְרָא דְּאַקְדִּים וְאַסִּיק חֲמָרָא לְמַבָּרָא קַמֵּי דְּסָלִיקוּ אִינְשֵׁי בְּמַבָּרָא — אדם אחד הקדים והעלה את חמורו למעבורת קודם שעלו עליה אנשים, ולאחר מכן עלו עליה אנשים[16]. **בָּעֵי לְאַטְבּוּעֵי** — עמד החמור להטביע את המעבורת, **אָתָא הַהוּא גַּבְרָא** — בא אדם מסויים, **מָלַח לֵיהּ לַחֲמָרָא דְּהַהוּא גַּבְרָא וְשַׁדְיֵיהּ לְנַהֲרָא** — דחף את החמור של אותו אדם והשליכו לנהר[17], **וְ**החמור **טָבַע.** לאחר מכן **אָתָא לְקַמֵּיהּ דְּרַבָּה** — בא אותו אדם שהשליך את החמור לפני רבה, **פַּטְרֵיהּ** — ופטרו רבה מלשלם עבור החמור. **אָמַר לֵיהּ אַבַּיֵּי** לרבה: **וְהָא** (והרי) **מַצִּיל עַצְמוֹ בְּמָמוֹן חֲבֵירוֹ הוּא,** ומדוע פטרת אותו מלשלם? **אָמַר לֵיהּ** רבה: **הַאי מֵעִיקָּרָא רוֹדֵף הֲוָה** — אדם זה (בעל החמור) נחשב מתחילה כרודף אחר חבירו להורגו, ונרדף שהציל עצמו בממונו של הרודף פטור מלשלם[18].

מציינת הגמרא:

רַבָּה לְטַעְמֵיהּ — רבה הולך בזה לשיטתו, **דְּאָמַר רַבָּה** (סנהדרין עד, א): **רוֹדֵף שֶׁהָיָה רוֹדֵף אַחַר חֲבֵירוֹ לְהוֹרְגוֹ,** וְתוך כדי כך **שִׁיבֵּר אֶת הַכֵּלִים, בֵּין** אם היו הכלים **שֶׁל הַנִּרְדָּף בֵּין** אם היו **שֶׁל כָּל אָדָם** אחר, **פָּטוּר** מלשלם, **שֶׁהֲרֵי** ברדיפה זו **מִתְחַיֵּיב** הוא **בְּנַפְשׁוֹ,** לפי שמותר לכל אדם להורגו[19], ונמצא שחיוב תשלומים וחיוב מיתה באים כאחד[20]. **וְהַנִּרְדָּף** עצמו **שֶׁשִּׁיבֵּר אֶת הַכֵּלִים שֶׁל הָרוֹדֵף** כדי להציל עצמו **פָּטוּר** מלשלם, כדי **שֶׁלֹּא יְהֵא מָמוֹנוֹ** של הרודף **חָבִיב עָלָיו** יותר **מִגּוּפוֹ,** שהרי מאחר שרשאי הוא להרוג את רודפו כל שכן שרשאי הוא להציל עצמו בממונו[21]. **אֲבָל** אם שבר הנרדף כלים **שֶׁל**

הערות

11. רבינו יהונתן; עיין לעיל עמוד א הערה 17.

12. אף שאדם רשאי להציל עצמו בממון חבירו, שהרי פיקוח נפש דוחה את כל התורה כולה, מכל מקום עליו לשלם לחבירו מה שהפסידו (עיין לעיל ס, ב ותוספות שם ד"ה מהו; ראה גם לעיל עמוד א הערה 18).

13. כלומר, מאחר שהגנבים לא היו מעונינים בשומר או בממונו אין הוא נחשב מציל עצמו בממון חבירו. אדרבה! אילו היה נמנע מלתת להם את הכוס הוא היה נחשב מציל ממון חבירו בנפשו, וברור שאין הוא מחוייב לעשות זאת.

מכאן מביא רבינו חננאל ראיה לשיטתו, שאם אנסוהו לתת ממון חבירו הרי הוא פטור אף אם נשא ונתן ביד (ראה לעיל עמוד א הערה 18). שהרי במקרה זה אנסוהו הגנבים לתת להם את הכוס, ואף על פי כן פטרו רבה מלשלם. ויש אומרים שדוקא בשומר פטר רבה, משום שהמפקיד חפץ ביד שומר עושה זאת על דעת שאם יבואו גנבים ליטלו יהיה הלה רשאי להציל בו את עצמו (תוספות ד"ה ואי; מלחמת ה'; רא"ש בפירושו הראשון; מרדכי קפז). ויש שתירצו שמאחר שהגנבים ידעו שהכוס נמצאת בביתו, והיה בידם לחפש אחריה ולמוצאה, הרי הוא כנותן להם דבר שכבר ברשותם שהוא פטור, וכפי שאמר רב אשי לעיל (עמוד א): "היכא דאוקמיה עילויה מעיקרא מקלי קלייה" (רשב"א לעיל עמוד א; רבינו יהונתן; בעל המאור; רא"ש בפירושו השני; אמנם עיין מלחמת ה'; ראה גם מרומי שדה).

14. על פי הגהות הב"ח.

15. מזה שהגמרא אינה מתרצת שהשומר לא היה עשיר, כפי שתירצה לעיל, משמע שהוא אכן היה עשיר. ואף שמעות של פדיון שבויים מיועדות למי שאין לו במה לפדות את עצמו, מכל מקום מאחר שבשעה שבאו הגנבים לא היה לו במה לפייסם נחשב הוא עני באותה שעה (תוספות ד"ה אין; עיין פאה ה, ד; ראה גם פני יהושע; ים של שלמה נא; חזון איש טז, כה).

מעות אלו לא היו מיועדות עבור שבוי מסויים, שאם לא כן אסור היה לשומר לפדות עצמו בהן (רשב"א על פי שקלים ב, ה; ראה גם רמב"ם הלכות שאלה ופקדון ה, א; שלחן ערוך חושן משפט רצב, ט). אמנם יש לעיין מדוע הוצרך רבה לפוטרו משום ש"אין לך פדיון שבויים גדול מזה", הלא הגמרא לעיל (צג, א) ממעטת צדקה מחיובי שמירה! ויש לומר שהמיעוט מתיחס לצדקה שהופקדה אצלו על מנת שיחלקה לעניים, שמאחר שאמר לו המפקיד לחלקה שוב אין היא שייכת לו, אולם אם הופקדה אצלו על מנת שישמרנה ויחזירנה למפקיד חייב הוא להחזירה אלא אם כן קיים את המצוה בעצמו (נמוקי יוסף בשם רא"ש; ראה גם רש"י לעיל צג, א ד"ה לשמור ולא לאבד; רבינו יהונתן ומאירי שם; רמ"א חושן משפט שא, ו; אמנם עיין ראב"ן לעיל שם). ויש מתרצים שאף על פי שצדקה נתמעטה מחיובי שמירה, מכל מקום אם הזיק אותה בידים חייב לשלם (תלמיד הרשב"א והרא"ש; ראה גם מחנה אפרים הלכות שומרים טז; לתירוץ נוסף עיין מנחת חינוך כז, ט).

16. אותה מעבורת לא היתה מיועדת לנשיאת בעלי חיים, וכדי שלא יעכבוהו הקדים אותו אדם והעלה את חמורו קודם שעלו עליה אנשים אחרים.

פירשנו את הגמרא על פי הגירסא שלפנינו. אמנם גירסת הרא"ש, וכפי הנראה גם גירסת רש"י (ד"ה אסיק חמריה), היא: "ההוא גברא דבהדי דהוו סלקי אינשי למברא אייתי איהו חמרא", ולפי גירסא זו משמע שבשעה שהכניס את החמור למעבורת כבר היו בה אנשים (ראה גם רש"י על הרי"ף; לגירסא דומה ראה אילפס ישן, מובא בהגהות הב"ח על הרי"ף, א; ועיין להלן הערה 18).

17. רש"י. פירוש אחר: "מלח" הוא המשיט את הספינה (ראה יונה א, ה), וכשראה שהחמור עומד להטביע את הספינה התחיל לחתור בחוזקה כדי להצילה, ומתוך כך נפל החמור לנהר (רש"י בפירושו השני, כפי שביארו ים של שלמה נב).

18. כל העושה מעשה המסכן את חיי חבירו נחשב "רודף", ומותר לכל אדם להורגו או לאבד את ממונו כדי להציל את הנרדף. במקרה זה בעל החמור סיכן את שאר הנוסעים, ומאחר שנחשב הוא רודף התיר רבה לאבד את ממונו כדי להצילם. ודוקא אם מתחילה היה ברור שהכנסת החמור למעבורת מסכנת את שאר הנוסעים, כגון במעבורת קטנה שאינה מיועדת לנשיאת בעלי חיים, אולם אם היתה מעבורת גדולה שרגילים להכניס בה בעלי חיים, ולאחר שהכניסו התחיל החמור לקפוץ ולדלג, אין בעליו נחשב רודף, והמשליך את החמור לנהר חייב לשלם (מרדכי קצג; עיין בית יוסף חושן משפט שפ ודרכי משה שם, ג; ראה גם רמב"ם וראב"ד הלכות חובל ומזיק ח, טו; ים של שלמה, נב; ביאור הגר"א חושן משפט שפ, ו).

לפי הגירסא שלפנינו בעל החמור נחשב רודף אף אם הכניסו למעבורת קודם שהיו בה אנשים. אמנם לפי גירסת רש"י והרא"ש (הובאה לעיל הערה 16) יתכן שאין הוא נחשב רודף אלא אם כן בשעה שהכניסו למעבורת כבר היו בה אנשים (לנדון בענין זה עיין אבן האזל הלכות חובל ומזיק ח, טו).

19. הרודף אחר חבירו להורגו מתחייב בנפשו אף על פי שאינו הורגו, וכפי ששנינו בסנהדרין (עג, א): "ואלו שמצילין אותן בנפשן הרודף אחר חבירו להורגו" (רש"י).

20. רש"י. כל המתחייב מיתה וממון במעשה אחד או ברגע אחד נפטר מן התשלומים משום "קם ליה בדרבה מיניה" (ראה לעיל עמוד א הערה 12; לנדון בענין "קם ליה בדרבה מיניה" ברודף עיין אבן האזל הלכות רוצח ושמירת הנפש א, ט בשם הגר"ח).

21. הנרדף רשאי להרוג את רודפו, שנאמר (שמות כב, א): "אִם בַּמַּחְתֶּרֶת יִמָּצֵא הַגַּנָּב וְהֻכָּה וָמֵת אֵין לוֹ דָּמִים (כלומר, אין הריגתו נחשבת רציחה)". שמאחר שהגנב יודע שבעל הבית עלול לעמוד כנגדו הרי הוא בא על מנת להורגו, ולפיכך אמרה התורה: "אם בא להורגך השכם להורגו" (רש"י; ראה סנהדרין עב, א; עיין גם תוספות שם עד, א ד"ה שלא).

הדרא ליה עכנא א"ל עכנא עכנא פתח פומיך ויכנס הרב אצל תלמיד ולא פתח יכנס חבר אצל חבר ולא פתח יכנס תלמיד אצל הרב פתח ליה בעא רחמי ואוקמיה א"ל אי הוה ידענא דדרכיה דמר הכי לא חלשא דעתי השתא ליתי מר בהדן א"ל אי מצית למיבעי רחמי דתו לא שכיבנא אזילנא ואי לא לא אזילנא הואיל וחליף שעתא חליף תיירידה אוקמיה שייליה כל ספיקא דהוה ליה ופשטינהו ניהליה היינו [א] דאמר ר' יוחנן דילכון אמרי דילהון היא: ההוא דאחוי אמטכסא דר' אבא יתיב ר' אבהו ור' חנינא בר פפי ור' יצחק נפחא ויתיב ר' אילעא גביהו סבור לחיוביה מהא דתנן [ג] דן את הדין זיכה את החייב וחייב את הזכאי טימא את הטהור וטיהר את הטמא מה שעשה עשוי וישלם מביתו א"ל ר' אילעא הכי אמר רב והוא שנשא ונתן ביד אמרי ליה זיל לגבי דר"ש בן אליקים ורבי אלעזר בן פדת דדייני דינא דגרמי אזל לגבייהו חייביה ממתני' [ג] אם מחמת הגזלן חייב להעמיד לו שדה אחר ואוקימנא דאחוי אחווייי: ההוא גברא דהוה מפקיד ליה כסא דכספא סליקו גנבי עילויה שקלה יהבה להו אתא לקמיה דרבה פטריה א"ל אביי האי מציל עצמו בממון חבירו הוא אלא אמר רב אשי [א] חזינן אי איניש אמיד הוא אדעתא דידיה אתו ואי לא אדעתא דכספא אתו: ההוא גברא דהוה מפקיד גביה ארנקא דפדיון שבויים סליקו גנבי עילויה שקלה יהבה ניהלייהו אתא לקמיה (א) דרבא פטריה א"ל אביי והא מציל עצמו בממון חבירו הוא א"ל [ב] אין לך פדיון שבויים גדול מזה: ההוא גברא [ד] דאקדים ואסיק חמרא למברא קמי דסליקו אינשי במברא בעי לאטבועי אתא ההוא גברא מלח ליה לחמרא דההוא גברא ושדייה לנהרא וטבע אתא לקמיה דרבה [ג] פטריה אמר ליה אביי והא מציל עצמו בממון חבירו הוא א"ל האי מעיקרא רודף הוה רבה לטעמיה [ה] דאמר רבה [ד] רודף שהיה רודף אחר חבירו להורגו ושיבר את הכלים בין של נרדף בין של כל אדם פטור שהרי מתחייב בנפשו [ה] ונרדף ששיבר את הכלים של רודף פטור [ו] שלא יהא ממונו חביב עליו מגופו אבל של כל אדם חייב [ו] דאסור להציל עצמו בממון חבירו [ו] ורודף שהיה רודף אחר רודף להציל ושבר כלים בין של נרדף בין של כל אדם פטור ולא מן הדין אלא שאם אי אתה אומר כן אין לך אדם שמציל את חבירו מן הרודף: **מתני'** [ז] שטפה נהר אומר לו הרי שלך לפניך: **גמ'** [ח] ת"ר הגוזל שדה מחבירו ושטפה נהר חייב להעמיד לו שדה אחר דברי ר' אלעזר וחכ"א אומר לו הרי שלך לפניך במאי קא מיפלגי ר"א דרש ריבויי ומיעוטי [א] וכחש בעמיתו ריבוי בפקדון מיעט (ב) [ב] כל אשר ישבע עליו לשקר חזר וריבה ריבה ומיעט וריבה ריבה הכל ומאי רבי כל מילי ומאי מיעט מיעט שטרות ורבנן דרשי כללי ופרטי וכחש כלל בפקדון פרט או מכל חזר וכלל כלל ופרט וכלל אי אתה דן אלא כעין הפרט מה הפרט דבר המיטלטל וגופו ממון אף [ח] כל דבר המיטלטל וגופו ממון יצאו קרקעות שאין מטלטלין יצאו עבדים שהוקשו לקרקעות יצאו שטרות שאע"פ שמטלטלין אין גופן ממון והדתניא הגוזל את הפרה ושטפה נהר חייב להעמיד לו פרה דברי ר' אלעזר וחכמים אומרים אומר לו הרי שלך לפניך התם במאי קמיפלגי אמר רב פפא התם במאי עסקינן כגון שגזל שדה מחבירו והיתה

פרה

רש"י

הדרא ליה עכנא. נחש גדול עשה עצמו כגלגל ומקיף את פי המערה ונותן זנבו לתוך פיו ואין אדם יכול ליכנס: **פתח פיך.** הרחיבי פתחיך להסיר זנביך מפיך ועשה פתח ליכנס: **אי מצית למבעי רחמי דתו לא שכיבנא.** אי אקשינא לך אזלינא בהדך ואעמוד אלך בבית המדרש: **ואי לא הואיל וחליף שעתא.** ואתרחיש ניסא חליף ולא אלך עוד עמך שמא תכעוס עלי ואמות עוד פעם אחרת אלא אלך לביתי חי ולא אעמוד עוד אלך פן אמות פעם אחרת ואית דמפרש הואיל וחליף שעתא וקבלתי צער מיתה לא אקבל עוד פעם אחרת אילך מכאן ובפסחים (דף מט.) מוכח שהלך לביתו דאמר רב כהנא אי לאו דנסיבנא כהנתא לאו אנא גלאי אמרי ליה והא למקום תורה גלית א"ל לאו אנא גלאי כדגלו שאר אינשי שהרי לא בעבור מקום תורה גליתי אלא מאימת מלכות ברחתי אלמא בתר הכי חי הוה ועוד אמרי' בברכות ירושלמי **א]** דפגע ביה ההוא גברא אמר ליה מאי עביד בשמיא כלומר שליגע עליו שהיה מת וחיה א"ל גזר דיניה דההוא גברא מחתם ומת ההוא גברא פגע ביה אחרינא אמר ליה הכי נמי ומית אתי לקמיה דר' יוחנן אמר ליה בר איניש דאמיה מבסרא ליה ואנתתיה דאבוה מיקרא כו': **תיירידה.** הקילו משנתו: **א"ל דילכון אמרי.** שלכם הייתי אומר תורה של בני א"י היא: **דילהון היא.** של בני בבל: **מטכסא.** תכשיט משי: **וישלם מביתו.** דאדבורא בעלמא חייב: **שנשא ונתן ביד.** ובכולם מפרש שנשא ונתן ביד באחד דיני ממונות בסנהדרין [ט]: **אמיד.** עשיר: **אסיק חמריה למברא.** מכניס חמורו לספינה מעבר הנהר והיו בה אנשים: **בעא.** חמרא לטבועי מעברא: **מלח ליה.** דחפו לחמור והשליכו למים לשון אחר מלח ליה כמו המלחים (יונה א) התחיל המלח להציל הספינה ודחפו והשליכו: **[האין].** בעל החמור רודף הוא להרוג נפשות: **ושיבר את הכלים.** בין של נרדף בין של כל אדם פטור מלשלם שהרי מתחייב בנפשו הוא ברדיפה זו ואפילו אין הורגו דתנן בפרק בן סורר ומורה ואלו ניתנו להציל בנפשו הרודף אחר חבירו להרגו ונמלא תשלומין וחיוב מיתה באין כאחד: **מגופו.** שהרי נרדף זה רשאי להרוג את רודפו שנאמר (שמות כב) אם במחתרת ימצא הגנב התורה אמרה אם בא להרגך השכם להרגו: **ולא מן הדין.** שהרי המציל עצמו בממון חבירו חייב כ"ש מציל אחרים בממון חבירו: **שטפה נהר.** שהיתה על שפת הנהר והגביה שפתו והמים שוחקים וכורין תחת השפה ומתפשט בתוך השדה: **רבי כל מילי.** ואפילו קרקעות לשבועה ולהשבון: **מיעט שטרות.** שאין גופן ממון דיהיב ליה ניירא בעלמא:

פרה

תוספות

דילכון אמרי דילהון היא. פי' הקונטרס התורה היא של בני בבל וקשה בפרק לולב וערבה (סוכה דף מד. ושם ד"ה והא) גבי הא דקאמר ערבה יסוד נביאים היא ושכחום וחזרו ויסדום ופריך מי א"ר יוחנן הכי והא"ר יוחנן דילכון אמרי דילהון הוא ופירש בקונטרס אלמא לא שכחוה בגולה ומאי פירכא היא וכי מפני שהיו בעלי תורה אין יכול להיות ששכחו תורת ערבה ועוד בכמה דוכתין אמר שכחום וחזרו ויסדום ולא פריך עלה הכי ואור"ת כפר"ח שלתלמידיו מבבל שהיו בפניו היה מדבר וה"ק דילכון אמרי רב כהנא שהיה שלכם אמר שערבה דילהון הוא כלומר מנהג של נביאים ופריך אמאי דקאמר התם לעיל תסתיים דרבי יוחנן דאמר יסוד נביאים היא והאמר ר' יוחנן דילכון אמרי דילהון הוא ולשון דילהון משמע ליה מנהג נביאים ולא יסוד נביאים וכן צ"ל בהמגרש (גיטין פד: ושם ד"ה ר"י) גבי ההיא דא"ר יוחנן דילכון אמר הואיל וקנאתו להתגרש בו שלתלמידיו מבבל היה אומר כן על רב כהנא ובקונט' פי' שם דלחזקיה רבו שהיה חולק שם עליו היה אומר כן ואין נראה [לומר] שבשעה שלמד רב כהנא לפני ר' יוחנן היה רבי יוחנן ראש ישיבה בעוד שרבו חזקיה היה בחיים: [ועיין תוספות מנחות כג: ד"ה כי]:

ואי לאו אדעתא דכספא אתו. ואע"ג דאמר לעיל נשא ונתן ביד חייב אור"י דשאני שומר שלדעת כן הפקידוהו שיציל עצמו בו אם יבואו עליו אדעתא דכספא דכספא:

אין לך פדיון שבויים גדול מזה. אע"ג דמשמע דהוי אמיד מדלא מפליג כדמפליג לעיל מ"מ הואיל ולא היה לו באותה שעה מה ליתן להם חשיב פדיון שבויים:

והלה

עין משפט נר מצוה

קט א מיי' פ"ה מהל' שאלה ופקדון הל' ג סמג עשין פח טוש"ע ח"מ סי' רצב סעיף ח:

קי ב מיי' שם הלכה א סמג שם טוש"ע שם סעי' ט וסי' שא סעי' ז:

קיא ג מיי' פ"ח מהל' חובל ומזיק הל' טו ועיין בהשגות ובמ"מ סמג עשין ע טוש"ע ח"מ סי' שפ סעי' ד ודהג"ה:

קיב ד ה ו מיי' שם הלכה יב הל' יג הל' יד טוש"ע שם סעי' ג:

קיג ז מיי' פ"ט מהל' גזילה ואבידה הל' א ועיין שם טוש"ע ח"מ סי' שעא סעי' ב:

קיד ח מיי' פ"ז מהל' שבועות הל' ד ופ"ה מהל' טוען ונטען הל' א סמג לאוין רמח ועשין לה טוש"ע ח"מ סי' צה סעי' א:

הגהות הב"ח

(א) גמ' דפדיון שבוים וכו' לקמיה דרבה פטריה: (ב) שם בפקדון מיעט או מכל אשר ישבע:

הגהות מהר"ב רנשבורג

א] רש"י ואי לא כו' בברכות ירושלמי. נ"ב פ"ב הלכה ח יעו"ש:

תורה אור השלם

א) נֶפֶשׁ כִּי תֶחֱטָא וּמָעֲלָה מַעַל בַּיְיָ וְכִחֵשׁ בַּעֲמִיתוֹ בְּפִקָּדוֹן אוֹ בִתְשׂוּמֶת יָד אוֹ בְגָזֵל אוֹ עָשַׁק אֶת עֲמִיתוֹ: [ויקרא ה, כא]

ב) אוֹ מִכֹּל אֲשֶׁר יִשָּׁבַע עָלָיו לַשֶּׁקֶר וְשִׁלַּם אֹתוֹ בְּרֹאשׁוֹ וַחֲמִשִׁתָיו יֹסֵף עָלָיו לַאֲשֶׁר הוּא לוֹ יִתְּנֶנּוּ בְּיוֹם אַשְׁמָתוֹ: [ויקרא ה, כד]

מסורת הש"ס

א) סוכה מד., ב) לעיל ק. סנהדרין ו. לג. בכורות כח:, ג) [לעיל קטז:], ד) [עיין ברא"ש גרס' אחרת], ה) סנהדרין עד. [וע' תוס' כתובות ל: ד"ה רב אשי], ו) [לקמן קיט.], ז) [לעיל ס:], ח) שבועות לז: [ע"ש], ט) דף לג ע"א.

ליקוטי רש"י

עכנא. נחש. **דהדרא ליה.** למערה הקיפה את המערה כעין גלגל וזנבה אצל פיה [ב"מ פד:]. **דילכון אמרי דילהון היא.** רב כהנא היה מתלמידי רב והיה חריף מאד וברח לא"י לפני ר' יוחנן מחמת מרדין [שהרג לאדם אחד] כדאמרינן בפרק בתרא דב"ק והוצרך לו ר' יוחנן לכמה ספיקות והיה אומר ר' יוחנן לבני א"י סבור הייתי שתורה שלכם שלא גליתם מארצכם ולא היה לכם טירוף הדעת אבל ראיתי שהיא של בני בבל שאע"פ שגלו עמדה להם חכמת החרש והמסגר שגלו עם יכניה כדכתיב (מ"ב כד) הכל גבורים עושי מלחמה ותניא בסדר עולם וכי מה גבורה עושין בני אדם הנתונים בשלשלאות של ברזל אלא שגבורים היו במלחמתה של תורה [סוכה מד.]. **והוא שנשא ונתן ביד.** שנטל הוא המעות ממנו בידו ופרעו לבעל דין [בכורות כח:]. וזיכה את החייב שהיה לו משכון למלוה ממנו ונטל דיין למשכון והחזירו ללוה. וחייב את הזכאי נטל ביד ממון מן הנתבע ושילם לתובע. וטימא את הטהור נטל שרץ בידים וזרקו עליה לטמאו ודאי להחזיק דבריו. וטיהר את הטמא נטל הדיין לפירות טמאים וערבן עם שאר פירות האיש השואלו והוה ליה עושה מעשה בידים ומזיק והכי מפרש בסנהדרין (דף לג.) בפרק אחד דיני ממונות [לעיל ק.]. **שהרי מתחייב בנפשו.** ברדיפה זו שהרי ניתן להציל בנפשו ואע"ג דכלים הללו של שאר כל אדם הן דמיתה לזה ותשלומין לזה פטור. **ורודף שהיה רודף.** אחר חבירו להורגו וזה רודף אחריו להצילו ושיבר את הכלים וכו' [סנהדרין עד:]. **חייב להעמיד לו שדה אחר.** דקסבר קרקע נגזלת וקיימא לה ברשות גזלן וקרינן ביה והשיב את הגזלה. **הרי שלך לפניך.** קסבר קרקע אינה נגזלת וכי שטפה נהר ברשותיה דמרא קמא היא קיימא. **מיעט שטרות.** שאין גופן ממון שאינן אלא לראיה שבהן [שבועות לז:]. **שאין גופן ממון.** אלא גורמין לגבות ממון [לעיל סב.].

כָּל אָדָם אחר[22] **חַיָּיב** לשלם, משום **דְּאָסוּר לְהַצִּיל עַצְמוֹ בְּמָמוֹן חֲבֵירוֹ**[23]. **וְרוֹדֵף שֶׁהָיָה רוֹדֵף אַחַר רוֹדֵף** כדי **לְהַצִּיל** את חבירו, **וְ**תוך כדי כך **שִׁבֵּר** את **הַכֵּלִים, בֵּין** אם היו הכלים **שֶׁל הַנִּרְדָּף** (היינו, של הרודף הראשון) **בֵּין** אם היו **שֶׁל כָּל אָדָם** אחר, **פָּטוּר** מלשלם. **וְלֹא מִן הַדִּין** הוא פטור, שהרי המציל עצמו בממון חבירו חייב לשלם וכל שכן המציל אחרים בממון חבירו[24], **אֶלָּא** הטעם שפטור הוא משום **שֶׁאִם אִי אַתָּה אוֹמֵר כֵּן**, כלומר, אם תחייבו לשלם, **אֵין לְךָ אָדָם שֶׁמַּצִּיל אֶת חֲבֵירוֹ מִן הָרוֹדֵף**, לפי שכל אחד יחשוש שמא תוך כדי רדיפתו ישבור כלים ויתחייב בדמיהם, ולפיכך פטרוהו חכמים מלשלם. הרי שרבה פוטר את הנרדף מלשלם על היזק ממונו של הרודף, ומטעם זה פטר גם את אותו אדם שהשליך את החמור לנהר.

משנה המשנה ממשיכה לדון בענין גוזל שדה:

הגוזל שדה מחבירו[25] ולאחר מכן **שְׁטָפָהּ נָהָר** ונתקלקלה[26], **אוֹמֵר לוֹ** הגוזל לבעלים: "**הֲרֵי** השדה **שֶׁלְּךָ לְפָנֶיךָ**, טול אותה כמות שהיא כאילו לא נגולה[27]". שמאחר שקרקע אינה נגזלת הרי היא עומדת ברשות בעליה, ואין הגזלן חייב באחריותה[28].

גמרא הגמרא מציגה מחלוקת תנאים בענין גזילת קרקע:

תָּנוּ רַבָּנָן: הַגּוֹזֵל שָׂדֶה מֵחֲבֵירוֹ ולאחר מכן **שְׁטָפָהּ נָהָר** ונתקלקלה, **חַיָּיב לְהַעֲמִיד לוֹ** (לבעלים) **שָׂדֶה אַחֵר**, לפי שהשדה עומדת ברשותו וחייב באחריותה, **דִּבְרֵי רַבִּי (אלעזר) [אֱלִיעֶזֶר]**[29]. **וַחֲכָמִים אוֹמְרִים**: הגזלן **אוֹמֵר לוֹ** לבעלים: "**הֲרֵי** השדה **שֶׁלְּךָ לְפָנֶיךָ**, טול אותה כמות שהיא", לפי שקרקע אינה נגזלת ואין הגזלן חייב באחריותה.

הגמרא מבארת את יסוד המחלוקת:

בְּמַאי קָא מִיפַּלְגֵי — במה נחלקו רבי אליעזר וחכמים? **רַבִּי אֱלִיעֶזֶר דָּרֵשׁ רִיבּוּיֵי וּמִיעוּטֵי** — דורש את פסוקי התורה במידה של "ריבוי ומיעוט"[30], ועל כן הוא דורש כך: כשנאמר תחילה לענין גזילה ושבועת הפקדון (ויקרא ה, כא)[31]: "**וְכִחֵשׁ בַּעֲמִיתוֹ**" הרי זה **רִיבּוּי**, שלשון זו משמעה שדין גזילה נוהג בכל דבר שאדם כופר בו. וכשנאמר בהמשך (שם): "**בְּפִקָּדוֹן** אוֹ בִתְשׂוּמֶת יָד..." **מִיעֵט** הכתוב שדין גזילה אינו נוהג אלא בדברים מסויימים[32]. וכשמסיים הכתוב (שם, כד): "**[אוֹ מִ]כֹּל**[33] **אֲשֶׁר יִשָּׁבַע עָלָיו לַשֶּׁקֶר**" **חָזַר וְרִיבָּה** שדין גזילה נוהג בכל דבר. וכאשר דורשים "ריבוי ומיעוט" הכלל הוא: **רִיבָּה וּמִיעֵט וְרִיבָּה** הרי זה **רִיבָּה הַכֹּל**, אפילו דברים שאינם דומים לפרט, מלבד דבר אחד שאינו דומה לו כלל. **וּמַאי רַבֵּי** — ומה ריבה הכתוב בפרשה זו? **רַבֵּי כָּל מִילֵּי** — ריבה כל דבר, ואפילו קרקעות, לדין שבועת הפקדון ולהשבת הגזילה[34]. **וּמַאי מִיעֵט** — ומה מיעט הכתוב[35]? **מִיעֵט שְׁטָרוֹת** לפי שאין גופם ממון, דהיינו שהנייר שעליו כתוב השטר אינו שוה כלום מצד עצמו אלא מחמת הראיה שבו[36]. ומאחר שדין גזילה נוהג אף בקרקע חייב הגזלן באחריותה, ואין הוא

הערות

22. כגון, שעמדו הכלים בדרכו ולא היתה לו ברירה אלא לשברם.

23. אין הכוונה שאסור לעשות כן, שהרי פיקוח נפש דוחה את כל התורה כולה, אלא שאם עשה כן חייב לשלם (ראה לעיל הערה 12).

24. רש"י. פיסקה זו מתייחסת לכלים של אדם אחר, אולם על כלים של הרודף פטור הוא מן הדין, שהרי מאחר שרשאי להורגו כל שכן שרשאי הוא לאבד את ממונו (עיין רבינו יהונתן; ראה גם שו"ת מקור ברוך, מא; אמנם עיין גידולי שמואל).

25. עיין לעיל קטז, ב הערה 33.

26. השדה היתה על שפת הנהר אלא שהגביה את שפתו, והמים שחקו את השפה והתפשטו לתוך השדה (רש"י; ראה תוספות חדשים ולחם אבירים).

27. רא"ש לעיל קטז, ב; עיין ש"ך חושן משפט שפו, יג.

28. כלומר, מאחר שהגזלן אינו חייב בהשבת השדה ואין לו בה קנייני גזילה, נמצא שכאשר שטפה נהר היא היתה ברשות בעליה, ולפיכך אין הגזלן חייב באחריותה (ראה רש"י שבועות לז, ב ד"ה הרי שלך לפניך). אמנם אם הגזלן עצמו הזיק את השדה (כגון שחפר בה בורות שיחין ומערות) חייב הוא להעמיד לבעלים שדה אחרת או לשלם לו את הפסדו (ראה רמב"ם הלכות גזילה ואבידה ט, א; טור ושלחן ערוך חושן משפט שעא, ב). כמו כן, אם השתמש בשדה (כגון שאכל פירות) עליו לשלם לבעלים מה שנהנה (טור ורמ"א שם).

יש אומרים שאף על פי שאין לגזלן קנייני גזילה בקרקע מכל מקום עובר הוא ב"לא תגזול" (ראה רש"י דברים יט, יד על פי ספרי; רמב"ם הלכות גניבה ז, יא וספר המצוות עשין רמו). ויש אומרים שמאחר שהקרקע עומדת במקומה אין זה נחשב כלל מעשה גזילה, ולפיכך אין הגזלן עובר על איסור (תוספות בבא מציעא סא, א ד"ה אלא; ראה גם שו"ת הרא"ש צה, א).

29. על פי דקדוקי סופרים; ראה גם שבועות לז, ב.

רבי אליעזר סובר שקרקע נגזלת, ומאחר שעומדת היא ברשות הגזלן חייב הוא להשיבה לבעליה, ואם נתקלקלה חייב באחריותה (רש"י שבועות לז, ב ד"ה חייב להעמיד לו).

30. לפעמים התורה כותבת דין מסויים בלשון כללית ולאחר מכן היא מזכירה פרט מסויים, ובכמה מקומות בש"ס נחלקו תנאים אם דורשים זאת במדה של "כלל ופרט" או במדה של "ריבוי ומיעוט" (עיין סנהדרין מה, ב; שבועות ד, ב; נזיר לד, ב — לה, א; קידושין כא, ב). הדורשים "כלל ופרט" סוברים שהפרט מפרש את הכלל ומגביל אותו לאותו מקרה בלבד, ואפילו דברים הדומים לפרט אינם נדונים כמותו. [ולפי דעה זו שנינו בברייתא של רבי ישמעאל (בהקדמה לתורת כהנים): "כלל ופרט — אין בכלל אלא מה שבפרט".] לעומת זאת, הדורשים "ריבוי ומיעוט" סוברים שהפרט אינו מפרש את הכלל, אלא מאחר שהכלל הראשון ריבה הכל בא הפרט למעט דברים שאינם דומים לו.

מחלוקת זו נוגעת גם למקרה שחזרה התורה וכתבה לבסוף את הדין בלשון כללית. לדעת הדורשים "כלל ופרט" די אם נאמר שהכלל האחרון מרבה דברים הדומים לפרט שלא נתרבו מתחילה [ולפי דעה זו שנינו בברייתא של רבי ישמעאל: "כלל ופרט וכלל — אי אתה דן אלא כעין הפרט"]. אולם לדעת הדורשים "ריבוי ומיעוט" בהכרח שהכלל האחרון מרבה גם דברים שאינם דומים לפרט, שהרי דברים הדומים לו לא נתמעטו כלל, ולדבריהם אין הפרט ממעט אלא דבר אחד שאינו דומה לו כלל (ראה רש"י סוכה נ, ב ד"ה והכא במילף, שבועות ד, ב ד"ה דדריש, חולין סז, א ד"ה במים; מאירי סנהדרין מו, א). הגמרא תבאר כעת שמחלוקתם של רבי אליעזר וחכמים תלויה בנדון זה.

31. הגמרא תדרוש כעת את הפסוקים העוסקים בגזלן שכפר בממון חבירו ונשבע לשקר, וכך נאמר שם (ויקרא ה, כא-כד): "נֶפֶשׁ כִּי תֶחֱטָא וּמָעֲלָה מַעַל בַּה' וְכִחֵשׁ בַּעֲמִיתוֹ בְּפִקָּדוֹן אוֹ בִתְשׂוּמֶת יָד אוֹ בְגָזֵל אוֹ עָשַׁק אֶת עֲמִיתוֹ אוֹ מָצָא אֲבֵדָה וְכִחֶשׁ בָּהּ וְנִשְׁבַּע עַל שָׁקֶר... וְהָיָה כִּי יֶחֱטָא וְאָשֵׁם וְהֵשִׁיב אֶת הַגְּזֵלָה אֲשֶׁר גָּזָל אוֹ אֶת הָעֹשֶׁק אֲשֶׁר עָשָׁק אוֹ אֶת הַפִּקָּדוֹן אֲשֶׁר הָפְקַד אִתּוֹ אוֹ אֶת הָאֲבֵדָה אֲשֶׁר מָצָא אוֹ מִכֹּל אֲשֶׁר יִשָּׁבַע עָלָיו לַשֶּׁקֶר...". מפרשה זו לומדים אנו את דיני שבועת הפיקדון וכן את החיוב להשיב את הגזילה.

32. התורה מפרטת חמשה מקרים שבהם נוהג דין שבועת הפיקדון והשבת הגזילה: פיקדון, הלואה, גזל, שכר שכיר (ראה רש"י על הפסוק) ואבידה. אף שהתורה אינה מפרטת באלו חפצים מדובר הדבר מתברר מתוך הפסוקים: לגבי פיקדון נאמר (שמות כב, ו): "כֶּסֶף אוֹ כֵלִים", וכן (שם ט): "חֲמוֹר אוֹ שׁוֹר אוֹ שֶׂה וְכָל בְּהֵמָה". לגבי גניבה נאמר (שם, ח): "עַל שׁוֹר עַל חֲמוֹר עַל שֶׂה עַל שַׂלְמָה". לגבי אבידה נאמר (דברים כב, א): "אֶת שׁוֹר אָחִיךָ אוֹ אֶת שֵׂיוֹ", וכן (שם ג): "וְכֵן תַּעֲשֶׂה לַחֲמֹרוֹ וְכֵן תַּעֲשֶׂה לְשִׂמְלָתוֹ". לגבי הלואה ושכר שכיר אין צריך פסוק שהרי ברור שמדובר בחיוב ממון. ומאחר שבכל חמשת המקרים מדובר בכסף, בכלים או בבהמה מחשיבה זאת הגמרא כהגבלה בכלל שנאמר בתחילת הפסוק (אולם עיין חידושי רבי משה קזיס).

33. על פי הגהות הב"ח ודקדוקי סופרים.

34. רש"י; ראה לעיל הערה 31.

35. כלומר, מהו הדבר השונה ביותר מהפרט שאליו מתייחס המיעוט (ראה לעיל הערה 30).

36. רש"י; ראה גם רש"י שבועות לז, ב ד"ה מיעט שטרות.

יש לעיין מדוע הוצרך הפסוק למעט שטרות? הלא אפילו השורף שטרותיו של חבירו פטור משום שאין זה אלא "גרמי" (עיין לעיל צח, א-ב), וכיצד יעלה על הדעת שאם גזל שטרות ונתקלקלו יהיה חייב באחריותם? ויש לומר שדין גזלן חלוק מדין מזיק. שחיובו של מזיק הוא משום הפסד הבעלים, ומאחר שאם לבסוף הלוה ישלם לא יפסיד בעל השטר כלום, נמצא ששריפת השטר אינה אלא "גרמי". אולם בגזילה החיוב הוא על נטילת ממון חבירו, ומאחר שנטל שטר השווה ממון היה מקום לומר שאם נתקלקל יהיה חייב באחריותו (תוספות שבועות לז, ב ד"ה מיעט בתירוצו

הדרא ליה עכנא א"ל עכנא עכנא פתח פומיך ויכנס הרב אצל תלמיד ולא פתח יכנס חבר אצל חבר ולא פתח יכנס תלמיד אצל הרב פתח ליה בעא רחמי ואוקמיה א"ל אי הוה ידענא דדרכיה דמר הכי לא חלשא דעתי השתא ליתי מר בהדן א"ל אי מצית למיבעי רחמי דתו לא שכיבנא אזילנא ואי לא לא אזילנא הואיל וחליף שעתא חליף תייריה אוקמיה שייליה כל ספיקא דהוה ליה ופשטינהו ניהליה היינו [א] דאמר ר' יוחנן דילכון אמרי דילהון היא: ההוא דאחוי אמטכסא דר' אבא יתיב ר' אבהו ור' חנינא בר פפי ור' יצחק נפחא ויתיב ר' אילעא גבייהו סבור לחוביה מהא דתנן [ג] דן את הדין זיכה את החייב וחייב את הזכאי טימא את הטהור וטיהר את הטמא מה שעשה עשוי וישלם מביתו א"ל ר' אילעא הכי אמר רב והוא שנשא ונתן ביד אמרי ליה זיל לגבי דר"ש בן אליקים ורבי אלעזר בן פדת דדייני דינא דגרמי אזל לגבייהו חייבי' ממתני' [ג] אם מחמת הגזלן חייב להעמיד לו שדה אחר ואוקימנא דאחוי אחוויי: ההוא גברא דהוה מפקיד ליה כסא דכספא סליקו גנבי עילויה שקלה יהבה להו אתא לקמיה דרבה פטריה א"ל אביי האי מציל עצמו בממון חבירו הוא אלא אמר רב אשי [א] חזינן אי איניש אמיד הוא אדעתא דידיה אתו ואי לא אדעתא דכספא אתו: ההוא גברא דהוה מפקיד גביה ארנקא דפדיון שבויים סליקו גנבי עילויה שקלה יהבה ניהלייהו אתא לקמיה (א) דרבא פטריה א"ל אביי והא מציל עצמו בממון חבירו הוא א"ל [ב] אין לך פדיון שבויים גדול מזה: ההוא גברא [ד] דאקדים ואסיק חמרא למברא קמי דסליקו אינשי במברא בעי לאטבועי אתא ההוא גברא מלח ליה לחמרא דההוא גברא ושדייה לנהרא וטבע אתא לקמיה דרבה [ג] פטריה אמר ליה אביי והא מציל עצמו בממון חבירו הוא א"ל האי מעיקרא רודף הוה רבה לטעמיה [ה] דאמר רבה [ד] רודף שהיה רודף אחר חבירו להורגו ושיבר את הכלים בין של נרדף בין של כל אדם פטור שהרי מתחייב בנפשו [ה] ונרדף ששיבר את הכלים של רודף פטור [ו] שלא יהא ממונו חביב עליו מגופו אבל של כל אדם חייב [ז] דאסור להציל עצמו בממון חבירו [ו] ורודף שהיה רודף אחר רודף להציל ושבר כלים בין של נרדף בין של כל אדם פטור ולא מן הדין אלא שאם אי אתה אומר כן אין לך אדם שמציל את חבירו מן הרודף: **מתני'** [ז] שטפה נהר אומר לו הרי שלך לפניך: **גמ'** [ח] ת"ר הגוזל שדה מחבירו ושטפה נהר חייב להעמיד לו שדה אחר דברי ר' אלעזר וחכ"א אומר לו הרי שלך לפניך במאי קא מיפלגי ר"א דרש ריבויי ומיעוטי [א] וכחש בעמיתו ריבוי בפקדון מיעט (ב) [ב] כל אשר ישבע עליו לשקר חזר וריבה ריבה ומיעט וריבה ריבה הכל ומאי רבי כל מילי ומאי מיעט מיעט שטרות ורבנן דרשי כללי ופרטי וכחש כלל בפקדון פרט או מכל חזר וכלל כלל ופרט וכלל אי אתה דן אלא כעין הפרט מה הפרט דבר המיטלטל וגופו ממון אף [ח] כל דבר המיטלטל וגופו ממון יצאו קרקעות שאין מטלטלין יצאו עבדים שהוקשו לקרקעות יצאו שטרות שאע"פ שמטלטלין אין גופן ממון והדתניא הגוזל את הפרה ושטפה נהר חייב להעמיד לו פרה דברי ר' אלעזר וחכמים אומרים אומר לו הרי שלך לפניך התם במאי קמיפלגי אמר רב פפא התם במאי עסקינן כגון שגזל שדה מחבירו והיתה

פרה

הדרא ליה עכנא. נחש גדול עשה עצמו כגלגל ומקיף את פי המערה ונותן זנבו לתוך פיו ואין אדם יכול ליכנס: **פתח פיך.** הרחיבי פתחיך להסיר זנביך מפיך ועשה פתח ליכנס: **אי מצית למבעי רחמי דתו לא שכיבנא.** אי אקשינא לך אזלינא בהדך ואעמוד אלך בבית המדרש: **ואי לא הואיל וחליף שעתא.** ואתרחיש ניסא חליף ולא אלך עוד עמך שמא תכעוס עלי ואמות עוד פעם אחרת אלא אלך לביתי חי ולא אעמוד עוד אלך פן אמות פעם אחרת ואית דמפרש הואיל וחליף שעתא וקבלתי צער מיתה לא אקבל עוד פעם אחרת לילך מכאן ובפסחים (דף מט.) מוכח שהלך לביתו דאמר רב כהנא אי לאו דנסיבנא כהנתא לאו אנא גלאי אמרי ליה והא למקום תורה גלית א"ל לאו אנא גלאי כדגלו שאר אינשי שהרי לא בעבור מקום תורה גליתי אלא מאימת מלכות ברחתי אלמא בתר הכי חי הוה ועוד אמרי' בברכות ירושלמי אן דפגע ביה ההוא גברא אמר ליה מאי עביד בשמיא כלומר שליעג עליו שהיה מת וחיה א"ל גזר דיניה דההוא גברא מחתם ומת ההוא גברא פגע ביה אחרינא אמר ליה הכי נמי ומית אתי לקמיה דר' יוחנן אמר ליה בר איניש דאמיה מבסרא ליה ואנתתיה דאבוה מיקרא כו': **תייריה.** הקילו משנתו: **א"ל דילכון אמרי.** שלכם הייתי אומר תורה של בני א"י היא: **דילהון היא.** של בני בבל: **מטכסא.** תכשיט משי: **וישלם מביתו.** דאדבורא בעלמא חייב: **שנשא ונתן ביד.** ובכולם מפרש שנשא ונתן ביד באחד דיני ממונות בסנהדרין [ט]: **אמיד.** עשיר: **אסיק חמריה למברא.** מכניס חמורו לספינה מעבר הנהר והיו בה אנשים: **בעא.** חמרא לטבועי מעברא: **מלח ליה.** דחפו לחמור והשליכו למים לשון אחר מלח ליה כמו המלחים (יונה א) התחיל המלח להציל הספינה ודחפו והשליכו: **[האי].** בעל החמור רודף הוא להרוג נפשות: **ושיבר את הכלים.** בין של נרדף בין של כל אדם פטור מלשלם שהרי מתחייב בנפשו הוא ברדיפה זו ואפילו אין הורגו דתנן בפרק בן סורר ומורה ואלו ניתנו להציל בנפשו הרודף אחר חבירו להרגו ונמצא תשלומין וחיוב מיתה באין כאחד: **מגופו.** שהרי נרדף זה רשאי להרוג את רודפו שנאמר (שמות כב) אם במחתרת ימצא הגנב התורה אמרה אם בא להרגך השכם להרגו: **ולא מן הדין.** שהרי המציל עצמו בממון חבירו חייב כ"ש מציל אחרים בממון חבירו: **שטפה נהר.** שהיתה על שפת הנהר והגביה שפתו והמים שוחקים וכורין תחת השפה ומתפשט בתוך השדה: **רבי כל מילי.** ואפילו קרקעות לשבועה ולהשבון: **מיעט שטרות.** שאין גופן ממון דיהיב ליה ניירא בעלמא:

פרה

דילכון אמרי דילהון היא. פי' הקונטרס התורה היא של בני בבל וקשה בפרק לולב וערבה (סוכה דף מד. ושם ד"ה והא) גבי הא דקאמר ערבה יסוד נביאים היא ושכחום וחזרו ויסדום ופריך מי א"ר יוחנן הכי והא"ר יוחנן דילכון אמרי דילהון הוא ופירש בקונטרס אלמא לא שכחוה בגולה ומאי פירכא היא וכי מפני שהיו בעלי תורה אין יכול להיות ששכחו תורת ערבה ועוד בכמה דוכתין אמר שכחום וחזרו ויסדום ולא פריך עלה הכי ואור"ת כפר"ח שלתלמידיו מבבל שהיו בפניו היה מדבר וה"ק דילכון אמרי רב כהנא שהיה שלכם אמר שערבה דילהון הוא כלומר מנהג של נביאים ופריך אמאי דקאמר התם לעיל תסתיים דרבי יוחנן דאמר יסוד נביאים היא והאמר ר' יוחנן דילכון אמרי דילהון הוא ולשון דילהון משמע ליה מנהג נביאים ולא יסוד נביאים וכן נ"ל בהמגרש (גיטין פד: ושם ד"ה ר"י) גבי ההיא דא"ר יוחנן דילכון אמר הואיל וקנאתו להתגרש בו שלתלמידיו מבבל היה אומר כן על רב כהנא ובקונט' פי' שם לחזקיה רבו שהיה חולק שם עליו היה אומר כן ואין נראה [לומר] שבשעה שלמד רב כהנא לפני ר' יוחנן היה רבי יוחנן ראש ישיבה בעוד שרבו חזקיה היה בחיים: [ועיין תוספות מנחות כג: ד"ה כי]:

ואי לאו אדעתא דכספא אתו. ואע"ג דאמר לעיל נשא ונתן ביד חייב אור"י דשאני שומר שלדעת כן הפקידוהו שיציל עצמו בו אם יבואו עליו אדעתא דכספא דכספא:

אין לך פדיון שבויים גדול מזה. אע"ג דמשמע דהוי אמיד מלא מפליג כדמפליג לעיל מ"מ הואיל ולא היה לו באותה שעה מה ליתן להם חשיב פדיון שבויים:

והלה

מסורת הש"ס

א) סוכה מד., ב) לעיל ק. סנהדרין ו. לג. בכורות כח:, ג) [לעיל קטז:], ד) [עיין ברא"ש גרס' אחרת], ה) סנהדרין עד. [וע' תוס' כתובות ל: ד"ה רב אשי], ו) [לקמן קיט.], ז) [לעיל ס:], ח) שבועות לז: [ע"ש], ט) דף לג ע"א.

ליקוטי רש"י

עכנא. נחש. **דהדרא ליה.** למערה הקיפה את המערה כעין גלגל וזנבה אצל פיה [ב"מ פד:]. **דילכון אמרי דילהון היא.** רב כהנא היה מתלמידי רב והיה חריף מאד וברח לא"י לפני ר' יוחנן מחמת מרדין [שהרג לאדם אחד] כדאמרינן בפרק בתרא דב"ק והולך לו ר' יוחנן לכמה ספיקות והיה אומר ר' יוחנן לבני א"י סבור הייתי שתורה שלכם שלא גליתם מארצכם ולא היה לכם טירוף הדעת אבל ראיתי שהיא של בני בבל שאע"פ שגלו עמדה להם חכמת החרש והמסגר שגלו עם יכניה כדכתיב (מ"ב כד) הכל גבורים עושי מלחמה ותניא בסדר עולם וכי מה גבורה עושין בני אדם הנתונים בשלשלאות של ברזל אלא שגבורים היו במלחמתה של תורה [סוכה מד.]. **והוא שנשא ונתן ביד.** שנטל הוא המעות ממנו בידו ופרעו לבעל דין [בכורות כח:]. וזיכה את החייב שהיה לו משכון למלוה ממנו ונטל דיין למשכון והחזירו ללוה. וחייב את הזכאי נטל ביד ממון מן הנתבע ושילם לתובע. וטימא את הטהור נטל שרץ בידים וזרקו עליה לטמאו ודאי להחזיק דבריו. וטיהר את הטמא נטל הדיין לפירות טמאים וערבן עם שאר פירות האיש השואלו והוה ליה עושה מעשה בידים ומזיק והכי מפרש בסנהדרין (דף לג.) בפרק אחד דיני ממונות [לעיל ק.]. **שהרי מתחייב בנפשו.** ברדיפה זו שהרי ניתן להציל בנפשו ואע"ג דכלים הללו של שאר כל אדם הן דמיתה לזה ותשלומין לזה פטור. **ורודף שהיה רודף.** אחר חבירו להורגו וזה רודף אחריו להצילו ושיבר את הכלים וכו' [סנהדרין עד:]. **חייב להעמיד לו שדה אחר.** דקסבר קרקע נגזלת וקיימא לה ברשות גזלן וקרינן ביה והשיב את הגזלה. **הרי שלך לפניך.** קסבר קרקע אינה נגזלת וכי שטפה נהר ברשותיה דמרא קמא היא קיימא. **מיעט שטרות.** שאין גופן ממון שאינן אלא לראיה שבהן [שבועות לז:]. **שאין גופן ממון.** אלא גורמין לגבות ממון [לעיל סב.].

עין משפט נר מצוה

קט א מיי' פ"ה מהל' שאלה ופקדון הל' ב סמג עשין פח טוש"ע ח"מ סי' רלב סעיף ח:
קי ב מיי' שם הלכה א סמג שם טוש"ע שם סעי' ט וסי' שא סעי' ז:
קיא ג מיי' פ"ח מהל' חובל ומזיק הל' טו ועיין בהשגות ובמ"מ סמג עשין ע טוש"ע ח"מ סי' שפ סעי' ד ובהג"ה:
קיב ד ה ו מיי' שם הלכה יב הל' יג הל' יד טוש"ע שם סעי' ג:
קיג ז מיי' פ"ט מהל' גזילה ואבידה הל' א ועיין שם טוש"ע ח"מ סי' שעא סעי' ב:
קיד ח מיי' פ"ז מהל' שבועות הל' ד ופ"ה מהל' טוען ונטען הל' א סמג לאוין רמח ועשין לה טוש"ע ח"מ סי' לה סעי' א:

הגהות הב"ח

(א) גמ' דפדיון שבוים וכו' לקמיה דרבה פטריה: (ב) שם בפקדון מיעט או מכל אשר ישבע:

הגהות מהר"ב רנשבורג

א] רש"י ואי לא כו' בברכות ירושלמי. נ"ב פ"ב הלכה ח יעו"ש:

תורה אור השלם

א) נֶפֶשׁ כִּי תֶחֱטָא וּמָעֲלָה מַעַל בַּיְיָ וְכִחֵשׁ בַּעֲמִיתוֹ בְּפִקָּדוֹן אוֹ בִתְשׂוּמֶת יָד אוֹ בְגָזֵל אוֹ עָשַׁק אֶת עֲמִיתוֹ: [ויקרא ה, כא]

ב) אוֹ מִכֹּל אֲשֶׁר יִשָּׁבַע עָלָיו לַשֶּׁקֶר וְשִׁלַּם אֹתוֹ בְּרֹאשׁוֹ וַחֲמִשִׁתָיו יֹסֵף עָלָיו לַאֲשֶׁר הוּא לוֹ יִתְּנֶנּוּ בְּיוֹם אַשְׁמָתוֹ: [ויקרא ה, כד]

יכול לומר לבעלים "הרי שלך לפניך"[37].

הגמרא עוברת לבאר את דעת חכמים:

וְרַבָּנָן דָּרְשֵׁי כְּלָלֵי וּפְרָטֵי — וחכמים דורשים את פסוקי התורה במידה של "כלל ופרט", ועל כן הם דורשים כך: כשנאמר "**וְכִחֵשׁ** בַּעֲמִיתוֹ" הרי זה **כְּלָל**, שלשון זו משמעה שדין גזילה נוהג בכל דבר שאדם כופר בו. וכשנאמר בהמשך "**בְּפִקָּדוֹן** אוֹ בִתְשׂוּמֶת יָד..." הרי זה **פְּרָט**, שהכתוב מפרט דברים מסויימים שדין גזילה נוהג בהם[38]. וכשמסיים הכתוב: "**אוֹ מִכֹּל** אֲשֶׁר יִשָּׁבַע עָלָיו לַשֶּׁקֶר" **חָזַר וְכָלַל** שדין גזילה נוהג בכל דבר. וכאשר דורשים "כלל ופרט" הכלל הוא: **כְּלָל וּפְרָט וּכְלָל אִי אַתָּה דָּן** לרבות מהכלל **אֶלָּא כְּעֵין הַפְּרָט** — דברים הדומים לפרט[39]. ובענייננו יש לדרוש כך: **מָה הַפְּרָט** המפורש בפסוק ("בְּפִקָּדוֹן אוֹ בִתְשׂוּמֶת יָד...") הוא **דָּבָר הַמִּיטַּלְטֵל וְגוּפוֹ מָמוֹן**[40], **אַף כֹּל** — כל דבר שנתרבה מהכלל צריך להיות **דָּבָר הַמִּיטַּלְטֵל וְגוּפוֹ מָמוֹן. יָצְאוּ** מכלל זה **קַרְקָעוֹת** משום **שֶׁאֵין** הן **מִטַּלְטְלִין, יָצְאוּ עֲבָדִים** כנענים **שֶׁהוּקְשׁוּ לְקַרְקָעוֹת**[41], **וְיָצְאוּ** מכלל זה גם **שְׁטָרוֹת,** משום **שֶׁאַף עַל פִּי שֶׁהם מִטַּלְטְלִין אֵין גּוּפָן מָמוֹן,** שהרי הנייר שעליו כתוב השטר אינו שוה כלום מצד עצמו אלא מחמת הראיה שבו[42]. ומאחר שדין גזילה אינו נוהג בקרקע הרי היא עומדת ברשות בעליה, ולפיכך אם נאנסה יכול הגזלן לומר לו: "הרי שלך לפניך"[43].

הגמרא מקשה על ביאור זה במחלוקתם של רבי אליעזר וחכמים:

וְהָדְתַנְיָא — ומה ששנינו בברייתא: **הַגּוֹזֵל אֶת הַפָּרָה וּשְׁטָפָהּ נָהָר חַיָּיב לְהַעֲמִיד לוֹ** (לבעלים) **פָּרָה** אחרת, **דִּבְרֵי רַבִּי (אלעזר) [אֱלִיעֶזֶר]**[44]. **וַחֲכָמִים אוֹמְרִים:** הגזלן **אוֹמֵר לוֹ** לבעל הפרה: "**הֲרֵי שֶׁלְּךָ לְפָנֶיךָ**". **הָתָם בְּמַאי קָמִיפְלְגֵי** — שם במה נחלקו? הלא במקרה זה החפץ הגזול (הפרה) הוא מטלטלין, ואף על פי כן נחלקו רבי אליעזר וחכמים אם חייב הגזלן באחריותו, ומוכח איפוא שמחלוקתם אינה תלויה בדרשות דלעיל!

מתרצת הגמרא:

אָמַר רַב פָּפָּא: הָתָם בְּמַאי עַסְקִינָן — שם, בברייתא, במה אנו עוסקים? **כְּגוֹן שֶׁגָּזַל שָׂדֶה מֵחֲבֵירוֹ, וְהָיְתָה**

הערות

השני, כפי שביארו בחידושי הגר"ח על הש"ס, רמב; ראה גם ש"ך חושן משפט שפו, יג; אולם עיין מהרש"ל ט, יט; ראה גם מאירי שבועות שם). אך אם השטר בעין חייב הגזלן להשיבו לבעליו (ראה תוספות לעיל סב, ב ד"ה יצאו), כמו כן אם הנייר שעליו כתוב השטר הוא בעל ערך חייב הגזלן באחריותו.

37. לדיון בגדר קניני גזילה בקרקע עיין קצות החושן ערה, א וחזון איש טז, יג; ראה גם לקמן קיח, א הערה 1.

38. ראה לעיל הערה 32.

39. ראה לעיל הערה 30.

40. שהרי, כפי שנתבאר לעיל (הערה 32), הפרט כולל כסף, כלים ובהמות, שהם דברים המטלטלין וגופם ממון.

41. שנאמר לגביהם (ויקרא כה, מו): "וְהִתְנַחַלְתֶּם אֹתָם לִבְנֵיכֶם אַחֲרֵיכֶם לָרֶשֶׁת אֲחֻזָּה", הרי שהתורה השוותה אותם לשדה אחוזה (רש"י לעיל סב, ב ד"ה שהוקשו לקרקעות על פי קידושין כב, ב ומגילה כג, ב).

42. עיין לעיל הערה 36.

43. מסוגייתנו משמע שקרקע נתמעטה לגמרי מדיני גזילה. ויש אומרים שקרקע אינה נגזלת משום שאי אפשר להוציאה מרשות בעליה, אולם אם הוציאה מרשות בעליה (כגון שחפר בה בורות שיחין ומערות) הרי היא נגזלת, וחייב לשלם כפי שהיתה שוה בשעת הגזילה (עיין רבינו יהונתן ומאירי לעיל קטז, ב; רמב"ם הלכות גזילה ט, א; ראה גם תוספות סוכה לא, א ד"ה אבל; תוספות בבא מציעא סא, א ד"ה אלא עם מהרש"א; אמנם עיין פני יהושע שם).

44. על פי דקדוקי סופרים.

הַפָּרָה של חבירו **רְבוּצָה בּוֹ** והגזלן לא משכה, **ו**לאחר מכן **שְׁטָפָהּ נָהָר** (את הפרה). **דְּרַבִּי (אלעזר) [אֱלִיעֶזֶר] לְטַעְמֵיהּ** – הולך לשיטתו שקרקע נגזלת, ומאחר שקנה את השדה בקניני גזילה אף הפרה נקנית לו וחייב באחריותה, שהרי מטלטלין נקנים אגב קרקע[1]. **וְרַבָּנָן לְטַעְמַיְיהוּ** – הולכים לשיטתם שקרקע אינה נגזלת, ומאחר שלא קנה את השדה לא קנה גם את הפרה הרבוצה בה[2], ולפיכך אם נאנסה אינו חייב באחריותה.

משנה **הַגּוֹזֵל אֶת חֲבֵירוֹ אוֹ שֶׁהִלְוָה הֵימֶנּוּ אוֹ שֶׁהִפְקִיד לוֹ** חבירו חפץ לשמור, אם היה הדבר **בַּיִּשּׁוּב לֹא יַחֲזִיר לוֹ** (לבעלים) **בַּמִּדְבָּר**[3]. אולם אם לוה או נטל את הפיקדון **עַל מְנָת לָצֵאת בַּמִּדְבָּר** ולהחזירו שם, **יַחֲזִיר לוֹ** (לבעלים) אף **בַּמִּדְבָּר**[4].

גמרא הגמרא מקשה על הוראת המשנה שאם לוה ביישוב אינו רשאי לפרוע במדבר:

וּרְמִינְהוּ – ותקשה על כך סתירה מהברייתא הבאה: **מִלְוָה מִשְׁתַּלֶּמֶת בְּכָל מָקוֹם, אֲבֵידָה וּפִקָּדוֹן אֵין מִשְׁתַּלְּמִין אֶלָּא בִּמְקוֹמָן.** הרי שהלוה רשאי לפרוע את החוב בכל מקום, ואפילו במדבר, וזוהי סתירה להוראת המשנה[5]!

מתרצת הגמרא:

אָמַר אַבַּיֵי: הָכִי קָאָמַר – כך כוונת הברייתא לומר: **מִלְוָה נִיתְּנָה לִיתָּבַע** – רשאי המלוה לתובעה **בְּכָל מָקוֹם** שירצה, ואפילו במדבר[6]. **אֲבֵידָה וּפִקָּדוֹן לֹא נִיתְּנוּ לִיתָּבַע** – אין הבעלים רשאי לתובעם **אֶלָּא בִּמְקוֹמָן**, שאם הגיע הממון לרשות המוצא או הנפקד במקום אחד אין הבעלים רשאי לתובעו במקום אחר[7]. נמצא שאין כוונת הברייתא שהלוה יכול לפרוע את החוב בכל מקום, אלא שהמלוה רשאי לתובעו בכל מקום, ואין איפוא סתירה להוראת המשנה.

שנינו בהמשך המשנה:

[אם לוה או נטל את הפקדון] **עַל מְנָת לָצֵאת בַּמִּדְבָּר** יחזיר לו במדבר.

הגמרא סבורה כעת שהנפקד אמר "על מנת שנצא למדבר ואחזירנו לך שם"[8], ולפיכך היא מקשה:

פְּשִׁיטָא – הלא פשוט שכך הדין! שהרי הנפקד התנה בפירוש שיחזיר לו את הפקדון במדבר, ומדוע הוצרכה המשנה להשמיענו זאת?

מתרצת הגמרא:

לֹא צְרִיכָא – הוראה זו אינה נצרכת אלא למקרה **דְּאָמַר לֵיהּ** –

הערות

1. רש"י. המוכר לחבירו קרקע ומטלטלין, כיון שקנה הלוקח את הקרקע (בכסף, בשטר או בחזקה) נקנים לו המטלטלין עמה בקנין "אגב", אף שלא עשה בהם מעשה קנין (עיין קידושין כו, א). וכן במקרה שלפנינו, מאחר שלדעת רבי אליעזר קנה הגזלן את הקרקע בקניני גזילה, הרי הוא קונה גם את הפרה הרבוצה בה להתחייב באחריותה. ואף שקנין אגב מועיל גם במטלטלין שאינם מונחים בקרקע (עיין קידושין כז, א), מכל מקום במקרה זה צריכה הפרה להיות רבוצה בשדה. שהרי מטלטלין שאינם מונחים בקרקע אינם נקנים בקנין אגב אלא אם אמר המוכר ללוקח "קנה אותם אגב הקרקע" (עיין קידושין שם), אולם בגזלן הקונה את הקרקע שלא מדעת הבעלים צריכים המטלטלין להיות מונחים בקרקע, ואז נחשבים הם חלק ממנה ונקנים עמה אף בלא אמירה (קצות החשן ערה, א על פי רמב"ם הלכות מכירה ג, ט; עיין גם סמ"ע חושן משפט רב, ג). אמנם לדעה שאף במטלטלין המונחים בקרקע צריך אמירה (ראה ראב"ד הלכות מכירה שם) בהכרח שהגזלן אינו קונה את הפרה בקנין אגב, ולדבריהם צריך לומר שמאחר שהקרקע קנויה לו בקניני גזילה הרי הוא קונה את הפרה הרבוצה בה בקנין 'חצר' (נתיבות המשפט רב, ב). [אמנם רש"י סובר שמאחר שהקרקע אינה קנויה לו אלא לענין להתחייב באונסיה, אין היא נחשבת רשותו לקנות על ידה בקנין חצר (קצות החושן שם; לנדון נוסף בענין קנין בחצר גזולה עיין דבר אברהם א, כא, כא וחזון איש טז, יג).]

מדברי רש"י מוכח לכאורה שקנין אגב מועיל גם בהפקר. ויש אומרים שאף לדעת רש"י אין קנין אגב מועיל בלא "דעת אחרת מקנה", אלא שלענין גזילה אין צריך קנין גמור אלא רק מעשה הוצאה מרשות הבעלים (עיין תוספות כתובות לא, ב ד"ה וברשות בשם ר"י), ומאחר שאם היה עושה את הקנין מדעת הבעלים היה זוכה בפרה די בכך להוציאה מרשות הבעלים (דברי יחזקאל מד, ט; חזון איש שם; עיין גם שיעורי ר' שמואל בבא מציעא יא, ב).

2. רש"י.

3. כלומר, אם הממון בא לידו בישוב אין הוא יכול לכוף את הבעלים לקבלו במדבר [ובכך לפטור את עצמו מאחריותו (רא"ש)], משום שהמדבר הוא מקום שאין הממון משתמר שם (רש"י), ואם עשה כן נשאר הממון באחריותו עד שיגיע לישוב (רמב"ם הלכות שאלה ופקדון ז, יא; מאירי; רמ"ה, מובא בשיטה מקובצת).

מהמשנה משמע שדוקא במדבר יכול הבעלים לסרב לקבל את ממונו, אולם אם בא הלוה (או הנפקד) להחזיר לו בישוב רשאי הוא לעשות זאת אפילו בעל כרחו (עיין תוספות גיטין עה, א ד"ה מכלל). יתרה מזאת, מזה שהמשנה אינה אומרת "לא יחזיר לו אלא במקומו" משמע שרשאי הוא להחזיר את הממון אף ביישוב שאינו מקומו של הבעלים, ואף שכדי להגיע למקומו יצטרך הבעלים לעבור כמה מדבריות (עיין תוספתא י, יד). עוד יש לדייק שדוקא אם הגיע הממון לידו ביישוב אין הוא רשאי להחזירו במדבר, אולם אם הממון הגיע לידו במדבר רשאי הוא גם להחזירו במדבר (שו"ת רמב"ן לד; ספר התרומות ל, א, ב; טור חושן משפט עד, ג-ד עם בית יוסף; שלחן ערוך ורמ"א חושן משפט שם, א; ועיין ב"ח חושן משפט עד, ה; סמ"ע שם, ג; ש"ך שם, ו-ז).

הרמ"ה (מובא בשיטה מקובצת) מרחיב את הוראת המשנה גם לזמן ההשבה. דהיינו, שאם נטל את הממון בשעת שלום אין הוא רשאי להחזירו בשעת מלחמה, משום שבאותה שעה אין הממון משתמר.

4. בפשטות הכוונה היא שאם בשעה שנטל את הממון התנה הלוה (או הנפקד) "על מנת שנצא למדבר ואפרע לך שם" רשאי הוא לפורעו במדבר. אמנם הגמרא תקשה מהו החידוש בכך, הלא מאחר שהתנה בפירוש ברור שרשאי הוא לעשות זאת (רש"י).

5. לפי הבנת הגמרא כעת הברייתא מחלקת בין הלואה שניתן להחזירה במדבר לבין אבידה ופקדון שלא ניתן להחזירם אלא ביישוב. הטעם לחילוק זה הוא משום שאבידה ופקדון הם באחריות הנפקד, ומאחר שהנפקד פשע בנטילתם למדבר אין הוא רשאי להחזירם שם לבעלים. אולם את ההלואה פורע הלוה מממונו, ומאחר שרשאי הוא ליטול את ממונו למדבר רשאי הוא גם להחזירו שם לבעלים (מלחמת ה'; ראה גם פני יהושע; להסבר נוסף עיין ראב"ד).

6. ואין הלוה יכול לומר לו: "כשם שאיני יכול לכוף אותך לקבל את הפירעון במדבר, כך גם אתה אינך יכול לכוף אותי לפרוע לך במדבר", שמאחר שהמלוה עשה לו טובה ידו על העליונה. כלומר, אם ירצה רשאי הוא לתבוע את חובו במדבר, ומאידך אם אינו רוצה לקבלו שם הרשות בידו (רש"י, על פי סמ"ע חושן משפט עד, א; לטעם אחר עיין רא"ש; ים של שלמה נג; ש"ך חושן משפט שם, ב-ג ו־רצג, א). ודוקא כשיש ביד הלוה מעות לפרעון החוב, אולם אם אין המעות בידו אין הוא חייב ללכת ולהביאן מביתו (מאירי). כמו כן, אם יש בידו מעות, אולם אם יפרע את החוב לא יהא לו במה להתפרנס עד שיגיע ליישוב, אין הוא חייב לפרוע לו עד שיגיע למקומו (ספר התרומות ל, א, ב בשם רמב"ן; ראה גם טור ושלחן ערוך חושן משפט עד, א; ים של שלמה שם; אמנם עיין שלטי גבורים למסכת מכות א, ב בדפי הרי"ף; ראה גם תומים עד, א).

7. מאחר שהבעלים לא עשה לו טובה יכול הוא לומר לו: "לא אחזיר לך את הפקדון [או את האבידה] עד שאגיע למקומי" (ראה הערה קודמת; עיין טור ושלחן ערוך חושן משפט רצג, א).

יש לעיין מהו ההבדל בין אבידה ופקדון להלואה. הלא אם הממון בידו ברור שאף באבידה ובפקדון עליו להחזירו לבעלים בכל מקום שיתבענו (ראה רי"ף), ואם אין הממון בידו אף בהלואה אין הוא חייב ללכת ולהביאו מביתו (ראה הערה קודמת)! ויש לומר שמדובר במקרה שהופקדו אצלו [או שמצא] מעות וכעת יש בידו מעות אחרות. שלגבי הלואה, כיון שאין הלוה חייב להחזיר דוקא את המעות שקיבל יכול המלוה לתובעו בכל מקום, אולם באבידה ובפקדון אין מחייבים אותו לתת את מעותיו תחת האבידה או הפקדון שבביתו (רמ"ך, מובא בשיטה מקובצת; ב"ח חושן משפט רצג, א; ראה גם ש"ך חושן משפט שם, א; לתירוצים נוספים עיין מאירי; בעל התרומות ל, א, ב עם גדולי תרומה; אמנם עיין ש"ך שם).

הברייתא אינה מורה מה הדין לגבי גזילה, אולם בפשטות דינה כהלואה שרשאי הנגזל לתובעה בכל מקום (רבינו ירוחם מישרים ג, א; ים של שלמה, נג). ויש אומרים שאם הגזילה בעין אין הנגזל רשאי לתובעה אלא במקומה, אולם אם אינה בעין רשאי הנגזל לתבוע את דמיה מהגזלן בכל מקום (ש"ך חושן משפט עד, ב; ראה גם רמ"ך, מובא בשיטה מקובצת; לנדון בענין דמי שכירות עיין שלטי גבורים למסכת מכות א, ב בדפי הרי"ף; ש"ך שם, ג).

8. רש"י לעיל ד"ה על מנת.

פרה רבוצה בו ושטפה נהר דר' אלעזר לטעמיה ורבנן לטעמייהו: **מתני'** [א]הגוזל את חבירו [ב]או שהלוה הימנו [ג]או שהפקיד לו בישוב לא יחזיר לו במדבר על מנת לצאת במדבר יחזיר לו במדבר: **גמ'** ורמינהו מלוה משתלמת בכל מקום אבידה ופקדון אין משתלמין אלא במקומן אמר אביי ה"ק [ד]מלוה ניתנה ליתבע בכל מקום [ה]אבידה ופקדון לא ניתנו ליתבע אלא במקומן: על מנת לצאת במדבר: פשיטא [ו]לא צריכא דא"ל ליהוי האי פקדון גבך דאנא למדבר נפיקנא וא"ל איהו אנא למדבר נמי בעינא למיפק אי בעינא לאהדרינהו לך התם מהדרנא לך: **מתני'** [ז]האומר לחבירו גזלתיך הלויתני הפקדת אצלי ואיני יודע אם החזרתי לך אם לא החזרתי לך חייב לשלם [ח]אבל אם אמר לו איני יודע אם גזלתיך אם הלויתני אם הפקדת אצלי פטור מלשלם: **גמ'** [א]איתמר מנה לי בידך והלה אומר איני יודע רב הונא ורב יהודה אמרי חייב ור"נ ור' יוחנן אמרי [ט]פטור רב הונא ורב יהודה אמרי חייב ברי ושמא ברי עדיף ר"נ ור' יוחנן אמרי פטור [ג]אוקי ממונא בחזקת מריה תנן אבל אם אמר לו איני יודע אם הלויתני פטור ה"ד אילימא דלא קא תבע ליה רישא נמי דלא קא תבע ליה אמאי חייב אלא דקתבע ליה וקתני סיפא פטור מלשלם לא לעולם דלא קא תבע ליה ורישא בבא לצאת ידי שמים איתמר נמי א"ר חייא בר אבא א"ר יוחנן [י]האומר לחבירו מנה לי בידך והלה אומר איני יודע חייב בבא לצאת ידי שמים: **מתני'** [כ]הגונב טלה מן העדר והחזירו ומת או נגנב חייב באחריותו לא ידעו בעלים לא בגניבתו ולא בחזירתו ומנו את הצאן ושלימה היא פטור: **גמ'** אמר רב לדעת צריך דעת שלא לדעת מנין פוטר וכי קתני ומנו את הצאן והיא שלימה אסיפא ושמואל אמר בין לדעת בין שלא לדעת מנין פוטר וכי קתני ומנו והיא שלימה פטור אכולה ורבי יוחנן אומר לדעת מנין פוטר שלא לדעת אפי' מנין נמי לא צריך וכי קתני ומנו את הצאן והיא שלימה ארישא רב חסדא אמר [ל]לדעת מנין פוטר שלא לדעת צריך דעת וכי קתני ומנו את הצאן והיא שלימה ארישא אמר [ג]רבא

מ"ט

רש"י

פרה רבוצה כו'. וגזלן לא משכה והוי כקרקעות ולר"א דאמר שדה נגזלת קונה פרה עמה וחייב לשלם דמטלטלין נקנין אגב קרקע ולרבנן לא קנה שדה ולא פרה שבה: **מתני'** לא יחזיר לו במדבר. אם אין זה תובעו אין זה יכול לכופו לקבל גזלו או פקדונו במדבר דלאו מקום שימור הוא: על מנת לצאת למדבר. קס"ד שאמר לו לוה זה על מנת שנלך למדבר ושם אפרע לך להכי פריך פשיטא והא מתנה בהדיא לקבלו במדבר: **גמ'** ניתנה ליתבע. אם ירצה מלוה דידו על העליונה: [ד]אי בעית לאהדוריה ניהלך התם מהדרנא לך. ואשמועינן תנא דאע"ג דלא תנאי גמור הוא דהא אי בעית קאמר אפ"ה כיון דידע דאיהו נמי למדבר נפיק על כרחו יקבלם: רב הונא ורב יהודה אמרי חייב. לשלם: פטור. ומיהו ישבע כדאמר שאין יודע שחייב לו כלום דלא עדיף שמא מברי דהא א"נ הוה טעין ליה אין לך בידי כלום הוי משביעין ליה שבועת היסת: דקא תבע ליה. וא"ל גזלתני דהוי טענת ברי: לצאת ידי שמים. וכיון דקא מודי דודאי גזליה לא נפיק ידי שמים עד דעביד השבה אבל סיפא הואיל ולא גזלן ידע ולא נגזל ידע ליכא שום טענת ברי לא צריך למיפק ידי שמים: אתמר נמי. דהיכא דבא לצאת ידי שמים אפילו מאן דפטר ליה מדיני אדם מודה דחייב היכא דאיכא קצת טענת ברי הלכך רב הונא דאוקמה רישא בדלא תבע הואיל ואיכא קצת ברי דהא גזלן ידע דגזליה מעיקרא חייב בבא לצאת ידי שמים: **מתני'** חייב באחריותו. דמכי גנבה קם ליה ברשותיה והשבה דעבד לאו השבה היא עד שמודע להו לבעלים: ומנו את הצאן. אחר שהחזירו והיא שלימה הרי יש כאן דעת בעלים: **גמ'** לדעת צריך דעת. אם הכירו הבעלים שנגנב מהן טלה צריך שיודיעם כשיחזירנה ואי לא הודע להו אע"ג דמנו את הצאן והיא שלימה עדיין חייב באחריותה דכיון דידע הויא ליה גזילה גמורה ובעינן השבה מעליותא: שלא לדעת. לא הכירו בעלים קודם חזרה שתהא צאנם חסירה כלום ולאחר חזרה מנו את הצאן והיא שלימה פוטר מנין: אסיפא. לא ידעו הבעלים בגניבתו ובחזרתו ומנו את הצאן והיא שלימה פטור אבל ידעו לא מהני מנין: ושמואל אמר בין לדעת בין שלא לדעת מנין פוטר וכי קתני מנו את הצאן אכולה. בין ידעו בין שלא ידעו והכי משמע מתני' הגונב טלה ורישא בשהכירו בה הבעלים וידעו שנגנבה מהן קאי מדקתני סיפא לא ידעו מכלל דרישא בידעו והחזירה ומת חייב באחריותו וכן לא ידעו בגניבתו ובחזירתו נמי חייב אבל מנו את הצאן והיא שלימה פטור בין רישא דידעו בין סיפא דלא ידעו: ור' יוחנן אומר לדעת מנין פוטר שלא לדעת אפילו מנין לא צריך ומנו את הצאן ארישא. והכי קתני הגונב טלה דהיינו ידעו אחרי כן והחזירו חייב באחריותן היכא דלא מנו אבל לא ידעו הבעלים בגניבתו ובחזרתו אפי' אין מנין או שמנו אפילו הואי ידיעה פטור: ורב חסדא אמר לדעת מנין פוטר שלא לדעת צריך להודיעו. אם לא הודיעו אע"ג דמנו חייב ומנו את הצאן ארישא והכי משמע מתני' חייב באחריות בין מנו בין לא מנו אימתי בזמן שלא ידעו בעלים בחזרתו ובגניבתו ואם מנו הנך דרישא את הצאן לאחר חזרה פטור:

מ"ט

תוספות

והלה אומר איני יודע. פי' אם הפקיד אצלי אבל איני יודע אם החזרתי לך חייב לכ"ע כמו רישא דמתני' ולסיפא דמתני' הוא דמדמה לה בסמוך:

רב נחמן ורבי יוחנן אמרי פטור. וקי"ל כרב נחמן בדיני ופירש בקונטרס דמשביעין אותו שבועת היסת שאין יודע דלא עדיף מאילו היה כופר לגמרי ונראה דסובר בקונטרס כלישנא קמא דרב נחמן דפרק שבועת הדיינין (שבועות מ: ושם מא. ד"ה מאן) דארישא דקתני התם מנה לי בידך אין לך בידי כלום פטור קאמר רב נחמן ומשביעין אותו שבועת היסת אבל איכא דמתני לה אסיפא אמנה לי בידך וא"ל הן למחר א"ל תנהו לי נתתיו לך פטור דדוקא בסיפא דאיכא דררא דממונא קאמר ר"נ דמשביעין אותו שבועת היסת אבל ארישא לא וכן נראה הלכה כלשון הראשון דלישנא קמא סתמא דגמרא קאמר אבל לישנא בתרא רב חביבא הוא דמתני לה ובפ"ק דב"מ (דף ה. ושם ד"ה אין) גבי ההוא רעיא מייתי נמי לישנא קמא דר"נ אבל ר"ת אומר דמספק אין לחייבו שבועה היכא דליכא דררא דממונא כיון שיש ב' לשונות ובפ"ק דב"מ (שם) לאו דוקא נקט לישנא קמא דהא התם איכא דררא דממונא דאתו סהדי דאכיל תרי מינייהו ושמע ר"י שר"ת היה מניח לדיינין לחייב היכא דליכא דררא דממונא רק שהוא לא היה רוצה לדון כן היכא דמודה שחייב לו אלא שטוען לו פרעתי ראה ר"י (א) ר"ת לחייב שבועה אע"ג דליכא עדים בההיא הודאה והיה יכול לכפור בשעה שטוען שפרעתי ואמר דחשיב שפיר דררא דממונא כמו ההיא דנתתיו לך אע"ג דבהך הודאה יש עדים ולפי פשט הלכה משמע למאן דמתני אסיפא חשיב לה דררא דממונא משום דאיכא עדים בהודאה שא"ל אתמול הן ואין יכול עתה לכפור ורב האי גאון פי' כמו כן דלא משביעין ליה היכא דליכא דררא דממונא ומיהו משמתינן ליה על תנאי שיהא בשמתא אם הוא חייב ואינו מודה לו:

שלא לדעת מנין נמי לא צריך. והא דאמר ר' אלעזר לעיל בהכונס (ד' נ.) הכל צריכין דעת בעלים חוץ מהשבת אבידה אין נ"ל דפליג אהא אלא יש לפרש הכל צריכין דעת בעלים היכא דהוי לדעת חוץ מהשבת אבידה שאין צריך אפי' הוי לדעת שידוע שאבדה לו אותה אבידה:

מאי

מסורת הש"ס

א) כתובות יב: ב"מ לז: קטו: ע"ש ב"ב קלה., ב) [קידושין מה: וש"נ], ג) [ברי"ף איתא רבה], ד) כן העתיק הב"י בגמרא וברש"י וכ"כ הש"ך בשם רש"ל.

הגהות הב"ח

(א) תוס' ד"ה רב נחמן וכו' ראה ר"י את ר"ת שחייב:

ליקוטי רש"י

רב הונא ורב יהודה אמרי חייב. לשלם [כתובות יב:]. ברי ושמא ברי עדיף [ב"מ צז:]. ור"נ ורב יוחנן אמרי פטור. מלשלם ומכל מקום משביעין ליה שבועת היסת שכן הוא כדבריו שאינו יודע שהוא חייב לו [כתובות שם]. אוקי ממונא בחזקת מריה. ולא תפקיע מספיקא [ב"מ שם]. בבא לצאת ידי שמים. מאליו בא לימלך מה יעשה ולא יענש [ב"מ לז.].

עין משפט נר מצוה

קטו א מיי' פ"א מהל' גזילה ואבידה הל' ז סמג עשין עג טוש"ע ח"מ סי' שסו סעי' ד [רב אלפס כאן ובב"מ פ"ג דף פז. ושם כל הסוגיא]:

קטז ב מיי' פי"ג מהל' מלוה ולוה הל' ח סמג עשין צד טוש"ע ח"מ סי' עד ס"א:

קיז ג מיי' פ"ז מהל' שאלה ופקדון הל' יא סמג עשין פח טוש"ע ח"מ סי' רצג סעיף ב:

קיח ד מיי' פי"ג מהל' מלוה ולוה הל' ח סמג עשין צד טוש"ע ח"מ סי' עד סעיף א:

קיט ה מיי' פ"ז מהל' שאלה ופקדון הל' יא סמג עשין פח טוש"ע ח"מ סי' רצג סעיף א:

קכ ו (מיי' שם) טוש"ע ח"מ סי' עד סעיף א בהג"ה וסי' רצג סעיף ב:

קכא ז ח מיי' פ"א מהל' טוען ונטען הל' ט סמג עשין צה טוש"ע ח"מ סי' עה סעי' י וסי' שסה סעיף ב בהג"ה:

קכב ט י מיי' שם סמג שם טוש"ע ח"מ סי' עה סעיף ט:

קכג כ ל מיי' פ"ד מהל' גניבה הל' יב סמג עשין עא טוש"ע ח"מ סי' שנה סעיף ב:

שאמר לו המפקיד לנפקד בשעה שנתן לו את הפקדון: **"לֶיהֱוֵי הַאי פִּקָּדוֹן גַּבָּךְ דַּאֲנָא לְמִדְבָּר נְפִיקְנָא** — יהא זה פקדון אצלך, כיון שאני יוצא למדבר". **וְאָמַר לֵיהּ אִיהוּ** — ואמר לו הנפקד: **"אֲנָא לַמִּדְבָּר נַמִּי בְּעֵינָא לְמֵיפַּק** — אף אני צריך לצאת למדבר, **אִי בְּעֵינָא לְאַהְדְּרִינְהוּ לָךְ הָתָם, מַהְדַּרְנָא לָךְ** — אם ארצה להחזירו לך שם אחזירנו לך", ומשמיעה המשנה שאף על פי שאין זה תנאי גמור, שהרי הנפקד לא אמר "על מנת" אלא "אם ארצה", מכל מקום כיון שהמפקיד ידע שאף הוא יוצא למדבר בודאי הסכים לקבלו שם[9].

משנה **הָאוֹמֵר לַחֲבֵירוֹ: "גְּזַלְתִּיךָ"** או **"הִלְוִיתַנִי** ממון" או **"הִפְקַדְתָּ אֶצְלִי** חפץ", וממשיך ואומר: **"וְאֵינִי יוֹדֵעַ אִם הֶחֱזַרְתִּי לְךָ אִם לֹא הֶחֱזַרְתִּי לְךָ", חַיָּיב לְשַׁלֵּם. אֲבָל אִם אָמַר לוֹ: "אֵינִי יוֹדֵעַ אִם גְּזַלְתִּיךָ"** או "איני יודע **אִם הִלְוִיתַנִי** ממון" או "איני יודע **אִם הִפְקַדְתָּ אֶצְלִי** חפץ", **פָּטוּר מִלְּשַׁלֵּם.**

גמרא הגמרא מציגה מחלוקת אמוראים הנוגעת למשנתנו:

אִיתְּמַר — נאמר: האומר לחבירו: **מָנֶה לִי בְּיָדְךָ** שאתה חייב לי, **וְהַלָּה** (הנתבע) **אוֹמֵר** לו: **אֵינִי יוֹדֵעַ** אם חייב אני לך מנה או לא, נחלקו אמוראים בדבר זה: **רַב הוּנָא וְרַב יְהוּדָה אָמְרֵי** — אומרים: **חַיָּיב** הנתבע לשלם, **וְרַב נַחְמָן וְרַבִּי יוֹחָנָן**[10] **אָמְרֵי: פָּטוּר** הוא מלשלם.

הגמרא מבארת את המחלוקת:

רַב הוּנָא וְרַב יְהוּדָה אָמְרֵי שהנתבע **חַיָּיב**, משום ש**"בָּרִי וְשֶׁמָּא בָּרִי עָדִיף"**, כלומר, טענת התובע שהיא טענה ודאית ("ברי") עדיפה על טענת הנתבע שאינה אלא טענת ספק ("שמא"), ולפיכך חייב הנתבע לשלם[11]. **רַב נַחְמָן וְרַבִּי יוֹחָנָן אָמְרֵי** שהנתבע **פָּטוּר**, משום שלדעתם אף במקום ברי ושמא נוהג הכלל: **"אוֹקֵי מָמוֹנָא בְּחֶזְקַת מָרֵיהּ** — העמד את הממון בחזקת בעליו שהיו מוחזקים בו עד עתה", ולפיכך מעמידים את המנה בחזקת הנתבע[12].

הגמרא מקשה על רב הונא ורב יהודה ממשנתנו:

תְּנַן — שנינו במשנה: **"אֲבָל אִם אָמַר לוֹ אֵינִי יוֹדֵעַ** אם גזלתיך, **אִם הִלְוִיתַנִי**, אם הפקדת אצלי **פָּטוּר** מלשלם". **הֵיכִי דָּמֵי** — במה מדובר? **אִילֵימָא דְּלֹא קָא תָּבַע לֵיהּ** — אם תאמר שחבירו אינו תובעו בטענת ברי, שאף הוא אינו יודע אם גזל אותו, ולפיכך פטור מלשלם[13], אם כן **רֵישָׁא נַמִּי** — אף מה ששנינו ברישא, שהאומר "גזלתיך ואיני יודע אם החזרתי לך" חייב, מדובר **דְּלֹא קָא תָּבַע לֵיהּ** — שהנגזל אינו תובעו בטענת ברי[14], אולם אם כן קשה: **אַמַּאי חַיָּיב** — מדוע חייב הגזלן לשלם? הלא מאחר שהנגזל אינו תובעו בטענת ברי יש להעמיד את הממון בחזקתו[15]! **אֶלָּא** בהכרח מדובר **דְּקָתָבַע לֵיהּ** — שחבירו תובעו בטענת "גזלתני" שהיא טענת ברי[16], ולפיכך אם אמר "גזלתיך ואיני יודע אם החזרתי לך" חייב לשלם, **וְאַף עַל פִּי כֵן קָתָנֵי סֵיפָא** — שנינו בסיפא שאם אמר "איני יודע אם גזלתיך" **פָּטוּר מִלְּשַׁלֵּם**, ומוכח איפוא שאף במקום ברי ושמא אין מוציאים ממון מן המוחזק[17]!

מתרצת הגמרא:

לֹא! לְעוֹלָם דְּלֹא קָא תָּבַע לֵיהּ — באמת מדובר שחבירו אינו תובעו בטענת ברי, ולפיכך בסיפא שאמר "איני יודע אם גזלתיך" פטור מלשלם, **וְרֵישָׁא** — ומה ששנינו ברישא שאם אמר "איני יודע אם החזרתי לך" חייב, אין הכוונה שחייב מן הדין, אלא מדובר **בְּבָא לָצֵאת יְדֵי שָׁמַיִם**, שכיון שיודע בודאות שגזל ואינו יודע אם החזיר את הגזילה, אין הוא יוצא ידי שמים עד שישלם לחבירו[18].

הגמרא מסייעת לתירוץ זה:

אִיתְּמַר נַמִּי — נאמר כן גם במימרא הבאה: **אָמַר רַבִּי חִיָּיא בַּר אַבָּא אָמַר רַבִּי יוֹחָנָן: הָאוֹמֵר לַחֲבֵירוֹ: מָנֶה** יש **לִי בְּיָדְךָ** שאתה חייב לי, **וְהַלָּה** (הנתבע) **אוֹמֵר** לו: **אֵינִי יוֹדֵעַ** אם חייב אני לך מנה או לא, **חַיָּיב** לשלם **בְּבָא לָצֵאת יְדֵי שָׁמַיִם.** הרי שאף רבי יוחנן הפוטר את הנתבע בדיני אדם מודה שמאחר שיש קצת טענת ברי חייב לצאת ידי שמים[19], וכמו כן לרב הונא ורב יהודה המעמידים את הרישא כשאינו תובעו, כיון שהגזלן יודע שגזל ומסופק אם החזיר חייב לצאת ידי שמים[20].

הערות

9. נמוקי יוסף. ויש מפרשים שהמלים "אי בעינא לאהדרינהו לך התם מהדרנא לך" אינן מדברי הנפקד, אלא הגמרא אומרת שמאחר שהנפקד הודיע למפקיד שאף הוא יוצא למדבר הרי זה כאילו אמר בפירוש "אם ארצה להחזירו לך שם אחזירנו לך" (עיין רא"ש; מאירי; חדושי אנשי שם, א; מהרש"א; ראה גם ים של שלמה נד; בית יוסף חושן משפט עד, ד).

פירשנו את הגמרא על פי הגירסא שלפנינו. אמנם ברש"י נראה שגירסתו היתה: "**אי בעית** (אם תרצה) לאהדוריה ניהלך. . .", כלומר שהנפקד לא התנה שיהא רשאי להחזיר את הפקדון במדבר, אלא תלה זאת ברצונו של המפקיד, ומכל מקום מאחר שהמפקיד ידע שהנפקד יוצא למדבר בודאי הסכים לקבל שם את הפקדון (עיין מהרש"א; ראה גם בית יוסף שם; אמנם עיין ים של שלמה שם הגורס ברש"י כפי הגירסא שלפנינו; לגירסא נוספת עיין בעל המאור).

10. רבי יוחנן קדם לרב נחמן, אולם הגמרא מקדימה את רב נחמן משום שבתחילה לא היתה דעת רבי יוחנן (שהיה בארץ ישראל) ידועה בבבל, ובני בבל היו שונים את הדין בשם רב נחמן, ולאחר שנודעה להם דעת רבי יוחנן הוסיפו שאף הוא סובר כן (תוספות רא"ש כתובות יב, ב).

11. בדרך כלל בספק ממון הדין הוא "המוציא מחבירו עליו הראיה", כלומר אין מוציאים ממון מן המוחזק אלא בראיה ברורה (למקור דין זה עיין לעיל מו, ב). רב הונא ורב יהודה סוברים שדין זה לא נאמר אלא כשטענות התובע והנתבע שוות, דהיינו ששניהם טוענים "ברי" או ששניהם טוענים "שמא", אולם כשהתובע הוא "ברי" והנתבע הוא "שמא" מוציאים את הממון מן המוחזק (ראה אגרות משה חושן משפט א, כד; לביאור אחר עיין פני יהושע לעיל מו, א).

12. רב נחמן ורבי יוחנן סוברים שדין "המוציא מחבירו עליו הראיה" נאמר אף במקום "ברי ושמא", משום שאין כח בטענת ברי להוציא ממון מן המוחזק (לביאור המחלוקת עיין פני יהושע לעיל מו, ב וגיטין מה, ב). אמנם אף לדבריהם צריך הנתבע להישבע שאינו יודע שחייב לו כלום, שהרי אף אם היה טוען "ברי לי שאיני חייב לך" היו בית דין משביעים אותו שבועת היסת (רש"י; אמנם עיין תוספות ד"ה רב נחמן; ראה גם מאירי; ועיין תוספות רבי עקיבא איגר, עט).

["שבועת היסת" היא שבועה שהטילו חכמים על נתבע הכופר הכל, שאף על פי שמן הדין הוא פטור חייבוהו חכמים להישבע כדי להכחיש את טענת התובע (עיין שבועות מ, ב).]

13. שמאחר שגם התובע טוען "שמא" אין מוציאים את הממון מן המוחזק.

14. משום שאינו יודע אם חבירו גזל אותו (ראה הערה הבאה).

15. ואף אם הנגזל טוען: "איני יודע אם גזלתני, אולם ברי לי שלא החזרת לי כלום" אין הגזלן חייב לשלם, משום שהנגזל אינו תובעו בטענת ברי (עיין ש"ך חושן משפט עה, ל; ראה גם ט"ז שם, י).

16. רש"י.

17. אמנם במקרה הראשון ("גזלתיך ואיני יודע אם החזרתי לך") חייב הנתבע לשלם, שמאחר שבין התובע ובין הנתבע מודים שגָזל הרי עיקר החיוב הוא ודאי, ואין ספק פירעון מוציא מידי ודאי חיוב (רי"ף; ראב"ד; נמוקי יוסף; רמב"ן בבא מציעא צז, ב; ראה גם רשב"א גיטין עח, ב; ועיין ש"ך חושן משפט עה, כז). [ואין לומר שמטעם זה יתחייב לשלם אף אם אין חבירו תובעו, שהרי "הודאת בעל דין כמאה עדים דמי" ויש כאן ודאי חיוב וספק פירעון, שכיון שהוא מסופק אם החזיר אין כאן הודאה לחייבו על פיה (תוספות רי"ד).] ויש אומרים שהטעם הוא משום שבמקום שיש ודאי חיוב וספק פרעון הכל מודים ש"ברי ושמא ברי עדיף", לפי שחזקת החיוב של הנתבע מסייעת לטענת התובע (שו"ת בית הלוי ב, מ, טז; לטעמים נוספים עיין משנה למלך הלכות שאלה ופקדון ד, א והלכות מכירה יא, טז; ט"ז חושן משפט עה, יב; תומים עה, כב; שב שמעתתא ב, ז).

לדעת רוב הפוסקים במקרה של ספק פירעון אין התובע צריך להישבע שלא נפרע, משום שאין נשבעים על טענת שמא (ראה טור ושלחן ערוך חושן משפט עה, ט וש"ך שם כח; ראה גם תוספות שבועות מה, א ד"ה וניתב וד"ה כדי). אמנם יש אומרים שאם ירצה רשאי הנתבע להשביעו שלא פרעו (שערי שבועות, שער יב).

18. אמנם בסיפא, שלא הגזלן ולא הנגזל יודעים שגזל ואין כאן שום טענת ברי, אין צריך לצאת ידי שמים (רש"י).

19. כלומר, אף שטענת התובע אינה מועילה לחייב בדיני אדם, מכל מקום מאחר שהוא טוען טענת ברי חייב הנתבע לצאת ידי שמים.

20. רש"י; ראה רשב"א וראב"ד; לפירוש אחר עיין פני יהושע.

פרה רבוצה בו ושטפה נהר דר' אלעזר לטעמיה ורבנן לטעמייהו: **מתני'** [א]הגוזל את חבירו [ב]או שהלוה הימנו [ג]או שהפקיד לו בישוב לא יחזיר לו במדבר על מנת לצאת במדבר יחזיר לו במדבר: **גמ'** ורמינהו מלוה משתלמת בכל מקום אבידה ופקדון אין משתלמין אלא במקומן אמר אביי ה"ק [ד]מלוה ניתנה ליתבע בכל מקום [ה]אבידה ופקדון לא ניתנו ליתבע אלא במקומן: על מנת לצאת במדבר: פשיטא [ו]לא צריכא דא"ל ליהוי האי פקדון גבך דאנא למדבר נפיקנא וא"ל איהו אנא למדבר נמי בעינא למיפק אי בעינא לאהדרינהו לך התם מהדרנא לך: **מתני'** [ז]האומר לחבירו גזלתיך הלויתני הפקדת אצלי ואיני יודע אם החזרתי לך אם לא החזרתי לך חייב לשלם [ח]אבל אם אמר לו איני יודע אם גזלתיך אם הלויתני אם הפקדת אצלי פטור מלשלם: **גמ'** (א) איתמר מנה לי בידך והלה אומר איני יודע רב הונא ורב יהודה אמרי חייב ור"נ ור' יוחנן אמרי [ט]פטור רב הונא ורב יהודה אמרי חייב ברי ושמא ברי עדיף ר"נ ור' יוחנן אמרי פטור (ב) אוקי ממונא בחזקת מריה תנן אבל אם אמר לו איני יודע אם הלויתני פטור ה"ד אילימא דלא קא תבע ליה רישא נמי דלא קא תבע ליה אמאי חייב אלא דקתבע ליה וקתני סיפא פטור מלשלם לא לעולם דלא קא תבע ליה ורישא בבא לצאת ידי שמים איתמר נמי א"ר חייא בר אבא א"ר יוחנן [י]האומר לחבירו מנה לי בידך והלה אומר איני יודע חייב בבא לצאת ידי שמים: **מתני'** [כ]הגונב טלה מן העדר והחזירו ומת או נגנב חייב באחריותו לא ידעו בעלים לא בגניבתו ולא בחזירתו ומנו את הצאן ושלימה היא פטור: **גמ'** אמר רב לדעת צריך דעת שלא לדעת מנין פוטר וכי קתני ומנו את הצאן והיא שלימה אסיפא ושמואל אמר בין לדעת בין שלא לדעת מנין פוטר וכי קתני ומנו והיא שלימה פטור אכולה ורבי יוחנן אומר לדעת מנין פוטר שלא לדעת אפי' מנין נמי לא צריך וכי קתני ומנו את הצאן והיא שלימה ארישא רב חסדא אמר [ל]לדעת מנין פוטר שלא לדעת צריך דעת וכי קתני ומנו את הצאן והיא שלימה ארישא אמר (ג) רבא

מ"ט

רש"י

פרה רבוצה כו'. וגזלן לא משכה והוי כקרקעות ולר"א דאמר שדה נגזלת קונה פרה עמה וחייב לשלם דמטלטלין נקנין אגב קרקע ולרבנן לא קנה שדה ולא פרה שבה: **מתני'** לא יחזיר לו במדבר. אם אין זה תובעו אין זה יכול לכופו לקבל חובו או פקדונו במדבר דלאו מקום שימור הוא: על מנת לצאת למדבר. קס"ד שאמר לו לוה זה על מנת שנלא למדבר ושם אפרע לך להכי פריך פשיטא והא מתנה בהדיא לקבלו במדבר: **גמ'** ניתנה ליתבע. אם ירצה מלוה דידו על העליונה: (ד) אי בעית לאהדוריה ניהלך התם מהדרנא לך. ואשמועינן תנא דאע"ג דלא תנאי גמור הוא דהא אי בעית קאמר אפ"ה כיון דידע דאיהו נמי למדבר נפיק על כרחו יקבלם: רב הונא ורב יהודה אמרי חייב. לשלם: פטור. ומיהו ישבע כדאמר שאין יודע שחייב לו כלום דלא עדיף שמא מברי דהא א"נ הוה טוען ליה אין לך בידי כלום הוי משביעין ליה שבועת היסת: דקא תבע ליה. וא"ל גזלתני דהוי טענת ברי: לצאת ידי שמים. וכיון דקא מודי דודאי גזליה לא נפיק ידי שמים עד דעביד השבה אבל סיפא הואיל ולא גזלן ידע ולא נגזל ידע ליכא שום טענת ברי לא צריך למיפק ידי שמים: אתמר נמי. דהיכא דבא לצאת ידי שמים אפילו מאן דפטר ליה מדיני אדם מודה דחייב היכא דאיכא קצת טענת ברי הלכך רב הונא דאוקמה רישא בדלא תבע הואיל ואיכא קצת ברי דהא גזלן ידע דגזליה מעיקרא חייב בבא לצאת ידי שמים: **מתני'** חייב באחריותו. דמכי גנבה קם ליה ברשותיה והשבה דעבד לאו השבה היא עד שמודע להו לבעלים: ומנו את הצאן. אחר שהחזירו והיא שלימה הרי יש כאן דעת בעלים: **גמ'** לדעת צריך דעת. אם הכירו הבעלים שנגנב מהן טלה צריך שיודיעם כשיחזירנה ואי לא הודע להו אע"ג דמנו את הצאן והיא שלימה עדיין חייב באחריותה דכיון דידע הויא ליה גזילה גמורה ובעין השבה מעליותא: שלא לדעת. לא הכירו בעלים קודם חזרה שתהא לאנס חסירה כלום ולאחר חזרה מנו את הצאן והיא שלימה פוטר מנין: אסיפא. לא ידעו הבעלים בגניבתו ובחזרתו ומנו את הצאן והיא שלימה פטור אבל ידעו לא מהני מנין: ושמואל אמר בין לדעת בין שלא לדעת מנין פוטר וכי קתני מנו את הצאן אכולה. בין ידעו בין שלא ידעו והכי משמע מתני' הגונב טלה ורישא בשהכירו בה הבעלים וידעו שנגנבה מהן קאי מדקתני סיפא לא ידעו מכלל דרישא בידעו והחזירה ומת חייב באחריותו וכן לא ידעו בגניבתו ובחזירתו נמי חייב אבל מנו את הצאן והיא שלימה פטור בין רישא דידעו בין סיפא דלא ידעו: ור' יוחנן אומר לדעת מנין פוטר שלא לדעת אפילו מנין לא צריך ומנו את הצאן ארישא. והכי קתני הגונב טלה דהייעו ידעו אחרי כן והחזירו חייב באחריותן היכא דלא מנו אבל לא ידעו הבעלים בגניבתו ובחזרתו אפי' אין מנין או שמנו אפילו הואי ידיעה פטור: ורב חסדא אמר לדעת מנין פוטר שלא לדעת צריך להודיעו. אם לא הודיעו אע"ג דמנו חייב ומנו את הצאן ארישא והכי משמע מתני' חייב באחריות בין מנו בין לא מנו אימתי בזמן שלא ידעו בעלים בחזרתו ובגניבתו ואם מנו הנך דרישא את הצאן לאחר חזרה פטור:

מ"ט

תוספות

והלה אומר איני יודע. פי' אם הפקיד אצלי אבל איני יודע אם החזרתי לך חייב לכ"ע כמו רישא דמתני' ולסיפא דמתני' הוא דמדמה לה בסמוך:

רב נחמן ורבי יוחנן אמרי פטור. וקי"ל כרב נחמן בדיני ופירש בקונטרס דמשביעין אותו שבועת היסת שאין יודע דלא עדיף מאילו היה כופר לגמרי ונראה דסובר בקונטרס כלישנא קמא דרב נחמן דפרק שבועת הדיינין (שבועות מ: ושם מא. ד"ה מאן) דארישא דקתני התם מנה לי בידך אין לך בידי כלום פטור קאמר רב נחמן ומשביעין אותו שבועת היסת אבל איכא דמתני לה אסיפא אמנה לי בידך וא"ל הן למחר א"ל תנהו לי נתתיו לך פטור דדוקא בסיפא דאיכא דררא דממונא קאמר ר"נ דמשביעין אותו שבועת היסת אבל ארישא לא וכן נראה הלכה כלשון הראשון דלישנא קמא סתמא דגמרא קאמר אבל לישנא בתרא רב חביבא הוא דמתני לה ובפ"ק דב"מ (דף ה. ושם ד"ה אין) גבי ההוא רעיא נייתי נמי לישנא קמא דר"נ אבל ר"ת אומר דמספק אין לחייבו שבועה היכא דליכא דררא דממונא כיון שיש ב' לשונות ובפ"ק דב"מ (שם) לאו דוקא נקט לישנא קמא דהא התם איכא דררא דממונא דאתו סהדי דאכיל תרי מינייהו ושמע ר"י שר"ת היה מניח לדיינין לחייב היכא דליכא דררא דממונא רק שהוא לא היה רוצה לדון כן היכא דמודה שחייב לו אלא שטוען לו פרעתי ראה ר"י (א) ר"ת לחייב שבועה אע"ג דליכא עדים בההיא הודאה והיה יכול לכפור בשעה שטוען שפרעתי ואמר דחשיב שפיר דררא דממונא כמו ההיא דנתתיו לך אע"ג דבהך הודאה יש עדים ולפי פשט הלכה משמע דלמאן דמתני אסיפא חשיב לה דררא דממונא משום דאיכא עדים בהודאה שא"ל אתמול הן ואין יכול עתה לכפור ורב האי גאון פי' כמו כן דלא משביעין ליה היכא דליכא דררא דממונא ומיהו משמתין ליה על תנאי שיהא בשמתא אם הוא חייב ואינו מודה לו:

שלא לדעת מנין נמי לא צריך. והא דאמר ר' אלעזר לעיל בהכונס (ד' מ.) הכל צריכין דעת בעלים חוץ מהשבת אבידה אין צ"ל דפליג אהא אלא יש לפרש הכל צריכין דעת בעלים היכא דהוי לדעת חוץ מהשבת אבידה שאין צריך אפי' הוי לדעת שידוע שאבדה לו אותה אבידה:

מאי

עין משפט נר מצוה

קטו א מיי' פ"א מהל' גזילה ואבידה הל' ז סמג עשין עג טוש"ע ח"מ סי' שסו סעי' ד [רב אלפס כאן ובב"מ פ"ג דף פו. ושם כל הסוגיא]:

קטז ב מיי' פי"ג מהל' מלוה ולוה הל' ח סמג עשין לד טוש"ע ח"מ סי' עד ס"א:

קיז ג מיי' פ"ז מהל' שאלה ופקדון הל' יא סמג עשין פח טוש"ע ח"מ סי' רלג סעיף ב:

קיח ד מיי' פי"ג מהל' מלוה ולוה הל' ח סמג עשין לד טוש"ע ח"מ סי' עד סעיף א:

קיט ה מיי' פ"ז מהל' שאלה ופקדון הל' יא סמג עשין פח טוש"ע ח"מ סי' רלג סעיף א:

קכ ו (מיי' שם) טוש"ע ח"מ סי' עד סעיף א בהג"ה וסי' רלג סעיף ב:

קכא ז ח מיי' פ"א מהל' טוען ונטען הל' ט סמג עשין לה טוש"ע ח"מ סי' עה סעי' י וסי' שסה סעיף ב בהג"ה:

קכב ט י מיי' שם סמג שם טוש"ע ח"מ סי' עה סעיף ט:

קכג כ ל מיי' פ"ד מהל' גניבה הל' יב סמג עשין עא טוש"ע ח"מ סי' שנה סעיף ב:

מסורת הש"ס

א) כתובות יב: ב"מ לז: קטו: ע"ש ב"ב קלה., ב) [קידושין מה: וש"נ], ג) [בר"ף איתא רבה], ד) כן העתיק הב"י בגמרא וברש"י וכ"כ הש"ך בשם רש"ל.

הגהות הב"ח

(א) תום' ד"ה רב נחמן וכו' ראה ר"י את ר"ת שחייב:

ליקוטי רש"י

רב הונא ורב יהודה אמרי חייב. לשלם [כתובות יב:]. ברי ושמא ברי עדיף [ב"מ צז:]. ור"נ ורב יוחנן אמרי פטור. מלשלם ומכל מקום משבעינן ליה שבועת היסת שכן הוא כדבריו שאינו יודע שהוא חייב לו [כתובות שם]. אוקי ממונא בחזקת מריה. ולא תפקיע מספיקא [ב"מ שם]. בבא לצאת ידי שמים. מאליו בא לימלך מה יעשה ולא יענש [ב"מ לז.].

משנה **הַגּוֹנֵב טָלֶה מִן הָעֵדֶר וְהֶחֱזִירוֹ** שלא לדעת הבעלים, **ו**לאחר מכן **מֵת** הטלה **אוֹ נִגְנַב, חַיָּיב בְּאַחֲרָיוּתוֹ.** לפי שמשעת הגניבה עומד הטלה ברשותו להתחייב באונסיו, והשבתו אינה נחשבת השבה עד שיודיע לבעלים[21].

אם **לֹא יָדְעוּ** ה**בְּעָלִים לֹא בִּגְנֵיבָתוֹ וְלֹא בַּחֲזִירָתוֹ,** ולאחר שהחזירו לעדר **מָנוּ** הבעלים **אֶת הַצֹּאן וּ**מצאו **שְׁ**שְׁלֵימָה הִיא ולא חסר ממנה אף טלה, **פָּטוּר** הגנב מאחריותו, לפי שהבעלים יודעים שהטלה ברשותם[22].

גמרא הגמרא מציגה ארבע דעות בענין השבת גניבה שלא לדעת הבעלים:

אָמַר רַב: לְדַעַת – אם גנב את הטלה לדעת הבעלים, דהיינו שהבעלים הכירו שנגנב מהם טלה[23], **צָרִיךְ דַּעַת** – צריך להחזירו לדעתם, ואם לא הודיעם אף על פי שמנו את הצאן ונמצאת שלימה אין הוא נפטר מאחריותו[24]. אולם אם גנב **שֶׁלֹּא לְדַעַת** הבעלים, דהיינו שהבעלים לא הכירו שנגנב מהם טלה, **מִנְיָן פּוֹטֵר** – אם לאחר שהחזירו מנו הבעלים את הצאן ונמצאת שלימה הרי הוא פטור מאחריותו[25]. **וְכִי קָתָנֵי** – ומה ששנינו במשנה: "**וּמָנוּ אֶת הַצֹּאן וְהִיא שְׁלֵימָה** פטור", **אַסֵּיפָא** – מתייחס למקרה האחרון ("לא ידעו בעלים לא בגניבתו ולא בחזירתו") שגנב שלא לדעת הבעלים, אולם במקרה הראשון ("הגונב טלה מן העדר והחזירו") שגנב לדעת הבעלים אין מועיל מנין לפוטרו[26].

דעה שניה:

וּשְׁמוּאֵל אָמַר: בֵּין אם גנב את הטלה **לְדַעַת** הבעלים, **בֵּין** אם גנב אותו **שֶׁלֹּא לְדַעַת** הבעלים, **מִנְיָן** הבעלים **פּוֹטֵר** אותו מאחריותו[27]. **וְכִי קָתָנֵי** – ומה ששנינו "**וּמָנוּ אֶת הַצֹּאן וְהִיא שְׁלֵימָה פָּטוּר**", **אַכּוּלָּה** – מתייחס לכל המקרים במשנה, בין למקרה הראשון ("הגונב טלה מן העדר והחזירו") שגנב לדעת הבעלים, ובין למקרה האחרון ("לא ידעו בעלים לא בגניבתו ולא בחזירתו") שגנב שלא לדעתם[28].

דעה שלישית:

וְרַבִּי יוֹחָנָן אוֹמֵר: אם גנב את הטלה **לְדַעַת** הבעלים **מִנְיָן** הבעלים **פּוֹטֵר** אותו מאחריותו, אולם אם גנב אותו **שֶׁלֹּא לְדַעַת** הבעלים **אֲפִילּוּ מִנְיָן נַמִּי** (גם כן) **לֹא צָרִיךְ**, אלא מיד בהחזרתו לעדר נפטר מאחריותו[29]. **וְכִי קָתָנֵי** – ומה ששנינו "**וּמָנוּ אֶת הַצֹּאן וְהִיא שְׁלֵימָה** פטור", **אַרֵישָׁא** – מתייחס למקרה הראשון במשנה ("הגונב טלה מן העדר והחזירו") שגנב לדעת הבעלים[30].

דעה רביעית:

רַב חִסְדָּא אָמַר: אם גנב את הטלה **לְדַעַת** הבעלים **מִנְיָן** הבעלים **פּוֹטֵר** אותו מאחריותו, אולם אם גנב אותו **שֶׁלֹּא לְדַעַת** הבעלים **צָרִיךְ דַּעַת** – צריך להחזירו לדעתם, ואם לא הודיעם אף על פי שמנו את הצאן ונמצאת שלימה אין הוא נפטר מאחריותו[31]. **וְכִי קָתָנֵי** – ומה ששנינו "**וּמָנוּ אֶת הַצֹּאן וְהִיא שְׁלֵימָה** פטור" **אַרֵישָׁא** – מתייחס לתחילת המשנה[32].

הגמרא מבארת את דעת רב חסדא:

אָמַר רָבָא:

הערות

סיכום הדינים העולים מהסוגיא דלעיל:

	איני יודע אם נתחייבתי		איני יודע אם החזרתי	
	תובעו	**אינו תובעו**	**תובעו**	**אינו תובעו**
רב הונא ורב יהודה	חייב בדיני אדם	פטור אף בדיני שמים	חייב בדיני אדם	פטור מדיני אדם וחייב בדיני שמים
רב נחמן ורבי יוחנן	פטור מדיני אדם וחייב בדיני שמים	פטור אף בדיני שמים	חייב בדיני אדם	פטור מדיני אדם וחייב בדיני שמים

21. רש"י; עיין להלן הערה 24.

22. רש"י.

הגמרא בסמוך תציג כמה פירושים במשנה, אולם הפירוש הפשוט הוא כדלהלן: אם גנב את הטלה לדעת הבעלים אין הוא נפטר מאחריותו עד שיחזירנו לדעתם. אולם אם גנב אותו שלא לדעת הבעלים, ולאחר שהחזירו מנו הבעלים את הצאן ונמצאת שלימה, הרי הוא נפטר מאחריותו.

23. רש"י; ראה להלן הערה 26.

24. שמאחר שהבעלים ידעו שהטלה נגנב מהם הרי זו גניבה גמורה, ואין הגנב יוצא ידי חובתו אלא בהשבה גמורה לדעת הבעלים (רש"י; ראה גם רש"י בבא מציעא מא, א ד"ה צריך דעת בעלים; ועיין ראב"ד; ראה גם חידושי רבי משה קזיס).

25. רש"י.

26. רש"י; לדעת רב מתפרשת המשנה כפשוטה, כפי שנתבאר לעיל (הערה 22).

מרש"י (ד"ה לדעת) משמע שאף אם הבעלים לא ראו את הגנב בשעה שנטל את הטלה, אלא שלאחר מכן מנו את הצאן ונמצאת חסרה, הרי זו "גניבה לדעת" (עיין גם תוספות להלן עמוד ב ד"ה מאי; ראב"ד; נמוקי יוסף). אמנם יש אומרים ש"גניבה לדעת" אינה אלא כשהבעלים ראו את הגנב, שמאחר שראוהו גונב סובר רב שעליו להחזירו לדעתם כדי לצאת מידי חשד. אולם אם לא ראו את הגנב, אף על פי שהכירו שנגנב מהם טלה, אין הגנב צריך לצאת מידי חשד, ולפיכך אם מנו את הצאן ונמצאת שלימה יצא ידי חובתו (רשב"א).

27. לדעת שמואל מנין נחשב השבה גמורה, ולפיכך אף אם גנב לדעת מועיל המנין לפוטרו.

28. מזה ששנינו במקרה האחרון "לא ידעו הבעלים לא בגניבתו ולא בחזירתו" משמע שקודם לכן מדובר בגניבה לדעת. וכך מתפרשת המשנה לדעת שמואל: **הגונב טלה מן העדר** לדעת הבעלים **והחזירו** שלא לדעתם, **ו**לאחר מכן **מת** הטלה **או נגנב חייב באחריותו.** וכן אם **לא ידעו הבעלים לא בגניבתו ולא בחזירתו.** אולם אם החזיר את הטלה לעדר, **ו**לאחר מכן **מנו** הבעלים **את הצאן ו**מצאו **ששלימה היא פטור** הגנב מאחריותו, בין ברישא שגנב לדעת הבעלים ובין בסיפא שגנב שלא לדעתם (רש"י).

29. ודוקא כשהחזירו למקומו, שמאחר שהחזירו למקומו רואים אותו כאילו לא גנב, אולם אם לא החזירו למקומו אין הוא נפטר מאחריותו עד שיודיע לבעליו (נמוקי יוסף; מלחמת ה'; בעל המאור; ראה גם טור ושלחן ערוך חושן משפט שנה, א; ועיין רשב"א ד"ה ומה שאמרתי).

30. וכך מתפרשת המשנה לדעת רבי יוחנן: **הגונב טלה מן העדר** לדעת הבעלים, **והחזירו** שלא לדעתם, ולאחר מכן **מת** הטלה **או נגנב חייב באחריותו** אם לא מנו הבעלים את הצאן. אולם אם **לא ידעו הבעלים לא בגניבתו ולא בחזירתו,** אף אם לא מנו את הצאן, או אם ידעו הבעלים בגניבתו **ו**לאחר שהחזירו **מנו את הצאן ו**מצאו **ששלימה היא, פטור** הגנב מאחריותו (רש"י).

31. רש"י.

32. וכך מתפרשת המשנה לדעת רב חסדא: **הגונב טלה מן העדר ו**אחר כך **החזירו** שלא לדעת הבעלים, **ומת** הטלה **או נגנב חייב באחריותו,** בין אם מנו הבעלים את הצאן ובין אם לא מנוהו. במה דברים אמורים? שלא **ידעו** הבעלים **לא בגניבתו ולא בחזירתו,** אולם אם ידעו בגניבתו **ו**לאחר שהחזירו **מנו את הצאן ושלימה היא פטור** הגנב מאחריותו (רש"י).

מדברי רש"י משמע בפשטות שלדעת רב חסדא הרישא עוסקת בגונב שלא לדעת, ויש לעיין מדוע אם כן אמר רב חסדא שההוראה שמנין פוטר מתייחסת לרישא? ויש לומר שמה ששנינו ברישא "הגונב טלה מן העדר והחזירו ומת או נגנב חייב באחריותו" היא הוראה כללית, ולאחר מכן מפרטת המשנה שאם לא ידעו הבעלים בגניבתו הרי הוא חייב אף אם מנו את הצאן, אולם אם ידעו הבעלים [המוזכרים ברישא] בגניבתו נפטר הוא במנין (לחם אבירים בביאור דברי רש"י; לפירוש אחר במשנה עיין רא"ש).

פרה רבוצה בו ושטפה נהר דר' אלעזר לטעמיה ורבנן לטעמייהו: **מתני'** [א]הגוזל את חבירו [ב]או שהלוה הימנו [ג]או שהפקיד לו בישוב לא יחזיר לו במדבר על מנת לצאת במדבר יחזיר לו במדבר: **גמ'** ורמינהו מלוה משתלמת בכל מקום אבידה ופקדון אין משתלמין אלא במקומן אמר אביי ה"ק [ד]מלוה ניתנה ליתבע בכל מקום [ה]אבידה ופקדון לא ניתנו ליתבע אלא במקומן: על מנת לצאת במדבר: פשיטא [ו]לא צריכא דא"ל ליהוי האי פקדון גבך דאנא למדבר נפיקנא וא"ל איהו אנא למדבר נמי בעינא למיפק אי בעינא לאהדרינהו לך התם מהדרנא לך: **מתני'** [ז]האומר לחבירו גזלתיך הלויתני הפקדת אצלי ואיני יודע אם החזרתי לך אם לא החזרתי לך חייב לשלם [ח]אבל אם אמר לו איני יודע אם גזלתיך אם הלויתני אם הפקדת אצלי פטור מלשלם: **גמ'** (א) איתמר מנה לי בידך והלה אומר איני יודע רב הונא ורב יהודה אמרי חייב ור"נ ור' יוחנן אמרי [ט]פטור רב הונא ורב יהודה אמרי חייב ברי ושמא ברי עדיף ר"נ ור' יוחנן אמרי פטור [ג]אוקי ממונא בחזקת מריה תנן אבל אם אמר לו איני יודע אם הלויתני פטור ה"ד אילימא דלא קא תבע ליה רישא נמי דלא קא תבע ליה אמאי חייב אלא דקתבע ליה וקתני סיפא פטור מלשלם לא לעולם דלא קא תבע ליה ורישא בבא לצאת ידי שמים איתמר נמי א"ר חייא בר אבא א"ר יוחנן [י]האומר לחבירו מנה לי בידך והלה אומר איני יודע חייב בבא לצאת ידי שמים: **מתני'** [כ]הגונב טלה מן העדר והחזירו ומת או נגנב חייב באחריותו לא ידעו בעלים לא בגניבתו ולא בחזירתו ומנו את הצאן ושלימה היא פטור: **גמ'** אמר רב לדעת צריך דעת שלא לדעת מנין פוטר וכי קתני ומנו את הצאן והיא שלימה אסיפא ושמואל אמר בין לדעת בין שלא לדעת מנין פוטר וכי קתני ומנו והיא שלימה פטור אכולה ורבי יוחנן אומר לדעת מנין פוטר שלא לדעת אפי' מנין נמי לא צריך וכי קתני ומנו את הצאן והיא שלימה ארישא רב חסדא אמר [ל]לדעת מנין פוטר שלא לדעת צריך דעת וכי קתני ומנו את הצאן והיא שלימה ארישא אמר [ג]רבא

מ"ט

רש"י

פרה רבוצה כו'. וגזלן לא משכה והוי כקרקעות ולר"א דאמר שדה נגזלת קונה פרה עמה וחייב לשלם דמטלטלין נקנין אגב קרקע ולרבנן לא קנה שדה ולא פרה שבה: **מתני'** **לא יחזיר לו במדבר.** אם אין זה תובעו אין זה יכול לכופו לקבל חובו או פקדונו במדבר דלאו מקום שימור הוא: **על מנת לצאת למדבר.** קס"ד שאמר לו לוה זה על מנת שנלא למדבר ושם אפרע לך להכי פריך פשיטא והא מתנה בהדיא לקבלו במדבר: **גמ'** **ניתנה ליתבע.** אם ירלה מלוה דידו על העליונה: [ד]**אי בעית לאהדוריה ניהלך התם מהדרנא לך.** ואשמועינן תנא דאע"ג דלא תנאי גמור הוא דהא אי בעית קאמר אפ"ה כיון דידע דאיהו נמי למדבר נפיק על כרחו יקבלם: **רב הונא ורב יהודה אמרי חייב.** לשלם: **פטור.** ומיהו ישבע כדאמר שאין יודע שחייב לו כלום דלא עדיף שמא מברי דהא א"נ הוה טוען ליה אין לך בידי כלום הוי משביעין ליה שבועת היסת: **דקא תבע ליה.** וא"ל גזלתני דהוי טענת ברי: **לצאת ידי שמים.** וכיון דקא מודי דודאי גזליה לא נפיק ידי שמים עד דעביד השבה אבל סיפא הואיל ולא גזלן ידע ולא נגזל ידע ליכא שום טענת ברי לא לריך למיפק ידי שמים: **אתמר נמי.** דהיכא דבא ללאת ידי שמים אפילו מאן דפטר ליה מדיני אדם מודה דחייב היכא דאיכא קלת טענת ברי הלכך רב הונא דאוקמה רישא בדלא תבע הואיל ואיכא קלת ברי דהא גזלן ידע דגזליה מעיקרא חייב בבא ללאת ידי שמים: **מתני'** **חייב באחריותו.** דמכי גנבה קם ליה ברשותיה והשבה דעבד לאו השבה היא עד שמודע להו לבעלים: **ומנו את הצאן.** אחר שהחזירו והיא שלימה הרי יש כאן דעת בעלים: **גמ'** **לדעת צריך דעת.** אם הכירו הבעלים שנגנב מהן טלה לריך שיודיעם כשיחזירנה ואי לא הודע להו אע"ג דמנו את הלאן והיא שלימה עדיין חייב באחריותה דכיון דידע הויא ליה גזילה גמורה ובעינן השבה מעליותא: **שלא לדעת.** לא הכירו בעלים קודם חזרה שתהא נאנס חסירה כלום ולאחר חזרה מנו את הלאן והיא שלימה פוטר מנין: **אסיפא.** לא ידעו הבעלים בגניבתו ובחזרתו ומנו את הלאן והיא שלימה פטור אבל ידעו לא מהני מנין: **ושמואל אמר בין לדעת בין שלא לדעת מנין פוטר וכי קתני מנו את הצאן אכולה.** בין ידעו בין שלא ידעו והכי משמע מתני' הגונב טלה ורישא בשהכירו בה הבעלים וידעו שנגנבה מהן קאי מדקתני סיפא לא ידעו מכלל דרישא בידעו והחזירה ומת חייב באחריותו וכן לא ידעו בגניבתו ובחזירתו נמי חייב אבל מנו את הלאן והיא שלימה פטור בין רישא דידעו בין סיפא דלא ידעו: **ור' יוחנן אומר לדעת מנין פוטר שלא לדעת אפילו מנין לא צריך ומנו את הצאן ארישא.** והכי קתני הגונב טלה דהיינו ידעו אחרי כן והחזירו חייב באחריותן היכא דלא מנו אבל לא ידעו הבעלים בגניבתו ובחזרתו אפי' אין מנין או שמנו אפילו הואי ידיעה פטור: **ורב חסדא אמר לדעת מנין פוטר שלא לדעת צריך להודיעו.** אם לא הודיעו אע"ג דמנו חייב ומנו את הלאן ארישא והכי משמע מתני' חייב באחריות בין מנו בין לא מנו אימתי בזמן שלא ידעו בעלים בחזרתו ובגניבתו ואם מנו הנך דרישא את הלאן לאחר חזרה פטור:

מ"ט

תוספות

והלה אומר איני יודע. פי' אם הפקיד אללי אבל איני יודע אם החזרתי לך חייב לכ"ע כמו רישא דמתני' ולסיפא דמתני' הוא דמדמה לה בסמוך:

רב נחמן ורבי יוחנן אמרי פטור. וקי"ל כרב נחמן בדיני ופירש בקונטרס דמשביעין אותו שבועת היסת שאין יודע דלא עדיף מאילו היה כופר לגמרי ונראה דסובר בקונטרס כלישנא קמא דרב נחמן דפרק שבועת הדיינין (שבועות מ: ושם מא. ד"ה מאן) דארישא דקתני התם מנה לי בידך אין לך בידי כלום פטור קאמר רב נחמן ומשביעין אותו שבועת היסת אבל איכא דמתני לה אסיפא אמנה לי בידך וא"ל הן למחר א"ל תנהו לי נתתיו לך פטור דדוקא בסיפא דאיכא דררא דממונא קאמר ר"נ דמשביעין אותו שבועת היסת אבל ארישא לא וכן נראה הלכה כלשון הראשון דלישנא קמא סתמא דגמרא קאמר אבל לישנא בתרא רב חביבא הוא דמתני לה ובפ"ק דב"מ (דף ה. ושם ד"ה אין) גבי ההוא רעיא מייתי נמי לישנא קמא דר"נ אבל ר"ת אומר דמספק אין לחייבו שבועה היכא דליכא דררא דממונא כיון שיש ב' לשונות ובפ"ק דב"מ (שם) לאו דוקא נקט לישנא קמא דהא התם איכא דררא דממונא דאתו סהדי דאכיל תרי מינייהו ושמע ר"י שר"ת היה מניח לדיינין לחייב היכא דליכא דררא דממונא רק שהוא לא היה רוצה לדון כן היכא דמודה שחייב לו אלא שטוען לו פרעתי ראה ר"י (א) ר"ת לחייב שבועה אע"ג דליכא עדים בההיא הודאה והיה יכול לכפור בשעה שטען שפרעתי ואמר דחשיב שפיר דררא דממונא כמו ההיא דנתתיו לך אע"ג דבהך הודאה יש עדים ולפי פשט הלכה משמע דלמאן דמתני אסיפא חשיב לה דררא דממונא משום דאיכא עדים בהודאה שא"ל אתמול הן ואין יכול עתה לכפור ורב האי גאון פי' כמו כן דלא משביעין ליה היכא דליכא דררא דממונא ומיהו משמתין ליה על תנאי שיהא בשמתא אם הוא חייב ואינו מודה לו:

שלא לדעת מנין נמי לא צריך. והא דאמר ר' אלעזר לעיל בהכונס (ד' מ.) הכל לריכין דעת בעלים חוץ מהשבת אבידה אין ל"ל דפליג אהא אלא יש לפרש הכל לריכין דעת בעלים היכא דהוי לדעת חוץ מהשבת אבידה שאין לריך אפי' הוי לדעת שידוע שאבדה לו אותה אבידה:

מאי

מסורת הש"ס

א) כתובות יב: ב"מ לז: קטז: ע"ש ב"ב קלה., ב) [קידושין מה: וש"נ], ג) [ברי"ף איתא רבה], ד) כן העתיק הב"י בגמרא וברש"י וכ"כ הש"ך בשם רש"ל.

הגהות הב"ח

(א) תום' ד"ה רב נחמן וכו' ראה ר"י את ר"ת שחייב:

ליקוטי רש"י

רב הונא ורב יהודה אמרי חייב. לשלם [כתובות יב:]. **ברי ושמא** ברי עדיף [ב"מ צז:]. **ור"נ ורב יוחנן אמרי פטור.** מלשלם ומכל מקום משביעין ליה שבועת היסת שכן הוא כדבריו שאינו יודע שהוא חייב לו [כתובות שם]. **אוקי ממונא בחזקת מריה.** ולא תפקיע מספיקא [ב"מ שם]. **בבא לצאת ידי שמים.** מאליו בא לימלך מה יעשה ולא יענש [ב"מ לז.].

עין משפט נר מצוה

קטו א מיי' פ"א מהל' גזילה ואבידה הל' ז סמג עשין עג טוש"ע ח"מ סי' שסו סעי' ד [רב אלפס כאן ובב"מ פ"ג דף פז. ושם כל הסוגיא]:

קטז ב מיי' פי"ג מהל' מלוה ולוה הל' ח סמג עשין לד טוש"ע ח"מ סי' עד ס"א:

קיז ג מיי' פ"ז מהל' שאלה ופקדון הל' יא סמג עשין כח טוש"ע ח"מ סי' רלג סעיף ב:

קיח ד מיי' פי"ג מהל' מלוה ולוה הל' ח סמג עשין לד טוש"ע ח"מ סי' עד סעיף א:

קיט ה מיי' פ"ז מהל' שאלה ופקדון הל' יא סמג עשין פח טוש"ע ח"מ סי' רלג סעיף א:

קכ ו (מיי' שם) טוש"ע ח"מ סי' עד סעיף א בהג"ה וסי' רלג סעיף ב:

קכא ז ח מיי' פ"א מהל' טוען ונטען הל' ט סמג עשין לה טוש"ע ח"מ סי' עה סעי' י וסי' שסה סעיף ב בהג"ה:

קכב ט י מיי' שם סמג שם טוש"ע ח"מ סי' עה סעיף ט:

קכג כ ל מיי' פ"ד מהל' גניבה הל' יב סמג עשין עא טוש"ע ח"מ סי' שנה סעיף ב:

מ"ט דרב חסדא הואיל (א) ואנקטה נגרי ברייתא ומי אמר רבא הכי והאמר רבא האי מאן דחזייה לחבריה דאגבה אימרא מעדרא דידיה ורמא ביה קלא ושדייה ולא ידע אי הדריה אי לא הדריה ומת או נגנב חייב באחריותו מאי לאו אע"ג דמני לא דלא מני ומי אמר רב הכי והאמר רב החזירו לעדר שבמדבר יצא אמר רב חנן בר אבא מודה רב (א) א ברקועתא לימא כתנאי ב הגונב טלה מן העדר וסלע מן הכיס למקום שגנב יחזיר דברי רבי ישמעאל ר"ע אומר צריך דעת בעלים סברוה דכולי עלמא אית להו דרבי יצחק דאמר רבי יצחק ג ב אדם עשוי למשמש בכיסו בכל שעה מאי לאו בסלע לדעת ובפלוגתא דרב ושמואל ד (לא) בטלה שלא לדעת ובפלוגתא דרב חסדא ור' יוחנן אמר רב זביד משמיה דרבא ג בשומר שגנב מרשות בעלים כ"ע לא פליגי כדרב חסדא והכא בשומר שגנב מרשותו (ב) שיחזיר למקום שגנב קמיפלגי ר"ע סבר ד כלתה לו שמירתו ור' ישמעאל סבר לא כלתה לו שמירתו לימא מנין פוטר תנאי היא דתניא ה ה הגוזל את חבירו והבליע לו בחשבון תני חדא ו יצא ותניא אידך לא יצא סברוה דכ"ע אית להו ו דר' יצחק דאמר אדם עשוי למשמש בכיסו בכל שעה ושעה מאי לאו בהא קמיפלגי דמ"ד יצא סבר מנין פוטר ומאן דאמר לא יצא סבר מנין אינו פוטר אמרי אי סבירא לן כר' יצחק כ"ע לא פליגי דמנין פוטר אלא בדרבי יצחק קמיפלגי מר אית ליה דר' יצחק ומר לית ליה דר' יצחק ואי בעית אימא דכ"ע אית להו דר' יצחק ולא קשיא הא דמני ורמא ליה בכיסיה והא דמני ורמא לידיה ואיבעית אימא אידי ואידי דמני ורמא בכיסיה הא דאית ליה זוזי אחריני בכיסיה הא דלית ליה זוזי אחריני בכיסיה: **מתני'** ז אין לוקחין מן הרועים צמר וחלב וגדיים ח ולא משומרי פירות עצים ופירות ט אבל לוקחין מן הנשים כלי צמר ביהודה וכלי פשתן בגליל ועגלים בשרון י וכולן שאמרו להטמין אסור כ ולוקחין ביצים ותרנגולין מכל מקום: **גמ'** ת"ר ל אין לוקחין מן הרועים לא עזים ולא גדיים ולא גיזין ולא תלושין של צמר אבל לוקחין מהן תפורין מפני שהן שלהן ולוקחין מהן חלב וגבינה במדבר ולא בישוב ולוקחין מהן ד' וה' צאן ד' וה' גיזין אבל לא שתי צאן ולא שתי גיזין ר"י אומר בייתות לוקחין מהן מדבריות אין לוקחין מהן מ כללו של דבר כל שהרועה מוכר ובעל הבית מרגיש בו לוקחין מהן אין מרגיש בו אין לוקחין מהן אמר מר לוקחין מהן ד' וה' צאן ד' וה' גיזין השתא יש לומר ארבעה זבנינן חמשה מיבעיא א"ר חסדא ארבעה מתוך חמשה ואיכא דאמרי א"ר חסדא נ ארבעה מעדר קטן וחמש מעדר גדול הא גופא קשיא אמרת ד' וה' צאן ד' וה' גיזין ד' וה' אין אבל שלש לא אימא סיפא אבל לא שתי צאן הא שלש זבנינן לא קשיא הא בברייתא הא בכחישתא: ר"י אומר בייתות לוקחין מהן מדבריות אין לוקחין מהן כו': איבעיא להו ר"י ארישא קאי ולחומרא או דלמא אסיפא קאי ולקולא ארישא קאי ולחומרא דאמר לוקחין מהן ארבעה וחמשה צאן הני מילי בייתות אבל מדבריות אפילו ארבעה וחמשה לא או דלמא אסיפא קאי ולקולא דאמר אבל לא שתי צאן ולא שתי גיזין הני מילי מדבריות אבל בייתות שתים נמי לוקחין ת"ש דתניא ר"י אומר לוקחין בייתות מהן ואין לוקחין מהן מדבריות ובכל מקום לוקחין מהן ארבעה וחמשה צאן מדאמר

מ"ט דרב חסדא. בשלמא טעמא דכולהו ניחא דעדיף להו לדעת משלא לדעת ועוד מתני' ניחא לתרוצי כוותייהו טפי: הואיל ואנקטה נגרי ברייתא. למדה לצאת חוץ ומעתה צריכה שימור יפה וכיון דלא ידעו בעלים לא מזדהרי בה אבל לדעת מנין פוטר שהרי הכירו שנגנבה והחזירה ומעכשיו יזהרו בה: האי מאן דחזייה לחבריה דאגבה אימרא מעדרא דידיה. כדי לגונבה: אע"ג דמני. אלמא לדעת צריך דעת: החזירו לעדר. שיש לו לבעל הבית במדבר יצא ואע"ג דליכא לא לדעת ולא מנין ורב לא סגי ליה בלאו חד מהני: ברקועתא. שהטלה ניכר הוא כשנגנב וניכר הוא לרועה במדבר כשניתוסף על צאנו ואפי' לא מנה: אית להו דרבי יצחק. והבעלים יודעין בגניבתו שמנו והיא חסירה ולאחר חזרה מנו והיא שלימה: מאי לאו בסלע. פליגי לדעת כדפרישית וידעו הבעלים בגניבתו וקאמר רבי ישמעאל מנין פוטר שאדם עשוי למשמש בכיסו ומנה והיא שלימה פטור וכשמואל דאמר לדעת מנין פוטר ור"ע כרב דאמר לדעת צריך דעת: בטלה פליגי שלא לדעת ובפלוגתא דרב חסדא ור' יוחנן. דרבי ישמעאל דאמר למקום שגנב יחזיר כרבי יוחנן דאמר שלא לדעת אפילו מנין לא צריך ור"ע כרב חסדא דאמר שלא לדעת צריך דעת: ה"ג א"ר זביד משמיה דרבא בגונב מרשות בעלים דכ"ע לא פליגי. דסבירא להו כרב חסדא כדמפרש טעמא משום דאנקטה ניגרי ברייתא והכא בשומר שגנב מרשות עצמו עסקינן ובעי למפטר נפשיה מן הבעלים בטענת גניבה או אבידה וכ"ע כרב חסדא דאמר שלא מדעת צריך דעת: ר"ע סבר. כיון שנעשה גנב כלתה שמירתו דתו לא מהימן להו לבעלים דהא ה"ל גונב שלא לדעת צריך דעת ולא אמרינן סגיא בדעת שומר והא איהו ידע בחזירתו: ורבי ישמעאל סבר. עדיין הוא שומר עליו וסגי בדעת דידיה: והבליע לו בחשבון. לאחר זמן לקח הימנו מקח וכשנתן לו דמים הוסיף עליהם מעות הגזילה והבליע בחשבון שהיה בוש לומר הרי גזילתך יצא: אדם עשוי למשמש. ולמנות כמה בכיסו וזה מיד מנה אחריו ומצא יותר מדמי המקח והכיר שהחזיר לו גזילתו: לית ליה דר' יצחק. וליכא מנין: הא. דקתני לא יצא דמני גזלן ורמא לידיה דנגזל הלכך איכא למימר דהשליכו זה לתיבתו ולא מנאן: והא. דקתני יצא דמני גזלן ורמא לכיסיה דנגזל וכיון דאית לן דר' יצחק מנין פוטר: אית ליה זוזי אחריני בכיסיה. ולא ידע כמה: מתני' אין לוקחין מן הרועים. דאיכא למימר שמא גנבו מצאנו של בעל הבית המסור להם: צמר ביהודה ופשתן בגליל. זו היא מלאכת הנשים והן עצמן עושות ומוכרות ולדעת בעליהן הוא: ועגלים. הרועים בשרון ברחבה לעין כל מאחר שמוכרין בפרהסיא לא גנבום ל"א שרון שם מקום ומקום גידול עגלים הוא ולוקחין עגלים בזול ומגדלין אותן ושלהן הן לשון זה עיקר דתניא במנחות בפרק כל קרבנות (דף פז.) אילים ממואב וכבשים מחברון עגלים משרון: גמ' ולא תלושין. שנתלש הצמר שבעל הרחל מעט מעט: תפורים. בגדים תפורים דאי נמי גנבו קננהו בשינוי: חלב וגבינה במדבר. דאין דרך בעלים לילך שם וליטלם והרועה נטלן: אבל לא בישוב. שדרך להביאו לבית בעל הבית: ארבע וחמש צאן. שחסרונן ניכר בעדר ואין יכול לישמט ולומר זאב טרפה: בייתות לוקחין מהן. שהרי בעל הבית יודע מניינם: מרגיש. מבין: ארבע מתוך חמש. אם לא היה לו בעדר אלא חמש צאן ומוכר מהן ארבע מותר ליקח דכולי האי לא גניב מדבר מועט: בברייתא. בריאות עין בעל הבית תמיד עליהן ומרגיש בשלם: בכחושות. אין חשובות לו ואין עינו עליהם לפיכך אין מרגיש כלומר אין יודע כשמוכרם זה: ארישא קאי. ארבע וחמש דשרי ת"ק: אסיפא. שתי צאן דקאסר ת"ק: מדקאמר

ז **מאי** לאו בסלע כו' ובטלה שלא לדעת. סתם כיס רגיל להיות לדעת כיון שעשוי למשמש בכיסו וסתם טלה רגיל להיות שלא לדעת להכי נקט בהא לדעת ובהא שלא לדעת:

חמש מבעיא. מפורש במס' שבת בפרק במה אשה (דף ס: ושם ד"ה השתא) גבי שמעתא דסנדל המסומר:

הדרן עלך הגוזל בתרא
וסליקא מסכת בבא קמא

עין משפט
נר מצוה

קכד א [עיין במגיד משנה בפ"ד מהל' גניבה הל' יב] [רב אלפס כאן ובב"מ פ"ג דף פה.]:
קכה ב מיי' פ"א מהל' גזילה ואבידה הל' ח ופ"ד מהל' גניבה הל' י ועיין בהשגות ובמ"מ סמג עשין עא טוש"ע ח"מ סי' שנה סעיף א:
קכו ג ד מיי' פ"ד מהל' גניבה הל' י ועיין בהשגות ובמ"מ טוש"ע שם סעיף ג:
קכז ה ו מיי' פ"א מהל' גזילה ואבידה הל' ח טוש"ע שם סעיף א וסי' שמו סעי' ב בהג"ה:
קכח ז מיי' פ"ו מהל' גניבה הל' א סמג עשין עא טוש"ע ח"מ סי' שנח סעיף א:
קכט ח מיי' שם הל' ג טוש"ע שם סעיף ב:
קל ט מיי' שם הל' ד טוש"ע שם סעי' ה:
קלא י מיי' שם טוש"ע שם ובסעיף ג:
קלב כ מיי' שם טוש"ע שם סעיף ה:
קלג ל מ נ מיי' שם הל' א והל' ב טוש"ע שם סעיף א:

מסורת הש"ס

א) [לעיל נז.], ב) ב"מ מ:, ג) [שם כא:], ד) ס"א ל"ג, ה) שם סד., ו) שם כא:, ז) עיין ברש"א.

הגהות הב"ח

(א) גמ' מודה רב ברקועתא. נ"ב טלוא תרגום אונקלוס רקוע וכן הוא במסכת שבת דף קז: (ב) שם שהחזיר למקום שגנב קמיפלגי:

ליקוטי רש"י

נגרי. פסיעות [לעיל נז.]. אימרא. שה [ברכות סב.]. צריך דעת בעלים. ואם לא הודיעם חייב באחריותם אם מת או נגנב דמשקליה קם ליה ברשותיה והשבה בלא ידיעה לאו השבה היא [ב"מ מא.].

מַאי טַעְמָא דְּרַב חִסְדָּא — מהו טעמו של רב חסדא המחמיר בגונב שלא לדעת[1]? **הוֹאִיל וְאַנְקְטָהּ נִגְרֵי בָּרָיְיתָא** — כיון שלימד את הבהמה לצאת חוץ למקום העדר, ומעתה צריך לשומרה היטב שלא תצא. לפיכך, אם גנב אותה שלא לדעת עליו להחזירה לדעת כדי שידעו הבעלים שנגנבה וישמרוה היטב, ואם לא הודיעם חייב באחריותה[2]. אולם אם גנבה לדעת מנין פוטר, שהרי הבעלים יודעים שנגנבה והחזירה ומעתה ישמרוה היטב[3].

הגמרא מניחה שרבא המבאר את דעת רב חסדא סובר כמוהו[4], ולפיכך היא מקשה:

וּמִי אָמַר רָבָא הָכִי — האמנם אמר רבא כן, שבגונב לדעת מנין פוטר כדעת רב חסדא? **וְהָאָמַר רָבָא: הַאי מַאן דְּחַזְיֵיהּ לְחַבְרֵיהּ דְּאַגְבַּהּ אִימְּרָא מֵעֶדְרָא דִּידֵיהּ** — מי שראה את חבירו שהגביה כבש מהעדר שלו כדי לגונבו, **וּרְמָא בֵּיהּ קָלָא** — והרים עליו את קולו, **וְשַׁדְיֵיהּ** — והשליך הגנב את הכבש, **וְלֹא יָדַע** הבעלים **אִי הַדְרֵיהּ אִי לֹא הַדְרֵיהּ** — אם החזירו הגנב לעדר אם לא החזירו, ולאחר מכן **מֵת** הכבש **אוֹ נִגְנַב**[5], **חַיָּיב** הגנב **בְּאַחֲרָיוּתוֹ. מַאי לַאו אַף עַל גַּב דְּמָנֵי** — וכי אין הוראה זו אמורה אף על פי שקודם שהכבש מת [או נגנב] מנה הבעלים את צאנו ונמצא שלם[6]? הרי שרבא סובר שבגונב לדעת אין מנין פוטר, כדעת רב, וזוהי סתירה לדבריו הקודמים[7]!

מתרצת הגמרא:

לֹא! מדובר **דְּלֹא מָנֵי** — שלא מנה הבעלים את צאנו קודם שמת הכבש[8].

הגמרא עוברת להקשות על דעת רב:

וּמִי אָמַר רַב הָכִי — האמנם אמר רב כן, שאין הגנב נפטר אלא בדעת (בגונב לדעת) או במנין (בגונב שלא לדעת)? **וְהָאָמַר רַב:** אם **הֶחֱזִירוֹ** הגנב (את הטלה) **לְעֵדֶר** של הבעלים **שֶׁבַּמִּדְבָּר יָצָא** ידי חובת השבה ונפטר מאחריותו. הרי שרב פוטר את הגנב אף אם החזירו בלא דעת ובלא מנין, וזוהי סתירה לדבריו הקודמים!

מתרצת הגמרא:

אָמַר רַב חָנָן בַּר אַבָּא: מוֹדֶה רַב בִּרְקוּעֲתָא — בטלה טלוא[9] [או בעל סימן היכר אחר] שאין צריך דעת או מנין בהחזרתו, משום שחסרונו ניכר, וכשמחזירו במדבר ניכר לרועה שהחזירו אף בלא מנין[10].

הגמרא מנסה לתלות את מחלוקת האמוראים דלעיל במחלוקת תנאים:

לֵימָא כְּתַנָּאֵי — האם נאמר שנדון זה שנוי במחלוקת תנאים בברייתא הבאה: **הַגּוֹנֵב טָלֶה מִן הָעֵדֶר,** וְכן הגונב **סֶלַע מִן הַכִּיס,** ובא להחזירם, **לְמָקוֹם שֶׁגָּנַב יַחֲזִיר** את הגניבה, ואפילו שלא לדעת הבעלים, **דִּבְרֵי רַבִּי יִשְׁמָעֵאל. רַבִּי עֲקִיבָא אוֹמֵר: צָרִיךְ** להחזירם **לְדַעַת** ה**בְּעָלִים. סַבְרוּהָ** — סברו בני הישיבה **דְּכוּלֵּי עָלְמָא אִית לְהוּ דְּרַבִּי יִצְחָק** — שכולם (רבי ישמעאל ורבי עקיבא) סוברים כרבי יצחק, **דְּאָמַר רַבִּי יִצְחָק: אָדָם עָשׂוּי לְמַשְׁמֵשׁ בְּכִיסוֹ בְּכָל שָׁעָה** כדי למנות את מעותיו ולבדוק שלא אבדו, ואם כן בגונב סלע מן הכיס ודאי הכירו הבעלים בגניבתו ובחזרתו[11]. **מַאי לַאו** — והנה, האם אין הם חולקים **בְּ**גונב **סֶלַע לְדַעַת** הבעלים, כפי שנתבאר[12], **וּבִפְלוּגְתָּא דְּרַב וּשְׁמוּאֵל** — ונחלקו במחלוקתם של רב ושמואל בענין גניבה לדעת[13]. שרבי ישמעאל שהורה "למקום שגנב יחזיר" סובר כדעת שמואל, שבגניבה לדעת מנין פוטר, ומאחר שאדם עשוי למשמש בכיסו בכל שעה ודאי מנה הבעלים את מעותיו לאחר שהחזיר את הסלע ומצאן שלימות, ולפיכך נפטר הגנב מאחריותו. ואילו רבי עקיבא סובר כדעת רב, שאם גנב לדעת צריך להחזיר לדעת, ומאחר שגנב את הסלע לדעת הבעלים עליו להחזירו לדעתם[14]. **(לא)** כמו כן, האם אין הם חולקים **בְּ**גונב **טָלֶה שֶׁלֹּא לְדַעַת** הבעלים[15], **וּבִפְלוּגְתָּא דְּרַב חִסְדָּא וְרַבִּי יוֹחָנָן** — ונחלקו במחלוקתם של רב חסדא ורבי יוחנן בענין גונב בהמה שלא לדעת. שרבי ישמעאל שהורה "למקום שנטל יחזיר" סובר כדעת רבי יוחנן, שבגניבה שלא לדעת אין צריך אפילו מנין[16], ואילו רבי עקיבא סובר כדעת רב חסדא, שהגונב בהמה שלא לדעת צריך להחזירה לדעת[17].

דוחה הגמרא:

אָמַר רַב זְבִיד מִשְּׁמֵיהּ (בשמו) **דְּרָבָא: (בשומר שגנב) [בְּגוֹנֵב]**[18] טלה שלא לדעת **מֵרְשׁוּת הַבְּעָלִים כּוּלֵּי עָלְמָא לֹא פְּלִיגֵי כִּדְרַב**

הערות

1. טעמם של שאר האמוראים (רב ורבי יוחנן) המחלקים בין גניבה לדעת לגניבה שלא לדעת מובן, משום שהם מחמירים יותר בגניבה לדעת (ראה לעיל עמוד א הערה 24), אולם רב חסדא מחמיר יותר בגניבה שלא לדעת ולפיכך שואלת הגמרא מהו טעמו. ועוד יש לומר שהגמרא שואלת דוקא על רב חסדא משום שהמשנה מתפרשת טוב יותר לפי שאר האמוראים (רש"י; ראה לעיל עמוד א הערות 22, 30 ו־32; אמנם עיין רשב"א).

2. כלומר, כיון שלימדה לצאת חוץ למקום העדר אין השבתו נחשבת השבה עד שיודיע לבעלים, ולפיכך אם מתה או אבדה חייב באחריותה (עיין תוספות יום טוב ופני יהושע). ויש אומרים שאין הגנב חייב אלא בהיזק הנגרם מחמתו, כגון שהחזיר את הבהמה שלא לדעת ויצאה חוץ למקום העדר ונאבדה, אולם אם מתה אין הוא חייב באחריותה (רבינו עובדיה מברטנורא; לנדון בענין זה עיין חידושי רבינו מאיר שמחה).

3. רש"י.

לפי טעם זה, הוראת רב חסדא בגונב שלא לדעת מתייחסת רק לגונב דבר שיש בו רוח חיים. ויש להסתפק אם בגונב דבר שאין בו רוח חיים סובר הוא כרב ושמואל שמנין פוטר, או כרבי יוחנן שאין צריך אפילו מנין. אמנם בגונב לדעת אין חילוק בין דבר שיש בו רוח חיים לדבר שאין בו רוח חיים, ובשני המקרים הוא סובר שמנין פוטר (עיין רי"ף ומשנה למלך הלכות גניבה ד, יב).

4. משנה למלך שם; עיין גם רשב"א; ראה להלן הערה 7.

5. כלומר, לאחר שמת או נגנב התברר שזהו הכבש שנגנב מתחילה.

6. שהרי מסתימת דברי רבא משמע שמדובר אף במקרה כזה (רשב"א).

7. רש"י.

ואין לומר שרבא סובר כרב רק בגונב לדעת, אולם בגונב שלא לדעת סובר הוא כרב חסדא (שצריך להחזיר לדעת), וכפי שביאר את טעמו לעיל, שהרי אם בגונב לדעת צריך להחזיר לדעת, בהכרח שמה ששנינו במשנתנו שמנין פוטר מתייחס לגונב שלא לדעת (רשב"א).

8. אולם אילו מנאו היה הגנב פטור, כדעת רב חסדא ש"לדעת מנין פוטר".

9. היינו, שעורו מכוסה כתמים (ראה הגהות הב"ח, א).

10. רש"י.

אף שהגניבה היתה לדעת, שהרי הרועה ודאי הבחין בחסרונו של הטלה, מכל מקום מאחר שהחזרתו ניכרת הרי הוא כמחזיר לדעת (רשב"א בפירושו השני; אמנם עיין רש"ש; ראה גם חידושי רבי משה קזיס).

11. רש"י.

12. רש"י. כלומר, מאחר ש"אדם עשוי למשמש בכיסו בכל שעה" ודאי הכירו הבעלים שהסלע נגנב מהם (עיין גם תוספות ד"ה מאי). ואף לדעה ש"גניבה לדעת" אינה אלא כשהבעלים ראו את הגנב (ראה לעיל עמוד א הערה 26) בהכרח מדובר כאן באופן כזה, שהרי בגונב סלע שלא לדעת הכל מודים שמנין פוטר (ראה לעיל הערה 3), ואף רבי עקיבא לא היה מצריך להחזירו לדעת הבעלים (עיין רשב"א ובעל המאור).

13. אף שגם רבי יוחנן ורב חסדא נחלקו על רב בענין זה, מכל מקום הגמרא מזכירה את שמואל משום שהוא בעל מחלוקתו של רב (רשב"א).

14. רש"י.

15. סתם גניבת טלה היא שלא לדעת הבעלים, שהרי אין דרכו של אדם למנות את צאנו בכל שעה ושעה (תוספות ד"ה מאי; ראה הערה הבאה).

16. מדברי רבי ישמעאל ("למקום שנטל יחזיר") משמע שהגנב נפטר אפילו בלא מנין, שהרי אין דרכו של אדם למנות את צאנו בכל שעה ושעה, ובהכרח איפוא שהוא סובר כרבי יוחנן (רשב"א).

17. רש"י.

מדברי רבי עקיבא ("צריך דעת בעלים") משמע שהגנב אינו נפטר במנין, ובהכרח שהוא סובר כרב חסדא (רשב"א). נמצא איפוא שרבי עקיבא סובר בגניבה לדעת כרב ובגניבה שלא לדעת כרב חסדא, ואילו רבי ישמעאל סובר בשני המקרים כרבי יוחנן.

18. על פי רש"י ורשב"א; ראה שינויי נוסחאות [פרנקל].

מ"ט דרב חסדא הואיל (א) ואנקטה נגרי ברייתא ומי אמר רבא הכי והאמר רבא האי מאן דחזייה לחבריה דאגבה אימרא מעדרא דידיה ורמא ביה קלא ושדייה ולא ידע אי הדריה אי לא הדריה ומת או נגנב חייב באחריותו מאי לאו אע"ג דמני לא דלא מני ומי אמר רב הכי והאמר רב החזירו לעדר שבמדבר יצא אמר רב חנן בר אבא מודה רב (א) א ברקועתא לימא כתנאי ג) הגונב טלה מן העדר וסלע מן הכיס למקום שגנב יחזיר דברי רבי ישמעאל ר"ע אומר צריך דעת בעלים סברוה דכולי עלמא אית להו דרבי יצחק דאמר רבי יצחק ג) ב אדם עשוי למשמש בכיסו בכל שעה מאי לאו בסלע לדעת ובפלוגתא דרב ושמואל ד) (לא) בטלה שלא לדעת ובפלוגתא דרב חסדא ור' יוחנן אמר רב זביד משמיה דרבא ג בשומר שגנב מרשות בעלים כ"ע לא פליגי כדרב חסדא והכא בשומר שגנב מרשותו (ב) שיחזיר למקום שגנב קמיפלגי ר"ע סבר ד כלתה לו שמירתו ור' ישמעאל סבר לא כלתה לו שמירתו לימא מנין פוטר תנאי היא דתניא ה) ה הגוזל את חבירו והבליע לו בחשבון תני חדא ו יצא ותניא אידך לא יצא סברוה דכ"ע אית להו ו) דר' יצחק דאמר אדם עשוי למשמש בכיסו בכל שעה ושעה מאי לאו בהא קמיפלגי דמ"ד יצא סבר מנין פוטר ומאן דאמר לא יצא סבר מנין אינו פוטר אמרי אי סבירא לן כר' יצחק כ"ע לא פליגי דמנין פוטר אלא בדרבי יצחק קמיפלגי מר אית ליה דר' יצחק ומר לית ליה דר' יצחק ואי בעית אימא דכ"ע אית להו דר' יצחק ולא קשיא הא דמני ורמא ליה בכיסיה והא דמני ורמא לידיה ואיבעית אימא אידי ואידי דמני ורמא בכיסיה הא דאית ליה זוזי אחריני בכיסיה הא דלית ליה זוזי אחריני בכיסיה: **מתני'** ז אין לוקחין מן הרועים צמר וחלב וגדיים ח ולא משומרי פירות עצים ופירות ט אבל לוקחין מן הנשים כלי צמר ביהודה וכלי פשתן בגליל ועגלים בשרון י וכולן שאמרו להטמין אסור כ ולוקחין ביצים ותרנגולין מכל מקום: **גמ'** ת"ר ל אין לוקחין מן הרועים לא עזים ולא גדיים ולא גיזין ולא תלושין של צמר אבל לוקחין מהן תפורין מפני שהן שלהן ולוקחין מהן חלב וגבינה במדבר ולא בישוב ולוקחין מהן ד' וה' צאן ד' וה' גיזין אבל לא שתי צאן ולא שתי גיזין ר"י אומר בייתות לוקחין מהן מדבריות אין לוקחין מהן מ כללו של דבר כל שהרועה מוכר ובעל הבית מרגיש בו לוקחין מהן אין מרגיש בו אין לוקחין מהן אמר מר לוקחין מהן ד' וה' צאן ד' וה' גיזין השתא יש לומר ארבעה זבנינן חמשה מיבעיא א"ר חסדא ארבעה מתוך חמשה ואיכא דאמרי א"ר חסדא נ ארבעה מעדר קטן וחמש מעדר גדול הא גופא קשיא אמרת ד' וה' צאן ד' וה' גיזין ד' וה' אין אבל שלש לא אימא סיפא אבל לא שתי צאן הא שלש זבנינן לא קשיא הא בברייתא הא בכחישתא: ר"י אומר בייתות לוקחין מהן מדבריות אין לוקחין מהן כו': איבעיא להו ר"י ארישא קאי ולחומרא או דלמא אסיפא קאי ולקולא ארישא קאי ולחומרא דאמר לוקחין מהן ארבעה וחמשה צאן הני מילי בייתות אבל מדבריות אפילו ארבעה וחמשה לא או דלמא אסיפא קאי ולקולא דאמר אבל לא שתי צאן ולא שתי גיזין הני מילי מדבריות אבל בייתות שתים נמי לוקחין ת"ש דתניא ר"י אומר לוקחין בייתות מהן ואין לוקחין מהן מדבריות ובכל מקום לוקחין מהן ארבעה וחמשה צאן
מדאמר

מ"ט דרב חסדא. בשלמא טעמא דכולהו ניחא דעדיף להו לדעת משלא לדעת ועוד מתני' ניחא לתרולי כוותייהו טפי: הואיל ואנקטה נגרי ברייתא. למדה לצאת חוץ ומעתה צריכה שימור יפה וכיון דלא ידעו בעלים לא מזדהרי בה אבל לדעת מנין פוטר שהרי הכירו שנגנבה והחזירה ומעכשיו יזהרו בה: האי מאן דחזייה לחבריה דאגבה אימרא מעדרא דידיה. כדי לגונבה: אע"ג דמני. אלמא לדעת צריך דעת: החזירו לעדר. שיש לו לבעל הבית במדבר יצא ואע"ג דליכא לא לדעת ולא מנין ורב לא סגי ליה בלאו חד מהני: ברקועתא. שהטלה ניכר הוא כשנגנב וניכר הוא לרועה במדבר כשניתוסף על לאנו ואפי' לא מנה: אית להו דרבי יצחק. והבעלים יודעין בגניבתו שמנו והיא חסירה ולאחר חזרה מנו והיא שלימה: מאי לאו בסלע. פליגי לדעת כדפרישית וידעו הבעלים בגניבתו וקאמר רבי ישמעאל מנין פוטר שאדם עשוי למשמש בכיסו ומנה והיא שלימה פטור וכשמואל דאמר לדעת מנין פוטר ור"ע כרב דאמר לדעת צריך דעת: בטלה פליגי שלא לדעת ובפלוגתא דרב חסדא ור' יוחנן. דרבי ישמעאל דאמר למקום שגנב יחזיר כרבי יוחנן דאמר שלא לדעת אפילו מנין לא צריך ור"ע כרב חסדא דאמר שלא לדעת צריך דעת: ה"ג א"ר זביד משמיה דרבא בגונב מרשות בעלים דכ"ע לא פליגי. דסבירא להו כרב חסדא כדמפרש טעמא משום דאנקטה ניגרי ברייתא והכא בשומר שגנב מרשות עצמו עסקינן ובעי למפטר נפשיה מן הבעלים בטענת גניבה או אבידה וכ"ע כרב חסדא דאמר שלא מדעת צריך דעת: ר"ע סבר. כיון שנעשה גנב כלתה שמירתו דתו לא מהימן להו לבעלים דהא ה"ל גונב שלא לדעת צריך דעת ולא אמרינן סגיא בדעת שומר והא איהו ידע בחזירתו: ורבי ישמעאל סבר. עדיין הוא שומר עליו וסגי בדעת דידיה: והבליע לו בחשבון. לאחר זמן לקח הימנו מקח וכשנתן לו דמים הוסיף עליהם מעות הגזילה והבליע בחשבון שהיה בוש לומר הרי גזילתך יצא: אדם עשוי למשמש. ולמנות כמה בכיסו וזה מיד מנה אחריו ומצא יותר מדמי המקח והכיר שהחזיר לו גזילתו: לית ליה דר' יצחק. וליכא מנין: הא. דקתני לא יצא דמני גזלן ורמא לידיה דנגזל הלכך איכא למימר דהשליכו זה לתיבתו ולא מנאן: והא. דקתני יצא דמני גזלן ורמא לכיסיה דנגזל וכיון דאית לן דר' יצחק מנין פוטר: אית ליה זוזי אחריני בכיסיה. ולא ידע כמה: מתני' אין לוקחין מן הרועים. דאיכא למימר שמא גנבו מנאו של בעל הבית המסור להם: צמר ביהודה ופשתן בגליל. זו היא מלאכת הנשים והן עצמן עושות ומוכרות ולדעת בעליהן הוא: ועגלים. הרועים בשרון ברחבה לעין כל מאחר שמוכרין בפרהסיא לא גנבום ל"א שרון שם מקום ומקום גידול עגלים הוא ולוקחין עגלים בזול ומגדלין אותן ושלהן הן לשון זה עיקר דתניא במנחות בפרק כל קרבנות (דף פז.) אילים ממואב וכבשים מחברון עגלים משרון: **גמ'** ולא תלושין. שנתלש הצמר שעל הרחל מעט מעט: תפורים. בגדים תפורים דאי נמי גנבו קננהו בשינוי: חלב וגבינה במדבר. דאין דרך בעלים לילך שם וליטלם והרועה נוטלן: אבל לא בישוב. שדרך להביאו לבית בעל הבית: ארבע וחמש צאן. שחסרונן ניכר בעדר ואין יכול לישמט ולומר זאב טרפה: בייתות לוקחין מהן. שהרי בעל הבית יודע מניינם: מרגיש. מבין: ארבע מתוך חמש. אם לא היה לו בעדר אלא חמש לאן ומוכר מהן ארבע מותר ליקח דכולי האי לא גניב מדבר מועט: בברייתא. בריאות עין בעל הבית תמיד עליהן ומרגיש בשלש: בכחושות. אין חשובות לו ואין עינו עליהם לפיכך אין מרגיש כלומר אין יודע כשמוכרם זה: ארישא קאי. ארבע וחמש דשרי ת"ק: אסיפא. שתי לאן דקאסר ת"ק:
מדקאמר

ז) **מאי** לאו בסלע כו' ובטלה שלא לדעת. סתם כיס רגיל להיות לדעת כיון שעשוי למשמש בכיסו וסתם טלה רגיל להיות שלא לדעת להכי נקט בהא לדעת ובהא שלא לדעת:

חמש מבעיא. מפורש במס' שבת בפרק במה אשה (דף ס: ושם ד"ה השתא) גבי שמעתא דסנדל המסומר:

הדרן עלך הגוזל בתרא וסליקא מסכת בבא קמא

עין משפט נר מצוה

קכד א [עיין במגיד משנה בפ"ד מהל' גניבה הל' יב] [רב אלפס כאן ובב"מ פ"ג דף פה.]:
קכה ב מיי' פ"א מהל' גזילה ואבידה הל' ח ופ"ד מהל' גניבה הל' י ועיין בהשגות ובמ"מ סמג עשין עא טוש"ע ח"מ סי' שנה סעיף א:
קכו ג ד מיי' פ"ד מהל' גניבה הל' י ועיין בהשגות ובמ"מ טוש"ע שם סעיף ג:
קכז ה ו מיי' פ"א מהל' גזילה ואבידה הל' ח טוש"ע שם סעיף א וסי' שסו סעי' ב בהג"ה:
קכח ז מיי' פ"ו מהל' גניבה הל' א סמג עשין עא טוש"ע ח"מ סי' שנח סעיף א:
קכט ח מיי' שם הל' ג טוש"ע שם סעיף ב:
קל ט מיי' שם הל' ד טוש"ע שם סעי' ה:
קלא י מיי' שם טוש"ע שם ובסעיף ג:
קלב כ מיי' שם טוש"ע שם סעיף ה:
קלג ל מ נ מיי' שם הל' א והל' ב טוש"ע שם סעיף א:

מסורת הש"ס

א) [לעיל נז.], ב) ב"מ מ:, ג) [שם כא:], ד) ס"א ל"ג, ה) שם סד., ו) שם כא:, ז) עיין ברש"א.

הגהות הב"ח

(א) גמ' מודה רב ברקועתא. נ"ב טלוא תרגום אונקלוס רקוע וכן הוא במסכת שבת דף קז: (ב) שם שהחזיר למקום שגנב קמיפלגי:

ליקוטי רש"י

נגרי. פסיעות [לעיל נז.]. אימרא. שה [ברכות סב.]. צריך דעת בעלים. ואם לא הודיעם חייב באחריותם אם מת או נגנב דמדשקליה קם ליה ברשותיה והשבה בלא ידיעה לאו השבה היא [ב"מ מא.].

חִסְדָּא – כולם (רבי ישמעאל ורבי עקיבא) סוברים כרב חסדא שצריך להחזירו לדעת[19], **וְהָכָא** – וכאן, בברייתא, מדובר **בְּשׁוֹמֵר שֶׁגָּנַב מֵרְשׁוּתוֹ**, כלומר, שהופקד אצלו עדר ונטל ממנו טלה על מנת לגונבו[20], ובדין **"שֶׁיַּחֲזִיר לְמָקוֹם שֶׁגָּנַב" קָמִיפְלְגֵי** – נחלקו רבי ישמעאל ורבי עקיבא. **רַבִּי עֲקִיבָא סָבַר** שמשעה שגנב את הטלה **כָּלְתָה לוֹ שְׁמִירָתוֹ** – אין הוא נחשב עוד שומר עליו, משום שהבעלים אינו מאמינו עוד, ומאחר שגנב אותו שלא לדעת הבעלים עליו להחזירו לדעתם, כפי שאמר רב חסדא[21]. וְאילו **רַבִּי יִשְׁמָעֵאל סָבַר** שאף על פי שגנב את הטלה **לֹא כָּלְתָה לוֹ שְׁמִירָתוֹ** – עדיין נחשב הוא שומר עליו, ומאחר שדעתו נחשבת כדעת הבעלים, והוא הרי יודע שהטלה הוחזר, נפטר הוא מאחריותו[22].

הגמרא מנסה לתלות את מחלוקת האמוראים בענין גניבה לדעת במחלוקת תנאים נוספת:

לֵימָא מִנְיָן פּוֹטֵר תַּנָּאֵי הִיא – האם נאמר שהנדון אם מנין פוטר בגניבה לדעת שנוי במחלוקת תנאים[23]. **דְּתַנְיָא** – ששנינו: **הַגּוֹזֵל אֶת חֲבֵירוֹ**, ולאחר זמן קנה ממנו מקח **וְהִבְלִיעַ לוֹ** את דמי הגזילה **בְּחֶשְׁבּוֹן** דמי המקח, כלומר, שהוסיף לו את דמי הגזילה על דמי המקח בלא ידיעתו[24], **תָּנֵי חֲדָא** – שנינו בברייתא אחת: **יָצָא** ידי חובת השבה, **וְתַנְיָא אִידָךְ** – ושנינו בברייתא אחרת: **לֹא יָצָא** ידי חובת השבה. **סַבְרוּהָ** – סברו בני הישיבה **דְּכוּלֵּי עָלְמָא אִית לְהוּ דְּרַבִּי יִצְחָק** – שכולם (שני התנאים) סוברים כרבי יצחק **דְּאָמַר: אָדָם עָשׂוּי לְמַשְׁמֵשׁ בְּכִיסוֹ בְּכָל שָׁעָה וְשָׁעָה** כדי למנות את מעותיו ולבדוק שלא אבדו, ובודאי אם כן שהנגזל מנה את מעותיו ומצא בהן יותר מדמי המקח והכיר שחבירו החזיר לו גזילתו[25]. **מַאי לַאו בְּהָא קָמִיפְלְגֵי** – וכי לא בזה נחלקו? **דְּמַאן דְּאָמַר** – שמי שאומר שהגזלן **יָצָא** ידי חובתו (הברייתא הראשונה) **סָבַר שמִנְיָן פּוֹטֵר** בגניבה לדעת[26] (כדעת שמואל, רבי יוחנן ורב חסדא), ומאחר שהנגזל מנה את מעותיו ומצא בהן יותר מדמי המקח יצא הגזלן ידי חובתו. **וּמַאן דְּאָמַר** – ומי שאומר שהגזלן **לֹא יָצָא** ידי חובתו (הברייתא השניה) **סָבַר שמִנְיָן אֵינוֹ פּוֹטֵר** בגניבה לדעת (כדעת רב).

הגמרא דוחה ומבארת את המחלוקת באופן אחר:

אָמְרֵי – אמרו בני הישיבה: **אִי סְבִירָא לָן** – אם נסבור **כְּרַבִּי יִצְחָק** שאדם ממשמש בכיסו בכל שעה, **כּוּלֵּי עָלְמָא לֹא פְּלִיגֵי** – הכל (שני התנאים) יודו **דְּמִנְיָן פּוֹטֵר** בגניבה לדעת, **אֶלָּא בִּדְרַבִּי יִצְחָק קָמִיפְלְגֵי** – אולם שני התנאים נחלקו בדברי רבי יצחק: **מַר** – התנא של הברייתא הראשונה, הסובר שהגזלן יצא ידי חובתו, **אִית לֵיהּ דְּרַבִּי יִצְחָק** – סובר כרבי יצחק שאדם ממשמש בכיסו בכל שעה, ומאחר שהנגזל מנה את מעותיו ומצא בהן יותר מדמי המקח יצא הגזלן ידי חובתו, **וּמַר** – ואילו התנא של הברייתא השניה, הסובר שלא יצא הגזלן ידי חובתו, **לֵית לֵיהּ דְּרַבִּי יִצְחָק** – אינו סובר כרבי יצחק, ומאחר שאין ידוע אם הנגזל מנה את מעותיו לא יצא הגזלן ידי חובתו.

ביאור נוסף:

וְאִי בָּעֵית אֵימָא – ואם תרצה, אמור כך: **דְּכוּלֵּי עָלְמָא אִית לְהוּ דְּרַבִּי יִצְחָק** – הכל (שני התנאים) סוברים כרבי יצחק שאדם ממשמש בכיסו בכל שעה, וכמו כן הכל סוברים שמנין פוטר בגניבה לדעת, **וְלֹא קַשְׁיָא** – ומכל מקום אין סתירה בין שתי הברייתות: **הָא** – הברייתא הראשונה, המורה שהגזלן יצא ידי חובתו, עוסקת במקרה **דְּמָנֵי וּרְמָא לֵיהּ בְּכִיסֵיהּ** – שהגזלן מנה את המעות והניחן בכיסו של הנגזל, ומאחר שהנגזל ממשמש בכיסו בכל שעה ודאי מנה אותן ומצא בהן יותר מדמי המקח, ולפיכך יצא הגזלן ידי חובתו[27], **וְהָא** – ואילו הברייתא השניה, המורה שלא יצא הגזלן ידי חובתו, עוסקת במקרה **דְּמָנֵי וּרְמָא לִידֵיהּ** – שהגזלן מנה את המעות והניחן בידו של הנגזל, ומאחר שיתכן שהנגזל השליכן לתיבתו בלא למנותן לא יצא הגזלן ידי חובתו[28].

ביאור נוסף:

וְאִיבָּעֵית אֵימָא – ואם תרצה, אמור כך: **אִידִי וְאִידִי דְּמָנֵי וּרְמָא בְּכִיסֵיהּ** – שתי הברייתות עוסקות במקרה שהגזלן מנה את המעות והניחן בכיסו של הנגזל, ומכל מקום אין ביניהן סתירה: **הָא** – הברייתא השניה, המורה שלא יצא הגזלן ידי חובתו, עוסקת במקרה **דְּאִית לֵיהּ זוּזֵי אַחֲרִינֵי בְּכִיסֵיהּ** – שיש לנגזל מעות אחרות בכיסו ואינו יודע כמה[29], וממילא אף אם מנה את מעותיו ומצא בהן יותר מדמי המקח אין הוא מכיר שחבירו החזיר לו את גזילתו, ואילו **הָא** – הברייתא הראשונה, המורה שיצא הגזלן ידי חובתו, עוסקת במקרה **דְּלֵית לֵיהּ זוּזֵי אַחֲרִינֵי בְּכִיסֵיהּ** – שאין לנגזל מעות אחרות בכיסו, ומאחר שמנה את מעותיו והכיר שחבירו החזיר לו גזילתו יצא הגזלן ידי חובתו[30].

מִשְׁנָה המשנה מונה כמה דברים שאסור לקנותם מחשש שמא הם גנובים:

אֵין לוֹקְחִין מִן הָרוֹעִים צֶמֶר וְחָלָב וּגְדָיִים, משום שיש לחשוש שמא גנבו אותם מצאנו של בעל הבית

הערות

19. משום שהגנב הרגילו לצאת חוץ למקום העדר, כפי שנתבאר לעיל (רש"י; ראה לעיל הערה 2).

20. כוונתו היתה להיפטר מהבעלים בטענה שהטלה נגנב או נאבד (רש"י).

21. ואף שדעת השומר נחשבת בדרך כלל כדעת הבעלים, מכל מקום במקרה זה אין לומר שדי בידיעת השומר שהטלה הוחזר, שהרי משעה שגנב את הטלה כלתה לו שמירתו (רש"י; ראה גם בעל המאור וראב"ד).

יש לעיין מדוע צריך השומר להחזיר את הטלה לדעת הבעלים? הלא טעמו של רב חסדא הוא משום שהגנב מלמדו לצאת חוץ למקום העדר, כפי שנתבאר לעיל, אולם במקרה זה מאחר שכל העדר נמצא ברשות השומר אין הוא מלמדו לצאת חוץ למקומו! ויש לומר שמאחר שדעתו לגנוב את הטלה אין הוא מניחו עם שאר העדר אלא מלמדו לצאת ולרעות בשדה לבדו (רשב"א ד"ה רבי עקיבא).

22. רש"י. דחייתו של רב זביד מתייחסת רק לגונב טלה, אולם את המחלוקת בענין גונב סלע אי אפשר להעמיד בשומר שגנב מרשותו. שהרי שומר שגנב מרשותו נחשב, לדעת רבי עקיבא, כגונב מרשות הבעלים שלא לדעת, ובגונב סלע שלא לדעת הכל מודים שמנין פוטר (ראה לעיל הערה 12). ובהכרח איפוא שמחלוקת זו מתייחסת לגונב סלע לדעת מרשות הבעלים, כפי שנתבאר לעיל, ונחלקו רבי ישמעאל ורבי עקיבא במחלוקתם של רב ושמואל בענין גניבה לדעת (בעל המאור; לחם אבירים; אמנם עיין ראב"ד; ראה גם פני יהושע). ויש מפרשים שדחייתו של רב זביד מתייחסת לשני המקרים, ומחלוקתם של רבי ישמעאל ורבי עקיבא אינה נוגעת כלל למחלוקת האמוראים דלעיל. לדבריהם, רבי עקיבא סובר שמשעה שגנב השומר את הפקדון כלתה לו שמירתו, והרי הוא כשומר שכלו לו ימי שמירתו שחייב להחזיר את הפקדון לדעת הבעלים (עיין לעיל נז, א), ואילו רבי ישמעאל סובר שלא כלתה לו שמירתו, וכיון שהחזיר את הפקדון למקומו יצא ידי חובתו (רשב"א; ראה גם מלחמת ה'; רי"ף בבא מציעא מג, ב בדפי הרי"ף; לפירושים נוספים עיין נמוקי יוסף).

23. אף שהגמרא כבר תלתה נדון זה במחלוקתם של רבי ישמעאל ורבי עקיבא בגונב סלע (ראה הערה קודמת), מכל מקום היא מנסה כעת לתלות זאת במחלוקת תנאים נוספת.

24. משום שהתבייש לומר לו "הרי גזילתך" (רש"י).

25. רש"י.

26. גזילה נעשית בגלוי ובחוזקה ולפיכך דינה כגניבה לדעת (רשב"א).

27. רש"י

28. רש"י.

29. רש"י; אמנם ראה הערה הבאה.

30. ראה רש"י; ויש מפרשים שמה ששנינו שיצא הגזלן ידי חובתו היינו כשיש באותו כיס מעות אחרות, שמאחר שדרכו של הנגזל למשמש בו ודאי מנה את המעות ומצא בהן יותר מדמי המקח. ואילו מה ששנינו שלא יצא הגזלן ידי חובתו היינו כשאין באותו כיס מעות אחרות, שמאחר שאין בו מעות אין דרכו של הנגזל למשמש בו (רי"ף; רמב"ם הלכות גזילה ואבידה א, ח; ראה גם רשב"א).

מ"ט דרב חסדא הואיל [א] ואנקטה נגרי ברייתא ומי אמר רבא הכי והאמר רבא האי מאן דחזייה לחבריה דאגבה אימרא מעדרא דידיה ורמא ביה קלא ושדייה ולא ידע אי הדריה אי לא הדריה ומת או נגנב חייב באחריותו מאי לאו אע"ג דמני לא דלא מני ומי אמר רב הכי והאמר רב החזירו לעדר שבמדבר יצא אמר רב חנן בר אבא מודה רב (א) [א] ברקועתא לימא כתנאי [ג] הגונב טלה מן העדר וסלע מן הכיס למקום שגנב יחזיר דברי רבי ישמעאל ר"ע אומר צריך דעת בעלים סברוה דכולי עלמא אית להו דרבי יצחק דאמר רבי יצחק [ג] [ב] אדם עשוי למשמש בכיסו בכל שעה מאי לאו בסלע לדעת ובפלוגתא דרב ושמואל [ד] (לא) בטלה שלא לדעת ובפלוגתא דרב חסדא ור' יוחנן אמר רב זביד משמיה דרבא [ג] בשומר שגנב מרשות בעלים כ"ע לא פליגי כדרב חסדא והכא בשומר שגנב מרשותו (ב) שיחזיר למקום שגנב קמיפלגי ר"ע סבר [ד] כלתה לו שמירתו ור' ישמעאל סבר לא כלתה לו שמירתו לימא מנין פוטר תנאי היא דתניא [ה] [ה] הגוזל את חבירו והבליע לו בחשבון תני חדא [ו] יצא ותניא אידך לא יצא סברוה דכ"ע אית להו [ו] דר' יצחק דאמר אדם עשוי למשמש בכיסו בכל שעה ושעה מאי לאו בהא קמיפלגי דמ"ד יצא סבר מנין פוטר ומאן דאמר לא יצא סבר מנין אינו פוטר אמרי אי סבירא לן כר' יצחק כ"ע לא פליגי דמנין פוטר אלא בדרבי יצחק קמיפלגי מר אית ליה דר' יצחק ומר לית ליה דר' יצחק ואי בעית אימא דכ"ע אית להו דר' יצחק ולא קשיא הא דמני ורמא ליה בכיסיה והא דמני ורמא לידיה ואיבעית אימא אידי ואידי דמני ורמא בכיסיה הא דאית ליה זוזי אחריני בכיסיה הא דלית ליה זוזי אחריני בכיסיה: **מתני'** [ז] אין לוקחין מן הרועים צמר וחלב וגדיים [ח] ולא משומרי פירות עצים ופירות [ט] אבל לוקחין מן הנשים כלי צמר ביהודה וכלי פשתן בגליל ועגלים בשרון [י] וכולן שאמרו להטמין אסור [כ] ולוקחין ביצים ותרנגולין מכל מקום: **גמ'** ת"ר [ל] אין לוקחין מן הרועים לא עזים ולא גדיים ולא גיזין ולא תלושין של צמר אבל לוקחין מהן תפורין מפני שהן שלהן ולוקחין מהן חלב וגבינה במדבר ולא בישוב ולוקחין מהן ד' וה' צאן ד' וה' גיזין אבל לא שתי צאן ולא שתי גיזין ר"י אומר בייתות לוקחין מהן מדבריות אין לוקחין מהן [מ] כללו של דבר כל שהרועה מוכר ובעל הבית מרגיש בו לוקחין מהן אין מרגיש בו אין לוקחין מהן אמר מר לוקחין מהן ד' וה' צאן ד' וה' גיזין השתא יש לומר ארבעה זבנינן חמשה מיבעיא א"ר חסדא ארבעה מתוך חמשה ואיכא דאמרי א"ר חסדא [נ] ארבעה מעדר קטן וחמש מעדר גדול הא גופא קשיא אמרת ד' וה' צאן ד' וה' גיזין ד' וה' אין אבל שלש לא אימא סיפא אבל לא שתי צאן הא שלש זבנינן לא קשיא הא בברייתא הא בכחישתא: ר"י אומר בייתות לוקחין מהן מדבריות אין לוקחין מהן כו': איבעיא להו ר"י ארישא קאי ולחומרא או דלמא אסיפא קאי ולקולא ארישא קאי ולחומרא דאמר לוקחין מהן ארבעה וחמשה צאן הני מילי בייתות אבל מדבריות אפילו ארבעה וחמשה לא או דלמא אסיפא קאי ולקולא דאמר אבל לא שתי צאן ולא שתי גיזין הני מילי מדבריות אבל בייתות שתים נמי לוקחין ת"ש דתניא ר"י אומר לוקחין בייתות מהן ואין לוקחין מהן מדבריות ובכל מקום לוקחין מהן ארבעה וחמשה צאן מדאמר

מ"ט דרב חסדא. בשלמא טעמא דכולהו ניחא דעדיף להו לדעת משלא לדעת ועוד מתני' ניחא לתרוצי כוותייהו טפי: הואיל ואנקטה נגרי ברייתא. למדה לצאת חוץ ומעתה צריכה שימור יפה וכיון דלא ידעו בעלים לא מזדהרי בה אבל לדעת מנין פוטר שהרי הכירו שנגנבה והחזירה ומעכשיו יזהרו בה: האי מאן דחזייה לחבריה דאגבה אימרא מעדרא דידיה. כדי לגונבה: אע"ג דמני. אלמא לדעת צריך דעת: החזירו לעדר. שיש לו לבעל הבית במדבר יצא ואע"ג דליכא לא לדעת ולא מנין ורב לא סגי ליה בלאו חד מהני: ברקועתא. שהטלה ניכר הוא כשנגנב וניכר הוא לרועה במדבר כשניתוסף על צאנו ואפי' לא מנה: אית להו דרבי יצחק. והבעלים יודעין בגניבתו שמנו והיא חסירה ולאחר חזרה מנו והיא שלימה: מאי לאו בסלע. פליגי לדעת כדפרישית וידעו הבעלים בגניבתו וקאמר רבי ישמעאל מנין פוטר שאדם עשוי למשמש בכיסו ומנה והיא שלימה פטור וכשמואל דאמר לדעת מנין פוטר ור"ע כרב דאמר לדעת צריך דעת: בטלה פליגי שלא לדעת ובפלוגתא דרב חסדא ור' יוחנן. דרבי ישמעאל דאמר למקום שגנב יחזיר כרבי יוחנן דאמר שלא לדעת אפילו מנין לא צריך ור"ע כרב חסדא דאמר שלא לדעת צריך דעת: ה"ג א"ר זביד משמיה דרבא בגונב מרשות בעלים דכ"ע לא פליגי. דסבירא להו כרב חסדא כדמפרש טעמא משום דאנקטה ניגרי ברייתא והכא בשומר שגנב מרשות עצמו עסקינן ובעי למפטר נפשיה מן הבעלים בטענת גניבה או אבידה וכ"ע כרב חסדא דאמר שלא מדעת צריך דעת: ר"ע סבר. כיון שנעשה גנב כלתה שמירתו דתו לא מהימן להו לבעלים דהא ה"ל גונב שלא לדעת צריך דעת ולא אמרינן סגיא בדעת שומר והא איהו ידע בחזירתו: ורבי ישמעאל סבר. עדיין הוא שומר עליו וסגי בדעת דידיה: והבליע לו בחשבון. לאחר זמן לקח הימנו מקח וכשנתן לו דמים הוסיף עליהם מעות הגזילה והבליע בחשבון שהיה בוש לומר הרי גזילתך יצא: אדם עשוי למשמש. ולמנות כמה בכיסו וזה מיד מנה אחריו ומצא יותר מלמי המקח והכיר שהחזיר לו גזילתו: לית ליה דר' יצחק. וליכא מנין: הא. דקתני לא יצא דמני גזלן ורמא לידיה דנגזל הלכך איכא למימר דהשליכו זה לתיבתו ולא מנאן: והא. דקתני יצא דמני גזלן ורמא לכיסיה דנגזל וכיון דאית לן דר' יצחק מנין פוטר: אית ליה זוזי אחריני בכיסיה. ולא ידע כמה: מתני' אין לוקחין מן הרועים. דאיכא למימר שמא גנבו מצאנו של בעל הבית המסור להם: צמר ביהודה ופשתן בגליל. זו היא מלאכת הנשים והן עצמן עושות ומוכרות ולדעת בעליהן הוא: ועגלים. הרועים בשרון ברחבה לעין כל מאחר שמוכרין בפרהסיא לא גנבום ל"א שרון שם מקום ומקום גידול עגלים הוא ולוקחין עגלים בזול ומגדלין אותן ושלהן הן לשון זה עיקר דתניא במנחות בפרק כל קרבנות (דף פז.) אילים ממואב וכבשים מחברון עגלים משרון: **גמ'** ולא תלושין. שנתלש הצמר שעל הרחל מעט מעט: תפורים. בגדים תפורים דאי נמי גנבו קנאוהו בשינוי: חלב וגבינה במדבר. דאין דרך בעלים לילך שם וליטלם והרועה נוטלן: אבל לא בישוב. שדרך להביאו לבית בעל הבית: ארבע וחמש צאן. שחסרון ניכר בעדר ואין יכול לישמט ולומר זאב טרפה: בייתות לוקחין מהן. שהרי בעל הבית יודע מניינם: מרגיש. מבין: ארבע מתוך חמש. אם לא היה לו בעדר אלא חמש לאן ומוכר מהן ארבע מותר ליקח דכולי האי לא גניב מדבר מועט: בברייתא. בריאות עין בעל הבית תמיד עליהן ומרגיש בשלש: בכחושות. אין חשובות לו ואין עינו עליהם לפיכך אין מרגיש כלומר אין יודע כשמוכרם זה: ארישא קאי. ארבע וחמש דשרי ת"ק: אסיפא. שתי לאן דקאסר ת"ק: מדקאמר

[ז] מאי לאו בסלע כו' ובטלה שלא לדעת. סתם כיס רגיל להיות לדעת כיון שעשוי למשמש בכיסו וסתם טלה רגיל להיות שלא לדעת להכי נקט בהא לדעת ובהא שלא לדעת:

חמש מבעיא. מפורש במס' שבת בפרק במה אשה (דף ס: ושם ד"ה השתא) גבי שמעתא דסנדל המסומר:

הדרן עלך הגוזל בתרא
וסליקא מסכת בבא קמא

עין משפט
נר מצוה

קכד א [עיין במגיד משנה בפ"ד מהל' גניבה הל' יב] [רב אלפס כאן ובב"מ פ"ג דף פה.]:
קכה ב מיי' פ"א מהל' גזילה ואבידה הל' ח ופ"ד מהל' גניבה הל' י ועיין בהשגות ובמ"מ סמג עשין עא טוש"ע ח"מ סי' שנה סעיף א:
קכו ג ד מיי' פ"ד מהל' גניבה הל' י ועיין בהשגות ובמ"מ טוש"ע שם סעיף ג:
קכז ה ו מיי' פ"א מהל' גזילה ואבידה הל' ח טוש"ע שם סעיף א וסי' שמו סעי' ב בהג"ה:
קכח ז מיי' פ"ו מהל' גניבה הל' א סמג עשין עא טוש"ע ח"מ סי' שנח סעיף א:
קכט ח מיי' שם הל' ג טוש"ע שם סעיף ב:
קל ט מיי' שם הל' ד טוש"ע שם סעי' ה:
קלא י מיי' שם טוש"ע שם ובסעיף ג:
קלב כ מיי' שם טוש"ע שם סעיף ה:
קלג ל מ נ מיי' שם הל' א והל' ב טוש"ע שם סעיף א:

מסורת הש"ס

א) [לעיל מ.], ב) ב"מ מ:, ג) [שם כא:], ד) ס"א ל"ג, ה) שם סד., ו) שם כא:, ז) עיין ברש"א.

הגהות הב"ח

(א) גמ' מודה רב ברקועתא. נ"ב טלוא תרגום אונקלוס רקוע וכן הוא במסכת שבת דף קז: (ב) שם שהחזיר למקום שגנב קמיפלגי:

ליקוטי רש"י

נגרי. פסיעות [לעיל נז.]. אימרא. שה [ברכות סב.]. צריך דעת בעלים. ואם לא הודיעם חייב באחריותם אם מת או נגנב דמדסליה קם ליה ברשותיה והשבה בלא ידיעה לאו השבה היא [ב"מ מא.].

המסור להם[31]. **וְלֹא** — וכן אין לוקחים **מִשּׁוֹמְרֵי פֵּירוֹת עֵצִים וּפֵירוֹת**, מחשש שמא גנבו אותם משדהו של בעל הבית. **אֲבָל לוֹקְחִין מִן הַנָּשִׁים** הנשואות **כְּלֵי** (בגדי) **צֶמֶר בִּיהוּדָה וּכְלֵי פִשְׁתָּן בַּגָּלִיל וַעֲגָלִים בַּשָּׁרוֹן**, ואין חוששים שמא הן מוכרות שלא מדעת בעליהן[32]. **וְכוּלָּן** — וכל הנשים הללו (שמותר לקנות מהן) **שֶׁאָמְרוּ** ללוקח **לְהַטְמִין** את המקח[33] **אָסוּר** לקנות מהן, משום שניכר הדבר שהמקח גנוב. **וְלוֹקְחִין בֵּיצִים וְתַרְנְגוֹלִין מִכָּל מָקוֹם**, כלומר בכל מקום ומכל אדם, משום שהם זולים ביותר, ואין אדם עובר מחמתם על איסור גניבה[34].

גמרא **תָּנוּ רַבָּנָן: אֵין לוֹקְחִין מִן הָרוֹעִים לֹא עִזִּים, וְלֹא גְּדָיִים, וְלֹא גִּיזִּין** — צמר שנגזז מהבהמה, **וְלֹא תְּלוּשִׁין שֶׁל צֶמֶר** — חתיכות צמר שנתלשו מהבהמה מעט מעט[35], משום שיש לחשוש שמא גנבו אותם מצאנו של בעל הבית. **אֲבָל לוֹקְחִין מֵהֶן** בגדי צמר **תְּפוּרִין מִפְּנֵי שֶׁהֵן שֶׁלָּהֶן**, שהרי אף אם גנבו את הצמר כבר קנאוהו בשינוי[36]. **וְלוֹקְחִין מֵהֶן חָלָב וּגְבִינָה בַּמִּדְבָּר**, לפי שבעל הבית אינו טורח ללכת לשם וליטלם ומניחם לרועה, **וְלֹא בַּיִּשּׁוּב**, לפי שדרך להביאם לביתו של בעל הבית[37]. **וְלוֹקְחִין מֵהֶן אַרְבָּעָה וַחֲמִשָּׁה צֹאן** בבת אחת וכן **אַרְבַּע וְחָמֵשׁ גִּיזִּין** בבת אחת[38], **אֲבָל** אין לוקחים מהם **לֹא שְׁתֵּי צֹאן וְלֹא שְׁתֵּי גִּיזִּין**[39]. **רַבִּי יְהוּדָה אוֹמֵר: בַּיָּיתוֹת** — בהמות ביתיות (הרועות ביישוב) **לוֹקְחִין מֵהֶן**, שמאחר שבעל הבית יודע את מנינן אין הרועה גונבן[40], אולם בהמות **מִדְבָּרִיּוֹת** (הרועות מחוץ ליישוב) **אֵין לוֹקְחִין מֵהֶן**, שמאחר שבעל הבית אינו יודע את מנינן יש לחשוש שמא גנבן. **כְּלָלוֹ שֶׁל דָּבָר: כָּל** דבר **שֶׁהָרוֹעֶה מוֹכֵר וּבַעַל הַבַּיִת מַרְגִּישׁ בּוֹ**, כלומר, מבחין בחסרונו, **לוֹקְחִין מֵהֶן**, וכל דבר שהרועה מוכר **וְאֵין** בעל הבית **מַרְגִּישׁ בּוֹ אֵין לוֹקְחִין מֵהֶן**.

הגמרא מקשה על הברייתא:

אָמַר מַר: לוֹקְחִין מֵהֶן אַרְבָּעָה וַחֲמִשָּׁה צֹאן, אַרְבַּע וְחָמֵשׁ גִּיזִּין. הַשְׁתָּא יֵשׁ לוֹמַר — כעת שהתנא אמר **אַרְבָּעָה זַבְנִינָן** — שמותר לקנות מהם ארבעה צאן [וארבע גיזין], **חֲמִשָּׁה מִיבַּעְיָא** — וכי צריך לומר שמותר לקנות מהם חמשה? הלא זהו דין פשוט, ומדוע הוצרכה הברייתא להשמיענו זאת?

מתרצת הגמרא:

אָמַר רַב חִסְדָּא: כוונת הברייתא היא שמותר לקנות מהם **אַרְבָּעָה** צאן **מִתּוֹךְ חֲמִשָּׁה**, כלומר, שאם לא היו בעדר אלא חמש כבשים מותר לקנות ארבע מתוכן, משום שאין הרועה גונב כל כך הרבה כבשים מעדר כה קטן[41].

גירסא אחרת בתירוצו של רב חסדא:

וְאִיכָּא דְּאָמְרֵי — ויש אומרים שכך **אָמַר רַב חִסְדָּא:** כוונת הברייתא היא שמותר לקנות **אַרְבָּעָה** צאן **מֵעֵדֶר קָטָן וְחָמֵשׁ** צאן **מֵעֵדֶר גָּדוֹל.**

הגמרא ממשיכה להקשות על הברייתא:

הָא גּוּפָא קַשְׁיָא — הברייתא סותרת את עצמה. **אָמַרְתְּ** בתחילה: לוקחין מהן **ארבעה וחמשה צאן ארבע וחמש גיזין**, ומשמע **שאַרְבָּעָה וַחֲמִשָּׁה אֵין** — אכן לוקחים מהם, **אֲבָל שָׁלֹשׁ לֹא** לוקחים מהם. **אֵימָא סֵיפָא** — פרש לי אם כן מה ששנינו בסוף ההוראה: **אֲבָל לֹא שְׁתֵּי צֹאן**, ומשמע שדוקא שתי צאן אין לוקחים מהם, **הָא** (אבל) **שָׁלֹשׁ זַבְנִינָן** — לוקחין מהם!

מתרצת הגמרא:

לֹא קַשְׁיָא — אין זה קשה. **הָא** — הסיפא (המתירה לקנות שלש) עוסקת **בִּבְרִיָּיתָא** — בכבשים בריאות, שמאחר שבעל הבית מתעניין בהן תמיד הרי הוא מבחין אף בחסרונן של שלש, ואין לחשוש שמא הרועה גנבן. ואילו **הָא** — תחילת ההוראה (המתירה לקנות דוקא ארבע וחמש) עוסקת **בִּכְחִישָׁתָא** — בכבשים כחושות, שמאחר שאינן חשובות לבעל הבית אין הוא מתעניין בהן כל כך ואינו מבחין בחסרונן של שלש, ולפיכך יש לחשוש שמא הרועה גנבן[42].

שנינו בברייתא:

ולוקחין מהן ארבעה וחמשה צאן... אבל לא שתי צאן... **רַבִּי יְהוּדָה אוֹמֵר: בַּיָּיתוֹת לוֹקְחִין מֵהֶן, מִדְבָּרִיּוֹת אֵין לוֹקְחִין מֵהֶן כו'.**

הגמרא דנה בהוראת רבי יהודה:

אִיבַּעְיָא לְהוּ — הסתפקו בני הישיבה: **רַבִּי יְהוּדָה אַרֵישָׁא קָאֵי וּלְחוּמְרָא** — האם רבי יהודה מתייחס לתחילת דברי התנא קמא, שמותר לקחת מהם ארבעה וחמשה צאן, ובא להחמיר, **אוֹ דִּלְמָא אַסֵּיפָא קָאֵי וּלְקוּלָּא** — או שמא מתייחס הוא לסוף דברי התנא קמא, שאסור לקחת מהם שתי צאן, ובא להקל?

הגמרא מבארת את הספק:

אַרֵישָׁא קָאֵי וּלְחוּמְרָא — האם הוא מתייחס לתחילת דברי התנא קמא ובא להחמיר, **דְּאָמַר** התנא קמא: "**לוֹקְחִין מֵהֶן אַרְבָּעָה וַחֲמִשָּׁה צֹאן**", ועל כך אמר רבי יהודה: **הָנֵי מִילֵּי** — דברים אלו נאמרו דוקא **בְּבַיָּיתוֹת** — בבהמות ביתיות שבעל הבית יודע את מנינן, **אֲבָל** בהמות **מִדְבָּרִיּוֹת** שבעל הבית אינו יודע את מנינן **אֲפִילּוּ אַרְבָּעָה וַחֲמִשָּׁה לֹא**, אין לוקחים מהם, משום שאף אם יחסרו לבעל הבית

הערות

31. רש"י; ועיין רמב"ם בפירוש המשנה ובהלכות גניבה ו, א; מאירי; טור ושלחן ערוך חושן משפט שנח, א.

32. ביהודה ובגליל היו הנשים טוות בגדי צמר ובגדי פשתן, ומוכרות אותם לדעת בעליהן (רש"י ד"ה צמר ביהודה). כמו כן בשרון, שהוא מקום בארץ ישראל שמגדלים בו עגלים, היו הנשים קונות לעצמן עגלים בזול מדעת בעליהן, מגדלות אותם ומוכרות אותם (רש"י ד"ה ועגלים בפירושו השני; ראה תוספות יום טוב; עיין גם פרישה חושן משפט שנח, א וסמ"ע שם, ז).

[רש"י בפירושו הראשון מפרש ש"שרון" היא רחבה הגלויה לעין כל, ועגלים הנמכרים שם בפרהסיא בודאי אינם גנובים (ראה הגהות יעב"ץ). אמנם רש"י מוכיח שפירושו השני הוא עיקר, שהרי שנינו במנחות (פז, א): "אלים ממואב, כבשים מחברון, עגלים משרון", ומשמע ששרון הוא מקום גידול עגלים.]

33. עיין טור חושן משפט שנח. ויש מפרשים שהן מטמינות את עצמן בשעת המקח (מאירי).

34. ומכל מקום, אם אמר המוכר ללוקח להטמינם אסור לקנותם ממנו (רמב"ם הלכות גניבה ו, ד; מאירי).

35. רש"י.

36. רש"י; רא"ש; עיין לעיל צג, ב.

יש לעיין מדוע מתירה הברייתא לקנות מהם דוקא בגדים תפורים, הלא משעה שטוו את הצמר וארגוהו כבר קנאוהו בשינוי (עיין לקמן קיט, ב) ומותר לקנותו מהם! ויש לומר שבצמר טווי וארוג יש לחשוש שמא בעל הבית הוא שטואו וארגו, והרועה לא עשה בו כל שינוי, אולם בבגדים תפורים אין לחשוש לכך, משום שמן הסתם אין הרועה מוכר בגדים תפורים של בעל הבית (ב"ח חושן משפט שנח, ב). ויש מפרשים שאין כוונת הברייתא לבגדים תפורים, אלא שאם היו הגיזין או התלושין תפורים זה לזה מותר לקחתם מהם, משום שאם היו גנובים לא היה הרועה תופר אותם, אלא היה מוכרם מעט מעט כדי שלא ירגישו בו (ראב"ד; רשב"א; ראה גם דרישה חושן משפט שנח, א-ב; לפירוש אחר עיין רשב"א בביאור התוספתא יא, ד).

37. רש"י. לגירסאות אחרות בגמרא עיין מאירי.

38. לפי שחסרון של צאן [או גיזין] מרובה ניכר בעדר, וכשיבחינו הבעלים בכך לא יוכל הרועה להשתמט ולומר לו "זאב טרפן" (רש"י).

39. משום שחסרונן של שתי צאן או שתי גיזות אינו ניכר, ואף אם יבחינו הבעלים בחסרונן יוכל הרועה לומר לו שזאב טרפן או שנגנבו (סמ"ע חושן משפט שנח, ד; ראה הערה קודמת).

40. רש"י.

41. רש"י.

42. רש"י.

מ"ט דרב חסדא הואיל [א] ואנקטה נגריברייתא ומי אמר רבא הכי והאמר רבא האי מאן דחזייה לחבריה דאגבה אימרא מעדרא דידיה ורמא ביה קלא ושדייה ולא ידע אי הדריה אי לא הדריה ומת או נגנב חייב באחריותו מאי לאו אע"ג דמני לא דלא מני ומי אמר רב הכי והאמר רב החזירו לעדר שבמדבר יצא אמר רב חנן בר אבא מודה רב (א) [א] ברקועתא לימא כתנאי [ג] הגונב טלה מן העדר וסלע מן הכיס למקום שגנב יחזיר דברי רבי ישמעאל ר"ע אומר צריך דעת בעלים סברוה דכולי עלמא אית להו דרבי יצחק דאמר רבי יצחק [ג] [ב] אדם עשוי למשמש בכיסו בכל שעה מאי לאו בסלע לדעת ובפלוגתא דרב ושמואל [ד] (לא) בטלה שלא לדעת ובפלוגתא דרב חסדא ור' יוחנן אמר רב זביד משמיה דרבא [ג] בשומר שגנב מרשות בעלים כ"ע לא פליגי כדרב חסדא והכא בשומר שגנב מרשותו (ב) שיחזיר למקום שגנב קמיפלגי ר"ע סבר [ד] כלתה לו שמירתו ור' ישמעאל סבר לא כלתה לו שמירתו לימא מנין פוטר תנאי היא דתניא [ה] [ה] הגוזל את חבירו והבליע לו בחשבון תני חדא [ו] יצא ותניא אידך לא יצא סברוה דכ"ע אית להו [ו] דר' יצחק דאמר אדם עשוי למשמש בכיסו בכל שעה ושעה מאי לאו בהא קמיפלגי דמ"ד יצא סבר מנין פוטר ומאן דאמר לא יצא סבר מנין אינו פוטר אמרי אי סבירא לן כר' יצחק כ"ע לא פליגי דמנין פוטר אלא בדרבי יצחק קמיפלגי מר אית ליה דר' יצחק ומר לית ליה דר' יצחק ואי בעית אימא דכ"ע אית להו דר' יצחק ולא קשיא הא דמני ורמא ליה בכיסיה והא דמני ורמא לידיה ואיבעית אימא אידי ואידי דמני ורמא בכיסיה הא דאית ליה זוזי אחריני בכיסיה הא דלית ליה זוזי אחריני בכיסיה: **מתני'** [ז] אין לוקחין מן הרועים צמר וחלב וגדיים [ח] ולא משומרי פירות עצים ופירות [ט] אבל לוקחין מן הנשים כלי צמר ביהודה וכלי פשתן בגליל ועגלים בשרון [י] וכולן שאמרו להטמין אסור [כ] ולוקחין ביצים ותרנגולין מכל מקום: **גמ'** ת"ר [ל] אין לוקחין מן הרועים לא עזים ולא גדיים ולא גיזין ולא תלושין של צמר אבל לוקחין מהן תפורין מפני שהן שלהן ולוקחין מהן חלב וגבינה במדבר ולא בישוב ולוקחין מהן ד' וה' צאן ד' וה' גיזין אבל לא שתי צאן ולא שתי גיזין ר"י אומר בייתות לוקחין מהן מדבריות אין לוקחין מהן [מ] כללו של דבר כל שהרועה מוכר ובעל הבית מרגיש בו לוקחין מהן אין מרגיש בו אין לוקחין מהן אמר מר לוקחין מהן ד' וה' צאן ד' וה' גיזין השתא יש לומר ארבעה זבנינן חמשה מיבעיא א"ר חסדא ארבעה מתוך חמשה ואיכא דאמרי א"ר חסדא [נ] ארבעה מעדר קטן וחמש מעדר גדול הא גופא קשיא אמרת ד' וה' צאן ד' וה' גיזין ד' וה' אין אבל שלש לא אימא סיפא אבל לא שתי צאן הא שלש זבנינן לא קשיא הא בברייתא הא בכחישתא: ר"י אומר בייתות לוקחין מהן מדבריות אין לוקחין מהן כו': איבעיא להו ר"י ארישא קאי ולחומרא או דלמא אסיפא קאי ולקולא ארישא קאי ולחומרא דאמר לוקחין מהן ארבעה וחמשה צאן הני מילי בייתות אבל מדבריות אפילו ארבעה וחמשה לא או דלמא אסיפא קאי ולקולא דאמר אבל לא שתי צאן ולא שתי גיזין הני מילי מדבריות אבל בייתות שתים נמי לוקחין ת"ש דתניא ר"י אומר לוקחין בייתות מהן ואין לוקחין מהן מדבריות ובכל מקום לוקחין מהן ארבעה וחמשה צאן

מדאמר

מ"ט דרב חסדא. בשלמא טעמא דכולהו ניחא דעדיף להו לדעת משלא לדעת ועוד מתני' ניחא לתרוצי כוותייהו טפי: הואיל ואנקטה נגרי ברייתא. למדה לצאת חוץ ומעתה צריכה שימור יפה וכיון דלא ידעו בעלים לא מזדהרי בה אבל לדעת מנין פוטר שהרי הכירו שנגנבה והחזירה ומעכשיו יזהרו בה: האי מאן דחזייה לחבריה דאגבה אימרא מעדרא דידיה. כדי לגונבה: אע"ג דמני. אלמא לדעת צריך דעת: החזירו לעדר. שיש לו לבעל הבית במדבר יצא ואע"ג דליכא לא לדעת ולא מנין ורב לא סגי ליה בלאו חד מהני: ברקועתא. שהטלה ניכר הוא כשנגנב וניכר הוא לרועה במדבר כשניתוסף על צאנו ואפי' לא מנה: אית להו דרבי יצחק. והבעלים יודעין בגניבתו שמנו והיא חסירה ולאחר חזרה מנו והיא שלימה: מאי לאו בסלע. פליגי לדעת כדפרישית וידעו הבעלים בגניבתו וקאמר רבי ישמעאל מנין פוטר שאדם עשוי למשמש בכיסו ומנה והיא שלימה פטור וכשמואל דאמר לדעת מנין פוטר ור"ע כרב דאמר לדעת צריך דעת: בטלה פליגי שלא לדעת ובפלוגתא דרב חסדא ור' יוחנן. דרבי ישמעאל דאמר למקום שגנב יחזיר כרבי יוחנן דאמר שלא לדעת אפילו מנין לא צריך ור"ע כרב חסדא דאמר שלא לדעת צריך דעת: ה"ג א"ר זביד משמיה דרבא בגונב מרשות בעלים דכ"ע לא פליגי. דסבירא להו כרב חסדא כדמפרש טעמא משום דאנקטה ניגרי ברייתא והכא בשומר שגנב מרשות עצמו עסקינן ובעי למפטר נפשיה מן הבעלים בטענת גניבה או אבידה וכ"ע כרב חסדא דאמר שלא מדעת צריך דעת: ר"ע סבר. כיון שנעשה גנב כלתה שמירתו דתו לא מהימן להו לבעלים דהא ה"ל גונב שלא לדעת צריך דעת ולא אמרינן סגיא בדעת שומר והא איהו ידע בחזירתו: ורבי ישמעאל סבר. עדיין הוא שומר עליו וסגי בדעת דידיה: והבליע לו בחשבון. לאחר זמן לקח הימנו מקח וכשנתן לו דמים הוסיף עליהם מעות הגזילה והבליע בחשבון שהיה בוש לומר הרי גזילתך יצא: אדם עשוי למשמש. ולמנות כמה בכיסו וזה מיד מנה אחריו ומצא יותר מדמי המקח והכיר שהחזיר לו גזילתו: לית ליה דר' יצחק. וליכא מנין: הא. דקתני לא יצא דמני גזלן ורמא לידיה דנגזל הלכך איכא למימר דהשליכו זה לתיבתו ולא מנאן: והא. דקתני יצא דמני גזלן ורמא לכיסיה דנגזל וכיון דאית לן דר' יצחק מנין פוטר: אית ליה זוזי אחריני בכיסיה. ולא ידע כמה: **מתני'** אין לוקחין מן הרועים. דאיכא למימר שמא גנבו מנאנו של בעל הבית המסור להם: צמר ביהודה ופשתן בגליל. זו היא מלאכת הנשים והן עצמן עושות ומוכרות ולדעת בעליהן הוא: ועגלים. הרועים בשרון ברחבה לעין כל מאחר שמוכרין בפרהסיא לא גנבום ל"א שרון שם מקום ומקום גידול עגלים הוא ולוקחין עגלים בזול ומגדלין אותן ושלהן הן לשון זה עיקר דתניא במנחות בפרק כל קרבנות (דף פז.) אילים ממואב וכבשים מחברון עגלים משרון: **גמ'** ולא תלושין. שנתלש הצמר שעל הרחל מעט מעט: תפורים. בגדים תפורים דאי נמי גנבו קנינהו בשינוי: חלב וגבינה במדבר. דאין דרך בעלים לילך שם וליטלם והרועה נוטלן: אבל לא בישוב. שדרך להביאו לבית בעל הבית: ארבע וחמש צאן. שחסרונן ניכר בעדר ואין יכול לישמט ולומר זאב טרפה: בייתות לוקחין מהן. שהרי בעל הבית יודע מניינם: מרגיש. מבין: ארבע מתוך חמש. אם לא היה לו בעדר אלא חמש צאן ומוכר מהן ארבע מותר ליקח דכולי האי לא גניב מדבר מועט: בברייתא. בריאות עין בעל הבית תמיד עליהן ומרגיש בשלש: בכחושות. אין חשובות לו ואין עינו עליהם לפיכך אין מרגיש כלומר אין יודע כשמוכרם זה: ארישא קאי. ארבע וחמש דשרי ת"ק: אסיפא. שתי צאן דקאסר ת"ק:

מדקאמר

[ז] **מאי** לאו בסלע כו' ובטלה שלא לדעת. סתם כיס רגיל להיות לדעת כיון שעשוי למשמש בכיסו וסתם טלה רגיל להיות שלא לדעת להכי נקט בהא לדעת ובהא שלא לדעת:

חמש מבעיא. מפורש במס' שבת בפרק במה אשה (דף ס: ושם ד"ה השתא) גבי שמעתא דסנדל המסומר:

הדרן עלך הגוזל בתרא

וסליקא מסכת בבא קמא

עין משפט
נר מצוה

קכד א [עיין במגיד משנה בפ"ד מהל' גניבה הל' יב] [רב אלפס כאן ובב"מ פ"ג דף פה.]:
קכה ב מיי' פ"א מהל' גזילה ואבידה הל' ח ופ"ד מהל' גניבה הל' י ועיין בהשגות ובמ"מ סמג עשין עא טוש"ע ח"מ סי' שנה סעיף א:
קכו ג ד מיי' פ"ד מהל' גניבה הל' י ועיין בהשגות ובמ"מ טוש"ע שם סעיף ג:
קכז ה ו מיי' פ"א מהל' גזילה ואבידה הל' ח טוש"ע שם סעיף א וסי' שמו סעי' ב בהג"ה:
קכח ז מיי' פ"ו מהל' גניבה הל' א סמג עשין עא טוש"ע ח"מ סי' שנח סעיף א:
קכט ח מיי' שם הל' ג טוש"ע שם סעיף ב:
קל ט מיי' שם הל' ד טוש"ע שם סעי' ה:
קלא י מיי' שם טוש"ע שם ובסעיף ג:
קלב כ מיי' שם טוש"ע שם סעיף ה:
קלג ל מ נ מיי' שם הל' א והל' ב טוש"ע שם סעיף א:

מסורת הש"ס

א) [לעיל נז.], ב) ב"מ מ:, ג) [שם כא:], ד) ס"א ל"ג, ה) שם סד., ו) שם כא:, ז) עיין ברש"א.

הגהות הב"ח

(א) גמ' מודה רב ברקועתא. נ"ב טלוא תרגום אונקלוס רקוע וכן הוא במסכת שבת דף קז: (ב) שם שהחזיר למקום שגנב קמיפלגי:

ליקוטי רש"י

נגרי. פסיעות [לעיל נז.]. **אימרא.** שה [ברכות סב.]. **צריך דעת בעלים.** ואם לא הודיעם חייב באחריותם אם מת או נגנב דמדסלקיה קם ליה ברשותיה והשבה בלא ידיעה לאו השבה היא [ב"מ מא.].

ארבעה או חמשה אין הוא מבחין בחסרונן[43]. **אוֹ דִּלְמָא אַסֵּיפָא קָאֵי וּלְקוּלָּא** — או שמא הוא מתייחס לסוף דברי התנא קמא ובא להקל, **דְּאָמַר** התנא קמא: "**אֲבָל לֹא שְׁתֵּי צֹאן וְלֹא שְׁתֵּי גִּיזִּין**", ועל כך אמר רבי יהודה: **הָנֵי מִילֵּי** — דברים אלו נאמרו דוקא בבהמות **מִדְבָּרִיּוֹת**, שבעל הבית אינו יודע את מנינן, **אֲבָל בַּיָּיתוֹת** — בהמות ביתיות שבעל הבית יודע את מנינן אפילו **שְׁתַּיִם נַמִּי** (גם כן) **לוֹקְחִין** מהם[44].

הגמרא פושטת את הספק:

תָּא שְׁמַע — בא ושמע ראיה, **דְּתַנְיָא** בברייתא: **רַבִּי יְהוּדָה אוֹמֵר: לוֹקְחִין** בהמות **בַּיָּיתוֹת מֵהֶן, וְאֵין לוֹקְחִין מֵהֶן** בהמות **מִדְבָּרִיּוֹת. וּבְכָל מָקוֹם**, בין במדבר ובין ביישוב, **לוֹקְחִין מֵהֶן אַרְבָּעָה וַחֲמִשָּׁה צֹאן.**

הערות

43. ונמצא, אם כן, שהאיסור לקנות מהם שתי צאן נוהג אף בבהמות ביתיות.

44. ונמצא, אם כן, שההיתר לקנות מהם ארבעה וחמשה צאן מתייחס אף לבהמות מדבריות.

מִדְּאָמַר — מזה שרבי יהודה אמר שמותר לקנות מהם ארבעה וחמשה **בְּכָל מָקוֹם**, ואפילו במדבר, **שְׁמַע מִינָּהּ אַסֵּיפָא קָאֵי וּלְקוּלָּא** — יש ללמוד שהוא מתייחס לסיפא האוסרת לקחת מהם שתי צאן, ובא להקל ולומר שאיסור זה נוהג רק בבהמות מדבריות ולא בבהמות ביתיות.

מסיקה הגמרא:

שְׁמַע מִינָּהּ — אכן, יש ללמוד זאת מכאן.

שנינו במשנה:

וְלֹא מִשּׁוֹמְרֵי פֵּירוֹת עצים ופירות **כו'**.

מעשה בענין זה:

(רב) [רָבָא][1] **זָבִין שַׁבִּישָׁתָא מֵאֲרִיסָא** — קנה חבילי זמורות[2] מאריס. **אֲמַר לֵיהּ אַבַּיֵי: וְהָא תְּנַן** — והרי שנינו: **וְלֹא** לוקחים **מִשּׁוֹמְרֵי פֵּירוֹת עֵצִים וּפֵירוֹת**, שמא גנבו אותם משדהו של בעל הבית, ומדוע איפוא קנית את הזמורות מהאריס? **אֲמַר לֵיהּ** רבא: **הָנֵי מִילֵּי** — דברים אלו (שאין לוקחים משומרי פירות עצים ופירות) נאמרו דוקא **בְּשׁוֹמֵר, דְּלֵית לֵיהּ בְּגוּפָא דְּאַרְעָא מִידִי** — שאין לו בגוף הקרקע כלום, כלומר, שאין לו חלק בעצים ובפירות אלא נוטל הוא את שכרו במעות[3], **אֲבָל אָרִיס, דְּאִית לֵיהּ בְּגַוֵּיהּ** — שיש לו חלק בקרקע, שחולק הוא עם בעל הבית בזמורות ובעצים[4], **אֵימָא מִדְּנַפְשֵׁיהּ קָא מְזַבֵּין** — יש לומר שמשלו הוא מוכר ולא משל בעל הבית, ולפיכך מותר לקנות ממנו[5].

הגמרא מציגה ברייתא המפרטת באיזה אופן מותר לקנות משומרי פירות:

תָּנוּ רַבָּנָן: שׁוֹמְרֵי פֵּירוֹת לוֹקְחִין מֵהֶן פירות **כְּשֶׁהֵן יוֹשְׁבִין וּמוֹכְרִין** בפרהסיא, **וְהַסַּלִּין** של הפירות **לִפְנֵיהֶם, וְטוּרְטָנִי** — ומאזנים גדולים **לִפְנֵיהֶם**, ומוכרים את הפירות במשקל כדרך הסוחרים. שמאחר שמוכרים את הפירות בפרהסיא ודאי לא גנבום[6]. **וְכוּלָּן שֶׁאָמְרוּ** ללוקח: "**הַטְמֵן** את המקח" **אָסוּר** לקנות מהם, משום שניכר הדבר שהמקח גנוב. ואף כשמוכרים בפרהסיא אין **לוֹקְחִין מֵהֶן** אלא **מִפֶּתַח הַגִּינָּה**, שהוא מקום גלוי לכל, **אֲבָל לֹא מֵאֲחוֹרֵי הַגִּינָּה**[7].

הגמרא דנה בענין קניית חפצים מגזלן ידוע:

אִיתְּמַר — נאמר: **גַּזְלָן** ידוע, **מֵאֵימָתַי** — מאימתי **מוּתָּר לִקְנוֹת הֵימֶנּוּ**[8]? **רַב אָמַר: עַד שֶׁתְּהֵא רוֹב** ממונו **מִשֶּׁלּוֹ**, בלא גזילה, משום שאז הולכים אחר הרוב ותולים שהמקח אינו גזול[9]. **וּשְׁמוּאֵל אָמַר: אֲפִילּוּ** אם רק **מִיעוּט** ממונו הוא **שֶׁלּוֹ** מותר לקנות ממנו, משום שתולים שהמקח אינו גזול אלא משלו הוא מוכר[10]. **אוֹרֵי לֵיהּ** — הורה לו **רַב יְהוּדָה לְאַדָּא דַּיָּילָא** — לאדא, שמש החכמים, **כְּדִבְרֵי הָאוֹמֵר** (שמואל) שמותר לקנות מגזלן ידוע **אֲפִילּוּ** אם רק **מִיעוּט** ממונו הוא **שֶׁלּוֹ**[11].

הגמרא דנה בענין ממון של מוסר:

מָמוֹן של **מָסוֹר** — מוסר[12], נחלקו בענינו **רַב הוּנָא וְרַב יְהוּדָה. חַד** — אחד מהם **אָמַר: מוּתָּר לְאַבְּדוֹ בְּיָד, וְחַד** — ואחד מהם **אָמַר: אָסוּר לְאַבְּדוֹ בְּיָד**[13].

הגמרא מבארת את המחלוקת:

מַאן דְּאָמַר — מי שאומר **שמוּתָּר לְאַבְּדוֹ בְּיָד**, טעמו הוא משום **שלֹּא יְהֵא מָמוֹנוֹ חָמוּר** יותר **מִגּוּפוֹ**, ומאחר שמותר לאבד את גופו בידים[14] ודאי מותר לאבד גם את ממונו. **וּמַאן דְּאָמַר** — ומי שאומר **שאָסוּר לְאַבְּדוֹ** ביד, טעמו הוא משום **שדִּלְמָא הָוֵה לֵיהּ זַרְעָא מַעַלְיָא** — יתכן שיהיה לו זרע כשר, **וּכְתִיב** — ונאמר (איוב כז, יז): "**יָכִין רָשָׁע וְצַדִּיק יִלְבָּשׁ**"[15].

הערות

1. על פי מסורת הש"ס; ויש גורסים "רבה" (ראה רי"ף ורא"ש).

2. "זמורות" הן ענפים שחותכים מהגפנים בשעת הזמירה (רש"י ברכות ה, ב ד"ה שבישא).

3. ולפיכך אם מוכר עצים או פירות יש לחשוש שמא גנבם.

4. רש"י. עיין בבא מציעא קג, א-ב.

5. לדעת מר זוטרא (בבא מציעא כב, א) ההיתר לקנות מאריס נאמר רק במקום שיש לתלות שכבר חלק עם בעל הבית ומחלקו הוא מוכר, אולם אם ידוע שעדיין לא חלקו (כגון שמביא את הפירות מהשדה) אסור לקנות ממנו, משום שיש לחשוש שמא כשיבואו לחלוק לא יאמר לבעל הבית שנטל מהפירות. אמנם אמימר ורב אשי (שם) סוברים שמותר לקנות ממנו בכל ענין, משום שמן הסתם כשיבואו לחלוק הוא יאמר זאת לבעל הבית (עיין תוספות בבא מציעא שם ד"ה מר זוטרא; רא"ש שם ב, ג; לנידון להלכה בענין זה עיין רמב"ם הלכות גניבה ו, ג עם כסף משנה; טור חושן משפט שנח עם בית יוסף; רמ"א חושן משפט שם, ד; סמ"ע שם, ו; ש"ך שם, ב).

6. רש"י.

7. ראה טור ושלחן ערוך חושן משפט שנח, ב.

8. יש גורסים: "מאימת מותר ליהנות ממנו" (ראה רש"י ד"ה רוב; רא"ש; הגהה על הרי"ף בשולי הגליון; טור ובית יוסף חושן משפט שסט), ויש גורסים: "מאימת מותר לגבות הימנו" (ראה רי"ף). אמנם להלכה אין כל הבדל בין הגירסאות (דרישה חושן משפט שנח, א-ב; אמנם עיין מחנה אפרים הלכות גניבה ו, א).

9. רש"י.

10. רש"י. דעת שמואל נסתרת לכאורה ממה ששנינו במשנתנו שאין לוקחין מן הרועים צמר וחלב משום שרוב הדברים הללו הינם גנובים (ראה רמב"ם הלכות גניבה ו, א), והרי שאף על פי שיש מיעוט שאינו גנוב אין תולים שמשלו הוא מוכר. ויש מתרצים ששמואל אינו סומך על מיעוט אלא במקום שהרוב הוא בחזקת גזול, אולם במקום שהרוב ודאי גזול מודה שמואל שהולכים אחר הרוב (ים של שלמה נח; אמנם עיין רמב"ם הלכות גזילה ואבידה ה, ח). ויש מחלקים שדוקא בגזלן תולים שמשלו הוא מוכר לפי שידוע לנו שיש בידו ממון שלו, אולם ברועה שאם הוא מהרוב יתכן שאין בידו ממון שלו כלל אין תולים שמשלו הוא מוכר (מגיד משנה הלכות גזילה ואבידה ה, ח בתירוצו השני כפי שביארו דרישה חושן משפט שנח, א-ב וסמ"ע שם, ב; ראה גם ב"ח שם, א; לתירוצים נוספים עיין מגיד משנה שם; מחנה אפרים הלכות גניבה ו, א).

11. רוב הראשונים פוסקים כשמואל, משום שרב יהודה הורה הלכה למעשה כמותו (עיין רמב"ם הלכות גזילה ואבידה ה, ח; רא"ש; רי"ף; טור ושלחן ערוך חושן משפט שסט, ג; ראה גם בית יוסף שם, ה). אמנם רבינו חננאל פוסק כרב משום ש"הלכתא כרב באיסורא" (רשב"א; ראה בכורות מט, ב; אמנם עיין בית יוסף שם), ויתכן שגירסתו היתה: "אורי ליה רב יהודה... כדברי האומר עד שיהא רוב משלו" (ים של שלמה נח; ועיין דרישה חושן משפט שנח, א-ב הגורס ברמב"ם כדעת רבינו חננאל).

12. היינו, מלשין המוסר ממון חבירו לאנסים (רש"י; ראה גם רש"י עבודה זרה כו, ב ד"ה מסורות; ועיין לעיל קטז, ב — קיז, ב).

13. אמנם לאבד ממונו על ידי גרמא או אפילו על ידי גרמי מותר לדברי הכל (טור חושן משפט שפח בשם בעל העיטור; שו"ת רמ"א פח; עיין גם ים של שלמה נ וש"ך חושן משפט שם, סב).

14. כפי ששנינו בעבודה זרה (כו, ב): "המינין והמסורות וכו' מורידין [אותם לבור] ולא מעלין" (רש"י).

מכאן משמע שמותר להרוג את המוסר בידים. ואף שבברייתא לא שנינו אלא שמורידים אותו לבור, היינו דוקא במקום שאינו יכול להורגו בידים, אולם אם יכול להורגו בידים הרשות בידו [במקום שיש לכך רשות מצד המלכות] (ראה רמב"ם הלכות חובל ומזיק ח, יא והלכות רוצח ושמירת הנפש ד, י; עיין גם שו"ת הרא"ש יז, א; שו"ת הרשב"א החדשות שמה; ש"ך חושן משפט שפח, נו). ויש אומרים שאין הורגים את המוסר בידים, אלא מורידים אותו לבור ומניחים לו שימות מעצמו (רבינו חננאל הובא בשו"ת הרא"ש שם), ומכל מקום, אומרת הגמרא, מאחר שמותר להורגו על ידי הורדה לבור כל שכן שמותר לאבד את ממונו בידים (ים של שלמה שם; אמנם עיין ש"ך שם).

וכל זה אמור רק בשעה שהמוסר הולך להלשין, או שמאיים לעשות כן, שאז הוא נחשב כרודף כמו שמצינו לעיל (קיז, א), אמנם לאחר שכבר מסר אסור להורגו או לאבד את ממונו בידים, אלא אם הוחזק בכך שלש פעמים ויש חשש שיחזור ויעשה זאת פעם נוספת (שו"ת הרא"ש לב, ד; ראה גם מרדכי קצו; אמנם עיין ים של שלמה נ).

15. לשון הפסוק היא: "יָכִין וְצַדִּיק יִלְבָּשׁ", והגמרא מוסיפה את המלה "רָשָׁע" כדי לבאר שהרשע, המוזכר בפסוקים הקודמים, הוא זה שיכין את הממון לצדיק (עיין מהרש"א).

יש אומרים שאף לדעה האוסרת לאבד את ממונו של המוסר מכל מקום רשאי כל אדם לזכות בו לעצמו (מרדכי קצד בשם מורו הכהן; ראה גם רמ"א חושן משפט שפח, יג ושו"ת רמ"א פח). אמנם מתשובת רש"י (קעד, הובאה במרדכי קידושין תצב) משמע שאף אם הממון בידו אין הוא רשאי לעכבו לעצמו אלא עליו להחזירו למוסר (ראה גם תוספות עבודה זרה כו, ב ד"ה אני; ים של שלמה נ).

מדאמר בכל מקום ש"מ אסיפא קאי ולקולא ש"מ: ולא משומרי פירות כו': (א) רב זבין שבישתא מאריסא א"ל אביי והא תנן ולא משומרי פירות עצים ופירות א"ל ה"מ בשומר דלית ליה בגופא דארעא מידי [א] אבל אריס דאית ליה בגוויה (א) אימא מדנפשיה קא מזבין ת"ר [ב] שומרי פירות לוקחין מהן כשהן יושבין ומוכרין והסלין לפניהם וטורטני לפניהם וכולן שאמרו הטמן אסור [ג] לוקחין מהן מפתח הגינה אבל לא מאחורי הגינה איתמר גזלן מאימת מותר (ב) לקנות הימנו רב אמר עד שתהא רוב משלו ושמואל אמר אפילו מיעוט שלו [ד] אורי ליה רב יהודה לאדא דיילא כדברי האומר אפילו מיעוט שלו ממון מסור רב הונא ורב יהודה חד אמר מותר לאבדו ביד וח"א אסור לאבדו ביד מ"ד מותר לאבדו ביד (ג) לא יהא ממונו חמור מגופו ומ"ד (ד) [ה] אסור לאבדו דלמא הוה ליה זרעא מעליא וכתיב (א) יכין (ה) רשע וצדיק ילבש: רב חסדא הוה ליה ההוא אריסא דהוה תקיל ויהיב תקיל ושקיל סלקיה קרא אנפשיה (ב) וצפון לצדיק חיל חוטא (ג) כי מה תקות חנף כי יבצע כי ישל אלוה נפשו (ו) רב הונא ורב חסדא חד אמר נפשו דנגזל וח"א נפשו של גזלן מ"ד נפשו של נגזל דכתיב (ד) כן ארחות כל בוצע בצע את נפש בעליו יקח מ"ד נפשו של גזלן דכתיב (ה) אל תגזול דל כי דל הוא ואל תדכא עני בשער (ו) כי ה' יריב ריבם וקבע את קובעיהם נפש ואידך נמי הכתיב נפש בעליו יקח מאי בעליו בעליו דהשתא ואידך נמי הכתיב וקבע את קובעיהם נפש מה טעם קאמר מה טעם וקבע את קובעיהם משום דקבעי נפש א"ר יוחנן [ו] (ז) כל הגוזל את חבירו שוה פרוטה כאילו נוטל נשמתו ממנו שנאמר כן ארחות כל בוצע בצע את נפש בעליו יקח ואומר (ז) ואכל קצירך ולחמך [ז] בניך ובנותיך ואומר (ח) מחמס בני יהודה אשר שפכו דם נקי בארצם ואומר (ט) אל שאול ואל בית הדמים על אשר המית את הגבעונים מאי ואומר וכ"ת נפש דידיה אבל נפש בניו ובנותיו לא ת"ש בשר בניו ובנותיו וכ"ת הני מילי (ח) היכא דלא יהיב דמי אבל היכא דיהיב דמי לא ת"ש מחמס בני יהודה אשר שפכו דם נקי (בארצכם) [בארצם] וכ"ת ה"מ היכא דקעביד בידים אבל גרמא לא ת"ש אל שאול ואל בית הדמים [על] אשר המית את הגבעונים (ט) וכי היכן מצינו שהרג שאול את הגבעונים אלא מתוך שהרג נוב עיר הכהנים שהיו מספיקין להן מים ומזון מעלה עליו הכתוב כאילו הרגן: אבל לוקחין מן הנשים: ת"ר לוקחין מן הנשים כלי צמר ביהודה וכלי פשתן בגליל אבל לא יינות ושמנים וסלתות [ז] ולא מן העבדים ולא מן התינוקות אבא שאול אומר מוכרת אשה בארבעה וחמשה דינר כדי לעשות כפה לראשה וכולן שאמרו הטמין אסור [ח] גבאי צדקה לוקחין מהן דבר מועט אבל לא דבר מרובה [ט] והבדדין לוקחין מהן זתים במידה ושמן במידה אבל לא זיתים במועט ושמן במועט רשב"ג אומר לוקחין מנשים זיתים (י) במועד בגליל העליון שפעמים אדם בוש למכור על פתח ביתו ונותן לאשתו ומוכרת רבינא איקלע לבי מחוזא אתו נשי דבי מחוזא רמו קמיה כבלי ושירי קביל מינייהו א"ל רבה תוספאה לרבינא והתניא [י] גבאי צדקה מקבלין מהן דבר מועט אבל לא דבר מרובה א"ל (כ) הני לבני מחוזא דבר מועט נינהו: **מתני'** [ל] מוכין שהכובס מוציא הרי אלו שלו (ל) והסורק מוציא הרי אלו של בעה"ב [מ] כובס נוטל ג' חוטין והן שלו יתר מכן הרי אלו של בעה"ב [נ] אם היה שחור ע"ג הלבן נוטל את הכל והן שלו [ס] החייט ששייר את החוט כדי לתפור בו ומטלית שהיא ג' על ג' הרי אלו של בעה"ב [ע] מה שהחרש מוציא במעצד הרי אלו שלו ובכשיל של בעל הבית ואם היה עושה אצל בעה"ב אף הנסרים של בעה"ב: **גמ'** ת"ר לוקחין מוכין מן הכובס מפני שהן שלו הכובס נוטל שני חוטין העליונים והן שלו ולא

רש"י

מדקאמר בכל מקום. לוקחין ארבעה וחמשה אלמא האי דקמפליג בין בייתות למדבריות אשתי לאן פליג ולקולא קאי: **שבישתא.** חבילי זמורות: שומר שכרו הוא נוטל במעות ואין לו חלק בעלים אבל אריס חולק בזמורות ובעלים ובעין: **והטורטני.** מאזנים גדולים ומוכרין פירות במשקל כדרך התגרים דכיון דמוכרין בפרהסיא לא גנבום: **רוב.** ממונו משלו בלא גזילה הולכין אחר הרוב ונהנין ממנו: **אפילו מיעוט משלו.** תלינן ואמרינן האי מידי דיהיב ליה מדידיה הוא: **אדא.** שם האיש: **דיילא.** שמש דרבנן: **חמיר מגופו.** דקיימא לן בפרק שני דע"ז (דף כו:) דמותר לאבד גופו בידים דקתני המינין והמסורות מורידין אותן לבור ולא מעלין: **מסור.** מלשין המוסר ממון חבירו לאנסים: **תקיל ויהיב.** לרב חסדא: **תקיל ושקיל.** לנפשיה מדקדק בחלוקה ואינו מוותר מחלקו כלום לשון אחר מחלה היה נוטל ודרך שאר האריסין ליטול שליש: **[קרא אנפשיה].** רב חסדא לדיק והאריס חוטא ונלפן חילו לרב חסדא דסלקו ונטל חלקו: **כי ישל אלוה נפשו.** משליך הקב"ה נשמתו ומאבד ממנו נשמה אחת: **אל תגזל דל כי דל הוא.** אע"פ שדל הוא ואין לו מה לגוזלו: **אל תדכא עני בשער.** מעשר עני ולקט שכחה ופאה המתחלקין בשעריך אל תדכאהו בם: **וקבע את קובעיהם נפש.** גוזל נפש גוזליהם: **בעלים דהשתא.** גזלן שנעשה עכשיו בעלים לממון: **ואכל קצירך ולחמך.** ודומה לך כאוכל בניך ובנותיך לפי שאין לך שוב במה לפרנסם: **מחמס בני יהודה.** מגזל שעשו מעלה אני עליהם כאילו שפכו דם נקי: **המית הגבעונים.** כדמפרש לקמיה שהמית כהני נוב שהיו מספקים מים ומזון לגבעונים שהגבעונים היו משמשין למזבח חוטבי עצים ושואבי מים ומעלה עליו כאילו המית הגבעוני' (ב): **[אבל נפש בניו ובנותיו לאו].** הא את נפש בעליו יקח לא נפקא לן אלא נפש הגוזל אבל בניו ובנותיו לא נענש גזלן אנפש בני הנגזל: **[דלא יהיב דמין].** חמסן יהיב דמי וזה לא היה רוצה למכור: **אבל לא יינות** ושמנים וסלתות. שדרך האיש למוכרן ואין עושה את אשתו שליח לכך ושמא גנבתו מבעלה: **כפה.** לעיף ואין הבעל מקפיד: **והבדדין.** בעלי בית הבד שתגרין הן בשמן לוקחין מן נשיהם זיתים ושמן במדה כלומר דרך מכירה בפרהסיא ודבר מרובה דאין יכולה לגנוב כל זאת ולעשות בצינעא אבל לא במועט דגנבתו ויכולה לעשות בצינעא ולא ירגיש בעלה ל"א במועט במעטן שנוטלתן מן המעטן ואין דרך למוכרן כך: **בגליל העליון.** שהשמן שם ביוקר ומקפיד על דבר מועט: **רבינא.** גבאי לדקה היה: **כבלי.** שרשרות זהב: **ושירי.** צמידין: **לבני מחוזא.** עשירים הם: **מתני' הכובס מוציא.** מבגד צמר דבר מועט על ידי שטיפה ואין הבע"ה מקפיד ומן הדין הן שלו והמקפיד לא הוי קפידא: **שהסורק מוציא.** ע"י הקוצים שקורין קרדונ"ש: **סורק.** פילונ"ש כך שם האומנות על שם שהוא סורקו בקוצים כעין מסרק: **של בעל הבית.** שדבר חשוב הוא ולא מחיל: **הכובס נוטל ג' חוטין.** דרך אורגי בגדי צמר לארוג שלשה חוטין ממין אחר בסוף הבגד והכובס נוטלן ומשוה הבגד ומייפהו: **ואם היה החוט שחור.** שארגו בבגד לבן רשאי ליטול הכל לפי שהשחור מגנה את הלבן: **החייט ששייר מן החוט כדי לתפור בו.** ובגמרא מפרש שיעור תפירה: **ה"ג ומטלית שהוא ג' על ג'.** חייט שהשוה את תפירתו וקילע הימנה מטלית קטנה שלש אצבעות על שלש אצבעות הרי אלו של בעה"ב: **מעצד.** דילדיי"ר בלע"ז קטנה ומחליק בה את הנסרים ושפאין שהוא משוה דקין הן טנב"ש בלע"ז: **בכשיל.** קרדום ומפיל שפאין גסין: **אצל בעל הבית.** שכיר יום: **נסורת.** אפי' דק דק היוצא מתחת המקדח שהיא דק מאד של בעל הבית וריש' בקבלן שקיבל לבנות הבית בדמים קלוצים: **גמ'** ולא

עין משפט נר מצוה

קלד א מיי' פ"ו מהל' גניבה הלכה ג סמג עשין עא טוש"ע ח"מ סי' שנח סעיף ד:
קלה ב ג מיי' שם טוש"ע שם סעיף ג:
קלו ד מיי' פ"ה מהל' גזילה ואבידה הל' ח ועיין בכ"מ סמג עשין עג טוש"ע ח"מ סי' שסט סעיף ג:
קלז ה מיי' פ"ח מהל' חובל ומזיק הלכ' יא סמג עשין ע טוש"ע ח"מ סימן שפח סעי' יג:
קלח ו מיי' פ"א מהל' גזלה ואבדה הל' יג סמג עשין עג טוש"ע ח"מ סי' שנט סעי' ג:
קלט ז מיי' פ"ו מהל' גניבה הל' ד סמג עשין עג טוש"ע ח"מ סי' שנח סעיף ה:
קמ ח מיי' פ"ז מהל' מתנות עניים הל' יג סמג עשין קסב טוש"ע י"ד סי' רמח סעיף ד:
קמא ט מיי' פ"ו מהל' גניבה הל' ה ועיין בכ"מ סמג עשין עא טוש"ע ח"מ סי' שנח סעי' ו:
קמב י כ מיי' פ"ז מהל' מתנות עניים הל' יב סמג עשין קסב טוש"ע י"ד סי' רמח סעיף ד:
קמג ל מיי' פ"ו מהל' גניבה הל' ו סמג עשין עא טוש"ע ח"מ סי' שנח סעי' ז:
קמד מ נ מיי' שם טוש"ע שם סעי' ח:
קמה ס מיי' שם הל' ז ועיין בהשגות ובמ"מ טוש"ע שם ס"ט:
קמו ע מיי' שם הלכה ח טוש"ע שם סעי' י:

לעזי רש"י

קרדונ"ש. פירוש קוצים:
פילונ"ש. פירוש כובס:
דילדיי"ר. פירוש מעצד, מין גרזן קטן (עיין רש"י ישעיה מד, יג וערוך ערך מעצד):
טנב"ש. פירוש דקין (עיין רש"י בראשית מח, ג):

ליקוטי רש"י

מאריסא. שיורדין לתקן הקרקע למחצה לשליש ולרביע וכו'. אי נמי מנהג אריסים לעבוד קרקע עשר שנים וחמש שנים אוכלין הבעלים כל הפירות של כל השדה ואחר כך אוכלין אריסים חמש שנים כנגדן [רשב"ם ב"ב מב.]. כי מה תקות חנף. כי למה אהיה רשע וגזלן מה סופו של רשע הגוזל ממון. כי ישל. כי ישליך המקום את נפשו מעליו לשון של נעליך (שמות ג) ונשל הברזל (דברים יט) [איוב כז, ח]. כן ארחות כל בוצע בצע. גוזל גזילה נאה ונחמדת היא לו וחנס היא לו וסופו. את נפש בעליו יקח. נפש עלמו שנעשה עכשיו בעל הממון שגזל מחבירו [משלי א יט]. אל תגזול דל. אל תגזלנו כי תראנו דל בעבור שהוא דל ואין לו כח לעמוד נגדך [משלי כב כב] אף אם דל הוא ואין לו עוזר אל תגזלהו והוא אחד מארבע לשונות שכי משמש בהן אם. וקבע את קובעיהם נפש. וגוזל את גוזליהם ומה יקבע מהן את נפשם שגורמים הגזלנים רעה לעלמן [ב"מ קיב.]. קובעיהם. גוזליהם ובלשון ארמי קביעא גזילה במסכת ראש השנה (כו:) אתא ההוא גברא לקמיה אמר ליה קבען פלניא וכו' [משלי שם כג]. דהשתא. לאחר גזילה דהיינו גזלן [ב"מ שם]. שהיו מספיקין להן מים ומזון. כהנים היו מספיקין להם מזון לגבעונים שהיו חוטבי עלים ושואבי מים למזבח כדכתיב (יהושע ט) ולא יכרת מכם חוטבי עלים ושואבי מים לבית אלהי [יבמות עח:]. מוכין. כל דבר רך קרוי מוכין כגון למר גפן ותלישי למר רך של בהמה וגרירת בגדים בלויים [שבת מז:].

מסורת הש"ס

א) נ"ל רבא דבר פלוגתא דאביי הוא ועי' בהלכות [וכ"ה בתוס' ב"מ כב. ד"ה מר זוטרא ובר"ף איתא רבה], ב) גי' הרי"ף ליגבות, ג) [לעיל קיז: סנהדרין עד.], ד) [עי' תוס' ע"ז כו: ד"ה אני], ה) [בקרא ליתא תיבת רשע רק הש"ס מפרש לקרא הכי אכן בפסחים מט: מייתי הש"ס קרא כדכתיב ע"ש וע' מהרש"א ח"א], ו) ב"מ קיב., ז) [יאכלו בניך כצ"ל], ח) [לעיל סב.], ט) יבמות עח:, י) ס"א במועט, כ) [נ"ל ושהסורק], ל) בדפו"י הגי' הנסורת.

הגהות הב"ח

(א) גמ' אימא מדנפשיה קא מזבין נ"ב עיין פרק אלו מציאות דף כב בתו' ד"ה מר זוטרא: (ב) רש"י ד"ה המית וכו' הגבעונים הס"ד ואח"כ מ"ה וכ"ת נפש דידיה דהא את נפש:

גליון הש"ס

גמ' כל הגוזל את חבירו. עיין בב"מ ד' נח ע"ב תוס' ד"ה זה בגופו:

תורה אור השלם

א) יָכִין וְצַדִּיק יִלְבָּשׁ וְכֶסֶף נָקִי יַחֲלֹק: [איוב כז, יז]
ב) טוֹב יַנְחִיל בְּנֵי בָנִים וְצָפוּן לַצַּדִּיק חֵיל חוֹטֵא: [משלי יג, כב]
ג) כִּי מַה תִּקְוַת חָנֵף כִּי יִבְצָע כִּי יֵשֶׁל אֱלוֹהַּ נַפְשׁוֹ: [איוב כז, ח]
ד) כֵּן אָרְחוֹת כָּל בֹּצֵעַ בָּצַע אֶת נֶפֶשׁ בְּעָלָיו יִקָּח: [משלי א, יט]
ה) אַל תִּגְזָל דָּל כִּי דַל הוּא וְאַל תְּדַכֵּא עָנִי בַשָּׁעַר: [משלי כב, כב]
ו) כִּי יְיָ יָרִיב רִיבָם וְקָבַע אֶת קֹבְעֵיהֶם נָפֶשׁ: [משלי כב, כג]
ז) וְאָכַל קְצִירְךָ וְלַחְמֶךָ יֹאכְלוּ בָּנֶיךָ וּבְנוֹתֶיךָ יֹאכַל צֹאנְךָ וּבְקָרֶךָ יֹאכַל גַּפְנְךָ וּתְאֵנָתֶךָ יְרֹשֵׁשׁ עָרֵי מִבְצָרֶיךָ אֲשֶׁר אַתָּה בּוֹטֵחַ בָּהֵנָּה בֶּחָרֶב: [ירמיהו ה, יז]
ח) מִצְרַיִם לִשְׁמָמָה תִהְיֶה וֶאֱדוֹם לְמִדְבַּר שְׁמָמָה תִּהְיֶה מֵחֲמַס בְּנֵי יְהוּדָה אֲשֶׁר שָׁפְכוּ דָם נָקִיא בְּאַרְצָם: [יואל ד, יט]
ט) וַיְהִי רָעָב בִּימֵי דָוִד שָׁלֹשׁ שָׁנִים שָׁנָה אַחֲרֵי שָׁנָה וַיְבַקֵּשׁ דָּוִד אֶת פְּנֵי יְיָ וַיֹּאמֶר יְיָ אֶל שָׁאוּל וְאֶל בֵּית הַדָּמִים עַל אֲשֶׁר הֵמִית אֶת הַגִּבְעֹנִים: [שמואל ב כא, א]

מעשה בענין ממון של חוטא שהגיע לידיו של צדיק:

רַב חִסְדָּא, הֲוָה לֵיהּ הַהוּא אֲרִיסָא — היה לו אותו אריס **דַּהֲוָה תָּקִיל וְיָהִיב תָּקִיל וְשָׁקִיל** — שהיה שוקל את הפירות ונותן [לרב חסדא את חלקו], שוקל את הפירות ונוטל [לעצמו את חלקו][16]. **סַלְקֵיהּ** — סילקו רב חסדא ממלאכתו. **קָרָא אַנַּפְשֵׁיהּ** — קרא רב חסדא על עצמו את הפסוק (משלי יג, כב): **"וְצָפוּן לַצַּדִּיק חֵיל חוֹטֵא** — ושמור לצדיק ממונו של חוטא", שהרי חלקו של האריס (החוטא) הגיע לידי רב חסדא (הצדיק)[17].

הגמרא דורשת פסוק בענין גזלן:

נאמר בפסוק (איוב כז, ח): **"כִּי מַה תִּקְוַת חָנֵף כִּי יִבְצָע** — איזו תועלת יש לגזלן כאשר הוא גוזל, **כִּי יֵשֶׁל אֱלוֹהַּ נַפְשׁוֹ** — שהרי ה' ישליך את נשמתו ויאבדה ממנו". **רַב הוּנָא וְרַב חִסְדָּא** נחלקו בפירוש פסוק זה: **חַד אָמַר** — אחד מהם אמר: כוונת הפסוק היא שה' נוטל מהגזלן את **נַפְשׁוֹ דְּנִגְזָל**[18], **וְחַד אָמַר** — ואחד מהם אמר: כוונת הפסוק היא שה' נוטל את **נַפְשׁוֹ שֶׁל הַגַּזְלָן** בעוון הגזל.

הגמרא מציגה את המקור לשתי הדעות:

מַאן דְּאָמַר — מי שאומר שכוונת הפסוק **לְנַפְשׁוֹ שֶׁל הַנִּגְזָל**, מקורו ממה **דִּכְתִיב** (משלי א, יט): **"כֵּן אָרְחוֹת כָּל בֹּצֵעַ בָּצַע** — כן דרך כל גוזל גזילה, **אֶת נֶפֶשׁ בְּעָלָיו יִקָּח** ה' ממנו", ומכאן ראיה שה' נוטל מהגזלן את נפשו של הנגזל, שהוא בעליה של הגזילה[19]. **מַאן דְּאָמַר** — ומי שאומר שכוונת הפסוק **לְנַפְשׁוֹ שֶׁל הַגַּזְלָן**, מקורו ממה **דִּכְתִיב** (שם כב, כב-כג): **"אַל תִּגְזָל דָּל כִּי דַל הוּא** — אף על פי שדל הוא ואין מה לגזול ממנו[20], **וְאַל תְּדַכֵּא עָנִי בַשָּׁעַר** — ואל תמנע מעני מעשר עני, לקט, שכחה, ופאה המתחלקים בשעריך[21], **כִּי ה' יָרִיב רִיבָם וְקָבַע אֶת קֹבְעֵיהֶם נָפֶשׁ** — כי ה' ידון את דינם ויגזול את נפש גוזליהם"[22], ומכאן ראיה שה' נוטל את נפשו של הגזלן.

מקשה הגמרא:

וְאִידָךְ נַמִּי — וגם האמורא האחר, האומר שהפסוק מתייחס לנפשו של הגזלן[23], **הָכְתִיב "נֶפֶשׁ בְּעָלָיו יִקָּח"**, ומשמע שה' נוטל מהגזלן את נפשו של הנגזל!

מתרצת הגמרא:

מַאי — מה הכוונה **"בְּעָלָיו"? בְּעָלָיו דְּהַשְׁתָּא** — בעליו הנוכחי, דהיינו הגזלן שנעשה כעת בעליה של הגזילה[24].

הגמרא עוברת להקשות על הדעה הראשונה:

וְאִידָךְ נַמִּי — וגם האמורא האחר, האומר שהפסוק מתייחס לנפשו של הנגזל, **הָכְתִיב "וְקָבַע אֶת קֹבְעֵיהֶם נָפֶשׁ"**, ומשמע שה' נוטל את נפשו של הגזלן!

מתרצת הגמרא:

מַה טַּעַם קָאָמַר — סוף הפסוק בא לתת טעם לתחילתו, וזו כוונתו: **מַה טַּעַם "וְקָבַע אֶת קֹבְעֵיהֶם"** — מדוע ה' גוזל את גוזליהם של העניים? **מִשּׁוּם דְּקָבְעֵי** — משום שהם גזלו את **הַנֶּפֶשׁ** של הנגזל[25].

דרשה נוספת בענין גזלן:

אָמַר רַבִּי יוֹחָנָן: כָּל הַגּוֹזֵל אֶת חֲבֵירוֹ שָׁוֶה פְּרוּטָה נחשב **כְּאִילּוּ נוֹטֵל** את **נִשְׁמָתוֹ מִמֶּנּוּ**[26], **שֶׁנֶּאֱמַר** לגבי גזלן (משלי א, יט): **"כֵּן אָרְחוֹת כָּל בֹּצֵעַ בָּצַע אֶת נֶפֶשׁ בְּעָלָיו יִקָּח"**[27]. **וְעוֹד אוֹמֵר** הכתוב (ירמיה ה, יז): **"וְאָכַל קְצִירְךָ וְלַחְמֶךָ [יֹאכְלוּ] בָּנֶיךָ וּבְנוֹתֶיךָ"**, כלומר האויב יגזול את ממונך וידמה בעיניך כאילו אכל את בניך ובנותיך, לפי שלא יהיה לך במה לפרנסם[28]. **וְעוֹד אוֹמֵר** הכתוב (יואל ד, יט): "מִצְרַיִם לִשְׁמָמָה תִהְיֶה וֶאֱדוֹם לְמִדְבַּר שְׁמָמָה תִּהְיֶה **מֵחֲמַס בְּנֵי יְהוּדָה אֲשֶׁר שָׁפְכוּ דָם נָקִיא בְּאַרְצָם** — מהחמס שעשו לבני יהודה מעלה אני עליהם כאילו שפכו דם נקי"[29]. **וְעוֹד אוֹמֵר** הכתוב לגבי נוטל פרנסתו של חבירו (שמואל-ב כא, א): **"אֶל שָׁאוּל וְאֶל בֵּית הַדָּמִים עַל אֲשֶׁר הֵמִית אֶת הַגִּבְעֹנִים"**[30].

שואלת הגמרא:

מַאי "וְאוֹמֵר" — לשם מה מוסיף רבי יוחנן "ואומר וכו'"? כלומר, מדוע הוצרך ללמוד מפסוקים נוספים ולא היה די לו בפסוק הראשון?

מתרצת הגמרא:

כך אמר רבי יוחנן: **וְכִי תֵּימָא** — שמא תאמר שנוטל הוא רק **נֶפֶשׁ דִּידֵיהּ** — את נפשו של הנגזל, שהרי מהפסוק הראשון ("אֶת נֶפֶשׁ בְּעָלָיו יִקָּח") לא משמע אלא שנוטל הוא את נפשו של הנגזל, **אֲבָל** על **נֶפֶשׁ בָּנָיו וּבְנוֹתָיו** של הנגזל **לֹא** — אין הוא נענש[31], **תָּא שְׁמַע** — בא ולמד ממה שנאמר "וְאָכַל קְצִירְךָ וְלַחְמֶךָ יֹאכְלוּ בָּנֶיךָ וּבְנוֹתֶיךָ" שנחשב כנוטל גם את **בְּשַׂר בָּנָיו וּבְנוֹתָיו. וְכִי תֵּימָא** — שמא תאמר: **הָנֵי מִילֵּי הֵיכָא דְּלֹא יָהִיב דְּמֵי** — דברים אלו אמורים רק במקום שהגזלן אינו נותן דמים תמורת הגזילה, **אֲבָל הֵיכָא דְּיָהִיב דְּמֵי** — במקום שנותן דמים **לֹא** — אין הוא נחשב כנוטל את נפשו, **תָּא שְׁמַע** — בא ולמד ממה שנאמר **"מֵחֲמַס בְּנֵי יְהוּדָה אֲשֶׁר שָׁפְכוּ דָם נָקִיא (בארצכם) [בְּאַרְצָם]"**, שאף הנותן דמים נחשב כשופך דם נקי[32].

הערות

16. כלומר, אותו אריס היה מדקדק בחלוקה ואינו מוותר משלו כלום. פירוש אחר: אותו אריס היה נוטל מחצית מהפירות, בשונה משאר אריסים שדרכם ליטול רק שליש (רש"י; ראה הערה הבאה).

17. רש"י. המהרש"א מקשה על פירושו הראשון של רש"י (ראה הערה הקודמת), וכי משום שהאריס היה מדקדק בחלוקה נקרא הוא "חוטא"? יתירה מזאת, הלא רב חסדא ודאי מינה אריס אחר תחתיו, ואם אותו אריס לא היה מדקדק בחלוקה אם כן כשם שנתן לרב חסדא יותר מהמגיע לו יתכן שגם נטל לעצמו יותר מהמגיע לו, ומדוע איפוא אמר רב חסדא שחלקו של האריס הגיע לידו? וגם על הפירוש השני קשה, אם מתחילה התנה רב חסדא עם אותו אריס שיטול מחצית מהפירות מדוע סלקו, ואם לא התנה עמו מדוע באמת לא נתן לו רק שליש כדרך שאר אריסין? לפיכך מפרש המהרש"א שלאותו אריס היו שתי משקולות, האחת קטנה והשניה גדולה, ולרב חסדא היה שוקל במשקולת הקטנה ולעצמו היה שוקל במשקולת הגדולה (ראה רש"י דברים כה, יג; לפירושים אחרים עיין בן יהוידע).

18. מאחר שהגוזל את חבירו נחשב כנוטל את נפשו (ראה להלן הערה 26), לפיכך ה' "גובה" מהגזלן את נפשו של הנגזל, כלומר נוטל הוא את נפשו תחת נפש הנגזל (תוספות רי"ד; אמנם עיין מהרש"א ואיי הים).

19. ראה להלן הערה 27.

20. רש"י; עיין גם רש"י בבא מציעא קיב, א ד"ה אל תגזול דל; אמנם ראה רש"י על הפסוק; שערי תשובה ג, כד; תוספות רי"ד.

21. רש"י; ראה סנהדרין פז, א; אמנם עיין מהרש"א.

22. רש"י. "קביעה" היא גזילה בלשון ארמית (רש"י על הפסוק על פי ראש השנה כו, ב).

23. הלשון "ואידך" אינה מתאימה כל כך, שהרי זה עתה סיימה הגמרא לדון בדעתו של אמורא זה. ויש גורסים: "ולמאן דאמר נפשו של גזלן" (ראה דקדוקי סופרים, ו).

24. רש"י על הפסוק.

25. וכך יש לקרוא את הפסוק: "**וְקָבַע** — וה' יגזול **אֶת קֹבְעֵיהֶם נָפֶשׁ** — את אלו שגזלו מהם את נפשם" (רש"י בבא מציעא קיב, א ד"ה משום דנטלו נפש).

26. משום שפעמים לא יהיה לו במה לקנות אוכל וימות ברעב (תוספות בבא מציעא נח, ב ד"ה זה; שערי תשובה ג, קי; אולם ראה מצודת דוד על הפסוק).

27. לעיל פירשו האמוראים ש"אֶת נֶפֶשׁ בְּעָלָיו יִקָּח" מתייחס לה', אולם רבי יוחנן מפרש שכוונת הפסוק היא לגזלן הנוטל את נפשו של הנגזל.

28. רש"י.

29. רש"י.

30. הגמרא להלן תפרש ששאול כלל לא הרג את הגבעונים, אלא מאחר שהרג את כהני נוב שהיו מספקים להם מים ומזון מחשיבו הכתוב כאילו הרגם (רש"י; ראה להלן הערה 34; אמנם עיין מהרש"א יבמות עח, ב).

31. רש"י.

32. "חמסן" הוא הנוטל חפץ מבעליו בעל כרחו ונותן לו את דמיו (רש"י; עיין לעיל סב, א).

דרשה זו אינה אלא אסמכתא, אולם מן התורה אם שילם את דמי החפץ אין הוא עובר על "לֹא תִגְזֹל" אלא רק על "לֹא תַחְמֹד" (תוספות לעיל סב, א ד"ה חמסן ובבא מציעא ה, ב ד"ה בלא; ראה גם רש"י בראשית ו, יא עם מזרחי ושפתי חכמים; רמב"ם וראב"ד הלכות גזילה א, ט).

מדאמר בבכל מקום ש"מ אסיפא קאי ולקולא ש"מ: ולא משומרי פירות כו': (א) רב זבין שבישתא מאריסא א"ל אביי והא תנן ולא משומרי פירות עצים ופירות א"ל ה"מ בשומר דלית ליה בגופא דארעא מידי א אבל אריס דאית ליה בגוויה (א) אימא מדנפשיה קא מזבין ת"ר ב שומרי פירות לוקחין מהן כשהן יושבין ומוכרין והסלין לפניהם וטורטני לפניהם וכולן שאמרו הטמן אסור ג לוקחין מהן מפתח הגינה אבל לא מאחורי הגינה איתמר גזלן מאימת מותר ב לקנות הימנו רב אמר עד שתהא רוב משלו ושמואל אמר אפילו מיעוט שלו ד אורי ליה רב יהודה לאדא דיילא כדברי האומר אפילו מיעוט שלו ממון מסור רב הונא ורב יהודה חד אמר מותר לאבדו ביד וח"א אסור לאבדו ביד מ"ד מותר לאבדו ביד ג לא יהא ממונו חמור מגופו ומ"ד ד ה אסור לאבדו דלמא הוה ליה זרעא מעליא וכתיב א יכין ה רשע וצדיק ילבש: רב חסדא הוה ליה ההוא אריסא דהוה תקיל ויהיב תקיל ושקיל סלקיה קרא אנפשיה ב וצפון לצדיק חיל חוטא ג כי מה תקות חנף כי יבצע כי ישל אלוה נפשו ו רב הונא ורב חסדא חד אמר נפשו דנגזל וח"א נפשו של גזלן מ"ד נפשו של נגזל דכתיב ד כן ארחות כל בוצע בצע את נפש בעליו יקח מ"ד נפשו של גזלן דכתיב ה אל תגזול דל כי דל הוא ואל תדכא עני בשער ו כי ה' יריב ריבם וקבע את קובעיהם נפש ואידך נמי הכתיב נפש בעליו יקח מאי בעליו בעליו דהשתא ואידך נמי הכתיב וקבע את קובעיהם נפש מה טעם קאמר מה טעם וקבע את קובעיהם משום דקבעי נפש א"ר יוחנן ז כל הגוזל את חבירו שוה פרוטה כאילו נוטל נשמתו ממנו שנאמר כן ארחות כל בוצע בצע את נפש בעליו יקח ואומר ו ואכל קצירך ולחמך ז בניך ובנותיך ואומר ח מחמס בני יהודה אשר שפכו דם נקי בארצם ואומר ט אל שאול ואל בית הדמים על אשר המית את הגבעונים מאי ואומר וכ"ת נפש דידיה אבל נפש בניו ובנותיו לא ת"ש בשר בניו ובנותיו וכ"ת הני מילי ח היכא דלא יהיב דמי אבל היכא דיהיב דמי לא ת"ש מחמס בני יהודה אשר שפכו דם נקי (בארצכם) [בארצם] וכ"ת ה"מ היכא דקעביד בידים אבל גרמא לא ת"ש אל שאול ואל בית הדמים [על] אשר המית את הגבעונים ט וכי היכן מצינו שהרג שאול את הגבעונים אלא מתוך שהרג נוב עיר הכהנים שהיו מספיקין להן מים ומזון מעלה עליו הכתוב כאילו הרגן: אבל לוקחין מן הנשים: ת"ר לוקחין מן הנשים כלי צמר ביהודה וכלי פשתן בגליל אבל לא יינות ושמנים וסלתות י ולא מן העבדים ולא מן התינוקות אבא שאול אומר מוכרת אשה בארבעה וחמשה דינר כדי לעשות כפה לראשה וכולן שאמרו להטמין אסור ה גבאי צדקה לוקחין מהן דבר מועט אבל לא דבר מרובה ט והבדדין לוקחין מהן זיתים במדה ושמן במדה אבל לא זיתים במועט ושמן במועט רשב"ג אומר לוקחין מנשים זיתים י במועד בגליל העליון שפעמים אדם בוש למכור על פתח ביתו ונותן לאשתו ומוכרת רבינא איקלע לבי מחוזא אתו נשי דבי מחוזא רמו קמיה כבלי ושירי קביל מינייהו א"ל רבה תוספאה לרבינא והתניא ז גבאי צדקה מקבלין מהן דבר מועט אבל לא דבר מרובה א"ל י הני לבני מחוזא דבר מועט נינהו: מתני' ח מוכין שהכובס מוציא הרי אלו שלו כ והסורק מוציא הרי אלו של בעה"ב כ הכובס נוטל ג' חוטין והן שלו יותר מכן הרי אלו של בעה"ב ל אם היה שחור ע"ג הלבן נוטל את הכל והן שלו ס החייט ששייר את החוט כדי לתפור בו ומטלית שהיא ג' על ג' הרי אלו של בעה"ב ע מה שהחרש מוציא במעצד הרי אלו שלו ובכשיל של בעל הבית ואם היה עושה אצל בעה"ב אף הנסרים של בעה"ב: גמ' ת"ר לוקחין מוכין מן הכובס מפני שהן שלו הכובס נוטל שני חוטין העליונים והן שלו ולא

רש"י

מדקאמר בבכל מקום. לוקחין ארבעה וחמשה אלמא האי דקמפליג בין בייתות למדבריות אשתי לאן פליג ולקולא קאי: שבישתא. תבילי זמורות: שומר שכרו הוא נוטל במעות ואין לו חלק בעלים אבל אריס חולק בזמורות ובעלים ובעין: והטורטני. מאזנים גדולים ומוכרין פירות במשקל כדרך התגרים דכיון דמוכרין בפרהסיא לא גנבום: רוב. ממונו משלו בלא גזילה הולכין אחר הרוב ונהנין ממנו: אפילו מיעוט משלו. תלינן ואמרינן האי מידי דיהיב ליה מדידיה הוא: אדא. שם האיש: דיילא. שמש דרבנן: חמיר מגופו. דקיימא לן בפרק שני דע"ז (דף כו:) דמותר לאבד גופו בידים דקתני המינין והמסורות מורידין אותן לבור ולא מעלין: מסור. מלשין המוסר ממון חבירו לאנסים: תקיל ויהיב. לרב חסדא: תקיל ושקיל. לנפשיה מדקדק בחלוקה ואינו מוותר מחלקו כלום לשון אחר מחצה היה נוטל ודרך שאר האריסין ליטול שליש: [קרא אנפשיה]. רב חסדא צדיק והאריס חוטא ונפלן חילו לרב חסדא דסלקו ונטל חלקו: כי ישל אלוה נפשו. משליך הקב"ה נשמתו ומאבד ממנו נשמה אחת: אל תגזל דל כי דל הוא. אע"פ שדל הוא ואין לו מה לגוזלו: אל תדכא עני בשער. מעשר עני ולקט שכחה ופאה המתחלקין בשעריך אל תדכאהו בם: וקבע את קובעיהם נפש. גוזל נפש גוזליהם: בעליו דהשתא. גזלן שנעשה עכשיו בעלים לממון: ואכל קצירך ולחמך. ודומה לך כאוכל בניך ובנותיך לפי שאין לך שוב במה לפרנסם: מחמס בני יהודה. מגזל שעשו מעלה אני עליהם כאילו שפכו דם נקי: המית הגבעונים. כדמפרש לקמיה שהמית כהני נוב שהיו מספקים מים ומזון לגבעונים שהגבעונים היו משמשין למזבח חוטבי עצים ושואבי מים ומעלה עליו כאילו המית הגבעוני' (ב): [אבל נפש בניו ובנותיו לא]. הא מאת נפש בעליו יקח לא נפקא לן אלא נפש הגוזל אבל בניו ובנותיו לא נענש גזלן אנפש בני הנגזל: [דלא יהיב דמי]. שמכן יהיב דמי וזה לא היה רוצה למכור: אבל לא יינות ושמנים וסלתות. שדרך האיש למוכרן ואין עושה את אשתו שליח לכך ושמא גנבתו מבעלה: כפה. לעיף ואין הבעל מקפיד: והבדדין. בעלי בית הבד שתגרין הן בשמן לוקחין מן נשיהם זיתים ושמן במדה כלומר דרך מכירה בפרהסיא ודבר מרובה דאין יכולה לגנוב כל זאת ולעשות בצינעא אבל לא במועט דגנבתו ויכולה לעשות בצינעא ולא ירגיש בעלה ל"א במועט במעטן שנטלתן מן המעטן ואין דרך למוכרן כך: בגליל העליון. שהשמן שם ביוקר ומקפיד על דבר מועט: רבינא. גבאי צדקה היה: כבלי. שרשרות זהב: ושירי. צמידין: לבני מחוזא. עשירים הם: מתני' הכובס מוציא. מבגד צמר דבר מועט על ידי שטיפה ואין הבע"ה מקפיד ומן הדין הן שלו והמקפיד לא הוי קפידא: שהסורק מוציא. ע"י הקוצים שקורין קרדונ"ש: סורק. פילונ"ש כך שם האומנות על שם שהוא סורקו בקוצים כעין מסרק: של בעל הבית. שדבר חשוב הוא ולא מחיל: הכובס נוטל ג' חוטין. דרך אורגי בגדי צמר לארוג שלשה חוטין ממין אחר בסוף הבגד והכובס נוטלן ומשוה הבגד ומייפהו: ואם היה החוט שחור. שארגו בבגד לבן רשאי ליטול הכל לפי שהשחור מגנה את הלבן: החייט ששייר מן החוט כדי לתפור בו. ובגמרא מפרש שיעור תפירה: ה"ג ומטלית שהוא ג' על ג'. חייט שהשוה את תפירתו וקילע הימנה מטלית קטנה שלש אצבעות על שלש אצבעות הרי אלו של בעה"ב: מעצד. דילדיי"ר בלע"ז קטנה ומחליק בה את הנסרים ושפאין שהוא משוה דקין הן טנב"ש בלע"ז: בכשיל. קרדום ומפיל שפאין גסין: אצל בעל הבית. שכיר יום: נסורת. אפי' דק דק היוצא מתחת המקדח שהיא דק מאד של בעל הבית ורישא בקבלן שקיבל לבנות הבית בדמים קצובים: גמ' ולא

מסורת הש"ס

א) נ"ל רבא דבר פלוגתא דאביי הוא ועי' בהלכות [וכ"ה בתוס' ב"מ כב. ד"ה מר זוטרא ובר"ף איתא רבה], ב) ג' הרי"ף ליגבות, ג) [לעיל קיז: סנהדרין עד.], ד) [עי' תוס' ע"ז כו: ד"ה אני], ה) [בקרא ליתא תיבת רשע רק הש"ס מפרש לקרא הכי אבל בפסחים מט: מייתי הש"ס קרא כדכתיב ע"ש וע' מהרש"א ח"א], ו) ב"מ קיב., ז) [ואכלו בניך כל"ל], ח) [לעיל סב.], ט) יבמות עח:, י) ס"א במועט, כ) [נ"ל ושהסורק], ל) בדפו"י הגי' הנסורת.

הגהות הב"ח

(א) גמ' אימא מדנפשיה קא מזבין נ"ב עיין פרק אלו מציאות דף כב בתוס' ד"ה מר זוטרא: (ב) רש"י ד"ה המית וכו' שהגבעונים הס"ד ואח"כ מ"ה וכ"ת נפש דידיה דהא מתא נפש:

גליון הש"ס

גמ' כל הגוזל את חבירו. עיין בב"מ ד' נח ע"ב תוס' ד"ה זה בגופו:

תורה אור השלם

א) יָכִין וְצַדִּיק יִלְבָּשׁ וְכֶסֶף נָקִי יַחֲלֹק: [איוב כז, יז]

ב) טוֹב יַנְחִיל בְּנֵי בָנִים וְצָפוּן לַצַּדִּיק חֵיל חוֹטֵא: [משלי יג, כב]

ג) כִּי מַה תִּקְוַת חָנֵף כִּי יִבְצָע כִּי יֵשֶׁל אֱלוֹהַּ נַפְשׁוֹ: [איוב כז, ח]

ד) כֵּן אָרְחוֹת כָּל בֹּצֵעַ בָּצַע אֶת נֶפֶשׁ בְּעָלָיו יִקָּח: [משלי א, יט]

ה) אַל תִּגְזָל דָּל כִּי דַל הוּא וְאַל תְּדַכֵּא עָנִי בַשָּׁעַר: [משלי כב, כב]

ו) כִּי יְיָ יָרִיב רִיבָם וְקָבַע אֶת קֹבְעֵיהֶם נָפֶשׁ: [משלי כב, כג]

ז) וְאָכַל קְצִירְךָ וְלַחְמֶךָ יֹאכְלוּ בָּנֶיךָ וּבְנוֹתֶיךָ יֹאכַל צֹאנְךָ וּבְקָרֶךָ יֹאכַל גַּפְנְךָ וּתְאֵנָתֶךָ יְרֹשֵׁשׁ עָרֵי מִבְצָרֶיךָ אֲשֶׁר אַתָּה בּוֹטֵחַ בָּהֵנָּה בֶּחָרֶב: [ירמיהו ה, יז]

ח) מִצְרַיִם לִשְׁמָמָה תִהְיֶה וֶאֱדוֹם לְמִדְבַּר שְׁמָמָה תִּהְיֶה מֵחֲמַס בְּנֵי יְהוּדָה אֲשֶׁר שָׁפְכוּ דָם נָקִיא בְּאַרְצָם: [יואל ד, יט]

ט) וַיְהִי רָעָב בִּימֵי דָוִד שָׁלֹשׁ שָׁנִים שָׁנָה אַחֲרֵי שָׁנָה וַיְבַקֵּשׁ דָּוִד אֶת פְּנֵי יְיָ וַיֹּאמֶר יְיָ אֶל שָׁאוּל וְאֶל בֵּית הַדָּמִים עַל אֲשֶׁר הֵמִית אֶת הַגִּבְעֹנִים: [שמואל ב כא, א]

עין משפט נר מצוה

קלד א מיי' פ"ו מהל' גניבה הלכה ג סמג עשין עא טוש"ע ח"מ סי' שנח סעיף ב:

קלה ב ג מיי' שם טוש"ע שם סעיף ג:

קלו ד מיי' פ"ה מהל' גזילה ואבידה הל' ח ועיין במ"מ סמג עשין עג טוש"ע ח"מ סי' שסט סעיף ג:

קלז ה מיי' פ"ח מהל' חובל ומזיק הל' יא סמג עשין עא טוש"ע ח"מ סימן שפח סעי' יג:

קלח ו מיי' פ"ו מהל' גזלה הל' יג סמג עשין עג טוש"ע ח"מ סי' שנט סעי' ג:

קלט ז מיי' פ"ו מהל' גניבה הל' ד סמג עשין עא טוש"ע ח"מ סי' שנח סעיף ה:

קמ ח מיי' פ"ט מהל' מתנות עניים הל' יב סמג עשין קסב טוש"ע י"ד סי' רמח סעיף ד:

קמא ט מיי' פ"ו מהל' גניבה הל' ה ועיין במ"מ סמג עשין עא טוש"ע ח"מ סי' שנח סעי' ו:

קמב י כ מיי' פ"ט מהל' מתנות עניים הל' יב סמג עשין קסב טוש"ע י"ד סי' רמח סעיף ד:

קמג ל מיי' פ"ו מהל' גניבה הל' ו סמג עשין עא טוש"ע ח"מ סי' שנח סעי' ז:

קמד מ נ מיי' שם טוש"ע שם סעי' ח:

קמה ס מיי' שם הל' ז ועיין בהשגות ובמ"מ טוש"ע שם ס"ט:

קמו ע מיי' שם הלכה ח טוש"ע שם סעי' י:

לעזי רש"י

קרדונ"ש. פירוש קוצים.

פילונ"ש. פירוש כובס.

דילדויי"ר. פירוש מעגל, מין גרזן קטן (עיין רש"י ישעיה מד, יג, וערוך ערך מעגל).

טנב"ש. פירוש דקין (עיין רש"י בראשית מה, ג).

ליקוטי רש"י

מאריסא. שיורדין לתוכן הקרקע למחצה לשליש ולרביע וכו'. אי נמי מנהג אריסים לעבוד קרקע עשר שנים וחמש שנים אוכלין הבעלים כל פירות של כל השדה ואחר כך אוכלין אריסים חמש שנים כנגדן [רשב"ם ב"ב מב.]. כי מה תקות חנף. כי למה יקוה רשע וגזלן כי סופו של רשע הגוזל ממון. כי ישל. כי ישליך המקום את נפשו מעליו לשון ונשל הברזל (דברים יט) נשל נעלך (שמות ג) [איוב כז, ח]. כן ארחות כל בוצע בצע. גזל גזילה נאה ונחמדת היא לו ונפש ונועם. את נפש בעליו יקח. נפש עצמו שנעשה עכשיו בעל הממון גזול מחבירו [משלי א, יט]. אל תגזול דל. אל תגזלנו כי דלותו לעבור שהוא דל ואין לו כח לעמוד נגדך [משלי כב, כב] אף על פי שהוא דל ואין לו עוזר אל תגזלנו והוא מאחר מרובה של לשונות מזה משמש כמו כן אם. וקבע

את קובעיהם נפש. וגזל את גוזליהם ומה יקבע מהן את הנפש שגורמים הגוזלים רעה לעצמן [ב"מ קיב.]. קובעיהם. גוזליהם ולשון ארמי קיבעא גזילה במסכת ראש השנה (כו:) אמר חסיד הוא וגזר דגרא לקמיה אמר ליה קבען פלניא וכו' [משלי שם כג]. דהשתא. לאחר גזילה דהיינו גזלן [ב"מ שם]. שהיו מספיקין להן מים ומזון. כהנים היו מספיקים לגבעונים שהיו חוטבי עצים ושואבי מים לבית אלהי [יבמות עח:]. מוכין. כל דבר רך קרוי מוכין כגון צמר גפן ותלושי צמר רך של בהמה וגרירת בגדים בלויים [שבת מז:].

וְכִי תֵימָא — שמא תאמר: **הָנֵי מִילֵּי הֵיכָא דְקָעָבִיד** — דברים אלו אמורים רק כשגזל **בְּיָדַיִם, אֲבָל גְּרָמָא** — כשגוזל בעקיפין, כגון שנוטל את פרנסתו של חבירו, **לֹא** — אין הוא נחשב כנוטל את נפשו, **תָּא שְׁמַע** — בא ולמד ממה שנאמר: "**אֶל שָׁאוּל וְאֶל בֵּית הַדָּמִים [עַל] אֲשֶׁר הֵמִית אֶת הַגִּבְעֹנִים**", וקשה: **וְכִי הֵיכָן מָצִינוּ שֶׁהָרַג שָׁאוּל אֶת הַגִּבְעוֹנִים? אֶלָּא מִתּוֹךְ שֶׁהָרַג** את תושבי **נוֹב עִיר הַכֹּהֲנִים**[33], **שֶׁהָיוּ מַסְפִּיקִין לָהֶן** (לגבעונים) **מַיִם וּמָזוֹן, מַעֲלֶה עָלָיו הַכָּתוּב כְּאִילּוּ הֲרָגָן**[34]. הרי שאף הגורם לחבירו להפסיד את פרנסתו נחשב כנוטל את נפשו.

שנינו בהמשך המשנה:

אֲבָל לוֹקְחִין מִן הַנָּשִׁים כלי צמר ביהודה וכלי פשתן בגליל וכו'.

הגמרא מציגה ברייתא המפרטת אילו דברים מותר לקחת מן הנשים:

תָּנוּ רַבָּנָן: לוֹקְחִין מִן הַנָּשִׁים הנשואות **כְּלֵי** (בגדי) **צֶמֶר בִּיהוּדָה וּכְלֵי פִשְׁתָּן בַּגָּלִיל**, ואין חוששין שמא גנבו אותם מבעליהן[35]. **אֲבָל לֹא** לוקחין מהן **יֵינוֹת וּשְׁמָנִים וּסְלָתוֹת**, לפי שדרך הבעל למוכרם בעצמו, ואין הוא עושה את אשתו שליח לכך, ויש לחשוש שמא גנבתם מבעלה[36]. **וְאֵין** לוקחין כלום **לֹא מִן הָעֲבָדִים וְלֹא מִן הַתִּינוֹקוֹת. אַבָּא שָׁאוּל אוֹמֵר: מוֹכֶרֶת אִשָּׁה** מקח **בְּ**שווי **אַרְבָּעָה וַחֲמִשָּׁה דִּינָר כְּדֵי לַעֲשׂוֹת כִּפָּה** (צעיף) **לְרֹאשָׁהּ**, לפי שאין הבעל מקפיד בכך[37]. **וְכוּלָּן** — וכל הנשים הללו (שמותר לקנות מהן) **שֶׁאָמְרוּ** ללוקח **לְהַטְמִין** את המקח **אָסוּר** לקנות מהן, משום שניכר הדבר שהמקח גנוב[38]. **גַּבָּאֵי צְדָקָה לוֹקְחִין מֵהֶן** לצדקה **דָּבָר מוּעָט, אֲבָל לֹא דָּבָר מְרוּבֶּה**[39]. **וְהַבַּדָּדִין** — בעלי בית הבד הסוחרים בשמן, **לוֹקְחִין מֵהֶן** — מנשותיהם[40] **זֵתִים בְּמִידָּה וְשֶׁמֶן בְּמִידָּה** — בדרך מכירה בפרהסיא ובכמות מרובה, לפי שאין היא יכולה לגנוב כל כך הרבה ולמכור בצינעא בלא שבעלה ירגיש בכך, ולפיכך אין לחשוש שמא גנבתם[41], **אֲבָל לֹא זֵיתִים בְּמוּעָט וְלֹא שֶׁמֶן בְּמוּעָט** — במדה מועטת, משום שיכולה היא לגונבם ולמוכרם בצינעא, בלא שבעלה ירגיש, ולפיכך יש לחשוש שמא גנבתם[42]. **רַבָּן שִׁמְעוֹן בֶּן גַּמְלִיאֵל אוֹמֵר: לוֹקְחִין מִנָּשִׁים זֵיתִים (במועד) [בְּמוּעָט]**[43] — בכמות מועטת **בַּגָּלִיל הָעֶלְיוֹן**, שהשמן שם ביוקר והבעלים מקפיד אפילו על דבר מועט[44], מפני **שֶׁפְּעָמִים אָדָם בּוֹשׁ לִמְכּוֹר עַל פֶּתַח בֵּיתוֹ וְנוֹתֵן לְאִשְׁתּוֹ וּמוֹכֶרֶת**[45].

מעשה בענין זה:

רָבִינָא אִיקְלַע — הזדמן **לְבֵי מְחוֹזָא** לאסוף צדקה[46]. **אָתוּ נָשֵׁי דְּבֵי מְחוֹזָא** — באו נשי מחוזא, **רָמוּ קַמֵּיהּ כַּבְלֵי וְשֵׁירֵי** — הניחו לפניו שרשראות וצמידים מזהב[47], **קַבֵּיל מִינַּיְיהוּ** — ורבינא קיבלם מהן. **אֲמַר לֵיהּ רַבָּה תּוֹסְפָאָה לְרָבִינָא: וְהָתַנְיָא** — והרי שנינו בברייתא: **גַּבָּאֵי צְדָקָה מְקַבְּלִין מֵהֶן דָּבָר מוּעָט אֲבָל לֹא דָּבָר מְרוּבֶּה**, ומדוע איפוא קיבלת מהם דברים יקרים אלו? **אֲמַר לֵיהּ** רבינא: **הָנֵי** — דברים אלו **לִבְנֵי מְחוֹזָא, דָּבָר מוּעָט נִינְהוּ** — נחשבים דבר מועט, לפי שהם עשירים.

משנה המשנה הבאה עוסקת בבעלי אומנות שנשארים בידם דברים קטנים של בעל הבית, והיא דנה אילו דברים שייכים לאומנים (ומותר לקנותם מהם) ואילו שייכים לבעל הבית (ואסור לקנותם מהם)[48]:

מוֹכִין — פיסות צמר **שֶׁהַכּוֹבֵס מוֹצִיא** מן הבגד על ידי שטיפה **הֲרֵי אֵלּוּ שֶׁלּוֹ** מן הדין, לפי שהם דבר מועט ואין בעל הבית מקפיד עליהם[49]. **וְ**אילו מוכין **[שֶׁ]הַסּוֹרֵק מוֹצִיא** מן הבגד בשעה שסורקו בקוצים[50] **הֲרֵי אֵלּוּ שֶׁל בַּעַל הַבַּיִת**, לפי שהם

הערות

33. לאחר שחרב משכן שילה הקימו את המשכן בנוב (ראה שמואל-א כא, ז ורש"י זבחים קיב, ב ד"ה באו לנוב). דואג האדומי, בנצלו את חששותיו של שאול, שיכנע את המלך שכהני נוב תמכו בנסיון של דוד למרוד בו, וכתוצאה מכך צוה שאול להורגם (ראה שמואל-א כב).

34. יהושע גזר על הגבעונים שיהיו חוטבי עצים ושואבי מים למשכן (ראה יהושע ט, כג). הגבעונים שמשו בעבודות אלו בנוב, וכהני העיר היו מספקים להם את פרנסתם, ומאחר שהריגת כהני נוב נטלה מהגבעונים את פרנסתם נחשב הדבר לשאול כאילו הרגם.

35. עיין לעיל קיח, ב הערה 32.

36. רש"י.

37. רש"י.

38. עיין לעיל קיח, ב הערה 33.

39. משום שמן הסתם הבעל מסכים שאשתו תתן דבר מועט לצדקה (מאירי).

לדעת ראשונים רבים הוראה זו מתייחסת אף לעבדים ולקטנים שהוזכרו לעיל (ראה רי"ף; רמב"ם הלכות מתנות עניים ז, יב; מאירי; סמ"ג עשין קסב; ראה גם שלחן ערוך יורה דעה רמח, ד). אמנם הטור (חושן משפט שם) פוסק זאת רק לגבי נשים ועבדים, ומשמע שמקטנים אין נוטלים אפילו דבר מועט (אמנם עיין ב"ח שם). ויש אומרים שהוראה זו מתייחסת רק לנשים, משום שמן הסתם אין אדם מרשה לעבדו או לבנו לתת צדקה מממונו (ים של שלמה נט).

[על פי ברייתא זו מפרש הספורנו מה שנאמר בענין תרומת המשכן (שמות לה, כב): "וַיָּבֹאוּ הָאֲנָשִׁים עַל הַנָּשִׁים (עם הנשים) כֹּל נְדִיב לֵב הֵבִיאוּ חָח וָנֶזֶם וְטַבַּעַת וְכוּמָז". מדוע הוצרכו האנשים לבוא עם הנשים? אלא, מאחר שאין מקבלים מן הנשים דבר מרובה הוצרכו בעליהן לבוא עימן כדי להראות לגזברים שהם מסכימים לכך (ראה גם שפתי חכמים שם).]

40. רש"י; ראה הערה הבאה.

41. רש"י.

כפי הנראה רש"י גרס "והבדדין לוקחין מן נשיהם" (ראה דקדוקי סופרים). ויש מפרשים ש"בדדין" הם פועלים הנשכרים לעבוד בבית הבד, ומאחר שחשודים הם לגנוב מבעל הבית אין לוקחים מהם שמן וזיתים אלא בדרך מכירה ובכמות מרובה (ראה רמב"ם הלכות גניבה ו, ה עם מגיד משנה; הגהות יעב"ץ; ראה גם ים של שלמה נט).

42. פירוש אחר: "במועט" היינו שהאשה נטלה זיתים ושמן מתוך ה"מעטן" (כלי גדול שמניחים בו את הזיתים כדי שיתחממו ויצא שמנם מתוכם), ומאחר שאין זו דרך מכירה יש לחשוש שמא גנבתם מבעלה (רש"י; ועיין ים של שלמה שם).

43. על פי מהרש"א ודקדוקי סופרים.

44. רש"י. כלומר, מאחר שהבעלים מקפיד אפילו על שמן מועט אין לחשוש שמא האשה גנבתו (מגיני שלמה שבת מז, א ד"ה תוד"ה בגלילא; אמנם ראה הערה הבאה).

45. כלומר, אף שבדרך כלל אין הבעל נותן לאשתו למכור שמן (עיין רש"י ד"ה אבל לא יינות ושמנים וסלתות), מכל מקום מאחר שבמקרה זה אין חשש שמא גנבתו יש להניח שבעלה התבייש למוכרו בעצמו ולפיכך נתן לה למוכרו (מגיני שלמה שם).

ביארנו את דברי רש"י על פי גירסת הגמרא שלפנינו. אמנם יש גורסים: "אבל לא זיתים במועט ולא שמן במועט בגליל העליון. רבן שמעון בן גמליאל אומר...", ולפי גירסא זו רש"י מפרש שהאיסור לקחת מנשים שמן במדה מועטת אינו נוהג אלא בגליל העליון, לפי שהשמן שם יקר והבעלים מקפיד אף על דבר מועט, אולם במקומות אחרים שאין ערכו של השמן רב מותר לקחת מהן אף במדה מועטת, לפי שהבעלים אינו מקפיד בכך (דקדוקי סופרים, מ; לביאור אחר בגירסא זו עיין פני יהושע).

46. רבינא היה גבאי צדקה (רש"י).

47. רש"י.

48. ראה מלאכת שלמה.

49. ואף אם הקפיד עליהם [בלבו] אין קפידתו מועילה [משום ש"בטלה דעתו אצל כל אדם"] (רש"י; ראה רש"י על הרי"ף; ועיין שו"ת נודע ביהודה מהדורא קמא אבן העזר, נט ואבני מילואים כח, מט).

הכלל "בטלה דעתו אצל כל אדם", המופיע בתלמוד כמה פעמים, קובע שגדרם של חפצים או פעולות נקבע על פי ההתנהגות המקובלת אצל רוב בני האדם, ואין מתחשבים בדעתו של כל יחיד הנוהג באופן משונה ויוצא מן הכלל. וכן בנידון שלפנינו, קפידתו של בעל הבית אינה מונעת מהכובס לזכות במוכין, משום שרוב בני אדם אינם מקפידים על דבר מועט כזה.

50. סירוק הוא השלב האחרון בתהליך עשיית הבגד. הסורק מותח את הבגד על גבי מסגרת (ראה לקמן עמוד ב הערה 1), ולאחר מכן מסרקו בקוצים העשויים כעין מסרק. הקוצים מושכים את סיבי הצמר וזוקפים אותם, ובאופן זה נהיה הבגד רך ונעים ללבישה (עיין רש"י שבת יא, ב ד"ה במשיחה ולעיל צט, א הערה 14-16). מלבד זאת מועיל הסירוק להסתיר את חוטי השתי או הערב ולשוות לבגד מראה

מדאמר בכל מקום ש"מ אסיפא קאי ולקולא ש"מ: ולא משומרי פירות כו': [א]רב זבין שבישתא מאריסא א"ל אביי והא תנן ולא משומרי פירות עצים ופירות א"ל ה"מ בשומר דלית ליה בגופא דארעא מידי [א]אבל אריס דאית ליה בגוויה (א) אימא מדנפשיה קא מזבין ת"ר [ב]שומרי פירות לוקחין מהן כשהן יושבין ומוכרין והסלין לפניהם וטורטני לפניהם וכולן שאמרו הטמן אסור [ג]לוקחין מהן מפתח הגינה אבל לא מאחורי הגינה איתמר גזלן מאימת מותר [ב]לקנות הימנו רב אמר עד שתהא רוב משלו ושמואל אמר אפילו מיעוט שלו [ד]אורי ליה רב יהודה לאדא דיילא כדברי האומר אפילו מיעוט שלו ממון מסור רב הונא ורב יהודה חד אמר מותר לאבדו ביד וח"א אסור לאבדו ביד מ"ד מותר לאבדו ביד [ג]לא יהא ממונו חמור מגופו ומ"ד [ד][ה]אסור לאבדו דלמא הוה ליה זרעא מעליא וכתיב [א]יכין [ה]רשע וצדיק ילבש: רב חסדא הוה ליה ההוא אריסא דהוה תקיל ויהיב תקיל ושקיל סלקיה קרא אנפשיה [ב]וצפון לצדיק חיל חוטא [ג]כי מה תקות חנף כי יבצע כי ישל אלוה נפשו [ו]רב הונא ורב חסדא חד אמר נפשו דנגזל וח"א נפשו של גזלן מ"ד נפשו של נגזל דכתיב [ד]כן ארחות כל בוצע בצע את נפש בעליו יקח מ"ד נפשו של גזלן דכתיב [ה]אל תגזול דל כי דל הוא ואל תדכא עני בשער [ו]כי ה' יריב ריבם וקבע את קובעיהם נפש ואידך נמי הכתיב נפש בעליו יקח מאי בעליו בעליו דהשתא ואידך נמי הכתיב וקבע את קובעיהם נפש מה טעם קאמר מה טעם וקבע את קובעיהם משום דקבעי נפש א"ר יוחנן [ז][ו]כל הגוזל את חבירו שוה פרוטה כאילו נוטל נשמתו ממנו שנאמר כן ארחות כל בוצע בצע את נפש בעליו יקח ואומר [ז]ואכל קצירך ולחמך [ז]בניך ובנותיך ואומר [ח]מחמס בני יהודה אשר שפכו דם נקי בארצם ואומר [ט]אל שאול ואל בית הדמים על אשר המית את הגבעונים מאי ואומר וכ"ת נפש דידיה אבל נפש בניו ובנותיו לא ת"ש בשר בניו ובנותיו וכ"ת הני מילי [ח]היכא דלא יהיב דמי אבל היכא דיהיב דמי לא ת"ש מחמס בני יהודה אשר שפכו דם נקי (בארצכם) [בארצם] וכ"ת ה"מ היכא דקעביד בידים אבל גרמא לא ת"ש אל שאול ואל בית הדמים [על] אשר המית את הגבעונים [ט]וכי היכן מצינו שהרג שאול את הגבעונים אלא מתוך שהרג נוב עיר הכהנים שהיו מספיקין להן מים ומזון מעלה עליו הכתוב כאילו הרגן: אבל לוקחין מן הנשים: ת"ר לוקחין מן הנשים כלי צמר ביהודה וכלי פשתן בגליל אבל לא יינות ושמנים וסלתות [י]ולא מן העבדים ולא מן התינוקות אבא שאול אומר מוכרת אשה בארבעה וחמשה דינר כדי לעשות כפה לראשה וכולן שאמרו להטמין אסור [ח]גבאי צדקה לוקחין מהן דבר מועט אבל לא דבר מרובה [ט]והבדדין לוקחין מהן זתים במידה ושמן במידה אבל לא זיתים במועט ושמן במועט רשב"ג אומר לוקחין מנשים זיתים [י]במועד בגליל העליון שפעמים אדם בוש למכור על פתח ביתו ונותן לאשתו ומוכרת רבינא איקלע לבי מחוזא אתו נשי דבי מחוזא רמו קמיה כבלי ושירי קביל מינייהו א"ל רבה תוספאה לרבינא והתניא [י]גבאי צדקה מקבלין מהן דבר מועט אבל לא דבר מרובה א"ל [כ]הני לבני מחוזא דבר מועט נינהו: מתני' [ל]מוכין שהכובס מוציא הרי אלו שלו [כ]והסורק מוציא הרי אלו של בעה"ב [מ]כובס נוטל ג' חוטין והן שלו יתר מכן הרי אלו של בעה"ב [נ]אם היה שחור ע"ג הלבן נוטל את הכל והן שלו [ס]החייט ששייר את החוט כדי לתפור בו ומטלית שהיא ג' על ג' הרי אלו של בעה"ב [ע]מה שהחרש מוציא במעצד הרי אלו שלו ובכשיל של בעל הבית ואם היה עושה אצל בעה"ב אף [ל]הנסרים של בעה"ב: גמ' ת"ר לוקחין מוכין מן הכובס מפני שהן שלו הכובס נוטל שני חוטין העליונים והן שלו ולא

מדקאמר בכל מקום. לוקחין ארבעה וחמשה אלמא האי דקמפליג בין בייתות למדבריות אשתי לאן פליג ולקולא קאי: שבישתא. חבילי זמורות: שומר שכרו הוא נוטל במעות ואין לו חלק בעצים אבל אריס חולק בזמורות ובעצים וביין: והטורטני. מאזנים גדולים ומוכרין פירות במשקל כדרך התגרים דכיון דמוכרין בפרהסיא לא גנבום: רוב. ממונו משלו בלא גזילה הולכין אחר הרוב ונהנין ממנו: אפילו מיעוט משלו. תלינן ואמרינן האי מידי דיהיב ליה מדידיה הוא: אדא. שם האיש: דיילא. שמש דרבנן: חמיר מגופו. דקיימא לן בפרק שני דע"ז (דף כו:) דמותר לאבד גופו בידים דקתני המינין והמסורות מורידין אותן לבור ולא מעלין: מסור. מלשין המוסר ממון חבירו לאנסים: תקיל ויהיב. לרב חסדא: תקיל ושקיל. לנפשיה מדקדק בחלוקה ואינו מוותר מחלקו כלום לשון אחר מחלה היה נוטל ודרך שאר האריסין ליטול שליש: [קרא אנפשיה]. רב חסדא לדיק והאריס חוטא ונצפן חילו לרב חסדא דסלקו ונטל חלקו: כי ישל אלוה נפשו. משליך הקב"ה נשמתו ומאבד ממנו נשמה אחת: אל תגזל דל כי דל הוא. אע"פ שדל הוא ואין לו מה לגוזלו: אל תדכא עני בשער. מעשר עני ולקט שכחה ופאה המתחלקין בשעריך אל תדכאהו בם: וקבע את קובעיהם נפש. גוזל נפש גוזליהם: בעלים דהשתא. גזלן שנעשה עכשיו בעלים לממון: ואכל קצירך ולחמך. ודומה לך כאוכל בניך ובנותיך לפי שאין לך טוב במה לפרנסם: מחמס בני יהודה. מגזל שעשו מעלה אני עליהם כאילו שפכו דם נקי: המית הגבעונים. כדמפרש לקמיה שהמית כהני נוב שהיו מספקים מים ומזון לגבעונים שהגבעונים היו משמשין למזבח חוטבי עצים ושואבי מים ומעלה עליו כאילו המית הגבעוני' (ב): [אבל נפש בניו ובנותיו לאן]. הא מאת נפש בעליו יקח לא נפקא לן אלא נפש הגוזל אבל בניו ובנותיו לא נענש גזלן אנפש בני הנגזל: [דלא יהיב דמין]. שמשלם יהיב דמי וזה לא היה רוצה למכור: אבל לא ייענות ושמנים וסלתות. שדרך האיש למוכרן ואין עושה את אשתו שליח לכך ושמא גנבתו מבעלה: כפה. לעיף ואין הבעל מקפיד: והבדדין. בעלי בית הבד שתגרין הן בשמן לוקחין מן נשיהם זיתים ושמן במדה כלומר דרך מכירה בפרהסיא ודבר מרובה דאין יכולה לגנוב כל זאת ולעשות בצינעא אבל לא במועט דגנבתו ויכולה לעשות בצינעא ולא ירגיש בעלה ל"א במועט במעטן שנוטלתן מן המעטן ואין דרך למוכרן כך: בגליל העליון. שהשמן שם ביוקר ומקפיד על דבר מועט: רבינא. גבאי לדקה היה: כבלי. שרשרות זהב: ושירי. צמידין: לבני מחוזא. עשירים הם: מתני' הכובס מוציא. מבגד למר דבר מועט על ידי שטיפה ואין הבע"ה מקפיד ומן הדין הן שלו והמקפיד לא הוי קפידא: שהסורק מוציא. ע"י הקוצים שקורין קרדונ"ש: סורק. פילונ"ש כך שם האומנות על שם שהוא סורקו בקוצים כעין מסרק: של בעל הבית. שדבר חשוב הוא ולא מחיל: הכובס נוטל ג' חוטין. דרך אורגי בגדי למר לארוג שלשה חוטין ממין אחר בסוף הבגד והכובס נוטלן ומשוה הבגד ומייפהו: ואם היה החוט שחור. שארגו בבגד לבן רשאי ליטול הכל לפי שהשחור מגנה את הלבן: החייט ששייר מן החוט כדי לתפור בו. ובגמרא מפרש שיעור תפירה: ה"ג ומטלית שהוא ג' על ג'. חייט שהשוה את תפירתו וקילע הימנה מטלית קטנה שלש אצבעות על שלש אצבעות הרי אלו של בעה"ב: מעצד. דילדיי"ר בלע"ז קטנה ומחליק בה את הנסרים ושפאין שהוא משוה דקין הן טנב"ש בלע"ז: בכשיל. קרדום ומפיל שפאין גסין: אצל בעל הבית. שכיר יום: נסורת. אפי' דק דק היוצא מתחת המקדח שהיא דק מאד של בעל הבית ורישא דקבלן שקיבל לבנות הבית בדמים קצובים: גמ' ולא

מסורת הש"ס

א) נ"ל רבא דבר פלוגתא דאביי הוא ועי' בהלכות [וכ"ה בתוס' ב"מ כב. ד"ה מר זוטרא ובר"ף איתא רבה], ב) גי' הרי"ף ליגבות, ג) [לעיל קיז: סנהדרין עד.], ד) [עי' תוס' ע"ז כו: ד"ה אני], ה) [בקרא ליתא תיבת רשע רק הש"ס מפרש לקרא הכי אכן בפסחים מט: מייתי הש"ס קרא כדכתיב ע"ש וע' מהרש"א ח"א], ו) ב"מ קיב., ז) [יאכלו בניך כצ"ל], ח) [לעיל סב.], ט) יבמות עח., י) ס"א במועט, כ) [נ"ל ושהסורק], ל) בדפו"י הגי' הנסורת.

הגהות הב"ח

(א) גמ' אימא מדנפשיה קא מזבין נ"ב עיין פרק אלו מציאות דף כב בתו' ד"ה מר זוטרא: (ב) רש"י ד"ה המית וכו' הגבעונים הס"ד ואח"כ מ"ה וכ"ת נפש דידיה דהא מאת נפש:

גליון הש"ס

גמ' כל הגוזל את חבירו. עיין בב"מ ד' נח ע"ב תוס' ד"ה זה בגופו:

תורה אור השלם

א) יָכִין וְצַדִּיק יִלְבָּשׁ וְכֶסֶף נָקִי יַחֲלֹק: [איוב כז, יז]

ב) טוֹב יַנְחִיל בְּנֵי בָנִים וְצָפוּן לַצַּדִּיק חֵיל חוֹטֵא: [משלי יג, כב]

ג) כִּי מַה תִּקְוַת חָנֵף כִּי יִבְצָע כִּי יֵשֶׁל אֱלוֹהַ נַפְשׁוֹ: [איוב כז, ח]

ד) כֵּן אָרְחוֹת כָּל בֹּצֵעַ בָּצַע אֶת נֶפֶשׁ בְּעָלָיו יִקָּח: [משלי א, יט]

ה) אַל תִּגְזָל דָּל כִּי דַל הוּא וְאַל תְּדַכֵּא עָנִי בַשָּׁעַר: [משלי כב, כב]

ו) כִּי יְיָ יָרִיב רִיבָם וְקָבַע אֶת קֹבְעֵיהֶם נָפֶשׁ: [משלי כב, כג]

ז) וְאָכַל קְצִירְךָ וְלַחְמֶךָ יֹאכְלוּ בָּנֶיךָ וּבְנוֹתֶיךָ יֹאכַל צֹאנְךָ וּבְקָרֶךָ יֹאכַל גַּפְנְךָ וּתְאֵנָתֶךָ יְרֹשֵׁשׁ עָרֵי מִבְצָרֶיךָ אֲשֶׁר אַתָּה בּוֹטֵחַ בָּהֵנָּה בֶּחָרֶב: [ירמיהו ה, יז]

ח) מִצְרַיִם לִשְׁמָמָה תִהְיֶה וֶאֱדוֹם לְמִדְבַּר שְׁמָמָה תִּהְיֶה מֵחֲמַס בְּנֵי יְהוּדָה אֲשֶׁר שָׁפְכוּ דָם נָקִיא בְּאַרְצָם: [יואל ד, יט]

ט) וַיְהִי רָעָב בִּימֵי דָוִד שָׁלֹשׁ שָׁנִים שָׁנָה אַחֲרֵי שָׁנָה וַיְבַקֵּשׁ דָּוִד אֶת פְּנֵי יְיָ וַיֹּאמֶר יְיָ אֶל שָׁאוּל וְאֶל בֵּית הַדָּמִים עַל אֲשֶׁר הֵמִית אֶת הַגִּבְעֹנִים: [שמואל ב כא, א]

עין משפט
נר מצוה

קלד א מיי' פ"ו מהל' גניבה הלכה ג סמג עשין עא טוש"ע ח"מ סי' שנח סעיף ד:
קלה ב ג מיי' שם טוש"ע שם סעיף ב:
קלו ד מיי' פ"ה מהל' גזילה ואבידה הל' ח ועיין בה"מ סמג עשין עג טוש"ע ח"מ סי' שסט סעיף ג:
קלז ה מיי' פ"ח מהל' חובל ומזיק הלכ' יא סמג עשין ע טוש"ע ח"מ סימן שפח סעי' יג:
קלח ו מיי' פ"א מהל' גזלה ואבדה הל' יג סמג עשין עג טוש"ע ח"מ סי' שנט סעי' ג:
קלט ז מיי' פ"ו מהל' גניבה הל' ד סמג עשין עג טוש"ע ח"מ סי' שנח סעיף ה:
קמ ח מיי' פ"ז מהל' מתנות עניים הל' יב סמג עשין קסב טוש"ע י"ד סי' רנח סעיף ד:
קמא ט מיי' פ"ו מהל' גניבה הל' ה ועיין בה"מ סמג עשין עא טוש"ע ח"מ סי' שנח סעי' ו:
קמב י כ מיי' פ"ז מהל' מתנות עניים הל' יב סמג עשין קסב טוש"ע י"ד סי' רנח סעיף ד:
קמג ל מיי' פ"ו מהל' גניבה הל' ו סמג עשין עא טוש"ע ח"מ סי' שנח סעי' ז:
קמד מ נ מיי' שם טוש"ע שם סעי' ח:
קמה ס מיי' שם הל' ז ועיין בהשגות ובמ"מ טוש"ע שם ס"ט:
קמו ע מיי' שם הלכה ח טוש"ע שם סעי' י:

לעזי רש"י

קרדונ"ש. פירוש קוצים:
פילונ"ש. פירוש כובס:
דילדיי"ר. פירוש מעצד, מין גרזן קטן (עיין רש"י ישעיה מד, יג וערוך ערך מעצד):
טנב"ש. פירוש דקין (עיין רש"י בראשית מה, ג):

ליקוטי רש"י

מאריסא. שיורדין לתקן הקרקע למחצה לשליש ולרביע וכו'. א"נ מנהג אריסים לעבוד קרקע עשר שנים וחמש שנים אוכלין הבעלים כל הפירות של כל השדה ואחר כך אוכלין אריסים חמש שנים כנגדן [רשב"ם ב"ב מב.]. כי מה תקות חנף. כי למה אהיה רשע וגזלן מה סופו של רשע הגוזל ממון. כי ישל. כי ישליך המקום את נפשו מעליו לשון של נעליך (שמות ג) ונשל הברזל (דברים יט) [איוב כז, ח]. כן ארחות כל בוצע בצע. גוזל גזילה נאה ונחמדת היא לו וחנם היא לו וסופו. את נפש בעליו יקח. נפש עצמו שנעשה עכשיו בעל הממון שגזל מחבירו [משלי א יט]. אל תגזול דל. אל תגזלנו כי תראנו דל בעבור שהוא דל ואין לו כח לעמוד נגדך [משלי כב כב] אף אם דל הוא ואין לו עוזר אל תגזלהו והוא אחד מארבע לשונות שכי משמש בהן אם. וקבע את קובעיהם נפש. וגזל את גוזליהם ומה יקבע מהן את נפשם שגורמים הגזלנים רעה לעצמן [ב"מ קיב.]. קובעיהם. גוזליהם ובלשון ארמי קביעא גזילה במסכת ראש השנה (כו:) אתא ההוא גברא לקמיה אמר ליה קבען פלניא וכו' [משלי שם כג]. דהשתא. לאחר גזילה דהיינו גזלן [ב"מ שם]. שהיו מספיקין להן מים ומזון. כהנים היו מספיקין להם מזון לגבעונים שהיו חוטבי עצים ושואבי מים למזבח כדכתיב (יהושע ט) ולא יכרת מכם חוטבי עצים ושואבי מים לבית אלהי [יבמות עח:]. מוכין. כל דבר רך קרוי מוכין כגון צמר גפן ותלישי צמר רך של בהמה וגרירת בגדים בלויים [שבת מז:].

מרובים ואין בעל הבית מוחל עליהם[51]. **הַכּוֹבֵס נוֹטֵל שְׁלֹשָׁה חוּטִין** מקצה הבגד **וְהֵן שֶׁלּוֹ**[52], אולם **יָתֵר מִכֵּן** – אם יש יותר משלשה חוטין **הֲרֵי אֵלּוּ שֶׁל בַּעַל הַבַּיִת**[53]. **אִם הָיָה** חוט **שָׁחוֹר** ארוג **עַל גַּבֵּי** בגד **הַלָּבָן נוֹטֵל אֶת הַכֹּל** – רשאי הכובס ליטול את כל החוטים, אפילו הם יותר משלשה, **וְהֵן שֶׁלּוֹ**[54]. **הַחַיָּט שֶׁשִּׁיֵּיר אֶת הַחוּט** – שנשתייר בידו מן החוט שנתן לו בעל הבית[55] בשיעור שיש בו **כְּדֵי לִתְפּוֹר בּוֹ**[56], **וּמַטְלִית** – או שנשתיירה בידו חתיכת בד **שֶׁהִיא שָׁלֹשׁ** אצבעות רוחב **עַל שָׁלֹשׁ** אצבעות אורך[57], **הֲרֵי אֵלּוּ שֶׁל בַּעַל הַבַּיִת. מַה שֶּׁהֶחָרָשׁ מוֹצִיא בַּמַּעֲצָד** – שבבי עץ שהנגר מוציא בגרזן כשמחליק את הנסרים[58] **הֲרֵי אֵלּוּ שֶׁלּוֹ**, לפי שהם דקים ואין בעל הבית מקפיד עליהם[59], **וּבַכַּשִּׁיל** – אולם שבבים שמוציא בקרדום הרי הם **שֶׁל בַּעַל הַבַּיִת**, לפי שהם עבים ובעל הבית מקפיד עליהם. **וְאִם הָיָה עוֹשֶׂה** מלאכתו **אֵצֶל בַּעַל הַבַּיִת** בתורת שכיר יום[60] **אַף (הנסרים) [הַנְּסוֹרֶת]**[61] היוצאת מן המקדח[62], שהיא דקה ביותר, הרי היא **שֶׁל בַּעַל הַבַּיִת**[63].

גמרא הגמרא מציגה ברייתא המרחיבה את הוראות המשנה:

תָּנוּ רַבָּנָן: לוֹקְחִין מוֹכִין של צמר **מִן הַכּוֹבֵס**, ואין חוששים שמא גנבם מבעל הבית, **מִפְּנֵי שֶׁהֵן שֶׁלּוֹ**[64]. **הַכּוֹבֵס נוֹטֵל** את **שְׁנֵי הַחוּטִין הָעֶלְיוֹנִים** שבבגד, **וְהֵן שֶׁלּוֹ**[65].

הערות

נאה ואחיד (עיין תוספות יום טוב; ראה גם מעשה אורג עמודים 57-58; אמנם עיין פירוש המשנה לרמב״ם ומאירי).

51. רש״י; עיין ים של שלמה וטור חושן משפט שנח.

52. דרך אורגי בגדי צמר לארוג שלשה חוטים ממין אחר בקצה הבגד [כדי שקצוות הבגד לא יפרמו בשעת הכיבוס (רשב״א לקמן עמוד ב)], והכובס נוטלם כדי להשוות את הבגד ולייפותו (רש״י). ואף שאין צורך להסיר חוטים אלו, מכל מקום מאחר שהכובסים נוהגים להסירם כדי לייפות את הבגד אין הבעלים מקפיד עליהם (עיין טור חושן משפט שם; ראה גם פרישה שם, א וסמ״ע שם, י). ויש אומרים שאין הכובס רשאי ליטלם אלא אם נשמטו מאליהם בשעת הכיבוס (רשב״א; ראב״ד; לפירוש נוסף עיין מאירי).

53. כלומר, כל החוטים שייכים לבעל הבית (טור חושן משפט שם), משום שכשיש יותר משלשה חוטין הרי הוא מקפיד על כולם (ראה תוספות יום טוב).

54. משום שהחוט השחור מקלקל את מראהו של הבגד הלבן [ולפיכך אין הבעלים מקפיד על נטילתו] (רש״י; עיין גם רשב״א לקמן עמוד ב; אמנם ראה בית דוד).

55. מאירי.

56. הגמרא תפרש מהו שיעור תפירה (רש״י).

57. כלומר, שחתך מן הבד [שנתן לו בעל הבית] חתיכה קטנה בשיעור שלש אצבעות על שלש אצבעות כדי ליישר את הבגד (רש״י).

58. ״מעצד״ הוא מין גרזן קטן המשמש לחיתוך והחלקת עץ (רש״י, על פי תרגום הלעז; ראה גם רמב״ם ורא״ש כלים יג, ד; אמנם עיין רש״י שבת קב, ב ד״ה מעצד).

59. רש״י.

60. רש״י; ראה להלן הערה 63.

61. על פי רש״י ומסורת הש״ס.

62. מקדח הוא כלי מלאכה מברזל המשמש לעשיית נקבים בעץ (ראה לעזי רש״י לקמן עמוד ב).

63. וההוראה הקודמת (שהנסרים הדקים שייכים לחרש) עוסקת בקבלן שקיבל לבנות את הבית תמורת סכום קצוב (רש״י).

מרש״י משמע שהחילוק הוא בין קבלן לבין שכיר יום, ולדבריו אין כל הבדל היכן נעשית המלאכה. אמנם הרמב״ם (הלכות גניבה ו, ח) והשלחן ערוך (חושן משפט שנח, י) מביאים את המשנה כלשונה, ומשמע שהחילוק הוא היכן נעשית המלאכה. שאם היא נעשית ברשותו של החרש הרי הוא זוכה בנסרים הדקים [אף אם הוא שכיר יום], משום שבעל הבית אינו טורח להביאם לביתו, אולם אם נעשית ברשותו של בעל הבית הרי הם שלו [אף אם החרש הוא קבלן], שמאחר שאין הדבר כרוך בטירחא מרובה דרכו להקפיד עליהם (סמ״ע חושן משפט שם, יד). ויש מפרשים שהטעם הוא משום שכאשר החרש עושה את המלאכה ברשותו הרי הוא קונה את העצים בעצמו, ולפיכך אין בעל הבית מקפיד על הנסרים הדקים. אולם כשעושה את המלאכה אצל בעל הבית דרכו של בעל הבית לקנות לו את העצים, ולפיכך מקפיד הוא אף על הנסרים הדקים (תוספות יום טוב). ויש שביארו כן אף בדעת רש״י, ומה שחילק בין שכיר יום לקבלן הוא משום שדרכו של שכיר יום לעבוד ברשות בעל הבית, ואילו דרכו של קבלן לעבוד ברשות עצמו (תוספות יום טוב).

64. כפי ששנינו בתחילת המשנה.

65. הגמרא תקשה על הוראה זו ממשנתנו המתירה לו ליטול שלשה חוטים.

מדאמר בכל מקום ש"מ אסיפא קאי ולקולא ש"מ: ולא משומרי פירות כו': [א]רב זבין שבישתא מאריסא א"ל אביי והא תנן ולא משומרי פירות עצים ופירות א"ל ה"מ בשומר דלית ליה בגופא דארעא מידי [א]אבל אריס דאית ליה בגוויה (א) אימא מדנפשיה קא מזבין ת"ר [ב]שומרי פירות לוקחין מהן כשהן יושבין ומוכרין והסלין לפניהם וטורטני לפניהם וכולן שאמרו הטמן אסור [ג]לוקחין מהן מפתח הגינה אבל לא מאחורי הגינה איתמר גזלן מאימת מותר [ג]לקנות הימנו רב אמר עד שתהא רוב משלו ושמואל אמר אפילו מיעוט שלו [ד]אורי ליה רב יהודה לאדא דיילא כדברי האומר אפילו מיעוט שלו נמון מסור רב הונא ורב יהודה חד אמר מותר לאבדו ביד וח"א אסור לאבדו ביד מ"ד מותר לאבדו ביד [ג]לא יהא ממונו חמור מגופו ומ"ד [ד][ה]אסור לאבדו דלמא הוה ליה זרעא מעליא וכתיב [א]יכין [ה]רשע וצדיק ילבש: רב חסדא הוה ליה ההוא אריסא דהוה תקיל ויהיב תקיל ושקיל סלקיה קרא אנפשיה [ב]וצפון לצדיק חיל חוטא [ג]כי מה תקות חנף כי יבצע כי ישל אלוה נפשו [ו]רב הונא ורב חסדא חד אמר נפשו דנגזל וח"א נפשו של גזלן מ"ד נפשו של נגזל דכתיב [ד]כן ארחות כל בוצע בצע את נפש בעליו יקח מ"ד נפשו של גזלן דכתיב [ה]אל תגזול דל כי דל הוא ואל תדכא עני בשער [ו]כי ה' יריב ריבם וקבע את קובעיהם נפש ואידך נמי הכתיב נפש בעליו יקח מאי בעליו בעליו דהשתא ואידך נמי הכתיב וקבע את קובעיהם נפש מה טעם קאמר מה טעם וקבע את קובעיהם משום דקבעי נפש א"ר יוחנן [י]כל הגוזל את חבירו שוה פרוטה כאילו נוטל נשמתו ממנו שנאמר כן ארחות כל בוצע בצע את נפש בעליו יקח ואומר [ז]ואכל קצירך ולחמך [ז]בניך ובנותיך ואומר [ח]מחמס בני יהודה אשר שפכו דם נקי בארצם ואומר [ט]אל שאול ואל בית הדמים על אשר המית את הגבעונים מאי ואומר וכ"ת נפש דידיה אבל נפש בניו ובנותיו לא ת"ש בשר בניו ובנותיו וכ"ת הני מילי [ח]היכא דלא יהיב דמי אבל היכא דיהיב דמי לא ת"ש מחמס בני יהודה אשר שפכו דם נקי (בארצכם) [בארצם] וכ"ת ה"מ היכא דקעביד בידים אבל גרמא לא ת"ש אל שאול ואל בית הדמים [על] אשר המית את הגבעונים [ט]וכי היכן מצינו שהרג שאול את הגבעונים אלא מתוך שהרג נוב עיר הכהנים שהיו מספיקין להן מים ומזון מעלה עליו הכתוב כאילו הרגן: אבל לוקחין מן הנשים: ת"ר לוקחין מן הנשים כלי צמר ביהודה וכלי פשתן בגליל אבל לא ייגות ושמנים וסלתות [ז]ולא מן העבדים ולא מן התינוקות אבא שאול אומר מוכרת אשה בארבעה וחמשה דינר כדי לעשות כפה לראשה וכולן שאמרו להטמין אסור [ח]גבאי צדקה לוקחין מהן דבר מועט אבל לא דבר מרובה [ט]והבדדין לוקחין מהן זתים במידה ושמן במידה אבל לא זיתים במועט ושמן במועט רשב"ג אומר לוקחין מנשים זיתים [י]במועד בגליל העליון שפעמים אדם בוש למכור על פתח ביתו ונותן לאשתו ומוכרת רבינא איקלע לבי מחוזא אתו נשי דבי מחוזא רמו קמיה כבלי ושירי קביל מינייהו א"ל רבה תוספאה לרבינא והתניא [י]גבאי צדקה מקבלין מהן דבר מועט אבל לא דבר מרובה א"ל [כ]הני לבני מחוזא דבר מועט נינהו: **מתני'** [ל]מוכין שהכובס מוציא הרי אלו שלו [כ]והסורק מוציא הרי אלו של בעה"ב [מ]כובס נוטל ג' חוטין והן שלו יתר מכן הרי אלו של בעה"ב [נ]אם היה שחור ע"ג הלבן נוטל את הכל והן שלו [ס]החייט ששייר את החוט כדי לתפור בו ומטלית שהיא ג' על ג' הרי אלו של בעה"ב [ע]מה שהחרש מוציא במעצד הרי אלו שלו ובכשיל של בעל הבית ואם היה עושה אצל בעה"ב אף [ל]הנסרים של בעה"ב: **גמ'** ת"ר לוקחין מוכין מן הכובס מפני שהן שלו הכובס נוטל שני חוטין העליונים והן שלו ולא

מדקאמר בכל מקום. לוקחין ארבעה וחמשה אלמא האי דקמפליג בין בייתות למדבריות אשתי לאו פליג ולקולא קאי: שבישתא. חבילי זמורות: שומר שכרו הוא נוטל במעות ואין לו חלק בעלים אבל אריס חולק בזמורות ובעלים ובין: והטורטני. מאזנים גדולים ומוכרין פירות במשקל כדרך התגרים דכיון דמוכרין בפרהסיא לא גנבוס: רוב. ממונו משלו בלא גזילה הולכין אחר הרוב ונהנין ממנו: אפילו מיעוט משלו. תלינן ואמרינן האי מידי דיהיב ליה מדידיה הוא: אדא. שם האיש: דיילא. שמש דרבנן: חמיר מגופו. דקיימא לן בפרק שני דע"ז (דף כו:) דמותר לאבד גופו בידים דקתני המינין והמסורות מורידין אותן לבור ולא מעלין: מסור. מלשין המוסר ממון חבירו לאנסים: תקיל ויהיב. לרב חסדא: תקיל ושקיל. לנפשיה מדקדק בחלוקה ואינו מוותר מחלקו כלום לשון אחר מחלה היה נוטל ודרך שאר האריסין ליטול שליש: [קרא אנפשיה]. רב חסדא לדיק והאריס חוטא ונאפן חילו לרב חסדא דסלקו ונטל חלקו: כי ישל אלוה נפשו. משליך הקב"ה נשמתו ומאבד ממנו נשמה אחת: אל תגזל דל כי דל הוא. אע"פ שדל הוא ואין לו מה לגוזלו: אל תדכא עני בשער. מעשר עני ולקט שכחה ופאה המתחלקין בשעריך אל תדכאהו בם: וקבע את קובעיהם נפש. גוזל נפש גוזליהם: בעלים דהשתא. גזלן שנעשה עכשיו בעלים לממון: ואכל קצירך ולחמך. ודומה לך כאוכל בניך ובנותיך לפי שאין לך טוב במה לפרנסם: מחמס בני יהודה. מגזל שעשו מעלה אני עליהם כאילו שפכו דם נקי: המית הגבעונים. כדמפרש לקמיה שהמית כהני נוב שהיו מספקים מים ומזון לגבעונים שהגבעונים היו משמשין למזבח חוטבי עלים ושואבי מים ומעלה עליו כאילו המית הגבעוני' (ב): [אבל נפש בניו ובנותיו לא]. הא מאת נפש בעליו יקח לא נפקא לן אלא נפש הגוזל אבל בניו ובנותיו לא נענש גזלן אנפש בני הנגזל: [דלא יהיב דמי]. חמסן יהיב דמי וזה לא היה רוצה למכור: אבל לא ייגות ושמנים וסלתות. שדרך האיש למוכרן ואין עושה את אשתו שליח לכך ושמא גנבתו מבעלה: כפה. לעיף ואין הבעל מקפיד: והבדדין. בעלי בית הבד שמגרין הן בשמן לוקחין מן נשיהם זיתים ושמן במדה כלומר דרך מכירה בפרהסיא ודבר מרובה דלאין יכולה לגנוב כל זאת ולעשות בלינעא אבל לא במועט דגנבתו ויכולה לעשות בלינעא ולא ירגיש בעלה ל"א במועט במעטן שנטלתן מן המעטן ואין דרך למוכרן כך: בגליל העליון. שהשמן שם ביוקר ומקפיד על דבר מועט: רבינא. גבאי לדקה היה: כבלי. שרשרות זהב: ושירי. למידין: לבני מחוזא. עשירים הם: **מתני'** הכובס מוציא. מבגד למר דבר מועט על ידי שטיפה ואין הבע"ה מקפיד ומן הדין הן שלו והמקפיד לא הוי קפידא: שהסורק מוציא. ע"י הקוצים שקורין קרדונ"ש: סורק. פילונ"ש כך שם האומנות על שם שהוא סורקו בקוצים כעין מסרק: של בעל הבית. שדבר חשוב הוא ולא מחיל: הכובס נוטל ג' חוטין. דרך אורגי בגדי למר לארוג שלשה חוטין ממין אחר בסוף הבגד והכובס נוטלן ומשוה הבגד ומייפהו: ואם היה החוט שחור. שארגו בבגד לבן רשאי ליטול הכל לפי שהשחור מגנה את הלבן: החייט ששייר מן החוט כדי לתפור בו. ובגמרא מפרש שיעור תפירה: ה"ג ומטלית שהוא ג' על ג'. חייט שהשוה את תפירתו וקילע הימנה מטלית קטנה שלש אצבעות על שלש אצבעות הרי אלו של בעה"ב: מעצד. דילדיי"ר בלע"ז קטנה ומחליק בה את הנסרים ושפאין שהוא משוה דקין הן טנב"ש בלע"ז: בכשיל. קרדום ומפיל שפאין גסין: אצל בעל הבית. שכיר יום: נסורת. אפי' דק דק היוצא מתחת המקדח שהיא דק מאד של בעל הבית וריש' בקבלן שקיבל לבנות הבית בדמים קצובים: **גמ'** ולא

מסורת הש"ס

א) נ"ל רבא דבר פלוגתא דאביי הוא ועי' בהלכות [וכ"ה בתוס' ב"מ כב. ד"ה מר זוטרא ובר"ף איתא רבה], ב) גי' הרי"ף ליגבות, ג) [לעיל קיז: סנהדרין עד.], ד) [עי' תוס' ע"ז כו: ד"ה אני], ה) [בקרא ליתא תיבת רשע רק הש"ס מפרש לקרא הכי אכן בפסחים מט: מייתי הש"ס קרא כדכתיב ע"ש ועי' מהרש"א ח"א], ו) ב"מ קיב., ז) [יאכלו בניך כל"ל], ח) [לעיל סב.], ט) יבמות עח., י) ס"א במועט, כ) [נ"ל ושהסורק], ל) בדפו"י הגי' הנסורת.

הגהות הב"ח

(א) גמ' אימא מדנפשיה קא מזבין נ"ב עיין פרק אלו מציאות דף כב בתו' ד"ה מר זוטרא: (ב) רש"י ד"ה המית וכו' הגבעונים הס"ד ואח"כ מ"ה וכ"ת נפש דידיה דהא מאת נפש:

גליון הש"ס

גמ' כל הגוזל את חבירו. עיין בב"מ ד' נח ע"ב תוס' ד"ה זה בגופו:

תורה אור השלם

א) יָכִין וְצַדִּיק יִלְבָּשׁ וְכֶסֶף נָקִי יַחֲלֹק: [איוב כז, יז]

ב) טוֹב יַנְחִיל בְּנֵי בָנִים וְצָפוּן לַצַּדִּיק חֵיל חוֹטֵא: [משלי יג, כב]

ג) כִּי מַה תִּקְוַת חָנֵף כִּי יִבְצָע כִּי יֵשֶׁל אֱלוֹהַּ נַפְשׁוֹ: [איוב כז, ח]

ד) כֵּן אָרְחוֹת כָּל בֹּצֵעַ בָּצַע אֶת נֶפֶשׁ בְּעָלָיו יִקָּח: [משלי א, יט]

ה) אַל תִּגְזָל דָּל כִּי דַל הוּא וְאַל תְּדַכֵּא עָנִי בַשָּׁעַר: [משלי כב, כב]

ו) כִּי יְיָ יָרִיב רִיבָם וְקָבַע אֶת קֹבְעֵיהֶם נָפֶשׁ: [משלי כב, כג]

ז) וְאָכַל קְצִירְךָ וְלַחְמֶךָ יֹאכְלוּ בָּנֶיךָ וּבְנוֹתֶיךָ יֹאכַל צֹאנְךָ וּבְקָרֶךָ יֹאכַל גַּפְנְךָ וּתְאֵנָתֶךָ יְרֹשֵׁשׁ עָרֵי מִבְצָרֶיךָ אֲשֶׁר אַתָּה בּוֹטֵחַ בָּהֵנָּה בֶּחָרֶב: [ירמיהו ה, יז]

ח) מִצְרַיִם לִשְׁמָמָה תִהְיֶה וֶאֱדוֹם לְמִדְבַּר שְׁמָמָה תִּהְיֶה מֵחֲמַס בְּנֵי יְהוּדָה אֲשֶׁר שָׁפְכוּ דָם נָקִיא בְּאַרְצָם: [יואל ד, יט]

ט) וַיְהִי רָעָב בִּימֵי דָוִד שָׁלֹשׁ שָׁנִים שָׁנָה אַחֲרֵי שָׁנָה וַיְבַקֵּשׁ דָּוִד אֶת פְּנֵי יְיָ וַיֹּאמֶר יְיָ אֶל שָׁאוּל וְאֶל בֵּית הַדָּמִים עַל אֲשֶׁר הֵמִית אֶת הַגִּבְעֹנִים: [שמואל ב כא, א]

עין משפט נר מצוה

קלד א מיי' פ"ו מהל' גניבה הלכה ג סמג עשין עא טוש"ע ח"מ סי' שנח סעיף ד:

קלה ב ג מיי' שם טוש"ע שם סעיף ב:

קלו ד מיי' פ"ה מהל' גזילה ואבידה הל' ח ועיין בכ"מ סמג עשין עג טוש"ע ח"מ סי' שסט סעיף ג:

קלז ה מיי' פ"ח מהל' חובל ומזיק הלכ' יא סמג עשין ע טוש"ע ח"מ סימן שפח סעי' יג:

קלח ו מיי' פ"א מהל' גזלה ואבדה הל' יג סמג עשין עג טוש"ע ח"מ סי' שנט סעי' ג:

קלט ז מיי' פ"ו מהל' גניבה הל' ד סמג עשין עג טוש"ע ח"מ סי' שנח סעיף ה:

קמ ח מיי' פ"ז מהל' מתנות עניים הל' יב סמג עשין קסב טוש"ע י"ד סי' רמח סעיף ד:

קמא ט מיי' פ"ו מהל' גניבה הל' ה ועיין בכ"מ סמג עשין עא טוש"ע ח"מ סי' שנח סעי' ו:

קמב י כ מיי' פ"ז מהל' מתנות עניים הל' יב סמג עשין קסב טוש"ע י"ד סי' רמח סעיף ד:

קמג ל מיי' פ"ו מהל' גניבה הל' ו סמג עשין עא טוש"ע ח"מ סי' שנח סעי' ז:

קמד מ נ מיי' שם טוש"ע שם סעי' ח:

קמה ס מיי' שם הל' ז ועיין בהשגות ובכ"מ טוש"ע שם ס"ט:

קמו ע מיי' שם הלכה ח טוש"ע שם סעי' י:

לעזי רש"י

קרדונ"ש. פירוש קוצים:

פילונ"ש. פירוש כובס:

דילדיי"ר. פירוש מעצד, מין גרזן קטן (עיין רש"י ישעיה מד, יג וערוך ערך מעצד):

טנב"ש. פירוש דקין (עיין רש"י בראשית מא, ג):

ליקוטי רש"י

מאריסא. שיורדין לתקן הקרקע למחצה לשליש ולרביע וכו'. אי נמי מנהג אריסים לעבוד קרקע עשר שנים וחמש שנים אוכלין הבעלים כל הפירות של כל השדה ואחר כך אוכלין אריסים חמש שנים כנגדן [רשב"ם ב"ב מב.]. כי מה תקות חנף. כי למה אהיה רשע וגזלן מה סופו של רשע הגוזל ממון. כי ישל. כי ישליך המקום את נפשו מעליו לשון של נעליך (שמות ג) ונשל הברזל (דברים יט) [איוב כז, ח]. כן ארחות כל בוצע בצע. גוזל גזילה נאה ונחמדת היא לו וחנס היא לו וסופו. את נפש בעליו יקח. נפש עצמו שנעשה עכשיו בעל הממון שגזל מחבירו [משלי א יט]. אל תגזול דל. אל תגזלנו כי תראנו דל בעבור שהוא דל ואין לו כח לעמוד נגדך [משלי כב כב] אף אם דל הוא ואין לו עוזר אל תגזלהו והוא אחד מארבע לשונות שכי משמש בהן אם. וקבע את קובעיהם נפש. וגוזל את גוזליהם ומה יקבע מהן את נפשם שגורמים הגוזלים רעה לעצמן [ב"מ קיב.]. קובעיהם. גוזליהם ובלשון ארמי קביעא גזילה במסכת ראש השנה (כו:) אתא ההוא גברא לקמיה אמר ליה קבען פלניא וכו' [משלי שם כג]. דהשתא. לאחר גזילה דהיינו גזלן [ב"מ שם]. שהיו מספיקין להן מים ומזון. כהנים היו מספיקין להם מזון לגבעונים שהיו חוטבי עלים ושואבי מים למזבח כדכתיב (יהושע ט) ולא יכרת מכם חוטבי עלים ושואבי מים לבית אלהי [יבמות עח:]. מוכין. כל דבר רך קרוי מוכין כגון צמר גפן ותלישי צמר רך של בהמה וגרירת בגדים בלויים [שבת מז:].

ולא יטיל בו יותר משלשה חובין ולא יסרוק הבגד לשתיו אלא לערבו ומשויהו לארכו אבל לא לרחבו ואם בא להשוותו עד טפח רשאי אמר מר שני חוטין והאנן תנן שלש לא קשיא הא באלימי והא בקטיני: ולא יסרוק הבגד לשתיו אלא לערבו והתניא איפכא לא קשיא הא בגלימא הא בסרבלא: ולא יטיל בו יותר משלשה חובין בעי רבי ירמיה (א) אמטויי ואתויי חד או דלמא אמטויי ואתויי תרי תיקו: ומשוידהו לארכו אבל לא לרחבו והתניא איפכא לא קשיא הא בגלימא הא בהמיוני ת"ר [א] אין לוקחין מן הסורק מוכין מפני שאינו שלו [ב] ובמקום שנהגו להיות שלו לוקחין [ג] ובכל מקום לוקחין מהן כר מלא מוכין וכסת מלאה מוכין מאי טעמא קננהו בשינוי ת"ר אין לוקחין מגרדי לא אירין ולא נירין ולא פונקלין ולא שיורי פקיעות אבל לוקחין מהן בגד מנומר ערב ושתי טווי ואריג אמרי השתא טווי שקלי ארוג מבעיא מאי אריג תיכי ת"ר אין לוקחין מן הצבע לא אותות ולא דוגמות ולא תלושים של צמר אבל לוקחין מהן בגד צבוע טווי (א) בגדים השתא טווי שקיל בגדים מיבעיא מאי בגדים נמטי ת"ר הנותן עורות לעבדן הקיצועין והתלושין הרי אלו של בעל הבית והעולה ומשטף במים הרי אלו שלו: אם היה שחור [וכו']: א"ר יהודה [ג] קצרא שמיה וקצרא שקיל ליה אמר רב יהודה [ד] הכל עולין למנין תכלת ויצחק ברי קפיד עלייהו: החייט ששייר (מן) [את] החוט כו': וכמה לתפור אמר רב אסי מלא מחט (ב) חוץ למחט איבעיא להו מלא מחט וחוץ למחט כמלא מחט או דלמא מלא מחט וחוץ למחט משהו ת"ש דתניא החייט ששייר את החוט פחות מכדי לתפור בו ומטלית שהיא פחותה משלש על שלש בזמן שבעל הבית מקפיד עליהן הרי אלו של בעל הבית אין בעל הבית מקפיד עליהן הרי אלו שלו אי אמרת בשלמא מלא מחט וחוץ למחט כמלא מחט פחות מכאן חזי לסיכתא אלא אי אמרת מלא מחט וחוץ למחט משהו פחות מכאן למאי חזי אלא ש"מ מלא מחט וחוץ למחט כמלא מחט שמע מינה: מה שהחרש כו': ורמינהי מה שהחרש מוציא במעצד והנפסק במגירה הרי אלו של בעל הבית והיוצא מתחת מקדח ומתחת רהיטני והנגרר במגירה הרי אלו שלו אמר רבא באתרא דתנא דידן איכא תרתי חציני לרבתי קרי לה כשיל ולזוטרתי קרי לה מעצד באתרא דתנא ברא חד הוא דאיכא וקרו לה מעצד: ואם היה עושה אצל כו': ת"ר מסתתי אבנים אין בהם משום גזל מפסגי אילנות מפסגי גפנים מנקפי היגי מנכשי זרעים ועודרי ירקות בזמן שבעה"ב מקפיד עליהם יש בהן משום גזל אין בעל הבית מקפיד עליהן הרי אלו שלו א"ר יהודה כשות וחזיז אין בהם משום גזל באתרא דקפדי יש בהן משום גזל אמר רבינא ומתא מחסיא אתרא דקפדי הוא:

הדרן עלך הגוזל בתרא וסליקא לה מסכת בבא קמא

ולא יטיל בו יותר מג' חובין. דרך הסורקים לתת לולאות של טוי במחט לאורכו של בגד שמותחו בהן כשהוא נסרק וחובטו במקלות וכשנגמר ובולטין אותו מקום הלולאות שנמתח שם משוה אותן ונוטל אותן הקלועים לעצמו כדאמר לקמן ואשמועינן תנא שלא יתפרס לאותן לולאות בחזקה כדי שלא יכול למתחו יותר מדאי אלא ג' חבין יפיינ"ך בלעז ג' תפירות במחט: ומשוידהו. מקום הבליטות שנמתח שם נוטל במספרים: אפילו עד טפח. ליטול ממנו רצועות רחבות טפח: אלימי. גסין שנים: גלימא. טלית העשויה לכל יום וכשהוא סורק לשתיו נוחה ליקרע מהר: סרבלא. עשוי לכבוד ולנוי וכשהוא סורק לשתיו נאה יותר: גלימא משוידהו לארכו. כדפרישית לעיל: המיונא. אינו נראה אלא שני ראשיה התלויין לכך משוה לרחבה ב' ראשיה התלויין: ה"ג אמטויי ואתויי חד או דלמא אמטויי ואתויי תרי. מנהג תופר אומן להוליך ולהביא המחט בבגד קודם שימשוך כל החוט וקא מבעיא ליה הנך ג' חוטין דקתני מי חשיבא הולכה והובאה חד דהוו להו ג' הולכות וג' הובאות א"ד הולכה והובאה תרי חשיב להו: אירין. דרך הגרדי להניח צמר בקנה של ערב כדי שלא יצא הערב מן הקנה לכאן ולכאן והוא של בעה"ב: נירין. ליצי"ץ: פקעיות. לוישי"ל: פונקלין. טריימ"ש שעושין ליריעות הנארגות מעומד ואין עושין להו קנה כדרך הגרדין: בגד מנומר. כלומר אפילו מנומר בצבעים הרבה אע"פ שרגלים לדבר שגנב הצמר מן בגדים שארג לוקחין מהן דקנינהו בשינוי: טווי (ג) אריג. והיינו אירין דאמרן לא יקח אם טלאן הגרדי לוקחין דקנינהו בשינוי: ארוג מבעי. הא ה"ל טווי קודם לאריג: תיכי. שרשרות שרימ"ש דלא טוואן קודם לכן: אותות. כשמביאין לו בגד לצבוע חותך ממנו מעט לפני בעליו לידע אם יקלוט את הצבע ופעמים שמעכבו אצלו ושכחו בעלים: דוגמאות. שמביאין לו הבעלים צמר לצבוע ומביא עמו מעט צמר צבוע ואומר כזה צבע לי: תלושי צמר. שתלש מן הגיזה הצמר מעט מעט: אבל לוקחין ממנו בגד צבוע. דבגד שלם לא גנב ואי נמי גנבו קנייה בשינוי: טווי ובגדים. והנך דוגמאות שטוואן או עשה מהן בגדים לוקחין: השתא טווי שקלינן בגדים מבעיא. הא אין בגדים אא"כ טוואן: נמטי. לבדין פליטר"ש בלע"ז ואין שם טווי: הקיצועין. רונייור"ש בלע"ז שמקצע מן העור סביב: והתלושין. צמר התלוש מן העור: צמר העולה מן שטף המים שלו. דדבר מועט הוא ואפקורי מפקר ליה: קצרא שמיה וקצרא שקיל ליה. הכובס נקרא קצרי בלשון ארמי וקצרא שהוא מקצר מן הבגד איהו שקיל ליה ודידיה הוא: הכל עולין למנין תכלת. אותן שלשה חוטין אם לא קצרן הכובס עולין למדת מלא קשר גודל שצריך להרחיק את תכלת של ציצית משפת הבגד במסכת מנחות (דף מב.): קפיד עלייהו. ונוטלן: מלא המחט. מלא אורך המחט: וחוץ למחט. שכל זמן שאין מן החוט אלא מלא המחט מלומלם אין יכול לתוחבו בבגד: בברייתא גרסינן ומטלית שהיא פחותה מג' על ג': לסיכתא. חבין שפירשנו למעלה: פחות מכאן למאי חזי. הא אין יכול להפוך המחט ולתוחבו: מגירה. שייר"ה בלע"ז וסכין הוא שיש בו פגימות הרבה וקוצצת מהר: הנפסק במגירה. פסקי עצים שהעץ ארוך ופוסקו: מקדח. טרייד"א והיוצא משם דק כעפר: רהיטני. פליינ"א: והנגרר במגירה. דק דק שהיא מסרת במקום חתך דק כעפר: חד הוא דאיכא. ורבתי היא ומסרת ספאי גסין: מסתתי אבנים. מרבע אותן ומחליק אותן: מפסגי אילנות. כשיש בהן ענפים יותר מדאי קוצץ אחת מבינתים והיינו פיסוג לשון דילוג והרחבה: ניקוף. שייך בהיגא כמו ונקף סבכי היער בברזל (ישעיה י): היגא. סנה: ומנכשי זרעים. נוטלים ירקות מביניהם: ועודרי ירקות. כשהן תכופות יותר מדאי נוטל אחת מבינתים כדי שיהא מקום להרחיב ולהתפשט: חזיז. שחת של תבואה חטין ושעורין בעודן ירק: מתא מחסיא. מקום בהמות הוא וצריכין למרעה טוב:

הדרן עלך הגוזל בתרא וסליקא לה מסכת בבא קמא

עין משפט נר מצוה

קמז א מיי' פ"ו מהל' גניבה הל' ט סמג עשין עא טוש"ע ח"מ סי' שנח סעי' יב:
קמח ב מיי' שם טור ש"ע שם סעיף יא:
קמט ג מיי' שם טוש"ע שם סעי' יב:
קנ ד טוש"ע א"ח סי' יא סעי' יא:

ליקוטי רש"י

ולא יטיל בו יותר משלשה חבין. הם תפירות שהסורק מחבר בהם שני ראשין מן הבגד יחד כשחובטו במקלות [הושע ו, ט]. אמטויי ואתויי חד. מה שמוליך ומביא בידו חשוב חד [מנחות עו.]. הולכה והובאה חשיב חד [נדה סג.]. או דילמא אמטויי ואתויי תרי. להולכה למודה קרי חד וכן נמי להבאה למודה חשיב [מנחות שם]. אמטויי חשיב חד ואתויי חד דהוו להו תרי [נדה שם]. מאי בגדים נמטי. פילטר"ש ולא נטוו מעולם [בכורות כט:]. קצרא. כובס [שבת יט:]. כך שמם בלשון ישמעאל והם כובסין שמעתי אומרים על שם שמקצרין בגדי צמר כשדורסין אותן ברגליהן במים שקורין פורלוי"ר והיינו דמתרגמינן עין רוגל (שמואל ב יז) עינא דקצרא [תענית כט:].

מסורת הש"ס

א) [מנחות עו. נדה סג.],
ב) [ע' רש"י תענית כט: ד"ה קצרי].

הגהות הב"ח

(א) גמ' טווי ובגדים:
(ב) שם וחוץ למחט:
(ג) רש"י ד"ה טווי ואריג והני אירין דאמרן:

גליון הש"ס

גמ' ולא יטיל יותר מן שלש חובין. מפירוש רש"י הושע ו' (ח') [ט'] נראה דהגירסא כאן חוכים: שם אמטויי ואתויי חד. ועיין זה מנחות דף ע"ו ע"א ועיין זה בירושלמי פ"ג דסוכה הלכה ח': שם איבעיא להו מלא מחט. עיין זה חולין ד' ל"א ע"א:

לעזי רש"י

יפיינ"ך. פירוש תפירות (עיין רש"י יבמות דף ה ע"ב ד"ה תכיפה):
ליציי"ץ. פירוש נירין (עיין רש"י שבת דף עג ע"א ד"ה בתי נירין, ערוך ערך נר ה' וספר "מעשה אורג"):
לוישיי"ל. פירוש פקעיות, כדוריות של חוט (רש"י סוכה דף ט ע"א ד"ה מן הסיסין ועיין ערוך ערך פקע ה'):
טריימ"ש. פירוש חוטי הערב (עיין ערוך ערך נר ה'):
שרימ"ש. פירוש שרשרות, גדילים (של פשתן לא טווי) (עיין רש"י בכורות דף כט ע"ב ד"ה תיכי ותרגום אונקלוס שמות כח, יד):
פילטר"ש. פירוש לבדים, צמר כבוש יחד שנהיה בגד בלי טויה ואריגה (עיין רש"י שבת דף מח ע"א ד"ה מוכין ורש"י בכורות דף כט ע"ב ד"ה נמטי):
רונייור"ש. פירוש חתיכות (שנשארו מהעור שנעשה ממנו שטיח) (עיין רש"י זבחים דף לד ע"א ד"ה עוצבא):
שייר"ה. פירוש מגירה, מסר (רש"י סוכה דף לג ע"א ד"ה מסר), משור (רש"י ישעיה י, טו):
טרייד"א. פירוש מקדח, כלי מלאכה של ברזל שקודחין בו בעץ לעשות נקב:
פליינ"א. פירוש מקלועה (עיין רש"י שבת דף לז ע"א ד"ה לפי שאי אפשר):

וְלֹא יָטִיל בּוֹ יוֹתֵר מִשְּׁלֹשָׁה חוּבִין – וכשתופר בו הסורק לולאות למותחו לא יתפרן ביותר משלש תפירות[1]. **וְלֹא יִסְרוֹק** את **הַבֶּגֶד לְשִׁתְיוֹ** – לכיוון חוטי השתי (לאורכו), **אֶלָּא לְעֶרְבּוֹ** – לכיוון חוטי הערב (לרוחבו)[2]. **וּמַשְׁוֵיהוּ** – ומיישרו **לְאָרְכּוֹ אֲבָל לֹא לְרָחְבּוֹ**[3]. **וְאִם בָּא לְהַשְׁווֹתוֹ** – ליישרו וליטול ממנו רצועה **עַד** רוחב **טֶפַח, רַשַּׁאי**[4].

הגמרא מקשה על הוראת הברייתא:

אָמַר מַר: הכובס נוטל **שְׁנֵי חוּטִין** העליונים והן שלו. **וְהָאֲנַן תְּנַן** – והלא שנינו במשנתנו שרשאי הוא ליטול **שָׁלֹשׁ** חוטים!

מתרצת הגמרא:

לֹא קַשְׁיָא – אין זו קושיא. **הָא** – הברייתא (המתירה ליטול רק שני חוטים) עוסקת **בְּאַלִּימֵי** – בחוטים עבים[5], שבעל הבית מקפיד על שלשה מהם, **וְהָא** – ואילו משנתנו (המתירה ליטול שלשה חוטים) עוסקת **בִּקְטִינֵי** – בחוטים דקים, שאין בעל הבית מקפיד על שלשה מהם.

הגמרא מקשה על המשך הברייתא:

שנינו בברייתא: **וְלֹא יִסְרוֹק** את **הַבֶּגֶד לְשִׁתְיוֹ** – לכיוון חוטי השתי (לאורכו), **אֶלָּא לְעֶרְבּוֹ** – לכיוון חוטי הערב (לרוחבו). **וְהָתַנְיָא אִיפְּכָא** – והרי שנינו בברייתא אחרת הפוך, שלא יסרוק לכיוון חוטי הערב אלא לכיוון חוטי השתי!

מתרצת הגמרא:

לֹא קַשְׁיָא – אין זו קושיא. **הָא** – הברייתא הראשונה (המצריכה לסרוק את הבגד לערבו) עוסקת **בִּגְלִימָא** – בבגד העשוי לכל יום, וכשסורקו לכיוון השתי נעשה נח להיקרע, ואילו **הָא** – הברייתא השניה (המצריכה לסרוק את הבגד לשתיו) עוסקת **בְּסַרְבָּלָא** – בבגד העשוי לכבוד ולנוי, וכשסורקו לכיוון חוטי השתי הוא נראה נאה יותר[6].

שנינו בהמשך הברייתא:

וְלֹא יָטִיל בּוֹ יוֹתֵר מִשְּׁלֹשָׁה חוּבִין (תפירות).

מסתפקת הגמרא:

בָּעֵי – שאל **רַבִּי יִרְמְיָה: אַמְטוּיֵי וְאַתּוּיֵי חַד** – האם הולכת המחט והבאתה נחשבות כתפירה אחת, **אוֹ דִּלְמָא אַמְטוּיֵי וְאַתּוּיֵי תְּרֵי** – או שמא הולכתה והבאתה נחשבות כשתי תפירות[7]?

מסיקה הגמרא:

תֵּיקוּ – תעמוד השאלה במקומה.

הגמרא מקשה על המשך הברייתא:

שנינו בברייתא: **וּמַשְׁוֵיהוּ לְאָרְכּוֹ אֲבָל לֹא לְרָחְבּוֹ. וְהָתַנְיָא אִיפְּכָא** – והרי שנינו בברייתא אחרת הפוך, שיש להשוות את הבגד לרוחבו ולא לאורכו!

מתרצת הגמרא:

לֹא קַשְׁיָא – אין זו קושיא. **הָא** – הברייתא הראשונה עוסקת **בִּגְלִימָא** – בטלית, שבשעה שלובשה אורכה ניכר, ולפיכך יש להשוותה לאורכה, ואילו **הָא** – הברייתא השניה עוסקת **בְּהֶמְיוֹנֵי** – באבנט (חגורה), שבשעה שלובשו אין אורכו נראה אלא רק שני ראשיו התלויים, ולפיכך יש להשוותו לרוחבו[8].

שנינו במשנה שמוכין שהסורק מוציא שייכים לבעל הבית. הגמרא מביאה כעת ברייתא המרחיבה בענין זה:

תָּנוּ רַבָּנָן: אֵין לוֹקְחִין מִן הַסּוֹרֵק מוֹכִין של צמר, **מִפְּנֵי שֶׁמָּה** שהוא מוציא מן הבגד **אֵינוֹ שֶׁלּוֹ**, ולפיכך יש לחשוש שמא גנבם מבעל הבית. **וּבְמָקוֹם שֶׁנָּהֲגוּ לִהְיוֹת שֶׁלּוֹ** – שהמוכין יהיו של הסורק, **לוֹקְחִין** אותם ממנו. **וּבְכָל מָקוֹם**[9] **לוֹקְחִין מֵהֶן** (מן הסורקים) **כַּר מָלֵא מוֹכִין וְכֶסֶת מְלֵאָה מוֹכִין.**

מבארת הגמרא:

מַאי טַעְמָא – מדוע קונים מהם כר וכסת בכל מקום, ואין חוששים

הערות

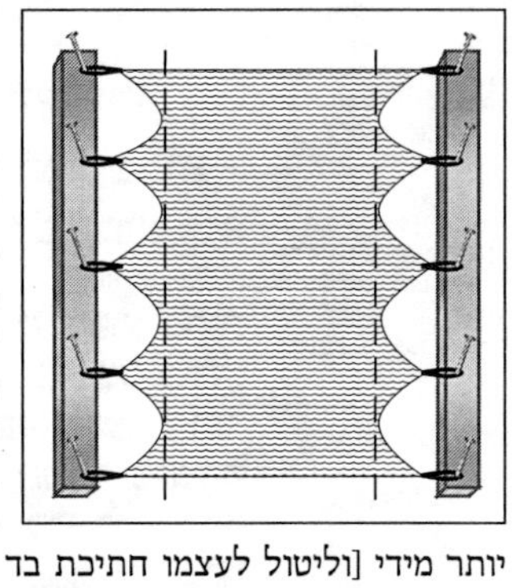

1. לאחר הכיבוס היו מותחים את הבגד על גבי מסגרת כדי לסרקו ולחבוט בו במקלות (לביאור מהו "סירוק" עיין לעיל עמוד א הערה 50), ולצורך כך היו הסורקים תופרים לולאות לאורך הבגד ומשחילים אותן על מסמרים הקבועים במסגרת (ראה ציור). כתוצאה מכך היה הבגד נמתח במקום הלולאות, ולאחר הסירוק היה הסורק מיישרו במספרים ונוטל את חתיכות הבד לעצמו. הברייתא משמיעה שלא יתפור את הלולאות בחוזקה, דהיינו יותר משלש תפירות, כדי שלא יוכל למתוח את הבגד יותר מידי [וליטול לעצמו חתיכת בד גדולה] (רש"י; ראה מעשה אורג עמוד 57; לפירושים אחרים עיין רש"י הושע ו, ט; ראב"ד).

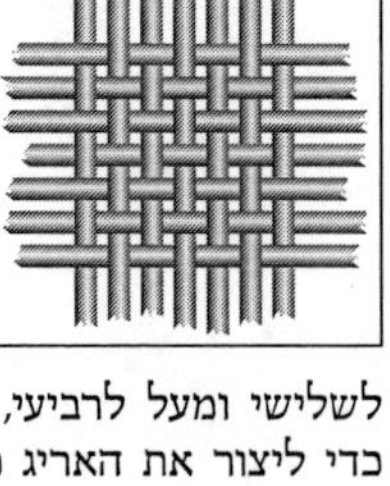

2. כדי להבין הוראה זו נקדים הקדמה קצרה: כל אריג מורכב מחוטים המשולבים זה בזה "שתי וערב", דהיינו: סדרה של חוטי אורך ("שתי") מקבילים המשולבים בסדרה של חוטי רוחב ("ערב") המאונכים להם. כל חוט אורך ארוג מעל חוט רוחב אחד ומתחת לחוט רוחב שני, מעל השלישי ומתחת לרביעי וכו'. החוט שלידו ארוג מתחת לחוט הרוחב הראשון ומעל לשני, מתחת לשלישי ומעל לרביעי, וכו' (ראה ציור הימני). כדי ליצור את האריג מותחים את חוטי השתי במקביל ובמרחקים קבועים זה מזה, ומעבירים את חוט הערב ביניהם (מתחת לחוט הראשון ומעל לשני, מתחת לשלישי ומעל לרביעי וכו'), פעם אחת מימין לשמאל, ולאחר מכן משמאל לימין (ראה ציור השמאלי).

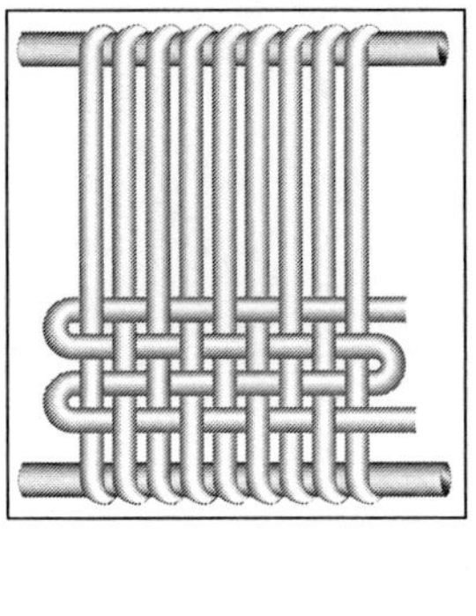

חוטי השתי דקים יותר מחוטי הערב (ראה פירוש המשנה לרמב"ם נגעים יא, ח), אולם מאחר שהם שזורים בהידוק רב הם גם חזקים מהם. אריג המיועד לבגדים נארג כשחוטי השתי מרווחים וחוטי הערב דחוקים. באופן זה רק חוטי הערב נראים על פני האריג (וחוטי השתי אינם נראים כלל), ולפיכך האריג רך ונעים ללבישה. לעומת זאת, כשחוטי השתי צפופים ודחוקים אין רואים כלל את חוטי הערב, והאריג הוא חזק ונוקשה (ראה תמונה במעשה אורג עמוד 58). אריג כזה משמש בדרך כלל לכרים ולכסתות שבהם יש חשיבות רבה לחוזק הבד (ראה ר"ש נגעים יא, ד).

בנידון שלפנינו מדובר בסריקת בגד, ומאחר שבבגדים נראים רק חוטי הערב אין המסרק נוגע כלל בחוטי השתי. במקרה כזה סריקת חוטי הערב בכיוון השתי (בזוית ישרה לכיוון שבו מונחים סיבי הערב) תוציא סיבים רבים יותר אל פני האריג מאשר סריקתם בכיוון הערב (שהוא הכיוון שבו מונחים הסיבים ממילא), וכתוצאה מכך יהיה האריג יפה יותר אולם גם חלש יותר ונוח להיקרע (ראה מעשה אורג עמודים 58-59). הברייתא מורה שאין לסרוק בגד בכיוון השתי, משום שסירוק כזה מחליש את האריג ועושהו נוח להיקרע (ראה רש"י ד"ה גלימא; אמנם עיין ראב"ד ומאירי).

3. כלומר, הסורק אינו רשאי למתוח את הבגד וליישרו גם לרוחבו (ראה לעיל הערה 1), משום שכדי לסרוק את הבגד די למותחו לאורכו (רש"י; לפירושים אחרים עיין ראב"ד ומאירי).

4. כלומר, אף אם הבגד נמתח עד כדי כך שכדי ליישרו צריך הסורק לחתוך ממנו רצועה ברוחב טפח, רשאי הוא לחותכה וליטלה לעצמו (רש"י).

5. רש"י.

6. רש"י. כפי שנתבאר לעיל (הערה 2), סירוק לכיוון השתי מייפה את הבגד אולם גם עושה אותו חלש ונוח להיקרע. לפיכך, בגד המיועד לשמוש יום יומי אין לסרקו באופן זה משום שהדבר מחלישו, אולם בגד העשוי לכבוד, שאנשים מקפידים על מראהו יותר מאשר על חוזקו, יש לסרקו לכיוון השתי.

7. דרכו של חייט אומן להוליך ולהביא את המחט בבגד קודם שימשוך את כל החוט. מאחר שהולכת המחט והבאתה נעשות ביחד מסתפק רבי ירמיה האם נחשבות הן תפירה אחת, ומותר איפוא להוליך את המחט ולהביאה שלש פעמים, או שמא נחשבות הן כשתי תפירות (רש"י).

8. רש"י.

9. כלומר, אף במקום שהמוכין שייכים לבעל הבית ויש לחשוש שמא הסורק גנבם.

ולא יטיל בו יותר משלשה חובין ולא יסרוק הבגד לשתיו אלא לערבו ומשויהו לארכו אבל לא לרחבו ואם בא להשוותו עד טפח רשאי אמר מר שני חוטין והאנן תנן שלש לא קשיא הא באלימי והא בקטיני: ולא יסרוק הבגד לשתיו אלא לערבו והתניא איפכא לא קשיא הא בגלימא הא בסרבלא: ולא יטיל בו יותר משלשה חובין בעי רבי ירמיה (א) אמטויי ואתויי חד או דלמא אמטויי ואתויי תרי תיקו: ומשוידהו לארכו אבל לא לרחבו והתניא איפכא לא קשיא הא בגלימא הא בהמיוני ת"ר א אין לוקחין מן הסורק מוכין מפני שאינו שלו ב ובמקום שנהגו להיות שלו לוקחין ג ובכל מקום לוקחין מהן כר מלא מוכין וכסת מלאה מוכין מאי טעמא קננהו בשינוי ת"ר אין לוקחין מגרדי לא אירין ולא נירין ולא פונקלין ולא שיורי פקיעות אבל לוקחין מהן בגד מנומר ערב ושתי טווי ואריג אמרי השתא טווי שקלי ארוג מבעיא מאי אריג תיכי ת"ר אין לוקחין מן הצבע לא אותות ולא דוגמות ולא תלושים של צמר אבל לוקחין מהן בגד צבוע טווי (א) בגדים השתא טווי שקיל בגדים מיבעיא מאי בגדים נמטי ת"ר הנותן עורות לעבדן הקיצועין והתלושין הרי אלו של בעל הבית והעולה ומשטף במים הרי אלו שלו: אם היה שחור [וכו']: א"ר יהודה ג קצרא שמיה וקצרא שקיל ליה אמר רב יהודה ד הכל עולין למנין תכלת ויצחק ברי קפיד עלייהו: החייט ששייר (מן) [את] החוט כו': וכמה לתפור אמר רב אסי מלא מחט (ב) חוץ למחט איבעיא להו מלא מחט וחוץ למחט כמלא מחט או דלמא מלא מחט וחוץ למחט משהו ת"ש דתניא החייט ששייר את החוט פחות מכדי לתפור בו ומטלית שהיא פחותה משלש על שלש בזמן שבעל הבית מקפיד עליהן הרי אלו של בעל הבית אין בעל הבית מקפיד עליהן הרי אלו שלו אי אמרת בשלמא מלא מחט וחוץ למחט כמלא מחט פחות מכאן חזי לסיכתא אלא אי אמרת מלא מחט וחוץ למחט משהו פחות מכאן למאי חזי אלא ש"מ מלא מחט וחוץ למחט כמלא מחט שמע מינה: מה שהחרש כו': ורמינהי מה שהחרש מוציא במעצד והנפסק במגירה הרי אלו של בעל הבית והיוצא מתחת מקדח ומתחת רהיטני והנגרר במגירה הרי אלו שלו אמר רבא באתרא דתנא דידן איכא תרתי חציני לרבתי קרי לה כשיל ולזוטרתי קרי לה מעצד באתרא דתנא ברא חד הוא דאיכא וקרו לה מעצד: ואם היה עושה אצל כו': ת"ר מסתתי אבנים אין בהם משום גזל מפסגי אילנות מפסגי גפנים מנקפי היגי מנכשי זרעים ועודרי ירקות בזמן שבעה"ב מקפיד עליהם יש בהן משום גזל אין בעל הבית מקפיד עליהן הרי אלו שלו א"ר יהודה כשות וחזיז אין בהם משום גזל באתרא דקפדי יש בהן משום גזל אמר רבינא ומתא מחסיא אתרא דקפדי הוא:

הדרן עלך הגוזל בתרא וסליקא לה מסכת בבא קמא

ולא יטיל בו יותר מג' חובין. דרך הסורקים לתת לולאות של טוי במחט לאורכו של בגד שמותחו בהן כשהוא נסרק וחובטו במקלות וכשנגמר ובולטין אותו מקום הלולאות שנמתח שם משוה אותן ונוטל אותן הקלועים לעצמו כדאמר לקמן ואשמועינן תנא שלא יתפרס לאותן לולאות בחוזקה כדי שלא יכול למתחו יותר מדאי אלא ג' חבין יפיינ"ץ בלעז ג' תפירות במחט: **ומשוידהו.** מקום הבליטות שנמתח שם נוטל במספרים: **אפילו עד טפח.** ליטול ממנו רצועות רחבות טפח: **אלימי.** גסין שנים: **גלימא.** טלית העשויה לכל יום וכשהוא סורק לשתיו נוחה ליקרע מהר: **סרבלא.** עשוי לכבוד ולנוי וכשהוא סורק לשתיו נאה יותר: **גלימא משוידהו לארכו.** כדפרישית לעיל: **המיונא.** אינו נראה אלא שני ראשיה התלויין לכך משוה לרחבה ב' ראשיה התלויין: **ה"ג אמטויי ואתויי חד או דלמא אמטויי ואתויי תרי.** מנהג תופר אומן להוליך ולהביא המחט בבגד קודם שימשוך כל החוט וקא מבעיא ליה הנך ג' חוטין דקתני מי חשיבא הולכה והובאה חד דהוו להו ג' הולכות וג' הובאות א"ד הולכה והובאה תרי חשיב להו: **אירין.** דרך הגרדי להניח צמר בקנה של ערב כדי שלא יצא הערב מן הקנה לכאן ולכאן והוא של בעה"ב: **נירין.** ליצי"ץ: **פקעיות.** לוישי"ל: **פונקלין.** טריימ"ש שעושין ליריעות הנארגות מעומד ואין עושין להו קנה כדרך הגרדין: **בגד מנומר.** כלומר אפילו מנומר בצבעים הרבה אע"פ שרגלים לדבר שגנב הצמר מן בגדים שארג לוקחין מהן דקנינהו בשינוי: **טווי (ג) אריג.** והיינו אירין דאמרן לא יקח אם טלאן הגרדי לוקחין דקנינהו בשינוי: **ארוג מבעי.** הא ה"ל טווי קודם לאריג: **תיכי.** שרשרות שרימ"ש דלא טוואן קודם לכן: **אותות.** כשמביאין לו בגד לצבוע חותך ממנו מעט לפני בעליו לידע אם יקלוט את הצבע ופעמים שמעכבו אצלו ושכחו בעלים: **דוגמאות.** שמביאין לו הבעלים צמר לצבוע ומביא עמו מעט צמר צבוע ואומר כזה צבע לי: **תלושי צמר.** שתלש מן הגיזה הצמר מעט מעט: **אבל לוקחין ממנו בגד צבוע.** דבגד שלם לא גנב ואי נמי גנבו קנייה בשינוי: **טווי ובגדים.** והנך דוגמאות שטוואן או עשה מהן בגדים לוקחין: **השתא טווי שקלינן בגדים מבעיא.** הא אין בגדים אא"כ טוואן: **נמטי.** לבדין פליטר"ש בלע"ז ואין שם טווי: **הקיצועין.** רונייור"ש בלע"ז שמקלע מן העור סביב: **והתלושין.** צמר התלוש מן העור: **צמר העולה מן שטף המים שלו.** דדבר מועט הוא ואפקורי מפקר ליה: **קצרא שמיה וקצרא שקיל ליה.** הכובס נקרא קצרי בלשון ארמי וקצרא שהוא מקצר מן הבגד איהו שקיל ליה ודידיה הוא: **הכל עולין למנין תכלת.** אותן שלשה חוטין אם לא קצרן הכובס עולין למדת מלא קשר גודל שצריך להרחיק את תכלת של ציצית משפת הבגד במסכת מנחות (דף מב.): **קפיד עלייהו.** ונוטלן: **מלא המחט.** מלא אורך המחט: **וחוץ למחט.** שכל זמן שאין מן החוט אלא מלא המחט מצומצם אין יכול לתוחבו בבגד: בברייתא גרסינן ומטלית שהיא פחותה מג' על ג': **לסיכתא.** חבין שפירשנו למעלה: **פחות מכאן למאי חזי.** הא אין יכול להפוך המחט ולתוחבו: **מגירה.** שייר"ה בלע"ז וסכין הוא שיש בו פגימות הרבה וקוצצת מהר: **הנפסק במגירה.** פסקי עצים שהעץ ארוך ופוסקו: **מקדח.** טרייד"א והיוצא משם דק כעפר: **רהיטני.** פליינ"א: **והנגרר במגירה.** דק דק שהיא משרת במקום חתך דק כעפר: **חד הוא דאיכא.** ורבתי היא ומשרת שפאי גסין: **מסתתי אבנים.** מרבע אותן ומחליק אותן: **מפסגי אילנות.** כשיש בהן ענפים יותר מדאי קוצץ אחת מבינתים והיינו פיסוג לשון דילוג והרחבה: **ניקוף.** שייך בהיגא כמו ונקף סבכי היער בברזל (ישעיה י): **היגא.** סנה: **ומנכשי זרעים.** נוטלים ירקות מביניהם: **ועודרי ירקות.** כשהן תכופות יותר מדאי נוטל אחת מבינתים כדי שיהא מקום להרחיב ולהתפשט: **חזיז.** שחת של תבואה חטין ושעורין בעודן ירק: **מתא מחסיא.** מקום בהמות הוא וצריכין למרעה טוב:

הדרן עלך הגוזל בתרא
וסליקא לה מסכת בבא קמא

עין משפט
נר מצוה

קמז א מיי' פ"ו מהל' גניבה הל' ט סמג עשין עא טוש"ע ח"מ סי' שנח סעי' יב:
קמח ב מיי' שם טור ש"ע שם סעיף יא:
קמט ג מיי' שם טוש"ע שם סעי' יב:
קנ ד טוש"ע א"ח סי' יא סעי' יא:

ליקוטי רש"י

ולא יטיל בו יותר משלשה חבין. הם תפירות שהסורק מחבר בהם שני ראשין מן הבגד יחד כשחובטו במקלות [הושע ו, ט]. **אמטויי ואתויי חד.** מה שמוליך ומביא בידו חשוב חד [מנחות עו.]. הולכה והובאה חשיב חד [נדה סג.]. **או דילמא אמטויי ואתויי תרי.** להולכה לחודה קרי חד וכן נמי להבאה לחודה חשיב [מנחות שם]. אמטויי חשיב חד ואתויי חד דהוו להו תרי [נדה שם]. **מאי בגדים נמטי.** פילטר"ש ולא נטוו מעולם [בכורות כט:]. **קצרא.** כובס [שבת יט:]. כך שמם בלשון ישמעאל והם כובסין שמעתי אומרים על שם שמקצרין בגדי צמר כשדורסין אותן ברגליהן במים שקורין פורלוי"ר והיינו דמתרגמינן עין רוגל (שמואל ב יז) עינא דקצרא [תענית כט:].

מסורת הש"ס

א) [מנחות עו. נדה סג.], ב) [ע' רש"י תענית כט: ד"ה קצרי].

הגהות הב"ח

(א) גמ' טווי ובגדים: (ב) שם וחוץ למחט: (ג) רש"י ד"ה טווי ואריג והני אירין דאמרן:

גליון הש"ס

גמ' ולא יטיל יותר מן שלש חובין. מפירוש רש"י הושע ו' (ח') [ט'] נראה דהגירסא כאן חוכים: שם אמטויי ואתויי חד. ועיין זה מנחות דף ע"ו ע"א ועיין זה בירושלמי פ"ג דסוכה הלכה א': שם איבעיא להו מלא מחט. ועיין זה חולין ד' ל"א ע"א:

לעזי רש"י

יפיינ"ץ. פירוש תפירות (עיין רש"י יבמות דף ה ע"ב ד"ה תכיפה):
ליצייי"ץ. פירוש נירין (עיין רש"י שבת דף עג ע"א ד"ה בתי נירין, ערוך ערך נר ה' וספר "מעשה אורג"):
לוישיי"ל. פירוש פקעיות, כדוריות של חוט (רש"י סוכה דף ט ע"א ד"ה מן הסיסין ועיין ערוך ערך פקע ה'):
טריימ"ש. פירוש חוטי הערב (עיין ערוך ערך נר ה'):
שרימ"ש. פירוש שרשרות, גדילים (של פשתן לא טווי) (עיין רש"י בכורות דף כט ע"ב ד"ה תיכי ותרגום אונקלוס שמות כח, יד):
פילטר"ש. פירוש לבדים, צמר כבוש יחד שנהיה בגד בלי טויה ואריגה (עיין רש"י שבת דף מח ע"א ד"ה מוכין ורש"י בכורות דף כט ע"ב ד"ה נמטי):
רונייור"ש. פירוש חתיכות (שנשארו מהעור שנעשה ממנו שטיח) (עיין רש"י זבחים דף לד ע"א ד"ה עולבא):
שייר"ה. פירוש מגירה, מסר (רש"י סוכה דף לד ע"א ד"ה מסר), משור (רש"י ישעיה י, טו):
טרייד"א. פירוש מקדח, כלי מלאכה של ברזל שקודחין בו בעץ לעשות נקב:
פליינ"א. פירוש מקצועה (עיין רש"י שבת דף לז ע"א ד"ה לפי שאי אפשר):

שמא המוכין גנובים! הטעם הוא משום שאפילו גנבום הרי **קְנַנְהוּ** – קנאום **בְּשִׁינּוּי**, שמשעה שנתנום בכר או בכסת אין הם קרויים עוד "מוכין" אלא "כר" או "כסת"[10].

הגמרא מציגה ברייתא המפרטת אלו דברים מותר לקנות מן האורג:

תָּנוּ רַבָּנָן אֵין לוֹקְחִין מִגַּרְדִּי – מאורג **לֹא אִירִין, וְלֹא נִירִין**[11]**, וְלֹא פּוּנְקְלִין**[12]**, וְלֹא שִׁיּוּרֵי פְּקִיעוֹת** – שיירי סלילים של חוטים. **אֲבָל לוֹקְחִין מֵהֶן בֶּגֶד מְנוּמָּר** בצבעים רבים, אף שניכר הדבר שגנב את הצמר מבגדים שארג[13], וכן חוטי **עֵרֶב וּשְׁתִי** מנומרים, אף שניכר הדבר שטוואם מצמר גנוב[14], וכן לוקחים מהם חוט **טָווּי וְבַד אָרִיג** שנעשו מה"אירין"[15].

מקשה הגמרא:

אָמְרֵי – אמרו בני הישיבה: **הַשְׁתָּא טָווּי שָׁקְלֵי** – כעת ששנינו שמותר לקחת מהם חוט טווי, **אָרוּג מִבַּעְיָא** – וכי צריך התנא לומר שמותר לקחת מהם אריג? הלא טוויית החוט קודמת לאריגת הבגד[16], ומשעה שטווה את החוט כבר זכה בצמר!

מתרצת הגמרא:

מַאי – מהו "**אָרִיג**" המוזכר בברייתא? **תִּיכֵי** – שרשרת הארוגה מצמר שאינו טווי[17].

הגמרא מציגה ברייתא המפרטת אלו דברים מותר לקנות מן הצַבָּע:

תָּנוּ רַבָּנָן: אֵין לוֹקְחִין מִן הַצַּבָּע לֹא אוֹתוֹת – חתיכות צמר שהצבע חותך כדי לבדוק אם יקלוט את הצֶבַע[18], **וְלֹא דוּגְמוֹת** – חתיכות צמר צבוע שהבעלים מביא לצבע כדי שיצבע לו בצבע כזה[19], **וְלֹא תְּלוּשִׁים** קטנים **שֶׁל צֶמֶר**[20]. **אֲבָל לוֹקְחִין מֵהֶן בֶּגֶד** שלם **צָבוּעַ**[21], וכן חוט **טָווּי [וּ]בְגָדִים**[22] שנעשו מהדוגמאות של הצמר[23].

מקשה הגמרא:

הַשְׁתָּא טָווּי שָׁקִיל – כעת ששנינו שמותר לקחת מהם חוט טווי, **בְּגָדִים מִיבַּעְיָא** – וכי צריך התנא לומר שמותר לקחת מהם בגדים? הלא אי אפשר לעשות בגדים בלא לטוות קודם את החוטים, ומשעה שטוה את החוט כבר זכה בצמר!

מתרצת הגמרא:

מַאי – מהם "**בְּגָדִים**" המוזכרים בברייתא? **נַמְטֵי** – בגדי לֶבֶד, העשויים מצמר שאינו טווי[24].

הערות

10. סמ"ע חושן משפט שנח, יז; עיין לעיל צג, ב.

אף שהכנסת המוכין לכר או לכסת אינה שינוי קבוע, שהרי ניתן לחזור ולהוציאם, והדין הוא ש"שינוי החוזר לברייתו" אינו מועיל לקנות גניבה (עיין לעיל צד, ב), מכל מקום מאחר שהמוכין אינם אלא ספק גנובים מותר לקנותם מהסורק בשינוי כל שהוא (ראב"ד; רשב"א; רמ"א חושן משפט שנח, יב; ראה יד דוד לעיל קיח, ב; אמנם עיין ב"ח חושן משפט סוף סימן שס).

11. על מנת לעמוד על טיבם של חפצים אלו נתאר בקצרה את מלאכת האריגה: כפי שנתבאר לעיל (הערה 2), האריג מורכב משתי סדרות של חוטים מאונכים המשולבים זה בזה ב"שתי וערב". כדי ליצור את האריג מותחים את חוטי האורך ("שתי") מסביב לגליל של עץ ומשם מותחים אותם לגליל נוסף. שני הגלילים קבועים בתוך מסגרת של עמודי עץ הנראית כעין שלחן בעל ארבע רגלים ("נול"). חוט הערב כרוך בסליל על גבי קנה בתוך כלי הקרוי "בּוּכְיָאר" שאותו זורק האורג לרוחב הנול מצד לצד (כלי זה יתואר להלן). כדי להעביר את חוט הערב בין חוטי השתי באופן שיעבור לסירוגין מעל חוט אחד ומתחת לחבירו, קבועים בנול שתי מסגרות ובהן מיתרים הקרויים "**נִירִין**". מסגרות אלו קבועות בכסא האריגה כשהן מאונכות לחוטי השתי, ובכל אחת מהן יש נירים כמספר מחצית מחוטי השתי. באמצעו של כל ניר יש לולאה קטנה הנקראת "בית ניר" (ראה ציור), ודרך לולאות אלו מעבירים את חוטי השתי לסירוגין, כלומר: את החוט הראשון דרך בית הניר של מסגרת אחת, את החוט השני דרך בית הניר של המסגרת השניה, ושוב חוט שלישי דרך המסגרת הראשונה, חוט רביעי דרך המסגרת השניה, וכן הלאה, באופן שמחצית החוטים (כל חוט בלתי זוגי) נתונים במסגרת אחת, ומחציתם השניה (כל חוט זוגי) נתונים במסגרת השניה. בשעת האריגה מגביה האורג (בידו או באמצעות לחיצה ברגלו על דושה הקבועה בנול) את אחת המסגרות (הנירים), ובאופן זה הוא מגביה חצי מחוטי השתי ונוצר ריוח בינם לבין שאר החוטים. לתוך ריוח זה זורק האורג את הבוכיאר עם חוט הערב מימין לשמאל (ראה ציור). לאחר מכן מוריד

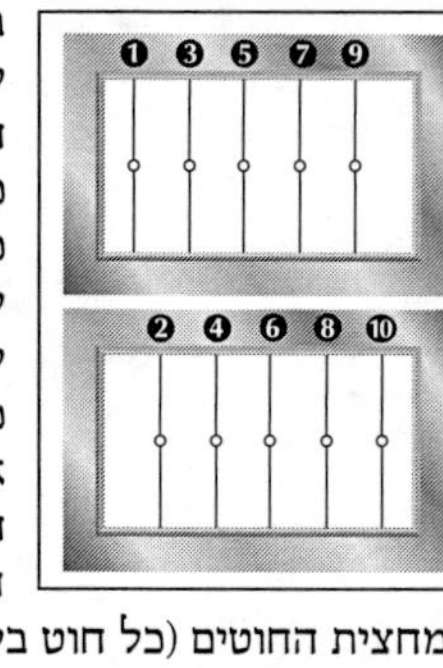

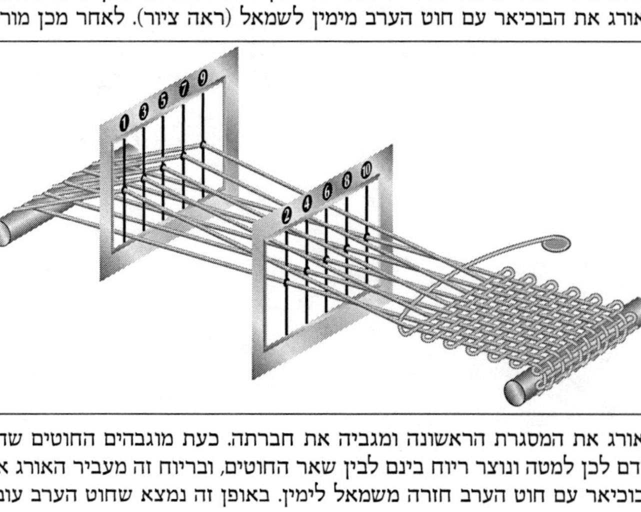

האורג את המסגרת הראשונה ומגביה את חברתה. כעת מוגבהים החוטים שהיו קודם לכן למטה ונוצר ריוח בינם לבין שאר החוטים, ובריוח זה מעביר האורג את הבוכיאר עם חוט הערב חזרה משמאל לימין. באופן זה נמצא שחוט הערב עובר תמיד מתחת לחוט אחד ומעל לחבירו לסירוגין, וכך נוצר האריג.

ה"בוכיאר" [שרש"י מכנה אותו "קנה"; ראה מעשה אורג הערה 109] הינו מסגרת עץ שבתוכה מונח החוט של ערב. חוט הערב היה כרוך על קנה חלול שבתוכו עובר מוט מתכת, וראשי המוט היו נתונים בתוך חריצים שבדפנות הבוכיאר. קצה החוט הועבר דרך חור שבדופן הבוכיאר, וכאשר אוחזים בחוט וזורקים את הבוכיאר מסתובב הקנה ומשחרר את חוט הערב. כדי למנוע מהמוט להישמט מהחריצים היו מהדקים אותו לחריצים בעזרת פיסות צמר ("אירין") שבעל הבית היה נותן לאורג (רש"י; ראה ציור; עיין גם רש"י שבת יא, ב ד"ה אירא; ראה מעשה אורג עמוד 42).

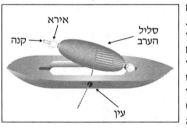

12. "פונקלין" הם סלילים של חוטי ערב שמשתמשים בהם באריגת מרבדים (כאשר יש צורך בכמה צבעים בחוטי הערב) ואין נותנים אותם בבוכיאר (רש"י). כל סליל הוא בצבע שונה ומשתמשים בו לפי הצורך, ובשאר הזמן הוא תלוי עד שיזדקקו לו (ראה מעשה אורג עמוד 47).

13. משום שאף אם גנבו הרי קנאו בשינוי (רש"י; עיין חסדי דוד; ראה לעיל הערה 10).

14. משום שאף אם גנבם הרי קנאם בשינוי (עיין דקדוקי סופרים, ו; אמנם ראה שם גירסאות אחרות).

15. ואף ששנינו לעיל שאסור לקנות ממנו אירין, מכל מקום אם טוואם [או ארגם] מותר לקנות ממנו את החוטים [או את האריג] שהרי קנאם בשינוי (רש"י; ראה רש"ש). ודוקא כשידוע שהאורג טווה את החוטים בעצמו, אולם אם אין הדבר ידוע אסור לקחתם ממנו, משום שיש לחשוש שמא גנב מבעל הבית חוטים טוויים (דרישה חושן משפט שנח).

16. רש"י.

17. והברייתא באה להשמיענו שבין טוויית הצמר ובין אריגתו לשרשרת נחשבות שינוי בגוף הצמר.

18. הצבע חותך מעט מן הצמר בפני הבעלים, ופעמים שמעכבו אצלו והבעלים שוכח מכך (רש"י).

19. רש"י.

20. משום שניכר הדבר שתלש מן הצמר מעט מעט כדי שבעל הבית לא יבחין בכך (ראה רש"י).

21. משום שאין דרכו לגנוב מבעל הבית בגד שלם, ואף אם גנבו הרי [משעה שצבעו] קנאו בשינוי (רש"י; עיין ב"ח חושן משפט שנח).

22. על פי הגהות הב"ח, א.

23. רש"י.

כפי הנראה רש"י הוצרך לפרש שהוראה זו מתייחסת לבגדים שנעשו מדוגמאות, משום שלגבי בגדים סתם כבר שנינו לעיל שמותר לקחתם ממנו, לפי שאין דרכו לגנוב מבעל הבית בגד שלם (עיין דקדוקי סופרים, ז; ראה שם גירסא אחרת).

24. רש"י.

הלבד הינו בד קשיח הנעשה מצמר שנכבש בלא טוויה ואריגה. הברייתא מלמדת שבין טוויית הצמר ובין כבישתו לְלֶבֶד נחשבות שינוי בגוף הצמר.

°ולא יטיל בו יותר משלשה חובין ולא יסרוק הבגד לשתיו אלא לערבו ומשויהו לארכו אבל לא לרחבו ואם בא להשוותו עד טפח רשאי אמר מר שני חוטין והאנן תנן שלש לא קשיא הא באלימי והא בקטיני: ולא יסרוק הבגד לשתיו אלא לערבו והתניא איפכא לא קשיא הא בגלימא הא בסרבלא: ולא יטיל בו יותר משלשה חובין בעי רבי ירמיה °(א) אמטויי ואתויי חד או דלמא אמטויי ואתויי תרי תיקו: ומשויהו לארכו אבל לא לרחבו והתניא איפכא לא קשיא הא בגלימא הא בהמיוני ת"ר [א] אין לוקחין מן הסורק מוכין מפני שאינו שלו [ב] ובמקום שנהגו להיות שלו לוקחין [ג] ובכל מקום לוקחין מהן כר מלא מוכין וכסת מלאה מוכין מאי טעמא קננהו בשינוי ת"ר אין לוקחין מגרדי לא אירין ולא נירין ולא פונקלין ולא שיורי פקיעות אבל לוקחין מהן בגד מנומר ערב ושתי טווי ואריג אמרי השתא טווי שקלי ארוג מבעיא מאי אריג תיכי ת"ר אין לוקחין מן הצבע לא אותות ולא דוגמות ולא תלושים של צמר אבל לוקחין מהן בגד צבוע טווי (א) בגדים השתא טווי שקיל בגדים מיבעיא מאי בגדים נמטי ת"ר הנותן עורות לעבדן הקיצועין והתלושין הרי אלו של בעל הבית והעולה ומשטף במים הרי אלו שלו: אם היה שחור [וכו']: א"ר יהודה [ג] קצרא שמיה וקצרא שקיל ליה אמר רב יהודה [ד] הכל עולין למנין תכלת ויצחק ברי קפיד עלייהו: החייט ששייר (מן) [את] החוט כו': וכמה לתפור אמר רב אסי מלא מחט (ב) חוץ למחט °איבעיא להו מלא מחט וחוץ למחט כמלא מחט או דלמא מלא מחט וחוץ למחט משהו ת"ש דתניא החייט ששייר את החוט פחות מכדי לתפור בו ומטלית שהיא פחותה משלש על שלש בזמן שבעל הבית מקפיד עליהן הרי אלו של בעל הבית אין בעל הבית מקפיד עליהן הרי אלו שלו אי אמרת בשלמא מלא מחט וחוץ למחט כמלא מחט פחות מכאן חזי לסיכתא אלא אי אמרת מלא מחט וחוץ למחט משהו פחות מכאן למאי חזי אלא ש"מ מלא מחט וחוץ למחט כמלא מחט שמע מינה: מה שהחרש כו': ורמינהי מה שהחרש מוציא במעצד והנפסק במגירה הרי אלו של בעל הבית והיוצא מתחת מקדח ומתחת רהיטני והנגרר במגירה הרי אלו שלו אמר רבא באתרא דתנא דידן איכא תרתי חציני לרבתי קרי לה כשיל ולזוטרתי קרי לה מעצד באתרא דתנא ברא חד הוא דאיכא וקרו לה מעצד: ואם היה עושה אצל כו': ת"ר מסתתי אבנים אין בהם משום גזל מפסגי אילנות מפסגי גפנים מנקפי היגי מנכשי זרעים ועודרי ירקות בזמן שבעה"ב מקפיד עליהם יש בהן משום גזל אין בעל הבית מקפיד עליהן הרי אלו שלו א"ר יהודה כשות וחזיז אין בהם משום גזל באתרא דקפדי יש בהן משום גזל אמר רבינא ומתא מחסיא אתרא דקפדי הוא:

הדרן עלך הגוזל בתרא וסליקא לה מסכת בבא קמא

רש"י

ולא יטיל בו יותר מג' חובין. דרך הסורקים לתת לולאות של טוי במחט לאורכו של בגד שמותחו בהן כשהוא נסרק וחובטו במקלות וכשנגמר ובולטין אותו מקום הלולאות שנמתח שם משוה אותן ונוטל אותן הקלועים לעצמו כדאמר לקמן ואשמועינן תנא שלא יתפרס לאותן לולאות בחזקה כדי שלא יכול למתחו יותר מדאי אלא ג' תבין יפיי"ך בלעז ג' תפירות במחט: **ומשויהו.** מקום הבליטות שנמתח שם נוטל במספרים: **אפילו עד טפח.** ליטול ממנו רצועות רחבות טפח: **אלימי.** גסין שנים: **גלימא.** טלית העשויה לכל יום וכשהוא סורק לשתיו נוחה ליקרע מהר: **סרבלא.** עשוי לכבוד ולנוי וכשהוא סורק לשתיו נאה יותר: **גלימא משוידהו לארכו.** כדפרישית לעיל: **המיונא.** אינו נראה אלא שני ראשיה התלויין לכך משוה לרחבה ב' ראשיה התלויין: **ה"ג אמטויי ואתויי חד או דלמא אמטויי ואתויי תרי.** מנהג תופר אומן להוליך ולהביא המחט בבגד קודם שימשוך כל החוט וקא מבעיא ליה הנך ג' חוטין דקתני מי חשיבא הולכה והובאה חד דהוו להו ג' הולכות וג' הובאות א"ד הולכה והובאה תרי חשיב להו: **אירין.** דרך הגרדי להניח צמר בקנה של ערב כדי שלא יצא הערב מן הקנה לכאן ולכאן והוא של בעה"ב: **נירין.** ליצ"ץ: **פקעיות.** לוישי"ל: **פונקלין.** טריימ"ש שעושין ליריעות הנארגות מעומד ואין עושין להו קנה כדרך הגרדין: **בגד מנומר.** כלומר אפילו מנומר בצבעים הרבה אע"פ שרגלים לדבר שגנב הצמר מן בגדים שארג לוקחין מהן דקנינהו בשינוי: **טווי (ג) אריג.** והיינו אירין דאמרן לא יקח אם טלאן הגרדי לוקחין דקנינהו בשינוי: **ארוג מבעי.** הא ה"ל טווי קודם לאריג: **תיכי.** שרשרות שרימ"ש דלא טוואן קודם לכן: **אותות.** כשמביאין לו בגד לצבוע חותך ממנו מעט לפני בעליו לידע אם יקלוט את הצבע ופעמים שמעכבו אצלו ושכחו בעלים: **דוגמאות.** שמביאין לו הבעלים צמר לצבוע ומביא עמו מעט צמר צבוע ואומר כזה צבע לי: **תלושי צמר.** שתלש מן הגיזה הצמר מעט מעט: **אבל לוקחין ממנו בגד צבוע.** דבגד שלם לא גנב ואי נמי גנבו קנייה בשינוי: **טווי ובגדים.** והנך דוגמאות שטוואן או עשה מהן בגדים לוקחין: **השתא טווי שקלינן בגדים מבעיא.** הא אין בגדים אא"כ טוואן: **נמטי.** לבדין פליטר"ש בלע"ז ואין שם טווי: **הקיצועין.** רונייור"ש בלע"ז שמקצע מן העור סביב: **והתלושין.** צמר התלוש מן העור: **צמר העולה מן שטף המים שלו.** דדבר מועט הוא ואפקורי מפקר ליה: **קצרא שמיה וקצרא שקיל ליה.** הכובס נקרא קצרי בלשון ארמי וקצרא שהוא מקצר מן הבגד איהו שקיל ליה ודידיה הוא: **הכל עולין למנין תכלת.** אותן שלשה חוטין אם לא קצרן הכובס עולין למדת מלא קשר גודל שצריך להרחיק את תכלת של ציצית משפת הבגד במסכת מנחות (דף מב.): **קפיד עלייהו.** ונוטלן: **מלא המחט.** מלא אורך המחט: **וחוץ למחט.** שכל זמן שאין מן החוט אלא מלא המחט מצומצם אין יכול לתוחבו בבגד: **בברייתא גרסינן ומטלית שהיא פחותה מג' על ג':** **לסיכתא.** תבין שפירשנו למעלה: **פחות מכאן למאי חזי.** הא אין יכול להפוך המחט ולתוחבו: **מגירה.** שייר"ה בלע"ז וסכין הוא שיש בו פגימות הרבה וקוצצת מהר: **הנפסק במגירה.** פסקי עצים שהעץ ארוך ופוסקו: **מקדח.** טרייד"א והיוצא משם דק כעפר: **רהיטני.** פליינ"א: **והנגרר במגירה.** דק דק שהיא מסרת במקום חתך דק כעפר: **חד הוא דאיכא.** ורבתי היא ומסרת שפאי גסין: **מסתתי אבנים.** מרבע אותן ומחליק אותן: **מפסגי אילנות.** כשיש בהן ענפים יותר מדאי קוצץ אחת מבינתים והיינו פיסוג לשון דילוג והרחבה: **ניקוף.** שייך בהיגא כמו ונקף סבכי היער בברזל (ישעיה י): **היגא.** סנה: **ומנכשי זרעים.** נוטלים ירקות מביניהם: **ועודרי ירקות.** כשהן תכופות יותר מדאי נוטל אחת מבינתים כדי שיהא מקום להרחיב ולהתפשט: **חזיז.** שחת של תבואה קטין ושעורין בעודן ירק: **מתא מחסיא.** מקום בהמות הוא וצריכין למרעה טוב:

הדרן עלך הגוזל בתרא וסליקא לה מסכת בבא קמא

עין משפט נר מצוה

קמז א מיי' פ"ו מהל' גניבה הל' ט סמג עשין עא טוש"ע ח"מ סי' שנח סעי' יב:
קמח ב מיי' שם טור ש"ע שם סעיף יא:
קמט ג מיי' שם טוש"ע שם סעי' יב:
קנ ד טוש"ע א"ח סי' יא סעי' יא:

ליקוטי רש"י

ולא יטיל בו יותר משלשה חבין. הם תפירות שהסורק מחבר בהם שני ראשין מן הבגד יחד כשחובטו במקלות [הושע ו, ט]. **אמטויי ואתויי חד.** מה שמוליך ומביא בידו חשוב חד [מנחות עו.]. הולכה והובאה חשיב חד [נדה סג.]. **או דילמא אמטויי ואתויי תרי.** להולכה לחודה קרי חד וכן נמי להבאה לחודה חשיב [מנחות שם]. אמטויי חשיב חד ואתויי חד דהוו להו תרי [נדה שם]. **מאי בגדים נמטי.** פילטר"ש ולא נטוו מעולם [בכורות כט:]. **קצרא.** כובס [שבת יט:]. כך שמם בלשון ישמעאל והם כובסין שמעתי אומרים על שם שמקצרין בגדי צמר כשדורסין אותן ברגליהן במים שקורין פורלוי"ר והיינו דמתרגמינן עין רוגל (שמואל ב יז) עינא דקצרא [תענית כט:].

מסורת הש"ס

א) [מנחות עו. נדה סג.], ב) [ע' רש"י תענית כט: ד"ה קצרין].

הגהות הב"ח

(א) גמ' טווי ובגדים: (ב) שם וחוץ למחט: (ג) רש"י ד"ה טווי ואריג והני אירין דאמרן:

גליון הש"ס

גמ' ולא יטיל יותר מן שלש חובין. מפירוש רש"י הושע ו' (ח') [ט'] נראה דהגירסא כאן חוכים: שם **אמטויי ואתויי חד.** וכעין זה מנחות דף ע"ו ע"א וכעין זה בירושלמי פ"ג דסוכה הלכה ח': שם **איבעיא להו מלא מחט.** כעין זה חולין ד' ל"א ע"א:

לעזי רש"י

יפיינ"ץ. פירוש תפירות (עיין רש"י יבמות דף ה ע"ב ד"ה תכיפה):
ליציי"ץ. פירוש נירין (עיין רש"י שבת דף עג ע"א ד"ה בתי נירין, ערוך ערך נר ה' וספר "מעשה אורג"):
לוישי"ל. פירוש פקעיות, כדוריות של חוט (רש"י סוכה דף ט ע"א ד"ה מן הסיסין ועיין ערוך ערך פקע ה'):
טריימ"ש. פירוש חוטי הערב (עיין ערוך ערך נר ה'):
שרימ"ש. פירוש שרשרות, גדילים (של פשתן לא טווי) (עיין רש"י בכורות דף כט ע"ב ד"ה תיכי ותרגום אונקלוס שמות כח, יד):
פילטר"ש. פירוש לבדים, צמר כבוש יחד שנהיה בגד בלי טויה ואריגה (עיין רש"י שבת דף מח ע"א ד"ה מוכין ורש"י בכורות דף כט ע"ב ד"ה נמטי):
רונייור"ש. פירוש חתיכות (שנשארו מהעור שנעשה ממנו שטיח) (עיין רש"י זבחים דף לד ע"א ד"ה עולבא):
שייר"ה. פירוש מגירה, מסר (רש"י סוכה דף לד ע"א ד"ה מסר), משור (רש"י ישעיה י, טו):
טרייד"א. פירוש מקדח, כלי מלאכה של ברזל שקודחין בו בעץ לעשות נקב:
פליינ"א. פירוש מקלועה (עיין רש"י שבת דף לז ע"א ד"ה לפי שאי אפשר):

הגמרא מציגה ברייתא הדנה אלו דברים רשאי מעבד עורות ליטול לעצמו:

תָּנוּ רַבָּנָן: הַנּוֹתֵן עוֹרוֹת לְעַבְּדָן – למעבד עורות, **הַקִּיצוּעִין** – החתיכות שמקצע (חותך) מן העור סביב[25], **וְהַתְּלוּשִׁין** – והצמר הנתלש מהעור[26], **הֲרֵי אֵלּוּ שֶׁל בַּעַל הַבַּיִת. וְ**אילו הצמר **הָעוֹלֶה (ומשטף במים) [מִשֶּׁטֶף הַמַּיִם]**[27], **הֲרֵי אֵלּוּ שֶׁלּוֹ** – של העבדן, לפי שהוא דבר מועט ובעל הבית מפקירו[28].

שנינו במשנה:

כובס נוטל שלשה חוטין והן שלו, יתר על כן הרי אלו של בעל הבית. **אִם הָיָה שָׁחוֹר** על גבי הלבן נוטל את הכל והן שלו **[וכו']**.

מציינת הגמרא:

אָמַר רַב יְהוּדָה: קַצָּרָא שְׁמֵיהּ – הכובס נקרא בארמית "קצרא", **וְקַצָּרָא שָׁקִיל לֵיהּ** – ואת מה שמקצר מן הבגד נוטל לעצמו ושלו הוא[29].

הגמרא מורה הלכה הנוגעת לחוטים אלו:

אָמַר רַב יְהוּדָה: הַכֹּל עוֹלִין לְמִנְיַן תְּכֵלֶת, כלומר, אותם שלשה חוטים מצטרפים לשיעור שצריך להרחיק את הציצית משפת הבגד[30]. **וְיִצְחָק בְּרִי** (בני) **קָפִיד עֲלַיְיהוּ** – מקפיד עליהם ומסירם לפני הטלת חוטי הציצית בבגד[31].

שנינו בהמשך המשנה:

הַחַיָּיט שֶׁשִּׁיֵּיר (מן) [אֶת] הַחוּט כדי לתפור בו... הרי אלו של בעל הבית **כו'**.

שואלת הגמרא:

וְכַמָּה לִתְפּוֹר – מהו השיעור של "כדי לתפור בו"?

עונה הגמרא:

אָמַר רַב אַסִּי: השיעור הוא כ**מְלֹא** אורך **הַמַּחַט, [וְ]**עוד שיעור מסויים **חוּץ**[32] **לַמַּחַט**[33].

הגמרא דנה בדברי רב אסי:

אִיבַּעְיָא לְהוּ – הסתפקו בני הישיבה: האם השיעור הוא כ**מְלֹא מַחַט, וְ**עוד **חוּץ לַמַּחַט כִּמְלֹא מַחַט** – כשיעור מחט נוספת[34], **אוֹ דִּלְמָא** – או שמא השיעור הוא כ**מְלֹא מַחַט, וְ**עוד **חוּץ לַמַּחַט מַשֶּׁהוּ** נוסף[35].

הגמרא פושטת את הספק:

תָּא שְׁמַע – בא ושמע ראיה, **דְּתַנְיָא** – שהרי שנינו בברייתא: **הַחַיָּיט שֶׁשִּׁיֵּיר אֶת הַחוּט פָּחוֹת מִכְּדֵי לִתְפּוֹר בּוֹ,** וכמו כן אם שייר **מַטְלִית שֶׁהִיא פְּחוּתָה מִשָּׁלֹשׁ** אצבעות **עַל שָׁלֹשׁ** אצבעות, **בִּזְמַן שֶׁבַּעַל הַבַּיִת מַקְפִּיד עֲלֵיהֶן הֲרֵי אֵלּוּ שֶׁל בַּעַל הַבַּיִת,** ובזמן ש**אֵין בַּעַל הַבַּיִת מַקְפִּיד עֲלֵיהֶן הֲרֵי אֵלּוּ שֶׁלּוֹ** – של החייט. **אִי אָמְרַתְּ בִּשְׁלָמָא** – מובן הדבר (שבעל הבית עשוי להקפיד על חוט שאין בו שיעור תפירה) אם תאמר ששיעור תפירה הוא **מְלֹא מַחַט וְ**עוד **חוּץ לַמַּחַט כִּמְלֹא מַחַט** נוספת, כיון ש**פָּחוֹת מִכָּאן חֲזֵי לְסִיכְּתָא** – בפחות משיעור זה עדיין ראוי החוט לתפירת הלולאות שבקצות הבגדים[36]. **אֶלָּא אִי אָמְרַתְּ** – אלא אם תאמר ששיעור תפירה הוא **מְלֹא מַחַט וְ**עוד **חוּץ לַמַּחַט מַשֶּׁהוּ, פָּחוֹת מִכָּאן לְמַאי חֲזֵי** – פחות משיעור זה למה החוט ראוי? הלא אי אפשר לתפור בו כלל[37], ומדוע איפוא יקפיד עליו בעל הבית? **אֶלָּא, שְׁמַע מִינָּהּ** – יש ללמוד מכאן ששיעור תפירה הוא **מְלֹא מַחַט, וְחוּץ לַמַּחַט כִּמְלֹא מַחַט** נוספת.

הגמרא מסיקה:

שְׁמַע מִינָּהּ – אכן, יש ללמוד זאת מכאן.

שנינו בהמשך המשנה:

מַה שֶּׁהֶחָרָשׁ מוציא במעצד הרי אלו שלו, ובכשיל [הרי אלו] של בעל הבית **כו'**.

מקשה הגמרא:

וּרְמִינְהִי – ותקשה על כך סתירה ממה ששנינו בברייתא הבאה: **מַה שֶּׁהֶחָרָשׁ מוֹצִיא בַּמַּעֲצָד** – שבבי עץ שהנגר מוציא בגרזן כשמחליק את הנסרים, **וְהַנִּפְסָק בַּמְּגֵירָה** – וחתיכות עצים הנשארות מעץ ארוך שחתך במסור[38], **הֲרֵי אֵלּוּ שֶׁל בַּעַל הַבַּיִת. וְהַיּוֹצֵא מִתַּחַת הַמַּקְדֵּחַ,** שהוא דק כעפר[39], **וּמִתַּחַת רְהִיטְנִי** – מקצועה[40], **וְהַנִּגְרָר בַּמְּגֵירָה** – והנסורת שהמסור משיר במקום החתך, שהיא דקה כעפר[41], **הֲרֵי אֵלּוּ שֶׁלּוֹ** – של הנגר, לפי שבעל הבית אינו מקפיד עליהם. הרי שהיוצא במעצד שייך לבעל הבית, וזוהי סתירה להוראת המשנה!

מתרצת הגמרא:

אָמַר רָבָא: בְּאַתְרָא דְּתַנָּא דִּידָן – במקומו של התנא של משנתנו **אִיכָּא תַּרְתֵּי חֲצִינֵי** – יש שני סוגי גרזנים; **לְרַבָּתִי קָרֵי לָהּ** – לגדול שבהם קוראים "**כַּשִּׁיל**", והשבבים היוצאים ממנו הם עבים ושייכים לבעל הבית, **וּלְזוּטַרְתִּי קָרֵי לָהּ** – ולקטן שבהם קוראים "**מַעֲצָד**", והשבבים היוצאים ממנו הם דקים ושייכים לנגר, כפי ששנינו במשנתנו. ואילו **בְּאַתְרָא דְּתַנָּא בָּרָא** – במקומו של התנא של הברייתא, **חַד הוּא דְּאִיכָּא** – ישנו רק גרזן אחד, הגדול שבהם,

---

הערות

25. רש"י.

26. רש"י.

27. על פי דקדוקי סופרים, ח; ראה גם רש"י.

28. רש"י.

29. רש"י.

הכובס נקרא בארמית "קצרא", משום שהוא מקצר את הבגד כשדורסו ברגליו במים (ראה רש"י תענית כט, ב ד"ה קצרי). רב יהודה מעיר ששמו של הכובס מתאים למה ששנינו במשנתנו שרשאי הוא ליטול שלשה חוטים מקצה הבגד ולקצרו (אמנם עיין פירוש הרא"ש נדרים כג, א הנוקט שרב יהודה מבאר שהדין של משנתנו הוא המקור לשם "קצרא").

30. [הגמרא במנחות (מב, א) לומדת ממה שנאמר (במדבר טו, לח): "וְעָשׂוּ לָהֶם צִיצִת עַל כַּנְפֵי בִגְדֵיהֶם" שיש להרחיק את הציצית משפת הבגד כשיעור "מלא קשר גודל" (היינו, כמרחק שמשפת הצפורן עד הפרק הראשון של האגודל) אולם לא יותר משלש אצבעות.] רב יהודה סובר שאותם שלשה חוטים שבקצה הבגד, אם הכובס לא הסירם נחשבים חלק מהבגד, ומצטרפים לשיעור של "מלא קשר גודל" (רש"י; רשב"א; עיין טור ושלחן ערוך אורח חיים יא, יא).

31. רב יצחק הסתפק האם חוטים אלו העומדים להסרה נחשבים חלק מהבגד, ולפיכך היה נוטלם מספק (רשב"א). [כפי הנראה שיעורם של החוטים היה לכל הפחות שלש אצבעות פחות מלא קשר גודל, ולפיכך לא היה באפשרותו להטיל את הציצית בבגד בלא לנוטלם.]

להלכה, כיון שרב יהודה הורה שהחוטים נחשבים חלק מהבגד אין חוששים לדעת רב יצחק, ומצרפים את החוטים לשיעור מלא קשר גודל (רשב"א; בית יוסף אורח חיים יא; טור ושלחן ערוך אורח חיים שם, יא).

32. על פי הגהות הב"ח, ב.

33. משום שכל זמן שאין בחוט אלא מלא מחט בלבד אי אפשר לתפור בו כלל, שהרי לאחר שהעבירו בבגד אין הוא יכול להפוך את המחט ולתוחבה בבגד (רש"י כאן ולהלן ד"ה פחות מכאן).

34. ואם כן, שיעור החוט הוא כמלא שתי מחטים, ויש בו כדי לתפור כמה תפירות.

35. ואם כן, אין בו אלא כדי לתפור תפירה אחת.

36. הכוונה היא ל"חובין" המוזכרים לעיל (רש"י; ראה לעיל הערה 1).

37. שהרי [לאחר שהעביר את החוט בבגד] אין הוא יכול להפוך את המחט ולתוחבה בבגד (רש"י; ראה לעיל הערה 33).

38. "מגירה" היא מסור בעל שיניים רבות החותך את העץ במהירות (רש"י).

39. רש"י; ראה לעיל עמוד א הערה 62.

40. "רהיטני" הוא כלי המשמש להחלקת פני הנסרים (ראה ישעיה מד, יג; עיין גם רש"י שבת צז, א ד"ה לפי שאי אפשר).

41. רש"י.

ולא יטיל בו יותר משלשה חובין ולא יסרוק הבגד לשתיו אלא לערבו ומשויהו לארכו אבל לא לרחבו ואם בא להשוותו עד טפח רשאי אמר מר שני חוטין והאנן תנן שלש לא קשיא הא באלימי והא בקטיני: ולא יסרוק הבגד לשתיו אלא לערבו והתניא איפכא לא קשיא הא בגלימא הא בסרבלא: ולא יטיל בו יותר משלשה חובין בעי רבי ירמיה (א) אמטויי ואתויי חד או דלמא אמטויי ואתויי תרי תיקו: ומשויהו לארכו אבל לא לרחבו והתניא איפכא לא קשיא הא בגלימא הא בהמיוני ת"ר א אין לוקחין מן הסורק מוכין מפני שאינו שלו ב ובמקום שנהגו להיות שלו לוקחין ג ובכל מקום לוקחין מהן כר מלא מוכין וכסת מלאה מוכין מאי טעמא קננהו בשינוי ת"ר אין לוקחין מגרדי לא אירין ולא נירין ולא פונקלין ולא שיורי פקיעות אבל לוקחין מהן בגד מנומר ערב ושתי טווי ואריג אמרי השתא טווי שקלי ארוג מבעיא מאי אריג תיכי ת"ר אין לוקחין מן הצבע לא אותות ולא דוגמות ולא תלושים של צמר אבל לוקחין מהן בגד צבוע טווי (א) בגדים השתא טווי שקיל בגדים מיבעיא מאי בגדים נמטי ת"ר הנותן עורות לעבדן הקיצועין והתלושין הרי אלו של בעל הבית והעולה ומשטף במים הרי אלו שלו: אם היה שחור [וכו']: א"ר יהודה ב קצרא שמיה וקצרא שקיל ליה אמר רב יהודה ד הכל עולין למנין תכלת ויצחק ברי קפיד עלייהו: החייט ששייר (מן) [את] החוט כו': וכמה לתפור אמר רב אסי מלא מחט (ב) חוץ למחט איבעיא להו מלא מחט וחוץ למחט כמלא מחט או דלמא מלא מחט וחוץ למחט משהו ת"ש דתניא החייט ששייר את החוט פחות מכדי לתפור בו ומטלית שהיא פחותה משלש על שלש בזמן שבעל הבית מקפיד עליהן הרי אלו של בעל הבית אין בעל הבית מקפיד עליהן הרי אלו שלו אי אמרת בשלמא מלא מחט וחוץ למחט כמלא מחט פחות מכאן חזי לסיכתא אלא אי אמרת מלא מחט וחוץ למחט משהו פחות מכאן למאי חזי אלא ש"מ מלא מחט וחוץ למחט כמלא מחט שמע מינה: מה שהחרש כו': ורמינהי מה שהחרש מוציא במעצד והנפסק במגירה הרי אלו של בעל הבית והיוצא מתחת מקדח ומתחת רהיטני והנגרר במגירה הרי אלו שלו אמר רבא באתרא דתנא דידן איכא תרתי חציני לרבתי קרי לה כשיל ולזוטרתי קרי לה מעצד באתרא דתנא ברא חד הוא דאיכא וקרו לה מעצד: ואם היה עושה אצל כו': ת"ר מסתתי אבנים אין בהם משום גזל מפסגי אילנות מפסגי גפנים מנקפי היגי מנכשי זרעים ועודרי ירקות בזמן שבעה"ב מקפיד עליהם יש בהן משום גזל אין בעל הבית מקפיד עליהן הרי אלו שלו א"ר יהודה כשות וחזיז אין בהם משום גזל באתרא דקפדי יש בהן משום גזל אמר רבינא ומתא מחסיא אתרא דקפדי הוא:

הדרן עלך הגוזל בתרא וסליקא לה מסכת בבא קמא

ולא יטיל בו יותר מג' חובין. דרך הסורקים לתת לולאות של טוי במחט לאורכו של בגד שמותחו בהן כשהוא נסרק וחובטו במקלות וכשנגמר ובולטין אותו מקום הלולאות שנמתח שם משוה אותן ונוטל אותן הקלועים לעצמו כדאמר לקמן ואשמועינן תנא שלא יתפרס לאותן לולאות בחוזקה כדי שלא יכול למתחו יותר מדאי אלא ג' חבין יפיי"ן בלעז ג' תפירות במחט: **ומשויהו.** מקום הבליטות שנמתח שם נוטל במספרים: **אפילו עד טפח.** ליטול ממנו רצועות רחבות טפח: **אלימי.** גסין שנים: **גלימא.** טלית העשויה לכל יום וכשהוא סורק לשתיו נוחה ליקרע מהר: **סרבלא.** עשוי לכבוד ולנוי וכשהוא סורק לשתיו נאה יותר: **גלימא** משוידו לארכו. כדפרישית לעיל: **המיונא.** אינו נראה אלא שני ראשיה התלויין לכך משוה לרחבה ב' ראשיה התלויין: **ה"ג אמטויי ואתויי חד או דלמא אמטויי ואתויי תרי.** מנהג תופר אומן להוליך ולהביא המחט בבגד קודם שימשוך כל החוט וקא מבעיא ליה הנך ג' חוטין דקתני מי חשיבא הולכה והובאה חד דהוו להו ג' הולכות וג' הובאות א"ד הולכה והובאה תרי חשיב להו: **אירין.** דרך הגרדי להניח נמר בקנה של ערב כדי שלא יצא הערב מן הקנה לכאן ולכאן והוא של בעה"ב: **נירין.** ליי"ן: **פקעיות.** לושיי"ל: **פונקלין.** טריימ"ש שעושין ליריעות הנארגות מעומד ואין עושין להו קנה כדרך הגרדין: **בגד מנומר.** כלומר אפילו מנומר בצבעים הרבה אע"פ שרגלים לדבר שגנב הנמר מן בגדים שארג לוקחין מהן דקנינהו בשינוי: **טווי (ג) אריג.** והיינו אירין דאמרן לא יקח אם טלאן הגרדי לוקחין דקנינהו בשינוי: **ארוג מבעי.** הא ה"ל טווי קודם לאריג: **תיכי.** שרשרות שרימ"ש דלא טוואן קודם לכן: **אותות.** כשמביאין לו בגד לצבוע חותך ממנו מעט לפני בעליו לידע אם יקלוט את הצבע ופעמים שמעכבו אצלו ושכחו בעלים: **דוגמאות.** שמביאין לו הבעלים צמר לצבוע ומביא עמו מעט צמר לצבוע ואומר כזה צבע לי: **תלושי צמר.** שתלש מן הגיזה הצמר מעט מעט: **אבל לוקחין ממנו בגד צבוע.** דבגד שלם לא גנב ואי נמי גנבו קנייה בשינוי: **טווי ובגדים.** והנך דוגמאות

שטוואן או עשה מהן בגדים לוקחין: **השתא טווי שקלינן בגדים מבעיא.** הא אין בגדים אא"כ טוואן: **נמטי.** לבדין פליטר"ש בלע"ז ואין שם טווי: **הקיצועין.** רונייור"ש בלע"ז שמקצע מן העור סביב: **והתלושין.** נמר התלוש מן העור: **צמר העולה מן שטף המים שלו.** דדבר מועט הוא ואפקורי מפקר ליה: **קצרא שמיה וקצרא שקיל ליה.** הכובס נקרא קצרי בלשון ארמי וקצרא שהוא מקצר מן הבגד איהו שקיל ליה ודידיה הוא: **הכל עולין למנין תכלת.** אותן שלשה חוטין אם לא קצרן הכובס עולין למדת מלא קשר גודל שצריך להרחיק את תכלת של ציצית משפת הבגד במסכת מנחות (דף מב.): **קפיד עלייהו.** ונוטלן: **מלא המחט.** מלא אורך המחט: **וחוץ למחט.** שכל זמן שאין מן החוט אלא מלא המחט מצומצם אין יכול לתוחבו בבגד: **בברייתא גרסינן ומטלית שהיא פחותה מג' על ג':** **לסיכתא.** חבין שפירשנו למעלה: **פחות מכאן למאי חזי.** הא אין יכול להפוך המחט ולתוחבו: **מגירה.** שייר"ה בלע"ז וסכין הוא שיש בו פגימות הרבה וקוצצת מהר: **הנפסק במגירה.** פסקי עצים שהעץ ארוך ופוסקו: **מקדח.** טרייד"א והיוצא משם דק כעפר: **רהיטני.** פליינ"א: **והנגרר במגירה.** דק דק שהיא מסרת במקום חתך דק כעפר: **חד הוא דאיכא.** ורבתי היא ומסרת שפאי גסין: **מסתתי אבנים.** מרבע אותן ומחליק אותן: **מפסגי אילנות.** כשיש בהן ענפים יותר מדאי קוצץ אחת מבינתים והיינו פיסוג לשון דילוג והרחבה: **ניקוף.** שייך בהיגא כמו ונקף סבכי היער בברזל (ישעיה י): **היגא.** סנה: **ומנכשי זרעים.** נוטלים ירקות מביניהם: **ועודרי ירקות.** כשהן תכופות יותר מדאי נוטל אחת מבינתים כדי שיהא מקום להרחיב ולהתפשט: **חזיז.** שחת של תבואה חטין ושעורין בעודן ירק: **מתא מחסיא.** מקום בהמות הוא וצריכין למרעה טוב:

הדרן עלך הגוזל בתרא וסליקא לה מסכת בבא קמא

עין משפט נר מצוה

קמז א מיי' פ"ו מהל' גניבה הל' ט סמג עשין עא טוש"ע ח"מ סי' שנח סעי' יב:
קמח ב מיי' שם טור ש"ע שם סעיף יא:
קמט ג מיי' שם טוש"ע שם סעי' יב:
קנ ד טוש"ע א"ח סי' יא סעי' יא:

ליקוטי רש"י

ולא יטיל בו יותר משלשה חבין. הם תפירות שהסורק מחבר בהם שני ראשין מן הבגד יחד כשחובטו במקלות [הושע ו, ט]. **אמטויי ואתויי חד.** מה שמוליך ומביא בידו חשוב חד [מנחות עו.]. הולכה והובאה חשיב חד [נדה סג.]. **או דילמא אמטויי ואתויי תרי.** להולכה לחודה קרי חד וכן נמי להבאה לחודה חשיב [מנחות שם]. אמטויי חשיב חד ואתויי חד דהוו להו תרי [נדה שם]. **מאי בגדים נמטי.** פילטר"ש ולא נטוו מעולם [בכורות כט:]. **קצרא.** כובס [שבת יט:]. כך שמם בלשון ישמעאל והם כובסין שמעתי אומרים על שם שמקצרין בגדי צמר כשדורסין אותן ברגליהן במים שקורין פורלוי"ר והיינו דמתרגמינן עין רוגל (שמואל ב יז) עינא דקצרא [תענית כט:].

מסורת הש"ס

א) [מנחות עו. נדה סג.], ב) [ע' רש"י תענית כט: ד"ה קצרי].

הגהות הב"ח

(א) גמ' טווי ובגדים: (ב) שם וחוץ למחט: (ג) רש"י ד"ה טווי ואריג והני אירין דאמרן:

גליון הש"ס

גמ' ולא יטיל יותר מן שלש חובין. מפירוש רש"י הושע ו' (ח') [ט'] נראה דהגירסא כאן חוכים: שם אמטויי ואתויי חד. ובעין זה מנחות דף ע"ו ע"א ובעין זה בירושלמי פ"ג דסוכה הלכה ח': שם איבעיא להו מלא מחט. כעין זה חולין ד' ל"א ע"א:

לעזי רש"י

יפיינ"ץ. פירוש תפירות (עיין רש"י יבמות דף ה ע"ב ד"ה תכיפה):
ליצייי"ץ. פירוש נירין (עיין רש"י שבת דף עג ע"א ד"ה בתי נירין, ערוך ערך נר ה' וספר "מעשה אורג"):
לוישיי"ל. פירוש פקעיות, כדוריות של חוט (רש"י סוכה דף ט ע"א ד"ה מן הסיסין ועיין ערוך ערך פקע ה'):
טריימ"ש. פירוש חוטי הערב (עיין ערוך ערך נר ה'):
שרימ"ש. פירוש שרשרות, גדילים (של פשתן לא טווי) (עיין רש"י בכורות דף כט ע"ב ד"ה תיכי ותרגום אונקלוס שמות כח, יד):
פילטר"ש. פירוש לבדים, צמר כבוש יחד שנהיה בגד בלי טויה ואריגה (עיין רש"י שבת דף מח ע"א ד"ה מוכין ורש"י בכורות דף כט ע"ב ד"ה נמטי):
רונייור"ש. פירוש חתיכות (שנשארו מהעור שנעשה ממנו שטיח) (עיין רש"י זבחים דף לד ע"א ד"ה עולבא):
שייר"ה. פירוש מגירה, מסר (רש"י סוכה דף לד ע"א ד"ה מסר), משור (רש"י ישעיה י, טו):
טרייד"א. פירוש מקדח, כלי מלאכה של ברזל שקודחין בו בעץ לעשות נקב:
פליינ"א. פירוש מקלועה (עיין רש"י שבת דף לז ע"א ד"ה לפי שאי אפשר):

וְקָרוּ לֵהּ — וקוראים לו **מַעֲצָד**, והשבבים היוצאים ממנו הם עבים[42], ולפיכך הורה תנא זה ש״מה שהחרש מוציא במעצד הרי אלו של בעל הבית״.

שנינו בסוף המשנה:

וְאִם הָיָה עוֹשֶׂה אֵצֶל בעל הבית **כו׳.**

הגמרא מציגה ברייתא הדנה במלאכות נוספות:

תָּנוּ רַבָּנָן: מְסַתְּתֵי אֲבָנִים המרבעים אבנים ומחליקים אותן[43], **אֵין בָּהֶם מִשּׁוּם גָּזֵל**, כלומר, רשאים הם לזכות לעצמם בחלקי האבנים שנותרו מהסיתות. **מְפַסְּגֵי אִילָנוֹת** — גוזמי ענפי אילנות[44], **מְפַסְּגֵי גְּפָנִים** — גוזמי ענפי גפנים, **מְנַקְּפֵי הִיגֵי** — קוצצי שיחי קוצים[45], **מְנַכְּשֵׁי זְרָעִים** — נוטלי ירקות מבין הזרעים **וְעוֹדְרֵי יְרָקוֹת**[46], **בִּזְמַן שֶׁבַּעַל הַבַּיִת מַקְפִּיד עֲלֵיהֶם** — על חלקי הצמחים הנקצרים, **יֵשׁ בָּהֶן מִשּׁוּם גָּזֵל**, ועליהם להחזירם לבעלים, ובזמן **שֶׁאֵין בַּעַל הַבַּיִת מַקְפִּיד עֲלֵיהֶן הֲרֵי אֵלּוּ שֶׁלּוֹ** — של הפועל[47].

הוראה נוספת:

אָמַר רַב יְהוּדָה: כְּשׁוּת[48] **וְחָזִיז** — שחת של תבואה, דהיינו חטים ושעורים בתחילת גידולם[49], **אֵין בָּהֶם מִשּׁוּם גָּזֵל** לפי שהבעלים אינו מקפיד עליהם[50]. אולם **בְּאַתְרָא דְּקָפְדֵי** — במקום שמקפידים עליהם **יֵשׁ בָּהֶן מִשּׁוּם גָּזֵל.**

מציינת הגמרא:

אָמַר רָבִינָא: וּמָתָא מְחַסְיָא (שם עיר בבבל), **אַתְרָא דְּקָפְדֵי הוּא** — היא מקום שבו מקפידים על כשות וחזיז, לפי שיש שם בהמות רבות וזקוקים הם למרעה טוב[51].

הדרן עלך הגוזל ומאכיל
וסליקא לה מסכת בבא קמא

הערות

42. רש״י.

43. רש״י.

44. כאשר יש באילנות ענפים רבים מידי קוצצים את האמצעיים כדי להרחיב את המקום לשאר הענפים. פעולה זו קרויה ״פיסוג״ שהיא לשון דילוג והרחבה (רש״י).

45. הם עוקרים את הקוצים מבין הזרעים (מאירי).

46. כאשר הירקות צפופים מידי עוקרים את האמצעיים כדי שיהא מקום לשאר הירקות לגדול ולהתפשט (רש״י).

47. לענין מסתתי אבנים לא הזכירה הברייתא את התנאי של ״בזמן שבעל הבית מקפיד עליהם...״. שכן ענפי האילנות והגפנים וכדומה יש בהם חשיבות מסויימת, וההיתר לקחתם הוא משום שהבעלים מסירים את בעלותם מהם [ראה לעיל עמוד א הערה 49], מה שאין כן חלקי אבנים הנותרים מהסיתות אין להם שום ערך עצמי, והרי הם הפקר מאליהם משום שאין להם שוויות אצל בני אדם (תורת מנחם חלק ב).

48. ״כשות״ הוא עשב ירוק ורך הגדל על ענפים של שיחים קוצניים (ראה רש״י עירובין כח, ב ד״ה כשות).

49. רש״י.

50. מהלשון ״מותרים משום גזל״ משמע שמותר לכל אדם ליטלם (ולא רק לפועל). ויש לעיין, הלא לעיל (נח, ב) שנינו שאם אכלה בהמתו שחת חייב לשלם מה שהזיקה, ומדוע איפוא אין חייבים על שחת משום גזל? ויש לומר שהברייתא כאן מתייחסת לשחת הגדלה מאליה שאין הבעלים מקפיד עליה, ואילו לעיל מדובר בשחת שזרעה בכוונה ולפיכך הוא מקפיד עליה (ים של שלמה סא).

51. רש״י. כשות ושחת משמשים למאכל בהמה (ראה רש״י לעיל ג, א אידי ואידי ותוספות שם ד״ה הא; בבא בתרא לו, א עם רשב״ם ד״ה אכלה שחת).

המהרש״א מציין שרש״י לא היה צריך לומר אלא שזקוקות הן למרעה, אולם הוא הוסיף את המלה ״טוב״ כדי לסיים את המסכת בדבר טוב, כפי שעשתה הגמרא בסיומן של כמה מסכתות (ראה ברכות סד, א; נזיר סו, ב; יבמות קכב, ב; כריתות כח, ב; ועיין תוספות נדה עג, א ד״ה תנא). אמנם במסכתנו הגמרא לא נהגה כך, משום ששלשת הבבות (בבא קמא, בבא מציעא ובבא בתרא) נחשבות כולן כמסכת אחת הקרויה ״נזיקין״ (ראה לעיל קב, א ועבודה זרה ז, א).

אחר השלמת המסכת יאמר זה ויועיל לזכרון בעזרת השם יתברך:

*) הדרן עלך מסכת בבא קמא והדרך עלן דעתן עלך מסכת בבא קמא ודעתך עלן לא נתנשי מינך מסכת בבא קמא ולא תתנשי מינן לא בעלמא הדין ולא בעלמא דאתי:

הדרן עלך מסכת בבא קמא והדרך עלן דעתן עלך מסכת בבא קמא ודעתך עלן לא נתנשי מינך מסכת בבא קמא ולא תתנשי מינן לא בעלמא הדין ולא בעלמא דאתי:

הדרן עלך מסכת בבא קמא והדרך עלן דעתן עלך מסכת בבא קמא ודעתך עלן לא נתנשי מינך מסכת בבא קמא ולא תתנשי מינן לא בעלמא הדין ולא בעלמא דאתי:

יהי רצון מלפניך יי אלהינו ואלהי אבותינו שתהא תורתך אומנותנו בעולם הזה ותהא עמנו לעולם הבא **) חנינא בר פפא רמי בר פפא נחמן בר פפא אחאי בר פפא אבא מרי בר פפא רפרם בר פפא רכיש בר פפא סורחב בר פפא אדא בר פפא דרו בר פפא:

הערב נא יי אלהינו את דברי תורתך בפינו ובפיפיות עמך בית ישראל ונהיה כולנו אנחנו וצאצאינו וצאצאי עמך בית ישראל כולנו יודעי שמך ולומדי תורתך: מאויבי תחכמני מצותיך כי לעולם היא לי: יהי לבי תמים בחוקיך למען לא אבוש: לעולם לא אשכח פקודיך כי בם חייתני: ברוך אתה יי למדני חקיך: אמן אמן אמן סלה ועד:

מודים אנחנו מלפניך יי אלהינו ואלהי אבותינו ששמת חלקנו מיושבי בית המדרש ולא שמת חלקנו מיושבי קרנות שאנו משכימים והם משכימים אנו משכימים לדברי תורה והם משכימים לדברים בטלים אנו עמלים והם עמלים אנו עמלים ומקבלים שכר והם עמלים ואינן מקבלים שכר אנו רצים והם רצים אנו רצים לחיי העולם הבא והם רצים לבאר שחת שנאמר ואתה אלהים תורידם לבאר שחת אנשי דמים ומרמה לא יחצו ימיהם ואני אבטח בך:

יהי רצון מלפניך יי אלהי כשם שעזרתני לסיים מסכת בבא קמא כן תעזרני להתחיל מסכתות וספרים אחרים ולסיימם ללמוד וללמד לשמור ולעשות ולקיים את כל דברי תלמוד תורתך באהבה. וזכות כל התנאים ואמוראים ותלמידי חכמים יעמוד לי ולזרעי שלא תמוש התורה מפי ומפי זרעי וזרע זרעי עד עולם. ותתקיים בי בהתהלכך תנחה אותך בשכבך תשמור עליך והקיצות היא תשיחך: כי בי ירבו ימיך ויוסיפו לך שנות חיים: אורך ימים בימינה בשמאלה עושר וכבוד: יי עוז לעמו יתן יי יברך את עמו בשלום:

יתגדל ויתקדש שמיה רבא בעלמא דהוא עתיד לאתחדתא ולאחיא מתיא ולאסקא לחיי עלמא ולמבני קרתא דירושלם ולשכלל היכליה בגוה ולמעקר פולחנא נוכראה מארעא ולאתבא פולחנא דשמיא לאתריה וימליך קודשא בריך הוא במלכותיה ויקריה בחייכון וביומיכון ובחיי דכל בית ישראל בעגלא ובזמן קריב ואמרו אמן: יהא שמיה רבא מברך לעלם ולעלמי עלמיא. יתברך וישתבח ויתפאר ויתרומם ויתנשא ויתהדר ויתעלה ויתהלל שמיה דקודשא בריך הוא. לעילא מן כל (בעשי"ת: מכל) ברכתא ושירתא תושבחתא ונחמתא דאמירן בעלמא ואמרו אמן: על ישראל ועל רבנן ועל תלמידיהון ועל כל תלמידי תלמידיהון ועל כל מאן דעסקין באורייתא די באתרא (קדישא) הדין ודי בכל אתר ואתר. יהא להון ולכון שלמא רבא מן שמיא חנא וחסדא ורחמי וחיי אריכי ומזוני רויחי ופורקנא מן קדם אבוהון דבשמיא וארעא ואמרו אמן: יהא שלמא רבא מן שמיא וחיים עלינו ועל כל ישראל ואמרו אמן: עושה שלום (בעשי"ת: השלום) במרומיו הוא יעשה שלום עלינו ועל כל ישראל ואמרו אמן:

***) [פי' הגון ע"ז תמצא בספר החיים שחיבר אחי הגאון מהר"ל מפראג בספר זכיות ח"א פ"ב].**

ח"ל ישראל אינם מהודרים לפני השם יתברך רק בשביל התורה שבעל פה, שהוא הסימן המובהק המבדיל בין ישראל לעמים וכו', על כן אנו נוהגין לומר בכל סיום מסכתא "הדרן עלך והדרך עלן".
וגם אין מי שנותן דעתו על התורה שבעל פה שלא תשכח ח"ו רק אנו, וזהו "דעתן עלך".
וכן התורה שבעל פה היא המגינה על ישראל, ולכך נקרא "גמרא" שהוא ר"ת של ג'בריאל מ'יכאל ר'פאל א'וריאל, לומר כי העוסק בגמרא חונה מלאך ה' סביב לו להצילו, מימינו מיכאל, ומשמאלו גבריאל, ומלפניו אוריאל, ומאחוריו רפאל, ועל ראשו שכינת אל הבוחר בדברי חכמים. וזהו "דעתך עלן", כלומר השגחתך עלן.
והואיל וישראל והתורה שבעל פה הן שני תאמי צביה, ראוי ש"לא יתנשו זה מזה לא בעלמא דין ולא בעלמא דאתי".
ולהיות שתלמוד אינו חביב ומהודר כל כך רק אצל בעלי התורה אבל לא אצל יושבי הקרנות, על כן אנו מודים "ששם חלקנו מיושבי בית המדרש ולא שם חלקנו מיושבי הקרנות".

****) [בסיומא בסוף תשובת הרמ"א ז"ל וכן בסוף יש"ש בב"ק כתוב רמזים על הזכרת שמות הללו]:**

[ולפנינו נדפס דיש של שלמה סוף פרק מרובה הן דברי היש של שלמה והן דברי הרמ"א. ח"ל היש של שלמה: הא לך דין הסיום: גרסינן בפרק כל כתבי, אמר אביי תיתי לי דכי חזינא צורבא מדרבנן דשליס מסכתא, עבידנא יומא טבא לרבנן. מכאן נהגו כל ישראל לסיים בשמעתא, וליתן שבח והודיה למקום, ולפרסם אותה שמחה שזכה לכך, שעושין סעודה בעת שמסיימין. וראייה ממסכת תענית ומביאו נמי בריש פרק יש נוחלין. לא היו ימים טובים לישראל כיום הכיפורים וט"ו באב. ומסיק בגמרא בשלמא יום כיפור יום סליחה ומחילה הוא. אלא ט"ו באב מאי טעמא. ומפרש כמה טעמים. עד דמסיק לבסוף, רבה ורב יוסף דאמרי תרוייהו יום שפוסקים בו מלכרות עצים למערכה כו', ופירושו, לפי שפסקו אותו היום להשלים מצוה גדולה היו שמחים ונחשב להם ליום טוב. ואם כן השלמת הספר אין לך מצוה גדולה מזו. ובפרט היכא שדעתו להתחיל אחר כך ספר אחר. וכן כתב לשם הר"ן שמהא שמעינן שמנהג ישראל הוא לשמוח ולעשות יום טוב בהשלמת המצוה. ומהא דפרק כל כתבי משמע, דאפילו מי שלא סיים מסכתא זו, מצוה רבה שישמח עם המסיים. דהא אביי אע"ג דהוא גופא לא סיים, אפילו הכי עביד יומא טבא לרבנן. ומשמע שהיה מזמין אף אחרים עמו, דהא לא אמר עבידנא ליה יומא טבא אלא לרבנן קאמר. ומה שפירש רש"י לפי שהיה אביי ראש ישיבה, לאו משום דלאחר לא היה עושה. אלא דקשה לרש"י וכי לא היה בדורו של אביי שום אחד שהיה מהדר ועושה זולתו מאחר שהיא מצוה רבה. על כן פירש משום שהיה ראש ישיבה והוא קודם למצוה זולתו. והנה פקח עינך וראה אף שאביי היה אחד מן החולים, ומלמלם ביותר כדאיתא בפרק במה מדליקין אביי חש בהדרנוקא. אמר רבה ידענא ביה בנחמני דמכפין נפשיה כו'. אפילו הכי עביד יומא טבא לרבנן, מחמת רוב חיבת המצוה. ומשמע נמי מהא דלאביי דאפילו יחיד שסיים מחויבים אחרים לסיים עמו, כהאי עובדא דאביי. ואין לומר דהתם איירי שהצורבא מרבנן סיים עם כל המתיבתא בכה"ג עביד ליה אביי סיום. זה אינו, חדא דלישנא צורבא מדרבנן משמע תלמיד חכם ותיק יחידי ולא ריש מתיבתא. דאל"כ הל"ל ריש מתיבתא. ועוד מסתמא איירי דומיא דאיך דמסיק תיתי לי דכי חזינא צורבא מרבנן כו' עד דלא מהפכי, א"כ כותיה דאיירי בצורבא מרבנן לחוד. ועוד נראה היכא דאמר תלמודא צורבא מרבנן משמע דוקא איהו לחוד'. מדאמר תלמודא אמר רבא שרי צורבא מדרבנן לאודועיה נפשיה באתריה דלא ידעי ליה. ואי לישנא דצורבא מדרבנן משמע עם כל המתיבתא. אם כן מה צריך לאודועיה נפשיה. הלא מסתמא כבר יודעין אותו. אלא ש"מ עיקר כדפירשתי. ולעיל בסימן ל"ו כתבתי שהיא סעודת מצוה ממש וע"ש: **סליק דין הסיום**

וכתב שם המגיה ח"ל: והואיל שדין הסיום אתא לידן, וכאן הוא מקומו, גם אמרתי לצרף ולחבר לזה דרוש נאה אף נעים ויפה ומקובל שהעתקתי בימי חורפי מגדול וחכם אחד שהעתיקו בשם שארו וקרובו של הגאון המחבר ספר הגדול הזה. הלא הוא מרנא ורבנא המאיר עיני ישראל בחיבוריו הגאון הגדול כמהור"ר משה איסרל"ז זצ"ל ומש"ה אל אלהים עלי"ה ומה טוב ומה נעים שבת אחי"ם גם יחד בישיבה של מעלה. הנאהבים והנעימים בחייהם ובמותם לא נפרדו. אי"ש אי"ש לפי מדרגת מעלתו ופרגדו: ח"ל: דרוש נאה וכונה גדולה. לסיום מסכתא מהמאור הגולה: הנה מה שנוהגין ורגילין אנו להזכיר בסיום כל מסכתא רב פפא עם עשרה בניו שהיו מאירים וגדולים בתורה ע"י שהיה עושה להם סעודה בסיום המסכתא כי עשיר היה והיה מחזיק לעוסקי התורה. לכן זכה שמזכירין אותו עם עשרה בניו הרומזים כאלו הוזכרו עשרת הדברות, כי מלת רב פפא הוא רמז על מעלת משה רבינו ע"ה שנאמר בו דבר אתה עמנו ונשמעה. ועיקר מעלתו של משה רבינו שדבר עם השי"ת פ"ה אל פ"ה שהוא אותיות פפ"א. ואיתא במדרש למה מאן דאמר דאנכי אינו בכלל הדברות, ופתח באנכי רק להודיע מי הוא המצוה. על כן בא מלת פפ"א להוציא מלבו של אותו המאן דאמר כי נוטרי"קון של פפ"א פת"ח פ"א, והוא בהיפך משאר בני אדם שראוי לחנם ולרחם עליהם, כמו שדרשו ז"ל והלכת בדרכיו מה הוא חנון אף אתה תהא חנון. נגד מצות לא יהיה לך וגו', שנאמר בעובדי עבודה זרה לא תחנם, נקרא האחד חנינא. נגד לא תעשה לך פסל, שלבסוף אחר העשייה ינחם על העשייה, שרואה שפה להם ולא ידברו, והם הן הם פשוטי וגולמי כלי עץ. נקרא האחד נחמן מלשון נחמתי כי עשיתים. נגד לא תשא, שהוא לשון רוממות והתנשאות, שלא יחשוב האדם שבזה מנשא ומכבד השם שנשבע בשמו וכמו שנשבע יוסף בחי פרעה. וכן מלינו שהיו נשבעין בחיי המלך. נקרא האחד רמי שהוא לשון רוממות. נגד מצות זכור את יום השבת, נקרא האחד אד"א, שבגימטריא שש, נגד ששת ימי המעשה. ונגד כבד [את אביך ואת אמך], נקרא האחד אבא מורי, שהוא הכבוד שהבן קורא לאביו אבא מורי. נגד לא תרצח נקרא האחד אחאי (לאן) [לשון] אחוה. כי כשיחשוב כל אחד לחבירו כאח לא ירצחנו, וכמו שנאמר ואהבת לרעך כמוך. ואף כי הרציחה הראשונה שהיתה בעולם היתה בשני אחים, שקין הרג את הבל אחיו. וכנגד לא תנאף שדרך המנאפים לקרוץ ולרמוז בעינים, כמו שנאמר קורץ בעיניו, נקרא האחד רפרם, מלשון רפרף בעיניו. ונגד לא תגנוב, נקרא האחד רכיש, מלשון רכוש, כי הגונב אפילו נפשות גונב כדי למוכרו. נגד לא תענה, נקרא האחד סורחב, מלשון סרח בת אשר, שהיא העידה ליעקב שיוסף חי אמר לה כה תחיי. וכנגד לא תחמוד, שנאמר בו בית ואשת רעיך, נקרא האחד דרו, מלשון דירת בית, וגם האשה נקראת בית, כמו שאמר רבי יוסי מעולם לא קריתי לאשתי אלא ביתי כו': וכמו שמתחילין אחר סיום התורה בשמחת תורה בראשית, שאין עומדין על הפרק וכן בסיום התורה אין עומדים כדי שלא ליתן פתחון פה לשטן לקטרג לומר שכבר סיימו התורה ומבטלין מ"ו מהתורה. לכן מתחילין מיד וחוזרין לעסוק בתורה לקרות מבראשית. ולזה ירמזו בני רב פפא בעשרה שמות אלו נגד העשרה מאמרות שבהן נברא העולם בשביל התורה הנקראת ראשית. ואז"ל בראשית נמי מאמר א' הוא. ולהיות כי העולם נברא בחסד וחנינה מאת השם כמו שנאמר עולם בחסד יבנה לכן נקרא אחד חנינא. ונגד ויאמר אלהים יהי אור וגו', שאחז"ל שאור שנברא ביום ראשון גנזו הקב"ה לצדיקים והבדילו לעתיד לבא, נקרא האחד רמי, מלשון תרומות והבדלה. ונגד ויאמר אלהים יהי רקיע, שאמרו חז"ל, שהמים התחתונים בוכים עד שנחמן הקב"ה ואמר להן שעתידין להתקרב על גבי המזבח נקרא האחד נחמן. וכנגד ויאמר יקוו המים וגו' שאמרו רז"ל שים אוקינוס מקיף הארץ והארץ נראה מתוכן, נקרא האחד סורחב מלשון סרח המשכן. וכנגד מאמר תדשא הארץ דשא וגו', ונאמר וכל שיח השדה טרם יהיה בארץ עד ואד יעלה מן הארץ, נקרא האחד אדא, מלשון אד. ונגד מאמר יהיו מאורות שנבראו מתחלה שניהם גדולים, הרומזים על יעקב ועשו שהיו אחים. ולכן הגוים מונים לחמה וישראל ללבנה. ועל זה אמרו רז"ל שהמאורות לוקין על שני אחים שנשפך דמם כמים כו', לכן נקרא האחד אחאי. ונגד מאמר ישרצו המים שרץ נפש חיה, והדגים פרים ורבים יותר מכל בעלי חיים, לכן נקרא האחד רפרם, מלשון פריה ורביה. ונגד מאמר תוצא הארץ נפש חיה וגו', והם נבראו לעבוד עבודת משא, בכתף ישאו כל צרכי בני אדם, לכן נקרא האחד רכיש. ונגד מאמר נעשה אדם בצלמנו שנברא האדם יחיד והוא היה אב לכל הבאים אחריו, נקרא האחד אבא מורי. ונגד מאמר הנה נתתי לכם את כל עשב זורע זרע, וזה הוא עיקר ממונם ורכושם של אדם שהיה להם לאכול זרע השדה, לכן נקרא האחד דרו, מלשון דרו באגדה. עכ"ל דברי הגאון הגדול כמהר"ר משה איסרל"ז זצ"ל:

הדרן

הַדְרָן

אחר השלמת המסכתא אומר ג׳ פעמים:

הַדְרָן עֲלָךְ מַסֶּכֶת בָּבָא קַמָּא וְהַדְרָךְ עֲלָן. דַּעְתָּן עֲלָךְ מַסֶּכֶת בָּבָא קַמָּא וְדַעְתָּךְ עֲלָן. לָא נִתְנְשֵׁי מִנָּךְ מַסֶּכֶת בָּבָא קַמָּא וְלָא תִתְנְשֵׁי מִנָּן – לָא בְּעָלְמָא הָדֵין וְלָא בְּעָלְמָא דְאָתֵי.

ואח״כ אומר:

יְהִי רָצוֹן מִלְּפָנֶיךָ יי אֱלֹהֵינוּ וֵאלֹהֵי אֲבוֹתֵינוּ, שֶׁתְּהֵא תוֹרָתְךָ אֻמָּנוּתֵנוּ בָּעוֹלָם הַזֶּה וּתְהֵא עִמָּנוּ לָעוֹלָם הַבָּא. חֲנִינָא בַּר פָּפָּא, רָמִי בַּר פָּפָּא, נַחְמָן בַּר פָּפָּא, אַחָאי בַּר פָּפָּא, אַבָּא מָרִי בַּר פָּפָּא, רַפְרָם בַּר פָּפָּא, רָכִישׁ בַּר פָּפָּא, סוּרְחָב בַּר פָּפָּא, אַדָּא בַּר פָּפָּא, דָּרוּ בַּר פָּפָּא.

הַעֲרֶב נָא יי אֱלֹהֵינוּ אֶת דִּבְרֵי תוֹרָתְךָ בְּפִינוּ וּבְפִיפִיּוֹת עַמְּךָ בֵּית יִשְׂרָאֵל. וְנִהְיֶה [כֻּלָּנוּ,] אֲנַחְנוּ וְצֶאֱצָאֵינוּ [וְצֶאֱצָאֵי צֶאֱצָאֵינוּ] וְצֶאֱצָאֵי עַמְּךָ בֵּית יִשְׂרָאֵל, כֻּלָּנוּ יוֹדְעֵי שְׁמֶךָ וְלוֹמְדֵי תוֹרָתֶךָ [לִשְׁמָהּ]. מֵאֹיְבַי תְּחַכְּמֵנִי מִצְוֹתֶךָ, כִּי לְעוֹלָם הִיא לִי. יְהִי לִבִּי תָמִים בְּחֻקֶּיךָ, לְמַעַן לֹא אֵבוֹשׁ. לְעוֹלָם לֹא אֶשְׁכַּח פִּקּוּדֶיךָ, כִּי בָם חִיִּיתָנִי. בָּרוּךְ אַתָּה יי, לַמְּדֵנִי חֻקֶּיךָ. אָמֵן אָמֵן אָמֵן, סֶלָה וָעֶד.

מוֹדִים אֲנַחְנוּ לְפָנֶיךָ יי אֱלֹהֵינוּ וֵאלֹהֵי אֲבוֹתֵינוּ, שֶׁשַּׂמְתָּ חֶלְקֵנוּ מִיּוֹשְׁבֵי בֵּית הַמִּדְרָשׁ, וְלֹא שַׂמְתָּ חֶלְקֵנוּ מִיּוֹשְׁבֵי קְרָנוֹת. שֶׁאָנוּ מַשְׁכִּימִים וְהֵם מַשְׁכִּימִים, אָנוּ מַשְׁכִּימִים לְדִבְרֵי תוֹרָה, וְהֵם מַשְׁכִּימִים לִדְבָרִים בְּטֵלִים. אָנוּ עֲמֵלִים וְהֵם עֲמֵלִים, אָנוּ עֲמֵלִים וּמְקַבְּלִים שָׂכָר, וְהֵם עֲמֵלִים וְאֵינָם מְקַבְּלִים שָׂכָר. אָנוּ רָצִים וְהֵם רָצִים, אָנוּ רָצִים לְחַיֵּי הָעוֹלָם הַבָּא, וְהֵם רָצִים לִבְאֵר שַׁחַת, שֶׁנֶּאֱמַר: וְאַתָּה אֱלֹהִים, תּוֹרִדֵם לִבְאֵר שַׁחַת, אַנְשֵׁי דָמִים וּמִרְמָה לֹא יֶחֱצוּ יְמֵיהֶם, וַאֲנִי אֶבְטַח בָּךְ.

יְהִי רָצוֹן לְפָנֶיךָ יי אֱלֹהַי, כְּשֵׁם שֶׁעֲזַרְתַּנִי לְסַיֵּים מַסֶּכֶת בָּבָא קַמָּא כֵּן תַּעַזְרֵנִי לְהַתְחִיל מַסֶּכְתּוֹת וּסְפָרִים אֲחֵרִים וּלְסַיְּמָם, לִלְמוֹד וּלְלַמֵּד לִשְׁמוֹר וְלַעֲשׂוֹת וּלְקַיֵּם אֶת כָּל דִּבְרֵי תַלְמוּד תּוֹרָתֶךָ בְּאַהֲבָה. וּזְכוּת כָּל הַתַּנָּאִים וַאֲמוֹרָאִים וְתַלְמִידֵי חֲכָמִים יַעֲמוֹד לִי וּלְזַרְעִי, שֶׁלֹּא תָמוּשׁ הַתּוֹרָה מִפִּי וּמִפִּי זַרְעִי וְזֶרַע זַרְעִי עַד עוֹלָם. וְתִתְקַיֵּם בִּי: בְּהִתְהַלֶּכְךָ תַּנְחֶה אֹתָךְ, בְּשָׁכְבְּךָ תִּשְׁמֹר עָלֶיךָ, וַהֲקִיצוֹתָ הִיא תְשִׂיחֶךָ. כִּי בִי יִרְבּוּ יָמֶיךָ, וְיוֹסִיפוּ לְךָ שְׁנוֹת חַיִּים. אֹרֶךְ יָמִים בִּימִינָהּ, בִּשְׂמֹאלָהּ עֹשֶׁר וְכָבוֹד. יי עֹז לְעַמּוֹ יִתֵּן, יי יְבָרֵךְ אֶת עַמּוֹ בַשָּׁלוֹם.

אם יש שם עשרה אומר קדיש:

יִתְגַּדַּל וְיִתְקַדַּשׁ שְׁמֵהּ רַבָּא. (קהל – אָמֵן.) בְּעָלְמָא דִּי הוּא עָתִיד לְאִתְחַדָּתָא, וּלְאַחֲיָאָה מֵתַיָּא, וּלְאַסָּקָא יָתְהוֹן לְחַיֵּי עָלְמָא, וּלְמִבְנֵא קַרְתָּא דִירוּשְׁלֵם, וּלְשַׁכְלָלָא הֵיכְלֵהּ בְּגַוַּהּ, וּלְמֶעְקַר פָּלְחָנָא נֻכְרָאָה מִן אַרְעָא, וְלַאֲתָבָא פָּלְחָנָא דִּי שְׁמַיָּא לְאַתְרֵהּ, וְיַמְלִיךְ קֻדְשָׁא בְּרִיךְ הוּא בְּמַלְכוּתֵהּ וִיקָרֵהּ, [וְיַצְמַח פֻּרְקָנֵהּ וִיקָרֵב מְשִׁיחֵהּ (קהל – אָמֵן.)] בְּחַיֵּיכוֹן וּבְיוֹמֵיכוֹן וּבְחַיֵּי דְכָל בֵּית יִשְׂרָאֵל, בַּעֲגָלָא וּבִזְמַן קָרִיב. וְאִמְרוּ: אָמֵן.

(קהל – אָמֵן. יְהֵא שְׁמֵהּ רַבָּא מְבָרַךְ לְעָלַם וּלְעָלְמֵי עָלְמַיָּא.)

יְהֵא שְׁמֵהּ רַבָּא מְבָרַךְ לְעָלַם וּלְעָלְמֵי עָלְמַיָּא.

יִתְבָּרַךְ וְיִשְׁתַּבַּח וְיִתְפָּאַר וְיִתְרוֹמַם וְיִתְנַשֵּׂא וְיִתְהַדָּר וְיִתְעַלֶּה וְיִתְהַלָּל שְׁמֵהּ דְּקֻדְשָׁא בְּרִיךְ הוּא (קהל – בְּרִיךְ הוּא) °לְעֵלָּא מִן כָּל (בעשי״ת – °לְעֵלָּא וּלְעֵלָּא מִכָּל) בִּרְכָתָא וְשִׁירָתָא תֻּשְׁבְּחָתָא וְנֶחֱמָתָא, דַּאֲמִירָן בְּעָלְמָא. וְאִמְרוּ: אָמֵן. (קהל – אָמֵן.)

עַל יִשְׂרָאֵל וְעַל רַבָּנָן, וְעַל תַּלְמִידֵיהוֹן וְעַל כָּל תַּלְמִידֵי תַלְמִידֵיהוֹן, וְעַל כָּל מָאן דְּעָסְקִין בְּאוֹרַיְתָא, דִּי בְּאַתְרָא הָדֵין (בארץ ישראל – קַדִּישָׁא) וְדִי בְכָל אֲתַר וַאֲתַר. יְהֵא לְהוֹן וּלְכוֹן שְׁלָמָא רַבָּא, חִנָּא וְחִסְדָּא וְרַחֲמִין, וְחַיִּין אֲרִיכִין, וּמְזוֹנֵי רְוִיחֵי, וּפֻרְקָנָא מִן קֳדָם אֲבוּהוֹן דִּי בִשְׁמַיָּא [וְאַרְעָא]. וְאִמְרוּ: אָמֵן. (קהל – אָמֵן.)

יְהֵא שְׁלָמָא רַבָּא מִן שְׁמַיָּא, וְחַיִּים [טוֹבִים] עָלֵינוּ וְעַל כָּל יִשְׂרָאֵל. וְאִמְרוּ: אָמֵן. (קהל – אָמֵן.)

עֹשֶׂה שָׁלוֹם בִּמְרוֹמָיו, הוּא בְּרַחֲמָיו יַעֲשֶׂה שָׁלוֹם עָלֵינוּ, וְעַל כָּל יִשְׂרָאֵל. וְאִמְרוּ: אָמֵן. (קהל – אָמֵן.)

תלמוד בבלי